Avec la lettre d'actualité de votre Code,
ne manquez rien de l'actualité législative
et jurisprudentielle.

Pour la recevoir chaque mois,
rendez-vous sur **activation-dalloz.fr**
et munissez-vous de cette clé :

GWLY98615465

DALLOZ

Lefebvre Dalloz

Pourquoi activer mon Code en ligne :

Selon mon édition, l'activation de mon Code me permet d'accéder aux enrichissements suivants, sur ordinateur, tablette et smartphone :

	CODE ÉDITION LIMITÉE*	CODE ÉDITION CLASSIQUE
Lettre d'actualité du Code	✓*	✓*
Accès aux codes officiels secs	✓	✓
Mise à jour en continu		✓
Liens vers la jurisprudence		✓
Accès aux commentaires et textes complémentaires		✓
Accès aux articles des revues Dalloz		✓

www.activation-dalloz.fr

La clé d'activation se trouve sous l'étiquette de couverture pour les codes édition classique et en première page pour les codes limités.

* Disponible pour les titres suivants :
Code civil, Code de procédure civile, Code pénal, Code de procédure pénale, Code de commerce, Code du travail.

Notre innovation, c'est vous.
DALLOZ AVOCATS

64e édition

CODE DE PROCÉDURE PÉNALE

Annoté

Papier & numérique

DALLOZ

64e édition

Annotations de jurisprudence et bibliographie par

CORALIE AMBROISE-CASTÉROT

et

JEAN-FRANÇOIS RENUCCI †

Professeurs
à l'Université de Nice Sophia-Antipolis

et, en ce qui concerne l'exécution des sentences pénales,

JEAN-PAUL CÉRÉ

Maître de conférences
à l'Université de Pau et des Pays de l'Adour

avec le concours de

MAUD LÉNA

Rédactrice en chef de l'AJ Pénal

DALLOZ

ÉDITIONS DALLOZ
31-35, rue Froidevaux, 75685 Paris Cedex 14

ISBN 978-2-247-21448-8
ISBN 978-2-247-21449-5

Avant-propos

Le Code de procédure pénale est l'outil premier et indispensable pour toute recherche théorique ou pratique sur le procès pénal.

Comme les autres volumes de la collection des Codes Dalloz, créée en 1902, le Code de procédure pénale Dalloz est un ouvrage hautement élaboré. Loin de se borner à reproduire purement et simplement la ***codification officielle****, il donne de celle-ci une version* ***mise à jour*** *de ses nombreuses modifications, enrichie de* ***notes de rédaction, d'annotations de jurisprudence*** *et de* ***bibliographie****, augmentée* ***de textes d'application*** *indispensables.*

Composé de huit rubriques classées par ordre alphabétique (Aide juridique, Coopération internationale, Cour de Justice de la République et Haute Cour, Crimes de guerre et contre l'humanité, Droits de l'homme, État d'urgence sanitaire, Justice militaire, Mineurs délinquants), ***l'appendice*** *du code regroupe les principales conventions internationales ainsi que des textes législatifs et réglementaires en relation avec la procédure pénale. A l'intérieur de chaque rubrique sont présentés d'abord les textes codifiés, puis les textes non codifiés classés par ordre chronologique.*

Enfin, trois ***tables*** *complètent le code (sur pages roses) :*

En début d'ouvrage :

— une table des matières reproduit le plan du code de procédure pénale ;

En fin d'ouvrage :

— une table chronologique générale, permettant de se reporter aux textes à partir de leur date, recense ceux qui ont modifié le code et ceux qui sont complémentaires ;

— une table alphabétique générale analyse les textes et constitue un outil de recherche privilégié.

NOTA : *A compter du 24 mars 2020, dans le code pénal, le code de procédure pénale et tous les textes de nature législative, les références au placement sous surveillance électronique sont remplacées par des références à la détention à domicile sous surveillance électronique, sauf lorsqu'il est fait mention du placement sous surveillance électronique mobile, et dans le code de procédure pénale et dans toutes les autres dispositions de nature législative, les mots « sursis avec mise à l'épreuve » sont remplacés par les mots « sursis probatoire » (L. n° 2019-222 du 23 mars 2019, art. 74-X, 81-VII et 109-XIX, en vigueur le 24 mars 2020).*

A compter du 1er janvier 2020, dans toutes les dispositions législatives et réglementaires en vigueur, les mots « tribunal de grande instance » sont remplacés par les mots « tribunal judiciaire », les mots « tribunaux de grande instance » sont remplacés par les mots « tribunaux judiciaires », les mots « tribunal d'instance » sont remplacés par les mots « tribunal judiciaire », les mots « tribunaux d'instance » sont remplacés par les mots « tribunaux judiciaires », les mots « juge d'instance » sont remplacés par les mots « juge du tribunal judiciaire », les mots « juges d'instance » sont remplacés par les mots « juges du tribunal judiciaire », les mots « juge du tribunal d'instance » sont remplacés par les mots « juge du tribunal judiciaire » et les mots « tribunaux de grande instance et d'instance » sont remplacés par les mots « tribunaux judiciaires » (Ord. n° 2019-964 du 18 sept. 2019 prise en application de la loi n° 2019-222 du 23 mars 2019 de programmation 2018-2022 et de réforme pour la justice, art. 35 et 36 ; Décr. n° 2019-966 du 18 sept. 2019 portant substitution du tribunal judiciaire au tribunal de grande instance et au tribunal d'instance en application de l'article 95 de la loi n° 2019-222 du 23 mars 2019 de programmation 2018-2022 et de réforme pour la justice et diverses dispositions relatives à l'organisation judiciaire et modifiant l'annexe du décret n° 2019-913 du 30 août 2019 pris en application de l'article 95 de la loi n° 2019-222 du 23 mars 2019 de programmation (2018-2022) et de réforme pour la justice, art. 8).

Les dispositions de la loi n° 92-1336 du 16 décembre 1992, relative à l'entrée en vigueur du nouveau code pénal et à la modification de certaines dispositions de droit pénal et de procédure pénale rendue nécessaire par cette entrée en vigueur, sont entrées en vigueur le 1er mars 1994.

Les pictogrammes ♙ (jurisprudence), ✎ (doctrine des revues Dalloz) et 🏛 (législation) signalent que les textes intégraux correspondants sont accessibles en hyperliens sur les portails et sur les applications mobiles Dalloz. Par ailleurs, le Code de procédure pénale est enrichi, annoté et actualisé en continu sur smartphone, tablette et internet.

LISTE DES ABRÉVIATIONS

Hyperlien vers la décision intégrale accessible sur le Code en ligne

Hyperlien vers l'article de revue accessible sur le Code en ligne

Hyperlien vers un texte complémentaire accessible sur le Code en ligne

Actu.	Actualité jurisprudentielle du Recueil Dalloz
Adde	Ajouter
AFDI	Annuaire français de droit international
AGRASC	Agence de gestion et de recouvrement des avoirs saisis et confisqués
AJDA	Actualité juridique de droit administratif (Dalloz)
AJ pénal	Actualité juridique pénal (Dalloz)
Al.	Alinéa
ALD	Actualité législative Dalloz (années 1983-1995)
anc.	Ancien
APJ	Agent de police judiciaire
App.	Appendice
Arch. pol. crim.	Archives de politique criminelle
Arr.	Arrêté
Art.	Article
Ass. plén.	Assemblée plénière de la Cour de cassation
Aut. conc.	Autorité de la concurrence
BIBL.	Bibliographie
BIBL. GÉN.	Bibliographie générale
BICC	Bulletin d'information de la Cour de cassation
BLD	Bulletin législatif Dalloz (jusqu'à 1982)
BOMJ	Bulletin officiel du ministère de la Justice
Bull. civ.	Bulletin des arrêts des chambres civiles de la Cour de cassation
Bull. crim.	Bulletin des arrêts de la chambre criminelle de la Cour de cassation
C.	Code
c/	Contre
Cah. dr. eur.	Cahiers de droit européen
Cah. just.	Les Cahiers de la justice
CASF	Code de l'action sociale et des familles Dalloz
CCC	Contrats Concurrence Consommation
CCH	Code de la construction et de l'habitation Dalloz
C. civ.	Code civil Dalloz
C. com.	Code de commerce Dalloz

C. consom.	Code de la consommation Dalloz
C. défense	Code de la défense
C. douanes	Code des douanes Dalloz
CE	Conseil d'État
CEDH	Cour européenne des droits de l'homme
C. éduc.	Code de l'éducation Dalloz
C. élect.	Code électoral Dalloz
C. envir.	Code de l'environnement Dalloz
Cep.	Cependant
CESEDA	Code de l'entrée et du séjour des étrangers et du droit d'asile Dalloz
C. for.	Code forestier Dalloz
CGCT	Code général des collectivités territoriales Dalloz
CGI	Code général des impôts Dalloz
chap.	Chapitre
CHAP	Chambre de l'application des peines
Ch. mixte	Chambre mixte de la Cour de cassation
Ch. réun.	Chambres réunies de la Cour de cassation
Chron.	Chronique
CIJ	Cour internationale de justice
C. instr. crim.	Code de l'instruction criminelle
Circ.	Circulaire
Civ.	Chambre civile de la Cour de cassation
CIVI	Commission d'indemnisation des victimes d'infractions
CJCE	Cour de justice des Communautés européennes (1957 à nov. 2009)
CJM	Code de justice militaire
CJPM	Code de justice pénale des mineurs Dalloz
CJUE	Cour de justice de l'Union européenne (à partir de déc. 2009)
CJA	Code de justice administrative Dalloz
CJR	Cour de justice de la République
C. mon. fin.	Code monétaire et financier Dalloz
CNR détentions	Commission nationale de réparation des détentions
COJ	Code de l'organisation judiciaire
Com.	Chambre commerciale de la Cour de cassation
Comm. EDH	Commission européenne des droits de l'homme
Comm. révis.	Commission de révision (années antérieures à 2014)
Comp.	Comparer
concl.	Conclusions
conf.	Solution conforme
Cons. conc.	Conseil de la concurrence
Cons. const.	Conseil constitutionnel
Contra	Solution contraire
Conv.	Convention
Conv. EDH	Convention européenne de sauvegarde des droits de l'homme et des libertés fondamentales
C. patr.	Code du patrimoine Dalloz
C. pén.	Code pénal Dalloz
C. pénit.	Code pénitentiaire
C. pr. civ.	Code de procédure civile Dalloz

C. pr. fisc.	Code de procédure fiscale Dalloz
C. pr. pén.	Code de procédure pénale Dalloz
CRD pén.	Commission de réexamen des décisions pénales (années 2000 à 2014)
Crim.	Chambre criminelle de la Cour de cassation
Crim. révis.	Cour de révision et de réexamen des condamnations pénales
C. route	Code de la route Dalloz
CRPA	Code des relations entre le public et l'administration Dalloz
C. rur.	Code rural et de la pêche maritime Dalloz
C. rur. et for.	Code rural et Code forestier Dalloz *(jusqu'à 2010)*
CSA	Conseil supérieur de l'Audiovisuel
CSI	Code de la sécurité intérieure Dalloz
CSP	Code de la santé publique Dalloz
C. sport	Code du sport Dalloz
CSS	Code de la sécurité sociale Dalloz
C. transp.	Code des transports Dalloz
C. trav.	Code du travail Dalloz

D.	Recueil Dalloz
D. actu.	Dalloz actualité
DA	Recueil analytique de jurisprudence et de législation Dalloz *(années 1941 à 1944)*
DC	Recueil critique de jurisprudence et de législation Dalloz *(années 1941 à 1944)*
DDH	Déclaration des droits de l'homme et du citoyen de 1789
Décr.	Décret
Décr.-L.	Décret-Loi
DH	Recueil hebdomadaire de jurisprudence Dalloz *(années antérieures à 1941)*
Doctr.	Doctrine
DP	Recueil périodique et critique mensuel Dalloz *(années antérieures à 1941)*
DR	Décisions et rapports de la Commission européenne des droits de l'homme
Dr. pénal	Droit pénal
Dr. soc.	Droit social

ecqc	En ce qui concerne
eod. v°, eisd. v^is	Même(s) mot(s) que celui (ceux) qui vient (viennent) d'être cité(s)
Err.	Erratum
esp.	Espèce

FGTI	Fonds de garantie des victimes des actes de terrorisme et d'autres infractions
FIJAIS	Fichier judiciaire automatisé des auteurs d'infractions sexuelles et violentes

Gaz. Pal. Gazette du Palais
Gr. ch. Grande chambre

Hte C. just. Haute Cour de justice

---

ibid. Au même endroit
infra Ci-dessous
Instr. Instruction
IR Informations rapides du Recueil Dalloz

J. Jurisprudence
JAP Juge de l'application des peines
JCP Juris-Classeur périodique (Semaine juridique), édition générale)
JDI Journal de droit international (Clunet)
JLD Juge des libertés et de la détention
JNLC Juridiction nationale de la libération conditionnelle
JNRS Juridiction nationale de la rétention de sûreté
JO Journal officiel
JONC Journal officiel, numéro complémentaire
J. prox. Juge de proximité
JRLC Juridiction régionale de la libération conditionnelle
JRRS Juridiction régionale de la rétention de sûreté

L. Loi
Lebon Recueil des arrêts du Conseil d'État (Dalloz)
Liv. Livre
LPA Les Petites Affiches
LPF Livre des procédures fiscales

---

mod. Modifié

---

n° Numéro
NCPC Nouveau code de procédure civile (devenu Code de procédure civile – L. n° 2007-1787 du 20 déc. 2007, art. 26-III)
Nouv. Nouveau

---

obs. Observations
OPJ Officier de police judiciaire
Ord. Ordonnance
ORTC Ordonnance de renvoi devant le tribunal correctionnel

P Arrêt publié au bulletin civil ou au bulletin criminel de la Cour de cassation
p. Page
Pan. Panorama
préc. Précité
Prot. add. Protocole additionnel

Pr. pén. C.	Code de procédure pénale, 5e partie: instruction générale
QPC	Question prioritaire de constitutionnalité
R.	Répertoire alphabétique de législation, de doctrine et de jurisprudence Dalloz (1845-1870)
rapp.	Rapport
Rappr.	Rapprocher
RCA	Responsabilité civile et assurances
RD pén. crim.	Revue de droit pénal et de criminologie
Rec. dr. pén.	Recueil de droit pénal
Rec. gén. lois	Recueil général des lois et de jurisprudence
Rect.	Rectificatif
Règl.	Règlement
RÉP. PÉN.	Répertoire de droit pénal et de procédure pénale Dalloz
Req.	Chambre des requêtes de la Cour de cassation
req.	Requête
réquis.	Réquisitions
Rev. adm.	Revue administrative
Rev. dr. homme	Revue des droits de l'homme
Rev. dr. int. dr. comp.	Revue de droit international et de droit comparé
Rev. pénit.	Revue pénitentiaire
Rev. pol. nat.	Revue de la police nationale
RFDA	Revue française de droit administratif (Dalloz)
RGDA	Revue générale du droit des assurances (depuis 1996)
RG proc.	Revue générale des procédures
RI crim. et pol. techn.	Revue internationale de criminologie et de police technique
RID comp.	Revue internationale de droit comparé
RID pén.	Revue internationale de droit pénal
RID pénit.	Revue internationale de droit pénitentiaire
RJ com.	Revue de jurisprudence commerciale
RPDP	Revue pénitentiaire et de droit pénal
RSC	Revue de science criminelle et de droit pénal comparé (Dalloz)
RTD civ.	Revue trimestrielle de droit civil (Dalloz)
RTD com.	Revue trimestrielle de droit commercial (Dalloz)
RTD eur.	Revue trimestrielle de droit européen (Dalloz)
RTDH	Revue trimestrielle des droits de l'homme
RUDH	Revue universelle des droits de l'homme
S.	Recueil Sirey
s.	Et suivants
Sect.	Section
Soc.	Chambre sociale de la Cour de cassation
sol. impl.	Solution implicite
Somm.	Sommaires
ss.	Sous
supra	Ci-dessus

TA	Tribunal administratif
TAP	Tribunal de l'application des peines
T. civ.	Tribunal, chambre civile
T. com.	Tribunal de commerce
T. confl.	Tribunal des conflits
T. corr.	Tribunal, chambre correctionnelle
TGI	Tribunal de grande instance
TI	Tribunal d'instance
TJ	Tribunal judiciaire
Tit.	Titre
TOM	Territoires d'outre-mer
TPICE	Tribunal de première instance des Communautés européennes
Trib. UE	Tribunal de première instance de l'Union européenne
T. pol.	Tribunal de police

V.	Voir
v° ou v^{is}	Mot ou mots

TABLE DES MATIÈRES

CODE DE PROCÉDURE PÉNALE

PREMIÈRE PARTIE
LÉGISLATIVE

LIVRE PREMIER
DE LA CONDUITE DE LA POLITIQUE PÉNALE, DE L'EXERCICE DE L'ACTION PUBLIQUE ET DE L'INSTRUCTION

LIVRE SIXIÈME

DISPOSITIONS RELATIVES À L'OUTRE-MER

DEUXIÈME PARTIE

DÉCRETS EN CONSEIL D'ÉTAT

LIVRE PREMIER

DE L'EXERCICE DE L'ACTION PUBLIQUE ET DE L'INSTRUCTION

LIVRE DEUXIÈME

DES JURIDICTIONS DE JUGEMENT

LIVRE TROISIÈME

LIVRE QUATRIÈME

DE QUELQUES PROCÉDURES PARTICULIÈRES

LIVRE CINQUIÈME

DES PROCÉDURES D'EXÉCUTION

LIVRE CINQUIÈME *bis*

DISPOSITIONS GÉNÉRALES

LIVRE SIXIÈME

DISPOSITIONS RELATIVES À L'OUTRE-MER

TROISIÈME PARTIE

DÉCRETS

LIVRE PREMIER

DE L'EXERCICE DE L'ACTION PUBLIQUE ET DE L'INSTRUCTION

D. 1er-13 – D. 44-5

LIVRE CINQUIÈME

DES PROCÉDURES D'EXÉCUTION

LIVRE TROISIÈME

DES MESURES DE SÛRETÉ

LIVRE QUATRIÈME

LIVRE CINQUIÈME

DES PROCÉDURES D'EXÉCUTION

LIVRE SIXIÈME

MODALITÉS D'APPLICATION EN CE QUI CONCERNE LES DÉPARTEMENTS DE LA GUADELOUPE, DE LA GUYANE, DE LA MARTINIQUE ET DE LA RÉUNION

LIVRE SEPTIÈME

DISPOSITIONS APPLICABLES EN NOUVELLE-CALÉDONIE

LIVRE HUITIÈME

DISPOSITIONS APPLICABLES EN POLYNÉSIE FRANÇAISE

CINQUIÈME PARTIE

INSTRUCTION GÉNÉRALE

APPENDICE

CODE DE PROCÉDURE PÉNALE

PREMIÈRE PARTIE : LÉGISLATIVE

Les dispositions de la L. nº 92-1336 du 16 déc. 1992 sont entrées en vigueur le 1er mars 1994.

Art. préliminaire *(L. nº 2000-516 du 15 juin 2000)* **I. — La procédure pénale doit être équitable et contradictoire et préserver l'équilibre des droits des parties.**

Elle doit garantir la séparation des autorités chargées de l'action publique et des autorités de jugement.

Les personnes se trouvant dans des conditions semblables et poursuivies pour les mêmes infractions doivent être jugées selon les mêmes règles.

II. — L'autorité judiciaire veille à l'information et à la garantie des droits des victimes au cours de toute procédure pénale.

III. — Toute personne suspectée ou poursuivie est présumée innocente tant que sa culpabilité n'a pas été établie. Les atteintes à sa présomption d'innocence sont prévenues, réparées et réprimées dans les conditions prévues par la loi. — *V. C. civ., art. 9-1.* — ***C. civ.***

Elle a le droit d'être informée des charges retenues contre elle et d'être assistée d'un défenseur.

(L. nº 2013-711 du 5 août 2013, art. 4) **« Si cette personne ne comprend pas la langue française, elle a droit, dans une langue qu'elle comprend et jusqu'au terme de la procédure, à l'assistance d'un interprète, y compris pour les entretiens avec son avocat ayant un lien direct avec tout interrogatoire ou toute audience, et, sauf renonciation expresse et éclairée de sa part, à la traduction des pièces essentielles à l'exercice de sa défense et à la garantie du caractère équitable du procès qui doivent, à ce titre, lui être remises ou notifiées en application du présent code. »**

Les mesures de contraintes dont *(L. nº 2013-711 du 5 août 2013, art. 4)* **« la personne suspectée ou poursuivie » peut faire l'objet sont prises sur décision ou sous le contrôle effectif de l'autorité judiciaire. Elles doivent être strictement limitées aux nécessités de la procédure, proportionnées à la gravité de l'infraction reprochée et ne pas porter atteinte à la dignité de la personne.**

Il doit être définitivement statué sur l'accusation dont cette personne fait l'objet dans un délai raisonnable.

(L. nº 2019-222 du 23 mars 2019, art. 44-I, en vigueur le 1er juin 2019) **« Au cours de la procédure pénale, les mesures portant atteinte à la vie privée d'une personne ne peuvent être prises, sur décision ou sous le contrôle effectif de l'autorité judiciaire, que si elles sont, au regard des circonstances de l'espèce, nécessaires à la manifestation de la vérité et proportionnées à la gravité de l'infraction. »**

Toute personne condamnée a le droit de faire examiner sa condamnation par une autre juridiction.

(L. nº 2011-392 du 14 avr. 2011, en vigueur le 1er juin 2011) **« En matière criminelle et correctionnelle, aucune condamnation ne peut être prononcée contre une personne sur le seul fondement de déclarations qu'elle a faites sans avoir pu s'entretenir avec un avocat et être assistée par lui. »**

(L. nº 2021-1729 du 22 déc. 2021, art. 3, en vigueur le 1er mars 2022) **« Le respect du secret professionnel de la défense et du conseil, prévu à l'article 66-5 de la loi nº 71-1130 du 31 décembre 1971 portant réforme de certaines professions judiciaires et juridiques, est garanti au cours de la procédure pénale dans les conditions prévues par le présent code. »**

(L. nº 2021-1729 du 22 déc. 2021, art. 14, en vigueur le 31 déc. 2021) **« En matière de crime ou de délit, le droit de se taire sur les faits qui lui sont reprochés est notifié à**

toute personne suspectée ou poursuivie avant tout recueil de ses observations et avant tout interrogatoire, y compris pour obtenir des renseignements sur sa personnalité ou pour prononcer une mesure de sûreté, lors de sa première présentation devant un service d'enquête, un magistrat, une juridiction ou toute personne ou tout service mandaté par l'autorité judiciaire. Aucune condamnation ne peut être prononcée sur le seul fondement de déclarations faites sans que ledit droit ait été notifié. »

V. Conv. EDH, art. 6, et Prot. add. n° 7, art. 4, App., v° Droits de l'homme. — Sur les modalités d'exercice du droit à l'assistance d'un interprète et à la traduction de certaines pièces, V. art. 803-5 et D. 594 s.

RÉP. PÉN. v^is *Aveu* et *Présomption d'innocence,* par Ambroise-Castérot ; *Concours d'infraction,* par Bonfils et Gallardo ; *Défense pénale,* par Saint-Pierre ; Victimes d'infraction, par Cario et Ruiz-Vera.

BIBL. ▶ Allehaut, *Mél. Patin, p. 453* (droits de la défense). – Auvret, *JCP 1994. I. 3802* (présomption d'innocence). – Besançon, *AJ pénal 2021. 355* (incompatibilités fonctionnelles). – Bonfils, *D. 2010. 158* (faut-il changer notre procédure pénale ?). – Bossan, *D. 2012. 627* (la dématérialisation de la procédure pénale). – Bouloc, *RSC 1982. 513 ; ibid. 2001. 55* (droits de la défense) ; *D. 2009. 2264* (que penser des propositions du « comité Léger » ?) ; *RSC 2001. 55*. – Bouzat, *Mél. Hugueney, p. 155* (loyauté). – Buisson, *Procédures 1999. 15* (présomptions). – Bureau, *JCP 1998. I. 166* (présomption d'innocence). – Casorla, *Mél. Pradel, p. 53*. – Coche, *D. 2009. 2765* (le Comité de réflexion sur la justice pénale ou les droits perdus du justiciable [à propos de la phase préparatoire du procès pénal]). – Collet-Askri, *D. 2003. Chron. 1309*. – Commaret, *D. 1998. Chron. 262* (impartialité) ; *Mél. Pradel, p. 71*. – Conte, *Dr. pénal 2009. Étude 11* (propositions du pré-rapport du comité de réflexion sur la justice pénale) ; *D. 2010. 774* (« l'action pénale » en lévitation : aperçu de l'avant-projet de code de procédure pénale). – Coste, *AJ pénal 2004. 402* (statut de la parole et présomption d'innocence). – Cutajar et Perdriel-Vaissière, *D. 2010. 1295* (réforme de la procédure pénale : l'action citoyenne, nouvel outil de lutte contre la corruption internationale ?). – Danet, *AJ pénal 2011. 331* (le nouvel alinéa de l'article préliminaire du code de procédure pénale nous prémunit-il des erreurs judiciaires ?). – Dechenaud, *Dr. pénal 2010. Étude 13* (nouvelles menaces sur le droit pénal des affaires). – Defferrard, *D. 2009. 1213* (pour un service public de la défense pénale) ; *ibid. 2011. 2878* (contre la « visiojustice »). – De Gouttes, *RSC 2003. 63* (impartialité du juge). – Delmas-Marty, *D. 1988. Chron. 221*. – Detraz, *Dr. pénal 2004. Chron. 3* (la prétendue présomption d'innocence) ; *ibid., D. 2021. 780* (droit au respect de la présomption d'innocence et liberté d'expression). – Douvreleur, *Mél. Robert, p. 32* (impartialité). – Edmond-Mariette et Lavielle, *AJ pénal 2006. 159* (des maux aux actes, Outreau). – El Shehhat, *RID pén. 2000. 383* (applicabilité de l'art. 6 à la phase préparatoire). – Ganshof-Van Der Meersch, *Mél. Dabin, p. 569* (droits de la défense). – Gavalda-Moulenat, *Dr. pénal 2009. Étude 5* (l'avocat face à ses nouvelles fonctions au sein du procès pénal. Quelle place pour la défense pénale ?). – Giudicelli, *RSC 2003. 122*. – Guéry, *AJ pénal 2005. 232* (l'avenir du suspect) ; *ibid. 2013. 459* (l'avenir du suspect, suite…). – Guinchard, *AJDA 1998. 191, n^os spéciaux 7/8* (procès équitable) ; *Mél. Farjat, p. 139*. – D'Hauteville, *RSC 2001. 107*. – Hennebois, *AJ pénal 2021. 407* (du droit au silence à l'encouragement à se taire). – Henrion, *Arch. pol. crim. 2002, n° 24, p. 81*. – Hugueney, *RSC 1952. 195* (droits de la défense). – Jolibois, *RSC 2001. 65*. – Jouniot, *AJ pénal 2021. 344* (impartialité du ministère public). – Koering-Joulin, *RSC 1990. 765* (indépendance et impartialité) ; *Mél. Levasseur, p. 205* (droits de la défense). – Lassalle, *D. 2021. 406* (remise en cause de l'approche française par la CJUE). – Lavielle, *AJ pénal 2009. 443* (une réforme pénale impérieuse : la traduction des actes de procédure pénale aux parties civiles, mis en examen ou prévenus étrangers). – Lazerges, *RSC 1999. 166 ; 2001. 7* (loi du 15 juin 2000) ; *ibid. 2006. 709* (réflexions sur l'erreur judiciaire). – Léauté, *RSC 1953. 47* (droits de la défense). – Lesclous et Marsat, *Dr. pénal 1993. Chron. 6* (loyauté). – Lombois, *Pouvoirs 1990, n° 55, p. 81* (présomption d'innocence). – Mathias, *Dr. pénal 2020. Étude 3* (de la présomption d'innocence à l'innocence des présomptions : le procès pénal dans l'ère de la post-vérité ?). – Maistre du Chambon, *JCP 1999. I. 3422* (loyauté). – Marsat, *Dr. pénal 2001. Chron. 15* (composition du tribunal pour enfants) ; *ibid. Chron. 30* (audition des témoins). – Mayaud, *D. 2010. 773* (le parquet entre le juge et l'avocat : à propos de l'avant-projet de réforme du code de procédure pénale). – Mayer, *D. 2001. Chron. 1643* (contrôle du législateur par le juge). – Melin-Soucramanien, *Rev. rech. jur. 1993. 489* (égalité des armes). – Merle, *RSC 1970. 1* (droits de la défense). – Mialot, *D. 2009. 2497* (la partie publique au procès pénal doit-elle être représentée par un magistrat ?). – Miansoni, *AJ pénal 2012. 152* (nature juridique du traitement en temps réel des procédures pénales (TTR)). – Molina, *RSC 2002. 263* (loyauté). – Outin-Adam et Reita-Tran, *D. 2010. Actu. 1713* (avant-projet de futur code du procédure pénale : réaction de la CCIP). – Porteron, *AJ pénal 2022. 19* (le secret professionnel de la défense et du conseil). – Potaszkin, *D. 2012. 452* (la poursuite du processus de spécialisation de la justice pénale). – Pradel, *Mél. Levasseur, p. 459* (principes directeurs) ; *RSC 1990. 692* (indépendance et impartialité) ; *D. 1992. Chron. 229* (loyauté) ;

Mél. Larguier, p. 223 (droits de la défense) ; *D. 2010. 1293* (disparition du juge d'instruction dans l'avant-projet du futur code de procédure pénale). – Pradel et Guérin, *D. 2010. 660* (relations entre le ministère public et le ministre de la justice dans l'avant-projet de réforme de la procédure pénale). – Rebut, *RSC 1998. 449* (impartialité). – Repik, *Mél. Eissen, p. 331* (présomption d'innocence). – Rideau-Valentini, *AJ pénal 2009. 206* (droits de la défense en matière douanière). – Saenko, *D. 2021. 774* (le caractère loyal de la preuve à l'origine inconnue). – Saint-Pierre, *D. 2007. Chron. 260* (la nature juridique des droits de la défense) ; *AJ pénal 2009. 171* (qu'espérer de la commission Léger ? Une réforme d'ampleur de la justice pénale !). – Selçuk, *Rev. pénit. 2002. 535*. – Sourzat, *Dr. pénal 2011. Étude 18* (les droits de la défense). – Soyer, *Mél. Foyer, p. 137*. – Valat, *RSC 2020. 411* (permis de communiquer avec l'avocat). – Van Campernolle, *RTDH 1994. 420* (impartialité). – Verges, *D. 2007. Chron. 1441* (procès civil, procès pénal : différents et pourtant si semblables) ; *Mél. Gassin, p. 327*. – Vouland, *AJ pénal 2005. 275* (l'exercice quotidien de la fonction de défense et la loyauté de la preuve). – Wiederkehr, *Mél. Perrot, p. 577* (indépendance et impartialité) ; – Quelle place pour la victime ?, *Dossier AJ pénal 2004. 425* ; Les nullités : un contrôle efficace de la procédure ?, *ibid. 2005. 133 et 177*.

► **Dossiers :** Les procès sensibles, *AJ pénal 2006. 101 s.* – L'avocat et l'investigation du fait : quelle stratégie pour la défense ?, *AJ pénal 2007. 301 s.* – Comité de réflexion sur la justice pénale. Rapport d'étape sur la phase préparatoire du procès pénal, *Dr. pénal 2009. Dossiers 1 et 2*. – Rapport du comité de réflexion sur la justice pénale : les propositions sur la phase préalable du procès pénal, *ibid. Dossier 3*. – Les impératifs d'un système d'instruction préparatoire en matière criminelle et pour les affaires complexes : les différentes réponses actuelles, *ibid. Dossier 4, obs. Straehli*. – L'action du parquet selon le rapport du comité de réflexion sur la justice pénale, *ibid. Dossier 5, obs. Lucazeau*. – Les droits de la défense et de la partie civile dans la phase préparatoire du procès pénal selon le rapport du comité de réflexion sur la justice pénale, *ibid. Dossier 6, obs. Guérin*. – Criminologie : état des lieux, *AJ pénal 2009. 249 s.* Le rapport Léger : analyse des propositions, *AJ pénal 2009. 385 s.* – Investigations privées en marge de l'enquête pénale, *AJ pénal 2009. 433 s.* – L'avant-projet de réforme du code de procédure pénale, *AJ pénal 2010. 157 s.* – Rapport du groupe de travail sur les aspects constitutionnels et conventionnels de la réforme de la procédure pénale, *Dr. pénal 2010. Étude 11*. – L'erreur judiciaire, *AJ pénal 2011. 325 s.* – La mise en œuvre de la politique pénale, *AJ pénal 2012. 441 s.* – La loi du 5 août 2013, *AJ pénal 2013. 535 s.* – L'effectivité des grands principes de la procédure pénale, *AJ pénal 2016. 112 s.* – Le rôle de l'avocat pénaliste dans la phase de jugement, *Dr. pénal 2021. Dossier 12*. – L'impartialité des magistrats pénalistes, *AJ pénal 2021. 343 s.* – La loi pour la confiance dans linstitution judiciaire, *AJ pénal 2022. 7 s.*.

Plan des annotations

I. PRINCIPES DIRECTEURS GÉNÉRAUX

1. ***L'article préliminaire et les principes constitutionnels.*** La QPC, ainsi rédigée : « Les dispositions de l'article préliminaire et des art. 171 et 802 selon l'interprétation constante qui en est faite par la chambre criminelle de la Cour de cassation ne permettant aucune sanction procédurale face au non-respect du délai raisonnable et permettant qu'il soit alors statué sur une accusation en matière pénale constituent-elles une violation des articles 16 et 7 de la Déclaration des droits de l'homme et du citoyen et du principe à valeur constitutionnelle du droit au procès équitable ? », ne présente pas, à l'évidence, un caractère sérieux, dès lors que le droit à être jugé dans un délai raisonnable, qu'énonce l'art. préliminaire du C. pr. pén., n'entre pas en contradiction avec les autres principes directeurs du procès pénal énoncés par ce texte, qui garantissent le respect, sous le contrôle de la Cour de cassation, des droits de la défense, eux-mêmes servis par d'autres dispositions dudit code visant à éviter les retards dans le déroulement de la procédure jusqu'à la décision définitive mettant fin à l'action publique et, le cas échéant, à l'action civile, la partie concernée pouvant, en outre, en cas de durée excessive de la procédure, engager la responsabilité de l'État en raison du fonctionnement défectueux du service de la justice (non renvoi). • Crim. 31 août 2011, n° 11-90.075 • Crim. 14 déc. 2011, n° 11-90.092.

2. La QPC, ainsi rédigée : « Les dispositions 1°) du dernier al. du § III de l'art. préliminaire qui, s'agissant des actes effectués alors que le prévenu ou l'accusé n'a pu se défendre avec l'assistance d'un avocat, limite l'impossibilité de prononcer une condamnation fondée sur ces actes aux seules déclarations du prévenu ; 2°) du premier al. de l'art. 173-1, du dernier al. de l'art. 179 et du premier al. de l'art. 385 qui, s'agissant de ces actes, subordonnent la recevabilité de l'exception de nullité à sa présentation dans un certain délai, portent-ils atteinte aux droits de la défense garantis par les articles 7, 9 et 16 de la Déclaration des droits de l'homme de 1789 ? », ne présente pas, à l'évidence, un caractère sérieux, les dispositions contestées, qui sont destinées à éviter une remise en cause tardive de l'information de nature à fragiliser les procédures, étant justifiées par l'objectif à valeur constitutionnelle de bonne administration de la justice et ne portant pas atteinte aux droits de la défense, dès lors que, d'une part, la chambre de l'instruction a le pouvoir de relever d'office tout moyen de nullité à l'occasion de l'examen de la régularité des procédures qui lui sont soumises, d'autre part, la personne mise en examen a toujours la faculté de contester la valeur probante des pièces de procédure devant la juridiction de jugement (non renvoi). • Crim. 2 oct. 2013, n° 13-85.036. ♦ La QPC posée, sous couvert de l'insuffisance alléguée de l'art. préliminaire, ne tend qu'à critiquer les art. 6 et 86, relatifs à l'extinction de l'action publique et au refus d'informer, pour cause, notamment, de prescription, textes sur le seul fondement desquels repose l'arrêt attaqué ; dès lors, la disposition législative contestée n'est pas applicable à la procédure • Crim. 13 mai 2015, n° 15-81.763.

A. PROCÈS ÉQUITABLE

1° ÉQUITÉ DE LA PROCÉDURE

a. Règles générales

3. ***L'exigence d'équité.*** Le ministère public ne saurait invoquer une prétendue atteinte au caractère équitable et contradictoire de la procédure au sens de l'article 6, § 1, Conv. EDH et l'art. préliminaire, qui ne garantissent que les droits et les libertés des parties privées. • Crim. 8 sept. 2015, n° 14-84.315 P : *D. actu. 2 oct. 2015, obs. Fonteix ; AJ pénal 2016. 94, obs. de Combles de Nayves* .

4. Dans un premier temps, il a été jugé que la garantie d'un procès équitable ne s'applique pas à la phase de l'instruction : l'art. 6, § 1, Conv. EDH relatif à l'exigence d'un procès équitable ne concerne que les juridictions de jugement et ne peut donc être invoqué devant la chambre d'accusation appelée à donner un avis sur une demande d'extradition présentée par le Gouvernement d'un État étranger. • Crim. 26 oct. 1993, n° 93-83.748 P. ♦ A la suite d'une importante évolution jurisprudentielle, l'applicabilité des exigences du procès équitable a été admise aux conditions dans lesquelles a été rendu un arrêt de la chambre d'accusation. • Crim. 29 avr. 1996, n° 95-81.948 P. ♦ En vertu du principe conventionnel selon lequel toute personne a droit à ce que sa cause soit entendue par un tribunal indépendant et impartial qui décidera, notamment, des contestations sur ses droits en matière civile, lorsque la constitution de partie civile est déterminante pour le droit du plaignant d'agir en réparation et tend à faire décider d'une contestation sur ses droits de caractère civil au sens de l'art. 6, § 1, Conv. EDH, une chambre d'accusation ne peut valablement retenir que la juridiction d'instruction ne peut être regardée comme un « tribunal au sens de l'art. 6 ». • Crim. 19 juin

2001, n° 00-82.357 P : *Dr. pénal 2001. Chron. 48, obs. Marsat.* ♦ Méconnaît les dispositions des articles 6, § 1, Conv. EDH, 8 et préliminaire la chambre de l'instruction qui relève d'office la prescription de l'action publique sans avoir permis aux parties d'en débattre. • Crim. 8 janv. 2013 : *D. 2013. 308 ; AJ pénal 2013. 354, obs. Lasserre Capdeville ; D. 2013. Pan. 1993, obs. Pradel* • Crim. 23 juin 2015, n° 14-83.836 P. ♦ Vu l'article préliminaire du code de procédure pénale ; attendu que la procédure pénale doit être équitable et contradictoire et préserver l'équilibre des droits des parties ; le refus d'une juridiction de proximité d'accéder à la demande d'un avocat de la défense, tendant à faire verser aux débats le certificat médical de son client, réalisé avant son placement en cellule de dégrisement, porte atteinte au droit à un procès équitable. • Crim. 8 janv. 2013 : *D. actu. 25 janv. 2013, obs. Le Drévo ; D. 2013. 178*. ♦ Vu l'article préliminaire du code de procédure pénale ; attendu que la procédure pénale doit être équitable et contradictoire et préserver l'équilibre des droits des parties ; la cour d'appel, saisie de l'appel du ministère public contre un jugement, dans lequel M. X... figurait comme partie civile, se prononce sur la recevabilité de cet appel, sans que les parties civiles intimées aient été avisées de ce recours ni citées à comparaître à l'audience a méconnu le principe ci-dessus rappelé. • Crim. 13 mars 2013, n° 12-85.004.

5. Sur le principe de loyauté, corollaire de l'équité, V. notes 15 s. ss. art. 427.

b. Cas particuliers

6. Enquête préliminaire. Le défaut d'impartialité d'un enquêteur peut constituer une cause de nullité de la procédure, à la condition que ce grief ait eu pour effet de porter atteinte au caractère équitable et contradictoire de la procédure ou de compromettre l'équilibre des droits des parties. • Crim. 14 mai 2008, n° 08-80.483 P : *RSC 2008. 631, obs. Giudicelli ; AJ pénal 2008. 328, obs. Roussel*.

7. Commission de réexamen. Vu l'article préliminaire du code de procédure pénale ; attendu, selon ce texte, que la procédure pénale doit être équitable et contradictoire et préserver l'équilibre des droits des parties et que l'autorité judiciaire veille à l'information et à la garantie des droits des victimes au cours de toute procédure pénale ; dès lors les parties civiles qui en font la demande peuvent en audience publique devant la Commission de réexamen présenter des observations orales ou écrites. • CRD. pén. 16 oct. 2003, n° 03RDH005 P.

8. Parade d'identification. Les modalités d'organisation d'une représentation à témoins dans laquelle les neuf personnes présentées étaient toutes gardées à vue dans la même affaire ne portent pas atteinte au droit à un procès équitable. • Crim. 6 févr. 2018, n° 17-84.380 P : *Dr. pénal 2018, n° 69, obs. Maron et Haas.*

9. Expertise et équité. La désignation d'un expert dépendant de l'une des parties ne permet pas de garantir les conditions d'un procès équitable. Doit être approuvée la chambre de l'instruction qui, pour annuler la désignation d'un expert, les actes accomplis par lui et ceux accomplis en sa présence, sur commission rogatoire, retient, notamment, que cet expert est salarié de la société partie civile ayant déposé la plainte initiale et que chaque page de son rapport d'expertise, qui mentionne que ce document est la propriété intellectuelle de ladite société, est rédigée à son en-tête. • Crim. 25 sept. 2012 : *D. actu. 15 oct. 2012, obs. Léna ; AJ pénal 2012. 659, obs. Renaud-Duparc*. ♦ Mais en appréciant l'impartialité du juge d'instruction et de l'expert, celui-ci ayant été choisi par le collège de l'instruction, dont faisait partie le juge d'instruction qui entretenait des liens avec l'expert, en raison de sa compétence particulière et ayant participé avec les quatre autres experts désignés à l'élaboration de rapports ayant un caractère d'avis technique et soumis à la contradiction, la chambre de l'instruction a justifié sa décision. • Crim. 11 mars 2014, n° 13-86.965 P : *D. actu. 18 mars 2014, obs. Bombled.*

10. Production tardive, par le procureur général, de son mémoire contenant ses moyens de cassation. Même en l'absence de texte lui impartissant un délai, la production tardive, par le procureur général, de son mémoire en demande est contraire aux principes du procès équitable, de l'équilibre des droits des parties et du délai raisonnable de jugement des affaires pénales consacrés tant par l'art. préliminaire, issu de la loi du 15 juin 2000, que par l'art. 6, Conv. EDH. • Crim. 10 déc. 2002, n° 02-82.540 P : *D. 2003. IR 251 ; JCP 2003. IV. 1094.* ♦ *Contra* • Crim. 23 janv. 2001, n° 00-84.439 P. ♦ Mais tel n'est pas le cas d'un mémoire parvenu à la Cour de cassation trente-quatre jours après la formation du pourvoi. • Crim. 10 oct. 2006, n° 06-81.833 P : *D. 2006. IR 2752 ; Procédures 2007. Comm. 45, obs. Buisson.*

2° *ÉGALITÉ DES ARMES ET RESPECT DU CONTRADICTOIRE*

a. Aspects généraux

11. Observations des parties. Si la chambre de l'instruction tient des art. 206 et 207 le pouvoir d'évoquer et de procéder directement au règlement de la procédure, elle a l'obligation, pour satisfaire aux exigences de l'art. préliminaire, de mettre les parties en mesure d'en débattre contradictoirement. Encourt, dès lors la censure, la chambre de l'instruction qui, après avoir statué sur la demande d'annulation dont elle était saisie, a, dans le même arrêt, après évocation, dit n'y avoir lieu à suivre sans que les parties aient été invitées à présenter leurs observations sur le règlement de la procédure. • Crim. 19 sept. 2006, n° 05-85.941 P : *D. 2006. AJ 3045, note Royer ; ibid. 2007. Pan. 973, obs. Pradel ; RSC 2006. 113, obs. Giudicelli ; AJ pénal 2006. 451, obs. Girault*. ♦ La chambre de l'instruction, saisie de l'appel d'une ordonnance de non-lieu, ne peut relever d'office l'irrecevabilité de la constitution de partie civile sans avoir au préalable invité les parties à présenter leurs observations. • Crim. 3 mai 2007, n° 06-82.149 P : *D. 2007. AJ 1663 ; AJ pénal 2007. 333 ; RSC 2007. 836, obs. Finielz*. ♦ La procédure pénale est contradictoire et le respect du principe de la contradiction s'impose aux juridictions d'instruction qui ne peuvent, pour refuser d'informer sur une plainte avec constitution de partie civile, relever d'office un moyen sans inviter les parties, et notamment la partie civile, à présenter leurs observations. • Crim. 8 déc. 2009, n° 09-82.120 P : *Dr. pénal 2010, n° 42, obs. Véron*. ♦ Dans le même sens : l'irrecevabilité d'une constitution de partie civile ne peut être soulevée d'office sans inviter les parties à présenter leurs observations. • Crim. 14 mai 2014, n° 12-84.075 P : *D. actu. 4 juin 2014, obs. Anane ; AJ pénal 2014. 492, obs. de Combles de Nayves* • Crim. 14 avr. 2015, n° 14-80.647 P : *AJ pénal 2015. 507, obs. Gallois*. ♦ La question portant sur la constitutionnalité de l'art. 87 ne présente pas, à l'évidence, un caractère sérieux, au regard du principe de la contradiction tel que garanti par l'art. préliminaire, I, en ce que le juge d'instruction ne peut déclarer, d'office ou sur contestation, la constitution de partie civile irrecevable sans l'avoir mise en mesure, au préalable, de présenter ses observations (non-renvoi). • Crim. 3 juin 2014 : *D. 2014. Actu. 1275*.

12. Les formes et délais d'appel étant d'ordre public, les juges sont bien fondés à relever d'office leur méconnaissance, sans avoir à provoquer préalablement les explications de la partie civile sur ce point. • Crim. 17 févr. 2015 : *D. actu. 6 mars 2015, obs. Anane ; AJ pénal 2015. 370, obs. Lasserre Capdeville ; Dr. pénal 2015, n° 57, note Maron et Haas* • Crim. 17 févr. 2015 : *ibid.*

13. Moyen de droit relevé d'office. Il résulte de l'art. préliminaire que le juge ne peut relever d'office un moyen de droit sans avoir invité au préalable les parties à présenter leurs observations. Encourt la cassation l'arrêt qui, ayant évalué en tous ses éléments le préjudice corporel subi par la victime, a appliqué d'office, et sans rouvrir les débats, les dispositions de l'art. 31 de la L. 5 juill. 1985, dans leur rédaction issue de l'art. 25 de la L. du 21 déc. 2006, selon lesquelles les recours subrogatoires des tiers payeurs s'exercent poste par poste sur les seules indemnités qui réparent des préjudices qu'elles ont pris en charge, à l'exclusion des préjudices de caractère personnel. • Crim. 4 nov. 2008, n° 08-80.495 P : *D. actu. 2 déc. 2008, obs. Léna ; AJ pénal 2009. 35, obs. Royer*. ♦ Dans le même sens : la chambre de l'instruction ne peut prononcer d'office la prescription de l'action publique sans avoir permis aux parties d'en débattre. • Crim. 8 janv. 2013 : *D. actu. 15 févr. 2013, obs. Léna ; D. 2013. Actu. 308 ; AJ pénal 2013. 355, obs. Lasserre Capdeville ; Dr. pénal 2013. Chron. 6, note Mouysset.* ♦ Même solution pour une exception d'incompétence. • Crim. 9 janv. 2013, n° 11-80.746. ♦ En revanche, il ne saurait être fait grief aux juges du second degré d'avoir, en constatant l'extinction de l'action publique, relevé un moyen d'office sans inviter les parties à en débattre, dès lors que la question de la prescription des faits était dans les débats depuis l'ordonnance de non-lieu. • Crim. 10 janv. 2017, n° 15-86.019. ♦ Vu l'article préliminaire, en ses I et II ; attendu qu'il résulte de ce texte que la procédure pénale doit être équitable et contradictoire et préserver l'équilibre des droits des parties ; la cour d'appel, en statuant ainsi, alors que les parties civiles justifiaient de ce qu'elles n'avaient pu accéder aux procès-verbaux de l'enquête préliminaire sur lesquels la cour, tenue de statuer sur les intérêts civils à partir des faits objet de la poursuite, allait prononcer elle-même, a méconnu le sens et la portée du texte susvisé et le principe ci-dessus rappelé. • Crim. 26 juin 2018, n° 17-86.008. ♦ Attendu qu'il résulte de l'art. préliminaire que le juge ne peut relever d'office un moyen de droit sans avoir invité au préalable les parties à présenter leurs observations ; une cour d'appel ne peut, pour rejeter la demande d'expertise formée par la partie civile pour que soit évalué le préjudice découlant des violences dont elle a été victime, relever d'office le moyen tiré du défaut de mise en cause de la caisse de sécurité sociale, sans avoir inviter les parties à s'expliquer à ce sujet. • Crim. 14 nov. 2018, n° 17-85.734. ♦ Les juges ne pouvaient conclure que l'absence de transmission de la demande du prévenu faisant l'objet d'un mandat d'arrêt européen être assisté dans l'État d'émission par un avocat de son choix, ou à défaut par un avocat commis d'office, portait nécessairement atteinte aux droits de la défense et entachait de nullité la procédure, sans avoir invité les parties à présenter leurs observations sur le moyen de droit soulevé d'office pris de l'inobservation des dispositions de l'art. 695-27, al. 3. • Crim. 18 déc. 2019, n° 18-87.395.

14. Un juge d'instruction ne peut se fonder sur les pièces issues d'une procédure distincte pour, en l'absence de tout acte d'information propre à l'affaire en cours, refuser d'instruire. Il en va d'autant plus ainsi lorsque la partie civile n'a pas accès à ladite procédure. • Crim. 2 sept. 2009, n° 08-88.426 P : *AJ pénal 2009. 506, obs. Ascensi*. ♦ Il résulte des art. 6, § 1, Conv. EDH et préliminaire que la chambre de l'instruction ne peut prononcer d'office l'annulation d'une mise en examen sans avoir permis aux parties d'en débattre. • Crim. 26 juin 2012, n° 12-80.319 P : *D. 2012. Actu. 1826 ; Gaz. Pal. 26-27 oct. 2012, p. 43, note Fourment.* ♦ La chambre de l'instruction statuant sur appel d'une ordonnance de saisie ne peut modifier d'office le fondement de celle-ci sans avoir invité au préalable les parties à en débattre. • Crim. 17 févr. 2016, n° 14-87.845 P : *D. actu. 16 mars 2016, obs. Fonteix ; AJ pénal 2016. 221, obs. Violeau .*

15. En application de l'art. préliminaire, si la chambre de l'instruction, saisie d'une demande d'annulation sur le fondement de l'art. 173, tient de l'art. 206 le pouvoir d'évoquer et de procéder directement au règlement de la procédure, c'est à la condition que les parties aient été mises en mesure d'en débattre contradictoirement. • Crim. 19 sept. 2006, n° 05-85.941 P.

16. Informations émanant des services de renseignement. Si le recueil de renseignement ne peut être mis en œuvre pour constater des infractions à la loi pénale, les informations émanant des services de renseignement, régulièrement versées dans une procédure judiciaire et soumises au débat contradictoire, peuvent être prises en compte en ce qu'elles ont guidé les investigations, bien qu'elles ne puissent, à elles seules, fonder une déclaration de culpabilité. • Crim. 19 mai 2021, n° 21-80.849 P : *D. actu. 7 juin 2021, obs. Charlent ; AJ pénal 2021. 376, obs. Clément .*

17. Ministère public. Si le droit au procès équitable posé par l'art. 6, Conv. EDH implique une égalité des armes ceci n'empêche pas une différence entre les parties tant qu'il n'y a pas déséquilibre dans le traitement qui leur est fait : la position surélevée du ministère public à l'audience n'est pas révélatrice d'un tel déséquilibre. • Paris, 11e ch. A, 4 avr. 2001 : *D. 2001. IR 1773 .*

18. N'est pas compatible avec le principe de l'égalité des armes découlant de l'art. 6 Conv. EDH la disposition de l'art. 546, dernier al., qui réserve au seul procureur général un droit d'appel contre certains jugements rendus en matière de police, dans des hypothèses où ce même droit est refusé au prévenu ainsi qu'à l'officier du ministère public et au procureur de la République. • Crim. 6 mai 1997, n° 96-83.512 P : *JCP 1998. II. 0056, note Lassalle ; RG proc. 1998. 109, obs. Rebut* • 21 mai 1997, n° 96-85.532 P : *Procédures 1998. Comm. 214, obs. Buisson.* ♦ L'art. 505 qui ouvre au procureur général un délai d'appel plus long que celui accordé aux autres parties par l'art. 498 méconnaît le principe de l'égalité des armes tel qu'il résulte de l'exigence d'un procès équitable au sens de l'art. 6, § 1, Conv. EDH. • Crim. 17 sept. 2008, n° 08-80.598 P : *D. 2008. AJ 2507, note Girault ; ibid. 2009. Chron. 44, obs. Chaumont ; AJ pénal 2008. 456, note Saas ; Dr. pénal 2008. Comm. 161, obs. Maron et Haas.* ♦ Revirement par rapport à • Crim. 27 juin 2000, n° 89-87.460 P : *D. 2000. IR 221 ; ibid. 2001. Somm. 514, obs. Pradel* (pour écarter l'argumentation du prévenu qui invoque l'irrecevabilité de l'appel du parquet au motif que l'art. 505, qui ouvre au procureur général un délai d'appel plus long que celui accordé aux autres parties par l'art. 498, est contraire à l'art. 6, § 1, Conv. EDH, la cour d'appel retient à juste titre que le prévenu, qui disposait d'un droit d'appel, ne peut invoquer aucune atteinte au principe de l'égalité des armes). ♦ N'est pas compatible avec le principe de l'égalité des armes la disposition de l'art. 505 qui ouvre au procureur général près la cour d'appel un délai d'appel plus long que celui accordé aux autres parties par l'art. 498. • Crim. 10 févr. 2009, n° 08-83.837 P : *RSC 2009. 921, obs. Renucci ; D. 2009. 814, note Girault ; AJ pénal 2009. 234, obs. Saas ; Procédures 2009, n° 171, obs. Buisson.*

19. La lecture par l'avocat général d'un document nouveau en cours de procès d'assises ne constitue pas une atteinte aux droits de la défense dès lors que les parties ont la possibilité d'examiner les pièces produites et de présenter des observations. • Crim. 15 juin 2000, n° 99-87.795 P. ♦ Les exigences du procès équitable ne font pas obstacle à ce que le ministère public verse aux débats des pièces nouvelles, à la condition que ces pièces soient soumises à une discussion contradictoire et qu'un délai soit, le cas échéant, accordé à l'accusé et à son conseil pour les examiner. • Crim. 9 mars 1994, n° 93-83.461 P. ♦ Le ministère public a le droit de produire tous documents qui lui paraissent utiles à la manifestation de la vérité, sauf le droit, pour les autres parties, d'examiner les pièces produites et de présenter toutes observations à leur sujet, sans qu'il soit nécessaire que le président les invite spécialement à le faire. • Crim. 30 oct. 1996, n° 96-80.020 P : *Procédures 1997. Comm. 65, obs. Buisson.* – V. également • Crim. 6 janv. 2004 : *RSC 2004. 964, obs. Renucci .* ♦ Partie au procès, le ministère public est indépendant dans l'exercice de ses fonctions et a le droit de dire tout ce qu'il croit convenable au bien de la justice, sauf le droit des parties de combattre les arguments présentés par lui (référence dans ses réquisitions à des courriers alors que le président de la cour d'assises avait expressément refusé qu'ils soient versés aux débats). • Crim. 12 sept. 2007, n° 07-80.755 P : *AJ pénal 2007. 539, note Lavric ; Dr. pénal 2007. Comm. 148, obs. Maron ; ibid. 2008. Étude 7, note Lemoine.*

20. Les réquisitions de l'avocat général, dont le rôle, devant la chambre criminelle n'est pas de soutenir l'accusation, au sens de l'art. 6, § 1, Conv. EDH, mais de veiller, en toute indépendance, à l'exacte application de la loi pénale, ne sont, selon l'art. 602, présentées qu'oralement à l'audience, après les observations des avocats à la Cour de cassation représentant les parties, lorsqu'ils ont demandé à être entendus, par ailleurs, ceux-ci sont ensuite invités par le président, pour satisfaire aux exigences du débat contradictoire, à reprendre la parole après l'intervention de l'avocat général ; dès lors, il ne saurait être donné suite à la requête du demandeur en cassation qui sollicite que lui soit donné connaissance, avant l'audience, des réquisitions écrites du ministère public. • Crim. 18 déc. 1996, n° 96-82.746 P : *Dr. pénal 1997. Comm. 86, obs. Maron* • 5 nov. 1997, n° 96-86.380 P : *D. 1998. Somm. 176, obs. Pradel* • 1er oct. 1997 : *Procédures 1998. Comm. 44, obs. Buisson.* ♦ V. aussi note 2 ss. art. 602.

21. Selon l'art. 602, les rapports sont faits à l'audience, où les avocats des parties sont, le cas échéant, entendus en leurs observations et où le ministère public présente ses réquisitions, le rôle de l'avocat général, devant la Cour de cassation, est seulement de s'assurer qu'il a été jugé conformément à la loi et aucune disposition légale n'impose au conseiller rapporteur de communiquer à quiconque son projet de rapport, ni le projet d'arrêt qu'il a préparé, par conséquent, la requête fondée sur l'art. 6, § 1, Conv. EDH tendant à la récusation d'un conseiller rapporteur qui malgré la demande qui lui en a été faite par lettre recommandée n'a pas communiqué au requérant une copie de son rapport et de son projet d'arrêt n'est pas recevable. • Crim. 6 mars 2001, n° 00-87.321 P.

22. Il se déduit des art. préliminaire et 6 Conv. EDH que le respect des principes du contradictoire et de l'équilibre des droits des parties interdit à la chambre de l'instruction de statuer sur l'appel d'une ordonnance de refus d'informer du juge d'instruction sans que la partie civile qui a choisi de se défendre sans avocat ait été mise en mesure d'obtenir la délivrance, si elle en a fait la demande, d'une copie du réquisitoire définitif du procureur de la République. • Crim. 19 mars 2014 : *D. actu. 5 déc. 2014, obs. Fucini ; Dr. pénal 2015. 12, note Maron et Haas.*

b. Aspects particuliers

23. Audition des témoins. S'il résulte de l'art. 6, § 3, Conv. EDH que tout prévenu a droit notamment à interroger ou faire interroger les témoins à charge avec lesquels il n'a, à aucun stade de la procédure, été confronté, le refus par les juges du second degré d'entendre un témoin n'enfreint pas, en tant que tel, les dispositions de ce texte *dès lors qu'ils justifient leur décision*, en exposant les circonstances particulières qui font obstacle à la confrontation, ou sont de nature à la priver de toute force probante. • Crim. 13 févr. 2001 : *Dr. pénal 2001. Chron. 30.* ♦ Il résulte de l'art. 6, § 3 *d)*, Conv. EDH que les juges d'appel sont tenus, lorsqu'ils en sont légalement requis, d'ordonner l'audition contradictoire des témoins à décharge dans les mêmes conditions que les témoins à charge. Le refus des juges de faire droit à une telle demande doit être motivé. • Crim. 27 juin 2001, n° 00-87.414 P. ♦ Il n'y a pas violation de l'art. 6, § 3, Conv. EDH lorsque les témoins n'ont pu être entendus par la cour d'appel en raison de leur changement de domicile sans indication de leur nouvelle adresse et que les magistrats ne fondent pas la déclaration de culpabilité de l'intéressé uniquement sur les dépositions faites par ces témoins lors de l'enquête préliminaire. • Crim. 10 mai 2006, n° 05-82.826 P : *AJ pénal 2006. 318*.

24. Les juges d'appel ne peuvent, sans s'en expliquer, passer outre la demande de renvoi de l'affaire sollicitée dans le but d'obtenir la convocation et l'interrogation d'un témoin à décharge. • Crim. 20 sept. 2011, n° 11-81.314 P : *D. actu. 24 oct. 2011, obs. Bombled ; D. 2011. Actu. 2542, obs. Léna ; ibid. 2012. Chron. 171, obs. Roth ; AJ pénal 2012. 47, obs. Pronier ; RSC 2012. 198, obs. Danet*.

25. Audition des experts. Le principe d'égalité des armes, en vertu duquel les parties au procès pénal disposent des mêmes droits, impose que l'avocat d'une partie ait le droit d'assister à l'audition d'un expert effectuée par le juge d'instruction sur réquisitions du procureur de la République en présence de celui-ci. Encourt dès lors la cassation l'arrêt qui, pour écarter une exception de nullité, énonce que le procureur de la République tient de l'art. 82, al. 1er, la faculté de demander au magistrat instructeur qu'il soit procédé en sa présence à l'audition d'un expert et qu'aucune disposition légale ne prévoit ni ne fait obligation au juge de convoquer les autres parties ou leurs avocats. • Crim. 11 mai 2010 : *AJ pénal 2010. 510, obs. Renaud-Duparc*.

26. Ordre de prise de parole à l'audience. Peu importe que l'avocat de la partie civile appelante ait présenté ses observations avant le ministère public, dès lors que seule est prescrite à peine de nullité l'audition en dernier de la personne mise en examen ou de son avocat, il n'y a donc pas violation de l'art. préliminaire et des art. 199, 575 et 593, ainsi que de l'art. 6 Conv. EDH. • Crim. 23 janv. 2001, n° 01-83.505 • 27 févr. 2002, n° 01-86.128.

27. Il se déduit des dispositions de l'art. 6 Conv. EDH et de l'art. 199 que, devant la chambre de l'instruction, la personne mise en examen ou son avocat doivent avoir la parole les derniers. Ne permet pas à la Cour de s'assurer que le principe ci-dessus rappelé a été respecté l'arrêt de la chambre de l'instruction qui mentionne que les avocats des mis en examen ont présenté leurs observations et que le ministère public a été entendu en ses réquisitions. • Crim. 2 mars 2010, n° 09-88.452 P : *D. 2010. AJ 1147, note Girault*.

B. SÉPARATION DES FONCTIONS DE JUSTICE

28. Un principe consacré. En matière de délits et de crimes, la séparation des autorités chargées de l'action publique et des autorités de jugement concourt à la sauvegarde de la liberté individuelle. • Cons. const. 2 févr. 1995, n° 95-360 : *D. 1995. 171, note Pradel ; RFDC 1995. 405, note Renoux* (injonction pénale).

1° RÈGLES GÉNÉRALES

a. Impartialité personnelle (ou subjective)

29. Atteintes à l'impartialité. Un magistrat visé par une plainte avec constitution de partie civile ne saurait statuer sur cette plainte sans faire naître un doute sur son impartialité. • Crim. 16 mai 2000, n° 99-85.444 P : *D. 2000. IR 198*. ♦ La circonstance qu'un magistrat ait à instruire sur les faits dénoncés après avoir opposé à l'intéressé un refus d'informer injustifié, constitue, au sens de l'art. 6 Conv. EDH, un élément objectif de nature à faire naître, dans l'esprit de la partie civile, un doute sur son impartialité ; dès lors, il existe des motifs suffisants, au sens de l'art. 662 et de l'art. 6 Conv. EDH, pour attribuer à un autre juge d'instruction la connaissance de cette information. • Crim. 4 mars 1998, n° 97-86.544 P : *Dr. pénal 1998. Comm. 150, obs. Maron* • 5 janv. 2005, n° 04-86.947 P : *AJ pénal 2005. 162, obs. Leblois-Happe*.

30. Il existe des éléments objectifs de nature à faire naître un doute sur l'impartialité du magistrat instructeur saisi du dossier ainsi que celle des magistrats qui seront par la suite éventuellement chargés du jugement de l'affaire lorsque le magistrat est saisi d'une plainte avec constitution de partie civile pour outrage, déposée par le président du tribunal soutenu dans sa démarche par une motion de l'assemblée générale du tribunal à la suite d'un incident entre un avocat et un magistrat présidant une audience correctionnelle qui avait motivé la rédaction par le bâtonnier d'une lettre au président du tribunal se plaignant du comportement de ce magistrat ; ces motifs sont suffisants, au sens tant de l'art. 662 que de l'art. 6 Conv. EDH, pour attribuer à un autre juge d'instruction la connaissance de cette information. • Crim. 3 nov. 1994, n° 94-84.752 P : *Dr. pénal 1995. Comm. 27, obs. Maron*. ♦ Les circonstances dans lesquelles ont été exercées des poursuites, sur la dénonciation d'un magistrat du parquet se présentant comme victime des faits, si elles n'autorisent pas à suspecter l'indépendance des magistrats composant le tribunal, sont cependant de nature à faire craindre que la juridiction ayant à décider du bien-fondé de l'accusation n'offre pas les garanties suffisantes d'impartialité ; ces motifs sont donc suffisants, au sens tant de l'art. 662 que de l'art. 6 Conv. EDH, pour attribuer à un autre tribunal la connaissance de l'affaire. • Crim. 30 nov. 1994, n° 94-85.539 P : *D. 1995. Somm. 323, obs. Pradel ; Dr. pénal 1995. Comm. 56, obs. Maron*.

31. Deux magistrats conjoints ne peuvent connaître d'une même cause : dès lors, l'arrêt doit être cassé lorsque le jugement a été rendu en présence d'un procureur de la République dont l'épouse siégeait à la chambre des appels correctionnels qui a statué sur l'appel de cette décision. • Crim. 5 févr. 1997, n° 96-82.050. ♦ Selon l'art. 6 Conv. EDH, deux magistrats conjoints ne peuvent connaître d'une même cause. Encourt, dès lors, la cassation l'arrêt rendu par la chambre d'accusation, où siégeait un conseiller, conjoint du magistrat du parquet qui avait pris des réquisitions ayant conduit au prononcé, par le juge d'instruction, de l'ordonnance entreprise. • Crim. 29 févr. 1996, n° 95-82.648 P : *D. 1997. Somm. 141, obs. Pradel*. ♦ ... Tout comme l'arrêt rendu par la chambre correctionnelle d'une cour d'appel dans laquelle siégeait un conseiller, épouse du procureur de la République au nom duquel les poursuites ont été engagées, et l'appel interjeté. • Crim. 9 juin 2015, n° 14-83.322 P. ♦ La seule circonstance qu'un juge d'instruction soit le conjoint d'un magistrat du ministère public exerçant ses fonctions près le même tribunal n'est pas de nature à faire naître un doute objectivement justifié quant à son impartialité dès lors qu'il n'est pas établi que son conjoint soit intervenu directement ou indirectement dans le déroulement de l'information. • Crim. 14 janv. 2003, n° 02-87.062 P.

32. L'adhésion d'un juge à une association et spécialement à une association ayant pour mission de veiller à l'information et à la garantie des droits des victimes, laquelle, aux termes de l'article préliminaire II du code de procédure pénale, entre dans les attributions de l'autorité judiciaire, n'est pas, en soi, de nature à porter atteinte à la présomption d'impartialité dont il bénéficie ; il en va néanmoins autrement lorsque l'un des juges siégeant dans la juridiction de jugement est vice-président d'une fédération d'associations d'aide aux victimes liée par convention à une autre fédération partie civile dans la cause sur laquelle il est appelé à statuer. • Crim. 13 janv. 2015 : *D. actu. 16 janv. 2015, obs. Léna ; AJ pénal 2015. 191, obs. Mayaud ; RSC 2015. 115, note Giudicelli ; Dr. pénal 2015. Étude 7, obs. Bisseuil ; Procédures 2015, n° 92, obs. Chavent-Leclère*.

33. Respect de l'impartialité. Les soupçons de partialité qui pouvaient peser sur un juge ne sauraient s'étendre à un autre par le seul fait qu'ils siègent habituellement ensemble. • Crim. 18 déc. 2001, n° 01-84.170 P. ♦ N'encourt pas la censure la juridiction répressive qui se reconnaît compétente pour statuer sur la responsabilité civile d'un maire, ayant agi dans l'exercice de ses fonctions, condamné pour atteinte à la liberté d'accès et à l'égalité dans les marchés publics, dès lors qu'il résulte des constatations de l'arrêt que la faute imputée à celui-ci présentait le caractère d'une faute personnelle détachable du service. • Crim. 7 nov. 2012, n° 11-82.691.

34. Précision procédurale. Un prévenu n'est pas recevable à mettre en cause l'impartialité des magistrats composant la chambre des appels correctionnels, en invoquant l'art. 6 Conv. EDH, dès lors qu'il n'a pas usé de la possibilité d'en obtenir le respect en récusant ces magistrats en application de l'art. 668 ou en présentant une requête en suspicion légitime sur le fondement de l'art. 662. • Crim. 5 avr. 2018, n° 17-83.166 P.

b. Impartialité fonctionnelle (ou objective)

35. Infractions connexes. Le fait qu'un juge de la chambre de l'instruction ait eu à connaître, dans une autre formation de jugement, d'une procédure antérieure et distincte, n'est pas de nature à jeter un doute sur son impartialité à connaître et juger des faits nouveaux et connexes à la procédure initiale, relevés dans une procédure postérieure, soumis à l'appréciation de la juridiction d'instruction du second degré. • Crim. 20 juin 2018, n° 17-86.651 P : *D. actu. 16 juill. 2018, obs. Goetz ; Gaz. Pal. 6 nov. 2018, p. 62, note Fourment ; AJ pénal 2018. 471, obs. Roussel.*

1. Situation du juge exerçant successivement des fonctions judiciaires différentes dans une même affaire

36. Les interventions successives possibles. Il ne saurait être reproché à un tribunal correctionnel de déclarer un prévenu coupable de vol et de révoquer le sursis avec mise à l'épreuve qui lui a été accordé par une précédente décision, au prétendu motif que l'un des membres du tribunal a, en sa qualité de JAP, donné antérieurement son avis sur l'opportunité d'une telle révocation, dès lors que le JAP, qui donne son avis en application de l'art. 132-48 C. pén., n'examine pas la valeur des charges pouvant peser sur le prévenu. • Crim. 18 oct. 2000, n° 99-86.289 P : *D. 2001 IR 42.* ♦ L'exercice par le président de la chambre d'accusation du pouvoir qu'il tient de l'art. 187-1 ne saurait interdire à ce magistrat de participer à la décision rendue par la formation collégiale à laquelle l'affaire a été renvoyée. • Crim. 6 juin 2000, n° 00-81.746 P : *D. 2001. Somm. 517, obs. Pradel ; Procédures 2000. Comm. 222, obs. Buisson ; Dr. pénal 2001. Chron. 5, obs. Marsat.* ♦ Le conseiller à la cour d'appel chargé du contrôle des experts *a pour mission exclusive*, dans le cadre d'une procédure disciplinaire diligentée contre un expert judiciaire, de recueillir les observations de ce dernier ; dès lors, la circonstance que ce magistrat ait, par la suite, siégé dans la formation de jugement qui s'est prononcée sur les poursuites pénales dirigées contre le même expert n'est pas contraire à l'exigence d'impartialité énoncée par l'art. 6 Conv. EDH. • Crim. 17 févr. 1993, n° 91-86.890 P : *Dr. pénal févr. 1994. 4, obs. Lesclous et Marsat ; RSC 1994. 124, obs. Braunschweig.*

37. Il n'importe que le président de la chambre des appels correctionnels qui a condamné une personne du chef d'usure ait antérieurement siégé à la chambre d'accusation qui, rejetant l'appel des parties civiles, avait confirmé l'ordonnance du juge d'instruction prononçant un non-lieu sur d'autres chefs d'inculpation. Dans cette hypothèse, la participation de ce même magistrat au jugement de l'affaire sur le fond n'est contraire ni aux dispositions de l'art. 49, al. 2, qui sont d'interprétation stricte, ni à l'exigence d'impartialité énoncée par l'art. 6 Conv. EDH. • Crim. 20 déc. 1984, 1re esp. : *D. 1985. 541, note Pradel ; RSC 1986. 131, obs. Braunschweig.* ♦ Le droit à un tribunal impartial prévu par l'art. 6 Conv. EDH n'est pas méconnu lorsque participent à la chambre correctionnelle de la cour d'appel, statuant dans des poursuites du chef d'abandon de famille, des magistrats ayant composé la juridiction civile déjà appelée à statuer sur des obligations alimentaires, conjugales ou parentales, qui ne s'est prononcée ni sur la culpabilité pénale du débiteur des obligations, ni sur les faits constitutifs du délit, lequel ne peut résulter que de l'inexécution volontaire d'une décision judiciaire préalable. • Crim. 9 juin 1999, n° 98-85.396 P : *Dr. pénal 1999. Comm. 145, (1re esp.), obs. Maron.* ♦ Peu importe qu'un juge d'instruction chargé d'une information portant sur des délits d'abus de confiance et de banqueroute ait, antérieurement à sa désignation, participé au jugement d'ouverture de la procédure de redressement judiciaire puis à la décision étendant cette procédure et enfin au jugement de liquidation, dès lors que cette circonstance n'est pas, en soi, de nature à faire naître un doute objectivement justifié sur l'impartialité du magistrat. • Crim. 10 mars 2004, n° 03-87.441 P : *JCP 2004. IV. 1962.*

38. Le simple fait qu'un juge ait pris, avant le procès, une décision relative à la détention provisoire ne peut, en soi, suffire à justifier que soit contestée son impartialité. • Crim. 28 mars 2012, n° 11-85.225 P : *D. actu. 24 avr. 2012, obs. Bombled ; D. 2012. Actu. 1130 ; RSC 2012. 617, obs. Giudicelli ; Procédures 2012, n° 190, obs. Chavent-Leclère.* ♦ Aucune disposition légale, prescrite à peine de nullité, n'interdit aux membres de la chambre d'accusation s'étant prononcée sur la détention provisoire d'un prévenu de faire ensuite partie de la chambre des appels correctionnels saisie de l'affaire. • Crim. 9 oct. 1979, n° 79-90.696 P • 19 févr. 1998, n° 96-83.423 P : *RSC 1998. 581, obs. Dintilhac ; RG proc. 1998. 463, obs. Rebut.* ♦ Une telle participation n'est contraire ni aux dispositions de l'art. 49, ni à celles de l'art. 6, § 1, Conv. EDH, relatives notamment à l'impartialité du tribunal.

• Crim. 20 déc. 1984, 2e esp. : D. 1985. 541, note Pradel • 24 janv. 1985, n° 84-93.030 P • 11 juin 1985, n° 84-95.053 P • 17 déc. 1985 : D. 1986. IR 301, obs. Pradel • 6 nov. 1986, n° 85-95.597 P : D. 1987. 237, note Pradel • 9 nov. 1995, n° 94-84.204 P • 23 janv. 1996, n° 95-84.934 P : *Procédures 1996. Comm. 153, obs. Buisson.* ♦ Comp., en matière criminelle : • Crim. 12 oct. 1983 : *D. 1984. 610, note Pradel* • 23 janv. 1985, n° 84-92.788 P. ♦ A justifié sa décision, sans méconnaître les dispositions de l'art. 6 Conv. EDH, l'arrêt de la chambre d'accusation qui a statué sur la régularité du titre de détention mis à exécution par son président dès lors que les décisions de la chambre d'accusation ne préjugent pas de la culpabilité • Crim. 12 juin 1997, n° 97-81.946 P. ♦ L'exercice par le président de la chambre d'accusation du pouvoir qu'il tient de l'art. 187-1 de renvoyer la demande d'examen immédiat de l'appel d'une ordonnance de placement en détention provisoire devant la chambre d'accusation ne saurait lui interdire de participer à la décision rendue par la formation collégiale. • Crim. 6 juin 2000, n° 00-81.746 P : *D. 2000. IR 223 ; Procédures 2000. Comm. 222, obs. Buisson ; D. 2001. Somm. 517, obs. Pradel ; Dr. pénal 2000. Chron. 5, obs. Marsat.* ♦ Aucune disposition légale ou conventionnelle ne fait obstacle à ce que les juges qui ont prononcé une peine assortie d'un sursis avec mise à l'épreuve fassent partie de la composition de la juridiction appelée à statuer sur une requête du juge de l'application des peines tendant à la révocation de cette mesure. • Crim. 3 févr. 2004, n° 03-83.873 P : *JCP 2004. IV. 1596 ; AJ pénal 2004. 165* .

39. L'art. 49 et l'art. 6, § 1, Conv. EDH ne prévoient d'incompatibilité qu'entre les fonctions d'instruction et de jugement et n'interdisent pas, à un même magistrat, du premier ou du second degré, de participer à l'ensemble des actes d'instruction intéressant la même procédure avant qu'elle ne soit, éventuellement, soumise aux juridictions de jugement. • Crim. 14 mars 1988, n° 88-80.172 P. ♦ Ne constitue pas une cause d'incompatibilité le fait pour un magistrat de s'être prononcé sur le placement en détention d'un individu puis de siéger à la juridiction correctionnelle saisie de l'affaire. • Crim. 2 févr. 2000, n° 98-87.352 P : *D. 2000. IR 108* . ♦ Un même magistrat peut successivement siéger à la chambre de l'instruction ayant confirmé une ordonnance de placement en détention provisoire et statuer, en qualité de juge des libertés et de la détention, sur la prolongation de la détention de la personne concernée, dès lors que ce magistrat n'a pas connu, au sein de la chambre de l'instruction comme dans ses nouvelles fonctions, de l'appel de sa propre décision. • Crim. 12 févr. 2003, n° 02-87.530 P. ♦ Aucune disposition conventionnelle ne fait obstacle à ce que l'un des magistrats composant la chambre de l'instruction statuant sur une demande d'annulation de pièces ait précédemment rendu, dans la même procédure, en qualité de juge des libertés et de la détention, une ordonnance rejetant une demande de mise en liberté ; ces deux instances sont distinctes et ni l'une ni l'autre n'implique qu'il soit prononcé sur la culpabilité. • Crim. 27 oct. 2004, n° 04-85.182 P : *D. 2005. Pan. 684, obs. Pradel* . ♦ De même rien n'interdit que l'un des magistrats composant la chambre de l'instruction statuant sur une demande de publicité des débats ait précédemment rendu, dans la même procédure, une ordonnance déclarant irrecevable une requête en annulation de pièces de procédure, ces deux instances étant distinctes. • Crim. 16 févr. 2005 : *D. 2005. IR 1052 ; JCP 2005. IV. 1688.*

40. Le refus du juge d'homologuer la peine proposée par le procureur de la République dans le cadre d'une procédure de comparution sur reconnaissance préalable de culpabilité ne fait pas en soi obstacle à ce que ce magistrat intervienne ensuite dans la même affaire en qualité de JLD et ordonne le placement en détention provisoire du prévenu dans l'attente de son jugement en comparution immédiate. • Crim. 19 juin 2018, n° 17-84.930 P : *D. actu. 19 juill. 2018, obs. Azoulay ; Gaz. Pal. 6 nov. 2018. 57, note Fourment ; RSC 2018. 721, note Delage ; D. 2019. Pan. 1626, obs. Pradel* .

41. La spécificité du rôle de la Cour de cassation et la nature du contrôle qu'elle exerce sur la légalité des décisions, ainsi que son contrôle juridique de l'appréciation des faits par les juges du fond, ne font pas obstacle à ce que les mêmes magistrats composent la chambre criminelle lors de l'examen de pourvois successifs formés au cours de la même procédure. • Crim. 22 nov. 2005, n° 05-86.631 P : *D. 2006. Pan. 619, obs. Pradel ; AJ pénal 2006. 180* .

42. La demande qui concerne la compatibilité des fonctions de juge correctionnel appelé à statuer sur les intérêts civils et de juge délégué aux victimes au regard des dispositions de l'art. préliminaire suppose l'examen de la nature et de l'étendue des mesures qui, le cas échéant, ont été prises par le magistrat, en qualité de juge délégué aux victimes, avant de statuer sur les intérêts civils. Cette qualité ne ferait pas obstacle en soi à ce qu'il statue. La demande ne relève donc pas de la procédure d'avis prévue par les art. L. 441-1 s., R. 441-1 COJ et 706-64. • Cass., avis, 20 juin 2008, n° 080005P P : *D. 2008. AJ 1902, note Léna ; Dr. pénal 2008. Comm. 120, obs. Maron et Haas ; RSC 2008. 633, obs. Giudicelli* • 6 oct. 2008, n° 0080010P P : *D. 2008. AJ 2602* .

43. Interventions successives interdites. Il résulte de l'art. 6, § 1, Conv. EDH, ensemble l'art. 191, que ne peut faire partie de la chambre d'accusation saisie de l'appel d'une ordonnance de non-lieu un conseiller ayant participé à l'arrêt de la même juridiction, qui a confirmé, dans la même procédure, une ordonnance de refus d'informer. • Crim. 6 janv. 2000, n° 99-80.846 P : *Dr. pénal 2000. Comm. 68, obs. Maron.* ♦ Rappr. • Crim. 27 mars 1990 : *D. 1990. Somm. 376, obs. J. Pradel.* ♦ Le magistrat qui a participé à un arrêt de la chambre d'accusation rendu sur la détention provisoire d'un inculpé renvoyé ultérieurement devant la cour d'assises, ne peut faire partie de cette juridiction, car il a nécessairement procédé à un examen préalable du fond. • Crim. 12 oct. 1983, n° 82-93.569 P : *D. 1984. 610, note Pradel.* ♦ Par application de l'art. 6, § 1, Conv. EDH, ne peuvent faire partie de la chambre des appels correctionnels les magistrats qui, dans l'affaire soumise à cette juridiction, ont participé à un arrêt de la chambre d'accusation dans lequel a été examinée la valeur des charges pouvant justifier le renvoi devant le tribunal correctionnel • Crim. 27 juin 1996, n° 96-80.079 P. ♦ Ne peut faire partie de la chambre des appels correctionnels le magistrat qui, dans l'affaire soumise à cette juridiction, a composé la chambre de l'instruction ayant examiné la valeur probante de déclarations à charge qui servaient de fondement aux poursuites. • Crim. 15 sept. 2004, n° 03-86.110 P : *D. 2005. 1138, note Lavric et Royer.* – V., toutefois, le simple fait qu'un juge ait pris, avant le procès, une décision relative à la détention provisoire ne peut, en soi, suffire à justifier que soit contestée son impartialité. • Crim. 28 mars 2012 : *préc. note 38.*

44. Ne peut composer la chambre correctionnelle appelée à juger un prévenu le magistrat qui, en qualité de juge des libertés et de la détention, a statué auparavant sur une demande de mise en liberté formée par l'intéressé. • Crim. 16 mai 2007, n° 06-85.347 P : *D. 2010. Pan. 2261, note Pradel ; AJ pénal 2007. 386, obs. Saas.*

45. Il résulte des art. 6, § 1, Conv. EDH et 510 que ne peut faire partie de la chambre des appels correctionnels, sans méconnaître l'exigence d'impartialité, le magistrat qui, à l'occasion d'une instance civile, s'est déjà prononcé sur les faits qui ont justifié le renvoi du prévenu devant le juge pénal. • Crim. 24 nov. 1999, n° 98-85.327 P • 5 nov. 2003, n° 02-84.137 P : *D. 2004. IR 397 ; JCP 2004. IV. 1098.* ♦ Un magistrat qui, à l'occasion d'une instance commerciale en dommages-intérêts pour résiliation fautive de la location-gérance d'un fonds de commerce, a porté une appréciation sur les éléments de preuve produits par le locataire évincé ne peut, sans méconnaître l'exigence d'impartialité, participer ensuite à la chambre correctionnelle appelée à juger ce preneur poursuivi pour escroquerie au jugement à raison des mêmes faits et éléments de preuve. • Crim. 8 avr. 2009, n° 08-83.923 P : *D. 2009. Pan. 2244, obs. Pradel ; AJ pénal 2009. 451, obs. Saas.*

46. Un magistrat qui a prononcé une condamnation par défaut et décerné un mandat d'arrêt ne peut, en qualité de JLD, statuer sur les suites données au mandat d'arrêt sans qu'il soit porté atteinte à l'exigence d'impartialité résultant de l'art. 6, § 1er, Conv. EDH. • Crim. 30 mars 2011, n° 10-86.140 P : *D. actu. 22 avr. 2011, obs. Léna ; D. 2011. Actu. 1083 ; ibid. Chron. 1850, obs. Leprieur.*

47. Il résulte des art. préliminaire du code de procédure pénale, et de l'art. 6 § 1er, Conv. EDH qu'un même magistrat ne peut, dans la même affaire, statuer en première instance et en appel. • Crim. 9 déc. 2009, n° 09-82.450 P • Crim. 21 janv. 2014, n° 13-81.706 P.

48. En vertu du principe d'indépendance des fonctions de poursuite et d'instruction et du droit à un procès impartial, la chambre de l'instruction doit statuer par des motifs qui lui sont propres et qui ne peuvent en aucun cas être la stricte reproduction des motifs du réquisitoire. • Crim. 20 juin 2001 : *Dr. pénal 2001. Comm. 135, obs. Maron.* ♦ Mais aucune disposition légale ne fait obstacle à ce que la chambre de l'instruction adopte les motifs de l'ordonnance de mise en accusation rendue par le juge d'instruction, fussent-ils conformes aux énonciations du réquisitoire définitif du procureur de la République, dès lors que, comme en l'espèce, elle estime que son propre examen de la procédure le justifie. • Crim. 23 janv. 2002, n° 01-87.405.

49. Il résulte des dispositions de l'art. 62 de la Constitution qu'une disposition déclarée inconstitutionnelle sur le fondement de l'art. 61-1 est abrogée à compter de la publication de la décision du Conseil constitutionnel ou d'une date ultérieure fixée par cette décision. Or, par décision du 2 juill. 2010, publiée au *Journal officiel* le 3 juill. 2010, le Conseil constitutionnel, statuant sur la QPC formée par le prévenu à l'occasion du présent pourvoi, a déclaré l'art. 90 CDPMM contraire à la Constitution, dit que cette abrogation était applicable à toutes les infractions non jugées définitivement au jour de la publication de ladite décision et qu'à compter de cette date, pour exercer la compétence que leur reconnaît le CDPMM, les tribunaux maritimes commerciaux siégeraient dans la composition des juridictions pénales de droit commun. Il s'ensuit que le jugement attaqué, qui a déclaré le prévenu coupable de l'infraction à la règle de circulation maritime n° 10 édictée par la Convention internationale de Londres du 20 oct. 1972 et condamné celui-ci à la peine de 1 500 € d'amende, ayant été rendu dans la composition prévue par l'art. 90 CDPMM, doit être annulé. • Crim. 13 oct. 2010 : *D. actu. 24 nov. 2010, obs. Lavric.* ♦ La présence, au sein d'une juridiction répressive compétente pour prononcer des peines privatives de liberté, d'un militaire ou d'un fonctionnaire soumis à l'autorité hiérarchique du gouvernement, est contraire au principe d'indépendance des juridictions qui découle de l'art. 16 DDHC. En conséquence, l'art. 90 CDPMM est contraire à la Constitution.

• Cons. const. 2 juill. 2010, n° 2010-10 QPC : *D. 2010. Actu. 1712*. ♦ Doit être transmise au Conseil constitutionnel, la QPC qui soutient que les dispositions de l'art. 90 CDPMM sont contraires, d'une part, au principe constitutionnel de l'indépendance et de l'impartialité du juge, d'autre part, au droit à un procès équitable, en ce qu'elles prévoient que le tribunal maritime commercial est composé de personnels de l'État relevant de l'administration des affaires maritimes, autorité chargée de la poursuite des infractions devant cette juridiction. • Cass., QPC, 19 mai 2010 (9 décisions) : *D. 2010. Actu. 1289 ; Dr. pénal 2010, n° 85, obs. J.-H. Robert ; Procédures 2011, n° 68, obs. Chavent-Leclère.*

2. Situation du juge exerçant successivement la même fonction judiciaire dans une même affaire

50. Hypothèse des mêmes faits mais avec des accusés différents. La participation d'un même conseiller de la chambre des appels correctionnels aux débats relatifs à deux poursuites successives portant sur les mêmes faits mais dirigées contre des prévenus différents n'est pas contraire à l'exigence d'impartialité énoncée par l'art. 6, § 1, Conv. EDH. • Crim. 29 févr. 2000, n° 99-83.241 P : *D. 2000. IR 151* • 29 févr. 2000 : *RSC 2000. 849, obs. Giudicelli-Delage*.

51. Mais dans l'affaire de la société G. dont les dirigeants, au nombre desquels le secrétaire général du parti communiste français, étaient poursuivis devant la 11e chambre du tribunal correctionnel de Paris : le premier président a fait droit à la requête des prévenus tendant à la récusation de la présidente de la 11e chambre, car, quelques années auparavant, celle-ci avait fait partie du tribunal, en tant qu'assesseur, qui a porté une appréciation négative sur les activités de ladite société ; sa participation à l'expression d'une telle opinion dépasse la simple connaissance des faits et constitue objectivement et de façon apparente une manifestation pouvant légitimement induire un doute sur son impartialité. • Paris, prés., 26 oct. 2000 : *D. 2001. 1646, note Marguénaud*.

52. Hypothèse des mêmes faits avec les mêmes accusés. Aucune disposition légale n'interdit aux membres de la chambre d'accusation qui s'est prononcée sur la recevabilité de la plainte avec constitution de partie civile de faire partie de la composition de ladite chambre saisie, par la suite, de l'appel de l'ordonnance de non-lieu. Cette participation n'est pas contraire à l'exigence d'indépendance et d'impartialité énoncée par l'art. 6 Conv. EDH. • Crim. 8 oct. 1996, n° 95-85.494 P : *D. 1997. Somm. 143, obs. Pradel*. ♦ L'identité de composition de la juridiction se prononçant sur l'opposition à une précédente décision rendue par défaut n'est pas contraire à l'exigence du tribunal impartial édictée par l'art. 6 Conv. EDH. • Crim. 23 oct. 1996, n° 95-85.585 P. ♦ Aucune disposition légale ou conventionnelle n'interdit à des magistrats, ayant antérieurement eu à connaître de procédures concernant un prévenu, de faire partie de la juridiction appelée à juger cette personne pour des faits nouveaux, seraient-ils connexes, ces magistrats demeurant libres de se former, en toute objectivité, une opinion sur l'affaire soumise à leur examen. • Crim. 10 juill. 1997, n° 96-83.507 P • 23 juin 1999, n° 98-80.561 P : *Dr. pénal 1999. Comm. 145, obs. Maron.* ♦ Aucune disposition conventionnelle ne fait obstacle à ce que les magistrats ayant donné un avis favorable à l'extradition statuent ensuite sur la demande de mise en liberté présentée par la personne réclamée. • Crim. 27 mars 2001, n° 01-80.332 P. ♦ Aucune disposition légale n'interdit à un magistrat de la chambre correctionnelle d'une cour d'appel, ayant condamné le prévenu et ordonné son maintien en détention, de faire partie de la juridiction appelée à statuer ultérieurement sur une demande de mise en liberté. Cette participation n'est pas contraire à l'exigence d'impartialité énoncée par l'art. 6, § 1, Conv. EDH. • Crim. 3 avr. 2002, n° 01-85.701 P : *D. 2002. IR 1882 ; JCP 2002. IV. 2066 ; RSC 2002. 878, obs. Renucci*. ♦ Les dispositions des art. 702-1 et 703 donnant compétence pour statuer sur les demandes de relèvement d'interdictions, déchéances ou incapacités, à la juridiction qui a prononcé la condamnation, éventuellement composée des mêmes magistrats, ne sont pas incompatibles avec l'obligation d'impartialité prévue par l'art. 6 Conv. EDH, dès lors qu'il s'agit, comme en l'espèce, de trancher un incident d'exécution et non de décider du bien-fondé d'une accusation en matière pénale. • 17 oct. 2001, n° 01-81.673 • Crim. 9 janv. 2002, n° 01-80.397 P : *D. 2002. IR 941*.

53. Dès lors qu'il n'est pas allégué qu'un assesseur de la chambre d'accusation ait eu connaissance, à l'occasion de la procédure de divorce précédemment soumise à son examen, de l'imputation faite au mari d'une atteinte sexuelle commise sur l'enfant commun, la partie civile ne saurait se faire un grief de la participation de ce magistrat à la décision de la chambre d'accusation ayant confirmé, dans la procédure suivie sur sa plainte du chef d'agression sexuelle, l'ordonnance de non-lieu rendue par le juge d'instruction. • Crim. 26 janv. 2000, n° 99-85.725 P. ♦ Le magistrat qui se prononce, au civil, sur les faits qui justifient le renvoi du prévenu devant le juge pénal, ne peut faire partie de la chambre des appels correctionnels. • Crim. 24 nov. 1999, n° 98-85.327 P : *D. 2000. IR 59*. ♦ Un magistrat, qui à l'occasion d'une instance prud'homale a porté une appréciation sur le comportement d'un salarié dans ses rapports professionnels avec un client, ne peut, sans méconnaître l'exigence d'impartialité, participer ensuite à la chambre correctionnelle appelée à juger l'intéressé à raison des mêmes faits pénalement qualifiés. • Crim. 24 nov. 1999, n° 98-85.327 P : *Dr. pénal 2000. Comm. 52, obs. Maron.* ♦ La circonstance que l'un des magistrats composant la juridiction correctionnelle ait précédemment statué en qualité de juge des référés dans le litige civil opposant le prévenu aux parties civiles n'est pas contraire à l'exigence d'impartialité énoncée par l'art. 6, al. 1er, Conv. EDH. • Crim. 16 juin 1988, n° 87-82.682 P. ♦ Le même magistrat peut présider la chambre des appels correctionnels ayant condamné le prévenu, après avoir présidé la chambre d'accusation appelée à statuer sur la recevabilité de constitutions de parties civiles, dès lors que, par la première décision, la juridiction n'a pas examiné les charges contre le prévenu. • Crim. 27 oct. 1999, n° 98-84.629 P. ♦ En revanche, ne peut faire partie de la chambre des appels correctionnels le magistrat qui, dans l'affaire soumise à cette juridiction, a composé la chambre de l'instruction ayant examiné la valeur probante de déclarations à charge qui servaient de fondement aux poursuites. • Crim. 15 sept. 2004 : *préc. note 43.*

54. Intervention du même juge à des degrés différents de juridiction. Une juridiction devant laquelle une affaire a été renvoyée après cassation est irrégulièrement composée si elle comprend l'un des magistrats ayant fait partie de la chambre de la cour d'appel dont l'arrêt est cassé. • Crim. 20 oct. 1999, n° 99-81.809 P : *D. 2000. IR 25 ; Dr. pénal 2000. Comm. 38, obs. Maron.* ♦ La chambre de l'instruction, saisie d'un appel après annulation d'une ordonnance présidentielle déclarant un précédent appel non admis, est irrégulièrement composée si elle est présidée par le magistrat ayant rendu l'ordonnance annulée. • Crim. 27 juin 2007, n° 07-82.824 P : *D. 2007. AJ 2240 ; AJ pénal 2007. 441, obs. Lavric ; Procédures 2007. Comm. n° 261, obs. Buisson.* ♦ Le magistrat qui a présidé le tribunal correctionnel ayant prononcé une peine d'emprisonnement avec sursis ne peut ensuite siéger à la chambre des appels correctionnels saisie d'une requête en dispense de révocation dudit sursis. • Crim. 27 févr. 1991, n° 90-84.091 P. ♦ Selon l'art. 6 Conv. EDH, un même magistrat ne peut, dans la même affaire, statuer en première instance et en appel. Encourt, dès lors, la cassation l'arrêt de la cour d'appel où siégeait un conseiller ayant appartenu à la formation du tribunal correctionnel qui avait prononcé le jugement entrepris. Le moyen de cassation doit être relevé d'office en ce qui concerne ceux des demandeurs qui ne l'ont pas soulevé. • Crim. 26 sept. 1996, *n° 96-80.057 P.* ♦ *Un conseiller* qui a participé à l'arrêt de la chambre d'accusation qui a confirmé une ordonnance de refus d'informer ne peut faire partie de la même juridiction saisie, dans la même procédure, de l'appel d'une ordonnance de non-lieu. Encourt dès lors la censure la décision de la chambre d'accusation ainsi irrégulièrement composée. • Crim. 6 janv. 2000, n° 99-80.846 P : *D. 2000. IR 77 ; Dr. pénal 2000. Comm. 68, obs. Maron.*

55. En vertu des dispositions de l'art. 733-1 dont les dispositions ne sont pas incompatibles avec celles de l'art. 6, § 1, Conv. EDH, ce n'est que lorsque le tribunal est saisi de l'une de ses décisions que le JAP ne peut, à peine de nullité, siéger en son sein ; en conséquence, peu importe que le tribunal ayant à statuer sur une ordonnance accordant une permission de sortir soit composé d'un magistrat ayant rejeté une précédente demande de permission de sortir, alors qu'il remplaçait le JAP, dès lors qu'il s'agit d'une instance différente. • Crim. 21 nov. 2000, n° 00-82.095.

2° RÈGLES PARTICULIÈRES

a. Juge des enfants

56. Exigence d'impartialité en droit pénal des mineurs. Si le mineur auquel est imputée une infraction pénale doit bénéficier d'un procès juste et équitable, ce principe ne fait pas obstacle à ce qu'un même magistrat spécialisé, prenant en compte l'âge du prévenu et l'intérêt de sa rééducation, puisse intervenir à différents stades de la procédure. • Crim. 7 avr. 1993, n° 92-84.725 P : *JCP 1993. II. 22151, note Allaix ; D. 1993. 553, note Pradel ; RSC 1994. 67, obs. Huyette ; ibid. 75, obs. Lazerge ; D. 1994. 37, note Becquerelle .* ♦ L'Ord. du 2 févr. 1945, en permettant pour les mineurs délinquants, dans un souci éducatif, qu'un même magistrat exerce successivement, dans une même affaire, les fonctions d'instruction et de jugement, ne méconnaît aucune disposition des conventions internationales qui par ailleurs reconnaissent la spécificité du droit pénal des mineurs ; ainsi, si la décision, par le juge des enfants, de saisir le tribunal pour enfants et non de prononcer lui-même une mesure éducative implique qu'une sanction pénale puisse être envisagée à l'égard du mineur, le risque objectif de partialité qui pourrait en résulter est compensé par la présence de deux assesseurs délibérant collégialement en première instance et par la possibilité d'un appel, déféré à une juridiction supérieure composée de magistrats n'ayant pas connu de l'affaire et dont l'un des membres est délégué à la protection de l'enfance. • Crim. 8 nov. 2000 : *Dr. pénal 2001. Chron. 15, obs. Marsat.* ♦ *Contra* : l'art. L. 251-3 COJ est contraire à la Constitution, en ce qu'il permet au juge des enfants ayant instruit le dossier et renvoyé le mineur pour jugement de présider ensuite le tribunal pour enfants. Si le principe d'impartialité des juridictions ne s'oppose pas à ce que le juge des enfants qui a instruit la procédure puisse, à l'issue de cette instruction, prononcer des mesures d'assistance, de surveillance ou d'éducation, il ne saurait être question pour le juge des enfants, qui a été chargé d'accomplir les diligences utiles pour parvenir à la manifestation de la vérité et qui a renvoyé le mineur devant le tribunal pour enfants, de présider cette juridiction de jugement habilitée à prononcer des peines. • Cons. const. 8 juill. 2011, n° 2011-147 QPC : *D. 2012. 1638, obs. Bernaud et Jacquinot ; AJ fam. 2011. 435, obs. V. A.-R ; ibid., point de vue 391 par Gebler ; AJ pénal 2011. 596, obs. Perrier ; RSC 2011. 728, chron. Lazerges ; ibid. 2012. 227, obs. de Lamy ; RTD civ. 2011. 756, obs. Hauser*. ♦ *Adde* : Le principe d'impartialité des juridictions ne s'oppose pas à ce que le juge des enfants qui a instruit la procédure puisse, à l'issue de cette instruction, prononcer des mesures d'assistance, de surveillance ou d'éducation. Toutefois, en permettant au juge des enfants qui a été chargé d'accomplir les diligences utiles à la manifestation de la vérité de présider une juridiction de jugement habilitée à prononcer des peines, l'art. L. 251-3 COJ méconnaît le principe d'impartialité des juridictions. • Cons. const. 26 mars 2021.

b. Magistrats du parquet

57. Impartialité fonctionnelle du parquet. Aucune atteinte à l'indépendance et à l'impartialité de la chambre d'accusation ne résulte du fait que le représentant du ministère public présent lors du prononcé de l'arrêt ait précédemment connu, en tant que juge d'instruction, de l'affaire dont elle est saisie. • Crim. 3 nov. 1992 : *Dr. pénal 1993. Comm. 99, obs. Maron.* ♦ La garantie du droit à un tribunal indépendant et impartial, énoncée à l'art. 6, § 1, Conv. EDH, ne vise que les juges et non pas le représentant de l'accusation ou celui de la défense. • Crim. 6 mai 1996, n° 95-81.766 P : *LPA 1997. 102. 8, note Josserand* • 6 janv. 1998, n° 97-81.466 P : *D. 1999. 246, note Yildirim ; RG proc. 1998. 461. Chron. Rebut ; Procédures 1998. Comm. 96, note Buisson ; Gaz. Pal. 1998. 1. Chron. 79, note Doucet ; Dr. pénal 1998. Comm. 40, obs. Maron.* ♦ Le magistrat qui a occupé les fonctions du ministère public auprès d'une cour d'assises dont l'arrêt a été cassé, peut, sans que puisse être invoquée une violation de l'art. 6 Conv. EDH, exercer les mêmes fonctions devant la cour d'assises de renvoi. • Crim. 10 déc. 1986, n° 86-91.567 P : *D. 1987. Somm. 85, obs. Pradel.* ♦ ... Ou devant la cour d'assises statuant en appel. • Crim. 21 mai 2003, n° 02-87.150 P : *D. 2003. IR 2052 ; JCP 2003. IV. 2266.* ♦ Aucune disposition légale n'interdit que le ministère public soit représenté devant la juridiction de renvoi par le magistrat ayant siégé lors des débats de la juridiction dont la décision a été cassée. • Crim. 19 mars 1998, n° 96-86.312 P : *Dr. pénal 1998. Comm. 26, obs. Maron.* ♦ Aucune disposition de loi n'interdit à un magistrat du ministère public de requérir successivement contre le même accusé devant la chambre d'accusation et devant la cour d'assises. • Crim. 23 nov. 1966, n° 66-91.933 P : *D. 1967. Somm. 19.* ♦ Selon l'art. 6, § 1, Conv. EDH et l'art. préliminaire, al. 2, toute personne a droit à ce que sa cause soit entendue par un tribunal indépendant et impartial. Il en résulte que ne peut participer au jugement d'une affaire un magistrat qui en a connu en qualité de représentant du ministère public. • Crim. 5 déc. 2001, n° 01-81.407 P • 24 mai 2005, n° 04-86.432 P : *D. 2006. Pan. 619, obs. Pradel ; JCP 2005. IV. 2551 ; AJ pénal 2005. 290, obs. Enderlin ; RSC 2005. 935, note Renucci*.

58. Impartialité personnelle du parquet. La garantie du droit à un tribunal indépendant et impartial, énoncée à l'art. 6, § 1, Conv. EDH, ne vise que les juges et non pas le représentant de l'accusation ; le ministère public ne décidant pas du bien-fondé de l'accusation en matière pénale, le moyen pris de la partialité éventuelle de ce magistrat est inopérant. • Crim. 6 janv. 1998 : *préc. note 57.* ♦ A les supposer établis, des faits étrangers à la conduite de l'action pénale concernant la procédure en cours, en l'espèce les conditions déloyales dans lesquelles une action pénale aurait été exercée contre l'intéressé au cours d'une précédente poursuite devant la même juridiction, ne constituent pas un motif, au sens de l'art. 662 et de l'art. 6 Conv. EDH, pour attribuer à un autre tribunal la connaissance de l'affaire. • Crim. 20 mars 1996, n° 96-81.215 P. ♦ Le ministère public ne décidant pas du bien-fondé d'une accusation en matière pénale, le moyen pris de la partialité supposée de ce magistrat est inopérant. • Crim. 9 mars 2016, n° 14-86.795.

c. Juge d'instruction

59. Application du principe séparatiste. N'est contraire ni à l'art. 49, ni à l'exigence d'impartialité énoncée par l'art. 6 Conv. EDH, la participation à la chambre des appels correctionnels saisie de l'affaire du magistrat ayant ordonné, selon les dispositions de l'art. 235 de la loi du 4 janv. 1993, le placement en détention du prévenu. • Crim. 2 févr. 2000, n° 98-87.352 P.

60. Ne peuvent faire partie de la chambre correctionnelle d'une cour d'appel les magistrats qui, dans l'affaire soumise à cette juridiction, ont participé à un arrêt de la chambre d'accusation dans lequel a été examinée la valeur des charges pouvant justifier le renvoi devant le tribunal correctionnel • Crim. 6 nov. 1986, n° 85-93.055 P : *D. 1987. 238, note Pradel.* ♦ Dans le même sens : • Crim. 11 mars 1986, n° 84-94.708 P : *D. 1986. IR 302, obs. Pradel* • 28 avr. 1986, n° 85-94.226 P • 1er déc. 1987, n° 86-92.556 P • 7 avr. 1992, n° 91-86.396 P. ♦ Le magistrat qui a accompli des actes d'instruction dans une procédure ayant abouti à une condamnation ne peut siéger à la chambre d'accusation saisie d'une demande de confusion de peines parmi lesquelles figure celle prononcée par ladite condamnation. • Crim. 21 sept. 1989, n° 89-80.676 P : *RSC 1990. 593, obs. Braunschweig* . ♦ De même, ne peut faire partie de la chambre des appels correctionnels le magistrat ayant participé à un arrêt de la chambre de l'instruction qui, pour rejeter une demande d'actes complémentaires, a porté une appréciation sur la valeur des charges pesant sur le prévenu. • Crim. 15 déc. 2004, n° 02-80.522 P : *D. 2005. Pan. 684, obs. Pradel* ; *JCP 2005. IV. 1298.*

61. Encourt la cassation l'arrêt rendu par la chambre d'accusation dont l'un des membres la composant avait instruit l'affaire en qualité de juge d'instruction. • Crim. 27 mars 1990, n° 90-80.204 P : *D. 1990. Somm. 376, obs. Pradel* ; *RSC 1991. 118, obs. Braunschweig* . ♦ Le magistrat qui a participé à un arrêt de la chambre d'accusation infirmant une ordonnance de non-lieu et renvoyant les prévenus devant le tribunal ne peut ensuite siéger à la chambre correctionnelle saisie du fond de l'affaire. • Crim. 6 nov. 1986, n° 85-93.055 P : *D. 1987. Somm. 82, obs. Pradel.*

62. Le juge qui a remplacé le juge d'instruction ne peut siéger à la cour d'assises, même s'il s'est borné à notifier l'inculpation. • Crim. 18 mai 1976, n° 75-90.366 P. ♦ ... Même s'il s'est borné à rendre une ordonnance rejetant une demande de mise en liberté. • Crim. 18 mars 1982, n° 81-96.150 P. ♦ Ne peut siéger à la cour d'assises un magistrat qui, en qualité de juge civil, a déjà porté une appréciation sur la culpabilité de l'accusé. • Crim. 16 oct. 1991, n° 90-86.527 P.

63. Limites du principe séparatiste. Il n'est pas contraire aux dispositions de l'art. 6, § 1, Conv. EDH, relatives à l'exigence d'un tribunal impartial, que le juge d'instruction qui constate un manquement à l'obligation de témoigner devant lui soit habilité par la loi à le sanctionner, dès lors que sa décision est susceptible de recours. • Crim. 28 janv. 1992, n° 91-83.732 P. ♦ Sur le principe séparatiste et ses limites (principalement par rapport aux règles nationales), V. ss. art. 49.

d. Cour d'assises

64. Le président de la cour d'assises. V. ss. art. 253.

65. Les assesseurs. V. ss. art. 253.

C. ÉGALITÉ DES JUSTICIABLES

66. Une consécration législative récente mais une consécration jurisprudentielle ancienne. Le principe d'égalité devant la justice fait obstacle à ce que des citoyens se trouvant dans des conditions semblables et poursuivis pour les mêmes infractions soient jugés par des juridictions composées selon des règles différentes. • Cons. const. 23 juill. 1975, n° 75-76 DC : *Rec. p. 22* ; *RD publ. 1975. 131,3 note Favoreu et Philip* ; *AJDA 1976. 44, note Rivéro* ; *D. 1975. 629, note Hamon et Levasseur* ; *JCP 1975. II. 18200, note Franck.*

67. Une consécration forte mais non dépourvue de nuances. Le législateur peut prévoir des règles de procédure différentes selon les faits, les situations et les personnes auxquelles elles s'appliquent, pourvu que les différences ne procèdent pas de discriminations injustifiées et que soient assurées des garanties égales aux justiciables. • Cons. const. 20 janv. 1981, n° 80-127 DC : *JCP 1981. II. 19701, note Franck* ; *D. 1981. 101, note Pradel et 1982. 441, note Dekeuwer* ; *AJDA 1981. 275, note Rivero* ; *ibid. 278, note Gournay* ; *RD publ. 1981. 651, note Philip* (sécurité et liberté). ♦ Il est loisible au législateur, compétent pour fixer les règles de la procédure pénale en vertu de l'art. 34 de la Constitution, de prévoir des règles de procédure différentes selon les faits, les situations et les personnes auxquelles elles s'appliquent, pourvu que ces différences ne procèdent pas de discriminations injustifiées et que soient assurées aux justiciables des garanties égales, notamment quant au respect du principe des droits de la défense. • Cons. const. 3 sept. 1986, n° 86-21 DC : *RSC 1987. 567, obs. Loloum et Nguyen Huu* ; *RD publ. 1989. 399, note Favoreu* (lutte contre la criminalité).

II. GARANTIES PROCÉDURALES PARTICULIÈRES

A. SITUATION DES VICTIMES

68. L'équilibre des droits des parties. Le principe du respect des droits de la défense constitue un des principes fondamentaux reconnus par les lois de la République (...) implique, notamment en matière pénale, l'existence d'une procédure juste et équitable garantissant l'équilibre des droits des parties. • Cons. const. 2 févr. 1995, n° 95-360 : *D. 1995. 171, note Pradel* ; *RFDC 1995. 405, note Renoux.*

69. Constitution de partie civile devant la Cour de justice de la République. L'interdiction de se constituer partie civile devant la Cour de justice de la République ne viole pas l'art. 6, § 1, Conv. EDH. • Cass., ass. plén., 12 juill. 2000, n° 00-83.577 P : *D. 2000. IR 215* .

70. Action en justice des associations étrangères. Si toute personne morale qui se prétend victime d'une infraction est habilitée à se constituer partie civile devant la juridiction pénale, ce droit qui s'exerce dans les conditions prévues par l'art. 2 requiert, s'agissant d'une association, qu'elle remplisse les formalités exigées par l'art. 5 de la L. 1er juill. 1901, auxquelles toute association, française ou étrangère, doit se soumettre pour obtenir la capacité d'ester en justice. Dès lors, il est vainement soutenu que cette obligation serait contraire aux art. 6 et 14 Conv.

EDH. • Crim. 16 nov. 1999 : *D. 2001. 665, note Boré et de Salve de Bruneton*.

71. Intervention des victimes en commission de réexamen. En vertu de l'article préliminaire, la procédure pénale doit être équitable et contradictoire et préserver l'équilibre des droits des parties, et l'autorité judiciaire veille à l'information et à la garantie des droits des victimes au cours de toute procédure pénale ; ainsi, les parties civiles qui en font la demande peuvent présenter des observations orales ou écrites en audience publique devant la commission de réexamen. • CRD pén., 16 oct. 2003, n° 03RD005 P.

B. SITUATION DE LA PERSONNE SUSPECTÉE OU POURSUIVIE

1° PRÉSOMPTION D'INNOCENCE

a. Un droit fondamental

72. Une consécration jurisprudentielle ancienne. Aux termes de l'art. 6, § 2, Conv. EDH, toute personne accusée d'une infraction est présumée innocente jusqu'à ce que sa culpabilité ait été légalement établie. • Crim. 19 mars 1986, n° 85-93.231 P. ♦ Tout prévenu étant présumé innocent, la charge de la preuve de la culpabilité incombe à la partie poursuivante. • Crim. 22 avr. 1993, n° 92-81.811 P.

73. Un principe à valeur constitutionnelle. Si le pouvoir d'apprécier dans quelle mesure le recours à la procédure d'information confiée au juge d'instruction n'est pas nécessaire et d'user alors de l'une des procédures de saisine directe est attribué au procureur de la République, c'est en raison du fait que la charge de la poursuite et de la preuve lui incombe, en outre, un recours non pertinent du procureur de la République à l'une des procédures de saisine directe aurait nécessairement pour conséquence, en raison de la présomption d'innocence dont bénéficie le prévenu, soit la relaxe de celui-ci, soit la décision de la juridiction de jugement de procéder à un supplément d'information ; ainsi, quelle que soit l'option faite par le procureur de la République entre les diverses procédures de poursuites et sans égard au fait qu'il y a eu ou non une information préalable confiée à un juge d'instruction, le jugement de l'affaire au fond appartient à la même juridiction qui, éclairée au besoin par le supplément d'information qu'elle aura pu ordonner en toute hypothèse, doit statuer sur la culpabilité du prévenu, toujours présumé innocent, selon des règles de forme et de fond identiques. • Cons. const. 20 janv. 1981, n° 80-127 DC : *préc. note 67* (sécurité et liberté). ♦ Dans la mesure où l'amnistie a pour effet d'interdire des poursuites pénales, elle ne méconnaît en rien le principe proclamé par l'art. 9 de la Déclaration de 1789 selon lequel tout homme est présumé innocent jusqu'à ce qu'il ait été déclaré coupable. • Cons. const. 8 juill. 1989, n° 89-258 DC : *JCP 1990. II. 21409, note Franck ; D. 1990. Somm. 138, obs. Chelle et Prétot* (amnistie). ♦ Aux termes de l'art. 9 de la Déclaration des droits de l'homme et du citoyen de 1789 : « Tout homme étant présumé innocent jusqu'à ce qu'il ait été déclaré coupable, s'il est jugé indispensable de l'arrêter, toute rigueur qui ne serait pas nécessaire pour s'assurer de sa personne doit être sévèrement réprimée par la loi ». • Cons. const. 11 août 1983, n° 93-326 DC (garde à vue). ♦ Considérant qu'en vertu de l'art. 9 de la Déclaration des droits de l'homme tout homme est présumé innocent jusqu'à ce qu'il ait été déclaré coupable. • Cons. const. 2 févr. 1995, n° 95-360 : *préc. note 28* (injonction pénale).

74. La force du principe de la présomption d'innocence. Le législateur ne peut, en aucun cas, mettre obstacle ni à la réhabilitation ni à l'action en révision devant toute juridiction compétente tendant à faire établir l'innocence du condamné. • Cons. const. 8 juill. 1989, n° 89-258 : *préc. note 73.* ♦ Pour ouvrir droit à l'immunité prévue par l'art. 41, al. 3, de la loi du 29 juill. 1881, le compte rendu d'un débat judiciaire doit mettre en regard les prétentions contraires des parties et permettre, par une narration générale ou partielle, d'apprécier l'ensemble des débats judiciaires, en s'abstenant de toute dénaturation des faits et de tout commentaire malveillant. Tel n'est pas le cas d'un article qui présente comme avérés des faits d'escroquerie imputés à un prévenu, devant un tribunal correctionnel, alors que les débats dont il était rendu compte avaient eu seulement pour objet le renvoi d'un procès pénal, et que le but légitime d'information du public sur le fonctionnement de la justice ne dispensait pas le journaliste du respect de la présomption d'innocence, ainsi que des devoirs de prudence et d'objectivité dans l'expression de la pensée. • Crim. 22 oct. 1996, n° 94-84.819 P. ♦ La présomption d'innocence dont l'accusé continue de bénéficier en vertu, notamment, des dispositions conventionnelles invoquées ne cessera qu'en cas de déclaration de culpabilité, prononcée par la juridiction de jugement et devenue irrévocable. • Crim. 13 nov. 1996, n° 96-82.087 P : *Dr. pénal 1997. Comm. 69, obs. Maron* • Crim. 6 juin 2000, n° 00-81.667 • Crim. 25 juin 2013 : *D. actu. 2 juill. 2013, obs. Bombled.* ♦ Les atteintes à la présomption d'innocence ne sont pas de nature à entacher la procédure d'une quelconque irrégularité dès lors que, à les supposer établies, elles seraient le fait d'une personne extérieure à la procédure. • Crim. 11 juill. 2012, n° 11-85.220 P : *D. 2013. Pan. 1993, obs. Pradel*.

75. Aucune atteinte n'a été portée au principe de la présomption d'innocence, dès lors que l'arrêt, qui ne fait que constater l'existence de la condamnation de la cour d'assises de première instance, sans préjuger de la culpabilité de l'accusé, énonce que la détention provisoire du demandeur est l'unique moyen d'empêcher des pressions sur les témoins et la victime, ainsi que de garantir le maintien de l'intéressé à la disposition de la justice. • Crim. 19 sept. 2001, n° 01-84.736 P. ♦ Rappr. • Crim. 25 avr. 2001, n° 01-81.154 P : *D. 2001. IR 2875*. ♦ Il n'est pas contraire au principe de la présomption d'innocence que, comme le prévoit l'art. 367, al. 2, dans sa rédaction issue de la loi du 15 juin 2000, tant que l'arrêt n'est pas définitif et, comme en l'espèce, pendant l'instance d'appel, l'ordonnance de prise de corps soit mise à exécution ou continue de produire ses effets jusqu'à ce que la durée de la détention ait atteint celle de la peine prononcée. • Crim. 20 juin 2001, n° 01-82.926 P.

76. Vu l'article préliminaire du code de procédure pénale, ensemble l'art. 6, Conv. EDH ; Attendu que toute personne soupçonnée ou poursuivie est présumée innocente tant que sa culpabilité n'est pas établie ; dès lors, il n'appartient pas au prévenu de faire la preuve de son innocence. • Crim. 10 nov. 2010, n° 10-83.684. ♦ Les juges ne peuvent se fonder sur des faits pour lesquels la culpabilité du prévenu n'a pas été établie, en l'espèce les déclarations de témoins issues d'une procédure soldée par un nonlieu et réitérées devant eux. • Crim. 23 mai 2012, n° 11-83.456.

77. Présomption d'innocence et poursuites disciplinaires. La présomption d'innocence qui concourt à la liberté de la défense constitue une liberté fondamentale qui implique que la culpabilité d'une personne faisant l'objet de poursuites ne puisse être présentée publiquement comme acquise avant que ne soit intervenue une condamnation devenue irrévocable : le respect de cette exigence s'impose non seulement devant les instances chargées de l'instruction puis du jugement de l'affaire, mais également vis-à-vis d'autres autorités publiques. • CE, ord., 14 mars 2005, *Bruno G. : Dr. pénal 2005. Comm. 84, obs. Maron.*

78. Présomption d'innocence et liberté d'expression. Une cour d'appel justifie sa décision de condamnation de journalistes pour recel de violation de secret de l'instruction ou du secret professionnel au regard de l'art. 10 Conv. EDH lorsqu'elle énonce que les prévenus ont été poursuivis pour avoir divulgué le contenu demeuré confidentiel de pièces d'une information en cours, mesure justifiée par les impératifs de protection des droits d'autrui, au nombre desquels figure la présomption d'innocence et par la préservation d'informations confidentielles. • Crim. 19 juin 2001 : *D. 2001. 2538, note Beignier et de Lamy*. ♦ Justifie sa décision la chambre de l'instruction qui, dans une information suivie des chefs de violation du secret de l'instruction et recel à la suite de la publication dans deux organes de presse d'articles reproduisant *in extenso* des procès-verbaux d'une instruction relative à des faits de dopage dans le milieu du cyclisme professionnel, refuse d'annuler des perquisitions réalisées aux sièges des journaux et au domicile personnel de journalistes, la saisie des relevés des communications passées par les journalistes dans les jours précédant la parution des articles en cause, la transcription de la conversation d'un journaliste avec un policier dont la ligne était écoutée, par des motifs qui établissent que ces ingérences de l'autorité publique étaient nécessaires et proportionnées au but légitime visé. • Crim. 30 oct. 2006, n° 06-85.693 P : *D. 2007. 1240, note Guedj ; RSC 2007. 106, note Francillon ; Dr. pénal 2007. Comm. 13, obs. Maron ; ibid. 2007. Chron. 1, obs. Mouysset ; JCP 2007. II. 10054, obs. Fourment et alii.* ♦ V. également : • Crim. 11 juin 2002, n° 01-85.237 P : *D. 2002. IR 2453 ; JCP 2003. II. 10061, note Dreyer ; Dr. pénal 2002. Comm. 135, obs. Véron ; RSC 2002. 881, obs. Renucci*. ♦ Un reportage télévisé porte atteinte à la présomption d'innocence uniquement s'il n'est constitué que de témoignages à charge et s'il présente la culpabilité de la personne comme certaine. • Civ. 2e, 20 juin 2002, n° 00-11.916.

79. Présomption d'innocence et débats. L'atteinte aux droits à la présomption d'innocence et à l'oubli pouvant résulter de l'enregistrement des débats et de leur conservation dans les Archives nationales est justifiée par la loi sur le fondement de laquelle la décision critiquée a été prise (loi du 11 juill. 1985 ; C. patr., art. L. 221-1). • Crim. 17 févr. 2009, n° 09-80.558 P : *RSC 2009. 924, obs. Renucci ; D. 2009. AJ 634 ; AJ pénal 2009. 235*.

80. Le droit à un procès équitable et la liberté d'expression justifient que la personne poursuivie du chef de diffamation soit admise à produire, pour les nécessités de sa défense, les pièces d'une information en cours de nature à établir sa bonne foi ou la vérité des faits diffamatoires. Il s'ensuit que de telles pièces ne peuvent être écartées des débats au motif que leur production porterait atteinte à la présomption d'innocence. • Crim. 11 févr. 2003, n° 01-86.685 P.

b. Un droit non absolu

81. Présomption de culpabilité : une exception au principe. Il résulte des dispositions de l'art. 9 de la Déclaration des droits de l'homme qu'en principe le législateur ne saurait instituer de présomption de culpabilité en matière répressive ; toutefois, à titre exceptionnel, de telles présomptions peuvent être établies, notamment en matière contraventionnelle, dès lors qu'elles ne revêtent pas de caractère irréfragable, qu'est assuré le respect des droits de la défense et que les faits induisent raisonnablement la vraisemblance de l'imputabilité. • Cons. const.

16 juin 1999, n° 99-411 DC : *JO 19 juin, p. 9019* (sécurité routière).

82. L'art. 6, § 2, Conv. EDH, qui n'a pas pour objet de limiter les modes de preuve prévus par la loi interne mais d'exiger que la culpabilité soit légalement établie, ne fait pas obstacle aux présomptions de fait ou de droit instituées en matière pénale, dès lors que lesdites présomptions, comme en l'espèce celle de l'art. 396 C. douanes, prennent en compte la gravité de l'enjeu et laissent entiers les droits de la défense. • Crim. 10 févr. 1992, n° 90-83.278 P • 1er févr. 2000, n° 99-84.794 P.

83. Envoi de « lettres-plaintes ». L'envoi de « lettres-plaintes » par des enquêteurs ne permet pas caractériser une faute lourde au sens de l'article L. 141-1 du code de l'organisation judiciaire constituée par une violation de la présomption d'innocence, dans la mesure où chaque lettre est individualisée en fonction de son destinataire, à qui sont révélées les seules infractions dont il peut être victime, et qu'elle n'est pas destinée à être portée à la connaissance d'autres personnes que son destinataire. • Civ. 1re, 10 juill. 2013 : *D. actu. 19 juill. 2013, obs. Lavric.* ♦ Sur l'envoi de « lettres-plaintes », V. aussi : • Crim. 18 janv. 2017, n° 15-85.209 P.

2° DROITS DE LA DÉFENSE

84. Valeur des droits de la défense en droit interne. La défense constitue pour toute personne un droit fondamental à caractère constitutionnel. • Cass., ass. plén., 30 juin 1995 : *Bull. n° 4 ; JCP 1995. II. 22478, concl. Jeol et note Perdriau ; D. 1995. 513, concl. Jeol et note Drago .*

a. Droit à l'information

1. Nécessité d'une information complète

85. Droit de la personne suspectée ou poursuivie d'être informée des charges retenues contre elle. Le prévenu doit être informé d'une manière détaillée de la nature et de la cause de la prévention dont il est l'objet et il doit être mis en mesure de se défendre tant sur les divers chefs d'inculpation qui lui sont imputés que sur chacune des circonstances aggravantes susceptible d'être retenue à sa charge : l'arrêt qui relève d'office une circonstance aggravante non visée dans le titre de poursuite alors que le prévenu est non comparant doit donc être cassé. • Crim. 20 sept. 2000, n° 99-82.846 P : *Dr. pénal 2001. Chron. 14, obs. Marsat* • 21 nov. 2000, n° 00-80.616 P : *RSC 2001. 409, obs. Commaret .* ♦ Doit être cassé l'arrêt de cour d'appel lorsque la circonstance que le prévenu avait autorité sur les victimes n'était pas visée dans le titre de poursuite et qu'aucune mention de la décision attaquée n'indique que l'intéressé ait été préalablement informé de cet élément modificatif de la prévention, lequel constitue, pour les faits commis à l'égard des mineurs de moins de quinze ans, une circonstance aggravante et, pour les mineurs de plus de quinze ans, un élément constitutif de l'infraction. • Crim. 4 mars 1998, n° 96-86.326 P.

86. Droit à l'assistance gratuite d'un interprète. Les art. 116 et 145-3, et l'art. 6, § 3, Conv. EDH posent en principe la libre communication entre la personne poursuivie et son avocat. En vertu de ce principe, la demande de la personne mise en examen, tendant à la désignation d'un interprète chargé de l'assister dans ses entretiens avec son avocat, et à la prise en charge par l'État des frais en résultant, si elle bénéficie de l'aide juridictionnelle, ne peut être déclarée irrecevable. • Crim. 6 déc. 1994, n° 94-84.235 P : *Dr. pénal 1995. Comm. 74, obs. Maron* • 25 mai 2005, n° 05-81.628 P : *D. 2005. IR 1884 ; JCP 2005. IV. 2555 ; RSC 2005. 868, obs. Commaret ; Dr. pénal 2005. Comm. 136, note Maron.* ♦ L'assistance de cet interprète doit intervenir avant l'audience pour permettre au prévenu de préparer sa défense avec son avocat. • Crim. 29 juin 2005, n° 04-86.110 P : *D. 2005. IR 2104 ; JCP 2005. IV. 2912 ; AJ pénal 2005. 419 ; Procédures 2005. Comm. 240, obs. Buisson ; RSC 2005. 868, obs. Commaret ; Dr. pénal 2005. Comm. 155, obs. Maron.* ♦ Toute personne recherchée aux fins d'exécution d'un mandat d'arrêt européen et bénéficiant de l'aide juridictionnelle a le droit de se faire assister gratuitement d'un interprète pour s'entretenir, dans une langue qu'elle comprend, avec l'avocat commis afin de préparer sa défense. • Crim. 8 déc. 2010, n° 10-87.818 P : *D. 2011. Actu. 167 .* ♦ Il résulte de l'art. 6, § 3, Conv. EDH, ensemble l'art. préliminaire, en son III, al. 3, que tout mis en examen ne comprenant pas la langue française a le droit, s'il en fait la demande, de se faire assister gratuitement d'un interprète pour s'entretenir, dans une langue qu'il comprend, avec l'avocat commis ou choisi pour préparer, en temps utile, sa défense. Dès lors encourt la cassation l'arrêt qui, pour rejeter l'exception de nullité prise de ce que ne parlant ni ne comprenant la langue de son client, de nationalité roumaine, l'avocat de la personne mise en examen n'a pu s'entretenir avec elle à la maison d'arrêt, faute d'avoir obtenu que lui soit adjoint un interprète en vue de l'élaboration du mémoire destiné à la juridiction, énonce notamment qu'avant l'ouverture des débats, la personne mise en examen a pu s'entretenir confidentiellement avec son avocat en présence de l'interprète régulièrement convoqué à l'audience de la chambre de l'instruction. • Crim. 14 juin 2016, n° 16-81.833 P : *D. actu. 19 juill. 2016, obs. Goetz ; Procédures 2016, n° 301, note Chavent-Leclère.*

87. En vertu des dispositions de l'art. 6, § 3, Conv. EDH, le prévenu d'origine étrangère a droit à l'assistance d'un interprète avant l'audience pour lui permettre de préparer sa défense avec son avocat. • Crim. 28 juin 2005, n° 04-86.110 P : *D. 2005. IR 2104* ; *JCP 2005. IV. 2912* ; *Procédures 2005. Comm. 240, obs. Buisson* ; *Dr. pénal 2005. Comm. 155, obs. Maron.* ♦ ... Mais, ayant été informé en temps utile de la date du débat contradictoire portant sur la prolongation de la détention provisoire, il appartient à l'avocat de la personne mise en examen de rechercher un interprète disponible sur les listes visées à l'art. D. 594-16. • Crim. 12 sept. 2017, n° 17-83.874 P : *AJ pénal 2017. 502, obs. Yazici* .

88. Communication des pièces du dossier. Toute personne ayant la qualité de prévenu ou d'accusé est en droit d'obtenir, en vertu de l'art. préliminaire, la délivrance à ses frais, le cas échéant par l'intermédiaire de son avocat, de la copie des pièces du dossier soumis à la juridiction devant laquelle elle est appelée à comparaître ; les juges d'appel ne peuvent dès lors confirmer le jugement sur la culpabilité sans répondre aux conclusions du prévenu qui faisait valoir qu'il n'avait pu obtenir du ministère public la communication du DVD-Rom, gravé à la demande des enquêteurs et sur lequel reposait la poursuite. • Crim. 5 mars 2013, n° 12-83.220.

89. Traduction des pièces essentielles. L'omission par le juge d'instruction de faire procéder, de sa propre initiative, à la traduction écrite d'une pièce essentielle du dossier, au sens de la loi, qui est une formalité non prévue à peine de nullité, ne saurait avoir d'incidence sur la validité d'un acte régulièrement accompli, dès lors que n'ont pas été compromis les droits de la défense et la faculté d'exercer une voie de recours de la personne mise en examen, qui conserve, tout au long de la procédure suivie contre elle, le droit d'en demander la traduction écrite dans les conditions et formes prévues par la loi. • Crim. 7 janv. 2015 : *D. actu. 23 janv. 2015, obs. Priou-Alibert* ; *AJ pénal 2015. 152, obs. Brach-Thiel* ; *Procédures 2015, n° 93, obs. Chavent-Leclère.* – V. aussi note 3 ss. art. 82-1. ♦ Il résulte des art. préliminaire et 803-5, et 6, § 3, Conv. EDH, que la personne suspectée ou poursuivie qui ne comprend pas la langue française a droit, dans une langue qu'elle comprend et jusqu'au terme de la procédure, à la traduction des pièces essentielles à l'exercice de sa défense ; néanmoins ces formalités, non prévues à peine de nullité, ne sauraient avoir d'incidence sur la validité d'un acte régulièrement accompli, pourvu que n'aient pas été compromis les droits de la défense et dès lors que la personne poursuivie conserve, tout au long de la procédure suivie contre elle, le droit de demander la traduction écrite des pièces de procédure dans les conditions et les formes prévues par la loi. • Crim. 26 janv. 2016, n° 15-80.299 P : *D. actu. 9 févr. 2016, obs. Goetz.* ♦ Toute demande de traduction de pièces essentielles acceptée par le juge d'instruction doit être satisfaite dans un délai raisonnable, conformément aux dispositions générales de l'art. préliminaire et aux dispositions particulières de l'art. D. 594-8, un délai de 4 mois à compter de l'acceptation par le juge d'instruction paraissant en l'espèce respecter cette exigence. • Crim. 12 sept. 2017, n° 17-83.874 P : *AJ pénal 2017. 501, obs. M.-H. Yazici* ; *RSC 2017. 769, note Cordier* . ♦ La notification en langue étrangère comprise par l'accusé, permettant à celui-ci d'exercer une voie de recours et les droits de la défense, reporte la date à laquelle l'ordonnance devient définitive, sauf lorsque la traduction n'a pas été effectuée dans le délai raisonnable prévu par l'art. D. 594-8. • Crim. 15 juin 2021, n° 21-81.843 P : *D. actu. 6 juill. 2021, obs. Diaz.*

2. Possibilité d'une requalification des faits

90. Une requalification possible sous conditions. S'il appartient au juge de restituer aux faits dont il est saisi leur véritable qualification, c'est à la condition que le prévenu ait été mis en mesure de se défendre sur la nouvelle qualification envisagée. • Crim. 13 févr. 2008, n° 07-81.097 P : *D. 2008. AJ 924* ; *ibid. 1805, note Lennon* ; *RSC 2008. 984, obs. Renucci* ; *AJ pénal 2008. 197* • Crim. 20 janv. 2009, n° 08-83.710 P : *RSC 2009. 925, obs. Renucci* ; *D. 2009. 997, note Detraz* ; *RSC 2009, obs. Renucci* ; *AJ pénal 2009. 180, obs. Lasserre Capdeville* . ♦ S'il appartient aux juges répressifs de restituer aux faits dont ils sont saisis leur exacte qualification, c'est à la condition de n'y rien ajouter, sauf acceptation expresse par le prévenu d'être jugé sur des faits non compris dans la poursuite. • Crim. 27 avr. 2000 : *D. 2000. IR 202* . ♦ S'il appartient au juge de restituer aux faits poursuivis leur véritable qualification, il ne peut substituer des faits distincts à ceux de la prévention, à moins que le prévenu accepte expressément d'être jugé sur ces faits nouveaux. • Crim. 23 janv. 2001, n° 00-80.600 P : *JCP 2001. I. 346, obs. Maron.* ♦ S'il appartient au juge répressif de restituer aux faits dont il est saisi leur véritable qualification, c'est à la condition de ne rien y ajouter, sauf acceptation expresse par le prévenu d'être jugé sur des faits et circonstances non compris dans la poursuite. Il en résulte qu'une cour d'appel ne peut, sans avoir recueilli le consentement du prévenu, requalifier des faits poursuivis sur le fondement de l'art. L. 106 C. élect. incriminant les promesses en vue d'influencer le vote en complicité d'inscription frauduleuse sur une liste électorale, incriminée par l'art. L. 88 du code précité. Toutefois, la censure n'est pas encourue, dès lors que la Cour de cassation est en mesure de s'assurer que les faits reprochés au prévenu et déclarés établis par l'arrêt attaqué entraient en réalité dans les prévisions du texte fondant la poursuite, de sorte que la requalification effectuée n'avait pas lieu d'être. • Crim. 2 oct. 2001, n° 01-80.334 P.

91. S'il appartient aux juges répressifs de restituer aux faits dont ils sont saisis leur exacte qualification, c'est à la condition que le prévenu ait été en mesure de se défendre sur la nouvelle qualification envisagée (ensemble art. 6 Conv. EDH et art. préliminaire). • Crim. 12 sept. 2001, n° 00-86.493 P : *Dr. et patr. 4/2002. 102, obs. J.-F. Renucci ; D. 2002. 1460, note Pradel* • 4 juin 2009, n° 08-87.943 P : *AJ pénal 2009. 370* . ♦ S'il appartient aux juges répressifs de restituer aux faits dont ils sont saisis leur exacte qualification, c'est à la condition que les parties – y compris la partie civile – aient été mises en mesure de s'expliquer sur la nouvelle qualification envisagée. • Crim. 27 janv. 2015, n° 14-81.723 P : *AJ pénal 2015. 255, obs. Pitti* .

92. Encourt, dès lors, la censure l'arrêt qui requalifie d'office des faits poursuivis sous la qualification de complicité de vol en recel de vol sans que le prévenu n'ait été invité à s'expliquer sur cette modification. • Crim. 17 oct. 2001, n° 01-81.988 P : *Dr. pénal 2002. Comm. 37, obs. Maron.* ♦ Encourt, dès lors, la censure l'arrêt qui requalifie d'office des faits poursuivis sous la qualification de banqueroute en abus de biens sociaux, sans que le prévenu n'ait été invité à s'expliquer sur cette modification. • Crim. 16 mai 2001, n° 00-85.066 P : *D. 2002. 31, note Lapérou-Scheneider* . ♦ De même, s'agissant de la requalification par la cour d'appel de faits poursuivis sous la qualification de violences ayant entraîné une ITT supérieure à 8 jours sur une personne chargée d'une mission de service public en violences ayant entraîné une ITT supérieure à 8 jours sur un agent exerçant des fonctions de gardiennage ou de surveillance d'un immeuble à usage d'habitation, sans avoir invité le prévenu à se défendre sur cette nouvelle qualification. • Crim. 16 mai 2007, n° 06-87.866 P : *D. 2007. AJ 1727* ; *AJ pénal 2007. 332, obs. Saas* . ♦ V. pour une condamnation du chef d'escroquerie : les juges d'appel ne peuvent écarter l'usage de manœuvres frauduleuses, seul visé à la prévention, au profit de l'usage d'une fausse qualité sans mettre la personne en mesure de s'expliquer sur cette nouvelle qualification. • Crim. 22 oct. 2014, n° 13-83.901 P : *D. actu. 6 nov. 2014, obs. Fonteix ; AJ pénal 2015. 211, obs. Renaud-Duparc* ; *RSC 2014. 802, note Boccon-Gibod* . ♦ Encourt la cassation l'arrêt rendu par la chambre de l'instruction, qui, statuant à la suite d'une ordonnance de transmission des pièces du juge d'instruction, prononce l'annulation de celle-ci, alors que le magistrat instructeur avait requalifié les faits par application de l'art. 176, non contraire aux dispositions de l'art. 6, § 3, Conv. EDH, et qu'il lui appartenait d'apprécier elle-même si les personnes mises en examen devaient être renvoyées devant la juridiction de jugement sous les qualifications ainsi retenues, quitte à ordonner, le cas échéant, tout acte d'information complémentaire utile. • Crim. 29 mai 2001, n° 01-80.718 P. ♦ V. aussi ss. art. 388.

93. Dès lors que la requalification des faits de tentative d'extorsion de fonds en complicité de ce délit n'a en rien modifié la nature et la substance de la prévention, dont les prévenus avaient été entièrement informés lors de leur comparution devant le tribunal correctionnel, la cour d'appel a caractérisé en tous ses éléments chacune des infractions distinctes qu'elle a sanctionnées. • Crim. 6 mars 2002, n° 01-85.243. ♦ Aucune atteinte n'a été portée aux droits du demandeur, dès lors que, d'une part, les éléments constitutifs du délit retenu étaient compris dans les termes de la prévention initiale et que, d'autre part, la requalification ayant été opérée par les premiers juges, le prévenu a été mis en mesure de se défendre devant la cour d'appel. • Crim. 30 janv. 2008, n° 06-81.027 P : *D. 2008. 1805, note Lennon* ; *AJ pénal 2008. 187, obs. Roussel* .

94. Une certaine souplesse dans l'appréciation des conditions. Si c'est à tort qu'en méconnaissance des art. 388 et 6, § 1, Conv. EDH, la cour d'appel n'a pas mis le prévenu en mesure de présenter sa défense sur la nouvelle qualification, l'arrêt n'encourt pas pour autant la censure, dès lors que la Cour de cassation a pu s'assurer que, tels qu'ils ont été souverainement appréciés par les juges du fond, les faits reprochés au prévenu caractérisaient le délit d'importation de stupéfiants pour lequel l'intéressé avait été poursuivi et sur lequel il s'était expliqué, la peine prononcée étant justifiée de ce chef. • Crim. 14 nov. 2002, n° 02-80.924. ♦ V. ss. art. 598. ♦ La cour d'appel, qui a requalifié la prévention de soustraction par ascendant d'un mineur des mains de sa mère chez qui il avait sa résidence habituelle en non-représentation d'enfant, alors que le prévenu n'était ni présent ni représenté devant elle, n'encourt pas la censure dès lors que cette requalification se trouvait déjà dans le débat devant la juridiction du second degré pour avoir été sollicitée devant le tribunal correctionnel par le prévenu, assisté de son avocat. • Crim. 30 nov. 2016, n° 15-86.718 P.

95. Interdiction exceptionnelle de la requalification. Les juges correctionnels étant saisis de la prévention de tromperie dont ils ont à bon droit déclaré le prévenu coupable, ne pouvaient, sans ajouter à cette prévention, retenir une qualification criminelle d'empoisonnement comportant des éléments constitutifs distincts, au regard notamment de l'intention coupable essentiellement différente, et qui serait susceptible de poursuites séparées. • Crim. 22 juin 1994, n° 93-83.900 P : *JCP 1994. II. 22310, note Rassat ; D. 1995. 85, note Prothais* . ♦ Selon les art. 50 et 53 de la loi du 29 juill. 1881, en matière de délit de presse, l'acte initial de poursuite fixe définitivement la nature et l'étendue de la poursuite quant aux faits et à leur qualification. Il s'en déduit que la juridiction saisie n'est pas autorisée à substituer à la qualification de droit commun adoptée par la partie poursuivante une qualification empruntée à la loi sur la liberté de la presse. • Crim. 6 févr. 1990, n° 88-86.436 P.

b. Droit à l'assistance d'un avocat

1. Un droit effectif

96. L'effectivité du droit à un avocat. Dans le cas où la personne gardée à vue demande à s'entretenir avec un avocat désigné d'office, si l'art. 63-4 impose à l'OPJ d'en informer, par tous moyens, le bâtonnier de l'ordre, lorsque 20 heures se sont écoulées depuis le début de la garde à vue, il ne lui fait pas obligation de rendre effectif l'entretien avec cet avocat. • Crim. 13 févr. 1996, n° 95-85.676 P : *D. 1996. Somm. 260, obs. Pradel*. ♦ L'art. 63-4, dans sa rédaction issue de la loi du 4 janv. 1993, impose seulement à l'OPJ, lorsque la personne gardée à vue depuis plus de 20 heures demande à s'entretenir avec un avocat, de prendre contact avec l'avocat désigné ou d'informer par tous moyens et sans délai le bâtonnier de l'ordre de la demande de commission d'un avocat d'office. Satisfait à cette obligation l'OPJ qui a téléphoné vainement à plusieurs reprises au numéro indiqué par le bâtonnier comme étant celui de la permanence organisée par le barreau intéressé pour centraliser les appels provenant de tous les lieux de garde à vue. • Crim. 9 mai 1994, n° 94-80.802 P : *D. 1995. Somm. 145, obs. Pradel*.

97. Aux termes de l'art. 4-1 de l'Ord. du 2 févr. 1945, le mineur poursuivi doit être assisté d'un avocat. Méconnaît le sens et la portée de ce texte la cour d'appel qui, alors qu'il lui appartenait de commettre d'office un avocat pour assister un prévenu mineur à l'audience, énonce, pour justifier du défaut d'assistance de ce mineur par un avocat, que, selon leurs déclarations, ni le prévenu, ni son père, n'ont pris contact avec l'avocat commis d'office. • Crim. 28 juin 2000, n° 00-80.253 P : *D. 2000. IR 230*.

98. Vu l'art. préliminaire et l'art. 460, ensemble les art. 647 s. ; Attendu que l'avocat qui se présente devant la cour d'appel pour assurer la défense d'une partie, doit être entendu s'il en fait la demande ; Attendu que les énonciations de l'arrêt attaqué, selon lesquelles Me G., avocat du prévenu a été entendu en sa plaidoirie, à l'audience des débats, ont été arguées de faux par le demandeur ; Attendu que l'autorisation de s'inscrire en faux ayant été accordée par le Premier président de la Cour de cassation, et les significations prévues à l'art. 647-2 ayant été effectuées, ni le ministère public ni les autres parties n'ont manifesté l'intention de soutenir l'exactitude des énonciations contestées : que, dès lors, les énonciations arguées de faux doivent être considérées comme inexactes, et que, par suite, l'arrêt étant présumé ne pas remplir les conditions de son existence légale, la cassation est encourue. • Crim. 31 mars 2010, n° 09-82.869. ♦ Dans le même sens : • Crim. 29 nov. 2016, n° 15-81.287 P.

99. Assistance d'un avocat et absence du prévenu. Selon l'art. préliminaire du code de procédure pénale et l'art. 6-3 *c)*, Conv. EDH, tout accusé a droit à l'assistance d'un défenseur de son choix ou, au besoin, commis d'office ; dès lors les juges d'appel ne peuvent retenir la cause sans faire droit à la demande du prévenu sollicitant la désignation d'un avocat d'office pour assurer sa défense, en l'absence du conseil de son choix défaillant. • Crim. 28 juin 2006, n° 05-83.272. ♦ Le droit au procès équitable et le droit de tout accusé à l'assistance d'un défenseur s'opposent à ce que la juridiction juge un prévenu non comparant et non excusé sans entendre l'avocat présent à l'audience pour assurer sa défense. • Cass., ass. plén., 2 mars 2001 : *D. 2001. 1899, note J. Pradel ; Dr. pénal 2001. Comm. 94, obs. Maron ; Procédures 2001. Comm. 134, obs. Buisson ; JCP 2001. II. 10611, note Lièvremont*. ♦ Dans cette hypothèse, la présence à l'audience de l'avocat ayant reçu mandat exprès de représenter le prévenu a pour effet de donner à l'arrêt un caractère contradictoire. • Crim. 16 mai 2001 : *D. 2001. IR 2240 ; Procédures 2001. Comm. 179, obs. Buisson* • 19 févr. 2003, n° 01-88.361 P : *D. 2003. IR 806 ; JCP 2003. IV. 1604* • 5 juin 2002 : *RSC 2003. 129, obs. Giudicelli* • 12 mars 2003 : *Dr. et patr. 21 mai 2003, p. 2*. ♦ En cas d'opposition, la comparution exigée par l'art. 494, al. 1, s'entend soit de celle de l'opposant lui-même, soit de celle de son avocat. • Crim. 2 sept. 2003, n° 02-86.538 P : *D. 2003. IR 2606 ; JCP 2003. IV. 2803*.

100. Toute personne a droit à ce que sa cause soit entendue équitablement et le bénéficiaire de l'aide juridictionnelle a droit à l'assistance d'un avocat, cette assistance devant constituer un droit concret et effectif. Dès lors, encourt la cassation l'arrêt qui confirme la condamnation du prévenu pour violence, prononcée lors d'un jugement auquel il n'était ni présent ni représenté, alors qu'il avait sollicité le bénéfice de l'aide juridictionnelle avant l'audience des débats, peu important que la cour d'appel en ait ou non été avisée. • Crim. 21 nov. 2017, n° 17-81.591 P : *D. 2018. Pan. 196, note Guého ; AJ pénal 2018. 156, obs. Andrei ; D. 2018. Pan. 1611, obs. Pradel*.

101. Déclarations faites en garde à vue. En fondant la déclaration de culpabilité sur des déclarations enregistrées au cours de la garde à vue par lesquelles la personne a contribué à sa propre incrimination sans avoir pu être assistée par un avocat, et ensuite rétractées, la cour d'appel n'a pas justifié sa décision. • Crim. 11 mai 2011, n° 10-84.251 P : *D. actu. 24 mai 2011, obs. Girault ; D. 2011. Actu. 1421, obs. Girault ; AJ pénal 2011. 371, obs. Ascensi ; RSC 2011.*

414, obs. Danet ; *Dr. pénal 2011. Chron. 7, obs. Lesclous.* ♦ En revanche, justifie sa décision au regard de l'art. 6 Conv. EDH la cour d'appel qui retient la culpabilité des prévenus par des motifs desquels il résulte que les juges ne se sont fondés ni exclusivement ni même essentiellement sur les déclarations recueillies au cours des gardes à vue sans l'assistance d'un avocat. • Crim. 6 déc. 2011, n° 11-80.326 P : *Dr. pénal 2012. Chron. 7, obs. Lesclous* • Crim. 24 avr. 2013 : *D. actu. 16 mai 2013, obs. Bombled.* ♦ La décision du président de faire consigner au procès-verbal des débats, en application de l'art. 379, certaines déclarations de l'accusé ne saurait être interprétée comme une manifestation d'opinion sur la culpabilité de ce dernier. Par ailleurs, est valable la motivation annexée à la feuille de questions, dès lors qu'elle reprend les principaux éléments exposés au cours du délibéré qui ont convaincu la cour d'assises, tels qu'ils résultaient des débats, et ne se fonde ni exclusivement ni essentiellement sur les déclarations émises par l'accusé lors d'une garde à vue irrégulière. • Crim. 12 déc. 2012 : *D. actu. 10 janv. 2013, obs. Bombled ; RSC 2013. 109, obs. Danet* . ♦ Une chambre de l'instruction n'a pas à annuler, pour violation du droit à l'assistance par un avocat, une garde à vue antérieure à la loi n° 2011-392 du 14 avril 2011, dans la mesure où l'arrêt de renvoi en cour d'assises ne doit pas se fonder exclusivement ni même essentiellement sur les déclarations recueillies en garde à vue. • Crim. 12 févr. 2014, n° 12-84.500 P : *D. actu. 6 mars 2014, obs. Fucini.* ♦ Même avant l'entrée en vigueur, le 1er juin 2011, de la L. du 14 avr. 2011, toute personne placée en garde à vue devait être informée de son droit de se taire et, sauf exceptions justifiées par des raisons impérieuses, pouvoir bénéficier de l'assistance d'un avocat. • Crim. 10 sept. 2014, n° 13-82.507 P : *D. actu. 23 sept. 2014, obs. Fucini ; AJ pénal 2015. 99, obs. Lasserre Capdeville* . ♦ V. notes ss. art. 63-4.

102. Droit de ne pas s'auto-incriminer. V. notes 131 s.

2. Un droit concret

103. Demande de renvoi. Les juges ne peuvent, sans le motiver, refuser le renvoi d'une affaire sollicitée par le prévenu en raison de l'absence de l'avocat choisi et du refus de l'intéressé de se faire assister de l'avocat de permanence. • Crim. 24 mai 2006, n° 05-85.685 P : *D. 2007. Pan. 973, obs. Pradel* ; *ibid. 2006. IR 1704* ; *AJ pénal 2006. 412, obs. Leblois-Happe* ; *RSC 2006. 847, note Finielz* • 15 juin 2010, n° 09-88.193 P : *D. 2010. Actu. 1877* ; *RSC 2010. Chron. 939, obs. Renucci* . ♦ Toute personne poursuivie, qui ne souhaite pas se défendre elle-même, a droit à l'assistance d'un défenseur de son choix ; dès lors, les juges ne peuvent, sans le motiver, refuser le renvoi d'une affaire sollicité par le prévenu en raison de l'absence de l'avocat choisi. • Crim. 20 janv. 2015 : *Dr. pénal 2015, n° 40, note Maron et Haas ; Procédures 2015, n° 100, obs. Buisson.* ♦ Les demandes de renvoi reposant sur des justificatifs objectifs, et non sur de simples affirmations non étayées de l'accusé, doivent donner lieu à une réponse motivée. • CEDH 25 juill. 2013, *Rivière et a. c/ France*, n° 46460/10 : *D. actu. 2 sept. 2013, obs. Fleuriot ; RSC 2014. 172, obs. Roets* ; *Dr. pénal 2013, n° 148, note Maron et Haas.* ♦ Lorsqu'une demande de renvoi a été formée par un avocat, le jugement qui ne mentionne ni cette demande ni la décision prise en réponse encourt la cassation. • Crim. 24 janv. 2018, n° 17-83.188 P : *AJ pénal 2018. 203, obs. Coviaux* . ♦ Lorsque la personne détenue demande le renvoi du débat pour cause d'absence de son avocat, le juge des libertés et de la détention doit nécessairement motiver son refus. • Crim. 9 févr. 2021, n° 20-86.464 : *AJ pénal 2021. 212, obs. Hennebois* .

104. Selon l'art. préliminaire, al. 1er, ensemble l'art. 6, § 3, *c)* et *d)*, Conv. EDH, toute personne poursuivie, qui ne souhaite pas se défendre elle-même, a droit à l'assistance d'un défenseur de son choix ; ainsi les juges ne peuvent, sans motiver leur décision, refuser le renvoi d'une affaire sollicité par le prévenu en raison de l'absence de l'avocat choisi. • Crim. 19 févr. 2014, n° 13-81.327. ♦ Attendu qu'en omettant de mentionner la demande de renvoi, qu'elle a rejetée sans s'en expliquer, tout en constatant, pour autoriser l'envoi par l'avocat du prévenu d'une note en délibéré, que ce conseil n'a pu assister à l'audience, la cour d'appel a méconnu les textes susvisés et le principe ci-dessus rappelé. • Crim. 27 mars 2018, n° 17-80.662 P • Crim. 27 mars 2018, n° 17-80.666 • Crim. 27 mars 2018, n° 17-80.657. ♦ Attendu qu'il résulte des pièces de procédure que l'avocat de M. X... a demandé le renvoi de l'affaire par télécopie, parvenue au service du greffe avant l'audience, et que la cour d'appel a statué par décision contradictoire à signifier à l'égard du prévenu sans mentionner ni la demande de renvoi ni la décision des juges en réponse à cette demande, la cassation est encourue. • Crim. 12 juin 2013, n° 12-83.007.

105. Un prévenu ne saurait se faire grief de ce que la cour d'appel a rejeté la demande de renvoi adressée par fax, deux jours avant l'audience, par son nouvel avocat et réitérée à l'ouverture des débats par le confrère le substituant, dès lors qu'il n'a pas réclamé la réouverture des débats dans la note en délibéré que la cour d'appel l'avait autorisé, conformément à sa demande subsidiaire, à lui transmettre avant le prononcé de sa décision. • Crim. 4 nov. 2003 : *Dr. pénal 2004. Comm. 137, obs. Maron.* ♦ Un demandeur ne saurait se faire grief de ce que la chambre de l'instruction a confirmé l'ordonnance déférée sans statuer sur la demande de renvoi, dès lors que son avocat a été avisé deux jours avant l'audience et qu'il lui appartenait, le cas échéant, de se faire suppléer ou de faire parvenir un mémoire dans les conditions prévues à l'art. 198. • Crim. 23 juin 2015, n° 15-82.005 P : *AJ pénal 2015. 501, obs. de Combles de Nayves*.

106. Une partie civile qui, pour soutenir son appel d'une ordonnance de non-lieu, a saisi le bureau d'aide juridictionnelle d'une demande de désignation d'un avocat d'office, est bien fondée à solliciter de la chambre de l'instruction le renvoi de l'audience des débats dans l'attente qu'il soit statué sur cette demande. • Crim. 15 janv. 2008, n° 07-86.624 P : *D. 2008. AJ 550, note Léna ; RSC 2008. 356, obs. Finielz ; AJ pénal 2008. 196 ; Dr. pénal 2009. Chron. 1, obs. Guérin ; Procédures 2008. Comm. 124, obs. Buisson.* ♦ Toutefois, l'aide juridictionnelle ayant été refusée avant que l'arrêt confirmatif de l'ordonnance de non-lieu ne soit prononcé, est irrecevable faute d'intérêt le moyen pris de ce que les juges n'ont pas accepté la demande de renvoi. • Même arrêt.

107. Encourt la cassation le jugement d'une juridiction de proximité qui, sans répondre à une demande de renvoi adressée par courrier reçu avant l'audience, statue par décision contradictoire à signifier à l'encontre du prévenu. • Crim. 12 avr. 2012, n° 11-86.898 P : *Dr. pénal 2012, n° 108, obs. Maron et Haas ; Procédures 2012, n° 228, obs. Chavent-Leclère ; Rev. pénit. 2012. 637, obs. Verny.* ♦ Toute personne poursuivie qui ne souhaite pas se défendre elle-même a droit à l'assistance d'un défenseur de son choix, la demande de renvoi de l'affaire présentée à cette fin pouvant être formée par lettre ou télécopie. • Crim. 25 févr. 2014, n° 13-81.554 P : *Dr. pénal 2014, n° 66, obs. Maron et Haas ; AJ pénal 2014. 376, obs. Luciani-Mien ; Procédures 2014, n° 122, obs. Chavent-Leclère.* ♦ ...Y compris sans mandat de représentation et en l'absence de la personne poursuivie. • Crim. 6 janv. 2015 : *D. actu. 9 févr. 2015, obs. Fonteix ; RSC 2015. 403, obs. Boccon-Gibod*.

108. Concernant les demandes de renvoi de débat contradictoire en matière de détention provisoire, V. notes ss. art. 137-3.

109. Demande de retenue. Le courrier d'un avocat, déposé la veille de l'audience, demandant à ce que l'affaire soit retenue en fin d'audience en raison d'une autre obligation le retenant, ne s'assimile pas à une demande de renvoi à une audience ultérieure. Ainsi les juges ne sont-ils pas tenus de répondre à une telle demande sans qu'il en résulte une quelconque atteinte aux droits de la défense. • Crim. 8 août 2018, n° 18-83.518 P : *AJ pénal 2018. 527, obs. Chapelle*.

110. Altération des facultés mentales. Il se déduit de l'art. 6, § 1 et 3, *a)* et *c)*, Conv. EDH et de l'art. préliminaire que, lorsque l'altération des facultés d'une personne mise en examen est telle que celle-ci se trouve dans l'impossibilité absolue d'assurer effectivement sa défense, serait-elle assistée d'un avocat, il doit être sursis à son renvoi devant la juridiction de jugement. Cassation de l'arrêt de la chambre de l'instruction qui, après avoir relevé qu'aux termes d'un rapport d'expertise psychiatrique la personne mise en examen est, à la suite d'un accident vasculaire cérébral survenu en cours d'information, inapte à être auditionnée ou interrogée et inaccessible à une sanction pénale, confirme l'ordonnance du juge d'instruction ayant ordonné sa mise en accusation devant la cour d'assises. • Crim. 11 juill. 2007, n° 07-83.056 P : *D. 2007. AJ 2239 ; AJ pénal 2007. 485, obs. Saas*.

111. Lorsque l'altération des facultés physiques ou mentales d'un prévenu est telle qu'elle est incompatible avec sa participation personnelle à la procédure, il appartient aux juges de vérifier qu'il est accessible à une sanction pénale et de s'assurer de la mise en œuvre de garanties spéciales de procédure lui permettant d'exercer effectivement les droits de la défense. • Crim. 11 juill. 2017, n° 16-82.960 P : *Dr. pénal 2017, n° 152, obs. Maron et Haas.*

112. Il ne peut être statué sur la culpabilité d'une personne que l'altération de ses facultés physiques ou psychiques met dans l'impossibilité de se défendre personnellement contre l'accusation dont elle fait l'objet, fût-ce en présence de son tuteur et assistée d'un avocat ; en l'absence de l'acquisition de la prescription de l'action publique ou de disposition légale lui permettant de statuer sur les intérêts civils, la juridiction pénale, qui ne peut interrompre le cours de la justice, est tenue de renvoyer l'affaire à une audience ultérieure et ne peut la juger qu'après avoir constaté que l'accusé ou le prévenu a recouvré la capacité à se défendre. Aussi, une cour d'appel ne peut-elle renvoyer des fins de la poursuite un prévenu en raison de son impossibilité absolue, définitive et objectivement constatée d'assurer sa défense devant la juridiction de jugement, ce motif de relaxe n'étant pas prévu par la loi. • Crim. 5 sept. 2018, n° 17-84.402 P : *D. actu. 14 sept. 2018, obs. Fucini ; D. 2018. 2076, note Tellier-Cayrol ; Gaz. Pal. 5 févr. 2019, p. 60, note Fourment ; AJ pénal 2018. 517, obs. Thierry ; Procédures 2018, n° 379, obs. Chavent-Leclère ; RSC 2018. 927, note Cordier*.

113. Il se déduit des art. 6, § 1, et 3 *a* et *c* Conv. EDH et préliminaire que, lorsque l'altération des facultés d'une personne mise en examen est telle que celle-ci se trouve dans l'impossibilité de se défendre personnellement contre l'accusation dont elle fait l'objet, fût-ce en présence de son tuteur ou de son curateur et avec l'assistance d'un avocat, il doit être sursis à son renvoi devant la juridiction de jugement jusqu'après constatation que l'intéressé a recouvré la capacité à se défendre. • Crim. 19 sept. 2018, n° 18-83.868 P : *D. actu. 9 oct. 2018, obs. Recotillet ; Gaz. Pal. 13 nov. 2018, p. 16, note*

Dejean de la Bâtie ; AJ pénal 2018. 517, obs. Thierry .

3° CONTRÔLE DES MESURES DE CONTRAINTE

114. Détention provisoire et atteinte à la dignité. V. note 8 ss. art. 144

115. Vu les art. préliminaire et 154 ; attendu que, selon le premier de ces textes, les mesures de contrainte dont une personne peut faire l'objet sont prises sur décision ou sous le contrôle de l'autorité judiciaire ; que, selon le second de ces textes, l'officier de police judiciaire qui est amené, pour les besoins de l'exécution d'une commission rogatoire, à garder une personne à sa disposition, a le devoir d'en informer le juge d'instruction saisi des faits dès le début de cette mesure ; tout retard, non justifié par une circonstance insurmontable, dans l'information donnée au juge d'instruction du placement en garde à vue fait nécessairement grief aux intérêts de la personne concernée. • Crim. 2 févr. 2005, n° 04-86.805 P.

116. Vu les art. préliminaire et 111-5 C. pén. ; attendu qu'aux termes du premier de ces textes, les mesures de contrainte dont la personne suspectée ou poursuivie peut faire l'objet sont prises sur décision ou sous le contrôle effectif de l'autorité judiciaire ; attendu que, selon le second de ces textes, les juridictions pénales sont compétentes pour interpréter les actes administratifs, réglementaires ou individuels et pour en apprécier la légalité lorsque, de cet examen, dépend la solution du procès pénal qui leur est soumis ; qu'il en va ainsi lorsque de la régularité de ces actes dépend celle de la procédure. Ainsi, en application de l'art. 111-5 C. pén., les juridictions pénales sont compétentes pour apprécier la légalité de l'ordre de perquisition administrative, qui, sans constituer le fondement des poursuites, détermine la régularité de la procédure. • Crim. 13 déc. 2016, n° 16-84.794 P.

117. Sanctions disciplinaires. Sur le contrôle de proportionnalité des sanctions disciplinaires pénitentiaires par le juge administratif, V. note 6 ss. art. R. 57-7-33.

4° DROIT D'ÊTRE JUGÉ DANS UN DÉLAI RAISONNABLE

118. Rejet des moyens nouveaux. Le moyen, nouveau et mélangé de fait dans sa première branche, qui soutient pour la première fois devant la Cour de cassation que le demandeur n'a pas été jugé dans un délai raisonnable, ne saurait être accueilli. • Crim. 12 déc. 2001, n° 01-83.154.

119. Le délai raisonnable, question de fait. Le demandeur ne saurait être admis à critiquer les motifs par lesquels la chambre de l'instruction a estimé que la durée de la détention provisoire n'excédait pas le délai raisonnable prévu par l'art. 144-1, une telle appréciation échappant au contrôle de la Cour de cassation. • Crim. 21 août 2002, n° 02-84.080.

120. Méconnaissance du délai raisonnable. La prétendue méconnaissance du délai raisonnable pour être jugé sur une accusation en matière pénale ne saurait constituer une cause d'extinction de l'action publique ni empêcher les juges de déterminer la peine en fonction des circonstances de l'infraction et de la personnalité de son auteur. • Crim. 14 nov. 2002, n° 02-88.703. ♦ Pour dire sans fondement la demande du prévenu en annulation de la procédure par application des dispositions de l'art. 6, § 1, Conv. EDH et de celles de l'art. 802 en raison du délai excessif de la procédure portant atteinte aux droits de la défense, la cour d'appel a justement énoncé que, si toute personne a droit à ce que sa cause soit entendue dans un délai raisonnable, la durée excessive d'une procédure pénale n'en entraîne pas la nullité. • Crim. 16 oct. 2002, n° 01-88.381. ♦ Pour écarter l'argumentation des demandeurs, qui soutenaient que, les conditions d'un procès équitable n'étant pas remplies et le procès n'ayant pas eu lieu dans un délai raisonnable au sens de l'art. 6 Conv. EDH, la procédure devait être annulée, les juges du second degré relèvent à juste titre, que, d'une part, la durée excessive d'une procédure, à la supposer établie, ne saurait entraîner sa nullité, et que, d'autre part, les prévenus ont pu normalement exercer les droits de la défense. • Crim. 20 mars 2002, n° 01-83.543. ♦ Il se déduit des art. préliminaire et 6, § 1, Conv. EDH que, si la méconnaissance du délai raisonnable peut ouvrir droit à réparation, elle est sans incidence sur la validité des procédures. • Crim. 24 avr. 2013 : *D. actu. 15 mai 2013, obs. Lavric ; D. 2013. Pan. 1993, obs. Pradel ; AJ pénal 2013. 423, obs. Belfanti ; Dr. pénal 2013, n° 99, obs. Maron et Haas ; Gaz. Pal. 21 juill. 2013, p. 47, note Fourment.*

121. La question de la constitutionnalité de l'art. préliminaire, selon l'interprétation qu'en fait la jurisprudence (méconnaissance du délai raisonnable n'entraînant pas nullité de la procédure), ne revêt pas, à l'évidence, un caractère sérieux, dès lors que le droit à être jugé dans un délai raisonnable, que proclame l'article préliminaire, n'entre aucunement en contradiction avec les autres principes directeurs du procès pénal énoncés par ce texte, qui garantissent le respect, sous le contrôle de la Cour de cassation, des droits de la défense, eux-mêmes servis par de nombreuses autres dispositions du C. pr. pén. visant à éviter tout retard dans le développement de la procédure jusqu'à la décision définitive mettant fin à l'action publique et, le cas échéant, à l'action civile ; que la partie concernée peut en outre, en cas de durée excessive de la procédure, engager la responsabilité de l'État à raison du fonctionnement défectueux du service public de la justice. • Crim., QPC, 31 août 2011, n° 11-90.075.

122. Selon l'art. préliminaire et l'art. 6 Conv. EDH, la durée excessive d'une procédure, à la supposer établie, ne saurait en entraîner la nullité ; ainsi, les juges d'appel ne peuvent annuler une procédure pour violation du délai raisonnable en retenant que la procédure menée, mettant en cause plusieurs sociétés et diverses personnes, rendait nécessaires de longues investigations, l'information à laquelle il a été procédé a néanmoins duré six années, et que les délais de règlement, puis d'audiencement, tant en première instance qu'en cause d'appel, ont été excessifs. • Crim. 25 juin 2013, n° 12-87.207 P. ♦ La durée excessive d'une procédure, à la supposer établie, ne saurait affecter l'effet interruptif de la prescription qui s'attache aux actes de poursuite régulièrement accomplis. • Crim. 26 sept. 2001, n° 00-85.525 P.

123. Délai raisonnable et parquet. En l'absence d'un texte précis, le procureur général est cependant soumis au respect d'un délai raisonnable pour présenter le mémoire contenant ses moyens de cassation. • Crim. 10 déc. 2002, n° 02-82.540.

5° DROIT DE FAIRE EXAMINER SA CONDAMNATION PAR UNE AUTRE JURIDICTION

124. L'affirmation du principe du double degré de juridiction. Le principe du double degré de juridiction a une valeur paraconstitutionnelle. • Cons. const. 20 janv. 1981, n° 80-127 DC : *préc. note 67* (sécurité et liberté). ♦ Aux termes de l'art. 2, § 1, du protocole 7 Conv. EDH, toute personne déclarée coupable d'une infraction pénale par un tribunal a le droit de faire examiner par une juridiction supérieure la déclaration de culpabilité ou de condamnation. Mais, selon les réserves formulées par la France lors de la ratification de ce protocole entré en vigueur le 1er nov. 1968, l'examen par une juridiction supérieure peut se limiter à un contrôle de l'application de la loi, tel que le recours en cassation. • Crim. 19 déc. 1990, n° 90-83.175 P • 10 juill. 1997, n° 96-83.507 P • 23 juin 1999, n° 98-80.561 P : *D. 1999. Somm. 328, obs. Pradel ; Dr. pénal 1999. Comm. 145, obs. Maron.*

125. Toute personne ayant été condamnée par une juridiction répressive de première instance, sans avoir été partie au procès, a le droit de faire examiner sa condamnation par une juridiction supérieure. • Crim., 3 nov. 2009, n° 08-88.176.

126. Exceptions au principe du double degré de juridiction. Le droit de faire examiner par une juridiction supérieure la déclaration de culpabilité ou la condamnation peut faire l'objet d'exceptions pour les infractions mineures ; ainsi, il n'est pas contraire à l'art. préliminaire, l'art. 6, § 1er, Conv. EDH et l'art. 2, § 2, Prot. 7 que l'intéressé ait été condamné, en dernier ressort, par le jugement attaqué, pour une infraction punie de l'amende prévue pour les contraventions de la 2e classe, cette décision n'étant pas, en application de l'art. 546, susceptible d'appel. • Crim. 20 févr. 2002, n° 01-86.807.

6° NE BIS IN IDEM

127. Selon le principe *Ne bis in idem* les faits qui procèdent de manière indissociable d'une action unique caractérisée par une seule intention coupable ne peuvent donner lieu, contre le même prévenu, à deux déclarations de culpabilité de nature pénale, fussent-elles concomitantes. En se déterminant comme elle l'a fait, la cour a méconnu le principe visé ci-dessus ; en effet, il résulte des énonciations de l'arrêt que les actes de complicité de deux infractions retenus par la cour d'appel procèdent, de manière indissociable, d'une action unique, l'aide apportée à la fuite illicite d'une mère avec son enfant au mépris des droits du père, caractérisée par une seule intention coupable. La cassation de l'arrêt est donc encourue. Elle interviendra avec renvoi. • Crim. 8 janv. 2020, n° 19-80.809.

128. Selon la règle *Ne bis in idem*, des faits qui procèdent de manière indissociable d'une action unique caractérisée par une seule intention coupable ne peuvent donner lieu, contre le même accusé, à deux déclarations de culpabilité de nature pénale, fussent-elles concomitantes. • Crim. 26 oct. 2016, n° 15-84.552 P • Crim. 24 janv. 2018, n° 16-83.045. • Crim. 28 mars 2018, n° 17-81.114. ♦ Dans la présente affaire, l'accusé a été déclaré coupable, d'une part, d'assassinats, de tentatives d'assassinats, et de destructions, et dégradations dangereuses pour les personnes commises par l'effet d'une substance explosive, et, d'autre part, en raison de la réponse affirmative à la question numéro 7, de transport ou port, hors de son domicile et sans motif légitime, d'un engin explosif assimilé à la catégorie A, en l'espèce une grenade à main explosive défensive d'origine américaine. Il apparaît que l'infraction de port ou transport d'une grenade était une opération préalable nécessaire à la commission des autres infractions, perpétrées le même jour, dont l'accusé a été reconnu coupable. Cette infraction à la législation sur les armes et les explosifs procède, de manière indissociable, d'une action unique avec les autres infractions dont l'accusé a été reconnu coupable, caractérisée par une seule intention coupable, et ne pouvait donner lieu à une déclaration de culpabilité distincte. La cassation de l'arrêt pénal est donc encourue. Elle interviendra, sur la culpabilité, par voie de retranchement des dispositions de l'arrêt de la cour d'assises ayant déclaré l'accusé coupable du délit de transport illicite d'un engin explosif. Cette cassation interviendra avec renvoi, sur les peines, de réclusion criminelle à perpétuité et de confiscation des scellés. La cassation ne s'étendra pas aux dispositions civiles de l'arrêt, qui trouvent leur seul fondement dans les déclarations de culpabilité pour assassinats, tentatives d'assassinats et dégradations volontaires, lesquelles ne sont pas remises en cause par la cassation prononcée. • Crim. 14 nov. 2019, n° 18-83.122. ♦ Sans méconnaître la règle *Ne bis in idem*, une cour d'assises a caractérisé sans insuffisance, d'une part la circonstance aggravante de bande organisée assortissant les vols dont l'accusé a été reconnu coupable, et d'autre part l'infraction d'association de malfaiteurs visant la préparation de faits distincts. • Crim. 22 avr. 2020, n° 19-84.464 P : *D. actu. 25 mai 2020, obs. Charlent.*

129. Il appartient au juge répressif d'appliquer l'art. 4 au Prot. add. n° 7 à la Conv. EDH, en faisant produire un plein effet à la réserve émise par la France en marge de ce protocole. L'interdiction d'une double condamnation en raison de mêmes faits ne trouve à s'appliquer, selon ladite réserve, que pour les infractions relevant en droit français de la compétence des tribunaux statuant en matière pénale et n'interdit pas le prononcé de sanctions fiscales parallèlement aux peines infligées par le juge répressif. • Crim. 11 sept. 2019, n° 18-82.430.

130. Le principe *Ne bis in idem* soulevé pour la première fois à hauteur de cassation en cas de poursuites concomitantes est nouveau et comme tel irrecevable ; en effet, ce principe n'est pas d'ordre public et le grief pris de sa violation ne naît pas de l'arrêt. • 15 févr. 2022, n° 20-81.450 P.

7° DROIT DE SE TAIRE ET DE NE PAS S'AUTO-INCRIMINER

131. Portée de l'obligation d'information. Il se déduit des art. 6 Conv. EDH et préliminaire C. pr. pén. qu'une juridiction prononçant un renvoi devant la juridiction de jugement ou une déclaration de culpabilité ne peut tenir compte, à l'encontre de la personne poursuivie, de déclarations sur les faits effectuées par celle-ci devant cette juridiction ou devant une juridiction différente sans que l'intéressé ait été informé, par la juridiction qui les a recueillies, de son droit de se taire, lorsqu'une telle information était nécessaire. Le droit de faire des déclarations, de répondre aux questions posées ou de se taire doit également être porté à la connaissance de la personne qui comparaît devant la chambre de l'instruction saisie du contentieux d'une mesure de sûreté ; si le défaut d'une telle information est sans incidence sur la décision relative à la mesure de sûreté, les déclarations de la personne mise en cause ne peuvent être utilisées à son encontre par les juridictions appelées à prononcer un renvoi devant la juridiction de jugement ou une déclaration de culpabilité. • Crim. 24 févr. 2021, n° 20-86.537 P : *RSC 2021. 448, obs. Valat ; AJ pénal 2021. 269, obs. Courvoisier-Clément.*

132. Confidences aux OPJ. Il résulte des art. préliminaire, 114, al. 1er, et 152, al. 2, qu'est contraire au droit à un procès équitable et aux droits de la défense, le fait, pour des officiers de police judiciaire d'entendre, dans le cadre d'une même information, sous quelque forme que ce soit, une personne qui, ayant été mise en examen, ne peut plus, dès lors, être interrogée que par le juge d'instruction, son avocat étant présent ou ayant été dûment convoqué. • Crim. 5 mars 2013 : *D. actu. 20 mars 2013, obs. Fucini ; D. 2013. Actu. 711 ; ibid. Pan. 1993, obs. Pradel ; AJ pénal 2013. 288, note Belfanti ; RSC 2013. 595, note Danet ; Dr. pénal 2013, n° 63, obs. Maron et Haas ; Procédures 2013, n° 162, obs. Chavent-Leclère ; Gaz. Pal. 21 juill. 2013, p. 44, note Fourment.*

133. Dès lors que, d'une part, il n'était pas soutenu que l'expert aurait manqué au devoir d'impartialité ou au respect de la présomption d'innocence, d'autre part, les déclarations faites à l'expert psychiatre par la personne mise en examen, selon lesquelles la victime n'était pas consentante à la relation qui fondait les poursuites pour viol, ces déclarations seront le cas échéant soumises au débat contradictoire devant la juridiction de jugement dans le respect des droits de la défense, celles-ci ne pouvant, en application du dernier alinéa de l'art. préliminaire du code de procédure pénale, servir d'unique fondement à une déclaration de culpabilité ; doit donc être rejeté le pourvoi formé contre l'arrêt de la chambre de l'instruction qui a rejeté la requête en nullité de l'expertise. • Crim. 11 juill. 2017, n° 16-87.660 P : *D. actu. 21 sept. 2017, obs. Goetz.*

134. Les renseignements transmis par les attachés de sécurité intérieure, réalisés en application du Décr. n° 2006-1088 du 30 août 2006 relatif à l'organisation des services de sécurité intérieure au sein des missions diplomatiques à l'étranger, ne constituent pas des actes de police judiciaire et sont seulement destinés à guider d'éventuels actes d'investigation des autorités françaises, de sorte que ces éléments, le cas échéant soumis au débat contradictoire devant la juridiction de jugement dans le respect des droits de la défense, ne peuvent, en application du dernier al. de l'art. préliminaire, servir d'unique fondement à une déclaration de culpabilité. • Crim. 19 sept. 2017, n° 17-82.317 P : *D. actu. 11 oct. 2017, obs. Fonteix ; D. 2018. 155, note Herran ; AJ pénal 2017. 507, obs. Roussel.*

135. Sur les déclarations faites en garde à vue sans l'assistance d'un avocat, V. note 101.

Loi organique n° 2011-333 du 29 mars 2011,

Relative au Défenseur des droits.

RÉP. PÉN. v° *Défenseur des droits,* par CHOPIN.

BIBL. ▶ DETRAZ, *Dr. pénal 2011. Étude 8* (le rôle du Défenseur des droits en matière pénale : un nouveau « tout-en-un » procédural). – ZARKA, *D. 2011. 1027* (le Défenseur des droits).

TITRE Ier. DISPOSITIONS GÉNÉRALES

Art. 1er Le Défenseur des droits est nommé par décret en conseil des ministres, après application de la procédure prévue au dernier alinéa de l'article 13 de la Constitution.

Il ne peut être mis fin à ses fonctions que sur sa demande ou en cas d'empêchement dans des conditions définies par décret en Conseil d'État.

Art. 2 Le Défenseur des droits, autorité *(L. org. n° 2017-54 du 20 janv. 2017, art. 5)* « administrative » indépendante, ne reçoit *(L. org. n° 2017-54 du 20 janv. 2017, art. 5)* « et ne sollicite », dans l'exercice de ses attributions, aucune instruction.

Le Défenseur des droits et ses adjoints ne peuvent être poursuivis, recherchés, arrêtés, détenus ou jugés à l'occasion des opinions qu'ils émettent ou des actes qu'ils accomplissent dans l'exercice de leurs fonctions.

L'immunité pénale reconnue au Défenseur des droits et à ses adjoints ne saurait s'appliquer qu'aux opinions qu'ils émettent et aux actes qu'ils accomplissent pour l'exercice de leurs fonctions ; elle ne saurait exonérer le Défenseur des droits et ses adjoints des sanctions encourues en cas de méconnaissance des règles prévues par les art. 20 et 29 de la loi organique, sur les secrets protégés par la loi, et par son art. 22, sur la protection des lieux privés. Sous ces réserves, les dispositions de l'art. 2 sont conformes à la Constitution. • Cons. const. 29 mars 2011 : *D. 2011. Pan. 2825, obs. Roujou de Boubée* .

Art. 3 Les fonctions de Défenseur des droits et celles de ses adjoints sont incompatibles avec celles de membre du Gouvernement, du Conseil constitutionnel, du Conseil supérieur de la magistrature et du Conseil économique, social et environnemental ainsi qu'avec tout mandat électif.

Le membre du Gouvernement, du Conseil constitutionnel, du Conseil supérieur de la magistrature, du Conseil économique, social et environnemental ou le titulaire d'un mandat électif qui est nommé Défenseur des droits ou adjoint est réputé avoir opté pour ces dernières fonctions s'il n'a pas exprimé de volonté contraire dans les huit jours suivant la publication au *Journal officiel* de sa nomination.

Les fonctions de Défenseur des droits et celles de ses adjoints sont, en outre, incompatibles avec toute autre fonction ou emploi public et toute activité professionnelle ainsi qu'avec toute fonction de président et de membre de conseil d'administration, de président et de membre de directoire, de président et de membre de conseil de surveillance, et d'administrateur délégué dans toute société, entreprise ou établissement.

Dans un délai d'un mois suivant la publication de sa nomination comme Défenseur des droits ou comme un de ses adjoints, la personne nommée doit cesser toute activité incompatible avec ses nouvelles fonctions. Si elle est fonctionnaire ou magistrat, elle est placée en position de détachement de plein droit pendant la durée de ses fonctions et ne peut recevoir, au cours de cette période, aucune promotion au choix.

TITRE II. DISPOSITIONS RELATIVES AUX COMPÉTENCES ET À LA SAISINE DU DÉFENSEUR DES DROITS

Art. 4 Le Défenseur des droits est chargé :

1° De défendre les droits et libertés dans le cadre des relations avec les administrations de l'État, les collectivités territoriales, les établissements publics et les organismes investis d'une mission de service public ;

2° De défendre et de promouvoir l'intérêt supérieur et les droits de l'enfant consacrés par la loi ou par un engagement international régulièrement ratifié ou approuvé par la France ;

3° De lutter contre les discriminations, directes ou indirectes, prohibées par la loi ou par un engagement international régulièrement ratifié ou approuvé par la France ainsi que de promouvoir l'égalité ;

4° De veiller au respect de la déontologie par les personnes exerçant des activités de sécurité sur le territoire de la République ;

(L. org. n° 2016-1690 du 9 déc. 2016) « 5° *(L. org. n° 2022-400 du 21 mars 2022, art. 1er)* « D'informer, de conseiller et » d'orienter vers les autorités compétentes toute personne signalant une alerte dans les conditions fixées par la loi, *(L. org. n° 2022-400 du 21 mars 2022, art. 1er)* « et de défendre les » droits et libertés *(L. org. n° 2022-400 du 21 mars 2022, art. 1er)* « des lanceurs d'alerte ainsi que des personnes protégées dans le cadre d'une procédure d'alerte ».

Concernant la protection des lanceurs d'alerte, V. art. 35-1.

Art. 5 Le Défenseur des droits peut être saisi :

1° Par toute personne physique ou morale qui s'estime lésée dans ses droits et libertés par le fonctionnement d'une administration de l'État, d'une collectivité territoriale, d'un établissement public ou d'un organisme investi d'une mission de service public ;

2° Par un enfant qui invoque la protection de ses droits ou une situation mettant en cause son intérêt, par ses représentants légaux, les membres de sa famille, les services médicaux ou sociaux ou toute association régulièrement déclarée depuis au moins cinq ans à la date des faits et se proposant par ses statuts de défendre les droits de l'enfant ;

3° Par toute personne qui s'estime victime d'une discrimination, directe ou indirecte, prohibée par la loi ou par un engagement international régulièrement ratifié ou approuvé par la France, ou par toute association régulièrement déclarée depuis au moins cinq ans à la date des faits se proposant par ses statuts de combattre les discriminations ou d'assister les victimes de discriminations, conjointement avec la personne s'estimant victime de discrimination ou avec son accord ;

4° Par toute personne qui a été victime ou témoin de faits dont elle estime qu'ils constituent un manquement aux règles de déontologie dans le domaine de la sécurité.

Le Défenseur des droits peut être saisi des agissements de personnes publiques ou privées.

Il peut en outre se saisir d'office ou être saisi par les ayants droit de la personne dont les droits et libertés sont en cause.

Il est saisi des réclamations qui sont adressées à ses adjoints.

Art. 6 La saisine du Défenseur des droits est gratuite.

Elle est précédée de démarches préalables auprès des personnes publiques ou des organismes mis en cause, sauf lorsqu'elle est présentée au titre des compétences mentionnées aux 2° à *(L. org. n° 2022-400 du 21 mars 2022, art. 1er)* « 5° » de l'article 4.

La saisine du Défenseur des droits n'interrompt ni ne suspend par elle-même les délais de prescription des actions en matière civile, administrative ou pénale, non plus que ceux relatifs à l'exercice de recours administratifs ou contentieux.

Art. 7 Une réclamation peut être adressée à un député, à un sénateur ou à un représentant français au Parlement européen, qui la transmet au Défenseur des droits s'il estime qu'elle appelle son intervention. Le Défenseur des droits informe le député, le sénateur ou le représentant français au Parlement européen des suites données à cette transmission.

Les membres du Parlement peuvent, de leur propre initiative, saisir le Défenseur des droits d'une question qui leur paraît appeler son intervention.

Sur la demande de l'une des commissions permanentes de son assemblée, le président de l'Assemblée nationale ou le président du Sénat peut transmettre au Défenseur des droits, dans les domaines de sa compétence, toute pétition dont l'assemblée a été saisie.

Le Défenseur des droits instruit également les réclamations qui lui sont transmises par le Médiateur européen ou un homologue étranger et qui lui paraissent relever de sa compétence et appeler son intervention.

Art. 8 Lorsqu'il se saisit d'office ou lorsqu'il est saisi autrement qu'à l'initiative de la personne s'estimant lésée ou, s'agissant d'un enfant, de ses représentants légaux, le Défenseur des droits ne peut intervenir qu'à la condition que cette personne ou, le cas échéant, ses ayants droit ait *[aient]* été avertie *[avertis]* et ne se soit *[soient]* pas opposée *[opposés]* à son intervention. Toutefois, il peut toujours se saisir des cas lui paraissant mettre en cause l'intérêt supérieur d'un enfant et des cas relatifs à des personnes qui ne sont pas identifiées ou dont il ne peut recueillir l'accord.

Art. 9 Lorsque le Défenseur des droits transmet une réclamation à une autre autorité indépendante investie d'une mission de protection des droits et libertés, il peut accompagner cette transmission de ses observations et demander à être informé des suites données à celles-ci.

Le Défenseur des droits est associé, à sa demande, aux travaux de la Commission nationale de l'informatique et des libertés et de la Commission d'accès aux documents administratifs.

Art. 10 Le Défenseur des droits ne peut être saisi ni ne peut se saisir des différends susceptibles de s'élever entre les personnes publiques et organismes mentionnés au 1° de l'article 4.

Il ne peut être saisi ni ne peut se saisir, sauf au titre de ses compétences mentionnées au 3° *(L. org. n° 2016-1690 du 9 déc. 2016)* « et au 5° » du même article 4, des différends susceptibles de s'élever entre, d'une part, ces personnes publiques et organismes et, d'autre part, leurs agents, à raison de l'exercice de leurs fonctions.

(L. org. n° 2016-1690 du 9 déc. 2016) « Il ne peut ni être saisi ni se saisir, au titre de ses compétences mentionnées au 5° du même article 4, des différends qui ne relèvent pas des situations prévues par la loi. »

TITRE III. DISPOSITIONS RELATIVES À L'INTERVENTION DU DÉFENSEUR DES DROITS

CHAPITRE Ier. *DISPOSITIONS RELATIVES AUX COLLÈGES*

Art. 11 I. — Le Défenseur des droits préside les collèges qui l'assistent pour l'exercice de ses attributions en matière de défense et de promotion des droits de l'enfant, de lutte contre les discriminations et de promotion de l'égalité *(L. org. n° 2016-1690 du 9 déc. 2016)* « , d'orientation et de protection des lanceurs d'alerte », ainsi que de déontologie dans le domaine de la sécurité.

Sur proposition du Défenseur des droits, le Premier ministre nomme les adjoints du Défenseur des droits, dont :

— un Défenseur des enfants, vice-président du collège chargé de la défense et de la promotion des droits de l'enfant, choisi pour ses connaissances ou son expérience dans ce domaine ;

— un adjoint, vice-président du collège chargé de la déontologie dans le domaine de la sécurité, choisi pour ses connaissances ou son expérience dans ce domaine ;

— un adjoint, vice-président du collège chargé de la lutte contre les discriminations et de la promotion de l'égalité, choisi pour ses connaissances ou son expérience dans ce domaine ;

(L. org. n° 2022-400 du 21 mars 2022, art. 2) « — un adjoint chargé de l'accompagnement des lanceurs d'alerte. »

II. — Les adjoints sont placés auprès du Défenseur des droits et sous son autorité.

Le Défenseur des droits peut déléguer ses attributions à ses adjoints, dans leur domaine de compétence, à l'exception de celles mentionnées aux articles 19, 29, 31, 32, 36 et au dernier alinéa des articles 18 et 25.

Chaque adjoint peut suppléer le Défenseur des droits à la présidence des réunions du collège dont il est le vice-président et le représenter, dans son domaine de compétence, auprès des organisations rassemblant les autorités indépendantes de pays tiers chargées de la protection des droits et libertés.

En vertu des dispositions du I de l'art. 11, lesquelles assurent l'indépendance du Défenseur des droits, le Premier ministre nomme les adjoints du Défenseur des droits sur proposition de ce dernier. Cette indépendance implique que le Premier ministre mette fin aux fonctions des adjoints sur la proposition du Défenseur des droits. Sous cette réserve, l'art. 11 est conforme à la Constitution. • Cons. const. 29 mars 2011, n° 2011-626 DC.

Art. 12 Le Défenseur des droits peut convoquer une réunion conjointe de plusieurs collèges et de ses adjoints afin de la consulter sur les réclamations ou les questions qui intéressent plusieurs de ses domaines de compétence, ou qui présentent une difficulté particulière.

Art. 13 Lorsqu'il intervient en matière de déontologie de la sécurité, le Défenseur des droits consulte, sur toute question nouvelle, un collège qu'il préside et qui comprend, outre son adjoint, vice-président :

— trois personnalités qualifiées désignées par le président du Sénat ;

— trois personnalités qualifiées désignées par le président de l'Assemblée nationale ;

— un membre ou ancien membre du Conseil d'État désigné par le vice-président du Conseil d'État ;

— un membre ou ancien membre de la Cour de cassation désigné conjointement par le premier président de la Cour de cassation et par le procureur général près ladite cour.

Les membres du collège sont désignés en raison de leurs connaissances ou de leur expérience dans le domaine de la déontologie de la sécurité.

Les désignations du président du Sénat et du président de l'Assemblée nationale concourent à une représentation équilibrée entre les femmes et les hommes.

Lorsque le Défenseur des droits préside les réunions du collège, son adjoint ne prend pas part au vote.

En cas de partage égal des voix, celle du président est prépondérante.

Art. 14 Lorsqu'il intervient en matière de défense et de promotion des droits de l'enfant, le Défenseur des droits consulte, sur toute question nouvelle, un collège qu'il préside et qui comprend, outre son adjoint, vice-président :

— deux personnalités qualifiées désignées par le président du Sénat ;

— deux personnalités qualifiées désignées par le président de l'Assemblée nationale ;

— une personnalité qualifiée désignée par le président du Conseil économique, social et environnemental ;

— un membre ou ancien membre de la Cour de cassation désigné conjointement par le premier président de la Cour de cassation et par le procureur général près ladite cour.

Les membres du collège sont désignés en raison de leurs connaissances ou de leur expérience en matière de défense et de promotion des droits de l'enfant.

Les désignations du président du Sénat et du président de l'Assemblée nationale concourent, dans chaque cas, à une représentation équilibrée entre les femmes et les hommes.

Lorsque le Défenseur des droits préside les réunions du collège, son adjoint ne prend pas part au vote.

En cas de partage égal des voix, celle du président est prépondérante.

Art. 15 Lorsqu'il intervient en matière de lutte contre les discriminations et de promotion de l'égalité, le Défenseur des droits consulte, sur toute question nouvelle, un collège qu'il préside et qui comprend, outre son adjoint, vice-président :

— trois personnalités qualifiées désignées par le président du Sénat ;

— trois personnalités qualifiées désignées par le président de l'Assemblée nationale ;

— une personnalité qualifiée désignée par le vice-président du Conseil d'État ;

— une personnalité qualifiée désignée par le premier président de la Cour de cassation.

Les membres du collège sont désignés en raison de leurs connaissances ou de leur expérience dans le domaine de la lutte contre les discriminations et de la promotion de l'égalité.

Les désignations du président du Sénat et du président de l'Assemblée nationale concourent à une représentation équilibrée entre les femmes et les hommes.

Lorsque le Défenseur des droits préside les réunions du collège, son adjoint ne prend pas part au vote.

En cas de partage égal des voix, celle du président est prépondérante.

Art. 16 Le mandat des adjoints du Défenseur des droits et celui des membres des collèges mentionnés aux articles 13, 14 et 15 cessent avec le mandat du Défenseur des droits. Celui des adjoints du Défenseur des droits n'est pas renouvelable.

Les adjoints du Défenseur des droits et le membre d'un collège qui cessent d'exercer leurs fonctions sont remplacés pour la durée de mandat restant à courir. Si cette durée est inférieure à deux ans, le mandat d'un adjoint du Défenseur des droits est alors renouvelable.

La qualité de membre du collège mentionné à l'article 13 est incompatible avec l'exercice, à titre principal, d'activités dans le domaine de la sécurité.

Il ne peut être mis fin aux fonctions des membres des collèges avant l'expiration de leur mandat qu'en cas de démission ou d'empêchement. Toutefois, tout membre d'un collège nommé dans les conditions prévues aux articles 13, 14 et 15 qui, sans justification, n'a pas assisté à trois séances consécutives peut être déclaré démissionnaire d'office par le collège statuant à la majorité des deux tiers de ses membres, après avoir été mis en mesure de présenter des observations. Le Défenseur des droits en informe l'autorité de nomination.

Art. 17 Aucun membre des collèges ne peut :

— participer à une délibération relative à un organisme au sein duquel il détient un intérêt direct ou indirect, exerce des fonctions ou détient un mandat ;

— participer à une délibération relative à un organisme au sein duquel il a, au cours des trois années précédant la délibération, détenu un intérêt direct ou indirect, exercé des fonctions ou détenu un mandat.

Les membres des collèges informent le Défenseur des droits des intérêts directs ou indirects qu'ils détiennent ou viennent à détenir, des fonctions qu'ils exercent ou viennent à exercer et de tout mandat qu'ils détiennent ou viennent à détenir au sein d'une personne morale.

Le Défenseur des droits veille au respect de ces obligations.

CHAPITRE II. *DISPOSITIONS RELATIVES AUX MOYENS D'INFORMATION DU DÉFENSEUR DES DROITS*

Art. 18 Le Défenseur des droits peut demander des explications à toute personne physique ou morale mise en cause devant lui. A cet effet, il peut entendre toute personne dont le concours lui paraît utile.

Les personnes physiques ou morales mises en cause doivent faciliter l'accomplissement de sa mission.

Elles sont tenues d'autoriser leurs agents et préposés à répondre à ses demandes. Ceux-ci sont tenus de répondre aux demandes d'explications qu'il leur adresse et de déférer à ses convocations. Les convocations doivent mentionner l'objet de l'audition.

Lorsque le Défenseur des droits est saisi, les personnes auxquelles il demande des explications peuvent se faire assister du conseil de leur choix. Un procès-verbal contradictoire de l'audition est dressé et remis à la personne entendue.

Si le Défenseur des droits en fait la demande, les ministres donnent instruction aux corps de contrôle d'accomplir, dans le cadre de leur compétence, toutes vérifications ou enquêtes. Ils l'informent des suites données à ces demandes.

Art. 19 Le Défenseur des droits peut demander au vice-président du Conseil d'État ou au premier président de la Cour des comptes de faire procéder à toutes études.

Art. 20 Les personnes physiques ou morales mises en cause communiquent au Défenseur des droits, sur sa demande motivée, toutes informations et pièces utiles à l'exercice de sa mission.

Le Défenseur des droits peut recueillir sur les faits portés à sa connaissance toute information qui lui apparaît nécessaire sans que son caractère secret ou confidentiel puisse lui être opposé, sauf en matière de secret concernant la défense nationale, la sûreté de l'État ou la politique extérieure. Le secret de l'enquête et de l'instruction ne peut lui être opposé.

Les informations couvertes par le secret médical ou par le secret professionnel applicable aux relations entre un avocat et son client ne peuvent lui être communiquées qu'à la demande expresse de la personne concernée. Toutefois, les informations couvertes par le secret médical peuvent lui être communiquées sans le consentement de la personne concernée lorsqu'elles sont relatives à des privations, sévices et violences physiques, sexuelles ou psychiques commis sur un mineur ou une personne qui n'est pas en mesure de se protéger en raison de son âge ou de son incapacité physique ou psychique.

Les personnes astreintes au secret professionnel ne peuvent être poursuivies en application de l'article 226-13 du code pénal pour les informations à caractère secret qu'elles ont pu révéler au Défenseur des droits, dès lors que ces informations entrent dans le champ de compétence de ce dernier tel que prévu à l'article 4 de la présente loi organique.

(L. org. nº 2016-1690 du 9 déc. 2016) « Les personnes ayant saisi le Défenseur des droits ne peuvent faire l'objet, pour ce motif, de mesures de rétorsion ou de représailles. »

Art. 21 Lorsque ses demandes formulées en vertu de l'article 18, à l'exception du dernier alinéa, ou de l'article 20 ne sont pas suivies d'effet, le Défenseur des droits peut mettre en demeure les personnes intéressées de lui répondre dans un délai qu'il fixe.

Lorsque la mise en demeure n'est pas suivie d'effet, il peut saisir le juge des référés d'une demande motivée aux fins d'ordonner toute mesure que ce dernier juge utile.

Art. 22 I. — Le Défenseur des droits peut procéder à :

1° Des vérifications sur place dans les locaux administratifs ou privés des personnes mises en cause ;

2° Des vérifications sur place dans les lieux, locaux, moyens de transport accessibles au public et dans les locaux professionnels exclusivement consacrés à cet usage.

Lors de ses vérifications sur place, le Défenseur des droits peut entendre toute personne susceptible de fournir des informations.

II. — L'autorité compétente peut s'opposer à une vérification sur place, dans les locaux administratifs d'une personne publique, au titre de l'une des compétences prévues par les 1° à 3° *(L. org. nº 2016-1690 du 9 déc. 2016)* « et 5° » de l'article 4, pour des motifs graves et impérieux liés à la défense nationale ou à la sécurité publique.

L'autorité compétente doit alors fournir au Défenseur des droits les justifications de son opposition.

Le Défenseur des droits peut saisir le juge des référés d'une demande motivée afin qu'il autorise les vérifications sur place. Les vérifications s'effectuent alors sous l'autorité et le contrôle du juge qui les a autorisées. Celui-ci peut se rendre dans les locaux administratifs durant l'intervention. A tout moment, il peut décider l'arrêt ou la suspension des vérifications.

III. — Le responsable de locaux privés est préalablement informé de son droit d'opposition à la visite ou à la vérification sur place. Lorsqu'il exerce ce droit, la visite ou la vérification sur place ne peut se dérouler qu'après l'autorisation du juge des libertés et de la détention du tribunal *(L. org. n° 2019-221 du 23 mars 2019, art. 10 et 16, en vigueur le 1er janv. 2020)* « judiciaire » dans le ressort duquel sont situés les locaux à visiter, qui statue dans des conditions fixées par décret en Conseil d'État. Toutefois, lorsque l'urgence, la gravité des faits à l'origine du contrôle ou le risque de destruction ou de dissimulation de documents le justifient, la visite peut avoir lieu sans que le responsable des locaux en ait été informé, sur autorisation préalable du juge des libertés et de la détention. Dans ce cas, le responsable des lieux ne peut s'opposer à la visite.

La visite s'effectue sous l'autorité et le contrôle du juge des libertés et de la détention qui l'a autorisée, en présence de l'occupant des lieux ou de son représentant, qui peut se faire assister d'un conseil de son choix ou, à défaut, en présence de deux témoins qui ne sont pas placés sous l'autorité des personnes chargées de procéder au contrôle.

L'ordonnance ayant autorisé la visite est exécutoire au seul vu de la minute. Elle mentionne que le juge ayant autorisé la visite peut être saisi à tout moment d'une demande de suspension ou d'arrêt de cette visite. Elle indique le délai et la voie de recours. Elle peut faire l'objet, suivant les règles prévues par le code de procédure civile, d'un appel devant le premier président de la cour d'appel. Celui-ci connaît également des recours contre le déroulement des opérations de visite.

Art. 23 Lorsque le Défenseur des droits est saisi, ou se saisit d'office, de faits donnant lieu à une enquête préliminaire ou de flagrance ou pour lesquels une information judiciaire est ouverte ou des poursuites judiciaires sont en cours, il doit recueillir l'accord préalable des juridictions saisies ou du procureur de la République, selon le cas, pour la mise en œuvre de l'article 18, à l'exception du dernier alinéa, des articles 20 et 22. Lorsqu'il intervient au titre de sa compétence prévue au 3° de l'article 4, il doit également recueillir l'accord préalable :

— des juridictions saisies ou du procureur de la République, pour la mise en œuvre de l'article 26 et du I de l'article 28, lorsque les faits donnent lieu à une enquête préliminaire ou de flagrance ou qu'une information judiciaire est ouverte ou des poursuites judiciaires sont en cours ;

— du procureur de la République, pour la mise en œuvre du II de l'article 28, lorsque les faits donnent lieu à une enquête préliminaire ou de flagrance.

CHAPITRE III. *DISPOSITIONS RELATIVES AUX POUVOIRS DU DÉFENSEUR DES DROITS*

Art. 24 Le Défenseur des droits apprécie si les faits qui font l'objet d'une réclamation ou qui lui sont signalés appellent une intervention de sa part.

Il indique les motifs pour lesquels il décide de ne pas donner suite à une saisine.

Art. 25 Le Défenseur des droits peut faire toute recommandation qui lui apparaît de nature à garantir le respect des droits et libertés de la personne lésée et à régler les difficultés soulevées devant lui ou à en prévenir le renouvellement.

Il peut recommander de régler en équité la situation de la personne dont il est saisi.

Les autorités ou personnes intéressées informent le Défenseur des droits, dans le délai qu'il fixe, des suites données à ses recommandations.

A défaut d'information dans ce délai ou s'il estime, au vu des informations reçues, qu'une recommandation n'a pas été suivie d'effet, le Défenseur des droits peut enjoindre à la personne mise en cause de prendre, dans un délai déterminé, les mesures nécessaires.

Lorsqu'il n'a pas été donné suite à son injonction, le Défenseur des droits établit un rapport spécial, qui est communiqué à la personne mise en cause. Le Défenseur des droits rend publics ce rapport et, le cas échéant, la réponse de la personne mise en cause, selon des modalités qu'il détermine.

Art. 26 Le Défenseur des droits peut procéder à la résolution amiable des différends portés à sa connaissance, par voie de médiation.

Les constatations effectuées et les déclarations recueillies au cours de la médiation ne peuvent être ni produites, ni invoquées ultérieurement dans les instances civiles ou administratives sans le consentement des personnes intéressées, sauf si la divulgation de l'accord est nécessaire à sa mise en œuvre ou si des raisons d'ordre public l'imposent.

Art. 27 Lorsque le Défenseur des droits estime, dans les conditions définies à l'article 24, que la réclamation d'une personne s'estimant victime d'une discrimination ou invoquant la protection des droits de l'enfant appelle une intervention de sa part, il l'assiste dans la constitution de son dossier et l'aide à identifier les procédures adaptées à son cas, y compris lorsque celles-ci incluent une dimension internationale.

Art. 28 I. — Le Défenseur des droits peut proposer à l'auteur de la réclamation et à la personne mise en cause de conclure une transaction dont il peut recommander les termes.

II. — Lorsqu'il constate des faits constitutifs d'une discrimination sanctionnée par les articles 225-2 et 432-7 du code pénal et L. 1146-1 et L. 2146-2 du code du travail, le Défenseur des droits peut, si ces faits n'ont pas déjà donné lieu à la mise en mouvement de l'action publique, proposer à l'auteur des faits une transaction consistant dans le versement d'une amende transactionnelle dont le montant ne peut excéder 3 000 € s'il s'agit d'une personne physique et 15 000 € s'il s'agit d'une personne morale et, s'il y a lieu, dans l'indemnisation de la victime. Le montant de l'amende est fixé en fonction de la gravité des faits ainsi que des ressources et des charges de l'auteur des faits.

La transaction proposée par le Défenseur des droits et acceptée par l'auteur des faits ainsi que, s'il y a lieu, par la victime doit être homologuée par le procureur de la République.

La personne à qui est proposée une transaction est informée qu'elle peut se faire assister par un avocat avant de donner son accord à la proposition du Défenseur des droits.

III. — Dans les cas prévus au II, le Défenseur des droits peut également proposer que la transaction consiste dans :

1° L'affichage d'un communiqué, dans des lieux qu'elle précise et pour une durée qui ne peut excéder deux mois ;

2° La transmission, pour information, d'un communiqué au comité d'entreprise ou aux délégués du personnel ;

3° La diffusion d'un communiqué, par son insertion au *Journal officiel* ou dans une ou plusieurs autres publications de presse, ou par la voie de services de communication électronique, sans que ces publications ou services de communication électronique puissent s'y opposer ;

4° L'obligation de publier la décision au sein de l'entreprise.

Les frais d'affichage ou de diffusion sont à la charge de l'auteur des faits, sans pouvoir toutefois excéder le montant maximal de l'amende transactionnelle prévue au II.

IV. — Les actes tendant à la mise en œuvre ou à l'exécution de la transaction mentionnée au même II sont interruptifs de la prescription de l'action publique.

L'exécution de la transaction constitue une cause d'extinction de l'action publique. Elle ne fait cependant pas échec au droit de la partie civile de délivrer citation directe devant le tribunal correctionnel. Le tribunal, composé d'un seul magistrat exerçant les pouvoirs conférés au président, ne statue alors que sur les seuls intérêts civils.

En cas de refus de la proposition de transaction ou d'inexécution d'une transaction acceptée et homologuée par le procureur de la République, le Défenseur des droits, conformément à l'article 1er du code de procédure pénale, peut mettre en mouvement l'action publique par voie de citation directe.

V. — Un décret précise les modalités d'application des II à IV.

Art. 29 Le Défenseur des droits peut saisir l'autorité investie du pouvoir d'engager les poursuites disciplinaires des faits dont il a connaissance et qui lui paraissent de nature à justifier une sanction.

Cette autorité informe le Défenseur des droits des suites réservées à sa saisine et, si elle n'a pas engagé de procédure disciplinaire, des motifs de sa décision.

A défaut d'information dans le délai qu'il a fixé ou s'il estime, au vu des informations reçues, que sa saisine n'a pas été suivie des mesures nécessaires, le Défenseur des droits peut établir un rapport spécial qui est communiqué à l'autorité mentionnée au premier alinéa. Il peut rendre publics ce rapport et, le cas échéant, la réponse de cette autorité selon des modalités qu'il détermine.

L'alinéa précédent ne s'applique pas à la personne susceptible de faire l'objet de la saisine du Conseil supérieur de la magistrature prévue à l'avant-dernier alinéa de l'article 65 de la Constitution.

Les attributions du Défenseur des droits en matière disciplinaire ne sauraient le conduire à remettre en cause l'indépendance de l'ensemble des juridictions qui, dans ce domaine, est garantie par les procédures particulières qui leur sont propres. Dès lors, les dispositions de l'art. 29 ne sauraient autoriser le Défenseur des droits à donner suite aux réclamations des justiciables portant sur le comportement d'un magistrat dans l'exercice de ses fonctions ; elles ont pour effet de lui permettre d'aviser le ministre de la Justice de faits découverts à l'occasion de l'accomplissement de ses missions et susceptibles de conduire à la mise en œuvre d'une procédure disciplinaire à l'encontre d'un magistrat. Sous ces réserves, les dispositions de l'art. 29 ne sont pas contraires à la Constitution. • Cons. const. 29 mars 2011, nº 2011-626 DC.

Art. 30 Le Défenseur des droits, lorsqu'il a constaté une discrimination directe ou indirecte mentionnée au 3° de l'article 4 dans l'activité professionnelle d'une personne physique ou morale soumise à agrément ou autorisation par une autorité publique, ou à l'encontre de laquelle une telle autorité dispose du pouvoir de prendre des mesures conservatoires ou des sanctions pour non-respect de la législation relative aux discriminations ou au titre de l'ordre et des libertés publics peut recommander à cette autorité publique de faire usage des pouvoirs de suspension ou de sanction dont elle dispose.

Le Défenseur des droits est tenu informé des suites données à sa recommandation.

Art. 31 Lorsque le Défenseur des droits est saisi d'une réclamation, non soumise à une autorité juridictionnelle, qui soulève une question touchant à l'interprétation ou à la portée d'une disposition législative ou réglementaire, il peut consulter le Conseil d'État. Le Défenseur des droits peut rendre public cet avis. Ce dernier est rendu dans des conditions fixées par décret en Conseil d'État.

Art. 32 Le Défenseur des droits peut recommander de procéder aux modifications législatives ou réglementaires qui lui apparaissent utiles.

Il peut être consulté par le Premier ministre sur tout projet de loi intervenant dans son champ de compétence.

Il peut également être consulté par le Premier ministre, le président de l'Assemblée nationale ou le président du Sénat sur toute question relevant de son champ de compétence.

Il contribue, à la demande du Premier ministre, à la préparation et à la définition de la position française dans les négociations internationales dans les domaines relevant de son champ de compétence.

Dans les cas prévus aux deuxième et troisième alinéas, le Défenseur des droits rend son avis dans un délai d'un mois.

Art. 33 Le Défenseur des droits ne peut remettre en cause une décision juridictionnelle.

Les juridictions civiles, administratives et pénales peuvent, d'office ou à la demande des parties, l'inviter à présenter des observations écrites ou orales. Le Défenseur des droits peut lui-même demander à présenter des observations écrites ou à être entendu par ces juridictions ; dans ce cas, son audition est de droit.

Sans préjudice de l'application du II de l'article 28, lorsqu'il apparaît au Défenseur des droits que les faits portés à sa connaissance sont constitutifs d'un crime ou d'un délit, il en informe le procureur de la République. Il lui fait savoir, le cas échéant, qu'une mission de médiation a été initiée en application de l'article 26.

Le procureur de la République informe le Défenseur des droits des suites données à ses transmissions.

Le Défenseur des droits porte à la connaissance de l'autorité judiciaire les affaires concernant un mineur susceptibles de donner lieu à des mesures d'assistance éducative prévues à l'article 375 du code civil ou toutes informations qu'il aurait recueillies à l'occasion de sa saisine par un mineur impliqué dans une procédure en cours.

Art. 34 Le Défenseur des droits mène toute action de communication et d'information jugée opportune dans ses différents domaines de compétence.

Il favorise à cette fin la mise en œuvre de programmes de formation. Il conduit et coordonne des travaux d'étude et de recherche. Il suscite et soutient les initiatives de tous organismes publics ou privés en ce qui concerne l'élaboration et l'adoption d'engagements visant à la promotion des droits et de l'égalité. Il identifie et promeut toute bonne pratique en la matière.

Art. 35 Le Défenseur des droits saisit les autorités locales compétentes de tout élément susceptible de justifier une intervention du service en charge de l'aide sociale à l'enfance.

Art. 35-1 *(L. org. n° 2022-400 du 21 mars 2022, art. 3)* I. — Tout lanceur d'alerte, au sens du I de l'article 6 de la loi n° 2016-1691 du 9 décembre 2016 relative à la transparence, à la lutte contre la corruption et à la modernisation de la vie économique, peut adresser un signalement au Défenseur des droits.

II. — Lorsque le signalement qui lui est adressé relève de sa compétence, le Défenseur des droits le recueille, le traite, selon une procédure indépendante et autonome, et fournit un retour d'informations à son auteur. Un décret en Conseil d'État précise les délais et les garanties de confidentialité applicables à cette procédure, dans les conditions prévues par la directive (UE) 2019/1937 du Parlement européen et du Conseil du 23 octobre 2019 sur la protection des personnes qui signalent des violations du droit de l'Union.

III. — Lorsque le signalement relève de la compétence d'une autre autorité mentionnée au 1° du II de l'article 8 de la loi n° 2016-1691 du 9 décembre 2016 précitée, le Défenseur des droits oriente son auteur vers celle-ci. Lorsque le signalement ne relève de la compétence d'aucune de ces autorités ou que son objet concerne les compétences de plusieurs d'entre elles, il l'oriente vers l'autorité, l'administration ou l'organisme le mieux à même d'en connaître.

IV. — Le Défenseur des droits peut être saisi par toute personne pour rendre un avis sur sa qualité de lanceur d'alerte au regard des conditions fixées aux articles 6 et 8 de la loi n° 2016-1691 du 9 décembre 2016 précitée.

Il peut également être saisi par toute personne pour rendre un avis dans lequel il apprécie si elle a respecté les conditions pour bénéficier de la protection prévue par un autre dispositif spécifique de signalement de violations et de protection de l'auteur du signalement prévu par la loi ou le règlement.

Les avis mentionnés aux deux premiers alinéas du présent IV sont rendus dans un délai de six mois à compter de la réception de la demande.

V. L. n° 2016-1691 du 9 déc. 2016 relative à la transparence, à la lutte contre la corruption et à la modernisation de la vie économique, mod. par L. n° 2022-401 du 21 mars 2022 visant à améliorer la protection des lanceurs d'alerte.

Art. 36 I. — Le Défenseur des droits peut, après en avoir informé la personne mise en cause, décider de rendre publics ses avis, recommandations ou décisions avec, le cas échéant, la réponse faite par la personne mise en cause, selon des modalités qu'il détermine.

II. — Il présente chaque année au Président de la République, au président de l'Assemblée nationale et au président du Sénat :

1° Un rapport qui rend compte de son activité générale et comprend une annexe thématique relative à chacun de ses domaines de compétences énumérés à l'article 4. *(L. org. n° 2017-54 du 20 janv. 2017, art. 5)* « Ce rapport est présenté avant le 1er juin ; »

2° Un rapport consacré aux droits de l'enfant à l'occasion de la journée internationale des droits de l'enfant.

(L. org. n° 2022-400 du 21 mars 2022, art. 4) « En outre, il présente tous les deux ans au Président de la République, au Président de l'Assemblée nationale et au Président du Sénat un rapport sur le fonctionnement global de la protection des lanceurs d'alerte, réalisé à partir des informations transmises par les autorités compétentes pour traiter et recueillir les signalements. »

Les rapports visés *(L. org. n° 2022-400 du 21 mars 2022, art. 4)* « au 1°, au 2° et à l'avant-dernier alinéa du présent II » sont publiés et peuvent faire l'objet d'une communication du Défenseur des droits devant chacune des deux assemblées.

III. — Le Défenseur des droits peut également présenter tout autre rapport au Président de la République, au président de l'Assemblée nationale et au président du Sénat. Ce rapport est publié.

TITRE IV. DISPOSITIONS RELATIVES À L'ORGANISATION ET AU FONCTIONNEMENT DU DÉFENSEUR DES DROITS

Art. 37 *(Abrogé par L. n° 2017-55 du 20 janv. 2017, art. 49)* « *Le Défenseur des droits dispose de services placés sous son autorité qui ne peuvent comprendre que des fonctionnaires civils et militaires, des fonctionnaires des assemblées parlementaires, des magistrats et des agents contractuels de droit public.* »

(L. n° 2017-55 du 20 janv. 2017, art. 49) « Le Défenseur des droits » peut désigner, sur l'ensemble du territoire ainsi que pour les Français de l'étranger, des délégués, placés sous son autorité, qui peuvent, dans leur ressort géographique, instruire des réclamations et participer au règlement des difficultés signalées ainsi qu'aux actions mentionnées au premier ali-

néa de l'article 34. Afin de permettre aux personnes détenues de bénéficier des dispositions de la présente loi organique, il désigne un ou plusieurs délégués pour chaque établissement pénitentiaire.

Il peut leur déléguer, ainsi qu'à ses agents, les attributions mentionnées à l'article 18, à l'exception de son dernier alinéa, et aux articles 20 et 22. Pour l'exercice des pouvoirs mentionnés au même article 22, ces délégués et agents sont spécialement habilités par le procureur général près la cour d'appel de leur domicile.

Les agents du Défenseur des droits assermentés et spécialement habilités par le procureur de la République peuvent constater par procès-verbal les délits de discrimination, en particulier dans le cas où il est fait application de l'article 225-3-1 du code pénal.

Les habilitations mentionnées aux troisième et quatrième alinéas du présent article sont délivrées dans des conditions et selon des modalités fixées par décret en Conseil d'État.

Les dispositions de l'art. 37, relatives aux services administratifs dont dispose le Défenseur des droits pour l'exercice de sa mission, sont conformes à la Constitution mais n'ont pas le caractère organique. • Cons. const. 29 mars 2011, n° 2011-626 DC.

Art. 38 Le Défenseur des droits, ses adjoints, les autres membres des collèges, les délégués et l'ensemble des agents placés sous son autorité sont astreints au secret professionnel pour les faits, actes ou renseignements dont ils ont connaissance en raison de leurs fonctions, sous réserve des éléments nécessaires à l'établissement des avis, recommandations, injonctions et rapports prévus par la présente loi organique.

Le Défenseur des droits peut toutefois, lorsqu'il a été saisi par un enfant, informer ses représentants légaux ainsi que les autorités susceptibles d'intervenir dans l'intérêt de l'enfant.

Sauf accord des intéressés, aucune mention permettant l'identification de personnes physiques ne peut être faite dans les documents publiés sous l'autorité du Défenseur des droits.

Art. 39 *(Abrogé par L. n° 2017-55 du 20 janv. 2017, art. 49) Le Défenseur des droits établit et rend publics un règlement intérieur et un code de déontologie qui lui sont applicables, ainsi qu'à ses adjoints, aux autres membres des collèges, à ses délégués et à l'ensemble des agents placés sous son autorité.*

Les dispositions de l'art. 39, lesquelles prévoient l'établissement et la publication d'un règlement intérieur et un code de déontologie applicables aux personnels et aux membres des collèges du Défenseur des droits, sont conformes à la Constitution mais n'ont pas le caractère organique. • Cons. const. 29 mars 2011, n° 2011-626 DC.

TITRE V. DISPOSITIONS FINALES

....

Art. 44 I. — La présente loi organique entre en vigueur le lendemain de sa publication. A compter de cette date, le Défenseur des droits exerce les missions visées au 1° de l'article 4 et succède au Médiateur de la République dans ses droits et obligations.

II. — Toutefois, entrent en vigueur au premier jour du deuxième mois suivant la date de promulgation de la présente loi organique, en tant qu'ils concernent les missions visées aux 2° à 4° de l'article 4 :

— au second alinéa de l'article 2, les mots : "et ses adjoints" ;

— aux premier et avant-dernier alinéas de l'article 3, les mots : "et celles de ses adjoints" ;

— au deuxième alinéa du même article 3, les mots : "ou adjoint" ;

— à la première phrase du dernier alinéa dudit article 3, les mots : "ou comme un de ses adjoints" ;

— les 2° à 4° des articles 4 et 5 ;

— le dernier alinéa de l'article 5 ;

— à la fin du deuxième alinéa de l'article 6, les mots : ", sauf lorsqu'elle est présentée au titre des compétences mentionnées aux 2° à 4° de l'article 4" ;

— à la dernière phrase de l'article 8, les mots : "des cas lui paraissant mettre en cause l'intérêt supérieur d'un enfant et" ;

— au second alinéa de l'article 10, les mots : ", sauf au titre de ses compétences mentionnées au 3° du même article 4," ;

— les articles 11 à 17 ;

— au premier alinéa du II de l'article 22, la référence : "à 3°" ;

— la dernière phrase du premier alinéa et les deux derniers alinéas de l'article 23 ;

— l'article 27, les II à V de l'article 28 et l'article 30 ;

— le dernier alinéa de l'article 33 ;
— les deux dernières phrases du second alinéa de l'article 34 ;
— l'article 35 ;
— le 2° du II de l'article 36 et, au dernier alinéa du même II, la référence : "et 2°" ;
— l'avant-dernier alinéa de l'article 37 et, au dernier alinéa du même article, les mots : "et quatrième" ;
— au premier alinéa de l'article 38, les mots : "ses adjoints, les autres membres des collèges," ;
— à l'article 39, les mots : "ses adjoints, aux autres membres des collèges, à" ;
— au troisième alinéa du 1° de l'article 42, les mots : "et ses adjoints" ;
— le 6° du même article 42, en tant qu'il supprime, aux articles L.O. 489, L.O. 516 et L.O. 544 du code électoral, la référence au Défenseur des enfants ;
— au I de l'article 43, les mots : "de la Commission nationale de déontologie de la sécurité, du Défenseur des enfants, de la Haute Autorité de lutte contre les discriminations et pour l'égalité et" ;
— au 1° du II du même article 43, les mots : "du Défenseur des enfants, de la Haute Autorité de lutte contre les discriminations et pour l'égalité," ;
— au 2° du même II, les mots : "et du Défenseur des enfants" ;
— le 3° dudit II en tant qu'il supprime la référence au Défenseur des enfants au 5° du I de l'article 109 de la loi organique n° 2004-192 du 27 février 2004 portant statut d'autonomie de la Polynésie française ;
— au 1° du III du même article 43, les mots : ", du Défenseur des enfants, de la Haute Autorité de lutte contre les discriminations et pour l'égalité,".

A compter du premier jour du deuxième mois suivant la promulgation de la présente loi organique, le Défenseur des droits succède au Défenseur des enfants, à la Commission nationale de déontologie de la sécurité et à la Haute Autorité de lutte contre les discriminations et pour l'égalité dans leurs droits et obligations au titre de leurs activités respectives.

III. — Les détachements, les mises à disposition en cours et les contrats des agents contractuels de droit public auprès des autorités auxquelles succède le Défenseur des droits se poursuivent auprès de lui.

Les procédures ouvertes par le Médiateur de la République, le Défenseur des enfants, la Commission nationale de déontologie de la sécurité et la Haute Autorité de lutte contre les discriminations et pour l'égalité et non clôturées aux dates d'entrée en vigueur mentionnées au I et au premier alinéa du II se poursuivent devant le Défenseur des droits. A cette fin, les actes valablement accomplis par le Médiateur de la République, le Défenseur des enfants, la Commission nationale de déontologie de la sécurité et la Haute Autorité de lutte contre les discriminations et pour l'égalité sont réputés avoir été valablement accomplis par le Défenseur des droits.

TITRE PRÉLIMINAIRE **DISPOSITIONS GÉNÉRALES** *(L. n° 2011-939 du 10 août 2011, art. 1er-1°).*

(L. n° 57-1426 du 31 déc. 1957)

RÉP. PÉN. v^is *Action publique*, par MOLINS ; *Action civile*, par AMBROISE-CASTÉROT ; *Intervention*, par REDON.

BIBL. GÉN. ▶ LARGUIER, *JCP 1959. I. 1495.*

SOUS-TITRE PREMIER **DE L'ACTION PUBLIQUE ET DE L'ACTION CIVILE** *(L. n° 2011-939 du 10 août 2011, art. 1er-2°).*

Art. 1er **L'action publique pour l'application des peines est mise en mouvement et exercée par les magistrats ou par les fonctionnaires auxquels elle est confiée par la loi.** – *V. art. 31 s.*

Cette action peut aussi être mise en mouvement par la partie lésée, dans les conditions déterminées par le présent code.

Sur la poursuite des infractions à la réglementation de la chasse, V. C. envir., art. L. 428-33, **C. pén.** *; ... de la pêche, V. C. envir., art. L. 437-15,* **C. pén.** *; ... de la conservation du domaine public* *routier, V. C. voirie routière, art. L. 116-4,* **C. voirie** *; ... des contributions indirectes, V. LPF, art. L. 235,* **CGI.**

V. aussi les textes reproduits ss. art. 31, C. pr. pén.

TOM : 807 s.

RÉP. PÉN. v^is *Plainte et dénonciation,* par Bonis ; *Victimes d'infraction,* par Cario et Ruiz-Vera ; *Immunités familiales,* par Courtin ; *Haute Cour,* par Dreuille ; *Action publique,* par Molins.

BIBL. ▸ Conte, *Mél. Bégin, Litec 2005, p. 141* (remarques contemporaines sur l'ordre public pénal). -De Poulpiquet, *ibid. 1975. 37* (mise en mouvement de l'action publique). - Génin-Méric, *RSC 1980. 77.* - Lemoine, *Dr. pénal 2008. Étude 7.* - Miansoni, *AJ pénal 2012. 152* (nature juridique du traitement en temps réel des procédures pénales). - Périer-Daville, *Gaz. Pal. 1986. 2. Doctr. 375* (immunité parlementaire). - Saint-Pau, *Dr. pénal 2006. Étude 14.* - Schoettl, *D. 2004. Chron. 1381.*

I. MISE EN MOUVEMENT DE L'ACTION PUBLIQUE PAR LE MINISTÈRE PUBLIC

1. *Généralités.* L'action publique ne peut être valablement exercée qu'autant que le fait poursuivi est qualifié crime, délit ou contravention par une disposition de la loi pénale. • Crim. 12 déc. 1972, n° 72-91.880 P.

A. PRINCIPE DE LA LIBERTÉ DES POURSUITES

2. *Opportunité des poursuites.* Le procureur de la République reçoit les plaintes et dénonciations et apprécie la suite à leur donner. • Crim. 2 nov. 1820 : *Bull. crim. n° 140.* ♦ Le procureur de la République, à qui il appartient d'apprécier la suite à donner aux dénonciations qu'il reçoit, tient des art. 40, 41 et 80, le droit de requérir l'ouverture d'une information, pour toutes les infractions qui lui paraissent résulter des faits dénoncés. • Crim. 27 févr. 2001, n° 00-86.747 P.

3. *Mise en mouvement de l'action publique.* L'action publique est valablement mise en mouvement par le réquisitoire introductif du Procureur de la République alors même que la constitution de partie civile aurait été déclarée irrecevable. • Crim. 8 nov. 1983, n° 83-92.677 P.

B. OBSTACLES À LA LIBERTÉ DES POURSUITES

1° PLAINTE PRÉALABLE

4. *Plainte préalable en général.* L'exercice de l'action publique n'est assujetti à la nécessité d'une plainte préalable que lorsqu'un texte formel l'a soumis à cette condition. • Crim. 9 mai 1885 : *DP 1886. 1. 89* • 16 févr. 1923 : *DP 1924. 1. 114.* ♦ Un prévenu ne peut donc se prévaloir des irrégularités de la plainte qui a déterminé la poursuite pour demander la nullité du réquisitoire introductif et de la procédure qui a suivi, alors que ce réquisitoire a été pris dans un cas où la plainte de la personne lésée n'était pas indispensable pour mettre l'action publique en mouvement et où le parquet avait le droit d'agir d'office. • Rouen, 26 juill. 1912 : *DP 1916. 2. 113, note Leloir.*

5. *Plainte préalable et atteintes à la vie privée.* Le délit de l'art. 226-1 C. pén., qui réprime l'atteinte à l'intimité de la vie privée, ne pouvant être poursuivi que sur plainte de la victime ou de ses ayants droit, entre dans les prévisions de l'art. 6, al. 3, selon lequel l'action publique s'éteint en cas de retrait de plainte que celle-ci est condition nécessaire de la poursuite. • Crim. 14 janv. 1997, n° 96-82.901 P. ♦ L'art. 226-6 C. pén., qui subordonne la mise en mouvement de l'action publique à la plainte préalable de la victime, ne s'applique pas au délit de violation de domicile défini par l'art. 226-4 C. pén. • Crim. 5 sept. 2001, n° 01-81.252.

6. *Plainte préalable et minorité.* La mise en mouvement de l'action publique, pour la poursuite de faits commis par un ascendant ou par une personne ayant autorité et dont sont victimes les mineurs, n'exige pas le dépôt préalable d'une plainte avec constitution de partie civile. • Crim. 30 nov. 1994, n° 94-84.127 P.

7. *Plainte préalable et viols sur mineur.* L'action publique pour la poursuite de viols commis sur un mineur par un ascendant ou une personne ayant autorité est régulièrement mise en mouvement dès lors que les faits ont été révélés par la victime aux autorités compétentes pour y donner suite, les dispositions des art. 7, al. 3, et 8 n'exigeant pas le dépôt préalable d'une plainte avec constitution de partie civile. • Crim. 3 sept. 1997, n° 97-83.351 P.

8. *Banqueroute.* L'art. L. 626-16 C. com. [art. L. 654-17] n'impose pas, comme condition de validité des poursuites engagées par le procureur de la République, leur antériorité à toute constitution de partie civile. Et, si au cours de l'information, la constitution de partie civile vient à être déclarée irrecevable par la chambre de l'instruction, la poursuite n'en a pas moins été valablement exercée en raison des réquisitions prises par le ministère public. Il n'en serait autrement que si la mise en mouvement de l'action publique était subordonnée au dépôt d'une plainte préalable. • Crim. 11 avr. 2002, n° 02-80.778 P.

9. *Plainte de l'administration.* L'exigence, avant toute poursuite pour fraude fiscale, d'une plainte préalable de l'Administration sur avis conforme de la commission des infractions fiscales n'est pas contraire aux dispositions de l'art. 6, § 1, Conv. EDH, l'opportunité des poursuites étant laissée ensuite à l'appréciation du ministère public et la cause étant portée devant le tribunal correctionnel • Crim. 14 nov. 2002, n° 00-85.141. ♦ Justifie sa décision l'arrêt d'une cour d'appel qui, appliquant l'art. 174 et ayant prononcé la nullité du réquisitoire introductif visant des délits cambiaires sans plainte préalable du ministre compétent ou de l'un de ses représentants, au sens de l'art. 458 C. douanes, étend cette nullité à l'ensemble de la procédure d'information subséquente, y compris, comme en l'espèce, aux réquisitoires supplétifs pour délits purement douaniers, en eux-mêmes exempts de toute irrégularité. • Crim. 2 mai 1988, n° 87-81.298 P.

10. Verrou de Bercy. L'exception de nullité de la procédure tirée de l'absence de plainte d'un ministre du budget, préalable à l'exercice des poursuites en matière cambiaire, doit, à peine de forclusion, être présentée devant toute défense au fond. • Crim. 19 févr. 1990, n° 89-80.354 P. ♦ L'art. L. 228 LPF, qui subordonne la recevabilité des poursuites à la consultation de la Commission des infractions fiscales, ne prescrivant pas à peine de nullité la production de la lettre du ministre des Finances saisissant cette commission, la régularité de la procédure est suffisamment établie par les mentions de l'avis rendu, précisant que celle-ci a été saisie par ce ministre. • Crim. 5 déc. 1996, n° 95-85.319 P. ♦ S'il est vrai que les tribunaux judiciaires sont compétents pour apprécier, en cas de contestation, les conditions dans lesquelles a été donné l'avis favorable aux poursuites pénales émis par la Commission des infractions fiscales, c'est à la condition que cette exception soit invoquée devant les premiers juges et avant toute défense au fond, conformément au principe posé par l'art. 385. • Crim. 5 sept. 1989, n° 88-85.685 P : *RSC 1990. 89, obs. Beaume*. ♦ La formalité prévue par l'art. R. 228-6, al. 2, LPF, qui impose à l'Administration, lors du dépôt de sa plainte, d'informer le contribuable de l'avis favorable aux poursuites rendu par la Commission des infractions fiscales, n'est pas prescrite à peine de nullité. Son omission n'est pas de nature à porter atteinte aux droits de la défense dès lors que le contribuable peut avoir connaissance de cet avis au cours de la procédure contradictoire suivie sur la plainte de l'administration des Impôts. • Crim. 16 nov. 1992, n° 91-86.669 P. ♦ L'art. L. 228 LPF, qui subordonne la recevabilité des poursuites à la consultation de la Commission des infractions fiscales, *ne prescrivant pas, à peine de nullité*, la production de la lettre du ministre des Finances saisissant cette commission, la régularité de la procédure est suffisamment établie par les mentions de l'avis rendu, précisant que celle-ci a été saisie par ce ministre. • Crim. 5 déc. 1996, n° 95-85.319 P.

11. Il résulte de la combinaison des art. 36, al. 3, 2, al. 3, et 24 du décret-loi du 18 avr. 1939, que les poursuites pour commerce illicite d'armes des quatre premières catégories ne peuvent être engagées que sur plainte préalable des ministres compétents. • Crim. 27 juin 2001, n° 01-81.865 P. ♦ Les poursuites engagées sur le fondement de l'art. 13 du décret-loi du 18 avr. 1939 pour exportation sans déclaration de marchandises prohibées ne sont pas subordonnées à la plainte préalable du ministre compétent exigée par l'art. 36, al. 3 du même décret. • Crim. 24 oct. 2001, n° 01-85.143 P : *Dr. pénal 2002. Comm. 30, obs. J.-H. Robert.*

2° IMMUNITÉS

12. Immunités parlementaires. L'art. 26 de la Constitution ne soumet la présentation de la demande d'autorisation de poursuivre ou d'arrestation d'un membre du Parlement à aucun délai et ne prévoit pas que l'autorisation, quand elle est accordée, soit subordonnée à une condition. • Crim. 19 déc. 1994, n° 94-84.749 P. ♦ Aux termes de l'art. 9 du protocole sur les privilèges et immunités des communautés européennes annexé au Traité du 8 avr. 1965 instituant un Conseil unique et une Commission unique desdites communautés, les membres du Parlement européen ne peuvent être recherchés, détenus ou poursuivis en raison des opinions ou votes émis par eux dans l'exercice de leurs fonctions. N'entrent pas dans les prévisions de ce texte, les poursuites engagées contre un membre de cette assemblée pour des faits commis avant son élection. • Crim. 14 mai 2002, n° 02-80.721 P.

13. Le parlementaire n'accomplit pas un acte de la fonction parlementaire lorsqu'il rédige un rapport en qualité de chargé d'une mission par le Premier ministre. • Crim. 12 août 1987, n° 86-96.533.

14. Immunités familiales. L'immunité prévue par l'art. 380 C. pén. (art. 311-12) ne peut être invoquée par une personne qui a frauduleusement soustrait des matériels appartenant à une société dont son mari est gérant. Celui qui fournit des fonds pour l'achat de matériels par le gérant d'une société pour le compte de cette société ne devient pas pour autant le propriétaire de ces matériels mais seulement un créancier de la société. • Crim. 4 déc. 1974, n° 91-58.374 P. ♦ Ne bénéficie pas de l'immunité familiale de l'art. 380 C. pén. (art. 311-12) l'auteur d'un abus de confiance qui n'est devenu que postérieurement au délit le conjoint de la victime. • Crim. 3 mai 1967, n° 66-90.170 P.

15. Immunités judiciaires. Aux termes de l'art. 41, al. 3, L. 29 juill. 1881, ne donneront lieu à aucune action en diffamation, injure ou outrage, ni les discours prononcés, ni les écrits produits devant les tribunaux. Cette expression doit s'entendre de toutes les juridictions devant lesquelles les droits de la défense peuvent s'exercer. Il en est ainsi de la juridiction d'instruction. • Crim. 23 déc. 1986, n° 85-96.046 P. ♦ Il résulte de l'art. 41 dont les dispositions sont d'ordre public que les propos injurieux prononcés devant les tribunaux ne peuvent donner lieu à aucune poursuite. Il n'en serait autrement que si les propos litigieux étaient susceptibles de constituer une diffamation publique portant sur des faits étrangers à la cause débattue et à la condition que les actions publique et civile aient été réservées par les tribunaux. • Crim. 23 juill. 1984, n° 84-90.183 P : *RSC 1985. 302, obs. Levasseur.* ♦ Le compte rendu ouvrant droit à l'immunité consiste à mettre en regard les prétentions contraires des parties et à permettre, par une narration générale ou partielle, d'apprécier l'ensemble des débats judiciaires, en s'abstenant de toute dénaturation des faits et de toute imputation malveillante, spécialement à l'égard des membres de la juridiction. • Crim. 10 mai 1994, n° 93-82.553 P. ♦ L'immunité judiciaire est destinée à garantir aussi bien la liberté de la défense que la sincérité des auditions. Elle est applicable, sauf le cas où ils sont étrangers à la cause, aux propos tenus et aux écrits produits devant les juridictions d'instruction comme de jugement. • Crim. 4 juin 1997, n° 96-80.520 P : *Rev. Droits 1999. 29, obs. Guinchard.*

16. Lorsqu'il ne bénéficie pas de l'immunité prévue par l'art. 41 de la loi du 29 juill. 1881, l'avocat qui s'exprime au nom de son client n'est pas dispensé de la prudence et de la circonspection nécessaires à l'admission de la bonne foi. • Crim. 3 déc. 2002, n° 01-85.466 P : *D. 2003. IR 314 ; JCP 2003. IV. 1259 ; Dr. pénal 2003. Comm. 33, obs. Véron.*

17. Immunité du président de la République. Pendant la durée de ses fonctions, la responsabilité pénale du Président de la République ne peut être mise en cause que devant la Haute Cour de Justice selon les modalités fixées par l'art. 68 de la Constitution. • Cons. const. 22 janv. 1999, n° 98-408 DC : *relative au traité portant statut de la Cour pénale internationale, JO 24 janv. 1999, p. 1317.* ♦ La Haute Cour de justice n'étant compétente que pour connaître des actes de haute trahison du président de la République commis dans l'exercice *de ses fonctions, les poursuites pour tous* les autres actes de*vant les* juridictions pénales de droit commun ne peuvent être exercées pendant la durée du mandat présidentiel, la prescription de l'action publique étant alors suspendue. • Cass., ass. plén., 10 oct. 2001, n° 01-84.992 P : *D. 2002. 237, note Debbash ; D. 2002. 674, note Pradel ; RFDA 2001. 1169, note Jouanjanet et Wachsmann ; ibid. 1187, note Beaud ; LPA 2001, n° 203 ; RSC 2002. 128, obs. Giudicelli ; ibid. 2001. Comm. 144, obs. Maron ; Dr. pénal 2002. Chron. 1, note Delaloy.*

18. Immunités diplomatiques. L'immunité diplomatique est d'ordre public. • Crim. 26 févr. 1937 : *S. 1938. 1. 117.* ♦ Pour déterminer si une procédure d'information a été régulièrement engagée contre un inculpé excipant de l'immunité diplomatique, il convient de rechercher si cet inculpé bénéficiait, ou non, de ladite immunité, à la date de l'engagement de la procédure. • Crim. 5 mars 1985, n° 84-92.155 P. ♦ La chambre d'accusation, qui relève que, si l'intéressé détient un passeport diplomatique de la République de Madagascar, celle-ci lui conteste le droit de l'utiliser et en demande la restitution, a répondu comme elle le devait à l'exception d'immunité diplomatique soulevée devant elle. • Crim. 30 janv. 2001, n° 00-87.112. ♦ Dès lors qu'il résulte des faits que les actes reprochés au prévenu n'ont pas été commis dans l'exercice de ses fonctions et dès lors que les membres du personnel de service d'une ambassade ne bénéficient de l'immunité diplomatique, en application de l'art. 37 de la Convention de Vienne sur les relations diplomatiques, que pour les actes commis dans l'exercice de leurs fonctions, la cour d'appel a justifié sa décision en rejetant l'exception d'irrecevabilité des poursuites engagées contre le prévenu, employé comme huissier à l'ambassade de Guinée à Paris, qui ne justifie pas s'être rendu à l'aéroport où les faits ont été constatés pour l'exécution d'une mission officielle, et qui a par ailleurs expliqué dans un premier temps qu'il agissait à titre personnel ce qui permet d'en déduire que sa présence à l'aéroport correspond à une activité détachable de ses fonctions. • Crim. 23 juin 1999, n° 98-85.917.

19. L'immunité diplomatique ne peut empêcher un national français d'être poursuivi devant les juridictions de son pays, en effet, aux termes de l'art. 31 de la Convention de Vienne du 18 avr. 1961, seule applicable en l'espèce, si l'agent diplomatique jouit de l'immunité de la juridiction pénale de l'État accréditaire, cette immunité ne saurait l'exempter de la juridiction de l'État accréditant. • Crim. 12 févr. 1999, n° 90-87.308 P.

20. Cas particulier des réfugiés. S'il appartient aux juges de l'ordre judiciaire d'apprécier, à l'occasion d'une poursuite pénale pour infraction à la *législation* relative aux étrangers, si se trouvent réunies les conditions d'application des art. 1er A et 31-1 de la Convention de Genève au regard de l'immunité pénale prévue par ces textes, il résulte des art. 10 et suivants de la loi du 25 juill. 1952 modifiée par celle du 11 mai 1998 que l'Office français de protection des réfugiés et apatrides a seul compétence, sous le contrôle de la commission des recours et du Conseil d'État, pour reconnaître à un demandeur d'asile la qualité de réfugié avec les droits qui y sont attachés. • Crim. 12 juin 2002, n° 01-87.[illegible] : *D. 2002. IR 2516 ; JCP 2002. IV. 2365 ; [illegible]nal 2002. Comm. 110 et 118, obs. J.-H. Robe[illegible]*

II. MISE EN MOUVEMENT DE L'ACTION PUBLIQUE PAR LA PARTIE LÉSÉE

21. Constitution de partie civile. La plainte déposée entre les mains d'un juge d'instruction par la personne qui se dit victime d'un crime ou d'un délit, lorsqu'elle est accompagnée d'une constitution de partie civile, produit, pour la mise en mouvement de l'action publique, les mêmes effets qu'un réquisitoire du procureur de la République. • Crim. 8 déc. 1906 : *DP 1907. 1. 207, rapp. Laurent-Atthaln* • 17 janv. 1919 : *DP 1920. 1. 39* • 8 juin 1923: *DP 1923. 1. 201* • 28 mai 1925 : *DP 1925. 1. 466* • 9 janv. 1930 : *DH 1930. 84* • 21 sept. 1999, n° 98-85.051 P.

22. Lorsque les juges relèvent qu'un arrêt de la cour d'assises, statuant sur l'action civile de la victime d'une tentative d'homicide volontaire, n'a pas été frappé de pourvoi et que le coupable s'est seulement pourvu contre un autre arrêt de la même cour d'assises le condamnant à la réclusion à perpétuité, ils en déduisent justement que l'action publique et l'action civile, jointes devant la juridiction répressive, sont devenues indépendantes l'une de l'autre, de sorte que l'arrêt de la chambre criminelle cassant le second arrêt d'assises n'a pas entraîné, par voie de conséquence, l'annulation du premier, qui a acquis l'autorité de la chose jugée. Cass., ch. mixte, 19 mars 1982, n° 79-15.560 : *D. 1982. 473, concl. Cabannes ; RSC 1983. 101, obs. J. Robert.* ♦ Comp. : • Crim. 12 mars 1986, n° 85-93.365 P.

23. Banqueroute. Si, selon l'art. 211 de la loi du 25 janv. 1985, C. com., art. L. 654-17, l'action publique du chef de banqueroute ne peut être mise en mouvement par la plainte avec constitution de partie civile d'une personne autre que l'administrateur, le représentant des créanciers, le représentant des salariés, le commissaire à l'exécution du plan ou le liquidateur, l'irrégularité, résultant de l'ouverture d'une information du chef de banqueroute sur plainte avec constitution de partie civile d'une personne autre que celles désignées à cet art., est couverte par l'ordonnance de renvoi devant le tribunal correctionnel • Crim. 5 mai 1997, n° 96-81.482 P • 28 févr. 2006 : *D. 2006. 2145, obs. Jacopin ; RPDP 2006. 391, obs. Ambroise-Castérot.*

24. Victime. Interdiction de changement de voie procédurale. Dès lors qu'elle s'est constituée partie civile auprès du juge d'instruction, la victime d'une infraction n'a plus la possibilité de saisir par voie de citation directe le tribunal correctionnel de poursuites contre des personnes qui n'ont pas été renvoyées devant cette juridiction par le magistrat instructeur bien qu'elles aient été visées par la plainte et mises en cause lors de l'information sans toutefois avoir été inculpées (mises en examen). • Crim. 17 janv. 1983, n° 82-90.262 P : *JCP 1984. II. 20232, note Jeandidier.* ♦ La partie civile constituée devant le juge d'instruction ne peut abandonner la voie de l'instruction préparatoire en cours pour traduire quiconque, en raison des mêmes faits, par voie de citation directe, devant la juridiction correctionnelle. • Crim. 4 janv. 1990, n° 89-80.778 P.

25. Autonomie de l'action publique. Même si la victime ne peut pas demander réparation d'un préjudice, elle peut cependant se constituer partie civile afin de corroborer l'action publique et de faire établir l'existence d'une infraction. • Crim. 8 juin 1971 : *Bull. crim. n° 182* • Crim. 10 févr. 1987, n° 85-95.939 P.

Art. 2 **L'action civile en réparation du dommage causé par un crime, un délit ou une contravention appartient à tous ceux qui ont personnellement souffert du dommage directement causé par l'infraction.**

La renonciation à l'action civile ne peut arrêter, ni suspendre l'exercice de l'action publique, sous réserve des cas visés à *(Ord. n° 58-1296 du 23 déc. 1958)* **« l'alinéa 3 de l'article 6.**

V. Circ. oct. 2007 relative aux droits des victimes dans le procès pénal et à leur mise en œuvre, NOR : UD790006C.

RÉP. PÉN. ^is *Action civile,* par AMBROISE-CASTÉROT ; *Désistement,* par CHAVENT-LECLÈRE ; *Indemnisation des victimes d'infractions,* par LUCIANI-MIEN ; *Partie civile,* par BONFILS ; *Victimes d'infraction,* par CARIO et FIZ-VRA.

BIBL ► AT-MES, *RSC 1994. 35.* – BIAUD, *D. 2009. 2408* (la constitution de partie civile du chef de l'É). – BLIN, *Gaz. Pal. 1985. 1. Doctr. 141* (assureur). – BORE, *JCP 1974. I. 2620 ; RSC 1992. 75* – BOULAN, *JCP 1973. I. 2563.* – CAMPREDON, *JCP 1979. I. 2943* (ordres professionnels). – BOURGAIS, *D. 2021. 2219* (action civile après relaxe du prévenu). – CHABAS, *D. 1973. Chr. 211* (victime en situation illicite). – DELMAS-SAINT-HILAIRE, *Mél. Brethe de la Gressaye, p.* – DENIS, *D. 1976. Chron.* 243 (situation illicite). – DE POULPIQUET, *RSC 1975. 37.* – DETRAZ, *Procédures 2009. Étude 10* (la théorie des infractions d'intérêt général : moribonde ou assainie ?); *ibid. 2008. Étude 10* (la juridiction pénale saisie de la seule action civile). – D'HAUTEVILLE, *JCP 1984. I. 3139* (assureurs). – DURRY, *RTD civ. 1970. 353* (situation illicite) ; *Mél. Larguier,* 105 (assureur) – GRANIER, *JCP 1957. I. 1386.* – GUINCHARD, *Mél. Vincent, p. 137.* – LARGUIER, *D. 1958. Chron. 29 ; JCP 1959. I. 1495.* – LAROQUE, *Gaz. Pal. 1985. 2. Doctr. 607.* – LESCLOUS et MARSAT, *Dr. pénal 1999. Chron. 23.* – LIENHARD et SZWARC, *Cah. just. 2021. 253* (le parcours des parties civiles). – MESA, *D. 2021. 303* (les rapports entre infraction et faute civile) ; *ibid. 2021. 1346* (le renouveau du dol dépassé). – MAYER, *JCP 1984. I. 3141* (situation immorale). – MERLE, *Mél. Vitu, p. 397*. – PATIN, *Rec. gén. lois 1958. 8*. – PELISSIER, *D. 1963. 121*. – POULNAIS, *JCP 1973. I. 2574* (situation illicite). – PRADEL, *D. 1983. Chron. 241 ; D. 1976. Chron. 31* (associations). – ROBERT, *Dr. pénal 1999.3 Chron. 33 ; JCP 1975. I. 2729* (associations). – ROCA, *D. 1991. Chron. 85*. – RUBELLIN-DEVICHI, *JCP 1965. I. 1922*. – VIDAL, *RSC 1963. 481 ; JCP 1971. I. 2390*. – VOUIN, *D. 1973. Chron. 265* (situation immorale).

▸ **Dossiers :** Les droits des victimes, *AJ pénal 2015. 10 s.* — Récentes évolutions du droit des victimes, *AJ pénal 2021. 7 s.*

PLAN DES ANNOTATIONS

I. DEMANDEURS À L'ACTION CIVILE

1. Généralités. L'action civile devant les tribunaux répressifs *est un droit exceptionnel* qui, en raison de sa nature, doit être strictement renfermé dans les limites fixées par les art. 2 et 3. • Crim. 9 nov. 1992, n° 92-81.432 P. ♦ Il a cependant été jugé que toute personne victime d'un dommage, quelle qu'en soit la nature, a droit d'en obtenir réparation de celui qui l'a causé par sa faute. • Crim. 28 oct. 1992, n° 91-85.925 P.

2. Spécificité liée au contentieux prud'homal. L'application de la règle de l'unicité de l'instance, spécifique à la juridiction prud'homale devant laquelle doivent être présentées toutes les demandes dérivant du contrat de travail, ne peut tenir en échec le droit, reconnu à la partie civile par les art. 2 et 3, d'engager des poursuites devant la juridiction répressive pour faire reconnaître l'existence d'une infraction et obtenir, le cas échéant, la réparation du préjudice personnel subi par elle de ce fait. • Crim. 28 avr. 2009, n° 07-82.901 P. ♦ Toutefois, il résulte des art. 2 et 3 que l'action civile en réparation du dommage causé par une infraction ne peut être exercée devant la juridiction pénale en même temps que l'action publique que pour les chefs de dommages découlant des faits qui sont l'objet de la poursuite. Doit être cassé l'arrêt qui, dans une poursuite exercée du chef de travail dissimulé par dissimulation de salariés, alloue à la partie civile l'indemnité forfaitaire prévue par l'art. L. 8223-1 C. trav., en cas de rupture du contrat de travail de salariés employés dans les conditions prévues à l'art. 8221-5 dudit code, alors que l'indemnité en cause, dont l'allocation relève de la compétence exclusive du conseil de prud'hommes, ne pouvait constituer, au sens des art. 2 et 3 précités, la réparation du préjudice causé par l'infraction déclarée établie. • Crim. 30 oct. 2012, n° 11-81.694 P : *D. 2012. AJ 2670 ; RSC 2013. 390, note Cerf-Hollender ; Dr. pénal 2012, n° 167, obs. Maron et Haas.*

3. Représentation en justice d'un parti politique. La preuve de la désignation, en vue de l'exercice d'une action, de l'organe représentatif d'un parti politique, personne morale ayant le droit d'ester en justice, ne relève pas des dispositions applicables au contrat de mandat, et la vérification de la qualité de cet organe représentatif se fait par tous moyens, selon les règles propres au fonctionnement dudit parti. • Crim. 3 janv. 2006, n° 04-85.991 P : *RPDP 2006. 389, obs. Ambroise-Castérot.*

4. Irrecevabilité de la constitution de partie civile et ses conséquences. La constitution de partie civile déclarée irrecevable en première instance (absence d'habilitation expresse d'un syndic par la copropriété) ne peut être régularisée en cause d'appel. • Crim. 14 mars 2007, n° 06-84.320 P : *D. 2007. AJ 1205 ; ibid. 2007. Pan. 2191, obs. Capoulade ; AJ pénal 2007. 233 ; AJDI 2007. 573, note Allain ; IRC juill.-août 2007. 12, note Capoulade ; Administrer 10/2007. 82, note Capoulade.* ♦ Lorsque la constitution de la partie civile n'est pas recevable au regard de l'art. 2, le pourvoi qu'elle a formé contre l'arrêt qui l'a déboutée de ses demandes après relaxe du prévenu n'est pas lui-même recevable. • Crim. 11 sept. 2001, n° 00-86.641 P • 9 mars 2004, n° 03-82.851 P : *JCP 2004. IV. 1957.*

5. Contribuables, maires et communes. Est recevable la constitution de partie civile du contribuable autorisé par le tribunal administratif, en application de l'art. L. 2132-5 CGCT, à se substituer aux organes de la commune, mais elle devient sans objet lorsque le maire, par la suite, se porte partie civile au nom de sa collectivité. • Crim. 25 nov. 2003, n° 03-80.905 P : *AJ pénal 2004. 71 .* ♦ Une commune peut être victime du délit de corruption commis par son maire et donc se constituer partie civile dans des poursuites intentées contre lui afin d'obtenir réparation de son préjudice moral pour atteinte à sa notoriété internationale en raison de son festival de cinéma. • Crim. 14 mars 2007 : *RPDP 2007. 377, obs. Ambroise-Castérot.*

6. Président de la République. Le président de la République peut, comme n'importe quelle victime, se constituer partie civile et exercer ses droits, lors de poursuites déclenchées par le parquet. • Cass., ass. plén., 15 juin 2012 : *D. 2012. 1916, note Beaud ; AJ pénal 2013. 46, obs. Lavric ; JCP 2012. 933, obs. Ambroise-Castérot.* ♦ Dans le même sens : • CEDH 18 oct. 2018, *Thiam c/ France*, n° 80018/12 : *D. actu. 22 oct. 2018, obs. Goetz ; D. 2019. 464, obs. Caire .* – V. précédemment, dans le même sens : l'art. 64 Const. énonce, par une disposition spéciale prévalant sur toute disposition générale, que le Président de la République est le garant de l'indépendance de l'autorité judiciaire, ce qui légitime, au plus haut niveau de la hiérarchie des normes juridiques, et même lorsque le Président de la République est partie au procès, ses pouvoirs sur le ministère public et écarte toute remise en cause de l'indépendance des magistrats du siège. Dès lors, il n'est pas possible de contester le pouvoir d'agir du Président de la République comme citoyen ordinaire. • Versailles, 9e ch. corr., 8 janv. 2010 : *D. 2010. AJ 318, note Lavric ; RSC 2011. 841, note Degoul .* ♦ Est recevable la constitution de partie civile du président de la République en vertu du principe selon lequel tout citoyen peut se constituer partie civile et accéder au juge. Le juge conclut à une absence d'atteinte aux principes d'indépendance et d'impartialité du tribunal, malgré le pouvoir de nomination des magistrats que le président de la République tient de l'art. 13 de la Const. • T. corr. Paris, 28 janv. 2010 : *RSC 2011. 841, note Degoul .*

A. CONDITIONS DE RECEVABILITÉ DE L'ACTION CIVILE

1° SURVIE DE L'ACTION CIVILE À LA DISPARITION DE L'ACTION PUBLIQUE

7. Les juridictions correctionnelles ou de police restent compétentes pour statuer sur l'action civile lorsqu'elles ont été saisies, en même temps que l'action publique, antérieurement à l'abrogation de la loi pénale. • Crim. 15 mars 1995, n° 93-85.623 P.

8. Les juridictions correctionnelles restent compétentes pour statuer sur l'action civile lorsqu'elles ont été régulièrement saisies avant l'extinction de l'action publique, à condition que cette extinction survienne après une décision sur le fond. • Crim. 22 mars 2011, n° 10-80.203 P : *D. 2011. Chron. 1849, obs. Roth ; ibid. Pan. 2825, obs. Roujou de Boubée .* ♦ La décision est identique si l'extinction est l'effet de l'abrogation de la loi pénale. • Crim. 16 févr. 2011, n° 10-83.606 P : *D. 2011. 880, obs. Bombled ; AJ fam. 2011. 213, obs. Avena-Robardet ; AJ pénal 2011. 192, obs. Pradelle* ♦ ... Du décès du prévenu. • Crim. 15 sept. 2009, n° 08-86.830 P : *AJ pénal 2009. 499, obs. Royer .*

9. Mais, les tribunaux répressifs n'étant compétents pour connaître de l'action civile en réparation du dommage né d'une infraction intentionnelle qu'accessoirement à l'action publique, ils ne peuvent se prononcer sur l'action civile alors que l'action publique était éteinte avant toute décision sur le fond, en raison de l'absorption de la personne morale, auteur supposé, par une autre personne morale. • Crim. 23 avr. 2013 : *D. actu. 13 mai 2013, obs. Fucini.*

2° INDÉPENDANCE DE L'ACTION PUBLIQUE ET DE L'ACTION CIVILE

10. L'action publique et l'action civile sont indépendantes ; par suite, les juges du second degré, saisis du seul appel de la partie civile, ne sont nullement liés, en ce qui concerne les intérêts civils, par une décision de relaxe rendue en première instance. • Crim. 28 nov. 1989, n° 88-86.499 P. ♦ En raison de l'indépendance de l'action publique et de l'action civile, les juges du second degré, saisis du seul appel de la partie civile, ne sont nullement liés, en ce qui concerne les intérêts civils, par la décision de relaxe rendue en première instance. • Crim. 13 avr. 1992, n° 91-84.616 P.

11. Sur le caractère accessoire de l'action civile au regard de l'action publique, V. notes ss. art. 3.

3° DISSOCIATION DES FAUTES CIVILE ET PÉNALE

12. Relaxe du prévenu et indemnisation de la victime (art. 470-1). N'encourt pas la censure l'arrêt qui ayant prononcé la relaxe des prévenus des chefs d'homicides et blessures involontaires réserve les droits des parties civiles par application de l'art. 470-1, n'excluant par là que la réparation du préjudice sur le fondement d'une faute personnelle. • Crim. 20 nov. 1996, n° 96-81.107 P. ♦ Dans une poursuite d'un médecin pour homicide involontaire, la juridiction répressive ne peut, du seul fait de la relaxe pour absence de faute pénale, déclarer irrecevable la demande régulièrement formée par les parties civiles conformément à l'art. 470-1. Il lui appartient d'apprécier s'il existe à la charge du prévenu une éventuelle faute contractuelle en rapport de causalité avec la perte de chance de survie de la victime. • Crim. 28 sept. 1999, n° 97-82.353 P.

13. L'art. 12 de la L. n° 2012-954 du 6 août 2012, qui énonce que, en raison de l'abrogation de l'art. 222-33 C. pén. résultant de la décision du Cons. const. n° 2012-240 QPC du 4 mai 2012, lorsque le tribunal correctionnel ou la chambre des appels correctionnels constate l'extinction de l'action publique, la juridiction demeure compétente, sur la demande de la partie civile formulée avant la clôture des débats, pour accorder, en application des règles du droit civil, réparation de tous les dommages résultant des faits qui ont fondé la poursuite, commande que la juridiction saisie procède tant à l'examen des agissements fautifs imputés par les victimes à l'intéressé qu'à l'évaluation des préjudices invoqués susceptibles d'en résulter. • Crim. 14 nov. 2017, n° 16-85.161 P : *D. actu. 28 nov. 2017, obs. Goetz.*

14. Partie civile seule appelante. Détermination de la faute civile. V. notes ss. art. 497.

15. La cour d'appel, saisie du seul appel de la partie civile, est compétente, même dans le cas où la réparation du dommage ressortirait à la compétence exclusive de la juridiction administrative, pour dire si le prévenu définitivement relaxé a commis une faute civile à partir et dans la limite des faits objet de la poursuite. • Crim. 14 nov. 2017, n° 17-80.934 P.

16. Acquittement de l'accusé et indemnisation de la victime. V. notes ss. art. 372.

4° ABSENCE DE PEINE ET RECEVABILITÉ DE L'ACTION CIVILE

17. En vertu des dispositions de l'art. 528-1, al. 2, l'ordonnance pénale, devenue définitive, n'a pas l'autorité de la chose jugée à l'égard de l'action civile en réparation des dommages causés par l'infraction ; ainsi, une cour d'appel peut énoncer que les parties civiles demeurent recevables en leur action après avoir relevé que l'ordonnance pénale avait acquis l'autorité de la chose jugée, par suite de l'expiration du délai d'opposition et du paiement de l'amende intervenue depuis la décision du premier juge. • Crim. 3 févr. 1998, n° 97-80.847 P.

5° LÉGITIME DÉFENSE ET ACTION CIVILE

18. La légitime défense de soi-même exclut toute faute et ne peut donner lieu à une action en dommages-intérêts en faveur de celui qui l'a rendue nécessaire par son agression ou en faveur de ses ayants droit. • Crim. 13 déc. 1989, n° 89-81.574 P : *RSC 1990. 783, obs. Levasseur.*

6° NÉCESSITÉ D'UN PRÉJUDICE

a. Infractions de droit commun

1. Préjudice actuel et certain

19. Existence du préjudice. Devant les juridictions d'instruction, le demandeur n'a pas à prouver l'existence du préjudice et il suffit que les circonstances sur lesquelles il s'appuie permettent au juge d'admettre comme possible l'existence dudit préjudice. • Crim. 23 juill. 1974, n° 73-93.383 P • 21 oct. 1982, n° 81-93.743 P. ♦ Pour qu'une constitution de partie civile soit recevable devant la juridiction d'instruction, il suffit que les circonstances sur lesquelles elle s'appuie permettent au juge d'admettre comme possibles l'existence du préjudice allégué et la relation directe de celui-ci avec une infraction à la loi pénale. • Crim. 27 mai 2009, n° 09-80.023 P : *AJ pénal 2009. 363, obs. Duparc.* ♦ Ainsi, est recevable devant la juridiction d'instruction la constitution de partie civile d'une commune des chefs d'ingérence, faux en écritures authentiques et usage, escroquerie, dès lors que la demanderesse invoque la possibilité de l'existence d'un préjudice résultant des infractions dénoncées. • Crim. 29 avr. 1986, n° 85-93.942 P. ♦ De même justifie sa décision la chambre d'accusation qui infirme l'ordonnance du juge d'instruction ayant déclaré irrecevable une constitution de partie civile pour « défaut d'intérêt à agir », en relevant qu'il appartenait au juge de rechercher si l'intéressé pouvait justifier d'un intérêt « éventuel » à agir, au lieu d'écarter la constitution par des motifs purement abstraits. • Crim. 6 févr. 1996, n° 95-84.041 P. ♦ Dans le même sens, lorsque les juridictions du fond reconnaissent le principe du préjudice, elles se doivent de réparer ce préjudice dans les limites des conclusions des parties et ne peuvent rejeter les demandes de réparations au motif que le mode de calcul de la partie civile est hypothétique. • Crim. 8 mars 2005, n° 04-83.410 P : *D. 2005. IR 1050*.

20. Absence de préjudice, absence d'action. Dès lors que la partie civile ne peut alléguer aucun préjudice, les juges du fond doivent constater qu'elle n'est pas recevable à se constituer partie civile et à mettre l'action publique en mouvement. • Crim. 9 mars 2004, n° 03-82.851 P : *JCP 2004. IV. 1957*.

21. Certitude du préjudice. Il faut que la personne qui intente l'action civile ait subi un préjudice certain. • Crim. 13 juin 1978 : *D. 1979. IR 9*. ♦ Dans le même sens : • Crim. 16 févr. 1981, n° 80-92.326 P. ♦ Encourt la cassation l'arrêt d'une cour d'appel qui refuse de réparer en le déclarant éventuel, le préjudice causé aux copropriétaires d'une résidence immobilière, pour les infractions commises par le promoteur qui avait omis de contracter les assurances prévues par la loi. • Crim. 11 juin 1985, n° 84-93.481 P.

22. Préjudices éventuels ou hypothétiques. S'il est exact que les syndicats et les unions des syndicats sont habilités, aux termes des art. 11 et 26 du Livre III C. trav., à exercer les droits réservés à la partie civile relativement aux faits portant un préjudice direct ou indirect à l'intérêt collectif de la profession qu'ils représentent, qu'il s'agisse d'ailleurs d'une infraction au code du travail ou d'un délit de droit commun, encore faut-il que le préjudice allégué ne présente pas un caractère éventuel et purement hypothétique qui, s'il était établi, serait sans relation directe ou indirecte avec le seul délit visé dans la poursuite et les faits poursuivis. • Crim. *26 juin 1973, n° 72-93.614 P*. ♦ Un faux en écritures commis dans un procès-verbal constatant les résultats d'un scrutin électoral porte principalement atteinte à la foi publique et à l'ordre social. Est irrecevable à se constituer partie civile à raison d'une telle infraction, l'électeur qui, n'étant pas lui-même candidat à l'élection contestée, ne se prévaut que d'un préjudice indirect et d'ailleurs hypothétique. • Crim. 23 mai 1977, n° 75-92.338 P.

23. Préjudice futur. L'évaluation du dommage causé à la victime d'un accident doit être faite par les tribunaux en appréciant les divers éléments de ce dommage au moment où ils rendent leur décision, une cour d'appel méconnaît ce principe lorsqu'elle met à la charge du prévenu, sans avoir procédé à leur évaluation, des dépenses futures indéterminées, en l'espèce, les frais de salaires et charges sociales d'une employée de maison pour remplacer la mère de famille, victime d'un homicide involontaire, dans les tâches ménagères et dans l'assistance des deux enfants mineures dans leur vie quotidienne jusqu'à la majorité de la plus jeune des enfants sur présentation de justificatifs, que le conjoint sera amené à acquitter dans le futur. • Crim. 6 mai 1987, n° 86-91.206 P.

24. Perte d'une chance. Bien que par définition la réalisation d'une chance ne soit jamais certaine, sa perte, résultant directement d'une infraction, peut ouvrir droit à des réparations, à condition que son existence, antérieurement au fait dommageable, ne soit pas douteuse. • Crim. 16 févr. 1981, n° 80-92.326 P. ♦ L'élément de préjudice constitué par la perte d'une chance peut présenter en lui-même un caractère certain chaque fois qu'est constatée la disparition, par l'effet du délit, de la probabilité d'un événement favorable, encore que, par définition, la réalisation d'une chance ne soit jamais certaine. • Crim. 23 févr. 1977, n° 76-90.392 P. ♦ Encourt dès lors la cassation l'arrêt qui, tout en admettant la disparition du fait d'un délit d'homicide involontaire, d'une possibilité de changement favorable de situation pour la victime de cette infraction, refuse de prendre en considération cet élément de préjudice allégué par la veuve au motif que, rien ne permettant d'affirmer que la victime aurait accepté cette nouvelle situation, il s'agissait d'un préjudice éventuel sans que les juges se soient expliqués sur le point de savoir si, en raison du degré de probabilité dudit événement, il y avait ou non en l'occurrence perte effective d'une chance sérieuse d'amélioration des ressources professionnelles de ladite victime. • Crim. 15 juin 1982, n° 81-91.359 P • 6 juin 1990, n° 89-83.703 P • 4 déc. 1996, n° 96-81.163 P. ♦ Toutefois, ne saurait être indemnisée la perte de chance « minime » de faire une carrière de pianiste concertiste subie par une personne victime d'une lésion au poignet. • Crim. 22 mai 2007 : *Dr. pénal 2007. Comm. 114, obs. Véron*. ♦ Aucun préjudice résultant de son propre décès n'a pu naître du vivant de la victime dans son patrimoine et être ainsi transmis à ses héritiers. Dès lors, l'ayant droit d'une personne décédée ne saurait demander réparation de la perte de chance de vie de la victime directe. • Crim. 26 mars 2013 : *D. actu.*

22 mai 2013, obs. Priou-Alibert.

25. Si la perte d'une chance d'amélioration des ressources d'un salarié au moyen de la création d'une entreprise peut ouvrir droit à des réparations, encore faut-il que l'existence même de cette chance, antérieurement au fait dommageable, ne soit pas douteuse. • Crim. 11 mars 1986, n° 85-93.024 P. ♦ Cependant, encourt la cassation l'arrêt qui, pour évaluer le préjudice résultant de la cessation d'activité professionnelle provoquée par un accident, assimile la perte effective de l'emploi à une simple perte de chance. • Crim. 18 mars 1986, n° 85-94.337 P. ♦ Encourt la cassation l'arrêt qui retient que la victime d'un accident de la circulation, travaillant antérieurement à temps partiel, ne peut prétendre à une indemnisation calculée sur salaire à un temps plein, alors qu'il lui appartenait de rechercher si la victime, qui soutenait avoir dû refuser un emploi à temps plein en raison de son état de santé tel que résultant directement de l'accident, n'avait pas été privée de la chance d'occuper un emploi à temps plein. • Crim. 18 févr. 2014, n° 12-87.629 P. ♦ Doit être cassé l'arrêt qui déclare irrecevable l'action civile d'un propriétaire à l'encontre d'un entrepreneur condamné pour avoir omis de souscrire les assurances de travaux de bâtiment obligatoires, sans rechercher si, en privant le propriétaire de la sécurité procurée par l'assurance en prévision de sinistres dont ce dernier a dû assumer la charge, le prévenu ne lui avait pas fait perdre une chance sérieuse d'être indemnisé et causé ainsi un préjudice répondant à la définition donnée par l'art. 2. • Crim. 4 févr. 1998, n° 97-80.841 P : *Procédures 1998. Comm. 149, obs. Buisson ; Dr. pénal 1998. Comm. 105, obs. Maron.*

26. Si une cour d'appel est en droit de prendre en considération pour l'évaluation du préjudice économique des ayants droit de la victime d'un accident mortel, la perte d'une chance de bénéficier dans l'avenir de l'augmentation des ressources que leur aurait procurée l'emploi supérieur auquel leur auteur aurait pu accéder s'il avait vécu, elle ne saurait cependant sans contradiction prendre en compte en vue de cette évaluation, l'intégralité du salaire attaché à cet emploi, tenant ainsi pour acquis un fait qui, selon d'autres constatations de l'arrêt, n'était que probable. • Crim. 3 nov. 1983, n° 82-94.455 P. ♦ Une victime contaminée par le virus de l'hépatite C ne peut prétendre à l'indemnisation d'un préjudice économique, fût-ce au titre de la perte d'une chance, que si elle présente une réduction de sa capacité physique, psychosensorielle ou intellectuelle en rapport avec sa contamination. Dès lors, justifie sa décision la cour d'appel qui, pour écarter la demande d'une victime contaminée tendant à l'indemnisation du préjudice né de la perte d'une chance de trouver un emploi, relève qu'un tel préjudice n'est ni certain ni actuel. • Crim. 19 mars 1997, n° 96-81.789 P. ♦ L'action exercée en vertu de l'art. 91 est fondée sur l'art. 1382 C. civ. Le prévenu, qui a fait l'objet d'une plainte avec constitution de partie civile et qui a bénéficié d'une ordonnance de non-lieu, ne peut obtenir des dommages-intérêts que s'il rapporte la preuve d'un préjudice réel et certain et non pas purement éventuel. • Crim. 7 juin 1989, n° 86-86.173 P.

27. Justifie sa décision la cour d'appel qui qualifie le préjudice du conjoint handicapé, survivant de la victime d'un homicide involontaire, comme la perte d'une chance de bénéficier de l'assistance viagère de la victime directe. • Crim. 27 mai 2015, n° 13-82.116 P.

2. Préjudice direct

28. Recevabilité de la constitution de partie civile. S'il est vrai que la constitution de partie civile peut avoir pour seul objet de corroborer l'action publique, encore faut-il, pour qu'elle soit recevable, que les circonstances sur lesquelles elle s'appuie permettent à la juridiction d'instruction d'admettre comme possibles, non seulement l'existence du préjudice allégué, mais aussi la relation directe de celui-ci avec l'infraction poursuivie. • Crim. 19 févr. 2002, n° 00-86.244 P : *D. 2002. IR 1321* • 2 mai 2007, n° 06-84.130 P • 17 juin 2008, n° 07-80.339 P : *D. 2008. AJ 1903, note Girault ; ibid. 2008. Pan. 2759, obs. Pradel ; Dr. pénal 2009. Chron. 1, obs. Guérin.* ♦ Encourt la cassation l'arrêt qui, pour déclarer irrecevable une constitution de partie civile, énonce qu'est nécessairement indirect pour la sœur de la victime le préjudice moral résultant de l'atteinte physique ou du trouble psychologique causé par des faits de viols et agressions sexuelles aggravés. • Crim. 27 mai 2009 : *préc. note 19.*

29. La cour admet que le préjudice direct éprouvé par la victime est non seulement celui découlant de l'infraction *stricto sensu*, mais aussi celui qui s'y rattache directement. Est donc recevable l'action civile de la victime d'agression sexuelle puisque les préjudices éprouvés par elle à l'évocation répétée de faits ou lors d'audiences aux cours desquelles sa parole et sa réputation sont publiquement mises en causes sont indissociables de l'infraction elle-même. • Crim. 14 déc. 2010 : *AJ pénal 2011. 238, obs. Perrier .*

30. Est recevable l'action civile en leur nom propre de parents de victimes de viol sur enfant mineur, contre un prévenu poursuivi pour non-dénonciation de crime dès lors qu'ils font état d'un préjudice personnel et direct distinct du préjudice social et du préjudice subi par leurs enfants devenus majeurs. • Crim. 27 févr. 2001, n° 00-84.532 P : *D. 2001. IR 1998 .*

31. Préjudice de l'enfant conçu du fait du décès de son père. L'enfant peut demander réparation du préjudice résultant du décès accidentel de son père survenu avant sa naissance alors qu'il était conçu. • Crim. 10 nov. 2020, n° 19-87.136 P : *D. actu. 15 déc. 2020, obs. Recotillet ; Dr. pénal, n° 33, obs. Maron et Haas.*

32. Les parents de deux jeunes filles sont recevables à se constituer partie civile devant le juge d'instruction du chef des viols dont auraient été victimes leurs enfants, cette infraction étant de nature à leur causer un préjudice. • Crim. 26 févr. 2020, n° 19-82.119 P : *D. actu. 15 juin 2020, obs. Priou-Alibert ; AJ pénal 2020. 370, obs. Porteron ; RSC 2020. 403, obs. Valat.*

33. Préjudice des enfants nés d'un viol et recevabilité de leur constitution de partie civile. Doit être cassé l'arrêt de la cour d'assises qui, pour déclarer irrecevable la constitution de partie civile faite au nom d'un enfant né des relations incestueuses imposées par un père à sa fille mineure, énonce que l'enfant n'est pas la victime du viol commis sur sa mère et qu'il ne subit aucun préjudice découlant de cette infraction. • Crim. 4 févr. 1998, n° 97-80.305 P : *D. 1999. 445, note Bourgault-Coudevylle ; JCP 1999. II. 10178, note Moine-Dupuis ; RSC 1998. 579, obs. Dintilhac ; Dr. pénal 1998. Comm. 104, obs. Maron.* ♦ Le préjudice subi par l'enfant, qui ne résulte pas de sa seule naissance mais de la connaissance qu'il aura des faits en grandissant, des difficultés de construction et de l'impossibilité de faire établir son lien de filiation paternelle, est indemnisable. • Crim. 23 sept. 2010, n° 09-84.108 P : *D. 2010. Actu. 2365, note Léna ; ibid. 2011. Pan. 2233, obs. Pradel ; AJ pénal 2011. 27, obs. Ambroise-Castérot.* ♦ Doit être cassé l'arrêt qui, pour écarter la demande en réparation du préjudice moral d'un enfant né d'un viol, retient que celui-ci ne peut se prévaloir d'un préjudice du seul fait des circonstances de sa naissance, alors que le préjudice invoqué résulte directement des faits criminels poursuivis. • Crim. 23 sept. 2010, n° 09-82.438 P : *D. 2010. Actu. 2365, obs. Léna ; ibid. 2011. Pan. 2233, obs. Pradel ; AJ pénal 2011. 27, obs. Ambroise-Castérot.*

34. Préjudice né de la soustraction d'une somme volée. Souffre d'un préjudice directement causé par l'infraction, et est donc recevable à se constituer partie civile, la personne qui s'est fait voler une somme qu'elle avait elle-même dérobée, la demanderesse ayant été privée d'une somme dont elle était détentrice et qu'elle a été condamnée à verser aux victimes de son propre vol. • Crim. 9 mars 2016, n° 15-80.107 : *D. actu. 29 mars 2016, obs. Goetz.*

35. Préjudice des personnes morales. La SNCF est recevable à se porter partie civile à raison du vol de colis commis au préjudice de divers commerçants par deux camionneurs à son service ; la SNCF qui a effectué le remboursement de la valeur des colis volés auquel elle était légalement tenue justifie en effet d'un préjudice direct résultant de l'infraction poursuivie. • Crim. 19 juill. 1951 : *JCP 1951. II. 6438.* ♦ De même, une banque, en sa qualité de détentrice de deniers détournés par son préposé, est fondée à invoquer un préjudice direct dont elle doit être dédommagée. • Crim. 8 janv. 1998, n° 97-80.645 P : *Dr. pénal 1998. Comm. 73, obs. Maron.* ♦ L'utilisation frauduleuse d'un code d'accès bancaire ayant permis à l'auteur de l'escroquerie d'obtenir de la banque la remise de sommes indûment prélevées sur le compte d'un tiers porte directement préjudice à l'établissement bancaire dépossédé de fonds qu'il détient et qu'il est tenu de représenter à son client. • Crim. 14 nov. 2007, n° 07-80.576 P : *AJ pénal 2008. 42 ; Dr. pénal 2008. Chron. 10, obs. Lepage.* ♦ L'utilisation frauduleuse de la carte bancaire d'un tiers porte préjudice non seulement à ce dernier mais encore à l'établissement bancaire, détenteur et possesseur des sommes détournées. • Crim. 14 nov. 2007, n° 06-88.538 P : *D. 2008. 759, note Capdeville ; AJ pénal 2008. 42.* ♦ De même, une compagnie d'assurances est fondée à invoquer le préjudice direct par elle subi du fait de son mandataire qui a détourné des fonds remis par des clients en vue de souscrire à des placements financiers, son préjudice étant constitué par le montant de ces placements dont elle a été privée et qu'elle a dû reverser à leurs souscripteurs. • Crim. 16 nov. 2005, n° 05-80.540 P : *D. 2006. IR 96.*

36. Préjudice moral des personnes morales. Une commune peut être victime du délit de corruption commis par son maire et donc se constituer partie civile dans des poursuites intentées contre lui afin d'obtenir réparation de son préjudice moral pour atteinte à sa notoriété internationale en raison de son festival de cinéma. • Crim. 14 mars 2007 : *RPDP 2007. 377, obs. Ambroise-Castérot.* ♦ En évaluant, comme elle l'a fait, la réparation du préjudice financier et moral de la personne morale, qui résulte directement de l'infraction poursuivie, la cour d'appel n'a fait qu'user de son pouvoir d'apprécier souverainement l'indemnité propre à réparer le dommage né de l'infraction. • Crim. 11 déc. 2013 : *D. actu. 6 janv. 2014, obs. Le Drévo.*

37. Travailleur clandestin et salarié non déclaré. L'action civile du travailleur clandestin contre son employeur est recevable car la législation sur le travail clandestin tend également à la protection des particuliers lorsqu'ils subissent un préjudice personnel et direct découlant de l'infraction. • Crim. 6 févr. 2001, n° 00-81.526 P. ♦ Le délit d'emploi d'un étranger non muni d'une autorisation de travail salarié cause nécessairement un préjudice direct et personnel au travailleur étranger irrégulièrement employé. Justifie, dès lors, sa décision la cour d'appel qui, après avoir déclaré le prévenu coupable d'emploi d'un étranger non muni d'une autorisation de travail, le condamne à la réparation du préjudice moral subi par ce salarié. • Crim. 11 avr. 2012, n° 11-85.224 P. ♦ Une cour d'appel ne peut déclarer irrecevable la constitution de partie civile d'une caisse de mutualité sociale agricole en affirmant qu'elle n'a subi aucun préjudice direct, alors que le prévenu n'avait pas effectué de déclaration préalable à l'embauche auprès de cet organisme. • Crim. 14 sept. 2004, n° 03-87.679 P : *JCP 2004. IV. 3189.* ♦ En revanche, l'indemnité forfaitaire prévue par l'art. L. 8221-5 C. trav. en cas de rupture du contrat de travail d'un salarié dissimulé relève de la compétence exclusive du conseil des prud'hommes et ne peut constituer, au sens des art. 2 et 3, la réparation du préjudice causé par l'infraction. • Crim. 30 oct. 2012, n° 11-81.694 P.

38. Proches de la victime et infraction d'omission. Justifie sa décision, au regard des dispositions des art. 2 et 3, la cour d'appel qui condamne le prévenu à réparer le préjudice moral des parents de la victime, grièvement blessée au volant d'une voiture volée qu'elle conduisait sans permis mais qui aurait pu survivre à ses blessures si elle avait été secourue à temps, dès lors que l'action civile des ayants droit était exercée contre le passager du véhicule, reconnu coupable du délit de non-assistance à personne en péril pour avoir pris la fuite après l'accident. • Crim. 19 juin 1996, n° 95-481.945 P. ♦ Les ayants droit de la victime directe de violences, décédée, sont fondés à solliciter l'indemnisation des préjudices par ricochet qui leur ont été personnellement causés par les délits de non-empêchement de crime ou délit contre les personnes et de non-assistance à personne en péril dont le prévenu a été déclaré coupable. • Crim. 13 mai 2015, n° 13-83.191 P : *D. actu. 9 juin 2015, obs. Priou-Alibert.*

39. Cas de prédisposition de la victime. L'auteur d'une infraction a l'obligation de réparer en totalité le dommage qui en est résulté, sans pouvoir invoquer l'état préexistant de la victime. • Crim. 14 juin 1990, n° 89-85.234 P.

40. Préjudices qualifiés d'indirects : irrecevabilité de constitution de partie civile. Limites du préjudice direct. Dans une information ouverte des seuls chefs d'acquisition, détention, cession et recel d'une arme contre une personne ayant confié à un adolescent un pistolet à l'aide duquel celui-ci s'est suicidé quelques jours plus tard, est irrecevable, faute de pouvoir se réclamer d'un préjudice résultant directement des infractions, la constitution de partie civile de la mère de celui à qui cette arme a été remise. • Crim. 25 oct. 2005, n° 04-85.280 P : *D. 2005. IR 2967 ; ibid. 2006. Pan. 617, obs. Pradel .*

41. Abus de confiance. Le délit d'abus de confiance ne cause un préjudice personnel et direct qu'aux propriétaires, détenteurs ou possesseurs des effets ou deniers détournés. Encourt dès lors la censure l'arrêt qui, pour condamner la prévenue du chef de recel d'abus de confiance, retient que l'infraction principale, reprochée à une association, résulte de l'utilisation abusive de sa trésorerie bénéficiant, pour partie, d'une subvention municipale, alors que la propriété des fonds avait été transférée à ladite association. • Crim. 17 déc. 2008, n° 07-87.611 P : *AJ pénal 2009. 130, note Royer .*

42. Tromperie. L'infraction de tromperie ne peut causer de préjudice direct qu'aux consommateurs pour la protection desquels elle est édictée, par conséquent, doit être déclarée irrecevable la constitution de partie civile d'un concurrent de la société poursuivie. • Crim. 22 nov. 2016, n° 15-86.766 P : *AJ pénal 2017. 84, obs. Gallois .*

43. Terrorisme. Recel de malfaiteurs. Est caractérisé pour les victimes des attentats du 13 nov. 2015 et leur proches, un préjudice résultant directement de l'infraction de recel de malfaiteurs dont le demandeur a été reconnu coupable, l'auteur ayant retardé l'arrestation des terroristes en leur procurant une cache, tandis que les victimes directes ont vécu des scènes de guerre, particulièrement éprouvantes et traumatisantes, et leurs proches ont subi un traumatisme consécutif à la vision ou la découverte de la mort ou des blessures de leurs parents. • Crim. 15 févr. 2022, n° 19-82.651 P : *AJ pénal 2022. 143, note Alix .*

44. Terrorisme. Témoin actif. L'action dans laquelle le demandeur s'est engagé pour interrompre la commission ou empêcher le renouvellement d'atteintes intentionnelles graves aux personnes (lors d'un attentat), auxquelles il s'est ainsi lui-même exposé, est indissociable de ces infractions, de sorte que le préjudice pouvant en résulter pour lui peut être en relation directe avec ces dernières. • Crim. 15 févr. 2022, n° 21-80.264 P • 15 févr. 2022, n° 21-80.670 P : *AJ pénal 2022. 143, note Alix .*

45. Terrorisme. Témoin en danger. Encourt la cassation l'arrêt de la chambre de l'instruction qui déclare la constitution de partie civile irrecevable, alors que les circonstances qu'elle retient, desquelles il ressort que l'intéressée s'est blessée en tentant de fuir le lieu d'une action criminelle ayant pour objet de tuer indistinctement un grand nombre de personnes, à laquelle, du fait de sa proximité, elle a pu légitimement se croire exposée, initiative indissociable de l'action criminelle qui l'a déterminée, suffisent à caractériser la possibilité du préjudice allégué et la relation directe de celui-ci avec les assassinats et tentatives, objet de l'information. • Crim. 15 févr. 2022, n° 21-80.265 P : *AJ pénal 2022. 143, note Alix .*

46. Domaine sportif. Est irrecevable la constitution de partie civile d'une association gestionnaire d'un groupe sportif contre un dirigeant et un salarié mis en examen pour des infractions liées au dopage car le préjudice résultant du discrédit qui serait porté à l'action promotionnelle du sponsor ne peut qu'être indirect. • Crim.

12 sept. 2000, n° 00-80.587 P : *D. 2000. IR 277.* ♦ Est indirect, pour une société intervenant comme sponsor d'une équipe cycliste, le préjudice résultant de l'atteinte que porterait à son image de marque la commission, imputée à un coureur de cette équipe, d'infractions liées à la pratique du dopage. • Crim. 29 sept. 2009, n° 09-81.159 P : *D. 2010. Pan. 2255, note Pradel ; RSC 2012. 884, obs. Salvat ; AJ pénal 2009. 508 ; Procédures 2010, n° 46, obs. Buisson.* ♦ Les droits de la partie civile ne peuvent être exercés que par les personnes justifiant d'un préjudice résultant de l'ensemble des éléments constitutifs de l'infraction visée à la poursuite ; tel n'est pas le cas du préjudice découlant du comportement consistant, pour des participants à une compétition sportive, à s'entendre pour en fausser le résultat, ce comportement n'étant que l'un des faits constitutifs de l'infraction d'escroquerie, la constitution de partie civile du club sportif employant ces participants devant dès lors être déclarée irrecevable. • Crim. 21 nov. 2018, n° 17-81.096 P : *Dr. pénal 2019, n° 13, note Maron et Haas.*

47. Collectivités territoriales. De même ne peut être qu'indirect le préjudice subi par une région en raison de propos, provoquant à la haine ou à la discrimination raciale, tenus par un membre du conseil régional. • Crim. 14 févr. 2006, n° 05-83.899 P : *D. 2006. IR 807 ; AJ pénal 2006. 174, obs. Girault ; AJDA 2006. 951 .* ♦ Est irrecevable la constitution de partie civile de huit conseillers généraux du département dans une affaire d'abus de confiance et détournement de fonds commis au préjudice d'un département car il n'y a pas d'atteinte directe à leurs intérêts personnels mais uniquement une atteinte directe aux intérêts du département. • Crim. 21 mars 2000, n° 99-83.890 P : *D. 2000. IR 148 .*

48. Assurances. Est irrecevable la constitution de partie civile de l'assureur de la victime d'un délit de vol en vue d'obtenir le remboursement des sommes versées par lui en vertu du contrat d'assurance, le préjudice invoqué n'étant que la conséquence du contrat conclu entre les parties. • Crim. 8 avr. 1986, n° 85-91.987 P • 26 mars 1990, n° 88-84.584 P. ♦ A cet égard, l'assureur de la victime de l'infraction, ne disposant, devant la juridiction répressive, d'aucun recours subrogatoire contre le responsable du dommage, l'indemnisation de la victime par son assureur ne dispense pas l'auteur de l'infraction de réparer le préjudice qui en découle. • Crim. 14 nov. 2007 : *préc. note 35.*

49. Ne peut qu'être indirect le préjudice causé à une personne morale par la mise en examen de ses propres dirigeants pour des faits constitutifs d'infractions à la législation sur les marchés publics, corruption et trafic d'influence. • Crim. 8 juin 1999, n° 98-82.897 P.

50. Héritiers et droits de succession. La dépense résultant, pour l'héritier, de l'obligation légale d'acquitter les droits de mutation après décès ne constitue pas un élément du préjudice né directement de l'infraction ou des faits, objet de la poursuite. • Crim. 28 févr. 1996, n° 95-84.589 P • Crim. 29 avr. 2014, n° 13-80.693 P : *D. actu. 20 mai 2014, obs. Fonteix.* ♦ La dépense résultant, pour l'héritier de la victime, de l'obligation prévue par l'art. 276-2 C. civ., d'assumer la charge de la rente que servait son ayant cause à titre de prestation compensatoire, ne constitue pas un élément du préjudice né directement de l'infraction d'homicide involontaire. • Crim. 18 nov. 1998, n° 97-82.268 P : *D. 1999. Somm. 323, obs. Pradel ; RCA 1999. Comm. 59 ; JCP 1999. II. 1186, note Viney.*

51. Membres de la famille et dénonciation calomnieuse. Le droit d'exercer l'action civile devant la juridiction répressive n'appartenant qu'à ceux qui ont personnellement souffert du dommage causé directement par l'infraction, il ne peut être alloué des dommages-intérêts à tous les membres de la famille de la victime d'une dénonciation calomnieuse, car ils ne sont pas directement les victimes de cette dénonciation. • Crim. 22 oct. 2002, n° 01-87.294 P : *JCP 2002. IV. 3027.*

52. Frais et dépens. Bien qu'entrant dans les prévisions de l'art. 475-1, ne sont pas la conséquence directe de l'infraction et ne peuvent donner lieu à condamnation à des dommages-intérêts des frais d'expert, de constat, d'assistance et de suivi procédural. • Crim. 2 nov. 2005, n° 04-86.607 P : *D. 2006. IR 10 .*

53. Biens saisis. Le préjudice dont se prévaut le propriétaire d'un bien saisi au cours d'une information judiciaire est indirect et la constitution de partie civile de ce seul chef est irrecevable. • Crim. 5 mars 2014, n° 13-84.978 P.

54. Personnes morales. C'est à tort qu'une cour d'appel a déclaré recevable la constitution de partie civile d'une société coopérative agricole contre une société ayant commercialisé des semences dont l'appellation pouvait entraîner une confusion constitutive du délit de tromperie dès lors qu'elle n'a pas caractérisé de lien direct entre le délit sanctionné et le dommage allégué. • Crim. 24 févr. 2004, n° 03-82.759 P : *JCP 2004. IV. 1778.* ♦ Le préjudice allégué doit être en relation directe avec l'infraction poursuivie, ce qui n'est pas le cas lorsque le nom d'une personne morale a été utilisé frauduleusement au bas d'un tract dont elle n'est pas l'auteur et qu'à la suite de ce tract une information a été ouverte contre personne non dénommée pour constatation de crime contre l'humanité. • Crim. 19 févr. 2002, n° 00-86.244 P : D. 2002. *IR 1321 .* ♦ Dès lors que le délit d'escroquerie a été commis au préjudice de la Caisse centrale de crédit hôtelier sur laquelle ont été exercées des manœuvres frauduleuses et qui, en conséquence, a été dépouillée de 400 000 francs, il suit de là que seule la Caisse a souffert un préjudice direct du fait du délit réprimé. S'il est vrai que l'État a par la suite remboursé à la Caisse la somme dont elle avait été escroquée, le préjudice dont il souffre n'étant qu'indirect, sa réparation ne saurait être demandée aux juridictions répressives. • Crim. 9 janv. 1973 : *JCP 1974. II. 17674, note Bouloc.* ♦ Les crimes de vols avec arme en bande organisée commis au préjudice d'un client dans sa chambre sont de nature à causer à la société hôtelière un préjudice direct et personnel découlant de l'obligation, pour l'hôtelier, d'indemniser, en vertu des art. 1952 et 1953 C. civ., la personne qui loge chez lui et qui est victime d'une soustraction frauduleuse. • Crim. 25 juin 2019, n° 18-84.653 P : *D. actu. 1er août 2019, obs. Diaz.* ♦ Une association n'est pas susceptible de subir un préjudice propre, directement causé par le délit de mise en danger d'autrui, puisqu'en tant que personne morale elle ne peut, par essence, exciper d'une telle exposition au risque d'atteinte à l'intégrité physique. • Crim. 8 sept. 2020, nos 19-84.995 P et 19-85.004 P : *RSC 2021. 85, obs. Mayaud.*

55. Office national. L'Office national de la chasse et de la faune sauvage et les gardes nationaux de la chasse et de la faune sauvage ne sauraient prétendre avoir subi un préjudice personnel et direct découlant du délit de refus d'obtempérer à une sommation de s'arrêter. • Crim. 9 nov. 2004, n° 03-83.681 P : *JCP 2005. IV. 1051.* ♦ Ne peut être qu'indirect le préjudice pécuniaire subi par la caisse primaire d'assurance maladie du fait des contrôles par elle exercés dans une affaire d'exploitation d'établissement de santé sans autorisation, bien qu'elle ait été à l'origine de la procédure ayant conduit à la condamnation du médecin ophtalmologiste exerçant au sein dudit établissement. • Crim. 9 mai 2007, n° 06-85.021 P : *D. 2007. AJ 1662 ; AJ pénal 2007. 333 ; Dr. pénal 2007. Comm. 116, obs. J.-H. Robert.*

56. Chambre des huissiers de justice. La chambre nationale et la chambre départementale des huissiers de justice ne sont pas recevables à se constituer parties civiles dans une poursuite exercée à l'encontre d'un de leur pair pour des faits d'abus de confiance commis par ce dernier dans l'exercice de ses fonctions, le préjudice résultant de l'atteinte à la réputation de la profession d'huissier de justice causé par le délit reproché ne pouvant qu'être indirect. • Crim. 2 mai 2007 : *préc. note 28.*

57. Franchise. Est indirect, pour le franchiseur exploitant une marque de restauration rapide, le préjudice résultant de l'atteinte que porterait à l'image de la marque la commission, imputée à l'exploitant de l'un des établissements franchisés, d'un homicide involontaire résultant d'un manquement aux règles d'hygiène et de sécurité. • Crim. 22 mai 2012, n° 11-85.507 P : *D. 2012. Actu. 1484 ; RSC 2012. 884, obs. Salvat ; AJ pénal 2012. 552, obs. Lasserre Capdeville.*

58. Salariés. Selon les art. 2 et 3, le droit d'exercer l'action civile devant la juridiction pénale n'appartient qu'à ceux qui ont personnellement souffert du dommage directement causé par l'infraction. Méconnaît ces dispositions la cour d'appel qui, dans des poursuites engagées sur le fondement des art. R. 237-7 et R. 237-8 C. trav. du chef d'absence d'analyse des risques, admet la recevabilité de l'action civile des salariés au motif que cette infraction a été directement la cause de l'incendie ayant détruit les locaux où ils étaient employés, alors qu'elle n'était pas la cause directe du préjudice invoqué par eux, lié à la perte de leur emploi. • Crim. 13 mars 2001, n° 00-82.581 P : *D. 2001. IR 1768.*

59. Comités en droit du travail. Si les comités d'hygiène, de sécurité et des conditions de travail (CHSCT) institués par l'art. L. 236-1 C. trav. ont pour mission de contribuer à la protection de la santé et de la sécurité des salariés de l'entreprise ainsi qu'à l'amélioration de leurs conditions de travail, et s'ils sont dotés dans ce but d'une faculté d'expression collective pour la défense des intérêts dont ils ont la charge, il n'en demeure pas moins que, pour se constituer partie civile en cours d'instruction, ils doivent justifier de la possibilité d'un préjudice direct et personnel découlant des infractions poursuivies. Doit donc être déclarée irrecevable la constitution de partie civile du CHSCT s'agissant de délits d'homicide et de blessures involontaires subis par des tiers à cet organisme. • Crim. 11 oct. 2005, n° 05-82.414 P : *D. 2005. 2821.*

60. Employeurs. Des pertes financières subies par l'employeur en raison de barrages de grévistes ayant entraîné la fermeture du magasin pendant une matinée ne sont que des conséquences indirectes de l'infraction d'entrave à la liberté du travail (art. 431-1 C. pén.) et n'entrent donc pas dans le cadre des dispositions de l'art. 2. • Crim. 23 avr. 2003, n° 02-84.375 P : *JCP 2003. IV. 2177.* ♦ Ne peut être qu'indirect le préjudice consistant dans l'atteinte à sa réputation subie par une association gérant un établissement spécialisé accueillant des personnes handicapées, du fait des agissements criminels imputés à son salarié (viols). • Crim. 20 mai 2014 : *Dr. pénal 2014. Chron. 10, obs. Secongs.*

61. Agent judiciaire de l'État (ex-agent judiciaire du Trésor). Est irrecevable l'action civile de l'agent judiciaire du Trésor lors de poursuites pour banqueroute, car celui-ci n'est pas inclus dans la liste limitative des personnes habilitées à exercer l'action civile en la matière. • Crim. 28 févr. 2006 : *D. 2006. 2145, obs. Jacopin ; RPDP 2006. 391, obs. Ambroise-Castérot.* ♦ V. aussi note 88.

62. Investigations judiciaires. Ne constituent pas des dommages directement causés par l'infraction de dénonciation mensongère à l'autorité judiciaire, prévue par l'art. 434-26 C. pén., les frais exposés par l'État à la suite de la mobilisation de la force publique pour effectuer des investigations relatives à des faits d'enlèvement et de séquestration qui se sont révélés imaginaires. Font l'exacte application des art. 2 et 3 les juges qui déclarent irrecevable la constitution de partie civile de l'agent judiciaire du Trésor tendant à obtenir le remboursement de tels frais. • Crim. 20 janv. 2009, n° 08-82.357 P : *AJ pénal 2009. 183, obs. Duparc ; RPDP 2009. 153, obs. Ambroise-Castérot ; Procédures 2009, n° 122, obs. Buisson.* ♦ Les frais liés aux investigations judiciaires restent à la charge de l'État, sans recours contre le condamné, et ne sauraient entrer en compte dans l'évaluation du préjudice subi par l'État. • Crim. 30 juin 2021, n° 20-83.355 B.

3. Préjudice personnel

63. Les ministres et leur administration. Le garde des Sceaux, qui ne souffre pas personnellement du dommage causé par le délit de diffamation envers les cours et tribunaux, ne tient d'aucune disposition spéciale le pouvoir de se constituer partie civile pour obtenir réparation du préjudice causé à des magistrats et à la juridiction visée dans un article de presse. • Crim. 15 déc. 1998, n° 96-86.014 P. ♦ De même, le ministre de l'Intérieur, qui n'est pas personnellement victime de l'infraction d'injure et diffamation publiques envers la police nationale, ne tient d'aucune disposition spéciale le droit de se constituer partie civile pour obtenir réparation du préjudice causé aux fonctionnaires de police. • Crim. 2 sept. 2003, n° 03-82.103 P : *D. 2003. IR 2485 ; JCP 2003. IV. 2799 ; Dr. pénal 2003. Comm. 143, obs. Véron ; AJ pénal 2004. 33 .*

64. Défense d'un intérêt général. L'action en justice pour la défense d'un intérêt général relève de la seule compétence du ministère public : est irrecevable la constitution de partie civile du département à la suite de la constatation d'une surmortalité d'abeilles susceptible d'être imputée à l'utilisation d'un produit phytopharmaceutique. • Crim. 19 déc. 2006, n° 05-81.138 P : *D. 2007. AJ 374 ; AJ pénal 2007. 136, obs. Saas ; RSC 2007. 303, obs. J.-H. Robert ; Dr. pénal 2007. Comm. 37, obs. J.-H. Robert.*

65. Les proches de la victime. Il résulte des dispositions des art. 2 et 3 que les proches de la victime d'une infraction de blessures involontaires sont recevables à rapporter la preuve d'un dommage dont ils ont personnellement souffert et découlant directement des faits, objet de la poursuite. • Crim. 9 févr. 1989, n° 87-81.359 P : *D. 1989. 614, note Bruneau ; D. 1989. Somm. 389, obs. Pradel ; Gaz. Pal. 1989. 1. 392, note Doucet ; RTD civ. 1989. 563, obs. Jourdain* • 21 mars 1989, n° 88-80.816 P. ♦ Même solution en cas de violences volontaires (dommage causé par le spectacle de l'état physique ou psychique découlant des graves blessures infligées à un conjoint). • Crim. 23 mai 1991, n° 90-83.280 P : *D. 1992. Somm. 95, obs. Pradel .* ♦ Il résulte des art. 2 et 3 que les enfants d'une personne victime d'un abus de l'état d'ignorance et de faiblesse sont recevables à rapporter la preuve d'un dommage dont ils ont directement souffert et qui découle directement des faits objet de la poursuite. • Crim. 3 nov. 2009, n° 08-88.438 P : *D. 2010. Chron. C. cass. 43, obs. Chaumont ; ibid. 2010. Pan. 2256, note Pradel ; Dr. pénal 2010, n° 2, obs. Véron.* ♦ En accueillant la constitution de partie civile de la veuve d'un homme à raison du préjudice personnel subi par elle du fait du délit de harcèlement moral dont celui-ci a fait l'objet, une cour d'appel applique les art. 2 et 3. • Crim. 5 févr. 2013, n° 11-89.125 : *Dr. pénal 2013, n° 81, note Maron et Haas.* ♦ Si c'est à bon droit que le demandeur, héritier d'une personne victime d'abus de faiblesse, a été déclaré irrecevable à mettre en mouvement l'action publique en réparation du préjudice subi par le défunt, en revanche, c'est à tort que la chambre de l'instruction n'a pas prononcé sur l'exercice du droit à réparation du préjudice personnel propre invoqué par le demandeur. • Crim. 27 mars 2013 : *RSC 2013. 399, note Boccon-Gibod .* ♦ Aucun préjudice résultant de son propre décès n'a pu naître du vivant de la victime dans son patrimoine et être ainsi transmis à ses héritiers. Dès lors, l'ayant droit d'une personne décédée ne saurait demander réparation de la perte de chance de vie de la victime directe. • Crim. 26 mars 2013 : *D. actu. 22 mai 2013, obs. Priou-Alibert.*

66. En faisant droit, dans son principe, à la demande présentée au titre d'une « perte de chance de survie » par les héritiers de la victime directe, les juges du second degré ont entendu réparer, non pas le préjudice moral résultant pour eux de ce décès, mais la douleur morale ayant résulté pour la victime directe, qui s'est débattue un certain temps avant de se noyer, de la conscience de sa mort imminente. • Crim. 29 avr. 2014, n° 13-80.693 : *D. actu. 20 mai 2014, obs. Fonteix.* ♦ ... Étant précisé que le préjudice d'angoisse de mort imminente ne peut exister que si la victime est consciente de son état. • Crim. 27 sept. 2016, n° 15-83.309 P : *Dr. pénal 2016, n° 179, note Maron et Haas.* ♦ Comp. : le préjudice moral lié aux souffrances psychiques et aux troubles qui y sont associés est inclus dans le poste de préjudice temporaire des souffrances endurées, quelle que soit l'origine de ces souffrances. Partant, le préjudice lié à la conscience de sa mort prochaine ne peut être indemnisé séparément. • Civ. 2e, 2 févr. 2017, n° 16-11.411 P : *D. actu. 17 févr. 2017, obs. Kilgus.*

67. Irrecevabilité de la constitution de partie civile des héritiers de la victime. Est irrecevable la constitution de partie civile du fils héritier de la victime de violences lorsque celui-ci n'a pas subi de préjudice personnel et que l'action publique n'a été mise en mouvement ni par le ministère public, ni par la victime elle-même avant son décès ; le demandeur ne pouvait exercer que devant la juridiction civile le droit à réparation du dommage qui lui avait été transmis en sa qualité d'héritier. • Crim. 27 avr. 2004, n° 03-87.065 P : *JCP 2004. II. 10157, note Boré et de Salve de Bruneton ; RSC 2004. 904, obs. Commaret*. ♦ Sauf exceptions légales, le droit de la partie civile de mettre en mouvement l'action publique est une prérogative de la victime qui a personnellement souffert de l'infraction. Dès lors, lorsque l'action publique n'a été mise en mouvement ni par la victime, ni par le ministère public, seule la voie civile est ouverte aux ayants droit de ladite victime pour exercer le droit à réparation reçu en leur qualité d'héritiers. Par ailleurs, lorsque le ministère public a mis en mouvement l'action publique et que la victime n'avait pas renoncé à l'action civile, le droit à réparation des préjudices subis par celle-ci est transmis à ses héritiers qui sont recevables à l'exercer devant la juridiction saisie des seuls intérêts civils, peu important que leur auteur n'ait pas introduit d'action à cette fin avant son décès. • Cass., ass. plén., 9 mai 2008, n° 05-87.379 P : *D. 2008. AJ 1415, note Léna ; ibid. 2008. Pan. 2759, obs. Pradel ; AJ pénal 2008. 366, note Saas ; Dr. pénal 2008. Ét. 12, note Sanchez ; ibid. 2009. Chron. 1, obs. Guérin*. ♦ Il en va de même pour le conjoint survivant. • Crim. 30 sept. 2008, n° 08-81.850. ♦ Dès lors qu'est indirect le préjudice causé au légataire universel résultant des infractions commises à l'égard de la défunte, qui n'a pas mis en mouvement l'action publique, sa constitution de partie civile est irrecevable. • Crim. 20 mai 2008, n° 06-88.261 P : *D. 2008. AJ 1696 ; AJ pénal 2008. 421, obs. Duparc*. ♦ *Comp.* : L'héritier de la victime d'un abus de faiblesse peut se constituer partie civile à raison de cette infraction dès lors qu'il est en mesure de se prévaloir d'un préjudice personnel et direct. • Crim. 22 janv. 2020, n° 19-82.173 : *D. actu. 12 mars 2020, obs. Casey*.

68. Ne peut être rejetée la demande en dommages-intérêts formée par un fils au titre du « préjudice successoral » représenté par la souffrance subie par ses parents entre le jour de l'accident et celui de leur décès. • Cass., ch. mixte, 30 avr. 1976, 1re esp., n° 73-93.014 : *D. 1977. 185, note Contamine-Raynaud*. ♦ ... Même si la victime est décédée quelques instants après l'accident. • Crim. 28 oct. 1992, n° 91-85.925 : *D. 1993. Somm. 203, obs. Pradel*. ♦ De même, le droit à réparation du dommage résultant de la souffrance morale éprouvée par des parents en raison de la mort de leur fils, victime d'un accident dont la responsabilité incombe à un tiers, étant né dans leur patrimoine, se transmet à leur décès, à leurs héritiers, lesquels peuvent demander l'indemnisation de ce préjudice même si le père n'a introduit aucune action avant son décès. • Cass., ch. mixte, 30 avr. 1976, 2e esp., n° 73-93.014 P : *D. 1977. 185, note Contamine-Raynaud*. ♦ Toute personne victime d'un dommage, quelle qu'en soit la nature, a droit d'en obtenir réparation de celui qui l'a causé par sa faute. Le droit à réparation du préjudice éprouvé par la victime avant son décès, étant né dans son patrimoine, se transmet à ses héritiers. Lorsque l'action publique a été mise en mouvement par le ministère public et que la victime n'a pas renoncé à l'action civile, ses ayants droit sont recevables à agir devant la juridiction saisie. • Crim. 10 nov. 2009, n° 09-82.028 P : *AJ pénal 2010. 140, obs. Lasserre Capdeville ; Procédures 2010, n° 82, obs. Buisson* • 1er sept. 2010, n° 09-87.624 P : *AJ pénal 2011. 34, obs. Lasserre-Capdeville ; Dr. pénal 2010, n° 130, obs. Maron et Haas*.

69. Le recel d'un bien, s'agissant d'une infraction continue, est de nature à causer un préjudice de jouissance personnel et direct aux héritiers du propriétaire auquel ce bien a été soustrait de façon délictueuse, dès lors que ce délit se poursuit à un moment où ils ont acquis cette qualité. • Crim. 29 nov. 2016, n° 15-86.409 P : *D. actu. 4 janv. 2017, obs. Fonteix*.

70. Décès de la victime en cours d'instance et droits des héritiers. L'action civile engagée par la victime d'une infraction, qui vient à décéder en cours d'instance, se transmet à ses héritiers, chacun d'eux l'exerçant dans son intégralité et étant fondé à obtenir réparation du préjudice que l'infraction avait causé à son auteur. • Crim. 9 oct. 1985, n° 84-90.584 P : *D. 1987. 93, note Breton* • 20 mars 1990, n° 89-83.887 P. ♦ En cas de décès, en cours d'instance, de la victime d'une infraction, le droit à réparation se transmet aux héritiers du défunt mais le préjudice résultant de la seule incapacité permanente de travail de celle-ci ne doit être apprécié qu'en fonction du temps écoulé jusqu'à la date du décès. • Crim. 15 juin 1994, n° 93-84.364 P. ♦ Lorsque la victime est décédée et qu'elle a subi un préjudice certain dont l'indemnisation est tombée dans sa succession, l'un de ses héritiers peut poursuivre l'action seul sans l'accord des autres bénéficiaires de la succession. • Crim. 28 juin 2000, n° 99-85.660 P : *D. 2000. IR 227*. ♦ Dans la mesure où le droit à agir en réparation du dommage causé par une infraction à une victime qui vient à décéder se transmet à chacun de ses héritiers et où, en vertu de l'art. 1003 C. civ., le legs universel est la disposition testamentaire par laquelle le testateur donne à une ou plusieurs personnes l'universalité des biens qu'il laissera à son décès, la constitution de partie civile de l'association légataire universel de la victime décédée avant l'audience est recevable. • Crim. 4 nov. 2003, n° 03-81.567 P : *D. 2004. IR 29 ; JCP 2004. IV. 1036 ; AJ pénal 2004. 32*. ♦ Est irrecevable la constitution de partie civile du fils héritier de la victime de violences lorsque l'action publique n'a été mise en mouvement ni par le ministère public, ni par la victime elle-même avant son décès. • Crim. 27 avr. 2004 : *préc. note 67.*

71. En cas de fautes conjuguées du prévenu et de la victime, le quantum des réparations doit être fixé conformément au partage de responsabilité dont les juges ont reconnu l'existence. Il s'ensuit que le co-auteur partiellement responsable d'un dommage n'est tenu à des dommages-intérêts envers les ayants cause de la victime, même exerçant l'action civile en leur nom personnel et en vertu d'une créance qui leur est propre, que dans la mesure de la responsabilité qui lui incombe • Cass., ch. réun., 25 nov. 1964, n° 63-92.105 P : *D. 1964. 733, concl. Aydalot.*

72. Délégué syndical. Les faits d'entrave à l'exercice du droit syndical, consistant, pour les dirigeants d'une entreprise, après mise à pied conservatoire d'un délégué syndical, à ne pas l'avoir convoqué à une réunion de concertation et à avoir demandé au syndicat de lui désigner un suppléant, portent atteinte aux intérêts du syndicat mais sont également de nature à causer un préjudice personnel et direct au délégué syndical, en le privant de la possibilité de circuler dans l'entreprise et d'exercer ses fonctions de représentation. • Crim. 30 oct. 2006, n° 05-86.380 P : *AJ pénal 2007. 33, obs. Royer.*

73. Demandeurs faisant état d'un préjudice d'autrui. Ne saurait être admise la constitution de partie civile fondée sur les dispositions de l'art. 1166 C. civ. (sur l'action oblique), les dispositions de ce texte ne pouvant trouver application devant la juridiction pénale. • Crim. 16 janv. 1964, n° 63-90.263 P : *D. 1964. 194.* ♦ Est recevable à intervenir devant la juridiction répressive pour réclamer le remboursement des dépenses qu'elle a effectuées au profit de l'assuré social, victime d'un dommage, la caisse de sécurité sociale. • Crim. 12 mars 1957 : *S. 1957. 2. 222.* ♦ Toutefois une telle intervention, dérogatoire aux règles de la procédure pénale et fondée uniquement sur l'action civile accordée à la victime d'une infraction, est nécessairement subordonnée à l'exercice par ladite victime de son action devant cette même juridiction. • Crim. 2 juill. 1964, n° 63-90.649 P.

74. Minitel rose. France Télécom ne subit pas un préjudice personnel direct lorsqu'une personne commet l'infraction de diffuser des messages pornographiques par le biais du service audiotel. • Crim. 12 sept. 2000, n° 99-84.648 P : *RSC 2001. 405, obs. Commaret.*

4. Demandeurs invoquant un préjudice fondé sur une infraction dite d'intérêt général

75. Faux en écriture. S'il est exact qu'il suffit aux parties civiles au stade de l'information, de démontrer seulement que le préjudice allégué et son lien direct avec l'infraction soient possibles, une telle démonstration ne peut être faite dans le cas d'un prétendu crime de faux en écritures publiques en raison de la nature de ce crime. • Crim. 5 déc. 1973 : *Gaz. Pal. 1974. 1. 129 ; RSC 1974. 357, obs. Vitu.* ♦ Le délit d'outrage aux bonnes mœurs ne lèse que la généralité des citoyens, en s'attaquant exclusivement à la morale publique, et par suite n'entraîne pas en principe un préjudice porté à tel individu. • Crim. 25 juill. 1913 : *DP 1915. 1. 150, note Nast.* ♦ L'art. 62 anc. C. pén. (art. 434-1 C. pén.), en obligeant les citoyens à concourir, dans certains cas déterminés, à l'action de l'autorité publique, n'a eu en vue que les intérêts de l'ordre public ; il ne saurait autoriser par suite les victimes du crime qui n'a pas été dénoncé à exercer devant les tribunaux répressifs une action civile contre celui qui ne s'est pas conformé à ses prescriptions. • Crim. 2 mars 1961 : *D. 1962. 121, note Bouzat ; JCP 1961. II. 12092, note Larguier.* ♦ *Contra* : si les dispositions de l'art. 434-1 C. pén. ont pour objet l'intérêt général et répriment le trouble causé à l'ordre public par une abstention délictueuse, elles ont aussi pour but la protection des intérêts privés. Dès lors, justifie sa décision la chambre d'accusation qui, pour déclarer recevable la constitution de partie civile, à la suite d'une plainte portée pour non-dénonciation de crime, contre un évêque, par les parents d'enfants ayant, au temps de leur minorité, subi des viols et des atteintes sexuelles de la part d'un prêtre, retient qu'en ne révélant pas aux autorités judiciaires ou administratives le comportement sexuel du prêtre envers les enfants dont celui-ci avait la charge, l'évêque a privé les parents d'une information qui leur eût permis de comprendre le comportement de leurs fils et d'adopter envers eux une attitude propre à apaiser leurs difficultés à un âge difficile de leur existence et que ce silence a empêché les parents de faire obstacle à la poursuite des rencontres entre leurs enfants et le prêtre. • Crim. 27 févr. 2001, n° 00-84.532 P.

76. Entraves à l'exercice de la justice. Si les dispositions de l'art. 227 anc. C. pén. (art. 434-16 C. pén.) réprimant les commentaires qui tendent à exercer des pressions sur les déclarations des témoins ou sur la décision des juges, ont été édictées en vue de l'intérêt général, elles n'en sont pas moins destinées à assurer également la protection des particuliers auxquels ces commentaires peuvent causer un préjudice direct et personnel de nature à servir de base à une action civile devant la juridiction répressive. • Crim. 2 oct. 1985, n° 85-30.315 P.

77. Recel de malfaiteurs. L'art. 434-6 C. pén. réprimant le recel de malfaiteur a également pour but la protection des intérêts privés et autorise, par voie de conséquence, l'exercice de l'action civile. • Crim. 17 sept. 2003, n° 03-80.524 P : *D. 2003. IR 2603 ; D. 2004. Somm. 666, obs. Pradel ; JCP 2003. IV. 2887 ; AJ pénal 2003. 105 ; Dr. pénal 2004. Comm. 5, obs. Véron.*

78. Secret-défense. Les infractions prévues aux art. 75, 76 et 79, al. 6, anciens et 413-10 et 413-11 nouv. C. pén. ont pour objet exclusif la protection de l'intérêt général qui s'attache au secret de la défense nationale qu'assure seul le ministère public. • Crim. 1er oct. 1996, n° 95-85.529 P : *Procédures 1997. Comm. 40, obs. Buisson.* ♦ L'incrimination prévue par l'art. 431-1 C. pén. a pour seul objet la protection de la liberté du travail, il ne peut donc être alloué à l'employeur des dommages-intérêts en réparation des pertes financières subies en raison de barrages de grévistes ayant entraîné la fermeture du magasin pendant une matinée car il ne s'agit que de conséquences indirectes de l'infraction. • Crim. 23 avr. 2003, n° 02-84.375 P : *JCP 2003. IV. 2177.*

79. Soustraction de preuves. Est recevable la constitution de partie civile fondée sur l'art. 434-4 C. pén. qui réprime la soustraction de preuves car les faits dénoncés, s'ils sont établis, sont de nature à causer un préjudice personnel au plaignant. • Crim. 14 janv. 2003 : *Dr. pénal 2003. Comm. 66, obs. Maron.* ♦ V. également en ce sens : • Crim. 23 févr. 2000, n° 99-84.448 P : *D. 2000. IR 111 ; Dr. pénal 2000. Comm. 70, obs. Véron ; ibid. Comm. 132, obs. Maron.*

80. Règlements sanitaires sur le bruit. S'il est vrai que la législation sur les bruits causant une gêne excessive a été édictée en vue de l'intérêt général, elle n'en tend pas moins également à la protection des particuliers qui peuvent, lorsque sa méconnaissance leur a causé un préjudice direct et personnel, en obtenir réparation devant la juridiction pénale. • Crim. 20 févr. 1985, n° 83-92.094 P. ♦ S'il est vrai que les dispositions du code de l'urbanisme relatives au permis de construire ont été édictées en vue de l'intérêt général, leur méconnaissance peut aussi causer à des particuliers un préjudice direct et personnel de nature à servir de fondement à une action civile devant la juridiction répressive. • Crim. 22 août 1994, n° 93-83.821 P.

81. Exercice illégal de professions réglementées. S'il est vrai que le délit d'exercice illégal de la profession d'expert-comptable prévu et réprimé par les art. 2 et 20 de l'Ord. du 19 sept. 1945 porte atteinte à l'intérêt général, il peut aussi causer à des particuliers un préjudice personnel de nature à servir de fondement à une action civile devant la juridiction répressive. Encourt, dès lors, la censure l'arrêt qui, pour déclarer irrecevable l'action de particuliers qui allèguent un préjudice personnel résultant de l'exercice illégal de la profession d'expert-comptable par le gérant d'une société, se borne à énoncer que ce délit ne peut porter atteinte qu'à l'intérêt général et à celui de la profession d'expert-comptable. • Crim. 12 juill. 1994, n° 93-84.668 P.

b. Infractions d'affaires

1. Abus de biens sociaux

82. Action civile de la société. Si l'art. 117, al. 2, de la loi du 24 juill. 1966 attribue au directeur général d'une société anonyme, à l'égard des tiers, les pouvoirs conférés au président du conseil d'administration par l'art. 113 de cette loi, il n'en résulte pas que le directeur général puisse ester en justice au nom de la société en l'absence d'une délégation spéciale donnée par le conseil d'administration ou d'une clause particulière des statuts. • Crim. 6 mai 1985, n° 84-90.316 P. ♦ Pour qu'une constitution de partie civile soit recevable devant la juridiction d'instruction, il suffit que les circonstances sur lesquelles elle s'appuie permettent au juge d'admettre comme possible l'existence du préjudice allégué et la relation directe de celui-ci avec une infraction à la loi pénale. Méconnaît ce principe la chambre d'accusation qui, pour déclarer irrecevable la plainte pour abus de biens sociaux déposée par une société contre ses anciens dirigeants se fonde sur des motifs pour partie inopérants, tenant, d'une part, au soutien apporté par la partie civile à ces derniers au cours de la procédure, d'autre part, à la circonstance que les agissements reprochés n'auraient fait qu'accroître les bénéfices de la société et, enfin, à la défaillance des organes de contrôle de celle-ci. • Crim. 16 févr. 1999, n° 98-80.537 P : *Dr. pénal 1999. Comm. 84, obs. Robert ; RSC 2000. 624, obs. Fourgoux.* ♦ L'actionnaire qui exerce l'action en responsabilité civile des administrateurs prévue par l'art. 245 de la loi du 24 juill. 1966, devenu l'art. L. 225-254 C. com., a qualité pour saisir les juges de demandes au profit de la société et pour exercer au nom de celle-ci les voies de recours. Encourt, dès lors, la cassation, l'arrêt qui déclare irrecevables les demandes de l'actionnaire au nom de la société, alors que l'intervention, devant les premiers juges, du représentant légal de celle-ci ne pouvait priver le demandeur du droit propre, appartenant à l'actionnaire, de présenter des demandes au profit de celle-ci et de relever appel en son nom. • Crim. 12 déc. 2000, n° 97-83.470 P : *Dr. pénal 2001. Comm. 48, obs. Robert.* ♦ Peu importe que la société ayant subi l'abus de biens sociaux ait par la suite été restructurée sur le plan financier et qu'elle ait reçu un apport de fonds propres par son ancien actionnaire, l'action sociale est fondée car cet apport de fonds ne pouvait avoir pour effet de réparer les préjudices causés par les infractions dont les prévenus ont été déclarés coupables. • Crim. 28 janv. 2004, n° 02-87.585 P : *JCP 2004. IV. 1598 ; AJ pénal 2004. 202, obs. Remillieux.*

83. Situation des actionnaires et associés. Pour qu'une constitution de partie civile soit recevable devant la juridiction d'instruction, il suffit que les circonstances sur lesquelles elle s'appuie permettent d'admettre comme possibles l'existence du préjudice allégué et sa relation directe avec les infractions poursuivies. Justifie donc sa décision la chambre d'accusation qui infirme l'ordonnance du juge d'instruction ayant déclaré irrecevable une constitution de partie civile pour « défaut d'intérêt à agir », en relevant qu'il appartenait au juge de rechercher si l'intéressé pouvait justifier d'un intérêt « éventuel » à agir, au lieu d'écarter la constitution par des motifs purement abstraits. • Crim. 6 févr. 1996, n° 95-84.041 P : *JCP E 1996. 167, obs. Renucci et Meyer ; Gaz. Pal. 1996. 2. 203, note Doucet ; JCP 1996. II. 203, note Chambon ; D. 1996. 198, note Pradel* ; *Rev. sociétés 1997. 125, obs. Bouloc* • 2 avr. 2003, n° 02-82.674 P : *JCP 2003. IV. 2119.* ♦ En cas de fusion de sociétés, les associés, anciens ou nouveaux, de la société absorbante sont recevables personnellement à demander réparation du dommage résultant d'actes délictueux commis au préjudice de la société absorbée par ses dirigeants sociaux. • Crim. 2 avr. 1998, n° 96-82.991 P : *Rev. sociétés 1998. 614, obs. Bouloc* • 2 avr. 2003, n° 02-82.674 P : *JCP 2003. IV. 2119.* ♦ En cas de poursuites pour abus de biens sociaux, les associés, hors le cas d'exercice de l'action sociale *ut singuli*, ne peuvent demander à la juridiction correctionnelle réparation du préjudice résultant de la perte ou de la baisse de valeur de leurs titres, ou de la perte des gains escomptés. En effet, la dévalorisation des titres d'une société découlant des agissements fautifs de ses dirigeants constitue, non pas un dommage propre à chaque associé, mais un préjudice subi par la société elle-même. • Crim. 13 déc. 2000, n° 99-80.387 P : *Dr. pénal 2001. Comm. 47, obs. Robert.* ♦ La dévalorisation du capital social, découlant du délit d'abus de pouvoirs, prévu et puni par l'art. 437, 4°, de la loi du 24 juill. 1966, commis par un dirigeant de société, constitue non pas un dommage propre à chaque associé mais un préjudice subi par la société elle-même. Encourt, dès lors, la cassation l'arrêt qui, pour déclarer recevable l'action civile exercée à titre personnel par des actionnaires d'une société anonyme, retient que le délit d'abus de pouvoirs retenu à l'encontre des prévenus, susceptible d'affecter la détermination du bénéfice social, est de nature à causer un préjudice direct tant à la société elle-même qu'à ses actionnaires. • Crim. 13 déc. 2000, n° 99-84.855 P. ♦ L'associé d'une victime d'abus de biens sociaux, n'exerçant pas l'action sociale mais agissant à titre personnel, est irrecevable à se constituer partie civile sauf à démontrer l'existence d'un préjudice propre, distinct du préjudice social, découlant directement de l'infraction. • Crim. 5 juin 2013 : *AJ pénal 2013. 674, obs. Gallois* .

84. Le délit d'abus de biens sociaux n'occasionne un dommage personnel et direct qu'à la société elle-même et non à chaque associé, ainsi, n'est pas recevable l'action civile exercée à titre personnel par l'une des associés de la SARL qui invoque un préjudice résultant des agissements frauduleux du prévenu et constitué par la perte de chance de percevoir des dividendes de la société et par l'absence de remboursement intégral des avances qu'elle a effectuées en compte courant. • Crim. 5 déc. 2001 : *RSC 2002. 830, obs. Rebut* .

85. La constitution de partie civile au cours de l'information de l'actionnaire d'une société, n'est recevable que s'il démontre qu'il est susceptible d'avoir subi un préjudice personnel découlant directement des infractions poursuivies et distinct du préjudice qu'aurait supporté la société ; encourt la cassation la chambre de l'instruction qui, pour déclarer recevable la constitution de partie civile de l'actionnaire d'une société, retient notamment que les faits de tromperie ont gravement porté atteinte à la réputation de la société et l'ont conduite à la cessation des paiements, alors que l'actif de la société était détenu à 99 % par l'actionnaire concerné. • Crim. 24 nov. 2015, n° 14-86.302 P : *D. 2016. Pan. 151, obs. Guého* .

86. Situation des créanciers. Le délit d'abus des biens ou du crédit d'une société ne cause de préjudice direct qu'à la société elle-même et à ses actionnaires. Les créanciers de la société ne peuvent souffrir à raison de cette infraction que d'un préjudice qui, à le supposer établi, est indirect et dont la réparation, dès lors, ne peut, aux termes des dispositions conjuguées des art. 2 et 3, être demandée aux juridictions répressives. • Crim. 24 avr. 1971, n° 69-93.249 P : *JCP 1971. II. 16890, note X. ; Rev. sociétés 1971. 608, obs. Bouloc.* ♦ Le délit d'abus des biens ou du crédit d'une société ne cause de préjudice direct qu'à la société elle-même et à ses actionnaires. Les créanciers de la société ne peuvent souffrir à raison de cette infraction que d'un préjudice qui, à le supposer établi, est indirect et dont la réparation, dès lors, ne pouvait être demandée qu'aux juridictions civiles. L'action civile devant les tribunaux répressifs étant un droit exceptionnel qui, en raison de sa nature, doit être strictement renfermé dans les limites fixées par les art. 2 et 3, il s'ensuit que la constitution de partie civile d'un créancier de la société est irrecevable du chef d'abus de biens sociaux, fût-ce pour corroborer l'action publique. • Crim. 9 nov. 1992, n° 92-81.432 P : *Rev. sociétés 1993. 433, obs. Bouloc* . ♦ Si la partie civile peut mettre en mouvement l'action publique en saisissant de sa plainte le juge d'instruction, et peut interjeter appel d'une ordonnance de non-lieu, c'est à la condition de justifier d'un préjudice résultant directement de l'infraction poursuivie. Encourt la cassation l'arrêt d'une chambre d'accusation qui, sur le seul appel de la partie civile d'une ordonnance de non-lieu, renvoie la personne mise en examen devant la juridiction correctionnelle, alors que l'ordonnance entreprise relevait que cette partie ne pouvait invoquer aucun préjudice direct résultant d'un éventuel abus de biens d'une société dont elle n'était pas associée. • Crim. 27 juin 1995, n° 94-84.648 P : *Rev. sociétés 1995. 746, obs. Bouloc*. ♦ Le délit d'abus des biens d'une société ne causant de préjudice direct qu'à la société elle-même ou à ses actionnaires, doit être déclarée irrecevable la constitution de partie civile d'une société ayant la qualité de créancière et ne pouvant donc invoquer qu'un préjudice indirect. • Crim. 9 janv. 1996 : *Dr. pénal 1996. Comm. 110, obs. Robert.*

87. Dès lors que le jugement déclarant la liquidation judiciaire d'une société désigne, conformément aux dispositions de l'art. 148 de la loi du 25 janv. 1985 alors applicable, le représentant des créanciers en qualité de liquidateur judiciaire, il ne saurait être fait grief à une cour d'appel d'avoir reçu sa constitution de partie civile dans les poursuites suivies contre le gérant de ladite société du chef d'abus de biens sociaux. • Crim. 12 oct. 1995, n° 95-80.730 P : *Dr. pénal 1996. Comm. 46, obs. Robert.* ♦ Comp. : le liquidateur représente les intérêts de la société et non des créanciers et peut se constituer partie civile pour demander des dommages et intérêts au nom de celle-ci qui a subi un préjudice direct consécutivement au délit d'abus de biens sociaux commis par son dirigeant. • Crim. 12 juin 2012 : *D. 2013. Pan. 1650, obs. Mascala*.

88. Subventions de l'État et constitution de partie civile de l'agent judiciaire de l'État. Le préjudice causé à l'État qui a versé des aides publiques à une société dont les dirigeants sont poursuivis pour abus de biens sociaux n'est qu'indirect, la constitution de partie civile de l'agent judiciaire du trésor de ce chef est donc irrecevable. • Crim. 28 févr. 2006, n° 05-83.461 P : *D. 2006. AJ 1456, obs. Lienhard ; ibid. 2006. 2145, note Jacopin ; AJ pénal 2006. 224 ; RPDP 2006. 391, obs. Ambroise-Castérot.*

89. Collectivités territoriales. Une collectivité territoriale, agissant pour son compte, est irrecevable à se constituer partie civile en raison du délit d'abus de biens sociaux commis au préjudice de la société d'économie mixte dont elle est l'associée ou la créancière, sauf à démontrer l'existence d'un préjudice propre, distinct du préjudice social, découlant directement de l'infraction. • Crim. 3 déc. 2014 : *D. actu. 6 janv. 2015, obs. Fucini.*

90. Les salariés et les syndicats. Le préjudice indirect, qui serait porté, par les délits d'abus de biens sociaux, abus de confiance, escroqueries, recel, présentation de comptes inexacts, distribution de dividendes fictifs, trafic d'influence, à l'intérêt collectif de la profession, ne se distingue pas du préjudice, lui-même indirect, qu'auraient pu subir les salariés de l'entreprise. Donne, en conséquence, une base légale à sa décision la cour d'appel qui déclare irrecevable, faute d'atteinte à l'intérêt collectif de la profession, la constitution de partie civile d'un syndicat dans une procédure ouverte, sur sa plainte, du chef des délits ci-dessus énumérés. • Crim. 11 mai 1999, n° 97-82.169 P. ♦ Le préjudice indirect, qui serait porté à l'intérêt collectif de la profession par le délit poursuivi, ne se distingue pas du préjudice, lui-même indirect, qu'auraient pu subir individuellement les salariés de l'entreprise en raison, le cas échéant, d'une diminution de leur participation aux résultats, par conséquent, la chambre d'accusation était fondée à confirmer l'ordonnance du juge d'instruction déclarant irrecevable la constitution de partie civile de la Fédération Française des Syndicats CFDT des Banques et des sociétés financières dans l'information suivie contre le prévenu du chef d'abus de biens sociaux. • Crim. 11 mai 1999 : *RSC 1999. 829, obs. Renucci*. ♦ Le préjudice indirect, qui serait porté, par un délit d'abus de biens sociaux, à l'intérêt collectif de la profession, ne se distingue pas du préjudice lui-même indirect, qu'auraient pu subir les salariés de l'entreprise. • Crim. 20 nov. 2000, n° 99-80.324 P.

91. Comité d'entreprise. Si le comité d'entreprise jouit de la personnalité civile et peut ester en justice, il ne tient cependant d'aucune disposition de loi le droit d'exercer les pouvoirs de la partie civile sans avoir à justifier d'un préjudice personnel découlant directement de l'infraction poursuivie. • Crim. 7 juin 1983, n° 83-91.210 P : *Rev. sociétés 1984. 119, obs. Bouloc.* ♦ Il se déduit des art. 2 et 3 C. pr. pén. et L. 2325-1 C. trav., dont les dispositions demeurent applicables dans les conditions de l'art. 9 de l'Ord. n° 2017-1386 du 22 sept. 2017, que l'action civile en réparation du dommage directement causé au comité d'entreprise par un crime, un délit ou une contravention doit être exercée par l'un de ses membres régulièrement mandaté à cet effet. • Crim. 9 sept. 2020, n° 19-83.139 P : *D. actu. 13 oct. 2020, obs. Priou- Alibert.*

92. Cautions. Le préjudice invoqué par des parties civiles se présentant comme cautions des obligations souscrites par une société dont les dirigeants sont poursuivis pour abus de biens sociaux et emploi de moyens ruineux pour se procurer des fonds dans l'intention de retarder la constatation de la cessation des paiements, ne découle pas directement des infractions poursuivies et ne résulte que de leurs engagements contractuels. • Crim. 25 nov. 1975, n° 74-93.426 P : *JCP. 1976. II. 18476, note Delmas-Marty ; Rev. sociétés 1976. 655, obs. Bouloc ; D. 1976. 224, note Honorat.* ♦ De la même façon, les détournements et vols de biens d'une société commis par son dirigeant ne causent aucun préjudice personnel et direct à l'associé condamné en qualité de caution de la société défaillante, dont l'obligation ne résulte que de son seul engagement contractuel. • Crim. 23 mars

2016, n° 15-81.448 P : *D. actu. 12 avr. 2016, obs. Benelli-de Bénazé.*

2. Autres infractions

93. Délit de banqueroute. L'art. 211 de la L. du 25 janv. 1985 n'interdit pas aux créanciers de se constituer partie civile par voie d'intervention en raison d'un préjudice particulier distinct du montant de leur créance et résultant directement de l'infraction. • Crim. 11 oct. 1993, n° 92-81.260 P • Crim. 17 juin 2014, n° 13-83.288 P. ♦ En cas de poursuites pour banqueroute, le créancier ne peut obtenir devant la juridiction répressive le montant de sa créance mais il conserve le droit de demander à toute personne étrangère à la procédure collective réparation du préjudice particulier résultant de l'infraction. • Crim. 14 févr. 1994, n° 93-81.537 P. ♦ Lorsqu'un débiteur a été déclaré coupable de banqueroute par détournement d'actif pour avoir vendu, après le jugement de liquidation judiciaire, un immeuble lui appartenant et en avoir encaissé le prix, le préjudice direct des créanciers, représentés par le liquidateur exerçant l'action civile, résulte non de l'insuffisance globale d'actif, mais de la diminution de l'actif nécessairement égale à la valeur du bien détourné. • Crim. 13 mars 1995, n° 94-81.418 P.

94. L'agent judiciaire du trésor ne figure pas au nombre des personnes que l'art. L. 654-17 C. com. autorise seules, par dérogation à l'art. 2, à se constituer partie civile du chef de banqueroute, sa constitution de partie civile dans une information ouverte pour banqueroute est donc irrecevable. • Crim. 28 févr. 2006 : *préc. note 61.*

95. Doit être cassé l'arrêt par lequel une cour d'appel après avoir énoncé que la constitution de partie civile n'est recevable que lorsque le créancier poursuit la réparation d'un préjudice purement personnel, résultant pour lui directement de la commission de l'infraction de banqueroute, et par conséquent distinct du non-paiement de la créance, a dit le préjudice invoqué non directement rattaché au fait de la prévention sans rechercher si l'élément de préjudice invoqué au titre de la demande principale ne constituait pas une perte de chance. • Crim. 4 déc. 1997 : *Dr. pénal 1998. Comm. 52, obs. Robert.* ♦ L'action civile fondée sur les infractions d'abus de biens sociaux, de banqueroute et de recel de ces délits est distincte de l'action en comblement du passif de la société. • Crim. 5 août 1998 : *Dr. pénal 1999. Comm. 42, obs. Robert.*

96. Présentation ou publication de comptes infidèles. Le délit de présentation ou publication de comptes annuels infidèles, prévu par l'art. L. 242-6 2° C. com., est de nature à causer un préjudice personnel et direct à chaque associé ou actionnaire. • Crim. 30 janv. 2002, n° 01-84.256 P : *Dr. et patr. 5/2002, p. 99, note Renucci ; JCP 2001. I. 346, obs. Robert.*

97. Infractions diverses. Encourt la censure l'arrêt de la chambre de l'instruction, qui, dans l'information suivie contre le comptable salarié d'une société pour faux et usage, abus de confiance, déclare recevable la constitution de partie civile du commissaire aux comptes, qui invoque l'action en responsabilité civile dont il est l'objet de la part de la société, mais qui ne justifie pas d'un préjudice directement causé par l'infraction. • Crim. 20 juin 2002, n° 01-87.658 P. ♦ L'associé, constitué partie civile, contre l'auteur d'une infraction portant préjudice à l'ensemble des porteurs de parts ne peut prétendre, à titre de dommages-intérêts, qu'à une partie de l'indemnisation globale, proportionnelle au nombre de ses parts. • Crim. 2 mai 1984, n° 83-93.262 P.

B. CAS PARTICULIERS

1° SITUATIONS PARTICULIÈRES DES PERSONNES PHYSIQUES

a. Victimes directes

1. Cas particuliers tenant à la situation juridique de la victime

98. Refus par la victime d'obtenir réparation. L'art. 418, après avoir reconnu le droit de se constituer partie civile à toute personne se prétendant, selon l'art. 2, lésée par un délit, accorde à la partie civile ainsi constituée la faculté, dont elle est libre de ne pas user, de demander réparation de son préjudice. • Crim. 8 juin 1971 : *D. 1971. 594, note Maury.*

99. Impossibilité pour la victime d'obtenir réparation (banqueroute). Si les dispositions de l'art. 55 du Décr. du 22 déc. 1967 s'imposent au juge répressif lorsqu'il statue sur l'action civile, elles sont étrangères à l'action publique ; en conséquence, une cour d'appel ne s'est pas contredite et a fait une juste application des textes en prononçant l'irrecevabilité de l'action civile de la victime et en condamnant aux frais et dépens le syndic de la liquidation de biens de la société. • Cass., ch. mixte, 27 févr. 1981 : *D. 1982. 17, note Derrida* • Crim., 6 janv. 1992 : *RJDA 1992, n° 522* • 28 janv. 1998 : *APC 1998, n° 47.* ♦ Il n'en va autrement que dans les cas où les créanciers parviennent à démontrer l'existence d'un « préjudice particulier » distinct du montant de leur créance et résultant directement de l'infraction. • Crim. 11 oct. 1993, n° 92-81.260 P : *D. 1994. IR 18 ; RJDA 1994, n° 102 ; Rev. sociétés 1994. 303, obs. Bouloc* • 27 nov. 1997 : *Rev. sociétés 1998. 596, note Bouloc* • 17 nov. 2004, n° 03-82.657 P : *D. 2005. 566, obs. Lienhard ; Rev. sociétés 2005. 433, obs. Bouloc* • 26 sept. 2001, n° 01-84.565 P : *D. 2001. 3621, obs. Lienhard.*

100. Impossibilité pour la victime d'obtenir réparation (accident du travail). L'action en réparation étant interdite devant les juridictions de droit commun par l'art. L. 466 CSS (nouv. CSS, art. L. 451-1) en cas d'accident du travail, c'est cependant à bon droit que sont reçues les constitutions de partie civile tendant à faire admettre la culpabilité de dirigeants d'une société et d'un chef de chantier, pour obtenir que soit établie la faute de l'employeur ou de ses préposés, afin de pouvoir prétendre, dans le cadre de la législation sociale et en cas de faute inexcusable des prévenus, à une majoration de rente. • Crim. 15 oct. 1970, n° 68-93.383 P : *D. 1970. 733, note Costa.* ♦ Une cour d'appel, après avoir déclaré bien fondée, dans le seul intérêt de la manifestation de la vérité, la constitution de partie civile de la victime d'un accident du travail contre son employeur du chef de blessures involontaires, ne saurait, sans violer les dispositions de l'art. L. 466 CSS (nouv. CSS, art. L. 451-1), se prononcer sur la responsabilité du prévenu à l'égard de la victime. • Crim. 10 mai 1984, n° 83-90.554 P : *JCP 1985. II. 20413, note Roca.* ♦ Même lorsque la réparation du dommage échappe à la compétence de la juridiction pénale, car les dispositions de l'art. L. 451-1 CSS s'appliquent, la personne qui prétend avoir été lésée par un délit est recevable à se constituer partie civile aux fins de faire établir l'existence de l'infraction et elle possède, par l'effet de sa constitution, tous les droits reconnus à la partie civile et notamment celui de faire appel d'un jugement de relaxe. • Crim. 30 avr. 2002, n° 01-85.219 P : *D. 2003. Somm. 30, obs. Pradel* ; *JCP 2002. IV. 1998.* ♦ L'intervention d'une partie civile peut n'être motivée que par le souci d'établir l'existence de l'infraction et de corroborer l'action publique. Dès lors, la constitution de partie civile est recevable quand bien même la réparation du dommage causé par l'infraction échapperait à la compétence de la juridiction répressive. • Crim. 30 juin 2009, n° 08-85.954 P : *AJ pénal 2009. 419* ; *Procédures 2009, n° 369, obs. Buisson.* ♦ Aucune action en réparation du préjudice causé par un accident du travail ne peut, en dehors des cas prévus par l'art. L. 451-1 CSS, être exercée conformément au droit commun par la victime contre son employeur ou son préposé. Il en est de même de l'action en réparation des conséquences dommageables d'un tel accident exercée par la victime, salarié intérimaire, contre le dirigeant de l'entreprise utilisatrice ou ses préposés. Encourt dès lors la censure l'arrêt qui, après avoir dit les faits établis et jugé à bon droit la constitution de partie civile recevable, condamne l'entreprise utilisatrice à payer au salarié intérimaire victime d'un accident du travail des dommages et intérêts en réparation de son préjudice matériel non pris en charge par la sécurité sociale. • Crim. 18 sept. 2012, n° 11-84.279 P : *RSC 2013. 385, note Cerf-Hollender* . ♦ Dans le même sens, V. : • 2 oct. 2012, n° 11-85.032 P. V. CSS, art. L. 451-1 en fin d'annotations.

101. Impossibilité pour la victime d'obtenir réparation (infraction commise par un agent de l'administration). En cas de citation directe devant le tribunal correctionnel de deux fonctionnaires pour délit de suppression de lettres confiées à la poste, il est décidé à bon droit que, par l'effet de cette citation, l'action publique a été régulièrement mise en mouvement comme l'action civile et doit être poursuivie jusqu'à son terme, quand bien même il serait allégué ou même démontré que les faits dénoncés constituaient, au point de vue des intérêts civils, une faute non détachable du service, dont la réparation incomberait à l'administration. • Crim. 22 janv. 1953 : *D. 1953. 109, rapp. Patin.* ♦ V. aussi : • Crim. 24 mai 1973, n° 70-91.066 P. ♦ Si un fonctionnaire peut être pénalement poursuivi, en revanche, étant civilement irresponsable, aucune indemnisation civile ne peut lui être demandée devant les juridictions répressives ; seuls les tribunaux administratifs sont compétents, sauf à démontrer que la faute du fonctionnaire est détachable de ses fonctions. • Crim. 30 oct. 2006, n° 05-86.997 P : *RPDP 2007. 379, obs. Ambroise-Castérot.* ♦ Par exemple, un médecin hospitalier coupable d'omission de porter secours commet une faute détachable du service. • Crim. 13 févr. 2007, n° 06-82.264 P : *RPDP 2007. 385, obs. Ambroise-Castérot.* ♦ *Idem* concernant un médecin régulateur du SAMU. • Crim. 2 déc. 2003, n° 02-85.254 P : *RSC 2004. 344, obs. Mayaud* ; *AJ pénal 2004. 118, obs. Pitoun* ; *JCP 2004. II. 10044, note Mistretta ; Dr. pénal 2004, n° 17, obs. Véron ; D. 2005. Pan. 407, obs. Penneau* • 30 nov. 2010, n° 10-80.447 P : *RPDP 2011. 149, obs. Ambroise-Castérot.*

102. Impossibilité pour la victime d'obtenir réparation (agent d'un service public). Les juridictions pénales sont compétentes pour apprécier, ensuite de sa condamnation pénale, la responsabilité de l'agent d'un service public à raison des fautes personnelles détachables de la fonction, lorsque l'administration exerce, aux fins de réparation, les droits de la partie civile prévus par les art. 2 et 3. • Crim. 4 déc. 1996, n° 96-80.736 P • 10 mars 2004, n° 02-85.285 P : *D. 2005. Pan. 686, obs. Pradel* ; *JCP 2004. IV. 1963.*

103. Impossibilité pour la victime d'obtenir réparation (préjudice résultant d'une situation illicite). Ne saurait prétendre être indemnisée du préjudice matériel résultant pour elle de la destruction d'un chalet de plage, une commune qui avait illégalement autorisé cette construction. • Crim. 4 nov. 2008, n° 08-82.591 P : *AJ pénal 2009. 77* ; *AJDA 2009. 220* .

104. Aggravation du dommage. Les dispositions combinées des art. 2 et 3, selon lesquelles le juge répressif ne connaît de l'action civile qu'accessoirement à l'action publique, ne mettent pas obstacle à ce que la juridiction pénale, qui a statué sur la réparation du préjudice corporel d'une partie civile, connaisse des demandes qu'elle forme à la suite d'une aggravation de son dommage. • Crim. 9 juill. 1996, n° 95-81.143 P. ♦ Comp. : • Crim. 16 juin 1993, n° 92-83.742 P. ♦ Toute victime dispose d'une nouvelle action en réparation contre le responsable en cas d'aggravation de son dommage, ou si apparaît un élément de préjudice inconnu au moment de la demande initiale et sur lequel il n'a pu être statué. • Crim. 9 juill. 1996 : *préc.*

105. Victime mineure. Aux termes de l'art. 388-2 C. civ., lorsque, dans une procédure, les intérêts d'un mineur apparaissent en opposition avec ceux de ses représentants légaux, le juge des tutelles, ou, à défaut, le juge saisi de l'instance désigne un administrateur *ad hoc* chargé de le représenter. Fait l'exacte application de ce texte la cour d'assises qui désigne un administrateur *ad hoc*, notamment pour se constituer partie civile au nom d'un mineur, en raison du préjudice résultant pour lui de l'assassinat de sa sœur pour lequel ses représentants légaux, en l'espèce ses parents, sont poursuivis comme complices. • Crim. 28 févr. 1996, n° 95-81.565 P : *JCP 1996. II. 22707, note Raymond ; Procédures 1996. Comm. 188, obs. Buisson.* ♦ Les actes accomplis au nom du mineur, partie civile, au cours de la procédure d'instruction, n'ont pas à être réitérés par celui-ci après sa majorité. • Crim. 17 sept. 2003, n° 02-87.391 P : *D. 2003. IR 2603 ; JCP 2003. IV. 2884.*

106. Transaction. En cas d'une transaction, qui a l'autorité de la chose jugée aux termes de l'art. 2052 C. civ., d'où il ressort que la partie civile a renoncé à sa demande et alors que la cour d'appel n'était saisie d'aucune contestation se référant à l'art. 2053 C. civ., encourt la cassation l'arrêt qui alloue à la partie civile des dommages-intérêts au motif que la cour d'appel n'était saisie d'aucun désistement d'instance, sans avoir recherché quelle était la portée de cette transaction. • Crim. 29 avr. 1996, n° 95-85.038 P. ♦ Aux termes des art. 2046 et 2052 C. civ., une transaction sur les intérêts civils résultant d'un délit a, entre les parties, l'autorité de la chose jugée en dernier ressort. • Crim. 25 nov. 2015, n° 14-84.985 P : *D. actu. 17 déc. 2015, obs. Fucini.* ♦ Un protocole transactionnel mettant fin de manière définitive et globale à tous les différends entre les parties pour la période antérieure à sa signature ayant été conclu, mais la société ayant été déclarée coupable de discrimination pour une période s'étendant postérieurement à cette date, la constitution de partie civile d'un syndicat doit être déclarée recevable, dès lors que les agissements discriminatoires ont été réitérés postérieurement à la conclusion de ladite transaction. • Crim. 14 janv. 2014 : *AJ pénal 2014. 195, obs. Perrier* . ♦ Sur l'autorité de la chose jugée de la transaction par laquelle une partie civile déclarait être remplie de tous ses droits à indemnisation des conséquences de l'accident, V. • Crim. 13 juin 2017, n° 16-83.545 P.

107. Président de la République en exercice. En sa qualité de victime, le président de la République est recevable, en application de l'art. 2, à exercer les droits de la partie civile pendant la durée de son mandat. • Cass., ass. plén., 15 juin 2012, n° 10-85.678 P : *D. actu. 27 juin 2012, obs. Léna ; D. 2012. Actu. 1617 ; ibid. 1916, note Beaud ; Rev. pénit. 2012. 642, obs. Verny ; JCP 2012. 1562, note Ambroise-Castérot.* – V. aussi note 6.

108. Représentant du culte. Le ministre du culte affectataire d'un édifice religieux au sens de l'article 5 de la L. 2 janv. 1907, investi du pouvoir d'en organiser le fonctionnement, est recevable en cette qualité à réclamer réparation du dommage directement causé par les infractions y étant commises, qui en troublent l'ordre et le caractère propre (exhibition sexuelle). • Crim. 9 janv. 2019, n° 17-81.618 P : *D. actu. 21 janv. 2019, obs. Goetz.*

2. Cas particuliers tenant à la situation personnelle de la victime

109. Victime en situation illicite. L'auteur d'un homicide involontaire ne peut être admis à se prévaloir, en vue de se soustraire aux conséquences civiles de sa propre responsabilité délictuelle, du caractère délictueux de la liaison ayant existé entre la victime de cet homicide et la concubine de ladite victime, partie civile, s'agissant d'un délit qui touche à la vie privée et que seule l'épouse de la victime aurait eu légalement la faculté de dénoncer (l'adultère a été décriminalisé par une loi du 11 juill. 1975). • Crim. 19 juin 1975 : *D. 1975. 679, note Tunc.* ♦ Justifie l'allocation de dommages-intérêts à la concubine d'un homme victime d'un homicide involontaire l'arrêt qui constate que celui-ci avait pris en charge les deux enfants communs, par lui reconnus, et qu'en dépit de la fixation d'une résidence distincte, les intéressés, tous deux célibataires, avaient poursuivi une liaison révélatrice d'une affection profonde et durable, et qui n'avait pris fin que par suite du décès du concubin. • Crim. 2 mars 1982, n° 80-95.197 P : *JCP 1983. II. 19972, note Le Tourneau.* ♦ Encourt la cassation l'arrêt qui, pour refuser à un concubin la réparation du préjudice économique résultant de la perte des revenus procurés par le salaire de la femme avec laquelle il vivait, énonce, après avoir constaté le caractère sérieux et stable de cette union, que la partie civile dotée d'un bon emploi correctement rémunéré ne se trouve pas démunie par suite du décès de sa compagne, sans rechercher, en fonction notamment de la part de ressources que chacun consacrait à la satisfaction de ses besoins personnels et de celle qui était mise en commun, si la partie civile ne subirait pas un préjudice économique du fait de la diminution de ses revenus. • Crim. 10 nov. 1992, n° 91-86.973 P. ♦ Rejet cependant, dans une procédure suivie du chef d'homicide involontaire, des demandes en réparation formées par deux femmes alléguant l'une et l'autre leur qualité de concubine de la victime, la double liaison invoquée présentant un caractère précaire. • Crim. 8 janv. 1985, n° 82-92.753 P. ♦ La juridiction du second degré, après avoir relevé que la concubine a droit, comme l'épouse légitime, à l'indemnisation du préjudice patrimonial qu'elle subit du fait de la disparition de son compagnon, peut, pour évaluer ce préjudice, tenir compte de la précarité et de l'instabilité s'attachant au concubinage, sans méconnaître le principe de la réparation intégrale. • Crim. 9 oct. 1996 : *Dr. pénal 1997. Comm. 12, note Maron.*

110. L'auteur d'une infraction n'est pas recevable à se constituer partie civile à l'encontre des personnes qui l'auraient incité à commettre celle-ci, en alléguant le préjudice que lui auraient causé sa déclaration de culpabilité et sa condamnation. • Crim. 28 oct. 1997, n° 96-85.880 P : *D. 1998. 268, note Mayer et Chassaing ; RSC 1998. 346, obs. Dintilhac* • Crim. 21 sept. 2016, n° 16-82.082 P : *Dr. pénal 2016, n° 161, note Maron et Haas.*

111. Victime en situation immorale. L'art. 1131 C. civ., s'il déclare sans effet l'obligation sur cause illicite, ne vise pas les obligations ayant leur source dans un délit caractérisé par la loi pénale et dont la somme allouée par les juges à la partie civile constitue la réparation ; en conséquence, une prostituée qui s'était portée partie civile contre son amant, poursuivi pour exercice du métier de souteneur, est recevable à demander le remboursement des produits de la prostitution qu'elle lui a versés. • Crim. 7 juin 1945 : *D. 1946. 149, note Savatier ; JCP 1946. II. 2955, note Hémard.* ♦ Le mari et les enfants d'une femme morte à la suite d'un avortement sont recevables à exercer contre l'avorteuse l'action civile devant les tribunaux répressifs aux fins d'obtenir réparation du préjudice personnel à eux causé par le décès de leur épouse et mère. • Crim. 7 juin 1952 : *JCP 1952. II. 7074, rapp. Brouchot.* ♦ Ne justifie pas sa décision la cour d'appel saisie d'une demande de dommages-intérêts formée par la victime d'un délit d'émission de chèque sans provision qui, ayant constaté que le chèque avait été émis en vue de l'extinction d'une dette de jeu, se fonde exclusivement, pour écarter la demande de la partie civile, sur l'art. 1965 C. civ. • Crim. 4 juill. 1979, n° 78-93.807 P. ♦ Encourt la cassation pour violation, par refus d'application, des art. 1er et 2 de la loi du 15 juill. 1907 et des art. 34 et 35 de l'Arr. du 23 déc. 1959 autorisant la tenue de jeux de hasard dans les casinos des stations balnéaires, thermales et climatiques et habilitant ces établissements à accepter des chèques et à les faire négocier, l'arrêt qui rejette une demande en paiement de dommages-intérêts et en remboursement du montant d'un chèque sans provision, présentée par un casino, au motif que la dette du tireur était une dette de jeu pour laquelle la loi n'accorde aucune action en justice. • Cass., ch. mixte 14 mars 1980, n° 79-90.154 P : *D. 1980. IR 336, obs. Puech.*

112. Est irrecevable l'action civile de la personne qui, de mauvaise foi, a remis une somme d'argent à l'auteur d'un trafic d'influence en vue d'obtenir une décision favorable d'une autorité publique. • Crim. 7 févr. 2001, n° 00-83.023 P : *D. 2001. IR 1280 ; Dr. pénal 2001. Comm. 82, obs. Véron.*

113. Victime militaire. La compétence de la juridiction administrative pour statuer sur l'action en réparation des conséquences dommageables d'un accident de service n'est pas exclusive de celle des tribunaux répressifs. Justifie dès lors sa décision la juridiction correctionnelle qui, dans les poursuites exercées du chef d'homicide involontaire contre le dirigeant d'une entreprise privée au sein de laquelle, la victime, militaire de carrière, effectuait un stage de reconversion, retient sa compétence pour statuer, en application du droit commun de la responsabilité civile, sur la réparation du préjudice des ayants droit du défunt. • Crim. 20 oct. 2009, n° 08-82.675 P : *AJ pénal 2010. 81, obs. Lasserre Capdeville ; AJDA 2010. 118.*

114. Victimes en situation fautive. Dès lors que plusieurs fautes ont concouru à la production d'un dommage résultant d'une infraction, la responsabilité de leurs auteurs se trouve engagée dans une mesure dont l'appréciation appartient souverainement aux juges du fond. • Cass., ch. mixte, 28 janv. 1972, n° 70-90.072 P : *RTD civ. 1972. 406, obs. Durry.* ♦ En matière d'infractions contre les biens (jurisprudence antérieure à 2014) : aucune disposition de la loi ne permet de réduire, en raison d'une négligence de la victime, le montant des réparations civiles dues à celle-ci par l'auteur d'une infraction intentionnelle contre les biens, le délinquant ne pouvant être admis à tirer un profit quelconque de l'infraction. • Crim. 4 oct. 1990, n° 89-85.392 P : *JCP 1992. I. 3572, obs. Viney.* ♦ Dans le même sens : • Crim. 27 mars 1973, n° 72-91.435 P : *RTD civ. 1973. 780, obs. Durry* • Crim. 25 janv. 1993 : *RJDA 1993/4, n° 370* • Crim. 7 nov. 2001, n° 01-80.592 P : *D. 2002. 138 ; RTD civ. 2002. 314, obs. Jourdain* • Crim. 10 mars 2004, n° 02-85.285 P : *D. 2004. 1240 ; ibid. 2005. 684, obs. Pradel ; RTD com. 2004. 625, obs. Bouloc* • Crim. 14 juin 2006, n° 05-82.900 P : *D. 2007. 973, obs. Pradel ; AJ pénal 2006. 447 ; ibid. 456, obs. Royer ; RSC 2007. 114, obs. Giudicelli ; RTD com. 2007. 250, obs. Bouloc.* ♦ *Contra* (infractions contre les personnes et les biens) : lorsque plusieurs fautes ont concouru à la production du dommage, la responsabilité de leurs auteurs se trouve engagée dans une mesure dont l'appréciation appartient souverainement aux juges du fond. • Crim. 19 mars 2014, n° 12-87.416 P : *D. actu. 27 mars 2014, obs. Priou-Alibert ; D. 2014. 912, note Lasserre Capdeville ; AJ pénal 2014. 293, obs. Gallois ; RSC 2015. 379, note Stasiak ; Dr. pénal 2014. 79, note Maron et Haas ; Procédures 2014. 157, obs. Chavent-Leclère* • Crim. 25 juin 2014, n° 13-84.450 P : *D. actu. 7 juill. 2014, obs. Coustet ; JCP 2014, n° 893, obs. Detraz ; Procédures 2014. 246, note Chavent-Leclère ; Dr. pénal 2014. 121, note Maron et Haas.* ♦ Si c'est à tort que les juges du second degré énoncent que le caractère volontaire de l'infraction exclut par définition que la victime ait pu commettre une faute d'imprudence, l'arrêt n'encourt pas pour autant la censure, dès lors qu'il résulte de ses énonciations que la cour d'appel a recherché si la partie civile avait commis une faute de nature à limiter son droit à indemnisation et qu'elle en a écarté l'existence. • Crim. 23 sept. 2014, n° 13-83.357 P : *D. actu. 13 oct. 2014, obs. Priou-Alibert ; D. 2014. 2332, obs. Lasserre Capdeville ; AJ pénal 2015. 92, obs. Renaud-Duparc ; Procédures 2014, n° 304, obs. Chavent-Leclère.* ♦ Lorsque plusieurs fautes ont concouru à la production du dommage, la responsabilité de leurs auteurs se trouve engagée dans une mesure dont l'appréciation appartient souverainement aux juges du fond. Est de nature à constituer une telle faute le fait, pour la victime, de ne pas avoir pris les précautions utiles pour éviter le dommage. • Crim. 20 oct. 2020, n° 19-84.641 P.

b. Victimes indirectes

115. Créanciers de la victime. L'action civile n'est recevable devant la juridiction répressive qu'autant que la partie qui l'exerce a été personnellement et directement lésée par l'infraction pénale. Dès lors, doit être cassé l'arrêt qui a admis la constitution de partie civile fondée sur les dispositions de l'art. 1166 C. civ. Les dispositions de ce texte ne peuvent trouver application devant la juridiction pénale. • Crim. 16 janv. 1964, n° 63-90.263 P : *D. 1964. 194, note J.M.* ♦ Le préjudice allégué par la plaignante, qui n'est que créancière des prévenus, n'étant pas la conséquence directe de l'éventuelle activité illicite de ces derniers en matière bancaire, sa constitution de partie civile est irrecevable. • Crim. 7 nov. 1989, n° 88-84.058 P.

116. Les frais de garde d'animaux maltraités confiés à une association sur la base d'un arrêté préfectoral ne constituent pas un préjudice direct résultant de l'infraction de mauvais traitements envers des animaux. • Crim. 19 avr. 2005, n° 04-82.513 P : *JCP 2005. IV. 2351.*

117. Cessionnaires. Le cessionnaire, avec subrogation, des droits des porteurs de parts ne peut demander, par la voie pénale, l'indemnisation d'un préjudice subi par ceux-ci, ce préjudice étant pour lui indirect par rapport à l'infraction retenue. • Crim. 2 mai 1984, n° 83-93.262 P. ♦ La subrogation dans les droits de la victime d'une infraction ne peut être invoquée pour demander l'indemnisation du préjudice résultant de cette infraction, un tel préjudice n'étant ni direct ni personnel pour le tiers subrogé. Encourt dès lors la cassation l'arrêt qui accorde des dommages-intérêts au cessionnaire des parts d'une société civile victime d'un abus de confiance, au motif que cette cession de parts aurait entraîné subrogation dans les droits de ladite société. • Crim. 8 févr. 1993, n° 91-84.601 P.

118. Électeur. Tout électeur inscrit sur la liste électorale de l'un des arrondissements de Paris peut, en raison de cette seule qualité, se constituer partie civile pour la poursuite des crimes ou délits commis à l'occasion de l'élection de l'un des membres du Conseil de Paris, peu importe qu'il ne soit pas inscrit dans l'arrondissement du candidat poursuivi. • Crim. 11 févr. 2003, n° 01-88.193 P : *JCP 2003. IV. 1596.*

119. Contribuable. La constitution de partie civile d'un contribuable, autorisée par le tribunal administratif, en application de l'art. L. 2132-5 CGCT, à se substituer aux organes de la commune, devient sans objet lorsque le maire intervient par la suite régulièrement dans l'information au nom de la collectivité territoriale. • Crim. 25 nov. 2003, n° 03-80.905 P : *JCP 2004. IV. 1093.*

120. Employeur et secret professionnel. L'employeur, victime indirecte d'une violation du secret professionnel par son salarié, n'est pas habilité à mettre en mouvement l'action publique en application de l'art. 2, la violation du secret professionnel, prévue à l'art. 226-13 C. pén., ne portant directement préjudice qu'à l'intérêt général et à l'auteur de ces confidences. • Crim. 13 oct. 2020, n° 19-87.341 P : *D. actu. 6 nov. 2020, obs.Goetz.*

121. Subrogés (assureurs). Est recevable l'appel formé par un assureur, régulièrement appelé en cause, en application de l'art. 388-2, même si cet assureur n'a pas comparu devant la juridiction du premier degré. • Crim. 15 déc. 1987, n° 86-96.862 P. ♦ Est recevable, pour la première fois en cause d'appel, l'intervention de l'assureur de la partie lésée qui, ayant versé à celle-ci une avance sur indemnité, exerce son recours subrogatoire en vertu de l'art. 388-1, ce dernier texte ne faisant aucune distinction selon l'objet de l'intervention. • Crim. 24 juin 1992, n° 91-86.882 P. ♦ Les prestations versées par une compagnie d'assurances sans référence au préjudice réparable n'ont pas de caractère indemnitaire et ne donnent pas lieu à un recours subrogatoire contre la personne tenue à réparation. • Crim. 29 oct. 2013, n° 12-83.754 P.

122. Subrogés (caisses de sécurité sociale). Les caisses de sécurité sociale sont recevables à intervenir devant la juridiction répressive pour réclamer le remboursement des dépenses qu'elles ont effectuées au profit de l'assuré social victime d'un dommage. • Crim. 12 mars 1957 : *S. 1957. 1. 222.* ♦ Le préjudice résultant d'une infraction doit être réparé dans son intégralité, sans perte ni profit pour aucune des parties, et la mise en cause de l'organisme social, prévue par l'art. L. 376-1 CSS, s'impose à peine d'irrecevabilité de la demande en réparation de la partie civile. Cassation de l'arrêt qui prononce sur la demande en réparation des préjudices de la partie civile, sans s'assurer que l'organisme social avait été mis en cause, et en s'abstenant de vérifier s'il avait contribué à indemniser le préjudice corporel de la victime et s'il bénéficiait d'un recours. • Crim. 18 sept. 2007, n° 07-80.347 P. ♦ Comp. : la mise en cause de l'organisme de sécurité sociale, prescrite par l'art. L. 376-1 CSS, ne s'impose à peine d'irrecevabilité de la demande en réparation que pour la partie du préjudice constituant l'assiette du recours dudit organisme. Dès lors, encourt la cassation l'arrêt qui déclare l'action civile de la victime irrecevable, faute de mise en cause de l'organisme de sécurité sociale, alors que cette action demeurait recevable en ce qu'elle tendait à la réparation de préjudices, moral et matériel, exclus de l'assiette du recours de cet organisme. • Crim. 1er mars 1995, n° 93-83.174 P. ♦ L'inaction de la victime de violences n'empêche pas la caisse primaire d'assurance maladie d'obtenir la condamnation du prévenu au remboursement de sa créance dès lors qu'elle justifie de cette créance par la production d'un relevé de débours du montant de ses prestations au titre des frais hospitaliers et des pertes de revenus causés par l'atteinte à l'intégrité physique de la victime. • Crim. 24 juin 2003, n° 02-85.497 P : *JCP 2003. IV. 2490 ; AJ pénal 2003. 68* .

123. Subrogés (fonds de garantie). Il résulte de l'art. L. 421-5 C. assur. que l'intervention devant les juridictions répressives du Fonds de garantie contre les accidents, dont les obligations sont subsidiaires, est subordonnée à l'existence d'une instance engagée par la victime d'un accident ou ses ayants droit, d'une part, et le responsable ou son assureur, d'autre part. • Crim. 10 févr. 1993, n° 92-81.391 P. ♦ Le Fonds de *garantie des victimes* des actes de terrorisme et d'autres infractions, subrogé dans les droits de la victime qu'il a indemnisée, peut se constituer partie civile devant la juridiction répressive, sans que cette constitution soit subordonnée à celle de la victime. • Crim. 31 mai 2000, n° 99-84.507 P.

124. Subrogés (employeurs). L'employeur de la victime d'une infraction est recevable à intervenir devant la juridiction pénale pour réclamer au prévenu, par subrogation aux droits de cette victime et dans la limite de la part d'indemnité réparant l'atteinte à son intégrité physique, le remboursement des salaires et accessoires du salaire maintenus pendant la période d'inactivité consécutive à l'événement dommageable. Cette action subrogatoire ne s'étend pas aux charges patronales, dont le montant ne doit pas être imputé sur la part d'indemnité précitée. • Crim. 10 mai 1990, n° 89-82.856 P : *RTD civ. 1990. 672, obs. Jourdain* . ♦ Toutefois, il en va autrement si la demande est formulée sur le double fondement de l'art. 1382 C. civ. et de l'art. 32 de la L. du 5 juill. 1985 (recours des tiers payeurs contre les personnes tenues à réparation d'un dommage résultant d'une atteinte à la personne). En effet, aux termes de ces textes, les employeurs sont admis à poursuivre directement contre le responsable des dommages ou son assureur le remboursement des charges patronales afférentes aux rémunérations maintenues ou versées à la victime pendant la période d'indisponibilité de celle-ci. • Crim. 30 juin 2009 : *RCA 2009, n° 277, obs. Groutel ; RPDP 2010. 131, obs. Ambroise-Castérot.* ♦ ... Et concernant la question du caractère indemnitaire de la rente capital-décès : • Crim. 21 sept. 2010 : *RPDP 2011. 147, obs. Ambroise-Castérot.*

125. Subrogés (État et collectivités territoriales). Il résulte de l'art. 11, al. 4, de la L. du 13 juill. 1983 portant droits et obligations des fonctionnaires que, si l'État dispose d'une action directe lui permettant de se constituer partie civile contre l'auteur de menaces proférées envers un fonctionnaire, cette action ne peut tendre qu'à lui permettre d'obtenir de l'auteur des menaces les sommes qu'il aurait lui-même versées au fonctionnaire, victime. • Crim. 18 juin 1991, n° 89-87.207 P. ♦ Si la collectivité publique ne peut se constituer partie civile du fait du préjudice direct subi par son agent (C. pr. pén., art. 2), il se déduit en revanche de l'art. 11, al. 4, de la L. du 13 juill. 1983 portant droits et obligations des fonctionnaires, que la collectivité publique, tenue de protéger les fonctionnaires contre les menaces, violences, voies de fait, injures, diffamations ou outrages dont ils pourraient être victimes à l'occasion de leurs fonctions, et de réparer, le cas échéant, le préjudice qui en est résulté, est subrogée aux droits de la victime pour obtenir des auteurs des menaces ou attaques la restitution des sommes versées au fonctionnaire intéressé et dispose, en outre, aux mêmes fins, d'une action directe qu'elle peut exercer au besoin par voie de constitution de partie civile devant la juridiction pénale qui inclut la possibilité d'obtenir le remboursement des frais engagés pour la défense de l'agent victime dont elle est l'employeur. • Crim. 2 sept. 2014, n° 13-84.663 P : *D. actu. 22 sept. 2014, obs. Anane ; D. 2014. Actu. 1767* ; *AJ pénal 2014. 585, obs. Luciani-Mien* ; *Procédures 2014, n° 274, obs. Chavent-Leclère.* ♦ Aux termes de l'art. 12 de l'Ord. du 4 févr. 1959, l'État, tenu de réparer le préjudice causé par les menaces et attaques subies par les fonctionnaires à l'occasion de l'exercice de leurs fonctions, est dans ce cas subrogé aux droits de la victime pour obtenir le remboursement des sommes versées à son agent et dispose en outre aux mêmes fins d'une action directe qu'il peut exercer par voie de constitution de partie civile devant la juridiction pénale. Cette dernière disposition rend recevable l'action civile de l'État même au cas où le fonctionnaire victime de l'infraction ne s'est pas personnellement constitué partie civile. • Crim. 1er déc. 1970, n° 69-90.531 P : *JCP 1971. II. 16717, note Chambon.*

2° SITUATION PARTICULIÈRE DES PERSONNES MORALES

126. Il appartient au juge, saisi de conclusions contestant la qualité pour agir en justice des représentants d'association, de syndicat ou de fédération de syndicats, de rechercher si ceux-ci tiennent, soit des statuts, soit d'un mandat exprès, le pouvoir d'agir en justice. • Crim. 16 nov. 2005, n° 04-84.520 P. ♦ Encourt la cassation l'arrêt qui, pour déclarer irrecevable l'action civile d'une association, relève que ses statuts n'habilitent pas son président à agir en justice et ajoute que ce dernier ne dispose pas d'un mandat exprès, sans rechercher si lesdits statuts, qui autorisent son président à la représenter en justice, n'emportent pas pour ce dernier, en l'absence de stipulations contraires, le pouvoir d'agir en justice. • Crim. 2 déc. 2008, n° 08-83.759 P. ♦ La preuve de la désignation, en vue de l'exercice d'une action, de l'organe représentatif d'un parti politique, personne morale ayant le droit d'ester en justice, ne relève pas des dispositions applicables au contrat de mandat. La vérification de la qualité de cet organe représentatif se fait, par tous moyens, selon les règles propres au fonctionnement dudit parti. • Crim. 3 janv. 2006, n° 04-85.991 P : *D. 2006. IR 392.* ♦ Un mandataire liquidateur, ès qualités de représentant de la société, est irrecevable à se constituer partie civile contre les dirigeants de la société du chef de l'infraction de contrefaçon de marques en application de l'art. L. 716-5 CPI aux termes duquel seul le propriétaire de la marque et le bénéficiaire d'un droit exclusif d'exploitation peuvent exercer l'action civile. • Crim. 31 janv. 2006, n° 05-83.050 P : *D. 2006. 982, note Lienhard ; AJ pénal 2006. 179 .*

127. Les dispositions de l'art. L. 641-9 II C. com. ne font pas obstacle à l'exercice, par le liquidateur, des actions en dommages et intérêts en réparation du préjudice résultant des infractions d'abus de biens sociaux commises par les dirigeants des personnes morales en liquidation judiciaire. • Crim. 11 juin 2012 : *D. 2013. Pan. 1650, obs. Mascala* • Crim. 5 déc. 2012 : *AJ pénal 2013. 164, obs. Gallois ; Dr. pénal 2013. Comm. 60, obs. Robert.* ♦ Ni le représentant statutaire de la personne morale mise en liquidation judiciaire ni son mandataire ne sont recevables à solliciter la réparation du préjudice subi par le débiteur, l'action patrimoniale n'appartenant, en vertu de l'art. L. 649-1 C. com. (rédac. L. n° 2005-845 du 26 juill. 2005), qu'au liquidateur. • Crim. 24 juin 2020, n° 18-85.540 : *D. actu. 3 sept. 2020, obs. Engel ; Dr. pénal 2020, n° 9, obs. Robert.*

a. Groupements professionnels

1. Syndicats

128. Syndicats professionnels. Un syndicat est recevable à exercer, devant la juridiction pénale, les droits réservés à la partie civile en matière de travail dissimulé dès lors que l'exercice d'un tel travail est de nature à causer à la profession représentée par le syndicat demandeur un préjudice distinct de celui subi personnellement par les salariés concernés. • Crim. 6 déc. 2011, n° 10-86.829 P : *D. actu. 23 déc. 2011, obs. Bombled ; D. 2012. Actu. 104, obs. Bombled ; ibid. Pan. 2118, obs. Pradel .* ♦ Un syndicat professionnel n'est recevable à se porter partie civile que pour la défense des intérêts collectifs de la profession qu'il représente. Tel n'est pas le cas d'une organisation syndicale qui s'est constituée partie civile à la suite d'un délit de harcèlement sexuel dont l'un des salariés du secteur de la profession qu'il représente aurait été victime sur le lieu de son travail de la part de son supérieur hiérarchique. • Crim. 23 janv. 2002, n° 01-83.559 P. ♦ En revanche, des syndicats de personnel navigant peuvent valablement se constituer parties civiles dans l'information ouverte du chef d'homicides et blessures involontaires suite à l'effondrement du terminal d'un aérogare, dès lors que les manquements constitutifs des infractions poursuivies ont pu compromettre la sécurité des travailleurs, dont certains circulaient dans le terminal où est survenu l'accident, et causer ainsi un préjudice aux intérêts collectifs des professions représentées par ces syndicats. • Crim. 11 oct. 2005, n° 05-82.414 P : *D. 2005. IR 2821 .* ♦ Si les syndicats professionnels peuvent exercer les droits réservés à la partie civile relativement aux faits portant un préjudice direct ou indirect à l'intérêt collectif de la profession qu'ils représentent, ils ne peuvent exercer les droits réservés à la partie civile en invoquant un préjudice résultant de la mise en examen de l'un de ses membres, bien que poursuivi pour une infraction ayant un rapport avec l'exercice de la profession. • Crim. 10 mai 2011, n° 10-84.037 P : *D. actu. 6 juin 2011, obs. Bombled ; D. 2011. Actu. 1490 ; AJ pénal 2011. 525, obs. Lasserre Capdeville ; RSC 2011. 855, obs. Cerf-Hollender .* ♦ V. dans ce sens : • Crim. 16 févr. 1999 : *préc. note 82.* ♦ Les syndicats peuvent se constituer partie civile devant le juge d'instruction, du chef de prise illégale d'intérêts, dès lors que les faits invoqués rendent possible l'existence d'un préjudice, fût-il indirect, résultant de l'atteinte aux intérêts moraux de la profession et distinct de celui qu'ont pu subir individuellement les salariés. • Crim. 27 juin 2012, n° 11-86.920 P : *D. 2012. Actu. 1824 ; ibid. 2782, note Dreyer ; AJ pénal 2012. 489, obs. Daoud*. ♦ Est recevable l'action d'une union de syndicats à l'encontre d'un employeur du chef, notamment, d'omission de déclaration à la CNIL d'un système de vidéosurveillance des salariés, dès lors que ces faits, qui, avaient pour conséquence de permettre l'enregistrement illicite de l'image des salariés dans leur activité, sont susceptibles d'avoir causé un préjudice aux intérêts collectifs représentés par cette union de syndicats. • Crim. 9 févr. 2016, n° 14-87.753 P : *D. actu. 11 mars 2016, obs. Fonteix.*

129. Doit être déclarée irrecevable la constitution de partie civile d'un syndicat pour des faits antérieurs à son immatriculation. • Crim. 22 mai 2007, n° 06-84.748 P : *D. 2007. AJ 1785 ; AJ pénal 2007. 333*.

130. Syndicats agricoles et viticoles. L'art. 2 de la loi du 5 août 1908 permet aux syndicats agricoles et viticoles d'exercer les droits reconnus à la partie civile dans les poursuites intentées pour fraude et falsification. Justifie dès lors sa décision la cour d'appel qui reçoit, dans les poursuites suivies pour falsification de vin de Champagne, les constitutions de parties civiles du Syndicat général des vignerons de Champagne, du Comité interprofessionnel du vin de Champagne et de l'Institut national des appellations d'origine, en relevant que les infractions ont directement porté atteinte aux intérêts que ces parties civiles représentent et dont elles ont la charge. • Crim. 6 mars 1997, n° 96-80.279 P. ♦ Est recevable la constitution de partie civile de la fédération départementale des syndicats d'exploitants agricoles du Nord en cas de violation de la réglementation sur le transfert des déchets qui a notamment pour objet la protection de l'environnement dès lors que l'inobservation de ces règles fait peser des risques sur la profession que la fédération représente. • Crim. 21 mars 2001, n° 00-83.114 P. ♦ Est recevable la constitution de partie civile d'un syndicat agricole en cas de détournement du produit de la taxe parafiscale destinée au financement des actions du secteur céréalier. • Crim. 28 mars 2006, n° 05-82.143 P : *AJ pénal 2006. 269*. ♦ Dès lors que la dénomination « domaine » est réservée aux vins bénéficiant d'une appellation d'origine et provenant d'une exploitation agricole réelle, l'utilisation d'un nom de domaine inexistant sur l'étiquetage de vins bénéficiant d'une telle appellation préjudicie aux intérêts collectifs que l'INAO a la charge de défendre. En conséquence justifie sa décision la cour d'appel qui reçoit sa constitution de partie civile dans des poursuites pour publicité mensongère. • Crim. 2 oct. 2007, n° 06-85.312 P : *AJ pénal 2007. 537*.

2. Ordres professionnels et organismes assimilés

131. Médecins. Les conseils de l'ordre des médecins ont notamment pour mission d'assurer la défense de l'honneur et de l'indépendance de la profession médicale et, à cette fin, ils peuvent exercer devant la juridiction pénale l'action civile en réparation du dommage causé par une infraction en l'espèce complicité d'exercice illégal de la pharmacie, tromperie et publicité mensongère commise par l'un des membres de la profession et portant atteinte aux intérêts qu'ils ont la charge de défendre. • Crim. 15 févr. 2000, n° 99-81.290 P. ♦ Comp., limitant la recevabilité de l'action civile de l'ordre national des médecins aux infractions commises par un médecin dans l'exercice de ses fonctions : • Crim. 6 juill. 1994, n° 93-83.894 P. ♦ ... Ou déclarant irrecevable son action civile en cas d'avortement. • Crim. 9 nov. 1972, n° 72-90.303 P.

132. Les réparations civiles allouées à un syndicat professionnel, constitué partie civile, par application de l'art. L. 375 CSP, dans des poursuites exercées pour exercice illégal de la médecine, sont justifiées par la constatation des éléments constitutifs de cette infraction, qui porte nécessairement un préjudice, fût-il indirect, à l'intérêt collectif de la profession qu'il représente. • Crim. 24 avr. 1996, n° 95-84.055 P.

133. Pharmaciens. Est irrecevable l'action civile intentée contre un prévenu d'exercice illégal de la pharmacie par un conseil régional de l'ordre des pharmaciens. Seul en effet, aux termes de l'art. 28 du décr. du 6 nov. 1951, repris dans l'art. L. 538 CSP, le conseil national de l'ordre des pharmaciens peut, devant toutes les juridictions, exercer tous les droits réservés à la partie civile relativement aux faits portant un préjudice direct ou indirect à l'intérêt collectif de la profession pharmaceutique. • Crim. 19 févr. 1958, n° 57-90.021 P. ♦ Si, aux termes de l'art. L. 411-11 C. trav., les syndicats professionnels peuvent, au nom de la profession qu'ils représentent, exercer tous les droits reconnus à la partie civile, c'est à la condition que les faits déférés portent un préjudice, direct ou indirect, à l'intérêt collectif de ladite profession • Crim. 27 nov. 1996 : *Bull. crim. n° 431.* ♦ La vente, même à la supposer illicite, par un pharmacien, de produits classés comme médicaments n'est de nature à porter préjudice ni directement aux fabricants ou distributeurs de compléments alimentaires ni indirectement à l'intérêt collectif des professionnels de la parapharmacie. • Crim. 12 févr. 2002, n° 01-82.329 P.

134. Experts-comptables. Les art. 20, al. 4, 31, 3°, et 37 de l'Ord. du 19 sept. 1945 réservent au seul conseil supérieur de l'ordre des experts comptables et comptables agréés le droit de se constituer partie civile devant les tribunaux répressifs dans des poursuites intentées par le ministère public pour des infractions portant un préjudice direct ou indirect à l'intérêt collectif des professions relevant de sa compétence. Encourt en conséquence la cassation l'arrêt accordant des dommages-intérêts à un conseil régional qui s'était constitué partie civile. • Crim. 22 avr. 1986, n° 85-94.882 P.

135. *Géomètres-experts.* L'action civile peut être exercée par le conseil supérieur de l'ordre des géomètres-experts, à l'occasion de l'exercice illégal de la profession de géomètre-expert. • Crim. 13 avr. 1976, n° 75-91.100 P. ♦ Dans le même sens : • Crim. 9 nov. 1977, n° 76-93.604 P.

136. *Avocats.* Doit être déclarée irrecevable la constitution de partie civile d'un conseil de l'Ordre des avocats à la suite de poursuites pour pactes illicites sur le règlement des incidents dus aux victimes d'accidents. La loi du 3 avr. 1942 n'a en effet pour objet que la protection des victimes d'accidents contre les agissements abusifs de certains intermédiaires et non la sauvegarde des intérêts des personnes qui seraient appelées à des titres divers à assurer leur défense. • Crim. 5 mai 1960, n° 59-93.534 P. ♦ L'Ordre des avocats est irrecevable en son intervention devant la juridiction pénale, même lorsqu'un avocat encourt une interdiction d'exercer. • Douai, 12 mars 1985 : *Gaz. Pal. 1985. 2. 444, note Damien et Doucet.* ♦ L'Ordre des avocats, n'ayant pu subir aucun dommage matériel ou moral du fait d'une tentative d'homicide volontaire, de séquestration arbitraire, de dégradation volontaire de bien immobilier, violences ou voies de fait aggravées dont a été victime un avocat inscrit, n'est pas recevable à intervenir devant la juridiction pénale. • Crim. 5 févr. 1992, n° 91-81.581 P : *D. 1993. Somm. 203, obs. Pradel* .

137. L'Ordre des avocats est recevable à se constituer partie civile en réparation du préjudice causé aux intérêts collectifs de la profession, notamment par l'exercice illicite des activités de consultation et de rédaction d'actes en matière juridique. • Crim. 8 juin 1995, n° 94-84.386 P • Crim. 5 nov. 1997, n° 96-86.380 P.

138. *Notaires et huissiers.* Les notaires et les huissiers de justice ayant concurremment avec les commissaires-priseurs le droit de procéder à des ventes aux enchères publiques des meubles dans la localité où un délit de vente illicite a été commis, c'est à bon droit que le conseil régional des notaires et la chambre régionale des huissiers ont été déclarés recevables en leur constitution de partie civile. • Crim. 3 nov. 1970, n° 69-91.887 P : *Gaz. Pal. 1971. 1. 91.* ♦ Le conseil régional des notaires est recevable à se constituer partie civile dans les poursuites exercées contre l'un de ses membres pour des infractions commises dans l'exercice de ses fonctions, pour obtenir réparation du préjudice moral causé à la profession. • Crim. 4 nov. 1991, n° 89-87.051 P. ♦ Inversement, en cas de préjudice indirect : • Crim. 16 mars 1994, n° 93-80.226 P.

139. La chambre départementale des huissiers n'est pas recevable à intervenir dans une poursuite exercée à l'occasion des délits de rébellion et de menaces de mort à l'encontre d'un huissier dans l'exercice de ses fonctions. • Crim. 29 juin 1971, n° 70-91.804 P. ♦ Dans le même sens : • Crim. 14 nov. 1996, n° 96-80.350 P : *JCP 1997. II. 22850, note L. Boré.* ♦ De même lorsqu'une insulte figure dans un courrier adressé personnellement à un huissier. • Crim. 26 avr. 2000 : *Procédures 2000. Comm. 203, obs. Buisson.* ♦ La chambre nationale des huissiers de justice n'est pas recevable dans sa constitution de partie civile contre des huissiers de justice poursuivis pour abus de confiance au préjudice de clients de leur étude car, contrairement aux personnes auxquelles appartiennent les sommes détournées, elle n'a pas subi de préjudice direct résultant de ces infractions. • Crim. 29 juin 2005, n° 04-84.623 P : *D. 2005. IR 2336* ; *JCP 2005. IV. 2905.* ♦ La chambre nationale et la chambre départementale des huissiers de justice ne sont pas recevables à se constituer parties civiles dans une poursuite exercée à l'encontre d'un de leur pair pour des faits d'abus de confiance commis par ce dernier dans l'exercice de ses fonctions, le préjudice résultant de l'atteinte à la réputation de la profession d'huissier de justice causé par le délit reproché ne pouvant qu'être indirect. • Crim. 2 mai 2007 : *préc. note 28.*

140. Justifie sa décision la cour d'appel qui déclare recevable la constitution de partie civile de la chambre régionale des huissiers de justice et lui alloue des dommages-intérêts, dès lors que l'infraction d'usurpation de fonction porte directement atteinte aux droits et intérêts communs des membres que cette chambre représente, par application de l'Ord. du 2 nov. 1945. • Crim. 20 mai 2009, n° 08-80.677 P : *AJ pénal 2009. 321* ; *Dr. pénal 2009, n° 134 et n° 140, obs. Véron.* ♦ Il résulte de l'art. 8 de l'Ord. n° 45-2592 du 2 nov.1945 mod. par L. du 28 mars 2011 que la chambre nationale des huissiers de justice ne peut exercer les droits réservés à la partie civile que relativement aux faits portant un préjudice direct ou indirect à l'intérêt collectif de la profession qu'elle représente ; dès lors, si doit être déclarée recevable la constitution de partie civile de la chambre en raison du préjudice moral indirect subi du fait de l'atteinte à la considération de la profession en raison d'infractions pénales commises par un huissier de justice, doit en revanche être déclarée irrecevable sa constitution visant à solliciter réparation, devant le juge pénal, de son préjudice matériel lié à la mise en jeu de la garantie de représentation des fonds de l'étude. • Crim. 9 mars 2016, n° 13-85.943 P : *D. actu. 4 avr. 2016, obs. Gallois ; Procédures 2016, n° 169, note Chavent-Leclère.*

141. *Vétérinaires.* Les conseils régionaux de l'ordre des vétérinaires qui, loin d'être un démembrement du conseil supérieur, sont directement investis dans leur ressort des attributions confiées à l'ordre, ont qualité pour se constituer partie civile et agir en justice, dès lors que les intérêts de la profession sont susceptibles d'être atteints. • Crim. 28 mars 1991, n° 90-86.856 P.

142. Administrateurs et mandataires judiciaires. Les délits de malversation et d'abus de confiance, commis par un mandataire judiciaire dans et à l'occasion de l'exercice de ses fonctions, ne causent un préjudice direct qu'aux seules personnes pouvant revendiquer les sommes détournées. Encourt dès lors la censure l'arrêt d'une cour d'appel qui, pour allouer des dommages-intérêts au Conseil national des administrateurs et mandataires judiciaires, pour l'atteinte portée à l'image des professions, énonce que ce conseil a pour mission la défense de leurs intérêts collectifs, alors qu'aucune disposition légale ne l'autorise à se constituer partie civile pour obtenir le remboursement des sommes exposées en exécution de ses obligations légales. • Crim. 12 déc. 2007, n° 07-80.886 P : *AJ pénal 2008. 99*.

b. Associations

143. Généralités. Les associations qui, par dérogation légale à l'art. 2, sont autorisées à exercer, à l'encontre des auteurs de certaines infractions, les droits reconnus à la partie civile, doivent être en mesure de justifier, devant les juges, de l'agrément auquel elles sont assujetties par la loi. • Crim. 26 mai 1992, n° 89-83.536 P. ♦ Les juges doivent rechercher si l'association a été régulièrement agréée par arrêté conforme. • Crim. 23 janv. 1992, n° 89-82.111 P.

144. En dehors de l'hypothèse où elle apporte des éléments permettant de considérer qu'elle a pu subir un préjudice présentant un caractère direct et personnel, autre que l'atteinte portée aux intérêts collectifs qu'elle a pour mission de défendre, une association ne peut exercer les droits reconnus à la partie civile en vue de la réparation d'un préjudice porté à un intérêt collectif que dans les conditions prévues par les art. 2-1 s. • Crim. 7 sept. 2021, n° 19-87.031 B : *AJ pénal 2021. 469, obs. Lasserre Capdeville*.

145. Ligues antialcooliques. Doit être cassée la décision qui, pour accorder au conseil national de défense contre l'alcoolisme – partie civile dans une instance où un automobiliste était poursuivi pour avoir refusé de laisser procéder sur sa personne à un prélèvement sanguin – se borne à constater que ce comité a pour but de lutter contre l'alcoolisme sans démontrer qu'un dommage direct ait été éprouvé par ce comité à la suite de cette infraction. • Crim. 25 janv. 1962, n° 61-90.555 P : *JCP 1962. II. 12735, note A. P.* ♦ Si les ligues antialcooliques reconnues d'utilité publique tiennent de l'art. L. 96 C. déb. boiss. le pouvoir d'exercer les droits reconnus à la partie civile relativement aux faits contraires aux dispositions dudit code, elles doivent cependant, pour obtenir des réparations civiles, justifier d'un préjudice direct, distinct à la fois du trouble social sanctionné par la condamnation pénale et de l'atteinte portée à leur mission générale. • Crim. 22 janv. 1976, n° 74-92.968 P. ♦ V. aussi : • Crim. 23 juin 1983, n° 77-93.166 P. ♦ Doit être accueillie l'action civile du comité national de défense contre l'alcoolisme qui invoque un préjudice distinct du préjudice social dont le ministère public poursuit la réparation. • Crim. 2 mars 1960 : *D. 1960. 653*.

146. Chasseurs et pêcheurs. Le trouble occasionné par une infraction de chasse à une réserve de chasse gérée par une fédération départementale de chasseurs peut causer à celle-ci un préjudice direct et personnel lorsqu'il est constaté que la gestion de la réserve avait nécessité de la part de la fédération la mise en œuvre de dépenses relativement importantes. • Crim. 4 juill. 1978, n° 77-92.437 P. ♦ Rappr. : • Crim. 8 févr. 1995 : *D. 1996. 96, note Guihal* ; *Dr. pénal 1996. Comm. 269, obs. Robert.* ♦ Les fédérations départementales de chasseurs, qui ont reçu de leurs statuts réglementaires mission de représenter les intérêts de la chasse devant les juridictions du département, sont habilitées à se porter parties civiles, dans des poursuites pour transport et vente de gibier abattu dans des conditions illégales, quel que soit le lieu où le gibier a été abattu. • Crim. 6 juin 1989, n° 88-84.365 P : *Gaz. Pal. 1991. 417, note Charlez.* ♦ Caractérise le préjudice subi par une fédération départementale de chasseurs et une association communale de chasse agréée la cour d'appel qui, ayant constaté que les prévenus ont chassé dans la réserve de chasse qu'en vertu de leur mission légale les parties civiles devaient protéger, condamne ces prévenus à verser aux associations des dommages-intérêts dont elle détermine souverainement le montant. • Crim. 15 nov. 1990, n° 89-87.031 P • 27 févr. 1992, n° 91-80.629 P. ♦ Le préjudice moral allégué par une fédération de chasse, tenant à « l'image déplorable de la chasse renvoyée par l'action des douze chasseurs », condamnés pour avoir utilisé des véhicules dotés d'émetteurs radio, ne constitue pas un préjudice personnel à la fédération, directement causé par l'infraction, et distinct de celui éprouvé par la collectivité publique, dont la réparation a été assurée par la peine prononcée contre les prévenus à la requête du ministère public. • Crim. 8 févr. 1995 : *préc.* ♦ La contravention de chasse sur le terrain d'autrui sans le consentement du propriétaire ou du détenteur du droit de chasse n'est susceptible de causer un préjudice qu'aux parties intéressées au sens des art. L. 228-41 et R. 228-1 C. rur. Une fédération départementale de chasseurs n'est dès lors pas recevable à se constituer partie civile du chef de cette infraction. • Crim. 19 juin 1996, n° 95-84.145 P : *Dr. pénal 1997. Comm. 21, note J.-H. Robert.*

147. Cassation de l'arrêt qui refuse toute indemnisation à une fédération départementale de pêche au motif qu'elle ne justifiait pas d'un préjudice découlant directement d'une infraction de pollution de rivière, alors que cette fédération avait l'obligation statutaire de veiller à la protection et à l'empoissonnement des eaux et pouvait avoir engagé des frais d'alevinage. • Crim. 4 févr. 1986, n° 85-93.156 P.

148. Lutte contre le racisme. Avec le ministère public, seules certaines associations se proposant par leurs statuts de combattre le racisme ou d'assister les victimes de discrimination fondée sur leur origine nationale, ethnique, raciale ou religieuse peuvent mettre en mouvement l'action publique en cas de délit prévu par l'art. 24 L. 29 juill. 1881 ; la mission de combattre le racisme ou d'assister les victimes de discrimination n'étant pas une mission confiée à l'association plaignante qui est en charge de la défense de l'intérêt des familles, sa constitution de partie civile fondée sur ce délit est irrecevable. • Crim. 17 déc. 2002, n° 01-85.650 P : *D. 2003. IR 865*. ♦ Aucune disposition ne fait obstacle à l'intervention d'une association habilitée par l'art. 48-1 de la loi du 29 juill. 1881 et qui entend se constituer partie civile dans une procédure engagée par une autre partie ou le ministère public du chef des infractions visées par ce texte. • Crim. 12 oct. 2010, n° 10-80.825 P : *D. 2010. Actu. 2706*.

149. Lutte contre le proxénétisme. Est recevable devant la cour d'assises l'action civile d'une association de lutte contre le proxénétisme et reconnue d'utilité publique, dans le cadre d'une poursuite pour meurtre connexe à un délit de proxénétisme, lui-même poursuivi devant le tribunal correctionnel. • Crim. 8 juill. 1985, n° 85-90.450 P.

150. Protection de l'environnement. Est irrecevable la constitution de partie civile d'une association de protection animale dans une poursuite qui n'est pas fondée sur une infraction à l'art. 453 [anc.] C. pén. • Crim. 13 mars 1984, n° 83-92.406 P. ♦ Une association, régulièrement constituée pour la défense de l'environnement et, plus précisément, pour la protection des eaux et rivières, est recevable et fondée à se constituer partie civile pour obtenir du prévenu, reconnu coupable du délit de pollution de cours d'eau, réparation du préjudice résultant pour elle de cette infraction sur le seul fondement de l'atteinte ainsi portée aux intérêts collectifs qu'elle a statutairement mission de défendre. • Crim. 1er oct. 1997, n° 96-86.001 P. ♦ La possibilité offerte par l'art. L. 480-1, al. 5, C. urb. aux associations agréées de protection de l'environnement d'exercer les droits de la partie civile en ce qui concerne les infractions en matière de permis de construire qui portent un préjudice direct ou indirect aux intérêts collectifs qu'elles ont pour objet de défendre, n'exclut pas le droit, pour une association non agréée, qui remplit les conditions prévues par l'art. 2 de se constituer partie civile à l'égard des mêmes faits. Satisfait à ces conditions, en raison de la spécificité du but et de l'objet de sa mission, une association, qui ne poursuit pas la défense des intérêts de ses membres mais dont l'objet statutaire est la protection de l'environnement, du cadre de vie, de la faune et de la flore d'un village. • Crim. 12 sept. 2006, n° 05-86.958 P : *D. 2006. 2549 ; AJ pénal 2006. 416 ; RSC 2007. 303, obs. J.-H. Robert ; Dr. pénal 2006. Comm. 141.* ♦ L'action en défense de l'intérêt collectif environnemental peut, selon les textes internes en vigueur, être notamment exercée par les différentes personnes morales de droit public, par les associations agréées de protection de l'environnement et par les collectivités territoriales ou leur groupement, ou peut être le fait de syndicats professionnels dont la profession subit un préjudice collectif à la suite d'un dommage environnemental, toutes ces personnes s'apparentant à des gardiens de l'environnement. Les textes internationaux qui, sous certaines conditions, ne s'opposent pas à la réparation du préjudice résultant de l'atteinte à l'environnement en la limitant à la baisse des bénéfices due à son altération et au coût des mesures de remise en état raisonnables, effectivement prises ou qui doivent être prises, ne sont pas incompatibles avec la mise en œuvre d'une telle action donnant lieu à des réparations dont le montant est souverainement évalué par le juge du fond. • Crim. 25 sept. 2012, n° 10-82.938 P : *AJCT 2012. 620, note Moliner-Dubost ; AJDA 2013. 667, obs. Huglo ; AJ pénal 2012. 574, note Montas et Roussel ; D. 2012. 2557, note Trébulle ; ibid. 2673, obs. Neyret ; ibid. 2675, obs. Ravit et Sutterlin ; ibid. 2711, obs. Delebecque ; RSC 2013. 363, note Robert ; Rev. sociétés 2013. 110, obs. Robert ; RTD civ. 2013. 119, obs. Jourdain ; Gaz. Pal. 24-25 oct. 2012, note B. Parance ; JCP 2012, n° 1243, note K. Le Couviour ; RPDP 2012. 913, obs. Bonfils ; ibid. 958, obs. Beziz-Ayache, Dr. pénal 2013. Comm.10, obs. Robert.* ♦ La remise en état prévue par l'art. L. 162-9 C. envir. n'exclut pas une indemnisation de droit commun que peuvent solliciter, notamment, les associations habilitées, visées par l'art. L. 142-2 du même code ; d'autre part, il appartient aux juridictions du fond de réparer, dans les limites des conclusions des parties, le préjudice dont elles reconnaissent le principe et d'en rechercher l'étendue. • Crim. 22 mars 2016, n° 13-87.650 P : *D. actu. 11 avr. 2016, obs. Priou-Alibert ; D. 2016. Pan. 1597, obs. Guého ; AJ pénal 2016. 320, note Perrier ; Dr. pénal 2016, n° 83, note Robert.*

151. Urbanisme. S'il est vrai que les dispositions du code de l'urbanisme relatives au permis de construire ont été édictées en vue de l'intérêt général, elles n'en tendent pas moins également à la protection des particuliers auxquels l'exécution de travaux de construction en méconnaissance des prescriptions légales peut causer un préjudice direct et personnel de nature à servir de base à une action civile devant la juridiction répressive. • Crim. 17 janv. 1984, n° 81-92.858 P : *JCP 1985. II. 20451, note Gassin ; D. 1985. 349, note Roujou de Boubée* • 19 mars 1985, n° 83-94.179 P.

152. Le prévenu ayant été définitivement condamné par le tribunal correctionnel pour violation du permis de construire, la cour d'appel, saisie du seul appel de la partie civile, est tenue de réparer le préjudice compris entre la date de la construction litigieuse et celle de sa régularisation. • Crim. 13 nov. 2013, n° 12-84.430 P : *D. actu. 28 nov. 2013, obs. Fucini.*

153. Fédérations sportives. La corruption de sportifs professionnels est de nature à causer directement un préjudice aux fédérations sportives dont ils relèvent, ainsi qu'à leurs organes délégataires, lesquels ont pour mission de veiller à la régularité des compétitions qu'ils organisent et au respect des règles techniques et déontologiques de leurs disciplines, en application de l'art. 16 de la loi du 16 juill. 1984. • Crim. 4 févr. 1997, n° 96-81.227 P : *RSC 1997. 853, obs. Dintilhac ; Gaz. Pal. 1997. 1. 225, note Doucet.*

154. Lutte contre la corruption. Est recevable la constitution de partie civile d'une association ayant pour objet la prévention et la lutte contre la corruption dans une affaire visant trois chefs d'État étrangers poursuivis pour détournement de fonds publics, abus de biens sociaux et recel, dès lors que ces infractions seraient de nature à causer à ladite association un préjudice direct et personnel. • Crim. 9 nov. 2010 : *D. actu. 15 nov. 2010, obs. Lavric ; D. 2010. Actu. 2707, note Lavric* (affaire des biens « mal acquis ») ; *ibid. Entretien. 2760, note Roujou de Boubée ; ibid. Point de vue. 112, obs. Perdriel-Vaissière ; RSC 2011. 855, obs. Salvat.*

155. Doit être déclarée irrecevable la constitution de partie civile d'une association agréée déclarée depuis au moins cinq ans et se proposant par ses statuts de lutter contre la corruption, dans le cadre de l'information ouverte pour faux et usage de faux, abus de confiance, tentative d'escroquerie, complicité et recel de ces délits, dès lors que, d'une part, l'information judiciaire ne concerne aucune des infractions mentionnées à l'art. 2-23, d'autre part, l'association ne justifie pas d'un préjudice personnel directement causé par les délits poursuivis, au sens de l'art. 2. • Crim. 31 janv. 2018, n° 17-80.659 P : *D. actu. 2 févr. 2018, obs. Goetz ; Dr. pénal 2018, n° 54, obs. Maron et Haas ; JCP 2018, n° 244, note Lapérou-Scheneider ; RSC 2018. 136, note Parizot .*

156. Associations non bénéficiaires d'un texte leur permettant d'agir. Si toute personne morale qui se prétend victime d'une infraction est habilitée à se constituer partie civile devant la juridiction répressive, ce droit, qui s'exerce dans les conditions prévues par l'art. 2, requiert, s'agissant d'une association, qu'elle remplisse les formalités exigées par l'art. 5 de la loi du 1er juill. 1901, auxquelles toute association française ou étrangère doit se soumettre pour avoir la capacité d'ester en justice ; ces dispositions ne revêtent aucun caractère discriminatoire au sens des art. 6 et 14 Conv. EDH. • Crim. 12 avr. 2005, n° 04-85.982 P : *D. 2005. IR 1447* . ♦ L'action d'un comité de vigilance pour la protection morale de la jeunesse est déclarée à bon droit irrecevable faute d'intérêt, aucun préjudice ne pouvant résulter pour lui de l'infraction poursuivie (délit d'outrage aux bonnes mœurs) et le droit d'agir n'appartenant en conséquence qu'au ministère public. • Crim. 18 oct. 1913 : *S. 1920. 1. 321, note Hugueney.* ♦ V., dans le même sens, pour une « Association des familles des victimes des accidents de la circulation » : • Crim. 23 juin 1986, n° 85-91.469 P. ♦ ... Pour une « Association pour le respect du suffrage universel » : • Crim. 6 mars 1990, n° 88-81.385 P : *RSC 1991. 116, obs. Braunschweig* . ♦ ... Pour l'« Association française des hémophiles ». • Crim. 18 juin 2003, n° 02-85.199 P : *D. 2003. IR 1807* . ♦ Une association n'ayant pas pour but la défense des intérêts de ses membres, qui a été spécialement créée pour lutter contre le tabagisme et qui est reconnue d'utilité publique à cet effet, subit un préjudice direct et personnel du fait d'une publicité clandestine en faveur du tabac ; la recevabilité de son action découle de la spécificité du but et de l'objet de sa mission. • Crim. 7 févr. 1984, n° 82-90.338 P • 29 avr. 1986, n° 84-93.719 P. ♦ Doit également être admise la constitution de partie civile d'une association « Aide à toute détresse » qui prend en charge des êtres démunis incapables d'assumer la sauvegarde de leurs intérêts et de leurs droits. • Colmar, 10 févr. 1977 : *D. 1977. 471, note Mayer.* ♦ En l'absence d'habilitation légale et faute de justifier d'une atteinte directement portée par l'infraction aux intérêts collectifs de l'ensemble de ses membres, le syndicat des commerçants et entreprises commerciales du Cher n'est pas recevable à se constituer partie civile dans les poursuites engagées pour infraction à la règle du repos dominical. • Crim. 14 juin 2000, n° 99-86.810 P. ♦ Sur l'intervention de l'association de sauvegarde des femmes « Choisir » dans une poursuite pour viol : • C. assises Paris, 15 déc. 1977 : *D. 1978. 61, note Mayer* (recevabilité) • C. assises Morbihan, 16 mars 1978 : *D. 1979. 556, note Roujou de Boubée* (irrecevabilité) – V. art. 2-2. ♦ Est irrecevable la constitution de partie civile d'une association de protection d'une appellation contrôlée qui ne figure pas parmi celles qui sont énumérées par les art. 2-1 à 2-21 et qui, la poursuite ayant été engagée pour tromperie, ne peut justifier d'un préjudice découlant directement des faits délictueux. • Crim. 29 oct. 2013, n° 12-84.108 P.

c. Personnes morales de droit public

157. Possibilités d'action. Les art. 2 et 3 n'excluent pas l'action civile des personnes morales de droit public. • Crim. 27 nov. 1996, n° 96-80.223 P. ♦ Les art. 2 et 3 ouvrent l'action civile à tous ceux qui ont personnellement souffert du dommage, matériel ou moral, découlant des faits, objet de la poursuite, sans en exclure les personnes morales de droit public. • 7 avr. 1999, n° 98-80.067 P : *RG proc. 1999. 648, obs. Rebut ; RSC 2000. 645, obs. Giudicelli*. ♦ Un établissement de santé est dès lors recevable, dans des poursuites exercées pour entrave à l'interruption volontaire de grossesse, à demander réparation du préjudice qu'il a personnellement subi du fait de l'infraction. • Crim. 27 nov. 1996 : *préc.*

158. Action civile de la commune. La régularité de la délibération du conseil municipal déléguant au maire l'action en justice de la commune doit s'apprécier antérieurement au dépôt de la plainte avec constitution de partie civile ; la délibération qui ne répond pas à l'impératif de précision exigé par la loi notamment dans la définition exacte de la délégation accordée rend la constitution de partie civile irrecevable. • Crim. 28 janv. 2004, n° 02-88.471 P : *JCP 2004. IV. 1587 ; AJ pénal 2004. 160*.

159. Action civile de la CAF. Doit être assimilé à l'assemblée générale prévue par l'art. 48 de la L. 29 juill. 1881 sur la liberté de la presse, le seul organe délibérant de la Caisse nationale d'allocations familiales, à savoir le conseil d'administration dont elle est dotée, dès lors qu'en l'absence d'une telle délibération autorisant la mise en mouvement de l'action publique, le juge d'instruction est fondé à rendre une ordonnance de refus d'informer. • Crim. 8 janv. 2019, n° 17-86.622 P : *D. actu. 25 janv. 2019, obs. Lavric.*

160. Atteinte à la notoriété d'une ville. La corruption de son maire porte une atteinte grave à la notoriété d'une commune mondialement connue et c'est à bon droit que ladite ville voit son préjudice moral, distinct de l'intérêt social, indemnisé. • Crim. 14 mars 2007 : *AJ pénal 2007. 288 ; Dr. pénal 2007. Comm. 85, obs. Véron.*

161. Terrorisme. Absence de préjudice personnel et direct. Doit être déclarée irrecevable la constitution de partie civile de la commune sur le territoire de laquelle se trouvait une école dans laquelle était scolarisé un enfant utilisé par ses parents comme support d'un jugement bienveillant sur des actes criminels, ce qui constituait le délit d'apologie de crime, ce délit ne pouvant occasionner pour la commune un préjudice personnel et direct né de l'infraction. • Crim. 17 mars 2015 : *D. actu. 13 avr. 2015, obs. Lavric.* ♦ Une entreprise terroriste n'étant susceptible de porter directement atteinte, au-delà des victimes personnes physiques, qu'aux intérêts de la nation, doit être rejetée la constitution de partie civile de la commune de Nice formée à la suite de l'attentat commis sur la promenade des Anglais. • Crim. 12 mars 2019, n° 18-80.911 P : *D. actu. 20 mars 2019, obs. Goetz ; Procédures 2019, n° 167, obs. Chavent-Leclère.*

162. Agent judiciaire de l'État [anc. du Trésor]. Lorsque l'État a versé des sommes en réparation du préjudice subi par l'un de ses agents ou par les ayants droit de cet agent, la constitution de partie civile de l'agent judiciaire du Trésor pour le remboursement de ces sommes est recevable. • Crim. 6 déc. 2000 : *Procédures 2001. Comm. 98, obs. Buisson.*

163. Commissariat de police. Aux termes de l'art. 38 mod. de la L. n° 55-366 du 3 avr. 1955, toute action portée devant les tribunaux de l'ordre judiciaire et tendant à faire déclarer l'État créancier ou débiteur pour des causes étrangères à l'impôt et au domaine doit, sauf exception prévue par la loi, être intentée, à peine de nullité, par ou contre l'agent judiciaire de l'État ; doit par conséquent être déclarée irrecevable la constitution de partie civile d'un commissariat de police, représenté par son commissaire, du chef de dégradations de ses locaux. • Crim. 28 oct. 2020, n° 19-85.812 P.

164. Administration fiscale. Concernant la constitution de partie civile de l'administration fiscale, même pour la première fois en cause d'appel, V. LPF, art. L. 232 et • Crim. 29 juin 2016, n° 15-85.759 : *D. 2016. 1571 ; AJ pénal 2016. 493, obs. de Combles de Nayves* • Crim. 8 nov. 2017, n° 17-82.968 P : *D. actu. 23 nov. 2017, obs. Goetz ; D. 2018. Pan. 1611, obs. Pradel*.

d. Personnes morales étrangères

165. Généralités. Toute personne morale étrangère qui se prétend victime d'une infraction est habilitée à se constituer partie civile devant une juridiction française, dans les conditions prévues par l'art. 2, même si elle n'a pas d'établissement en France et n'a pas fait de déclaration préalable à la préfecture. • Crim. 8 déc. 2009, n° 09-81.607 P : *RSC 2010. 182, obs. Giudicelli ; D. 2010. AJ 202, note Léna ; ibid. 2010. Pan. 2256, note Pradel ; AJ pénal 2010. 142, obs. Ascensi ; Dr. pénal 2010, n° 27, obs. Maron et Haas.* ♦ Les dispositions de l'art. 5 de la L. du 1er juill. 1901 tel qu'interprété par le Cons. const. dans sa décision n° 2014-424 du 7 nov. 2014 ne sauraient priver les associations ayant leur siège à l'étranger, dotées de la personnalité morale en vertu de la législation dont elles relèvent mais qui ne disposent d'aucun établissement en France, de la qualité pour agir devant les juridictions françaises dans le respect des règles qui encadrent la recevabilité de l'action en justice. • Crim. 1er déc. 2015, n° 14-80.394 P : *D. actu. 21 déc. 2015, obs. Lavric ; D. 2016. Pan. 153, obs. Barbier*. ♦ Porte atteinte au droit d'accès à un tribunal et viole de la sorte l'art. 6 Conv. EDH le fait d'exiger, de toute association étrangère souhaitant introduire une action en justice en France, la déclaration préalable imposée par l'art. 5 de la loi du 1er juill. 1901. • CEDH, 5e sect., 15 janv. 2009 : *D. 2009. AJ 374, note Léna*. ♦ Revirement par rapport à : • Crim. 12 nov. 1990, n° 90-85.332 P : *D. 1992. 29, note Bouloc ; Gaz. Pal. 1991. 1. 87, rapp. Bayet ; BJS 1992. 42, obs. Legros* : par application des art. 6, § 1, et 14 Conv. EDH et des art. 1er et 5 de son premier protocole additionnel, toute personne morale étrangère, qui se prétend victime d'une infraction, est habilitée à se constituer partie civile devant une juridiction française dans les conditions prévues par l'art. 2. ♦ ... A condition qu'elle remplisse les formalités exigées par l'art. 5 de la loi du 1er juill. 1901, auxquelles toute association, française ou étrangère, doit se soumettre pour obtenir la capacité d'ester en justice. • Crim. 16 nov. 1999, n° 96-85.723 P : *D. 2001. 665, note Boré et Salve de Bruneton*.

e. Désistement

166. Le désistement de la partie civile en cours d'information suppose l'existence d'une renonciation par laquelle le plaignant manifeste sans équivoque sa volonté d'abandonner l'action, sans condition et en l'état. • Crim. 17 oct. 2017, n° 16-83.643 P : *D. actu. 10 nov. 2017, obs. Priou-Alibert ; AJ pénal 2017. 551, obs. Porteron*.

II. DÉFENDEURS À L'ACTION CIVILE

A. SITUATION DE L'AUTEUR DE L'INFRACTION

1° CAS GÉNÉRAL DE L'ACCUSÉ OU DU PRÉVENU

a. Situation personnelle de l'accusé ou du prévenu

167. Accusé ou prévenu incapable. La personne qui subit un préjudice personnel et direct du fait d'un délit commis par un mineur dont la garde lui a été provisoirement confiée, même si elle était à l'égard du tiers civilement responsable des agissements de ce mineur, n'en serait pas pour autant privée du droit d'exercer contre lui l'action civile en réparation. • Crim. 21 avr. 1976, n° 75-91.863 P. ♦ Comp. : Le prévenu condamné au paiement d'une indemnité en réparation du préjudice subi par un majeur sous curatelle n'est pas recevable à invoquer devant la Cour de cassation le défaut de pouvoir du curateur qui a exercé seul l'action civile au nom de la victime alors qu'il n'a pas soulevé ce moyen devant la cour d'appel. • Crim. 1er juin 1994, n° 87-80.278 P.

168. Accusé ou prévenu soumis à une procédure collective. L'art. 211 de la loi du 25 janv. 1985 relative au redressement et à la liquidation judiciaires des entreprises n'interdit pas aux créanciers de se constituer parties civiles en raison d'un préjudice particulier distinct du montant de leur créance et résultant directement de l'infraction, et, le principe de l'égalité des créanciers ne s'oppose pas à leur action individuelle contre les complices du banqueroutier qui ne font pas eux-mêmes l'objet d'une procédure collective et dont le patrimoine n'est pas en conséquence le gage de l'ensemble des créanciers. • Crim. 11 oct. 1993, n° 92-81.260 P : *Rev. sociétés 1994. 303, obs. Bouloc ; RPC 1994. 282, obs. Devèze et Mascala.*

169. Retrait de la provision d'un chèque. Il se déduit des art. L. 163-9 C. mon. fin., et 2 et 3, que l'action civile en remboursement de la créance que la remise du chèque était destinée à éteindre, ne peut être dirigée que contre le débiteur lui-même. Ainsi, la gérante, auteur du délit mais non débitrice de l'obligation en cause, ne peut être condamnée au paiement du montant du chèque émis. • Crim. 22 sept. 2015, n° 14-83.787 P : *D. actu. 20 oct. 2015, obs. Deker.* ♦ Dans le même sens : • Crim. 18 déc. 2019, n° 18-85.535 P : *D. actu. 14 févr. 2020, obs. Priou-Alibert.*

b. Situation des héritiers de l'accusé ou du prévenu

170. Conséquences du décès de l'accusé ou du prévenu sur l'action civile. S'il éteint de plein droit l'action publique, le décès du prévenu, survenu au cours du délibéré de la cour d'appel, demeure sans effets sur les dispositions civiles de l'arrêt, rendu après débats contradictoires. Doit, en conséquence, être rejeté le pourvoi des héritiers qui se bornent à reprocher à la cour d'appel d'avoir statué sur l'action civile à l'égard de leur auteur, décédé avant le prononcé de l'arrêt, sans ordonner la reprise des débats pour leur permettre de défendre à l'action. • Crim. 22 mai 1995, n° 94-83.157 P. ♦ La juridiction répressive reste compétente pour prononcer sur l'action civile après le décès de la personne poursuivie, à condition qu'une décision sur le fond concernant l'action publique ait été rendue au moment du décès. • Crim. 15 sept. 2009, n° 08-86.830 P : *AJ pénal 2009. 499, obs. Royer*.

171. Au cas de décès du prévenu en cours d'instance en cassation, la Cour de cassation reste compétente pour statuer sur les intérêts civils. Doivent de ce fait être examinés tant les moyens de cassation qui portent sur l'action civile que ceux qui portent sur l'action publique, celle-ci servant de fondement à celle-là. • Crim. 13 mars 1995, n° 93-84.299 P.

2° CAS PARTICULIER DES AGENTS PUBLICS

172. Compétence exceptionnelle des juridictions judiciaires. La juridiction judiciaire est compétente pour statuer sur la réparation des conséquences dommageables de la faute commise par un agent public et revêtant le caractère d'une faute personnelle, détachable de la fonction. Encourt dès lors la cassation l'arrêt par lequel une cour d'appel se déclare incompétente pour statuer sur la responsabilité civile d'un médecin attaché à un service public hospitalier, définitivement condamné pour non-assistance à personnes en péril, alors que la faute commise par celui-ci révélait un manquement volontaire et inexcusable à des obligations d'ordre professionnel et déontologique. • Crim. 2 avr. 1992, n° 90-87.579 P : *JCP 1993. II. 22105, note Vallar ; RSC 1993. 326, obs. Levasseur*. ♦ Ne justifie pas sa décision la cour d'appel qui condamne un médecin attaché à un service public hospitalier à réparer personnellement les conséquences dommageables du délit d'homicide involontaire dont il a été déclaré coupable, alors que les constatations de l'arrêt ne permettent pas de considérer que les fautes commises soient détachables du service. • Crim. 27 nov. 1984, n° 83-94.889 P • 15 févr. 2000, n° 99-81.685 P • 13 févr. 2007, n° 06-82.264 P : *RPDP 2007. 385, obs. Ambroise-Castérot, AJ pénal 2007. 227, obs. Roussel* • 30 nov. 2010 : *RPDP 2011. 149, obs. Ambroise-Castérot* (médecin régulateur du SAMU). ♦ La Cour rappelle que l'agent d'un service public n'est personnellement responsable, devant les juridictions répressives, des conséquences dommageables de l'acte délictueux qu'il commet que si celui-ci constitue une faute détachable de ses fonctions, peu importe qu'il s'agisse d'une personne employée par une association de droit privé intervenant en qualité d'agent dans un centre de réception et de régulation des appels médicaux du SAMU. • Crim. 30 nov. 2010, n° 10-80.447 P : *D. actu. 19 janv. 2011, obs. Fleuriot*. ♦ De même, ne justifie pas sa décision la cour d'appel qui condamne un maire ayant agi dans l'exercice de ses fonctions à réparer personnellement les conséquences dommageables de la faute qu'il a commise sur le fondement du délit de complicité de diffamation, sans rechercher si celle-ci présentait le caractère d'une faute personnelle détachable du service. Il n'importe que le prévenu n'ait pas opposé, devant les juges du fond, l'exception dont il pouvait se prévaloir, l'incompétence des juridictions étant en pareil cas d'ordre public. • Crim. 20 juin 2006, n° 05-87.415 P : *AJ pénal 2006. 409, obs. Royer ; AJDA 2006. 1807* • Crim. 15 mars 2016, n° 14-87.237 P : *D. actu. 30 mars 2016, obs. de Monteclerc*. ♦ Méconnaît ce principe la cour d'appel qui, se reconnaissant compétente pour statuer sur la responsabilité civile du prévenu, maire ayant agi dans l'exercice de ses fonctions, a omis de rechercher, même d'office, si la faute imputée à celui-ci présentait le caractère d'une faute détachable du service. • Crim. 17 oct. 2007, n° 06-87.566 P : *AJ pénal 2007. 534*.

173. Estime à bon droit que, s'agissant de fautes de service, elle n'est pas compétente pour se prononcer sur les demandes formulées la cour d'appel devant laquelle, pour obtenir réparation du dommage causé par une infraction, des parties civiles invoquent les dispositions de l'art. 14 de la loi du 21 juill. 1982 qui permettent de porter devant la juridiction pénale devenue compétente l'action civile ayant donné lieu à une décision, définitive ou non, du tribunal permanent des forces armées. En effet, en subordonnant expressément à l'observation des « règles de compétence et de procédure applicables » le transfert qu'il opère, ce texte n'a pas dérogé au principe selon lequel les conséquences dommageables d'une faute non détachable de la fonction ne peuvent être appréciées par une juridiction de l'ordre judiciaire dès lors que, la responsabilité de l'État se trouvant substituée à celle de l'auteur de cette faute, seuls les tribunaux administratifs sont compétents pour se prononcer sur l'indemnisation du préjudice résultant de celle-ci. • Crim. 3 févr. 1987, n° 85-91.598 P • 29 nov. 1988, n° 86-96.056 P. ♦ Constituent des fautes détachables du service les fautes personnelles commises par un militaire, dans l'enceinte militaire, hors le cadre de la mission de service qui lui est confiée. Le Tribunal aux armées est compétent pour statuer sur les intérêts civils, lorsqu'il constate, comme en l'espèce, que l'homicide involontaire, dont a été déclaré entièrement responsable le prévenu, est le résultat d'une grave faute d'imprudence détachable du service. • Crim. 1er févr. 1989, n° 88-85.618 P.

174. Il résulte de la loi des 16 et 24 août 1790 et du décret du 16 fructidor an III que, sauf disposition contraire, les tribunaux judiciaires ne sont pas compétents pour réparer les conséquences dommageables d'une faute engageant la responsabilité d'une personne morale de droit public à l'occasion de la gestion d'un service public administratif. • Crim. 24 oct. 2017, n° 16-85.975 P : *D. actu. 22 nov. 2017, obs. Priou-Alibert*.

175. Les juridictions pénales sont compétentes pour apprécier, ensuite de sa condamnation pénale, la responsabilité de l'agent d'un service public à raison des fautes personnelles détachables de la fonction, lorsque l'administration exerce, aux fins de réparation, les droits de la partie civile prévus par les art. 2 et 3. • Crim. 4 déc. 1996, n° 96-80.736 P.

176. Responsabilité exceptionnelle de l'administration devant les tribunaux répressifs. Si l'action indemnitaire contre l'État substitué aux membres de l'enseignement public, doit être, selon l'art. 2 de la loi du 5 avr. 1937 [devenu C. éduc., art. L. 911-4], portée, à titre principal, devant les juridictions civiles de droit commun, ce même texte n'exclut pas qu'elle le soit devant les juridictions pénales ordinaires, telle la cour d'assises, accessoirement à l'action publique ainsi que le prévoit l'art. 3. • Crim. 30 nov. 1984, n° 94-80.336 P. ♦ L'action civile, en réparation d'un dommage causé à un élève pour délit commis par un instituteur, est recevable contre l'État, dont la responsabilité est substituée à celle des membres de l'enseignement public par l'art. 2 de la loi du 5 avr. 1937 [devenu C. éduc., art. L. 911-4]. • Cass., ch. mixte, 23 avr. 1976, n° 74-90.569 P : *D. 1977. 21, note Martin ; Gaz. Pal. 1976. 2. 638 ; RTD civ. 1976. 553, obs. Durry.* ♦ Pour obtenir réparation du préjudice que lui a causé, volontairement ou non, un instituteur, un élève ne peut jamais mettre en cause, devant les tribunaux judiciaires, la responsabilité d'un membre de l'enseignement public, à laquelle est substituée celle de l'État, par application de l'art. 2 de la loi du 5 avr. 1937 [devenu C. éduc., art. L. 911-4]. • Crim. 31 janv. 1995, n° 93-85.711 P • 20 sept. 2006, n° 05-87.229 P : *D. 2007. 187, note Ambroise-Castérot ; ibid. 2007. Pan. 973, obs. Pradel ; AJ pénal 2006. 503, obs. Roussel ; AJDA 2007. 106 ; RSC 2007. 116 et 117, note Giudicelli ; RPDP 2006. 858, obs. Maistre du Chambon.*

B. SITUATION DU CIVILEMENT RESPONSABLE

177. *Personnes civilement responsables.* Les dispositions de l'art. 1384, al. 5, C. civ. [devenu art. 1242, al. 5] ne s'appliquent pas au commettant en cas de dommage causé par le préposé qui, agissant sans autorisation à des fins étrangères à ses attributions, s'est placé hors des fonctions auxquelles il était employé. • Cass., ass. plén., 17 juin 1983 : *Bull. Ass. plén. n° 8 ; D. 1984. 134, note Denis ; JCP 1983. II. 20120, note Chabas ; RTD civ. 1983. 749, obs. Durry* • 15 nov. 1985 : *D. 1986. IR 117, obs. Pradel* • 19 mai 1988 : *D. 1988. 513, note Larroumet ; RTD civ. 1989. 89, obs. Jourdain* • Crim. 23 juin 1988 (6 arrêts) : *D. 1988. IR 243.* ♦ La responsabilité civile résultant de l'art. 1384, al. 6 et 8, C. civ. [devenus art. 1242, al. 6 et 8] n'existe à l'égard des instituteurs que dans la mesure où une faute d'imprudence ou de négligence, nécessairement distincte de celles reprochées aux mineurs délinquants, peut être prouvée contre eux conformément au droit commun. • Crim. 12 nov. 1997, n° 92-83.250 P. ♦ La condamnation civile du père de l'auteur mineur d'une infraction pénale est exclue dès lors que la résidence habituelle de celui-ci a été judiciairement fixée chez la mère, alors même que l'exercice de l'autorité parentale était demeuré conjoint. • Crim. 29 avr. 2014 : *Procédures 2014. 179, obs. Chavent-Leclère.*

III. RÉPARATION DU PRÉJUDICE

178. *Réparation intégrale.* Le dommage subi par une partie civile du fait de l'infraction doit être réparé dans son intégralité et pas seulement pour le principe. Doit être cassée la décision qui, après avoir constaté l'existence d'un tel dommage, s'abstient d'en déterminer l'importance réelle et alloue à la victime une somme forfaitaire d'un certain montant en se retranchant derrière une « jurisprudence bien établie ». • Crim. 10 févr. 2009, n° 08-85.167 P : *D. 2010. 67, note Forgues ; AJ pénal 2009. 235*

179. Il appartient aux juridictions du fond de réparer, dans les limites des conclusions des parties, les préjudices dont elles reconnaissent le principe ; viole ainsi les art. 2 et 3 et 1382 C. civ. [devenu art. 1240] la cour d'appel qui refuse de réparer le préjudice en se fondant sur le caractère hypothétique du mode de calcul proposé par la partie civile pour en évaluer le montant, alors que l'affirmation de l'existence d'un tel préjudice résultait de la déclaration de culpabilité de la prévenue et qu'il lui appartenait, dans l'exercice de son pouvoir souverain d'appréciation, d'en rechercher l'étendue pour le réparer dans son intégralité. • Crim. 10 déc. 2013, n° 13-80.954 P : *D. actu. 31 janv. 2014, obs. Priou-Alibert.*

180. Si la réparation du dommage résultant d'une infraction pénale ne doit procurer aucun enrichissement à celui qui en est la victime, cette réparation ne peut davantage lui causer une perte et doit être intégrale. Méconnaît ce principe la cour d'appel qui, appelée à statuer sur les conséquences dommageables du délit de dégradations mobilières et immobilières par l'effet d'un incendie, limite la valeur de remplacement de certains des biens endommagés en leur appliquant un coefficient de vétusté. • Crim. 24 févr. 2009, n° 08-83.956 P : *D. 2009. 1021 ; AJ pénal 2009. 317, obs. Roussel .*

181. La circonstance que le conjoint ou le concubin survivant de la victime d'un accident ait reconstitué un foyer avec une tierce personne n'est pas de nature à dispenser le tiers responsable de réparer entièrement le préjudice qu'il a causé, dès lors que cette circonstance n'est pas la conséquence nécessaire du fait dommageable. • Crim. 29 juin 2010, n° 09-82.462 P : *D. 2010. Actu. 1999 .*

182. Le droit au remboursement des frais de remise en état d'une chose endommagée a pour limite sa valeur de remplacement. Méconnaît ce principe la cour d'appel qui alloue des dommages-intérêts d'un montant supérieur à la valeur du véhicule endommagé au motif que la victime a droit à la remise en état de sa voiture. • Crim. 22 sept. 2009, n° 08-88.181 P : *D. 2009. AJ 2551 ; AJ pénal 2009. 507, obs. Roussel .*

183. Cassation de l'arrêt qui, après avoir déclaré le prévenu coupable de vols de divers biens, omet de statuer sur les demandes indemnitaires de la partie civile portant sur les biens dont la victime avait été privée, en se bornant à confirmer le jugement qui ne se prononçait pas sur lesdites demandes. • Crim. 3 nov. 2009, ♖ n° 08-88.438 P : *D. 2009. AJ 2866* ✎ ; *ibid. 2010. Pan. 2254, note Pradel* ✎ ; *Dr. pénal 2010, n° 2, obs. Véron.*

184. Les juges qui ordonnent la publication de leur décision à titre de réparation civile doivent en fixer le coût. • Crim. 28 janv. 2009 : ♖ *Dr. pénal 2009, n° 82, obs. Robert.* ♦ La réparation du dommage causé par une infraction doit être intégrale, sans qu'il en résulte pour la victime ni perte ni profit. Les juges qui ordonnent la publication d'une décision de condamnation, à la demande de la victime d'une diffamation, sont tenus de préciser le coût maximum de l'insertion • Crim. 11 avr. 2012, ♖ n° 11-83.007 P : *D. 2012. Actu. 1129* ✎.

185. Le complément de traitement dénommé indemnité de sujétions spéciales alloué aux fonctionnaires de police actifs compense de manière forfaitaire les risques que ceux-ci encourent dans l'exercice de leurs fonctions, c'est-à-dire la particulière pénibilité de leurs conditions de travail, et non pas les conséquences réelles de ces risques lorsqu'ils se réalisent par la faute d'un tiers, dont la réparation doit donc être ordonnée par le juge pénal. • Crim. 14 janv. 2020, ♖ n° 19-82.145 P : *D. actu. 13 févr. 2020, obs. Priou-Alibert.*

186. Les dispositions relatives aux impôts sur le revenu sont sans incidence sur les obligations du responsable d'un dommage corporel et sur le droit à réparation de la victime, les juges ne pouvant donc évaluer les pertes de gains professionnels de la victime en se fondant sur son salaire après impôts. • Crim. 17 mars 2020, ♖ n° 19-81.332 P : *D. actu. 18 mai 2020, obs. Priou-Alibert.*

187. Préjudice de l'État. Si les juges répressifs, saisis de poursuites des chefs de fraude fiscale et blanchiment, peuvent indemniser l'État du dommage résultant du blanchiment, ils n'ont pas compétence pour réparer le préjudice subi par le Trésor public du fait du délit fiscal, qui est indemnisé par les majorations fiscales et les intérêts de retard. • Crim. 29 janv. 2020, ♖ n° 17-83.577 P. ♦ ... Mais l'action en réparation du dommage résultant du délit d'escroquerie est distincte de l'action en recouvrement de la taxe fraudée et la demande de réparation de l'État, correspondant à la totalité de la TVA que se sont frauduleusement abstenus de collecter les prévenus lors de la revente de véhicules importés, doit être accueillie. • Crim. 16 juin 2021, ♖ n° 19-86.630 P : *D. actu. 28 juin 2021, obs. Priou-Alibert.*

188. Abus de bien sociaux et salaires exorbitants. Doit être cassé l'arrêt qui, après avoir déclaré le prévenu, en sa qualité de gérant de fait, coupable d'abus de biens sociaux au préjudice de la société, notamment pour avoir perçu, en sa qualité de directeur administratif et financier, des salaires exorbitants au regard des possibilités financières de l'entreprise, l'a condamné à payer au mandataire liquidateur de cette société, partie civile, la somme correspondant à l'intégralité des salaires perçus, alors que le préjudice subi ne pouvait être supérieur à l'excès de rémunération versée. • Crim. 7 déc. 2016, ♖ n° 15-86.731 P : *D. actu. 17 janv. 2017, obs. Priou-Alibert ; Gaz. Pal. 4 oct. 2016, p. 61, note Fourment.*

189. Autorité de la chose jugée au pénal sur le civil. En application du principe de l'autorité, au civil, de la chose jugée au pénal, si la responsabilité du prévenu reconnu coupable des faits reprochés est acquise, l'évaluation du préjudice en résultant reste en discussion dans la limite des faits constatés qui constituent le soutien nécessaire de la condamnation pénale ; il appartient dès lors à la cour d'appel d'apprécier elle-même le montant du dommage. • Crim. 1er juin 2016, ♖ n° 15-80.721 P : *D. actu. 20 juin 2016, obs. Priou-Alibert* • Crim. 5 déc. 2017, ♖ n° 17-80.688 P : *D. actu. 3 janv. 2018, obs. Morgante ; RSC 2018. 125, note Parizot* ✎.

190. Moment de l'évaluation. L'évaluation du préjudice causé par une infraction, lequel doit être réparé intégralement, doit être déterminée par le juge au moment où il rend sa décision, sauf circonstances propres à la cause. Encourt dès lors la cassation l'arrêt qui évalue le préjudice de la victime d'un vol à la date de l'infraction sans justifier la raison pour laquelle la prise en compte de la valeur, à cette date, de la marchandise volée était nécessaire pour que la réparation soit intégrale. • Crim. 1er mars 2011, ♖ n° 10-85.965 P. ♦ Si le droit pour la victime d'obtenir réparation du préjudice subi existe dès que le dommage a été causé, l'évaluation de ce préjudice doit être faite par le juge à la date où il se prononce (décès de la victime en cours d'instance d'appel et évaluation de l'indemnisation de son préjudice fonctionnel permanent). • Crim. 13 nov. 2013, ♖ n° 12-84.838 P : *D. actu. 4 déc. 2013, obs. Priou-Alibert.* ♦ Encourt la cassation l'arrêt qui, pour accorder aux ayants droit d'une personne décédée en cours d'instance, une somme au titre d'un déficit fonctionnel permanent, énonce que le jugement, constitutif de droits, a fait entrer cette indemnité dans le patrimoine de la victime, avant de tomber dans celui de ses héritiers, dès lors que, si le droit pour la victime d'obtenir réparation du préjudice subi existe dès que le dommage a été causé, l'évaluation de ce préjudice doit être faite par le juge à la date où il se prononce. • Crim. 13 nov. 2013 : ♖ *préc.*

191. Le préjudice économique subi par les ayants droit d'une victime du fait du décès de celle-ci doit être évalué au jour de la décision qui le fixe en tenant compte de tous les éléments connus à cette date. • Crim. 8 mars 2011, ♖ n° 10-81.741 P.

192. Existence d'une procédure spécifique. Il résulte des art. 2 et 3 que l'action civile en réparation du dommage causé par une infraction ne peut être exercée devant la juridiction pénale en même temps que l'action publique que pour les chefs de dommages découlant des faits qui sont l'objet de la poursuite. Doit être cassé l'arrêt qui, dans une poursuite exercée du chef de travail dissimulé par dissimulation de salariés, alloue à la partie civile l'indemnité forfaitaire prévue par l'art. L. 8223-1 C. trav., en cas de rupture du contrat de travail de salariés employés dans les conditions prévues à l'art. 8221-5 dudit code, alors que l'indemnité en cause, dont l'allocation relève de la compétence exclusive du conseil de prud'hommes, ne pouvait constituer, au sens des art. 2 et 3 précités, la réparation du préjudice causé par l'infraction déclarée établie. • Crim. 30 oct. 2012 : *préc. note 2.*

193. Encourt la censure l'arrêt qui, pour déclarer irrecevable la constitution de partie civile de l'URSSAF contre les auteurs d'une infraction de travail dissimulé, retient qu'en calculant le montant de son préjudice sur la base du montant des cotisations éludées, l'URSSAF demande en réalité à la juridiction correctionnelle la condamnation des prévenus au paiement des cotisations éludées dont l'action en recouvrement obéit à des règles spécifiques prévues par le CSS, alors que l'organisme social justifiait d'un préjudice résultant du défaut de paiement desdites cotisations. • Crim. 13 mai 2014, n° 13-81.240 P.

194. L'action en responsabilité du transporteur aérien et de ses préposés échappe à la compétence matérielle des juridictions répressives en application de l'art. L. 6421-3 C. transp. • Crim. 8 sept. 2020, n° 18-82.150 P. ♦ Une promenade aérienne, fût-elle effectuée par un particulier, à titre gratuit, avec un point de départ et d'arrivée identique, constitue un transport aérien soumis à la Convention de Varsovie du 12 oct. 1929 et l'action en réparation d'un tel accident aérien échappe à la compétence matérielle des juridictions répressives. • Crim. 10 sept. 2019, n° 18-83.858 P.

Code de la sécurité sociale

Art. L. 451-1 *(L. n° 94-43 du 18 janv. 1994, art. 69-I)* Sous réserve des dispositions prévues aux articles L. 452-1 à L. 452-5, L. 454-1, L. 455-1, L. 455-1-1 et L. 455-2 aucune action en réparation des accidents et maladies mentionnés par le présent livre ne peut être exercée conformément au droit commun, par la victime ou ses ayants droit.

Art. 2-1 *(L. n° 85-10 du 3 janv. 1985, art. 99)* **Toute association régulièrement déclarée depuis au moins cinq ans à la date des faits, se proposant par ses statuts de combattre le racisme** *(L. n° 87-588 du 30 juill. 1987)* **« ou d'assister les victimes de discrimination fondée sur leur origine nationale, ethnique, raciale ou religieuse », peut exercer les droits reconnus à la partie civile en ce qui concerne, d'une part,** *(L. n° 92-1336 du 16 déc. 1992)* **« les discriminations réprimées par les articles 225-2 et 432-7 du code pénal »** *(L. n° 2004-204 du 9 mars 2004, art. 43)* **« et l'établissement ou la conservation de fichiers réprimés par l'article 226-19 du même code », d'autre part,** *(L. n° 92-1336 du 16 déc. 1992)* **« les atteintes volontaires à la vie et à l'intégrité de la personne »** *(L. n° 2004-204 du 9 mars 2004, art. 42)* **« , les menaces, les vols, les extorsions et les destructions, dégradations et détériorations qui ont été commis » au préjudice d'une personne à raison de son origine nationale, de son appartenance ou de sa non-appartenance, vraie ou supposée, à une ethnie, une race ou une religion déterminée.** — *C. trav., art. L. 341-6-3.*

(L. n° 2004-204 du 9 mars 2004, art. 42) **« Toutefois, lorsque l'infraction aura été commise envers une personne considérée individuellement, l'association ne sera recevable dans son action que si elle justifie avoir reçu l'accord de la personne intéressée ou, si celle-ci est mineure, l'accord du titulaire de l'autorité parentale ou du représentant légal, lorsque cet accord peut être recueilli. »**

(L. n° 2016-1547 du 18 nov. 2016, art. 43) **« Toute fondation reconnue d'utilité publique peut exercer les droits reconnus à la partie civile dans les mêmes conditions et sous les mêmes réserves que l'association mentionnée au présent article. »**

(L. n° 2017-86 du 27 janv. 2017, art. 206) **« En cas d'atteinte volontaire à la vie, si la victime est décédée, l'association doit justifier avoir reçu l'accord de ses ayant-droits** *[ayants droit]*. **»**

V., spécialement, sur la discrimination raciale par la voie de la presse ou par tout autre moyen de publication, L. 29 juill. 1881, art. 48-1. — ***C. pén.***

RÉP. PÉN. v° *Discriminations,* par DANTI-JUAN.

BIBL. ▶ BORÉ, *RSC 1997. 751* . – LAPÉROU-SCHENEIDER, *Dr. pénal 2016. Étude 13* (cohérence de l'exercice par les associations des droits reconnus à la partie civile). – LIENHARD et SZWARC, *Cah. just. 2021. 253* (le parcours des parties civiles). – VOLFF, *Procédures 2005. Chron. 1* (privatisation de l'action publique).

1. *Constitution de partie civile d'associations de lutte contre le racisme.* L'exercice de l'action civile devant les tribunaux de répression est un droit exceptionnel qui, en raison de sa nature, doit être strictement renfermé dans les limites fixées par le code de procédure pénale. Si, aux termes de l'art. 2-1 modifié par la loi du 1er juill. 1972, les associations constituées sous le régime de la loi du 1er juill. 1901 et se proposant par leurs statuts de combattre le racisme peuvent, sous certaines conditions et à l'égard de certaines infractions, exercer les droits reconnus à la partie civile, une telle action n'est recevable que dans les cas limitativement prévus par le texte. • Crim. 22 déc. 1975, n° 74-92.080 P • 16 févr. 1983, n° 81-92.296 P. ♦ Encourt la cassation l'arrêt de la chambre d'accusation qui a déclaré irrecevable la plainte avec constitution de partie civile pour infractions aux art. 187-1 et 416 C. pén. d'une association, régulièrement déclarée, se proposant de combattre le racisme, au motif qu'elle n'a pas allégué avoir personnellement souffert d'un préjudice en relation avec ladite infraction. En effet, une telle association agissant conformément aux dispositions de l'art. 2-1 tient, sans autre condition, le pouvoir d'exercer les droits reconnus à la partie civile. • Crim. 1er déc. 1981, n° 80-92.810 P.

2. La constitution de partie civile d'associations de lutte contre le racisme n'est recevable que si les infractions énumérées à l'art. 2-1 ont été commises à raison de considérations raciales. • Crim. 3 mai 1995, n° 95-80.725 P.

3. *Accord de la personne intéressée.* Le droit de consentir à la constitution de partie civile de l'association appartient à la seule victime et s'éteint par son décès. • Crim. 25 sept. 2007, n° 05-88.324 P : *D. 2007. AJ 2671* ; *ibid. 2008. Pan. 115, obs. Ménotti* ; *AJ pénal 2008. 83, note Saas* ; *RSC 2008. 108, obs. Giudicelli* ; *Dr. pénal 2007. Comm. 145, obs. Maron* ; *ibid. 2009. Chron. 1, obs. Guérin.* ♦ Lorsque l'infraction de discrimination raciale a été commise envers une personne considérée individuellement, l'accord de celle-ci est nécessaire pour rendre recevable la constitution de partie civile de l'association, tant par voie d'action que par voie d'exception. Fait l'exacte application de l'art. 2-1 la cour d'appel qui, pour déclarer irrecevable la constitution de partie civile par voie d'intervention de l'association SOS racisme dans l'information ouverte par le procureur de la République du chef de discrimination raciale envers sept personnes nommément désignées, retient que cette constitution a été faite sans l'accord préalable des personnes intéressées. • Crim. 25 nov. 2008, n° 07-88.006 P : *Dr. pénal 2009, n° 27, obs. Maron et Haas.*

4. *Presse.* Avec le ministère public, seules certaines associations se proposant par leurs statuts de combattre le racisme ou d'assister les victimes de discrimination fondée sur leur origine nationale, ethnique, raciale ou religieuse peuvent mettre en mouvement l'action publique en cas de délit prévu par l'art. 24 L. 29 juill. 1881 ; la mission de combattre le racisme ou d'assister les victimes de discrimination n'étant pas une mission confiée à l'association plaignante qui est en charge de la défense de l'intérêt des familles, sa constitution de partie civile fondée sur ce délit est irrecevable. • Crim. 17 déc. 2002, n° 01-85.650 P : *D. 2003. IR 865* . ♦ En matière de presse, l'acte initial de poursuite fixe irrévocablement la nature, l'étendue et l'objet de celle-ci. Il s'en déduit qu'aucune association agissant sur le fondement des art. 48-1 s. de la loi du 29 juill. 1881 ne saurait être admise à intervenir comme partie civile dans la procédure déjà engagée par une autre. • Crim. 10 mai 2006, n° 05-81.403 P : *D. 2006. IR 1705* ; *D. 2007. Pan. 1038, note Dupeux et Massis* .

Art. 2-2 *(L. n° 2004-1 du 2 janv. 2004, art. 14)* **Toute association régulièrement déclarée depuis au moins cinq ans à la date des faits, dont l'objet statutaire comporte la lutte contre les violences sexuelles** *(L. n° 2012-954 du 6 août 2012, art. 5)* **« , contre le harcèlement sexuel » ou contre les violences exercées sur un membre de la famille, peut exercer les droits reconnus à la partie civile, en ce qui concerne les atteintes volontaires à la vie et à l'intégrité de la personne, les agressions et autres atteintes sexuelles, l'enlèvement et la séquestration et la violation de domicile réprimés par les articles 221-1 à 221-4, 222-1 à 222-18, 222-23 à 222-33, 224-1 à 224-5, 226-4 et 432-8 du code pénal lorsque la victime de ces infractions était majeure à la date des faits. Toutefois, l'association ne sera recevable dans son action que si elle justifie avoir reçu l'accord de la victime. Si celle-ci est un majeur en tutelle, l'accord doit être donné par son représentant légal.**

(L. n° 2016-1547 du 18 nov. 2016, art. 43) **« Toute fondation reconnue d'utilité publique peut exercer les droits reconnus à la partie civile dans les mêmes conditions et sous les mêmes réserves que l'association mentionnée au présent article. »**

(L. nº 2017-86 du 27 janv. 2017, art. 206) **« En cas d'atteinte volontaire à la vie, si la victime est décédée, l'association doit justifier avoir reçu l'accord de ses ayant-droits** *[ayants droit]*. **»**

RÉP. PÉN. vº *Viol*, par DARSONVILLE.

1. Associations de lutte contre les violences sexuelles. Il résulte des dispositions de l'art. 2-2 que ce n'est qu'en ce qui concerne les infractions prévues par les art. 332, 333 et 333-1 C. pén. que les associations régulièrement déclarées depuis au moins cinq ans, dont l'objet statutaire comporte la lutte contre les violences sexuelles, peuvent exercer les droits reconnus à la partie civile. • Crim. 11 mars 1987, nº 83-94.993 P : *RSC 1987. 911, obs. Braunschweig.* ♦ Toute association qui se propose d'agir à l'occasion de poursuites pour viol tient, sans autres conditions, de l'art. 2-2, le pouvoir d'exercer les droits reconnus à la partie civile en ce qui concerne les infractions prévues par les art. 332, 333 et 333-1 C. pén. (...). Il appartient à la Cour de cassation de se reporter aux statuts des associations pour s'assurer que ceux-ci répondent aux exigences de l'art. 2-2, et de contrôler à cet égard les appréciations des juges du fond. • Crim. 23 mars 1982, nº 82-90.318 P : *D. 1983. IR 73, obs. Roujou de Boubée.* ♦ L'exception d'irrecevabilité de la constitution de partie civile d'une association (défaut de justificatif de l'accord des victimes) soulevée pour la première fois devant la Cour de cassation est irrecevable car elle constitue un moyen nouveau mélangé de droit et de fait. • Crim. 15 juin 2000, nº 99-84.171 P.

2. Pour un exemple d'application de la condition d'ancienneté de cinq ans exigée par l'art. 2-3 pour l'Association contre la prostitution enfantine, V. • Crim. 27 févr. 2001, nº 00-81.718.

Art. 2-3 *(L. nº 2004-1 du 2 janv. 2004, art. 15)* **Toute association régulièrement déclarée depuis au moins cinq ans à la date des faits et dont l'objet statutaire comporte la défense ou l'assistance de l'enfant en danger et victime de toutes formes de maltraitance peut exercer les droits reconnus à la partie civile en ce qui concerne les atteintes volontaires à la vie et à l'intégrité, les agressions et autres atteintes sexuelles commises sur la personne d'un mineur** *(Abrogé par L. nº 2013-711 du 5 août 2013, art. 6) (L. nº 2010-121 du 8 févr. 2010, art. 5)* **«** ***, y compris incestueuses,*** **» et les infractions de mise en péril des mineurs réprimées par les articles 221-1 à 221-5, 222-1 à 222-18-1, 222-23 à 222-33-1, 223-1 à 223-10, 223-13, 224-1 à 224-5, 225-7 à 225-9, 225-12-1 à 225-12-4, 227-1, 227-2, 227-15 à 227-27-1 du code pénal, lorsque l'action publique a été mise en mouvement par le ministère public ou la partie lésée.**

Toute association, inscrite auprès du ministère de la justice dans des conditions fixées par décret en Conseil d'État, est recevable dans son action même si l'action publique n'a pas été mise en mouvement par le ministère public ou la partie lésée en ce qui concerne l'infraction mentionnée à l'article 227-23 du code pénal. Il en est de même lorsqu'il est fait application des dispositions du second alinéa de l'article 222-22 et de l'article 227-27-1 dudit code. – *Dispositions applicables en Nouvelle-Calédonie, en Polynésie française et dans les îles Wallis-et-Futuna.*

(L. nº 2016-1547 du 18 nov. 2016, art. 43) **« Toute fondation reconnue d'utilité publique peut exercer les droits reconnus à la partie civile dans les mêmes conditions et sous les mêmes réserves que l'association mentionnée au présent article. »**

BIBL. ▶ CHOISEL, *D. 2021. 1821* (la protection des mineurs contre la pornographie en ligne). – PRADEL, *D. 1981. Chron. 101.*

1. Pour un exemple d'application de la condition d'ancienneté de cinq ans exigée par l'art. 2-3, V. • Crim. 27 févr. 2001, nº 00-81.718.

2. Une association de protection des droits de l'enfant ne peut se constituer partie civile pour des faits de tentative d'assassinat sur un mineur, en dehors de tout contexte de maltraitance. • Crim. 4 déc. 2018, nº 18-31.364 : *D. actu. 20 déc. 2018, obs. Recotillet ; AJ pénal 2019. 95, obs. Gallardo ; Procédures 2019, nº 54, note Buisson.*

Art. 2-4 *(L. nº 83-466 du 10 juin 1983)* **Toute association régulièrement déclarée depuis au moins cinq ans qui se propose, par ses statuts, de combattre les crimes contre l'humanité ou les crimes de guerre ou de défendre les intérêts moraux et l'honneur de la Résistance ou des déportés peut exercer les droits reconnus à la partie civile en ce qui concerne les crimes de guerre et les crimes contre l'humanité.**

(L. nº 2016-1547 du 18 nov. 2016, art. 43) **« Toute fondation reconnue d'utilité publique peut exercer les droits reconnus à la partie civile dans les mêmes conditions et sous les mêmes réserves que l'association mentionnée au présent article. »**

1. Précisions jurisprudentielles. Une association qui n'a pas pour but la défense des intérêts de ses membres, qui a été spécialement créée pour conserver la mémoire des victimes de la déportation et qui a été reconnue d'utilité publique à cet effet subit un préjudice direct et personnel du fait de l'apologie des crimes de guerre, la déportation étant un de ces crimes. La recevabilité découle de la spécialité du but et de l'objet de sa mission. • Crim. 14 janv. 1971, n° 70-90.558 P : *JCP 1972. II. 17022, note Blin ; Gaz. Pal. 1971. 180, note X. ; D. 1971. 101, rapp. Chapar.*

2. Justifie sa décision la chambre de l'instruction qui déclare la constitution de partie civile de l'association irrecevable sur le fondement de l'art. 2-4 en retenant qu'il n'y a pas lieu de déduire des statuts de cette association, compte tenu de l'interprétation stricte qui doit être faite de ce texte, dérogatoire au droit commun de l'art. 2, que les crimes contre l'humanité sont inclus dans les crimes économiques que ladite association se propose de prévenir et de combattre. • Crim. 7 sept. 2021, n° 19-87.031 B : *AJ pénal 2021. 469, obs. Lasserre Capdeville.*

3. Une association qui s'est donnée pour mission de promouvoir le droit international humanitaire, ce qui implique qu'elle entend combattre les crimes de guerre, est recevable à se constituer partie civile du chef de crimes contre l'humanité, une association pouvant, selon la lettre de l'art. 2-4, 1er al., exercer les droits reconnus à la partie civile du chef de crimes de guerre et de crimes contre l'humanité dès lors qu'elle se donne pour objet de combattre les crimes de guerre ou les crimes contre l'humanité. • Crim. 7 sept. 2021 : *préc. note 2.*

4. Presse. Selon l'art. 48-2 de la L. 29 juill. 1881, pour exercer les droits reconnus à la partie civile en ce qui concerne les faits de contestation de crimes contre l'humanité et d'apologie de crimes contre l'humanité, une association doit, par ses statuts, se proposer de défendre les intérêts moraux et l'honneur de la Résistance ou des déportés. Tel n'est pas le cas d'une association dont l'objet est de lutter contre le racisme. • Crim. 28 nov. 2006, n° 06-80.340 P : *D. 2007. AJ 160 ; AJ pénal 2007. 92 ; ibid. 144 ; Dr. pénal 2007. Comm. 33, obs. Véron.*

Art. 2-5 *(L. n° 83-466 du 10 juin 1983)* **Toute association régulièrement déclarée depuis au moins cinq ans à la date des faits qui se propose, par ses statuts, de défendre les intérêts moraux et l'honneur de la Résistance ou des déportés peut exercer les droits reconnus à la partie civile en ce qui concerne soit l'apologie des crimes de guerre ou des crimes ou délits de collaboration avec l'ennemi, soit les destructions ou dégradations de monuments ou les violations de sépultures, soit les délits de diffamation ou injures, qui ont causé un préjudice direct ou indirect à la mission qu'elle remplit.**

(L. n° 2016-1547 du 18 nov. 2016, art. 43) **« Toute fondation reconnue d'utilité publique peut exercer les droits reconnus à la partie civile dans les mêmes conditions et sous les mêmes réserves que l'association mentionnée au présent article. »**

Art. 2-6 *(L. n° 85-772 du 25 juill. 1985, art. 1er-V)* **Toute association régulièrement déclarée depuis au moins cinq ans à la date des faits, se proposant par ses statuts de combattre les discriminations fondées sur le sexe** *(L. n° 2012-954 du 6 août 2012, art. 6)* **« , sur les mœurs »** *(L. n° 2017-86 du 27 janv. 2017, art. 207)* **« , sur l'orientation sexuelle ou sur l'identité de genre », peut exercer les droits reconnus à la partie civile en ce qui concerne** *(L. n° 92-1336 du 16 déc. 1992)* **« les discriminations réprimées par les articles 225-2 et 432-7 du code pénal »** *(L. n° 2012-954 du 6 août 2012, art. 6)* **« et les articles L. 1146-1 et L. 1155-2 du code du travail, lorsqu'elles sont commises en raison du sexe, de la situation de famille, des mœurs »** *(L. n° 2017-86 du 27 janv. 2017, art. 207)* **« , de l'orientation sexuelle ou de l'identité de genre » de la victime ou à la suite d'un harcèlement sexuel.**

« Toutefois, en ce qui concerne les discriminations commises à la suite d'un harcèlement sexuel, l'association n'est recevable » *(L. n° 92-1179 du 2 nov. 1992)* **« dans son action que si elle justifie avoir reçu l'accord écrit de la personne intéressée, ou, si celle-ci est mineure et après l'avis de cette dernière, celui du titulaire de l'autorité parentale ou du représentant légal. »** — *Lorsque les actions en justice sont fondées sur le dernier al. de l'art. L. 123-1 C. trav. [L. 1142-1, L. 1142-2 et L. 1144-1 nouv.] et sur l'article 6 ter de la loi n° 83-634 du 13 juill. 1983, les débats devant toute juridiction ont lieu à huis clos ou en chambre du conseil, à la demande de l'une des parties (L. n° 92-1179 du 2 nov. 1992, art. 8, mod. par L. n° 2001-397 du 9 mai 2001).*

(L. n° 2000-516 du 15 juin 2000, art. 106) **« L'association peut également exercer les droits reconnus à la partie civile en cas d'atteintes volontaires à la vie ou à l'intégrité de la personne et de destructions, dégradations et détériorations réprimées par les arti-**

cles 221-1 à 221-4, 222-1 à 222-18 *(L. nº 2022-92 du 31 janv. 2022, art. 1er)* **« , 225-4-13 » et 322-1 à 322-13 du code pénal, lorsque ces faits ont été commis en raison du sexe** *(L. nº 2022-92 du 31 janv. 2022, art. 1er)* **« , de l'orientation sexuelle, de l'identité de genre » ou des mœurs de la victime, dès lors qu'elle justifie avoir reçu l'accord de la victime ou, si celle-ci est un mineur ou un majeur protégé, celui de son représentant légal. »**

(L. nº 2016-1547 du 18 nov. 2016, art. 43) **« Toute fondation reconnue d'utilité publique peut exercer les droits reconnus à la partie civile dans les mêmes conditions et sous les mêmes réserves que l'association mentionnée au présent article. »**

(L. nº 2017-86 du 27 janv. 2017, art. 2076) **« En cas d'atteinte volontaire à la vie, si la victime est décédée, l'association doit justifier avoir reçu l'accord de ses ayant-droits** *[ayants droit]*. **»**

RÉP. PÉN. vº *Discriminations*, par DANTI-JUAN.

Irrecevabilité de la constitution de partie civile. Pour un exemple d'irrecevabilité de constitution de partie civile pour des affiches portant des messages homophobes placardées dans les rues lors d'une gay pride : • Crim. 30 janv. 2001, nº 00-81.292.

TOM : 807.

Art. 2-7 *(L. nº 87-565 du 22 juill. 1987)* **En cas de poursuites pénales pour incendie volontaire** *(Abrogé par L. nº 2021-1520 du 25 nov. 2021, art. 53)* ***« commis dans les bois, forêts, landes, maquis, garrigues, plantations ou reboisements »*, les personnes morales de droit public peuvent se constituer partie civile devant la juridiction de jugement en vue d'obtenir le remboursement, par le condamné, des frais qu'elles ont exposés pour lutter contre l'incendie.**

Les services départementaux d'incendie et de secours ne sont recevables à se constituer partie civile devant la juridiction de jugement en vue d'obtenir le remboursement des frais qu'ils ont exposés pour lutter contre un incendie que lorsque celui-ci est volontaire. • Crim. 14 janv. 2020, nº 19-80.186 P : *D. actu. 12 févr. 2020, obs. Priou-Alibert.*

Art. 2-8 *(L. nº 90-602 du 12 juill. 1990)* **Toute association régulièrement déclarée depuis au moins cinq ans à la date des faits ayant, en vertu de ses statuts, vocation à défendre ou à assister les personnes malades** *(L. nº 2015-1776 du 28 déc. 2015, art. 31)* **« , handicapées ou âgées » peut exercer les droits reconnus à la partie civile en ce qui concerne** *(L. nº 92-1336 du 16 déc. 1992)* **« les discriminations réprimées par les articles 225-2 et 432-7 du code pénal, lorsqu'elles sont commises en raison de l'état de santé** *(L. nº 2015-1776 du 28 déc. 2015, art. 31)* **« , du handicap ou de l'âge » de la victime ».** *(L. nº 2005-102 du 11 févr. 2005, art. 83)* **« En outre, lorsque l'action publique a été mise en mouvement par le ministère public ou la partie lésée, l'association pourra exercer les droits reconnus à la partie civile en ce qui concerne les atteintes volontaires à la vie, les atteintes à l'intégrité physique ou psychique, les agressions et autres atteintes sexuelles, le délaissement, l'abus de vulnérabilité, le bizutage, l'extorsion, l'escroquerie, les destructions et dégradations et la non-dénonciation de mauvais traitements, prévus par les articles 221-1 à 221-5, 222-1 à 222-18, 222-22 à 222-33-1, 223-3 et 223-4, 223-15-2, 225-16-2, 312-1 à 312-9, 313-1 à 313-3, 322-1 à 322-4 et 434-3 du code pénal lorsqu'ils sont commis en raison de l'état de santé** *(L. nº 2015-1776 du 28 déc. 2015, art. 31)* **« , du handicap ou de l'âge » de la victime. » Toutefois, l'association ne sera recevable dans son action que si elle justifie avoir reçu l'accord de la victime ou, si celle-ci est un mineur ou un majeur protégé, celui de son représentant légal.**

(L. nº 91-663 du 13 juill. 1991) **« Toute association régulièrement déclarée depuis au moins cinq ans à la date des faits ayant, en vertu de ses statuts, vocation à défendre ou à assister les personnes handicapées peut également exercer les droits reconnus à la partie civile en ce qui concerne les infractions** *(L. nº 2015-988 du 5 août 2015, art. 5)* **« aux articles »** *(Ord. nº 2020-71 du 29 janv. 2020, art. 4)* **« L. 162-1 à L. 164-3 » du code de la construction et de l'habitation, prévues et réprimées par l'article** *(Ord. nº 2020-71 du 29 janv. 2020, art. 4)* **« L. 183-4 » du même code. »**

(L. nº 2016-1547 du 18 nov. 2016, art. 43) **« Toute fondation reconnue d'utilité publique peut exercer les droits reconnus à la partie civile dans les mêmes conditions et sous les mêmes réserves que l'association mentionnée au présent article. »**

Les dispositions de l'Ord. n° 2020-71 du 29 janv. 2020 entrent en vigueur à une date fixée par décret en Conseil d'État, et au plus tard le 1er juill. 2021 (Ord. préc., art. 8).

TOM : 808.

Associations de protection des personnes malades ou handicapées. Est irrecevable la constitution de partie civile d'une association de défense des handicapés, lorsque les infractions dénoncées ne sont pas de celles prévues par l'art. 2-8 et pour lesquelles une association ayant vocation à défendre ou à assister les personnes malades ou handicapées peut exercer les droits reconnus à la partie civile ; en l'espèce, il s'agissait de poursuites pour violences aggravées et non-dénonciation de crimes suite à des interventions chirurgicales procédées sur plusieurs jeunes femmes handicapées mentales en vue de les rendre définitivement stériles. En outre, l'association concernée ne justifiait pas d'un préjudice personnel et direct. • Crim. 9 oct. 2002, n° 01-88.831.

Art. 2-9 *(L. n° 90-589 du 6 juill. 1990)* **Toute association régulièrement déclarée depuis au moins cinq ans** *(Abrogé par L. n° 2011-939 du 10 août 2011, art. 23)* **«** ***à la date des faits*** **» qui se propose, par ses statuts, d'assister les victimes d'infractions peut exercer les droits reconnus à la partie civile en ce qui concerne les infractions entrant dans le champ d'application de l'article 706-16 lorsque l'action publique a été mise en mouvement par le ministère public ou la partie lésée.**

(L. n° 2016-731 du 3 juin 2016, art. 15) **« Toute association régulièrement déclarée ayant pour objet statutaire la défense des victimes d'une infraction entrant dans le champ d'application du même article 706-16 et regroupant plusieurs de ces victimes peut, si elle a été agréée à cette fin, exercer les droits reconnus à la partie civile en ce qui concerne cette infraction lorsque l'action publique a été mise en mouvement par le ministère public ou la partie lésée. Les conditions dans lesquelles les associations mentionnées au présent alinéa peuvent être agréées, après avis du ministère public, compte tenu de leur représentativité, sont fixées par décret. »**

(L. n° 2016-1547 du 18 nov. 2016, art. 43) **« Toute fondation reconnue d'utilité publique peut exercer les droits reconnus à la partie civile dans les mêmes conditions et sous les mêmes réserves que l'association mentionnée au présent article. »**

Agrément : V. art. D. 1er.

BIBL. ▶ COUVRAT, *ALD 1990. 143.*

1. L'art. 2-9 ne subordonne pas la recevabilité de la constitution de partie civile d'une association à la nécessité d'assister une victime dans l'affaire dans laquelle l'action civile est exercée, mais seulement à l'objet statutaire de l'association, qui doit tendre à l'assistance des victimes d'infractions, et à la date de sa déclaration. Doit donc être déclarée recevable la constitution de partie civile d'une association répondant à ces conditions, la chambre de l'instruction ayant méconnu les art. 2-9 et 706-16 en considérant que n'était pas démontrée l'existence possible d'un préjudice distinct de celui résultant d'une atteinte à l'intérêt général dont la protection ne relève que du ministère public, et prenant directement sa source dans les actes caractérisant les infractions de participation à une association de malfaiteurs en vue de préparer des actes de terrorisme. • Crim. 22 avr. 2020, n° 19-81.273 : *D. actu. 23 juin 2020, obs. Diaz ; RSC 2020. 699, obs. Parizot.* ♦ Dans le même sens, précisant que la constitution de partie civile d'une association n'est permise, selon l'al. 2 de l'art. 2-9, qu'après que l'action publique a été mise en mouvement, donc uniquement par voie d'intervention : • Crim. 7 sept. 2021, n° 19-87.031 B : *AJ pénal 2021. 469, obs. Lasserre Capdeville.*

2. L'infraction de financement d'entreprise terroriste incriminée par l'art. 421-2-2 C. pén. n'est pas susceptible de provoquer directement un dommage, de sorte que les victimes que l'association requérante regroupe ne peuvent être regardées comme ayant pu subir un préjudice direct à raison des faits de financement d'entreprise terroriste, seule infraction à caractère terroriste dont le juge d'instruction était saisi, l'intéressée n'ayant par conséquent pas qualité à exercer les droits de la partie civile dans ladite information. • Crim. 7 sept. 2021, n° 19-87.036 B : *AJ pénal 2021. 469, obs. Lasserre Capdeville.*

Art. 2-10 *(L. n° 90-602 du 12 juill. 1990)* **Toute association régulièrement déclarée depuis au moins cinq ans à la date des faits ayant, en vertu de ses statuts, vocation à lutter contre l'exclusion sociale ou culturelle des personnes en état de grande pauvreté ou en raison de leur situation de famille** *(L. n° 2017-86 du 27 janv. 2017, art. 108)* **« ou contre l'habitat insalubre et l'hébergement incompatible avec la dignité humaine, » peut exercer les droits reconnus à la partie civile en ce qui concerne** *(L. n° 92-1336 du*

16 déc. 1992) « les discriminations réprimées par les articles **225-2** *(L. nº 2017-86 du 27 janv. 2017, art. 108)* « , **225-14** » et **432-7** du code pénal ». Toutefois l'association ne sera recevable dans son action que si elle justifie avoir reçu l'accord de la victime ou, si celle-ci est un mineur ou un majeur protégé, celui de son représentant légal.

(L. nº 2016-1547 du 18 nov. 2016, art. 43) « Toute fondation reconnue d'utilité publique peut exercer les droits reconnus à la partie civile dans les mêmes conditions et sous les mêmes réserves que l'association mentionnée au présent article. »

Art. 2-11 *(L. nº 91-1257 du 17 déc. 1991)* Toute association, régulièrement déclarée depuis au moins cinq ans à la date des faits et inscrite auprès de l'Office national des anciens combattants et victimes de guerre dans des conditions fixées par décret en Conseil d'État, qui se propose par ses statuts de défendre les intérêts moraux et l'honneur des anciens combattants et victimes de guerre et des morts pour la France peut exercer les droits reconnus à la partie civile en ce qui concerne les dégradations ou destructions de monuments ou les violations de sépultures, qui ont causé un préjudice direct ou indirect à la mission qu'elle remplit. — *V. Décr. nº 92-701 du 20 juill. 1992 (JO 24 juill.).*

(L. nº 2016-1547 du 18 nov. 2016, art. 43) « Toute fondation reconnue d'utilité publique peut exercer les droits reconnus à la partie civile dans les mêmes conditions et sous les mêmes réserves que l'association mentionnée au présent article. »

Sur l'action civile des associations d'anciens combattants en ce qui concerne les délits de diffamation ou d'injures, V. L. 29 juill. 1881, art. 48-3. — ***C. pén.***

Art. 2-12 *(L. nº 93-2 du 4 janv. 1993)* Toute association régulièrement déclarée depuis au moins cinq ans à la date des faits qui se propose par ses statuts de combattre la délinquance routière et de défendre ou d'assister les victimes de cette délinquance peut exercer les droits reconnus à la partie civile en ce qui concerne les délits d'homicide ou blessures involontaires commis à l'occasion de la conduite d'un véhicule automobile terrestre à moteur lorsque l'action publique a été mise en mouvement par le ministère public ou la partie lésée.

Toutefois, l'association ne sera recevable dans son action que si elle justifie avoir reçu l'accord de la victime ou, si celle-ci est mineure, celui du titulaire de l'autorité parentale ou du représentant légal. — *Pén. 221-6, 222-19.*

(L. nº 2016-1547 du 18 nov. 2016, art. 43) « Toute fondation reconnue d'utilité publique peut exercer les droits reconnus à la partie civile dans les mêmes conditions et sous les mêmes réserves que l'association mentionnée au présent article. »

Art. 2-13 *(L. nº 94-89 du 1er févr. 1994)* Toute association régulièrement déclarée depuis au moins cinq ans à la date des faits et dont l'objet statutaire est la défense et la protection des animaux peut exercer les droits reconnus à la partie civile en ce qui concerne les infractions *(L. nº 2018-938 du 30 oct. 2018, art. 67)* « prévues par le code pénal et aux articles **L. 215-11** et **L. 215-13** du code rural et de la pêche maritime » réprimant *(Ord. nº 2015-1243 du 7 oct. 2015, art. 3)* « l'abandon, » les sévices graves ou *(Ord. nº 2015-1243 du 7 oct. 2015, art. 3)* « de nature sexuelle, les » actes de cruauté et les mauvais traitements envers les animaux ainsi que les atteintes volontaires à la vie d'un animal *(Abrogé par L. nº 2018-938 du 30 oct. 2018, art. 67) « prévus par le code pénal ».* — *Pén. 521-1 s.*

(L. nº 2016-1547 du 18 nov. 2016, art. 43) « Toute fondation reconnue d'utilité publique peut exercer les droits reconnus à la partie civile dans les mêmes conditions et sous les mêmes réserves que l'association mentionnée au présent article. »

RÉP. PÉN. vº *Animaux*, par REDON.

Interprétation stricte du texte. En vertu des dispositions de l'art. 2-13, une association n'est pas recevable à se constituer partie civile pour des infractions autres que celles réprimant les sévices graves ou actes de cruauté et les mauvais traitements envers les animaux, ainsi que les atteintes volontaires à la vie d'un animal prévues par le code pénal. • Crim. 24 oct. 2000, nº 99-87.682. ♦ Une association de protection animale est ainsi irrecevable à se constituer partie civile dans une procédure suivie des chefs de mort involontaire d'un animal domestique, défaut de soins et mauvais traitements. • Crim. 22 mai 2007, nº 06-89.339 P : *AJ pénal 2007. 333* ; *Dr. pénal 2007. Comm. 113, obs. Véron.* ♦ Des faits initialement retenus sous la qualification délictuelle de mauvais traitement à animal domestique par professionnel ayant été requalifiés en contravention de défaut de soins à animal domestique, les constitutions de partie civile des associations de défense et de protection des animaux doivent être déclarées irrecevables en application de l'art. 2-13 qui, dans ce cas, ne les autorise pas à intervenir. • Crim. 30 mai 2012, nº 11-88.268 P : *D. 2012. Actu. 1824*.

Art. 2-14 *(L. nº 94-665 du 4 août 1994)* **Toute association régulièrement déclarée se proposant par ses statuts la défense de la langue française et agréée dans les conditions fixées par décret en Conseil d'État peut exercer les droits reconnus à la partie civile en ce qui concerne les infractions aux dispositions des textes pris pour l'application des articles 2, 3, 4, 6, 7 et 10 de la loi nº 94-665 du 4 août 1994 relative à l'emploi de la langue française.** — *V. cette loi, JO 5 août.*

(L. nº 2016-1547 du 18 nov. 2016, art. 43) **« Toute fondation reconnue d'utilité publique peut exercer les droits reconnus à la partie civile dans les mêmes conditions et sous les mêmes réserves que l'association mentionnée au présent article. »**

Art. 2-15 *(L. nº 95-125 du 8 févr. 1995)* **Toute association régulièrement déclarée ayant pour objet statutaire la défense des victimes d'un accident survenu dans les transports collectifs ou dans un lieu ou local ouvert au public** *(L. nº 2002-1138 du 9 sept. 2002, art. 33)* **« ou dans une propriété privée à usage d'habitation ou à usage professionnel » et regroupant plusieurs de ces victimes peut, si elle a été agréée à cette fin, exercer les droits reconnus à la partie civile en ce qui concerne cet accident lorsque l'action publique a été mise en mouvement par le ministère public ou la partie lésée.**

Les conditions dans lesquelles les associations visées au premier alinéa peuvent être agréées, après avis du ministère public, compte tenu de leur représentativité, sont fixées par décret. — *V. art. D. 1er.*

(L. nº 2004-204 du 9 mars 2004, art. 76) **« Toute fédération d'associations, régulièrement déclarée depuis au moins cinq ans à la date des faits et inscrite auprès du ministère de la justice, dans des conditions fixées par décret en Conseil d'État, dont l'objet statutaire est la défense des victimes d'accidents collectifs, peut exercer les droits reconnus à la partie civile, en ce qui concerne un accident collectif survenu dans les circonstances visées au premier alinéa, lorsque l'action publique a été mise en mouvement par le ministère public ou la partie lésée. »**

(L. nº 2011-1862 du 13 déc. 2011, art. 56) **« Les associations et fédérations d'associations prévues par le présent article peuvent demander réparation des frais exposés en lien avec l'accident et qui sont la conséquence directe ou indirecte de l'infraction pour laquelle elles ont exercé les droits reconnus à la partie civile. »**

(L. nº 2016-1547 du 18 nov. 2016, art. 43) **« Toute fondation reconnue d'utilité publique peut exercer les droits reconnus à la partie civile dans les mêmes conditions et sous les mêmes réserves que l'association mentionnée au présent article. »**

BIBL. ▶ LIENHARD, *D. 1996. Chron. 314.*

Art. 2-16 *(L. nº 96-392 du 13 mai 1996)* **Toute association régulièrement déclarée depuis au moins cinq ans à la date des faits qui se propose, par ses statuts, de lutter contre la toxicomanie ou le trafic de stupéfiants peut exercer les droits reconnus à la partie civile en ce qui concerne les infractions prévues par les articles 222-34 à 222-40 et par l'article 227-18-1 du code pénal lorsque l'action publique a été mise en mouvement par le ministère public ou la partie lésée.**

(L. nº 2016-1547 du 18 nov. 2016, art. 43) **« Toute fondation reconnue d'utilité publique peut exercer les droits reconnus à la partie civile dans les mêmes conditions et sous les mêmes réserves que l'association mentionnée au présent article. »**

Art. 2-17 *(L. nº 2001-504 du 12 juin 2001)* **Toute association reconnue d'utilité publique régulièrement déclarée depuis au moins cinq ans à la date des faits et se proposant par ses statuts de défendre et d'assister l'individu ou de défendre les droits et libertés individuels et collectifs peut, à l'occasion d'actes commis par toute personne physique ou morale dans le cadre d'un mouvement ou organisation ayant pour but ou pour effet de créer, de maintenir ou d'exploiter une sujétion psychologique ou physique, exercer les droits reconnus à la partie civile en ce qui concerne les infractions** *(L. nº 2004-800 du 6 août 2004, art. 31)* **« contre l'espèce humaine, » d'atteintes volontaires ou involontaires à la vie ou à l'intégrité physique ou psychique de la per-**

sonne, de mise en danger de la personne, d'atteinte aux libertés de la personne, d'atteinte à la dignité de la personne, d'atteinte à la personnalité, de mise en péril des mineurs ou d'atteintes aux biens prévues par les articles *(L. nº 2004-800 du 6 août 2004, art. 31)* **« 214-1 à 214-4, » 221-1 à 221-6, 222-1 à 222-40, 223-1 à 223-15, 223-15-2, 224-1 à 224-4, 225-5 à 225-15, 225-17** *(Abrogé par L. nº 2017-86 du 27 janv. 2017, art. 171)* **«** *et 225-18* **», 226-1 à 226-23, 227-1 à 227-27, 311-1 à 311-13, 312-1 à 312-12, 313-1 à 313-3, 314-1 à 314-3** *(L. nº 2004-800 du 6 août 2004, art. 31)* **« , 324-1 à 324-6 et 511-1-2 » du code pénal, les infractions d'exercice illégal de la médecine ou de la pharmacie prévues par les articles L. 4161-5 et L. 4223-1 du code de la santé publique, et les infractions de publicité mensongère, de fraudes ou de falsifications prévues par les articles L. 121-6 et L. 213-1 à L. 213-4 du code de la consommation.**

(L. nº 2016-1547 du 18 nov. 2016, art. 43) **« Toute fondation reconnue d'utilité publique peut exercer les droits reconnus à la partie civile dans les mêmes conditions et sous les mêmes réserves que l'association mentionnée au présent article. »**

Pour l'application des dispositions de la loi nº 2001-504 du 12 juin 2001 en Nouvelle-Calédonie, en Polynésie française, dans les îles Wallis-et-Futuna, à Mayotte et à Saint-Pierre-et-Miquelon, V. L. préc., art. 24.

Précisions jurisprudentielles. Si c'est à tort que les juges du second degré ont fait application des nouvelles dispositions de l'art. 2-17 dans leur rédaction résultant de la loi du 12 juin 2001, pour déclarer recevable la constitution de partie civile par voie d'intervention de l'union nationale des associations de défense de la famille et de l'individu (UNADFI), la censure n'est pas encourue dès lors que la Cour de cassation est en mesure de s'assurer, au vu des énonciations de l'arrêt, que, devant les premiers juges, la constitution de partie civile de cette association était recevable sur le fondement des anciennes dispositions de l'art. 2-17 dans leur rédaction issue de la loi du 15 juin 2000, sans qu'il soit besoin de mettre en cause la personne morale concernée. • Crim. 11 sept. 2002, nº 02-81.593.

Art. 2-18 *(L. nº 2000-516 du 15 juin 2000, art. 107)* **Toute association régulièrement déclarée depuis au moins cinq ans qui se propose, par ses statuts, de défendre ou d'assister les victimes d'accidents du travail ou de maladies professionnelles peut exercer les droits reconnus à la partie civile en ce qui concerne les infractions prévues par les articles 221-6, 222-19 et 222-20 du code pénal commises à l'occasion d'une activité professionnelle, lorsque l'action publique a été mise en mouvement par le ministère public ou la partie lésée.**

Toutefois, l'association ne sera recevable dans son action que si elle justifie avoir reçu l'accord de la victime ou, si celle-ci est mineure, celui du titulaire de l'autorité parentale ou du représentant légal.

(L. nº 2016-1547 du 18 nov. 2016, art. 43) **« Toute fondation reconnue d'utilité publique peut exercer les droits reconnus à la partie civile dans les mêmes conditions et sous les mêmes réserves que l'association mentionnée au présent article. »**

Art. 2-19 *(L. nº 2000-516 du 15 juin 2000, art. 108)* **Toute association départementale des maires régulièrement déclarée, affiliée à l'Association des maires de France, et dont les statuts ont été déposés depuis au moins cinq ans, peut exercer les droits reconnus à la partie civile dans toutes les instances introduites par les élus municipaux à la suite d'injures, d'outrages,** *(L. nº 2009-526 du 12 mai 2009, art. 135)* **« de diffamations, » de menaces ou de coups et blessures à raison de leurs fonctions.**

Toutefois, l'association ne sera recevable dans son action que si elle justifie avoir reçu l'accord de l'élu.

(L. nº 2016-1547 du 18 nov. 2016, art. 43) **« Toute fondation reconnue d'utilité publique peut exercer les droits reconnus à la partie civile dans les mêmes conditions et sous les mêmes réserves que l'association mentionnée au présent article. »**

Art. 2-20 *(L. nº 2003-239 du 18 mars 2003, art. 63)* **Toute association régulièrement déclarée depuis au moins cinq ans à la date des faits qui se propose, par ses statuts, de défendre les intérêts moraux et matériels des locataires, propriétaires et bailleurs d'immeubles collectifs à usage d'habitation peut exercer les droits reconnus à la partie civile en cas d'atteintes volontaires à l'intégrité de la personne ou de destructions, dégradations et détériorations réprimées par les articles 222-1 à 222-18 et 322-1 à**

322-13 du code pénal lorsque l'action publique a été mise en mouvement par le ministère public ou la partie lésée et que l'infraction a été commise dans un immeuble faisant partie de son objet associatif.

Toutefois, l'association ne sera recevable dans son action que si elle justifie avoir reçu l'accord de la victime ou, si celle-ci est un mineur ou un majeur protégé, celui de son représentant légal.

(L. nº 2016-1547 du 18 nov. 2016, art. 43) « Toute fondation reconnue d'utilité publique peut exercer les droits reconnus à la partie civile dans les mêmes conditions et sous les mêmes réserves que l'association mentionnée au présent article. »

Art. 2-21 *(Ord. nº 2004-178 du 20 févr. 2004, art. 5)* Toute association agréée déclarée depuis au moins trois ans, ayant pour but l'étude et la protection du patrimoine *(L. nº 2016-925 du 7 juill. 2016, art. 99)* « défini à l'article L. 1 du code du patrimoine », peut exercer les droits reconnus à la partie civile en ce qui concerne les faits réprimés *(L. nº 2016-925 du 7 juill. 2016, art. 99)* « aux articles 311-4-2 et 322-3-1 du code pénal ainsi qu'à l'article L. 114-1 du code du patrimoine » et portant un préjudice direct ou indirect aux intérêts collectifs qu'elle a pour objet de défendre.

Un décret en Conseil d'État fixe les conditions dans lesquelles les associations mentionnées à l'alinéa précédent peuvent être agréées.

(L. nº 2016-1547 du 18 nov. 2016, art. 43) « Toute fondation reconnue d'utilité publique peut exercer les droits reconnus à la partie civile dans les mêmes conditions et sous les mêmes réserves que l'association mentionnée au présent article. »

Art. 2-21-1 *(L. nº 2014-790 du 10 juill. 2014, art. 11)* Toute association, tout syndicat professionnel ou tout syndicat de salariés de la branche concerné régulièrement déclaré depuis au moins deux ans à la date des faits et dont l'objet statutaire comporte la défense des intérêts collectifs des entreprises et des salariés peut exercer les droits reconnus à la partie civile en ce qui concerne les infractions définies au livre II de la huitième partie du code du travail même si l'action publique n'a pas été mise en mouvement par le ministère public ou par la partie lésée.

(L. nº 2016-1547 du 18 nov. 2016, art. 43) « Toute fondation reconnue d'utilité publique peut exercer les droits reconnus à la partie civile dans les mêmes conditions et sous les mêmes réserves que l'association mentionnée au présent article. »

Art. 2-22 *(L. nº 2016-444 du 13 avr. 2016, art. 13)* Toute association régulièrement déclarée depuis au moins cinq ans à la date des faits dont l'objet statutaire comporte la lutte contre l'esclavage, la traite des êtres humains, le proxénétisme ou l'action sociale en faveur des personnes prostituées peut exercer les droits reconnus à la partie civile en ce qui concerne les infractions réprimées par les articles 224-1 A à 224-1 C, 225-4-1 à 225-4-9, 225-5 à 225-12-2, 225-14-1 et 225-14-2 du code pénal, lorsque l'action publique a été mise en mouvement par le ministère public ou la partie lésée. Toutefois, l'association n'est recevable dans son action que si elle justifie avoir reçu l'accord de la victime. Si celle-ci est un mineur ou un majeur protégé, l'accord est donné par son représentant légal.

Si l'association mentionnée au premier alinéa du présent article est reconnue d'utilité publique, son action est recevable y compris sans l'accord de la victime.

(L. nº 2016-1547 du 18 nov. 2016, art. 43) « Toute fondation reconnue d'utilité publique peut exercer les droits reconnus à la partie civile dans les mêmes conditions et sous les mêmes réserves que l'association mentionnée au présent article. »

RÉP. PÉN. vº *Traite des êtres humains*, par DARSONVILLE.

Il doit résulter de l'accord prévu par l'art. 2-22, qui ne se présume pas, que les personnes lésées acceptent sans équivoque que l'association exerce les droits reconnus à la partie civile en leur propre nom, la constitution de partie civile d'une association sur le fondement de ce texte n'étant permise qu'après que l'action publique a été mise en mouvement, donc uniquement par voie d'intervention, à titre incident. • Crim. 7 sept. 2021, nº 19-87.031 B : *AJ pénal 2021. 469, obs. Lasserre Capdeville*.

Art. 2-23 *(L. nº 2013-1117 du 6 déc. 2013, art. 1er)* Toute association agréée déclarée depuis au moins cinq ans à la date de la constitution de partie civile, se proposant par

ses statuts de lutter contre la corruption, peut exercer les droits reconnus à la partie civile en ce qui concerne les infractions suivantes :

1° Les infractions traduisant un manquement au devoir de probité, réprimées aux articles 432-10 à 432-15 du code pénal ;

2° Les infractions de corruption et trafic d'influence, réprimées aux articles 433-1, 433-2, 434-9, 434-9-1, 435-1 à 435-10 et 445-1 à 445-2-1 du même code ;

3° Les infractions de recel ou de blanchiment, réprimées aux articles 321-1, 321-2, 324-1 et 324-2 dudit code, du produit, des revenus ou des choses provenant des infractions mentionnées aux 1° et 2° du présent article ;

4° Les infractions réprimées aux articles L. 106 à L. 109 du code électoral.

Un décret en Conseil d'État fixe les conditions dans lesquelles les associations mentionnées au premier alinéa du présent article peuvent être agréées. — *V. Décr. n° 2014-327 du 12 mars 2014 (JO 14 mars), et Arr. du 27 mars 2014 (JO 30 mars).*

(L. n° 2016-1547 du 18 nov. 2016, art. 43) **« Toute fondation reconnue d'utilité publique peut exercer les droits reconnus à la partie civile dans les mêmes conditions et sous les mêmes réserves que l'association mentionnée au présent article. »**

Concernant la possibilité pour les associations agréées dans les conditions prévues à l'art. 2-23 de procéder à des signalements auprès de l'Agence nationale anticorruption, V. L. n° 2016-1691 du 9 déc. 2016, art. 3, et Décr. n° 2017-329 du 14 mars 2017 (JO 15 mars).

RÉP. PÉN. v° *Corruption et trafic d'influence*, par JEANDIDIER.

1. Une association de contribuables existant depuis moins de 5 ans ne saurait se constituer partie civile lors de poursuites d'élus locaux pour corruption, blanchiment de corruption et fraude fiscale, l'art. 2-23 exigeant une durée d'existence d'au moins 5 ans. • Crim. 11 oct. 2017, n° 16-86.868 : *D. actu. 27 oct. 2017, obs. Azoulay ; AJ pénal 2018. 47, obs. Grégoire ; Procédures n° 314, obs. Chavent-Leclère.*

2. Doit être déclarée irrecevable la constitution de partie civile d'une association agréée déclarée depuis au moins cinq ans et se proposant par ses statuts de lutter contre la corruption, dans le cadre de l'information ouverte pour faux et usage de faux, abus de confiance, tentative d'escroquerie, complicité et recel de ces délits, dès lors que, d'une part, l'information judiciaire ne concerne aucune des infractions mentionnées à l'art. 2-23, d'autre part, l'association ne justifie pas d'un préjudice personnel directement causé par les délits poursuivis, au sens de l'art. 2. • Crim. 31 janv. 2018, n° 17-80.659 P : *D. actu. 2 févr. 2018, obs. Goetz ; Dr. pénal 2018, n° 54, obs. Maron et Haas ; JCP 2018, n° 244, note Lapérou-Scheneider ; RSC 2018. 136, note Parizot.*

Art. 2-24 *(L. n° 2017-86 du 27 janv. 2017, art. 208)* **Toute association régulièrement déclarée depuis au moins cinq ans à la date et des faits et ayant pour objet statutaire la défense ou l'assistance des étudiants et élèves d'établissements d'enseignement victimes de bizutage peut exercer les droits reconnus à la partie civile en ce qui concerne les infractions prévues à la section 3 *bis* du chapitre V du titre II du livre II du code pénal.**

Toutefois, l'association n'est recevable dans son action que si elle justifie avoir reçu l'accord de la victime ou, si celle-ci est un mineur ou un majeur protégé, celui de son représentant légal.

Code de l'action sociale et des familles *(Ord. n° 2000-1249 du 21 déc. 2000)*

Art. L. 211-3 L'Union nationale et les unions départementales des associations familiales sont habilitées, sans préjudice de tous les droits et prérogatives pouvant résulter de leur statut, à :

[...]

4° Exercer devant toutes les juridictions, sans avoir à justifier d'un agrément ou d'une autorisation préalable de l'autorité publique, notamment de l'agrément prévu à l'article L. 421-1 *[devenu art. L. 621-1]* du code de la consommation, l'action civile relativement aux faits de nature à nuire aux intérêts moraux et matériels des familles, y compris pour les infractions prévues par l'article 227-24 du code pénal.

[...]

1. Est recevable l'action civile d'une union départementale d'associations familiales en cas d'accident mortel dû à une fraude sur le lait. • Crim. 20 déc. 1951 : *Gaz. Pal. 1952. 1. 92.* ♦ Dans le même sens : meurtre d'une fillette par sa mère. • C. assises Blois, 1er juin 1956 : *JCP 1957. II. 9782, note Souty.*

2. Rejet de l'action civile d'une union départementale d'associations familiales en cas de mise en vente par un boucher de viande impropre à la consommation, la preuve n'étant pas rapportée d'un trouble pour les familles. • Crim. 17 juin 1954 : *D. 1955. 505, note R. Vouin.* ♦ V. aussi : • Crim. 13 févr. 1958 : *Bull. crim. n° 156 ; Gaz. Pal. 1958. 1. 350.*

Une union départementale d'associations familiales qui mène une action particulière dans le domaine des prix peut demander des dommages-intérêts en réparation du préjudice découlant d'une publicité trompeuse portant sur des produits alimentaires. • Crim. 3 sept. 1992, n° 91-86.591 P.

3. Si l'union nationale et les unions départementales d'associations familiales sont habilitées par l'art. 3-4° CASF à exercer l'action civile devant les mêmes juridictions, il n'en est toutefois pas ainsi d'une association familiale locale. • Crim. 20 déc. 1977, n° 76-90.025 P.

Code du travail *(Ord. n° 2007-329 du 12 mars 2007 ; ratifiée par L. n° 2008-67 du 21 janv. 2008)*

Entré en vigueur le 1er mai 2008 (L. n° 2008-67 du 21 janv. 2008, art. 2-X).

Art. L. 2132-3 Les syndicats professionnels ont le droit d'agir en justice.

Ils peuvent, devant toutes les juridictions, exercer tous les droits réservés à la partie civile concernant les faits portant un préjudice direct ou indirect à l'intérêt collectif de la profession qu'ils représentent. — *[Anc. art. L. 411-11].*

1. Un syndicat peut exercer l'action civile dans une poursuite pour homicide involontaire de salariés. • Crim. 26 oct. 1967 : *D. 1968. 346, note J.-M. R. ; JCP 1968. II. 15475, note Verdier* • 22 janv. 1970 : *D. 1970. 166, note Costa* • 20 mars 1972 : *D. 1972. 417, note P. M.* • 11 oct. 2005, n° 05-82.414 P : *D. 2005. IR 2821* . ♦ Il en est de même en cas de concurrence déloyale. • Crim. 10 juill. 1973, n° 71-93.712 P. ♦ ... De prêt de main-d'œuvre. • Crim. 15 nov. 1983 : *Bull. crim. n° 299.* ♦ ... D'entrave au fonctionnement d'un comité d'entreprise ou d'établissement. • Crim. 7 oct. 1959 : *D. 1960. 294, note Verdier* • 28 nov. 1984, n° 83-93.094 P. ♦ ... D'infraction à l'art. L. 584 CSP qui interdit aux pharmaciens d'employer, dans la préparation et la délivrance au public des médicaments destinés à la médecine humaine et à la médecine vétérinaire, des personnes qui n'ont pas le titre de préparateur en pharmacie. • Crim. 20 nov. 1984 : *Bull. crim. n° 353.* ♦ ... De violation des dispositions relatives au repos dominical. • Crim. 10 janv. 1984 : *Bull. crim. n° 14* • 29 oct. 1996, n° 95-82.355 P. ♦ ... D'obstacle à l'accomplissement des fonctions des inspecteurs et contrôleurs du travail. • Crim. 19 mars 1985 : *Bull. crim. n° 113.* ♦ ... De violation du secret professionnel commis par l'employeur à l'occasion du contrôle des arrêts de maladie de ses agents. • Crim. 27 mai 1999, n° 98-82.978 P : *D. 2000. 120, note Saint-Jours* ; *Procédures 1999. Comm. 235, obs. Buisson.*

2. En revanche est irrecevable l'action civile du syndicat, faute d'atteinte à l'intérêt collectif, en cas d'infraction aux règles relatives à la publicité *pour les médicaments,* lesquelles sont édictées dans l'intérêt de la santé publique et non dans celui de la profession médicale. • Crim. 2 juill. 1980, n° 80-91.062 P. ♦ ... Du syndicat de professionnels de la parapharmacie pour une vente illicite de produits classés comme médicaments par un pharmacien. • Crim. 12 févr. 2002, n° 01-82.329 P. ♦ ... De diffamation. • Crim. 4 févr. 1938 : *S. 1939. 1. 273, note Hugueney.* ♦ ... D'agression contre un membre du syndicat. • Crim. 29 janv. 1986 : *Bull. crim. n° 39 ; D. 1986. IR 302, obs. Pradel.* ♦ ... De faux certificat commis au préjudice d'une infirmière. • Crim. 16 déc. 1991, n° 91-82.056 P. ♦ ... De tentative d'assassinat contre un magistrat. • Crim. 27 oct. 1992, n° 92-84.511 P. ♦ ... Défense d'un membre de la profession mis en examen. • Crim. 16 févr. 1999, n° 98-81.621 P : *Dr. pénal 1999. Comm. 63, obs. Maron.* ♦ ... En cas de harcèlement d'un salarié sur son lieu de travail par son supérieur hiérarchique, car il n'y a pas d'atteinte à l'intérêt collectif de la profession que représente le syndicat. • Crim. 23 janv. 2002, n° 01-83.559 P : *Dr. pénal 2002. Comm. 66, obs. Véron.*

3. Est irrecevable la constitution de partie civile d'un syndicat dès lors que le préjudice indirect qui serait porté à l'intérêt collectif de la profession par les délits poursuivis, ne se distingue pas du préjudice indirect qu'auraient pu subir individuellement les salariés. • Crim. 29 nov. 2000, n° 99-80.324 P.

4. Est irrecevable la constitution de partie civile d'un syndicat pour des faits antérieurs à son immatriculation. • Crim. 22 mai 2007, n° 06-84.748 P : *D. 2007. AJ 1785* ; *AJ pénal 2007. 333* .

Livre des procédures fiscales *(Décr. n° 81-859 du 15 sept. 1981)* **Art. L. 233** Les syndicats et organismes professionnels ou interprofessionnels peuvent exercer les droits réservés à la partie civile dans les poursuites engagées par *(Ord. n° 2010-420 du 27 avr. 2010, art. 94)* « les administrations fiscales » soit par voie de plainte sur le fondement des articles 1741 et 1743 du code général des impôts, soit par voie de citation directe.

Les juges, qui n'ont aucunement dénié l'existence d'un préjudice découlant d'une atteinte portée aux intérêts collectifs des professions que des syndicats viti-vinicoles représentent et dont ces derniers faisaient état dans des chefs péremptoires de conclusions auxquels il n'a pas été répondu, ne pouvaient les débouter d'une action civile exercée contre un viticulteur condamné pour infraction à la législation sur la détention des sucres, au seul motif que ce préjudice n'était ni personnel ni direct. • Crim. 9 oct. 1975, n° 75-90.087 P.

Code de l'environnement

1re PARTIE : LÉGISLATIVE

(Ord. n° 2000-914 du 18 sept. 2000)

Institutions intervenant dans le domaine de la protection de l'environnement

Art. L. 132-1 L'Agence de l'environnement et de la maîtrise de l'énergie, *(L. n° 2014-1170 du 13 oct. 2014, art. 67)* « l'Office national des forêts, » le Conservatoire de l'espace littoral et des rivages lacustres, *(L. n° 2006-1772 du 30 déc. 2006, art. 88-III et 102-II)* « l'*(L. n° 2016-1087 du 8 août 2016, art. 30)* « *(L. n° 2019-773 du 24 juill. 2019, art. 21, en vigueur le 1er janv. 2020)* « Office français de la biodiversité, les parcs nationaux », » les agences de l'eau *(Abrogé par L. n° 2019-773 du 24 juill. 2019, art. 21, à compter du 1er janv. 2020)* « *, l'Office national de la chasse et de la faune sauvage* » *(Ord. n° 2016-128 du 10 févr. 2016, art. 13)* « , le Centre des monuments nationaux et l'Agence nationale pour la gestion des déchets radioactifs » peuvent exercer les droits reconnus à la partie civile en ce qui concerne les faits portant un préjudice direct ou indirect aux intérêts qu'ils ont pour objet de défendre et constituant une infraction aux dispositions législatives relatives à la protection de la nature et de l'environnement, à l'amélioration du cadre de vie, à la protection de l'eau, de l'air, des sols, des sites et paysages, à l'urbanisme ou ayant pour objet la lutte contre les pollutions et les nuisances, ainsi qu'aux textes pris pour leur application.

Sans préjudice de l'indemnisation des autres dommages subis, les personnes morales de droit public mentionnées à l'alinéa précédent intervenues matériellement ou financièrement ont droit au remboursement, par le ou les responsables, des frais exposés par elles.

Les chambres d'agriculture, *(L. n° 2003-591 du 2 juill. 2003)* « les parcs naturels régionaux » *(L. n° 2016-1087 du 8 août 2016, art. 41)* « , le Centre national de la propriété forestière, les personnes morales désignées par le décret en Conseil d'État prévu au premier alinéa de l'article L. 412-10 pour recueillir le consentement préalable donné en connaissance de cause des communautés d'habitants et les associations régulièrement déclarées exerçant des activités dans le domaine de la conservation des connaissances traditionnelles inscrites dans leurs statuts depuis au moins trois ans » peuvent également exercer les droits reconnus à la partie civile dans les conditions définies ci-dessus.

Associations de protection de l'environnement

Art. L. 141-1 Lorsqu'elles exercent leurs activités depuis au moins trois ans, les associations régulièrement déclarées et exerçant leurs activités statutaires dans le domaine de la protection de la nature *(L. n° 2005-157 du 23 févr. 2005, art. 148)* « et de la gestion de la faune sauvage », de l'amélioration du cadre de vie, de la protection de l'eau, de l'air, des sols, des sites et paysages, de l'urbanisme, ou ayant pour objet la lutte contre les pollutions et les nuisances et, d'une manière générale, œuvrant principalement pour la protection de l'environnement, peuvent faire l'objet d'un agrément motivé de l'autorité administrative.

(L. n° 2008-1545 du 31 déc. 2008) « La Fédération nationale des chasseurs *(L. n° 2012-325 du 7 mars 2012, art. 4)* « , les fédérations régionales des chasseurs, les fédérations interdépartementales des chasseurs » et les fédérations départementales des chasseurs sont éligibles à l'agrément mentionné au premier alinéa. »

Dans les départements du Bas-Rhin, du Haut-Rhin et de la Moselle, la procédure d'agrément est applicable aux associations inscrites depuis trois ans au moins.

Ces associations sont dites « associations agréées de protection de l'environnement ».

Cet agrément est attribué dans des conditions prévues par décret en Conseil d'État. Il peut être retiré lorsque l'association ne satisfait plus aux conditions qui ont conduit à le délivrer.

Les associations exerçant leurs activités dans les domaines mentionnés au premier alinéa ci-dessus et agréées antérieurement au 3 février 1995 sont réputées agréées en application du présent article.

Les décisions prises en application du présent article sont soumises à un contentieux de pleine juridiction. — *[C. rur., art. L. 252-1, issu de L. nº 95-101 du 2 févr. 1995, art. 5-I].*

....

Art. L. 142-2 Les associations agréées mentionnées à l'article L. 141-2 peuvent exercer les droits reconnus à la partie civile en ce qui concerne les faits portant un préjudice direct ou indirect aux intérêts collectifs qu'elles ont pour objet de défendre et constituant une infraction aux dispositions législatives relatives à la protection de la nature et de l'environnement, à l'amélioration du cadre de vie, à la protection de l'eau, de l'air, des sols, des sites et paysages, à l'urbanisme, *(L. nº 2016-1087 du 8 août 2016, art. 101)* « à la pêche maritime » ou ayant pour objet la lutte contre les pollutions et les nuisances, *(L. nº 2006-686 du 13 juin 2006, art. 53)* « la sûreté nucléaire et la radioprotection, » *(L. nº 2010-788 du 12 juill. 2010, art. 229)* « les pratiques commerciales et les publicités trompeuses ou de nature à induire en erreur quand ces pratiques et publicités comportent des indications environnementales » ainsi qu'aux textes pris pour leur application.

Ce droit est également reconnu, sous les mêmes conditions, aux associations régulièrement déclarées depuis au moins cinq ans à la date des faits et qui se proposent, par leurs statuts, la sauvegarde de tout ou partie des intérêts visés à l'article L. 211-1, en ce qui concerne les faits constituant une infraction aux dispositions relatives à l'eau, ou des intérêts visés à l'article L. 511-1, en ce qui concerne les faits constituant une infraction aux dispositions relatives aux installations classées.

L'art. L. 252-3 C. rur. [L. 142-2 C. envir.] n'étant pas applicable en matière d'infraction à la police de la pêche maritime, l'association France Nature Environnement ne peut se constituer partie civile pour les infractions relevant de cette matière. • Crim. 23 mai 2000, nº 99-86.246 P. ♦ L'action en défense de l'intérêt collectif environnemental peut, selon les textes internes en vigueur, être notamment exercée par les différentes personnes morales de droit public, par les associations agréées de protection de l'environnement et par les collectivités territoriales ou leur groupement, ou peut être le fait de syndicats professionnels dont la profession subit un préjudice collectif à la suite d'un dommage environnemental, toutes ces personnes s'apparentant à des gardiens de l'environnement. Les textes internationaux qui, sous certaines conditions, ne s'opposent pas à la réparation du préjudice résultant de l'atteinte à l'environnement en la limitant à la baisse des bénéfices due à son altération et au coût des mesures de remise en état raisonnables, effectivement prises ou qui doivent être prises, ne sont pas incompatibles avec la mise en œuvre d'une telle action donnant lieu à des réparations dont le montant est souverainement évalué par le juge du fond. • Crim. 25 sept. 2012, nº 10-82.938 P : *AJCT 2012. 620, note Moliner-Dubost ; AJDA 2013. 667, obs. Huglo ; AJ pénal 2012. 574, note Montas et Roussel ; D. 2012. 2557, note Trébulle ; ibid. 2673, obs. Neyret ; ibid. 2675, obs. Ravit et Sutterlin ; ibid. 2711, obs. Delebecque ; RSC 2013. 363, note Robert ; Rev. sociétés 2013. 110, obs. Robert ; RTD civ. 2013. 119, obs. Jourdain ; Gaz. Pal. 24-25 oct. 2012, note B. Parance ; JCP 2012, nº 1243, note Le Couviour.*

Art. L. 142-3 Lorsque plusieurs personnes physiques identifiées ont subi des préjudices individuels qui ont été causés par le fait d'une même personne et qui ont une origine commune, dans les domaines mentionnés à l'article L. 142-2, toute association agréée au titre de l'article L. 141-1 peut, si elle a été mandatée par au moins deux des personnes physiques concernées, agir en réparation devant toute juridiction au nom de celles-ci.

Le mandat ne peut être sollicité. Il doit être donné par écrit par chaque personne physique concernée.

Toute personne physique ayant donné son accord à l'exercice d'une action devant une juridiction pénale est considérée en ce cas comme exerçant les droits reconnus à la partie civile, en application du code de procédure pénale. Toutefois, les significations et notifications sont adressées à l'association.

L'association qui exerce une action en justice en application des dispositions des alinéas précédents peut se constituer partie civile devant le juge d'instruction ou la juridiction de jugement du siège social de l'entreprise mise en cause ou, à défaut, du lieu de la première infraction.

Code de la consommation

LIVRE VI. RÈGLEMENT DES LITIGES

TITRE II. ACTIONS EN JUSTICE DES ASSOCIATIONS DE DÉFENSE DES CONSOMMATEURS

CHAPITRE Ier. *ACTIONS EXERCÉES DANS L'INTÉRÊT COLLECTIF DES CONSOMMATEURS*

SECTION I. *Action civile*

(Ord. n° 2016-301 du 14 mars 2016, en vigueur le 1er juill. 2016)

Art. L. 621-1 Les associations régulièrement déclarées ayant pour objet statutaire explicite la défense des intérêts des consommateurs peuvent, si elles ont été agréées à cette fin en application de l'article L. 811-1, exercer les droits reconnus à la partie civile relativement aux faits portant un préjudice direct ou indirect à l'intérêt collectif des consommateurs.

Les organisations définies à l'article L. 211-2 du code de l'action sociale et des familles sont dispensées de l'agrément pour agir en justice dans les conditions prévues au présent article.

1. Recevabilité des préjudices direct et indirect. Par dérogation aux principes généraux de la procédure pénale, selon lesquels seul un préjudice directement causé par l'infraction donne ouverture à l'action civile devant les tribunaux répressifs, l'art. 46 de la loi du 27 déc. 1973 [C. consom., art. L. 621-1] admet les associations ayant pour objet statutaire la défense des consommateurs et agréées à cette fin, à exercer, devant toutes les juridictions, l'action civile relative aux faits portant un préjudice même indirect à l'intérêt collectif des consommateurs. • Crim. 31 janv. 1983, n° 82-90.859 P • 15 mai 1984 : *Bull. crim. n° 178.*

2. De même, aucune infraction ayant porté un préjudice direct ou indirect à l'intérêt collectif des consommateurs n'est exclue des prévisions de l'art. L. 421-1 *[L. 621-1]* C. consom., d'où cassation de l'arrêt qui déclare une association de consommateurs irrecevable en sa constitution de partie civile dans des poursuites exercées du chef d'homicides et blessures involontaires consécutives à l'effondrement d'une tribune édifiée dans une enceinte sportive recevant du public. • Crim. 24 juin 1997, n° 96-82.424 P : *Gaz. Pal. 1998. 2. 650, note S. Petit* • 1er avr. 2008 : *D. 2008. AJ 1405, note Darsonville ; AJ pénal 2008. 326 .*

3. Les associations agréées de consommateurs tiennent de l'art. L. 421-1 *[L. 621-1]* C. consom. le pouvoir d'exercer les droits reconnus à la partie civile relativement aux faits portant un préjudice direct ou indirect à l'intérêt collectif des consommateurs. Tel est le cas d'une publicité de nature à induire en erreur sur les prestations de services offertes par une agence de voyage. • Crim. 15 oct. 1997, n° 96-85.785 P.

4. Champ d'application du texte. L'art. 46 de la L. du 27 déc. 1973 [C. consom., art. L. 621-1] ne comporte pas de restriction de nature à exclure son application aux infractions qui seraient commises à l'occasion de services formés dans l'accomplissement d'un contrat médical, les personnes avec lesquelles un médecin conclut un tel contrat devant être considérées, au sens de l'art. 46 préc., comme consommateurs desdits services. • Crim. 15 mai 1984 : *Bull. crim. n° 176.*

5. Une association de consommateurs agréée est irrecevable à se constituer partie civile dans une poursuite pour détournement ou dissipation d'un des biens énumérés à l'art. 408 [anc.] C. pén., commis par un syndic de copropriété. • Crim. 12 nov. 1985 : *Bull. crim. n° 349.*

6. Conditions de forme. Pour être recevable à exercer l'action civile prévue par l'art. 46 de la loi du 27 déc. 1973 [C. consom., art. L. 621-1], une association de défense des intérêts des consommateurs doit avoir une existence juridique à la date des faits, source du préjudice, et avoir été agréée antérieurement à sa constitution de partie civile. Il est en outre nécessaire que ses statuts aient pour objet explicite la défense des intérêts des consommateurs. • Crim. 5 févr. 1986, n° 84-95.562 P.

7. Encourt la cassation l'arrêt qui, dans une poursuite du chef de fraudes et falsifications, reçoit la constitution de partie civile d'une association sans rechercher si elle a été régulièrement agréée ou sans justifier qu'elle avait personnellement subi un préjudice résultant directement de l'infraction. • Crim. 23 janv. 1992, n° 89-82.111 P.

8. Irrecevabilité de l'action civile. Les associations régulièrement déclarées ayant pour objet statutaire explicite la défense des intérêts des consommateurs ne peuvent exercer les droits reconnus à la partie civile que relativement aux faits portant un préjudice direct ou indirect à l'intérêt collectif des consommateurs, sauf à justifier avoir souffert elles-mêmes du dommage directement causé par l'infraction ; il n'y a pas lieu d'indemniser un préjudice dit associatif s'il ne trouve son origine ni dans l'intérêt collectif des consommateurs, ni dans un dommage causé personnellement et directement à l'association. • Crim. 3 mai 2006, n° 05-85.715 P : *AJ pénal 2006. 363, obs. Rondey ; RSC 2007. 99, note Ambroise-Castérot*.

Art. L. 621-2 Les associations de consommateurs mentionnées à l'article L. 621-1 et agissant dans les conditions précisées à cet article peuvent demander à la juridiction civile, statuant sur l'action civile ou à la juridiction répressive, statuant sur l'action civile, d'ordonner au défendeur ou au prévenu, le cas échéant sous astreinte, toute mesure destinée à faire cesser des agissements illicites ou à supprimer une clause illicite dans le contrat ou le type de contrat proposé aux consommateurs ou dans tout contrat en cours d'exécution.

Elles peuvent également demander, selon le cas, à la juridiction civile ou à la juridiction répressive de déclarer que cette clause est réputée non écrite dans tous les contrats identiques en cours d'exécution conclus par le défendeur ou le prévenu avec des consommateurs et de lui ordonner d'en informer à ses frais les consommateurs concernés par tous moyens appropriés.

Art. L. 621-3 La juridiction répressive saisie dans les conditions de l'article L. 621-1 peut, après avoir déclaré le prévenu coupable, ajourner le prononcé de la peine en lui enjoignant, sous astreinte le cas échéant, de se conformer, dans un délai fixé, aux prescriptions qu'elle détermine et qui ont pour objet de faire cesser l'agissement illicite ou de supprimer une clause illicite dans le contrat ou le type de contrat proposé aux consommateurs.

Art. L. 621-4 Dans le cas où la juridiction répressive assortit l'ajournement d'une astreinte, elle en prévoit le taux et la date à compter de laquelle elle commence à courir.

L'ajournement, qui ne peut intervenir qu'une seule fois, peut être décidé même si le prévenu ne comparaît pas en personne.

Le juge peut ordonner l'exécution provisoire de la décision d'injonction.

Art. L. 621-5 A l'audience de renvoi, qui doit intervenir au plus tard dans le délai d'un an à compter de la décision d'ajournement, la juridiction statue sur la peine et liquide l'astreinte s'il y a lieu.

Elle peut, le cas échéant, supprimer cette dernière ou en réduire le montant.

L'astreinte est de plein droit supprimée à chaque fois qu'il est établi que la personne concernée s'est conformée à une injonction sous astreinte prononcée par un autre juge répressif ayant ordonné de faire cesser une infraction identique à celle qui fonde les poursuites.

Art. L. 621-6 (*Abrogé par L. n° 2017-203 du 21 févr. 2017, art. 13*) « *A l'audience de renvoi, qui doit intervenir au plus tard dans le délai d'un an à compter de la décision d'ajournement, la juridiction statue sur la peine et liquide l'astreinte s'il y a lieu. Elle peut, le cas échéant, supprimer cette dernière ou en réduire le montant.* » L'astreinte est recouvrée par le comptable public compétent comme une amende pénale. Elle ne peut donner lieu à contrainte judiciaire.

SECTION IV. *Dispositions communes*

Art. L. 621-10 Le ministère public peut produire devant la juridiction saisie, nonobstant les dispositions législatives contraires, les procès-verbaux ou rapports d'enquête qu'il détient, dont la production est utile à la solution du litige.

Art. L. 621-11 La juridiction saisie peut ordonner la diffusion, par tous moyens appropriés, de l'information au public du jugement rendu. Lorsqu'elle ordonne l'affichage de l'information en application du présent alinéa, il est procédé à celui-ci dans les conditions prévues par l'article 131-35 du code pénal.

Cette diffusion a lieu aux frais de la partie qui succombe ou du condamné ou de l'association qui s'est constituée partie civile lorsque les poursuites engagées à son initiative ont donné lieu à une décision de relaxe.

CHAPITRE II. *ACTION EN REPRÉSENTATION CONJOINTE*

Art. L. 622-1 Lorsque plusieurs consommateurs identifiés ont subi des préjudices individuels qui ont été causés par le fait d'un même professionnel, et qui ont une origine commune, toute association agréée et reconnue représentative sur le plan national en application de l'article L. 811-1 peut, si elle a été mandatée par au moins deux des consommateurs concernés, agir en réparation devant toute juridiction au nom de ces consommateurs.

Art. L. 622-2 Le mandat mentionné à l'article L. 622-1 ne peut être sollicité par voie d'appel public télévisé ou radiophonique, ni par voie d'affichage, de tract ou de lettre personnalisée.

Il est donné par écrit par chaque consommateur.

Art. L. 622-3 Tout consommateur ayant donné son accord, dans les conditions prévues à l'article L. 622-2, à l'exercice d'une action devant une juridiction pénale est considéré en ce cas comme exerçant les droits reconnus à la partie civile en application du code de procédure pénale.

Toutefois, les significations et notifications qui concernent le consommateur sont adressées à l'association.

Art. L. 622-4 L'association qui exerce une action en justice en application des dispositions des articles L. 622-1 à L. 622-3 peut se constituer partie civile devant le juge d'instruction ou la juridiction de jugement du siège social de l'entreprise mise en cause ou, à défaut, du lieu de la première infraction.

....

LIVRE VIII. **ASSOCIATIONS AGRÉÉES DE DÉFENSE DES CONSOMMATEURS ET INSTITUTIONS DE LA CONSOMMATION**

TITRE Ier. ASSOCIATIONS AGRÉÉES DE DÉFENSE DES CONSOMMATEURS

CHAPITRE Ier. *AGRÉMENT DES ASSOCIATIONS*

Art. L. 811-1 Les associations de défense des consommateurs peuvent être agréées après avis du ministère public.

Les conditions dans lesquelles ces associations peuvent être agréées compte tenu de leur représentativité sur le plan national ou local ainsi que les conditions de retrait de cet agrément sont fixées par décret.

Art. L. 811-2 L'agrément ne peut être accordé qu'aux associations indépendantes de toutes formes d'activités professionnelles.

Toutefois, les associations émanant de sociétés coopératives de consommation, régies par la loi du 7 mai 1917 modifiée ayant pour objet l'organisation du crédit aux sociétés coopératives de consommation, peuvent être agréées si elles satisfont par ailleurs aux conditions qui sont fixées en application de *[l'article]* L. 811-1.

Code de la santé publique

(Ord. n° 2000-548 du 15 juin 2000)

TITRE Ier. LUTTE CONTRE LE TABAGISME *(Ord. n° 2016-623 du 19 mai 2016, art. 1er).*

CHAPITRE V. *DISPOSITIONS PÉNALES*

Art. L. 3515-7 Les associations dont l'objet statutaire comporte la lutte contre le tabagisme, régulièrement déclarées depuis au moins cinq ans à la date des faits, peuvent exercer les droits reconnus à la partie civile pour les infractions aux dispositions du présent titre.

Peuvent exercer les mêmes droits les associations de consommateurs mentionnées à l'article L. 421-1 du code de la consommation ainsi que les associations familiales mentionnées aux articles L. 211-1 et L. 211-2 du code de l'action sociale et des familles.

1. Constitution de partie civile des associations. Le Comité national de lutte contre le tabagisme est recevable à introduire une action civile, eu égard à la spécificité de son but et l'objet de sa mission, afin d'exercer les droits reconnus à la partie civile pour les infractions aux dispositions de la législation relative à la publicité en faveur du tabac ; il subit un préjudice direct et personnel du fait de la publicité illicite en faveur du tabac. • Crim. 30 oct. 1995, n° 94-83.386 P : *JCP 1996. IV. 395.* ♦ V. également • Crim. 29 juin 1994, n° 93-81.572 P.

2. *Définition de l'association de lutte contre le tabagisme.* La consommation de tabac étant un facteur majeur de risque de certains cancers, l'objet social d'une association nationale de lutte contre le cancer, ayant pour objet explicite l'engagement d'actions diverses contre le cancer, inclut nécessairement la lutte contre le tabagisme, et son action civile en matière d'infractions à la législation sur le tabac ou sur la publicité pour le tabac doit être déclarée recevable. • Crim. 23 avr. 2013 : *Dr. pénal 2013, n° 98, note Maron et Haas.*

3. Avant la L. n° 91-32 du 10 janv. 1991. Une association n'ayant pas pour but la défense des intérêts de ses membres, qui a été spécialement créée pour lutter contre le tabagisme et qui est reconnue d'utilité publique à cet effet, subit un préjudice direct et personnel du fait d'une publicité clandestine en faveur du tabac ; la recevabilité de son action découle de la spécificité du but et de l'objet de sa mission. • Crim. 7 févr. 1984, n° 82-90.338 P • 29 avr. 1986, n° 84-93.719 P.

Loi du 29 juillet 1881,

Sur la liberté de la presse.

Art. 48-2 *(L. n° 2017-86 du 27 janv. 2017, art. 176)* Toute association régulièrement déclarée depuis au moins cinq ans à la date des faits qui se propose, par ses statuts, de défendre les intérêts moraux et l'honneur de la Résistance ou des déportés, d'assister les victimes de crimes de guerre ou de crimes contre l'humanité, de défendre leur mémoire ou de lutter contre les discriminations peut exercer les droits reconnus à la partie civile en ce qui concerne :

1° L'apologie des crimes de guerre, des crimes contre l'humanité ou des crimes ou délits de collaboration avec l'ennemi mentionnée au cinquième alinéa de l'article 24, lorsque ces crimes ou délits ont donné lieu à une ou plusieurs condamnations prononcées par une juridiction française ou internationale ;

2° L'infraction prévue à l'article 24 *bis*.

Art. 2-25 *(L. n° 2021-1109 du 24 août 2021, art. 37)* **Toute association régulièrement déclarée depuis au moins cinq ans à la date des faits et dont l'objet statutaire comporte la lutte contre les violences, les injures, les diffamations, le harcèlement moral, les discours de haine ou la divulgation d'informations dont sont victimes les agents chargés d'une mission de service public peut exercer les droits reconnus à la partie civile en ce qui concerne les atteintes volontaires à la vie et à l'intégrité de la personne et les agressions et autres atteintes, enlèvements et séquestrations réprimés par les articles 221-1 à 221-5-5, 222-1 à 222-18-3, 222-22 à 222-33-1, 223-1-1 et 224-1 à 224-5-2 du code pénal, si elle justifie avoir reçu l'accord de la victime ou, si cette dernière est un majeur sous tutelle, de son représentant légal.**

BIBL. ▶ BRENAUT, *Dr. pénal 2021. Étude 19* (extension du domaine de la lutte contre le « séparatisme »).

Art. 3 **L'action civile peut être exercée en même temps que l'action publique et devant la même juridiction.**

Elle sera recevable pour tous chefs de dommages, aussi bien matériels que corporels ou moraux, qui découleront des faits objets de la poursuite. — *Pr. pén. C. 15 et C. 16.*

Lorsqu'il s'agit d'une action intentée en application de la loi n° 68-943 du 30 oct. 1968 (D. 1968. 303 ; BLD 1968. 537) relative à la responsabilité civile dans le domaine de l'énergie nucléaire, en aucun cas, la juridiction répressive, éventuellement saisie, ne peut statuer sur l'action civile (L. préc., art. 17, mod. par L. n° 90-488 du 16 juin 1990, art. 9, JO 17 juin). — Il en est de même lorsqu'il s'agit d'une action intentée en application de la loi n° 65-956 du 12 nov. 1965 (D. 1965. 332 ; BLD 1965. 635) sur la responsabilité civile des exploitants de navires nucléaires (L. préc., art. 14).

BIBL. ▶ GUENZOUI, *D. 2021. 2036* (juridiction pénale, statut civil coutumier et intérêts civils).

I. NATURE CIVILE ET NATURE PÉNALE DE L'ACTION CIVILE

1° LIEN ENTRE ACTION CIVILE ET RÈGLES DE RESPONSABILITÉ CIVILE

1. Les règles de fond de la responsabilité civile s'imposent au juge pénal qui en est saisi par la victime. • Crim. 4 janv. 1995, n° 93-82.698 P.

2° LIENS ENTRE ACTION CIVILE ET ACTION PUBLIQUE

2. Les tribunaux répressifs ne sont compétents pour connaître de l'action civile en réparation du dommage né d'une infraction qu'accessoirement à l'action publique ; dès lors, est irrecevable l'action civile exercée devant le juge répressif par voie de citation directe après qu'un jugement de relaxe a définitivement statué sur l'action publique. • Crim. 18 nov. 2014 : *D. actu. 9 déc. 2014, obs. Priou-Alibert ; AJ pénal 2015. 93, obs. Gallois ; ibid. 149, obs. Perrier.* ♦ Le juge répressif ne saurait, après qu'un jugement définitif a statué sur l'action civile et sur le principe des dommages-intérêts dont le quantum reste seul à fixer, admettre l'intervention d'une partie n'ayant pas figuré au procès, lors du jugement sur l'action publique. • Crim. 18 oct. 1983, n° 82-93.651 P • 20 mars 1985, n° 84-91.047 P. ♦ En cas de déclaration de culpabilité pour vol aggravé par le port d'une arme, le préjudice pouvant résulter de la seule circonstance aggravante n'est pas exclu des prévisions de l'art. 3 selon lequel l'action civile est recevable pour tous les chefs de dommage découlant des faits, objet de la poursuite. • Crim. 7 avr. 1993, n° 92-83.858 P. ♦ Il en est de même du préjudice résultant des dégradations subies par un véhicule lors de son vol, à la réparation duquel peut être condamné le prévenu déclaré coupable du recel de ce vol. • Crim. 7 sept. 1999, n° 98-87.561 P. ♦ Est recevable la constitution de partie civile d'un employé d'un magasin où a eu lieu un vol avec arme. • Crim. 17 mai 1995, n° 94-83.889 P • Crim. 3 janv. 1996, n° 94-83.916 P. ♦ ... De personnes victimes de faits caractérisant la préméditation d'une tentative de meurtre commise sur un tiers. • Crim. 24 janv. 1996, n° 95-84.250 P. ♦ ... Ou du vol d'un fourgon et de sa destruction. • Crim. 22 juin 1999, n° 98-84.749 P.

3. Les tribunaux répressifs ne sont compétents pour connaître de l'action civile en réparation du dommage né d'une infraction qu'accessoirement à l'action publique. Il s'en déduit que, lorsqu'elle est saisie du seul appel de la partie civile formé à l'encontre d'un jugement ayant constaté l'extinction de l'action publique et débouté l'intéressée de ses demandes, la cour d'appel n'est compétente pour prononcer sur le droit à réparation de la partie civile à partir et dans la limite des faits objets de la poursuite, que si elle a préalablement constaté que c'est à tort que les premiers juges ont déclaré l'action publique éteinte. • Crim. 1er avr. 2020, n° 19-80.069 P : *D. actu. 27 mai 2020, obs. Diaz ; D. 2020. 1823, note Auroy* .

4. Les dispositions des articles L. 133-4 et R. 133-9-1 CSS permettant aux caisses de sécurité sociale d'obtenir la répétition des sommes indûment versées aux professionnels de santé en cas d'inobservation des règles de tarification ou de facturation, ou bien en cas de facturation d'actes non effectués ou de prestations et produits non délivrés, ne font pas obstacle à ce que ces organismes exercent, en application de l'art. 3, l'action en réparation du préjudice qu'ils ont subi. • Crim. 16 janv. 2019, n° 17-86.581 P.

5. Action exercée par les héritiers du de cujus, victime de l'infraction. Sauf exceptions légales, le droit de la partie civile de mettre en mouvement l'action publique est une prérogative de la victime qui a personnellement souffert de l'infraction. Dès lors, lorsque l'action publique n'a été mise en mouvement ni par la victime, ni par le ministère public, seule la voie civile est ouverte aux ayants droit de ladite victime pour exercer le droit à réparation reçu en leur qualité d'héritiers. • Cass., ass. plén., 9 mai 2008, n° 05-87.379 P : *D. 2008. AJ 1415, note Léna ; ibid. 2008. Pan. 2759, obs. Pradel ; AJ pénal 2008. 366, note Saas ; Dr. pénal 2008. Étude 12, note Sanchez ; ibid. 2009. Chron. 1, obs. Guérin.* ♦ Par ailleurs, lorsque le ministère public a mis en mouvement l'action publique et que la victime n'avait pas renoncé à l'action civile, le droit à réparation des préjudices subis par celle-ci est transmis à ses héritiers, qui sont recevables à l'exercer devant la juridiction saisie des seuls intérêts civils, peu important que leur auteur n'ait pas introduit d'action à cette fin avant son décès. • Cass., ass. plén., 9 mai 2008, n° 05-87.379 P : *D. 2008. AJ 1415 ; ibid. 2008. Pan. 2759, obs. Pradel ; AJ pénal 2008. 366, note Saas ; Dr. pénal 2008. Étude 12, note Sanchez ; ibid. 2009. Chron. 1, obs. Guérin.* ♦ *Comp.* : L'héritier de la victime d'un abus de faiblesse peut se constituer partie civile à raison de cette infraction dès lors qu'il est en mesure de se prévaloir d'un préjudice personnel et direct. • Crim. 22 janv. 2020, n° 19-82.173 : *D. actu. 12 mars 2020, obs. Casey.*

II. VARIÉTÉS DE PRÉJUDICES

6. Préjudice moral. Selon l'art. 3, al. 2, tous les chefs de dommages sont recevables, y compris les préjudices moraux des proches de la victime, tels que le préjudice résultant du spectacle de l'état physique ou psychique de la victime. • Crim. 23 mai 1991, n° 90-83.280 P : *D. 1992, Somm. 95, obs. Pradel* • 24 juin 1992, n° 91-83.704 P. ♦ Justifie sa décision la cour d'appel qui, sans procéder à une double indemnisation, évalue séparément les préjudices distincts constitués par les souffrances endurées du fait des blessures et par l'angoisse d'une mort imminente. • Crim. 23 oct. 2012, n° 11-83.770 P : *AJ pénal 2012. 657, obs. de Combles de Nayves ; Dr. pénal 2012, n° 166, obs. Maron et Haas ; D. 2013. Pan. 1993, obs. Pradel*. ♦ Est également recevable la demande de réparation de grands-parents résultant de l'éloignement de leur petit-fils du fait de la commission par ses parents du délit de manque de direction nécessaire à enfant compromettant sa santé, sa sécurité ou sa moralité. • Crim. 11 juill. 1994, n° 93-81.881 P. ♦ Les proches de la victime peuvent également souffrir d'un préjudice économique. • Crim. 29 mai 2001, n° 00-83.902 P • 21 juill. 1998, n° 97-84.800 P • 17 oct. 2000, n° 99-86.157 P.

7. Préjudice corporel. Encourt la cassation l'arrêt qui, en l'absence de blessures, limite la réparation au seul préjudice moral et écarte l'éventualité de préjudices corporels, alors même qu'une invalidité consécutive à l'état de stress de la victime a été médicalement constatée. • Crim. 21 oct. 2014 : *D. actu. 7 nov. 2014, obs. Priou-Alibert.*

8. Conséquences civiles du délit de fuite. En accordant à la partie civile la réparation du préjudice causé par le délit de fuite retenu à la charge du prévenu, la cour d'appel a fait l'exacte application de la loi. En effet, selon l'art. 3, l'action civile est recevable pour tous les chefs de dommages, aussi bien matériels que corporels ou moraux, qui découlent des faits objet de la poursuite. • Crim. 18 oct. 1990, n° 89-84.152 P. ♦ Justifie sa décision, en regard des dispositions des art. 2 et 3, la cour d'appel qui condamne le prévenu à réparer le préjudice moral des parents de la victime, grièvement blessée au volant d'une voiture volée qu'elle conduisait sans permis mais qui aurait pu survivre à ses blessures si elle avait été secourue à temps, dès lors que l'action civile des ayants droit était exercée contre le passager du véhicule, reconnu coupable du délit de non-assistance à personne en péril pour avoir pris la fuite après l'accident. • Crim. 19 juin 1996, n° 95-481.945 P.

III. RESPONSABLES POUR AUTRUI ET REPRÉSENTATION EN JUSTICE

1° MINEURS

9. Mineurs victimes. Les actes accomplis au nom du mineur, partie civile, au cours de la procédure d'instruction, n'ont pas à être réitérés par celui-ci après sa majorité. • Crim. 17 sept. 2003, n° 02-87.391 P : *D. 2003. IR 2603 ; JCP 2003. IV. 2884.*

10. Mineurs auteurs. Il se déduit des art. 122-8 C. pén., 3 et 6 de l'Ord. n° 45-174 du 2 févr. 1945 relative à l'enfance délinquante qu'en l'absence de disposition spécifique le prévoyant, la juridiction pénale qui déclare un mineur pénalement irresponsable au motif qu'il était privé de discernement au moment de la commission des faits n'a pas compétence pour statuer sur sa responsabilité civile ni sur celle de ses ayants droit, l'examen des conséquences civiles relevant alors de la seule compétence des juridictions civiles. • Crim. 8 juin 2017, n° 16-83.345 P : *D. actu. 26 juill. 2017, obs. Fonteix.*

2° FONCTIONNAIRES, AGENTS PUBLICS ET ÉLUS

11. Faute de service, faute personnelle et faute détachable des fonctions. La juridiction judiciaire est tenue de statuer sur la réparation des conséquences dommageables de la faute commise par un agent public et revêtant le caractère d'une faute personnelle, détachable de la fonction, telle une faute qui révèle un manquement volontaire et inexcusable à des obligations d'ordre professionnel et déontologique. • Crim. 16 nov. 2004, n° 03-87.114 P : *JCP 2005. IV. 1118* • 14 juin 2005, n° 04-83.574 P. ♦ Toutefois, avant de s'estimer compétente pour statuer sur la responsabilité civile d'un maire ayant agi dans l'exercice de ses fonctions, la juridiction judiciaire doit rechercher si la faute imputée à celui-ci présentait le caractère d'une faute personnelle détachable du service. • Crim. 14 juin 2005, n° 05-80.916 P. ♦ Ne justifie pas sa décision la cour d'appel qui condamne un maire ayant agi dans l'exercice de ses fonctions à réparer personnellement les conséquences dommageables de la faute qu'il a commise sur le fondement du délit de complicité de diffamation, sans rechercher si celle-ci présentait le caractère d'une faute personnelle détachable du service. Il n'importe que le prévenu n'ait pas opposé, devant les juges du fond, l'exception dont il pouvait se prévaloir, l'incompétence des juridictions étant en pareil cas d'ordre public. • Crim. 20 juin 2006, n° 05-87.415 P : *AJ pénal 2006. 409, obs. Royer ; AJDA 2006. 1807*.

12. Responsabilité de l'État du fait de ses agents et responsabilité personnelle des fonctionnaires. Si la responsabilité de l'État est engagée en raison des fautes commises par ses agents lorsqu'elles ne sont pas dépourvues de tout lien avec le service, cette responsabilité n'est pas exclusive de celle des fonctionnaires auxquels est reprochée une faute personnelle détachable du service. Encourt la cassation l'arrêt d'une cour d'appel qui, après avoir condamné un fonctionnaire de la police nationale pour des violences aggravées commises sur le conducteur d'un véhicule qu'il venait d'interpeller, en lui portant des coups de poing au visage et en usant de « bien plus de force que nécessaire », se déclare incompétente pour connaître des demandes en réparation formées par la partie civile à l'encontre du policier, aux motifs que, si les violences exercées par le policier constituent une infraction pénale, elles l'ont été avec les moyens du service et à l'occasion de l'interpellation d'un délinquant, de sorte que la faute commise n'est pas détachable du service et que le contentieux de sa réparation relève des juridictions administratives. • Crim. 10 févr. 2009, n° 08-84.339 P : *D. 2009. Pan. 2240, obs. Pradel ; AJ pénal 2009. 231, obs. Lasserre Capdeville ; AJDA 2009. 847 ; Procédures 2009, n° 174, obs. Buisson.* ♦ ... Ou la cour d'appel qui, pour déclarer la juridiction judiciaire incompétente aux fins de statuer sur l'action civile, après confirmation du jugement sur la déclaration de culpabilité s'agissant des faits non couverts par la prescription de l'action publique, énonce que le harcèlement moral commis par le prévenu dans le cadre de ses fonctions de maire a constitué une faute non détachable du service, alors que la seule circonstance que le prévenu avait commis les faits reprochés dans l'exercice de ses fonctions ne pouvait exclure que son comportement relevât d'un manquement volontaire et inexcusable à des obligations d'ordre professionnel et déontologique et qu'en l'occurrence, il résulte des énonciations de l'arrêt sur l'action publique que, par ses agissements répétés, l'intéressé poursuivait un objectif sans rapport avec les nécessités du service. • Crim. 29 nov. 2016, n° 15-80.229 P.

Art. 4 *(L. n° 2007-291 du 5 mars 2007, art. 20)* **L'action civile en réparation du dommage causé par l'infraction prévue par l'article 2 peut être exercée devant une juridiction civile, séparément de l'action publique.**

Toutefois, il est sursis au jugement de cette action tant qu'il n'a pas été prononcé définitivement sur l'action publique lorsque celle-ci a été mise en mouvement.

La mise en mouvement de l'action publique n'impose pas la suspension du jugement des autres actions exercées devant la juridiction civile, de quelque nature qu'elles soient, même si la décision à intervenir au pénal est susceptible d'exercer, directement ou indirectement, une influence sur la solution du procès civil.

*En matière d'actes de terrorisme, le juge civil n'est pas tenu de surseoir à statuer (**C. assur.**, art. L. 422-3).*

BIBL. ▶ CACHIA, *JCP 1955. I. 1245 ; JCP 1958. II. 10598.* – CHAVANNE, *RSC 1954. 239.* – PRALUS, *RSC 1972. 31.* – ROBERT, *Procédures 2007. Étude 19* (autorité de la chose jugée au pénal sur le civil). – TELLIER, *RSC 2009. 797* (en finir avec la primauté du criminel sur le civil !).

1. Précisions de la chambre des requêtes. Le principe que « le criminel tient le civil en l'état » ne s'applique que si une instance a été engagée devant une juridiction répressive ou que si, tout au moins, l'action publique a été régulièrement mise en mouvement. • Req. 9 nov. 1910 : *DP 1911. 1. 476.*

2. Précisions de la chambre criminelle. L'art. 4, al. 2, concernant le sursis au jugement ne vise que l'action civile exercée devant une juridiction civile séparément de l'action publique. • Crim. 16 mars 1959 : *Bull. crim. n° 181.*

3. Précisions des chambres civiles. Vaut mise en mouvement de l'action publique la constitution de partie civile devant un juge d'instruction, même contre X. • Civ. 22 nov. 1957 : *JCP 1958. II. 10439, note Boccara* • 26 oct. 1961 : *Bull. civ. n° 705 ; JCP 1962. II. 12566, note Chambon.* ♦ Jugé toutefois qu'une dénonciation ou plainte simple ne met pas l'action publique en mouvement. • Civ. 2e, 30 avr. 1970, n° 69-10.383 P : *D. 1970. Somm. 189* • 7 mai 2008 : *D. 2008. AJ 1486* . ♦ Il ne peut y avoir application de la règle « le criminel tient le civil en l'état » que lorsque les deux actions, civile et publique, procédant du même fait, il est établi que cette dernière a été engagée avant ou pendant le procès civil. • Civ. 23 juill. 1923 : *DP 1923. 1. 126* • 13 mars 1950 : *D. 1950. 414.* ♦ De même le juge civil saisi de l'action civile fondée sur l'art. 1384, al. 1er, C. civ. rejette à bon droit l'exception de sursis à statuer à raison de l'action publique intentée contre l'auteur de l'accident au motif que si les deux actions sont nées du même fait, elles procèdent d'une cause juridique différente. • Civ. 2e, 24 avr. 1958 : *Gaz. Pal. 1958. 1. 417.* ♦ Même solution si le demandeur devant le juge civil invoque à la fois les art. 1382 et 1384, al. 1er, C. civ. • Civ. 2e, 21 juin 1957 : *JCP 1958. II. 10598.* ♦ Est considérée comme une décision définitive l'ordonnance de non-lieu. • Civ. 2e, 26 oct. 1961 : *préc.* ♦ La règle « le criminel tient le civil en l'état » n'est pas applicable devant le juge des référés. • Civ. 1re, 13 nov. 1996 : *RGDA 1997. 281, note Beauchard* • Civ. 2e, 4 déc. 1985, n° 84-14.691 P • 12 févr. 1992 : *Gaz. Pal. 1992. 1. Pan. 130* • Civ. 3e, 7 janv. 2009 : *D. 2009. AJ 567* . ♦ Cette règle n'est pas non plus applicable aux demandes de provision formées devant une commission d'indemnisation des victimes d'infraction. • Civ. 2e, 15 nov. 2001, n° 00-12.506 P : *D. 2001. IR 3586 ; Dr. pénal 2002. Comm. 64, obs. Maron.* ♦ Hors le cas prévu par l'art., en refusant de surseoir à statuer sur le chef de demande relatif au dommage subi par M. X..., la cour d'appel, qui n'était pas tenue de motiver sa décision sur ce point, a exercé une faculté que la loi laisse à sa discrétion. • Civ. 1re, 2 juill. 2002, n° 00-14.471. ♦ Pour démontrer qu'une action publique est en cours, il appartient à la partie qui sollicite le sursis à statuer, dans le cas du dépôt d'une plainte avec constitution de partie civile, de justifier de la consignation fixée ou de sa dispense en application de l'art. 88. • Civ. 2e, 20 mars 2003, n° 01-11.083 P : *D. 2003. IR 1005*.

4. Une juridiction pénale ayant, par décision définitive, alloué une indemnisation à la partie civile au titre de la réparation de l'ensemble de ses préjudices, la nouvelle demande devant le juge civil visant à indemniser les mêmes préjudices se heurte à l'autorité de chose déjà jugée. • Civ. 2e, 10 nov. 2010 : *D. actu. 1er déc. 2010, obs. Tahri ; D. 2011. Actu. 265 ; AJ pénal 2011. 196, obs. Lasserre Capdeville*.

5. Il résulte de l'art. 4, al. 3 que la mise en mouvement de l'action publique et, *a fortiori*, le simple dépôt d'une plainte pénale n'imposent pas la suspension du jugement des actions à fin civile autres que celle en réparation du dommage causé par l'infraction, même si la décision à intervenir au pénal est susceptible d'exercer une influence sur la solution du procès civil. • Civ. 1re, 31 oct. 2012 : *D. actu. 21 nov. 2012, obs. Bombled ; Dr. pénal 2013. Comm. 15, note Maron et Haas.*

6. Précisions de la chambre sociale. Pour écarter la demande de sursis à statuer présentée, sur le fondement de l'art. 4, par l'Association adultes et enfants handicapés mentaux, la cour d'appel retient, « que l'employeur ne poursuit pas une action en réparation civile du préjudice qui lui aurait été causé du fait de l'utilisation par l'employeur de son pouvoir disciplinaire, que la régularité de l'exercice du pouvoir disciplinaire n'est pas subordonné à la confirmation de l'inculpation par le juge répressif » et que l'employeur ne rapporte pas la preuve que M. X... soit personnellement mis en cause dans une procédure pénale susceptible de concerner les faits qui ont motivé son licenciement ; qu'en se déterminant ainsi, alors qu'il n'était pas contesté que l'action publique avait été mise en mouvement, sans rechercher si la décision pénale à intervenir n'était pas susceptible d'exercer une influence sur la solution de l'instance civile dont elle était saisie, la cour d'appel n'a pas donné de base légale à sa décision. • Soc. 1er oct. 2002, n° 00-45.070. ♦ Si l'al. 3 de l'art. 4 dans sa rédaction issue de la loi n° 2007-291 du 5 mars 2007 n'impose pas la suspension du jugement des actions autres que celles de la partie civile, il ne prive pas la cour d'appel de la possibilité de prononcer un sursis à statuer dans l'exercice de son pouvoir discrétionnaire. • Soc. 17 sept. 2008 : *AJ pénal 2008. 510, obs. Porteron*. ♦ L'ordonnance aux fins de validation de la composition pénale rendue par le président du tribunal en application de l'art. 41-2, sans débat contradictoire à seule fin de réparer le dommage, l'action publique étant seulement suspendue, n'a pas autorité de chose jugée au pénal sur le civil. • Soc. 13 janv. 2009 : *D. 2009. AJ 291, note Lavric ; ibid. 709, note Beyneix et Rovinski*.

7. Précisions de la chambre commerciale. La seule plainte déposée au parquet n'établit pas que l'action publique ait été mise en mouvement. Les juges du fond peuvent donc, en présence d'une telle plainte, refuser de surseoir à statuer dans l'attente d'une décision sur l'action publique. • Com. 8 févr. 1984, n° 81-16.228 P. ♦ Il n'y a pas lieu à surseoir à statuer lorsque le demandeur dans ses conclusions d'appel n'avait pas demandé de sursis à statuer en raison d'une instance pénale dirigée à son encontre et lorsque la cour relève que l'instance pénale en cours visait des dirigeants de banques et que la décision à intervenir sur l'action publique n'était pas susceptible d'exercer une influence sur la solution de l'action dirigée contre le dirigeant de la société, en application des art. 182, 188 et 189 de la loi du 25 janv. 1985 dans leur rédaction applicable en la cause, et dont elle était saisie. • Com. 29 avr. 2002, n° 99-15.880. ♦ A justifié sa décision de rejet de demande de sursis à statuer et de condamnation de la banque la cour d'appel qui retient qu'en s'abstenant de mener à leur terme les opérations de paiement pour lesquelles elle était mandatée, la banque a commis une faute indépendante des fautes éventuellement commises par MM. X... qui font l'objet de l'information pénale, car elle fonde sa décision non sur les fautes qui faisaient l'objet de l'instruction pénale, mais sur la faute de la banque indépendante des premières. • Com. 9 avr. 2002, n° 99-18.598. ♦ La cour d'appel, qui a constaté que la demande dont elle était saisie se fondait sur une décision de justice devenue irrévocable, n'a pas violé le texte visé au moyen en refusant de surseoir à statuer, la procédure pénale en cours du chef de faux n'étant pas de nature à remettre en cause l'autorité de la chose précédemment jugée par cette décision. • Com. 15 janv. 2002, n° 99-14.316. ♦ V. également : • Com. 14 janv. 2003, n° 00-22.082.

8. Précisions des juges du fond. L'art. 4, al. 2, ne saurait, à défaut de convention expresse avec un État étranger, recevoir application dans les rapports judiciaires internationaux. • TGI Bastia, 8 déc. 1976 : *D. 1977. 427, note Rémond-Gouilloud*. ♦ Spécialement, le juge saisi d'une action en résolution d'une vente pour non-paiement du prix n'a pas à surseoir à statuer jusqu'à solution de l'instance pénale, procédant d'une cause différente de celle qui fondait cette dernière instance. • Paris, 6 févr. 1957 : *D. 1957. Somm. 147.*

9. Fait une exacte application de l'art. 4 la cour d'appel qui déclare recevable l'action d'une personne demandant réparation du préjudice qu'elle prétend avoir subi du fait de la publication, en violation de l'art. 38 de la loi du 29 juill. 1881, d'extraits de procès-verbaux d'audition dressés par la police judiciaire à l'occasion d'une enquête préliminaire devant le juge civil, alors que l'action publique ne peut, de ce chef, être déclenchée que par le ministère public. • Civ. 1re, 29 mai 2013 : *D. actu. 7 juin 2013, obs. Lavric.*

10. Autorité de la chose jugée. L'autorité de la chose jugée au pénal s'impose au juge civil relativement aux faits constatés qui constituent le soutien nécessaire de la condamnation pénale. • Soc. 27 sept. 2006 : *D. 2006. IR 2416.* ♦ Les juges ayant à statuer sur l'action civile ne peuvent méconnaître une condamnation définitivement prononcée par la juridiction pénale. Encourt la cassation l'arrêt d'une cour d'appel qui, statuant sur les seuls intérêts civils, déboute la victime, propriétaire d'un véhicule volé, en énonçant qu'elle avait laissé son véhicule ouvert avec les clefs sur le tableau de bord de sorte que la garde de l'automobile n'avait pas été obtenue contre le gré de son propriétaire, alors que la déclaration de culpabilité du prévenu, du chef de vol, passée en force de chose jugée, excluait que la victime ait consenti à la soustraction de son véhicule. • Crim. 19 juin 2007, n° 06-88.454 P : *AJ pénal 2007. 387.* ♦ En revanche, l'étendue du préjudice ne constituant pas le soutien nécessaire de la condamnation pénale pour faux en écriture privée ou de banque, usage de faux et abus de confiance, viole le principe de l'autorité, au civil, de la chose jugée au pénal et les articles 314-1 et 441-1 C. pén. la cour d'appel qui, pour condamner l'auteur d'un détournement de sommes à verser les dommages-intérêts réclamés par la victime, retient que le jugement correctionnel l'a reconnu coupable et qu'il n'appartient pas à la juridiction civile de déterminer l'étendue du droit à réparation. • Civ. 2e, 17 avr. 2008 : *D. 2008. AJ 1351.*

11. L'autorité de la chose jugée au pénal sur le civil s'attache à ce qui a été définitivement, nécessairement et certainement décidé par le juge pénal sur l'existence du fait qui forme la base commune de l'action civile et pénale, sur sa qualification ainsi que sur la culpabilité de celui à qui il est imputé. Elle s'étend, par ailleurs, au motif qui constitue le soutien nécessaire de la décision pénale. • Civ. 1re, 24 oct. 2012 : *D. actu. 13 nov. 2012, obs. Kebir ; D. 2013. 68, note Rias.*

12. Le rappel à la loi auquel procède le procureur de la République en application de l'art. 41-1 est dépourvu de l'autorité de la chose jugée au pénal sur le civil et n'emporte pas par lui-même preuve du fait imputé à un auteur de sa culpabilité. Dès lors, n'encourt pas la censure la cour d'appel, statuant en matière prud'homale, qui, ayant apprécié souverainement les éléments de preuve produits, portant notamment sur les faits ayant donné lieu à un rappel à la loi, a estimé ces éléments insuffisamment probants. • Soc. 21 mai 2008, n° 06-44.948 P • Civ. 2e, 7 mai 2009 : *Procédures 2009, n° 244, obs. Buisson.*

13. Seules les décisions définitives des juridictions pénales statuant au fond sur l'action publique ont au civil autorité à l'égard de tous. Dès lors, viole ce principe l'arrêt qui retient que la décision de la chambre de l'instruction qui tranche un incident de procédure est revêtue de l'autorité de la chose jugée. • Crim. 10 oct. 2008 : *D. 2008. AJ 2604 ; AJ pénal 2009. 37, obs. Dourneau-Josette ; Dr. pénal 2008. Comm. 160, obs. Maron et Haas.*

Art. 4-1 *(L. n° 2000-647 du 10 juill. 2000)* **L'absence de faute pénale non intentionnelle au sens de l'article 121-3 du code pénal ne fait pas obstacle à l'exercice d'une action devant les juridictions civiles afin d'obtenir la réparation d'un dommage sur le fondement de** *(Ord. n° 2016-131 du 10 févr. 2016, art. 6, en vigueur le 1er oct. 2016)* **« l'article 1241 » du code civil si l'existence de la faute civile prévue par cet article est établie ou en application de l'article L. 452-1 du code de la sécurité sociale si l'existence de la faute inexcusable prévue par cet article est établie.**

BIBL. ▶ DESNOYER, *D. 2002. Chron. 979* (l'art. 4-1 C. pr. pén., la loi du 10 juill. 2000 et les ambitions du législateur : l'esprit contrarié par la lettre).

1. En invitant les parties civiles à mieux se pourvoir sur leur demande de réparation après avoir constaté que la faute de négligence relevée à la *charge du prévenu relaxé* n'est pas détachable de ses fonctions de maire, la cour d'appel a justifié sa décision sans méconnaître la portée des art. 4-1 et 470-1, qui n'apportent pas d'exception au principe de la séparation des pouvoirs. • Crim. 4 juin 2002, n° 01-81.280 P : *D. 2003. 95, note Petit ; JCP 2002. IV. 2364 ; RSC 2003. 92, obs. Bouloc ; ibid. 127, obs. Giudicelli.*

2. L'art. 4-1 dissociant la faute pénale non intentionnelle de la faute civile, notamment pour ce qui a trait à la reconnaissance éventuelle de la faute inexcusable de l'employeur, c'est à tort que la cour d'appel a rejeté la demande de reconnaissance de cette faute de l'employeur au motif que celui-ci a été relaxé par le tribunal correctionnel et que le respect de l'autorité de la chose jugée attachée aux décisions des juridictions pénales interdit de lui imputer une faute à l'origine de l'accident. • Civ. 2e, 16 sept. 2003, n° 01-16.715 P : *D. 2004. 721, note Bonfils ; RCA 2003. Comm. 289.*

3. Il résulte de l'art. 4-1 que la faute pénale non intentionnelle, au sens des dispositions de l'art. 121-3 C. pén., est dissociée de la faute inexcusable au sens des dispositions de l'art. L. 452-1 CSS. Il appartient dès lors à la juridiction de la sécurité sociale de rechercher si les éléments du dossier permettent de retenir la faute inexcusable de l'employeur, laquelle s'apprécie de façon distincte des éléments constitutifs de l'infraction d'homicide involontaire. • Civ. 2e, 15 mars 2012 : *D. 2012. 1316, note Rias*.

Art. 5 **La partie qui a exercé son action devant la juridiction civile compétente ne peut la porter devant la juridiction répressive. Il n'en est autrement que si celle-ci a été saisie par le ministère public avant qu'un jugement sur le fond ait été rendu par la juridiction civile.**

V. art. 85.

BIBL. ▶ Freyria, *RSC 1951. 213.*

1. Signification de la règle. La maxime *una via electa* (consacrant la règle d'irrévocabilité) ne fait pas obstacle à ce que la victime renonce à la procédure commencée devant la juridiction répressive pour porter l'action devant le tribunal civil, alors notamment qu'une loi d'amnistie intervenue avant la citation de l'inculpé devant le tribunal correctionnel a éteint l'action publique. • Req. 5 déc. 1933 : *DH 1934. 33* • 20 mai 1935 : *DH 1935. 378.* ♦ Une assignation en référé ne saurait s'analyser en une action en justice au sens de l'art. 5. • Crim. 21 juin 2000, nº 99-83.979. • Crim. 20 mars 1989, nº 88-81.640 P. ♦ Même sens : • Crim. 4 déc. 1997, nº 97-81.816 P : *Dr. pénal 1998, nº 43, obs. Maron.*

2. Irrecevabilité de l'action civile au pénal. Lorsque le juge répressif initialement saisi par la partie civile n'a pas statué au fond sur l'action civile au motif que cette action était irrecevable la victime peut porter son action devant la juridiction civile sans se heurter à la règle *una via electa*. • Civ. 2e, 10 janv. 2002, nº 99-20.351 P. ♦ ... L'action de la victime devant la juridiction civile est recevable tant qu'elle n'est pas prescrite. • Civ. 2e, 13 juin 2002, nº 00-21.737 P : *D. 2002. IR 2169*.

3. Quand le juge pénal a d'abord été saisi de l'action civile, la partie peut porter ultérieurement son action en réparation devant la juridiction civile, mais ce n'est qu'à la condition qu'elle se soit désistée préalablement de ladite action civile. • Crim. 20 déc. 1966, nº 99-91.144 P.

4. Désistement de la victime. La victime peut se désister sans qu'il soit nécessaire d'obtenir l'accord des personnes contre lesquelles l'action avait été initialement engagée. • Crim. 28 mars 1955 : *Bull. crim. nº 179* • 4 juill. 1983, nº 82-94.063 P : *D. 1983. IR 501.* ♦ Toutefois, lorsque la juridiction pénale, saisie la première, a déjà statué au fond, le désistement est irrecevable si les autres parties ne l'ont pas accepté. • Crim. 16 nov. 1955 : *Bull. crim. nº 484.* ♦ La partie qui a choisi la voie pénale ne peut y renoncer, sauf accord des autres parties, lorsque le tribunal répressif, saisi de l'instance, a statué au fond. • Crim. 14 juin 1983, nº 81-92.087 P : *JCP 1984. II. 20238, note Barbièri.* ♦ Mais encourt la cassation la cour d'appel qui, ajoutant à l'art. 5 une condition qu'il ne comporte pas, déclare irrecevable une constitution de partie civile, effectuée devant le tribunal correctionnel après sa saisine par le procureur de la République, qui n'a pas été précédée d'un désistement de l'action préalablement engagée devant la juridiction civile.

5. Nature du référé. Une assignation en référé ne saurait s'analyser en une action en justice au sens de l'art. 5, les parties civiles qui ont obtenu une ordonnance de référé condamnant le prévenu à titre provisionnel ne peuvent donc être déboutées de leur demande de dommages-intérêts sur la base de cet article. • Crim. 21 juin 2000, nº 99-93.979 P : *D. 2000. IR 253.* ♦ En vertu des dispositions de l'art. 5-1, le juge des référés ne peut accorder une provision au demandeur qui s'est constitué partie civile que dans les cas où l'obligation n'est pas sérieusement contestable ; une cour d'appel ne peut accueillir partiellement les demandes de provisions de la famille de la victime au motif que l'obligation du prévenu à réparer les conséquences dommageables de ces faits n'est pas sérieusement contestable celui-ci ayant administré un coup violent à un endroit vital alors que l'intéressé prétendait avoir agi en état de légitime défense et que l'obligation était, dès lors, sérieusement contestable. • Civ. 2e, 28 sept. 2000 : *Dr. pénal 2000. Comm. 141, obs. Maron.*

6. Conditions de la règle. Si, aux termes de l'art. 5, la partie qui a exercé son action devant la juridiction civile compétente ne peut la porter devant la juridiction répressive, cette règle n'est pas applicable lorsque la juridiction civile préalablement saisie est un tribunal étranger. Cette disposition, tout comme celle de l'art. 4, al. 2, en ce qu'elle touche à l'ordre même des juridictions en même temps qu'aux règles de procédure et au fonctionnement des instances judiciaires, ne saurait, en effet, à défaut d'une convention expresse conclue avec l'État étranger, recevoir application dans les rapports judiciaires internationaux. • Crim. 22 nov. 1967, nº 66-93.880 P : *D. 1968. 221 ; RSC 1968. 359, obs. J. Robert.*

7. L'exception d'irrecevabilité de l'action civile tirée de l'art. 5 ne peut être utilement opposée devant le juge pénal lorsque celui-ci a été saisi le premier de l'action civile des parties civiles ; par ailleurs, cette exception suppose que les demandes aient été portées devant le juge civil et devant le juge pénal, ce qui exclut l'application du texte lorsque le demandeur à l'action civile devant le juge pénal saisit également le juge administratif. • Crim. 30 mars 2021, nº 20-81.516 P : *D. actu. 11 mai 2021, obs. Priou-Alibert.*

8. Question de la connaissance ou de l'ignorance par la victime de la nature délictueuse des faits. La maxime *una via electa* ne peut être invoquée quand la partie lésée ignorait, au moment où elle a saisi la juridiction civile, le délit qui avait été commis à son préjudice. Spécialement, l'acheteur de valeurs mobilières qui a d'abord assigné devant la juridiction civile un mandataire, chargé de l'opération, pour obtenir livraison de ses titres, peut le poursuivre devant le tribunal correctionnel s'il est établi ensuite qu'il y a eu détournement frauduleux, constitutif du délit d'abus de confiance. • Crim. 10 déc. 1925 : *D. 1927. 1. 79.* ♦ V., dans le même sens : • Crim. 5 juin 1940 : *Gaz. Pal. 1940. 2. 82.* ♦ Il en est de même si l'infraction est révélée par le rapport de l'expert commis par le jugement préparatoire. • Crim. 22 mars 1955 : *Bull. crim. n° 169.*

9. Différence d'objet, de cause ou d'action. La plainte avec constitution de partie civile du chef d'abus de confiance, tendant à la réparation du dommage résultant du détournement de biens confiés à titre de dépôt, diffère quant à son objet de l'action en restitution de ces mêmes biens, et ne saurait, dès lors, se voir opposer l'exception d'irrecevabilité prévue par l'art. 5 et prise de ce que cette action aurait été préalablement exercée devant la juridiction civile. • Crim. 29 mars 1995, n° 94-85.464 P : *Procédures 1995. Comm. 189, obs. Buisson.* ♦ De même, les demandes dont est saisi le juge civil, tendant à la mise en œuvre de la garantie décennale des constructeurs, diffèrent par leur cause et leur objet de l'action en responsabilité civile tendant à la réparation du dommage né du défaut d'assurance de responsabilité décennale. • Crim. 11 janv. 2005, n° 04-82.934 P : *JCP 2005. IV. 1502.*

10. Une déclaration de créance devant le tribunal de commerce ne constituant pas une action exercée devant une juridiction civile au sens de l'art. 5, le moyen, qui reproche à l'arrêt de ne pas avoir recherché si la déclaration de créance et l'action civile devant le juge pénal visaient à obtenir le paiement de la même créance et avaient donc le même objet, est inopérant. • Crim. 30 janv. 2019, n° 18-81.460 P.

11. Encourt la cassation l'arrêt qui, dans une *poursuite pour contrefaçon de marque*, accueille l'exception d'irrecevabilité de l'action civile fondée sur l'art. 5 aux motifs que le juge civil, déjà saisi par la victime de faits antérieurs de contrefaçon commis par le prévenu, a sanctionné par une astreinte tout nouvel usage illicite de la marque. • Crim. 20 mars 1996, n° 95-82.255 P.

12. A méconnu le sens et la portée de l'art. 5, la chambre d'accusation qui a déclaré irrecevable une plainte avec constitution de partie civile qui tendait à la réparation du dommage résultant de l'escroquerie qui différait quant à son objet de l'action en annulation du contrat portée devant la juridiction civile. • Crim. 16 janv. 2002, n° 00-87.826.

13. L'action en paiement des lettres de change, exercée par la partie civile à l'encontre de la société tirée, est distincte de l'action en réparation du préjudice résultant du délit de complicité d'escroquerie commis par le dirigeant de cette société, par conséquent, la fin de non-recevoir, tirée de la violation de la règle posée par l'art. 5, doit être écartée. • Crim. 11 déc. 2002, n° 01-87.278.

14. N'ont pas un objet identique la plainte avec constitution de partie civile portée devant la juridiction pénale par un salarié à l'encontre de son employeur à raison d'atteintes personnelles résultant de faits constitutifs du délit de discrimination et l'action antérieurement exercée devant la juridiction prud'homale pour licenciement abusif. • Crim. 19 nov. 2013, n° 12-83.294 P : *Gaz. Pal. 9 févr. 2013, p. 44, note Fourment.*

15. Identité des actions. Un jugement de tribunal d'instance, prononçant la nullité d'une assignation en diffamation pour défaut d'élection de domicile, rend irrecevable la constitution de partie civile pour outrage à personne chargée d'une mission de service public en application de l'article 5, lorsque la juridiction pénale n'a pas été saisie par le ministère public avant l'intervention du jugement civil au fond ; en outre, la décision de la juridiction civile faisait obstacle à une nouvelle action ayant la même cause, le même objet et les mêmes parties. • Crim. 17 févr. 2004, n° 03-84.798 P : *D. 2004. IR 1065 ; JCP 2004. IV. 1770 ; RSC 2004. 670, note Giudicelli .*

16. L'application de la maxime suppose que les deux demandes portées devant le juge civil et le juge pénal opposent les mêmes parties, aient le même objet et la même cause. • Crim. 26 avr. 1983, n° 81-94.457 P. ♦ Tel est le cas du salarié délégué syndical qui saisit le conseil des prud'hommes à l'encontre de la société qui l'emploie pour des faits d'entrave, de discrimination syndicale et de harcèlement moral, puis se constitue partie civile et poursuit le président de ladite société devant la juridiction répressive pour les mêmes faits. • Crim. 3 avr. 2007, n° 06-86.748 P : *D. 2007. AJ 1424 ; ibid. 2008. Pan. 2758, obs. Pradel ; AJ pénal 2007. 328, obs. Saas .* ♦ Encourt la censure l'arrêt d'une cour d'appel qui déclare irrecevable la constitution d'une partie civile en se fondant sur l'autorité d'une décision civile devenue définitive, sans rechercher s'il existait entre la demande présentée devant la juridiction civile et celle soumise aux juges répressifs une triple identité de parties, d'objet et de cause. • Crim. 6 sept. 1990, n° 89-84.421 P. ♦ Les dispositions de l'art. 5 aux termes duquel « la partie qui a exercé son action devant la juridiction civile compétente ne peut la porter devant la juridiction répressive » ne sont applicables à la partie civile que dans le cas où celle-ci a, avant de porter son action devant le juge répressif, saisi la juridiction civile d'une action formée contre la même partie pour la même cause et ayant le même objet que la procédure suivie devant le juge pénal. Tel n'est pas le cas faute d'identité d'objet, lorsque l'instance engagée devant la juridiction civile avait pour unique objet de faire prononcer l'annulation d'un protocole litigieux alors que l'action portée devant le juge répressif avait pour objet de faire constater l'existence du délit d'extorsion de fonds et d'obtenir réparation du dommage occasionné par ce délit. • Crim. 9 avr. 1991, n° 90-83.429 P. ♦ Dans le même sens : • Crim. 21 nov. 1983, n° 82-91.794 P. ♦ L'exercice, par un salarié, d'une action devant le conseil de prud'hommes contre son employeur, pour licenciement abusif, ne fait pas obstacle à ce que le syndicat professionnel auquel il est affilié se constitue partie civile devant le juge correctionnel dans les poursuites engagées contre le même employeur, à l'occasion du même licenciement, pour atteinte à l'exercice régulier des fonctions de délégué du personnel, les deux actions n'ayant pas la même cause juridique. • Crim. 13 mars 1984, n° 80-94.765 P. ♦ Comp. : L'assignation devant le juge des référés dont l'objet est de voir ordonner des mesures conservatoires ou de remise en état qui s'imposent pour prévenir un dommage imminent ou pour faire cesser un trouble manifestement illicite, ne saurait s'analyser en une action en justice au sens de l'art. 5 C. pr. civ. Une telle assignation ne saurait faire obstacle au droit de la victime d'une infraction de saisir le juge pénal. Dans une telle hypothèse, la recherche de l'identité des parties, de l'objet ou de la cause est juridiquement sans intérêt. • Crim. 4 oct. 1983, n° 82-93.674 P.

17. Il y a identité de parties et donc irrecevabilité de l'action de la partie civile en vertu de l'art. 5, lorsque la demande est d'abord portée devant la juridiction civile contre des personnes morales de droit public et ensuite devant la juridiction pénale contre leurs représentants dans une procédure en inscription de faux. • Crim. 18 sept. 2002, n° 01-84.552. ♦ Les demandeurs ne sauraient se faire un grief de ce que l'arrêt attaqué a rejeté l'exception d'irrecevabilité des constitutions de partie civile, en méconnaissance des dispositions de l'art. 5, dès lors que la décision statuant sur la recevabilité d'une constitution de partie civile, qui ne porte que sur l'exercice des droits réservés à la partie civile au cours de la procédure d'information, n'acquiert aucune autorité de chose jugée quant à l'exercice de l'action civile devant la juridiction de jugement. • Crim. 19 juin 2002, n° 02-82.780.

18. L'auteur de l'action civile qui est fondée sur le délit de diffamation des art. 29 et 32 de la loi du 29 juill. 1881 et est exercée devant le juge pénal ne peut plus agir en raison des mêmes faits sur le fondement de l'art. 9-1 C. civ. • Civ. 1re, 28 juin 2007 : *D. 2007. AJ 2039*.

19. La victime peut se constituer partie civile tant que n'est pas liée l'instance civile par le dépôt des conclusions ou la mise au rôle suivie d'une acceptation du débat. • Crim. 31 mai 1946 : *D. 1946. 327*.

20. Caractère de la règle : règle qui n'est pas d'ordre public. L'art. 5 ne protégeant que des intérêts privés, sa violation ne peut être relevée par un juge d'instruction qu'à la demande de la partie à l'information concernée. • Crim. 10 oct. 2000, n° 99-94.639 P : *D. 2000. IR 283* • 16 févr. 2010, n° 09-84.838 P : *AJ pénal 2010. 201 ; Procédures 2010, n° 199, obs. Buisson.* ♦ La fin de non-recevoir tirée de l'art. 5 (maxime « *una via electa* ») ne protégeant que des intérêts privés, sa violation ne peut être relevée par la juridiction d'instruction qu'à la demande de la partie concernée. Méconnaît ce principe la chambre d'accusation qui, saisie de l'appel d'une ordonnance du juge d'instruction ayant déclaré d'office irrecevable une plainte avec constitution de partie civile sur le fondement du texte précité, infirme l'ordonnance après avoir énoncé que les conditions d'application de la fin de non-recevoir n'étaient pas réunies, alors qu'elle aurait dû constater que le juge d'instruction avait statué à tort sur le bien-fondé de celle-ci. Toutefois, la censure n'est pas encourue, dès lors que la décision d'infirmation est justifiée par ce motif, substitué à ceux erronés de l'arrêt attaqué. Ainsi justifié, un tel arrêt ne saurait faire obstacle à ce que les personnes qui pourraient être mises en examen au cours de l'information invoquent la fin de non-recevoir tirée du texte précité. • Crim. 5 déc. 2000, n° 00-85.346 P : *D. 2001. IR 672*.

21. Fin de non-recevoir. La fin de non-recevoir tirée de l'art. 5 doit être proposée dans les conditions prévues par ledit article et par l'art. 385. Le prévenu qui s'est défendu devant la juridiction répressive doit être considéré comme ayant accepté le débat devant cette juridiction et renoncé à se prévaloir des dispositions de l'art. 5 préc. • Crim. 21 juin 1976, n° 75-92.178 P • 5 juin 1984 : *ibid. n° 204.* ♦ V. aussi : • Crim. 8 févr. 1940 : *DH 1940. 101* • 21 juill. 1971, n° 71-90.367 P • 8 janv. 1990, n° 88-87.101 P • 7 juill. 1998, n° 96-85.947 P. ♦ La règle *electa una via*, fondée sur l'art. 5, constitue une fin de non-recevoir, laquelle, aux termes de l'art. 385, doit être présentée avant toute défense au fond, à peine d'irrecevabilité. • Crim. 18 sept. 2018, n° 13-88.631 P.

22. Recevabilité de l'action. En application des dispositions de l'art. 5 *in fine*, doit être déclarée recevable la constitution de partie civile intervenante de celui qui a confié des fonds à une personne mise en examen pour abus de confiance portant sur les sommes en cause, dans une information ouverte sur réquisition du ministère public avant que la juridiction civile ait statué sur la demande en remboursement engagée par le remettant. • Crim. 22 nov. 2005, n° 04.86.758 P.

23. Une chambre d'accusation ne peut opposer aux parties civiles la fin de non-recevoir prévue par l'art. 5, après avoir constaté l'incompétence territoriale du juge d'instruction, annulé la procédure et constaté l'extinction de l'action publique sans avoir, d'une part, mis les parties civiles en mesure de produire la justification de la localisation du siège social de la société poursuivie et de s'expliquer sur la prescription de l'action publique, et, d'autre part, sans avoir précisé celles des parties civiles auxquelles était opposable la règle « *electa una via* ». • Crim. 8 janv. 2002, n° 00-87.214.

Art. 5-1 *(L. n° 83-608 du 8 juill. 1983)* **Même si le demandeur s'est constitué partie civile devant la juridiction répressive, la juridiction civile, saisie en référé, demeure compétente pour ordonner toutes mesures provisoires relatives aux faits qui sont l'objet des poursuites, lorsque l'existence de l'obligation n'est pas sérieusement contestable.**

BIBL. ▶ BERTIN, *Gaz. Pal. 1985. 1. Doctr. 226.* – LACABARATS, *Justices 1998, n° 10, p. 151.* – PRADEL, *D. 1983. Chron. 241.*

1. Au rang des « mesures provisoires » prévues par l'art. 5-1 figure la possibilité de rechercher et d'inventorier les éléments du patrimoine immobilier et mobilier des auteurs de l'infraction et éventuellement d'en assurer la conservation et la gestion afin de garantir la meilleure réparation du préjudice sous réserve des mesures prises ou à prendre par le magistrat instructeur. • TGI Paris, 23 mai 1984 : *D. 1984, Flash n° 25.* ♦ Il convient donc pour le juge des référés de désigner un mandataire de justice pour procéder à ces recherches et inventaire, aux sursis à statuer jusqu'à leur résultat sur toutes autres mesures provisoires sur le patrimoine. En revanche, il n'est pas possible d'étendre la mission à l'appréhension de fonds, objets ou valeurs, une telle mesure constituant une immixtion dans l'information pénale en cours et préjudiciant à son déroulement. • Même jugement.

2. L'assignation devant le juge des référés dont l'objet est de voir ordonner des mesures conservatoires ou de remise en état qui s'imposent pour prévenir un dommage imminent ou pour faire cesser un trouble manifestement illicite, ne saurait s'analyser en une action en justice au sens de l'art. 5. Une telle assignation ne saurait faire obstacle au droit de la victime d'une infraction de saisir le juge pénal. Dans une telle hypothèse, la recherche de l'identité des parties de l'objet ou de la cause est juridiquement sans intérêt. • Crim. 4 oct. 1983, n° 82-93.674 P. ♦ Une assignation en référé ne peut s'analyser en une action en justice au sens de l'art. 5 et la juridiction répressive n'est pas dessaisie de l'action civile lorsqu'une instance en référé est engagée par la partie civile dans les conditions prévues par l'art. 5-1. Justifie, dès lors, sa décision la juridiction correctionnelle qui, en pareil cas, sursoit à statuer sur l'indemnisation de la victime dans l'attente du résultat d'une expertise ordonnée par le juge des référés. • Crim. 11 avr. 1991, n° 90-81.450 P.

3. Une assignation en référé ne saurait s'analyser en une action en justice au sens de l'art. 5. • Crim. 21 juin 2000, n° 99-83.979 P.

Art. 6 **L'action publique pour l'application de la peine s'éteint par la mort du prévenu, la prescription, l'amnistie, l'abrogation de la loi pénale et la chose jugée.**

(Ord. n° 58-1296 du 23 déc. 1958) **« Toutefois, si des poursuites ayant entraîné condamnation ont révélé la fausseté du jugement ou de l'arrêt qui a déclaré l'action publique éteinte, l'action publique pourra être reprise ; la prescription doit alors être considérée comme suspendue depuis le jour où le jugement ou arrêt était devenu définitif jusqu'à celui de la condamnation du coupable de faux ou usage de faux. »**

Elle peut, en outre, s'éteindre par transaction lorsque la loi en dispose expressément *(L. n° 99-515 du 23 juin 1999)* **« ou par l'exécution d'une composition pénale » ; il en est de même, en cas de retrait de plainte, lorsque celle-ci est une condition nécessaire de la poursuite.**

En ce qui concerne les effets de l'abrogation de la loi pénale sur la peine, V. C. pén., art. 112-4. — ***C. pén.***

S'agissant de l'extinction de l'action publique pour l'application des peines prévues en matière d'abus de marché, V. C. mon. fin., art. L. 465-3-6. — ***C. mon. fin.***

RÉP. PÉN. v[is] *Chose jugée* par DANET ; *Transaction pénale,* par REDON ; *Prescription de l'action publique,* par COURTIN.

BIBL. ▶ BEAUSSONIE, *D. 2021. 167* (fin de l'impunité des personnes morales absorbées et absorbantes). – BOITARD, *RSC 1941. 151.* – COMMARET, *RSC 2000. 856.* – GHERARDI, *RFDA 1999. 905* (réflexions sur la nature juridique des transactions pénales). – PRADEL, *D. 1967. Chron. 233.* – SAVEY-CASARD, *RSC 1976. 319.* – SALOMON, *D. 2021. 161* (fin de l'impunité des personnes morales absorbées et absorbantes).

▸ **Dossier :** *AJ pénal 2015. 460* s. (quelle place pour la transaction pénale ?).

1. Décès du prévenu. L'action publique s'éteint par le décès du prévenu au cours de l'instance du pourvoi en cassation ; mais la Cour de cassation demeure compétente pour statuer sur les intérêts civils. • Crim. 18 févr. 1915 : *DP 1919. 1. 71* • 8 avr. 1991, n° 88-81.542 P • 13 mars 1997, n° 95-85.034 P. ♦ Comp. : • Crim. 7 nov. 1946 : *D. 1947. 29* • 5 août 1952 : *D. 1952. 654.* ♦ Doivent de ce fait être examinés tant les moyens de cassation qui portent sur l'action civile que ceux qui portent sur l'action publique, celle-ci servant de fondement à celle-là. • Crim. 13 mars 1995, n° 93-84.299 P. ♦ Mais il en est autrement lorsque l'arrêt a été rendu par une juridiction d'instruction, les juges répressifs, ne pouvant plus statuer sur l'action publique, se trouvent dès lors incompétents pour connaître de l'action civile. • Crim. 5 mai 1998, n° 97-82.669 P. ♦ Quand le décès du prévenu se produit avant toute décision sur le fond, la juridiction correctionnelle devient incompétente pour connaître de l'action civile. • Crim. 7 mars 1936 : *DH 1936. 238* • 9 sept. 2008, n° 07-87.207 P : *AJ pénal 2008. 508, obs. Duparc* ; *Dr. pénal 2008. Comm. 147, obs. Maron et Haas.* ♦ Mais il en est autrement lorsque le prévenu décède après qu'une décision judiciaire a déjà été rendue tant sur l'action publique que sur l'action civile. • Crim. 7 mars 1936 : *préc.* ♦ Comp. : • Crim. 22 mai 1995, n° 94-83.157 P. ♦ Spécialement, lorsque le décès se produit au cours de l'instance d'appel ou de pourvoi, l'action publique est éteinte mais la cour d'appel et la Cour de cassation restent compétentes pour statuer sur les intérêts civils. • Crim. 15 juin 1977, n° 79-91.679 P : *D. 1977. IR 355.* ♦ Rappr. : • Crim. 22 mai 1995, n° 94-83.157 P. ♦ Justifie dès lors sa décision la cour d'appel qui, sur renvoi après cassation, retient la compétence de la juridiction répressive pour connaître de l'action civile dirigée contre les ayants droit du prévenu décédé au cours de l'instance en cassation. • Crim. 25 oct. 2006, n° 05-85.998 P : *D. 2006. 2736, obs. Lienhard* . ♦ La cour d'appel reste compétente si le décès est survenu après cassation, mais avant que le prévenu ait été cité devant la cour de renvoi. • Crim. 3 févr. 1965, n° 64-92.411 P. ♦ Après la mort du prévenu, il ne peut plus être statué sur la peine et l'amende fiscale. Mais la confiscation visant le produit du délit, sanction à caractère réel, et l'action civile, survivent à l'extinction de l'action publique. • Crim. 9 déc. 1991, n° 88-80.786 P. ♦ V. aussi : • Crim. 8 oct. 1990 : *JCP 1991. II. 21722, obs. Pannier* • 13 mars 1997 : *préc.* ♦ Si le décès du prévenu qui éteint l'action correctionnelle en ce qui concerne les amendes encourues, permet à l'administration des Impôts de poursuivre contre les héritiers ou successeurs du défunt l'application des sanctions qui ont pour objet d'assurer la réparation du préjudice causé au Trésor public et la confiscation, mesure à caractère réel affectant les marchandises de fraude, c'est à la condition que l'instance prévue à l'art. L. 235 LPF ait été portée du vivant de l'auteur de l'infraction devant le tribunal correctionnel seul compétent pour en connaître. • Crim. 9 mars 1992, n° 91-83.723 P. ♦ En revanche, les tribunaux répressifs ne peuvent se prononcer sur l'action civile qu'autant qu'il a été préalablement statué au fond sur l'action publique. • Crim. 9 sept. 2008, n° 07-87.207 P.

2. L'action publique s'éteint par le décès du prévenu. Toutefois, la juridiction répressive reste compétente pour se prononcer sur l'action civile après le décès de la personne poursuivie à condition qu'une décision sur le fond concernant l'action publique ait été rendue au moment du décès. • Crim. 10 mai 2012, n° 12-82.810 P : *D. actu. 11 juill. 2012, obs. Martineau.*

3. Disparition de la personne morale. Les tribunaux répressifs n'étant compétents pour connaître de l'action civile en réparation du dommage né d'une infraction intentionnelle qu'accessoirement à l'action publique, ils ne peuvent se prononcer sur l'action civile tandis que l'action publique était éteinte avant toute décision sur le fond, en raison de l'absorption de la personne morale, auteur supposé, par une autre personne morale. • Crim. 23 avr. 2013 : *D. actu. 13 mai 2013, obs. Fucini.*

4. Amnistie. L'amnistie éteignant l'action publique à partir de la promulgation de la loi qui l'accorde, s'oppose à ce que les faits amnistiés soient, postérieurement à cette loi, poursuivis sous une qualification autre que celle qui leur avait été antérieurement donnée. • Crim. 12 févr. 1925 : *DP 1925. 1. 153, note Henry.* ♦ Mais, en ce cas, le tribunal répressif reste saisi de l'action civile, qui reste soumise au délai de la prescription pénale. • Crim. 24 juin 1941 : *Bull. crim. n° 34* • 22 janv. 1974, n° 73-92.960 P. ♦ Lorsque l'arrêt de la cour d'appel déclare amnistiés les faits poursuivis, en raison de la nature de l'infraction, le prévenu n'est pas admis à critiquer cet arrêt et son pourvoi est irrecevable. • Crim. 10 janv. 1983, n° 82-91.220 P.

5. Disparition de la loi pénale. L'action publique pour infraction à une loi pénale temporaire s'éteint par l'expiration du temps pour lequel cette loi a été faite. Quand l'action civile a été poursuivie en même temps et devant les mêmes juges que l'action publique, les deux actions, surtout s'il a été statué sur elles, deviennent indépendantes l'une de l'autre. • Crim. 20 avr. 1923 : *DP 1925. 1. 57*, note Degois. ♦ Par suite, en cas d'appel, l'extinction de l'action publique pendant l'instance, par survenance de la caducité d'une loi temporaire, laisse la cour compétente pour statuer sur l'action civile. • Même arrêt. ♦ Même solution en cas d'abrogation de la loi pénale. • Crim. 30 oct. 1946 : *D. 1947. 50*

• 16 déc. 1954 : *JCP 1955. II. 8643, note Vitu.* ♦ V., sur les effets de l'abrogation du délit d'émission de chèque sans provision : aux termes de l'art. 6, l'action publique s'éteint, notamment, par l'abrogation de la loi pénale. Tel est le cas lorsqu'en raison d'une modification législative, les faits poursuivis cessent d'être punissables avant qu'une décision définitive soit intervenue. En application de l'art. 9 de la loi n° 91-1382 du 30 déc. 1991, modifiant l'art. 66 du décr. du 30 oct. 1935, l'émission de chèque sans provision n'est plus pénalement réprimée. • Crim. 30 janv. 1992, n° 91-81.917 P. ♦ ... De l'abrogation de l'art. R. 232 (2°) C. route : • Crim. 24 nov. 1993, n° 93-84.377 P • 26 oct. 1994, n° 90-80.390 P. ♦ Aucune peine ne saurait être prononcée lorsque les faits poursuivis, bien qu'entrant dans les prévisions de deux textes répressifs successifs, applicables respectivement à la date de la commission desdits faits et à celle de leur jugement, ont échappé à toute incrimination entre l'abrogation du premier et l'entrée en vigueur du second. • Crim. 2 mars 1994, n° 93-82.921 P. ♦ N'ayant pas de portée rétroactive, l'abrogation d'un acte administratif individuel pénalement sanctionné est sans effet sur la validité de poursuites fondées sur la violation antérieure de cet acte. • Crim. 19 févr. 1997, n° 96-80.130 P. ♦ V. aussi note 15.

6. Transaction. L'action civile doit être jugée par le juge répressif, quels que soient les événements qui, telle une transaction, peuvent, dans le cours de l'instance d'appel, soit arrêter la marche, soit compromettre l'existence de l'action publique. • Crim. 18 févr. 1954 : *D. 1954. 421.* ♦ La transaction ne faisant pas, sauf disposition légale contraire, disparaître l'infraction, et restant dès lors sans effet sur l'exercice de l'action publique, une transaction, en vertu de laquelle les ayants droit de la victime d'un vol ont été indemnisés, ne confère pas un caractère régulier à la possession du produit de l'infraction. • Crim. 4 juin 1998, n° 96-85.871 P : *RG proc. 1999. 95, Chron. Rebut ; Procédures 1998. Comm. 223, obs. Buisson.* ♦ Comp. : attendu que selon l'art. L. 141-2 C. consom., l'action publique est éteinte lorsque l'auteur de l'infraction a exécuté, dans le délai imparti, les obligations résultant pour lui de l'acceptation de la transaction, les juges du fond *sont tenus, avant de proclamer* l'action publique éteinte, de constater l'exécution de ces obligations. • Crim. 19 mai 2015, n° 14-85.885 P : *D. 2015. 1983, note Perrier.*

7. Prescription. L'action civile ne peut être portée devant le juge répressif quand, au moment où elle est exercée, l'action publique se trouvait déjà éteinte par la prescription. • Crim. 27 mai 1933 : *DH 1933. 397.* ♦ Si aucun acte interruptif n'a été accompli entre le moment de la mise en examen et la fin de la prescription de faits délictuels, c'est à bon droit que la chambre d'accusation constate l'extinction de l'action publique quand bien même la partie civile aurait envoyé de simples courriers au conseiller chargé de l'instruction de l'affaire. • Crim. 7 juin 2000, n° 99-81.570 P. ♦ En cas d'inaction du ministère public, il appartient à la partie civile d'assigner le prévenu à l'une des audiences de la cour d'appel pour interrompre le délai de prescription ; ainsi, dans le cadre de poursuites pour diffamation publique fondées sur les dispositions de l'art. 65 de la loi du 29 juill. 1881, la prescription est acquise si plus de trois mois se sont écoulés entre l'appel du ministère public et la citation à l'audience de la cour d'appel par l'avocat général sans qu'aucun acte interruptif de prescription ne soit intervenu. • Crim. 25 févr. 2003, n° 02-81.638 P : *JCP 2003. IV. 1703 ; Dr. pénal 2003. Comm. 72, obs. Véron.*

8. En cas d'inaction du ministère public, il appartient à la partie civile qui a obtenu un jugement de condamnation rendu contradictoirement à son égard et qui doit surveiller la procédure, de faire signifier elle-même, avant l'expiration du délai de prescription, la décision qui n'a pas été prononcée contradictoirement contre le prévenu. • Crim. 4 sept. 2018, n° 17-85.963 P : *D. actu. 28 sept. 2018, obs. Lavric.*

9. Retrait de plainte. Le délit d'abandon de foyer entre dans les prévisions de l'art. 6, al. 3, décidant que l'action publique s'éteint, en cas de retrait de plainte, lorsque celle-ci est une condition nécessaire de la poursuite. Par suite, le tribunal qui a constaté le désistement du plaignant doit déclarer l'action publique éteinte. • Crim. 28 oct. 1965 : *D. 1965. 803, rapp. Combaldieu.* ♦ Il en est de même du délit de l'art. 226-1 C. pén., qui réprime l'atteinte à l'intimité de la vie privée, poursuivie selon l'art. 226-6 du même code. • Crim. 14 janv. 1997, n° 96-82.901 P. ♦ V. déjà, concernant l'art. 368 anc. C. pén. : • Crim. 8 déc. 1992, n° 92-82.340 P. ♦ Il appartient à la juridiction d'instruction, avant d'examiner la portée du désistement des parties civiles au regard des dispositions de l'art. 6, al. 3, de rechercher celles des plaintes qui répondaient aux exigences combinées des art. 113-7 et 113-8 C. pén., conditionnant la régularité des poursuites exercées par le ministère public. • Crim. 6 nov. 2013, n° 13-84.317 P.

10. Chose jugée. QPC. S'il résulte des dispositions de l'art. 6 qu'une décision définitive d'une autorité administrative prononçant une sanction ayant le caractère d'une punition ne constitue pas une cause d'extinction de l'action publique, ces dispositions ne méconnaissent en elles-mêmes aucun droit ou liberté que la Constitution garantit ; en conséquence, les mots « chose jugée » figurant au premier al. doivent être déclarés conformes à la Constitution. • Cons. const. 18 mars 2015, n°s 2014-453/454 QPC et 2015-462 QPC : *D. 2015. Pan. 1506, obs. Mascala ; RSC 2015. 374, note Stasiak ; Dr. pénal 2015, n° 79, note Peltier.* ♦ V. néanmoins :

• Crim. 8 juill. 2015, n° 14-84.562 P : *AJ pénal 2015. 613, obs. Henriot* (refus de renvoi au Cons. const.).

11. Le ministère public ne peut disposer de l'action publique après l'avoir engagée. Celle-ci ne s'éteint que dans les conditions prévues à l'art. 6. • Crim. 24 sept. 2008, n° 08-80.872 P : *Dr. pénal 2009, n° 28, obs. Maron et Haas ; Procédures 2009, n° 23, obs. Buisson.*

12. Champ de l'autorité de chose jugée. Aucune autorité de chose jugée ne peut s'attacher à une décision frappée d'appel. • Crim. 25 févr. 2003 : *préc. note 7.* ♦ Il se déduit de l'art. 6 qu'une décision de refus d'informer fondée sur la circonstance que les faits dénoncés ne peuvent admettre aucune qualification pénale, s'oppose, en raison de l'autorité de la chose jugée qui s'y attache, à toute nouvelle poursuite à raison des mêmes faits sous quelque qualification que ce soit. • Crim. 3 févr. 1998, n° 97-80.089 P : *Procédures 1998. Comm. 123, obs. Buisson.* ♦ L'exception d'autorité de la chose jugée ne peut être valablement invoquée que lorsqu'il existe une identité de cause, d'objet et de parties entre les deux poursuites ; la relaxe d'un prévenu du chef d'abus de confiance ne met pas obstacle à une nouvelle poursuite pour des faits constitutifs d'abus de biens sociaux. • Crim. 2 avr. 1990, n° 88-81.264 P : *D. 1990. Somm. 375, obs. Pradel*. ♦ En vertu de l'art. 6 et de l'art. 4.1 du protocole n° 7 Conv. EDH, l'action publique s'éteint par la chose jugée et un même fait ne peut donner lieu contre le même prévenu à deux actions pénales distinctes : ainsi, le prévenu relaxé des poursuites de harcèlement sexuel ne peut être ensuite valablement poursuivi sur citation directe de la partie civile pour agressions sexuelles aggravées pour les mêmes faits. • Crim. 19 janv. 2005, n° 04-81.686 P : *D. 2006. Pan. 622, obs. Pradel ; AJ pénal 2005. 196, obs. Porteron ; RSC 2005. 934, obs. Renucci*. ♦ Le principe de l'autorité de chose jugée, fût-ce en méconnaissance de la loi, met obstacle à ce que des poursuites soient reprises devant une juridiction qui a précédemment épuisé sa saisine par une décision définitive. Une cour d'appel ne saurait, même avec l'accord des parties et au prétexte de remédier par un « arrêt complémentaire » à la violation des dispositions de l'art. 520, procéder à un nouvel examen de poursuites définitivement jugées. • Crim. 18 déc. 1989, n° 88-83.519 P. ♦ ... Ni, après un premier arrêt devenu définitif ayant omis d'évoquer et ayant conféré à tort aux premiers juges le pouvoir de statuer sur le fond de la poursuite, annuler un deuxième jugement en décidant à l'encontre de ce qu'elle-même déclarait avoir acquis autorité de chose jugée. • Crim. 2 juin 1999, n° 97-81.863 P : *Dr. pénal 2000. Comm. 24, obs. Maron.* ♦ Le principe de l'autorité de la chose jugée, fût-ce en méconnaissance de la loi, met obstacle à ce qu'une cour d'appel, saisie de l'appel du prévenu limité aux dispositions civiles d'un jugement, réforme ce qui a été définitivement jugé sur l'action civile. Ainsi un tribunal correctionnel ayant définitivement déclaré un prévenu coupable d'abus de confiance au détriment d'une victime constituée partie civile, une cour d'appel, saisie de l'appel du condamné sur les seules dispositions civiles, ne peut déclarer cette partie civile irrecevable. • Crim. 24 mars 1999, n° 97-85.833 P. ♦ Le principe de l'autorité qui s'attache à la chose jugée, fût-ce de manière erronée, s'oppose à ce qu'une décision de justice devenue définitive soit remise en cause (dispense d'inscription au casier judiciaire d'une infraction qui n'en est pas susceptible). • Crim. 28 sept. 2010, n° 10-80.530 P : *D. 2011. Pan. 2240, obs. Pradel ; Dr. pénal 2010, n° 147, obs. Maron et Haas.* ♦ Le principe de l'autorité de la chose jugée, fut-ce de manière erronée, fait obstacle à ce qu'une chambre de l'instruction remette en cause le jugement définitif par lequel la juridiction correctionnelle s'est dessaisie sans statuer sur l'action publique et a renvoyé le ministère public à mieux se pourvoir. • Crim. 12 déc. 2012, n° 12-82.905 P : *D. actu. 28 janv. 2013, obs. Léna ; D. 2013. AJ 15 ; Procédures 2013, n° 80, obs. Chavent-Leclère ; AJ pénal 2013. 166, obs. Belloir ; Dr. pénal 2013. Comm. 30, note Maron et Haas.* ♦ Le principe de l'autorité de la chose jugée, même de façon erronée, s'oppose à ce qu'une décision de justice soit remise en cause ; la révocation d'un sursis assortissant une condamnation définitive n'est dès lors pas subordonnée à la régularité de son prononcé (peine illégale de six ans d'emprisonnement assortie d'un sursis partiel de deux ans). • Crim. 4 avr. 2013 : *D. actu. 18 avr. 2013, obs. Winckelmuller ; D. 2013. 1004 ; RSC 2013.402, note Salvat*.

13. Chose jugée et contrôle fiscal. Les poursuites pénales du chef de fraude fiscale, qui visent à réprimer des comportements délictueux tendant à la soustraction à l'impôt, ont une nature et un objet différents de celles opérées par l'administration dans le cadre du contrôle fiscal et tendant au recouvrement des impositions éludées. • Crim. 20 juin 1996, n° 94-85.796 P : *D. 1997. 249, note Tixier et Lamulle*. ♦ Même lorsque le prévenu de fraude fiscale justifie de l'existence d'une procédure pendante devant le juge de l'impôt tendant à une décharge de l'imposition pour un motif de fond, le juge pénal n'est pas tenu de surseoir à statuer jusqu'à ce qu'une décision définitive du juge de l'impôt soit intervenue. Par exception, il peut prononcer, dans l'exercice de son pouvoir souverain, le sursis à statuer en cas de risque sérieux de contrariété de décisions, notamment en présence d'une décision non définitive déchargeant le prévenu de l'impôt pour un motif de fond. Dans tous les cas, le juge saisi d'une demande de sursis à statuer doit spécialement motiver sa décision. • Crim.

11 sept. 2019, n° 18-81.980 P : *D. actu. 1er oct. 2019, obs. S. Fucini ; AJ pénal 2019. 562, obs. Lasserre Capdeville ; ibid. 564, obs. Lassalle ; RSC 2020. 123, note Parizot ; JCP 2019. 1086, note Detraz et Dezeuze.*

14. Chose jugée et condamnation à l'étranger. Lorsqu'un étranger a commis en France un crime et a été condamné définitivement dans son pays pour cette infraction à la suite d'une dénonciation officielle des faits par les autorités judiciaires françaises, l'action publique en France n'est pas éteinte par la chose jugée. • Crim. 17 mars 1999, n° 98-80.413 P : *RG proc. 1999. 645, chron. Rebut* • 8 juin 2005, n° 05-81.800 P : *D. 2005. IR 1959 ; JCP 2005. IV. 2693 ; AJ pénal 2005. 368 .* ♦ ... Sous réserve de la déduction, lors de l'exécution de la peine, de la détention subie à l'étranger de la peine qui pourrait être ensuite prononcée par la juridiction nationale. • Crim. 23 oct. 2013, n° 13-83.499 P : *D. 2013. 2950, note Rebut ; ibid. 2014. 314, obs. Laurent ; AJ pénal 2014. 127, obs. Herran ; RSC 2013. 857, note Boccon-Gibod* • Crim. 15 avr. 2015, n° 15-90.001 : *Dr. pénal 2015, n° 119, note Bonis-Garçon.*

15. Chose jugée et abrogation de la loi pénale. L'autorité de la chose jugée attachée à la décision définitive du tribunal correctionnel qui a constaté l'extinction de l'action publique par l'abrogation de la loi d'incrimination (C. pén., art. 222-33 réprimant le harcèlement sexuel) fait obstacle à la reprise de l'action publique sur les mêmes faits autrement qualifiés. • Crim. 10 déc. 2014 : *Procédures 2015, n° 55, obs. Buisson.* ♦ V. aussi note 5.

Art. 6-1 *(L. n° 95-125 du 8 févr. 1995)* **Lorsqu'un crime ou un délit prétendument commis à l'occasion d'une poursuite** *(L. n° 2021-1729 du 22 déc. 2021, art. 15)* **« pénale ou d'une instance devant une juridiction impliquerait la violation d'une règle de procédure », l'action publique ne peut être exercée que si le caractère illégal de la poursuite** *(L. n° 2021-1729 du 22 déc. 2021, art. 15)* **« , de la décision intervenue » ou de l'acte accompli à cette occasion a été constaté par une décision devenue définitive de la juridiction répressive saisie** *(L. n° 2021-1729 du 22 déc. 2021, art. 15)* **« ou en application des voies de recours prévues par la loi ou le règlement ». Le délai de prescription de l'action publique court à compter de cette décision.** *(L. n° 2021-1729 du 22 déc. 2021, art. 15)* **« Le présent article est notamment applicable en cas de poursuites sur le fondement de l'article 432-12-1 du code pénal. »**

BIBL. ► ANZANI, *Dr. pénal 2006. Étude 5* (l'article 6-1 et le faux commis à l'occasion d'une poursuite judiciaire). – DAOUD et DE CASTELBAJAC, *AJ pénal 2022. 64* (prise illégale d'intérêts).

Dossier : *AJ pénal 2022. 63 s.* (loi pour la confiance dans l'institution judiciaire).

1. Principe. Il résulte de la combinaison des art. 6-1 et 86 que, lorsqu'un crime ou un délit est dénoncé comme ayant été commis à l'occasion d'une poursuite judiciaire et impliquerait la violation d'une disposition de procédure pénale, l'existence d'une décision définitive de la juridiction répressive, écartant l'illégalité de la poursuite ou de l'acte accompli, met obstacle à l'exercice de l'action publique pour la répression dudit crime ou délit. • Crim. 26 nov. 1996, n° 96-83.258 P • 28 janv. 1997, n° 96-81.388 P : *Procédures 1997. Comm. 122, obs. Buisson ; RSC 1997. 664, obs. Dintilhac* • 27 sept. 2005, n° 05-84.032 P : *D. 2005. IR 2967 .* ♦ Tant qu'il n'a pas été définitivement statué sur l'illégalité des actes accomplis lors d'une enquête, l'action publique ne peut être exercée, ce qui est le cas lorsqu'un arrêt de chambre d'accusation constatant l'illégalité de ces actes est frappé de pourvoi. • Crim. 10 mai 2001 : *Dr. pénal 2001. Comm. 120, obs. Maron.* ♦ Les poursuites peuvent également être suspendues à l'encontre de l'auteur d'un acte de procédure jusqu'à ce qu'il soit définitivement statué sur le caractère attentatoire de cet acte au principe de loyauté de la preuve. • Crim. 28 oct. 2014, n° 14-81.127 P : *D. actu. 19 nov. 2014, obs. Fucini ; AJ pénal 2015. 206, obs. Ascensi ; ibid. 320, obs. de Combles de Nayves ; Procédures 2015. 22, note Chavent-Leclère.*

2. Tempérament. Si, lorsqu'un crime ou un délit prétendument commis à l'occasion d'une poursuite judiciaire impliquent la violation d'une disposition de procédure pénale, l'action publique ne peut être exercée que si le caractère illégal de la poursuite ou de l'acte accompli à cette occasion a été constaté par une décision devenue définitive de la juridiction répressive saisie, ces dispositions ne sauraient trouver application lorsque la procédure à l'occasion de laquelle l'acte dénoncé aurait été commis n'a donné lieu à la saisine d'aucune juridiction pénale habilitée à constater le caractère illégal de la poursuite ou de l'acte accompli ; ainsi, le classement sans suite de la procédure à l'occasion de laquelle la personne a été gardée à vue n'empêche-t-il pas cette dernière de déposer plainte pour une garde à vue abusive. • Crim. 30 mars 2016, n° 14-87.251 P : *D. actu. 2 mai 2016, obs. Fonteix ; AJ pénal 2016. 391, obs. de Combles de Nayves ; Procédures 2016, n° 209, note Chavent-Leclère.*

3. Expertise. En l'état d'une plainte avec constitution de partie civile pour viol, dénonçant une expertise médicale demandée par le juge d'instruction, justifie sa décision, au regard de l'art. 6-1, la chambre d'accusation qui, pour confirmer l'ordonnance de refus d'informer, relève que le caractère légal des actes accomplis par l'expert était définitivement établi et qu'ainsi les faits reprochés n'étaient que l'exécution régulière d'une expertise légalement ordonnée. • Crim. 29 janv. 1997, n° 96-81.452 P. ♦ Dans le même sens, pour une expertise qui avait impliqué la violation des art. 11, 162 et 166 : • Crim. 21 avr. 1998, n° 97-82.897 P.

4. Faux. L'exception préjudicielle à la mise en mouvement de l'action publique, prévue par l'art. 6-1 ne peut être invoquée lorsque les faits dénoncent la relation prétendument inexacte, dans un procès-verbal, de l'intervention d'un gendarme auquel sont imputées des violences dans la mesure où il y a violation de règles pénales (faux et coups et blessures volontaires) et non de procédure pénale. • Crim. 16 oct. 2001, n° 01-85.038 P. ♦ Selon l'art. 6-1, lorsqu'un crime ou un délit est dénoncé comme ayant été commis à l'occasion d'une poursuite judiciaire, l'absence de décision définitive de la juridiction répressive constatant le caractère illégal de la poursuite ou de l'acte accompli ne met obstacle à l'exercice de l'action publique, pour la répression dudit crime ou délit, que lorsque les infractions dénoncées impliqueraient la violation d'une disposition de procédure pénale. Ne justifie pas sa décision, au regard de ce texte, l'arrêt qui déclare qu'il n'y a pas lieu d'informer des chefs de faux en écriture publique, destruction ou soustraction de preuve alors que les faits dénoncés, consistant en la substitution et la destruction d'objets qui avaient été régulièrement saisis et placés sous scellés, n'impliquent pas la violation d'une règle de procédure pénale. • Crim. 6 janv. 2009, n° 08-81.464 P : *D. 2009. AJ 433 ; AJ pénal 2009. 177, obs. Girault*. ♦ Entre dans les prévisions de l'art. 6-1 le fait reproché à un fonctionnaire de police d'avoir, dans un procès-verbal de notification de garde à vue, frauduleusement altéré la vérité quant à l'heure et au lieu de son établissement, les faits dénoncés impliquant la violation des dispositions de l'art. 63-1 qui imposent à l'officier de police judiciaire non seulement de notifier immédiatement à la personne concernée son placement en garde à vue mais encore de consigner par procès-verbal l'accomplissement de cette formalité. • Crim. 7 déc. 2005, n° 05.81.483 P : *D. 2006. Pan. 617, obs. Pradel*. ♦ V. aussi note 5.

5. Subornation de témoins. La poursuite du délit de subornation de témoins, à le supposer commis à l'occasion d'une poursuite judiciaire, n'impliquant pas la violation d'une règle de procédure pénale, n'est pas soumise à l'exception préjudicielle à l'action publique édictée par l'art. 6-1. • Crim. 27 sept. 2005 : *préc. note 1.* ♦ Comp. : Dès lors qu'il n'a pas été définitivement jugé que les actes de procédure contestés, accomplis à l'occasion d'une poursuite judiciaire, portaient atteinte au principe de loyauté des preuves, l'action publique pour les infractions de faux et de subornation de témoins ne peut être exercée. • Crim. 28 oct. 2014 : *préc. note 1.*

6. Autres infractions. L'art. 6-1 a vocation à s'appliquer lors de poursuites pour collecte de données à caractère personnel par un moyen frauduleux, déloyal ou illicite, atteinte au secret des correspondances par personne dépositaire de l'autorité publique, violation du secret professionnel et recel, dès lors que si un délit avait été commis par le procureur, il l'avait bien été « à l'occasion d'une poursuite judiciaire » ; il se déduit des articles 77-1-1 et 60-1, alinéa 1er, (encadrant les réquisitions judiciaires) ainsi que de l'article 2 de la loi du 29 juillet 1881 sur la liberté de la presse (qui organise la protection du secret des sources) que les infractions dénoncées impliquaient bien « la violation d'une disposition de procédure pénale ». Or, à la date du versement de la consignation par les parties civiles, aucune décision définitive n'avait encore constaté l'illégalité des réquisitions du parquet aux opérateurs de téléphonie. En faisant droit aux requêtes en nullité présentées par le procureur et son adjointe, la chambre de l'instruction a donc justement appliqué l'art. 6-1. • Crim. 25 juin 2013 : *D. actu. 28 juin 2013, obs. Lavric ; D. 2013. Actu. 1625 ; RSC 2013. 837, note Salvat*.

7. Suspension de la prescription. L'exception préjudicielle à la mise en mouvement de l'action publique constitue un obstacle de droit entraînant nécessairement la suspension de la prescription. • Crim. 8 juin 1999 : *Procédures 1999. Comm. 255, obs. Buisson.*

8. Respect des droits fondamentaux. Les dispositions de l'art. 6-1 ne sont pas incompatibles avec celles des art. 6 et 13 Conv. EDH, dès lors que la personne concernée dispose d'un recours judiciaire préalable en annulation des actes argués d'illégalité. • Crim. 28 janv. 1997 : *préc. note 1* • 25 avr. 2001 : *Dr. pénal 2001. Comm. 120, obs. Maron.* ♦ De même, il n'y a pas d'incompatibilité avec l'art. 6 Conv. EDH dès lors que l'impossibilité de mettre en œuvre l'action publique ne cause pas de préjudice à l'intéressé, s'agissant de la réparation d'un dommage civil qui peut être obtenu devant les juridictions civiles. • Paris, 11e ch., 3 mai 2000 : *D. 2000. IR 187.* ♦ Confirmé par : • Crim. 14 févr. 2001, n° 00-83.657 P : *D. 2001. IR 1141*. ♦ V. aussi : • Crim. 25 juin 2013 : *préc. note 6.*

Art. 7 *(L. n° 2017-242 du 27 févr. 2017)* **L'action publique des crimes se prescrit par vingt années révolues à compter du jour où l'infraction a été commise.**

L'action publique des crimes mentionnés aux articles 706-16, 706-26 et 706-167 du présent code, aux articles 214-1 à 214-4 et 221-12 du code pénal et au livre IV *bis* du

même code se prescrit par trente années révolues à compter du jour où l'infraction a été commise.

(L. n° 2018-703 du 3 août 2018, art. 1er) **« L'action publique des crimes mentionnés à l'article 706-47 du présent code, lorsqu'ils sont commis sur des mineurs, se prescrit par trente années révolues à compter de la majorité de ces derniers** *(L. n° 2021-478 du 21 avr. 2021, art. 10)* **« ; toutefois, s'il s'agit d'un viol, en cas de commission sur un autre mineur par la même personne, avant l'expiration de ce délai, d'un nouveau viol, d'une agression sexuelle ou d'une atteinte sexuelle, le délai de prescription de ce viol est prolongé, le cas échéant, jusqu'à la date de prescription de la nouvelle infraction ». »**

L'action publique des crimes mentionnés aux articles 211-1 à 212-3 *(L. n° 2018-703 du 3 août 2018, art. 1er)* **« du code pénal » est imprescriptible.**

La L. n° 2017-242 du 27 févr. 2017 ne peut avoir pour effet de prescrire des infractions qui, au moment de son entrée en vigueur, avaient valablement donné lieu à la mise en mouvement ou à l'exercice de l'action publique à une date à laquelle, en vertu des dispositions législatives alors applicables et conformément à leur interprétation jurisprudentielle, la prescription n'était pas acquise (L. préc., art. 4).

Sur l'imprescriptibilité des crimes contre l'humanité, V. L. n° 64-1326 du 26 déc. 1964, App., v° Crimes de guerre et contre l'humanité.

S'agissant des dispositions d'urgence mises en place pour faire face à l'épidémie de covid-19, V. App., v° État d'urgence sanitaire.

RÉP. PÉN. v° *Prescription de l'action publique*, par COURTIN.

BIBL. ▶ BOUCHET, *RSC 2020. 871* (l'infraction continue). – DARSONVILLE, *AJ pénal 2015. 36* (urgence de repenser un système en crise). – DETRAZ, *Dr. pénal 2021. Étude 12* (loi du 21 avril 2021 visant à protéger les mineurs des crimes et délits sexuels de l'inceste). – GEOUFFRE DE LA PRADELLE, *JCP 1977. I. 2861* (crimes contre l'humanité). – GHICA-LEMARCHAND, *D. 2021. 1552* (loi du 21 avril 2021). – GUÉRY, *D. 1999. Chron. 38* ; *D. 2004. Chron. 3015* (crimes contre des mineurs) ; *D. 1997. Chron. 138* (crimes contre mineurs par ascendant). – LÉNA, *AJ pénal 2017. 169* (nouveaux délais, tableau récapitulatif). – LÉONHARD, *AJ pénal 2021. 301* (loi du 21 avril 2021 visant à protéger les mineurs des crimes et délits sexuels de l'inceste). – MARÉCHAL, *Dr. pénal 2013. 18* (prescription du meurtre : « couvrez ces cadavres que je ne saurais voir »). – PELLÉ, *D. 2021. 1391* (infractions sexuelles contre les mineurs : une sortie du droit commun). – PERRIER et ROUSSEAU, *RSC 2021. 454* (le renforcement de la répression des infractions sexuelles contre les mineurs). – SAENKO, *D. 2014. Point de vue 2469* (la prescription de l'action publique est-elle morte ?). – TELLIER-CAYROL, *AJ pénal 2018. 400* (loi du 3 août 2018). – SCHERER, *AJ pénal 2018. 303* (la réforme de la prescription à l'aune du droit transitoire). – VARTANIAN, *D. 1997. Chron. 67* (crimes contre mineurs par ascendant). – VERGÈS, *RSC 2017. 91* (prescription de l'action publique rénovée).

▶ **Dossiers :** *AJ pénal 2006. 285* (prescription de l'action publique : état des lieux et perspectives de réforme) ; *ibid. 2016. 291* (réformer la prescription) ; *Dr. pénal 2017. Dossier 1* ; *AJ pénal 2020. 171* s. (dossier spécial Covid-19).

Ancien art. 7 ***En matière de crime*** *(L. n° 92-1336 du 16 déc. 1992)* ***« et sous réserve des dispositions de l'article 213-5 du code pénal », l'action publique se prescrit par dix années révolues à compter du jour où le crime a été commis si, dans cet intervalle, il n'a été fait aucun acte d'instruction ou de poursuite.***

S'il en a été effectué dans cet intervalle, elle ne se prescrit qu'après dix années révolues à compter du dernier acte. Il en est ainsi même à l'égard des personnes qui ne seraient pas impliquées dans cet acte d'instruction ou de poursuite.

(L. n° 2004-204 du 9 mars 2004, art. 72-I) ***« Le délai de prescription de l'action publique des crimes mentionnés à l'article 706-47*** *(L. n° 2006-399 du 4 avr. 2006, art. 14)* ***« du présent code et le crime prévu par l'article 222-10 du code pénal, lorsqu'ils sont commis sur des mineurs, » est de vingt ans et ne commence à courir qu'à partir de la majorité de ces derniers. »***

I. RÈGLES GÉNÉRALES

1. L'incidence des lois nouvelles. Les lois nouvelles relatives à la réouverture du délai de prescription sont sans effet sur les prescriptions qui étaient déjà acquises lors de leur entrée en vigueur, dès lors qu'aucun fait générateur de la réouverture n'est postérieur à cette date. L... nt nier des faits dénoncés par la victime re... de ... était à plus de 10 ans avant l'entrée en ... 994, l'al. 3 de l'art. 7, la prescription à ... ntilhac définitivement acquise. • Crim... 93-83.493 n° 94-80.010 P : *RSC 1995.* ...
♦ Conf. : • Crim. 28 fév...

P : *D. 1996. 238, note Castaignède* • 26 mars 1997, n° 97-80.086 P • 2 déc. 1998, n° 98-80.655 P • 17 nov. 1999, n° 99-85.940 P. ♦ L'art. 112-2 (4°) C. pén., en ce qu'il fixe le champ d'application dans le temps des lois de prescription, n'a pas pour effet de modifier sur ce point les lois de prescription promulguées avant le 1er mars 1994, tel l'art. 7, al. 3, dans sa rédaction issue de la loi du 10 juill. 1989, aucune disposition nouvelle n'ayant modifié les modalités de cette prescription, avant l'engagement des poursuites, dans un sens favorable aux auteurs de ces infractions. • Crim. 29 mai 1996, n° 96-81.210 P.

2. Peu importe que la date de commission du crime de viol sur mineure de 15 ans, dénoncé par la victime au mois de mars 2000, ait été fixée par l'arrêt attaqué « au cours de l'été 1990 », dès lors que, le délai de prescription de l'action publique dudit crime obéissant aux dispositions spéciales de l'art. 7, al. 3, immédiatement applicables aux crimes non encore prescrits lors de l'entrée en vigueur de la loi du 17 juin 1998, le délai de dix ans n'a commencé à courir qu'à partir de la majorité de la victime, née le 16 août 1977, soit le 16 août 1995. • Crim. 21 août 2002, n° 02-83.931.

3. Plainte préalable. Selon les art. 7, al. 3 et 8, la mise en mouvement de l'action publique n'exige pas le dépôt préalable d'une plainte avec constitution de partie civile. • Crim. 30 nov. 1994, n° 94-84.127 P : *RSC 1995. 367, obs. Dintilhac*. ♦ L'action publique pour la poursuite de viols commis sur un mineur par un ascendant ou une personne ayant autorité est régulièrement mise en mouvement dès lors que les faits ont été révélés par la victime aux autorités compétentes pour y donner suite, les dispositions des art. 7, al. 3, et 8 n'exigeant pas le dépôt préalable d'une plainte avec constitution de partie civile. • Crim. 3 sept. 1997, n° 97-83.351 P : *Procédures 1998. Comm. 15, obs. Buisson.*

4. Date et causes du décès inconnues. Si c'est à tort qu'une chambre de l'instruction a retenu que le point de départ de la prescription de l'action publique avait été reporté à la date à laquelle le ministère public avait eu connaissance de la découverte du cadavre d'une personne dont la disparition avait été signalée plus de dix ans auparavant, la censure n'est cependant pas encourue dès lors qu'il résulte des propres constatations de l'arrêt que ni la date ni les causes de la mort de cette personne ne sont connues, de sorte que le point de départ de la prescription ne ...ut être déterminé au stade initial de l'informa-...ouverte pour meurtre. • Crim. 19 sept. 2006, ...6-83.963 P : *D. 2006. IR 2692*.

infra... ***...ctions continues.*** La prescription des où el... ...ontinues ne court qu'à partir du jour et dan... ...ris fin dans leurs actes constitutifs ...fets ; ne peut donc être admise l'exception de prescription de l'action publique qui soutient que le délai de dix ans prévu par l'art. 7 était expiré à la date de la demande d'extradition, dès lors que la victime n'est pas réapparue depuis la fin de l'année 1976, que son corps n'a pas non plus été retrouvé, que le sort qui lui a été réservé demeure encore inconnu à ce jour et qu'il ne donc peut être affirmé que sa détention ou séquestration arbitraire a cessé. • Crim. 24 mai 2018, n° 17-86.340 P : *D. actu. 18 juin 2018, obs. Diaz ; AJ pénal 2018. 375, obs. Courtin*.

6. Faits prescrits. Aucune disposition légale ne fait obstacle à la déposition d'un témoin sur des faits prescrits. • Crim. 3 nov. 2016, n° 15-87.038 P : *AJ pénal 2017. 136, obs. Lasserre Capdeville ; D. 2017. Pan. 1676, obs. Pradel*.

7. Sur la suspension de la prescription, V. désormais art. 9-3, issu de la L. n° 2017-242 du 27 févr. 2017.

8. Sur l'interruption de la prescription, V. désormais art. 9-2, issu de la L. n° 2017-242 du 27 févr. 2017.

II. MINEURS

9. Suspension de la prescription. En application des art. 7, al. 3, et 8, la prescription de l'action publique est suspendue pendant la minorité de la victime sans qu'il soit nécessaire d'attendre l'échéance de sa majorité pour agir. • Crim. 30 nov. 1994, n° 94-84.127 P : *RSC 1995. 367, obs. Dintilhac*. ♦ L'amnésie traumatique dont a pu souffrir la victime de viols lorsqu'elle était enfant ne constitue pas un obstacle insurmontable suspendant la prescription de l'action publique. • Crim. 18 déc. 2013, n° 13-81.129 : *D. actu. 8 janv. 2014, note Léna.* – V. art. 9-3, issu de la L. n° 2017-242 du 27 févr. 2017.

III. IMPRESCRIPTIBILITÉ DE CERTAINS CRIMES

10. Les crimes contre l'humanité sont imprescriptibles par nature ; leur imprescriptibilité se déduit tant des principes généraux de droit reconnus par l'ensemble des nations que du statut du tribunal militaire international annexé à l'accord de Londres du 8 août 1945 et la loi du 26 déc. 1964 s'est bornée à confirmer que cette imprescriptibilité était déjà acquise, en droit interne, par l'effet des textes internationaux auxquels la France avait adhéré. Ainsi, bien que commis plus de trente ans avant la mise en mouvement de l'action publique, des crimes contre l'humanité ne sont pas couverts par la prescription. • Crim. 26 janv. 1984, n° 83-94.425 P : *Gaz. Pal. 1984. 8, rapp. Le Gunehec et concl. Dontenwille ; JCP 1984. II. 20197, note Ruzie ; JDI 1984. 308, obs. Edelman.* ♦ Constituent des crimes imprescriptibles contre l'humanité, au sens de l'art. 6 (c) du Statut du Tribunal

Militaire International de Nuremberg annexé à l'accord de Londres du 8 août 1945 – alors même qu'ils seraient également qualifiables de crimes de guerre selon l'art. 6 (b) de ce texte – les actes inhumains et les persécutions qui, au nom d'un État pratiquant une politique d'hégémonie idéologique, ont été commis de façon systématique, non seulement contre des personnes en raison de leur appartenance à une collectivité raciale ou religieuse, mais aussi contre les adversaires de cette politique, quelle que soit la forme de leur opposition. • Crim. 20 déc. 1985, ☎ n° 85-95.166 P : *JCP 1986. II. 20655, rapp. Le Gunehec et concl. Dontenwille ; D. 1986. 500, note Chapar.*

11. Le principe d'imprescriptibilité résultant du statut du Tribunal militaire international de Nuremberg annexé à l'accord de Londres du 8 août 1945 et de la résolution des Nations unies du 13 février 1946, régit, en tous leurs aspects, la poursuite et la répression des crimes contre l'humanité et fait obstacle à ce qu'une règle de droit interne, tirée de la chose jugée, permette à une personne, poursuivie du chef de l'un de ces crimes, de se soustraire à l'action de la justice en raison du temps écoulé, que ce soit depuis les actes incriminés ou depuis une précédente condamnation prononcée sous une autre qualification. • Crim. 21 oct. 1993, ☎ n° 93-83.325 P. ♦ Le ressortissant français qui, à l'instigation d'un responsable d'une organisation criminelle nazie, ordonne les assassinats de personnes choisies par lui exclusivement en raison de leur appartenance à la communauté juive, participe, en connaissance de cause, pour le compte d'un pays européen de l'Axe, au plan concerté d'extermination et de persécution de cette communauté mis en œuvre par le gouvernement national-socialiste allemand et se rend complice de crime contre l'humanité. Même s'ils ont été perpétrés à l'occasion et en représailles de l'assassinat d'un membre de la Milice française, de tels assassinats, commis dans de telles conditions, s'intègrent à ce plan concerté et constituent un crime contre l'humanité. • Crim. 21 oct. 1993 : ☎ *préc.*

Art. 8 *(L. n° 2017-242 du 27 févr. 2017)* **L'action publique des délits se prescrit par six années révolues à compter du jour où l'infraction a été commise.**

L'action publique des délits mentionnés à l'article 706-47 du présent code, lorsqu'ils sont commis sur des mineurs, à l'exception de ceux mentionnés aux articles 222-29-1 et 227-26 du code pénal, se prescrit par dix années révolues à compter de la majorité de ces derniers.

L'action publique des délits mentionnés aux articles 222-12, 222-29-1 et 227-26 du même code, lorsqu'ils sont commis sur des mineurs, se prescrit par vingt années révolues à compter de la majorité de ces derniers.

(L. n° 2021-478 du 21 avr. 2021, art. 10) **« Toutefois, s'il s'agit d'une agression sexuelle ou d'une atteinte sexuelle commise sur un mineur, en cas de commission sur un autre mineur par la même personne, avant l'expiration des délais prévus aux deuxième et troisième alinéas du présent article, d'une agression sexuelle ou d'une atteinte sexuelle, le délai de prescription de la première infraction est prolongé, le cas échéant, jusqu'à la date de prescription de la nouvelle infraction.**

« L'action publique du délit mentionné à l'article 434-3 du code pénal se prescrit, lorsque le défaut d'information concerne une agression ou un atteinte sexuelle commise sur un mineur, par dix années révolues à compter de la majorité de la victime et, lorsque le défaut d'information concerne un viol commis sur un mineur, par vingt années révolues à compter de la majorité de la victime. »

L'action publique des délits mentionnés à l'article 706-167 du présent code, lorsqu'ils sont punis de dix ans d'emprisonnement, ainsi que celle des délits mentionnés aux articles 706-16 du présent code, à l'exclusion de ceux définis aux articles 421-2-5 à 421-2-5-2 du code pénal, et 706-26 du présent code et au livre IV *bis* du code pénal se prescrivent par vingt années révolues à compter du jour où l'infraction a été commise.

S'agissant des dispositions d'urgence mises en place pour faire face à l'épidémie de covid-19, V. App., v° État d'urgence sanitaire.

La L. n° 2017-242 du 27 févr. 2017 ne peut avoir pour effet de prescrire des infractions qui, au moment de son entrée en vigueur, avaient valablement donné lieu à la mise en mouvement ou à l'exercice de l'action publique à une date à laquelle, en vertu des dispositions législatives alors applicables et conformément à leur interprétation jurisprudentielle, la prescription n'était pas acquise (L. préc., art. 4).

La prescription de l'action publique en matière d'infractions fiscales est suspendue, pendant une durée maximum de six mois, entre la date de saisine de la commission des infractions fiscales et la date à laquelle cette commission émet son avis (LPF, art. L. 230, al. 3).

Sur la prescription de l'action publique en matière de délit d'insolvabilité organisée ou aggravée, V. C. pén., art. 314-8, al. 3 ; ... de discrédit sur un acte juridictionnel, V. C. pén., art. 434-25 ; ... de presse, V. L. 29 juill. 1881, art. 65 ; ... d'usure, V. C. consom., art. L. 313-5, al. 4 ; ... de pratiques anticoncurrentielles, V. C. com., art. L. 462-6. — ***C. pén.*** *; ... de prix de transports publics routiers de marchandises abusivement bas, V. L. n° 95-96 du 1er févr. 1995, art. 23-1. —* ***C. com.*** *; ... en matière électorale, V.* ***C. élect.****, art. L. 114.*

BIBL. ▶ BOUCHET, *RSC 2020. 871* (l'infraction continue). – GHICA-LEMARCHAND, *D. 2021. 1552* (loi du 21 avril 2021). – PELLÉ, *D. 2021. 1391* (infractions sexuelles contre les mineurs : une sortie du droit commun). – PERRIER et ROUSSEAU, *RSC 2021. 454* (le renforcement de la répression des infractions sexuelles contre les mineurs).

Application dans le temps. Il résulte de l'art. 4 de la loi du 27 févr. 2017 que l'entrée en vigueur des dispositions de cette loi relatives à la prescription des infractions occultes ne peut avoir pour effet de prescrire celles qui, au jour de cette entrée en vigueur, avaient valablement donné lieu à la mise en mouvement ou à l'exercice de l'action publique à une date à laquelle, en vertu des dispositions législatives alors applicables et conformément à leur interprétation jurisprudentielle, la prescription n'était pas acquise : application à un délit de détournement de fonds privés par une personne chargée d'une mission de service public pour des faits commis entre le 1er févr. 2002 et le 30 avr. 2012. • Crim. 20 avr. 2017, n° 16-80.091 P : *D. actu. 16 mai 2017, obs. Fonteix.*

Ancien art. 8 ***En matière de délit, la prescription de l'action publique est de trois années révolues ; elle s'accomplit selon les distinctions spécifiées à l'article précédent.***

(L. n° 2004-204 du 9 mars 2004, art. 72-II) ***« Le délai de prescription de l'action publique des délits mentionnés à l'article 706-47 et commis contre des mineurs est de dix ans ; celui des délits prévus par les articles*** *(L. n° 2006-399 du 4 avr. 2006, art. 14)* ***« 222-12,*** *(L. n° 2014-873 du 4 août 2014, art. 52)* ***« 222-29-1*** *[ancienne rédaction : 222-30]* ***» et 227-26 du code pénal » est de vingt ans ; ces délais ne commencent à courir qu'à partir de la majorité de la victime. »***

(L. n° 2011-267 du 14 mars 2011, art. 48) ***« Le délai de prescription de l'action publique des délits mentionnés aux articles 223-15-2, 311-3, 311-4, 313-1, 313-2, 314-1, 314-2, 314-3, 314-6 et 321-1 du code pénal, commis à l'encontre d'une personne vulnérable du fait de son âge, d'une maladie, d'une infirmité, d'une déficience physique ou psychique ou de son état de grossesse, court à compter du jour où l'infraction apparaît à la victime dans des conditions permettant l'exercice de l'action publique. »***

BIBL. ▶ BOULOC, *RJ com. 1995. 301* (abus de biens sociaux). – CARIO, *D. 2007. Point de vue* (prescription de l'action publique). – COHEN, *Gaz. Pal. 1995. 2. Doctr. 1059* (prescription). – COSTAZ, *Gaz. Pal. 1995. 2. Doctr. 961* (droit à l'oubli). – DANET, *AJ pénal 2006. 285* . – DE ROUX et BOURGATCHEV, *BJS 1995. 1025* (abus de biens sociaux). – DUCOULOUX-FAVARD, *LPA 14 févr. 1996, p. 15* (abus de biens sociaux). – FREYRIA, *JCP 1996. I. 563* (infractions d'affaires). – GUÉRY, *D. 1997. Chron. 138* ; *D. 1999. Chron. 38* ; *D. 2004. Chron. 3015* (délits contre les mineurs). – HYEST, *D. 2007. 1944. Entretien* (régime des prescriptions civiles et pénales). – JACOBET DE NOMBEL, *Dr. pénal 2013. Étude 3* (article 8, alinéa 3 et clandestinité de l'infraction). – LARGUIER, *Mél. Secrétant, p. 159* (abus de biens sociaux). – LÉCUYER, *Dr. pénal 2005. Étude 14* (la clandestinité de l'infraction comme justification du retard de la prescription de l'action publique). – MAYAUD, *D. 2004. Chron. 194* . – MIHMAN, *Rev. pénit. 2007, p. 517*. – REBUT, *RSC 2007. 313* . – RENUCCI, *D. 1997. Chron. 23* (infractions d'affaires). – RENUCCI et MEDHI, *Rev. pénit. 2002/1. 27* (abus de biens sociaux). – ROBERT, *JCP 1967. I. 2053* (banqueroute). – SAENKO, *RTD com. 2005. 671* . – VARINARD, *Mél. Pradel, p. 605*. – VÉRON, *Gaz. Pal. 1996. 1. Doctr. 623* (abus de biens sociaux) ; *Dr. pénal 1998. Chron. 16* (infractions clandestines).

▶ **Dossiers :** *AJ pénal 2006. 285* (prescription de l'action publique : état des lieux et perspectives de réforme) ; *ibid. 2016. 291* (réformer la prescription) ; *AJ pénal 2020. 171* s. (dossier spécial Covid-19).

1. QPC. V. notes ss. art. 9-1.

I. GÉNÉRALITÉS

2. Nature de la prescription. La prescription de l'action publique constitue une exception péremptoire et d'ordre public qui doit être relevée d'office par le juge. • Crim. 20 mai 1980, n° 79-93.548 P : *RSC 1980. 459, obs. J.-M. Robert* • 14 févr. 1995, n° 93-85.640 P • 19 avr. 1995, n° 94-83.519 P • Crim. 23 sept. 2014 : *D. actu. 8 oct. 2014, obs. Fucini.* ♦ Il appartient au ministère public d'établir que l'action publique n'est pas éteinte par la prescription. • Mêmes arrêts. ♦ Les règles relatives à la prescription de l'action publique sont générales et doivent s'appliquer à toutes espèces de délits, à moins qu'une loi particulière n'ait fixé un délai spécial relativement à un délit déterminé. • Crim. 2 févr. 1934 : *DH 1934. 166.* ♦ Le fait que la loi ne punit que de peines correctionnelles les crimes commis par des mineurs de 13 à 16 ans ne transforme pas le caractère de l'infraction, qui reste criminelle ; par suite, l'action publique, en ce qui concerne ces crimes, se prescrit par dix ans et non par trois ans. • Toulouse, 22 déc. 1924 : *DP 1925. 2. 119, note Nast.*

3. Respect du contradictoire. La chambre de l'instruction ne peut prononcer d'office la prescription de l'action publique sans avoir permis aux parties d'en débattre. • Crim. 8 janv. 2013 : *D. actu. 15 févr. 2013, obs. Léna ; D. 2013. Actu. 308 ; ibid. Pan. 1993, obs. Pradel ; AJ pénal 2013. 355, obs. Lasserre Capdeville ; Dr. pénal 2013. Chron. 6, note Mouysset* • Crim. 23 juin 2015, n° 14-83.836 P : *RSC 2015. 675, obs. Giudicelli* .

4. Prescription de l'action publique devant la Cour de cassation. Si la prescription de l'action publique peut être invoquée, pour la première fois devant la Cour de cassation, c'est à la condition que cette cour trouve dans les constatations des juges du fond les éléments nécessaires pour en apprécier la valeur, à défaut de telles constatations, le moyen est nouveau et, comme tel, irrecevable. • Crim. 16 janv. 2002, n° 01-84.667 • 27 févr. 2002, n° 01-82.530 • 16 oct. 2002, n° 02-81.885 • Crim. 19 févr. 2013 : *D. 2013. Pan. 1993, obs. Pradel* .

5. Effets de la prescription. La prescription de l'action publique ôte aux faits poursuivis tout caractère délictueux. • Crim. 27 oct. 1993, n° 92-82.374 P. ♦ Toutefois les juges ont le pouvoir, notamment pour personnaliser la peine applicable au prévenu, de tenir compte des antécédents administratifs ou fiscaux du contribuable, tels que soumis au débat contradictoire, encore qu'ils concernent une période atteinte par la prescription de l'action publique. • Crim. 19 sept. 1996, n° 96-80.436 P.

II. DÉLAI DE PRESCRIPTION DE L'ACTION PUBLIQUE

A. RÈGLES GÉNÉRALES DU POINT DE DÉPART DU DÉLAI DE PRESCRIPTION

6. Computation du délai. La prescription ne commence à courir que le lendemain du jour où l'infraction a été commise si, dans l'intervalle, il n'a été fait aucun acte d'instruction ou de poursuite. • Crim. 8 sept. 1998, n° 98-80.742 P : *RSC 1999. 346, obs. Giudicelli ; JCP 1999. I. 112, Chron. Maron ; Dr. pénal 1999. Comm. 17, obs. Maron* • Crim. 9 janv. 2018, n° 16-86.735 P : *RSC 2018. 131, note Delage* . ♦ Le délai de prescription de l'action publique ne constitue pas un délai prévu pour l'accomplissement d'un acte ou d'une formalité au sens de l'art. 801, par conséquent, le délai qui prend fin un samedi n'est pas prorogé au lundi suivant. • Crim. 30 oct. 2001, n° 00-87.981 P : *D. 2001. IR 3586* . ♦ Le délai de prescription de l'action publique se calcule de quantième à quantième et expire le dernier jour à minuit. • Crim. 7 juin 2006, n° 05-84.148 P : *AJ pénal 2006. 408, obs. Leblois-Happe* .

7. Lorsqu'une ordonnance de non-lieu est rendue, la prescription commence à courir à compter du lendemain du jour où l'ordonnance a été rendue et notifiée ; pour une ordonnance notifiée le 29 mars 1996, le délai de prescription triennale commence à courir le 30 mars 1996 et s'achève le 29 mars 1999 à minuit. • Crim. 28 juin 2000, n° 99-85.381 P.

8. Infraction clandestine (non) : la violation du secret professionnel. Les délits de violation du secret professionnel et de recel de violation du secret professionnel ne sont pas des infractions commises, par nature, de manière clandestine. Justifie dès lors sa décision la chambre de l'instruction qui retient pour point de départ de la prescription la date à laquelle les infractions ont été consommées et non celle où elles sont apparues et ont pu être constatées. • Crim. 8 nov. 2005, n° 05.80.370 P.

9. Infractions instantanées. S'agissant d'un délit instantané, la prescription a commencé à courir dès le jour où ont été commis les actes incriminés. • Crim. 27 sept. 1995, n° 94-84.446.

10. Faux. Le faux étant un délit instantané, le délai de la prescription triennale avait commencé à courir dès le jour où avaient été établis les actes incriminés ; il n'importe que la partie civile n'en ait eu connaissance qu'en 1990, dès lors que seul un obstacle de droit, survenu après la mise en mouvement de l'action publique, est de nature à suspendre le délai de prescription de celle-ci. • Crim. 21 févr. 1995, n° 94-83.038. ♦ V. aussi : • Crim. 11 mai 1995, n° 94-83.709. ♦ Les délits de faux et d'usage commencent à se prescrire le jour de l'établissement du faux ou de son dernier usage délictueux, non du jour de la découverte de l'existence de l'écrit argué de faux. • Crim. 3 mai 1993, n° 92-81.728 P. ♦ Le délit d'usage de faux se prescrit à compter du dernier usage délictueux de la pièce arguée de faux. • Crim. 30 janv. 2002, n° 00-86.605.

11. Favoritisme. Le délit d'atteinte à la liberté d'accès et à l'égalité dans les marchés publics est une infraction instantanée qui se prescrit, sauf dissimulation, à compter du jour où les faits la consommant ont été commis. • Crim. 27 juin 2001, n° 01-83.049. ♦ Si le délit de favoritisme est une infraction instantanée qui se prescrit à compter du jour où les faits la consommant ont été commis, le délai de prescription de l'action publique ne commence à courir, lorsque les actes irréguliers ont été dissimulés, qu'à partir du jour où ils sont apparus et ont pu être constatés dans des conditions permettant l'exercice des poursuites. Caractérise la dissimulation des actes irréguliers de nature à retarder le point de départ de la prescription l'arrêt qui relève qu'un marché d'édition et de diffusion du numéro spécial d'un magazine d'information d'une collectivité territoriale, d'un montant excédant le seuil alors en vigueur, a été confié, sans appel public à la concurrence, à une société déjà attributaire du marché d'édition de ce magazine, en ayant recours à une structure de droit privé qui a eu pour effet d'empêcher les contrôles habituels et a fait obstacle à la découverte de l'aspect irrégulier d'une opération présentée comme s'inscrivant dans l'exécution d'un marché déjà passé alors qu'il s'agissait d'une opération autonome. • Crim. 5 mai 2004, n° 03-85.503 P.

12. Emploi fictif. Le délit d'abus de biens sociaux résultant du versement de salaires rémunérant un emploi fictif est une infraction instantanée, consommée lors de chaque paiement indu. • Crim. 28 mai 2003, n° 02-83.544 P : *JCP 2003. IV. 2362 ; Dr. pénal 2003. Comm. 100, obs. J.-H. Robert.*

13. Constitutionnalité de la prescription allongée en matière d'infractions de presse. Est conforme au principe d'égalité l'art. 65-3 de la L. du 29 juill. 1881 qui porte de trois mois à un an la prescription en matière de propos provoquant à la discrimination, à la haine ou à la violence, diffamatoires ou injurieux, à caractère ethnique, national, racial ou religieux, ou contestant l'existence d'un crime contre l'humanité. • Cons. const. 12 avr. 2013, n° 2013-302 QPC : *D. 2013. 1526, note Dreyer ; AJ pénal 2013. 410, obs. Perrier ; Procédures 2013, n° 198, obs. Chavent-Leclère ; Dr. pénal 2013. Chron. 6, note Mouysset.*

14. Infractions instantanées : les délits de presse. En matière d'infraction à la loi sur la presse, il appartient aux juges du fait, pour fixer le point de départ de la prescription, de déterminer, d'après les circonstances de la cause, la date du premier acte de publication par lequel le délit est consommé. La mise de l'écrit à la disposition du public, en un lieu quelconque, fait courir le délai prévu par l'art. 65 de la loi du 29 juill. 1881, indépendamment du domicile des victimes, et de l'ampleur de la distribution. • Crim. 31 janv. 1995, n° 92-86.559 P. ♦ Lorsque des poursuites pour l'une des infractions prévues par la loi du 29 juill. 1881 sont engagées à raison de la diffusion, sur le réseau internet, d'un message figurant sur un site, le point de départ du délai de prescription de l'action publique prévu par l'art. 65 de la loi précitée doit être fixé à la date du premier acte de publication : cette date est celle à laquelle le message a été mis pour la première fois à la disposition des utilisateurs. Encourt dès lors la cassation une cour d'appel, qui, pour fixer le point de départ de la prescription de l'action publique, à raison de textes diffusés sur internet, retient que, sur ce réseau, l'acte de publication devient continu. • Crim. 27 nov. 2001, n° 01-80.134 P : *D. 2002. IR 456 ; LPA 2002, n° 163, p. 7, note Raynouard.*

15. Escroquerie au jugement. L'escroquerie au jugement est consommée le jour où la sentence arbitrale devient exécutoire. • Crim. 30 juin 2004, n° 03-85.019 P : *JCP 2004. IV. 3011 ; AJ pénal 2004. 405 ; Dr. pénal 2004. Comm. 156, obs. Véron.* ♦ L'escroquerie au jugement est consommée le jour où la décision obtenue est devenue définitive sans que les procédures d'exécution de cette décision ne puissent interrompre le délai. • Crim. 24 sept. 2008 : *Dr. pénal 2008. Comm. 156, obs. J.-H. Robert.*

16. Dénonciation calomnieuse. La dénonciation calomnieuse est une infraction instantanée dont la prescription triennale commence à courir le jour où la dénonciation est parvenue à l'autorité ayant le pouvoir d'y donner suite ou de saisir l'autorité compétente. • Crim. 17 oct. 2006, n° 05-85.519 P : *D. 2006. IR 2874 ; AJ pénal 2007. 32.*

17. Entrave aux enchères publiques. L'entrave aux enchères publiques est un délit instantané consommé par l'acceptation d'un don ou d'une promesse en contrepartie de la renonciation à enchérir. Justifie sa décision la cour d'appel qui fixe le point de départ de la prescription à la date à laquelle l'adjudicataire a remis à son intermédiaire un chèque en contrepartie duquel le bénéficiaire s'était engagé à ne pas surenchérir. • Crim. 5 juin 2007, n° 05-87.782 P : *AJ pénal 2007. 382.*

18. Détournement de correspondance. Le délit de détournement de correspondance est entièrement consommé au jour du détournement, et la prescription court à compter de ce jour. • Crim. 19 févr. 2013 : *Dr. pénal 2013, n° 87, note Véron.*

19. Urbanisme. Les infractions d'exécution de travaux sans déclaration préalable et en méconnaissance du plan local d'urbanisme s'accomplissent pendant la durée d'exécution des travaux et jusqu'à leur achèvement et la prescription de l'action publique ne court qu'à compter du jour où les installations sont en état d'être affectées à l'usage auquel elles sont destinées. • Crim. 27 mai 2014, n° 13-80.574 P : *D. actu. 5 juin 2014, obs. Pastor.*

20. Infractions continues. Recel. Le recel étant une infraction continue, la prescription de l'action publique ne court que du jour où il a pris fin, alors même qu'à cette date l'infraction qui a procuré la chose serait déjà prescrite. • Crim. 16 juill. 1964, n° 63-91.919 P. ♦ S'il est de principe que la prescription du recel de choses commence à courir du jour où leur détention a pris fin, le délit est punissable dès lors qu'il n'est ni établi ni allégué que le prévenu ait cessé de détenir les fonds recelés. • Crim. 28 mars 1996, nº 95-80.395 P. ♦ Dès lors, qu'il n'est ni établi, ni allégué, que la détention des biens recelés ait cessé, les juges justifient leur décision de rejeter le moyen pris de la prescription de l'action publique, en relevant que le maire refusait au conseiller municipal qui voulait contrôler la régularité de sa gestion l'accès aux comptes de la commune et que le délit n'a pu être constaté, dans des conditions permettant l'exercice de l'action publique, qu'à la date de la révélation des faits par le ministère public près la chambre régionale des comptes au procureur de la République. • Crim. 18 juin 2002, nº 00-86.272. ♦ Le recel du produit d'une infraction par la perception d'une rémunération indue prend fin lorsque l'auteur des faits n'est plus en possession des fonds perçus, y compris au titre des intérêts des placements ou au titre des excédents des frais de gestion, date qui marque aussi le point de départ du délai de prescription. • Crim. 16 janv. 2018, nº 16-87.699 : *D. actu. 7 févr. 2018, obs. Fucini.*

21. Harcèlement. La prescription ne commence à courir, pour chaque acte de harcèlement incriminé, qu'à partir du dernier. • Crim. 19 juin 2019, nº 18-85.725 P.

22. Exécution illicite de travaux. Le délit constitué par l'exécution illicite de travaux de construction et réprimé par l'art. L. 480-4 C. urb. s'accomplit pendant tout le temps où les travaux sont exécutés. Sa perpétration s'étend jusqu'à l'achèvement des travaux et il n'importe que ceux d'entre eux restant à exécuter ne soient pas, par eux-mêmes, subordonnés à l'obtention d'un permis de construire. • Crim. 18 mai 1994, nº 93-84.557 P.

23. Atteinte à la vie privée. La conservation d'un enregistrement de paroles prononcées à titre privé ou confidentiel, au sens de l'art. 226-2 C. pén., ainsi que celle de données informatisées que réprime l'art. 226-19 constituent des délits continus, à l'égard desquels la prescription de l'action publique ne commence à courir que lorsqu'ils ont cessé. • Crim. 4 mars 1997, nº 96-84.773 P : *Justices 1997, nº 7, Chron. Rebut ; Gaz. Pal. 1997. 1. 320, note Doucet ; Procédures 1997. Comm. 188, obs. Buisson.*

24. Prise illégale d'intérêts. La conservation d'un intérêt dans l'entreprise dont le prévenu avait la charge d'assurer la surveillance confère à l'infraction de prise illégale d'intérêts un caractère continu, l'exception de prescription de l'action publique devant dès lors être rejetée. • Crim. 29 avr. 2014 : *Dr. pénal 2014. 105, obs. Véron.*

25. Recel de cadavre. En matière de recel de cadavre, le délai de prescription ne court qu'à compter du jour où la dissimulation a cessé, peu important que le corps ait été déplacé ultérieurement à l'insu du demandeur. • Crim. 13 déc. 2017, nº 17-83.330 P : *AJ pénal 2018. 97, obs. Lacaze ; D. 2018. Pan. 1611, obs. Pradel ; RSC 2018. 129, note Parizot ; ibid. 421, note Mayaud.*

B. RÈGLES PARTICULIÈRES DU POINT DE DÉPART DU DÉLAI DE PRESCRIPTION (DÉLAI RETARDÉ)

26. Concernant la prescription des infractions occultes ou dissimulées, V. désormais art. 9-1 issu de la L. nº 2017-242 du 27 févr. 2017.

1º ATTEINTES AUX PERSONNES

27. Homicide et blessures. L'infraction prévue et réprimée par l'art. 320 (222-19) C. pén. n'est caractérisée qu'au jour où existe l'incapacité. Encourt la cassation l'arrêt qui juge le point de départ de l'action publique relative à des troubles de l'audition, contractés à l'occasion du travail, au jour du départ de l'ouvrier qui en est victime, de l'entreprise où il exerçait son activité, sans rechercher la date à laquelle s'est effectivement révélée ladite infirmité. • Crim. 4 déc. 1990, nº 90-81.772 P. ♦ Le délit d'homicide, comme celui de blessures par imprudence, n'est commis que le jour où la mort ou les blessures ont été occasionnées ; dès lors, c'est de cette date que commence à courir la prescription et non du jour où a été commise la faute ou l'imprudence d'où a pu ultérieurement résulter l'infraction. • Crim. 10 mars 1932 : *DH 1932. 189* • Cass., ch. mixte, 26 févr. 1971, nº 67-10.824 P • Crim. 4 nov. 1985, nº 84-90.634 P. ♦ A parfaitement justifié sa décision la chambre de l'instruction qui, pour dire le délit de blessures involontaires prescrit en 2005 (date du dépôt de la plainte) constate, d'une part, que selon les propres indications fournies par la victime, la maladie attribuée à son exposition professionnelle à des produits toxiques a été diagnostiquée en 1998 et que, depuis cette date, elle se trouve dans l'incapacité totale de travailler, d'autre part, que des certificats médicaux établis en 2000 et 2001 évoquent un lien entre la maladie et un contact prolongé avec lesdits produits toxiques. • Crim. 3 juin 2008 : *D. 2008. AJ 2003, note Darsonville ; AJ pénal 2008. 417.*

28. Mineur victime d'une infraction pénale. L'art. 8, qui fixe les règles relatives à la prescription de l'action publique en matière de délit, se réfère à l'art. 7, lequel, modifié par la L. du 10 juill. 1989, prévoyait, dans sa rédaction antérieure au 17 juin 1998, que, lorsque la victime est mineure et que les faits ont été commis par un ascendant ou une personne ayant autorité sur elle, le délai de prescription ne commence à courir qu'à partir de sa majorité. • Crim. 9 oct. 2002, nº 02-85.162 • 23 oct. 2002, nº 01-88.156 • 23 oct. 2002, nº 01-88.479 • 26 nov. 2002, nº 02-82.950. ♦ Il résulte de l'art. 8, dans sa rédaction issue de la L. du 10 juill. 1989, modifiée par la L. du 4 févr. 1995, qu'en matière de délit, l'action publique se prescrit par trois années révolues, si, dans cet intervalle, il n'a été fait aucun acte d'instruction ou de poursuite et que le point de départ de la prescription triennale d'un délit perpétré sur une victime mineure est reporté à la majorité de celle-ci lorsque les faits sont commis par une personne ayant autorité sur elle ou par un ascendant légitime, naturel ou adoptif. • Crim. 12 juin 2002, n° 01-85.564 • 10 juill. 2002, n° 02-83.179 P : *JCP 2002. IV. 2614 ; RSC 2002. 817, note Mayaud*. ♦ Selon l'art. 8, al. 1er, dans sa rédaction issue de la loi du 9 mars 2004, en matière de délit, la prescription de l'action publique est de trois ans révolus. Il se déduit de l'al. 2 du même texte que la règle selon laquelle le délai de prescription des délits commis sur des mineurs ne commence à courir qu'à partir de la majorité de la victime ne s'applique qu'aux infractions mentionnées à l'art. 706-47 et à celles définies par les art. 222-12, 222-30, 227-26 C. pén., à l'exclusion de celles prévues à l'art. 222-13. • Crim. 25 nov. 2009, n° 09-81.040 P : *D. 2010. AJ 20 ; AJ pénal 2010. 295, obs. Duparc*. ♦ Le délit de non-dénonciation de mauvais traitements sur mineur de quinze ans, prévu et puni par l'art. 434-3 C. pén., est un délit instantané dont la prescription court à compter du jour où le prévenu a eu connaissance des faits. • Crim. 7 avr. 2009, n° 09-80.655 P.

29. Dénonciation calomnieuse. Il se déduit de l'art. 226-11 C. pén. que la prescription de l'action publique du chef de dénonciation calomnieuse est suspendue tant que les poursuites pénales exercées du chef du délit dénoncé sont en cours ; méconnaît ce principe l'arrêt qui, après avoir relevé que l'appel interjeté contre l'ordonnance de non-lieu rendue dans ces poursuites avait été déclaré irrecevable comme tardif par la chambre d'accusation, retient pour point de départ de la prescription, la date à laquelle l'ordonnance de non-lieu est devenue définitive en l'état de l'irrecevabilité de l'appel, alors que les poursuites exercées du chef du délit dénoncé étaient demeurées pendantes jusqu'à l'arrêt ayant déclaré cet appel irrecevable. • Crim. 27 oct. 1998, n° 97-86.698 P : *Dr. pénal 1999. Comm. 36, obs. Véron*. ♦ La prescription étant suspendue tant que les poursuites pénales exercées du chef du délit dénoncé sont en cours, peu importe que la plainte pour dénonciation calomnieuse ait été déposée après que la décision définitive sur les faits dénoncés est intervenue. • Crim. 20 mai 2003, n° 03-81.253 P : *D. 2003. IR 2052 ; JCP 2003. IV. 2322 ; Dr. pénal 2003. Comm. 108, obs. Véron ; RSC 2004. 136, obs. Giudicelli*. ♦ Le point de départ de la prescription du délit de dénonciation calomnieuse se place au jour où la dénonciation est parvenue à l'autorité qui a le pouvoir d'y donner suite ou de saisir l'autorité compétente et lorsque le fait dénoncé a donné lieu à des poursuites, il se déduit de l'art. 226-11 que la suspension de la prescription de l'action publique cesse au jour où la décision concernant le fait dénoncé est devenue définitive. • Crim. 24 sept. 2002, n° 02-84.485 P : *D. 2002. IR 3060 ; JCP 2002. IV. 2970 ; Dr. pénal 2003. Comm. 17, obs. Véron*.

2° ATTEINTES AUX BIENS

30. Escroquerie. En matière d'escroquerie, la prescription court du jour où le délit est consommé par la remise de la chose frauduleusement obtenue. • Crim. 30 juin 1999, n° 98-82.009 P : *Dr. pénal 2000. Comm. 13, obs. Véron ; RSC 1999. 823, obs. Ottenhof*. ♦ V. déjà : • Crim. 4 juin 1935 : *DP 1936. 1. 55, note Hamel* • 7 janv. 1944 : *DA 1944. 47*. ♦ Faute de date certaine, caractérise la remise la présentation d'un chèque à l'encaissement. • Crim. 30 juin 1999 : *préc.* ♦ En cas de remises successives de prestations de sécurité sociale frauduleusement obtenues, c'est à la date du dernier versement que court la prescription. • Crim. 1er mars 1955 : *D. 1955. 348* • 4 juin 1955 : *D. 1955. 656* • 26 sept. 1995, n° 94-84.008 P • Rouen, 12 juill. 1954 : *D. 1955. 261, note Larguier*. ♦ Rappr., en cas de pluralité de victimes, retenant la dernière remise de fonds : • Crim. 23 oct. 1978, n° 74-90.336 P : *D. 1979. IR 42*.

3° ATTEINTE À L'AUTORITÉ DE L'ÉTAT

31. Corruption. Si le délit de corruption est une infraction instantanée, consommée dès la conclusion du pacte entre le corrupteur et le corrompu, il se renouvelle à chaque acte d'exécution dudit pacte. • Crim. 27 oct. 1997, n° 96-83.698 P.

32. Prise illégale d'intérêts. Le délit d'ingérence ou prise illégale d'intérêts résultant de l'emploi, par un maire, d'un agent communal à des fins privatives, se réalise au moment de chaque ordonnancement des rémunérations mensuelles de cet agent. • Crim. 7 mai 1998, n° 97-81.102 P : *Dr. pénal 1998. Comm. 128, obs. Véron*. ♦ Le délit de prise illégale d'intérêts se prescrit à compter du dernier acte administratif accompli par l'agent public par lequel il prend ou reçoit un intérêt dans une opération dont il a l'administration ou la surveillance. • Crim. 4 oct. 2000, n° 99-85.404 P : *Dr. pénal 2001. Comm. 16, obs. Véron ; D. 2001. 1654, note Segonos* • 10 avr. 2002, n° 01-84.286. ♦ La conservation d'un intérêt dont la prise illégale n'était pas prescrite avant la date d'entrée en vigueur du nouveau code pénal peut être poursuivie après le 1er mars 1994, en application de l'art. 432-12 C. pén. • Crim. 3 mai 2001, n° 00-82.880 P : *Dr. pénal 2001. Comm. 99, obs. Véron ; JCP 2002. I. 107, note Véron ; RSC 2002. 111, obs. Delmas Saint-Hilaire*. ♦ Le moyen pris de la prescription de l'action publique invoquée par le prévenu doit être écarté dès lors que le contrat conclu le 29 mars 1989 est « un contrat cadre » dont les modalités d'exécution dépendent des commandes passées par l'autorité publique et que le délit de prise illégale d'intérêts a été consommé à chaque nouvelle commande intervenue notamment les 16 mai, 15 et 25 juin 1990. • Crim. 14 avr. 2002, n° 01-80.894.

33. Concussion. Le point de départ du délai de prescription du délit de concussion est fixé à la date de fin de contrat, bien que l'auteur ait été en congé de fin d'activité, ce dernier restant en effet durant cette période chargé d'une mission de service public. • Crim. 29 juin 2016, n° 15-82.296 P.

4° AUTRES INFRACTIONS

34. Fraude aux prestations sociales. La prescription de l'action publique relative au délit de fraude ou de fausse déclaration en vue d'obtenir une aide personnalisée au logement, prévu par l'art. L. 351-13 CCH, ne commence à courir qu'à compter de la perception de la dernière prestation indûment obtenue. • Crim. 23 févr. 1994, n° 93-81.171 P.

35. Délit d'usure. Aux termes de l'art. 6 de la loi du 28 déc. 1966 [C. consom., art. L. 313-5], la prescription de l'action publique, en matière de délit d'usure, court à compter du jour de la dernière perception, soit d'intérêts, soit de capital. C'est donc à bon droit qu'une chambre d'accusation relève que la prescription avait commencé de courir à compter de la perception des derniers intérêts relatifs aux opérations d'escompte critiquées, et non à la date de clôture du compte courant dans le cadre duquel ces opérations avaient été effectuées, et de son apurement. • Crim. 26 sept. 1996, n° 95-85.463 P.

36. Banqueroute. La prescription de l'action publique ne court que du jour du jugement ouvrant la procédure de sauvegarde, de redressement judiciaire ou de liquidation judiciaire lorsque les faits incriminés sont apparus avant cette date et, lorsque le détournement constitutif du délit de banqueroute a été réalisé postérieurement au jugement ouvrant une procédure de sauvegarde, de redressement ou de liquidation judiciaire, le délai de prescription court à compter de la date de commission des faits, sauf s'il est établi que l'infraction a été délibérément dissimulée. • Crim. 25 nov. 2020, n° 19-85.091 P : *D. actu. 4 janv. 2021, obs. Morgante ; AJ pénal 2021. 90, obs. Sordino*.

37. Construction sans permis. Le délit prévu et réprimé par les art. L. 421-1 et L. 480-4 C. urb. s'accomplissant pendant le temps où les travaux non autorisés sont exécutés, le délai de prescription de cette infraction commence à courir à la date à laquelle lesdits travaux ont été achevés. • Crim. 10 déc. 1985, n° 84-92.105 P. ♦ Le délai de prescription du délit de construction sans permis, prévu et réprimé par les art. L. 421-1 et L. 480-4 C. urb., ne commence à courir qu'à partir de la date d'achèvement des travaux. • Crim. 20 mai 1992, n° 90-87.350 P. ♦ En matière d'infraction au code de l'urbanisme, la prescription de l'action publique ne court qu'à compter de l'achèvement de l'ensemble des travaux. • Crim. 17 sept. 2002, n° 01-86.438.

38. Concernant l'interruption et la suspension du délai de prescription de l'action publique, V. désormais art. 9-2 et 9-3 issus de la L. n° 2017-242 du 27 févr. 2017.

Art. 9 *(L. n° 2017-242 du 27 févr. 2017)* **L'action publique des contraventions se prescrit par une année révolue à compter du jour où l'infraction a été commise.**

S'agissant des dispositions d'urgence mises en place pour faire face à l'épidémie de covid-19, V. App., v° État d'urgence sanitaire.

BIBL. ▶ BOUCHET, *RSC 2020. 871* (l'infraction continue). – CARIO, *D. 2007. Point de vue 1798* (prescription de l'action publique). – HAMIAUT, *JCP 1957. I. 1375 bis.*

▶ **Dossiers :** *AJ pénal 2006. 285* (prescription de l'action publique : état des lieux et perspectives de réforme) ; *AJ pénal 2020. 171 s.* (dossier spécial Covid-19).

1. Règles générales. Le pourvoi en cassation, en matière de simple police, comme en matière de crimes et de délits, produit un effet à la fois interruptif et suspensif : il interrompt la prescription de l'action, et, de plus, la prescription est suspendue pendant la durée de l'instance en cassation. • Crim. 9 juin 1888 : *DP 1888. 1. 399* • 28 oct. 1911 : *DP 1912. 1. 424.*

2. La contravention résultant d'un empiétement sur la voie publique peut être réprimée pénalement, quel que soit le temps écoulé depuis les faits qui l'ont constituée. • T. simple pol. Berre, 15 oct. 1927 : *DP 1929. 2. 117, note Monsarrat* • Crim. 18 déc. 1936 : *DP 1937. 1. 30, note Monsarrat.*

3. L'art. 640 C. instr. crim. (art. 9) ne distingue pas entre les contraventions temporaires et les contraventions permanentes, et s'applique, par suite, aux unes comme aux autres si elles ne sont pas successives. • Crim. 19 déc. 1930 : *DP 1934. 1. 53, note Minvielle.* ♦ Selon l'art. 9 qui ne prévoit pas d'exception à la règle qu'il édicte, en matière de contravention la prescription de l'action publique est d'une année révolue quand bien même la contravention présenterait-elle un lien de connexité avec le délit poursuivi. • Crim. 20 janv. 2009, n° 08-80.021 P : *D. 2009. AJ 502 ; AJ pénal 2009. 177, obs. Girault ; Dr. pénal 2009, n° 57, obs. Maron et Haas.* ♦ En ce qui concerne les contraventions successives :

• Crim. 2 nov. 1945 : *D. 1946. 38.* ♦ … Les infractions continues : • Crim. 2 nov. 1950 : *D. 1951. Somm. 36.* ♦ … Les infractions instantanées à effets persistants : • Crim. 9 févr. 1950 : *D. 1951. Somm. 41.*

4. Le fait d'exercer une profession sans avoir fait la déclaration à la mairie qu'exige un arrêté municipal, constitue une infraction successive ; par suite, la prescription ne commence à courir que le jour où l'exploitation a cessé. • Crim. 28 juin 1912 : *DP 1914. 5. 20.*

5. La prescription constitue une exception péremptoire et d'ordre public qui peut être soulevée par le prévenu en tout état de la procédure, nonobstant la forclusion édictée par l'art. 175. • Crim. 20 janv. 2009 : *préc. note 3.* ♦ Elle peut également être relevée d'office par la Cour de cassation. • Crim. 10 mai 2016, n° 15-85.318 P.

6. Illustrations (amende forfaitaire). La prescription est donc acquise lorsque le titre exécutoire de l'amende forfaitaire majorée prononcée, notamment, pour une infraction d'excès de vitesse, a été émis plus d'un an après la constatation de cette contravention. • Crim. 18 oct. 2006, n° 06-83.085 P : *D. 2006. IR 2873 ; AJ pénal 2007. 38 ; Procédures 2007. Comm. 19, obs. Buisson.*

7. En matière de contravention donnant lieu au recouvrement de l'amende forfaitaire majorée prévue par l'art. 529-2, al. 2, il suffit, pour que la prescription de l'action publique ne soit pas acquise, que le délai soit interrompu par la délivrance du titre exécutoire, qui fait courir la prescription de la peine, puis, après la réclamation du contrevenant, que la citation soit délivrée avant l'expiration du nouveau délai de prescription de l'action publique ouvert à la suite de cette réclamation. • Crim. 14 sept. 2005, n° 05-81.978 P : *D. 2005. IR 2625.* ♦ La remise du procès-verbal condamnant le prévenu à une amende minorée n'interrompt pas la prescription de l'action publique, seul le titre exécutoire de l'amende forfaitaire majorée interrompt la prescription d'un an. • Crim. 18 oct. 2006 : *préc. note 6.* ♦ Les réquisitions du ministère public et les actes accomplis pour en assurer l'exécution sont des actes de poursuite qui interrompent la prescription de l'action publique. • Crim. 24 oct. 2007, n° 07-82.315 P : *D. 2007. AJ 3070 ; ibid. 2008. Pan. 2758, obs. Pradel ; AJ pénal 2007. 542.* ♦ Les réquisitions d'ordonnance pénale, écrites, datées et signées, qui satisfont en la forme aux conditions essentielles de leur existence, ont un effet interruptif de prescription. • Crim. 4 déc. 2013, n° 12-88.004 P : *D. actu. 20 déc. 2013, obs. Priou-Alibert.*

8. La requête en exonération d'une amende forfaitaire prévue par l'art. 529-2 ne constitue pas un acte d'instruction ou de poursuite susceptible d'interrompre la prescription de l'action publique. • Crim. 15 sept. 2010, n° 10-80.273 P : *D. 2010. Actu. 2583 ; AJ pénal 2011. 87, obs. Lasserre Capdeville.* ♦ Mais la transmission de la procédure (comprenant une requête en exonération) de l'officier du ministère public de Rennes à l'officier du ministère public territorialement compétent en raison du domicile du contrevenant constitue un acte de poursuite interrompant la prescription. • Crim. 5 mars 2013 : *AJ pénal 2013. 355, obs. Céré.*

9. Après réclamation d'un contrevenant et annulation du premier titre exécutoire émis par l'officier du ministère public, ce dernier n'a d'autre possibilité que de classer sans suite l'infraction ou d'engager des poursuites par la voie d'ordonnance pénale ou de citation, de sorte qu'un second titre exécutoire ayant donné lieu à avis forfaitaire d'amende majorée ne peut être considéré comme régulier, ni susceptible d'interrompre le délai de prescription, lequel avait expiré un an après le dernier acte d'enquête. • Crim. 9 avr. 2019, n° 18-83.215 P : *D. actu. 6 mai 2019, obs. Goetz.*

10. L'interruption de la prescription triennale de l'action publique applicable à un délit est sans incidence sur la prescription des contraventions déjà acquises, seraient-elles connexes, indivisibles ou en concours. • Crim. 23 juin 2015, n° 13-86.922 P : *AJ pénal 2016. 45, obs. Lasserre Capdeville.*

11. Délit requalifié en contravention. Il résulte des art. 7 et 9 qu'en matière de contravention, la prescription de l'action publique est d'une année révolue à compter du jour où l'infraction a été commise, si, dans cet intervalle, il n'a été fait aucun acte d'instruction ou de poursuite. Elle peut donc être acquise, avant que le tribunal correctionnel n'ait disqualifié un délit en contravention, en l'absence de tout acte interruptif, pendant plus d'un an, entre la date de la citation directe de la partie civile qui a saisi le tribunal et celle des faits reprochés. • Crim. 7 mai 1996, n° 95-83.992 P. ♦ De même, si le tribunal ordonne une expertise dans un premier jugement, la prescription d'un an court à compter de la date de ce jugement quand bien même la disqualification en contravention n'aurait lieu qu'au moment du second jugement car l'exécution d'une expertise ordonnée par le tribunal ne suspend pas la prescription. • Crim. 3 oct. 2000, n° 00-81.257 P : *D. 2000. IR 287.*

12. Juge de proximité. Le juge de proximité est tenu de répondre à un moyen soulevant, dans l'acte d'opposition à l'ordonnance pénale, la prescription de l'action publique. • Crim. 10 nov. 2004, n° 04-83.541 P.

Art. 9-1 *(L. n° 2017-242 du 27 févr. 2017) (Abrogé par L. n° 2018-703 du 3 août 2018, art. 1er)* ***« Le délai de prescription de l'action publique des crimes et délits mentionnés à l'article 706-47 du présent code et aux articles 222-10 et 222-12 du code pénal, lorsqu'ils sont commis sur un mineur, court à compter de la majorité de ce dernier. »*** *— V. désormais art. 7.*

Le délai de prescription de l'action publique du crime prévu à l'article 214-2 du *(L. n° 2018-703 du 3 août 2018, art. 1er)* **« code pénal », lorsqu'il a conduit à la naissance d'un enfant, court à compter de la majorité de ce dernier.**

Par dérogation au premier alinéa des articles 7 et 8 du présent code, le délai de prescription de l'action publique de l'infraction occulte ou dissimulée court à compter du jour où l'infraction est apparue et a pu être constatée dans des conditions permettant la mise en mouvement ou l'exercice de l'action publique, sans toutefois que le délai de prescription puisse excéder douze années révolues pour les délits et trente années révolues pour les crimes à compter du jour où l'infraction a été commise.

Est occulte l'infraction qui, en raison de ses éléments constitutifs, ne peut être connue ni de la victime ni de l'autorité judiciaire.

Est dissimulée l'infraction dont l'auteur accomplit délibérément toute manœuvre caractérisée tendant à en empêcher la découverte.

S'agissant des dispositions d'urgence mises en place pour faire face à l'épidémie de covid-19, V. App., v° État d'urgence sanitaire.

1. QPC. Il n'y a pas lieu de renvoyer au Conseil constitutionnel la question relative à la prescription de l'abus de biens sociaux dès lors que la prescription n'est fondée sur aucun principe fondamental, ni aucune règle de valeur constitutionnelle. En outre, les règles relatives à son point de départ et à l'incidence de la connexité satisfont au principe de prévisibilité, en ce qu'elles sont anciennes, connues, constantes et reposent sur des critères précis et objectifs et sont conformes au principe de légalité, dès lors qu'est assuré le droit à un recours effectif devant une juridiction. Enfin, la Cour de cassation, saisie d'une QPC, est compétente pour en vérifier la recevabilité alors même que la question conteste sa propre jurisprudence. • Cass., ass. plén., 20 mai 2011 (4 arrêts), n° 11-90.025 P : *D. actu. 24 mai 2011, obs. A. Lienhard ; D. 2011. Pan. 2232, obs. Pradel ; AJ pénal 2011. 516, obs. Gallois ; RSC 2011. 611, obs. Matsopoulou ; ibid. 656, obs. Danet ; Dr. pénal 2011, n° 95, obs. J.-H. Robert ; ibid. 2012. Chron. 2, obs. Garçon et Peltier.*

REPORT DU POINT DE DÉPART DU DÉLAI DE PRESCRIPTION EN CAS D'INFRACTIONS OCCULTES OU DISSIMULÉES

A. INFRACTIONS CONTRE LES PERSONNES

2. Non-assistance à personne en danger. Au cas d'abstention délictueuse reprochée à un médecin, qui n'est pas intervenu auprès de son patient alors qu'il avait été informé par le centre de transfusion sanguine de la contamination par le virus VIH du sang qu'il lui avait antérieurement transfusé au cours d'une opération, la prescription du délit d'omission de porter secours commence à courir à compter du jour où le médecin a eu connaissance de la contamination et avait l'obligation de la révéler. • Crim. 17 sept. 1997, n° 96-84.972 P.

B. INFRACTIONS CONTRE LES BIENS

3. Abus de confiance. Le point de départ du délit d'abus de confiance se situe au moment où le détournement est apparu et a pu être constaté. • Crim. 16 mars 1970, n° 68-91.369 P : *D. 1970. 497, note J.-M. R.* ♦ La fixation de la date à partir de laquelle les faits pouvaient être constatés relève de l'appréciation souveraine des juges du fond dès lors que les motifs ne contiennent ni insuffisance ni contradiction. • Crim. 7 mai 2002, n° 02-80.638 P : *JCP 2002. IV. 2199* • 8 févr. 2006, n° 05-80.301 P : *D. 2006. 2297, note Saenko ; ibid 2007. Pan. 973, obs. Pradel ; AJ pénal 2006. 214, obs. Saas ; RTD com. 2006. 683, obs. Bouloc* • 11 déc. 2013, n° 12-86.624 P : *D. actu. 8 janv. 2014, note Fucini.* ♦ Une cour d'appel a retenu à bon droit comme point de départ de la prescription la date à laquelle le détournement était apparu et avait pu être constaté. • Crim. 26 févr. 1990 : *Dr. pénal 1990. Comm. 91, obs. Véron.* ♦ La prescription en matière d'abus de confiance ne court qu'à compter du jour où l'infraction est apparue à la victime dans des conditions permettant l'exercice de l'action publique. • Crim. 13 mai 1991 : *Dr. pénal 1991. Comm. 258, obs. Véron.* ♦ V. aussi : • Crim. 14 avr. 1993, n° 92-84.575. ♦ A justifié sa décision, par laquelle elle déclare l'action publique éteinte par prescription, la cour d'appel qui relève que plus de 3 ans s'étaient écoulés entre le dernier acte de l'enquête diligentée par le ministère public et le moment où les plaignants avaient jugé bon de se constituer partie civile, une mesure d'expertise civile demeurant sans effet interruptif sur le délai de prescription en matière d'abus de confiance qui court du jour où le délit est apparu. • Crim. 4 sept. 1995, n° 94-84.971 : *Dr. pénal 1996. Comm. 6, obs. Véron ; RSC 1996. 378, obs. Ottenhof.* ♦ En matière d'abus de confiance, le point de départ de la prescription se situe au moment où le détournement est apparu et a pu être constaté ; ainsi lorsque le prévenu, agent de compagnie d'assurance, a détourné le remboursement de deux contrats Libre Épargne précédemment souscrits par les parties civiles, c'est à tort que la cour d'appel déclare l'action publique éteinte par l'effet de la prescription, au motif que les versements, faisant suite à une demande de remboursement des intéressées, leur avait été notifiés directement par la compagnie d'assurance et que celles-ci avaient eu, dès lors, connaissance des détournements pour la période de temps révélée par les paiements, en effet la cour aurait dû rechercher à quelle date avait été constaté le refus ou l'impossibilité par le prévenu de restituer les sommes qui lui avaient été remises avec mandat de les rendre ou représenter. • Crim. 16 oct. 2002, n° 01-88.142.

4. Recel d'abus de confiance. Les dispositions des art. 203 et 321-3 à 321-5 C. pén. impliquent que le recel du produit d'un abus de confiance ne saurait commencer à se prescrire avant que l'infraction dont il procède soit apparue et ait pu être constatée dans des conditions permettant l'exercice de l'action publique. • Crim. 7 mai 2002, n° 02-80.797 P.

C. ATTEINTES À L'AUTORITÉ DE L'ÉTAT

5. Délit d'altération des preuves. Le point de départ de la prescription du délit d'altération de preuves en vue de faire obstacle à la manifestation de la vérité doit être fixé au jour où le délit est apparu et a pu être constaté dans des conditions permettant l'exercice de l'action publique. • Crim. 17 déc. 2002, n° 01-87.178 P : *D. 2003. IR 313 ; JCP 2003. IV. 1258 ; Dr. pénal 2003. Comm. 29, obs. Véron.*

6. Prise illégale d'intérêts. Si le délit de prise illégale d'intérêts se prescrit à compter du jour où la participation a pris fin, le délai de prescription de l'action publique ne commence à courir, en cas de dissimulation destinée à empêcher la connaissance de l'infraction, qu'à partir du jour où celle-ci est apparue et a pu être constatée dans des conditions permettant l'exercice des poursuites. • Crim. 16 déc. 2014 : *D. actu. 26 janv. 2015, obs. Fucini.*

7. Délit de favoritisme. Si le délit d'atteinte à la liberté d'accès et à l'égalité des candidats dans les marchés publics et les délégations de service public est une infraction instantanée qui se prescrit à compter du jour où les faits la consommant ont été commis, le délai de prescription de l'action publique ne commence toutefois à courir, lorsque les actes irréguliers ont été dissimulés ou accomplis de manière occulte, qu'à partir du jour où ils ont pu être constatés dans des conditions permettant l'exercice des poursuites. • Crim. 27 oct. 1999, n° 98-85.214 P • 27 oct. 1999, n° 98-85.757 P • 19 juin 2002, n° 01-84.116.

8. Recel de détournement de fonds publics. Les dispositions des art. 203 et 321-3 à 321-5 C. pén. impliquent que le recel du produit d'un détournement de fonds publics ne saurait commencer à se prescrire avant que l'infraction dont il procède soit apparue et ait pu être constatée dans des conditions permettant l'exercice de l'action publique. • Crim. 28 févr. 2017, n° 15-81.969 P : *D. actu. 29 mars 2017, obs. Goetz.*

D. AUTRES INFRACTIONS

9. Dissimulation des produits de jeux. En matière de dissimulation de tout ou partie du produit des jeux dans les cercles et casinos, comme en matière d'abus de confiance, le point de départ de la prescription triennale est le jour où le délit est apparu et a pu être constaté dans des conditions permettant l'exercice de l'action publique. Doit dès lors être approuvé l'arrêt qui, pour écarter les conclusions du prévenu invoquant la prescription des faits délictueux reprochés, retient que le point de départ de cette prescription se situe à l'époque où les divers détournements et dissimulations, effectués sur instruction des présidents successifs d'un casino, de parti du produit des jeux, échappant par son caractère clandestin aux prélèvements dont il eût dû faire l'objet, ont été constatés, alors d'ailleurs que ces faits, grâce au procédé utilisé, ne pouvaient que rester ignorés des commissaires aux comptes et du conseil d'administration de la société qui exploitait le casino. • Crim. 29 oct. 1984, n° 83-92.268 P.

10. Tromperie. Si la tromperie est une infraction instantanée, elle n'en constitue pas moins un délit clandestin par nature, en ce qu'il a pour but de laisser le contractant dans l'ignorance des caractéristiques réelles d'un produit ; par conséquent, le délai de prescription commence à courir du jour où le délit apparaît et peut être constaté dans des conditions permettant l'exercice de l'action publique. • Crim. 7 juill. 2005, n° 05-81.119 P : *D. 2005. 2998, note Donnier ; JCP 2005. II. 10143, note Leblois-Happe ; Dr. pénal 2005. Comm. 132, note J.-H. Robert ; AJ pénal 2005. 370, obs. Leblois-Happe ; RSC 2006. 84, note Ambroise-Castérot.*

11. Atteinte à la liberté d'accès et à l'égalité des candidats dans les marchés publics. Le délai de prescription de l'action publique du délit d'atteinte à la liberté d'accès et à l'égalité des candidats dans les marchés publics, infraction instantanée, commence à courir à partir du jour où les actes irréguliers sont apparus et ont pu être constatés dans des conditions permettant l'exercice des poursuites. • Crim. 17 déc. 2008, n° 08-82.319 P : *AJDA 2009. 725 ; AJ pénal 2009. 131, obs. Lasserre Capdeville ; Procédures 2009, n° 92, obs. Buisson ; Dr. pénal 2009,* *n° 36, obs. Véron ; ibid. Chron. 9, obs. Linditch.*

12. Organisation frauduleuse de l'insolvabilité. La fixation d'un point de départ spécifique de la prescription par l'art. 314-8, al. 3, C. pén., exclut son report en raison du caractère occulte d'éléments constitutifs du délit. • Crim. 12 juill. 2016, n° 15-80.923 P : *D. actu. 9 sept. 2016, obs. Fonteix.*

E. INFRACTIONS D'AFFAIRES

1. Abus de biens sociaux

a. Infraction principale

13. Précisions préalables. La prescription de l'action publique constitue une exception d'ordre public qui peut être relevée d'office. • Crim. 6 juin 2007, n° 06-08.520 : *RSC 2007. 832, obs. Rebut ; Rev. sociétés 2008. 151, obs. Bouloc .*

14. Normalisation de la prescription de l'abus de biens sociaux. Critère de la dissimulation. Le délit d'abus de biens sociaux est une infraction instantanée consommée lors de l'usage abusif des biens de la société et la prescription court, sauf dissimulation, à compter de la présentation des comptes annuels par lesquels les dépenses litigieuses sont indûment mises à la charge de la société. • Crim. 8 oct. 2003, n° 02-81.471 P : *JCP 2004. II. 10028, note Jacopin ; Dr. pénal 2003. Comm. 147, obs. Robert* • 25 oct. 2006, n° 05-86.993 P : *D. 2006. 2790, obs. Lienhard .* ♦ La prescription de l'action publique du chef d'abus de biens sociaux court, sauf dissimulation, à compter de la présentation des comptes annuels par lesquels les dépenses litigieuses sont mises indûment à la charge de la société. • Crim. 5 mai 1997, n° 96-81.482 P : *Rev. sociétés 1998. 127, obs. Bouloc .* ♦ Ne donne pas de base légale à sa décision la cour d'appel qui omet de répondre au chef péremptoire des conclusions du prévenu faisant valoir que les dépenses reprochées figuraient dans les bilans et que, faute de dissimulation, la prescription de l'action publique avait commencé à courir à compter de la présentation des comptes annuels. • Crim. 13 oct. 1999, n° 96-80.774 P : *Dr. pénal 2000. Comm. 17, obs. Robert ; Rev. sociétés 2000. 360, obs. Bouloc ; RSC 2000. 410, obs. Renucci* • 19 oct. 1999 : *Dr. pénal 2000. Comm. 35, obs. Robert ; RSC 2000. 410, obs. Renucci .* ♦ Dans le même sens : • Crim. 10 nov. 1999 : *Dr. pénal 2000. Comm. 58, obs. Robert.* ♦ Lorsqu'il n'existe aucun élément permettant de retenir la moindre dissimulation ayant conduit à une découverte tardive des faits dénoncés, la prescription de l'action publique commence à courir à compter de la présentation des comptes annuels. • Crim. 30 janv. 2013 : *AJ pénal 2013. 481, obs. Gallois ; RSC 2013. 354, note Matsopoulou .*

15. Cas d'absence de dissimulation. La chambre d'accusation a justifié sa décision par laquelle elle constate la prescription de l'action publique lorsque après avoir rappelé que, en matière d'abus de biens sociaux, le point de départ de la prescription triennale doit être fixé au jour où le délit est apparu et a pu être constaté dans des conditions permettant l'exercice de l'action publique, elle énonce qu'en l'occurrence les plaignants qui avaient pris en charge la société civile professionnelle le 22 juill. 1991 étaient en mesure de vérifier, dès cette date, les comptes de la société laissés par le prévenu et de découvrir les détournements de fonds imputés à ce dernier. • Crim. 6 sept. 2000 : *RSC 2001. 394, obs. Renucci .* ♦ Il se déduit des art. L. 223-23 et L. 225-254 C. com. que la prescription de l'action publique du chef d'abus de biens sociaux court, sauf dissimulation, à compter de la présentation des comptes annuels par lesquels les dépenses litigieuses sont mises indûment à la charge de la société. Encourt dès lors la censure l'arrêt qui, après avoir énoncé que les charges indues figurent dans les comptes annuels à la rubrique où elles doivent trouver leur place, fait courir le délai de prescription à compter d'une date postérieure à celle de la présentation des comptes, sans caractériser en quoi les opérations litigieuses auraient été dissimulées et le commissaire aux comptes empêché d'en découvrir l'existence. • Crim. 27 juin 2001, n° 00-87.414 P : *RSC 2002. 339, obs. Renucci ; Rev. sociétés 2001. 873, obs. Bouloc ; BJS 2001. 1117, obs. Barbièri ; Dr. pénal 2001. Comm. 129, obs. Robert.*

16. C'est à tort que, pour écarter la prescription relative au délit d'abus de biens sociaux résultant de la prise en charge indue, par une société, de frais de location d'un logement, l'arrêt énonce que, si les dépenses litigieuses ont été comptabilisées dans les comptes annuels de l'entreprise, la présentation desdits comptes à l'assemblée générale des associés n'a pas fait courir le délai de prescription, dès lors que la délibération du conseil d'administration de cette société, autorisant l'engagement de cette dépense, d'une part, est entachée d'irrégularité (le prévenu ayant pris part au vote) et, d'autre part, ne porte pas sur les frais annexes, sans caractériser la dissimulation des opérations litigieuses. • Crim. 14 juin 2006, n° 05-85.912 • Crim. 28 juin 2006 : *Dr. pénal 2006, n° 126, obs. J.-H. Robert.*

17. Cas de dissimulation (point de départ de la prescription retardé). Caractérise une dissimulation, de nature à faire courir le délai de prescription à compter d'une date postérieure à celle de la présentation des comptes, la cour d'appel qui, à propos d'abus de biens sociaux commis au préjudice d'une société d'économie mixte et résultant de versements de fonds effectués en exécution de conventions réglementées passées avec diverses sociétés, énonce, d'une part, que l'une de ces conventions n'a été présentée que 3 ans plus tard aux associés dans le rapport spécial du commissaire aux comptes, qu'une autre n'a fait l'objet d'aucune délibération du conseil d'administration, et que, pour celles qui, dénuées en elles-mêmes de caractère frauduleux, avaient été visées dans les rapports spéciaux des commissaires aux comptes, seuls le rapprochement et l'analyse des factures émises sous leur couvert, effectués postérieurement dans un rapport d'audit, ont permis d'en découvrir l'usage frauduleux, d'autre part, qu'il n'a pas été satisfait aux obligations légales d'information de la collectivité locale actionnaire sur les comptes et les activités de la société. Caractérise de même une telle dissimulation la cour d'appel qui énonce, à propos d'abus de biens sociaux résultant du paiement de dépenses personnelles au moyen de fonds sociaux, que leur caractère délictueux était dissimulé par la mention sur des notes de restaurant, du nom de personnes n'ayant pas pris part aux repas. • Crim. 10 avr. 2002, n° 01-80.090 P : *Dr. pénal 2002. Comm. 96, obs. Robert ; RSC 2002. 827, obs. Rebut*. ♦ Des indices de mauvaise gestion n'impliquent pas nécessairement de la part des dirigeants d'une société un comportement entrant dans les prévisions de l'art. L. 242-6 C. com., ainsi, la chambre de l'instruction ne peut constater la prescription des faits d'abus de biens sociaux antérieurs au 22 févr. 1996, reprochés au prévenu au motif que, si les conditions précises dans lesquelles celui-ci avait perçu les commissions visées aux poursuites, dissimulées sous l'apparence d'une comptabilité régulière en la forme, n'étaient pas connues, les résultats des vérifications opérées dans le cadre des contrôles et audits financiers avaient inéluctablement conduit à suspecter des anomalies de gestion. • Crim. 7 mai 2002, n° 02-80.796 P : *Dr. pénal 2002. Comm. 84, obs. Robert ; RSC 2002. 827, obs. Rebut*. ♦ Caractérisent la dissimulation de dépenses litigieuses dans les comptes annuels de la société les juges du fond qui relèvent que certaines dépenses n'ont pas été comptabilisées et que d'autres ont été dissimulées par interposition d'une société ce qui ne permettait pas aux actionnaires et aux organes de contrôle de la société de connaître la réelle affectation desdites dépenses. • Crim. 28 mai 2003, n° 02-85.185 P : *JCP 2003. IV. 2370*.

18. Dès lors qu'il s'est écoulé moins de 3 ans entre les dates auxquelles ont été approuvés les comptes mentionnant les opérations litigieuses et celle du dépôt de la plainte avec constitution de partie civile, visant des faits connexes d'infractions à la loi sur les sociétés commerciales, déposée le 14 oct. 1992, il y a lieu d'écarter la prescription de l'action publique du chef d'abus de bien sociaux. • Crim. 30 oct. 2002, n° 01-86.810.

19. L'abus de biens sociaux commis avec le consentement de l'unanimité des associés se prescrit du jour où il est découvert par un tiers étranger à la société, en l'espèce le contrôleur de l'administration fiscale. • Crim. 8 mars 2006 : *Dr. pénal 2006. Comm. 85, obs. J.-H. Robert*. ♦ La connaissance, par l'administration fiscale, de faits susceptibles de caractériser le délit d'abus de biens sociaux ne fait pas courir la prescription, le ministère public et les associés étant seuls susceptibles d'engager l'action publique ou de la faire engager par la société. • Crim. 30 avr. 2014, n° 13-82.912 : *RSC 2015. 329, note Matsopoulou*.

20. Emploi fictif. Justifie sa décision écartant la prescription de l'action publique en matière d'abus de biens sociaux l'arrêt qui énonce que l'absence de prestation de travail correspondant aux rémunérations perçues par le prévenu (poursuivi pour avoir recelé ces sommes) n'est apparue et n'a pu être constatée dans des conditions permettant l'exercice de l'action publique que moins de 3 ans avant le premier acte interruptif de prescription. • Crim. 14 nov. 2007, n° 06-87.378 P : *D. 2007. AJ 3015 ; ibid. 2008. Chron. 117, note Ménotti*.

b. Recel d'abus de biens sociaux

21. Point de départ du délai de prescription retardé. Les dispositions des art. 203 et 321-3 à 321-5 C. pén. impliquent que le recel du produit d'un abus de biens sociaux ne saurait commencer à se prescrire avant que l'infraction dont il procède soit apparue et ait pu être constatée dans des conditions permettant l'exercice de l'action publique. • Crim. 6 févr. 1997, n° 96-80.615 P : *D. 1997. 334, note Renucci ; JCP 1997. II. 22823, note Pralus ; Rev. sociétés 1997. 146, obs. Bouloc ; Dr. pénal 1997. Comm. 61, 63 et 70, obs. Véron, Robert et Maron ; BJS 1997. 291, obs. Barbièri ; D. Affaires 1997. 780, note Matsopoulou* • 27 oct. 1997, n° 96-83.698 P : *Dr. pénal 1998. Comm. 20, obs. Véron ; JCP E 1998, p. 263, note Lucas de Leyssac, et p. 310, note Dekeuwer ; JCP 1998. II. 10017, note Pralus ; Dr. et patr. 1998. 76, obs. Bertrel ; RSC 1998. 336, obs. Renucci*.

22. Cautionnement hypothécaire. Le délit d'abus de biens sociaux résultant d'un cautionnement hypothécaire commence à se prescrire du jour où cette sûreté est publiée. • Crim. 28 févr. 2007 : *D. 2007. 1807, obs. Caron et Menotti ; ibid. 2008. 1575, note Mascala ; Dr. pénal 2007, n° 83, obs. J.-H. Robert ; Rev. sociétés 2007. 887, obs. Bouloc*.

2. Autres infractions

23. Délit de banqueroute. Il résulte de l'art. L. 626-15 C. com. (anciennement 210 de la loi du 25 janv. 1985) que la prescription de l'action publique ne court que du jour du jugement prononçant l'ouverture de la procédure de redressement judiciaire lorsque les faits incriminés sont apparus avant cette date. • Crim. 30 oct. 2002, n° 01-87.979. ♦ Mais cette règle ne vaut que lorsque les faits incriminés sont apparus avant cette date. • Paris, 9e ch., 9 juin 1989 : *inédit.* ♦ Lorsque les faits sont apparus après le jugement d'ouverture, la prescription commence à courir, selon les cas, soit à la date de la cessation des paiements, soit des faits postérieurs à cette date qui ont motivé les poursuites. • Crim. 25 févr. 1958 : *D. 1958. 378 ; JCP 1958. II. 10740, note Bouzat ; RTD com. 1958. 628, obs. Houin* (solution avant la loi du 25 janv. 1985). ♦ Les faits imputés au prévenu étant, à la date de leur commission, prévus et réprimés par la loi du 25 janv. 1985, dans sa rédaction issue de la loi du 10 juin 1994, et l'action publique ayant été exercée moins de 3 ans après le 24 janv. 1996, date de la disparition des pièces comptables, le moyen par lequel le prévenu invoque la prescription de l'action publique doit être écarté. • Crim. 14 nov. 2002, n° 01-84.587. ♦ Le point de départ de la prescription de l'action publique du délit de malversation doit être fixé au jour où l'infraction est apparue et a pu être constatée dans les conditions permettant l'exercice de l'action publique. • Crim. 9 févr. 2005, n° 03-85.508 P : *D. 2005. IR 1152*.

24. Délit de non-convocation de l'AG. Le délai de prescription du délit de non-convocation de l'assemblée générale extraordinaire par le représentant de la société, prévu par l'art. 459 de la loi du 24 juill. 1966, court à compter de l'expiration du délai de 4 mois suivant l'approbation des comptes ayant fait apparaître que les capitaux propres de la société, en raison des pertes subies, étaient devenus inférieurs à la moitié du capital social. Le délai de prescription du délit de non-dénonciation, prévu par l'art. 457 de la loi du 24 juill. 1966, court à compter du jour où le commissaire aux comptes a eu connaissance des faits délictueux. • Crim. 24 mars 1999, n° 98-81.548 P.

25. Délit de publicité trompeuse. En matière de publicité fausse ou de nature à induire en erreur le point de départ du délai de prescription de l'action publique doit être fixé au jour où le délit est apparu et a pu être constaté dans les conditions permettant l'exercice de cette action. • Crim. 20 févr. 1986, n° 84-91.600 P. ♦ Pour écarter la prescription de l'action publique, invoquée par les prévenus, la cour justifie sa décision en retenant qu'en ce qui concerne la rentabilité prévisionnelle de l'investissement locatif proposé, le caractère trompeur de la publicité, faite en 1991, n'est apparu dans des conditions de nature à permettre l'exercice de l'action publique qu'à la fin de l'exercice 1992, après la première répartition des charges, et que, dès lors, la prescription n'était pas acquise à la date de la plainte avec constitution de partie civile, le 6 sept. 1995. • Crim. 22 mai 2002, n° 01-85.763.

26. Tromperie. Si la tromperie est une infraction instantanée, elle n'en constitue pas moins un délit clandestin par nature en ce qu'il a pour but de laisser le contractant dans l'ignorance des caractéristiques réelles d'un produit et, dès lors, le délai de prescription commence à courir du jour où le délit apparaît et peut être constaté dans des conditions permettant l'exercice de l'action publique. • Crim. 7 juill. 2005 : *préc. note 10.*

27. Délit de non-dénonciation. Le délai de prescription du délit de non-dénonciation, prévu par l'art. 457 de la L. du 24 juill. 1966, court à compter du jour où le commissaire aux comptes a eu connaissance des faits délictueux. • Crim. 24 mars 1999 : *préc. note 24.* ♦ ... Au plus tard à la certification des comptes, et l'obligation de les révéler au procureur de la République. • Crim. 9 mars 1999, n° 98-81.485 P : *RG proc. 1999. 642, Chron. Rebut.*

28. Présentation de bilan inexact. En matière de présentation de bilan inexact, le délai commence à courir le jour de la publication. • Crim. 18 mars 1986, n° 85-94.491 P : *Rev. sociétés 1987. 85, obs. Bouloc.*

29. Position dominante. Le délit d'abus de position dominante, résultant de la conclusion d'un contrat d'approvisionnement exclusif, se prescrit à compter du dernier acte d'exécution dudit contrat. • Crim. 19 mars 2008, n° 07-80.473 P : *D. 2008. 1138, obs. Chevrier ; AJ pénal 2008. 277, obs. Royer*.

30. Travail dissimulé. Le point de départ du délai de prescription en matière de travail dissimulé doit être fixé au jour où la relation de travail prend fin. • Crim. 17 mars 2015, n° 13-87.950 : *Dr. pénal 2015, chron. « Un an de » n° 9, obs. Segonds.*

Art. 9-2 *(L. n° 2017-242 du 27 févr. 2017)* **Le délai de prescription de l'action publique est interrompu par :**

1° Tout acte, émanant du ministère public ou de la partie civile, tendant à la mise en mouvement de l'action publique, prévu aux articles 80, 82, 87, 88, 388, 531 et 532 du présent code et à l'article 65 de la loi du 29 juillet 1881 sur la liberté de la presse ;

2° Tout acte d'enquête émanant du ministère public, tout procès-verbal dressé par un officier de police judiciaire ou un agent habilité exerçant des pouvoirs de police judiciaire tendant effectivement à la recherche et à la poursuite des auteurs d'une infraction ;

3° Tout acte d'instruction prévu aux articles 79 à 230 du présent code, accompli par un juge d'instruction, une chambre de l'instruction ou des magistrats et officiers de

police judiciaire par eux délégués, tendant effectivement à la recherche et à la poursuite des auteurs d'une infraction ;

4° Tout jugement ou arrêt, même non définitif, s'il n'est pas entaché de nullité.

Tout acte, jugement ou arrêt mentionné aux 1° à 4° fait courir un délai de prescription d'une durée égale au délai initial.

Le présent article est applicable aux infractions connexes ainsi qu'aux auteurs ou complices non visés par l'un de ces mêmes acte, jugement ou arrêt.

(L. n° 2021-478 du 21 avr. 2021, art. 10) **« Le délai de prescription d'un viol, d'une agression sexuelle ou d'une atteinte sexuelle commis sur un mineur est interrompu par l'un des actes ou l'une des décisions mentionnés aux 1° à 4° intervenus dans une procédure dans laquelle est reprochée à la même personne une de ces mêmes infractions commises sur un autre mineur. »**

S'agissant des dispositions d'urgence mises en place pour faire face à l'épidémie de covid-19, V. App., v° État d'urgence sanitaire.

BIBL. ▶ BOUCHET, *RSC 2020. 871* (l'infraction continue). – PERRIER et ROUSSEAU, *RSC 2021. 454* (le renforcement de la répression des infractions sexuelles contre les mineurs).

I. DÉTERMINATION DES CAUSES D'INTERRUPTION DE LA PRESCRIPTION

A. ACTES QUI INTERROMPENT LA PRESCRIPTION

1. Procès-verbaux. La prescription de l'action publique est interrompue par les procès-verbaux de gendarmerie tendant à la recherche et à la constatation de l'infraction dénoncée, ces procès-verbaux étant des actes d'instruction au sens de l'art. 7. • Crim. 15 mai 1973, n° 71-93.648 P. ♦ Constitue un acte d'instruction susceptible d'interrompre la prescription, au sens de l'art. 7, le procès-verbal établi par un agent de police judiciaire procédant à une enquête préliminaire conformément à l'art. 75 et relatant les recherches infructueuses effectuées pour identifier l'auteur d'une infraction. • Crim. 23 mars 1994, n° 93-83.719 P. ♦ Les procès-verbaux établis par les policiers dans le cadre de l'art. 14, contenant une dénonciation d'infraction pénale par une personne entendue pour des faits distincts, constituent des actes interruptifs de prescription. • Crim. 7 juin 2001, n° 00-85.973 P : *Procédures 2001. Comm. 200, obs. Buisson.* ♦ Les procès-verbaux établis par les officiers de police judiciaire pour l'exécution de la mission qui leur est confiée par l'art. 14 constituent des actes d'instruction. • Crim. 23 juin 1998, n° 98-81.849 P • 11 déc. 2002, n° 01-88.284.

2. Si les procès-verbaux dressés par les inspecteurs du travail dans l'exercice de leurs attributions de police judiciaire, conformément aux art. L. 611-1 et L. 611-10 C. trav., devenus les art. L. 8112-1 s. dudit code, à l'effet de constater les *infractions sont interruptifs* de prescription, il n'en n'est pas de même du simple déplacement de l'inspecteur du travail dans les locaux de la société visée par l'enquête administrative. • Crim. 21 mai 2019, n° 18-82.574 P : *D. actu. 13 juin 2019, obs. Goetz ; RSC 2019. 841, note Cerf-Hollender* .

1° ACTES DU PARQUET

3. Interrompt la prescription de l'action publique tout acte du procureur tendant à la recherche et à la poursuite des infractions à la loi pénale ; ainsi, pour des crimes d'enlèvement commis de 1975 à 1979, la prescription est interrompue par la réalisation d'une enquête préliminaire par la gendarmerie en 1984, puis, en 1993 par un soit-transmis du procureur à la direction de l'aide sociale à l'enfance afin de s'informer du sort de certaines des victimes et enfin par la plainte avec constitution de partie civile des familles des victimes en 1996. • Crim. 20 févr. 2002, n° 01-85.042 P : *D. 2002. IR 1115 ; JCP 2002. II. 10075, note Maistre du Chambon ; RSC 2003. 585, note Giudicelli* . ♦ De même, toute réquisition du ministère public est un acte de poursuite qui interrompt la prescription de l'action publique : tel est le cas des réquisitions tendant à la confirmation d'une ordonnance de non-lieu. • Crim. 27 avr. 2004, n° 03-85.328 P : *JCP 2004. IV. 2266.* ♦ ... Tel est le cas également des instructions données par le procureur afin de procéder à des recherches en vue de découvrir l'adresse du prévenu en application de l'art. 560. • Crim. 3 juin 2004, n° 03-80.593 P : *JCP 2004. IV. 2582.* ♦ ... Ou des instructions données par le procureur général au procureur de la République à l'effet de procéder à une enquête. • Crim. 17 déc. 2008, n° 08-82.319 P : *AJDA 2009. 725 ; AJ pénal 2009. 131, obs. Lasserre Capdeville ; Procédures 2009, n° 92, obs. Buisson ; Dr. pénal 2009, n° 36, obs. Véron ; ibid. Chron. 9, obs. Linditch.* ♦ ... Ou le mandement de citation transmis par le procureur général au procureur de la République en vue de la saisine de l'huissier, acte de poursuite qui interrompt le cours de la prescription de l'action publique à la date de sa transmission. • Crim. 13 déc. 2005, n° 04.87.489 P : *RSC 2006. 638, note Giudicelli ; JCP 2006. I. 159, note Maron.* ♦ ...Ou de la requête par laquelle, en application de l'art. 711, le ministère public porte devant le tribunal un incident contentieux relatif à l'exécution d'une sentence pénale. • Crim. 31 mai 2012, n° 11-84.687 P. ♦ ... Ou de la transmission par un officier du ministère public à l'officier du ministère public compétent. • Crim. 6 janv. 2015 : *Dr. pénal 2015, n° 42, obs. Maron et Haas.*

4. Constitue également un acte de poursuite qui interrompt le cours de la prescription de l'action publique à la date de sa transmission le mandement de citation transmis par le procureur général au procureur de la République en vue de la saisine de l'huissier. • Crim. 13 déc. 2005, n° 04-87.489 P : *RSC 2006. 638, note Giudicelli ; JCP 2006. I. 159, note Maron.* ♦ ... De même que l'acte par lequel le procureur de la République transmet la procédure, pour compétence, au ministère public près une autre juridiction. • Crim. 6 févr. 2007, n° 06-86.760 P : *D. 2007. AJ 1016 ; ibid. 2008. Pan. 2758, obs. Pradel ; AJ pénal 2007. 234* • Crim. 5 mars 2013 : *D. actu. 11 avr. 2013, obs. Gayet ; D. 2013. Pan. 1993, obs. Pradel ; AJ pénal 2013. 355, obs. Céré .*

5. Les instructions adressées par le procureur de la République à un OPJ entrent dans la classe des actes d'instruction ou de poursuites interruptifs de la prescription de l'action publique, dès lors qu'elles constituent l'exercice des pouvoirs que ce magistrat tient des dispositions de l'art. 75 pour l'exécution des enquêtes préliminaires. • Crim. 5 mars 1985, n° 84-90.056 P. ♦ Les instructions adressées par le procureur de la République à un OPJ à l'effet d'enquêter sur des faits révélés par la presse régionale sont des actes interruptifs de la prescription de l'action publique, lorsqu'elles constituent l'exercice des pouvoirs que ce magistrat tient des dispositions des art. 41 et 75 pour l'exécution des enquêtes préliminaires. • Crim. 2 avr. 1998, n° 97-84.191 P. ♦ De même pour les instructions données par le procureur de la République à la police judiciaire aux fins d'enquête sur les faits dénoncés par la plainte du directeur des services fiscaux. • Crim. 22 janv. 1990, n° 88-85.361 P : *D. 1990. 453, note Tixier et Lamulle .*

6. Les réquisitions par lesquelles le ministère public manifeste sa volonté de réprimer la contravention constituent, si elles interviennent dans l'année de l'infraction, un acte de poursuite interruptif de la prescription à partir duquel court un nouveau délai d'un an. • Crim. 19 mars 1997, n° 96-83.797. ♦ En matière contraventionnelle, le délai d'un an qui court à compter des faits est interrompu par la délivrance du titre exécutoire de l'amende forfaitaire majorée, laquelle fait courir un nouveau délai d'un an. • Crim. 21 janv. 2020, n° 19-84.450 P : *D. actu. 10 févr. 2020, obs. Goetz ; RSC 2020. 113, note Delage ; JCP 2020. 491, obs. J.-H. Robert ; Procédures 2020. Comm. 74, obs. A.-S. Chavent-Leclère.* ♦ Si c'est à tort que les juges du fond ont donné à la plainte de l'administration un effet interruptif, c'est à bon droit qu'ils ont, compte tenu de la date du réquisitoire introductif, écarté l'exception tirée d'une prétendue prescription de l'action publique pour les fraudes fiscales commises en 1985, 1986 et 1987. • Crim. 10 déc. 1997, n° 97-81.759 P. ♦ Les réquisitions du procureur de la République à un OPJ aux fins d'entendre le prévenu constituent un acte d'instruction interruptif de la prescription. • Crim. 10 avr. 2002, n° 01-82.379. ♦ Sont des actes interruptifs les réquisitoires introductif, supplétif et définitif du parquet (...), même si les actes du juge d'instruction qui en sont la conséquence ou le support ont été déclarés nuls. • Crim. 22 oct. 1990, n° 89-86.229 P. ♦ Est interruptif de la prescription l'acte par lequel le ministère public requiert un huissier de justice de délivrer une citation à comparaître. • Crim. 13 févr. 1990, n° 89-80.743 P. ♦ ... Sauf si, bien que rédigé et signé par le procureur de la République, il n'a pas été transmis à un huissier en vue de sa délivrance. • Crim. 16 févr. 1999, n° 97-83.951 P : *RSC 1999. 617, obs. Giudicelli ; Dr. pénal 1999. Comm. 78, obs. Maron.*

7. Interrompt la prescription la convocation adressée par un procureur de la République à un individu pour l'entendre sur une plainte pour fraude fiscale car il s'agit d'un acte de police judiciaire. • Crim. 27 avr. 2000, n° 99-81.415 P. ♦ L'acte par lequel le procureur de la République transmet la procédure, pour compétence, en application de l'art. 43, à un procureur de la République près un autre tribunal constitue un acte de poursuite interruptif de prescription. • Crim. 5 janv. 2000, n° 99-81.929 P : *Dr. pénal 2000. Comm. 123, obs. Maron.* ♦ Interrompt la prescription de l'action publique tout acte du procureur tendant à la recherche et à la poursuite des infractions à la loi pénale ; ainsi, pour des crimes d'enlèvement commis de 1975 à 1979, la prescription est interrompue par la réalisation d'une enquête préliminaire par la gendarmerie en 1984, puis, en 1993 par un soit-transmis du procureur à la direction de l'aide sociale à l'enfance afin de s'informer du sort de certaines des victimes et enfin par la plainte avec constitution de partie civile des familles des victimes en 1996. • Crim. 20 févr. 2002, n° 01-85.042 P : *D. 2002. IR 1115 ; JCP 2002. II. 10075, note Maistre du Chambon ; RSC 2003. 585, note Giudicelli .* ♦ De même, interrompt la prescription le soit-transmis du procureur de la République à l'administration des affaires maritimes ayant pour objet de recueillir l'avis de cette administration sur la réglementation applicable et précisant que le procureur envisage d'entamer les poursuites dès retour de l'avis sollicité. • Crim. 28 juin 2005, n° 05-80.307 P : *JCP 2005. IV. 2911 ; ibid. 2006. I. 159, note Maron ; Dr. pénal 2005. Comm. 152, obs. Maron ; Procédures 2005. Comm. 235, obs. Buisson.* ♦ Il en est également ainsi d'une lettre adressée par un procureur de la République au président d'une chambre départementale des huissiers de justice pour lui demander de provoquer les explications d'un huissier de justice à la suite du dépôt d'une plainte et de les lui transmettre assorties d'un avis motivé. • Crim. 1er févr. 2012, n° 11-83.072 P : *D. 2012. 860, note Courtin ; AJ pénal 2012. 345, obs. Lasserre Capdeville ; RSC 2012. 391, obs. Salvat* . ♦ La demande de désignation d'un nouveau juge d'instruction, à la suite de l'annulation de l'ordonnance de renvoi des prévenus devant le tribunal correctionnel, manifeste sa volonté de poursuivre l'exercice de l'action publique, à laquelle est associée l'action douanière, et interrompt la prescription. • Crim. 22 janv. 2014, n° 12-88.211 P : *D. 2014. Actu. 280 ; AJ pénal 2014. 142, obs. Perrier ; ibid. 251, obs. Roussel.*

8. La demande d'avis adressée par le procureur à la direction régionale de l'équipement dans le cadre d'infractions à la législation sur les transports est un acte interruptif de prescription ; en revanche, l'avis rendu par l'administration ne constitue pas un acte de poursuite ou d'instruction susceptible d'interrompre la prescription de l'action publique. • Crim. 12 déc. 2012, n° 12-80.707 P : *D. actu. 6 févr. 2013, obs. Priou-Alibert.* ♦ Ne constituent pas des actes interruptifs de prescription les réponses apportées par l'administration aux instructions et demandes du parquet. • Crim. 4 nov. 2014 : *D. actu. 10 déc. 2014, obs. Roose ; RSC 2014. 807, note Boccon-Gibod* .

9. Soit-transmis du procureur. Le soit-transmis par lequel le procureur de la République invite à remettre en état la construction dans un délai déterminé a le caractère d'un acte de poursuite interruptif de prescription en ce qu'il manifeste la volonté du ministère public de poursuivre, en l'absence de régularisation, l'exercice de l'action publique. • Crim. 13 janv. 2009, n° 08-84.459 P : *AJ pénal 2009. 129* . ♦ Il en va de même d'un courrier envoyé par le procureur de la République à la Chambre départementale des huissiers de justice afin de demander des explications suite à un dépôt de plainte. • Crim. 1er févr. 2012, n° 11-83.072 P : *AJ pénal 2012. 345, obs. Lasserre Capdeville ; D. 2012. Pan. 2119, obs. Pradel ; RSC 2012. 391, obs. Salvat* .

10. Spécificité en droit de la presse. En revanche, en raison du particularisme des règles édictées par la loi sur la liberté de la presse du 29 juill. 1881, la prescription de l'action publique et de l'action civile ne peut être interrompue ni par le soit-transmis du procureur de la République qui ne répond pas aux exigences de l'art. 65, al. 2, ni par des procès-verbaux d'enquête • Crim. 14 févr. 1995, n° 93-85.640 P. ♦ Et plus généralement sur la prescription en matière de presse, V. L. du 29 juill. 1881, *in* C. pén., App., v° *Presse et communication.*

11. Incompétence territoriale du parquet. Dès lors que l'incompétence territoriale du parquet n'était pas manifeste lors du dépôt de la plainte de l'administration, les actes de poursuites intervenus interrompent valablement la prescription. • Crim. 3 juin 2004, n° 03-87.113 P : *JCP 2004. IV. 2645.* ♦ Mais la prescription n'est pas interrompue lorsque la juridiction est manifestement incompétente. • Crim. 8 sept. 2004, n° 03-86.098 P : *JCP 2004. IV. 3196.*

2° ACTES D'INSTRUCTION

12. Principe. Toute ordonnance rendue par le juge d'instruction interrompt le cours de la prescription de l'action publique ; ce principe s'applique également aux ordonnances portant sur une demande de restitution. • Crim. 10 févr. 2004, n° 03-87.283 P : *JCP 2004. IV. 1780 ; Dr. pénal 2004. Comm. 72, obs. Maron.* ♦ On doit entendre par acte d'instruction ou de poursuite pouvant interrompre la prescription de l'action publique ceux qui ont pour objet de constater les délits et d'en découvrir ou d'en convaincre les auteurs. • Crim. 9 mai 1936 : *DH 1936. 333.*

13. Applications. Constitue un acte d'instruction au sens du premier alinéa de l'art. 7anc. l'ordonnance de soit-communiqué délivrée par le juge d'instruction, dès lors qu'elle a pour objet de saisir le procureur de la République aux fins de réquisition sur l'action publique. • Crim. 23 juin 1998, n° 98-81.849 P. ♦ Constitue un acte interruptif de prescription la convocation prévue par l'art. 80-2 par laquelle le juge d'instruction avise une personne qu'il envisage de la mettre en examen et l'informe de ses droits. • Crim. 9 juill. 2003, n° 03-82.063 P : *D. 2003. IR 2341 ; JCP 2003. IV. 2668 ; AJ pénal 2003. 67 ; RSC 2004. 136, obs. Giudicelli* . ♦ Constitue un acte interruptif de prescription l'avis de fin d'information donné par le juge d'instruction aux parties, en application de l'art. 175. • Crim. 11 janv. 2000, n° 98-86.269 P : *Dr. pénal 2000. Comm. 67, obs. Maron.* ♦ V. déjà • Crim. 9 juin 1998, n° 96-84.894 P : *Procédures 1998. Comm. 263, obs. Buisson.* ♦ La notification d'un rapport d'expertise en application de l'art. 167 est un acte qui participe de la recherche des preuves de l'infraction et donc interrompt la prescription. • Crim. 5 mai 2004, n° 04-81.269 P : *D. 2004. IR 1933 ; JCP 2004. IV. 2435 ; AJ pénal 2004. 292* . ♦ Une commission rogatoire délivrée par un juge d'instruction, quel qu'en soit l'objet, constitue par elle-même un acte d'instruction au sens de l'art. 7, de nature à interrompre la prescription. • Crim. 12 nov. 2008, n° 08-80.381 P : *D. 2009. AJ 24 ; ibid. Pan. 2238, obs. Pradel ; AJ pénal 2009. 72, obs. Girault ; Dr. pénal 2010. Chron. 1, obs. Guérin.* ♦ Le soit-transmis par lequel le procureur de la République invite à remettre en état la construction dans un délai déterminé a le caractère d'un acte de poursuite interruptif de prescription en ce qu'il manifeste la volonté du ministère public de poursuivre, en l'absence de régularisation, l'exercice de l'action publique. • Crim. 13 janv. 2009, n° 04-84.459 P : *AJ pénal 2009. 129*. ♦ L'avis donné en application de l'art. 92 par le juge d'instruction au procureur de la République de son transport sur les lieux est interruptif de prescription. • Crim. 19 déc. 2017, n° 17-83.867 P : *D. actu. 19 janv. 2018, obs. Diaz.*

14. Ordonnance du juge d'instruction. Toute ordonnance rendue par le juge d'instruction interrompt le cours de la prescription de l'action publique. • Crim. 10 févr. 2004, n° 03-87.283 P : *JCP 2004. IV. 1780 ; Dr. pénal 2004. Comm. 72, obs. Maron.* ♦ ... De même que la notification d'un rapport d'expertise en application de l'art. 167. • Crim. 5 mai 2004, n° 04-81.269 P : *D. 2004. IR 1933 ; JCP 2004. IV. 2435 ; AJ pénal 2004. 292*. ♦ ... Ou la convocation adressée à la partie civile par le juge d'instruction. • Crim. 5 sept. 2006, n° 06-80.402 P : *D. 2006. IR 2348 ; AJ pénal 2006. 406*.

15. Note adressée par un juge d'instruction. La note adressée par un juge d'instruction aux autorités compétentes d'un État étranger saisies d'une commission rogatoire internationale et précisant, à leur demande, les éléments nécessaires à son exécution est un acte d'instruction. • Crim. 11 févr. 2009, n° 08-81.731 P : *D. 2009. Pan. 2239, obs. Pradel ; AJ pénal 2009. 225 ; Dr. pénal 2009, n° 88, obs. Maron et Haas.*

16. Commission rogatoire. Une commission rogatoire délivrée par un juge d'instruction, quel qu'en soit l'objet, constitue par elle-même un acte d'instruction au sens de l'art. 7 anc., de nature à interrompre la prescription. • Crim. 12 nov. 2008, n° 08-80.381 P : *D. 2009. AJ 24 ; ibid. 2009. Pan. 2238, obs. Pradel ; AJ pénal 2009. 72, obs. Girault ; Dr. pénal 2010. Chron. 1, obs. Guérin.*

17. Audition de partie civile. Constitue un acte d'instruction le procès-verbal d'audition d'une personne qui dénonce, à l'occasion d'une plainte portée contre elle, des infractions dont elle aurait été victime. • Crim. 7 juin 2001, n° 00-85.973 P. ♦ ... Ou de tout procès-verbal contenant la dénonciation d'une infraction. • Crim. 9 juill. 2003 : *préc. note 13.* ♦ Les procès-verbaux de constat comme de saisie de l'administration des Douanes, lorsqu'ils émanent d'agents compétents, constituent des actes d'instruction interruptifs de la prescription. Revêt ce caractère un procès-verbal qui, dressé par les fonctionnaires des Douanes au siège d'une société commerciale, après audition de son dirigeant, et constatant la saisie de factures relatives à une opération d'importation, a été qualifié à tort par la cour d'appel de simple procès-verbal de renseignements. • Crim. 21 mars 1994, n° 93-82.974 P. ♦ V. aussi • 29 janv. 1998, n° 96-83.149 P : *Gaz. Pal. 1998. 2. 455, note Goguel.* ♦ De même pour les procès-verbaux dressés conformément au C. consom. par les agents de la Direction générale de la concurrence, de la consommation et de la répression des fraudes. • Crim. 2 juill. 1997, n° 96-85.755 P : *Procédures 1998. Comm. 14, obs. Buisson* • 9 mars 2010, n° 09-84.800 P : *D. 2010. Actu. 1216 ; AJ pénal 2010. 252 ; Dr. pénal. 2010, n° 72, note J.-H. Robert.*

18. Avis aux parties civiles. Est interruptif de prescription l'avis prévu à l'art. 49 de la loi du 24 août 1993, avisant la partie civile de son droit de formuler une demande d'acte ou de présenter une requête en annulation sur le fondement des art. 81, al. 9, 82-1, 156 et 173, al. 3. • Crim. 9 juin 1998, n° 96-84.894 P.

19. Arrêt de la chambre de l'instruction saisie d'une requête en nullité. L'arrêt de la chambre de l'instruction statuant sur une requête en nullité de la procédure constitue un acte d'instruction ayant pour effet d'interrompre la prescription. • Crim. 5 mars 2002, n° 01-83.870 P : *D. 2002. IR 1531 ; RSC 2004. 132, obs. Giudicelli*.

20. Soit-transmis du président du tribunal. Le soit-transmis adressé au président d'un tribunal de grande instance par un juge d'instruction pour lui demander des renseignements nécessaires à la poursuite d'une information, faisant suite à un réquisitoire supplétif du ministère public, constitue, au sens de l'art. 7 anc., un acte d'instruction interruptif de prescription. • Crim. 19 nov. 2014 : *Dr. pénal 2015. 13, note Maron et Haas ; AJ pénal 2015. 157, obs. Gallois*.

21. Actes accomplis au cours d'une procédure incidente devant la chambre de l'instruction. Sont interruptifs de prescription, tant les actes de poursuite ou d'instruction accomplis au cours de l'information que ceux accomplis au cours d'une procédure incidente devant la chambre d'accusation. • Crim. 30 avr. 1996, n° 95-85.027 P.

3° ACTES ÉMANANT DE LA PARTIE CIVILE

22. Initiative de la victime. Une plainte non assortie d'une constitution de partie civile n'est pas un acte d'instruction ou de poursuite, même dans les matières, comme les infractions à la réglementation des changes, où la plainte de l'administration est la condition préalable et nécessaire de la mise en mouvement de l'action publique. • Crim. 10 mai 1972, n° 71-90.995 P. ♦ Une plainte adressée au procureur de la République ne constitue pas un acte de poursuite ou d'instruction et n'a pas d'effet interruptif de la prescription de l'action publique. • Crim. 11 juill. 2012, n° 11-87.583 P : *D. actu. 6 sept. 2012, obs. Martineau ; D. 2013. Pan. 1649, obs. Mascala ; AJ pénal 2012. 555, obs. Gallois ; Dr. pénal 2012, n° 135, obs. Maron et*

Haas ; Procédures 2012, n° 298, obs. Chavent-Leclère ; Gaz. Pal. 26-27 oct. 2012, p. 40, obs. Fourment. ♦ Mais le procès-verbal contenant la dénonciation d'une infraction constitue un acte interruptif de prescription. • Crim. 9 juill. 2003, n° 03-82.063 P : *D. 2003. IR 2341 ; JCP 2003. IV. 2668 ; AJ pénal 2003. 67 ; RSC 2004. 136, obs. Giudicelli .* ♦ Le dépôt d'une plainte avec constitution de partie civile, sans qu'un délai soit fixé pour verser la consignation et suivi de l'obtention de l'aide juridictionnelle dispensant le plaignant de consigner interrompt la prescription de l'action publique. • Crim. 14 nov. 1995, n° 94-83.837 P. ♦ De même pour le dépôt, constaté sans équivoque, d'une plainte avec constitution de partie civile à la condition que la consignation prévue par l'art. 88 ait été ultérieurement versée dans le délai fixé. • Crim. 9 déc. 1980, n° 98-86.219 P • 7 juin 1990, n° 89-84.991 P • 7 sept. 1999, n° 98-86.219 P • 22 nov. 2005, n° 05-82.807 P : *AJ pénal 2006. 124, obs. Leblois-Happe .* ♦ Si le plaignant acquiert la qualité de partie civile par sa manifestation de volonté accompagnée du versement de la consignation fixée par le juge d'instruction, sauf dispense ou obtention de l'aide juridictionnelle, de sorte que l'auteur d'une plainte avec constitution de partie civile non signée peut confirmer sa volonté de se constituer en versant la consignation mise à sa charge, c'est à la condition que cette manifestation de volonté intervienne dans le délai de la prescription que la plainte imparfaite n'a pu interrompre. • Crim. 3 nov. 2020, n° 19-81.627 • Crim. 3 nov. 2020, n° 19-81.629 : *RSC 2021. 111, obs. Dreyer .* ♦ Sur la suspension de la prescription de l'action publique entre la date de dépôt de la plainte avec constitution de partie civile et la délivrance du réquisitoire par le procureur de la République, V. note 3 ss. art. 9-3.

23. Constitution de partie civile. La constitution de partie civile par voie d'intervention revêt le caractère d'un acte de poursuite qui interrompt la prescription. • Crim. 1er oct. 2003, n° 03-83.582 P : *D. 2003. IR 2804 ; D. 2004. Somm. 667, obs. Pradel ; JCP 2003. IV. 2922 ; AJ pénal 2003. 108 ; RSC 2004. 136, obs. Giudicelli .*

4° *JUGEMENTS ET ARRÊTS*

24. Arrêt, jugement, non-lieu partiel. L'arrêt confirmatif d'une ordonnance de non-lieu partiel interrompt la prescription. • Crim. 27 mars 2002, n° 00-81.712 P.

25. La remise de cause prononcée par jugement ou arrêt en présence du ministère public constitue, qu'elle ait été ou non ordonnée en présence des autres parties, un acte de poursuite de nature à interrompre la prescription. • Crim. 4 mai 1995, n° 93-82.561 P. ♦ Pour un autre exemple, en matière de diffamation, V. • Crim. 4 mai 1995, n° 93-82.562 • 9 oct. 2007, n° 07-81.786 P : *AJ pénal 2008. 41, obs. Lavric .*

26. Opposition. L'opposition à un jugement par défaut interrompt la prescription de la peine et constitue le point de départ d'un nouveau délai de prescription de l'action publique, la poursuite ayant repris son cours. • Crim. 20 mai 2003, n° 02-85.403 P : *D. 2003. IR 2285 ; JCP 2003. IV. 2267* • 20 mai 2009, n° 09-81.339 P : *AJ pénal 2009. 417, obs. Saas .*

27. Ordonnance pénale. Le délai de prescription de l'action publique est interrompu par tout jugement, même non définitif, s'il n'est pas entaché de nullité et tel est le cas de l'ordonnance pénale. • Crim. 21 janv. 2020, n° 19-81.066 P.

5° *AUTRES ACTES INTERRUPTIFS*

28. Les actes ayant pour objet la constatation de l'infraction prévue par l'art. 432-14 C. pén., accomplis par les membres de la mission interministérielle d'enquête sur les marchés, habilités à cet effet par l'art. 7 de la loi du 3 janv. 1991, constituent des actes interruptifs de prescription. Entre parfaitement dans cette catégorie d'actes la lettre adressée par le chef de la mission interministérielle d'enquête sur les marchés au préfet, dans le cadre de l'enquête dont elle avait été saisie, lettre ayant pour objet de permettre à cette mission d'accéder à des documents et à des éléments d'information détenus par les services de l'État et tendant ainsi à la constatation de l'infraction de favoritisme. C'est à tort qu'une cour d'appel énonce, s'agissant d'un tel acte, que les investigations objet de cette correspondance « apparaissent manifestement demeurer dans le cadre d'une enquête interne dont la finalité et le régime juridique restent purement administratifs » et qu'en conséquence ce courrier ne peut interrompre le délai de prescription. • Crim. 8 avr. 2010, n° 09-86.691 P : *AJ pénal 2010. 296, obs. Perrier .*

29. Consultation de fichiers. Interrompt également la prescription la consultation : du fichier national des immatriculations. • Crim. 19 juin 2012, n° 11-88.684 P : *D. 2012. Actu. 1889 ; Dr. pénal 2012, n° 135, obs. Maron et Haas.* ♦ ... Celle du fichier national des permis de conduire. • Crim. 28 oct. 2014 : *Dr. pénal 2014. 151, obs. Maron et Haas.* ♦ ... Y compris pour une infraction ne donnant pas lieu à retrait de points du permis de conduire. • Crim. 1er sept. 2020, n° 19-87.157 P : *D. actu. 29 sept. 2020, obs. Dominati.*

30. Inscription au FNAEG. La réquisition émanant d'un officier de police judiciaire aux fins d'inscription au fichier national des empreintes génétiques (FNAEG) du profil ADN établi par l'analyse d'une trace prélevée sur le vêtement de la victime constitue un acte d'instruction, interruptif de prescription. • Crim. 12 déc. 2012, n° 12-85.274 P : *D. actu. 11 févr. 2013, obs. Priou-Alibert ; D. 2013. Actu. 179 .*

31. Saisine du Conseil de la concurrence. Il résulte de l'art. L. 420-6 C. com., issu de la loi du 15 mai 2001, applicable aux faits postérieurs à son entrée en vigueur, que la saisine du Conseil de la concurrence est interruptif de la prescription de l'action publique. • Crim. 17 juin 2009, n° 08-84.482 P : *D. 2009. AJ 2034, note Chevrier ; AJ pénal 2009. 411* .

6° MODIFICATION DE LA LOI DANS LE TEMPS

32. Il résulte de l'arrêt de renvoi rendu par la chambre d'accusation que la prescription de l'action publique, relative au crime d'usage de faux en écritures publiques commis le 20 janv. 1978 et reproché à l'accusé, n'était pas acquise le 8 oct. 1991, date du prononcé de cet arrêt, lui-même interruptif de la prescription décennale ; si, par ailleurs, l'art. 441-4 nouv. C. pén., entré en vigueur le 1er mars 1994, qui punit de peines correctionnelles le fait poursuivi, a substitué, à compter de cette date, le délai de prescription de 3 ans à celui de 10 ans, il n'a pas eu pour effet de remettre en cause les actes interruptifs accomplis sous l'empire de la loi ancienne, notamment celui du 8 oct. 1991 ; dès lors, le demandeur ayant comparu devant la cour d'assises moins de 3 ans après le 1er mars 1994 et dans un délai total de moins de 10 ans depuis l'arrêt de mise en accusation, l'exception de prescription de l'action publique invoquée au moyen ne peut qu'être rejetée. • Crim. 29 avr. 1997, n° 95-82.669 P. ♦ L'arrêt de la chambre de l'instruction statuant sur une requête en nullité de la procédure constitue un acte d'instruction ayant pour effet d'interrompre la prescription. • Crim. 5 mars 2002, n° 01-83.870 P : *D. 2002. IR 1531 ; RSC 2004. 132, obs. Giudicelli* .

B. ACTES QUI N'INTERROMPENT PAS LA PRESCRIPTION

33. Actes irréguliers. Les actes d'une information ouverte sur constitution de partie civile, annulés par une chambre d'accusation en raison d'une incompétence territoriale, ne peuvent ni interrompre ni suspendre le délai de la prescription. • Crim. 3 avr. 1997, n° 95-83.042 P • 21 juin 2005, n° 04-84.698 P : *JCP 2005. IV. 2825.* ♦ *Contra* : si la prescription des actions publique et civile n'est pas interrompue par des actes d'instruction entachés de nullité, elle est suspendue, en pareil cas, par un obstacle de droit, ayant mis la partie poursuivante dans l'impossibilité d'agir. • Crim. 26 mai 1992, n° 91-84.187 P. ♦ Si, en règle générale, la saisine d'une juridiction territorialement incompétente interrompt la prescription, quand il est impossible de déterminer avec exactitude le lieu du délit, la résidence des inculpés ou le lieu où ils pourront être trouvés, il en est différemment lorsque la plainte avec constitution de partie civile a été déposée devant une juridiction manifestement incompétente, les plaignants disposant, lors de cet acte, d'informations de nature à déterminer sans incertitude le domicile de la personne visée dans la plainte et le lieu de commission de l'éventuelle infraction dénoncée. • Crim. 16 mars 1988, n° 87-82.240 P : *D. 1989. 496, note Fenaux.* ♦ Un acte de poursuite ou d'instruction régulièrement accompli par un magistrat reconnu ultérieurement incompétent est interruptif de prescription. • Crim. 27 mars 1996, n° 95-81.335. ♦ La signification d'un jugement qui encourt la nullité, si elle ouvre les délais de recours permettant aux parties de faire constater judiciairement cette nullité, ne peut interrompre la prescription. • Crim. 5 mars 2014, n° 12-88.080 P : *AJ pénal 2014. 308, obs. Belfanti* . ♦ Une cour d'appel écarte à bon droit une exception de prescription de l'action publique dès lors que l'acte sur lequel elle s'appuie n'a pas été contesté dans les formes légales, en raison des forclusions résultant des art. 179, al. 6, et 385, al. 1er. • Crim. 12 nov. 2015, n° 14-82.765 P : *D. actu. 30 nov. 2015, obs. Fonteix.*

34. Exemples d'actes non interruptifs. Ne sont pas interruptifs les procès-verbaux ayant pour objet de renseigner une autorité administrative compétente pour apprécier l'existence des charges suffisantes pour que l'autorité judiciaire soit saisie. • Crim. 31 oct. 1963 : *D. 1964. Somm. 59.* ♦ Il en est de même d'un simple rapport de police, qui n'est assorti d'aucun procès-verbal établi dans les formes légales. • Crim. 6 janv. 1965, n° 64-91.878 P. ♦ ... De procès-verbaux de gendarmerie ayant uniquement pour objet des renseignements à propos de faits dénoncés dans une plainte à laquelle il n'a pas été donné suite. • Crim. 12 avr. 1934 : *DH 1934. 270* • 23 déc. 1940 : *DA 1941. 107.* ♦ ... D'une ordonnance de désignation du juge d'instruction. • Crim. 11 avr. 1959 : *D. 1960. 40* (sol. impl.). ♦ ... D'une demande d'aide juridictionnelle et de l'enquête qu'elle nécessite. • Crim. 28 janv. 1997 : *Procédures 1997. Comm. 123, obs. Buisson.* ♦ La fixation des affaires au rôle de chaque audience n'interrompt pas la prescription. • T. civ. Draguignan, 1er mars 1935 : *DH 1935. 343.* ♦ Il en est de même de la décision ordonnant le sursis à statuer sur appel du parquet contre un jugement rendu par défaut contre le prévenu. • Crim. 19 juill. 1972, n° 72-90.728 P. ♦ ... D'une simple invitation à comparaître devant le tribunal correctionnel et d'une réquisition à la gendarmerie d'extraire un détenu pour l'amener à l'audience. • Crim. 28 août 1913 : *DP 1918. 1. 27.* ♦ ... Des actes accomplis par les experts. • Crim. 7 juin 1934 : *DH 1934. 478.* ♦ Le dépôt d'un rapport d'expertise et les lettres adressées par un expert au tribunal ne constituent pas des actes de poursuite ou d'instruction, interruptifs de la prescription de l'action publique au sens des art. 7 et 9. • Crim. 29 mai 1991, n° 90-81.381 P. ♦ De même pour le dépôt au greffe du montant de la consignation fixée conformément à l'art. R. 236, al. 2. • Crim. 15 avr. 1991, n° 90-82.838 P. ♦ V. cep. : le dépôt, constaté sans équivoque, d'une plainte avec déclaration expresse de constitution de partie civile, interrompt la prescription de l'action publique, dès lors que la consignation prévue par l'art. 88 a été ultérieurement versée dans le délai fixé. • Crim. 9 déc. 1980, n° 80-91.546 P. ♦ Ne constitue pas un acte de poursuite ou d'instruction susceptible d'interrompre la prescription de l'action publique, au sens de l'art. 65 de la loi du 21 juill. 1881 sur la liberté de la presse, le procès-verbal par lequel le juge d'instruction constate que la partie civile, dûment convoquée, n'a pas comparu. • Crim. 24 nov. 1999, n° 98-88.119 P. ♦ La prescription de l'action publique n'est pas suspendue par l'exécution d'une expertise ordonnée par la juridiction pénale. • Crim. 3 oct. 2000, n° 00-81.257 P.

35. La plainte de l'administration des Impôts, préalable aux poursuites du chef de fraudes fiscales, ne constitue pas un acte de poursuite ou d'instruction au sens de l'art. 7 anc. et n'a pas d'effet interruptif de la prescription de l'action publique. • Crim. 17 mai 1989, n° 88-80.603 P • 22 janv. 1990, n° 88-85.361 P • 7 avr. 1992, n° 91-82.842 P • 19 mai 2005, n° 04-85.076 P : *JCP 2005. IV. 2498.* • Crim. 23 févr. 2011 : *D. actu. 29 mars 2011, obs. Bombled.* ♦ Si c'est à tort que les juges du fond ont donné à la plainte de l'administration un effet interruptif, c'est à bon droit qu'ils ont, compte tenu de la date du réquisitoire introductif, écarté l'exception tirée d'une prétendue prescription de l'action publique pour les fraudes fiscales commises en 1985, 1986 et 1987. • Crim. 1er mars 1993 : *Dr. pénal 1999. Comm. 166, obs. Robert.* ♦ La mise en demeure, notifiée par le préfet, de faire cesser l'exploitation interdite, qui ne constitue ni un acte de poursuite ni un acte d'instruction, n'est pas interruptive de la prescription de 3 ans édictée par l'art. 188-9-1 anc. C. rur., pas plus, au demeurant, que la transmission du dossier par le préfet au procureur de la République en vue de l'application des dispositions de l'art. 188-9 du même code. • Crim. 16 avr. 1992, n° 91-82.273 P.

36. Méconnaît les art. 6 et 8 anc. l'arrêt qui admet le caractère interruptif de prescription de conclusions de parties civiles signifiées par huissier postérieurement à leur déclaration d'appel dans une procédure pour diffamation publique envers des particuliers, alors qu'il appartient aux parties civiles appelantes de faire citer elles-mêmes le prévenu à l'une des audiences de la juridiction du second degré, sauf le droit, pour cette dernière, de renvoyer la cause à une audience utile par une décision interruptive de prescription. • Crim. 17 juin 2008, n° 07-86.330 P : *AJ pénal 2008. 372* ; *Dr. pénal 2008. Comm. 138, obs. Véron ; ibid. 2009. Chron. 6, obs. Mouysset.*

37. Le courrier par lequel le magistrat de liaison français en Allemagne communique une commission rogatoire internationale au ministre de la Justice du Land est un acte d'administration de la justice ne pouvant être considéré comme un acte de poursuite ou d'instruction interrompant la prescription. • Crim. 3 mars 2015 : *D. 2015. Actu. 629* ; *AJ pénal 2015. 327, obs. Perrier* .

38. Ne constitue pas un acte d'instruction ou de poursuite susceptible d'interrompre la prescription le « mandatement de citation » établi par le procureur de la République, faute d'avoir été transmis à l'huissier en vue de sa délivrance avant la fin du délai de prescription. • Crim. 2 sept. 2004, n° 04-81.660 P : *Dr. pénal 2004. IR 2544 ; JCP 2004. IV. 3085 ; D. 2004. Comm. 167, note Maron* ; *AJ pénal 2004. 406* . ♦ Ne constituent pas des actes de poursuite interruptifs de prescription au sens des art. 7 et 8 anc. les demandes de recherche de pièces de procédure adressées par le procureur de la République à son propre secrétariat ni le classement sans suite d'une procédure. • Crim. 19 févr. 2008, n° 07-84.894 P : *AJ pénal 2008. 233, obs. Saas* . ♦ La plainte de l'administration fiscale ne constitue ni un acte de poursuite ni un acte d'instruction susceptible d'interrompre la prescription de l'action publique pour le délit de fraude fiscale. • Crim. 23 févr. 2011 : *D. actu. 29 mars 2011, obs. Bombled.*

39. Les dispositions prises par un magistrat pour mettre un détenu à la disposition d'OPJ chargés d'une enquête ne sauraient constituer un acte d'instruction. • Crim. 6 févr. 2002, n° 01-87.991 P.

40. Ne constitue pas un acte de poursuite ou d'instruction le compte rendu adressé par un commissaire de police au juge d'instruction qui lui avait délivré une commission rogatoire, dès lors que ce compte rendu se bornait à reproduire les termes du rapport de clôture rédigé par l'OPJ qu'il avait subdélégué. • Crim. 12 nov. 2014 : *Dr. pénal 2015. 13, note Maron et Haas ; AJ pénal 2015. 158, obs. Royer* .

41. De même, ne constituent pas des actes de poursuite interruptifs de prescription au sens des art. 7 et 8 anc. les demandes de recherche de pièces de procédure adressées par le procureur de la République à son propre secrétariat ni le classement sans suite d'une procédure. • Crim. 19 févr. 2008, n° 07-84.894 P : *AJ pénal 2008. 233, obs. Saas* .

42. La prescription de l'action publique n'est pas interrompue par le compte rendu effectué par le service enquêteur au procureur de la République, ni par la transmission de la procédure d'enquête à celui-ci, quand bien même il les aurait sollicités. • Crim. 5 avr. 2018, n° 17-83.166 P : *RSC 2018. 457, note Cordier* .

43. N'interrompt pas la prescription la sommation qu'une commune fait adresser à l'intéressé aux fins que celui-ci régularise sa situation au regard du code de l'urbanisme. • Crim. 24 févr. 2015 : *D. 2015. Actu. 570* ; *AJ pénal 2015. 264, obs. Luciani-Mien*.

44. La dénonciation officielle adressée par l'autorité étrangère à l'autorité française aux fins de jugement en France de délits commis par un Français à l'étranger, conformément aux dispositions de l'art. 113-8 C. pén., est un acte de poursuite interruptif de la prescription de l'action publique. • Crim. 12 oct. 2005, n° 05.80.189 P : *D. 2005. IR 2822*. ♦ De même, constituent des actes d'instruction interruptifs de prescription les actes ayant pour objet la constatation de l'infraction prévue par l'art. 432-14 C. pén., accomplis par les membres de la Mission interministérielle d'enquête sur les marchés, habilités à cet effet par l'art. 7 de la loi du 3 janv. 1991. • Crim. 30 nov. 2005, n° 05.80.862 P.

45. *Plainte simple.* Une plainte adressée au procureur de la République n'interrompt pas la prescription de l'action publique. • Crim. 11 juill. 2012 : *Dr. pénal 2012, n° 153, obs. Maron et Haas* ; *Procédures 2012, n° 298, obs. Chavent-Leclère*.

46. Parce qu'elle n'est pas définitive, une décision rendue par défaut et non signifiée n'interrompt pas le délai de prescription de l'action publique. • Crim. 21 févr. 2012, n° 11-87.163 P : *D. actu. 9 mars 2012, obs. Gayet* ; *Procédures 2012, n° 133, obs. Buisson*.

47. La plainte de l'administration des impôts, préalable aux poursuites du chef de fraude fiscale, ne constitue pas un acte de poursuite ou d'instruction au sens de l'art. 7 anc. et n'a pas d'effet interruptif de la prescription de l'action publique. • Crim. 19 mai 2005, n° 04-85.076 P : *JCP 2005. IV. 2498*.

48. *Rapport de synthèse.* La prescription de l'action publique n'est pas interrompue par la transmission d'un rapport de synthèse d'enquête au procureur de la République. • Crim. 3 nov. 2015, n° 14-80.844 P : *D. actu. 23 nov. 2015, obs. Fonteix* ; *Dr. pénal 2015. 170, obs. Maron et Haas*. ♦ Ni un rapport de synthèse ni sa transmission au procureur de la République ne constituent des actes de poursuite ou d'instruction interrompant la prescription. • Crim. 23 nov. 2016, n° 15-83.649 P : *AJ pénal 2017. 43, obs. Thierry* ; *ibid. 76, note Thierry*.

II. LES CONSÉQUENCES DES ACTES INTERRUPTIFS

49. *Interruption de prescription et protagonistes de l'infraction.* L'interruption de la prescription de l'action publique, par l'accomplissement d'un acte d'instruction ou de poursuite, a un effet absolu qui se produit à l'égard de tous les auteurs et complices, connus ou inconnus. • Crim. 5 juill. 1993, n° 92-82.799 P. ♦ Un acte d'instruction ou de poursuite interrompt la prescription à l'égard de tous les auteurs, coauteurs et complices de l'infraction, même s'ils ne sont pas personnellement impliqués dans cet acte. • Crim. 11 juill. 1972, n° 72-90.719 P. ♦ Le procès-verbal qui notifie une infraction à des personnes non visées dans le procès-verbal initial constitue un nouvel acte de poursuite interruptif de prescription. • Crim. 1er déc. 2004, n° 04-80.567 P : *D. 2005. Pan. 686, obs. Pradel*. ♦ Le crime d'homicide volontaire, qui se commet par la détermination de la volonté, et le délit d'imprudence, qui l'exclut, sont deux infractions distinctes ; il en résulte que la procédure suivie devant la juridiction de jugement ou une décision de condamnation du chef d'homicide involontaire ne sauraient interrompre la prescription de l'action publique à l'égard de l'auteur du crime d'homicide volontaire commis par un tiers sur la même victime ; en revanche cette prescription est susceptible d'avoir été interrompue par des actes de poursuite ou d'instruction intervenus avant la saisine de la juridiction de jugement du chef d'homicide involontaire. • Crim. 2 févr. 1993, n° 92-85.886 P.

50. *Infractions connexes.* L'effet interruptif d'un acte de poursuite ou d'instruction relatif à un fait déterminé s'étend à tous les faits qui, bien que non visés, sont connexes à ce fait en raison de l'identité de leur objet et de la communauté de leur résultat. • Crim. 18 févr. 1991, n° 90-80.025 P • 15 oct. 1990, n° 86-96.469 P. ♦ Lorsque deux infractions sont connexes, un acte interruptif de prescription concernant l'une d'elles a nécessairement le même effet à l'égard de l'autre. Les faits reprochés au médecin qui n'a pas révélé la contamination par le virus VIH du sang antérieurement transfusé, lors d'une intervention chirurgicale, à son patient depuis décédé du sida, présentent un lien de connexité avec ceux d'homicide involontaire dénoncés par la partie civile qui, dans sa plainte, imputait notamment au médecin l'absence de contrôle, après l'opération, de la séropositivité du malade alors qu'il présentait des complications médicales. Lorsque deux infractions sont connexes, un acte interruptif de prescription concernant l'une d'elles a nécessairement le même effet à l'égard de l'autre. • Crim. 17 sept. 1997, n° 96-84.972 P : *D. 1998. 399, note Rebut* • 27 mars 2002, n° 02-81.712 P. ♦ Une plainte avec constitution de partie civile faisant état d'une opération complexe déterminée met l'action publique en mouvement et interrompt la prescription à l'égard de toutes les infractions, même non expressément qualifiées dans cette plainte, qui ont été commises à l'occasion de cette opération. • Crim. 20 oct. 1993, n° 92-86.717 P : *Dr. pénal 1994. Comm. 18, obs. Maron* ; *D. 1994. Somm. 186, obs. Pradel*.

51. Un acte ayant interrompu la prescription dans la poursuite d'une affaire interrompt également la prescription de l'action publique dans une infraction connexe. • Crim. 28 mai 2003, n° 02-85.185 P : *JCP 2003. IV. 2370* • 7 juill. 2005 : *V. note 10 ss. art. 9-1* • 19 sept. 2006, n° 05-83.536 P : *AJ pénal 2006. 407* (faits de vols connexes à une escroquerie) • 3 oct. 2007 : *D. 2007. AJ 2814*. ♦ ... Et ceci indépendamment de la jonction de ces procédures • Crim. 1er déc. 2004, n° 03-87.883 P : *Dr. pénal 2005. Comm. 31, obs. Maron.*

52. En cas d'infractions connexes, un acte interruptif de prescription concernant l'une d'elles a nécessairement le même effet à l'égard de l'autre. Les actes de poursuite ou d'instruction concernant des faits dont la juridiction d'instruction est demeurée saisie interrompent ainsi la prescription de l'action publique à l'égard d'autres faits connexes ayant fait l'objet précédemment d'un renvoi devant le tribunal correctionnel, lorsque le prévenu n'a pas encore été cité à comparaître devant cette juridiction. • Crim. 25 févr. 1998, n° 97-82.887 P. ♦ L'interruption de la prescription décennale de l'action publique applicable à un crime est sans incidence sur la prescription propre aux délits, seraient-ils connexes, indivisibles ou en concours, qui auraient été commis plus de 3 ans avant l'acte initial de poursuite. • Crim. 4 mars 1997, n° 96-84.773 P. ♦ En cas de connexité des infractions à la législation des contributions indirectes avec des délits de droit commun ou des infractions économiques, les actes interruptifs de prescription de l'action publique bénéficient également à l'action fiscale. • Crim. 30 mai 1994, n° 93-81.943 P.

53. Les juges ont fait l'exacte application de l'art. 203 dont les dispositions ne sont pas limitatives en déclarant connexes une procédure dans laquelle le procureur de la République a ordonné une enquête le 1er sept. 1992 et celle ouverte le 12 févr. 1995 contre le prévenu du chef d'abus de biens sociaux car les faits ont été commis dans les deux cas par la même personne, en la même qualité, dans le même temps, par le biais de fausses facturations, au préjudice d'une seule société et dans le cadre de la restauration du même ensemble immobilier. • Crim. 18 sept. 2002, n° 01-83.125. ♦ Pour un autre exemple de connexité caractérisée permettant d'en tirer la conséquence que l'interruption de la prescription à l'égard de certains des faits visés avait produit effet à l'égard des autres : • Crim. 5 juin 2002, n° 01-84.128. ♦ Une plainte avec constitution de partie civile faisant état d'un fait s'inscrivant dans une opération d'ensemble interrompt la prescription à l'égard de toutes les infractions, même non expressément qualifiées dans la plainte, qui, commises dans le cadre de cette opération, présentent avec l'infraction dénoncée des rapports étroits tels que ceux spécialement prévus par l'art. 203. • Crim. 22 mai 2002, n° 01-86.156. ♦ L'arrêt confirmatif d'une ordonnance de non-lieu rendue par un juge d'instruction interrompt la prescription de l'action publique à l'égard tant des faits visés par la décision de non-lieu partiel que de ceux qui leur sont connexes et qui ont fait l'objet d'un renvoi devant le tribunal correctionnel. • Crim. 27 mars 2002, n° 00-81.712 P.

Art. 9-3 *(L. n° 2017-242 du 27 févr. 2017)* **Tout obstacle de droit, prévu par la loi, ou tout obstacle de fait insurmontable et assimilable à la force majeure, qui rend impossible la mise en mouvement ou l'exercice de l'action publique, suspend la prescription.**

S'agissant des dispositions d'urgence mises en place pour faire face à l'épidémie de covid-19, V. App., vº État d'urgence sanitaire.

1. Règles générales. En matière de dénonciation calomnieuse, la prescription est suspendue pendant tout le cours des poursuites dirigées contre la personne dénoncée tant que la fausseté même des faits dénoncés n'est pas régulièrement établie, l'art. 373 [anc.] C. pén. ordonnant que la juridiction saisie soit tenue de surseoir à statuer si des poursuites concernant le fait dénoncé sont pendantes et instituant ainsi une exception préjudicielle au jugement qui constitue un obstacle légal à la prescription et en suspend, par conséquent, le cours. • Crim. 1er déc. 1955 : *D. 1956. 451, note Larguier.* ♦ Il se déduit des art. 373 anc. et 226-11 nouv. C. pén. que la prescription de l'action publique du chef de dénonciation calomnieuse est suspendue tant que les poursuites pénales du chef du délit dénoncé sont en cours. • Crim. 27 oct. 1998, n° 97-86.698 P. ♦ V. déjà : • Crim. 1er déc. 1955 : *Bull. crim. n° 534 ; D. 1956. 451, note Larguier* • 28 nov. 1978, n° 78-92.055 P. ♦ La prescription de l'action publique du chef de dénonciation calomnieuse ne peut être suspendue que par l'exercice effectif des poursuites, pénales ou disciplinaires, relatives au fait dénoncé. N'ouvre pas une procédure disciplinaire la lettre de dénonciation, concernant un expert comptable, adressée au président du conseil régional de l'ordre qui ne la transmet pas au président de la chambre régionale de discipline. • Crim. 17 oct. 2006 : *V. note 16, ss. anc. art. 8.*

2. Le droit de poursuivre l'audience appartient à toutes les parties. La partie civile, comme le ministère public, peuvent assigner le prévenu à l'une des audiences de la juridiction de jugement pour interrompre la prescription, sauf le droit de celle-ci de renvoyer la cause à une autre audience. En cas d'inaction du ministère public, la partie civile, faute d'avoir usé de ce droit, ne saurait invoquer une prétendue suspension de la prescription de l'action publique. • Crim. 2 déc. 1986, n° 86-91.698 P • 30 mai 2007, n° 06-86.256 P : *AJ pénal 2007. 433, obs. Saas* ; *Procédures 2007. Comm. n° 228, obs. Buisson.* ♦ En cas d'inaction du ministère public après ordonnance de renvoi du juge d'instruction, il appartient à la partie civile d'assigner le prévenu à l'une des audiences du tribunal correctionnel pour interrompre le cours de la prescription. Faute d'avoir usé de ce droit, la partie civile ne saurait invoquer une prétendue suspension de la prescription de l'action publique. • Crim. 27 juin 1990, n° 89-85.008 P • 10 nov. 1999, n° 98-86.446 P. ♦ La partie civile tient des art. 81, al. 9, 82-1, 156 et 173, al. 3 la faculté de demander à la juridiction d'instruction l'accomplissement de certains actes interruptifs, notamment son audition. Dès lors, elle ne saurait se prévaloir, pour faire échec à la prescription de l'action publique, de la suspension de celle-ci en raison de l'inaction du juge. • Crim. 26 mai 2009, n° 08-87.855 P : *D. 2009. AJ 1761, note Lavric* ; *AJ pénal 2009. 405, obs. Ascensi* ; *Dr. pénal 2010. Chron. 1, obs. Guérin* ; *Procédures 2009, n° 375, obs. Buisson.* ♦ Toutefois, si les art. 81, al. 9, 82-1, 156 et 173, al. 3, qui permettent aux parties de demander aux juridictions d'instruction l'accomplissement de certains actes interruptifs, font désormais obstacle à ce qu'une partie civile se prévale de la suspension de la prescription de l'action publique du fait de l'inaction du juge, ces textes, d'application immédiate, ne sauraient avoir d'effet sur les prescriptions dont le cours est demeuré suspendu jusqu'à leur entrée en vigueur. • Crim. 8 janv. 1997, n° 96-83.010 P • 13 oct. 1999, n° 98-86.040 P.

3. La prescription de l'action publique, qui est interrompue par le dépôt d'une plainte avec constitution de partie civile lorsque la consignation prévue par l'art. 88 est ultérieurement versée dans le délai imparti, est entre-temps suspendue de la date du dépôt de la plainte à celle de ce versement, quel que soit le délai mis par le juge pour ordonner la consignation. • Crim. 7 juin 1990, n° 89-84.991 P • 7 sept. 1999, n° 98-86.219 P. ♦ Cette suspension se prolonge tant que l'information n'est pas ouverte car la partie civile qui ne peut pas demander d'acte avant cette ouverture ne peut combattre l'inaction du juge d'instruction. • Crim. 22 nov. 2005, n° 05-82.807 P : *AJ pénal 2006. 124, obs. Leblois-Happe*. ♦ Il se déduit des art. 9-2 et 9-3 que le délai de prescription est suspendu entre la date de dépôt de la plainte avec constitution de partie civile et la délivrance du réquisitoire par le procureur de la République, période pendant laquelle le plaignant ne dispose d'aucun moyen de droit pour obliger le juge d'instruction à accomplir un acte interruptif de prescription ; encourt en conséquence la censure l'arrêt qui déclare acquise la prescription de l'action publique au motif que le doyen des juges d'instruction n'a été avisé du versement de la consignation ni par la partie civile ni par la direction des finances publiques et n'a pu, de ce fait, transmettre la procédure au ministère public pour solliciter ses réquisitions en vue d'une ouverture d'information dans le délai prévu à l'art. 65 de la L. du 29 juill. 1881 sur la liberté de la presse. • Crim. 8 mars 2022, n° 21-83.037 P.

4. La prescription de l'action publique est suspendue lorsque, par l'effet d'une ordonnance du président de la chambre de l'instruction prise en application de l'art. 187, le juge d'instruction se trouve dans l'impossibilité de poursuivre son information. • Crim. 5 mars 2002, n° 01-83.870 : *V. note 19 ss. art. 9-2.*

5. Le pourvoi suspend le cours de la prescription alors même qu'il serait non recevable. • Crim. 8 nov. 1889 : *DP 1890. 1. 329.* ♦ Le cours de la prescription étant suspendu pendant la durée de l'instance en cassation et jusqu'au jour où intervient l'arrêt sur le pourvoi, c'est à la date de cet arrêt que se trouve reporté le point de départ du délai de la prescription. • Crim. 5 avr. 1940 : *DH 1940. 115.* ♦ Si l'action publique se prescrit en matière de presse, sauf exceptions, après 3 mois révolus à compter du jour où l'infraction a été commise ou du jour du dernier acte de poursuite ou d'instruction, la prescription de l'action publique est cependant suspendue pendant la durée du délibéré de la juridiction de jugement, les parties poursuivantes étant alors dans l'impossibilité d'accomplir un acte interruptif de prescription avant le prononcé de la décision. • Crim. 22 oct. 2013, n° 12-84.408 P • 17 févr. 2015, n° 13-88.129 P : *AJ pénal 2015. 328, obs. Royer* ; *Procédures 2015, n° 135, note Chavent-Leclère.*

6. La prescription de l'action publique et de l'action civile résultant des crimes, délits et contraventions prévus par la loi sur la liberté de la presse ne peut, pour chacun de ces crimes, délits et contraventions, être suspendue que pour une cause relative à l'infraction même qui est envisagée. • Crim. 21 mai 1985, n° 88-81.163 P.

7. Obstacle insurmontable. Si, selon l'art. 7, al. 1er, l'action publique se prescrit à compter du jour où le crime a été commis, la prescription est suspendue en cas d'obstacle insurmontable à l'exercice des poursuites. • Cass., ass. plén., 7 nov. 2014 : *D. actu. 21 nov. 2014, obs. Fonteix* ; *D. 2014. 2498, obs. Parizot* ; *RSC 2014. 777, note Mayaud* ; *ibid. 803, note Boccon-Gibod* ; *ibid. 2015. 121, note Giudicelli* ; *Dr. pénal 2014. 151, obs. Maron et Haas* ; *Procédures 2014. 326, obs. Chavent-Leclère.* ♦ *Contra [Jurisprudence ant. L. n° 2017-242 du 27 févr. 2017]* : méconnaît l'art. 7 la chambre de l'instruction qui, pour rejeter l'exception de prescription de l'action publique, retient que « ni un tiers ni aucune autorité n'était en mesure de s'inquiéter de la disparition d'enfants nés clandestinement, morts dans l'anonymat, et dont aucun indice apparent ne révélait l'existence physique », dès lors que selon ce texte, en matière de crime, l'action publique se prescrit par 10 années révolues à compter du jour où le crime a été commis si, dans cet intervalle, il n'a été fait aucun acte d'instruction ou de poursuite. • Crim. 16 oct. 2013, n° 13-85.232 P : *D. actu. 31 oct. 2013, obs. Bombled ; D. 2013. 2673, note Mayaud ; ibid. Pan. 2014. 1736, obs. Pradel ; AJ pénal 2014. 30, obs. Pradel ; RSC 2013. 833, note Salvat ; JCP 2013. 1309, note Detraz.* ♦ V. aussi sur renvoi dans la même affaire : en l'absence de fixation précise du jour de la commission de faits d'homicides volontaires sur mineur de moins de 15 ans, rendant dès lors inapplicable le principe posé en matière de prescription par l'art. 7, il y a lieu de retenir la date de découverte des premiers cadavres comme point de départ du délai décennal de la prescription de ces crimes. • Paris, 19 mai 2014 : *D. 2014. 1206, obs. Bombled.*

8. La seule dissimulation du corps ne caractérise pas un obstacle insurmontable à l'exercice des poursuites pouvant justifier la suspension de la prescription de l'action publique. • Crim. 13 déc. 2017, n° 17-83.330 P : *D. actu. 11 janv. 2018, obs. Morgante ; AJ pénal 2018. 97, obs. Lacaze ; D. 2018. Pan. 1611, obs. Pradel ; RSC 2018. 129, note Parizot ; ibid. 421, note Mayaud.*

9. Amnésie traumatique. L'amnésie traumatique dont a pu souffrir la victime de viols lorsqu'elle était enfant ne constitue pas un obstacle insurmontable suspendant la prescription de l'action publique. • Crim. 18 déc. 2013, n° 13-81.129 : *D. actu. 8 janv. 2014, note Léna* • 17 oct. 2018, n° 17-86.161 P : *D. actu. 30 oct. 2018, obs. Fucini ; Gaz. Pal. 5 févr. 2019, p. 60, note Fourment ; Procédures 2018, n° 380, obs. Chavent-Leclère ; RSC 2018. 887, note Mayaud ; ibid. 2019. Chron. 144, note Delage.*

10. Obstacle de droit. La prescription de l'action publique en matière correctionnelle est nécessairement suspendue lorsqu'un obstacle de droit met la partie poursuivante dans l'impossibilité d'agir (...). C'est ainsi que la partie civile, ne disposant d'aucun moyen de droit pour obliger le juge d'instruction à accomplir un acte interruptif de la prescription de l'action publique, cette prescription est nécessairement suspendue à son profit lorsqu'il est constaté qu'aucun acte d'information ou de poursuite n'a été diligenté pendant plus de 3 ans dans une procédure ouverte sur sa plainte. • Crim. 12 juill. 1972, n° 71-92.171 P : *D. 1973. 65, note Chambon* • 27 janv. 1986, n° 85-92.516 P : *D. 1986. IR 302, obs. Pradel* • 24 févr. 1986, n° 84-93.267 P • 16 juill. 1996, n° 95-80.943 P : *RSC 1997. 151, obs. Dintilhac ; D. 1997. Somm. 142, obs. Pradel.* ♦ Tel n'est pas le cas lorsque, par son comportement, le plaignant a contribué à la paralysie de la procédure. • Crim. 30 mai 1995, n° 94-80.087 : *D. 1996. Somm. 262, obs. Pradel.* ♦ De même, constitue un obstacle de droit suspendant la prescription le fait pour une cour de surseoir à statuer dans l'attente d'une décision des juridictions administratives ; le délai de prescription commence donc à courir à compter de la date de la décision attendue. • Crim. 28 mars 2000, n° 99-84.367 P : *D. 2000. IR 184.* ♦ Tel est le cas lorsqu'un contribuable a saisi la juridiction administrative en application de l'art. L. 4143-1 CGCT afin d'obtenir l'autorisation d'exercer l'action que la région n'exerçait pas. • Crim. 3 déc. 2003, n° 03-82.966 P : *JCP 2004. IV. 1113.*

11. Seul un obstacle de droit mettant la partie poursuivante dans l'impossibilité d'agir suspend la prescription à son profit. En jugeant que les parties ne disposaient d'aucun moyen de droit leur permettant d'interrompre la prescription, alors que celles-ci avaient la possibilité, d'une part, de saisir le juge d'instruction d'une demande d'acte régulière dans le délai de 20 jours suivant l'avis de fin d'information, d'autre part, après l'expiration de ce délai, passé 4 mois depuis le dernier acte d'instruction, de saisir directement la chambre de l'instruction en application des dispositions de l'art. 221-2, la cour d'appel a méconnu les art. 6, 8 et 221-2. • Crim. 6 févr. 2007, n° 06.88.713 P : *AJ pénal 2007. 222, obs. Leblois-Happe.*

12. La mesure de curatelle dont fait l'objet une personne ne constitue pas, à la différence de la situation de la personne sous tutelle, un obstacle de droit à sa capacité d'agir en justice de nature à suspendre la prescription de l'action publique ou à reporter le point de départ du délai de celle-ci, seule étant requise l'assistance du curateur qu'il lui appartient de solliciter. • Crim. 7 juin 2017, n° 16-85.191 P.

13. La procédure de reconstitution d'une procédure disparue suspend nécessairement la prescription de l'action publique. • Crim. 29 mai 1997, n° 96-82.691 P : *Procédures 1997. Comm. 242, obs. Buisson.* ♦ L'exception préjudicielle à la mise en mouvement de l'action publique constitue un obstacle de droit entraînant nécessairement la suspension de la prescription. • Crim. 8 juin 1999, n° 97-82.834 : *Procédures 1999. Comm. 255, obs. Buisson.*

14. Après l'envoi de l'avis de fin d'information, le délai de 4 mois prévu par l'art. 175 constitue un obstacle de droit pendant lequel la prescription de l'action publique est suspendue. • Crim. 25 oct. 2011, n° 11-80.017 P : *D. actu. 15 nov. 2011, obs. Lavric ; D. 2011. Actu. 2730, obs. Lavric ; ibid. 2012. 765, obs. Dreyer ; ibid. Pan. 2118, obs. Pradel ; Dr. pénal 2012. Chron. 3, obs. Verly.*

15. La procédure de l'art. 41-1 suspend le délai de prescription de l'action publique. • Crim. 17 oct. 2017, n° 16-85.193 : *RSC 2018. 126, note Delage.*

16. La saisine de la commission régionale de conciliation et d'indemnisation des accidents médicaux (CRCI) suspend la prescription de l'action publique. • Crim. 8 janv. 2019, n° 18-82.235 P : *Procédures 2019, n° 90, note Chavent-Leclère.*

17. Lorsqu'une relaxe du chef du délit dénoncé a été prononcée par un jugement dont seule la partie civile a relevé appel, la prescription de l'action publique du chef de dénonciation calomnieuse reste suspendue tant que la procédure se poursuit sur les intérêts civils. • Crim. 21 avr. 2020, n° 19-81.089 P : *D. actu. 17 juin 2020, obs. Lavric ; RSC 2020. 314, obs. Mayaud.*

18. Cas particulier du président de la République. Les poursuites du président de la République pour tous les actes relevant des juridictions pénales de droit commun ne peuvent être exercées pendant la durée du mandat présidentiel, la prescription de l'action publique étant alors suspendue. • Cass., ass. plén., 10 oct. 2001, n° 01-84.922 P : *D. 2001. Chron. 3365, note Favoreu ; D. 2002. 237, note Debbasch ; ibid. 674, note Pradel ; RFDA 2001. 1169, note Jouanjanet et Wachsmann ; ibid. 1187, note Beaud ; LPA 2001, n° 203 ; RSC 2002. 128, obs. Giudicelli ; Dr. pénal 2001. Comm. 144, obs. Maron ; Dr. pénal 2002. Chron. 1, note Delaloy.*

Art. 10 *(L. n° 2008-561 du 17 juin 2008, art. 13)* **« Lorsque l'action civile est exercée devant une juridiction répressive, elle se prescrit selon les règles de l'action publique. Lorsqu'elle est exercée devant une juridiction civile, elle se prescrit selon les règles du code civil. »**

(L. n° 81-82 du 2 févr. 1981) **« Lorsqu'il a été statué sur l'action publique, les mesures d'instruction ordonnées par le juge pénal sur les seuls intérêts civils obéissent aux règles de la procédure civile. »**

(L. n° 2019-222 du 23 mars 2019, art. 42-I) **« Lorsque la juridiction répressive a omis de se prononcer sur une ou plusieurs demandes de la partie civile régulièrement constituée, celle-ci peut ressaisir la juridiction afin qu'il soit statué sur sa demande conformément aux articles 710 et 711. La présence du ministère public à cette audience est facultative.**

« Lorsque l'état mental ou physique d'une personne citée ou renvoyée devant une juridiction de jugement rend durablement impossible sa comparution personnelle dans des conditions lui permettant d'exercer sa défense et que la prescription de l'action publique se trouve ainsi suspendue, le président de cette juridiction peut, d'office, ou à la demande du ministère public ou des parties, décider, après avoir ordonné une expertise permettant de constater cette impossibilité, qu'il sera tenu une audience publique pour statuer uniquement sur l'action civile. La personne doit alors être représentée à cette audience par un avocat. »

RÉP. PÉN. v° *Prescription de l'action publique*, par COURTIN.

BIBL. ► BERTIN, *Gaz. Pal. 1985. 2. Doctr. 507.* – ROGER, *D. 1981. Chron. 175.* – SAVEY-CASARD, *RSC 1976. 319.* – TELLIER-CAYROL, *Gaz. Pal. 5 févr. 2019, p. 73* (état de santé et droits de la défense, quel remède ?).

*I. ART. 10, AL. 1er*

A. RÉDACTION ANTÉRIEURE À LA LOI DU 17 JUIN 2008

1. Il résulte de l'art. 10 que l'action civile est recevable devant la juridiction répressive lorsqu'elle est engagée avant la prescription de l'action publique. Encourt en conséquence la cassation l'arrêt qui déclare irrecevable la demande de l'administration des douanes tendant au paiement des droits éludés, en relevant que les citations à comparaître devant la cour d'appel ont été délivrées aux prévenus postérieurement à la prescription des actions publique et fiscale alors que la cour d'appel avait été régulièrement saisie par la déclaration d'appel de l'administration des douanes de l'action en paiement des droits éludés engagée avant la prescription de l'action publique. • Crim. 2 avr. 2008 : *D. 2008. AJ 1211 ; AJ pénal 2008. 327, note Saas.*

2. Selon l'art. 10, l'action civile devant les juridictions répressives se prescrit selon les règles du code civil. Encourt la cassation l'arrêt, qui, pour débouter de ses demandes la partie civile appelante d'une décision de relaxe, après avoir constaté la prescription de l'action publique, énonce que l'action civile se prescrit selon les règles du code de procédure pénale lorsqu'elle est portée devant les juridictions répressives alors que la cour d'appel demeurait compétente pour statuer sur l'action civile. • Crim. 15 mai 2008, n° 07-83.326 P : *D. 2009. Chron. 51, obs. Degorce ; AJ pénal 2008. 372.*

3. En édictant le principe général suivant lequel l'action en responsabilité civile fondée sur une faute constitutive d'une infraction pénale se prescrit selon les règles du droit civil, l'art. 10, al. 1er, laisse subsister la disposition spéciale de l'art. 65 de la loi du 29 juill. 1881 prévoyant pour les infractions de presse une prescription de trois mois. • Civ. 2e, 20 avr. 1983, n° 82-11.705 P. ♦

La loi du 23 déc. 1980 qui a modifié les dispositions de l'art. 10 et mis fin au principe de la solidarité des prescriptions de l'action publique et de l'action civile n'a pas abrogé l'art. 65 de la loi du 29 juill. 1881 qui, indépendamment de l'application dudit principe, dispose que l'action civile résultant des crimes, délits et contraventions prévus par ladite loi, se prescrira après trois mois révolus. • Crim. 11 déc. 1984, n° 83-94.783 P • Paris, 23 mars 1982 : *D. 1982. 374, concl. Flipo.*

4. L'action civile ne pouvant plus être exercée, selon l'art. 10 auquel ne déroge pas l'art. 53 de la loi du 24 juill. 1966, devant la juridiction répressive après le délai d'expiration de l'action publique, tout acte de poursuite et d'instruction accompli dans ce délai interrompt la prescription des actions tant publiques que civiles non seulement à l'égard de tous les participants à l'action, mais encore à l'égard de toutes les victimes de celle-ci. • Crim. 17 févr. 1986, n° 85-90.713 P. ♦ ... Et à l'égard de leurs commettants, civilement responsables. • Crim. 14 juin 2006, n° 05-82.900 P : *D. 2007. Pan. 973, obs. Pradel ; AJ pénal 2006. 447 ; ibid. 2006. 456, obs. Royer ; RSC 2007. 114, 116 et 121, note Giudicelli .*

5. Si la prescription des actions publique et civile n'est pas interrompue par des actes d'instruction entachés de nullité, elle est suspendue, en pareil cas, par un obstacle de droit, ayant mis la partie poursuivante dans l'impossibilité d'agir. • Crim. 26 mai 1992, n° 91-84.187 P.

6. Alors que la prescription pénale est d'ordre public, les juges civils ne peuvent pas suppléer d'office le moyen pris de la prescription de l'action civile, ce qu'interdit l'art. 2223 C. civ. • Civ. 2e, 13 mars 1980, n° 78-15.974 P : *D. 1980. IR 327.*

7. Les règles de la péremption d'instance en matière civile ne peuvent recevoir application devant une juridiction pénale car il s'agit d'une règle étrangère aux mesures d'instruction ordonnées sur les intérêts civils. • Crim. 27 sept. 2000, n° 99-88.024 P : *D. 2000. IR 277 .*

8. Il appartient au juge pénal qui, après avoir statué sur l'action publique, ordonne une expertise sur les intérêts civils, de mettre la rémunération de l'expert à la charge de l'auteur de l'infraction, partie perdante, en application des art. 695 et 696 NCPC [devenu C. pr. civ.]. • Crim. 19 juin 2007, n° 06-87.417 P : *D. 2007. AJ 1961 ; AJ pénal 2007. 440, note Saas .* ♦ V. aussi : • Crim. 20 oct. 2010, n° 09-87.125 P : *D. actu. 7 déc. 2010, obs. Léna ; D. 2010. Actu. 2842 ; AJ pénal 2011. 139, obs. Lasserre Capdeville .*

9. Crimes contre l'humanité. L'imprescriptibilité des crimes contre l'humanité s'applique tant à l'action publique qu'à l'action civile pouvant résulter de tels crimes, qui, lorsqu'elle est exercée devant la juridiction répressive, est soumise, en vertu de l'art. 10, au même régime de prescription que l'action publique. • Crim. 1er juin 1995, n° 94-82.590 P.

B. RÉDACTION POSTÉRIEURE À LA LOI DU 17 JUIN 2008

10. Les actes qui interrompent ou suspendent le délai de prescription de l'action publique produisent les mêmes effets à l'égard de la prescription de l'action civile exercée devant la juridiction répressive, non seulement à l'encontre de tous les participants à l'infraction mais encore à l'égard des victimes des infractions commises par eux. • Crim. 21 mars 2018, n° 17-80.058 P : *AJ pénal 2018. 322, obs. Courtin ; Dr. pénal 2018, n° 88, obs. Maron et Haas.*

II. ART. 10, AL. 2. – MESURES D'INSTRUCTION

11. La cour d'appel qui, saisie après cassation des intérêts civils dans une poursuite exercée sur la citation directe des parties civiles des chefs de discriminations syndicales et entraves, ordonne un supplément d'information aux fins de déterminer les circonstances des agissements dénoncés et le degré de participation à ces agissements de chacune des personnes visées, ne commet pas d'excès de pouvoir au regard des dispositions de l'art. 10, al. 2, prescrivant l'application des règles de la procédure civile lorsqu'il est statué par le juge pénal sur les seuls intérêts civils, et ne méconnaît pas davantage le principe de l'égalité des armes au sens de la Conv. EDH. En pareil cas, en effet, les juges du fond sont tenus, même si l'action publique n'est plus en cause, de rechercher si les faits déférés constituent une infraction pénale et de prononcer, en conséquence, sur les demandes de réparations civiles. • Crim. 28 avr. 2009, n° 07-82.901 P.

12. L'application des règles de la procédure civile aux mesures d'instruction ordonnées par le juge pénal statuant sur les seuls intérêts civils n'implique pas pour le prévenu la possibilité d'être présent lors de l'examen médical de la victime par l'expert. • Crim. 27 juin 2017, n° 17-80.411 P : *D. 2018. Pan. 196, note Guého .*

13. Ne donne pas de base légale à sa décision la cour d'appel qui rejette la demande de la partie civile tendant à l'annulation du rapport d'expertise médicale de son dommage faute pour les experts commis de l'avoir convoquée ainsi que son avocat à la réunion de synthèse à laquelle était présent le médecin-conseil de l'assureur du véhicule du prévenu, aux motifs que les expertises principales et complémentaires diligentées se sont déroulées après convocation régulière par lettre recommandée avec accusé réception des parties, que la victime s'est présentée à chaque examen, accompagnée de son père, sans son conseil et sans son médecin traitant, qu'il apparaît bien que toutes les parties étaient évidemment averties qu'une réunion de synthèse clôturerait nécessairement les travaux de l'expert principal, que la victime ne peut se prévaloir utilement de sa carence en n'ayant pas informé son conseil ou son médecin de l'avancement des travaux d'expertise, qu'une réunion de synthèse, sans nouvel examen médical de la victime, ne saurait être considérée comme une réunion d'expertise, et que l'expert n'est pas tenu de convoquer de nouveau les parties et leurs conseils, ni de provoquer leurs dires lorsqu'il lui est seulement demandé de faire la synthèse de tous les examens effectués, et ce d'autant plus qu'il appartenait à la victime d'assurer le suivi de son dossier. En effet, il résulte des dispositions de l'art. 160 C. pr. civ. que l'expert commis par une juridiction pénale statuant sur les intérêts civils doit convoquer les parties par lettre recommandée avec demande d'avis de réception ou par remise à leur défenseur d'un simple bulletin, ces dispositions, destinées à assurer le principe de la contradiction, étant valables pour toutes les réunions où sont discutés les éléments nécessaires à la solution du litige et les opérations d'expertise accomplies en méconnaissance de cette obligation devant être annulées s'il a été porté atteinte aux intérêts de la partie concernée. En se déterminant comme elle l'a fait, alors que les règles relatives à la convocation des parties prévues par l'art. 160 préc. doivent être respectées à chacun des stades des travaux d'expertise, la cour d'appel, qui n'a pas vérifié si, comme le soutenait la partie civile, le fait qu'elle n'ait pas été convoquée, ainsi que son avocat, à cette réunion de synthèse lui avait causé un grief, n'a pas donné de base légale à sa décision. • Crim. 23 mars 2010, n° 08-83.688 P : *D. 2010. Actu. 1216*.

14. Attendu que les règles de la procédure civile ne sont applicables, devant la juridiction pénale, qu'aux mesures d'instruction ordonnées sur les intérêts civils, après décision sur l'action publique ; les règles relatives à la péremption d'instance en matière civile, qui sont étrangères aux mesures d'instruction ordonnées sur les intérêts civils, ne peuvent recevoir application devant une juridiction pénale. • Crim. 2 mai 2018, n° 17-81.635 P : *D. actu. 18 mai 2018, obs. Diaz.*

III. ART. 10, AL. 3. – OMISSION DE STATUER

15. Il résulte des art. 10, dans sa rédaction issue de la L. du 23 mars 2019, et 710 et 711, que lorsque la juridiction répressive a omis de se prononcer sur une ou plusieurs demandes de la partie civile régulièrement constituée, celle-ci ne peut obtenir qu'il soit statué sur ces demandes qu'en ressaisissant cette juridiction. • Crim. 9 mars 2021, n° 19-86.568 P : *D. actu. 23 mars 2021, obs. Dominati.*

SOUS-TITRE II DE LA JUSTICE RESTAURATIVE

(L. n° 2014-896 du 15 août 2014, art. 18, en vigueur le 1er oct. 2014)

RÉP. PÉN. v° *Justice restaurative*, par CARIO.

BIBL. ► CARIO, *AJ pénal 2007. 372* (la justice restaurative : vers un nouveau modèle de justice pénale ?) ; *AJ pénal 2011. 294 s.* (les rencontres restauratives en matière pénale. De la théorie à l'expérimentation des RDV) ; *AJ pénal 2021. 242 s.* (des normes et de leurs dévoiements). — CARIO et SAYOUS, *AJ pénal 2014. 461* (de nouveaux droits pour les victimes et les auteurs d'infractions). – DASSA-LE DEIST, *Gaz. Pal. 19 oct. 2014* (une mesure nouvelle, mais pour restaurer quoi ?). – DIEU, *RSC 2020. 59* (brèves réflexions autour de la justice restaurative et de la récidive : pour éclaircir la confusion possible avec la place des CSR en France). – RABUT-BONALDI, *D. 2015. 97* (mystères d'une voie procédurale parallèle). – SOULOU, *Cah. just. 2018. 343* (approche restaurative appliquée au terrorisme).

Art. 10-1 A l'occasion de toute procédure pénale et à tous les stades de la procédure, y compris lors de l'exécution de la peine, la victime et l'auteur d'une infraction, sous réserve que les faits aient été reconnus, peuvent se voir proposer une mesure de justice restaurative.

Constitue une mesure de justice restaurative toute mesure permettant à une victime ainsi qu'à l'auteur d'une infraction de participer activement à la résolution des difficultés résultant de l'infraction, et notamment à la réparation des préjudices de toute nature résultant de sa commission. Cette mesure ne peut intervenir qu'après que la victime et l'auteur de l'infraction ont reçu une information complète à son sujet et ont consenti expressément à y participer. Elle est mise en œuvre par un tiers indépendant formé à cet effet, sous le contrôle de l'autorité judiciaire ou, à la demande de celle-ci, de l'administration pénitentiaire. Elle est confidentielle, sauf accord contraire des parties et excepté les cas où un intérêt supérieur lié à la nécessité de prévenir ou de réprimer des infractions justifie que des informations relatives au déroulement de la mesure soient portées à la connaissance du procureur de la République.

V. Circ. de mise en œuvre de la justice restaurative n° JUST1708302C du 15 mars 2017.

BIBL. ▶ CARIO, *AJ pénal 2007. 372* (vers un nouveau modèle de justice pénale) ; *ibid. 2011* (rencontres restauratives) ; *ibid. 2017. 252* (complémentarité et autonomie avec la justice pénale) ; *ibid. 2019. 87* (Recommandation du Conseil de l'Europe) ; *ibid. 2021. 242* (normes et dévoiements) ; *ibid. 2022. 60* (justice restaurative).

SOUS-TITRE II *[ANCIEN]* DE LA PARTICIPATION DES CITOYENS AU JUGEMENT DES AFFAIRES PÉNALES

(L. n° 2011-939 du 10 août 2011, art. 1er-3°)

SOUS-TITRE III DES DROITS DES VICTIMES

(L. n° 2015-993 du 17 août 2015, art. 7 et 38, en vigueur le 15 nov. 2015)

BIBL. ▶ BEAUSSONIE, *AJ pénal 2016. 526* (l'installation de la victime dans le procès pénal).

Art. 10-2 **Les officiers et les agents de police judiciaire informent par tout moyen les victimes de leur droit :**

1° D'obtenir la réparation de leur préjudice, par l'indemnisation de celui-ci ou par tout autre moyen adapté, y compris, s'il y a lieu, une mesure de justice restaurative ;

2° De se constituer partie civile soit dans le cadre d'une mise en mouvement de l'action publique par le parquet, soit par la voie d'une citation directe de l'auteur des faits devant la juridiction compétente ou d'une plainte portée devant le juge d'instruction ;

3° D'être, si elles souhaitent se constituer partie civile, assistées d'un avocat qu'elles peuvent choisir ou qui, à leur demande, est désigné par le bâtonnier de l'ordre des avocats près la juridiction compétente, les frais étant à la charge des victimes sauf si elles remplissent les conditions d'accès à l'aide juridictionnelle ou si elles bénéficient d'une assurance de protection juridique ;

4° D'être aidées par un service relevant d'une ou de plusieurs collectivités publiques ou par une association *(L. n° 2019-222 du 23 mars 2019, art. 42-II et 109-XI, en vigueur le 1er janv. 2020)* **« d'aide aux victimes agréée dans des conditions définies par décret » ;** *— V. art. D. 1er-12-1 s.*

5° De saisir, le cas échéant, la commission d'indemnisation des victimes d'infraction, lorsqu'il s'agit d'une infraction mentionnée aux articles 706-3 ou 706-14 du présent code ;

6° D'être informées sur les mesures de protection dont elles peuvent bénéficier, notamment les ordonnances de protection prévues au titre XIV du livre Ier du code civil. Les victimes sont également informées des peines encourues par les auteurs des violences et des conditions d'exécution des éventuelles condamnations qui pourraient être prononcées ;

7° Pour les victimes qui ne comprennent pas la langue française, de bénéficier d'un interprète et d'une traduction des informations indispensables à l'exercice de leurs droits ; *— V. art. D. 594-12 s.*

8° D'être accompagnées chacune, à leur demande, à tous les stades de la procédure, par leur représentant légal et par la personne majeure de leur choix, *(L. n° 2021-1729 du 22 déc. 2021, art. 14)* **« y compris par un avocat, » sauf décision contraire motivée prise par l'autorité judiciaire compétente ;**

9° De déclarer comme domicile l'adresse d'un tiers, sous réserve de l'accord exprès de celui-ci. *(L. n° 2019-222 du 23 mars 2019, art. 42-V)* **« Toutefois, lorsque la victime est une personne dépositaire de l'autorité publique ou chargée d'une mission de service public et que l'infraction a été commise en raison de ses fonctions ou de sa mission, elle est informée qu'elle peut déclarer, sans cet accord, son adresse professionnelle ; »**

(L. n° 2020-936 du 30 juill. 2020, art. 13) **« 10° S'il s'agit de victimes de violences pour lesquelles un examen médical a été requis par un officier de police judiciaire ou un magistrat, de se voir remettre le certificat d'examen médical constatant leur état de santé. »** *— V. art. D. 1er-12.*

Pour l'octroi automatique de l'aide juridictionnelle aux victimes de certaines infractions, V. art. 9-2 de la L. n° 91-647 du 10 juill. 1991, App., v° Aide juridique.

RÉP. PÉN. v° *Justice restaurative*, par CARIO.

BIBL. ► CARIO, *AJ pénal 2007. 261* (victimes devant la cour pénale internationale) ; *ibid. 2013. 264* (indemnisation des victimes d'actes de terrorisme) ; *ibid. 2014. 434* (qui a peur des victimes ?) ; *ibid. 2009. 491* (de la victime oubliée à la victime sacralisée).

► **Dossier :** *Dr. pénal 2021. Dossier 7* (l'avocat de la victime).

Art. 10-3 **Si la partie civile ne comprend pas la langue française, elle a droit, à sa demande, à l'assistance d'un interprète et à la traduction, dans une langue qu'elle comprend, des informations qui sont indispensables à l'exercice de ses droits et qui lui sont, à ce titre, remises ou notifiées en application du présent code.** — *V. art. D. 594-12 s.*

L'autorité qui procède à l'audition de la partie civile ou devant laquelle cette personne comparaît s'assure que la personne parle et comprend la langue française.

A titre exceptionnel, il peut être effectué une traduction orale ou un résumé oral des informations mentionnées au premier alinéa.

Les modalités d'application du présent article sont précisées par un décret, qui définit notamment les pièces essentielles devant faire l'objet d'une traduction.

Art. 10-4 **A tous les stades de l'enquête, la victime peut, à sa demande, être accompagnée par son représentant légal et par la personne majeure de son choix,** *(L. n° 2021-1729 du 22 déc. 2021, art. 14)* **« y compris par un avocat, » sauf décision contraire motivée prise par l'autorité judiciaire compétente.**

Art. 10-5 **Dès que possible, les victimes font l'objet d'une évaluation personnalisée, afin de déterminer si elles ont besoin de mesures spécifiques de protection au cours de la procédure pénale.**

L'autorité qui procède à l'audition de la victime recueille les premiers éléments permettant cette évaluation. Au vu de ces éléments, l'évaluation peut être approfondie, avec l'accord de l'autorité judiciaire compétente.

La victime est associée à cette évaluation. Le cas échéant, l'association d'aide aux victimes requise par le procureur de la République ou le juge d'instruction en application de l'article 41 y est également associée ; son avis est joint à la procédure.

Les modalités d'application du présent article sont précisées par décret. — *V. art. D. 1er-3 s.*

Art. 10-5-1 *(L. n° 2020-936 du 30 juill. 2020, art. 14)* **Lorsque l'examen médical d'une victime de violences a été requis par un officier de police judiciaire ou un magistrat, le certificat d'examen médical constatant son état de santé est remis à la victime selon des modalités précisées par voie réglementaire.** — *V. art. D. 1er-12.*

Art. 10-6 *(L. n° 2019-774 du 24 juill. 2019, art. 69)* **A la suite d'accidents, de sinistres, de catastrophes ou d'infractions susceptibles de provoquer de nombreuses victimes, les administrations, au sens de l'article L. 100-3 du code des relations entre le public et l'administration, intervenant dans la gestion de la crise, la prise en charge des victimes de ces événements, leur accompagnement ou la mise en œuvre de leurs droits, les parquets et les juridictions en charge de la procédure ainsi que les associations d'aide aux victimes agréées au sens du dernier alinéa de l'article 41 du présent code peuvent échanger entre elles les données, informations ou documents strictement nécessaires à la conduite de ces missions ainsi qu'à l'information des personnes présentes sur les lieux des événements et de leurs proches.**

Toute personne recevant des données, informations ou documents en application du premier alinéa du présent article est tenue au secret professionnel dans les conditions et sous les peines fixées aux articles 226-13 et 226-14 du code pénal.

Un décret en Conseil d'État pris après avis de la Commission nationale de l'informatique et des libertés fixe les modalités d'application du présent article. — *V. art. R. 2-15 s.*

LIVRE PREMIER DE LA CONDUITE DE LA POLITIQUE PÉNALE, DE L'EXERCICE DE L'ACTION PUBLIQUE ET DE L'INSTRUCTION *(L. nº 2013-669 du 25 juill. 2013, art. 2-1º).*

(L. nº 57-1426 du 31 déc. 1957)

TITRE PREMIER DES AUTORITÉS CHARGÉES DE LA CONDUITE DE LA POLITIQUE PÉNALE, DE L'ACTION PUBLIQUE ET DE L'INSTRUCTION *(L. nº 2013-669 du 25 juill. 2013, art. 2-2º).*

RÉP. PÉN. v[is] *Instruction préparatoire,* par GUÉRY ; *Ministère public,* par MOLINS.

DALLOZ ACTION *Droit et pratique de l'instruction préparatoire 2022/2023.*

Art. 11 **Sauf dans les cas où la loi en dispose autrement et sans préjudice des droits de la défense, la procédure au cours de l'enquête et de l'instruction est secrète.**

Toute personne qui concourt à cette procédure est tenue au secret professionnel dans les conditions et sous les peines *(L. nº 2021-1729 du 22 déc. 2021, art. 4)* **« prévues à l'article 434-7-2 »** *(L. nº 92-1336 du 16 déc. 1992)* **« du code pénal ».** — *Pr. pén. 58, 98, 118, 199, 698-3, 706-52.*

(L. nº 2000-516 du 15 juin 2000, art. 96-I) **« Toutefois, afin d'éviter la propagation d'informations parcellaires ou inexactes ou pour mettre fin à un trouble à l'ordre public** *(L. nº 2021-1729 du 22 déc. 2021, art. 4)* **« ou lorsque tout autre impératif d'intérêt public le justifie », le procureur de la République peut, d'office et à la demande de la juridiction d'instruction ou des parties** *(L. nº 2021-1729 du 22 déc. 2021, art. 4)* **« , directement ou par l'intermédiaire d'un officier de police judiciaire agissant avec son accord et sous son contrôle », rendre publics des éléments objectifs tirés de la procédure ne comportant aucune appréciation sur le bien-fondé des charges retenues contre les personnes mises en cause. »**

Sur l'étendue du secret de l'instruction, interdisant certaines publications, V. L. 29 juill. 1881, art. 38, 39 et 39 quinquies, et, spécialement pour protéger la personnalité des mineurs délinquants, CJPM, art. L. 513-4. — ***CJPM.***

V. aussi, en matière de pratiques anticoncurrentielles, C. com., art. L. 462-3 et L. 463-5, ***C. pén.*** *; ... en matière de protection des consommateurs, C. consom., art. L. 621-10, ss. l'art. 2-21 C. pr. pén. ; ... en matière de coopération internationale dans le cadre de la protection des consommateurs et de la lutte contre les pratiques commerciales transfrontières illicites, C. consom., art. L. 512-18 s. —* ***C. consom.***

BIBL. ▸ AMBROISE-CASTÉROT, *Mél. Guinchard, éd. Dalloz 2010, p. 887* (droits de la défense et secret de l'instruction). – AUVRET, *RSC 1996. 625.* – BESSON, *D. 1959. Chron. 191.* – BOULAN, *Mél. Kayser, p. 127.* – BOULOC, *Mél. Gassin, p. 121.* – CHEVALLIER, *JCP 1980. I. 2984.* – COHEN, *Gaz. Pal. 1995. Doctr. 951.* – DALLEST, *AJ pénal 2018. 298* *s.* (le parquet et la communication ou les exigences de la modernité, part. 1) ; *ibid. 352* *s.* (part. 2). – DEJEAN DE LA BÂTIE, *D. 2022. 178* (la place du journaliste dans l'enquête pénale). – DEMATTEIS et POULET-GIBOT LECLERC, *JCP 2002. I. 170.* – DERIEUX, *LPA 1997, nº 70.* – DIVIER, *D. 2004. Chron. 2948* . – DOYEZ, *AJ pénal 2004. 144* (avocat et secret professionnel). – DUPUY, *Gaz. Pal. 1978. 2. Doctr. 379.* – C. GIUDICELLI, *AJ pénal 2004. 141* (le secret de l'instruction appliqué par le juge d'instruction). – GRANIER, *JCP 1958. I. 1453.* – GUÉRY, *AJ pénal 2007. 105* . – KARSENTY, *JCP 2008. I. 121.* – LARGUIER, *RSC 1959. 313.* – LAVIELLE et LEMONNIER, *AJ pénal 2009. 153* (Polichinelle et son secret : pour en finir avec l'article 11 du code de procédure pénale). – LEBLOIS-HAPPE, *JCP 2007. I. 181 ; D. 2008. Chron. 2101* . – LEVASSEUR, *RSC 1959. 297.* – MARON, *Dr. pénal 1992. 160.* – MASSON, *RD pén. crim. 1981. 393.* – MATSOPOULOU, *Dr. pénal 2007. Étude 5 ; JCP 2008. Actu. 106.* – MAYER, *D. 1995. Chron. 80.* – NAUT, *D. 1977. Chron. 161.* – PANSIER, *Gaz. Pal. 1995. Doctr. 1002.* – PELTIER, *Dr. pénal 2008. Étude 16* (traitement de l'information pendant l'instruction préparatoire). – PRADEL, *JCP 2007. I. 138.* – PY, *AJ pénal 2009. 133* . – RIBEYRE, *JCP 2006. I. 152* (la communication du dossier d'instruction aux parties privées). – SEUVIC, *RSC 1997. 877* . – TOUSSAINT, *Déviance & Société 1978. 59.* – VERNY, *AJ pénal 2022. 8* (loi du 22 décembre 2021 pour la confiance dans l'institution judiciaire). – VEY, *D. 2021. 752* (l'accès aux pièces d'une procédure pénale et leur production dans une autre procédure). – VOUIN, *RSC 1960. 303.*

I. PRINCIPE DU SECRET DE L'ENQUÊTE ET DE L'INSTRUCTION

1. Durée du secret. A compter de la clôture de l'instruction, la partie civile est en droit de communiquer la copie de pièces de la procédure pénale à un tiers pour les besoins de sa défense dans une procédure commerciale. • Civ. 2e, 7 janv. 2010, n° 08-14.378 P : *D. 2010. AJ 212 ; Dr. pénal 2010, n° 29, obs. Maron et Haas.*

A. PERSONNES CONCERNÉES

1° PERSONNES CONCOURANT À LA PROCÉDURE

2. Viole le secret de l'instruction le magistrat auteur d'une révélation concernant des faits relatifs à une information en cours, même si ces faits avaient fait l'objet d'une divulgation. • Rennes, 7 mai 1979 : *JCP 1980. II. 19333, note Chambon.* ♦ Lorsque l'information est terminée et que le prévenu comparaît devant le tribunal qui doit le juger, le juge d'instruction peut être entendu comme témoin sur des faits relatifs à cette information ; mais il ne saurait en être de même à l'égard d'une procédure autre que celle qui est en discussion et relativement aux faits qui se réfèrent à cette procédure, le juge est lié par le secret professionnel. • Crim. 5 nov. 1903 : *DP 1904. 1. 25, note Le Poittevin.*

3. Les dispositions de l'art. 378 [anc.] C. pén. sont applicables aux inspecteurs de la sûreté, tenus, dans un intérêt d'ordre public, de garder le secret des recherches et arrestations de criminels dont ils sont chargés. • Crim. 30 août 1906 : *DP 1907. 1. 419* • 4 avr. 1924 : *DP 1925. 1. 10.* ♦ ... Ainsi qu'aux agents de police, auxquels il est interdit de révéler, autrement que pour les besoins de l'enquête, l'existence d'une plainte reçue dans l'exercice des fonctions. • Crim. 14 mars 1962 : *Bull. crim. n° 134.* ♦ La communication de documents provenant des services de l'identité judiciaire et transmis par des fonctionnaires de police non identifiés ne peut avoir lieu qu'en infraction aux dispositions de l'art. 11, s'agissant même d'une information clôturée par un non-lieu ; il s'ensuit que le délit de recel de violation du secret de l'enquête et de l'instruction est caractérisé par la publication des documents obtenus de manière illicite. • Crim. 13 mai 1991, n° 90-83.520 P : *RSC 1992. 312, obs. Delmas Saint-Hilaire* . ♦ La divulgation, par des agents investis d'un pouvoir de police judiciaire, d'informations permettant d'identifier des personnes mises en cause à l'occasion d'une enquête est constitutive d'une faute lourde. • Civ. 1re, 9 mars 1999, n° 96-16.560 P : *Procédures 1999. Comm. 213, obs. Buisson.*

4. Le secret de l'information n'est pas opposable au procureur de la République qui peut puiser dans une instruction judiciaire tous éléments d'information qui lui sont indispensables et en faire usage dans l'exercice des missions que la loi lui attribue ; le ministère public a la faculté de communiquer au tribunal de commerce, en matière de faillite, des documents extraits d'une information pénale en cours. • Com. 15 nov. 1961 : *JCP 1962. II. 12636.* ♦ V. également : • Civ. 1re, 10 juin 1992, n° 97-17.028 P : *JCP 1992. IV. 2282.* ♦ Aucun texte n'interdit d'annexer à une procédure pénale les éléments d'une autre procédure dont la production peut être de nature à éclairer le juge et à contribuer à la manifestation de la vérité. • Crim. 11 mars 1964, n° 63-91.109 P : *D. 1964. Somm. 87 ; Gaz. Pal. 1964. 2. 57* • 26 mai 1976, n° 75-93.264 P • 16 mars 1981, n° 80-95.343 P • 23 juill. 1985, n° 85-92.574 P : *D. 1986. 61, note Chambon* • 8 mars 1989, n° 88-80.471 P. ♦ La seule condition exigée est qu'une telle jonction ait un caractère contradictoire et que toutes les parties intéressées aient pu en débattre. • Mêmes arrêts. ♦ Spécialement, en matière d'écoutes téléphoniques : • Crim. 6 oct. 1999, n° 99-85.045 P.

5. Seul le ministère public est investi du droit de communiquer sur une enquête en cours, dans les conditions restrictives énoncées par le 3e al. de l'art. 11, de sorte que la communication de renseignements connus des seuls enquêteurs par un officier de police judiciaire à des journalistes est susceptible de constituer, le cas échéant, une violation du secret professionnel par une personne qui concourt à la procédure. • Crim. 24 mars 2020, n° 19-80.909 P : *Dr. pénal 2020, n° 134, obs. Conte ; RSC 2020. 682, obs. Delage* .

6. Agents ou fonctionnaires habilités. Les agents ou fonctionnaires auxquels les lois spéciales mentionnées à l'art. 28 attribuent des pouvoirs de police judiciaire sont soumis au secret de l'enquête et la présence d'un tiers ayant obtenu de l'autorité publique l'autorisation de capter, par le son ou l'image, fût-ce dans le but d'informer le public, le déroulement des actes d'enquête auxquels procèdent ces agents ou fonctionnaires, constitue une violation de ce secret qui porte nécessairement atteinte aux intérêts de la personne concernée. • Crim. 9 mars 2021, n° 20-83.304 P : *AJ pénal 2021. 325, obs. Thierry* .

2° PERSONNES NE CONCOURANT PAS À LA PROCÉDURE

7. Partie civile. La personne qui se prétend lésée par un crime ou un délit et qui s'est constituée partie civile devant le juge d'instruction ne peut être considérée comme concourant à la procédure d'information au sens de l'art. 11, al. 2. Il en découle nécessairement que la partie civile n'est pas soumise aux exigences de l'art. 11, al. 2. • Crim. 9 oct. 1978, n° 76-92.075 P : *D. 1979. IR 118 ; ibid. 185, note Chambon ; RSC 1979. 560, obs. Levasseur, et 1979. 821, obs. Larguier* • Civ.

2e, 21 janv. 1981, n° 79-15.686 P.

8. *Avocat.* S'il est vrai qu'aux termes de l'art. 11, la procédure d'instruction est secrète, sans préjudice des droits de la défense, et que toute personne concourant à cette procédure est tenue au secret professionnel dans les conditions et sous les peines de l'art. 378 C. pén., une cour d'appel peut estimer que ne constituait pas une violation de cette disposition, le fait par un avocat d'avoir, dans l'intérêt de ses clients, versé aux débats une lettre, dont la communication tendait à l'exercice du droit de la défense, et qui constituait une simple correspondance n'apportant aucune révélation et concernant une question de pure procédure. • Riom, 24 avr. 1975 : *D. 1976. 707, note Brunois.* ♦ Sur pourvoi : • Crim. 18 oct. 1977 : *D. 1978. 94, note Brunois.* ♦ S'il ne concourt pas à la procédure au sens de l'art. 11, il résulte de l'art. 160 du Décr. du 27 nov. 1991 que l'avocat ne doit commettre aucune divulgation contrevenant au secret professionnel et doit notamment respecter le secret de l'instruction en matière pénale. Caractérise le délit de violation du secret professionnel, la cour d'appel qui constate que l'avocat de la personne mise en examen a sciemment révélé à une personne étrangère à la procédure le contenu d'un acte couvert par le secret de l'instruction. • Crim. 18 sept. 2001, n° 08-86.518 P : *Dr. pénal 2002 Comm. n° 16, obs. Maron.* ♦ S'il ne concourt pas à la procédure au sens de l'art. 11, il résulte de l'art. 160 du décr. du 27 nov. 1991 que l'avocat ne doit commettre aucune divulgation contrevenant au secret professionnel et doit notamment respecter le secret de l'instruction en matière pénale. Caractérise le délit de violation du secret professionnel la cour d'appel qui constate que l'avocat a révélé à un tiers, fût-ce avec l'accord de son client, le contenu de leur entretien avant la première comparution devant le juge d'instruction. Caractérise encore le délit de violation de secret professionnel la révélation par l'avocat à un tiers d'informations provenant du dossier de l'instruction. • Crim. 27 oct. 2004, n° 08-81.516 P.

9. *Presse.* Constitue une violation du secret de l'enquête ou de l'instruction concomitante à l'accomplissement d'une perquisition, portant nécessairement atteinte aux intérêts de la personne qu'elle concerne, l'exécution d'un tel acte par un juge d'instruction ou un OPJ en présence d'un tiers qui, ayant obtenu d'une autorité publique une autorisation à cette fin, en capte le déroulement par le son ou l'image. • Crim. 10 janv. 2017, n° 16-84.740 P : *D. actu. 30 janv. 2017, obs. Fucini ; AJ pénal 20017. 140, obs. Thierry ; Procédures 2017, n° 48, note Chavent-Leclère ; RSC 2017. 334, note Cordier ; D. 2017. Pan. 1676, obs. Pradel.* ♦ ... Fût-ce pour en relater le déroulement dans le but d'une information du public. • Crim. 9 janv. 2019, n° 17-84.026 P : *D. actu. 18 janv. 2019, obs. Fucini ; AJ pénal 2019. 144, note Dejean de la Bâtie ; Procédures 2019, n° 94, note Chavent-Leclère ; JCP 2019, n° 275, obs. Pradel.* ♦ Le premier al. de l'art. 11, tel qu'interprété par la Cour de cassation, est conforme à la Constitution, car l'atteinte à l'exercice de la liberté d'expression et de communication qui résulte de ces dispositions est nécessaire, adaptée et proportionnée aux objectifs poursuivis de prévention des atteintes à l'ordre public et de recherche des auteurs d'infractions d'une part, et de protection du droit au respect de la vie privée et de la présomption d'innocence d'autre part. • Cons. const. 2 mars 2018, n° 2017-693-QPC : *D. actu.12 mars 2018, obs. Lavric ; RSC 2018. 981, note de Lamy.*

10. Justifie sa décision la cour d'appel qui, pour condamner le prévenu, journaliste, du chef de recel de violation du secret de l'enquête, retient qu'il a fait illustrer un article relatant l'arrestation d'une personne, par une photographie de celle-ci qu'il s'était fait remettre par un fonctionnaire de police, et ajoute qu'il ne pouvait ignorer que, prise par les policiers au cours de la garde à vue, elle provenait d'une enquête en cours et constituait un document protégé par le secret prévu par l'art. 11. • Crim. 25 oct. 2005, n° 05-81.457 P. ♦ Toutefois, pour poursuivre le journaliste pour recel de violation de secret de l'instruction, encore faut-il que l'infraction principale soit caractérisée, c'est-à-dire une violation de secret de l'instruction. • Crim. 6 mars 2012, n° 11-80.801 P : *D. 2012. 816, obs. Lavric ; JCP 2012, n° 18, p. 897, note Detraz ; AJ pénal 2012. 345, obs. Lasserre Capdeville.*

11. La seule présence de journalistes lors d'une interpellation sur la voie publique ne suffit pas à caractériser la violation du secret de l'instruction par les fonctionnaires de police ; de la même façon, la publication d'actes de procédure, postérieurement à leur réalisation, ne permet pas d'établir qu'ils aient été effectués en violation du secret de l'instruction. • Crim. 19 oct. 2021, n° 21-81.569 B : *AJ pénal 2021. 580, obs. Thierry.*

12. *Ministre de la Justice.* Si le ministre de la Justice n'est plus tenu au secret de l'enquête et de l'instruction, en ce qu'il ne concourt plus à la procédure au sens de l'art. 11, al. 2, depuis la L. du 25 juill. 2013 qui a supprimé la faculté, pour celui-ci, de donner des instructions dans les affaires pénales individuelles, il n'en est pas moins tenu au respect du secret qu'impose la nature des informations qui lui sont transmises, en raison de sa fonction. • CJR 30 sept. 2019, n° 2019-1 : *RSC 2019. 816, note Mayaud.*

B. SANCTIONS ENCOURUES

13. *Sanction.* En l'état de la législation, la violation du secret de l'instruction ne peut être sanctionnée par aucune nullité. • Crim. 24 avr. 1984 : *D. 1986. 124, note Chambon.* ♦ ... Sauf atteinte aux intérêts de la partie concernée. • Crim.

19 juin 1995 : *Dr. pénal 1995. Comm. 239, obs. Maron.* ♦ La violation du secret de l'instruction, non pas postérieure mais concomitante à l'accomplissement d'un acte de la procédure, ne peut conduire à son annulation que s'il en est résulté une atteinte aux intérêts d'une partie. • Crim. 25 janv. 1996, n° 95-85.560 P : *D. 1996. Somm. 258, obs. Pradel ; Dr. pénal 1996. Comm. 200, note Maron ; ibid. 1996. Chron. 39, rapp. de Larosière de Champfeu ; ibid. 1996. Chron. 43, par Lesclous et Marsat.* ♦ L'absence d'atteinte à l'intérêt des parties peut se déduire du fait que le mis en examen et son conseil n'ont formulé aucune opposition à la présence d'un stagiaire de l'ENA non assermenté lors de l'interrogatoire de première comparution. • Crim. 27 avr. 2000, n° 00-80.420 P : *D. 2000. IR 184*. ♦ Peut seule entraîner l'annulation de la procédure la violation du secret de l'instruction concomitante à des actes et dont il est résulté un grief. • Crim. 11 juill. 2017, n° 17-80.313 P : *D. actu. 25 juill. 2017, obs. Azoulay ; D. 2018, Pan. 196, note Barbier ; Dr. pénal 2017, n° 154, obs. Maron et Haas.*

14. Absence de nullité de la procédure. La violation du secret de l'instruction ne peut entraîner l'annulation de la procédure, dès lors que ce manquement est extérieur à celle-ci, mais peut seulement ouvrir droit, pour celui qui s'en prétend victime, au recours prévu par l'art. 9-1 C. civ. • Crim. 30 avr. 1996, n° 96-80.829 P • 24 nov. 2010, n° 10-86.713. ♦ N'étant pas une pièce de l'information, dont les formalités substantielles ont été respectées, le reportage télévisé d'une interpellation et de diverses investigations filmées par un journaliste ne peut justifier l'annulation de la procédure, dès lors que le demandeur n'établit pas l'atteinte portée à ses intérêts par la violation du secret de l'instruction, concomitante à un acte de cette procédure, et qu'il lui appartenait de mettre en œuvre, le cas échéant, la procédure prévue par l'art. 9-1 C. civ. • Crim. 3 avr. 1997 : *Procédures 1997. Comm. 243, obs. Buisson.*

II. LIMITES DU SECRET DE L'ENQUÊTE ET DE L'INSTRUCTION

A. LIMITES DU DROIT NATIONAL

15. Cas particulier de l'administration fiscale. L'art. L. 82 LPF instaure un droit de communication de l'administration fiscale auprès des autorités judiciaires, auquel ne fait pas obstacle l'art. 11 concernant le secret de l'instruction, et l'art. L. 101 LPF, imposant à toute autorité judiciaire de communiquer à l'administration des finances, toute indication qu'elle peut recueillir qu'il s'agisse d'une instance civile ou commerciale ou d'une information criminelle ou correctionnelle même terminée par un non-lieu, l'administration fiscale a pu obtenir régulièrement copies de pièces recueillies après mise en œuvre de son droit de communication. • Crim. 10 avr. 2002, n° 00-30.122 • 10 avr. 2002, n° 00-30.138.

16. Interprétation stricte de l'article 11. La violation prétendue du secret de l'instruction, à la supposer établie, ne peut entraîner l'annulation de la procédure, dès lors qu'elle est extérieure à celle-ci, mais peut seulement ouvrir droit, pour celui qui s'en prétend victime, au recours prévu par l'art. 9-1 C. civ. • Crim. 30 avr. 1996, n° 96-80.829 P.

B. LIMITES DU DROIT EUROPÉEN

17. Jurisprudence française. Toute personne ayant la qualité de prévenu ou d'accusé est en droit d'obtenir, en vertu de l'art. 6, § 3, Conv. EDH, non pas communication directe des pièces de la procédure, mais la délivrance, à ses frais, le cas échéant, par l'intermédiaire de son avocat, de la copie des pièces du dossier soumis à la juridiction devant laquelle elle est appelée à comparaître. • Crim. 12 juin 1996, n° 96-80.219 P : *Procédures 1996. Comm. 365, obs. Buisson* • 12 juin 1996, n° 95-82.735 P • 2 oct. 1996, n° 95-82.290 P : *D. 1997. IR 7 ; JCP 1996. IV. 2571 ; Procédures 1997. Comm. 101, obs. Buisson ; Dr. pénal 1997. Comm. 15, obs. Maron ; ibid. Chron. 1, rapp. Ferrari ; ibid. Chron. 4, concl. Cotte.*

18. Jurisprudence européenne. Le secret professionnel peut plier lorsque la révélation, initiée par la presse et seulement confirmée par l'avocat, est faite dans l'intérêt de la défense du client et sur un débat d'intérêt général. • CEDH 15 déc. 2011, Mor c/ France, n° 28198/09 : *Procédures 2012, n° 40, obs. Fricero ; ibid., n° 46, obs. Chavent-Leclère ; JCP 2012, n° 13, 387, § 11, obs. Pillet ; RSC 2012. 260, obs. Marguénaud ; AJ pénal 2012. 337, obs. Porteron*. ♦ Sur la jurisprudence européenne, V. notes ss. CEDH, art. 10, App., v° *Droits de l'homme.*

Décret n° 2005-790 du 12 juillet 2005,

Relatif aux règles de déontologie de la profession d'avocat.

TITRE Ier. PRINCIPES ESSENTIELS DE LA PROFESSION D'AVOCAT

Art. 4 Sous réserve des strictes exigences de sa propre défense devant toute juridiction et des cas de déclaration ou de révélation prévues ou autorisées par la loi, l'avocat ne commet, en toute matière, aucune divulgation contrevenant au secret professionnel.

Art. 5 L'avocat respecte le secret de l'enquête et de l'instruction en matière pénale, en s'abstenant de communiquer, *(Décr. n° 2007-932 du 15 mai 2007, art. 25)* « sauf pour l'exercice des droits de la défense », des renseignements extraits du dossier, ou de publier des documents, pièces ou lettres intéressant une enquête ou une information en cours.

Il ne peut transmettre de copies de pièces ou actes du dossier de la procédure à son client ou à des tiers que dans les conditions prévues à l'article 114 du code de procédure pénale.

V. C. pén., art. 226-13, réprimant l'atteinte au secret professionnel.

Justifie sa décision l'arrêt qui, pour entrer en voie de condamnation contre un avocat du chef de violation du secret professionnel, retient que l'obligation au secret professionnel résultant de l'art. 160 du Décr. n° 91-1197 du 27 nov. 1991, applicable à la date des faits, consistant notamment à s'abstenir de communiquer, sauf pour l'exercice des droits de la défense, des renseignements extraits du dossier ou de publier des documents, pièces ou lettres intéressant une information en cours, n'a pas été abolie par le Décr. n° 2007-932 du 15 mai 2007 portant diverses dispositions relatives à la profession d'avocat. • Crim. 28 oct. 2008, n° 08-81.432 P : *D. 2009. Pan. 2243, obs. Pradel ; AJ pénal 2009. 26, note Porteron*.

Décret n° 91-1197 du 27 novembre 1991, *organisant la profession d'avocat.*

Art. 160 *(Abrogé par Décr. n° 2005-790 du 12 juill. 2005, art. 22) L'avocat, en toute matière, ne doit commettre aucune divulgation contrevenant au secret professionnel.*

Il doit, notamment, respecter le secret de l'instruction en matière pénale, en s'abstenant de communiquer, sauf à son client pour les besoins de la défense, des renseignements extraits du dossier ou de publier des documents, pièces ou lettres intéressant une information en cours.

BIBL. ▶ GATE, *Gaz. Pal. 1987. 1. Doctr. 199.* – UETTWILLER, *Gaz. Pal. 1998. 2. Doctr. 1467.*

1. Principe. Il résulte de l'art. 160 que l'avocat, en toute matière, ne doit commettre aucune divulgation contrevenant au secret professionnel et qu'il ne peut, notamment, communiquer à quiconque, sauf à son client pour les besoins de la défense, des renseignements concernant des procédures pénales. • Crim. 18 déc. 2001, n° 01-84.170 P. ♦ L'avocat qui révèle à un tiers le contenu d'un acte couvert par le secret de l'instruction en méconnaissance des dispositions de l'art. 160 décr. 27 nov. 1991 se rend coupable du délit de violation du secret professionnel réprimé par l'art. 226-13 C. pén. • Crim. 18 sept. 2001, n° 00-86.518 P : *D. 2001. IR 3171 ; Dr. pénal 2002. Comm. 16, obs. Véron.* ♦ V. également • Crim. 27 oct. 2004, n° 04-81.513 P : *AJ pénal 2005. 74, obs. Coste* • 20 juin 2006 : *D. 2007. Pan. 399, obs. Roujou de Boubée ; ibid 2007. Pan. 825, obs. Blanchard*. ♦ Il résulte tant de l'art. 11 que de l'art. 89 du décret n° 72-468 du 9 juin 1972, applicable en l'espèce, fixant les règles professionnelles de l'avocat que, si celui-ci, autorisé par l'art. 118, al. 4 [abrogé ; V. C. pr. pén., art. 114, al. 4], à se faire délivrer des copies des pièces du dossier d'instruction, peut en communiquer la teneur à son client pour les besoins de la défense, il ne peut en revanche lui re*mettre ces copies qui ne lui* sont délivrées que pour « son usage exclusif », ces pièces devant rester secrètes tant que dure l'instruction ; une cour d'appel, après avoir considéré que ces dispositions ne portaient pas atteinte aux droits de la défense, ne méconnaît pas le principe selon lequel toute personne a droit à ce que sa cause soit entendue équitablement et justifie légalement sa décision de prononcer une peine disciplinaire d'avertissement contre un avocat pour avoir transmis à son client détenu des copies des pièces du dossier d'instruction. • Civ. 1re, 2 févr. 1994 : *D. 1994. IR 55.* ♦ V. obs. Brunois, ss. • Papeete, 1er août 1991 : *D. 1994. Somm. 136* • Limoges 31 oct. 1991 : *ibid.*

2. Portée de l'obligation de secret. L'obligation au secret professionnel établie par l'art. 378 anc. C. pén. s'impose aux avocats comme un devoir de leur fonction ; elle est générale et absolue même s'il s'agit d'un fait connu dans son ensemble lorsque l'intervention du dépositaire du secret entraîne la divulgation de précisions qu'il était seul à connaître. • Crim. 7 mars 1989, n° 87-90.500 P.

3. Justifie sa décision la chambre d'accusation qui, pour dire n'y avoir lieu à annulation d'un procès-verbal par lequel un magistrat instructeur a entendu un avocat en qualité de témoin, relève qu'aucune des parties ne s'est prévalue d'une violation du secret professionnel de la part de cet avocat, et constate qu'aucune atteinte n'a été portée à leurs intérêts, alors surtout que l'audition en cause concernait une activité de rédacteur d'acte ou de négociateur, et non l'exercice des droits de la défense. • Crim. 30 sept. 1991, n° 91-84.403 P : *D. 1992. 323, note Gavalda ; JCP 1992. II. 21858, note Martin.*

Livre des procédures fiscales *(Décr. n° 81-859 du 15 sept. 1981)* **Art. L. 82 C** A l'occasion de toute *(L. n° 2015-1786 du 29 déc. 2015, art. 92)* « procédure judiciaire », le ministère public peut communiquer les dossiers à l'administration des finances.

(L. n° 2013-1117 du 6 déc. 2013, art. 17) « Cette dernière porte à la connaissance du ministère public, spontanément dans un délai de six mois après leur transmission ou à sa demande, l'état d'avancement des recherches de nature fiscale auxquelles elle a procédé à la suite de la communication de ces dossiers.

« Le résultat du traitement définitif de ces dossiers par l'administration des finances fait l'objet d'une communication au ministère public. »

……………………………………………………………………………………

Art. L. 101 L'autorité judiciaire doit communiquer à l'administration des finances toute indication qu'elle *(L. n° 2015-1786 du 29 déc. 2015, art. 92)* « recueille, à l'occasion de toute procédure judiciaire, de nature à faire présumer une fraude commise en matière fiscale ou une manœuvre quelconque ayant eu pour objet ou pour résultat de frauder ou de compromettre un impôt. »

(L. n° 2013-1117 du 6 déc. 2013, art. 17) « L'administration des finances porte à la connaissance du juge d'instruction ou du procureur de la République, spontanément dans un délai de six mois après leur transmission ou à sa demande, l'état d'avancement des recherches de nature fiscale auxquelles elle a procédé à la suite de la communication des indications effectuée en application du premier alinéa.

« Le résultat du traitement définitif de ces dossiers par l'administration des finances fait l'objet d'une communication au ministère public. »

BIBL. ▶ Paulus de Châtelet, *Rev. pénit. 1985. 743.*

Art. 11-1 *(L. n° 2004-204 du 9 mars 2004, art. 75-II)* **Sur autorisation du procureur de la République ou du juge d'instruction selon les cas, peuvent être communiqués à des autorités ou organismes habilités à cette fin par arrêté du ministre de la justice, pris le cas échéant après avis du ou des ministres intéressés, des éléments des procédures judiciaires en cours permettant de réaliser des recherches ou enquêtes scientifiques ou techniques, destinées notamment à prévenir la commission d'accidents, ou de faciliter l'indemnisation des victimes ou la prise en charge de la réparation de leur préjudice. Les agents de ces autorités ou organismes sont alors tenus au secret professionnel en ce qui concerne ces informations, dans les conditions et sous les peines des articles 226-13 et 226-14 du code pénal.**

V. art. A. 1er.

Art. 11-2 *(L. n° 2016-457 du 14 avr. 2016, art. 1er)* **I. — Le ministère public peut informer par écrit l'administration des décisions suivantes rendues contre une personne qu'elle emploie, y compris à titre bénévole, lorsqu'elles concernent un crime ou un délit puni d'une peine d'emprisonnement :**

1° La condamnation, même non définitive ;

2° La saisine d'une juridiction de jugement par le procureur de la République ou par le juge d'instruction ;

3° La mise en examen.

Le ministère public ne peut procéder à cette information que s'il estime cette transmission nécessaire, en raison de la nature des faits ou des circonstances de leur commission, pour mettre fin ou prévenir un trouble à l'ordre public ou pour assurer la sécurité des personnes ou des biens.

Le ministère public peut informer, dans les mêmes conditions, les personnes publiques, les personnes morales de droit privé chargées d'une mission de service public ou les ordres professionnels des décisions mentionnées aux 1° à 3° du présent I prises à l'égard d'une personne dont l'activité professionnelle ou sociale est placée sous leur contrôle ou leur autorité.

II. — Dans tous les cas, le ministère public informe sans délai la personne de sa décision de transmettre l'information prévue au I. L'information est transmise à l'administration, ou aux personnes ou aux ordres mentionnés au dernier alinéa du même I.

Le ministère public notifie sans délai à l'administration, ou aux personnes ou aux ordres mentionnés au dernier alinéa dudit I, l'issue de la procédure et informe la personne concernée de cette notification.

L'administration, ou la personne ou l'ordre mentionné au dernier alinéa du même I, qui est destinataire de l'information prévue au même I ne peut la communiquer qu'aux personnes compétentes pour faire cesser ou suspendre l'exercice de l'activité mentionnée aux premier et dernier alinéas du même I.

Cette information est confidentielle. Sauf si l'information porte sur une condamnation prononcée publiquement et sous réserve de l'avant-dernier alinéa du présent II, toute personne qui en est destinataire est tenue au secret professionnel, sous les peines prévues à l'article 226-13 du code pénal. Toute personne en ayant eu connaissance est tenue au secret, sous les mêmes peines. Le fait justificatif prévu au 1° de l'article 226-14 du même code n'est pas applicable lorsque la personne mentionnée à ce même 1° a eu connaissance des faits par la transmission prévue au I du présent article.

III. — Les condamnations dont la mention au bulletin n° 2 du casier judiciaire a été exclue en application de l'article 775-1 du présent code ne peuvent être communiquées à l'initiative du ministère public, sauf en application du deuxième alinéa du II du présent article à la suite d'une première information transmise en application du I. Dans ce cas, l'information fait expressément état de la décision de ne pas mentionner la condamnation au bulletin n° 2 du casier judiciaire.

IV. — Hors le cas où une décision prononçant une sanction a été légalement fondée sur l'information transmise par le ministère public, lorsque la procédure pénale s'est terminée par un non-lieu ou une décision de relaxe ou d'acquittement, l'administration, la personne ou l'ordre mentionné au dernier alinéa du I supprime l'information du dossier relatif à l'activité de la personne concernée.

V. — Les modalités d'application du présent article sont déterminées par décret. Il précise les formes de la transmission par le ministère public de l'information, les modalités de transmission des décisions à l'issue des procédures et les modalités de suppression de l'information en application du IV. — *V. art. D. 1er-13.*

BIBL. ▶ PERRIER, *Dr. pénal 2016. Étude 10* (commentaire de la loi du 14 avril 2016).

CHAPITRE PREMIER DE LA POLICE JUDICIAIRE

RÉP. PÉN. V^is *Force publique,* par BUISSON ; *Gendarmerie,* par RAYNE ; *Police judiciaire,* par ROUSSEL.

BIBL. GÉN. ▶ BESSON, *D. 1958. Chron. 129.* – BUISSON, *Procédures 1997. Chron. 8* (excès de pouvoir). – KERCHOVE, *RSC 2004. 553* (coopération policière au sein de l'Union européenne).

▶ **Dossier :** Les relations police/parquet, *AJ pénal 2013. 373* s.

SECTION PREMIÈRE DISPOSITIONS GÉNÉRALES

Art. 12 La police judiciaire est exercée, sous la direction du procureur de la République, par les officiers, fonctionnaires et agents désignés au présent titre.

V. art. R. 1er s. et D. 2 s.

Sur la police nationale et la gendarmerie nationale, V. CSI, art. L. 411-1 s. — **CSI.**

TOM : 809 s.

BIBL. ▶ BAUDRY, *RSC 1951. 132.* – BESSON, *D. 1958. Chron. 129.* – BOUZAT, *RSC 1937. 237.* – CATHELINEAU, *D. 1964. Chron. 109.* – FOUCHE, *Rev. pénit. 1951. 5.* – GASSIN, *RSC 1972. 71.* – SUSINI, *RSC 1983. 725.* – VIDAL, *Rev. pol. nat. 1965 (févr./mars). 5.*

Les dispositions de l'art. 151, qui prescrivent à l'officier de police judiciaire recevant une commission rogatoire d'un juge d'instruction d'en aviser le procureur de la République, concernent les seuls rapports entre cet OPJ et le procureur de la République, lequel, en vertu de l'art. 12, exerce la direction de la police judiciaire ; il s'ensuit que leur inobservation, à la supposer établie, ne porte pas atteinte aux intérêts des parties et ne saurait entraîner la nullité des actes accomplis. • Crim. 10 janv. 1989, n° 88-86.129 P : *Gaz. Pal. 15 avr. 1989, n° 104, note Doucet.*

Art. 12-1 *(L. n° 2009-971 du 3 août 2009, art. 2)* **Le procureur de la République et le juge d'instruction ont le libre choix des formations auxquelles appartiennent les officiers de police judiciaire.**

Art. 13 *(L. n° 2009-971 du 3 août 2009, art. 3)* **« La police judiciaire » est placée, dans chaque ressort de cour d'appel, sous la surveillance du procureur général et sous le contrôle de la chambre de l'instruction conformément aux articles 224 et suivants.**

V. art. D. 44 s.

Est soumis au contrôle de la chambre d'accusation tout acte d'un officier ou agent de police judiciaire qui se rattache à l'exercice des fonctions de police judiciaire telles que celles-ci sont définies par l'art. 14 ; rentre dans ce cadre l'intervention spontanée d'un officier de police judiciaire dans une enquête pour tentative de suicide. • Crim. 12 mai 1992, n° 91-84.223 P : *D. 1992. IR 216.*

Art. 14 **Elle est chargée, suivant les distinctions établies au présent titre, de constater les infractions à la loi pénale, d'en rassembler les preuves et d'en rechercher les auteurs tant qu'une information n'est pas ouverte.**

Lorsqu'une information est ouverte, elle exécute les délégations des juridictions d'instruction et défère à leurs réquisitions.

V. L. n° 95-73 du 21 janv. 1995, art. 25-1, relatif aux moyens mis à la disposition des policiers pour arrêter un véhicule en infraction, in C. route, App., v° Infractions. — ***C. route.***

V. Arr. du 15 oct. 2014 relatif au logiciel d'uniformisation des procédures d'identification (JO 24 oct.).

BIBL. ▶ SCHWENDENER, *AJ pénal 2005. 267* (l'action de la police judiciaire confrontée à l'exigence de loyauté).

1. Il résulte des art. 12 et 14 que, lorsqu'une information est ouverte, la police judiciaire exécute les délégations des juridictions d'instruction et défère à leurs réquisitions. • Crim. 16 janv. 2002, n° 01-81.054.

2. Opérations de police judiciaire. En l'absence de mesure privative ou restrictive de liberté décidée par l'autorité judiciaire, la protection d'une personne, serait-elle inculpée ou mise en examen, ne relève pas de la police judiciaire, mais de la police administrative, chargée de préserver la sécurité des citoyens et l'ordre public. • T. confl., 19 oct. 1998, n° 03088 P : *LPA 7 juill. 1999, concl. Arrighi de Casanova.* ♦ De même, ne constitue pas une opération de police judiciaire, le placement en cellule de dégrisement d'une personne trouvée en état d'ivresse sur la voie publique, dont l'objet est relatif tant à la protection de la personne concernée qu'à la préservation de l'ordre public. • T. confl. 18 juin 2007 : *D. 2007. AJ 2034*.

3. Information de la police judiciaire par le juge d'instruction. L'art. 14 ne fait pas obligation au juge d'instruction, lorsqu'il estime que les circonstances l'exigent, de révéler par avance aux officiers de police judiciaire qui collaborent avec lui, l'objet et le lieu d'un transport de justice décidé dans une information en cours, ou de requérir leur assistance par écrit, préalablement à l'opération, laquelle donnera nécessairement lieu à la rédaction de procès-verbaux faisant état de cette réquisition. • Crim. 26 févr. 1997, n° 96-84.960 P : *D. 1997. 297, note Pradel ; JCP 1997. II. 22865, note Matsopoulou.*

4. Responsabilité de la police. Commettent une faute lourde engageant la responsabilité de l'État les services de police dont les interventions ont toujours été tardives et totalement inefficaces lors de cambriolages à répétition selon un même mode opératoire chez des commerçants dont le système d'alarme était directement relié à la police, et dont l'action n'a jamais été sérieusement relayée par les autres services de police et de gendarmerie. • Civ. 1re, 25 janv. 2005, n° 02-16.572 P : *D. 2005. IR 389 ; D. 2006. Pan. 617, obs. Pradel*.

5. Droit européen. L'établissement par les enquêteurs d'un procès-verbal de constatation et la prise de photographies depuis l'extérieur des locaux où les infractions avaient pu avoir lieu ne constituent pas une ingérence illégitime dans l'exercice de droits garantis par l'art. 8 Conv. EDH mais sont des mesures relevant de la mission générale de la police judiciaire telle que définie à l'art. 14. • Crim. 29 mars 1994, n° 93-84.995 P : *Dr. pénal 1994. Comm. 194, obs. Maron.*

Loi n° 95-73 du 21 janvier 1995,

D'orientation et de programmation relative à la sécurité.

Art. 15-1 *(L. n° 2004-204 du 9 mars 2004, art. 3)* Les services de police et de gendarmerie *(L. n° 2016-731 du 3 juin 2016, art. 37)* « ainsi que les agents des douanes habilités à effectuer des enquêtes judiciaires en application de l'article 28-1 du code de procédure pénale » peuvent rétribuer toute personne étrangère aux administrations publiques qui leur a fourni des renseignements ayant amené directement soit la découverte de crimes ou de délits, soit l'identification des auteurs de crimes ou de délits.

Les modalités de la rétribution de ces personnes sont déterminées par arrêté conjoint du ministre de la justice, du ministre de l'intérieur *(Abrogé par L. n° 2009-971 du 3 août 2009, art. 17) « , du ministre de la défense »* et du ministre des finances. — *V. Arr. du 20 janv. 2006, ci-dessous.*

Arrêté du 20 janvier 2006,

Pris pour l'application de l'article 15-1 de la loi n° 95-73 du 21 janvier 1995 d'orientation et de programmation relative à la sécurité modifiée (Arr. du 16 août 2016).

Art. 1er Le montant de la rétribution susceptible d'être versée au titre de l'article 15-1 de la loi du 21 janvier 1995 susvisée est fixé par le directeur général de la police ou de la gendarmerie nationales *(Arr. du 16 août 2016)* « ou par le directeur général des douanes et droits indirects », sur proposition du chef de service ou de l'unité de l'officier de police judiciaire *(Arr. du 16 août 2016)* « ou de l'agent des douanes habilité à effectuer des enquêtes judiciaires en application de l'article 28-1 du code de procédure pénale, » chargé de l'enquête.

Le service ou l'unité ayant eu recours à l'informateur est tenu de conserver, de façon confidentielle et protégée, toute pièce permettant d'établir l'identité de l'informateur.

Art. 2 La rétribution de l'informateur est fixée de façon discrétionnaire et ne peut faire l'objet d'aucun recours.

Son versement fait l'objet de l'établissement d'un reçu, signé par le bénéficiaire, conservé de façon confidentielle et protégé par le service ou l'unité d'enquête.

Art. 15 La police judiciaire comprend :

1° Les officiers de police judiciaire ;

2° *(L. n° 78-788 du 28 juill. 1978)* **« Les agents de police judiciaire et les agents de police judiciaire adjoints » ;**

3° Les fonctionnaires et agents auxquels sont attribuées par la loi certaines fonctions de police judiciaire.

La MIEM. Les membres de la MIEM (Mission interministérielle d'enquête sur les marchés), auxquels sont attribuées par la loi certaines fonctions de police judiciaire, et les officiers de police judiciaire ont une compétence concurrente pour enquêter sur l'infraction prévue par l'art. 432-14 C. pén. (liberté d'accès ou égalité dans les marchés publics) et la constater, en application des art. 14 et 15 auxquels il n'a pas été dérogé par la loi du 16 déc. 1992. • Crim. 7 mai 2002, n° 01-86.337.

Art. 15-1 *(L. n° 94-89 du 1er févr. 1994)* **Les catégories de services ou unités dans lesquels les officiers et agents de police judiciaire visés aux sections II et III du présent chapitre exercent leurs fonctions habituelles, les modalités de création de ces services ou unités ainsi que leurs critères de compétence territoriale sont déterminés par décret en Conseil d'État pris sur le rapport du ministre de la justice et du ministre intéressé.** *(L. n° 2003-239 du 18 mars 2003, art. 8)* **« La compétence territoriale de ces services ou unités s'exerce, selon les distinctions prévues par ce décret, soit sur l'ensemble du territoire national, soit sur une ou plusieurs zones de défense, ou parties de celles-ci, soit sur l'ensemble d'un département. »**

Art. 15-2 *(L. n° 2000-516 du 15 juin 2000, art. 17)* **Les enquêtes administratives relatives au comportement d'un officier ou d'un agent de police judiciaire dans l'exercice d'une mission de police judiciaire associent l'inspection générale** *(L. n° 2019-222 du 23 mars 2019, art. 51)* **« de la justice » au service d'enquête compétent. Elles peuvent être ordonnées par le ministre de la justice et sont alors dirigées par un magistrat.**

V. Circ. CRIM. n° 2002-02 E6 du 17 janv. 2002 commentant l'art. 15-2 issu de la L. n° 2000-516 du 15 juin 2000 (BOMJ 2002, n° 85, p. 194 s.).

Art. 15-3 *(L. n° 2019-222 du 23 mars 2019, art. 42-III)* **« Les officiers et agents de police judiciaire sont tenus de recevoir les plaintes déposées par les victimes d'infractions à la loi pénale, y compris lorsque ces plaintes sont déposées dans un service ou une unité de police judiciaire territorialement incompétents. Dans ce cas, la plainte est, s'il y a lieu, transmise au service ou à l'unité territorialement compétents. »**

(L. n° 2004-204 du 9 mars 2004, art. 77-I) **« Tout dépôt de plainte fait l'objet d'un procès-verbal et donne lieu à la délivrance immédiate d'un récépissé à la victime** *(L. n° 2017-242 du 27 févr. 2017)* **« , qui mentionne les délais de prescription de l'action publique définis aux articles 7 à 9 ainsi que la possibilité d'interrompre le délai de prescription par le dépôt d'une plainte avec constitution de partie civile, en application de l'article 85 ». Si elle en fait la demande, une copie du procès-verbal lui est immédiatement remise. »** *(L. n° 2019-222 du 23 mars 2019, art. 42-III)* **« Les officiers ou agents de police judiciaire peuvent s'identifier dans ce procès-verbal par leur numéro d'immatriculation administrative. »**

Le code de déontologie de la police nationale et de la gendarmerie nationale figure désormais aux art. R. 434-1 s. CSI.

Arrêté du 6 juin 2006, *portant règlement d'emploi de la police nationale (JO 28 juill.), mod.*

Décret n° 2018-388 du 24 mai 2018,

Relatif au traitement automatisé de données à caractère personnel dénommé « pré-plainte en ligne ».

Art. 1er Le ministre de l'intérieur (direction générale de la police nationale, direction générale de la gendarmerie nationale et préfecture de police) est autorisé à mettre en œuvre un traitement automatisé de données à caractère personnel dénommé "pré-plainte en ligne".

Ce traitement, qui prend la forme d'un téléservice, permet à la victime ou à son représentant légal, d'effectuer une déclaration en ligne contre un auteur inconnu, pour :

1° Signaler des faits constitutifs :

a) D'atteintes aux biens ;

b) Du délit de provocation à la discrimination, à la haine ou à la violence à l'égard d'une personne à raison de son origine ou de son appartenance ou de sa non-appartenance à une ethnie, une nation, une prétendue race ou une religion ou à raison de son sexe, de son orientation sexuelle ou identité de genre ou de son handicap ;

c) Du délit de diffamation ou d'injure à l'égard d'une personne à raison de son origine ou de son appartenance ou de sa non-appartenance à une ethnie, une nation, une prétendue race, une religion déterminée ou à raison de son sexe, de son orientation sexuelle ou de son identité de genre ou de son handicap ;

d) De discrimination telle que définie aux articles 225-1 et 225-1-1 du code pénal.

2° Obtenir un rendez-vous auprès d'un service de la police nationale ou d'une unité de la gendarmerie nationale de son choix afin de déposer et signer sa plainte ;

3° Être informée par les autorités compétentes des suites réservées à sa plainte dans les conditions prévues à l'article 803-1 du code de procédure pénale.

Art. 2 Les catégories de données à caractère personnel et informations enregistrées dans le traitement mentionné à l'article 1er sont les suivantes :

1° Données à caractère personnel et informations relatives au déclarant (la victime et, le cas échéant, son représentant légal ou le représentant légal de la personne morale) :

a) Identité (nom de naissance, nom d'usage, prénoms) ;

b) Date et lieu de naissance ;

c) Situation familiale ;

d) Nationalité ;

e) Lien de parenté ou relation de droit ou de fait existant avec la victime en cas de représentation ;

f) Adresse ;
g) Profession ;
h) Numéro de téléphone (fixe, mobile, professionnel) ;
i) Adresse de courrier électronique.

2° Données à caractère personnel et informations relatives aux faits rapportés par le déclarant :
a) Date et lieu de l'infraction ;
b) Circonstances de l'infraction ;
c) Préjudice subi ;
d) Éléments susceptibles d'orienter l'enquête, notamment ceux permettant l'identification du ou des auteurs des faits et de témoins.

3° Données à caractère personnel et informations relatives au propriétaire d'un bien, objet de l'infraction signalée, lorsqu'il n'est pas le déclarant :
a) Identité (nom de naissance, nom d'épouse, prénoms) ;
b) Date et lieu de naissance ;
c) Adresse.

4° Données relatives aux personnes morales :
a) Raison sociale ;
b) Numéros SIREN, SIRET ;
c) Numéro d'inscription au registre du commerce et des sociétés ;
d) Forme juridique ;
e) Lieu du siège social ;
f) Secteur d'activité ;
g) Adresse ;
h) Numéro de téléphone ;
i) Adresse de courrier électronique.

5° Autres informations figurant au traitement :
a) Localisation du service de la police nationale ou de l'unité de la gendarmerie nationale choisi par la victime pour signer sa plainte ;
b) Numéro identifiant la pré-plainte délivré automatiquement au déclarant par le traitement ;
c) Prise de connaissance par le déclarant des conditions générales d'utilisation du site.

Art. 3 I. — Les données et informations mentionnées à l'article 2 sont transmises par l'intermédiaire d'un système de télécommunication sécurisé au service de la police nationale ou à l'unité de la gendarmerie nationale choisi par la victime pour déposer et signer sa plainte.

II. — Ont seuls accès à ces données et informations les agents individuellement désignés et spécialement habilités par le chef de service de la police nationale ou le commandant de groupement de la gendarmerie nationale ou, dans les départements, collectivités et territoires d'outre-mer et en Nouvelle-Calédonie, le commandant de la gendarmerie nationale.

Art. 4 Les données à caractère personnel et les informations mentionnées à l'article 2 sont effacées dès que la victime a signé sa plainte ou, à défaut, au plus tard trente jours après la réception de la déclaration.

Art. 5 I. — Les droits d'accès et de rectification s'exercent directement auprès du service de la police nationale ou de l'unité de gendarmerie nationale où la plainte doit être signée, dans les conditions prévues aux articles 39 et 40 de la loi du 6 janvier 1978 susvisée.

II. — Le droit d'opposition prévu à l'article 38 de la même loi ne s'applique pas au présent traitement.

Art. 6 La déclaration en ligne concernant les faits mentionnés aux *b*, *c* et *d* du 1° de l'article 1er est autorisée à titre expérimental pour une durée de douze mois à compter de la publication du présent décret, à l'issue de laquelle il est procédé à son évaluation. Un rapport est transmis à la Commission nationale de l'informatique et des libertés.

Art. 7 Le décret n° 2008-1109 du 29 octobre 2008 portant création à titre expérimental d'un traitement automatisé dénommé "pré-plainte en ligne" est abrogé.

Art. 15-3-1 *(L. n° 2019-222 du 23 mars 2019, art. 42-IV)* **Lorsque, dans les cas et selon les modalités prévues par décret, la plainte de la victime est adressée par voie électronique, le procès-verbal de réception de plainte est établi selon les modalités pré-**

vues à l'article 801-1 et le récépissé ainsi que, le cas échéant, la copie du procès-verbal peuvent être adressés, selon les modalités prévues par décret, à la victime dans les meilleurs délais.

Le lieu de traitement automatisé des informations nominatives relatives aux plaintes adressées conformément au présent article est considéré comme le lieu de l'infraction. Il en est de même s'agissant des traitements des informations relatives au signalement des infractions.

La plainte par voie électronique ne peut être imposée à la victime.

Si la nature ou la gravité des faits le justifie, le dépôt d'une plainte par la victime selon les modalités prévues par le présent article ne dispense pas les enquêteurs de procéder à son audition. La date de celle-ci peut alors être fixée au moment du dépôt de la plainte et la victime est avisée de ses droits énumérés à l'article 10-2.

V. art. D. 8-2-1 s. et A. 1er-1.

Art. 15-3-2 *(L. n° 2019-1480 du 28 déc. 2019, art. 13)* **En cas de plainte déposée pour une infraction punie d'au moins trois ans d'emprisonnement commise par le conjoint de la victime, son concubin ou le partenaire lié à elle par un pacte civil de solidarité, y compris lorsqu'ils ne cohabitent pas, ou commise par l'ancien conjoint ou concubin de la victime ou par le partenaire ayant été lié à elle par un pacte civil de solidarité, l'officier ou l'agent de police judiciaire qui reçoit la plainte informe la victime, oralement et par la remise d'un document, qu'elle peut demander ou consentir à bénéficier du dispositif électronique mobile anti-rapprochement prévu à l'article 138-3 du présent code, l'article 132-45-1 du code pénal ou l'article 515-11-1 du code civil, qui est susceptible d'être ordonné par la juridiction compétente.**

Art. 15-3-3 *(L. n° 2020-766 du 24 juin 2020, art. 10)* **Un tribunal judiciaire désigné par décret exerce une compétence concurrente à celle qui résulte de l'application des articles 43, 52 et 382 du présent code pour l'enquête, la poursuite, l'instruction et le jugement des délits prévus au 6° du III de l'article 222-33 du code pénal, lorsqu'ils sont commis avec la circonstance aggravante prévue à l'article 132-76 du même code, au 4° de l'article 222-33-2-2 dudit code, lorsqu'ils sont commis avec la circonstance aggravante prévue à l'article 132-76 ou 132-77 du même code, lorsqu'ils ont fait l'objet d'une plainte adressée par voie électronique en application de l'article 15-3-1 du présent code.** — *V. art. D. 8-2-10.*

Art. 15-4 *(L. n° 2017-258 du 28 févr. 2017, art. 3)* **I. — Dans l'exercice de ses fonctions, tout agent de la police nationale ou de la gendarmerie nationale peut être autorisé à ne pas être identifié par ses nom et prénom dans les actes de procédure définis aux 1° et 2° du présent I qu'il établit** *(L. n° 2019-222 du 23 mars 2019, art. 43)* **« ou dans lesquels il intervient », lorsque la révélation de son identité est susceptible, compte tenu des conditions d'exercice de sa mission ou de la nature des faits qu'il est habituellement amené à constater, de mettre en danger sa vie ou son intégrité physique ou celles de ses proches.**

L'autorisation est délivrée nominativement par un responsable hiérarchique d'un niveau suffisant, défini par décret, statuant par une décision motivée. Copie en est transmise au procureur de la République territorialement compétent. — *V. art. D. 8-3 s.*

Cette autorisation permet à l'agent qui en bénéficie d'être identifié par un numéro ***d'immatriculation administrative*****, sa qualité et son service ou unité d'affectation dans tous les actes des procédures suivantes :**

1° Les procédures portant sur un crime ou un délit puni d'au moins trois ans d'emprisonnement ;

2° Après autorisation délivrée pour l'ensemble d'une procédure dans les conditions prévues au deuxième alinéa du présent I, les procédures portant sur un délit puni de moins de trois ans d'emprisonnement lorsqu'en raison de circonstances particulières dans la commission des faits ou de la personnalité des personnes mises en cause, la révélation de l'identité de l'agent est susceptible de mettre en danger sa vie ou son intégrité physique ou celles de ses proches.

Le bénéficiaire de l'autorisation est également autorisé à déposer ou à comparaître comme témoin au cours de l'enquête ou devant les juridictions d'instruction ou de jugement et à se constituer partie civile en utilisant ces mêmes éléments d'identifica-

tion, qui sont seuls mentionnés dans les procès-verbaux, citations, convocations, ordonnances, jugements ou arrêts. Il ne peut être fait état de ses nom et prénom au cours des audiences publiques.

Le présent I n'est pas applicable lorsque, en raison d'un acte commis dans l'exercice de ses fonctions, le bénéficiaire de l'autorisation est entendu en application des articles 61-1 ou 62-2 du présent code ou qu'il fait l'objet de poursuites pénales.

II. — Le I du présent article est applicable aux agents mentionnés aux articles 28-1 et 28-2.

III. — Les juridictions d'instruction ou de jugement saisies des faits ont accès aux nom et prénom de la personne identifiée par un numéro d'immatriculation administrative dans un acte de procédure.

Saisi par une partie à la procédure d'une requête écrite et motivée tendant à la communication des nom et prénom d'une personne bénéficiaire d'une autorisation délivrée en application du I, le juge d'instruction ou le président de la juridiction de jugement décide des suites à donner à cette requête, après avis du ministère public et en tenant compte, d'une part, de la menace que la révélation de l'identité de cette personne ferait peser sur sa vie ou son intégrité physique ou celles de ses proches et, d'autre part, de la nécessité de communiquer cette identité pour l'exercice des droits de la défense de l'auteur de la demande. Le procureur de la République se prononce dans les mêmes conditions lorsqu'il est fait application de l'article 77-2.

En cas de demande d'annulation d'un acte de procédure fondée sur la violation des formes prescrites par la loi à peine de nullité ou sur l'inobservation des formalités substantielles dont l'appréciation nécessite la révélation des nom et prénom du bénéficiaire d'une autorisation délivrée en application du I du présent article, le juge d'instruction, le président de la chambre de l'instruction ou le président de la juridiction de jugement statue sans verser ces éléments au débat contradictoire ni indiquer les nom et prénom du bénéficiaire de cette autorisation dans sa décision.

IV. — Hors les cas prévus au deuxième alinéa du III, la révélation des nom et prénom du bénéficiaire d'une autorisation délivrée en application du I ou de tout élément permettant son identification personnelle ou sa localisation est punie de cinq ans d'emprisonnement et de 75 000 € d'amende.

Lorsque cette révélation a entraîné des violences à l'encontre du bénéficiaire de l'autorisation ou de son conjoint, de ses enfants ou de ses ascendants directs, les peines sont portées à sept ans d'emprisonnement et à 100 000 € d'amende.

Lorsque cette révélation a entraîné la mort des personnes mentionnées au deuxième alinéa du présent IV, les peines sont portées à dix ans d'emprisonnement et à 150 000 € d'amende, sans préjudice, le cas échéant, de l'application du chapitre Ier du titre II du livre II du code pénal.

V. — Un décret en Conseil d'État précise les modalités d'application du présent article. — *V. art. R. 2-18 s.*

L'octroi, à un agent, par l'autorité hiérarchique dont il relève, de la protection de l'anonymat dans les actes de procédure auxquels il contribue, revêt un caractère exceptionnel et obéit à des conditions limitativement énumérées par l'article 15-4. • Crim. 22 juin 2021, n° 20-84.513 P. ♦ S'il n'est pas exigé d'un agent, identifié en procédure par un numéro administratif, de justifier, à peine d'irrecevabilité de sa constitution de partie civile, de la procédure ayant conduit à l'admettre au bénéfice de cette protection, il appartient au juge pénal, lorsqu'il est saisi d'une contestation portant sur la régularité de cette procédure, de vérifier si les conditions de sa mise en œuvre étaient réunies. Même arrêt.

SECTION II DES OFFICIERS DE POLICE JUDICIAIRE

RÉP. PÉN. v[is] *Force publique,* par Buisson ; *Police judiciaire,* par Roussel.

Art. 16 *(L. n° 66-493 du 9 juill. 1966)* **Ont la qualité d'officier de police judiciaire :**

1° Les maires et leurs adjoints ;

2° Les officiers et les gradés de la gendarmerie, les gendarmes comptant au moins *(L. n° 96-647 du 22 juill. 1996)* **« trois ans » de service dans la gendarmerie, nominativement désignés par arrêté** *(L. n° 96-647 du 22 juill. 1996)* **« des ministres de la justice et de »** *(L. n° 2009-971 du 3 août 2009, art. 15-1°)* **« l'intérieur », après avis conforme d'une commission ;**

3° *(L. n° 78-788 du 28 juill. 1978)* **« Les inspecteurs généraux, les sous-directeurs de police active, les contrôleurs généraux, les commissaires de police** *(L. n° 2006-64 du 23 janv. 2006, art. 16)* **« et les officiers de police » ;** *— Pour les officiers de paix en fonctions au 9 févr. 1995 et ayant la qualité d'officier de police judiciaire dans les conditions prévues par l'art. L. 23-1 [L. 130-1 à L. 130-3] C. route, les conditions de la formation complémentaire ainsi que les modalités d'organisation et le programme des épreuves complémentaires auxquelles ils sont soumis pour être désignés, en application du 3° de l'art. 16 C. pr. pén., en qualité d'officiers de police judiciaire, sont fixés par arrêté conjoint du ministre de la justice et du ministre intéressé (L. n° 95-125 du 8 févr. 1995, art. 53-III).*

(L. n° 98-1035 du 18 nov. 1998) **« 4° Les fonctionnaires du corps** *(L. n° 2006-64 du 23 janv. 2006, art. 16)* **« d'encadrement » et d'application de la police nationale comptant au moins trois ans de services dans ce corps, nominativement désignés par arrêté des ministres de la justice et de l'intérieur, après avis conforme** *(L. n° 2006-64 du 23 janv. 2006, art. 16)* **« d'une commission ».** *— V. C. pr. pén., art. A. 22 s. et A. 34 s.*

(Ord. n° 2015-952 du 31 juill. 2015, art. 1er, en vigueur le 1er sept. 2016) **« La composition de la commission prévue aux 2° et 4° est déterminée par un décret en Conseil d'État pris sur le rapport du ministre de la justice et du ministre de l'intérieur.**

« Ont également la qualité d'officier de police judiciaire les personnes exerçant des fonctions de directeur ou sous-directeur de la police judiciaire et de directeur ou sous-directeur de la gendarmerie. »

(L. n° 85-1196 du 18 nov. 1985) **« Les fonctionnaires mentionnés aux** *(L. n° 98-1035 du 18 nov. 1998)* **« 2° à 4° » ci-dessus ne peuvent exercer effectivement les attributions attachées à leur qualité d'officier de police judiciaire ni se prévaloir de cette qualité que s'ils sont affectés à un emploi comportant cet exercice et en vertu d'une décision du procureur général près la cour d'appel les y habilitant personnellement. L'exercice de ces attributions est momentanément suspendu pendant le temps où ils participent, en unité constituée, à une opération de maintien de l'ordre. »**

(L. n° 98-1035 du 18 nov. 1998) **« Toutefois, les fonctionnaires visés au 4° ne peuvent recevoir l'habilitation prévue à l'alinéa précédent que s'ils sont affectés soit dans un service ou une catégorie de services déterminés en application de l'article 15-1 et figurant sur une liste fixée par arrêté des ministres de la justice et de l'intérieur, soit, à titre exclusif, dans une formation d'un service mentionnée par le même arrêté. »**

(L. n° 2019-222 du 23 mars 2019, art. 47) **« L'habilitation est délivrée par le procureur général près la cour d'appel dans le ressort de laquelle intervient la première affectation du fonctionnaire. Elle est valable pour toute la durée de ses fonctions, y compris en cas de changement d'affectation. »**

(L. n° 75-701 du 6 août 1975) **« Les conditions d'octroi, de retrait et de suspension pour une durée déterminée de l'habilitation prévue** *(L. n° 2019-222 du 23 mars 2019, art. 47)* **« aux neuvième et avant-dernier alinéas du présent article » sont fixées par décret en Conseil d'État pris sur le rapport du ministre de la justice et des ministres intéressés. »** *— V. art. R. 15-2 et R. 15-6.*

En cas de fusion de communes, le maire délégué remplit dans la commune associée les fonctions d'officier de police judiciaire (CGCT, art. L. 2113-15).

V. art. R. 2-16 à R. 15-16 et D. 44 s.

RÉP. PÉN. v° *Garde champêtre*, par DREUILLE.

BIBL. ► BUISSON, *Procédures 2001. Chron. 12* (à propos de l'assermentation des agents publics) ; *Procédures 2009, n° 331* (services de police de la préfecture).

1. Les adjoints spéciaux au maire, dont les attributions sont limitativement énumérées par l'art. L. 122-3 C. communes, ne possèdent pas la qualité d'officier de police judiciaire. • Crim. 24 mars 1987, n° 86-91.448 P.

2. Les officiers agissant en vertu de l'art. 16, al. 4, ainsi que les agents de police judiciaire placés sous leur autorité sont compétents pour exercer leurs attributions respectives, non pas seulement dans le ressort de ladite cour d'appel, mais dans toute l'étendue territoriale du service dont ils relèvent. • Crim. 6 déc. 1995, n° 94-85.127 P : *Dr. pénal 1996. Chron. 29, par Lesclous et Marsat.*

3. Le retrait de l'habilitation à exercer les fonctions d'officier de police judiciaire ne constitue pas une mesure d'administration judiciaire. • Crim. 21 juin 2016, n° 15-84.172 P : *D. actu. 28 juill. 2016, obs. Aubert ; Gaz. Pal. 4 oct. 2016, p. 57, note Fourment ; AJ pénal 2016. 543, obs. Roussel ; Dr. pénal 2016, n° 131, note Maron et Haas.* ♦ V. *contra*, précédemment : Les mesures prises par le procureur général en application de l'art. 16, dernier al., qui ont essentiellement pour objet d'assurer le bon fonctionnement de la police judiciaire, sont des mesures d'administration judiciaire. Elles ne constituent donc pas des sanctions amnistiables au sens de l'art. 14 de la loi du 3 août 1995. • Crim. 13 janv. 1998, n° 96-83.629 P.

4. La qualité d'officier de police judiciaire que les maires et leurs adjoints tiennent de l'art. 16 ne leur confère pas, par elle-même, le droit d'acquérir et de détenir des armes entrant dans le champ d'application du décret du 6 mai 1995 en dehors des conditions limitativement énoncées à l'art. 25 de ce décret. • CAA Paris, 24 sept. 1998, *Cne de Wissous : Dr. adm. 1999. Comm. 36.*

Code de la défense

TROISIÈME PARTIE. LE MINISTÈRE DE LA DÉFENSE ET LES ORGANISMES SOUS TUTELLE

LIVRE II. LES FORCES ARMÉES

TITRE Ier. COMPOSITION

CHAPITRE UNIQUE

Art. L. 3211-1 *(Ord. n° 2016-982 du 20 juill. 2016, art. 8)* Les forces armées comprennent :

1° L'armée de terre, la marine nationale et l'*(Ord. n° 2021-860 du 30 juin 2021)* « armée de l'air et de l'espace », qui constituent les armées au sens du présent code ;

2° La gendarmerie nationale ;

3° Les services de soutien et les organismes interarmées.

Au sens et pour l'application de la quatrième partie du présent code et des dispositions législatives et réglementaires relatives au statut des militaires, les forces armées désignent les armées, la gendarmerie nationale et, parmi les services mentionnés au 3°, ceux exerçant, par délégation du ministre de la défense, une autorité statutaire sur des corps militaires dans des conditions définies par décret.

Art. L. 3211-1-1 *(Ord. n° 2016-982 du 20 juill. 2016, art. 8)* Constituent des formations rattachées les services exerçant des attributions spécifiques nécessaires à l'accomplissement des missions des forces armées et dont l'autorité responsable est, de ce fait, chargée d'exercer, au nom du ministre de la défense, une autorité statutaire sur des corps militaires. La liste des formations rattachées est fixée par décret en Conseil d'État.

Art. L. 3211-2 *(Ord. n° 2016-982 du 20 juill. 2016, art. 8)* « L'armée de la République est au service de la Nation. Sa mission » est de préparer et d'assurer par la force des armes la défense de la patrie et des intérêts supérieurs de la nation. — *[L. n° 72-662 du 13 juill. 1972, art. 1er, al. 1er].*

(Abrogé par L. n° 2009-971 du 3 août 2009, art. 1er-2°) « La gendarmerie a pour mission de veiller à la sûreté publique et d'assurer le maintien de l'ordre et l'exécution des lois. »

Art. L. 3211-3 *(Ord. n° 2012-351 du 12 mars 2012, art. 6-16°, en vigueur le 1er mai 2012)* La gendarmerie nationale est une force armée instituée pour veiller à l'exécution des lois.

Sans préjudice des dispositions de l'article L. 421-1 du code de la sécurité intérieure, elle participe à la défense de la patrie et des intérêts supérieurs de la Nation, notamment au contrôle et à la sécurité des armements nucléaires.

(L. n° 2018-607 du 13 juill. 2018, art. 42) « L'ensemble de ses missions militaires s'exécute sur toute l'étendue du territoire national, ainsi qu'en haute mer à bord des navires battant pavillon français. Hors de ces cas, elles s'exécutent en application des engagements internationaux de la France, ainsi que dans les armées. »

Art. 16-1 A *(L. n° 2022-52 du 24 janv. 2022, art. 12)* **Lorsqu'ils servent dans la réserve opérationnelle de la police nationale ou dans la réserve opérationnelle de la gendarmerie nationale, les fonctionnaires de la police nationale et les militaires de la gendarmerie nationale actifs ou à la retraite ayant eu durant leur activité la qualité d'officier de police judiciaire peuvent, après une actualisation de leurs connaissances et dès lors qu'est établi qu'ils réunissent les conditions d'expérience et d'aptitude requises, conserver la qualité d'officier de police judiciaire pour une durée de cinq ans à compter de la date de leur départ à la retraite.**

Toutefois, ils ne peuvent exercer effectivement les attributions attachées à leur qualité d'officier de police judiciaire et se prévaloir de cette qualité que s'ils sont affectés à

des missions comportant l'exercice de ces attributions et en application d'une décision du procureur général près la cour d'appel les y habilitant personnellement.

L'habilitation est délivrée par le procureur général près la cour d'appel dans le ressort de laquelle intervient la première affectation du réserviste. Sous réserve du premier alinéa, elle est valable pour toute la durée de l'engagement dans la réserve, y compris en cas de changement d'affectation. Le procureur général peut prononcer le retrait de l'habilitation ou sa suspension pour une durée déterminée.

Un décret en Conseil d'État définit les conditions d'application du présent article.

Art. 16-1 *(L. n° 75-701 du 6 août 1975)* **Dans le mois qui suit la notification de la décision** *(L. n° 2009-526 du 12 mai 2009, art. 128-1°)* **« de refus, » de suspension ou de retrait d'habilitation, l'officier de police judiciaire peut demander au procureur général de rapporter cette décision. Le procureur général doit statuer dans un délai d'un mois. A défaut, son silence vaut rejet de la demande.**

Art. 16-2 *(L. n° 75-701 du 6 août 1975)* **Dans le délai d'un mois à partir du rejet explicite ou implicite de la demande prévue à l'article précédent, l'officier de police judiciaire peut former un recours devant une commission composée de trois magistrats du siège de la Cour de cassation ayant le grade de président de chambre ou de conseiller. Ces magistrats sont désignés annuellement, en même temps que trois suppléants, par le bureau de la Cour de cassation.**

Les fonctions du ministère public sont remplies par le parquet général près la Cour de cassation.

Convention européenne des droits de l'homme. La commission compétente en matière de retrait ou de suspension de l'habilitation des officiers de police judiciaire ne statuant ni sur des contestations relatives à des droits ou des obligations de caractère civil ni sur le bien-fondé d'une accusation en matière pénale, ses décisions n'entrent pas dans le champ d'application des dispositions de l'art. 6, § 1, Conv. EDH relatives à l'exigence d'un procès équitable. • Cass., ass. plén., 1er juill. 1994, n° 94-82.593 P : *Gaz. Pal. 4 févr. 1995. 13, note Jeol ; Dr. pénal 1994. Comm. 244, obs. Maron.*

Art. 16-3 *(L. n° 75-701 du 6 août 1975)* **La commission statue par une décision** *(Abrogé par L. n° 2009-526 du 12 mai 2009, art. 128-2°)* **« *non* » motivée. Les débats ont lieu et la décision est rendue en chambre du conseil. Le débat est oral ; le requérant peut être entendu personnellement sur sa demande ou celle de son conseil ; il peut être assisté de son conseil.**

La procédure devant la commission est fixée par un décret en Conseil d'État. – *V. C. pr. pén., art. R. 15-7 à R. 15-16.*

Dispense de motivation (jurisprudence antérieure à la L. n° 2009-526). La dispense de motivation prévue par l'art. 16-3 ne s'étend pas aux exceptions de nullité de la procédure ou d'illégalité de la décision du procureur général, et les juges n'ont le devoir de répondre à cet égard qu'aux conclusions dont ils ont été régulièrement saisis et qui ont été contradictoirement débattues. • Cass., ass. plén., 1er juill. 1994, n° 94-82.593 P : *D. 1994. 445, concl. Jeol ; Dr. pénal 1994. Comm. 244, obs. Maron.*

Art. 17 Les officiers de police judiciaire exercent les pouvoirs définis à l'article 14 ; ils reçoivent les plaintes et dénonciations ; ils procèdent à des enquêtes préliminaires dans les conditions prévues par les articles 75 à 78.

En cas de crimes et délits flagrants, ils exercent les pouvoirs qui leur sont conférés par les articles 53 à 67.

Ils ont le droit de requérir directement le concours de la force publique pour l'exécution de leur mission.

V. art. D. 9 s.

BIBL. ► BARLATIER, *AJ pénal 2020. 17* (de l'enquête au renseignement, changement de paradigme pour la victime). – SONTAG-KOENIG, *AJ pénal 2020. 14* (déposer plainte en ligne : simplifier, renforcer mais aussi repenser la physionomie de la plainte).

Art. 18 *(L. n° 94-89 du 1er févr. 1994)* **« Les officiers de police judiciaire ont compétence dans les limites territoriales où ils exercent leurs fonctions habituelles. »**

(L. n° 2003-239 du 18 mars 2003, art. 8) **« Les officiers de police judiciaire, mis temporairement à disposition d'un service autre que celui dans lequel ils sont affectés,**

ont la même compétence territoriale que celle des officiers de police judiciaire du service d'accueil. »

(L. n° 2019-222 du 23 mars 2019, art. 47) **« Les officiers de police judiciaire peuvent se transporter sur toute l'étendue du territoire national, à l'effet d'y poursuivre leurs investigations et de procéder à des auditions, perquisitions et saisies, après en avoir informé le procureur de la République saisi de l'enquête ou le juge d'instruction. Ils sont tenus d'être assistés d'un officier de police judiciaire territorialement compétent si ce magistrat le décide. Le procureur de la République du tribunal judiciaire dans le ressort duquel les investigations sont réalisées est également informé par l'officier de police judiciaire de ce transport. »** *(L. n° 2020-1672 du 24 déc. 2020, art. 26)* **« L'information des magistrats mentionnés au présent alinéa n'est cependant pas nécessaire lorsque le transport s'effectue dans un ressort limitrophe à celui dans lequel l'officier exerce ses fonctions, Paris et les départements des Hauts-de-Seine, de Seine-Saint-Denis et du Val-de-Marne étant à cette fin considérés comme un seul département. »**

(L. n° 2004-204 du 9 mars 2004, art. 78) **« Avec l'accord des autorités compétentes de l'État concerné, les officiers de police judiciaire peuvent, sur commission rogatoire expresse du juge d'instruction ou sur réquisitions du procureur de la République, procéder à des auditions sur le territoire d'un État étranger. »**

(L. n° 2003-239 du 18 mars 2003, art. 8) **« Les officiers ou agents de police judiciaire exerçant habituellement leur mission dans les véhicules affectés au transport collectif de voyageurs ou dans les lieux destinés à l'accès à ces moyens de transport sont compétents pour opérer sur l'étendue de la zone de défense de leur service d'affectation, dans des conditions déterminées par décret en Conseil d'État. »** *(L. n° 2016-339 du 22 mars 2016, art. 8)* **« Lorsque les réquisitions prises par le procureur de la République en application de l'article 78-7 le prévoient expressément, ces officiers ou agents de police judiciaire sont compétents pour les mettre en œuvre sur l'ensemble du trajet d'un véhicule de transport ferroviaire de voyageurs. »**

V. art. D. 12.

V. Circ. CRIM du 31 mai 2011 (BOMJ, n° 2011-06)

BIBL. ▶ BUISSON, *Procédures 1996. Chron. 1.* – LAVIELLE et MANTEAUX, *AJ pénal 2005. 67* (article 18, alinéa 5). – LE CLÈRE, *RSC 1959. 353 ; D. 1961. Chron. 151.* – MASSÉ, *RSC 2007. 387* (retour sur l'art. 18, al. 5, C. pr. pén.).

I. RÈGLES GÉNÉRALES

1. Caractère général de la compétence des OPJ. L'art. 44-II de la loi du 27 déc. 1973 sur la publicité mensongère qui énumère les fonctionnaires habilités à constater les infractions n'exclut pas les agents et officiers de police judiciaire désignés par les art. 16 et 20 dont la compétence légale est générale. • Crim. 22 juin 1977, n° 76-91.465 P.

2. Chaque officier de police judiciaire dépendant de la Direction de la surveillance du territoire exerce ses fonctions sur toute l'étendue du territoire national. • Crim. 13 sept. 1986, n° 86-93.291 P.

3. Incompétence des OPJ. Les faits litigieux s'étant déroulés en dehors de la circonscription territoriale d'une unité de gendarmerie, les militaires de cette unité, n'agissant pas dans le cadre de l'art. 53, sont incompétents. Cette incom*pétence entache de nullité absolue la procédure.* • Reims, 18 mai 1984 : *JCP 1985. II. 20422, note Chambon.* ♦ Selon l'art. 18, la compétence des officiers de police judiciaire ne peut s'exercer sur le territoire d'un État étranger en l'absence de traité international liant la France et l'État concerné. • Crim. 21 sept. 1999, n° 99-83.692 P : *RSC 2000. 221, obs. Giudicelli ; ibid. 417, obs. Commaret ; Procédures 2000. Comm. 23, obs. Buisson.*

4. Compétence géographique des OPJ. En application de l'art. 18, la compétence de la brigade de recherches de la gendarmerie implantée au chef-lieu d'un département s'étend à l'ensemble de cette circonscription. • Crim. 12 juill. 1994, n° 94-82.087 P.

5. Les limites territoriales visées à l'art. 18, al. 1er, et dans lesquelles les officiers de police judiciaire exercent leurs fonctions habituelles sont déterminées par l'autorité réglementaire ; il résulte du décret du 15 févr. 1969 et des arrêtés ministériels des 25 sept. 1971 et 20 mai 1983 que les services départementaux de police judiciaire relevant de la direction régionale de la police judiciaire de Paris exercent leurs fonctions dans toute l'étendue de la circonscription de cette direction qui comprend la ville de Paris et les départements des Hauts-de-Seine, de la Seine-Saint-Denis et du Val-de-Marne, et qu'ils peuvent donc y agir en enquête préliminaire comme en flagrance. • Crim. 29 juin 1993, n° 93-80.544 P.

6. Lorsque les officiers de police judiciaire, ainsi que les agents de police judiciaire placés sous leur autorité, appartiennent à un service dont les limites territoriales excèdent celles du ressort de la cour d'appel, ils sont compétents pour exercer leurs attributions respectives, non pas seulement dans le ressort de ladite cour, mais dans toute l'étendue territoriale du service dont ils relèvent. • Crim. 6 déc. 1995, n° 94-85.127 P : *Dr. pénal 1996. Chron. 29, par Lesclous et Marsat ; RSC 1996. 9, obs. Dintilhac.*

7. Lorsque, en application de l'art. 18, al. 4, le procureur de la République requiert ou le juge d'instruction commet, pour procéder à des opérations sur toute l'étendue du territoire national, le chef d'un service de police ou d'une unité de gendarmerie, celui-ci peut se faire assister des officiers de police judiciaire placés sous son autorité. • Crim. 11 févr. 1992, n° 91-86.502 P.

8. L'art. 18, qui impose aux officiers de police judiciaire, agissant sur commission rogatoire du juge d'instruction ou sur réquisitions du procureur de la République, d'être assistés d'un officier de police judiciaire exerçant ses fonctions dans la circonscription intéressée, n'exige pas que ce soit le même qui participe à toutes les opérations. • Crim. 22 nov. 1994 : *Gaz. Pal. 1995. 1. Somm. 167.*

9. L'officier de police judiciaire qui, en exécution d'une commission rogatoire ne visant pas l'extension de compétence territoriale, procède à l'interception, à l'enregistrement et à la transcription de communications émises sur une ligne téléphonique attribuée à un abonné qui demeure hors de son ressort territorial, ne méconnaît pas les règles de la compétence territoriale, dès lors que tous les actes d'exécution de la commission rogatoire ont été dressés au siège de son service, dans lequel une dérivation permettant l'écoute des conversations a été installée. • Crim. 20 juin 1996, n° 93-82.187 P : *RSC 1998. 154, obs. Dintilhac ; Dr. pénal 1996. Comm. 279, obs. Maron.*

10. Ont une compétence nationale les officiers de police judiciaire de la Brigade de recherche et d'intervention qui, bien qu'implantée à Marseille et mise pour emploi à la disposition du Service régional de police judiciaire de cette ville, est une antenne de l'Office central pour la répression du banditisme. • Crim. 2 juin 1999, n° 99-81.769 P.

11. Réquisitions. Si, selon l'art. 18, al. 1er, les OPJ n'ont, en principe, compétence que dans les limites territoriales où ils exercent leurs fonctions habituelles, il ne leur est pas interdit de recueillir, notamment par un moyen de communication électronique, des renseignements en dehors de leur circonscription, fût-ce en adressant directement la demande à une personne domiciliée à l'étranger, celle-ci restant, dans ce cas, libre de ne pas y répondre. • Crim. 6 nov. 2013, n° 12-87.130 P : *D. actu. 19 nov. 2013, obs. Fucini ; D. 2013. Actu. 2646 ; ibid. 2826, note Hennion-Jacquet ; ibid. Pan. 2014. 1742, obs. Pradel ; AJ pénal 2014. 40, note de Combles de Nayves ; Procédures 2014. 56, obs. Chavent-Leclère ; Gaz. Pal. 9 févr. 2014, p. 38, note Fourment.*

12. Compétence matérielle des OPJ. Rien n'interdit aux officiers de police judiciaire de recueillir des renseignements en dehors de leur circonscription par téléphone, télécopie ou tout autre mode de communication, la valeur de ces renseignements étant soumise à la discussion contradictoire des parties et à l'appréciation des juges. • Crim. 10 janv. 1995, n° 94-84.687 P : *Dr. pénal 1995. Chron. 34, par Lesclous et Marsat ; Procédures 1995. Comm. 142, obs. Buisson.* ♦ Rappr. : • Crim. 24 mars 1999, n° 98-82.603 P.

13. Des gendarmes saisis sur commission rogatoire des seuls faits de vol dont le juge d'instruction était saisi, peuvent fournir aux policiers territorialement compétents des éléments d'information sur un délit de recel qui transparaissait d'écoutes téléphoniques, sans que cela soit qualifié de délégation. • Crim. 6 déc. 2016, n° 16-84.451 P : *AJ pénal 2017. 133, obs. Herran.*

II. CAS PARTICULIERS

14. Cas particuliers de l'urgence et de la flagrance. Lorsqu'un crime ou un délit flagrant leur est dénoncé, même s'il n'a pas été commis dans leur circonscription habituelle, les officiers de police judiciaire peuvent procéder dans cette circonscription aux premières constatations et investigations utiles, puis poursuivre celles-ci dans le ressort des TGI limitrophes du tribunal ou des tribunaux auxquels ils sont rattachés. • Crim. 26 févr. 1991, n° 90-87.360 P : *D. 1991. IR 115.* ♦ L'officier de police judiciaire, qui n'exerce pas habituellement ses fonctions dans l'ensemble du ressort du tribunal auquel il est rattaché, peut, en cas d'urgence ou de crime ou délit flagrant, opérer dans toute l'étendue de ce ressort à l'effet d'y poursuivre ses investigations et de procéder à des auditions, perquisitions et saisies. Les dispositions de l'al. 2 de l'art. 18 qui l'y autorisent n'exigent pas que l'infraction portée à la connaissance de l'officier de police judiciaire ait été commise dans la circonscription où il exerce ses fonctions habituelles. • Crim. 25 juill. 1990, n° 90-81.329 P.

15. Une commission rogatoire qui porte mention des opérations à effectuer en cas d'urgence, prescrites par le magistrat instructeur, est régulière au regard des seules dispositions de l'art. 18, al. 5, quand bien même cet acte ne satisferait pas entièrement aux formalités de l'art. D. 12, al. 5. • Crim. 27 oct. 1986, n° 85-92.928 P : *D. 1987. Somm. 81, obs. Pradel* • 18 juill. 1989, n° 88-80.596 P • 8 nov. 1994 : *Gaz. Pal. 1995. 1. Somm. 32.* ♦ L'obligation d'informer le procureur de la République territorialement compétent n'est pas prescrite à peine de nullité. • Crim. 18 juill. 1989 : *préc.*

16. Renseignements transmis par un officier de liaison en poste à l'étranger. Les renseignements transmis par un officier de liaison en poste à l'étranger et relatifs à une organisation d'approvisionnement de stupéfiants à destination de la France ne constituent pas des actes de police judiciaire mais sont seulement destinés à guider d'éventuelles investigations de la police judiciaire. C'est donc à tort que le moyen de cassation soutenait que les dispositions de l'art. 18, al. 5 leur étaient applicables. • Crim. 13 sept. 2011, n° 11-83.100 P : *AJ pénal 2012. 40, obs. Roussel* • Crim. 1er avr. 2015, n° 14-87.647 P : *D. actu. 23 avr. 2015, obs. Fucini ; AJ pénal 2015. 550, obs. Perrier*.

Art. 19 **Les officiers de police judiciaire sont tenus d'informer sans délai le procureur de la République des crimes, délits et contraventions dont ils ont connaissance. Dès la clôture de leurs opérations, ils doivent lui faire parvenir directement l'original ainsi qu'une copie** *(Abrogé par L. n° 2016-731 du 3 juin 2016, art. 73)* **« *certifiée conforme* » des procès-verbaux qu'ils ont dressés ; tous actes et documents y relatifs lui sont en même temps adressés ; les objets saisis sont mis à sa disposition.**

Les procès-verbaux doivent énoncer la qualité d'officier de police judiciaire de leur rédacteur.

(L. n° 2016-731 du 3 juin 2016, art. 73) **« Le procureur de la République peut autoriser que les procès-verbaux, actes et documents lui soient transmis sous forme électronique. »**

BIBL. ▶ BUISSON, *Dr. pénal 2022. Étude 4* (l'encadrement de l'enquête pénale).

1. Les pièces qui constituent l'annexe d'un procès-verbal de police technique, établi conformément aux dispositions de l'art. 19, n'ont pas à être elles-mêmes datées, signées et accompagnées d'un procès-verbal. • Crim. 13 févr. 1996, n° 95-85.676 P : *Procédures 1996. Comm. 230, obs. Buisson.*

2. Les officiers de police judiciaire peuvent procéder d'office à des enquêtes préliminaires ; le défaut d'information du procureur de la République est sans effet sur la validité des actes accomplis. • Crim. 1er déc. 2004, n° 04-80.536 P : *D. 2005. 1336, note Lennon ; RSC 2005. 375, obs. Buisson ; Dr. pénal 2005. Comm. 30, obs. Maron.*

3. Il se déduit de l'art. 19 que le procès-verbal unique établi pour relater les opérations effectuées par les officiers de police judiciaire, au cours d'une même enquête préliminaire, peut être clos postérieurement à la notification, faite au prévenu, de la convocation à comparaître devant la juridiction de jugement. • Crim. 25 nov. 2014 : *D. actu. 18 déc. 2014, obs. Priou-Alibert ; AJ pénal 2015. 96, obs. Ascensi*. – V. aussi note ss. art. D. 11.

Art. 19-1 *(L. n° 93-2 du 4 janv. 1993)* **La notation par le procureur général de l'officier de police judiciaire habilité est prise en compte pour toute décision d'avancement.**

V. art. R. 2-17, D. 3, D. 9 s. et D. 44 s.

SECTION III DES AGENTS DE POLICE JUDICIAIRE

RÉP. PÉN. v[is] *Force publique*, par BUISSON ; *Police judiciaire*, par ROUSSEL.

BIBL. ▶ LE BORGNE, *RSC 1987. 407.*

Art. 20 *(L. n° 78-788 du 28 juill. 1978)* **« Sont agents de police judiciaire :**

« 1° *(L. n° 2016-731 du 3 juin 2016, art. 74)* **« Les élèves-gendarmes affectés en unité opérationnelle et » les gendarmes n'ayant pas la qualité d'officier de police judiciaire ; »**

(L. n° 2011-267 du 14 mars 2011, art. 114-1°) **« 2° Les fonctionnaires des services actifs de la police nationale, titulaires et stagiaires, n'ayant pas la qualité d'officier de police judiciaire ; »**

3° Abrogé par L. n° 2006-64 du 23 janv. 2006, art. 16.

4° et 5° Abrogés par L. n° 2011-267 du 14 mars 2011, art. 114-2°.

(L. n° 87-1130 du 31 déc. 1987) **« Toutefois, les fonctionnaires »** *(L. n° 2016-731 du 3 juin 2016, art. 74)* **« et militaires mentionnés aux 1° et 2° »** *(L. n° 85-1196 du 18 nov. 1985)* **« ne peuvent exercer effectivement les attributions attachées à leur qualité d'agent de police judiciaire et se prévaloir de cette qualité que s'ils sont affectés à un emploi comportant cet exercice ; l'exercice de ces attributions est momentanément suspendu pendant le temps où ils participent, en unité constituée, à une opération de maintien de l'ordre. »**

(L. n° 78-788 du 28 juill. 1978) **« Les agents de police judiciaire ont pour mission » :**

(Ord. n° 60-529 du 4 juill. 1960) **De seconder, dans l'exercice de leurs fonctions, les officiers de police judiciaire ;**

De constater les crimes, délits ou contraventions et d'en dresser procès-verbal ;

De recevoir par procès-verbal les déclarations qui leur sont faites par toutes personnes susceptibles de leur fournir des indices, preuves et renseignements sur les auteurs et complices de ces infractions.

Les agents de police judiciaire n'ont pas qualité pour décider des mesures de garde à vue.

V. art. R. 15-17, R. 15-17-1 et D. 13 s.

Mayotte : 879-1.

1. Séance d'identification. Les agents de police judiciaire qui, dans le cours d'une enquête, organisent une « parade » aux fins de présenter aux témoins des personnes soupçonnées d'avoir participé à une infraction, n'excèdent pas les pouvoirs qui leur sont conférés par l'art. 20. • Crim. 10 mars 1993, n° 92-83.663 P. ♦ V. aussi : • Crim. 22 févr. 1977, n° 76-92.813 P • 13 janv. 1993, n° 92-85.535 P.

2. Saisies. Lorsqu'il résulte des énonciations de l'arrêt de la cour d'appel que la saisie d'un appareil destiné à déceler les instruments servant à la constatation des infractions à la législation ou à la réglementation routière est pratiquée par un officier de police judiciaire, secondé dans l'exercice de ses fonctions par un agent de police judiciaire, il est satisfait aux dispositions combinées des art. 16, 17, 19, 20, 21, 21-1, L. 4 et L. 23-1 C. route, qui réglementent les formes dans lesquelles doit être pratiquée la saisie d'objets dont la confiscation peut être ordonnée comme le permet l'art. 464 [anc.] C. pén. • Crim. 25 mai 1992, n° 91-86.255 P : *JCP 1992. IV. 2837.*

3. Était compétent l'agent de police judiciaire, qui n'a procédé à aucune recherche, assimilable à une perquisition, au domicile dans lequel il a pénétré à la demande des pompiers, et il était habilité à recueillir le couteau, et à le remettre à un officier de police judiciaire aux fins de saisie. • Crim. 15 juin 2000, n° 00-81.334 P : *Procédures 2001. Comm. 238, obs. Buisson.*

Art. 20-1 *(L. n° 2003-239 du 18 mars 2003, art. 9) (L. n° 2022-52 du 24 janv. 2022, art. 12)* **« Lorsqu'ils n'ont pas la qualité d'officier de police judiciaire en application de l'article 16-1 A, les fonctionnaires de la police nationale et les militaires de la gendarmerie nationale actifs ou à la retraite ayant eu durant leur activité la qualité d'officier ou d'agent de police judiciaire peuvent bénéficier de la qualité d'agent de police judiciaire lorsqu'ils servent dans la réserve opérationnelle de la police nationale ou dans la réserve opérationnelle de la gendarmerie nationale. » Un décret en Conseil d'État fixe les conditions d'application du présent article. Il précise les conditions d'expérience et les qualités requises pour bénéficier de la qualité d'agent de police judiciaire au titre du présent article.**

V. art. R. 15-17-1.

Art. 21 *(L. n° 78-788 du 28 juill. 1978)* **« Sont agents de police judiciaire adjoints » :** *(L. n° 85-1196 du 18 nov. 1985)* **« 1° Les fonctionnaires des services actifs de police nationale ne remplissant pas les conditions prévues par l'article 20 » ;** — *Entrée en vigueur le 1er janv. 1986.*

(L. n° 97-1019 du 28 oct. 1997) **« 1° *bis* Les volontaires servant en qualité de militaire dans la gendarmerie »** *(L. n° 2011-267 du 14 mars 2011, art. 115-1°)* **« et les militaires servant au titre de la réserve opérationnelle de la gendarmerie nationale ne remplissant pas les conditions prévues par l'article 20-1 » ;**

(L. n° 2001-1062 du 15 nov. 2001) **« 1° *ter* Les** *(L. n° 2021-646 du 25 mai 2021, art. 55)* **« policiers adjoints mentionnés à l'article L. 411-5 du code de la sécurité intérieure »** *(L. n° 2017-258 du 28 févr. 2017, art. 18)* **« et les membres de la réserve** *(L. n° 2022-52 du 24 janv. 2022, art. 12)* **« opérationnelle » de la police nationale qui ne remplissent pas les conditions prévues** *(L. n° 2022-52 du 24 janv. 2022, art. 12)* **« aux articles 16-1 A ou 20-1 » du présent code » ;**

(L. n° 2017-257 du 28 févr. 2017, art. 28, 30 et 36, en vigueur le 1er juill. 2017) **« 1° *quater* Les contrôleurs relevant du statut des administrations parisiennes exerçant leurs fonctions dans la spécialité voie publique et les agents de surveillance de Paris ; »**

(Abrogé par L. n° 2011-267 du 14 mars 2011, art. 115-2°) (L. n° 2006-449 du 18 avr. 2006, art. 23) ***« 1° quinquies Les militaires servant au titre de la réserve opérationnelle de la gendarmerie nationale ne remplissant pas les conditions prévues par l'article 20-1 ; »***

(Abrogé par L. nº 2017-258 du 28 févr. 2017, art. 18) (L. nº 2011-267 du 14 mars 2011, art. 113-VIII) **« 1° sexies Les membres de la réserve civile de la police nationale qui ne remplissent pas les conditions prévues à l'article 20-1 ; »**

(L. nº 66-493 du 9 juill. 1966) **« 2° Les agents de police municipale ; »**

(L. nº 2007-297 du 5 mars 2007, art. 74) **« 3° Les gardes champêtres, lorsqu'ils agissent pour l'exercice des attributions fixées au dernier alinéa de l'article L. 2213-18 du code général des collectivités territoriales** *[CSI, art. L. 521-1]*. **»**

(Ord. nº 60-529 du 4 juin 1960) **Ils ont pour mission :**

De seconder, dans l'exercice de leurs fonctions, les officiers de police judiciaire ;

De rendre compte à leurs chefs hiérarchiques de tous crimes, délits ou contraventions dont ils ont connaissance ;

De constater en se conformant aux ordres de leurs chefs, les infractions à la loi pénale et de recueillir tous les renseignements en vue de découvrir les auteurs de ces infractions, le tout dans le cadre et dans les formes prévues par les lois organiques ou spéciales qui leur sont propres ;

(L. nº 2001-1062 du 15 nov. 2001) **« De constater par procès-verbal les contraventions aux dispositions du code de la route dont la liste est fixée par décret en Conseil d'État** *(L. nº 2018-703 du 3 août 2018, art. 15)* **« ainsi que les contraventions prévues à l'article 621-1 du code pénal ». »**

(L. nº 2003-239 du 18 mars 2003, art. 90) **« Lorsqu'ils constatent une infraction par procès-verbal, les agents de police judiciaire adjoints peuvent recueillir les éventuelles observations du contrevenant. »**

V. C. pr. pén., art. R. 15-17 et R. 15-17-1, D. 13 à D. 15.

V. CSI, art. L. 521-1, ss. C. pr. pén., art. 27.

RÉP. PÉN. vº *Police municipale,* par PERROUDON.

BIBL. ▶ MARCUS, *RSC 1987. 283.*

1. Les dispositions des art. R. 248 à R. 252 C. route, et notamment de l'art. R. 250-1, n'excluent pas l'application des dispositions générales de l'art. 21, ainsi, le tribunal de police a méconnu le sens et la portée de ces textes en relaxant un automobiliste alors que des agents de police municipale avaient constaté qu'il circulait en sens interdit, sans ceinture de sécurité, et en avaient établi un rapport qui avait été transmis au maire, puis au procureur de la République, au motif que les faits reprochés ne relevaient pas de la liste limitative de l'art. R. 250-1 C. route, et que les agents verbalisateurs, non agréés par le procureur de la République, n'avaient pas qualité pour dresser « procès-verbal ». • Crim. 14 nov. 2000, nº 00-82.007 P.

2. Pour un exemple d'allocation de dommages-intérêts à un agent de police judiciaire adjoint victime d'outrage et en même temps unique rédacteur du rapport constatant le délit car en vertu des dispositions de l'art. 21, il était habilité en tant qu'APJ à constater les infractions à la loi pénale, et aux termes des art. 427 et 430, hors les cas où la loi en dispose autrement, les infractions peuvent être établies par tout mode de preuve, et notamment par les rapports constatant les délits, qui valent à titre de simples renseignements, V. • Crim. 9 janv. 2002, nº 01-83.205.

3. L'art. 21, dans ses deux derniers al., confère aux agents de police judiciaire adjoints le pouvoir de constater par procès-verbal les infractions au C. route dans les limites fixées par l'art. R. 130-2 de celui-ci. • Crim. 27 mai 2015, nº 14-84.086 P.

4. Se rend coupable du délit de prise de mesure destinée à faire échec à l'exécution de la loi par dépositaire de l'autorité publique, le prévenu, en sa qualité de maire, qui a fait échec à l'application des art. 21 C. pr. pén. et L. 511-1 CSI, en donnant des instructions à des policiers municipaux placés sous son autorité, de ne pas constater certaines contraventions qu'il leur appartenait cependant de relever dans le cadre de leur mission d'agents de police judiciaire adjoints, qu'ils exercent sous la seule autorité du procureur de la République. • Crim. 21 mars 2018, nº 17-81.011 P : *D. actu. 10 avr. 2018, obs. Recotillet ; AJ pénal 2018. 244 s.*, note *Roussel.*

Art. 21-1 *(L. nº 85-1196 du 18 nov. 1985)* **Les agents de police judiciaire et agents de police judiciaire adjoints ont compétence dans les limites territoriales où ils exercent leurs fonctions habituelles ainsi que dans celles où l'officier de police judiciaire responsable du service de la police nationale ou de l'unité de gendarmerie auprès duquel ils ont été nominativement mis à disposition temporaire exerce ses fonctions. Lorsqu'ils secondent un officier de police judiciaire, ils ont compétence dans les limites territo-**

riales où ce dernier exerce ses attributions en application des dispositions de l'article 18. — *Entrée en vigueur le 1er janv. 1986.*

Art. 21-2 *(L. nº 99-291 du 15 avr. 1999)* **Sans préjudice de l'obligation de rendre compte au maire qu'ils tiennent de l'article 21, les agents de police municipale rendent compte immédiatement à tout officier de police judiciaire de la police nationale ou de la gendarmerie nationale territorialement compétent de tous crimes, délits ou contraventions dont ils ont connaissance.**

Ils adressent sans délai leurs rapports et procès-verbaux simultanément au maire et, par l'intermédiaire des officiers de police judiciaire mentionnés à l'alinéa précédent, au procureur de la République.

Sur les dispositions du code de déontologie des agents et directeurs de police municipale, V. CSI, art. R. 515-1 à R. 515-21, et, plus généralement, sur la police municipale, V. CSI, art. L. 511-1.

Caractérise le délit d'immixtion dans une fonction publique, plus précisément dans l'exercice du pouvoir de classement sans suite conféré au seul procureur de la République par l'art. 40-1, le fait, pour un maire, qui ne bénéficie d'aucun titre au sens de l'art. 433-12 C. pén. pour ce faire, de décider, en violation de l'art. 21-2, de l'opportunité de transmettre certains procès-verbaux de contraventions à ce magistrat et de les conserver aux fins de les soustraire à toute poursuite judiciaire. • Crim. 21 mars 2018, nº 17-81.011 P : *D. actu. 10 avr. 2018, obs. Recotillet ; AJ pénal 2018. 244 s., note Roussel.*

Code du service national

DEUXIÈME PARTIE : **RÉGLEMENTAIRE** *(Décr. nº 72-806 du 31 août 1972).*

Gendarmes auxiliaires

Art. R.* 130 *(Décr. nº 83-821 du 12 sept. 1983)* « Les gendarmes auxiliaires participent à l'exécution des missions de la gendarmerie. Ils assistent les militaires de la gendarmerie sous les ordres desquels ils sont placés. Ils peuvent être affectés à des tâches leur permettant de participer au maintien de la sécurité publique ou à des tâches à caractère technique auxquelles les a préparés leur formation professionnelle. »

(Décr. nº 92-1249 du 1er déc. 1992) « Dans l'exercice de leurs fonctions, ils ont compétence pour établir des actes relevant de l'exercice de la police judiciaire ou de la police administrative dans les conditions et les limites fixées par les lois et règlements les y habilitant. Ils ne peuvent participer à des opérations de maintien de l'ordre autrement que dans les cas où il peut être fait appel à la troupe. »

Policiers auxiliaires

Art. R.* 201-4 *(Décr. nº 92-1249 du 1er déc. 1992)* Les policiers auxiliaires participent à l'exécution des missions de la police nationale dans les conditions prévues au présent article.

Ils assistent les fonctionnaires de police sous les ordres desquels ils sont placés. Ils peuvent être affectés à des tâches leur permettant de participer au maintien de la sécurité publique ou des tâches auxquelles leur formation professionnelle les a préparés.

Dans l'exercice de leurs fonctions, ils ont compétence pour établir des actes relevant de l'exercice de la police judiciaire ou de la police administrative dans les conditions et les limites fixées par les lois et règlements les y habilitant.

Ils ne peuvent participer à des opérations de maintien de l'ordre autrement que dans le cas où il peut être fait appel à la troupe.

Décret du 25 juillet 1929,

Portant création d'un service de police aérienne [police de l'air].

Art. 1er Il est créé un service de police aérienne placé sous l'autorité du ministre de l'intérieur. Ce service est chargé de relever les infractions commises par les personnes responsables de la conduite des aéronefs, d'avertir, identifier et poursuivre les délinquants et, en particulier, de les inviter et contraindre à atterrir. Ce service fonctionne sur le territoire métropolitain et les eaux territoriales.

Art. 2 Des avions concourront au fonctionnement du service de la police aérienne ; ils disposeront d'artifices fumigènes noirs simulant les éclatements d'obus de défense contre aéronefs. — Ces artifices constitueront le moyen d'injonction prévu à l'article 36 de la loi du 31 mai 1924 *[C. aviat., art. R. 133-8]*. Tout aéronef apercevant ce signal devra suivre l'avion de police jusqu'à l'aérodrome où il atterrira et y atterrir à son tour, s'il dispose de moyens de direction. Dans le cas contraire, il devra atterrir aussi rapidement que le permettront les circonstances.

Décret nº 59-1562 du 28 décembre 1959,

Relatif au sommier de police technique.

Art. 1er Le ministre de l'intérieur fait tenir un fichier destiné à faciliter l'identification des délinquants et appelé "sommier de police technique", dont la consultation est exclusivement réservée aux autorités judiciaires ainsi qu'aux services de police et de gendarmerie.

Art. 2 Le sommier de police technique reçoit des greffiers des cours d'appel, des tribunaux judiciaires, des juridictions militaires, et d'une manière générale de toute juridiction compétente, le relevé des condamnations à une peine privative de liberté pour crime ou délit. – *V. C. pr. pén., art. 773-1, 777-2 et R. 75-1.*

Décret nº 2020-1779 du 30 décembre 2020

portant création du service à compétence nationale dénommé service national de police scientifique.

Art. 1er Le service national de police scientifique est un service actif de la direction générale de la police nationale.

Il a pour missions de :

1º Définir, coordonner, mettre en œuvre et évaluer la politique de la direction générale de la police nationale en matière de police scientifique sur l'ensemble du territoire national ;

2º Réaliser tous les examens, constatations, expertises, recherches et analyses d'ordre scientifique qui lui sont demandés par les autorités judiciaires ou les services chargés de missions de police judiciaire ; A ce titre, il coordonne, pilote et évalue l'activité de police scientifique dans les services de la police nationale, définit la doctrine, détermine les ressources, les moyens et l'organisation en matière de police scientifique ;

3º Définir et mettre en œuvre, en liaison avec la direction centrale du recrutement et de la formation de la police nationale, le recrutement, la formation initiale et continue des personnels de la police nationale en matière de police scientifique ;

4º Développer et promouvoir, au plan national et international, les procédés et les méthodes mis en œuvre dans le domaine de la police scientifique. Le service national de police scientifique assure la représentation de la police nationale à ce titre.

[...]

SECTION IV DES FONCTIONNAIRES ET AGENTS CHARGÉS DE CERTAINES FONCTIONS DE POLICE JUDICIAIRE

RÉP. PÉN. v^is *Force publique*, par Buisson ; *Police judiciaire*, par Roussel.

BIBL. ▸ Buisson, *Procédures 2001. Chron. 12* (à propos de l'assermentation des agents publics).

§ 1er DES FONCTIONNAIRES ET AGENTS HABILITÉS À RECHERCHER LES INFRACTIONS FORESTIÈRES *(L. nº 2014-1170 du 13 oct. 2014, art. 73)*.

RÉP. PÉN. v^is *Force publique*, par Buisson ; *Forêts*, par Lagarde ; *Garde champêtre*, par Dreuille ; *Eau*, par Beziz-Ayache.

Dossier : Les pouvoirs d'enquête des administrations (deux parties : *AJ pénal 2015. 63 s. et 115 s.*).

Art. 22 *(L. nº 2014-1170 du 13 oct. 2014, art. 73)* **Les agents des services de l'État chargés des forêts, les agents en service à l'Office national des forêts ainsi que ceux de l'établissement public du domaine national de Chambord, commissionnés à raison de leurs compétences en matière forestière et assermentés à cet effet, les gardes champêtres et les agents de police municipale exercent leurs pouvoirs de police judiciaire conformément au chapitre Ier du titre VI du livre Ier du code forestier.**

TOM : 809.

Code forestier

(Ord. n° 2012-92 du 26 janv. 2012, en vigueur le 1er juill. 2012)

CHAPITRE Ier. *RÈGLES DE PROCÉDURE PÉNALE APPLICABLES AUX INFRACTIONS FORESTIÈRES*

SECTION I. *Définitions*

Art. L. 161-1 Constituent des infractions forestières tous les délits et contraventions prévus par le présent code et par les textes pris pour son application.

Sont également des infractions forestières lorsqu'elles sont commises dans les bois et forêts ou les autres terrains ou espaces soumis aux dispositions du présent code :

1° Les infractions prévues et réprimées par le code pénal en matière de dépôt ou abandon de matières, d'ordures, de déchets ou d'épaves ;

2° Les contraventions aux arrêtés de police du maire pris en application :

a) Du 5° de l'article L. 2212-2 du code général des collectivités territoriales, en vue de prévenir ou de faire cesser les incendies, les éboulements de terre ou de rochers ainsi que les avalanches ;

b) Du 7° du même article ;

c) Du 2° de l'article L. 2213-2 du même code, lorsqu'ils concernent l'arrêt et le stationnement dans les espaces naturels et notamment forestiers des caravanes et camping-cars sur les voies publiques ou privées ouvertes à la circulation publique.

Art. L. 161-2 Le fait de faire obstacle à la réalisation ou de porter atteinte à l'intégrité des travaux réalisés sur les terrains compris dans les périmètres de restauration des terrains en montagne, mentionnés à l'article L. 142-7, est constaté et poursuivi selon les modalités fixées au présent titre pour les infractions forestières.

Art. L. 161-3 Les contraventions aux règlements de pâturage intervenus dans les conditions prévues à la section II du chapitre II du titre IV sont constatées dans les formes prescrites par le présent titre et poursuivies conformément aux dispositions des articles 531 et suivants du code de procédure pénale.

SECTION II. *Recherche et constatation des infractions*

SOUS-SECTION 1. *Agents habilités à rechercher les infractions*

Art. L. 161-4 Sont habilités à rechercher et constater les infractions forestières, outre les officiers et agents de police judiciaire :

1° Les agents des services de l'État chargés des forêts, commissionnés à raison de leurs compétences en matière forestière et assermentés à cet effet ;

2° Les agents en service à l'Office national des forêts ainsi que ceux de l'établissement public du domaine national de Chambord, commissionnés à raison de leurs compétences en matière forestière et assermentés à cet effet ;

3° Les gardes champêtres et les agents de police municipale.

(L. n° 2019-773 du 24 juill. 2019, art. 7) « Lorsque les agents mentionnés aux 1° à 3° sont également investis par le code de l'environnement de missions de police judiciaire, ils interviennent dans les conditions définies aux articles L. 172-5 à L. 172-15 du même code. »

Art. L. 161-5 *(L. n° 2019-773 du 24 juill. 2019, art. 7)* « Outre les agents mentionnés à *l'article L. 161-4,* » *sont* également habilités, dans l'exercice de leurs fonctions, à rechercher et constater les infractions forestières :

1° Les fonctionnaires et agents publics commissionnés et assermentés, habilités par une disposition du code de l'environnement à constater les infractions pénales en matière de chasse, de pêche, de protection de l'eau, des milieux aquatiques, des parcs nationaux ou des espaces naturels ;

(L. n° 2019-773 du 24 juill. 2019, art. 7) « Ils interviennent dans les conditions définies à la section II du chapitre II du titre VII du livre Ier du code de l'environnement. » *(L. n° 2016-1087 du 8 août 2016, art. 164)* « Toutefois, l'article L. 161-12 du présent code leur est applicable ; »

2° Les agents publics habilités par la loi ou le règlement à effectuer des missions de surveillance, des inspections ou des contrôles de police administrative dans les bois et forêts, lorsqu'ils sont assermentés et habilités par la loi à rechercher et constater des infractions.

Art. L. 161-6 Les gardes des bois et forêts des particuliers, dûment agréés et assermentés dans les conditions mentionnées à l'article 29-1 du code de procédure pénale, sont habilités à constater par procès-verbaux les infractions forestières dans les propriétés dont ils ont la garde.

Art. L. 161-7 Les agents mentionnés au premier alinéa et au 1° de l'article L. 161-4 peuvent rechercher et constater les infractions forestières dans tous les bois et forêts quel que soit leur régime de propriété.

(L. n° 2014-1170 du 13 oct. 2014, art. 73) « Les agents mentionnés au 2° de l'article L. 161-4 peuvent rechercher et constater les infractions au titre III du présent livre et aux réglementations prises pour son application dans tous les bois et forêts, quel que soit leur régime de propriété. »

Code de l'environnement

(Ord. n° 2000-914 du 18 sept. 2000)

Art. L. 216-3 *(Ord. n° 2012-34 du 11 janv. 2012, art. 4, en vigueur le 1er juill. 2013)* Outre les officiers et agents de police judiciaire et les inspecteurs de l'environnement mentionnés à l'article L. 172-1, sont habilités à rechercher et à constater les infractions aux dispositions des chapitres Ier à VII du présent titre ainsi que des textes et des décisions pris pour leur application :

1° Les agents des services de l'État chargés des forêts commissionnés à raison de leurs compétences en matière forestière et assermentés à cet effet ;

2° Les agents de l'Office national des forêts commissionnés à raison de leurs compétences en matière forestière et assermentés à cet effet ;

3° Les inspecteurs de la sûreté nucléaire *(Ord. n° 2016-128 du 10 févr. 2016, art. 35)* « , dans les conditions prévues au chapitre VI du titre IX du livre V » ;

4° Les chercheurs, ingénieurs et techniciens assermentés de l'Institut français de recherche pour l'exploitation de la mer ;

5° Les officiers de port et officiers de port adjoints ;

6° Les gardes champêtres ;

7° Les agents des douanes ;

8° Les gardes du littoral mentionnés à l'article L. 322-10-1, agissant dans les conditions prévues à cet article ;

9° Les agents des réserves naturelles mentionnés à l'article L. 332-20, agissant dans les conditions prévues à cet article.

Loi du 20 août 1943,

Relative à la compétence des gardes-chasse commissionnés au titre des eaux et forêts pour la protection des récoltes et des bois.

Art. 1er Jusqu'à une date qui sera fixée par décret, la compétence des gardes particuliers commissionnés, en application de l'article 22 de la loi du 3 mai 1844 *[C. rur., art. L. 228-31]* pour exercer les fonctions de gardes des eaux et forêts, chargés spécialement de la police de la chasse, est étendue à la recherche et à la constatation des délits et contraventions aux lois et règlements ayant pour but la protection des récoltes et des bois non soumis au régime forestier.

Art. 23 *(L. n° 2014-1170 du 13 oct. 2014, art. 73)* **Les personnes mentionnées à l'article 22 peuvent être requises par le procureur de la République, le juge d'instruction et les officiers de police judiciaire afin de leur prêter assistance.**

Art. 24 *(L. n° 2014-1170 du 13 oct. 2014, art. 73)* **Outre les compétences mentionnées à l'article 22 du présent code et à l'article L. 521-1 du code de la sécurité intérieure, les gardes champêtres recherchent et constatent par procès-verbal les délits et contraventions qui portent atteinte aux propriétés situées dans les communes pour lesquelles ils sont assermentés, dans les mêmes conditions que celles énoncées, en matière**

d'infractions forestières, aux articles L. 161-14 à L. 161-18 du code forestier ainsi que, en matière environnementale, à l'article L. 172-8 du code de l'environnement.

Art. 25 *(Abrogé par L. nº 2014-1170 du 13 oct. 2014, art. 73)* ***Les chefs de district et agents techniques des eaux et forêts, ainsi que les gardes champêtres, peuvent être requis par le procureur de la République, le juge d'instruction et les officiers de police judiciaire afin de leur prêter assistance.***

Art. 26 *(Abrogé par L. nº 2014-1170 du 13 oct. 2014, art. 73)* ***Les chefs de district et agents techniques des eaux et forêts remettent à leur chef hiérarchique les procès-verbaux constatant des atteintes aux propriétés forestières.***

Art. 27 *(L. nº 2003-239 du 18 mars 2003, art. 93)* **« Les gardes champêtres adressent leurs rapports et leurs procès-verbaux simultanément au maire et, par l'intermédiaire des officiers de police judiciaire de la police ou de la gendarmerie nationales territorialement compétents, au procureur de la République. »**

Cet envoi au destinataire doit avoir lieu dans les cinq jours au plus tard, y compris celui où ils ont constaté le fait, objet de leur procès-verbal.

Code général des collectivités territoriales *(L. nº 96-142 du 21 févr. 1996)*
Art. L. 2213-17 *(Ord. nº 2012-351 du 12 mars 2012, art. 7, en vigueur le 1er mai 2012)* Les missions des gardes champêtres et les conditions dans lesquelles ils peuvent être recrutés sont définies par les dispositions du titre II du livre V du code de la sécurité intérieure.

Code de la sécurité intérieure

(Ord. nº 2012-351 du 12 mars 2012)

TITRE II. GARDES CHAMPÊTRES

CHAPITRE Ier. *MISSIONS*

Art. L. 521-1 Les gardes champêtres concourent à la police des campagnes.

Ils sont chargés de rechercher, chacun dans le territoire pour lequel il est assermenté, les contraventions aux règlements et arrêtés de police municipale.

Ils dressent des procès-verbaux pour constater ces contraventions.

Les gardes champêtres sont également autorisés à constater par procès-verbal les contraventions aux dispositions du code de la route dont la liste est fixée par décret en Conseil d'État. A cette occasion, ils sont habilités à procéder aux épreuves de dépistage mentionnées à l'article L. 234-3 du code de la route, dans les conditions prévues au deuxième alinéa de l'article L. 234-4 du même code *(L. nº 2021-646 du 25 mai 2021, art. 67)* «, et aux épreuves de dépistage mentionnées aux deux premiers alinéas de l'article L. 235-2 dudit code, sur l'ordre et sous la responsabilité des officiers de police judiciaire, dans les conditions prévues à l'avant-dernier alinéa du même article L. 235-2 ».

Ils constatent également les contraventions mentionnées au livre VI du code pénal, dont la liste est fixée par décret en Conseil d'État, dès lors qu'elles ne nécessitent pas de leur part d'actes d'enquête et à l'exclusion de celles réprimant des atteintes à l'intégrité des personnes. — *[CGCT, art. L. 2213-16 et L. 2213-18.]*

CHAPITRE II. *NOMINATION, AGRÉMENT ET MODALITÉS D'EXERCICE*

Art. L. 522-1 Les gardes champêtres sont nommés par le maire, agréés par le procureur de la République et assermentés. — *[C. communes, art. L. 412-46 et L. 412-48.]*

Art. L. 522-2 *(L. nº 2019-1461 du 27 déc. 2019, art. 63)* I. — Plusieurs communes peuvent avoir un ou plusieurs gardes champêtres en commun, compétents sur le territoire de chacune d'entre elles.

Chaque garde champêtre est de plein droit mis à la disposition des autres communes par la commune qui l'emploie, dans des conditions prévues par une convention transmise au représentant de l'État dans le département. Cette convention, conclue entre l'ensemble des communes concernées, précise les modalités d'organisation et de financement de la mise en commun des gardes champêtres et de leurs équipements.

II. — Une région, un département ou un établissement public chargé de la gestion d'un parc naturel régional peut recruter un ou plusieurs gardes champêtres compétents dans chacune des communes concernées.

Dans ces cas, leur nomination est prononcée conjointement par le maire de chacune des communes et, selon le cas, par le président du conseil régional, le président du conseil départemental ou le président de l'établissement public.

III. — Le président d'un établissement public de coopération intercommunale à fiscalité propre peut recruter, à son initiative ou à la demande des maires de plusieurs communes membres, un ou plusieurs gardes champêtres, en vue de les mettre à la disposition de l'ensemble des communes membres de l'établissement public de coopération intercommunale.

Le recrutement est autorisé par délibérations concordantes de l'organe délibérant de l'établissement public de coopération intercommunale à fiscalité propre et de deux tiers au moins des conseils municipaux des communes représentant plus de la moitié de la population totale de celles-ci ou de la moitié au moins des conseils municipaux des communes représentant les deux tiers de la population totale de celles-ci.

Le conseil municipal de chaque commune membre dispose d'un délai de trois mois, à compter de la notification au maire de la délibération de l'organe délibérant de l'établissement public de coopération intercommunale, pour se prononcer sur la décision de recrutement proposée. A défaut de délibération dans ce délai, sa décision est réputée favorable.

La nomination des gardes champêtres recrutés en application du présent III est prononcée conjointement par le maire de chacune des communes membres et le président de l'établissement public de coopération intercommunale.

IV. — Un établissement public de coopération intercommunale peut mettre à disposition d'un autre établissement public de coopération intercommunale ou d'une commune non membre de son établissement le ou les gardes champêtres qu'il a recruté en application du III, dans des conditions prévues par une convention transmise au représentant de l'État dans le département. Cette convention précise les modalités d'organisation et de financement de la mise à disposition des gardes champêtres et de leurs équipements.

V. — Les gardes champêtres recrutés en application des I à III du présent article exercent, sur le territoire de chaque commune où ils sont affectés, les compétences mentionnées à l'article L. 521-1 du présent code, sans préjudice des compétences de police judiciaire qui leur sont dévolues par le code de procédure pénale et par les lois pénales spéciales. Pendant l'exercice de leurs fonctions sur le territoire d'une commune, ils sont placés sous l'autorité du maire de cette commune.

Leur nomination en qualité de fonctionnaire stagiaire ne fait pas obstacle à leur mise à disposition.

VI. — Le présent article est applicable dans les départements de la Moselle, du Haut-Rhin et du Bas-Rhin, sous réserve des dispositions des articles L. 523-1 et L. 523-2.

VII. — Les conditions d'application du présent article sont définies par décret en Conseil d'État.

....

Art. L. 522-3 Les gardes champêtres sont au nombre des agents mentionnés au 3° de l'article 15 du code de procédure pénale.

Ils exercent leurs fonctions dans les conditions prévues aux articles 15, 22 à 25 et 27 du même code.

Pour l'exercice des attributions fixées au dernier alinéa de l'article L. 521-1 du présent code, les gardes champêtres agissent en application des dispositions du 3° de l'article 21 du code de procédure pénale. — *[CGCT, art. L. 2213-19.]*

Art. L. 522-4 Les gardes champêtres sont habilités à relever l'identité des contrevenants, dans les conditions prévues à l'article 78-6 du code de procédure pénale, pour dresser les procès-verbaux des infractions qu'ils constatent. — *[CGCT, art. L. 2213-19-1.]*

§ 2 DES FONCTIONNAIRES ET AGENTS DES ADMINISTRATIONS ET SERVICES PUBLICS

RÉP. PÉN. v^is *Force publique,* par BUISSON ; *Police judiciaire,* par ROUSSEL.

Art. 28 Les fonctionnaires et agents des administrations et services publics auxquels des lois spéciales attribuent certains pouvoirs de police judiciaire exercent ces pouvoirs dans les conditions et dans les limites fixées par ces lois.

(L. n° 2019-773 du 24 juill. 2019, art. 4-IX) **« Lorsque la loi prévoit que ces fonctionnaires et agents peuvent être requis par commission rogatoire du juge d'instruction, ils exercent, dans les limites de la commission rogatoire, les pouvoirs qui leur sont conférés par les lois spéciales mentionnées au premier alinéa du présent article. »**

(L. n° 2019-222 du 23 mars 2019, art. 47) **« D'office ou sur instructions du procureur de la République, ces fonctionnaires et agents peuvent concourir à la réalisation d'une même enquête avec des officiers et agents de police judiciaire** *(L. n° 2020-1672 du 24 déc. 2020, art. 18)* **« , le cas échéant, en les assistant dans les actes auxquels ils procèdent ».**

« Ces fonctionnaires et agents peuvent, sur instruction du procureur de la République, procéder à la mise en œuvre des mesures prévues à l'article 41-1. »

(L. nº 2016-731 du 3 juin 2016, art. 83) **« Lorsque ces fonctionnaires et agents sont autorisés à procéder à des auditions, l'article 61-1 est applicable dès lors qu'il existe à l'égard de la personne entendue des raisons plausibles de soupçonner qu'elle a commis ou tenté de commettre une infraction. »**

(L. nº 2019-222 du 23 mars 2019, art. 47) **« Nonobstant toute disposition contraire, lorsque les fonctionnaires et agents relevant du présent article doivent prêter serment avant d'exercer leur fonction, ce serment n'a pas à être renouvelé en cas de changement d'affectation. »**

TOM : 809.

BIBL. ▶ MATSOPOULOU, *LPA 2001, nº 143* (les investigations de certains fonctionnaires dans les locaux des entreprises).

En ce qui concerne les pouvoirs de police attribués par des textes spéciaux à certains fonctionnaires et agents, V. notamment :

... en matière d'atteintes à l'environnement, de façon générale, C. envir., art. L. 172-1 s. — ***C. envir.*** *; ... et plus particulièrement en matière de protection de la faune et de la flore, C. envir., art. L. 415-1 s. ; ... de parcs nationaux, C. envir., art. L. 331-18 s., et C. rur., art. R.* 241-71 ; ... de réserves naturelles, C. envir., art. L. 332-20 s. ; ... d'infractions forestières, C. for., art. L. 371-3 et R. 122-15 s. ; ... de police des eaux, L. nº 92-3 du 3 janv. 1992, art. 19 s. ; ... de distribution des produits antiparasitaires à usage agricole, L. nº 92-533 du 17 juin 1992, art. 6. —* ***C. rur.*** *; ... de chasse, C. envir., art. L. 428-20 s. ; ... de pêche en eau douce, C. envir., art. L. 437-1 s., et C. rur., art. R.* 237-1 s. ; ... d'aménagement foncier, C. rur., art. L. 121-22 et R. 121-31 ; ... d'élimination des déchets, C. envir., art. L. 541-44 s. ; ... de protection de l'air, C. envir., art. L. 226-2 s. ; ... d'utilisation et de dissémination d'organismes génétiquement modifiés, C. envir., art. L. 536-1 et L. 536-2 ;*

... en matière de circulation routière, C. route, art. R. 130-1 s. ; ... de police des chemins de fer, L. 15 juill. 1845, art. 23 ; Circ. Crim. nº 87-15 du 27 juill. 1987 (BOMJ nº 27, p. 100) ; ... de police de la conservation du domaine public routier, C. voirie rout., art. L. 116-2 et L. 116-3. — ***C. route*** *;*

... en matière de répression des fraudes, C. consom., art. L. 511-1 s. ; ... de lutte contre le blanchiment des capitaux provenant du trafic des stupéfiants, C. mon. fin., art. L. 562-2 s., et CGI, art. L. 10 B ; ... d'emploi de la langue française, L. nº 94-665 du 4 août 1994, art. 16 (JO 5 août) ;

... en matière de propriété intellectuelle, C. propr. intell., art. L. 331-1 s., L. 335-1, L. 521-1 s. ; — ***C. com.*** *;*

... en matière d'activités sportives, C. sport, art. L. 111-3 ; ... de lutte contre le dopage, CSP, art. L. 3632-1 s. ;

... en matière de contrôle douanier, C. douanes, art. 60 s. ; ... d'explosifs, C. défense, art. L. 2353-1 ; ... d' armes chimiques, C. défense, art. L. 2342-56 ; — ***C. pén.*** *;*

... en matière de droit du travail, C. trav., art. L. 8271-7 à L. 8271-11, L. 8113-1, L. 8123-4 à L. 8123-6 et R. 8111-2. — ***C. trav.*** *;*

... en matière d'atteinte aux intérêts maritimes et commerciaux de la France, L. nº 83-1119 du 23 déc. 1983, art. 8 ; ... de contrôle de l'État en mer, C. défense, art. L. 1521-1 s. ; ... d'espaces maritimes relevant de la souveraineté ou de la juridiction de la République française, Ord. nº 2016-1687 du 8 déc. 2016, art. 42 s. ; ... de trafic de stupéfiants en haute mer, L. nº 94-589 du 15 juill. 1994 ; ... d'exploitation des grands fonds marins, L. nº 81-1135 du 23 déc. 1981, art. 15, mod. par L. nº 96-151 du 26 févr. 1996, art. 20 (JO 27 févr. ; D. 1996. 91) ; — ***CRPA*** *;*

... en matière de protection générale de la santé publique, CSP, art. L. 1312-1 ; — ***CSP*** *; ... d'examen médical sur une personne ayant commis des actes susceptibles d'entraîner la contamination d'une personne dépositaire de l'autorité publique ou chargée d'une mission de service public, L. nº 2011-267 du 14 mars 2011, art. 121 (JO 15 mars) ;*

... en matière de cession d'animaux de compagnie, C. rur., art. L. 214-10 ; ... de détention de chiens des première et deuxième catégories, C. rur., art. L. 215-3-1 ;

... en matière de construction et d'utilisation du sol, C. urb., art. L. 480-1 ; — ***C. urb.*** *; ... de régulation de l'électricité, C. énergie, art. L. 135-12 et L. 135-13.*

V. aussi les textes reproduits ss. art. 78 C. pr. pén.

1. Selon l'art. 28, les pouvoirs d'investigation conférés aux officiers et agents de police judiciaire, ou à certains fonctionnaires par des lois spéciales, ne peuvent être exercés que dans les conditions et dans les limites fixées par les textes qui les prévoient, sans qu'il leur soit permis de mettre en œuvre, par un détournement de procédure, des pouvoirs que la loi ne leur a pas reconnus. • Crim. 18 déc. 1989, n° 89-81.659 P : *JCP 1990. II. 21531, note Chambon ; D. 1991. Somm. 174, obs. Pannier*. ♦ ... Ainsi, doit être annulé le procès-verbal rédigé par des agents de l'Office national de la chasse qui n'étaient pas en uniforme alors que l'art. R. 221-17-6 C. envir. prévoit que ces agents sont tenus au port de signes distinctifs et d'un uniforme dans l'exercice de leurs fonctions. • Crim. 20 sept. 2005, n° 05-82.072 P.

2. Information du procureur. Le non-respect par un enquêteur de l'obligation d'informer préalablement le procureur de la République des opérations envisagées affecte nécessairement la validité de tous les actes effectués conjointement avec d'autres enquêteurs, même non soumis à cette contrainte. Est donc nulle la procédure conduite conjointement par un inspecteur de santé publique vétérinaire et les services de la répression des fraudes alors que le premier, qui était tenu en application de l'art. L. 5411-2 CSP, d'informer préalablement le procureur de la République d'opérations envisagées aux fins de recherche et constatation d'infractions en matière de médicaments vétérinaires, s'en est abstenu. • Crim. 6 nov. 2018, n° 17-81.703 P.

3. Les dispositions de l'art. L. 141-1 COJ [anc. art. L. 781-1] suivant lesquelles l'État est tenu de réparer le dommage causé, en cas de faute lourde, par le fonctionnement du service de la justice sont applicables aux agents investis, sous le contrôle et l'autorité d'un magistrat du siège ou du parquet, de pouvoirs de police judiciaire à l'effet de constater et réprimer les infractions à la loi. • Civ. 1re, 9 mars 1999, n° 96-16.560 P : *Procédures 1999. Comm. 213, obs. Buisson.*

4. Secret professionnel. *V. art. 11.*

Art. 28-1 *(L. n° 99-515 du 23 juin 1999)* **I. – Des agents des douanes de catégories A et B, spécialement désignés par arrêté des ministres chargés de la justice et du budget, pris après avis conforme d'une commission dont la composition et le fonctionnement sont déterminés par décret en Conseil d'État, peuvent être habilités à effectuer des enquêtes judiciaires sur réquisition du procureur de la République ou sur commission rogatoire du juge d'instruction.** – *V. LPF, art. R. 135 ZC-1.*

Ces agents ont, pour l'exercice des missions prévues par le présent article, compétence sur l'ensemble du territoire national. *(L. n° 2004-204 du 9 mars 2004, art. 33-I, en vigueur le 1er oct. 2004)* **« Ils sont compétents pour rechercher et constater :**

« 1° Les infractions prévues par le code des douanes ;

« 2° Les infractions en matière de contributions indirectes, d'escroquerie sur la taxe sur la valeur ajoutée et de vols de biens culturels ;

« 3° Les infractions relatives à la protection des intérêts financiers de l'Union européenne ;

« 4° *(L. n° 2005-1550 du 12 déc. 2005, art. 18)* **« Les infractions prévues par les articles L. 2339-1 à L. 2339-11** *(L. n° 2010-819 du 20 juill. 2010)* **« , L. 2344-7 et L. 2353-13** *[ancienne rédaction : et L. 2353-13]* **» du code de la défense ; »** – *V. ces art. du C. défense in C. pén., App., v° Armes et explosifs.* – ***C. pén.***

« 5° Les infractions prévues par les articles 324-1 à 324-9 du code pénal ; »

(L. n° 2013-1117 du 6 déc. 2013, art. 31) **« 5° *bis* Les délits d'association de malfaiteurs prévus à l'article 450-1 du code pénal, lorsqu'ils ont pour objet la préparation à l'une des infractions mentionnées aux 1° à 5° et 6° à 8° du présent I ; »**

(L. n° 2004-204 du 9 mars 2004, art. 33-I, en vigueur le 1er oct. 2004) **« 6°** *(L. n° 2007-1544 du 29 oct. 2007)* **« Les infractions prévues au code de la propriété intellectuelle ; »**

(L. n° 2018-898 du 23 oct. 2018, art. 30) **« 6° *bis* Les infractions prévues aux articles L. 3512-23 à L. 3512-25 du code de la santé publique et à leurs textes d'application ; »**

(Ord. n° 2019-1015 du 2 oct. 2019, art. 34, en vigueur le 1er janv. 2020) **« 7° Les infractions prévues aux articles 56 et 57 de la loi n° 2010-476 du 12 mai 2010 relative à l'ouverture à la concurrence et à la régulation du secteur des jeux d'argent et de hasard en ligne, le cas échéant par le biais de la participation sous une identité d'emprunt à des échanges électroniques sur un site de jeux ou paris agréé ou non, et notamment à une session de jeu en ligne. L'utilisation d'une identité d'emprunt est sans incidence sur la régularité des constatations effectuées. Un décret en Conseil d'État précise les conditions dans lesquelles les agents habilités par le directeur général de l'Autorité procèdent dans ce cas à leurs constatations ; »**

(L. nº 2010-476 du 12 mai 2010, art. 58) « 8° Les infractions connexes aux infractions visées aux 1° à 7°.

« Toutefois, sous réserve des dispositions du II, ils n'ont pas compétence en matière de trafic de stupéfiants. »

II. — Pour la recherche et la constatation des infractions prévues par les articles 222-34 à 222-40 *(L. nº 2016-731 du 3 juin 2016, art. 36)* « , par le 6° de l'article 421-1 ainsi que par l'article 421-2-2 » du code pénal *(Abrogé par L. nº 2004-204 du 9 mars 2004, art. 33-I, à compter du 1er oct. 2004)* ***« et par le décret-loi du 18 avril 1939 fixant le régime des matériels de guerre, armes et munitions, »*** et des infractions qui leur sont connexes, le procureur de la République ou le juge d'instruction territorialement compétent peut constituer des unités temporaires composées d'officiers de police judiciaire et d'agents des douanes pris parmi ceux mentionnés au I. Le procureur de la République ou le juge d'instruction désigne le chef de chaque unité qu'il constitue.

Les unités temporaires agissent sous la direction du procureur de la République ou du juge d'instruction mandant, conformément aux dispositions du présent code. Elles ont compétence sur toute l'étendue du territoire national.

III. — Abrogé par L. nº 2004-204 du 9 mars 2004, art. 33-I, à compter du 1er oct. 2004.

IV. — Les agents des douanes désignés dans les conditions prévues au I doivent, pour mener des enquêtes judiciaires et recevoir des commissions rogatoires, y être habilités personnellement en vertu d'une décision du procureur général.

La décision d'habilitation est prise par le procureur général près la cour d'appel du siège de leur fonction. Elle est accordée, suspendue ou retirée dans des conditions fixées par décret en Conseil d'État.

Dans le mois qui suit la notification de la décision de suspension ou de retrait de l'habilitation, l'agent concerné peut demander au procureur général de rapporter cette décision. Le procureur général doit statuer dans un délai d'un mois. A défaut, son silence vaut rejet de la demande. Dans un délai d'un mois à partir du rejet de la demande, l'agent concerné peut former un recours devant la commission prévue à l'article 16-2. La procédure applicable devant cette commission est celle prévue par l'article 16-3 et ses textes d'application.

V. — Pour l'exercice des missions mentionnées aux I et II, les agents des douanes sont placés sous la direction du procureur de la République, sous la surveillance du procureur général et sous le contrôle de la chambre de l'instruction du siège de leur fonction dans les conditions prévues par les articles 224 à 230.

(L. nº 2012-354 du 14 mars 2012, art. 20) « VI. — Lorsque, sur réquisition du procureur de la République ou sur commission rogatoire d'un juge d'instruction, les agents des douanes mentionnés aux I et II procèdent à des enquêtes judiciaires, ils disposent des mêmes prérogatives et obligations que celles attribuées aux officiers de police judiciaire *(L. nº 2016-731 du 3 juin 2016, art. 36)* « , y compris lorsque ces prérogatives et obligations sont confiées à des services ou unités de police ou de gendarmerie spécialement désignés ». *(L. nº 2019-222 du 23 mars 2019, art. 45-IV et 109-XIII, en vigueur le 1er juin 2019)* « Toutefois, ils ne peuvent disposer des prérogatives mentionnées à l'article 230-46 qu'après avoir été spécialement habilités à cette fin dans les conditions déterminées par le décret pris pour l'application de l'article 67 *bis* 1 du code des douanes. »

« Ces agents sont autorisés à déclarer comme domicile l'adresse du siège du service dont ils dépendent.

« Ils peuvent être assistés par les personnes mentionnées aux articles 706 et 706-2 agissant sur délégation des magistrats. »

(L. nº 2004-204 du 9 mars 2004, art. 33-I, en vigueur le 1er oct. 2004) « Par dérogation à la règle fixée au 2 de l'article 343 du code des douanes, l'action pour l'application des sanctions fiscales peut être exercée par le ministère public, en vue de l'application des dispositions du présent article. » *— V. LPF, art. L. 235. —* ***C. pr. fisc.***

VII. — Les agents des douanes mentionnés aux I et II sont placés sous la direction administrative d'un magistrat de l'ordre judiciaire selon des modalités fixées par décret en Conseil d'État.

VIII. — Les agents de l'administration des douanes mentionnés aux I et II ne peuvent, à peine de nullité, exercer d'autres attributions ou accomplir d'autres actes que

ceux prévus par le présent code dans le cadre des faits dont ils sont saisis par l'autorité judiciaire. — *Entrée en vigueur le 1er janv. 2000.*

Anonymat des agents : V. art. 15-4.

V. art. R. 15-33-1 s. et A. 36 s.

BIBL. ▶ CARLI, *LPA 4 oct. 1999.* – DETRAZ, *Dr. pénal 2021. Chron. 9* (droit pénal fiscal et douanier). – DOBKINE, *D. 2001. Point de vue 19* (la création d'une nouvelle force de police judiciaire : la douane judiciaire).

V. Circ. CRIM 04-11 G3 du 2 sept. 2004 relative aux dispositions économiques et financières de la loi n° 2004-204 portant adaptation de la justice aux évolutions de la criminalité.

1. Les dispositions des art. 28-1, III, et R. 15-33-12 ne sont pas contraires à l'art. 6 Conv. EDH ; le juge d'instruction peut ainsi délivrer des commissions rogatoires au magistrat délégué aux missions judiciaires de la douane, à charge pour ce dernier de désigner, aux fins de leur exécution, le ou les agents des douanes habilités. • Crim. 5 août 2004, n° 04-82.957 P.

2. Les agents des douanes habilités ne peuvent effectuer des enquêtes judiciaires que sur réquisition du procureur de la République ou sur commission rogatoire du juge d'instruction visant les infractions mentionnées par l'art. 28-1, I, 1° à 7°. Doit donc être cassé l'arrêt qui refuse de faire droit à la demande en nullité de la procédure diligentée par le service national de la douane judiciaire tirée de ce que celui-ci n'était pas compétent pour enquêter sur les éventuels faits d'abus de faiblesse en retenant que le blanchiment, connexe à l'abus de faiblesse, était compris dans le signalement opéré par Tracfin, bien que non explicitement visé. • Crim. 28 juin 2017, n° 16-83.372 P : *D. actu. 10 juill. 2017, obs. Goetz.* ♦ Aux termes de l'art. 28-1, VI, lorsque, sur réquisition du procureur de la République ou sur commission rogatoire d'un juge d'instruction, les agents des douanes habilités procèdent à des enquêtes judiciaires, ils disposent des mêmes prérogatives et obligations que celles attribuées aux officiers de police judiciaire, ce qui inclut la notification au prévenu, à l'issue de l'enquête, d'une convocation en justice en application de l'art. 390-1. • Crim. 17 févr. 2021, n° 19-83.707 P : *D. actu. 16 mars 2021, obs. Gallois.*

3. Aux termes de l'art. 28, les fonctionnaires et agents des administrations et services publics auxquels des lois spéciales attribuent certains pouvoirs de police judiciaire exercent ces pouvoirs dans les conditions et dans les limites fixées par ces lois. En application de l'art. R. 221-17-6, al. 2, C. envir., les agents de l'Office national de la chasse et de la faune sauvage sont tenus au port de signes distinctifs et d'un uniforme dans l'exercice de leurs fonctions. Sont nuls les procès-verbaux relatant les constatations opérées par ces agents alors qu'ils n'étaient pas revêtus de l'uniforme attaché à leurs fonctions. • Crim. 20 sept. 2005, n° 05-82.072 P.

4. Force probante des procès-verbaux. Pour un exemple de la portée des procès-verbaux rédigés par les agents des douanes : aux termes de l'art. 336-1 C. douanes, les procès-verbaux de douane rédigés par deux agents des douanes ou de toute autre administration font foi jusqu'à inscription de faux des constatations matérielles qu'ils relatent. Doit en conséquence être cassé, l'arrêt qui dit n'y avoir lieu à confiscation de cartons saisis par l'Administration des douanes comme ayant servi à masquer une cargaison de résine de cannabis, alors qu'il résulte du procès-verbal cité par l'arrêt que les agents des douanes ont, pour accéder aux colis contenant les stupéfiants, procédé à l'enlèvement desdits cartons. • Crim. 3 mai 2001, n° 00-85.953 P : *Procédures 2001. Comm. 185, obs. Buisson.*

5. Consultation du fichier GAMMA. Au même titre que les services de police, s'agissant des fichiers auxquels ils ont accès, les agents des douanes habilités à exercer des fonctions de police judiciaire peuvent consulter, sans réquisition, les fichiers relevant de leur administration et pour lesquels ils bénéficient d'une habilitation. • Crim. 9 avr. 2015, n° 14-87.660 P : *Dr. pénal 2015, n° 88, note Robert.*

Art. 28-2 *(L. n° 2009-1674 du 30 déc. 2009, art. 23)* **I. — Des agents des services fiscaux de catégories A et B, spécialement désignés par arrêté des ministres chargés de la justice et du budget, pris après avis conforme d'une commission dont la composition et le fonctionnement sont déterminés par décret en Conseil d'État, peuvent être habilités à effectuer des enquêtes judiciaires sur réquisition du procureur de la République ou sur commission rogatoire du juge d'instruction.** — *V. LPF, art. R. 135 ZC-1.*

Ces agents ont compétence *(Abrogé par L. n° 2010-1658 du 29 déc. 2010, art. 63-I)* **«** ***uniquement*** **» pour rechercher et constater, sur l'ensemble du territoire national, les infractions prévues par les articles 1741 et 1743 du code général des impôts** *(L. n° 2013-1117 du 6 déc. 2013, art. 7)* **« et le blanchiment de ces infractions » lorsqu'il existe des présomptions caractérisées que les infractions prévues par ces articles résul-**

tent d'une des conditions prévues aux 1° à *(L. n° 2012-1510 du 29 déc. 2012, art. 11-VIII)* « 5° » *(L. n° 2018-898 du 23 oct. 2018, art. 36)* « du II » de l'article L. 228 du livre des procédures fiscales *(L. n° 2010-1658 du 29 déc. 2010, art. 63-I)* « , ainsi que les infractions qui leur sont connexes ».

II. — Les agents des services fiscaux désignés dans les conditions prévues au I doivent, pour mener des enquêtes judiciaires et recevoir des commissions rogatoires, y être habilités personnellement en vertu d'une décision du procureur général.

La décision d'habilitation est prise par le procureur général près la cour d'appel du siège de leur fonction. Elle est accordée, suspendue ou retirée dans des conditions fixées par décret en Conseil d'État.

Dans le mois qui suit la notification de la décision de suspension ou de retrait de l'habilitation, l'agent concerné peut demander au procureur général de rapporter cette décision. Le procureur général doit statuer dans un délai d'un mois. A défaut, son silence vaut rejet de la demande. Dans un délai d'un mois à partir du rejet de la demande, l'agent concerné peut former un recours devant la commission prévue à l'article 16-2 du présent code. La procédure applicable devant cette commission est celle prévue par l'article 16-3 et ses textes d'application.

III. — Les agents des services fiscaux habilités dans les conditions prévues au II sont placés exclusivement sous la direction du procureur de la République, sous la surveillance du procureur général et sous le contrôle de la chambre de l'instruction dans les conditions prévues par les articles 224 à 230. *(Abrogé par L. n° 2018-898 du 23 oct. 2018, art. 1er)* « *Ils sont placés au sein du ministère de l'intérieur.* »

(L. n° 2012-354 du 14 mars 2012, art. 20) « IV. — Lorsque, sur réquisition du procureur de la République ou sur commission rogatoire d'un juge d'instruction, les agents des services fiscaux habilités dans les conditions prévues au II du présent article procèdent à des enquêtes judiciaires, ils disposent des mêmes prérogatives et obligations que celles attribuées aux officiers de police judiciaire *(L. n° 2018-898 du 23 oct. 2018, art. 2)* « , y compris lorsque ces prérogatives et obligations sont confiées à des services ou unités de police ou de gendarmerie spécialement désignés ». »

Ces agents sont autorisés à déclarer comme domicile l'adresse du siège du service dont ils dépendent.

V. — Les agents des services fiscaux habilités dans les conditions prévues au II du présent article ne peuvent, à peine de nullité, exercer d'autres attributions ou accomplir d'autres actes que ceux prévus par le présent code dans le cadre des faits dont ils sont saisis par le procureur de la République ou toute autre autorité judiciaire.

VI. — Les agents des services fiscaux habilités dans les conditions prévues au II ne peuvent participer à une procédure de contrôle de l'impôt prévue par le livre des procédures fiscales pendant la durée de leur habilitation. Ils ne peuvent effectuer des enquêtes judiciaires dans le cadre de faits pour lesquels ils ont participé à une procédure de contrôle de l'impôt avant d'être habilités à effectuer des enquêtes. Ils ne peuvent, même après la fin de leur habilitation, participer à une procédure de contrôle de l'impôt dans le cadre de faits dont ils avaient été saisis par le procureur de la République ou toute autre autorité judiciaire au titre de leur habilitation.

Anonymat des agents : V. art. 15-4.

BIBL. ▶ DESTRAZ, *AJ pénal 2015. 70* s. (pouvoirs d'enquête des agents de l'administration fiscale).

Art. 28-3 *(L. n° 2020-1672 du 24 déc. 2020, art. 19)* I. — Des inspecteurs de l'environnement de catégorie A et B compétents pour la recherche et la constatation des infractions portant atteinte à l'environnement en application de l'article L. 172-1 du code de l'environnement affectés à l'Office français de la biodiversité, spécialement désignés par arrêté conjoint du ministre de la justice et du ministre chargé de l'environnement, pris après avis conforme d'une commission dont la composition et le fonctionnement sont déterminés par décret en Conseil d'État, disposent, pour les enquêtes judiciaires qu'ils diligentent sur réquisition du procureur de la République ou sur commission rogatoire du juge d'instruction, des mêmes prérogatives et obligations que celles attribuées aux officiers de police judiciaire, y compris lorsque ces prérogatives et obligations sont confiées à des services ou unités de police ou de gendarmerie spécialement désignés.

Pour les délits prévus à l'article L. 415-6 et au VII de l'article L. 541-46 du même code, ces inspecteurs ne sont compétents que lorsqu'ils concourent à la réalisation d'une même enquête avec des officiers et agents de police judiciaire ou des agents des douanes mentionnés à l'article 28-1 du présent code.

Pour l'exercice des missions prévues au présent article, ils ont compétence sur l'ensemble du territoire national.

Ils sont autorisés à déclarer comme domicile l'adresse de leur résidence administrative.

II. — Les inspecteurs de l'environnement désignés dans les conditions prévues au I sont habilités personnellement en vertu d'une décision du procureur général.

La décision d'habilitation est prise par le procureur général près la cour d'appel de leur résidence administrative. Elle est accordée, suspendue ou retirée dans des conditions fixées par décret en Conseil d'État.

Dans le mois qui suit la notification de la décision de suspension ou de retrait de l'habilitation, l'inspecteur de l'environnement concerné peut demander au procureur général de rapporter cette décision. Le procureur général doit statuer dans un délai d'un mois. A défaut, son silence vaut rejet de la demande. Dans un délai d'un mois à compter du rejet de la demande, l'inspecteur de l'environnement concerné peut former un recours devant la commission prévue à l'article 16-2. La procédure applicable devant cette commission est celle prévue à l'article 16-3.

III. — Les inspecteurs de l'environnement habilités dans les conditions prévues au II du présent article sont placés exclusivement sous la direction du procureur de la République, sous la surveillance du procureur général et sous le contrôle de la chambre de l'instruction du siège de leur fonction dans les conditions prévues aux articles 224 à 230.

IV. — Les inspecteurs de l'environnement habilités dans les conditions prévues au II du présent article ne peuvent, à peine de nullité, exercer d'autres attributions ou accomplir d'autres actes que ceux prévus par le présent code dans le cadre des faits dont ils sont saisis par le procureur de la République ou toute autre autorité judiciaire.

§ 3 DES GARDES PARTICULIERS ASSERMENTÉS

RÉP. PÉN. v^is *Garde champêtre,* par DREUILLE ; *Force publique,* par BUISSON ; *Police judiciaire,* par ROUSSEL.

Art. 29 Les gardes particuliers assermentés constatent par procès-verbaux tous délits et contraventions portant atteinte aux propriétés dont ils ont la garde.

(Ord. nº 58-1296 du 23 déc. 1958) **« Les procès-verbaux sont remis ou envoyés par lettre recommandée directement au procureur de la République. »** *(L. nº 2016-1087 du 8 août 2016, art. 133)* **« Cet envoi doit avoir lieu, à peine de nullité, dans les cinq jours suivant celui de la constatation du fait, objet de leur procès-verbal. »**

V. art. R. 15-33-24 s.

En ce qui concerne les gardes-chasse particuliers et gardes-pêche particuliers, V. C. envir., art. L. 428-21 et L. 437-13. — ***C. envir.***

TOM : 809.

Décret du 20 messidor an III, *qui ordonne l'établissement de gardes champêtres dans toutes les communes rurales.* **Art. 4** Tout propriétaire aura le droit d'avoir pour ses domaines un garde champêtre ; il sera tenu de le faire agréer par le conseil général de la commune, et confirmer par le district : ce droit ne pourra l'exempter néanmoins de contribuer au traitement du garde de la commune.

Art. 29-1 *(L. nº 2005-157 du 23 févr. 2005, art. 176)* **Les gardes particuliers mentionnés à l'article 29 sont commissionnés par le propriétaire ou tout autre titulaire de droits sur la propriété qu'ils sont chargés de surveiller. Ils doivent être agréés par le préfet du département dans lequel se situe la propriété désignée dans la commission.**

Ne peuvent être agréés comme gardes particuliers :

1º Les personnes dont le comportement est incompatible avec l'exercice de ces fonctions, en particulier si elles ne remplissent pas les conditions de moralité et d'honora-

bilité requises, au vu notamment des mentions portées au bulletin n° 2 de leur casier judiciaire ou dans les traitements automatisés de données *(Ord. n° 2018-1125 du 12 déc. 2018, art. 16)* **« à caractère personnel » mentionnés à l'***(L. n° 2011-267 du 14 mars 2011, art. 13-III)* **« article 230-6 » ;**

2° Les personnes qui ne remplissent pas les conditions d'aptitude technique, fixées par décret en Conseil d'État, qui sont exigées pour l'exercice de leurs fonctions ;

3° Les agents mentionnés aux articles 15 (1° et 2°) et 22 ;

4° Les personnes membres du conseil d'administration de l'association qui les commissionne, ainsi que les propriétaires ou titulaires de droits réels sur les propriétés gardées.

Les conditions d'application du présent article, notamment les modalités d'obtention de l'agrément, les conditions dans lesquelles celui-ci peut être suspendu ou retiré, les conditions d'assermentation des gardes particuliers, les principaux éléments de leur tenue ainsi que les conditions d'exercice de leurs missions, sont déterminées par décret en Conseil d'État. — *V. art. R. 15-33-24 s.*

CHAPITRE PREMIER *BIS* DES ATTRIBUTIONS DU GARDE DES SCEAUX, MINISTRE DE LA JUSTICE

(L. n° 2004-204 du 9 mars 2004, art. 63)

BIBL. ▶ Bonis-Garçon et Décima, *JCP 2013. 955* (grâce et disgrâce des instructions hiérarchiques).

Art. 30 *(L. n° 2013-669 du 25 juill. 2013, art. 1er)* **Le ministre de la justice conduit la politique pénale déterminée par le Gouvernement. Il veille à la cohérence de son application sur le territoire de la République.**

A cette fin, il adresse aux magistrats du ministère public des instructions générales.

Il ne peut leur adresser aucune instruction dans des affaires individuelles.

Chaque année, il publie un rapport sur l'application de la politique pénale déterminée par le Gouvernement, précisant les conditions de mise en œuvre de cette politique et des instructions générales adressées en application du deuxième alinéa. Ce rapport est transmis au Parlement. Il peut donner lieu à un débat à l'Assemblée nationale et au Sénat.

BIBL. ▶ Pradel, *D. 2020. 442* (indépendance fonctionnelle du parquet français face aux interprétations divergentes des deux cours européennes). – Rodriguez et Vadillo, *Dr. pénal 2021. Étude 16* (les remontées d'informations).

CHAPITRE II DU MINISTÈRE PUBLIC

RÉP. PÉN. v° *Ministère public*, par Molins.

BIBL. GÉN. ▶ Accomando, *Justices 1997, n° 7, p. 87*. – Boccon-Gibod, *AJ pénal 2017. 381* (pour une vraie réforme statutaire du parquet). – Bonzom, *Rev. pénit. 1984. 47*. – Casorla, *Nouv. pouv. jud. 1976. 26*. – Casorla et Maynier, *Gaz. Pal. 2/4 mai 1993. 2*. – Chabas et Gio, *AJ pénal 2019. 201* s. (réforme des stages). – Dinthillac, *RSC 2002. 35* . – Favoreu, *RSC 1994. 625* . – Ficara, *AJ pénal 2012. 509* (propositions pour la constitution d'un ministère public français indépendant...). – Goulesque, *RSC 1969. 935 ; ibid. 1977. 429*. – Jung, *Arch. pol. crim. 1993. 15*. – Lehman, *AJ pénal 2018. 356* s. (poser le parquet au bon endroit ; pour un procureur spécial en matière d'infractions politiques). – Lesclous, *Dr. pénal 2013. Étude 13* (procureur : du mécanicien de la poursuite pénale à l'architecte d'un traitement social, une fonction judiciaire républicaine). – Nadal, *D. 2007. Entretien. 2296* (quel rôle pour le ministère public ?). – Pradel et Laborde, *D. 1997. Chron. 141*. – Rolland, *JCP 1956. I. 1271 et 1281 ; ibid. 1957. I. 1342*. – Saint-Pau, *Dr. pénal 2007. Ét. 14* (le ministère public concurrence-t-il le juge du siège ?). – Schoetti, *D. 2004. 1397*. – Vouin, *Mél. Laborde-Lacoste, p. 459*. – Soulez-Larivière, *AJ pénal 2012. 508* (propositions pour une différenciation des corps du Siège et du Parquet).

▶ **Dossiers :** Les relations police/parquet, *AJ pénal 2013. 373* s. ; Les mutations du parquet, *AJ pénal 2016. 562* s.

SECTION PREMIÈRE DISPOSITIONS GÉNÉRALES

Art. 31 **Le ministère public exerce l'action publique et requiert l'application de la loi** *(L. n° 2013-669 du 25 juill. 2013, art. 3)* **« , dans le respect du principe d'impartialité auquel il est tenu ».**

RÉP. PÉN. v° *Voirie (Contravention)*, par REDON.

BIBL. ▶ JOUNIOT, *AJ pénal 2021. 344* (impartialité du ministère public).

1. Les dispositions de l'art. 5 de l'Ord. du 22 déc. 1958, qui placent les magistrats du parquet sous l'autorité hiérarchique du ministre de la Justice, sont conformes à la Constitution en ce qu'elles assurent une conciliation équilibrée entre le principe de l'indépendance de l'autorité judiciaire et les prérogatives que le gouvernement tient de l'art. 20 de la Constitution. • Cons. const. 8 déc. 2017, n° 2017-680 QPC : *AJ pénal 2018. 83, note Karlsson ; RSC 2018. 163, note de Lamy*.

2. Concernant l'impartialité des membres du parquet, V. notes 57 s. ss. art. préliminaire.

Code forestier

LIVRE Ier. DISPOSITIONS COMMUNES À TOUS LES BOIS ET FORÊTS

(Ord. n° 2012-92 du 26 janv. 2012)

TITRE VI. DISPOSITIONS PÉNALES

CHAPITRE Ier. *RÈGLES DE PROCÉDURE PÉNALE APPLICABLES AUX INFRACTIONS FORESTIÈRES*

SECTION IV. *Poursuites et alternatives aux poursuites*

Art. L. 161-22 Dans le cas où des infractions forestières sont soumises au tribunal de police ou à la juridiction de proximité, le directeur régional de l'administration chargée des forêts, ou le fonctionnaire qu'il désigne, remplit toutes les fonctions du ministère public, sous l'autorité du procureur de la République dans les conditions prévues à l'article 44 du code de procédure pénale.

Le procureur de la République peut occuper les fonctions du ministère public à la place du directeur régional de l'administration chargée des forêts chaque fois qu'il l'estime opportun.

Art. L. 161-23 Lorsque les faits constatés lui paraissent constitutifs d'un délit, le directeur régional de l'administration chargée des forêts adresse au procureur de la République, dans le mois qui suit la clôture des opérations, la procédure accompagnée d'un avis technique et de son avis sur l'opportunité de saisir la juridiction compétente ou de proposer des mesures alternatives aux poursuites adaptées au cas d'espèce.

Art. L. 161-24 Lorsque les faits constatés lui paraissent constitutifs d'une contravention, si l'amende forfaitaire ne peut s'appliquer et si la transaction pénale n'est pas appropriée, le directeur régional de l'administration chargée des forêts peut, dans le mois qui suit la clôture des opérations :

1° Adresser au procureur de la République la procédure accompagnée d'une proposition d'avertissement ou de classement sous condition de régularisation ;

2° Après en avoir informé le procureur de la République, qui peut s'y opposer :

a) Faire citer le contrevenant devant le tribunal compétent dans les formes prévues au présent chapitre et aux articles 550 et suivants du code de procédure pénale ;

b) Adresser au juge compétent des réquisitions à fin d'ordonnance selon la procédure simplifiée prévue aux articles 524 à 528-2 de ce code.

Lorsqu'il a engagé l'action pénale, le directeur régional de l'administration chargée des forêts peut exercer toutes les voies de recours ouvertes au ministère public, sans préjudice du droit du procureur de la République et du procureur général à les exercer concurremment.

Art. L. 161-25 Le directeur régional de l'administration chargée des forêts peut, tant que l'action publique n'a pas été mise en mouvement, proposer au mis en cause de transiger sur la poursuite des infractions forestières.

Cette faculté n'est pas applicable aux contraventions des quatre premières classes pour lesquelles l'action pénale est éteinte par le paiement d'une amende forfaitaire en application de l'article 529 du code de procédure pénale, non plus qu'au délit mentionné à l'article L. 163-1.

La proposition de transaction est déterminée en fonction des circonstances et de la gravité de l'infraction, de la personnalité de son auteur ainsi que de ses ressources et de ses charges.

Cette proposition précise l'amende transactionnelle que l'auteur de l'infraction devra payer, dont le montant ne peut pas excéder le tiers du montant de l'amende encourue, ainsi que, le cas échéant, les obligations qui lui seront imposées tendant à faire cesser l'infraction, à éviter son renouvellement, à réparer le dommage ou à remettre en conformité les lieux. Elle fixe également le délai imparti pour le paiement et, s'il y a lieu, l'exécution des obligations.

La transaction proposée par l'administration et acceptée par l'auteur de l'infraction doit être homologuée par le procureur de la République.

Les actes tendant à la mise en œuvre de la procédure de transaction ou à sa réalisation sont interruptifs de la prescription de l'action publique.

L'action publique est éteinte lorsque l'auteur de l'infraction a exécuté dans les délais impartis l'intégralité des obligations résultant pour lui de l'acceptation de la transaction.

Art. L. 161-26 Les agents mentionnés à l'article *(L. nº 2014-1170 du 13 oct. 2014, art. 73)* « L. 161-22 » peuvent, dans les actions et poursuites exercées au nom de l'administration, faire toutes citations et significations, sans pouvoir procéder aux saisies-exécutions.

L'acte de citation contient une copie du procès-verbal.

Art. L. 161-27 Le directeur régional de l'administration chargée des forêts, ou tout agent placé sous son autorité qu'il désigne à cet effet, peut présenter des observations à l'appui de ses conclusions devant toute juridiction saisie d'un délit forestier.

Code de la voirie routière *(L. nº 89-413 du 22 juin 1989)*. **Art. L. 116-5** Lorsque les infractions *[à la police de la conservation du domaine public routier]* concernent la voirie nationale, les fonctions de ministère public près le tribunal de police peuvent être remplies par le directeur départemental de l'équipement ou par l'agent désigné par lui pour le suppléer ; devant le tribunal correctionnel et la cour d'appel, le directeur départemental de l'équipement ou son délégué peut exposer l'affaire ou être entendu à l'appui de ses conclusions.

Art. 32 **Il est représenté auprès de chaque juridiction répressive.**

Il assiste aux débats des juridictions de jugement ; toutes les décisions sont prononcées en sa présence.

Il assure l'exécution des décisions de justice. — *Pr. pén. 592.*

BIBL. ▸ Bonzom, *Rev. pénit. 1984. 47* (indépendance du parquet à l'égard des tribunaux). – Robert, *D. 1971. Chron. 85*. – Viala, *Gaz. Pal. 1980. 1. Doctr. 163* (récusabilité du ministère public).

I. DROIT INTERNE

1. Présence du parquet à l'audience. Le ministère public doit être présent non seulement à l'audience où le jugement est rendu, mais encore à toutes les audiences de la cause, et avoir la parole pour ses conclusions ; ces formalités sont substantielles, et l'accomplissement doit en être constaté par le jugement, à peine de nullité. • Crim. 23 janv. 1957 : *D. 1958. Somm. 62.* ♦ A peine de nullité, il ne doit pas s'absenter au cours des débats. • Crim. 9 mai 1985, nº 84-92.130 P. ♦ Si les art. 32, 486 et 510 exigent que *le ministère public, partie nécessaire au procès pénal*, soit présent à chaque audience des juridictions de jugement, il résulte de l'art. 592 qu'à l'instar des magistrats composant la juridiction, il est présumé avoir assisté à toutes les audiences de la cause, dès lors qu'il a été entendu en ses réquisitions à celle des débats. • Crim. 26 mars 1996, nº 93-84.306 P : *RSC 1996. 883, obs. Dintilhac* • 4 sept. 1996, nº 93-83.764 P : *Procédures 1997. Comm. 16, obs. Buisson.* ♦ La présence du ministère public s'impose à peine de nullité lors du prononcé de la décision. • Crim. 18 janv. 1995, nº 94-81.296 P.

2. Réquisitions du parquet. Le ministère public, étant partie intégrante et nécessaire des juridictions répressives, doit, aux termes des art. 460, 512 et 592, et à peine de nullité, être entendu dans ses réquisitions. Il s'agit là d'une exigence légale dont l'inobservation, lorsque l'action publique est en cause, porte atteinte aux intérêts de toutes les parties au procès pénal. • Crim. 11 mai 1978, nº 77-92.495 P • 25 juin 1979, nº 78-91.443 P : *D. 1980. 153, note Jeandidier* • 11 oct. 1979, nº 79-90.098 P. ♦ Mais il n'en va pas de même lorsque des sanctions fiscales sont encourues. La nullité résultant de ce que, d'après les mentions de l'arrêt, le ministère public n'a pas été entendu en ses réquisitions ne saurait, en application de l'art. 802, être prononcée dès lors que, dans une poursuite où seules des pénalités fiscales étaient encourues, il n'est pas démontré ni même allégué que cette irrégularité ait eu pour effet de porter atteinte aux intérêts du demandeur au pourvoi. • Crim. 21 nov. 1977, nº 76-91.777 P.

3. Présence du parquet et intérêts civils (jurisprudence antérieure à l'entrée en vigueur de l'art. 464, al. 3). Partie intégrante et nécessaire des juridictions répressives, le ministère public doit être entendu au second comme au premier degré de juridiction, même lorsqu'il ne s'agit plus que de réparations civiles. • Crim. 9 mars 1965, n° 64-91.005 P : *D. 1965. 493.* ♦ Mais quelle que substantielle que soit l'audition du ministère public, l'omission de sa constatation ne saurait, selon la prescription de l'art. 802, entraîner la cassation de l'arrêt dès lors que, s'agissant d'un débat portant sur les intérêts civils, il n'est pas démontré, ni même allégué que cette irrégularité ait porté atteinte aux intérêts de la partie demanderesse. • Crim. 8 nov. 1977, n° 76-91.795 P • 21 nov. 1977, n° 76-91.777 P : *D. 1978. IR 66.* ♦ Encore faut-il que l'arrêt fasse mention de la présence du ministère public aux débats, même lorsqu'il y a à se prononcer uniquement sur l'action civile. • Crim. 22 juill. 1987, n° 86-95.418 P.

4. Présence du parquet et intérêts civils (jurisprudence postérieure à l'entrée en vigueur de l'art. 464, al. 3). En application de l'art. 464, al. 3, après avoir statué sur l'action publique, le tribunal peut renvoyer l'affaire à une audience ultérieure, dont il doit fixer la date, pour statuer sur l'action civile, la présence du ministère public à cette audience n'étant alors pas obligatoire ; il en résulte que le ministère public n'est également pas tenu d'assister à l'audience devant la juridiction du second degré, saisie de l'appel d'un jugement ayant ainsi statué que sur les intérêts civils. • Crim. 23 mai 2002, n° 01-84.194. ♦ V. aussi notes ss. art. 464.

5. Irrégularité d'un acte de procédure. Il résulte de la généralité et de l'étendue des pouvoirs qui lui sont conférés pour l'exercice de l'action publique et l'application de la loi que, même en dehors des cas où l'ordre public aurait été méconnu, le ministère public a le droit de soulever l'irrégularité d'un acte de procédure dans la mesure où la constatation de cette irrégularité est conforme aux intérêts d'une bonne administration de la justice, et de demander à la juridiction compétente d'en apprécier le bien-fondé et de prononcer la nullité de l'acte irrégulier. • Crim. 5 mars 1970, n° 67-91.652 P : *D. 1971. 207 ; JCP 1970. II. 16556, note Rassat.*

6. Identification du représentant du parquet. Peu importe que les mentions contradictoires de l'arrêt ne permettent pas d'identifier le représentant du ministère public présent au prononcé de l'arrêt, dès lors que l'art. 216, n'impose que la seule mention, dans les arrêts de la chambre de l'instruction, des réquisitions prises par ce magistrat à l'audience des débats. • Crim. 26 mars 2002, n° 01-84.745.

7. Indépendance du juge vis-à-vis du parquet. L'abandon de l'action publique par le ministère public ne peut dessaisir le juge, lequel n'est jamais lié par les conclusions de ce dernier. • Crim. 12 juill. 1951 : *Bull. crim. n° 207* • 23 mars 1954 : *Bull. crim. n° 117* • 8 déc. 1955 : *Bull. crim. n° 554.*

8. Les requêtes en suspicion légitime sont irrecevables contre le ministère public. • Crim. 7 avr. 1976, n° 75-92.601 P : *D. 1976. IR 139.*

9. Séparation des fonctions. Il est de principe que les fonctions d'officier du ministère public et celles de juge sont essentiellement distinctes l'une de l'autre et qu'il existe entre elles, dans la même affaire, une incompatibilité absolue. • Crim. 20 nov. 1925 : *Bull. crim. n° 313.* ♦ Un magistrat ne peut connaître comme juge des affaires dans lesquelles il a fait un acte de poursuite comme membre du ministère public. • Crim. 7 janv. 1986 : *D. 1987. 237, note Pradel.* ♦ Dans le même sens : • Crim. 15 mars 1960 : *Bull. crim. n° 148* • 29 oct. 1979, n° 78-92.295 P • 26 avr. 1990, n° 88-84.586 P : *D. 1990. Somm. 379, obs. Pradel* • 24 mai 2005, n° 04-86.432 P : *D. 2006. Pan. 619, obs. Pradel ; JCP 2005. IV. 2551 ; AJ pénal 2005. 290, obs. Enderlin ; RSC 2005. 935, note Renucci* . ♦ Mais un magistrat du ministère public, nommé par la suite magistrat au siège, peut connaître d'une affaire comme juge s'il n'a pas pris une part directe ou indirecte à la poursuite de cette affaire. • Crim. 17 déc. 1964, n° 62-90.072 P : *D. 1965. 375 ; JCP 1965. II. 14042, note Combaldieu.*

II. DROIT EUROPÉEN

10. Le ministère public ne décidant pas du bien-fondé de l'accusation en matière pénale, le moyen pris de la partialité éventuelle de ce magistrat, en violation de l'art. 6, § 1, Conv. EDH, est inopérant. • Crim. 6 janv. 1998, n° 97-81.466 P : *D. 1999. 246, note Yildirim ; RG proc. 1998. 461, Chron. Rebut ; Procédures 1998. Comm. 96, obs. Buisson ; Dr. pénal 1998. Comm. 40, obs. Maron ; Gaz. Pal. 1998. 1. Chron. 79, note Doucet.* ♦ Sur les questions d'impartialité et de conformité avec les droits fondamentaux : V. ss. art. préliminaire.

Art. 33 **Il est tenu de prendre des réquisitions écrites conformes aux instructions qui lui sont données dans les conditions prévues aux articles 36, 37 et 44. Il développe librement les observations orales qu'il croit convenables au bien de la justice.** — *Pr. pén. 458.*

BIBL. ▶ LESCLOUS et MARSAT, *Dr. pénal 1994. Chron. 48.*

1. QPC (non-lieu à renvoi). La question posée ne présente pas un caractère sérieux, dès lors que la parole du ministère public est libre et que, partie au procès, il est indépendant dans l'exercice de ses fonctions et a le droit de dire à l'audience, nonobstant ses réquisitions écrites, tout ce qu'il croit convenable au bien de la justice, sauf le droit des parties de combattre les arguments présentés par lui, sans être soumis à l'obligation de notifier au mis en cause son changement de position. • Crim. 17 janv. 2017, n° 16-86.077 P.

2. Liberté de parole. Le ministère public est indépendant dans l'exercice de ses fonctions et, à l'audience, sa parole est libre. Il a dès lors le droit de rendre compte verbalement à la cour d'assises des démarches qu'il a entreprises pour sauvegarder les intérêts civils de la victime d'une infraction. • Crim. 31 mai 1978, n° 77-93.786 P.

3. La parole du ministère public à l'audience est libre. Il a le droit de produire tous les documents et de donner toutes les explications qui lui paraissent utiles, sauf le droit de discussion des parties en cause. • Crim. 16 oct. 1974, n° 74-91.272 P • 30 nov. 1976, n° 76-91.487 P.

4. Lors du débat contradictoire organisé dans le cabinet du magistrat instructeur, à l'occasion d'une prolongation de la détention provisoire au-delà d'une année, si, en application des art. 145-1 et 145, les réquisitions du ministère public sont obligatoires, selon l'art. 33, sa parole est libre à l'audience, et il n'appartient à aucune juridiction de censurer ses réquisitions ; le juge d'instruction n'est tenu que de motiver l'ordonnance qu'il rendra après avoir entendu le ministère public, l'inculpé et le cas échéant son conseil. • Crim. 22 mai 1985, n° 85-91.521 P.

5. Un accusé ne peut, faute d'intérêt, soulever une irrégularité d'un arrêt incident lorsque les faits, dont acte avait été requis, n'étaient pas de nature à entraîner la nullité de la procédure ; tel est le cas lorsqu'il a été demandé acte de propos tenus par le ministère public dont il est de règle que la parole à l'audience est libre. • Crim. 22 mars 2000, n° 99-85.176.

6. Étendue de la liberté. Les dispositions de l'art. 41 de la loi du 29 juill. 1881 ne concernent que les parties privées et sont inapplicables aux officiers du ministère public lorsqu'ils donnent leurs conclusions dans les poursuites criminelles, correctionnelles ou de simple police. Ces officiers tiennent de la nature même de leurs fonctions et du caractère dont ils sont revêtus le droit, sous le seul contrôle des autorités dont ils relèvent, de dire ou d'écrire tout ce que, dans leur conscience, ils estiment être nécessaire à l'accomplissement de la mission dont ils sont chargés. Par suite, les réquisitions par eux prises à l'audience ne peuvent donner lieu à aucune action en diffamation ou injure. • Crim. 23 nov. 1950 : *D. 1951. 23 ; JCP 1951. II. 5966.*

7. En raison du principe d'indépendance du ministère public à l'égard des juridictions, celles-ci ne peuvent prescrire de modifications dans les actes émanant de celui-ci ; quelles que soient les irrégularités constatées par elle dans le réquisitoire définitif établi par le procureur de la République, la chambre d'accusation ne peut sans excéder ses pouvoirs en ordonner la cancellation. • Crim. 11 déc. 1984, n° 84-90.238 P : *JCP 1986. II. 20626, note Bonzom* • 13 nov. 1996, n° 96-83.748 P : *Dr. pénal 1997. Chron. 19, par Lesclous et Marsat.*

8. En blâmant, à raison de l'exercice de ses fonctions, le représentant d'une institution indépendante, qui a ses règles et sa discipline propres et ne relève pas des juridictions auprès desquelles elle est établie, la cour d'appel excède ses pouvoirs. • Req. 22 juin 1938 : *DH 1938. 549.*

SECTION II DES ATTRIBUTIONS DU PROCUREUR GÉNÉRAL PRÈS LA COUR D'APPEL

RÉP. PÉN. v° *Ministère public*, par MOLINS.

Art. 34 Le procureur général représente en personne ou par ses substituts le ministère public auprès de la cour d'appel et auprès de la cour d'assises instituée au siège de la cour d'appel *(Abrogé par L. n° 2014-1170 du 13 oct. 2014, art. 73)* **« *, sans préjudice des dispositions de l'article 105* [art. L. 153-1] *du code forestier et de l'article 446* [art. L. 238-2] *du code rural et de la pêche maritime* ». Il peut, dans les mêmes conditions, *représenter* le ministère public auprès des autres cours d'assises du ressort de la cour d'appel.** — *Pr. pén. 241, 510.*

V. C. envir., art. L. 437-15, au ***C. pén.****, App., v° Pêche maritime.*

Terrorisme, 628-1.

Le procureur général est recevable à se pourvoir en cassation contre un jugement rendu, en dernier ressort, par la juridiction de proximité (solution implicite). • Crim. 5 mars 2013 : *D. 2013. 1782, obs. Laurent.*

Art. 35 *(L. n° 2004-204 du 9 mars 2004, art. 64)* **« Le procureur général veille à l'application de la loi pénale dans toute l'étendue du ressort de la cour d'appel et au bon fonctionnement des parquets de son ressort.**

(L. n° 2013-669 du 25 juill. 2013, art. 4) « **Il anime et coordonne l'action des procureurs de la République, tant en matière de prévention que de répression des infractions à la loi pénale. Il précise et, le cas échéant, adapte les instructions générales du ministre de la justice au contexte propre au ressort. Il procède à l'évaluation de leur application par les procureurs de la République.**

« **Outre les rapports particuliers qu'il établit soit d'initiative, soit sur demande du ministre de la justice, le procureur général adresse à ce dernier un rapport annuel de politique pénale sur l'application de la loi et des instructions générales ainsi qu'un rapport annuel sur l'activité et la gestion des parquets de son ressort.**

« **Il informe, au moins une fois par an, l'assemblée des magistrats du siège et du parquet des conditions de mise en œuvre, dans le ressort, de la politique pénale et des instructions générales adressées à cette fin par le ministre de la justice en application du deuxième alinéa de l'article 30.** »

Le procureur général a, dans l'exercice de ses fonctions, le droit de requérir directement la force publique.

BIBL. ▶ Mianssoni, *AJ pénal 2013. 463* (l'information de l'assemblée générale des magistrats en matière de politique pénale d'après la loi du 25 juill. 2013).

Le Conseil constitutionnel déclare la transmission de rapports particuliers par les procureurs à leur autorité hiérarchique, prévue par l'art. 35, al. 3, conforme à la Constitution. • Cons. const. 14 sept. 2021, n° 2021-927 QPC : *D. actu. 20 sept. 2021, obs. Goetz ; RSC 2021. 887, obs. Botton* ; *AJ pénal 2021. 531, obs. Taleb-Karlsson*.

Art. 36 *(L. n° 2004-204 du 9 mars 2004, art. 65)* **Le procureur général peut enjoindre aux procureurs de la République, par instructions écrites et versées au dossier de la procédure, d'engager ou de faire engager des poursuites ou de saisir la juridiction compétente de telles réquisitions écrites que le procureur général juge opportunes.**

Précisions ministérielles. Les dispositions de l'art. 36, qui permettent au garde des sceaux d'enjoindre aux procureurs généraux et aux procureurs de la République d'engager des poursuites, ne l'autorisent pas à ordonner le classement sans suite d'une procédure. Il n'est pas envisagé de supprimer le lien hiérarchique entre la chancellerie et les magistrats du ministère public, un tel lien étant indispensable pour mettre en œuvre, par l'institution d'un véritable échange avec les juridictions, les orientations de politique criminelle définies par le gouvernement et pour assurer la cohérence de l'action publique sur l'ensemble du territoire national (Rép. min. 4 sept. 1995, *JOAN Q, 1995, p. 3802*).

Art. 37 **Le procureur général a autorité sur tous les officiers du ministère public du ressort de la cour d'appel.**

(Abrogé par L. n° 2004-204 du 9 mars 2004, art. 66) ***« A l'égard de ces magistrats, il a les mêmes prérogatives que celles reconnues au ministre de la justice à l'article précédent. »***

Art. 38 **Les officiers et agents de police judiciaire sont placés sous la surveillance du procureur général. Il peut les charger de recueillir tous renseignements qu'il estime utiles à une bonne administration de la justice.**

SECTION III DES ATTRIBUTIONS DU PROCUREUR DE LA RÉPUBLIQUE

RÉP. PÉN. v° *Ministère public*, par Molins.

BIBL. ▶ Botton, *AJ pénal 2016. 562* (renforcement du rôle du procureur). – Fucini, *D. 2019. Actu. 701* (réforme de la justice : dispositions relatives au jugement). – Perrier, *D. 2019. Chron. 1061* (les (r)évolutions de la procédure pénale). – Pradel, *D. 2019. Chron. 1002* (dispositions de la loi du 23 mars 2019 sur le renforcement de l'efficacité et du sens de la peine). – Volff, *D. 2009. Chron. 317* (élaborer et mener la politique pénale d'un parquet).

Les art. 1er et 2 de la L. n° 2011-1862 du 13 déc. 2011 sont entrés en vigueur le 1er juill. 2017 et sont applicables aux procédures en cours dans les conditions suivantes : en matière pénale, les procédures en cours sont transférées en l'état au tribunal de police. A cette date, les procédures en cours devant les tribunaux de police et les juridictions de proximité supprimés sont transférées en l'état aux tribunaux de police territorialement compétents. Les convocations et citations données aux parties et aux témoins peuvent être délivrées avant cette date pour une comparution postérieure à cette date devant le tribunal de police nouvellement compétent.

Il n'y a pas lieu de renouveler les actes, formalités et jugements régulièrement intervenus avant le transfert des procédures civiles et pénales, à l'exception des convocations et citations données aux parties et aux témoins qui n'ont pas été suivies d'une comparution devant la juridiction supprimée. Les parties ayant comparu devant la juridiction supprimée sont informées par l'une ou l'autre des juridictions qu'il leur appartient d'accomplir les actes de la procédure devant le tribunal auquel les procédures sont transférées. Les archives et les minutes du greffe de la juridiction supprimée sont transférées au greffe des tribunaux de police ou d'instance compétents. Les frais de transfert de ces archives et minutes sont imputés sur le crédit ouvert à cet effet au budget du ministère de la justice (L. n° 2011-1862 du 13 déc. 2011, art. 70-III, mod. par L. n° 2012-1441 du 24 déc. 2012, puis par L. n° 2014-1654 du 29 déc. 2014, art. 99, et L. n° 2016-1547 du 18 nov. 2016, art. 15).

Art. 39 **Le procureur de la République représente en personne ou par ses substituts le ministère public près** *(Ord. n° 58-1296 du 23 déc. 1958)* **« le tribunal judiciaire »** *(Abrogé par L. n° 2014-1170 du 13 oct. 2014, art. 73)* ***« , sans préjudice des dispositions de l'article 105** [art. L. 153-1] **du code forestier et de l'article 446** [art. L. 238-2] **du code rural et de la pêche maritime ».***

Il représente également en personne ou par ses substituts le ministère public auprès de la cour d'assises instituée au siège du tribunal.

(Ord. n° 60-529 du 4 juin 1960) **« Il représente de même, en personne ou par ses substituts, le ministère public auprès du tribunal de police** *(Abrogé par L. n° 2011-1862 du 13 déc. 2011, art. 2-III et 70-I, à compter du 1er juill. 2017) (L. n° 2005-47 du 26 janv. 2005, art. 9-III, en vigueur le 1er avr. 2005)* ***« ou de la juridiction de proximité »*** **dans les conditions fixées par l'article 45 du présent code ».**

*V. C. envir., art. L. 437-15. — **C. pén.**, App., v° Pêche maritime.*

1. Principe d'indivisibilité du parquet. En raison du principe de l'indivisibilité du ministère public, tout substitut du procureur de la République puise dans sa seule qualité, en dehors de toute délégation de pouvoirs, le droit d'accomplir tous les actes rentrant dans l'exercice de l'action publique. • Crim. 3 juill. 1990, n° 90-82.418 P.

2. Le procureur de la République n'a pas besoin de déléguer sa signature à un substitut pour que celui-ci retire son agrément à un policier municipal. • CE 9 nov. 2018, n° 417240 : *AJ pénal 2019. 104, obs. Roussel*.

Décret n° 2017-1194 du 26 juillet 2017,

Portant création d'un traitement de données à caractère personnel relatif à la mise en mouvement et à l'exercice de l'action publique, dénommé « Logiciels Métier du Parquet » (LMP).

Art. 1er Est autorisée la création, par le garde des sceaux, ministre de la justice, d'un traitement automatisé de données à caractère personnel relatif à la mise en mouvement et à l'exercice de l'action publique dénommé « Logiciels Métier du Parquet » (LMP), mis en œuvre au sein des parquets des tribunaux judiciaires.

Ce traitement se compose des modules suivants :

1° VIGIE : veille informatisée de gestion des infractions et des évènements, dont la finalité est la retranscription des échanges entre les magistrats du parquet et les services d'enquête ;

2° BIE : bureau informatisé des enquêtes, dont la finalité est le suivi calendaire des enquêtes pénales par les magistrats du parquet.

Art. 39-1 *(L. n° 2013-669 du 25 juill. 2013, art. 5)* **En tenant compte du contexte propre à son ressort, le procureur de la République met en œuvre la politique pénale définie par les instructions générales du ministre de la justice précisées et, le cas échéant, adaptées par le procureur général.**

Outre les rapports particuliers qu'il établit soit d'initiative, soit sur demande du procureur général, le procureur de la République adresse à ce dernier un rapport annuel de politique pénale sur l'application de la loi et des instructions générales ainsi qu'un rapport annuel sur l'activité et la gestion de son parquet.

Il informe, au moins une fois par an, l'assemblée des magistrats du siège et du parquet des conditions de mise en œuvre, dans le ressort, de la politique pénale et des

instructions générales adressées à cette fin par le ministre de la justice en application du deuxième alinéa de l'article 30.

Sur l'obligation de communication du rapport annuel de politique pénale du procureur de la République à l'état-major de sécurité et à la cellule de coordination opérationnelle des forces de sécurité intérieure, V. CSI, art. L. 132-10-1 et R. 132-6-1. — **CSI.**

BIBL. ▸ MIANSONI, *AJ pénal 2013. 463* (l'information de l'assemblée générale des magistrats en matière de politique pénale d'après la loi du 25 juill. 2013).

Art. 39-2 *(L. nº 2007-297 du 5 mars 2007, art. 7)* **Dans le cadre de ses attributions en matière d'alternative aux poursuites, de mise en mouvement et d'exercice de l'action publique, de direction de la police judiciaire, de contrôle d'identité et d'exécution des peines, le procureur de la République veille à la prévention des infractions à la loi pénale.**

A cette fin, il anime et coordonne dans le ressort du tribunal judiciaire la politique de prévention de la délinquance dans sa composante judiciaire, conformément aux orientations nationales de cette politique déterminées par l'État, telles que précisées par le procureur général en application de l'article 35.

Il est également consulté par le représentant de l'État dans le département avant que ce dernier n'arrête le plan de prévention de la délinquance.

L'anc. art. 39-1 est devenu l'art. 39-2 (L. nº 2013-669 du 25 juill. 2013, art. 5).

Sur le rôle de l'État, des collectivités territoriales, des maires et établissements publics de coopération intercommunale compétents en matière de prévention de la délinquance, V. CSI, art. L. 132-1 s. — **CSI.**

Art. 39-3 *(L. nº 2016-731 du 3 juin 2016, art. 54)* **Dans le cadre de ses attributions de direction de la police judiciaire, le procureur de la République peut adresser des instructions générales ou particulières aux enquêteurs. Il contrôle la légalité des moyens mis en œuvre par ces derniers, la proportionnalité des actes d'investigation au regard de la nature et de la gravité des faits, l'orientation donnée à l'enquête ainsi que la qualité de celle-ci.**

Il veille à ce que les investigations tendent à la manifestation de la vérité et qu'elles soient accomplies à charge et à décharge, dans le respect des droits de la victime, du plaignant et de la personne suspectée.

Art. 39-4 *(L. nº 2019-222 du 23 mars 2019, art. 95 et 109-XXIII, en vigueur le 1er janv. 2020)* **Quand un département compte plusieurs tribunaux judiciaires, le procureur général peut désigner l'un des procureurs de la République de ce département pour représenter, sous son autorité, l'ensemble des parquets dans le cadre de leurs relations avec les autorités administratives du département, notamment pour l'application du dernier alinéa de l'article 39-2, et pour assurer la coordination des activités s'y rapportant. Ce procureur tient les autres procureurs informés de ses diligences et rend compte au procureur général.**

Art. 40 *(L. nº 85-1407 du 30 déc. 1985)* **« Le procureur de la République reçoit les plaintes et les dénonciations et apprécie la suite à leur donner »** *(L. nº 2004-204 du 9 mars 2004, art. 74)* **« conformément aux dispositions de l'article 40-1 ».** *(Abrogé par L. nº 2004-204 du 9 mars 2004, art. 74)* ***« Il avise le plaignant du classement de l'affaire ainsi que la victime lorsque celle-ci est identifiée.*** *(L. nº 98-468 du 17 juin 1998)* ***« Lorsqu'il s'agit de faits commis contre un mineur et prévus et réprimés par les articles 222-23 à 222-32 et 227-22 à 227-27 du code pénal, l'avis de classement doit être motivé et notifié par écrit. »*** *— V. désormais art. 40-2.*

Toute autorité constituée, tout officier public ou fonctionnaire qui, dans l'exercice de ses fonctions, acquiert la connaissance d'un crime ou d'un délit est tenu d'en donner avis sans délai au procureur de la République et de transmettre à ce magistrat tous les renseignements, procès-verbaux et actes qui y sont relatifs.

V. C. pr. pén., art. D. 3, D. 15, D. 280.

Sur l'obligation de signaler les crimes et délits pesant sur les maires, V. CSI, art. L. 132-2. — **CSI.**

Sur l'information du procureur de la République, V. notamment : en matière de crimes, C. pén., art. 434-1 ; ... de pratiques anticoncurrentielles, C. com., art. L. 462-6, al. 2 ; ... d'élimination des armes chimiques et de contrôle des produits chimiques, C. défense, art. L. 2342-56.

... d'atteinte à la déontologie de la sécurité, L. n° 2000-494 du 6 juin 2000, art. 8 (JO 7 juin).

... de disparition de personnes, L. n° 95-73 du 21 janv. 1995, art. 26, V. ss. art. 74-1.

... de transparence et de régularité des procédures de marchés, C. marchés publ., art. 38-6, ss. art. 78 ; ... de régulation de l'électricité, L. n° 2000-108 du 10 févr. 2000, (JO 11 févr.).

... de transparence de la vie publique, L. n° 2013-907 du 11 oct. 2013 (JO 12 oct.).

... de blanchiment et financement du terrorisme, C. mon. fin., art. L. 561-1 s. — ***C. mon. fin.***

... d'incidents d'émission de chèques, C. mon. fin., art. L. 131-85 ; ... de contrôle des sociétés anonymes, L. n° 66-537 du 24 juill. 1966, art. 233 ; ... de liquidation judiciaire et de faillite personnelle, Décr. n° 85-1388 du 27 déc. 1985, art. 123 et 168. — ***C. com.***

... de police des eaux, C. envir., art. L. 216-4, al. 2 ; ... de protection des animaux, C. rur., art. L. 214-23 ; — ***C. rur.***

... de santé publique, CSP, art. L. 5411-2, L. 5412-1 et L. 5413-1. — ***CSP.***

... par les services de renseignement, CSI, art. L. 811-2 ... ou par la Commission nationale de contrôle des techniques de renseignement, CSI, art. L. 861-3. — ***CSI.***

Sur certaines formalités préalables nécessaires à l'exercice des poursuites, V. notamment : en matière d'atteinte à la vie privée, C. pén., art. 226-6 ; ... d'injure ou de diffamation, L. 29 juill. 1881, art. 48 ; ... d'atteinte au crédit de la nation, L. 18 août 1936, art. 3 ; ... de chasse sur le terrain d'autrui, C. envir., art. L. 428-33. — ***C. pén.***

... en matière de délits commis à bord des navires, V. C. disciplin. et pén. de la marine marchande, art. 36 ; ... en matière d'infractions fiscales, LPF, art. L. 228. — ***LPF.***

Sur l'exemption de poursuites, en matière d'usage illicite de stupéfiants, V. CSP, art. L. 3423-1. — ***C. pén.***

BIBL. ▶ Sur l'information du procureur de la République : PERDRIAU, *JCP 1986. I. 3228.* - SUTTON, *Gaz. Pal. 1973. 1. Doctr. 342.*

▶ Sur l'opportunité des poursuites : CARTIER, *RG proc. 1998. 1.* - CLERC, *RID pén. 1947, n° spéc., p. 46.* - DAVIDOVITCH et BOUDON, *L'année sociologique 1964. 153.* - LESCLOUS et MARSAT, *Dr. pénal 1995. Chron. 28.* - SIMMAT-DURAND, *Gaz. Pal. 1996. 1. Doctr. 649.* - THOUROUDE, *Gaz. Pal. 1981. 2. Doctr. 495.* - VITU, *RSC 1947. 505.*

▶ Sur l'obligation des fonctionnaires de signaler les faits : CHALON, *AJFP 2004. 27* (l'article 40 C. pr. pén. à l'épreuve du statut général de la fonction publique).

▶ Sur la nature juridique du traitement en temps réel des procédures pénales (TTR) : MANSONI, *AJ pénal 2012. 152*.

I. CONNAISSANCE DES FAITS

1. Le procureur de la République tient des art. 40 et 41, dont les dispositions ne comportent aucune restriction, le pouvoir d'ordonner une enquête sur les faits dont il a connaissance. • Crim. 30 juin 1999, n° 99-81.426 P. ♦ Le procureur de la République tient des art. 40, *41 et 80 le droit de requérir* l'ouverture d'une information au vu de tous renseignements dont il est destinataire, et le réquisitoire introductif ne peut être annulé que s'il ne satisfait pas en la forme aux conditions essentielles de son existence légale. • Crim. 5 juin 2002, n° 01-87.656 P.

2. Les renseignements fournis (notamment dans un rapport de police) au procureur de la République, faisant présumer l'existence d'une infraction, ne sont astreints à aucune condition de forme. • Crim. 28 janv. 1992, n° 90-84.940 P : *Gaz. Pal. 1992. 1. 365.* ♦ Le procureur de la République, à qui il appartient d'apprécier la suite à donner aux dénonciations qu'il reçoit, peut requérir l'ouverture d'une information au vu de tout renseignement dont il est destinataire. • Crim. 21 févr. 1995, n° 94-83.336 P • 27 févr. 2001, n° 00-86.747 P : *Dr. pénal 2001. Comm. 74, obs. Véron.* ♦ Le ministère public n'est pas lié par la qualification donnée par des fonctionnaires enquêteurs aux faits constatés dans leurs procès-verbaux. • Crim. 23 janv. 2001, n° 00-84.439 P : *D. 2001. IR 1437 ; Dr. pénal 2001. Comm. 68, obs. Maron ; Procédures 2001. Comm. 133, obs. Buisson.*

3. Information par le président de la chambre d'accusation. Le fait pour le président de la chambre d'accusation de porter à la connaissance du procureur général des infractions résultant de pièces d'exécution d'une commission rogatoire ne constitue pas un acte juridictionnel, par conséquent le réquisitoire introductif pris à la suite de cette communication n'est pas nul.

• Crim. 14 nov. 2000, n° 00-85-693 P.

4. Information par les autorités administratives indépendantes. La CNIL, autorité administrative chargée de veiller au respect des dispositions de la loi du 6 janv. 1978 relative à l'informatique, aux fichiers et aux libertés, dispose du pouvoir d'apprécier la suite à donner aux plaintes qui lui sont adressées, quelle que soit la décision prise ensuite par les autorités judiciaires, saisies en application des art. 21 (4°) de ladite loi et 40. • Crim. 3 févr. 1998, n° 96-82.665 P : *D. 1998. 443, note Gassin* . ♦ Si l'art. 40, al. 2 impose au CSA de saisir le procureur des infractions à la loi du 30 sept. 1986, ceci n'implique pas pour autant que la mise en mouvement de l'action publique est subordonnée à une plainte de cette autorité en l'absence d'une disposition législative expresse en ce sens. • Crim. 21 janv. 2003, n° 02-82.319 P : *JCP 2003. IV. 1531.*

5. Information par le supérieur hiérarchique. Les dispositions de l'art. 40 n'imposent pas que la dénonciation soit faite par le fonctionnaire de la DDCCRF qui a eu connaissance des faits délictueux, elle peut être faite par son supérieur hiérarchique. • Crim. 14 déc. 2000, n° 00-86.595 P.

6. Information par l'inspecteur du travail. L'infraction d'homicide involontaire visée à l'art. 221-6 C. pén. ne fait pas partie des infractions que l'inspecteur du travail est habilité à constater en vertu des art. L. 8112-1 et L. 8112-2 C. trav., qui ne lui n'interdisent néanmoins pas de faire état des infractions de droit commun dont les éléments constitutifs lui paraissent réunis et de les porter à la connaissance du procureur de la République en application de l'art. 40. • Crim. 9 janv. 2018, n° 17-80.200 P : *AJ pénal 2018. 144, obs. Chopin* ; *Dr. pénal 2018, n° 58, obs. Bonis.*

7. Information tardive du parquet. L'exécution tardive, par un fonctionnaire, de son obligation d'aviser le procureur en vertu des dispositions de l'art. 40, al. 2, n'est pas sanctionnée par la nullité. • Crim. 20 sept. 2000, n° 00-84.328 P. ♦ ... D'autant plus lorsque, comme en l'espèce, ce magistrat a été préalablement informé des opérations de contrôle susceptibles de donner lieu à la constatation d'infractions douanières. • Crim. 18 mars 2020, n° 19-81.001 P : *D. actu. 13 mai 2020, obs. Goetz.*

II. OPPORTUNITÉ DES POURSUITES

8. QPC. La possibilité, pour le procureur de la République, de choisir le mode de poursuite et notamment de décider que celle-ci se fera, après enquête préliminaire, par voie de citation directe devant le tribunal correctionnel sans ouverture d'une information, ne modifie pas le déroulement du procès pénal, et ne prive pas la personne d'un procès juste et équitable, celle-ci, quant au respect des droits de la défense, ayant, devant la juridiction, des garanties équivalentes à celles dont elle aurait bénéficié si l'affaire avait fait l'objet d'une information (non-renvoi). • Crim., QPC, 11 févr. 2014, n° 13-88.059 P.

9. Liberté d'appréciation. Le procureur de la République reçoit les plaintes et dénonciations et apprécie la suite à leur donner. • Crim. 2 nov. 1820 : *Bull. crim. n° 140.* ♦ Le procureur de la République, à qui il appartient d'apprécier la suite à donner aux dénonciations qu'il reçoit, tient des art. 40, 41 et 80, le droit de requérir l'ouverture d'une information, pour toutes les infractions qui lui paraissent résulter des faits dénoncés. • Crim. 27 févr. 2001, n° 00-86.747 P.

10. Le procureur de la République, saisi d'un acte introductif d'instance fiscale, demeure libre d'apprécier l'opportunité et les modalités de la poursuite. Il en résulte que le prévenu ne saurait se faire grief de ce que, saisi d'un tel acte, le procureur l'a cité directement devant le tribunal correctionnel au lieu de requérir l'ouverture d'une information. • Crim. 28 févr. 2007, n° 06-84.266 P.

11. Classement sans suite. Lorsqu'il n'est pas tenu, en vertu des dispositions de l'art. 56, du fait du dépôt d'une plainte avec constitution de partie civile recevable, le ministère public apprécie librement, en vertu de l'art. 40, la suite à donner aux faits qui pourraient être constitutifs d'une infraction à la loi pénale. • Crim. 7 nov. 1989, n° 88-84.058 P. ♦ Une décision de classement sans suite, sur laquelle le ministère public, en vertu de ses pouvoirs propres, peut toujours revenir, ne saurait faire échec, sous réserve des dispositions de l'art. 86, à l'ouverture d'une information, notamment sur plainte avec constitution de partie civile. • Crim. 12 mai 1992, n° 92-81.080 P.

12. Bien que ressortissant, selon l'art. 40, à l'exercice de l'autorité judiciaire, le classement sans suite d'une plainte, d'un procès-verbal ou d'une procédure d'enquête préliminaire n'est pas un acte juridictionnel et n'a pas l'autorité de la chose jugée. Le procureur, qui a le libre exercice de l'action publique, peut, jusqu'à l'expiration du délai de prescription, revenir sur son appréciation et exercer des poursuites sans avoir à s'en expliquer et à justifier de la survenance de faits nouveaux. • Crim. 6 juin 1952 : *Bull. crim. n° 142* • 5 déc. 1972, n° 72-92.579 P : *D. 1973. Somm. 21* ; *RSC 1973. 716, obs. Robert* • 12 mai 1992 : *D. 1992. 427, note Mayer* ; *RSC 1992. 606, obs. Braunschweig* .

13. Les juges du fond, saisis d'une poursuite en dénonciation calomnieuse, n'ont pas le pouvoir de remettre en question la décision de classement sans suite du procureur de la République, laquelle, dès lors qu'elle émane de l'autorité compétente au sens de l'art. 373 [anc.] C. pén., constitue la base légale de la poursuite. • Crim. 21 avr. 1980, n° 75-93.689 P. ♦ Dans le même sens : • Crim. 22 déc. 1958 : *Bull. crim. n° 765.*

14. Est irrecevable le moyen qui tend à mettre en cause l'appréciation faite par le procureur de la République de la suite qu'il lui appartenait de donner à une plainte selon les pouvoirs qui lui sont reconnus par l'art. 40. Les juridictions répressives ne sauraient, sans excès de pouvoirs, critiquer l'exercice que le ministère public fait de ses droits quant à l'opportunité d'engager ou non des poursuites. • Crim. 21 mai 1979, n° 81-94.848 P.

15. Le magistrat du parquet, qui prend les réquisitions et développe librement les observations qu'il croit convenables au bien de la justice, ne peut être inculpé des infractions que lui imputent des justiciables. Il en est de même de la décision que peut prendre, en application de l'art. 40, le procureur de la République, de classer sans suite une plainte ou une dénonciation. • Crim. 9 déc. 1981 : *D. 1983. 352, note Jeandidier* • 9 mars 1983 : *ibid.*

16. La décision de classement sans suite prise par le procureur de la République en application de l'art. 40 ne saurait constituer un déni de justice. • Crim. 12 nov. 2013 : *Dr. pénal 2014. 2, note Véron.*

17. Droit européen. Le principe de l'opportunité des poursuites n'est pas contraire aux dispositions de l'art. 6, al. 1er, Conv. EDH. • Crim. 21 sept. 1993 : *Gaz. Pal. 1993. 2. 573.*

III. TRANSACTION

18. En l'état d'une société qui s'est vu dresser procès-verbal pour infraction à la réglementation des prix et qui a accepté, à la suite de la saisine du parquet par l'administration, une offre de transaction, puis qui a demandé au tribunal administratif l'annulation de la transaction et la restitution des sommes versées, le juge administratif est compétent pour connaître de telles conclusions, dirigées contre un acte qui présente le caractère d'une décision administrative détachable de la procédure judiciaire de répression des infractions à la législation économique, dont le cours est suspendu par la décision du procureur de la République qui admet la possibilité d'une transaction. • CE 28 févr. 1986 : *D. 1986. 394, concl. Delon.*

Art. 40-1 *(L. n° 2004-204 du 9 mars 2004, art. 68)* **Lorsqu'il estime que les faits qui ont été portés à sa connaissance en application des dispositions de l'article 40 constituent une infraction commise par une personne dont l'identité et le domicile sont connus et pour laquelle aucune disposition légale ne fait obstacle à la mise en mouvement de l'action publique, le procureur de la République territorialement compétent décide s'il est opportun :**

1° Soit d'engager des poursuites ;

2° Soit de mettre en œuvre une procédure alternative aux poursuites en application des dispositions des articles 41-1 *(L. n° 2016-1691 du 9 déc. 2016, art. 22)* **« , 41-1-2 » ou 41-2 ;**

3° Soit de classer sans suite la procédure dès lors que les circonstances particulières liées à la commission des faits le justifient.

L'ancien art. 40-1 est devenu l'art. 40-4.

BIBL. ► DARSONVILLE, *AJ pénal 2017. 266* (classement sans suite des viols). – MIANSONI, *AJ pénal 2012. 152* (nature juridique du traitement en temps réel des procédures pénales).

Loi n° 2020-734 du 17 juin 2020,

Relative à diverses dispositions liées à la crise sanitaire, à d'autres mesures urgentes ainsi qu'au retrait du Royaume-Uni de l'Union européenne.

Art. 33 I. — Pour toutes les procédures correctionnelles ou contraventionnelles concernant des majeurs ou des mineurs dont les juridictions pénales de jugement ont été saisies avant la date de publication de la présente loi et pour lesquelles l'audience sur le fond n'est pas encore intervenue, le président du tribunal judiciaire ou le juge par lui délégué peut, sur requête du procureur de la République adressée avant le 31 décembre 2020, décider, par ordonnance prise, dans l'intérêt de la bonne administration de la justice, au moins un mois avant la date prévue pour l'audience, de renvoyer la procédure au ministère public afin que celui-ci apprécie à nouveau la suite à y donner conformément aux dispositions des 1° et 2° de l'article 40-1 du code de procédure pénale. Ces dispositions sont également applicables en cas de saisine d'un juge des enfants aux fins d'une mise en examen.

Cette ordonnance constitue une mesure d'administration judiciaire insusceptible de recours. Elle peut être commune à plusieurs procédures. Elle est portée par tout moyen à la connaissance du prévenu et de la victime, le cas échéant en même temps que ceux-ci sont informés de la suite de la procédure nouvellement décidée en application du même article 40-1.

Le présent I n'est pas applicable si le prévenu est placé en détention provisoire, assigné à domicile sous surveillance électronique ou placé sous contrôle judiciaire, si le tribunal correctionnel a été saisi par une ordonnance du juge d'instruction ou sur citation directe délivrée par la partie civile.

Si la victime avait été avisée de l'audience ou s'était déjà constituée partie civile devant la juridiction, le procureur de la République s'assure que la procédure qu'il retient lui permet de demander et d'obtenir son indemnisation. S'il a recours à la procédure de l'ordonnance pénale ou à la procédure de comparution sur reconnaissance préalable de culpabilité, et si la victime avait déjà formé une demande de réparation, le juge doit statuer sur cette demande conformément aux articles 495-2-1 ou 495-13 du code de procédure pénale.

II. — Hors les cas prévus au troisième alinéa du I du présent article, le procureur de la République peut, pour toutes les procédures correctionnelles ou contraventionnelles concernant des majeurs ou des mineurs dont les juridictions pénales de jugement ont été saisies avant la date de publication de la présente loi et pour lesquelles l'audience sur le fond, prévue avant ou après cette date, n'a pas pu se tenir ou ne pourra pas se tenir en raison de la crise sanitaire liée à l'épidémie de covid-19 au plus tard au 10 juillet 2020 inclus, apprécier à nouveau la suite à y donner conformément aux 1° et 2° de l'article 40-1 du code de procédure pénale et du 3° du même article 40-1 pour les seules infractions relevant de l'article 131-13 du code pénal et s'il n'y a pas de victime avisée de l'audience. Dans ce cas, le dernier alinéa du I du présent article est applicable.

III. — Le présent article est applicable sur l'ensemble du territoire de la République.

Art. 40-2 *(L. n° 2004-204 du 9 mars 2004, art. 68)* **Le procureur de la République avise les plaignants et les victimes si elles sont identifiées, ainsi que les personnes ou autorités mentionnées au deuxième alinéa de l'article 40, des poursuites ou des mesures alternatives aux poursuites qui ont été décidées à la suite de leur plainte ou de leur signalement.**

(L. n° 2004-204 du 9 mars 2004, art. 68, en vigueur le 31 déc. 2007) **« Lorsqu'il décide de classer sans suite la procédure, il les avise également de sa décision en indiquant les raisons juridiques ou d'opportunité qui la justifient. »**

Art. 40-3 *(L. n° 2004-204 du 9 mars 2004, art. 68)* **Toute personne ayant dénoncé des faits au procureur de la République peut former un recours auprès du procureur général contre la décision de classement sans suite prise à la suite de cette dénonciation. Le procureur général peut, dans les conditions prévues à l'article 36, enjoindre au procureur de la République d'engager des poursuites. S'il estime le recours infondé, il en informe l'intéressé.**

Art. 40-4 *(L. n° 2002-1138 du 9 sept. 2002, art. 64 ; L. n° 2004-204 du 9 mars 2004, art. 67)* **Lorsque la victime souhaite se constituer partie civile et demande la désignation d'un avocat après avoir été informée de ce droit en application du 3°** *(L. n° 2015-993 du 17 août 2015, art. 7 et 38, en vigueur le 15 nov. 2015)* **« de l'article 10-2 », le procureur de la République, avisé par l'officier ou l'agent de police judiciaire, s'il décide de mettre l'action publique en mouvement, en informe sans délai le bâtonnier de l'ordre des avocats.**

Dans le cas contraire, il indique à la victime, en l'avisant du classement de sa plainte, qu'elle peut directement adresser sa demande de désignation auprès du bâtonnier si elle maintient son intention d'obtenir la réparation de son préjudice.

Art. 40-4-1 *(L. n° 2015-993 du 17 août 2015, art. 7 et 38, en vigueur le 15 nov. 2015)* **La victime qui souhaite se constituer partie civile peut déclarer :**

1° Une adresse personnelle ;

2° L'adresse d'un tiers, sous réserve de l'accord exprès de celui-ci. *(L. n° 2019-222 du 23 mars 2019, art. 42-VI)* **« Cet accord n'est toutefois pas nécessaire lorsque la personne est dépositaire de l'autorité publique ou chargée d'une mission de service public et que l'infraction a été commise en raison de ses fonctions ou de sa mission, si l'adresse déclarée est son adresse professionnelle. »**

Elle est avisée qu'elle doit signaler au procureur de la République, par lettre recommandée avec demande d'avis de réception, tout changement de l'adresse déclarée. Elle est également avisée que toute notification faite à la dernière adresse déclarée sera réputée faite à sa personne.

Faute par elle d'avoir déclaré un changement d'adresse, la partie civile ne peut opposer le défaut de notification des actes qui auraient dû lui être notifiés aux termes de la loi.

Art. 40-5 *(L. n° 2013-711 du 5 août 2013, art. 20)* En cas d'évasion d'une personne, le procureur de la République informe sans délai de cette évasion la victime des faits ayant entraîné la détention ou sa famille, dès lors que cette évasion est susceptible de leur faire courir un risque et sauf s'il ne paraît pas opportun de communiquer cette information au regard du risque qu'elle pourrait entraîner pour l'auteur des faits.

Art. 40-6 *(Abrogé par L. n° 2016-1691 du 9 déc. 2016, art. 5) (L. n° 2013-1117 du 6 déc. 2013, art. 36)* ***La personne qui a signalé un délit ou un crime commis dans son entreprise ou dans son administration est mise en relation, à sa demande, avec le service central de prévention de la corruption lorsque l'infraction signalée entre dans le champ de compétence de ce service.***

Art. 41 Le procureur de la République procède ou fait procéder à tous les actes nécessaires à la recherche et à la poursuite des infractions à la loi pénale.

A cette fin, il dirige l'activité des officiers et agents de la police judiciaire dans le ressort de son tribunal. *(Abrogé par L. n° 2019-222 du 23 mars 2019, art. 69 et 109-XVIII, à compter d'une date fixée par décret et au plus tard le 1er janv. 2020) (L. n° 2016-731 du 3 juin 2016, art. 69)* ***« Il peut, en outre, requérir tout officier de police judiciaire, sur l'ensemble du territoire national, de procéder aux actes d'enquête qu'il estime nécessaires dans les lieux où chacun d'eux est territorialement compétent. »***

(L. n° 2019-222 du 23 mars 2019, art. 69 et 109-XVIII, en vigueur à compter d'une date fixée par décret et au plus tard le 1er juill. 2021) « Lorsqu'il s'agit d'actes d'enquête devant être exécutés dans un autre ressort que celui du tribunal judiciaire, il peut demander au procureur de la République territorialement compétent d'y procéder ou d'y faire procéder par un officier de police judiciaire. Il peut toutefois également requérir directement tout officier de police judiciaire sur l'ensemble du territoire national de procéder à ces actes. »

(L. n° 93-2 du 4 janv. 1993) « Le procureur de la République contrôle les mesures de garde à vue. » *(L. n° 2000-516 du 15 juin 2000, art. 3, en vigueur le 1er janv. 2001)* « Il visite les locaux de garde à vue chaque fois qu'il l'estime nécessaire et au moins une fois par *(L. n° 2002-307 du 4 mars 2002)* « an » ; il tient à cet effet un registre répertoriant le nombre et la fréquence des contrôles effectués dans ces différents locaux. » *(L. n° 2007-291 du 5 mars 2007, art. 13)* « Il adresse au procureur général un rapport concernant les mesures de garde à vue et l'état des locaux de garde à vue de son ressort ; ce rapport est transmis au garde des sceaux. Le garde des sceaux rend compte de l'ensemble des informations ainsi recueillies dans un rapport annuel qui est rendu public. »

Il a tous les pouvoirs et prérogatives attachés à la qualité d'officier de police judiciaire prévus par *(Ord. n° 58-1296 du 23 déc. 1958)* « la section II du chapitre Ier du titre Ier » du présent livre, ainsi que par des lois spéciales.

(L. n° 2011-1862 du 13 déc. 2011, art. 22-4°) « Il peut se transporter dans toute l'étendue du territoire national. Il peut également, dans le cadre d'une demande d'entraide adressée à un État étranger et avec l'accord des autorités compétentes de l'État concerné, se transporter sur le territoire d'un État étranger aux fins de procéder à des auditions. »

En cas d'infractions flagrantes, il exerce les pouvoirs qui lui sont attribués par l'article 68.

(L. n° 89-461 du 6 juill. 1989) « Le procureur de la République peut également requérir, suivant les cas, *(L. n° 2012-409 du 27 mars 2012, art. 4-I)* « une personne

habilitée dans les conditions prévues au sixième alinéa de l'article 81 *(L. nº 2019-222 du 23 mars 2019, art. 73 et 109-XIX, en vigueur le 24 mars 2020)* **« , le service pénitentiaire d'insertion et de probation ou le service de la protection judiciaire de la jeunesse** *[ancienne rédaction : ou, en cas d'impossibilité matérielle, le service pénitentiaire d'insertion et de probation]* **» de vérifier la situation matérielle, familiale et sociale d'une personne faisant l'objet d'une enquête** *(L. nº 2019-222 du 23 mars 2019, art. 73 et 109-XIX, en vigueur le 24 mars 2020)* **« , de vérifier la faisabilité matérielle de certaines peines ou** *[certains]* **aménagements de peine pouvant être prononcés » et de l'informer sur les mesures propres à favoriser l'insertion sociale de l'intéressé. »** *(L. nº 2019-222 du 23 mars 2019, art. 73 et 109-XIX, en vigueur le 24 mars 2020)* **« Ces réquisitions peuvent également être faites après le renvoi d'une personne devant le tribunal correctionnel par le juge d'instruction, lorsque celle-ci est en détention provisoire. »**

(L. nº 2021-1729 du 22 déc. 2021, art. 14) **« Ces diligences doivent être prescrites avant toute réquisition de placement en détention provisoire lorsque la peine encourue n'excède pas cinq ans d'emprisonnement et en cas de poursuites selon la procédure de comparution immédiate prévue aux articles 395 à 397-6 ou lorsque la personne est déférée devant le procureur de la République en application de l'article 393 et en cas de poursuites selon la procédure de comparution sur reconnaissance préalable de culpabilité prévue aux articles 495-7 à 495-13. »**

(L. nº 2003-1119 du 26 nov. 2003, art. 80) **« A l'exception des infractions prévues aux articles 19 et 27 de l'ordonnance nº 45-2658 du 2 novembre 1945 relative aux conditions d'entrée et de séjour des étrangers en France, en cas de poursuites pour une infraction susceptible d'entraîner à son encontre le prononcé d'une mesure d'interdiction du territoire français d'un étranger qui déclare, avant toute saisine de la juridiction compétente, se trouver dans l'une des situations prévues par les articles 131-30-1 ou 131-30-2 du code pénal, le procureur de la République ne peut prendre aucune réquisition d'interdiction du territoire français s'il n'a préalablement requis, suivant les cas, l'officier de police judiciaire compétent, le service pénitentiaire d'insertion et de probation, le service compétent de la protection judiciaire de la jeunesse, ou toute personne habilitée dans les conditions de l'article 81, sixième alinéa, afin de vérifier le bien-fondé de cette déclaration. »**

(L. nº 2000-516 du 15 juin 2000, art. 102) **« Le procureur de la République peut également recourir à une association d'aide aux victimes** *(L. nº 2019-222 du 23 mars 2019, art. 42-VII et 109-XI, en vigueur le 24 mars 2020)* **« agréée par le ministre de la justice dans des conditions définies par décret », afin qu'il soit porté aide à la victime de l'infraction. »** *— V. art. D. 1er-12-1 s.*

En ce qui concerne le conventionnement de droit pour les associations d'aide aux victimes, V. L. nº 2000-516 du 15 juin 2000, art. 103.

V. Circ. CRIM 00-13 F1 du 4 déc. 2000 (BOMJ, nº 80) et Circ. CRIM 01-07 F1 du 14 mai 2001 (BOMJ, nº 82).

V. art. D. 47-6-15.

BIBL. ► Choix du service d'enquête : Barlogis, *AJ pénal 2016. 570*. – Médiation pénale : Blanc, *JCP 1994. I. 3760*. – Cartier, *RG proc. 1998. 1*. – Desdevises, *LPA 1997, nº 102*. – Lazerges, *RSC 1997. 186*. – Leblois-Happel, *RSC 1994. 525*. – Medjaoui, *RSC 1996. 823*. – Vergnolle, *D. 2021. 609* (la qualification des codes de déverrouillage des téléphones et les personnes pouvant les requérir).

1. Pouvoirs du parquet. Le procureur de la République a tous les pouvoirs et prérogatives attachés à la qualité d'officier de police judiciaire et notamment ceux que ce dernier tient de l'art. 60. • Crim. 10 mai 1984, nº 84-91.064 P.

2. Le ministère public peut, du fait de sa mission légale et dans l'intérêt de l'ordre public, rechercher si, par le jeu d'un compte courant postal, un huissier a violé les règles professionnelles. • Crim. 5 avr. 1962, nº 60-91.879 P.

3. Compétence territoriale. Aucune disposition légale ne fait obstacle à ce que, dans le cadre d'une enquête de flagrance, la prolongation d'une mesure de garde à vue soit autorisée par le procureur de la République saisi des faits : en cas de saisine conjointe de procureurs de deux tribunaux différents, le procureur qui s'est saisi de l'affaire en raison du domicile de la personne arrêtée peut ordonner la prolongation de la garde à vue qui se déroule dans le ressort du tribunal du lieu d'arrestation de l'individu. • Crim. 4 janv. 2006, n° 05-86.086 P : *D. 2006. IR 396* ; *RSC 2006. 341, obs. Commaret* ; *ibid. 2007. 604, obs. Buisson*.

4. *Géolocalisation.* Il se déduit de l'art. 8 Conv. EDH que la technique dite de géolocalisation constitue une ingérence dans la vie privée dont la gravité nécessite qu'elle soit exécutée sous le contrôle d'un juge. Cette mesure ne peut dès lors être ordonnée par le procureur de la République sur le fondement des art. 12, 14 et 41. • Crim. 22 oct. 2013, n° 13-81.949 P : *D. actu. 5 nov. 2013, obs. Bombled* ; *D. 2014. Chron. 115, note Matsopoulou* ; *ibid. 319, obs. Barbier* ; *AJ pénal 2013. 668, note Ascensi* ; *Dr. pénal 2013. 177, note Maron et Haas* ; *Procédures 2013. 358, note Chavent-Leclère* ; *Gaz. Pal. 9 févr. 2014, p. 37, note Fourment* • Crim. 22 oct. 2013 : *RSC 2013. 847, note Boccon-Gibod* • Crim., QPC, 19 nov. 2013, n° 13-84.909 P : *D. actu. 4 déc. 2013, obs. Bombled* ; *Dr. pénal 2013. 177, note Maron et Haas* ; *Procédures 2013. 358, note Chavent-Leclère.* ♦ Pendant l'instruction préparatoire, V. ss. art. 81. ♦ Si la mise en œuvre du moyen technique de géolocalisation ne peut, en raison de sa gravité, être réalisée que sous le contrôle d'un juge, l'arrêt d'une chambre de l'instruction n'encourt pas pour autant la censure dès lors qu'à défaut d'exécution effective de ces réquisitions dans le délai qu'elles prévoyaient, ainsi que la Cour de cassation est en mesure de s'en assurer par le contrôle des pièces de la procédure, le demandeur n'a subi aucune ingérence dans sa vie privée au sens de l'art. 8 Conv. EDH. • Crim. 14 janv. 2014, n° 13-84.909 P : *D. actu. 4 févr. 2014, obs. Bombled* ; *Procédures 2014. 84, note Chavent-Leclère.* ♦ Une mesure de géolocalisation, antérieure à la L. n° 2014-372 du 28 mars 2014, n'encourt pas la nullité, dès lors que sa durée n'a pas excédé celle au terme de laquelle le respect des dispositions de l'art. 8 de la Conv. EDH imposait qu'elle fût exécutée sous le contrôle d'un juge (3 jours). • Crim. 6 janv. 2015 : *D. actu. 27 janv. 2015, obs. Fucini* ; *RSC 2015. 123, note Giudicelli*. ♦ Même solution pour une durée de moins de quinze jours. • Crim. 8 juill. 2015, n° 15-81.731 P : *D. actu. 24 juill. 2015, obs. Fucini* ; *Procédures 2015, n° 308, note Chavent-Leclère.* ♦ Il ne résulte d'aucun texte qu'une même ligne téléphonique ne puisse faire l'objet de plusieurs mesures de géolocalisation à l'occasion de procédures distinctes, sauf à ce que le recours à un stratagème soit établi. • Même arrêt.

5. *Vidéosurveillance.* Le procureur de la République tient des art. 39-3 et 41 le pouvoir de faire procéder, sous son contrôle effectif et selon les modalités qu'il autorise s'agissant de sa durée et de son périmètre, à une vidéosurveillance sur la voie publique aux fins de rechercher la preuve des infractions à la loi pénale ; l'ingérence dans la vie privée qui résulte d'une telle mesure, présentant par sa nature même un caractère limité et étant proportionnée au regard de l'objectif poursuivi, n'est pas contraire à l'art. 8 Conv. EDH. • Crim. 8 déc. 2020, n° 20-83.885 P : *D. actu. 6 janv. 2021, obs. Fucini* ; *AJ pénal 2021. 98, obs. Roussel* ; *Dr. pénal 2021, n° 36, obs. Maron et Haas* ; *RSC 2021. 124, obs. Jeanne*.

6. *PNIJ.* Il est permis au procureur de la République d'autoriser de façon générale sur le fondement de l'art. 39-3, dans le cadre d'une enquête préliminaire qu'il a ordonnée, les enquêteurs à procéder à des réquisitions auprès de la PNIJ. • Crim. 30 mars 2021, n° 20-85.556 P : *D. actu. 16 avr. 2021, obs. Recotillet* ; *AJ pénal 2021. 322, obs. Clément*.

Art. 41-1 *(L. n° 99-515 du 23 juin 1999)* **S'il lui apparaît qu'une telle mesure est susceptible d'assurer la réparation du dommage causé à la victime, de mettre fin au trouble résultant de l'infraction ou de contribuer au reclassement de l'auteur des faits, le procureur de la République peut, préalablement à sa décision sur l'action publique,** *(L. n° 2004-204 du 9 mars 2004, art. 69)* **« directement ou par l'intermédiaire d'un officier de police judiciaire, d'un délégué ou d'un médiateur du procureur de la République** *[ancienne rédaction : directement ou par délégation]* **» :**

1° Procéder au rappel auprès de l'auteur des faits des obligations résultant de la loi *[nouvelle redaction issue de la L. n° 2021-1729 du 22 déc. 2021, art. 14-I-4°, en vigueur le 1er janv. 2023 : « 1° Adresser à l'auteur de l'infraction qui a reconnu sa culpabilité un avertissement pénal probatoire lui rappelant les obligations résultant de la loi ou du règlement ainsi que les peines encourues et lui indiquant que cette décision est revue en cas de commission d'une nouvelle infraction dans un délai de deux ans ; ce délai est fixé à un an en matière contraventionnelle. Cet avertissement ne peut être adressé que par le procureur de la République ou son délégué ; il ne peut intervenir à l'égard d'une personne qui a déjà été condamnée ou à la suite d'un délit de violences contre les personnes ou d'un délit commis contre une personne dépositaire de l'autorité publique ou investie d'un mandat électif public. Lorsque l'infraction a causé un préjudice à une personne physique ou morale, l'avertissement ne peut intervenir que si le préjudice a déjà été réparé ou s'il est également fait application de la mesure prévue au 4°] » ; — A compter du 23 déc. 2021 et du 1er juin 2022 et jusqu'au 1er janv. 2023, le 1° de l'art. 41-1 n'est pas applicable respectivement en cas de délits commis* *contre une personne dépositaire de l'autorité publique ou investie d'un mandat électif public et en cas de délits de violences (L. n° 2021-1729 du 22 déc. 2021, art. 59-VIII).*

2° Orienter l'auteur des faits vers une structure sanitaire, sociale ou professionnelle ; *(L. n° 2004-204 du 9 mars 2004, art. 69)* « cette mesure peut consister dans l'accomplissement par l'auteur des faits, à ses frais, d'un stage ou d'une formation dans un service ou un organisme sanitaire, social ou professionnel, et notamment d'un stage de citoyenneté » *(L. n° 2007-297 du 5 mars 2007, art. 65)* « , d'un stage de responsabilité parentale *(L. n° 2016-444 du 13 avr. 2016, art. 21)* « , d'un stage de sensibilisation à la lutte contre l'achat d'actes sexuels » *(L. n° 2014-873 du 4 août 2014, art. 50)* « , d'un stage de responsabilisation pour la prévention et la lutte contre les violences au sein du couple et sexistes » *(L. n° 2018-703 du 3 août 2018, art. 15)* « , d'un stage de lutte contre le sexisme et de sensibilisation à l'égalité entre les femmes et les hommes » ou d'un stage de sensibilisation aux dangers de l'usage de produits stupéfiants » ; *(L. n° 2003-495 du 12 juin 2003, art. 6)* « en cas d'infraction commise à l'occasion de la conduite d'un véhicule terrestre à moteur, cette mesure peut consister dans l'accomplissement, par l'auteur des faits, à ses frais, d'un stage de sensibilisation à la sécurité routière ; »

3° Demander à l'auteur des faits de régulariser sa situation au regard de la loi ou des règlements. *(L. n° 2021-401 du 8 avr. 2021, art. 1er)* « Cette régularisation peut notamment consister à se dessaisir au profit de l'État de la chose qui a servi ou était destinée à commettre l'infraction ou qui en était le produit. Le dessaisissement peut également être fait au bénéfice d'une personne morale à but non lucratif désignée par le procureur de la République, lorsqu'il s'agit d'une chose dont l'auteur des faits est propriétaire et sur laquelle aucun tiers n'est susceptible d'avoir des droits ; »

4° Demander à l'auteur des faits de réparer le dommage résultant de ceux-ci. *(L. n° 2021-401 du 8 avr. 2021, art. 1er)* « Cette réparation peut notamment consister en une restitution, en une remise en état des lieux ou des choses dégradés ou en un versement pécuniaire au bénéfice de la victime ou de toute personne physique ou morale ayant eu à engager des frais pour remettre en état les lieux ou les choses dégradés ; »

5° Faire procéder, *(L. n° 2010-769 du 9 juill. 2010, art. 30)* « à la demande ou avec l'accord de la victime *[ancienne rédaction : avec l'accord des parties]* », à une mission de médiation entre l'auteur des faits et la victime. *(L. n° 2004-204 du 9 mars 2004, art. 69)* « En cas de réussite de la médiation, le procureur de la République ou le médiateur du procureur de la République en dresse procès-verbal, qui est signé par lui-même et par les parties, et dont une copie leur est remise ; si l'auteur des faits s'est engagé à verser des dommages et intérêts à la victime, celle-ci peut, au vu de ce procès-verbal, en demander le recouvrement suivant la procédure d'injonction de payer, conformément aux règles prévues par le code de procédure civile ». *(L. n° 2020-936 du 30 juill. 2020, art. 6)* « En cas de violences au sein du couple relevant de l'article 132-80 du code pénal, il ne peut pas être procédé à une mission de médiation ; »

(L. n° 2006-399 du 4 avr. 2006, art. 12) « 6° En cas d'infraction commise soit contre son conjoint, son concubin ou son partenaire lié par un pacte civil de solidarité, soit contre ses enfants ou ceux de son conjoint, concubin ou partenaire, demander à l'auteur des faits de résider hors du domicile ou de la résidence du couple et, le cas échéant, de s'abstenir de paraître dans ce domicile ou cette résidence ou aux abords immédiats de celui-ci, ainsi que, si nécessaire, de faire l'objet d'une prise en charge sanitaire, sociale ou psychologique ; les dispositions du présent 6° sont également applicables lorsque l'infraction est commise par l'ancien conjoint ou concubin de la victime, ou par la personne ayant été liée à elle par un pacte civil de solidarité, le domicile concerné étant alors celui de la victime. » *(L. n° 2014-873 du 4 août 2014, art. 35)* « Pour l'application du présent 6°, le procureur de la République recueille ou fait recueillir, dans les meilleurs délais et par tous moyens *[,]* l'avis de la victime sur l'opportunité de demander à l'auteur des faits de résider hors du logement du couple. Sauf circonstances particulières, cette mesure est prise lorsque sont en cause des faits de violences susceptibles d'être renouvelés et que la victime la sollicite. Le procureur de la République peut préciser les modalités de prise en charge des frais afférents à ce logement pendant une durée qu'il fixe et qui ne peut excéder six mois ; »

(L. n° 2019-222 du 23 mars 2019, art. 59) « 7° Demander à l'auteur des faits de ne pas paraître, pour une durée qui ne saurait excéder six mois, dans un ou plusieurs

lieux déterminés dans lesquels l'infraction a été commise ou dans lesquels réside la victime ; »

(L. nº 2021-401 du 8 avr. 2021, art. 1er) **« 8° Demander à l'auteur des faits de ne pas rencontrer ou recevoir, pour une durée qui ne peut excéder six mois, la ou les victimes de l'infraction désignées par le procureur de la République, directement ou par l'intermédiaire des personnes mentionnées au premier alinéa, ou ne pas entrer en relation avec cette ou ces victimes ;**

« 9° Demander à l'auteur des faits de ne pas rencontrer ou recevoir, pour une durée qui ne peut excéder six mois, le ou les coauteurs ou complices éventuels désignés par le procureur de la République directement ou par l'intermédiaire des personnes mentionnées au même premier alinéa, ou ne pas entrer en relation avec eux ;

« 10° Demander à l'auteur des faits de s'acquitter d'une contribution citoyenne auprès d'une association d'aide aux victimes mentionnée aux articles 10-2 et 41 du présent code du ressort du tribunal judiciaire ou, à défaut, de la cour d'appel. Le montant de cette contribution, qui ne peut excéder le montant prévu au premier alinéa de l'article 131-13 du code pénal, est fixé par le procureur de la République en fonction de la gravité des faits ainsi que des ressources et des charges de l'auteur des faits ;

« 11° Dans les cas prévus à l'article 44-1 du présent code et après avoir recueilli l'avis du maire, demander à l'auteur des faits de répondre à une convocation du maire en vue de conclure une transaction. Si l'auteur des faits ne se présente pas à la convocation ou si aucun accord n'est trouvé, le maire en informe le procureur de la République. »

La procédure prévue au présent article suspend la prescription de l'action publique.

(L. nº 2004-204 du 9 mars 2004, art. 70) **« En cas de non-exécution de la mesure en raison du comportement de l'auteur des faits, le procureur de la République, sauf élément nouveau, met en œuvre une composition pénale ou engage des poursuites. »**

V. art. R. 15-33-30 s. et R. 121. — Sur le rôle de l'état-major de sécurité et de la cellule de coordination opérationnelle des forces de sécurité intérieure, V. CSI, art. L. 132-10-1. — ***CSI.***

V. Circ. CRIM. 04-3 E5 du 16 mars 2004 relative à la politique pénale en matière de réponses alternatives aux poursuites et de recours aux délégués du procureur (BOMJ 2004, nº 93, p. 99).

Sur la rétribution de l'avocat assistant la personne mise en cause ou la victime qui bénéficie de l'aide juridictionnelle au cours de la médiation pénale, V. L. nº 91-647 du 10 juill. 1991, art. 64-2, App., vº Aide juridique.

RÉP. PÉN. vis *Justice restaurative,* par CARIO ; *Médiation pénale,* par PERRIER.

BIBL. ▶ BLANC, *JCP 1994. I. 3760.* – CARTIER, *RG proc. 1998. 1.* – DELAGE, *D. 2022. 364* (du rappel à la loi à l'avertissement pénal probatoire). – DESDEVISES, *LPA 1997, nº 102.* – FAGET, *RSC 2009. Chron. 981* (« accommodements raisonnables » de la médiation pénale). – LAZERGES, *RSC 1997. 186.* – LEBLOIS-HAPPE, *RSC 1994. 525.* – LEGRAS, *AJ pénal 2013. 329* (injonction thérapeutique entre les mains du parquet : quel cadre d'intervention ?). – LUDWICZAC, *AJ pénal 2021. 234* (les apports de la loi du 8 avril 2021 en matière d'alternatives aux poursuites). – MAUREL, *AJ pénal 2022. 10* (loi du 22 décembre 2021 pour la confiance dans l'institution judiciaire). – MEDJAOUI, *RSC 1996. 823.* – PERRIER, *D. 2011. Point de vue 2349* (alternatives aux poursuites : l'orthodoxie juridique face à l'opportunité pratique). – POKORA, *AJ pénal 2003. 58* . – RASCHEL, *RSC 2021. 673* (la déjudiciarisation de la réponse pénale à la délinquance du quotidien). – RIBEYRE, *Dr. pénal 2021. Étude 10* (la justice pénale de proximité et la loi du 8 avril 2021). – VOISIN, *LPA 2002, nº 170, p. 49* (la médiation pénale est-elle juste ?).

▶ **Dossiers :** Médiation pénale, *AJ pénal 2011. 216* *s.* : LEBÉHOT, (cadre juridique de la médiation pénale). – MAUREL, (recours à la médiation pénale par le procureur de la République). – GOSSEYE, (mise en œuvre de la médiation pénale par l'Association béarnaise de contrôle judiciaire de Pau). – DANDONNEAU, (retour sur une expérimentation européenne de médiation pénale post-sententielle). – L'HOUR (secteur associatif : un acteur incontournable mais méconnu des mutations judiciaires) ; *AJ pénal 2021. 231* *s.* (mise en œuvre de la justice de proximité) ; *ibid. 2022. 7* *s.* (loi pour la confiance dans l'institution judiciaire).

1. Rappel à la loi. Le rappel à la loi, mesure prise par une autorité de poursuite, n'établit pas la culpabilité de la personne suspectée ou poursuivie. • Crim. 6 déc. 2011, nº 11-80.419 P : *D. actu. 3 janv. 2012, obs. Léna ; D. 2012. Pan. 2118, obs. Pradel ; RSC 2012. Chron. 188, obs. Danet.*

2. Médiation. Les dispositions de l'art. 24 de la loi du 8 févr. 1995, relatif à la médiation en matière civile, selon lesquelles les constatations du médiateur et les déclarations qu'il recueille ne peuvent être évoquées devant le juge saisi du litige qu'avec l'accord des parties, sont également applicables lorsque le procureur de la République fait procéder à une médiation en application de l'art. 41-1. • Crim. 28 févr. 2001, n° 00-83.365 P. ♦ *Contra* : lorsqu'ils déclarent le prévenu coupable de non-représentation d'enfant en énonçant notamment qu'il a refusé de collaborer à une mesure de médiation, les juges ne méconnaissent pas les dispositions de l'art. 24 de la loi du 8 févr. 1995 qui n'est pas applicable aux procédures pénales en vertu de l'art. 26 de cette même loi. • Crim. 12 mai 2004, n° 03-82.098 P : *JCP 2004. IV. 2431.*

3. Le procès-verbal établi et signé à l'occasion d'une médiation pénale constitue une transaction qui permet à la victime d'agir en exécution forcée sur le fondement des art. 2044 s. C. civ. • Civ. 1re, 10 avr. 2013 : *D. actu. 22 avr. 2013, obs. Fucini ; D. 2013. 1663, note Perrier ; AJ pénal 2013. 422, obs. Lavric .*

4. Obligations imposées à l'auteur de l'infraction et survie de l'action publique. Il résulte de l'art. 41-1 que le procureur de la République peut, préalablement à toute décision sur l'action publique, prescrire l'une des obligations prévues par cet article, sans que l'exécution de cette obligation éteigne l'action publique. • Crim. 21 juin 2011, n° 11-80.003 P : *D. actu. 12 juill. 2011, obs. Léna ; D. 2011. 2379, note Desprez ; ibid. 2349. Point de vue, obs. Perrier ; ibid. 2012. Pan. 2118, obs. Pradel ; AJ pénal 2011. 584, note Belfanti ; RSC 2011. 660, obs. Danet ; Procédures 2011, n° 312, obs. Buisson ; JCP 2011, n° 1453, obs. Ludwiczak.*

5. Il résulte de l'art. 41-1 que le procureur de la République peut, préalablement à sa décision sur l'action publique, prescrire l'une des obligations prévues par cet art., sans que l'exécution de cette obligation éteigne l'action publique. La victime n'est dès lors pas privée de la possibilité de mettre en mouvement l'action publique par la voie d'une citation directe devant la juridiction de jugement quand bien même sa plainte avait été classée sans suite. • Crim. 17 janv. 2012 : *D. 2012. Pan. 2120, obs. Pradel .*

6. Suspension de la prescription. La procédure de l'art. 41-1 suspend le délai de prescription de l'action publique. • Crim. 17 oct. 2017, n° 16-85.193 : *RSC 2018. 126, note Delage .*

Art. 41-1-1 *(Abrogé par L. n° 2019-222 du 23 mars 2019, art. 59) (L. n° 2014-896 du 15 août 2014, art. 35, en vigueur le 1er oct. 2014)* ***I. — L'officier de police judiciaire peut, tant que l'action publique n'a pas été mise en mouvement et sur autorisation du procureur de la République, transiger avec les personnes physiques et les personnes morales sur la poursuite :***

1° Des contraventions prévues par le code pénal, à l'exception des contraventions des quatre premières classes pour lesquelles l'action publique est éteinte par le paiement d'une amende forfaitaire en application de l'article 529 ;

2° Des délits prévus par le code pénal et punis d'une peine d'amende ;

3° Des délits prévus par le même code et punis d'un an d'emprisonnement au plus, à l'exception du délit d'outrage prévu au deuxième alinéa de l'article 433-5 dudit code ;

(L. n° 2017-258 du 28 févr. 2017, art. 19) ***« 4° Du délit prévu à l'article 311-3 du même code, lorsque la valeur de la chose volée est inférieure ou égale à 300 € ; »***

5° Du délit prévu à l'article L. 3421-1 du code de la santé publique ;

6° Du délit prévu au premier alinéa de l'article L. 126-3 du code de la construction et de l'habitation.

Lorsque le procureur de la République autorise le recours à la transaction en application du présent article, l'officier de police judiciaire peut soumettre l'auteur de l'infraction, compte tenu de ses ressources et de ses charges, à l'obligation de consigner une somme d'argent, en vue de garantir le paiement de l'amende mentionnée au 1° du II ou, le cas échéant, de l'amende prononcée en cas de poursuites et de condamnation dans les conditions prévues au dernier alinéa du III.

La transaction autorisée par le procureur de la République, proposée par l'officier de police judiciaire et acceptée par l'auteur de l'infraction [,] est homologuée par le président du tribunal judiciaire ou par un juge par lui désigné, après avoir entendu, s'il y a lieu, l'auteur de l'infraction assisté, le cas échéant, par son avocat.

II. — La proposition de transaction est déterminée en fonction des circonstances et de la gravité de l'infraction, de la personnalité et de la situation matérielle, familiale et sociale de son auteur ainsi que de ses ressources et de ses charges. Elle fixe :

1° L'amende transactionnelle due par l'auteur de l'infraction et dont le montant ne peut excéder le tiers du montant de l'amende encourue ;

2° Le cas échéant, l'obligation pour l'auteur de l'infraction de réparer le dommage résultant de celle-ci ;

3° Les délais impartis pour le paiement et, s'il y a lieu, l'exécution de l'obligation de réparer le dommage.

III. — L'acte par lequel le président du tribunal judiciaire ou le juge par lui désigné homologue la proposition de transaction est interruptif de la prescription de l'action publique.

L'action publique est éteinte lorsque l'auteur de l'infraction a exécuté dans les délais impartis l'intégralité des obligations résultant pour lui de l'acceptation de la transaction.

En cas de non-exécution de l'intégralité des obligations dans les délais impartis ou de refus d'homologation, le procureur de la République, sauf élément nouveau, met en œuvre les mesures prévues à l'article 41-1 ou une composition pénale, ou engage des poursuites.

IV. — Les opérations réalisées par l'officier de police judiciaire en application des I et II du présent article sont relatées dans un seul procès-verbal.

V. — Les modalités d'application du présent article sont fixées par décret en Conseil d'État. *— V. art. R. 15-33-37-1 s. [annulés].*

Le Cons. const. a émis la réserve suivante : les dispositions de l'art. 41-1-1 ne sauraient, sans méconnaître les droits de la défense, autoriser qu'une transaction soit conclue sans que la personne suspectée d'avoir commis une infraction ait été informée de son droit à être assistée de son avocat avant d'accepter la proposition qui lui est faite, y compris si celle-ci intervient pendant qu'elle est placée en garde à vue (Cons. const. 23 sept. 2016, n° 2016-569 QPC, JO 25 sept.).

BIBL. ▶ Miansoni, *AJ pénal 2015. 469*. – Perrier, *D. 2014. 2182* (la transaction pénale de l'art. 41-1-1 : bonne idée ou outil dangereux ?) ; *D. 2016. Point de vue 135*.

QPC. En renvoyant au pouvoir réglementaire le soin de délimiter le champ d'application d'une procédure ayant pour objet l'extinction de l'action publique, le législateur a méconnu sa compétence dans des conditions affectant l'égalité devant la procédure pénale ; le 4° de l'art. 41-1-1 doit par conséquent être déclaré contraire à la Constitution. • Cons. const. 23 sept. 2016, n° 2016-569 QPC : *JO 25 sept.* ; *D. 2016. 2545, note Perrier* ; *AJ pénal 2016. 546, obs. Engel* ; *RSC 2017. 389, obs. de Lamy*.

Art. 41-1-2 *(L. n° 2016-1691 du 9 déc. 2016, art. 22)* **I. — Tant que l'action publique n'a pas été mise en mouvement, le procureur de la République peut proposer à une personne morale mise en cause pour un ou plusieurs délits prévus aux articles 433-1, 433-2, 435-3, 435-4, 435-9, 435-10, 445-1, 445-1-1, 445-2 et 445-2-1, à l'avant-dernier alinéa de l'article 434-9 et au deuxième alinéa de l'article 434-9-1 du code pénal** *(L. n° 2020-1672 du 24 déc. 2020, art. 14)* **« et leur blanchiment », pour** *(L. n° 2018-898 du 23 oct. 2018, art. 25)* **« les délits prévus aux articles 1741 et 1743 du code général des impôts et leur blanchiment, ainsi que pour des infractions connexes », de conclure une convention judiciaire d'intérêt public imposant une ou plusieurs des obligations suivantes :**

1° Verser une amende d'intérêt public au Trésor public. Le montant de cette amende est fixé de manière proportionnée aux avantages tirés des manquements constatés, dans la limite de 30 % du chiffre d'affaires moyen annuel calculé sur les trois derniers chiffres d'affaires annuels connus à la date du constat de ces manquements. Son versement peut être échelonné, selon un échéancier fixé par le procureur de la République, sur une période qui ne peut être supérieure à un an et qui est précisée par la convention ;

2° Se soumettre, pour une durée maximale de trois ans et sous le contrôle de l'Agence française anticorruption, à un programme de mise en conformité destiné à s'assurer de l'existence et de la mise en œuvre en son sein des mesures et procédures énumérées au II de l'article 131-39-2 du code pénal.

Les frais occasionnés par le recours par l'Agence française anticorruption à des experts ou à des personnes ou autorités qualifiées, pour l'assister dans la réalisation d'analyses juridiques, financières, fiscales et comptables nécessaires à sa mission de contrôle sont supportés par la personne morale mise en cause, dans la limite d'un plafond fixé par la convention ;

Lorsque la victime est identifiée, et sauf si la personne morale mise en cause justifie de la réparation de son préjudice, la convention prévoit également le montant et les modalités de la réparation des dommages causés par l'infraction dans un délai qui ne peut être supérieur à un an.

La victime est informée de la décision du procureur de la République de proposer la conclusion d'une convention judiciaire d'intérêt public à la personne morale mise en

cause. Elle transmet au procureur de la République tout élément permettant d'établir la réalité et l'étendue de son préjudice.

Les représentants légaux de la personne morale mise en cause demeurent responsables en tant que personnes physiques. Ils sont informés, dès la proposition du procureur de la République, qu'ils peuvent se faire assister d'un avocat avant de donner leur accord à la proposition de convention.

II. — Lorsque la personne morale mise en cause donne son accord à la proposition de convention, le procureur de la République saisit par requête le président du tribunal judiciaire aux fins de validation. La proposition de convention est jointe à la requête. La requête contient un exposé précis des faits ainsi que la qualification juridique susceptible de leur être appliquée. Le procureur de la République informe de cette saisine la personne morale mise en cause et, le cas échéant, la victime.

Le président du tribunal procède à l'audition, en audience publique, de la personne morale mise en cause et de la victime assistées, le cas échéant, de leur avocat. A l'issue de cette audition, le président du tribunal prend la décision de valider ou non la proposition de convention, en vérifiant le bien-fondé du recours à cette procédure, la régularité de son déroulement, la conformité du montant de l'amende aux limites prévues au 1° du I du présent article et la proportionnalité des mesures prévues aux avantages tirés des manquements. La décision du président du tribunal, qui est notifiée à la personne morale mise en cause et, le cas échéant, à la victime, n'est pas susceptible de recours.

Si le président du tribunal rend une ordonnance de validation, la personne morale mise en cause dispose, à compter du jour de la validation, d'un délai de dix jours pour exercer son droit de rétractation. La rétractation est notifiée au procureur de la République par lettre recommandée avec demande d'avis de réception. Si la personne morale mise en cause n'exerce pas ce droit de rétractation, les obligations que la convention comporte sont mises à exécution. Dans le cas contraire, la proposition devient caduque.

L'ordonnance de validation n'emporte pas déclaration de culpabilité et n'a ni la nature ni les effets d'un jugement de condamnation.

La convention judiciaire d'intérêt public n'est pas inscrite au bulletin n° 1 du casier judiciaire. Elle fait l'objet d'un communiqué de presse du procureur de la République.

L'ordonnance de validation, le montant de l'amende d'intérêt public et la convention sont publiés sur *(L. n° 2020-1672 du 24 déc. 2020, art. 14)* « les sites internet des ministères de la justice et du budget *[ancienne rédaction : le site internet de l'Agence française anticorruption]* ».

La victime peut, au vu de l'ordonnance de validation, demander le recouvrement des dommages et intérêts que la personne morale s'est engagée à lui verser suivant la procédure d'injonction de payer, conformément aux règles prévues par le code de procédure civile.

III. — Si le président du tribunal ne valide pas la proposition de convention, si la personne morale mise en cause décide d'exercer son droit de rétractation ou si, dans le délai prévu par la convention, la personne morale mise en cause ne justifie pas de l'exécution intégrale des obligations prévues, le procureur de la République met en mouvement l'action publique, sauf élément nouveau. Si la convention a été conclue dans le cadre d'une information judiciaire, le dernier alinéa de l'article 180-2 est applicable. En cas de poursuites et de condamnation, il est tenu compte, s'il y a lieu, de l'exécution partielle des obligations prévues par la convention.

Si le président du tribunal ne valide pas la proposition de convention ou si la personne morale exerce son droit de rétractation, le procureur de la République ne peut faire état devant la juridiction d'instruction ou de jugement des déclarations faites ou des documents remis par la personne morale au cours de la procédure prévue au présent article.

A peine de nullité, le procureur de la République notifie à la personne morale mise en cause l'interruption de l'exécution de la convention lorsque cette personne ne justifie pas de l'exécution intégrale des obligations prévues. Cette décision prend effet immédiatement. Le cas échéant, elle entraîne de plein droit la restitution de l'amende d'intérêt public versée au Trésor public prévue au 1° du I. Elle n'entraîne cependant pas la restitution des éventuels frais supportés par la personne morale et occasionnés

par le recours par l'Agence française anticorruption à des experts ou à des personnes ou autorités qualifiées pour l'assister dans la réalisation d'analyses juridiques, financières, fiscales et comptables nécessaires à sa mission de contrôle.

IV. — La prescription de l'action publique est suspendue durant l'exécution de la convention.

L'exécution des obligations prévues par la convention éteint l'action publique. Elle ne fait cependant pas échec au droit des personnes ayant subi un préjudice du fait des manquements constatés, sauf l'État, de poursuivre la réparation de leur préjudice devant la juridiction civile.

Le président du tribunal judiciaire peut désigner, aux fins de validation de la convention judiciaire d'intérêt public, tout juge du tribunal.

V. — Les modalités d'application du présent article sont fixées par décret en Conseil d'État. – *V. art. R. 15-33-60-1 s.*

V. Décr. n° 2017-329 du 14 mars 2017 relatif à l'Agence française anticorruption (JO 15 mars).

BIBL. ▸ CLAUDE, *AJ pénal 2018. 30* (réflexions sur la première convention judiciaire d'intérêt public). – DEZEUZE et PELLEGRIN, *JCP 2017, n° 64* (extension de la transaction pénale). – GALLI, *RSC 2018. 359* (une justice pénale propre aux personnes morales). – MIGNON-COLOMBET, *AJ pénal 2017. 68* (vers une justice de coopération ?). – QUENTIN, *JCP 2020, n° 77* (AFA. Du contrôle à l'enquête ?). – ROUSSEAU, *AJ pénal 2021. 493* (fraude fiscale et justice pénale négociée). – VERGÈS, *RSC 2017. 577* (la procédure pénale hybride). – VESSIO, *RSC 2021. 263* (l'influence économique du droit sur la lutte contre la corruption internationale).

Pour des exemples d'application : • TGI Paris, ord., 14 nov. 2017, n° 11024092018 : *AJ pénal 2018. 30, note Claude* • TGI Nanterre, ord., 23 févr. 2018, n° 11245045572 : *AJ pénal 2018. 200, obs. Poissonnier* • TJ Paris, ord., 29 janv. 2020, n° 16159000859 : *AJ pénal 2020. 240, note Claude et Saint-George* • TJ Nice, ord., 4 mai 2020, n° 14/322/196 : *AJ pénal 2020. 360, obs. Poissonnier* • TJ Paris, ord., 12 juill. 2021, n° 15289000245 : *AJ pénal 2021. 480, obs. Poissonnier* • 26 août 2021, n° 12174072093 : *AJ pénal 2021. 481, obs. Daoud et Bolo-Jolly*.

Art. 41-1-3 *(L. n° 2020-1672 du 24 déc. 2020, art. 15)* **Tant que l'action publique n'a pas été mise en mouvement, le procureur de la République peut proposer à une personne morale mise en cause pour un ou plusieurs délits prévus par le code de l'environnement ainsi que pour des infractions connexes, à l'exclusion des crimes et délits contre les personnes prévus au livre II du code pénal, de conclure une convention judiciaire d'intérêt public imposant une ou plusieurs des obligations suivantes :**

1° Verser une amende d'intérêt public au Trésor public. Le montant de cette amende est fixé de manière proportionnée, le cas échéant*[,]* **au regard des avantages tirés des manquements constatés, dans la limite de 30 % du chiffre d'affaires moyen annuel calculé sur les trois derniers chiffres d'affaires annuels connus à la date du constat de ces manquements. Son versement peut être échelonné, selon un échéancier fixé par le procureur de la République, sur une période qui ne peut être supérieure à un an et qui est précisée par la convention ;**

2° Régulariser sa situation au regard de la loi ou des règlements dans le cadre d'un programme de mise en conformité d'une durée maximale de trois ans, sous le contrôle des services compétents du ministère chargé de l'environnement *(L. n° 2021-1104 du 22 août 2021, art. 292)* **« et des services de l'Office français de la biodiversité » ;**

3° Assurer, dans un délai maximal de trois ans et sous le contrôle des mêmes services, la réparation du préjudice écologique résultant des infractions commises.

Les frais occasionnés par le recours par les services compétents du ministère chargé de l'environnement *(L. n° 2021-1104 du 22 août 2021, art. 292)* **« ou les services de l'Office français de la biodiversité » à des experts ou à des personnes ou autorités qualifiées pour les assister dans la réalisation d'expertises techniques nécessaires à leur mission de contrôle sont supportés par la personne morale mise en cause, dans la limite d'un plafond fixé par la convention. Ces frais ne peuvent être restitués en cas d'interruption de l'exécution de la convention.**

Lorsque la victime est identifiée, sauf si la personne morale mise en cause justifie de la réparation de son préjudice, la convention prévoit également le montant et les modalités de la réparation des dommages causés par l'infraction dans un délai qui ne peut être supérieur à un an.

La procédure applicable est celle prévue à l'article 41-1-2 et aux textes pris pour son application. L'ordonnance de validation, le montant de l'amende d'intérêt public et la convention sont publiés sur les sites internet du ministère de la justice, du ministère chargé de l'environnement et de la commune sur le territoire de laquelle l'infraction a été commise ou, à défaut, de l'établissement public de coopération intercommunale auquel la commune appartient.

BIBL. ▶ BOUTONNET, *D. 2021. 176* (loi relative au Parquet européen, à la justice environnementale et à la justice pénale).

Art. 41-2 *(L. nº 2004-204 du 9 mars 2004, art. 71-I)* « Le procureur de la République, tant que l'action publique n'a pas été mise en mouvement, peut proposer, directement ou par l'intermédiaire d'une personne habilitée, une composition pénale à une personne physique qui reconnaît avoir commis un ou plusieurs délits punis à titre de peine principale d'une peine d'amende ou d'une peine d'emprisonnement d'une durée inférieure ou égale à cinq ans, ainsi que, le cas échéant, une ou plusieurs contraventions connexes qui consiste en une ou plusieurs des mesures suivantes :

« 1º Verser une amende de composition au Trésor public. Le montant de cette amende, qui ne peut excéder le montant maximum de l'amende encourue, est fixé en fonction de la gravité des faits ainsi que des ressources et des charges de la personne. Son versement peut être échelonné, selon un échéancier fixé par le procureur de la République, à l'intérieur d'une période qui ne peut être supérieure à un an ;

« 2º Se dessaisir au profit de l'État de la chose qui a servi ou était destinée à commettre l'infraction ou qui en est le produit ;

« 3º Remettre son véhicule, pour une période maximale de six mois, à des fins d'immobilisation ;

« 4º Remettre au greffe du tribunal judiciaire son permis de conduire, pour une période maximale de six mois ;

(L. nº 2011-267 du 14 mars 2011, art. 72) « 4º *bis* Suivre un programme de réhabilitation et de sensibilisation comportant l'installation à ses frais d'un éthylotest antidémarreur sur son véhicule, pour une période minimale de six mois et maximale de trois ans ; »

« 5º Remettre au greffe du tribunal judiciaire son permis de chasser, pour une période maximale de six mois ;

« 6º Accomplir au profit de la collectivité *(L. nº 2007-297 du 5 mars 2007, art. 63)* « , notamment au sein d'une personne morale de droit public ou d'une personne morale de droit privé chargée d'une mission de service public ou d'une association habilitées, » un travail non rémunéré pour une durée maximale de *(L. nº 2021-401 du 8 avr. 2021, art. 3)* « cent » heures, dans un délai qui ne peut être supérieur à six mois ;

« 7º Suivre un stage ou une formation dans un service ou un organisme sanitaire, social ou professionnel pour une durée qui ne peut excéder trois mois dans un délai qui ne peut être supérieur à dix-huit mois ;

« 8º Ne pas émettre, pour une durée de six mois au plus, des chèques autres que ceux qui permettent le retrait de fonds par le tireur auprès du tiré ou ceux qui sont certifiés et ne pas utiliser de cartes de paiement ;

(L. nº 2019-222 du 23 mars 2019, art. 59) « 9º Ne pas paraître, pour une durée qui ne saurait excéder six mois, dans le ou les lieux désignés par le procureur de la République et dans lesquels l'infraction a été commise ou dans lesquels réside la victime ; »

« 10º Ne pas rencontrer ou recevoir, pour une durée qui ne saurait excéder six mois, la ou les victimes de l'infraction désignées par le procureur de la République ou ne pas entrer en relation avec elles ;

« 11º Ne pas rencontrer ou recevoir, pour une durée qui ne saurait excéder six mois, le ou les coauteurs ou complices éventuels désignés par le procureur de la République ou ne pas entrer en relation avec eux ;

« 12º Ne pas quitter le territoire national et remettre son passeport pour une durée qui ne saurait excéder six mois ;

« 13º Accomplir, le cas échéant à ses frais, un stage de citoyenneté ; »

(L. nº 2006-399 du 4 avr. 2006, art. 12) « 14º En cas d'infraction commise soit contre son conjoint, son concubin ou son partenaire lié par un pacte civil de solida-

rité, soit contre ses enfants ou ceux de son conjoint, concubin ou partenaire, résider hors du domicile ou de la résidence du couple et, le cas échéant, s'abstenir de paraître dans ce domicile ou cette résidence ou aux abords immédiats de celui-ci, ainsi que, si nécessaire, faire l'objet d'une prise en charge sanitaire, sociale ou psychologique ; les dispositions du présent 14° sont également applicables lorsque l'infraction est commise par l'ancien conjoint ou concubin de la victime, ou par la personne ayant été liée à elle par un pacte civil de solidarité, le domicile concerné étant alors celui de la victime. » *(L. n° 2014-873 du 4 août 2014, art. 35)* « Pour l'application du présent 14°, le procureur de la République recueille ou fait recueillir, dans les meilleurs délais et par tous moyens, l'avis de la victime sur l'opportunité de demander à l'auteur des faits de résider hors du logement du couple. Sauf circonstances particulières, cette mesure est prise lorsque sont en cause des faits de violences susceptibles d'être renouvelés et que la victime la sollicite. Le procureur de la République peut préciser les modalités de prise en charge des frais afférents à ce logement pendant une durée qu'il fixe et qui ne peut excéder six mois ; »

(L. n° 2007-297 du 5 mars 2007, art. 50) « 15° Accomplir, le cas échéant à ses frais, un stage de sensibilisation aux dangers de l'usage de produits stupéfiants ;

« 16° Se soumettre à une mesure d'activité de jour consistant en la mise en œuvre d'activités d'insertion professionnelle ou de mise à niveau scolaire soit auprès d'une personne morale de droit public, soit auprès d'une personne morale de droit privé chargée d'une mission de service public ou d'une association habilitées à mettre en œuvre une telle mesure ;

« 17° Se soumettre à une mesure d'injonction thérapeutique, selon les modalités définies aux articles L. 3413-1 à L. 3413-4 du code de la santé publique, lorsqu'il apparaît que l'intéressé fait usage de stupéfiants ou fait une consommation habituelle et excessive de boissons alcooliques. » *(L. n° 2011-525 du 17 mai 2011, art. 167)* « La durée de la mesure est de vingt-quatre mois au plus ; »

(L. n° 2016-444 du 13 avr. 2016, art. 21) « 17° *bis* Accomplir, le cas échéant à ses frais, un stage de sensibilisation à la lutte contre l'achat d'actes sexuels ; »

(L. n° 2021-401 du 8 avr. 2021, art. 3) « 17° *ter* Accomplir, le cas échéant à ses frais, un stage de responsabilité parentale ; »

(L. n° 2014-873 du 4 août 2014, art. 50) « 18° Accomplir à ses frais un stage de responsabilisation pour la prévention et la lutte contre les violences au sein du couple et sexistes » ;

(L. n° 2018-703 du 3 août 2018, art. 15) « 19° Accomplir, le cas échéant à ses frais, un stage de lutte contre le sexisme et de sensibilisation à l'égalité entre les femmes et les hommes. »

(L. n° 99-515 du 23 juin 1999) Lorsque la victime est identifiée, et sauf si l'auteur des faits justifie de la réparation du préjudice commis, le procureur de la République doit également proposer à ce dernier de réparer les dommages causés par l'infraction dans un délai qui ne peut être supérieur à six mois. Il informe la victime de cette proposition. *(L. n° 2007-297 du 5 mars 2007, art. 64)* « Cette réparation peut consister, avec l'accord de la victime, en la remise en état d'un bien endommagé par la commission de l'infraction. »

La proposition de composition pénale émanant du procureur de la République peut être portée à la connaissance de l'auteur des faits par l'intermédiaire d'un officier de police judiciaire. Elle fait alors l'objet d'une décision écrite et signée de ce magistrat, qui précise la nature et le quantum des mesures proposées et qui est jointe à la procédure. *(Abrogé par L. n° 2002-1138 du 9 sept. 2002, art. 36)* *« A peine de nullité, cette proposition ne peut intervenir pendant la durée de la garde à vue de l'auteur des faits. »*

La composition pénale peut être proposée dans une maison de justice et du droit.

La personne à qui est proposée une composition pénale est informée qu'elle peut se faire assister par un avocat avant de donner son accord à la proposition du procureur de la République. Ledit accord est recueilli par procès-verbal. Une copie de ce procès-verbal lui est transmise.

Lorsque l'auteur des faits donne son accord aux mesures proposées, le procureur de la République saisit par requête le président du tribunal aux fins de validation de la composition. Le procureur de la République informe de cette saisine l'auteur des faits et, le cas échéant, la victime. Le président du tribunal peut procéder à l'audition de

l'auteur des faits et de la victime, assistés, le cas échéant, de leur avocat. *(Abrogé par L. n° 2002-1138 du 9 sept. 2002, art. 36)* *« **Les auditions sont de droit si les intéressés le demandent.** »* *(L. n° 2019-222 du 23 mars 2019, art. 59)* **« Ce magistrat valide la composition pénale lorsque les conditions prévues aux** *(L. n° 2021-401 du 8 avr. 2021, art. 3)* **« vingt-cinquième à vingt-septième » alinéas sont remplies et qu'il estime les mesures proposées justifiées au regard des circonstances de l'infraction et de la personnalité de son auteur. Il refuse de valider la composition pénale s'il estime que la gravité des faits, au regard des circonstances de l'espèce, ou que la personnalité de l'intéressé, la situation de la victime ou les intérêts de la société justifient le recours à une autre procédure, ou lorsque les déclarations de la victime entendue en application du présent alinéa apportent un éclairage nouveau sur les conditions dans lesquelles l'infraction a été commise ou sur la personnalité de son auteur. » Si ce magistrat rend une ordonnance validant la composition, les mesures décidées sont mises à exécution. Dans le cas contraire, la proposition devient caduque. La décision du président du tribunal, qui est notifiée à l'auteur des faits et, le cas échéant, à la victime, n'est pas susceptible de recours.** *(L. n° 2019-222 du 23 mars 2019, art. 59)* **« Par dérogation aux huit premières phrases du présent alinéa, la proposition de composition n'est pas soumise à la validation du président du tribunal lorsque,** *(L. n° 2021-401 du 8 avr. 2021, art. 3)* **« pour une contravention ou » pour un délit puni d'une peine d'emprisonnement d'une durée inférieure ou égale à trois ans, elle porte sur une amende de composition n'excédant pas le montant prévu au premier alinéa de l'article 131-13 du code pénal ou sur la mesure prévue au 2° du présent article, à la condition que la valeur de la chose remise n'excède pas ce montant. »**

(L. n° 2004-204 du 9 mars 2004, art. 71-I) **« Si la personne n'accepte pas la composition pénale ou si, après avoir donné son accord, elle n'exécute pas intégralement les mesures décidées, le procureur de la République met en mouvement l'action publique, sauf élément nouveau. En cas de poursuites et de condamnation, il est tenu compte, s'il y a lieu, du travail déjà accompli et des sommes déjà versées par la personne.**

« Les actes tendant à la mise en œuvre ou à l'exécution de la composition pénale sont interruptifs de la prescription de l'action publique. »

L'exécution de la composition pénale éteint l'action publique. *(L. n° 2019-222 du 23 mars 2019, art. 59)* **« La victime peut toutefois demander au procureur de la République de citer l'auteur des faits à une audience devant le tribunal pour lui permettre de se constituer partie civile. » Le tribunal** *(L. n° 2004-204 du 9 mars 2004, art. 71-I)* **« , composé d'un seul magistrat exerçant les pouvoirs conférés au président, » ne statue alors que sur les seuls intérêts civils, au vu du dossier de la procédure qui est versé au débat.** *(L. n° 2004-204 du 9 mars 2004, art. 71-I)* **« La victime a également la possibilité, au vu de l'ordonnance de validation, lorsque l'auteur des faits s'est engagé à lui verser des dommages et intérêts, d'en demander le recouvrement suivant la procédure d'injonction de payer, conformément aux règles prévues par le code de procédure civile. »** *(L. n° 2019-222 du 23 mars 2019, art. 59)* **« Le procureur de la République informe la victime de ses droits ainsi que, lorsqu'il cite l'auteur des faits devant le tribunal correctionnel, de la date de l'audience. »**

(L. n° 2002-1138 du 9 sept. 2002, art. 36) **« Les compositions pénales exécutées sont inscrites au bulletin n° 1 du casier judiciaire. »**

(L. n° 2007-297 du 5 mars 2007, art. 50) **« Les dispositions du présent article ne sont pas applicables en matière de délits de presse, de délits d'homicides involontaires ou de délits politiques. Elles sont applicables aux mineurs âgés d'au moins treize ans, selon les modalités prévues par** *(Ord. n° 2019-950 du 11 sept. 2019, art. 4 et 9, en vigueur le 30 sept. 2021)* **« par l'article L. 422-3 du code de la justice pénale des mineurs ».**

(L. n° 2005-47 du 26 janv. 2005, art. 8-I, en vigueur le 1er avr. 2005) **« Le président du tribunal peut désigner, aux fins de validation de la composition pénale, tout juge du tribunal ainsi que tout** *(L. n° 2016-1547 du 18 nov. 2016, art. 15, en vigueur le 1er juill. 2017)* **« magistrat exerçant à titre temporaire »** *(L. n° 2021-1729 du 22 déc. 2021, art. 14)* **« ou tout magistrat honoraire exerçant des fonctions juridictionnelles dans les conditions prévues à la section II du chapitre V *bis* de l'ordonnance n° 58-1270 du**

22 décembre 1958 portant loi organique relative au statut de la magistrature, » exerçant dans le ressort du tribunal. »

Les modalités d'application du présent article sont fixées par décret en Conseil d'État.

V. art. R. 15-33-38 s.

V. Circ. CRIM 01-14 F1 du 11 juill. 2001 (BOMJ 2001, n° 83, p. 61 s.).

L'entrée en vigueur de l'Ord. n° 2019-950 du 11 sept. 2019 a été repoussée au 30 sept. 2021 par la L. n° 2021-218 du 26 févr. 2021, art. 2.

RÉP. PÉN. v° *Composition pénale*, par CÉRÉ.

BIBL. ▶ CÉRÉ, *AJ pénal 2003. 45* (de la composition pénale à la comparution sur reconnaissance préalable de culpabilité). – DANET et GRUNVALD, *AJ pénal 2004. 196* (brèves remarques tirées d'une première évaluation de la composition pénale). – HEDERER, *AJ pénal 2003. 53* (un an d'expérimentation de la composition pénale dans un tribunal judiciaire). – LEBLOIS-HAPPE, *JCP 2000. I. 198* (de la transaction pénale à la composition pénale). – LEGRAS, *AJ pénal 2013. 329* (injonction thérapeutique entre les mains du parquet : quel cadre d'intervention ?). – LUDWICZAC, *AJ pénal 2021. 234* (les apports de la loi du 8 avril 2021 en matière d'alternatives aux poursuites). – PONCELA, *RSC 2002. 638* (quand le procureur compose avec la peine) ; *ibid. 2003. 139*. – PRADEL, *D. 1999. Chron. 379* (une consécration du « *plea-bargaining* » à la française : la composition pénale). – RASCHEL, *RSC 2021. 673* (la déjudiciarisation de la réponse pénale à la délinquance du quotidien). – RÉGNAULT, *AJ pénal 2003. 55* (composition pénale : l'exemple du tribunal de Cambrai). – SAAS, *RSC 2004. 827* (de la composition pénale au plaider coupable, le pouvoir de sanction du procureur). – VOLFF, *Gaz. Pal. 2000. Doctr. 559* (la composition pénale : un essai manqué).

1. Nécessité de validation. Justifie sa décision la cour d'appel qui annule le jugement ayant condamné un prévenu pour outrage et rébellion, évoque et constate la nullité de la citation directe délivrée par le procureur de la République alors qu'est intervenue, préalablement à ladite citation, la signature d'un procès-verbal de proposition de composition pénale, non transmis par le parquet pour validation en raison du comportement ultérieur de l'intéressé. Il résulte en effet de l'art. 41-2 que, lorsque l'auteur des faits a donné son accord aux mesures proposées par le procureur de la République, ce dernier est tenu de saisir le président du tribunal aux fins de validation de la composition. • Crim. 20 nov. 2007, n° 07-82.808 P : *D. 2008. AJ 91 ; ibid. 2008. Chron. 118, note Ménotti ; ibid. 2008. 1035, note Joseph-Ratineau*. ♦ Néanmoins, justifie sa décision au regard de l'art. 41-2, al. 9, selon lequel la composition pénale, si elle éteint l'action publique, ne fait pas échec au droit de la partie civile de délivrer citation directe devant le tribunal correctionnel statuant sur les seuls intérêts civils, la cour d'appel qui, pour déclarer recevable la demande de la partie civile, retient qu'à supposer qu'elle ait perçu la somme versée par l'auteur des faits en exécution d'une composition pénale, aucune transaction, au sens des art. 2044 s. C. civ., n'a été conclue. • Crim. 24 juin 2008, n° 07-87.511 P : *D. 2008. AJ 2146 ; ibid. 2009. Chron. 45, obs. Chaumont ; AJ pénal 2008. 422, obs. Saas ; Dr. pénal 2008. Comm. 147, obs. Maron et Haas.*

2. Règles de procédure. L'ordonnance aux fins de validation de la composition pénale rendue par le président du tribunal en application de l'art. 41-2, sans débat contradictoire à seule fin de réparer le dommage, l'action publique étant seulement suspendue, n'a pas autorité de chose jugée au pénal sur le civil. • Soc. 13 janv. 2009 : *D. 2009. AJ 291, note Lavric ; ibid. 709, note Beyneix et Rovinski*.

Art. 41-3 *(L. n° 2004-204 du 9 mars 2004, art. 71-II)* **« La procédure de composition pénale est également applicable aux contraventions.**

« La durée de la privation du permis de conduire ou du permis de chasser ne peut dépasser trois mois, la durée du travail non rémunéré ne peut être supérieure à trente heures, dans un délai maximum de trois mois, et la durée d'interdiction d'émettre des chèques ne peut dépasser elle aussi trois mois. Les mesures prévues par les 9° à 12° de l'article 41-2 ne sont pas applicables. La mesure prévue par le 6° dudit article n'est pas applicable aux contraventions de la première classe à la quatrième classe. Il en est de même des mesures prévues par les 2° à 5° et 8° de cet article, sauf si la contravention est punie des peines complémentaires visées aux 1° à 5° de l'article 131-16 du code pénal. »

(L. n° 2016-1547 du 18 nov. 2016, art. 15, en vigueur le 1er juill. 2017) **« La requête en validation est portée devant le juge compétent du tribunal de police. »**

V. art. R. 15-33-38 s.

Art. 41-3-1 A *(L. n° 2019-222 du 23 mars 2019, art. 59)* Les dispositions des articles 41-2 et 41-3, en ce qu'elles prévoient une amende de composition et l'indemnisation de la victime, sont applicables à une personne morale dont le représentant légal ou toute personne bénéficiant, conformément à la loi ou à ses statuts, d'une délégation de pouvoir à cet effet reconnaît sa responsabilité pénale pour les faits qui lui sont reprochés.

Le montant maximal de l'amende de composition pouvant être proposée est alors égal au quintuple de l'amende encourue par les personnes physiques.

Art. 41-3-1 *(L. n° 2014-873 du 4 août 2014, art. 36)* En cas de grave danger menaçant une personne victime de violences de la part de son conjoint, de son concubin ou de son partenaire lié par un pacte civil de solidarité, le procureur de la République peut attribuer à la victime, pour une durée renouvelable de six mois et si elle y consent expressément, un dispositif de téléprotection lui permettant d'alerter les autorités publiques. *(L. n° 2019-1480 du 28 déc. 2019, art. 17)* « L'attribution peut être sollicitée par tout moyen. » Avec l'accord de la victime, ce dispositif peut, le cas échéant, permettre sa géolocalisation au moment où elle déclenche l'alerte.

(L. n° 2019-1480 du 28 déc. 2019, art. 17) « Le dispositif de téléprotection ne peut être attribué qu'en l'absence de cohabitation entre la victime et l'auteur des violences et :

« 1° Soit lorsque ce dernier a fait l'objet d'une interdiction judiciaire d'entrer en contact avec la victime dans le cadre d'une ordonnance de protection, d'une alternative aux poursuites, d'une composition pénale, d'un contrôle judiciaire, d'une assignation à résidence sous surveillance électronique, d'une condamnation, d'un aménagement de peine ou d'une mesure de sûreté ;

« 2° Soit en cas de danger avéré et imminent, lorsque l'auteur des violences est en fuite ou n'a pas encore pu être interpellé ou lorsque l'interdiction judiciaire d'entrer en contact avec la victime dans l'un des cadres prévus au 1° n'a pas encore été prononcée. »

Le présent article est également applicable lorsque les violences ont été commises par un ancien conjoint ou concubin de la victime, ou par une personne ayant été liée à elle par un pacte civil de solidarité, ainsi qu'en cas de grave danger menaçant une personne victime de viol.

Art. 41-4 *(L. n° 85-1407 du 30 déc. 1985 ; L. n° 87-962 du 30 nov. 1987 ; L. n° 99-515 du 23 juin 1999) (L. n° 2015-177 du 16 févr. 2015, art. 14)* « Au cours de l'enquête ou » lorsqu' *[lorsque]* aucune juridiction n'a été saisie ou *(L. n° 2015-177 du 16 févr. 2015, art. 14)* « que » la juridiction saisie a épuisé sa compétence sans avoir statué sur la restitution des objets *(L. n° 2015-177 du 16 févr. 2015, art. 14)* « placés sous main de justice », le procureur de la République ou le procureur général est compétent pour décider, d'office ou sur requête, de la restitution de ces objets lorsque la propriété n'en est pas sérieusement contestée.

Il n'y a pas lieu à restitution lorsque celle-ci est de nature à créer un danger pour les personnes ou les biens *(L. n° 2016-731 du 3 juin 2016, art. 84)* « , lorsque le bien saisi est l'instrument ou le produit direct ou indirect de l'infraction » *(L. n° 2004-204 du 9 mars 2004, art. 126-I)* « ou lorsqu'une disposition particulière prévoit la destruction des objets placés sous main de justice » ; la décision de non-restitution prise *(L. n° 2004-204 du 9 mars 2004, art. 126-I)* « pour l'un de ces motifs ou pour tout autre motif », même d'office, par le procureur de la République ou le procureur général peut être *(L. n° 2015-177 du 16 févr. 2015, art. 14)* « déférée par l'intéressé *(L. n° 2019-222 du 23 mars 2019, art. 56-XII)* « au président de la chambre de l'instruction ou » à la chambre de l'instruction, dans le délai d'un mois suivant sa notification, par déclaration au greffe du tribunal ou de la cour ou par lettre recommandée avec demande d'avis de réception ; ce recours est suspensif ». *(Abrogé par L. n° 2004-204 du 9 mars 2004, art. 126-I)* ***« Il n'y a pas lieu non plus à restitution lorsqu'une disposition particulière prévoit la destruction des objets placés sous main de justice. »*** *— V. art. 710.*

Si la restitution n'a pas été demandée ou décidée dans un délai de six mois à compter de la décision de classement ou de la décision par laquelle la dernière juridiction saisie a épuisé sa compétence, les objets non restitués deviennent propriété de l'État, sous réserve des droits des tiers. Il en est de même lorsque le propriétaire ou la per-

sonne à laquelle la restitution a été accordée ne réclame pas l'objet dans un délai *(L. n° 2016-731 du 3 juin 2016, art. 84)* **« d'un » mois à compter d'une mise en demeure adressée à son domicile. Les objets dont la restitution est de nature à créer un danger pour les personnes ou les biens deviennent propriété de l'État, sous réserve des droits des tiers, dès que la décision de non-restitution ne peut plus être contestée, ou dès que** *(Abrogé par L. n° 2016-731 du 3 juin 2016, art. 84) « le jugement ou »* **l'arrêt de non-restitution est devenu définitif.**

(Abrogé par Cons. const. n° 2014-390 QPC du 11 avr. 2014, à compter du 13 avr. 2014) (L. n° 2007-1544 du 29 oct. 2007) ***« Le procureur de la République peut ordonner la destruction des biens meubles saisis dont la conservation n'est plus nécessaire à la manifestation de la vérité, lorsqu'il s'agit d'objets qualifiés par la loi de dangereux ou nuisibles, ou dont la détention est illicite. »***

RÉP. PÉN. v° *Restitution*, par VIOLEAU.

BIBL. ▶ LESCLOUS ET MARSAT, *Dr. pénal 1995. Chron. 35 ; ibid. 1996. Chron. 12.*

1. QPC (art. 41-4, al. 4). En permettant la destruction de biens saisis, sur décision du procureur de la République, sans que leur propriétaire ou les tiers ayant des droits sur ces biens et les personnes mises en cause dans la procédure aient été préalablement avisés et qu'ils aient été mis à même de contester cette décision devant une juridiction afin de demander, le cas échéant, la restitution des biens saisis, les dispositions du quatrième al. de l'art. 41-4 ne sont assorties d'aucune garantie légale et méconnaissent l'art. 16 Const. • Cons. const. 11 avr. 2014 : *D. actu. 9 mai 2014, obs. Fucini ; AJ pénal 2014. 368, obs. Belloir ; Procédures 2014. 183, obs. Buisson.* ♦ Décision de renvoi : • Crim. 11 févr. 2014. ♦ V. précédemment : n'a pas lieu d'être renvoyée au Conseil constitutionnel la question de la conformité de la procédure de restitution d'objets saisis de l'art. 41-4 au droit de propriété garanti notamment par les art. 2 et 17 DDH, en ce qu'elle ne revêt pas un caractère sérieux dès lors que les dispositions de cet art. sont justifiées par le principe constitutionnel de bonne administration de la justice. • Crim., QPC, 15 févr. 2011, n° 10-90.124 P : *D. actu. 7 mars 2011, obs. Jezequel.*

2. QPC (art. 41-4, al. 3). Les personnes qui sont informées dans les conditions prévues au C. pr. pén. de la décision de classement ou de la décision par laquelle la dernière juridiction saisie a épuisé sa compétence sont mises à même d'exercer leur droit de réclamer la restitution des objets placés sous main de justice. Toutefois, la garantie du droit à un recours effectif impose que les propriétaires qui n'auraient pas été informés dans ces conditions soient mis à même d'exercer ce droit, dès lors que leur titre est connu ou qu'ils ont réclamé cette qualité au cours de l'enquête ou de la procédure ; par suite, les dispositions contestées porteraient une atteinte disproportionnée au droit de ces derniers de former une telle réclamation si le délai de six mois commençait à courir sans qu'ils aient été informés. Sous cette réserve, la première phrase de l'al. 3 de l'art. 41-4 est conforme à la Constitution. • Cons. const. 9 juill. 2014, n° 2014-406 (JO 11 juill.).

3. Domaine d'application. L'art. 41-4 n'est pas applicable lorsque le bien a été confisqué par la juridiction de jugement ; la cour d'appel, qui était saisie sur le fondement général de l'art. 131-21 C. pén., a justifié sa décision dès lors qu'elle a caractérisé l'existence d'un lien entre la somme confisquée et les activités du condamné. • Crim. 8 janv. 2014, n° 12-88.072 P : *D. actu. 30 janv. 2014, obs. Fucini ; D. 2014. Pan. 1141, obs. Pradel.*

4. Biens incorporels. Le titulaire d'un compte bancaire sur lequel ont été saisies au cours de l'enquête ou de l'instruction des sommes d'argent, dont ni la confiscation ni la restitution n'a été ordonnée par une décision définitive de la juridiction de jugement, ne peut en obtenir restitution que selon les modalités et délais prévus par l'art. 41-4. • Crim. 19 févr. 2014, n° 13-81.159 P : *D. actu. 7 mars 2014, obs. Fonteix.*

5. Compétence subsidiaire du parquet. Aux termes de l'art. 41-1, al. 1er, lorsque la juridiction saisie a épuisé sa compétence sans avoir statué sur la restitution des objets placés sous main de justice, le procureur de la République ou le procureur général est compétent pour décider d'office ou sur requête de la restitution de ces objets lorsque la propriété n'est pas sérieusement contestée. • Crim. 14 avr. 1992, n° 91-81.133 P : *Dr. pénal déc. 1992, p. 5, obs. Lesclous et Marsat* • 10 janv. 1994, n° 93-80.299 P : *JCP 1994. IV. 934* • 12 déc. 1996, n° 96-81.894 P • 5 févr. 2002, n° 01-81.803 P : *Procédures 2002. Comm. 103, obs. Buisson* • 20 juin 2006, n° 05-86.839 P : *AJ pénal 2006. 458.* ♦ L'art. 41-4 n'exclut pas que la décision de refus de restitution soit soumise à la juridiction répressive, en application des dispositions générales de l'art. 710. • Crim. 9 mai 1994, n° 92-83.092 P. ♦ ... Sauf lorsque le refus de restitution est fondé sur le danger qu'une telle mesure serait de nature à créer pour les personnes ou pour les biens. • Crim. 12 juin 1996, n° 96-81.129 P : *RSC 1997. 152, obs. Dintilhac.*

6. Contestation de propriété. Il appartient en principe au président de la chambre de l'instruction ou à la chambre de l'instruction à qui est déférée la décision de non-restitution rendue par le procureur de la République ou le procureur général sur la requête présentée par la personne entre les mains de laquelle le bien a été saisi, non pas de rechercher si le demandeur justifie d'un droit lui permettant de détenir légitimement celui-ci, mais seulement de rechercher si la propriété est contestée ou susceptible de l'être ; néanmoins, lorsqu'aucune juridiction n'a été saisie au terme de l'enquête ou lorsque la juridiction saisie a épuisé sa compétence sans avoir statué sur la restitution des objets placés sous main de justice, le président de la chambre de l'instruction ou la chambre de l'instruction est tenu de trancher la contestation relative à la propriété des objets réclamés si la décision sur la restitution en dépend. • Crim. 6 janv. 2021, n° 20-80.128 P : *D. actu. 6 janv. 2021, obs. Fonteix.*

7. Tribunal pénal international. Fait l'exacte application de l'art. 41-1, al. 1er, l'arrêt qui prononce, pour cause d'incompétence, l'annulation des décisions du ministère public ayant statué sur une requête en restitution de biens saisis par le juge d'instruction en exécution d'une demande présentée par le procureur près le Tribunal pénal international pour le Rwanda, dans une procédure toujours pendante devant cette juridiction. • Crim. 16 sept. 2008, n° 07-85.108 P : *AJ pénal 2008. 515, obs. Lasserre Capdeville.*

8. Point de départ du délai de l'al. 3. La décision de la cour d'assises d'appel constatant le désistement de l'accusé épuise sa compétence et constitue par conséquent, en application de l'art. 41-4, al. 3, le point de départ du délai de forclusion de l'action en restitution de biens saisis ressortissant à la compétence du parquet ou du parquet général. • Crim. 13 mars 2012, n° 11-85.331 P : *D. actu. 18 avr. 2012, obs. Léna.* ♦ Le délai de six mois, prévu par l'art. 41-4, al. 3, commence à courir au jour où le prévenu a eu connaissance de la décision sur l'action publique par laquelle le tribunal a épuisé sa compétence. • Crim. 9 déc. 2014 : *D. actu. 19 janv. 2015, obs. Fucini.* ♦ Le juge ne peut rejeter une demande de restitution d'objet saisi au motif de l'écoulement d'un délai de six mois depuis une notification de décision de classement sans suite de la procédure qu'après avoir constaté que la preuve de l'envoi de l'avis de classement au propriétaire du bien saisi, ainsi que de la date de cette envoi, est rapportée par le ministère public, ce que la seule production d'une extraction de données du bureau d'ordre national informatisé Cassiopée n'établit pas. • Crim. 21 juin 2016, *n° 15-83.175 P : D. actu. 25 juill. 2016, obs. Aubert.* ♦ ... Mais la cassation n'est pas encourue alors que la demanderesse, qui a présenté au nom de ses enfants mineurs une requête en restitution dans le délai de six mois, ne saurait prétendre avoir été empêchée d'agir dans ce délai du fait du défaut de notification du jugement de la dernière juridiction à statuer sur l'action publique. • Crim. 24 juin 2020, n° 19-84.961 P : *D. actu. 22 juill. 2020, obs. Fucini.*

9. Terme du délai. Le terme du délai pendant lequel une demande de restitution peut être présentée par courrier est la date à laquelle la demande parvient à l'autorité compétente pour y donner suite. • Crim. 26 févr. 2020, n° 19-82.425 P : *D. actu. 24 mars 2020, obs. Goudjil.*

10. Motivation du refus de restitution. Doit être cassé l'arrêt qui se borne à énoncer que le refus de restitution d'un véhicule, ayant servi à la commission du délit, est justifié « par les circonstances du vol et les antécédents judiciaires du requérant », sans constater que la restitution aurait été de nature à créer un danger pour les personnes ou les biens. • Crim. 10 juill. 1996, n° 85-85.629 P : *RSC 1997. 152, obs. Dintilhac ; Procédures 1996. Comm. 337, obs. Buisson.* ♦ De même, doit être cassé l'arrêt qui refuse la restitution de sommes d'argent en raison de l'absence de preuve de la licéité de leur origine. • Crim. 5 déc. 2001, n° 01-80.315 P : *D. 2002. IR 620* • 7 juin 2006, n° 05-84.193 P : *AJ pénal 2006. 372.* ♦ Selon l'art. 41-4, dans sa rédaction antérieure à la L. n° 2016-731 du 3 juin 2016, la restitution des objets placés sous main de justice et dont la propriété n'est pas sérieusement contestée doit être ordonnée lorsqu'elle n'est pas de nature à créer un danger pour les personnes ou les biens et qu'aucune disposition particulière ne prévoit la destruction desdits objets ; ainsi, une cour d'appel ne pouvait refuser la restitution d'un bien saisi en douanes sans relever que ces sommes saisies, qui n'étaient pas confisquées, étaient revendiquées par un tiers ou que leur restitution présentait un danger pour les personnes ou les biens. • Crim. 20 avr. 2017, n° 16-81.679 P : *D. actu. 4 mai 2017, obs. Azoulay.* ♦ *Contra :* La chambre de l'instruction statuant, au cours de l'enquête, sur une demande de restitution présentée sur le fondement de l'al. 5 de l'art. 41-5 peut refuser de restituer les biens saisis lorsque la confiscation desdits biens est prévue par la loi ou lorsque la restitution est de nature à faire obstacle à la manifestation de la vérité. • Crim. 6 nov. 2019, n° 18-86.921 P : *D. actu. 4 déc. 2019, obs. Fonteix ; AJ pénal 2020. 36, obs. Hy.*

11. Ne peut obtenir la restitution d'un objet saisi la personne qui justifie avoir acheté le bijou mais ne démontre pas qu'elle en était toujours propriétaire au moment de la saisie, le bijou ayant été trouvé dans la poche d'un vêtement acheté dans une braderie. • Crim. 15 févr. 2005, n° 04-81.060 P : *JCP 2005. IV. 1786.*

12. Proportionnalité. En l'absence de condamnation de la personne, mais alors que l'objet saisi présente un danger pour la sécurité des personnes, la juridiction doit rechercher si, lors de la remise du bien aux services compétents de l'État en application de l'art. 41-4, la privation du droit de propriété de la demanderesse sur cet élément de son patrimoine n'aurait pas des conséquences excessives de sorte que, dans ce cas, il y aurait eu lieu pour elle, non pas de restituer le véhicule, mais d'ordonner sa remise à l'Agence de gestion et de recouvrement des avoirs saisis et confisqués, et, en cas d'aliénation du bien, la restitution du solde du produit de la vente à la personne déclarée pénalement irresponsable pour cause de trouble mental. • Crim. 21 mai 2019, n° 18-84.004 P : *D. actu. 21 juin 2019, obs. Jay.* ♦ Hormis le cas où le bien saisi constitue, dans sa totalité, l'objet ou le produit de l'infraction ou la valeur de ceux-ci, le juge qui en refuse la restitution doit apprécier le caractère proportionné de l'atteinte ainsi portée au droit de propriété de l'intéressé, au regard de la situation personnelle de ce dernier et de la gravité concrète des faits, lorsqu'une telle garantie est invoquée, ou procéder à cet examen d'office lorsqu'il s'agit d'une saisie de patrimoine. • Crim. 18 mars 2020, n° 19-82.978 P : *D. actu. 19 mai 2020, obs. Fucini ; AJ pénal 2020. 372, obs. Hy.*

13. Lorsque la requête aux fins de restitution est présentée après que la juridiction de jugement saisie a épuisé sa compétence sans avoir statué sur la restitution des objets placés sous main de justice, la non-restitution de l'instrument de l'infraction ne saurait présenter un caractère obligatoire, et il appartient à la chambre de l'instruction d'apprécier, sans porter atteinte aux droits du propriétaire de bonne foi, s'il y a lieu ou non de restituer le bien au regard des circonstances de l'infraction, de la personnalité de son auteur et de sa situation personnelle. • Crim. 20 janv. 2021, n° 20-81.118 P : *D. actu. 10 févr. 2021, obs. Fucini : AJ pénal 2021. 164, obs. Hy.*

14. Procédure. Les demandeurs ne sauraient se faire un grief de ce que la cour d'appel a, conformément aux dispositions de l'art. 41-4, statué en chambre du conseil, alors que les intéressés, dont l'avocat était présent à l'audience, n'ont émis aucune contestation à ce sujet, et dès lors qu'ils ne démontrent pas, au demeurant, en quoi il a été ainsi porté atteinte à leurs intérêts. • Crim. 19 nov. 2002, n° 02-82.330.

15. La décision d'irrecevabilité d'une demande de restitution d'un bien saisi rendue par le procureur général au motif de l'expiration du délai de six mois ouvert pour formuler ladite demande constitue une décision de non-restitution susceptible de recours. • Crim. 20 mars 2019, n° 18-82.198 : *AJ pénal 2019. 282, obs. Hy.*

16. Il résulte de l'art. 41-4 que, si la restitution n'a pas été demandée ou décidée dans un délai de six mois à compter de la décision par laquelle la dernière juridiction saisie a épuisé sa compétence, les objets placés sous main de justice deviennent propriété de l'État, sous réserve des droits des tiers. Faute de l'avoir présentée dans ce délai, le demandeur en restitution ne peut se faire un grief de ce que les juges aient rejeté sa requête alors qu'ils auraient dû la déclarer irrecevable. • Crim. 8 avr. 2008, n° 07-84.440 P : *Dr. pénal 2008. 382.* ♦ En revanche, toute décision de non-restitution d'un objet placé sous main de justice, prise par le procureur de la République ou le procureur général dans les conditions prévues au 1er al. de l'art. 41-4, peut être déférée à la chambre de l'instruction par la personne intéressée, que le refus ou l'irrecevabilité opposée à la demande soit fondé sur l'un des motifs mentionnés au 2e al. ou sur la circonstance que l'objet réclamé est devenu la propriété de l'État par suite de l'expiration du délai de six mois fixé au 3e al. • Crim. 25 avr. 2017, n° 15-83.154 P : *D. actu. 12 mai 2017, obs. Goetz* • Crim. 20 mars 2019, n° 18-82.198 P : *D. actu. 15 avr. 2017, obs. Diaz.*

17. Prélèvements corporels. Les prélèvements effectués sur le corps humain à des fins de recherches médico-légales pour les nécessités d'une enquête ou d'une information, qui ne peuvent faire l'objet d'un droit patrimonial aux termes de l'art. 16-1 C. civ., ne constituent pas des objets susceptibles de restitution au sens de l'art. 41-4. • Crim. 3 févr. 2010, n° 09-83.468 P : *D. 2010. Actu. 655 ; ibid. Chron. 1658, obs. Leprieur ; AJ pénal 2010. 250, obs. Royer ; Procédures 2010, n° 161, obs. Buisson.* – V., art. 230-28 s. (L. 17 mai 2011).

18. Publicité. Le demandeur à une action en restitution sur laquelle il a été statué en chambre du conseil, conformément à l'art. 41-1, ne saurait valablement invoquer l'exigence de publicité prescrite par l'art. 6, § 1, Conv. EDH, dès lors que, présent à l'audience, il n'a émis aucune contestation à ce sujet, et ne démontre pas en quoi il a été porté atteinte à ses intérêts. • Crim. 30 avr. 1998, n° 96-80.885 P.

19. Ne bis in idem. La décision de refus de restitution d'une juridiction, saisie sur le fondement de l'art. 41-4 par une personne reconnue coupable d'avoir commis des infractions et condamnée pénalement par une décision distincte d'une juridiction répressive qui a omis de se prononcer sur la restitution de biens saisis au cours de l'enquête ou de l'information, ne peut être considérée comme une décision statuant sur des poursuites au sens de l'art. 4 du Prot. n° 7 Conv. EDH. • Crim. 30 mars 2022, n° 21-82.427 P.

Art. 41-5 *(L. n° 2007-1544 du 29 oct. 2007)* **Lorsqu'au cours de l'enquête la restitution des biens meubles saisis et dont la conservation n'est plus nécessaire à la manifestation de la vérité s'avère impossible, soit parce que le propriétaire ne peut être identifié, soit parce que le propriétaire ne réclame pas l'objet dans un délai** *(L.*

n° 2015-177 du 16 févr. 2015, art. 14) « d'un » mois à compter d'une mise en demeure adressée à son *(L. n° 2016-731 du 3 juin 2016, art. 84)* « domicile », le *(L. n° 2015-177 du 16 févr. 2015, art. 14)* « procureur de la République peut, » sous réserve des droits des tiers, autoriser la destruction de ces biens ou leur remise *(L. n° 2010-768 du 9 juill. 2010, art. 6)* « à l'Agence de gestion et de recouvrement des avoirs saisis et confisqués *[ancienne rédaction : au service des domaines]* » aux fins d'aliénation.

Le *(L. n° 2015-177 du 16 févr. 2015, art. 14)* « procureur de la République » peut également autoriser la remise *(L. n° 2010-768 du 9 juill. 2010, art. 6)* « à l'Agence de gestion et de recouvrement des avoirs saisis et confisqués *[ancienne rédaction : au service des domaines]* », en vue de leur aliénation, des biens meubles saisis dont la conservation en nature n'est plus nécessaire à la manifestation de la vérité et dont la confiscation est prévue par la loi, lorsque le maintien de la saisie serait de nature à diminuer la valeur du bien. S'il est procédé à la vente du bien, le produit de celle-ci est consigné. En cas de classement sans suite, de non-lieu ou de relaxe, ou lorsque la peine de confiscation n'est pas prononcée, ce produit est restitué au propriétaire des objets s'il en fait la demande.

(Abrogé par L. n° 2015-177 du 16 févr. 2015, art. 14) ***« Les ordonnances prises en application des deux premiers alinéas sont motivées et notifiées au ministère public et, s'ils sont connus, au propriétaire ainsi qu'aux tiers ayant des droits sur le bien, qui peuvent la déférer à la chambre de l'instruction par déclaration au greffe du tribunal dans les dix jours qui suivent la notification de la décision. Cet appel est suspensif. Le propriétaire et les tiers peuvent être entendus par la chambre de l'instruction. Les tiers ne peuvent toutefois pas prétendre à la mise à disposition de la procédure. »***

(L. n° 2011-267 du 14 mars 2011, art. 98-3°) « Lorsque le maintien de la saisie serait de nature à diminuer la valeur du bien, le *(L. n° 2015-177 du 16 févr. 2015, art. 14)* « procureur de la République » peut également ordonner, sous réserve des droits des tiers, de remettre *(L. n° 2020-1721 du 29 déc. 2020, art. 235)* « à l'agence de gestion et de recouvrement des avoirs saisis et confisqués », en vue de leur affectation à titre gratuit par l'autorité administrative et après que leur valeur a été *(L. n° 2016-731 du 3 juin 2016, art. 84)* « estimée », *(L. n° 2020-1721 du 29 déc. 2020, art. 235)* « aux services judiciaires ou » à des services de police, des unités de gendarmerie *(L. n° 2019-773 du 24 juill. 2019, art. 4, en vigueur le 1er janv. 2020)* « , à l'Office français de la biodiversité ou à » des services *(L. n° 2018-898 du 23 oct. 2018, art. 2)* « placés sous l'autorité du ministre chargé du budget » qui effectuent des missions de police judiciaire, des biens meubles placés sous main de justice *(Abrogé par L. n° 2015-177 du 16 févr. 2015, art. 14)* ***« appartenant aux personnes poursuivies »*** dont la conservation n'est plus nécessaire à la manifestation de la vérité et dont la confiscation est prévue par la loi. En cas de classement sans suite, de non-lieu, de relaxe ou d'acquittement, ou lorsque la peine de confiscation n'est pas prononcée, le propriétaire qui en fait la demande obtient la restitution du bien, assortie s'il y a lieu d'une indemnité compensant la perte de valeur qui a pu résulter de l'usage du bien. »

(L. n° 2015-177 du 16 févr. 2015, art. 14) « Au cours de l'enquête ou lorsqu'aucune *[lorsque aucune]* juridiction n'a été saisie ou que la juridiction saisie a épuisé sa compétence sans avoir statué sur le sort des scellés, le procureur de la République peut ordonner la destruction des biens meubles saisis dont la conservation n'est plus nécessaire à la manifestation de la vérité, s'il s'agit d'objets qualifiés par la loi de dangereux ou nuisibles, ou dont la détention est illicite.

« Les décisions prises en application des quatre premiers alinéas sont motivées. Elles sont notifiées par tout moyen aux personnes ayant des droits sur le bien, si celles-ci sont connues, et aux personnes mises en cause. Ces personnes peuvent contester ces décisions devant la chambre de l'instruction afin de demander, le cas échéant, la restitution du bien saisi. Cette contestation doit intervenir dans les cinq jours qui suivent la notification de la décision, par déclaration au greffe du tribunal ou à l'autorité qui a procédé à cette notification ; en cas de notification orale d'une décision de destruction de produits stupéfiants prise en application du quatrième alinéa, le délai de contestation est de vingt-quatre heures. Ces délais et l'exercice du recours sont suspensifs. »

Un décret en Conseil d'État détermine les modalités d'application du présent article.

Les dispositions relatives à l'Agence de gestion et de recouvrement des avoirs saisis et confisqués sont entrées en vigueur le 3 févr. 2011 (Décr. n° 2011-134 du 1er févr. 2011).

Sert directement ou indirectement à commettre le délit de travail dissimulé, le véhicule utilisé par le mis en examen, gérant de la société, pour se rendre sur les chantiers où il surveillait les travailleurs en cause et dont il s'est servi pour transporter l'un d'entre deux ; dès lors, ce véhicule était susceptible d'une confiscation en application de l'article L. 8224-3, 3°, C. trav., et, par voie de conséquence, d'une remise à l'AGRASC dans les conditions fixées par l'art. 41-5, al. 2, dans sa rédaction alors en vigueur. • Crim. 14 avr. 2015, n° 14-80.896 P : *D. actu. 11 mai 2015, obs. Fonteix ; AJ pénal 2015. 384, obs. Ascensi.*

Art. 41-6 *(L. n° 2014-640 du 20 juin 2014, art. 1er, en vigueur le 1er oct. 2014)* **Par dérogation aux articles 41-4 et 41-5, lorsqu'une procédure s'est achevée par une condamnation définitive prononcée par une cour d'assises, le procureur de la République ou le procureur général qui envisage d'ordonner la remise au service des domaines ou à l'Agence de gestion et de recouvrement des avoirs saisis et confisqués ou la destruction des objets placés sous main de justice dans le cadre de cette procédure en avertit au préalable par écrit le condamné. Celui-ci dispose, à compter de la notification de cet avertissement, d'un délai de deux mois pour lui faire part de son opposition. En cas d'opposition, si le procureur de la République ou le procureur général n'entend pas renoncer à la remise ou à la destruction des objets placés sous main de justice, il saisit par voie de requête** *(L. n° 2019-222 du 23 mars 2019, art. 56)* **« le président de la chambre de l'instruction ou » la chambre de l'instruction, qui se prononce dans un délai d'un mois. Dans les cas mentionnés au présent article, le procureur de la République ou le procureur général réexamine tous les cinq ans, dans les mêmes formes, l'opportunité de procéder à la remise ou à la destruction des objets placés sous main de justice.**

Art. 42 Le procureur de la République a, dans l'exercice de ses fonctions, le droit de requérir directement la force publique.

Art. 43 Sont compétents le procureur de la République du lieu de l'infraction, celui de la résidence de l'une des personnes soupçonnées d'avoir participé à l'infraction, celui du lieu d'arrestation d'une de ces personnes, même lorsque cette arrestation a été opérée pour une autre cause *(L. n° 2004-204 du 9 mars 2004, art. 111-I et 125)* **« et celui du lieu de détention d'une de ces personnes, même lorsque cette détention est effectuée pour une autre cause.** *(L. n° 2016-731 du 3 juin 2016, art. 28)* **« Pour les infractions mentionnées à l'article 113-2-1 du code pénal, est également compétent le procureur de la République, selon le cas, du lieu de résidence ou du siège des personnes physiques ou morales mentionnées au même article 113-2-1. »**

« Lorsque le procureur de la République est saisi de faits mettant en cause, comme auteur ou comme victime, *(L. n° 2005-1549 du 12 déc. 2005, art. 36)* **« un magistrat, un avocat, un officier public ou ministériel, un militaire de la gendarmerie nationale, un fonctionnaire de la police nationale, des douanes ou de l'administration pénitentiaire ou toute autre personne dépositaire de l'autorité publique ou chargée d'une mission de service public » qui est habituellement, de par ses fonctions ou sa mission, en relation avec les magistrats ou fonctionnaires de la juridiction, le procureur général peut, d'office, sur proposition du procureur de la République et à la demande de l'intéressé, transmettre la procédure au procureur de la République auprès du tribunal judiciaire le plus proche du ressort de la cour d'appel.** *(L. n° 2019-222 du 23 mars 2019, art. 51)* **« Si la personne en cause est en relation avec des magistrats ou fonctionnaires de la cour d'appel, le procureur général peut transmettre la procédure au procureur général près la cour d'appel la plus proche, afin que celui-ci la transmette au procureur de la République auprès du tribunal judiciaire le plus proche. » Cette juridiction est alors territorialement compétente pour connaître l'affaire, par dérogation aux dispositions des articles 52, 382 et 522. La décision du procureur général constitue une mesure d'administration judiciaire qui n'est susceptible d'aucun recours. »**

Concernant les différentes hypothèses de compétences concurrentes, V. art. 15-3-3 (harcèlement sexuel), art. 704 s. (infractions en matière économique et financière), 706-2 s. (infractions en matière de santé publique), 706-2-3 (infractions en matière d'atteintes à l'environnement), 706-16 s. (infractions en matière de terrorisme), 706-106-1 s. (crimes sériels ou non élucidés), 706-72 s. (atteintes aux systèmes de traitement automatisés de données), 706-75 s. (criminalité organisée),

706-107 s. (pollution des eaux maritimes par rejets des navires), 706-168 s. (prolifération d'armes de destruction massive et de leurs vecteurs) et 706-176 s. (accidents collectifs).

V. L. n° 72-1138 du 22 déc. 1972 relative à la compétence territoriale du ministère public et des juridictions répressives sur certains aérodromes, ss. art. 382.

1. QPC. L'art. 43, al. 2, est conforme à la Constitution, notamment au principe d'égalité et au droit au procès équitable, aux motifs que les dispositions contestées n'empêchent pas toute personne intéressée de porter à la connaissance du procureur de la République ou du procureur général le motif qui pourrait justifier la transmission de la procédure. • Cons. const., 22 juill. 2011, n° 2011-156 QPC *(JO 23 juill. 2011) : D. 2011. Actu. 2044* . ♦ Présente un caractère sérieux, notamment au regard du principe d'égalité et de l'exigence d'une procédure juste et équitable garantissant l'équilibre des droits des parties, la QPC portant sur l'art. 43, al. 2, qui permet à l'une des catégories qu'il mentionne de demander que la procédure qui la concerne en qualité de mise en cause ou de victime soit transmise à un autre procureur de la République que celui de la juridiction avec laquelle elle est habituellement, par ses fonctions ou sa mission, en relation, mais n'ouvre pas le même droit à toute autre personne concernée, qu'elle soit désignée comme auteur ou victime. • Cass., QPC, 24 mai 2011, n° 11-90.020 P.

2. Lieu de l'infraction. Le procureur de la République est territorialement compétent lorsqu'un des éléments constitutifs de l'infraction est commis dans son ressort. • Crim. 30 sept. 1998, n° 98-81.951 P.

3. Lieu d'arrestation. Dès lors qu'une personne soupçonnée d'être l'auteur d'un délit a été interpellée et déférée devant le procureur de la République qui a utilisé la procédure prévue par l'art. 394, elle a été arrêtée au sens de l'art. 43 ; aussi bien le procureur de la République que le tribunal correctionnel du lieu de cette arrestation sont compétents. • Crim. 27 mai 1986, n° 85-96.280 P.

4. Infractions connexes. En vertu des dispositions de l'art. 203, la compétence du procureur de la République prévue par l'art. 43, comme celle du juge d'instruction définie par l'art. 52, s'étend aux infractions de toute nature, même commises en dehors de la circonscription de ces magistrats, lorsqu'elles sont connexes à celles dont ils sont déjà saisis. • Crim. 30 mai 1996, n° 95-85.954 P.

5. Prescription. L'acte par lequel le procureur de la République transmet la procédure, pour compétence, en application de l'art. 43, à un procureur de la République près un autre tribunal constitue un acte de poursuite interruptif de prescription. • Crim. 5 janv. 2000, n° 99-81.929 P : *Dr. pénal 2000. Comm. 123, obs. Maron.*

Art. 43-1 *(L. n° 2020-1672 du 24 déc. 2020, art. 6)* **Lorsque le ministère public près le tribunal judiciaire dispose, en application du présent code, d'une compétence spécialisée et concurrente qui s'étend aux ressorts d'autres tribunaux judiciaires, spécialisés ou non, cette compétence s'exerce de façon prioritaire sur celle des parquets près ces tribunaux tant que l'action publique n'a pas été mise en mouvement. Lorsqu'il décide d'exercer sa compétence, les parquets près ces tribunaux se dessaisissent sans délai à son profit.**

Art. 44 **Le procureur de la République a autorité sur les officiers du ministère public près** *(Ord. n° 58-1296 du 23 déc. 1958)* **« les tribunaux de police »** *(Abrogé par L. n° 2011-1862 du 13 déc. 2011, art. 2-VI et 70-I, à compter du 1er juill. 2017) (L. n° 2005-47 du 26 janv. 2005, art. 9-IV, en vigueur le 1er avr. 2005)* ***« et les juridictions de proximité »*** **de son ressort. Il peut leur dénoncer les contraventions dont il est informé et leur enjoindre d'exercer des poursuites. Il peut aussi, le cas échéant, requérir l'ouverture d'une information.**

Art. 44-1 *(L. n° 2006-396 du 31 mars 2006, art. 51)* **Pour les contraventions que les agents de la police municipale sont habilités à constater par procès-verbal conformément aux dispositions** *(Ord. n° 2012-351 du 12 mars 2012, art. 9, en vigueur le 1er mai 2012)* **« des articles L. 511-1 et L. 512-2 du code de la sécurité intérieure » et qui sont commises au préjudice de la commune au titre de l'un de ses biens, le maire peut, tant que l'action publique n'a pas été mise en mouvement, proposer au contrevenant une transaction consistant en la réparation de ce préjudice.**

La transaction proposée par le maire et acceptée par le contrevenant doit être homologuée par le procureur de la République.

Les actes tendant à la mise en œuvre ou à l'exécution de la transaction sont interruptifs de la prescription de l'action publique.

L'action publique est éteinte lorsque l'auteur de l'infraction a exécuté dans le délai imparti les obligations résultant pour lui de l'acceptation de la transaction.

La transaction peut également consister en l'exécution, au profit de la commune, d'un travail non rémunéré pendant une durée maximale de trente heures. Elle doit alors être homologuée, selon la nature de la contravention, par le juge compétent du tribunal de police.

Lorsqu'une de ces contraventions n'a pas été commise au préjudice de la commune mais a été commise sur le territoire de celle-ci, le maire peut proposer au procureur de la République de procéder à une des mesures prévues par les articles 41-1 ou 41-3 du présent code. Il est avisé par le procureur de la République de la suite réservée à sa proposition.

Les dispositions du présent article s'appliquent aux contraventions de même nature que les agents de la ville de Paris chargés d'un service de police et les agents de surveillance de Paris sont habilités à constater par procès-verbal conformément aux dispositions *(Ord. n° 2012-351 du 12 mars 2012, art. 9, en vigueur le 1er mai 2012)* **« des articles L. 531-1 et L. 532-1 du code de la sécurité intérieure ».** *(L. n° 2007-297 du 5 mars 2007, art. 74)* **« Ces dispositions s'appliquent également aux contraventions de même nature que les gardes champêtres sont habilités à constater par procès-verbal conformément à l'article L. 2213-18 du code général des collectivités territoriales** *[CSI, art. L. 521-1]*. **»**

Un décret en Conseil d'État précise les conditions d'application du présent article.

SECTION IV **DU MINISTÈRE PUBLIC PRÈS LE TRIBUNAL DE POLICE** *(L. n° 2005-47 du 26 janv. 2005, art. 9-V, en vigueur le 1er avr. 2005 ; L. n° 2011-1862 du 13 déc. 2011, art. 2-VIII et 70-I, en vigueur le 1er juill. 2017).*

V. note ss. section III.

RÉP. PÉN. v° *Action publique*, par MOLINS.

Art. 45 *(Ord. n° 60-529 du 4 juin 1960)* **« Le procureur de la République près le tribunal judiciaire occupe le siège du ministère public devant le tribunal de police** *(L. n° 92-1336 du 16 déc. 1992)* **« pour les contraventions de la 5e classe »** *(L. n° 2016-1547 du 18 nov. 2016, art. 15)* **« ne relevant pas de la procédure de l'amende forfaitaire ». Il peut l'occuper également en toute matière** *(L. n° 2005-47 du 26 janv. 2005, art. 9-VI, en vigueur le 1er avr. 2005)* **« devant le tribunal de police** *(Abrogé par L. n° 2011-1862 du 13 déc. 2011, art. 2-V et 70-I, à compter du 1er juill. 2017)* ***« ou devant la juridiction de proximité »*** **», s'il le juge à propos, au lieu et place du commissaire de police qui exerce habituellement ces fonctions** *(L. n° 2016-1547 du 18 nov. 2016, art. 15)* **« sous le contrôle du procureur de la République ». »**

Toutefois, dans le cas où les infractions forestières sont soumises *(Ord. n° 58-1296 du 23 déc. 1958)* **« aux tribunaux de police »** *(Abrogé par L. n° 2011-1862 du 13 déc. 2011, art. 2-IX et 70-I, à compter du 1er juill. 2017)* *(L. n° 2005-47 du 26 janv. 2005, art. 9-VI, en vigueur le 1er avr. 2005)* ***« ou aux juridictions de proximité »*****, les fonctions du ministère public sont remplies** *(L. n° 2014-1170 du 13 oct. 2014, art. 73)* **« par le directeur régional de l'administration chargée des forêts ou par le fonctionnaire qu'il désigne, sauf si le procureur de la République estime opportun d'occuper ces fonctions. »** — *V. TOM : 810 s. et 848.*

RÉP. PÉN. v° *Forêts*, par LAGARDE.

Art. 46 *(L. n° 72-1226 du 29 déc. 1972)* **« En cas d'empêchement du commissaire de police, le procureur général désigne, pour une année entière, un ou plusieurs remplaçants qu'il choisit parmi les commissaires et les** *(L. n° 96-647 du 22 juill. 1996)* **« commandants ou capitaines de police » en résidence dans le ressort du tribunal judiciaire. »**

(Abrogé par Ord. n° 2019-964 du 18 sept. 2019, art. 18, à compter du 1er janv. 2020) *« (Ord. n° 58-1296 du 23 déc. 1958)* ***A titre exceptionnel et en cas de nécessité absolue pour la tenue de l'audience, le juge du tribunal d'instance peut appeler, pour exercer les fonctions du ministère public, le maire du lieu où siège*** *(L. n° 2011-1862 du 13 déc. 2011, art. 2-XIX et 70-I, en vigueur le 1er juill. 2017)* ***« le tribunal de police »*** *ou un de ses* ***adjoints. »***

Lorsqu'il résulte d'une pièce régulièrement versée au dossier de la procédure que le fonctionnaire de police mentionné au jugement du tribunal de police comme ayant occupé le siège du ministère public n'a pas été désigné par le procureur général près la cour d'appel pour exercer les fonctions du ministère public près le tribunal de police, la composition de cette juridiction est irrégulière. • Crim. 22 oct. 1987, n° 87-80.955 P.

Art. 47 **S'il y a plusieurs commissaires de police au lieu où siège** *(L. n° 2011-1862 du 13 déc. 2011, art. 2-XIX et 70-I, en vigueur le 1er juill. 2017)* **« le tribunal de police », le procureur général désigne celui qui remplit les fonctions du ministère public.**

A compter du 1er juill. 2017, à l'art. 47 C. pr. pén., les mots : "la juridiction de proximité" ont été remplacés par les mots : "le tribunal de police" (L. n° 2011-1862 du 13 déc. 2011, art. 2-XIX et 70-I, mod. par L. n° 2012-1441 du 24 déc. 2012, L. n° 2014-1654 du 29 déc. 2014, art. 99, et L. n° 2016-1547 du 18 nov. 2016, art. 15).

Il y a présomption que le commissaire de police, qui a représenté le ministère public près le tribunal de simple police, dans une ville où il existe plusieurs commissaires de police, a été régulièrement habilité par le procureur général à remplir les fonctions du ministère public, s'il n'a été soulevé à l'audience aucune contestation à ce sujet, et si le jugement ne renferme aucune énonciation d'où l'on puisse induire le contraire. • Crim. 26 juin 1919 : *DP 1921. 1. 11.*

Art. 48 *(L. n° 72-1226 du 29 déc. 1972)* **S'il n'y a pas de commissaire de police au lieu où siège** *(L. n° 2011-1862 du 13 déc. 2011, art. 2-XIX et 70-I, en vigueur le 1er juill. 2017)* **« le tribunal de police », le procureur général désigne, pour exercer les fonctions du ministère public, un commissaire ou un** *(L. n° 96-647 du 22 juill. 1996)* **« commandant ou capitaine de police » en résidence dans le ressort du tribunal judiciaire** *(L. n° 89-461 du 6 juill. 1989)* **« ou, à défaut, d'un tribunal judiciaire limitrophe situé dans le même département ».**

A compter du 1er juill. 2017, à l'art. 48 C. pr. pén., les mots : "la juridiction de proximité" ont été remplacés par les mots : "le tribunal de police" (L. n° 2011-1862 du 13 déc. 2011, art. 2-XIX et 70-I, mod. par L. n° 2012-1441 du 24 déc. 2012, L. n° 2014-1654 du 29 déc. 2014, art. 99, et L. n° 2016-1547 du 18 nov. 2016, art. 15).

TOM : 811.

SECTION V DU BUREAU D'ORDRE NATIONAL AUTOMATISÉ DES PROCÉDURES JUDICIAIRES

(L. n° 2004-204 du 9 mars 2004, art. 75-I)

Art. 48-1 **Le bureau d'ordre national automatisé des procédures judiciaires constitue une application automatisée, placée sous le contrôle d'un magistrat, contenant les informations nominatives relatives aux plaintes et dénonciations reçues par les procureurs de la République ou les juges d'instruction et aux suites qui leur ont été réservées, et qui est destinée à faciliter la gestion et le suivi des procédures judiciaires par les juridictions compétentes, l'information des victimes et la connaissance réciproque entre les juridictions des procédures concernant les mêmes faits ou mettant en cause les mêmes personnes, afin notamment d'éviter les doubles poursuites.**

Cette application a également pour objet l'exploitation des informations recueillies à des fins de recherches statistiques.

Les données enregistrées dans le bureau d'ordre national automatisé portent notamment sur :

1° Les date, lieu et qualification juridique des faits ;

2° Lorsqu'ils sont connus, les nom, prénoms, date et lieu de naissance ou la raison sociale des personnes mises en cause et des victimes ;

3° Les informations relatives aux décisions sur l'action publique, au déroulement de l'instruction, à la procédure de jugement et aux modalités d'exécution des peines ;

4° Les informations relatives à la situation judiciaire, au cours de la procédure, de la personne mise en cause, poursuivie ou condamnée.

Les informations contenues dans le bureau d'ordre national automatisé sont conservées, à compter de leur dernière mise à jour enregistrée, pendant une durée de dix ans ou, si elle est supérieure, pendant une durée égale au délai de la prescription de

l'action publique ou, lorsqu'une condamnation a été prononcée, au délai de la prescription de la peine.

Les informations relatives aux procédures suivies par chaque juridiction *(L. n° 2019-222 du 23 mars 2019, art. 85)* **« des premier et second degrés » sont enregistrées sous la responsabilité, selon les cas, du procureur de la République** *(L. n° 2019-222 du 23 mars 2019, art. 85-I)* **« , du procureur général »** *(L. n° 2007-291 du 5 mars 2007, art. 25)* **« ou des magistrats du siège exerçant des fonctions pénales » de la juridiction territorialement compétente, par les greffiers ou les personnes habilitées qui assistent ces magistrats.**

Ces informations sont directement accessibles, pour les nécessités liées au seul traitement des infractions ou des procédures dont ils sont saisis, par les *(L. n° 2019-222 du 23 mars 2019, art. 85-I)* **« magistrats du ministère public »** *(L. n° 2007-291 du 5 mars 2007, art. 25)* **« et les magistrats du siège exerçant des fonctions pénales » de l'ensemble des juridictions ainsi que leur greffier ou les personnes habilitées qui assistent ces magistrats.** *(L. n° 2016-1547 du 18 nov. 2016, art. 2)* **« Elles sont également directement accessibles aux agents de greffe du service d'accueil unique du justiciable prévu à l'article L. 123-3 du code de l'organisation judiciaire, pour les seuls besoins de fonctionnement de ce service, sous réserve que ces agents aient été habilités à cette fin dans des conditions fixées par décret en Conseil d'État. »**

Elles sont également directement accessibles aux procureurs de la République *(L. n° 2007-291 du 5 mars 2007, art. 25)* **« et aux magistrats du siège exerçant des fonctions pénales » des juridictions mentionnées aux articles 704, 706-2, 706-17, 706-75, 706-107 et 706-108** *(L. n° 2016-1547 du 18 nov. 2016, art. 2)* **« du présent code » pour le traitement de l'ensemble des procédures susceptibles de relever de leur compétence territoriale élargie.**

Elles sont de même directement accessibles aux procureurs généraux *(Abrogé par L. n° 2019-222 du 23 mars 2019, art. 85-I)* ***« pour le traitement des procédures dont sont saisies les cours d'appel et »*** **pour l'application des dispositions des articles 35 et 37.**

(L. n° 2016-731 du 3 juin 2016, art. 85) **« Elles sont en outre directement accessibles, pour l'exercice de leur mission, aux magistrats chargés par une disposition législative ou réglementaire du contrôle des fichiers de police judiciaire, du fichier national automatisé des empreintes génétiques et du fichier automatisé des empreintes digitales, ainsi qu'aux personnes habilitées qui les assistent. »**

Sauf lorsqu'il s'agit de données non nominatives exploitées à des fins statistiques ou *(L. n° 2019-222 du 23 mars 2019, art. 85-I)* **« , d'informations relevant de l'article 11-1 ou de données nominatives exploitées à des fins statistiques par des services de la statistique publique dépendant du ministère de la justice », les informations figurant dans le bureau d'ordre national automatisé ne sont accessibles qu'aux autorités judiciaires. Lorsqu'elles concernent une enquête ou une instruction en cours, les dispositions de l'article 11 sont applicables.**

Un décret en Conseil d'État, pris après avis de la Commission nationale de l'informatique et des libertés, détermine les modalités d'application du présent article et précise notamment les conditions dans lesquelles les personnes intéressées peuvent exercer leur droit d'accès. – *V. art. R. 15-33-66-7 s.*

V. Décr. n° 87-249 du 8 avr. 1987 relatif au fichier automatisé des empreintes digitales géré par le ministère de l'intérieur, notamment art. 9.

CHAPITRE III DU JUGE D'INSTRUCTION

RÉP. PÉN. v° *Juge d'instruction,* par BELFANTI.

BIBL. GÉN. ▶ CHAMBON, *JCP 1959. I. 1531 bis.* – DORWLING-CARTER, *JCP 1990. I. 3458.* – PRADEL, *D. 1990. Chron. 301.* – PRADEL, *D. 2009. 438* (tous les péchés du juge d'instruction méritent-ils sa mise à mort ?). – GIUDICELLI, *AJ pénal 2009. 68* (le juge d'instruction évoluera ou disparaîtra).

Art. 49 Le juge d'instruction est chargé de procéder aux informations, ainsi qu'il est dit au chapitre Ier du titre III.

Il ne peut, à peine de nullité, participer au jugement des affaires pénales dont il a connu en sa qualité de juge d'instruction.

(Ord. n° 2006-673 du 8 juin 2006, art. 8) **« Le juge d'instruction exerce ses fonctions au siège du tribunal judiciaire auquel il appartient. »**

BIBL. ▶ BESANÇON, *AJ pénal 2021. 355* (incompatibilités fonctionnelles). – CHAMBON, *JCP 1956. I. 1279*. – KOERING-JOULIN, *Justices 1998, n° 10, p. 1* (impartialité du juge). – LESCLOUS et MARSAT, *Dr. pénal 1995. Chron. 57*. – REBUT, *RSC 1998. 449*.

1. Principe de la séparation des fonctions de justice. Sur ce point, V. ss. art. préliminaire.

2. Domaine de l'art. 49, al. 2. La disposition de l'art. 49, al. 2, empruntée aux art. 1er et 12 de la loi du 8 déc. 1897, vise uniquement le magistrat qui a rempli les fonctions de juge d'instruction, à l'exclusion du membre du tribunal ou de la cour que l'une ou l'autre de ces juridictions a chargé de procéder à un supplément d'information, et qui demeure capable de concourir à la décision au fond. • Crim. 27 janv. 1899 : *DP 1899. 1. 240* • 26 avr. 1900 : *Bull. crim. n° 158* • 27 juill. 1907 : *DP 1911. 1. 153.*

3. L'art. 49, al. 2, est d'interprétation stricte. • Crim. 19 janv. 1983, n° 82-92.535 P : *D. 1983. IR 195 ; RSC 1983. 686, obs. J. Robert* • 13 nov. 1991, n° 91-84.816 P. ♦ Il ne saurait être étendu au cas où un juge qui a concouru à un jugement, procède par la suite à des actes d'instruction dans une information concernant le même inculpé, alors au surplus qu'il s'agit d'affaires distinctes et indépendantes. • Crim. 17 déc. 1957 : *Bull. crim. n° 846* • 2 oct. 1980, n° 80-90.268 P : *D. 1982. 167, note Jeandidier ; RSC 1982. 141, obs. J. Robert.* ♦ ... Ni au magistrat qui avait instruit l'affaire et assisté au prononcé de la décision dès lors qu'il n'a participé ni aux débats ni au délibéré. • Crim. 20 juin 1996, n° 95-82.078 P. ♦ ... Ni au conseiller qui a concouru à l'arrêt de la chambre d'accusation rejetant une requête en annulation de pièces de l'information et qui fait ensuite partie de la chambre des appels correctionnels saisie de l'affaire. • Crim. 9 nov. 1995, n° 94-84.204 P. ♦ ... Ni au magistrat qui a participé à un arrêt de la chambre d'accusation qui, dans la même procédure, a confirmé une ordonnance du juge d'instruction ayant rejeté une demande d'actes, dès lors que cette décision n'a pas porté sur la valeur des charges. • Crim. 19 févr. 1998, n° 96-83.423 P : *RSC 1998. 581, obs. Dintilhac.* ♦ L'art. 49, al. 2, est d'interprétation stricte et son application ne saurait être étendue au cas où le magistrat ayant la charge d'instruire une plainte avec constitution de partie civile déposée par le prévenu, a concouru au jugement des infractions reprochées à celui-ci, alors au surplus qu'il s'agit d'affaires distinctes et indépendantes. • Crim. 17 déc. 2002, n° n° 02-81.586 P.

4. Limites du principe de la séparation des fonctions de justice. Différentes fonctions pénales. Le juge d'instruction qui a informé sur des infractions commises par des personnes faisant ensuite l'objet de nouvelles poursuites peut, sans violer l'art. 1er de la loi du 8 déc. 1897 (art. 49, al. 2), concourir au jugement d'infractions nouvelles, mais distinctes, commises par ces mêmes personnes. • Crim. 24 avr. 1909 : *Bull. crim. n° 229.*

5. Le jugement qui a prononcé une mesure de suspension provisoire à l'encontre d'un huissier de justice et nommé un administrateur n'étant pas un jugement pénal, puisqu'il a été prononcé en matière disciplinaire par une juridiction civile, aucune disposition légale n'interdit la présence du juge d'instruction dans cette juridiction. • Limoges, 24 sept. 1987 : *Gaz. Pal. 1987. 2. 791, note X.*

6. La connaissance qu'un magistrat a eue, en qualité de juge d'instruction, d'une procédure terminée par une condamnation assortie du sursis ne met pas obstacle à ce que ce même magistrat participe ultérieurement au jugement de la requête en dispense de révocation de sursis présentée par le condamné en application de l'art. 735. • Crim. 19 janv. 1983 : *préc. note 3.*

7. L'accusé ne peut se faire grief de ce qu'un magistrat qui a instruit son affaire en qualité de juge d'instruction ait occupé ensuite le siège du ministère public devant la cour criminelle en qualité de substitut du procureur général. • Crim. 2 août 1901 : *Bull. crim. n° 221* • 28 nov. 1945 : *Bull. crim. n° 123.* ♦ *Adde* : • Crim. 3 nov. 1992 : *Dr. pénal 1993. 99, obs. Maron.*

8. Un des magistrats composant la chambre de l'instruction peut statuer sur une demande d'annulation de pièces alors qu'il a précédemment rendu, dans la même procédure une ordonnance rejetant une demande de mise en liberté, en qualité de juge des libertés et de la détention ; il s'agit de deux instances distinctes, dont ni l'une ni l'autre n'implique qu'il soit prononcé sur la culpabilité. • Crim. 27 oct. 2004, n° 04-85.182 P : *D. 2004. IR 3194 ; ibid. 2005. Pan. 684, obs. Pradel.*

9. Audition du juge d'instruction lors d'un procès. Aucune disposition de loi ne s'oppose à ce que soit reçu devant la cour d'assises le témoignage du juge qui a instruit le procès. Le juge d'instruction ne saurait être considéré comme ayant concouru au jugement d'une affaire par cela seul qu'il a été entendu en qualité de témoin au cours des débats. • Crim. 6 févr. 1957 : *Bull. crim. n° 121.*

10. Limites du principe de la séparation des fonctions de justice. Fonctions pénales et fonctions civiles. Aucune disposition légale n'interdit à un juge ayant rendu une décision civile concernant la garde d'un mineur de faire ensuite partie de la juridiction correctionnelle qui sanctionne l'infraction constituée par l'inobservation des dispositions prévues par ladite décision. • Crim. 19 avr. 1983, ⚖ n° 80-93.436 P. ♦ Il en va de même pour le magistrat qui a précédemment statué en qualité de juge des référés dans le litige opposant le prévenu aux parties civiles. • Crim. 16 juin 1988, ⚖ n° 87-82.682 P. ♦ ... Pour le magistrat qui a fait partie de la formation de jugement ayant prononcé le divorce de l'accusé à ses torts exclusifs. • Crim. 24 nov. 1993 : ⚖ *JCP 1994. IV. 722.* ♦ *Adde* : • Crim. 30 nov. 1994, ⚖ n° 94-82.201 P.

11. Impartialité du juge d'instruction. C'est à tort qu'une chambre de l'instruction a rejeté une requête en annulation évoquant un défaut de garantie objective d'impartialité du juge d'instruction en se fondant sur l'art. 6, § 1, Conv. EDH alors que l'exigence d'impartialité s'impose aux juridictions d'instruction à l'encontre desquelles un tel grief peut être invoqué indépendamment de la mise en œuvre des procédures de récusation ou de renvoi. • Crim. 23 mars 2004, ⚖ n° 03-87.854 P : *RSC 2004. 668, note Giudicelli.* ♦ L'exigence d'impartialité s'impose aux juridictions d'instruction à l'encontre desquelles le grief peut être invoqué indépendamment de la mise en œuvre des procédures de récusation ou de renvoi. • Crim. 20 févr. 2008, ⚖ n° 02-82.676 P : *Dr. pénal 2009. Chron. 1, obs. Guérin.* ♦ Le seul fait que le juge chargé d'instruire une procédure, relative à des faits distincts, ait effectué des actes de poursuite dans une procédure antérieure, visant les mêmes personnes, pour des infractions similaires, n'est pas de nature à faire naître un doute objectivement justifié sur l'impartialité du magistrat concerné. • Même arrêt.

Art. 50 *(L. n° 87-1062 du 30 déc. 1987)* **« Le juge d'instruction, choisi parmi les juges du tribunal, est nommé »** *(Ord. n° 58-1296 du 23 déc. 1958)* **dans les formes prévues pour la nomination des magistrats du siège.**

Al. 2 abrogé par L. n° 87-1062 du 30 déc. 1987.

En cas de nécessité, un autre juge peut être temporairement chargé, dans les mêmes formes, des fonctions de juge d'instruction concurremment avec le magistrat désigné ainsi qu'il est dit au premier alinéa.

Si le premier président délègue un juge au tribunal, il peut aussi, dans les mêmes conditions, charger temporairement celui-ci de l'instruction par voie d'ordonnance.

Si le juge d'instruction est absent, malade ou autrement empêché, le tribunal judiciaire désigne l'un des juges de ce tribunal pour le remplacer.

S'agissant des dispositions d'urgence mises en place pour faire face à l'épidémie de covid-19, V. App., v° État d'urgence sanitaire.

1. Nomination irrégulière du juge d'instruction. Le magistrat irrégulièrement nommé aux fonctions qu'il occupe doit être regardé comme légalement investi desdites fonctions tant que sa nomination n'est pas annulée. • Crim. 31 mars 1993, ⚖ n° 93-80.126 P : *Gaz. Pal. 1993. 2. 446.*

2. Absence de désignation du juge. L'absence de désignation par le président du TGI du juge qui doit être chargé d'une information constitue une nullité substantielle d'ordre public n'affectant pas la compétence et ne pouvant pas être invoquée pour la première fois devant la Cour de cassation. • Crim. 18 mai 1983, ⚖ n° 82-93.410 P : *D. 1984. 188, note Jeandidier.*

3. Délégation. Si le premier président est amené, en cas d'empêchement du titulaire, à déléguer un juge auprès d'un autre tribunal et à le charger temporairement de l'instruction par voie d'ordonnance, ce magistrat doit être désigné par le président du tribunal pour chaque information dont il est chargé. Il doit en être de même si le premier président prend, pour le même magistrat, des délégations successives, dans l'hypothèse où de telles délégations sont conformes aux prescriptions de l'art. R. 213-27 COJ ou dans l'hypothèse de changement de juge d'instruction ou le cours de l'information. • Crim. 10 mai 1983, ⚖ n° 81-91.572 P.

4. Remplacement. Touchant à l'organisation et à la composition des juridictions, les règles relatives au remplacement d'un juge d'instruction sont d'ordre public. • Crim. 24 janv. 1985, ⚖ n° 84-93.030 P. ♦ L'art. 50, al. 5, comme précédemment l'art. 58 C. instr. crim., est applicable dans les villes où il y a plusieurs juges d'instruction. • Crim. 12 déc. 1925 : *Bull. crim. n° 344.*

5. Empêchement. Lorsqu'un juge du tribunal remplace un juge d'instruction empêché, il y a présomption, en l'absence de contestation devant la chambre d'accusation sur la régularité de sa désignation, que cette dernière a été régulièrement faite. • Crim. 4 déc. 1990, ⚖ n° 90-85.837 P. ♦ Si l'art. 50, dernier al., donne compétence au TGI, lorsque le juge d'instruction est empêché, pour désigner celui des juges qui le remplacera, il appartient au président, en cas d'urgence et d'impossibilité de réunir l'assemblée générale des magistrats du siège, de procéder à ce remplacement ou d'accomplir lui-même les actes d'instruction utiles. • Crim. 18 avr. 1991, ⚖ n° 91-80.238 P : *Gaz. Pal. 1991. 1. 478* • 14 févr. 2001, ⚖ n° 00-86.724 P. ♦ ... Mais une ordonnance du président du tribunal de grande instance ne peut se substituer à une désignation de l'assemblée générale pour procéder à la désignation du magistrat du siège chargé de remplacer l'unique juge d'instruction d'un tribunal.

• Crim. 11 sept. 2019, n° 19-83.878 P : *JCP 2019, n° 1012 ; RSC 2019. 847, note Valat ; Dr. pénal 2019, n° 190, note Haas et Maron.*

6. Si le dernier alinéa de l'art. 50 confère au TGI, en cas d'empêchement du juge d'instruction, le pouvoir de désigner l'un des juges de ce tribunal pour le remplacer, la faculté ainsi conférée d'investir un juge des fonctions de l'instruction n'apporte pas d'exception aux dispositions des art. 83 et 84 relatives à la désignation, dans chaque information, du magistrat instructeur. • Crim. 17 avr. 1980, n° 79-94.128 P : *JCP 1981. II. 19632, note Jeandidier* • 20 nov. 1984, n° 84-94.270 P : *JCP 1986. II. 20546, note Chambon.* ♦ ... Et il n'est exigé ni la présence, ni l'avis du ministère public. • Crim. 5 janv. 1989, n° 88-86.198 P. ♦ Aucune disposition légale n'interdit, dans l'intérêt d'une bonne administration de la justice, d'anticiper la désignation d'un ou plusieurs magistrats afin de permettre, conformément aux dispositions de l'art. 50, al. 4, dans le seul cas d'empêchement du titulaire, son remplacement par un magistrat disponible dont la nomination présente, en raison de son processus de désignation par l'assemblée générale du tribunal judiciaire, toute garantie d'impartialité, sans que, par ailleurs, la désignation de plusieurs remplaçants potentiels puisse avoir pour effet de créer temporairement un second juge d'instruction. • Crim. 2 mars 2021, n° 20-84.004 P : *D. actu. 9 mars 2021, obs. Fucini.*

7. Nouvelles fonctions. Lorsqu'un juge d'instruction, appelé à de nouvelles fonctions au sein de la juridiction à laquelle il appartient, est chargé par l'assemblée du tribunal de continuer ses fonctions à l'instruction, une nouvelle désignation par le président n'est pas nécessaire pour qu'il poursuive une information dès lors qu'il n'a jamais cessé d'instruire cette procédure. • Crim. 20 nov. 1990, n° 90-84.121 P.

8. Il se déduit de l'application combinée des art. 84, al. 3 et 4, et 50 que le président du tribunal de grande instance n'est compétent pour accomplir un acte d'instruction utile ou rendre une ordonnance, lorsque le juge d'instruction saisi du dossier est empêché, que si, d'une part, il n'a pu désigner un autre juge d'instruction pour le remplacer, et si, d'autre part, un autre juge n'a pas été désigné en application des dispositions de l'art. 50, et si, enfin, l'urgence et l'impossibilité de réunir l'assemblée générale des magistrats du tribunal ont été constatées. Ne justifie pas sa décision et encourt la censure en application de ces textes la chambre de l'instruction saisie de l'appel d'une ordonnance de mise en accusation rendue par le président du tribunal en l'absence du juge d'instruction empêché, qui, sans rechercher si les conditions précitées étaient réunies, écarte l'exception de nullité soulevée par le mis en examen en énonçant que le président s'est lui-même désigné et que cette désignation constitue, aux termes de l'art. 83, dernier al., un acte d'administration. • Crim. 18 mars 2009, n° 08-88.486 P : *D. 2009. AJ 1144, note Girault ; AJ pénal 2009. 270, obs. Ascensi ; Dr. pénal 2010. Chron. 1, obs. Guérin.* ♦ Il se déduit des art. 50, al. 4, et 84, al. 3 et 4, tels qu'interprétés de manière constante par la chambre criminelle (Crim., 18 avr. 1991, n° 91-80.238 ; 14 févr. 2001, n° 00-86.724, n° 00-86.725 ; 18 mars 2009, n° 08-88.486), que le président du tribunal de grande instance n'est compétent, lorsque le juge d'instruction saisi du dossier est empêché, pour désigner celui des juges du tribunal qui le remplacera que si, d'abord, il n'a pu désigner un autre juge d'instruction pour le remplacer, si, ensuite, un autre juge d'instruction n'a pas été désigné en application des dispositions de l'art. 50 susvisé, et si, enfin, l'urgence et l'impossibilité de réunir l'assemblée générale des magistrats du tribunal ont été constatées. • Crim. 15 nov. 2016, n° 16-82.709 P.

Art. 51 Le juge d'instruction ne peut informer qu'après avoir été saisi par un réquisitoire du procureur de la République ou par une plainte avec constitution de partie civile, dans les conditions prévues aux articles 80 et 86.

En cas de crimes ou délits flagrants, il exerce les pouvoirs qui lui sont attribués par l'article 72.

Le juge d'instruction a, dans l'exercice de ses fonctions, le droit de requérir directement la force publique.

En ce qui concerne les réquisitoires d'information pour la poursuite des délits et contraventions commis par la voie de presse ou par tout autre moyen de publication, V. L. 29 juill. 1881, art. 50, **C. pén.**, *App., v° Presse.*

RÉP. PÉN. v° *Instruction préparatoire*, par GUÉRY.

BIBL. ▸ Portée du réquisitoire nominatif : MICHAUD, *RSC 1972. 180.*

1. Saisine du juge d'instruction. *L'action publique est valablement mise en mouvement par le réquisitoire introductif du procureur de la République alors même que la constitution de partie civile aurait été déclarée irrecevable.* • Crim. 21 févr. 1968 : *D. 1968. 691, note Pradel ; Gaz. Pal. 1968. 1. 311, note Doucet.* ♦ *Il n'en serait autrement que si cette mise en mouvement de l'action publique était subordonnée au dépôt d'une plainte préalable.* • Crim. 8 nov. 1983, n° 83-92.677 P.

2. Validité formelle du réquisitoire. Aucune disposition de loi n'interdit, dans les réquisitoires d'information décernés par le procureur de la République pour saisir le juge d'instruction, l'usage de formules imprimées. • Crim. 12 févr. 1927 : *Bull. crim. n° 54 ; DH 1927. 209.* ♦ La signature du procureur de la République confère l'authenticité à toutes les énonciations manuscrites ou imprimées du réquisitoire, notamment à une énonciation imprimée concernant la nature de l'inculpation. • Même arrêt.

3. La date du réquisitoire introductif est une mention substantielle de cet acte qui seule permet à la Cour de cassation de vérifier si les actes accomplis par le juge d'instruction l'ont été postérieurement à la délivrance du réquisitoire introductif. • Crim. 23 avr. 1971, n° 70-92.577 P : *Gaz. Pal. 1971. 2. 415.*

4. Un réquisitoire introductif non signé ne saisit pas le juge d'instruction. La nullité de cet acte substantiel entraîne celle de tous les actes qui ont suivi. • Crim. 4 déc. 1952 : *JCP 1953. II. 7625, note Chambon* • 17 févr. 1987, n° 86-96.298 P.

5. Le visa, dans le réquisitoire introductif, des pièces qui y sont jointes, équivaut à une analyse desdites pièces, et, en conséquence, celles-ci déterminent, par les indications qu'elles contiennent, l'objet exact et l'étendue de la saisine du juge d'instruction. • Crim. 11 juill. 1972, n° 72-90.719 P • 2 juin 1992, n° 91-85.097 P : *Gaz. Pal. 1992. 2. 478.*

6. Lorsqu'un réquisitoire satisfait en la forme aux conditions essentielles de son existence légale, la chambre d'accusation, par une analyse souveraine des pièces qui y sont annexées est justifiée à refuser d'annuler ce réquisitoire. • Crim. 5 déc. 2001, n° 00-86.490.

7. Recours à la force publique. Lorsqu'il a saisi le JLD en vue du placement en détention provisoire d'un mis en examen s'étant présenté libre à son cabinet, le juge d'instruction peut, sur le fondement de l'art. 51, al. 3, requérir directement la force publique pour le faire conduire devant ce magistrat. Doit, dès lors, être approuvée la chambre de l'instruction qui écarte l'argumentation du mis en examen tenant à l'irrégularité de sa présentation sous la contrainte au JLD. • Crim. 3 mai 2011, n° 11-80.889 P. ♦ Le juge d'instruction détient, en exécution de l'art. 51, al. 3, le pouvoir de requérir l'extraction, par la force publique, d'une personne incarcérée, aux fins de mise en examen dans les conditions prévues à l'art. 116, sans que la délivrance d'un mandat ne soit légalement imposée. • Crim. 13 déc. 2016, n° 16-84.060 P : *D. actu. 31 janv. 2017, obs. Aubert ; AJ pénal 2017. 138, obs. Gallois.*

Art. 52 **Sont compétents le juge d'instruction du lieu de l'infraction, celui de la résidence de l'une des personnes soupçonnées d'avoir participé à l'infraction, celui du lieu d'arrestation d'une de ces personnes, même lorsque cette arrestation a été opérée pour une autre cause** *(L. n° 2004-204 du 9 mars 2004, art. 111-II)* **« et celui du lieu de détention d'une de ces personnes, même lorsque cette détention est effectuée pour une autre cause ».** *(L. n° 2016-731 du 3 juin 2016, art. 28)* **« Pour les infractions mentionnées à l'article 113-2-1 du code pénal, est également compétent le juge d'instruction, selon le cas, du lieu de résidence ou du siège des personnes physiques ou morales mentionnées au même article 113-2-1. »** — *C. pr. pén. 203, 663, 689 s.*

Concernant les différentes hypothèses de compétences concurrentes, V. art. 15-3-3 (harcèlement sexuel), 704 s. (infractions en matière économique et financière), 706-2 s. (infractions en matière de santé publique), 706-2-3 (infractions en matière d'atteintes à l'environnement), 706-16 s. (infractions en matière de terrorisme), 706-106-1 s. (crimes sériels ou non élucidés), 706-72 s. (atteintes aux systèmes de traitement automatisés de données), 706-75 s. (criminalité organisée), 706-107 s. (pollution des eaux maritimes par rejets des navires), 706-168 s. (prolifération d'armes de destruction massive et de leurs vecteurs) et 706-176 s. (accidents collectifs).

V. art. L. 163-2 et L. 163-7 C. mon. fin. (compétence territoriale en matière d'infractions à la législation sur le chèque), ss. art. 382.

V. L. n° 72-1138 du 22 déc. 1972 relative à la compétence territoriale du ministère public et des juridictions répressives sur certains aérodromes, ss. art. 382.

1. Principe. Toute personne qui se prétend lésée par un crime ou un délit peut, en portant plainte, se constituer partie civile devant le juge d'instruction compétent, notamment celui du lieu de l'infraction ou celui de la résidence de l'une des personnes soupçonnées d'avoir participé à l'infraction, les juridictions d'instruction ne pouvant écarter leur compétence sans investigations préalables. • Crim. 19 mai 1987 : *D. 1987. 579, note Le Calvez.* ♦ Lorsque le délit, objet de la poursuite, se compose d'un ensemble de faits qu'il s'agit de constater et d'apprécier au point de vue de leur qualification légale, le juge du lieu où une partie de ces faits s'est accomplie est compétent pour connaître du délit lui-même. • Crim. 9 mai 1914 : *DP 1919. 1. 82.*

2. Compétence en fonction des éléments constitutifs de l'infraction. La remise des fonds, objet d'une escroquerie, pouvant avoir lieu entre les mains d'un mandataire de l'auteur du délit, le tribunal du lieu où le délit d'escroquerie a été consommé par la remise des fonds audit mandataire est compétent pour en connaître. • Crim. 8 juill. 1932 : *DH 1932. 558.* ♦ Est compétent territorialement le juge d'instruction dans le ressort duquel a été accompli un acte caractérisant l'un des éléments des manœuvres frauduleuses retenues en matière d'escroquerie. • Crim. 11 févr. 1992, n° 91-86.066 P.

3. Incompétence. Justifie sa décision la chambre d'accusation qui, pour confirmer l'ordonnance d'incompétence territoriale rendue par un juge d'instruction, énonce que le lieu du détournement de chèques, qui est celui où la personne mise en examen les a encaissés, est situé hors du territoire de ce magistrat. • Crim. 13 oct. 1999, n° 98-86.165 P. ♦ En revanche méconnaît les art. 52 et 85 la chambre de l'instruction qui, pour confirmer l'ordonnance d'incompétence du juge d'instruction, se borne à énoncer que, selon la partie civile, l'association désignée comme complice d'un abus de confiance, si elle est domiciliée dans le ressort de la juridiction saisie, n'a jamais perçu de fonds, sans vérifier si l'association n'avait pas facilité la préparation de l'infraction alléguée ou donné des instructions pour la commettre. • Crim. 21 févr. 2006, n° 05.82.993 P.

4. Compétence en fonction de la résidence du prévenu. La résidence attributive de compétence est celle du prévenu lors de la plainte ou de la poursuite. • Crim. 21 sept. 1911 : *DP 1912. 1. 365.* ♦ ... Serait-elle contestée ultérieurement par celui-ci. • Crim. 17 déc. 1991, n° 91-85.583 P • Saint-Denis de la Réunion, 20 avr. 1993 : *JCP 1994. II. 22228, note Jeandidier.*

5. Connexité. Le lien de connexité constitue un titre de compétence qui ne saurait être contesté alors même que certains des faits ayant servi de support à cette connexité ont fait l'objet d'une décision de non-lieu. • Crim. 20 oct. 1981, n° 81-90.627 P.

6. Absence de dérogation concernant les crimes contre l'humanité. La circonstance que l'infraction reprochée entrerait dans la catégorie des crimes contre l'humanité, lesquels sont des crimes de droit commun commis dans certaines circonstances et pour certains motifs, n'est pas de nature à entraîner une dérogation aux règles de compétence posées par le code de procédure pénale. • Crim. 14 nov. 1991, n° 91-82.246 P : *Gaz. Pal. 1992. 1. 106.* ♦ V. également : • Crim. 31 janv. 1991, n° 90-87.177 P : *D. 1991. 259, note Braunschweig* . – V. néanmoins art. 689-11.

7. Caractère manifeste de l'incompétence. Justifie sa décision de refus d'annulation du réquisitoire aux fins d'informer et de la procédure subséquente la chambre de l'instruction qui, pour écarter l'argumentation du requérant prise de l'incompétence territoriale de la juridiction, retient que la saisine du juge d'instruction porte pour l'essentiel sur la confection et l'utilisation, en un lieu restant à déterminer, d'un faux rapport d'expertise qui a été diffusé par la voie électronique, dans des conditions qu'il appartient à l'information de déterminer. En effet, seuls peuvent être annulés les actes accomplis par un juge manifestement incompétent. • Crim. 15 janv. 2008, n° 07-86.944 P : *D. 2008. AJ 419, note Léna ; ibid. Pan. 2561, note d'Avout ; ibid. 2009. Pan. 133, obs. Garé ; RSC 2008. 358, obs. Finielz ; AJ pénal 2008. 192, note Royer ; Dr. pénal 2009. Chron. 1, obs. Guérin.*

Art. 52-1 *(L. n° 2019-222 du 23 mars 2019, art. 95-II-2° et 109-XXIII, en vigueur le 1er janv. 2020)* **« Il y a un ou plusieurs juges d'instruction dans chaque département.**

« Lorsqu'il existe plusieurs tribunaux judiciaires dans un département, un décret peut fixer la liste des tribunaux dans lesquels il n'y a pas de juge d'instruction. Ce décret précise quel est le tribunal judiciaire dont le ou les juges d'instruction sont compétents pour connaître des informations concernant des infractions relevant, en application de l'article 43, de la compétence du procureur de la République du tribunal dans lequel il n'y a pas de juge d'instruction. »

(L. n° 2007-291 du 5 mars 2007, art. 6-I) **Dans certains tribunaux judiciaires, les juges d'instruction sont regroupés au sein d'un pôle de l'instruction.**

(L. n° 2021-1729 du 22 déc. 2021, art. 7) **« Les juges d'instruction composant un pôle de l'instruction sont seuls compétents pour connaître des informations donnant lieu à une cosaisine dans les conditions prévues aux articles 83-1 et 83-2.**

« Ils sont également seuls compétents pour connaître des informations en matière de crime et le demeurent en cas de requalification des faits au cours de l'information ou lors du règlement de celle-ci. Toutefois, s'il s'agit d'un crime puni de quinze ans ou de vingt ans de réclusion criminelle, lorsqu'il n'est pas commis en état de récidive légale et si le procureur de la République considère qu'il résulte des circonstances de l'espèce *et de son absence de* complexité que le recours à la cosaisine, même en cours d'instruction, paraît peu probable, il peut requérir l'ouverture de l'information auprès du juge d'instruction du tribunal judiciaire dans lequel il n'y a pas de pôle de l'instruction. »

La liste des tribunaux dans lesquels existe un pôle de l'instruction et la compétence territoriale des juges d'instruction qui le composent sont déterminées par décret. Cette

compétence peut recouvrir le ressort de plusieurs tribunaux judiciaires. Un ou plusieurs juges d'instruction peuvent être chargés, en tenant compte s'il y a lieu des spécialisations prévues par les articles 704, 706-2, 706-17, 706-75-1 et 706-107, de coordonner l'activité des juges d'instruction au sein du pôle, dans des conditions fixées par décret. – *V. art. D. 15-4-4 inséré par Décr. n° 2008-54 du 16 janv. 2008.*

Il ne saurait se déduire de l'art. 694-3, dont il résulte que les commissions rogatoires internationales adressées à la France sont exécutées selon les règles prévues par le C. pr. pén., que sont applicables à l'exécution des actes délégués celles édictées par l'art. 52-1, relatives à la compétence exclusive du pôle de l'instruction en matière de crime, qui ne concernent que la désignation du magistrat en charge d'une information (validité de l'exécution d'une commission rogatoire internationale relative à un crime par un juge d'instruction n'appartenant pas à un pôle). • Crim. 12 mars 2014 : *D. actu. 2 avr. 2014, obs. Winckelmuller ; D. 2014. 727 ; AJ pénal 2014. 363, obs. Ascensi.*

TITRE DEUXIÈME DES ENQUÊTES ET DES CONTRÔLES D'IDENTITÉ *(L. n° 83-466 du 10 juin 1983).*

BIBL. ▸ Pradel, *D. 2014. 1647* (l'enquête pénale aujourd'hui, vers une stabilisation dans l'équilibre ?). – Vlamynck, *AJ pénal 2012. 215* (traitement procédural des faits nouveaux, incidents ou distincts).

▸ **Dossiers :** *AJ pénal 2004. 221 s.* (les nouvelles enquêtes). – *AJ pénal 2009. 433 s.* (investigations privées en marge de l'enquête pénale). – *AJ pénal 2014. 319 s.* (enquête pénale : les nouveautés).

CHAPITRE PREMIER DES CRIMES ET DÉLITS FLAGRANTS

RÉP. PÉN. v[is] *Enquête de flagrance,* par Gauze ; *Perquisition-saisie-visite domiciliaire,* par Rayne ; *Garde à vue,* par Mauro ; *Fouilles corporelles,* par Herzog-Evans.

BIBL. ▸ Béchéraoui, *RSC 1997. 73.* – Conte, *RSC 1985. 471.* – Chambon, *JCP 1980. I. 2983.* – Defferrard, *D. 2001. Chron. 2692* (réflexions sur la preuve dans la suspicion légitime d'infraction pénale). – Guéry, *Dr. pénal 1997. Chron. 25.* – Herzog-Evans, *RSC 1998. 735.* – Langlois, *JCP 1961. I. 1611.* – Lesclous et Marsat, *Dr. pénal 1997. Chron. 25.* – Mayer, *D. 1980. Chron. 99.* – Pédamon, *RSC 1971. 467.* – Rubi-Cavagna, *RSC 2008. 23.*

Art. 53 **Est qualifié crime ou délit flagrant, le crime ou le délit qui se commet actuellement, ou qui vient de se commettre. Il y a aussi crime ou délit flagrant lorsque, dans un temps très voisin de l'action, la personne soupçonnée est poursuivie par la clameur publique, ou est trouvée en possession d'objets, ou présente des traces ou indices, laissant penser qu'elle a participé au crime ou au délit.**

(L. n° 2004-204 du 9 mars 2004, art. 77-II) **« A la suite de la constatation d'un crime ou d'un délit flagrant, l'enquête menée sous le contrôle du procureur de la République dans les conditions prévues par le présent chapitre peut se poursuivre sans discontinuer pendant une durée de huit jours.**

« Lorsque des investigations nécessaires à la manifestation de la vérité pour un crime ou un délit puni d'une peine supérieure ou égale à cinq ans d'emprisonnement ne peuvent être différées, le procureur de la République peut décider la prolongation, dans les mêmes conditions, de l'enquête pour une durée maximale de huit jours. »

V. C. douanes, art. 60 s. – ***C. douanes.***

I. SITUATIONS DE FLAGRANCE

A. DIVERSITÉ DES SITUATIONS DE FLAGRANCE

1. État de flagrance. L'état de flagrance est caractérisé dès lors qu'il résulte des constatations des juges du fond que les officiers de police judiciaire ont relevé des indices apparents d'un comportement délictueux révélant l'existence d'infractions répondant à la définition de l'art. 53. • Crim. 4 janv. 1982, n° 80-95.198 P • 26 avr. 1983 : *ibid. n° 117* • 23 oct. 1991, n° 90-85.321 P • 6 févr. 1997, n° 96-84.018 P. ♦ … Quand bien même l'enquête aurait débuté en préliminaire. • Crim. 17 mai 1993 : *Dr. pénal janv. 1994, p. 4, obs. Lesclous et Marsat* • 17 nov. 1998, n° 98-82.068 P : *Procédures 1999. Comm. 107, obs. Buisson ; Dr. pénal 1999. Comm. 105, obs. Maron* • 4 nov. 1999, n° 99-85.397 P : *Procédures 2000. Comm. 76, obs. Buisson.* ♦ … Peu importe que l'intéressé ou certaines personnes mises en cause aient pu, préalablement, faire l'objet d'une surveillance policière. • Crim. 18 déc. 2012, n° 12-85.735 P : *D. actu. 11 janv. 2013, obs. Priou-Alibert ; D. 2013. AJ 90 ; Procédures 2013, n° 79, obs. Chavent-Leclère.* ♦ ... Dans le cadre d'une enquête préliminaire. • Crim. 5 sept. 2018, n° 16-87.180 P : *D. actu. 5 sept. 2018, obs. Fonteix ; Gaz. Pal. 5 févr. 2019, p. 57, note Fourment ; AJ pénal 2018. 528, obs. Clément ; RSC 2019. Chron. 141, note Jeanne.* ♦ ... Peu importe que par la suite les faits aient finalement reçu une qualification contraventionnelle. • Crim. 3 sept. 2002 : *Dr. pénal 2003. Comm. 14, obs. Maron et Barbérot.*

2. *Appréciation des indices révélant l'infraction flagrante.* Pour que les officiers de police judiciaire puissent agir en flagrant délit, il suffit qu'ils aient connaissance d'indices apparents d'un comportement délictueux, et l'avis donné par la victime d'une infraction qui vient d'être commise peut, avant l'enregistrement d'une plainte régulière, caractériser ces indices. • Crim. 8 oct. 1985, n° 84-95.606 P • 11 mai 1999, n° 99-81.587 P : *Dr. pénal 2000. Comm. 26, obs. Maron.* ♦ ... Ou qui va être commise. • Crim. 22 avr. 1992, n° 90-85.125 P.

3. N'est pas un stratagème prohibé le fait pour un policier de se cacher dans un placard pour entendre la conversation tenue dans la même pièce, si la police agit sans provocation dans le but de constater un délit et d'en réunir les preuves. • Crim. 22 avr. 1992, n° 90-85.125 P : *D. 1995. 59, note Matsopoulou.* ♦ Encourt la censure la chambre d'accusation qui, relevant que les faits de travail clandestin initialement visés par l'officier de police judiciaire ne présentaient pas un caractère flagrant, justifie cependant la mise en œuvre des pouvoirs prévus aux art. 53 s., en observant que les agissements constatés étaient l'indice d'une publicité mensongère et d'une tentative d'escroquerie. • Crim. 22 févr. 1996, n° 95-85.861 P : *JCP 1997. I. 3998, chron. J.-H. Robert.* ♦ Justifie sa décision la cour d'appel qui, pour déclarer la procédure régulière, énonce que, dans le cas d'un refus de quitter le territoire de la part d'une personne soumise à une décision de reconduite à la frontière et qui, durant sa rétention administrative, a été conduite par des fonctionnaires de police jusqu'au moyen de transport prévu, il n'y a pas lieu à établissement d'un procès-verbal d'interpellation dont l'objet serait de mettre l'auteur du refus à la disposition d'un OPJ, dès lors que la présentation de l'intéressé à celui-ci par les fonctionnaires de l'escorte, qui ont qualité, en application de l'art. 73, pour interpeller l'auteur et le conduire devant l'OPJ le plus proche, suffit à caractériser, au regard de l'art. 53, un indice apparent du délit de soustraction à une mesure de reconduite à la frontière. • Crim. 17 nov. 1999, n° 99-80.183 P : *Procédures 2000. Comm. 107, obs. Buisson.* ♦ Sont régulières la perquisition et la saisie pratiquées par des militaires de la gendarmerie qui, assistant des agents de l'administration des douanes effectuant un contrôle dans un débit de boissons, ont pu constater en ce lieu une situation de flagrance et ont ouvert une enquête. • Crim. 5 sept. 2007 : *RSC 2008. 638, obs. Buisson ; Procédures 2008. Comm. 23, obs. Buisson.*

4. La découverte d'indices apparents de commission d'une infraction permet de caractériser la flagrance, alors même que cette découverte a été faite juste avant que les policiers, dans le cadre de l'état d'urgence, réalisent une perquisition administrative dont l'ordre préfectoral sera par la suite annulé. • Crim. 24 janv. 2017, n° 16-85.577 : *AJ pénal 2017. 137, obs. Jouniot.*

5. *Rôle de la juridiction.* Les juges ne peuvent, pour justifier la mise en œuvre des pouvoirs prévus en cas de crime ou de délit fragrant, substituer leurs propres déductions aux constatations initiales des officiers ou agents de police judiciaire desquelles il résulte que ceux-ci ont entendu procéder à un contrôle routier en application du code de la route. • Crim. 7 janv. 2020, n° 19-83.774 P : *D. actu. 7 févr. 2020, obs. Charlent ; Dr. pénal 2020, n° 62, obs. Maron et Haas.*

6. *Dénonciation et renseignement anonymes.* Un coup de téléphone anonyme n'est pas un indice apparent d'un comportement délictueux révélant l'existence d'une infraction. • Crim. 2 févr. 1988, n° 87-81.147 P : *D. 1988. Somm. 358* • 14 déc. 1999, n° 99-82.369 P. ♦ Si les policiers sont renseignés anonymement, ils doivent donc ouvrir une enquête préliminaire. Toute procédure ouverte en flagrance à la suite de renseignements anonymes est nulle. • Crim. 11 juill. 2007 : *JCP 2007. II. 10168, note Buisson ; RPDP 2008. 108, obs. Ambroise-Castérot ; D. 2008. AJ 2237, obs. Léna.* ♦ La dénonciation anonyme confortée par des vérifications apportant des indices précis et concordants établit l'état de flagrance. • Crim. 23 oct. 1991, n° 90-85.321 P : *D. 1992. IR 38.* ♦ *Adde* : • Crim. 21 juill. 1982, n° 82-91.034 P. ♦ Il en va ainsi de la révélation par la victime d'une sollicitation de nature à caractériser le délit de trafic d'influence qui est sur le point de se commettre. • Crim. 17 oct. 1995, n° 93-84.084 P : *Dr. pénal 1996. Comm. 48, obs. Maron.* ♦ ... Ou de la révélation par la victime de sévices sexuels qui se sont commis la veille alors que les gendarmes agissaient jusque-là en mode préliminaire. • Crim. 17 mai 1993 : *Dr. pénal 1994. Comm. 2, obs. Véron.*

7. *Application de la théorie de l'apparence.* Est régulière au regard des art. 53, 56, 67 la perquisition effectuée par un officier de police judiciaire agissant en état de flagrance, dès lors, d'une part, que cet état doit s'apprécier au moment de l'intervention de cet officier dans le cadre d'une enquête visant un délit passible d'emprisonnement et, d'autre part, qu'il n'importe que, par la suite, les faits poursuivis aient reçu une qualification contraventionnelle. • Crim.

9 janv. 1990, ♘ n° 89-84.238 P • 11 mars 1992, ♘ n° 91-84.175 P : *JCP 1992. IV. 2329 ; D. 1992. IR 203.*

8. Reconstitution. La réalisation d'une reconstitution dans le cadre d'une enquête de flagrance n'est prohibée par aucun texte et, dès lors qu'aucun procédé déloyal n'a été utilisé, les éventuelles imperfections ou approximations de cette reconstitution n'affectent pas la régularité de cet acte dont la valeur et la portée seront appréciées par les juridictions d'instruction et de jugement. • Crim. 26 févr. 2003, ♘ n° 02-88.074 P : *D. 2003. Somm. 1727, obs. Pradel* ⊘ ; *JCP 2003. IV. 1764 ; Dr. pénal 2003. Comm. 92, obs. Maron et Haas.* ♦ Dans le cadre d'une reconstitution, les OPJ ne sont pas tenus de rédiger un procès-verbal dans les formes prévues par les art. 62 et 429, al. 2. • Crim. 26 févr. 2003 : ♘ *préc.*

9. Il résulte de l'art. 26 de la Constitution qu'en cas de flagrant délit, un député peut être arrêté et poursuivi en matière criminelle ou correctionnelle, que les faits aient été commis en cours de session ou hors session. • Crim. 11 févr. 1960 : *Bull. crim. n° 84.*

10. Flagrance par définition. Les déclarations non anonymes d'un coauteur recueillies par procès-verbal faisant état d'une infraction à la législation sur les stupéfiants qui se commet ou vient de se commettre constituent un indice apparent d'un comportement délictueux entrant dans la définition de l'art. 53. • Crim. 23 mars 1992, ♘ n° 90-85.217 P.

11. La perquisition effectuée au domicile d'une personne, soupçonnée d'un vol, sans son consentement est régulière dès lors qu'elle a été pratiquée alors que le délit venait de se commettre et, en tout cas, dans un temps très voisin de l'action. • Crim. 5 oct. 1976, ♘ n° 76-91.190 P. ♦ Est régulière la perquisition opérée suivant la procédure de flagrance au domicile d'un individu dès la réception de la plainte de la victime pour des faits d'extorsion de fonds sous la menace d'une arme, dès lors que la victime, impressionnée par des menaces de représailles, a hésité à porter plainte et ne s'est résolue à le faire que deux jours plus tard, à l'incitation d'un membre de sa famille. • Crim. 8 avr. 1998 : ♘ *Gaz. Pal. 1998. 2. Chron. 139, note Doucet.*

12. Le constat de travaux se déroulant au sein d'une propriété privée corrobore une dénonciation non anonyme d'emploi d'étrangers sans titre de séjour et constitue ainsi un indice apparent d'infractions en train de se commettre (travail dissimulé). • Crim. 25 juin 2014, ♘ n° 14-81.647 P : *D. actu. 17 juill. 2014, obs. Fucini ; AJ pénal 2014. 486, obs. Roussel* ⊘.

13. Flagrance par présomption. Est régulière la perquisition pratiquée par un officier de police judiciaire après que lui eut été révélée la présence de haschich dans une habitation, par des fonctionnaires de police appelés à y secourir un trouble éventuel. • Crim. 12 mai 1992, ♘ n° 91-85.236 P : *RSC 1993. 93, obs. Delmas-Saint-Hilaire* ⊘. ♦ La découverte d'une infraction continue à l'occasion d'une vérification d'identité justifie le recours à la procédure de flagrance. • Paris, 14 juin 1996 : *Dr. pénal 1998. Comm. 139 et 141, obs. Maron.*

14. La présence d'une arme, visible dans la boîte à gants disloquée d'un véhicule accidenté, constitue l'indice apparent d'un délit imputable au conducteur du véhicule, entrant dans les prévisions de l'art. 53 ; les agents de police judiciaire qui découvrent cette arme sont habilités à la remettre, aux fins de saisie, à l'officier de police judiciaire compétent. • Crim. 2 mars 1993, ♘ n° 91-81.033 P : *RSC 1994. 123, obs. Braunschweig* ⊘. ♦ Sont régulières la fouille d'un véhicule et les saisies subséquentes opérées à l'occasion d'un contrôle routier effectué, conformément à l'art. L. 4 C. route, hors de toute flagrance, mais qui a révélé que se dégageait de l'intérieur du véhicule une forte odeur de résine de cannabis. • Crim. 4 nov. 1999, ♘ n° 99-85.397 P. ♦ Est régulière l'ouverture d'un bagage, justifiée par l'identification d'un blessé suite à un accident de la route, dès lors que l'existence d'un indice apparent d'un comportement délictueux, en train de se commettre, a été révélée à l'occasion des vérifications régulièrement opérées à cette fin (découverte d'une arme dans le bagage). • Crim. 5 janv. 2005, ♘ n° 04-81.714 P : *AJ pénal 2005. 119, obs. Enderlin* ⊘ ; *Dr. pénal 2005. Comm. 48, obs. Maron ; JCP 2005. I. 161, obs. Maron ; RSC 2005. 373, obs. Buisson* ⊘. ♦ Il y a bien enquête de flagrance lorsque des policiers, postés en surveillance suite à des indications qu'ils avaient reçues, prennent en filature un véhicule conduit par l'individu susceptible de participer à la transaction illicite dénoncée et effectuent un contrôle routier conformément aux art. L. 233-2 et R. 233-1 C. route, suite au comportement incohérent du conducteur qui semblait avoir repéré la filature ; l'OPJ a pu conclure à la commission actuelle d'un délit en raison du seul comportement du conducteur qui était blême et a indiqué aux policiers « ce que vous cherchez est là » tout en manipulant la roue de secours, ce qui a permis aux policiers de constater la présence d'un paquet caché. • Crim. 9 janv. 2002, ♘ n° 01-86.964 P.

15. Le seul marquage du chien spécialisé devant la porte d'un appartement constitue l'indice objectif et apparent d'un comportement suspect, caractérisant la flagrance. • Crim. 11 déc. 2019, ♘ n° 19-82.457 P : *D. actu. 9 janv. 2020, obs. Goetz ; Dr. pénal 2020, n° 41, obs. Maron et Haas ; AJ pénal 2020. 25, obs. Roussel* ⊘ ; *RSC 2020. 401, obs. Valat* ⊘.

16. Flagrance par assimilation. Est assimilé au délit flagrant le délit commis dans un établissement militaire dont le chef de corps requiert un officier de police judiciaire de le constater.

• Crim. 26 oct. 1993, n° 92-84.403 P : *Dr. pénal janv. 1994, p. 15, obs. Maron.*

17. La nullité est encourue lorsque le chef de maison requiert une intervention non dans sa maison propre, mais dans la maison d'un tiers qui n'a pas donné son assentiment. • Crim. 12 janv. 1988, n° 86-96.756 P : *D. 1988. Somm. 192.*

18. Continuité des actes d'enquête. Lorsqu'il résulte des pièces de la procédure que l'enquête de flagrance commencée le 15 février s'est poursuivie sans interruption jusqu'au 19 février, il n'importe qu'aucun procès-verbal relatant les investigations n'ait été établi le 16 février. • Crim. 20 déc. 1994 : *Dr. pénal 1995. Chron. 17, obs. Lesclous et Marsat.*

B. CONSTAT DES SITUATIONS DE FLAGRANCE

19. Caractère préalable de la constatation. En revanche, sont nulles les perquisitions et saisies pratiquées par un officier de police judiciaire sans l'assentiment exprès de la personne chez qui l'opération a eu lieu, alors qu'aucune information n'était ouverte et qu'aucun indice apparent d'un comportement délictueux ne pouvait révéler l'existence d'une infraction répondant à la définition donnée des crimes et délits flagrants par l'art. 53. • Crim. 30 mai 1980, n° 80-90.075 P : *D. 1981. 533, note Jeandidier ; Gaz. Pal. 1981. 1. 221, note Suzanne* • 8 nov. 1989, n° 89-80.728 P : *JCP 1990. II. 21580, obs. Syr.*

20. La fouille à corps. Assimilable à la perquisition, la fouille à corps est nulle ainsi que les actes qui l'ont suivie si elle a été pratiquée par un officier de police judiciaire sans l'assentiment exprès de la personne chez qui l'opération a eu lieu, alors qu'aucune information n'était ouverte et que l'existence d'un délit imputable à la personne fouillée n'était révélée par aucun indice apparent. • Crim. 22 janv. 1953 : *Bull. crim. n° 24 ; D. 1953. 533, note Lapp ; JCP 1953. II. 7456, rapp. Brouchot ; S. 1954. 1. 89, note Brunet* • 21 juill. 1982, n° 82-91.034 P : *D. 1982. 642, note Berr* • 15 oct. 1984 : *JCP 1985. II. 20410, note Berr.* ♦ V. cep. *contra*, en matière douanière, en application de l'art. 60 C. douanes : • Crim. 18 avr. 1988, n° 87-80.387 P : *D. 1989. 313, note Pannier* • 26 févr. 1990, n° 89-80.354 P : *RSC 1991. 96, obs. Pannier* • 6 janv. 2010 : *AJ pénal 2010. 205, obs. Herzog-Evans* . ♦ V. cep. : • Aix-en-Provence, 28 juin 1978 : *Gaz. Pal. 1979. 1. 79, note P. L. G.* (qui distingue la fouille à corps, acte de police judiciaire, et la palpation de sécurité, acte de police administrative). ♦ Dans le même sens, ces palpations sommaires, appelées également palpations de sécurité, visent seulement à s'assurer que la personne ne transporte pas d'objets dangereux, mais sans fouille. • Crim. 1er mars 2006, n° 05-87.252 P : *D. 2006. 1188* (palpations sommaires de sacs transportés par un avocat).

21. Caractère objectif de la constatation. L'état de flagrance est caractérisé dès lors qu'il résulte des constatations des juges du fond que les officiers de police judiciaire ont relevé des indices apparents d'un comportement délictueux révélant l'existence d'infractions répondant à la définition de l'art. 53. • Crim. 4 janv. 1982, n° 80-95.198 P. ♦ L'état de flagrance nécessite, pour être caractérisé, que des indices apparents d'un comportement délictueux révèlent l'existence d'une infraction répondant à la définition de l'art. 53. • Crim. 2 févr. 1988, n° 87-81.147 P. ♦ Tel est le cas, lorsqu'un policier, après avoir reçu les déclarations d'une personne s'étant présentée au commissariat pour signaler qu'elle avait reçu *via* internet des photos de mineurs à caractère pornographique, se fait passer pour un adolescent sur le même forum de discussion et entre en contact avec un individu qui lui propose un accès à des sites proposant le même type de photos et l'invitant à un rendez-vous qui a permis d'appréhender l'individu et de trouver à son domicile lors d'une perquisition une grosse quantité de photos pornographiques avec des mineurs. • Crim. 1er oct. 2003, n° 03-84.142 P : *JCP 2003. IV. 2924 ; AJ pénal 2003. 107 ; D. 2004. 1845, note Sanchez* .

22. Durée de l'enquête de flagrance. Selon l'art. 53, al. 2, l'enquête de flagrance menée sous le contrôle du procureur de la République à la suite de la constatation d'un flagrant délit peut se poursuivre pendant huit jours. • Crim. 12 mai 2009, n° 09-81.434 P : *D. 2009. AJ 1763, note Girault ; ibid. Pan. 2241, obs. Pradel ; ibid. 2900, note Matsopoulou ; AJ pénal 2009. 366, obs. Girault ; Dr. pénal 2009, n° 116, obs. Maron et Haas ; ibid. 2010. Chron. 1, obs. Guérin.*

23. Sauf prorogation, l'enquête de flagrance expire à l'issue d'un délai de huit jours pour se poursuivre si nécessaire sous la forme d'une enquête préliminaire. La découverte postérieure, par les policiers, d'éléments nouveaux relatifs aux mêmes faits ne saurait avoir pour effet l'ouverture d'une nouvelle procédure de flagrance. • Crim. 18 déc. 2013, n° 13-85.375 P : *D. actu. 16 janv. 2014, obs. Fonteix ; D. 2014. Actu. 146, obs. Bouloc ; ibid. Pan. 2014. 1743, obs. Pradel ; AJ pénal 2014. 189, obs. Vlamynck ; RSC 2014. 136, obs. Danet* .

II. ABSENCE DE FLAGRANCE

24. Méconnaît l'art. 53 la chambre d'accusation qui estime que la constatation matérielle, lors de perquisitions, par les fonctionnaires de l'administration fiscale du placement « en catimini », dans des sacs de plastique, de 572 notes de restaurant destinées à la comptabilité de la société, faisait apparaître un élément de l'abus de biens sociaux consistant en l'appropriation privée de recettes et présentait les caractères d'un indice apparent du délit qui était en train de se commettre alors que le seul fait relevé, qui ne caractérisait en aucune manière un élément constitutif du délit prévu par l'art. 425 de la loi du 24 juill. 1966, ne pouvait révéler l'existence d'une infraction répondant à la définition donnée des crimes et délits flagrants. • Crim. 6 févr. 1997, n° 96-84.018 P : *Rev. sociétés 1997. 380, obs. Bouloc*.

25. Il n'y a pas de délit flagrant d'abus de biens sociaux lorsque au cours d'une perquisition pour flagrant délit d'infraction à la législation du travail, les enquêteurs saisissent des pièces qui ne caractérisent pas suffisamment l'infraction incidente. • Crim. 7 févr. 2001, n° 00-86.367 P.

26. Lorsqu'une enquête est réalisée en flagrance, il importe peu que les conditions de la flagrance ne soient pas réunies dès lors que les actes accomplis par la police judiciaire auraient pu l'être en enquête préliminaire. • Crim. 17 mai 1994, n° 93-82.252 P : *Dr. pénal 1994. Chron. 69, obs. Lesclous et Marsat.* ♦ Si, à la suite de la constatation d'un crime ou délit flagrant, l'enquête de flagrance peut être étendue à l'ensemble des infractions connexes à celui-ci, c'est à la condition qu'il existe entre les faits objet des investigations des rapports étroits, analogues à ceux que la loi a spécialement prévus ; toutefois l'arrêt n'encourt pas pour autant la censure, dès lors que le recueil des plaintes et l'audition consécutive des plaignants relativement aux faits non flagrants ne présentaient aucun caractère coercitif de nature à porter atteinte aux intérêts du demandeur et auraient pu être accomplis en enquête préliminaire. • Crim. 31 oct. 2017, n° 17-81.842 P : *D. actu. 5 déc. 2017, obs. Fucini ; D. 2018. Pan. 196, note Ascensi ; ibid. Pan. 1611, obs. Pradel ; AJ pénal 2018. 50, obs. Capdepon ; Dr. pénal 2017, n° 185, obs. Maron et Haas ; RSC 2018. 145, note Jeanne*.

27. Encourt la cassation l'arrêt qui, pour refuser d'annuler la prolongation de la garde à vue accordée en application de l'art. 63, al. 3 sans présentation préalable de la personne concernée, qualifie de flagrant un crime révélé six jours après qu'il a été commis. • Crim. 11 févr. 1998, n° 97-85.542 P : *Procédures 1998. Comm. 206, obs. Buisson.*

28. Appel téléphonique anonyme. Le fait que le véhicule, dénoncé par un appel téléphonique anonyme comme contenant plusieurs kilogrammes d'héroïne, appartienne à une personne sans profession, connue des services de police pour des faits de trafic de stupéfiants et ayant des relations suivies avec des personnes connues pour des trafics similaires, est insuffisant à établir l'état de flagrance. • Crim. 11 juill. 2007, n° 07-83.427 P : *D. 2007. AJ 2237, obs. Léna ; AJ pénal 2007. 486, obs. Saas ; JCP 2007. II. 10168, note Buisson ; Rev. pénit. 2008. 108, obs. Ambroise-Castérot.*

Art. 53-1 *Abrogé par L. n° 2015-993 du 17 août 2015, art. 7, à compter du 15 nov. 2015.*

Art. 54 **En cas de crime flagrant, l'officier de police judiciaire qui en est avisé, informe immédiatement le procureur de la République, se transporte sans délai sur le lieu du crime et procède à toutes constatations utiles.**

(L. n° 2010-768 du 9 juill. 2010, art. 1er) **« Il veille à la conservation des indices susceptibles de disparaître et de tout ce qui peut servir à la manifestation de la vérité. Il saisit les armes et instruments qui ont servi à commettre le crime ou qui étaient destinés à le commettre ainsi que tout ce qui paraît avoir été le produit direct ou indirect de ce crime. »**

Il représente les objets saisis, pour reconnaissance, aux personnes qui paraissent avoir participé au crime, si elles sont présentes.

BIBL. ▶ BOLLÉ, *AJ pénal 2008. 316* (de l'autorisation donnée par la loi de saisir un bien immeuble).

1. Conditions de régularité de la procédure. Un prévenu ne peut valablement invoquer une exception de nullité d'une perquisition et d'une saisie opérée sans son assentiment et en son absence et, par conséquent, sans représentation pour reconnaissance des objets découverts et saisis, dans un garage, après avoir déclaré aux enquêteurs qu'il ne l'avait jamais occupé, alors qu'il l'utilisait clandestinement comme une cache. • Crim. 12 mars 1997, n° 96-83.554 P : *Procédures 1997. Comm. 191, obs. Buisson.*

2. Satisfait aux prescriptions de l'art. 54, al. 2, notamment à l'obligation de conservation de tout ce qui peut servir à la manifestation de la vérité, l'officier de police judiciaire qui annexe le passeport d'un étranger au procès-verbal dressé (à cette fin) dans le cadre de l'enquête de flagrant délit suivie contre ce dernier du chef d'infraction à la législation sur les étrangers. • Crim. 13 janv. 1986, n° 84-90.041 P.

3. La présentation des objets saisis à la personne qui paraît avoir commis le crime n'est prescrite par l'art. 54, que si celle-ci est présente et aux fins de reconnaissance, et ne constitue pas une condition de validité de la saisie. • Toulouse, 11 juin 2002 : *inédit.* ♦ Pour d'autres illustrations, V. note 1 ss. art. 63-4-2.

4. Reconstitution. La réalisation d'une reconstitution dans le cadre d'une enquête de flagrance n'est prohibée par aucun texte et, dès lors qu'aucun procédé déloyal n'a été utilisé, les éventuelles imperfections ou approximations de cette reconstitution n'affectent pas la régularité de cet acte dont la valeur et la portée seront appréciées par les juridictions d'instruction et de jugement. • Crim. 26 févr. 2003, n° 02-88.074 P : *D. 2003. Somm. 1727, obs. Pradel ; JCP 2003. IV. 1764 ; Dr. pénal 2003. Comm. 92, obs. Maron et Haas.*

5. Sur les constatations effectuées au domicile d'un avocat et de sa femme avoué : • Crim. 14 sept. 2004, n° 04-83.754 P : *D. 2005. Pan. 686, obs. Pradel ; JCP 2004. IV. 3199 ; RSC 2005. 389, obs. Buisson .*

6. Déclarations spontanées. Aucune disposition législative non plus que réglementaire ne fait obstacle à ce que, en application de l'art. 54, l'OPJ présent sur les lieux d'une infraction flagrante recueille les déclarations sommaires qui lui sont spontanément faites par les personnes qui se présentent à lui, préalablement à leur audition ultérieure. • Crim. 31 oct. 2017, n° 17-81.842 P : *D. actu. 5 déc. 2017, obs. Fucini ; D. 2018. Pan. 196, note Ascensi ; ibid. 1611, obs. Pradel ; AJ pénal 2018. 50, obs. Capdepon ; Dr. pénal 2017, n° 185, obs. Maron et Haas ; RSC 2018. 145, note Jeanne .*

Art. 55 **Dans les lieux où un crime a été commis, il est interdit, sous peine de l'amende prévue pour les contraventions de la 4e classe à toute personne non habilitée, de modifier avant les premières opérations de l'enquête judiciaire l'état des lieux et d'y effectuer des prélèvements quelconques.**

Toutefois, exception est faite lorsque ces modifications ou ces prélèvements sont commandés par les exigences de la sécurité ou de la salubrité publique, ou par les soins à donner aux victimes.

Al. 3 abrogé par L. n° 92-1336 du 16 déc. 1992.

Art. 55-1 *(L. n° 2003-239 du 18 mars 2003, art. 30)* **L'officier de police judiciaire peut procéder, ou faire procéder sous son contrôle, sur toute personne susceptible de fournir des renseignements sur les faits en cause ou sur toute personne à l'encontre de laquelle il existe une ou plusieurs raisons plausibles de soupçonner qu'elle a commis ou tenté de commettre l'infraction, aux opérations de prélèvements externes nécessaires à la réalisation d'examens techniques et scientifiques de comparaison avec les traces et indices prélevés pour les nécessités de l'enquête.**

Il procède, ou fait procéder sous son contrôle, aux opérations *(L. n° 2004-204 du 9 mars 2004, art. 109)* **« de relevés signalétiques et notamment de prise d'empreintes digitales, palmaires ou de photographies » nécessaires à l'alimentation et à la consultation des fichiers de police selon les règles propres à chacun de ces fichiers.**

Le refus *(L. n° 2004-204 du 9 mars 2004, art. 109)* **« , par une personne à l'encontre de laquelle il existe une ou plusieurs raisons plausibles de soupçonner qu'elle a commis ou tenté de commettre une infraction, de se soumettre aux opérations de prélèvement, mentionnées aux premier et deuxième alinéas » ordonnées par l'officier de police judiciaire est puni d'un an d'emprisonnement et de 15 000 € d'amende.**

(L. n° 2022-52 du 24 janv. 2022, art. 30) **« Sans préjudice de l'application du troisième alinéa, lorsque la prise d'empreintes digitales ou palmaires ou d'une photographie constitue l'unique moyen d'identifier une personne qui est entendue en application des articles 61-1 ou 62-2 pour un crime ou un délit puni d'au moins trois ans d'emprisonnement et qui refuse de justifier de son identité ou qui fournit des éléments d'identité manifestement inexacts, cette opération peut être effectuée sans le consentement de cette personne, sur autorisation écrite du procureur de la République saisi d'une demande motivée par l'officier de police judiciaire. L'officier de police judiciaire ou, sous son contrôle, un agent de police judiciaire recourt à la contrainte dans la mesure strictement nécessaire et de manière proportionnée. Il tient compte, s'il y a lieu, de la vulnérabilité de la personne. Cette opération fait l'objet d'un procès-verbal, qui mentionne les raisons pour lesquelles elle constitue l'unique moyen d'identifier la personne ainsi que le jour et l'heure auxquels il y est procédé. Le procès-verbal est transmis au procureur de la République, copie en ayant été remise à l'intéressé. »**

V. art. D. 15-5-1.

BIBL. ▶ LEBRETON, *D. 2021. 1637* (la recherche de l'identité des individus).

BIBL. AMBROISE-CASTÉROT, *Mél. Julien, p. 9.*

1. En l'absence de voies d'exécution d'office du prélèvement et compte tenu de la gravité des faits susceptibles d'avoir été commis, le législateur n'a pas fixé un quantum disproportionné pour le refus de prélèvement ; toutefois, il appartiendra à la juridiction répressive, lors du prononcé de la peine sanctionnant ce refus, de proportionner cette dernière à celle qui pourrait être infligée pour le crime ou le délit à l'occasion duquel le prélèvement a été demandé ; sous cette réserve, cet article n'est pas contraire à la Constitution. • Cons. const. 13 mars 2003, n° 2003-467 DC : *JO 19 mars.*

2. Si la prise d'empreintes digitales et leur conservation dans un fichier constituent une ingérence dans le droit reconnu à toute personne au respect de sa vie privée, prévu par l'art. 8 Conv. EDH, cette ingérence est, en France, prévue par la loi ; cependant, les modalités de collecte et de conservation des données prévues en France sont insuffisantes au regard des exigences de la Conv. EDH, les données pouvant être prélevées en cas de simple contravention, et conservées pendant une durée excessive, sans garantie de leur effacement pour les personnes reconnues innocentes. • CEDH, 18 avr. 2013, *K. c/ France*, n° 19522/09. — V. désormais Décr. n° 87-249 du 8 avril 1987, mod. par Décr. n° 2015-1580 du 2 déc. 2015, ss. art. 78-5.

3. L'obligation, pour une personne soupçonnée d'un crime ou d'un délit, de se soumettre au relevé de ses empreintes digitales, de même que la sanction prévue en cas de refus, ne constituent pas une ingérence excessive dans le droit au respect de sa vie privée et familiale, reconnu par l'art. 8 Conv. EDH, d'autre part, la relaxe de l'infraction à l'occasion de laquelle le relevé a été effectué n'est pas contradictoire avec la condamnation pour refus de se soumettre à ce prélèvement. • Crim. 28 oct. 2020, n° 19-85.812 P.

Art. 56 **Si la nature du crime est telle que la preuve en puisse être acquise par la saisie des papiers, documents** *(L. n° 2004-575 du 21 juin 2004, art. 41)* **« , données informatiques » ou autres objets en la possession des personnes qui paraissent avoir participé au crime ou détenir des pièces** *(L. n° 2004-575 du 21 juin 2004, art. 41)* **« , informations » ou objets relatifs aux faits incriminés, l'officier de police judiciaire se transporte sans désemparer au domicile de ces derniers pour y procéder à une perquisition dont il dresse procès-verbal.** *(L. n° 2010-768 du 9 juill. 2010, art. 1er)* **« L'officier de police judiciaire peut également se transporter en tous lieux dans lesquels sont susceptibles de se trouver des biens dont la confiscation est prévue à l'article 131-21 du code pénal, pour y procéder à une perquisition aux fins de saisie de ces biens ; si la perquisition est effectuée aux seules fins de rechercher et de saisir des biens dont la confiscation est prévue par les cinquième et sixième alinéas de ce même article, elle doit être préalablement autorisée par le procureur de la République. »** *(L. n° 2020-936 du 30 juill. 2020, art. 15)* **« Lorsque l'enquête porte sur des infractions de violences, l'officier de police judiciaire peut, d'office ou sur instructions du procureur de la République, procéder à la saisie des armes qui sont détenues par la personne suspectée ou dont celle-ci a la libre disposition, quel que soit le lieu où se trouvent ces armes. »**

(Ord. n° 60-529 du 4 juin 1960) **« Il a seul, avec les personnes désignées à l'article 57** *(L. n° 2010-768 du 9 juill. 2010, art. 1er)* **« du présent code »** *(L. n° 2020-1672 du 24 déc. 2020, art. 18)* **« , les fonctionnaires et agents agissant dans les conditions prévues au troisième alinéa de l'article 28 » et celles auxquelles il a éventuellement recours en application de l'article 60, le droit de prendre connaissance des papiers** *(L. n° 2004-575 du 21 juin 2004, art. 41)* **« , documents ou données informatiques » avant de procéder à leur saisie. »**

Toutefois, *(L. n° 2016-731 du 3 juin 2016, art. 58, en vigueur le 1er oct. 2016)* **« sans préjudice de l'application des articles 56-1 à 56-5, » il a l'obligation de provoquer préalablement toutes mesures utiles pour que soit assuré le respect du secret professionnel et des droits de la défense.**

(Ord. n° 60-529 du 4 juin 1960) **« Tous objets et documents saisis sont immédiatement inventoriés et placés sous scellés. Cependant si leur inventaire sur place présente des difficultés, ils font l'objet de scellés fermés provisoires jusqu'au moment de leur inventaire et de leur mise sous scellés définitifs et ce, en présence des personnes qui ont assisté à la perquisition suivant les modalités prévues à l'article 57.**

(L. n° 2004-575 du 21 juin 2004, art. 41) **« Il est procédé à la saisie des données informatiques nécessaires à la manifestation de la vérité en plaçant sous main de justice soit le support physique de ces données, soit une copie réalisée en présence des personnes qui assistent à la perquisition.**

« Si une copie est réalisée, il peut être procédé, sur instruction du procureur de la République, à l'effacement définitif, sur le support physique qui n'a pas été placé sous main de justice, des données informatiques dont la détention ou l'usage est illégal ou dangereux pour la sécurité des personnes ou des biens.

« Avec l'accord du procureur de la République, l'officier de police judiciaire ne maintient que la saisie des objets, documents et données informatiques utiles à la manifestation de la vérité *(L. n° 2010-768 du 9 juill. 2010, art. 1er)* **« , ainsi que des biens dont la confiscation est prévue à l'article 131-21 du code pénal ». »**

(L. n° 99-515 du 23 juin 1999 ; L. n° 2011-1862 du 13 déc. 2011, art. 58-I) **« Le procureur de la République peut également, lorsque la saisie porte sur des espèces, lingots, effets ou valeurs dont la conservation en nature n'est pas nécessaire à la manifestation de la vérité ou à la sauvegarde des droits des personnes intéressées, autoriser leur dépôt à la Caisse des dépôts et consignations ou à la Banque de France ou sur un compte ouvert auprès d'un établissement bancaire par l'Agence de gestion et de recouvrement des avoirs saisis et confisqués. »**

(L. n° 2001-1168 du 11 déc. 2001) **« Lorsque la saisie porte sur des billets de banque ou pièces de monnaie libellés en euros** *(L. n° 2007-1544 du 29 oct. 2007)* **« contrefaisants », l'officier de police judiciaire doit transmettre, pour analyse et identification, au moins un exemplaire de chaque type de billets ou pièces suspectés faux au centre d'analyse national habilité à cette fin. Le centre d'analyse national peut procéder à l'ouverture des scellés. Il en dresse inventaire dans un rapport qui doit mentionner toute ouverture ou réouverture des scellés. Lorsque les opérations sont terminées, le rapport et les scellés sont déposés entre les mains du greffier de la juridiction compétente. Ce dépôt est constaté par procès-verbal.**

« Les dispositions du précédent alinéa ne sont pas applicables lorsqu'il n'existe qu'un seul exemplaire d'un type de billets ou de pièces suspectés faux, tant que celui-ci est nécessaire à la manifestation de la vérité. »

(L. n° 2004-204 du 9 mars 2004, art. 79) **« Si elles sont susceptibles de fournir des renseignements sur les objets, documents et données informatiques saisis, les personnes présentes lors de la perquisition peuvent être retenues sur place par l'officier de police judiciaire le temps strictement nécessaire à l'accomplissement de ces opérations. »**

RÉP. PÉN. v^is^ *Scellés*, par MAISTRE DU CHAMBON ; *Perquisition – saisie – visite domiciliaire*, par RAYNE.

BIBL. ▶ CAHEN, *Gaz. Pal. 2000. 1. Doctr. 246* (le secret professionnel et la lutte contre la corruption). – CHAMBON, *JCP 1980. I. 2983*. – COMMARET, *RSC 2001. 834*. – CONTE, *RSC 1985. 471* (un aspect de l'apparence vraisemblable au stade policier de la procédure pénale). – DOYEZ, *AJ pénal 2004. 144*. – DUPUIS, *Procédures 2014. Étude 6* (les saisies en matière pénale). – HERGOZ-EVANS, *RSC 1998. 735* (fouilles corporelles) ; *Gaz. Pal. 2002. 3* (fouilles corporelles). – ROUSSEL, *Dr. pénal 2005. Chron. 11* (l'emploi de l'informatique sur l'administration de la preuve). – VLAMYNCK, *AJ pénal 2011. 352* (le policier et le principe de l'inviolabilité du domicile).

▶ **Dossiers** : Les perquisitions, *AJ pénal 2016. 235 s. ; Gaz. Pal. 9 févr. 2014, p. 4 s.*

1. QPC. Secret du délibéré (Décis. antérieure à L. n° 2016-731 du 3 juin 2016). Le principe d'indépendance des juridictions figurant au nombre des libertés constitutionnellement garanties, s'il est loisible au législateur de permettre la saisie d'éléments couverts par le secret du délibéré, il lui appartient de prévoir les conditions et modalités selon lesquelles une telle atteinte peut être mise en œuvre afin que celle-ci demeure proportionnée ; ni les dispositions contestées, ni aucune autre disposition n'indiquant à quelles conditions un élément couvert par le secret du délibéré peut être saisi, l'art. 56, al. 3, et les mots de l'art. 57 « Sous réserve de ce qui est dit à *l'article 56* concernant le respect du secret professionnel et des droits de la défense » C. pr. pén. sont contraires à la Constitution (abrogation reportée au 1er oct. 2016). • Cons. const. 4 déc. 2015 : *JO 6 déc ; D. actu. 8 déc. 2015, obs. Goetz ; D. 2016. Pan. 1727, obs. Pradel ; Dr. pénal 2016. 16, obs. Maron et Haas.*

I. PERQUISITIONS DOMICILIAIRES

A. LIEU DE LA PERQUISITION

2. Le domicile. Le terme domicile, au sens des art. 56 et 76, ne signifie pas seulement le lieu où une personne a son principal établissement mais encore le lieu où, qu'elle y habite ou non, elle a le droit de se dire chez elle, quels que soient le titre juridique de son occupation et l'affectation donnée aux locaux. Il en est ainsi d'une chambre d'hôtel. • Crim. 31 janv. 1914 : *S. 1916. 1. 59.* ♦ ... D'un bureau. • Crim. 24 juin 1987, n° 87-82.333 P. ♦ ... D'un bateau aménagé. • Crim. 20 nov. 1984, n° 84-91.829 P. ♦ ... Mais non d'un véhicule automobile. • Crim. 11 sept. 1933 : *DP 1937. 1. 40, note G. L.* • 8 nov. 1979, n° 78-92.914 P : *D. 1980. IR 523, obs. Puech ; JCP 1980. II. 19337, note Davia.* ♦ ... Ni du siège d'une association. • Crim. 27 sept. 1984, n° 84-93.474 P.

♦ ... Ni d'une cour d'immeuble, lorsqu'elle n'est pas close. • Crim. 26 sept. 1990, n° 89-86.600 P. ♦ ... Ni d'un casier de consigne de gare. • Crim. 12 oct. 1993, n° 93-83.490 P : *D. 1994. Somm. 186, obs. Pradel*. ♦ ... Ni d'un atelier artisanal ou industriel. • Crim. 17 oct. 1995, n° 95-81.847 P : *Procédures 1996. Comm. 91, obs. Buisson ; Dr. pénal 1996. Comm. 20, obs. Maron.* ♦ ... Ni d'un local réservé à la vente qui n'est pas par nature un domicile. • Crim. 4 mai 1994 : *Dr. pénal 1994. Chron. 59, par Lesclous et Marsat.* ♦ ... Ni d'un logement détruit par un incendie. • Crim. 31 mai 1994, n° 94-81.199 P : *Dr. pénal 1994. Chron. 59, par Lesclous et Marsat ; ibid. Comm. 194, obs. Maron.* ♦ ... Ni la loge mise provisoirement, le temps d'un spectacle à la disposition de son organisateur, fût-il chef d'orchestre. • Crim. 6 déc. 2005, n° 05-85.951 P : *Rev. pénit. 2006. 139, obs. Ambroise-Castérot.*

3. Exclusion des lieux de détention. Le domicile est le lieu où la personne vit volontairement. N'est donc pas un domicile la cellule de prison puisque l'occupant s'y trouve placé contre sa volonté. • Crim. 18 oct. 1989, n° 89.680-462. ♦ D'autre part, le domicile est un lieu clos. • Crim. 29 mars 1994, n° 93-84.995 P : *D. 1995. Somm. 144*.

4. Opérations ne constituant pas des perquisitions. Les perquisitions et les saisies de papiers et d'effets pouvant servir à conviction ou à décharge ne sont soumises aux formalités prescrites à peine de nullité par les art. 37, 38 et 39 C. instr. crim. (art. 56 s.) qu'autant que ces perquisitions ou saisies ont été opérées dans le domicile du prévenu. • Crim. 11 sept. 1933 : *DP 1937. 1. 40, note G. L.* • 5 août 1952 : *D. 1952. 654.* ♦ Ne constitue pas une perquisition soumise aux règles édictées par l'art. 56 la recherche en vue d'une remise aux services de police, par le propriétaire d'un local ou son représentant, d'objets introduits sans droit ni titre par un tiers n'y ayant pas son domicile. • Crim. 12 févr. 2008, n° 07-87.862 P : *D. 2008. AJ 924 ; AJ pénal 2008. 244, note Roussel ; Rev. pénit. 2008. 381, obs. Ambroise-Castérot ; Procédures 2008, n° 218, obs. Buisson ; D. 2008. Pan. 2761, obs. Pradel ; Dr. pénal 2009. Chron. 1, obs. Guérin.* ♦ ... Ni le transport sur les lieux avec remise volontaire, par le détenteur aux services de police requis par lui, d'objets qu'il a appréhendés dans un garage lui appartenant, ces derniers ayant été, au regard de l'art. 97, régulièrement saisis et placés sous scellés. • Crim. 12 févr. 2008, n° 07-87.753 P : *D. 2008. Pan. 2761, obs. Pradel ; AJ pénal 2008. 244, note Roussel ; Dr. pénal 2009. Chron. 1, obs. Guérin ; Rev. pénit. 2008. 381, obs. Ambroise-Castérot.* ♦ La simple opération de rassemblement dans une pièce unique, par les policiers, des armes visibles en différents endroits de la maison dans laquelle est recherchée une personne qui vient de prendre la fuite pour échapper à son interpellation n'est pas assimilable à une perquisition et constitue une mesure nécessaire pour assurer la protection de la sécurité des personnes. • Crim. 26 févr. 2014, n° 13-87.065 P : *D. actu. 21 mars 2014, obs. Anane ; D. 2014. Pan. 1141, obs. Pradel ; AJ pénal 2014. 372, obs. Belfanti*.

5. Toute perquisition implique la recherche, à l'intérieur d'un lieu normalement clos, notamment au domicile d'un particulier, d'indices permettant d'établir l'existence d'une infraction ou d'en déterminer l'auteur ; ainsi ne bénéficient pas des mesures de protection légale résultant des art. 56, 57 et 96 et ne portent pas atteinte au principe du droit au respect de la vie privée et du domicile énoncé à l'art. 8 Conv. EDH l'établissement par les enquêteurs d'un procès-verbal de constatations et la prise de photographies depuis l'extérieur des locaux. • Crim. 29 mars 1994, n° 93-84.995 P : *D. 1995. Somm. 144*.

6. Droits de la défense. Le pouvoir reconnu à l'OPJ ou au juge d'instruction de saisir tout document utile à la manifestation de la vérité trouve sa limite dans le principe de la libre défense qui commande de respecter la confidentialité des correspondances échangées entre un client et son avocat : un policier, lors d'une perquisition au domicile d'un prévenu, ne peut donc saisir un courrier de l'avocat à son client ni le brouillon de la réponse à ce courrier, fût-ce un courrier ayant trait à l'exécution d'une condamnation pénale, en l'espèce un suivi socio-judiciaire, prononcée dans une instance distincte. • Crim. 13 déc. 2006, n° 06-87.169 P : *D. 2007. AJ 306 ; ibid 2007. Pan. 977, obs. Pradel ; AJ pénal 2007. 140, obs. Girault ; Dr. pénal 2007. Comm. 64, obs. Maron.* – Sur la présence de l'avocat au cours de la perquisition, V. notes ss. l'art. 76.

B. POUVOIRS DE CONTRAINTE

7. Pouvoirs de contrainte. Il résulte des dispositions combinées des art. 56 et 76 que, s'il n'a reçu mandat du juge d'instruction, un officier de police judiciaire ne peut, sans l'assentiment exprès de la personne chez qui l'opération a eu lieu, légalement procéder à une perquisition ou à une saisie qu'en cas de crime ou de délit flagrant. • Crim. 30 mai 1980 : *D. 1981. 533, note Jeandidier ; Gaz. Pal. 1981. 1. 221, note Suzanne.* ♦ V. également : • T. corr. Vannes, 18 févr. 1982 : *D. 1983. 130, note Chambon.* ♦ Est régulière la perquisition pratiquée par un OPJ après que lui eut été révélée la présence de haschich dans une habitation, par des fonctionnaires de police appelés à y secourir un trouble éventuel. • Crim. 12 mai 1992, n° 91-85.236 P.

8. Perquisition et garde à vue. Une perquisition au domicile d'une personne n'exige pas pour sa régularité le placement en garde à vue de l'intéressé. • Crim. 12 déc. 2000, n° 00-

83.852 P. ♦ L'irrégularité de la garde à vue n'affecte pas la régularité de la perquisition • Crim. 22 juin 2000, n° 00-82.632 P. ♦ ... Dès lors que cette mesure n'en est pas le support nécessaire. • Crim. 20 juin 2001 : *Dr. pénal 2001. Comm. 135, note Maron.*

9. Dès lors qu'il n'y a pas de motifs permettant de caractériser l'existence d'un artifice ou stratagème ayant vicié la recherche et l'établissement de la vérité, il n'y a pas lieu d'annuler la perquisition effectuée à l'Officialité régionale quand bien même l'objectif de la perquisition était la saisie des pièces du dossier de l'enquête canonique concernant les faits en cause, le juge d'instruction n'ayant pas eu pour but de rechercher des indices ou d'appréhender des objets, papiers ou effets directement en rapport avec le crime qu'il était chargé d'instruire et pouvant servir de pièces à conviction, mais de tenter de découvrir, dans le dossier de la procédure canonique diligentée distinctement par l'official, ouverte après les faits, des éléments de preuve susceptibles d'être utilisés dans la procédure d'instruction, notamment les confidences de la victime et des témoins, ou les éventuels aveux du mis en cause. • Crim. 17 déc. 2002, n° 02-83.679 P : *D. 2004. 302, note Bouvier-Le Berre ; JCP 2003. II. 10036, note Rassat.*

10. Saisie incidente. Les officiers de police judiciaire pratiquant dans un domicile des perquisitions ordonnées par commission rogatoire n'ont le droit d'opérer une saisie se rapportant à une autre infraction qu'en cas de crime flagrant ou de délit flagrant puni d'un emprisonnement. • Crim. 13 févr. 1925 : *DP 1925. 1. 148.* ♦ Mais ils ont le pouvoir de saisir toute pièce à conviction se rapportant à l'infraction flagrante indépendamment de la procédure dans laquelle ils ont été commis. • Crim. 11 juin 1985, n° 84-95.005 P. ♦ V. aussi : • Crim. 27 sept. 1984, n° 84-93.474 P. ♦ L'officier de police judiciaire qui, agissant sur commission rogatoire du juge d'instruction, découvre, lors d'une perquisition, des faits étrangers à l'information en cours, est tenu d'en informer le juge mandant et peut également en avertir le procureur de la République compétent pour apprécier la suite à leur donner. • Crim. 9 févr. 1993, n° 92-85.415 P • 1er févr. 2012, n° 10-83.523 P. ♦ Lorsque des officiers de police judiciaire, procédant à une perquisition en exécution d'une commission rogatoire du juge d'instruction, découvrent des faits étrangers à l'information mais susceptibles d'incrimination pénale, ils peuvent saisir toute pièce à conviction se rapportant à ces faits, en vertu des art. 56, 57 et 67, s'il y a crime ou délit flagrant puni d'une peine d'emprisonnement. • Crim. 17 mai 1994, n° 93-82.252 P. ♦ Effectuant régulièrement une perquisition sur le fondement d'une commission rogatoire, les officiers de police judiciaire qui découvrent des faits délictueux étrangers à la saisine du juge d'instruction mandant peuvent valablement mettre en œuvre les pouvoirs propres de police judiciaire qu'ils tiennent des art. 53 s. et accomplir une saisie coercitive des indices de la commission d'une infraction flagrante légalement constatée. • Crim. 23 juin 2015, n° 15-81.071 P : *D. actu. 27 juill. 2015, obs. Gallois.*

11. La perquisition peut avoir lieu non seulement chez toute personne qui paraît avoir participé à l'infraction, mais aussi chez celle qui paraît détenir des pièces ou objets relatifs aux faits incriminés, sans qu'il soit nécessaire qu'une infraction flagrante soit caractérisée à l'égard de cette dernière. • Crim. 27 janv. 1987, n° 86-93.278 P : *D. 1987. Somm. 408, obs. Pradel ; D. 1988. 179, note Darolle.*

12. Lorsqu'une saisie incidente est opérée lors d'une perquisition en exécution d'une commission rogatoire pour une procédure distincte, la juridiction saisie de l'infraction incidente n'a pas à statuer sur la régularité d'une commission rogatoire qui est étrangère au dossier dont elle est saisie et dont l'existence n'est pas contestée. • Crim. 18 avr. 2000, n° 99-88.086 P.

13. Compétence territoriale. La visite domiciliaire opérée dans le cadre des dispositions spécifiques instaurées par le code des douanes est régulière dès lors qu'elle a été effectuée par des agents de cette administration, assistés d'officiers de police judiciaire compétents, la procédure utilisée étant destinée à la recherche en tous lieux de marchandises visées à l'art. 215 C. douanes. • Crim. 27 avr. 1987, n° 86-92.750 P.

14. Présence de techniciens et personnes qualifiées. Il résulte des dispositions combinées des art. 56 et 60, à peine de nullité de la procédure, que l'officier de police judiciaire a seul le droit, lors d'une perquisition, de prendre connaissance des papiers ou documents trouvés sur place, avant de procéder à leur saisie, et qu'il ne peut, à cette occasion, se faire assister de tiers, en qualité de « personnes qualifiées », qu'à la condition que ceux-ci aient fait l'objet d'une réquisition régulière. • Crim. 22 févr. 1996, n° 95-85.861 P • 6 févr. 1997, n° 96-84.012 P : *Procédures 1997. Comm. 128, obs. Buisson.* ♦ La régularité de cette réquisition est subordonnée à la prestation de serment de ces personnes d'apporter leur concours à la justice en leur honneur et conscience, et à la constatation que la mission que l'officier entend leur confier ne peut être différée. Encourt la censure la chambre d'accusation qui, pour refuser d'annuler une perquisition effectuée par un officier de police judiciaire en présence de fonctionnaires des impôts dont l'assistance a été requise aux fins de procéder à un examen comptable d'une entreprise suspectée de travail clandestin, énonce que l'appréciation de l'urgence d'avoir à requérir le concours de techniciens est laissée à l'appréciation de l'officier de police judiciaire et que l'absence de prestation de serment de ces derniers n'a pu préjudicier aux droits de la défense. • Crim. 6 févr. 1997 : *préc.*

♦ De même, des agents des impôts ne peuvent, dans des conditions que n'autorisent ni l'ordonnance du 1er déc. 1986 ni le code du travail et qui sont étrangères à l'art. 56, al. 2, assister des officiers de police judiciaire sur un délit de travail clandestin et des infractions à la législation sur les étrangers. • Crim. 17 oct. 1994, n° 94-82.780 P.

15. Est compétent l'agent de police judiciaire, qui se voit remettre par des pompiers un couteau trouvé entre les mains d'une victime, dans la mesure où il n'y a pas là de recherche assimilable à une perquisition. • Crim. 15 juin 2000, n° 00-81.334 P : *Procédures 2001. Comm. 238, obs. Buisson.*

16. Placement sous scellés. Le support technique sur lequel a été relevé une empreinte digitale est une annexe du procès-verbal de constatations des enquêteurs et n'entre dès lors pas dans les prévisions de l'art. 56 relatives au placement sous scellés. • Crim. 29 sept. 1992, n° 89-84.237 P.

17. Les art. 56 et 97 concernant les inventaires des pièces mises sous scellés n'exigent pas de description exhaustive de ces objets et les enquêteurs peuvent, en vue de la poursuite de l'exécution de leur mandat, examiner librement les scellés découverts. • Crim. 30 mai 1996, n° 95-85.954 P.

18. En l'absence d'atteinte démontrée aux intérêts du mis en cause, le caractère tardif d'une saisie et du placement sous scellés n'entraîne pas la nullité des actes de la procédure. • Crim. 30 mars 2016, n° 15-86.693 P : *D. actu. 13 avr. 2016, obs. Goetz ; AJ pénal 2016. 396, obs. Brach-Thiel*

19. Si c'est à tort que la cour d'appel n'impose le placement sous scellés qu'en cas de perquisition, la cassation n'est cependant pas encourue, dès lors que le placement sous scellés, qui constitue un moyen d'authentification des produits saisis lors de l'arrestation du prévenu en enquête de flagrance, n'est pas obligatoire et qu'en leur absence, la preuve de la nature du produit est soumise au principe de la libre administration de la preuve posé par l'art. 427. • Crim. 11 déc. 2019, n° 18-84.912 P.

20. Saisie globale de données informatiques. Est régulière la saisie globale de données informatiques, dès lors que les fichiers concernés, d'une part, ont été identifiés, inventoriés et copiés à destination de la personne mise en cause, laquelle a ainsi été mise en mesure d'en connaître le contenu, et, d'autre part, n'étaient pas étrangers au but de l'autorisation accordée. • Crim. 14 nov. 2013 : *D. actu. 27 nov. 2013, obs. Bombled.* ♦ V. néanmoins notes ss. Conv. EDH, art. 8.

21. Perquisitions, saisies et secret professionnel (avocats). V. ss. art. 56-1, note 7.

22. Perquisitions, saisies et secret professionnel (journalistes). V. ss. art. 56-2, note 2.

23. Perquisition filmée. V. notes ss. art. 11.

24. V. également notes ss. l'art. 53 et notes ss. l'art. 76.

II. PERQUISITIONS NON DOMICILIAIRES

25. Fouille des véhicules. L'exigence de l'ouverture d'un coffre d'automobile au cours d'investigations policières concernant un crime flagrant n'a pas le caractère d'une perquisition domiciliaire et n'est donc pas soumise aux restrictions résultant des art. 56 s. Est dès lors justifiée la condamnation d'un conducteur qui, en de telles circonstances, a refusé de se soumettre aux « vérifications prescrites concernant le véhicule ou la personne » visées par l'art. L. 4 C. route, ledit texte ne concernant pas seulement la constatation des infractions à la sécurité et à la circulation routières. • Crim. 8 nov. 1979, n° 78-92.914 P : *D. 1980. IR 523, obs. Puech ; JCP 1980. II. 19337, note Davia.* ♦ V., cep. : • Crim. 23 juin 1964, n° 62-93.147 P : *D. 1964. 578 ; JCP 1965. II. 14080, note E. B.* (selon lequel l'ouverture d'un coffre d'automobile ne saurait constituer en elle-même l'une de ces vérifications). ♦ V. également : • Cons. const. 12 janv. 1977 : *D. 1978. 173, note Hamon et Léauté.*

26. L'état de flagrance est caractérisé, dès lors qu'il résulte des constatations des juges du fond qu'ont été relevés des indices apparents d'un comportement délictueux pouvant révéler l'existence d'infractions correspondant à la définition de l'art. 53. La procédure de flagrant délit est régulière, dès lors que des policiers, procédant à une surveillance sur la voie publique, dans le cadre d'une enquête préliminaire, constatent l'existence d'indices apparents d'un comportement délictueux au cours de vérifications régulièrement opérées pour les besoins d'un contrôle routier, conformément aux art. L. 4, devenu L. 233-2, et R. 137, devenu R. 233-1, C. route, sans qu'ils aient eux-mêmes procédé à l'ouverture du coffre du véhicule contrôlé ni à la manipulation des objets s'y trouvant. • Crim. 9 janv. 2002, n° 01-86.964 P.

27. Fouilles corporelles (application des dispositions relatives aux perquisitions). La « fouille à corps », assimilable à une perquisition, est nulle, ainsi que les actes qui ont suivi, si elle a été pratiquée par un officier de police judiciaire alors qu'aucune information n'était ouverte et que l'existence d'un délit imputable à la personne fouillée n'était révélée par aucun indice apparent. • Crim. 21 juill. 1982, n° 82-91.034 P : *D. 1982. 642, note Berr.* ♦ La fouille d'un portefeuille par des agents de l'administration des douanes, pour y saisir un document, est assimilable à une perquisition ou visite domiciliaire, qui ne relève pas de l'art. 64 C. douanes applicable aux seules marchandises et qui, en l'absence soit d'une infraction flagrante soit d'un assentiment recueilli dans les conditions prescrites par l'art. 76, ou faute d'avoir été ordonnée par commission rogatoire d'un juge d'instruction, n'est autorisée par aucune disposition de la loi. Il en découle la nullité du procès-verbal de saisie qui a été établi et celle de la procédure subséquente. • Crim. 15 oct. 1984, n° 83-93.689 P. ♦ Constitue une perquisition la fouille d'un visiteur au sein d'un établissement pénitentiaire. • Crim. 6 janv. 2010, n° 08-87.337 : *AJ pénal 2010. 205, obs. Herzog-Evans*. ♦ De même, la fouille d'une sacoche est assimilable à une perquisition. • Crim. 23 mars 2016, n° 14-87.370 P : *AJ pénal 2016. 397, obs. Andrei*.

28. Différence entre fouilles corporelles soumises aux règles de perquisition et fouilles à corps. Les palpations sommaires, appelées également palpations de sécurité, visent seulement à s'assurer que la personne ne transporte pas d'objets dangereux, mais sans fouille. • Crim. 1er mars 2006, n° 05-87.252 P : *D. 2006. 1188* (palpations sommaires de sacs transportés par un avocat). ♦ Des palpations de sécurité, ayant pour finalité de vérifier que la personne contrôlée n'était porteuse d'aucun objet dangereux pour elle-même ou pour autrui, ne peuvent être assimilées à une perquisition. • Crim. 11 déc. 2019, n° 19-82.454 P.

Art. 56-1 *(L. n° 2005-1549 du 12 déc. 2005, art. 37)* **« Les perquisitions dans le cabinet d'un avocat ou à son domicile ne peuvent être effectuées que par un magistrat et en présence du bâtonnier ou de son délégué, à la suite d'une décision écrite et motivée prise** *(L. n° 2021-1729 du 22 déc. 2021, art. 3, en vigueur le 1er mars 2022)* **« par le juge des libertés et de la détention saisi » par ce magistrat, qui indique la nature de l'infraction ou des infractions sur lesquelles portent les investigations, les raisons justifiant la perquisition** *(L. n° 2021-1729 du 22 déc. 2021, art. 3, en vigueur le 1er mars 2022)* **« , l'objet de celle-ci et sa proportionnalité au regard de la nature et de la gravité des faits** *[ancienne rédaction : et l'objet de celle-ci]* **». Le contenu de cette décision est porté** *(L. n° 2021-1729 du 22 déc. 2021, art. 3, en vigueur le 1er mars 2022)* **« à la connaissance du bâtonnier ou de son délégué dès le début de la perquisition par le magistrat effectuant celle-ci** *[ancienne rédaction : dès le début de la perquisition à la connaissance du bâtonnier ou de son délégué par le magistrat]* **». Celui-ci et le bâtonnier ou son délégué ont seuls le droit de consulter ou de prendre connaissance des documents** *(L. n° 2010-1 du 4 janv. 2010)* **« ou des objets » se trouvant sur les lieux préalablement à leur éventuelle saisie. Aucune saisie ne peut concerner des documents** *(L. n° 2010-1 du 4 janv. 2010)* **« ou des objets » relatifs à d'autres infractions que celles mentionnées dans la décision précitée.** *(L. n° 2021-1729 du 22 déc. 2021, art. 3, en vigueur le 1er mars 2022)* **« Lorsque la perquisition est justifiée par la mise en cause de l'avocat, elle ne peut être autorisée que s'il existe des raisons plausibles de le soupçonner d'avoir commis ou tenté de commettre, en tant qu'auteur ou complice, l'infraction qui fait l'objet de la procédure ou une infraction connexe au sens de l'article 203. » Les dispositions du présent alinéa sont édictées à peine de nullité.**

« Le magistrat qui effectue la perquisition veille à ce que les investigations conduites ne portent pas atteinte au libre exercice de la profession d'avocat *(L. n° 2021-1729 du 22 déc. 2021, art. 3, en vigueur le 1er mars 2022)* **« et à ce qu'aucun document relevant de l'exercice des droits de la défense et couvert par le secret professionnel de la défense et du conseil, prévu à l'article 66-5 de la loi n° 71-1130 du 31 décembre 1971 portant réforme de certaines professions judiciaires et juridiques, ne soit saisi et placé sous scellé ». »**

(L. n° 2000-516 du 15 juin 2000, art. 44-I) **« Le bâtonnier ou son délégué peut s'opposer à la saisie d'un document** *(L. n° 2010-1 du 4 janv. 2010)* **« ou d'un objet » s'il estime que cette saisie serait irrégulière. Le document** *(L. n° 2010-1 du 4 janv. 2010)* **« ou l'objet » doit alors être placé sous scellé fermé. Ces opérations font l'objet d'un procès-verbal mentionnant les objections du bâtonnier ou de son délégué, qui n'est pas joint au dossier de la procédure. Si d'autres documents** *(L. n° 2010-1 du 4 janv. 2010)* **« ou d'autres objets » ont été saisis au cours de la perquisition sans soulever de contestation, ce procès-verbal est distinct de celui prévu par l'article 57. Ce procès-verbal ainsi que le document** *(L. n° 2010-1 du 4 janv. 2010)* **« ou l'objet » placé sous scellé fermé sont transmis sans délai au juge des libertés et de la détention, avec l'original ou une copie du dossier de la procédure.**

« Dans les cinq jours de la réception de ces pièces, le juge des libertés et de la détention statue sur la contestation par ordonnance motivée *(Abrogé par L. n° 2021-1729 du 22 déc. 2021, art. 3, à compter du 1er mars 2022)* ***« non susceptible de recours »*.**

« A cette fin, il entend le magistrat qui a procédé à la perquisition et, le cas échéant, le procureur de la République, ainsi que l'avocat au cabinet ou au domicile duquel elle a été effectuée et le bâtonnier ou son délégué. Il peut ouvrir le scellé en présence de ces personnes.

« S'il estime qu'il n'y a pas lieu à saisir le document *(L. n° 2010-1 du 4 janv. 2010)* **« ou l'objet », le juge des libertés et de la détention ordonne sa restitution immédiate, ainsi que la destruction du procès-verbal des opérations et, le cas échéant, la cancellation de toute référence à ce document** *(L. n° 2010-1 du 4 janv. 2010)* **« , à son contenu ou à cet objet » qui figurerait dans le dossier de la procédure.**

« Dans le cas contraire, il ordonne le versement du scellé et du procès-verbal au dossier de la procédure. Cette décision n'exclut pas la possibilité ultérieure pour les parties de demander la nullité de la saisie devant, selon les cas, la juridiction de jugement ou la chambre de l'instruction. »

(L. n° 2021-1729 du 22 déc. 2021, art. 3, en vigueur le 1er mars 2022) **« La décision du juge des libertés et de la détention peut faire l'objet d'un recours suspensif dans un délai de vingt-quatre heures, formé par le procureur de la République, l'avocat ou le bâtonnier ou son délégué devant le président de la chambre de l'instruction. Celui-ci statue dans les cinq jours suivant sa saisine, selon la procédure prévue au cinquième alinéa du présent article.**

« Ce recours peut également être exercé par l'administration ou l'autorité administrative compétente. »

(L. n° 2005-1549 du 12 déc. 2005, art. 37) **« Les dispositions du présent article sont également applicables aux perquisitions effectuées dans les locaux de l'ordre des avocats ou des caisses de règlement pécuniaire des avocats. Dans ce cas, les attributions confiées au juge des libertés et de la détention sont exercées par le président du tribunal judiciaire qui doit être préalablement avisé de la perquisition. Il en est de même en cas de perquisition au cabinet ou au domicile du bâtonnier. »**

(L. n° 2019-222 du 23 mars 2019, art. 49-VI) **« Les dispositions du présent article sont également applicables aux perquisitions ou visites domiciliaires effectuées, sur le fondement d'autres codes ou de lois spéciales, dans le cabinet d'un avocat ou à son domicile ou dans les locaux mentionnés à l'avant-dernier alinéa. »**

BIBL. ► COMMARET, *RSC 2001. 834* (perquisition dans un cabinet d'avocat et secret professionnel). – DERRIDA, *RSC 1953. 223.* – DOYEZ, *AJ pénal 2004. 144* (avocat et secret professionnel). – GOLDSZLAGIER, *AJ pénal 2019. 580* (sort des perquisitions et saisies en entreprise après le rapport Gauvain). – IWEINS, *Gaz. Pal. 2000. Doctr. 1751.* – JUNOSZA-ZDROJEWSKI, *Gaz. Pal. 1993. 1. Doctr. 846.* – LARDET, *AJ pénal 2022. 14* (enquête préliminaire et investigations financières). – MARIN, *RSC 1994. 576*. – MICHON, *AJ pénal 2019. 588* (legal privilege et secret professionnel: éléments de comparaison). – PEIFFER, *Gaz. Pal. 1983. 1. Doctr. 158.* PORTERON, *AJ pénal 2022. 19* (le secret professionnel de la défense et du conseil). – SAFI, *Dr. pénal 2022. Étude 2* (l'opposabilité du secret professionnel de l'avocat). – TOULOUSE, *Gaz. Pal. 1951. 2. Doctr. 40.* – TUNC, *Rev. adm. 1951. 300.*

► **Dossiers :** *Dr. pénal 2021. Dossier 6* (l'avocat et son bâtonnier) ; *AJ pénal 2022. 7* s. (loi pour la confiance dans l'institution judiciaire).

1. QPC. La QPC visant l'art. 56-1, dans sa rédaction antérieure à la L. n° 2010-1 du 4 janv. 2010, ne présente pas, à l'évidence, un caractère sé*rieux*, dès lors que la disposition contestée prévoit des garanties de procédure sauvegardant le libre exercice de la profession d'avocat. • Crim., QPC, 3 avr. 2013 : *D. 2013. Actu. 1005* ; *AJ pénal 2013. 353, obs. Auffret*. ♦ L'art. 56-1 ne saurait être regardé comme portant une atteinte substantielle au droit des personnes intéressées d'exercer un recours effectif devant une juridiction, l'ensemble des garanties qu'il prévoit étant propre à sauvegarder le libre exercice de la profession d'avocat ainsi que le secret professionnel. • Crim. 7 janv. 2020, n° 19-82.011 P.

2. Définition. L'opération par laquelle un officier de police judiciaire, agissant sur commission rogatoire, se fait remettre des documents par une personne en vue de les saisir ne constitue pas une « perquisition », au sens de l'art. 56-1, al. 2, dès lors que l'officier de police ne se livre à aucune recherche pour entrer en possession de ces documents. • Crim. 20 sept. 1995, n° 95-81.140 P : *RSC 1996. 141, obs. Dintilhac* ; *D. 1996. 296, note Penneau* ; *D. 1996. Somm. 257, obs. Pradel* ; *Procédures 1996. Comm. 15, obs. Buisson.*

3. Droits de la défense. La perquisition pratiquée dans le cabinet de l'avocat ou dans l'étude de l'avoué ne saurait amener la saisie des pièces déposées chez l'avocat ou l'avoué, en leur qualité, par une partie qui leur a confié sa défense.

D'une manière générale, le droit de saisie rencontre une limite dans le droit supérieur de la défense, qui commande d'affranchir de toute entrave les communications des accusés avec leurs conseils. D'où il résulte, non seulement qu'il n'est point permis de saisir dans le domicile des avocats et des avoués les papiers et lettres missives qu'ils ont reçus de leurs clients, mais aussi, par une conséquence nécessaire, qu'il n'est pas permis de saisir, avant qu'elles leur soient parvenues, les lettres qui leur sont envoyées. • Crim. 12 mars 1886 : *DP 1886. 1. 345.* ♦ Comp. : • Req. 13 févr. 1893 : *DP 1893. 1. 193.*

4. Le juge d'instruction a seul le droit de prendre connaissance des papiers et documents avant de procéder à leur saisie. Lorsque la perquisition a lieu dans le cabinet d'un avocat, le bâtonnier a pour rôle d'assurer le secret professionnel et le respect des droits de la défense, mais non de procéder lui-même à la perquisition. • Crim. 24 mars 1960 : *D. 1960. 531, note Crémieu ; JCP 1960. II. 11672, note Mimin* • 5 juin 1975, n° 74-92.792 P : *JCP 1976. II. 18243, note Chambon.*

5. Motivation de l'ordonnance du juge d'instruction. L'absence, dans la décision prise par le juge d'instruction, des motifs justifiant la perquisition et décrivant l'objet de celle-ci, qui prive le bâtonnier, chargé de la protection des droits de la défense, de l'information qui lui est réservée et interdit ensuite le contrôle réel et effectif de cette mesure par le juge des libertés et de la détention éventuellement saisi, porte nécessairement atteinte aux intérêts de l'avocat concerné. • Crim. 9 févr. 2016, n° 15-85.063 P : *D. actu. 3 mars 2016, obs. Fonteix ; D. 2016. Pan. 1727, obs. Pradel*. ♦ ... Excède en conséquence ses pouvoirs le juge des libertés et de la détention qui ordonne le versement au dossier de l'information de documents saisis au cours de cette perquisition irrégulièrement menée. • Crim. 8 juill. 2020, n° 19-85.491 P : *D. actu. 29 juill. 2020, obs. Priou-Alibert ; AJ pénal 2020. 420, obs. Roussel*. ♦ Des motifs d'ordonnance de perquisition, insuffisants pour décrire l'objet de la perquisition et contradictoires entre eux ne permettent ni à la CARPA dont les locaux étaient perquisitionnés ni au bâtonnier d'identifier la nature des relations entre les personnes en cause, interdisant ainsi le contrôle réel et effectif de cette mesure par le président du tribunal judiciaire ; dès lors, en ordonnant le versement au dossier de l'information de documents saisis au cours d'une perquisition irrégulière, le président du tribunal judiciaire a excédé ses pouvoirs. • Crim. 18 janv. 2022, n° 21-83.751 P.

6. Limites. Le pouvoir du juge d'instruction ne trouve sa limite que dans le principe de la liberté de la défense qui commande de respecter les communications confidentielles de l'avocat avec ses clients ; en conséquence, le secret professionnel ne peut couvrir des documents tels que ceux qui ont été saisis en l'espèce et qu'un avocat avait été amené à recueillir dans des activités qui ont motivé sa propre inculpation des chefs de complicité d'escroquerie et de complicité d'abus de confiance. • Crim. 5 juin 1975 : *préc. note 3.* ♦ *Adde* : • T. corr. Paris, 19 mars 1974 : *Gaz. Pal. 1974. 1. 376.*

7. Le secret professionnel de l'avocat. Le secret professionnel de l'avocat ne peut faire obstacle à la saisie de pièces susceptibles d'établir la participation éventuelle de celui-ci à une infraction pénale ; la saisie est donc valable lorsqu'elle est effectuée en relation directe avec l'infraction objet de la poursuite, et est limitée aux documents nécessaires à la manifestation de la vérité. • Crim. 14 janv. 2003, n° 02-87.062 P : *D. 2003. IR 944 ; Procédures 2003, n° 152, obs. Buisson.* ♦ Dans le même sens, rappelant en outre qu'avant l'entrée en vigueur de la loi du 12 déc. 2005 le texte de l'art. 56-1 n'imposait pas l'information préalable du bâtonnier quant à l'objet de la perquisition envisagée. • Crim. 1er mars 2006, n° 05.87.252 P : *D. 2006. IR 1188 ; AJ pénal 2006. 304, note Rémillieux*.

8. Le secret professionnel des avocats ne met pas obstacle à ce que soient autorisées la visite de leurs locaux et la saisie de documents détenus par eux, dès lors que le juge a trouvé, dans les informations fournies par l'administration requérante, les présomptions suffisantes d'infraction pénale mentionnées dans son ordonnance. • Crim. 11 déc. 2002, n° 01-85.000. ♦ S'il appartient aux agents autorisés ou, à défaut, à l'officier de police judiciaire désigné, de solliciter la présence aux opérations du représentant de l'ordre professionnel concerné, le juge qui autorise, en vertu de l'art. L. 16 B LPF, une visite et une saisie dans les locaux professionnels d'une personne astreinte au secret professionnel n'a pas à prescrire les mesures nécessaires au respect de ce secret à peine de nullité de son ordonnance. • Crim. 10 juill. 2002, n° 01-82.457. ♦ Si les pièces échangées entre l'avocat et ses clients sont couvertes par le secret professionnel aux termes de l'art. 66-5 de la loi du 31 déc. 1971, il n'en demeure pas moins que le juge d'instruction tient des art. 96 et 97 le pouvoir de saisir de telles pièces lorsqu'elles sont de nature à établir la preuve de la participation de l'avocat à une infraction. • Crim. 27 juin 2001, n° 01-81.865 P.

9. Saisie des correspondances. En principe, les correspondances entre avocats sont confidentielles, mais ce caractère n'exclut pas leur saisie quand elles sont le corps ou l'instrument même du délit. • Caen, 25 mars 1987 : *Gaz. Pal. 1987. 2. 448, note Damien.* ♦ Sur pourvoi : • Crim. 9 févr. 1988, n° 87-82.709 P. ♦ Comp. : • T. corr. Nanterre, 18 déc. 1980 : *Gaz. Pal. 1981. 1. 68, note Damien,* et, sur appel : • Versailles, 28 avr. 1982 : *D. 1983. IR 225 ; Gaz. Pal. 1982. 1. 310, note A. D.*

10. Si, selon les principes rappelés par l'art. 66-5 de la loi n° 71-1130 du 31 déc. 1971, les correspondances échangées entre le client et son avocat sont, en toutes matières, couvertes par le secret professionnel, il demeure que le juge d'instruction tient de l'art. 96 le pouvoir de les saisir dès lors qu'elles ne concernent pas l'exercice des droits de la défense. • Crim. 7 mars 1994, nº 93-84.931 P : *D. 1994. Somm. 188, obs. Pradel*.

11. La saisie des correspondances entre un avocat et son client ne peut, à titre exceptionnel, être ordonnée et maintenue que si les documents saisis sont de nature à établir la preuve de la participation de l'avocat à une infraction. • Crim. 12 mars 1992, nº 91-86.843 P : *D. 1993. Somm. 207, obs. Pradel* • 20 janv. 1993, nº 92-85.548 P • 27 juin 2001, nº 01-81.865 P : *D. 2001. IR 2947*. ♦ ... Ou s'il s'agit d'écrits ayant donné lieu à la mise en examen de l'avocat, l'implication de celui-ci dans l'affaire en cause rendant inopérante son argumentation relative à la confidentialité et à l'atteinte portée au secret professionnel. • Crim. 5 oct. 1999, nº 98-80.007 P.

12. Les saisies litigieuses opérées par le magistrat instructeur ne peuvent en aucun cas constituer une faute professionnelle de nature à entraîner une sanction disciplinaire. • Bourges, 19 janv. 1984 : *Gaz. Pal. 1984. 1. 344, note A. D.* ♦ Il convient, au titre du respect du secret professionnel visé par les art. 55, 57 et 96 qui protège les communications entre les inculpés et leurs conseils, d'annuler les seules saisies incriminées. • Même arrêt.

13. Copie du disque dur. La copie du disque dur du système informatique d'un cabinet d'avocat lors d'une perquisition est régulière dans la mesure où cette copie, qui a été faite dans le but de perturber le moins possible le fonctionnement du cabinet, est placée sous scellé et que rien de ce qui est étranger à la procédure n'est transcrit. • Crim. 14 nov. 2001, nº 01-85.965 P. ♦ Il appartient au JLD, saisi d'une contestation, de rechercher si la saisie de données informatiques ne porte pas atteinte au libre exercice de la profession d'avocat, au respect du secret professionnel et à celui des droits de la défense. Méconnaît l'étendue de ses pouvoirs le JLD qui refuse de procéder à une telle analyse au motif que l'art. 56-1 vise des « documents » alors que la saisie concernait en l'espèce du matériel informatique (ordinateur portable et disque dur) • Crim. 8 août 2007, nº 07-84.252 P : *D. 2007. AJ 2307* ; *ibid. 2008. Pan. 947, obs. Blanchard* ; *AJ pénal 2007. 492, obs. Saas* ; *Dr. pénal 2007. Chron. 30, obs. Lepage* ; *Procédures 2007. Comm. nº 264, obs. Buisson.*

14. Crime flagrant. Ne constituent pas une perquisition au sens des art. 56 s. les constatations effectuées par un officier de police judiciaire au domicile d'un avocat et de son épouse avoué, alors que les policiers ont été invités à entrer dans les lieux par le mari, n'ont procédé à aucune fouille et se sont bornés, en accord avec le mari, à effectuer un passage dans l'étude d'avoué et le garage y donnant accès, où ils ont constaté l'absence de traces de sang • Crim. 14 sept. 2004, nº 04-83.754 P : *D. 2005. Pan. 686, obs. Pradel* ; *JCP 2004. IV. 3199* ; *RSC 2005. 389, obs. Buisson*.

15. Constestation devant le JLD. Il résulte des art. 56 et 56-1 que le JLD ne peut refuser de statuer sur la contestation faisant suite à l'opposition du bâtonnier de l'ordre des avocats à la saisie de documents ou de données informatiques effectuée au domicile ou au cabinet d'un avocat. Encourt la cassation, par méconnaissance de l'étendue de ses pouvoirs, l'ordonnance par laquelle le JLD, qui, pour déclarer la contestation irrecevable, retient que l'art. 56 précité n'envisage que la saisie de documents, alors qu'il lui incombait d'exercer le contrôle prévu par les al. 4 à 7 de l'art. 56-1 susvisé, afin de rechercher si la saisie de données informatiques ne portait pas atteinte au libre exercice de la profession d'avocat, au respect du secret professionnel et à celui des droits de la défense. • Crim. 8 août 2007 : *préc. note 13.* ♦ Le contrôle judiciaire de la saisie ne doit pas se limiter aux seuls documents ayant fait l'objet d'une opposition du bâtonnier, la juridiction devant s'assurer que les documents contestés sont en rapport avec l'objet de l'information. • Crim. 25 juin 2013 : *D. actu. 8 juill. 2013, obs. Portmann* ; *AJ pénal 2013. 539, note Belfanti* ; *Procédures 2013, nº 260, note Chavent-Leclère.* ♦ Il appartient au JLD, fût-ce en recourant lui-même à la mesure technique envisagée (recours à un expert), de prendre personnellement connaissance des documents saisis et de décider s'ils devaient être restitués ou versés au dossier de la procédure. • Même arrêt.

16. Compétence territoriale du JLD. Le JLD appartenant à la même juridiction que le juge d'instruction ayant ordonné la perquisition dans le cabinet de l'avocat est compétent pour statuer sur l'opposition à saisie de document soulevée par le bâtonnier de l'Ordre, quand bien même ce cabinet était dans le ressort d'une autre juridiction. • Crim. 22 juin 2005, nº 05-82.759 P : *D. 2005. IR 2103* ; *JCP 2005. IV. 2828* ; *Procédures 2005, nº 237, obs. Buisson* ; *Dr. pénal 2005, nº 166, obs. Maron.*

Art. 56-1-1 *(L. nº 2021-1729 du 22 déc. 2021, art. 3, en vigueur le 1er mars 2022)* **Lorsque, à l'occasion d'une perquisition dans un lieu autre que ceux mentionnés à l'article 56-1, il est découvert un document mentionné au deuxième alinéa du même article 56-1, la personne chez qui il est procédé à ces opérations peut s'opposer à la saisie de ce document. Le document doit alors être placé sous scellé fermé et faire**

l'objet d'un procès-verbal distinct de celui prévu à l'article 57. Ce procès-verbal ainsi que le document placé sous scellé fermé sont transmis sans délai au juge des libertés et de la détention, avec l'original ou une copie du dossier de la procédure. Les quatrième à neuvième alinéas de l'article 56-1 sont alors applicables.

BIBL. ▶ Lardet, *AJ pénal 2022. 14* (enquête préliminaire et investigations financières). – Porteron, *AJ pénal 2022. 19* (le secret professionnel de la défense et du conseil).

Art. 56-1-2 *(L. n° 2021-1729 du 22 déc. 2021, art. 3, en vigueur le 1er mars 2022)* Dans les cas prévus aux articles 56-1 et 56-1-1, sans préjudice des prérogatives du bâtonnier ou de son délégué prévues à l'article 56-1 et des droits de la personne perquisitionnée prévus à l'article 56-1-1, le secret professionnel du conseil n'est pas opposable aux mesures d'enquête ou d'instruction lorsque celles-ci sont relatives aux infractions mentionnées aux articles 1741 et 1743 du code général des impôts et aux articles 421-2-2, 433-1, 433-2 et 435-1 à 435-10 du code pénal ainsi qu'au blanchiment de ces délits, sous réserve que les consultations, correspondances ou pièces détenues ou transmises par l'avocat ou son client établissent la preuve de leur utilisation aux fins de commettre ou de faciliter la commission desdites infractions.

Art. 56-2 *(L. n° 2010-1 du 4 janv. 2010)* Les perquisitions dans les locaux d'une entreprise de presse, d'une entreprise de communication audiovisuelle, d'une entreprise de communication au public en ligne, d'une agence de presse, dans les véhicules professionnels de ces entreprises ou agences ou au domicile d'un journaliste lorsque les investigations sont liées à son activité professionnelle ne peuvent être effectuées que par un magistrat.

Ces perquisitions sont réalisées sur décision écrite et motivée du magistrat qui indique la nature de l'infraction ou des infractions sur lesquelles portent les investigations, ainsi que les raisons justifiant la perquisition et l'objet de celle-ci. Le contenu de cette décision est porté dès le début de la perquisition à la connaissance de la personne présente en application de l'article 57.

Le magistrat et la personne présente en application de l'article 57 ont seuls le droit de prendre connaissance des documents ou des objets découverts lors de la perquisition préalablement à leur éventuelle saisie. Aucune saisie ne peut concerner des documents ou des objets relatifs à d'autres infractions que celles mentionnées dans cette décision.

Ces dispositions sont édictées à peine de nullité.

Le magistrat qui effectue la perquisition veille à ce que les investigations conduites respectent le libre exercice de la profession de journaliste, ne portent pas atteinte au secret des sources en violation de l'article 2 de la loi du 29 juillet 1881 sur la liberté de la presse et ne constituent pas un obstacle ou n'entraînent pas un retard injustifié à la diffusion de l'information.

La personne présente lors de la perquisition en application de l'article 57 du présent code peut s'opposer à la saisie d'un document ou de tout objet si elle estime que cette saisie serait irrégulière au regard de l'alinéa précédent. Le document ou l'objet doit alors être placé sous scellé fermé. Ces opérations font l'objet d'un procès-verbal mentionnant les objections de la personne, qui n'est pas joint au dossier de la procédure. Si d'autres documents ou objets ont été saisis au cours de la perquisition sans soulever de contestation, ce procès-verbal est distinct de celui prévu par l'article 57. Ce procès-verbal ainsi que le document ou l'objet placé sous scellé fermé sont transmis sans délai au juge des libertés et de la détention, avec l'original ou une copie du dossier de la procédure.

Dans les cinq jours de la réception de ces pièces, le juge des libertés et de la détention statue sur la contestation par ordonnance motivée non susceptible de recours.

A cette fin, il entend le magistrat qui a procédé à la perquisition et, le cas échéant, *le procureur de la République*, ainsi que la personne en présence de qui la perquisition a été effectuée. Il peut ouvrir le scellé en présence de ces personnes. Si le journaliste au domicile duquel la perquisition a été réalisée n'était pas présent lorsque celle-ci a été effectuée, notamment s'il a été fait application du deuxième alinéa de l'article 57, le journaliste peut se présenter devant le juge des libertés et de la détention pour être entendu par ce magistrat et assister, si elle a lieu, à l'ouverture du scellé.

S'il estime qu'il n'y a pas lieu à saisir le document ou l'objet, le juge des libertés et de la détention ordonne sa restitution immédiate, ainsi que la destruction du procès-verbal des opérations et, le cas échéant, la cancellation de toute référence à ce document, à son contenu ou à cet objet qui figurerait dans le dossier de la procédure.

Dans le cas contraire, il ordonne le versement du scellé et du procès-verbal au dossier de la procédure. Cette décision n'exclut pas la possibilité ultérieure pour les parties de demander la nullité de la saisie devant, selon les cas, la juridiction de jugement ou la chambre de l'instruction.

BIBL. ► BOSSAN, *Dr. pénal 2010. Étude 14* (protection du secret des sources des journalistes en procédure pénale).

1. Notion de perquisition. Pour l'application de l'art. 56-2, ne peuvent être assimilées à la perquisition, relevant du seul office du juge, les mesures préparatoires qui sont nécessaires à son exécution dans le respect des dispositions spéciales de ce texte et qui sont mises en œuvre par délégation du magistrat et sous son contrôle, conformément à l'art. 151. • Crim. 29 nov. 1995, n° 95-83.951 P : *D. 1996. Somm. 257, obs. Pradel* ; *RSC 1996. 400, obs. Dintilhac* .

2. Perquisitions et art. 10 Conv. EDH. Une perquisition effectuée dans une entreprise de presse alors qu'il s'agit du seul moyen susceptible d'aider à la recherche des auteurs et complices d'une infraction d'atteinte à l'intimité de la vie privée est nécessaire et proportionnée aux buts poursuivis ce qui n'est pas contraire aux dispositions de l'art. 10 Conv. EDH. • Crim. 5 déc. 2000, n° 00-85.695 P : *RSC 2001. 604, obs. Francillon* ; *JCP 2001. II. 10615, obs. Conte* ; *Communic. Comm. élec. 2001. Comm. 84, obs. Lepage.* ♦ Justifie sa décision la chambre de l'instruction qui, dans une information suivie des chefs de violation du secret de l'instruction et recel à la suite de la publication dans deux organes de presse d'articles reproduisant *in extenso* des procès-verbaux d'une instruction relative à des faits de dopage dans le milieu du cyclisme professionnel, refuse d'annuler des perquisitions réalisées aux sièges des journaux et au domicile personnel de journalistes, la saisie des relevés des communications passées par les journalistes dans les jours précédant la parution des articles en cause, la transcription de la conversation d'un journaliste avec un policier dont la ligne était écoutée, par des motifs qui établissent que ces ingérences de l'autorité publique étaient nécessaires et proportionnées au but légitime visé. • Crim. 30 oct. 2006, n° 06-85.693 P : *D. 2007. 1240, note Guedj* ; *RSC 2007. 106, note Francillon* ; *Dr. pénal 2007. Comm. 13, obs. Maron* ; *ibid. 2007. Chron. 1, obs. Mouysset* ; *JCP 2007. II. 10054, obs. Fourment et alii.* ♦ Justifie sa décision au regard des exigences de l'art. 10 Conv. EDH la chambre de l'instruction qui, pour refuser de faire droit à la demande d'annulation de la perquisition effectuée dans une entreprise de presse, et après avoir relevé que l'audition des magistrats et du personnel de la chambre régionale des comptes n'avait permis de recueillir aucune charge contre ceux-ci, que les recherches sur commission rogatoire n'avaient pu aboutir à l'identification de l'auteur de l'envoi ou de la remise du rapport provisoire aux journalistes, et que ces derniers avaient excipé du secret des sources, énonce que le juge d'instruction a respecté les dispositions de l'art. 56-2, constate que la perquisition a été limitée dans le temps, que les investigations faites n'ont pas porté atteinte à la profession de journaliste et n'ont pas entraîné d'obstacle ou de retard dans la diffusion de l'information, motifs dont il résulte que l'ingérence était nécessaire et proportionnée au but légitime visé, et abstraction faite du motif selon lequel il relève de la seule conscience du juge d'instruction de déterminer, en cette matière, s'il doit ou non procéder à la perquisition envisagée. En effet, les mesures critiquées, qui ont pour fondement des dispositions légales accessibles et prévisibles, ont été mises en œuvre aux fins d'identifier les auteurs de la divulgation d'un rapport de la chambre régionale des comptes devant légalement demeurer secret, et constituent des mesures justifiées tant par les impératifs d'intérêt public de protection des droits d'autrui, au nombre desquels figure la présomption d'innocence, que par la préservation d'informations confidentielles ainsi que par la nécessité de se prémunir contre des agissements de nature à entraver la manifestation de la vérité. • Crim. 4 déc. 2007 : *RSC 2008. 648, obs. Buisson* ; *Procédures 2008. Comm. 59, obs. Buisson.*

3. Preuve de la nécessité de la mesure. La Cour EDH estime que les mesures de perquisition dans les locaux des entreprises de presse, lorsqu'elles sont tardives (intervenant des mois après la publication de l'article litigieux relatif à une instruction afférant à une affaire de dopage) ne sont donc pas nécessaires. Au moment où les perquisitions et les interceptions téléphoniques litigieuses eurent lieu, il est évident qu'elles avaient pour seul but de révéler la provenance des informations relatées par les requérants dans leurs articles et donc ne visaient qu'à révéler les sources des journalistes. Selon la Cour de Strasbourg, le Gouvernement n'a pas démontré qu'une balance équitable des intérêts en présence avait été préservée. A cet égard, la Cour rappelle que les considérations dont les institutions de la Convention doivent tenir compte pour exercer leur contrôle sur le terrain du § 2 de l'art. 10 font pencher la balance des intérêts en présence en faveur de celui de la défense de la liberté de la presse dans une société démocratique. En l'occurrence, même si l'on devait considérer que les motifs invoqués étaient « pertinents », la Cour estime qu'ils n'étaient pas en tout cas « suffisants » pour justifier des perquisitions et saisies d'une telle envergure. La France est donc condamnée pour violation de l'art. 10. • CEDH 28 juin 2012, *Ressiot et a. c/ France*, n°s 15054/07 et 15066/07. ♦ Les juges du fond doivent démontrer que les ingérences litigieuses (perquisitions et saisies menées au domicile d'un journaliste) procèdent d'un impératif prépondérant d'intérêt public et que d'autres mesures auraient été insuffisantes pour rechercher l'existence d'une éventuelle infraction de violation du secret professionnel et en identifier les auteurs. • Crim. 25 févr. 2014 : *AJ pénal 2014. 433, obs. Lasserre Capdeville ; RSC 2014. 369, note Salvat*.

Art. 56-3 *(L. nº 93-2 du 4 janv. 1993 ; L. nº 2000-516 du 15 juin 2000, art. 44-II)* **Les perquisitions dans le cabinet d'un médecin, d'un notaire** *(Abrogé par L. nº 2011-94 du 25 janv. 2011, art. 32, à compter du 1er janv. 2012) « , d'un avoué »* **ou d'un huissier sont effectuées par un magistrat et en présence de la personne responsable de l'ordre ou de l'organisation professionnelle à laquelle appartient l'intéressé ou de son représentant.**

1. Réalité de la perquisition. L'opération par laquelle un officier de police judiciaire, agissant sur commission rogatoire, se fait remettre des documents par une personne ou une administration en vue de procéder à leur saisie, entre dans les prévisions de l'article 81, al. 1er. Elle ne constitue pas une « perquisition », dès lors que l'officier de police ne se livre à aucune recherche pour entrer en possession des documents. • Crim. 20 sept. 1995, nº 95-81.140 P.

2. Lieu de la perquisition. Les formalités édictées par l'art. 56-1 n'ont pas lieu d'être observées lorsque, agissant sur commission rogatoire, un officier de police judiciaire se transporte dans un service de l'hospitalisation publique, dont il a auparavant prévenu les responsables, et se borne à constater la remise entre ses mains des dossiers médicaux qu'il place aussitôt sous scellés, en présence des membres de la direction, du corps médical et de l'ordre des médecins et sans qu'il résulte du procès-verbal qu'il ait procédé à des investigations ou pénétré dans un lieu constituant un cabinet médical. • Limoges, 29 mars 1994 : *BICC 1er mai 1994, nº 519.*

3. Pour rejeter la demande d'annulation d'une perquisition effectuée dans la chambre d'hôtel occupée par un médecin, une cour d'appel peut souverainement retenir que ce lieu ne peut, en l'espèce, être considéré comme un cabinet médical. • Crim. 8 juin 1999, nº 99-81.291 P.

4. Il ne saurait être opéré une distinction sur la nature du secret médical lorsque les documents, auxquels seul l'expert médecin désigné par le juge d'instruction pouvait légitimement accéder dans le cadre de sa mission, sont conservés par l'établissement pénitentiaire, les médecins relevant de cette administration ne pouvant opposer le secret médical à l'expert désigné sur les documents médicaux ; cet accès n'ayant donné lieu à aucun incident, il était dès lors inutile pour le magistrat instructeur d'ordonner la saisie des documents. • Rennes, 15 mai 1997 : *D. 1998. 178, note Penneau*.

Art. 56-4 *(L. nº 2009-928 du 29 juill. 2009, art. 11-I)* **I. — Lorsqu'une perquisition est envisagée dans un lieu précisément identifié, abritant des éléments couverts par le secret de la défense nationale, la perquisition ne peut être réalisée que par un magistrat en présence du président de la Commission** *(Abrogé par L. nº 2017-55 du 20 janv. 2017, art. 36) « consultative »* **du secret de la défense nationale. Ce dernier peut être représenté par un membre de la commission ou par des délégués, dûment habilités au secret de la défense nationale, qu'il désigne selon des modalités déterminées par décret en Conseil d'État. Le président ou son représentant peut être assisté de toute personne habilitée à cet effet.**

La liste des lieux visés au premier alinéa est établie de façon précise et limitative par arrêté du Premier ministre. Cette liste, régulièrement actualisée, est communiquée à la Commission *(Abrogé par L. nº 2017-55 du 20 janv. 2017, art. 36) « consultative »* **du secret de la défense nationale ainsi qu'au ministre de la justice, qui la rendent accessible aux magistrats de façon sécurisée. Le magistrat vérifie si le lieu dans lequel il souhaite effectuer une perquisition figure sur cette liste.**

Les ***conditions de délimitation*** **des lieux abritant des éléments couverts par le secret de la défense nationale sont déterminées par décret en Conseil d'État.**

Le fait de dissimuler dans les lieux visés à l'alinéa précédent des procédés, objets, documents, informations, réseaux informatiques, données informatisées ou fichiers non classifiés, en tentant de les faire bénéficier de la protection attachée au secret de la défense nationale, expose son auteur aux sanctions prévues à l'article 434-4 du code pénal.

La perquisition ne peut être effectuée qu'en vertu d'une décision écrite du magistrat qui indique au président de la Commission *(Abrogé par L. n° 2017-55 du 20 janv. 2017, art. 36)* « *consultative* » du secret de la défense nationale les informations utiles à l'accomplissement de sa mission. Le président de la commission ou son représentant se transporte sur les lieux sans délai. Au commencement de la perquisition, le magistrat porte à la connaissance du président de la commission ou de son représentant, ainsi qu'à celle du chef d'établissement ou de son délégué, ou du responsable du lieu, la nature de l'infraction ou des infractions sur lesquelles portent les investigations, les raisons justifiant la perquisition, son objet et les lieux visés par cette perquisition.

Seul le président de la Commission *(Abrogé par L. n° 2017-55 du 20 janv. 2017, art. 36)* « *consultative* » du secret de la défense nationale, son représentant et, s'il y a lieu, les personnes qui l'assistent peuvent prendre connaissance d'éléments classifiés découverts sur les lieux. Le magistrat ne peut saisir, parmi les éléments classifiés, que ceux relatifs aux infractions sur lesquelles portent les investigations. Si les nécessités de l'enquête justifient que les éléments classifiés soient saisis en original, des copies sont laissées à leur détenteur.

Chaque élément classifié saisi est, après inventaire par le président de la commission *(Abrogé par L. n° 2017-55 du 20 janv. 2017, art. 36)* « *consultative* », placé sous scellé. Les scellés sont remis au président de la Commission *(Abrogé par L. n° 2017-55 du 20 janv. 2017, art. 36)* « *consultative* » du secret de la défense nationale qui en devient gardien. Les opérations relatives aux éléments classifiés saisis ainsi que l'inventaire de ces éléments font l'objet d'un procès-verbal qui n'est pas joint au dossier de la procédure et qui est conservé par le président de la commission *(Abrogé par L. n° 2017-55 du 20 janv. 2017, art. 36)* « *consultative* ».

La déclassification et la communication des éléments mentionnés dans l'inventaire relèvent de la procédure prévue par les articles L. 2312-4 et suivants du code de la défense.

II. — Lorsqu'à l'occasion d'une perquisition un lieu se révèle abriter des éléments couverts par le secret de la défense nationale, le magistrat présent sur le lieu ou immédiatement avisé par l'officier de police judiciaire en informe le président de la Commission *(Abrogé par L. n° 2017-55 du 20 janv. 2017, art. 36)* « *consultative* » du secret de la défense nationale. Les éléments classifiés sont placés sous scellés, sans en prendre connaissance, par le magistrat ou l'officier de police judiciaire qui les a découverts, puis sont remis ou transmis, par tout moyen en conformité avec la réglementation applicable aux secrets de la défense nationale, au président de la commission afin qu'il en assure la garde. Les opérations relatives aux éléments classifiés font l'objet d'un procès-verbal qui n'est pas joint au dossier de la procédure. La déclassification et la communication des éléments ainsi placés sous scellés relèvent de la procédure prévue par les articles L. 2312-4 et suivants du code de la défense.

(Abrogé par Cons. const. n° 2011-192 QPC du 10 nov. 2011, à compter du 1er déc. 2011) ***« III. — Lorsqu'une perquisition est envisagée dans un lieu classifié au titre du secret de la défense nationale dans les conditions définies à l'article 413-9-1 du code pénal, elle ne peut être réalisée que par un magistrat en présence du président de la Commission consultative du secret de la défense nationale. Ce dernier peut être représenté par un membre de la commission et être assisté de toute personne habilitée à cet effet.***

« Le magistrat vérifie auprès de la Commission consultative du secret de la défense nationale si le lieu dans lequel il souhaite effectuer une perquisition fait l'objet d'une mesure de classification.

« La perquisition ne peut être effectuée qu'en vertu d'une décision écrite et motivée qui indique la nature de l'infraction ou des infractions sur lesquelles portent les investigations, les raisons justifiant la perquisition et l'objet de celle-ci, ainsi que le lieu visé par la perquisition. Le magistrat transmet cette décision au président de la Commission consultative du secret de la défense nationale. Il la porte, au commencement de la perquisition, à la connaissance du chef d'établissement ou de son délégué, ou du responsable du lieu.

« La perquisition doit être précédée d'une décision de déclassification temporaire du lieu aux fins de perquisition et ne peut être entreprise que dans les limites de la déclassification ainsi décidée. A cette fin, le président de la Commission consultative du secret de la défense nationale, saisi par la décision du magistrat mentionnée à l'alinéa précédent, fait connaître sans délai son avis à l'autorité administrative compétente sur la déclassification temporaire, totale ou partielle, du lieu

aux fins de perquisition. L'autorité administrative fait connaître sa décision sans délai. La déclassification prononcée par l'autorité administrative ne vaut que pour le temps des opérations. En cas de déclassification partielle, la perquisition ne peut être réalisée que dans la partie des lieux qui fait l'objet de la décision de déclassification de l'autorité administrative.

« La perquisition se poursuit dans les conditions prévues aux sixième alinéa et suivants du I. »

IV. — Les dispositions du présent article sont édictées à peine de nullité.

BIBL. ▶ BUISSON, *Procédures 2009, n° 329* (perquisition. Éléments couverts par le secret de la défense nationale).

La classification d'un lieu a pour effet de soustraire une zone géographique définie aux pouvoirs d'investigation de l'autorité judiciaire et de subordonner l'exercice de ces pouvoirs d'investigation à une décision administrative. Elle conduit à ce que tous les éléments de preuve, quels qu'ils soient, présents dans ces lieux lui soient inaccessibles tant que cette autorisation n'a pas été délivrée. Par suite, en autorisant la classification de certains lieux au titre du secret de la défense nationale et en subordonnant l'accès du magistrat aux fins de perquisition de ces mêmes lieux à une déclassification temporaire, le législateur a opéré une conciliation déséquilibrée entre les exigences constitutionnelles précitées (le principe de la séparation des pouvoirs et l'existence d'autres exigences constitutionnelles lui imposent en effet d'assurer une conciliation qui ne soit pas déséquilibrée entre le droit des personnes intéressées à exercer un recours juridictionnel effectif, le droit à un procès équitable ainsi que la recherche des auteurs d'infractions et les exigences constitutionnelles inhérentes à la sauvegarde des intérêts fondamentaux de la Nation). Ainsi, les dispositions de l'art. 56-4, § 3, celles des art. 413-9-1, 413-10-1 et 413-11-1 C. pén., celles de l'art. L. 2312-1, al. 3, de l'art. L. 2312-4, al. 4, de l'art. L. 2312-7-1 C. défense, ainsi que, par voie de conséquence, les mots : « et d'accéder à tout lieu classifié » figurant à l'art. L. 2312-5, al. 2, du même code doivent être déclarées contraires à la Constitution. • Cons. const., QPC, 10 nov. 2011 : *D. 2011. Actu. 2801*. ♦ Présente un caractère sérieux en ce qu'elle porte sur la compatibilité des modalités prévues par les art. 413-9 à 413-12 C. pén., L. 2311-1 à L. 2312-8 C. défense et 56-4 pour protéger les secrets de la défense nationale avec les principes du droit à un procès équitable et de la séparation des pouvoirs ainsi qu'avec l'objectif constitutionnel de recherche des auteurs d'infractions. En effet, selon les textes visés, l'autorité judiciaire n'est pas qualifiée pour accéder à des informations classifiées au titre du secret de la défense nationale alors même qu'elle estime que leur connaissance serait nécessaire à la manifestation de la vérité, ne peut avoir connaissance de telles informations que sur décision ministérielle après avis consultatif d'une autorité administrative indépendante, ne peut pénétrer dans certains lieux classifiés qu'après leur déclassification, et ne peut enfin procéder à des perquisitions dans ces lieux et dans ceux abritant des éléments classifiés qu'en présence du président de la commission consultative du secret de la défense nationale, sans pouvoir prendre connaissance de ces éléments. • Cass., QPC, 31 août 2011, n° 11-90.065 P.

Art. 56-5 *(L. n° 2016-731 du 3 juin 2016, art. 58, en vigueur le 1er oct. 2016)* **Les perquisitions dans les locaux d'une juridiction ou au domicile d'une personne exerçant des fonctions juridictionnelles et qui tendent à la saisie de documents susceptibles d'être couverts par le secret du délibéré ne peuvent être effectuées que par un magistrat, sur décision écrite et motivée de celui-ci, en présence du premier président de la cour d'appel ou du premier président de la Cour de cassation ou de son délégué. Cette décision indique la nature de l'infraction sur laquelle portent les investigations, les raisons justifiant la perquisition et l'objet de celle-ci. Le contenu de la décision est porté dès le début de la perquisition à la connaissance du premier président ou de son délégué par le magistrat. Celui-ci, le premier président ou son délégué ont seuls le droit de consulter ou de prendre connaissance des documents ou des objets se trouvant sur les lieux préalablement à leur éventuelle saisie. Aucune saisie ne peut concerner des documents ou des objets relatifs à d'autres infractions que celles mentionnées dans la décision précitée. Les dispositions du présent alinéa sont prévues à peine de nullité.**

Le magistrat qui effectue la perquisition veille à ce que les investigations conduites ne portent pas atteinte à l'indépendance de la justice.

Le premier président ou son délégué peut s'opposer à la saisie d'un document ou d'un objet s'il estime cette saisie irrégulière. Le document ou l'objet est alors placé sous scellé fermé. Ces opérations font l'objet d'un procès-verbal, qui n'est pas joint au dossier de la procédure, mentionnant les objections du premier président ou de son délégué.

Si d'autres documents ou objets ont été saisis au cours de la perquisition sans soulever d'opposition, ce procès-verbal est distinct de celui prévu à l'article 57. Le procès-verbal mentionné au troisième alinéa du présent article ainsi que le document ou l'objet placé sous scellé fermé sont transmis sans délai au juge des libertés et de la détention, avec l'original ou une copie du dossier de la procédure.

Dans un délai de cinq jours à compter de la réception de ces pièces, le juge des libertés et de la détention statue sur l'opposition par ordonnance motivée non susceptible de recours.

A cette fin, il entend le magistrat qui a procédé à la perquisition et, le cas échéant, le procureur de la République, ainsi que le premier président ou son délégué. Il ouvre le scellé en présence de ces personnes.

S'il estime qu'il n'y a pas lieu à saisir le document ou l'objet, le juge des libertés et de la détention ordonne sa restitution immédiate, ainsi que la destruction du procès-verbal mentionné au même troisième alinéa et, le cas échéant, la cancellation de toute référence à ce document ou à son contenu ou à cet objet figurant dans le dossier de la procédure.

Dans le cas contraire, il ordonne le versement du scellé et du procès-verbal au dossier de la procédure. Cette décision n'exclut pas la possibilité ultérieure pour les parties de demander la nullité de la saisie devant, selon les cas, la juridiction de jugement ou la chambre de l'instruction.

Art. 57 *(Ord. n° 60-529 du 4 juin 1960)* **« Sous réserve** *(L. n° 2016-731 du 3 juin 2016, art. 58, en vigueur le 1er oct. 2016)* **« des articles 56-1 à 56-5 et du respect du secret professionnel et des droits de la défense mentionné à l'article 56,** *[ancienne rédaction : de ce qui est dit à l'article 56 concernant le respect du secret professionnel et des droits de la défense,]* **» les opérations prescrites par ledit article sont faites en présence de la personne au domicile de laquelle la perquisition a lieu.**

En cas d'impossibilité, l'officier de police judiciaire aura l'obligation de l'inviter à désigner un représentant de son choix ; à défaut, l'officier de police judiciaire choisira deux témoins requis à cet effet par lui, en dehors des personnes relevant de son autorité administrative.

Le procès-verbal de ces opérations, dressé ainsi qu'il est dit à l'article 66, est signé par les personnes visées au présent article ; au cas de refus, il en est fait mention au procès-verbal.

1. QPC. Secret du délibéré. V. note 1 ss. art. 56.

2. Les formalités prévues en matière de perquisition et de saisie ne sont pas exclues du champ d'application de l'art. 802 et leur inobservation ne saurait entraîner nullité lorsque aucune atteinte n'a été portée aux droits de la défense. • Crim. 17 sept. 1996, n° 96-82.105 P: *D. 1997. Somm. 144, obs. Pradel ; RSC 1997. 150, obs. Dintilhac ; Dr. pénal 1997. Chron. 9, par Lesclous et Marsat* • 15 juin 2000, n° 00-81.334 P : *D. 2000. IR 257 ; D. 2001. Somm. 520, obs. Pradel* • Crim. 18 nov. 2015, n° 15-83.400 P : *D. actu. 7 déc. 2015, obs. Fucini ; AJ pénal 2016. 215, obs. Renaud-Duparc* • Crim. 31 oct. 2017, n° 17-80.872 P : *D. actu. 16 nov. 2017, obs. Azoulay ; AJ pénal 2018. 95, obs. Roux-Demare*.

3. Présence de la personne chez qui la perquisition a lieu. Si c'est à tort que, pour déclarer régulière la perquisition effectuée au cours de la garde à vue de la personne concernée, hors sa présence, l'arrêt retient, notamment, que l'appartement où elle a été opérée est le domicile de sa famille, dont les membres pouvaient aller à leur guise d'une pièce à l'autre, alors que, à l'égard de l'intéressé, cette circonstance n'avait pas pour conséquence d'enlever à ce lieu son caractère de domicile, au sens de l'art. 57, al. 1er, l'arrêt n'encourt pas la censure dès lors que les formalités prévues par ce texte ne sont pas exclues du champ d'application de l'art. 802, que le mis en examen a revendiqué devant le juge d'instruction la propriété de la somme d'argent découverte dans sa chambre à cette occasion et qu'il ne justifie d'aucun grief. • Crim. 25 juin 2013 : *Gaz. Pal. 13-15 oct. 2013, p. 38, note Fourment.*

4. Est entachée de nullité la perquisition effectuée en l'absence du prévenu dans une maison lui appartenant et ayant entraîné sa mise en examen même si ce dernier n'avait pas contesté la présence de stupéfiants dans les lieux. • Crim. 3 avr. 2007, n° 07-80.807 P : *D. 2007. AJ 1422* . ♦ *Contra,* • Crim. 27 sept. 1984 : *Bull. crim. n° 275* • 7 déc. 1993, n° 93-84.188 P.

5. Difficultés à identifier le locataire. En l'absence d'éléments d'identification du locataire des lieux de la perquisition et au regard des nécessités de l'enquête de flagrance portant sur des infractions graves en cours de commission ou risquant de se commettre, et dès lors qu'il a été impossible aux policiers, malgré la recherche effectuée pour connaître les coordonnées du titulaire du bail, de l'identifier, la perquisition pouvait avoir lieu en la seule présence de deux témoins. • Crim. 6 mars 2013 : *D. actu. 8 avr. 2013, obs. Winckelmuller ; AJ pénal 2013. 349, obs. Pronier*. ♦ ... Mais en écartant la requête en nullité prise de l'irrégularité de la perquisition effectuée, alors que la Cour de cassation est en mesure de s'assurer que les enquêteurs avaient indiqué en procédure que le garage perquisitionné appartenait à la personne mise en examen et que celle-ci avait revendiqué dans une conversation téléphonique antérieure la propriété de l'appartement et s'était déclarée, à plusieurs reprises, domiciliée à cette adresse malgré ses affirmations contradictoires en garde à vue, la chambre de l'instruction, qui n'a pas constaté l'impossibilité, pour l'intéressé, d'assister à la mesure ou de désigner un représentant de son choix, n'a pas justifié sa décision. • Crim. 20 juin 2018, nº 17-86.657 P : *D. actu. 16 juill. 2018, obs. Goetz ; AJ pénal 2018. 474, obs. Clément ; Gaz. Pal. 6 nov. 2018, p. 57, note Fourment.*

6. Perquisition dans une cellule. La perquisition opérée dans une cellule de maison d'arrêt n'a pas été réalisée au domicile de l'inculpé ; dès lors la présence de ce dernier n'était pas requise. • Crim. 18 oct. 1989 : *Gaz. Pal. 1990. 1. 235.*

7. Situation des dirigeants sociaux. A l'exception de celles qui ont lieu dans le bureau personnel du dirigeant social, et auxquelles ce dernier, sauf application de l'art. 57, al. 2, doit nécessairement assister, les perquisitions et saisies dans les locaux d'une société peuvent être pratiquées en la seule présence d'une personne se comportant comme le représentant qualifié de cette société. • Crim. 30 mai 1996, nº 95-85.954 P : *Dr. pénal 1996. Comm. 170 et 174, note Maron* • 30 mai 1997 : *Procédures 1997. Comm. 275, obs. Buisson* • 13 oct. 1998, nº 98-82.522 P • 18 juin 2003, nº 03-81.979 P : *JCP 2003. IV. 2450 ; Dr. pénal 2003. Comm. 116, obs. Maron ; RSC 2004. 422, note Buisson*.

8. Il n'y a pas lieu à annulation de la perquisition effectuée dans le bureau du dirigeant social d'une société du groupe, en présence du responsable d'exploitation et du comptable qui ont assisté aux différentes opérations et ont signé le procès-verbal, le directeur du site étant absent. • Crim. 6 mai 2002 : *RSC 2002. 906 s., note Buisson*.

9. Les dispositions des art. 56 à 60, applicables à l'enquête de flagrant délit, n'exigent la confection de scellés provisoires qu'en cas de difficulté pour procéder à un inventaire immédiat, dès lors il n'y a pas lieu d'annuler la procédure au cours de laquelle les gendarmes ont procédé à une perquisition dans les locaux d'une entreprise, en présence de la responsable de la société et d'une autre personne, qui ont, toutes deux, signé le procès-verbal de saisie et de placement sous scellés qui a été opéré sans difficulté sur place. • Crim. 23 mai 2002, nº 01-81.567.

10. Est régulier le procès-verbal d'une perquisition signé par certains des policiers qui y participaient du moment que parmi les signataires figurait l'officier de police judiciaire rédacteur et délégué par le juge d'instruction. • Crim. 19 oct. 1995 : *Procédures 1996. Comm. 92, obs. Buisson ; Dr. pénal 1996. Chron. 40, par Lesclous et Marsat.* ♦ V. également notes ss. l'art. 56.

11. Présence de l'avocat. Est régulière la perquisition effectuée par le juge d'instruction au domicile et en présence de la personne mise en examen, en l'absence de l'avocat qui n'a pas été avisé de ce transport, dès lors que cet acte a été accompli dans le respect des formalités prévues aux art. 95, 57 et 59 et que la personne mise en examen n'a été soumise à aucun interrogatoire, confrontation ou reconstitution qui eût impliqué l'information de son avocat, préalablement au transport décidé par le magistrat. • Crim. 20 févr. 2002, nº 01-88.335 P : *Dr. pénal 2003. Comm. 27, obs. Maron et Haas.*

Art. 57-1 *(L. nº 2003-239 du 18 mars 2003, art. 17)* **Les officiers de police judiciaire ou, sous leur responsabilité, les agents de police judiciaire peuvent, au cours d'une perquisition effectuée dans les conditions prévues par le présent code, accéder par un système informatique implanté sur les lieux où se déroule la perquisition à des données intéressant l'enquête en cours et stockées dans ledit système ou dans un autre système informatique, dès lors que ces données sont accessibles à partir du système initial ou disponibles pour le système initial.**

(L. nº 2014-1353 du 13 nov. 2014, art. 13) **« Ils peuvent également, dans les conditions de perquisition prévues au présent code, accéder par un système informatique implanté dans les locaux d'un service ou d'une unité de police ou de gendarmerie à des données intéressant l'enquête en cours et stockées dans un autre système informatique, si ces données sont accessibles à partir du système initial. »**

S'il est préalablement avéré que ces données, accessibles à partir du système initial ou disponibles pour le système initial, sont stockées dans un autre système informatique situé en dehors du territoire national, elles sont recueillies par l'officier de police judiciaire, sous réserve des conditions d'accès prévues par les engagements internationaux en vigueur.

Les données auxquelles il aura été permis d'accéder dans les conditions prévues par le présent article peuvent être copiées sur tout support. Les supports de stockage informatique peuvent être saisis et placés sous scellés dans les conditions prévues par le présent code.

(L. n° 2014-1353 du 13 nov. 2014, art. 13) **« Les officiers de police judiciaire peuvent, par tout moyen, requérir toute personne susceptible :**

« 1° D'avoir connaissance des mesures appliquées pour protéger les données auxquelles il est permis d'accéder dans le cadre de la perquisition ;

« 2° De leur remettre les informations permettant d'accéder aux données mentionnées au 1°.

« A l'exception des personnes mentionnées aux articles 56-1 à *(L. n° 2016-731 du 3 juin 2016, art. 58, en vigueur le 1er oct. 2016)* **« 56-5 », le fait de s'abstenir de répondre dans les meilleurs délais à cette réquisition est puni d'une amende de 3 750 €. »**

BIBL. ▶ MICHALSKI, *Gaz. Pal. 9 févr. 2014* (recherche et saisie des preuves électroniques). – ROUSSELET-MAGRI, *RSC 2017. 659* (les perquisitions « informatiques » à l'épreuve du principe de souveraineté).

▶ **Dossier :** Les techniques d'enquête numériques judiciaires, *AJ pénal 2017. 311* s.

Le fait, pour les enquêteurs agissant en enquête préliminaire, de consulter, à l'aide de leur propre matériel informatique, les données d'un site internet accessibles au moyen d'un code (compte personnel) découvert lors d'une perquisition autorisée par le JLD, constitue un simple acte d'investigation et non une perquisition distincte exigeant une nouvelle décision de ce magistrat. • Crim. 6 nov. 2013, n° 12-87.130 P : *D. actu. 19 nov. 2013, obs. Fucini ; D. 2013. Actu. 2646 ; ibid. 2826, note Hennion-Jacquet ; ibid. Pan. 2014. 1742, obs. Pradel ; AJ pénal 2014. 40, note de Combles de Nayves ; Procédures 2014. 56, obs. Chavent-Leclère ; Gaz. Pal. 9 févr. 2014, p. 38, note Fourment.*

Art. 58 *(Ord. n° 60-121 du 13 févr. 1960)* **« Sous réserve des nécessités des enquêtes, toute communication ou toute divulgation » sans l'autorisation de** *(L. n° 93-2 du 4 janv. 1993)* **« la personne mise en examen » ou de ses ayants droit ou du signataire ou du destinataire d'un document provenant d'une perquisition à une personne non qualifiée par la loi pour en prendre connaissance est punie d'une amende de 4 500 € et d'un emprisonnement de deux ans.**

Pour qu'une constitution de partie civile soit recevable devant la juridiction d'instruction, il suffit que les circonstances sur lesquelles elle s'appuie permettent d'admettre comme possibles l'existence du préjudice allégué et sa relation directe avec les infractions poursuivies. Tel était le cas pour la partie civile dès lors que la divulgation des documents incriminés obtenus lors d'une perquisition était susceptible de lui préjudicier. C'est donc à tort que la chambre d'accusation a décidé qu'elle n'avait pas qualité pour agir car ne faisant pas partie des personnes protégées énumérées à l'art. 58. • Crim. 4 juin 1996, n° 95-82.256 P.

Art. 59 **Sauf réclamation faite de l'intérieur de la maison ou exceptions prévues par la loi, les perquisitions et les visites domiciliaires ne peuvent être commencées avant 6 heures et après 21 heures.**

(L. n° 93-1013 du 2 août 1993) **« Les formalités mentionnées aux articles 56, 56-1, 57 et au présent article sont prescrites à peine de nullité. »**

Sur l'application de l'art. 59 C. pr. pén. à la recherche et à la constatation des infractions en matière de terrorisme, V. art. 706-24-1 ; ... en matière de trafic de stupéfiants, V. art. 706-28 ; ... en matière de proxénétisme, V. art. 706-35 ; ... en matière de criminalité organisée, V. art. 706-89 s.

1. Audition à domicile. Ne constitue pas une visite domiciliaire au sens de l'art. 59 l'audition à domicile d'un suspect par des gendarmes dans le seul but d'inviter l'intéressé à les accompagner à la brigade, dès lors que ceux-ci n'ont effectué audit domicile aucune constatation. • Crim. 15 mars 1990, n° 87-84.629 P : *D. 1990. IR 129.*

2. Notion de domicile. Un gabion qui n'est ni raccordé au réseau électrique ni desservi en eau courante ne peut être considéré comme un domicile au sens de l'art. 59. • Crim. 6 mai 2002 : *Dr. pénal 2002. Comm. 130, obs. Maron.*

3. Nullités. V. notes 2 s. ss. art. 57 et 9 s. ss. art. 802.

Constitution de la République française du 22 frimaire an VIII

TITRE VII. DISPOSITIONS GÉNÉRALES

Art. 76 La maison de toute personne habitant le territoire français est un asile inviolable.

Pendant la nuit, nul n'a le droit d'y entrer que dans le cas d'incendie, d'inondation ou de réclamation faite de l'intérieur de la maison.

Pendant le jour, on peut y entrer pour un objet spécial déterminé ou par une loi, ou par un ordre émané d'une autorité publique.

En ce qui concerne l'inviolabilité des locaux des missions diplomatiques et de la demeure privée des agents diplomatiques, V. Décr. n° 71-284 du 29 mars 1971 (D. et BLD 1971. 175) portant publication de la Convention de Vienne sur les relations diplomatiques, art. 22 et 30 de la convention ; ... des locaux consulaires, V. Décr. n° 71-288 du 29 mars 1971 (D. et BLD 1971. 180) portant publication de la Convention de Vienne sur les relations consulaires, art. 31 de la Conv.

Art. 60 *(L. n° 85-1407 du 30 déc. 1985)* **« S'il y a lieu de procéder à des constatations ou à des examens techniques ou scientifiques** *(Abrogé par L. n° 99-515 du 23 juin 1999)* ***« qui ne peuvent être différés »*, l'officier de police judiciaire** *(L. n° 2019-222 du 23 mars 2019, art. 47)* **« ou, sous le contrôle de ce dernier, l'agent de police judiciaire » a recours à toutes personnes qualifiées. »**

(L. n° 72-1226 du 29 déc. 1972) **« Sauf si elles sont inscrites sur une des listes prévues à l'article 157, les personnes ainsi appelées prêtent, par écrit, serment d'apporter leur concours à la justice en leur honneur et en leur conscience. »** *— V. art. 169-1, 706-52.*

(L. n° 99-515 du 23 juin 1999) **« Les personnes désignées pour procéder aux examens techniques ou scientifiques peuvent procéder à l'ouverture des scellés. Elles en dressent inventaire et en font mention dans un rapport établi conformément aux dispositions des articles 163 et 166.** *(L. n° 2019-222 du 23 mars 2019, art. 51)* **« Ces personnes peuvent également, en le mentionnant dans leur rapport, replacer sous scellés les objets examinés et placer sous scellés les objets résultant de leur examen ; en particulier, les médecins requis pour pratiquer une autopsie ou un examen médical peuvent placer sous scellés les prélèvements effectués. » Elles peuvent communiquer oralement leurs conclusions aux enquêteurs en cas d'urgence.**

« Sur instructions du procureur de la République, l'officier de police judiciaire *(L. n° 2019-222 du 23 mars 2019, art. 47)* **« ou, sous le contrôle de ce dernier, l'agent de police judiciaire » donne connaissance des résultats des examens techniques et scientifiques aux personnes à l'encontre desquelles il existe des indices faisant présumer qu'elles ont commis ou tenté de commettre une infraction, ainsi qu'aux victimes. »**

En ce qui concerne l'obligation de déférer aux réquisitions de l'officier de police judiciaire, V., généralement, C. pén., art. R. 642-1 — ***C. pén.*** *; ... spécialement, concernant les médecins, CSP, art. L. 4163-7 —* ***CSP.***

1. Le recours à toutes personnes qualifiées. Lorsqu'ils opèrent en cas de crime ou de délit flagrant, dès lors que le juge d'instruction n'est pas présent sur les lieux, et tant que l'ouverture d'une information n'a pas été requise, les officiers de police judiciaire tiennent de l'art. 60 le pouvoir de recourir à toutes personnes qualifiées s'il y a lieu de procéder à des constatations ou à des examens techniques ou scientifiques. • Crim. 15 mars 1988, n° 88-80.267 P. ♦ Lorsque pour mener à bien sa mission le policier, initialement désigné par le procureur pour effectuer des opérations de police technique et scientifique, se fait assister par d'autres policiers du service de police judiciaire, ces derniers ne peuvent dès lors être considérés comme des personnes extérieures à la procédure entrant dans la catégorie des personnes qualifiées prévue par les art. 60 et 77-1. • Crim. 4 nov. 2010, n° 10-84.389 P : *D. actu. 7 janv. 2011, obs. Girault ; AJ pénal 2011. 38, obs. Vlamynck ; Dr. pénal 2011, n° 42, obs. Maron et Haas ; ibid. 2012. Chron. 1, obs. Georget.*

2. Opérateurs téléphoniques. L'identification d'un numéro de téléphone auprès d'un opérateur n'étant pas une mesure de constatation ou d'examen technique ou scientifique au sens des art. 60 et 77-1, le moyen qui allègue que le directeur régional de France Télécom aurait dû prêter serment est inopérant. • Crim. 18 juin 2002, n° 01-86.098 P. ♦ Les dispositions de l'art. 60 ne s'appliquent pas aux interceptions de communications téléphoniques ordonnées par le juge d'instruction. • Crim. 23 mai 2006, n° 05-81.705 P : *RSC 2007. 596, obs. Buisson* ; *AJ pénal 2006. 413, obs. Roussel* .

3. Fonctionnaires des impôts. Le recours à des personnes qualifiées prévu par les art. 60 et 77-1 est subordonné à la double condition que les constatations qu'entend leur confier l'officier de police judiciaire ne puissent être différées et que les personnes ainsi appelées prêtent par écrit le serment d'apporter leur concours à la justice en leur honneur et conscience. Dès lors, c'est à bon droit que les juges prononcent la nullité d'une réquisition adressée à des fonctionnaires des impôts qui n'ont pas prêté ledit serment, par des officiers de police judiciaire agissant en enquête préliminaire du chef de travail clandestin. • Crim. 3 oct. 1996, n° 95-83.879 P : *D. 2006. IR 2055* ; *RSC 2007. 602, obs. Buisson* ; *AJ pénal 2006. 452, obs. Roussel*. ♦ En revanche, les prévenus ne sont pas recevables à soulever la nullité de la saisie de pièces, effectuée au cours de perquisitions dans une procédure de droit commun en présence de contrôleurs des impôts n'ayant pas prêté le serment de l'art. 60, alors que la saisie a été régulièrement communiquée par l'autorité judiciaire à l'administration des impôts, en application de l'art. L. 101 LPF. • Crim. 18 sept. 2002, n° 01-84.520 • 18 sept. 2002, n° 01-84.521.

4. Les dispositions de l'art. L. 611-13 C. trav. [L. 8271-13 et L. 8271-18 nouv.] n'excluent pas celles des art. 60 et 77-1. Rien ne s'oppose à ce que des fonctionnaires des impôts soient requis en tant que personnes qualifiées au titre de l'art. 60, al. 1er. Ainsi s'expose à la censure l'arrêt qui retient que le procureur de la République ne tient d'aucune disposition le droit d'autoriser la participation d'un tel fonctionnaire à une perquisition elle-même autorisée par le président du tribunal judiciaire en application de l'art. L. 611-13 C. trav. [L. 8271-13 et L. 8271-18 nouv.]. • Crim. 5 févr. 2002, n° 01-83.210 P : *D. 2002. IR 1116* .

5. Directeur national des enquêtes de répression des fraudes. Il n'y pas lieu d'annuler les actes d'information effectués par les officiers de police judiciaire en présence d'agents de la Direction nationale des enquêtes de répression des fraudes, qui sont intervenus dans un domaine où la loi leur confie des pouvoirs de police judiciaire et ne sont pas soumis à l'obligation de prêter le serment prévu par l'art. 60. • Crim. 6 mai 2002 : *RSC 2002. 906, note Buisson* .

6. L'expert. Les dispositions des art. 156 s. réglementant l'expertise et notamment celle de l'art. 159 relative à l'obligation de désigner deux experts au moins lorsque l'expertise porte sur le fond de l'affaire, ne concernent que les personnes chargées d'une mission par les juridictions d'instruction et de jugement et ne sont pas applicables à celles qui ont été appelées à faire des constatations et à donner leur avis dans les conditions prévues par l'art. 60 en cas de crime ou délit flagrant. • Crim. 10 mai 1984, n° 84-91.064 P.

7. Champ de compétence et risque de nullité. Il n'y a pas lieu d'annuler des procès-verbaux d'enquête préliminaire dès lors que l'expert requis n'a accompli aucun acte positif et que sa seule présence n'a pu porter atteinte aux intérêts du prévenu. • Crim. 27 mars 2002, n° 01-85.693. ♦ Excède les limites de sa mission l'expert qui entend la partie civile alors que le juge d'instruction, dans l'ordonnance le commettant, a précisé qu'il ne pouvait procéder à des auditions sans y avoir été préalablement autorisé. • Crim. 17 janv. 2006, n° 05-86.326 P : *Rev. pénit. 2006. 394, obs. Ambroise-Castérot.* ♦ De même doit être annulée l'analyse d'urine réalisée par une pharmacienne du laboratoire de toxicologie du service de pharmacie d'un hôpital dès lors qu'avait été requis le directeur des urgences médico-judiciaires dudit hôpital, service inscrit sur la liste des experts de la cour d'appel de Paris, tandis que la pharmacienne ayant réalisé la mission d'expertise travaillait dans un service distinct de l'hôpital, ne figurant sur aucune liste d'experts prévue par l'art. 157, et qu'elle-même n'avait pas prêté le serment prévu à l'art. 60. • Crim. 31 mai 2007 : *D. 2007. AJ 2033* ; *AJ pénal 2007. 385* ; *Dr. pénal 2007. Comm. 163, obs. Maron.*

8. Intervention médicale et consentement. Ni les dispositions de l'art. 60 ni celles de l'art. 8 Conv. EDH n'interdisent le recours, dans le cadre d'une enquête de flagrance et sur réquisitions du procureur de la République, à une intervention médicale (en l'espèce un prélèvement sanguin) sans le consentement d'un suspect en vue de l'obtention de la preuve de sa participation à une infraction potentiellement commise sous l'empire d'un état alcoolique ou de la consommation de stupéfiants. • Crim. 31 mars 2020, n° 19-85.756 P : *D. actu. 15 mai 2020, obs. Recotillet* ; *AJ pénal 2020. 349* , *note Vauthier* ; *RSC 2020. 673, obs. Delage* .

9. BIBL. Ambroise-Castérot, (le contradictoire dans l'expertise pénale), *in* Le contradictoire dans le procès pénal, *Cujas, coll. Actes et études 2012, p. 99* ; *Mél. Burgelin, p. 49* (en matière de droit pénal de la consommation). – Renucci, (expertise contradictoire), *JCP 2000. I. 227.* – Marguénaud, *D. 2000. Chron. 111* . – Jacob, *RTDH 2007. 215.* – Casile-Hugues, *Rev. pénit. 2007. 803.* – Matsopoulou, *Dr. pénal 2007. Étude 6.*

Art. 60-1 *(L. n° 2004-204 du 9 mars 2004, art. 80-II ; L. n° 2007-297 du 5 mars 2007, art. 69)* **« Le procureur de la République ou l'officier de police judiciaire** *(L. n° 2019-222 du 23 mars 2019, art. 47)* **« ou, sous le contrôle de ce dernier, l'agent de police**

judiciaire » peut, par tout moyen, requérir de toute personne, de tout établissement ou organisme privé ou public ou de toute administration publique qui sont susceptibles de détenir des *(L. n° 2014-1353 du 13 nov. 2014, art. 14)* **« informations » intéressant l'enquête, y compris** *(L. n° 2022-299 du 2 mars 2022, art. 12)* **« , sous réserve de l'article 60-1-2, »** *(L. n° 2014-1353 du 13 nov. 2014, art. 14)* **« celles issues » d'un système informatique ou d'un traitement de données nominatives, de lui remettre ces** *(L. n° 2014-1353 du 13 nov. 2014, art. 14)* **« informations », notamment sous forme numérique,** *(L. n° 2019-222 du 23 mars 2019, art. 47)* **« le cas échéant selon des normes fixées par voie réglementaire, » sans que puisse lui être opposée, sans motif légitime, l'obligation au secret professionnel. Lorsque les réquisitions concernent des personnes mentionnées aux articles 56-1 à** *(L. n° 2016-731 du 3 juin 2016, art. 58, en vigueur le 1er oct. 2016)* **« 56-5 », la remise des** *(L. n° 2014-1353 du 13 nov. 2014, art. 14)* **« informations » ne peut intervenir qu'avec leur accord. »**

A l'exception des personnes mentionnées aux articles 56-1 à *(L. n° 2016-731 du 3 juin 2016, art. 58, en vigueur le 1er oct. 2016)* **« 56-5 », le fait de s'abstenir de répondre** *(L. n° 2019-222 du 23 mars 2019, art. 47)* **« à cette réquisition dans les meilleurs délais et s'il y a lieu selon les normes exigées » est puni d'une amende de 3 750 €.** *(Abrogé par L. n° 2009-526 du 12 mai 2009, art. 124-II-1°)* ***« Les personnes morales sont responsables pénalement, dans les conditions prévues par l'article 121-2 du code pénal, du délit prévu par le présent alinéa ».***

(L. n° 2010-1 du 4 janv. 2010) **« A peine de nullité, ne peuvent être versés au dossier les éléments obtenus par une réquisition prise en violation de l'article 2 de la loi du 29 juillet 1881 sur la liberté de la presse. »**

V. art. D. 15-5 s.

BIBL. ▶ LEBRETON, *Gaz. Pal. 12 mars 2019, p. 15* (investigations et téléphonie mobile) ; *AJ pénal 2022. 25* (les réquisitions judiciaires). – MICHALSKI, *Gaz. Pal. 9 févr. 2014* (recherche et saisie des preuves électroniques). – VERGNOLLE, *D. 2021. 609* (la qualification des codes de déverrouillage des téléphones et les personnes pouvant les requérir).

1. Enregistrements de vidéosurveillance. Les OPJ peuvent se faire remettre par voie de réquisition judiciaire les enregistrements de vidéosurveillance installée, par le propriétaire, dans les parties communes d'un immeuble collectif, qui échappent aux prescriptions des art. 706-96 s. • Crim. 6 mars 2013 : *Gaz. Pal. 21 juill. 2013, p. 37, note Fourment.* ♦ Les dispositions de l'art. L. 252-3 CSI relatives aux conditions de désignation des agents, appartenant notamment aux services de police et de gendarmerie nationales, habilités à recevoir les enregistrements effectués par les systèmes de vidéoprotection, ne sauraient priver un OPJ des pouvoirs qu'il tient de l'art. 60-1, qui lui prescrivent de veiller à la conservation des indices susceptibles de disparaître et de tout ce qui peut servir à la manifestation de la vérité, et lui permettent par conséquent de visionner ces enregistrements et d'annexer à ses procès-verbaux les éléments utiles à l'enquête. • Crim. 9 janv. 2018, n° 17-82.946 P : *AJ pénal 2018. 158, obs. Frinchaboy*.

2. Code de déverrouillage d'un téléphone. La réquisition délivrée par un officier de police judiciaire agissant en vertu des art. 60-1, 77-1-1 et 99-3, sous le contrôle de l'autorité judiciaire, entre dans les prévisions de l'art. 434-15-2 C. pén. (refus de remettre une convention secrète de déchiffrement d'un moyen de cryptologie susceptible d'avoir été utilisé pour préparer, faciliter ou commettre un crime ou un délit), mais la simple demande faite au gardé à vue de délivrance du code de déverrouillage d'un téléphone portable, formulée au cours d'une audition, sans avertissement que le refus d'y déférer est susceptible de constituer une infraction pénale, ne constitue pas une réquisition au sens du texte précité. • Crim. 13 oct. 2020, n° 20-80.150 P : *AJ pénal 2020. 587, obs. de Combles de Nayves*.

3. Journalistes. L'accord des journalistes n'est nécessaire que si ces professionnels sont directement requis de fournir des informations ; il ne l'est pas lorsqu'un opérateur de téléphonie est requis de fournir les « fadettes » d'un journaliste. • Crim. 14 mai 2013 : *D. actu. 12 juin 2013, obs. Lavric ; AJ pénal 2013. 467, obs. Lasserre Capdeville ; Procédures 2013, n° 220, note Chavent-Leclère.* ♦ V. aussi ss. art. 99-3.

4. Données de connexion. L'accès d'autorités publiques aux données visant à l'identification des titulaires des cartes SIM activées avec un téléphone mobile volé comporte une ingérence dans les droits fondamentaux qui ne présente pas une gravité telle que cet accès devrait être limité en matière de prévention, de recherche, de détention et de poursuite d'infractions pénales, à la lutte contre la criminalité grave. • CJUE 2 oct. 2018, *Ministerio Fiscal,* n° C-207/16 : *D. actu. 16 oct. 2018, obs. Fucini.*

5. La méthode de conservation rapide peut à ce jour s'appuyer sur le stock de données conservées de façon généralisée pour les besoins de la sécurité nationale, et peut être utilisée pour la poursuite des infractions pénales. Ainsi, dans le respect du principe de proportionnalité entre gravité de l'infraction et importance des mesures d'enquête mises en œuvre qui gouverne la procédure pénale, l'autorité judiciaire est en mesure d'accéder aux données nécessaires à la poursuite et à la recherche des auteurs d'infractions pénales dont la gravité le justifie. • CE 21 avr. 2021, n° 393099 : *AJ pénal 2021. 309, obs. Archambault*.

Art. 60-1-1 *(L. n° 2021-1729 du 22 déc. 2021, art. 3, en vigueur le 1er mars 2022) (L. n° 2022-299 du 2 mars 2022, art. 12)* **« Sous réserve de l'article 60-1-2, » lorsque les réquisitions prévues à l'article 60-1 portent sur des données de connexion émises par un avocat et liées à l'utilisation d'un réseau ou d'un service de communications électroniques, qu'il s'agisse de données de trafic ou de données de localisation, elles ne peuvent être faites que sur ordonnance motivée du juge des libertés et de la détention, saisi à cette fin par le procureur de la République.**

Cette ordonnance fait état des raisons plausibles de soupçonner que l'avocat a commis ou tenté de commettre, en tant qu'auteur ou complice, l'infraction qui fait l'objet de la procédure ou une infraction connexe au sens de l'article 203 ainsi que de la proportionnalité de la mesure au regard de la nature et de la gravité des faits.

Le bâtonnier de l'ordre des avocats en est avisé.

Les formalités prévues au présent article sont prescrites à peine de nullité.

Art. 60-1-2 *(L. n° 2022-299 du 2 mars 2022, art. 12)* **A peine de nullité, les réquisitions portant sur les données techniques permettant d'identifier la source de la connexion ou celles relatives aux équipements terminaux utilisés mentionnées au 3° du II *bis* de l'article L. 34-1 du code des postes et des communications électroniques ou sur les données de trafic et de localisation mentionnées au III du même article L. 34-1 ne sont possibles, si les nécessités de la procédure l'exigent, que dans les cas suivants :**

1° La procédure porte sur un crime ou sur un délit puni d'au moins trois ans d'emprisonnement ;

2° La procédure porte sur un délit puni d'au moins un an d'emprisonnement commis par l'utilisation d'un réseau de communications électroniques et ces réquisitions ont pour seul objet d'identifier l'auteur de l'infraction ;

3° Ces réquisitions concernent les équipements terminaux de la victime et interviennent à la demande de celle-ci en cas de délit puni d'une peine d'emprisonnement ;

4° Ces réquisitions tendent à retrouver une personne disparue dans le cadre des procédures prévues aux articles 74-1 ou 80-4 du présent code ou sont effectuées dans le cadre de la procédure prévue à l'article 706-106-4.

Art. 60-2 *(L. n° 2003-239 du 18 mars 2003, art. 18)* **Sur demande de l'officier de police judiciaire** *(L. n° 2019-222 du 23 mars 2019, art. 47)* **« ou, sous le contrôle de ce dernier, de l'agent de police judiciaire »,** *(L. n° 2004-204 du 9 mars 2004, art. 80-I)* **« intervenant » par voie télématique ou informatique, les organismes publics ou les personnes morales de droit privé, à l'exception de ceux visés au** *(Ord. n° 2018-1125 du 12 déc. 2018, art. 16 et 29, en vigueur le 1er juin 2019)* **« d du 2 de l'article 9 du règlement (UE) 2016/679 du 27 avril 2016 précité » et au 2° de l'article** *(Ord. n° 2018-1125 du 12 déc. 2018, art. 16 et 29, en vigueur le 1er juin 2019)* **« 80 » de la loi n° 78-17 du 6 janvier 1978 relative à l'informatique, aux fichiers et aux libertés, mettent à sa disposition les informations utiles à la manifestation de la vérité, à l'exception de celles protégées par un secret prévu par la loi** *(L. n° 2022-299 du 2 mars 2022, art. 12)* **« et sous réserve de l'article 60-1-2 du présent code », contenues dans le ou les systèmes informatiques ou traitements de données nominatives qu'ils administrent.**

L'officier de police judiciaire *(L. n° 2019-222 du 23 mars 2019, art. 47)* **« ou, sous le contrôle de ce dernier, l'agent de police judiciaire », intervenant sur réquisition du procureur de la République préalablement autorisé par ordonnance du juge des libertés et de la détention, peut requérir des opérateurs de télécommunications, et notamment de ceux mentionnés** *(L. n° 2004-575 du 21 juin 2004, art. 56-IV ; L. n° 2004-669 du 9 juill. 2004, art. 110, en vigueur le 1er août 2004)* **« au 1 du I de l'article 6 de la loi n° 2004-575 du 21 juin 2004 pour la confiance dans l'économie numérique », de prendre, sans délai, toutes mesures propres à assurer la préservation, pour une durée ne pouvant excéder un an, du contenu des informations consultées par les personnes utilisatrices des services fournis par les opérateurs.**

Les organismes ou personnes visés au présent article mettent à disposition les informations requises par voie télématique ou informatique dans les meilleurs délais.

Le fait de refuser de répondre sans motif légitime à ces réquisitions est puni d'une amende de 3 750 euros. *(Abrogé par L. n° 2009-526 du 12 mai 2009, art. 124-II-2°)* ***« Les personnes morales peuvent être déclarées responsables pénalement dans les conditions prévues par l'article 121-2 du code pénal de l'infraction prévue au présent alinéa. La peine encourue par les personnes morales est l'amende, suivant les modalités prévues par l'article 131-38 du code pénal. »***

Un décret en Conseil d'État, pris après avis de la Commission nationale de l'informatique et des libertés, détermine les catégories d'organismes visés au premier alinéa ainsi que les modalités d'interrogation, de transmission et de traitement des informations requises. — *V. CPCE, art. R. 10-12 à R. 10-14, et C. pr. pén., art. R. 92 et R. 213-1.*

L'art. 60-2, initialement art. 60-1, a été renuméroté en vertu des dispositions de l'art. 80-I de la L. n° 2004-204 du 9 mars 2004.

Les dispositions de l'Ord. n° 2018-1125 du 12 déc. 2018 sont entrées en vigueur en même temps que le Décr. n° 2019-536 du 29 mai 2019 pris pour l'application de la L. n° 78-17 du 6 janv. 1978 relative à l'informatique, aux fichiers et aux libertés, soit le 1er juin 2019.

Sur l'accès administratif aux données de connexion par les services de renseignement, V. CSI, art. L. 851-1 s. — **CSI.**

RÉP. PÉN. v° *Cybercriminalité*, par CHOPIN.

Dossier : Les techniques d'enquête numériques judiciaires, *AJ pénal 2017. 311* s.

Art. 60-3 *(L. n° 2016-731 du 3 juin 2016, art. 70)* **Lorsqu'ont été placés sous scellés des objets qui sont le support de données informatiques, le procureur de la République ou l'officier de police judiciaire** *(L. n° 2019-222 du 23 mars 2019, art. 47)* **« ou, sous le contrôle de ce dernier, l'agent de police judiciaire » peut, par tout moyen, requérir toute personne qualifiée inscrite sur une des listes prévues à l'article 157 ou ayant prêté par écrit le serment prévu à l'article 60 de procéder à l'ouverture des scellés pour réaliser une ou plusieurs copies de ces données, afin de permettre leur exploitation sans porter atteinte à leur intégrité. La personne requise fait mention des opérations effectuées dans un rapport établi conformément aux articles 163 et 166.**

Art. 61 **L'officier de police judiciaire peut défendre à toute personne de s'éloigner du lieu de l'infraction jusqu'à la clôture de ses opérations.**

(L. n° 2011-392 du 14 avr. 2011, en vigueur le 1er juin 2011) **« Il »** *(Ord. n° 60-121 du 13 févr. 1960)* **« peut appeler et entendre toutes les personnes susceptibles de fournir des renseignements sur les faits ou sur les objets et documents saisis. »**

Les personnes convoquées par lui sont tenues de comparaître. *(L. n° 2004-204 du 9 mars 2004, art. 82-I)* **« L'officier de police judiciaire peut contraindre à comparaître par la force publique les personnes visées** *(L. n° 2011-392 du 14 avr. 2011, en vigueur le 1er juin 2011)* **« au premier alinéa ». Il peut également contraindre à comparaître par la force publique, avec l'autorisation préalable du procureur de la République, les personnes qui n'ont pas répondu à une convocation à comparaître ou dont on peut craindre qu'elles ne répondent pas à une telle convocation. »** *(L. n° 2016-731 du 3 juin 2016, art. 71)* **« Le procureur de la République peut également autoriser la comparution par la force publique sans convocation préalable en cas de risque de modification des preuves ou indices matériels, de pressions sur les témoins ou les victimes ainsi que sur leur famille ou leurs proches, ou de concertation entre les coauteurs ou complices de l'infraction.**

« L'officier de police judiciaire » dresse un procès-verbal de leurs déclarations. Les personnes entendues procèdent elles-mêmes à sa lecture, peuvent y faire consigner leurs observations et y apposent leur signature. Si elles déclarent ne savoir lire, lecture leur en est faite par l'officier de police judiciaire préalablement à la signature. Au cas de refus de signer le procès-verbal, mention en est faite sur celui-ci.

(Ord. n° 60-529 du 4 juin 1960) **« Les agents de police judiciaire désignés à l'article 20 peuvent également entendre** *(L. n° 93-2 du 4 janv. 1993)* **« , sous le contrôle d'un officier de police judiciaire, » toutes personnes susceptibles de fournir des renseignements sur les faits en cause. Ils dressent à cet effet, dans les formes prescrites par**

le présent code, des procès-verbaux qu'ils transmettent à l'officier de police judiciaire qu'ils secondent. »

Art. 61-1 *(L. nº 2019-222 du 23 mars 2019, art. 55, en vigueur le 1er juin 2019)* **Sans préjudice des garanties spécifiques applicables aux mineurs, la personne à l'égard de laquelle il existe des raisons plausibles de soupçonner qu'elle a commis ou tenté de commettre une infraction ne peut être entendue librement sur ces faits qu'après avoir été informée :**

1º De la qualification, de la date et du lieu présumés de l'infraction qu'elle est soupçonnée d'avoir commise ou tenté de commettre ;

2º Du droit de quitter à tout moment les locaux où elle est entendue ;

3º Le cas échéant, du droit d'être assistée par un interprète ;

4º Du droit de faire des déclarations, de répondre aux questions qui lui sont posées ou de se taire ;

5º Si l'infraction pour laquelle elle est entendue est un crime ou un délit puni d'une peine d'emprisonnement, du droit d'être assistée au cours de son audition ou de sa confrontation, selon les modalités prévues aux articles 63-4-3 et 63-4-4, par un avocat choisi par elle ou, à sa demande, désigné d'office par le bâtonnier de l'ordre des avocats ; elle est informée que les frais seront à sa charge sauf si elle remplit les conditions d'accès à l'aide juridictionnelle, qui lui sont rappelées par tout moyen ; elle peut accepter expressément de poursuivre l'audition hors la présence de son avocat ;

6º De la possibilité de bénéficier, le cas échéant gratuitement, de conseils juridiques dans une structure d'accès au droit.

La notification des informations données en application du présent article est mentionnée au procès-verbal.

Si le déroulement de l'enquête le permet, lorsqu'une convocation écrite est adressée à la personne en vue de son audition, cette convocation indique l'infraction dont elle est soupçonnée, son droit d'être assistée par un avocat ainsi que les conditions d'accès *(L. nº 2020-1721 du 29 déc. 2020, art. 234)* **« à l'aide à l'intervention de l'avocat dans les procédures non juridictionnelles et » à l'aide juridictionnelle, les modalités de désignation d'un avocat d'office et les lieux où elle peut obtenir des conseils juridiques avant cette audition.**

Le présent article n'est pas applicable si la personne a été conduite, sous contrainte, par la force publique devant l'officier de police judiciaire.

Ecqc les mineurs suspectés ou poursuivis, V. art. D. 594-16 s.

BIBL. ▶ PELLÉ, *D. 2021. 356* (audition libre et droits de la défense).

Droit au silence. L'art. 61-1, imposant d'informer un suspect de son droit au silence, n'est applicable que pour des auditions libres ou gardes à vue réalisées dans les locaux de police, mais pas dans le cas d'une interpellation sur la voie publique • Crim 22 janv. 2019, nº 18-82.026 : *AJ pénal 2019. 276, obs. Roussel*.

Ancien art. 61-1 *(L. nº 2014-535 du 27 mai 2014, art. 1er, en vigueur le 2 juin 2014) **La personne à l'égard de laquelle il existe des raisons plausibles de soupçonner qu'elle a commis ou tenté de commettre une infraction ne peut être entendue librement sur ces faits qu'après avoir été informée :***

1º De la qualification, de la date et du lieu présumés de l'infraction qu'elle est soupçonnée d'avoir commise ou tenté de commettre ;

2º Du droit de quitter à tout moment les locaux où elle est entendue ;

3º Le cas échéant, du droit d'être assistée par un interprète ;

4º Du droit de faire des déclarations, de répondre aux questions qui lui sont posées ou de se taire ;

5º Si l'infraction pour laquelle elle est entendue est un crime ou un délit puni d'une peine d'emprisonnement, du droit d'être assistée au cours de son audition ou de sa confrontation, selon les modalités prévues aux articles 63-4-3 et 63-4-4, par un avocat choisi par elle ou, à sa demande, désigné d'office par le bâtonnier de l'ordre des avocats ; elle est informée que les frais

seront à sa charge sauf si elle remplit les conditions d'accès à l'aide juridictionnelle, qui lui sont rappelées par tout moyen ; elle peut accepter expressément de poursuivre l'audition hors la présence de son avocat ; *– Ce 5° est entré en vigueur le 1er janv. 2015 (L. n° 2014-535 du 27 mai 2014, art. 15) ; V. art. D. 15-5-4.*

6° De la possibilité de bénéficier, le cas échéant gratuitement, de conseils juridiques dans une structure d'accès au droit.

La notification des informations données en application du présent article est mentionnée au procès-verbal.

Si le déroulement de l'enquête le permet, lorsqu'une convocation écrite est adressée à la personne en vue de son audition, cette convocation indique l'infraction dont elle est soupçonnée, son droit d'être assistée par un avocat ainsi que les conditions d'accès à l'aide juridictionnelle, les modalités de désignation d'un avocat d'office et les lieux où elle peut obtenir des conseils juridiques avant cette audition. *– Cet al. est entré en vigueur le 1er janv. 2015 (L. n° 2014-535 du 27 mai 2014, art. 15).*

Le présent article n'est pas applicable si la personne a été conduite, sous contrainte, par la force publique devant l'officier de police judiciaire.

BIBL. ▶ CHAPLEAU, *D. 2014. 1506* (l'audition libre des mineurs à l'aune de la loi du 27 mai 2014). – PELLÉ, *ibid. 1508* (audition libre et garde à vue, à propos de la loi n° 2014-535 du 27 mai 2014). – PERRIER, *D. 2014. 1160* (la transposition tardive de la notification du droit du suspect libre à l'assistance d'un avocat ; à propos de l'entrée en vigueur différée de l'art. 61-1, 5°, C. pr. pén.). – TOUILLER, *RSC 2015. 127* (statut du suspect à l'heure de l'européanisation de la procédure pénale). – VERGÈS, *Dr. pénal 2014. Étude 15* (le statut juridique du suspect : un premier défi pour la transposition du doit de l'Union européenne en procédure pénale).

QPC. Décis. antérieure à la L. n° 2019-222 du 23 mars 2019. En ne prévoyant pas de procédures appropriées de nature à garantir l'effectivité de l'exercice de ses droits par le mineur dans le cadre d'une enquête pénale, le législateur a contrevenu au principe fondamental reconnu par les lois de la République en matière de justice des mineurs. Par conséquent, l'art. 61-1 doit être déclaré contraire à la Const. En l'espèce, l'abrogation immédiate des dispositions contestées aurait pour effet de supprimer les garanties légales encadrant l'audition libre de toutes les personnes soupçonnées, majeures ou mineures. Elle entraînerait ainsi des conséquences manifestement excessives. Par suite, il y a lieu de la reporter au 1er janv. 2020. • Cons. const. 8 févr. 2019, n° 2018-762 QPC : *Procédures 2019, n° 140, obs. Buisson.*

Art. 61-2 *(L. n° 2014-535 du 27 mai 2014, art. 2, en vigueur le 1er janv. 2015)* **Si la victime est confrontée avec une personne entendue dans les conditions prévues à l'article 61-1 pour un crime ou un délit puni d'une peine d'emprisonnement, elle peut demander à être également assistée, selon les modalités prévues à l'article 63-4-3, par un avocat choisi par elle ou par son représentant légal si elle est mineure, ou, à sa demande, désigné par le bâtonnier.**

La victime est informée de ce droit avant qu'il soit procédé à la confrontation. Elle est également informée que les frais seront à sa charge sauf si elle remplit les conditions d'accès à l'aide juridictionnelle.

Art. 61-3 *(L. n° 2016-731 du 3 juin 2016, art 63, en vigueur le 15 nov. 2016)* **Toute personne à l'égard de laquelle existent une ou plusieurs raisons plausibles de soupçonner qu'elle a participé, en tant qu'auteur ou complice, à la commission** *(L. n° 2016-1547 du 18 nov. 2016, art. 108)* **« d'un crime ou » d'un délit puni d'emprisonnement peut demander qu'un avocat de son choix ou, si elle n'est pas en mesure d'en désigner un, qu'un avocat commis d'office par le bâtonnier :**

1° L'assiste lorsqu'elle participe à une opération de reconstitution de l'infraction ;

2° Soit présent lors d'une séance d'identification des suspects dont elle fait partie.

La personne est informée de ce droit avant qu'il soit procédé à ces opérations.

L'avocat désigné peut, à l'issue des opérations, présenter des observations écrites qui sont jointes à la procédure. Il peut directement adresser ces observations ou copie de celles-ci au procureur de la République.

Lorsque la victime ou le plaignant participe à ces opérations, un avocat peut également l'assister dans les conditions prévues à l'article 61-2.

L'art. 108 de la L. n° 2016-1547 du 18 nov. 2016 est venu modifier l'art. 61-3 de la L. n° 2016-731 du 3 juin 2016 qui avait introduit l'art. 63-1 au C. pr. pén. et en conséquence la rédaction dudit art. 61-3.

Art. 62 *(L. n° 2014-535 du 27 mai 2014, art. 1er, en vigueur le 2 juin 2014)* **Les personnes à l'encontre desquelles il n'existe aucune raison plausible de soupçonner qu'elles ont commis ou tenté de commettre une infraction sont entendues par les enquêteurs sans faire l'objet d'une mesure de contrainte.**

Toutefois, si les nécessités de l'enquête le justifient, ces personnes peuvent être retenues sous contrainte le temps strictement nécessaire à leur audition, sans que cette durée puisse excéder quatre heures.

Si, au cours de l'audition d'une personne entendue librement en application du premier alinéa du présent article, il apparaît qu'il existe des raisons plausibles de soupçonner qu'elle a commis ou tenté de commettre une infraction, cette personne doit être entendue en application de l'article 61-1 et les informations prévues aux 1° à 6° du même article lui sont alors notifiées sans délai, sauf si son placement en garde à vue est nécessité en application de l'article 62-2.

Si, au cours de l'audition d'une personne retenue en application du deuxième alinéa du présent article, il apparaît qu'il existe des raisons plausibles de soupçonner qu'elle a commis ou tenté de commettre un crime ou un délit puni d'une peine d'emprisonnement, elle ne peut être maintenue sous contrainte à la disposition des enquêteurs que sous le régime de la garde à vue. Son placement en garde à vue lui est alors notifié dans les conditions prévues à l'article 63-1.

1. Le témoin auditionné par les forces de police est infondé à invoquer une absence de notification de droits qui ne lui étaient pas applicables en raison de l'absence de raison plausible de soupçonner qu'il avait commis ou tenté de commettre une infraction. • Crim. 10 oct. 2017, n° 16-86.874 : *AJ pénal 2017. 550, obs. Catelan*.

2. L'audition libre réalisée après l'arrestation d'un suspect n'est pas conforme à l'article 5 de la Conv. EDH dès lors qu'elle ne permet pas de bénéficier des garanties attachées à une privation de liberté selon les voies légales. • CEDH 9 déc. 2021, *Jarrand c/ France*, n° 56138/16 : *D. actu. 3 janv. 2022, obs. Engel.*

Ancien art. 62 *(L. n° 2000-516 du 15 juin 2000, art. 4, en vigueur le 1er janv. 2001)* ***« Les personnes à l'encontre desquelles il n'existe*** *(L. n° 2002-307 du 4 mars 2002)* ***« aucune raison plausible de soupçonner qu'elles ont commis ou tenté de commettre une infraction ne peuvent être retenues que le temps strictement nécessaire à leur audition »*** *(L. n° 2011-392 du 14 avr. 2011, en vigueur le 1er juin 2011)* ***« , sans que cette durée ne puisse excéder quatre heures.***

« S'il apparaît, au cours de l'audition de la personne, qu'il existe des raisons plausibles de soupçonner qu'elle a commis ou tenté de commettre un crime ou un délit puni d'une peine d'emprisonnement, elle ne peut être maintenue sous la contrainte à la disposition des enquêteurs que sous le régime de la garde à vue. Son placement en garde à vue lui est alors notifié dans les conditions prévues à l'article 63. »

BIBL. ▸ BOULOC, *AJ pénal 2012. 222* (le sort des gardes à vue effectuées avant l'entrée en vigueur de la loi du 14 avr. 2011). – PORTERON, *AJ pénal 2013. 105* (garde à vue. Une circulaire qui ne méconnaît pas les droits de la défense). – SALVAT, *RSC 2012. 887* (actualité de la garde à vue : des précisions et des nouveautés).

▸ **Dossier :** Garde à vue : les nouvelles pratiques, *AJ pénal 2012. 511 s.*.

1. QPC après la réforme du 14 avr. 2011. Le respect des droits de la défense exige qu'une personne à l'encontre de laquelle il apparaît, avant son audition ou au cours de celle-ci, qu'il existe des raisons plausibles de soupçonner qu'elle a commis ou tenté de commettre une infraction pour laquelle elle pourrait être placée en garde à vue ne puisse être entendue ou continuer à être entendue librement par les enquêteurs que si elle a été informée de la nature et de la date de l'infraction qu'on la soupçonne d'avoir commise et de son droit de quitter à tout moment les locaux de police ou de gendarmerie. Sous cette réserve, l'art. 62, al. 2nd est conforme à la Constitution. Les art. 62, al. 1er, 63-3-1, al. 3, 63-4, al. 2, et 63-4-1 à 63-4-5 sont quant à eux conformes à la Constitution. • Cons. const., QPC, 18 nov. 2011 : *D. actu. 24 nov. 2011, obs. Girault ; D. 2011. Actu. 2800 ; ibid. 3034, note Matsopoulou ; ibid. 2012. Pan. 1638, obs. Ber-*

naud et Jacquinot ; *AJ pénal 2012. 102, obs. Perrier* ; *RSC 2012. Chron. 185, obs. Danet* ; *ibid. 217, obs. De Lamy* ; *Dr. pénal 2012. Chron. 7, obs. Lesclous.* ▸ **Bibl.** Leroy, *Dr. pénal 2012. Étude 4* (la décision du Conseil constitutionnel sur la nouvelle garde à vue : une décision dérangeante) ; *ibid. Chron. 1, obs. Georget.*

2. QPC : régime transitoire avant la réforme du 14 avr. 2011. Les art. 62, 63, 63-1 et 77 et l'art. 63-4, al. 1er à 6 sont contraires à la Constitution. Le Conseil constitutionnel ne dispose pas d'un pouvoir général d'appréciation de même nature que celui du Parlement et il ne lui appartient pas d'indiquer les modifications des règles de procédure pénale qui doivent être choisies pour qu'il soit remédié à l'inconstitutionnalité constatée. Par ailleurs, si, en principe, une déclaration d'inconstitutionnalité doit bénéficier à la partie qui a présenté la QPC, l'abrogation immédiate des dispositions contestées méconnaîtrait les objectifs de prévention des atteintes à l'ordre public et de recherche des auteurs d'infractions et entraînerait des conséquences manifestement excessives. Il y a lieu, dès lors, de reporter au 1er juill. 2011 la date de cette abrogation afin de permettre au législateur de remédier à cette inconstitutionnalité. Les mesures prises avant cette date en application des dispositions déclarées contraires à la Constitution ne peuvent être contestées sur le fondement de cette inconstitutionnalité. Il n'y a pas lieu, pour le Conseil constitutionnel, de statuer sur l'article 706-73 du code de procédure pénale et le septième alinéa de son article 63-4. • Cons. const., QPC, 30 juill. 2010 : *D. 2010. Entretien 1928, obs. Charrière-Bournazel* ; *ibid. Actu. 1876* ; *ibid. 1949, obs. Cassia* ; *ibid. Pan. 2259, obs. Pradel* ; *ibid. Entretien 2696, obs. Mayaud* ; *ibid. Chron. 2783, obs. Pradel* ; *ibid. 165, obs. De Lamy* ; *RSC 2011. Chron. 139, obs. Giudicelli* ; *AJ pénal 2010. 470, obs. Perrier* ; *Dr. pénal 2010, n° 113, obs. Maron et Haas ; ibid. 2012. Chron. 1, obs. Georget ; ibid. 2011. Chron. 7, obs. Lesclous ; Constitutions 2010. 571, obs. Daoud et Mercinier* ; *ibid. 2011. 58, obs. De La Rosa* ; *RTD civ. 2010. 513, obs. Puig* ; *ibid. 517, obs. Puig* . ♦ Doit être transmise au Conseil constitutionnel, en ce qu'elle est applicable à la procédure en cours, n'a jamais été déclarée conforme à la Constitution dans les motifs et le dispositif d'une décision du Conseil constitutionnel et revêt un caractère sérieux la QPC qui soutient que les dispositions des art. 62, 63, 63-1, 63-4, 77 et 706-73, relatives à la garde à vue, sont contraires aux droits de la défense, au *droit à une procédure juste et équitable*, au droit à la liberté individuelle, au droit de ne pas faire l'objet d'arrestations d'une rigueur non nécessaire, au droit à l'égalité devant la loi et devant la justice, droits garantis par les PFRLR, par les art. 1er, 2, 4, 6, 7, 9 et 16 DDHC ainsi que par les art. 1er, 34 et 66 Const. : • Cass., QPC, 31 mai 2010 : *D. 2010. Actu. 1356* . ♦ En revanche, est irrecevable la QPC portant sur la constitutionnalité des art. 62, 63, 63-4 et 64, les dispositions contestées n'étant pas applicables à la procédure dès lors qu'il résulte tant de l'arrêt de la cour d'appel que du jugement du tribunal correctionnel qu'une exception de nullité relative à l'absence d'assistance effective par un avocat au cours de la garde à vue n'a pas été soulevée devant le juge du fond. • Cass., QPC, 4 juin 2010, n° 09-86.658 • 4 juin 2010 : *D. 2010. Actu. 1714* • 4 juin 2010, n° 10-90.033 • 4 juin 2010, n° 10-90.070.

3. Régularité de l'audition avant vérification de la réalité des indices. N'encourt pas la censure la chambre d'accusation qui, pour refuser d'annuler le procès-verbal d'audition et les actes subséquents, retient que la personne concernée, dès lors que devait être vérifiée la réalité des indices faisant présumer qu'elle aurait commis les crimes constatés, a été entendue, conformément à l'art. 62, avant d'être placée en garde à vue et de recevoir notification des droits attachés à ce placement. • Crim. 19 févr. 1997, n° 95-84.446 P : *Procédures 1997. Comm. 129, obs. Buisson.*

4. Cumul garde à vue et audition libre. Une personne gardée à vue peut être entendue, sans qu'il soit nécessaire de prendre une nouvelle mesure de garde à vue, sur des faits autres que ceux à l'origine de cette mesure et qui sont sans incidence sur ses modalités. • Crim. 30 oct. 2012 : *AJ pénal 2013. 284, note Vlamynck* . ♦ Dans le même sens : • Crim. 9 avr. 2008, n° 07-86.407 et : • Crim. 17 sept. 2008 : *Dr. pénal 2009. Chron. 8, obs. Lesclous* • Crim. 23 janv. 2013 : *Dr. pénal 2013. 8, obs. Lesclous.*

5. Notification des droits (non). Justifie sa décision, sans violer l'art. 6 Conv. EDH, une cour d'appel qui rejette l'exception de nullité d'un prévenu, soupçonné d'avoir commis une contravention aux règles relatives à la durée du travail dans les transports routiers, dès lors que la notification du droit de se taire et de ne pas s'accuser n'est reconnue qu'aux personnes placées en garde à vue ou faisant l'objet d'une mesure de rétention douanière. • Crim. 3 avr. 2013 : *D. actu. 29 avr. 2013, obs. Le Drevo ; AJ pénal 2013. 411, obs. Ascensi* ; *RSC 2013. 842, note Salvat* ; *Dr. pénal 2013, n° 82, note Maron et Haas.*

6. Le suspect, entendu sous la forme d'une audition libre, n'a pas à être informé de son droit de quitter les lieux à tout moment s'il n'est pas entendu dans les locaux de police ou de gendarmerie, mais sur la voie publique, lieu d'un contrôle routier. • Crim. 1er mars 2016, n° 14-87.368 P : *D. actu. 17 mars 2016, obs. Fucini ; AJ pénal 2016. 494, obs. de Combles de Nayves* .

7. Nullité. En revanche, n'a pas justifié sa décision la chambre de l'instruction qui, pour refuser d'annuler un procès-verbal d'investigations reproduisant contre son gré des propos tenus officieusement par une personne suspecte, énonce d'une part qu'il n'est pas établi que l'OPJ se soit engagé à ne pas retranscrire lesdits propos, et d'autre part que la valeur probante de ce simple procès-verbal de renseignement judiciaire sera soumise à l'appréciation de la juridiction de jugement. • Crim. 3 avr. 2007, n° 07-80.807 P : *D. 2007. AJ 1422 ; ibid. 2007. Chron. 1821, obs. Ménotti ; ibid. 2008. Pan. 2761, obs. Pradel ; AJ pénal 2007. 285, obs. Royer ; Dr. pénal 2008. Chron. 45, obs. Lesclous.*

8. Intérêt à agir. Le moyen pris de l'irrégularité de l'audition de tiers qui auraient dû, selon les demandeurs, être placés en garde à vue est inopérant dès lors que cette irrégularité ne peut être invoquée que par les personnes qu'elle concerne. • Crim. 11 déc. 2013, n° 12-83.296 P : *D. actu. 6 janv. 2014, obs. Le Drévo ; Dr. pénal 2014. 31, obs. Maron et Haas.*

9. Audition d'un suspect hospitalisé. L'audition d'un suspect hospitalisé dans un service de réanimation à la suite d'une blessure intervenue au cours de son interpellation méconnait les exigences de l'art. 3 Conv. EDH relatif au traitement inhumain et dégradant s'il n'est pas établi que les policiers ont agi avec l'autorisation préalable d'un médecin. • Crim. 25 oct. 2011, n° 11-82.780 P : *D. actu. 10 nov. 2011, obs. Girault ; D. 2011. Actu. 2731, obs. Girault ; ibid. 2012. 185, note Ravigneaux ; AJ pénal 2012. 101, obs. Ascensi ; RSC 2012. 192, obs. Danet ; Dr. pénal 2012. Chron. 1, obs. Georget ; ibid. Chron. 7, obs. Lesclous.*

10. Mineurs. Sur l'audition libre d'un mineur, V. ss. Ord. du 2 févr. 1945, art. 4, App., v° *Mineurs délinquants* et désormais CJPM, art. L. 411-1 s.

11. Étranger en séjour irrégulier. Il résulte de la jurisprudence de la CJUE (arrêts du 28 avr. 2011, *El Dridi*, aff. C-61/PPU, et du 6 déc. 2011, *Achughbabian*, aff. C-329/11) que la Dir. 2008/115/CE s'oppose à une réglementation nationale réprimant le séjour irrégulier d'une peine d'emprisonnement, en ce que cette réglementation est susceptible de conduire, pour ce seul motif, à l'emprisonnement d'un ressortissant d'un pays tiers, lorsque ce dernier, non disposé à quitter le territoire national volontairement, soit n'a pas été préalablement soumis à l'une des mesures coercitives prévues à l'art. 8 de cette directive, soit a déjà fait l'objet d'un placement en rétention, mais n'a pas vu expirer la durée maximale de cette mesure. Il résulte en outre de l'art. 62-2, issu de la L. n° 2011-392 du 14 avr. 2011, applicable à la date des faits, qu'une mesure de garde à vue ne peut être décidée par un officier de police judiciaire que s'il existe des raisons plausibles de soupçonner que la personne concernée a commis ou tenté de commettre un crime ou un délit puni d'emprisonnement et qu'au surplus cette mesure doit obéir à l'un des objectifs nécessaires à la conduite de la procédure pénale. Il s'ensuit que le ressortissant d'un pays tiers, en séjour irrégulier en France, qui n'encourt pas l'emprisonnement prévu par l'art. L. 621-1 CESEDA lorsqu'il se trouve dans l'une ou l'autre situation exposée par la jurisprudence européenne précitée, ne peut être placé en garde à vue à l'occasion d'une procédure de flagrant délit diligentée de ce seul chef. Dès lors qu'il ne résulte pas des pièces de la procédure que l'individu, qui a été placé en garde à vue pour la seule infraction de séjour irrégulier, ait été préalablement soumis à une mesure coercitive au sens de l'art. 8 de cette directive, c'est à bon droit que le premier président a retenu que le placement en garde à vue de l'intéressé était irrégulier. • Civ. 1re, 5 juill. 2012 (3 arrêts), n° 11-30.530 P : *D. 2012. 2001, note Slama ; RSC 2012. 621, obs. Danet ; Dr. pénal 2012. Chron. 7, obs. Lesclous ; ibid., n° 124, obs. Maron et Haas ; Gaz. Pal. 26-27 oct. 2012, p. 38, obs. Fourment.* ♦ Il résulte de la « directive retour », telle qu'interprétée par la CJUE, qu'un étranger mis en cause, pour le seul délit prévu par l'art. L. 621-1 CESEDA n'encourt pas l'emprisonnement lorsqu'il n'a pas été soumis préalablement aux mesures coercitives visées à l'art. 8 de cette Dir. Or, une mesure de garde à vue ne peut être décidée que s'il existe des raisons plausibles de soupçonner que la personne concernée a commis ou tenté de commettre un crime ou un délit puni d'emprisonnement. • Crim. 5 juin 2012 : *D. 2012. Actu. 1551, obs. Poissonnier ; ibid. 1997, note Mathon ; ibid. 2001, note Slama ; RSC 2012. 621, obs. Danet ; AJ pénal 2012. 410, note Saas ; Dr. pénal 2012. Chron. 7, obs. Lesclous ; ibid., n° 112, obs. Maron et Haas ; Gaz. Pal. 26-27 oct. 2012, p. 38, obs. Fourment ; Procédures 2012, n° 256, obs. Chavent-Leclère ; Rev. pénit. 2012. 640, obs. Verny.* ♦ La Dir. 2008/115/CE du parlement européen et du Conseil du 16 déc. 2008 (dite « directive retour ») s'oppose à une réglementation nationale infligeant une peine d'emprisonnement à un ressortissant d'un pays tiers en séjour irrégulier pour le seul motif que celui-ci demeurait, en violation d'un ordre de quitter le territoire de cet État dans un délai déterminé, sur ce territoire. • CJUE 28 avr. 2011, *El Dridi*, n° C-61/11 : *D. 2011. Actu. 1283 ; ibid. Entretien 1400 ; ibid. Actu. 1489 ; ibid. 1880, obs. Poissonnier.* ♦ Cette directive s'oppose à une réglementation nationale permettant l'emprisonnement d'un ressortissant d'un pays tiers en séjour irrégulier qui n'a pas été soumis aux mesures coercitives prévues par la directive et n'a pas, en cas de placement en rétention en vue de l'application de la procédure d'éloignement, vu expirer la durée maximale de cette rétention. • CJUE 6 déc. 2011, *Achughbabian*, n° C-329/11.

12. Presse. L'arrestation préventive de l'inculpé, que prohibe, sauf pour les infractions qu'il énumère, l'art. 52 de la L. du 29 juill. 1881 sur la liberté de la presse, s'entend de la détention provisoire de la personne concernée et non de la garde à vue, mesure qui peut être mise en œuvre, pour les nécessités de l'enquête ou pour l'exécution d'une commission rogatoire, à raison d'un délit prévu par ladite loi lorsqu'il est punissable d'une peine d'emprisonnement. Justifie sa décision la cour d'appel qui rejette le moyen de nullité d'une garde à vue, pris de la violation du texte susvisé, dès lors que la personne entendue l'était pour des écrits qualifiés de provocation à la haine raciale, délit prévu et réprimé par l'art. 24, al. 8, de la L. du 29 juill. 1881. • Crim. 14 févr. 2012, n° 11-81.954 P : *Dr. pénal 2012. Chron. 7, obs. Lesclous.*

Art. 62-1 *(L. n° 99-291 du 15 avr. 1999)* **« Les personnels visés aux articles 16 à 29 » concourant à la procédure sont autorisés à déclarer comme domicile l'adresse du siège du service dont ils dépendent.**

Les al. 1er et 3 ont été abrogés par la L. n° 2001-1062 du 15 nov. 2001.

BIBL. ▸ LEMONDE, *RSC 1996. 815.* – F. LE GUNEHEC, *JCP 1996. II. Actu. 47.*

Art. 62-2 *(L. n° 2011-392 du 14 avr. 2011, en vigueur le 1er juin 2011)* **La garde à vue est une mesure de contrainte décidée par un officier de police judiciaire, sous le contrôle de l'autorité judiciaire, par laquelle une personne à l'encontre de laquelle il existe une ou plusieurs raisons plausibles de soupçonner qu'elle a commis ou tenté de commettre un crime ou un délit puni d'une peine d'emprisonnement est maintenue à la disposition des enquêteurs.**

Cette mesure doit constituer l'unique moyen de parvenir à l'un au moins des objectifs suivants :

1° Permettre l'exécution des investigations impliquant la présence ou la participation de la personne ;

2° Garantir la présentation de la personne devant le procureur de la République afin que ce magistrat puisse apprécier la suite à donner à l'enquête ;

3° Empêcher que la personne ne modifie les preuves ou indices matériels ;

4° Empêcher que la personne ne fasse pression sur les témoins ou les victimes ainsi que sur leur famille ou leurs proches ;

5° Empêcher que la personne ne se concerte avec d'autres personnes susceptibles d'être ses coauteurs ou complices ;

6° Garantir la mise en œuvre des mesures destinées à faire cesser le crime ou le délit.

V. Circ. CRIM. n° 2011-13 du 23 mai 2011 (BOMJ, n° 2011-06).

RÉP. PÉN. v° *Garde à vue,* par MAURO.

BIBL. ▸ MATHIAS, *Dr. pénal 2011. Étude 6* (pour une loi des suspects... libres : à propos du projet de loi relatif à la garde à vue). – MATSOPOULOU, *JCP 2011. 542* (une réforme inachevée, aperçu rapide à propos de la loi du 14 avril 2011). – PELLÉ, *AJ pénal 2011. 235* (réforme de la garde à vue : problèmes de droit transitoire) ; *D. 2017. 359* (bilan d'un cycle de réforme). – PRADEL, *JCP 2011. 665* (un regard perplexe sur la nouvelle garde à vue). – RASSAT, *JCP 2011. 632* (à remettre sur le métier, des insuffisances de la réforme de la garde à vue). – ROUJOU DE BOUBÉE, *D. 2011. Chron. 1570* (la réforme de la garde à vue : commentaire de la loi n° 2011-392 du 14 avril 2011).

1. Aucune disposition légale n'interdit aux policiers, après exécution d'une commission rogatoire internationale, d'exploiter les résultats qui révèlent à l'encontre de l'intéressé des raisons plausibles de soupçonner qu'il a commis ces faits dans des circonstances établissant la compétence des autorités françaises et autorisant un placement en garde à vue. • Crim. 12 mars 2014 : *D. actu. 2 avr. 2014, obs. Winckelmuller ; D. 2014. 727 ; AJ pénal 2014. 363, obs. Ascensi.*

2. Présentation au procureur. Une mesure de garde à vue peut être décidée lorsqu'elle constitue l'unique moyen de permettre l'exécution des investigations impliquant la présence ou la participation de la personne ou de garantir la présentation de la personne devant le procureur de la République afin que ce magistrat puisse apprécier la suite à donner à l'enquête. • Crim. 18 nov. 2014 : *D. actu. 18 déc. 2014, obs. Anane ; AJ pénal 2015. 53, obs. Girault ; Procédures 2015. 21, note Chavent-Leclère ; Dr. pénal 2015. Étude 12, note Conte* • 20 oct. 2015, n° 13-87.079 : *Dr. pénal 2016. Chron. 8, obs. Lesclous* • 24 juin 2015, n° 14-86.731 : *ibid.* ♦ Mais doit au contraire être annulée une garde à vue, décidée alors que lors du placement de la personne, seul moment à prendre en considération pour le contrôle de légalité de la mesure, celle-ci n'était pas, en l'état des éléments dont disposaient alors les OPJ ayant décidé d'y recourir, l'unique moyen de garantir sa comparution éventuelle devant le procureur de la République. • Crim. 7 juin 2017, n° 16-87.588 P : *D. actu. 30 juin 2017, obs. Goetz ; AJ pénal 2017. 403, obs. Roussel ; Dr. pénal 2017. Chron. 8, obs. Lesclous ; RSC 2017. 765, obs. Cordier.*

3. Contrôle de la chambre de l'instruction. Il incombe à la chambre de l'instruction de contrôler que la mesure de garde à vue remplit les exigences de l'art. 62-2 ; elle a, dans l'exercice de ce contrôle, la faculté de relever un autre critère que celui ou ceux mentionnés par l'OPJ. • Crim. 28 mars 2017, n° 16-85.018 P : *D. actu. 11 mai 2017, obs. André ; D. 2017. 1339, note Pellé ; AJ pénal 2017. 353, obs. Andrei ; Dr. pénal 2017, n° 80, obs. Maron et Haas ; ibid. Chron. 8, obs. Lesclous ; D. 2017. Pan. 1676, obs. Pradel.*

Art. 62-3 *(L. n° 2011-392 du 14 avr. 2011, en vigueur le 1er juin 2011)* **La garde à vue s'exécute sous le contrôle du procureur de la République, sans préjudice des prérogatives du juge des libertés et de la détention prévues aux articles 63-4-2 et 706-88 à 706-88-2 en matière de prolongation de la mesure au-delà de la quarante-huitième heure et de report de l'intervention de l'avocat.**

Le procureur de la République apprécie si le maintien de la personne en garde à vue et, le cas échéant, la prolongation de cette mesure sont nécessaires à l'enquête et proportionnés à la gravité des faits que la personne est soupçonnée d'avoir commis ou tenté de commettre.

Il assure la sauvegarde des droits reconnus par la loi à la personne gardée à vue.

Il peut ordonner à tout moment que la personne gardée à vue soit présentée devant lui ou remise en liberté.

BIBL. ▶ MATSOPOULOU, *JCP 2011. 542* (une réforme inachevée, aperçu rapide à propos de la loi du 14 avril 2011). – MONIN DE FLAUGERGUES, *Dr. pénal 2015. Étude 8* (absence de contrôle juridictionnel effectif). – PELLÉ, *AJ pénal 2011. 235* (réforme de la garde à vue : problèmes de droit transitoire). – PRADEL, *JCP 2011. 665* (un regard perplexe sur la nouvelle garde à vue). – RASSAT, *JCP 2011. 632* (à remettre sur le métier, des insuffisances de la réforme de la garde à vue). – ROUJOU DE BOUBÉE, *D. 2011. Chron. 1570* (la réforme de la garde à vue : commentaire de la loi n° 2011-392 du 14 avril 2011).

Art. 63 *(L. n° 2011-392 du 14 avr. 2011, en vigueur le 1er juin 2011)* **I. — Seul un officier de police judiciaire peut, d'office ou sur instruction du procureur de la République, placer une personne en garde à vue.**

Dès le début de la mesure, l'officier de police judiciaire informe le procureur de la République, par tout moyen, du placement de la personne en garde à vue. Il lui donne connaissance des motifs justifiant, en application de l'article 62-2, ce placement et l'avise de la qualification des faits qu'il a notifiée à la personne en application du 2° de l'article 63-1. Le procureur de la République peut modifier cette qualification ; dans ce cas, la nouvelle qualification est notifiée à la personne dans les conditions prévues au même article 63-1.

II. — La durée de la garde à vue ne peut excéder vingt-quatre heures.

Toutefois, la garde à vue peut être prolongée pour un nouveau délai de vingt-quatre heures au plus, sur autorisation écrite et motivée du procureur de la République, si l'infraction que la personne est soupçonnée d'avoir commise ou tenté de commettre est un crime ou un délit puni d'une peine d'emprisonnement supérieure ou égale à un an et si la prolongation de la mesure est l'unique moyen de parvenir à l'un au moins des objectifs mentionnés aux 1° à 6° de l'article 62-2 *(L. n° 2019-222 du 23 mars 2019, art. 48-I)* **« ou de permettre, dans les cas où il n'existe pas dans le tribunal de locaux relevant de l'article 803-3, la présentation de la personne devant l'autorité judiciaire.**

« Le procureur de la République peut subordonner son autorisation à la présentation de la personne devant lui. » Cette présentation peut être réalisée par l'utilisation d'un moyen de télécommunication audiovisuelle. *(Abrogé par L. n° 2019-222 du 23 mars 2019, art. 48-I)* ***« Elle peut cependant, à titre exceptionnel, être accordée par une décision écrite et motivée, sans présentation préalable. »***

(L. n° 2014-535 du 27 mai 2014, art. 1er, en vigueur le 2 juin 2014) **« III. — Si, avant d'être placée en garde à vue, la personne a été appréhendée ou a fait l'objet de toute autre mesure de contrainte pour ces mêmes faits, l'heure du début de la garde à vue est fixée, pour le respect des durées prévues au II du présent article, à l'heure à partir de laquelle la personne a été privée de liberté. Si la personne n'a pas fait l'objet d'une**

mesure de contrainte préalable, mais que son placement en garde à vue est effectué dans le prolongement immédiat d'une audition, cette heure est fixée à celle du début de l'audition. »

Si une personne a déjà été placée en garde à vue pour les mêmes faits, la durée des précédentes périodes de garde à vue s'impute sur la durée de la mesure.

Sur l'application de l'art. 63 C. pr. pén. en matière de terrorisme, V. art. 706-88-1 ; ... en matière de trafic de stupéfiants et de criminalité organisée, V. art. 706-88.

TOM : 812.

En ce qui concerne la garde à vue des mineurs, V. Ord. n° 45-174 du 2 févr. 1945, art. 4, App., v° Mineurs délinquants *et, désormais, CJPM, art. L. 413-6 s. ; ... et, en matière de répression de l'ivresse publique, V. CSP, art. L. 3341-1,* ***C. pén.****, App., v° Débits de boissons ; ... de retenues douanières, V. C. douanes, art. 67 ter s.,* ***C. pén.****, App., v° Douanes.*

RÉP. PÉN. v° *Garde à vue*, par MAURO.

BIBL. ▶ GOGORZA, *Dr. pénal 2012. Étude 23* (arrestation et garde à vue : des fondements et de la régularité des interpellations pendant la phase policière). – MATSOPOULOU, *JCP 2011. 542* (une réforme inachevée, aperçu rapide à propos de la loi du 14 avril 2011). – PELLÉ, *AJ pénal 2011. 235* (réforme de la garde à vue : problèmes de droit transitoire). – PRADEL, *JCP 2011. 665* (un regard perplexe sur la nouvelle garde à vue). – RASSAT, *JCP 2011. 632* (à remettre sur le métier, des insuffisances de la réforme de la garde à vue). – RIVOIRE, *Cah. just. 2013/2. 179* (bilan de la réforme de la garde à vue). – ROUJOU DE BOUBÉE, *D. 2011. Chron. 1570* (la réforme de la garde à vue : commentaire de la loi n° 2011-392 du 14 avril 2011).

1. Il résulte des art. 62-2 et 63, al. 2 que lorsque l'OPJ informe le procureur de la République d'un placement en garde à vue, il doit lui donner connaissance des motifs de ce placement et en faire mention dans le procès-verbal ; le défaut d'accomplissement de ces formalités fait nécessairement grief à la personne concernée. • Crim. 25 juin 2013 : *Gaz. Pal. 13-15 oct. 2013, p. 38, note Fourment.* ♦ L'information au procureur de la République sur le placement en garde à vue est indépendante de la qualification de l'infraction, et son absence est sanctionnée par la nullité de la mesure. • Crim. 16 nov. 2021, n° 21-81.613 : *AJ pénal 2021. 591, obs. Leborne*.

2. Délai pour informer le procureur. Si aucun élément de la procédure n'établit une circonstance insurmontable justifiant la décision de différer tant la notification de ses droits à l'intéressé que l'information du procureur de la République, un délai d'une demi-heure à trois quarts d'heure entre le placement de la personne en garde à vue et le respect de ces formalités est excessif et justifie l'annulation de la garde à vue et de la procédure subséquente. • Crim. 24 mai 2016, n° 16-80.564 P : *D. actu. 17 juin 2016, obs. Priou-Alibert ; Dr. pénal 2016. Chron. 8, obs. Lesclous ; Procédures 2016, n° 269, note Chavent-Leclère.* ♦ Est justifié l'arrêt qui rejette la demande de nullité de la garde à vue alors que, sur instructions de l'OPJ de permanence, l'intéressée lui a été présentée à 3 heures 35, son placement en garde à vue et les droits afférents à cette mesure lui étant notifiés à 3 heures 55, le début de celle-ci étant fixé à 3 heures 05, heure d'interpellation. Le délai de vingt minutes écoulé entre la présentation à l'OPJ et le placement en garde à vue, qui inclut la notification des droits afférents à cette mesure, est justifié compte tenu des circonstances de l'interpellation, de la zone dans laquelle elle a eu lieu et des délais de transport, le procureur de la République ayant été par ailleurs préalablement avisé de la mesure à 3 heures 49. • Crim. 15 oct. 2019, n° 19-82.380 P : *D. actu. 23 oct. 2019, obs. Goetz ; Procédures 2019, n° 329, obs. Buisson.* ♦ Des troubles survenus dans la ville le soir des faits à l'occasion d'une manifestation, marqués par des violences inquiétantes, des dégradations graves du commissariat de police et de nombreuses interventions des forces de l'ordre pour disperser des groupes de personnes dangereuses, qui avaient créé un climat de tension extrême et menacé directement la sécurité des policiers, constituent des circonstances insurmontables, qui, alliées à la nécessité de recourir à un interprète, justifient les délais dans lesquels les formalités liées au placement en garde à vue ont été accomplies (droits notifiés 1 h 10 après le placement en garde à vue). • Crim. 28 oct. 2020, n° 19-85.812 P. ♦ V. aussi notes 10 et 11 ss. anc. art. 63.

3. Avis à parquet. Une erreur matérielle dans la datation de l'avis à parquet peut être corrigée par l'examen des autres pièces de la procédure. • Crim. 2 févr. 2016, n° 14-88.541 : *Dr. pénal 2016. Chron. 8, obs. Lesclous.* ♦ Justifie sa décision la chambre de l'instruction qui, pour écarter le moyen de nullité pris de ce que le ministère public n'avait pas été informé du placement en garde à vue de l'intéressé, énonce que le procureur de la République avait saisi la brigade de répression du banditisme de l'enquête portat sur les faits en train de se commettre et qu'il s'est rendu sur les lieux, dont il se déduit qu'il a nécessairement été informé du placement en garde à vue. • Crim. 15 mars 2016, n° 15-86.023 : *Dr. pénal 2016. Chron. 8, obs. Lesclous.*

4. Droits fondamentaux. Malgré un séjour relativement bref (quarante-huit heures), les conditions de détentions dans une cellule où les gardés à vue ne disposaient que d'un espace vital d'1 à 2 m^2 par personne, de toilettes non cloisonnées, d'éclairage et d'aération insuffisants doivent être considérées comme portant atteinte au sens même de la dignité humaine et dépassent le seuil de gravité de l'art. 3 Conv. EDH. • CEDH 2 oct. 2014, *Rhazali et a. c/ France : D. 2014. Actu. 2050, obs. Falxa* . ♦ Dans le même sens : • CEDH 2 oct. 2014, *Fakailo et a. c/ France : Dr. pénal 2015. Chron. 4, obs. Dreyer.*

Ancien art. 63 *(L. n° 2000-516 du 15 juin 2000, art. 5)* ***« L'officier de police judiciaire peut, pour les nécessités de l'enquête, placer en garde à vue toute personne à l'encontre de laquelle il existe*** *(L. n° 2002-307 du 4 mars 2002)* ***« une ou plusieurs raisons plausibles de soupçonner » qu'elle a commis ou tenté de commettre une infraction. Il en informe dès le début de la garde à vue le procureur de la République.***

« La personne gardée à vue ne peut être retenue plus de vingt-quatre heures. Toutefois, la garde à vue peut être prolongée pour un nouveau délai de vingt-quatre heures au plus, sur autorisation écrite du procureur de la République. Ce magistrat peut subordonner cette autorisation à la présentation préalable de la personne gardée à vue. » *— Entrée en vigueur le 1er janv. 2001.*

(L. n° 93-1013 du 24 août 1993) ***« Sur instructions du procureur de la République, les personnes à l'encontre desquelles les éléments recueillis sont de nature à motiver l'exercice de poursuites sont, à l'issue de la garde à vue, soit remises en liberté, soit déférées devant ce magistrat. »***

(L. n° 93-2 du 4 janv. 1993) ***Pour l'application du présent article, les ressorts des tribunaux judiciaires de Paris, Nanterre, Bobigny et Créteil constituent un seul et même ressort.***

RÉP. PÉN. v° *Aveu*, par AMBROISE-CASTÉROT.

BIBL. GÉN. ▶ **Dossier :** *AJ pénal 2008. 257 s.* (la garde à vue : questions pratiques).

BIBL. ▶ ARCAUTE-DESCAZEAUX, *RSC 1994. 721* (retenue douanière). – ASTAING et BASTUCK, *AJ pénal 2009. 347* (de la « géhenne de Florence » à la privation de sommeil en garde à vue). – BOULOC, *RSC 1989. 69* (délais). – BUCK, *RSC 2001. 325* . – BUISSON, *RSC 2001. 25* ; *ibid. 671* (le placement en garde à vue) ; *Procédures 2010, n° 81* (singularité de la législation française à la lumière des textes étrangers). – CASSIA, *D. 2010. 590* (la garde à vue inconstitutionnelle ?). – CHARRIER, *Gaz. Pal. 1993. 1. Doctr. 395.* – CHARRIÈRE-BOURNAZEL, *D. 2010. Entretien. 1928* (garde à vue : le sursaut républicain). – COMMARET, *RSC 2000. 418* (garde à vue). – DEFRANCE, *Jurispr. auto. 2002. 163* (la garde à vue du conducteur en état d'ivresse). – FOSSAERT-SABATIER, *Dr. pénal 1997. Chron. 10 et 13.* – GARDE-LEBRETON, *AJ pénal 2007. 462* . – GENDREL, *Dr. pénal mars 1992, p. 1.* – GIRAULT, *AJ pénal 2005. 140* . – GIUDICELLI, *AJ pénal 2004. 261* (la garde à vue après la loi n° 2004-204 du 9 mars 2004) ; *AJ pénal 2008. 445* . – GUÉRIN, *Rev. pénit. 2000. 16.* – HERZOG-EVANS, *AJ pénal 2005. 409* (de l'interprétation souveraine des juges du fond à l'interprétation exclusive des OPJ). – LAZERGES, *RSC 2010. 275* (les désordres de la garde à vue). – LENNON, *D. 2006. Chron. 887* (les raisons justifiant le placement en garde à vue du suspect). – LESCLOUS et MARSAT, *ibid. 1997. Chron. 27* (déferement au parquet). – MARON, *ibid. 1999. Chron. 5 ; ibid. 2002. Comm. 11* (une rafale de gardes à vue). – MERLE, *Gaz. Pal. 1969. 2. Doctr. 18.* – PÈRE, *D. 2010. 1638* (pour une réflexion sur le statut juridique du suspect). – POUGET, *RSC 1989. 78* (délais). – ROUJOU DE BOUBÉE, *D. 2010. 72* (garde à vue et exigences européennes). – SERRATRICE-COUTTENIER, *ibid. 1998. 465* (délais). – SCHWENDENER, *AJ pénal 2006. 344* (quelle place pour la garde à vue dans la procédure pénale ?). – SOULAS DE RUSSEL, *Rev. pénit. 1999. 503* (retenue douanière). – TAQUET, *Gaz. Pal. 2000. Doctr. 1502* (brève approche sur les nouvelles dispositions relatives à la garde à vue). – VLAMYNCK, *AJ pénal 2004. 269* (le policier et la garde à vue : remarques et interrogations) ; *AJ pénal 2009. 121* (garde à vue de la personne sous l'emprise de boissons alcooliques).

▶ **Dossier :** Garde à vue, *Dr. pénal 2010. Articles 1 à 4* : LESCLOUS, *Article 2* (présence obligatoire de l'avocat en garde à vue. Point de jurisprudence de la Cour européenne des droits de l'homme). – MARON et HAAS, *Article 3* (tandis que les gardes à vue explosent, la garde à vue implose…). – DETRAZ, *Article 4* (retenue douanière des personnes : une anomalie persistante de la procédure pénale).

▶ **Dossier :** Quelle réforme pour la garde à vue ?, *AJ pénal 2010. 469* *s.* : PERRIER (une décision empreinte de pragmatisme). – ENDERLIN (recommandations de la CNDS concernant la garde à vue). – VLAMYNCK (approche policière pratique du projet de loi relatif à la garde à vue). – SIZAIRE (garde à vue : risque et faux semblant d'une réforme annoncée). – LELIEUR (accroissement du rôle du parquet dans la garde à vue). – Ordre des avocats du barreau de Nantes (évaluation des enjeux financiers de la réforme de la garde à vue au niveau du tribunal de grande instance de Nantes). – COURTIN (enregistrement audiovisuel des interrogatoires du suspect).

▸ **Dossier :** La garde à vue sous contrôle judiciaire, *Dr. pénal 2010. Articles 10 à 12* : Robert (avis de l'avocat général). – Maron (troisième messe de requiem pour la garde à vue). – Georget (à propos des arrêts de la chambre criminelle du 19 octobre 2010 : garde à vue et Convention européenne des droits de l'homme).

I. RÈGLES TECHNIQUES

A. PLACEMENT EN GARDE À VUE

1. Raisons de la garde à vue. La décision de placer en garde à vue une personne à l'encontre de laquelle il existe une ou plusieurs raisons plausibles de soupçonner qu'elle a commis ou tenté de commettre une infraction relève d'une faculté que l'officier de police judiciaire tient de la loi et qu'il exerce, dans les conditions qu'elle définit, sous le seul contrôle du procureur de la République ou, le cas échéant, du juge d'instruction. • Crim. 4 janv. 2005, n° 04-84.876 P : *D. 2005. 761, obs. Lennon ; ibid. 2006 Pan. 620, obs. Pradel ; JCP 2005. I. 161, obs. Maron ; ibid. II. 10176, note Conte ; AJ pénal 2005. 160, obs. Leblois-Happe ; Dr. pénal 2005. Comm. 49, obs. Maron ; ibid. 2007. Chron. 39, obs. Lesclous* • 27 sept. 2005, n° 05-83.590 P. ♦ Selon les art. 63 s. la garde à vue a pour objet l'audition de la personne retenue à la disposition de l'OPJ ; tel n'est pas le cas de la surveillance d'un prévenu pendant une hospitalisation avec contrôle des visites. • Crim. 11 juill. 1994, n° 94-82.220 P • 13 oct. 1998, n° 98-82.522 P : *Procédures 1999. Comm. 45, obs. Buisson ; Dr. pénal 1999. Comm. 33, obs. Maron.* ♦ ... Ni celui de la rétention d'une personne en état d'ébriété hors d'état d'être entendue. • Crim. 28 juin 1995 : *Dr. pénal 1996. Chron. 21, notes Lesclous et Marsat.*

2. Vérifications d'identité. Les services de la police judiciaire n'excèdent pas leurs pouvoirs en gardant à leur disposition pendant dix heures un individu dont la carte d'identité était suspecte et laissait présumer que des infractions pouvaient avoir été commises. • Crim. 5 janv. 1973, n° 72-90.278 P : *D. 1973. 541, note Roujou de Boubée.* ♦ En revanche, les pouvoirs de police administrative, s'ils permettent, quand des circonstances particulières l'exigent, de procéder à des vérifications d'identité, n'autorisent pas à retenir, fût-ce provisoirement, des personnes qui n'ont commis aucune infraction ou qui ne sont pas soupçonnées d'en avoir commis. • Même arrêt.

3. Rétention d'équipage. Justifie sa décision la chambre de l'instruction qui, pour écarter le moyen pris de la nullité de la garde à vue, énonce que la rétention des membres de l'équipage durant le transit en mer du navire arraisonné n'était pas le préalable nécessaire à leur placement ultérieur en garde à vue, fondé sur des raisons plausibles, tirées d'éléments de fait étrangers à ladite rétention, de les soupçonner de participer à un trafic illicite de stupéfiants. • Crim. 29 avr. 2009, n° 09-80.157 P : *RSC 2009. 853, obs. Finielz ; AJ pénal 2009. 273, obs. Royer ; Dr. pénal 2009. Chron. 8, obs. Lesclous.*

4. Une personne gardée à vue peut être entendue sur des faits autres que ceux à l'origine de cette mesure et qui sont sans incidence sur ses modalités. • Crim. 12 janv. 2005 : *D. 2005. 1917, note Hennion-Jacquet .*

5. Doit être annulé le placement en garde à vue lorsque la situation irrégulière de l'étranger est connue dès son interpellation et que l'absence de nécessité d'une enquête pénale est ainsi caractérisée *ab initio*. • Civ. 1re, 25 nov. 2009 : *D. 2010. Pan. 2875, obs. Parrot .*

6. Caractère facultatif de la mesure. Aucun texte n'impose le placement en garde à vue d'une personne qui, pour les nécessités de l'enquête accepte de se présenter sans contrainte aux OPJ afin d'être entendue et n'est à aucun moment privée de sa liberté d'aller et de venir. • Crim. 3 juin 2008 : *Dr. pénal 2009. Chron. 8, obs. Lesclous.*

7. Moment du placement en garde à vue. Dès lors qu'une personne est tenue sous la contrainte à la disposition des services de police et qu'elle est privée de la liberté d'aller et venir, elle doit être aussitôt placée en garde à vue et recevoir la notification de ses droits. • Crim. 6 déc. 2000, n° 00-86.221 P : *Procédures 2001. Comm. 115, obs. Buisson.* ♦ Il résulte de l'art. 63, dans sa rédaction issue de la loi du 15 juin 2000, que, la personne à l'encontre de laquelle il existe des indices faisant présumer qu'elle a commis ou tenté de commettre une infraction, mise sous la contrainte à la disposition de l'OPJ pour les nécessités de l'enquête, doit être placée en garde à vue et recevoir notification de ses droits, à peine de nullité. • Crim. 6 mai 2003, n° 02-87.567 P : *JCP 2003. IV. 2176.* ♦ Mais aucune disposition légale n'impose à l'officier de police judiciaire de placer en garde à vue une personne entendue sur les faits qui lui sont imputés, dès lors qu'elle a accepté d'être immédiatement auditionnée et qu'aucune contrainte n'a été exercée durant le temps strictement nécessaire à son audition où elle est demeurée à la disposition des enquêteurs. • Crim. 2 sept. 2004 : *Dr. pénal 2004. Comm. 185, note Maron* • 7 sept. 2004 : *ibid.* ♦ Aucune disposition conventionnelle n'impose qu'une personne contre laquelle il existe des indices permettant de penser qu'elle a commis une infraction soit placée en garde à vue. • Crim. 8 sept. 2004 : *Dr. pénal 2004. Comm. 185, obs. Maron.* ♦ V. également • Crim. 15 sept. 2004 : *ibid.*

8. Information du procureur. L'obligation d'informer le procureur n'est soumise à aucun formalisme particulier. Satisfait à cette obligation l'OPJ qui prévient le magistrat mandant qu'il se transporte afin d'exécuter ses instructions de placer en garde à vue l'intéressé, peu important qu'ensuite il n'ait pu joindre le magistrat mandant pour un nouvel avis une fois la garde à vue prise. • Crim. 20 mai 2008 : *Dr. pénal 2009. Chron. 8, obs. Lesclous.* ♦ L'avis d'un placement en garde à vue transmis à un auditeur de justice qui assistait un magistrat du ministère public n'entraîne pas la nullité de la garde à vue. • Crim. 31 oct. 2001, n° 01-85.345 P : *D. 2001. IR 3586* .

9. Absence de formalisme. L'art. 63 ne soumet l'information du procureur de la République à aucune forme particulière. Cette information peut donc résulter d'une télécopie intitulée « billet de garde à vue », dès lors qu'elle a été transmise dès le début de la mesure et a permis au procureur de la République d'exercer son contrôle sur celle-ci. • Crim. 14 avr. 2010, n° 10-80.562 P : *AJ pénal 2010. 405, note Duparc* . ♦ La mention dans le procès-verbal de police de la date et du mode d'information du procureur (télécopie) suffit à justifier de cette information, même si la télécopie ne figure pas au dossier. • Toulouse, 1er déc. 2004 : *AJ pénal 2005. 118, obs. Remillieux* . ♦ Aucun texte n'exige que le récépissé de l'envoi par télécopie soit annexé au procès-verbal. • Crim. 1er avr. 2008 : *Dr. pénal 2009. Chron. 8, obs. Lesclous.*

10. Délai pour informer le procureur. Tout retard dans l'information donnée au procureur du placement en garde à vue d'un individu, non justifié par des circonstances insurmontables, fait nécessairement grief à l'intéressé : c'est le cas lorsque le procureur est informé après un retour de perquisition alors que la garde à vue a commencé trois heures plus tôt. • Crim. 10 mai 2001, n° 01-81.441 P : *Procédures 2001. Comm. 184, obs. Buisson.* ♦ Sauf circonstances insurmontables, le procureur de la République doit être informé dans les meilleurs délais du placement en garde à vue. L'argument tiré de la complexité de l'interpellation – concomitante à celle de deux autres individus –, et de la lourdeur de celle-ci – de nombreux agents ayant été mobilisés –, ne saurait justifier un délai d'une heure quinze minutes entre l'interpellation d'un individu et l'information du procureur de la République. • Crim. 20 mars 2007, n° 06-89.050 P : *D. 2007. AJ 1340* ; *AJ pénal 2007. 231, obs. Royer* .

11. Circonstances insurmontables (retenues). L'information du procureur 3 h 40 après l'interpellation d'une personne ne porte pas atteinte aux intérêts du gardé à vue lorsque ce retard est dû aux circonstances particulières de l'interpellation qui justifiaient l'existence d'un délai matériellement incompressible entre cette interpellation et l'avis au parquet ; tel est le cas lorsque les opérations ayant permis le contrôle et conduit à la mesure de garde à vue ont nécessité le transport d'un groupe important de personnes, des véhicules et du personnel, ainsi que la vérification approfondie des documents d'identité présentés par le simple examen visuel puis par le passage aux fichiers, que ce n'est donc que 2 heures après l'arrestation que l'OPJ a pu procéder ou faire procéder aux auditions des intéressés et établir à destination du magistrat du parquet la liste complète et précise des identités et domiciles des personnes gardées à vue. • Civ. 2e, 19 févr. 2004, n° 03-50.025 P : *D. 2004. IR 677* ; *AJ pénal 2004. 160* ; *Dr. pénal 2004. Comm. 56, obs. Maron.* ♦ Caractérise des circonstances insurmontables justifiant le retard apporté dans l'information du procureur de la République et dans la notification des droits le fait que l'état de santé de la personne placée en garde à vue ait nécessité son transfert à l'hôpital et qu'une fois arrivée dans cet établissement elle ait refusé de recevoir des soins. • Crim. 27 nov. 2007 : *Dr. pénal 2008, n° 40, obs. Maron.* ♦ Justifie sa décision la cour d'appel qui écarte l'exception de nullité prise de la violation de l'art. 63 en énonçant que le mis en cause avait dû être hospitalisé juste après son interpellation à 2 h 10, était sorti de l'hôpital le même jour à 6 h 50, l'OPJ ayant pris la décision de le placer en garde à vue à 7 h 10 et en ayant immédiatement avisé le procureur, tout en ayant reporté la notification des droits au complet dégrisement de l'individu. • Crim. 4 avr. 2013 : *Dr. pénal 2013. 8, note Lesclous.*

12. Circonstances insurmontables (non retenues). La cour d'appel, qui, pour annuler une mesure de garde à vue commencée à 13 heures dans un commissariat où de nombreuses gardes à vue étaient en cours, énonce que les droits ont été notifiés entre 13 heures 05 et 13 heures 20 et le procureur de la République avisé seulement à 14 heures ce qui fait nécessairement grief aux droits de la défense, doit mieux s'expliquer sur l'absence de circonstances pouvant être qualifiées d'insurmontables. • Crim. 12 avr. 2005, n° 04-86.780 P : *JCP 2005. IV. 2280.* ♦ Selon les art. 63 et 63-1, la personne qui, pour les nécessités de l'enquête, est, sous la contrainte, mise à la disposition de l'OPJ, doit immédiatement être placée en garde à vue et recevoir notification des droits attachés à cette mesure. Encourt la cassation l'arrêt qui déclare la garde à vue régulière, alors qu'aucun élément de la procédure n'établit une circonstance insurmontable justifiant le retard apporté à la notification du placement en garde à vue et des droits attachés à cette mesure à une personne mise, sous la contrainte, à la disposition de l'OPJ depuis deux heures. • Crim. 31 mai 2007, n° 07-80.928 P : *RSC 2008. 651, obs. Buisson*

B. DURÉE DE LA GARDE À VUE

1° RÈGLES GÉNÉRALES

13. La durée de la garde à vue n'est pas excessive, même s'il n'est diligenté aucun acte à part l'audition de l'intéressé en début de garde à vue, si cette mesure n'excède pas la durée légale de 24 heures. • Cass., ch. mixte, 7 juill. 2000, n° 98-50.007 P : *D. 2000. IR 218* ; *JCP 2000. II. 10148, obs. Guérin* ; *RSC 2001. 189, obs. Giudicelli* ; *Procédures 2001. Comm. 17, obs. Buisson.* ♦ Justifie sa décision, la cour d'appel qui, régulièrement saisie de conclusions, après avoir constaté l'impossibilité de s'assurer de la durée de la rétention d'une personne déférée à l'issue de sa garde à vue, faute de connaître l'heure à laquelle elle a comparu devant le procureur de la République, prononce la nullité du procès-verbal de comparution préalable, constate que le tribunal n'a pas été valablement saisi et ordonne la mise en liberté du prévenu. En effet, le procureur de la République ne pouvait, sans constater que le délai maximum de vingt heures, entre la fin de la garde à vue et la présentation de la personne déférée, avait été observé, recourir à la procédure de comparution immédiate prévue par les art. 393 s. Dès lors, l'inobservation des dispositions de l'art. 803-3, en pareil cas, entraîne non seulement la mise en liberté de l'intéressé, mais également la nullité de la saisine du tribunal correctionnel, laquelle a pour support nécessaire la rétention du prévenu entachée d'illégalité. • Crim. 6 déc. 2005, n° 05-82.450 P.

14. *Succession de gardes à vue.* Si une personne peut être soumise, à l'occasion de faits distincts, à des mesures de garde à vue immédiatement successives et indépendantes l'une de l'autre, elle ne peut toutefois être retenue de manière continue à la disposition des OPJ pendant une période totale excédant la durée maximale de la garde à vue autorisée par la loi ; le dépassement de ce délai porte nécessairement atteinte aux intérêts de la personne concernée. • Crim. 17 mars 2004, n° 03-87.739 P : *D. 2005. Pan. 686, obs. Pradel* ; *D. 2004. IR 1353* ; *JCP 2004. IV. 1968* ; *AJ pénal 2004. 248, obs. Coste* ; *Dr. pénal 2004. Comm. 96, obs. Maron* ; *RSC 2005. 378, obs. Buisson* .

15. *Cumul garde à vue et audition libre.* V. note 10 ss. art. 77 ancien.

16. La durée d'une prise en charge médicale momentanée ne doit être imputée sur celle de la garde à vue qu'autant que cette mesure est toujours en cours pendant la période de soins. • Crim. 13 oct. 1998, n° 98-82.522 P : *Procédures 1999. Comm. 45, obs. Buisson* ; *Dr. pénal 1999. Comm. 33, obs. Maron.*

17. *Mesure de rétention administrative.* Sauf texte contraire, les mesures de rétention administrative ne s'imputent pas sur la garde à vue. • Crim. 23 juill. 2008 : *Dr. pénal 2009. Chron. 8, obs. Lesclous.*

18. *Rétention judiciaire.* La garde à vue et la rétention judiciaire résultant de l'exécution d'un mandat d'arrêt européen sont des mesures de nature distincte qui n'ont pas le même objet, même si l'art. 695-27 prévoit que, pendant le délai de rétention, les dispositions des art. 63-1 à 63-5 ont vocation à s'appliquer. • Crim. 13 avr. 2010, n° 10-81.810 P : *D. 2010. Actu. 1214, note Girault* ; *AJ pénal 2010. 404, note Royer* .

2° CAS PARTICULIER DE LA PROLONGATION DE LA GARDE À VUE

19. Encourt la cassation l'arrêt qui, pour refuser d'annuler une prolongation de garde à vue autorisée en application de l'art. 63, al. 3, sans présentation préalable de la personne concernée, qualifie de flagrant un crime révélé six jours après sa commission, alors qu'auraient dû être appliquées les règles de prolongation prévues par l'art. 77, al. 2 en matière d'enquête préliminaire. • Crim. 11 févr. 1998, n° 97-85.542 P : *RSC 1998. 583, obs. Dintilhac* .

20. La prolongation de la mesure de garde à vue doit être notifiée à la personne concernée ainsi que les droits attachés à cette mesure en application des art. 63-1 et 63-3. L'absence de notification de la prolongation de la garde à vue à l'intéressé constitue une cause de nullité. • Crim. 30 janv. 2001, n° 00-87.155 P.

21. *Compétence territoriale.* Aucune disposition légale ne fait obstacle à ce que, dans le cadre d'une enquête de flagrance, la prolongation d'une mesure de garde à vue soit autorisée par le procureur de la République saisi des faits : en cas de saisine conjointe de procureurs de deux tribunaux différents, le procureur qui s'est saisi de l'affaire en raison du domicile de la personne arrêtée peut ordonner la prolongation de la garde à vue qui se déroule dans le ressort du tribunal du lieu d'arrestation de l'individu. • Crim. 4 janv. 2006, n° 05-86.086 P : *D. 2006. IR 396* ; *RSC 2006. 341, obs. Commaret* ; *ibid. 2007. 604, obs. Buisson* .

22. *Compétence personnelle.* Aucune disposition légale ne fait obstacle à ce que, dans le cadre d'une enquête de flagrance, la prolongation de garde à vue soit autorisée par le procureur de la République saisi des faits. • Civ. 1re, 5 nov. 2008 : *Dr. pénal 2009. Chron. 8, obs. Lesclous.*

C. NULLITÉ DE LA GARDE À VUE

23. *Intérêt à agir.* Seule la personne dont les droits en garde à vue ont été violés peut se prévaloir d'une nullité. Un coprévenu est sans qualité pour se prévaloir de la méconnaissance d'un droit qui appartient en propre à une autre personne. • Crim. 14 févr. 2012, n° 11-84.694 P : *D. actu. 16 févr. 2012, obs. Allain* ; *D. 2012. Actu. 612* ; *ibid. 775, note Boccon-Gibod* ; *ibid. 779, note Matsopoulou* ; *ibid. Pan. 2118, obs. Pradel* ; *AJ pénal 2012. 159, note Guéry* ; *Dr. pénal 2012, n° 61, obs. Maron et Haas* ; *ibid. Chron. 7, obs. Lesclous* ; *Procédures 2012, n° 127,* *obs. Chavent-Leclère ; Gaz. Pal. 19 et 20 juin 2013, p. 5, note Bouloc.* ♦ Sur l'évolution de cette jurisprudence, v. notes ss. art. 802.

24. Le moyen pris de l'irrégularité de l'audition de tiers qui auraient dû, selon les demandeurs, être placés en garde à vue est inopérant dès lors que cette irrégularité ne peut être invoquée que par les personnes qu'elle concerne. • Crim. 11 déc. 2013, n° 12-83.296 P : *D. actu. 6 janv. 2014, obs. Le Drévo.*

25. Conséquences de la nullité de la garde à vue. La nullité d'une garde à vue n'entraîne l'annulation des actes subséquents qu'à la condition que ces derniers aient eu pour support nécessaire la mesure annulée. • Crim. 26 mars 2008, n° 07-83.814 P : *D. 2008. AJ 1063, note Léna ; JCP 2008. I. 181 n° 12, obs. Maron ; AJ pénal 2008. 286, obs. Saas ; Rev. pénit. 2008. 389, obs. Ambroise-Castérot ; Dr. pénal 2008, n° 92, obs. Maron et Haas ; ibid. 2009. Chron. 8, obs. Lesclous ; RSC 2008. 926, obs. Finielz.* ♦ Rappr. • Crim. 15 oct. 2003, n° 03-82.683 P. ♦ L'annulation de la garde à vue n'emporte pas annulation de la convocation à comparaître devant le tribunal correctionnel, dès lors que d'autres éléments justifient que des poursuites soient engagées. • Crim. 3 nov. 2010, n° 09-87.017 P : *D. actu. 9 déc. 2010, obs. Léna.*

II. DROITS FONDAMENTAUX

26. Garde à vue et art. 5 de la Convention européenne des droits de l'homme. Dès lors qu'il ressort des pièces du dossier que dès la fin de la garde à vue les prévenus ont été mis à la disposition du procureur de la République dans les locaux du palais de justice et que le seul retard établi au dossier est celui apporté par le conseil des prévenus que le tribunal a dû attendre jusqu'à 19h20, les prévenus refusant d'être jugés en l'absence de leur conseil, les dispositions de l'art. 63, al. 3 et celles de l'art. 5, § 3, Conv. EDH selon lesquelles « toute personne arrêtée doit être aussitôt traduite devant un juge » n'ont donc pas été méconnues. • Crim. 21 janv. 2003 : *D. 2003. 1521, note Rebut.*

27. Les dispositions des art. 63 et 64 relatives à la garde à vue en matière de crimes et délits flagrants ne sont pas incompatibles avec celles de l'art. 5, § 3, Conv. EDH qui prescrivent de traduire aussitôt la personne arrêtée ou détenue devant un juge ou un magistrat habilité par la loi à exercer des fonctions judiciaires ; possède cette dernière qualité le procureur de la République, magistrat de l'ordre judiciaire dont la mission est de veiller à l'application de la loi. • Crim. 10 mars 1992, n° 91-86.944 P. ♦ *Contra* : Le ministère public n'est pas une autorité judiciaire au sens de l'art. 5, § 3, de la Convention puisqu'il ne présente pas les garanties d'indépendance et d'impartialité requises par ce texte et qu'il est partie poursuivante. Cependant, sous réserve de l'assistance d'un avocat, la garde à vue dont la durée est inférieure à trois ou quatre jours est conforme aux dispositions de la convention même si c'est un membre du ministère public qui en assure le contrôle. • Crim. 15 déc. 2010, n° 10-83.674 P : *D. actu. 17 déc. 2010, obs. Allain ; D. 2010. Actu. 15, obs. Lavric ; RSC 2011. Chron. 142, obs. Giudicelli ; Dr. pénal 2011. Chron. 7, obs. Lesclous ; Dr. pénal 2012. Chron. 1, obs. Georget* • Crim. 18 janv. 2011, n° 10-84.980 P : *D. actu. 20 févr. 2011, obs. Allain ; D. 2011. Actu. 381 ; ibid. Pan. 2235, obs. Pradel ; AJ pénal 2011. 83, obs. Danet ; ibid. 198, obs. Ascensi ; Dr. pénal 2011. Chron. 7, obs. Lesclous* • Crim. 20 mars 2013 : *Dr. pénal 2013. 8, obs. Lesclous.*

28. Garde à vue et art. 3 de la Convention européenne des droits de l'homme. Il n'y a pas traitements inhumains, quand bien même la garde à vue s'est déroulée dans une atmosphère parfois tendue, dès lors que les enquêteurs ont expliqué que les réponses de l'intéressé aux questions n'avaient pu lui être suggérées en raison de l'ignorance des circonstances du crime par les policiers et qu'il ne ressort ni de l'examen psychiatrique effectué au cours de la mesure, ni des déclarations de l'intéressé au juge d'instruction à l'issue de la garde à vue que l'intéressé était dans un état d'épuisement significatif. • Crim. 26 févr. 1991, n° 90-87.295 P. ♦ En revanche, ne justifie pas sa décision de refus d'annuler une garde à vue la chambre de l'instruction qui statue, d'une part, sans vérifier les conditions précises dans lesquelles le prévenu a été soumis au port des menottes ou d'entraves, notamment la durée de cette mesure, et sans analyser les circonstances particulières qui imposaient, en l'espèce, d'adopter une telle forme de contrainte physique à l'encontre d'une personne paralysée des bras et des jambes, d'autre part, sans s'interroger sur l'adaptation des conditions de la garde à vue à la situation de l'intéressé, l'arrêt attaqué constatant qu'il avait fait l'objet de reconduites à son domicile pour y bénéficier des soins appropriés à son état, enfin, sans rechercher si les conditions matérielles de son déferement après la fin de la garde à vue avaient été adaptées à ses besoins spécifiques. • Crim. 4 mai 2008 : *RSC 2008. 930, obs. Finielz.*

29. V. également ss. art. préliminaire et ss. art. 5 Conv. EDH.

Art. 63-1 *(L. n° 2011-392 du 14 avr. 2011, en vigueur le 1er juin 2011)* **La personne placée en garde à vue est immédiatement informée par un officier de police judiciaire ou, sous le contrôle de celui-ci, par un agent de police judiciaire, dans une langue qu'elle comprend, le cas échéant au moyen** *(L. n° 2014-535 du 27 mai 2014, art. 4, en vigueur le 2 juin 2014)* **« du formulaire prévu au treizième alinéa » :**

1° De son placement en garde à vue ainsi que de la durée de la mesure et de la ou des prolongations dont celle-ci peut faire l'objet ;

2° *(L. n° 2014-535 du 27 mai 2014, art. 4, en vigueur le 2 juin 2014)* **« De la qualification, de la date et du lieu présumés » de l'infraction qu'elle est soupçonnée d'avoir commise ou tenté de commettre** *(L. n° 2014-535 du 27 mai 2014, art. 4, en vigueur le 2 juin 2014)* **« ainsi que des motifs mentionnés aux 1° à 6° de l'article 62-2 justifiant son placement en garde à vue » ;**

3° Du fait qu'elle bénéficie :

— du droit de faire prévenir un proche et son employeur *(L. n° 2014-535 du 27 mai 2014, art. 4, en vigueur le 2 juin 2014)* **« ainsi que, si elle est de nationalité étrangère, les autorités consulaires de l'État dont elle est ressortissante »** *(L. n° 2016-731 du 3 juin 2016, art. 63, en vigueur le 15 nov. 2016)* **« et, le cas échéant, de communiquer avec ces personnes, » conformément à l'article 63-2 ;**

— du droit d'être examinée par un médecin, conformément à l'article 63-3 ;

— du droit d'être assistée par un avocat, conformément aux articles 63-3-1 à 63-4-3 ; *— V. art. D. 15-5-5.*

(L. n° 2014-535 du 27 mai 2014, art. 4, en vigueur le 2 juin 2014) **« — s'il y a lieu, du droit d'être assistée par un interprète ;**

« — du droit de consulter, dans les meilleurs délais et au plus tard avant l'éventuelle prolongation de la garde à vue, les documents mentionnés à l'article 63-4-1 ;

« — du droit de présenter des observations au procureur de la République ou, le cas échéant, au juge des libertés et de la détention, lorsque ce magistrat se prononce sur l'éventuelle prolongation de la garde à vue, tendant à ce qu'il soit mis fin à cette mesure. Si la personne n'est pas présentée devant le magistrat, elle peut faire connaître oralement ses observations dans un procès-verbal d'audition, qui est communiqué à celui-ci avant qu'il ne statue sur la prolongation de la mesure ; »

— du droit, lors des auditions, après avoir décliné son identité, de faire des déclarations, de répondre aux questions qui lui sont posées ou de se taire.

Si la personne est atteinte de surdité et qu'elle ne sait ni lire, ni écrire, elle doit être assistée par un interprète en langue des signes ou par toute personne qualifiée maîtrisant un langage ou une méthode permettant de communiquer avec elle. Il peut également être recouru à tout dispositif technique permettant de communiquer avec une personne atteinte de surdité.

Si la personne ne comprend pas le français, ses droits doivent lui être notifiés par un interprète, le cas échéant après qu'un formulaire lui a été remis pour son information immédiate.

Mention de l'information donnée en application du présent article est portée au procès-verbal de déroulement de la garde à vue et émargée par la personne gardée à vue. En cas de refus d'émargement, il en est fait mention.

(L. n° 2014-535 du 27 mai 2014, art. 4, en vigueur le 2 juin 2014) **« En application de l'article 803-6, un document énonçant ces droits est remis à la personne lors de la notification de sa garde à vue. »**

V. note ss. art. 61-1.

Les dispositions issues de la L. n° 2014-535 du 27 mai 2014 sont entrées en vigueur le 2 juin 2014 (L. préc., art. 15).

Sur les modalités d'exercice du droit à l'assistance d'un interprète et à la traduction de certaines pièces, V. art. préliminaire, art. 803-5, D. 15-5-2 et D. 594 s.

BIBL. ▶ ALIX, *D. 2011. 1699* (les droits de la défense au cours de l'enquête de police après la réforme de la garde à vue : état des lieux et perspectives). – HENNEBOIS, *AJ pénal 2021. 407* (du droit au silence à l'encouragement à se taire). – MATHIAS, *Dr. pénal* 2011. *Étude 6* (pour une loi des suspects... libres : à propos du projet de loi relatif à la garde à vue). – PELLÉ, *AJ pénal 2011. 235* (réforme de la garde à vue : problèmes de droit transitoire) ; *D. 2014. 1508* (garde à vue et audition libre, à propos de la loi n° 2014-535 du 27 mai 2014).

I. NOTIFICATION DES DROITS : UNE OBLIGATION EN MATIÈRE DE GARDE À VUE

A. LES DROITS À NOTIFIER

1° ÉNONCÉ DES DIFFÉRENTS DROITS À NOTIFIER

1. *Droit de se taire.* N'est pas fondé à se prévaloir de l'art. 6 Conv. EDH le prévenu qui a librement renoncé, lors de sa garde à vue débutée le 7 décembre 2010, à l'assistance d'un avocat. En revanche, il y a violation de l'art. 6, § 3, s'il n'a pas été informé, dès le début de la mesure, de son droit de se taire. • Crim. 17 janv. 2012, n° 11-86.797 P : *D. 2012. Actu. 503, obs. Lavric ; ibid. 2118, obs. Pradel ; Dr. pénal 2012. Chron. 7, obs. Lesclous.* ♦ Un prévenu qui, avant toute défense au fond, a sollicité l'annulation des procès-verbaux de son audition en garde à vue faute d'avoir reçu notification de son droit de se taire, ne saurait se faire grief de ce que l'annulation sollicitée n'a pas été prononcée, dès lors que la Cour de cassation est en mesure de s'assurer que, pour le déclarer coupable de l'infraction poursuivie, la cour d'appel ne s'est fondée ni exclusivement, ni même essentiellement sur les déclarations recueillies au cours de la garde à vue. • Crim. 18 sept. 2012, n° 11-85.031 P. ♦ Justifie sa décision la chambre de l'instruction qui, pour refuser d'annuler une garde à vue tout en constatant que la personne concernée ne s'était pas vu notifier son droit de se taire et de bénéficier de l'assistance d'un avocat dès le début de la garde à vue, retient que le défaut de notification du droit de se taire a été sans incidence sur le caractère spontané des propos initiaux de l'intéressé qui avait pour finalité de rechercher une personne en péril. • Crim. 17 déc. 2013 : *AJ pénal 2014. 139, obs. Porteron.*

2. Le droit au silence et celui de ne pas contribuer à sa propre incrimination ne s'étendent pas au recueil de données qu'il convient d'obtenir indépendamment de la volonté de la personne concernée (vérifications tendant à apporter la preuve d'un état alcoolique). • Crim. 6 janv. 2015 : *Dr. pénal 2015, n° 26, obs. Maron et Haas.*

3. *Mis en cause librement entendu (jurisprudence antérieure à la loi du 27 mai 2014).* Justifie sa décision, sans violer l'art. 6 Conv. EDH, une cour d'appel qui rejette l'exception de nullité d'un prévenu, soupçonné d'avoir commis une contravention aux règles relatives à la durée du travail dans les transports routiers, dès lors que la notification du droit de se taire et de ne pas s'accuser n'est reconnue qu'aux personnes placées en garde à vue ou faisant l'objet d'une mesure de rétention douanière. • Crim. 3 avr. 2013 : *D. actu. 29 avr. 2013, obs. Le Drévo ; D. 2013. Actu. 1005 ; AJ pénal 2013. 411, obs. Ascensi ; RSC 2013. 842, note Salvat ; Dr. pénal 2013, n° 82, note Maron et Haas.*

4. *Examen médical.* Il résulte de l'art. 63-1, dernier al. dans sa rédaction antérieure à celle issue de la L. n° 2011-392 du 14 avr. 2011, que, lorsqu'un médecin légalement requis pour examiner une personne gardée à vue faisait défaut au terme du délai qu'il avait indiqué, cette carence devait être constatée par l'officier de police judiciaire compétent à qui il appartenait alors de prendre attache avec un autre médecin pour que celui-ci effectue l'examen médical. L'absence de renouvellement de cette diligence par l'officier de police judiciaire ne pouvait être admise, s'agissant d'une mesure dont l'objectif essentiel était de vérifier la compatibilité de l'état de la personne gardée à vue avec la mesure. L'inexécution de cette nouvelle diligence pouvait, selon les circonstances, constituer, en application des art. 171 et 802, une nullité dès lors que l'intéressé établissait que la méconnaissance de cette formalité avait porté atteinte à ses intérêts. • Civ. 1re, 10 oct. 2012, n° 11-30.131 P : *D. actu. 23 oct. 2012, obs. Léna ; D. 2012. AJ 2453 ; AJ pénal 2013. 107, obs. Renaud-Duparc.*

5. *Langue comprise.* Fait une exacte application de l'art. 63-1 l'arrêt qui relève que, lors de son placement en garde à vue, puis à l'occasion de plusieurs actes réalisés lors de cette mesure, ainsi que lors de sa première comparution devant le juge d'instruction, puis devant le juge des libertés et de la détention, la personne mise en cause a fait part de sa connaissance de la langue française, cette connaissance étant confirmée par les explications fournies par le requérant lors de ses auditions et l'étude de documents en langue française établis par l'intéressé. • Crim. 9 févr. 2016, n° 15-84.277 P : *D. actu. 4 mars 2016, obs. Fucini.*

6. *QPC.* Même si l'article 63-1 ne prévoit pas l'obligation d'informer la personne gardée à vue de nationalité étrangère de son droit de faire contacter les autorités consulaires de son pays, l'exercice de ce droit rappelé par l'art. 63-2 et résultant des engagements internationaux de la France implique, pour être effectif, que l'intéressé soit informé de cette faculté (pourtant : non-renvoi de la QPC). • Crim., QPC, 16 avr. 2013, n° 13-90.006 : *D. actu. 24 mai 2013, obs. Gayet ; Gaz. Pal. 21 juill. 2013, p. 38, note Fourment.*

7. *Incidence de la prolongation de la garde à vue sur les droits notifiés.* Fait nécessairement grief à la personne concernée le défaut de notification des droits attachés à la prolongation de la garde à vue, qui ne lui a pas permis de solliciter un nouvel examen médical ou un autre entretien avec son avocat, quand bien même la notification initiale des droits mentionne l'hypothèse d'une prolongation de cette mesure. • Crim. 1er déc. 2015, n° 15-84.874 P : *D. actu. 6 janv. 2016, obs. Collot.* ♦ Aucune disposition légale n'impose de réitérer la notification du droit de garder le silence lors de la notification de la prolongation de la garde à vue, l'intéressé ayant déjà été avisé de ce droit. • Crim. 23 nov. 2016, n° 16-81.904 P : *D. actu. 21 déc. 2016, obs. Fucini ; AJ pénal 2017. 76, note Thierry ; Dr. pénal 2017, n° 13, note Maron et Haas.*

8. Lieu présumé de l'infraction. L'omission de la mention du lieu présumé de commission de l'infraction lors de la notification de la garde à vue ne peut entraîner le prononcé d'une nullité que si elle a eu pour effet de porter atteinte aux intérêts de la partie concernée. • Crim. 27 mai 2015 : *D. actu. 15 juin 2015, note Benelli-de Bénazé ; AJ pénal 2016. 89, obs. Luciani-Mien ; RSC 2015. 676, obs. Giudicelli .*

9. Nature de l'infraction. Le défaut d'information portant sur la nature de l'infraction de viol, en présence d'une ou plusieurs raisons plausibles de soupçonner que la personne faisant l'objet de la mesure de garde à vue (témoignage de la victime) a commis l'infraction, porte atteinte aux intérêts de la personne concernée. • Crim. 16 juin 2015, n° 14-87.878 P : *D. actu. 23 juill. 2015, obs. Benelli-de Bénazé ; AJ pénal 2015. 505, obs. Brach-Thiel ; Dr. pénal 2016. Chron. 8, obs. Lesclous ; RSC 2015. 678, obs. Giudicelli .* ♦ Mais aucun procédé déloyal ne peut être reproché aux enquêteurs dès lors que les personnes gardées à vue n'étaient pas initialement soupçonnées des infractions qui ne leur ont pas été immédiatement notifiées, les éléments constitutifs étant apparus lors des auditions menées par les enquêteurs. • Crim. 20 oct. 2015, n° 15-82.265 • Crim. 25 mai 2016, n° 14-85.908 : *Dr. pénal 2016. Chron. 8, obs. Lesclous.* ♦ Le défaut de notification à la personne gardée à vue de la modification de qualification d'une infraction qu'elle est soupçonnée d'avoir commise ou tenté de commettre, ordonné par le procureur de la République, ne peut entraîner le prononcé d'une nullité que s'il en est résulté pour elle une atteinte effective à ses intérêts, au sens de l'art. 802. • Crim. 15 oct. 2019, n° 19-82.380 P : *D. actu. 23 oct. 2019, obs. Goetz ; Procédures 2019, n° 329, obs. Buisson.* ♦ Un juge d'instruction, sous le contrôle duquel est placée une mesure de garde à vue et qui met en examen les intéressés du chef criminel de faux en écriture publique par personne dépositaire de l'autorité publique et complicité, doit, conformément au second alinéa du I de l'art. 63, applicable par renvoi de l'art. 154, leur faire notifier cette qualification criminelle par l'officier de police judiciaire, un défaut de notification portant *nécessairement* atteinte aux intérêts des personnes concernées dès lors que leurs auditions n'ont pas été enregistrées, comme elles auraient dû l'être en application de l'art. 64-1. • Crim. 29 sept. 2020, n° 20-82.509 P : *D. actu. 13 nov. 2020, obs. Recotillet ; RSC 2021. 130, obs. Delage .*

10. Absence de droit d'accès à l'entier dossier de la procédure. L'art. 7, § 1, de la Dir. du 22 mai 2012 n'exige, à tous les stades de la procédure, qu'un accès aux documents relatifs à l'affaire en question détenus par les autorités compétentes qui sont essentiels pour contester de manière effective la légalité de l'arrestation ou de la détention ; les § 2 et 3 de l'article 7 de ladite directive laissent la faculté aux États membres de n'ouvrir l'accès à l'intégralité des pièces du dossier que lors de la phase juridictionnelle du procès pénal. • Crim. 4 oct. 2016, n° 16-82.309 P : *AJ pénal 2017. 42, obs. Lavric .* ♦ La notification de la date et du lieu des faits ainsi que de leur qualification pénale satisfait aux exigences des art. 5, § 2 de la Conv. EDH et 6 de la Dir. n° 2012/13/UE du 22 mai 2012. • Crim. 31 janv. 2017, n° 16-84.613 : *Dr. pénal 2017. Chron. 8, obs. Lesclous.*

2° SANCTIONS

11. Information incomplète. L'omission, dans la notification à la personne gardée à vue prévue à l'art. 63-1, d'une partie des faits qu'elle est soupçonnée d'avoir commis ou tenté de commettre ne peut entraîner le prononcé d'une nullité que s'il en est résulté pour elle une atteinte effective à ses intérêts, ce qui n'est pas le cas dès lors que la Cour de cassation est en mesure de s'assurer qu'en répondant aux questions des enquêteurs, le demandeur n'a tenu aucun propos par lequel il s'est incriminé. • Crim. 2 nov. 2016, n° 16-81.716 P : *D. actu. 15 nov. 2016, obs. Goetz ; D. 2017. Pan. 1676, obs. Pradel .* ♦ ... et l'omission d'autres infractions qu'elle est soupçonnée d'avoir commises ou tenté de commettre emporte l'annulation des seules auditions effectuées pendant la garde, à vue lorsqu'il en est résulté pour elle une atteinte effective à ses intérêts, et des actes dont elles sont le support nécessaire. • Crim. 31 oct. 2017, n° 17-81.842 P : *D. actu. 5 déc. 2017, obs. Fucini ; D. 2018. Pan. 196, note Ascensi ; ibid. Pan. 1611, obs. Pradel ; AJ pénal 2018. 50, obs. Capdepon ; Dr. pénal 2017, n° 185, obs. Maron et Haas ; RSC 2018. 145, note Jeanne .*

12. Portée de la nullité. Est justifiée la décision de la cour d'appel qui, après avoir fait droit à la demande d'annulation de l'audition du gardé à vue, énonce que la convocation par OPJ devant le tribunal correctionnel constitue un acte distinct de la garde à vue qui n'est pas atteint par les irrégularités qui peuvent affecter la mesure coercitive. • Crim. 18 sept. 2012, n° 12-80.526 P. ♦ La régularité du procès-verbal récapitulatif du déroulement de la garde à vue permettant de vérifier l'heure de la levée de cette mesure n'est pas affectée par l'absence de notification des droits aux personnes gardées à vue ni par la nullité des procès-verbaux d'audition en résultant. • Crim. 27 mai 2014, n° 13-87.095 P : *D. actu.*

18 juin 2014, obs. Anane ; D. 2014. Pan. 1742, obs. Pradel ; AJ pénal 2014. 490, obs. Renaud-Duparc .

13. Formulaire écrit. Si la remise d'un formulaire écrit d'information immédiate des droits de la personne gardée à vue, dans une langue qu'elle comprend, ne vaut pas notification de ceux-ci, cette remise n'est pas optionnelle et doit être effectuée dès lors que l'interprète n'est pas disponible dans le meilleur délai. • Civ. 1re, 21 nov. 2012 : *Dr. pénal 2013. Comm. 11, obs. Maron et Haas.* ♦ Si c'est à tort que la chambre de l'instruction a énoncé qu'il avait été satisfait aux dispositions de l'art. 63-1 par la remise d'un formulaire, l'arrêt n'encourt pas pour autant la censure, dès lors que la Cour de cassation est en mesure de s'assurer, par l'examen du procès-verbal de garde à vue, que les droits dont bénéficiait le demandeur en application dudit article lui ont été notifiés par un OPJ dans les conditions prévues par la loi. • Crim. 2 nov. 2016, nº 16-81.716 P : *préc. note 11.* ♦ Il résulte des art. 63-1 et 803-6 que le formulaire, prévu par ces dispositions et destiné à chaque personne soumise à une mesure de privation de liberté, doit être remis, en cas de placement en garde à vue, lors de la notification des droits inhérents à cette mesure, et non avant, par exemple au moment de l'interpellation. • Crim. 28 oct. 2020, nº 19-85.812 P.

B. MOMENT DE LA NOTIFICATION

1º CARACTÈRE TARDIF OU NON DE LA NOTIFICATION

14. Notification tardive des droits. L'officier de police judiciaire ou, sous son contrôle, l'agent de police judiciaire, a le devoir de notifier immédiatement les droits attachés au placement en garde à vue ; tout retard dans la mise en œuvre de cette obligation, non justifié par une circonstance insurmontable, porte nécessairement atteinte aux intérêts de la personne concernée. • Crim. 2 mai 2002, nº 01-88.453. ♦ Tout retard injustifié dans la notification des droits porte nécessairement atteinte aux intérêts de la partie qu'elle concerne. • Crim. 30 avr. 1996, nº 95-82.217 P : *RSC 1996. 879, obs. Dintilhac* • 3 déc. 1996, nº 96-84.503 P : *Procédures 1997. Comm. 68, obs. Buisson* • 29 avr. 1998 : *RSC 1998. 785, obs. Dintilhac ; Procédures 1998. Comm. 265, obs. Buisson ; RG proc. 1999. 87, Chron. Rebut* • 18 juin 1998, nº 98-81.369 P : *Procédures 1999. Comm. 15, obs. Buisson.* ♦ Il y a atteinte aux intérêts de la personne quand bien même il n'aurait été procédé à aucune audition de l'intéressé entre le moment de son placement en garde à vue et celui de la notification de ses droits. • Crim. 10 mai 2000, nº 00-81.201 P. ♦ L'atteinte existe dès lors que la personne a été gardée sous contrainte des policiers aux services de police. • Crim. 11 oct. 2000, nº 00-82.238 P : *Dr. pénal 2001. Comm. 13, obs. Maron* • 6 déc. 2000, nº 00-86.221 P : *Dr. pénal 2001. Comm. 39, obs. Maron ; Procédures 2001. Chron. 69, obs. Buisson.* ♦ Il résulte de l'art. 63-1 que l'OPJ ou, sous son contrôle, l'APJ, a le devoir de notifier immédiatement les droits attachés au placement en garde à vue. Tout retard dans la mise en œuvre de cette obligation, non justifié par des circonstances insurmontables, porte nécessairement atteinte aux intérêts de la personne concernée. Encourt dès lors la cassation l'arrêt qui, pour écarter l'exception de nullité de la garde à vue, retient qu'il a été notifié à l'intéressé ses droits lors de son placement en garde à vue pour une infraction de droit commun, et que l'entretien a bien eu lieu dans le délai légal, alors que la notification du droit de s'entretenir avec un avocat à l'issue d'un délai de soixante-douze heures n'avait pas été effectuée lors de la notification de l'application du régime de garde à vue spécifique aux infractions de trafic de stupéfiants. • Crim. 24 juin 2009, nº 08-87.241 P : *D. 2009. AJ 2167 ; AJ pénal 2009. 413, obs. Lasserre Capdeville ; Procédures 2009, nº 427, obs. Buisson.*

15. Est tardive la notification des droits à l'intéressé qui n'est pas intervenue dès le début de la perquisition à son domicile, au moment où il a été effectivement placé en garde à vue. • Crim. 13 avr. 1999 : *Procédures 1999. Comm. 185, obs. Buisson* • 14 déc. 1999, nº 99-82.855 P : *Dr. pénal 2000. Comm. 39, obs. Maron.* ♦ Toutefois, la régularité de la perquisition n'en est pas affectée. • Crim. 22 juin 2000, nº 00-92.632 P • 22 déc. 2000, nº 00-83.852 P. ♦ ... A moins que le placement effectif en garde à vue n'ait été effectué, en fin de perquisition, qu'une fois découverts des éléments à charge. • Crim. 16 févr. 2000, nº 99-86.307 P : *Dr. pénal 2000. Comm. 50, obs. Maron* • 12 déc. 2000, nº 00-83.852 P • 20 juin 2001 : *Dr. pénal 2001. Comm. 135, note Maron.* ♦ Rappr. : les gendarmes ont violé les dispositions des art. 63 et 63-1 en ne plaçant une personne en garde à vue qu'à l'issue d'une perquisition à son domicile et d'un entretien de 15 minutes car l'intéressé était sous contrainte, privé de sa liberté d'aller et venir. • Crim. 6 déc. 2000, nº 00-86.221 P. ♦ Justifie légalement sa décision le premier président qui, pour estimer injustifié le retard apporté à la mise en œuvre des obligations de notification des droits attachés à la garde à vue édictées par l'art. 63-1, retient que l'étranger a été placé en garde à vue avec effet à 0 h 30 et que la procédure mentionne qu'en raison de l'heure tardive, il était impossible de se mettre à la recherche d'un interprète en langue chinoise, constatations et énonciations desquelles il résulte qu'aucune démarche n'a été faite pour trouver un interprète avant 5 h 45. • Civ. 2e, 11 avr. 2002, nº 00-50.087 P.

16. Caractère non tardif de la notification. N'est pas tardive une notification des droits faite un quart d'heure après le placement en garde à vue. • Crim. 27 juin 2000, n° 00-80.411 P. ♦ N'est pas tardive la notification avec ses droits, du placement en garde à vue d'une personne, intervenue dès son arrivée dans les services de police, dix minutes après son interpellation. • Civ. 1re, 27 mai 2010, n° 09-12.397 P.

17. La notification des droits n'a pas été tardive, dès lors qu'elle est intervenue dès le placement effectif de la personne placée en garde à vue, peu important, à cet égard, que, dans son intérêt même, le délai de garde à vue ait été calculé à compter, non pas de ce placement, mais de son arrivée plusieurs heures auparavant dans les services de police. • Crim. 13 nov. 1996, n° 96-82.087 P : *JCP 1997. I. 4031, Chron. Maron ; Justices 1997, n° 7, p. 188, Chron. Rebut ; Procédures 1997. Comm. 67, obs. Buisson ; RG proc. 1998. 466, Chron. Rebut ; Dr. pénal 1997. Comm. 71, note Maron* • 6 mai 1997 : *Procédures 1997. Comm. 245, obs. Buisson* • 14 oct. 1998 : *Dr. pénal 1999. Comm. 30 (2e arrêt), et Chron. 5, par Maron ; JCP 1999. I. 112, Chron. Maron.* ♦ Conf. : • Crim. 19 janv. 2000, n° 99-86.090 P : *Dr. pénal 2000. Comm. 81, obs. Maron* • Paris, 7 oct. 1997 : *Dr. pénal 1998. Comm. 138 (1er arrêt), obs. Maron.* ♦ ... Dans la mesure où la personne s'est soumise aux opérations effectuées par les services de police sans contrainte. • Crim. 10 mai 2000, n° 00-80.903 P • 10 mai 2001, n° 01-81.762 P.

18. La notification des droits n'a pas été tardive lorsqu'il est retenu qu'une personne, invitée à se rendre au commissariat, a accepté sans contrainte de suivre les policiers et, une heure et demie plus tard, à l'issue de son audition, a été placée en garde à vue, ses droits lui ayant alors été immédiatement notifiés, peu important qu'un procès-verbal indique que le procureur de la République a été avisé de la garde à vue quarante minutes auparavant. • Crim. 2 déc. 1998 : *Dr. pénal 1999. Comm. 94, obs. Maron.* ♦ ... Ou que la notification ne pouvait se faire lors de l'interpellation de la personne gardée à vue sur la voie publique et qu'elle a été réalisée dès son arrivée dans les locaux de la gendarmerie. • Crim. 23 mars 1999, n° 98-86.263 P : *D. 1999. Somm. 324, obs. Pradel* .

19. Mandat d'arrêt européen. N'est pas tardive la notification des droits donnée par un officier de police judiciaire le 6 janv. 2006 à 16 h 25 alors que la personne recherchée, interpellée le *même jour à 11 h 45 sur le territoire* britannique, a été embarquée dans la première navette ferroviaire à destination de la France, puis, peu après son arrivée sur le territoire français, à 15 h 50, placée en rétention à 16 h 00. • Crim. 1er mars 2006, n° 06.80.503 P : *AJ pénal 2006. 223, obs. Enderlin* .

2° PRISE EN COMPTE DE CIRCONSTANCES EXCEPTIONNELLES

20. Circonstances insurmontables : nécessité. Selon les art. 63 et 63-1, la personne qui, pour les nécessités de l'enquête, est, sous la contrainte, mise à la disposition de l'officier de police judiciaire, doit immédiatement être placée en garde à vue et recevoir notification des droits attachés à cette mesure. Encourt la cassation l'arrêt qui déclare la garde à vue régulière alors qu'aucun élément de la procédure n'établit une circonstance insurmontable justifiant le retard apporté à la notification du placement en garde à vue et des droits attachés à cette mesure à une personne mise, sous la contrainte, à la disposition de l'officier de police judiciaire depuis deux heures. • Crim. 31 mai 2007, n° 07-80.928 P : *D. 2007. AJ 2033 ; RSC 2008. 651, obs. Buisson ; AJ pénal 2007. 385, obs. Roussel ; Dr. pénal 2007. Chron. 45, obs. Lesclous ; ibid. 2008. Chron. 46, obs. Lesclous ; Procédures 2007. Comm. n° 229, obs. Buisson.* ♦ ... Tout retard injustifié dans la notification des droits porte atteinte aux intérêts de la partie qu'elle concerne s'il n'est pas justifié par une circonstance insurmontable. • Crim. 14 déc. 1999, n° 99-84.148 P : *Procédures 2000. Comm. 44, obs. Buisson ; Dr. pénal 2000. Comm. 39, obs. Maron.* ♦ Ne constitue pas une circonstance insurmontable le transfert du service d'interpellation au service compétent (brigade des mineurs). • Civ. 1re, 9 janv. 2008 : *Dr. pénal 2009. Chron. 8, obs. Lesclous.*

21. Circonstance insurmontable d'ébriété. En revanche, aucune nullité ne saurait résulter de ce que la notification des droits ouverts à la personne placée en garde à vue est intervenue 8 heures après le début de cette mesure, en violation de l'art. 63-1, dès lors que l'arrêt constate que, lors de son interpellation, l'intéressé se trouvait dans un état d'ébriété, circonstance insurmontable, l'empêchant de comprendre la portée des droits qui auraient pu lui être notifiés et de les exercer utilement. • Crim. 3 avr. 1995, n° 94-81.792 P : *RSC 1995. 609, obs. Dintilhac ; D. 1996. Somm. 261, obs. Pradel ; Dr. pénal 1995. Comm. 187, obs. Maron ; Procédures 1995. Comm. 191, obs. Buisson.* ♦ La notification des droits ne peut en effet intervenir qu'à partir du moment où la personne gardée à vue est en état d'en comprendre la portée. • Crim. 19 mai 2009 : *Procédures 2009, n° 336, obs. Buisson.* ♦ V. aussi : • Crim. 18 oct. 2000 : *Dr. pénal 2001. Chron. 23, obs. Marsat.* ♦ Les juges qui considèrent qu'une notification des droits est tardive doivent s'expliquer sur les mentions non contestées du procès-verbal de l'officier de police judiciaire ayant constaté que la prévenue se trouvait dans un état d'imprégnation alcoolique tel « qu'elle n'avait pas assez de lucidité pour s'entendre notifier les droits prévus aux art. 63-1 à 63-4 ni les exercer utilement ». • Crim. 4 janv.

2005, n° 04-84.876 P : *D. 2005. 761, obs. Lennon ; ibid. 2006. Pan. 620, obs. Pradel ; AJ pénal 2005. 160, obs. Leblois-Happe ; Dr. pénal 2005. Comm. 49, obs. Maron ; ibid. 2007. Chron. 39, obs. Lesclous ; JCP 2005. I. 161, obs. Maron ; ibid. II. 10176, note Conte.*

22. Le placement en garde à vue et la notification de ses droits à une personne en état d'ébriété n'ont pas à être annulés dès lors que l'officier de police constate que l'intéressé est manifestement en état de répondre à ses interpellations, qu'il indique qu'il se sent capable de répondre aux questions et qu'il signe les procès-verbaux. • Crim. 10 mai 2000, n° 00-80.865 P. ♦ Un automobiliste sous l'empire d'un état alcoolique mais dont l'état d'ivresse publique au sens de l'art. L. 76 C. déb. boiss. n'est pas constaté, ne peut être retenu dans un service de police ou de gendarmerie jusqu'à complet dégrisement sans qu'il soit placé en garde à vue et sans que les droits afférents à cette mesure lui soient notifiés dès que son état le permet. • Crim. 11 janv. 2001, n° 00-82.024 P.

23. Nécessité d'un interprète. Il n'y a pas lieu d'annuler la garde à vue de l'intéressé dès lors que le délai entre le placement en garde à vue à compter de 14 h 35 et la notification des droits à 15 h 55 est raisonnable et se justifie par les diligences faites par la police en vue de déterminer sa véritable nationalité et la langue parlée par lui, qu'il a été vérifié à 14 h 45 qu'il était incapable de s'entretenir en langue japonaise alors qu'il détenait un passeport japonais, que l'OPJ a établi un procès-verbal de recherche d'interprète, à 14 h 55, mentionnant que les droits relatifs à la mesure de garde à vue seraient notifiés à M. X... dès la présence d'un interprète en langue chinoise, et enfin que l'interprète concerné a prêté serment à 15 h 35 ; en effet, il y avait impossibilité, du fait de ces circonstances insurmontables, de faire immédiatement appel à un interprète en langue chinoise lors du placement en garde à vue de l'étranger. • Civ. 2e, 4 juill. 2002, n° 01-50.005 P. ♦ Dans le même sens, dès lors que la notification des droits à un étranger n'a pu être faite qu'après la venue d'un interprète : • Paris, 7 oct. 1997 : *Dr. pénal 1998. Comm. 138 (2e arrêt), obs. Maron.* ♦ Caractérise des circonstances insurmontables justifiant de n'avoir pas pu notifier immédiatement ses droits à la personne gardée à vue le fait que celle-ci ait expressément, lors de son arrestation, déclaré ne pas parler le français mais une langue étrangère, dès lors qu'aucun des sept interprètes n'a pu être effectivement joint au téléphone avant que la personne gardée à vue n'indique en définitive qu'elle comprenait le français. • Civ. 1re, 19 juin 2007 : *Dr. pénal 2007. Comm. 122, obs. Maron.*

24. Autres circonstances insurmontables. De même constitue une circonstance insurmontable de nature à justifier une notification tardive des droits le fait qu'un commissariat soit assiégé par des manifestants empêchant la présentation de la personne retenue à un OPJ. • Crim. 10 avr. 1996 : *Gaz. Pal. 1996. 2. 136 ; Procédures 1996. Comm. 229, obs. Buisson.* ♦ Constitue également une circonstance insurmontable obligeant les OPJ à différer d'une courte période la notification des droits la nécessité de respecter les exigences légales de l'art. 62 en application duquel les témoins ne doivent être retenus que le temps nécessaire à leur audition ; ainsi, il n'y a pas lieu d'annuler la procédure lorsqu'un individu qui était au poste de police pour vérification d'identité a été retenu dans les locaux le temps d'être présenté à des témoins d'un crime qui étaient en cours d'audition. • Versailles, 6 déc. 2002 : *Dr. pénal 2003. Comm. 42, obs. Maron et Haas.* ♦ Caractérise des circonstances insurmontables justifiant le retard apporté dans l'information du procureur de la République et dans la notification des droits le fait que l'état de santé de la personne placée en garde à vue ait nécessité son transfert à l'hôpital et qu'une fois arrivée dans cet établissement elle ait refusé de recevoir des soins. • Crim. 27 nov. 2007 : *Dr. pén. 2008. Comm. 40.* ♦ Constitue une circonstance insurmontable le délai de route entre le lieu de rétention douanière et le service de police chargé de la garde à vue subséquente. • Crim. 26 nov. 2008 : *Dr. pénal 2009. Chron. 8, obs. Lesclous.*

C. MODALITÉS DE LA NOTIFICATION

25. Information de la personne intéressée. Selon l'art. 63-1, l'officier de police judiciaire ou, sous son contrôle, l'agent de police judiciaire, a le devoir de notifier les droits attachés au placement en garde à vue dès que la personne concernée se trouve en état d'en être informée. En conséquence, doit être annulé le procès-verbal d'audition d'une personne arrêtée en flagrant délit et entendue après dégrisement, mais sans avoir alors reçu notification de ses droits. • Crim. 4 janv. 1996, n° 95-84.330 P : *RSC 1996. 399, obs. Dintilhac ; Procédures 1996. Comm. 152, obs. Buisson ; Dr. pénal 1996. Comm. 90, obs. Maron.* ♦ Tout gardé à vue doit être avisé de la nature de l'infraction sur laquelle porte l'enquête et mention de cet avis doit figurer au procès-verbal signé par l'intéressé. • Civ. 2e, 22 mai 2003, n° 02-50.008 P : *D. 2003. IR 1548 ; JCP 2003. IV. 2242 ; Dr. pénal 2003. Comm. 104, obs. Maron.* ♦ Justifie sa décision la chambre de l'instruction qui refuse d'annuler le procès-verbal de prolongation de garde à vue autorisée par le juge des libertés et de la détention en application des dispositions de l'art. 311-9 C. pén et des art. 706-73 et 706-88, dès lors qu'il résulte de la procédure que les intéressés, avant d'être déférés devant ce magistrat, se sont entretenus avec leurs avocats qui avaient été préalablement informés de la nature de l'infraction et qui n'ont pas formulé d'observations. • Crim.

7 juin 2006, n° 06-82.405 P : *Dr. pénal 2007. Chron. 42 et 43, obs. Lesclous.* ♦ Toutefois, aucun texte n'impose d'aviser l'intéressé des autres infractions révélées ultérieurement alors que la mesure de garde à vue est en cours. • Civ. 2e, 5 févr. 2004, n° 01-50.091 P : *D. 2004. IR 540* ; *Dr. pénal 2004. Comm. 135, obs. Maron.* ♦ La garde à vue pour une enquête sur un vol en bande organisée – ce qui justifie un retard de l'entretien avec l'avocat – est régulière même si l'intéressé a été entendu pour une autre enquête – qui ne relevait pas du régime spécifique de la bande organisée – pendant cette garde à vue. • Crim. 7 déc. 2004 : *Dr. pénal 2005. Comm. 50, obs. Maron.*

26. Portée de l'irrégularité. Lorsque les droits de la personne placée en garde à vue lui ont été notifiés alors qu'elle n'était pas en mesure de comprendre la portée de cette notification, la cour d'appel peut limiter l'annulation de la procédure à l'audition du prévenu au cours de sa garde à vue. • Crim. 29 févr. 2000, n° 99-82.092 P : *D. 2000. IR 143* ; *Dr. pénal 2000. Comm. 108, obs. Maron.* ♦ Une notification tardive des droits n'entraîne pas nécessairement l'annulation d'une perquisition effectuée pendant la garde à vue dès lors qu'elle n'en est pas le support nécessaire, ni l'annulation des procès-verbaux d'audition postérieurs à la notification des droits. • Crim. 27 juin 2000, n° 00-80.411 P. ♦ La nullité de la garde à vue pour défaut de notification des droits ne peut affecter la régularité des procès-verbaux d'interpellation et de dépôt de plainte puisque l'acte annulé est postérieur aux actes concernés. • Crim. 6 mai 2003, n° 02-87.567 P : *JCP 2003. IV. 2176.*

27. Procès-verbaux. Si les procès-verbaux de police doivent, en vertu des dispositions combinées des art. 63-1, 64 et 66, être rédigés sur-le-champ, l'irrégularité, consistant à ne consigner par procès-verbal qu'à l'issue de la garde à vue les diverses formalités relatives à l'exécution de cette mesure, n'a pas eu pour effet de porter atteinte, au sens des art. 171 et 802, aux intérêts des personnes concernées lorsque celles-ci ont été immédiatement avisées de leurs droits dont elles ont d'ailleurs fait usage en s'entretenant avec un avocat et en étant soumises à un examen médical. • Crim. 6 déc. 1995, n° 95-84.701 P. ♦ De même lorsque la notification immédiate des droits n'a été consignée par procès-verbal que sept heures plus tard. • Crim. 21 mars 2000, n° 99-87.632 P : *D. 2000. IR 153* . ♦ Conf. : • Crim. 12 févr. 1997 : *Procédures 1997. Comm. 160, obs. Buisson.*

28. Le procès-verbal de placement en garde à vue, s'il ne précise pas l'heure à laquelle ses droits ont été notifiés à l'intéressé, mentionne que, placé en garde à vue à 8 h 30, avant toute audition, à compter de 7 h, heure de son interpellation, X... a déclaré avoir été immédiatement informé de ses droits, a expressément renoncé à les exercer, puis se ravisant, a demandé à l'officier de police judiciaire, à 19 h, à s'entretenir avec un avocat, qui, informé de cette demande à 19 h 15, s'est présenté et a pu s'entretenir avec lui le lendemain à partir de 5 h 55 : dès lors il n'y a pas lieu d'annuler la procédure. • Crim. 15 janv. 2002, n° 01-87.103.

29. Langue comprise. Les dispositions de l'art. 102 ne sont pas applicables à l'enquête de flagrance et aucun texte n'exige que celui qui apporte son assistance à un officier de police judiciaire, pour que la personne gardée à vue soit informée de ses droits dans une langue qu'elle comprend, ait prêté serment. • Crim. 26 mai 1999, n° 99-81.457 P : *D. 2001. Somm. 519, obs. Pradel* ; *Dr. pénal 1999. Comm. 237, obs. Buisson.*

30. N'encourt pas la censure l'arrêt qui, pour refuser d'annuler le placement en garde à vue d'un Tunisien, résidant en France depuis quatorze ans, qui avait reçu, en français, notification des droits, constate que, entendu ultérieurement avec l'assistance d'un interprète d'arabe, il avait alors déclaré avoir compris la nature et la portée de la notification, et que le recours à cet interprète était justifié par les difficultés tenant à l'attitude de la personne entendue. • Crim. 11 févr. 1998, n° 97-85.542 P : *RSC 1998. 583, obs. Dintilhac* ; *Procédures 1998. Comm. 206, obs. Buisson.* ♦ La notification tardive de ses droits, en raison de l'absence d'interprète, à une personne de nationalité chinoise placée en garde à vue est une cause de nullité, quand bien même l'intéressé a été examiné par un médecin et a pu s'entretenir avec un avocat, sauf s'il est caractérisé une circonstance insurmontable justifiant l'impossibilité de faire appel immédiatement à un interprète. • Civ. 2e, 24 févr. 2000, n° 98-50.044 P : *D. 2000. IR 84* . ♦ Il n'y a pas lieu de constater la nullité du procès-verbal de notification des droits et des actes subséquents et d'annuler la mesure de rétention au motif que l'intéressé n'a pas bénéficié de l'assistance d'un interprète en temps utile dès lors qu'il n'a pas été recherché si M. X... n'avait pas une connaissance suffisante de la langue française et qu'il n'a pas été tenu compte des pièces de la procédure, et notamment des procès-verbaux de notification de placement en garde à vue et de mainlevée de cette mesure, mentionnant que l'information de l'intéressé concernant ses droits lui avait été faite en langue française qu'il comprenait, ainsi que le procès-verbal d'audition dans lequel celui-ci, malgré la mention de difficultés d'expression correcte, avait été à même de donner des détails aux policiers que ceux-ci ne pouvaient connaître que par lui. • Civ. 2e, 10 oct. 2002, n° 01-50.060 P.

31. Absence physique de l'interprète. Est régulier un procès-verbal de notification des droits à une personne gardée à vue, de nationalité chinoise, mentionnant expressément qu'il a été remis à cette dernière une notice, visée par le traducteur-interprète assermenté le 19 mai 1993, qui est la traduction en langue chinoise des droits que la personne gardée à vue tient des art. 63-2 s., et des informations relatives à la durée de la garde à vue. • Douai, 17 sept. 1997 : *BICC 1998, n° 458.* ♦ L'intervention téléphonique d'un interprète est valable dans la mesure où les gardés à vue ont réclamé la présence d'un avocat à la 20e heure ce qui démontre leur compréhension de ces droits. • Versailles, 3 mai 2000 : *JCP 2000. IV. 1032 ; Dr. pénal 2000. Comm. 94, obs. Maron.*

II. NOTIFICATION DES DROITS : UNE OBLIGATION POUR LA SEULE GARDE À VUE

32. Rétention en chambre de sûreté. Les individus retenus en chambre de sûreté en application de l'art. L. 76 C. déb. boiss. ne disposent pas des droits accordés par les art. 63 s. • Crim. 9 sept. 1998 : *Dr. pénal 1999. Comm. 16, obs. Maron ; JCP 1999. I. 112, chron. Maron.*

33. Retenue douanière. Les seules obligations imposées aux agents des Douanes qui retiennent une personne capturée en flagrant délit sont prévues par l'art. 323 C. douanes. Aucune disposition ne leur impose de procéder à la notification prévue par l'art. 63-1, texte qui concerne seulement la garde à vue dans un local de police ou de gendarmerie. • Crim. 1er mars 1994, n° 94-80.571 P • 7 mars 1994, n° 93-85.698 P : *D. 1994. Somm. 188, obs. Pradel.*

34. Justifie légalement sa décision la chambre d'accusation qui, pour écarter l'argumentation de l'intéressé invoquant une notification tardive des droits mentionnés à l'art. 63-1, énonce que, la garde à vue n'ayant pris effet qu'avec la remise effective de la personne interpellée à la police, à la fin de la retenue douanière, la notification des droits mentionnés par ce texte ne devait intervenir qu'à cet instant, et ajoute que, en dépit de l'absence, dans le procès-verbal, de mention relative à l'intervention d'un interprète, la présence de celui-ci est attestée par sa signature en marge du procès-verbal et qu'il a été fait droit à la demande de la personne interpellée d'être examinée par un médecin et de s'entretenir avec un avocat, dès lors que l'imputation, prévue à l'art. 323 C. douanes, de la durée de la retenue douanière sur celle de la garde à vue lui faisant suite, qui a pour seul objet de limiter la durée de la privation de liberté, est sans effet sur les régimes respectifs de chacune de ces mesures. • Crim. 1er avr. 1998 : *D. 1998. IR 136 ; JCP 1999. I. 112, chron. Maron.*

35. Droits de la défense. Si une personne peut être soumise, à l'occasion de faits distincts, à des mesures de garde à vue immédiatement successives et indépendantes l'une de l'autre, elle ne peut être retenue de manière continue à la disposition des OPJ pendant une période totale excédant la durée maximale de garde à vue autorisée par la loi. Le dépassement de ce délai porte nécessairement atteinte aux intérêts de la personne concernée. • Crim. 17 mars 2004, n° 03-87.739 P.

Ancien art. 63-1 *(L. n° 93-1013 du 24 août 1993)* ***« Toute personne placée en garde à vue est immédiatement informée par un officier de police judiciaire, ou, sous le contrôle de celui-ci, par un agent de police judiciaire,*** *(L. n° 2000-516 du 15 juin 2000, art. 7-I, en vigueur le 1er janv. 2001)* ***« de la nature de l'infraction sur laquelle porte l'enquête, » des droits mentionnés aux articles 63-2, 63-3 et 63-4 ainsi que des dispositions relatives à la durée de la garde à vue prévues par l'article 63. »***

(L. n° 93-2 du 4 janv. 1993) ***Mention de cet avis est portée au procès-verbal et émargée par la personne gardée à vue ; en cas de refus d'émargement, il en est fait mention.***

Les informations mentionnées au premier alinéa doivent être communiquées à la personne gardée à vue dans une langue qu'elle comprend *(L. n° 2004-204 du 9 mars 2004, art. 81)* ***« , le cas échéant au moyen de formulaires écrits ».***

(L. n° 2000-516 du 15 juin 2000, art. 9, en vigueur le 1er janv. 2001) ***« Si cette personne est atteinte de surdité et qu'elle ne sait ni lire ni écrire, elle doit être assistée par un interprète en langue des signes ou par toute personne qualifiée maîtrisant un langage ou une méthode permettant de communiquer avec des sourds. Il peut également être recouru à tout dispositif technique permettant de communiquer avec une personne atteinte de surdité. »***

(L. n° 2002-307 du 4 mars 2002) ***« Si la personne est remise en liberté à l'issue de la garde à vue sans qu'aucune décision n'ait été prise par le procureur de la République sur l'action publique, les dispositions de l'article 77-2 sont portées à sa connaissance.***

« Sauf en cas de circonstance insurmontable, les diligences résultant pour les enquêteurs de la communication des droits mentionnés aux articles 63-2 et 63-3 doivent intervenir au plus tard dans un délai de trois heures à compter du moment où la personne a été placée en garde à vue. »

A propos de la décision du Cons. const. du 30 juin 2010 et des dispositions transitoires avant la réforme du 14 avr. 2011, V. notes ss. art. 62.

BIBL. ▶ BARON, *D. 2000, n° 38, point de vue.* – BÜCK, *RSC 2001. 325* (vers un contrôle plus étendu de la garde à vue – l'exemple du contentieux relatif à la notification immédiate des droits). – GARÇON, *AJ pénal 2004. 152* (le droit à l'assistance d'un interprète impartial au cours de la garde à vue). – Karsenty, *Dr. pénal 2000. Chron. 21.* – Maron, *Dr. pénal 1999. Chron. 5.* – Serratrice-Couttenier, *RSC 1998. 465.*

Art. 63-2 *(L. nº 93-2 du 4 janv. 1993) (L. nº 2016-731 du 3 juin 2016, art. 63, en vigueur le 15 nov. 2016)* **« I. — » Toute personne placée en garde à vue peut, à sa demande, faire prévenir** *(Abrogé par L. nº 2011-392 du 14 avr. 2011) « dans le délai prévu au dernier alinéa de l'article 63-1 »*, **par téléphone,** *(L. nº 93-1013 du 24 août 1993)* **« une personne avec laquelle elle vit habituellement ou l'un de ses parents en ligne directe,** *(L. nº 2019-222 du 23 mars 2019, art. 48-II et 109-XIII, en vigueur le 1er juin 2019)* **« ou l'un de ses frères et sœurs » de la mesure dont elle est l'objet.** *(L. nº 2011-392 du 14 avr. 2011)* **« Elle peut en outre faire prévenir son employeur. Lorsque la personne gardée à vue est de nationalité étrangère, elle peut faire contacter les autorités consulaires de son pays. »** — *V. art. D. 15-5-2.*

(Abrogé par L. nº 2016-731 du 3 juin 2016, art. 63, à compter du 15 nov. 2016) « Si l'officier de police judiciaire estime, en raison des nécessités de l'enquête, ne pas devoir faire droit à cette demande, il en réfère sans délai au procureur de la République qui décide, s'il y a lieu, d'y faire droit. »

(L. nº 2011-392 du 14 avr. 2011) **« Sauf en cas de circonstance insurmontable, qui doit être mentionnée au procès-verbal, les diligences incombant aux enquêteurs en application du premier alinéa doivent intervenir au plus tard dans un délai de trois heures à compter du moment où la personne a formulé la demande. »** — *Les dispositions de la L. nº 2011-392 du 14 avr. 2011 sont entrées en vigueur le 1er juin 2011.*

(L. nº 2016-731 du 3 juin 2016, art. 63, en vigueur le 15 nov. 2016) **« Le procureur de la République peut, à la demande de l'officier de police judiciaire, décider que l'avis prévu au premier alinéa du présent I sera différé ou ne sera pas délivré si cette décision est, au regard des circonstances, indispensable afin de permettre le recueil ou la conservation des preuves ou de prévenir une atteinte grave à la vie, à la liberté ou à l'intégrité physique d'une personne.**

« Si la garde à vue est prolongée au-delà de quarante-huit heures, le report de l'avis peut être maintenu, pour les mêmes raisons, par le juge des libertés et de la détention ou le juge d'instruction, sauf lorsque l'avis concerne les autorités consulaires.

« II. — L'officier de police judiciaire peut autoriser la personne en garde à vue qui en fait la demande à communiquer, par écrit, par téléphone ou lors d'un entretien, avec un des tiers mentionnés au I du présent article, s'il lui apparaît que cette communication n'est pas incompatible avec les objectifs mentionnés à l'article 62-2 et qu'elle ne risque pas de permettre une infraction.

« Afin d'assurer le bon ordre, la sûreté et la sécurité des locaux dans lesquels s'effectue la garde à vue, l'officier ou l'agent de police judiciaire détermine le moment, les modalités et la durée de cette communication, qui ne peut excéder trente minutes et intervient sous son contrôle, le cas échéant en sa présence ou en la présence d'une personne qu'il désigne. Si la demande de communication concerne les autorités consulaires, l'officier de police judiciaire ne peut s'y opposer au-delà de la quarante-huitième heure de la garde à vue.

« Le présent II n'est pas applicable en cas de demande de communication avec un tiers dont il a été décidé en application des deux derniers alinéas du I du présent article qu'il ne pouvait être avisé de la garde à vue. »

Dès lors que la Cour de cassation, qui a le contrôle des pièces de la procédure, est en mesure de s'assurer que l'OPJ s'en est référé au procureur de la République moins 1h 15 après le placement en garde à vue de l'intéressé, et que ce magistrat ayant pris sa décision à la suite, avant l'expiration du délai de 3 h prévu au 3e al. de l'art. 63-2, il a été satisfait aux dispositions de ce texte dans sa version alors applicable issue de la L. nº 2011-392 du 14 avr. 2011. • Crim. 31 oct. 2017, nº 17-80.872 P : *D. actu. 16 nov. 2017, obs. Azoulay ; AJ pénal 2018. 95, obs. Roux-Demare.*

Art. 63-3 *(L. nº 93-2 du 4 janv. 1993)* **Toute personne placée en garde à vue peut, à sa demande, être examinée par un médecin** *(L. nº 93-1013 du 24 août 1993)* **« désigné par le procureur de la République ou l'officier de police judiciaire ». En cas de prolongation, elle peut demander à être examinée une seconde fois.** *(L. nº 2011-392 du 14 avr. 2011, en vigueur le 1er juin 2011)* **« Le médecin se prononce sur l'aptitude au maintien en garde à vue et procède à toutes constatations utiles. Sauf en cas de**

circonstance insurmontable, les diligences incombant aux enquêteurs en application du présent alinéa doivent intervenir au plus tard dans un délai de trois heures à compter du moment où la personne a formulé la demande. Sauf décision contraire du médecin, l'examen médical doit être pratiqué à l'abri du regard et de toute écoute extérieurs afin de permettre le respect de la dignité et du secret professionnel. »

(L. n° 93-1013 du 24 août 1993) **« A tout moment, le procureur de la République ou l'officier de police judiciaire peut d'office désigner un médecin pour examiner la personne gardée à vue.**

« En l'absence de demande de la personne gardée à vue, du procureur de la République ou de l'officier de police judiciaire, un examen médical est de droit si un membre de sa famille le demande ; le médecin est désigné par le procureur de la République ou l'officier de police judiciaire. »

Le médecin examine sans délai la personne gardée à vue. Le certificat médical *(Abrogé par L. n° 2011-392 du 14 avr. 2011, à compter du 1er juin 2011)* ***« par lequel il doit notamment se prononcer sur l'aptitude au maintien en garde à vue »*** **est versé au dossier.**

(L. n° 93-1013 du 24 août 1993) **« Les dispositions du présent article ne sont pas applicables lorsqu'il est procédé à un examen médical en application de règles particulières. »** — *Pour des règles particulières en matière de stupéfiants et de criminalité organisée, V. art. 706-88 ; ... en matière de délinquance des mineurs, V. Ord. n° 45-174 du 2 févr. 1945, art. 4, App., v° Mineurs délinquants et désormais CJPM, art. L. 413-8.*

Polynésie française : 813.

BIBL. ▶ AMBROISE-CASTÉROT, *RDSS (hors-série) 2008. 66*. – CHARIOT, *AJ pénal 2004. 279* (l'intervention du médecin en garde à vue). – CHARIOT et BORAUD, *AJ pénal 2008. 265*. – COELHO, *AJ pénal 2006. 35* (garde à vue, examen médical et confidentialité). – GARAY, *Gaz. Pal. 1998. 1. Doctr. 20* (garde à vue médicalisée). – CHARIOT, BRIFFA et LEPRESLE, *AJ pénal 2012. 521* (intervention du médecin en garde à vue : contenu du certificat médical et de ses à-côtés). – THOMAS-TAILLANDIER, *Gaz. Pal. 5 févr. 2019, p. 70* (influence de l'examen médical sur la garde à vue).

1. État de santé incompatible avec la garde à vue. Il résulte de l'art. 63-3 que la poursuite de la garde à vue d'une personne dans des conditions qui sont, selon le constat médical, incompatibles avec son état de santé porte nécessairement atteinte à ses intérêts. • Crim. 27 oct. 2009, n° 09-82.505 P : *D. 2009. AJ 2688, note Girault ; ibid. 2010. Étude 245, note Delage ; AJ pénal 2010. 37, obs. Girault ; Dr. pénal 2010. Chron. 1, obs. Guérin ; ibid. Chron. 2, obs. Peltier ; Procédures 2010, n° 91, obs. Buisson* • Civ. 1re, 10 oct. 2012 : *D. 2012. 2453, obs. Léna ; Gaz. Pal. 2013, nos 39-40, p. 41, obs. Fourment.*

2. Un suspect hospitalisé ne peut être entendu en l'absence d'une autorisation du médecin, en l'absence de son avocat et sans placement en garde à vue, le suspect étant ainsi privé de ses droits. • Crim. 25 oct. 2011 : *D. 2011. 2731, obs. Girault.*

3. Sanctions des irrégularités. Même si la personne concernée n'a pas bénéficié du soutien psychiatrique qu'il était conseillé de lui apporter, sa garde à vue n'a pas été pour autant irrégulière, le médecin n'ayant pas expressément subordonné la poursuite de cette mesure privative de liberté à l'examen par un psychiatre. • Crim. 30 mars 2016, n° 15-86.195 : *Dr. pénal 2016. Chron. 8, obs. Lesclous.*

4. Justifie sa décision la chambre de l'instruction qui, pour écarter l'exception tirée d'une incompatibilité de la garde à vue et des auditions avec l'état de santé du requérant, relève que, cette incompatibilité ayant été constatée, l'intéressé a été hospitalisé pour une intervention chirurgicale et qu'après celle-ci, lorsque le service des urgences lui a indiqué qu'il pouvait être entendu, un officier de police judiciaire lui a notifié ses droits sans qu'il ne formule de demande d'examen médical. • Crim. 11 juill. 2012 : *Dr. pénal 2013, n° 8, obs. Lesclous.*

5. Délai de trois heures. La personne mise en examen, qui n'a, à aucun moment, sollicité un examen médical, ne saurait invoquer le non-respect du délai de trois heures fixé par l'art. 63-3, lequel n'est applicable qu'en cas de demande formulée par la personne gardée à vue. • Crim. 25 mai 2016, n° 16-80.379 P : *D. actu. 27 juin 2016, obs. André ; AJ pénal 2016. 441, obs. Brach-Thiel ; Dr. pénal 2016. Chron. 8, obs. Lesclous.*

Art. 63-3-1 *(L. n° 2011-392 du 14 avr. 2011, en vigueur le 1er juin 2011)* **Dès le début de la garde à vue, la personne peut demander à être assistée par un avocat. Si elle n'est pas en mesure d'en désigner un ou si l'avocat choisi ne peut être contacté, elle peut demander qu'il lui en soit commis un d'office par le bâtonnier.**

Le bâtonnier ou l'avocat de permanence commis d'office par le bâtonnier est informé de cette demande par tous moyens et sans délai.

L'avocat peut également être désigné par la ou les personnes prévenues en application du premier alinéa *(L. n° 2016-731 du 3 juin 2016, art. 63, en vigueur le 15 nov. 2016)* **« du I » de l'article 63-2. Cette désignation doit toutefois être confirmée par la personne.**

L'avocat désigné est informé par l'officier de police judiciaire ou, sous le contrôle de celui-ci, par un agent de police judiciaire de la nature et de la date présumée de l'infraction sur laquelle porte l'enquête.

S'il constate un conflit d'intérêts, l'avocat fait demander la désignation d'un autre avocat. En cas de divergence d'appréciation entre l'avocat et l'officier de police judiciaire ou le procureur de la République sur l'existence d'un conflit d'intérêts, l'officier de police judiciaire ou le procureur de la République saisit le bâtonnier qui peut désigner un autre défenseur.

Le procureur de la République, d'office ou saisi par l'officier de police judiciaire ou l'agent de police judiciaire, peut également saisir le bâtonnier afin qu'il soit désigné plusieurs avocats lorsqu'il est nécessaire de procéder à l'audition simultanée de plusieurs personnes placées en garde à vue.

V. art. D. 15-5-2 ; Décr. n° 2011-810 du 6 juill. 2011 relatif à l'aide à l'intervention de l'avocat au cours de la garde à vue et de la retenue douanière (JO 8 juill.).

BIBL. ▶ Matsopoulou, *JCP 2011. 542* (une réforme inachevée, aperçu rapide à propos de la loi du 14 avril 2011). – Pellé, *AJ pénal 2011. 235* (réforme de la garde à vue : problèmes de droit transitoire). – Pradel, *JCP 2011. 665* (un regard perplexe sur la nouvelle garde à vue). – Rassat, *JCP 2011. 632* (à remettre sur le métier, des insuffisances de la réforme de la garde à vue). – Roujou de Boubée, *D. 2011. Chron. 1570* (la réforme de la garde à vue : commentaire de la loi n° 2011-392 du 14 avril 2011). – Vergès, *D. 2011. Point de vue. 3005* (garde à vue : le rôle de l'avocat au cœur d'un conflit de normes nationales et européennes). – Veil et Père, *D. 2012. Point de vue 2400* (la renonciation à l'assistance d'un avocat en garde à vue est-elle conforme aux exigences du procès équitable ?).

1. Sanction. Entraîne la nullité de la garde à vue la violation de l'art. 63-3-1 [ex-art. 63-4] qui prévoit que le bâtonnier doit être informé de la demande d'un suspect de bénéficier d'un avocat commis d'office. • Crim. 26 mars 2008, n° 07-83.814 P : *D. 2008. AJ 1063, obs. Léna ; RPDP 2008. 389, obs. Ambroise-Castérot.* ♦ Toutefois, l'annulation de la mesure de garde à vue ne saurait entraîner la nullité du procès-verbal de comparution immédiate et le tribunal reste donc valablement saisi. • Même arrêt.

2. Droit de demander un avocat à tout moment. Les auditions recueillies postérieurement au moment où le gardé à vue a sollicité l'assistance d'un avocat sont irrégulières (espèce où la personne avait refusé l'assistance d'un conseil au moment de la notification de sa garde à vue, pour la solliciter lors d'une audition ultérieure). • Crim. 5 nov. 2013, n° 13-82.682 P : *D. actu. 25 nov. 2013, obs. Priou-Alibert ; D. 2013. Actu. 2646 ; AJ pénal 2014. 90, obs. de Combles de Nayves ; Procédures 2014. 23, obs. Chavent-Leclère ; Gaz. Pal. 9 févr. 2014, p. 40, note Fourment.*

3. Désignation par la personne régulièrement avisée. Tout mis en cause doit pouvoir, à tout moment, bénéficier de l'assistance d'un avocat choisi par lui-même ou désigné par une personne régulièrement avisée de son placement en garde à vue en application de l'art. 63-2, cette dernière désignation devant dans cette hypothèse lui être aussitôt notifiée afin qu'il puisse la confirmer, quand bien même il aurait déclaré renoncer à l'assistance d'un avocat. • Crim. 4 oct. 2016, n° 16-81.778 P : *AJ pénal 2016. 598, obs. Perrier ; Dr. pénal 2017. Chron. 8, obs. Lesclous ; Procédures 2016, n° 378, note Chavent-Leclère ; RSC 2016. 802, note Cordier.*

4. Seule la personne régulièrement avisée de la mesure de garde à vue en application de l'art. 63-2 peut désigner un avocat pour assister la personne entendue dans ce cadre ; de sorte que la désignation opérée par le père de la personne gardée à vue, qui avait demandé à ce que sa mère soit avisée de la mesure, est irrégulière, quand bien même les deux parents partagent la même ligne téléphonique. • Crim. 19 oct. 2021, n° 21-81.569 B : *AJ pénal 2021. 580, obs. Thierry.*

5. Conflit d'intérêts. L'OPJ doit informer de sa désignation l'avocat choisi par la personne placée en garde à vue, seul le bâtonnier ayant qualité pour désigner un autre défenseur en cas de conflit d'intérêts ; le refus d'informer l'avocat choisi, même déjà désigné par une autre personne gardée à vue dans la même affaire, porte nécessairement atteinte aux intérêts de la personne concernée. • Crim. 21 oct. 2015, n° 15-81.032 P : *D. 2016. Pan. 1727, obs. Pradel ; AJ pénal 2016. 218, obs. Brach-Thiel ; Dr. pénal 2015. 169, obs. Maron et Haas.* ♦ Ni le courrier par lequel le juge d'instruction saisit le bâtonnier d'une divergence d'appréciation avec l'avocat choisi sur l'existence d'un conflit d'intérêts, ni les correspondances échangées à la suite ni, enfin, la décision du bâtonnier de désigner un autre défenseur, ne constituent des actes ou des pièces de procédure au sens des art. 170 et 173, de sorte que ces documents ne peuvent être contestés par la voie d'une requête en nullité ; d'autre part, a seule qualité pour invoquer une violation des droits de la défense prise d'une atteinte au libre choix de son avocat la personne à qui est opposé le conflit d'intérêts susceptible de restreindre son choix. • Crim. 20 sept. 2016, n° 16-81.638 P : *AJ pénal 2016. 593, obs. Porteron ; Procédures 2016, n° 339, note Chavent-Leclère.*

Art. 63-4 *(L. n° 2011-392 du 14 avr. 2011, en vigueur le 1er juin 2011)* **L'avocat désigné dans les conditions prévues à l'article 63-3-1 peut communiquer avec la personne gardée à vue dans des conditions qui garantissent la confidentialité de l'entretien.**

La durée de l'entretien ne peut excéder trente minutes.

Lorsque la garde à vue fait l'objet d'une prolongation, la personne peut, à sa demande, s'entretenir à nouveau avec un avocat dès le début de la prolongation, dans les conditions et pour la durée prévues aux deux premiers alinéas.

Sur l'application de l'art. 63-4 C. pr. pén. en matière de criminalité organisée, V. art. 706-88.

V. Décr. n° 2011-810 du 6 juill. 2011 relatif à l'aide à l'intervention de l'avocat au cours de la garde à vue et de la retenue douanière (JO 8 juill.).

S'agissant des dispositions d'urgence mises en place pour faire face à l'épidémie de covid-19, V. App., v° État d'urgence sanitaire.

Tom : 814.

BIBL. ▶ BOHLANDER, *RSC 1994. 311*. – DUMONTET, *AJ pénal 2004. 275* (l'avocat et la garde à vue : aspects pratiques et critiques). – FOSSAERT-SABATIER, *Dr. pénal 1997. Chron. 13*. – HODGSON et RICH, *RSC 1995. 319*. – PELLÉ, *AJ pénal 2011. 235* (réforme de la garde à vue : problèmes de droit transitoire). – SAINT-PIERRE, *AJ pénal 2008. 116*. – VLAMYNCK, *AJ pénal 2008. 257*.

I. RÈGLES GÉNÉRALES

A. PRÉSENCE DE L'AVOCAT

1. Il résulte de l'art. 6, § 3, Conv. EDH que toute personne placée en garde à vue doit pouvoir bénéficier de l'assistance d'un avocat dès qu'elle en fait la demande. • Crim. 14 déc. 2011, n° 11-81.329 P : *D. actu. 1er févr. 2012, obs. Girault ; D. 2012. Actu. 220 ; AJ pénal 2012. 170, obs. Gallois ; Dr. pénal 2012, n° 44, obs. Maron et Haas.*

2. Preuve de la présence de l'avocat. Il appartient à la chambre de l'instruction de vérifier si la personne présente sur les images de l'enregistrement audiovisuel de la garde à vue, au besoin au moyen d'un supplément d'information, n'était pas, malgré l'absence de mention du procès-verbal à cet égard, l'avocat de la personne gardée à vue. • Crim. 12 avr. 2016, n° 15-86.802 : *Dr. pénal 2016. Chron. 8, obs. Lesclous.*

3. Désignation de l'avocat. Il résulte de l'art. 63-4, al. 1er que la personne gardée à vue ne peut demander un avocat désigné d'office que si elle n'est pas en mesure de désigner un avocat ou si l'avocat choisi ne peut être contacté ; les exigences légales sont remplies dès lors qu'un avocat est désigné par la personne retenue en garde à vue et que l'officier de police judiciaire a réussi à aviser cet avocat de sa désignation ; le refus de l'avocat désigné et dûment informé de se déplacer pour assister son désignant ne crée aucune obligation de solliciter du bâtonnier local la désignation d'un avocat commis d'office. • Douai, 14 avr. 1993 : *Gaz. Pal. 1993. 1. 274.* ♦ Une personne mise en examen ne saurait se faire un grief de ce que la chambre de l'instruction ait rejeté sa demande d'annulation de la mesure de garde à vue dont elle a été l'objet ainsi que de la procédure subséquente, faute d'avoir pu être assistée de l'avocat de son choix, dès lors que celle-ci a accepté d'en choisir un autre qui l'a effectivement assistée, tant pour l'entretien prévu par l'art. 63-4 que lors de sa première comparution, après que le juge d'instruction se fut opposé à la désignation du premier contre qui existaient des indices de participation aux faits objet de l'information. Dès lors que le requérant a bénéficié d'une défense effective, assurée par un autre avocat qu'il a désigné et qui n'a formulé aucune observation, l'irrégularité invoquée n'a pas eu pour effet de porter atteinte à ses intérêts. • Crim. 3 juin 2008, n° 08-81.771 P : *AJ pénal 2008. 379, obs. Royer ; Dr. pénal 2008. Comm. 137, obs. Maron et Haas ; ibid. 2009. Chron. 1, obs. Guérin ; ibid. 8, obs. Lesclous.* ♦ L'information de la personne retenue peut être postérieure à la vingtième heure dès lors que la demande a été faite et le refus de l'avocat connu de l'officier de police judiciaire à un moment quelconque antérieurement à ce délai sans entraîner la nullité des auditions effectuées après la vingtième heure ; l'officier de police judiciaire a pour seule obligation de consigner la suite donnée à la demande d'entretien avec un avocat désigné ; l'émargement peut ne pas être immédiat et peut intervenir à la fin de la garde à vue.

• Même arrêt. ♦ La renonciation au bénéfice de l'assistance d'un avocat doit être libre et éclairée, sans quoi elle ne peut produire aucun effet. • Agen, 18 févr. 2010 : *Dr. pénal 2010. Étude 25, obs. Capdepon.*

4. Avocat commis d'office. La simple mention « désire un avocat commis d'office » suffit à établir que le prévenu a été complètement informé de ses droits. • Crim. 18 juin 2008 : *Dr. pénal 2009. Chron. 8, obs. Lesclous.* ♦ Aucune atteinte n'est portée aux intérêts du prévenu qui, à défaut d'entretien avec l'avocat nommément désigné, accepte l'intervention d'un avocat désigné d'office. • Crim. 4 juin 2008 : *Dr. pénal 2009. Chron. 8, obs. Lesclous.*

5. Obligation des services de police. L'art. 63-4 impose seulement à l'officier de police judiciaire de prendre contact avec l'avocat désigné ou d'informer par tous moyens et sans délai le bâtonnier de la demande de commission d'un avocat d'office. Satisfait à cette obligation l'officier de police judiciaire qui a téléphoné vainement à plusieurs reprises au numéro de la permanence organisée par le barreau intéressé que lui avait indiqué le bâtonnier. Constitue une circonstance insurmontable excluant la nullité du procès-verbal de placement en garde à vue et de notification de droits, ainsi que de la procédure subséquente, la décision prise collectivement par un barreau de suspendre toute participation au service des commissions d'office. • Crim. 9 mai 1994, n° 94-80.802 P : *D. 1995. Somm. 145, obs. Pradel.* ♦ Conf. : • Crim. 13 févr. 1996, n° 95-85.676 P : *D. 1996. Somm. 260, obs. Pradel ; Justices 1997, n° 5, p. 314, Chron. Rebut ; Procédures 1996. Comm. 230, obs. Buisson* • 12 mars 1997, n° 96-86.596 P. ♦ De même satisfait à l'obligation prévue par l'art. 63-4 l'OPJ qui justifie avoir contacté, par tous moyens, en vain, le bâtonnier de l'Ordre ou son délégataire dès la demande d'entretien avec un avocat commis d'office formulée par la personne gardée à vue, au moment de la notification écrite de ses droits, lorsque celle-ci intervient à l'arrivée dans le local de police, peu après une notification verbale effectuée sur le lieu d'interpellation. • Crim. 28 avr. 2004, n° 04-80.753 P : *JCP 2004. IV. 2267.* ♦ Aucune disposition légale ou conventionnelle n'impose à l'OPJ qui a tenté en vain de joindre dès le début de la garde à vue, le bâtonnier de l'Ordre des avocats ou son délégataire, de différer l'audition de la personne qui fait l'objet de cette mesure. • Crim. 28 avr. 2004 : *préc.* ♦ Rien n'impose à l'OPJ de joindre l'avocat nommément désigné sur une ligne fixe plutôt que sur un téléphone portable, ni de s'assurer que le numéro composé est bien celui de l'avocat. • Crim. 29 oct. 2008 : *Dr. pénal 2009. Chron. 8, obs. Lesclous.* ♦ Mais lorsque l'OPJ constate que le gardé à vue ne parle pas le français alors qu'il a souhaité s'entretenir avec un avocat, il lui revient de mettre un interprête, dès lors qu'il en existe un disponible, à la disposition de l'avocat. • Crim. 26 mars 2008 : *Dr. pénal 2009. Chron. 8, obs. Lesclous.* ♦ Il y a violation des dispositions de l'art. 63-4, lorsque le procès-verbal ne mentionne pas les diligences accomplies par l'officier de police judiciaire à la suite de la demande faite par l'intéressé pour s'entretenir avec un avocat commis d'office, dès le début de la garde à vue, peu importe qu'en l'espèce M. X. n'ait pas désigné d'avocat personnel, et qu'il ait pu s'entretenir avec un conseil deux heures après qu'il eut exprimé, à 6 h 10 du matin, le souhait d'être assisté dès la phase initiale de la garde à vue. • Civ. 2e, 23 janv. 2003, n° 01-50.066 P : *D. 2003. IR 667 ; JCP 2003. IV. 1426* • 24 avr. 2003, n° 01-50.019 P.

6. Obligations de l'avocat de permanence pénale. Le fait pour un avocat d'être de permanence pendant 24 heures pour répondre aux obligations résultant de la mise en œuvre de la L. du 4 janv. 1993, tendant à renforcer les droits de la défense pendant la période de garde à vue, ne saurait être considéré ni comme un travail forcé et obligatoire au sens de l'art. 4 Conv. EDH ni comme une réquisition. Ni les dispositions de l'art. 63-4 ni celles de l'art. 9 de la L. du 31 déc. 1971 ne s'opposent à une désignation à l'avance par le bâtonnier, dans le cadre d'une permanence, des avocats commis d'office pour assister les personnes en garde à vue et le principe de l'égalité devant la loi n'interdit pas l'application de règles différentes à des situations qui ne sont pas identiques. Dès lors, le refus d'un avocat de se soumettre à cette permanence est valablement sanctionné par la peine disciplinaire du blâme. • Civ. 1re, 24 juin 1997 : *JCP 1998. II. 10035, note R. Martin.*

7. Droit fondamental à l'avocat : jurisprudence européenne. V. *Aff. Salduz et aff. Dayanan* (CEDH), ss. art. 6, Conv. EDH, App., v° *Droits de l'homme (droits de la défense).*

B. ENTRETIEN AVEC L'AVOCAT

8. Entretien avec l'avocat : jurisprudence antérieure à la réforme du 14 avril 2011. Sauf exceptions justifiées par des raisons impérieuses tenant aux circonstances particulières de l'espèce, et non à la seule nature du crime ou délit reproché, toute personne soupçonnée d'avoir commis une infraction doit, dès le début de la garde à vue, être informée de son droit de se taire et bénéficier, sauf renonciation non équivoque, de l'assistance d'un défenseur. Toutefois, ces règles ne prendront effet que lors de l'entrée en vigueur de la loi devant, conformément à la décision du Conseil constitutionnel du 30 juillet 2010, modifier le régime juridique de la garde à vue, ou, au plus tard, le 1er juillet 2011. • Crim. 19 oct. 2010 (3 arrêts), n° 10-82.902 P : *D. 2010. Entretien 2696, obs. Mayaud ; ibid. Chron. 2783, note Pradel ; ibid. 2811, note*

Dreyer ✎ ; *ibid. 2011. 132, obs. Degorce* ✎ ; *AJ pénal 2010. 479, obs. Allain* ✎ ; *Dr. pénal 2011. Chron. 7, obs. Lesclous ; Dr. pénal 2012. chron. 1, obs. Georget ; RSC 2010. Chron. 879, obs. Gindre* ✎ ; *Cah. Cons. const. 2011. 242, obs. Mayaud* • Crim. 27 oct. 2010 : *D. 2010. Actu. 2912* ✎ ; *D. actu. 6 déc. 2010, obs. Lavric* • Crim. 9 nov. 2010 : *Procédures 2011, n° 76, obs. Buisson.* ♦ En l'absence d'assistance effective d'un avocat, les éléments recueillis au cours de la garde à vue – s'ils ne peuvent être annulés avant l'entrée en vigueur de la nouvelle loi ou, par défaut, avant le 1er juillet 2011 – ne sauraient néanmoins constituer des éléments de preuve fondant la décision de culpabilité du prévenu. • Crim. 4 janv. 2011, n° 10-85.520 P : *D. actu. 17 janv. 2011, obs. Léna ; D. 2011. Actu. 242, obs. Léna* ✎ ; *AJ pénal 2011. 83, obs. Danet* ✎ ; *RSC 2011. 144, obs. Danet* ✎ ; *Dr. pénal 2011, n° 27, obs. Maron et Haas ; ibid. Chron. 7, obs. Lesclous ; ibid. 2012. Chron. 1, obs. Georget ; Procédures 2011, n° 75, obs. Buisson* • Crim. 18 janv. 2011, n° 10-83.750 P : *D. actu. 20 févr. 2011, obs. Allain ; D. 2011. Actu. 381* ✎ ; *ibid. Pan. 2239, obs. Pradel* ✎ ; *AJ pénal 2011. 83, obs. Danet* ✎ ; *ibid. 198, obs. Ascensi ; Dr. pénal 2011. Chron. 7, obs. Lesclous ; Dr. pénal 2012. Chron. 1, obs. Georget.*

9. Dispositions transitoires : procédures commencées avant la réforme du 14 avril 2011. Confirmation de l'inconventionnalité de la garde à vue : Pour que le droit à un procès équitable consacré par l'art. 6, § 1, Conv. EDH soit effectif et concret, il faut, en règle générale, que la personne placée en garde à vue puisse bénéficier de l'assistance d'un avocat dès le début de la mesure et pendant ses interrogatoires. La Cour constate la non-conformité de la législation française aux exigences européennes, en retenant que les États adhérents à la Conv. EDH sont tenus de respecter les décisions de la Cour européenne, sans attendre d'être attaqués devant elle ni d'avoir modifié leur législation. • Cass., ass. plén., 15 avr. 2011 (4 arrêts), n° 10-17.049 P : *D. actu. 19 avr. 2011, obs. Lavric ; D. 2011. Actu. 1080* ✎ ; *ibid. 1128, obs. Roujou de Boubée* ✎ ; *AJ pénal 2011. 311, obs. Mauro* ✎ ; *RSC 2011. 410, obs. Giudicelli* ✎ ; *Dr. pénal 2011, n° 72, obs. Maron et Haas ; ibid, n° 84, obs. Maron et Haas ; ibid. Chron. 7, obs. Lesclous ; ibid. 2012. Chron. 1, obs. Georget ; JCP 2011, n° 214, note Leroy.* ♦ En revanche, la Cour se prononce ici pour l'application immédiate de la décision et rend donc applicable immédiatement le droit à l'assistance par un avocat dès le début de la garde à vue et pendant les interrogatoires, faute de quoi la mesure devrait être annulée. • Mêmes arrêts. ♦ V. sur ces arrêts : *Circ. n° CRIM-11-8-E6 du 15 avr. 2011.* ♦ Après avoir constaté que les auditions recueillies au cours des mesures de rétention douanière puis de garde à vue étaient irrégulières, il revenait aux juges du fond d'annuler ces auditions (antérieures au 15 avr. 2011) et, le cas échéant, d'étendre les effets de cette annulation aux actes dont les auditions étaient le support nécessaire. • Crim. 31 mai 2011 (4 arrêts), n° 10-88.293 P : *D. actu. 20 juin 2011, obs. Girault ; D. 2011. 1563* ✎ ; *ibid. Pan. 1716, obs. Bernaud ; ibid. 2084, note Matsopoulou ; ibid. Pan. 2233, obs. Pradel ; AJ pénal 2011. 370, obs. Mauro* ✎ ; *RSC 2011. 410, obs. Giudicelli* ✎ ; *Dr. pénal 2011. Chron. 7, obs. Lesclous ; Dr. pénal 2012. Chron. 1, obs. Georget.*

10. En fondant la déclaration de culpabilité sur des déclarations enregistrées au cours de la garde à vue par lesquelles la personne a contribué à sa propre incrimination sans avoir pu être assistée par un avocat, et ensuite rétractées, la cour d'appel n'a pas justifié sa décision. Par conséquent, les auditions recueillies au cours de cette mesure sont irrégulières et doivent être annulées. • Crim. 11 mai 2011, n° 10-84.251 P : *D. actu. 24 mai 2011, obs. Girault ; D. 2011. Actu. 1561* ✎ ; *AJ pénal 2011. 371, obs. Ascensi* ✎ ; *RSC 2011. 414, obs. Danet* ✎ ; *Dr. pénal 2011. Chron. 7, obs. Lesclous.* ♦ En revanche, justifie sa décision au regard de l'art. 6 Conv. EDH la cour d'appel qui retient la culpabilité des prévenus par des motifs desquels il résulte que les juges ne se sont fondés ni exclusivement ni même essentiellement sur les déclarations recueillies au cours des gardes à vue sans l'assistance d'un avocat. • Crim. 6 déc. 2011, n° 11-80.326 P : *Dr. pénal 2012. Chron. 7, obs. Lesclous.* ♦ Si c'est à tort que la cour d'appel n'a pas cru devoir annuler les procès-verbaux d'audition établis au cours de la garde à vue du prévenu, sans l'assistance d'un avocat, l'arrêt n'encourt pas pour autant la censure, dès lors que, pour retenir sa culpabilité, les juges ne se sont fondés ni exclusivement ni même essentiellement sur les déclarations recueillies au cours de cette mesure. • Crim. 21 mars 2012, n° 11-83.637 P : *D. 2012. Actu. 1063* ✎ ; *RSC 2012. 631, obs. Danet* ✎ ; *Dr. pénal 2012. Chron. 7, obs. Lesclous.* ♦ Est de même devenu inopérant le moyen pris de la violation de l'art. 6, § 1, Conv. EDH, dirigé contre l'arrêt de la chambre de l'instruction, ayant refusé de faire droit à la requête en nullité du prévenu entendu sans l'assistance de son avocat, au cours d'une mesure de garde à vue antérieure à l'entrée en vigueur de la L. du 14 avr. 2011, et examiné lors du pourvoi formé contre l'arrêt sur le fond, dès lors que la déclaration de culpabilité du prévenu ne s'est fondée ni exclusivement ni même essentiellement sur les auditions de ce dernier recueillies en garde à vue. • Crim. 13 juin 2012, n° 11-81.573 P.

11. Est devenu inopérant le moyen pris de la violation de l'art. 6, § 1, Conv. EDH, dirigé contre l'arrêt de la chambre de l'instruction, ayant refusé de faire droit à la requête en nullité du prévenu entendu sans l'assistance de son avocat, au cours d'une mesure de garde à vue antérieure à l'entrée en vigueur de la L. du 14 avr. 2011, et examiné lors du pourvoi formé contre l'arrêt sur le fond, dès lors que la déclaration de culpabilité du prévenu n'est fondée ni exclusivement ni même essentiellement sur les auditions de ce dernier recueillies en garde à vue. • Crim. 13 juin 2012, n° 11-81.573 P • 12 sept. 2012, n° 11-87.281 P. ♦ Le prévenu ne saurait faire un grief de ce que les procès-verbaux de ses auditions établis au cours de sa garde à vue, sans qu'il ait été informé de son droit de se taire, n'aient pas été annulés, dès lors que la Cour de cassation est en mesure de s'assurer que, pour le déclarer coupable des faits visés à la prévention, la cour d'appel ne s'est fondée ni exclusivement ni même essentiellement sur ses déclarations recueillies en garde à vue. • Crim. 31 mai 2012, n° 11-83.494 P. ♦ Si c'est à tort que la cour d'appel n'a pas cru devoir annuler les procès-verbaux d'audition établis au cours de la garde à vue du prévenu, sans l'assistance d'un avocat, l'arrêt n'encourt pas pour autant la censure, dès lors que, pour retenir sa culpabilité, les juges ne se sont fondés ni exclusivement ni même essentiellement sur les déclarations recueillies au cours de cette mesure. • Crim. 21 mars 2012, n° 11-83.637 P : *D. 2012. Actu. 1063 ; RSC 2012. 631, obs. Danet ; Dr. pénal 2012. Chron. 7, obs. Lesclous.* ♦ Justifie sa décision au regard de l'art. 6 Conv. EDH la cour d'appel qui retient la culpabilité des prévenus par des motifs desquels il résulte que les juges ne se sont fondés ni exclusivement ni même essentiellement sur les déclarations recueillies au cours des gardes à vue sans l'assistance d'un avocat. • Crim. 6 déc. 2011, n° 11-80.326 P : *Dr. pénal 2012. Chron. 7, obs. Lesclous* • 24 avr. 2013 : *D. actu. 16 mai 2013, obs. Bombled.* ♦ Dès lors que, pour entrer en voie de condamnation, la juridiction de jugement ne s'est pas fondée sur les déclarations faites par le prévenu, sans l'assistance de son avocat, au cours d'une mesure de garde à vue, celui-ci ne saurait se faire un grief de ce que les procès-verbaux de ses auditions n'aient pas été annulés. • Crim. 7 févr. 2012, n° 11-83.676 P : *D. 2012. Actu. 505 ; Dr. pénal 2012. Chron. 7, obs. Lesclous.* ♦ Une chambre de l'instruction n'a pas à annuler, pour violation du droit à l'assistance par un avocat, une garde à vue antérieure à la L. n° 2011-392 du 14 avr. 2011, dans la mesure où l'arrêt de renvoi en cour d'assises ne doit pas se fonder exclusivement ni même essentiellement sur les déclarations recueillies en garde à vue. • Crim. 12 févr. 2014, n° 12-84.500 P : *D. actu. 6 mars 2014, obs. Fucini.*

12. Même avant l'entrée en vigueur, le 1er juin 2011, de la L. du 14 avr. 2011, toute personne placée en garde à vue devait être informée de son droit de se taire et, sauf exceptions justifiées par des raisons impérieuses, pouvoir bénéficier de l'assistance d'un avocat. • Crim. 10 sept. 2014, n° 13-82.507 P : *D. actu. 23 sept. 2014, obs. Fucini ; AJ pénal 2015. 99, obs. Lasserre Capdeville .* ♦ En l'absence, à la date des mesures critiquées, de jurisprudence établie ayant déduit de l'article 6, § 1, Conv. EDH le droit pour la personne gardée à vue d'être assistée par un avocat lors de ses auditions et l'obligation de lui notifier le droit de garder le silence, l'exigence de prévisibilité de la loi et l'objectif de bonne administration de la justice font obstacle à ce que les auditions réalisées à cette date, sans que la personne gardée à vue ait été assistée d'un avocat pendant leur déroulement ou sans qu'elle se soit vu notifier le droit de se taire, soient annulées pour ces motifs ; il résulte, toutefois, des stipulations de l'art. préc. de ladite Convention que les déclarations incriminantes faites lors de ces auditions ne peuvent, sans que soit portée une atteinte irrémédiable aux droits de la défense, fonder une décision de renvoi devant la juridiction de jugement ou une déclaration de culpabilité. • Crim. 11 déc. 2018, n° 18-82.854 P : *AJ pénal 2019. 106, obs. Mallet ; D. 2019. Pan.1626, obs. Pradel.*

13. État médical incompatible avec la garde à vue. La prise en charge médicale momentanée, à l'initiative et sous le contrôle des policiers, d'une personne placée en garde à vue, dont le comportement se révèle incompatible avec son audition, n'a pas pour conséquence de suspendre de plein droit l'exécution de cette mesure ni le cours du délai prévu par l'art. 63-4. Sauf circonstances insurmontables, dont l'existence n'est, en l'espèce, ni établie ni alléguée, cette personne doit, lorsqu'elle en a fait la demande, avoir été mise en demeure de s'entretenir avec un avocat. • Crim. 27 mai 1997, n° 97-81.635 P : *RG proc. 1998. Chron. 103, par Rebut ; Procédures 1997. Comm. 297, obs. Buisson.*

14. Régularité de la garde à vue. Ne constitue pas la méconnaissance d'une formalité substantielle ayant porté atteinte aux intérêts de la partie qu'elle concerne, au sens de l'art. 172 dans sa rédaction issue de la L. du 4 janv. 1993 (dont les dispositions sont reprises par l'art. 171 résultant de la L. du 24 août 1993), le fait qu'une personne n'a pu s'entretenir avec son avocat qu'après vingt-deux heures cinq minutes de garde à vue, dès lors que, dans un premier temps, elle avait renoncé à ce droit et que, lorsqu'elle a manifesté la volonté d'en user, les mesures nécessaires ont été prises pour qu'elle puisse l'exercer, son avocat ayant été immédiatement averti. • Crim. 4 janv. 1994, n° 93-84.793 P. ♦ Lorsque à la suite de circonstances imputables à l'avocat, le gardé à vue ne peut exercer son droit d'entretien avec son conseil, il n'y a pas lieu à l'annulation de la procédure. • Crim. 12 sept. 2000 : *Procédures 2001. Comm. 48, obs. Buisson.*

15. Justifie sa décision la cour d'appel qui, abstraction faite des motifs surabondants fondés sur les déclarations effectuées par le prévenu au cours de sa garde à vue sans information de son droit de se taire ni assistance possible d'un avo-

cat, a caractérisé les éléments constitutifs du délit pour entrer en voie de condamnation. • Crim. 28 juin 2016, ♔ n° 15-84.032 P : *D. actu. 29 juill. 2016, obs. André.*

16. Nullité d'une audition. Doit être annulé le procès-verbal de l'audition d'une personne gardée à vue réalisée en partie après la vingtième heure lorsqu'il n'est pas justifié que les policiers ont accompli les diligences nécessaires pour que l'intéressé exerce son droit de s'entretenir avec un avocat dans les délais. • Crim. 10 mai 2001, ♔ n° 01-81.762 P.

17. Observations écrites. La possibilité de présenter des observations écrites jointes à la procédure, prévue par l'art. 63-4, al. 4, s'étend à l'avocat commis d'office par le bâtonnier qui aurait acquis, à l'issue de son entretien avec la personne gardée à vue, la conviction que la volonté de celle-ci de s'entretenir avec son propre avocat n'a pas été comprise ou respectée. La juridiction correctionnelle ne saurait annuler la procédure sur l'allégation d'un tel grief sur la seule production d'une attestation transmise tardivement par l'avocat commis à l'avocat choisi. • Crim. 12 mars 1997, ♔ n° 96-83.554 P.

18. Interprète. L'entretien avec un avocat au terme de la vingtième heure de garde à vue constitue une formalité substantielle. L'absence d'un interprète au cours de cet entretien avec un étranger équivaut à l'absence d'entretien, ce qui entraîne la nullité de l'ensemble des actes auxquels il a été procédé durant la garde à vue. • TGI Aix-en-Provence, 22 déc. 1993 : *D. 1994. 566, note Viriot-Barrial* ✎.

II. CAS PARTICULIERS

19. Transfert du gardé à vue. Il n'y a pas obstacle à l'entretien avec l'avocat dès lors que ce dernier est avisé du lieu de transfert de la personne gardée à vue dès son arrivée au poste de gendarmerie où la garde à vue avait commencé et d'où la convocation lui avait été adressée. • Crim. 20 déc. 2000, ♔ n° 00-86.499 P.

20. Règles particulières de prolongation. L'art. 63-4, dernier al. s'applique notamment lorsque les nécessités de l'enquête ou de l'instruction relative à une infraction en matière de trafic de stupéfiants exigent que la garde à vue d'une personne fasse l'objet d'une prolongation supplémentaire de 48 heures en vertu de l'art. 706-29. • Crim. 3 avr. 1996, ♔ n° 96-80.876 P : *JCP 1997. I. 3998, chron. Maron ; Dr. pénal 1996. Comm. 201 et 205, note Maron.*

21. Il résulte de l'art. 63-4, al. 6 que le délai à l'expiration duquel une personne gardée à vue peut demander à s'entretenir avec un avocat est porté à 36 heures, lorsque l'enquête a pour objet une infraction commise en bande organisée prévue, notamment par l'art. 311-9 C. pén. • Crim. 8 nov. 1995, n° 95-92.877 P : *RSC 1996. 398, obs. Dintilhac* ✎ *; Procédures 1996. Comm. 119, obs. Buisson* • 30 avr. 1996, ♔ n° 96-80.829 P.

22. Criminalité et délinquance organisées. Pour l'application du dernier alinéa de l'art. 63-4, en indiquant que le procureur de la République est avisé de la qualification des faits justifiant le report de la première intervention de l'avocat lors du placement de la personne en garde à vue, le législateur a nécessairement entendu que ce magistrat, dans l'exercice des pouvoirs qu'il tient de l'art. 41 et des principes généraux du C. pr. pén., contrôle aussitôt cette qualification ; ainsi, l'appréciation initialement portée par l'officier de police judiciaire en ce qui concerne le report éventuel de l'intervention de l'avocat au cours de la garde à vue est soumise au contrôle de l'autorité judiciaire et ne saurait déterminer le déroulement ultérieur de la procédure. • Cons. const. 2 mars 2004, n° 2004-492DC : *JO 10 mars, p. 4637.*

23. Retenue douanière. L'imputation, prévue par l'art. 323 C. douanes, de la durée de la retenue douanière sur la durée de la garde à vue lui faisant suite a pour seul objet de limiter la durée de la privation de liberté ; elle est sans effet sur les régimes respectifs de chacune de ces mesures. Le délai de l'art. 63-4, al. 1er court, non à compter du début de la retenue douanière, mais à compter du début de la garde à vue. • Crim. 1er mars 1994, ♔ n° 94-80.571 P • 25 avr. 2001 : ♔ *Procédures 2001. Comm. 159, obs. Buisson ; Dr. pénal 2001. Comm. 108, obs. Maron.* ♦ A rappr. : constitue une circonstance insurmontable le délai de route entre le lieu de rétention douanière et le service de police chargé de la garde à vue subséquente, justifiant un retard de quarante-cinq minutes dans la notification des droits. • Crim. 26 nov. 2008 : ♔ *Dr. pénal 2009. Chron. 8, obs. Lesclous.*

Ancien art. 63-4 *(L. n° 2004-204 du 9 mars 2004, art. 85, en vigueur le 1er oct. 2004)* ***« Dès le début de la garde à vue, la personne peut demander à s'entretenir avec un avocat. »*** *(L. n° 93-2 du 4 janv. 1993)* ***Si elle n'est pas en mesure d'en désigner un ou si l'avocat choisi ne peut être contacté, elle peut demander qu'il lui en soit commis un d'office par le bâtonnier.***

Le bâtonnier est informé de cette demande par tous moyens et sans délai.

L'avocat désigné peut communiquer avec la personne gardée à vue dans des conditions qui garantissent la confidentialité de l'entretien. *(L. n° 93-1013 du 24 août 1993)* ***« Il est informé par l'officier de police judiciaire ou, sous le contrôle de celui-ci, par un agent de police judiciaire »*** *(L. n° 2000-516 du 15 juin 2000, en vigueur le 1er janv. 2001)* ***« de la nature et de la date présumée de l'infraction sur laquelle porte l'enquête ».***

A l'issue de l'entretien dont la durée ne peut excéder trente minutes, l'avocat présente, le cas échéant, des observations écrites qui sont jointes à la procédure.

L'avocat ne peut faire état de cet entretien** (L. n° 93-1013 du 24 août 1993)* ***« auprès de » quiconque pendant la durée de la garde à vue.

(L. n° 2004-204 du 9 mars 2004, art. 14-I et 85, en vigueur le 1er oct. 2004) ***« Lorsque la garde à vue fait l'objet d'une prolongation, la personne peut également demander à s'entretenir avec un avocat dès le début de la prolongation, dans les conditions et selon les modalités prévues aux alinéas précédents.***

« Si la personne est gardée à vue pour une infraction mentionnée aux 4°, 6°, 7°, 8° et 15° de l'article 706-73, l'entretien avec un avocat ne peut intervenir qu'à l'issue d'un délai de quarante-huit heures. Si elle est gardée à vue pour une infraction mentionnée aux 3° et 11° du même article, l'entretien avec un avocat ne peut intervenir qu'à l'issue d'un délai de soixante-douze heures. Le procureur de la République est avisé de la qualification des faits retenue par les enquêteurs dès qu'il est informé par ces derniers du placement en garde à vue. »

Art. 63-4-1 *(L. n° 2011-392 du 14 avr. 2011, en vigueur le 1er juin 2011)* **A sa demande, l'avocat peut consulter le procès-verbal établi en application** *(L. n° 2014-535 du 27 mai 2014, art. 4, en vigueur le 2 juin 2014)* **« de l'avant-dernier » alinéa de l'article 63-1 constatant la notification du placement en garde à vue et des droits y étant attachés, le certificat médical établi en application de l'article 63-3, ainsi que les procès-verbaux d'audition de la personne qu'il assiste. Il ne peut en demander ou en réaliser une copie. Il peut toutefois prendre des notes.**

(L. n° 2014-535 du 27 mai 2014, art. 4, en vigueur le 2 juin 2014) **« La personne gardée à vue peut également consulter les documents mentionnés au premier alinéa du présent article ou une copie de ceux-ci. »**

Les dispositions issues de la L. n° 2014-535 du 27 mai 2014 sont entrées en vigueur le 2 juin 2014 (L. préc., art. 15).

Sur l'application de l'art. 63-4-1 C. pr. pén. en matière de criminalité organisée, V. art. 706-88.

La Dir. 2012/13/UE du Parlement européen et du Conseil du 22 mai 2012 relative au droit à l'information dans le cadre des procédures pénales prévoit (publiée au JOUE du 1er juin 2012), en son art. 7, un droit d'accès aux pièces du dossier. Il est notamment indiqué que lorsqu'une personne est arrêtée et détenue à n'importe quel stade de la procédure pénale, les États membres veillent à ce que les documents relatifs à l'affaire en question détenus par les autorités compétentes qui sont essentiels pour contester de manière effective conformément au droit national la légalité de l'arrestation ou de la détention soient mis à la disposition de la personne arrêtée ou de son avocat. De plus, les États membres veillent à ce que les suspects ou les personnes poursuivies, ou leur avocat, aient accès au minimum à toutes les preuves matérielles à charge ou à décharge des suspects ou des personnes poursuivies, qui sont détenues par les autorités compétentes, afin de garantir le caractère équitable de la procédure et de préparer leur défense.

1. Consultation des pièces de la procédure. L'absence d'accès à l'entier dossier de la procédure n'est pas incompatible avec l'art. 6, § 3, Conv. EDH. • Crim. 19 sept. 2012, n° 11-88.111 P : *D. actu. 26 sept. 2012, obs. Girault ; D. 2012, Actu. 2246, obs. Girault ; ibid. 2640, note Desprez ; AJ pénal 2013. 50, obs. Ascensi ; Dr. pénal 2012, n° 151, obs. Maron et Haas ; ibid. 2013, n° 8, obs. Lesclous ; Procédures 2012, n° 331, obs. Chavent-Leclère ; JCP 2012. 1038 ; Gaz. Pal. 2013, n° 39-40, p. 42, obs. Fourment* • Crim. 26 juin 2013 : *D. actu. 2 oct. 2013, obs. Fucini.* – V. déjà : • Crim. 11 juill. 2012, n° 12-82.136 P : *Gaz. Pal. 16 sept. 2012, p. 19, note Bachelet.* ♦ Sans demande expresse et précise de l'avocat, lors de la garde à vue, tendant à la consultation des documents énumérés à l'art. 63-4-1, le mis en cause ne saurait invoquer utilement une violation de ses droits. • Crim. 18 déc. 2012, n° 12-85.735 P : *D. actu. 11 janv. 2013, obs. Priou-Alibert ; D. 2013. AJ 90 ; AJ pénal 2013. 283, note Porteron ; Procédures 2013, n° 79, obs. Chavent-Leclère.* ♦ L'absence de communication de l'ensemble du dossier, au stade de la garde à vue, ne prive pas d'un droit effectif et concret à un procès équitable la personne concernée, dont l'accès à l'intégralité des pièces est garanti devant les juridictions d'instruction et de jugement. • Crim. 9 avr. 2015, n° 14-87.660 P : *D. actu. 5 mai 2015, obs. Fucini ; AJ pénal 2015. 382, obs. Brach-Thiel* • Crim. 19 janv. 2016, n° 15-81.039 • Crim. 15 juin 2016, n° 15-86.043 : *Gaz. Pal. 4 oct. 2016, p. 59, note Fourment ; Dr. pénal 2016. Chron. 8, obs. Lesclous.*

2. L'art. 7 de la Dir. du 22 mai 2012, relative au droit à l'information dans le cadre des procédures pénales, laisse la faculté aux États membres de n'ouvrir l'accès à l'intégralité des pièces du dossier que lors de la phase juridictionnelle du procès pénal, ce dont il résulte que l'art. 63-4-1 constitue une transposition complète de ladite

directive. Doit dès lors être écarté le moyen de nullité de la garde à vue tiré de l'absence d'accès à l'entier dossier. • Crim. 4 oct. 2016, n° 16-82.309 P : *D. 2017. Pan. 1676, obs. Pradel*.

3. Portée de la nullité. Toute méconnaissance des prescriptions de l'art. 63-4-1 dont il résulte que l'avocat d'une personne gardée à vue peut, à sa demande, consulter le procès-verbal établi constatant la notification du placement en garde à vue et des droits y étant attachés, le certificat médical résultant de l'examen de la personne gardée à vue par un médecin ainsi que les procès-verbaux d'audition de la personne assistée, porte nécessairement atteinte aux droits de la défense. • Crim. 17 nov. 2015, n° 15-83.437 P : *D. actu. 7 déc. 2015, obs. Fucini.* ♦ Les pièces énumérées à l'art. 63-4-1 devant être immédiatement fournies à l'avocat à sa première demande, le fait que celle-ci ait été adressée à un policier ne disposant pas de la procédure, restée dans le bureau des enquêteurs ne constituant pas une circonstance insurmontable. • Même arrêt.

4. Droit de la Convention européenne des droits de l'homme. V. • CEDH 13 oct. 2009, *Danayan c/ Turquie*, n° 7377/03 : *D. 2009. 2897, note J.-F. Renucci ; AJ pénal 2010. 27, étude Saas ; RSC 2010. 231, obs. Roets* • 17 janv. 2012, *Fidanci c/ Turquie*, n° 17730/07 : *D. 2012. 361, obs. Bachelet*. – V. aussi App. v° *Droits de l'homme*.

Art. 63-4-2 *(L. n° 2011-392 du 14 avr. 2011, en vigueur le 1er juin 2011)* **La personne gardée à vue peut demander que l'avocat assiste à ses auditions et confrontations. Dans ce cas, la première audition, sauf si elle porte uniquement sur les éléments d'identité, ne peut débuter sans la présence de l'avocat choisi ou commis d'office avant l'expiration d'un délai de deux heures suivant l'avis adressé dans les conditions prévues à l'article 63-3-1 de la demande formulée par la personne gardée à vue d'être assistée par un avocat. Au cours des auditions ou confrontations, l'avocat peut prendre des notes.**

Si l'avocat se présente après l'expiration du délai prévu au premier alinéa alors qu'une audition ou une confrontation est en cours, celle-ci est interrompue à la demande de la personne gardée à vue afin de lui permettre de s'entretenir avec son avocat dans les conditions prévues à l'article 63-4 et que celui-ci prenne connaissance des documents prévus à l'article 63-4-1. Si la personne gardée à vue ne demande pas à s'entretenir avec son avocat, celui-ci peut assister à l'audition en cours dès son arrivée dans les locaux du service de police judiciaire ou à la confrontation.

Lorsque les nécessités de l'enquête exigent une audition immédiate de la personne, le procureur de la République peut autoriser, par décision écrite et motivée, sur demande de l'officier de police judiciaire, que l'audition débute sans attendre l'expiration du délai prévu au premier alinéa.

A titre exceptionnel, sur demande de l'officier de police judiciaire, le procureur de la République ou le juge des libertés et de la détention, selon les distinctions prévues par l'alinéa suivant, peut autoriser, par décision écrite et motivée, le report de présence de l'avocat lors des auditions ou confrontations, si cette mesure apparaît indispensable pour des raisons impérieuses tenant aux circonstances particulières de l'enquête, soit pour permettre le bon déroulement d'investigations urgentes tendant au recueil ou à la conservation des preuves, soit pour prévenir une atteinte *(L. n° 2016-731 du 3 juin 2016, art. 63, en vigueur le 15 nov. 2016)* **« grave et imminente à la vie, à la liberté ou à l'intégrité physique d'une personne. »**

Le procureur de la République ne peut différer la présence de l'avocat que pendant une durée maximale de douze heures. Lorsque la personne est gardée à vue pour un crime ou un délit puni d'une peine d'emprisonnement supérieure ou égale à cinq ans, le juge des libertés et de la détention peut, sur requête du procureur de la République, autoriser à différer la présence de l'avocat, au-delà de la douzième heure, jusqu'à la vingt-quatrième heure. Les autorisations du procureur de la République et du juge des libertés et de la détention sont écrites et motivées par référence aux conditions prévues à l'alinéa précédent au regard des éléments précis et circonstanciés résultant des faits de l'espèce.

Lorsque, conformément aux dispositions des deux alinéas qui précèdent, le procureur de la République ou le juge des libertés et de la détention a autorisé à différer la présence de l'avocat lors des auditions ou confrontations, il peut également, dans les conditions et selon les modalités prévues par ces mêmes alinéas, décider que l'avocat ne peut, pour une durée identique, consulter les procès-verbaux d'audition de la personne gardée à vue.

Sur l'application de l'art. 63-4-2 en matière de criminalité organisée, V. art. 706-88.

V. Décr. n° 2011-810 du 6 juill. 2011 relatif à l'aide à l'intervention de l'avocat au cours de la garde à vue et de la retenue douanière (JO 8 juill.).

S'agissant des dispositions d'urgence mises en place pour faire face à l'épidémie de covid-19, V. App., v° État d'urgence sanitaire.

BIBL. ▶ MATSOPOULOU, *JCP 2011. 542* (une réforme inachevée, aperçu rapide à propos de la loi du 14 avril 2011). – PELLÉ, *AJ pénal 2011. 235* (réforme de la garde à vue : problèmes de droit transitoire). – PRADEL, *JCP 2011. 665* (un regard perplexe sur la nouvelle garde à vue). – RASSAT, *JCP 2011. 632* (à remettre sur le métier, des insuffisances de la réforme de la garde à vue). – ROUJOU DE BOUBÉE, *D. 2011. Chron. 1570* (la réforme de la garde à vue : commentaire de la loi n° 2011-392 du 14 avril 2011).

1. Ne constitue pas une audition, au sens de l'art. 63-4-2, nécessitant la présence de l'avocat de la personne gardée à vue, la présentation à celle-ci, pour reconnaissance, en application de l'art. 54, dernier al., des objets saisis en sa présence au cours d'une perquisition. Le recueil, dans ces conditions, des seuls propos par lesquels la personne reconnaît les objets qui lui sont présentés ne porte pas atteinte au droit à un procès équitable garanti par l'art. 6 Conv. EDH. • Crim. 22 oct. 2013, n° 13-81.945 P • Crim. 6 févr. 2018, n° 17-84.380 P : *Dr. pénal 2018, n° 69, obs. Maron et Haas.* ♦ Comp. : la personne gardée à vue, avisée de son droit au silence et de son droit à être assistée d'un avocat lors de ses auditions et ayant demandé une telle assistance, ne peut être entendue qu'en présence de son conseil dans les conditions de l'art. 63-4-2, sauf à y avoir renoncé de façon non équivoque, en l'absence de raison impérieuse tenant aux circonstances de l'espèce autorisant les enquêteurs à recueillir les déclarations spontanées faites par la personne gardée à vue sur les faits, sans procéder à une audition dans le respect des règles légales. • Crim. 25 avr. 2017, n° 16-87.518.

2. La communication à un OPJ, sur sa sollicitation, d'une information permettant l'accès à un espace privé préalablement identifié, qu'il soit ou non dématérialisé (code d'accès à un téléphone), pour les besoins d'une perquisition, ne constitue pas une audition au sens de l'art. 63-4-2 nécessitant la présence de l'avocat de la personne gardée à vue. • Crim. 12 janv. 2021, n° 20-84.045 P : *RSC 2021. 128, obs. Parizot ; AJ pénal 2021. 214, obs. Clément ; Dr. pénal 2021, n° 61, obs. Maron et Haas.*

3. La nécessité d'accomplir des recherches immédiates afin de rechercher une personne en péril constitue une raison impérieuse de retarder l'intervention de l'avocat du gardé à vue. • Crim. 17 déc. 2013, n°s 12-84.297 et 13-86.565 : *D. actu. 7 janv. 2014, obs. Bombled ; AJ pénal 2014. 139, obs. Porteron.*

Art. 63-4-3 *(L. n° 2011-392 du 14 avr. 2011, en vigueur le 1er juin 2011)* **L'audition ou la confrontation est menée sous la direction de l'officier ou de l'agent de police judiciaire qui peut à tout moment, en cas de difficulté, y mettre un terme et en aviser immédiatement le procureur de la République qui informe, s'il y a lieu, le bâtonnier aux fins de désignation d'un autre avocat.**

A l'issue de chaque audition ou confrontation à laquelle il assiste, l'avocat peut poser des questions. L'officier ou l'agent de police judiciaire ne peut s'opposer aux questions que si celles-ci sont de nature à nuire au bon déroulement de l'enquête. Mention de ce refus est portée au procès-verbal.

A l'issue de chaque entretien avec la personne gardée à vue et de chaque audition ou confrontation à laquelle il a assisté, l'avocat peut présenter des observations écrites dans lesquelles il peut consigner les questions refusées en application du deuxième alinéa. Celles-ci sont jointes à la procédure. L'avocat peut adresser ses observations, ou copie de celles-ci, au procureur de la République pendant la durée de la garde à vue.

Il appartient à l'avocat qui s'est vu refuser par l'OPJ la possibilité de poser des questions supplémentaires de saisir le procureur de la République, en lui transmettant des observations écrites et, s'il le souhaite, les questions refusées, comme le permettent les dispositions de l'al. 3 de l'art. 63-4-3. • Crim. 20 nov. 2013 : *Procédures 2014. 24, note Chavent-Leclère ; Gaz. Pal. 9 févr. 2014, p. 41, note Fourment.*

Art. 63-4-3-1 *(L. n° 2016-731 du 3 juin 2016, art. 64)* **Si la personne gardée à vue est transportée sur un autre lieu** *(L. n° 2019-222 du 23 mars 2019, art. 48-III)* **« où elle doit être entendue ou faire l'objet d'un des actes prévus à l'article 61-3 », son avocat en est informé sans délai.** – *V. art. D. 15-5-6.*

Art. 63-4-4 *(L. n° 2011-392 du 14 avr. 2011, en vigueur le 1er juin 2011)* **Sans préjudice de l'exercice des droits de la défense, l'avocat ne peut faire état auprès de quicon-**

que pendant la durée de la garde à vue ni des entretiens avec la personne qu'il assiste, ni des informations qu'il a recueillies en consultant les procès-verbaux et en assistant aux auditions et aux confrontations.

Art. 63-4-5 *(L. n° 2011-392 du 14 avr. 2011, en vigueur le 1er juin 2011)* **Si la victime est confrontée avec une personne gardée à vue, elle peut demander à être également assistée par un avocat choisi par elle ou par son représentant légal si elle est mineure ou, à sa demande, désigné par le bâtonnier.**

La victime est informée de ce droit avant qu'il soit procédé à la confrontation.

A sa demande, l'avocat peut consulter les procès-verbaux d'audition de la personne qu'il assiste.

L'article 63-4-3 est applicable.

V. Décr. n° 2011-810 du 6 juill. 2011 relatif à l'aide à l'intervention de l'avocat au cours de la garde à vue et de la retenue douanière (JO 8 juill.).

Art. 63-5 *(L. n° 2011-392 du 14 avr. 2011, en vigueur le 1er juin 2011)* **La garde à vue doit s'exécuter dans des conditions assurant le respect de la dignité de la personne.**

Seules peuvent être imposées à la personne gardée à vue les mesures de sécurité strictement nécessaires.

BIBL. ▶ PONSEILLE et AFROUK, *D. 2021. 1912* (conditions d'accueil dans les locaux de garde à vue).

Art. 63-6 *(L. n° 2011-392 du 14 avr. 2011, en vigueur le 1er juin 2011)* **Les mesures de sécurité ayant pour objet de s'assurer que la personne gardée à vue ne détient aucun objet dangereux pour elle-même ou pour autrui sont définies par arrêté de l'autorité ministérielle compétente. Elles ne peuvent consister en une fouille intégrale.**

La personne gardée à vue dispose, au cours de son audition, des objets dont le port ou la détention sont nécessaires au respect de sa dignité.

Le présent article est également applicable en cas de retenue intervenant en application des articles 141-4, *(L. n° 2014-896 du 15 août 2014, art. 34, en vigueur le 1er oct. 2014)* **« 709-1-1** *[ancienne rédaction : 712-16-3]* **», 716-5 et 803-3.** – *V. Arr. du 1er juin 2011 relatif aux mesures de sécurité (JO 9 juin).*

RÉP. PÉN. v° *Fouilles corporelles*, par HERZOG-EVANS.

Art. 63-7 *(L. n° 2011-392 du 14 avr. 2011, en vigueur le 1er juin 2011)* **Lorsqu'il est indispensable pour les nécessités de l'enquête de procéder à une fouille intégrale d'une personne gardée à vue, celle-ci doit être décidée par un officier de police judiciaire et réalisée dans un espace fermé par une personne de même sexe que la personne faisant l'objet de la fouille. La fouille intégrale n'est possible que si la fouille par palpation ou l'utilisation des moyens de détection électronique ne peuvent être réalisées.**

Lorsqu'il est indispensable pour les nécessités de l'enquête de procéder à des investigations corporelles internes sur une personne gardée à vue, celles-ci ne peuvent être réalisées que par un médecin requis à cet effet.

Art. 63-8 *(L. n° 2011-392 du 14 avr. 2011, en vigueur le 1er juin 2011)* **A l'issue de la garde à vue, la personne est, sur instruction du procureur de la République sous la direction duquel l'enquête est menée, soit remise en liberté, soit déférée devant ce magistrat.**

Si la personne est remise en liberté à l'issue de la garde à vue sans qu'aucune décision n'ait été prise par le procureur de la République sur l'action publique, les dispositions de l'article 77-2 sont portées à sa connaissance.

Art. 63-9 *(L. n° 2011-392 du 14 avr. 2011, en vigueur le 1er juin 2011)* **Le procureur de la République compétent pour être avisé des placements en garde à vue, en contrôler le déroulement, en ordonner la prolongation et décider de l'issue de la mesure est celui sous la direction duquel l'enquête est menée.**

Toutefois, le procureur de la République du lieu où est exécutée la garde à vue est également compétent pour la contrôler et en ordonner la prolongation.

La compétence concurrente que le procureur de la République sous la direction duquel l'enquête est menée et celui du lieu d'exécution de la mesure tirent de l'art. 63-9 pour ordonner la prolongation de la garde à vue a pour conséquence que ces magistrats sont semblablement

compétents pour saisir le JLD compétent aux fins de prolongation supplémentaire de la garde à vue en application de l'art. 706-88, ce texte ne comportant aucune restriction à cet égard. • Crim. 23 nov. 2016, n° 16-81.904 P : *D. actu. 21 déc. 2016, obs. Fucini ; AJ pénal 2017. 76, note Thierry ; Dr. pénal 2017, n° 13, note Maron et Haas.*

Art. 64 *(L. n° 2011-392 du 14 avr. 2011, en vigueur le 1er juin 2011)* **I. — L'officier de police judiciaire établit un procès-verbal mentionnant :**

1° Les motifs justifiant le placement en garde à vue, conformément aux 1° à 6° de l'article 62-2 ;

2° La durée des auditions de la personne gardée à vue et des repos qui ont séparé ces auditions, les heures auxquelles elle a pu s'alimenter, le jour et l'heure à partir desquels elle a été gardée à vue, ainsi que le jour et l'heure à partir desquels elle a été soit libérée, soit déférée devant le magistrat compétent ;

3° Le cas échéant, les auditions de la personne gardée à vue effectuées dans une autre procédure pendant la durée de la garde à vue ;

4° Les informations données et les demandes faites en application des articles 63-2 à 63-3-1 et les suites qui leur ont été données ;

5° S'il a été procédé à une fouille intégrale ou à des investigations corporelles internes.

Ces mentions doivent être spécialement émargées par la personne gardée à vue. En cas de refus, il en est fait mention.

II. — Les mentions et émargements prévus aux 2° et 5° du I concernant les dates et heures du début et de fin de garde à vue et la durée des auditions et des repos séparant ces auditions ainsi que le recours à des fouilles intégrales ou des investigations corporelles internes figurent également sur un registre spécial, tenu à cet effet dans tout local de police ou de gendarmerie susceptible de recevoir une personne gardée à vue. Ce registre peut être tenu sous forme dématérialisée.

Dans les corps ou services où les officiers de police judiciaire sont astreints à tenir un carnet de déclarations, les mentions et émargements prévus au premier alinéa du présent II sont également portés sur ce carnet. Seules les mentions sont reproduites au procès-verbal qui est transmis à l'autorité judiciaire.

Sur le procès-verbal récapitulatif, V. art. D. 15-5-3, et sur le registre dématérialisé, V. art. R. 15-33-77 s.

1. Les règles énoncées à l'art. 64 ne sont pas prescrites à peine de nullité et leur inobservation ne saurait en elle-même entraîner la nullité des actes de la procédure lorsqu'il n'est pas démontré que la recherche et l'établissement de la vérité s'en sont trouvés fondamentalement viciés. • Crim. 1er févr. 1995 : *Gaz. Pal. 1995. 2. Somm. 334.* ♦ Leur inobservation, comme celle des dispositions de l'art. 5 Conv. EDH n'entraîne pas, par elle-même, la nullité des actes de la procédure lorsque, comme en l'espèce, il n'est pas démontré que la recherche et l'établissement de la vérité s'en sont trouvés fondamentalement altérés. • Crim. 23 avr. 1992 : *D. 1992. Somm. 322, obs. Pradel.* ♦ *Adde*, en ce qui concerne l'art. 3 Conv. EDH : • Crim. 26 févr. 1991, n° 90-87.295 P : *D. 1992. Somm. 99, obs. Pradel.*

2. Il résulte des art. 4-IV de l'ordonnance du 2 févr. 1945 et 64 que les diligences accomplies par l'officier de police judiciaire à la suite de la demande faite par un mineur de 16 ans pour s'entretenir avec un avocat dès le début de sa garde à vue doivent être mentionnées par procès-verbal à peine de nullité. • Crim. 8 mars 2000, n° 99-87.319 P : *D. 2000. IR 165 ; Procédures 2000. Comm. 176, obs. Buisson.*

3. L'OPJ doit mentionner sur le procès-verbal d'audition de toute personne gardée à vue les demandes faites en application des art. 63-2, 63-3 et 63-4, et la suite qui leur a été donnée. • Civ. 2e, 23 janv. 2003, n° 01-50.066 P : *D. 2003. IR 667 ; JCP 2003. IV. 1426* • 24 avr. 2003, n° 01-50.019 P.

Ancien art. 64 ***Tout officier de police judiciaire doit mentionner sur le procès-verbal d'audition de toute personne gardée à vue la durée des interrogatoires auxquels elle a été soumise et des repos qui ont séparé ces interrogatoires,*** *(L. n° 2000-516 du 15 juin 2000, art. 12, en vigueur le 1er janv. 2001)* ***« les heures auxquelles elle a pu s'alimenter, » le jour et l'heure à partir desquels elle a été gardée à vue, ainsi que le jour et l'heure à partir desquels elle a été soit libérée, soit amenée devant le magistrat compétent.*** *(L. n° 93-2 du 4 janv. 1993)* ***« Il mentionne également au procès-verbal les demandes faites en application des articles 63-2, 63-3 et 63-4 et la suite qui leur a été donnée. »***

Cette mention doit être spécialement émargée par les personnes intéressées et au cas de refus il en est fait mention. Elle comportera obligatoirement les motifs de la garde à vue.

Trois derniers al. abrogés par L. n° 93-2 du 4 janv. 1993.

V. Circ. CRIM 00-13 F1 du 4 décembre 2000, présentant les dispositions de la loi du 15 juin 2000 renforçant la protection de la présomption d'innocence et les droits des victimes concernant la garde à vue et l'enquête de police judiciaire (BOMJ 2000, n° 80).

QPC. L'art. 64 *[dans sa rédaction antérieure à la L. du 14 avr. 2011]* est conforme à la Constitution. • Cons. const., 6 août 2010, n° 2010-30/34/35/47/48/49/50 QPC : *D. 2010. Actu. 1877 ; RSC 2011. Chron. 139, obs. Giudicelli ; ibid. 165, obs. de Lamy .*

Art. 64-1 *(L. n° 2007-291 du 5 mars 2007, art. 14-I, en vigueur le 1er juin 2008)* **Les** *(L. n° 2011-392 du 14 avr. 2011)* **« auditions » des personnes placées en garde à vue pour crime,** *(L. n° 2011-392 du 14 avr. 2011)* **« réalisées » dans les locaux d'un service ou d'une unité de police ou de gendarmerie exerçant une mission de police judiciaire** *[,]* **font l'objet d'un enregistrement audiovisuel.**

L'enregistrement ne peut être consulté, au cours de l'instruction ou devant la juridiction de jugement, qu'en cas de contestation du contenu du procès-verbal d'*(L. n° 2011-392 du 14 avr. 2011)* **« audition », sur décision du juge d'instruction ou de la juridiction de jugement, à la demande du ministère public ou d'une des parties. Les huit derniers alinéas de l'article 114 ne sont pas applicables. Lorsqu'une partie demande la consultation de l'enregistrement, cette demande est formée et le juge d'instruction statue conformément aux deux premiers alinéas de l'article 82-1.**

Le fait, pour toute personne, de diffuser un enregistrement réalisé en application du présent article est puni d'un an d'emprisonnement et de 15 000 € d'amende.

A l'expiration d'un délai de cinq ans à compter de la date de l'extinction de l'action publique, l'enregistrement est détruit dans le délai d'un mois.

Lorsque le nombre de personnes gardées à vue devant être simultanément interrogées, au cours de la même procédure ou de procédures distinctes, fait obstacle à l'enregistrement de *(L. n° 2011-392 du 14 avr. 2011)* **« toutes les auditions », l'officier de police judiciaire en réfère sans délai au procureur de la République qui désigne, par décision écrite versée au dossier, au regard des nécessités de l'enquête, la ou les personnes** *(L. n° 2011-392 du 14 avr. 2011)* **« dont les auditions ne seront pas enregistrées ».**

Lorsque l'enregistrement ne peut être effectué en raison d'une impossibilité technique, il en est fait mention dans le procès-verbal d'*(L. n° 2011-392 du 14 avr. 2011)* **« audition » qui précise la nature de cette impossibilité. Le procureur de la République en est immédiatement avisé.**

(Abrogé par Décis. n° 2012-228/229 QPC du 6 avr. 2012) ***« Le présent article n'est pas applicable lorsque la personne est gardée à vue pour un crime mentionné à l'article 706-73 du présent code ou prévu par les titres Ier et II du livre IV du code pénal, sauf si le procureur de la République ordonne l'enregistrement. »***

Un décret précise en tant que de besoin les modalités d'application du présent article.

Le terme "interrogatoire" a été remplacé par le terme "audition" en vertu des dispositions de la loi n° 2011-392 du 14 avr. 2011, en vigueur le 1er juin 2011.

BIBL. ► DELAGE, *RSC 2020. 679* (enregistrement audiovisuel par des journalistes).

1. QPC. Est abrogé immédiatement, en tant qu'il procède d'une discrimination injustifiée portant atteinte au principe d'égalité, l'art. 64-1, al. 7, qui exclut l'enregistrement des interrogatoires des suspects en matière de criminalité organisée ou d'atteinte aux intérêts fondamentaux de la nation. • Cons. const. 6 avr. 2012 : *D. actu. 17 avr. 2012, obs. Léna ; D. 2012. Actu. 1010 ; ibid. 1377, note Courtin ; ibid. Pan. 1590, obs. Mangiavillano ; AJ pénal 2012. 423, obs. Perrier ; RSC 2013. 441, note de Lamy ; Dr. pénal 2012. Chron. 7, obs. Lesclous.* ♦ Doit être renvoyée devant le Conseil constitutionnel la question prioritaire de constitutionnalité qui soutient que l'art. 64-1, al. 7, en ce qu'il prive les personnes placées en garde à vue pour des faits criminels relevant de la criminalité organisée du droit à l'enregistrement audiovisuel des interrogatoires, alors que ce droit est accordé par la loi aux personnes placées en garde à vue pour des faits relatifs à des crimes moins graves, instituant ainsi une différence de traitement entre des personnes mises en cause pour des infractions recevant la même qualification criminelle, porterait atteinte au principe d'égalité. • Crim., QPC, 18 janv. 2012, n° 11-90.116 P : *D. actu. 27 janv. 2012, obs. Lavric ; D. 2012. Actu. 362*.

2. L'obligation d'enregistrement des interrogatoires de garde à vue, prévue à l'art. 64-1, n'est applicable qu'en matière criminelle. C'est donc à tort que, pour prononcer la nullité de l'interrogatoire du prévenu, les juges énoncent que, selon l'art. 67 alors en vigueur, les dispositions des art. 54 à 66 sont applicables au cas de délit flagrant dans tous les cas où la loi prévoit une peine d'emprisonnement et en déduisent que l'obligation d'enregistrement audiovisuel s'imposait dans cette procédure et que sa violation porte atteinte aux intérêts de la défense. • Crim. 2 déc. 2009, n° 09-85.103 P : *D. 2010. AJ 211, note Girault ; AJ pénal 2010. 200, obs. Duparc*.

3. Lorsque le nombre de personnes devant être simultanément entendues fait obstacle à l'enregistrement de tous les interrogatoires, l'OPJ doit en référer sans délai au procureur de la République qui désigne, au regard des nécessités de l'enquête, la ou les personnes dont les interrogatoires ne seront pas enregistrés. L'omission de ces prescriptions porte nécessairement atteinte aux intérêts de la personne concernée. • Crim. 22 juin 2010, n° 10-81.275 P.

4. Si l'impossibilité technique ayant fait obstacle à l'enregistrement d'un interrogatoire, en matière criminelle, dans le cabinet du juge d'instruction, doit être mentionnée dans le procès-verbal d'interrogatoire qui en précise la nature, c'est à la condition qu'elle soit apparue avant la clôture de celui-ci, l'incident technique pouvant, par ailleurs, résulter d'une maladresse ou d'une omission de l'homme. • Crim. 4 nov. 2010, n° 10-85.279 P : *D. actu. 17 déc. 2010, obs. Léna ; D. 2010. Actu. 14*.

5. L'enregistrement audiovisuel des personnes placées en garde à vue pour crime n'est imposé que lorsque ces actes sont réalisés dans les locaux d'un service d'une unité de police ou de gendarmerie. • Crim. 11 juill. 2012 : *Dr. pénal 2013. n° 8, obs. Lesclous.*

6. Justifie sa décision la chambre de l'instruction qui rejette le moyen de nullité des interrogatoires de garde à vue, pris de l'absence de procès-verbal relatant le placement sous scellés de l'enregistrement audiovisuel des auditions, dès lors que la Cour de cassation est en mesure de s'assurer que, conformément à l'art. 64-1, un procès-verbal dressé par un officier de police judiciaire mentionne que les enregistrements des auditions ont été gravés sur deux cédéroms pour être joints à la procédure, et qu'il n'importe qu'il ne soit pas fait mention, dans ledit procès-verbal, du placement sous scellés de l'original, en l'absence d'atteinte aux intérêts du demandeur. • Crim. 8 juill. 2015, n° 15-81.025 : *Dr. pénal 2016. Chron. 8, obs. Lesclous.*

7. Le caractère partiel, voire erroné, de la retranscription par procès-verbal des déclarations d'une personne gardée à vue dont les auditions ont été enregistrées en application de l'art. 64-1 n'est pas, en lui seul, une cause de nullité de ce procès-verbal, la personne mise en examen disposant, en application de ce même texte, de la faculté de solliciter une retranscription intégrale de ses déclarations dans un cadre contradictoire, en présence de son avocat le cas échéant, sous le contrôle du juge d'instruction et du greffier. • Crim. 8 mars 2022, n° 21-84.524 P.

8. Qualification criminelle ou délictuelle. V. note 9 ss. art. 63-1.

Art. 65 *(L. n° 2014-535 du 27 mai 2014, art. 4, en vigueur le 2 juin 2014)* **Si, au cours de sa garde à vue, la personne est entendue dans le cadre d'une procédure suivie du chef d'une autre infraction et qu'il existe des raisons plausibles de soupçonner qu'elle a commis ou tenté de commettre cette infraction, elle doit faire l'objet des informations prévues aux 1°, 3° et 4° de l'article 61-1 et être avertie qu'elle a le droit d'être assistée par un avocat conformément aux articles 63-3-1 à 63-4-3.**

La personne gardée à vue qui est entendue dans le cadre d'une procédure suivie du chef d'une infraction autre que celle ayant justifié le placement en garde à vue et à l'encontre de laquelle il existe des raisons plausibles de soupçonner qu'elle a commis ou tenté de commettre cette infraction bénéficie, après avoir été avertie de son droit d'être assistée d'un avocat et si elle a déclaré vouloir l'exercer, du droit de communiquer avec celui-ci dans des conditions qui garantissent la confidentialité de l'entretien, pour une durée ne pouvant excéder trente minutes, avant toute audition sur les nouveaux faits. De plus, le fait que, d'une part, l'avocat n'ait pas expressément demandé à s'entretenir confidentiellement avec son client, d'autre part, que celui-ci, en présence de son avocat, ait accepté d'être entendu sur les nouveaux faits sans entretien préalable, ne peut être interprété comme une renonciation tacite au bénéfice de ce droit. • Crim. 2 mars 2021, n° 20-85.491 P : AJ pénal 2021. 271, obs. *Pujol*.

Art. 66 **Les procès-verbaux dressés par l'officier de police judiciaire en exécution des articles 54 à 62 sont rédigés sur-le-champ** *(L. n° 2019-222 du 23 mars 2019, art. 50)* **« ou dès que possible » et signés par lui sur chaque feuillet du procès-verbal.** — *Pr. pén. 429 à 433.*

1. Les dispositions de l'art. 66 selon lesquelles les procès-verbaux de visite domiciliaire et perquisition doivent être rédigés sur-le-champ, ne sont pas prescrites à peine de nullité. • Crim. 7 juin 1963 : *D. 1963. Somm. 115 ; Bull. crim. nº 194* • 8 oct. 1985, nº 84-95.606 P : *D. 1986. IR 303, obs. Pradel.*

2. Si les procès-verbaux de police doivent, en vertu des dispositions combinées des art. 63-1, 64 et 65, être rédigés sur-le-champ, l'irrégularité, consistant à ne consigner par procès-verbal qu'à l'issue de la garde à vue les diverses formalités relatives à l'exécution de cette mesure, n'a pas eu pour effet de porter atteinte aux intérêts des personnes concernées dans la mesure où, en l'espèce, celles-ci ont été immédiatement avisées de leurs droits dont elles ont d'ailleurs fait usage en s'entretenant avec un avocat et en étant soumises à un examen médical. • Crim. 6 déc. 1995, nº 95-84.701 P.

3. La rédaction immédiate des procès-verbaux n'étant pas prévue à peine de nullité, dès lors que le prévenu, qui a assisté à la perquisition pendant sa garde à vue, informé de ses droits, a signé le procès-verbal sans formuler d'observation particulière, et n'en a ultérieurement contesté les termes que s'agissant des conditions de découverte d'un seul document, les juges du fond en déduisent exactement que la rédaction différée du procès-verbal n'a pas affecté sa régularité ni porté atteinte aux droits de la défense. • Crim. 9 janv. 2018, nº 17-82.946 P : *AJ pénal 2018. 158, obs. Frinchaboy.*

4. Un procès-verbal rédigé par des agents des douanes plusieurs mois après leurs constatations n'affecte pas la régularité de cet acte. • Crim. 13 juin 2001 : *Procédures 2001. Comm. 201, obs. Buisson.*

Art. 67 **Les dispositions des articles 54 à 66** *(L. nº 2009-526 du 12 mai 2009, art. 133-I)* **« , à l'exception de celles de l'article 64-1, » sont applicables, au cas de délit flagrant, dans tous les cas où la loi prévoit une peine d'emprisonnement.**

1. Est régulière la perquisition effectuée par un officier de police judiciaire agissant devant un état de flagrance, cet état devant s'apprécier au moment de l'intervention de cet officier pour un délit passible d'emprisonnement ; il n'importe que, par la suite, les faits poursuivis aient reçu une qualification contraventionnelle. • Crim. 9 janv. 1990, nº 89-84.238 P.

2. L'obligation d'enregistrement des interrogatoires de garde à vue, prévue à l'art. 64-1, n'est applicable qu'en matière criminelle. C'est donc à tort que, pour prononcer la nullité de l'interrogatoire du prévenu, les juges énoncent que, selon l'art. 67 alors en vigueur, les dispositions des art. 54 à 66 sont applicables au cas de délit flagrant dans tous les cas où la loi prévoit une peine d'emprisonnement et en déduisent que l'obligation d'enregistrement audiovisuel s'imposait dans cette procédure et que sa violation porte atteinte aux intérêts de la défense. • Crim. 2 déc. 2009, nº 09-85.103 P : *D. 2010. AJ 211, note Girault ; AJ pénal 2010. 200, obs. Duparc.*

3. Entrée irrégulière sur le territoire. Une personne ne peut être placée en garde à vue du seul chef d'entrée irrégulière sur le territoire national ainsi, le ressortissant d'un pays tiers, entré en France irrégulièrement, par une frontière intérieure à l'espace Schengen, qui n'encourt pas l'emprisonnement prévu à l'art. L. 621-2 CESEDA dès lors que la procédure de retour organisée par la Dir. 2008/115/CE n'a pas encore été menée à son terme, ne peut être placé en garde à vue à l'occasion d'une procédure de flagrant délit diligentée du seul chef d'entrée irrégulière. • Civ. 1re, 7 févr. 2018, nº 17-10.338 P : *D. actu. 20 févr. 2018, obs. Pastor.*

Art. 68 **L'arrivée du procureur de la République sur les lieux dessaisit l'officier de police judiciaire.**

Le procureur de la République accomplit alors tous actes de police judiciaire prévus au présent chapitre.

Il peut aussi prescrire à tous officiers de police judiciaire de poursuivre les opérations.

Les prescriptions du procureur de la République aux officiers de police judiciaire de poursuivre leurs investigations n'ont pas à être formulées par écrit. • Crim. 20 mars 1995, nº 95-80.027 P : *Procédures 1995. Comm. 141, obs. Buisson.*

Art. 69 **Si les nécessités de l'enquête l'exigent, le procureur de la République,** *(L. nº 93-1013 du 24 août 1993)* **« ou le juge d'instruction lorsqu'il procède comme il est dit au présent chapitre, » peut se transporter dans les ressorts des tribunaux limitrophes de celui où il exerce ses fonctions, à l'effet d'y poursuivre ses investigations. Il doit aviser, au préalable, le procureur de la République du ressort du tribunal dans lequel il se transporte. Il mentionne sur son procès-verbal les motifs de son transport.**

Art. 70 *(L. nº 2004-204 du 9 mars 2004, art. 86-I, en vigueur le 1er oct. 2004)* **Si les nécessités de l'enquête portant sur un crime flagrant ou un délit flagrant puni d'au moins trois ans d'emprisonnement l'exigent, le procureur de la République peut, sans**

préjudice de l'application des dispositions de l'article 73, décerner mandat de recherche contre toute personne à l'encontre de laquelle il existe une ou plusieurs raisons plausibles de soupçonner qu'elle a commis ou tenté de commettre l'infraction.

Pour l'exécution de ce mandat, les dispositions de l'article 134 sont applicables. La personne découverte en vertu de ce mandat est placée en garde à vue par l'officier de police judiciaire du lieu de la découverte, qui peut procéder à son audition, sans préjudice de l'application de l'article 43 et de la possibilité pour les enquêteurs déjà saisis des faits de se transporter sur place afin d'y procéder eux-mêmes, après avoir si nécessaire bénéficié d'une extension de compétence en application de l'article 18. Le procureur de la République ayant délivré le mandat de recherche en est informé dès le début de la mesure ; ce magistrat peut ordonner que, pendant la durée de la garde à vue, la personne soit conduite dans les locaux du service d'enquête saisi des faits.

Si la personne ayant fait l'objet du mandat de recherche n'est pas découverte au cours de l'enquête et si le procureur de la République requiert l'ouverture d'une information contre personne non dénommée, le mandat de recherche demeure valable pour le déroulement de l'information, sauf s'il est rapporté par le juge d'instruction.

V. Circ. CRIM 04-16 E8 du 21 sept. 2004 présentant les dispositions générales de procédure pénale de la loi n° 2004-204 du 9 mars 2004 portant adaptation de la justice aux évolutions de la criminalité applicables à compter du 1er oct. 2004 (BOMJ 2004, n° 95, p. 447).

Art. 71 à 71-3 *Abrogés par L. n° 81-82 du 2 févr. 1981, art. 47.*

Art. 72 *(L. n° 93-1013 du 24 août 1993) (Abrogé par L. n° 99-515 du 23 juin 1999)* ***« Lorsque le juge d'instruction est présent sur les lieux, le procureur de la République ainsi que les officiers de police judiciaire sont de plein droit dessaisis à son profit.***

« Le juge d'instruction accomplit alors tous actes de police judiciaire prévus au présent chapitre.

« Il peut aussi prescrire à tous officiers de police judiciaire de poursuivre les opérations.

« Ces opérations terminées, le juge d'instruction transmet les pièces de l'enquête au procureur de la République à toutes fins utiles. »

Lorsque le procureur de la République et le juge d'instruction sont simultanément sur les lieux, le procureur de la République peut requérir l'ouverture d'une information régulière dont est saisi le juge d'instruction présent, par dérogation, le cas échéant, aux dispositions de l'article 83.

1. La loi du 8 déc. 1897 ne s'appliquant pas à l'enquête de flagrant délit, le juge d'instruction peut procéder à l'interrogatoire sans observer les formalités prévues à l'art. 3 (art. 114) de la loi précitée. • Crim. 28 juill. 1899 : *S. 1902. 1. 55.* ♦ Bibl. Granier, *JCP 1959. I. 1521.*

2. Si le juge d'instruction se transporte sur les lieux après le déclenchement de l'enquête de flagrance et alors que les investigations à caractère urgent se trouvent achevées, il ne peut assurer la direction des actes de police judiciaire. • Colmar, 19 mars 1987 : *Gaz. Pal. 1987. 2. 605, note Volff.*

Art. 73 **Dans les cas de crime flagrant ou de délit flagrant puni d'une peine d'emprisonnement, toute personne a qualité pour en appréhender l'auteur et le conduire devant l'officier de police judiciaire le plus proche.**

(L. n° 2011-392 du 14 avr. 2011, en vigueur le 1er juin 2011) **« Lorsque la personne est présentée devant l'officier de police judiciaire, son placement en garde à vue, lorsque les conditions de cette mesure prévues par le présent code sont réunies, n'est pas obligatoire dès lors qu'elle n'est pas tenue sous la contrainte de demeurer à la disposition des enquêteurs et qu'elle a été informée qu'elle peut à tout moment quitter les locaux de police ou de gendarmerie. Le présent alinéa n'est toutefois pas applicable si la personne a été conduite** *(L. n° 2014-535 du 27 mai 2014, art. 1er, en vigueur le 2 juin 2014)* **« , sous contrainte, » par la force publique devant l'officier de police judiciaire. »**

RÉP. PÉN. v° *Arrestation*, par Ambroise-Castérot.

BIBL. ▶ Gogorza, *Dr. pénal 2012. Étude 23* (arrestation et garde à vue : des fondements et de la régularité des interpellations pendant la phase policière).

1. Appréciation de la flagrance. L'état de flagrance doit s'apprécier au moment de l'intervention de l'officier de police judiciaire dans le cadre d'une enquête visant un délit passible d'emprisonnement, peu important que, par la suite, les faits poursuivis aient reçu une qualification contraventionnelle. • Crim. 11 mars 1992, n° 91-84.175 P.

2. Contrôleur. En appréhendant un usager qui vient d'exercer des violences à son encontre, l'agent d'un service de transport public exerce le pouvoir d'arrestation qu'il détient comme tout citoyen, en vertu des dispositions de l'art. 73, indépendamment des dispositions de l'art. 529-4. • Crim. 2 juin 2004, n° 03-87.876 P : *D. 2004. IR 2836 ; JCP 2004. IV. 2586 ; AJ pénal 2004. 327.*

3. Soupçon. Il y a lieu d'assimiler à l'acte délictueux proprement dit le soupçon de sa réalisation, alors même qu'il ne serait pas vérifié par la suite, si les circonstances de la cause le rendent vraisemblable. • TGI Marseille, 28 janv. 1982 : *D. 1983. IR 402, obs. J.-M. R.* ♦ Mais on ne saurait assimiler l'appréhension de l'art. 73 à la légitime défense. • Crim. 11 mai 1995 : *Dr. pénal 1997. Chron. 6, par Lesclous et Marsat.*

4. Le pouvoir d'arrestation que l'art. 73 donne à tout citoyen permet seulement d'appréhender ceux qui, selon toute apparence, ont commis une infraction. Il ne peut justifier un contrôle systématique d'un agent chargé d'une mission de surveillance pour s'assurer qu'un individu n'a pas commis d'infraction, dès lors qu'il n'apparaît pas qu'il soit intervenu en état de flagrant délit, ou parce qu'un fait quelconque avait attiré son attention ou permettait de suspecter un comportement délictueux. • Grenoble, 4 oct. 1978 : *JCP 1979. IV. 333.*

5. Délai. Il est satisfait aux exigences de l'art. 73, et l'arrestation ou détention n'est pas illégale lorsqu'une personne s'assure du délinquant jusqu'à ce que celui-ci soit remis entre les mains de l'officier de police, qui en a été avisé dans le meilleur délai que les circonstances permettent. • Crim. 1er oct. 1979 : *D. 1980. IR 334, obs. Puech ; Bull. crim. n° 263 ; Gaz. Pal. 1980. 1. 306, note P. L. G.* • 16 févr. 1988 : *Bull. crim. n° 75.* ♦ Ne sauraient invoquer les dispositions de l'art. 73 en ce qui concerne la séquestration arbitraire dont ils étaient prévenus ceux qui, après appréhension en flagrant délit de l'auteur d'un vol, attendent plusieurs heures avant d'aviser l'officier de police judiciaire et ont ainsi privé de sa liberté pendant ce temps la personne ainsi séquestrée arbitrairement. • Crim. 16 févr. 1988, n° 87-84.101 P.

6. Usage de la force. L'usage de la force doit être nécessaire et proportionné aux conditions de l'arrestation ; se rend coupable de violences avec arme le propriétaire d'un appartement qui tire des coups de feu sur un cambrioleur, lors d'une tentative de cambriolage, à l'extérieur de l'immeuble, et alors que celui-ci s'enfuyait. • Crim. 13 avr. 2005, n° 04-83.939 P : *D. 2005. IR 1378 ; ibid. 2920, note Lennon ; JCP 2005. I. 161, obs. Maron ; Dr. pénal 2005. Comm. 117, obs. Maron ; RSC 2006. 419, note Buisson.* ♦ Encourt la censure l'arrêt qui, pour relaxer le prévenu du chef d'homicide involontaire énonce que le comportement de celui-ci a eu pour objet d'immobiliser les auteurs d'un délit flagrant dans l'attente de l'arrivée des forces de l'ordre, sans rechercher si le fait d'approcher de la portière d'un véhicule occupé un fusil armé avec le doigt sur la queue de détente était absolument nécessaire en l'état des circonstances. • Crim. 28 mars 2006, n° 05.81.706 P : *D. 2006. 2721, obs. Chavent-Leclére ; AJ pénal 2006. 371.*

7. Responsabilité. L'automobiliste qui s'élance à la poursuite d'un dangereux « obsédé sexuel » qui, venant de l'agresser, s'enfuyait en voiture et qui provoque un heurt entre les deux véhicules pour immobiliser celui du fuyard et provoquer son arrestation, obéit aux prescriptions de l'art. 73 relatif aux délits flagrants. Cet acte de violence contre la personne ou les biens du délinquant, légitimé par la loi, n'engage la responsabilité de son auteur, ni en application de l'art. 1382 C. civ., ni en application de l'art. 1384, al. 1er. • Civ. 2e, 10 juin 1970 : *D. 1970. 691 ; Gaz. Pal. 1970. 2. 229 ; RSC 1971. 420, obs. Levasseur.* ♦ Comp. : • Aix-en-Provence, 15 oct. 1968 : *D. 1969. Somm. 10 ; Gaz. Pal. 1968. 2. 382* • T. corr. Paris, 1er oct. 1991 : *D. 1992. 486, note Decheix ; RSC 1993. 102, obs. Levasseur.*

8. Une cour d'appel, qui retient qu'une société a laissé procéder, en la présence de ses clients, à la fouille publique du sac, des poches et des vêtements de l'un d'entre eux, exige de cette personne la remise d'une pièce attestant de son identité, puis tarde à aviser les services de police, méconnaissant ainsi les dispositions de l'art. 73, justifie légalement sa décision de retenir la responsabilité de cette société. • Civ. 2e, 1er avr. 1999, n° 97-17.951 P : *D. 1999. 387, note Mayer ; Procédures 1999. Comm. 163, obs. Buisson ; RCA 1999. Comm. 203.*

9. Indemnisation. Lorsqu'un passant, qui s'était spontanément lancé à la poursuite d'un malfaiteur pris en flagrant délit de vol, a été blessé par celui-ci d'un coup de couteau, ce passant doit être regardé comme ayant prêté son concours à un service de police dont les dépenses sont à la charge de la ville et, par suite, la responsabilité administrative du préjudice qu'il invoque ne saurait incomber qu'à cette collectivité. • CE 17 avr. 1953 : *S. 1954. 3. 69.* ♦ Rappr. : • Civ. 2e, 23 nov. 1956 : *JCP 1956. II. 9681, note Esmein ; Gaz. Pal. 1957. 1. 108.*

10. Coopération internationale. Si à l'occasion d'une poursuite, des gendarmes de nationalité étrangère ne disposent pas du droit d'interpellation sur le territoire français (art. 41 Conv. Schengen), ils peuvent néanmoins appréhender un individu afin de le mettre à disposition de l'officier de police judiciaire français le plus proche comme tout citoyen a qualité pour le faire en cas de délit flagrant, en application de l'art. 73. • Douai, 11 mai 1999 : *D. 2000. 856, note Lombard et Haroune.*

Art. 74 **En cas de découverte d'un cadavre, qu'il s'agisse ou non d'une mort violente, mais si la cause en est inconnue ou suspecte, l'officier de police judiciaire qui en est avisé informe immédiatement le procureur de la République, se transporte sans délai sur les lieux et procède aux premières constatations.**

Le procureur de la République se rend sur place s'il le juge nécessaire et se fait assister de personnes capables d'apprécier la nature des circonstances du décès. Il peut, toutefois, déléguer aux mêmes fins un officier de police judiciaire de son choix.

(L. nº 72-1226 du 29 déc. 1972) **« Sauf si elles sont inscrites sur une des listes prévues à l'article 157, les personnes ainsi appelées prêtent, par écrit, serment d'apporter leur concours à la justice en leur honneur et en leur conscience. »**

(L. nº 2009-526 du 12 mai 2009, art. 127-1º) **« Sur instructions du procureur de la République, une enquête aux fins de recherche des causes de la mort est ouverte. Dans ce cadre et à ces fins, il peut être procédé aux actes prévus par les articles 56 à 62, dans les conditions prévues par ces dispositions. A l'issue d'un délai de huit jours à compter des instructions de ce magistrat, ces investigations peuvent se poursuivre dans les formes de l'enquête préliminaire. »**

Le procureur de la République peut aussi requérir information pour recherche des causes de la mort. — *Pr. pén. 169-1.*

(L. nº 2004-204 du 9 mars 2004, art. 77-III) **« Les dispositions des** *(L. nº 2009-526 du 12 mai 2009, art. 127-2º)* **« quatre » premiers alinéas sont également applicables en cas de découverte d'une personne grièvement blessée lorsque la cause de ses blessures est inconnue ou suspecte. »**

RÉP. PÉN. vº *Recherche des causes de la mort ou de blessures graves, recherche des personnes disparues ou en fuite*, par MOLINS.

BIBL. ▶ BUISSON, *Procédures 2009. Comm. 29 ; Dr. pénal 2019. Étude 1* (enquête pour recherche sur la mort dont la cause est inconnue ou suspecte). – GOLLÉTY, *RSC 1958. 913.* – GUÉRY, *JCP 2008. I. 187.* – VLAMYNCK, *AJ pénal 2005. 322* (la théorie de l'apparence : enquête préliminaire, de flagrance et enquêtes spécifiques de mort suspecte et de disparition inquiétante).

1. La procédure d'instruction ouverte et poursuivie jusqu'à sa clôture sur l'unique fondement de l'art. 74, dernier alinéa, exclut toute constitution de partie civile. • Crim. 26 juill. 1966, nº 66-91.283 P : *D. 1967. 58, note Edelman ; RSC 1967. 189, obs. Robert.* ♦ V. aussi : • Paris, 29 mars 1966 : *JCP 1966. II. 14718, note N. S.*

2. Lorsqu'il agit dans le cadre des dispositions de l'art. 74, le juge d'instruction n'use que de ses pouvoirs de police, différents de par leur nature et leurs effets, de ceux qui lui sont dévolus en vertu des réquisitions prises par le parquet conformément à l'art. 80 ; la saisine d'un juge d'instruction, en vue de rechercher les causes d'une mort suspecte, ne met pas en mouvement l'action publique et ne peut disparaître que par l'accomplissement de cette mission ou la saisine postérieure dudit magistrat ou d'un autre en vertu de l'art. 80. Rien ne s'oppose à ce que le ministère public saisisse concurremment, à la fois le magistrat instructeur et les services de police compétents aux fins de rechercher les causes de la mort en application de l'art. 74. • Amiens, 8 août 1974 : *D. 1974. Somm. 122 ; JCP 1975. II. 18164, note Chambon.* ♦ Rappr. : • Crim. 11 mai 1989, nº 89-81.416 P : *D. 1989. Somm. 392, obs. Pradel ; RSC 1990. 112, obs. Braunschweig.*

3. Il résulte de la combinaison des art. 49, 74 et 81 que le juge d'instruction, s'il est requis d'informer sur les causes de la mort d'une personne et s'il est dans l'impossibilité de procéder lui-même à tous les actes d'instruction, peut donner commission rogatoire aux officiers de police judiciaire afin de leur faire exécuter tous les actes rendus nécessaires par cette information, mais la commission rogatoire qui vise une information tendant à rechercher les causes de la mort ne saurait revêtir le caractère d'une délégation générale. • Crim. 24 févr. 1987, nº 86-96.293 P.

4. L'officier de police judiciaire ne peut subdéléguer à un fonctionnaire qui ne possède pas la qualité d'officier de police judiciaire les prérogatives qui lui ont été spécialement attribuées par le procureur de la République. • Crim. 1er avr. 1987, nº 86-92.507 P : *D. 1987. IR 109 ; RSC 1987. 731, obs. Braunschweig* • 15 févr. 2006, nº 05.86.773 P : *D. 2006. IR 811 ; AJ pénal 2006. 178, obs. Roussel.*

5. Les actes d'instruction accomplis pour rechercher les causes de la mort, par application de l'art. 74, qui ont pour objet de vérifier si la victime n'est pas décédée à la suite d'un crime ou d'un délit et tendent à la poursuite éventuelle de l'auteur de l'infraction, interrompent la prescription de l'action publique. • Crim. 6 juin 1991, nº 89-84.617 P.

6. La désignation inexacte, sous le nom d'expertises, de rapports déposés en application de l'art. 74, dont la notification n'est prévue par aucun texte, ne modifie pas leur nature. • Crim. 15 févr. 2006 : *préc. note 4.*

Art. 74-1 *(L. nº 2002-1138 du 9 sept. 2002, art. 66)* **Lorsque la disparition d'un mineur ou d'un majeur protégé vient d'intervenir ou d'être constatée, les officiers de police judiciaire, assistés le cas échéant des agents de police judiciaire, peuvent, sur instructions du procureur de la République, procéder aux actes prévus par les articles 56 à 62, aux fins de découvrir la personne disparue. A l'issue d'un délai de huit jours à compter des instructions de ce magistrat, ces investigations peuvent se poursuivre dans les formes de l'enquête préliminaire.**

Le procureur de la République peut également requérir l'ouverture d'une information pour recherche des causes de la disparition.

Les dispositions du présent article sont également applicables en cas de disparition d'un majeur présentant un caractère inquiétant ou suspect eu égard aux circonstances, à l'âge de l'intéressé ou à son état de santé.

V. art. 80-4 relatif au déroulement de l'information dans les hypothèses de personnes disparues.

RÉP. PÉN. vº *Recherche des causes de la mort ou de blessures graves, recherche des personnes disparues ou en fuite,* par MOLINS.

Loi nº 95-73 du 21 janvier 1995,

D'orientation et de programmation relative à la sécurité.

Art. 26 Les dispositions du présent article s'appliquent à la disparition d'un mineur ou d'un majeur protégé, ou à celle d'un majeur dont les services de police et de gendarmerie estiment qu'elle présente un caractère inquiétant ou suspect, eu égard aux circonstances, à son âge ou à son état de santé.

En cas de désaccord entre le déclarant et lesdits services sur la qualification de la disparition, il est, si le déclarant le demande, soumis sans délai à fin de décision au procureur de la République.

(L. nº 2002-1138 du 9 sept. 2002, art. 66) « La disparition déclarée par le conjoint, le concubin, le partenaire lié par un pacte civil de solidarité, un descendant, un ascendant, un frère, une sœur, un proche, le représentant légal ou l'employeur doit immédiatement faire l'objet d'une enquête par les services de police et de gendarmerie.

« Les chefs de service de la police nationale ou des unités de la gendarmerie nationale font procéder à toutes recherches et auditions utiles à l'enquête, dont ils font dresser un rapport détaillé ou un procès-verbal si nécessaire.

« Dans le cadre de cette enquête, les chefs de service de la police nationale ou des unités de la gendarmerie nationale peuvent directement requérir des organismes publics ou des établissements privés détenant des fichiers nominatifs, sans que puisse leur être opposée l'obligation au secret, que leur soit communiqué tout renseignement permettant de localiser la personne faisant l'objet des recherches.

« Le procureur de la République est informé de la disparition de la personne, dès la découverte d'indices laissant présumer la commission d'une infraction ou lorsque les dispositions de l'article 74-1 du code de procédure pénale sont susceptibles de recevoir application. »

Sauf si les circonstances de la disparition ou les nécessités de l'enquête s'y opposent, toute personne déclarée disparue est immédiatement inscrite au fichier des personnes recherchées.

Sauf nécessité impérieuse de l'enquête, le déclarant est tenu informé du résultat des recherches entreprises, sous réserve du droit de la personne majeure déclarée disparue et retrouvée de s'opposer expressément à la communication de son adresse au déclarant en signant devant un officier de police judiciaire un document spécifiquement établi à cet effet.

Lors de la déclaration de disparition, le déclarant s'engage à prévenir immédiatement les services de police ou de gendarmerie de toutes nouvelles qu'il pourrait avoir.

L'adresse d'une personne mineure ou majeure protégée déclarée disparue ne peut être communiquée à son représentant légal qu'avec l'autorisation du juge des enfants ou du juge des tutelles, lequel apprécie, au regard des éléments du dossier, si cette communication présenterait un danger pour le mineur ou le majeur protégé.

A défaut de découverte, dans le délai d'un an, soit de la personne déclarée disparue, soit de la preuve de sa mort, un certificat de vaines recherches peut être délivré au déclarant à sa demande. Ce certificat est délivré pour faire valoir ce que de droit, mais n'arrête pas la poursuite des recherches.

(*L. n° 2002-1138 du 9 sept. 2002, art. 66*) « Lorsque le procureur de la République fait application des dispositions de l'article 74-1 du code de procédure pénale, il est mis fin aux recherches administratives prévues par le présent article. »

Art. 74-2 (*L. n° 2004-204 du 9 mars 2004, art. 87*) **Les officiers de police judiciaire, assistés le cas échéant des agents de police judiciaire, peuvent, sur instructions du procureur de la République, procéder aux actes prévus par les articles 56 à 62 aux fins de rechercher et de découvrir une personne en fuite dans les cas suivants :**

1° Personne faisant l'objet d'un mandat d'arrêt délivré par le juge d'instruction, le juge des libertés et de la détention, la chambre de l'instruction ou son président ou le président de la cour d'assises, alors qu'elle est renvoyée devant une juridiction de jugement ;

2° Personne faisant l'objet d'un mandat d'arrêt délivré par une juridiction de jugement ou par le juge de l'application des peines ;

3° Personne condamnée à une peine privative de liberté sans sursis supérieure ou égale à un an (*L. n° 2016-731 du 3 juin 2016, art. 77*) **« ou à une peine privative de liberté supérieure ou égale à un an résultant de la révocation d'un sursis assorti ou non d'une »** (*L. n° 2020-1672 du 24 déc. 2020, art. 26*) **« probation », lorsque cette condamnation est exécutoire ou passée en force de chose jugée ;**

(*L. n° 2015-912 du 24 juill. 2015, art. 19*) **« 4° Personne inscrite au fichier judiciaire national automatisé des auteurs d'infractions terroristes ayant manqué aux obligations prévues à l'article 706-25-7 ;**

« 5° Personne inscrite au fichier judiciaire national automatisé des auteurs d'infractions sexuelles ou violentes ayant manqué aux obligations prévues à l'article 706-53-5 ; »

(*L. n° 2016-731 du 3 juin 2016, art. 77*) **« 6° Personne ayant fait l'objet d'une décision de retrait ou de révocation d'un aménagement de peine ou d'une libération sous contrainte, ou d'une décision de mise à exécution de l'emprisonnement prévu par la juridiction de jugement en cas de violation des obligations et interdictions résultant d'une peine, dès lors que cette décision a pour conséquence la mise à exécution d'un quantum ou d'un reliquat de peine d'emprisonnement supérieur à un an. »**

Si les nécessités de l'enquête pour rechercher la personne en fuite l'exigent, le juge des libertés et de la détention du tribunal judiciaire peut, à la requête du procureur de la République, autoriser l'interception, l'enregistrement et la transcription de correspondances émises par la voie des télécommunications selon les modalités prévues par les articles 100, 100-1 et 100-3 à 100-7, pour une durée maximale de deux mois renouvelable dans les mêmes conditions de forme et de durée, dans la limite de six mois en matière correctionnelle. Ces opérations sont faites sous l'autorité et le contrôle du juge des libertés et de la détention.

Pour l'application des dispositions des articles 100-3 à 100-5, les attributions confiées au juge d'instruction ou à l'officier de police judiciaire commis par lui sont exercées par le procureur de la République ou l'officier de police judiciaire requis par ce magistrat.

Le juge des libertés et de la détention est informé sans délai des actes accomplis en application de l'alinéa précédent.

Sur la plateforme nationale des interceptions judiciaires, V. art. R. 40-42 s.

RÉP. PÉN. v° *Recherche des causes de la mort ou de blessures graves, recherche des personnes disparues ou en fuite*, par MOLINS.

L'exploitation, pour la recherche et la découverte d'une personne en fuite, d'un renseignement anonyme destiné à orienter et faciliter les investigations des enquêteurs ne porte aucune atteinte aux droits de la défense dès lors que ce renseignement n'a pas pour finalité d'être utilisé comme moyen de preuve ; par ailleurs, le demandeur ne saurait se faire un grief de ce que, à l'occasion de son arrestation pour l'exécution d'un mandat d'arrêt, les services de police, constatant des infractions flagrantes, aient aussitôt ouvert une enquête et procédé à des investigations distinctes de celles opérées sur le fondement de l'art. 74-2, en particulier des saisies incidentes. • Crim. 11 mai 2016, n° 15-85.368 P : *D. actu. 1er juin 2016, obs. Fucini.*

CHAPITRE II DE L'ENQUÊTE PRÉLIMINAIRE

RÉP. PÉN. v° *Enquête préliminaire*, par BUISSON.

BIBL. ▸ BESSON, *D. 1958. Chron. 129.* – BLONDET, *JCP 1959. I. 1513.* – BOULOC, *RSC 1983. 513.* – DENIS, *Gaz. Pal. 1974. 2. Doctr. 969.* – GASSIN, *RSC 1972. 71.* – LENNON, *Dr. pénal 2007. Étude 21.* – MIMIN, *JCP 1959. I. 1500.* – PRADEL, *D. 1998. Chron. 57* (enquête proactive).

Art. 75 *(Ord. n° 60-529 du 4 juin 1960 ; L. n° 85-1196 du 18 nov. 1985)* **« Les officiers de police judiciaire et, sous le contrôle de ceux-ci, les agents de police judiciaire désignés à l'article 20 procèdent à des enquêtes préliminaires soit sur les instructions du procureur de la République, soit d'office. »**

(Ord. n° 60-529 du 4 juin 1960) **Ces opérations relèvent de la surveillance du procureur général.**

(Abrogé par L. n° 2015-993 du 17 août 2015, art. 7, à compter du 15 nov. 2015) (L. n° 2002-1138 sept. 2002) ***« Les officiers et les agents de police judiciaire informent par tout moyen les victimes de leur droit :***

« 1° D'obtenir réparation du préjudice subi ;

« 2° De se constituer partie civile si l'action publique est mise en mouvement par le parquet ou en citant directement l'auteur des faits devant la juridiction compétente ou en portant plainte devant le juge d'instruction ;

« 3° D'être, si elles souhaitent se constituer partie civile, assistées d'un avocat qu'elles pourront choisir ou qui, à leur demande, sera désigné par le bâtonnier de l'ordre des avocats près la juridiction compétente, les frais étant à la charge des victimes sauf si elles remplissent les conditions d'accès à l'aide juridictionnelle ou si elles bénéficient d'une assurance de protection juridique ;

« 4° D'être aidées par un service relevant d'une ou de plusieurs collectivités publiques ou par une association conventionnée d'aide aux victimes ;

« 5° De saisir, le cas échéant, la commission d'indemnisation des victimes d'infraction lorsqu'il s'agit d'une infraction mentionnée aux articles 706-3 et 706-14. »

« (L. n° 2010-769 du 9 juill. 2010, art. 2, en vigueur le 1er oct. 2010) « 6° De demander une ordonnance de protection, dans les conditions définies par les articles 515-9 à 515-13 du code civil. Les victimes sont également informées des peines encourues par le ou les auteurs des violences et des conditions d'exécution des éventuelles condamnations qui pourraient être prononcées à leur encontre. »

V. désormais art. 10-2.

La L. n° 85-1196 du 18 nov. 1985 est entrée en vigueur le 1er janv. 1986.

1. L'art. 75 permet aux officiers et agents de police judiciaire de constater une infraction, même si elle leur est révélée au cours de l'exécution d'instructions administratives. • Crim. 13 janv. 1972, n° 71-92.788 P : *D. 1972. Somm. 50 ; JCP 1973. II. 17523, note Syr.*

2. Ouverture d'une enquête préliminaire. Une enquête préliminaire peut être ouverte d'office par les officiers de police judiciaire dès lors que ceux-ci sont avisés de l'existence possible d'une infraction par un renseignement anonyme, si celui-ci n'est pas retenu comme moyen unique de preuve. • Crim. 9 nov. 2010 : *D. actu. 13 janv. 2011, obs. Léna.*

3. La rébellion ne saurait être excusée à raison de la prétendue illégalité de l'acte accompli par l'agent. • Crim. 22 août 1867 : *DP 1868. 1. 286* • 27 août 1908 : *Bull. crim. n° 376* • 3 mai 1961 : *Bull. crim. n° 234* • 2 juill. 1987, n° 86-94.149 P. ♦ *Contra* : • Reims, 18 mai 1984 : *JCP 1985. II. 20422, note Chambon ; Gaz. Pal. 1984. 2. 715, note X. ; RSC 1985. 69, obs. Delmas Saint-Hilaire.* ♦ Comp. • Nîmes, 26 févr. 1986 : *JCP 1987. II. 20720, note Chambon.*

4. Information du procureur. Les officiers de police judiciaire peuvent procéder d'office à des enquêtes préliminaires ; le défaut d'information du procureur de la République est sans effet sur la validité des actes accomplis. • Crim. 1er déc. 2004, n° 04-80.536 P : *D. 2005. 1336, note Lennon ; RSC 2005. 375, obs. Buisson ; Dr. pénal 2005. Comm. 30, obs. Maron.* ♦ Tout OPJ, exerçant ses fonctions au sein d'un groupement d'intervention régional (GIR), tient de l'art. 75 le droit de procéder d'office à des enquêtes préliminaires et l'information tardive, à la supposer établie, du procureur de la République est sans effet sur la validité des actes accomplis. N'encourt pas la nullité, le rapport établi par le chef d'un GIR, dans lequel il indique que des infractions, notamment de travail dissimulé, seraient susceptibles d'être relevées à l'encontre d'un individu, selon les recherches fiscales effectuées par un fonctionnaire des impôts, membre du GIR, dès lors qu'il n'est pas établi, ni même allégué que ces informations, communiquées en application de l'article L. 324-13 du code du travail [L. 8271-12 nouv.], aient été irrégulièrement recueillies.

• Crim. 19 mars 2008, n° 07-88.684 P : *AJ pénal 2008. 285, obs. Roussel*.

5. Contrôle des OPJ. C'est à tort que les juges déduisent du seul visa du commissaire de police, chef de service, apposé sur le soit-transmis de clôture de la procédure au procureur de la République, l'existence du contrôle d'un OPJ sur les perquisitions litigieuses, sans mentionner aucune autre pièce de nature à en établir la réalité, le contrôle des opérations de perquisitions effectuées par les APJ, par les OPJ, devant être établi par une mention expresse au procès-verbal de perquisition ou, à défaut, d'une mention spécifique dans les pièces de procédure. • Crim. 7 déc. 2021, n° 20-82.733 P : *AJ pénal 2022. 45, obs. Leborne*.

6. Prohibition des écoutes téléphoniques. Les art. 100 à 100-7 confèrent au juge d'instruction le pouvoir exclusif d'ordonner que soit pratiquée l'interception des correspondances émises par la voie des télécommunications, ce pouvoir n'étant, en aucun cas, attribué aux officiers de police judiciaire agissant en enquête préliminaire et accomplissant des actes de la procédure, au sens de l'art. 170. • Crim. 27 févr. 1996, n° 95-81.366 P : *D. 1996. 346, note Guéry ; JCP 1996. II. 22629, note Rassat ; Gaz. Pal. 1996. 2. 369, rapp. Guerder.*

7. Loyauté de la preuve. Porte atteinte au principe de la loyauté des preuves et au droit à un procès équitable la provocation à la commission d'une infraction par un agent de l'autorité publique ou par son intermédiaire : la déloyauté d'un tel procédé rend irrecevables en justice les éléments de preuve ainsi obtenus. • Crim. 11 mai 2006, n° 05-84.837 P : *D. 2006. IR 1772 ; AJ pénal 2006. 354, note Verges ; RSC 2006. 848, note Finielz ; ibid. 2006. 879, obs. Renucci ; RPDP 2006. 859, obs. Maistre du Chambon* • 9 août 2006, n° 06-83.219 P : *D. 2006. IR 2348 ; ibid. 2007. 402, obs. Roujou de Boubée ; ibid. 2007. Pan. 975, obs. Pradel ; RSC 2006. 848, obs. Finielz ; ibid. 2007. 614, obs. Buisson ; AJ pénal 2006. 510, note Saas*. ♦ Il en va ainsi quand bien même les preuves auraient pour support un stratagème commis à l'étranger, par des agents étrangers (mise en examen d'un Français « piégé » par sa connexion à un site de pornographie infantile créé et exploité par la police de New-York). • Crim. 7 févr. 2007, n° 06-87.753 P : *D. 2007. AJ 1079 ; ibid. 2007. 2012, note Demarchi ; RSC 2008. 663, obs. Buisson ; AJ pénal 2007. 233 ; RSC 2007. 331, obs. Finielz ; ibid. 2007. 560, obs. Francillon ; Dr. pénal 2007. Chron. 29, obs. Lepage ; Procédures 2007. Comm. 147, obs. Buisson* • 4 juin 2008, n° 08-81.045 P : *D. 2008. AJ 1766, note Lavric ; ibid. Pan. 2716, obs. Bretzner ; RSC 2008. 621, obs. Francillon ; AJ pénal 2008. 425, obs. Lavric ; Dr. pénal 2008. Chron. 10, obs. Lepage ; ibid. 2009. Chron. 1, obs. Guérin.* ♦ Sur l'évolution de cette jurisprudence, V. note 12 s. ss. art. 427.

8. Préliminaire et flagrance. Une enquête peut basculer de la flagrance à la préliminaire mais aussi de la préliminaire à la flagrance. • Crim. 5 oct. 2011, n° 11-81.125 P : *D. 2011. 2775, note Detraz ; JCP 2011, n° 46, p. 1244, note Matsopoulou.*

9. V. aussi notes ss. art. 56.

Art. 75-1 *(L. n° 2000-516 du 15 juin 2000, art. 15)* **Lorsqu'il donne instruction aux officiers de police judiciaire de procéder à une enquête préliminaire, le procureur de la République fixe le délai dans lequel cette enquête doit être effectuée. Il peut le proroger au vu des justifications fournies par les enquêteurs.**

Lorsque l'enquête est menée d'office, les officiers de police judiciaire rendent compte au procureur de la République de son état d'avancement lorsqu'elle est commencée depuis plus de six mois.

Art. 75-2 *(L. n° 2000-516 du 15 juin 2000, art. 15)* **L'officier de police judiciaire qui mène une enquête préliminaire concernant un crime ou un délit avise le procureur de la République dès qu'une personne à l'encontre de laquelle existent des indices faisant présumer qu'elle a commis ou tenté de commettre l'infraction est identifiée.**

L'obligation d'informer le procureur de la République en application de l'art. 75-2 n'est pas prescrite à peine de nullité, ainsi, la méconnaissance de cette obligation n'affecte pas la validité de l'audition du mis en examen à l'issue de laquelle sont apparus les indices faisant présumer qu'il avait commis une infraction. • Crim. 23 août 2005, n° 03-87.719 P : *JCP 2005. IV. 3137 ; D. 2006. Pan. 621, obs. Pradel*.

Circulaire CRIM 00-13 F1 du 4 décembre 2000, *présentant les dispositions de la loi du 15 juin 2000 renforçant la protection de la présomption d'innocence et les droits des victimes concernant la garde à vue et l'enquête de police judiciaire. — [...].*

1. *DISPOSITIONS RENFORÇANT LE CONTRÔLE DE LA DURÉE DE L'ENQUÊTE PAR L'AUTORITÉ JUDICIAIRE*

1.1. *Contrôle de la durée de l'enquête par le procureur de la République*

Les articles 75-1 et 75-2 nouveaux du code de procédure pénale, résultant de l'article 15 de la loi, accordent des facultés supplémentaires au procureur de la République afin de lui permettre d'exercer de façon plus effective le pouvoir général de direction de la police judiciaire qui lui est reconnu par les articles 12 et 41 du code de procédure pénale. Ces dispositions sont entrées en vigueur dès la publication de la loi du 15 juin 2000.

Ces dispositions permettent aux parquets d'accentuer leur contrôle des enquêtes préliminaires, les dispositions légales permettant d'ores et déjà une direction et un contrôle étroits des enquêtes conduites dans le cadre juridique de la flagrance.

Dans le cadre des politiques de traitement en temps réel des procédures, ces dispositions sont ainsi de nature à justifier, dans les parquets d'une taille suffisante, la création d'un « bureau des enquêtes », spécifiquement chargé du suivi de ces affaires, comme cela existe déjà dans un certain nombre de juridictions.

1.1.1. Délai d'exécution des enquêtes préliminaires

En application du nouvel article 75-1, le procureur de la République, lorsqu'il sera amené à confier à un service de police judiciaire une enquête préliminaire, devra fixer le délai dans lequel ces investigations devront être accomplies.

Ce délai pourra être le cas échéant prorogé par ce magistrat, au vu de justifications fournies par les enquêteurs. Pourront notamment constituer des motifs de prorogation la découverte par les enquêteurs au cours de leurs investigations de faits nouveaux ou la révélation d'un degré de complexité de l'enquête indéterminable au moment où le délai d'exécution de la mission a été fixé.

Même si le non-respect du délai fixé par le procureur de la République ne constituera évidemment pas une cause de nullité de l'enquête, les parquets devront veiller scrupuleusement au respect de ces dispositions légales qui ont pour but, au-delà de l'objectif affiché d'un contrôle accentué des activités de police judiciaire, de permettre à l'autorité judiciaire d'apporter une réponse plus rapide et donc plus pertinente aux actes de délinquance.

En pratique, sauf circonstances particulières pouvant justifier un délai plus long ou plus court, il semble opportun que les délais d'enquête fixés en application de l'article 75-1 soient de six mois.

1.1.2. Avis concernant les enquêtes d'initiative en cours depuis six mois

L'article 75-1 énonce, dans son deuxième alinéa, que, lorsqu'un service ou une unité de police judiciaire aura conduit une enquête d'initiative pendant un délai de six mois, il devra aviser à son issue le parquet de son existence et lui rendre compte de son état d'avancement.

Le point de départ du délai de six mois doit être la date du premier procès-verbal *d'enquête et non celle de la* commission de l'infraction, qui peut être antérieure.

Cette disposition permettra aux parquets de mieux évaluer et de mieux circonscrire la réalité des activités de police judiciaire dans leur ressort et donc de définir plus précisément la politique pénale qu'ils entendent conduire et notamment la politique de saisine qu'ils souhaitent mener.

L'absence de signalement de l'existence d'une enquête préliminaire d'initiative n'entraînera pas non plus la nullité des investigations conduites par le service de police judiciaire à l'origine de celles-ci. En revanche, il pourra conduire le ministère public à recueillir les explications circonstanciées de l'officier de police judiciaire concerné.

1.1.3. Information en cas d'identification d'un suspect

En application des dispositions de l'article 75-2 nouveau du code de procédure pénale, les officiers de police judiciaire qui mènent une enquête préliminaire concernant un crime ou un délit doivent informer le parquet dès qu'est identifiée une personne à l'encontre de laquelle existent des indices faisant présumer qu'elle a commis ou tenté de commettre l'infraction.

Cette obligation concerne l'ensemble des enquêtes préliminaires portant sur des crimes ou des délits, qu'elles aient débuté sur instructions du parquet ou qu'elles aient été commencées d'office par un service de police judiciaire, y compris dans le cas où elles font suite à une enquête de flagrance.

L'information, qui pourra se faire en pratique par téléphone, devra être mentionnée par procès-verbal.

Bien évidemment, sauf dans les procédures d'une importance particulière et/ou instructions précises du parquet, cette information ne doit pas nécessairement intervenir aussitôt après que les enquêteurs auront été informés de l'existence de tels indices, qui peuvent se révéler infondés (ainsi les déclarations d'un témoin mettant en cause telle ou telle personne ne justifient pas de téléphoner immédiatement au parquet). Cette information doit en revanche intervenir dans les meilleurs délais et si possible avant que des actes de cœrcition soient exercés contre le suspect ainsi identifié, notamment lorsque ces actes n'ont pas besoin d'être effectués dans l'urgence.

En cas d'urgence, cette information pourra en revanche résulter de l'information du placement en garde à vue de la personne ou de la demande faite au parquet en application de l'article 78 de faire comparaître une personne par la force publique.

Les procureurs de la République devront donc veiller à ce que les enquêteurs de leur ressort aient connaissance de cette obligation d'information et s'assurer qu'elle est respectée, en leur précisant le cas échéant les conditions pratiques dans lesquelles ils souhaitent qu'elle soit appliquée (en précisant, compte tenu si nécessaire de la nature des affaires, les modalités de l'information : simple avis par téléphone, ou transmission par télécopie ou par courrier d'un procès-verbal d'étape, qui peut paraître opportun dans des affaires présentant une particulière importance).

Même si elle n'est pas non plus prescrite à peine de nullité, cette obligation d'information est en effet de nature à améliorer le contrôle de l'autorité judiciaire sur le déroulement d'investigations dont la durée peut être de nature à porter atteinte aux libertés individuelles. *[...]*

Art. 75-3 *(L. nº 2021-1729 du 22 déc. 2021, art. 2)* **La durée d'une enquête préliminaire ne peut excéder deux ans à compter du premier acte de l'enquête, y compris si celui-ci est intervenu dans le cadre d'une enquête de flagrance.**

L'enquête préliminaire peut toutefois être prolongée une fois pour une durée maximale d'un an à l'expiration du délai mentionné au premier alinéa, sur autorisation écrite et motivée du procureur de la République, qui est versée au dossier de la procédure.

Les enquêteurs clôturent leurs opérations et transmettent les éléments de la procédure au procureur de la République en application de l'article 19 avant l'expiration du délai de deux ans ou, en cas de prolongation, du délai de trois ans, afin de permettre soit la mise en mouvement de l'action publique, le cas échéant par l'ouverture d'une information judiciaire, soit la mise en œuvre d'une procédure alternative aux poursuites, soit le classement sans suite de la procédure. Tout acte d'enquête intervenant après l'expiration de ces délais est nul, sauf s'il concerne une personne qui a été mise en cause au cours de la procédure, au sens de l'article 75-2, depuis moins de deux ans ou, en cas de prolongation, de trois ans.

Lorsque l'enquête porte sur des crimes ou délits mentionnés aux articles 706-73 ou 706-73-1 ou relevant de la compétence du procureur de la République antiterroriste, les délais de deux ans et d'un an prévus au présent article sont portés respectivement à trois ans et à deux ans.

Pour la computation **des délais prévus au présent article, il n'est pas tenu compte, lorsque l'enquête a donné lieu à une décision de classement sans suite puis a repris sur décision du procureur de la République, de la durée pendant laquelle l'enquête a été suspendue. Il n'est pas non plus tenu compte, en cas d'entraide judiciaire internationale, du délai entre la signature de la demande par le parquet émetteur et la réception par ce même parquet des pièces d'exécution. Lorsqu'il est procédé au regroupement de plusieurs enquêtes dans le cadre d'une même procédure, il est tenu**

compte, pour la computation des délais prévus au présent article, de la date de commencement de l'enquête la plus ancienne.

L'art. 75-3 n'est applicable qu'aux enquêtes commencées à compter du 23 déc. 2021 (L. n° 2021-1729 du 22 déc. 2021, art. 59-I).

BIBL. ► LARDET, *AJ pénal 2022. 14* (enquête préliminaire et investigations financières).

Dossier : *AJ pénal 2022. 7 s.* (loi pour la confiance dans l'institution judiciaire).

Art. 76 Les perquisitions, visites domiciliaires et saisies de pièces à conviction *(L. n° 2010-768 du 9 juill. 2010, art. 1er)* **« ou de biens dont la confiscation est prévue à l'article 131-21 du code pénal » ne peuvent être effectuées sans l'assentiment exprès de la personne chez laquelle l'opération a lieu.**

Cet assentiment doit faire l'objet d'une déclaration écrite de la main de l'intéressé ou, si celui-ci ne sait écrire, il en est fait mention au procès-verbal ainsi que de son assentiment.

Les *(L. n° 2004-204 du 9 mars 2004, art. 79-II)* **« dispositions » prévues par les articles 56 et 59** *(Abrogé par L. n° 2019-222 du 23 mars 2019, art. 49-I)* ***« (premier alinéa) »*** *(L. n° 2010-768 du 9 juill. 2010, art. 1er)* **« du présent code » sont applicables.**

(L. n° 2004-204 du 9 mars 2004, art. 14-II, en vigueur le 1er oct. 2004) **« Si les nécessités de l'enquête relative** *(L. n° 2005-1549 du 12 déc. 2005, art. 39)* **« à un crime ou » à un délit puni d'une peine d'emprisonnement d'une durée égale ou supérieure à** *(L. n° 2019-222 du 23 mars 2019, art. 49-II)* **« trois » ans l'exigent** *(L. n° 2010-768 du 9 juill. 2010, art. 1er)* **« ou si la recherche de biens dont la confiscation est prévue à l'article 131-21 du code pénal le justifie », le juge des libertés et de la détention du tribunal judiciaire peut, à la requête du procureur de la République, décider, par une décision écrite et motivée, que les opérations prévues au présent article seront effectuées sans l'assentiment de la personne chez qui elles ont lieu. A peine de nullité, la décision du juge des libertés et de la détention précise la qualification de l'infraction dont la preuve est recherchée ainsi que l'adresse des lieux dans lesquels ces opérations peuvent être effectuées ; cette décision est motivée par référence aux éléments de fait et de droit justifiant que ces opérations sont nécessaires. Les opérations sont effectuées sous le contrôle du magistrat qui les a autorisées, et qui peut se déplacer sur les lieux pour veiller au respect des dispositions légales. Ces opérations ne peuvent, à peine de nullité, avoir un autre objet que la recherche et la constatation des infractions visées dans la décision du juge des libertés et de la détention** *(L. n° 2010-768 du 9 juill. 2010, art. 1er)* **« ou la saisie des biens dont la confiscation est prévue à l'article 131-21 du code pénal ». Toutefois, le fait que ces opérations révèlent des infractions autres que celles visées dans la décision ne constitue pas une cause de nullité des procédures incidentes. »**

(L. n° 2005-1549 du 12 déc. 2005, art. 39) **« Pour l'application des dispositions de l'alinéa précédent, est compétent le juge des libertés et de la détention du tribunal judiciaire dont le procureur de la République dirige l'enquête, quelle que soit la juridiction dans le ressort de laquelle la perquisition doit avoir lieu. Le juge des libertés et de la détention peut alors se déplacer sur les lieux quelle que soit leur localisation sur le territoire national. Le procureur de la République peut également saisir le juge des libertés et de la détention du tribunal judiciaire dans le ressort duquel la perquisition doit avoir lieu, par l'intermédiaire du procureur de la République de cette juridiction. »**

Pour les visites domiciliaires en matière d'infractions à la législation du travail, V. ***C. trav.****, art. L. 8271-13 (abrogé par Cons. const. n° 2014-387 QPC du 4 avr. 2014, à compter du 1er janv. 2015, JO 5 avr. 2014) et L. 8271-18.*

RÉP. PÉN. v° *Perquisition-saisie-visite domiciliaire*, par RAYNE.

BIBL. ► BOLLÉ, *AJ pénal 2008. 316* (de l'autorisation donnée par la loi de saisir un bien immeuble). – DUPUIS, *Procédures 2014. Étude 6* (les saisies en matière pénale). – TELLIER-CAYROL, *D. 2021. 619* (perquisition chez un majeur protégé). – VLAMYNCK, *AJ pénal 2011. 352* (le policier et le principe de l'inviolabilité du domicile).

I. DROIT COMMUN

1. *Nécessité de l'assentiment.* Des dispositions combinées des art. 56 et 76 il résulte que, s'il n'a reçu mandat du juge d'instruction, un officier de police judiciaire ne peut, sans l'assentiment exprès de la personne chez qui l'opération a eu lieu, légalement procéder à une perquisition ou à une saisie qu'en cas de crime ou de délit flagrants. Les perquisitions et saisies sont nulles dès lors qu'avant leur accomplissement, aucun indice apparent d'un comportement délictueux ne pouvait révéler l'existence d'une infraction répondant à la définition donnée par l'art. 53 des crimes et délits flagrants. • Crim. 30 mai 1980, n° 90-90.075 P : *D. 1981. 533, note Jeandidier* • 24 juin 1987, n° 87-81.875 P.

2. Lorsque des officiers de police judiciaire, procédant à une perquisition en exécution d'une commission rogatoire du juge d'instruction, découvrent des faits étrangers à l'information mais susceptibles d'incrimination pénale, ils peuvent saisir toute pièce à conviction se rapportant à ces faits, en vertu des art. 75 et 76 s'ils ont l'assentiment de la personne chez qui l'opération a lieu. • Crim. 17 mai 1994, n° 93-92.252 P.

3. Dès lors que la visite effectuée sans l'assentiment écrit n'a donné lieu à aucune investigation et constatation de nature à fonder les poursuites, les constatations ayant été faites à partir d'un chemin public sur des lieux visibles de ce chemin, il y a lieu de rejeter l'exception de nullité. • Crim. 18 juill. 1995 : *Dr. pénal 1995. Chron. 59, Lesclous et Marsat ; Dr. pénal 1996. Comm. 40, obs. J.-H. Robert.* ♦ Dans le même sens, dès lors que la Cour de cassation est en mesure de s'assurer, par le contrôle des pièces utiles de la procédure, de la régularité de l'acte contesté, et en l'espèce de constater que les photocopies de factures jointes au procès-verbal de perquisition n'ont pas été saisies dans le bureau personnel du requérant, de sorte que son assentiment n'était pas requis. • Crim. 30 janv. 2019, n° 17-85.304 P : *Dr. pénal 2019, n° 73, obs. Maron et Haas.*

4. Palpation de sécurité. V. note 10 ss. art. 78-2.

5. Validité de l'assentiment. L'assentiment de la personne n'est valable que lorsqu'il est donné en toute connaissance de cause, c'est-à-dire quand la personne a su qu'aucune information n'était encore ouverte. • Crim. 2 janv. 1936 : *DP 1936. 1. 46, note Leloir* • 17 juin 1942 : *Bull. crim. n° 75* • 9 juill. 1953 : *D. 1954. 110* • 26 juin 1958 : *Bull. crim. n° 506 ; RSC 1959. 145.*

6. Il appartient aux juges du fond d'apprécier souverainement la validité de l'assentiment donné par la personne. En l'espèce, ils ont pu considérer que la forte émotion et les tremblements manifestés par le prévenu ne suffisent pas à établir qu'il n'a pas librement consenti et qu'il a rédigé le document attestant de son consentement sous la contrainte des enquêteurs ou sous l'effet d'un état de confusion mentale tel qu'il ait été privé de tout discernement. • Crim. 16 janv. 2018, n° 16-87.168 P : *D. actu. 12 févr. 2018, obs. Recotillet ; AJ pénal 2018. 205, obs. Thierry ; RSC 2018. 480, note Mistretta ; ibid. 701, note Dreyer.*

7. Si le texte constatant l'assentiment exprès du prévenu à une perquisition n'est que partiellement écrit de sa main, la nature des passages manuscrits – nom, prénom, domicile, date, heure, mention « lu et approuvé » précédant sa signature – mettent la Cour de cassation en mesure de s'assurer qu'il a été satisfait aux exigences de l'art. 76. • Crim. 28 janv. 1987, n° 85-95.180 P : *D. 1987. 258, note Azibert.* ♦ V. aussi note Pradel, *D. 1985. 498.*

8. Les enquêteurs, agissant initialement en enquête préliminaire, peuvent procéder à une perquisition sans l'assentiment du suspect présumé dès lors qu'il existe antérieurement à la perquisition des indices apparents d'un comportement délictueux révélant une infraction flagrante. • Crim. 5 oct. 2011, n° 11-81.125 P : *D. actu. 20 oct. 2011, obs. Girault ; D. 2011. 2775, note Detraz ; ibid. 2012. 2118, obs. Pradel ; Procédures 2011, n° 379, obs. Chavent-Leclère.*

9. Compétence des APJ. Les APJ peuvent, en enquête préliminaire, et au contraire de l'enquête de flagrance, procéder à une perquisition dès lors qu'ils agissent sous le contrôle de l'OPJ ; l'existence de ce contrôle est établie par une mention expresse au procès-verbal de perquisition ou peut résulter, à défaut, d'une mention spécifique dans les pièces de procédure. • Crim. 7 déc. 2021, n° 20-82.733 : *D. actu. 17 janv. 2022, obs. Fucini.*

10. Pluralité de domiciliaires. L'assentiment exprès donné par l'épouse dans les formes de la loi, en présence de son époux, laisse présumer que ce dernier était pareillement consentant. • Crim. 23 oct. 2013, n° 12-82.627 (inédit).

11. Perquisition filmée par des journalistes. V. notes ss. art. 11.

12. Parties communes d'un immeuble. Les policiers peuvent, sans procéder à aucune recherche, retranscrire leurs constatations visuelles faites à l'ouverture du véhicule dans un parking privé, si cette immixtion a été autorisée par le syndic de copropriété, dès lors qu'ils étaient habilités, en enquête préliminaire, à procéder à ces constatations, lesquelles ne sont pas inscrites dans le cadre d'opérations visées par l'art. 706-96 ; par ailleurs, si c'est à tort qu'une chambre de l'instruction a estimé que l'utilisation d'un endoscope n'a pas constitué une opération de captation d'images et de sonorisation, elle a néanmoins justifié sa décision de rejet du moyen de nullité dès lors que les demandeurs, ne revendiquant aucun droit sur le box et le véhicule en cause, ne sauraient se prévaloir d'une prétendue atteinte au droit au respect du domicile ou de la vie privée d'un tiers. • Crim. 23 janv. 2013 : *D. 2013. 1045, note Potaszkin ; AJ pénal 2013. 227, obs. Pronier.* ♦ Les policiers agissant en enquête préliminaire, spécialement autorisés en connaissance de cause par le syndic de copropriété, peuvent pénétrer dans les parties communes d'une résidence dans le but d'opérer de simples constatations visuelles sur un véhicule volé, qui n'entrent pas dans les prévisions de l'art. 76. • Crim. 5 oct. 2016, n° 16-81.843 P :

D. actu. 24 oct. 2016, obs. Goetz ; Procédures 2016, n° 380, note Chavent-Leclère. ♦ Aucune irrégularité ne saurait résulter de l'introduction, en enquête préliminaire, de policiers dans le parking souterrain d'un immeuble avec l'accord, en connaissance de cause, d'une personne titulaire d'un droit d'accès à cette partie commune et en sa présence, après vaine recherche de l'identité du syndic, afin d'y procéder à de simples constatations visuelles sur les véhicules en stationnement, lesquelles n'entrent pas dans les prévisions de l'art. 706-96, ne sont pas assimilables à une perquisition et n'ont pas été de nature à porter atteinte à l'intimité de la vie privée. • Crim. 23 oct. 2013, n° 13-82.762 P : *D. actu. 15 nov. 2013, obs. Bombled.* ♦ Par ailleurs, sauf signalement visible sur l'entrée d'un immeuble d'habitation en copropriété, l'accès à ses parties communes non soumis à une quelconque restriction apparente *in situ* est réputé se faire librement. • Crim. 2 oct. 2013, n° 12-87.976 P : *D. actu. 15 nov. 2013, obs. Bombled ; AJ pénal 2014. 138, obs. Lasserre Capdeville.*

BIBL. Beaussonie, *Gaz. Pal. 9 févr. 2014, p. 9* (de l'opération de perquisition effectuée ou débutée dans la partie commune d'un habitat collectif).

13. Étendue de l'annulation. En l'absence d'assentiment exprès de la personne chez qui la perquisition a eu lieu, la chambre d'accusation a, à bon droit, annulé le procès-verbal de perquisition et la planche photographique s'y rapportant, sans étendre l'annulation à l'ensemble de la procédure, le réquisitoire n'ayant pas comme support nécessaire le procès-verbal de perquisition. • Crim. 4 oct. 1994, n° 94-83.490 P : *D. 1995. Somm. 145, obs. Pradel.*

14. Perquisition et garde à vue. Une perquisition au domicile d'une personne n'exige pas pour sa régularité le placement en garde à vue de l'intéressé. • Crim. 12 déc. 2000, n° 00-83.852 P. ♦ L'irrégularité de la garde à vue n'affecte pas la régularité de la perquisition. • Crim. 22 juin 2000, n° 00-82.632 P. ♦ ... Dès lors que cette mesure n'en est pas le support nécessaire. • Crim. 20 juin 2001 : *Dr. pénal 2001. Comm. 135, note Maron.*

15. Droits de la défense. Le pouvoir reconnu à l'OPJ ou au juge d'instruction de saisir tout document utile à la manifestation de la vérité trouve sa limite dans le principe de la libre défense qui commande de respecter la confidentialité des correspondances échangées entre un client et son avocat : un policier, lors d'une perquisition au domicile d'un prévenu, ne peut donc saisir un courrier de l'avocat à son client ni le brouillon de la réponse à ce courrier, fût-ce un courrier ayant trait à l'exécution d'une condamnation pénale, en l'espèce un suivi socio-judiciaire, prononcée dans une instance distincte. • Crim. 13 déc. 2006, n° 06-87.169 P : *D. 2007. AJ 306 ; ibid 2007. Pan. 977, obs. Pradel ; AJ pénal 2007. 140, obs. Girault ; Dr. pénal 2007. Comm. 64, obs. Maron.* – Sur la présence de l'avocat à la perquisition, V. notes ss. art. 76.

16. Cas particulier : prévention et répression du recel. Les dispositions de la L. du 30 déc. 1987, pour partie reprises par les art. 321-7 et 321-8 C. pén., qui imposent aux professionnels de présenter à tout moment à l'autorité compétente le registre de vente des objets mobiliers usagés pour contrôle et vérifications, échappent aux dispositions du code de procédure pénale relatives aux perquisitions et saisies. • Crim. 13 oct. 1998, n° 95-82.522 P : *Procédures 1999. Comm. 45, obs. Buisson ; D. 2000. 808, note Peltier.*

17. Procédure douanière. Les dispositions de l'art. 76 ne sont pas applicables aux agents des douanes qui sont soumis à celles des art. 60 s. C. douanes. • Crim. 22 mai 1995 : *Procédures 1995. Comm. 304 (1re esp.), obs. Buisson.*

18. Visite des installations classées (environnement). Les dispositions de l'art. 76 ne s'appliquent pas aux visites effectuées par les inspecteurs des installations classées dans les établissements soumis à surveillance (C. envir., art. L. 514-5) : l'assentiment exprès de l'intéressé n'est pas nécessaire. • Crim. 26 avr. 2000, n° 99-92.683 P : *JCP 2001. II. 10475, note Guihal.*

19. Visites domiciliaires. L'ordonnance du président du tribunal autorisant une visite domiciliaire sur les lieux de travail, dans le cadre d'une enquête préliminaire, sur réquisitions du procureur, est un acte de procédure dont la nullité ne peut être invoquée que dans les conditions prévues par les art. 173 et 385. • Crim. 16 janv. 2002, n° 99-30.359 P. ♦ Les dispositions des art. L. 611-13 et L. 231-1 C. trav. (infractions en matière de travail dissimulé ou de travail clandestin) autorisent les visites domiciliaires, perquisitions et saisies de pièces à conviction en tous lieux de travail de quelque nature qu'ils soient, publics ou privés, peu important qu'il s'agisse du domicile du contrevenant. • Crim. 28 nov. 2006, n° 06-81.113 P : *RSC 2007. 317, obs. Cerf-Hollender.*

20. Fouille intégrale en prison. Ne justifie pas légalement sa décision la chambre de l'instruction qui, pour confirmer l'ordonnance de refus d'informer entreprise, retient que les fouilles pratiquées sur la mère d'un détenu, venue rendre visite à son fils, ont été réalisées pour les besoins d'une enquête régulièrement décidée par le parquet à la suite d'une suspicion d'évasion dudit détenu, sans rechercher si, en l'absence de crime ou de délit flagrant, les actes litigieux, assimilables à une perquisition, ont été réalisés conformément aux dispositions de l'art. 76. • Crim. 5 janv. 2010 : *AJ pénal 2010. 205, obs. Herzog-Evans.* V. aussi, notes ss. art. R. 57-7-79.

II. INTERVENTION DU JLD

21. En l'absence d'assentiment de la personne au domicile de laquelle la perquisition a lieu, dans le cadre d'une enquête préliminaire, le juge des libertés et de la détention (JLD) doit donner son autorisation préalablement aux opérations de perquisition. • Crim. 3 avr. 2013 : *D. actu. 23 avr. 2013, obs. Priou-Alibert ; AJ pénal 2013. 413, obs. Roussel ; Gaz. Pal. 21 juill. 2013, p. 38, note Fourment.*

22. Aucune disposition légale ne fait obstacle à ce que l'ordonnance du JLD se réfère expressément à la requête présentée par le procureur de la République aux fins de perquisition, en application de l'art. 76, al. 4, lorsque celle-ci comporte toutes les indications exigées par le texte à peine de nullité. • Crim. 6 mars 2013 : *D. 2013. Pan. 1993, obs. Pradel ; AJ pénal 2013. 349, obs. Pronier .* ♦ ... Peu important même que les motifs de ladite décision, analysant les éléments de fait et de droit rendant nécessaire la mesure, soient exactement repris des termes de la requête du procureur de la République. • Crim. 21 janv. 2020, n° 18-84.899 P : *D. actu. 20 févr. 2020, obs. Roques.* ♦ *Contra* : l'ordonnance du JLD, qui se borne à se référer à la requête présentée par le procureur de la République aux fins de perquisition, en application de l'art. 76, al. 4, n'est pas conforme aux exigences de ce texte. • Crim. 23 nov. 2016, n° 15-83.649 P : *D. 2017. 245, obs. Barbier ; Gaz. Pal. 24 janv. 2017, p. 60, note Fourment ; AJ pénal 2017. 43, obs. Thierry ; Procédures 2017, n° 16, note Chavent-Leclère.*

23. *Réquisition à manouvriers.* La réquisition d'un serrurier pour ouvrir un coffre-fort découvert lors d'une perquisition autorisée par le JLD en l'absence d'assentiment de la personne relève des pouvoirs propres des OPJ, dans la mesure où l'ordonnance du JLD n'était assortie d'aucune restriction, ne fixait aucune date limite d'exécution et n'imposait nullement une information préalable du juge mandant. • Crim. 3 avr. 2013 : *préc. note 21.*

24. *Délai de réalisation.* L'art. 76, al. 4, ne prévoyant aucun délai entre la décision du JLD et la mise en œuvre des mesures qu'elle énumère, des perquisitions peuvent se dérouler environ six mois après que le JLD les a autorisées, dès lors qu'en l'espèce il n'est pas établi ni même allégué que les opérations de perquisition sans l'assentiment de la personne chez qui elles ont eu lieu n'étaient plus nécessaires au moment de leur réalisation. • Crim. 16 mai 2018, n° 17-84.909 P. ♦ En effet, le JLD tire du contrôle effectif que lui confèrent les dispositions de l'art. 76, al. 4, celui de fixer le délai dans lequel la mesure qu'il autorise doit être exécutée, ces dispositions ne s'opposant pas à ce que la personne concernée saisisse le juge d'une requête en nullité tirée de la tardiveté des opérations de perquisition, si elle démontre qu'elles n'étaient plus nécessaires à la recherche et à la constatation des infractions en cause. • Crim. 9 avr. 2019, n° 19-90.010 P.

Circulaire CRIM 04-16 E8 du 21 septembre 2004,

Présentant les dispositions générales de procédure pénale de la loi n° 2004-204 du 9 mars 2004 portant adaptation de la justice aux évolutions de la criminalité applicables à compter du 1er oct. 2004. [...].

L'article 76 du code de procédure pénale qui pose le principe de l'assentiment de la personne chez qui a lieu une perquisition au cours d'une enquête préliminaire a été complété par un alinéa prévoyant, dans certains cas, la possibilité de procéder à une perquisition sans cet assentiment mais avec l'autorisation du juge des libertés et de la détention.

Cette disposition, qui résulte d'un amendement parlementaire, a pour objet de généraliser les dispositions de l'article 76-1 résultant de la loi du 15 novembre 2001 relative à la sécurité quotidienne qui, pour une liste d'infractions limitativement énumérées (infractions en matière d'arme ou de trafic de stupéfiants), permettait de telles perquisitions, article qui a donc été abrogé par coordination. [...]

1.2.1. Conditions de fond

1.2.1.1. *Domaine d'application*

Les nouvelles dispositions sont applicables à tous les délits punis d'au moins 5 ans d'emprisonnement, comme par exemple les vols ou les abus de confiance aggravés, l'escroquerie ou certaines violences ou destructions ou dégradations aggravées, ou encore les agressions sexuelles. Elles ne sont donc pas limitées aux délits en matière d'arme ou de stupéfiants, comme l'étaient celles de l'article 76-1. Elles ne sont pas non plus limitées aux cas de délinquance organisée (même si elles s'appliquent par exemple au délit d'association de malfaiteurs).

Le législateur n'a pas prévu que ces dispositions sont applicables en matière de crime, en considérant sans doute que dans un tel cas l'ouverture d'une information, obligatoire en matière criminelle, était préférable.

Les nouvelles dispositions indiquent, ce que ne faisait pas l'article 76-1, que ces opérations ne peuvent, à peine de nullité, avoir un autre objet que la recherche et la constatation des infractions visées dans la décision du juge des libertés et de la détention. Cette précision ne fait toutefois que rappeler que la nullité sanctionnerait un détournement de procédure, s'il était établi que c'est en réalité une autre infraction que celle mentionnée dans la décision du juge que les enquêteurs avaient pour objectif de constater.

Il est en tout état de cause expressément rappelé, comme c'était le cas dans l'article 76-1, que le fait que ces opérations révèlent des infractions autres que celles visées dans la décision ne constitue pas une cause de nullité des procédures incidentes, ce qui permet aux enquêteurs de procéder comme par le passé à des saisies incidentes s'ils découvrent d'autres infractions lors de la perquisition. Cette disposition ne fait qu'étendre la règle jurisprudentielle applicable aux perquisitions intervenant sur commission rogatoire (Crim. 17 mai 1994, Bull. crim. n° 186). Il s'ensuit cependant, conformément à la jurisprudence précitée, que des saisies incidentes concernant d'autres infractions découvertes lors de la perquisition ne peuvent être réalisées sans l'accord de la personne que s'il s'agit d'un crime flagrant ou d'un délit flagrant puni d'une peine d'emprisonnement.

1.2.1.2. *Nécessité de la perquisition*

L'article 76 prévoit que l'autorisation de perquisition ne peut être donnée que *si les nécessités de l'enquête l'exigent.*

Il s'ensuit tout d'abord, par référence aux dispositions de l'article 56 relatives à la perquisition en enquête de flagrance, que les éléments de fait déjà recueillis par les enquêteurs doivent laisser présumer qu'il est possible que se trouvent dans les lieux où la perquisition est envisagée des pièces ou objets dont la saisie permettrait d'apporter la preuve de l'infraction, soit que ceux-ci se trouvent en possession de la personne qui paraît avoir participé à la commission de cette infraction, soit qu'ils sont relatifs aux faits incriminés.

La perquisition peut ainsi être réalisée non seulement au domicile d'un suspect, ce qui sera en pratique l'hypothèse la plus fréquente, mais également au domicile d'un tiers qui détiendrait, même à son insu, des objets permettant d'établir la matérialité de l'infraction (par exemple chez une personne au domicile de laquelle auraient été cachés des objets provenant d'un vol aggravé), ainsi que la Cour de cassation l'a notamment jugé en matière de perquisition intervenant en enquête de flagrance (Crim. 27 janv. 1987, Bull. crim. n° 41).

L'exigence de *nécessité* signifie également qu'une fois l'autorisation accordée, les perquisitions, visites et saisies doivent être opérées dans les meilleurs délais. Elle n'implique toutefois pas que la perquisition doive être effectuée le jour même où elle a été autorisée, rien n'interdisant aux enquêteurs, agissant conformément aux directives du parquet, de programmer dans le cadre de leur enquête préliminaire une perquisition chez une personne suspecte plusieurs jours à l'avance, et d'obtenir à cette fin une autorisation du juge des libertés et de la détention. Il n'est au demeurant pas prévu par la loi que le juge des libertés et de la détention précise la date à laquelle la perquisition autorisée pourra être effectuée, ni n'indique une date limite avant laquelle les opérations devront avoir lieu.

1.2.2. Conditions de forme

1.2.2.1. *Requête du procureur de la République*

Bien que la loi ne le précise pas, le procureur de la République devra motiver la requête écrite par laquelle il saisira le juge des libertés et de la détention. Cette requête comprendra ainsi les indications susceptibles d'être reprises par ce juge dans sa décision, s'il fait droit à la demande du parquet.

La requête devra donc viser la procédure d'enquête en cours (qui devra être jointe, en copie ou en original à la requête) et mentionner la qualification des infractions concernées ainsi que l'adresse des lieux dans lesquels la perquisition doit être effectuée, tout en précisant les éléments de fait justifiant de la nécessité de cette perquisition.

1.2.2.2. *Décision du juge des libertés et de la détention*

— décision d'autorisation

La loi précise que l'autorisation délivrée par le juge des libertés et de la détention doit nécessairement être *écrite* et comporter un certain nombre de mentions.

Il est ainsi prévu qu'à peine de nullité, la décision du juge des libertés et de la détention précise la qualification de l'infraction dont la preuve est recherchée ainsi que l'adresse des lieux dans lesquels ces opérations peuvent être effectuées ; cette décision doit par ailleurs être motivée par référence aux éléments de fait et de droit justifiant que ces opérations sont nécessaires.

Si, comme cela est en pratique souhaitable, la requête du parquet est motivée, rien n'interdit au juge des libertés et de la détention de motiver son autorisation par simple renvoi aux motivations figurant dans la requête.

— *refus d'autorisation*

L'article 76 ne précise pas les formes que doit prendre la décision du juge des libertés et de la détention si ce dernier refuse de délivrer une autorisation de perquisition. Il n'est dès lors pas nécessaire qu'une telle décision, qui n'est pas susceptible de recours, soit motivée, même si rien n'interdit au magistrat d'indiquer les raisons de son refus, ce qui permettra au ministère public d'en tenir compte à l'occasion d'autres procédures.

1.2.3. Modalités d'exécution de la perquisition

Bien que les nouvelles dispositions ne l'indiquent pas, contrairement à la rédaction de l'ancien l'article 76-1, il est évident que sont applicables les règles de l'article 57 relatives à la présence de la personne chez qui la perquisition a lieu (ou de son représentant) ou, à défaut, de deux témoins (ce n'est en effet qu'en matière de criminalité organisée qu'il est possible, en application des dispositions de l'article 706-94, dernier alinéa, de déroger à cette règle 2).

Il n'est pas prévu que les enquêteurs disposent matériellement de l'autorisation du juge des libertés et de la détention lorsqu'ils procèdent à la perquisition, ni qu'ils notifient cette décision à la personne chez qui la perquisition a lieu. Toutefois, en pratique, sauf cas d'urgence, il n'y aura que des avantages à ce que les enquêteurs disposent de cette autorisation, qui aura pu leur être adressée par télécopie, au moment de la perquisition, ce qui leur permettra de l'annexer ensuite aux procès-verbaux relatant les opérations effectuées. Cette autorisation pourra également être jointe ultérieurement à la procédure par le procureur de la République (comme en matière de prolongation de garde à vue), ce magistrat ayant auparavant averti par téléphone les enquêteurs de la délivrance de l'autorisation du juge des libertés et de la détention et ces derniers en faisant état dans leur procès-verbal.

Il doit être précisé que les dispositions de l'article 76 peuvent également recevoir application dans les cas où la perquisition doit avoir lieu dans un endroit relevant des dispositions des articles 56-1 à 56-3 du code de procédure pénale (cabinet ou domicile d'un avocat, locaux d'une entreprise de presse, cabinet d'un médecin, d'un notaire, d'un avoué ou d'un huissier). Dans de telles hypothèses, les règles prévues par ces articles, et notamment le fait que la perquisition doit être effectuée par le procureur de la République, le cas échéant accompagné par un représentant de la profession concernée, doivent alors être respectées.

Par ailleurs, les nouvelles dispositions de l'article 76 précisent – ce que ne faisaient pas celles de l'ancien article 76-1 – que ces opérations sont effectuées sous le contrôle du magistrat qui les a autorisées, et qui peut se déplacer sur les lieux pour veiller au respect des dispositions légales. Le juge des libertés et de la détention peut donc assister à la perquisition. Sa présence sera alors mentionnée dans le procès-verbal des enquêteurs. Ce magistrat ne sera toutefois présent que pour contrôler les opérations, mais non pour effectuer lui-même ou pour diriger la perquisition, et il n'est pas tenu de dresser un procès-verbal de sa venue. Ce juge n'est au demeurant pas accompagné d'un greffier, qui ne l'assiste qu'en cas de débat contradictoire, conformément aux dispositions de l'article 137-1 du code de procédure pénale.

Si le juge des libertés et de la détention veut assister à la perquisition, il est souhaitable qu'il l'indique au parquet dans sa décision d'autorisation, afin que les enquêteurs puissent en être informés.

Enfin, il convient de souligner que les perquisitions prévues par le dernier alinéa de l'article 76 ne peuvent intervenir que pendant les heures légales. Au cours de l'enquête préliminaire, les perquisitions de nuit ne sont en effet possibles qu'en matière de délinquance ou de criminalité organisée, conformément aux dispositions du nouvel article 706-90 3. [...]

Art. 76-1 *(L. nº 2016-731 du 3 juin 2016, art. 63, en vigueur le 15 nov. 2016)* **L'article 61-3 est applicable à l'enquête préliminaire.**

Art. 76-2 *(L. nº 2003-239 du 18 mars 2003, art. 30)* **Le procureur de la République ou, sur autorisation de celui-ci, l'officier** *(L. nº 2019-222 du 23 mars 2019, art. 47)* **« ou l'agent » de police judiciaire peut faire procéder aux opérations de prélèvements externes prévues par l'article 55-1.**

Les dispositions des deuxième *(L. nº 2022-52 du 24 janv. 2022, art. 30)* **« , troisième et dernier » alinéas de l'article 55-1 sont applicables.**

Art. 76-3 *(L. nº 2003-239 du 18 mars 2003, art. 17)* **L'officier de police peut, pour les nécessités de l'enquête, dans les conditions prévues à l'article 76, recourir aux opérations prévues par l'article 57-1.**

Art. 77 *(L. nº 2011-392 du 14 avr. 2011, en vigueur le 1er juin 2011)* **Les dispositions** *(L. nº 2014-535 du 27 mai 2014, art. 3, en vigueur le 2 juin 2014)* **« des articles 61-1 et 61-2 relatives à l'audition d'une personne soupçonnée ou d'une victime ainsi que celles » des articles 62-2 à 64-1 relatives à la garde à vue sont applicables lors de l'enquête préliminaire.**

Les dispositions ci-dessus de la L. nº 2014-535 du 27 mai 2014 sont entrées en vigueur le 2 juin 2014. Toutefois, la référence à l'art. 61-2 est entrée en vigueur le 1er janv. 2015 (L. préc., art. 15).

RÉP. PÉN. vº Garde à vue, par MAURO.

Ancien art. 77 *(L. nº 93-1013 du 24 août 1993)* ***« L'officier de police judiciaire peut, pour les nécessités de l'enquête, garder à sa disposition toute personne à l'encontre de laquelle il existe*** *(L. nº 2002-307 du 4 mars 2002)* ***« une ou plusieurs raisons plausibles de soupçonner » qu'elle a commis ou tenté de commettre une infraction. Il en informe*** *(L. nº 2000-516 du 15 juin 2000, art. 13, en vigueur le 1er janv. 2001)* ***« dès le début de la garde à vue » le procureur de la République. La personne gardée à vue ne peut être retenue plus de vingt-quatre heures.***

« Le procureur de la République peut, avant l'expiration du délai de vingt-quatre heures, prolonger la garde à vue d'un nouveau délai de vingt-quatre heures au plus. Cette prolongation ne peut être accordée qu'après présentation préalable de la personne à ce magistrat. Toutefois, elle peut, à titre exceptionnel, être accordée par décision écrite et motivée sans présentation préalable de la personne. Si l'enquête est suivie dans un autre ressort que celui du siège du procureur de la République saisi des faits, la prolongation peut être accordée par le procureur de la République du lieu d'exécution de la mesure.

« Sur instructions du procureur de la République saisi des faits, les personnes à l'encontre desquelles les éléments recueillis sont de nature à motiver l'exercice de poursuites sont, à l'issue de la garde à vue, soit remises en liberté, soit déférées devant ce magistrat. »

(L. nº 93-2 du 4 janv. 1993) ***Pour l'application du présent article, les ressorts des tribunaux judiciaires de Paris, Nanterre, Bobigny et Créteil constituent un seul et même ressort.***

Les dispositions des articles 63-1, 63-2, 63-3, 63-4, 64 *(L. nº 2007-291 du 5 mars 2007, art. 14-II, en vigueur le 1er juin 2008)* ***« , 64-1 » et 65 sont applicables aux gardes à vue exécutées dans le cadre du présent chapitre.***

BIBL. ▸ GIRAULT, *AJ pénal 2005. 140* (nullités de la garde à vue).

1. QPC et dispositions transitoires avant la réforme du 14 avr. 2011. V. notes ss. art. 62 et 706-88.

I. RÈGLES TECHNIQUES

A. PLACEMENT EN GARDE À VUE

2. Droit interne. En application de l'art. 77, une personne ne peut être gardée à vue plus de 24 heures sans autorisation du procureur de la République ; si, pour le calcul de ce délai, il y a lieu de tenir compte de mesures successivement ordonnées, c'est à la condition qu'elles concernent les mêmes faits. • Crim. 15 déc. 1999, nº 99-96.233 P : *Dr. pénal 2000. Comm. 50, obs. Maron.*

3. Gardes à vue successives. Il résulte des art. 77 et 154 qu'une personne ne peut être retenue en garde à vue, à l'occasion des mêmes faits, pour une durée totale excédant 48 heures. Le dépassement de ce délai, même si les mesures ont été successivement ordonnées en application de l'un et de l'autre de ces textes, constitue par lui-même une atteinte aux intérêts de la personne concernée. • Crim. 13 févr. 1996, nº 95-85.538 P : *D. 1996. Somm. 258, obs. Pradel ; JCP 1997. I. 3998, Chron. Véron ; Procédures 1996. Comm. 151, obs. Buisson ; Dr. pénal 1996. 143, obs. Maron ; Justices 1997, nº 5, p. 309, Chron. Rebut.* ♦ *Contra*, en ce sens que la durée de la garde à vue comme témoin d'une personne dans le cadre d'une commission rogatoire s'imputerait sur celle de la garde à vue reprise, pour une autre infraction, dans le cadre d'un flagrant délit : • Paris, 14 juin 1996 : *Dr. pénal 1998. Comm. 139, obs. Maron.*

4. Si la retenue douanière et la garde à vue obéissent à des régimes juridiques distincts, il demeure que la durée totale de privation de liberté que chacune de ces mesures prévoit ne peut excéder 24 heures, sans l'intervention d'un magistrat, et qu'il en va de même lorsque les deux mesures se succèdent, la durée de l'une s'imputant sur la durée de l'autre par application de l'art. 323 C. douanes ; le dépassement de ce délai constitue par lui-même une atteinte aux intérêts de la personne concernée. • Crim. 11 déc. 1997, n° 97-85.766 P : *Procédures 1998. Comm. 97, obs. Buisson.*

5. Information dans les meilleurs délais. L'expression « dans les meilleurs délais » doit s'entendre comme prescrivant une information qui, si elle ne peut être immédiate pour des raisons objectives tenant aux nécessités de l'enquête, doit s'effectuer dans le plus bref délai possible de manière à assurer la sauvegarde des droits reconnus par la loi à la personne gardée à vue. Ces mots ne sauraient avoir pour portée de priver les magistrats concernés du pouvoir de contrôle qu'il leur appartient d'exercer. • Cons. const. 11 août 1993 : *JO 15 août.*

6. L'art. 77 n'exige pas que le procureur soit immédiatement informé du placement en garde à vue. Pour une garde à vue de dix heures, au regard des faits poursuivis, ni la durée de la rétention, ni le délai écoulé – cinq heures – avant l'information du procureur, qui n'a pas ordonné la levée de la mesure, n'ont été excessifs. • Crim. 25 juin 1997, n° 95-86.160 P : *Procédures 1997. Comm. 298, obs. Buisson.* ♦ *Contra* : sous l'empire de l'art. 77 dans sa rédaction issue de la loi n° 93-2 du 4 janv. 1993 qui prévoyait l'information « sans délai » du procureur de la République : • Crim. 24 nov. 1998, n° 98-82.496 P : *RG proc. 1999. 89, Chron. Rebut ; Procédures 1999. Comm. 138, obs. Buisson ; Dr. pénal 1999. Comm. 30 (3e arrêt), et Chron. 5, par Maron* • 29 févr. 2000, n° 99-85.573 P : *D. 2000. IR 108* .

7. L'existence de présentations en cours peut constituer une circonstance exceptionnelle permettant au magistrat instructeur de prolonger une garde à vue sans présentation. • Crim. 27 févr. 2008 : *Dr. pénal 2009. Chron. 8, obs. Lesclous.*

8. Preuve de l'information du procureur. Aucune disposition n'impose que l'accomplissement de la formalité soit consignée par procès-verbal dressé par un OPJ, tout acte de la procédure pouvant servir à établir l'accomplissement de cette formalité. • Crim. 24 oct. 2000, n° 00-85.407 P : *D. 2001. IR 357* • 14 févr. 2001 : *Procédures 2001. Comm. 160, obs. Buisson.*

9. Des inspecteurs de police qui, sur une simple plainte en abus de confiance, amènent de force au commissariat de police, après lui avoir passé les menottes, la personne dénoncée dans la plainte, se rendent coupables d'une voie de fait qui n'est pas commandée par un motif légitime lorsque aucun acte de rébellion n'a été relevé, et du délit de violences volontaires prévu par l'art. 186 [anc.] C. pén. • Paris, 31 oct. 1955 : *JCP 1956. II. 9092, note R. C.*

10. Moment du placement en garde à vue. Il résulte des art. 77 et 78 qu'une personne qui se présente sans contrainte au service de police où elle est convoquée, peut, au cours d'une enquête préliminaire, être entendue sur les faits qui lui sont imputés, avant d'être placée en garde à vue ; son audition n'est pas irrégulière dès lors que la notification des droits mentionnés aux art. 63-2 à 63-4 est faite dès le placement effectif en garde à vue et que la durée de cette mesure est calculée à compter de l'heure de l'arrivée dans le service de police. • Crim. 6 mai 1997, n° 96-80.369 P • 4 mars 1998, n° 97-85.695 P : *Procédures 1998. Comm. 180, obs. Buisson ; Dr. pénal 1998. Comm. 108, obs. Maron* • 14 oct. 1998, n° 98-81.370 P • 28 mars 2000, n° 00-80.586 P • 28 juin 2000, n° 99-81.688 P : *D. 2000. IR 225 ; D. 2002. 438, note Lombard et Haroune ; Dr. pénal 2001. Comm. 25, obs. Maron ; Procédures 2001. Comm. 16, obs. Buisson.* ♦ Dès lors qu'une personne se présente sans contrainte aux services de police, elle peut, au cours d'une enquête préliminaire, être entendue sur les faits qui lui sont imputés avant d'être placée en garde à vue. • Crim. 6 mai 2002, n° 01-88.358 • 10 sept. 2008 : *Dr. pénal 2009. Chron. 8, obs. Lesclous.* – Sur la possibilité d'un cumul entre garde à vue et audition libre pour des faits distincts, V. • Crim. 9 avr. 2008, n° 07-86.407 et • Crim. 17 sept. 2008 : *Dr. pénal 2009. Chron. 8, obs. Lesclous* • Crim. 23 janv. 2013 : *Dr. pénal 2013, n° 8, obs. Lesclous.* ♦ Une personne gardée à vue peut être entendue, sans qu'il soit nécessaire de prendre une nouvelle mesure de garde à vue, sur des faits autres que ceux à l'origine de cette mesure et qui sont sans incidence sur ses modalités. • Crim. 30 oct. 2012 : *AJ pénal 2013. 284, note Vlamynck* .

11. Prévenu déjà placé en garde à vue en exécution d'une commission rogatoire. Aucune disposition légale ne fait obligation aux OPJ de placer en garde à vue la personne à l'audition de laquelle ils entendent procéder ou au domicile de laquelle une perquisition doit être effectuée, lorsqu'ils n'ont pris, dans le cadre de l'enquête préliminaire qui leur est confiée (pour des faits d'infraction à la législation sur les étrangers), aucune mesure cœrcitive à l'encontre de cette personne, laquelle se trouve déjà en garde à vue en exécution d'une commission rogatoire (dans une information ouverte pour proxénétisme aggravé en bande organisée). Le moyen de nullité pris du retard apporté au placement en garde à vue du prévenu dans le cadre de la procédure d'enquête préliminaire (dès levée de la mesure prise à son encontre dans la procédure d'information, ses droits lui ayant été notifiés immédiatement) ne saurait en conséquence être accueilli. • Crim. 31 oct. 2006, n° 06-86.123 P : *D. 2007. 1248, note Hennion-Jacquet ; AJ pénal. 2007. 36, obs. Girault ; Dr. pénal 2007. Chron. 40 et 43, obs. Lesclous.* ♦ Sur le caractère facultatif de la garde à vue, V. également : • Crim. 3 juin 2008 : *Dr. pénal 2009. Chron. 8, obs. Lesclous.*

12. Calcul de la durée. Lorsqu'une personne a été entendue une première fois dans le cadre d'une garde à vue puis à nouveau pendant trois heures sur les mêmes faits mais sans mesure de contrainte, ces trois heures ne s'imputeront pas dans le calcul de la durée pour la prolongation et l'entretien avec l'avocat lors d'une nouvelle audition en garde à vue. • Crim. 31 oct. 2001, n° 01-85.341 P : *D. 2001. IR 3586 .*

13. Succession de gardes à vue. Si une personne peut être soumise, à l'occasion de faits distincts, à des mesures de garde à vue immédiatement successives et indépendantes l'une de l'autre, elle ne peut toutefois être retenue de manière continue à la disposition des OPJ pendant une période totale excédant la durée maximale de la garde à vue autorisée par la loi ; le dépassement de ce délai porte nécessairement atteinte aux intérêts de la personne concernée. • Crim. 17 mars 2004, n° 03-87.739 P : *D. 2004. IR 1353 ; ibid. 2005. Pan. 686, obs. Pradel ; JCP 2004. IV. 1968 ; AJ pénal 2004. 248, obs. Coste ; Dr. pénal 2004. Comm. 96, obs. Maron ; RSC 2005. 378, obs. Buisson .* ♦ La notion d'unicité d'affaire, interdisant de dépasser le délai légal de 48 heures, ne peut être retenue pour deux placements en garde à vue, à plusieurs mois d'intervalle, justifiés par des soupçons différents, les deux procédures concernant des faits distincts, malgré l'existence d'un dénominateur commun constitué par l'identité des mis en cause. • Crim. 2 sept. 2004, n° 04-84.010 P : *D. 2004. IR 2692 ; ibid. 2005. Pan. 686, obs. Pradel ; JCP 2004. IV. 3201 ; AJ pénal 2004. 409, obs. Coste .*

14. Opportunité du placement en garde à vue. Une personne peut être entendue pendant cinq heures au poste de police le lendemain de la levée de sa garde à vue sans que l'officier de police judiciaire soit tenu de la placer à nouveau en garde à vue si l'intéressé se présente librement aux services de police. • Crim. 28 juin 2000 : *préc. note 10.* ♦ N'est pas nulle la garde à vue pendant laquelle aucun acte d'investigation n'est effectué et qui a été sollicitée par le procureur uniquement pour que l'intéressé lui soit présenté afin d'apprécier la suite à donner aux investigations des enquêteurs. • Crim. 22 mai 2001 : *Dr. pénal 2001. Comm. 122, obs. Maron.*

15. Définition de la contrainte. La mesure de contrainte impliquant le placement immédiat en garde à vue est une mesure exercée par les enquêteurs avant le placement en garde à vue : il n'y a pas contrainte lorsque l'intéressé prétend avoir été amené de manière cœrcitive au poste de police par sa mère. • Crim. 25 oct. 2000, n° 00-84.726 P : *D. 2001. IR 43 ; Dr. pénal 2001. Comm. 25, obs. Maron.* ♦ En revanche, il y a contrainte dès qu'une personne est tenue à la disposition des gendarmes et qu'elle est privée de sa liberté d'aller et venir. • Crim. 6 déc. 2000, n° 00-86.221 P. ♦ Une personne conduite de façon contrainte dans les locaux de police suite à une suspicion d'actes de cruauté envers animaux domestiques doit être placée en garde à vue pour être entendue. • Crim. 10 juin 2008 : *Dr. pénal 2009. Chron. 8, obs. Lesclous.*

B. PROLONGATION DE LA GARDE À VUE

16. Décision de prolongation. La décision de prolongation de la garde à vue sans présentation au procureur doit être écrite et motivée, sinon il y a nécessairement atteinte aux intérêts du gardé à vue sans que celui-ci ait à justifier cette atteinte ; la simple mention « Vu, OK pour prolongation » ne répond pas à cette obligation. • Crim. 9 mai 2001, n° 01-52.104 P : *D. 2001. IR 2000 ; Procédures 2001. Comm. 158, obs. Buisson.* ♦ Le procès-verbal de notification de la prolongation antérieur à la réception par télécopie de l'autorisation écrite de prolongation du procureur n'entraîne pas la nullité de la seconde partie de la garde à vue dans la mesure où les deux actes sont intervenus avant l'expiration du premier délai de 24 heures de garde à vue. • Crim. 30 oct. 2001, n° 01-85.530 P.

II. DROITS FONDAMENTAUX

17. Compatibilité avec la Convention européenne des droits de l'homme. Les dispositions de l'art. 77 ne sont pas incompatibles avec la Conv. EDH. • Crim. 28 janv. 1992, n° 91-86.119 P.

18. Possède la qualité de magistrat habilité par la loi à exercer des fonctions judiciaires le procureur de la République, magistrat de l'ordre judiciaire dont la mission est de veiller à l'application de la loi. L'art. 5 Conv. EDH n'interdit pas à ce magistrat d'ordonner, dans les limites que la loi autorise, la prolongation du maintien de la personne entendue à la disposition des enquêteurs. • Crim. 10 mars 1992, n° 91-86.944 P. ♦ Sur l'évolution de cette jurisprudence, V. note 27 ss. anc. art. 63.

19. La présentation des intéressés au juge d'instruction 12 heures après la fin de leur garde à vue en raison de l'urgence d'une enquête, de sa complexité et du nombre de personnes déférées n'est pas contraire aux dispositions de l'art. 5-3 Conv. EDH. • Crim. 25 oct. 2000, n° 00-83.253 P.

Art. 77-1 *(L. nº 85-1407 du 30 déc. 1985)* **S'il y a lieu de procéder à des constatations ou à des examens techniques ou scientifiques** *(Abrogé par L. nº 99-515 du 23 juin 1999)* **«** ***qui ne peuvent être différés*** **», le procureur de la République ou, sur autorisation de celui-ci, l'officier** *(L. nº 2019-222 du 23 mars 2019, art. 47)* **« ou l'agent » de police judiciaire, a recours à toutes personnes qualifiées.**

(L. nº 99-515 du 23 juin 1999) **« Les dispositions des deuxième, troisième et quatrième alinéas de l'article 60 sont applicables. »**

(L. nº 2020-1672 du 24 déc. 2020, art. 26) **« Le procureur de la République peut, par la voie d'instructions générales prises en application de l'article 39-3, autoriser les officiers ou agents de police judiciaire à requérir toutes personnes qualifiées afin de procéder à des examens médicaux ou psychologiques de la victime ou de procéder à des examens médicaux de la personne suspectée d'avoir commis une des infractions mentionnées à l'article 706-47 ou exigés en application de l'article 706-115. Le procureur est avisé sans délai de ces réquisitions. Ces instructions générales ont une durée qui ne peut excéder six mois. Elles peuvent être renouvelées.**

« Aucune autorisation n'est nécessaire lorsque l'officier de police judiciaire a recours à une personne qualifiée aux fins :

« 1º De procéder à la comparaison entre une empreinte génétique issue de trace biologique et l'empreinte génétique d'une personne à l'encontre de laquelle il existe une ou plusieurs raisons plausibles de soupçonner qu'elle a commis l'une des infractions mentionnées à l'article 706-55, ou à la comparaison entre plusieurs traces biologiques ;

« 2º De procéder à la comparaison entre une trace digitale ou palmaire et l'empreinte digitale ou palmaire d'une personne à l'encontre de laquelle il existe une ou plusieurs raisons plausibles de soupçonner qu'elle a commis un crime ou un délit, ou à la comparaison entre plusieurs traces digitales ou palmaires. »

1. Autorisation du procureur de la République et nullité. Les dispositions de l'art. 77-1 sont édictées dans l'intérêt d'une bonne administration de la justice et leur méconnaissance est constitutive d'une nullité à laquelle les dispositions de l'art. 802 sont étrangères : ainsi il y a lieu d'annuler les procès-verbaux de réquisition d'experts ne mentionnant pas l'existence d'une autorisation du procureur sans avoir à rechercher l'existence d'un grief. • Crim. 14 oct. 2003, nº 03-84.539 P : *D. 2003. IR 2932 ; D. 2004. 1265, note Hennion-Jacquet ; JCP 2003. IV. 2979 ; RSC 2004. 431, note Buisson*. ♦ L'absence de l'autorisation du procureur de la République dans un procès-verbal ordonnant l'examen médical d'une victime potentielle peut être invoquée par toute partie y ayant un intérêt. • Crim. 16 sept. 2003, nº 03-82.918 P : *D. 2003. IR 2669 ; JCP 2003. IV. 2897.* ♦ Les dispositions de l'art. 77-1 étant édictées en vue de garantir la fiabilité de la recherche et de l'administration de la preuve, l'absence d'autorisation du procureur de la République peut être invoquée par toute partie y ayant un intérêt. • Crim. 18 juin 2019, nº 19-80.105 P : *D. actu. 9 juill. 2019, obs. Goetz ; Procédures 2019, nº 265, obs. Buisson ; RSC 2019. 653, note Delage ; ibid. 657, note Delage*.

2. L'autorisation donnée par le procureur de la République aux officiers de police judiciaire de faire procéder à des examens techniques ou scientifiques doit être donnée dans le cadre de la procédure d'enquête préliminaire en cours et non par voie d'autorisation générale et permanente préalable, interprétation étant commandée par la nécessité de garantir la direction effective des enquêtes préliminaires par le procureur de la République. • Crim. 17 déc. 2019, nº 19-83.358 P : *AJ pénal 2020. 141, obs. Lassalle* • Crim. 17 déc. 2019, nº 19-83.574 P : *D. actu. 24 janv. 2020, obs. Fucini ; AJ pénal 2020. 253, obs. Mariat*.

3. Régime antérieur à la L. du 23 juin 1999. Dès lors que ces mesures ne peuvent être différées, le procureur de la République peut donner mission à un administrateur judiciaire en vue de vérifier la situation financière d'une entreprise et d'identifier son véritable gérant. • Crim. 4 janv. 1993, nº 92-84.404 P : *D. 1994. Somm. 185, obs. Pradel*.

4. Il appartient aux juges du fond, saisis d'une exception de nullité d'un examen technique ordonné par le procureur de la République, ou avec son autorisation, en application de l'art. 77-1, d'apprécier souverainement si cet examen pouvait ou non être différé, au regard des circonstances de l'espèce ainsi que des nécessités de l'enquête préliminaire au cours de laquelle il y a été procédé ; un tel examen technique n'est pas soumis aux dispositions des art. 156 s., propres aux expertises ordonnées par les juridictions d'instruction ou de jugement. • Crim. 29 sept. 1993, nº 92-86.589 P : *Dr. pénal janv. 1994, nº 20, obs. Maron.* ♦ Conf. : • Crim. 19 mars 1997, nº 96-85.213 P • 21 mai 1997, nº 95-84.050 P : *Procédures 1997. Comm. 246, obs. Buisson.*

5. Encourt la cassation l'arrêt d'une chambre d'accusation qui, sans justifier de l'urgence et de l'existence d'une autorisation du procureur de la République, déclare régulier l'examen médico-psychologique de la victime d'un viol requis par un officier de police judiciaire. • Crim. 14 mai 1998, n° 98-81.041 P : *D. 1999. Somm. 327, obs. Pradel* ; *Procédures 1998. Comm. 266, obs. Buisson.*

6. Le recours à des fonctionnaires des impôts, à titre de personnes qualifiées, est subordonné par les art. 60 et 77-1 à la double condition que les constatations qu'entend leur confier l'officier de police judiciaire ne puissent être différées et que les personnes ainsi appelées prêtent par écrit le serment d'apporter leur concours à la justice en leur honneur et conscience. • Crim. 3 oct. 1996, n° 95-92.879 P : *Procédures 1997. Comm. 44, obs. Buisson* • 21 juin 2006, n° 06-82.774 P : *D. 2006. IR 2055* ; *RSC 2007. 602, obs. Buisson* ; *AJ pénal 2006. 452, obs. Roussel*. ♦ La visite domiciliaire effectuée par des gendarmes accompagnés de fonctionnaires des impôts, dans le cadre des dispositions de l'art. L. 611-13 C. trav. *[L. 8271-13 et L. 8271-18 nouv.]*, avec autorisation du président du tribunal et sur réquisitions du procureur, n'a pas à être annulée. • Crim. 5 févr. 2002, n° 01-83.210 P : *D. 2002. IR 1116* .

7. Fonctionnaires des impôts. Lorsque pour mener à bien sa mission, le policier initialement désigné par le procureur pour effectuer des opérations de police technique et scientifique se fait assister par d'autres policiers du service de police judiciaire, ces derniers ne peuvent dès lors être considérés comme des personnes extérieures à la procédure entrant dans la catégorie des personnes qualifiées prévue par les art. 60 et 77-1. • Crim. 4 nov. 2010, n° 10-84.389 P : *D. actu. 7 janv. 2011, obs. Girault* ; *AJ pénal 2011. 38, obs. Vlamynck* ; *Dr. pénal 2011, n° 42, obs. Maron et Haas* ; *ibid. 2012. Chron. 1, obs. Georget.*

8. Relevés bancaires. La demande de copie de relevé bancaire par les services de police s'analyse en une simple investigation ; l'art. 77-1 n'a pas vocation à s'appliquer dans ce cas. • Grenoble, 7 juill. 2000 : *D. 2001. 1128, note Redon* .

9. Numéros de téléphone. L'identification de numéros de téléphone auprès d'un opérateur n'est pas une mesure de constatation ou d'examen technique ou scientifique au sens des art. 60 et 77-1 et par conséquent l'opérateur téléphonique n'a pas à prêter serment. • Crim. 18 juin 2002, n° 01-86.098 P : *JCP 2002. IV. 2413.*

10. Recours à un expert. L'art. 77-1 confère au procureur de la République, agissant en enquête préliminaire, le pouvoir de charger toutes personnes qualifiées, de missions techniques ou scientifiques de même nature que celles qui peuvent être confiées aux experts par le juge d'instruction en application de l'art. 156. • Crim. 14 sept. 2005, n° 05-84.021 P : *RSC 2006. 412, note Buisson* . ♦ Il peut ainsi s'agir de rechercher des normes techniques applicables à la fourniture et à la pose d'un système de fermeture impliqué dans un accident, qui n'excède pas les limites d'un examen technique susceptible d'être donné à un professionnel du bâtiment. • Crim. 13 juin 2017, n° 17-80.641 P : *D. actu. 6 juill. 2017, obs. Goetz.*

11. Coordination avec l'art. 77-1-1. La collecte de renseignements et de documents auprès d'organismes par un OPJ, dans le cadre d'une enquête préliminaire, sans autorisation du procureur de la République, avant la loi n° 2004-204 du 9 mars 2004 ayant créé l'art. 77-1-1, est valable car il ne s'agit pas de constatations ou d'examens techniques au sens de l'art. 77-1, qui auraient nécessité cette autorisation. • Crim. 8 nov. 2005, n° 05-84.822 P.

Art. 77-1-1 *(L. n° 2004-204 du 9 mars 2004, art. 80-IV)* **Le procureur de la République ou, sur autorisation de celui-ci, l'officier** *(L. n° 2019-222 du 23 mars 2019, art. 47)* **« ou l'agent » de police judiciaire, peut** *(L. n° 2007-297 du 5 mars 2007, art. 69)* **« , par tout moyen, » requérir de toute personne, de tout établissement ou organisme privé ou public ou de toute administration publique qui sont susceptibles de détenir des** *(L. n° 2014-1353 du 13 nov. 2014, art. 14)* **« informations » intéressant l'enquête, y compris** *(L. n° 2022-299 du 2 mars 2022, art. 12)* **« , sous réserve de l'article 60-1-2, »** *(L. n° 2014-1353 du 13 nov. 2014, art. 14)* **« celles issues » d'un système informatique ou d'un traitement de données nominatives, de lui remettre ces** *(L. n° 2014-1353 du 13 nov. 2014, art. 14)* **« informations »,** *(L. n° 2007-297 du 5 mars 2007, art. 69)* **« notamment sous forme numérique, »** *(L. n° 2019-222 du 23 mars 2019, art. 47)* **« le cas échéant selon des normes fixées par voie réglementaire, » sans que puisse lui être opposée, sans motif légitime, l'obligation au secret professionnel. Lorsque les réquisitions concernent des personnes mentionnées aux articles 56-1 à** *(L. n° 2016-731 du 3 juin 2016, art. 58, en vigueur le 1er oct. 2016)* **« 56-5 », la remise des** *(L. n° 2014-1353 du 13 nov. 2014, art. 14)* **« informations » ne peut intervenir qu'avec leur accord.**

En cas d'absence de réponse de la personne aux réquisitions, les dispositions du second alinéa de l'article 60-1 sont applicables.

(L. n° 2010-1 du 4 janv. 2010) **« Le dernier alinéa de l'article 60-1** *(L. n° 2021-1729 du 22 déc. 2021, art. 3, en vigueur le 1er mars 2022)* **« et l'article 60-1-1 sont également applicables** *[ancienne redaction : est également applicable]* **». »**

(L. nº 2020-1672 du 24 déc. 2020, art. 26) **« Le procureur de la République peut, par la voie d'instructions générales prises en application de l'article 39-3, autoriser les officiers ou agents de police judiciaire, pour des catégories d'infractions qu'il détermine, à requérir de toute personne, de tout établissement ou organisme privé ou public ou de toute administration publique, de leur remettre des informations intéressant l'enquête qui sont issues d'un système de vidéoprotection. Le procureur est avisé sans délai de ces réquisitions. Ces instructions générales ont une durée qui ne peut excéder six mois. Elles peuvent être renouvelées. »**

Les mots ", y compris celles issues d'un système informatique ou d'un traitement de données nominatives," figurant à la première phrase du premier al. de l'art. 77-1-1, dans sa rédaction résultant de la L. nº 2020-1672 du 24 déc. 2020 relative au Parquet européen, à la justice environnementale et à la justice pénale spécialisée, et "aux réquisitions prévues par le premier alinéa de l'article 60-2" figurant au premier al. de l'art. 77-1-2, dans sa rédaction résultant de la L. nº 2019-222 du 23 mars 2019 de programmation 2018-2022 et de réforme pour la justice, sont contraires à la Constitution. La déclaration d'inconstitutionnalité prendra effet au 31 déc. 2022 (Cons. const. 3 déc. 2021, nº 2021-952 QPC).

RÉP. PÉN. vº *Cybercriminalité*, par CHOPIN.

BIBL. ▶ LEBRETON, *Gaz. Pal. 12 mars 2019, p. 15* (investigations et téléphonie mobile). – MICHALSKI, *Gaz. Pal. 9 févr. 2014* (recherche et saisie des preuves électroniques).

1. QPC. Le législateur n'a pas entouré la procédure prévue par les dispositions des art. 77-1-1 et 77-1-2, permettant de requérir des informations issues d'un système informatique ou d'un traitement de données nominatives sur autorisation du procureur de la République, de garanties propres à assurer une conciliation équilibrée entre, d'une part, le droit au respect de la vie privée et, d'autre part, la recherche des auteurs d'infractions (report des effets de l'inconstitutionnalité au 31 déc. 2022). • Cons. const. 3 déc. 2021, nº 2021-952 QPC.

2. Absence d'autorisation du procureur. Les dispositions de l'art. 77-1-1 sont édictées dans l'intérêt d'une bonne administration de la justice et leur méconnaissance est constitutive d'une nullité à laquelle les dispositions de l'art. 802 sont étrangères : des réquisitions effectuées par des policiers sans que le procureur les ait autorisées doivent donc être annulées. • Crim. 1er sept. 2005, nº 05-84.061 P : *D. 2005. IR 2549 ; JCP 2005. IV. 3190 ; ibid. 2006. I. 113, note Maron ; AJ pénal 2005. 419 ; Dr. pénal 2005. Comm. 184 ; RSC 2006. 399, note Buisson.* ♦ De même, encourt la censure l'arrêt qui retient que l'autorisation du procureur de la République n'est pas prescrite lorsqu'un officier de police judiciaire requiert des opérateurs de téléphonie de lui indiquer si une personne est titulaire d'un abonnement et dans l'affirmative de lui communiquer ses coordonnées. • Crim. 6 déc. 2005, nº 05-85.076 P : *D. 2006. Pan. 617, obs. Pradel ; ibid. 2006. 1429, note Mathonnet et Ghnassia ; RSC 2007. 599, obs. Buisson.*

3. Champ d'application. Constitue une remise de documents, au sens de l'art. 77-1-1, la communication, sans recours à des moyens coercitifs, de documents issus d'un système informatique ou d'un traitement de données nominatives, tels ceux détenus par un opérateur de téléphonie. La délivrance d'une telle réquisition, étrangère aux prévisions de l'art. 8, § 2, Conv. EDH, entre dans les attributions du procureur de la République. • Crim. 22 nov. 2011, nº 11-84.308 P : *D. 2011. Actu. 2937 ; ibid. 2012. 2118, obs. Pradel ; AJ pénal 2012. 293, obs. Lasserre Capdeville ; Dr. pénal 2012, nº 12, obs. Maron et Haas.* ♦ La personne requise a la faculté, pour répondre à la demande, de rechercher tous les éléments qu'elle estime utiles (transmission de données informatiques obtenues d'une autre société). • Crim. 6 nov. 2013, nº 12-87.130 P : *D. actu. 19 nov. 2013, obs. Fucini ; D. 2013. Actu. 2646 ; ibid. 2826, note Hennion-Jacquet ; ibid. 2014. Pan. 1742, obs. Pradel ; AJ pénal 2014. 40, note de Combles de Nayves ; Procédures 2014. 56, obs. Chavent-Leclère ; Gaz. Pal. 9 févr. 2014, p. 38, note Fourment.* ♦ En revanche, n'entre pas dans le champ d'application de l'art. 77-1-1 la simple demande faite, par les officiers de police judiciaire, à une personne de leur remettre des documents intéressant l'enquête, demande à laquelle cette personne répond spontanément. • Crim. 12 mars 2008 : *Dr. pénal 2008. Comm. 75, obs. Maron et Haas.* ♦ Concernant le code de déverrouillage d'un téléphone, V. note 2 ss. art. 60-1.

4. Les dispositions de l'art. 77-1-1 ne sont pas applicables à la notification d'une convocation en justice, qui ne constitue pas un acte d'enquête. • Crim. 29 mai 2013 : *D. actu. 9 juill. 2013, obs. Gayet ; Gaz. Pal. 21 juill. 2013, p. 46, obs. Fourment.*

5. Les dispositions de l'art. 77-1-1 ne régissent que les seules réquisitions adressées, au cours d'une enquête préliminaire, par un OPJ à toute personne, tout organisme privé ou public ou toute administration publique susceptibles de détenir des documents intéressant l'enquête et qui tendent à la remise de ces documents. Encourt dès lors la censure l'arrêt d'une cour d'appel qui subordonne à une autorisation du procureur de la République la consultation du fichier national des immatriculations et du fichier des véhicules volés, alors que les services de police et de gendarmerie ont accès à ces fichiers et aux informations qui y sont contenues. • Crim. 15 sept. 2009, n° 09-82.597 P : *D. 2009. AJ 2428, note Gachi ; AJ pénal 2009. 504, obs. Lasserre Capdeville ; Procédures 2009, n° 419, obs. Buisson.* ♦ Mais l'accès au fichier de lecture automatisé des plaques d'immatriculation de véhicules (LAPI) ne peut être réalisé que par un agent régulièrement habilité au sens des articles L. 232-3 et L. 234-2 CSI, ou par un enquêteur autorisé par le procureur de la République, pour les besoins d'une procédure pénale, en vertu d'une réquisition prise à cette fin en application de l'art. 77-1-1. • Crim. 19 févr. 2019, n° 18-84.671 P : *D. actu. 8 mars 2019, obs. Fucini ; AJ pénal 2019. 277, obs. Clément ; Procédures 2019, n° 130, obs. Chavent-Leclère.* ♦ La consultation du fichier Lapi est alors régulière dès lors qu'elle est effectuée par un agent régulièrement habilité ou par une personne requise à cette fin par un enquêteur autorisé par le procureur de la République en application de l'art. 77-1-1, peu important que l'autorisation du ministère public ne vise pas spécifiquement la consultation dudit fichier. • Crim. 10 déc. 2019, n° 19-84.141 P.

6. Les officiers de police judiciaire peuvent, en enquête préliminaire, requérir d'opérateurs de téléphonie français la liste des appels concernant une ligne étrangère, sans violer les règles de compétence territoriale et de souveraineté des États, dès lors que ces appels sont émis à partir du territoire français, entrent sur le territoire national ou transitent sur le réseau d'un opérateur de téléphonie français. De même, les officiers de police judiciaire, agissant sur commission rogatoire du juge d'instruction, peuvent intercepter et enregistrer les conversations émises à partir du territoire français à destination d'une ligne étrangère, entrant sur le territoire national en provenance d'une ligne étrangère ou transitant sur le réseau d'un opérateur de téléphonie français. • Crim. 1er févr. 2011, n° 10-83.523 P.

7. Intérêt à agir. Une personne mise en examen est sans qualité pour contester la régularité de réquisitions faites auprès d'opérateurs téléphoniques sur le fondement de l'art. 77-1-1 ayant pour seul objet d'identifier les lignes téléphoniques ayant déclenché des bornes-relais données, dès lors qu'elle ne prétend être ni le titulaire ni l'utilisateur de l'une des lignes identifiées et que sa vie privée n'est pas susceptible d'être mise en cause par cette recherche. • Crim. 6 févr. 2018, n° 17-84.380 P : *Dr. pénal 2018, n° 69, obs. Maron et Haas.* ♦ Dans le même sens : les demandeurs ne sauraient reprocher à la chambre de l'instruction de s'être ainsi prononcée dès lors qu'il ressort des pièces de la procédure, dont la Cour de cassation a le contrôle, qu'ils ne justifient pas avoir établi, ni même allégué, devant la chambre de l'instruction, avoir été les titulaires ou les utilisateurs des lignes objet des réquisitions, ni, à partir des pièces de la procédure soumises à l'examen de cette juridiction, qu'il aurait été porté atteinte, à l'occasion des investigations litigieuses, à leur vie privée. • Crim. 27 mars 2018, n° 17-85.603 P : *D. actu. 14 mai 2018, obs. Fucini ; D. 2018. Pan. 1611, obs. Pradel ; ibid. Pan. 1711, obs. Barbier ; AJ pénal 2018. 317, obs. Engel.*

8. Nécessité pour la personne protégée d'être directement requise. L'accord des journalistes n'est nécessaire que si ces professionnels sont directement requis de fournir des informations ; il ne l'est pas lorsqu'un opérateur de téléphonie est requis de fournir les « fadettes » d'un journaliste. • Crim. 14 mai 2013 : *D. actu. 12 juin 2013, obs. Lavric ; AJ pénal 2013. 467, obs. Lasserre-Capdeville ; Procédures 2013, n° 220, note Chavent-Leclère.* ♦ Un prévenu médecin ne saurait se faire un grief de ce que la caisse primaire d'assurance maladie a été requise, en application de l'art. 77-1-1, de communiquer la liste de ses patientes sans qu'il ait préalablement donné son accord à la remise de ce document, dès lors qu'un tel accord n'est nécessaire que si l'un des professionnels visés aux art. 56-1 à 56-3 est directement requis de fournir les informations sollicitées. • Crim. 19 mars 2014, n° 13-88.616 P : *D. actu. 17 avr. 2014, obs. Anane.*

9. Formalisme. L'art. 77-1-1 ne soumet l'autorisation du procureur à aucune forme particulière : il n'y a pas lieu d'annuler les réquisitions adressées à l'opérateur de téléphonie au motif qu'elles portent simplement la mention « sur autorisation du procureur de la République » et qu'aucune autre pièce de la procédure n'indique qu'il y ait eu une demande en ce sens et une réponse verbale ou écrite du parquet autorisant ces réquisitions. • Crim. 23 mai 2006, n° 06-83.241 P : *D. 2006. 2836, note Pradel ; AJ pénal 2006. 367, obs. Girault ; RSC 2006. 853, note Finielz* • 1er févr. 2011 : *préc. note 6.*

10. Entrée en vigueur. En application de l'art. 112-4 C. pén., les dispositions de l'art. 77-1-1, telles qu'issues de la loi n° 2004-204 du 9 mars 2004, ne sont pas rétroactives, s'agissant d'une loi de procédure, et n'ont par conséquent pas vocation à s'appliquer aux réquisitions prises antérieurement à l'entrée en vigueur de ladite loi. • Crim. 20 mars 2007, n° 06-89.250 P : *D. 2007. AJ 1272, obs. Allain ; AJ pénal 2007. 285, obs. Royer.*

11. Proportionnalité. L'accès d'autorités publiques aux données visant à l'identification des titulaires des cartes SIM activées avec un téléphone mobile volé comporte une ingérence dans les droits fondamentaux qui ne présente pas une gravité telle que cet accès devrait être limité en matière de prévention, de recherche, de détention et de poursuite d'infractions pénales, à la lutte contre la criminalité grave. • CJUE 2 oct. 2018, *Ministerio Fiscal*, n° C-207/16 : *D. actu. 16 oct. 2018, obs. Fucini.*

12. Géolocalisation. V. notes ss. art. 41 et note 7 ss. art. 230-32.

Art. 77-1-2 *(L. n° 2003-239 du 18 mars 2003, art. 18)* **Sur autorisation du procureur de la République, l'officier** *(L. n° 2019-222 du 23 mars 2019, art. 47)* **« ou l'agent » de police judiciaire peut procéder aux réquisitions prévues par le premier alinéa** *(L. n° 2004-204 du 9 mars 2004, art. 80-III)* **« de l'article 60-2 »** *(L. n° 2022-299 du 2 mars 2022, art. 12)* **« sous réserve de l'article 60-1-2 ».**

Sur autorisation du juge des libertés et de la détention saisi à cette fin par le procureur de la République, l'officier *(L. n° 2019-222 du 23 mars 2019, art. 47)* **« ou l'agent » de police peut procéder aux réquisitions prévues par le deuxième alinéa** *(L. n° 2004-204 du 9 mars 2004, art. 80-III)* **« de l'article 60-2 ».**

Les organismes ou personnes concernés mettent à disposition les informations requises par voie télématique ou informatique dans les meilleurs délais.

Le fait de refuser de répondre sans motif légitime à ces réquisitions est puni conformément aux dispositions du quatrième alinéa *(L. n° 2004-204 du 9 mars 2004, art. 80-III)* **« de l'article 60-2 ».**

Les mots ", y compris celles issues d'un système informatique ou d'un traitement de données nominatives," figurant à la première phrase du premier al. de l'art. 77-1-1, dans sa rédaction résultant de la L. n° 2020-1672 du 24 déc. 2020 relative au Parquet européen, à la justice environnementale et à la justice pénale spécialisée, et "aux réquisitions prévues par le premier alinéa de l'article 60-2" figurant au premier al. de l'art. 77-1-2, dans sa rédaction résultant de la L. n° 2019-222 du 23 mars 2019 de programmation 2018-2022 et de réforme pour la justice, sont contraires à la Constitution. La déclaration d'inconstitutionnalité prendra effet au 31 déc. 2022 (Cons. const. 3 déc. 2021, n° 2021-952 QPC).

Sur l'accès administratif aux données de connexion par les services de renseignement, V. CSI, art. L. 851-1 s. — **CSI.**

Dossier : Les techniques d'enquête numériques judiciaires, *AJ pénal 2017. 311 s.*

1. QPC. V. note 1 ss. art. 77-1-1.

2. L'autorisation du procureur de la République n'est soumise à aucune forme particulière. • Crim. 30 mars 2021, n° 20-85.556 P : *D. actu. 16 avr. 2021, obs. Recotillet ; AJ pénal 2021. 322, obs. Clément* . ♦ V. aussi art. R. 15-33-71.

Art. 77-1-3 *(L. n° 2016-731 du 3 juin 2016, art. 70)* **Sur autorisation du procureur de la République, l'officier** *(L. n° 2019-222 du 23 mars 2019, art. 47)* **« ou l'agent » de police judiciaire peut procéder aux réquisitions prévues à l'article 60-3.**

Art. 77-2 *(L. n° 2021-1729 du 22 déc. 2021, art. 2)* **I. — A tout moment de l'enquête préliminaire, le procureur de la République peut, lorsqu'il estime que cette décision ne risque pas de porter atteinte à l'efficacité des investigations, indiquer à la personne mise en cause, à la victime ou à leurs avocats qu'une copie de tout ou partie du dossier de la procédure est mise à la disposition de leurs avocats, ou à leur disposition si elles ne sont pas assistées par un avocat, et qu'elles ont la possibilité de formuler toutes observations qui leur paraîtraient utiles.**

Ces observations peuvent notamment porter sur la régularité de la procédure, sur la qualification des faits pouvant être retenue, sur le caractère éventuellement insuffisant de l'enquête, sur la nécessité de procéder à de nouveaux actes qui seraient nécessaires à la manifestation de la vérité et sur les modalités d'engagement éventuel des poursuites ou le recours éventuel à la procédure de comparution sur reconnaissance préalable de culpabilité.

II. — Sans préjudice du I, toute personne à l'encontre de laquelle il existe une ou plusieurs raisons plausibles de soupçonner qu'elle a commis ou tenté de commettre, en tant qu'auteur ou complice, une infraction punie d'une peine privative de liberté peut demander au procureur de la République, par lettre recommandée avec demande d'avis de réception ou par déclaration au greffe contre récépissé, de prendre connaissance du dossier de la procédure afin de formuler ses observations lorsqu'au moins l'une des conditions suivantes est remplie :

1° Si la personne a été interrogée dans le cadre d'une audition libre ou d'une garde à vue qui s'est tenue il y a plus d'un an ;
2° S'il a été procédé à une perquisition chez la personne il y a plus d'un an ;
3° S'il a été porté atteinte à la présomption d'innocence de la personne par un moyen de communication au public. Le présent 3° n'est pas applicable lorsque les révélations émanent de la personne elle-même ou de son avocat, directement ou indirectement, ou que l'enquête porte sur des faits relevant des articles 706-73 ou 706-73-1 ou relevant de la compétence du procureur de la République antiterroriste.

Lorsqu'une telle demande lui a été présentée et qu'il estime qu'il existe à l'encontre de la personne une ou plusieurs raisons plausibles de soupçonner qu'elle a commis ou tenté de commettre, en tant qu'auteur ou complice, une infraction punie d'une peine privative de liberté, le procureur de la République avise cette personne ou son avocat de la mise à la disposition de son avocat, ou à sa disposition si elle n'est pas assistée par un avocat, d'une copie de la procédure et de la possibilité de formuler les observations prévues au I du présent article, selon les formes mentionnées au premier alinéa du présent II.

Par dérogation au cinquième alinéa du présent II et pour une durée maximale de six mois à compter de la réception de la demande, le procureur de la République peut refuser à la personne la communication de tout ou partie de la procédure si l'enquête est toujours en cours et si cette communication risque de porter atteinte à l'efficacité des investigations. Il statue dans un délai d'un mois à compter de la réception de la demande, par une décision motivée versée au dossier. A défaut, le silence vaut refus de communication. La personne à l'origine de la demande peut contester un refus devant le procureur général, qui statue également dans un délai d'un mois à compter de sa saisine, par une décision motivée versée au dossier. Lorsque l'enquête porte sur des crimes ou délits mentionnés aux articles 706-73 ou 706-73-1 ou relevant de la compétence du procureur de la République antiterroriste, le délai de six mois prévu au présent alinéa est porté à un an.

Dans la période d'un mois qui suit la réception de la demande, le procureur de la République ne peut prendre aucune décision de poursuites hors l'ouverture d'une information, l'application de l'article 393 ou le recours à la procédure de comparution sur reconnaissance préalable de culpabilité prévue aux articles 495-7 à 495-13.

Le procureur de la République peut décider de ne pas mettre à la disposition de la personne certaines pièces de la procédure en raison des risques de pression sur les victimes, les autres personnes mises en cause, leurs avocats, les témoins, les enquêteurs, les experts ou toute autre personne concourant à la procédure.

III. — Lorsqu'une enquête préliminaire fait l'objet d'une demande de communication dans les conditions prévues au II, la victime, si elle a porté plainte, est avisée par le procureur de la République qu'elle dispose des droits prévus au I dans les mêmes conditions que la personne à l'origine de la demande.

IV. — Les observations formulées en application du présent article sont versées au dossier de la procédure. Le procureur de la République apprécie les suites à apporter à ces observations. Il en informe les personnes concernées. S'il refuse de procéder à un acte demandé, sa décision peut être contestée devant le procureur général.

V. — Lorsqu'une période de deux ans s'est écoulée après l'un des actes mentionnés aux 1° et 2° du II, l'enquête préliminaire ne peut se poursuivre à l'égard des personnes ayant fait l'objet de l'un de ces actes et à l'encontre desquelles il existe une ou plusieurs raisons plausibles de soupçonner qu'elles ont commis ou tenté de commettre, en tant qu'auteurs ou complices, une infraction sans que le procureur de la République fasse application du I à leur profit ainsi qu'à celui du plaignant.

V. art. D. 15-6-3.

L'art. 77-2, dans sa rédaction issue de la L. n° 2021-1729 du 22 déc. 2021, n'est applicable qu'aux enquêtes commencées à compter du 23 déc. 2021 (L. préc., art. 59-I).

BIBL. ▶ Vey, *D. 2021. 752* (accès aux pièces d'une procédure pénale et leur production dans une autre procédure).

Dossiers : *Dr. pénal 2021. Dossier 11* (l'avocat et la phase préparatoire du procès pénal). — *AJ pénal 2022. 7 s.* (loi pour la confiance dans l'institution judiciaire).

Ancien art. 77-2 *(L. nº 2016-731 du 3 juin 2016, art. 56) I. — Toute personne contre laquelle il existe une ou plusieurs raisons plausibles de soupçonner qu'elle a commis ou tenté de commettre une infraction punie d'une peine privative de liberté et qui a fait l'objet d'un des actes prévus aux articles 61-1 et 62-2 peut, un an après l'accomplissement du premier de ces actes, demander au procureur de la République, par lettre recommandée avec demande d'avis de réception ou par déclaration au greffe contre récépissé, de consulter le dossier de la procédure afin de formuler ses observations.*

Dans le cas où une telle demande lui a été présentée, le procureur de la République doit, lorsque l'enquête lui paraît terminée et s'il envisage de poursuivre la personne par citation directe ou selon la procédure prévue à l'article 390-1, aviser celle-ci, ou son avocat, de la mise à la disposition de son avocat, ou d'elle-même si elle n'est pas assistée par un avocat, d'une copie de la procédure et de la possibilité de formuler des observations ainsi que des demandes d'actes utiles à la manifestation de la vérité dans un délai d'un mois, selon les formes mentionnées au premier alinéa du présent I.

Lorsqu'une victime a porté plainte dans le cadre de cette enquête et qu'une demande de consultation du dossier de la procédure a été formulée par la personne mise en cause, le procureur de la République avise cette victime qu'elle dispose des mêmes droits dans les mêmes conditions.

Pendant ce délai d'un mois, le procureur de la République ne peut prendre aucune décision sur l'action publique, hors l'ouverture d'une information, l'application de l'article 393 ou le recours à la procédure de comparution sur reconnaissance de culpabilité prévue aux articles 495-7 à 495-13.

II. — A tout moment de la procédure, même en l'absence de demande prévue au premier alinéa du I, le procureur de la République peut communiquer tout ou partie de la procédure à la personne mise en cause ou à la victime pour recueillir leurs éventuelles observations ou celles de leur avocat.

III. — Dans les cas mentionnés aux I et II, les observations ou demandes d'actes de la personne ou de son avocat sont versées au dossier de la procédure.

Le procureur de la République apprécie les suites devant être apportées à ces observations et demandes. Il en informe les personnes concernées.

Art. 77-3 *(L. nº 2016-731 du 3 juin 2016, art. 56)* La demande mentionnée au *(L. nº 2021-1729 du 22 déc. 2021, art. 2)* « II » de l'article 77-2 est faite au procureur de la République sous la direction duquel l'enquête est menée. A défaut, si cette information n'est pas connue de la personne, elle peut être adressée au procureur de la République du tribunal judiciaire dans le ressort duquel l'un des actes mentionnés au même article a été réalisé, qui la transmet sans délai au procureur de la République qui dirige l'enquête.

Art. 77-4 *(L. nº 2004-204 du 9 mars 2004, art. 86-II, en vigueur le 1er oct. 2004)* Si les nécessités de l'enquête portant sur un crime ou un délit puni d'au moins trois ans d'emprisonnement l'exigent, le procureur de la République peut décerner mandat de recherche contre toute personne à l'encontre de laquelle il existe une ou plusieurs raisons plausibles de soupçonner qu'elle a commis ou tenté de commettre l'infraction.

Les dispositions des deuxième et troisième alinéas de l'article 70 sont alors applicables.

Art. 78 *(L. nº 93-2 du 4 janv. 1993)* Les personnes convoquées par un officier de police judiciaire pour les nécessités de l'enquête sont tenues de comparaître. *(L. nº 2004-204 du 9 mars 2004, art. 82-II)* « L'officier de police judiciaire peut contraindre à comparaître par la force publique, avec l'autorisation préalable du procureur de la République, les personnes qui n'ont pas répondu à une convocation à comparaître ou dont on peut craindre qu'elles ne répondent pas à une telle convocation. » *(L. nº 2016-731 du 3 juin 2016, art. 71)* « Le procureur de la République peut également autoriser la comparution par la force publique sans convocation préalable en cas de *risque de modification* des preuves ou indices matériels, de pressions sur les témoins ou les victimes ainsi que sur leur famille ou leurs proches, ou de concertation entre les coauteurs ou complices de l'infraction. »

(L. nº 2014-535 du 27 mai 2014, art. 3, en vigueur le 2 juin 2014) « L'article 62 est applicable. »

L'officier de police judiciaire dresse procès-verbal de leurs déclarations. Les agents de police judiciaire désignés à l'article 20 peuvent également, sous le contrôle d'un officier de police judiciaire, entendre les personnes convoquées.

(L. nº 95-73 du 21 janv. 1995) **« Les procès-verbaux sont dressés dans les conditions prévues par les articles** *(L. nº 2011-392 du 14 avr. 2011, en vigueur le 1er juin 2011)* **« 61 » et 62-1. »**

Sur l'application des dispositions du 1er al. de l'art. 78 pour l'alimentation du fichier national automatisé des auteurs d'infractions sexuelles ou violentes des art. 706-53-1 s., V. L. nº 2004-204 du 9 mars 2004, art. 216.

Sur la complémentarité entre les services de police, de gendarmerie et de douane, V. C. douanes, art. 67 ter, et L. nº 92-1477 du 31 déc. 1992, art. 36, C. pén., App., vº Douanes et changes. — ***C. pén.***

En ce qui concerne les enquêtes, perquisitions ou saisies, V. aussi : en matière de chasse, C. envir., art. L. 428-27 s. ; ... de pêche fluviale, C. envir., art. L. 437-3 s. ; ... de falsifications, C. consom., art. L. 215-1 s., et Décr. 22 janv. 1919, art. 5 s. ; ... de répartition des produits industriels et de l'énergie, Ord. nº 58-1331 du 23 déc. 1958, art. 3 s. ; ... de pêche maritime, L. nº 83-582 du 5 juill. 1983, art. 2 s. ; ... de communication audiovisuelle, L. nº 86-1067 du 30 sept. 1986, art. 78 s. ; ... de concurrence et de prix, C. com., art. L. 450-1 s., et Décr. nº 2002-689 du 30 avr. 2002, art. 15 s. ; ... de lutte contre le dopage, CSP, art. L. 3632-1 s. — ***C. pén.***

... en matière de publicité de certaines opérations de bourse, C. mon. fin., art. L. 621-9, L. 621-10, L. 621-12, L. 621-13 et L. 621-21 ; ... de propriété intellectuelle, CPI, art. L. 331-2 s., L. 521-3-1 et L. 716-8-1 ; ... de sous-traitance dans le domaine du transport routier de marchandises, L. nº 92-1445 du 31 déc. 1992, art. 4. — ***C. com.***

... en matière d'inspection du travail, C. trav., art. L. 8123-4 s. — ***C. trav.***

... en matière d'inspection des produits à finalité sanitaire, cosmétique ou d'hygiène corporelle, CSP, art. L. 5412-1 ; ... d'inspection médicale et pharmaceutique, CSP, art. L. 5411-1 s. et L. 1421-1 s. ; ... de contrôle de certains établissements d'hospitalisation privés, CSP, art. L. 2322-1. — ***CSP.***

... en matière de sécurité alimentaire, C. consom., art. L. 218-2 s. — ***C. consom.***

... en matière de protection des animaux domestiques, C. rur., art. L. 214-23. — ***C. rur.***

... en matière d'impôt sur le revenu ou sur les bénéfices ou de TVA, LPF, art. L. 16 B ; ... de contributions indirectes, LPF, art. L. 26 s. — ***CGI.***

... en matière de lutte contre le bruit, C. envir., art. L. 571-18 s. ; ... de protection de l'eau, C. envir., art. L. 216-3 s. ; ... de protection de l'air, C. envir., art. L. 226-1 s. — ***C. envir.***

... en matière de régulation de l'électricité, L. nº 2000-108 du 10 févr. 2000, art. 33 s. (JO 11 févr.), mod. par Ord. nº 2009-375 du 1er avr. 2009, art. 11 (JO 3 avr.).

En ce qui concerne l'immunité des agents diplomatiques, V. Décr. nº 71-284 du 29 mars 1971 (D. et BLD 1971. 175) portant publication de la Convention de Vienne sur les relations diplomatiques, notamment art. 22, 29 s. de la convention. — En ce qui concerne l'immunité des fonctionnaires consulaires, V. Décr. nº 71-288 du 29 mars 1971 (D. et BLD 1971. 180) portant publication de la Convention de Vienne sur les relations consulaires, notamment art. 31, 41 s. de la convention. — En ce qui concerne l'immunité des institutions internationales spécialisées, V. Décr. nº 2001-931 du 10 oct. 2001 (JO 12 et 20 oct.) portant publication de la Convention sur les privilèges et immunités des institutions spécialisées approuvée par l'assemblée générale des Nations unies le 21 nov. 1947, notamment art. 3 et 5 de la convention.

BIBL. ▶ GAGNOUD, *Gaz. Pal. 12 août 2003, p. 2.*

I. AUDITION LIBRE

1. QPC. Le respect des droits de la défense exige qu'une personne à l'encontre de laquelle il apparaît, avant son audition ou au cours de celle-ci, qu'il existe des raisons plausibles de soupçonner qu'elle a commis ou tenté de commettre une infraction, ne puisse être entendue ou continuer à être entendue librement par les enquêteurs que si elle a été informée de la nature et de la date de l'infraction qu'on la soupçonne d'avoir commise et de son droit de quitter à tout moment les locaux de police ou de gendarmerie ; que, sous cette réserve applicable aux auditions réalisées postérieurement à la publication de la présente décision, les dispositions du premier alinéa de l'art. 78 ne méconnaissent pas les droits de la défense. • Cons. const. 18 juin 2012 : *D. 2012. Actu. 1614* ; *RSC 2013. 441, note de Lamy* ; *Constitutions 2012. 442, obs. Darsonville* ; *RSC 2013. 842, note Salvat*.

2. *Notification des droits (non).* Justifie sa décision, sans violer l'art. 6 Conv. EDH, une cour d'appel qui rejette l'exception de nullité d'un prévenu, soupçonné d'avoir commis une contravention aux règles relatives à la durée du travail dans les transports routiers, dès lors que la notification du droit de se taire et de ne pas s'accuser n'est reconnue qu'aux personnes placées en garde à vue ou faisant l'objet d'une mesure de rétention douanière. • Crim. 3 avr. 2013 : *D. actu. 29 avr. 2013, obs. Le Drévo ; D. 2013. Actu. 1005 ; Gaz. Pal. 21 juill. 2013, p. 40, note Fourment ; AJ pénal 2013. 411, obs. Ascensi ; RSC 2013. 842, note Salvat ; Dr. pénal 2013, nº 82, note Maron et Haas.* ♦ V. aussi note 6 ss. anc. art. 62.

3. Sur le cumul entre garde à vue et audition libre. V. art. 62.

4. Nécessité d'être concerné par l'irrégularité. La personne mise en examen est sans qualité pour se prévaloir de la méconnaissance de formalités substantielles à l'occasion de l'audition libre d'une autre personne. • Crim. 11 févr. 2014, nº 13-86.878 P : *D. actu. 4 mars 2014, obs. Bombled.*

5. Interprète. Est valable l'audition dans le cadre d'une enquête préliminaire d'une personne qui ne connaît pas la langue française, même si elle n'était pas assistée d'un interprète et que l'interrogatoire et la traduction simultanée ont été faits par un gendarme de la brigade parlant l'allemand ; les dispositions de l'art. 102 relatives à l'assistance d'un interprète ne sont pas applicables à l'enquête préliminaire. • Crim. 27 nov. 2001, nº 00-88.078 P : *D. 2002. IR 257 ; Dr. pénal 2002. Comm. 18, obs. J.-H. Robert.*

6. Mineurs. Sur l'audition libre d'un mineur, V. ss. CJPM, art. L. 411-1 s., vº App., *Mineurs délinquants*.

II. COMPARUTION CONTRAINTE

7. Motivation. Si c'est à tort que, pour rejeter le moyen de nullité pris d'une violation de l'art. 78, l'arrêt se borne à relever que ce texte n'exige pas que la justification des raisons de craindre que la personne concernée ne réponde pas à une convocation figure dans l'ordre donné à l'officier de police judiciaire de la faire comparaître par la contrainte et les procès-verbaux y afférents, alors que, s'agissant d'une privation de liberté, il appartenait à la chambre de l'instruction de vérifier qu'elle avait été strictement nécessaire, la décision n'encourt pas pour autant la censure, dès lors qu'il résulte de ses autres énonciations que la gravité et la nature des actes que le prévenu était susceptible de commettre à l'instigation d'une organisation terroriste basée à l'étranger et qu'il était, en outre, susceptible de vouloir rejoindre, rendaient majeur le risque d'un défaut de réponse à une convocation qui lui aurait été adressée. • Crim. 29 nov. 2016, nº 16-83.513 P : *D. actu. 6 janv. 2017, obs. Aubert ; Gaz. Pal. 24 janv. 2017, p. 61, note Fourment ; D. 2017. Pan. 1676, obs. Pradel*.

8. Pénétration dans un lieu clos. L'art. 78 ne permet pas à l'officier de police judiciaire, autorisé par le procureur de la République à contraindre une personne à comparaître par la force publique, de pénétrer de force dans un domicile, une telle atteinte à la vie privée ne pouvant résulter que de dispositions légales spécifiques confiant à un juge le soin d'en apprécier préalablement la nécessité. • Crim. 22 févr. 2017, nº 16-82.412 P : *D. actu. 13 mars 2017, obs. Fonteix ; AJ pénal 2017. 227, obs. Murbach-Vibert et Barre ; Dr. pénal 2017, nº 64, note Maron et Haas ; RSC 2017. 331, note Cordier ; D. 2017. Pan. 1676, obs. Pradel* • Crim. 18 sept. 2019, nº 18-84.885 P : *D. actu. 8 oct. 2019, obs. Charlent ; AJ pénal 2019. 561, obs. Clément ; RSC 2020. 118, note Delage ; Dr. pénal 2019, nº 189, note Haas et Maron.*

Code de la sécurité intérieure

PREMIÈRE PARTIE : LÉGISLATIVE

Art. L. 272-1 *(L. nº 2021-1520 du 25 nov. 2021, art. 20)* Les propriétaires ou les exploitants d'immeubles à usage d'habitation ou leurs représentants s'assurent que les services de police et de gendarmerie nationales ainsi que les services d'incendie et de secours sont en mesure d'accéder aux parties communes de ces immeubles aux fins d'intervention.

Ils peuvent accorder à la police municipale une autorisation permanente de pénétrer dans ces mêmes parties communes.

L'art. L. 126-1 CCH a été renuméroté par l'Ord. nº 2020-71 du 29 janv. 2020 relative à la réécriture des règles de construction et recodifiant le livre Ier du code de la construction et de l'habitation et est devenu l'art. L. 272-1 CSI.

Art. L. 272-2 *(L. nº 2011-267 du 14 mars 2011, art. 23-I)* La transmission aux services chargés du maintien de l'ordre des images réalisées en vue de la protection des parties communes des immeubles collectifs à usage d'habitation lors de circonstances faisant redouter la commission imminente d'une atteinte grave aux biens ou aux personnes est autorisée sur décision de la majorité des copropriétaires dans les conditions fixées à l'article 25 de la loi nº 65-557 du 10 juillet 1965 fixant le statut de la copropriété des immeubles bâtis et, dans les immeubles sociaux, du gestionnaire. Les images susceptibles d'être transmises ne doivent concerner ni l'entrée des habitations privées, ni la voie publique.

Cette transmission s'effectue en temps réel et est strictement limitée au temps nécessaire à l'intervention des services de la police ou de la gendarmerie nationales ou, le cas échéant, des agents de la police municipale.

Une convention préalablement conclue entre le gestionnaire de l'immeuble et le représentant de l'État dans le département précise les conditions et modalités de ce transfert. Cette convention prévoit l'information par affichage sur place de l'existence du système de prise d'images et de la possibilité de leur transmission aux forces de l'ordre.

Lorsque la convention a pour objet de permettre la transmission des images aux services de police municipale, elle est en outre signée par le maire.

Cette convention est transmise à la commission départementale de vidéoprotection mentionnée à l'article 10 de la loi n° 95-73 du 21 janvier 1995 d'orientation et de programmation relative à la sécurité *[V. désormais CSI, art. L. 251-4 s.]* qui apprécie la pertinence des garanties prévues et en demande, le cas échéant, le renforcement au représentant de l'État dans le département.

Ne sont pas soumis au présent article les systèmes utilisés dans des traitements automatisés ou contenus dans des fichiers structurés selon des critères permettant d'identifier, directement ou indirectement, des personnes physiques, qui sont soumis à la loi n° 78-17 du 6 janvier 1978 relative à l'informatique, aux fichiers et aux libertés.

Les art. L. 126-1-1, L. 126-2 et L. 126-3 CCH ont été renumérotés par l'Ord. n° 2020-71 du 29 janv. 2020 relative à la réécriture des règles de construction et recodifiant le livre Ier du code de la construction et de l'habitation et sont devenus les art. L. 272-2, L. 272-3 et L. 272-4 CSI.

Art. L. 272-3 *(L. n° 2001-1062 du 15 nov. 2001)* Les propriétaires ou exploitants d'immeubles à usage d'habitation ou leurs représentants, qui satisfont à l'obligation mentionnée par l'article L. 127-1, peuvent également, en cas d'occupation des espaces communs du bâti par des personnes qui entravent l'accès et la libre circulation des locataires ou empêchent le bon fonctionnement des dispositifs de sécurité et de sûreté ou nuisent à la tranquillité des lieux, faire appel à la police ou à la gendarmerie nationales *(L. n° 2003-239 du 18 mars 2003, art. 61)* « ou à la police municipale » pour rétablir la jouissance paisible de ces lieux.

Art. L. 272-4 *(L. n° 2010-201 du 2 mars 2010, art. 6)* Le fait d'occuper en réunion les espaces communs ou les toits des immeubles collectifs d'habitation en empêchant délibérément l'accès ou la libre circulation des personnes ou le bon fonctionnement des dispositifs de sécurité et de sûreté est puni de deux mois d'emprisonnement et de 3 750 € d'amende.

(L. n° 2007-297 du 5 mars 2007, art. 20) Lorsque cette infraction est accompagnée de voies de fait ou de menaces, de quelque nature que ce soit, elle est punie de six mois d'emprisonnement et de 7 500 € d'amende.

(L. n° 2010-201 du 2 mars 2010, art. 7) « Les personnes coupables des infractions prévues aux deux premiers alinéas encourent également, à titre de peine complémentaire, une peine de travail d'intérêt général. »

(L. n° 2019-222 du 23 mars 2019, art. 58) « Pour le délit prévu au premier alinéa du présent article, y compris en cas de récidive, l'action publique peut être éteinte, dans les conditions prévues aux articles 495-17 à 495-25 du code de procédure pénale, par le versement d'une amende forfaitaire d'un montant de 200 €. Le montant de l'amende forfaitaire minorée est de 150 € et le montant de l'amende forfaitaire majorée est de 450 €. »

Livre des procédures fiscales

PREMIÈRE PARTIE : LÉGISLATIVE

(Décr. n° 81-859 du 15 sept. 1981)

Art. L. 38 *(L. n° 2011-267 du 14 mars 2011, art. 110-I-1°)* « 1. Pour la recherche et la constatation des infractions aux dispositions du titre III de la première partie du livre Ier du code général des impôts *(Ord. n° 2021-1843 du 22 déc. 2021, art. 11, en vigueur le 1er janv. 2022)* « , des chapitres III et IV du titre Ier du livre III du code des impositions sur les biens et services » et aux législations édictant les mêmes règles en matière de procédure et de recouvrement, les agents habilités à cet effet par le ministre chargé des douanes peuvent procéder à des visites en tous lieux, même privés, où les pièces, documents, objets ou marchandises se rapportant à ces infractions ainsi que les biens et avoirs en provenant directement ou indirectement sont susceptibles d'être détenus *(L. n° 2013-1117 du 6 déc. 2013, art. 49)* « ou d'être accessibles ou disponibles » et procéder à leur saisie, quel qu'en soit le support. Ils sont accompagnés d'un officier de police judiciaire.

Les agents habilités peuvent procéder, à l'occasion de la visite, à la saisie des pièces et documents, quel qu'en soit le support, ainsi que des objets ou des marchandises se rapportant aux infractions précitées. Ils peuvent saisir les biens et avoirs provenant directement ou indirectement des infractions précitées uniquement dans le cas de visites autorisées en application du 2 *(Abrogé par Décr. nº 2012-654 du 4 mai 2012) « du présent article »*.

2. *(L. nº 89-935 du 29 déc. 1989)* « Hormis les cas de flagrance, chaque visite doit être autorisée par une ordonnance du *(L. nº 2008-776 du 4 août 2008, art. 164-II)* « juge des libertés et de la détention » du tribunal judiciaire dans le ressort duquel sont situés les locaux à visiter *(Abrogé par L. nº 2008-776 du 4 août 2008, art. 164-II) « ou d'un juge délégué par lui »*.

Le juge doit vérifier de manière concrète que la demande d'autorisation qui lui est soumise est bien fondée ; cette demande doit comporter tous les éléments d'information en possession de l'administration de nature à justifier la visite.

Il désigne l'officier de police judiciaire chargé d'assister à ces opérations et de le tenir informé de leur déroulement.

L'ordonnance comporte :

(Abrogé par L. nº 2008-776 du 4 août 2008, art. 164-II) « — le cas échéant, mention de la délégation du président du tribunal de grande instance ; »

— l'adresse des lieux à visiter ;

— le nom et la qualité du fonctionnaire habilité qui a sollicité et obtenu l'autorisation de procéder aux opérations de visite ; »

(L. nº 2008-776 du 4 août 2008, art. 164-II) « — la mention de la faculté pour l'occupant des lieux ou son représentant, ainsi que l'auteur présumé des infractions mentionnées au 1, de faire appel à un conseil de son choix.

« L'exercice de cette faculté n'entraîne pas la suspension des opérations de visite et de saisie. »

Le juge motive sa décision par l'indication des éléments de fait et de droit qu'il retient et qui laissent présumer, en l'espèce, l'existence des infractions dont la preuve est recherchée. *(L. nº 2011-267 du 14 mars 2011, art. 110-I-2º-a)* « Il se prononce par une mention expresse sur la saisie de biens et avoirs pouvant provenir directement ou indirectement des infractions dont la preuve est recherchée ».

Si, à l'occasion de la visite, les agents habilités découvrent l'existence d'un coffre dans un établissement de crédit *(Ord. nº 2013-544 du 27 juin 2013, art. 10)* « ou une société de financement » dont la personne occupant les lieux visités est titulaire et où des pièces, documents, objets ou marchandises se rapportant aux infractions visées au 1 sont susceptibles de se trouver, ils peuvent, sur autorisation délivrée par tout moyen par le juge qui a pris l'ordonnance, procéder immédiatement à la visite de ce coffre. Mention de cette autorisation est portée au procès-verbal prévu au 4.

(L. nº 2011-267 du 14 mars 2011, art. 110-I-2º-b) « Si, à l'occasion de la visite, les agents habilités découvrent des éléments révélant l'existence en d'autres lieux de biens ou avoirs se rapportant aux infractions visées au 1, ils peuvent, sur autorisation délivrée par tout moyen par le juge qui a pris l'ordonnance, procéder immédiatement à la visite de ces lieux aux fins de saisir ces biens et avoirs. Mention de cette autorisation est portée au procès-verbal prévu au 4.

« La visite s'effectue sous l'autorité et le contrôle du juge qui l'a autorisée. Lorsqu'elle a lieu en dehors du ressort de son tribunal judiciaire, il délivre une commission rogatoire, pour exercer ce contrôle, au juge des libertés et de la détention du tribunal judiciaire dans le ressort duquel s'effectue la visite. »

Il peut se rendre dans les locaux pendant l'intervention.

A tout moment, il peut décider la suspension ou l'arrêt de la visite.

(L. nº 2008-776 du 4 août 2008, art. 164-II) « L'ordonnance est exécutoire au seul vu de la minute ».

L'ordonnance est notifiée, verbalement et sur place au moment de la visite, à l'occupant des lieux ou à son représentant qui en reçoit copie intégrale contre récépissé ou émargement au procès-verbal prévu au 4. En l'absence de l'occupant des lieux ou de son représentant, l'ordonnance est notifiée après la visite par lettre recommandée avec avis de réception. La notification est réputée faite à la date de réception figurant sur l'avis. » *(L. nº 2008-776 du 4 août 2008, art. 164-II)* « Une copie est également adressée par lettre recommandée avec demande d'avis de réception à l'auteur présumé des infractions mentionnées au 1, nonobstant les dispositions de l'article L. 103.

« A défaut de réception, il est procédé à la signification de l'ordonnance par acte d'huissier de justice.

« Le délai et la voie de recours sont mentionnés dans l'ordonnance.

« L'ordonnance peut faire l'objet d'un appel devant le premier président de la cour d'appel. Les parties ne sont pas tenues de constituer avocat.

« Suivant les règles prévues par le code de procédure civile, cet appel doit être exclusivement formé par déclaration remise ou adressée, par pli recommandé ou, à compter du 1er janvier 2009, par voie électronique, au greffe de la cour dans un délai de quinze jours. Ce délai court à compter soit de la remise, soit de la réception, soit de la signification de l'ordonnance. Cet appel n'est pas suspensif.

« Le greffe du tribunal judiciaire transmet sans délai le dossier de l'affaire au greffe de la cour d'appel où les parties peuvent le consulter.

« L'ordonnance du premier président de la cour d'appel est susceptible d'un pourvoi en cassation, selon les règles prévues par le code de procédure civile. Le délai du pourvoi en cassation est de quinze jours. »

3. La visite ne peut être commencée avant six heures ni après vingt et une heures ; dans les lieux ouverts au public elle peut également être commencée pendant les heures d'ouverture de l'établissement. Elle est effectuée en présence de l'occupant des lieux ou de son représentant ; en cas d'impossibilité, l'officier de police judiciaire requiert deux témoins choisis en dehors des personnes relevant de son autorité ou de celle de *(L. nº 92-677 du 17 juill. 1992)* « l'administration des douanes et droits indirects ».

Les agents de l'administration des douanes et droits indirects mentionnés au 1, *(L. nº 2013-1117 du 6 déc. 2013, art. 43)* « les personnes auxquelles ils ont éventuellement recours en application de l'article L. 103 B, » l'occupant des lieux ou son représentant et l'officier de police judiciaire peuvent seuls prendre connaissance des pièces et documents avant leur saisie.

L'officier de police judiciaire veille au respect du secret professionnel et des droits de la défense conformément aux dispositions du troisième alinéa de l'article 56 du code de procédure pénale ; l'article 58 de ce code est applicable.

4. Le procès-verbal de visite relatant les modalités et le déroulement de l'opération est dressé sur-le-champ par *(L. nº 92-677 du 17 juill. 1992)* « les agents de l'administration des douanes et droits indirects ». Un inventaire des pièces et documents saisis *(L. nº 2011-267 du 14 mars 2011, art. 110-I-3º-a)* « , ainsi que des biens et avoirs provenant directement ou indirectement des infractions dont la preuve est recherchée, » lui est annexé. Le procès-verbal et l'inventaire sont signés par *(L. nº 92-677 du 17 juill. 1992)* « les agents de l'administration des douanes et droits indirects » et par l'officier de police judiciaire ainsi que par les personnes mentionnées au premier alinéa du 3 *(Abrogé par Décr. nº 2012-654 du 4 mai 2012)* « *ci-dessus* » ; en cas de refus de signer, mention en est faite au procès-verbal.

Si l'inventaire sur place présente des difficultés, les pièces *(L. nº 2011-267 du 14 mars 2011, art. 110-I-3º-b)* « , documents, biens et avoirs » saisis sont placés sous scellés. L'occupant des lieux ou son représentant est avisé qu'il peut assister à l'ouverture des scellés qui a lieu en présence de l'officier de police judiciaire ; l'inventaire est alors établi.

(L. nº 2013-1117 du 6 déc. 2013, art. 49) « 4 *bis*. Lorsque l'occupant des lieux ou son représentant fait obstacle à l'accès aux pièces ou documents présents sur un support informatique, à leur lecture ou à leur saisie, mention en est portée au procès-verbal.

« Les agents habilités peuvent alors procéder à la copie de ce support et saisir ce dernier, qui est placé sous scellés. Ils disposent de quinze jours à compter de la date de la visite pour accéder aux pièces ou documents présents sur le support informatique placé sous scellés, à leur lecture et à leur saisie, ainsi qu'à la restitution de ce dernier et de sa copie. Ce délai est prorogé sur autorisation délivrée par le juge des libertés et de la détention.

« A la seule fin de permettre la lecture des pièces ou documents présents sur le support informatique placé sous scellés, les agents habilités procèdent aux opérations nécessaires à leur accès ou à leur mise au clair. Ces opérations sont réalisées sur la copie du support.

« L'occupant des lieux ou son représentant est avisé qu'il peut assister à l'ouverture des scellés, à la lecture et à la saisie des pièces et documents présents sur ce support informatique, qui ont lieu en présence de l'officier de police judiciaire.

« Un procès-verbal décrivant les opérations réalisées pour accéder à ces pièces et documents, à leur mise au clair et à leur lecture est dressé par les agents habilités. Un inventaire des pièces et documents saisis lui est annexé, s'il y a lieu.

« Le procès-verbal et l'inventaire sont signés par les agents habilités et par un officier de police judiciaire ainsi que par l'occupant des lieux ou son représentant ; en l'absence de celui-ci ou en cas de refus de signer, mention en est faite au procès-verbal.

« Il est procédé concomitamment à la restitution du support informatique et de sa copie. En l'absence de l'occupant des lieux ou de son représentant, l'administration accomplit alors sans délai toutes diligences pour les restituer. »

5. Les originaux du procès-verbal de visite et de l'inventaire sont, dès qu'ils ont été établis, adressés au juge qui a délivré l'ordonnance ; une copie de ces mêmes documents est remise à l'occupant des lieux ou à son représentant. *(L. n° 2008-776 du 4 août 2008, art. 164-II)* « Une copie est également adressée par lettre recommandée avec demande d'avis de réception à l'auteur présumé des infractions mentionnées au 1, nonobstant les dispositions de l'article L. 103. »

(L. n° 2011-267 du 14 mars 2011, art. 110-I-4°) « Si le juge constate que les biens et avoirs saisis ne proviennent pas directement ou indirectement des infractions dont la preuve est recherchée, il ordonne la mainlevée de la saisie et la restitution des biens et avoirs concernés. »

Les pièces et documents saisis sont restitués à l'occupant des lieux après exécution de la transaction consécutive à *(L. n° 92-677 du 17 juill. 1992)* « la rédaction du procès-verbal de constatation des infractions prévu par l'article L. 212 A » du présent livre ; en cas de poursuites judiciaires, leur restitution est autorisée par l'autorité judiciaire compétente.

(L. n° 2008-776 du 4 août 2008, art. 164-II) « Le premier président de la cour d'appel connaît des recours contre le déroulement des opérations de visite ou de saisie autorisées en application du 2. Le procès-verbal et l'inventaire rédigés à l'issue de ces opérations mentionnent le délai et la voie de recours. Les parties ne sont pas tenues de constituer avocat.

« Suivant les règles prévues par le code de procédure civile, ce recours doit être exclusivement formé par déclaration remise ou adressée, par pli recommandé ou, à compter du 1er janvier 2009, par voie électronique, au greffe de la cour dans un délai de quinze jours. Ce délai court à compter de la remise ou de la réception soit du procès-verbal, soit de l'inventaire, mentionnés au premier alinéa. Ce recours n'est pas suspensif.

« L'ordonnance du premier président de la cour d'appel est susceptible d'un pourvoi en cassation selon les règles prévues par le code de procédure civile. Le délai du pourvoi en cassation est de quinze jours. »

6. Les informations recueillies ne peuvent être exploitées dans le cadre d'une procédure de vérification de comptabilité ou de contrôle de revenu qu'après restitution des pièces ou de leur reproduction et mise en œuvre des procédures de contrôle visées aux premier et deuxième alinéas de l'article L. 47 du présent livre.

(L. n° 92-677 du 17 juill. 1992) « 7. Les dispositions des 1 à 6 peuvent être mises en œuvre par les agents *(Abrogé par Ord. n° 2010-420 du 27 avr. 2010, art. 78) « de l'administration des impôts »* habilités à cet effet par le *(Ord. n° 2010-420 du 27 avr. 2010, art. 78)* « directeur général des finances publiques », pour la recherche et la constatation des infractions aux dispositions de l'article 290 *quater* et du III de l'article 298 *bis* du code général des impôts. »

*En ce qui concerne la recherche et la constatation des délits douaniers selon une procédure analogue, V. C. douanes, art. 64. — **C. douanes.***

Pour la mise en œuvre des dispositions issues de la loi n° 2008-776 du 4 août 2008, V. ladite loi, art. 164-IV et V (JO 5 août), et Décis. n° 2011-150 QPC du Cons. const. du 13 juill. 2011 (JO 14 juill.).

BIBL. ▶ VIALA, *Gaz. Pal. 1990. 1. Doctr. 229.*

CHAPITRE III DES CONTRÔLES, DES VÉRIFICATIONS ET DES RELEVÉS D'IDENTITÉ *(L. n° 99-291 du 15 avr. 1999).*

(L. n° 93-992 du 10 août 1993)

RÉP. PÉN. v^is *Contrôles et vérifications d'identité,* par GIRAULT.

BIBL. ▶ BÉNÉJAT-GUERLIN, *AJ pénal 2016. 420* (sécurité dans les transports et/ou sécurité juridique ?). – COLOMB, *Dr. pénal 2005. 139* (nullité des contrôles d'identité). – CORNUT, *D. 2002. 992* (entre confusion et distinction : propos autour des contrôles d'identité). – DAVAL, *LPA 15 oct. 1993, n° 124, p. 7.* – DELMAS SAINT-HILAIRE, *RSC 1986. 95.* – FAVOREU, *D. 1986. Chron. 169.* – FOURMENT, *Gaz. Pal. 13-14 janv. 2012, p. 8* (contrôles d'identité : contrôlez, contrôlez, il en restera toujours quelque chose). – GUIMEZANES, *JCP 1994. I. 3728.* – LAZERGES, *RSC*

2017. 173 (lutte contre les contrôles d'identité discriminatoires). – MARCUS, *RSC 1985. 639.* – MARON, *Dr. pénal 1992. 50 ; JCP 1992. I. 3601.* – MAYER, *D. 1993. Chron. 272*. – MORANGE, *AJDA 1983. 640.* – PICARD, *RSC 1993. 275*. – PRADEL, *D. 1984. Chron. 75.* – PUECH, *ALD 1983. 105.* – THOMAS, *D. 1985. Chron. 181.*

Art. 78-1 *(L. nº 83-466 du 10 juin 1983)* **L'application des règles prévues par le présent chapitre est soumise au contrôle des autorités judiciaires mentionnées aux articles 12 et 13.**

(L. nº 86-1004 du 3 sept. 1986) **« Toute personne se trouvant sur le territoire national doit accepter de se prêter à un contrôle d'identité effectué dans les conditions et par les autorités de police visées aux articles suivants. »**

1. Ne viole pas les dispositions des art. 78-1 s., qui réglementent les contrôles d'identité, le président du tribunal de grande instance qui autorise un huissier de justice par lui commis à procéder, dans les locaux d'un foyer de travailleurs étrangers, à un constat à l'effet d'établir, fût-ce en s'assurant de l'identité des personnes, la présence de tiers qui s'y seraient installés sans autorisation du propriétaire. • Civ. 1re, 14 juin 1988, nº 86-10.763 P : *D. 1988. IR 188.*

2. Un chef d'entreprise, poursuivi pour travail clandestin sur le fondement de l'art. L. 324-10 (3º) C. trav. *[L. 8221-3 nouv.]*, n'a pas qualité pour se prévaloir de l'irrégularité du contrôle d'identité pratiqué à l'égard de son salarié à l'occasion duquel a été révélée l'infraction retenue à son encontre, cette irrégularité concernant un acte auquel il était étranger et le contrôle étant totalement indépendant de la poursuite engagée contre le prévenu. • Crim. 16 janv. 1996, nº 94-85.428 P : *Dr. pénal 1996. 114, obs. Maron.* ♦ Rappr. : • Crim. 14 déc. 1999, nº 99-82.369 P : *D. 2000. IR 153 ; Dr. pénal 2000. Chron. 31, obs. Marsat.*

3. Détournement de procédure. En l'état des énonciations de la cour d'appel, dont il résulte que le demandeur au pourvoi, officier de gendarmerie, a fait conduire et retenir plusieurs heures une personne dans les locaux dépendants de son autorité, en connaissance de l'absence de fondement légal de la mesure, il résulte que les juges du fond ont caractérisé le délit d'atteinte arbitraire à la liberté individuelle par dépositaire de l'autorité publique. • Crim. 24 mai 2016, nº 15-80.848 P : *AJ pénal 2016. 383, obs. Perrier ; Dr. pénal 2016, nº 115, obs. Maron et Haas.*

Art. 78-2 *(L. nº 83-466 du 10 juin 1983)* **Les officiers de police judiciaire et, sur l'ordre et sous la responsabilité de ceux-ci, les agents de police judiciaire et agents de police judiciaire adjoints mentionnés aux articles 20 et 21-1º peuvent inviter à justifier, par tout moyen, de son identité toute personne à l'égard de laquelle existe** *(L. nº 2003-239 du 18 mars 2003, art. 10)* **« une ou plusieurs raisons plausibles de soupçonner » :**

– qu'elle a commis ou tenté de commettre une infraction ;

– ou qu'elle se prépare à commettre un crime ou un délit ;

– ou qu'elle est susceptible de fournir des renseignements utiles à l'enquête en cas de crime ou de délit ;

(L. nº 2016-731 du 3 juin 2016, art. 77) **« – ou qu'elle a violé les obligations ou interdictions auxquelles elle est soumise dans le cadre d'un contrôle judiciaire, d'une mesure d'assignation à résidence avec surveillance électronique, d'une peine ou d'une mesure suivie par le juge de l'application des peines ; »**

– ou qu'elle fait l'objet de recherches ordonnées par une autorité judiciaire.

(L. nº 93-992 du 10 août 1993) **« Sur réquisitions écrites du procureur de la République aux fins de recherche et de poursuite d'infractions qu'il précise, l'identité de toute personne peut être également contrôlée, selon les mêmes modalités, dans les lieux et pour une période de temps déterminés par ce magistrat. Le fait que le contrôle d'identité révèle des infractions autres que celles visées dans les réquisitions du procureur de la République ne constitue pas une cause de nullité des procédures incidentes.**

« L'identité de toute personne, quel que soit son comportement, peut également être contrôlée, selon les modalités prévues au premier alinéa, pour prévenir une atteinte à l'ordre public, notamment à la sécurité des personnes ou des biens. – *Les dispositions des al. 6 et 7 ci-dessus, dans leur rédaction issue de la loi nº 93-992 du 10 août 1993, sont applicables à Mayotte (L. préc. art. 4).*

« Dans une zone comprise entre la frontière terrestre de la France avec les États parties à la Convention signée à Schengen le 19 juin 1990 et une ligne tracée à 20 kilomètres en deçà, *[Dispositions déclarées non conformes à la Constitution par décision du Conseil* *constitutionnel n° 93-323 DC du 5 août 1993]* **ainsi que dans les zones accessibles au public des ports, aéroports et gares ferroviaires ou routières ouverts au trafic international et désignés par arrêté** *(L. n° 2017-1510 du 30 oct. 2017, art. 19)* **« et aux abords de ces gares »** *[Dispositions déclarées non conformes à la Constitution par décision du Conseil constitutionnel n° 93-323 DC du 5 août 1993]* *(L. n° 2011-267 du 14 mars 2011, art. 69-I-1°)* **« , pour la prévention et la recherche des infractions liées à la criminalité transfrontalière, » l'identité de toute personne peut également être contrôlée, selon les modalités prévues au premier alinéa, en vue de vérifier le respect des obligations de détention, de port et de présentation des titres et documents prévues par la loi.** *(L. n° 2006-64 du 23 janv. 2006, art. 3, en vigueur jusqu'au 31 déc. 2012)* **« Lorsque ce contrôle a lieu à bord d'un train effectuant une liaison internationale, il peut être opéré sur la portion du trajet entre la frontière et le premier arrêt qui se situe au-delà des vingt kilomètres de la frontière. Toutefois, sur celles des lignes ferroviaires effectuant une liaison internationale et présentant des caractéristiques particulières de desserte, le contrôle peut également être opéré entre cet arrêt et un arrêt situé dans la limite des cinquante kilomètres suivants. Ces lignes et ces arrêts sont désignés par arrêté ministériel. »** *(L. n° 2003-1119 du 26 nov. 2003, art. 81)* **« Lorsqu'il existe une section autoroutière démarrant dans la zone** *(L. n° 2006-64 du 23 janv. 2006, art. 3, en vigueur jusqu'au 31 déc. 2012)* **« mentionnée à la première phrase du présent alinéa » et que le premier péage autoroutier se situe au-delà de la ligne des 20 kilomètres, le contrôle peut en outre avoir lieu jusqu'à ce premier péage sur les aires de stationnement ainsi que sur le lieu de ce péage et les aires de stationnement attenantes. Les péages concernés par cette disposition sont désignés par arrêté. » Le fait que le contrôle d'identité révèle une infraction autre que celle de non-respect des obligations susvisées ne constitue pas une cause de nullité des procédures incidentes. »** *(L. n° 2011-267 du 14 mars 2011, art. 69-I-2°)* **« Pour l'application du présent alinéa, le contrôle des obligations de détention, de port et de présentation des titres et documents prévus par la loi ne peut être pratiqué que pour une durée n'excédant pas** *(L. n° 2017-1510 du 30 oct. 2017, art. 19)* **« douze » heures consécutives dans un même lieu et ne peut consister en un contrôle systématique des personnes présentes ou circulant dans les zones ou lieux mentionnés au même alinéa. »** *— V. Arr. du 13 juill. 2004 et du 22 mars 2012 infra.*

(L. n° 2017-1510 du 30 oct. 2017, art. 19) **« Dans un rayon maximal de dix kilomètres autour des ports et aéroports constituant des points de passage frontaliers au sens de l'article 2 du règlement (UE) 2016/399 du Parlement européen et du Conseil du 9 mars 2016 concernant un code de l'Union relatif au régime de franchissement des frontières par les personnes (code frontières Schengen), désignés par arrêté en raison de l'importance de leur fréquentation et de leur vulnérabilité, l'identité de toute personne peut être contrôlée, pour la recherche et la prévention des infractions liées à la criminalité transfrontalière, selon les modalités prévues au premier alinéa du présent article, en vue de vérifier le respect des obligations de détention, de port et de présentation des titres et documents prévus par la loi. L'arrêté mentionné à la première phrase du présent alinéa fixe le rayon autour du point de passage frontalier dans la limite duquel les contrôles peuvent être effectués. Lorsqu'il existe une section autoroutière commençant dans la zone mentionnée à la même première phrase et que le premier péage autoroutier se situe au-delà des limites de cette zone, le contrôle peut en outre avoir lieu jusqu'à ce premier péage sur les aires de stationnement ainsi que sur le lieu de ce péage et les aires de stationnement attenantes. Les péages concernés par cette disposition sont désignés par arrêté. Le fait que le contrôle d'identité révèle une infraction autre que celle de non-respect des obligations susmentionnées ne constitue pas une cause de nullité des procédures incidentes. Pour l'application du présent alinéa, le contrôle des obligations de détention, de port et de présentation des titres et documents prévus par la loi ne peut être pratiqué que pour une durée n'excédant pas douze heures consécutives dans un même lieu et ne peut consister en un contrôle systématique des personnes présentes ou circulant dans les zones mentionnées au présent alinéa. »** *— V. Arr. du 28 déc. 2018 établissant la liste des ports autour desquels pourront être diligentés des contrôles d'identité en application de l'al. 10 nouv. de l'art. 78-2 du C. pr. pén. et des vérifications de titres en application de l'al. 2 nouv. de l'art. 67 quater du C. douanes (JO 30 déc.).*

(L. n° 97-396 du 24 avr. 1997) **« Dans une zone comprise entre les frontières terrestres ou le littoral du département de la Guyane et une ligne tracée à vingt kilo-**

mètres en deçà *(L. n° 2003-239 du 18 mars 2003, art. 143)* **« et sur une ligne tracée à cinq kilomètres de part et d'autre, ainsi que sur la route nationale 2 sur le territoire de la commune de Régina », l'identité de toute personne peut être contrôlée, selon les modalités prévues au premier alinéa, en vue de vérifier le respect des obligations de détention, de port et de présentation des titres et documents prévus par la loi. »**

(Abrogé par L. n° 2011-884 du 27 juill. 2011, art. 14) « Pendant cinq ans à compter de la publication de la loi n° 2006-911 du 24 juillet 2006 relative à l'immigration et à l'intégration, » (L. n° 2006-911 du 24 juill. 2006, art. 113) **« L'identité de toute personne peut également être contrôlée, selon les modalités prévues au premier alinéa du présent article, en vue de vérifier le respect des obligations de détention, de port et de présentation des titres et documents prévus par la loi :**

« 1° En Guadeloupe, dans une zone comprise entre le littoral et une ligne tracée à un kilomètre en deçà, ainsi que *(L. n° 2017-256 du 28 févr. 2017, art. 109)* **« sur le territoire des communes que traversent les routes nationales 1, 2, 4, 5, 6, 9, 10 et 11 » ;**

« 2° A Mayotte *(L. n° 2018-778 du 10 sept. 2018, art. 68 et 71, en vigueur au plus tard le 1er janv. 2019)* **« sur l'ensemble du territoire ; »**

(Ord. n° 2009-536 du 14 mai 2009, art. 22) **« 3° A Saint-Martin, dans une zone comprise entre le littoral et une ligne tracée à un kilomètre en deçà ;**

« 4° A Saint-Barthélemy, dans une zone comprise entre le littoral et une ligne tracée à un kilomètre en deçà ; »

(L. n° 2016-274 du 7 mars 2016, art. 47) **« 5° En Martinique, dans une zone comprise entre le littoral et une ligne tracée à un kilomètre en deçà, ainsi que dans une zone d'un kilomètre de part et d'autre de la route nationale 1 qui traverse les communes de Sainte-Marie, La Trinité, Le Robert et Le Lamentin, de la route nationale 2 qui traverse les communes de Saint-Pierre, Le Carbet, Le Morne-Rouge, l'Ajoupa-Bouillon et Basse-Pointe, de la route nationale 3 qui traverse les communes de Le Morne-Rouge, l'Ajoupa-Bouillon, Basse-Pointe, Fonds-Saint-Denis et Fort-de-France, de la route nationale 5 qui traverse les communes de Le Lamentin, Ducos, Rivière-Salée, Sainte-Luce, Rivière-Pilote et Le Marin, de la route nationale 6 qui traverse les communes de Ducos, Le Lamentin, Le Robert, Le François et Le Vauclin, Rivière-Salée, Sainte-Luce, Rivière-Pilote et Le Marin et de la route départementale 1 qui traverse les communes de Le Robert, Le François et Le Vauclin. »**

La L. n° 2014-1353 du 13 nov. 2014, art. 25, a abrogé le premier al. de l'art. 32 de la L. n° 2006-64 du 23 janv. 2006 qui prévoyait que son art. 3 serait en vigueur jusqu'au 31 déc. 2008, puis jusqu'au 31 déc. 2012 (L. n° 2008-1245 du 1er déc. 2008).

Décision du Conseil constitutionnel n° 93-323 DC du 5 août 1993

(L. n° 93-992 du 10 août 1993). [...] Sur le septième alinéa de l'article 78-2 du code de procédure pénale.

Considérant que cet alinéa reprend des dispositions déjà en vigueur en vertu desquelles un contrôle d'identité peut être opéré, selon les mêmes modalités que dans les autres cas, pour prévenir une atteinte à l'ordre public, notamment à la sécurité des personnes ou des biens, en ajoutant la précision nouvelle selon laquelle peut être contrôlée l'identité de toute personne « quel que soit son comportement » ;

Considérant que les députés auteurs de la saisine soutiennent que cet ajout, en conduisant à autoriser des contrôles d'identité sans que soient justifiés les motifs de l'opération effectuée, porte une atteinte excessive à la liberté individuelle en la privant de garanties légales ;

Considérant que la prévention d'atteintes à l'ordre public, notamment d'atteintes à la sécurité des personnes ou des biens, est nécessaire à la sauvegarde de principes et de droits ayant valeur constitutionnelle ; que, toutefois, la pratique de contrôles d'identité généralisés et discrétionnaires serait incompatible avec le respect de la liberté individuelle ; que, s'il est loisible au législateur de prévoir que le contrôle d'identité d'une personne peut ne pas être lié à son comportement, il demeure que l'autorité concernée doit justifier, dans tous les cas, des circonstances particulières établissant le risque d'atteinte à l'ordre public qui a motivé le contrôle ; que ce n'est que sous cette réserve d'interprétation que le législateur peut être regardé comme n'ayant pas privé de garanties légales l'existence de libertés constitutionnellement garanties ;

Considérant qu'il appartient aux autorités administratives et judiciaires de veiller au respect intégral de l'ensemble des conditions de forme et de fond posées par le législateur ; qu'en particulier il incombe aux tribunaux compétents de censurer et de réprimer les illégalités qui seraient commises et de pourvoir éventuellement à la réparation de leurs conséquences dommageables ; qu'ainsi il revient à l'autorité judiciaire gardienne de la liberté individuelle de contrôler en particulier les conditions relatives à la légalité, à la réalité et à la pertinence des raisons ayant motivé les opérations de contrôle et de vérification d'identité ; qu'à cette fin il lui appartient d'apprécier, s'il y a lieu, le comportement des personnes concernées ; *[...]*

I. CONTRÔLE DE POLICE JUDICIAIRE

1. Éléments objectifs fondant le contrôle. Pour que les agents de l'autorité aient la faculté de requérir la présentation des documents sous le couvert desquels les étrangers sont autorisés à séjourner en France, il faut que des éléments objectifs déduits de circonstances extérieures à la personne même de l'intéressé soient de nature à faire paraître sa qualité d'étranger ; en l'absence de tels éléments, le contrôle d'identité doit être préalablement effectué sous les conditions et dans les formes prévues par les art. 78-1 s. • Crim. 25 avr. 1985 (2 arrêts), n° 84-92.916 P : *D. 1985. 329, concl. Dontenwille ; JCP 1985. II. 20465, concl. Dontenwille, note Jeandidier ; Gaz. Pal. 1985. 1. 408.*

2. Contrôles justifiés. Est justifié au regard des prescriptions de l'art. 78-2 le contrôle d'identité d'une personne, opéré, sur leur initiative, par des gardiens de la paix en patrouille de service dès lors que leur attention est attirée par le comportement de cette personne qui, avec d'autres, stationne à la nuit tombante pendant plus d'une demi-heure sans raison apparente à proximité d'un parking où sont garés des véhicules automobiles, l'une d'elles s'approchant même des voitures en stationnement, éléments constituant à l'égard de l'intéressée un indice faisant présumer qu'elle se prépare à commettre un vol de voiture ou des vols dans les voitures. • Crim. 13 janv. 1986, n° 84-90.041 P : *RSC 1987. 193, obs. Delmas Saint-Hilaire.*

3. Dès lors qu'ils constatent, sur un chantier de construction non clôturé, des manquements caractérisés aux règles sur la sécurité des travailleurs, les services de police sont en droit de procéder à un contrôle d'identité en application de l'art. 78-2, al. 1er, et, ledit contrôle faisant apparaître des délits flagrants de travail illégal, peuvent agir sur le fondement des art. 53 s. • Crim. 2 mai 2007, n° 07-81.517 P : *AJ pénal 2007. 328, obs. Girault ; Dr. pénal 2007. Comm. 120, obs. Maron.* ♦ Est également justifié le contrôle des policiers alertés par les manœuvres d'un véhicule et le comportement particulièrement suspect de ses occupants susceptibles d'être en lien avec la conduite dangereuse et aussi suspecte de deux véhicules ayant précédemment échappé à leur filature. • Crim. 2 nov. 2016, n° 16-81.539 : *RSC 2016. 800, note Cordier*

4. Est justifié l'arrêt qui, en l'état de constatations et énonciations selon lesquelles les policiers accomplissant une mission de surveillance dans les couloirs du RER, ont procédé au contrôle d'identité et à l'interpellation d'un individu qui déambulait, le regard voilé, dans un état d'ivresse manifeste susceptible de provenir notamment de l'utilisation de produits stupéfiants, caractérise ainsi l'existence d'indices faisant présumer qu'une infraction vient d'être commise. • Crim. 7 avr. 1993 : *Gaz. Pal. 1993. 1. 447.*

5. Selon l'art. 78-2, al. 1er, toute personne peut faire l'objet d'un contrôle d'identité dès lors qu'il existe à son égard un indice faisant présumer notamment qu'elle a commis ou tenté de commettre une infraction, ou qu'elle se prépare à commettre un crime ou un délit ; l'existence de soupçons antérieurs sur le comportement délictueux de l'intéressé n'est pas de nature à faire obstacle au contrôle d'identité. • Crim. 1er févr. 1994, n° 93-82.933 P : *Dr. pénal 1994. Comm. 93, obs. Maron.*

6. Est justifié le contrôle d'identité de police judiciaire de deux personnes de couleur noire effectué à 23 h 30, au lieu indiqué par leur poste central aux policiers qui y ont procédé, alors que le poste central leur avait précisé que deux individus de type africain s'intéressaient, à cet endroit-là, aux véhicules en stationnement. • Versailles, 12 nov. 1996 : *Dr. pénal 1998. Comm. 12, obs. Maron.* ♦ Est justifié le contrôle de l'identité d'un individu signalé par un témoin et dont le comportement ostensible dénonçait manifestement le dealer attendant le client en surveillant sa marchandise dissimulée à proximité. • Grenoble, 12 mars 1997 : *Dr. pénal 1998. Comm. 26, obs. Maron.*

7. Ne viole pas l'art. 78-2 l'ordonnance rendue par un premier président qui rejette l'exception de nullité de la procédure d'interpellation d'un étranger, qui a tenté de se dissimuler à la vue d'un véhicule de police, l'intéressé ayant eu un comportement laissant légitimement croire qu'il était sur le point de commettre ou venait de commettre une infraction. • Civ. 1re, 17 janv. 2006, n° 03-50.097 P.

8. Contrôles injustifiés. Dès lors que les mentions du procès-verbal faisant état du contrôle d'une personne « de type nord-africain » étaient de nature à faire présumer que le contrôle d'identité avait été motivé par l'appartenance ethnique, réelle ou supposée, de la personne contrôlée, en méconnaissance de l'art. 14 Conv. EDH, la cour d'appel a justifié sa décision d'annulation. • Crim. 3 nov. 2016, n° 15-85.548 P : *D. actu. 18 nov. 2016, obs. Benelli-de Bénazé ; Gaz. Pal. 24 janv. 2017, p. 58, note Fourment.*

9. Responsabilité de l'État. La faute lourde résultant d'une déficience caractérisée par un fait ou une série de faits traduisant l'inaptitude du service public de la justice à remplir la mission dont il est investi, au sens de l'art. L. 141-1 du COJ, doit être regardée comme constituée lorsqu'est établi qu'un contrôle d'identité présente un caractère discriminatoire ; tel est le cas, notamment, d'un contrôle d'identité réalisé selon des critères tirés de caractéristiques physiques associés à une origine, réelle ou supposée, sans aucune justification objective préalable. • Civ. 1re, 9 nov. 2016 (13 esp.), n° 15-25.873 P : *D. actu. 10 nov. 2016, obs. Fleuriot ; ibid. 21 nov. 2016, obs. Kilgus ; JCP 2017, n° 126, note Turpin ; AJ pénal 2017. 89, obs. Perrier ; Gaz. Pal. 24 janv. 2017, p. 56, note Fourment.*

10. Palpation de sécurité. La palpation de sécurité opérée sur une personne faisant l'objet d'un contrôle d'identité n'autorise pas l'OPJ à procéder, sans l'assentiment de l'intéressé, à la fouille de sa sacoche, dès lors que cette palpation n'a pas préalablement révélé l'existence d'un indice de la commission d'une infraction flagrante. • Crim. 23 mars 2016, n° 14-87.370 P : *D. actu. 12 avr. 2016, obs. Fucini ; AJ pénal 2016. 397, obs. Andrei ; Procédures 2016, n° 172, note Chavent-Leclère.*

11. Réquisitions du procureur de la République. En l'absence d'inscription de faux, la signature apposée sur des réquisitions est présumée avoir été portée par un magistrat du Parquet habilité à le faire. • Civ. 1re, 25 févr. 2009 : *Procédures 2009, n° 246, obs. Buisson.*

12. Contrôle généralisé. Les réquisitions du procureur de la République ne peuvent viser que des lieux et des périodes de temps déterminés. Ces dispositions ne sauraient, sans méconnaître la liberté d'aller et de venir, autoriser le procureur de la République à retenir des lieux et périodes sans lien avec la recherche des infractions visées dans ses réquisitions. Elles ne sauraient non plus autoriser, en particulier par un cumul de réquisitions portant sur des lieux ou des périodes différents, la pratique de contrôles d'identité généralisés dans le temps ou dans l'espace. • Cons. const. 24 janv. 2017, n° 2016-606 QPC.

13. Des réquisitions portant sur trois opérations successives de contrôle d'identité dans la même zone, pour rechercher des personnes susceptibles de commettre des infractions énumérées dans l'acte, d'une part, le 31 mai 2016, de 12 heures à 24 heures, d'autre part, le 1er juin de 0 heure à 12 heures puis de 12 heures à 24 heures, conduisent à un contrôle unique de trente-six heures, généralisé dans le temps et dans l'espace, et sont dès lors irrégulières. • Civ. 1re, 14 mars 2018, n° 17-14.424 P : *D. actu. 29 mars 2018, obs. Fucini ; Dr. pénal 2018, n° 90, obs. Maron et Haas.*

14. Dénonciation anonyme. Une dénonciation anonyme non corroborée par d'autres éléments d'information ni confortée par des vérifications apportant des éléments précis et concordants ne constitue pas une raison plausible de soupçonner qu'une personne a commis ou tenté de commettre une infraction, permettant à des policiers de procéder à un contrôle d'identité sur le fondement de l'art. 78-2, al. 1er ; il y a donc lieu d'annuler le contrôle d'identité. • Civ. 1re, 31 mai 2005 : *D. 2005. IR 1657 ; JCP 2005. IV. 2619.*

II. CONTRÔLE DE POLICE ADMINISTRATIVE

15. Encourt la cassation l'arrêt qui déclare irrégulier un contrôle administratif d'identité effectué sur le fondement de l'art. 78-2, al. 3 par des fonctionnaires de police dont le procès-verbal, se référant aux instructions données selon lesquelles de nombreux délits étaient commis dans le quartier considéré, constate que la personne interpellée a tenté de faire demi-tour en accélérant le pas, à la vue du véhicule de police. • Crim. 23 mai 1995, n° 94-83.887 P : *JCP 1997. I. 3998, chron. Maron ; Dr. pénal 1995. Comm. 207 ; Procédures 1995. Comm. 274, obs. Buisson.* ♦ Comp. : • Paris, 12 déc. 1991 : *D. 1992. 155, note Mayer .* ♦ ... Ou sans rechercher si la nature et le nombre de ces infractions ne caractérisaient pas le risque d'atteinte à l'ordre public, notamment à la sécurité des personnes ou des biens. • Crim. 10 oct. 1996, n° 96-83.079 P : *D. 1997. Somm. 145, obs. Pradel ; RSC 1997. 148, obs. Dintilhac ; JCP 1997. I. 3998, chron. Maron ; Procédures 1997. Comm. 42, obs. Buisson ; Dr. pénal 1997. Comm. 14, note Maron.* ♦ En vertu des dispositions de l'art. 78-2, al. 3, l'identité de toute personne peut être contrôlée pour prévenir une atteinte à l'ordre public, notamment à la sécurité des personnes et des biens, quel que soit le comportement de la personne contrôlée, même si celui-ci n'a aucun lien avec des infractions précédemment relevées dans le secteur du contrôle. • Civ. 2e, 26 avr. 2001, n° 99-50.038 P : *D. 2001. IR 1670 .* ♦ La cour de cassation approuve l'annulation d'une procédure d'interpellation d'un étranger, jugeant manifestement déloyales les conditions du contrôle d'identité administratif. L'opération de contrôle d'identité d'une durée de douze heures avait été artificiellement scindée en deux, de sorte que l'avocat de l'étranger était dans l'incapacité de contrôler effectivement la régularité de la procédure et l'étranger privé de son droit à une procédure équitable. • Civ. 1re, 3 févr. 2010 : *D. 2010. Pan. 2874, obs. Parrot .*

16. Contrôle dans une gare. En vertu des dispositions de l'art. 78-2, al. 4, et nonobstant la décision du Conseil constitutionnel du 5 août 1993, dans une gare ouverte au trafic international, l'identité de toute personne peut être contrôlée sans que l'autorité administrative qui effectue le contrôle ait à justifier d'un risque d'atteinte à l'ordre public. • Civ. 2e, 23 mai 2001, n° 00-50.045 P : *D. 2001. IR 1925 ; D. 2002. 992, note Cornut*.

17. Justifie sa décision la cour d'appel qui, pour constater l'irrégularité d'un contrôle d'identité, retient que le procès-verbal se borne à une référence abstraite à « de nombreuses infractions » commises sur le lieu de l'interpellation, sans invoquer quelque circonstance particulière pouvant établir la réalité d'un risque sérieux et actuel d'une atteinte à l'ordre public. • Crim. 17 déc. 1996, n° 96-82.829 P : *RSC 1997. 401, obs. Dintilhac ; Procédures 1997. Comm. 94, obs. Buisson* • 12 mai 1999, n° 99-81.153 P : *Dr. pénal 1999. Comm. 134, obs. Maron ; Procédures 1999. Comm. 279, obs. Buisson.*

18. Cassation, pour violation de l'art. 78-2, al. 2, de l'arrêt qui, par un seul motif d'ordre général et sans se référer à aucun élément de la procédure, décide que le contrôle d'identité d'un étranger dans une station de métro est régulier, alors que les juges n'ont pas précisé en quoi la sûreté des personnes et des biens était immédiatement menacée lors du contrôle. • Crim. 4 oct. 1984, n° 83-94.341 P : *D. 1985. 54, concl. Dontenwille, note Roujou de Boubée ; JCP 1985. II. 20391, note Buisson.* ♦ Rappr. : • Crim. 10 nov. 1992 : *D. 1993. 36, note Mayer*.

19. Viole les art. 78-2 et 35 *bis* de l'ordonnance du 2 nov. 1945 le premier président qui rejette une exception de nullité de la procédure d'interpellation d'un étranger en retenant que les indications du procès-verbal suffisent à justifier le contrôle d'identité d'une personne au comportement étrange lors de l'exercice d'une mission de surveillance sur une ligne de transport en commun où les attentats et agressions sont fréquents de jour et de nuit, alors que ce procès-verbal indiquait seulement que les policiers effectuaient une mission de sécurisation sur une ligne d'autobus, qu'ils recherchaient des objets suspects et qu'à leur vue, cette personne avait tenté de descendre de l'autobus, et alors qu'il ne résultait pas de ces énonciations des éléments suffisants pour caractériser une menace à l'ordre public justifiant un contrôle d'identité. • Civ. 2e, 4 mars 1999, n° 97-50.086 P.

20. Les motifs justifiant le contrôle d'identité du prévenu sont réels, pertinents et fondés sur des constatations objectives suffisamment précises dès lors que les policiers, après avoir rappelé qu'une gare est un des terrains d'action privilégiés des voleurs à la tire, ont constaté que le prévenu déambulait dans la gare, et regardait longuement et avec insistance les sacs à main des personnes qu'il croisait. La rédaction de l'al. 3 de l'art. 78-2 permet le contrôle de toute personne, quel que soit son comportement, pour prévenir une atteinte à l'ordre public. En l'espèce, les policiers étaient fondés à agir sur ce texte, les circonstances rappelées ci-dessus laissant apparaître l'imminence d'un tel trouble. • Lyon, 19 avr. 1994 : *JCP 1994. II. 22414, note Blanc.*

21. A la suite des attentats terroristes perpétrés à l'automne 1986, le comité de gestion d'une cité administrative de l'État a décidé de subordonner l'accès du public à la présentation d'une pièce d'identité, en vue de permettre au service de sécurité intérieur de connaître l'objet de la visite et d'en conserver une trace. Dès lors que cette mesure ne s'est pas accompagnée d'une vérification de la réalité de l'identité ou de la validité du titre présenté, elle n'a pas constitué un contrôle d'identité au sens de l'art. 78-2. Elle ne peut, par suite, être utilement critiquée par des moyens tirés de la violation des dispositions de ce texte. • TA Lyon, 22 nov. 1990 : *JCP 1991. IV. 246.*

22. Sur la possibilité d'invoquer la nullité d'un contrôle d'identité devant le juge des référés : • TGI Nanterre, 12 févr. 1996 : *D. 1996. 343, note Mayer*. ♦ Comp. : • Civ. 2e, 28 juin 1995 : *LPA 6 oct. 1995, note Spitz* • 4 févr. 1998 : *D. 1998. IR 67*.

23. Voie de fait. La police des frontières est habilitée à procéder à la rétention du passeport d'une personne pour laquelle il existe des raisons sérieuses de penser qu'elle usurpe la qualité de Français, le temps strictement nécessaire au contrôle de son identité et de sa nationalité, mais s'il n'y a pas engagement de poursuites pénales relatives à ce document, sa rétention au-delà de la durée nécessaire aux contrôles mentionnés constitue une voie de fait. • T. confl., 19 nov. 2001, n° 01-03.272 P : *Dr. pénal 2002. Comm. 62, obs. Maron.*

24. Plan « Vigipirate ». La référence abstraite au plan Vigipirate et à l'état d'urgence ne permet pas, à elle seule, de justifier un contrôle d'identité en l'absence de circonstances particulières constitutives d'un risque d'atteinte à l'ordre public. • Civ. 1re, 13 sept. 2017, n° 16-22.967 P : *AJ pénal 493, note Le Drévo.*

III. CONTRÔLE « SCHENGEN »

25. Les dispositions de l'art. 78-2, al. 4, ne sauraient permettre d'éluder les conditions de fond et de forme applicables aux autres types de contrôle d'identité prévus par le même article, en ses al. 1 à 3, lorsque les opérations ne sont pas destinées à vérifier le respect des obligations de détention, de port et de présentation des titres et documents prévus par la loi mais relèvent, par leur objet, d'une autre catégorie légalement définie de contrôle. • Crim. 3 mai 2007, n° 07-81.331 P : *RSC 2008. 642, obs. Buisson ; AJ pénal 2007. 329, obs. Girault ; RSC 2007. 840, obs.*

Finielz ; *Dr. pénal 2007. Comm. 120, obs. Maron ; Procédures 2007. Comm. n° 265, obs. Buisson.* ♦ Le contrôle d'identité opéré pour la prévention et la recherche des infractions liées à la criminalité transfrontalière est indépendant du recueil d'éléments objectifs extérieurs à la personne de l'étranger. • Crim. 8 févr. 2017, n° 16-81.323 P : *D. actu. 3 mars 2017, obs. Goetz.*

26. Contrôle de la régularité. Le contrôle prévu à l'art. 78-2, al. 9, qui s'applique à toute personne se trouvant dans une zone accessible au public de gares ouvertes au trafic international et désignées par arrêté est soumis à des conditions, autres que celles relatives au lieu du contrôle, au respect desquelles le juge judiciaire doit veiller ; à cette fin, il appartient au ministère public de produire le procès-verbal de contrôle de la personne poursuivie. • Crim. 8 mars 2017, n° 15-86.160 P.

27. Constitue un contrôle unique l'enchaînement de quatre contrôles d'identité ordonnés par le procureur de la République et d'un contrôle intervenu sur instruction administrative pour une durée totale de neuf heures. Les juges du fond peuvent dès lors en déduire, sans avoir à rechercher si le délai de six heures consécutives était dépassé, qu'un tel enchaînement, qui n'avait pas été porté à la connaissance du procureur de la République, n'avait pas respecté les critères déterminés par la loi pour limiter dans la durée et encadrer objectivement et efficacement le recours à de tels contrôles. • Civ. 1re, 9 juill. 2014 : *AJ pénal 2014. 479, obs. Chassang* .

28. Systématicité. Est régulier le contrôle réalisé pour la prévention et la recherche des infractions liées à la criminalité transfrontalière, circonscrit à la partie d'une gare où circulait un train utilisé par des filières d'immigration irrégulière, pendant une durée n'excédant pas six heures, le caractère ciblé, dans le temps et l'espace, suffisant à garantir le caractère non systématique des opérations. • Civ. 1re, 25 mai 2016, n° 15-50.063 P : *D. actu. 9 juin 2016, obs. de Gaudemont.*

29. Jurisprudence de la Cour de justice de l'Union européenne. L'art. 67, § 2, TFUE, ainsi que les art. 20 et 21 du Règl. (CE) n° 562/2006 du Parlement européen et du Conseil, du 15 mars 2006, établissant un code communautaire relatif au régime de franchissement des frontières par les personnes (code frontières Schengen), s'opposent à une législation nationale conférant aux autorités de police de l'État membre concerné la compétence de contrôler, uniquement dans une zone de 20 km à partir de la frontière terrestre de cet État avec les États parties à la convention d'application de l'accord de Schengen, du 14 juin 1985, relatif à la suppression graduelle des frontières communes, signée à Schengen (Luxembourg) le 19 juin 1990, l'identité de toute personne, indépendamment du comportement de celle-ci et de circonstances particulières établissant un risque d'atteinte à l'ordre public, en vue de vérifier le respect des obligations de détention, de port et de présentation des titres et des documents prévues par la loi, sans prévoir l'encadrement nécessaire de cette compétence garantissant que l'exercice pratique de ladite compétence ne puisse pas revêtir un effet équivalent à celui des vérifications aux frontières. • CJUE, gr. ch., 22 juin 2010, nos C-188/10 et C-189/10 : *D. 2010. 1254, note Levade* ; *ibid. 1336, note Sargos* ; *Dr. pénal 2010, n° 77, note Maron et Haas.*

30. En vertu de la décision de la Cour de justice de l'Union européenne du 22 juin 2010, l'art. 78-2, al. 4, dans sa rédaction antérieure à celle issue de la L. n° 2011-267 du 14 mars 2011, n'étant assorti d'aucune disposition prévoyant l'encadrement nécessaire de la compétence des autorités de police, ne peut fonder la régularité de la procédure par laquelle un juge a ordonné la prolongation de la rétention d'un étranger, en situation irrégulière en France dont l'identité a été contrôlée dans une zone accessible au public d'une gare ferroviaire ouverte au trafic international. • Civ. 1re, 18 mai 2011 : *D. 2011. Actu. 1490* .

31. En vertu de la décision de la Cour de justice de l'Union européenne du 22 juin 2010, laquelle ne distingue pas selon que le contrôle d'identité effectué dans la bande des vingt kilomètres a été ou non réalisé dans l'enceinte d'un aéroport ou d'une gare ferroviaire ouverts au trafic international, la cour d'appel refuse de considérer le contrôle d'identité dans une gare comme un cas d'exception à l'application de la décision précitée. • Douai, 10 sept. 2010 : *AJ pénal 2010. 507, obs. Vlamynck* .

32. Sont irréguliers les contrôles « Schengen » opérés sur le fondement de l'art. 78-2, al. 4, lesquels présentent un effet équivalent à celui des vérifications aux frontières prohibées par l'art. 21, a), du Règl. CE n° 562/2006 du 15 mars 2006 établissant un code communautaire relatif au régime du franchissement des frontières par les personnes. • Civ. 1re, 23 févr. 2011 : *D. actu. 11 mars 2011, obs. Girault ; D. 2011. Actu. 755, obs. Girault* .

Arrêté du 13 juillet 2004,

Pris en application des articles 10, 81 et 85 de la loi n° 2003-1119 du 26 novembre 2003 relative à la maîtrise de l'immigration, au séjour des étrangers en France et à la nationalité.

Art. 1er Les péages autoroutiers, situés au-delà d'une bande de 20 kilomètres le long de la frontière terrestre de la France avec les autres États parties à la Convention de Schengen du 19 juin 1990, jusqu'où peuvent être mis en œuvre les contrôles prévus par les articles 8-2 de l'ordonnance du 2 novembre 1945 susvisée *[CESEDA, art. L. 812-3]*, 78-2 du code de procédure pénale et 67 *quater* du code des douanes, sont les suivants :
Péage d'Herquelinques (Pas-de-Calais) sur l'A 16/E 40 ;
Péage de Fresnes-lès-Montauban (Pas-de-Calais) sur l'A 1/E 17 ;
Péage de Thun-l'Évêque (Nord) sur l'A 2/E 19 ;
Péage de Cluses (Haute-Savoie) sur l'A 40 ;
Péage de Sainte-Hélène (Savoie) sur l'A 430 ;
Péage de Beaumont (Meurthe-et-Moselle) sur l'A 4 ;
Péage de Schwindratzheim (Bas-Rhin) sur l'A 4 ;
Péage de Gye (Meurthe-et-Moselle) sur l'A 31 ;
Péage de Belfort-Fontaine (territoire de Belfort) sur l'A 36.

Arrêté du 22 mars 2012,

Relatif aux contrôles de titres et aux contrôles d'identité effectués dans les ports, aéroports et gares ferroviaires et routières ouverts à la circulation internationale et dans les trains assurant une liaison internationale.

Art. 1er Les ports, aéroports et gares ferroviaires et routières dont les zones accessibles au public peuvent donner lieu à l'application du huitième alinéa de l'article 78-2 du code de procédure pénale et de l'article 67 *quater* du code des douanes sont désignés à l'annexe I du présent arrêté.

Art. 2 Les lignes ferroviaires internationales pouvant donner lieu à l'application du huitième alinéa de l'article 78-2 du code de procédure pénale et de l'article 67 *quater* du code des douanes sont désignées à l'annexe II du présent arrêté.

La même annexe désigne, sur chacune de ces lignes, les arrêts au-delà desquels le contrôle peut être effectué.

Art. 3 Sont abrogés :

— l'arrêté du 5 novembre 2008 désignant les ports, aéroports et gares ferroviaires et routières ouverts au trafic international dont les zones accessibles au public peuvent donner lieu à l'application de l'article 78-2 du code de procédure pénale et de l'article 67 *quater* du code des douanes ;

— l'arrêté du 26 avril 2006 désignant les arrêts sur les liaisons ferroviaires internationales pouvant donner lieu à l'application de l'article 78-2 du code de procédure pénale.

ANNEXE I

PORTS, AÉROPORTS, GARES ROUTIÈRES ET FERROVIAIRES POUVANT DONNER LIEU À L'APPLICATION DE L'ALINÉA 8 DE L'ARTICLE 78-2 DU CODE DE PROCÉDURE PÉNALE ET DE L'ARTICLE 67 *QUATER* DU CODE DES DOUANES

Ports

Alpes-Maritimes

Antibes, Beaulieu, Cagnes-sur-Mer, Cannes-Vieux Port, Golfe-Juan, Juan-les-Pins, Mandelieu, marina de la Baie-des-Anges, Menton, Nice, Saint-Jean-Cap-Ferrat, Saint-Laurent-du-Var, Théoule-sur-Mer, Villefranche, Villeneuve-Loubet.

Aude

Port-la-Nouvelle.

Bouches-du-Rhône

Arles, Carry-le-Rouet, Cassis, La Ciotat, Fos-sur-Mer, Lavéra, Marseille, Martigues, Port-de-Bouc, Port-Saint-Louis-du-Rhône, Sausset-les-Pins, Saintes-Maries-de-la-Mer.

Calvados

Caen, Honfleur, Ouistreham, Port-en-Bessin.

Charente-Maritime

La Rochelle-Vieux Port, La Rochelle-La Pallice, La Rochelle-Les Minimes, Rochefort-sur-Mer, Royan, Tonnay-Charente.

Corse-du-Sud

Ajaccio, Bonifacio, Porto-Vecchio, Propriano.

Haute-Corse

Bastia, Bastia-Vieux Port, Bastia-Toga, Calvi, L'Île-Rousse, Macinaggio, Saint-Florent.

Côtes-d'Armor

Le Légué, Saint-Quay-Portrieux, Le Guildo, Saint-Brieuc, Tréguier.

Finistère

Brest, Concarneau, Roscoff.

Gard

Le Grau-du-Roi, Port-Camargue.

Gironde

Ambès, Arcachon, Blaye, Bordeaux, Pauillac, Verdon.

Hérault

Agde, Le Cap-d'Agde, La Grande-Motte, Palavas, Sète, Valras.

Ille-et-Vilaine

Saint-Malo.

Loire-Atlantique

La Barre-de-Monts – Fromentine, Le Croisic, Nantes – Saint-Nazaire, Pornic, La Turballe.

Manche

Carteret, Cherbourg, Granville, Portbail, Dielette.

Morbihan

Lorient, Vannes.

Nord

Dunkerque.

Pas-de-Calais

Boulogne-sur-Mer, Calais.

Pyrénées-Atlantiques

Anglet, Bayonne, Biarritz, Ciboure, Hendaye, Saint-Jean-de-Luz.

Pyrénées-Orientales

Port-Vendres.

Bas-Rhin

Strasbourg.

Rhône

Lyon (port Édouard-Herriot).

Seine-Maritime

Antifer, Dieppe, Fécamp, Le Havre, Port-Jérôme, Rouen, Le Tréport.

Yvelines

Limay.

Var

Bandol, Bormes-les-Mimosas, Brégaillon, Cavalaire, Embiez, Hyères, Le Lavandou, Les Marines-de-Cogolin, Porquerolles, Port-Grimaud, Saint-Cyr, Saint-Mandrier, Sainte-Maxime, Saint-Raphaël, Saint-Tropez, Toulon.

Vendée

Noirmoutier, Les Sables-d'Olonne, Saint-Gilles-Croix-de-Vie.

Hauts-de-Seine

Gennevilliers.

Aéroports

Allier

Vichy-Charmeil.

Hautes-Alpes

Gap-Tallard.

Alpes-Maritimes

Nice-Côte d'Azur, Cannes-Mandelieu.

Ardennes

Charleville-Mézières.

Aube

Troyes-Barberey.

Aude

Carcassonne-Salvaza.

Aveyron

Rodez-Marcillac.

Bouches-du-Rhône

Marseille-Provence.

Calvados

Caen-Carpiquet, Deauville – Saint-Gatien.

Charente

Angoulême-Brie-Champniers.

Charente-Maritime

La Rochelle-Île de Ré.

Cher

Bourges.

Corrèze

Brive-Souillac.

Corse-du-Sud

Ajaccio – Campo-del-Oro, Figari – Sud-Corse.

Haute-Corse

Bastia – Poretta, Calvi – Sainte-Catherine.

Côte-d'Or

Dijon-Longvic.

Côtes-d'Armor

Lannion, Saint-Brieuc – Armor.

Dordogne

Bergerac-Roumanière, Périgueux-Bassilac.

Doubs

Besançon-La Vèze, Montbéliard-Courcelles, Pontarlier.

Drôme

Valence-Chabeuil.

Finistère

Brest, Morlaix-Ploujean, Quimper-Cornouaille.

Gard

Nîmes-Arles-Camargue.

Haute-Garonne

Toulouse-Blagnac.

Gironde

Bordeaux-Mérignac.

Hérault

Béziers – Cap-d'Agde, Montpellier-Méditerranée.

Ille-et-Vilaine

Dinard-Pleurtuit – Saint-Malo, Rennes – Saint-Jacques.

Indre

Châteauroux-Déols.

Indre-et-Loire

Tours-Val de Loire.

Isère

Grenoble – Saint-Geoirs, Grenoble-Le Versoud.

Jura

Dole-Tavaux.

Loir-et-Cher

Blois-Le Breuil.

Loire

Roanne-Renaison, Saint-Étienne – Bouthéon.

Loire-Atlantique

La Baule-Escoublac, L'Île-d'Yeu, Nantes-Atlantique, Saint-Nazaire – Montoir.

Loiret

Orléans – Saint-Denis-de-l'Hôtel.

Lot

Cahors-Lalbenque.

Lot-et-Garonne

Agen-La Garenne.

Maine-et-Loire

Angers-Marcé.

Manche

Cherbourg-Maupertus, Granville-Bréville.

Marne

Châlons-Vatry, Reims-Champagne.

Mayenne

Laval-Entrammes.

Meurthe-et-Moselle

Nancy-Essey.

Morbihan

Vannes-Meucon, Lorient – Lann-Bihoué.

Moselle

Metz-Nancy-Lorraine.

Nièvre

Nevers-Fourchambault.

Nord

Lille-Lesquin, Valenciennes-Denain.

Oise

Beauvais-Tillé.

Pas-de-Calais

Le Touquet-Côte d'Opale, Calais-Dunkerque.

Puy-de-Dôme

Clermont-Ferrand – Auvergne.

Pyrénées-Atlantiques

Biarritz-Anglet-Bayonne, Pau-Pyrénées.

Hautes-Pyrénées

Tarbes-Lourdes-Pyrénées.

Pyrénées-Orientales

Perpignan-Rivesaltes.

Bas-Rhin

Strasbourg-Entzheim.

Haut-Rhin

Bâle-Mulhouse, Colmar-Houssen.

Rhône

Lyon – Saint-Exupéry, Lyon-Bron.

Haute-Saône

Vesoul-Frotey.

Saône-et-Loire

Saint-Yan.

Sarthe

Le Mans-Arnage.

Savoie

Courchevel, Chambéry – Aix-les-Bains.

Haute-Savoie

Annecy – Haute-Savoie, Annemasse, Megève.

Seine-Maritime

Dieppe – Saint-Aubin, Le Havre-Octeville, Rouen-Vallée de Seine.

Seine-et-Marne

Meaux, Lognes.

Yvelines

Toussus-le-Noble.

Somme

Abbeville, Amiens-Glisy, Albert-Méaulte.

Tarn

Albi-Le Séquestre, Castres-Mazamet.

Var

La Môle-golfe de Saint-Tropez, Le Castellet, Toulon-Hyères.

Vaucluse

Avignon.

Vienne

Poitiers-Biard-Futuroscope.

Haute-Vienne

Limoges-Bellegarde.

Vosges

Épinal-Mirecourt.

Yonne

Auxerre-Branches.

Hauts-de-Seine

Paris – Issy-les-Moulineaux.

Seine-Saint-Denis

Paris-Le Bourget, Paris-Charles-de-Gaulle.

Val-de-Marne

Paris-Orly.

Val-d'Oise

Pontoise – Cormeilles-en-Vexin.

Gares ferroviaires

Ain

Bellegarde-sur-Valserine, Bourg-en-Bresse, Culoz.

Alpes-Maritimes

Antibes, Breil-sur-Roya, Cannes, Mandelieu-la-Napoule, Menton, Menton-Garavan, Nice, Nice-Riquier, Tende-Frontière, Viévola.

Ardennes

Charleville-Mézières.

Ariège

Foix.

Aude

Narbonne.

Bouches-du-Rhône

Marseille – Saint-Charles, Aix-en-Provence TGV.

Charente

Angoulême.

Côte-d'Or

Dijon.

Doubs

Besançon, Frasne, Pontarlier.

Drôme

Valence-ville, Valence TGV.

(Arr. du 8 oct. 2021) « Gard

« Nîmes, Nîmes Pont-du-Gard. »

Haute-Garonne

Saint-Gaudens, Toulouse.

Gironde

Bordeaux.

Hérault

Béziers, Montpellier, Sète.

Landes

Dax.

Lot-et-Garonne

Agen.

Marne

Bezannes Champagne-Ardennes TGV.

Haute-Marne

Culmont-Chalindrey.

Meurthe-et-Moselle

Longwy, Nancy, Pont-à-Mousson, Pagny-sur-Moselle.

Meuse

Trois-Domaines – Meuse – TGV.

Moselle

Forbach, Louvigny-Lorraine-TGV, Metz, Lorraine-TGV, Thionville.

Nord

Aulnoye, Baisieux, Jeumont, Lille-Europe, Lille-Flandre, Tourcoing.

Pas-de-Calais

Calais-Ville, Calais-Fréthun, Coquelles.

Pyrénées-Atlantiques

Bayonne, Biarritz, Hendaye, Orthez, Pau, Saint-Jean-de-Luz.

Hautes-Pyrénées

Tarbes, Lourdes.

Pyrénées-Orientales

Cerbère, La-Tour-de-Carol, Perpignan.

Bas-Rhin

Strasbourg.

Haut-Rhin

Colmar, Mulhouse, Saint-Louis.

Rhône

Lyon-Part-Dieu, Lyon-Perrache, Lyon-Saint-Exupéry-TGV.

Savoie

Bourg-Saint-Maurice, Chambéry, Modane, Moutiers-Salins-Brides, Saint-Jean-de-Maurienne, Aix-les-Bains.

Haute-Savoie

Annecy, Annemasse, Vallorcine.

Paris

Austerlitz, Bercy, gare de l'Est, gare de Lyon, Montparnasse, gare du Nord, Saint-Lazare.

Seine-et-Marne

Marne-la-Vallée – Chessy.

Somme

TGV – Haute-Picardie.

Var

Toulon, Saint-Raphaël.

Vaucluse

Avignon-centre, Avignon-TGV.

Vienne

Poitiers.

Haute-Vienne

Limoges.

Territoire de Belfort

Belfort.

Essonne

Massy-TGV.

Seine-Saint-Denis

Aéroport – Charles-de-Gaulle TGV.

Gares routières

Ain

Bellegarde-sur-Valserine, Divonnes-les-Bains.

Allier

Vichy.

Alpes-Maritimes

Nice.

Aude

Narbonne.

Bouches-du-Rhône

Aix-en-Provence, Marseille – Saint-Charles.

Charente-Maritime

La Rochelle.

Côte-d'Or

Dijon.

Drôme

Valence.

Gard

Nîmes.

Haute-Garonne

Toulouse.

Hérault

Montpellier.

Ille-et-Vilaine

Rennes.

Indre-et-Loire

Tours.

Isère

Grenoble.

Loire-Atlantique

Nantes.

Loiret

Orléans.

Maine-et-Loire

Angers.

Marne

Reims.

Meurthe-et-Moselle

Nancy.

Moselle

Metz.

Nord

Dunkerque.

Pyrénées-Atlantiques

Pau, Oloron.

Pyrénées-Orientales

Perpignan.

Rhône

Lyon-Perrache.

Haute-Saône

Vesoul.

Saône-et-Loire

Chalon-sur-Saône.

Savoie

Chambéry.

Haute-Savoie

Annecy, Annemasse.

Paris

Paris-Porte de Charenton.

Somme

Amiens.

Var

Toulon.

Vaucluse

Avignon.

Seine-Saint-Denis

Bagnolet-Paris.

ANNEXE II

LIGNES FERROVIAIRES INTERNATIONALES POUVANT DONNER LIEU À L'APPLICATION DE L'ALINÉA 8 DE L'ARTICLE 78-2 DU CODE DE PROCÉDURE PÉNALE ET DE L'ARTICLE 67 *QUATER* DU CODE DES DOUANES ET ARRÊTS AU-DELÀ DESQUELS LE CONTRÔLE PEUT ÊTRE EFFECTUÉ

Lignes ferroviaires effectuant une liaison internationale

Liaisons franco-allemandes

Ligne ferroviaire à grande vitesse entre Sarrebruck (Allemagne) et Paris : gare de Forbach (Moselle) ou Paris-gare de l'Est selon le premier arrêt du train.

Ligne ferroviaire entre Sarrebruck (Allemagne) et Cerbère (Pyrénées-Orientales) : gare de Mâcon-ville (Saône-et-Loire).

Ligne ferroviaire à grande vitesse entre Karlsruhe (Allemagne) et Paris ou Marseille (Bouches-du-Rhône) : gare de Strasbourg (Bas-Rhin).

Liaisons franco-belges

Ligne ferroviaire à grande vitesse entre Bruxelles (Belgique) et Paris : Paris-gare du Nord.

Ligne ferroviaire à grande vitesse entre Bruxelles (Belgique) et Lille (Nord) : gare de Lille-Europe (Nord).

Lignes ferroviaires à grande vitesse entre Bruxelles (Belgique) et Marseille (Bouches-du-Rhône) ou Toulon (Var) ou Perpignan (Pyrénées-Orientales) ou Toulouse (Haute-Garonne) : gare de Lille-Europe (Nord).

Lignes ferroviaires à grande vitesse entre Bruxelles (Belgique) et Bordeaux (Gironde) ou Marne-la-Vallée (Seine-et-Marne) ou Nice (Alpes-Maritimes) : gare Aéroport Charles-de-Gaulle TGV (Val-d'Oise).

Liaisons franco-espagnoles

Ligne ferroviaire entre Port-Bou (Espagne) et Montpellier (Hérault) ou Paris ou Milan (Italie) ou Zürich (Suisse) : gare de Cerbère (Pyrénées-Orientales).

Ligne ferroviaire entre Irun (Espagne) et Paris : gare d'Hendaye (Pyrénées-Atlantiques).

Ligne ferroviaire à grande vitesse entre Barcelone (Espagne) ou Figueras (Espagne) et Perpignan (Pyrénées-Orientales) : gare de Perpignan (Pyrénées-Orientales).

Liaisons franco-italiennes

Ligne ferroviaire entre Bardonecchia (Italie) et Lyon (Rhône) ou Paris ou Barcelone (Espagne) : gare de Modane (Savoie).

Ligne ferroviaire entre Vintimille (Italie) et Nice (Alpes-Maritimes) : gare de Menton (Alpes-Maritimes).

Ligne ferroviaire entre Turin (Italie) et Chambéry (Savoie) ou Lyon (Rhône) : gare de Modane (Savoie).

Liaisons franco-luxembourgeoises

Ligne ferroviaire entre Luxembourg (Grand-Duché de Luxembourg) et Paris ou Zürich (Suisse) ou Bâle (Suisse) ou Chur (Suisse) ou Port-Bou (Espagne) : gare de Thionville (Moselle).

Liaisons franco-suisses

Ligne ferroviaire entre Vallorbe (Suisse) et Paris : gares de Frasne (Doubs) ou Dole (Jura) ou Dijon (Côte-d'Or) selon le premier arrêt du train.

Ligne ferroviaire entre Genève (Suisse) et Nice (Alpes-Maritimes) ou Marseille (Bouches-du-Rhône) ou Montpellier (Hérault) ou Modane (Savoie) : gare de Bellegarde (Ain).

Ligne ferroviaire entre Genève (Suisse) et Irun (Espagne) ou Cerbère (Pyrénées-Orientales) : gares de Lyon (Rhône) ou Valence (Drôme) selon le premier arrêt du train.

Ligne ferroviaire entre Genève (Suisse) et Paris : gare de Bourg-en-Bresse (Ain).

Ligne ferroviaire entre Bâle (Suisse) et Bruxelles (Belgique) : gare de Saint-Louis (Haut-Rhin).

Ligne ferroviaire entre Bâle (Suisse) et Paris : gare de Mulhouse (Haut-Rhin).

Lignes ferroviaires effectuant une liaison internationale et qui présentent des caractéristiques particulières de desserte

Liaisons franco-allemandes

Ligne ferroviaire entre Kehl (Allemagne) et Strasbourg (Bas-Rhin) : gares de Krimmeri-Meinau (Bas-Rhin) ou Strasbourg.

Ligne ferroviaire entre Müllheim (Allemagne) et Mulhouse (Haut-Rhin) : gares de Chalampé (Haut-Rhin) ou Mulhouse, selon les arrêts et le terminus du train.

Ligne ferroviaire entre Sarrebruck (Allemagne) et Metz (Moselle) : gare de Forbach (Moselle).

Ligne entre Sarrebruck (Allemagne) et Strasbourg (Bas-Rhin) : gare de Sarreguemines (Moselle).

Ligne ferroviaire entre Perl (Allemagne) et Apach (Moselle) : gare de Apach.

Ligne ferroviaire entre Winden (Allemagne) et Wissembourg (Bas-Rhin) : gare de Wissembourg.

Ligne ferroviaire entre Berg (Allemagne) et Lauterbourg (Bas-Rhin) : gare de Lauterbourg.

Liaisons franco-belges

Ligne ferroviaire entre Mouscron (Belgique) et Lille (Nord) : gares de Tourcoing (Nord) ou Lille-Flandres (Nord), selon les arrêts et le terminus du train.

Ligne ferroviaire entre Tournai (Belgique) ou Froyennes (Belgique) et Lille (Nord) ou Ascq (Nord) : gares de Baisieux (Nord) ou Lille-Flandres (Nord).

Liaisons franco-italiennes

Ligne ferroviaire entre Cuneo (Italie) et Nice (Alpes-Maritimes) : gare de Tende (Alpes-Maritimes).

Ligne ferroviaire entre Vintimille (Italie) et Grasse (Alpes-Maritimes) ou Cannes (Alpes-Maritimes) ou Mandelieu (Alpes-Maritimes) : gare de Menton (Alpes-Maritimes).

Liaisons franco-luxembourgeoises

Ligne ferroviaire entre Luxembourg (Grand-Duché de Luxembourg) et Metz (Moselle) via Bettembourg (Grand-Duché de Luxembourg) : gare de Hettange-Grande (Moselle).

Ligne ferroviaire entre Rodange (Grand-Duché de Luxembourg) et Longwy (Moselle) : gare de Longwy.

Liaisons franco-suisses

Ligne ferroviaire entre Bâle (Suisse) et Mulhouse (Haut-Rhin) ou Strasbourg (Bas-Rhin) : gare de Saint-Louis (Haut-Rhin).

Ligne ferroviaire entre le Locle-Col-des-Roches (Suisse) et Besançon (Doubs) : gare de Morteau (Doubs).

Ligne ferroviaire entre Delle (Suisse) et Belfort (Territoire de Belfort) : gare de Belfort.

Ligne ferroviaire entre les Verrières (Suisse) et Frasne (Doubs) : gare de Pontarlier (Doubs).

Ligne ferroviaire entre Russin (Suisse) et Bellegarde (Ain) : gare de la Plaine (Ain).

Ligne ferroviaire entre Genève (Suisse) et Valence (Drôme) ou Lyon (Rhône) ou Chambéry (Savoie) : gare de Bellegarde (Ain).

Ligne ferroviaire entre Genève-Eaux-Vives (Suisse) et Annemasse (Haute-Savoie) ou La Roche-sur-Foron (Haute-Savoie) ou Annecy (Haute-Savoie) ou Saint-Gervais-les-Bains (Haute-Savoie) : gare d'Ambilly (Haute-Savoie) selon les arrêts et le terminus du train.

Circulaire du 11 décembre 1995, *relative aux contrôles d'identité définis à l'article 78-2, quatrième alinéa, du code de procédure pénale et contrôles de titre définis à l'article 67 quater du code des douanes.*

L'entrée en vigueur de la Convention prise en application de l'accord de Schengen *[Convention signée le 19 juin 1990 en vertu de l'accord du 14 juin 1985]* le 26 mars 1995 a entraîné la suppression des contrôles systématiques des personnes aux frontières intérieures avec certains États parties à la Convention *[la République française, le Royaume de Belgique, le Grand-Duché de Luxembourg, la République fédérale d'Allemagne, le Royaume des Pays-Bas, le Royaume d'Espagne et la République du Portugal]*.

Toutefois, conformément à l'article 2, paragraphe 3, de la convention d'application, « la suppression du contrôle des personnes aux frontières intérieures ne porte atteinte... ni aux obligations de détention, de port et de présentation de titres et documents prévus » par la législation de chacun des États parties à la convention.

Afin que le libre franchissement des frontières ainsi assuré aux ressortissants communautaires et aux ressortissants des États tiers à l'accord de Schengen ne soit pas détourné de son objectif et ne favorise le développement de réseaux d'aide à l'immigration clandestine ou de trafics illégaux, plusieurs mesures compensatoires ont été adoptées.

Les nouvelles dispositions introduites au quatrième alinéa de l'article 78-2 du code de procédure pénale par les lois du 10 et du 24 août 1993 et l'adoption de l'article 67 *quater* du code des douanes par la loi du 4 janvier 1994 en sont l'illustration. Elles étendent la possibilité pour les officiers de police judiciaire d'opérer des contrôles d'identité et elles reconnaissent aux agents des douanes un pouvoir de contrôle des titres et documents présentés par les ressortissants étrangers.

La décision du Gouvernement français d'effectuer des contrôles frontaliers nationaux aux frontières intérieures, conformément à la possibilité ouverte par l'article 2, paragraphe 2, de la convention, est sans incidence sur la mise en œuvre de ces nouvelles dispositions, qui sont applicables sur notre territoire depuis le 26 mars 1995.

Cette circulaire a pour objet de préciser les conditions et les modalités de mise en œuvre de ces pouvoirs de contrôle et de vérification.

I. LES CONDITIONS DE MISE EN ŒUVRE DES DISPOSITIONS LÉGALES PRÉCITÉES

1. *LES CONDITIONS DE MISE EN ŒUVRE DES CONTRÔLES D'IDENTITÉ PRÉVUS À L'ARTICLE 78-2, ALINÉA 4, DU CODE DE PROCÉDURE PÉNALE*

1.1. Les autorités administratives et judiciaires sont appelées à veiller au respect des principes suivants :

— les contrôles d'identité doivent être opérés sans rompre l'équilibre entre la sauvegarde de la liberté individuelle et les nécessités de l'ordre public et doivent être conformes aux conditions de forme et de fond auxquelles de telles opérations sont, de manière générale, soumises *[Cons. const., Décis. n° 93-323 DC du 5 août 1993]* :

— l'introduction en droit positif de ce contrôle d'identité étant justifiée par l'abandon des contrôles systématiques aux frontières, le contrôle doit être lié aux mouvements transfrontaliers de population ;

— le contrôle d'identité peut être mis en œuvre sans qu'il soit besoin de conditions particulières ;

1.2. Ces principes emportent les conséquences suivantes :

1.2.1. En raison de son lien avec les flux de population, dans les lieux énumérés par la loi, qui, par définition, présentent des risques particuliers d'infractions et d'atteintes à l'ordre public liés à la circulation internationale des personnes, le contrôle d'identité peut concerner le contrôle ponctuel d'une personne se trouvant dans cette zone ou revêtir la forme d'un contrôle systématique, pendant une période déterminée, en liaison avec des mouvements transfrontaliers de personnes.

1.2.2. Ce contrôle, largement ouvert, ne saurait pour autant se substituer aux trois autres types de contrôles prévus aux alinéas 1 à 3 de l'article 78-2 qui ont vocation à continuer de s'appliquer.

Ainsi, il conviendra de recourir aux contrôles d'identité sur réquisitions écrites du procureur de la République et aux contrôles d'identité préventifs dès lors que les infractions qu'il s'agit de rechercher ou les atteintes à la sécurité des personnes et des biens qu'il s'agit de prévenir ne sont pas spécifiquement liées aux flux transfrontaliers.

Il y aura lieu d'être particulièrement vigilant sur l'emploi approprié de chacun de ces types de contrôle. Il appartiendra, en effet, aux tribunaux judiciaires de veiller au strict respect des conditions de fond et de forme des contrôles d'identité.

1.2.3. Sous réserve des observations qui viennent d'être faites, le contrôle d'identité peut être réalisé sans conditions particulières. Il apparaît notamment que la jurisprudence relative aux critères objectifs, déduits de circonstances extérieures à la personne même de l'intéressé de nature à faire apparaître celle-ci comme étranger, n'a pas lieu de s'appliquer. A cet égard, « les modalités prévues au premier alinéa » renvoie — en raison de l'utilisation du terme « modalités » — aux conditions de forme du premier alinéa de l'article 78-2 et en aucune façon aux conditions de fond *[existence d'un indice laissant présumer que l'intéressé va ou vient de commettre une infraction, qu'il est susceptible de fournir des renseignements sur un crime ou délit ou qu'il fait l'objet de recherches ordonnées par une autorité judiciaire]*.

La personne contrôlée se définit comme celle, quelle qu'elle soit, qui se trouve dans un des lieux énumérés par la loi.

Si le contrôle de l'identité révèle que pèse sur la personne une obligation de détention, de port ou de présentation d'un titre ou document quelconque, le respect de cette obligation devra être vérifié.

Il s'agira le plus souvent d'obligations liées au franchissement des frontières et au séjour mais il peut aussi s'agir, par exemple, d'obligations liées aux armes, à la chasse ou à la conduite d'un véhicule.

1.2.4. Les contrôles d'identité sont opérés à l'initiative des officiers de police judiciaire des services de police et des unités de gendarmerie compétents, qui peuvent, en conséquence, les mettre en œuvre sans réquisitions du procureur de la République.

Cependant, le procureur de la République, qui n'est pas juge de l'opportunité des contrôles, devra être néanmoins avisé des opérations de contrôles systématiques en raison, notamment, des infractions pénales pouvant être découvertes à l'occasion de ces opérations.

Ce signalement pourra permettre à ce magistrat de présenter éventuellement aux officiers de police judiciaire les observations relatives à l'application des principes de mise en œuvre précités.

2. *LES CONDITIONS DE MISE EN ŒUVRE DU CONTRÔLE DE TITRE PRÉVU À L'ARTICLE 67 QUATER DU CODE DES DOUANES*

L'article 67 *quater* du code des douanes ne permet pas aux agents des douanes de procéder à un contrôle d'identité mais de « vérifier le respect des obligations de détention, de port et de présentation des titres et documents prévues à l'article 8 de l'ordonnance n° 45-2658 du 2 novembre 1945 relative aux conditions d'entrée et de séjour des étrangers en France *[CESEDA, art. L. 414-3]* ».

Les conditions d'exercice de cette vérification sont plus strictes que celles relatives aux contrôles d'identité.

Dans sa décision n° 93-325 DC du 13 août 1993 sur la loi relative à la maîtrise de l'immigration et aux conditions d'entrée, d'accueil et de séjour des étrangers en France, le Conseil constitutionnel a admis que le législateur peut exiger des étrangers le port et la production de documents attestant la régularité de leur entrée et de leur séjour en France.

Toutefois, la Cour de cassation a eu l'occasion de préciser que les contrôles de titre requis ne peuvent s'exercer qu'au vu d'éléments objectifs déduits des circonstances extérieures à la personne même de l'intéressé de nature à faire apparaître celle-ci comme étranger.

Avant tout contrôle des documents d'entrée et de séjour des étrangers, il est donc indispensable de relever un signe extérieur d'extranéité. Différents exemples tirés de la jurisprudence illustrent cette exigence :

— l'apposition d'affiches en langue étrangère ;

— le fait d'être présent dans une voiture immatriculée à l'étranger ;

— l'entrée ou la sortie d'une ambassade ou d'un consulat étranger...

En tout état de cause, le contrôle ne doit se fonder que sur des critères objectifs excluant toute discrimination de quelque nature que ce soit. Ainsi la seule apparence physique ou la morphologie ne saurait répondre aux exigences du Conseil constitutionnel.

II. LES MODALITÉS DE MISE EN ŒUVRE DES DISPOSITIONS PRÉVUES AUX ARTICLES 78-2, ALINÉA 4, DU CODE DE PROCÉDURE PÉNALE ET 67 QUATER DU CODE DES DOUANES

1. *L'APPLICATION TERRITORIALE DES DISPOSITIONS LÉGALES PRÉCITÉES*

Les dispositions de l'article 67 *quater* du code des douanes sont applicables dans les mêmes zones que celles définies à l'article 78-2, alinéa 4, du code de procédure pénale.

Ces zones sont strictement définies. Il s'agit :

— d'une part, « d'une zone comprise entre la frontière terrestre de la France avec les États parties à la Convention de Schengen et une ligne tracée à 20 kilomètres en deçà » ;

— d'autre part, « des zones accessibles au public des ports, aéroports et gares ferroviaires ou routières ouverts au trafic international et désignés par arrêté ». *— V. Arr. du 22 mars 2012.*

1.1. La zone des 20 kilomètres.

Il s'agit d'une zone de 20 kilomètres calculée à partir des frontières terrestres de la France et des frontières du Royaume de Belgique, du Grand-Duché de Luxembourg, de la République fédérale d'Allemagne et du Royaume d'Espagne.

La Confédération helvétique, le Royaume-Uni de Grande-Bretagne et d'Irlande du Nord ainsi que les principautés de Monaco et d'Andorre n'étant pas parties aux accords de Schengen, nos frontières avec ces pays sont, en conséquence, des frontières extérieures.

L'Italie a signé la Convention mais ne peut actuellement assurer les contrôles à ses frontières. La frontière franco-italienne doit être, jusqu'à instructions contraires, considérée comme une frontière extérieure.

La ligne des 20 kilomètres est définie non par simple translation de la frontière mais par rayon, en prenant l'ensemble des points situés à moins de 20 kilomètres de l'un quelconque des points de la frontière.

En raison de la délimitation par ce système de rayon, cette zone de 20 kilomètres s'étend nécessairement :

— aux confins de l'Allemagne, de la France et de la Suisse, jusque devant la frontière suisse ;

— aux confins de l'Espagne, de la France et d'Andorre, jusque devant la frontière andorrane ;

— aux confins de l'Italie, de la France et la Suisse et de la Principauté de Monaco, jusque devant la frontière suisse et la frontière monégasque dès que la frontière italienne aura le statut de frontière intérieure.

En conséquence, dans ces zones situées aux confins de frontières intérieures et de frontières extérieures, une même personne pourra à la fois faire l'objet d'un contrôle à la frontière extérieure et d'un des contrôles d'identité ou de titre faisant l'objet de la présente circulaire.

Il conviendra, afin que les autorités judiciaires puissent avoir une connaissance précise de cette zone de 20 kilomètres, que les cartes, dès qu'elles seront établies, soient transmises à chacun des procureurs de la République compétents.

1.2. Les zones accessibles au public des ports, aéroports et gares ferroviaires et routières ouverts au trafic international et désignés par arrêté. — *V. Arr. du 22 mars 2012.*

1.2.2. Zones accessibles au public.

S'agissant des aéroports, les articles R. 213-2 et R. 213-4 du code de l'aviation civile prévoient que l'emprise des aérodromes affectée à l'aviation civile comprend une zone publique et une zone réservée définies par arrêté préfectoral.

Les contrôles d'identité et les contrôles de titre peuvent être exercés dans cette zone publique, tant sur les parties librement accessibles au public que sur celles dont l'accès est réglementé au sens de l'article R. 213-3 du code précité. Il conviendra, pour avoir une connaissance précise de cette zone, de se reporter à l'arrêté préfectoral.

Les contrôles ne peuvent avoir lieu dans la zone réservée. Il convient, cependant, d'observer que la pénétration dans ce lieu, sans autorisation, est l'indice d'un comportement suspect qui justifierait un contrôle d'identité opéré sur le fondement de l'article 78-2, alinéa 1, du code de procédure pénale.

S'agissant des gares ferroviaires, les contrôles d'identité et les contrôles de titre peuvent être effectués sur la totalité de l'emprise ferroviaire, dans les lieux dans lesquels le public est autorisé à pénétrer, circuler ou stationner : cours, parkings, salles des pas perdus, passages, salles d'attente, quais et trains.

L'emprise ferroviaire est définie, pour chaque gare, par arrêté préfectoral selon l'arrêté type en date du 29 juin 1977. Il convient, en conséquence, de s'y reporter pour en connaître précisément à chaque fois l'étendue.

S'agissant des ports, les contrôles d'identité et les contrôles de titre peuvent être effectués sur la totalité de l'emprise portuaire définie par le préfet pour les ports maritimes relevant du domaine de l'État, par le président du conseil général pour les ports relevant de la compétence des départements et par le maire pour les ports relevant de la compétence des communes conformément aux articles R. 151-1, R. 613-1 et R. 614-1 du code des ports maritimes.

Les contrôles ne peuvent avoir lieu dans les surfaces encloses dont l'accès est réglementé. Il convient, là encore, d'observer que la pénétration dans ce lieu, sans autorisation, est l'indice d'un comportement suspect qui justifierait un contrôle d'identité opéré sur le fondement de l'article 78-2, alinéa 1, du code de procédure pénale.

S'agissant des gares routières, le contrôle a lieu dans l'ensemble des zones dans lequel le public est autorisé à séjourner : bâtiments, quais, terminaux d'arrivée ou de départ...

Bien évidemment, la présente instruction ne saurait constituer une exception au respect des dispositions du code de procédure pénale et du code des douanes relatives aux perquisitions et aux visites domiciliaires.

2. *LES AUTRES MODALITÉS PRATIQUES*

2.1. Concernant la mise en œuvre des contrôles d'identité.

L'exercice du contrôle est réservé aux officiers de police judiciaire et, sur leur ordre et sous leur responsabilité, aux agents de police judiciaire mentionnés aux articles 20 et 21 (1°) du code de procédure pénale.

Les agents de police municipale, qui ont la qualité d'agents de police judiciaire adjoints en vertu des dispositions de l'article 21 (2°) du code de procédure pénale, ne sont pas habilités à y procéder.

La personne contrôlée peut rapporter la preuve de son identité par tout moyen : en présentant un document officiel sur lequel figure sa photographie ou toutes autres pièces probantes. Le témoignage est également admissible.

Enfin, la découverte, lors de ce contrôle, d'infractions autres que celles relatives au respect de ces obligations doit conduire à l'établissement de procédures incidentes. Le législateur a estimé utile de réaffirmer expressément le principe selon lequel ces procédures sont régulières dès lors que le contrôle d'identité s'est légalement déroulé.

2.2. Concernant la mise en œuvre des vérifications opérées sur le fondement de l'article 67 *quater* du code des douanes.

Conformément à l'alinéa 1 de l'article 67 *quater* , les agents des douanes pouvant exercer ces missions sont : « les agents de douanes investis des fonctions de chef de poste ou les fonctionnaires désignés par eux titulaires du grade de contrôleur ou d'un grade supérieur ».

*

* *

Ces contrôles d'identité constituent un instrument destiné à éviter que la levée des contrôles systématiques aux frontières ne puisse constituer un facteur d'insécurité. Aussi, il est indispensable qu'ils soient régulièrement exercés par l'ensemble des services de police, de gendarmerie et de douanes, en conformité avec l'objectif qui leur a été assigné par le législateur et dans le respect des présentes instructions.

Il appartiendra naturellement aux juridictions de l'ordre judiciaire et notamment à la Cour de cassation de contribuer à préciser les conditions et les modalités de leur mise en œuvre.

Art. 78-2-1 *(L. n° 97-396 du 24 avr. 1997)* **Sur réquisitions du procureur de la République, les officiers de police judiciaire et, sur l'ordre ou la responsabilité de ceux-ci, les agents de police judiciaire et agents de police judiciaire adjoints mentionnés aux articles 20 et 21 (1°) sont habilités à entrer dans les lieux à usage professionnel, ainsi que dans leurs annexes et dépendances, sauf s'ils constituent un domicile, où sont en cours des activités de construction, de production, de transformation, de réparation, de prestation de services ou de commercialisation, en vue :**

– de s'assurer que ces activités ont donné lieu à l'immatriculation au répertoire des métiers ou au registre du commerce et des sociétés lorsqu'elle est obligatoire, ainsi qu'aux déclarations exigées par les organismes de protection sociale et l'administration fiscale ;

– de se faire présenter le registre unique du personnel et les documents attestant que les déclarations préalables à l'embauche ont été effectuées ;

– de contrôler l'identité des personnes occupées, dans le seul but de vérifier qu'elles figurent sur le registre ou qu'elles ont fait l'objet des déclarations mentionnées à l'alinéa précédent.

Les réquisitions du procureur de la République sont écrites et précisent les infractions, parmi celles visées aux articles L. 324-9 *[L. 8221-1 et L. 8221-2 nouv.]* **et L. 341-6** *[L. 5221-8, L. 5221-11 et L. 8251-1 nouv.]* **du code du travail, qu'il entend faire rechercher et poursuivre, ainsi que les lieux dans lesquels l'opération de contrôle se déroulera. Ces réquisitions sont prises pour une durée maximum d'un mois et sont présentées à la personne disposant des lieux ou à celle qui la représente.**

Les mesures prises en application des dispositions prévues au présent article font l'objet d'un procès-verbal remis à l'intéressé.

BIBL. ▸ BUISSON, *Procédures 1997. Comm. 192.*

1. Les dispositions de l'art. 78-2-1 n'excluent pas l'application de celles des art. 76 et 77-1, par conséquent, n'est pas nulle la perquisition effectuée au domicile d'employeurs par des OPJ accompagnés d'agents de l'inspection du travail, de l'URSSAF et des impôts ayant prêté serment par écrit et avec l'autorisation du procureur, pour rechercher des preuves de l'infraction de travail dissimulé. • Crim. 21 nov. 2000, n° 00-81.443 P.

2. La présentation, à la personne disposant des lieux ou à son représentant, des réquisitions écrites du procureur de la République délivrées en application de l'art. 78-2-1 n'est pas prévue à peine de nullité. • Crim. 15 févr. 2005, n° 04-87.191 P : *D. 2005. IR 917* ; *JCP 2005. IV. 1793* ; *RSC 2005. 862, note Cerf-Hollender* ; *ibid 2006, note Buisson*. ♦ Les officiers de police judiciaire, intervenant en exécution de réquisitions prises sur le fondement de l'art. 78-2-1, qui découvrent des indices apparents d'un comportement délictueux, peuvent procéder selon les règles prévues pour l'enquête de flagrance. • Même arrêt. ♦ Comp. : Excèdent les pouvoirs qu'ils tiennent de la réquisition du procureur de la République aux fins de recherche et poursuite des infractions visées à l'art. 78-2-1 les policiers qui, après être entrés dans des lieux à usage professionnel, sans constater qu'une activité était en cours, effectuent néanmoins des actes d'investigation. • Crim. 1er sept. 2020, n° 19-87.499 P : *D. actu. 24 sept. 2020, obs. Fucini* ; *RSC 2020. 961, obs. Cerf-Hollender* ; *Dr. pénal 2020, n° 196, obs. Maron et Haas.*

3. Les dispositions de l'art. 78-2-1 ne permettent de contrôler l'identité d'une personne présente dans des lieux à usage professionnel ainsi que dans leurs annexes ou dépendances que lorsque ces personnes sont « occupées ». Leur seule présence ne saurait permettre l'exercice d'un tel contrôle. • Civ. 1re, 6 janv. 2010 : *Dr. pénal 2010, n° 28, obs. Maron et Haas.*

4. Un contrôle d'identité ne saurait être justifié par des circonstances postérieures à sa mise en œuvre. • Civ. 1re, 6 janv. 2010 : *préc. note 3.*

5. Illustrations. Est à bon droit déclaré régulier le contrôle d'identité des membres d'un orchestre pratiqué dans les couloirs et lieux de passage séparant la salle de spectacle de la loge des artistes et constituant les annexes de ladite salle. • Crim. 6 déc. 2005, n° 05.85.951 P : *RSC 2007. 591 et 593, obs. Buisson*. ♦ En revanche, n'est pas légalement justifiée la décision qui annule le contrôle effectué dans la loge du chef d'orchestre, également gérant de la société à l'initiative de laquelle a eu lieu le spectacle, en retenant que ce lieu d'intimité constitue un domicile, alors qu'en l'état des seules constatations et énonciations de l'arrêt, ne pouvait être qualifiée de domicile la loge mise provisoirement, le temps d'un spectacle, à la disposition de son organisateur, fût-il chef d'orchestre. • Même arrêt.

Art. 78-2-2 *(L. n° 2016-731 du 3 juin 2016, art. 47)* **I. — Sur réquisitions écrites du procureur de la République, dans les lieux et pour la période de temps que ce magistrat détermine et qui ne peut excéder vingt-quatre heures, renouvelables sur décision expresse et motivée selon la même procédure, les officiers de police judiciaire et, sur l'ordre et sous la responsabilité de ceux-ci, les agents de police judiciaire et les agents de police judiciaire adjoints mentionnés aux 1°, 1° *bis* et 1° *ter* de l'article 21 du présent code, peuvent procéder aux contrôles d'identité prévus au septième alinéa de l'article 78-2, aux fins de recherche et de poursuite des infractions suivantes :**

1° Actes de terrorisme mentionnés aux articles 421-1 à 421-6 du code pénal ;

2° Infractions en matière de prolifération des armes de destruction massive et de leurs vecteurs mentionnées aux 1° et 2° du I de l'article L. 1333-9, à l'article L. 1333-11, au II des articles L. 1333-13-3 et L. 1333-13-4 et aux articles L. 1333-13-5, L. 2339-14, L. 2339-15, L. 2341-1, L. 2341-2, L. 2341-4, L. 2342-59 et L. 2342-60 du code de la défense ;

3° Infractions en matière d'armes mentionnées à l'article 222-54 du code pénal et à l'article L. 317-8 du code de la sécurité intérieure ;

4° Infractions en matière d'explosifs mentionnés à l'article 322-11-1 du code pénal et à l'article L. 2353-4 du code de la défense ;

5° Infractions de vol mentionnées aux articles 311-3 à 311-11 du code pénal ;

6° Infractions de recel mentionnées aux articles 321-1 et 321-2 du même code ;

7° Faits de trafic de stupéfiants mentionnés aux articles 222-34 à 222-38 dudit code.

II. — Dans les mêmes conditions et pour les mêmes infractions que celles prévues au I, les officiers de police judiciaire, assistés, le cas échéant, des agents de police judiciaire et des agents de police judiciaire adjoints mentionnés aux 1°, 1° *bis* et 1° *ter* de l'article 21 du présent code peuvent procéder à la visite des véhicules circulant, arrêtés ou stationnant sur la voie publique ou dans des lieux accessibles au public.

Les véhicules en circulation ne peuvent être immobilisés que le temps strictement nécessaire au déroulement de la visite qui doit avoir lieu en présence du conducteur. Lorsqu'elle porte sur un véhicule à l'arrêt ou en stationnement, la visite se déroule en présence du conducteur ou du propriétaire du véhicule ou, à défaut, d'une personne requise à cet effet par l'officier ou l'agent de police judiciaire et qui ne relève pas de son autorité administrative. La présence d'une personne extérieure n'est toutefois pas requise si la visite comporte des risques graves pour la sécurité des personnes et des biens.

En cas de découverte d'une infraction ou si le conducteur ou le propriétaire du véhicule le demande ainsi que dans le cas où la visite se déroule en leur absence, il est établi un procès-verbal mentionnant le lieu et les dates et heures de début et de fin de ces opérations. Un exemplaire en est remis à l'intéressé et un autre exemplaire est transmis sans délai au procureur de la République.

Toutefois, la visite des véhicules spécialement aménagés à usage d'habitation et effectivement utilisés comme résidence ne peut être faite que conformément aux dispositions relatives aux perquisitions et visites domiciliaires.

III. — Dans les mêmes conditions et pour les mêmes infractions que celles prévues au I, les officiers de police judiciaire, assistés, le cas échéant, des agents de police judiciaire et des agents de police judiciaire adjoints mentionnés aux 1°, 1° *bis* et 1° *ter* de l'article 21 du présent code peuvent procéder à l'inspection visuelle des bagages ou à leur fouille.

Les propriétaires des bagages ne peuvent être retenus que le temps strictement nécessaire au déroulement de l'inspection visuelle ou de la fouille des bagages, qui doit avoir lieu en présence du propriétaire.

En cas de découverte d'une infraction ou si le propriétaire du bagage le demande, il est établi un procès-verbal mentionnant le lieu et les dates et heures de début et de fin de ces opérations. Un exemplaire en est remis à l'intéressé et un autre exemplaire est transmis sans délai au procureur de la République.

(L. n° 2019-222 du 23 mars 2019, art. 49-IV) **« III *bis*. — Dans les mêmes conditions et pour les mêmes infractions que celles prévues au I, les officiers de police judiciaire, assistés, le cas échéant, des agents de police judiciaire et des agents de police judiciaire adjoints mentionnés aux 1°, 1° *bis* et 1° *ter* de l'article 21, peuvent accéder à bord et procéder à une visite des navires présents en mer territoriale, se dirigeant ou ayant déclaré leur intention de se diriger vers un port ou vers les eaux intérieures, ou présents en amont de la limite transversale de la mer, ainsi que des bateaux, engins flottants, établissements flottants et matériels flottants se trouvant dans la mer territoriale ou en amont de la limite transversale de la mer, ainsi que sur les lacs et plans d'eau.**

« La visite se déroule en présence du capitaine ou de son représentant. Est considérée comme le capitaine la personne qui exerce, de droit ou de fait, le commandement, la conduite ou la garde du navire, du bateau, de l'engin flottant, de l'établissement flottant ou du matériel flottant lors de la visite.

« La visite comprend l'inspection des extérieurs ainsi que des cales, des soutes et des locaux.

« La visite des locaux spécialement aménagés à un usage d'habitation et effectivement utilisés comme résidence ne peut être faite que conformément aux dispositions relatives aux perquisitions et visites domiciliaires.

« Le navire, le bateau, l'engin flottant, l'établissement flottant ou le matériel flottant ne peut être immobilisé que le temps strictement nécessaire au déroulement de la visite, dans la limite de douze heures.

« L'officier de police judiciaire responsable de la visite rend compte du déroulement des opérations au procureur de la République et l'informe sans délai de toute infraction constatée. »

IV. — Le fait que ces opérations révèlent des infractions autres que celles visées dans les réquisitions du procureur de la République ne constitue pas une cause de nullité des procédures incidentes.

1. Validité des réquisitions du procureur. L'art. 78-2-2 n'exige pas que, pour prendre ses réquisitions, le procureur de la République démontre l'existence d'indices de commission, ou de risque de commission, des infractions visées par ledit article ou un risque d'atteinte à l'ordre public. • Civ. 2e, 19 févr. 2004, n° 03-50.025 P : *D. 2004. IR 677 ; AJ pénal 2004. 160 ; Dr. pénal 2004. Comm. 56, obs. Maron.*

2. Durée. Les réquisitions du procureur de la République ne peuvent viser que des lieux et des périodes de temps déterminés. Ces dispositions ne sauraient, sans méconnaître la liberté d'aller et de venir, autoriser le procureur de la République à retenir des lieux et périodes sans lien avec la recherche des infractions visées dans ses réquisitions. Elles ne sauraient non plus autoriser, en particulier par un cumul de réquisitions portant sur des lieux ou des périodes différents, la pratique de contrôles d'identité généralisés dans le temps ou dans l'espace. • Cons. const. 24 janv. 2017, n° 2016-606 QPC. ♦ L'art. 78-2-2 n'autorise pas le procureur de la République à organiser, par une réquisition unique, des contrôles d'identité répartis sur plusieurs jours, mais seulement sur une période maximale de 24 h consécutives. • Crim. 13 sept. 2017, n° 17-83.986 P : *D. actu. 4 oct. 2017, obs. Fucini ; D. 2018. Pan. 1611, obs. Pradel ; AJ pénal 2017. 543, obs. Roussel ; Dr. pénal 2017, n° 167, obs. Maron et Haas ; RSC 2018. 142, note Delage*.

3. Infraction hors réquisitions. Lorsque les forces de police procèdent à des contrôles d'identité, aux lieux et temps désignés dans la réquisition du procureur de la République en vue de rechercher les auteurs d'infractions en matière d'armes et d'explosifs et de trafic de stupéfiants, et constatent incidemment une infraction de séjour irrégulier, la procédure est régulière dans la mesure où le dernier al. de l'art. 78-2-2 précise que le fait que ces opérations révèlent des infractions autres que celles visées dans les réquisitions du procureur de la République ne constitue pas une cause de nullité des procédures incidentes. • Civ. 2e, 19 févr. 2004 : *préc. note 1.*

4. Compétence. Des agents de police judiciaire pouvaient, sur le fondement des art. L. 233-1 et R. 233-1 C. route, décider de procéder au contrôle du conducteur d'un scooter qui circulait sur un trottoir et procéder au contrôle de l'identité du passager de ce véhicule, qui se montrait très agité, en exécution d'une réquisition du procureur de la République qui avait été prise sur le fondement de l'art. 78-2-2 ; l'intéressé ayant alors pris la fuite, les agents de police judiciaire pouvaient valablement, sur le fondement des dispositions de l'art. 78-2, al. 1er, puis de l'art. 53, le poursuivre jusque dans un immeuble dont l'accès, selon le procès-verbal, n'était pas clos, puis l'arrêter en application de l'art. 73 et appréhender matériellement la somme de 30 000 euros remise par l'intéressé, aux fins de la rapporter, pour saisie, à l'officier de police judiciaire devant lequel ils l'ont présenté. • Crim. 14 avr. 2015, n° 14-83.462 P : *D. actu. 22 mai 2015, obs. Fonteix ; AJ pénal 2015. 549, obs. Andrei*. ♦ Comp. : l'art. 78-2-2 ne distinguant pas selon que le contrôle se limite à celui de l'identité d'une personne ou est associé à une visite de véhicule, seul un OPJ, assisté, le cas échéant, par un APJ, peut procéder à un contrôle d'identité sur réquisitions écrites du procureur de la République en application de ce texte (jurisp. ant. L. n° 2016-731 du 3 juin 2016). • Civ. 1re, 16 mars 2016, n° 14-25.068 P : *D. actu. 29 mars 2016, obs. Mésa ; AJ pénal 2016. 331, obs. Binard*.

Code des transports

(Ord. n° 2010-1307 du 28 oct. 2010, en vigueur le 1er déc. 2010)

Art. L. 6342-2 *(Ord. n° 2012-289 du 1er mars 2012, art. 3)* L'accès à la zone côté piste de l'aérodrome et la circulation dans cette zone sont soumis à autorisation.

Les personnes accédant aux zones de sûreté à accès réglementé et y circulant sont tenues de détenir, outre le cas échéant l'habilitation mentionnée au premier alinéa de l'article L. 6342-3, un titre de circulation ou l'un des documents mentionnés au point 1.2.2.2 de l'annexe au règlement (UE) n° 185/2010 de la Commission du 4 mars 2010 fixant des mesures détaillées pour la mise en œuvre des normes de base communes dans le domaine de la sûreté de l'aviation civile.

Un décret en Conseil d'État détermine les conditions d'application du présent article.

Art. 78-2-3 *(L. n° 2003-239 du 18 mars 2003, art. 12)* **Les officiers de police judiciaire, assistés, le cas échéant, des agents de police judiciaire et des agents de police judiciaire adjoints mentionnés aux 1°, 1° *bis* et 1° *ter* de l'article 21, peuvent procéder à la visite des véhicules circulant ou arrêtés sur la voie publique ou dans des lieux accessibles au public lorsqu'il existe à l'égard du conducteur ou d'un passager une ou plusieurs raisons plausibles de soupçonner qu'il a commis, comme auteur ou comme complice, un crime ou un délit flagrant ; ces dispositions s'appliquent également à la tentative.**

(L. n° 2016-339 du 22 mars 2016, art. 9) **« Le II de l'article 78-2-2 est applicable au présent article. »**

Compétence. Seul un officier de police judiciaire, assisté, le cas échéant, par un agent de police judiciaire, peut procéder à la visite d'un véhicule automobile dans les conditions prévues par l'art. 78-2-3. • Crim. 28 sept. 2010, n° 10-82.699 P : Dr. pénal 2010, n° 147, obs. Maron et *Haas*.

Art. 78-2-4 *(L. n° 2016-339 du 22 mars 2016, art. 9)* **I. — Pour prévenir une atteinte grave à la sécurité des personnes et des biens, les officiers de police judiciaire et, sur l'ordre et sous la responsabilité de ceux-ci, les agents de police judiciaire et les agents de police judiciaire adjoints mentionnés aux 1°, 1° *bis* et 1° *ter* de l'article 21 peuvent procéder non seulement aux contrôles d'identité prévus au** *(L. n° 2016-731 du 3 juin*

2016, art. 77) « huitième » alinéa de l'article 78-2 mais aussi, avec l'accord du conducteur ou du propriétaire du bagage ou, à défaut, sur instructions du procureur de la République communiquées par tous moyens, à :

1° La visite des véhicules circulant, arrêtés ou stationnant sur la voie publique ou dans des lieux accessibles au public ;

2° L'inspection visuelle des bagages ou leur fouille *(Abrogé par L. nº 2016-731 du 3 juin 2016, art. 47)* *« , dans les véhicules et emprises immobilières des transports publics de voyageurs ».*

II. — Pour l'application du 1° du I du présent article, le II de l'article 78-2-2 est applicable.

Dans l'attente des instructions du procureur de la République, le véhicule peut être immobilisé pour une durée qui ne peut excéder trente minutes.

III. — Pour l'application du 2° du I du présent article, le III de l'article 78-2-2 est applicable.

Dans l'attente des instructions du procureur de la République, le propriétaire du bagage peut être retenu pour une durée qui ne peut excéder trente minutes.

Art. 78-2-5 *(L. nº 2019-290 du 10 avr. 2019, art. 2)* Aux fins de recherche et de poursuite de l'infraction prévue à l'article 431-10 du code pénal, les officiers de police judiciaire mentionnés aux 2° à 4° de l'article 16 du présent code et, sous la responsabilité de ces derniers, les agents mentionnés à l'article 20 et aux 1°, 1° *bis* et 1° *ter* de l'article 21 peuvent, sur réquisitions écrites du procureur de la République, procéder sur les lieux d'une manifestation sur la voie publique et à ses abords immédiats à :

1° L'inspection visuelle des bagages des personnes et leur fouille, dans les conditions prévues au III de l'article 78-2-2 ;

2° La visite des véhicules circulant, arrêtés ou stationnant sur la voie publique ou dans des lieux accessibles au public, dans les conditions prévues au II du même article 78-2-2.

Le fait que les opérations prévues aux 1° et 2° du présent article révèlent d'autres infractions ne constitue pas une cause de nullité des procédures incidentes.

Art. 78-3 *(L. nº 83-466 du 10 juin 1983)* Si l'intéressé refuse ou se trouve dans l'impossibilité de justifier de son identité, il peut, en cas de nécessité, être retenu sur place ou dans le local de police où il est conduit aux fins de vérification de son identité. Dans tous les cas, il est présenté immédiatement à un officier de police judiciaire qui le met en mesure de fournir par tout moyen les éléments permettant d'établir son identité et qui procède, s'il y a lieu, aux opérations de vérification nécessaires. Il est aussitôt informé par celui-ci de son droit de faire aviser le procureur de la République de la vérification dont il fait l'objet et de prévenir à tout moment sa famille ou toute personne de son choix. Si des circonstances particulières l'exigent, l'officier de police judiciaire prévient lui-même la famille ou la personne choisie.

(L. nº 86-1004 du 3 sept. 1986) « Lorsqu'il s'agit d'un mineur de dix-huit ans, le procureur de la République doit être informé dès le début de la rétention. Sauf impossibilité, le mineur doit être assisté de son représentant légal. »

La personne qui fait l'objet d'une vérification ne peut être retenue que pendant le temps strictement exigé par l'établissement de son identité. La rétention ne peut excéder quatre heures *(L. nº 2006-911 du 24 juill. 2006, art. 114)* « , ou huit heures à Mayotte, » à compter du contrôle effectué en application de l'article 78-2 et le procureur de la République peut y mettre fin à tout moment.

(L. nº 86-1004 du 3 sept. 1986) « Si la personne interpellée maintient son refus de justifier de son identité ou fournit des éléments d'identité manifestement inexacts, les opérations de vérification peuvent donner lieu, après autorisation du procureur de la République ou du juge d'instruction, à la prise d'empreintes digitales ou de photographies lorsque celle-ci constitue l'unique moyen d'établir l'identité de l'intéressé.

« La prise d'empreintes ou de photographies doit être mentionnée et spécialement motivée dans le procès-verbal prévu ci-après. »

L'officier de police judiciaire mentionne, dans un procès-verbal, les motifs qui justifient le contrôle ainsi que la vérification d'identité, et les conditions dans lesquelles la personne a été présentée devant lui, informée de ses droits et mise en mesure de les

exercer. Il précise le jour et l'heure à partir desquels le contrôle a été effectué, le jour et l'heure de la fin de la rétention et la durée de celle-ci.

Ce procès-verbal est présenté à la signature de l'intéressé. Si ce dernier refuse de le signer, mention est faite du refus et des motifs de celui-ci.

Le procès-verbal est transmis au procureur de la République, copie en ayant été remise à l'intéressé dans le cas prévu par l'alinéa suivant.

Si elle n'est suivie à l'égard de la personne qui a été retenue d'aucune procédure d'enquête ou d'exécution adressée à l'autorité judiciaire, la vérification d'identité ne peut donner lieu à une mise en mémoire sur fichiers et le procès-verbal ainsi que toutes les pièces se rapportant à la vérification sont détruits dans un délai de six mois sous le contrôle du procureur de la République.

Dans le cas où il y a lieu à procédure d'enquête ou d'exécution adressée à l'autorité judiciaire et assortie du maintien en garde à vue, la personne retenue doit être aussitôt informée de son droit de faire aviser le procureur de la République de la mesure dont elle fait l'objet.

(L. nº 93-1013 du 24 août 1993) **« Les prescriptions énumérées au présent article sont imposées à peine de nullité. »**

BIBL. ▶ LEBRETON, *D. 2021. 1637* (recherche de l'identité des individus).

1. Nature de la nullité. La méconnaissance des garanties prévues par l'art. 78-3, al. 1er, cause nécessairement grief à la personne dont l'identité est vérifiée, la personne ne pouvant être retenue que pendant le temps strictement exigé par l'établissement de son identité, le fait que la mesure de garde à vue la concernant soit considérée comme ayant débuté au moment du placement en rétention au titre du contrôle d'identité étant indifférent. Il appartenait par conséquent à la chambre de l'instruction de rechercher, au besoin en sollicitant que les procès-verbaux dressés par les services de police dans le cadre de la procédure de vérification d'identité soient joints au dossier de l'information judiciaire, si le demandeur avait bénéficié des droits qu'il tenait de l'art. 78-3 et s'il n'avait été retenu que le temps strictement nécessaire. • Crim. 2 nov. 2016, nº 16-81.716 P : *D. actu. 15 nov. 2016, obs. Goetz ; Procédures 2017, nº 15, note Chavent-Leclère ; D. 2017. Pan. 1676, obs. Pradel*.

2. Les garanties prévues par l'art. 78-3 ne s'appliquent que dans le cas où la personne contrôlée fait l'objet d'une rétention pour vérification d'identité ; il n'en est pas ainsi d'un étranger qui, ayant présenté un passeport démontrant l'irrégularité de son séjour sur le territoire national, fait l'objet d'une enquête de flagrant délit. • Crim. 13 janv. 1986, nº 84-90.041 P.

3. A la supposer établie, l'illégalité d'un contrôle d'identité ne saurait entraîner la nullité des poursuites relatives à des outrages et coups ou violences volontaires commis contre les autorités de police à l'occasion dudit contrôle. • Crim. 7 févr. 1995, nº 94-81.502 P : *RSC 1996. 131, obs. Delmas Saint-Hilaire* • 1er sept. 2004, nº 04-80.362 P : *D. 2004. IR 2549 ; JCP 2004. IV. 3082 ; Dr. pénal 2004. Comm.164, note Maron ; AJ pénal 2004. 408* • 11 mai 2005 : *inédit ; RSC 2006. 401, obs. Buisson*.

4. L'intéressé ayant spontanément déclaré son identité, mais sans fournir d'élément permettant d'en justifier, le premier président en a justement déduit que les services de police n'avaient eu d'autre ressource que de procéder à des photographies et des prises d'empreintes digitales aux fins de vérification de la réalité du nom dont il se prévalait, sans violer les dispositions de l'art. 78-3, al. 4. • Civ. 1re, 10 juill. 2013 : *D. actu. 29 juill. 2013, obs. Bombled ; AJ pénal 2013. 550, obs. Saas ; Gaz. Pal. 13-15 oct. 2013, p. 40, note Fourment.*

Art. 78-3-1 *(L. nº 2016-731 du 3 juin 2016, art. 48)* **I. — Toute personne faisant l'objet d'un contrôle ou d'une vérification d'identité prévus au présent chapitre peut, lorsque ce contrôle ou cette vérification révèle qu'il existe des raisons sérieuses de penser que son comportement peut être lié à des activités à caractère terroriste, faire l'objet d'une retenue sur place ou dans le local de police où elle est conduite pour une vérification de sa situation par un officier de police judiciaire permettant de consulter les traitements automatisés de données à caractère personnel relevant de l'article** *(Ord. nº 2018-1125 du 12 déc. 2018, art. 16 et 29, en vigueur le 1er juin 2019)* **« 31 » de la loi nº 78-17 du 6 janvier 1978 relative à l'informatique, aux fichiers et aux libertés, selon les règles propres à chacun de ces traitements et, le cas échéant, d'interroger les services à l'origine du signalement de l'intéressé ainsi que des organismes de coopération internationale en matière de police judiciaire ou des services de police étrangers.**

La retenue ne peut donner lieu à audition.

Le procureur de la République territorialement compétent est informé dès le début de la retenue.

II. — La personne retenue est immédiatement informée par l'officier de police judiciaire ou, sous le contrôle de celui-ci, par un agent de police judiciaire, dans une langue qu'elle comprend :

1° Du fondement légal de son placement en retenue ;

2° De la durée maximale de la mesure ;

3° Du fait que la retenue dont elle fait l'objet ne peut donner lieu à audition et qu'elle a le droit de garder le silence ;

4° Du fait qu'elle bénéficie du droit de faire prévenir par l'officier de police judiciaire toute personne de son choix ainsi que son employeur.

Si l'officier de police judiciaire estime, en raison des nécessités liées à la retenue, ne pas devoir faire droit à cette demande, il en réfère sans délai au procureur de la République qui décide, s'il y a lieu, d'y faire droit.

Sauf en cas de circonstance insurmontable, qui doit être mentionnée au procès-verbal, les diligences incombant à l'officier de police judiciaire en application du premier alinéa du présent 4° doivent intervenir, au plus tard, dans un délai de deux heures à compter du moment où la personne a formulé sa demande.

III. — Lorsqu'il s'agit d'un mineur de dix-huit ans, la retenue fait l'objet d'un accord exprès du procureur de la République. Le mineur doit être assisté de son représentant légal, sauf impossibilité dûment justifiée.

IV. — La personne faisant l'objet d'une vérification de situation ne peut être retenue que pendant le temps strictement nécessaire à l'accomplissement des vérifications mentionnées au premier alinéa du I, pour une durée qui ne peut excéder quatre heures à compter du début du contrôle effectué.

Le procureur de la République peut mettre fin à tout moment à la retenue.

L'officier de police judiciaire mentionne dans un procès-verbal les motifs qui justifient la vérification de situation administrative et les conditions dans lesquelles la personne a été présentée devant lui, informée de ses droits et mise en mesure de les exercer. Il précise le jour et l'heure à partir desquels la vérification a été effectuée, le jour et l'heure de la fin de la retenue et la durée de celle-ci.

Ce procès-verbal est présenté à la signature de la personne. Si cette dernière refuse de le signer, mention est faite du refus et des motifs de celui-ci. Le procès-verbal est transmis sans délai au procureur de la République, copie en ayant été remise à la personne.

V. — Les prescriptions énumérées au présent article sont imposées à peine de nullité.

Les dispositions de l'Ord. nº 2018-1125 du 12 déc. 2018 sont entrées en vigueur en même temps que le Décr. nº 2019-536 du 29 mai 2019 pris pour l'application de la L. nº 78-17 du 6 janv. 1978 relative à l'informatique, aux fichiers et aux libertés, soit le 1er juin 2019.

Art. 78-4 *(L. nº 83-466 du 10 juin 1983)* **La durée de la rétention prévue** *(L. nº 2016-731 du 3 juin 2016, art. 48)* **« aux articles 78-3 et 78-3-1 » s'impute, s'il y a lieu, sur celle de la garde à vue.**

Art. 78-5 *(L. nº 86-1004 du 3 sept. 1986)* **Seront punis d'un emprisonnement de trois mois et d'une amende de 3 750 € ceux qui auront refusé de se prêter aux prises d'empreintes digitales ou de photographies autorisées par le procureur de la République ou le juge d'instruction, conformément aux dispositions de l'article 78-3.**

RÉP. PÉN. vº *Fichiers de police*, par GAUTRON.

BIBL. ▶ LEBRETON, *D. 2021. 1637* (recherche de l'identité des individus).

Décret nº 87-249 du 8 avril 1987, *relatif au fichier automatisé des empreintes digitales géré par le ministère de l'intérieur.* **Art. 1er** *(Décr. nº 2015-1580 du 2 déc. 2015, art. 2)* I. — Est autorisé, dans les conditions prévues au présent décret, le traitement automatisé de traces et empreintes digitales et palmaires :

— en vue de faciliter la recherche et l'identification, par les services de la police nationale et les unités de la gendarmerie nationale ainsi que par le service national de la douane judiciaire, des auteurs de crimes et de délits et de faciliter la poursuite, l'instruction et le jugement des affaires criminelles et délictuelles dont l'autorité judiciaire est saisie ;

— en vue de faciliter la recherche et la découverte des mineurs et majeurs protégés disparus ainsi que celles des majeurs dont la disparition présente un caractère inquiétant ou suspect eu égard aux circonstances, à l'âge de l'intéressé ou à son état de santé ;

— en vue de faciliter l'identification dans un cadre judiciaire des personnes décédées ainsi que l'identification des personnes découvertes grièvement blessées dont l'identité n'a pu être établie ;

— en vue de faciliter l'identification dans un cadre extrajudiciaire des personnes décédées.

II. — Est également autorisée, dans les conditions prévues au présent décret, la consultation du traitement automatisé des empreintes digitales :

— en vue de permettre l'identification d'un étranger dans les conditions prévues à l'article L. 611-4 du code de l'entrée et du séjour des étrangers et du droit d'asile ;

— en vue de permettre l'identification des personnes dans le cadre de la procédure de vérification d'identité de l'article 78-3 du code de procédure pénale.

Art. 2 Ce traitement est mis en œuvre par *(Décr. n° 2017-1641 du 30 nov. 2017)* « le *(Décr. n° 2020-1777 du 30 déc. 2020, art. 4, en vigueur le 1er janv. 2021)* « service national de police scientifique » » au ministère de l'intérieur. Il porte la dénomination de fichier automatisé des empreintes digitales.

Art. 3 *(Décr. n° 2015-1580 du 2 déc. 2015, art. 3)* Peuvent être enregistrées :

1° Les traces relevées dans le cadre :

a) D'une enquête pour crime ou délit flagrant ;

b) D'une enquête préliminaire ;

c) D'une commission rogatoire ;

d) D'une enquête ou d'une information pour recherche des causes de la mort ou d'une disparition, prévue par les articles 74, 74-1 et 80-4 du code de procédure pénale ;

e) D'une enquête consécutive à la découverte d'une personne grièvement blessée, lorsque la cause de ses blessures est inconnue ou suspecte, prévue par l'article 74 du code de procédure pénale ;

f) De l'exécution d'un ordre de recherche délivré par une autorité judiciaire ;

2° Les empreintes digitales et palmaires relevées dans le cadre d'une enquête pour crime ou délit flagrant, d'une enquête préliminaire, d'une commission rogatoire ou de l'exécution d'un ordre de recherche délivré par une autorité judiciaire, lorsqu'elles concernent des personnes à l'encontre desquelles il existe des indices graves ou concordants rendant vraisemblable qu'elles aient pu participer, comme auteur ou comme complice, à la commission d'un crime ou d'un délit, ou des personnes mises en cause dans une procédure criminelle ou délictuelle, dont l'identification certaine s'avère nécessaire ;

3° Les empreintes digitales et palmaires relevées sur les cadavres non identifiés et les personnes découvertes grièvement blessées dont l'identité n'a pu être établie, dans le cadre d'une enquête pour crime ou délit flagrant, d'une enquête préliminaire, d'une commission rogatoire, d'une enquête ou d'une information pour recherche des causes de la mort ou d'une enquête consécutive à la découverte d'une personne grièvement blessée, lorsque la cause de ses blessures est inconnue ou suspecte, prévue par les articles 74 et 80-4 du code de procédure pénale ;

4° Les empreintes digitales et palmaires relevées dans les établissements pénitentiaires, en vue de s'assurer de manière certaine de l'identité des détenus qui font l'objet d'une procédure pour crime ou délit et d'établir les cas de récidive ;

5° Les traces et les empreintes digitales et palmaires transmises par des organismes de coopération internationale en matière de police judiciaire ou des services de police étrangers en application d'engagements internationaux ;

6° Les empreintes digitales et palmaires relevées en application des articles L. 2223-42 du code général des collectivités territoriales et 87 du code civil et du décret n° 2012-125 du 30 janvier 2012 relatif à la procédure extrajudiciaire d'identification des personnes décédées.

Art. 4 Les empreintes digitales *(Décr. n° 2005-585 du 27 mai 2005)* « et palmaires » enregistrées sont accompagnées des informations suivantes :

(Décr. n° 2015-1580 du 2 déc. 2015, art. 4) « 1° Le sexe de la personne et, lorsqu'ils sont connus, ses nom, prénoms, date et lieu de naissance et éléments de filiation ; »

2° Le service ayant procédé à la signalisation ;

3° La date et le lieu d'établissement de la fiche signalétique ;

4° La nature de l'affaire et la référence de la procédure ;

(Décr. n° 2005-585 du 27 mai 2005) « 5° Les clichés anthropométriques ;

« 6° Pour les empreintes transmises dans le cas prévu *(Décr. n° 2015-1580 du 2 déc. 2015, art. 4)* « au 5° de l'article 3 », l'origine de l'information et la date de son enregistrement dans le traitement. »

Les traces d'empreintes enregistrées sont accompagnées des informations suivantes :

1° Le lieu sur lequel elles ont été relevées, ainsi que la date du relevé ;

2° Le service ayant procédé *(Décr. n° 2005-585 du 27 mai 2005)* « au relevé des traces » ;

3° La date et le lieu d'établissement de la fiche *(Décr. n° 2005-585 du 27 mai 2005)* « supportant la reproduction des traces papillaires » ;

4° La nature de l'affaire et la référence de la procédure ;

(Décr. n° 2005-585 du 27 mai 2005) « 5° L'origine de l'information et la date de son enregistrement dans le traitement. »

Art. 5 *(Décr. n° 2015-1580 du 2 déc. 2015, art. 5, en vigueur le 1er mars 2017)* Les traces, empreintes digitales et palmaires et les informations liées sont conservées suivant les durées maximales détaillées ci-dessous s'il n'a pas été préalablement procédé à leur effacement dans les conditions prévues aux articles 7, 7-1 et 7-2 du présent décret.

1° Les traces mentionnées au 1° de l'article 3 et les informations liées sont conservées pendant une durée maximale de quinze ans à compter de l'établissement de la fiche signalétique.

Toutefois, la durée de conservation est portée à vingt-cinq ans :

a) Sur décision du procureur de la République ou, en cours d'information, du juge d'instruction ; ou

b) Lorsque ces traces relatives à des personnes inconnues ont été relevées dans le cadre :

— d'une enquête ou d'une instruction préparatoire relative soit à un crime, soit à un délit mentionné aux articles 706-47 ou 706-73 du code de procédure pénale ; ou

— d'une enquête ou d'une information pour recherche des causes de la mort ou d'une disparition prévue par les articles 74, 74-1 et 80-4 du code de procédure pénale ; ou

— d'une enquête consécutive à la découverte d'une personne grièvement blessée, lorsque la cause de ses blessures est inconnue ou suspecte, prévue par l'article 74 du code de procédure pénale ;

2° Les empreintes digitales et palmaires mentionnées au 2° de l'article 3 du présent décret et les informations liées sont conservées durant quinze ans à compter de l'établissement de la fiche signalétique ou, si elles ont été relevées sur une personne mineure, durant dix ans ;

Toutefois *[,]* lorsqu'elles ont été relevées dans le cadre d'une enquête relative soit à un crime, soit à un délit mentionné aux articles 706-47 ou 706-73 du code de procédure pénale, la durée de conservation est portée à vingt-cinq ans ou, si elles ont été relevées sur une personne mineure, à quinze ans ;

3° Les empreintes digitales et palmaires mentionnées au 3° de l'article 3 du présent décret et les informations liées sont conservées pendant vingt-cinq ans à compter de l'établissement de la fiche signalétique ;

4° Les empreintes digitales et palmaires mentionnées au 4° de l'article 3 du présent décret et les informations liées sont conservées durant quinze ans à compter de l'établissement de la fiche signalétique ou, si elles ont été relevées sur une personne mineure, durant dix ans ;

Toutefois *[,]* lorsque la personne concernée est détenue dans le cadre d'une procédure relative soit à un crime, soit à un délit mentionné aux articles 706-47 ou 706-73 du code de procédure pénale, la durée de conservation est portée à vingt-cinq ans ou, si elles ont été relevées sur une personne mineure, à quinze ans ;

5° Les traces et empreintes digitales et palmaires mentionnées au 5° de l'article 3 du présent décret et les informations liées sont conservées durant vingt-cinq ans ou, si elles concernent une personne mineure, durant quinze ans à compter de l'établissement de la fiche signalétique ;

6° Les empreintes digitales et palmaires mentionnées au 6° de l'article 3 du présent décret et les informations liées sont conservées vingt-cinq ans à compter de leur date d'enregistrement dans le traitement.

Ancien art. 5 *(Décr. n° 2005-585 du 27 mai 2005) Les informations enregistrées sont conservées pendant une durée maximale de vingt-cinq ans à compter de l'établissement de la fiche signalétique, s'il n'a pas été préalablement procédé à leur effacement dans les conditions prévues aux articles 7 et 7-1 ou en raison de ce que le service gestionnaire du traitement a été informé du décès de la personne en cause ou de sa découverte, lorsqu'il s'agit d'une personne disparue.*

Les informations transmises par un organisme de coopération internationale en matière de police judiciaire ou par un service de police étranger sont conservées pendant une durée maximale de vingt-cinq ans à compter de leur date d'enregistrement dans le traitement, s'il n'a pas été préalablement procédé à leur effacement sur demande dudit organisme ou service ou en raison de ce que le service gestionnaire a été informé du décès de la personne en cause ou de sa découverte, lorsqu'il s'agit d'une personne disparue.

Le régime de conservation dans le FAED des données de personnes soupçonnées d'avoir commis des infractions de faible gravité, mais non condamnées, ne traduit pas un juste équilibre entre les intérêts publics et privés en jeu ; partant, il y a en l'espèce eu violation de l'art. 8 Conv. EDH. • CEDH 18 avr. 2013, *M. K. c/ France*, n° 19522/09 : *D. actu. 14 mai 2013, obs. Léna ; RSC 2013. 666, obs. Roets ; Procédures 2013, n° 197, obs. Chavent-Leclère ; JCP 2013, n° 855, obs. Sudre.*

Art. 6 *(Décr. n° 2015-1580 du 2 déc. 2015, art. 6)* Les droits d'accès et de rectification prévus par les articles 39 et 40 de la loi n° 78-17 du 6 janvier 1978 s'exercent auprès du *(Décr. n° 2017-1641 du 30 nov. 2017)* « chef du *(Décr. n° 2020-1777 du 30 déc. 2020, art. 4, en vigueur le 1er janv. 2021)* « service national de police scientifique » » au ministère de l'intérieur, place Beauvau, Paris (8e).

Le droit d'opposition prévu par l'article 38 de la loi du 6 janvier 1978 susvisée ne s'applique pas au présent traitement.

Art. 7 *(Décr. n° 2005-585 du 27 mai 2005)* Le présent traitement est placé sous le contrôle du procureur général près la cour d'appel dans le ressort de laquelle est situé le service gestionnaire.

Il peut d'office et sans préjudice du contrôle effectué par la Commission nationale de l'informatique et des libertés en application de la loi du 6 janvier 1978 susvisée, ordonner l'effacement des informations dont la conservation ne paraîtrait manifestement plus utile compte tenu de la finalité du traitement.

L'autorité gestionnaire du fichier adresse à ce magistrat ainsi qu'à la Commission nationale de l'informatique et des libertés un rapport annuel d'activité mentionnant notamment les résultats des opérations de mise à jour et d'apurement du fichier.

Art. 7-1 *(Décr. n° 2015-1580 du 2 déc. 2015, art. 7)* I. — Sont effacées par le service gestionnaire :

1° Les traces et informations mentionnées au *d* du 1° de l'article 3, dès réception par ce service d'un avis l'informant de la découverte de la personne disparue ;

2° Les empreintes et informations mentionnées au 2° de l'article 3, dès réception par le service gestionnaire d'un avis l'informant du décès de la personne concernée ;

3° Les empreintes et informations mentionnées au 3° de l'article 3, dès réception par le service gestionnaire d'un avis l'informant de l'identification de la personne grièvement blessée ou décédée ;

4° Les traces et empreintes mentionnées au 5° de l'article 3 sur demande dudit organisme ou service ou parce que le service gestionnaire a été informé du décès de la personne en cause ou de sa découverte, lorsqu'il s'agit d'une personne disparue ;

5° Les empreintes et informations mentionnées au 6° de l'article 3, dès réception par le service gestionnaire d'un avis l'informant de l'identification de la personne décédée ;

6° Les empreintes et informations liées en cas de décision de relaxe ou d'acquittement devenue définitive, dès réception de l'avis en informant le service gestionnaire.

II. — Les empreintes et informations liées sont effacées en cas de décision de non-lieu, de classement sans suite pour absence d'infraction ou insuffisance de charges ou pour auteur inconnu, sauf si le procureur de la République estime que leur conservation apparaît nécessaire pour des raisons liées à la finalité du fichier au regard de la nature ou des circonstances de commission de l'infraction ou de la personnalité de la personne concernée.

Le procureur de la République ne peut s'opposer à l'effacement lorsque la prescription de l'action publique est acquise.

III. — Les empreintes et informations mentionnées aux 2° et 4° de l'article 3 sont effacées à la demande de l'intéressé, lorsque leur conservation n'apparaît plus nécessaire pour des raisons liées à la finalité du fichier au regard de la nature ou des circonstances de commission de l'infraction ou de la personnalité de la personne concernée.

Art. 7-2 *(Décr. n° 2015-1580 du 2 déc. 2015, art. 8)* Toute demande d'effacement doit, à peine d'irrecevabilité, être adressée par lettre recommandée avec demande d'avis de réception ou par déclaration au greffe. Cette demande est directement adressée au procureur de la République compétent, qui est celui de la juridiction dans le ressort de laquelle a été menée la procédure ayant donné lieu à cet enregistrement. Elle peut également être adressée au procureur de la République du domicile de l'intéressé, qui la transmet au procureur de la République compétent.

Le magistrat compétent fait connaître sa décision à l'intéressé, par lettre recommandée avec demande d'avis de réception, dans un délai de trois mois à compter de la réception de la demande soit par lui-même, soit par le procureur de la République du domicile de l'intéressé.

A défaut de réponse dans ce délai, ou si le magistrat n'ordonne pas l'effacement, l'intéressé peut saisir aux mêmes fins le juge des libertés et de la détention dans un délai de dix jours, à compter de l'expiration du délai prévu à l'alinéa précédent ou de la réception par le requérant de la décision du procureur de la République, par lettre recommandée avec demande d'avis de réception ou par déclaration au greffe.

Après avoir sollicité les réquisitions écrites du procureur de la République, le juge des libertés et de la détention statue par ordonnance motivée dans un délai de deux mois, à compter de la date de réception ou de la déclaration au greffe de la demande d'effacement formée devant lui. L'ordonnance est notifiée au procureur de la République et, par lettre recommandée avec demande d'avis de réception, à l'intéressé.

Faute pour le juge des libertés et de la détention de statuer dans le délai de deux mois ou en cas d'ordonnance refusant l'effacement, l'intéressé peut, dans un délai de dix jours à compter de l'expiration du délai prévu à l'alinéa précédent ou de la notification à la personne de l'ordonnance du juge des libertés et de la détention, saisir le président de la chambre de l'instruction, par lettre recommandée avec accusé de réception ou par déclaration au greffe. A peine d'irrecevabilité, sa contestation doit être motivée.

En cas d'ordonnance prescrivant l'effacement, le procureur de la République peut également, dans un délai de dix jours à compter de la date de la notification de l'ordonnance du juge des libertés et de la détention, contester cette décision devant le président de la chambre de l'instruction. Cette contestation suspend l'exécution de la décision.

Le président de la chambre de l'instruction statue, après avoir sollicité les réquisitions écrites du procureur général, par une ordonnance motivée, dans un délai de trois mois à compter de la date de réception de la lettre recommandée ou de la déclaration au greffe par le requérant, ou de la date de la contestation par le procureur de la République de l'ordonnance du juge des libertés et de la détention. Cette ordonnance est notifiée au procureur de la République et, par lettre recommandée avec demande d'avis de réception, à l'intéressé. Elle ne peut faire l'objet d'un pourvoi en cassation que si elle ne satisfait pas, en la forme, aux conditions essentielles de son existence légale.

L'ordonnance du président de la chambre de l'instruction, statuant sur la contestation d'une décision du JLD rendue en matière de demande d'effacement de données du fichier automatisé des empreintes digitales peut faire l'objet d'un pourvoi en cassation si elle est entachée d'excès de pouvoir ; or, en opposant à la demande de l'intéressé des motifs d'irrecevabilité non prévus par le Décr. n° 87-249 du 8 avr. 1987, alors qu'il lui appartenait de vérifier si l'enregistrement des empreintes répondait aux conditions réglementaires, et d'apprécier si leur conservation était ou non nécessaire pour des raisons liées à la finalité du fichier, le président de la chambre de l'instruction a méconnu ses pouvoirs. • Crim. 10 avr. 2018, n° 17-84.674 P : *D. 2018. Pan. 1611, obs. Pradel ; ibid. 2018. 1711, obs. Barbier.*

Art. 8 *(Décr. n° 2015-1580 du 2 déc. 2015, art. 9)* Les fonctionnaires et militaires individuellement désignés et habilités des services d'identité judiciaire de la police nationale, du *(Décr. n° 2015-1805 du 28 déc. 2015, art. 5)* « service central de renseignement criminel de la gendarmerie nationale » ainsi que des unités de recherches de la gendarmerie nationale peuvent seuls avoir accès aux données à caractère personnel et aux informations contenues dans le traitement :

1° Pour procéder aux opérations d'identification à la demande de l'autorité judiciaire, des officiers de police judiciaire de la police nationale ou de la gendarmerie nationale, ou des agents des douanes habilités à effectuer des enquêtes judiciaires en vertu des dispositions de l'article 28-1 du code de procédure pénale ;

2° Pour procéder aux opérations d'identification à la demande de l'autorité judiciaire, des fonctionnaires de la police ou des militaires de la gendarmerie dans le cadre des recherches aux fins d'identification des personnes décédées prévues aux articles L. 2223-42 du code général des collectivités territoriales et 87 du code civil et du décret n° 2012-125 du 30 janvier 2012 relatif à la procédure extrajudiciaire d'identification des personnes décédées ;

3° Pour procéder aux opérations d'identification à la demande des officiers de police judiciaire de la police nationale ou de la gendarmerie nationale en vertu des dispositions des articles L. 611-1-1, L. 611-3 et L. 611-4 du code de l'entrée et du séjour des étrangers et du droit d'asile ;

4° Pour procéder aux opérations d'identification à la demande des officiers de police judiciaire de la police nationale ou de la gendarmerie nationale en vertu des dispositions de l'article 78-3 du code de procédure pénale.

Art. 8-1 *(Décr. n° 2015-1580 du 2 déc. 2015, art. 10)* I. — Les officiers de police judiciaire de la police nationale ou de la gendarmerie nationale et les agents des douanes mentionnés à l'article précédent sont destinataires des résultats des opérations d'identification dont ils ont demandé la réalisation en vue des finalités définies à l'article 1er dans le cadre et pour les besoins exclusifs des procédures judiciaires dont ils sont saisis.

II. — Les officiers de police judiciaire de la police nationale ou de la gendarmerie nationale sont destinataires des résultats des opérations d'identification dont ils ont demandé la réalisation à raison de leurs attributions, dans le cadre et pour les besoins exclusifs :

1° Des recherches aux fins d'identification des personnes décédées effectuées en application des articles L. 2223-42 du code général des collectivités territoriales et 87 du code civil et du décret n° 2012-125 du 30 janvier 2012 relatif à la procédure extrajudiciaire d'identification des personnes décédées ;

2° Des procédures d'identification prévues aux articles L. 611-1-1, L. 611-3 et L. 611-4 du code de l'entrée et du séjour des étrangers et du droit d'asile dont ils sont saisis ;

3° Des mesures de vérification d'identité de l'article 78-3 du code de procédure pénale.

Art. 9 Le fichier prévu au présent décret ne peut faire l'objet d'aucune interconnexion, rapprochement ou d'aucune autre forme de mise en relation *(Décr. n° 2015-1580 du 2 déc. 2015, art. 11)* « avec un autre traitement automatisé de données à caractère personnel, à l'exception du traitement visé à l'article 48-1 du code de procédure pénale aux seules fins d'alimentation et de mise à jour du fichier prévu par le présent décret. »

Art. 9-1 *(Décr. n° 2011-157 du 7 févr. 2011)* Par dérogation aux articles 8 et 9, les données enregistrées dans le fichier automatisé des empreintes digitales *(Décr. n° 2015-1580 du 2 déc. 2015, art. 12)* « , à l'exclusion de celles enregistrées au titre du 6° de l'article 3, » peuvent être consultées, en vue notamment de faire l'objet de rapprochements, par les agents d'organismes de coopération internationale en matière de police judiciaire ou par les agents des services de police ou de justice d'États étrangers, aux fins et dans les conditions prévues :

1° Par le traité relatif à l'approfondissement de la coopération transfrontalière, notamment en vue de lutter contre le terrorisme, la criminalité transfrontalière et la migration illégale, signé à Prüm le 27 mai 2005 ;

2° Par tout acte pris en application du titre V du traité sur le fonctionnement de l'Union européenne et poursuivant des buts analogues, en tout ou partie, à ceux du traité mentionné au 1° ;

3° Par tout engagement liant, aux fins et dans les conditions définies *(Décr. n° 2015-1580 du 2 déc. 2015, art. 12)* « à l'article L. 235-1 du code de la sécurité intérieure », la France à des organismes internationaux ou à des États étrangers, lorsque ces organismes et ces États assurent à la vie privée, aux libertés et aux droits fondamentaux des personnes à l'égard de données à caractère personnel un niveau de protection suffisant au sens de l'article 68 de la loi n° 78-17 du 6 janvier 1978 relative à l'informatique, aux fichiers et aux libertés.

Art. 9-2 *(Décr. n° 2011-157 du 7 févr. 2011)* Sous réserve des règles particulières prévues par les actes et accords mentionnés aux 2° et 3° de l'article 9-1, les opérations réalisées en vertu de ces dispositions :

1° Sont le fait d'agents spécialement habilités à cet effet par les organismes internationaux ou États requérants ;

2° Font l'objet, de la part de ces agents, de demandes préalables motivées ;

3° Donnent lieu à la mise en place, par le gestionnaire du traitement, d'un dispositif permettant de retracer, par enregistrement informatique, la consultation du fichier.

Art. 9-3 *(Décr. n° 2015-1580 du 2 déc. 2015, art. 13)* Le présent décret, dans sa rédaction résultant du *(Décr. n° 2020-1777 du 30 déc. 2020, art. 4, en vigueur le 1er janv. 2021)* « décret n° 2020-1777 du 30 décembre 2020 », est applicable en Nouvelle-Calédonie, en Polynésie française et dans les îles Wallis-et-Futuna, sous réserve des adaptations suivantes :

1° Pour l'application des articles 3, 8 et 8-1 en Nouvelle-Calédonie :

a) La référence à l'article L. 2223-42 du code général des collectivités territoriales est remplacée par la référence à l'article L. 362-1 du code des communes de la Nouvelle-Calédonie ;

b) Les références aux articles L. 611-1-1, L. 611-3 et L. 611-4 du code de l'entrée et du séjour des étrangers et du droit d'asile sont remplacées par les références aux articles 9 et 11 de l'ordonnance n° 2002-388 du 20 mars 2002 relative aux conditions d'entrée et de séjour des étrangers en Nouvelle-Calédonie ;

2° Pour l'application des articles 8 et 8-1 en Polynésie française, les références aux articles L. 611-1-1, L. 611-3 et L. 611-4 du code de l'entrée et du séjour des étrangers et du droit d'asile sont remplacées par les références aux articles 9 et 11 de l'ordonnance n° 2000-372 du 26 avril 2000 relative aux conditions d'entrée et de séjour des étrangers en Polynésie française ;

3° Pour l'application des articles 3, 8 et 8-1 dans les îles Wallis-et-Futuna :

a) La référence à l'article L. 2223-42 du code général des collectivités territoriales est remplacée par la référence à l'article 814-2 du code de procédure pénale ;

b) Les références aux articles L. 611-1-1, L. 611-3 et L. 611-4 du code de l'entrée et du séjour des étrangers et du droit d'asile sont remplacées par les références aux articles 8 et 10 de l'ordonnance n° 2000-371 du 26 avril 2000 relative aux conditions d'entrée et de séjour des étrangers dans les îles Wallis-et-Futuna. — *Art. renuméroté par Décr. n° 2011-157 du 7 févr. 2011.*

V. Délib. n°s 2010-194 du 20 mai 2010 (JO 9 févr.) et 2015-153 du 21 mai 2015 (JO 4 déc.) de la Commission nationale de l'informatique et des libertés portant avis sur les projets de décrets en Conseil d'État modifiant le Décr. n° 87-249 du 8 avr. 1987 relatif au fichier automatisé des empreintes digitales.

Art. 78-6 *(L. n° 99-291 du 15 avr. 1999 ; L. n° 2001-1062 du 15 nov. 2001)* **« Les agents de police judiciaire adjoints mentionnés aux 1° *bis*, 1° *ter*, 1° *quater* et 2° de l'article 21 » sont habilités à relever l'identité des contrevenants pour dresser les procès-verbaux concernant des contraventions aux arrêtés de police du maire, des contraventions au code de la route que la loi et les règlements les autorisent à verbaliser ou des contraventions qu'ils peuvent constater en vertu d'une disposition législative expresse.**

Si le contrevenant refuse ou se trouve dans l'impossibilité de justifier de son identité, *(L. n° 2001-1062 du 15 nov. 2001)* **« l'agent de police judiciaire adjoint mentionné au premier alinéa » en rend compte immédiatement à tout officier de police judiciaire de la police nationale ou de la gendarmerie nationale territorialement compétent, qui peut alors lui ordonner sans délai de lui présenter sur-le-champ le contrevenant** *(L. n° 2017-258 du 28 févr. 2017, art. 17)* **« ou de retenir celui-ci pendant le temps nécessaire à son arrivée ou à celle d'un agent de police judiciaire agissant sous son contrôle ». A défaut de cet ordre,** *(L. n° 2001-1062 du 15 nov. 2001)* **« l'agent de police judiciaire adjoint mentionné au premier alinéa » ne peut retenir le contrevenant.** *(L. n° 2017-258 du 28 févr. 2017, art. 17)* **« Pendant le temps nécessaire à l'information et à la décision de l'officier de police judiciaire, le contrevenant est tenu de demeurer à la disposition d'un agent mentionné au même premier alinéa. La violation de cette obligation est punie de deux mois d'emprisonnement et de 7 500 € d'amende. » Lorsque l'officier de police judiciaire décide de procéder à une vérification d'identité, dans les conditions prévues à l'article 78-3, le délai prévu au troisième alinéa de cet article court à compter du relevé d'identité.**

Pour le fichier des véhicules volés et celui des objets et des véhicules signalés (FOVeS), V. C. route, ss. art. L. 330-8.

Code de la sécurité intérieure

(Ord. n° 2012-351 du 12 mars 2012)

TITRE III. TRAITEMENTS AUTOMATISÉS DE DONNÉES PERSONNELLES ET ENQUÊTES ADMINISTRATIVES

CHAPITRE III. *CONTRÔLE AUTOMATISÉ DES DONNÉES SIGNALÉTIQUES DES VÉHICULES*

Art. L. 233-1 Afin de prévenir et de réprimer le terrorisme, de faciliter la constatation des infractions s'y rattachant, de faciliter la constatation des infractions criminelles ou liées à la criminalité organisée au sens *(L. n° 2016-731 du 3 juin 2016, art. 45)* « des articles 706-73 et 706-73-1 » du code de procédure pénale, des infractions de vol et de recel de véhicules volés, des infractions de contrebande, d'importation ou d'exportation commises en bande organisée, prévues et réprimées par le *(L. n° 2014-315 du 11 mars 2014, art. 14)* « dernier » alinéa de l'article 414 du code des douanes, ainsi que la constatation, lorsqu'elles portent sur des fonds provenant de ces mêmes infractions, de la réalisation ou de la tentative de réalisation des opérations financières définies à l'article 415 du même code et afin de permettre le rassemblement des preuves de ces infractions et la recherche de leurs auteurs, les services de police et de gendarmerie nationales et des douanes peuvent mettre en œuvre des dispositifs fixes ou mobiles de contrôle automatisé des données signalétiques des véhicules prenant la photographie de leurs occupants, en tous points appropriés du territoire, en particulier dans les zones frontalières, portuaires ou aéroportuaires ainsi que sur les grands axes de transit national ou international.

L'emploi de tels dispositifs est également possible par les services de police et de gendarmerie nationales, à titre temporaire, pour la préservation de l'ordre public, à l'occasion d'événements particuliers ou de grands rassemblements de personnes, par décision de l'autorité administrative. — *[L. n° 2003-239 du 18 mars 2003, art. 26, al. 1er et 2.]*

Art. L. 233-1-1 *(L. n° 2016-1547 du 18 nov. 2016, art. 35)* Afin de faciliter la constatation des infractions au code de la route, permettre le rassemblement des preuves de ces infractions et la recherche de leurs auteurs ainsi que mettre en œuvre les dispositions de l'article L. 121-4-1 du code de la route, les services de police et de gendarmerie nationales peuvent mettre en œuvre des dispositifs fixes ou mobiles de contrôle automatisé des données signalétiques des véhicules prenant la photographie de leurs occupants, en tous points appropriés du territoire.

Art. L. 233-2 Pour les finalités mentionnées *(L. n° 2016-1547 du 18 nov. 2016, art. 35)* « aux articles L. 233-1 et L. 233-1-1 », les données à caractère personnel collectées à l'occasion des contrôles susmentionnés peuvent faire l'objet de traitements automatisés mis en œuvre par les services de police et de gendarmerie nationales et les services des douanes et soumis aux dispositions de la loi n° 78-17 du 6 janvier 1978 relative à l'informatique, aux fichiers et aux libertés.

Ces traitements comportent une consultation du traitement automatisé des données relatives aux véhicules volés ou signalés ainsi que du système d'information Schengen.

(L. n° 2016-1547 du 18 nov. 2016, art. 35) « Ces traitements comportent également une consultation du traitement automatisé de données du système d'immatriculation des véhicules, du traitement automatisé du système de contrôle automatisé ainsi que des traitements de données relatives à l'assurance des véhicules. »

Afin de permettre cette consultation, les données collectées sont conservées durant un délai maximum de *(L. n° 2016-731 du 3 juin 2016, art. 104)* « quinze » jours au-delà duquel elles sont effacées dès lors qu'elles n'ont donné lieu à aucun rapprochement positif avec les traitements mentionnés au précédent alinéa. Durant cette période de *(L. n° 2016-731 du 3 juin 2016, art. 104)* « quinze » jours, la consultation des données n'ayant pas fait l'objet d'un rapprochement positif avec ces traitements est interdite, sans préjudice des nécessités de leur consultation pour les besoins d'une procédure pénale ou douanière. Les données qui font l'objet d'un rapprochement positif avec ces mêmes traitements sont conservées pour une durée d'un mois sans préjudice des nécessités de leur conservation pour les besoins d'une procédure pénale ou douanière.

Aux fins de prévenir et de réprimer les actes de terrorisme et de faciliter la constatation des infractions s'y rattachant, les agents individuellement désignés et dûment habilités des services de police et de gendarmerie nationales spécialement chargés de ces missions peuvent avoir accès à ces traitements. — *[L. n° 2003-239 du 18 mars 2003, art. 26, al. 3 à 6.]*

....

CHAPITRE V. *COOPÉRATION INTERNATIONALE EN MATIÈRE D'ACCÈS AUX TRAITEMENTS AUTOMATISÉS DE DONNÉES PERSONNELLES*

Art. L. 235-1 Les données contenues dans les traitements automatisés de données à caractère personnel gérés par les services de police et de gendarmerie nationales peuvent être transmises, dans le cadre des engagements internationaux régulièrement introduits dans l'ordre juridique interne, à des organismes de coopération internationale en matière de police judiciaire ou à des services de police étrangers, qui représentent un niveau de protection suffisant de la vie privée, des libertés et des droits fondamentaux des personnes à l'égard du traitement dont ces données font l'objet ou peuvent faire l'objet. Le caractère suffisant du niveau de protection assuré par un État s'apprécie en fonction notamment des dispositions en vigueur dans cet État, des mesures de sécurité qui y sont appliquées, des caractéristiques propres du traitement, telles que ses fins et sa durée, ainsi que de la nature, de l'origine et de la destination des données traitées.

Les services de police et de gendarmerie nationales peuvent recevoir des données contenues dans les traitements gérés par les organismes de coopération internationale en matière de police judiciaire ou les services de police étrangers dans le cadre des engagements prévus au présent article. – *[L. n° 2003-239 du 18 mars 2003, art. 24.]*

Art. 78-7 *(L. n° 2016-339 du 22 mars 2016, art. 8)* **Sans préjudice des prérogatives des procureurs territorialement compétents, le procureur de la République du lieu où se situe la gare de départ d'un véhicule de transport ferroviaire de voyageurs peut, en vue des contrôles et des vérifications mis en œuvre dans ce véhicule sur son trajet, prendre les réquisitions et les instructions prévues au sixième alinéa de l'article 78-2 et à l'article 78-2-2.**

Lorsque la gare de départ se situe hors du territoire national, sans préjudice des prérogatives des procureurs territorialement compétents, les réquisitions et les instructions mentionnées au premier alinéa du présent article peuvent être prises par le procureur de la République du lieu où se situe la gare d'arrivée.

Les procureurs des lieux où le train marque un arrêt en sont informés.

Lorsque les gares de départ et d'arrivée se situent hors du territoire national, sans préjudice des prérogatives des procureurs territorialement compétents, les réquisitions et les instructions mentionnées au même premier alinéa peuvent être prises par le procureur de la République du lieu du premier arrêt du train en France. Les procureurs des autres lieux où le train marque un arrêt en sont informés.

BIBL. ▶ Rousseau, *Dr. pénal 2016. 9* (commentaire de la loi du 22 mars 2016).

TITRE TROISIÈME DES JURIDICTIONS D'INSTRUCTION

BIBL. GÉN. ▶ Guéry, *D. 2007. Chron. 603* (les pouvoirs de la chambre de l'instruction et la liberté du magistrat instructeur) ; *AJ pénal 2007. 105* (loi du 5 mars 2007 et instruction préparatoire). – Legrand, *AJ pénal 2006. 533* (regard critique sur les propositions de réforme de l'instruction). – Divier, *D. 2004. 2948* (l'instruction pénale française à l'épreuve du « procès équitable » européen).

▶ **Dossier :** *AJ pénal 2004. 346 s.* (l'instruction depuis la loi Perben II).

CHAPITRE PREMIER DU JUGE D'INSTRUCTION : JURIDICTION D'INSTRUCTION DU PREMIER DEGRÉ

La L. n° 2007-291 du 5 mars 2007 tendant à renforcer l'équilibre de la procédure pénale avait prévu, en son chapitre I, la création de pôles de l'instruction. L'entrée en vigueur de ce texte, définie par l'art. 30-II de la loi, a été successivement reportée par les L. n° 2009-526 du 12 mai 2009, art. 136, L. n° 2010-1657 du 29 déc. 2010, art. 163, L. n° 2013-1278 du 29 déc. 2013, art. 129, et L. n° 2014-1654 du 29 déc. 2014, art. 98, avant que le dispositif ne soit abrogé par la L. n° 2016-1547 du 18 nov. 2016, art. 25.

RÉP. PÉN. v[is] *Instruction préparatoire*, par Guéry ; *Juge d'instruction*, par Belfanti.

BIBL. ▶ Ambroise-Castérot, *Mél. Guinchard : « Justice et droit du procès », éd. Dalloz. 2010, p. 887* (droits de la défense et secret de l'instruction). – Bolze, *RSC 1982. 311* (refus d'informer). – Couronne-Palat, *D. 2002. 918* (réouverture de l'instruction sur charges nouvelles : l'impossibilité de réentendre le prévenu renvoyé devant le tribunal correctionnel). – Detraz, *RPDP 2005. 179* (l'innocence à l'épreuve de la décision de non-lieu). – Génin-Méric, *RSC 1980. 77* (délai raisonnable). – Goulesque et Michaud, *RSC 1974. 148* (juge d'instruction et inculpé) ; *ibid. 1976. 805* (juge d'instruction et victime d'infraction) ; *ibid. 1043* (juge d'instruction et avocat) ; *ibid. 903* (juge d'instruction et procureur de la République). – Guéry, *JCP 1998. I. 140 ; Dr. pénal 1997. Chron. 24* (mise en examen). – Guyénot, *RSC 1963. 279* (dessaisissement). – Guéry, *D. 2006. Point de vue 1556* (détention provisoire et culpabilité). – Hugueney, *RSC 1952. 195* (droits de la défense). – de Lamy, *Dr. pénal 2007. Étude 13* (le JLD : un trompe-l'œil ?) ; *JCP 2008. I. 121* (réflexions sur la mise en œuvre des pôles d'instruction au regard des droits fondamentaux). – Levasseur, *RSC 1959. 297*. – Merle, *Mél. Hugueney, p. 111* (inculpation) ; *RSC*

1970. 1 (droit comparé). – Perrier, *AJ pénal 2017. 158* (délais). – Philonenko, *RSC 1954. 354* (charges nouvelles). – Stefani, *Mél. Hugueney, p. 136* (l'acte d'instruction). – Vialatte, *JCP 1964. I. 1866* (actes du juge d'instruction).

▶ **Dossier :** Le juge d'instruction doit-il disparaître ?, *AJ pénal 2010. 421 s.*

SECTION PREMIÈRE DISPOSITIONS GÉNÉRALES

Art. 79 L'instruction préparatoire est obligatoire en matière de crime ; sauf dispositions spéciales, elle est facultative en matière de délit ; elle peut également avoir lieu en matière de contravention si le procureur de la République le requiert en application de l'article 44.

1. Contraventions. S'il résulte de l'art. 79 que la victime d'une contravention ne peut, par une constitution de partie civile, provoquer l'ouverture d'une information, droit réservé par cet article au procureur de la République, aucun texte pénal n'interdit à la victime de se constituer partie civile au cours d'une information ouverte sur réquisition du procureur. • Crim. 28 oct. 1974, n° 74-91.732 P : *RSC 1975. 433, obs. J. Robert.* ♦ Il s'ensuit que cette personne jouit de tous les droits reconnus à la partie civile, notamment de ceux de relever appel d'une ordonnance de non-lieu et d'obtenir de la chambre d'accusation, si cet appel est fondé, le renvoi de l'inculpé devant le tribunal de police pour qu'il soit statué tant sur l'action publique que sur l'action civile. • Même arrêt.

2. Il résulte de la combinaison des art. 79 et 85 qu'en matière de contraventions, le procureur de la République a seul le droit de provoquer l'ouverture d'une information en application de l'art. 44. Il s'en déduit que la partie civile ne peut mettre l'action publique en mouvement pour une contravention que, soit en portant plainte de ce chef, soit en intervenant aux mêmes fins dans une instruction en cours. • Crim. 20 nov. 1979, n° 79-91.409 P : *RSC 1980. 730, obs. J. Robert.*

3. Douanes. L'art. 343 C. douanes n'interdit pas au procureur de la République de saisir le juge d'instruction de délits de droit commun et des infractions douanières qui leur sont connexes. Justifie dès lors sa décision la chambre de l'instruction qui écarte l'exception de nullité du réquisitoire introductif prise de ce que les contraventions douanières de 3e classe ne font encourir que des pénalités fiscales. • Crim. 2 avr. 2008 : *AJ pénal 2008. 333*.

Art. 80 *(L. n° 2007-291 du 5 mars 2007, art. 6-II)* **« I. — » Le juge d'instruction ne peut informer qu'en vertu d'un réquisitoire du procureur de la République** *(Abrogé par L. n° 93-2 du 4 janv. 1993)* **« , *même s'il a procédé en cas de crime ou de délit flagrant* ».**

(L. n° 93-1013 du 24 août 1993) **« Le réquisitoire peut être pris contre personne dénommée ou non dénommée. »**

Lorsque des faits, non visés au réquisitoire, sont portés à la connaissance du juge d'instruction, celui-ci doit immédiatement communiquer au procureur de la République les plaintes ou les procès-verbaux qui les constatent. *(L. n° 99-515 du 23 juin 1999)* **« Le procureur de la République peut alors soit requérir du juge d'instruction, par réquisitoire supplétif, qu'il informe sur ces nouveaux faits, soit requérir l'ouverture d'une information distincte, soit saisir la juridiction de jugement, soit ordonner une enquête, soit décider d'un classement sans suite ou de procéder à l'une des mesures prévues aux articles 41-1 à 41-3, soit transmettre les plaintes ou les procès-verbaux au procureur de la République territorialement compétent. Si le procureur de la République requiert l'ouverture d'une information distincte, celle-ci peut être confiée au même juge d'instruction, désigné dans les conditions prévues au premier alinéa de l'article 83. »**

En cas de plainte avec constitution de partie civile, il est procédé comme il est dit à l'article 86. *(L. n° 99-515 du 23 juin 1999)* **« Toutefois, lorsque de nouveaux faits sont dénoncés au juge d'instruction par la partie civile en cours d'information, il est fait application des dispositions de l'alinéa qui précède. »**

(L. n° 2007-291 du 5 mars 2007, art. 6-II) **« II. — En matière criminelle,** *(L. n° 2021-1729 du 22 déc. 2021, art. 7)* **« lorsque la gravité ou la complexité de l'affaire le justifie » ainsi que lorsqu'il requiert une cosaisine, le procureur de la République près le tribunal judiciaire au sein duquel il n'y a pas de pôle de l'instruction est compétent pour requérir l'ouverture d'une information devant les magistrats du pôle territorialement compétents pour les infractions relevant de sa compétence en application de l'article 43, y compris en faisant déférer devant eux les personnes concernées.**

« Dans les cas prévus au premier alinéa, le réquisitoire introductif peut également être pris par le procureur de la République près le tribunal judiciaire au sein duquel se trouve le pôle, qui est à cette fin territorialement compétent sur l'ensemble du ressort de compétence de ce pôle, y compris pour diriger et contrôler les enquêtes de police judiciaire.

« Le procureur de la République près ce tribunal judiciaire est seul compétent pour suivre le déroulement des informations visées aux alinéas précédents jusqu'à leur règlement.

« En cas de renvoi devant la juridiction de jugement, l'affaire est renvoyée, selon le cas, devant *(Abrogé par L. n° 2011-1862 du 13 déc. 2011, art. 2-IV et 70, à compter du 1er juill. 2017) « la juridiction de proximité, »* **le tribunal de police, le tribunal correctionnel, le tribunal pour enfants ou la cour d'assises initialement compétents.**

(L. n° 2019-222 du 23 mars 2019, art. 95-II-3° et 109-XXIII, en vigueur le 1er janv. 2020) **« II *bis*. — Le procureur de la République près le tribunal judiciaire dans lequel il n'y a pas de juge d'instruction est compétent pour requérir l'ouverture d'une information devant le ou les juges d'instruction du tribunal judiciaire compétents en application du deuxième alinéa ou des quatrième et avant-dernier alinéas de l'article 52-1, y compris en faisant déférer devant eux les personnes concernées.**

« Dans les cas prévus au premier alinéa du présent II *bis*, le réquisitoire introductif peut également être pris par le procureur de la République près le tribunal judiciaire au sein duquel se trouvent le ou les juges d'instruction et qui est à cette fin territorialement compétent sur l'ensemble du ressort de compétence de sa juridiction en matière d'information, y compris pour diriger et contrôler les enquêtes de police judiciaire.

« Le procureur de la République près ce tribunal judiciaire est seul compétent pour suivre le déroulement des informations mentionnées aux deux premiers alinéas du présent II *bis* jusqu'à leur règlement.

« En cas de renvoi devant la juridiction de jugement, l'affaire est renvoyée, selon le cas, devant le tribunal de police, le tribunal correctionnel, le tribunal pour enfants ou la cour d'assises initialement compétents.

« III. — Si le procureur de la République près le tribunal judiciaire dans lequel il y a un ou plusieurs juges d'instruction ou dans lequel il y a un pôle de l'instruction constate qu'une personne est déférée devant lui en vue de l'ouverture d'une information en application du deuxième alinéa du II ou en application du deuxième alinéa du II *bis* et qu'il estime que ne doit être ouverte aucune information ou que ne doit être ouverte aucune information relevant de la compétence du pôle *[ancienne rédaction : Si le procureur de la République près le tribunal de grande instance dans lequel il y a un pôle de l'instruction constate qu'une personne est déférée devant lui en vue de l'ouverture d'une information en application du deuxième alinéa du II et qu'il estime qu'aucune information relevant de la compétence du pôle ne doit être ouverte]* **», il peut, avant de transmettre le dossier de la procédure au procureur de la République territorialement compétent, requérir le placement sous contrôle judiciaire ou en détention provisoire de la personne selon les modalités prévues par le** *(L. n° 2019-222 du 23 mars 2019, art. 60)* **« dernier » alinéa de l'article 394 et l'article 396. Si la personne est placée en détention provisoire, elle doit comparaître devant le procureur de la République territorialement compétent au plus tard le** *(L. n° 2019-222 du 23 mars 2019, art. 60)* **« cinquième » jour ouvrable suivant. A défaut, elle est mise d'office en liberté. »**

V. note au-dessus de l'art. 39.

BIBL. ▶ MICHAUD, *RSC 1972. 180* (réquisitoire nominatif).

I. DOCUMENTS PRÉALABLES AU RÉQUISITOIRE

1. Douanes. Justifie sa décision la chambre d'accusation qui annule l'ensemble des actes d'instruction relatifs à un délit cambiaire après avoir constaté qu'aucune plainte n'était parvenue au ministère public avant l'ouverture de l'information par celui-ci ; en effet, lorsque l'administration des douanes ne prend pas l'initiative d'une citation directe, la poursuite d'un tel délit ne peut être exercée, aux termes de l'art. 458 C. douanes, que sur la plainte du ministre de l'économie et des finances ou de l'un de ses représentants habilités à cet effet. • Crim. 3 janv. 1985, ☎ n° 83-93.690 P.

2. La lettre par laquelle un agent habilité de l'administration des douanes demande au procureur de la République de donner à la plainte qui y est annexée les suites que celle-ci doit comporter manifeste sans ambiguïté ni équivoque la volonté de son auteur de voir engager des poursuites judiciaires et satisfait aux exigences de l'art. 458 C. douanes. • Crim. 3 nov. 1982, n° 82-91.529 P.

3. Appréciation de la saisie in rem. La chambre d'accusation, qui analyse souverainement les pièces annexées au réquisitoire introductif – en l'espèce un rapport de police circonstancié faisant état d'un réseau de trafic de stupéfiants –, peut conclure que la saisine du magistrat instructeur, quant aux faits, est déterminée par ce rapport, et qu'il est suffisamment précis, quant aux activités délictuelles en cause, pour écarter l'existence d'un artifice ou d'un stratagème. • Crim. 4 août 1998, n° 98-82.622 P. ♦ Le simple visa, dans le réquisitoire introductif, des pièces qui y sont jointes équivaut à une analyse desdites pièces, analyse qui est laissée à l'appréciation souveraine de la chambre d'accusation. • Crim. 29 sept. 1992, n° 92-83.464 P.

II. VALIDITÉ ET EFFETS DU RÉQUISITOIRE

A. VALIDITÉ DU RÉQUISITOIRE

1° CONTESTATION DE LA VALIDITÉ DU RÉQUISITOIRE

4. L'invocation de la nullité d'un réquisitoire introductif doit être soulevée devant les premiers juges, avant toute défense au fond. • Crim. 19 oct. 1995, n° 94-81.397.

5. La chambre de l'instruction apprécie souverainement les pièces précédant le réquisitoire introductif et le contrôle de la Cour de cassation consiste à s'assurer que cet acte satisfait en la forme aux conditions essentielles de son existence légale. • Crim. 20 nov. 2002, n° 02-85.406.

6. Infraction future. Le procureur tient des art. 40, 41 et 80 le droit de requérir l'ouverture d'une information au vu de tout renseignement dont il est destinataire et le réquisitoire introductif ne peut être annulé que s'il ne satisfait pas en la forme aux conditions essentielles de son existence légale ; n'a pas à être annulé le réquisitoire fondé sur des pièces laissant à penser que, dans l'avenir, des infractions à la législation sur les stupéfiants pourraient être commises. • Crim. 5 juin 2002, n° 01-87.656 P : *D. 2003. Somm. 35, obs. Pradel ; JCP 2002. IV. 2368 ; RSC 2002. 840, obs. Commaret .*

2° APPRÉCIATION DE LA VALIDITÉ DU RÉQUISITOIRE

7. Date du réquisitoire. La date du réquisitoire introductif étant une mention substantielle de cet acte, le réquisitoire non daté est nul. • Crim. 23 avr. 1971, n° 70-92.577 P.

8. Signature du réquisitoire. La signature d'un réquisitoire, rédigé de la main du magistrat compétent du parquet, qu'elle soit lisible ou non, est un signe personnel qui a pour effet d'identifier l'auteur de ces réquisitions. • Crim. 11 juill. 1973, n° 73-91.530 P • 3 juill. 1990, n° 90-82.418 P.

9. Usage de formules imprimées. Aucune disposition de la loi n'interdit pour les réquisitoires introductifs l'usage de formules imprimées. La signature du procureur de la République confère l'authenticité à toutes les énonciations manuscrites ou imprimées du réquisitoire. • Crim. 2 févr. 1927 : *Bull. crim. n° 54.*

10. Renseignements communiqués au parquet. Les renseignements régulièrement communiqués au procureur de la République, faisant présumer l'existence d'une infraction, et joints sous forme de copies au réquisitoire introductif, ne sont astreints à aucune condition de forme. • Crim. 28 janv. 1992, n° 90-84.940 P. ♦ Rappr. : • Crim. 21 févr. 1995, n° 94-83.336 P : *D. 1995. Somm. 321, obs. Pradel .*

11. Indifférence de l'irrecevabilité de la constitution de partie civile. L'action publique est valablement mise en mouvement par le réquisitoire introductif du procureur de la République alors même que la constitution de partie civile aurait été déclarée irrecevable. Il n'en serait autrement que si cette mise en mouvement de l'action publique était subordonnée au dépôt d'une plainte préalable. • Crim. 8 nov. 1983, n° 83-92.677 P.

12. Irrégularité ultérieure de certains documents. Le réquisitoire introductif demeure valable, lorsque certains documents annexés ou visés sont par la suite reconnus irréguliers et annulés, si le procureur de la République a pu formuler ses réquisitions abstraction faite de ces documents. • Crim. 25 mai 1927 : *Bull. crim. n° 131.*

13. Disparition de pièces. Si, selon l'art. 80, le juge d'instruction ne peut informer qu'en vertu d'un réquisitoire du procureur de la République, la disparition de cette pièce ne saurait constituer une cause de nullité dès lors que les mentions portées sur d'autres actes établissent son existence et en reproduisent la teneur. • Crim. 15 nov. 1993, n° 93-83.322 P : *D. 1994. Somm. 188, obs. Pradel .*

14. Infractions en matière de presse. En matière d'infractions à la loi sur la presse où le réquisitoire introductif doit articuler et qualifier les provocations, outrages, diffamations et injures, avec indication des textes dont l'application est demandée à peine de nullité du réquisitoire, en vertu de l'art. 50 de la loi du 29 juill. 1881, cet article n'exige pas cependant que l'écrit incriminé soit reproduit littéralement dans le réquisitoire et il suffit que cet écrit y soit désigné avec précision. • Crim. 17 mars 1981, n° 79-93.291 P.

B. EFFETS DU RÉQUISITOIRE

1° ÉTENDUE DE LA SAISINE DU JUGE D'INSTRUCTION

15. ... Quant aux infractions. Le juge d'instruction n'a à instruire que sur les faits expressément indiqués dans l'acte qui le saisit. • Crim. 10 mai 1973, n° 73-90.372 P. ♦ Le juge d'instruction étant saisi « *in rem* », sa saisine englobe toutes les circonstances susceptibles d'aggraver les peines encourues par l'auteur, les circonstances dans lesquelles les faits ont été commis ne constituant pas en elles-mêmes des faits nouveaux. • Crim. 18 janv. 1983, n° 80-93.631 P. ♦ Ainsi le juge d'instruction qui modifie l'inculpation d'homicide volontaire en tentative d'assassinat n'est pas tenu de communiquer la procédure au parquet pour pouvoir retenir les circonstances aggravantes de préméditation ou de guet-apens. • Crim. 27 juill. 1970, n° 69-92.968 P. ♦ Le juge d'instruction, saisi des circonstances de la mort d'une personne, peut requalifier les faits, qualifiés d'homicide involontaire dans le réquisitoire introductif, en meurtre. • Crim. 16 déc. 2020, n° 20-83.773 P. ♦ Le visa, dans le réquisitoire introductif, des pièces qui y sont jointes équivaut à une analyse desdites pièces, lesquelles déterminent, par les indications qu'elles contiennent, l'objet exact et l'étendue de la saisine du juge d'instruction. • Crim. 8 juin 2005, n° 05-82.012 P : *JCP 2005. IV. 2691.*

16. Faits nouveaux. Le juge d'instruction est tenu, aux termes de l'art. 80, de communiquer immédiatement au procureur de la République les procès-verbaux constatant des faits non visés au réquisitoire introductif ; dès lors, n'encourt pas la censure l'arrêt constatant que le juge d'instruction a transmis à ce magistrat, le jour même où il les a reçues, les pièces d'exécution de la commission rogatoire révélant des faits nouveaux de trafic de stupéfiants après vérification par les officiers de police judiciaire de leur vraisemblance, sans recours à des moyens coercitifs. • Crim. 6 janv. 2015 : *D. actu. 29 janv. 2015, obs. Fucini.*

17. Le demandeur ne saurait se prévaloir d'une éventuelle exécution tardive de l'obligation faite au juge d'instruction, au 3e al. de l'art. 80, de communiquer immédiatement au procureur de la République les procès-verbaux et plaintes qui constatent des faits non visés au réquisitoire introductif, dès lors que les actes de nature coercitive ont été régulièrement mis en œuvre sur commission rogatoire du juge d'instruction pour établir les faits visés au réquisitoire introductif et que l'intéressé n'a été mis en examen qu'après la communication au procureur de la République des procès-verbaux constatant la commission des faits nouveaux. • Crim. 7 sept. 2021, n° 20-87.191 B : *D. actu. 28 sept. 2021, obs. Recotillet.*

18. Si l'art. 80 interdit au juge d'instruction d'informer sur des faits dont il n'a pas été saisi en vertu d'un réquisitoire du procureur de la République, ce texte ne met pas obstacle à ce qu'un inculpé soit entendu, dans les formes de la loi, sur des faits nouveaux apparaissant dans la procédure et dont il n'est ni établi ni soutenu qu'ils aient été l'objet de mesures d'instruction car il importe seulement que ces faits ne donnent pas lieu à inculpation ou à poursuites en l'état et que le procès-verbal qui les constate soit adressé immédiatement au procureur de la République pour lui permettre d'apprécier la suite à leur donner. • Crim. 25 juin 1984, n° 83-94.199 P • 10 mai 1994, n° 93-81.522 P.

19. Vérifications sommaires. Les pouvoirs accordés au juge d'instruction par l'art. 81, al. 1er et qui lui permettent de procéder, conformément à la loi, à tous les actes d'information qu'il juge utiles à la manifestation de la vérité, sont limités aux seuls faits dont il est régulièrement saisi en application des art. 80 et 86. Lorsque ce magistrat acquiert la connaissance de faits nouveaux, si l'art. 80 ne lui interdit pas, avant toute communication au procureur de la République, d'en consigner la substance dans un procès-verbal et, le cas échéant, d'effectuer d'urgence des vérifications sommaires pour en apprécier la vraisemblance, il ne peut, sans excéder ses pouvoirs, procéder à des actes qui, présentant un caractère cœrcitif, exigent la mise en mouvement préalable de l'action publique. • Crim. 6 févr. 1996, n° 95-84.041 P : *D. 1996. 198, note Pradel ; ibid. Somm. 262, obs. Pradel ; Justices 1996, n° 4, p. 286, chron. Rebut ; JCP 1996. II. 22634, note Chambon ; Procédures 1996. Comm. 94, obs. Buisson ; Dr. pénal 1996. Comm. 74, obs. Maron* • 30 mai 1996, n° 95-85.954 P : *RSC 1996. 880, obs. Dintilhac ; Dr. pénal 1996. Comm. 169 et 174, note Maron* • 1er déc. 1998, n° 98-83.566 P : *JCP 1999. I. 151, Chron. Maron* • 10 mai 2001 : *Procédures 2001. Comm. 180, obs. Buisson ; Dr. pénal 2002. chron. 7, obs. Marsat.* ♦ N'encourt pas la censure l'arrêt de la chambre de l'instruction ayant rejeté l'exception de nullité tirée de la violation, par les OPJ, des limites de la saisine initiale du juge d'instruction, dès lors que les moyens coercitifs à l'occasion desquels étaient apparus les indices de la commission de faits nouveaux avaient régulièrement été mis en œuvre pour établir les délits dont le juge d'instruction était saisi et dont ils étaient le prolongement (nouveaux faits se rapportant au même trafic de stupéfiants) ; les OPJ pouvaient d'autre part, lors de l'audition des personnes placées en garde à vue pour les délits dont était initialement saisi le juge d'instruction, effectuer des vérifications sommaires sur les faits nouveaux qu'ils avaient constatés, avant de transmettre les procès-verbaux les constatant au juge mandant. • Crim. 14 janv. 2014, n° 13-84.909 P : *AJ pénal 2014. 248, obs. Ascensi .* ♦ Sont réguliers les moyens coercitifs mis en œuvre pour établir les délits d'infraction à la législation sur les stupéfiants, d'association de malfaiteurs et de non-justification de ressources dont le juge d'instruction était saisi, en vue d'identifier les auteurs de l'approvisionnement du réseau et de la chaîne d'écoulement du trafic de cocaïne à partir du renseignement initial recueilli par les services de police, dont les faits d'infraction à la législation sur les stupéfiants et d'association de malfaiteurs, postérieurs aux réquisitoires introductif étaient le prolongement. • Crim. 10 avr. 2018, n° 17-85.301 P : *D. actu. 7 mai 2018, obs. Goetz ; RSC 2018. 725, note Delage*.

20. Dans le cadre d'une information ouverte pour viol, le fait d'interroger le mis en examen sur des faits de tentative d'assassinat, suite à des révélations faites par son fils devant les policiers, puis d'entendre comme témoin ce fils sur ses révélations excède de simples vérifications sommaires, ce dernier ayant été conduit à confirmer, hors la présence d'un avocat, ses déclarations incriminantes antérieurement reçues par les services de police. • Crim. 8 juin 2017, n° 17-80.709 P : *D. actu. 29 juin 2017, obs. Azoulay ; AJ pénal 2017. 406, obs. Oudoul*.

21. Sont justifiés par l'urgence des actes effectués sans aucune mesure cœrcitive et accomplis sous trois jours, consistant en auditions de témoins, vérifications auprès de l'administration fiscale et remises volontaires de documents, et constituant la consignation, dans des procès-verbaux, de la substance de faits nouveaux portés à la connaissance du magistrat instructeur ou de l'officier de police judiciaire. • Crim. 30 juin 1999, n° 99-81.426 P : *D. 1999. Somm. 326, obs. Pradel*.

22. Dans une information suivie pour abus de biens sociaux, après dénonciation de l'irrégularité d'une opération passée au nom d'une société avec un tiers, le juge d'instruction se trouve saisi de l'ensemble des conséquences financières de ladite opération. • Crim. 1er déc. 1998, n° 98-83.566 P. ♦ Dans une information suivie pour favoritisme, après dénonciation de l'irrégularité d'un marché de travaux publics, le juge d'instruction se trouve saisi de l'ensemble des actes irréguliers, notamment des avenants, antérieurs à sa saisine et se rattachant par un lien d'indivisibilité à ce marché. • Crim. 20 sept. 2000, n° 00-84.328 P.

23. Mais manque de base légale l'arrêt d'une chambre d'accusation qui déclare justifiés par *l'exécution d'une commission rogatoire*, bien que se rapportant à des faits non visés au réquisitoire introductif, l'interpellation et le placement en garde à vue de personnes par des officiers de police judiciaire. • Crim. 1er avr. 1998, n° 97-84.372 P : *RG proc. 1999. 90, Chron. Rebut.* ♦ ... De même, un juge d'instruction ne peut demander à des OPJ de procéder à des saisies de contrats, sur commissions rogatoires, se rapportant à des infractions à la législation du travail pour des faits dont il n'était pas saisi. • Crim. 24 nov. 1998, n° 98-83.247 P : *Procédures 1999. Comm. 106, obs. Buisson ; Dr. pénal 1999. Comm. 50, obs. Maron.* ♦ V. également, • Crim. 28 sept. 2005, n° 05-84.495 P : *AJ pénal 2005. 458, obs. Roussel*.

24. La chambre d'accusation analyse souverainement les pièces annexées au réquisitoire introductif qui ont déterminé la saisine du magistrat instructeur. • Crim. 13 mars 1997, n° 95-85.766 P • 8 juin 1999, n° 99-81.291 P • 8 juin 2005 : *préc. note 15.*

25. Le juge d'instruction n'est saisi de faits nouveaux dénoncés par une constitution de partie civile additionnelle que si le procureur requiert qu'il soit instruit sur ces faits. • Crim. 26 sept. 2000, n° 00-82.017 P : *D. 2000. IR 288 ; Dr. pénal 2001. Chron. 18, obs. Marsat* • 29 nov. 2000 : *Procédures 2001. Comm. 93, obs. Buisson.*

26. Faits indivisibles commis à l'étranger. Lorsque la compréhension du mécanisme de blanchiment ne peut être conçue à compter des seuls actes commis sur le territoire national, qui ne prennent sens qu'au regard de la mise en évidence des actes commis à l'étranger, ces actes étant indivisibles et constituant une opération unique, le juge d'instruction est autorisé à informer sur l'ensemble des faits, alors même que le réquisitoire n'aurait visé que les faits commis sur le territoire national. • Crim. 13 oct. 2020, n° 20-81.199 P : *D. actu. 24 nov. 2020, obs. Dominati ; RSC 2021. 132, obs. Delage*.

27. ... Quant aux personnes. Le réquisitoire introductif établi contre X. pour infractions à la législation sur les stupéfiants et qui se réfère à des pièces jointes signalant l'existence d'un trafic international, saisit le juge d'instruction de l'ensemble de ces faits et met ainsi en mouvement l'action publique contre tous ceux qui, à quelque titre que ce soit, ont participé à ce trafic. • Crim. 11 juill. 1972, n° 72-90.719 P.

28. Le juge d'instruction a l'obligation d'inculper, s'il veut l'entendre, la personne nommément désignée dans le réquisitoire introductif. • Crim. 14 févr. 1984, n° 83-94.762 P.

29. Lorsqu'une personne est nommément désignée dans le réquisitoire introductif, même sous la formule « X paraissant être ... », elle acquiert la qualité d'inculpé, indépendamment de la date à laquelle l'inculpation lui est notifiée par le juge d'instruction. • Crim. 5 nov. 1985, n° 84-94.458 P : *D. 1986. IR 303, obs. Pradel ; JCP 1986. II. 20685, note Jeandidier.*

2° IRRÉVOCABILITÉ DE LA SAISINE DU JUGE D'INSTRUCTION

30. Les réquisitions du procureur de la République tendant à restreindre l'étendue de la saisine du juge d'instruction en cours d'information sont inopérantes. • Crim. 24 mars 1977, n° 76-91.442 P. ♦ Le juge d'instruction est tenu de statuer par ordonnance de règlement sur tous les faits dont il a été régulièrement saisi. • Même arrêt.

Art. 80-1 *(L. n° 2000-516 du 15 juin 2000, art. 19, en vigueur le 1er janv. 2001)* **A peine de nullité, le juge d'instruction ne peut mettre en examen que les personnes à l'encontre desquelles il existe des indices graves ou concordants rendant vraisemblable qu'elles aient pu participer, comme auteur ou comme complice, à la commission des infractions dont il est saisi.**

Il ne peut procéder à cette mise en examen qu'après avoir préalablement entendu les observations de la personne ou l'avoir mise en mesure de les faire, en étant assistée par son avocat, soit dans les conditions prévues par l'article 116 relatif à l'interrogatoire de première comparution, soit en tant que témoin assisté conformément aux dispositions des articles 113-1 à 113-8.

Le juge d'instruction ne peut procéder à la mise en examen de la personne que s'il estime ne pas pouvoir recourir à la procédure de témoin assisté.

Concernant la mise en examen d'une personne pour le délit de diffamation ou d'injure, V. L. du 29 juill. 1881, art. 51. — ***C. pén.***

BIBL. ► GUÉRY, *JCP 2001. I. 359* (la mise en examen par le juge d'instruction après l'entrée en vigueur de la loi du 15 juin 2000). – LE CALVEZ, *D. 2002. Chron. 2277* (l'art. 80-1, al. 1er, du code de procédure pénale et la nullité de la mise en examen). – PORTERON, *AJ pénal 2005. 147* (nullités de la mise en examen).

I. NÉCESSITÉ D'INDICES GRAVES OU CONCORDANTS

1. Domaine d'application. Est irrecevable la requête aux fins d'annulation d'une mise en examen présentée sur le seul fondement de l'art. 80-1, al. 1er, lorsque le juge d'instruction a procédé à cette mise en examen en exécution d'un arrêt de la chambre de l'instruction ordonnant un supplément d'information. • Crim. 19 nov. 2013, n° 12-82.849 P.

2. Les mesures de sûreté ne peuvent être prononcées qu'à l'égard de la personne à l'encontre de laquelle il existe des indices graves ou concordants rendant vraisemblable qu'elle ait pu participer, comme auteur ou comme complice, à la commission des infractions dont le juge d'instruction est saisi. V. note 2 ss. art. 144.

3. Mise en examen d'une personne morale. Si le juge d'instruction doit rechercher par quel organe ou représentant le délit reproché à la personne morale a été commis pour son compte, cette obligation ne s'impose pas préalablement au prononcé de la mise en examen de celle-ci, laquelle résulte de la seule existence d'indices graves ou concordants rendant vraisemblable sa participation à la commission de l'infraction, l'information ayant, notamment, pour objet l'identification de la personne physique ayant engagé la responsabilité pénale de la personne morale. • Crim. 12 avr. 2016, n° 15-86.169 P : *D. actu. 18 mai 2016, obs. Fucini.*

4. Indifférence des éléments nouveaux. En confirmant le refus par le juge d'instruction de mettre en examen les intéressés du chef d'une nouvelle infraction, au motif de l'absence d'élément nouveau survenu depuis la mise en examen initiale, la chambre de l'instruction a ajouté à la loi une condition que celle-ci ne prévoit pas pour prononcer une mise en examen, alors que la circonstance qu'aucun élément nouveau n'a été recueilli entre la date de la mise en examen initiale et celle à laquelle le procureur de la République requiert une mise en examen supplétive ne saurait impliquer l'absence à l'encontre de la personne concernée d'indices graves ou concordants rendant vraisemblables la participation de celle-ci à la commission de l'infraction visée par le réquisitoire supplétif. • Crim. 12 juill. 2016, n° 16-82.692 P : *D. actu. 31 août 2016, obs. André ; AJ pénal 2016. 492, obs. Thierry.*

5. La chambre de l'instruction est tenue de prononcer l'annulation d'une mise en examen lorsqu'il a été procédé à celle-ci en l'absence d'indices graves ou concordants rendant vraisemblable que la personne mise en cause ait pu participer, comme auteur ou complice, à la commission de l'infraction dont le juge d'instruction était saisi. • Crim. 1er oct. 2003, n° 03-82.909 P : *D. 2003. IR 2805 ; ibid. 2004. Somm. 672, obs. Pradel ; JCP 2003. IV. 2892.* ♦ Une chambre de l'instruction ne peut, pour s'assurer de la régularité d'une mise en examen, se contenter de relever que deux réquisitoires supplétifs sur lesquels s'est appuyée la mesure répondent aux conditions de leur existence légale et que le juge d'instruction a, en procédant à la mise en examen, fait usage de ses prérogatives légales. • Crim. 7 nov. 2007 : *inédit.*

6. En retenant que n'était pas établi un lien de causalité certain entre les faits reprochés à l'intéressé et les dommages subis, et en annulant la mise en examen à défaut d'une telle certitude, alors qu'il lui appartenait seulement, à ce stade de la procédure, de contrôler si des éléments de l'information relatifs aux faits reprochés au mis en cause pendant la période de prévention, compte tenu de ses compétences, du pouvoir et des moyens dont il disposait, pouvait être déduite l'existence ou non d'indices graves ou concordants rendant vraisemblable, y compris au regard du lien de causalité, qu'il ait pu participer à la commission des faits d'homicides et de blessures involontaires dont le juge d'instruction était saisi, la chambre de l'instruction a méconnu l'art. 80-1. • Crim. 15 avr. 2015, n° 14-85.334 P : *D. actu. 18 mai 2015, obs. Gallois.*

7. Entraide judiciaire. Le juge français n'a pas qualité pour apprécier la régularité d'un acte (mise en examen sur commission rogatoire internationale d'un juge français par une juridiction polonaise) au regard de la législation étrangère, dès lors que, d'une part, l'appréciation du bien-fondé de la mise en examen relève du seul juge d'instruction de l'État requérant en charge de l'information judiciaire, et que, d'autre part, la Cour de cassation est en mesure de s'assurer que l'acte dont la nullité est alléguée n'a pas été accompli en violation des droits de la défense, ni d'aucun principe général du droit, en ce que la personne mise en examen est recevable à contester devant la chambre de l'instruction l'existence à son encontre d'indices graves ou concordants d'avoir commis les faits qui lui sont reprochés ou à demander au juge d'instruction de revenir sur sa décision et de lui octroyer le statut de témoin assisté. • Crim. 7 juin 2017, n° 16-87.114 P : *D. actu. 4 juill. 2017, obs. Azoulay ; AJ pénal 2017. 452, obs. Gallois.*

8. Mandat d'arrêt international. La chambre d'accusation est tenue d'examiner une demande d'annulation d'un mandat d'arrêt international déposée par une personne dans le cadre d'une procédure d'extradition quand bien même l'intéressé n'a pas encore été mis en examen, l'interrogatoire de première comparution n'ayant pas eu lieu. • Crim. 7 nov. 2000, n° 00-85.221 P : *D. 2001. IR 594.*

II. CAS D'INDICES GRAVES OU CONCORDANTS

9. Preuves. Considère légitimement avoir réuni des indices graves ou concordants rendant vraisemblable la participation d'individus, comme auteurs ou complices, à des infractions de détournement de fonds publics et faux en écriture publique par des personnes dépositaires de l'autorité publique, la chambre de l'instruction qui énonce qu'il ressort des documents saisis que les mis en examen auraient donné l'ordre de recruter les personnes chargées de mission et signé, dans leur activité de fonctionnaire public et par délégation du maire, divers actes de gestion administrative (notamment les contrats de travail de ces agents) lesquels constituaient des pièces justificatives qui, jointes au mandat de paiement, ont déterminé le comptable public à payer des rémunérations ne correspondant à aucun service fait. • Crim. 26 juin 2007, n° 07-81.895 P : *D. 2007. AJ 2032 ; AJ pénal 2007. 384.*

10. La participation à un comité ayant pour objectif de promouvoir l'usage contrôlé de l'amiante mais dénué de pouvoir décisionnel et l'absence d'adoption d'une réglementation interdisant cette substance à une époque où les avis la concernant étaient partagés ne sont pas des indices graves ou concordants de commission d'une faute entretenant un lien de causalité avec les maladies provoquées. • Paris, 17 mai 2013 : *D. actu. 4 juin 2013, obs. Fucini.*

11. Appréciation souveraine des juges du fond. Procédant de son appréciation souveraine des faits, dont elle a déduit qu'il n'existait pas, en l'état de l'information, d'indices graves ou concordants contre les personnes mises en examen, rendant vraisemblable qu'elles aient pu participer, comme auteurs ou complices, à la commission des homicides et blessures involontaires reprochés, d'une part, en l'absence de négligences leur étant imputables dans la surveillance de la réglementation, d'autre part, faute pour elles d'avoir pu, dans le contexte des données scientifiques de l'époque, mesurer le risque d'une particulière gravité auquel elles auraient exposé les victimes, la chambre de l'instruction a justifié sa décision. • Crim. 14 avr. 2015, n° 14-85.334 P : *D. actu. 18 mai 2015, obs. Gallois ; AJ pénal 2015. 608, obs. Lasserre Capdeville ; RSC 2015. 895, obs. Cordier ; Procédures 2015, n° 239, note Chavent-Leclère.* ♦ La loi confie aux seules juridictions d'instruction l'appréciation souveraine tant de l'absence des indices graves ou concordants pouvant justifier une mise en examen que le choix entre le statut de témoin assisté et celui de mis en examen ainsi que, le cas échéant, la détermination du moment de la mise en examen. • Crim. 28 juin 2016, n° 15-86.946 P : *D. actu. 19 juill. 2016, obs. Goetz.*

12. Lorsque les conditions de l'art. 80-1, al. 1er, sont remplies, la circonstance que la personne refuse d'indiquer son identité ainsi que la langue qu'elle comprend ne peut faire obstacle à sa mise en examen. • Crim. 30 mars 2004, n° 04-81.147 P : *D. 2004. IR 1428 ; JCP 2004. IV. 2058 ; AJ pénal 2004. 248, obs. Leblois-Happe ; Dr. pénal 2004. Comm. 117, obs. Maron.*

13. Connaissance de la mise en examen. Il n'y a pas lieu d'annuler une procédure au motif que sa mise en examen a été notifiée à l'intéressé par lettre simple à l'adresse de son ancien domicile dès lors qu'il résulte du dossier que l'intéressé a bien eu connaissance de cette mise en examen puisqu'il a écrit au juge d'instruction pour désigner ses avocats qui ont eu accès au dossier et ont reçu copie des pièces de la procédure sur leur demande. • Crim. 30 mars 2004, n° 02-85.180 P : *JCP 2004. IV. 2060.*

Art. 80-1-1 *(L. n° 2007-291 du 5 mars 2007, art. 17-I, en vigueur le 1er juill. 2007)* **Sans préjudice de son droit de demander l'annulation de la mise en examen dans les six mois de sa première comparution, conformément aux articles 173, 173-1 et 174-1, la personne mise en examen peut au cours de l'information, selon les modalités prévues par l'avant-dernier alinéa de l'article 81, demander au juge d'instruction de revenir sur sa décision et de lui octroyer le statut de témoin assisté si elle estime que les conditions prévues par les premier et troisième alinéas de l'article 80-1 ne sont plus remplies.**

Cette demande peut être faite à l'issue d'un délai de six mois après la mise en examen et tous les six mois suivants.

Cette demande peut également être faite dans les dix jours qui suivent la notification d'une expertise ou un interrogatoire au cours duquel la personne est entendue sur les résultats d'une commission rogatoire ou sur les déclarations de la partie civile, d'un témoin, d'un témoin assisté ou d'une autre personne mise en examen.

Le juge d'instruction statue sur cette demande après avoir sollicité les réquisitions du ministère public.

Si le juge d'instruction fait droit à la demande, il informe la personne qu'elle bénéficie du statut de témoin assisté. Si la personne est détenue, le juge ordonne sa mise en liberté d'office.

Si le juge d'instruction estime que la personne doit rester mise en examen, il statue par ordonnance motivée faisant état des indices graves ou concordants justifiant sa décision.

BIBL. ► GUÉRY, *AJ pénal 2014. 283* (du bon usage des recours contre la mise en examen).

1. Si c'est à tort qu'une chambre de l'instruction s'est fondée sur l'absence d'éléments nouveaux de droit européen depuis la mise en examen pour déclarer irrecevable une requête, l'arrêt attaqué n'encourt pas la censure dès lors que la contestation soulevée était étrangère au domaine d'application de l'art. 80-1-1, lequel a pour objet l'octroi de la qualité de témoin assisté à la personne antérieurement mise en examen en regard de l'état des indices existant à son encontre au jour de la demande. • Crim. 8 déc. 2009, n° 09-80.080 P : *D. 2010. AJ 268, note Léna ; AJ pénal 2010. 143*.

2. Il se déduit des dispositions combinées des art. 6 Conv. EDH, 80-1-1, 81, dernier al., et 186 que faute par le juge d'instruction d'avoir statué, par une ordonnance motivée susceptible d'appel de plein droit, dans le délai d'un mois, sur la requête par laquelle un mis en examen lui demande de revenir sur sa décision et de lui octroyer le statut de témoin assisté, la partie concernée peut saisir directement la chambre de l'instruction. • Crim. 6 oct. 2015, n° 15-82.700 P : *D. actu. 22 oct. 2015, obs. Goetz.* ♦ En l'absence de délai imposé par l'art. 80-1-1 au juge d'instruction pour répondre à une demande d'octroi du statut de témoin assisté, les dispositions de l'art. 802-1 s'appliquent et la saisine directe de la chambre de l'instruction, intervenue moins de deux mois après la demande présentée au juge d'instruction, doit être déclarée irrecevable. • Crim. 16 juin 2020, n° 19-86.760 P : *D. actu. 9 juill. 2020, obs. Fucini ; AJ pénal 2020. 418, obs. Lasserre Capdeville*.

Art. 80-2 *(L. n° 2000-516 du 15 juin 2000, art. 20, en vigueur le 1er janv. 2001)* **Le juge d'instruction peut informer une personne par lettre recommandée qu'elle est convoquée, dans un délai qui ne peut être inférieur à dix jours ni supérieur à** *(L. n° 2002-1138 du 9 sept. 2002, art. 39)* **« deux mois », pour qu'il soit procédé à sa première comparution dans les conditions prévues par l'article 116. Cette lettre indique la date et l'heure de la convocation. Elle donne connaissance à la personne de chacun des faits dont ce magistrat est saisi et pour lesquels la mise en examen est envisagée, tout en précisant leur qualification juridique. Elle fait connaître à la personne qu'elle a le droit de choisir un avocat ou de demander qu'il lui en soit désigné un d'office, ce choix ou cette demande devant être adressé au greffe du juge d'instruction. Elle précise que la mise en examen ne pourra intervenir qu'à l'issue de la première comparution de la personne devant le juge d'instruction.**

Le juge d'instruction peut également faire notifier cette convocation par un officier de police judiciaire. Cette notification comprend les mentions prévues à l'alinéa précédent ; elle est constatée par un procès-verbal signé par la personne qui en reçoit copie.

L'avocat choisi ou désigné est convoqué dans les conditions prévues par l'article 114 ; il a accès au dossier de la procédure dans les conditions prévues par cet article.

1. Le juge d'instruction peut procéder à l'interrogatoire immédiat d'une personne mise en cause, sans autre formalité que la notification des faits et de leur qualification, dès lors que la personne a été convoquée en vue de sa première comparution conformément aux prescriptions de l'art. 80-2, et qu'elle est assistée d'un avocat (*jurisp. ant. à la L. nº 2014-535 du 27 mai 2014*). • Crim. 4 juin 2014, nº 14-81.120 P.

2. V. note 4 ss. art. 113-8.

Art. 80-3 *(L. nº 2000-516 du 15 juin 2000, art. 109, en vigueur le 1er janv. 2001)* **Dès le début de l'information, le juge d'instruction doit avertir la victime d'une infraction de l'ouverture d'une procédure, de son droit de se constituer partie civile et des modalités d'exercice de ce droit. Si la victime est mineure, l'avis est donné à ses représentants légaux.**

(L. nº 2004-204 du 9 mars 2004, art. 89, en vigueur le 1er oct. 2004) **« L'avis prévu à l'alinéa précédent indique à la victime qu'elle a le droit, si elle souhaite se constituer partie civile, d'être assistée d'un avocat qu'elle pourra choisir ou qui, à sa demande, sera désigné par le bâtonnier de l'ordre des avocats, en précisant que les frais seront à sa charge, sauf si elle remplit les conditions d'accès à l'aide juridictionnelle ou si elle bénéficie d'une assurance de protection juridique. Lorsque le juge d'instruction est informé par la victime qu'elle se constitue partie civile et qu'elle demande la désignation d'un avocat, il en informe sans délai le bâtonnier de l'ordre des avocats. »**

Art. 80-4 *(L. nº 2002-1138 du 9 sept. 2002, art. 66)* **Pendant le déroulement de l'information pour recherche des causes de la mort ou des causes d'une disparition mentionnée aux articles 74 et 74-1, le juge d'instruction procède conformément aux dispositions du chapitre Ier du titre III du livre Ier. Les interceptions des correspondances émises par la voie des télécommunications sont effectuées sous son autorité et son contrôle dans les conditions prévues au deuxième alinéa de l'article 100 et aux articles 100-1 à 100-7. Les interceptions ne peuvent excéder une durée de deux mois renouvelable.**

Les membres de la famille ou les proches de la personne décédée ou disparue peuvent se constituer partie civile à titre incident. Toutefois, en cas de découverte de la personne disparue, l'adresse de cette dernière et les pièces permettant d'avoir directement ou indirectement connaissance de cette adresse ne peuvent être communiquées à la partie civile qu'avec l'accord de l'intéressé s'il s'agit d'un majeur et qu'avec l'accord du juge d'instruction s'il s'agit d'un mineur ou d'un majeur protégé.

Sur la plateforme nationale des interceptions judiciaires, V. art. R. 40-42 s.

Art. 80-5 *(L. nº 2019-222 du 23 mars 2019, art. 53)* **Lorsqu'il requiert l'ouverture d'une information, le procureur de la République peut, si la recherche de la manifestation de la vérité pour un crime ou un délit puni d'une peine supérieure ou égale à trois ans d'emprisonnement nécessite que les investigations en cours ne fassent l'objet d'aucune interruption, autoriser les officiers et agents de police judiciaire des services ou unités de police judiciaire qui étaient chargés de l'enquête à poursuivre les opérations prévues aux articles 706-95, 230-32 à 230-35, 706-80, 706-81, 706-95-1, 706-95-20, 706-96 et 706-102-1 pendant une durée ne pouvant excéder quarante-huit heures à compter de la délivrance du réquisitoire introductif. Cette autorisation fait l'objet d'une décision écrite, spéciale et motivée, qui mentionne les actes dont la poursuite a été autorisée.**

Le juge d'instruction peut à tout moment mettre un terme à ces opérations.

L'autorisation délivrée par le procureur de la République n'est versée au dossier de la procédure qu'en même temps que les procès-verbaux relatant l'exécution et constatant l'achèvement des actes dont la poursuite a été autorisée et qui ont, le cas échéant, été prolongés par le juge d'instruction.

Art. 81 *(Ord. nº 58-1296 du 23 déc. 1958)* **Le juge d'instruction procède, conformément à la loi, à tous les actes d'information qu'il juge utiles à la manifestation de la vérité.** *(L. nº 2000-516 du 15 juin 2000, art. 2)* **« Il instruit à charge et à décharge. »**

(Ord. nº 60-529 du 4 juin 1960) **« Il est établi une copie de ces actes ainsi que de toutes les pièces de la procédure ; chaque copie est certifiée conforme par le greffier ou l'officier de police judiciaire commis mentionné à l'alinéa 4. Toutes les pièces du dossier sont cotées** *(Abrogé par L. nº 84-576 du 9 juill. 1984, à compter du 1er janv.*

1985) « *et inventoriées* » par le greffier au fur et à mesure de leur rédaction ou de leur réception par le juge d'instruction.

« Toutefois, si les copies peuvent être établies à l'aide de procédés photographiques ou similaires, elles sont exécutées à l'occasion de la transmission du dossier. Il en est alors établi autant d'exemplaires qu'il est nécessaire à l'administration de la justice. Le greffier certifie la conformité du dossier reproduit avec le dossier original. Si le dessaisissement momentané a pour cause l'exercice d'une voie de recours, l'établissement des copies doit être effectué immédiatement pour qu'en aucun cas ne soit retardée la mise en état de l'affaire prévue à l'article 194. »

Si le juge d'instruction est dans l'impossibilité de procéder lui-même à tous les actes d'instruction il peut donner commission rogatoire aux officiers de police judiciaire afin de leur faire exécuter tous les actes d'information nécessaires dans les conditions et sous les réserves prévues aux articles 151 et 152.

Le juge d'instruction doit vérifier les éléments d'information ainsi recueillis.

(Ord. n° 60-529 du 4 juin 1960) « Le juge d'instruction procède ou fait procéder, soit par des officiers de police judiciaire, conformément à l'alinéa 4, soit par toute personne » habilitée *(L. n° 83-466 du 10 juin 1983)* « dans des conditions déterminées par décret en Conseil d'État », à une enquête sur la personnalité *(L. n° 93-2 du 4 janv. 1993)* « des personnes mises en examen », ainsi que sur leur situation matérielle, familiale ou sociale. Toutefois, en matière de délit, cette enquête est facultative.

(L. n° 2000-516 du 15 juin 2000, art. 50-II, en vigueur le 1er janv. 2001 ; L. n° 2012-409 du 27 mars 2012, art. 4-II) « Le juge d'instruction peut également commettre une personne habilitée en application du sixième alinéa *(L. n° 2019-222 du 23 mars 2019, art. 73 et 109-XIX, en vigueur le 24 mars 2020)* « , le service pénitentiaire d'insertion et de probation ou le service de la protection judiciaire de la jeunesse *[ancienne rédaction : ou, en cas d'impossibilité matérielle, le service pénitentiaire d'insertion et de probation]* » *(L. n° 89-461 du 6 juill. 1989)* « à l'effet de vérifier la situation matérielle, familiale et sociale *(L. n° 93-2 du 4 janv. 1993)* « d'une personne mise en examen » et de l'informer sur les mesures propres à favoriser l'insertion sociale *(L. n° 93-2 du 4 janv. 1993)* « de l'intéressée ». A moins qu'elles n'aient été déjà prescrites par le ministère public, ces diligences doivent être prescrites par le juge d'instruction chaque fois qu'il envisage de *(L. n° 2019-222 du 23 mars 2019, art. 73 et 109-XIX, en vigueur le 24 mars 2020)* « saisir le juge des libertés et de la détention aux fins de placement en détention provisoire de la personne mise en examen *[ancienne rédaction : placer en détention provisoire un majeur âgé de moins de vingt et un ans au moment de la commission de l'infraction]* » lorsque la peine encourue n'excède pas cinq ans d'emprisonnement. »

(L. n° 93-2 du 4 janv. 1993) « Le juge d'instruction peut prescrire un examen médical, un examen psychologique ou ordonner toutes mesures utiles. *(Abrogé par L. n° 93-2 du 4 janv. 1993)* « ***Si ces examens sont demandés par l'inculpé ou son conseil, il ne peut les refuser que par ordonnance motivée.*** »

« S'il est saisi par une partie d'une demande écrite et motivée tendant à ce qu'il soit procédé à l'un des examens ou à toutes autres mesures utiles prévus par l'alinéa qui précède, le juge d'instruction doit, s'il n'entend pas y faire droit, rendre une ordonnance motivée au plus tard dans le délai d'un mois à compter de la réception de la demande. »

(L. n° 93-1013 du 24 août 1993) « La demande mentionnée à l'alinéa précédent doit faire l'objet d'une déclaration au greffier du juge d'instruction saisi du dossier. Elle est constatée et datée par le greffier qui la signe ainsi que le demandeur ou son avocat. Si le demandeur ne peut signer, il en est fait mention par le greffier. *(L. n° 2019-222 du 23 mars 2019, art. 54-I)* « La déclaration au greffier peut également être faite au moyen d'une lettre » recommandée avec demande d'avis de réception. Lorsque la personne mise en examen est détenue, la demande peut également être faite au moyen d'une déclaration auprès du chef de l'établissement pénitentiaire. Cette déclaration est constatée et datée par le chef d'établissement pénitentiaire qui la signe, ainsi que le demandeur. Si celui-ci ne peut signer, il en est fait mention par le chef de l'établissement. Ce document est adressé sans délai, en original ou copie et par tout moyen, au greffier du juge d'instruction. »

(L. n° 93-2 du 4 janv. 1993) « Faute par le juge d'instruction d'avoir statué dans le délai d'un mois, la partie peut saisir directement le président de la *(L. n° 2000-516 du*

15 juin 2000, art. 83, en vigueur le 1er janv. 2001) **« chambre de l'instruction** *[ancienne rédaction : chambre d'accusation]* **», qui statue et procède conformément aux troisième, quatrième et cinquième alinéas de l'article 186-1. »**

V. C. pr. pén., art. R. 15-34 s., D. 15-7 (copie numérisée du dossier), D. 16 s.

S'agissant des dispositions d'urgence mises en place pour faire face à l'épidémie de covid-19, V. App., v° État d'urgence sanitaire.

1. Vidéosurveillance. Si le juge d'instruction a le pouvoir de faire procéder à une vidéosurveillance sur la voie publique aux fins de rechercher des preuves des infractions dont il est saisi, à l'encontre des personnes soupçonnées de les avoir commises, une telle ingérence dans la vie privée présentant, par sa nature même, un caractère limité et étant proportionnée au regard de l'objectif poursuivi, il doit résulter des pièces de l'information que la mesure a été mise en place sous le contrôle effectif de ce magistrat et selon les modalités qu'il a autorisées, une commission rogatoire rédigée en des termes généraux, n'autorisant à y procéder ni n'en fixant la durée et le périmètre, ne pouvant à cet égard suffire. • Crim. 11 déc. 2018, n° 18-82.365 P : *D. actu. 18 janv. 2019, obs. Fucini ; AJ pénal 2019. 101, obs. de Combles de Nayves ; Procédures 2019, n° 93, note Chavent-Leclère ; RSC 2019. Chron. 417, note Cordier.* ♦ ... Est au contraire légale et proportionnée à l'ingérence dans la vie privée de la personne soupçonnée, la captation d'images réalisée par vidéosurveillance de la voie publique, sur autorisation spéciale du juge d'instruction, donnée pour l'exécution d'une commission rogatoire générale, les enquêteurs ayant rendu compte régulièrement des avancées des investigations, de sorte que le juge a pu apprécier la nécessité de son maintien et en assurer un contrôle effectif. • Crim. 18 juin 2019, n° 18-86.421 P : *D. actu. 9 juill. 2019, obs. Goetz ; Gaz. Pal. 19 nov. 2019, p. 56, note Fourment ; D. 2019. Pan. 1568, obs. de Lamarzelle ; JCP 2019, n° 947, obs. Jeanne ; Dr. pénal 2019, n° 158, note Maron et Haas ; Procédures 2019, n° 266, obs. Buisson.*

2. Inscription provisoire d'hypothèque. Les dispositions de l'art. 81 n'autorisent pas le juge d'instruction à prendre une ordonnance aux fins d'inscription provisoire d'hypothèque sur un immeuble financé par le produit d'infractions aux motifs que cette inscription permettrait de prévenir toute possibilité de transmission de la propriété de ce bien afin de ne pas priver l'État de la perspective d'une confiscation sur le fondement de l'art. 131-21 C. pén. • Versailles, ch. instr., 6 nov. 2009 : *D. 2010. Ét. 355, note Cutajar.*

3. Communication de pièces. Rien ne fait obstacle à ce que les mémoires déposés par les parties et les pièces versées au dossier, dans le cadre de la contestation de l'élection d'un député engagée devant le juge électoral, soient également communiqués au juge chargé d'une instruction pénale pour les besoins de son information. En revanche, ne peut être communiqué le rapport présenté devant la section d'instruction du Conseil constitutionnel, couvert par le secret des délibérations dont il constitue une pièce indétachable. • Cons. const. 10 nov. 1998 : *D. 1999. 253, note Jan ; D. 2000. Somm. 57, obs. Ghevontian.*

4. Perquisition. Il résulte des art. 60, 77-1 et 81 que, si le juge d'instruction ou l'officier de police judiciaire commis par ce magistrat peuvent, pour procéder à des perquisitions et des saisies, avoir recours à des personnes qualifiées, celles-ci doivent prêter, par écrit, le serment d'apporter leur concours à la justice en leur honneur et en leur conscience. Encourent l'annulation les perquisitions et saisies effectuées par un OPJ agissant sur commission rogatoire du juge d'instruction avec l'assistance de deux fonctionnaires des impôts, lesquels n'avaient pas prêté le serment prévu par l'art. 60. • Crim. 21 juin 2006, n° 06-82.774 P : *D. 2006. IR 2055 ; RSC 2007. 602, obs. Buisson ; AJ pénal 2006. 452, obs. Roussel.* ♦ V. notes ss. art. 94.

5. Secret professionnel. L'obligation au secret professionnel établie et sanctionnée par l'art. 378 [anc.] C. pén. pour assurer la confiance nécessaire à l'exercice de certaines professions, s'impose aux médecins, hormis les cas où la loi en dispose autrement, comme un devoir de leur état et sous cette seule réserve, elle est générale et absolue, et il n'appartient à personne de les en affranchir. • Crim. 8 mai 1947 : *Bull. crim. n° 124* • 22 déc. 1966, n° 66-92.897 P : *JCP 1967. II. 15126, note R. Savatier ; D. 1967. 122 ; RSC 1967. 453, obs. Levasseur.*

6. La prohibition édictée par l'art. 378 [anc.] C. pén. qui sanctionne la révélation du secret professionnel pour certaines catégories de personnes dépositaires ne fait pas obstacle à ce qu'un juge d'instruction fasse procéder à la saisie de toutes pièces dans lesquelles il est susceptible de découvrir les éléments indispensables à la conduite de son information, les prérogatives que ce magistrat tient de l'art. 81 ne souffrant aucune restriction. • Crim. 8 juin 1966, n° 66-90.067 P : *D. 1966. 542.* ♦ L'obligation imposée aux ministres du culte de garder le secret des faits dont ils ont connaissance dans l'exercice de leur ministère ne fait pas obstacle à ce que le juge d'instruction procède à la saisie de tous documents pouvant être utiles à la manifestation de la vérité. • Crim. 17 déc. 2002, n° 02-83.679 P : *D. 2003. IR 401 ; D. 2004. Somm. 302, note Bouvier-Le Berre ; JCP 2003. II. 10036, note Rassat.*

7. Le secret imposé au médecin par l'art. 378 [anc.] C. pén. ne met pas obstacle à la saisie par le juge d'instruction d'un dossier contenant des renseignements médicaux relatifs à l'admission et au séjour dans un établissement hospitalier d'un inculpé dont ce magistrat a ordonné l'examen. • Crim. 24 avr. 1969, n° 68-93.507 P : *D. 1969. 637, rapp. Chapar.* ♦ Le secret médical ne fait pas obstacle à la désignation d'un expert pharmacien pour examiner le dossier, contenant des renseignements médicaux, d'une personne qui n'est ni mise en examen ni placée sous le statut de témoin assisté, et détenu par une fédération sportive investie de prérogatives de puissance publique en matière de lutte contre le dopage. • Crim. 24 nov. 2015, n° 15-83.349 P : *D. actu. 17 déc. 2015, obs. Fonteix ; AJ pénal 2016. 214, obs. Thierry* .

8. Une chambre d'accusation, sur la demande en restitution de livres et documents par un expert-comptable énonce à bon droit que doit être maintenue la saisie de la comptabilité d'une société civile immobilière, après avoir constaté que la saisie était régulière en la forme, que le secret professionnel de l'expert-comptable avait été respecté et qu'une expertise comptable était nécessaire à la manifestation de la vérité. • Crim. 20 juin 1972, n° 72-90.211 P : *D. 1973. 402.*

9. Les pouvoirs que le juge d'instruction tient de l'art. 81 ne souffrant en principe aucune restriction, l'art. 378 [anc.] C. pén. relatif au secret professionnel ne saurait limiter ces pouvoirs, notamment en ce qui concerne la saisie de documents comptables ayant trait à l'exploitation d'une charge de commissionnaire agréé près une bourse de commerce. • Crim. 23 mars 1977, n° 75-92.170 P : *D. 1977. IR 348.*

10. Secret professionnel de l'avocat. V., art. 99-3.

11. Secret du délibéré. Si aucune disposition légale ne protège spécifiquement le secret du délibéré, principe indissociable des fonctions juridictionnelles en tant que garantie de l'indépendance des juges et d'un procès équitable, il se déduit de l'art. 6 Conv. EDH et des principes généraux du droit que l'atteinte que constitue la saisie par un juge d'instruction, dans le cadre des pouvoirs qu'il tient de l'art. 81, de documents couverts par ce secret, ne saurait être justifiée qu'à la condition qu'elle constitue une mesure nécessaire à l'établissement de la preuve d'une infraction pénale. • Crim. 22 mars 2016, n° 15-83.207 P : *D. actu. 24 mars 2016, obs. Fucini ; D. 2016. Pan. 1727, obs. Pradel ; AJ pénal 2016. 261, obs. de Combles de Nayves ; Dr. pénal 2016, n*[os] *86 et 101, note Maron et Haas.*

12. Dossier de personnalité. L'art. 81, avant-dernier al., sur l'enquête de personnalité, ne déroge pas à la règle fondamentale d'après laquelle les juridictions d'instruction ont le droit et l'obligation de clore leur information lorsqu'elles estiment que celle-ci est complète. • Crim. 1er déc. 1960 : *Bull. crim. n° 566 ; JCP 1961. II. 12186 ; D. 1961. 385, note M. R. M. P.* ♦ V. aussi : • Crim. 5 avr. 1960 : *Bull. crim. n° 210* • 29 avr. 1960 : *Bull. crim. n° 223* • 7 nov. 1989, n° 89-84.902 P. ♦ Cette enquête ne constitue pas une mesure d'expertise au sens des art. 156 s. ; la personne ayant procédé à une enquête de cette nature doit, lorsqu'elle est appelée à déposer à l'audience, prêter le serment exigé des témoins. • Crim. 27 nov. 1963, n° 63-91.494 P • 22 mai 1974, n° 73-93.567 P • 27 mai 1981, n° 80-92.907 P : *D. 1983. 63, note Chapar* • 17 janv. 1990, n° 89-83.876 P : *D. 1990. Somm. 222, obs. Pradel* .

13. A la différence de l'enquête de personnalité définie à l'art. 81, al. 6 (devenu al. 8), l'examen médico-psychologique prévu au dernier alinéa du même article constitue une mesure d'expertise au sens des art. 156 s. • Crim. 28 janv. 1969, n° 68-92.493 P : *D. 1969. Somm. 80.* ♦ Comp. R. Vouin, *note au D. 1968. 184.* ♦ Les personnes chargées de l'examen doivent donc prêter le serment des experts (art. 168) • Même arrêt.

14. Acte réalisé dans le cadre d'une autre procédure. Aucune disposition conventionnelle ou légale n'interdit au juge d'instruction, agissant en application de l'art. 81, d'exploiter dans le cadre d'une procédure pénale une mesure de sonorisation ordonnée dans le cadre d'une autre procédure. • Crim. 11 mai 2021, n° 20-86.182 P : *D. actu. 7 juin 2021, obs. Fucini.* ♦ V. aussi ss. art. 706-96.

15. Partie civile. La mise en examen n'est pas un acte utile à la manifestation de la vérité qui peut être demandé par les parties civiles. • Crim. 15 févr. 2011, n° 10-87.468 P : *D. actu. 3 mars 2011, obs. Bombled ; D. 2011. Actu. 680 ; ibid. Pan. 2235, obs. Pradel ; AJ pénal 2011. 200 ; Dr. pénal 2011. 56, obs. Maron et Haas ; ibid. 2012. Chron. 1, obs. Georget.*

16. Demandes d'actes complémentaires. Selon l'art. 81, al. 10, une partie ne peut saisir le juge d'instruction d'une demande d'actes complémentaires que par déclaration au greffe ou, si elle-même ou son avocat ne réside pas dans le ressort de la juridiction compétente, par lettre recommandée avec demande d'avis de réception, adressée au greffier. Il s'agit là de formalités substantielles auxquelles il ne peut être suppléé notamment par l'envoi d'une lettre par chronopost. • Crim. 10 juin 1997, n° 95-84.770 P. ♦ Lorsque la chambre de l'instruction n'est pas saisie du règlement de la procédure, elle ne peut être saisie directement d'une demande d'acte hormis le cas où le juge d'instruction n'y aurait pas répondu dans les délais. • Crim. 19 sept. 2001, n° 01-85.188 P. ♦ En revanche, les contestations de la recevabilité de la partie civile ne sont pas soumises au formalisme des articles 81, al. 10. • Crim. 1er oct. 2013, n° 12-82.985 P : *AJ pénal 2013. 683, obs. Belfanti* ; *Dr. pénal 2013. 162, obs. Maron et Haas.*

17. Sanction du non-respect des formes. Lorsqu'une demande d'interrogatoire de la personne mise en examen formée par l'avocat de la partie civile, en vertu des dispositions de l'art. 82-2, ne répond pas aux exigences légales et que la personne mise en examen ne renonce pas à se prévaloir de la méconnaissance de cette formalité substantielle qui fait grief à ses intérêts, il y a lieu d'annuler l'interrogatoire en question. • Crim. 11 mai 2004, n° 04-81.039 P : *D. 2004. IR 1865* ; *JCP 2004. IV. 2392* ; *AJ pénal 2004. 289, obs. Leblois-Happe* . ♦ Comp. : la nullité d'un acte de la procédure ne peut être prononcée que lorsque l'irrespect des exigences légales a eu pour effet de porter atteinte aux intérêts de la partie qu'elle concerne, ce qui n'est pas le cas lorsque ni la personne mise en examen ni son avocat n'ont émis d'opposition ou de réserve sur le moment. • Crim. 6 nov. 2012, n° 12-83.766 P : *D. actu. 6 déc. 2012, obs. Léna* ; *AJ pénal 2013. 52, obs. Belfanti* ; *Dr. pénal 2012, n° 168, obs. Maron et Haas* ; *Procédures 2013, n° 23, obs. Chavent-Leclère.*

18. Inaction du juge d'instruction et recours de l'intéressé. Lorsque le juge d'instruction n'a pas statué dans le délai d'un mois sur une demande d'expertise et que le demandeur de l'acte ne saisit pas le président de la chambre de l'instruction conformément aux dispositions de l'art. 81 dernier alinéa, l'intéressé n'est pas fondé à interjeter appel de l'ordonnance de renvoi devant le tribunal correctionnel pour contester le rejet implicite de sa demande d'expertise. • Crim. 25 avr. 2006, n° 05-86.248 P : *D. 2006. IR 1636* ; *AJ pénal 2006. 317* .

19. Il résulte des art. 81, 82-1 et 187 que lorsqu'elle est directement saisie, par son président, d'une demande d'acte présentée par une partie au magistrat instructeur qui n'y a pas répondu dans les délais, la chambre de l'instruction ne peut prononcer sur une question étrangère à l'unique objet de la requête telle que présentée au juge d'instruction. En ordonnant, à l'occasion de l'examen d'une demande d'audition sur laquelle le juge d'instruction n'avait pas statué dans le délai, la jonction de l'information en cours à d'autres procédures d'instruction dont elle n'était pas saisie, la chambre de l'instruction a excédé ses pouvoirs. • Crim. 25 juill. 2007, n° 07-84.152 P : *D. 2007. AJ 2308* ; *AJ pénal 2007. 483, obs. Lavric* .

20. Partie civile mineure. Les actes accomplis au nom du mineur, partie civile, au cours de la procédure d'instruction, n'ont pas à être réitérés par celui-ci après sa majorité. • Crim. 17 sept. 2003, n° 02-87.391 P : *D. 2003. IR 2603* ; *JCP 2003. IV. 2884.*

21. Présentation matérielle du dossier. L'absence de classement des pièces d'un dossier d'information par ordre chronologique, l'absence de cotation continue constituent des violations de l'art. 81, al. 2 ; cependant ce non-respect, certes regrettable, ne constitue pas une formalité substantielle et une atteinte caractérisée aux droits de la défense qui sont en effet garantis par les dispositions de l'art. 114, al. 3. • Limoges, 27 févr. 1997 : *D. 1998. Somm. 174, obs. Pradel* . ♦ Le classement au dossier d'instruction d'un procès-verbal d'audition près de deux mois après cette audition ne fait pas grief aux parties dès lors qu'aucun acte d'instruction fondé sur cette déposition n'a été réalisé avant son classement et qu'il n'est pas apporté la preuve de l'existence d'un stratagème destiné à faire échec aux droits de la défense. • Crim. 27 juin 2000, n° 00-80.411 P. ♦ La cotation erronée d'un réquisitoire supplétif ne saurait entraîner aucune nullité dans le cas où il n'est pas établi ni même allégué que le dossier aurait été incomplet. • Crim. 14 mai 2013 : *D. actu. 28 mai 2013, obs. Winckelmuller.* ♦ La circonstance que, contrairement aux prescriptions du deuxième al. de l'art. 81, les pièces du dossier n'aient pas été cotées au fur et à mesure de leur rédaction ou de leur réception par le juge d'instruction n'est pas, en soi, une cause de nullité de la procédure. • Crim. 11 mai 2021, n° 20-86.182 P : *D. actu. 7 juin 2021, obs. Fucini.*

22. Actes du juge non valables. Le juge d'instruction peut procéder ou faire procéder à tous actes d'information utiles à la manifestation de la vérité mais il doit se conformer aux dispositions légales relatives au mode d'administration des preuves : l'audition d'un témoin sous hypnose doit être annulée en ce qu'elle compromet l'exercice des droits de la défense. • Crim. 12 déc. 2000, n° 00-83.852 P : *D. 2001. IR 432* ; *D. 2001. 1340, note Mayer et Chassaing* ; *RSC 2001. 611, obs. Giudicelli* ; *Dr. pénal 2001. Comm. 38, obs. Maron* ; *Procédures 2001. Comm. 70, obs. Buisson* ; *JCP 2001. II. 10495, note Puigelier.* ♦ Tous les actes qui avaient pour support l'audition sous hypnose, notamment le rapport de l'expert qui a placé sous hypnose pendant la garde à vue et le rapport de « profilage psychologique » doivent être annulés, y compris l'audition du prévenu en garde à vue au cours de laquelle le psychologue conseil est intervenu sous couvert d'une mission d'expertise. • Crim. 28 nov. 2001, n° 01-86.467 P : *D. 2002. IR 372* . ♦ Ne respecte pas le principe de l'instruction à charge et à décharge la commission rogatoire délivrée aux fins d'établir un procès-verbal d'investigations récapitulatif précisant les éléments à charge pour chaque infraction, et pour chacun des mis en cause, en indiquant à chaque fois les pièces de procédure visées. • Crim. 26 avr. 2017, n° 16-86.840 P : *D. actu. 17 mai 2017, obs. Azoulay* ; *AJ pénal 2017. 404, obs. Perrier* ; *Dr. pénal 2017, n° 98, note Maron et Haas.*

23. Compatibilité avec la Convention européenne des droits de l'homme. Par application des art. 81, al. 1er, 151 et 152, le juge d'instruction peut prescrire, par commission rogatoire, l'écoute et l'enregistrement des conversations tenues par la personne mise en examen au parloir de la maison d'arrêt pourvu que ces mesures aient lieu sous son contrôle et dans des conditions ne portant pas atteinte aux droits de la défense. L'interception des conversations ainsi tenues, qui sont soumises de droit à la surveillance du personnel pénitentiaire, ne constitue pas, au sens de l'art. 8 Conv. EDH, une ingérence dans l'exercice du droit au respect de la vie privée, du domicile et de la correspondance. • Crim. 12 déc. 2000, n° 00-83.852 P. ♦ Justifie sa décision, au regard de l'art. 8 Conv. EDH, la chambre de l'instruction qui, après avoir contrôlé que l'interception des conversations échangées au parloir de la maison d'arrêt entre une personne mise en examen et ses visiteurs a répondu aux conditions et formes prévues par les art. 706-96 à 706-102, relève que les opérations, ordonnées par un juge d'instruction, pour une durée limitée, ont été placées en permanence sous son autorité et son contrôle et qu'elles étaient nécessaires à la recherche de la manifestation de la vérité, relativement à des infractions portant gravement atteinte à l'ordre public, les personnes concernées ayant été, en outre, en mesure d'en contrôler efficacement l'exécution. • Crim. 1er mars 2006, n° 05-87.251 P : *D. 2006. 1504, note Pradel ; RSC 2007. 611, obs. Buisson ; AJ pénal 2006. 222, obs. Céré ; Rev. pénit. 2006. 385, obs. Ambroise-Castérot.*

24. Constitue une ingérence, au sens de l'art. 8 Conv. EDH, dans l'exercice du droit au respect de la vie privée et du domicile le fait, pour les policiers, de photographier clandestinement, au moyen d'un téléobjectif, les plaques d'immatriculation des véhicules se trouvant à l'intérieur d'une propriété privée non visibles de la voie publique, aux fins d'identification des titulaires des cartes grises. • Crim. 21 mars 2007, n° 06-89.444 P : *D. 2007. AJ 1204, note Darsonville ; Dr. pénal 2007, n° 91, obs. Maron ; AJ pénal 2007. 286, obs. Royer ; Rev. pénit. 2007. 678, obs. Verny ; RSC 2007. 840, obs. Finielz ; ibid. 2007. 897, obs. Renucci ; ibid. 2008. 655, obs. Buisson.*

25. Jeune majeur. Il ressort de l'art. 81, al. 7 que le SPIP, le service compétent de la PJJ, ou toute association habilitée, doit être consulté avant le placement en détention provisoire d'un majeur âgé de moins de vingt-et-un ans au moment de la commission de l'infraction, lorsque la peine encourue n'excède pas cinq ans. Il ne saurait être tenu compte, pour la détermination de la peine encourue, de la circonstance de récidive. • Crim. 23 janv. 2007, n° 06-88.259 P : *AJ pénal 2007. 184, obs. Saas.*

Art. 81-1 *(L. n° 2000-516 du 15 juin 2000, art. 101)* **Le juge d'instruction peut, d'office, sur réquisition du parquet ou à la demande de la partie civile, procéder, conformément à la loi, à tout acte lui permettant d'apprécier la nature et l'importance des préjudices subis par la victime ou de recueillir des renseignements sur la personnalité de celle-ci.**

Art. 82 **Dans son réquisitoire introductif, et à toute époque de l'information par réquisitoire supplétif, le procureur de la République peut requérir du magistrat instructeur tous actes lui paraissant utiles à la manifestation de la vérité** *(L. n° 85-1407 du 30 déc. 1985)* **« et toutes mesures de sûreté nécessaires ».** *(L. n° 2000-516 du 15 juin 2000, art. 135, en vigueur le 1er janv. 2001)* **« Il peut également demander à assister à l'accomplissement des actes qu'il requiert. »**

Il peut, à cette fin, se faire communiquer la procédure, à charge de la rendre dans les vingt-quatre heures.

(L. n° 96-1235 du 30 déc. 1996) **« S'il requiert le placement ou le maintien en détention provisoire de la personne mise en examen, ses réquisitions doivent être écrites et motivées par référence aux seules dispositions de l'article 144. »**

(L. n° 85-1407 du 30 déc. 1985) **« Si le juge d'instruction ne suit pas les réquisitions du procureur de la République, il doit** *(L. n° 2004-204 du 9 mars 2004, art. 110)* **« sans préjudice de l'application des dispositions de l'article 137-4 » rendre une ordonnance motivée dans les cinq jours de ces réquisitions. »**

(L. n° 93-1013 du 24 août 1993) **« A défaut d'ordonnance du juge d'instruction, le procureur de la République peut, dans les dix jours, saisir directement la chambre de l'instruction. »** *(L. n° 2004-204 du 9 mars 2004, art. 110)* **« Il en est de même si le juge des libertés et de la détention, saisi par le juge d'instruction, ne rend pas d'ordonnance dans le délai de dix jours à compter de sa saisine. »**

1. Signature du réquisitoire. La signature d'un réquisitoire supplétif rédigée de la main d'un magistrat compétent du parquet, qu'elle soit lisible ou non, est un signe personnel qui a pour effet d'identifier l'auteur des réquisitions. • Crim. 11 juill. 1973, n° 73-91.530 P.

2. Obligation de communication du dossier. Le juge d'instruction se trouve dans l'obligation de déférer à une réquisition de communiquer le dossier de la procédure en application de l'art. 82 de sorte qu'une ordonnance de refus est frappée de nullité. • Crim. 5 févr. 1970, n° 69-92.892 P.

3. Réquisitions aux fins de mise en examen. Le procureur de la République, qui exerce l'action publique, peut requérir, à toute époque de l'information, que le juge d'instruction procède à une mise en examen, peu important que cet acte ne soit pas utile à la manifestation de la vérité. • Crim. 12 avr. 2016, n° 15-86.074 P.

4. Détention provisoire. Si, aux termes de l'art. 82, al. 3 dans sa rédaction issue de la L. du 30 déc. 1996, le procureur de la République, qui requiert le placement ou le maintien en détention, est désormais tenu de prendre des réquisitions écrites et motivées par référence aux seules dispositions de l'art. 144, la méconnaissance de cette obligation ne saurait avoir d'incidence sur la régularité de l'ordonnance du juge d'instruction statuant en matière de détention provisoire. • Crim. 3 déc. 1997, n° 97-84.983 P : *Procédures 1998. Comm. 124, obs. Buisson ; RSC 1998. 350, obs. Dintilhac ; Dr. pénal 1998. Comm. 42, obs. Maron.*

5. Il résulte de l'art. 82, al. 1er, 4 et 5 que, lorsque le juge d'instruction, saisi de réquisitions aux fins de placement en détention provisoire ou sous contrôle judiciaire d'une personne, ne la met pas en examen et ne rend pas d'ordonnance, le procureur de la République peut saisir directement la chambre de l'instruction. • Crim. 30 avr. 2002, n° 02-82.017 P : *D. 2002. IR 1958 ; JCP 2002. IV. 2198.* ♦ Dans le même sens, lorsque le juge d'instruction ou le juge des enfants, saisi de réquisitions aux fins de placement en détention provisoire ou sous contrôle judiciaire d'une personne, lui accorde le statut de témoin assisté, il est tenu de statuer, par une ordonnance motivée, sur l'absence de décision de mise en examen. A défaut d'une telle ordonnance, le procureur de la République peut saisir directement la chambre de l'instruction. • Crim. 9 nov. 2005 (arrêt n° 2), n° 05.85.339 P • 1er mars 2016, n° 15-87.143 P : *D. actu. 23 mars 2016, obs. Goetz.*

6. Il résulte des dispositions combinées des art. 82, 179 et 207 que le juge d'instruction est tenu de statuer, par une ordonnance motivée, sur les réquisitions de maintien en détention provisoire du mis en examen dont il ordonne le renvoi devant le tribunal correctionnel, tant que l'ordonnance de renvoi n'est pas devenue définitive ; à défaut d'une telle ordonnance, le procureur de la République peut, dans les dix jours, saisir directement la chambre de l'instruction. • Crim. 9 juill. 2014, n° 14-82.761 P : *D. actu. 25 juill. 2014, obs. Fucini ; Dr. pénal 2014. 120, note Maron et Haas.*

7. Motivation et délais. Il résulte de l'art. 82, al. 4 et 5, que, s'il ne suit pas les réquisitions du ministère public tendant à l'accomplissement d'un acte paraissant utile à la manifestation de la vérité et à la mise en œuvre d'une mesure de sûreté, le juge d'instruction doit rendre une ordonnance motivée dans le délai de 5 jours, à l'expiration duquel, à défaut d'ordonnance, le procureur de la République peut, dans les 10 jours, saisir directement la chambre de l'instruction. • Crim. 3 avr. 2002, n° 02-80.822 P.

8. Personne visée dans le réquisitoire. Un réquisitoire introductif ou une requête pénale pris contre personne dénommée ne constituent pas, à eux seuls, des réquisitions de mise en examen. Justifie en conséquence sa décision l'arrêt de la chambre de l'instruction qui déclare irrecevable la saisine directe du procureur de la République aux fins de mise en examen de la personne visée dans le réquisitoire ou la requête pénale. • Crim. 9 nov. 2005 (arrêt n° 1), n° 05.85.338 P : *D. 2006. IR 251, obs. Girault .*

9. Lorsqu'elle est saisie par le ministère public de l'appel d'une ordonnance du juge d'instruction disant n'y avoir lieu de mettre en examen une personne et de saisir le JLD, la chambre de l'instruction est tenue de statuer sur toutes les questions qui lui sont dévolues par l'appel du ministère public. Encourt la censure l'arrêt de la chambre de l'instruction qui, pour confirmer une telle ordonnance énonce que la question de la mise en examen est étrangère à l'unique objet de sa saisine. • Crim. 2 sept. 2005, n° 05-83.117 P.

10. Droits fondamentaux. Le principe de l'égalité des armes, en vertu duquel les parties au procès pénal disposent des mêmes droits, impose que l'avocat d'une partie ait le droit d'assister à l'audition d'un expert effectuée par le juge d'instruction sur réquisitions du procureur de la République en présence de celui-ci. Encourt dès lors la cassation l'arrêt qui, pour écarter une exception de nullité, énonce que le procureur de la République tient de l'art. 82, al. 1er la faculté de demander au magistrat instructeur qu'il soit procédé en sa présence à l'audition d'un expert et qu'aucune disposition légale ne prévoit ni ne fait obligation au juge de convoquer les autres parties ou leurs avocats. • Crim. 11 mai 2010, n° 10-80.953 P : *D. actu. 20 juill. 2010, obs. Léna ; D. 2010. Actu. 1944 ; AJ pénal 2010. 510, obs. Renaud-Duparc .*

Art. 82-1 *(L. n° 93-2 du 4 janv. 1993)* **Les parties peuvent, au cours de l'information, saisir le juge d'instruction d'une demande écrite et motivée tendant à ce qu'il soit procédé à leur audition ou à leur interrogatoire, à l'audition d'un témoin, à une confrontation ou à un transport sur les lieux** *(L. n° 2000-516 du 15 juin 2000, art. 21-I, en*

vigueur le 1er janv. 2001) « , à ce qu'il soit ordonné la production par l'une d'entre elles d'une pièce utile à l'information, ou à ce qu'il soit procédé à tous autres actes qui leur paraissent nécessaires à la manifestation de la vérité. A peine de nullité, cette demande doit être formée conformément aux dispositions du dixième alinéa de l'article 81 ; elle doit porter sur des actes déterminés et, lorsqu'elle concerne une audition, préciser l'identité de la personne dont l'audition est souhaitée. »

Le juge d'instruction doit, s'il n'entend pas y faire droit, rendre une ordonnance motivée au plus tard dans le délai d'un mois à compter de la réception de la demande. Les dispositions du dernier alinéa de l'article 81 sont applicables.

(L. n° 2000-1354 du 30 déc. 2000, art. 24 et 37, en vigueur le 1er janv. 2001) **« A l'expiration d'un délai de quatre mois depuis sa dernière comparution, »** *(L. n° 93-1013 du 24 août 1993)* **« la personne mise en examen qui en fait la demande écrite doit être entendue par le juge d'instruction. Le juge d'instruction procède à son interrogatoire dans les trente jours de la réception de la demande, qui doit être formée conformément aux dispositions du dixième alinéa de l'article 81. »**

1. Forme de la demande. La faculté de saisir la juridiction d'instruction d'une demande d'actes, en application de l'art. 82-1, par déclaration au greffier au moyen d'une lettre recommandée avec demande d'avis de réception, n'est accordée, selon l'art. 81, al. 10, qu'à la partie, ou à son avocat, qui réside hors du ressort de la juridiction compétente. • Crim. 30 avr. 1996, n° 95-83.121 P : *Procédures 1996. Comm. 266, obs. Buisson.* ♦ Il ne peut être suppléé aux formalités essentielles prévues à l'art. 81 par l'envoi d'une lettre au président de la juridiction. • Même arrêt. ♦ Ni par l'envoi d'une lettre par chronopost. • Crim. 10 juin 1997, n° 95-84.770 P. ♦ De même, ne constituent pas une demande d'acte régulière et donc ne peuvent interrompre la prescription les lettres adressées par la partie civile au conseiller chargé d'effectuer les actes d'instruction, au premier président de la cour d'appel et au ministre de la justice. • Crim. 7 juin 2000, n° 99-81.570 P : *Dr. pénal 2001. Chron. 3, obs. Marsat.* ♦ Lorsque la chambre de l'instruction n'est pas saisie du règlement de la procédure, les demandes d'actes ne peuvent lui être adressées directement, hormis le cas où le juge d'instruction n'y aurait pas répondu dans le délai prévu. Le demandeur doit se conformer aux prescriptions de l'art. 82-1. • Crim. 19 sept. 2001, n° 01-85.188 P. ♦ En présence d'un protocole entre le tribunal de grande instance et l'ordre des avocats de cette juridiction, la transmission par un avocat, à partir de son adresse électronique sécurisée, par un moyen de télécommunication, à l'adresse électronique sécurisée de ce tribunal, d'une demande d'acte prévue par l'art. 82-1 est recevable. Commet dès lors un excès de pouvoir le président de la chambre de l'instruction qui refuse de transmettre à la chambre l'appel de l'ordonnance du juge d'instruction ayant rejeté cette demande, en retenant que la demande d'acte était irrecevable. • Crim. 11 déc. 2013, n° 13-84.319 P : *D. 2013. Actu. 2918 ; Dr. pénal 2014. 30, obs. Maron et Haas.*

2. Production de pièces par un témoin. Est irrecevable la demande d'une partie tendant à ce que soit ordonnée, sur le fondement de l'art. 82-1, la production de pièces par un témoin, alors que ce texte, dont les dispositions sont limitatives, n'autorise que les demandes tendant à la production de pièces par une autre partie. • Crim. 25 mars 1997, n° 96-83.118 P.

3. Demande d'interprète ou de traduction. En vertu du principe de libre communication entre la personne poursuivie et son avocat résultant notamment de l'art. 6, § 3, Conv. EDH, la demande de la personne mise en examen, tendant à la désignation d'un interprète chargé de l'assister dans ses entretiens avec son avocat, et à la prise en charge par l'État des frais en résultant, si elle bénéficie de l'aide juridictionnelle, ne peut être déclarée irrecevable. • Crim. 25 mai 2005, n° 05-81.628 P : *D. 2005. IR 1884 ; JCP 2005. IV. 2555 ; RSC 2005. 868, obs. Commaret ; Dr. pénal 2005. Comm. 136, note Maron.* ♦ Le juge d'instruction qui n'entend pas faire droit à une demande de traduction de pièces de la procédure doit rendre une ordonnance motivée au plus tard dans le délai d'un mois à compter de la réception de la demande, laquelle est susceptible d'appel. • Crim. 4 nov. 2015, n° 15-84.012 P : *D. actu. 19 nov. 2015, obs. Fucini ; D. 2016. Pan. 153, obs. Barbier ; AJ pénal 2016. 219, obs. Gallois .*

4. Copie de documents placés sous scellés. La demande de copie de documents placés sous scellés et déposés au greffe à titre de pièces conviction à doit être présentée selon les modalités prévues par l'art. 82-1. • Crim. 28 oct. 2014, n° 14-84.796 P : *D. actu. 17 déc. 2014, obs. Fucini ; AJ pénal 2015. 216, obs. Royer .*

5. Partie civile. La mise en examen n'est pas un acte utile à la manifestation de la vérité qui peut être demandé par les parties civiles. • Crim. 15 févr. 2011, n° 10-87.468 P : *D. actu. 3 mars 2011, obs. Bombled ; D. 2011. Actu. 680 ; ibid. Pan. 2235, obs. Pradel ; AJ pénal 2011. 200 ; Dr. pénal 2011. 56, obs. Maron et Haas ; ibid. 2012. Chron. 1, obs. Georget.*

6. Contestation de partie civile. La contestation de la recevabilité de partie civile n'est pas soumise au formalisme des art. 81, al. 10, et 82-1.

• Crim. 1er oct. 2013, n° 12-82.985 P : *AJ pénal 2013. 683, obs. Belfanti ; Dr. pénal 2013. 162, obs. Maron et Haas.*

7. Irrecevabilité de l'appel. Il résulte de l'art. 82-1 que, lorsque le juge d'instruction n'a pas statué dans le délai d'un mois sur une demande d'actes présentée en application de ce texte, la personne mise en examen qui n'a pas usé de la faculté de saisir directement le président de la chambre d'accusation dans les conditions prévues par l'art. 81, dernier al. ne saurait être admise à interjeter appel de l'ordonnance la renvoyant devant le tribunal correctionnel pour contester le rejet implicite de sa demande d'actes, l'ordonnance entreprise ne présentant pas un caractère complexe. • Crim. 30 nov. 1999, n° 99-80.679 P : *RSC 2000. 423, obs. Commaret ; Dr. pénal 2000. Comm. 51, obs. Maron.*

8. Contrôle de la Cour de cassation. Les motifs pour lesquels les juridictions d'instruction estiment devoir rejeter une demande d'actes complémentaires d'instruction, relevant d'une question de pur fait, sont souverainement appréciés par celles-ci et échappent au contrôle de la Cour de cassation. • Crim. 25 mars 1997, n° 96-83.118 P.

9. Demande d'acte au juge d'instruction et prescription de l'action publique. Il résulte de la combinaison des art. 82-1 et 89 que la faculté de présenter une demande d'acte au juge d'instruction n'est offerte à la partie civile qu'après l'ouverture de l'information. Celle-ci ne dispose d'aucun moyen de droit pour obliger le juge d'instruction à accomplir un acte interruptif de prescription tant que le procureur de la République n'a pas pris ses réquisitions après communication de la plainte en application de l'art. 86. Entre temps la prescription est nécessairement suspendue. Dès lors, encourt la cassation pour violation de la loi, l'arrêt de la chambre de l'instruction qui, pour déclarer éteinte par la prescription l'action engagée par la partie civile du chef de diffamation et injure publique, après avoir constaté que plus de trois mois se sont écoulés entre la date à laquelle le juge d'instruction a rendu l'ordonnance fixant le montant de la consignation et celle à laquelle, après versement de celle-ci, il a communiqué la plainte au procureur de la République pour que ce magistrat prenne ses réquisitions, retient que la partie civile ne saurait invoquer la carence du juge d'instruction dès lors qu'il lui appartenait de saisir ce dernier d'une demande d'acte sur le fondement de l'art. 82-1. • Crim. 22 nov. 2005, n° 05-82.807 P.

10. Actes interruptifs de prescription. La partie civile tient des art. 81, al. 9, 82-1, 156 et 173, al. 3 la faculté de demander à la juridiction d'instruction l'accomplissement de certains actes interruptifs, notamment son audition. Dès lors, elle ne saurait se prévaloir, pour faire échec à la prescription de l'action publique, de la suspension de celle-ci en raison de l'inaction du juge. • Crim. 26 mai 2009, n° 08-87.855 P : *D. 2009. AJ 1761, note Lavric ; AJ pénal 2009. 405, obs. Ascensi ; Dr. pénal 2010. Chron. 1, obs. Guérin ; Procédures 2009, n° 375, obs. Buisson.*

11. Étendue des pouvoirs de la chambre de l'instruction. Il résulte des art. 81, 82-1 et 187 que lorsqu'elle est directement saisie, par son président, d'une demande d'acte présentée par une partie au magistrat instructeur qui n'y a pas répondu dans les délais, la chambre de l'instruction ne peut prononcer sur une question étrangère à l'unique objet de la requête telle que présentée au juge d'instruction. En ordonnant, à l'occasion de l'examen d'une demande d'audition, sur laquelle le juge d'instruction n'avait pas statué dans le délai, la jonction de l'information en cours à d'autres procédures d'instruction dont elle n'était pas saisie, la chambre de l'instruction a excédé ses pouvoirs. • Crim. 25 juill. 2007, n° 07-84.152 P : *D. 2007. AJ 2308 ; AJ pénal 2007. 483, obs. Lavric.*

12. Responsabilité de l'État. L'inaction du juge d'instruction qui, durant quatre années et sept mois, n'accomplit pas les actes nécessaires au bon déroulement de l'information, constitue une faute lourde traduisant l'inaptitude du service public de la justice à remplir la mission de service public dont il est investi (constitution de partie civile de X. contre Y. datant de 1991 et ordonnance de non-lieu rendue par le juge d'instruction le 18 janv. 1995 alors que l'art. 82-1 n'est entré en vigueur que le 1er mars 1994). • Civ. 1re, 13 mars 2007 : *D. 2007. 1929, note Pradel ; AJ pénal 2007. 223, obs. Royer.*

Art. 82-2 *(L. n° 2000-516 du 15 juin 2000, art. 21-II, en vigueur le 1er janv. 2001)* **Lorsque la personne mise en examen saisit le juge d'instruction, en application des dispositions de l'article 82-1, d'une demande tendant à ce que ce magistrat procède à un transport sur les lieux, à l'audition d'un témoin, d'une partie civile ou d'une autre personne mise en examen, elle peut demander que cet acte soit effectué en présence de son avocat.**

La partie *civile* **dispose de ce même droit s'agissant d'un transport sur les lieux, de l'audition d'un témoin ou d'une autre partie civile ou de l'interrogatoire de la personne mise en examen.**

Le juge d'instruction statue sur ces demandes conformément aux dispositions du deuxième alinéa de l'article 82-1. S'il fait droit à la demande, le juge d'instruction convoque l'avocat au plus tard dans les deux jours ouvrables avant la date du transport, de l'audition ou de l'interrogatoire, au cours desquels celui-ci peut intervenir dans les conditions prévues à l'article 120.

Conséquences de l'irrespect des règles légales. Lorsqu'une demande d'interrogatoire de la personne mise en examen formée par l'avocat de la partie civile ne répond pas aux exigences légales et que la personne mise en examen ne renonce pas à se prévaloir de la méconnaissance de cette formalité substantielle qui fait grief à ses intérêts, il y a lieu d'annuler l'interrogatoire en question (présence de l'avocat de la partie civile lors de l'interrogatoire de la personne mise en examen). • Crim. 11 mai 2004, n° 04-81.039 P : *D. 2004. IR 1865* ; *JCP 2004. IV. 2392 ; AJ pénal 2004. 289, obs. Leblois-Happe* . ♦ Comp. : la nullité d'un acte de la procédure ne peut être prononcée que lorsque l'irrespect des exigences légales a eu pour effet de porter atteinte aux intérêts de la partie qu'elle concerne, ce qui n'est pas le cas lorsque ni la personne mise en examen ni son avocat n'ont émis d'opposition ou de réserve sur le moment. • Crim. 6 nov. 2012, n° 12-83.766 P : *D. actu. 6 déc. 2012, obs. Léna ; AJ pénal 2013. 52, obs. Belfanti* ; *Dr. pénal 2012, n° 168, obs. Maron et Haas ; Procédures 2013, n° 23, obs. Chavent-Leclère.*

Art. 82-3 *(L. n° 2000-516 du 15 juin 2000, art. 22-I, en vigueur le 1er janv. 2001)* **Lorsque le juge d'instruction conteste le bien-fondé d'une demande des parties tendant à constater la prescription de l'action publique, il doit rendre une ordonnance motivée dans le délai d'un mois à compter de la réception de la demande.** *(L. n° 2004-204 du 9 mars 2004, art. 115)* **« Les dispositions des avant-dernier et dernier alinéas de l'article 81 sont applicables. »**

(L. n° 2016-731 du 3 juin 2016, art. 87) **« A peine d'irrecevabilité, la personne soutenant que la prescription de l'action publique était acquise au moment de sa mise en examen ou de sa première audition comme témoin assisté doit formuler sa demande dans les six mois suivant cet acte. »**

1. Demande de constatation de la prescription. Il se déduit de la combinaison des art. 82-3, 175 et 186-1 que la demande de constatation de la prescription de l'action publique présentée par une partie n'est plus recevable après l'expiration du délai de vingt jours à compter de l'envoi de l'avis de fin d'information. • Crim. 18 sept. 2001, n° 01-84.130 P : *D. 2002. IR 44* . ♦ C'est à bon droit qu'une chambre de l'instruction déclare irrecevable une demande en constatation de la prescription présentée à l'occasion d'une requête en annulation d'actes de la procédure. Une telle demande est étrangère à l'objet de la requête et doit être soumise au juge d'instruction en application de l'art. 82-3. • Crim. 26 juin 2007, n° 07-81.895 P : *D. 2007. AJ 2032* ; *AJ pénal 2007. 384* .

2. Absence de réponse du juge d'instruction. Lorsqu'une partie a adressé au juge d'instruction une demande fondée sur l'art. 82-3, avant l'expiration du délai de vingt jours de l'art. 175, et que ce juge n'a pas statué dans le délai d'un mois, l'intéressé peut saisir directement le président de la chambre de l'instruction en application des dispositions de l'art. 186-1. • Crim. 18 sept. 2001, n° 01-85.129 P : *D. 2001. IR 3398* . ♦ Il s'agit de la seule voie de recours dont dispose le demandeur en cas d'absence de réponse du juge d'instruction en application des dispositions de l'art. 81, al. 11. • Crim. 4 déc. 2001, n° 01-86.500 P : *D. 2002. IR 696* ; *Dr. pénal 2002. Comm. 79, obs. Maron* • 26 nov. 2003, n° 03-85.240 P : *JCP 2004. IV. 1091 ; AJ pénal 2004. 72* . ♦ Refus de renvoyer au Conseil constitutionnel une QPC jugeant la procédure de l'art. 82-3 contraire aux droits de la défense, au droit à un recours effectif, au principe d'égalité devant la loi et au principe d'égalité des armes. La Cour de cassation considère que le président de la chambre de l'instruction, saisi de la requête à laquelle le juge d'instruction n'a pas répondu, doit rendre une décision motivée en cas de non saisine de la chambre de l'instruction, cette décision étant susceptible d'être censurée en cas d'excès de pouvoir et que la question de la prescription de l'action publique peut toujours être soulevée devant le juge du fond. • Crim. 23 nov. 2010 : *D. actu. 8 déc. 2010, obs. Priou-Alibert.*

3. Forme de la demande. La demande de constatation de la prescription doit être faite dans les formes prévues par l'art. 81, al. 10. • Crim. 4 déc. 2001 : *préc. note 2.*

Art. 83 *(L. n° 93-2 du 4 janv. 1993)* **Lorsqu'il existe dans un tribunal plusieurs juges d'instruction, le président du tribunal ou, en cas d'empêchement, le magistrat qui le remplace, désigne, pour chaque information, le juge qui en sera chargé.** *(L. n° 93-1013 du 24 août 1993)* **« Il peut établir, à cette fin, un tableau de roulement. »**

Al. 2 et 3 abrogés par L. n° 2007-291 du 5 mars 2007, art. 7-I et 30-III, à compter du 1er mars 2008.

Les désignations prévues au présent article sont des mesures d'administration judiciaire non susceptibles de recours. — *V. art. D. 27 s.*

BIBL. ► KARSENTY, *JCP 2008. I. 121.* – LEBLOIS-HAPPE, *D. 2008. Chron. 2101* (quelle collégialité pour l'instruction en 2011 ?). – MATSOPOULOU, *JCP 2008. Actu. 106.*

1. La désignation du juge d'instruction. Si l'art. 83, dans sa rédaction issue de la loi du 6 juill. 1989, implique que soit saisi le juge d'instruction figurant sur le tableau de roulement au jour de la signature du réquisitoire introductif, premier acte de l'information, les modalités de désignation fixées par cet art. et celles de son remplacement prévues par l'art. 84, al. 3 et 4, constituent cependant des actes d'administration judiciaire dont les irrégularités ne sauraient entraîner une nullité de la procédure ni donner ouverture à cassation. • Crim. 4 déc. 1990, n° 90-84.461 P : *RSC 1991. 371, obs. Braunschweig ; D. 1991. Somm. 214, obs. Pradel ; Gaz. Pal. 1991. 1. 173, note Carbuccia-Berland* • 23 avr. 1992, n° 92-80.801 P. ♦ L'existence d'un tableau de roulement rend surabondante l'ordonnance de désignation prise par le président du tribunal. • Crim. 3 juill. 1991, n° 91-82.325 P.

2. Le mode de désignation du juge d'instruction constituant un acte d'administration judiciaire qui n'intéresse pas les droits des parties, celles-ci ne peuvent donc en discuter ni la régularité, ni l'existence. • Crim. 19 mai 1992, n° 91-86.441 P • 17 nov. 1993, n° 93-83.531 P • 12 févr. 1997 : *Procédures 1997. Comm. 159, obs. Buisson* • 27 févr. 2001, n° 00-86.747 P : *D. 2001. IR 1437*. ♦ Aucune requête en nullité d'un acte du juge d'instruction ne peut être fondée sur les conditions de désignation de ce juge. • Crim. 3 oct. 1995, n° 94-82.858 P. ♦ ... Ni sur la méconnaissance éventuelle des dispositions réglementaires de l'art. D. 28. • Crim., ord. prés., 18 sept. 1996, n° 96-82.696 P. ♦ Il s'ensuit qu'une personne mise en examen ne peut se faire un grief de ce que la chambre d'accusation a laissé sans réponse les chefs de son mémoire tendant à ce que soit constatée l'absence de désignation régulière du magistrat instructeur. • Crim. 11 juin 1996, n° 96-81.312 P : *Procédures 1996. Comm. 265, obs. Buisson.*

3. C'est à bon droit qu'une chambre de l'instruction refuse d'annuler une ordonnance de règlement cosignée par le juge d'instruction chargé de l'information et par le juge d'instruction qui lui avait été adjoint en application de l'art. 83, al. 2, en retenant que la signature du second était superflue et ne pouvait avoir pour effet de vicier l'ordonnance dès lors que celle-ci avait bien été signée par le magistrat compétent. • Crim. 3 avr. 2002, n° 01-81.592 P : *D. 2002. IR 1809 ; JCP 2002. IV. 1898 ; RSC 2002. 843, obs. Commaret*.

4. Si des charges nouvelles apparaissent contre une personne n'ayant pas été concernée par l'information clôturée par une ordonnance de mise en accusation, c'est sur le fondement, non des art. 188 à 190, mais de l'art. 80 que doit être pris le réquisitoire aux fins d'informer contre cette personne. Toutefois, fût-il improprement qualifié, le réquisitoire de réouverture sur charges nouvelles ne doit pas être annulé dès lors qu'il satisfait, en la forme, aux conditions essentielles de son existence légale. En désignant dans son réquisitoire pour instruire contre cette personne le juge d'instruction en charge de la première information, le procureur de la République s'est substitué au président du tribunal et a éludé ainsi l'application des dispositions de l'art. 83. Encourt la censure l'arrêt qui refuse d'annuler cette désignation au motif qu'il résulte du dernier al. de ce texte qu'il s'agit d'une mesure d'administration judiciaire non susceptible de recours. • Crim. 26 févr. 2008, n° 07-87.865 P : *RSC 2008. 924, obs. Finielz ; AJ pénal 2008. 243, obs. Royer ; Dr. pénal 2009. Chron. 1, obs. Guérin.*

5. Supplément d'information. Les dispositions de l'art. 83 ne sont pas applicables au cas dans lequel la chambre d'accusation, après évocation, a désigné un juge d'instruction pour procéder à un supplément d'information, le magistrat nommé en remplacement du juge d'instruction délégué poursuivant de plein droit l'instruction. • Crim. 26 mai 1983, n° 82-91.697 P • 24 juin 1998, n° 98-80.995 P : *Procédures 1999. Comm. 13, obs. Buisson.*

6. Pouvoirs du juge d'instruction adjoint. Le juge d'instruction adjoint d'un dossier est compétent pour mettre en examen et saisir le JLD d'un placement en détention provisoire dès lors que le juge d'instruction chargé de l'information est indisponible car retenu par la présentation d'autres personnes mises en examen. • Crim. 27 févr. 2007, n° 06-89.080 P : *AJ pénal 2007. 189*. ♦ Aux termes de l'art. 83, al. 3, lorsqu'un ou plusieurs juges d'instruction sont adjoints au juge d'instruction chargé de l'information, ce dernier a seul qualité pour statuer en matière de détention provisoire. Encourt, dès lors, la cassation l'arrêt de la chambre d'accusation qui omet de constater d'office la nullité de l'ordonnance de placement en détention provisoire rendue par deux juges d'instruction désignés dans une même information. • Crim. 7 juin 2000, n° 00-81.618 P.

Art. 83-1 *(L. n° 2007-291 du 5 mars 2007, art. 7-II et 30-III, en vigueur le 1er mars 2008)* **Lorsque la gravité ou la complexité de l'affaire le justifie, l'information peut faire l'objet d'une cosaisine selon les modalités prévues par le présent article.**

Le président du tribunal judiciaire dans lequel il existe un pôle de l'instruction ou, en cas d'empêchement, le magistrat qui le remplace désigne, dès l'ouverture de l'information, d'office ou si le procureur de la République le requiert dans son réquisitoire introductif, un ou plusieurs juges d'instruction pour être adjoints au juge d'instruction chargé de l'information.

la volonté formelle et non équivoque de son auteur de se constituer partie civile peut en entendant le plaignant avant toute communication au parquet lui faire valablement compléter sa plainte. • Crim. 2 déc. 1980, n° 79-91.506 P.

8. Adresse. La partie civile ne peut déclarer l'adresse d'un tiers chargé de recevoir les actes de procédure qu'avec l'accord de ce tiers, qui peut être recueilli par tout moyen ; le fait qu'un avocat ait accepté d'assurer la défense d'une partie n'implique pas son acceptation de recevoir les actes de procédure destinés à celle-ci. • Crim. 19 nov. 1997, n° 96-85.203 P.

9. Plainte préalable (L. n° 2007-291 du 5 mars 2007). Fait une exacte application de l'art. 85, al. 2, l'arrêt qui, pour confirmer une ordonnance d'un juge d'instruction ayant déclaré irrecevable une plainte avec constitution de partie civile, énonce que le plaignant ne justifie pas du dépôt préalable de sa plainte devant le procureur de la République ou un service de police judiciaire. • Crim. 9 juin 2009 : *D. 2009. Chron. C. cass. 1721, obs. Degorce*. ♦ Il résulte de la lecture combinée des al. 1er et 2 de l'art. 85 que le bénéfice de la plainte avec constitution de partie civile, accordé en raison d'un dépôt préalable d'une plainte simple pour les mêmes faits, est propre au plaignant auteur de la plainte simple, et ne saurait bénéficier « par ricochet » à une personne qui n'aurait pas elle-même déposé de plainte simple. • Crim. 8 sept. 2020, n° 19-84.995 P : *RSC 2021. 85, obs. Mayaud*. ♦ Une constitution de partie civile n'est recevable, dans le cas où une instruction n'a pas déjà été ouverte, que si le procureur a fait savoir qu'il n'engagerait pas lui-même des poursuites ou si un délai de trois mois s'est écoulé depuis le dépôt d'une plainte par l'auteur de la constitution de partie civile. • CE 26 oct. 2011 : *D. actu. 8 nov. 2011, obs. Grand*. ♦ La personne qui, s'étant constituée partie civile en portant plainte devant le juge d'instruction, a omis de justifier du dépôt préalable d'une plainte auprès du procureur de la République ou d'un service de police judiciaire dans les conditions fixées par le 2e al. de l'art. 85, et, lorsqu'il s'agit d'une personne morale, de l'identité de son représentant légal, demeure recevable à apporter ces justifications devant la chambre de l'instruction au soutien de son appel de l'ordonnance du magistrat instructeur ayant sanctionné sa carence en déclarant sa constitution de partie civile irrecevable. • Crim. 30 mars 2016, n° 14-85.109 P : *D. actu. 18 avr. 2016, obs. Benelli-de Bénazé ; Procédures 2016, n° 170, note Chavent-Leclère*. ♦ Dès lors que l'art. 85 exclut expressément les infractions en matière de presse de la condition de recevabilité de la plainte avec constitution de partie civile consistant en une plainte préalable, il s'en déduit que la suspension de la prescription de l'action publique, qui est le corollaire nécessaire de la condition de recevabilité précitée, n'est pas applicable lorsqu'est poursuivie l'une de ces infractions. • Crim. 14 mars 2017, n° 15-86.199 P.

10. Contraventions. Le droit, pour la partie lésée, de provoquer une information par une plainte assortie de constitution de partie civile devant le juge d'instruction, ne s'étend pas à la matière des contraventions de simple police. • Crim. 18 avr. 1929 : *DP 1930. 1. 40*.

11. Le juge d'instruction, saisi par une plainte avec constitution de partie civile, de faits dénoncés comme constituant un délit ne peut, par le seul examen abstrait de l'inculpation visée par le plaignant, se prononcer sur le caractère délictuel ou contraventionnel de ces faits et décider que ceux-ci ne constituent qu'une contravention, pour laquelle la constitution de partie civile est irrecevable. • Crim. 18 mai 1971, n° 70-92.905 P • 5 oct. 1999, n° 97-85.701 P : *RSC 2000. 219, obs. Giudicelli*. ♦ ... Alors que seule une information préalable pouvait permettre de le déterminer. • Crim. 11 mai 1999, n° 97-85.795 P. ♦ Une telle décision, bien que qualifiée d'ordonnance d'irrecevabilité, équivaut à un refus d'informer en dehors des cas limitativement prévus par l'art. 86. • Crim. 18 mai 1971, n° 70-92.905 P • 11 mai 1999, n° 97-85.795 P • 5 oct. 1999, n° 97-85.701 P.

12. S'il résulte de la combinaison des art. 79 et 85 qu'en matière de contravention, la victime de l'infraction ne peut pas, par une constitution de partie civile, provoquer l'ouverture d'une information, droit réservé au procureur de la République, aucun texte légal n'interdit à cette victime de se constituer partie civile au cours d'une information ouverte sur réquisitions du procureur de la République. • Crim. 28 oct. 1974, n° 74-91.732 P.

13. Président de la République. Un président de la République, qui n'est plus en exercice au moment du dépôt de sa plainte, n'est pas recevable à se constituer partie civile au nom de son État, s'il n'établit pas au regard des principes du droit international gouvernant les relations interétatiques sa qualité à représenter ledit État devant la justice française. • Crim. 30 nov. 1999, n° 98-83.203 P. ♦ V. aussi note 6 ss. art. 2.

14. Personnes morales. Si les personnes morales à but non lucratif ne sont pas soumises à l'obligation, à peine d'irrecevabilité de la plainte, de joindre à celle-ci leur bilan et compte de résultat, les juges peuvent fonder leur décision relative à la consignation sur toutes pièces, au besoin en demandant leur production par la partie civile, pour vérifier les ressources de celle-ci. • Crim. 1er févr. 2017, n° 16-81.852 P : *D. actu. 27 févr. 2017, obs. Priou-Alibert ; Dr. pénal 2017, n° 47, note Maron et Haas*.

15. La personne morale à but lucratif qui, s'étant constituée partie civile en portant plainte devant le juge d'instruction, a omis de justifier de ses ressources en joignant son bilan et son compte de résultat, demeure recevable à apporter ces justifications devant la chambre de l'instruction au soutien de son appel de l'ordonnance du magistrat instructeur ayant sanctionné sa carence en déclarant sa constitution de partie civile irrecevable. • Crim. 13 nov. 2018, n° 18-81.194 P : *D. actu. 5 déc. 2018, obs. Priou-Alibert ; Gaz. Pal. 5 févr. 2019, p. 63, note Fourment ; Dr. pénal 2019, n° 12, note Maron et Haas.* ♦ V. aussi, en cas de citation directe, ss. art. 392-1, note 3.

B. PRÉJUDICES

16. Preuve du préjudice. On ne saurait déduire du texte de l'art. 85 qu'il suffit au plaignant, pour jouir du droit de mettre l'action publique en mouvement, d'alléguer qu'il a été lésé par l'infraction dont il saisit la justice. L'art. 85 n'étant qu'une application de l'art. 2, c'est à juste titre que le juge d'instruction se refuse à informer lorsque le plaignant subordonne à l'ouverture préalable de l'information les justifications du préjudice et de son lien de causalité avec l'infraction. • Crim. 9 févr. 1961 : *D. 1961. 306.* ♦ Mais il suffit pour qu'une constitution de partie civile soit recevable devant le juge d'instruction que les circonstances sur lesquelles elle s'appuie permettent au juge d'admettre comme possible l'existence du préjudice allégué et la relation directe de celui-ci avec une infraction à la loi pénale. • Même arrêt • 13 avr. 1967, n° 66-91.626 P : *D. 1967. 593* • 17 oct. 1972, n° 72-90.894 P : *D. 1973. Somm. 61* • 29 avr. 1986, n° 86-90.611 P • 5 mars 1990, n° 89-80.536 P • 11 janv. 1996, n° 95-80.018 P • 4 juin 1996, n° 95-82.256 P • 8 juin 1999, n° 98-82.897 P • 6 sept. 2000, n° 99-83.001 P : *Procédures 2001. Comm. 42, obs. Buisson ; RSC 2001. 405, obs. Commaret* • 5 févr. 2003, n° 02-82.255 P : *D. 2003. IR 1008 ; JCP 2003. IV. 1650 ; Dr. pénal 2003. Comm. 62, obs. J.-H. Robert* • 2 avr. 2003, n° 02-82.674 P : *JCP 2003. IV. 2119* • 3 mars 2015, n° 13-88.514 : *D. actu. 30 mars 2015, obs. Priou-Alibert ; AJ pénal 2015. 432, obs. Lasserre Capdeville.*

17. Qualité pour agir. Pour qu'une constitution de partie civile soit recevable devant la juridiction d'instruction, il suffit que les circonstances sur lesquelles elle s'appuie permettent au juge d'admettre comme possibles l'existence du préjudice allégué et la relation directe de celui-ci avec une infraction à la loi pénale. • Crim. 27 mai 2009, n° 09-80.023 P : *AJ pénal 2009. 363, obs. Duparc.*

18. Qualité pour agir des grands-parents. Encourt la cassation l'arrêt de la chambre d'accusation qui, pour confirmer une ordonnance d'irrecevabilité d'une plainte avec constitution de partie civile déposée par une grand-mère qui dénonçait des actes incestueux commis sur sa petite-fille dont elle s'occupait presque quotidiennement, se borne à énoncer que, ne disposant pas de l'autorité parentale, elle ne peut exercer les droits reconnus à la partie civile au nom de l'enfant ni justifier d'un dommage personnel directement causé par l'infraction. • Crim. 16 juin 1998, n° 97-82.171 P.

19. Il n'importe que les intérêts de plusieurs personnes qui se constituent partie civile dans une même information ne soient pas identiques, ou même qu'elles s'opposent dès lors que chacune des parties civiles exerce son action en application de l'art. 2, et invoque la réparation d'un dommage dont elle prétend avoir souffert et qui aurait été directement causé par l'infraction visée dans la poursuite. • Crim. 17 oct. 1972 : *préc. note 16.*

C. INFRACTIONS

20. Droit de la presse. En cas d'infraction à la loi du 29 juill. 1881 sur la liberté de la presse, la plainte avec constitution de partie civile doit contenir les mentions exigées par l'art. 50 de cette loi. • Crim. 27 avr. 1977, n° 75-82.873 P. ♦ Toutefois, le réquisitoire introductif peut réparer les insuffisances de la plainte et rendre parfaite la poursuite à la condition qu'il soit lui-même régulier au regard de l'art. 50. • Crim. 22 janv. 1985, n° 84-90.908 P.

21. Inversement, dès lors que la plainte contient les mentions exigées par l'art. 50, l'action est régulièrement engagée sans que sa validité puisse être affectée par un vice entachant le réquisitoire introductif. • Crim. 28 févr. 1984, n° 83-91.533 P.

22. Vol de la chose prêtée. Est recevable la constitution de partie civile de l'emprunteur, détenteur précaire, du chef de vol de la chose prêtée dès lors que la soustraction frauduleuse le mettant dans l'impossibilité de restituer au propriétaire est de nature à lui porter préjudice. • Crim. 5 mars 1990 : *préc. note 16.*

23. Abus de biens sociaux. Un actionnaire de société doit être débouté de sa demande en dommages-intérêts fondée, d'une part, sur le non-remboursement de sa créance en compte courant et, d'autre part, sur la perte de son investissement dans le capital de la société, car la créance alléguée par la partie civile au titre de son compte courant est sans lien de causalité directe avec l'abus de biens sociaux commis par son dirigeant et qu'il n'est pas démontré que la perte de valeur d'un investissement de la partie civile dans la société découle directement des agissements délictueux du prévenu. En effet, la dépréciation des titres d'une société découlant des agissements délictueux de ses dirigeants constitue, non pas un dommage propre à chaque associé, mais un préjudice subi par la société elle-même. • Crim. 12 déc. 2000, n° 97-83.470 P :

Rev. sociétés 2001. 865, note Bouloc ; *Dr. pénal 2001. Comm. 47, obs. J.-H. Robert* • 13 déc. 2000, n° 99-80.387 P : *Rev. sociétés 2001. 394, note Bouloc* ; *Dr. pénal 2001. Comm. 47, obs. J.-H. Robert* • 20 févr. 2008 : *Rev. sociétés 2008. 423, obs. Bouloc* .

24. Banqueroute. Un dirigeant de société mise en liquidation judiciaire peut, en sa qualité de dirigeant et en absence de mandataire liquidateur, déposer une plainte et se constituer partie civile en application de l'art. 152 de la loi du 25 janv. 1985. • Crim. 21 mars 2000, n° 99-85.566 P.

25. Corruption. Ne sont pas susceptibles de constituer un préjudice personnel directement causé par les délits poursuivis de blanchiment de fraude fiscale, corruption et blanchiment de corruption à une association locale de lutte contre la corruption, les faits de majoration sans cause sérieuse du prix d'une construction édifiée sur le territoire de la commune dont le maire est poursuivi. • Crim. 11 oct. 2017, n° 16-86.868 P : *D. actu. 27 oct. 2017, obs. Azoulay* ; *AJ pénal 2018. 47, obs. Grégoire* ; *Procédures n° 314, obs. Chavent-Leclère.*

26. Fraude électorale. Est recevable la plainte avec constitution de partie civile pour fraude électorale visant des candidats qui auraient disposé de personnel rémunéré par l'OPAC pour l'organisation de leur campagne, par des plaignants qui étaient confrontés à ces candidats lors de diverses élections. • Crim. 5 févr. 2003 : *préc. note 16.* ♦ Est recevable la constitution de partie civile du contribuable autorisé par le tribunal administratif, en application de l'art. L. 2132-5 CGCT, à se substituer aux organes de la commune, mais elle devient sans objet lorsque, par la suite, le maire se porte partie civile au nom de sa collectivité. • Crim. 25 nov. 2003, n° 03-80.905 P : *AJ pénal 2004. 71* .

27. Atteinte volontaire à la vie. Lorsqu'une information judiciaire a été ouverte à la suite d'une atteinte volontaire à la vie d'une personne, les parties civiles constituées de ce chef sont recevables à mettre en mouvement l'action publique pour l'ensemble des faits dont il est possible d'admettre qu'ils se rattachent à ce crime par un lien d'indivisibilité. • Crim. 4 avr. 2012, n° 11-81.124 P : *D. 2012. Actu. 1010* ; *ibid. 2118, obs. Pradel* ; *RSC 2012. 553, obs. Matsopoulou* ; *Rev. sociétés 2012. 445, note Matsopoulou* .

II. EFFETS DE LA CONSTITUTION DE PARTIE CIVILE PAR VOIE D'ACTION

A. ACTION PUBLIQUE

1° MISE EN MOUVEMENT DE L'ACTION PUBLIQUE

28. La plainte déposée entre les mains d'un juge d'instruction par la personne qui se dit victime d'un crime ou d'un délit, lorsqu'elle est accompagnée d'une constitution de partie civile, produit, pour la mise en mouvement de l'action publique, les mêmes effets qu'un réquisitoire du procureur de la République. • Crim. 8 déc. 1906 : *DP 1907. 1. 207, rapp. Laurent-Atthalin.* ♦ V. aussi : • Crim. 17 janv. 1919 : *DP 1920. 1. 39* • 8 juin 1923 : *DP 1923. 1. 201* • 28 mai 1925 : *DP 1926. 1. 121* • 9 janv. 1930 : *DH 1930. 84* • 21 févr. 1968, n° 67-92.180 P : *D. 1968. 691, note Pradel* • 21 sept. 1999, n° 98-85.051 P. ♦ Toutefois, cette mise en mouvement de l'action publique dès le dépôt de la plainte est subordonnée au versement dans le délai fixé par le juge de la consignation prévue par l'art. 88. • Crim. 17 juin 1986, n° 85-90.313 P : *D. 1987. Somm. 77, obs. Pradel.*

29. Opportunité des poursuites. Ni le procureur de la République, les dispositions des art. 40, al. 1er, et 40-1 n'étant pas applicables lorsque ce magistrat requiert l'ouverture d'une information sur une plainte avec constitution de partie civile, ni le juge d'instruction ne peuvent apprécier en opportunité la suite à donner aux faits qui sont dénoncés par ladite plainte. • Crim. 30 mars 2021, n° 21-80.141 P : *D. actu. 3 mai 2021, obs. Goetz* ; *AJ pénal 2021. 319, obs. Lasserre Capdeville* .

30. La personne qui s'est constituée partie civile lors de l'instruction conserve, sauf renonciation expresse, cette qualité. Elle n'est donc pas tenue de renouveler sa constitution au cours des débats devant la cour d'assises, auxquels elle intervient de plein droit. • Crim. 29 nov. 1989, n° 89-82.426 P.

2° PRESCRIPTION DE L'ACTION PUBLIQUE

31. Interruption de la prescription de l'action publique. La prescription de l'action publique est interrompue par le dépôt, constaté sans équivoque, d'une plainte avec déclaration expresse de constitution de partie civile dès lors que la consignation prévue par l'art. 88 a été ultérieurement versée dans le délai fixé. • Crim. 20 févr. 1986, n° 84-91.600 P.

32. N'interrompt pas la prescription de l'action publique la plainte non assortie de constitution de partie civile, qui n'est ni un acte d'instruction ni un acte de poursuite, et il en est ainsi même dans des matières comme la réglementation des changes où la plainte de l'administration est la condition préalable et nécessaire à la mise en mouvement de l'action publique. • Crim. 10 mai 1972, n° 71-90.995 P. ♦ Même solution pour la plainte ne comportant qu'une offre de se constituer partie civile. • Crim. 25 juin 1970, n° 69-93.357 P. ♦ Sur l'interruption de la prescription de l'action publique, V. désormais art. 9-2.

33. La prescription de l'action publique, qui est interrompue par le dépôt d'une plainte avec constitution de partie civile lorsque la consignation prévue par l'art. 88 est ultérieurement versée dans le délai imparti, est entre-temps suspendue de la date du dépôt de la plainte à celle de ce versement quel que soit le délai mis par le juge pour ordonner la consignation. • Crim. 7 juin 1990, ♔ nº 89-84.991 P • 7 sept. 1999, ♔ nº 98-86.219 P.

34. Suspension de la prescription de l'action publique. La prescription de l'action publique est nécessairement suspendue tant qu'un obstacle de droit met la partie civile dans l'impossibilité d'agir (jurispr. antérieure à l'entrée en vigueur de l'art. 82-1). • Crim. 7 févr. 1980, ♔ nº 78-94.147 P. ♦ Tel est le cas lorsque la partie civile ne dispose d'aucun moyen de droit pour obliger le juge d'instruction à accomplir un acte interruptif de la prescription. • Crim. 27 janv. 1986, ♔ nº 85-92.516 P • 24 févr. 1986, ♔ nº 84-93.267 P • 16 juill. 1996, ♔ nº 95-80.943 P : *RSC 1997. 151, obs. Dintilhac* ; *D. 1997. Somm. 142, obs. Pradel*. ♦ Sur la suspension de la prescription de l'action publique, V. désormais art. 9-3.

B. JUGE D'INSTRUCTION

1º SAISINE DU JUGE D'INSTRUCTION

35. Devoir d'informer. Le juge d'instruction régulièrement saisi a le devoir d'informer sur la plainte. • Crim. 8 déc. 1906 : *préc. note 28* • 29 janv. 1985, ♔ nº 83-94.475 P.

36. Liberté de qualification. Le juge d'instruction peut qualifier librement les faits dont il est saisi, soit par la plainte avec constitution de partie civile, soit par le réquisitoire du ministère public. • Crim. 28 oct. 1980, ♔ nº 79-94.231 P.

37. Faits nouveaux. Le juge d'instruction saisi de nouveaux faits par une partie civile déjà constituée n'est pas tenu, sauf en cas de nouvelle constitution, de solliciter des réquisitions supplétives du parquet. • Crim. 25 janv. 1961 : *Bull. crim. nº 44.* ♦ Solution inverse si le plaignant exprime sans équivoque sa volonté d'étendre sa constitution de partie civile à ces derniers faits. • Crim. 28 oct. 1980, ♔ nº 79-94.355 P.

38. Les juridictions d'instruction doivent statuer sur tous les chefs d'inculpation régulièrement dénoncés par la partie civile, y compris dans une plainte additionnelle, même en l'absence de réquisitoire supplétif du procureur de la République. • Crim. 4 juin 1996, ♔ nº 95-82.256 P : *Dr. pénal 1997. Chron. 18, note Lesclous et Marsat.*

39. Conséquences de l'irrecevabilité sur les poursuites. Si, au cours de l'information, la constitution de partie civile vient à être déclarée irrecevable, la poursuite n'en est pas moins valablement exercée en raison des réquisitions prises par le ministère public. • Crim. 21 juin 1973, ♔ nº 72-92.784 P. ♦ Il n'en irait autrement que si la mise en mouvement de l'action publique était subordonnée au dépôt d'une plainte préalable. • Crim. 8 nov. 1983, ♔ nº 83-92.677 P.

40. Interdiction d'abandon de l'instruction au profit de la citation directe. La partie civile constituée devant le juge d'instruction ne peut abandonner la voie de l'instruction préparatoire en cours, pour traduire quiconque et notamment l'inculpé en raison des faits mêmes objet de l'information, par voie de citation directe devant la juridiction correctionnelle. • Crim. 29 oct. 1990, ♔ nº 87-81.568 P. ♦ Toutefois, selon les art. 85, 88 et 388, aucune plainte avec constitution de partie civile déposée devant le juge d'instruction ne fait obstacle à une saisine de la juridiction correctionnelle par voie de citation directe, dès lors que l'auteur de la plainte n'a pas versé la consignation fixée par le juge d'instruction. • Crim. 11 janv. 2000, ♔ nº 99-81.143 P : *Dr. pénal 2000. Chron. 29, obs. Marsat.*

41. Critères du non-lieu ab initio. La juridiction d'instruction, saisie de réquisitions de non-lieu sur le fondement de l'art. 86, al. 4, dans sa rédaction issue de la L. du 5 mars 2007, en vigueur le 1er juill. 2007, ne peut prononcer non-lieu à informer que s'il est établi de façon manifeste, le cas échéant au vu des investigations qui ont pu être réalisées à la suite de la plainte préalablement déposée devant le procureur de la République, conformément à l'art. 85, que les faits dénoncés par la partie civile n'ont pas été commis. Encourt la cassation, l'arrêt qui, en l'absence de toute investigation préalable de la juridiction d'instruction, prononce un tel non-lieu sans qu'il résulte de ses énonciations que les faits n'ont manifestement pas été commis. • Crim. 6 oct. 2009, ♔ nº 09-80.720 P : *D. 2009. AJ 2554* ; *ibid. 2010. 416, note Detraz* ; *AJ pénal 2009. 505, obs. Ascensi* ; *Dr. pénal 2010. Chron. 1, obs. Guérin.*

42. Saisie de réquisitions sur le fondement de l'art. 86, al. 4, dans sa rédaction issue de la loi du 5 mars 2007, en vigueur le 1er juill. 2007, la juridiction d'instruction peut dire n'y avoir lieu à informer lorsqu'il est établi de façon manifeste, au vu des investigations qui ont pu être réalisées à la suite de la plainte préalablement déposée devant le procureur de la République, conformément à l'art. 85, que les faits dénoncés par la partie civile n'ont pas été commis. • Crim. 3 mars 2009, ♔ nº 08-84.521 P : *RSC 2009. 855, obs. Finielz* ; *AJ pénal 2009. 236* ; *Dr. pénal 2009, nº 73, obs. Maron et Haas* ; *ibid. 2010. Chron. 1, obs. Guérin* ; *Procédures 2009, nº 285, obs. Buisson.*

2º DÉCISION DU JUGE D'INSTRUCTION

43. La décision de la juridiction d'instruction statuant sur la recevabilité d'une constitution de partie civile – qui ne porte que sur l'exercice des droits réservés à la partie civile au cours de la procédure d'information – n'acquiert aucune autorité de chose jugée quant à l'exercice de l'action civile devant la juridiction de jugement. En conséquence, l'arrêt de la chambre d'accusation ayant déclaré irrecevable la constitution d'une partie civile ne s'oppose pas à ce que la même personne se constitue à nouveau devant la juridiction de jugement. • Crim. 15 mai 1997, n° 96-81.496 P. ♦ En revanche, une partie civile déclarée irrecevable par le juge d'instruction ne peut, en invoquant des circonstances de fait nouvelles, se constituer derechef, par voie d'intervention, dans l'information suivie pour les mêmes infractions. • Crim. 29 janv. 2008, n° 06-89.245 P: *D. 2008. AJ 694, note Léna ; AJ pénal 2008. 238, note Saas ; Dr. pénal 2009. Chron. 1, obs. Guérin.*

44. Un juge d'instruction ne peut se fonder sur les pièces issues d'une procédure distincte pour, en l'absence de tout acte d'information propre à l'affaire en cours, refuser d'instruire. Il en va d'autant plus ainsi lorsque la partie civile n'a pas accès à ladite procédure. • Crim. 1er sept. 2009, n° 08-88.426 P: *RSC 2009. 839, obs. Mayaud ; AJ pénal 2009. 506, obs. Ascensi .*

Art. 86 **Le juge d'instruction ordonne communication de la plainte au procureur de la République pour que ce magistrat prenne ses réquisitions.** *(L. n° 2019-222 du 23 mars 2019, art. 53)* **« Le procureur de la République peut demander au juge d'instruction un délai supplémentaire de trois mois pour permettre la poursuite des investigations avant de faire connaître ses réquisitions. La décision du juge d'instruction constitue une mesure d'administration judiciaire insusceptible de recours. »**

Le réquisitoire peut être pris contre personne dénommée ou non dénommée.

(L. n° 93-2 du 4 janv. 1993) **« Lorsque la plainte n'est pas suffisamment motivée ou justifiée, le procureur de la République peut, avant de prendre ses réquisitions et s'il n'y a pas été procédé d'office par le juge d'instruction, demander à ce magistrat d'entendre la partie civile et, le cas échéant, d'inviter cette dernière à produire toute pièce utile à l'appui de sa plainte. »**

Le procureur de la République ne peut saisir le juge d'instruction de réquisitions de non informer que si, pour des causes affectant l'action publique elle-même, les faits ne peuvent légalement comporter une poursuite ou si, à supposer ces faits démontrés, ils ne peuvent admettre aucune qualification pénale. *(L. n° 2007-291 du 5 mars 2007, art. 21-II, en vigueur le 1er juill. 2007)* **« Le procureur de la République peut également prendre des réquisitions de non-lieu dans le cas où il est établi de façon manifeste, le cas échéant au vu des investigations qui ont pu être réalisées à la suite du dépôt de la plainte ou en application du troisième alinéa, que les faits dénoncés par la partie civile n'ont pas été commis. »** *(L. n° 2019-222 du 23 mars 2019, art. 53)* **« Lorsque les investigations réalisées au cours de l'enquête effectuée à la suite de la plainte déposée conformément au deuxième alinéa de l'article 85 ont permis d'établir qu'une personne majeure mise en cause pour les faits de nature délictuelle reprochés par la victime pourrait faire l'objet de poursuites mais que l'action publique n'a pas été mise en mouvement par le procureur de la République, celui-ci peut également requérir du juge d'instruction de rendre une ordonnance de refus d'informer, tout en invitant la partie civile à engager des poursuites par voie de citation directe. » Dans le cas où le juge d'instruction passe outre, il doit statuer par une ordonnance motivée.**

(L. n° 2002-1138 du 9 sept. 2002, art. 39) **« Lorsque le juge d'instruction rend une ordonnance de refus d'informer, il peut faire application des dispositions des articles 177-2 et 177-3. »**

BIBL. ► BOLZE, *RSC 1982. 311* (refus d'informer). – GUÉRY, *D. 1996. Chron. 335* (liberté de qualification du juge d'instruction). – MARSAT, *Dr. pénal 2000. Chron. 14* (refus d'informer).

1. Obligation pour le juge d'informer. La juridiction d'instruction régulièrement saisie d'une plainte avec constitution de partie civile a le devoir d'instruire, quelles que soient les réquisitions du ministère public. Cette obligation ne cesse, suivant les dispositions de l'art. 86, al. 4, que si, pour des causes affectant l'action publique elle-même, les faits ne peuvent comporter légalement une poursuite ou si, à supposer les faits démontrés, ils ne peuvent admettre aucune qualification pénale. • Crim. 16 nov. 1999, n° 98-84.800 P • 4 janv. 2005, n° 03-84.652 P: *D. 2005. IR 523* . ♦ Ainsi le juge est tenu de vérifier la réalité des faits dénoncés et leur qualification pénale éventuelle. • Crim. 11 janv. 2001, n° 00-80.748 P. ♦ ... Quand bien même les faits visés dans la plainte sont mal qualifiés pénalement. • Crim. 26 sept. 2001, n° 01-84.565 P: *D. 2002. Somm. 1462, obs. Pradel* . ♦ L'absence de tout acte d'information concernant les faits s'analyse en un refus d'informer. • Crim. 11 janv. 2000, n° 99-83.418 P: *D. 2000. IR 84* . ♦ Rappr.: • Crim. 11 févr. 1992, n° 91-86.066 P • 8 déc. 1992, n° 92-83.854 P. ♦ Le seul examen abstrait d'une plainte ne peut justifier une décision de refus d'informer. • Crim. 4 janv.

2005 : *préc.* ♦ Un juge d'instruction ne peut se fonder sur les résultats d'une enquête préliminaire pour, en l'absence de tout acte d'information propre à l'affaire en cours, refuser d'instruire. • Crim. 20 juin 2006, n° 05-86.611 P : *AJ pénal 2006. 453, obs. Leblois-Happe*. ♦ La réponse négative apportée par une cour d'assises aux questions relatives à la culpabilité d'un complice de crime ne fait pas obstacle à des poursuites distinctes pour complicité de la même infraction à l'égard d'une autre personne qui n'a pas été visée par des poursuites antérieures et qui n'a pas été mise hors de cause par une ordonnance de non-lieu devenue définitive. Saisi d'une plainte avec constitution de partie civile de ce chef, le juge d'instruction a l'obligation d'informer. • Crim. 15 janv. 2008, n° 07-86.077 P : *D. 2008. AJ 550 ; AJ pénal 2008. 194, note Saas*.

2. Un juge d'instruction ne peut se fonder sur les pièces issues d'une procédure distincte pour, en l'absence de tout acte d'information propre à l'affaire en cours, refuser d'instruire. Il en va d'autant plus ainsi lorsque la partie civile n'a pas accès à ladite procédure. • Crim. 1er sept. 2009, n° 08-88.426 P : *RSC 2009. 839, obs. Mayaud ; AJ pénal 2009. 506, obs. Ascensi*.

3. *Immunités.* L'obligation d'informer n'est pas contraire, en son principe, à l'immunité de juridiction des États étrangers et de leurs représentants (faits allégués de torture et actes de barbarie, et détention arbitraire commis sur une détenue française au Cameroun). • Crim. 19 mars 2013 : *D. actu. 9 avr. 2013, obs. Léna ; D. 2013. Actu. 841 ; AJ pénal 2013. 415, obs. Royer ; Gaz. Pal. 21 juill. 2013, p. 43, note Fourment.* ♦ Si le juge d'instruction a généralement l'obligation d'informer sur tous les faits résultant de la plainte, sous toutes les qualifications possibles, et si cette obligation n'est pas contraire en son principe à l'immunité de juridiction des États étrangers et de leurs représentants, celle-ci trouve son fondement dans la seule nécessité pour le juge de ne pas retenir une immunité pénale avant d'avoir vérifié les conditions de son application dans le dossier dont il est saisi ; cependant, n'encourt pas la censure l'arrêt qui a déclaré irrecevable une plainte avec constitution de partie civile visant précisément un chef d'État étranger, dans la mesure où aucun acte d'information n'est alors nécessaire pour dire que le principe d'immunité pénale, reconnu par la coutume internationale au bénéfice des États et des chefs d'État en exercice, doit alors être retenu. • Crim. 2 sept. 2020, n° 18-84.682 P. ♦ La coutume internationale s'oppose à ce que les agents d'un État, en l'absence de dispositions internationales contraires s'imposant aux parties concernées, puissent faire l'objet de poursuites, pour des actes relevant de l'exercice de la souveraineté de l'État, devant les juridictions pénales d'un État étranger et, s'il appartient à la communauté internationale de fixer les éventuelles limites de ce principe, lorsqu'il peut être confronté à d'autres valeurs reconnues par cette communauté, et notamment celle de la prohibition de la torture, en l'état du droit international, les crimes dénoncés, quelle qu'en soit la gravité, ne relèvent pas des exceptions au principe de l'immunité de juridiction. • Crim. 13 janv. 2021, n° 20-80.511 P : *D. actu. 28 janv. 2021, obs. Recotillet ; AJ pénal 2021. 158, obs. Mariat*.

4. *Irrecevabilité de la constitution de partie civile.* L'irrecevabilité de l'action civile portée devant le juge d'instruction conformément aux dispositions de l'art. 85 ne saurait atteindre l'action publique, laquelle subsiste tout entière et prend sa source exclusivement dans les réquisitions du ministère public tendant après la communication prescrite par l'art. 86 à ce qu'il soit informé par le juge d'instruction ; il n'en va autrement que si la plainte de la victime est nécessaire pour mettre l'action publique en mouvement. • Crim. 7 sept. 2021, n° 19-87.031 B : *AJ pénal 2021. 469, obs. Lasserre Capdeville*.

5. *Conditions du refus d'informer.* Ne peut motiver une ordonnance de refus d'informer un élément de pur fait qu'il appartient à l'information de faire apparaître ou vérifier. • Crim. 3 févr. 1970, n° 69-91.579 P • 7 févr. 1978, n° 76-92.838 P • 24 avr. 1986 : *Bull. crim. n° 140.* ♦ V. aussi : • Crim. 11 déc. 1979, n° 79-90.153 P : *D. 1980. IR 523, obs. Puech.* ♦ Même solution si l'ordonnance affirme que la prescription est acquise sans recherche d'une qualification criminelle. • Crim. 9 nov. 1954 : *Bull. crim. n° 320.* ♦ Même solution si l'ordonnance se fonde sur les résultats d'une enquête disciplinaire étrangère à la procédure et qui n'a pas le même objet. • Crim. 23 juill. 1974, n° 73-93.566 P. ♦ ... Ou si l'ordonnance affirme l'impossibilité de poursuivre en raison de l'inapplicabilité de la loi pénale aux faits dénoncés, sans instruction préalable. • Crim. 18 nov. 1964, n° 63-91.057 P. ♦ ... Ou si l'ordonnance ne fait état que d'un examen abstrait des inculpations visées dans la plainte. • Crim. 29 janv. 1985, n° 83-94.475 P • 3 févr. 1970, n° 69-91.579 P. ♦ V. aussi : • Crim. 9 déc. 1997 : *Procédures 1998. Comm. 95, obs. Buisson.* ♦ ... Ou si l'ordonnance ne fait état d'aucun acte d'instruction propre à l'affaire en cause. • Crim. 18 juill. 1991, n° 90-86.639 P • 16 nov. 1999, n° 98-84.800 P • 11 janv. 2000, n° 99-83.418 P : *Dr. pénal 2001. Chron. 9, obs. Marsat.* ♦ De même, le juge ne peut refuser d'informer en se déclarant incompétent territorialement sans avoir vérifié cette compétence par une information préalable. • Crim. 30 janv. 2001, n° 00-80.656 P : *D. 2001. IR 1437*.

6. Est qualifiée en revanche une ordonnance de refus d'informer relative à des faits ne constituant à aucun titre une infraction pénale. • Crim. 12 juin 1979, n° 79-90.062 P. ♦ ... Ou relative à un délit commis à l'étranger contre un particulier, la poursuite ne pouvant en ce cas être intentée qu'à la requête du ministère public conformément à l'art. 691. • Crim. 13 juin 1974, n° 72-91.231 P.

7. En l'état de réquisitions de non-informer du procureur de la République, auxquelles il ne répond par aucune ordonnance, le juge d'instruction ne peut informer. • Crim. 20 juin 1988, n° 88-82.856 P : *D. 1989. 63, note Mayer.*

8. Non-lieu à informer. La juridiction d'instruction, saisie de réquisitions de non-lieu sur le fondement de l'art. 86, al. 4, dans sa rédaction issue de la L. du 5 mars 2007, en vigueur le 1er juill. 2007, ne peut prononcer non-lieu à informer que s'il est établi de façon manifeste, le cas échéant au vu des investigations qui ont pu être réalisées à la suite de la plainte préalablement déposée devant le procureur de la République, conformément à l'art. 85, que les faits dénoncés par la partie civile n'ont pas été commis. Encourt la cassation, l'arrêt qui, en l'absence de toute investigation préalable de la juridiction d'instruction, prononce un tel non-lieu sans qu'il résulte de ses énonciations que les faits n'ont manifestement pas été commis. • Crim. 6 oct. 2009, n° 09-80.720 P : *D. 2009. AJ 2554 ; ibid. 2010. 416, note Detraz ; AJ pénal 2009. 505, obs. Ascensi ; Dr. pénal 2010. Chron. 1, obs. Guérin.*

9. Justifie sa décision au regard de l'art. 86, la chambre de l'instruction qui confirme l'ordonnance d'un juge d'instruction ayant dit n'y avoir lieu à informer sur la plainte d'une personne détenue soutenant avoir été soumise pendant sa détention en maison d'arrêt à des conditions d'hébergement incompatibles avec la dignité humaine, dès lors que les faits dénoncés n'entrent pas dans les prévisions de l'art. 225-14 C. pén. et ne peuvent admettre aucune qualification pénale. • Crim. 20 janv. 2009, n° 08-82.807 P : *RSC 2009. 440, obs. Poncela ; ibid. 922, obs. Renucci ; D. 2009. Pan. 1378, obs. Céré ; AJ pénal 2009. 139, obs. Herzog-Evans ; Dr. pénal 2009, n° 42, obs. Maron et Haas.*

10. Statut pénal du chef de l'État. Encourt la censure l'arrêt qui, pour dire n'y avoir lieu à informer sur la plainte avec constitution de partie civile portée, contre personne non dénommée, du chef de favoritisme, contestant la légalité dune convention de prestation de services signée par le directeur de cabinet du président de la République et une société commerciale, retient, notamment, que le statut pénal du chef de l'État s'oppose à toute investigation et que le délit de recel n'entre pas dans la saisine du juge d'instruction. • Crim. 19 déc. 2012, n° 12-81.043 P : *D. actu. 15 janv. 2013, obs. Léna.*

11. Observations de la partie civile. Saisie de l'appel formé contre une ordonnance de refus d'informer rendue par le juge d'instruction, pour une cause affectant l'action publique, la chambre de l'instruction peut, en raison de l'effet dévolutif attaché à ce recours, dire n'y avoir lieu à informer lorsqu'il est établi de façon manifeste, au vu des investigations qui ont pu être réalisées à la suite de la plainte préalablement déposée devant le procureur de la République, que les faits dénoncés par la partie civile n'ont pas été commis. Elle n'est pas tenue de recueillir préalablement les observations de la partie civile dès lors qu'elle fonde sa décision sur des pièces figurant au dossier de la procédure. • Crim. 26 mai 2010, n° 09-87.638 P : *AJ pénal 2010. 452* . ♦ Aucun texte conventionnel ou légal ne fait obligation au juge d'instruction de recueillir préalablement les observations de la partie civile sur une décision de non-lieu à informer prise en application de l'art. 86, al. 4. • Crim. 9 déc. 2015, n° 13-84.163 P : *D. actu. 12 janv. 2016, obs. Gallois.*

12. Étendue du refus d'informer. Lorsque l'action publique a été mise en mouvement par voie de constitution de partie civile, il appartient au procureur général de prendre des réquisitions sans que puisse y faire échec une décision antérieure de classement sans suite ; en effet, le magistrat du ministère public a, en vertu de ses pouvoirs propres, à l'exclusion de toute autre autorité, la faculté de revenir sur une telle décision dès lors que les conditions d'un refus d'informer ne sont pas réunies. • Crim. 12 mai 1992 : *D. 1992. 427, note Mayer* .

13. Réquisitions de non-lieu. Saisie de réquisitions sur le fondement de l'art. 86, al. 4, dans sa rédaction issue de la L. du 5 mars 2007, en vigueur le 1er juill. 2007, la juridiction d'instruction peut dire n'y avoir lieu à informer lorsqu'il est établi de façon manifeste, au vu des investigations qui ont pu être réalisées à la suite de la plainte préalablement déposée devant le procureur de la République, conformément à l'art. 85, que les faits dénoncés par la partie civile n'ont pas été commis. • Crim. 3 mars 2009, n° 08-84.521 P : *RSC 2009. 855, obs. Finielz ; AJ pénal 2009. 236 ; Dr. pénal 2009, n° 73, obs. Maron et Haas ; ibid. 2010. Chron. 1, obs. Guérin ; Procédures 2009, n° 285, obs. Buisson.* ♦ Il n'importe que la plainte préalable à la constitution de partie civile ait été déposée devant le procureur de la République antérieurement au 1er juill. 2007, date d'entrée en vigueur des articles précités. • Même arrêt.

Art. 87 *(L. n° 93-2 du 4 janv. 1993)* **La constitution de partie civile peut avoir lieu à tout moment au cours de l'instruction.**

(L. n° 93-1013 du 24 août 1993) **« Elle peut être contestée par le procureur de la République ou par une partie.**

« En cas de contestation, ou s'il déclare irrecevable la constitution de partie civile, le juge d'instruction statue, après communication du dossier au ministère public, par ordonnance motivée dont l'intéressé peut interjeter appel. »

(L. nº 2016-731 du 3 juin 2016, art. 87) **« Si la contestation d'une constitution de partie civile est formée après l'envoi de l'avis de fin d'information prévu à l'article 175, elle ne peut être examinée ni par le juge d'instruction, ni, en cas d'appel, par la chambre de l'instruction, sans préjudice de son examen, en cas de renvoi, par la juridiction de jugement. »**

I. CONDITIONS DE LA CONSTITUTION DE PARTIE CIVILE PAR LA VOIE DE L'INTERVENTION

A. DOMAINE

1. *Contravention.* S'il résulte de la combinaison des art. 79 et 85 qu'en matière de contravention, la victime de l'infraction ne peut pas par une constitution de partie civile provoquer l'ouverture d'une information, droit réservé au procureur de la République, il demeure cependant qu'aucun texte n'interdit à cette victime de se constituer partie civile au cours d'une information ouverte sur réquisitions du procureur de la République. • Crim. 28 oct. 1974, nº 74-91.732 P.

2. *Constitution de partie civile incidente.* Est recevable à se constituer partie civile par voie d'intervention la victime d'une infraction résultant de la commission d'un fait unique et indivisible, procédant de la même action coupable, alors même que l'action publique aurait été mise en mouvement par la constitution de partie civile d'une autre victime de ce même fait. • Crim. 9 juill. 1982, nº 81-91.392 P. ♦ L'exposition à l'amiante de salariés d'une société, pendant plusieurs années et sur les mêmes sites, ne constitue pas un fait unique et indivisible, de sorte que les constitutions de partie civile incidentes sont irrecevables. • Crim. 24 mars 2020, nº 19-80.005 P : *D. actu. 13 mai 2020, obs. Recotillet ; AJ pénal 2020. 368, obs. Cohen-Donsimoni ; RSC 2020. 631, obs. Mayaud*. ♦ Dès lors que l'action publique a été mise en mouvement par le ministère public et que la victime n'a pas renoncé à l'action civile, ses ayants droit sont recevables à agir devant la juridiction saisie. • Crim. 10 nov. 2009, nº 09-82.028 P : *AJ pénal 2010. 140, obs. Lasserre Capdeville ; Dr. pénal 2010. Chron. 1, obs. Guérin ; Procédures 2010, nº 82, obs. Buisson.*

3. La constitution de partie civile incidente devant la juridiction d'instruction, telle que prévue par l'art. 87, n'est recevable qu'à raison des seuls faits pour lesquels l'information est ouverte. • Crim. 9 nov. 1995, nº 94-85.057 P • 10 déc. 1996, nº 96-80.681 P : *Dr. pénal 1997. Comm. 56, note Maron* • 8 juin 1999, nº 95-82.897 P.

4. *Effets de l'absence de consignation.* N'acquiert pas la qualité de partie civile devant le juge d'instruction la personne qui malgré sa plainte n'a pas versé la consignation fixée et ne s'est pas constituée partie civile incidente dans l'information ouverte sur les seules réquisitions du ministère public. • Crim. 7 mars 2000, nº 99-84.350 P.

5. *Effets d'une transaction.* La transaction signée entre deux parties, aux termes de laquelle l'une d'elles renonce à toute action judiciaire ou extra-judiciaire contre l'autre, n'est pas de nature à lui interdire de se constituer partie civile par voie d'intervention dans une procédure pénale dirigée contre cette dernière, dès lors que cette constitution n'a pour objet que de venir au soutien de l'action publique. • Crim. 14 janv. 2014, nº 11-81.362 P.

B. FORMES

6. *Modalités de la constitution de partie civile.* La constitution de partie civile au cours de l'instruction peut être réalisée par l'envoi au juge d'instruction d'une simple lettre si elle n'est pas équivoque et si son authenticité n'est pas contestée. • Crim. 2 oct. 1979, nº 78-93.560 P : *D. 1980. IR 71.* ♦ Dans le même sens, dès lors que les termes d'une lettre adressée au juge d'instruction manifestent sans équivoque l'intention de se constituer partie civile, la chambre de l'instruction ne peut déclarer irrecevable, faute de qualité, l'appel de la partie civile contre une ordonnance de non-lieu. • Crim. 19 sept. 2006, nº 06-80.674 P : *AJ pénal 2006. 458*. ♦ Comp. • Crim. 19 sept. 2006, nº 05-85.967 P.

7. Elle peut résulter de l'envoi d'une lettre par l'avocat qui bénéficie d'un droit général d'assistance et de représentation devant la juridiction du premier degré sans avoir à justifier d'un pouvoir spécial. • Crim. 28 juill. 1980 : *D. 1981. IR 364.*

8. *Moment de la constitution de partie civile.* Le plaignant qui ne s'est pas constitué partie civile devant le juge d'instruction peut le faire devant la chambre d'accusation jusqu'à ce que soit intervenu un arrêt clôturant l'information. • Crim. 25 juin 1937 : *DP 1938. 1. 48, note G. L. ; S. 1939. 1. 113, note Hugueney.* ♦ Il cesse cependant d'en être ainsi quand la plainte vise des faits nouveaux étrangers à la poursuite initiale. • Crim. 5 juill. 1977, nº 76-91.406 P : *D. 1977. IR 396.* ♦ V. aussi note 16.

II. SUITES DE LA CONSTITUTION DE PARTIE CIVILE PAR LA VOIE DE L'INTERVENTION

A. EFFETS

9. Le plaignant devient partie civile par le seul fait de sa déclaration devant le juge d'instruction. • Crim. 28 mai 1968, nº 67-90.121 P : *D. 1969. 3, note Faivre.* ♦ En cas d'ordonnance déclarant irrecevable sa constitution, la partie civile qui relève appel conserve sa qualité de partie civile et son conseil bénéficie des dispositions de l'art. 197, al. 3. • Même arrêt.

10. La partie civile qui n'a pas mis l'action publique en mouvement ne peut exiger l'extension des poursuites exercées par le ministère public à d'autres infractions, fussent-elles connexes à celles dont est saisi le juge d'instruction, par le moyen d'une constitution de partie civile incidente. • Crim. 15 janv. 1991, n° 90-82.567 P.

11. Les juridictions doivent statuer non seulement sur tous les chefs d'inculpation dénoncés dans la plainte avec constitution de partie civile, mais également sur ceux dénoncés dans une plainte additionnelle de cette partie, même en l'absence de réquisitoire supplétif du procureur de la République. • Crim. 4 juin 1996, n° 95-82.256 P : *Dr. pénal 1997. Chron. 18, par Lesclous et Marsat.* ♦ Conf. : • Crim. 19 août 1997 : *Dr. pénal 1998. Chron. 6, note Lesclous et Marsat.*

B. CONTESTATION

12. QPC. La question portant sur la constitutionnalité de l'art. 87 ne présente pas, à l'évidence, un caractère sérieux, au regard du principe de la contradiction tel que garanti par l'art. préliminaire, I, en ce que le juge d'instruction ne peut déclarer, d'office ou sur contestation, la constitution de partie civile irrecevable sans l'avoir mise en mesure, au préalable, de présenter ses observations (non renvoi). • Crim. 3 juin 2014, n° 14-90.014 P : *D. 2014. Actu. 1275* . ♦ ... Les dispositions des art. préliminaires et 197, al. 3, commandant en outre la communication préalable à la partie civile, même contestée, des réquisitions du procureur de la République et, sur appel de la décision d'irrecevabilité, des réquisitions du procureur général. • Crim. 26 janv. 2021, n° 20-84.472 P. ♦ ... Sans imposer la transmission des pièces du dossier, qui ont servi de fondement à ces réquisitions du procureur de la République afin de préserver le secret de l'instruction. • Crim. 30 mars 2021, n° 20-84.472 P : *D. actu. 30 avr. 2021, obs. Goudjil ; RSC 2021. 353, obs. Matsopoulou* .

13. Si une ordonnance renvoie l'inculpé devant le tribunal correctionnel et omet de statuer sur la recevabilité de la partie civile qui avait été formellement contestée, il y a rejet implicite et l'appel de l'inculpé contre cette ordonnance est recevable. • Crim. 14 déc. 1982, n° 82-90.109 P : *D. 1983. IR 184* • 1er oct. 2013, n° 12-82.985 P : *D. actu. 16 oct. 2013, obs. Priou-Alibert ; AJ pénal 2013. 683, obs. Belfanti* ; *Dr. pénal 2013. 162, obs. Maron et Haas.* ♦ Mais la contestation n'est pas soumise au formalisme des articles 82-1 et 81. • Même arrêt.

14. L'inculpé n'est pas admis à faire état, à l'appui de conclusions tendant à faire déclarer irrecevable une constitution de partie civile par voie d'intervention, de prétendues irrégularités affectant la mise en mouvement de l'action publique qui résulte d'un réquisitoire du ministère public. • Crim. 4 févr. 1982, n° 79-93.851 P.

15. Le témoin assisté, qui n'est pas une partie à la procédure au sens de l'art. 87 et dont les droits sont limitativement énumérés par l'art. 113-3, n'a pas qualité pour contester la recevabilité d'une constitution de partie civile. • Crim. 14 févr. 2012, n° 10-83.808 P : *D. actu. 2 avr. 2012, obs. Bombled ; D. 2012. Actu. 947* ; *AJ pénal 2012. 349, obs. Lavric* .

16. Une constitution de partie civile pouvant avoir lieu à tout moment au cours de l'instruction, le 4e al. de l'art. 87, ajouté par la L. n° 2016-731 du 3 juin 2016, d'application immédiate, selon lequel la recevabilité d'une constitution de partie civile ne peut plus être contestée devant le juge d'instruction ou la chambre de l'instruction postérieurement à l'envoi de l'avis de fin d'information ne s'applique qu'aux constitutions de partie civile intervenues avant ce terme. • Crim. 25 avr. 2017, n° 16-87.328 P : *D. actu. 19 mai 2017, obs. Benelli-de Bénazé.*

17. Contestation après l'envoi de l'avis de fin d'information. L'interdiction faite aux juridictions d'instruction par le 4e al. de l'art. 87 d'examiner la contestation portant sur une constitution de partie civile, lorsque cette contestation a été formée après l'envoi de l'avis de fin d'information, n'a pas vocation à s'appliquer dans le cas où la chambre de l'instruction est saisie de l'appel d'une ordonnance de non-lieu, dans la mesure où dans un tel cas la contestation ne présente pas le caractère dilatoire, auquel le texte précité a eu pour seul objet de faire obstacle, qu'elle revêt lorsqu'elle est soulevée tardivement en fin d'information aux seules fins de permettre de relever appel d'une éventuelle ordonnance de renvoi. • Crim. 8 févr. 2022, n° 21-82.237 P.

Art. 87-1 *Abrogé par L. n° 98-468 du 17 juin 1998.*

V. désormais art. 2-3 et 706-47 s.

Art. 88 *(L. n° 93-2 du 4 janv. 1993)* **Le juge d'instruction constate, par ordonnance, le dépôt de la plainte. En fonction des ressources de la partie civile, il fixe le montant de la consignation que celle-ci doit, si elle n'a obtenu l'aide juridictionnelle, déposer au greffe et le délai dans lequel elle devra être faite sous peine de non-recevabilité de la plainte. Il peut dispenser de consignation la partie civile.**

V. art. R. 15-41.

TOM : 815.

BIBL. ▸ GIUDICELLI, *RSC 2000. 217* (Constitution de partie civile par voie d'action et obligation de consigner).

I. RÈGLES TECHNIQUES

A. RÈGLES GÉNÉRALES

1. Consignation initiale. Il résulte des art. 85, 86 et 88 que le plaignant acquiert la qualité de partie civile par sa manifestation de volonté accompagnée du versement de la consignation fixée par le juge d'instruction, sauf dispense ou obtention de l'aide juridictionnelle. • Crim. 15 mai 2002, n° 01-83.337 P : *D. 2003. Somm. 29, obs. Pradel* ; *JCP 2002. IV. 2201.* ♦ Si le plaignant acquiert la qualité de partie civile par sa manifestation de volonté accompagnée du versement de la consignation fixée par le juge d'instruction, sauf dispense ou obtention de l'aide juridictionnelle, de sorte que l'auteur d'une plainte avec constitution de partie civile non signée peut confirmer sa volonté de se constituer en versant la consignation mise à sa charge, c'est à la condition que cette manifestation de volonté intervienne dans le délai de la prescription que la plainte imparfaite n'a pu interrompre. • Crim. 3 nov. 2020, n° 19-81.627 • Crim. 3 nov. 2020, n° 19-81.629 : *RSC 2021. 111, obs. Dreyer* .

2. Délai pour consigner. Le délai imparti au plaignant par le juge, pour consigner, commence à courir, sauf disposition contraire, le lendemain du jour de la décision et se calcule suivant les règles de l'art. 801. • Crim. 3 oct. 1962 : *D. 1963. 99 ; JCP 1963. II. 12992, note Doll* • 5 juill. 1977, n° 76-93.580 P : *D. 1978. IR 113, obs. Puech.* ♦ Il ne peut être suspendu par une demande d'aide juridictionnelle. • Crim. 21 janv. 1997 : *Procédures 1997. Comm. 124, obs. Buisson* • 29 sept. 1998, n° 96-85.432 P. ♦ Ce délai n'est pas suspendu par la saisine de la Cour de cassation de l'arrêt fixant le montant de la consignation lorsque aucune requête prévue à l'art. 570, al. 4, n'a été déposée dans les délais légaux. • Crim. 7 juin 2000, n° 99-87.847 P.

3. Date de consignation. Lorsqu'elle est effectuée sous la forme non d'un dépôt au greffe mais d'un virement, la consignation est réputée faite à la date à laquelle le compte du régisseur d'avance est crédité de la somme fixée par le juge d'instruction et non à la date à laquelle le greffier consigne ce paiement dans ses registres. • Crim. 12 déc. 2006, n° 06-82.034 P : *AJ pénal 2007. 92* . ♦ La consignation effectuée par *virement est réputée faite à la date à laquelle le* compte est effectivement crédité de la somme fixée. Faite hors délai, la plainte avec constitution de partie civile est irrecevable, entraînant, lorsque la mise en mouvement de l'action publique est subordonnée au dépôt d'une plainte préalable, la nullité du réquisitoire introductif. • Crim. 16 avr. 2013 : *D. actu. 3 mai 2013, obs. Fucini ; Gaz. Pal. 21 juill. 2013, p. 42, note Fourment.* ♦ *Contra* : Ne justifie pas sa décision l'arrêt qui déclare irrecevables les plaintes avec constitution de partie civile au motif que les sommes versées par les parties civiles ont été inscrites au crédit du compte du régisseur d'avances et de recettes hors du délai imparti par le juge d'instruction, alors que les parties civiles faisaient valoir que le virement des sommes avait été ordonné dans le délai imparti. • Crim. 22 mars 2022, n° 21-82.604 P. ♦ En revanche la consignation effectuée par chèque est réputée faite à la date à laquelle le chèque a été reçu par le régisseur d'avances et de recettes, et non à celle de l'inscription de la somme sur le compte de la régie, le chèque étant un instrument de paiement à vue. • Crim. 17 juin 2014, n° 13-82.326 P : *D. actu. 15 juill. 2014, obs. Lavric ; AJ pénal 2014. 493, obs. Verly* .

4. Sanction du défaut de consignation. Il est fait l'exacte application de l'art. 88 lorsque la plainte avec constitution de partie civile est déclarée irrecevable au motif que la plaignante n'a pas versé la consignation mise à sa charge dans le délai qui lui avait été imparti. • Crim. 28 mai 2002, n° 02-80.275. ♦ A justifié sa décision la chambre de l'instruction qui, pour confirmer l'ordonnance du juge d'instruction constatant l'irrecevabilité de la constitution de partie civile de l'intéressé, retient que le versement de la consignation, dont seul le montant a été réformé par cette chambre, n'a pas été effectué dans le délai imparti par le magistrat instructeur. • Crim. 8 janv. 2002, n° 01-84.864.

5. Supplément de consignation. L'ordonnance du juge d'instruction invitant la partie civile à verser un supplément de consignation constitue non un simple acte d'administration, mais un acte juridictionnel qui interrompt la prescription. • Crim. 8 juill. 1949 : *Bull. crim. n° 284.*

6. Le défaut de versement d'un supplément de consignation fixé par un magistrat instructeur ne fait pas perdre sa qualité à la partie civile dès lors que l'action publique a été régulièrement mise en mouvement lors du dépôt de la consignation initiale. • Crim. 19 déc. 1983, n° 81-94.992 P : *D. 1984. 326, note Chambon.*

7. Appréciation du montant. Les juges apprécient souverainement le montant de la consignation en fonction des ressources de l'intéressé, au vu des éléments de la cause. • Crim. 7 juin 2000, n° 99-87.847 P.

8. La juridiction d'instruction, saisie d'une plainte avec constitution de partie civile, suivie du versement de la consignation prévue à l'art. 88, doit, en l'absence de réquisitions de non-informer, instruire sur les faits dénoncés dans cette plainte, alors même qu'ils ne sont pas visés dans le réquisitoire introductif du ministère public, dans la mesure où cette constitution de partie civile n'a pas été déclarée irrecevable. • Crim. 8 déc. 1992, n° 92-83.854 P.

9. Personnes morales à but non lucratif. L'obligation faite à la partie civile de verser, sauf admission au bénéfice de l'aide juridictionnelle ou décision de dispense, une consignation fixée en fonction de ses ressources s'applique à toute personne, physique ou morale de plus, si les personnes morales à but non lucratif ne sont pas soumises à l'obligation, à peine d'irrecevabilité de la plainte, de joindre à celle-ci leur bilan et compte de résultat, les juges peuvent fonder leur décision sur toutes pièces, au besoin en demandant leur production par la partie civile, pour vérifier les ressources de celle-ci. • Crim. 1er févr. 2017, n° 16-81.852 P : *D. actu. 27 févr. 2017, obs. Priou-Alibert.*

B. AIDE JURIDICTIONNELLE

10. La partie civile est dispensée de toute consignation : lorsqu'elle a obtenu l'aide juridictionnelle, que celle-ci soit totale ou partielle. • Crim. 30 nov. 1999, n° 99-84.100 P. ♦ ... Même lorsque son obtention est postérieure à l'ordonnance fixant le montant de la consignation. • Crim. 2 juin 2015, n° 15-80.381 P : *D. actu. 1er juill. 2015, obs. Priou-Alibert.*

11. N'a pas donné de base légale à sa décision la chambre de l'instruction qui, pour confirmer l'ordonnance ayant déclaré irrecevable une constitution de partie civile faute de versement de la consignation fixée par le juge d'instruction, retient que les plaignants se prévalent d'une décision du bureau d'aide juridictionnelle qui serait inapplicable à la plainte, comme ayant été rendue antérieurement au dépôt de celle-ci. • Crim. 3 avr. 2002, n° 01-86.232.

12. Si la juridiction saisie d'un litige pour lequel le bénéfice de l'aide juridictionnelle a été accordé est incompétente, ce bénéfice subsiste devant la nouvelle juridiction appelée à connaître du litige, sans qu'il soit besoin d'une nouvelle admission. • Crim. 4 janv. 2017, n° 16-83.528 P : *Dr. pénal 2017, n° 47, note Maron et Haas.*

II. DROITS FONDAMENTAUX

13. Compatibilité avec la Convention européenne des droits de l'homme. Les dispositions de l'art. 88 ne sont pas incompatibles avec celles de l'art. 6 Conv. EDH ; doit être confirmée l'ordonnance d'irrecevabilité de la constitution de partie civile lorsque l'intéressé qui ne bénéficiait pas de l'aide juridictionnelle pour cette plainte n'a pas déposé la consignation mise à sa charge. • Crim. 3 avr. 2002, n° 01-86.762. ♦ Dans le même sens : • Crim. 22 janv. 2002, n° 01-84.583.

Art. 88-1 *(L. n° 2000-516 du 15 juin 2000, art. 87-II)* **La consignation fixée en application de l'article 88 garantit le paiement de l'amende civile susceptible d'être prononcée en application de l'article 177-2.**

La somme consignée est restituée lorsque cette amende n'a pas été prononcée par le juge d'instruction ou, en cas d'appel du parquet ou de la partie civile, par la chambre de l'instruction.

Art. 88-2 *(L. n° 2007-291 du 5 mars 2007, art. 21-III, en vigueur le 1er juill. 2007)* **Le juge d'instruction peut, en cours de procédure, ordonner à la partie civile qui demande la réalisation d'une expertise de verser préalablement un complément de la consignation prévue par l'article 88 afin de garantir le paiement des frais susceptibles d'être mis à sa charge en application du second alinéa de l'article 800-1. Cette décision est prise par ordonnance motivée susceptible d'appel devant la chambre de l'instruction. Elle peut également être prise par la chambre de l'instruction saisie après que le juge d'instruction a refusé d'ordonner l'expertise demandée.**

Le complément de consignation est restitué s'il n'est pas fait application du second alinéa de l'article 800-1.

Art. 89 *(L. n° 85-1407 du 30 déc. 1985)* **Toute partie civile doit déclarer au juge d'instruction une adresse qui doit être située, si l'information se déroule en métropole, dans un département métropolitain ou, si l'information se déroule dans un département d'outre-mer, dans ce département.**

Elle peut déclarer soit une adresse personnelle, soit, avec l'accord de celui-ci, qui peut être recueilli par tout moyen, celle d'un tiers chargé de recevoir les actes qui lui sont destinés. *(L. n° 2019-222 du 23 mars 2019, art. 42-VI)* **« Cet accord n'est toutefois pas nécessaire lorsque la personne est dépositaire de l'autorité publique ou chargée d'une mission de service public et que l'infraction a été commise en raison de ses fonctions ou de sa mission, si l'adresse déclarée est son adresse professionnelle. »**

Elle est avisée qu'elle doit signaler au juge d'instruction jusqu'à la clôture de l'information, par nouvelle déclaration ou par lettre recommandée avec demande d'avis de

réception, tout changement de l'adresse déclarée. Elle est également avisée que toute notification faite à la dernière adresse déclarée sera réputée faite à sa personne.

Faute par elle d'avoir déclaré une adresse, la partie civile ne peut opposer le défaut de notification des actes qui auraient dû lui être notifiés aux termes de la loi. — *Entrée en vigueur le 1er févr. 1986. — Pr. pén. C. 186.*

TOM : 816. — Mayotte : 881.

1. Déclaration de l'adresse de l'avocat. Le fait qu'un avocat accepte d'assurer la défense d'une partie n'implique pas son acceptation de recevoir des actes de procédure destinés à celle-ci. • Crim. 14 nov. 1991, n° 90-87.407 P • 19 nov. 1997, n° 96-85.203 P.

2. Lorsqu'une ordonnance n'a pas été notifiée à la partie civile à l'adresse déclarée, ni à son avocat chargé de recevoir les convocations, mais à un avocat suppléant, le délai d'appel n'a pu commencer à courir. • Crim. 23 mai 1996, n° 95-82.244 P.

3. La mention dans la plainte avec constitution de partie civile que cette dernière élit domicile au cabinet de son avocat, lequel a contresigné la plainte, vaut déclaration d'adresse au sens de l'art. 89, ce qui exclut la notification par les soins du chef de l'établissement pénitentiaire au cas où la partie civile y est détenue pour une autre cause. • Crim. 11 oct. 1988, n° 88-82.278 P : *JCP 1989. II. 21264, note Chambon.*

4. Changement d'adresse de la partie civile. Faute pour la partie civile d'avoir effectué une déclaration d'adresse régulière au regard de l'art. 89, celle-ci ne pouvait opposer le défaut de notification des actes qui auraient dû lui être notifiés aux termes de la loi, ainsi l'appel de l'ordonnance de non-lieu interjeté plus de dix jours après sa notification est irrecevable. • Crim. 25 juin 2002, n° 01-88.198.

5. Dès lors que la partie civile n'avait pas porté à la connaissance du juge d'instruction la nouvelle adresse de son avocat, la chambre de l'instruction a justifié sa décision par laquelle elle déclare irrecevable comme tardif l'appel interjeté par la partie civile plus de dix jours après la notification de l'ordonnance de non-lieu à l'ancienne adresse du cabinet de l'avocat. • Crim. 5 nov. 2002, n° 02-80.126.

6. Déclaration de l'adresse d'un tiers. La partie civile ne peut déclarer l'adresse d'un tiers chargé de recevoir les actes de procédure qu'avec l'accord de ce tiers, qui peut être recueilli par tout moyen. • Crim. 19 nov. 1997, n° 96-85.203 P.

7. L'art. 89 ne soumet à aucune forme particulière l'accord du tiers dont l'adresse a été déclarée par la partie civile. Il importe seulement que cet accord soit certain. • Crim. 9 nov. 1998, n° 98-80.752 P : *Procédures 1999. Comm. 103, obs. Buisson.*

8. Instruction se déroulant outre-mer. Les parties civiles ne sauraient, par application du dernier al. de l'art. 89, opposer le défaut de la notification des actes qui aurait dû leur être faite, dès lors que, toutes deux domiciliées dans un département métropolitain, elles n'ont pas, comme le prescrivent ce texte et l'art. 816, déclaré une adresse dans la communauté d'outre-mer où devait se dérouler l'instruction. • Crim. 27 nov. 2012, n° 11-85.130 P.

Art. 89-1 *(L. n° 93-1013 du 24 août 1993)* **Lors de sa première audition, la partie civile est avisée de son droit de formuler une demande d'acte ou de présenter une requête en annulation sur le fondement des articles 81, neuvième alinéa, 82-1, 156, premier alinéa, et 173, troisième alinéa, durant le déroulement de l'information et** *(L. n° 2019-222 du 23 mars 2019, art. 56-IX et 109-XIII, en vigueur le 1er juin 2019)* **« , si elle en a fait la demande, dans un délai d'un mois ou de trois mois à compter de l'envoi de l'avis prévu au I » de l'article 175** *(L. n° 2000-516 du 15 juin 2000, art. 29-II et 74-I, en vigueur le 1er janv. 2001)* **« , sous réserve des dispositions de l'article 173-1.**

« S'il estime que le délai prévisible d'achèvement de l'information est inférieur à un an en matière correctionnelle ou à dix-huit mois en matière criminelle, le juge d'instruction donne connaissance de ce délai à la partie civile et l'avise qu'à l'expiration dudit délai elle pourra demander la clôture de la procédure en application des dispositions de l'article 175-1. Dans le cas contraire, il indique à la partie civile qu'elle pourra demander, en application de ce même article, la clôture de la procédure à l'expiration d'un délai d'un an en matière correctionnelle ou de dix-huit mois en matière criminelle.

« Les avis prévus au présent article peuvent également être faits par lettre recommandée. »

Circulaire CRIM 01-07 F1 du 14 mai 2001, *présentant les dispositions de la loi du 15 juin 2000 renforçant la protection de la présomption d'innocence et les droits des victimes relatives aux victimes. [...].*

1.1.3.3. *Obligation pour le juge d'instruction d'informer la partie civile du délai prévisible de la procédure et de son droit de demander la clôture de l'information. [...]*

En pratique, en cas d'information ouverte sur plainte avec constitution de partie civile, il sera le plus souvent difficile au juge d'instruction d'indiquer à la partie civile, dès le début de la procédure, le délai prévisible d'achèvement de celle-ci. La partie civile se verra donc notifier le délai d'un an ou de dix-huit mois. Il pourra en être différemment en cas de constitution de partie civile en cours d'instruction concernant une ou plusieurs personnes déjà mises en examen, le délai prévisible déjà notifié à ces personnes (en principe réduit de la durée écoulée entre-temps) pouvant alors être notifié à la partie civile. — *Il convient néanmoins de souligner que le juge n'est pas tenu, lorsqu'il notifie un délai prévisible d'achèvement de sa procédure à une partie, de reprendre le délai précédemment notifié à une autre partie, en le diminuant de la durée écoulée entre-temps. La situation peut en effet avoir évolué et justifier, selon les cas, de notifier un délai d'achèvement prévisible plus court ou plus long, voire de ne pas notifier de délai autre que ceux d'un an ou de dix-huit mois.*

Art. 90 Dans le cas où le juge d'instruction n'est pas compétent aux termes de l'article 52, il rend, après réquisitions du ministère public, une ordonnance renvoyant la partie civile à se pourvoir devant telle juridiction qu'il appartiendra.

Art. 90-1 *(L. n° 2004-204 du 9 mars 2004, art. 90-I)* En matière criminelle, lorsqu'il s'agit d'un délit contre les personnes prévu par le livre II du code pénal ou lorsqu'il s'agit d'un délit contre les biens prévu par le livre III du même code et accompagné d'atteintes à la personne, le juge d'instruction avise tous les six mois la partie civile de l'état d'avancement de l'information.

Cet avis peut être donné par lettre simple adressée à la partie civile et à son avocat, ou à l'occasion de l'audition de la partie civile.

Lorsqu'une association regroupant plusieurs victimes s'est constituée partie civile en application des dispositions *(L. n° 2016-731 du 3 juin 2016, art. 15)* « du second alinéa de l'article 2-9 ou du premier alinéa » de l'article 2-15, l'avis est donné à cette seule association, à charge pour elle d'en informer les victimes regroupées en son sein, sauf si ces victimes se sont également constituées parties civiles à titre individuel.

(L. n° 2007-297 du 5 mars 2007, art. 46) « Si la partie civile le demande, l'information relative à l'évolution de la procédure prévue par le présent article intervient tous les quatre mois, et la partie civile est convoquée et entendue à cette fin par le juge d'instruction. »

Art. 91 *(L. n° 2000-516 du 15 juin 2000, art. 87-III)* Quand, après une information ouverte sur constitution de partie civile, une décision de non-lieu a été rendue, la personne mise en examen et toutes personnes visées dans la plainte, et sans préjudice d'une poursuite pour dénonciation calomnieuse, peuvent, si elles n'usent de la voie civile, demander des dommages-intérêts au plaignant dans les formes indiquées ci-après.

L'action en dommages-intérêts doit être introduite dans les trois mois du jour où l'ordonnance de non-lieu est devenue définitive. Elle est portée par voie de citation devant le tribunal correctionnel où l'affaire a été instruite. Ce tribunal est immédiatement saisi du dossier de l'information terminée par une ordonnance de non-lieu, en vue de sa communication aux parties. Les débats ont lieu en chambre du conseil : les parties, ou leurs conseils, et le ministère public sont entendus. Le jugement est rendu en audience publique.

En cas de condamnation, le tribunal peut ordonner la publication intégrale ou par extraits de son jugement dans un ou plusieurs journaux qu'il désigne, aux frais du condamné. Il fixe le coût maximum de chaque insertion.

L'opposition et l'appel sont recevables dans les délais de droit commun en matière correctionnelle.

L'appel est porté devant la chambre des appels correctionnels statuant dans les mêmes formes que le tribunal. L'arrêt de la cour d'appel peut être déféré à la Cour de cassation comme en matière pénale.

Lorsqu'une décision définitive rendue en application de l'article 177-2 a déclaré que la constitution de partie civile était abusive ou dilatoire, cette décision s'impose au tribunal correctionnel saisi dans les conditions prévues aux alinéas précédents.

V. art. D. 32.

RÉP. PÉN. v^is *Partie civile,* par BONFILS ; *Dénonciation téméraire,* par MAYAUD.

I. POSSIBILITÉ D'UNE ACTION EN DOMMAGES-INTÉRÊTS

A. PARTIES À L'INSTANCE

1. Demandeur. Il résulte des termes de l'art. 91 que l'action qu'il prévoit ne peut être exercée que si la personne qui l'engage est l'une de celles « visées dans la plainte » au sens de cet article, c'est-à-dire à condition qu'elle ait été nommément désignée ou que, si la plainte a été portée contre X, les termes de celle-ci renferment de telles précisions que son identification ne puisse laisser le moindre doute. • Crim. 16 juin 1954 : *D. 1954. Somm. 72* • 27 avr. 1972, n° 70-90.961 P : *D. 1972. Somm. 134.* ♦ Le fait que la personne dénoncée n'ait pas été inculpée ne met pas obstacle à ce qu'elle use de la procédure exceptionnelle prévue par l'art. 91. • T. corr. Seine, 29 mai 1959 : *D. 1959. 410.*

2. Défendeur. L'action en réparation de l'art. 91 ne peut être exercée qu'à l'encontre de celui ou de ceux dont la plainte, assortie d'une constitution de partie civile, a provoqué la mise en mouvement de l'action publique ; elle n'est pas recevable contre les parties civiles intervenantes. • Crim. 30 janv. 1984, n° 83-91.084 P : *D. 1984. IR 376, obs. J.-M. R.* ♦ ... Ni contre les représentants d'une personne morale, pris en leur qualité personnelle, alors que seule cette personne morale était l'auteur de la plainte avec constitution de partie civile. • Crim. 26 nov. 1996, n° 95-85.005 P : *Procédures 1997. Comm. 63, obs. Buisson.*

B. FONDEMENT DE L'ACTION

3. Témérité ou mauvaise foi. Le prévenu qui a été l'objet d'une plainte avec constitution de partie civile, suivie d'une ordonnance de non-lieu, ne peut obtenir de dommages-intérêts contre le demandeur que si cette plainte a été portée de mauvaise foi ou témérairement. • Crim. 11 mars 1938 : *DC 1941. 12* • 30 mai 1956 : *D. 1956. Somm. 139 ; Bull. crim. n° 415.* ♦ La témérité de la plainte, indépendante de toute mauvaise foi, suffit à justifier l'allocation de dommages-intérêts. • Crim. 14 janv. 1941 : *DA 1941. 197* • 25 janv. 1945 : *D. 1945. 221.*

4. Preuve du préjudice. La preuve d'un préjudice certain, et non pas purement éventuel, doit être rapportée. • Crim. 7 juin 1989, n° 88-86.173 P.

5. Effets. Le non-lieu ne peut avoir les effets de la chose jugée quant à l'existence d'une faute ou d'une imprudence du dénonciateur. Celle-ci doit être appréciée par les juges de l'action en dénonciation abusive. • Crim. 30 mai 1956 : *préc. note 3* • 20 déc. 1961 : *Bull. crim. n° 540.*

6. La décision définitive, rendue par la juridiction d'instruction en application de l'art. 177-2, ayant déclaré la constitution de partie civile abusive ou dilatoire, s'impose à la juridiction correctionnelle. Fait l'exacte application de ce texte la cour d'appel qui retient que le caractère abusif ou dilatoire de la plainte ne peut être remis en cause devant elle à l'occasion d'une action en indemnisation des préjudices causés par une telle plainte. • Crim. 2 mai 2012, n° 11-85.120 P : *D. 2012. Actu. 1484* . ♦ Comp. : la décision de rejet d'une amende civile rendue par le juge d'instruction en application de l'art. 177-2 ne s'impose pas au tribunal correctionnel saisi dans les conditions prévues à l'art. 91. • Crim. 31 mars 2020, n° 19-82.697 P : *AJ pénal 2020. 365, obs. Miranda* .

7. Retrait de la plainte. Est indifférent le retrait de la plainte avant l'ordonnance de non-lieu. • Crim. 25 janv. 1945 : *préc. note 3.*

8. Amnistie. L'application de l'art. 91 n'est possible que lorsque l'ordonnance de non-lieu est fondée sur l'insuffisance ou l'inexistence des charges. Il n'en est pas ainsi lorsque l'ordonnance de non-lieu est fondée sur l'amnistie. • Crim. 26 nov. 1974, n° 74-90.472 P. ♦ V. aussi : • Angers, 11 mars 1982 : *JCP 1983. II. 1950.*

9. Articulation avec le délit de dénonciation calomnieuse. L'action en dommages-intérêts accordée par l'art. 91 à la personne victime d'une dénonciation téméraire ou abusive n'est pas exclusive de l'action civile exercée par la même personne contre le même dénonciateur du chef de dénonciation calomnieuse, alors que les deux actions, qui ont une cause juridique différente, peuvent être exercées concurremment. • Crim. 2 mars 1971, n° 70-91.801 P. ♦ Rappr. : • Crim. 27 févr. 1973, n° 72-91.941 P.

10. Cas particulier de la faute. Les juges apprécient souverainement si la partie civile a commis une faute ou une imprudence, au sens de l'art. 1382 C. civ., lors de sa constitution. • Crim. 12 oct. 1995, n° 94-84.416 P.

II. MODALITÉS DE L'ACTION EN DOMMAGES-INTÉRÊTS

A. PROCÉDURE SUIVIE

11. Si les débats ont lieu en chambre du conseil, le jugement comme l'arrêt doivent être rendus en audience publique. • Crim. 27 avr. 1972, n° 71-91.837 P • 14 juin 1972, n° 71-93.067 P : *D. 1972. Somm. 202* • 3 févr. 1992, n° 91-81.178 P. ♦ Il s'agit là d'une règle essentielle ne souffrant aucune dérogation. • Crim. 21 juill. 1977, n° 76-93.002 P : *D. 1977. IR 423, obs. Puech.*

12. La personne citée devant la juridiction correctionnelle sur le fondement de l'art. 91 pouvant se faire représenter à l'audience par un avocat, comme en matière civile, les dispositions des art. 410 et 411 ne lui sont pas applicables. • Crim. 8 juin 1999, n° 98-82.163 P : *Dr. pénal 2000. Chron. 2, note Marsat.* ♦ De plus, les dispositions de l'art. 91, al. 3 et 6 n'imposent pas que, lors des débats, la personne citée devant la juridiction correctionnelle, ou son défenseur, ait la parole en dernier. • Crim. 26 nov. 1996, n° 95-85.005 P.

B. CONTENU DU JUGEMENT

13. L'évaluation du dommage subi doit être effectuée de manière à ce qu'il n'y ait pour la victime ni perte ni profit. • Crim. 5 janv. 1963 : *D. 1963. 263.* ♦ Lorsque les juges du fond accordent une somme globale pour réparer le préjudice subi par la victime de la dénonciation téméraire d'un ensemble de faits délictueux, ils doivent s'expliquer sur l'existence du préjudice résultant de la dénonciation de chaque délit. • Crim. 16 juin 1973, n° 72-92.872 P.

14. La publication du jugement de condamnation, comme mode de réparation du préjudice causé, ne peut être ordonnée que dans les limites des conclusions de la partie poursuivante. • Crim. 23 févr. 1933 : *DP 1933. 1. 97, note Fréjaville.*

15. L'art. 70 C. instr. crim. (art. 91, al. 4) n'impose pas aux juges à peine de nullité l'obligation de désigner eux-mêmes les journaux où devra avoir lieu la publication du jugement ; le juge ne commet aucune violation de loi en laissant à la partie civile le choix de ces journaux. • Crim. 18 févr. 1938 : *DH 1938. 244.*

Art. 91-1 *(L. n° 2004-204 du 9 mars 2004, art. 91)* **En matière criminelle, lorsqu'il s'agit d'un délit contre les personnes prévu par le livre II du code pénal ou lorsqu'il s'agit d'un délit contre les biens prévu par le livre III du même code et accompagné d'atteintes à la personne, le juge d'instruction peut décider que la partie civile est assimilée au témoin en ce qui concerne le paiement des indemnités.**

SECTION III DES TRANSPORTS, DES PERQUISITIONS, DES SAISIES ET DES INTERCEPTIONS DE CORRESPONDANCES ÉMISES PAR LA VOIE DES TÉLÉCOMMUNICATIONS *(L. n° 91-646 du 10 juill. 1991).*

SOUS-SECTION 1 DES TRANSPORTS, DES PERQUISITIONS ET DES SAISIES *(L. n° 91-646 du 10 juill. 1991).*

RÉP. PÉN. v° *Perquisition-saisie-visite domiciliaire*, par RAYNE.

Art. 92 **Le juge d'instruction peut se transporter sur les lieux pour y effectuer toutes constatations utiles ou procéder à des perquisitions. Il en donne avis au procureur de la République, qui a la faculté de l'accompagner.**

Le juge d'instruction est toujours assisté d'un greffier.

Il dresse un procès-verbal de ses opérations.

RÉP. PÉN. v° *Greffier*, par REDON.

I. DÉCISION DE TRANSPORT

1. Marge de manœuvre du juge d'instruction. Le juge n'est pas tenu de décider de se transporter et il apprécie souverainement si le transport demandé par une partie est de nature à apporter ou non des éléments utiles à la manifestation de la vérité. • Crim. 23 janv. 1985, n° 84-93.163 P. ♦ Lorsqu'il se transporte dans son ressort, le juge d'instruction n'a aucunement l'obligation de faire connaître les motifs de son déplacement. • Crim. 16 juin 1985 : *Bull. crim. n° 226.*

2. Définition stricte du transport sur les lieux. Ne constitue pas un transport sur les lieux le fait par un juge d'instruction, qui a délivré commission rogatoire, de se rendre dans les locaux du délégataire pour y exercer, à l'occasion de la garde à vue de suspects, ses pouvoirs de contrôle et de direction sur l'officier de police judiciaire commis, dès lors que le magistrat n'effectue, à cette occasion, aucun acte d'instruction. • Crim. 28 mai 1990, n° 89-83.915 P : *RSC 1991. 373, obs. Braunschweig.*

A. DÉCISION D'UN SEUL JUGE

1° AVIS AU PARQUET

3. Le juge d'instruction doit aviser le parquet. L'avis donné au procureur de la République peut se matérialiser par tout moyen et la preuve de cette formalité peut être faite par tout moyen, par exemple par mention au procès-verbal ou par lettre dont copie figure au dossier. • Crim. 11 déc. 1984, n° 84-94.617 P. ♦ Cet avis est interruptif de prescription. • Crim. 19 déc. 2017, n° 17-83.867 P : *D. actu. 19 janv. 2018, obs. Diaz.*

2° AVIS À LA PERSONNE EN CAUSE ET/OU À SON CONSEIL

4. Avis au conseil. Le respect des droits de la défense impose au magistrat instructeur qui envisage de se transporter sur les lieux en vue de procéder à des vérifications matérielles ou à une reconstitution du crime ou du délit, en présence de l'inculpé, d'en donner préalablement avis au conseil de ce dernier, dans les conditions prévues par l'art. 92 pour le procureur de la République, sauf impossibilité dûment constatée. • Crim. 15 févr. 1990, n° 89-86.566 P : *D. 1990. Somm. 379, obs. Pradel ; RSC 1990. 804, obs. Braunschweig.* ♦ En revanche, le juge d'instruction qui entend effectuer une perquisition au domicile de la personne mise en examen sans la soumettre à aucun interrogatoire, confrontation ou reconstitution n'est pas tenu de prévenir l'avocat de l'intéressé préalablement au transport. • Crim. 20 févr. 2002, n° 01-88.335 P : *Dr. pénal 2003. Comm. 27, obs. Maron et Haas.* ♦ L'art. 6, § 3, Conv. EDH n'exige pas que la personne ayant reçu notification officielle du fait qu'elle est suspectée d'avoir commis une infraction soit assistée d'un avocat lorsqu'elle est présente à des actes au cours desquels elle n'est ni privée de liberté, ni entendue sur les faits qui lui sont reprochés (en l'espèce, une perquisition). • Crim. 3 avr. 2013 : *D. 2013. 1068, obs. Léna ; ibid. 1940, obs. Destraz ; ibid. Pan. 1993, obs. Pradel ; AJ pénal 2013. 420, obs. Belfanti.* ♦ V. aussi note 12.

5. L'inculpé n'est pas fondé à invoquer une violation des droits de la défense dès lors qu'il résulte du procès-verbal de transport sur les lieux que la reconstitution a eu lieu hors la présence de l'inculpé qui a refusé d'y participer et a été reconduit à la maison d'arrêt et qu'au surplus l'avocat de celui-ci est arrivé sur les lieux, mais en retard, ce qui implique qu'il avait été avisé. • Crim. 6 juin 1990, n° 90-81.658 P.

6. Si le juge rédige une ordonnance de transport, celle-ci n'a aucun caractère juridictionnel et elle n'a pas à être notifiée aux parties ni à leurs conseils. • Crim. 31 janv. 1952 : *Bull. crim. n° 35.*

B. DÉCISION DE PLUSIEURS JUGES

7. Pluralité de juges. Aucune disposition du code de procédure pénale n'interdit à deux juges d'instruction, chargés d'informations distinctes, de procéder simultanément en un même lieu, à une perquisition, avec l'assistance de personnes concourant aux procédures. • Crim. 13 déc. 2000, n° 00-82.617 P.

II. DÉROULEMENT DU TRANSPORT

A. PERSONNES PRÉSENTES

1° PRÉSENCE OBLIGATOIRE

8. Greffiers. La loi exige que le juge qui se transporte sur les lieux soit assisté soit du greffier du tribunal, soit d'un commis-greffier ou à tout le moins que la personne qui remplace le greffier ait prêté serment qui soit régulièrement constaté. • Crim. 3 févr. 1922 : *Bull. crim. n° 54.* ♦ Mention de ce serment doit figurer au procès-verbal de transport à peine de nullité. • Crim. 31 oct. 1935 : *Bull. crim. n° 119.*

9. Doit être déclaré non avenu et en conséquence retiré du dossier le procès-verbal du transport non revêtu de la signature du greffier, dont l'assistance à cet acte d'instruction est obligatoire. • Crim. 16 déc. 1980, n° 80-91.359 P.

2° PRÉSENCE FACULTATIVE

10. Parquet. L'absence du procureur de la République, régulièrement avisé, n'est pas une cause de nullité. • Crim. 17 janv. 1956 : *Bull. crim. n° 64 ; JCP 1956. II. 9171 note Chambon.*

11. Personne en cause et/ou son conseil. Aucune disposition de la loi ne s'oppose à ce que le juge d'instruction procède à un transport sur les lieux, à des vérifications matérielles et à une reconstitution du crime ou du délit hors la présence de l'inculpé. • Crim. 31 oct. 1941 : *Bull. crim. n° 45* • 8 déc. 1976, n° 76-90.868 P. ♦ Cette présence n'est pas nécessaire dès lors que les droits de la défense sont respectés, spécialement par le versement au dossier, avant interrogatoire subséquent, du procès-verbal de transport. • Même arrêt.

B. OPÉRATIONS D'INSTRUCTION

12. Généralités. Le juge peut effectuer, au cours d'un transport, une perquisition au domicile de l'inculpé, hors la présence de son conseil, s'il ne doit procéder à aucun interrogatoire. • Crim. 5 juill. 1962 : *Bull. crim. n° 242.*

13. Il résulte des art. 60 et 92 que, si le juge d'instruction peut, lorsqu'il se transporte sur les lieux, avoir recours à des personnes qualifiées, celles-ci, sauf si elles sont inscrites sur l'une des listes prévues à l'art. 157, doivent prêter, par écrit, le serment indiqué à l'art. 60. • Crim. 3 déc.

1998, n° 98-83.443 P : *Procédures 1999. Comm. 105, obs. Buisson.*

14. Omission de rédaction du procès-verbal de transport. Cette omission n'est pas une cause de nullité, les procès-verbaux d'interrogatoires, d'audition et de confrontation réalisés au cours d'un transport et signés étant valables même en l'absence de procès-verbal de transport. • Crim. 11 déc. 1984, n° 84-84.617 P.

15. Il n'est pas nécessaire que le juge mentionne sur le procès-verbal que le transport a eu lieu en cas de crime ou délit flagrant et il suffit que cette circonstance résulte des constatations de fait. • Crim. 30 juin 1932 : *Bull. crim. n° 161.*

16. Signature du procès-verbal de transport. Si le juge d'instruction est amené, au cours d'un transport, à recueillir les déclarations des inculpés, de la partie civile ou celles des témoins, il doit, à peine de nullité du procès-verbal de transport, procéder dans les formes prescrites par les art. 106, 107 et 121, aux auditions, interrogatoires ou confrontations. • Crim. 24 janv. 1984, n° 83-94.417 P • 14 sept. 1985, n° 85-93.707 P : *D. 1986. IR 304, obs. Pradel.* ♦ Dans ce cas, le juge doit immédiatement dresser des procès-verbaux séparés, régulièrement signés par chacun des intéressés. • Crim. 6 juill. 1977, n° 77-91.103 P. ♦ Jugé toutefois que la réflexion spontanée de l'inculpé, mentionnée au procès-verbal, ainsi que quelques précisions indispensables au déroulement de la reconstitution fournies par des officiers de police judiciaire, ne constituent pas un interrogatoire ou l'audition d'un témoin de sorte que n'est pas nécessaire la rédaction d'un procès-verbal dans les formes prescrites par le code de procédure pénale. • Crim. 2 sept. 1986, n° 86-93.266 P : *D. 1987. Somm. 84, obs. Pradel.*

17. Est nul le procès-verbal de transport non revêtu de la signature du greffier, dont l'assistance à cet acte est obligatoire. • Crim. 16 déc. 1980, n° 80-91.359 P.

18. L'inculpé, la partie civile ni le témoin présent n'ont à signer le procès-verbal de transport, tant que la teneur de ce procès-verbal fait ressortir que le juge d'instruction s'est borné à des constatations matérielles sans procéder à des interrogatoires, auditions ou confrontations. • Crim. 16 oct. 1979, n° 79-92.327 P. ♦ Mais s'il y a eu interrogatoire, le procès-verbal de transport qui, non signé par l'inculpé, reproduirait ses déclarations enregistrées sur bande magnétique au cours de la reconstitution, serait nul et l'authentification de ces déclarations faite ultérieurement par procès-verbal d'interrogatoire, signé par l'inculpé, n'est pas de nature à réparer cette nullité. • Crim. 28 févr. 1974, n° 73-92.596 P.

Art. 93 *(L. n° 75-701 du 6 août 1975)* **Si les nécessités de l'information l'exigent, le juge d'instruction peut, après en avoir donné avis au procureur de la République de son tribunal, se transporter avec son greffier dans toute l'étendue du territoire national, à l'effet d'y procéder à tous actes d'instruction, à charge par lui d'aviser, au préalable, le procureur de la République du tribunal dans le ressort duquel il se transporte. Il mentionne sur son procès-verbal les motifs de son transport.**

1. Information du procureur de la République. Si le juge d'instruction n'a aucunement l'obligation de faire connaître les motifs de son déplacement lorsqu'il reste dans son ressort, il doit en revanche le faire dans l'hypothèse d'extension de compétence territoriale prévue à l'art. 93. • Crim. 11 juin 1985, n° 84-95.053 P.

2. Satisfait aux prescriptions de l'art. 93 le juge d'instruction qui, avant de se transporter dans le ressort d'un autre tribunal, rend ordonnance indiquant la date et les motifs du transport envisagé, visée par le parquet. • Crim. 11 déc. 1984, n° 84-94.617 P.

3. Procès-verbal de transport. La décision du juge d'instruction de se transporter en dehors du ressort de son tribunal, portée à la connaissance des magistrats du ministère public des deux juridictions concernées, lui donne compétence, non seulement pour procéder aux actes d'information qui y sont spécifiés, mais aussi pour prendre toutes mesures qui en sont la suite nécessaire, sans que puisse être alléguée l'inexistence d'un procès-verbal de transport. • Crim. 14 oct. 1998, n° 98-8377 P.

4. Cas où le transport concomitant du procureur de la République est nécessaire. L'art. 93 implique le déplacement concomitant du procureur de la République lorsque l'acte d'instruction accompli requiert, à peine de nullité, que le ministère public du même tribunal soit entendu par le juge en ses réquisitions. • Crim. 14 mars 1988, n° 87-92.074 P : *D. 1988. IR 109.*

Art. 93-1 *(L. n° 2011-1862 du 13 déc. 2011, art. 22-5°)* **Si les nécessités de l'instruction l'exigent, le juge d'instruction peut, dans le cadre d'une commission rogatoire adressée à un État étranger** *(Ord. n° 2016-1636 du 1er déc. 2016, art. 2 et 5, en vigueur le 22 mai 2017)* **« ou d'une décision d'enquête européenne adressée à un État membre de l'Union européenne » et avec l'accord des autorités compétentes de l'État concerné, se transporter avec son greffier sur le territoire de cet État aux fins de procéder à des auditions.**

Il en donne préalablement avis au procureur de la République de son tribunal.

Sur la décision d'enquête européenne, V. art. 694-15 s.

Art. 94 Les perquisitions sont effectuées dans tous les lieux où peuvent se trouver des objets *(L. n° 2004-575 du 21 juin 2004, art. 42)* **« ou des données informatiques » dont la découverte serait utile à la manifestation de la vérité** *(L. n° 2010-768 du 9 juill. 2010, art. 1er)* **« , ou des biens dont la confiscation est prévue à l'article 131-21 du code pénal ».** — *Pr. pén. C. 189.*

1. Perquisitions en tous lieux. Sauf dispositions contraires, les perquisitions sont effectuées dans tous les lieux où peuvent se trouver des objets dont la découverte serait utile à la manifestation de la vérité. • Crim. 27 oct. 1959 : *Bull. crim. n° 450.* ♦ Elles peuvent également avoir pour but la découverte d'objets ou de documents nécessaires à la sauvegarde des droits des parties ou des tiers. • Crim. 13 janv. 1956 : *Bull. crim. n° 465.*

2. Les termes de l'art. 94 étant généraux, il n'est pas nécessaire que le juge d'instruction indique dans la commission rogatoire les lieux où doivent être effectuées des perquisitions. • Crim. 22 janv. 1953 : *D. 1953. 533, note Lapp ; Bull. crim. n° 24.*

3. Nécessité d'une infraction. Est nulle la commission rogatoire prescrivant de procéder à des perquisitions visant à la recherche d'infractions éventuelles. • Crim. 16 avr. 1970, n° 69-92.089 P.

4. Saisie. La personne au domicile de laquelle la saisie d'objets est effectuée ne peut opposer au juge d'instruction un droit de rétention, même s'il lui est reconnu par une décision de justice, dès lors que ce droit présente un caractère d'ordre privé et strictement personnel. • Crim. 20 juin 1972, n° 72-90.211 P.

5. Bien-fondé d'une perquisition. L'erreur commise par le juge d'instruction touchant le bien-fondé et l'opportunité d'une perquisition, hors les cas de dol, fraude, concussions ou faute lourde professionnelle, constitue un simple mal-jugé qui ne saurait servir de fondement à une action en dommages-intérêts et donner ouverture à une prise à partie. • Req. 11 avr. 1938 : *DH 1938. 388.*

6. Difficultés à identifier le locataire. V. note 5 ss. art. 57.

Art. 95 Si la perquisition a lieu au domicile de *(L. n° 93-2 du 4 janv. 1993)* **« la personne mise en examen », le juge d'instruction doit se conformer aux dispositions des articles 57 et 59.** — *Pr. pén. C. 190.*

1. Notion de domicile. Un atelier de ciselure et une fonderie, dépourvus des équipements nécessaires à une habitation effective et dans lesquels les personnes mises en examen n'exercent aucune activité permanente, ne sauraient constituer un domicile. Dès lors, les investigations effectuées dans ces locaux ne peuvent être assimilées à des perquisitions, au sens de l'art. 95. • Crim. 17 oct. 1995 : *D. 1996. Somm. 256, obs. Pradel ; Procédures 1996. Comm. 91, obs. Buisson.*

2. Inobservation des règles de l'article 57. Les formalités prévues par les dispositions du code de procédure pénale en matière de perquisition et de saisie ne sont pas exclues du champ d'application de l'art. 802 ; dès lors, s'agissant d'un procès-verbal de perquisition non signé par la personne mise en examen, leur inobservation *ne saurait entraîner de nullité de procédure* lorsque aucune atteinte n'a été portée aux intérêts de la partie concernée. • Crim. 17 sept. 1996, n° 96-82.105 P : *RSC 1997. 149, obs. Dintilhac.* ♦ *Contra :* • Crim. 27 sept. 1984, n° 84-93.474 P • 23 févr. 1988, n° 87-90.117 P. ♦ En revanche, est entachée de nullité la perquisition effectuée en l'absence du prévenu dans une maison lui appartenant et ayant entraîné sa mise en examen même si ce dernier n'avait pas contesté la présence de stupéfiants dans les lieux. • Crim. 3 avr. 2007, n° 07-80.807 P : *D. 2007. AJ 1422.*

3. Inutilité de l'assentiment. Pour l'exécution d'une perquisition dans le cadre d'une commission rogatoire, l'assentiment exprès de l'intéressé n'est pas requis. • Crim. 18 avr. 2000, n° 00-80.402 P.

4. Avocat. Le juge d'instruction qui entend effectuer une perquisition au domicile de la personne mise en examen sans la soumettre à aucun interrogatoire, confrontation ou reconstitution n'est pas tenu de prévenir l'avocat de l'intéressé préalablement au transport. • Crim. 20 févr. 2002, n° 01-88.335 P : *Dr. pénal 2003. Comm. 27, obs. Maron et Haas.* ♦ V. aussi notes 4 et 12 ss. art. 92.

5. Commission rogatoire internationale. Pour l'exécution d'une commission rogatoire délivrée par une autorité étrangère à une autorité judiciaire française, la perquisition effectuée au domicile de la personne contre laquelle la procédure est suivie à l'étranger doit satisfaire aux seules prescriptions de l'art. 95. • Crim. 7 mars 2000, n° 98-85.147 P.

Art. 96 **Si la perquisition a lieu dans un domicile autre que celui de** *(L. n° 93-2 du 4 janv. 1993)* **« la personne mise en examen », la personne chez laquelle elle doit s'effectuer est invitée à y assister. Si cette personne est absente ou refuse d'y assister, la perquisition a lieu en présence de deux de ses parents ou alliés présents sur les lieux ou, à défaut, en présence de deux témoins.**

Le juge d'instruction doit se conformer aux dispositions des articles 57 (alinéa 2) et 59.

Toutefois, il a l'obligation de provoquer préalablement toutes mesures utiles pour que soit assuré le respect du secret professionnel et des droits de la défense. — *Pr. pén. C. 191, C. 192 et C. 196.*

(L. n° 2000-516 du 15 juin 2000, art. 44-III) **« Les dispositions des articles** *(L. n° 2004-204 du 9 mars 2004, art. 79-III)* **« 56 »** *(L. n° 2009-928 du 29 juill. 2009, art. 11-III)* **« et 56-1 à** *(L. n° 2016-731 du 3 juin 2016, art. 58, en vigueur le 1er oct. 2016)* **« 56-5 » sont applicables aux perquisitions effectuées par le juge d'instruction. »**

1. Notion de domicile. L'ouverture d'un coffre de voiture n'est pas une perquisition domiciliaire. • Crim. 8 nov. 1979, n° 78-92.914 P. ♦ Comp. : • Crim. 11 sept. 1933 : *Bull. crim. n° 191.*

2. La perquisition dans le coffre bancaire de l'inculpé, considéré comme étant situé dans un domicile autre que celui de l'inculpé, doit se faire dans le respect des formalités prévues à l'art. 96. • Crim. 14 oct. 1969, n° 69-90.775 P.

3. La pièce du domicile d'un tiers, dans laquelle un inculpé s'est fait clandestinement héberger pour se soustraire aux poursuites dont il est l'objet, ne constitue pas le domicile de cet inculpé de sorte que la perquisition effectuée dans ce local en l'absence de l'inculpé arrêté est régulière dès lors qu'elle a eu lieu en présence de la personne dans l'appartement de laquelle le local est situé. • Crim. 30 mars 1971, n° 70-CS143 P.

4. Une perquisition effectuée dans une des résidences d'une personne ou dans les dépendances de cette résidence doit être considérée comme ayant lieu au domicile de ladite personne. • Crim. 15 oct. 1974, n° 74-90.335 P.

5. Un yacht de plaisance, un voilier de haute mer ou une péniche peuvent être considérés comme étant un domicile. • Crim. 20 nov. 1984, n° 84-91.829 P. ♦ Solution contraire pour un bateau de cinq mètres de long, sans aucun aménagement et servant simplement de moyen de transport. • Même arrêt.

6. Des énonciations procédant d'une appréciation souveraine des faits établissant qu'un appartement, partiellement détruit et devenu inhabitable, avait perdu toute affectation de domicile, les opérations qui y ont été effectuées ne peuvent être assimilées à une perquisition. • Crim. 31 mai 1994, n° 94-81.199 P.

7. Fouille à corps. La fouille à corps est assimilable à une perquisition domiciliaire de sorte qu'elle implique un mandat du juge d'instruction et qu'à défaut de celui-ci, les aveux de l'individu fouillé ne peuvent être considérés comme passés librement et ne sauraient donc être retenus par le juge. • Crim. 22 janv. 1953 : *D. 1953. 533, note Lapp.* ♦ V. dans le même sens : • Crim. 21 juill. 1982, n° 82-91.034 P • 11 juin 1985, n° 84-95.053 P.

8. Fouille d'un portefeuille. La fouille d'un portefeuille constitue une perquisition ; elle est donc nulle en l'absence soit d'une infraction flagrante soit d'un assentiment recueilli dans les conditions prescrites par l'art. 76 ou faute d'une commission rogatoire régulièrement délivrée par un magistrat instructeur. • Crim. 15 oct. 1984, n° 83-93.689 P.

9. Fouille d'un sac. Est nulle la fouille d'un sac sans l'assentiment de son propriétaire lorsqu'elle est réalisée à l'occasion d'un contrôle d'identité et en dehors de toute caractérisation de flagrance. • Crim. 23 mars 2016, n° 14-87.370 : *Procédures 2016, n° 172.*

10. Procès-verbal de perquisition. Les dispositions de l'art. 66 selon lesquelles le procès-verbal de perquisition doit être rédigé sur-le-champ ne sont pas prescrites à peine de nullité. Leur inobservation n'entraînerait la nullité que si elle était de nature à compromettre les droits de la défense ou à porter atteinte au secret professionnel. • Crim. 8 oct. 1985, n° 84-95.606 P.

11. Secret professionnel. La saisie de documents effectuée au cabinet de Maître Y, en relation directe avec l'infraction objet de la poursuite, étant limitée aux documents nécessaires à la manifestation de la vérité, la chambre de l'instruction a justifié sa décision en déclarant valable cette saisie. • Crim. 14 janv. 2003, n° 02-87.062 P : *D. 2003. IR 944* ; *JCP 2003. IV. 1528.*

12. Droits de la défense. Le pouvoir reconnu à l'OPJ ou au juge d'instruction de saisir tout document utile à la manifestation de la vérité trouve sa limite dans le principe de la libre défense qui commande de respecter la confidentialité des correspondances échangées entre un client et son avocat : un policier, lors d'une perquisition au domicile d'un prévenu, ne peut donc saisir un courrier de l'avocat à son client ni le brouillon de la réponse à ce courrier, fût-ce un courrier ayant trait à l'exécution d'une condamnation pénale, en l'espèce un suivi socio-judiciaire, prononcée dans une instance distincte. • Crim. 13 déc. 2006, n° 06-87.169 P :

D. 2007. AJ 306 ; ibid. 2007. Pan. 977, obs. Pradel ; AJ pénal 2007. 140, obs. Girault ; Dr. pénal 2007. Comm. 64, obs. Maron.

13. Mandataire judiciaire. Il n'y a pas lieu d'annuler une perquisition effectuée dans les locaux professionnels d'un mandataire judiciaire en l'absence du président du Conseil nationale des administrateurs et mandataires judiciaires dans la mesure où aucune disposition législative ne prévoit de formalité spécifique en matière de perquisition dans ces lieux et qu'au surplus le juge d'instruction a pris des précautions pour préserver le secret professionnel et préserver les droits de la défense conformément aux dispositions de l'art. 96. • Crim. 18 juin 2003, n° 03-81.979 P : *JCP 2003. IV. 2450 ; Dr. pénal 2003. Comm. 116, obs. Maron ; RSC 2004. 422, note Buisson .*

Art. 97 *(Ord. n° 60-529 du 4 juin 1960)* **« Lorsqu'il y a lieu, en cours d'information, de rechercher des documents** *(L. n° 2004-575 du 21 juin 2004, art. 43)* **« ou des données informatiques » et sous réserve des nécessités de l'information et du respect, le cas échéant, de l'obligation stipulée par l'alinéa 3 de l'article précédent, le juge d'instruction ou l'officier de police judiciaire par lui commis a seul le droit d'en prendre connaissance avant de procéder à la saisie. »**

(L. n° 85-1407 du 30 déc. 1985) **« Tous** *(L. n° 2004-575 du 21 juin 2004, art. 43)* **« les objets, documents ou données informatiques » placés sous main de justice sont immédiatement inventoriés et placés sous scellés. Cependant, si leur inventaire sur place présente des difficultés, l'officier de police judiciaire procède comme il est dit au quatrième alinéa de l'article 56.**

(L. n° 2004-575 du 21 juin 2004, art. 43) **« Il est procédé à la saisie des données informatiques nécessaires à la manifestation de la vérité en plaçant sous main de justice soit le support physique de ces données, soit une copie réalisée en présence des personnes qui assistent à la perquisition.**

« Si une copie est réalisée dans le cadre de cette procédure, il peut être procédé, sur ordre du juge d'instruction, à l'effacement définitif, sur le support physique qui n'a pas été placé sous main de justice, des données informatiques dont la détention ou l'usage est illégal ou dangereux pour la sécurité des personnes ou des biens. »

« Avec l'accord du juge d'instruction, l'officier de police judiciaire ne maintient que la saisie des objets *(L. n° 2004-575 du 21 juin 2004, art. 43)* **« , documents et données informatiques » utiles à la manifestation de la vérité** *(L. n° 2010-768 du 9 juill. 2010, art. 1er)* **« , ainsi que des biens dont la confiscation est prévue à l'article 131-21 du code pénal ». »**

(Ord. n° 60-121 du 13 févr. 1960) **« Lorsque ces scellés sont fermés, ils ne peuvent être ouverts et les documents dépouillés qu'en présence de »** *(L. n° 93-2 du 4 janv. 1993)* **« la personne mise en examen assistée de son avocat », ou eux dûment appelés.** *(L. n° 2019-222 du 23 mars 2019, art. 54)* **« Toutefois, lorsque l'ouverture et la reconstitution du scellé fermé n'exigent pas que la personne mise en examen soit interrogée sur son contenu, elles peuvent être réalisées par le juge d'instruction assisté de son greffier hors la présence de celle-ci, en présence de son avocat ou celui-ci dûment convoqué. »**

(L. n° 85-1407 du 30 déc. 1985) **« Si les nécessités de l'instruction ne s'y opposent pas, copie ou photocopie des documents** *(L. n° 2004-575 du 21 juin 2004, art. 43)* **« ou des données informatiques » placés sous main de justice peuvent être délivrées à leurs frais, dans le plus bref délai, aux intéressés qui en font la demande. »**

Si la saisie porte sur des espèces, lingots, effets ou valeurs dont la conservation en nature n'est pas nécessaire à la manifestation de la vérité ou à la sauvegarde des droits des parties, il peut autoriser *(L. n° 2011-1862 du 13 déc. 2011, art. 58-II)* **« leur** *[ancienne rédaction : le greffier à en faire le]* **» dépôt à la Caisse des dépôts et consignations ou à la Banque de France** *(L. n° 2011-1862 du 13 déc. 2011, art. 58-II)* **« ou sur un compte ouvert auprès d'un établissement bancaire par l'Agence de gestion et de recouvrement des avoirs saisis et confisqués ».** — *Pr. pén. C. 193 à C. 196.*

(L. n° 2001-1168 du 11 déc. 2001) **« Lorsque la saisie porte sur des billets de banque ou pièces de monnaie libellés en euros** *(L. n° 2007-1544 du 29 oct. 2007)* **« contrefaisants », le juge d'instruction ou l'officier de police judiciaire par lui commis doit transmettre, pour analyse et identification, au moins un exemplaire de chaque type de billets ou pièces suspectés faux au centre d'analyse national habilité à cette fin. Le centre d'analyse national peut procéder à l'ouverture des scellés. Il en dresse inventaire**

dans un rapport qui doit mentionner toute ouverture ou réouverture des scellés. Lorsque les opérations sont terminées, le rapport et les scellés sont déposés entre les mains du greffier de la juridiction compétente. Ce dépôt est constaté par procès-verbal.

« Les dispositions du précédent alinéa ne sont pas applicables lorsqu'il n'existe qu'un seul exemplaire d'un type de billets ou de pièces suspectés faux, tant que celui-ci est nécessaire à la manifestation de la vérité. »

RÉP. PÉN. v° *Scellés*, par MAISTRE DU CHAMBON.

BIBL. ▸ ROUSSEL, *Dr. pénal 2005. Chron. 11* (l'emploi de l'informatique sur l'administration de la preuve). – BOLLÉ, *AJ pénal 2008. 316* (de l'autorisation donnée par la loi de saisir un bien immeuble).

1. Secret professionnel de l'avocat. Il résulte des art. 97 et 99 et de l'art. 8 Conv. EDH que le juge d'instruction peut s'opposer à la restitution de documents saisis dans le cabinet d'un avocat et couverts par le secret professionnel dès lors que leur maintien sous la main de la justice en vue de déterminer l'existence d'infractions pénales est nécessaire à la manifestation de la vérité et qu'il ne porte pas atteinte aux droits de la défense. • Crim. 30 juin 1999, n° 97-86.318 P : *D. 1999. 458, note Pradel ; D. 1999. Somm. 322, obs. Pradel ; RSC 1999. 840, note Commaret ; JCP 1999. II. 10177, note Martin ; Procédures 1999. Comm. 236, obs. Buisson ; Dr. pénal 1999. Comm. 155, obs. Maron.* ♦ La saisie des correspondances échangées entre un avocat et son client ne peut, à titre exceptionnel, être ordonnée ou maintenue qu'à la condition que les documents saisis soient de nature à établir la preuve de la participation de l'avocat à une infraction. • Crim. 12 mars 1992, n° 91-86.843 P : *D. 1993. Somm. 207, obs. Pradel* • 20 janv. 1993, n° 92-85.548 P • 18 juin 2003, n° 03-81.979 P : *JCP 2003. IV. 2450 ; AJ pénal 2003. 30 ; Dr. pénal 2003. Comm. 116, obs. Maron ; RSC 2004. 422, note Buisson*. ♦ ... Ou s'il s'agit d'écrits ayant donné lieu à la mise en examen de l'avocat, l'implication de celui-ci dans l'affaire en cause rendant inopérante son argumentation relative à la confidentialité et à l'atteinte portée au secret professionnel. • Crim. 5 oct. 1999, n° 98-80.007 P. ♦ V. aussi • Crim. 14 janv. 2003, n° 02-87.062 P : *D. 2003. IR 944 ; JCP 2003. IV. 1528.*

2. Si, selon les principes rappelés par l'art. 66-5 de la loi du 31 déc. 1971, les correspondances échangées entre le client et son avocat sont, en toutes matières, couvertes par le secret professionnel, il demeure que le juge d'instruction tient de l'art. 97 le pouvoir de les saisir dès lors qu'elles ne concernent pas l'exercice des droits de la défense. • Crim. 7 mars 1994, n° 93-84.931 P : *D. 1995. Somm. 167, obs. Brunois*. ♦ Conf. : • Paris, 17 mai 1996 : *D. 1996. 353, note Fortin*.

3. Documents obtenus par des moyens déloyaux. Le fait que des pièces produites par une partie pour sa défense auraient été obtenues par des moyens déloyaux ne permet pas au juge d'instruction de refuser de les joindre à la procédure, dès lors qu'elles ne constituent que des moyens de preuve dont la valeur peut être discutée contradictoirement. Il ne peut donc être reproché au juge d'instruction ni de saisir une bande magnétique, à lui remise par une partie, contenant l'enregistrement d'une conversation, ni de faire procéder à la transcription de cet enregistrement et de la joindre au dossier de la procédure, même si cet enregistrement a eu lieu à l'insu d'un des participants à cette conversation. • Crim. 11 févr. 1992, n° 91-86.067 P.

4. Sommes d'argent. Les dispositions des art. 97 et 99, en vertu desquelles le juge d'instruction peut ordonner la saisie et la consignation de sommes d'argent afin de sauvegarder les droits des parties, sont étrangères à l'art. 2075-1 C. civ. et ne sauraient engendrer aucun droit au profit de la partie civile. • Crim. 22 mai 1995, n° 94-82.018 P.

5. L'art. 97, al. 4, n'a pas à s'appliquer lorsque aucune personne n'est mise en examen. • Crim. 16 mai 2000, n° 00-80.905 P : *D. 2000. IR 205*.

6. Ouverture des scellés. L'ouverture des scellés pour présentation des pièces à un témoin, hors la présence de l'intéressé ou de son avocat, ne constitue une cause de nullité que si elle cause un grief. • Crim. 11 oct. 2000, n° 00-82.238 P : *Dr. pénal 2001. Comm. 13, obs. Maron.*

7. Forme de la demande de copie de documents placés sous scellés. La demande de copie de documents placés sous scellés et déposés au greffe à titre de pièces à conviction doit être présentée selon les modalités prévues par l'art. 82-1. • Crim. 28 oct. 2014, n° 14-84.796 P : *D. actu. 17 déc. 2014, obs. Fucini.*

Art. 97-1 *(L. n° 2003-239 du 18 mars 2003, art. 17)* **L'officier de police judiciaire peut, pour les nécessités de l'exécution de la commission rogatoire, procéder aux opérations prévues par l'article 57-1.**

Art. 98 *(Ord. n° 60-529 du 4 juin 1960)* **Sous réserve des nécessités de l'information judiciaire, toute communication ou toute divulgation sans l'autorisation de** *(L. n° 93-2 du 4 janv. 1993)* **« la personne mise en examen » ou de ses ayants droit ou du signa-**

taire ou du destinataire d'un document provenant d'une perquisition, à une personne non qualifiée par la loi pour en prendre connaissance, est punie d'une amende de 4 500 € et d'un emprisonnement de deux ans. — *Pr. pén. C. 196.*

Art. 99 *(L. n° 85-1407 du 30 déc. 1985)* **« Au cours de l'information, le juge d'instruction est compétent pour décider de la restitution des objets placés sous main de justice.**

« Il statue, par ordonnance motivée, soit sur réquisitions du procureur de la République, soit, après avis de ce dernier, d'office ou sur requête de *(L. n° 93-2 du 4 janv. 1993)* **« la personne mise en examen », de la partie civile ou de toute autre personne qui prétend avoir droit sur l'objet. »** *(L. n° 2016-731 du 3 juin 2016, art. 62, en vigueur le 1er janv. 2017)* **« Lorsque la requête est formée conformément à l'avant-dernier alinéa de l'article 81, faute pour le juge d'instruction d'avoir statué dans un délai d'un mois, la personne peut saisir directement le président de la chambre de l'instruction, qui statue conformément aux trois derniers alinéas de l'article 186-1. »** — *V. note 1, ss. le présent art.*

« Il peut également, avec l'accord du procureur de la République, décider d'office de restituer ou de faire restituer à la victime de l'infraction les objets placés sous main de justice dont la propriété n'est pas contestée.

« Il n'y a pas lieu à restitution lorsque celle-ci est de nature à faire obstacle à la manifestation de la vérité ou à la sauvegarde des droits des parties *(L. n° 2016-731 du 3 juin 2016, art. 84)* **« , lorsque le bien saisi est l'instrument ou le produit direct ou indirect de l'infraction » ou lorsqu'elle présente un danger pour les personnes ou les biens. Elle peut être refusée lorsque la confiscation de l'objet est prévue par la loi.**

« L'ordonnance du juge d'instruction mentionnée au deuxième alinéa du présent article est notifiée soit au requérant en cas de rejet de la demande, soit au ministère public et à toute autre partie intéressée en cas de décision de restitution. Elle peut être déférée *(L. n° 2019-222 du 23 mars 2019, art. 56)* **« au président de la chambre de l'instruction ou » à la chambre de l'instruction, sur simple requête déposée au greffe du tribunal, dans le délai et selon les modalités prévus par le quatrième alinéa de l'article 186. Ce délai est suspensif. »**

Le tiers peut, au même titre que les parties, être entendu par *(L. n° 2019-222 du 23 mars 2019, art. 56)* **« le président de la chambre de l'instruction ou » la chambre de l'instruction en ses observations, mais il ne peut prétendre à la mise à sa disposition de la procédure.** — *Pr. pén. C. 197 à C. 200.*

RÉP. PÉN. v° *Restitution*, par VIOLEAU.

I. COMPÉTENCE DE PRINCIPE DU JUGE D'INSTRUCTION

1. QPC. (Décis. antérieure à L. n° 2016-731 du 3 juin 2016). L'impossibilité d'exercer une voie de recours devant la chambre de l'instruction ou toute autre juridiction en l'absence de tout délai déterminé imparti au juge d'instruction pour statuer sur une demande de restitution d'un bien placé sous main de justice en application de l'art. 99, al. 2 conduit à ce que la procédure applicable méconnaisse les exigences découlant de l'art. 16 de la Déclaration de 1789 et prive de garanties légales la protection constitutionnelle du droit de propriété ; par suite, les *dispositions du deuxième alinéa* de l'art. 99 doivent être déclarées contraires à la Constitution. Afin de permettre au législateur de remédier à l'inconstitutionnalité constatée, il y a lieu de reporter au 1er janv. 2017 la date de cette abrogation. • Cons. const. 16 oct. 2015, n° 2015-494 QPC : *D. actu. 10 nov. 2015, obs. Gallois ; D. 2016. Pan. 1727, obs. Pradel.*

2. Principe. Au cours de l'information, la juridiction d'instruction ne peut refuser de restituer un objet placé sous main de justice que pour l'un des motifs prévus par l'art. 99. • Crim. 5 oct. 1999, n° 98-87.593 P • 10 sept. 2002, n° 01-87.573 P : *D. 2002. IR 2849 ; JCP 2002. IV. 2888.*

3. La chambre de l'instruction saisie de l'appel interjeté contre l'ordonnance du juge d'instruction rejetant une demande de restitution peut refuser la restitution lorsque la confiscation de l'objet est prévue par la loi, peu important le fondement de la saisie. • Crim. 17 nov. 2021, n° 21-82.084 B : *D. actu. 15 déc. 2021, obs. Fonteix.*

4. La compétence du juge d'instruction pour décider de la restitution des objets placés sous main de justice ne s'étend qu'aux objets saisis dans le cadre de l'information dont il a la charge et non aux sommes dont le juge des référés a ordonné la consignation dans le cadre d'une affaire civile. • Crim. 8 mars 2017, n° 16-80.372 P : *D. actu. 6 avr. 2017, obs. Priou-Alibert.*

5. Au cours d'une information, le juge d'instruction compétent, pour décider de la restitution des objets placés sous main de justice, est celui qui est en charge de l'information et non celui qui a fait procéder à la saisie en exécution d'une commission rogatoire délivrée par le juge mandant. • Crim. 1er févr. 2005, n° 04-84.785 P : *D. 2005. IR 858 ; JCP 2005. IV. 1638.*

6. Remise à l'AGRASC : articulation des procédures. Il se déduit de l'art. 6 Conv. EDH et des art. 99 et 99-2 que, lorsqu'un juge d'instruction est saisi d'une requête en restitution d'un bien meuble placé sous main de justice, il ne peut ordonner la remise de ce bien à l'Agence de gestion et de recouvrement des avoirs saisis et confisqués (AGRASC) en vue de son aliénation qu'après avoir statué par ordonnance motivée sur cette requête. • Crim. 6 mai 2014, n° 13-83.203 P : *D. actu. 27 mai 2014, obs. Bombled ; AJ pénal 2014. 543, obs. Lasserre Capdeville .* ♦ Le juge saisi par le propriétaire d'un bien meuble placé sous main de justice d'une requête en restitution de ce bien est tenu de statuer sur son bien-fondé indépendamment de l'existence d'une décision, fût-elle définitive, de remise à l'AGRASC en vue de son aliénation. • Crim. 22 févr. 2017, n° 16-86.547 P : *D. actu. 9 mars 2017, obs. Fucini.*

7. Cas de restitution. Il appartient à la juridiction d'instruction, saisie d'une requête aux fins de restitution, d'examiner les éléments fournis par l'information et d'apprécier souverainement, au vu de ces éléments et compte tenu de l'état de la procédure, s'il y a lieu ou non de faire droit à la demande. • Crim. 20 juin 1972, n° 72-90.211 P • 11 déc. 1973, n° 73-91.525 P • 23 mars 1977, n° 75-92.170 P • 8 févr. 1996, n° 95-80.242 P : *Dr. pénal 1996. Comm. 163, note Véron.* ♦ ... Notamment de vérifier si le droit de propriété invoqué par la victime d'un vol est sérieusement contesté. • Crim. 16 juin 1992, n° 91-86.829 P. ♦ ... Ou de vérifier si l'objet placé sous main de justice présente un danger pour les personnes ou les biens. • Crim. 30 avr. 1996, n° 96-80.829 P. ♦ Il n'importe que l'objet en cause puisse être confisqué par la juridiction de jugement. • Crim. 21 févr. 1989, n° 88-86.700 P.

8. Refus de restitution. La requête peut être rejetée pour protéger les droits éventuels des tiers, alors même que l'inculpé consent à la restitution. • Crim. 6 févr. 1979, n° 77-92.469 P. ♦ Ainsi, la restitution au propriétaire d'un bien placé sous main de justice est de nature à préjudicier au locataire mis en examen provisoirement détenu, qui en est le légitime détenteur. • Crim. 6 janv. 2009, n° 08-85.860 P : *AJ pénal 2009. 187, obs. Demarchi ; Dr. pénal 2010. Chron. 1, obs. Guérin ; Procédures 2009, n° 124, obs. Buisson.* ♦ La restitution ne saurait être accordée par le juge d'instruction à l'inculpé, seul bénéficiaire d'une décision de non-lieu, lorsque la poursuite peut être reprise contre d'autres participants à l'infraction. • Crim. 5 mai 1980, n° 79-91.410 P. ♦ Le refus de restitution ne constitue pas une peine. • Crim. 28 mai 2014 : *Dr. pénal 2015, Chron. « Un an de ... », n° 3, obs. Bonis-Garçon et Peltier.*

9. Une chambre de l'instruction peut refuser de restituer un navire ayant servi au transport de stupéfiants bien qu'il existe un doute sur le propriétaire du bâtiment, la confiscation d'un tel bien étant prévue par la loi « à quelque personne qu'il appartienne ». • Crim. 5 janv. 2010, n° 09-81.949 P : *AJ pénal 2010. 194, obs. Roussel ; Dr. pénal. 2010, n° 68, note Véron ; Procédures 2010, n° 162, obs. Buisson.*

10. Justifient leur décision de refus de restitution les juges du fond qui ont souverainement apprécié que le véhicule en cause constituait le produit indirect des délits poursuivis, la requérante ne pouvant ignorer, compte tenu de l'importance de la valeur de cet achat et des irrégularités de la vente, qu'elle apportait son concours à une opération de blanchiment de faits délictueux, peu important les justificatifs apportés par elle de l'origine des fonds avec lesquels elle a acquis ce bien. • Crim. 28 févr. 2018, n° 17-81.577 P : *D. actu. 20 mars 2018, obs. Fonteix ; AJ pénal 2018. 264, obs. Miranda .*

11. Contestation sérieuse. Les objets placés sous main de justice ne peuvent être restitués par le juge d'instruction que lorsque leur propriété n'est pas contestée. • Crim. 27 sept. 2005, n° 05-80.106 P : *RSC 2006. 104, obs. Giudicelli .* ♦ Ni le juge d'instruction, ni la chambre d'accusation, saisis d'une demande en restitution, ne peuvent connaître d'une contestation sérieuse sur les objets revendiqués, notamment sur la propriété de billets de banque. • Crim. 13 juill. 1951 : *D. 1951. 686* • 6 juill. 1966, n° 66-90.134 P : *D. 1967. Somm. 19* • 23 oct. 1984, n° 84-91.244 P.

12. Doit être déclarée recevable la requête d'un propriétaire d'un immeuble tendant à la mainlevée des scellés apposés en application de l'art. 335-4 [anc.] sur les locaux servant dans ledit immeuble à l'exploitation d'un hôtel, le propriétaire étant, au sens même du texte, une partie intéressée, à qui la mesure fait grief. • Crim. 7 févr. 1978, n° 77-92.356 P. ♦ Il en va de même pour la personne qui demande la mainlevée du blocage de son compte bancaire. • Crim. 10 déc. 1970, n° 70-91.338 P.

13. Prélèvements humains. Les prélèvements effectués aux fins d'analyse dans le cadre d'une procédure judiciaire, que ce soit sur une personne vivante ou décédée, ne sont pas des objets susceptibles de restitution au sens de l'art. 99. • Crim. 3 avr. 2002, n° 01-81.592 P : *D. 2002. IR 1809 ; JCP 2002. IV. 1898 ; RSC 2002. 842, obs. Commaret .*

14. Victime de l'infraction. La victime d'escroquerie et d'abus de confiance ne peut être considérée comme propriétaire des fonds qui en sont le produit au sens de l'art. 99, al. 4, lorsque ceux-ci ont été déposés sur un compte bancaire ou versés à titre de primes d'un contrat d'assurance-vie ouvert au nom de la personne mise en examen ou de membres de sa famille ; les droits de la partie civile qui a bénéficié d'une décision définitive lui accordant des dommages-intérêts sont préservés par la faculté dont elle dispose, en application de l'art. 706-164, d'obtenir de l'AGRASC que ces sommes lui soient payées par prélèvement sur les fonds ou sur la valeur liquidative des biens de son débiteur dont la confiscation résulte d'une décision définitive. • Crim. 23 oct. 2019, n° 18-85.820 P : *D. actu. 8 nov. 2019, obs. Goetz ; AJ pénal 2019. 613, obs. Hy ; ibid. 2020. 34, obs. Miranda.*

15. La restitution à la société mise en examen des titres nominatifs de la société partie civile est sans emport sur les droits et obligations de cette dernière société, de sorte que les demandeurs, parties civiles, ne sont pas des parties intéressées à la demande de restitution au sens de l'art. 99. • Crim. 26 janv. 2022, n° 21-83.389 P.

16. Les objets saisis ne peuvent être conservés sous main de justice que pour les nécessités de l'information à l'occasion de laquelle leur saisie a été ordonnée. L'intérêt qu'ils peuvent présenter dans une autre procédure ne peut être pris en considération pour en refuser la restitution. • Crim. 22 févr. 1968, n° 67-92.754 P.

17. Biens communaux. Des tableaux saisis dans le cadre d'une affaire de recel de vol aggravé, qui appartenaient à un musée municipal et donc au service culturel de la commune, entrent dans la catégorie des biens mobiliers communaux faisant partie du domaine public et relèvent donc des règles de la domanialité publique faisant obstacle à l'application de l'art. 2279 C. civ. • Crim. 4 févr. 2004, n° 01-85.964 P : *JCP 2004. IV. 1588 ; AJ pénal 2004. 160.*

18. Biens du domaine public. Il appartient à la juridiction d'instruction appelée à statuer sur une requête en restitution de vérifier si le droit de propriété est sérieusement contesté et de refuser de faire droit à la demande dans le cas où la restitution est de nature à faire obstacle à la sauvegarde des droits des parties ; tel est le cas lorsque le bien contesté paraît susceptible d'appartenir au domaine public, régi par les principes d'imprescriptibilité et d'inaliénabilité, qui font obstacle à l'application des dispositions de l'art. 2276 C. civ. • Crim. 17 mars 2015, n° 13-87.873 P : *D. actu. 17 avr. 2015, obs. Fonteix ; AJ pénal 2015. 329, obs. Otero.*

19. Motivation du refus de restitution. La juridiction d'instruction doit motiver le refus de restitution. • Crim. 6 févr. 1997, n° 96-83.462 P : *Gaz. Pal. 1997. 1. 183, note Damien.*

20. Ne justifie pas sa décision au regard de ce texte la chambre de l'instruction qui, pour refuser d'ordonner la mainlevée de scellés apposés sur un appartement, se borne à énoncer que l'un des objets de l'information est de déterminer l'origine du financement de ce bien, sans préciser en quoi la levée des scellés était de nature à faire obstacle aux investigations nécessaires à la manifestation de la vérité. • Crim. 10 sept. 2002 : *préc. note 2.*

21. Recours contre une décision relative à la restitution. La requête à fin de restitution peut prendre la forme d'un acte d'appel inscrit au registre tenu au greffe de la juridiction concernée. • Crim. 19 févr. 1985, n° 84-91.956 P.

22. Une requête à fin de restitution ne peut être soumise directement à la chambre d'accusation, à qui il n'appartient de statuer que sur appel de l'ordonnance de refus du juge d'instruction. • Crim. 22 déc. 1955 : *D. 1956. 305, note F. G.*

23. Le ministère public peut faire appel de la décision du juge d'instruction sur la demande en restitution. • Crim. 15 nov. 1956 : *Bull. crim. n° 753.*

24. Appel d'un tiers. Le recours de toute partie intéressée contre l'ordonnance par laquelle le juge d'instruction décide de la restitution d'objets placés sous main de justice est porté devant la chambre de l'instruction ; ainsi est recevable l'appel de parties civiles qui apprennent, à l'occasion de l'audience de jugement, que des objets ont été restitués pendant l'instruction à une autre partie civile. • Crim. 30 avr. 2002, n° 01-84.750 P : *JCP 2002. IV. 2008.*

25. Le pourvoi du tiers intervenant dirigé contre l'arrêt de la chambre d'accusation confirmant l'ordonnance qui a rejeté sa requête est immédiatement recevable devant la Cour de cassation. • Crim. 6 juill. 1966 : *D. 1967. Somm. 19* • 23 mars 1977, n° 75-92.170 P : *D. 1977. IR 345* • 16 juin 1992, n° 91-86.829 P. ♦ Mais il n'en est pas de même du pourvoi de l'inculpé ou de la partie civile qui, à la différence du tiers intervenant, sont partie au procès pénal. • Crim. 23 janv. 1973, n° 71-93.473 P. ♦ ... Et qui doivent en conséquence présenter la requête prévue aux art. 570 et 571, l'arrêt ayant à leur égard le caractère d'un arrêt d'instruction. • Crim. 21 août 1986, n° 85-91.868 P • 30 janv. 1992, n° 91-85.346 P.

26. Portée de la demande en restitution. Les dispositions de l'art. 99 instituant, en faveur de tout tiers qui prétend avoir droit sur un objet placé sous la main de la justice, une procédure lui permettant d'en réclamer la restitution, ne l'autorisent pas à faire juger, à cette occasion, la régularité des actes de l'information, fût-ce de ceux en vertu desquels le placement sous la main de la justice a été opéré. • Crim. 2 juill. 1992, n° 91-85.065 P • 13 janv. 1998, n° 96-86.619 P.

27. Destruction avant jugement d'objets saisis. Aucune disposition légale ne permet au juge d'instruction d'ordonner ou d'autoriser la destruction d'objets saisis ; en outre, la destruction de produits stupéfiants ne peut avoir lieu avant que leur confiscation ne soit décidée par la juridiction de jugement. • Crim. 13 juin 1996, n° 96-80.189 P : *Procédures 1996. Comm. 335, obs. Buisson.* – V. désormais art. 99-2.

28. Entraide judiciaire. Le juge d'instruction en charge de l'information ouverte après dénonciation des faits aux fins de poursuite par les autorités judiciaires étrangères, en application de l'art. 21 de la Convention européenne d'entraide judiciaire en matière pénale, a compétence pour statuer sur une demande de restitution présentée sur le fondement de l'art. 99, seule l'exécution de sa décision ressortissant à la juridiction de l'État requérant. Encourt dès lors la cassation l'arrêt de la chambre de l'instruction qui, pour déclarer irrecevable la demande de mainlevée de la saisie de comptes bancaires et de restitution des avoirs, retient que la mesure de saisie a été ordonnée par une autorité judiciaire étrangère. • Crim. 6 mars 2007, n° 06-86.522 P : *D. 2007. AJ 1340 ; AJ pénal 2007. 229, obs. Roussel ; RSC 2007. 845, obs. Finielz.*

29. Lorsqu'un État étranger, partie à la Convention de Strasbourg du 8 nov. 1990, sollicite l'exécution sur le territoire français d'une décision de confiscation prononcée par l'une de ses juridictions, en vertu de l'art. 12 L. n° 96-392 du 13 mai 1996 relative à la lutte contre le blanchiment et le trafic de stupéfiants et à la coopération internationale en matière de saisie et de confiscation des produits du crime, seul le tribunal correctionnel saisi par le procureur est compétent pour autoriser cette exécution. • Crim. 25 mars 2003, n° 02-82.079 P : *D. 2003. IR 1408 ; JCP 2003. IV. 2010.*

30. Délai raisonnable de restitution. Prive sa décision de base légale, le juge qui, saisi d'une action en responsabilité dirigée contre l'État pour fonctionnement défectueux du service public de la justice, ne recherche pas si le délai de restitution des biens saisis à l'occasion d'une procédure pénale n'a pas été excessif. • Civ. 1re, 17 mai 2017, n° 16-14.637 P : *D. actu. 16 juin 2017, obs. Kebir.*

II. COMPATIBILITÉ AVEC LES RÈGLES EUROPÉENNES

31. Restitution et droits fondamentaux. Ne méconnaît pas les dispositions légales (art. 97 et 99) et conventionnelles (art. 2-2 Prot. 4 additionnel à la Conv. EDH, art. 12-2 du Pacte international de New York relatif aux droits civils et politiques) la chambre de l'instruction qui confirme le rejet de la requête en restitution de passeports au motif, notamment, que le maintien de la saisie est nécessaire à la manifestation de la vérité. • Crim. 19 mars 2002, n° 01-82.854.

32. Il résulte des art. 97 et 99 et de l'art. 8 Conv. EDH que le juge d'instruction peut s'opposer à la restitution de documents saisis dans le cabinet d'un avocat et couverts par le secret professionnel, dès lors que leur maintien sous la main de la justice en vue d'apprécier l'existence d'infractions pénales est nécessaire à la manifestation de la vérité et qu'il ne porte pas atteinte aux droits de la défense. • Crim. 30 janv. 1999, n° 97-86.318 P : *D. 1999. AJ 458, note Pradel ; RSC 1999. 820, obs. Commaret ; JCP 1999. II. 10177, note Marin.*

Art. 99-1 *(L. n° 99-5 du 6 janv. 1999)* **Lorsque, au cours d'une procédure judiciaire ou des contrôles mentionnés à l'article 283-5** *[L. 214-23]* **du code rural et de la pêche maritime, il a été procédé à la saisie ou au retrait, à quelque titre que ce soit, d'un ou plusieurs animaux vivants, le procureur de la République près le tribunal judiciaire du lieu de l'infraction ou, lorsqu'il est saisi, le juge d'instruction peut placer l'animal dans un lieu de dépôt prévu à cet effet** *(Ord. n° 2006-1224 du 5 oct. 2006, art. 5)* **« ou le confier à une fondation ou à une association de protection animale reconnue d'utilité publique ou déclarée. La décision mentionne le lieu de placement et vaut jusqu'à ce qu'il ait été statué sur l'infraction. »**

Lorsque les conditions **du placement sont susceptibles de rendre l'animal dangereux ou de mettre sa santé en péril** *(L. n° 2021-1539 du 30 nov. 2021, art. 34)* **« ou de ne plus répondre à la satisfaction des besoins physiologiques propres à son espèce », le juge d'instruction, lorsqu'il est saisi, ou le président du tribunal judiciaire ou un magistrat du siège délégué par lui peut, par ordonnance motivée prise sur les réquisitions du procureur de la République et après avis d'un vétérinaire, ordonner qu'il sera cédé à titre onéreux ou confié à un tiers ou qu'il sera procédé à son euthanasie.**

(L. n° 2021-1539 du 30 nov. 2021, art. 34) **« Il en est de même lorsque les conditions du placement d'un animal entraînent des frais conservatoires supérieurs à sa valeur économique. Le juge d'instruction, lorsqu'il est saisi, le président du tribunal judiciaire ou un magistrat du siège délégué par lui peut, par ordonnance motivée prise sur les réquisitions du procureur de la République et après avis d'un expert agricole, ordonner qu'il sera cédé à titre onéreux ou confié à un tiers ou qu'il sera procédé à son euthanasie. »**

Cette ordonnance est notifiée au propriétaire s'il est connu, qui peut la déférer soit au premier président de la cour d'appel du ressort ou à un magistrat de cette cour désigné par lui, soit, lorsqu'il s'agit d'une ordonnance du juge d'instruction, à la chambre de l'instruction dans les conditions prévues aux cinquième et sixième alinéas de l'article 99.

Le produit de la vente de l'animal est consigné pendant une durée de cinq ans. Lorsque l'instance judiciaire qui a motivé la saisie se conclut par un non-lieu ou par une décision de relaxe, le produit de la vente est restitué à la personne qui était propriétaire de l'animal au moment de la saisie si celle-ci en fait la demande. Dans le cas où l'animal a été confié à un tiers, son propriétaire peut saisir le magistrat désigné au deuxième alinéa d'une requête tendant à la restitution de l'animal.

Les frais exposés pour la garde de l'animal dans le lieu de dépôt sont à la charge du propriétaire, sauf décision contraire du magistrat désigné au deuxième alinéa saisi d'une demande d'exonération ou du tribunal statuant sur le fond. Cette exonération peut également être accordée en cas de non-lieu ou de relaxe.

(L. n° 2008-582 du 20 juin 2008, art. 14) **« Lorsque, au cours de la procédure judiciaire, la conservation de l'animal saisi ou retiré n'est plus nécessaire à la manifestation de la vérité et que l'animal est susceptible de présenter un danger grave et immédiat pour les personnes ou les animaux domestiques, le procureur de la République ou le juge d'instruction lorsqu'il est saisi ordonne la remise de l'animal à l'autorité administrative afin que celle-ci mette en œuvre les mesures prévues au II de l'article L. 211-11 du code rural et de la pêche maritime. »**

RÉP. PÉN. v^{is} *Animaux*, par REDON ; *Animaux - Faune sauvage*, par REDON.

1. Champ d'application. Constitue une procédure judiciaire l'enquête ouverte afin de déterminer les causes et les circonstances d'une agression, d'en établir les éventuelles infractions commises et d'en identifier les auteurs, effectuée par des agents et officiers de police judiciaire sous le contrôle du procureur de la République et dans le respect des règles du code de procédure pénale. • Civ. 1re, 9 juill. 2009, n° 07-19.796 P : *D. 2009. AJ 1977 ; AJ pénal 2009. 411, obs. Péchillon.*

2. Irrecevabilité d'un pourvoi. Les ordonnances du premier président de la cour rendues en application de l'art. 99-1 ne peuvent faire l'objet de pourvois en cassation car elles n'entrent pas dans les prévisions de l'art. 567. • Crim. 4 juin 2002, n° 02-81.555 P.

3. Garde d'animaux. Lorsque des animaux ayant subi des mauvais traitements sont confiés à une association sur la base d'un arrêté préfectoral, les dispositions de l'art. 99-1 dernier al. ne s'appliquent pas car ce texte ne trouve à s'appliquer qu'en cas de placement ordonné par le procureur de la République ou le juge d'instruction. • Crim. 19 avr. 2005, n° 04-82.513 P : *JCP 2005. IV. 2351 ; Dr. pénal 2005. Comm. 154, obs. Maron.*

Circulaire CRIM 2000-10 G4 du 23 octobre 2000, *concernant la mise en œuvre des dispositions de la loi relative aux chiens dangereux. [...].*

Seul le comportement de l'animal dans le lieu de dépôt doit être pris en considération pour la mise en œuvre de ces mesures et non des considérations liées à l'ordre public à l'extérieur de ce lieu. Il convient de vérifier que les conditions du placement sont de nature à rendre cet animal dangereux ou à mettre sa santé en péril et ce, de manière jugée irréversible.

Il convient d'observer que l'article commenté n'autorise en lui-même ni la saisie ni le retrait des animaux mais permet au contraire de lever ces mesures pour les remplacer par d'autres plus conformes à l'intérêt de l'animal — qui sera confié à une œuvre de protection — ou pour abréger une captivité contraire non seulement à l'intérêt de ce dernier mais aussi à l'intérêt général, tant qu'il n'a pas été statué sur l'infraction. Il vous appartient bien évidemment de requérir ensuite la confiscation de l'animal pour les délits prévoyant cette peine.

Cette disposition est applicable aussi bien aux animaux agressifs et ayant joué un rôle causal dans une infraction qu'aux animaux victimes de mauvais traitements et retirés à la garde de leur propriétaire. Afin de développer le recours à ces mesures fort utiles pour soulager des fourrières actuellement surchargées, je ne puis que vous inviter à vous rapprocher des responsables concernés de votre ressort — services enquêteurs, gestionnaires de fourrières — afin de déterminer avec eux les modalités qui vous paraîtraient de nature à en faciliter la mise en œuvre. *[...]*

1° L'application stricte de la loi ne saurait faire obstacle, lorsque la situation paraît le justifier, au recours à des mesures alternatives aux poursuites pénales : rappel à la loi, classement sans suite après régularisation, médiation, etc. Il convient toutefois de rappeler que la loi a conféré aux seuls magistrats du siège le pouvoir d'ordonner l'euthanasie de l'animal dans le cadre de l'article 99-1 du code de procédure pénale.

2° Le dernier alinéa de cet article précise enfin que les frais exposés pour la garde de l'animal dans le lieu de dépôt sont à la charge du propriétaire, sauf exonération par décision judiciaire, qui peut intervenir à l'issue de la procédure et au plus tard dans le jugement sur le fond. Les frais de garde ne doivent dès lors pas ou plus être considérés comme entrant dans la catégorie des frais de justice visés à l'article R. 92 (5° ou 9°) du code de procédure pénale, soit qu'ils ne l'aient jamais été — retrait de l'animal au titre du deuxième alinéa du nouvel article remplaçant les dispositions de l'ancien article 521-1, alinéa 2, du code pénal —, soit que la mesure de saisie ait pris fin.

Les dispositions du II de l'article 1er du décret du 29 décembre 1999 susvisé, qui prévoit que les frais de capture et de transport de l'animal sont également à la charge du propriétaire ou du gardien de l'animal, ne sont applicables qu'en cas de retrait de l'animal par arrêté du maire pris sur le fondement de l'article L. 911-11 du code rural (ancien art. 211). Lorsque l'animal a été préalablement saisi dans la procédure pénale d'origine, ces mêmes frais relèvent des dispositions relatives aux frais de justice correctionnelle dans les conditions habituelles.

En revanche, en cas d'euthanasie décidée par l'autorité judiciaire à l'issue de la garde de l'animal, les dispositions de l'article 99-1 ne permettent pas de laisser à la charge du propriétaire les émoluments du vétérinaire.

Lorsque la garde de l'animal a été confiée à un tiers ou à une œuvre de protection animale, la charge financière de son entretien incombe au seul gardien. [...]

Art. 99-2 *(L. nº 99-515 du 23 juin 1999)* **Lorsque, au cours de l'instruction, la restitution des biens meubles placés sous main de justice et dont la conservation n'est plus nécessaire à la manifestation de la vérité s'avère impossible, soit parce que le propriétaire ne peut être identifié, soit parce que le propriétaire ne réclame pas l'objet dans un délai** *(L. nº 2016-731 du 3 juin 2016, art. 84)* **« d'un » mois à compter d'une mise en demeure adressée à son domicile, le juge d'instruction peut ordonner, sous réserve des droits des tiers, la destruction de ces biens ou leur remise** *(L. nº 2010-768 du 9 juill. 2010, art. 6)* **« à l'Agence de gestion et de recouvrement des avoirs saisis et confisqués** *[ancienne rédaction : au service des domaines]* **» aux fins d'aliénation.**

Le juge d'instruction peut également ordonner, sous réserve des droits des tiers, de remettre *(L. nº 2010-768 du 9 juill. 2010, art. 6)* **« à l'Agence de gestion et de recouvrement des avoirs saisis et confisqués** *[ancienne rédaction : au service des domaines]* **», en vue de leur aliénation, des biens meubles placés sous main de justice** *(Abrogé par L. nº 2016-731 du 3 juin 2016, art. 84)* ***« appartenant aux personnes poursuivies »*****, dont la conservation n'est plus nécessaire à la manifestation de la vérité et dont la confiscation est prévue par la loi, lorsque le maintien de la saisie serait de nature à diminuer la valeur du bien. S'il est procédé à la vente du bien, le produit de celle-ci est consigné pendant une durée de dix ans. En cas de non-lieu, de relaxe ou d'acquittement, ou lorsque la peine de confiscation n'est pas prononcée, ce produit est restitué au propriétaire des objets s'il en fait la demande.** — *V. art. R. 15-41-1 s.*

(L. nº 2011-267 du 14 mars 2011, art. 98-1º) **« Lorsque le maintien de la saisie serait de nature à diminuer la valeur du bien, le juge d'instruction peut également ordonner, sous réserve des droits des tiers, de remettre** *(L. nº 2020-1721 du 29 déc. 2020, art. 235)* **« à l'agence de gestion et de recouvrement des avoirs saisis et confisqués », en vue de leur affectation à titre gratuit par l'autorité administrative et après que leur valeur a été** *(L. nº 2016-731 du 3 juin 2016, art. 84)* **« estimée »,** *(L. nº 2020-1721 du 29 déc. 2020, art. 235)* **« aux services judiciaires ou » à des services de police, des unités de gendarmerie** *(L. nº 2019-773 du 24 juill. 2019, art. 4-IX, en vigueur le 1er janv. 2020)* **« , à l'Office français de la biodiversité ou à » des services** *(L. nº 2018-898 du 23 oct. 2018, art. 2)* **« placés sous l'autorité du ministre chargé du budget » qui effectuent des missions de police judiciaire, des biens meubles placés sous main de justice** *(Abrogé par L. nº 2016-731 du 3 juin 2016, art. 84)* ***« appartenant aux personnes poursuivies »*****, dont la conservation n'est plus nécessaire à la manifestation de la vérité et dont**

la confiscation est prévue par la loi. En cas de non-lieu, de relaxe ou d'acquittement, ou lorsque la peine de confiscation n'est pas prononcée, le propriétaire qui en fait la demande obtient la restitution du bien, assortie s'il y a lieu d'une indemnité compensant la perte de valeur qui a pu résulter de l'usage du bien. »

Le juge d'instruction peut également ordonner la destruction des biens meubles placés sous main de justice dont la conservation n'est plus nécessaire à la manifestation de la vérité, lorsqu'il s'agit d'objets qualifiés par la loi de dangereux ou de nuisibles, ou dont la détention est illicite.

Les décisions prises en application du présent article font l'objet d'une ordonnance motivée. Cette ordonnance est prise soit sur réquisitions du procureur de la République, soit d'office après avis de ce dernier. Elle est notifiée au ministère public, aux parties intéressées et, s'ils sont connus, au propriétaire ainsi qu'aux tiers ayant des droits sur le bien, qui peuvent la déférer à la chambre de l'instruction dans les conditions prévues aux cinquième et sixième alinéas de l'article 99. *(L. n° 2016-731 du 3 juin 2016, art. 84)* **« Toutefois, en cas de notification orale d'une décision, prise en application du quatrième alinéa du présent article, de destruction de produits stupéfiants susceptibles d'être saisis à l'occasion de l'exécution d'une commission rogatoire, cette décision peut être déférée dans un délai de vingt-quatre heures devant la chambre de l'instruction, par déclaration au greffe du juge d'instruction ou à l'autorité qui a procédé à cette notification. Ces délais et l'exercice du recours sont suspensifs. »**

Un décret en Conseil d'État détermine les modalités d'application du présent article.

BIBL. ▶ DUCHAINE, *Dr. pénal 2014. Étude 8* (vente avant jugement d'un bien placé sous main de justice).

1. Vente de biens saisis pour cause de risque de dépréciation. C'est à bon droit qu'un juge d'instruction a ordonné la vente par le service des domaines d'un véhicule préalablement saisi qui n'est plus utile à la manifestation de la vérité, et la consignation de son prix car il s'agit d'une mesure conforme à l'intérêt du mis en examen compte tenu de la dépréciation qui se produira en cas de prolongation de la procédure. • Crim. 11 janv. 2001, n° 00-82.764 P : *D. 2001. IR 1592*. ♦ De même, doit être approuvée la cour d'appel qui confirme l'ordonnance du juge d'instruction ordonnant la remise aux Domaines du véhicule appartenant à une personne mise en examen du chef de blanchiment en relevant que le véhicule ne manquerait pas d'être déprécié en cas de prolongation de la procédure d'instruction et que son aliénation apparaît conforme à l'intérêt de la personne mise en examen dans l'hypothèse d'un non-lieu, d'une relaxe ou du non-prononcé de la peine complémentaire de la confiscation prévue par l'art. 324-7 C. pén. • Crim. 6 déc. 2005, n° 05-82.484 P.

2. Manifestation de la vérité. La manifestation de la vérité ne se réduit pas à la seule caractérisation des infractions, mais s'étend aux circonstances de leur commission susceptibles d'avoir une influence sur l'appréciation de la gravité des faits poursuivis. • Crim. 15 sept. 2021, n° 21-80.814 B : *D. actu. 9 nov. 2021, obs. Fonteix.*

3. Destruction du bien saisi. Le juge d'instruction ne peut ordonner la destruction des biens meubles placés sous main de justice dont la conservation n'est plus nécessaire à la manifestation de la vérité que s'il s'agit d'objets qualifiés par la loi de dangereux ou de nuisibles, ou dont la détention est illicite, ou, à défaut, si la restitution s'avère impossible, soit parce que le propriétaire ne peut être identifié, soit parce que le propriétaire ne réclame pas l'objet dans un délai d'un mois à compter d'une mise en demeure adressée à son domicile. • Crim. 15 sept. 2021 : *préc. note 2.*

4. Biens contrefaits. Fait l'exacte application de l'art. 99-2, al. 3, l'arrêt d'une chambre de l'instruction qui, pour confirmer l'ordonnance du juge d'instruction prescrivant la destruction de vêtements présentés sous une marque contrefaite, à l'exception d'échantillons représentatifs de tous les lots saisis, énonce, notamment, que la détention de ces marchandises, dont la commercialisation a été interdite par une décision judiciaire irrévocable, est nécessairement illicite, retient que la destruction ordonnée n'est de nature ni à empêcher la manifestation de la vérité ni à faire obstacle aux droits des parties, et relève que cette destruction est de nature à limiter le coût des frais de justice lié à la conservation des effets saisis. • Crim. 11 févr. 2009, n° 08-83.516 P : *D. 2009. AJ 876 ; AJ pénal 2009. 236 ; Dr. pénal 2009, n° 86, obs. Maron et Haas ; ibid. 2010. Chron. 1, obs. Guérin.*

5. Biens dangereux ou nuisibles. En revanche, ont méconnu les dispositions de l'art. 99-2 les juges qui, dans une information ouverte des chefs d'infraction à la législation sur les stupéfiants et association de malfaiteurs, ont ordonné la destruction d'un navire placé sous main de justice au motif que ledit navire était dangereux et nuisible en raison de son mauvais état d'entretien et des difficultés de garde et de conservation à l'approche de la saison cyclonique. La chambre de l'instruction aurait en effet dû rechercher si la loi elle-même qualifiait cet objet de dangereux et nuisible ou en interdisait la détention et, à défaut, si sa restitution s'avérait impossible. • Crim. 6 mars 2007, n° 06-87.446 P : *AJ pénal 2007. 288*.

6. ***Remise à l'AGRASC.*** Il se déduit de l'art. 6 Conv. EDH et des art. 99 et 99-2 que, lorsqu'un juge d'instruction est saisi d'une requête en restitution d'un bien meuble placé sous main de justice, il ne peut ordonner la remise de ce bien à l'Agence de gestion et de recouvrement des avoirs saisis et confisqués en vue de son aliénation qu'après avoir statué par ordonnance motivée sur cette requête. • Crim. 6 mai 2014, n° 13-83.203 P : *D. actu. 27 mai 2014, obs. Bombled ; AJ pénal 2014. 543, obs. Lasserre Capdeville*. ♦ ... Mais l'exercice d'un recours contre une ordonnance de refus de restitution d'un bien saisi ne prive pas le juge d'instruction de la faculté d'ordonner sa remise, aux fins d'aliénation, à l'AGRASC. • Crim. 8 nov. 2017, n° 17-82.527 P : *AJ pénal 2018. 160, obs. Violeau*. ♦ ... L'ordonnance n'étant cependant pas exécutoire tant qu'il n'a pas été définitivement statué sur toute demande de restitution présentée par le propriétaire dudit bien antérieurement à la décision de remise. • Crim. 11 oct. 2017, n° 17-82.132 P : *D. actu. 28 nov. 2017, obs. Morgante ; ibid. 7 déc. 2017, obs. Diaz ; AJ pénal 2018. 160, obs. Violeau*.

7. Est irrecevable, faute de qualité à agir en tant que tiers au sens de l'art. 99-2, la requête aux fins de retrait des lots concernés de la vente et de destruction de ceux-ci, dès lors que la remise à l'AGRASC de biens meubles saisis, en vue de leur aliénation, dans le respect de ce texte et de l'art. 131-21 C. pén., ne porte pas, par elle-même, atteinte aux droits résultant des contrats de distribution sélective dont font l'objet ces produits, non plus qu'à ceux du titulaire de la marque pour ces derniers. • Crim. 31 janv. 2018, n° 17-81.408 P : *D. actu. 21 févr. 2018, obs. Morgante*.

8. Les dispositions des art. 99 et D. 43-5, prévoyant que le président de la chambre de l'instruction est compétent pour statuer seul, notamment, sur les recours relatifs à la restitution d'objets placés sous main de justice, sauf si l'auteur du recours a précisé qu'il saisit la chambre de l'instruction dans sa formation collégiale, ne concernent pas le recours formé contre l'ordonnance prévue par l'art. 99-2 ; le président de la chambre de l'instruction ne peut donc statuer seul sur l'appel de l'ordonnance par laquelle le juge d'instruction a ordonné la remise à l'AGRASC d'un bien meuble placé sous main de justice en vue de son aliénation. • Crim. 15 déc. 2021, n° 21-80.411 P.

9. ***Propriété du bien meuble.*** Si un juge d'instruction peut ordonner qu'un bien meuble placé sous main de justice soit remis au service des domaines en vue de son affectation à un service de police, c'est à la condition que ce bien appartienne à une personne poursuivie. • Crim. 22 janv. 2013 : *D. actu. 26 févr. 2013, obs. Winckelmuller ; AJ pénal 2013. 290, note Ascensi* • 3 déc. 2013, n° 12-87.940 P : *D. actu. 18 déc. 2013, obs. Le Drévo.*

10. ***Saisie douanière.*** L'application de l'art. 389 *bis* C. douanes est exclusive de celle de l'art. 99-2, de sorte que seul le propriétaire des biens faisant l'objet d'une ordonnance de destruction dispose d'un droit d'appel à l'encontre de cette décision. • Crim. 19 mars 2014, n° 13-87.157 P : *D. actu. 14 avr. 2014, obs. Fonteix ; D. 2014. 781 ; ibid. Pan. 1425, obs. Labrousse* (irrecevabilité de l'appel du mis en examen de l'ordonnance du juge d'instruction autorisant la destruction de produits stupéfiants saisis par l'administration des douanes).

Art. 99-3 *(L. n° 2004-204 du 9 mars 2004, art. 116-I)* **Le juge d'instruction ou l'officier de police judiciaire par lui commis peut** *(L. n° 2007-297 du 5 mars 2007, art. 69)* **« , par tout moyen, » requérir de toute personne, de tout établissement ou organisme privé ou public ou de toute administration publique qui sont susceptibles de détenir des documents intéressant l'instruction, y compris** *(L. n° 2022-299 du 2 mars 2022, art. 12)* **« , sous réserve de l'article 60-1-2, » ceux issus d'un système informatique ou d'un traitement de données nominatives, de lui remettre ces documents,** *(L. n° 2007-297 du 5 mars 2007, art. 69)* **« notamment sous forme numérique, » sans que puisse lui être opposée, sans motif légitime, l'obligation au secret professionnel. Lorsque les réquisitions concernent des personnes mentionnées aux articles 56-1 à 56-3** *(L. n° 2016-731 du 3 juin 2016, art. 58, en vigueur le 1er oct. 2016)* **« et à l'article 56-5 », la remise des documents ne peut intervenir qu'avec leur accord.**

En l'absence de réponse de la personne aux réquisitions, les dispositions du deuxième alinéa de l'article 60-1 sont applicables.

(L. n° 2010-1 du 4 janv. 2010) **« Le dernier alinéa de l'article 60-1 est également applicable. »**

(L. n° 2021-1729 du 22 déc. 2021, art. 3, en vigueur le 1er mars 2022) **« Lorsque les réquisitions portent sur des données mentionnées à l'article 60-1-1 et émises par un avocat, elles ne peuvent être faites que sur ordonnance motivée du juge des libertés et**

de la détention, saisi à cette fin par le juge d'instruction, et les trois derniers alinéas du même article 60-1-1 sont applicables. »

L'accord de l'une des personnes mentionnées aux articles 56-1 à 56-3, parmi lesquelles figurent les avocats, n'est requis par l'art. 99-3 que pour la remise des documents détenus par cette personne même. • Crim. 17 déc. 2013, n° 13-85.717 P : *D. actu. 20 janv. 2014, obs. Fucini ; AJ pénal 2014. 141, obs. de Combles de Nayves*. ♦ V. aussi notes ss. art. 60-1 et 77-1-1.

Art. 99-4 *(L. n° 2004-204 du 9 mars 2004, art. 116-II ; L. n° 2003-239 du 18 mars 2003, art. 18)* **Pour les nécessités de l'exécution de la commission rogatoire, l'officier de police judiciaire peut procéder aux réquisitions prévues par le premier alinéa de l'article 60-2.**

Avec l'autorisation expresse du juge d'instruction, l'officier de police peut procéder aux réquisitions prévues par le deuxième alinéa de l'article 60-2.

Les organismes ou personnes concernés mettent à disposition les informations requises par voie télématique ou informatique dans les meilleurs délais.

Le fait de refuser de répondre sans motif légitime à ces réquisitions est puni conformément aux dispositions du quatrième alinéa de l'article 60-2.

Sur l'accès administratif aux données de connexion par les services de renseignement, V. CSI, art. L. 851-1 s. — **CSI.**

Art. 99-5 *(L. n° 2016-731 du 3 juin 2016, art. 70)* **Pour les nécessités de l'exécution de la commission rogatoire, l'officier de police judiciaire peut, avec l'autorisation expresse du juge d'instruction, procéder aux réquisitions prévues à l'article 60-3.**

SOUS-SECTION 2 DES INTERCEPTIONS DE CORRESPONDANCES ÉMISES PAR LA VOIE DES COMMUNICATIONS ÉLECTRONIQUES *(L. n° 2016-731 du 3 juin 2016, art. 57).*

(L. n° 91-646 du 10 juill. 1991)

RÉP. PÉN. v° *Interceptions de correspondance émises par la voie des télécommunications électroniques*, par DOURNEAU-JOSETTE.

Art. 100 **En matière criminelle et en matière correctionnelle, si la peine encourue est égale ou supérieure à** *(L. n° 2019-222 du 23 mars 2019, art. 44-V et 109-XIII, en vigueur le 1er juin 2019)* **« trois** *[ancienne rédaction : deux]* **» ans d'emprisonnement, le juge d'instruction peut, lorsque les nécessités de l'information l'exigent, prescrire l'interception, l'enregistrement et la transcription de correspondances émises par la voie des** *(L. n° 2016-731 du 3 juin 2016, art. 57)* **« communications électroniques ». Ces opérations sont effectuées sous son autorité et son contrôle.**

La décision d'interception est écrite. Elle n'a pas de caractère juridictionnel et n'est susceptible d'aucun recours.

(L. n° 2019-222 du 23 mars 2019, art. 44-V et 109-XIII, en vigueur le 1er juin 2019) **« En cas de délit puni d'une peine d'emprisonnement commis par la voie des communications électroniques sur la ligne de la victime, l'interception peut également être autorisée, selon les mêmes modalités, si elle intervient sur cette ligne à la demande de la victime. »**

(L. n° 2021-1729 du 22 déc. 2021, art. 3, en vigueur le 1er mars 2022) **« Aucune interception ne peut porter sur une ligne dépendant du cabinet d'un avocat ou de son domicile, sauf s'il existe des raisons plausibles de le soupçonner d'avoir commis ou tenté de commettre, en tant qu'auteur ou complice, l'infraction qui fait l'objet de la procédure ou une infraction connexe au sens de l'article 203 et à la condition que la mesure soit proportionnée au regard de la nature et de la gravité des faits. La décision est prise par ordonnance motivée du juge des libertés et de la détention, saisi à cette fin par ordonnance motivée du juge d'instruction, prise après avis du procureur de la République. »**

Sur la plateforme nationale des interceptions judiciaires, V. art. R. 40-42 s.

S'agissant des interceptions de sécurité réalisées par les services de renseignement, V. CSI, art. L. 852-1 s. — **CSI.**

BIBL. ► ACCOMANDO et GUÉRY, *D. 2002. Chron. 2001*. – ALBARÈDE, *Gaz. Pal. 1997. 1. Doctr. 1.* – BUISSON, *Procédures 1996. Chron. 8.* – CHAMBON, *ALD 1991. 173.* – CLÉMENT et VINCENTINI, *RSC*

1997. 597 (écoute incidente). – Kayser, *JCP 1992. I. 3559*. – Porteron, *AJ pénal 2005. 145* (nullités des écoutes téléphoniques). – Pradel, *RFDA 1991. 83* ; *D. 1992. Chron. 49*.

I. NOTION D'INTERCEPTION DE COMMUNICATION

1. Jurisprudence antérieure à la loi du 10 juillet 1991. L'art. 81 habilitant le juge d'instruction à procéder à tous actes d'information jugés par lui utiles à la manifestation de la vérité, le placement sur écoutes d'une ligne téléphonique du domicile d'un inculpé détenu accompli par délégation des pouvoirs d'un juge d'instruction, sous son contrôle, sans artifice ni stratagème, est admissible dès lors que ce procédé n'a pas eu pour résultat de compromettre les droits de la défense. • Crim. 9 oct. 1980, n° 80-93.140 P : *D. 1981. 332, note Pradel ; JCP 1981. II. 18578, note Di Marino ; RSC 1981. 879, obs. Levasseur, et 1982. 144, obs. J. Robert* • 15 mai 1990, n° 90-80.827 P : *JCP 1990. II. 21541, note Jeandidier.*

2. Définition des écoutes. Les écoutes téléphoniques se définissent comme une technique consistant à interposer, au moyen d'une dérivation sur la ligne d'un abonné, un procédé magnétique d'enregistrement et de conversations. • Paris, ch. acc., 16 févr. 1989 : *cité in Chron. Pradel D. 1990. 15*.

3. Actes exclus. Ne constitue pas une interception de correspondance émise par la voie des télécommunications, au sens des art. 8 Conv. EDH ou 100, le simple compte-rendu de propos entendus par des policiers au cours d'une conversation téléphonique qui s'est déroulée en leur présence, sans artifice ni stratagème. • Crim. 2 avr. 1997, n° 97-80.269 P : *Procédures 1997. Comm. 217, obs. Buisson ; RSC 1997. 858, obs. Dintilhac*. ♦ La réquisition adressée par les enquêteurs aux services des télécommunications, aux fins de mise en place d'un dispositif technique permettant de déterminer l'origine des appels téléphoniques adressés au domicile d'une personne, est un procédé qui n'a pas pour objet l'interception des communications et est donc régulier. • Même arrêt.

4. Ne constituent pas une interception de correspondance émise par la voie des télécommunications, au sens de l'art. 100, les simples lecture et transcription par les policiers, sans artifice ni stratagème, des messages parvenus sur la bande d'un récepteur de messagerie unilatérale « Tatoo ». • Crim. 14 avr. 1999, n° 98-87.224 P : *D. 1999. Somm. 324, obs. Pradel ; Procédures 1999. Comm. 238, obs. Buisson ; Dr. pénal 1999. Comm. 124, obs. Maron.* ♦ N'exigent pas la décision écrite du magistrat instructeur prévue à l'art. 100 l'inventaire et l'exploitation, sans commission rogatoire spéciale, du contenu de messages reçus par un suspect sur un appareil Tam-tam ne nécessitant aucun branchement ni dérivation pour les intercepter, dès lors qu'ils ont été lus sur la bande magnétique de l'appareil, comme peuvent l'être une lettre, un télégramme ou un télex. • Aix-en-Provence, 12 déc. 1996 : *JCP 1998. I. 22975, note Molina ; Dr. pénal 1998. Comm. 29, obs. Maron.* ♦ Ne constitue pas une interception de communication au sens de l'art. 100, le fait pour un policier de se connecter au réseau en utilisant un minitel sans modification préalable de l'installation et de lire ce que n'importe quel utilisateur pouvait lire. • Crim. 25 oct. 2000, n° 00-80.829 P : *Dr. pénal 2001. Comm. 27, obs. Maron.*

5. Les dispositions de l'art. 100 ne s'appliquent pas à l'interception, l'enregistrement et la transcription par une personne privée des correspondances émises par la voie des télécommunications, quand bien même cette interception permet finalement de constater l'existence d'une infraction pénale. • Crim. 12 sept. 2000, n° 99-84.648 P : *D. 2000. IR 299*.

6. N'entrent pas dans les prévisions des art. 100 à 100-5 l'appréhension, l'enregistrement et la transcription de correspondances émises ou reçues par la voie des télécommunications (courriers électroniques archivés) antérieurement à la date de la décision écrite d'interception prise par le juge d'instruction, lesquels doivent être réalisés conformément aux dispositions légales relatives aux perquisitions. • Crim. 8 juill. 2015, n° 14-88.457 P : *D. actu. 1er sept. 2015, obs. Benelli-de Benazé ; AJ pénal 2016. 90, obs. Roussel ; Procédures 2015, n° 309, note Chavent-Leclère ; Dr. pénal 2015, n° 131, note Maron et Haas.* ♦ V. désormais en matière de criminalité organisée, art. 706-95-2 s.

7. La décision limitée à l'interception des communications des seules lignes téléphoniques identifiées à partir du boîtier d'un téléphone unique, dont le numéro d'identification est précisé, répond aux exigences des art. 100 s., les enquêteurs, sur commission rogatoire, s'étant adressés aux différents opérateurs mobiles afin que ceux-ci procèdent à l'interception des lignes associées au boîtier IMEI. • Crim. 28 nov. 2017, n° 17-81.736 P : *D. actu. 3 janv. 2018, obs. Fucini ; AJ pénal 2018. 94, obs. Aubert*.

8. Lignes téléphoniques étrangères. Les règles gouvernant la compétence territoriale des autorités judiciaires françaises étant d'ordre public, il incombe à la chambre de l'instruction de rechercher comment des interceptions litigieuses avaient pu être opérées et si les communications n'avaient pas transité par le territoire national. • Crim. 20 juin 2018, n° 17-86.651 P : *D. actu. 16 juill. 2018, obs. Goetz ; Gaz. Pal. 6 nov. 2018, p. 62, note Fourment.*

9. Les officiers de police judiciaire peuvent, en enquête préliminaire, requérir d'opérateurs de téléphonie français la liste des appels concernant une ligne étrangère, sans violer les règles de compétence territoriale et de souveraineté des États, dès lors que ces appels sont émis à partir du territoire français, entrent sur le territoire national ou transitent sur le réseau d'un opérateur de téléphonie français. De même, les officiers de police judiciaire, agissant sur commission rogatoire du juge d'instruction, peuvent intercepter et enregistrer les conversations émises à partir du territoire français à destination d'une ligne étrangère, entrant sur le territoire national en provenance d'une ligne étrangère ou transitant sur le réseau d'un opérateur de téléphonie français. • Crim. 1er févr. 2011, n° 10-83.523 P. ♦ Les interceptions réalisées sur des lignes étrangères en exécution des commissions rogatoires du juge d'instruction réservant ces opérations aux correspondances sortant de France métropolitaine ou y entrant sont régulières puisque les réquisitions adressées aux opérateurs de téléphonie français ne pouvaient porter que sur des échanges transitant sur le territoire national et dont les moyens étaient sollicités. • Crim. 14 janv. 2014, n° 13-84.909 P : *AJ pénal 2014. 248, obs. Ascensi*.

10. Les juridictions françaises n'ont pas à se prononcer sur la régularité d'écoutes réalisées à l'étranger par les autorités étrangères. • Crim. 2 déc. 2015, n° 14-81.866 P : *D. actu. 11 janv. 2016, obs. Fucini.* ♦ En effet, la force probante de ces actes peut toujours être discutée devant les juridictions françaises, et il incombe au mis en examen, s'il conteste la qualité des traductions, d'en solliciter de nouvelles sur le fondement de l'art. 81. • Crim. 19 oct. 2016, n° 16-81.920 P : *D. actu. 3 nov. 2016, obs. Fucini ; AJ pénal 2016. 595, obs. Thierry*.

II. PROCÉDURE D'INTERCEPTION DES CONVERSATIONS TÉLÉPHONIQUES

A. LÉGALITÉ DE L'INTERCEPTION

1° RESPECT DES RÈGLES NATIONALES

11. Monopole du juge d'instruction. Aucune disposition légale n'autorise les officiers de police judiciaire agissant d'initiative, à procéder à des écoutes dans le cadre d'une enquête préliminaire. • Crim. 13 juin 1989, n° 89-81.388 P • Cass., ass. plén., 24 nov. 1989, n° 89-84.439 P : *D. 1990. 34 ; Gaz. Pal. 1990. 1. 92, note Doucet* • Crim. 4 sept. 1991, n° 90-86.786 P : *JCP 1992. II. 21802, note Jeandidier.* ♦ Les art. 100 à 100-7 confèrent au juge d'instruction le pouvoir exclusif d'ordonner que soit pratiquée l'interception des correspondances émises par la voie des télécommunications, ce pouvoir n'étant, en aucun cas, attribué aux officiers de police judiciaire agissant, comme en l'espèce, en enquête préliminaire et accomplissant des actes de la procédure, au sens de l'art. 170. • Crim. 27 févr. 1996, n° 95-81.366 P : *Procédures 1996. Comm. 121, obs. Buisson ; JCP 1996. II. 22629, note Rassat ; D. 1996. 346, note Guéry ; Gaz. Pal. 1996. 2. 369, rapp. Guerder ; Justices 1997 n° 5, p. 316, obs. Rebut.* ♦ Cassation de • Paris, 8 févr. 1995 : *D. 1995. 221, note Pradel*.

12. En sollicitant régulièrement la communication d'écoutes téléphoniques et en ordonnant leur retranscription, le juge d'instruction ne fait qu'user des prérogatives que lui confère l'art. 81. Il n'appartient pas à la chambre d'accusation d'apprécier la régularité de décisions prises dans une procédure autre que celle dont elle est saisie, extérieure à son ressort, décisions par ailleurs insusceptibles de recours en application de l'art. 100. • Crim. 6 oct. 1999, n° 99-85.045 P. ♦ Un juge d'instruction peut par commission rogatoire ordonner l'ouverture de scellés de cassettes de surveillance téléphonique saisis dans le cadre d'une autre procédure et ordonner la transcription des conversations. • Crim. 16 mai 2000, n° 00-80.905 P. ♦ *Contra* : V. • CEDH 29 mars 2005, *Matheron c/ France : D. 2005. 1755, note Pradel ; JCP 2005.II.10091, note Di Raimondo ; RSC 2007. 333, obs. Finielz* • 7 déc. 2005, n° 05-85.876 P : *D. 2006. IR 253.*

13. Règles procédurales. Une cour d'appel ne peut prononcer l'annulation d'une information pour infraction à la législation sur les stupéfiants découverte à la suite d'écoutes téléphoniques effectuées dans une première procédure de vol à main armée, au motif qu'il lui incombait de vérifier si la commission rogatoire à l'origine des écoutes téléphoniques, délivrée dans la première procédure, n'avait pas été détournée de son objet et utilisée à d'autres fins que celles prévues et autorisées, et qu'elle n'était pas en mesure d'exercer ce contrôle, faute d'avoir au dossier ladite commission rogatoire et ses pièces d'exécution dont par ailleurs elle ne pouvait pas ordonner la production, ladite procédure ayant été clôturée ; en effet, la cour ne pouvait, sans l'examiner, présumer l'illégalité d'un acte de procédure dont il lui incombait d'ordonner la communication, fût-il compris dans une procédure définitivement close. • Crim. 25 nov. 1991, n° 91-81.387 P.

14. Doit être cassé l'arrêt d'une chambre d'accusation qui, pour annuler les écoutes téléphoniques ordonnées par le juge d'instruction saisi d'une information du chef de faux en écritures et usage de faux, se borne à énoncer que ces délits ne sont pas d'une gravité telle que l'atteinte qu'ils portent à l'ordre public justifie le recours aux écoutes, au lieu de rechercher quelle était l'atteinte réellement portée à l'ordre public. • Crim. 19 mars 1991, n° 90-86.987 P.

15. Conversation avec un tiers. Le recueil de renseignements obtenus par les enquêteurs, lors d'une conversation fortuite du suspect avec un tiers, à l'occasion d'une interception téléphonique régulièrement autorisée par le juge d'instruction, ne constitue pas un procédé de recherche des preuves déloyal ou portant une atteinte illégale à la vie privée. • Crim. 14 avr. 2015, n° 14-88.515 P : *Dr. pénal 2015, n° 90, note Maron et Haas.*

16. Avocat. La règle de libre communication entre la personne mise en examen et son avocat, qui interdit l'interception de correspondances ou communications téléphoniques échangées entre eux, ne fait pas obstacle à l'interception des communications d'un proche de cette personne avec l'avocat de celle-ci. • Crim. 10 mai 1994, n° 93-81.522 P. ♦ ... Sauf si l'avocat est aussi le défenseur de ce proche (le père des mis en examen). • Crim. 18 janv. 2006, n° 05-86.447 P : *D. 2006. IR 392 ; AJ pénal 2006. 126, obs. Girault ; RSC 2006. 413, obs. Buisson.* ♦ Le juge d'instruction peut ordonner la captation et la transcription des conversations téléphoniques d'un avocat et de son client dès lors que le contenu des conversations transcrites était de nature à contribuer à la manifestation de la vérité sur la participation de l'avocat aux infractions qui lui étaient reprochées et que les droits de la défense n'étaient pas en cause. • Crim. 14 nov. 2001, n° 01-85.965 P. ♦ Le principe de la confidentialité des conversations échangées entre une personne mise en examen et son avocat ne saurait s'opposer à la transcription de certaines d'entre elles, dès lors qu'il est établi que leur contenu est de nature à faire présumer la participation de cet avocat à des faits constitutifs d'une infraction, fussent-ils étrangers à la saisine du juge d'instruction ; tel est le cas lorsque les propos tenus par l'avocat étaient, pour partie, propres à faire présumer la commission par ce dernier de violations du secret professionnel, et pour les autres, pouvaient constituer un outrage à magistrat. • Crim. 1er oct. 2003, n° 03-80.909 P : *AJ pénal 2003. 64, note Luciani et Mien ; D. 2004. Somm. 671, obs. Pradel.*

2° RESPECT DES RÈGLES EUROPÉENNES

17. Pour la jurisprudence de la Cour européenne des droits de l'homme, V. ss. art. 8 Conv. EDH.

18. Compatibilité avec l'art. 8 Conv. EDH. Pour qu'il n'y ait pas méconnaissance de l'art. 8, al. 2, Conv. EDH, la mise sur écoutes et les enregistrements téléphoniques ne peuvent être ordonnés à l'insu des personnes intéressées que sur l'ordre d'un juge et sous son contrôle en vue d'établir la preuve d'un crime ou de toute autre infraction portant gravement atteinte à l'ordre public et d'en identifier les auteurs. Il faut que l'écoute soit obtenue sans artifice ni stratagème et que sa transcription puisse être discutée par les parties concernées. • Crim. 15 mai 1990, n° 90-80.827 P : *JCP 1990. II. 21541, note Jeandidier.*

19. Proportionnalité. L'accès d'autorités publiques aux données visant à l'identification des titulaires des cartes SIM activées avec un téléphone mobile volé comporte une ingérence dans les droits fondamentaux qui ne présente pas une gravité telle que cet accès devrait être limité en matière de prévention, de recherche, de détention et de poursuite d'infractions pénales, à la lutte contre la criminalité grave. • CJUE 2 oct. 2018, *Ministerio Fiscal*, n° C-207/16 : *D. actu. 16 oct. 2018, obs. Fucini.*

B. ILLÉGALITÉ DE L'INTERCEPTION

20. Nullité de l'interception illégale. Doivent être annulées les écoutes téléphoniques et les actes de la procédure qui les ont suivies, dès lors qu'il y eu une machination de nature à déterminer les agissements délictueux de l'intéressé et que par ce stratagème, qui a vicié la recherche et l'établissement de la vérité, il a été porté atteinte au principe de la loyauté des preuves ; tel est le cas en l'espèce lorsque un plaignant avait, en présence des enquêteurs, pris l'initiative d'appeler l'intéressé, dirigé la conversation, abordé le premier la question financière, fixé le montant de la rémunération et suscité un rendez-vous en vue de la remise des fonds et que les fonctionnaires de police ont prêté, de manière active, leur assistance à une provocation, ayant pour objet, non pas de constater un délit sur le point de se commettre, mais d'inciter un délinquant en puissance, inactif depuis 2 mois, contre lequel le plaignant n'avait pas cru devoir à l'époque porter plainte, à commettre des faits pénalement répréhensibles, et de mettre en place une souricière en vue de son interpellation. • Crim. 27 févr. 1996 : *préc. note 11.*

21. Droit de l'Union européenne. Dès lors que des écoutes téléphoniques ont été autorisées par une autorité judiciaire incompétente, elles ne peuvent être considérées comme ayant été prévues par la loi au sens de l'art. 52 de la Charte UE ; nonobstant le principe d'effectivité des poursuites pénales, le droit de l'Union ne s'oppose pas à l'application des règles nationales permettant d'écarter des éléments de preuve illégalement obtenus. • CJUE 19 janv. 2019, n° C-310/16.

22. Intérêt à agir. L'inculpé qui n'allègue aucune atteinte personnelle par lui subi dans les droits reconnus par l'art. 8 Conv. EDH, ne saurait invoquer ni la disposition de la commission rogatoire prescrivant les écoutes téléphoniques pratiquées à l'égard de tiers ni se prévaloir du texte susvisé pour contester la validité de la mesure d'instruction. • Crim. 10 mars 1993, n° 91-80.936 P.

23. Le demandeur ne saurait faire grief à la chambre d'accusation d'avoir rejeté sa demande d'annulation d'actes, dès lors qu'elle portait sur une prétendue irrégularité qui ne le concernait pas. • Crim. 3 mai 2001, n° 00-87.512.

24. Écoutes téléphoniques : faits justificatifs (non). Justifient leur décision les juges du fond qui, pour refuser à des prévenus poursuivis pour atteinte à l'intimité de la vie privée le bénéfice du fait justificatif prévu par l'ancien art. 327 C. pén., devenu l'art. 122-4 du même code, retiennent qu'à le supposer donné par le chef de l'État, l'ordre de procéder à des interceptions téléphoniques irrégulières pour protéger sa vie privée ne pouvait légitimer les actes commis dès lors qu'il émanait d'une autorité n'ayant pas le pouvoir de le faire, et qui ajoutent que le commandement de l'autorité légitime ne peut être retenu en faveur d'un officier supérieur de la gendarmerie et de hauts fonctionnaires, dès lors que ne leur était imposée aucune obéissance inconditionnelle à des ordres manifestement illégaux. • Crim. 30 sept. 2008, n° 07-82.249 P : *D. 2009. Pan. 2239, obs. Pradel*.

Art. 100-1 **La décision prise en application de l'article 100** *(L. n° 2019-222 du 23 mars 2019, art. 44-VI et 109-XIII, en vigueur le 1er juin 2019)* **« est motivée par référence aux éléments de fait et de droit justifiant que ces opérations sont nécessaires. Elle comporte tous les éléments d'identification de la liaison à intercepter, l'infraction qui motive le recours à l'interception ainsi que la durée de celle-ci** *[ancienne rédaction : doit comporter tous les éléments d'identification de la liaison à intercepter, l'infraction qui motive le recours à l'interception ainsi que la durée de celle-ci]*. **»**

Art. 100-2 **Cette décision est prise pour une durée maximum de quatre mois. Elle ne peut être renouvelée que dans les mêmes conditions de forme et de durée** *(L. n° 2016-731 du 3 juin 2016, art. 57)* **« , sans que la durée totale de l'interception puisse excéder un an ou, s'il s'agit d'une infraction prévue aux articles 706-73 et 706-73-1, deux ans ».**

Art. 100-3 **Le juge d'instruction ou l'officier de police judiciaire commis par lui peut requérir tout agent qualifié d'un service ou organisme placé sous l'autorité ou la tutelle du ministre chargé des** *(L. n° 2016-731 du 3 juin 2016, art. 57)* **« communications électroniques » ou tout agent qualifié d'un exploitant de réseau ou fournisseur de services de** *(L. n° 2016-731 du 3 juin 2016, art. 57)* **« communications électroniques » autorisé, en vue de procéder à l'installation d'un dispositif d'interception.** — *Sur la désignation des agents qualifiés, V. Décr. n° 93-119 du 28 janv. 1993 (JO 29 janv.).*

1. La réquisition du service des télécommunications est facultative. • Crim. 3 avr. 1997 : *Procédures 1997. Comm. 243, obs. Buisson.*

2. Prestation de serment. Ni l'art. 100-3, ni aucune autre disposition du code de procédure pénale n'exigent que l'agent qualifié requis par l'OPJ pour procéder à des interceptions de communications téléphoniques prête serment ; par ailleurs, les dispositions de l'art. 60 ne s'appliquent pas aux interceptions de communications téléphoniques ordonnées par le juge d'instruction. • Crim. 23 mai 2006, n° 06-81.705 P : *RSC 2007. 596, obs. Buisson* ; *AJ pénal 2006. 413, obs. Roussel*.

3. Prestataire non habilité. Aucune violation des dispositions légales en matière d'interception de communications téléphoniques ne saurait résulter de la simple fourniture aux policiers du matériel technique leur permettant d'y procéder. • Crim. 18 févr. 2015, n° 14-82.019 P : *D. 2015. Actu. 491* ; *AJ pénal 2015. 323, obs. Lasserre Capdeville*.

Art. 100-4 **Le juge d'instruction ou l'officier de police judiciaire commis par lui dresse procès-verbal de chacune des opérations d'interception et d'enregistrement. Ce procès-verbal mentionne la date et l'heure auxquelles l'opération a commencé et celles auxquelles elle s'est terminée.**

Les enregistrements sont placés sous scellés fermés.

Art. 100-5 **Le juge d'instruction ou l'officier de police judiciaire commis par lui transcrit la correspondance utile à la manifestation de la vérité. Il en est dressé procès-verbal. Cette transcription est versée au dossier.**

Les correspondances en langue étrangère sont transcrites en français avec l'assistance d'un interprète requis à cette fin.

(L. n° 2005-1549 du 12 déc. 2005, art. 38) **« A peine de nullité, ne peuvent être transcrites les correspondances avec un avocat relevant de l'exercice des droits de la défense** *(L. n° 2021-1729 du 22 déc. 2021, art. 3, en vigueur le 1er mars 2022)* **« et couvertes par le secret professionnel de la défense et du conseil, prévu à l'article 66-5 de la loi n° 71-1130 du 31 décembre 1971 portant réforme de certaines professions judiciaires et juridiques, hors les cas prévus à l'article 56-1-2 du présent code ». »**

(L. n° 2010-1 du 4 janv. 2010) **« A peine de nullité, ne peuvent être transcrites les correspondances avec un journaliste permettant d'identifier une source en violation de l'article 2 de la loi du 29 juillet 1881 sur la liberté de la presse. »**

BIBL. ► BOSSAN, *Dr. pénal 2010. Étude 14* (protection du secret des sources des journalistes en procédure pénale).

1. Écoute incidente. C'est en violation de l'art. 100-5 que des officiers de police judiciaire ont retranscrit, à l'insu du juge mandant, des conversations téléphoniques échappant au strict cadre de leur mission limitée à l'information pour laquelle ils avaient été commis. • Bastia, 25 mai 1994 : *JCP 1995. II. 22393, note Guéry.* ♦ Cassation par : • Crim. 21 févr. 1995, n° 94-83.336 P : *Dr. pénal 1995. Comm. 28.*

2. Transcription des conversations avec l'avocat. Même si elle est surprise au cours d'une mesure d'instruction régulière, une conversation entre un avocat et son client ne peut être transcrite et versée au dossier que s'il apparaît que son contenu est de nature à faire présumer la participation de cet avocat à l'infraction. • Crim. 8 nov. 2000, n° 00-83.570 P : *D. 2001. IR 427* • 15 juin 2016, n° 15-86.043 : *Dr. pénal 2017. Chron. 1, obs. Geoget.* ♦ Ainsi, doit être cassé l'arrêt de la chambre de l'instruction qui n'annule pas la transcription de conversations entre un client et ses avocats au motif que les avocats concernés n'avaient pas été désignés par l'intéressé au moment des écoutes, que la mise en examen postérieure de l'intéressé ne reposait pas sur le contenu de ces conversations et qu'enfin aucun grief n'avait été subi ou allégué. • Crim. 21 mai 2003 : *Dr. pénal 2003. Comm. 116, obs. Maron.* ♦ La chambre de l'instruction, lorsqu'elle examine le dossier dans le cadre de l'art. 206, doit relever d'office la violation du principe de non-transcription des conversations entre un client et son avocat si le contenu de ces conversations n'est pas de nature à faire présumer la participation de cet avocat à une infraction. • Crim. 18 janv. 2006, n° 05-86.447 P : *D. 2006. IR 392* ; *AJ pénal 2006. 126, obs. Girault* ; *RSC 2006. 413, obs. Buisson*. ♦ Toutefois, le principe de la confidentialité des conversations échangées entre une personne mise en examen et son avocat ne saurait s'opposer à la transcription de certaines d'entre elles, dès lors qu'il est établi que leur contenu est de nature à faire présumer la participation de cet avocat à des faits constitutifs d'une infraction, fussent-ils étrangers à la saisine du juge d'instruction. • Crim. 1er oct. 2003, n° 03-82.909 P : *D. 2004. 671, obs. Pradel* . ♦ En conclusion, la retranscription d'une conversation téléphonique entre un avocat et son client doit être annulée si son contenu n'apparaît pas de nature à faire présumer la participation de cet avocat à une infraction. • Crim. 17 sept. 2008, n° 08-85.229 P : *RSC 2009. 896, obs. Buisson* ; *AJ pénal 2008. 467, obs. Lavric* ; *Dr. pénal 2009. Chron. 1, obs. Guérin* ; *Procédures 2009, n° 24, obs. Buisson.* ♦ Et lorsque le contenu d'une telle conversation retranscrite a permis de localiser le client concerné et constitue le support nécessaire de son interpellation, de son placement en garde à vue et de ses auditions au cours de cette mesure, l'annulation subséquente de ces actes est justifiée. • Même arrêt. ♦ V. aussi note 4 ss. art. 100-7. ♦ V. encore : • CEDH 16 juin 2016, *Versini-Campinchi et Crasnianski c/ France*, n° 49176/ 11 : *D. 2016. 1852, note Raschel* ; *AJ pénal 2016. 427, obs. Ambroise-Castérot* (non-violation de l'art. 8 Conv. EDH).

3. Transcription des conversations avec le bâtonnier. Même si elle est surprise à l'occasion d'une mesure d'instruction régulière, la conversation téléphonique dans laquelle un avocat placé sous écoute réfère de sa mise en cause dans une procédure pénale à son bâtonnier ne peut être transcrite et versée au dossier de la procédure, à moins qu'elle ne révèle un indice de participation personnelle de ce dernier à une infraction pénale. • Crim. 22 mars 2016, n° 15-83.205 P : *D. actu. 24 mars 2016, obs. Fucini* ; *AJ pénal 2016. 261, obs. de Combles de Nayves* ; *Procédures 2016, n° 171, note Chavent-Leclère.*

4. Le juge d'instruction ayant, dans le premier dossier relatif à un vol à main armée, donné pour mission aux officiers de police judiciaire de procéder à des écoutes téléphoniques aux fins « d'identifier les auteurs du hold-up et de connaître les relations de ces derniers », les policiers mandatés n'ont pas outrepassé leurs pouvoirs en transcrivant les conversations interceptées, dans la mesure où ces conversations avaient un lien avec l'objet de leur mission, quand bien même dans ces conversations il est fait état de projets futurs de vol ; les juges ont fait l'exacte application de l'art. 100-5 et il n'y a pas lieu d'annuler les procès-verbaux de retranscription des écoutes. • Crim. 25 avr. 1995, n° 95-80.766.

5. Est justifié le rejet de la demande de renvoi du procès aux fins de prendre connaissance du contenu de la totalité des cédéroms placés sous scellés sur lesquels étaient enregistrées des communications téléphoniques et des conversations, la cour ayant justement retenu, par arrêt incident, qu'en application de l'art. 100-5, les passages utiles à la manifestation de la vérité avaient déjà été sélectionnés et retranscrits, et que la demande présentée par la défense ne s'appuyait sur aucun fait nouveau, ne désignait aucune communication ou conversation précise, et n'invoquait aucun élément de ces cédéroms, non retranscrit, qui aurait pu être utile à la manifestation de la vérité ou à la défense des accusés. • Crim. 29 mars 2017, n° 15-86.300 P.

Art. 100-6 **Les enregistrements sont détruits, à la diligence du procureur de la République ou du procureur général, à l'expiration du délai de prescription de l'action publique.**

Il est dressé procès-verbal de l'opération de destruction.

L'art. 100-6 qui prévoit la destruction des enregistrements des télécommunications à l'expiration du délai de prescription de l'action publique n'est pas applicable aux procès-verbaux de transcription de ces écoutes, lesquels constituent des pièces de procédure. • Crim. 21 févr. 2007, n° 06-88.735 P : *RSC 2008. 655, obs. Buisson ; Procédures 2007. Comm. 169, obs. Buisson.*

Art. 100-7 *(L. n° 95-125 du 8 févr. 1995)* **« Aucune interception ne peut avoir lieu sur la ligne d'un député ou d'un sénateur sans que le président de l'assemblée à laquelle il appartient en soit informé par le juge d'instruction. »**

Aucune interception ne peut avoir lieu sur une ligne dépendant du cabinet d'un avocat ou de son domicile sans que le bâtonnier en soit informé par le juge d'instruction.

(L. n° 2004-204 du 9 mars 2004, art. 5) **« Aucune interception ne peut avoir lieu sur une ligne dépendant du cabinet d'un magistrat ou de son domicile sans que le premier président ou le procureur général de la juridiction où il réside en soit informé. »**

(L. n° 93-1013 du 24 août 1993) **« Les formalités prévues par le présent article sont prescrites à peine de nullité. »**

1. Ligne téléphonique de l'avocat et respect des droits de la défense. Si le juge d'instruction est, selon l'article 100, investi du pouvoir de prescrire, lorsque les nécessités de l'information l'exigent, l'interception, l'enregistrement et la transcription de correspondances émises par la voie des télécommunications, ce pouvoir trouve sa limite dans le respect des droits de la défense, qui commande notamment la confidentialité des correspondances téléphoniques de l'avocat désigné par la personne mise en examen ; il ne peut être dérogé à ce principe qu'à titre exceptionnel, s'il existe contre l'avocat des indices de participation à une infraction ; doivent être annulées des écoutes téléphoniques opérées sur la ligne téléphonique d'un avocat dès lors qu'il n'est pas établi que le juge d'instruction ait été, à la date où il a prescrit l'interception, en possession d'indices de participation de cet avocat à une activité délictueuse. • Crim. 15 janv. 1997, n° 96-83.753 P : *Dr. pénal 1997, n° 55, obs. Maron.* ♦ La retranscription d'une conversation téléphonique entre un avocat et son client doit être annulée si son contenu n'apparaît pas de nature à faire présumer la participation de cet avocat à une infraction. Lorsque le contenu d'une telle conversation retranscrite a permis de localiser le client concerné et constitue le support nécessaire de son interpellation, de son placement en garde à vue et de ses auditions au cours de cette mesure, l'annulation subséquente de ces actes est justifiée. • Crim. 17 sept. 2008, n° 08-85.229 P : *RSC 2009. 896, obs. Buisson ; AJ pénal 2008. 467, obs. Lavric ; Dr. pénal 2009. Chron. 1, obs. Guérin ; Procédures 2009, n° 24, obs. Buisson.*

2. Communications entre l'avocat et son client. Le pouvoir du juge d'instruction trouve sa limite dans le respect des droits de la défense, qui commande notamment la confidentialité des correspondances téléphoniques de l'avocat désigné par la personne mise en examen. Il ne peut être dérogé à ce principe qu'à titre exceptionnel, s'il existe contre l'avocat des indices de participation à une infraction. • Crim. 15 janv. 1997, n° 96-83.753 P : *Procédures 1997. Comm. 126, obs. Buisson ; Dr. pénal 1997. Comm. 55, note Maron.*

3. La captation et la transcription de conversations téléphoniques échangées entre un avocat et son client sont régulières, dès lors que le contenu de celles-ci est de nature à faire présumer la participation de cet avocat à une infraction, les droits de la défense n'étant pas en cause. • Crim. 14 nov. 2001, n° 01-87.512 P : *JCP 2002. II. 10069, note Conte.*

4. Communications entre l'avocat et les tiers. La liberté de communication entre l'avocat et son client, qui entraîne l'interdiction d'intercepter les correspondances ou les communications téléphoniques qu'ils échangent, ne fait pas obstacle à ce que le juge d'instruction, après avoir placé sous écoute téléphonique le domicile d'un proche d'une personne mise en examen, intercepte les communications de ce dernier avec l'avocat de cette personne. • Crim. 10 mai 1994, n° 93-81.522 P • 8 oct. 1997 : *Procédures 1998. Comm. 46, obs. Buisson* • 30 sept. 1998, n° 98-81.951 P : *JCP 1999. I. 126, Chron. R. Martin ; Procédures 1999. Comm. 42, obs. Buisson.* ♦ Aucune disposition légale ou conventionnelle ne fait obstacle à la captation, à l'enregistrement et à la transcription des propos d'un avocat intervenant sur la ligne téléphonique d'un tiers régulièrement placée sous écoute, dès lors que, comme en l'espèce, en premier lieu, cet avocat n'assure pas la défense de la personne placée sous surveillance, qui n'est ni mise en examen ou témoin assisté ni même n'a été placée en garde à vue dans la procédure en cause, et, en second lieu, ses propos, seraient-ils échangés avec un client habituel, dont le contenu est étranger à tout exercice des droits de la défense dans ladite procédure ou dans toute autre, révèlent des indices de sa participation à des faits susceptibles de qualification pénale. • Crim. 22 mars 2016, n° 15-83.205 P : *D. actu. 24 mars 2016, obs. Fucini ; AJ pénal 2016. 261, obs. de Combles de Nayves ; Procédures 2016, n° 171, note Chavent-Leclère.*

5. Parlementaire. L'interdiction de procéder à une interception sur la ligne téléphonique d'un député ou d'un sénateur, sans que le président de l'assemblée à laquelle il appartient en soit informé par le juge d'instruction, ne s'applique pas aux représentants au Parlement européen. • Crim. 16 mars 2005, n° 05-80.092 P : *D. 2005. IR 1052 ; JCP 2005. IV. 1983 ; AJ pénal 2005. 291 ; RSC 2005. 598, note Giudicelli.*

Art. 100-8 *(Ord. n° 2016-1636 du 1er déc. 2016, art. 2 et 5, en vigueur le 22 mai 2017)* **Lorsqu'une interception de correspondances émises par la voie des communications électroniques concerne une adresse de communication qui est utilisée sur le territoire d'un État membre de l'Union européenne, et qu'elle n'est pas réalisée dans le cadre d'une décision d'enquête européenne, le juge d'instruction ou l'officier de police judiciaire par lui commis notifie cette interception à l'autorité compétente de cet État si la personne visée par cette interception se trouve sur son territoire.**

Cette notification intervient soit avant l'interception lorsqu'il résulte des éléments du dossier de la procédure, au moment où est ordonnée l'interception, que la personne visée se trouve ou se trouvera sur le territoire de cet État, soit au cours de l'interception ou après sa réalisation, dès qu'il est établi que cette personne se trouve ou s'est trouvée sur le territoire de cet État au moment de l'interception.

Sur demande de l'autorité compétente de l'État membre formée dans les quatre-vingt-seize heures suivant la réception de la notification et justifiée par le fait qu'une telle interception ne pouvait pas être autorisée, dans le cadre d'une procédure nationale similaire, en application du droit de cet État, soit l'interception ne peut pas être effectuée ou doit être interrompue, soit les données interceptées alors que la personne se trouvait sur son territoire ne peuvent être utilisées et doivent être retirées du dossier de la procédure ou ne peuvent être utilisées que dans les conditions que cette autorité spécifie et pour les motifs qu'elle précise.

Le défaut de notification prévue par les premier et deuxième alinéas ne constitue une cause de nullité de la procédure que s'il est établi qu'une telle interception ne pouvait pas être autorisée, dans le cadre d'une procédure nationale similaire, en application du droit de l'État membre sur le territoire duquel s'est trouvée la personne.

SECTION IV DES AUDITIONS DE TÉMOINS

RÉP. PÉN. v° *Témoin*, par GIACOPELLI et JOSEPH-RATINEAU.

BIBL. ▶ FRANCILLON, *Mél. Larguier, p. 127* (secret professionnel du journaliste). – HONORAT et MÉLENNEC, *JCP 1979. I. 2936* (secret médical). – RENUCCI, *Rev. pénit. 1998. 3* (témoignage anonyme). – ROBINE, *D. 1982. Chron. 221* (secret professionnel). – SUSINI, *RSC 1980. 499* (témoignage et police) ; *ibid. 1981. 909* (mensonge et aveu) ; *ibid. 1981. 909* (mensonge).

SOUS-SECTION 1 DISPOSITIONS GÉNÉRALES *(L. n° 2000-516 du 15 juin 2000).*

Art. 101 **Le juge d'instruction fait citer devant lui, par un huissier ou par un agent de la force publique, toutes les personnes dont la déposition lui paraît utile. Une copie de cette citation leur est délivrée.**

Les témoins peuvent aussi être convoqués par lettre simple, par lettre recommandée ou par la voie administrative ; ils peuvent en outre comparaître volontairement. — *Pr. pén. C. 201.*

(L. n° 2000-516 du 15 juin 2000, art. 31-II, en vigueur le 1er janv. 2001) **« Lorsqu'il est cité ou convoqué, le témoin est avisé que, s'il ne comparaît pas ou s'il refuse de comparaître, il pourra y être contraint par la force publique en application des dispositions de l'article 109. »**

V. art. 652 s.

En ce qui concerne les agents diplomatiques, V. aussi Décr. n° 71-284 du 29 mars 1971 (D. et BLD 1971. 175) portant publication de la Convention de Vienne sur les relations diplomatiques, art. 31 de la convention. — En ce qui concerne les fonctionnaires consulaires, V. Décr. n° 71-288 du 29 mars 1971 (D. et BLD 1971. 180) portant publication de la Convention de Vienne sur les relations consulaires, art. 44 de la convention.

BIBL. ▶ LE ROY, *D. 1969. Chron. 175* (aptitude au témoignage).

1. Règles générales. Le juge d'instruction apprécie l'opportunité des confrontations entre les témoins et les parties. • Crim. 29 déc. 1904 : *Bull. crim. n° 555.*

2. Le juge d'instruction peut faire entendre, dans le cadre d'une information dont il est saisi, en qualité de témoin, un individu inculpé dans une autre procédure, dès lors que cette audition porte sur des faits distincts de ceux pour lesquels l'inculpation lui a été notifiée. La jonction ultérieure des procédures ne saurait, en elle-même et à elle seule, entraîner rétroactivement la nullité de cette audition. • Crim. 11 juill. 1978, n° 78-90.908 P.

3. Le juge d'instruction peut entendre comme témoin un expert qui n'a pas encore déposé son rapport et il le peut aussi lors du dépôt du rapport. • Crim. 10 avr. 1975, n° 74-92.978 P.

4. Le juge d'instruction ne peut valablement procéder à l'audition comme témoin d'un officier de police judiciaire qui a assisté aux déclarations du prévenu consignées sur un procès-verbal annulé. • Crim. 30 juin 1981, n° 81-92.261 P.

5. Inapplicabilité de l'art. 205 C. pr. civ. Pour déclarer un prévenu coupable de violences sur son épouse, une cour d'appel peut se fonder, outre sur des déclarations de tiers attestant de plusieurs épisodes de violences physiques et morales dont celle-ci a été victime, sur le témoignage des enfants du couple ainsi que sur des certificats médicaux ; en effet, les dispositions de l'article 205 C. pr. civ., relatives au divorce, ne sont pas applicables devant la juridiction pénale en raison du principe de la liberté de la preuve. • Crim. 2 juin 2015, n° 14-85.130 P.

6. Un procès-verbal rapportant des renseignements obtenus auprès d'une personne désirant conserver l'anonymat, qui ne constitue pas une audition de témoin au sens de l'art. 101, n'est pas soumis aux dispositions de l'art. 107. • Crim. 9 juin 1998, n° 98-80.418 P.

7. Cas particulier de l'audition du président de la République. Le président de la République n'est pas soumis à l'obligation de comparaître en qualité de témoin, dès lors que cette obligation est assortie d'une mesure de contrainte par l'art. 109 et qu'elle est pénalement sanctionnée. Il s'ensuit qu'est irrecevable la demande d'une partie civile tendant à l'audition du président de la République en qualité de témoin. • Cass., ass. plén., 10 oct. 2001, n° 01-84.922 P : *D. 2001. 3365, note Favoreu ; D. 2002. 237, note Debbasch ; ibid. 674, note Pradel ; RFDA 2001. 1169, note Jouanjanet et Wachsmann ; ibid. 1187, note Beaud ; LPA 2001, n° 203 ; RSC 2002. 128, obs. Giudicelli ; Dr. pénal 2001. Comm. 144, obs. Maron ; Dr. pénal 2002. Chron. 1, note Delaloy* • Crim. 10 oct. 2001, n° 01-84.922 P : *RTD civ. 2002. 169, obs. Molfessis .*

Art. 102 *(L. n° 2004-204 du 9 mars 2004, art. 94)* **« Les témoins sont entendus, soit séparément et hors la présence des parties, soit lors de confrontations réalisées entre eux ou avec l'une ou l'autre des parties, par le juge d'instruction, assisté de son greffier ; il est dressé procès-verbal de leurs déclarations. »**

(L. n° 72-1226 du 29 déc. 1972 ; L. n° 74-631 du 5 juill. 1974) **« Le juge d'instruction peut faire appel à un interprète majeur, à l'exclusion de son greffier et des témoins. L'interprète, s'il n'est pas assermenté, prête serment d'apporter son concours à la justice en son honneur et en sa conscience. »**

(L. n° 2000-516 du 15 juin 2000, art. 31-III, en vigueur le 1er janv. 2001) **« Si le témoin est atteint de surdité, le juge d'instruction nomme d'office pour l'assister lors de son audition un interprète en langue des signes ou toute personne qualifiée maîtrisant un langage ou une méthode permettant de communiquer avec les sourds. Celui-ci, s'il n'est pas assermenté, prête serment d'apporter son concours à la justice en son honneur et en sa conscience. Il peut également être recouru à tout dispositif technique permettant de communiquer avec le témoin. Si le témoin atteint de surdité sait lire et écrire, le juge d'instruction peut également communiquer avec lui par écrit. »**

TOM : 817. — Sur les modalités d'exercice du droit à l'assistance d'un interprète et à la traduction de certaines pièces, V. art. préliminaire, art. 803-5 et D. 594 s.

1. Champ d'application. L'art. 102 relatif aux auditions de témoins et aux interrogatoires et spécialement à l'assistance de l'interprète n'est pas applicable à l'enquête préliminaire. • Crim. 16 févr. 1961 : *Bull. crim. n° 104* • 27 nov. 2001, n° 00-88.078 P : *D. 2002. IR 257 ; Dr. pénal 2002. Comm. 18, obs. J.-H. Robert.* ♦ ... Ni à l'enquête de flagrance. • Crim. 13 févr. 1990, n° 89-86.532 P : *RSC 1990. 804, obs. Braunschweig .*

2. Sanction. Les formalités prévues par l'art. 102, al. 1er, pour l'audition des témoins ne le sont pas à peine de nullité. Leur omission ne motive l'annulation de l'information ou de la procédure de renvoi devant la juridiction de jugement que s'il en résulte une violation des droits des parties. • Crim. 24 févr. 1927 : *Bull. crim. n° 64* • 14 mars 1974 : *D. 1974. 604, note J.-M. Robert.* ♦ La présence d'un magistrat du ministère public lors de l'audition d'un témoin n'est pas expressément proscrite et, n'étant sanctionnée par aucun texte, ne peut être considérée comme une atteinte aux droits des parties, dès lors que ce magistrat n'est pas intervenu et n'a pas fait poser de questions. • Crim. 19 juin 1990 : *D. 1991. 15, note Coste*.

3. Interprète. Peut être désignée comme interprète une personne qui, n'ayant pas la qualité de témoin, est un ami de la victime ; les dispositions de l'art. 6 Conv. EDH aux termes duquel toute personne a droit à ce que sa cause soit entendue équitablement ne concernent que les juridictions du fond. • Crim. 15 janv. 1992, n° 91-83.553 P.

4. Les dispositions de l'art. 102 n'imposent pas qu'un témoin entendu par le juge d'instruction et ne parlant pas français soit nécessairement entendu dans sa langue d'origine s'il peut s'exprimer dans une autre langue étrangère avec l'assistance d'un interprète. A pu ainsi être entendu valablement avec l'assistance d'un interprète de langue anglaise un ressortissant hongrois s'exprimant en anglais. • Crim. 13 févr. 1990, n° 89-86.532 P.

5. La personne inscrite sur la liste des interprètes traducteurs dressée par le procureur de la République, conformément aux dispositions des art. L. 111-9 et R. 111-1 CESEDA et qui a prêté le serment, prévu par l'art. R. 111-12 du même code, d'exercer sa mission en son honneur et conscience, a la qualité d'interprète assermenté au sens de l'art. 102. Justifie, dès lors, sa décision la chambre de l'instruction qui, pour écarter le moyen de nullité tiré du défaut de prestation de serment d'une telle personne devant le juge des libertés et de la détention, retient que l'interprète, s'il est déjà assermenté, n'est pas tenu de prêter à nouveau serment. • Crim. 27 oct. 2009, n° 09-85.279 P : *AJ pénal 2010. 87 ; Dr. pénal 2010, n° 12, obs. Maron et Haas ; Procédures 2010, n° 55, obs. Buisson.*

6. Expertise. Tout accusé qui ne comprend pas la langue employée à l'audience a le droit de se faire assister gratuitement d'un interprète et ce droit doit bénéficier à la personne mise en examen lorsque l'expert reçoit ses déclarations. • Crim. 21 mars 2007, n° 06-89.554 P : *D. 2007. AJ 1271, obs. Darsonville ; AJ pénal 2007. 229, obs. Royer ; RSC 2007. 898, obs. Renucci*.

7. Auditions réalisées à l'étranger. Les actes d'investigation et d'auditions des témoins, accomplis au Rwanda par les juges d'instruction, dans les formes définies, en l'absence de convention d'entraide liant la République du Rwanda et la France, par l'autorité judiciaire de l'État requis, respectant les dispositions de l'art. 102, ne portent atteinte ni au principe d'égalité des armes ni aux droits de la défense, le demandeur ayant eu la possibilité, d'une part, au cours des interrogatoires, de contester la valeur probante ou la crédibilité des déclarations recueillies et de demander, par application des dispositions de l'art. 82-1, tout acte lui paraissant nécessaire, d'autre part, de discuter devant la juridiction de jugement le contenu des témoignages recueillis. • Crim. 7 janv. 2015, n° 14-86.850 : *Procédures 2015, n° 101, obs. Buisson.*

8. Confrontation. Il ne résulte d'aucune disposition du C. pr. pén. ni d'aucune disposition conventionnelle l'obligation pour le juge d'instruction de communiquer au mis en examen les noms des personnes avec qui il veut le confronter. • Crim. 14 déc. 2016, n° 16-84.043 P : *D. actu. 4 janv. 2017, obs. Goetz ; Dr. pénal 2017, n° 28, note Maron et Haas.*

Art. 103 **Les témoins prêtent serment de dire toute la vérité, rien que la vérité. Le juge leur demande leurs nom, prénoms, âge, état, profession, demeure, s'ils sont parents ou alliés des parties et à quel degré ou s'ils sont à leur service. Il est fait mention de la demande et de la réponse.**

1. Obligation du serment. Les parents et alliés de l'inculpé doivent prêter serment devant le juge d'instruction. • Crim. 22 mars 1983, *n° 83-90.217 P.*

2. Sanction. L'omission du serment ou une prestation de serment tardive ne saurait être une cause de nullité dès lors qu'il n'est pas établi que l'inobservation de cette formalité, qui n'est sanctionnée par aucun texte, ait eu pour effet de porter atteinte aux droits de la défense. • Crim. 2 oct. 1990, n° 90-81.811 P.

3. Si le magistrat instructeur est amené à procéder à l'audition de personnes ayant la qualité de témoins, il doit observer les formes de l'art. 103 et leur inobservation rend le procès-verbal d'audition non avenu. • Crim. 26 juin 1984 : *D. 1984. IR 466, obs. J.-M. R.*

4. Encourt la cassation l'arrêt qui a rejeté le moyen de nullité pris de ce que ces deux fonctionnaires de police ont été entendus en qualité de témoins et confrontés au mis en examen sans prêter le serment prévu par l'art. 103, alors que les déclarations de ces deux témoins ont été déterminantes dans la mise en cause du mis en examen et, en conséquence, ont eu pour effet de porter atteinte à ses intérêts. • Crim. 10 mai 2016, n° 15-87.713 P : *D. actu. 25 mai 2016, obs. Aubert ; AJ pénal 2016. 499, obs. Lasserre Capdeville*.

5. Anonymat. Le procès-verbal dressé par le juge d'instruction rapportant la déposition, faite sous serment, d'une personne désirant garder l'anonymat, est entaché de nullité substantielle en raison de l'absence des éléments substantiels que sont l'indication des nom, prénoms, âge, état, profession et demeure du témoin. • Crim.

26 juin 1984 : *préc. note 3* • Bourges, 5 déc. 1974 : *D. 1975. Somm. 55.*

6. Ne saurait se faire un grief de l'irrégularité de l'audition, par un officier de police judiciaire, de témoins ayant déclaré garder l'anonymat le prévenu poursuivi pour outrage public à la pudeur, dès lors qu'il a été constaté par les enquêteurs qu'au moment de son interpellation, son pantalon et son slip étaient descendus jusqu'au bas des jambes (arrêt relatif à l'enquête). • Crim. 4 juin 1997, n° 96-85.802 P : *D. 1998. Somm. 174, obs. Pradel ; Dr. pénal 1997. Comm. 137, obs. Maron.*

Art. 104 *Abrogé par L. n° 2000-516 du 15 juin 2000, art. 131-I, à compter du 1er janv. 2001.*

Art. 105 *(L. n° 93-1013 du 24 août 1993)* **Les personnes à l'encontre desquelles il existe des indices graves et concordants d'avoir participé aux faits dont le juge d'instruction est saisi ne peuvent être entendues comme témoins.**

V. Circ. du 24 août 1993, pt 3.1.

BIBL. ► GUÉRY, *AJ pénal 2005. 232* (l'avenir du suspect) ; *ibid. 2013. 459* (l'avenir du suspect, suite...) ; *ibid. 2017. 384* (l juge d'instruction et le suspect). – VOUIN, *D. 1974. Chron. 1.*

I. RÈGLES NATIONALES

A. PERSONNES NE POUVANT ÊTRE ENTENDUES COMME TÉMOIN

1° DOMAINE

1. *Phase de l'instruction.* L'art. 105 suppose, pour son application, qu'une instruction a été déjà ouverte. Il laisse en dehors de ses prévisions les interrogatoires, auditions ou confrontations auxquels la police a pu procéder au cours d'enquêtes préliminaires, suivies ou non de l'ouverture d'une information. • Crim. 20 août 1986, n° 86-93.091 P • 27 juill. 1964, n° 64-90.980 P.

2° CONDITIONS D'APPLICATION

a. Pouvoir des autorités judiciaires

2. *Appréciation souveraine des juges.* La chambre d'accusation apprécie souverainement si les dispositions de l'art. 105 ont été méconnues par le juge d'instruction ou les officiers de police judiciaire agissant sur commission rogatoire. • Crim. 23 avr. 1981, n° 80-93.475 P.

3. *Pouvoirs du juge d'instruction.* Dès lors que le juge d'instruction a la faculté de ne mettre en examen une personne déterminée qu'après s'être éclairé, il peut alors, en particulier, faire procéder à son audition en qualité de témoin sur sa participation aux agissements incriminés même si cela peut engager sa responsabilité. • Crim. 21 janv. 2004, n° 02-88.194.

4. Après avoir recueilli les explications d'un témoin, lui avoir donné connaissance des termes de *l'art. 105 et l'avoir spécialement* interpellé sur le point de savoir s'il consentait à répondre en cette qualité ou s'il préférait être inculpé, le juge d'instruction respecte la loi si, l'intéressé ayant accepté d'être entendu comme témoin et ayant avoué être l'auteur des faits, l'audition est interrompue aussitôt. • Crim. 24 févr. 1972, n° 70-92.605 P.

5. *Pouvoirs de l'OPJ.* L'officier de police judiciaire, agissant sur commission rogatoire au cours d'une information suivie contre X, peut entendre une personne soupçonnée malgré des indices graves de culpabilité, dès lors qu'ils résultent d'un unique témoignage non corroboré par des éléments sérieux dans une espèce où deux individus se trouvaient sur les lieux de l'infraction. • Crim. 13 juill. 1971, n° 71-91.168 P.

6. On ne peut reprocher à un officier de police judiciaire procédant à l'audition d'un témoin en exécution d'une commission rogatoire d'un juge d'instruction d'avoir méconnu l'art. 105 dès lors qu'il était fondé à estimer qu'il n'existait pas contre la personne qu'il entendait des indices suffisamment graves et concordants de culpabilité qui eussent rendu une telle audition légalement impossible. • Crim. 27 juill. 1964 : *préc. note 1.* ♦ Une personne placée en garde à vue sur commission rogatoire du juge d'instruction peut être entendue par l'officier de police judiciaire après avoir prêté le serment prévu par la loi, dès lors qu'il n'existe pas à son encontre d'indices graves et concordants d'avoir participé aux faits dont le juge d'instruction est saisi ou qu'elle n'est pas nommément visée par un réquisitoire introductif. • Crim. 28 avr. 2004, n° 04-80.753 P : *D. 2004. IR 1772 ; JCP 2004. IV. 2267* • 28 avr. 2004, n° 01-84.554 P : *D. 2004. IR 1644 ; ibid. 2005. Pan. 688, obs. Pradel ; JCP 2004. IV. 2268 ; RSC 2005. 384, obs. Buisson .*

7. Il n'y a pas violation de l'art. 105 dès lors que l'audition en tant que témoins n'a eu d'autre objet que de vérifier l'identité de ceux-ci et de recueillir brièvement leurs observations sur leur emploi du temps, leurs relations avec les autres personnes mises en examen, la victime et les principaux témoins ainsi que sur l'utilisation d'un téléphone portable. Il ne peut être reproché aux officiers de police judiciaire de s'être ainsi assurés, comme ils en avaient le devoir avant de mettre en cause les intéressés, qu'il existait à leur encontre des indices graves et concordants d'avoir participé aux faits dont le juge d'instruction était saisi. • Crim. 11 juin 2002, n° 01-80.267 P.

♦ Un officier de police judiciaire, agissant sur commission rogatoire, ne viole pas l'art. 105 et les droits de la défense quand, après avoir recueilli des indices graves de culpabilité contre une personne entendue comme témoin, il lui pose des questions qui ne font que résumer les déclarations spontanées de l'intéressé, tandis que les réponses de ce dernier auxdites questions n'ont apporté à sa charge aucun élément nouveau. • Crim. 1er sept. 1987, n° 85-92.518 P.

8. Les prescriptions de l'art. 105 ont été respectées et l'officier de police judiciaire n'a pas agi afin de faire échec aux droits de la défense lorsqu'il a recueilli, avec l'accord de l'intéressé, des explications relatives au rôle de deux coauteurs, au cours d'une audition comme témoin, après avoir donné lecture de l'art. 105 à la suite d'un aveu de culpabilité. • Crim. 4 janv. 1977, n° 76-91.991 P : *JCP 1977. II. 18727, note A. Mayer-Jack.*

b. Indices graves et concordants de culpabilité

9. Dénonciation. Pas de violation de l'art. 105 dans le fait qu'un officier de police judiciaire a entendu en qualité de témoin un individu dénoncé comme étant l'auteur de faits poursuivis, si les circonstances de la cause autorisaient la police à considérer qu'il n'existait pas en l'état contre cet individu des indices suffisamment graves et concordants de culpabilité. • Crim. 18 déc. 1963 : *Bull. crim. n° 367.*

10. Contestation de responsabilité. Peut être entendu comme témoin un individu qui antérieurement a toujours nié les faits et présenté des alibis alors surtout que les termes de l'art. 105 ont été rappelés au témoin dès son premier aveu. • Crim. 27 avr. 1977, n° 76-93.639 P. ♦ ... Un individu qui conteste sa responsabilité alors que des tiers ont participé aux mêmes faits, s'il n'existe pas d'indices graves et concordants. • Crim. 23 nov. 1977, n° 75-92.153 P : *D. 1978. IR 67.*

11. Éléments encore incertains. Peut être entendu comme témoin un individu à l'encontre duquel les investigations effectuées ont permis de réunir différents indices, l'audition étant seulement destinée à recueillir ses explications au vu d'éléments encore incertains si cette audition n'a pas été accomplie dans le dessein de faire échec aux droits de la défense. • Crim. 14 juin 1984, n° 84-91.863 P. ♦ Conf. : • Crim. 30 mai 1996, n° 95-85.954 P. ♦ ... Un individu qui a reconnu antérieurement avoir occasionné la mort d'une personne, mais dans des conditions qui ne concordent pas avec les constatations des experts et alors que d'autres individus sont déjà inculpés pour les mêmes faits. • Crim. 24 avr. 1975, n° 74-93.423 P. ♦ Le magistrat instructeur a la faculté de ne mettre en examen une personne déterminée qu'après s'être éclairé, notamment en faisant procéder à son audition en qualité de témoin, sur sa participation aux agissements incriminés dans des conditions pouvant engager sa responsabilité pénale. • Crim. 18 juin 1998, n° 98-81.369 P : *Dr. pénal 1999. Comm. 28 (1er arrêt) et 30 (1er arrêt), obs. Maron* • 29 sept. 1998 : *Procédures 1999. Comm. 75, obs. Buisson* • 8 juin 1999, n° 99-81.291 P • 8 nov. 2000, n° 00-83.570 P. ♦ Conf. : • Crim. 23 mars 1999, n° 98-86.263 P • 26 janv. 2000, n° 99-87.180 P • 30 sept. 2008, n° 08-83.064 P : *D. 2008. AJ 2671 ; AJ pénal 2008. 513, obs. Girault ; Dr. pénal 2009. Chron. 1, obs. Guérin.* ♦ ... Notamment lorsque cette personne a nié toute participation aux faits poursuivis, a bénéficié de l'assistance d'un avocat au cours de sa garde à vue, et qu'il n'a été porté aucune atteinte à ses droits. • Crim. 13 mars 1997, n° 95-85.766 P. ♦ N 'encourt pas le grief de violation de l'art. 105, l'arrêt qui, pour rejeter la demande d'annulation prise de l'audition en qualité de témoin d'une personne gardée à vue en exécution d'une commission rogatoire du juge d'instruction sur des mouvements bancaires résultant de relevés sur lesquels ladite personne avait déjà été entendue au cours d'une précédente information dans laquelle elle était mise en examen, retient que cette seconde audition a porté sur des faits distincts de ceux objet de la première information. • Crim. 30 sept. 2008 : *préc.* ♦ Toutefois, lorsque le juge d'instruction indique par écrit que les éléments à charge préexistants complétés par ceux obtenus par les enquêteurs lui paraissent suffisants pour impliquer « en toute certitude » certaines personnes, les intéressés ne peuvent valablement être entendus comme témoins. • Crim. 20 juin 2001, n° 01-82.607 P : *D. 2001. IR 2724*. ♦ Justifie sa décision la chambre d'accusation qui relève qu'au moment de l'audition de témoins sur commission rogatoire par les services de police, s'il existait des indices graves de leur participation aux faits reprochés, ces indices étaient loin d'être concordants et nécessitaient des investigations supplémentaires. • Crim. 9 juin 1998, n° 98-80.418 P.

12. Contradictions entre témoins. Les dispositions de l'art. 105 n'ont pas été violées lorsque l'audition du suspect a été poursuivie après des déclarations contredites par d'autres éléments de l'enquête de sorte qu'il n'existait pas contre lui d'indices concordants de culpabilité. • Crim. 24 avr. 1975 : *JCP 1977. II. 18727, note A. Mayer-Jack.*

13. Témoignage unique contre le témoin. Peut être entendue comme témoin une personne soupçonnée, malgré des indices graves de culpabilité, dès lors que ceux-ci résultent d'un unique témoignage, non corroboré par des éléments sérieux, dans une espèce où deux individus se trouvaient sur les lieux de l'infraction. • Crim. 13 juill. 1971 : *Bull. crim. n° 230.* ♦ Des soupçons qui ne reposent que sur l'accusation d'un tiers peuvent, en l'état d'une enquête menée sur commission rogatoire, ne pas constituer des indices graves et concordants de culpabilité au sens de l'art. 105. • Crim. 5 mars 1985, n° 85-90.022 P.

14. *Nécessité de vérifications complémentaires après aveux.* Un individu soupçonné d'avoir commis, avec d'autres suspects, des infractions, peut être entendu, au cours de l'exécution d'une commission rogatoire, en qualité de témoin, même si, après avoir fait des aveux, il est confronté avec d'autres individus ou est à nouveau entendu, à la condition que ses auditions successives n'aient fait que se continuer et aient eu pour unique objet de parvenir à l'identification des auteurs des faits incriminés. • Crim. 30 mai 1972, n° 72-90.628 P. ♦ Ne violent pas l'art. 105 les officiers de police judiciaire qui, après avoir recueilli les aveux d'un suspect, poursuivent son audition dans le but de vérifier les déclarations initiales de celui-ci. • Crim. 24 févr. 1987, n° 86-86.293 P. ♦ Le juge d'instruction peut poursuivre l'audition en qualité de témoin d'un individu sur lequel, avant ses aveux, ne se portaient que de simples soupçons et vérifier, avec le concours de ce dossier, les éléments de nature à le convaincre de la crédibilité de ces aveux, si ces actes n'ont pas pour dessein de faire échec aux droits de la défense. • Crim. 16 juin 1981, n° 81-91.690 P.

B. SANCTIONS

15. *Principe de la nullité.* Lorsqu'elle relève qu'il a été procédé à une mise en examen en l'absence d'indices graves ou concordants rendant vraisemblable que la personne mise en cause ait pu participer, comme auteur ou complice, à la commission de l'infraction dont le juge d'instruction est saisi, la chambre de l'instruction est tenue d'en prononcer l'annulation. • Crim. 1er oct. 2003, n° 03-82.909 P.

16. *Tempérament au principe de la nullité.* L'audition comme témoin d'une personne à l'encontre de laquelle des indices graves et concordants sont réunis, ne saurait être annulée si aucune déclaration pouvant lui faire grief n'y est faite. • Crim. 14 janv. 2003, n° 02-87.062 P : *Procédures 2003. Comm. 152, obs. J. Buisson.*

17. *Intérêt à agir.* Une personne mise en examen est sans qualité pour solliciter l'annulation du procès-verbal d'audition comme témoin d'une autre personne pour méconnaissance de ses droits en vertu des dispositions de l'article 105. • Crim. 4 mars 2004, n° 03-85.983 P : *D. 2004. IR 1213 ; JCP 2004. IV. 1782 ; AJ pénal 2004. 207, obs. Leblois-Happe.* ♦ L'audition comme simples témoins de personnes nommées dans une plainte ou dans des réquisitions ne fait pas grief à la partie civile qui ne saurait, par conséquent, en demander l'annulation. • Crim. 15 févr. 2011 : *D. 2011. Pan. 2236, obs. Pradel ; D. actu. 29 mars 2011, obs. Priou-Alibert ; Dr. pénal 2012. Chron. 1, obs. Georget.*

18. Les dispositions de l'art. 105, aux termes desquelles les personnes à l'encontre desquelles il existe des indices graves et concordants d'avoir participé aux faits dont le juge d'instruction est saisi ne peuvent être entendues comme témoins, sont prescrites dans l'intérêt exclusif des personnes concernées. Dès lors, une partie civile ne saurait se faire un grief de l'audition en qualité de témoins des personnes qu'elle a nommément désignées dans sa plainte ou qui sont visées dans des réquisitions. • Crim. 15 févr. 2011, n° 07-83.640 P.

19. L'audition critiquée, qui n'a pas apporté d'élément à charge, n'a pu, en méconnaissance des dispositions de l'article 105, faire grief aux droits de la défense de la personne en cause qui a nié les faits. • Crim. 11 juill. 1995, n° 95-82.368 P.

II. RÈGLES EUROPÉENNES

20. *Le droit à un procès équitable.* Le devoir des OPJ, agissant sur commission rogatoire, de vérifier, avant de mettre en cause une personne, la gravité et la concordance des indices existant contre elle, loin de porter atteinte à ses intérêts, a pour objet de garantir un procès équitable au sens de l'art. 6 Conv. EDH. • Crim. 1er déc. 1998, n° 98-83.566 P : *Dr. pénal 1999. Comm. 46 et 49, obs. Maron.*

21. Il résulte des dispositions combinées des art. 105, 113-1, 153 et 154, qui ne sont pas contraires à l'art. 6 Conv. EDH, qu'une personne placée en garde à vue sur commission rogatoire du juge d'instruction est entendue comme témoin après avoir prêté le serment prévu par la loi, dès lors qu'il n'existe pas à son encontre des indices graves et concordants d'avoir participé aux faits dont le juge d'instruction est saisi ou qu'elle n'est pas nommément visée par un réquisitoire introductif. • Crim. 14 mai 2002, n° 02-80.721 P : *JCP 2002. IV. 2005.* ♦ Dans le même sens : • Crim. 14 janv. 2003 : *préc. note 16.*

Art. 106 **Chaque page des procès-verbaux est signée du juge, du greffier et du témoin. Ce dernier est alors invité à relire sa déposition telle qu'elle vient d'être transcrite, puis à la signer s'il déclare y persister. Si le témoin ne sait pas lire, lecture lui en est faite par le greffier. Si le témoin ne veut ou ne peut signer, mention en est portée sur le procès-verbal. Chaque page est également signée par l'interprète s'il y a lieu.**

1. *Obligation de signature du juge d'instruction.* Un procès-verbal de confrontation qui ne porte pas la signature du juge d'instruction doit être considéré comme inexistant. • Crim.

13 nov. 1968, nº 68-91.578 P.

2. Dès lors que les signatures de la personne mise en examen, du juge et du greffier figurent à la fin du procès-verbal et que l'omission de celles-ci sur la première page n'a pas eu pour effet de porter atteinte aux intérêts de la partie qu'elle concerne, il n'y a pas lieu d'annuler l'ordonnance de prolongation de la détention provisoire. • Crim. 22 juin 2004, nº 04-82.105 P : *JCP 2004. IV. 2785 ; AJ pénal 2004. 372 ; Dr. pénal 2004. Comm. 166, note Maron.*

3. Absence de nullité pour défaut de signature du témoin. Les dispositions de l'art. 106 concernant la signature par le témoin du procès-verbal de son audition ne sont pas prescrites à peine de nullité. • Crim. 12 déc. 1973, nº 73-91.860 P.

4. Interdiction d'auditions par téléphone ou fax. Méconnaît les dispositions des art. 106, 107 et 121 le juge d'instruction qui recueille les déclarations d'un inculpé par télécopie ou par téléphone. • Crim. 4 janv. 1994, nº 93-84.683 P.

5. L'enregistrement, sur bandes magnétiques, des propos tenus par l'inculpé au cours d'un transport sur les lieux et de la reconstitution du crime et leur reproduction sur le procès-verbal de transport, lequel ne comporte pas la signature de l'inculpé, ne saurait suppléer à l'absence d'un procès-verbal régulier. • Crim. 28 févr. 1974, nº 73-92.596 P : *D. 1974. IR 105.*

Art. 107 Les procès-verbaux ne peuvent comporter aucun interligne. Les ratures et les renvois sont approuvés par le juge d'instruction, le greffier et le témoin et, s'il y a lieu, par l'interprète. A défaut d'approbation, ces ratures et ces renvois sont non avenus.

Il en est de même du procès-verbal qui n'est pas régulièrement signé.

1. La disposition de l'art. 78 C. instr. crim. (art. 107), selon laquelle « les interlignes, ratures et renvois non approuvés sont réputés non avenus », n'est pas prescrite à peine de nullité. • Crim. 25 avr. 1913 : *DP 1914. 5. 14.* ♦ Mais elle régit tous les actes de l'instruction criminelle et s'applique à tout ce qui est substantiel dans la procédure devant la cour d'assises. • Crim. 20 févr. 1969, nº 68-91.076 P : *D. 1969. Somm. 91* • 19 sept. 1990, nº 89-87.130 P.

2. L'art. 107 s'applique également aux surcharges irrégulières qui n'altèrent pas moins la foi due aux écritures publiques authentiques. • Crim. 12 nov. 1964, nº 64-91.733 P : *D. 1965. Somm. 42.* ♦ ... Notamment à celles qui figurent sur la feuille des questions soumises à la cour d'assises et au jury. • Crim. 3 janv. 1991, nº 90-81.458 P • 28 févr. 2001, nº 00-84.055 P : *Dr. pénal 2001. Comm. 79, obs. Maron ; JCP 2001. IV. 1947.*

3. Si le magistrat instructeur est amené, lors d'un transport sur les lieux, à recueillir les déclarations de l'inculpé et celles de témoins, et à procéder à une confrontation, il doit observer les formes des art. 106 et 107. En cas d'inobservation de celles-ci, le procès-verbal de transport et de reconstitution est nul et la chambre d'accusation doit constater ce vice de l'information. • Crim. 28 févr. 1974, nº 73-92.596 P : *JCP 1974. II. 17774, note Chambon* • 6 juill. 1977, nº 77-91.103 P • 20 juill. 1983, nº 83-92.351 P • 14 sept. 1985 : *D. 1986. IR 304, obs. Pradel* • 26 sept. 1985 : *D. 1986. IR 120, obs. Pradel.*

4. Un procès-verbal rapportant des renseignements obtenus auprès d'une personne désirant conserver l'anonymat, qui ne constitue pas une audition de témoin au sens de l'art. 101, n'est pas soumis aux dispositions de l'art. 107. • Crim. 9 juin 1998, nº 98-80.418 P.

Art. 108 Les enfants au-dessous de l'âge de seize ans sont entendus sans prestation de serment.

Art. 109 ***Toute personne citée pour être entendue comme témoin est tenue de comparaître, de prêter serment et de déposer, sous réserve des dispositions*** *(L. nº 92-1336 du 16 déc. 1992)* **« des articles 226-13 et 226-14 du code pénal ».**

(L. nº 93-2 du 4 janv. 1993) **« Tout journaliste, entendu comme témoin sur des informations recueillies dans l'exercice de son activité, est libre de ne pas en révéler l'origine. »**

(Ord. nº 58-1296 du 23 déc. 1958) **« Si le témoin ne comparaît pas** *(L. nº 2000-516 du 15 juin 2000, art. 31-IV, en vigueur le 1er janv. 2001)* **« ou refuse de comparaître », le juge d'instruction peut, sur les réquisitions du procureur de la République, l'y contraindre par la force publique ».**

Al. 3 (in fine), 4 et 5 abrogés par L. nº 2000-516 du 15 juin 2000, art. 32-I, et L. nº 2000-1354 du 30 déc. 2000, art. 8.

1. Exception du secret professionnel. L'obligation de déposer qu'édicte l'art. 109 n'est imposée aux témoins que sous réserve des dispositions des art. 226-13 et 226-14 C. pén. et ne saurait recevoir application alors que ce dernier texte laisse à la personne citée (assistante sociale) la liberté de fournir ou non son témoignage. • Crim. 14 févr. 1978, n° 77-90.644 P : *D. 1978. 354, note Pradel.*

2. L'obligation au secret professionnel, établie et sanctionnée par l'art. 226-13 C. pén. pour assurer la confiance nécessaire à l'exercice de certaines professions, s'impose aux médecins, hormis les cas où la loi en dispose autrement, comme un devoir de leur état. Sous cette seule réserve, elle est générale et absolue et il n'appartient à personne de les en affranchir. • Crim. 8 mai 1947 : *Bull. crim. n° 124* • 22 déc. 1966 : *ibid. n° 305 ; JCP 1967. II. 16126, note Savatier ; D. 1967. 122 ; RSC 1967. 453, obs. Levasseur* • 5 juin 1985, n° 85-90.322 P : *D. 1986. IR 120, obs. Pradel.*

3. Cas des parlementaires. Ne constitue pas une arrestation ou une mesure privative ou restrictive de liberté, au sens de l'art. 26, al. 2, de la Constitution, l'obligation faite à un parlementaire de comparaître en qualité de témoin, en application des art. 109 et 153, dès lors que ce dernier n'y est pas contraint par la force publique. • Crim. 19 sept. 2007, n° 06-85.003 P : *D. 2007. AJ 2874 ; AJ pénal 2007. 537 ; Dr. pénal 2009. Chron. 1, obs. Guérin.*

Art. 110 **La mesure de contrainte dont fait l'objet le témoin défaillant est prise par voie de réquisition. Le témoin est conduit directement et sans délai devant le magistrat qui a prescrit la mesure.**

Art. 111 *Abrogé par L. n° 94-89 du 1er févr. 1994, art. 14 ; repris ss. C. pén., art. 434-12.*

Art. 112 **Si un témoin est dans l'impossibilité de comparaître, le juge d'instruction se transporte pour l'entendre, ou délivre à cette fin commission rogatoire dans les formes prévues à l'article 151.**

Art. 113 **Si le témoin entendu dans les conditions prévues à l'article précédent n'était pas dans l'impossibilité de comparaître sur la citation, le juge d'instruction peut prononcer contre ce témoin l'amende prévue à l'article 109.**

SOUS-SECTION 2 DU TÉMOIN ASSISTÉ

(L. n° 2000-516 du 15 juin 2000)

RÉP. PÉN. v° *Témoin assisté*, par GUÉRY.

BIBL. ▶ BOULOC, *Rev. pénit. 2003. 649.* – GUIDICELLI, *RSC 2001. 43.* – GUÉRY, *Dr. pénal 1996. Chron. 24 ; AJ pénal 2005. 111.*

Art. 113-1 **Toute personne nommément visée par un réquisitoire introductif** *(L. n° 2004-204 du 9 mars 2004, art. 95-I, en vigueur le 1er oct. 2004)* **« ou par un réquisitoire supplétif » et qui n'est pas mise en examen ne peut être entendue que comme témoin assisté.**

1. Une personne placée en garde à vue sur commission rogatoire du juge d'instruction peut être entendue par l'officier de police judiciaire après avoir prêté le serment prévu par la loi, dès lors qu'il n'existe pas à son encontre d'indices graves et concordants d'avoir participé aux faits dont le juge d'instruction est saisi ou qu'elle n'est pas nommément visée par un réquisitoire introductif. • Crim. 28 avr. 2004, n° 04-80.753 P : *D. 2004. IR 1772 ; JCP 2004. IV. 2267* • 28 avr. 2004, n° 01-84.554 P : *D. 2004. IR 1644 ; ibid. 2005. Pan. 688, obs. Pradel ; JCP 2004. IV. 2268 ; RSC 2005. 384, obs. Buisson.*

2. La partie civile ne saurait se faire un grief de ce que l'avocat des témoins assistés ait déposé un mémoire et ait eu la parole en dernier lors de l'audience, dès lors qu'en application de l'art. 197-1, l'avocat du témoin assisté est admis à faire valoir devant la chambre de l'instruction, saisie de l'appel d'une ordonnance de non-lieu, des observations, qui peuvent être formulées tant oralement que par écrit, et que seule est prescrite à peine de nullité l'audition en dernier de la personne mise en examen ou de son conseil. • Crim. 14 nov. 2002, n° 02-80.710 P : *D. 2003. IR 106 ; JCP 2003. IV. 1095.*

Art. 113-2 **Toute personne nommément visée par une plainte ou mise en cause par la victime peut être entendue comme témoin assisté. Lorsqu'elle comparaît devant le juge d'instruction, elle est obligatoirement entendue en cette qualité si elle en fait la demande** *(L. n° 2004-204 du 9 mars 2004, art. 95-II, en vigueur le 1er oct. 2004)* **« ; si la personne est nommément visée par une plainte avec constitution de partie civile, elle est avisée de ce droit lorsqu'elle comparaît devant le juge d'instruction ».**

Toute personne mise en cause par un témoin ou contre laquelle il existe des indices rendant vraisemblable qu'elle ait pu participer, comme auteur ou complice, à la com-

mission des infractions dont le juge d'instruction est saisi peut être entendue comme témoin assisté.

1. Toute personne, nommément visée par une plainte et qui peut être entendue comme témoin assisté dans les conditions prévues par l'article 113-2, ne saurait se prévaloir de la qualité de partie à la procédure. • Crim. 13 févr. 2002, n° 01-83.529.

2. En vertu des art. 113-2 et 152, toute personne nommément visée par une plainte et qui n'a pas acquis la qualité de témoin assisté peut être entendue par un OPJ agissant sur commission rogatoire ; c'est à tort qu'une chambre de l'instruction annule des procès-verbaux d'audition au motif que les intéressés n'avaient pas été préalablement informés par le juge d'instruction de leur droit d'obtenir le statut de témoin assisté. • Crim. 23 mars 2004, n° 03-87.854 P : *D. 2004. IR 1213 ; JCP 2004. IV. 2023 ; RSC 2004. 672, note Giudicelli*.

3. Il résulte des art. 113-2 et 152 que, si toute personne, qui est nommément visée par une plainte avec constitution de partie civile et qui n'a pas acquis la qualité de témoin assisté, peut être entendue par un officier de police judiciaire agissant sur commission rogatoire, c'est à la condition qu'elle y ait consenti après avoir été avisée de son droit d'être entendue comme témoin assisté par le juge d'instruction. • Crim. 6 août 2008, n° 08-82.924 P : *RSC 2009. 896, obs. Buisson ; D. 2008. AJ 2287, note Léna ; ibid. n° 2008. 2836, note Guéry ; AJ pénal 2008. 468, obs. Ascensi ; Dr. pénal 2009. Chron. 1, obs. Guérin ; ibid. 2009. Chron. 8, obs. Lesclous* • Crim. 10 sept. 2008 : *Dr. pénal 2009. Chron. 8, obs. Lesclous.*

4. La méconnaissance des dispositions de l'art. 113-2 selon lesquelles, si la personne est nommément visée par une plainte avec constitution de partie civile, elle est avisée du droit d'être entendue en qualité de témoin assisté, ne saurait être invoquée au soutien d'une requête en annulation dans le cas où une personne est nommément désignée, non pas dans la plainte, mais dans un document communiqué ultérieurement par la partie civile. • Crim. 26 mai 2009, n° 09-81.075 P : *D. 2009. AJ 1762, note Allain ; AJ pénal 2009. 416, obs. Ascensi ; Dr. pénal 2010. Chron. 1, obs. Guérin ; Procédures 2009, n° 376, obs. Buisson.*

Art. 113-3 **Le témoin assisté bénéficie du droit d'être assisté par un avocat qui est avisé préalablement des auditions et a accès au dossier de la procédure, conformément aux dispositions des articles 114 et 114-1.** *(Abrogé par L. n° 2004-204 du 9 mars 2004, art. 95-III, à compter du 1er oct. 2004)* ***« Il peut également demander au juge d'instruction, selon les modalités prévues par l'article 82-1, à être confronté avec la ou les personnes qui le mettent en cause. »*** **Cet avocat est choisi par le témoin assisté ou désigné d'office par le bâtonnier si l'intéressé en fait la demande.**

(L. n° 2014-535 du 27 mai 2014, art. 6, en vigueur le 2 juin 2014) **« Le témoin assisté bénéficie également, le cas échéant, du droit à l'interprétation et à la traduction des pièces essentielles du dossier. »**

(L. n° 2004-204 du 9 mars 2004, art. 95-III, en vigueur le 1er oct. 2004) **« Le témoin assisté peut demander au juge d'instruction, selon les modalités prévues par l'article 82-1, à être confronté avec la ou les personnes qui le mettent en cause ou formuler des requêtes en annulation sur le fondement de l'article 173. »**

(Abrogé par L. n° 2014-535 du 27 mai 2014, art. 6, à compter du 2 juin 2014) ***« Lors de sa première audition comme témoin assisté, la personne est informée de ses droits par le juge d'instruction. »*** *— V. désormais art. 113-4, al. 1er.*

1. Le demandeur ne saurait se faire un grief de *la violation de l'art. 105, al. 1er*, dès lors qu'entendu en qualité de témoin assisté il a bénéficié des droits reconnus aux personnes mises en examen par l'art. 113-3. • Crim. 27 nov. 2002, n° 02-80.828.

2. Assistance d'un avocat. Les observations que le témoin assisté doit pouvoir présenter préalablement à sa mise en examen envisagée par le juge d'instruction, peuvent être recueillies en l'absence d'un avocat lorsque la personne entendue ne souhaite pas être assistée. • Crim. 11 mai 2004, n° 04-81.039 P : *D. 2004. IR 1865 ; JCP 2004. IV. 2392 ; AJ pénal 2004. 289, obs. Leblois-Happe*. ♦ Les dispositions de l'art. 116, al. 4 (avis du droit à l'assistance d'un avocat lors de l'interrogatoire de première comparution avant mise en examen), ne sont pas applicables à la personne qui a déjà été entendue comme témoin assisté. • Crim. 11 mai 2004 : *préc.*

3. Droits du témoin assisté. L'art. 173, al. 3, dans sa rédaction issue de la L. du 9 mars 2004, reconnaissant au témoin assisté le droit de saisir la chambre de l'instruction d'une requête aux fins d'annulation d'actes de la procédure, ceci implique que, bien que n'étant pas partie à la procédure, il est recevable à se pourvoir en cassation contre l'arrêt statuant sur une demande d'annulation. • Crim. 21 juin 2005, n° 05-81.491 P : *D. 2005. IR 2104 ; D. 2006. Pan. 623, obs. Pradel ; JCP 2005. IV. 2822.* ♦ En revanche, est irrecevable le pourvoi du témoin assisté contre l'arrêt de la chambre de l'instruction qui après infirmation de l'ordonnance de non lieu rendue par le juge d'instruction a ordonné un supplément d'information. • Crim. 21 juin 2005, n° 05-81.694 P : *D. 2005. IR 1962 ; JCP 2005. IV. 2821.* ♦ ... Ou contre l'arrêt de la chambre de l'instruction qui déclare recevable l'appel formé par la partie civile de l'ordonnance de non lieu rendue par le juge d'instruction et ordonne un supplément d'information. • Crim. 21 juin 2005, n° 04-87.797 P : *Procédures 2005. Comm. 238, obs. Buisson.*

Art. 113-4 **Lors de la première audition du témoin assisté, le juge d'instruction constate son identité, lui donne connaissance du réquisitoire introductif, de la plainte ou de la dénonciation, l'informe de** *(L. n° 2014-535 du 27 mai 2014, art. 6, en vigueur le 2 juin 2014)* **« son droit de faire des déclarations, de répondre aux questions qui lui sont posées ou de se taire ainsi que des droits mentionnés à l'article 113-3 » et procède aux formalités prévues aux deux derniers alinéas de l'article 116. Mention de cette information est faite au procès-verbal.**

Le juge d'instruction peut, par l'envoi d'une lettre recommandée, faire connaître à une personne qu'elle sera entendue en qualité de témoin assisté. Cette lettre comporte les informations prévues à l'alinéa précédent. Elle précise que le nom de l'avocat choisi ou la demande de désignation d'un avocat commis d'office doit être communiqué au greffier du juge d'instruction.

BIBL. ▸ HENNEBOIS, *AJ pénal 2021. 407* (du droit au silence à l'encouragement à se taire).

Art. 113-5 **Le témoin assisté ne peut être placé sous contrôle judiciaire** *(L. n° 2009-1436 du 24 nov. 2009, art. 93-I)* **« , sous assignation à résidence avec surveillance électronique » ou en détention provisoire, ni faire l'objet d'une ordonnance de renvoi ou de mise en accusation.**

Le témoin assisté ne peut faire l'objet d'un renvoi devant le tribunal correctionnel : par conséquent, la juridiction d'instruction du second degré qui estime, contrairement au magistrat instructeur, qu'il existe des charges suffisantes contre lui d'avoir commis une infraction pour laquelle il n'a pas été mis en examen est tenue, avant de décider son renvoi devant la juridiction de jugement, d'ordonner un supplément d'information aux fins de notification de cette mise en examen. • Crim. 17 sept. 2014, n° 14-84.187 P : *D. actu. 14 nov. 2014, obs. Fucini ; AJ pénal 2015. 160, obs. Girault.*

Art. 113-6 **A tout moment de la procédure, le témoin assisté peut, à l'occasion de son audition ou par lettre recommandée avec demande d'avis de réception, demander au juge d'instruction à être mis en examen ; la personne est alors considérée comme mise en examen et elle bénéficie de l'ensemble des droits de la défense dès sa demande ou l'envoi de la lettre recommandée avec avis de réception.**

Les dispositions de l'article 105 ne sont pas applicables au témoin assisté.

Art. 113-7 **Le témoin assisté ne prête pas serment.**

Art. 113-8 *(L. n° 2004-204 du 9 mars 2004, art. 95-IV, en vigueur le 1er oct. 2004)* **S'il estime que sont apparus au cours de la procédure des indices graves ou concordants justifiant la mise en examen du témoin assisté, le juge d'instruction procède à cette mise en examen en faisant application des dispositions des** *(L. n° 2014-535 du 27 mai 2014, art. 6, en vigueur le 2 juin 2014)* **« huitième et neuvième » alinéas de l'article 116 au cours d'un interrogatoire réalisé dans les formes prévues à l'article 114.**

Il peut également procéder à cette mise en examen en adressant à la personne une lettre recommandée précisant chacun des faits qui lui sont reprochés, ainsi que leur qualification juridique, et l'informant de son droit de formuler des demandes d'actes ou des requêtes en annulation, ainsi que du délai prévisible d'achèvement de la procédure, conformément aux dispositions des *(L. n° 2014-535 du 27 mai 2014, art. 6, en vigueur le 2 juin 2014)* **« huitième et neuvième » alinéas de l'article 116.**

Cette lettre recommandée peut être adressée en même temps que l'avis de fin d'information prévu par l'article 175. Elle informe alors la personne de son droit de formuler des demandes d'actes ou des requêtes en annulation *(L. n° 2011-525 du 17 mai 2011, art. 156-10°)* **« dans un délai d'un mois si une personne mise en examen est détenue et de trois mois dans les autres cas ».**

Dans les cas visés aux deuxième et troisième alinéas du présent article, la personne est également informée que si elle demande à être à nouveau entendue par le juge d'instruction, celui-ci est tenu de procéder à son interrogatoire.

V. Circ. CRIM 04-16 E8 du 21 sept. 2004 (BOMJ 2004, n° 95).

1. La mise en examen d'un témoin assisté, décidée à tout moment de la procédure par le juge d'instruction, est régulière dès lors que la loi n'impose pas d'autre condition que l'existence, à l'encontre de la personne concernée, d'indices graves ou concordants de participation à la commission de l'infraction dont est saisi le magistrat et ne formule aucune exigence sur le moment auquel apparaissent de tels indices. • Crim. 29 mars 2006, n° 06-80.273 P : *D. 2006. IR 1332* (ss. l'empire de l'art. 113-8 dans sa réd. ant. L. n° 2004-204 du 9 mars 2004) • 13 sept. 2011, n° 11-82.051 P : *D. actu. 21 oct. 2011, obs. Girault ; D. 2011. Actu. 2403 ; Dr. pénal 2012. Chron. 1, obs. Georget ; Procédures 2011, n° 380, obs. Chavent-Leclère* • 18 mars 2015 : *D. actu. 9 avr. 2015, obs. Priou-Alibert ; AJ pénal 2015. 557, obs. Royer* .

2. La mise en examen par lettre recommandée d'une personne résidant à Monaco, qui a déjà été entendue par le juge d'instruction en qualité de témoin assisté, n'est pas contraire au droit au procès équitable, et est conforme à la Convention franco-monégasque d'entraide judiciaire en matière pénale du 8 nov. 2005, dès lors que, lorsqu'ils ont été entendus comme témoins assistés, les demandeurs ont été informés, en présence de leur avocat, qui a eu accès au dossier de la procédure, du contenu du réquisitoire introductif, des droits énoncés par les articles 113-2 et 113-4 et des conséquences attachées à leur déclaration d'adresse à Monaco. • Crim. 6 mai 2015, n° 14-87.984 P : *D. actu. 27 mai 2015, obs. Fucini.*

3. Il résulte de l'art. 113-8, al. 4, que, en cas de mise en examen d'un témoin assisté par lettre recommandée, celui-ci doit être informé que le juge d'instruction est tenu de procéder à son interrogatoire s'il en fait la demande, l'omission de cette formalité portant atteinte à ses intérêts. • Crim. 28 mai 2015, n° 15-80.929 P.

4. Lorsqu'il procède, lors d'un interrogatoire, à la mise en examen du témoin assisté, le juge d'instruction est seulement tenu de respecter les huitième et neuvième al. de l'art. 116 relatifs à l'adresse déclarée, sans être tenu par les dispositions de l'art. 80-2 imposant une information sur l'interrogatoire de première comparution, qui ne s'appliquent qu'à la personne qui n'est ni partie à la procédure ni témoin assisté. • Crim. 26 mai 2021, n° 21-81.320 P.

5. Notification du droit au silence. Aucun texte ne fait obligation au magistrat instructeur de renouveler, à l'occasion de chaque acte, l'avertissement du droit de se taire. Ainsi, le juge d'instruction saisi d'un supplément d'information visant la mise en examen de l'intéressé témoin assisté n'a-t-il pas à renouveler l'information sur son droit au silence, déjà notifiée à l'occasion de son interrogatoire de première comparution. • Crim. 4 nov. 2020, n° 20-84.046. P : *D. actu. 7 déc. 2020, obs. Dominati ; RSC 2021. 134, obs. Delage* .

SECTION V DES INTERROGATOIRES ET CONFRONTATIONS

RÉP. PÉN. v° *Instruction préparatoire*, par GUÉRY.
BIBL. ▶ PRADEL, *D. 1997. 375* (la défense avant jugement pénal).

Art. 114 *(L. n° 93-2 du 4 janv. 1993)* **Les parties ne peuvent être entendues, interrogées ou confrontées, à moins qu'elles n'y renoncent expressément, qu'en présence de leurs avocats ou ces derniers dûment appelés.**

(L. n° 93-1013 du 24 août 1993) **« Les avocats sont convoqués au plus tard cinq jours ouvrables avant l'interrogatoire ou l'audition de la partie qu'ils assistent par lettre recommandée avec demande d'avis de réception, télécopie avec récépissé ou verbalement avec émargement au dossier de la procédure. »**

(L. n° 2014-535 du 27 mai 2014, art. 6, en vigueur le 2 juin 2014) **« Le dossier de la procédure est mis »** *(L. n° 93-1013 du 24 août 1993)* **« à leur disposition quatre jours ouvrables au plus tard avant chaque interrogatoire de la personne mise en examen ou chaque audition de la partie civile. Après la première comparution de la personne mise en examen ou la première audition de la partie civile,** *(L. n° 2014-535 du 27 mai 2014, art. 6, en vigueur le 2 juin 2014)* **« le dossier est également mis » à tout moment à la disposition des avocats durant les jours ouvrables, sous réserve des exigences du bon fonctionnement du cabinet d'instruction. »** *(Abrogé par L. n° 2004-204 du 9 mars 2004, art. 126-II)* ***« Lorsqu'il a été fait application des dispositions du dernier alinéa de l'article 80-1, la procédure est mise à la disposition de l'avocat, sous réserve des exigences du bon fonctionnement du cabinet du juge d'instruction, quinze jours après l'envoi de la lettre recommandée ou de la notification par procès-verbal, s'il n'a pas été entre-temps procédé à la première comparution. »***

(L. n° 2014-535 du 27 mai 2014, art. 6, en vigueur le 2 juin 2014) **« Après la première comparution ou la première audition, les avocats des parties ou, si elles n'ont pas d'avocat, les parties peuvent se faire délivrer copie de tout ou partie des pièces et actes du dossier. La délivrance de cette copie doit intervenir dans le mois qui suit la demande. Si le dossier a fait l'objet d'une numérisation, cette copie est remise sous forme numérisée, le cas échéant par un moyen de télécommunication selon les modalités prévues** *(L. n° 2015-993 du 17 août 2015, art. 11)* **« à »** *(L. n° 2015-177 du 16 févr. 2015, art. 14)* **« l'article 803-1 ». La délivrance de la première copie de chaque pièce ou acte du dossier est gratuite.**

« Lorsque la copie a été directement demandée par la partie, celle-ci doit attester par écrit avoir pris connaissance des dispositions du sixième alinéa du présent article et de l'article 114-1. Lorsque la copie a été demandée par les avocats, ceux-ci peuvent en transmettre une reproduction à leur client, à condition que celui-ci leur fournisse au préalable cette attestation. »

(L. n° 96-1235 du 30 déc. 1996) **« Seules les copies des rapports d'expertise peuvent être communiquées par les parties ou leurs avocats à des tiers pour les besoins de la défense. »**

(L. n° 2014-535 du 27 mai 2014, art. 6, en vigueur le 2 juin 2014) **« Lorsque la copie a été demandée par l'avocat, celui-ci doit, le cas échéant, »** *(L. n° 96-1235 du 30 déc. 1996)* **« donner connaissance au juge d'instruction, par déclaration à son greffier ou par lettre ayant ce seul objet et adressée en recommandé avec accusé de réception, de la liste des pièces ou actes dont il souhaite remettre une reproduction à son client.**

« Le juge d'instruction dispose d'un délai de cinq jours ouvrables à compter de la réception de la demande pour s'opposer à la remise *(L. n° 2014-535 du 27 mai 2014, art. 6, en vigueur le 2 juin 2014)* **« aux parties de tout ou partie des copies demandées ou de leurs » reproductions par une ordonnance spécialement motivée au regard des risques de pression sur les victimes, les personnes mises en examen, leurs avocats, les témoins, les enquêteurs, les experts ou toute autre personne concourant à la procédure. »**

*(Abrogé par L. n° 2014-535 du 27 mai 2014, art. 6, en vigueur le 2 juin 2014) « **Cette décision est notifiée par tout moyen et sans délai à l'avocat. A défaut de réponse du juge d'instruction à son client la reproduction des pièces ou actes dont il avait fourni la liste.** »*

(L. n° 2014-535 du 27 mai 2014, art. 6, en vigueur le 2 juin 2014) **« Cette décision est notifiée par tout moyen et sans délai aux parties ou à leurs avocats, qui peuvent »,** *(L. n° 96-1235 du 30 déc. 1996)* **« dans les deux jours de sa notification, déférer la décision du juge d'instruction au président de la chambre de l'instruction, qui statue dans un délai de cinq jours ouvrables par une décision écrite et motivée, non susceptible de recours.** *(L. n° 2014-535 du 27 mai 2014, art. 6, en vigueur le 2 juin 2014)* **« Lorsque la copie a été demandée par l'avocat », à défaut de réponse notifiée dans le délai imparti, l'avocat peut communiquer à son client la reproduction des pièces ou actes mentionnés sur la liste.**

« Les modalités selon lesquelles *(L. n° 2014-535 du 27 mai 2014, art. 6, en vigueur le 2 juin 2014)* **« les copies sont remises » à une personne détenue et les conditions dans lesquelles cette personne peut détenir ces documents sont déterminées par décret en Conseil d'État.**

« Par dérogation aux dispositions des huitième et neuvième alinéas, l'avocat d'une partie civile dont la recevabilité fait l'objet d'une contestation ne peut transmettre à son client une reproduction des pièces ou actes *(L. n° 2014-535 du 27 mai 2014, art. 6, en vigueur le 2 juin 2014)* **« du dossier » sans l'autorisation préalable du juge d'instruction, qui peut lui être notifiée par tout moyen. En cas de refus du juge d'instruction ou à défaut de réponse de ce dernier dans les cinq jours ouvrables, l'avocat peut saisir le président de la chambre de l'instruction, qui statue dans un délai de cinq jours ouvrables, par une décision écrite et motivée non susceptible de recours. En l'absence d'autorisation préalable du président de la chambre de l'instruction, l'avocat ne peut transmettre la reproduction de pièces ou actes** *(L. n° 2014-535 du 27 mai 2014, art. 6, en vigueur le 2 juin 2014)* **« du dossier » à son client. »** — *C. pr. pén., art. 706-52.*

V. art. R. 15-42 s.

V. Circ. du 24 août 1993, pt 3.3.1.

Sur les modalités d'exercice du droit à l'assistance d'un interprète et à la traduction de certaines pièces, V. art. préliminaire, art. 803-5 et D. 594 s.

Sur la convocation de l'avocat par voie électronique, V. art. 803-1.

RÉP. PÉN. v° *Défense pénale*, par SAINT-PIERRE.

BIBL. ► AMBROISE-CASTÉROT, *Mél. Guinchard, Dalloz, 2010, p. 887* (Droits de la defense et secret de l'instruction). – ARRIGHI, *RSC 1998. 687*. – GARÇON, *Dr. pénal 2008, Étude 15* (la communication de l'information pénale). – LE GUNEHEC, *JCP 1993. I. 3720*. – PRADEL, *D. 1993. Chron. 299*. – RIBEYRE, *JCP 2006. I. 152* (la communication du dossier d'instruction aux parties privées). – VEY, *D. 2021. 752* (l'accès aux pièces d'une procédure pénale et leur production dans une autre procédure).

1. *Nécessité de l'interrogatoire.* Nul ne peut être jugé, ni mis en accusation, sans avoir été entendu ou dûment appelé. • Crim. 12 oct. 1972, n° 72-91.813 P : *D. 1973. 170, note Pradel.* ♦ Est considéré comme dûment appelé l'inculpé qui a fait l'objet d'un mandat de comparution et qui n'y a pas déféré. • Crim. 25 juill. 1979, n° 79-91.843 P.

2. Un interrogatoire au fond n'est pas nécessaire si l'inculpé s'est expliqué lors de sa première comparution en présence de son conseil. • Crim. 6 nov. 1979, n° 78-94.351 P.

3. Il résulte des art. 114, al. 1er, et 152, al. 2, que des policiers ne peuvent recueillir les confidences spontanées d'une personne mise en examen, celle-ci ne pouvant être interrogée que par le juge d'instruction, son avocat étant présent ou ayant été dûment convoqué. • Crim. 5 mars 2013 : *D. 2013. Actu. 711 ; ibid. Pan. 1993, obs. Pradel ; AJ pénal 2013. 288, note Belfanti ; RSC 2013. 595, note Danet ; Dr. pénal 2013. Comm. 63, obs. Maron et Haas ; Procédures 2013, n° 162, obs. Chavent-Leclère ; Gaz. Pal. 21 juill. 2013, p. 44, note Fourment.*

4. Le juge d'instruction n'est pas tenu de procéder à un interrogatoire de l'inculpé après les réquisitions définitives du procureur de la République, le principe qui veut que la défense doit toujours être entendue en dernier ne concernant pas la procédure d'instruction du premier degré. • Crim. 24 janv. 1984, n° 83-94.417 P.

I. DROIT À L'ASSISTANCE D'UN AVOCAT

A. AFFIRMATION DES DROITS DE LA DÉFENSE

1° CONVOCATION DE L'AVOCAT

5. *Article 114, al. 2. Délais et calcul des délais.* La régularité de l'avis prévu par l'art. 114 doit s'apprécier à la date à laquelle il est délivré. • Crim. 26 févr. 2008, n° 07-88. 451 P : *D. 2008. AJ 854 ; AJ pénal 2008. 241, obs. Lavric ; Procédures 2008. Comm. 157, obs. Buisson.* ♦ Est caractérisée la nullité de la procédure lorsque le délai de quatre [cinq] jours ouvrables entre la convocation et l'interrogatoire n'a pas été respecté. • Crim. 2 sept. 1986, n° 86-93.266 P. ♦ Ne satisfait pas aux prescriptions de l'art. 118, al. 2 [devenu l'art. 114, al. 2], la convocation envoyée le vendredi pour un interrogatoire le jeudi suivant, le délai de jours ouvrables se trouvant réduit à trois jours. • Crim. 24 juin 1991, n° 91-82.487 P : *D. 1992. Somm. 99, obs. Pradel.* ♦ En revanche, si la convocation adressée à l'avocat nouvellement désigné par la personne mise en examen le jeudi pour un débat contradictoire fixé le mercredi suivant n'est pas régulière, l'arrêt de la chambre de l'instruction n'encourt pas pour autant la censure dès lors que l'examen des pièces de la procédure permet de s'assurer, d'une part, que le demandeur a fait connaître au juge d'instruction qu'il changeait d'avocat à une date telle que le délai prévu par l'art. 114, al. 2, ne pouvait plus être respecté et, d'autre part, que les trois jours ouvrables dont disposait le nouvel avocat lui permettaient d'exercer les droits de la défense. • Crim. 28 févr. 2006, n° 05.87.740 P : *AJ pénal 2006. 224* ♦ Mais, aucune disposition légale n'impose au juge de réitérer cet acte en cas de désignation d'un nouvel avocat pour recevoir les convocations et les notifications : • Crim. 26 févr. 2008 : *préc.*

6. *Conséquences de l'absence de l'avocat.* L'absence de convocation de l'avocat au débat contradictoire (sur la prolongation de la détention provisoire), qui l'empêche d'assister le demandeur, porte nécessairement atteinte aux intérêts de celui-ci. • Crim. 4 déc. 2007, n° 07-86.794 P : *D. 2008. AJ 356 ; ibid. 2008. Pan. 2762, obs. Pradel ; AJ pénal 2008. 95, obs. Lavric ; Dr. pénal 2009. Chron. 1, obs. Guérin.* ♦ Mais le moyen doit être écarté si le conseil a assisté à l'interrogatoire, si aucune protestation n'a été élevée et s'il n'est ni établi ni même allégué que l'irrégularité commise a eu pour effet de porter atteinte aux intérêts de l'inculpé. • Crim. 2 sept. 1986, n° 86-93.266 P • 15 nov. 1993, n° 93-84.015 P • 11 janv. 1994, n° 93-84.837 P. ♦ Seule une circonstance imprévisible et insurmontable extérieure au service de la justice est susceptible de justifier l'absence de convocation au débat contradictoire de l'avocat régulièrement désigné. • Crim. 8 janv. 2013 : *D. actu. 28 janv. 2013, obs. Winckelmuller ; Procédures 2013, n° 82, obs. Buisson.*

7. Dès lors que le C. pr. pén. ne prévoit pas l'envoi à la personne mise en examen d'un avis d'audience devant le JLD, il appartient à l'avocat choisi ou commis d'office, dans l'exercice de sa mission de défense, d'aviser la personne mise en examen de la date du débat contradictoire et, s'il ne peut être présent pour l'assister, de l'en informer ; il peut également, le cas échéant, solliciter le renvoi du débat contradictoire ou aviser la personne mise en examen de son droit de le faire ; il s'ensuit que dès lors que son avocat a été régulièrement convoqué, le prévenu ne peut reprocher au JLD de ne pas l'avoir avisé de son droit de solliciter un renvoi du débat contradictoire ou de ne pas l'avoir ordonné d'office. • Crim. 23 nov. 2021, n° 21-85.211 B : *D. actu. 15 déc. 2021, obs. Goudjil ; AJ pénal 2022. 41, obs. Hennebois*.

8. Contenu de la convocation. L'art. 118 [devenu l'art. 114] se borne à requérir la convocation du conseil chaque fois que l'inculpé est susceptible d'être entendu, sans qu'il soit besoin d'en préciser l'objet. • Crim. 1er oct. 1985, n° 85-94.010 P.

9. Conséquences de la convocation. La convocation adressée dans les délais de la loi, pour un jour et une heure déterminés, valide tous les interrogatoires subséquents de l'inculpé et les actes de procédure qui en ont été la suite ininterrompue. • Crim. 10 oct. 1988, n° 88-84.656 P.

10. Modalités de convocation. La convocation du conseil de l'inculpé par lettre recommandée à une ancienne adresse devenue périmée entraîne la nullité de l'interrogatoire de l'inculpé fait en l'absence de ce conseil. • Crim. 16 mai 1974, n° 73-92.922 P : *D. 1974. 727, note Brunois.* ♦ La chambre de l'instruction, constatant que le numéro de télécopie figurant sur l'intranet du TGI était erroné, doit rechercher, pour dire la convocation régulière, si les nouvelles coordonnées auxquelles l'avocat devait être joint avaient fait l'objet d'une communication spécifique au greffier du juge d'instruction. • Crim. 20 mai 2014, n° 14-81.429 P : *D. actu. 10 juin 2014, obs. Fucini ; AJ pénal 2014. 483, obs. Luciani-Mien*.

11. Preuve de la convocation. Lorsque la convocation de l'avocat du mis en examen au débat contradictoire préalable à la prolongation de la détention provisoire est effectuée par télécopie, le récépissé consécutif à l'envoi du document doit être joint au dossier de la procédure. • Crim. 27 nov. 2012, n° 12-86.085 P : *D. actu. 9 janv. 2013, obs. Martineau ; D. 2013. AJ 15 ; Procédures 2013, n° 54, obs. Buisson.* ♦ Et le rapport de transaction consécutif à l'envoi d'une télécopie constitue le récépissé prévu par l'art. 114, al. 2. • Crim. 2 oct. 2013, n° 13-85.010 P : *D. actu. 17 oct. 2013, obs. Winckelmuller ; AJ pénal 2014. 39, obs. Priou ; Dr. pénal 2013. 161, note Maron et Haas.* – V., précédemment, en sens contraire : justifie sa décision la chambre de l'instruction qui, pour rejeter l'exception de nullité prise de l'absence au dossier du récépissé de l'envoi par télécopie de la convocation de l'avocat au débat contradictoire, soulevée contre l'ordonnance prolongeant la détention provisoire, constate qu'il résulte des mentions du procès-verbal que l'avocat a été convoqué par télécopie et énonce que cette mention fait foi jusqu'à inscription de faux. • Crim. 6 déc. 2005, n° 05.85.851 P. ♦ L'ordonnance par laquelle le JLD a prolongé la détention provisoire du mis en examen doit être annulée en l'absence de justificatif dans le dossier d'une convocation de l'avocat au débat contradictoire, nonobstant la mention de cette convocation au procès-verbal relevée par les juges du fond, mais non constatée par la chambre criminelle. • Crim. 3 déc. 2013, n° 13-86.208 P : *D. actu. 8 janv. 2014, note Fucini ; D. 2014. Pan. 1744, obs. Pradel ; AJ pénal 2014. 246, obs. Luciani ; Dr. pénal 2014. Étude 9, note Saenko.*

12. Révocation du contrôle judiciaire. L'exception de nullité tirée du non-respect du délai de convocation de l'avocat de l'art. 114 ne s'applique pas au débat contradictoire différé puisque l'incarcération provisoire ne peut pas excéder quatre jours ouvrables aux termes de l'art. 145. • Crim. 25 nov. 2003, n° 03-85.386 P : *D. 2004. IR 734 ; JCP 2004. IV. 1094 ; AJ pénal 2004. 74*.

13. Art. 114, al. 2, et le versement de pièces au dossier. Il n'y a pas lieu d'annuler le procès-verbal d'interrogatoire de première comparution et la procédure subséquente lorsque le jour même de cet interrogatoire, ont été versées au dossier de l'information diverses pièces extraites d'une autre procédure suivie au cabinet du même juge d'instruction contre l'intéressé, dès lors que le juge d'instruction n'a pas posé de questions à la personne mise en examen à partir des éléments contenus dans lesdites pièces et qu'ainsi, il n'a pas été porté atteinte aux droits de la défense. • Crim. 19 juin 2002, n° 01-83.070.

14. Report de la date d'audience. Il n'y a pas lieu de casser l'arrêt par lequel la chambre de l'instruction a confirmé l'ordonnance prolongeant la détention provisoire, au motif que le délai de convocation prévu par l'art. 114, al. 2, n'avait pas été respecté, dès lors que ladite chambre relève qu'une circonstance imprévisible et insurmontable (un mouvement de grève du personnel pénitentiaire) mettait obstacle à la tenue de l'audience initialement prévue et qu'il n'est pas établi que la convocation à ladite audience, dans un délai inférieur à celui prescrit par l'art. 114, al. 2, ait nui aux intérêts de la personne concernée car si le débat a eu lieu en l'absence de l'avocat de l'intéressé, lequel avait demandé au juge d'excuser son absence, la personne concernée était présente et a pu s'exprimer et par ailleurs, l'avocat, convoqué onze jours avant l'audience, avait eu le temps nécessaire à la consultation du dossier de la procédure et à l'organisation de la défense de son client. • Crim. 5 mars 2002, n° 01-88.625. ♦ Dès lors que la convocation initiale de l'avocat, par télécopie, a été faite dans le délai prévu par l'art. 114, al. 2, et quand bien même la télécopie reçue par celui-ci était illisible, le report de la date d'audience, décidé en concertation entre le JLD et l'avocat, ne nécessite pas de nouvelle convocation. • Crim. 18 nov. 2015, n° 15-85.287 P : *D. actu. 15 déc. 2015, obs. Collot.* ♦ Le défaut de réponse du JLD à une demande de renvoi non motivée présentée par l'un des avocats du mis en examen ne cause pas grief à l'intéressé. • Crim. 5 avr. 2016, n° 16-80.294 P : *D. actu. 10 mai 2016, obs. Goetz.* ♦ Il résulte des dispositions de l'art. 114 que la renonciation à se prévaloir de l'irrégularité de la convocation ne peut intervenir qu'au moment du débat contradictoire, le JLD, qui avait apporté une réponse à la demande de renvoi présentée par l'avocat de la personne mise en examen, n'étant pas tenu de répondre à une seconde demande ne comportant pas d'élément nouveau. • Crim. 11 déc. 2019, n° 19-86.039 P : *D. actu. 8 janv. 2020, obs. Fucini.* ♦ Concernant les demandes de renvoi formées par la personne mise en examen, V. notes 103 s. ss. art. préliminaire.

15. Visioconférence. Lorsque le renvoi du débat contradictoire procède du seul refus de la personne mise en examen détenue de comparaître avec l'utilisation d'un moyen de communication audiovisuelle, les prescriptions de l'art. 114 relatives aux modalités de convocation de l'avocat, auxquelles renvoie l'art. 145-2, ne s'imposent plus, la seule exigence étant que l'avocat soit informé des date et heure auxquelles le débat a été renvoyé. • Crim. 20 juin 2017, n° 17-82.306 P. ♦ Les formalités de convocation prévues par l'art. 114 ayant été respectées, la loi ne prévoit pas que le JLD soit tenu d'adresser une nouvelle convocation au conseil du mis en examen pour lui donner avis de l'extraction de son client, consécutive au refus de ce dernier de comparaître avec l'utilisation d'un moyen de communication audiovisuelle, ni même de l'informer de ce refus. • Crim. 20 déc. 2017, n° 17-86.176 P.

2° INFORMATION DE L'AVOCAT

a. Communication du dossier

16. La communication ne peut être faite qu'à un avocat. Les art. 114 et 197 n'autorisent la communication du dossier qu'aux seuls avocats des parties. • Crim. 22 janv. 2002, n° 00-82.215. ♦ Il résulte des dispositions des art. 114 et 197 que la communication du dossier de l'information ne peut être effectuée qu'au profit d'un avocat et que cette règle n'est pas contraire aux dispositions de l'art. 6, § 3, Conv. EDH qui n'impose pas la remise du dossier de l'information à une personne poursuivie avant la saisine de la juridiction de jugement. • Crim. 16 déc. 2009, n° 09-86.298.

17. Pièces communiquées. La procédure mise à la disposition du conseil doit, à peine de nullité, être complète et porter sur toutes pièces de la procédure en l'état où elle se trouve au moment où a lieu la communication. • Crim. 3 août 1935 : *DP 1937. I. 94, note Leloir* • 28 juill. 1958 : *Bull. crim. n° 589.* ♦ Cependant, aucune disposition légale n'interdit que l'information se poursuivant, les pièces établies ou parvenues entre la date de la communication de la procédure et celle de l'interrogatoire soient versées au dossier, dès lors qu'il en est donné connaissance à l'inculpé et à son conseil, avant l'interrogatoire. • Crim. 5 juin 1975, n° 74-92.792 P : *JCP 1976. II. 18243, obs. Chambon* • 20 févr. 1990, n° 89-86.666 P. ♦ De même, il n'est pas obligatoire que l'entier dossier soit dans le bureau du JLD au moment du débat contradictoire préalable à la décision de prolongation de la détention provisoire, dès lors que ce dossier, en vertu de l'art. 114, al. 3, avait été mis à la disposition des avocats dans le cabinet du juge d'instruction après la première comparution de la personne mise en examen. • Crim. 1er févr. 2011, n° 10-87.875 P : *D. actu. 1er mars 2011, obs. Bombled ; D. 2011. Actu. 680, obs. Bombled ; AJ pénal 2011. 309, obs. Lasserre Capdeville ; Dr. pénal 2012. Chron. 1, obs. Georget.*

18. Aucune disposition légale n'exige que figure au dossier de la procédure la copie d'une commission rogatoire délivrée par le juge d'instruction tant que celle-ci est en cours d'exécution. • Crim. 30 juin 1999, n° 99-81.426 P : *D. 1999. Somm. 326, obs. Pradel.* ♦ Une pièce peut ne pas figurer dans le dossier dès lors qu'elle n'a pas à être versée à la procédure avant le retour de la commission rogatoire à laquelle elle a été jointe. • Crim. 30 mai 1996, n° 95-85.954 P : *Dr. pénal 1996. Comm. 174, note Maron.* ♦ Lorsque, sur commission rogatoire, le magistrat délégué procède à un interrogatoire, l'entier dossier doit être mis à la disposition de la défense dans le lieu où est exécutée la mission dès lors que cette communication a été expressément demandée par le conseil de l'inculpé. • Crim. 9 févr. 1982, n° 81-94.393 P : *D. 1982. 544, note Pradel ; JCP 1983. II. 19973, note Chambon.* ♦ La chambre de l'instruction a justifié sa décision, sans méconnaître les dispositions conventionnelles invoquées (art. 5 et 6, Conv. EDH), dès lors qu'il résulte des mentions du procès-verbal de débat contradictoire du 12 juin 2009, que le dossier de la procédure, à l'exception de l'ordonnance de saisine du JLD, a été mis à la disposition de l'avocat du mis en examen, quatre jours ouvrables au plus tard avant le débat contradictoire, conformément aux dispositions de l'art. 114 et que, lors de ce débat, les arguments invoqués par le juge d'instruction, dans son ordonnance de saisine, en faveur d'une prolongation de la détention provisoire ont pu être contradictoirement débattus en présence de l'avocat du mis en examen. • Crim. 30 sept. 2009, n° 09-84.791.

19. La copie de travail d'un support numérique de stockage placé sous scellé ne constitue pas une pièce de la procédure devant être communiquée aux avocats des parties dans les conditions prévues par l'art. 114 ; elle ne peut être consultée, comme l'original, que dans les conditions prévues par l'art. 97, al. 6 et 7. • Crim. 5 oct. 2021, nº 21-82.331 B : *RSC 2021. 870, obs. Valat ; AJ pénal 2021. 592, obs. Clément*.

20. Preuve de la mise à disposition. L'obligation de mettre la procédure à la disposition du conseil de l'inculpé est réputée ne pas avoir été remplie quand on ne trouve, au dossier, aucune mention de l'accomplissement de cette formalité ; et celle-ci étant prescrite à peine de nullité, il y a lieu, dans ce cas, d'annuler l'interrogatoire ainsi que tout ce qui a suivi. • Crim. 27 juill. 1906 : *DP 1907. I. 334.* ♦ L'observation de la mise à la disposition doit être expressément constatée. • Crim. 27 févr. 1963, nº 62-92.388 P • 10 juin 1986, nº 86-91.622 P. ♦ Peu importe la mention du procès-verbal de l'interrogatoire énonçant que l'avocat a été appelé par lettre recommandée si le dossier ne comporte ni l'indication de la date d'envoi de la lettre, ni le récépissé postal. • Crim. 21 déc. 1944 : *D. 1945. 523.*

21. La mention de la mise à la disposition de la procédure sur le procès-verbal d'interrogatoire fait foi jusqu'à inscription de faux et, à défaut de preuve contraire, il y a présomption que la communication a porté sur l'ensemble des pièces. • Crim. 21 juin 1962 : *Bull. crim. nº 230 ; RSC 1963. 568, obs. J. Robert.* ♦ Comp. : • Crim. 9 févr. 1982, nº 81-94.393 P : *RSC 1983. 279, obs. J. Robert.*

22. Pas de nullité en l'absence de grief. Même en cas de non-respect de la formalité, le fait que le conseil était présent et n'a élevé aucune protestation de sorte qu'il n'est pas établi que la nullité ait pu porter atteinte aux intérêts de l'inculpé entraîne pour conséquence qu'il n'y a pas lieu d'annuler l'interrogatoire. • Crim. 2 sept. 1986, nº 86-93.266 P : *JCP 1987. II. 20766, note Chambon* • 30 oct. 2001, nº 01-84.779 P. ♦ De même, lorsque le prévenu n'a fait aucune déclaration sur le fond, l'absence de certains documents au dossier ne peut entraîner l'annulation du procès-verbal d'interrogatoire. • Même arrêt. ♦ Bien que le juge d'instruction ait posé des questions au mis en examen au sujet d'un procès-verbal versé tardivement à la procédure, en violation de l'art. 114, al. 3, la nullité doit être écartée en application de l'art. 802 dès lors qu'il n'en est résulté aucun grief pour le requérant, ce qui est établi par la présence de deux avocats qui n'ont exprimé aucune réserve. • Crim. 30 mars 2021, nº 20-85.556 P : *D. actu. 16 avr. 2021, obs. Recotillet ; AJ pénal 2021. 322, obs. Clément*.

b. Jurisprudence antérieure à la loi du 2 mai 2014

23. Les art. 114 et 197, qui limitent aux avocats des parties la possibilité de se faire délivrer la copie des pièces du dossier d'une information en cours, ne sont pas applicables aux procédures dont la juridiction de jugement est saisie et qui, de ce fait, ne sont pas soumises au secret de l'enquête ou de l'instruction prescrit par l'art. 11. • Crim. 12 juin 1996 (1er arrêt), nº 96-80.219 P : *RSC 1996. 878, obs. Dintilhac ; Gaz. Pal. 1996. 2. 397 ; JCP 1997. I. 3998, Chron. Maron ; Procédures 1996. Comm. 365, obs. Buisson ; Dr. pénal 1996. Chron. 33, par Lesclous et Marsat, et Comm. 230 ; Dr. pénal 1997. Chron. 1, rapp. Ferrari, et Chron. 4, concl. Cotte* • 12 juin 1996 (2e arrêt), nº 95-82.735 P • 2 oct. 1996, nº 95-82.290 P : *D. 1997. Somm. 149, obs. Pradel ; JCP 1997. I. 3998, Chron. Maron ; Procédures 1997. Comm. 101, obs. Buisson ; Dr. pénal 1997. Comm. 15, note Maron.* ♦ Il s'ensuit que toute personne ayant la qualité de prévenu ou d'accusé est en droit d'obtenir, en vertu de l'art. 6, § 3, Conv. EDH, non pas communication directe des pièces de la procédure, mais la délivrance, à ses frais, le cas échéant par l'intermédiaire de son avocat, de la copie des pièces du dossier soumis à la juridiction devant laquelle elle est appelée à comparaître. • Mêmes arrêts. ♦ Sur la copie des pièces de la procédure, V. notes 25 s.

B. RENFORCEMENT DES DROITS DE LA DÉFENSE

1º MISE À DISPOSITION PERMANENTE DU DOSSIER

24. Exception au principe. Le juge peut exclure la communication du dossier dans des cas très particuliers, notamment l'accomplissement d'un acte urgent. Ce refus n'est légitime que s'il est assorti de précisions suffisantes tenant à des délais ou à des conditions objectives et que donc il n'y a pas d'entrave aux droits de la défense. • Cons. const. 11 août 1993 : *JO 15 août 1993, p. 11600.*

2º COPIES DES PIÈCES DU DOSSIER

25. Situation avant la loi du 30 déc. 1996 : l'interdiction absolue pour l'avocat de remettre des copies du dossier à son client. Il résulte tant de l'art. 114, al. 4, que de l'art. 160 du Décr. du 27 nov. 1991 organisant la profession d'avocat que, si celui-ci, autorisé à se faire délivrer des copies du dossier d'instruction, peut procéder à leur examen avec son client pour les besoins de la défense de ce dernier, il ne saurait en revanche lui remettre ces copies qui ne lui sont délivrées que pour son « usage exclusif » et doivent demeurer couvertes par le secret de l'instruction. • Cass., ass. plén., 30 juin 1995 (1er arrêt), nº 94-16.982 P : *D. 1995. 417, note Pradel ; D. 1995. Somm. 319, obs. Pradel ; JCP 1995. II. 22479, note Chambon ; RSC 1995. 833, obs. Dintilhac ; Justices 1996, nº 3, p. 414,*

Chron. Rebut ; Procédures 1995. Comm. 236, obs. Buisson • 30 juin 1995 (2e arrêt) : *ibid.* ♦ Dès lors, une personne mise en examen ne peut avoir connaissance de la teneur d'un tel dossier, sauf exceptions prévues par la loi, que par l'intermédiaire et sous la responsabilité d'un avocat. • Crim. 26 juin 1995, n° 95-82.333 P.

26. Cette règle n'est en rien contraire aux dispositions de l'art. 6, § 3 d), Conv. EDH qui n'impose pas la remise, à une personne poursuivie, de la copie des pièces du dossier de l'instruction avant la saisine de la juridiction de jugement. • Crim. 26 juin 1995 : *préc. note 25.*

27. Il se déduit de l'art. 114, al. 4, que la possibilité de se faire délivrer une copie des pièces du dossier d'une information en cours n'est ouverte à l'avocat de la personne concernée qu'après sa première comparution en qualité de personne mise en examen ou sa première audition comme partie civile. • Crim. 25 oct. 2011, n° 11-81.677 P : *D. actu. 4 janv. 2012, obs. Léna ; D. 2011. Actu. 2936 ; AJ pénal 2012. 104, obs. Lavric ; RSC 2012. 195, obs. Danet.*

28. Atténuation de la rigueur sous l'influence de la Conv. EDH : annonce de la loi de 1996. Les art. 114 et 197, qui limitent, aux avocats des parties, la possibilité de se faire délivrer la copie des pièces du dossier d'une information en cours, ne sont pas applicables aux procédures dont la juridiction de jugement est saisie et qui, de ce fait, ne sont pas soumises au secret de l'enquête ou de l'instruction prescrit par l'art. 11. Il s'ensuit que toute personne ayant la qualité de prévenu ou d'accusé est en droit d'obtenir, en vertu de l'art. 6, § 3 Conv. EDH, non pas la communication directe des pièces de la procédure, mais la délivrance, à ses frais, le cas échéant par l'intermédiaire de son avocat, de la copie des pièces du dossier soumis à la juridiction devant laquelle elle est appelée à comparaître. Les dispositions réglementaires de l'art. R. 155-2°, en ce qu'elles soumettent à autorisation du ministère public la délivrance aux parties de copies de pièces de la procédure, ne sauraient faire obstacle à cette règle sans porter atteinte aux droits de la défense. • Crim. 12 juin 1996 (2 arrêts), n° 96-80.219 P : *Dr. pénal 1997. Chron. 1, rapp. Ferrari, et Chron. 4, concl. Cotte.*

II. RENONCIATION À L'ASSISTANCE D'UN AVOCAT

29. Renonciation à l'avocat. L'inculpé peut renoncer à l'assistance de son conseil hors la présence de celui-ci : • Crim. 5 janv. 1901 : *DP 1901. I. 113.* ♦ Mais la renonciation doit être expresse. • Crim. 9 avr. 1986, n° 86-90.503 P • 4 janv. 1994, n° 93-84.683 P.

30. La renonciation de l'inculpé à ce que son conseil soit présent à un interrogatoire déterminé ne s'applique qu'à cet acte seul et ne peut être étendue à aucun autre acte de la procédure. • Caen, 28 déc. 1897 : *DP 1898. 2. 33.*

Art. 114-1 *(L. n° 96-1235 du 30 déc. 1996)* **Sous réserve des dispositions du sixième alinéa de l'article 114, le fait, pour une partie à qui une reproduction des pièces ou actes d'une procédure d'instruction a été remise en application de cet article, de la diffuser auprès d'un tiers est puni de** *(L. n° 2021-1729 du 22 déc. 2021, art. 4)* **« trois ans d'emprisonnement et de 45 000 € » d'amende.**

V. art. R. 15-43.

BIBL. ► Vey, *D. 2021. 752* (accès aux pièces d'une procédure pénale et leur production dans une autre procédure).

Une cour d'appel ne peut prononcer de condamnation sur le fondement de l'art. 114-1 sans avoir constaté que des pièces de la procédure avaient été diffusées auprès d'un tiers en violation de ce texte. • Crim. 11 mars 2020, n° 19-84.887 P : *Dr. pénal 2020, n° 107, obs. Peltier ; ibid. n° 133, obs. Conte ; RSC 2020. 943, obs. Matspoulou.*

Art. 115 *(L. n° 93-2 du 4 janv. 1993)* **Les parties peuvent à tout moment de l'information faire connaître au juge d'instruction le nom de l'avocat choisi par elles ; si elles désignent plusieurs avocats, elles doivent faire connaître celui d'entre eux auquel seront adressées les convocations et notifications ; à défaut de ce choix, celles-ci seront adressées à l'avocat premier choisi.**

(L. n° 2004-204 du 9 mars 2004, art. 117, en vigueur le 1er oct. 2004) **« Sauf lorsqu'il s'agit de la première désignation d'un avocat par une partie ou lorsque la désignation intervient au cours d'un interrogatoire ou d'une audition, le choix effectué par les parties en application de l'alinéa précédent doit faire l'objet d'une déclaration au greffier du juge d'instruction. La déclaration doit être constatée et datée par le greffier qui la signe ainsi que la partie concernée. Si celle-ci ne peut signer, il en est fait mention par le greffier. Lorsque la partie ne réside pas dans le ressort de la juridiction compétente, la déclaration au greffier peut être faite par lettre recommandée avec demande d'avis de réception.**

« Lorsque la personne mise en examen est détenue, le choix effectué par elle en application du premier alinéa peut également faire l'objet d'une déclaration auprès du chef de l'établissement pénitentiaire. Cette déclaration est constatée et datée par le chef de l'établissement qui la signe ainsi que la personne détenue. Si celle-ci ne peut signer, il en est fait mention par le chef de l'établissement. Ce document est adressé sans délai, en original ou en copie et par tout moyen, au greffier du juge d'instruction. La désignation de l'avocat prend effet à compter de la réception du document par le greffier.

« Lorsque la personne mise en examen est détenue, le choix peut également résulter d'un courrier désignant un avocat pour assurer sa défense. La déclaration prévue au deuxième alinéa doit alors être faite par l'avocat désigné ; celui-ci remet au greffier une copie, complète ou partielle, du courrier qui lui a été adressé, et qui est annexée par le greffier à la déclaration. La personne mise en examen doit confirmer son choix dans les quinze jours selon l'une des modalités prévues aux deuxième et troisième alinéas. Pendant ce délai, la désignation est tenue pour effective. »

I. CHOIX DE L'AVOCAT

1. Principe de libre communication. En vertu du principe de la libre communication entre la personne mise en examen et son avocat, résultant de l'art. 115, la délivrance d'un permis de communiquer entre une personne détenue et son avocat est indispensable à l'exercice des droits de la défense. Il en découle que le défaut de délivrance de cette autorisation à un avocat désigné, avant un débat contradictoire différé organisé en vue d'un éventuel placement en détention provisoire, fait nécessairement grief à la personne mise en examen. • Crim. 7 janv. 2020, n° 19-86.465 P : *D. actu. 30 janv. 2020, obs. Goetz ; AJ pénal 2020. 139, obs. Chapelle* . ♦ ... Le fait que cette dernière ait accepté d'être défendue par l'avocat de permanence lors du débat contradictoire ne permettant pas d'écarter toute atteinte à ses droits. • Crim. 10 mars 2021, n° 20-86.919 P. ♦ ... Mais dès lors que le délai le permet, il appartient au conseil du prévenu qui estime n'être pas en mesure de venir récupérer au cabinet du juge d'instruction le permis de communiquer établi à sa demande, de demander le report du débat contradictoire différé relatif à la détention provisoire de son client. • Crim. 10 mars 2020, n° 19-87.757 P : *D. actu. 16 juin 2020, obs. Fonteix.* ♦ Si la loi pénitentiaire du 24 nov. 2009 consacre le droit des détenus à téléphoner aux membres de leur famille ou pour préparer leur réinsertion et rappelle par ailleurs le principe de la libre communication entre le détenu et son avocat, ni ce texte ni aucune autre disposition du code de procédure pénale n'organise en l'état la communication téléphonique pour les besoins de la défense entre le détenu et l'avocat. *• Crim. 13 avr. 2021,* n° 21-80.989 P : *D. actu. 12 mai 2021, obs. Diaz ; AJ pénal 2021. 373, obs. Chapelle* .

2. Renonciation à l'assistance d'un avocat. S'il est loisible à la personne mise en examen de renoncer à l'assistance d'un avocat pour revenir à celui initialement choisi, c'est à la condition d'aviser la juridiction d'instruction de ce changement ; à défaut d'un tel avis, le second conseil doit être regardé comme le premier avocat choisi au sens de l'art. 115 • Crim. 5 janv. 1994, n° 93-84.717 P.

3. Effectivité du choix de l'avocat. Il résulte des dispositions des art. 115 et 502 combinées que, si l'avocat qui fait une déclaration d'appel n'est pas tenu de produire un pouvoir spécial, il ne peut exercer ce recours, au stade de l'instruction, que si la partie concernée a préalablement fait le choix de cet avocat et en a informé la juridiction d'instruction. • Crim. 9 janv. 2007, n° 06-84.738 P : *D. 2007. AJ 579 ; AJ pénal 2007. 136, obs. Saas ; RSC 2007. 324, obs. Finielz ; Dr. pénal 2007. Comm. 65, obs. Maron* • 27 nov. 2012, n° 11-85.130 P : *D. actu. 25 janv. 2013, obs. Léna* • 16 sept. 2014 (cas d'un correspondant local), n° 13-82.758 P : *D. actu. 18 sept. 2014, obs. Portmann, ibid. 3 oct. 2014, obs. Priou-Alibert ; AJ pénal 2014. 531, obs. Guéry ; Procédures 2014, n° 305, note Chavent-Leclère.* ♦ Il résulte des dispositions de l'art. 115 que le choix d'un nouvel avocat par une personne mise en examen résulte de la désignation effectuée par cette partie auprès de la juridiction d'instruction. • Crim. 26 févr. 2008, n° 07-88.451 P.

4. Choix d'un avocat par une personne détenue. Lorsque la personne mise en examen est détenue, la désignation de l'avocat peut faire l'objet d'une déclaration auprès du chef de l'établissement pénitentiaire ; si cette désignation résulte d'un courrier de la personne mise en examen détenue, l'avocat ainsi désigné doit en faire déclaration au greffier du juge d'instruction en lui remettant une copie de ce courrier et, pendant le délai de quinze jours laissé à la personne mise en examen pour confirmer ce choix, cette déclaration est tenue pour effective de sorte que les convocations effectuées en application de l'art. 197 doivent lui être adressées. • Crim. 11 juill. 2018, n° 18-82.815 P. ♦ Aucune disposition légale n'impose au juge d'instruction de réitérer la convocation en cas de désignation d'un nouvel avocat par la personne détenue après la date à laquelle elle a été expédiée. • Crim. 7 janv. 2020, n° 18-86.517 P.

5. Pluralité d'avocats. Si plusieurs avocats sont désignés par la personne mise en examen, celle-ci doit faire connaître celui d'entre eux auquel seront adressées les convocations et notifications ; à défaut de ce choix, celles-ci seront adressées à l'avocat premier choisi. • Crim. 2 mars 1994, n° 93-85.670 P. ♦ ... C'est-à-dire, lorsque plusieurs avocats ont été désignés simultanément, à celui dont le nom apparaît en premier sur l'acte de désignation. • Crim. 8 déc. 1999, n° 99-86.135 P. ♦ Ne satisfait pas aux exigences de l'art. 115 la personne mise en examen qui, après avoir fait choix d'un avocat unique, en désigne quatre autres en précisant que les convocations et notifications devront être adressées à chacun d'eux. En conséquence, fait l'exacte application du texte précité la chambre de l'instruction qui écarte le moyen de nullité pris de ce que les notifications d'actes ont été adressées au seul avocat premier choisi. • Crim. 15 janv. 2008, n° 07-87.460 P : *D. 2008. AJ 418, note Lavric ; AJ pénal 2008. 145, note Lavric ; Dr. pénal 2009. Chron. 1, p. 20, obs. Guérin.* ♦ Lorsque plusieurs avocats sont désignés par une partie dans le cadre d'une instruction, cette dernière doit faire connaître le nom de l'avocat qui sera destinataire des convocations. A défaut de choix, les convocations sont adressées à l'avocat premier choisi : dès lors, n'est pas entaché de nullité le débat contradictoire en vue de la prolongation de la détention provisoire auquel a été convoqué, dans les formes et délais prescrits par la loi, l'avocat premier choisi, peu importe à cet égard que l'avocat dernièrement désigné n'ait pas été convoqué dans le délai de cinq jours ouvrables précédant le débat contradictoire portant sur la prolongation de la détention provisoire. • Crim. 25 févr. 2014, n° 13-87.869 P : *D. actu. 12 mars 2014, obs. Priou-Alibert ; AJ pénal 2014. 484, obs. Porteron .* ♦ Sur l'obligation de délivrance d'un permis de communiquer pour chacun des avocats désigné par la personne mise en examen détenue, V. note 2 ss. art. R. 57-6-5.

II. MODIFICATION DU CHOIX DE L'AVOCAT

6. Changement d'avocat. La désignation, en remplacement de l'avocat précédemment choisi pour recevoir les actes, d'un nouvel avocat emporte, en l'absence d'indication contraire, transfert à ce dernier, par la partie concernée, de la même responsabilité. • Crim. 20 juin 2018, n° 18-82.205 P : *Procédures 2018, n° 308, obs. Chavent-Leclère.*

7. Lorsqu'un nouvel avocat est désigné en cours de procédure par lettre simple du mis en examen à son nouveau conseil, il n'y a pas nullité de la procédure si seuls les précédents avocats sont avisés de la date d'audience de la prolongation de la détention provisoire par la chambre de l'instruction qui s'est réservé le contentieux de la détention tant que le mis en examen n'a pas confirmé au juge d'instruction la désignation de son nouvel avocat. • Crim. 4 déc. 2001, n° 01-86.394 P. ♦ En revanche, si à l'issue de l'interrogatoire de première comparution, le mis en examen désigne un nouvel avocat pour assurer sa défense, c'est à tort que la chambre de l'instruction, saisie de l'appel formé contre l'ordonnance du JLD ayant rejeté une demande de mise en liberté, constate qu'aucun avocat n'est présent à l'audience et estime néanmoins que l'affaire est en état d'être jugée, alors que seul le premier avocat du mis en examen, alors dessaisi, avait été convoqué à l'audience. • Crim. 14 nov. 2006 : *Procédures 2007. Comm. 66, obs. Buisson.* ♦ Si seul l'avocat régulièrement constitué selon les modalités de l'art. 115 doit être avisé de la date d'audience devant la chambre de l'instruction, conformément à l'art. 197, al. 1er, en cas de convocation d'un autre des avocats de la personne mise en examen, celle-ci ne subit pas de grief si cet avocat a comparu ou s'est fait substituer et a présenté un mémoire. Il n'en résulte donc aucune nullité. • Crim. 9 avr. 2013 : *D. 2013. 1779, obs. Roth .*

8. Incidence du changement en cas de pluralité d'avocats. Si elles désignent plusieurs avocats, d'une part, les parties doivent faire connaître celui d'entre eux qui sera destinataire des convocations et, d'autre part, seul le défaut de ce choix exige de les adresser à l'avocat premier choisi et il s'en déduit que la désignation, en remplacement de l'avocat précédemment choisi pour recevoir les actes, d'un nouvel avocat, emporte, en l'absence d'indication contraire, transfert à ce dernier, par la partie concernée, de cette même responsabilité. • Crim. 14 nov. 2017, n° 17-85.299 P.

9. Régularité formelle du changement d'avocat. En l'état des énonciations de la cour d'appel, dont il ressort que l'avocat régulièrement désigné avait été convoqué au débat contradictoire en vue de la prolongation de la détention provisoire, tandis que l'avocate présente, dont la désignation n'avait pas été confirmée dans les formes exigées par l'art. 115, al. 4, n'avait pas été entendue, la chambre de l'instruction a justifié sa décision de refus d'annulation de l'ordonnance de prolongation, dès lors, d'une part, que le demandeur ne peut utilement se prévaloir des dispositions du deuxième al. de l'art. 115, qui ne visent que la désignation intervenant au cours d'un interrogatoire ou d'une audition par le juge d'instruction, d'autre part, que le formalisme édicté par cet art. pour les désignations d'avocat au cours de l'information, qui assure une juste conciliation entre le respect des droits de la défense et la bonne administration de la justice, n'est pas contraire aux articles de la Conv. EDH. • Crim. 7 juin 2016, n° 16-81.694 P : *D. 2016. Actu. 1313 .* ♦ La procédure est régulière dès lors que, si la prévenue a engagé le processus de désignation d'un nouvel avocat, celui-ci n'a pas été mené à son terme dans les formes et conditions prévues par l'art. 115, le greffier du juge d'instruction n'étant en possession ni de la déclaration prévue par le 3e al. de l'art. 115 ni, ainsi que le prévoit le 4e al. dudit article, ni de la déclaration faite par nouvel avocat de sa désignation par la prévenue, de sorte que le premier avocat a été valablement convoqué à l'audience. • Crim. 24 mai 2018, n° 18-81.202 P.

10. Changement d'avocat par une personne détenue. Dès lors qu'il résulte des pièces de la procédure que le nouvel avocat, désigné par la personne mise en examen détenue par déclaration au greffe de l'établissement pénitentiaire transmise au juge d'instruction, n'a pas été convoqué dans les conditions de l'art. 114 au débat contradictoire, au cours duquel la personne mise en examen n'a pas été assistée, la cour d'appel a méconnu les art. 114 et 115. • Crim. 20 août 2014, n° 14-83.699 P : *D. 2014. Actu. 1689 ; AJ pénal 2015. 50, obs. Royer ; RSC 2014. 799, note Boccon-Gibod ; Dr. pénal 2014, n° 132, note Maron et Haas.*

III. DROIT À L'AVOCAT POUR CHAQUE PARTIE

A. AVOCAT DE LA PARTIE CIVILE

11. La partie civile ne peut déclarer l'adresse d'un tiers chargé de recevoir les actes de procédure qu'avec l'accord de ce tiers, qui peut être recueilli par tout moyen ; le fait qu'un avocat ait accepté d'assurer la défense d'une partie n'implique pas son acceptation de recevoir les actes de procédure destinés à celle-ci. • Crim. 19 nov. 1997, n° 96-85.203 P.

B. AVOCAT DE LA PERSONNE MISE EN EXAMEN

12. Est inopérant le moyen qui invoque une irrégularité de la notification d'une ordonnance de non-lieu à l'un des avocats de la partie civile, dès lors que celle-ci n'a pas fait connaître au juge d'instruction le nom des avocats choisis par elle, comme le prévoit l'art. 115. • Crim. 8 févr. 2000, n° 99-83.805 P.

13. Convocation de l'avocat. Il n'y a pas lieu d'annuler l'ordonnance de prolongation de la détention, bien que l'avocat choisi par la personne mise en examen n'eût pas été convoqué en vue du débat contradictoire, l'irrégularité invoquée n'ayant pas porté atteinte aux droits de la défense de l'intéressé, celui-ci ayant été entendu avec l'assistance de l'avocat désigné d'office, et n'ayant formulé aucune remarque. • Crim. 5 nov. 2002, n° 02-85.886.

14. Il n'y a pas lieu d'annuler le débat contradictoire et l'ordonnance de prolongation de détention subséquente, dès lors que l'avocat désigné en premier a été régulièrement avisé en vue du débat contradictoire auquel il s'est présenté, et que c'est seulement ce jour-là que le détenu a fait connaître qu'il désignait un autre avocat au lieu et place du précédent. • Crim. 5 mars 2002, n° 01-88.715.

15. Assistance effective d'un avocat et absence de grief. Une personne mise en examen ne saurait se faire un grief de ce que la chambre de l'instruction ait rejeté sa demande d'annulation de la mesure de garde à vue dont elle a été l'objet ainsi que de la procédure subséquente, faute d'avoir pu être assistée de l'avocat de son choix, dès lors que celle-ci a accepté d'en choisir un autre qui l'a effectivement assistée, tant pour l'entretien prévu par l'art. 63-4 que lors de sa première comparution, après que le juge d'instruction se fut opposé à la désignation du premier contre qui existaient des indices de participation aux faits objet de l'information. Dès lors que le requérant a bénéficié d'une défense effective, assurée par un autre avocat qu'il a désigné et qui n'a formulé aucune observation, l'irrégularité invoquée n'a pas eu pour effet de porter atteinte à ses intérêts. • Crim. 3 juin 2008, n° 08-81.771 P : *AJ pénal 2008. 379, obs. Royer ; Dr. pénal 2008. Comm. 137, obs. Maron et Haas ; Comm. 137, obs. Maron et Haas ; ibid. 2009. Chron. 1, obs. Guérin ; ibid. 8, obs. Lesclous.* ♦ Le demandeur ne saurait se faire grief de ce que le premier avocat désigné n'ait pas été avisé d'une date d'audience, dès lors que l'irrégularité invoquée n'a pas eu pour effet de porter atteinte à ses intérêts, le second avocat choisi ayant déposé un mémoire devant la chambre de l'instruction et ayant été substitué à l'audience. • Crim. 9 avr. 2013 : *RSC 2013. 395, note Boccon-Gibod.*

16. Notion de notification. En cas de demande de mise en liberté, la communication préalable du réquisitoire du ministère public et de l'ordonnance du juge d'instruction saisissant le JLD ne constitue pas une notification au sens de l'art. 115, de sorte que les droits de la défense sont respectés lorsque cette communication a été faite à l'un des avocats désignés par la personne mise en examen, bien qu'il ne se soit pas agi de celui qui avait officiellement été désigné comme premier avocat. • Crim. 27 juill. 2016, n° 16-83.020 P : *D. 2017. 245, obs. Pichon ; D. actu. 23 sept. 2016, obs. Goetz.*

17. Droit européen. Excès de formalisme. La Cour a estimé que dans les circonstances de l'espèce, où le requérant avait notifié l'identité de son nouvel avocat au juge d'instruction et au greffier, la privation d'un examen au fond de son recours a constitué une charge disproportionnée qui a rompu l'équilibre entre, d'une part, le souci légitime d'assurer le respect des conditions formelles pour désigner un nouvel avocat durant l'instruction et, d'autre part, le droit d'accès au juge. • CEDH 30 juin 2016, *Duceau c/ France,* n° 29151/11 : *AJ pénal 2016. 484, note Lavric.*

Circulaire CRIM 04-16 E8 du 21 septembre 2004,

Présentant les dispositions générales de procédure pénale de la loi n° 2004-204 du 9 mars 2004 portant adaptation de la justice aux évolutions de la criminalité applicables à compter du 1er oct. 2004. [...].

1.5. *Formalisation d'un changement d'avocat en cours d'instruction*

L'article 115 du code de procédure pénale relatif à la désignation par les parties de leur l'avocat a été sensiblement modifié par l'article 117 de la loi, afin, conformément à une demande formulée par la Cour de cassation dans son rapport annuel pour l'année 1995, d'instituer un formalisme en cas de changement d'avocat par une partie en cours d'instruction de nature à éviter des risques d'annulation de procédure. Il arrivait en effet parfois, notamment devant la chambre de l'instruction, que ne soit pas convoqué le dernier avocat désigné par une partie, faute pour la juridiction d'avoir eu connaissance de cette désignation.

1.5.1. Dispositions générales

Le deuxième alinéa nouveau de l'article 115 dispose que, « sauf lorsqu'il s'agit de la première désignation d'un avocat par une partie ou lorsque la désignation intervient au cours d'un interrogatoire ou d'une audition, le choix effectué par les parties en application de l'alinéa précédent doit faire l'objet d'une déclaration au greffier du juge d'instruction. La déclaration doit être constatée et datée par le greffier qui la signe ainsi que la partie concernée. Si celle-ci ne peut signer, il en est fait mention par le greffier. Lorsque la partie ne réside pas dans le ressort de la juridiction compétente, la déclaration au greffier peut être faite par lettre recommandée avec demande d'avis de réception. »

Ces dispositions ne concernent donc pas la première désignation de l'avocat par une partie, qui peut, comme par le passé, être faite par tout moyen, et notamment par l'envoi d'une simple lettre au juge ou à son greffier. Le formalisme prévu par le nouveau texte ne concerne ainsi que les hypothèses de changement d'avocat, ou de désignation d'un ou plusieurs nouveaux avocats (dont il serait précisé que c'est à lui ou à eux que devront être adressées les convocations). Tel est le cas non seulement si une partie désigne un nouvel avocat après avoir procédé à une première désignation, mais également si elle désigne un avocat après avoir demandé et obtenu la désignation d'un avocat commis d'office.

Ce formalisme ne s'applique par ailleurs pas – car il est alors inutile – lorsque le changement d'avocat ou la désignation d'un nouvel avocat résulte d'une déclaration faite au cours d'un interrogatoire ou d'une audition, et qui est alors consignée par procès-verbal.

Dans les autres cas, ce formalisme doit être respecté par les parties, qu'il s'agisse de la personne mise en examen ou de la partie civile, mais également du témoin assisté (dans la mesure où ce dernier a, en ce qui concerne le droit à l'avocat, les mêmes droits que les parties). A défaut – et notamment si le changement d'avocat résulte d'une lettre simple adressée au juge – la désignation est irrégulière, et aucune nullité ne saurait résulter du fait que serait convoqué l'avocat précédemment désigné par la partie.

Sauf si la partie ne réside pas dans le ressort de la juridiction, ce qui lui permet d'adresser une lettre recommandée avec accusé de réception, elle doit se déplacer au greffe de la juridiction pour déclarer le changement d'avocat. Il paraît toutefois possible qu'en pratique cette déclaration soit faite également par le nouvel avocat désigné, si celui-ci se déplace pour le compte de son client en étant muni à cette fin d'une lettre signée de la partie et adressée au juge et qui sera jointe au dossier, l'avocat devant alors signer la déclaration prévue par l'article 115.

Par ailleurs, même si la loi ne l'indique pas, une copie de la déclaration peut être remise à la partie ou à son avocat si elle en fait la demande – pour que celle-ci détienne la preuve que la désignation a bien été faite dans les conditions prévues par la loi. *[...]*

Art. 116 *(L. n° 2000-516 du 15 juin 2000, art. 23, en vigueur le 1er janv. 2001)* **Lorsqu'il envisage de mettre en examen une personne qui n'a pas déjà été entendue comme témoin assisté, le juge d'instruction procède à sa première comparution selon les modalités prévues par le présent article.**

(L. n° 2014-535 du 27 mai 2014, art. 6, en vigueur le 2 juin 2014) « Après l'avoir informée, s'il y a lieu, de son droit d'être assistée par un interprète, le juge » d'instruction constate l'identité de la personne et lui fait connaître expressément, en précisant leur qualification juridique, chacun des faits dont il est saisi et pour lesquels la mise en examen est envisagée. Mention de ces faits et de leur qualification juridique est portée au procès-verbal.

(L. n° 2014-535 du 27 mai 2014, art. 6, en vigueur le 2 juin 2014) « La personne est également informée, s'il y a lieu, de son droit à la traduction des pièces essentielles du dossier. »

Lorsqu'il a été fait application des dispositions de l'article 80-2 et que la personne est assistée d'un avocat, le juge d'instruction *(L. n° 2014-535 du 27 mai 2014, art. 6, en vigueur le 2 juin 2014)* « , après l'avoir informée de son droit de faire des déclarations, de répondre aux questions qui lui sont posées ou de se taire, » procède à son interrogatoire ; l'avocat de la personne peut présenter ses observations au juge d'instruction.

Dans les autres cas, le juge d'instruction avise la personne de son droit de choisir un avocat ou de demander qu'il lui en soit désigné un d'office. L'avocat choisi ou, dans le cas d'une demande de commission d'office, le bâtonnier de l'ordre des avocats en est informé par tout moyen et sans délai. Si l'avocat choisi ne peut être contacté ou ne peut se déplacer, la personne est avisée de son droit de demander qu'il lui en soit désigné un d'office pour l'assister au cours de la première comparution. L'avocat peut consulter sur-le-champ le dossier et communiquer librement avec la personne. *(L. n° 2014-535 du 27 mai 2014, art. 6, en vigueur le 2 juin 2014)* « Le juge d'instruction informe ensuite la personne qu'elle a le droit soit de faire des déclarations, soit de répondre aux questions qui lui sont posées, soit de se taire. » Mention de cet avertissement est faite au procès-verbal. L'accord pour être interrogé ne peut être donné qu'en présence d'un avocat. L'avocat de la personne peut également présenter ses observations au juge d'instruction.

Après avoir, le cas échéant, recueilli les déclarations de la personne ou procédé à son interrogatoire et entendu les observations de son avocat, le juge d'instruction lui notifie :

– soit qu'elle n'est pas mise en examen ; le juge d'instruction informe alors la personne qu'elle bénéficie des droits du témoin assisté ;

– soit qu'elle est mise en examen ; le juge d'instruction porte alors à la connaissance de la personne les faits ou la qualification juridique des faits qui lui sont reprochés, si ces faits ou ces qualifications diffèrent de ceux qui lui ont déjà été notifiés ; il l'informe de ses droits de formuler des demandes d'actes ou des requêtes en annulation sur le fondement des articles 81, 82-1, 82-2, 156 et 173 durant le déroulement de l'information et *(L. n° 2007-291 du 5 mars 2007, art. 19-II, en vigueur le 1er juill. 2007 ; L. n° 2019-222 du 23 mars 2019, art. 56-VII et 109-XIII, en vigueur le 1er juin 2019)* « , si elle en a fait la demande, dans un délai d'un mois ou de trois mois à compter de l'envoi de l'avis prévu au I de l'article 175 », sous réserve des dispositions de l'article 173-1.

S'il estime que le délai prévisible d'achèvement de l'information est inférieur à un an en matière correctionnelle ou à dix-huit mois en matière criminelle, le juge d'instruction donne connaissance de ce délai prévisible à la personne et l'avise qu'à l'expiration dudit délai, elle pourra demander la clôture de la procédure en application des dispositions de l'article 175-1. Dans le cas contraire, il indique à la personne qu'elle pourra demander, en application de ce même article, la clôture de la procédure à l'expiration d'un délai d'un an en matière correctionnelle ou de dix-huit mois en matière criminelle.

A l'issue de la première comparution, la personne doit déclarer au juge d'instruction son adresse *(L. n° 2000-1354 du 30 déc. 2000, art. 12 et 33, en vigueur le 1er janv. 2001)* « personnelle ». Elle peut toutefois lui substituer l'adresse d'un tiers chargé de recevoir les actes qui lui sont destinés si elle produit l'accord de ce dernier. L'adresse déclarée doit être située, si l'information se déroule en métropole, dans un département métropolitain ou, si l'information se déroule dans un département d'outre-mer, dans ce département. Cette déclaration est faite devant le juge des libertés et de la détention lorsque ce magistrat, saisi par le juge d'instruction, décide de ne pas placer la personne en détention.

La personne est avisée qu'elle doit signaler au juge d'instruction jusqu'au règlement de l'information, par nouvelle déclaration ou par lettre recommandée avec demande d'avis de réception, tout changement de l'adresse déclarée. Elle est également avisée que toute notification ou signification faite à la dernière adresse déclarée sera réputée faite à sa personne. Mention de cet avis, ainsi que de la déclaration d'adresse, est portée au procès-verbal. Ces avis sont donnés par le juge des libertés et de la détention lorsque celui-ci décide de ne pas placer la personne en détention.

TOM : 818. — Mayotte : 882.

V. Circ. CRIM 00-16 F1 du 20 déc. 2000 (BOMJ, n° 80).

Concernant la mise en examen d'une personne pour le délit de diffamation ou d'injure, V. L. du 29 juill. 1881, art. 51. — ***C. pén.***

Ecqc les mineurs suspectés ou poursuivis, V. CJPM.

BIBL. ► HENNEBOIS, *AJ pénal 2021. 407* (du droit au silence à l'encouragement à se taire).

1. Personne mise en examen : définition. Toute personne mise en cause par une plainte avec constitution de partie civile et contre laquelle le ministère public a requis nommément l'ouverture d'une information doit être considérée comme mise en examen au sens de l'art. 116, et s'avère nécessairement partie à l'instance. • Crim. 2 juill. 1998, n° 97-83.666 P : *JCP 1999. II. 10085, note Jeandidier ; RSC 1998. 787, obs. Dintilhac , et 1999. 618, obs. Giudicelli* ♦ Notamment lorsqu'elle a été initialement entendue comme témoin par le juge d'instruction avec les garanties de l'art. 105, al. 3. • Crim. 19 nov. 1998, n° 98-83.333 P : *RSC 1999. 618, obs. Giudicelli*

I. INTERROGATOIRE DE PREMIÈRE COMPARUTION ET PRÉCISION DES RÈGLES TECHNIQUES

2. Obligation de procéder à l'interrogatoire de première comparution. Le juge d'instruction a l'obligation d'inculper la personne qu'il veut entendre si cette personne est nommément désignée dans le réquisitoire introductif, même sous la formule « X... paraissant être ... ». • Crim. 14 févr. 1984, n° 93-94.762 P.

3. Mais s'il veut rendre une ordonnance de non-lieu, le juge d'instruction n'est pas tenu de procéder à l'inculpation de la personne visée dans l'acte de poursuite s'il lui apparaît au vu des éléments de l'information, et sans qu'il soit besoin de recevoir ses déclarations, que la culpabilité de cette personne se trouve d'ores et déjà exclue. • Crim. 27 nov. 1963, n° 63-91.516 P : *JCP 1964. II. 13543, note Chambon.*

4. Réquisition de la force publique. V. art. 51 et notes.

A. MOMENT DE L'INTERROGATOIRE DE PREMIÈRE COMPARUTION

5. Le juge d'instruction demeure maître d'apprécier l'opportunité du moment de la notification d'une inculpation, après avoir, le cas échéant, procédé à toutes investigations utiles. • Crim. 14 févr. 1984, n° 83-94.762 P.

6. Le juge d'instruction qui avait manifesté par la délivrance d'un mandat d'amener son intention de traiter la personne qui en fait l'objet comme un inculpé a l'obligation de procéder sur-le-champ à son interrogatoire de première comparution. Il ne peut sans méconnaître la loi, l'entendre préalablement à titre de témoin. • Crim. 26 sept. 1986, n° 86-93.821 P : *D. 1987. Somm. 82.*

7. Il est du devoir du juge d'instruction de n'inculper une personne qu'après s'être éclairé sur le point de savoir si elle a pris part à l'acte incriminé dans des conditions de nature à engager sa responsabilité pénale. • Crim. 4 janv. 1977, n° 76-91.991 P : *JCP 1977. II. 18727, note Mayer-Jack.* ♦ V. aussi art. 105.

B. FORMALITÉS DE L'INTERROGATOIRE DE PREMIÈRE COMPARUTION

1° DOMAINE DES FORMALITÉS

8. Les formalités de l'art. 3 de la loi du 8 déc. 1897 (art. 116) ne s'imposent que lors de la première comparution devant le juge d'instruction ; notamment, il n'est pas nécessaire, à l'occasion d'un nouveau chef d'inculpation, d'avertir le prévenu qu'il est libre de ne pas faire de déclaration. • Crim. 23 mars 1912 : *DP 1912. I. 161* • 2 févr. 1928 : *Bull. crim. n° 45* • Rouen, 26 juill. 1912 : *DP 1916. II. 113, note Leloir* • 26 juin 1995, n° 95-82.333 P • 16 déc. 1997, n° 97-85.251 P.

9. Ces formalités ne s'imposent pas non plus en cas de changement de qualification de l'infraction objet de la poursuite. • Crim. 24 juin 1980, n° 79-94.829 P. ♦ ... Ni en cas de dessaisissement de procédure si le juge dessaisi avait déjà procédé à l'interrogatoire de première comparution. • Crim. 9 mai 1968, n° 67-92.752 P.

10. La question portant sur la conformité à la Constitution des art. 80-1, 80-2, 113-1 à 113-8, 114, 116, en ce qu'ils ne prévoient pas, en cas de mise en examen supplétive, l'avertissement du droit de se taire, ne présente pas de caractère sérieux dès lors que ce droit a déjà été notifié à l'intéressé lors de sa mise en examen initiale et que la présence de l'avocat est expressément prévue lors de l'interrogatoire au cours duquel il sera procédé par le juge d'instruction à la mise en examen supplétive (art. 80-1, depuis L. 15 juin 2000). • Crim. 26 sept. 2012, n° 12-80.750 P : *Bull. crim. n° 200 ; D. 2012. 2607*.

11. Le JLD n'est pas tenu de respecter les modalités d'interrogatoire auxquelles le juge d'instruction est soumis en vertu des dispositions de l'art. 116. Ainsi, le fait que le procès-verbal des débats devant le JLD ne retranscrive pas les questions posées au mis en examen n'entache en rien la validité de son placement en détention provisoire. • Crim. 30 janv. 2007, n° 06-88.284 P : *AJ pénal 2007. 144*.

12. Secret de l'instruction. Aucun texte n'interdit la présence des enquêteurs lors de l'interrogatoire de première comparution, ceci d'autant plus que les policiers qui ont concouru à la procédure sont tenus au secret professionnel de l'art. 11. • Crim. 17 oct. 2000, n° 00-84.596 P : *JCP 2001. IV. 1951 ; Dr. pénal 2001. Chron. 8, obs. Marsat.* ♦ Constitue une violation du secret de l'instruction la présence d'un stagiaire de l'ENA non assermenté lors de l'interrogatoire de première comparution mais le procès-verbal n'a pas à être annulé dans la mesure où ni l'intéressé ni son avocat ne se sont opposés à cette présence. • Crim. 27 avr. 2000, n° 00-80.420 P : *D. 2000. IR 184*.

2° CONTENU DES FORMALITÉS

13. Notification des faits imputés. La formule selon laquelle le juge d'instruction a « fait connaître à l'inculpé les faits qui lui étaient imputés » satisfait aux prescriptions légales qui n'exigent pas que soient consignés par écrit les faits et circonstances qui motivent l'inculpation ainsi que la qualification attribuée à ces faits. • Crim. 18 avr. 1972, n° 71-93.521 P • 6 janv. 1989, n° 88-85.490 P • 8 oct. 1998, n° 97-86.582 P. ♦ Conf. : • Crim. 18 juin 1998, n° 98-81.369 P : *Procédures 1999. Comm. 14, obs. Buisson.* ♦ Le juge d'instruction, étant saisi *in rem*, ne peut notifier que les faits visés dans le réquisitoire du parquet ou figurant dans la plainte avec constitution de partie civile ou les pièces annexées au réquisitoire ou à la plainte. • Crim. 23 janv. 1979, n° 77-93.007 P. ♦ Le juge d'instruction n'est pas tenu de porter à la connaissance de l'inculpé les qualifications attribuées aux faits par les réquisitions du parquet. • Crim. *31 mars 1944 : Bull. crim. n° 91.* ♦ Les prescriptions de l'art. 116 ont été respectées dès lors qu'il résulte des pièces de la procédure que, lors de la première comparution de l'intéressé, le juge d'instruction lui a fait connaître chacun des faits dont il était saisi et pour lesquels il était mis en examen, ainsi que leur qualification d'escroquerie en bande organisée. • Crim. 27 févr. 2002, n° 01-84.833.

14. Avertissement du droit de ne faire aucune déclaration (jurispr. antérieure à la L. n° 2014-535 du 27 mai 2014). Les termes de l'art. 331 de la L. du 8 déc. 1897 (art. 116) ne sont point sacramentels de sorte qu'il y est satisfait lorsque l'inculpé est averti de son droit de ne pas répondre aux questions qui lui seraient posées hors la présence de son conseil. • Crim. 12 juill. 1934 : *DH 1934. 511.* ♦ Le juge ne peut pas poser de questions à l'inculpé, ni discuter ses dires, ni mettre en doute sa parole et il doit se borner à recueillir ses déclarations. • Crim. 15 mars 1973, n° 72-93.562 P : *D. 1973. 338, note P. F.* • 28 févr. 1974, n° 73-92.596 P : *D. 1974. IR 105.* ♦ Les mentions du procès-verbal constatant qu'il a été procédé conformément à ce texte font foi jusqu'à inscription de faux dès lors qu'il ne résulte pas du procès-verbal lui-même que le juge a procédé par voie de questions et de réponses de nature à engager la responsabilité pénale de l'inculpé. • Crim. 15 mars 1973 : *préc.* ♦ Cependant, il y a violation des droits de la défense lorsque le juge d'instruction, après avoir reçu les premières déclarations de l'inculpé, lui révèle, sans constater l'urgence (art. 117), des charges de nature à mettre en doute ses déclarations. • Crim. 15 mars 1973 : *préc.* ♦ Est dénuée de caractère sérieux la QPC portant sur la constitutionnalité des art. 80-1, 80-2, 113-1 à 113-7, 114 et 116 en ce que ces dispositions ne prévoient pas, en cas de mise en examen supplétive, l'avertissement du droit de se taire, dès lors que ce droit a déjà été notifié à l'intéressé lors de sa mise en examen initiale et que la présence de l'avocat est expressément prévue. • Cass., QPC, 26 sept. 2012, n° 12-80.750 P.

15. Droit de se taire (jurispr. postérieure à la L. n° 2014-535 du 27 mai 2014). Au visa de l'art. 116, al. 4, dans sa version issue de la L. n° 2014-535 du 27 mai 2014, lorsqu'il a fait application des dispositions de l'art. 80-2 et qu'il procède à la première comparution de la personne qu'il envisage de mettre en examen, le juge d'instruction l'informe de son droit de faire des déclarations, de répondre aux questions qui lui sont posées ou de se taire, cette information complète ne pouvant être déduite de la mention, au procès-verbal, du fait que la personne souhaite répondre aux questions du magistrat instructeur. • Crim. 7 févr. 2017, n° 16-84.353 P : *D. actu. 2 mars 2017, obs. Fucini ; Dr. pénal 2017, n° 65, note Maron et Haas.*

16. Avis donné à l'intéressé de son droit de choisir un conseil. La déclaration faite par l'inculpé lors de sa première comparution de sa volonté de s'expliquer immédiatement sans l'assistance d'un conseil ne dispense pas le juge de l'obligation d'avertir le prévenu du droit qu'il a de choisir un conseil. • Crim. 30 déc. 1927 : *DP 1929. I. 55.* ♦ Si l'inculpé ne choisit pas un conseil, s'il ne demande pas la désignation d'un avocat d'office, il peut réserver sa décision et, dans ce cas, l'avertissement n'a pas à être renouvelé lors d'interrogatoires ultérieurs. • Crim. 14 mars 1974, n° 73-93.274 P : *D. 1974. 604, note J.-M. Robert.*

17. La décision collective d'un barreau de suspendre toute désignation d'office constitue une circonstance insurmontable qui justifie que le juge d'instruction statue sur la détention provisoire en l'absence d'un conseil, dès lors que les formalités légales ont été accomplies pour faire respecter les droits de la défense. • Crim. 11 juill. 1990, n° 90-82.613 P : *RSC 1991. 602, obs. Braunschweig.*

18. Les dispositions de l'art. 116, al. 4 (avis du droit à l'assistance d'un avocat), ne sont pas applicables à la personne qui a déjà été entendue comme témoin assisté. • Crim. 11 mai 2004, n° 04-81.039 P : *D. 2004. IR 1865 ; JCP 2004. IV. 2392 ; AJ pénal 2004. 289, obs. Leblois-Happe.*

19. Notification des dispositions de l'art. 173-1. L'obligation faite au juge d'instruction de notifier les dispositions de l'art. 173-1 à la personne mise en examen n'est applicable qu'aux mises en examen effectuées à compter du 1er janv. 2001 et aucune disposition légale n'imposait une notification de ces dispositions aux personnes mises en examen antérieurement. • Crim. 12 déc. 2001, n° 01-86.880 P.

20. Communication de la procédure à l'intéressé et à son conseil. Aucun texte ne prescrit la communication des pièces à l'inculpé lors de sa première comparution devant le juge d'instruction. • Rouen, 26 juill. 1912 : *DP 1916. II. 113, note Leloir.* ♦ Lorsque le prévenu n'a fait aucune déclaration sur le fond, l'absence de certains documents au dossier au moment de sa consultation par l'avocat ne peut entraîner l'annulation du procès-verbal d'interrogatoire de première comparution. • Crim. 30 oct. 2001, n° 01-84.779 P. ♦ De même, si au cours de l'interrogatoire, l'avocat du prévenu qui avait pu prendre connaissance du procès-verbal d'inventaire des pièces n'élève aucune protestation et n'invoque pas une atteinte aux droits de la défense dans sa requête en nullité, il n'y a pas lieu d'annuler le procès-verbal d'interrogatoire. • Même arrêt.

21. Fait l'exacte application de l'art. 116, la chambre de l'instruction qui, pour refuser de faire droit au moyen d'annulation proposé par les demandeurs, pris de ce que le juge d'instruction ne les aurait pas informés, lors de leur mise en examen, des faits visés au réquisitoire supplétif, énonce que les produits stupéfiants découverts lors de l'interpellation des prévenus, objet de ce réquisitoire, n'étaient pas compris dans la saisine initiale du juge d'instruction et ajoute qu'il résulte des pièces d'exécution de la commission rogatoire que le premier prévenu était en « relation d'affaires » avec le second antérieurement au réquisitoire introductif. • Crim. 6 mai 2009, n° 08-88.467 P : *D. 2009. AJ 1699 ; AJ pénal 2009. 455.*

22. Durée de la mission de l'avocat commis d'office. La mission de l'avocat commis d'office pour assister la personne mise en examen, lors de la première comparution et du débat contradictoire sur la détention, ne cesse que si l'intéressé choisit un autre avocat ou s'il a été procédé, par le bâtonnier, à la désignation d'un autre conseil. • Crim. 12 mai 1999, n° 99-81.294 P : *Dr. pénal 1999. Comm. 144 (1er arrêt), obs. Maron.* ♦ Cassation de : • Douai, ch. acc., 5 févr. 1999 : *Dr. pénal 1999. Comm. 144 (2e arrêt), obs. Maron.*

23. Déclaration de l'adresse personnelle. Lorsque la personne poursuivie réside sur le territoire de l'un des États parties à la Convention européenne d'entraide judiciaire en matière pénale du 20 avr. 1959, et qu'en raison des modalités de sa mise en examen, elle ne se trouve pas soumise aux exigences prévues par l'art. 116, al. 5 lui imposant de déclarer une adresse en France, l'avis d'audience doit lui être remis par l'intermédiaire des autorités compétentes de l'État étranger, le délai de 5 jours prévu par l'art. 197 devant être calculé à compter de la date à laquelle l'avis lui a été envoyé par ces autorités. • Crim. 27 mai 1999, n° 99-81.765 P : *Procédures 1999. Comm. 280, obs. Buisson.* ♦ Dès lors que des prévenus déclarent comme adresse au juge d'instruction un domicile élu, en l'espèce l'adresse de leur cabinet d'avocat, ils ne peuvent par la suite invoquer la nullité des citations que leur avocat a accepté de recevoir en prétendant que les dispositions des art. 556 et 557 devaient s'appliquer. • Crim. 11 déc. 2001, n° 00-85.212 P : *D. 2002. IR 456 ; Dr. pénal 2002. Comm. 39, obs. Véron ; ibid. Comm. 61, obs. Maron.*

24. Adresse d'un tiers. Dans le cas où elle déclare comme adresse personnelle celle d'un tiers, la personne mise en examen n'est tenue de produire l'accord de ce dernier que si elle charge expressément ce tiers de recevoir les actes qui lui sont destinés. • Crim. 26 juin 2007, n° 07-82.410 P : *D. 2007. AJ 2165 ; AJ pénal. 2007. 446.*

3° SANCTION DES FORMALITÉS

25. Les formalités prescrites à l'art. 114 [devenu l'art. 116] doivent être observées à peine de nullité tant de l'acte lui-même que de la procédure ultérieure. • Crim. 15 mars 1973, n° 72-93.562 P. ♦ V. pour une application au cas particulier de l'avertissement fait à l'inculpé de son droit de choisir un avocat, sauf renonciation expresse à l'assistance d'un avocat : • Crim. 30 déc. 1927 : *DP 1929. 1. 55.*

26. Méconnaît l'art. 116, al. 2, la chambre de l'instruction qui annule des mises en examen en raison de l'indétermination des termes de la prévention, alors qu'il résulte de ses propres constatations que les personnes concernées ont été mises en examen avec indication des qualifications juridiques commandées par les textes applicables pour avoir involontairement causé la mort et occasionné des blessures à des victimes nommément désignées. • Crim. 26 juin 2012, n° 12-80.319 P : *AJ pénal 2012. 604, obs. Lasserre Capdeville ; Procédures 2012, n° 260, obs. Chavent-Leclère.*

27. La cassation de l'arrêt de la chambre de l'instruction ayant ordonné la mise en examen supplétive des intéressés doit entraîner l'annulation de tout ce qui en a été la suite ou l'exécution, quand bien même les juges d'instruction conservaient la liberté de ne pas mettre les intéressés en examen. • Crim. 4 janv. 2022, n° 21-81.279 : *D. actu. 1er févr. 2022, obs. Goudjil.*

28. Cancellation. Après avoir constaté que la mise en examen était intervenue pour des faits non visés au réquisitoire supplétif, une chambre de l'instruction peut faire canceller les mentions du procès-verbal de l'interrogatoire de première comparution relatives à ces faits non compris dans la saisine, la mise en examen demeurant valide pour les autres faits reprochés, objet des réquisitoires introductif et supplétif dont le juge d'instruction était régulièrement saisi. • Crim. 23 juin 2015, n° 15-81.071 P : *D. actu. 27 juill. 2015, obs. Gallois.*

29. L'absence d'interprète lors de l'interrogatoire de première comparution ne fait pas grief dans la mesure où l'audition a eu lieu en présence de l'avocat et qu'aucune réserve n'a été émise sur cette absence. • Crim. 27 juin 2000, n° 00-80.411 P.

30. Les dispositions de l'art. 116 qui imposent que l'avocat puisse consulter sur-le-champ le dossier, lequel doit comprendre toutes les pièces de la procédure ont été violées et il y a nécessairement atteinte aux droits de la défense lorsque un rapport d'expertise déterminant dans la mise en examen n'a pas été porté à la connaissance de l'avocat avant cette mise en examen alors que le juge d'instruction avait reçu ce rapport par télécopie deux jours plus tôt ; peu importe qu'en l'espèce, le rapport a officiellement été déposé quelques jours après la mise en examen. • Crim. 29 janv. 2003, n° 02-86.774 P : *D. 2003. Somm. 1730, obs. Pradel ; JCP 2003. IV. 1527.*

II. INTERROGATOIRE DE PREMIÈRE COMPARUTION ET RESPECT DES DROITS FONDAMENTAUX

31. Exigences du procès équitable. En vertu du principe de la libre communication entre la personne poursuivie et son avocat, résultant des art. 116 et 145-3 et 6, § 3 *e)*, Conv. EDH, la demande de la personne mise en examen, bénéficiant de l'aide juridictionnelle et qui sollicite la désignation d'un interprète et la prise en charge par l'État des frais en découlant, ne peut être déclarée irrecevable. Si le juge d'instruction, régulièrement saisi conformément à l'art. 81, al. 10, n'y fait pas droit, il lui appartient de la rejeter par une ordonnance motivée, susceptible d'appel dans les conditions prévues par l'art. 186-1. • Crim. 6 déc. 1994, n° 94-84.235 P : *D. 1995. Somm. 147, obs. Pradel*. ♦ Pour un cas dans lequel il a été fait droit à la demande de désignation d'un interprète : • Montpellier, 15 déc. 1998 : *Dr. pénal 1999. Comm. 61, obs. Maron.*

32. Observations de l'avocat. Il résulte des dispositions de l'art. 116, al. 4 que, lors de l'interrogatoire de première comparution d'une personne que le juge d'instruction envisage de mettre en examen, il appartient à l'avocat présent, qui s'est entretenu avec son client, de faire connaître au juge d'instruction qu'il souhaite présenter des observations à la suite de cet entretien et avant notification de la mise en examen. • Crim. 2 juin 2010, n° 10-80.452 P : *AJ pénal 2011. 85, obs. de Combles de Nayves*.

33. État de santé. Porte nécessairement atteinte aux intérêts d'une personne mise en examen le fait que le juge d'instruction procède à son interrogatoire de première comparution dans des conditions incompatibles avec son état de santé, peu important qu'elle n'ait, à cette occasion, pas fait de déclarations par lesquelles elle se serait incriminée. • Crim. 7 juin 2017, n° 16-87.429 P : *D. actu. 23 juin 2017, obs. Priou-Alibert.*

Art. 116-1 *(L. n° 2007-291 du 5 mars 2007, art. 15, en vigueur le 1er juin 2008)* **En matière criminelle, les interrogatoires des personnes mises en examen réalisés dans le cabinet du juge d'instruction, y compris l'interrogatoire de première comparution et les confrontations, font l'objet d'un enregistrement audiovisuel.**

L'enregistrement ne peut être consulté, au cours de l'instruction ou devant la juridiction de jugement, qu'en cas de contestation sur la portée des déclarations recueillies, sur décision du juge d'instruction ou de la juridiction de jugement, à la demande du ministère public ou d'une des parties. Les huit derniers alinéas de l'article 114 ne sont pas applicables. Lorsqu'une partie demande la consultation de l'enregistrement, cette demande est formée et le juge d'instruction statue conformément aux deux premiers alinéas de l'article 82-1.

Le fait, pour toute personne, de diffuser un enregistrement réalisé en application du présent article est puni d'un an d'emprisonnement et de 15 000 € d'amende.

A l'expiration d'un délai de cinq ans à compter de la date de l'extinction de l'action publique, l'enregistrement est détruit dans le délai d'un mois.

Lorsque le nombre de personnes mises en examen devant être simultanément interrogées, au cours de la même procédure ou de procédures distinctes, fait obstacle à l'enregistrement de tous les interrogatoires, le juge d'instruction décide, au regard des nécessités de l'investigation, quels interrogatoires ne seront pas enregistrés.

Lorsque l'enregistrement ne peut être effectué en raison d'une impossibilité technique, il en est fait mention dans le procès-verbal d'interrogatoire qui précise la nature de cette impossibilité.

(Abrogé par Décis. n° 2012-228/229 QPC du 6 avr. 2012) ***« Le présent article n'est pas applicable lorsque l'information concerne un crime mentionné à l'article 706-73 du présent code ou prévu par les titres Ier et II du livre IV du code pénal, sauf si le juge d'instruction décide de procéder à l'enregistrement. »***

Un décret précise en tant que de besoin les modalités d'application du présent article. — *V. art. D. 32-2-2.*

1. QPC. Est abrogé immédiatement, en tant qu'il procède d'une discrimination injustifiée portant atteinte au principe d'égalité, l'art. 116-1, al. 7, qui exclut l'enregistrement des interrogatoires des suspects en matière de criminalité organisée ou d'atteinte aux intérêts fondamentaux de la Nation. • Cons. const. 6 avr. 2012 : *D. actu. 17 avr. 2012, obs. Léna ; D. 2012. Actu. 1377, note Courtin ; ibid. Pan. 1590, obs. Mangiavillano ; AJ pénal 2012. 423, obs. Perrier ; Dr. pénal 2012. Chron. 7, obs. Lesclous.* ♦ Doit être renvoyée devant le Conseil constitutionnel la question prioritaire de constitutionnalité qui soutient que l'art. 116-1, al. 7, en ce qu'il prive les personnes mises en cause dans le cadre d'une information criminelle relevant de la criminalité organisée du droit à l'enregistrement audiovisuel des interrogatoires et confrontations, alors que ce droit est accordé par la loi aux personnes mises en cause dans le cadre d'informations judiciaires portant sur des crimes moins graves, instituant ainsi une différence de traitement entre des personnes mises en cause pour des infractions recevant la même qualification criminelle, porterait atteinte au principe d'égalité. • Crim., QPC, 18 janv. 2012, n° 11-90.115 P : *D. actu. 27 janv. 2012, obs. Lavric ; D. 2012. Actu. 362 ; Actu. 1010 ; ibid. 1377, note Courtin ; Procédures 2012, n° 85, obs. Chavent-Leclère.*

2. Lieu de l'interrogatoire. Les dispositions de l'art. 116-1 n'imposent, en matière criminelle, l'enregistrement audiovisuel des interrogatoires des personnes mises en examen, que lorsqu'ils sont réalisés dans le cabinet du juge d'instruction. Justifie, dès lors, sa décision la chambre de l'instruction qui, pour rejeter la requête aux fins d'annulation d'un interrogatoire de première comparution n'ayant pas fait l'objet d'un enregistrement audiovisuel, retient que cet interrogatoire a eu lieu à l'hôpital en raison de l'état de santé du mis en examen. • Crim. 1er avr. 2009, n° 08-88.549 P : *D. 2009. Pan. 2239, obs. Pradel ; AJ pénal 2009. 271, obs. Duparc ; Dr. pénal 2009, n° 101, obs. Maron et Haas ; ibid. 2010. Chron. 1, obs. Guérin ; Procédures 2009, n° 207, obs. Buisson.* ♦ Comp. : il résulte de l'art. 116-1 que le cabinet du juge d'instruction s'entend de tout local d'une juridiction dans lequel ce magistrat, de manière permanente ou occasionnelle, accomplit des actes de sa fonction ; dès lors, en énonçant, pour rejeter la requête, que l'absence d'enregistrement d'un interrogatoire dans un lieu autre que le cabinet du magistrat instructeur ne saurait être une cause de nullité de cet acte, alors que le défaut d'enregistrement audiovisuel, hors les cas où l'art. 116-1 l'autorise, porte nécessairement atteinte aux intérêts de la personne concernée, la chambre de l'instruction a méconnu le sens et la portée du texte précité et le principe ci-dessus rappelé. • Crim. 13 mai 2015, n° 14-77.534 P : *D. actu. 27 mai 2015, obs. Fucini ; AJ pénal 2015. 438, obs. Girault ; D. 2016. Pan. 1727, obs. Pradel .*

3. Champ d'application. L'exigence d'un enregistrement audiovisuel prévu par l'art. 116-1, al 1er, concerne les seuls interrogatoires des personnes mises en examen pour des faits de nature criminelle, ce qui n'est pas le cas d'une personne poursuivie pour des délits, peu important qu'elle le soit dans le cadre d'une procédure criminelle. • Crim. 13 oct. 2020, n° 20-81.199 P : *RSC 2021. 132, obs. Delage .*

4. Nullité. Le défaut d'enregistrement audiovisuel de l'interrogatoire de première comparution porte nécessairement atteinte aux intérêts de la personne concernée même si celle-ci n'est pas interrogée. • Crim. 3 mars 2010, n° 09-87.924 P : *D. 2010. AJ 1024 ; ibid. 1688, note Belfanti ; AJ pénal 2010. 294, obs. Ascensi ; Procédures 2010, n° 247, obs. Chavent-Leclère.* ♦ ...Ou déclare faire usage de son droit de se taire. • Crim. 22 juin 2016, n° 15-87.752 P : *D. 2016. Actu. 1565 ; Gaz ; Pal. 4 oct. 2016, p. 60, note Fourment ; Procédures 2016, n° 303, note Chavent-Leclère.* ♦ L'omission d'enregistrement audiovisuel, hors les cas où l'art. 116-1 l'autorise, porte nécessairement atteinte aux intérêts de la personne concernée, que celle-ci ait déclaré vouloir faire des déclarations, répondre aux questions posées ou se taire, l'annulation portant alors sur l'intégralité de l'interrogatoire de première comparution, bien que les faits pour lesquels la personne a été mise en examen aient été à la fois criminels et correctionnels. • Crim. 21 mars 2017, n° 16-84.877 : *D. 2017. 1236, note Belfanti* • Crim. 11 avr. 2018, n° 17-86.711 P : *D. actu. 7 mai 2018, obs. Morgante ; RSC 2018. 458, note Cordier*.

5. Impossibilité technique. Si l'impossibilité technique ayant fait obstacle à l'enregistrement d'un interrogatoire, en matière criminelle, dans le cabinet du juge d'instruction, doit être mentionnée dans le procès-verbal d'interrogatoire qui en précise la nature, c'est à la condition qu'elle soit apparue avant la clôture de celui-ci, l'incident technique pouvant, par ailleurs, résulter d'une maladresse ou d'une omission de l'homme. • Crim. 4 nov. 2010, n° 10-85.279 P : *D. actu. 17 déc. 2010, obs. Léna ; D. 2010. Actu. 14*.

Art. 117 *(L. n° 93-2 du 4 janv. 1993)* **Nonobstant les dispositions prévues à l'article 116, le juge d'instruction peut procéder à un interrogatoire immédiat et à des confrontations si l'urgence résulte soit de l'état d'un témoin en danger de mort, soit de l'existence d'indices sur le point de disparaître** *(Abrogé par L. n° 2016-731 du 3 juin 2016, art. 63, à compter du 15 nov. 2016) (L. n° 93-1013 du 24 août 1993 ; L. n° 2004-204 du 9 mars 2004, art. 126)* « ***, ou encore dans le cas prévu à l'article 72*** ».

Le procès-verbal fait mention des causes d'urgence.

1. Constat de l'urgence. Le juge d'instruction ne peut procéder à un interrogatoire immédiat que dans les cas d'urgence limitativement prévus par l'art. 115 [devenu l'art. 117]. • Crim. 15 mars 1973, n° 72-93.562 P : *D. 1973. 338, note P. F.* ♦ Viole les droits de la défense le magistrat instructeur qui, sans constater l'urgence, révèle à l'inculpé des charges relevées contre lui de nature à mettre en doute ses premières déclarations, et pose des questions relatives à la responsabilité pénale de cet inculpé. • Même arrêt.

2. Nécessité d'une mise en examen. Quoique pouvant procéder immédiatement à l'interrogatoire, le juge d'instruction est cependant tenu de procéder à une inculpation préalable en portant à la connaissance de l'inculpé les faits qui lui sont imputés. • Crim. 20 avr. 1972, n° 71-93.497 P.

3. Lieu de l'interrogatoire effectué en urgence. La loi qui autorise le juge d'instruction en transport sur les lieux en cas de flagrant délit à interroger l'inculpé sans lui donner les avertissements prévus n'exige pas qu'il soit procédé à l'interrogatoire sur le lieu même du crime. • Crim. 7 janv. 1932 : *Bull. crim. n° 1* • 30 juin 1932 : *Bull. crim. n° 161 ; DP 1933. 1. 23, note Leloir.*

Art. 118 *(L. n° 2004-204 du 9 mars 2004, art. 118, en vigueur le 1er oct. 2004)* **S'il apparaît au cours de l'information que les faits reprochés à la personne mise en examen sous une qualification correctionnelle constituent en réalité un crime, le juge d'instruction notifie à la personne, après l'avoir informée de son intention et avoir recueilli ses éventuelles observations et celles de son avocat, qu'une qualification criminelle est substituée à la qualification initialement retenue. À défaut de cette notification, il ne peut être fait application des dispositions de l'article 181.**

Si la personne était placée en détention provisoire, le mandat de dépôt initialement délivré demeure valable et est considéré comme un mandat de dépôt criminel. La détention provisoire se trouve alors soumise aux règles applicables en matière criminelle, les délais prévus pour la prolongation de la mesure étant calculés à compter de la délivrance du mandat.

Lors de la notification prévue au premier alinéa, le juge d'instruction peut faire connaître à la personne un nouveau délai prévisible d'achèvement de l'information, conformément aux dispositions du *(L. n° 2014-535 du 27 mai 2014, art. 6, en vigueur le 2 juin 2014)* « **neuvième** » **alinéa de l'article 116.**

(L. n° 2007-291 du 5 mars 2007, art. 6-IV) « **Si l'information a été ouverte au sein d'une juridiction dépourvue de pôle de l'instruction** *(L. n° 2021-1729 du 22 déc. 2021, art. 7)* « **et lorsque la gravité ou la complexité de l'affaire le justifie** », **le juge d'instruction, aussitôt après avoir procédé aux formalités prévues par le présent article,** *(L. n° 2021-1729 du 22 déc. 2021, art. 7)* « **peut se dessaisir, d'office ou sur réquisition du procureur de la République,** » **au profit d'un juge du pôle de l'instruction compétent, désigné par le président du tribunal judiciaire dans lequel se trouve ce pôle.** »

1. Le juge d'instruction d'une juridiction dépourvue de pôle, saisi d'une qualification délictuelle mais qui estime que les faits ne relèvent pas de sa compétence, doit, avant tout interrogatoire, rendre une ordonnance d'incompétence *ab initio*. • Angers, ch. instr., 13 oct. 2010 : *AJ pénal 2011. 70, obs. Belfanti*.

2. Sauf si une qualification criminelle est substituée à une qualification correctionnelle, le juge d'instruction peut, lors d'un interrogatoire, requalifier les faits reprochés à la personne mise en examen sans recueillir préalablement ses observations ou celles de son avocat, y compris si le *quantum* de la peine encourue au titre de cette nouvelle qualification est plus sévère. • Crim. 22 juin 2021, nº 20-86.726 B : *AJ pénal 2021. 483, obs. Fiorini ; RSC 2021. 865, obs. Valat*.

Art. 119 *(L. nº 2004-204 du 9 mars 2004, art. 119)* **Le procureur de la République peut assister aux interrogatoires, auditions et confrontations de la personne mise en examen, de la partie civile et du témoin assisté.**

Chaque fois qu'il a fait connaître au juge d'instruction son intention d'y assister, le greffier du juge d'instruction doit l'avertir par simple note, au plus tard l'avant-veille de l'interrogatoire.

Art. 120 *(L. nº 2000-516 du 15 juin 2000, art. 25, en vigueur le 1er janv. 2001)* **Le juge d'instruction dirige les interrogatoires, confrontations et auditions. Le procureur de la République et les avocats des parties** *(L. nº 2004-204 du 9 mars 2004, art. 95-V, en vigueur le 1er oct. 2004)* **« et du témoin assisté » peuvent poser des questions ou présenter de brèves observations.**

Le juge d'instruction détermine, s'il y a lieu, l'ordre des interventions et peut y mettre un terme lorsqu'il s'estime suffisamment informé. Il peut s'opposer aux questions de nature à nuire au bon déroulement de l'information ou à la dignité de la personne.

Mention de ce refus est portée au procès-verbal.

Les conclusions déposées par le procureur de la République ou les avocats des parties *(L. nº 2004-204 du 9 mars 2004, art. 95-V, en vigueur le 1er oct. 2004)* **« et du témoin assisté » afin de demander acte d'un désaccord avec le juge d'instruction sur le contenu du procès-verbal sont, par le juge d'instruction, versées au dossier.**

Art. 120-1 *(L. nº 2007-291 du 5 mars 2007, art. 17-II, en vigueur le 1er juill. 2007)* **Lorsque la personne mise en examen ou le témoin assisté sont mis en cause par plusieurs personnes, ils peuvent demander, conformément au premier alinéa de l'article 82-1 ou au** *(L. nº 2014-535 du 27 mai 2014, art. 6, en vigueur le 2 juin 2014)* **« dernier » alinéa de l'article 113-3, à être confrontés séparément avec chacune d'entre elles. Le juge d'instruction statue sur ces demandes conformément au deuxième alinéa de l'article 82-1. Le refus d'une demande de confrontation individuelle ne peut être motivé par la seule raison qu'une confrontation collective est organisée.**

Art. 121 **Les procès-verbaux d'interrogatoire et de confrontation sont établis dans les formes prévues aux articles 106 et 107.**

S'il est fait appel à un interprète, les dispositions de l'article 102 sont applicables.

(L. nº 2000-516 du 15 juin 2000, art. 26, en vigueur le 1er janv. 2001) **« Si la personne mise en examen est atteinte de surdité, le juge d'instruction nomme d'office pour l'assister lors de l'information un interprète en langue des signes ou toute personne qualifiée maîtrisant un langage ou une méthode permettant de communiquer avec les sourds. Celui-ci, s'il n'est pas assermenté, prête serment d'apporter son concours à la justice en son honneur et en sa conscience. Il peut être également recouru à tout dispositif technique permettant de communiquer avec la personne mise en examen. Si la personne mise en examen sait lire et écrire, le juge d'instruction peut également communiquer avec elle par écrit. »**

Sur les modalités d'exercice du droit à l'assistance d'un interprète et à la traduction de certaines pièces, V. art. préliminaire, 803-5 et D. 594 s.

BIBL. ► MAYER-JACK, *JCP 1981. I. 3045.*

1. Violations des règles de forme. Est nul l'interrogatoire au cours duquel l'inculpé a authentifié des propos enregistrés sur bandes magnétiques au cours d'un transport sur les lieux suivi d'un procès-verbal non conforme aux exigences des art. 106 et 107. • Crim. 28 févr. 1974, nº 73-82.696 P.

2. Des dispositions combinées des art. 121, 106 et 107, il résulte que les procès-verbaux d'interrogatoire doivent être signés par le juge d'instruction ; et cette formalité est substantielle. • Crim. 12 janv. 1961 : *Bull. crim. nº 24* • 11 déc. 1974, nº 74-92.260 P. ♦ Même règle si manque la signature du greffier ou celle de l'inculpé ou partie civile. • Crim. 22 févr. 1977, nº 76-92.813 P • 23 nov. 2016, nº 16-81.904 P : *D. actu. 21 déc. 2016, obs. Fucini ; AJ pénal 2017. 76, note Thierry ; Dr. pénal 2017, nº 13, note Maron et Haas.* ♦ Porte atteinte aux intérêts de la personne l'omission de la signature du greffier sur les deux premières pages du procès-verbal mentionnant que lui avaient été notifiés sa mise en examen et les droits en découlant, avant d'être invitée à relire et signer ses déclarations. • Crim. 12 déc. 2017, n° 17-84.824 P : *D. actu. 18 janv. 2018, obs. Fonteix.* ♦ Dès lors que les signatures de la personne mise en examen, du juge et du greffier figurent à la fin du procès-verbal et que l'omission de celles-ci sur la première page n'a pas eu pour effet de porter atteinte aux intérêts de la partie qu'elle concerne, il n'y a pas lieu d'annuler l'ordonnance de prolongation de la détention provisoire. • Crim. 22 juin 2004, n° 04-82.105 P : *JCP 2004. IV. 2785 ; AJ pénal 2004. 372 ; Dr. pénal 2004. Comm. 166, note Maron.*

3. Refus de signature. Le refus de signature d'un procès-verbal par un inculpé au motif que son conseil n'est pas présent ne saurait entraîner la nullité dudit procès-verbal dès lors qu'il est fait mention de ce refus conformément aux dispositions de l'art. 106 et qu'ont été observées les dispositions de l'art. 118. • Crim. 5 mars 1985, n° 85-90.022 P.

4. Absence de mention du nom du greffier. Les art. 106 et 121 n'exigent pas que le nom du greffier soit mentionné sur le procès-verbal et il suffit pour désigner le greffier que sa signature figure au bas de chacune des pages de l'acte. • Crim. 2 mai 1968, n° 67-93.348 P.

5. Interprète. Lorsqu'un procès-verbal d'interrogatoire énonce que l'interprète « a prêté le serment requis par la loi », cette mention est dépourvue d'équivoque et établit qu'il a été satisfait aux prescriptions légales. • Crim. 20 nov. 1984, n° 84-94.270 P.

6. Force probante. Les mentions du procès-verbal authentifiées par les signatures font foi jusqu'à inscription de faux. • Crim. 18 avr. 1972, n° 71-93.521 P. ♦ Il importe peu que ces mentions soient dactylographiées, manuscrites ou imprimées. • Crim. 5 juin 1975, n° 74-92.792 P : *JCP 1976. II. 18243, note Chambon.*

SECTION VI DES MANDATS ET DE LEUR EXÉCUTION

RÉP. PÉN. v° *Mandats*, par GUÉRY.

Art. 122 *(L. n° 2004-204 du 9 mars 2004, art. 96-I, en vigueur le 1er oct. 2004)* **Le juge d'instruction peut, selon les cas, décerner mandat de recherche, de comparution, d'amener ou d'arrêt. Le juge des libertés et de la détention peut décerner mandat de dépôt.**

Le mandat de recherche peut être décerné à l'égard d'une personne à l'encontre de laquelle il existe une ou plusieurs raisons plausibles de soupçonner qu'elle a commis ou tenté de commettre une infraction. Il ne peut être décerné à l'égard d'une personne ayant fait l'objet d'un réquisitoire nominatif, d'un témoin assisté ou d'une personne mise en examen. Il est l'ordre donné à la force publique de rechercher la personne à l'encontre de laquelle il est décerné et de la placer en garde à vue.

Le mandat de comparution, d'amener ou d'arrêt peut être décerné à l'égard d'une personne à l'égard de laquelle il existe des indices graves ou concordants rendant vraisemblable qu'elle ait pu participer, comme auteur ou complice, à la commission d'une infraction, y compris si cette personne est témoin assisté ou mise en examen.

Le mandat de comparution a pour objet de mettre en demeure la personne à l'encontre de laquelle il est décerné de se présenter devant le juge à la date et à l'heure indiquées par ce mandat.

Le mandat d'amener est l'ordre donné à la force publique de conduire immédiatement devant lui la personne à l'encontre de laquelle il est décerné.

Le mandat d'arrêt est l'ordre donné à la force publique de rechercher la personne à l'encontre de laquelle il est décerné et de la conduire devant lui après l'avoir, le cas échéant, conduite à la maison d'arrêt indiquée sur le mandat, où elle sera reçue et détenue.

Le juge d'instruction est tenu d'entendre comme témoins assistés les personnes contre lesquelles il a été décerné un mandat de comparution, d'amener ou d'arrêt, sauf à les mettre en examen conformément aux dispositions de l'article 116. Ces personnes ne peuvent pas être mises en garde à vue pour les faits ayant donné lieu à la délivrance du mandat.

Le mandat de dépôt peut être décerné à l'encontre d'une personne mise en examen et ayant fait l'objet d'une ordonnance de placement en détention provisoire. Il est l'ordre donné au chef de l'établissement pénitentiaire de recevoir et de détenir la personne à l'encontre de laquelle il est décerné. Ce mandat permet également de rechercher ou de transférer la personne lorsqu'il lui a été précédemment notifié.

Lorsqu'une chambre de l'instruction annule une ordonnance de mise ne liberté et redonne effet au mandat de dépôt initial, si par la suite elle décerne un mandat d'arrêt contre le mis en examen qui était en fuite, c'est en vertu du mandat de dépôt initial que l'intéressé est recherché et transféré et par conséquent il n'y a pas lieu de saisir le JLD en vue d'un débat contradictoire et du prononcé d'une nouvelle ordonnance de placement en détention. • Crim. 9 juill. 2003, n° 03-81.957 P : *JCP 2003. IV. 2666.* ♦ Aucune disposition légale ou conventionnelle ne fait obstacle à la notification à une personne, même précédemment gardée à vue, d'un mandat d'amener, qui s'analyse comme l'ordre donné par le magistrat à la force publique de la conduire devant lui et ne s'assimile pas à un ordre de recherche. • Crim. 1er mars 2006, n° 05.87.252 P : *D. 2006. 1188 ; AJ pénal 2006. 304, note Remillieux* • 11 mai 2006, n° 06-81.232 P : *AJ pénal 2006. 372*.

Art. 123 **Tout mandat précise l'identité de** *(L. n° 93-2 du 4 janv. 1993)* **« la personne à l'encontre de laquelle il est décerné » ; il est daté et signé par le magistrat qui l'a décerné et est revêtu de son sceau.**

Les mandats d'amener, de dépôt *(L. n° 2004-204 du 9 mars 2004, art. 96-II, en vigueur le 1er oct. 2004)* **« , d'arrêt et de recherche** *[ancienne rédaction : et d'arrêt]* **» mentionnent en outre la nature** *(L. n° 93-2 du 4 janv. 1993)* **« des faits imputés à la personne, leur qualification juridique » et les articles de loi applicables.**

(Ord. n° 60-529 du 4 juin 1960) **« Le mandat de comparution est signifié par huissier à celui qui en est l'objet ou est notifié à celui-ci par un officier ou agent » de la police judiciaire, ou par un agent de la force publique, lequel lui en délivre copie.**

Le mandat d'amener *(L. n° 2004-204 du 9 mars 2004, art. 96-II, en vigueur le 1er oct. 2004)* **« , d'arrêt ou de recherche** *[ancienne rédaction : ou d'arrêt]* **» est notifié et exécuté par un officier ou agent de la police judiciaire ou par un agent de la force publique, lequel en fait l'exhibition à** *(L. n° 93-2 du 4 janv. 1993)* **« la personne » et lui en délivre copie.**

(Ord. n° 60-529 du 4 juin 1960 ; L. n° 87-432 du 22 juin 1987) **« Si** *(L. n° 93-2 du 4 janv. 1993)* **« la personne est déjà détenue » pour une autre cause, la notification lui est faite comme il est dit à l'alinéa précédent, ou, sur instructions du procureur de la République, par le chef de l'établissement pénitentiaire qui en délivre également une copie. »**

Les mandats d'amener *(L. n° 2004-204 du 9 mars 2004, art. 96-II, en vigueur le 1er oct. 2004)* **« , d'arrêt et de recherche** *[ancienne rédaction : et d'arrêt]* **» peuvent, en cas d'urgence, être diffusés par tous moyens.**

Dans ce cas, les mentions essentielles de l'original et spécialement l'identité de *(L. n° 93-2 du 4 janv. 1993)* **« la personne à l'encontre de laquelle il est décerné, la nature des faits qui lui sont imputés et leur qualification juridique », le nom et la qualité du magistrat mandant doivent être précisés.** *(L. n° 84-576 du 9 juill. 1984)* **« L'original ou la copie du mandat est transmis à l'agent chargé d'en assurer l'exécution dans les délais les plus brefs. »** *— Pr. pén. 763-5.*

Dernier al. abrogé par L. n° 89-461 du 6 juill. 1989, à compter du 1er déc. 1989.

1. *Notification.* L'obligation de notifier un mandat d'arrêt et les formalités relatives à la notification ne sont point prescrites à peine de nullité, alors du moins qu'il n'est pas porté atteinte aux droits essentiels de la défense. • Crim. 29 déc. 1911 : *DP 1913. 1. 55.*

2. *Extradition.* Il n'appartient pas à la chambre d'accusation saisie d'une demande d'extradition d'apprécier la régularité, au regard de la loi française, d'un mandat d'arrêt délivré par les autorités des États-Unis d'Amérique. • Crim. 2 févr. 1999, n° 98-87.112 P.

3. *Erreur d'identité.* L'erreur sur le prénom de la personne visée dans le mandat de dépôt alors qu'il n'est pas contesté que la mesure concernait bien la personne qui a été présentée au JLD pour un débat contradictoire avant placement en détention provisoire est une simple erreur matérielle et non la méconnaissance d'une formalité substantielle ayant porté atteinte aux intérêts du mis en examen ; par conséquent une telle erreur ne peut entraîner l'annulation du mandat. • Crim. 3 juin 2003, n° 03-81.482 P : *JCP 2003. IV. 2367 ; AJ pénal 2003. 71*.

Art. 124 **Les mandats sont exécutoires dans toute l'étendue du territoire de la République.** *— Pr. pén. 763-5, C. 225 à C. 237 et C. 238 à C. 253.*

Art. 125 **Le juge d'instruction interroge immédiatement** *(L. n° 93-2 du 4 janv. 1993)* **« la personne » qui fait l'objet d'un mandat de comparution.**

(L. n° 2004-204 du 9 mars 2004, art. 97-I, en vigueur le 1er oct. 2004) **« Il est procédé dans les mêmes conditions à l'interrogatoire de la personne arrêtée en vertu d'un**

mandat d'amener. Toutefois, si l'interrogatoire ne peut être immédiat, la personne peut être retenue par les services de police ou de gendarmerie pendant une durée maximum de vingt-quatre heures suivant son arrestation avant d'être présentée devant le juge d'instruction ou à défaut le président du tribunal ou un juge désigné par celui-ci, qui procède immédiatement à son interrogatoire ; à défaut, la personne est mise en liberté. »

(Abrogé par L. nº 2004-204 du 9 mars 2004, art. 97-I, à compter du 1er oct. 2004) ***« A l'expiration de ce délai,*** *(L. nº 93-2 du 4 janv. 1993)* ***« elle est conduite »*** ***d'office, par les soins du*** *(L. nº 87-432 du 22 juin 1987)* ***« chef d'établissement », devant le procureur de la République qui requiert le juge d'instruction, ou à son défaut le président du tribunal ou un juge désigné par celui-ci, de procéder immédiatement à l'interrogatoire, à défaut de quoi*** *(L. nº 93-2 du 4 janv. 1993)* ***« la personne est mise » en liberté. »***

1. Les dispositions des art. 125, al. 3, et 133 sont sans application lorsque, au moment où le mandat d'arrêt reçoit exécution, l'ordonnance de renvoi a été rendue. • Crim. 4 févr. 1976, nº 75-93.036 P.

2. La délivrance d'un mandat d'amener implique que le juge d'instruction a manifesté son intention de traiter comme un inculpé la personne objet du mandat. Par suite, le juge devant lequel cette personne est déférée ne peut l'entendre, préalablement à titre de témoin. • Crim. 26 sept. 1986, nº 86-93.821 P : *RSC 1987. 243, obs. Braunschweig.*

Art. 126 *(L. nº 93-2 du 4 janv. 1993)* **« Toute personne arrêtée » en vertu d'un mandat d'amener, qui a été** *(L. nº 2004-204 du 9 mars 2004, art. 97-II, en vigueur le 1er oct. 2004)* **« retenue** *[ancienne rédaction : maintenue]* **» pendant plus de vingt-quatre heures** *(Abrogé par L. nº 2004-204 du 9 mars 2004, art. 97-II, à compter du 1er oct. 2004)* ***« dans la maison d'arrêt »*** **sans avoir été** *(L. nº 93-2 du 4 janv. 1993)* **« interrogée, est considérée comme arbitrairement détenue ».**

(L. nº 92-1336 du 16 déc. 1992) **« Les articles 432-4 à 432-6 du code pénal sont applicables aux magistrats ou fonctionnaires qui ont ordonné ou sciemment toléré cette** *(L. nº 2004-204 du 9 mars 2004, art. 97-II, en vigueur le 1er oct. 2004)* **« rétention** *[ancienne rédaction : détention]* **» arbitraire. »** — *Les dispositions de la loi nº 92-1336 du 16 déc. 1992 sont entrées en vigueur le 1er mars 1994.*

Art. 127 *(L. nº 72-1226 du 29 déc. 1972)* **Si** *(L. nº 93-2 du 4 janv. 1993)* **« la personne recherchée » en vertu d'un mandat d'amener est** *(L. nº 93-2 du 4 janv. 1993)* **« trouvée » à plus de deux cents kilomètres du siège du juge d'instruction qui a délivré le mandat** *(L. nº 2004-204 du 9 mars 2004, art. 97-III, en vigueur le 1er oct. 2004)* **« et qu'il n'est pas possible de la conduire dans le délai de vingt-quatre heures devant ce magistrat, elle est conduite devant le** *(L. nº 2011-392 du 14 avr. 2011, en vigueur le 1er juin 2011)* **« juge des libertés et de la détention** *[ancienne rédaction : procureur de la République]* **» du lieu d'arrestation ».**

TOM : 820.

Les formalités prévues par l'art. 127 ont été respectées dès lors que la personne a été présentée dans le délai légal au procureur de la République, territorialement compétent en raison du lieu où elle se trouvait, après la fin de sa garde à vue, opérée dans le cadre d'une commission rogatoire, lorsque lui a été notifié le mandat d'amener qui venait d'être délivré par le juge d'instruction. • Crim. 12 janv. 2000, nº 99-86.945 P • 11 mai 2006, nº 06-81.232 P : *AJ pénal 2006. 372.* ♦ L'omission des formalités prévues par l'art. 127, qui ne sont pas prescrites à peine de nullité, n'est pas de nature à entraîner, par elle-même, la nullité de la poursuite, dès lors que la recherche et l'établissement de la vérité ne s'en sont pas trouvés viciés fondamentalement, ni la défense mise dans l'impossibilité d'exercer ses droits devant la juridiction d'instruction. • Crim. 8 nov. 1988, nº 88-83.666 P : *D. 1989. Somm. 176, obs. Pradel.* ♦ En cas de dépassement du délai de 24h prévu par l'art. 127, la nullité de la mise en examen n'est cependant pas encourue dès lors que cet acte n'a pas pour support des actes accomplis pendant la période de retenue arguée d'illégalité. • Crim. 14 févr. 2006, nº 05.86.058 P : *AJ pénal 2006.176, obs. Girault.*

Art. 128 Ce magistrat l'interroge sur son identité, reçoit ses déclarations, après l'avoir *(L. nº 93-2 du 4 janv. 1993)* **« avertie qu'elle » est libre de ne pas en faire, l'interpelle afin de savoir** *(L. nº 93-2 du 4 janv. 1993)* **« si elle consent à être transférée ou si elle » préfère prolonger les effets du mandat d'amener, en attendant, au lieu où elle se**

trouve, la décision du juge d'instruction saisi de l'affaire. Si *(L. n° 93-2 du 4 janv. 1993)* **« la personne » déclare s'opposer au transfèrement,** *(L. n° 93-2 du 4 janv. 1993)* **« elle est conduite » dans la maison d'arrêt et avis immédiat est donné au juge d'instruction compétent.** *(L. n° 84-576 du 9 juill. 1984)* **« L'original ou la copie du procès-verbal » de la comparution contenant un signalement complet est transmis sans délai à ce magistrat, avec toutes les indications propres à faciliter la reconnaissance d'identité.**

Ce procès-verbal doit mentionner que *(L. n° 93-2 du 4 janv. 1993)* **« la personne » a reçu avis qu'***(L. n° 93-2 du 4 janv. 1993)* **« elle » est libre de ne pas faire de déclaration.**

TOM : 822.

Sur les conséquences, en ce cas, de l'absence d'interrogatoire par le procureur de la République : • Limoges, 12 oct. 1972 : *JCP 1973. II. 17394, note Chambon.*

Art. 129 **Le juge d'instruction saisi de l'affaire décide, aussitôt après la réception de ces pièces, s'il y a lieu d'ordonner le transfèrement.**

Art. 130 *(L. n° 84-576 du 9 juill. 1984)* **Lorsqu'il y a lieu à transfèrement dans les conditions prévues par les articles 128 et 129,** *(L. n° 93-2 du 4 janv. 1993)* **« la personne doit être conduite » devant le juge d'instruction qui a délivré le mandat dans les quatre jours de la notification du mandat.**

Toutefois, ce délai est porté à six jours en cas de transfèrement d'un département d'outre-mer vers un autre département ou de la France métropolitaine vers un département d'outre-mer.

TOM : 821. — Mayotte : 883.

1. QPC. Doit être transmise au Conseil constitutionnel, en ce qu'elle n'a jamais été déclarée conforme à la Constitution par le Conseil constitutionnel et revêt un caractère sérieux, la QPC relative aux dispositions des art. 130, 130-1 et 133, lesquelles prévoient qu'une personne peut être privée de liberté pendant une durée de quatre jours avant d'être traduite devant un juge. • Cass., QPC, 29 mars 2011, n° 11-90.008 P : *D. 2011. Actu. 1141*. ♦ La conciliation entre, d'une part, la prévention des atteintes à l'ordre public et la recherche des auteurs d'infractions et, d'autre part, l'exercice des libertés constitutionnellement garanties est équilibrée dès lors que la privation de liberté de quatre ou six jours prévue par l'art. 130 ne peut être mise en œuvre qu'à l'encontre d'une personne qui encourt une peine correctionnelle ou une peine plus grave. Sous cette réserve, les art. 130, 130-1 et 133, al. 4. sont conformes à la Constitution. • Cons. const., QPC, 24 juin 2011 : *D. actu. 28 juin 2011, obs. Allain ; D. 2011. Actu. 1764, obs. Allain ; ibid. 2012. Pan. 1638, obs. Bernaud et Jacquinot ; AJ pénal 2011. 602, obs. Perrier ; RSC 2011. 417, obs. Danet ; Procédures 2011, n° 276, obs. Chavent-Leclère.*

2. Le délai prévu par l'art. 130 concerne exclusivement le transfert des inculpés trouvés à plus de 200 kilomètres du siège du juge mandant. • Crim. 19 janv. 1987, n° 86-95.913 P.

3. Si la conciliation entre, d'une part, la prévention des atteintes à l'ordre public et la recherche des auteurs d'infractions et, d'autre part, l'exercice des libertés constitutionnellement garanties ne pourrait être regardée comme équilibrée si la privation de liberté prévue par l'art. 130 pouvait être mise en œuvre, dans le cadre d'un mandat d'amener, à l'encontre d'une personne qui n'encourt pas une peine d'emprisonnement correctionnelle ou une peine plus grave (Cons. const. 24 juin 2011, n° 2011-133 QPC, préc. note 1), tel n'est pas le cas lorsque cette personne, qui encourt une peine de cette nature, ne peut pas être placée en détention provisoire (en application des art. 10-2 et 11 de l'Ord. du 2 févr. 1945). • Crim. 14 oct. 2020, n° 20-83.011 P : *D. actu. 3 nov. 2020, obs. Dominati ; RSC 2020. 969, obs. Valat*.

Art. 130-1 *(L. n° 84-576 du 9 juill. 1984)* **En cas de non-respect des délais fixés par les articles 127 et 130,** *(L. n° 93-2 du 4 janv. 1993)* **« la personne est libérée », sur ordre du juge d'instruction saisi de l'affaire, à moins que sa conduite ait été retardée par des circonstances insurmontables.**

V. notes ss. art. 130.

Art. 131 **Si** *(L. n° 93-2 du 4 janv. 1993)* **« la personne » est en fuite ou** *(L. n° 93-2 du 4 janv. 1993)* **« si elle » réside hors du territoire de la République, le juge d'instruction, après avis du procureur de la République, peut décerner contre** *(L. n° 93-2 du*

4 janv. 1993) « elle » un mandat d'arrêt si le fait comporte une peine d'emprisonnement correctionnelle ou une peine plus grave. — *C. 261.*

I. RÉGULARITÉ DU MANDAT D'ARRÊT

1. QPC. Les mots « ou si elle réside hors du territoire de la République » figurant à l'art. 131 sont conformes à la Constitution, notamment car il appartient juge d'instruction d'apprécier le caractère nécessaire et proportionné du recours à l'émission d'un mandat d'arrêt, sa décision étant placée sous le contrôle de la chambre de l'instruction. • Cons. const. 27 févr. 2015, n° 2014-452 QPC.

2. Nécessité et proportionnalité. N'a pas justifié sa décision la cour d'appel qui a validé le mandat d'arrêt délivré à l'encontre d'une personne résidant hors du territoire de la République sans apprécier le caractère nécessaire et proportionné du recours à cette mesure de contrainte en fonction des circonstances de l'espèce. • Crim. 11 janv. 2017, n° 16-80.619 P : *D. actu. 23 févr. 2017, obs. Priou-Alibert ; AJ pénal 2017. 196, obs. Recotillet ; Dr. pénal 2017, n° 49, note Maron et Haas ; Procédures 2017, n° 46, note Chavent-Leclère.* ♦ Le juge d'instruction ne peut délivrer un mandat d'arrêt à l'encontre d'une personne résidant hors du territoire de la République, mais qui n'est pas en fuite, sans avoir effectué les démarches requises pour l'entendre et sans avoir apprécié le caractère nécessaire et proportionné de cette mesure de contrainte en fonction des circonstances de l'espèce. • Crim. 16 déc. 2020, n° 20-85.289 P : *D. actu. 20 janv. 2021, obs. Diaz ; AJ pénal 2021. 161, obs. Miranda.* ♦ La chambre de l'instruction qui s'est référée au caractère provisoire de l'incarcération de la personne en Belgique qui pouvait prendre fin à tout moment sans que le juge d'instruction français n'ait légalement à en être informé, à la personnalité et au comportement de la personne recherchée de nature à faire craindre qu'il ne prenne à nouveau la fuite, et enfin à la gravité des faits qui lui étaient reprochés, a caractérisé sans insuffisance la nécessité et la proportionnalité du recours à un mandat d'arrêt. • Crim. 11 mai 2021, n° 21-81.148 P • Crim. 5 janv. 2022, n° 21-82.484 P : *D. actu. 24 janv. 2022, obs. Charlent.*

3. Un mandat d'arrêt est nul s'il est délivré hors des cas prévus par l'art. 131, spécialement lorsque le juge d'instruction et le procureur savent que l'inculpé est détenu dans une autre ville. • Crim. 25 janv. 1961 : *D. 1961. 252, note J.-M. R. ; Bull. crim. n° 47 (1re esp.).* ♦ Mais cette nullité reste sans influence sur la validité d'un mandat de dépôt délivré dans une procédure distincte. • Crim. 25 janv. 1961 : *ibid. (2e esp.).*

4. Une personne détenue hors de France doit être considérée, au sens de l'art. 131, comme résidant à l'étranger. • Crim. 11 mai 2021, n° 21-81.148 P • Crim. 5 janv. 2022, n° 21-82.484 P : *préc. note 2.*

5. Est régulier le mandat d'arrêt, postérieur à un avis de mise en examen, annulé, qui n'en est pas le préalable nécessaire, dès lors qu'ont été respectées par le juge d'instruction régulièrement saisi les conditions fixées par l'art. 131. • Crim. 26 janv. 2000, n° 99-87.180 P. ♦ Il y a lieu de rejeter l'exception de nullité du mandat d'arrêt, pris de la violation de l'art. 131, dès lors que l'intéressé, qui était sous contrôle judiciaire depuis avril 2001 dans une autre procédure, a fait l'objet d'un procès-verbal de vaines recherches le 10 déc. 2001. • Crim. 28 mai 2002, n° 02-81.924.

6. En ce qui concerne l'application de l'art. 131 en cas de poursuites en France, pour des faits commis en France, d'un étranger qui ne peut être extradé et à l'égard duquel il est établi que les autorités judiciaires françaises ne disposent d'aucune possibilité de notification. • Crim. 1er déc. 1966, n° 66-93.235 P : *D. 1967. 23, rapp. Costa ; RSC 1987. 911, obs. Braunschweig.*

7. Ne constituent pas l'avis du procureur de la République des réquisitions portées sur un réquisitoire introductif ne visant pas nommément l'inculpé. • Crim. 7 avr. 1987, n° 87-80.513 P.

8. La mention « tout mandat utile », portée sur le réquisitoire introductif établi contre personne non dénommée, ne saurait être considérée comme la formulation de l'avis que le juge d'instruction doit obligatoirement solliciter du procureur de la République avant de délivrer un mandat d'arrêt en application de l'art. 131. Il s'agit là d'une nullité substantielle de nature à porter atteinte aux intérêts de la personne concernée dans la mesure où le mandat d'arrêt est un ordre de recherche, d'arrestation et de détention, dont la délivrance et la notification, conformément aux prescriptions légales, peuvent permettre le renvoi de la personne devant la juridiction de jugement sans avoir été préalablement entendue. • Douai, ch. acc., 3 mars 1993 : *D. 1994. Somm. 189, obs. Pradel.*

II. EXÉCUTION DU MANDAT D'ARRÊT

9. Lorsque le juge d'instruction a ordonné la transmission de la procédure au procureur général en vue de la mise en accusation de l'inculpé pour faits criminels, le mandat d'arrêt décerné contre l'individu poursuivi conserve sa valeur exécutoire jusqu'à décision de la chambre d'accusation • Crim. 1er déc. 1966 : *préc. note 6.*

10. Le mandat d'arrêt délivré par le juge d'instruction reste exécutoire, après la clôture de l'instruction, tant qu'il n'a pas été rapporté, remplacé ou anéanti par un acte exprès de l'autorité judiciaire. • Crim. 29 sept. 1992, n° 92-82.584 P.

11. Selon l'art. 113-4 C. pén., la loi française est applicable à bord d'un aéronef, civil ou militaire, immatriculé en France, en quelque lieu qu'il se trouve. Il en résulte que le mandat d'arrêt délivré par un juge d'instruction français peut être exécuté à bord d'un avion français sur un aéroport étranger. • Crim. 26 nov. 1996, n° 96-83.258 P.

Art. 132 *Abrogé par L. n° 2004-204 du 9 mars 2004, art. 97-IV, à compter du 1er oct. 2004.*

Art. 133 *(L. n° 2004-204 du 9 mars 2004, art. 97-V, en vigueur le 1er oct. 2004)* **« La personne saisie en vertu d'un mandat d'arrêt est présentée dans les vingt-quatre heures suivant son arrestation devant le juge d'instruction ou à défaut le président du tribunal ou le juge désigné par celui-ci pour qu'il soit procédé à son interrogatoire et qu'il soit le cas échéant statué sur son placement en détention provisoire dans les conditions prévues par l'article 145. A défaut, la personne est remise en liberté. Les dispositions de l'article 126 sont applicables. »**

Si *(L. n° 93-2 du 4 janv. 1993)* **« la personne est arrêtée »** *(L. n° 84-576 du 9 juill. 1984)* **« à plus de deux cents kilomètres du siège » du juge d'instruction qui a délivré le mandat** *(L. n° 2011-1862 du 13 déc. 2011, art. 60)* **« et qu'il n'est pas possible de la conduire dans un délai de vingt-quatre heures devant ce magistrat »,** *(L. n° 93-2 du 4 janv. 1993)* **« elle est conduite »** *(L. n° 2004-204 du 9 mars 2004, art. 97-V, en vigueur le 1er oct. 2004)* **« dans les vingt-quatre heures suivant son arrestation » devant le** *(L. n° 2011-392 du 14 avril 2011, en vigueur le 1er juin 2011)* **« juge des libertés et de la détention** *[ancienne rédaction : procureur de la République]* **» du lieu de l'arrestation, qui reçoit ses déclarations, après l'avoir** *(L. n° 93-2 du 4 janv. 1993)* **« avertie qu'elle » est libre de ne pas en faire. Mention est faite de cet avis au procès-verbal.**

(L. n° 2011-392 du 14 avril 2011, en vigueur le 1er juin 2011) **« Le juge des libertés et de la détention informe sans délai le magistrat qui a délivré le mandat et ordonne le transfèrement. Si celui-ci ne peut être effectué immédiatement, le juge des libertés et de la détention en avise le juge mandant. »**

(L. n° 84-576 du 9 juill. 1984) **« Lorsqu'il y a lieu à transfèrement,** *(L. n° 93-2 du 4 janv. 1993)* **« la personne doit être conduite » à la maison d'arrêt indiquée sur le mandat dans les délais prévus à l'article 130. Les dispositions de l'article 130-1 sont applicables. »**

TOM : 820.

BIBL. ► GOGORZA, *Dr. pénal 2012. Étude 23* (arrestation et garde à vue : des fondements et de la régularité des interpellations pendant la phase policière).

1. QPC. V. note 1 ss. art. 130 et la L. n° 2011-392 du 14 avr. 2011 modifiant les art. 127 et 133.

2. Art. 133, al. 2. L'art. 133 de procédure pénale n'exige pas que soient mentionnées en procédure les circonstances rendant impossible la conduite, dans les vingt-quatre heures, de la personne interpellée en vertu d'un mandat d'arrêt devant le juge mandant. • Crim. 6 déc. 2016, n° 16-86.021 P : *D. actu. 24 janv. 2017, obs. André.*

3. L'individu arrêté après l'ordonnance de renvoi devant le tribunal correctionnel et avant sa comparution ne saurait se plaindre de n'avoir pas été interrogé conformément à l'art. 133. • Crim. 4 févr. 1976, n° 75-93.036 P : *RSC 1976. 988, obs. Robert.*

4. Un inculpé peut être renvoyé devant la juridiction de jugement sans avoir été préalablement entendu dès lors qu'il a été l'objet d'un mandat d'arrêt décerné par le juge compétent et notifié conformément aux prescriptions légales. • Crim. 1er déc. 1966, n° 66-93.235 P. ♦ V. aussi : • Crim. 28 nov. 1989, n° 89-84.212 P.

5. Le mandat d'arrêt délivré par le juge d'instruction, à l'encontre de l'intéressé, n'ayant été mis à exécution que lorsque ce dernier a comparu devant le tribunal correctionnel, il ne saurait être fait grief à la cour d'appel d'avoir écarté le moyen par lequel le prévenu soutenait qu'il aurait dû être statué sur son maintien en détention dans le délai prévu à l'art. 133, les dispositions de cet art. n'étant pas applicables après la clôture de l'information. • Crim. 16 oct. 2002, n° 02-81.731.

6. La personne mise en examen qui a été arrêtée en exécution d'un mandat d'arrêt n'a pas à être entendue par le juge d'instruction avant que ce dernier saisisse le JLD aux fins de placement en détention provisoire : ainsi, lorsque l'intéressé a déjà été mis en examen, à l'issue de son interrogatoire de première comparution, le juge d'instruction ne peut procéder à son interrogatoire sans avoir préalablement convoqué ses avocats dans le délai de l'art. 114, al. 2 ; en outre, l'audition prévue par l'art. 133, al. 1er, ne se concevant que pour procéder à un interrogatoire de première comparution avant de saisir le JLD, en saisissant ce dernier dès que l'intéressé a été conduit devant lui aux fins de révocation de son contrôle judiciaire, le juge d'instruction s'est conformé aux dispositions des art. 133 et 145 imposant qu'il soit statué sur le maintien des effets du mandat d'arrêt, dans les vingt-quatre heures de l'incarcération de l'intéressé. • Crim. 10 juill. 2002, n° 02-83.182 P.

Art. 133-1 *(L. n° 2004-204 du 9 mars 2004, art. 97-VI, en vigueur le 1er oct. 2004)* **Dans les cas prévus par les articles 125, 127 et 133, lorsque la personne est retenue par les services de police ou de gendarmerie avant sa présentation devant un magistrat, le procureur de la République du lieu de l'arrestation est informé dès le début de cette rétention et la personne a le droit de faire prévenir un proche dans les conditions prévues par l'article 63-2** *(L. n° 2016-731 du 3 juin 2016, art. 63, en vigueur le 15 nov. 2016)* **« , d'être examinée par un médecin dans les conditions prévues à l'article 63-3 et d'être assistée d'un avocat dans les conditions prévues aux articles 63-3-1 à 63-4-4. »**

Ecqc les mineurs suspectés ou poursuivis, V. CJPM

Art. 134 *(L. n° 72-1226 du 29 déc. 1972)* **L'agent chargé de l'exécution d'un mandat d'amener** *(L. n° 2004-204 du 9 mars 2004, art. 96-III, en vigueur le 1er oct. 2004)* **« , d'arrêt ou de recherche » ne peut s'introduire dans le domicile d'un citoyen avant 6 heures ni après 21 heures.** *(L. n° 2011-267 du 14 mars 2011, art. 54)* **« Il en est de même lorsque l'agent est chargé de l'arrestation d'une personne faisant l'objet d'une demande d'extradition ou d'un mandat d'arrêt européen. »**

Il peut se faire accompagner d'une force suffisante pour que *(L. n° 93-2 du 4 janv. 1993)* **« la personne » ne puisse se soustraire à la loi. La force est prise dans le lieu le plus proche de celui où le mandat doit s'exécuter et elle est tenue de déférer aux réquisitions contenues dans ce mandat.**

Si *(L. n° 93-2 du 4 janv. 1993)* **« la personne ne peut être saisie », un procès-verbal de perquisition et de recherches infructueuses est adressé au magistrat qui a délivré le mandat.** *(L. n° 2000-516 du 15 juin 2000, art. 24, en vigueur le 1er janv. 2001)* **« La personne est alors considérée comme mise en examen pour l'application de l'article 176. »**

V. Const. 22 frimaire an VIII, art. 76, et note, ss. art. 59 C. pr. pén.

1. QPC. Non-renvoi de la QPC portant sur la constitutionnalité des art. 134, al. 3, 175 et 385, al. 3, au motif que la personne en fuite ou résidant à l'étranger, qui se soustrait à la procédure d'information, se place, de son propre fait, dans l'impossibilité de bénéficier des dispositions de l'art. 175 ; en conséquence, le bénéfice des dispositions de l'art. 385, al. 3, constituerait dans son cas un avantage injustifié par rapport à la personne mise en examen qui a normalement comparu aux actes de la procédure. • Crim., QPC, 4 janv. 2012, n° 10-85.692.

2. Compétence. Il résulte de la combinaison des art. 122, 134 et D. 13 que la perquisition visée par le deuxième de ces textes, effectuée pour l'exécution d'un mandat d'arrêt, peut être réalisée par un agent de police judiciaire. • Crim. 10 avr. 2019, n° 18-83.709 P : *D. actu. 2 mai 2019, obs. Fucini.*

3. Règles techniques. L'existence d'un procès-verbal de perquisition et de recherches infructueuses est une formalité substantielle à la validité de l'ordonnance de renvoi. • Crim. 12 oct. 1972, n° 72-81.813 P.

4. Après l'ordonnance de renvoi en matière correctionnelle, le mandat d'arrêt conserve sa force exécutoire. • Crim. 4 févr. 1976, n° 75-93.036 P.

5. Le mandat d'arrêt n'est pas soumis aux règles de perquisitions de l'art. 134 dès lors que la personne concernée réside hors de France. • Crim. 30 mars 2004, n° 02-85.180 P: *D. 2005. Pan. 689, obs. Pradel ; JCP 2004. IV. 2060.*

6. Personne en fuite au cours de l'information. Il se déduit de l'art. 134 qu'une personne en fuite et vainement recherchée au cours de l'information n'a pas la qualité de partie au sens de l'art. 175. Dès lors, elle ne saurait se prévaloir des dispositions de l'art. 385, al. 3 si, renvoyée devant le tribunal correctionnel par le juge d'instruction, elle se trouve ensuite arrêtée, l'ordonnance de renvoi ayant, comme le prévoit l'art. 179, purgé, s'il en existait, les vices de la procédure. • Crim. 3 avr. 2007, n° 06-89.315 P : *D. 2007. AJ 1206 ; ibid. 2008. Pan. 2763, obs. Pradel ; AJ pénal 2007. 428, note Leblois-Happe ; RSC 2007. Chron. 834, obs. Finielz* • 3 oct. 2007, n° 07-81.030 P • Crim. 15 mai 2018, n° 17-82.866 P : *D. actu. 7 juin 2018, obs. Recotillet ; RSC 2018. 732, note Jeanne .* ♦ V. aussi notes ss. art. 385.

7. Compatibilité avec la Convention européenne des droits de l'homme. Les dispositions des art. 6 et 13 Conv. EDH ne sont pas applicables en cas de recours formé contre un mandat d'arrêt, dont le seul objet est d'assurer la représentation en justice de la personne à l'encontre de laquelle il est délivré afin, notamment, de permettre son interrogatoire par le juge d'instruction ; en outre, il résulte de l'art. 134, dans sa rédaction applicable depuis le 1er janv. 2001, que l'intéressé, qui n'a pas comparu devant le juge d'instruction, n'a pas la qualité de personne mise en examen et ne peut, en conséquence, être admis à présenter une requête en nullité sur le fondement de l'art. 173 et cette personne recherchée n'étant pas actuellement privée de sa liberté, l'art. 5, § 4, Conv. EDH ne s'applique pas dans cette hypothèse. • Crim. 17 déc. 2002, n° 02-86.679 P : *D. 2003. IR 467*.

8. Selon les dispositions de l'art. 134, al. 3 dans leur rédaction issue de la L. du 15 juin 2000, qui ne sont pas contraires à l'exigence d'un procès équitable, la délivrance d'un mandat d'arrêt par le juge d'instruction ne confère pas, au cours de l'information, à celui qui en est l'objet, la qualité de personne mise en examen. En conséquence, la personne visée par un tel mandat ne bénéficie pas des droits accordés aux personnes mises en examen. Elle n'a donc pas à être avisée de la date de l'audience de la chambre de l'instruction statuant sur les nullités de l'information et n'est pas recevable à se pourvoir contre l'arrêt rendu par cette juridiction. • Crim. 14 mai 2002, n° 02-80.721 P.

Art. 135 *(Abrogé par L. n° 2000-516 du 15 juin 2000, art. 132-III, à compter du 1er janv. 2001) (L. n° 93-1013 du 24 août 1993)* ***« Le juge d'instruction ne peut délivrer un mandat de dépôt qu'après interrogatoire et si l'infraction comporte une peine d'emprisonnement correctionnelle ou une autre peine plus grave. »***

(L. n° 93-1013 du 24 août 1993) **« En matière criminelle et en matière correctionnelle, les mandats de dépôt ne peuvent être décernés qu'en exécution de l'ordonnance prévue à l'article 145. »**

(L. n° 93-2 du 4 janv. 1993) **L'agent chargé de l'exécution du mandat de dépôt remet l'intéressé au chef de l'établissement pénitentiaire, lequel lui délivre une reconnaissance de cette remise.**

Le mandat de dépôt conserve sa force exécutoire malgré l'ordonnance de dessaisissement. • Crim. 5 avr. 1960, n° 60-90.906 P.

Art. 135-1 *(L. n° 2004-204 du 9 mars 2004, art. 96-IV, en vigueur le 1er oct. 2004)* **La personne découverte en vertu d'un mandat de recherche est placée en garde à vue par l'officier de police judiciaire du lieu de la découverte, suivant les modalités prévues à l'article 154. Le juge d'instruction saisi des faits en est informé dès le début de la garde à vue. Sans préjudice de la possibilité pour l'officier de police judiciaire déjà saisi par commission rogatoire de procéder à l'audition de la personne, l'officier de police judiciaire du lieu où la personne a été découverte peut être requis à cet effet par le juge d'instruction ainsi qu'aux fins d'exécution de tous actes d'information nécessaires. Pendant la durée de la garde à vue, la personne peut également être conduite dans les locaux du service d'enquête saisi des faits.**

Art. 135-2 *(L. n° 2004-204 du 9 mars 2004, art. 98, en vigueur le 1er oct. 2004)* **Si la personne faisant l'objet d'un mandat d'arrêt est découverte après le règlement de l'information, il est procédé selon les dispositions du présent article.**

Le procureur de la République du lieu de l'arrestation est avisé dès le début de la rétention de la personne par les services de police ou de gendarmerie. Pendant cette rétention, il est fait application *(L. n° 2016-731 du 3 juin 2016, art. 63, en vigueur le 15 nov. 2016)* **« de l'article 133-1 ». La rétention ne peut durer plus de vingt-quatre heures.**

La personne est conduite dans les meilleurs délais et au plus tard dans les vingt-quatre heures de son arrestation devant le procureur de la République du tribunal judiciaire dans le ressort duquel siège la juridiction de jugement saisie des faits. Après avoir vérifié son identité et lui avoir notifié le mandat, ce magistrat la présente devant le juge des libertés et de la détention.

Le juge des libertés et de la détention peut, sur les réquisitions du procureur de la République, soit placer la personne sous contrôle judiciaire, soit ordonner son placement en détention provisoire jusqu'à sa comparution devant la juridiction de jugement, par ordonnance motivée conformément aux dispositions de l'article 144, rendue à l'issue d'un débat contradictoire organisé conformément aux dispositions des quatrième à *[au] (L. n° 2007-291 du 5 mars 2007, art. 11, en vigueur le 1er juill. 2007)* **« neuvième » alinéas de l'article 145. Si la personne est placée en détention, les délais prévus par les quatrième et cinquième alinéas de l'article 179 et par les huitième et neuvième alinéas de l'article 181 sont alors applicables et courent à compter de**

l'ordonnance de placement en détention. La décision du juge des libertés et de la détention peut faire, dans les dix jours de sa notification, l'objet d'un appel devant la chambre des appels correctionnels si la personne est renvoyée devant le tribunal correctionnel et devant la chambre de l'instruction si elle est renvoyée devant la cour d'assises.

Si la personne a été arrêtée à plus de 200 kilomètres du siège de la juridiction de jugement et qu'il n'est pas possible de la conduire dans le délai de vingt-quatre heures devant le procureur de la République mentionné au troisième alinéa, elle est conduite devant le *(L. n° 2011-392 du 14 avr. 2011, en vigueur le 1er juin 2011)* **« juge des libertés et de la détention du » lieu de son arrestation, qui vérifie son identité, lui notifie le mandat et reçoit ses éventuelles déclarations après l'avoir avertie qu'elle est libre de ne pas en faire. Ce magistrat met alors le mandat à exécution en faisant conduire la personne à la maison d'arrêt et il en avise le procureur de la République du tribunal judiciaire dans le ressort duquel siège la juridiction de jugement. Celui-ci ordonne le transfèrement de la personne, qui doit comparaître devant lui dans les quatre jours de la notification du mandat ; ce délai est porté à six jours en cas de transfèrement entre un département d'outre-mer et la France métropolitaine ou un autre département d'outre-mer. Il est alors procédé conformément aux dispositions des troisième et quatrième alinéas.** *(L. n° 2016-731 du 3 juin 2016, art. 86)* **« La comparution devant le procureur de la République et celle devant le juge des libertés et de la détention du tribunal judiciaire mentionnées au troisième alinéa peuvent aussi être réalisées,** *(L. n° 2019-222 du 23 mars 2019, art. 54-III et 109-XIII, en vigueur le 1er juin 2019)* **« dans les délais précités, selon les modalités prévues à l'article 706-71, sauf si la personne le refuse ; la personne ne peut toutefois pas refuser le recours à ces modalités si son transport paraît devoir être évité en raison de risques graves de trouble à l'ordre public ou d'évasion ». Il n'y a alors pas lieu d'ordonner le transfèrement de la personne. »**

(L. n° 2005-1549 du 12 déc. 2005, art. 39) **« La présentation devant le juge des libertés et de la détention prévue par** *(L. n° 2011-392 du 14 avr. 2011, en vigueur le 1er juin 2011)* **« le quatrième alinéa » n'est pas nécessaire si, dans les délais prévus pour cette présentation, la personne peut comparaître devant la juridiction de jugement saisie des faits.**

« Les dispositions du présent article sont également applicables aux mandats d'arrêt délivrés après l'ordonnance de règlement. Elles ne sont toutefois pas applicables lorsque, postérieurement à la délivrance du mandat d'arrêt décerné au cours de l'instruction ou après son règlement, la personne a été condamnée à une peine privative de liberté, soit en matière correctionnelle par un jugement contradictoire ou réputé contradictoire, soit en matière criminelle par un arrêt rendu par défaut ; elles ne sont de même pas applicables lorsque le mandat a été délivré à la suite d'une telle condamnation. Dans ces cas, sans qu'il soit nécessaire de la présenter devant le juge des libertés et de la détention, la personne arrêtée est placée en détention provisoire jusqu'à l'expiration des délais de recours et, en cas de recours, jusqu'à sa comparution devant la juridiction de jugement, sans préjudice de son droit de former des demandes de mise en liberté. »

1. QPC. Ne présente pas un caractère sérieux la QPC qui soutient que l'art. 135-2 concernant l'exécution d'un mandat d'arrêt après le règlement de l'information est contraire aux art. 7, 9 et 16 DDH, dans la mesure où la garantie effective des droits de la défense ne peut être utilement mise en œuvre, à l'occasion de l'exécution d'un mandat d'arrêt, qu'au stade de la comparution devant le juge des libertés et de la détention. • Cass., QPC, 4 janv. 2011 : *D. actu. 25 janv. 2011, obs. Fleuriot.*

2. Ordonnance de prise de corps et interpellation postérieure au 1er oct. 2004. Le juge des libertés et de la détention est compétent pour décerner un mandat de dépôt et placer en détention provisoire, en application des dispositions de l'art. 135-2, le prévenu contre lequel une ordonnance de prise de corps avait été prise par le président de la cour d'assises avant l'entrée en vigueur de la L. n° 2004-204 du 9 mars 2004, en vertu des dispositions de l'art. 272-1. • Crim. 16 mars 2005, n° 04-87.795 P • 10 janv. 2007, n° 06-87.755 P : *D. 2007. AJ 658 ; AJ pénal 2007. 189 ; Dr. pénal 2007. Chron. 5, obs. Angevin.*

3. Mandat d'arrêt émis par le tribunal correctionnel. Il résulte du 7e al. de l'art. 135-2 et du dernier al. de l'art. 465 que les dispositions des al. 2 et 3 du premier de ces textes ne sont pas applicables à l'exécution d'un mandat d'arrêt décerné à la suite d'une condamnation en matière correctionnelle à une peine privative de liberté par une décision contradictoire ou réputée contradictoire. • Crim. 11 juin 2013 : *D. actu. 10 juill. 2013, obs. Bombled ; AJ pénal 2013. 618, note Ascensi*.

4. Mandat d'arrêt interne et mandat d'arrêt européen. Le mandat d'arrêt européen, qui ne constitue qu'une modalité de coopération internationale, ne se confond pas avec le mandat d'arrêt interne pour l'exécution duquel il a été décerné. Il peut être sursis à la notification d'un mandat d'arrêt lorsque la personne concernée est détenue pour autre cause. Encourt la censure l'arrêt de la chambre de l'instruction qui annule l'ordonnance de placement en détention provisoire aux motifs que la notification à la personne concernée de la décision des autorités étrangères accordant l'extension de la remise pour l'exécution dudit mandat devait entraîner, si un placement en détention provisoire était envisagé, la mise en œuvre immédiate des dispositions de l'art. 135-2, al. 5, relatives à la présentation au procureur de la République puis au JLD. • Crim. 7 nov. 2007, n° 07-85.200 P : *D. 2008. AJ 21*. – Sur le mandat d'arrêt européen, V. notes ss. art. 695-11 s.

5. Défaut criminel. Le mandat d'arrêt délivré par une cour d'assises à l'encontre d'un prévenu dont elle décide de reporter le jugement en raison de sa fuite au cours de l'audience ne se transforme pas automatiquement en mandat de dépôt, mais nécessite l'intervention du JLD à qui il appartient de décider du placement en détention provisoire de la personne arrêtée. • Crim. 22 janv. 2013 : *D. actu. 22 févr. 2013, obs. Le Drevo.*

6. Détention provisoire. Le titre de détention applicable n'est pas l'ordonnance de prise de corps, mais le mandat d'arrêt antérieur à l'ordonnance de règlement pris par le juge d'instruction, qui n'a jamais été levé et qui est directement applicable, sans présentation devant le juge des libertés et de la détention, dès lors que, pour les faits ayant donné lieu à la délivrance du mandat d'arrêt, le mis en cause a été condamné par défaut à une peine privative de liberté. • Crim. 9 juill. 2014, n° 14-82.838 P : *D. actu. 31 juill. 2014, obs. Bombled.* ♦ Il est procédé à l'égard d'une personne faisant l'objet d'un mandat d'arrêt découverte après règlement de l'information et, s'agissant du délai dans lequel doit intervenir le jugement sur l'appel du placement de cette personne en détention, les textes n'en prévoyant expressément aucun, la cour doit statuer dans un délai raisonnable (cassation de l'arrêt ayant appliqué les délais de l'art. 194). • Crim. 24 sept. 2019, n° 19-84.067 P.

Art. 135-3 *(L. n° 2004-204 du 9 mars 2004, art. 98, en vigueur le 1er oct. 2004)* **Tout mandat d'arrêt ou de recherche est inscrit, à la demande du juge d'instruction ou du procureur de la République, au fichier des personnes recherchées. Lorsque la personne est renvoyée devant la juridiction de jugement par une décision passée en force de chose jugée, le gestionnaire du fichier en est informé pour qu'il soit le cas échéant fait application, s'il s'agit d'un mandat d'arrêt, des dispositions de l'article 135-2.**

Art. 136 **L'inobservation des formalités prescrites pour les mandats de comparution, d'amener, de dépôt** *(L. n° 2004-204 du 9 mars 2004, art. 96-V, en vigueur le 1er oct. 2004)* **« , d'arrêt et de recherche » peut donner lieu à des sanctions disciplinaires** *(L. n° 2000-516 du 15 juin 2000, art. 132-IV, en vigueur le 1er janv. 2001)* **« contre le juge d'instruction, le juge des libertés et de la détention » ou le procureur de la République.**

Ces dispositions sont étendues, sauf application de peines plus graves, s'il y a lieu, à toute violation des mesures protectrices de la liberté individuelle prescrites par les articles 56, 57, 59, 96, 97, 138 *(L. n° 93-2 du 4 janv. 1993)* **« et 139 ».**

Dans les cas visés aux deux alinéas précédents et dans tous les cas d'atteinte à la *liberté individuelle*, le conflit ne peut jamais être élevé par l'autorité administrative et les tribunaux de l'ordre judiciaire sont toujours exclusivement compétents.

Il en est de même dans toute instance civile fondée sur des faits constitutifs *(L. n° 92-1336 du 16 déc. 1992)* **« d'une atteinte à la liberté individuelle ou à l'inviolabilité du domicile prévue par les articles 432-4 à 432-6 et 432-8 du code pénal », qu'elle soit dirigée contre la collectivité publique ou contre ses agents.**

RÉP. PÉN. v° *Prise à partie*, par REDON.

Les dispositions de l'art. 136, qui dérogent au principe de la séparation des autorités administratives et judiciaires posé par l'art. 13 de la loi des 16-24 août 1790 et par le décret du 16 fructidor an III, ne sauraient être interprétées comme autorisant les tribunaux judiciaires à faire obstacle à l'exécution des décisions prises par l'Administration en dehors des cas de voie de fait. Le pouvoir d'adresser des injonctions à l'Administration, qui permet de priver les décisions de celle-ci de leur caractère exécutoire, est en effet de même nature que celui consistant à annuler ou à réformer les décisions prises par elle dans l'exercice de ses prérogatives de puissance publique, pouvoir dont l'exercice relève de la seule compétence de la juridiction administrative, à l'exception des matières réservées par nature à l'autorité judiciaire. Il suit de là que les dispositions de l'art. 136 précité ne sauraient fonder la compétence du magistrat des référés du TGI pour connaître de l'action engagée par les passagers clandestins d'un navire à la suite de la décision de l'Administration refusant leur entrée sur le territoire national et les consignant à bord. • T. confl. 12 mai 1997 : *D. 1997. 567, note Legrand*.

SECTION VII DU CONTRÔLE JUDICIAIRE, DE L'ASSIGNATION À RÉSIDENCE ET DE LA DÉTENTION PROVISOIRE *(L. n° 2009-1436 du 24 nov. 2009, art. 71-I).*

(L. n° 70-643 du 17 juill. 1970)

S'agissant des dispositions d'urgence mises en place pour faire face à l'épidémie de covid-19, V. App., v° État d'urgence sanitaire.

RÉP. PÉN. v^is *Contrôle judiciaire*, par DOURNEAU-JOSETTE et GIRAULT ; *Détention provisoire*, par GUÉRY ; *Juge des libertés et de la détention*, par LACROIX ; *Justice restaurative*, par CARIO.

BIBL. GÉN. ► BELLOIR, *AJ pénal 2016. 458* (détention provisoire dans la loi du 3 juin 2016). – DE LAMY, *Dr. pénal 2007. Étude. 13.* – FRAISSEIX, *RFDC 1999-39. 497* (situation des parlementaires). – GUÉRY, *D. 2004. Chron. 583*. – LEMONDE, *RSC 2001. 51*. – MATSOPOULOU, *D. 2008. Chron. 1494*.

Art. 137 *(L. n° 2009-1436 du 24 nov. 2009, art. 71-II)* **Toute personne mise en examen, présumée innocente, demeure libre.**

Toutefois, en raison des nécessités de l'instruction ou à titre de mesure de sûreté, elle peut être astreinte à une ou plusieurs obligations du contrôle judiciaire ou, si celles-ci se révèlent insuffisantes, être assignée à résidence avec surveillance électronique.

A titre exceptionnel, si les obligations du contrôle judiciaire ou de l'assignation à résidence avec surveillance électronique ne permettent pas d'atteindre ces objectifs, elle peut être placée en détention provisoire.

Sur l'inviolabilité personnelle des agents diplomatiques, V. Décr. n° 71-284 du 29 mars 1971 (D. et BLD 1971. 175) portant publication de la convention de Vienne sur les relations diplomatiques, art. 29 de la convention. — Sur l'inviolabilité personnelle des fonctionnaires consulaires, V. Décr. n° 71-288 du 29 mars 1971 (D. et BLD 1971. 180) portant publication de la convention de Vienne sur les relations consulaires, art. 41 de la convention.

I. ARTICULATION ENTRE DÉTENTION PROVISOIRE ET CONTRÔLE JUDICIAIRE

1. *Détention provisoire et présomption d'innocence.* Il appartient aux juridictions d'instruction, pour motiver concrètement la nécessité de la détention et l'insuffisance d'autres mesures de sûreté, de se référer aux indices, éléments de preuve et faits constants relevés dans la procédure à l'égard de la personne concernée, sans contrevenir au principe de la présomption d'innocence. • Crim. 11 déc. 2018, n° 18-85.460 : *D. actu. 10 janv. 2019, obs. Goetz ; JCP 2019. 137, note Perrier ; RSC 2019. Chron. 127, note Parizot*.

2. *Détention provisoire ou contrôle judiciaire.* L'actualité de la souffrance de la victime de viols incestueux commis il y a dix-sept ans ne pouvant laisser présumer que le trouble apporté à l'ordre public – à supposer ce trouble « exceptionnel » au sens de l'art. 144 (3°) – persiste encore au point de ne pouvoir y mettre fin que par la détention provisoire du prévenu, un contrôle judiciaire apparaît suffisant pour garantir la représentation en justice du prévenu et prévenir tous risques de pressions sur les témoins et la victime. • Douai, 17 juin 1997 : *D. 1997. 593, note Guéry*.

3. *Détention provisoire après contrôle judiciaire.* Aucune disposition de la loi n'interdit au juge des libertés et de la détention de délivrer, au cours d'une même information, à l'encontre d'une personne placée sous contrôle judiciaire, un titre de détention en raison des mêmes faits, lorsque des circonstances nouvelles entrant dans les prévisions de l'art. 144 justifient, eu égard aux nécessités actuelles de l'instruction, la délivrance d'un mandat de dépôt. • Crim. 1er mars 2005, n° 04-87.392 P : *D. 2005. IR 1049 ; JCP 2005. IV. 1907.* ♦ Tel est le cas de l'amélioration de l'état de santé et, partant, des possibilités d'autonomie de la personne, qui accroît les risques de renouvellement de l'infraction. • Crim. 29 janv. 2008, n° 07-87.802 P : *D. 2008. Pan. 2762, obs. Pradel ; AJ pénal 2008. 240, note Lavric* ; Dr. pénal 2009. Chron. 1, obs. *Guérin.*

II. MOTIVATION

4. *Indices graves ou concordants.* Les mesures de sûreté ne peuvent être prononcées qu'à l'égard de la personne à l'encontre de laquelle il existe des indices graves ou concordants rendant vraisemblable qu'elle ait pu participer, comme auteur ou comme complice, à la commission des infractions dont le juge d'instruction est saisi. ♦ Les juges, qui ne sont saisis que d'une demande de modification d'une des obligations du contrôle judiciaire ne remettant pas en cause le principe de celui-ci et qui ne sont donc pas conduits à prononcer, prolonger ou maintenir une mesure de sûreté, ne sont pas tenus de s'assurer de l'existence d'indices graves ou concordants rendant vraisemblable que la personne mise en examen ait pu participer, comme auteur ou comme complice, à la commission des faits reprochés. • Crim. 11 août 2021, n° 21-83.183 B : *D. actu. 7 sept. 2021, obs. Fucini.* ♦ V. note 2 ss. art. 144.

5. Motivation de la décision. Il ne saurait être imposé au juge qui ordonne la mise en liberté de l'inculpé de constater l'absence des conditions qui, selon les art. 137 et 144, pourraient autoriser, à titre exceptionnel, une mesure de détention provisoire. Justifie légalement sa décision de mise en liberté de l'inculpé la chambre d'accusation qui a souverainement apprécié que la détention provisoire de l'inculpé ne répondait plus aux nécessités de l'instruction et que le placement de celui-ci sous contrôle judiciaire suffisait à préserver l'ordre public du trouble causé par les infractions, à mettre fin à celles-ci et à en prévenir le renouvellement. • Crim. 30 oct. 1990, n° 90-85.415 P : *D. 1991. 292, note D. Mayer* ; *D. 1991. Somm. 211, obs. Pradel* • 17 oct. 1991, n° 91-84.306 P • Crim. 29 mars 2017, n° 17-80.149 P : *D. actu. 24 avr. 2017, obs. Goetz ; Dr. pénal 2017, n° 78, note Maron et Haas* • Crim. 9 avr. 2019, n° 19-80.550 P : *D. actu. 15 mai 2019, obs. Gallois.* ♦ La mention du fait que l'intéressé ne répondait pas aux convocations des services de police et que la délivrance d'un mandat d'amener avait été nécessaire pour permettre sa mise en examen suffit à établir que le contrôle judiciaire se justifiait en raison des nécessités de l'instruction ou à titre de mesure de sûreté. • Crim. 26 juill. 2000, n° 00-83.156 P : *D. 2000. IR 244.*

6. Aux termes de l'art. 145, le placement en détention provisoire est prescrit par une ordonnance spécialement motivée qui doit comporter l'énoncé des considérations de droit et de fait sur le caractère insuffisant des obligations du contrôle judiciaire. Méconnaît ce principe et encourt la cassation l'arrêt d'une chambre d'accusation qui, pour infirmer une ordonnance du juge d'instruction qui avait placé une personne sous contrôle judiciaire et décerner mandat de dépôt à son encontre, énonce notamment que la mise en détention de cette personne s'impose en vertu de l'art. 144, en omettant de se prononcer sur le caractère insuffisant des obligations du contrôle judiciaire qui lui avaient été imparties. • Crim. 16 juill. 1997, n° 97-82.539 P : *D. 1998. Somm. 170, obs. Pradel* .

7. Ainsi, lorsque la chambre de l'instruction statue sur une demande de mise en liberté présentée par un étranger placé sous écrou extraditionnel, elle ne doit se référer qu'aux garanties qui sont offertes par l'intéressé en vue de satisfaire à la demande de l'État requérant. Ne peut être admis le moyen de cassation pris de la violation de l'art. 5, § 3, Conv. EDH, lequel ne s'applique qu'aux personnes visées par le § 1, c), et non à celles contre lesquelles une procédure d'extradition est en cours, qui sont visées par le § 1, f). • Crim. 8 mars 2011, n° 10-88.762 P : *D. 2011. Actu. 1017* .

8. Motivation du contrôle judiciaire. Encourt la censure l'arrêt d'une chambre d'accusation qui soumet une personne mise en examen au contrôle judiciaire sans préciser les circonstances qui, à raison des nécessités de l'instruction ou à titre de mesure de sûreté, le justifient. • Crim. 8 août 1995, n° 95-82.561 P : *D. 1996. Somm. 261, obs. Pradel* • 13 févr. 2002, n° 01-87.975 P.

9. Appel. En raison de l'effet dévolutif de l'appel, les motifs de l'arrêt de la chambre de l'instruction confirmant une ordonnance de placement sous contrôle judiciaire imposant une interdiction d'exercer une activité professionnelle en vertu des dispositions de l'art. 138, al. 2, se substituent à ceux, insuffisants, de cette ordonnance. • Crim. 16 janv. 2002, n° 01-87.235 P.

III. EXIGENCES FORMELLES

10. Formalités. Le JLD n'est pas tenu de respecter les modalités d'interrogatoire auxquelles le juge d'instruction est soumis en vertu des dispositions de l'art. 116. • Crim. 30 janv. 2007, n° 06-88.284 P : *AJ pénal 2007. 144* . ♦ Les formalités de rédaction des procès-verbaux de l'art. 429, al. 2 (transcription des questions auxquelles il est répondu dans tout procès-verbal d'audition ou d'interrogatoire), n'ont pas davantage à être respectées. Ainsi, le fait que le procès-verbal des débats devant le JLD ne retranscrive pas les questions posées au mis en examen n'entache en rien la validité de son placement en détention provisoire. • Même arrêt.

Art. 137-1 *(L. n° 2000-516 du 15 juin 2000, art. 48)* **La détention provisoire est ordonnée ou prolongée par le juge des libertés et de la détention. Les demandes de mise en liberté lui sont également soumises.**

(L. n° 2016-1547 du 18 nov. 2016, art. 17, en vigueur le 1er sept. 2017) **« Lorsque le juge des libertés et de la détention statue à l'issue d'un débat contradictoire, il est assisté d'un greffier. Il peut alors faire application de l'article 93. »**

Il ne peut, à peine de nullité, participer au jugement des affaires pénales dont il a connu.

(L. n° 2004-204 du 9 mars 2004, art. 121-II) **« Hors le cas prévu par le deuxième alinéa de l'article 137-4, » il est saisi par une ordonnance motivée du juge d'instruction, qui lui transmet le dossier de la procédure accompagné des réquisitions du procureur de la République.** *(L. n° 2007-291 du 5 mars 2007, art. 10-I, en vigueur le 1er juill. 2007)* **« Lorsque le juge des libertés et de la détention doit statuer en application de l'article 145, le juge d'instruction peut indiquer dans son ordonnance si la publicité de ce débat lui paraît devoir être écartée au regard d'une ou plusieurs des raisons mentionnées au sixième alinéa de cet article. »**

BIBL. ▶ De Lamy, *Dr. pénal 2007. Étude 13* (le juge des libertés et de la détention : un trompe-l'œil ?). – Guéry, *Gaz. Pal. 2000. Doctr. 1496* (le nouveau juge des libertés et de la détention : premiers problèmes pratiques) ; *D. 2004. Chron. 583* (le juge des libertés et de la détention : un juge qui cherche à mériter son nom...) ; *JCP 2006. I. 104* (l'erreur matérielle du juge des libertés et de la détention). – Haroune, *Cah. just. 2019. 169* (un magistrat qui sort de l'ombre). – Huyette, *D. 2003. Chron. 1453* (JLD, comparution immédiate et procès équitable). – Lemonde, *RSC 2001. 51.* – Matsopoulou, *D. 2008. Chron. 1494* (le juge des libertés et de la détention : un acteur de premier ou de second rôle en matière de détention provisoire ?). – Nakic, *AJ pénal 2021. 351* (impartialité du juge des libertés et de la détention).

▶ **Dossier :** Le juge des libertés et de la détention, *AJ pénal 2019. 119*.

1. *Autonomie du JLD.* Le juge des libertés qui dispose, en matière de détention provisoire, de pouvoirs distincts de ceux du juge d'instruction n'est pas délégué par ce dernier. • Crim. 6 mars 2002, n° 01-88.609 P : *D. 2002. IR 1323*.

2. *Compétences du JLD.* Le JLD régulièrement saisi par ordonnance du juge d'instruction, en application de l'art. 137-1, demeure compétent pour statuer sur la demande qui lui est soumise, nonobstant l'arrêt de la Cour de cassation, intervenu postérieurement à sa saisine, ordonnant le dessaisissement du juge d'instruction de Bobigny au profit de celui de Paris dans l'intérêt d'une bonne administration de la justice. • Crim. 5 nov. 2002, n° 02-85.892 P : *D. 2003. IR 105* ; *JCP 2003. IV. 1098* • 17 févr. 2004, n° 03-87.349 P : *JCP 2004. IV. 1783* ; *RSC 2004. 374, obs. Commaret*. ♦ De même, le JLD du tribunal du juge d'instruction saisi en application de l'art. 663 est compétent pour statuer sur la prolongation de la détention provisoire du mis en examen dès lors que le dessaisissement du juge d'instruction n'a été remis en cause ni par l'arrêt de la chambre d'instruction saisie de l'appel de l'ordonnance de dessaisissement ni par la décision de la Cour de cassation. • Crim. 8 juin 2005, n° 05-82.070 P : *JCP 2004. IV. 2690.*

3. *Impartialité.* En application de l'art. 137-1, de portée générale, le JLD ne peut participer au jugement des affaires pénales dont il a connu. • Crim. 8 déc. 2009, n° 09-85.623 P : *D. 2010. Pan. 2261, note Pradel* ; *AJ pénal 2010. 86* • Crim. 23 sept. 2010, n° 10-81.245 P : *D. 2010, n° 124, obs. Lazerges-Cousquer.*

4. Il n'y a pas d'incompatibilité, pour un magistrat, à exercer successivement les fonctions de conseiller à la chambre de l'instruction ayant confirmé une ordonnance de placement en détention provisoire, puis juge des libertés pour se prononcer sur la prolongation de cette mesure dans une même affaire, dès lors que le magistrat concerné n'a pas eu à connaître de l'appel de sa propre décision. • Crim. 12 févr. 2003, n° 02-87.530 P : *JCP 2003. IV. 1603.*

5. Ne peut composer la chambre correctionnelle appelée à juger un prévenu le magistrat qui, en qualité de juge des libertés et de la détention, a statué auparavant sur une demande de mise en liberté formée par l'intéressé. • Crim. 16 mai 2007, n° 06-85.347 P : *AJ pénal 2007. 386, obs. Saas*. ♦ Un magistrat qui a prononcé une condamnation par défaut et décerné un mandat d'arrêt ne peut, en qualité de juge des libertés et de la détention, statuer sur les suites données au mandat d'arrêt sans qu'il soit porté atteinte à l'exigence d'impartialité. • Crim. 30 mars 2011, n° 10-86.140 P : *D. actu. 22 avril 2011, obs. Léna* ; *D. 2011. Actu. 1083* ; *ibid. Chron. 1850, obs. Leprieur*.

Art. 137-1-1 *(Ord. n° 2006-673 du 8 juin 2006, art. 8) (L. n° 2016-1547 du 18 nov. 2016, art. 17, en vigueur le 1er sept. 2017)* **« Le juge des libertés et de la détention peut être suppléé en cas de vacance d'emploi, d'absence ou d'empêchement, par un magistrat du siège du premier grade ou hors hiérarchie désigné par le président du tribunal judiciaire. En cas d'empêchement de ces magistrats, le président du tribunal judiciaire peut désigner un magistrat du second grade. »**

Pour l'organisation du service de fin de semaine ou du service allégé pendant la période au cours de laquelle les magistrats bénéficient de leurs congés annuels, *(L. n° 2016-1547 du 18 nov. 2016, art. 17, en vigueur le 1er sept. 2017)* **« le juge des libertés**

et de la détention d'un » tribunal judiciaire peut être désigné afin d'exercer concurremment ces fonctions dans, au plus, deux autres tribunaux judiciaires du ressort de la cour d'appel ; cette désignation est décidée par ordonnance du premier président prise à la demande des présidents de ces juridictions et après avis du président du tribunal judiciaire concerné ; elle en précise le motif et la durée, ainsi que les tribunaux pour lesquels elle s'applique ; la durée totale d'exercice concurrent des fonctions de juge des libertés et de la détention dans plusieurs tribunaux judiciaires ne peut excéder quarante jours au cours de l'année judiciaire.

La désignation prévue à l'alinéa précédent peut également être ordonnée, selon les mêmes modalités et pour une durée totale, intermittente ou continue, qui ne peut excéder quarante jours, lorsque, pour cause de vacance d'emploi ou d'empêchement, aucun magistrat n'est susceptible, au sein d'une juridiction, d'exercer les fonctions de juge des libertés et de la détention.

Art. 137-2 *(L. n° 2000-516 du 15 juin 2000)* **Le contrôle judiciaire est ordonné par le juge d'instruction, qui statue après avoir recueilli les réquisitions du procureur de la République.**

Le contrôle judiciaire peut être également ordonné par le juge des libertés et de la détention, lorsqu'il est saisi.

Réquisitions du ministère public. C'est à peine de nullité que le ministère public doit prendre des réquisitions avant tout placement sous contrôle judiciaire par le juge d'instruction ; ces réquisitions doivent se référer aux éléments de personnalité de l'intéressé car le contrôle judiciaire est une mesure restrictive de liberté. • Crim. 22 janv. 2002, n° 01-87.619 P : *D. 2002. IR 864 ; JCP 2002. I. 155, obs. Maron ; Dr. pénal 2002. Comm. 63, obs. Maron.* ♦ Déjà en ce sens, V. • Bastia, 31 janv. 2001 : *BICC 2001, n° 963.*

Art. 137-3 *(L. n° 2000-516 du 15 juin 2000)* **Le juge des libertés et de la détention statue par ordonnance motivée. Lorsqu'il ordonne ou prolonge une détention provisoire ou qu'il rejette une demande de mise en liberté, l'ordonnance doit comporter l'énoncé des considérations de droit et de fait sur le caractère insuffisant des obligations du contrôle judiciaire** *(L. n° 2019-222 du 23 mars 2019, art. 54-IV et 109-XIII, en vigueur le 1er juin 2019)* **« ou de l'assignation à résidence avec surveillance électronique » et le motif de la détention par référence aux seules dispositions des articles 143-1 et 144.** *(L. n° 2021-1729 du 22 déc. 2021, art. 5)* **« En matière correctionnelle, les décisions prolongeant la détention provisoire au-delà de huit mois ou rejetant une demande de mise en liberté concernant une détention de plus de huit mois doivent également comporter l'énoncé des considérations de fait sur le caractère insuffisant des obligations de l'assignation à résidence avec surveillance électronique mobile, prévue au troisième alinéa de l'article 142-5 et à l'article 142-12-1, ou du dispositif électronique prévu à l'article 138-3, lorsque cette mesure peut être ordonnée au regard de la nature des faits reprochés. »**

Dans tous les cas, l'ordonnance est notifiée à la personne mise en examen qui en reçoit copie intégrale contre émargement au dossier de la procédure. — *Entrée en vigueur le 1er janv. 2001.*

BIBL. ► SÉVELY-FOURNIÉ, *RSC 2009. 793* (répression et motivation. Réflexions sur la motivation des arrêts et jugements des juridictions répressives).

1. L'exigence de motivation spéciale sur le caractère insuffisant des obligations du contrôle judiciaire prévue par l'art. 137-3 cesse d'être applicable lorsque le juge d'instruction a renvoyé la personne poursuivie devant la juridiction de jugement. • Crim. 6 mai 2002, n° 02-81.391 P • 26 mars 2003, n° 03-80.144 P : *JCP 2003. IV. 2018.*

2. Aucun texte n'impose au JLD de corroborer les motifs de son ordonnance par des références à des cotes du dossier d'information. • Crim. 8 août 2018, n° 18-83.310 P : *D. actu. 26 sept. 2018, obs. Priou-Alibert.*

3. Les juges peuvent statuer par les mêmes motifs sur l'inefficacité du contrôle judiciaire et de l'assignation à résidence, sans rechercher concrètement et séparément en quoi ces deux mesures, dont le degré de contrainte diffère, ne sont pas adaptées à la situation de la personne en cause. • Crim. 15 oct. 2019, n° 19-84.799 P. ♦ La chambre de l'instruction, qui s'est déterminée par des considérations de droit et de fait répondant aux exigences des art. 137-3, 143-1 s., y compris au regard de l'insuffisance des obligations du contrôle judiciaire et de l'assignation à résidence sous surveillance électronique, n'a pas à se prononcer par des motifs distincts sur cette dernière. • Crim. 29 sept. 2020, n° 20-83.539 P : *D. actu. 5 nov. 2020, obs. Engel.*

4. Aucune disposition légale ou conventionnelle n'interdit, lorsque le mandat de dépôt a été annulé pour un vice de forme, de placer à nouveau en détention provisoire la personne mise en examen, dans la même information et à raison des mêmes faits, sans modifier la motivation de l'ordonnance de placement en détention. • Crim. 3 sept. 2003, n° 03-83.068 P : *D. 2003. IR 2547 ; JCP 2003. IV. 2802.* ♦ V. également • Crim. 1er févr. 2005, n° 04-86.768 P : *D. 2005. IR 795 ; JCP 2005. IV. 1642.*

5. Aucune disposition légale ou conventionnelle n'interdit au juge des libertés et de la détention de mettre sa décision en délibéré, dès lors que la prolongation de la détention provisoire est ordonnée avant l'expiration du titre de détention. • Crim. 30 mars 2005, n° 05-80.380 P : *D. 2005. IR 1249 ; JCP 2005. IV. 2138 ; AJ pénal 2005. 287, obs. Girault .* ♦ Aucune disposition légale n'impose que le juge des libertés et de la détention prescrive la mise en liberté immédiate de la personne dont il refuse de prolonger la détention : il peut ordonner que le contrôle judiciaire commence quelques jours après avoir statué, à la fin du mandat de dépôt initial. • Crim. 7 juin 2006 : *D. 2006. IR 1989 ; AJ pénal 2006. 410, obs. Saas .*

6. Conditions de détention et office du juge judiciaire. Faute d'allégation d'éléments propres à la personne concernée, suffisamment graves pour mettre en danger sa santé physique ou mentale, la chambre de l'instruction justifie sa décision de rejet d'une demande de mise en liberté en se déterminant au regard des seuls articles 137-3 et 143-1 s. • Crim. 29 févr. 2012, n° 11-88.441 P : *D. actu. 19 mars 2012, obs. Léna ; RSC 2012. 879, obs. Salvat ; AJ pénal 2012. 471, obs. Senna .* ♦ En ce qui concerne l'office du juge et les atteintes à la dignité résultant des conditions de détention, V. notes 8 s. ss. art. 144.

7. Formes. Dès lors que les signatures de la personne mise en examen, du juge et du greffier figurent à la fin du procès-verbal et que l'omission de celles-ci sur la première page n'a pas eu pour effet de porter atteinte aux intérêts de la partie qu'elle concerne, il n'y a pas lieu d'annuler l'ordonnance de prolongation de la détention provisoire. • Crim. 22 juin 2004, n° 04-82.105 P : *JCP 2004. IV. 2785 ; AJ pénal 2004. 372 ; Dr. pénal 2004. Comm. 166, note Maron.*

8. Demande de renvoi du débat contradictoire. Justifie sa décision la chambre de l'instruction qui énonce que le JLD, amené à statuer dans des délais contraints, n'avait pas à répondre à une demande de report du débat contradictoire portant sur le placement en détention provisoire, dès lors que le demandeur n'établit pas que cette demande de renvoi, formulée après l'ouverture du débat, était fondée sur des motifs qu'il ne pouvait connaître antérieurement. • Crim. 17 oct. 2018, n° 18-84.422 P : *D. actu. 14 nov. 2018, obs. Priou-Alibert ; AJ pénal 2019. 40, obs. Chapelle .* ♦ Comp. : Il incombe au JLD, saisi d'une demande de report du débat contradictoire, de motiver sa décision de rejet. • Crim. 12 déc. 2018, n° 18-85.154 P : *AJ pénal 2019. 156, obs. Chapelle .*

9. Le demandeur ne peut se faire un grief de l'absence de réponse, par le JLD, à une demande de renvoi du débat contradictoire accompagnée d'un seul justificatif illisible, ce qui ne mettait pas son destinataire en mesure d'en apprécier la pertinence, celui-ci devant statuer dans des délais contraints. • Crim. 7 oct. 2020, n° 20-84.067 P : *D. actu. 2 nov. 2020, obs. Priou-Alibert.*

10. Toute personne poursuivie, qui ne souhaite pas se défendre elle-même, a droit à l'assistance d'un défenseur de son choix et les juges ne peuvent, sans motiver leur décision, refuser le renvoi d'une affaire, sollicité par cette personne en raison de l'absence de l'avocat choisi. • Crim. 2 févr. 2021, n° 20-86.464 P : *AJ pénal 2021. 212, obs. Hennebois .*

11. Il se déduit des art. 6 de la Conv. EDH et 137-3 du C. pr. pén. que le juge des libertés et de la détention qui rejette une demande de renvoi motivée présentée avant le débat contradictoire par l'avocat de la personne détenue doit, dans son ordonnance, faire mention de cette demande et énoncer les motifs de son refus, y compris dans l'hypothèse où le juge des libertés et de la détention a, précédemment au débat, indiqué à l'avocat qu'il refusait sa demande ; il n'en est autrement que si l'avocat se désiste, de façon non équivoque, de sa demande de renvoi avant la tenue du débat contradictoire. • Crim. 22 juin 2021, n° 21-82.025 B.

12. Le JLD a seul la maîtrise de son audiencement, il peut reporter ou avancer la date du débat contradictoire par simple émission d'une nouvelle convocation, il n'est pas tenu, comme la juridiction de jugement, de réunir les parties à la date initialement fixée avant de statuer sur une demande de renvoi par une décision formalisée, et il peut faire connaître par tous moyens les motifs de sa décision sur cette demande, qui peuvent également être recherchés dans le procès-verbal du débat lorsqu'ils ont été exposés oralement et consignés. • Crim. 10 nov. 2021, n° 21-84.948 B : *AJ pénal 2022. 41, obs. Hennebois .*

Art. 137-4 *(L. n° 2002-1138 du 9 sept. 2002, art. 37)* **Lorsque, saisi de réquisitions du procureur de la République tendant au placement en détention provisoire, le juge d'instruction estime que cette détention n'est pas justifiée et qu'il décide de ne pas**

transmettre le dossier de la procédure au juge des libertés et de la détention, il est tenu de statuer sans délai par ordonnance motivée, qui est immédiatement portée à la connaissance du procureur de la République.

(L. n° 2004-204 du 9 mars 2004, art. 121-I) **« En matière criminelle ou pour les délits punis de dix ans d'emprisonnement, le procureur de la République peut alors, si les réquisitions sont motivées, en tout ou partie, par les motifs prévus aux** *(L. n° 2007-291 du 5 mars 2007, art. 9-II, en vigueur le 1er juill. 2007)* **« 4° à 7°** *[ancienne rédaction : 2° et 3°]* **» de l'article 144 et qu'elles précisent qu'il envisage de faire application des dispositions du présent alinéa, saisir directement le juge des libertés et de la détention en déférant sans délai devant lui la personne mise en examen ; l'ordonnance rendue par le juge des libertés et de la détention entraîne le cas échéant la caducité de l'ordonnance du juge d'instruction ayant placé la personne sous contrôle judiciaire. S'il renonce à saisir directement le juge des libertés et de la détention, le procureur de la République en avise le juge d'instruction et la personne peut être laissée en liberté. »**

BIBL. ▶ GUÉRY, *AJ pénal 2004. 238* (une détention provisoire exceptionnelle... mais souhaitable).

1. La possibilité reconnue au procureur de la République, en vertu des dispositions du second alinéa de l'art. 137-4, de saisir directement le juge des libertés et de la détention d'une demande de placement en détention provisoire que le juge d'instruction estime injustifiée est liée à l'urgence et fondée sur des critères objectifs et rationnels, inspirés par un motif d'intérêt général en rapport direct avec l'objet de la loi ; la différence de traitement ainsi instituée entre les personnes dont la détention provisoire est requise ne procède donc pas d'une discrimination injustifiée. • Cons. const. 2 mars 2004, n° 2004-492DC : *JO 10 mars, p. 4637.*

2. Mineurs. L'al. 2 de l'art. 137-4 est applicable aux mineurs car l'art. 11 de l'Ord. du 2 févr. 1945, qui renvoie à l'art. 137-4, n'a pas été modifié après la loi du 9 mars 2004 ; d'autre part, si cette loi, dont est issu l'al. 2 de l'art. 137-4, n'a pas expressément ciblé la procédure concernant les mineurs, elle n'a prévu aucune restriction à l'étendue de son application. • Crim. 13 juin 2018, n° 18-82.124 P : *D. actu. 2 juill. 2018, obs. Goetz ; AJ pénal 2018. 425, obs. Gallardo ; D. 2018. Pan. 1664, note Bonfils et Gouttenoire.*

Circulaire CRIM 00-16 F1 du 20 décembre 2000, *présentant les dispositions de la loi du 15 juin 2000 renforçant la protection de la présomption d'innocence et les droits des victimes concernant l'instruction, la détention provisoire, le juge des libertés et de la détention et le jugement correctionnel. [...].*

2.1.1.1.1. *Fonctions du juge des libertés et de la détention en matière de détention provisoire*

Le nouvel article 137-1 du CPP dispose que la détention provisoire est ordonnée ou prolongée par le juge des libertés et de la détention et que les demandes de mise en liberté lui sont également soumises.

Le juge des libertés est également compétent, en application des dispositions de l'article 146, pour ordonner le maintien en détention provisoire d'une personne à la suite de la requalification en délit de faits qui lui étaient initialement reprochés sous une qualification criminelle.

Dans ces différentes hypothèses, en application des dispositions du quatrième et dernier alinéa de l'article 137-1, le juge des libertés est saisi par une ordonnance motivée du juge d'instruction qui lui transmet le dossier de la procédure accompagné des réquisitions du procureur de la République.

Lorsque l'instruction concerne des mineurs et qu'elle est conduite par le juge des enfants, c'est à ce magistrat qu'il appartient de saisir le juge des libertés, seul compétent pour ordonner ou prolonger la détention provisoire, même à l'égard des mineurs, en application des dispositions de l'article 11 de l'ordonnance du 2 février 1945 relative à l'enfance délinquante, modifiées par l'article 137 de la loi du 15 juin 2000.

Aucune détention provisoire ne peut intervenir si le juge d'instruction (ou le juge des enfants) ne l'estime pas nécessaire puisque seul ce magistrat peut saisir le juge des libertés et de la détention aux fins de placement en détention de la personne mise en examen ou aux fins de prolongation d'une détention déjà en cours.

Par ailleurs, en application des dispositions des articles 144-1 et 148, le juge d'instruction peut à tout moment de la procédure ordonner la mise en liberté de la personne, soit d'office, soit en réponse à une demande de mise en liberté. Ce n'est que lorsque le juge d'instruction estime qu'il ne convient pas de faire droit à une demande de mise en liberté qu'il doit en saisir le juge des libertés qui statue alors sur la demande et peut ordonner la mise en liberté de la personne. *[...]*

Il doit être observé que le juge d'instruction reste seul compétent pour ordonner l'éventuel maintien en détention d'une personne renvoyée devant le tribunal correctionnel. *[...]*

2.1.1.1.2. *Désignation et statut du juge des libertés et de la détention*

Le deuxième alinéa de l'article 137-1 dispose que le juge des libertés et de la détention est un magistrat du siège ayant rang de président, de premier vice-président ou de vice-président. Il est désigné par le président du tribunal judiciaire.

Le troisième alinéa de l'article énonce que le juge des libertés et de la détention ne peut, à peine de nullité, participer au jugement des affaires pénales dont il a connu.

Ces dispositions appellent les observations suivantes.

1) *Incompatibilité des fonctions de juge des libertés et de la détention avec les fonctions de jugement ou les fonctions d'instruction*

Il résulte des nouvelles dispositions que, dans une même affaire, un juge du siège ne peut successivement exercer les fonctions de juge des libertés et de la détention et les fonctions de jugement. Cette incompatibilité est de même nature que celle concernant le juge d'instruction et que prévoit l'article 49 du CPP.

Il en découle que, quels que soient les modes d'organisation qui seront retenus par les juridictions pour la désignation des juges des libertés et de la détention, il conviendra qu'un dispositif conventionnel de marquage des dossiers d'instruction soit mis en place afin de signaler l'identité du ou des juges des libertés et de la détention intervenus au cours de l'information en matière de détention provisoire, afin d'éviter que ces magistrats ne président, dans ces affaires, la juridiction de jugement.

Il résulte par ailleurs des dispositions du dernier alinéa de l'article 137-1 que le juge des libertés et de la détention est nécessairement distinct du juge d'instruction qui le saisit.

Il apparaît en conséquence souhaitable qu'un magistrat ayant exercé les fonctions de juge d'instruction dans un dossier d'information (et notamment d'un dossier dans lequel la personne mise en examen est détenue), même s'il est ensuite appelé à d'autres fonctions et exerce alors les fonctions de juge des libertés et de la détention, ne puisse pas, dans ce même dossier, statuer en tant que juge des libertés et de la détention en matière de détention provisoire (notamment en ordonnant la prolongation de la personne qu'il avait précédemment mise en examen ou en refusant une demande de mise en liberté déposée par cette personne).

A l'inverse, rien ne paraît interdire qu'un magistrat étant intervenu en tant que juge des libertés pour statuer sur la détention provisoire d'une personne mise en examen au cours d'une information et qui exerce ensuite les fonctions de juge d'instruction soit ultérieurement chargé de cette information, puisque les décisions qui seront alors prises en matière de détention le seront par un autre magistrat.

2) *Magistrats pouvant être désignés comme juge des libertés et de la détention*

Seuls pourront être désignés le président du tribunal judiciaire, des premiers vice-présidents ou des vice-présidents.

Il est souhaitable que dans les juridictions comportant plusieurs premiers vice-présidents ou vice-présidents, le choix des magistrats qui seront chargés d'exercer ces fonctions, s'il dépendra évidemment de la taille de la juridiction concernée et de l'importance du contentieux existant en matière de détention provisoire, puisse être guidé par les considérations suivantes.

En premier lieu, il est hautement opportun que ces fonctions puissent donner lieu, au fur et à mesure de l'application des nouvelles dispositions, à une certaine spécialisation des personnes qui en seront chargées. Il en résulte que dans les grandes juridictions ces fonctions ne doivent donc pas être nécessairement réparties entre l'ensemble des premiers vice-présidents et des vice-présidents.

En second lieu, il convient de tenir compte des incompatibilités qui viennent d'être exposées et notamment de celle concernant le jugement, ce qui peut dans certains cas conduire à privilégier des premiers vice-présidents ou des vice-présidents habituellement chargés de fonctions civiles.

Toutefois, dans les grandes juridictions, pourront être également chargés de ces fonctions des vice-présidents chargés du tribunal correctionnel, sous réserve de veiller que les dossiers dans lesquels ces magistrats sont intervenus ne soient pas inscrits au rôle des audiences ou des chambres qu'ils président.

En revanche, même si la loi ne l'interdit pas, il ne semble pas conforme à l'intention du législateur que soient également désignés les vice-présidents chargés de l'instruction pour intervenir dans les procédures confiées à d'autres juges d'instruction.

3) *Modalités de désignation du juge des libertés et de la détention*

Le code de procédure pénale ne précise pas les modalités selon lesquelles le juge des libertés et de la détention est désigné par le président du tribunal (contrairement à ce que prévoit l'article 83 pour la désignation du juge d'instruction).

Les règles communes ont donc vocation à s'appliquer. Ainsi, le juge des libertés et de la détention constituant un service, sa désignation doit s'inscrire dans le cadre des dispositions générales du code de l'organisation judiciaire.

Elle devra donc intervenir conformément aux dispositions de l'article L. 710-1 de ce code, aux termes desquelles, avant le début de l'année judiciaire, le président du tribunal judiciaire fixe par ordonnance la répartition des juges dans les différents services de la juridiction. Il convient de rappeler que la modification de cette désignation ne peut intervenir que dans les conditions prévues au deuxième alinéa de ce texte.

De par sa nature, cette ordonnance constituera une décision d'administration judiciaire non susceptible de recours.

Sans obérer le libre choix d'organisation qui revient en la matière à tout président de juridiction, il convient de souligner qu'en ayant prévu de confier une multiplicité de contentieux au seul juge des libertés et de la détention, le législateur a eu pour souci une unification de leur traitement, impliquant par là-même une spécialisation dans l'exercice de ces fonctions.

Cette ordonnance précisera à la fois le nom des premiers vice-présidents et des vice-présidents chargés de ces fonctions et la durée d'exercice de cette fonction, en procédant le cas échéant par tableau de roulement.

Il est souhaitable que l'ordonnance précise à chaque fois le nom d'un juge des libertés et de la détention titulaire et le nom de son suppléant qui pourra le remplacer en cas d'absence ou d'empêchement afin d'éviter la désignation en urgence d'un juge des libertés et de la détention, celle-ci demeurant toutefois toujours possible.

Toutefois, l'importance et la nature de ce service peuvent exiger que plusieurs magistrats soient amenés à exercer, le cas échéant concurremment, les fonctions de juge des libertés et de la détention.

Quel que soit le mode d'organisation retenu, il conviendra que l'ordonnance comporte tous les éléments permettant d'identifier précisément le magistrat amené à intervenir.

L'ordonnance pourra alors répartir les tâches de ces magistrats selon le cabinet d'instruction qui les aura saisis. Cette répartition pourra également être faite selon l'objet de ces saisines (placement en détention, prolongation, demande de mise en liberté).

Selon les cas, en effet, l'intervention du juge des libertés et de la détention revêtira des modalités très différentes : les placements en détention, qui supposent la tenue d'un débat contradictoire, peuvent être demandés à tout moment et ils nécessitent donc une permanence y compris en fin de semaine ou les jours fériés ; les prolongations de détention peuvent être programmées plusieurs semaines à l'avance et n'intervenir que pendant les jours ouvrables mais elles exigent nécessairement la tenue d'un débat contradictoire ; l'examen des demandes de mise en liberté ou des maintiens en détention faisant suite à une correctionnalisation doit intervenir à l'issue de délais relativement courts mais pendant les jours ouvrables et au vu des seules pièces du dossier.

Il n'est enfin pas nécessaire que, dans les ordonnances qu'il rendra en tant que juge des libertés et de la détention, le magistrat désigné pour exercer cette fonction fasse référence à la décision de désignation le concernant, même lorsqu'il existe plusieurs juges des libertés et de la détention qui exercent en même temps ces fonctions au sein de la juridiction. Il n'est de même pas nécessaire qu'une copie de l'ordonnance ou du tableau de roulement soit versée au dossier d'instruction dans lequel le juge des libertés et de la détention est intervenu.

Il convient de préciser que le juge d'instruction qui prendra une ordonnance de saisine du juge des libertés et de la détention en application des dispositions du dernier alinéa de l'article 137-1 n'aura pas à indiquer, dans son ordonnance, le nom du magistrat saisi (de la même manière qu'une ordonnance de renvoi devant le tribunal correctionnel n'indique pas la chambre devant laquelle l'affaire devra être audiencée). C'est en pratique le secrétariat ou le greffe des juges des libertés et de la détention qui répartira ces saisines selon les modalités prévues par l'ordonnance de désignation prise par le président du tribunal judiciaire.

A cet égard, sauf précisions contraires dans l'ordonnance de désignation, en cas de tableau de roulement prévoyant des périodes de permanence pour les différents juges des libertés et de la détention, il semble que le plus simple est de considérer que sera saisi par le juge d'instruction le magistrat qui sera de permanence à la date d'enregistrement, par le secrétariat des juges des libertés et de la détention, du dossier et de l'ordonnance de saisine et non à la date à laquelle cette ordonnance a été prise (ainsi une demande de mise en liberté communiquée par ordonnance datée du vendredi soir et reçue le lundi matin sera traitée par le juge des libertés et de la détention chargé de ce service le lundi et non par celui qui était chargé de ce service le vendredi).

2.1.1.1.3. *Assistance du juge des libertés et de la détention par un greffier lors du débat contradictoire*

Le deuxième alinéa de l'article 137-1 dispose que lorsqu'il statue à l'issue d'un débat contradictoire, le juge des libertés et de la détention est assisté d'un greffier.

La présence d'un greffier est donc nécessaire lorsque le juge des libertés et de la détention est saisi aux fins de placement en détention provisoire ou aux fins de prolongation d'une détention provisoire, seules hypothèses dans lesquelles la décision du magistrat ne peut intervenir qu'à l'issue d'un débat *[Dans l'hypothèse d'une saisine du juge aux fins de placement en détention, la présence du greffier est également indispensable dès la comparution de la personne devant le juge des libertés et de la détention, même si celui-ci ne procède pas au débat contradictoire parce qu'il n'envisage pas le placement en détention.]*.

Le greffier doit en effet rédiger le procès-verbal du débat, qu'il signe avec le juge, et procéder aux diverses formalités prévues lors de son déroulement, comme la remise à la personne de l'ordonnance prise par le magistrat contre émargement au dossier de la procédure.

La loi n'impose pas que le greffier assistant le juge des libertés et de la détention lors du débat contradictoire soit différent du greffier du juge d'instruction. L'unicité pourra, le cas échéant, trouver à s'appliquer selon les juridictions. Il apparaît toutefois que, pour des raisons pratiques, le juge des libertés devra autant que possible être assisté d'un greffier distinct du greffier du juge d'instruction, ce dernier ne pouvant aisément assurer ces deux fonctions en même temps *[Ce n'est que dans des situations très exceptionnelles imposées par les circonstances locales que le greffier du juge d'instruction pourra faire fonction de greffier du juge des libertés et de la détention.]*.

Hors ces hypothèses (et notamment lorsqu'il est statué sur une demande de mise en liberté), l'assistance du juge des libertés par un greffier n'est pas obligatoire. La mise à disposition de ce magistrat, ou des différents magistrats assurant les fonctions de juge des libertés ou de la détention, pour l'ensemble de ses ou de leurs attributions en matière de détention provisoire, d'un greffier ou d'un secrétariat spécifique, demeure possible et elle est même particulièrement justifiée dans les juridictions d'une certaine importance.

En pratique, c'est ce secrétariat qui recevra les ordonnances des juges d'instruction saisissant le juge des libertés et de la détention, avec la copie du dossier d'instruction, et qui les remettra au juge des libertés et de la détention compétent en application de l'ordonnance de roulement prise par le président de la juridiction.

2.1.1.1.4. *Décisions du juge d'instruction en matière de détention provisoire*

1) *Décisions du juge d'instruction lorsqu'il estime la détention provisoire nécessaire*

Les ordonnances de saisine du juge des libertés par le juge d'instruction, qu'elles tendent au placement en détention, à la prolongation de la détention ou au rejet d'une mise en liberté (ou au maintien en détention à la suite d'une correctionnalisation), doivent être motivées.

Cette exigence de motivation est ainsi similaire à celle prévue pour les ordonnances de renvoi, par lesquelles le juge d'instruction saisit la juridiction de jugement. Elle s'explique par le fait que, hors le critère du trouble exceptionnel et persistant à l'ordre public, la justification de la détention provisoire provient des nécessités de l'instruction, qu'il appartient donc au juge chargé des investigations d'exposer.

En pratique, cette motivation devra être faite au regard des dispositions de l'article 144 qui énumèrent les conditions de fond pouvant justifier une détention provisoire, en raison des nécessités de l'instruction ou à titre de mesure de sûreté, au regard des faits de l'espèce. L'ordonnance de saisine devra ainsi comporter l'énoncé des considérations de fait sur le caractère insuffisant des obligations du contrôle judiciaire et le motif de la détention par référence aux seules dispositions de cet article.

Il n'est en revanche pas indispensable que les conditions légales de la détention provisoire liées à la nature de l'infraction reprochée ou au quantum de la peine encourue (et le cas échéant aux antécédents judiciaires de la personne), que prévoit désormais le nouvel article 143-1 du CPP soient expressément rappelées dans les motivations de l'ordonnance de saisine du juge d'instruction puisque ces conditions devront nécessairement être remplies.

Des trames de ces ordonnances de saisine ont été intégrées dans les applications informatiques utilisées par les juges d'instruction et un modèle d'ordonnance figure en annexe de la présente circulaire.

2) *Décisions du juge d'instruction lorsqu'il estime que la détention provisoire n'est pas ou n'est plus nécessaire*

Comme le prévoyaient déjà les anciennes dispositions de l'article 137, le nouvel article 137-4 (1°) précise que si le juge d'instruction n'estime pas nécessaire un placement en détention ou une prolongation de détention qui serait requis par le procureur de la République et donc qu'il ne saisit pas le juge des libertés et de la détention, il n'a pas besoin de rendre d'ordonnance. Il en est de même, comme l'indique l'article 137-4 (2°), lorsque le juge d'instruction ne place pas une personne sous contrôle judiciaire malgré des réquisitions du ministère public en ce sens.

Le législateur a ainsi maintenu la règle selon laquelle, puisque la liberté constitue le principe et la détention (ou le contrôle judiciaire) l'exception, il n'était pas nécessaire de statuer par ordonnance dans une telle hypothèse. S'il souhaite contester la décision, le parquet peut alors directement saisir la chambre de l'instruction dans les dix jours de la notification de la décision du juge d'instruction.

Par ailleurs, il convient de rappeler qu'en application des dispositions des articles 144-1 et 148, le juge d'instruction peut à tout moment de la procédure ordonner la mise en liberté de la personne, soit d'office, soit en réponse à une demande de mise en liberté. Une telle ordonnance n'a donc pas à être motivée, même en cas de réquisitions du parquet demandant le rejet de la demande de mise en liberté.

2.1.1.1.5. *Décisions du juge des libertés et de la détention en matière de détention provisoire*

Lorsqu'il est saisi par le juge d'instruction, le juge des libertés et de la détention statue toujours par ordonnance, en application des dispositions de l'article 137-3. Il en est ainsi, à la différence de ce qui est prévu pour le juge d'instruction, même lorsqu'il estime que la détention provisoire n'est pas justifiée.

1) *Décisions du juge des libertés et de la détention lorsqu'il estime la détention provisoire nécessaire*

L'article 137-3 dispose que lorsqu'il ordonne ou prolonge une détention provisoire ou qu'il *rejette une demande de mise en liberté*, le juge des libertés et de la détention statue par ordonnance motivée qui doit comporter l'énoncé des considérations de droit et de fait sur le caractère insuffisant des obligations du contrôle judiciaire et le motif de la détention par référence aux seules dispositions des articles 143-1 et 144.

Il s'agit en réalité de la reprise des dispositions antérieurement applicables par le juge d'instruction et que prévoyait le premier alinéa de l'article 145. De par leur portée générale — car cette exigence de motivation ne concerne pas que le placement en détention provisoire, dont traite uniquement l'article 145, mais également les prolongations ou les refus de mise en liberté — le législateur a estimé que ces dispositions devaient figurer dans les articles 137 et suivants.

Présentent de même un caractère général les dispositions du second alinéa de l'article 137-3 qui prévoient que, dans tous les cas, l'ordonnance est notifiée à la personne mise en examen qui en reçoit copie intégrale contre émargement au dossier de la procédure. Cette notification est également nécessaire lorsque le juge des libertés et de la détention décide de ne pas mettre la personne en détention ou d'ordonner sa libération.

2) *Décisions du juge des libertés et de la détention lorsqu'il estime que la détention n'est pas ou n'est plus nécessaire*

a) Observations générales

* *Nécessité d'une ordonnance motivée*

Même lorsqu'il n'est pas ou n'est plus favorable à la détention de la personne mise en examen, le juge des libertés et de la détention doit rendre une ordonnance motivée ainsi que l'indique l'article 137-3. Une telle ordonnance est en effet apparue nécessaire au législateur, bien que la détention constitue l'exception et la liberté le principe, dans la mesure où le juge des libertés et de la détention a lui-même été saisi par une ordonnance motivée du juge d'instruction.

En pratique cependant, la motivation d'une telle ordonnance pourra simplement consister en la constatation que la détention provisoire de la personne n'est pas ou n'est plus justifiée en raison des nécessités de l'instruction ou à titre de mesure de sûreté. En effet, d'une part, la loi ne donne pas (contrairement à ce qui est prévu lorsque la détention est décidée) d'indications plus précises sur le contenu d'une telle motivation et, d'autre part et surtout, la liberté est la règle. Toutefois, rien n'interdit évidemment au juge des libertés et de la détention de motiver plus complètement une telle ordonnance par référence aux faits de l'espèce.

Le ministère public qui était favorable dans ses réquisitions à la mise en détention ou la poursuite de la détention pourra évidemment, en application des dispositions du premier alinéa de l'article 185, interjeter appel des ordonnances du juge des libertés et de la détention qui, après avoir été saisi par le juge d'instruction, aura estimé que la détention n'était pas ou plus nécessaire. — *Le parquet pouvant de même former appel d'une ordonnance du juge des libertés et de la détention décidant, après avoir été saisi par le juge d'instruction malgré des réquisitions défavorables du ministère public, de placer une personne en détention provisoire, de prolonger sa détention ou de refuser sa mise en liberté.*

Compte tenu des dispositions générales de l'article 137-5 qui précisent que lorsqu'il n'a pas été fait droit à ses réquisitions tendant au placement en détention provisoire (...) ou à la prolongation de la détention provisoire, le procureur de la République peut saisir directement la chambre de l'instruction dans les dix jours de l'avis de notification qui lui est donné par le greffier, le ministère public disposera également de ce droit si, en dépit des dispositions de l'article 137-3, le juge des libertés et de la détention n'a pas rendu d'ordonnance.

* *Dénomination des ordonnances*

Selon les cas, le juge des libertés et de la détention devra rendre une ordonnance disant n'y avoir lieu au placement en détention provisoire ou une ordonnance de mise en liberté.

S'il est saisi par une ordonnance du juge d'instruction aux fins de placement de la personne en détention, il est inutile que le juge des libertés et de la détention prenne une ordonnance de « refus » de placement en détention ; l'exigence d'une ordonnance motivée justifie simplement que le juge rende une ordonnance disant n'y avoir lieu au placement en détention.

S'il est saisi à la suite d'une demande de mise en liberté et bien que l'ordonnance de saisine du juge d'instruction tende alors au rejet de cette demande, il n'est de même pas nécessaire que le juge des libertés et de la détention rende une ordonnance de « refus de rejet de la demande de mise en liberté » : le juge des libertés et de la détention qui estime la demande fondée pourra rendre une ordonnance de mise en liberté.

Si le juge des libertés et de la détention est saisi d'une ordonnance tendant à la prolongation de la détention provisoire ou au maintien en détention après requalification, il n'apparaît pas nécessaire que ce magistrat rende une ordonnance « refusant » la prolongation ou le maintien de la détention ou même simplement « disant n'y avoir lieu » à la prolongation ou au maintien de la détention. Il est suffisant qu'il rende également une ordonnance de mise en liberté.

En effet, il paraît difficile d'admettre, sauf dans des situations très particulières, que le juge des libertés et de la détention puisse rendre une ordonnance disant n'y avoir pas lieu à la prolongation ou au maintien de la détention, sans immédiatement ordonner la mise en liberté de la personne. Dans une telle hypothèse, la mise en liberté n'interviendrait donc que quelques jours plus tard, à l'échéance de la période de détention en cours, alors que la poursuite de la détention n'est évidemment plus justifiée puisque sa prolongation ou son maintien n'est pas jugé nécessaire.

b) Possibilité pour le juge des libertés et de la détention d'ordonner un placement sous contrôle judiciaire

En application des dispositions du deuxième alinéa de l'article 137-2, le juge des libertés et de la détention qui, après avoir été saisi par le juge d'instruction, estime que la détention n'est pas justifiée, pourra ordonner le placement sous contrôle judiciaire de la personne mise en examen.

En effet, si le contrôle judiciaire demeure en principe ordonné par le juge d'instruction en application des dispositions du premier alinéa de cet article, il est apparu logiquement nécessaire de permettre que cette mesure soit également ordonnée par le juge des libertés et de la détention lorsqu'il est saisi. — *Bien évidemment, la possibilité donnée au juge des libertés et de la détention de placer une personne sous contrôle judiciaire implique que ce magistrat peut fixer les obligations auxquelles la personne sera astreinte. Ces obligations constituent en effet la mesure elle-même, comme cela résulte notamment de la nouvelle rédaction de l'article 137. Le fait que la loi du 15 juin 2000 ait complété le premier alinéa de l'article 138, qui dispose désormais que le contrôle judiciaire peut être ordonné par le juge d'instruction ou le juge des libertés et de la détention, mais ait omis de compléter le deuxième alinéa de cet article précisant que la personne doit se soumettre, selon la décision « du juge d'instruction », à une ou plusieurs obligations, est donc sans conséquence juridique et ne signifie nullement que le juge des libertés et de la détention ne pourrait ordonner que le principe d'un contrôle judiciaire, dont les obligations seraient ensuite fixées par le juge d'instruction. Le rapport n° 1468 de la Commission des Lois de l'Assemblée nationale précise d'ailleurs, page 181, que les nouvelles dispositions évitent que le juge des libertés et de la détention « ne soit confronté à un choix binaire liberté-détention » et que, « conformément à la pratique habituelle », ce magistrat « est, bien entendu, habilité à prendre tout ou partie des obligations prévues à l'article 138 ».*

Il doit toutefois être souligné que les prérogatives du juge des libertés en matière de contrôle judiciaire ne sont nullement équivalentes à celles du juge d'instruction.

Le juge des libertés et de la détention ne peut en effet intervenir en matière de contrôle judiciaire que dans les deux hypothèses suivantes :

— soit en ordonnant un placement sous contrôle judiciaire ou une mise en liberté sous contrôle judiciaire, après avoir été saisi par le juge d'instruction aux fins de placement en détention, de prolongation d'une détention, de maintien en détention après requalification ou de rejet d'une demande de mise en liberté ; — *Dans le cas où il est saisi aux fins de placement de la personne en détention, le juge des libertés pourra rendre soit une ordonnance, motivée, disant n'y avoir lieu au placement en détention en même temps qu'une seconde ordonnance, non motivée, de placement sous contrôle judiciaire (la motivation de la première ordonnance consistant notamment par le fait qu'un contrôle judiciaire est suffisant), soit une unique ordonnance plaçant la personne sous contrôle judiciaire, cette ordonnance devant alors être motivée. Dans les autres cas (saisine aux fins de prolongation de la détention, de maintien en détention ou suite à une demande de mise en liberté), le juge des libertés et de la détention rendra une ordonnance de mise en liberté sous contrôle judiciaire qui devra être motivée.*

— soit en révoquant un contrôle judiciaire en raison de l'inobservation par la personne des obligations auxquelles elle était soumise (que ce contrôle ait été ordonné par le juge d'instruction ou par le juge des libertés ou de la détention), après avoir été saisi à cette fin par le juge d'instruction ; une telle saisine revient en réalité à une saisine tendant au placement de la personne en détention provisoire (sous la seule réserve que les seuils d'emprisonnement prévus par le nouvel article 143-1 ne soient pas alors exigés).

Il n'appartient pas au juge des libertés ou *[et]* de la détention de contrôler le déroulement d'une mesure de contrôle judiciaire comme le fait le juge d'instruction. Il ne peut notamment astreindre la personne à répondre à des convocations qu'il lui adresserait lui-même.

De même, le juge des libertés et de la détention ne peut pas être saisi aux fins d'ordonner la mainlevée ou la modification d'un contrôle judiciaire, y compris s'agissant d'un contrôle judiciaire qu'il a lui même ordonné. C'est en effet au juge d'instruction qu'il appartient de modifier ou de mettre fin à un contrôle judiciaire, qu'il s'agisse d'une mesure qu'il a lui-même ordonnée ou d'une mesure qui a été ordonnée par le juge des libertés et de la détention.

En revanche, si le juge des libertés et de la détention est saisi par le juge d'instruction d'une demande de révocation de contrôle judiciaire, il pourra décider de ne pas y faire droit, soit en aggravant les obligations du contrôle judiciaire déjà ordonné, soit en ordonnant la mainlevée de ce contrôle. *[...]*

2.2. *MODIFICATIONS CONCERNANT LE CONTRÔLE JUDICIAIRE. […]*

2.2.1. *Obligation pour le juge de statuer à la suite de réquisitions du parquet*

Le premier alinéa du nouvel article 137-2 dispose désormais que le contrôle judiciaire est ordonné par le juge d'instruction qui statue après avoir recueilli les réquisitions du procureur de la République.

Même si, dans la plupart des cas, les contrôles judiciaires étaient en pratique ordonnés à la suite des réquisitions du ministère public (soit qu'elles tendaient à un placement en détention et n'avaient pas été suivies par le juge d'instruction, soit qu'elles tendaient au placement sous contrôle judiciaire de la personne, soit qu'elles ne demandaient aucune mesure de sûreté), aucune disposition légale n'exigeait auparavant de telles réquisitions (contrairement à ce qui était prévu en matière de détention provisoire ou en cas de délivrance d'un mandat d'arrêt).

Compte tenu du caractère restrictif de liberté que constitue une mesure de contrôle judiciaire, il a logiquement été prévu qu'une telle mesure ne pourrait désormais être ordonnée sans que le ministère public ait pu auparavant se prononcer sur son opportunité.

Il conviendra donc que, hors les hypothèses dans lesquelles de telles réquisitions figurent déjà au dossier *[Un réquisitoire introductif nominatif ne demandant pas le placement sous contrôle judiciaire d'une personne constitue les réquisitions exigées par l'article 137-2.]* (ou hors les cas dans lesquels est requise la détention provisoire), le juge d'instruction prenne une ordonnance de soit-communiqué pour recueillir les réquisitions du parquet. Il en sera ainsi en pratique lorsqu'une personne sera présentée au juge d'instruction sur commission rogatoire et que le juge envisage un éventuel placement sous contrôle judiciaire de la personne.

De par sa nature, il semble que l'exigence de réquisition préalable constitue une des conditions de la régularité d'un contrôle judiciaire qui pourrait, en l'absence de réquisitions du parquet, être contestée par la voie de l'appel.

Lorsque le contrôle judiciaire sera ordonné par le juge des libertés et de la détention, l'exigence de réquisitions du parquet sera nécessairement respectée puisqu'en application du dernier alinéa de l'article 137-1 le juge des libertés et de la détention est nécessairement saisi par une ordonnance motivée du juge d'instruction qui lui transmet le dossier de la procédure accompagné des réquisitions du procureur de la République. *[…]*

Art. 137-5 *Abrogé par L. nº 2002-1138 du 9 sept. 2002, art. 37.*

SOUS-SECTION 1 DU CONTRÔLE JUDICIAIRE

(L. nº 70-643 du 17 juill. 1970)

RÉP. PÉN. vº *Contrôle judiciaire,* par DOURNEAU-JOSETTE et GIRAULT.

BIBL. ► CARDET, *RSC 2001. 537* (quelle consécration pour le contrôle judiciaire socio-éducatif dans la loi du 15 juin 2000 ?) ; *D. 2002. Chron. 1221* (l'incontrôlable contrôle judiciaire « socio-éducatif » ?). – GOMA MACKOUNDI, *AJ pénal 2013. 391* (réparation des préjudices nés de la détention provisoire et du placement sous contrôle judiciaire).

Art. 138 *(L. nº 70-643 du 17 juill. 1970)* **Le contrôle judiciaire peut être ordonné par le juge d'instruction** *(L. nº 2000-516 du 15 juin 2000, art. 132-V, en vigueur le 1er janv. 2001)* **« ou par le juge des libertés et de la détention »** *(L. nº 93-2 du 4 janv. 1993)* **« si la personne mise en examen » encourt une peine d'emprisonnement correctionnel ou une peine plus grave.**

Ce contrôle *(L. nº 93-2 du 4 janv. 1993)* **« astreint la personne concernée » à se soumettre, selon la décision du juge d'instruction** *(L. nº 2004-204 du 9 mars 2004, art. 126-IV)* **« ou du juge des libertés et de la détention », à une ou plusieurs des obligations ci-après énumérées :**

1º Ne pas sortir des limites territoriales déterminées par le juge d'instruction *(L. nº 2004-204 du 9 mars 2004, art. 126-IV)* **« ou le juge des libertés et de la détention » ;**

2º Ne s'absenter de son domicile ou de la résidence fixée par le juge d'instruction *(L. nº 2004-204 du 9 mars 2004, art. 126-IV)* **« ou le juge des libertés et de la détention » qu'aux conditions et pour les motifs déterminés par ce magistrat ;**

3º Ne pas se rendre en certains lieux ou ne se rendre que dans les lieux déterminés par le juge d'instruction *(L. nº 2004-204 du 9 mars 2004, art. 126-IV)* **« ou le juge des libertés et de la détention » ;**

(L. n° 2019-290 du 10 avr. 2019, art. 8) « 3° *bis* Ne pas participer à des manifestations sur la voie publique dans des lieux déterminés par le juge d'instruction ou le juge des libertés et de la détention ; »

4° Informer le juge d'instruction *(L. n° 2004-204 du 9 mars 2004, art. 126-IV)* « ou le juge des libertés et de la détention » de tout déplacement au-delà de limites déterminées ;

5° Se présenter périodiquement aux services *(L. n° 2000-516 du 15 juin 2000, art. 50-I, en vigueur le 1er janv. 2001)* « , associations habilitées » ou autorités désignés par le juge d'instruction *(L. n° 2004-204 du 9 mars 2004, art. 126-IV)* « ou le juge des libertés et de la détention » qui sont tenus d'observer la plus stricte discrétion sur les faits reprochés à *(L. n° 93-2 du 4 janv. 1993)* « la personne mise en examen » ;

6° Répondre aux convocations de toute autorité *(L. n° 2000-516 du 15 juin 2000, art. 50-I, en vigueur le 1er janv. 2001)* « , de toute association » ou de toute personne qualifiée désignée par le juge d'instruction *(L. n° 2004-204 du 9 mars 2004, art. 126-IV)* « ou le juge des libertés et de la détention » et se soumettre, le cas échéant, aux mesures de contrôle portant sur ses activités professionnelles ou sur son assiduité à un enseignement *(L. n° 2000-516 du 15 juin 2000, art. 50-I, en vigueur le 1er janv. 2001)* « ainsi qu'aux mesures socio-éducatives destinées à favoriser son insertion sociale et à » *(L. n° 2004-204 du 9 mars 2004, art. 126-V)* « prévenir le renouvellement de l'infraction » ;

7° Remettre soit au greffe, soit à un service de police ou à une brigade de gendarmerie tous documents justificatifs de l'identité, et notamment le passeport, en échange d'un récépissé valant justification de l'identité ;

8° S'abstenir de conduire tous les véhicules *(L. n° 2016-1547 du 18 nov. 2016, art. 34)* « , certains véhicules ou un véhicule qui ne soit pas équipé, par un professionnel agréé ou par construction, d'un dispositif homologué d'antidémarrage par éthylotest électronique » et, le cas échéant, remettre au greffe son permis de conduire contre récépissé ; *(L. n° 85-1407 du 30 déc. 1985)* « toutefois, le juge d'instruction *(L. n° 2004-204 du 9 mars 2004, art. 126-IV)* « ou le juge des libertés et de la détention » peut décider que *(L. n° 93-2 du 4 janv. 1993)* « la personne mise en examen » pourra faire usage de son permis de conduire pour l'exercice de son activité professionnelle » ;

9° S'abstenir de recevoir ou de rencontrer certaines personnes spécialement désignées par le juge d'instruction *(L. n° 2004-204 du 9 mars 2004, art. 126-IV)* « ou le juge des libertés et de la détention », ainsi que d'entrer en relation avec elles, de quelque façon que ce soit ;

10° Se soumettre à des mesures d'examen, de traitement ou de soins, même sous le régime de l'hospitalisation, notamment aux fins de désintoxication. *(L. n° 2012-409 du 27 mars 2012, art. 5-I)* « Une copie de l'ordonnance de placement sous contrôle judiciaire est adressée par le juge d'instruction au médecin ou au psychologue qui doit suivre la personne mise en examen. Les rapports des expertises réalisées pendant l'enquête ou l'instruction sont adressés au médecin ou au psychologue, à leur demande ou à l'initiative du juge d'instruction. Celui-ci peut également leur adresser toute autre pièce utile du dossier ; »

11° Fournir un cautionnement dont le montant et les délais de versement, en une *ou plusieurs fois, sont fixés* par le juge d'instruction *(L. n° 2004-204 du 9 mars 2004, art. 126-IV)* « ou le juge des libertés et de la détention », compte tenu notamment des ressources *(L. n° 2000-516 du 15 juin 2000, art. 51-I, en vigueur le 1er janv. 2001)* « et des charges » de *(L. n° 93-2 du 4 janv. 1993)* « la personne mise en examen » ;

12° *(L. n° 75-701 du 6 août 1975)* « Ne pas se livrer à certaines activités de nature professionnelle ou sociale, à l'exclusion de l'exercice des mandats électifs et des responsabilités syndicales, lorsque l'infraction a été commise dans l'exercice ou à l'occasion de l'exercice de ces activités et lorsqu'il est à redouter qu'une nouvelle infraction soit commise. *(L. n° 93-2 du 4 janv. 1993)* « Lorsque l'activité concernée est celle d'un avocat, » *(L. n° 2000-516 du 15 juin 2000, art. 45)* « le conseil de l'ordre, saisi par le juge d'instruction *(L. n° 2004-204 du 9 mars 2004, art. 126-IV)* « ou le juge des libertés et de la détention », a seul le pouvoir de prononcer cette mesure à charge d'appel, dans les conditions prévues *(L. n° 2004-130 du 11 févr. 2004, art. 32)* « à l'article 24 » de la loi n° 71-1130 du 31 décembre 1971 portant réforme de certaines professions judiciaires et juridiques ; le conseil de l'ordre statue dans les quinze jours » ;

(L. n° 2016-457 du 14 avr. 2016, art. 1er) « **12° *bis*** Ne pas exercer une activité impliquant un contact habituel avec des mineurs lorsqu'il est à redouter qu'une nouvelle infraction soit commise ; »

« **13°** Ne pas émettre de chèques autres que ceux qui permettent exclusivement le retrait de fonds par le tireur auprès du tiré ou ceux qui sont certifiés et, le cas échéant, remettre au greffe les formules de chèques dont l'usage est ainsi prohibé » ;

(L. n° 83-608 du 8 juill. 1983) « **14°** Ne pas détenir ou porter une arme et, le cas échéant, remettre au greffe contre récépissé les armes dont *(L. n° 93-2 du 4 janv. 1993)* « elle » est détentrice ;

« **15°** Constituer, dans un délai, pour une période et un montant déterminés par le juge d'instruction *(L. n° 2004-204 du 9 mars 2004, art. 126-IV)* « ou le juge des libertés et de la détention », des sûretés personnelles ou réelles *(Abrogé par L. n° 2000-516 du 15 juin 2000, art. 51-II, à compter du 1er janv. 2001)* « *destinées à garantir les droits de la victime* » ;

« **16°** Justifier qu'elle contribue aux charges familiales ou acquitte régulièrement les aliments qu'*(L. n° 93-2 du 4 janv. 1993)* « elle a été condamnée » à payer conformément aux décisions judiciaires et aux conventions judiciairement homologuées portant obligation de verser des prestations, subsides ou contributions aux charges du mariage ; »

(L. n° 2006-399 du 4 avr. 2006, art. 12) « **17°** En cas d'infraction commise soit contre son conjoint, son concubin ou son partenaire lié par un pacte civil de solidarité, soit contre ses enfants ou ceux de son conjoint, concubin ou partenaire, résider hors du domicile ou de la résidence du couple et, le cas échéant, s'abstenir de paraître dans ce domicile ou cette résidence ou aux abords immédiats de celui-ci, ainsi que, si nécessaire, faire l'objet d'une prise en charge sanitaire, sociale ou psychologique ; les dispositions du présent 17° sont également applicables lorsque l'infraction est commise par l'ancien conjoint ou concubin de la victime, ou par la personne ayant été liée à elle par un pacte civil de solidarité, le domicile concerné étant alors celui de la victime. » *(L. n° 2014-873 du 4 août 2014, art. 35)* « Pour l'application du présent 17°, le juge d'instruction recueille ou fait recueillir, dans les meilleurs délais et par tous moyens, l'avis de la victime sur l'opportunité d'astreindre l'auteur des faits à résider hors du logement du couple. Sauf circonstances particulières, cette mesure est prise lorsque sont en cause des faits de violences susceptibles d'être renouvelés et que la victime la sollicite. Le juge d'instruction peut préciser les modalités de prise en charge des frais afférents à ce logement ». *(L. n° 2020-936 du 30 juill. 2020, art. 4)* « Lorsqu'est prononcée l'une des obligations prévues au 9°, au présent 17° ou au 17° *bis*, le juge d'instruction ou le juge des libertés et de la détention se prononce, par une décision motivée, sur la suspension du droit de visite et d'hébergement de l'enfant mineur dont la personne mise en examen est titulaire ; »

(L. n° 2019-1480 du 28 déc. 2019, art. 11) « **17° *bis*** Respecter l'interdiction de se rapprocher d'une victime de violences commises au sein du couple prévue à l'article 138-3 et contrôlée par un dispositif électronique mobile anti-rapprochement ; »

(L. n° 2016-731 du 3 juin 2016, art. 10) « **18°** Respecter les conditions d'une prise en charge sanitaire, sociale, éducative ou psychologique, destinée à permettre sa réinsertion et l'acquisition des valeurs de la citoyenneté ; cette prise en charge peut, le cas échéant, intervenir au sein d'un établissement d'accueil adapté dans lequel la personne est tenue de résider. »

(Abrogé par L. n° 2009-1436 du 24 nov. 2009, art. 93-II) (L. n° 2002-1138 du 9 sept. 2002, art. 49) « *L'obligation prévue au 2° peut être exécutée, avec l'accord de l'intéressé recueilli en présence de son avocat, sous le régime du placement sous surveillance électronique, à l'aide du procédé prévu par l'article 723-8. Les articles 723-9 et 723-12 sont applicables, le juge d'instruction exerçant les compétences attribuées au juge de l'application des peines.* »

(L. n° 83-466 du 10 juin 1983) « Les modalités d'application du présent article, en ce qui concerne notamment l'habilitation des personnes contribuant au contrôle judiciaire *(Abrogé par L. n° 2009-1436 du 24 nov. 2009, art. 93-II) (L. n° 2002-1138 du 9 sept. 2002, art. 49)* « *et au placement sous surveillance électronique* » sont déterminées en tant que de besoin par un décret en Conseil d'État. »

V. art. R. 16 à R. 25 et R. 57-23 à R. 57-35.

En ce qui concerne les personnes ayant fait un usage illicite de stupéfiants, mises en examen pour infraction à l'art. L. 3421-1 CSP et astreintes à subir une cure de désintoxication, V. CSP, art. L. 3421-1 s. et L. 3424-1 s. — **CSP.**

BIBL. ▶ ESCANDE, *JCP 1973. II. 17465.* – FRAISSEIX, *RFDC 1999-39. 497.* – LESCURE et ROBERT, *D. 1972. 318.*

I. CONDITIONS DU CONTRÔLE JUDICIAIRE

1. Condition ratione materiae. Si l'art. 138 dispose que le contrôle judiciaire peut être ordonné par le juge d'instruction lorsque l'inculpé encourt une peine d'emprisonnement correctionnelle ou une peine plus grave, une telle mesure ne saurait être prescrite à l'égard de celui qui est poursuivi du chef d'infractions à la loi du 29 juill. 1881, sauf en ce qui concerne celles pour lesquelles l'art. 52 de ladite loi autorise la détention provisoire, dès lors que cet art. ne permettant pas l'application de l'art. 141-2 prive de sanction l'inobservation éventuelle des obligations fixées. • Crim. 16 juill. 1986, n° 86-91.103 P.

2. Situation des personnes morales. En application des art. 139, 140 et 706-45, une personne morale peut être placée sous contrôle judiciaire et notamment soumise à l'obligation de verser un cautionnement, et à l'interdiction d'exercer certaines activités professionnelles. Justifie sa décision, au regard de ces textes, la chambre d'accusation qui interdit à une société d'exercer une activité professionnelle lorsque l'infraction qui lui est reprochée a été commise dans l'exercice ou à l'occasion de l'exercice de fait de ces activités. Lorsqu'un cautionnement a été décidé, les juges n'ont pas à s'expliquer sur l'affectation de la partie de son montant à la garantie de représentation de la personne mise en examen à tous les actes de la procédure et pour l'exécution du jugement, qui est de droit en vertu de l'art. 142. • Crim. 19 mars 2002, n° 01-88.829 P : *D. 2002. IR 1529 ; Dr. pénal 2002. Comm. 76, obs. Maron.*

II. MODALITÉS DU CONTRÔLE JUDICIAIRE

3. Appréciation souveraine. La chambre de l'instruction apprécie souverainement le bien-fondé des obligations du contrôle judiciaire au regard des impératifs de sûreté publique, des nécessités de l'instruction ainsi que du risque de renouvellement de l'infraction. • Crim. 19 mars 2002 : *préc. note 2.* ♦ V. aussi • Crim. 21 août 2002, n° 02-83.973.

A. MESURES RESTRICTIVES

1° INTERDICTIONS

a. Interdictions générales

4. Limites à la liberté d'aller et venir. L'obligation de ne pas se rendre à des réunions de toutes natures n'excède pas les prévisions de l'art. 138, 2° et 3°. • Crim. 10 mai 1972, n° 71-93.710 P : *D. 1972. Somm. 185.*

5. Dans le cadre d'un contrôle judiciaire, l'injonction par le juge d'instruction de fixer son domicile dans une commune autre que celle où le mis en examen est astreint à ne pas se rendre équivaut à astreindre la personne mise en examen à ne pas se rendre en un certain lieu, obligation prévue par l'art. 138, al. 3. • Crim. 6 nov. 2002, n° 02-86.022.

6. Risques de fuite. Si les investigations à venir ne justifient plus l'atteinte à la liberté que constitue pour l'intéressé le contrôle judiciaire en cours, il reste à déterminer si les restrictions à la liberté d'aller et venir qu'il comporte restent encore le moyen d'assurer sa représentation en justice : tel est le cas lorsqu'il a été découvert au domicile de l'intéressé un document révélant son intention de quitter la France ; ainsi, il y a lieu de confirmer l'ordonnance du juge d'instruction, ayant rejeté la demande tendant à la restitution du passeport et à la main-levée de l'interdiction de quitter le territoire national. • Crim. 13 févr. 2002, n° 01-88.007.

7. Refus de lever l'interdiction de quitter le territoire. A justifié sa décision la chambre de l'instruction, qui, pour refuser de lever l'interdiction de quitter le territoire, relève que des indices graves et concordants sont réunis à l'encontre de la personne mise en examen, et qu'en raison de la peine encourue celle-ci pourrait être tentée de se soustraire à l'action de la justice en s'installant à l'étranger, et notamment aux États-Unis, où elle dispose de biens et de revenus ainsi que « d'attaches familiales très importantes » ; par ailleurs, il n'y a pas violation de l'art. 8 Conv. EDH, dès lors qu'aucun élément ne permet d'établir que l'épouse et les enfants de l'intéressé, domiciliés aux États-Unis, seraient dans l'impossibilité de se rendre en France pour maintenir avec lui des liens familiaux. • Crim. 8 oct. 2002, n° 02-85.085.

8. Limites à la liberté de fréquentation. L'interdiction de rencontrer certaines personnes, en raison de leur qualité, s'applique de plein droit à celles qui figurent dans la procédure, à la date de la décision, et entre ainsi dans les prévisions de l'art. 138 (9°), qui n'impose pas la désignation nominative des intéressés. • Crim. 9 janv. 1997, n° 96-84.979 P. ♦ Ne permet pas de s'assurer de la légalité de la décision au regard des dispositions de l'art. 138, al. 2 (9°) l'arrêt qui désigne sans précision suffisante les personnes que le mis en examen ne peut recevoir ou rencontrer ou avec lesquelles il ne peut entrer en relation de quelque façon que ce soit et qui n'établit pas un rapport direct entre ces personnes et les faits reprochés. • Crim. 13 juin 2006, n° 06-83.164 P : *AJ pénal 2006. 411, obs. Girault*.

b. Interdictions particulières

9. Interdictions professionnelles. La juridiction d'instruction, qui interdit au mis en examen de se livrer à certaines activités de nature professionnelle ou sociale, doit constater que l'infraction a été commise dans l'exercice ou à l'occasion de ces activités et qu'il existe un risque de commission d'une nouvelle infraction. • Crim. 5 mars 2003, n° 02-88.089 P : *JCP 2003. IV. 1803* • Crim. 17 sept. 2014, n° 14-84.282 P : *D. actu. 1er oct. 2014, obs. Fucini ; AJ pénal 2014. 538, obs. Royer*. ♦ Méconnaît les dispositions de l'art. 138, al. 2 (12°) l'arrêt de la chambre d'accusation qui, pour imposer à une personne mise en examen et placée sous contrôle judiciaire l'obligation de ne pas se livrer à certaines activités professionnelles, constate l'existence d'un rapport entre l'activité professionnelle de l'intéressé et les infractions reprochées, sans se prononcer sur le risque de commission d'une nouvelle infraction. • Crim. 22 févr. 1995, n° 94-85.791 P • 13 oct. 1998, n° 98-84.224 P : *Dr. pénal 1999. Chron. 17, note Marsat.*

10. Étendue de l'interdiction de gérer. Lorsque les infractions reprochées ont été commises dans l'exercice d'une activité de gestion d'une entreprise, quels qu'en soient la forme juridique et l'objet, l'interdiction de gérer peut s'étendre à toute activité de gestion, direction ou administration, de droit ou de fait, de toute activité, association ou entreprise de nature commerciale, industrielle, agricole, artisanale ou libérale. • Crim. 24 mai 2018, n° 18-81.240 P.

11. Fonctions interdites. Pour des applications de l'art. 138, 12° : • Crim. 14 mars 1978, n° 77-91.015 P : *D. 1979. IR 41, obs. Puech* • 13 janv. 1987, n° 86-92.785 P • 28 mars 1991, n° 91-80.175 P • 30 juin 1993, n° 93-81.845 P • 17 mai 1995, n° 95-81.030 P : *D. 1996. Somm. 255, obs. Pradel* (la fonction de président du conseil d'administration d'un office public d'habitations à loyer modéré n'est pas un mandat électif) • 25 juill. 1995, n° 95-82.713 P : *RSC 1996. 137, obs. Dintilhac* • 3 déc. 1997, n° 97-84.985 P (la fonction d'administrateur d'un établissement public n'est pas un mandat électif) • 7 avr. 1998, n° 98-80.392 P : *Dr. pénal 1998. Comm. 149, obs. Maron* (la fonction de conseiller prud'homme ne constitue pas l'exercice d'un mandat électif) • 26 mars 2002, n° 02-80.211 (la fonction de conseil en ingénierie) • 5 nov. 2002, n° 02-85.826 (la fonction de directeur de foyer pour mineurs).

12. Les mandats électifs mentionnés par l'art. 138, al. 2 (12°) s'entendent des seules fonctions électives publiques et non des activités de nature sociale, fussent-elles exercées par le titulaire d'un mandat électif. • Crim. 3 févr. 1998, n° 97-81.207 P. ♦ L'interdiction d'exercer une activité professionnelle ou sociale faite à la personne placée sous contrôle judiciaire n'affecte pas sa capacité civile ni la validité des actes qu'elle accomplit en violation de cette interdiction. • Crim. 29 mars 1994, n° 92-84.678 P.

13. La chambre de l'instruction a spécialement motivé sa décision dans les conditions prévues par les art. 138 et 179, al. 3, dès lors que, pour confirmer l'ordonnance du juge d'instruction maintenant l'intéressé sous contrôle judiciaire jusqu'à sa comparution devant le tribunal correctionnel, les juges relèvent, après avoir rappelé qu'il est reproché à l'intéressée des faits d'escroquerie, de faux et usage de faux commis au préjudice de la sécurité sociale dans l'exploitation de sa pharmacie, que les obligations qui lui sont imposées, notamment l'interdiction d'exercer l'activité indépendante de pharmacienne, de rencontrer son personnel et les médecins, de verser un cautionnement, sont de nature à éviter le renouvellement des infractions, à garantir sa représentation en justice et à l'empêcher de faire pression sur les témoins. • Crim. 8 janv. 2003, n° 02-86.698.

14. Les juges du fond doivent s'expliquer sur la nécessité actuelle, au regard de l'état d'avancement de l'information judiciaire et du risque de réitération des faits, plusieurs années après la mise en examen de l'appelant, de l'interdiction qui lui a été faite d'exercer sa profession d'expert-comptable et, ainsi, sur la proportionnalité du maintien de cette mesure au regard des atteintes qu'elle porte à la liberté individuelle et au droit du travail. • Crim. 18 juin 2019, n° 19-82.559 P.

15. Interdiction professionnelle de l'avocat. Des faits d'escroqueries en bande organisée reprochés à un avocat ayant été commis dans l'exercice de sa profession, une chambre d'accusation, qui a énoncé, pour rejeter la demande de cet avocat qui sollicitait la limitation de l'interdiction à ses seules activités juridiques, et non judiciaires, que les deux activités de conseil et de défense sont intimement liées, et que la persistance de l'intéressé dans les mêmes errements pendant deux ans permet de redouter une réitération, a souverainement apprécié le bien-fondé des modalités du contrôle judiciaire. • Crim. 7 avr. 1998, n° 98-50.511 P. ♦ Lorsqu'un avocat est interdit d'exercice de la profession en vertu d'une décision du conseil de l'Ordre prise à la suite d'une ordonnance du juge d'instruction fondée sur l'art. 138, al. 2, 12°, seul le juge peut connaître d'une demande de suppression de cette interdiction. • Paris, 4 juill. 2001 : *JCP 2001. II. 10627, note Martin.* ♦ Il résulte de la combinaison des art. 138, al. 2, 12°, 139 et 23 de la loi du 31 déc. 1971 que le conseil de l'Ordre a seul le pouvoir de prononcer une mesure d'interdiction provisoire de l'exercice de la profession d'un avocat placé sous contrôle judiciaire, ainsi que d'y mettre fin. Méconnaît le sens et la portée des textes précités la chambre de l'instruction qui retient sa compétence en ce domaine. • Crim. 15 mai 2002, n° 02-81.116 P : *D. 2002. IR 1957 ; JCP 2002. IV. 2003.* ♦ Conf. aussi • Civ. 1re, 22 mai 2002, n° 01-13.116 P. ♦ Si le conseil de l'Ordre a seul le pouvoir de prononcer une mesure d'interdiction provisoire d'exercice de la profession de l'avocat placé sous contrôle judiciaire, ainsi que d'y mettre fin, le juge d'instruction tient des dispositions de l'art. 179 celui de maintenir la mesure de contrôle judiciaire comportant cette interdiction. • Crim. 21 janv. 2004, n° 03-86.358 P : *D. 2004. IR 539 ; ibid. 2005. Pan. 686, obs. Pradel ; JCP 2004. IV. 1486.* ♦ Toutefois, l'interdiction faite à un avocat de se rendre dans des lieux situés hors du ressort du barreau où il est inscrit, prononcée en application de l'art. 138, 3°, ne constitue pas une mesure s'assimilant à l'interdiction d'exercer l'activité d'avocat, prévue au 12° du même art. et relevant exclusivement du conseil de l'Ordre. • Crim. 9 mars 2011, n° 10-88.756 P : *D. 2011. Actu. 1083 ; D. actu. 15 avr. 2011, obs. Girault ; AJ pénal 2011. 419, obs. Porteron ; Dr. pénal 2012. Chron. 1, obs. Georget.*

16. L'art. 138, al. 2-12° impose seulement au magistrat instructeur, lorsqu'il a interdit à un avocat l'exercice de sa profession, d'en informer le conseil de l'Ordre pour permettre à cette instance d'en tirer, en matière disciplinaire et au regard des règles de la profession, toutes conséquences qu'il estimera utiles. La décision du juge d'instruction, dont l'autonomie dans la conduite de l'information est affirmée par l'art. 81, al. 1er, ne saurait être subordonnée à celle d'une instance disciplinaire professionnelle. • Crim. 22 oct. 1997, n° 97-84.243 P : *Gaz. Pal. 1998. 2. 533, note Desurmont ; Procédures 1998. Comm. 48, obs. Buisson.*

17. L'obligation faite à l'avocat de s'abstenir de rencontrer ou recevoir son client, mis en examen dans la même information, ou d'entrer en relation avec lui de quelque façon que ce soit, ayant pour objet d'empêcher toute concertation entre eux afin de rechercher leur implication respective dans les faits qui leur sont reprochés, ne peut être assimilée à une interdiction, même partielle, de l'exercice de la profession d'avocat que le conseil de l'ordre a seul le pouvoir de prononcer en application de l'art. 138, al. 2, 12°. • Crim. 12 oct. 2011, n° 11-85.885 P : *D. actu. 18 nov. 2011, obs. Fleuriot ; D. 2011. Actu. 2731 ; AJ pénal 2011. 597.*

18. Interdiction professionnelle du médecin. Pour un exemple d'interdiction d'exercer des activités médicales résultant du contrôle judiciaire d'un médecin, mis en examen pour des viols et agressions sexuelles aggravés commis sur plusieurs de ses patients, lorsque les faits reprochés sont dénoncés par de nombreux patients dont les déclarations présentent des similitudes quant aux circonstances et constituent, en l'état de la procédure, autant de charges contre la personne mise en examen et que le caractère répétitif des agressions, commises sur une longue période, laisse craindre leur renouvellement. • Crim. 26 juin 2002, n° 02-82.720.

2° INJONCTIONS DE FAIRE

19. Obligations financières. Encourt la cassation l'arrêt d'une chambre d'accusation qui se borne à énoncer que l'inculpé a déclaré qu'il « pensait pouvoir solder rapidement l'affaire », sans s'expliquer autrement sur les ressources de celui-ci, comme le prévoit l'art. 138, 11°. • Crim. 5 juill. 1988, n° 88-82.553 P. ♦ ... Ou qui ne fait aucune référence à ses ressources. • Crim. 7 déc. 1994, n° 94-84.669 P. ♦ Rappr. : • Crim. 10 déc. 1996, n° 96-84.073 P. ♦ Comp., en cas de simple référence à la fortune de la personne mise en examen : • Crim. 15 nov. 1995, n° 95-84.534 P. ♦ Les ressources de la personne mise en examen s'entendent non seulement des gains, revenus et salaires de celle-ci, mais encore de tous les fonds dont elle dispose, quelle qu'en soit l'origine. • Crim. 28 sept. 1994, n° 94-83.358 P : *D. 1995. Somm. 146, obs. Pradel* • 8 oct. 2000, n° 00-85.092 P.

20. Une procédure collective n'implique pas de présomption d'insolvabilité de l'inculpé et ne saurait faire obstacle au versement du cautionnement prévu par l'art. 138, 11°. • Crim. 19 nov. 1987, n° 87-82.580 P : *D. 1988. Somm. 190, obs. Pradel.* ♦ Si l'ouverture d'une procédure collective à l'encontre d'une personne mise en examen ne fait pas obstacle à l'application des art. 137 et 138 (11°), le cautionnement doit, après condamnation définitive et en vertu des art. 33, 47 et 48 de la loi du 25 janv. 1985, être versé entre les mains de l'administrateur ou du liquidateur judiciaire. • Crim. 29 avr. 1996, n° 95-85.159 P.

21. Méconnaît l'art. 138, 11° l'arrêt qui fixe le montant d'un cautionnement sans s'expliquer sur les ressources et sur les charges du mis en examen. • Crim. 4 nov. 2008, n° 08-85.724 P : *D. 2009. Pan. 2242, obs. Pradel ; AJ pénal 2009. 78, obs. Lasserre Capdeville.*

22. Cautionnement. Pour apprécier les capacités financières réelles de l'inculpé lors de la fixation du montant du cautionnement, les juges peuvent prendre en considération l'organisation par lui-même de son insolvabilité. • Crim. 16 mai 1991, n° 91-81.258 P. ♦ L'art. 138, al. 2 (11°) n'interdit pas au juge d'instruction de prendre également en considération le montant du préjudice dont l'indemnisation doit être garantie. • Crim. 23 août 1994, n° 94-82.900 P : *RSC 1995. 122, obs. Dintilhac.* ♦ L'obligation de fournir un cautionnement implique que les garanties de la représentation en justice de la personne mise en examen sont jugées insuffisantes. Dès lors, en cas de demande de mainlevée du contrôle judiciaire, les juges qui maintiennent l'obligation du cautionnement, notamment pour garantir la réparation des dommages causés par l'infraction, ne sont pas tenus de motiver spécialement leur décision en ce qui concerne la garantie de la représentation en justice. • Crim. 26 sept. 1995, n° 95-83.184 P. ♦ L'obligation de verser une caution d'un montant élevé par une personne morale se justifie tant par l'importance des préjudices résultant de l'infraction que par la nécessité d'assurer la représentation en justice de la société poursuivie et ce, quels que soient l'importance de la société en cause ou ses engagements de se faire représenter. • Crim. 19 mars 2002, n° 01-88.829 P : *D. 2002. IR 1529*. ♦ Le versement à titre de cautionnement de bons du Trésor annualisés n'est pas valable car le cautionnement n'entre pas dans le champ de l'art. 138, 15°, mais dans celui des art. 138, 11°, R. 21 et R. 23 qui prévoient un versement en chèque de banque certifié ou en espèces. • Crim. 11 janv. 2001, n° 00-86.765 P. ♦ Est justifié un placement sous contrôle judiciaire avec obligation de fournir un cautionnement de 150 000 euros, dès lors que l'intéressé n'a jamais déféré aux convocations du juge d'instruction, que toutes ses garanties sont en Belgique et que le montant du cautionnement est fixé en fonction des éléments dont dispose la cour d'appel. • Crim. 16 oct. 2002, n° 02-81.731.

23. En vertu des dispositions de l'art. 138, al. 2, 11, le montant et les délais de versement du cautionnement dont peut être assorti le contrôle judiciaire de la personne mise en examen doivent être fixés compte tenu des ressources et des charges de celle-ci ; ainsi, une chambre de l'instruction ne peut confirmer l'ordonnance du juge d'instruction rejetant une demande aux fins d'être dispensé de régler le solde du cautionnement, sans s'expliquer sur les charges de l'intéressé, alors que dans son mémoire celui-ci faisait valoir qu'il n'était pas en mesure de verser le solde du cautionnement compte tenu des très importantes charges ou impositions qu'il devait acquitter, au titre de l'année 2000. • Crim. 10 juill. 2002, n° 02-82.883. ♦ Dans le même sens : • Crim. 8 janv. 2003, n° 02-86.793.

24. Dès lors que la chambre de l'instruction relève que le cautionnement n'excède pas les sommes de toute nature dont l'intéressé a pu disposer, provenant des fonds qu'il lui est reproché d'avoir détournés, évalués à 20 millions de dollars, ainsi que les revenus professionnels et mobiliers qu'il perçoit, les juges ont justifié leur décision de confirmation de l'ordonnance du juge d'instruction rejetant la demande de modification du contrôle judiciaire. • Crim. 11 juin 2002, n° 02-82.263.

25. En mettant à la charge de la personne mise en examen un cautionnement de 30 000 euros, devant être versé en vingt mensualités de 1 500 euros, sans s'expliquer sur les ressources et charges de cette personne, qui faisait valoir qu'elle assurait l'entretien de deux enfants mineurs, remboursait un emprunt immobilier, et ne disposait d'aucune épargne liquide, et sans répondre à sa proposition de constituer une sûreté réelle sur l'immeuble d'habitation dont elle est propriétaire, une cour d'appel méconnaît l'art. 138, al. 2, 12°. • Crim. 17 sept. 2014, n° 14-84.282 P : *D. actu. 1er oct. 2014, obs. Fucini ; AJ pénal 2014. 538, obs. Royer*.

26. Sûretés. Les sûretés personnelles ou réelles prévues à l'art. 138, 15°, ne sont pas destinées à garantir le paiement des frais, réparations et amendes énoncés à l'art. 142-2°, qui ne sont garantis que par la seconde partie du cautionnement prévu à l'art. 138-11°. • Crim. 11 mars 1986, n° 85-95.314 P.

27. L'obligation de fournir des sûretés ne préjuge ni de la culpabilité de l'inculpé ni de la recevabilité de la constitution de partie civile de la victime d'infraction. • Crim. 30 sept. 1992, n° 92-83.945 P.

28. Affectation des sûretés. La somme affectée à la seconde partie des sûretés peut être destinée à garantir le paiement de la réparation des dommages causés par l'infraction, des restitutions et des amendes, et il peut être décidé par le juge d'instruction que les sûretés garantiront dans leur totalité les droits des victimes. • Crim. 5 mars 2003, n° 02-88.089 P. *JCP 2003. IV. 1803.*

B. MESURES DE PROTECTION

29. Obligations professionnelles et scolaires. La décision de soumettre l'intéressé aux obligations de l'art. 138, al. 2-6°, n'a pas à être spécialement motivée. • Crim. 26 juill. 2000, n° 00-83.156 P : *D. 2000. IR 244 ; D. 2001. Somm. 514, obs. Pradel*.

III. COMPATIBILITÉ AVEC LE DROIT EUROPÉEN

A. COMPATIBILITÉ AVEC LES DROITS SUBSTANTIELS DE LA CONVENTION EUROPÉENNE DES DROITS DE L'HOMME

30. Liberté de pensée et de circulation. L'interdiction de quitter le territoire national et de fréquenter un lieu de culte, imposée à un inculpé placé sous contrôle judiciaire, n'est pas incompatible avec l'art. 9 Conv. EDH, ni avec l'art. 2 de son protocole additionnel n° 4. • Crim. 11 avr. 1991, n° 91-80.414 P.

31. Liberté de réunion et d'association. Les dispositions de l'art. 138, al. 2 (12°), qui prévoient spécialement la restriction apportée à la liberté des activités professionnelles, ne sont pas incompatibles avec celles de l'art. 11 Conv. EDH. • Crim. 25 juill. 1995, n° 95-82.713 P : *RSC 1996. 137, obs. Dintilhac*.

B. COMPATIBILITÉ AVEC LES DROITS PROCÉDURAUX DE LA CONVENTION EUROPÉENNE DES DROITS DE L'HOMME

32. Droit à la liberté et à la sûreté. Satisfait aux exigences de l'art. 5, § 3, Conv. EDH l'arrêt qui, pour fixer le montant du cautionnement auquel peut être subordonnée la mise en liberté d'une personne mise en examen, prend en considération, outre l'importance du préjudice imputé à cette personne, les ressources de celle-ci. • Crim. 19 avr. 1995, n° 95-80.778 P : *D. 1996. Somm. 255, obs. Pradel*. ♦ De même, le placement sous contrôle judiciaire assorti d'un cautionnement destiné à garantir le préjudice éventuel des victimes n'est pas contraire aux dispositions de l'art. 5, § 3, Conv. EDH. • Crim. 17 janv. 2001 : *Dr. pénal 2001. Chron. 27, obs. Marsat.*

33. Droit à un procès équitable. Ne méconnaît pas les dispositions de l'art. 6 Conv. EDH l'injonction de remettre son passeport donnée par le juge d'instruction à un prévenu exerçant à l'étranger son activité professionnelle, pour mieux garantir sa représentation en justice. • Crim. 16 févr. 2000, n° 99-87.398 P.

34. Les dispositions de l'art. 138, al. 2-12°, permettant l'interdiction d'exercer certaines activités professionnelles ne sont pas incompatibles avec celles de la Conv. EDH lorsqu'au surplus la cour caractérise le lien entre la profession de la personne mise en examen, les infractions reprochées et le risque de renouvellement de celles-ci. • Crim. 22 janv. 2002, n° 01-87.452.

35. La chambre de l'instruction, qui pouvait retenir comme vraisemblable la participation de l'intéressé aux faits en cause sans porter atteinte au principe de la présomption d'innocence, a justifié sa décision, lorsque, pour fixer le montant du cautionnement, elle a tenu compte des charges et des ressources de la personne mise en examen, en appréciant souverainement les éléments qui lui étaient soumis. • Crim. 27 mars 2002, n° 02-80.264. ♦ La chambre de l'instruction, qui a nécessairement pris en compte les ressources du demandeur en réduisant le montant du cautionnement initialement fixé, a justifié sa décision au regard des art. 137 et 138, sans méconnaître la présomption d'innocence. • Crim. 27 févr. 2002, n° 01-88.357.

Art. 138-1 *(L. n° 2004-204 du 9 mars 2004, art. 92-I, en vigueur le 1er oct. 2004)* **Lorsque la personne mise en examen est soumise à l'interdiction de recevoir, ou rencontrer la victime ou d'entrer en relation de quelque façon que ce soit avec elle en application des dispositions du 9° de l'article 138, le juge d'instruction ou le juge des libertés et de la détention adresse à celle-ci un avis l'informant de cette mesure ; si la victime est partie civile, cet avis est également adressé à son avocat.**

Cet avis précise les conséquences susceptibles de résulter pour la personne mise en examen du non-respect de cette interdiction.

Art. 138-2 *(L. n° 2012-409 du 27 mars 2012, art. 6-I)* **En cas de poursuites pour un crime ou pour une infraction mentionnée à l'article 706-47, le juge d'instruction ou le juge des libertés et de la détention peut, d'office ou sur réquisition du ministère public, décider dans son ordonnance de placement sous contrôle judiciaire qu'une copie de cette ordonnance est transmise à la personne chez qui le mis en examen établit sa résidence si cette transmission apparaît nécessaire pour prévenir le renouvellement de l'infraction.**

Lorsque la personne mise en examen pour l'une des infractions mentionnées au premier alinéa du présent article est scolarisée ou a vocation à poursuivre sa scolarité dans un établissement scolaire, public ou privé, copie de l'ordonnance est, dans tous les cas, transmise par le juge d'instruction à l'autorité académique et, le cas échéant, au chef d'établissement concerné ; le juge d'instruction informe également ces autorités des décisions modifiant les obligations du contrôle judiciaire ayant une incidence sur le lieu ou le mode de scolarisation de la personne.

Les personnes à qui des décisions ont été transmises en application du deuxième alinéa ne peuvent faire état des renseignements ainsi obtenus qu'aux personnels qui sont responsables de la sécurité et de l'ordre dans l'établissement et, le cas échéant, dans les structures chargées de l'hébergement des élèves et aux professionnels, soumis au secret professionnel, qui sont chargés du suivi social et sanitaire des élèves. Le partage de ces informations est strictement limité à ce qui est nécessaire à l'exercice de leurs missions.

Sans préjudice des dispositions de l'article 226-13 du code pénal réprimant la violation du secret professionnel, le fait, pour les personnes à qui des décisions ont été transmises en application du présent article ou qui ont eu connaissance des informations qu'elles contiennent en application de l'avant-dernier alinéa, de communiquer

ces décisions ou leur contenu à des tiers non autorisés à partager ces informations est puni d'une amende de 3 750 €.

Art. 138-3 *(L. nº 2019-1480 du 28 déc. 2019, art. 11)* **En cas d'infraction punie d'au moins trois ans d'emprisonnement commise contre son conjoint, son concubin ou le partenaire lié à elle par un pacte civil de solidarité, y compris lorsqu'ils ne cohabitent pas, ou commise par l'ancien conjoint ou concubin de la victime ou par le partenaire ayant été lié à elle par un pacte civil de solidarité, le juge peut, à la demande ou avec le consentement exprès de la victime, qui peut être recueilli par tout moyen :**

1° Interdire à la personne placée sous contrôle judiciaire de se rapprocher de la victime à moins d'une certaine distance fixée par la décision ;

2° Et, afin d'assurer le respect de l'interdiction prévue au 1°, astreindre cette personne au port, pendant toute la durée du placement, d'un bracelet intégrant un émetteur permettant à tout moment de déterminer à distance sa localisation sur l'ensemble du territoire national et si elle s'approche de la victime à qui a été attribué un dispositif électronique permettant également sa localisation.

La personne placée sous contrôle judiciaire est avisée que la pose du bracelet ne peut être effectuée sans son consentement mais que le fait de la refuser constitue une violation des obligations qui lui incombent et peut donner lieu à la révocation de la mesure et à son placement en détention provisoire. Ce dispositif est homologué par le ministre de la justice. Sa mise en œuvre doit garantir le respect de la dignité, de l'intégrité et de la vie privée de la personne et ne pas entraver son insertion sociale.

Les dispositions du présent article sont précisées par décret en Conseil d'État. Ce décret en Conseil d'État, pris après avis de la Commission nationale de l'informatique et des libertés, autorise la mise en œuvre d'un traitement automatisé de données à caractère personnel assurant le contrôle à distance de la localisation de la personne placée sous contrôle judiciaire et de la victime ; ces dispositions peuvent étendre les finalités du traitement prévu à l'article 763-13. Les personnes contribuant à ce contrôle à distance, qui ne peut conduire à imposer la présence de la personne placée sous contrôle judiciaire dans certains lieux, peuvent être des personnes privées habilitées dans des conditions prévues par ce décret. — *V. art. R. 24-14 s., R. 61-43 s.*

Art. 139 *(L. nº 93-2 du 4 janv. 1993)* **« La personne mise en examen est placée »** *(L. nº 70-643 du 17 juill. 1970)* **sous contrôle judiciaire par une ordonnance du juge d'instruction qui peut être prise en tout état de l'instruction.**

Le juge d'instruction peut, à tout moment, imposer à *(L. nº 93-2 du 4 janv. 1993)* **« la personne placée » sous contrôle judiciaire une ou plusieurs obligations nouvelles, supprimer tout ou partie des obligations comprises dans le contrôle, modifier une ou plusieurs de ces obligations ou accorder une dispense occasionnelle ou temporaire d'observer certaines d'entre elles.**

Al. 3 abrogé par L. nº 85-1407 du 30 déc. 1985, art. 17.

1. Moment du placement sous contrôle judiciaire. La personne mise en examen peut être placée sous contrôle judiciaire en tout état de l'instruction. • Crim. 7 janv. 2003, nº 02-86.761.

2. Domaine du contrôle judiciaire. L'inculpé militaire poursuivi pour infraction à l'art. 78 C. pén. peut être placé sous contrôle judiciaire ; en effet, l'al. 2 de l'art. 702 ne rend pas applicables, dans un tel cas, les dispositions de l'art. 698-5 du même code qui étendent les prescriptions de l'art. 137 CJM aux militaires qui font l'objet de poursuites pour infractions militaires ou de droit commun dans l'exercice du service. • Crim. 16 juill. 1986, nº 86-90.401 P. ♦ L'art. 52 de la L. du 29 juill. 1881 sur la presse qui, sauf pour les infractions qu'il énumère, prohibe la détention provisoire d'un inculpé ou d'un prévenu ne permet pas non plus, en matière d'injures ou diffamation publiques, de lui imposer une mesure de contrôle dont l'inobservation serait dépourvue de toute sanction. • Crim. 16 juill. 1986, nº 86-91.103 P.

3. Durée du contrôle judiciaire. Le contrôle judiciaire continue à produire ses effets jusqu'à ce que l'accusé qui se trouve en liberté se constitue prisonnier en exécution de l'ordonnance de prise de corps. • Crim. 26 juin 1973, nº 73-90.865 P. ♦ Dès lors, excède ses pouvoirs la chambre d'accusation qui, renvoyant en cour d'assises un accusé placé sous contrôle judiciaire, ordonne sa mise en détention immédiate sans constater que l'intéressé s'est soustrait volontairement aux obligations du contrôle. • Même arrêt.

4. Modification du contrôle judiciaire. Il se déduit des dispositions des art. 139 et 141-2 qu'une juridiction d'instruction ne peut, lorsqu'elle met un inculpé sous contrôle judiciaire, décider par avance, sans nouvel examen, qu'une obligation se substituera à une autre au cas où ledit inculpé ne satisferait pas à l'obligation initiale. • Crim. 11 mars 1986, n° 85-95.314 P.

*5. **Contentieux réservé.*** Dès lors que la chambre de l'instruction modifie les modalités du contrôle judiciaire initialement ordonné par le juge d'instruction, elle peut se réserver la connaissance ultérieure du contentieux de cette mesure. • Crim. 23 avr. 2003, n° 03-80.705 P : *D. 2003. IR 1409 ; JCP 2003. IV. 2123.*

*6. **Appel du placement sous contrôle judiciaire.*** L'appel de l'ordonnance de placement sous contrôle judiciaire exercé par l'administration des douanes est irrecevable car si elle dispose du droit d'interjeter appel des ordonnances du juge d'instruction par dérogation aux art. 185 et 186, dans le cadre de l'exercice de l'action pour l'application des sanctions fiscales, cette voie de recours ne lui est toutefois pas ouverte à l'encontre des décisions rendues en matière de détention provisoire et contrôle judiciaire. • Crim. 7 oct. 2003, n° 03-84.349 P : *D. 2004. Somm. 667, obs. Pradel ; JCP 2003. IV. 2920 ; Dr. pénal 2004. Comm. 10, obs. J.-H. Robert.*

Art. 140 *(L. n° 70-643 du 17 juill. 1970)* **La mainlevée du contrôle judiciaire peut être ordonnée à tout moment par le juge d'instruction, soit d'office, soit sur les réquisitions du procureur de la République, soit sur la demande de** *(L. n° 93-2 du 4 janv. 1993)* **« la personne » après avis du procureur de la République.**

Le juge d'instruction statue sur la demande de *(L. n° 93-2 du 4 janv. 1993)* **« la personne », dans un délai de cinq jours, par ordonnance motivée.**

Faute par le juge d'instruction d'avoir statué dans ce délai, *(L. n° 93-2 du 4 janv. 1993)* **« la personne » peut saisir directement de sa demande la chambre de l'instruction qui, sur les réquisitions écrites et motivées du procureur général, se prononce dans les** *(L. n° 85-1407 du 30 déc. 1985)* **« vingt jours » de sa saisine. A défaut, la mainlevée du contrôle judiciaire est acquise de plein droit, sauf si des vérifications concernant la demande de** *(L. n° 93-2 du 4 janv. 1993)* **« la personne » ont été ordonnées.**

*1. **Cautionnement.*** Une requête tendant à la suppression de deux des trois versements d'un cautionnement prescrit en application de l'art. 138, 11°, s'analyse comme une demande de mainlevée partielle du contrôle judiciaire au sens de l'art. 140 et l'ordonnance qui refuse d'y faire droit est expressément visée par l'art. 186, al. 1er, comme étant de celles dont l'inculpé peut interjeter appel. • Crim. 16 janv. 1975, n° 74-91.873 P • 23 oct. 1984, n° 84-93.847 P • 24 juin 1986, n° 85-92.891 P : *D. 1987. Somm. 78, obs. Pradel.*

2. La chambre d'accusation, juridiction d'instruction du second degré, se trouve nécessairement investie des pouvoirs conférés au magistrat instructeur par les art. 138 à 140, et peut imposer le versement d'un cautionnement, obligation non prévue par le juge d'instruction, alors même *qu'elle est saisie du seul appel* de l'inculpé. • Crim. 11 avr. 1991, n° 91-80.414 P.

*3. **Auteur de la demande de mainlevée.*** Le conseil de l'inculpé est habilité à présenter une demande de modification de contrôle judiciaire pour le compte de son client. • Crim. 6 mars 1979, n° 78-93.523 P.

*4. **Contentieux réservé.*** Le juge d'instruction est seul compétent pour statuer en premier ressort sur les demandes de mainlevée de contrôle judiciaire et il n'en est autrement, hormis les cas prévus par les art. 140, al. 3, 141-1 et 141-2, al. 2, que lorsque la chambre d'accusation a pris elle-même une mesure de contrôle judiciaire en se réservant expressément pour l'avenir la connaissance des incidents éventuels d'exécution et la faculté de mettre fin à cette mesure soit d'office, soit sur les réquisitions du ministère public ou sur la demande de l'inculpé. • Crim. 26 juill. 1979 : *Bull. crim. n° 247.*

*5. **Motivation de l'ordonnance.*** La motivation de l'ordonnance accordant ou refusant la mainlevée du contrôle judiciaire doit se faire d'après les éléments de l'espèce, l'insuffisance des motifs entraînant la cassation. • Crim. 16 janv. 1975, n° 74-92.873 P. ♦ V. pour des applications : • Crim. 19 févr. 1985, n° 84-95.594 P • 29 avr. 1986, n° 86-90.611 P. ♦ La partie civile n'a pas qualité pour critiquer les mesures relatives à la détention provisoire, au contrôle judiciaire et au placement sous surveillance électronique. • Crim. 14 mars 2012, n° 12-80.294 P : *D. actu. 6 avr. 2012, obs. Priou-Alibert ; D. 2012. Actu. 947 .*

*6. **Saisine directe de la chambre de l'instruction.*** L'inculpé ne peut user de la faculté qu'il tient de l'art. 140, al. 3, que pour autant que le juge d'instruction n'a pas encore statué. Si la décision de ce dernier, rendue dans un délai au-delà de cinq jours, a été notifiée à l'inculpé, celui-ci peut déférer la décision à la chambre d'accusation par la voie de l'appel, mais n'est plus recevable à saisir directement cette juridiction de sa requête. • Crim. 28 mars 1991, n° 91-80.090 P : *RSC 1992. 118, obs. Braunschweig .* ♦ Le principe de l'autorité de la chose jugée fait obstacle à ce qu'une même demande de mainlevée du contrôle judiciaire soumise à la chambre de l'instruction sur le fondement de l'art. 140, al. 3 soit à nouveau examinée par cette juridiction saisie de l'appel de l'ordonnance du juge d'instruction de refus de mainlevée du contrôle judiciaire. Justifie sa décision la chambre de l'instruction qui pour déclarer irrecevable l'appel de l'ordonnance de refus de mainlevée du contrôle judiciaire énonce qu'elle a déjà statué par un précédent arrêt sur la même demande de mainlevée du contrôle judiciaire. • Crim. 27 mars 2008, n° 08-80.183 P : *AJ pénal 2008. 289* ; *Dr. pénal 2008. Comm. 117, obs. Maron et Haas ; ibid. 2009. Chron. 1, obs. Guérin.*

7. Recevabilité des demandes. Lorsque le juge d'instruction a rejeté une demande de mainlevée portant sur une des obligations du contrôle judiciaire, l'inculpé est irrecevable à demander à la chambre d'accusation, en appel, la mainlevée d'une autre obligation. • Crim. 6 févr. 1992, n° 91-86.282 P.

8. Point de départ du délai pour statuer. Le délai de cinq jours que l'art. 140 impartit au juge d'instruction pour statuer sur une demande de mainlevée du contrôle judiciaire court à compter de la réception de la demande. • Crim. 20 juin 2002, n° 02-80.149 P : *D. 2002. IR 2580* ; *JCP 2002. IV. 2409 ; Dr. pénal 2002. Comm. 141, obs. Maron.*

Art. 141 *Abrogé par L. n° 85-1407 du 30 déc. 1985, art. 17, à compter du 1er févr. 1986.*

Art. 141-1 *(L. n° 70-643 du 17 juill. 1970)* **Les pouvoirs conférés au juge d'instruction par les articles 139 et 140 appartiennent, en tout état de cause, à la juridiction compétente selon les distinctions de l'article 148-1.**

Art. 141-2 *(L. n° 2000-516 du 15 juin 2000, art. 132-VI, en vigueur le 1er janv. 2001)* **« Si la personne mise en examen se soustrait volontairement aux obligations du contrôle judiciaire, le juge d'instruction peut décerner à son encontre mandat d'arrêt ou d'amener. Il peut également, dans les conditions prévues au quatrième alinéa de l'article 137-1, saisir le juge des libertés et de la détention aux fins de placement en détention provisoire. Quelle que soit la peine d'emprisonnement encourue, le juge des libertés et de la détention peut décerner, à l'encontre de cette personne, un mandat de dépôt en vue de sa détention provisoire, sous réserve des dispositions de l'article 141-3. »**

(L. n° 2004-204 du 9 mars 2004, art. 100-I, en vigueur le 1er oct. 2004) **« Si la personne se soustrait aux obligations du contrôle judiciaire alors qu'elle est renvoyée devant la juridiction de jugement, le procureur de la République peut, hors le cas prévu par l'article 272-1, saisir le juge des libertés et de la détention pour que celui-ci décerne mandat d'arrêt ou d'amener à son encontre. Ce magistrat est également compétent pour ordonner, conformément aux dispositions de l'article 135-2, le placement en détention provisoire de l'intéressé. »** *(L. n° 2010-769 du 9 juill. 2010, art. 5-III)* **« Les** *(L. n° 2016-731 du 3 juin 2016, art. 86)* **« articles 141-4 et 141-5 » sont applicables ; les attributions confiées au juge d'instruction par** *(L. n° 2016-731 du 3 juin 2016, art. 86)* **« ces mêmes articles » sont alors exercées par le procureur de la République. »**

V. Circ. CRIM 00-16 F1 du 20 déc. 2000 (BOMJ, n° 80).

BIBL. ▶ Bonis-Garçon, *JCP 2002. I. 159* (la détention provisoire pour manquement au contrôle judiciaire).

1. Calcul de la durée de détention. En décidant que la détention provisoire subie par l'inculpé atteignait le maximum de la durée autorisée par l'art. 145, al. 3 (art. 145-1), et que cette durée ne pouvait en aucun cas être dépassée, même si, au cours de l'information, il a été ordonné une mesure de contrôle judiciaire dont les conditions n'ont pas été respectées, les juges ajoutent à l'art. 141-2 une condition qui n'y est pas contenue et refusent à tort de l'appliquer. • Crim. 22 janv. 1981, n° 80-92.638 P : *D. 1981. 561, note Pradel* • 20 déc. 1983, n° 83-94.128 P.

2. Conséquences dun manquement. Dès lors qu'elle relève l'existence d'un manquement entrant dans les prévisions de l'art. 141-2, la décision de placement en détention provisoire prise pour sanctionner l'inexécution par la personne mise en examen des obligations du contrôle judiciaire n'a pas à être motivée par des considérations de droit et de fait répondant aux exigences de l'art. 144. • Crim. 13 oct. 1998, n° 98-84.260 P : *Dr. pénal 1999. Chron. 11, par Marsat* • 25 nov. 2003, n° 03-85.386 P : *D. 2004. IR 734* ; *JCP 2004. IV. 1094 ; AJ pénal 2004. 74* .

3. Toutefois, si les dispositions de l'art. 141-2 permettent au juge d'instruction de décerner mandat de dépôt contre l'inculpé qui se soustrait aux obligations du contrôle judiciaire, quelle que soit la durée de la peine d'emprisonnement encourue et celle de la détention provisoire antérieurement subie, les règles posées par l'art. 145 n'en doivent pas moins être observées. • Crim.

20 déc. 1983, n° 83-94.128 P : *D. 1984. IR 349, obs. J.-M. R.* • 15 avr. 1991, n° 91-80.650 P. ♦ L'art. 141-2, qui permet au juge d'instruction, en cas de manquement aux obligations du contrôle judiciaire, de saisir le JLD aux fins de placement en détention provisoire, ne contient aucune disposition s'opposant à la mise en œuvre par ce dernier, de la procédure prévue par l'art. 145 relative à l'organisation, préalablement à sa décision, d'un débat contradictoire, et à la possibilité d'une incarcération provisoire, lorsque la personne mise en examen demande un délai pour préparer sa défense. • Crim. 12 sept. 2007, n° 07-84.235 P : *D. 2007. AJ 2537 ; AJ pénal 2007. 540, obs. Lacroix ; Dr. pénal 2007. Comm. 164, obs. Maron.* ♦ Mais le JLD, saisi par le juge d'instruction aux fins de révocation d'un contrôle judiciaire dont les modalités avaient été fixées par ce magistrat et non respectées par la personne mise en examen, n'a pas le pouvoir de les modifier. • Crim. 19 sept. 2017, n° 17-84.165 P : *D. actu. 5 oct. 2017, obs. Azoulay ; AJ pénal 2017. 544, obs. Miranda .*

4. Il résulte des dispositions de l'art. 141-2 que, lorsque l'accusé mis sous contrôle judiciaire par la juridiction de jugement se soustrait volontairement aux obligations du contrôle judiciaire, l'ordonnance de prise de corps est exécutée sur ordre du président de la cour d'assises ou, dans l'intervalle des sessions, du président de la chambre d'accusation. • Crim. 18 févr. 1998, n° 97-81.336 P : *RSC 1998. 580, obs. Dintilhac .* ♦ Quel que soit l'état de la procédure, l'art. 141-2 attribue compétence exclusive pour prescrire l'exécution de l'ordonnance de prise de corps, soit au président de la chambre de l'instruction, soit au président de la cour d'assises pendant la session au cours de laquelle l'intéressé doit être jugé ; ces dispositions s'appliquent lorsque la Cour a ordonné un supplément d'information. • Crim. 22 août 2001, n° 01-84.142 P.

5. L'ordre donné en application de l'art. 141-2 d'exécuter l'ordonnance de prise de corps n'étant pas susceptible de recours, le pourvoi formé contre l'ordonnance du président de la cour d'assises n'est pas recevable. Il appartient à l'accusé de présenter une demande de mise en liberté. • Crim. 26 janv. 1999, n° 98-87.139 P.

6. Mineurs. Sur la question de savoir si l'inapplicabilité de la détention provisoire aux mineurs de seize ans interdit la révocation du contrôle judiciaire : • Grenoble, 3 avr. 1998 : *D. 1999. 107, note Guéry .*

Circulaire CRIM 00-16 F1 du 20 décembre 2000, *présentant les dispositions de la loi du 15 juin 2000 renforçant la protection de la présomption d'innocence et les droits des victimes concernant l'instruction, la détention provisoire, le juge des libertés et de la détention et le jugement correctionnel. […].*

Le nouvel article 141-2 du code de procédure pénale prévoit ainsi que lorsque la peine encourue est inférieure à celle mentionnée à l'article 143-1, la durée totale des détentions (ou de la détention, si la personne n'est incarcérée qu'une fois) ne peut excéder quatre mois.

Il s'agit donc en pratique des hypothèses dans lesquelles la peine encourue est inférieure à trois ans ou à cinq ans s'il s'agit d'un délit prévu par le livre III du code pénal (et que la personne n'a pas d'antécédents judiciaires suffisants pour que soit applicable le régime de droit commun). *[…]*

Art. 141-3 *(L. n° 2000-516 du 15 juin 2000, art. 61, en vigueur le 1er janv. 2001)* **Lorsque la détention provisoire est ordonnée à la suite d'une révocation du contrôle judiciaire à l'encontre d'une personne antérieurement placée en détention provisoire pour les mêmes faits, la durée cumulée des détentions ne peut excéder de plus de quatre mois la durée maximale de la détention prévue respectivement aux articles 145-1 et 145-2. Lorsque la peine encourue est inférieure à celle mentionnée à l'article 143-1, la durée totale des détentions ne peut excéder quatre mois.**

V. Circ. CRIM 00-16 F1 du 20 déc. 2000 (BOMJ, n° 80).

Il n'y a pas lieu, pour le calcul de la période de quatre mois ou un an, selon la gravité de l'infraction, à l'issue de laquelle le JLD peut ordonner la prolongation de la détention provisoire du mis en examen, de tenir compte des périodes de détention accomplies antérieurement à la révocation du contrôle judiciaire. La durée de quatre mois prévue par l'art. 143-1 ne s'applique en effet qu'au calcul de la durée maximale au delà de laquelle la détention ne peut être maintenue. • Crim. 22 mars 2011 : *AJ pénal 2011. 421, obs. Perrier .* ♦ Les dispositions de l'art. 141-3 qui ont trait à la durée maximale de la détention provisoire dans le cadre des art. 145-1 et 145-2 ne s'appliquent pas au calcul de la période de quatre mois à l'expiration de laquelle la détention provisoire peut être prolongée ; ainsi, dans cette hypothèse, il n'y a pas lieu de tenir compte de la durée accomplie antérieurement à la révocation du contrôle judiciaire. • Crim. 2 déc. 2003, n° 03-85.460 P : *JCP 2004. IV. 1100.* ♦ Le placement en détention provisoire ou la réincarcération d'une personne mise en examen peut, en application de l'art. 143-1, être motivé par le seul constat de la violation d'un contrôle judiciaire, sans qu'il y ait lieu de tenir compte de la durée des incarcérations antérieurement ordonnées, sous réserve des maxima prévus. • Crim. 4 mars 2009 : *Procédures 2009, n° 243, obs. Buisson.*

Art. 141-4 *(L. n° 2010-769 du 9 juill. 2010, art. 5-II)* **Les services de police et les unités de gendarmerie peuvent, d'office ou sur instruction du juge d'instruction, appréhender toute personne placée sous contrôle judiciaire à l'encontre de laquelle il existe une ou plusieurs raisons plausibles de soupçonner qu'elle a manqué aux obligations qui lui incombent au titre des** *(L. n° 2014-896 du 15 août 2014, art. 34, en vigueur le 1er oct. 2014)* **« 1°, 2°, 3°, 8°, 9°, 14°** *[ancienne rédaction : 9°]* **»** *(L. n° 2019-1480 du 28 déc. 2019, art. 11)* **« , 17° et 17°** ***bis*** **» de l'article 138. La personne peut alors, sur décision d'un officier de police judiciaire, être retenue vingt-quatre heures au plus dans un local de police ou de gendarmerie afin que soit vérifiée sa situation et qu'elle soit entendue sur la violation de ses obligations.**

Dès le début de la mesure, l'officier de police judiciaire informe le juge d'instruction. *(L. n° 2014-896 du 15 août 2014, art. 34, en vigueur le 1er oct. 2014)* **« La personne retenue est immédiatement informée par l'officier de police judiciaire ou, sous le contrôle de celui-ci, par un agent de police judiciaire, dans une langue qu'elle comprend, de la durée maximale de la mesure, de la nature des obligations qu'elle est soupçonnée d'avoir violées et du fait qu'elle bénéficie :**

« 1° Du droit de faire prévenir un proche et son employeur ainsi que, si elle est de nationalité étrangère, les autorités consulaires de l'État dont elle est ressortissante, conformément à l'article 63-2 ;

« 2° Du droit d'être examinée par un médecin, conformément à l'article 63-3 ;

« 3° Du droit d'être assistée par un avocat, conformément aux articles 63-3-1 à 63-4-3 ;

« 4° S'il y a lieu, du droit d'être assistée par un interprète ;

« 5° Du droit, lors des auditions, après avoir décliné son identité, de faire des déclarations, de répondre aux questions qui lui sont posées ou de se taire. »

Les pouvoirs conférés au procureur de la République par les articles 63-2 et 63-3 sont exercés par le juge d'instruction.

(L. n° 2014-896 du 15 août 2014, art. 34, en vigueur le 1er oct. 2014) **« La retenue s'exécute dans des conditions assurant le respect de la dignité de la personne. Seules peuvent être imposées à la personne retenue les mesures de sécurité strictement nécessaires.**

« La personne retenue ne peut faire l'objet d'investigations corporelles internes au cours de sa rétention par le service de police ou par l'unité de gendarmerie.

« L'article 64 est applicable à la présente mesure de retenue. »

A l'issue de la mesure, le juge d'instruction peut ordonner que la personne soit conduite devant lui, le cas échéant pour qu'il saisisse le juge des libertés et de la détention aux fins de révocation du contrôle judiciaire.

Le juge d'instruction peut également demander à un officier ou un agent de police judiciaire d'aviser la personne qu'elle est convoquée devant lui à une date ultérieure.

(L. n° 2014-896 du 15 août 2014, art. 34, en vigueur le 1er oct. 2014) **« Le présent article est également applicable aux personnes placées sous assignation à résidence avec surveillance électronique. »**

Art. 141-5 *(L. n° 2014-896 du 15 août 2014, art. 34, en vigueur le 1er oct. 2014)* **Les services de police et les unités de gendarmerie peuvent, selon les modalités prévues aux articles 56 à 58 et pendant les heures prévues à l'article 59, et après avoir recueilli l'accord du juge d'instruction ou sur instruction de ce magistrat, procéder à une perquisition chez une personne qui, placée sous contrôle judiciaire ou sous assignation à résidence avec surveillance électronique, est soumise à l'interdiction de détenir une arme, lorsqu'il existe des indices graves ou concordants que des armes se trouvent actuellement à son domicile.**

Si des armes sont découvertes, elles sont saisies et placées sous scellés.

Art. 142 *(L. n° 70-643 du 17 juill. 1970)* **Lorsque** *(L. n° 93-2 du 4 janv. 1993)* **« la personne mise en examen est astreinte »** *(L. n° 2000-516 du 15 juin 2000, art. 51-III)*

« à fournir un cautionnement ou à constituer des sûretés, ce cautionnement ou ces sûretés garantissent » :

1° La représentation de *(L. n° 93-2 du 4 janv. 1993)* **« la personne mise en examen », du prévenu ou de l'accusé à tous les actes de la procédure et pour l'exécution du jugement, ainsi que, le cas échéant, l'exécution des autres obligations qui lui ont été imposées ;**

2° Le paiement dans l'ordre suivant :

a) *(L. n° 93-2 du 4 janv. 1993)* **« De la réparation des dommages causés par l'infraction et des restitutions, ainsi que de la dette alimentaire lorsque la personne mise en examen est poursuivie pour le défaut de paiement de cette dette ;**

« *b)* Des amendes. »

(L. n° 2000-516 du 15 juin 2000, art. 51-IV) **« La décision du juge d'instruction** *(L. n° 2004-204 du 9 mars 2004, art. 126-IV)* **« ou du juge des libertés et de la détention » détermine les sommes affectées à chacune des deux parties du cautionnement ou des sûretés. »** *(L. n° 2004-204 du 9 mars 2004, art. 93 et 126-IV)* **« Le juge d'instruction ou le juge des libertés et de la détention peut toutefois décider que les sûretés garantiront dans leur totalité le paiement des sommes prévues au 2° ou l'une ou l'autre de ces sommes.**

« Lorsque les sûretés garantissent, en partie ou en totalité, les droits d'une ou plusieurs victimes qui ne sont pas encore identifiées ou qui ne sont pas encore constituées parties civiles, elles sont établies, dans des conditions précisées par décret en Conseil d'État, au nom d'un bénéficiaire provisoire agissant pour le compte de ces victimes et, le cas échéant, du Trésor. »

(L. n° 2016-1691 du 9 déc. 2016, art. 62) **« Un décret en Conseil d'État fixe le montant au-delà duquel le cautionnement ne peut être effectué en espèces, sauf décision contraire du juge des libertés et de la détention ou du juge d'instruction. »** — *V. art. R. 21.*

V. C. pr. pén., art. R. 19 s.

BIBL. ▶ REBUT, *RCA 1996. Chron. 40* (licéité de l'assurance du cautionnement).

1. Affectation du cautionnement. Méconnaît l'art. 142 la décision qui se borne à ordonner un cautionnement sans précision de son affectation. • Crim. 13 oct. 1998, n° 98-84.224 P : *Dr. pénal 1999. Chron. 17, par Marsat* • 13 févr. 2002, n° 01-87.975 P.

2. Les dispositions impératives de l'art. 142 sont méconnues lorsqu'une décision limite le versement de cautionnement à la seule garantie de représentation en justice. • Crim. 1er déc. 1981, n° 81-94.311 P • 8 juill. 1992, n° 92-82.268 P. ♦ ... Ou à la seule garantie du paiement des frais et amendes. • Crim. 20 juin 1989, n° 88-96.087 P. ♦ De même, la seconde partie du cautionnement ne peut être affectée exclusivement *au paiement des amendes mais est destinée* également à garantir, en premier lieu, la réparation des dommages causés par l'infraction et les restitutions. • Crim. 9 juill. 2003, n° 03-82.143 P : *D. 2003. IR 2340 ; JCP 2003. IV. 2662 ; AJ pénal 2003. 69.*

3. Il y a également méconnaissance de l'art. 142 lorsqu'une décision énonce que la représentation de l'inculpé n'a pas à être garantie par une partie du cautionnement. • Crim. 30 sept. 1992, n° 92-83.945 P.

4. La fixation de la partie du cautionnement destinée à garantir notamment la réparation des dommages causés par l'infraction n'est pas subordonnée à l'existence de parties civiles régulièrement constituées. • Crim. 18 nov. 1992, n° 92-84.709 P.

5. Lorsqu'une partie du cautionnement est affectée à la réparation des dommages causés par l'infraction mais que, après la condamnation, les parties civiles qui n'ont pas été indemnisées n'ont cependant rien réclamé au Trésor public, dépositaire des sommes placées en cautionnement, ces sommes peuvent être affectées au paiement de l'amende douanière. • Crim. 8 oct. 2003, n° 02-88.225 P : *JCP 2003. IV. 2974.*

6. Il résulte des art. 138, 11°, 142 et 800-1 que les frais de justice criminelle, correctionnelle et de police étant à la charge de l'État et sans recours envers les condamnés, le cautionnement auquel est astreinte une personne mise en examen, par une décision de placement sous contrôle judiciaire, ne peut en garantir le paiement. • Crim. 3 oct. 2012, n° 12-85.009 P : *D. actu. 5 nov. 2012, obs. Martineau ; Procédures 2012, n° 372, obs. Buisson* • Crim. 7 déc. 2016, n° 16-85.471 P : *D. actu. 25 janv. 2017, obs. Gallois.*

7. La juridiction d'instruction a le pouvoir d'ordonner un cautionnement destiné en partie à garantir le paiement des sommes dont la fixation relève de l'administration fiscale (droits éludés par la personne mise en examen, intérêts et majorations fiscales). • Crim. 21 août 2013, n° 13-83.838 P : *AJ pénal 2014. 35, note Lasserre Capdeville.*

8. Fixation du cautionnement. Le montant et les délais de versement d'un cautionnement doivent être décidés compte tenu notamment des ressources de l'inculpé. • Crim. 5 sept. 1981, n° 81-93.287 P.

9. L'obligation de verser un cautionnement ne peut être imposée si, par ailleurs, il est constaté que l'inculpé est dessaisi de l'administration de ses biens et ne dispose pas personnellement de quelque ressource que ce soit en raison de son état de banqueroute. • Crim. 21 oct. 1985, n° 85-94.309 P.

10. Constitution de sûretés. L'obligation de constituer des sûretés, réelles ou personnelles, prévue par l'art. 138, 15°, ne peut garantir que les droits des victimes et ne peut être imposée pour garantir l'ensemble des paiements prévus au 2° de l'art. 142. • Crim. 11 mars 1986, n° 85-95.314 P. ♦ Doit être cassé l'arrêt de la chambre de l'instruction qui rejette l'offre du mis en examen de constituer une sûreté personnelle au lieu et place d'un cautionnement alors que la somme affectée à la seconde partie des sûretés peut être destinée à garantir le paiement de la réparation des dommages causés par l'infraction, des restitutions et des amendes en application des dispositions de l'art. 142, 2°, et qu'il peut être décidé par le juge d'instruction que les sûretés garantiront dans leur totalité les droits des victimes. • Crim. 5 mars 2003, n° 02-88.089 P : *JCP 2003. IV. 1803.*

11. Limitation du cautionnement. Une demande de limitation d'un cautionnement constitue en réalité une demande de mainlevée partielle de contrôle judiciaire, telle que prévue par l'art. 140. • Crim. 24 juin 1986, n° 85-92.891 P : *D. 1987. Somm. 78, obs. Pradel.*

12. Détention pour autre cause. Il n'est pas dérogé à la règle de l'art. 142 si la personne mise en examen vient à être détenue pour autre cause. • Crim. 5 mai 1997, n° 97-81.012 P.

13. Restitution du cautionnement. La première partie du cautionnement qui est destinée à assurer la représentation de la personne mise en examen, du prévenu ou de l'accusé jusqu'à la fin de la procédure, doit lui être restituée lorsque l'intéressé s'est présenté à tous les actes de la procédure, a satisfait aux obligations du contrôle judiciaire et s'est soumis à l'exécution du jugement. • Crim. 11 oct. 2011, n° 10-88.469 P : *D. actu. 8 nov. 2011, obs. Girault ; AJ pénal 2012. 341, obs. Pronier.*

Art. 142-1 *(L. n° 94-89 du 1er févr. 1994)* **« Le juge d'instruction »** *(L. n° 2004-204 du 9 mars 2004, art. 126-IV)* **« ou le juge des libertés et de la détention »** *(L. n° 93-2 du 4 janv. 1993)* **« peut, avec le consentement de la personne mise en examen »** *(L. n° 70-643 du 17 juill. 1970)*, **ordonner que la partie du cautionnement affectée à la garantie des droits de la victime ou du créancier d'une dette alimentaire soit versée à ceux-ci par provision, sur leur demande.**

(L. n° 83-608 du 8 juill. 1983) **« Ce versement peut aussi être ordonné, même sans le consentement de** *(L. n° 93-2 du 4 janv. 1993)* **« la personne mise en examen », lorsqu'une décision de justice exécutoire a accordé à la victime ou au créancier une provision à l'occasion des faits qui sont l'objet des poursuites. »**

V. C. pr. pén., art. R. 24.

Lorsque l'inculpé consent au versement à la partie civile, à titre de provision, d'une partie de la somme affectée à la garantie de ses droits, le juge doit accueillir la demande de la partie civile. • Crim. 5 déc. 1991, n° 91-85.220 P.

Art. 142-2 *(L. n° 70-643 du 17 juill. 1970)* **La première partie du cautionnement est restituée** *(L. n° 2000-516 du 15 juin 2000, art. 51-V, en vigueur le 1er janv. 2001)* **« ou la première partie des sûretés est levée » si** *(L. n° 93-2 du 4 janv. 1993)* **« la personne mise en examen », le prévenu ou l'accusé s'est présenté à tous les actes de la procédure, a satisfait aux obligations du contrôle judiciaire et s'est soumis à l'exécution du jugement.**

(L. n° 2000-516 du 15 juin 2000, art. 51-VI, en vigueur le 1er janv. 2001) **« Dans le cas contraire, sauf motif légitime d'excuse ou décision de non-lieu, de relaxe, d'acquittement ou d'exemption de peine, la première partie du cautionnement est acquise à l'État, ou il est procédé au recouvrement de la créance garantie par la première partie des sûretés. »**

1. Règles générales. Tant que subsiste le délai d'épreuve, le prévenu condamné à l'emprisonnement avec sursis doit être considéré comme ne s'étant pas soumis à l'exécution du jugement, au sens de l'art. 142-2, et ne peut donc prétendre à la restitution de la première partie du cautionnement. • Crim. 25 févr. 1997, n° 96-82.743 P.

2. Le placement en détention provisoire s'il garantit la représentation en justice ne peut pas pour autant permettre la restitution de la première partie du cautionnement qui ne peut intervenir qu'à l'issue de la procédure. • Crim. 20 juin 2000, n° 00-82.209 P.

3. Le prévenu ne saurait se faire un grief de ce

que la cour d'appel a ordonné le versement à la partie civile de la partie du cautionnement affectée à la garantie des droits de la victime dès lors que cette somme doit être restituée à cette dernière dans les conditions des art. 142-2 et 142-3. • Crim. 6 mai 2009, n° 08-85.201 P.

4. Procédure d'extradition. Les dispositions de l'art. 142-2 sont applicables aux personnes placées sous contrôle judiciaire au cours d'une procédure d'extradition ; ainsi, la personne qui ne respecte pas son contrôle judiciaire ne peut prétendre à la restitution de la partie de sa caution réservée à la garantie de représentation. • Crim. 22 janv. 2002, n° 01-84.824 P.

Art. 142-3 *(L. n° 70-643 du 17 juill. 1970)* **Le montant affecté à la deuxième partie du cautionnement qui n'a pas été versé à la victime de l'infraction ou au créancier d'une dette alimentaire est restitué en cas de non-lieu et, sauf s'il est fait application de l'article 372, en cas d'absolution ou d'acquittement.**

En cas de condamnation, il est employé conformément aux dispositions du 2° de l'article 142. Le surplus est restitué *(L. n° 89-461 du 6 juill. 1989)* **« lorsque la condamnation est définitive ».**

(L. n° 2000-516 du 15 juin 2000, art. 51-VII, en vigueur le 1er janv. 2001) **« La deuxième partie des sûretés est levée ou il est procédé au recouvrement des créances que cette partie garantit selon les distinctions prévues aux deux alinéas précédents. »**

Les conditions d'application du présent article sont fixées par un règlement d'administration publique *[décret en Conseil d'État]*.

V. C. pr. pén., art. R. 23-2.

Art. 142-4 *(L. n° 70-643 du 17 juill. 1970)* **Lorsqu'une juridiction de jugement est appelée à statuer dans les cas prévus à la présente sous-section, elle le fait dans les conditions déterminées par l'article 148-2.**

V. Circ. du 28 déc. 1970 (D. et BLD 1971. 73).

L'ancien art. 143 a été renuméroté 142-4 en application des dispositions de l'art. 71-III de la L. n° 2009-1436 du 24 nov. 2009.

SOUS-SECTION 2 **DE L'ASSIGNATION À RÉSIDENCE AVEC SURVEILLANCE ÉLECTRONIQUE**

(L. n° 2009-1436 du 24 nov. 2009, art. 71-III)

V. Circ. CRIM-10-9/E8 du 18 mai 2010, BOMJ n° 2010-03.

Art. 142-5 **L'assignation à résidence avec surveillance électronique peut être ordonnée,** *(L. n° 2019-222 du 23 mars 2019, art. 54-V et 109-XIII, en vigueur le 1er juin 2019)* **« d'office » ou à la demande de l'intéressé, par le juge d'instruction ou par le juge des libertés et de la détention si la personne mise en examen encourt une peine d'emprisonnement correctionnel d'au moins deux ans ou une peine plus grave.**

Cette mesure oblige la personne à demeurer à son domicile ou dans une résidence fixée par le juge d'instruction ou le juge des libertés et de la détention et de ne s'en absenter qu'aux conditions et pour les motifs déterminés par ce magistrat.

Cette obligation est exécutée sous le régime du placement sous surveillance électronique, à l'aide du procédé prévu par l'article 723-8. Elle peut également être exécutée sous le régime du placement sous surveillance électronique mobile, à l'aide du procédé prévu par l'article 763-12, si la personne est mise en examen pour une infraction punie de plus de sept ans d'emprisonnement et pour laquelle le suivi socio-judiciaire est encouru. Les articles 723-9 et 723-12 ainsi que, le cas échéant, les articles 763-12 et 763-13 sont applicables, le juge d'instruction exerçant les compétences attribuées au juge de l'application des peines.

La personne peut être en outre astreinte aux obligations et interdictions prévues par l'article 138.

(L. n° 2019-222 du 23 mars 2019, art. 54-V et 109-XIII, en vigueur le 1er juin 2019) **« La personne mise en examen est avisée que l'installation du dispositif prévu à l'article 723-8 ne peut être effectuée sans son consentement mais que le fait de refuser cette installation constitue une violation des obligations qui lui incombent et peut donner lieu à la révocation de l'assignation à résidence avec surveillance électronique et à son placement en détention provisoire. »**

Le juge d'instruction peut prolonger une assignation à résidence avec surveillance électronique que le JLD a initialement ordonnée. • Crim. 3 oct. 2012, n° 12-84.863 P : *D. 2013. Pan. 1993, obs. Pradel ; AJ pénal 2012. 600, obs. Allain ; Dr. pénal 2012, n° 150, obs. Maron et Haas ; Gaz. Pal. 2013, n° 39-40, p. 45, obs. Fourment.*

Art. 142-6 **L'assignation à résidence avec surveillance électronique est décidée par ordonnance motivée du juge d'instruction ou du juge des libertés et de la détention, qui statue après un débat contradictoire conformément à l'article 145** *(L. n° 2019-222 du 23 mars 2019, art. 54-VI et 109-XIII, en vigueur le 1er juin 2019)* **« ou au vu des réquisitions écrites du procureur de la République, dont il est donné lecture à la personne mise en examen, et après avoir entendu ses observations et celles de son avocat.**

« Elle peut également être décidée, sans débat contradictoire ou recueil préalable des observations de la personne et de son avocat, par ordonnance statuant sur une demande de mise en liberté ou décidant d'une mise en liberté d'office.

« Le juge statue après avoir fait vérifier la faisabilité technique de la mesure par le service pénitentiaire d'insertion et de probation, qui peut être saisi à cette fin à tout moment de l'instruction. »

(L. n° 2021-1729 du 22 déc. 2021, art. 5) **« En matière correctionnelle, cette saisine est obligatoire dans les cas suivants :**

« 1° Si elle est demandée par une personne détenue ou son avocat un mois avant la date à laquelle la détention peut être prolongée, sauf décision de refus spécialement motivée du juge d'instruction ;

« 2° Avant la date à laquelle la détention peut être prolongée lorsque la personne encourt une peine d'emprisonnement inférieure ou égale à cinq ans, sauf décision de refus spécialement motivée du juge ;

« 3° Avant la date de la seconde prolongation de la détention lorsque la personne encourt une peine d'emprisonnement inférieure ou égale à cinq ans. Sauf s'il envisage un placement sous contrôle judiciaire, le juge ne peut refuser le placement de la personne sous assignation à résidence sous surveillance électronique qu'en cas d'impossibilité liée à la personnalité ou à la situation matérielle de la personne. »

(Abrogé par L. n° 2021-1729 du 22 déc. 2021, art. 5) « (L. n° 2019-222 du 23 mars 2019, art. 54-VI et 109-XIII, en vigueur le 1er juin 2019) ***En matière correctionnelle, cette saisine est obligatoire si elle est demandée par la personne détenue ou son avocat un mois avant la date à laquelle la détention peut être prolongée, sauf décision de refus spécialement motivée du juge d'instruction.***

« Cette saisine est également obligatoire avant la date à laquelle la détention peut être prolongée lorsque la personne encourt une peine d'emprisonnement inférieure ou égale à cinq ans, sauf décision de refus spécialement motivée du juge. »

(L. n° 2019-222 du 23 mars 2019, art. 54-VI et 109-XIII, en vigueur le 1er juin 2019) **« S'il est interjeté appel d'une ordonnance prolongeant la détention provisoire sans que les dispositions des quatrième** *(L. n° 2021-1729 du 22 déc. 2021, art. 5)* **« à » avant-dernier alinéas aient été respectées, le service pénitentiaire d'insertion et de probation doit être saisi par le président de la chambre de l'instruction. »**

Art. 142-7 **L'assignation à résidence est ordonnée pour une durée qui ne peut excéder six mois.** *(L. n° 2019-222 du 23 mars 2019, art. 54-VII et 109-XIII, en vigueur le 1er juin 2019)* **« Au cours de l'instruction, » elle peut être prolongée pour une même durée selon les modalités prévues au premier alinéa de l'article 142-6, sans que la durée totale du placement dépasse deux ans.**

(L. n° 2019-222 du 23 mars 2019, art. 54-VII et 109-XIII, en vigueur le 1er juin 2019) **« Lorsque la personne renvoyée devant le tribunal correctionnel ou la cour d'assises est maintenue ou demeure sous assignation à résidence conformément aux articles 179 et 181, la durée totale de la mesure, compte tenu de celle exécutée au cours de l'instruction, ne peut excéder deux ans, sans qu'il soit nécessaire d'en ordonner la prolongation tous les six mois et sous réserve de la possibilité pour l'intéressé d'en demander la mainlevée. »**

L'assignation à résidence avec surveillance électronique ordonnée par le JLD peut être prolongée par le juge d'instruction. • Crim. 3 oct. 2012, n° 12-84.863 P : *D. 2013. Pan. 1993, obs. Pradel ; AJ pénal 2012. 600, obs. Allain ; Dr. pénal 2012, n° 150, obs. Maron et Haas ; Gaz. Pal. 2013, nos 39-40, p. 45, obs. Fourment.*

Art. 142-8 **Le deuxième alinéa de l'article 139 et les articles 140 et 141-3 sont applicables à l'assignation à résidence avec surveillance électronique.**

La personne qui ne respecte pas les obligations résultant de l'assignation à résidence avec surveillance électronique peut faire l'objet d'un mandat d'arrêt ou d'amener et être placée en détention provisoire, conformément à l'article 141-2.

Art. 142-9 **Avec l'accord préalable du juge d'instruction, les horaires de présence au domicile ou dans les lieux d'assignation peuvent, lorsqu'il s'agit de modifications favorables à la personne mise en examen ne touchant pas à l'équilibre de la mesure de contrôle, être modifiés par le chef d'établissement pénitentiaire ou le directeur du service pénitentiaire d'insertion et de probation qui en informe le juge d'instruction.**

Art. 142-10 **En cas de décision de non-lieu, relaxe ou acquittement devenue définitive, la personne placée sous assignation à résidence avec surveillance électronique a droit à la réparation du préjudice subi selon les modalités prévues par les articles 149 à 150.**

Art. 142-11 **L'assignation à résidence avec surveillance électronique est assimilée à une détention provisoire pour l'imputation intégrale de sa durée sur celle d'une peine privative de liberté, conformément à l'article 716-4.**

Art. 142-12 **Les juridictions d'instruction et de jugement peuvent prononcer, comme mesure alternative à la détention provisoire, une assignation à résidence avec surveillance électronique dans les cas prévus par les articles 135-2, 145, 148, 201, 221-3, 272-1, 397-3, 695-34 et 696-19.**

Cette mesure peut être levée, maintenue, modifiée ou révoquée par les juridictions d'instruction et de jugement selon les mêmes modalités que le contrôle judiciaire en application des articles 148-2, 148-6, 213, 272-1, 695-35, 695-36, 696-20 et 696-21.

L'assignation à résidence avec surveillance électronique, qui peut être ordonnée par un juge d'instruction ou par un juge des libertés et de la détention, est une mesure alternative à la détention provisoire, à laquelle elle ne peut être assimilée au cours de l'information, pour l'application des délais de l'art. 175. • Crim. 17 mars 2015 : *D. actu. 16 avr. 2015, obs. Anane ; AJ pénal 2015. 499, obs. Perrier ; Dr. pénal 2015, n° 76, obs. Maron et Haas.*

Art. 142-12-1 *(L. n° 2010-769 du 9 juill. 2010, art. 6-I)* **Par dérogation aux dispositions de l'article 142-5, l'assignation à résidence exécutée sous le régime du placement sous surveillance électronique mobile peut être ordonnée lorsque la personne est mise en examen pour des violences ou des menaces, punies d'au moins cinq ans d'emprisonnement, commises :**

1° Soit contre son conjoint, son concubin ou son partenaire lié par un pacte civil de solidarité ;

2° Soit contre ses enfants ou ceux de son conjoint, concubin ou partenaire.

Le présent article est également applicable lorsque l'infraction est commise par l'ancien conjoint ou concubin de la victime ou par la personne ayant été liée à elle par un pacte civil de solidarité, le domicile concerné étant alors celui de la victime.

Art. 142-13 **Un décret détermine les modalités d'application de la présente sous-section.** — *V. C. pr. pén., art. D. 32-3 s.*

SOUS-SECTION 3 DE LA DÉTENTION PROVISOIRE

(L. n° 70-643 du 17 juill. 1970)

L'ancienne sous-section 2 a été renumérotée sous-section 3 en application des dispositions de l'art. 71-III de la L. n° 2009-1436 du 24 nov. 2009.

RÉP. PÉN. v° *Détention provisoire*, par GUÉRY.

BIBL. ▶ BARBIER-CHASSAING, *AJ pénal 2007. 23* s. (évaluation des pratiques des magistrats du TGI de Créteil et prospectives). – GUÉRY, *AJ pénal 2004. 238* ; *D. 2006. 1556*. – LEBLOIS-HAPPE, *AJ pénal 2003. 9*. – LEHMAN, *Gaz. Pal. 1988. 2. Doctr. 590* (durée). – NORD-WAGNER, *AJ pénal 2007. 113*. – VARINARD, *Rev. pénit. 2003. 659*. – VOULAND, *AJ pénal 2007. 117*.

Art. 143-1 *(L. n° 2000-516 du 15 juin 2000, art. 57, en vigueur le 1er janv. 2001)* **Sous réserve des dispositions de l'article 137, la détention provisoire ne peut être ordonnée ou prolongée que dans l'un des cas ci-après énumérés :**

1° La personne mise en examen encourt une peine criminelle ;

2° La personne mise en examen encourt une peine correctionnelle d'une durée égale ou supérieure à trois ans d'emprisonnement.

Al. 3 abrogé par L. n° 2002-1138 du 9 sept. 2002, art. 37.

La détention provisoire peut également être ordonnée dans les conditions prévues à l'article 141-2 lorsque la personne mise en examen se soustrait volontairement aux obligations du contrôle judiciaire *(L. n° 2009-1436 du 24 nov. 2009, art. 93-III)* **« ou d'une assignation à résidence avec surveillance électronique ».**

1. L'art. 143-1 n'est pas applicable à la procédure de comparution immédiate. • Crim. 5 oct. 2011 : *Dr. pénal 2012. Étude 6, obs. Ficara et Robert.*

2. La liberté demeurant la règle, il ne saurait être imposé au juge qui l'ordonne, fût-ce contrairement aux réquisitions du ministère public, de constater l'absence des conditions qui, selon les art. 143-1 s., pourraient autoriser le maintien en détention de l'accusé appelant, incarcéré en application de l'art. 367. • Crim. 29 nov. 2017, n° 17-85.322 P.

Art. 144 *(L. n° 2007-291 du 5 mars 2007, art. 9-I, en vigueur le 1er juill. 2007)* **La détention provisoire ne peut être ordonnée ou prolongée que s'il est démontré, au regard des éléments précis et circonstanciés résultant de la procédure, qu'elle constitue l'unique moyen de parvenir à l'un ou plusieurs des objectifs suivants et que ceux-ci ne sauraient être atteints en cas de placement sous contrôle judiciaire** *(L. n° 2009-1436 du 24 nov. 2009, art. 93-IV)* **« ou d'assignation à résidence avec surveillance électronique » :**

1° Conserver les preuves ou les indices matériels qui sont nécessaires à la manifestation de la vérité ;

2° Empêcher une pression sur les témoins ou les victimes ainsi que sur leur famille ;

3° Empêcher une concertation frauduleuse entre la personne mise en examen et ses coauteurs ou complices ;

4° Protéger la personne mise en examen ;

5° Garantir le maintien de la personne mise en examen à la disposition de la justice ;

6° Mettre fin à l'infraction ou prévenir son renouvellement ;

7° Mettre fin au trouble exceptionnel et persistant à l'ordre public provoqué par la gravité de l'infraction, les circonstances de sa commission ou l'importance du préjudice qu'elle a causé. Ce trouble ne peut résulter du seul retentissement médiatique de l'affaire. Toutefois, le présent alinéa n'est pas applicable en matière correctionnelle.

1. Conditions de la prolongation de la détention. Il résulte de l'art. 144, dans sa rédaction issue de la L. n° 2007-291 du 5 mars 2007, que la détention provisoire ne peut être ordonnée ou prolongée que s'il est démontré, au regard des éléments précis et circonstanciés résultant de la procédure, qu'elle constitue l'unique moyen de parvenir à l'un ou plusieurs objectifs définis par ce texte, et que ceux-ci ne sauraient être atteints en cas de placement sous contrôle judiciaire. En ne précisant pas expressément que les objectifs fixés ne pouvaient être atteints par un placement sous contrôle judiciaire, une chambre de l'instruction méconnaît le texte susvisé. • Crim. 26 févr. 2008, n° 07-88.336 P : *D. 2008. AJ 853, note Allain ; AJ pénal 2008. 228, note Nord-Wagner ; Procédures 2008. Comm. 155, obs. Buisson.* ♦ Encourt la censure l'arrêt de la chambre de l'instruction qui omet de préciser expressément que le ou les objectifs poursuivis par le placement en détention ne pouvaient être atteints par un placement sous contrôle judiciaire. • Crim. 18 juin 2008, n° 08-82.856 P : *D. 2008. AJ 2147, obs. Léna ; AJ pénal 2008. 428 ; Dr. pénal 2009. Chron. 1, obs. Guérin.*

2. Indices graves ou concordants. La chambre de l'instruction, à chacun des stades de la procédure, doit s'assurer, même d'office, que les conditions légales de la détention provisoire sont réunies, et notamment de l'existence d'indices graves ou concordants rendant vraisemblable la participation de la personne mise en examen aux faits reprochés. • Crim. 14 oct. 2020, n° 20-82.961 P : *D. actu. 23 nov. 2020, obs. Goetz ; AJ pénal 2021. 27, note. Boudot ; RSC 2020. 967, obs. Valat* • Crim. 27 janv. 2021, n° 20-85.990 P : *D. actu. 27 janv. 2021, obs. Dominati ; RSC 2021. 135, obs. Delage* • 9 févr. 2021, n° 20-86.339 P : *D. actu. 5 mars 2021, obs. Recotillet ; AJ pénal 2021. 154, obs. Boudot ; RSC 2021. 967, obs. Valat.* ♦ La constatation de l'existence de raisons plausibles de soupçonner que la personne a commis les infractions reprochées ne permet pas de déduire l'existence d'indices graves ou concordants de sa participation à ces mêmes faits, cette dernière exigence étant plus stricte que la première. • Crim. 16 mars 2021, n° 20-87.092 P : *D. actu. 8 avr. 2021, obs. Dominati.* ♦ V. note 2 ss. art. 137.

3. Nécessité de la détention. Justifie sa décision la chambre de l'instruction qui, pour confirmer l'ordonnance du juge d'instruction ayant ordonné le placement en détention provisoire retient, notamment, que la détention provisoire est l'unique moyen d'éviter des pressions sur les témoins, de conserver les preuves et indices matériels, alors que doivent être recherchés les personnes ayant bénéficié des détournements ainsi que le matériel disparu, rappelle les antécédents judiciaires du mis en examen, et énonce que cette mesure est également l'unique moyen de mettre fin à l'infraction et de prévenir son renouvellement, et ajoute enfin que ces objectifs ne sauraient être atteints par un placement sous contrôle judiciaire. • Crim. 15 nov. 2008, n° 08-80.701 P. ♦ En revanche, méconnaît les dispositions de l'art. 144 la chambre de l'instruction qui infirme la décision du JLD ayant conclu au placement sous contrôle judiciaire d'un individu et prononce le placement en détention provisoire de ce dernier, au motif que cette mesure est nécessaire à l'instruction et à titre de sûreté, mais sans préciser que les objectifs fixés ne pouvaient être atteints par un placement sous contrôle judiciaire. • Crim. 16 févr. 2010, n° 09-87.912 P : *D. 2010. AJ 711, note Léna ; AJ pénal 2010. 248, obs. Ascensi ; Procédures 2010, n° 148, obs. Buisson.*

4. Présomption d'innocence. Ne porte pas atteinte à la présomption d'innocence la cour d'appel qui, pour rejeter la demande de mise en liberté présentée par le prévenu, fait notamment état de sa condamnation par la chambre des appels correctionnels à trois ans d'emprisonnement avec mandat de dépôt, décision non définitive car frappée d'un pourvoi. • Crim. 12 oct. 2016, n° 16-84.711 P : *D. actu. 21 oct. 2016, obs. Goetz.*

5. Détention provisoire après contrôle judiciaire. Aucune disposition légale ou conventionnelle n'interdit à la chambre de l'instruction de délivrer, au cours d'une même information, à l'encontre d'une personne placée sous contrôle judiciaire, un titre de détention en raison des mêmes faits, lorsque des circonstances nouvelles entrant dans les prévisions de l'art. 144 justifient, eu égard aux nécessités actuelles de l'instruction, la délivrance d'un mandat de dépôt. • Crim. 29 janv. 2008, n° 07-87.802.

6. Examen du bien-fondé de la détention. En raison de l'effet dévolutif de l'appel, il appartient à la chambre de l'instruction d'examiner le bien-fondé de la détention provisoire et de statuer sur la nécessité de cette mesure, au besoin en substituant aux motifs insuffisants, voire erronés, du premier juge des motifs répondant aux exigences légales. Encourt la censure l'arrêt qui annule une ordonnance rejetant la demande de mise en liberté d'une personne mise en examen, en relevant que les motifs de ladite ordonnance concernent une autre personne, ce qui doit s'analyser en une absence de motivation affectant la validité même de la décision, et prescrit en conséquence la mise en liberté de l'intéressé, alors qu'il appartenait à la chambre de l'instruction de statuer par ses propres motifs sur le bien-fondé de la demande qui lui était soumise. • Crim. 19 janv. 2010, n° 09-87.206 P : *AJ pénal 2010. 195, obs. Ascensi .* ♦ En l'état de l'appel formé par un prévenu contre la décision du tribunal correctionnel ayant, à l'occasion d'une procédure de comparution immédiate, renvoyé l'examen de l'affaire à une audience ultérieure et ordonné le placement dudit prévenu en détention provisoire, les juges du second degré peuvent, raison de l'effet dévolutif de l'appel, examiner le bien-fondé de la détention provisoire et statuer sur la nécessité de cette mesure. • Crim. 13 nov. 2012, n° 12-85.664 P : *D. actu. 21 janv. 2013, obs. Fucini.*

7. Compatibilité de la détention avec l'état de santé de l'individu. Doit être acceptée la demande de mise en liberté d'un détenu pour qui une expertise médicale a conclu à l'incompatibilité de l'état de santé avec la détention provisoire dans des conditions normales et préconisé la mise en place d'une prise en charge particulière – humaine et matérielle – très difficilement réalisable par l'administration pénitentiaire. • Dijon, 6 janv. 2012 : *D. actu. 25 janv. 2012, obs. Léna.* ♦ Une chambre de l'instruction, saisie de l'appel d'une ordonnance de placement en détention provisoire, est tenue de répondre aux articulations essentielles des mémoires des parties. Encourt, dès lors, la censure l'arrêt qui confirme une ordonnance de placement en détention provisoire sans répondre au mémoire dans lequel la personne mise en examen faisait valoir que son état de santé était incompatible avec une mesure de détention provisoire. • Crim. 2 sept. 2009, n° 09-84.172 P : *AJ pénal 2009. 452, obs. Lasserre Capdeville ; Dr. pénal 2010, n° 425.* ♦ Saisie d'une demande de mise en liberté d'un mis en examen motivée, notamment, par l'atteinte portée à sa dignité par les conditions d'incarcération, une chambre de l'instruction a justifié sa décision de rejet, sans méconnaître l'art. 3 Conv. EDH, en retenant qu'il résultait d'une expertise médicale que la dégradation de l'état de santé de cette personne n'était pas la conséquence directe de ses conditions matérielles de détention, aucun autre élément propre à la personne, suffisamment grave pour mettre en danger sa santé physique ou mentale, n'étant pas ailleurs allégué. • Crim. 3 oct. 2012, n° 12-85.054 P : *D. actu. 2 nov. 2012, obs. Martineau.* ♦ V. désormais art. 147-1.

8. Atteinte à la dignité. Une éventuelle atteinte à la dignité de la personne en raison des conditions de détention, si elle est susceptible d'engager la responsabilité de la puissance publique en raison du mauvais fonctionnement du service public, ne saurait constituer un obstacle légal au placement et maintien en détention provisoire. • Crim. 18 sept. 2019, n° 19-83.950 P : *D. actu. 10 oct. 2019, obs. Azoulay ; AJ pénal 2019. 560, obs. Frinchaboy ; RSC 2019. 808, note Mayaud*. ♦ *Contra* : le juge judiciaire a l'obligation de garantir à la personne placée dans des conditions indignes de détention un recours préventif et effectif permettant d'empêcher la continuation de la violation de l'art. Conv. EDH ; en tant que gardien de la liberté individuelle, il lui incombe de veiller à ce que la détention provisoire soit, en toutes circonstances, mise en œuvre dans des conditions respectant la dignité des personnes et de s'assurer que cette privation de liberté est exempte de tout traitement inhumain et dégradant ; il résulte de ce qui précède que, lorsque la description faite par le demandeur de ses conditions personnelles de détention est suffisamment crédible, précise et actuelle, de sorte qu'elle constitue un commencement de preuve de leur caractère indigne, il appartient alors à la chambre de l'instruction, dans le cas où le ministère public n'aurait pas préalablement fait vérifier ces allégations, et en dehors du pouvoir qu'elle détient d'ordonner la mise en liberté de l'intéressé, de faire procéder à des vérifications complémentaires afin d'en apprécier la réalité ; après que ces vérifications ont été effectuées, dans le cas où la chambre de l'instruction constate une atteinte au principe de dignité à laquelle il n'a pas entre-temps été remédié, elle doit ordonner la mise en liberté de la personne, en l'astreignant, le cas échéant, à une assignation à résidence avec surveillance électronique ou à un contrôle judiciaire. • Crim. 8 juill. 2020, n° 20-81.739 P : *D. actu. 31 août 2020, obs. Margaine ; AJ pénal 2020. 404, note. Frinchaboy ; Dr. pénal 2020, n° 146, obs. Maron et Haas ; ibid., n° 177, obs. Maron et Haas ; RSC 2021. 517, obs. Zerouki-Cottin*. ♦ Saisie d'une description du demandeur qui évoquait une cellule infestée de punaises et de cafards, l'absence de chaise, la saleté repoussante des douches et le sous-dimensionnement de la cour de promenade, la chambre de l'instruction devait en apprécier le caractère précis, crédible et actuel, sans s'arrêter au fait que cette description ne renverrait qu'aux conditions générales de détention à la maison d'arrêt de Fresnes, ni exiger du demandeur qu'il démontre le caractère indigne de ses conditions personnelles de détention ou que ses conditions personnelles de détention affectaient sa santé physique ou psychologique. • Crim. 25 nov. 2020, n° 20-84.886 P : *D. actu. 11 déc. 2020, obs. Fucini ; AJ pénal 2021. 41, obs. Margaine ; Dr. pénal 2021, n° 14 et n° 40, obs. Maron et Haas*. ♦ L'appréciation du caractère indigne des conditions de détention en cas de surpopulation carcérale relève d'un ensemble de facteurs devant être globalement envisagés. • Crim. 15 déc. 2020, n° 20-85.461 P : *D. actu. 19 janv. 2021, obs. Recotillet*. ♦ Les moyens régulièrement soulevés avant le 1er oct. 2021 devant la chambre de l'instruction saisie dans le cadre du contentieux de la détention provisoire doivent continuer à être examinés au regard des principes dégagés le 8 juill. 2020, sauf à méconnaître l'effectivité du droit à un recours dans les affaires considérées ; en l'espèce, la chambre de l'instruction, saisie d'une description du demandeur qui évoquait un espace personnel réduit dans une cellule partagée avec d'autres détenus, la présence de cafards et de punaises de lits, un accès particulièrement limité aux douches non chauffées et dépourvues d'intimité, devait en apprécier le caractère précis, crédible et actuel, sans s'arrêter au fait que le rapport du Contrôleur général des lieux de privation de liberté décrivait des conditions de détention antérieures à l'incarcération du prévenu, ni exiger de celui-ci qu'il démontre le caractère indigne de ses conditions personnelles de détention. • Crim. 20 oct. 2021, n° 21-84.498 B : *D. actu. 8 nov. 2021, obs. Fucini ; AJ pénal 2021. 583, obs. Falxa*. ♦ V. aussi note 41 ss. Conv. EDH, art. 3, et notes ss. L. n° 2009-1436 du 24 nov. 2009, art. 22.

9. Conditions de détention et crise sanitaire. D'une part, est infondé le moyen pris de la violation de l'art. 3 Conv. EDH, car, faute pour le demandeur d'avoir fait état devant les juges de ses conditions personnelles de détention au sein de la maison d'arrêt où il était détenu, de façon suffisamment crédible, précise et actuelle pour constituer un commencement de preuve de leur caractère indigne, la chambre de l'instruction n'était pas tenue de faire vérifier les conditions de détention de l'intéressé avant de confirmer le rejet de sa demande de mise en liberté ; d'autre part, l'argumentation développée par le requérant au visa de l'art. 2 Conv. EDH ne saurait prospérer, l'intéressé n'ayant pas préalablement allégué que sa vie a été exposée à un risque réel et imminent en raison de conditions personnelles de détention dans le contexte de l'épidémie de covid-19. • Crim. 19 août 2020, n° 20-82.171 P : *D. actu. 14 sept. 2020, obs. Recotillet ; Dr. pénal 2020, n° 177, obs. Maron et Haas.*

10. Nouvelle détention provisoire dans une même affaire. Le JLD, saisi par le juge d'instruction à cette fin, ne peut, en raison des mêmes faits et dans la même information, ordonner un nouveau placement en détention provisoire d'une personne mise en liberté sans constater, à défaut de l'annulation du précédent titre de détention pour vice de forme, l'existence de circonstances nouvelles entrant dans les prévisions de l'art. 144 et justifiant, au regard des nécessités de l'instruction, la délivrance d'un nouveau titre d'incarcération. • Crim. 9 févr. 2016, n° 15-87.095 P : *D. 2016. Pan. 1727, obs. Pradel ; AJ pénal 2016. 332, obs. Girault ; ibid. 2016. 440, obs. Pitti*. ♦ Comp. : Aucune disposition légale ou conventionnelle n'interdit, lorsque la mise en liberté n'est intervenue qu'en raison de l'annulation de l'interrogatoire de première comparution, le mandat de dépôt s'étant trouvé dépourvu de tout support légal, de placer à nouveau en détention provisoire la personne mise en examen, dans la même information et à raison des mêmes faits. • Crim. 31 mars 2020, n° 20-80.234 P : *AJ pénal 2020. 362, obs. Mallet et Lorrain ; RSC 2020. 406, obs. Valat.* ♦ V. aussi art. 803-7 et la note.

11. Assignation à résidence avec surveillance électronique. L. n° 2009-1436 du 24 nov. 2009. Dans l'attente du décret prévu par l'art. 142-13, le placement sous surveillance électronique n'est qu'une modalité du contrôle judiciaire. Justifie en conséquence sa décision la cour d'appel qui, pour prolonger pour une nouvelle durée de six mois, en application de l'art. 181, al. 9, la détention provisoire du demandeur, se prononce seulement sur l'insuffisance du contrôle judiciaire. • Crim. 7 avr. 2010, n° 10-80.785 P : *D. 2010. Actu. 1419 ; ibid. Chron. 1656, obs. Leprieur ; RSC 2011. Chron. 147, obs. Danet ; AJ pénal 2010. 402, note Ascensi.* ♦ Justifie pareillement sa décision la chambre de l'instruction qui, pour infirmer l'ordonnance du JLD portant mise en liberté sous contrôle judiciaire avec placement sous surveillance électronique, retient pour seul motif que les obligations du contrôle judiciaire, aussi strictes soient-elles, ne sont pas suffisantes au regard des objectifs assignés au maintien en détention provisoire. • Crim. 8 avr. 2010, n° 10-80.554 P : *D. 2010. Chron. 1656, obs. Leprieur ; RSC 2011. Chron. 147, obs. Danet ; AJ pénal 2010. 402, note Ascensi.*

12. Décr. n° 2010-355 du 1er avr. 2010 relatif à l'assignation à résidence avec surveillance électronique. Il résulte de l'art. 144, ensemble le Décr. n° 2010-355 du 1er avr. 2010, que la détention provisoire ne peut être ordonnée ou prolongée que s'il est démontré, au regard des éléments précis et circonstanciés résultant de la procédure, qu'elle constitue l'unique moyen de parvenir à l'un ou à plusieurs des objectifs définis par l'article susvisé et que ceux-ci ne sauraient être atteints en cas de placement sous contrôle judiciaire ou d'assignation à résidence avec surveillance électronique. Doit être cassé l'arrêt de la chambre de l'instruction qui, pour confirmer l'ordonnance du JLD rejetant la demande de mise en liberté du mis en examen, retient que la détention provisoire est l'unique moyen d'empêcher une pression sur les témoins ou les victimes et une concertation frauduleuse entre le mis en examen et ses coauteurs ou complices, ainsi que de prévenir le renouvellement de l'infraction et ajoute que ces objectifs ne sauraient être atteints en cas de placement sous contrôle judiciaire, sans s'expliquer, par des considérations de droit et de fait, sur le caractère insuffisant de l'assignation à résidence avec surveillance électronique. • Crim. 18 août 2010, n° 10-83.770 P : *D. 2010. Actu. 2002 ; RSC 2011. Chron. 147, obs. Danet ; AJ pénal 2011. 37, obs. Ascensi ; Dr. pénal 2010, n° 128, obs. Maron et Haas.* • Crim. 18 août 2010, n° 10-83.819 P : *ibid. ; RSC 2011. 862, obs. Boccon-Gibod* • 12 oct. 2010, n° 10-85.370 P : *D. 2010. Actu. 2708 ; ibid. 2011. Pan. 2233, obs. Pradel ; D. actu. 16 nov. 2010, obs. Lavric ; Procédures 2011, n° 34, obs. Buisson.* ♦ Doit être cassé l'arrêt de la chambre de l'instruction, qui pour confirmer l'ordonnance du JLD rejetant la demande de mise en liberté du mis en examen, retient que l'intéressé n'offrait pas de garantie sérieuse de représentation et que, compte tenu de la gravité de la peine prononcée, seul le maintien en détention pouvait l'empêcher de se soustraire à la justice, sans préciser expressément que les objectifs fixés ne pouvaient être atteints par un placement sous contrôle judiciaire ou par une assignation à résidence avec surveillance électronique. • Crim, 13 oct. 2010, n° 10-85.552 P : *RSC 2011. 862, obs. Boccon-Gibod.*

13. Statut de la Cour pénale internationale. La Cour de cassation constate qu'il ressort de l'art. 627-9 que l'arrêt statuant sur une demande de mise en liberté formée par un ressortissant rwandais ayant fait l'objet d'un mandat d'arrêt délivré par la chambre préliminaire de la Cour pénale internationale doit être motivé par référence aux dispositions du § 4 de l'art. 59 du statut et non par référence à celles de l'art. 144. • Crim. 4 janv. 2011, n° 10-87.759 P : *D. actu. 28 janv. 2011, obs. Bombled.*

14. L'accusé, appelant d'un arrêt de cour d'assises le condamnant à douze ans de réclusion criminelle, ne peut, dans l'attente de la décision de la cour d'assises d'appel, bénéficier des dispositions de l'art. 5 Conv. EDH, qui ne concernent que les personnes détenues avant jugement. • Crim. 17 oct. 2012, n° 12-85.139 P.

Art. 144-1 *(L. n° 96-1235 du 30 déc. 1996)* **La détention provisoire ne peut excéder une durée raisonnable, au regard de la gravité des faits reprochés à la personne mise en examen et de la complexité des investigations nécessaires à la manifestation de la vérité.**

(Abrogé par Cons. const. n° 2020-858/859 QPC 2 oct. 2020, à compter du 31 mars 2021) Le juge d'instruction (L. n° 2000-516 du 15 juin 2000, art. 132-VIII, en vigueur le 1er janv. 2001) « ou, s'il est saisi, le juge des libertés et de la détention » doit ordonner la mise en liberté immédiate de la personne placée en détention provisoire, selon les modalités prévues par l'article 147, dès que les conditions prévues à l'article 144 et au présent article ne sont plus remplies.

(L. n° 2021-403 du 8 avr. 2021) **« Sans préjudice des dispositions de l'article 803-8 garantissant le droit de la personne d'être détenue dans des conditions respectant sa**

dignité, le juge d'instruction ou, s'il est saisi, le juge des libertés et de la détention doit ordonner la mise en liberté immédiate de la personne placée en détention provisoire, selon les modalités prévues à l'article 147, dès que les conditions prévues à l'article 144 et au présent article ne sont plus remplies. »

S'agissant des dispositions d'urgence mises en place pour faire face à l'épidémie de Covid-19, V. App., v° État d'urgence sanitaire.

BIBL. ▶ V. ss. art. 803-8.

1. QPC. Il appartient aux autorités judiciaires ainsi qu'aux autorités administratives de veiller à ce que la privation de liberté des personnes placées en détention provisoire soit, en toutes circonstances, mise en œuvre dans le respect de la dignité de la personne. Il appartient, en outre, aux autorités et juridictions compétentes de prévenir et de réprimer les agissements portant atteinte à la dignité de la personne placée en détention provisoire et d'ordonner la réparation des préjudices subis. Enfin, il incombe au législateur de garantir aux personnes placées en détention provisoire la possibilité de saisir le juge de conditions de détention contraires à la dignité de la personne humaine, afin qu'il y soit mis fin. Or, si une personne placée en détention provisoire et exposée à des conditions de détention contraires à la dignité de la personne humaine peut saisir le juge administratif en référé, les mesures que ce juge est susceptible de prononcer dans ce cadre, ne garantissent pas, en toutes circonstances, qu'il soit mis fin à la détention indigne. Par ailleurs, aucun recours devant le juge judiciaire ne permet au justiciable d'obtenir qu'il soit mis fin aux atteintes à sa dignité résultant des conditions de sa détention provisoire. Par conséquent, le second alinéa de l'art. 144-1 est déclaré contraire à la Constitution (report des effets au 1er mars 2021). • Cons. const. 2 oct. 2020, n° 2020-858/859 QPC : *JO 3 oct. ; D. actu. 9 oct. 2020, obs. Engel ; RSC 2021. 475, obs. Botton ; Dr. pénal 2020, n° 193, obs. Maron et Haas.*

2. Durée raisonnable de la détention provisoire : le délai non chiffré applicable en toute matière. Encourt la censure l'arrêt de la chambre d'accusation qui, pour confirmer l'ordonnance du juge d'instruction rejetant la demande de mise en liberté de la personne mise en examen, justifie la durée de la détention en se référant à une mesure d'instruction – l'identification des victimes décédées – étrangère aux conditions de droit et de fait prescrites par l'art. 144-1 et sans répondre aux articulations essentielles du mémoire dont elle était saisie sur ce point. • Crim. 22 juill. 1997, n° 97-82.777 P : *D. 1998. Somm. 171, obs. Pradel ; JCP 1998. I. 105, chron. Maron.*

3. L'art. 144-1, issu de la loi du 30 déc. 1996, qui fait obligation aux juridictions d'instruction statuant en matière de détention provisoire de s'assurer de la durée raisonnable de cette détention au regard de la gravité des faits reprochés à la personne mise en examen et de la complexité des investigations nécessaires à la manifestation de la vérité, ne s'applique pas à la détention d'un accusé se trouvant sous l'effet de l'ordonnance de prise de corps. • Crim. 22 juill. 1997, n° 97-82.678 P • 31 mars 1998, n° 98-80.173 P : *Procédures 1998. Comm. 179, obs. Buisson ; Dr. pénal 1999. Chron. 14, par Marsat.*

4. Justifie sa décision la cour d'appel qui, par des motifs procédant de son appréciation souveraine, énonce, pour rejeter les articulations du mémoire d'un accusé invoquant, au sens de l'art. 5, § 3, Conv. EDH, un dépassement du délai raisonnable de la détention, que la durée de celle-ci s'explique notamment par les nombreux incidents procéduraux dont il est, pour partie, lui-même responsable. • Crim. 12 juin 1997, n° 97-81.946 P.

5. Moment de l'appréciation. La durée de la détention provisoire ne doit pas excéder un délai raisonnable, lequel doit être apprécié à la date à laquelle la juridiction statue ; par conséquent, en se situant, pour apprécier le caractère raisonnable du délai, à la date du dépôt de la demande et non pas à la date à laquelle elle statuait, une chambre de l'instruction n'a pas justifié sa décision. • Crim. 26 avr. 2017, n° 17-80.806 P : *D. actu. 15 juin 2017, obs. Priou-Alibert ; AJ pénal 2017. 399, obs. Perrier.*

6. Contrôle de la Cour de cassation. L'estimation de la durée de la détention provisoire, qui ne doit pas excéder le délai raisonnable prévu par l'art. 144-1 et les art. 5 et 6 Conv. EDH, relève de l'appréciation souveraine de la chambre de l'instruction. • Crim. 1er oct. 2002, n° 02-84.980 • 17 déc. 2002, n° 02-86.533 • 3 juin 2003, n° 03-81.389 P : *D. 2003. IR 1944 ; JCP 2003. IV. 2372 ; Dr. pénal 2003. Chron. 26, obs. Maron.* ♦ Dans le même sens • Crim. 6 nov. 2002, n° 02-85.795 • 3 déc. 2002, n° 02-86.357. ♦ Dès lors qu'échappe au contrôle de la Cour de cassation le bien-fondé de la motivation relative à la durée de la détention provisoire au regard du délai raisonnable, justifie sa décision la chambre de l'instruction qui énonce que « si la détention des deux mis en examen est longue, elle ne saurait être considérée dans ce dossier criminel, rendu complexe par l'attitude des intéressés, comme déraisonnable, puisqu'en fonction de la peine encourue le délai légal maximum de détention est de trois ans ». • Crim. 19 déc. 2006 : *RSC 2007. 328, obs. Finielz.* ♦ *Contra :* en application des dispositions des art. 6, § 1, Conv. EDH et 593, la chambre de l'instruction doit caractériser les diligences particulières ou les circonstances insurmontables qui peuvent expliquer la durée de la détention provisoire et le délai de comparution de l'accusé devant les cours d'assises des premier et second degrés. • Crim. 17 juin 2015, n° 15-82.206 P : *D. actu. 20 juill. 2015, obs. Benelli-de Bénazé ; AJ pénal 2016. 39, obs. Pitti* • 4 oct. 2016, n° 16-84.578 P : *D. actu. 17 nov. 2016, obs. Gallois.* ♦ Pour des espèces dans lesquelles la chambre de l'instruction n'a pas caractérisé les diligences particulières ou les circonstances insurmontables de nature à expliquer, au regard des exigences conventionnelles, la durée de la détention provisoire de l'intéressé, et n'a donc pas justifié sa décision, V. • Crim. 19 sept. 2017, n° 17-84.131 P : *D. actu. 23 oct. 2017, obs. Yazici* • Crim. 23 août 2017, n° 17-83.387 • Crim. 23 août 2017, n° 17-83.392 : *RSC 2017. 805, note Renucci*.

7. Est irrecevable le moyen du non-respect du délai raisonnable prévu à l'art. 144-1 qui n'a pas été au préalable invoqué devant la chambre de l'instruction. • Crim. 14 nov. 2002, n° 02-85.983.

8. Durée de la détention et office du JLD. Le juge a interdiction de fixer à l'avance une durée de détention provisoire inférieure à celle prévue par la loi dès lors que la personne placée en détention peut à tout moment demander sa mise en liberté. • Crim. 21 nov. 2006, n° 06-86.937 P : *AJ pénal 2007. 138, obs. Saas*.

9. Encourt la cassation l'arrêt de la chambre de l'instruction qui a exposé la situation particulière des cours d'assises du ressort et les initiatives accomplies pour remédier à leur encombrement, mais n'a cependant pas caractérisé les diligences particulières ou les circonstances insurmontables qui auraient pu justifier, au regard de l'art. 6, § 1, Conv. EDH, la durée de la détention provisoire de l'accusé, mineur au moment des faits. • Crim. 29 mars 2017, n° 17-80.642 P : *D. actu. 24 avr. 2017, obs. Goetz ; AJ pénal 2017. 291, obs. Aubert ; Dr. pénal 2017, n° 79, note Maron et Haas ; RSC 2017. 344, note Cordier*.

Art. 144-2 *(L. n° 2004-204 du 9 mars 2004, art. 92-II, en vigueur le 1er oct. 2004)* **Lorsqu'une mise en liberté est ordonnée en raison des dispositions des articles 143-1, 144, 144-1, 145-2, 145-3 ou 706-24-3, mais qu'elle est susceptible de faire courir un risque à la victime, la juridiction place la personne mise en examen sous contrôle judiciaire en la soumettant à l'interdiction de recevoir ou rencontrer la victime ou d'entrer en relation de quelque façon que ce soit avec elle en application des dispositions du 9° de l'article 138. Cette dernière en est avisée conformément aux dispositions de l'article 138-1.**

Art. 145 *(L. n° 2000-516 du 15 juin 2000)* **« Le juge des libertés et de la détention saisi par une ordonnance du juge d'instruction tendant au placement en détention de la personne mise en examen fait comparaître cette personne devant lui, assistée de son avocat si celui-ci a déjà été désigné, et procède conformément aux dispositions du présent article.**

« Au vu des éléments du dossier et après avoir, s'il l'estime utile, recueilli les observations de l'intéressé, ce magistrat fait connaître à la personne mise en examen s'il envisage de la placer en détention provisoire.

« S'il n'envisage pas de la placer en détention provisoire, ce magistrat, après avoir le cas échéant ordonné le placement de la personne sous contrôle judiciaire, procède conformément aux deux derniers alinéas de l'article 116 relatifs à la déclaration d'adresse.

« S'il envisage d'ordonner la détention provisoire de la personne, il l'informe que sa décision ne pourra intervenir qu'à l'issue d'un débat contradictoire et qu'elle a le droit de demander un délai pour préparer sa défense. »

(L. n° 2007-291 du 5 mars 2007, art. 10-II) **« Si cette personne n'est pas déjà assistée d'un avocat, le juge l'avise qu'elle sera défendue lors du débat par un avocat de son choix ou, si elle ne choisit pas d'avocat, par un avocat commis d'office. L'avocat choisi ou, dans le cas d'une commission d'office, le bâtonnier de l'ordre des avocats en est avisé par tout moyen et sans délai. Si l'avocat choisi ne peut se déplacer, il est remplacé par un avocat commis d'office. Mention de ces formalités est faite au procès-verbal. »**

Le *(L. n° 2000-516 du 15 juin 2000, art. 52)* **« juge des libertés et de la détention » statue** *(Abrogé par L. n° 2007-291 du 5 mars 2007, art. 10-II)* ***« en audience de cabinet, »*** **après un débat contradictoire au cours duquel** *(L. n° 96-1235 du 30 déc. 1996)* **« il entend le ministère public qui développe ses réquisitions prises conformément au troisième alinéa de l'article 82 », puis les observations de la personne mise en examen** *(L. n° 2021-1729 du 22 déc. 2021, art. 14-I-6°, en vigueur le 31 déc. 2021)* **« à laquelle a été notifié son droit de se taire sur les faits qui lui sont reprochés » et, le cas échéant, cel-**

les de son avocat. *(L. n° 2007-291 du 5 mars 2007, art. 10-II)* **« Si la personne mise en examen est majeure, le débat contradictoire a lieu et le juge statue en audience publique. Toutefois, le ministère public, la personne mise en examen ou son avocat peuvent s'opposer à cette publicité si l'enquête porte sur des faits** *(L. n° 2015-993 du 17 août 2015, art. 11)* **« mentionnés aux articles 706-73 et 706-73-1 » ou si celle-ci est de nature à entraver les investigations spécifiques nécessitées par l'instruction, à porter atteinte à la présomption d'innocence ou à la sérénité des débats ou à nuire à la dignité de la personne ou aux intérêts d'un tiers. Le juge statue sur cette opposition en audience de cabinet par ordonnance motivée, après avoir recueilli les observations du ministère public, de la personne mise en examen et de son avocat. S'il fait droit à cette opposition ou si la personne mise en examen est mineure, le débat a lieu et le juge statue en audience de cabinet. »**

Toutefois, le *(L. n° 2000-516 du 15 juin 2000, art. 52)* **« juge des libertés et de la détention » ne peut ordonner immédiatement le placement en détention lorsque la personne mise en examen ou son avocat sollicite un délai pour préparer sa défense.**

Dans ce cas, il peut, au moyen d'une ordonnance motivée par référence aux dispositions de l'alinéa précédent et non susceptible d'appel, prescrire l'incarcération de la personne pour une durée déterminée qui ne peut en aucun cas excéder quatre jours ouvrables. Dans ce délai, il fait comparaître à nouveau la personne et, que celle-ci soit ou non assistée d'un avocat, procède comme il est dit *(L. n° 2000-516 du 15 juin 2000, art. 52)* **« au sixième alinéa ». S'il n'ordonne pas le placement de la personne en détention provisoire, celle-ci est mise en liberté d'office.**

(L. n° 2007-291 du 5 mars 2007, art. 10-II) **« Pour permettre au juge d'instruction de procéder à des vérifications relatives à la situation personnelle du mis en examen ou aux faits qui lui sont reprochés, lorsque ces vérifications sont susceptibles de permettre le placement de l'intéressé sous contrôle judiciaire** *(L. n° 2011-1862 du 13 déc. 2011, art. 61-2°)* **« ou sous assignation à résidence avec surveillance électronique », le juge des libertés et de la détention peut également décider d'office de prescrire par ordonnance motivée l'incarcération provisoire du mis en examen pendant une durée déterminée qui ne saurait excéder quatre jours ouvrables jusqu'à la tenue du débat contradictoire. A défaut de débat dans ce délai, la personne est mise en liberté d'office. L'ordonnance mentionnée au présent alinéa peut faire l'objet du recours prévu à l'article 187-1. »**

L'incarcération provisoire est, le cas échéant, imputée sur la durée de la détention provisoire pour l'application des articles 145-1 et 145-2. Elle est assimilée à une détention provisoire, *(L. n° 92-1336 du 16 déc. 1992)* **« au sens des articles 149 et 716-4 ».**

Les dispositions ci-dessus des L. n° 2000-516 du 15 juin 2000 et L. n° 2007-291 du 5 mars 2007 sont respectivement entrées en vigueur les 1er janv. 2001 et 1er juill. 2007.

A compter de la publication de la décision du Cons. const. du 30 sept. 2021, il y a lieu de juger que, jusqu'à l'entrée en vigueur d'une nouvelle loi (L. n° 2021-1729 du 22 déc. 2021), le juge des libertés et de la détention doit informer la personne mise en examen, qui comparaît devant lui en application du sixième al. de l'art. 145, de son droit de se taire (Cons. const. 30 sept. 2021, n° 2021-935 QPC).

1. QPC (non-lieu à renvoi). En application des dispositions des art. 137-1 et 114, qui se combinent avec l'art. 145, l'avocat de la personne mise en examen qui a demandé un délai pour préparer sa défense peut consulter le dossier de la procédure avant le débat contradictoire différé, *soit au greffe du JLD*, si ce magistrat, à qui ledit dossier avait été transmis avec l'ordonnance de saisine du juge d'instruction, l'a conservé ou s'il lui a été à nouveau transmis en vue du débat, soit, dans le cas contraire, au greffe du juge d'instruction, pendant les jours ouvrables et sous réserve des exigences du bon fonctionnement de celui-ci. Il n'y a donc pas lieu de renvoyer au Cons. const. la QPC ainsi rédigée : l'art. 145 méconnaît-il les droits de la défense et le principe du contradictoire, en ce qu'il ne rend pas obligatoire la mise à disposition du dossier au mis en examen ou à son conseil avant le débat différé portant sur la détention provisoire ni ne prévoit de délai pour rendre cette mise à disposition effective ? • Crim. 4 oct. 2016, n° 16-84.337.

I. ORDONNANCES DE PLACEMENT EN DÉTENTION

A. MOTIVATION DE L'ORDONNANCE

2. Doivent être cassés les arrêts de la chambre d'accusation qui se bornent à adopter les motifs d'une ordonnance du juge d'instruction qui reproduit seulement les termes généraux de l'art. 144, sans se référer aux éléments de l'espèce ainsi que l'exige l'art. 145. • Crim. 24 juin 1971, n° 71-91.006 P : *D. 1971. 546, note Pradel* • 9 oct. 1984, n° 84-93.516 P. ♦ ... Ou qui se réfèrent à un arrêt précédemment rendu en matière de détention provisoire. • Crim. 9 oct. 1984 : *préc.* ♦ Comp. cep. : • Crim. 7 nov. 1988, n° 88-85.172 P.

3. Au contraire, il y a lieu de rejeter le pourvoi lorsque les énonciations de l'arrêt permettent à la Cour de cassation de s'assurer que la chambre d'accusation a rejeté la demande de mise en liberté dans les conditions prévues par l'art. 148, par une décision spécialement motivée d'après les éléments de l'espèce, ainsi que l'exige l'art. 145 pour les cas limitativement énumérés par l'art. 144. • Crim. 22 juin 1971, n° 71-91.274 P : *D. 1971. 546, note Pradel* • 7 août 1990, n° 90-83.294 P • 21 août 1990, n° 90-83.745 P. ♦ V. par exemple • Crim. 15 mars 2005, n° 05-80.014 P : *JCP 2005. IV. 1984.*

4. Aux termes de l'art. 145, le placement en détention provisoire est prescrit par une ordonnance spécialement motivée qui doit comporter l'énoncé des considérations de droit et de fait sur le caractère insuffisant des obligations du contrôle judiciaire. Méconnaît ce principe et encourt la cassation l'arrêt d'une chambre d'accusation qui, pour infirmer une ordonnance du juge d'instruction qui avait placé une personne sous contrôle judiciaire et décerner mandat de dépôt à son encontre, énonce notamment que la mise en détention de cette personne s'impose en vertu de l'art. 144, en omettant de se prononcer sur le caractère insuffisant des obligations du contrôle judiciaire qui lui avaient été imparties. • Crim. 16 juill. 1997, n° 97-82.539 P : *D. 1998. Somm. 170, obs. Pradel ; Procédures 1997. Comm. 276, obs. Buisson ; JCP 1998. I. 105, Chron. Maron* • 25 mars 1998 : *Procédures 1998. Comm. 203, obs. Buisson.*

5. En revanche, justifie sa décision la chambre d'accusation qui, pour infirmer l'ordonnance du juge d'instruction ayant placé la personne mise en examen sous contrôle judiciaire et décerner mandat de dépôt à son encontre, relève notamment que la détention est l'unique moyen d'éviter toute pression sur les témoins, de prévenir le renouvellement de l'infraction et de faire cesser le trouble exceptionnel et persistant à l'ordre public causé par des agressions sexuelles commises sur des très jeunes enfants par celui qui leur doit protection, les obligations d'un contrôle judiciaire ne suffisant pas à satisfaire efficacement à ces exigences. • Crim. 16 sept. 1997, n° 97-83.425 P : *Dr. pénal 1997. Comm. 160 (3e arrêt), et Chron. 26, par Maron.* ♦ De même justifie sa décision, confirmant l'ordonnance de placement en détention provisoire, la chambre d'accusation qui, pour estimer que les obligations du contrôle judiciaire sont insuffisantes, retient, par motifs propres et adoptés du juge d'instruction, que le demandeur, avocat, aurait menacé un témoin et organisé la disparition d'archives concernant des « montages juridiques » susceptibles de dissimuler des opérations délictueuses. • Crim. 18 sept. 1997, n° 97-83.647 P : *Dr. pénal 1997. Comm. 160 (1er arrêt), et Chron. 26, par Maron.* ♦ Dans le même sens : • Crim. 18 sept. 1997, n° 97-93.648 P.

6. La décision d'une chambre d'accusation, qui, infirmant une ordonnance de maintien en détention, ordonne la mise en liberté d'une personne mise en examen et la place sous contrôle judiciaire, en lui imposant, en application de l'art. 138 (11°), le versement préalable d'une caution, est sans effet si cette obligation n'est pas exécutée dans le délai imparti. L'intéressé demeure dès lors détenu en vertu de la décision antérieure du juge d'instruction qui, s'il veut ordonner la prolongation de la détention, doit rendre une ordonnance motivée conformément aux exigences des art. 144 et 145, sans avoir à justifier sa décision par des circonstances nouvelles survenues depuis la décision de mise en liberté sous contrôle judiciaire. • Crim. 12 févr. 1997, n° 96-85.629 P.

B. EXIGENCES FORMELLES

7. Mention de la durée. Le juge des libertés qui ordonne le placement d'un prévenu en détention provisoire ne peut fixer à l'avance une durée de détention inférieure à celle prévue par la loi. • Crim. 3 avr. 2002, n° 02-81.056 P : *JCP 2002. IV. 1897 ; RSC 2002. 841, obs. Commaret ; ibid. 883, obs. Renucci.*

8. Erreur matérielle. La procédure prévue par l'art. 711 n'est pas applicable à la rectification des ordonnances rendues par le JLD. • Crim. 3 juin 2003, n° 03-81.482 P : *JCP 2003. IV. 2367 ; AJ pénal 2003. 71.* ♦ L'ordonnance rectificative du JLD qui en réalité proroge la durée de la détention provisoire du mis en examen d'une journée porte atteinte aux intérêts du prévenu et en conséquence doit être annulée. • Basse-Terre, 19 juin 2003 : *AJ pénal 2003. 28.* ♦ Il n'y a pas lieu d'annuler l'ordonnance du JLD qui rectifie une erreur de prénom dans une ordonnance de placement en détention provisoire dès lors qu'il n'est pas contesté que cette dernière a été rendue après débat contradictoire et s'appliquait bien à la personne visée. • Crim. 3 juin 2003 : *préc.*

9. Signature du procès-verbal. Aucune autre signature que celles du juge et de son greffier n'est nécessaire à la validité du procès-verbal prévu par l'art. 145 dont le seul objet est d'établir que le débat contradictoire, tenu lors de l'audience de cabinet précédant la décision sur le placement en détention provisoire ou la prolongation de celle-ci, s'est déroulé conformément aux exigences légales ; qu'il en est ainsi même dans le cas où le JLD a, comme il en a la faculté, fait noter dans ce procès-verbal la teneur des observations de la personne mise en examen et de son avocat. • Crim. 29 janv. 2003, n° 02-87.247 P : *D. 2003. Somm. 1730, obs. Pradel* ; *JCP 2003. IV. 1533.*

C. DÉBAT CONTRADICTOIRE

10. QPC (non-conformité – droit de se taire). Il revient au JLD de s'assurer de l'existence d'indices graves ou concordants rendant vraisemblable que la personne mise en examen ait pu participer à la commission des infractions dont le juge d'instruction est saisi. D'autre part, lorsqu'elle est entendue par le JLD, la personne mise en examen peut être amenée, en réponse aux questions qui lui sont posées, à reconnaître les faits qui lui sont reprochés. En outre, le fait même que ce magistrat invite la personne mise en examen à présenter ses observations peut être de nature à lui laisser croire qu'elle ne dispose pas du droit de se taire. Or, les observations de la personne mise en examen sont susceptibles d'être portées à la connaissance de la juridiction de jugement. Dès lors, en ne prévoyant pas que la personne mise en examen doit être informée de son droit de se taire, les dispositions contestées méconnaissent les exigences de l'art. 9 DDH. Par conséquent, et sans qu'il soit besoin d'examiner les autres griefs, elles doivent être déclarées contraires à la Constitution. • Cons. const. 30 sept. 2021, n° 2021-935 QPC : *D. actu. 7 oct. 2021, obs. Goetz* ; *AJ pénal 2021. 540, obs. Fucini* .

11. Délai de convocation. Les dispositions de l'art. 145-5, al. 5, n'ont pas été méconnues dès lors que l'ajournement du débat contradictoire n'a porté aucune atteinte aux droits de la défense et que la décision de prolongation de la détention provisoire a été prise au vu du rapport du service désigné pour effectuer l'enquête sociale rapide, alors même que ce rapport a été réalisé postérieurement à la date initialement prévue pour le débat contradictoire mais a été déposé en temps utile pour permettre à l'avocat de l'intéressé de prendre connaissance de son contenu. • Crim. 3 avr. 2002, n° 02-80.193. ♦ L'exception de nullité tirée du non-respect du délai de convocation de l'avocat de l'art. 114 ne s'applique pas au débat contradictoire différé puisque l'incarcération provisoire ne peut pas excéder quatre jours ouvrables aux termes de l'art. 145. • Crim. 25 nov. 2003, n° 03-85.386 P : *D. 2004. IR 734* ; *JCP 2004. IV. 1094* ; *AJ pénal 2004. 74* .

12. Information de l'avocat choisi. L'avocat choisi par le mis en examen doit être avisé des actes de la procédure, notamment d'un débat contradictoire sur l'éventuel placement en détention provisoire de son client après révocation de son contrôle judiciaire. Encourt donc la cassation l'arrêt qui écarte l'exception de nullité de l'ordonnance sans constater que le JLD, avant de faire appel à l'avocat de permanence, s'était trouvé dans l'impossibilité de joindre l'avocat désigné par le mis en examen ou avait relevé l'empêchement de ce dernier. • Crim. 13 févr. 2019, n° 18-86.559 P : *D. actu. 11 mars 2019, obs. Diaz* ; *AJ pénal 2019. 215, obs. Miranda* ; *Procédures 2019, n° 126, obs. Chavent-Leclère* ; *JCP 2019, n° 340, obs. Collet* ; *RSC 2019. Chron. 426, note Cordier* .

13. Lieu du débat contradictoire. Le débat contradictoire peut se tenir, si les circonstances l'exigent, en tout autre lieu que le cabinet du juge d'instruction, par exemple dans une maison d'arrêt. • Crim. 1er oct. 1985, n° 85-94.010 P • 15 mars 2005, n° 05-80.014 P : *D. 2005. IR 1049* ; *JCP 2005. IV. 1984* ; *AJ pénal 2005. 244, obs. Enderlin* .

14. Preuve de la contradiction. Doit être annulée l'ordonnance de placement en détention provisoire rendue après un débat contradictoire dès lors que les mentions figurant sur le procès-verbal ne permettent pas de s'assurer qu'il s'est déroulé contradictoirement dans les conditions prescrites par l'art. 145. • Crim. 4 juin 2009, n° 09-81.886 P : *RSC 2009. 863, obs. Finielz* ; *Dr. pénal 2010. Chron. 1, obs. Guérin.*

15. Demande de renvoi et réquisitions du ministère public. Le juge des libertés et de la détention ne peut, à peine de nullité, prononcer sur la demande de renvoi formée à l'audience par la personne mise en examen qu'après avoir recueilli préalablement les réquisitions du ministère public, partie nécessaire au débat contradictoire sur la détention provisoire ; la méconnaissance de cette formalité substantielle portant atteinte aux intérêts de la personne mise en examen, la preuve de son accomplissement doit résulter du procès-verbal du débat contradictoire ou des mentions de l'ordonnance du JLD. ♦ *Contra* : il se déduit de l'al. 6 de l'art. 145 que le JLD n'est pas tenu de recueillir les réquisitions préalables du ministère public sur une demande de renvoi, sur laquelle il peut valablement statuer en son absence et sans son avis. • Crim. 10 nov. 2021, n° 21-84.948 B : *AJ pénal 2022. 41, obs. Hennebois* . ♦ ... Néanmoins, lorsque le ministère public est entendu, au cours de ce débat, sur une demande de renvoi présentée par la personne mise en examen ou son avocat, ceux-ci doivent pouvoir prendre à nouveau la parole après les réquisitions sur cette demande. Lorsque tel n'est pas le cas, la nullité du débat contradictoire qui en résulte relève de l'art. 802. • Crim. 10 nov. 2021, n° 21-85.182 B : *AJ pénal 2022. 41, obs. Hennebois* . ♦ L'absence de réquisitions du ministère public sur une demande de renvoi entraîne l'annulation du débat contradictoire devant le JLD ; doit donc être expressément mentionné sur le procès-verbal de débat contradictoire ou dans l'ordonnance de prolongation que le ministère public a eu la parole avant la décision sur la demande de renvoi. • Crim. 8 mars 2021, n° 21-82.017 : *AJ pénal 2021. 377, obs. Hennebois*. ♦ V. aussi notes 103 s., ss. art. préliminaire et notes ss. art. 137-3.

16. Caractère contradictoire du débat et sa sanction : la nullité. Doit être annulée l'ordonnance de placement en détention provisoire rendue après un débat qui, selon les mentions du procès-verbal établi, ne s'est pas déroulé contradictoirement. • Crim. 19 sept. 1990, n° 90-84.129 P : *D. 1991. 91, note D. Mayer ; RSC 1991. 117, obs. Braunschweig*.

17. Rejet de l'exception de nullité pour irrégularité du débat contradictoire. Dès lors que l'avocat du mis en examen, régulièrement convoqué pour la première audience du 4 déc. 2001, a été averti du report du débat contradictoire au 7 déc. 2001, il n'en résulte pas de grief pour la défense qui a été mise en mesure de préparer son intervention : il n'y a pas de nullité, celle-ci ne pouvant être prononcée aux termes de l'art. 171 que lorsque la méconnaissance d'une formalité substantielle a eu pour effet de porter atteinte aux intérêts de la partie qu'elle concerne. • Crim. 2 mai 2002, n° 02-81.248.

18. Il n'y a pas lieu d'annuler le débat contradictoire et l'ordonnance de prolongation de détention subséquente, dès lors que l'avocat désigné en premier a été régulièrement avisé en vue du débat contradictoire auquel il s'est présenté, et que c'est seulement ce jour-là que le détenu a fait connaître qu'il désignait un autre avocat au lieu et place du précédent. • Crim. 5 mars 2002, n° 01-88.715. ♦ De même, justifie sa décision la chambre de l'instruction qui, pour rejeter l'exception de nullité prise de l'absence au dossier du récépissé de l'envoi par télécopie de la convocation de l'avocat au débat contradictoire, soulevée contre l'ordonnance prolongeant la détention provisoire, constate qu'il résulte des mentions du procès-verbal que l'avocat a été convoqué par télécopie et énonce que cette mention fait foi jusqu'à inscription de faux. • Crim. 6 déc. 2005, n° 05.85.851 P.

19. *Le retard pris par le juge des libertés et de* la détention, même de plus de six heures, ne constituant ni un report ni un renvoi de l'audience justifiant une nouvelle convocation, le débat contradictoire peut se tenir en l'absence de l'avocat dès lors que ce dernier a été avisé de ce retard, de ses motifs, ainsi que, près d'une heure avant le débat, du moment auquel celui-ci pourrait avoir lieu. • Crim. 16 déc. 2020, n° 20-85.580 P : *D. actu. 21 janv. 2021, obs. Engel ; AJ pénal 2021. 156, obs. Luciani-Mien ; Dr. pénal 2021, n° 59, obs. Maron et Haas.*

20. Droit de se taire. Le droit de faire des déclarations, de répondre aux questions posées ou de se taire doit être notifié lors du débat contradictoire devant le juge des libertés et de la détention, tenu par l'exigence de s'assurer, parmi les conditions légales de la détention provisoire, de l'existence d'indices graves ou concordants à l'encontre de la personne déférée et ce, à tous les stades de la procédure ; le défaut de notification de ce droit a pour seule conséquence que les déclarations faites à l'audience par l'intéressé ne pourront être utilisées à son encontre par les juridictions appelées à prononcer un renvoi devant la juridiction de jugement ou une déclaration de culpabilité, ce principe ne faisant pas obstacle à ce que la personne concernée excipe dans les suites de la procédure, en cas d'utilisation de propos irrégulièrement recueillis devant le juge des libertés et de la détention, d'une atteinte à ses intérêts dans l'administration de la preuve par les juridictions prononçant un renvoi devant la juridiction de jugement ou une déclaration de culpabilité, les juges devant alors apprécier l'équité de la procédure dans sa globalité. • Crim. 11 mai 2021, n° 21-81.277 P : *RSC 2021. 663, obs. Delage*.

21. Publicité du débat. L'ordonnance de refus de publicité du débat contradictoire de prolongation de la détention provisoire n'est susceptible d'aucun recours. • Crim. 15 mars 2005 : *préc. note 13.*

22. Absence de recours sur la question de la publicité. Une personne mise en examen ne peut être admise, à l'occasion de son appel de la décision l'ayant placée en détention provisoire, à critiquer les motifs de l'ordonnance, non susceptible de recours, par laquelle il a été statué sur son opposition à la publicité du débat contradictoire. • Crim. 15 avr. 2008, n° 08-80.701 P : *AJ pénal 2008. 333 ; Dr. pénal 2009. Chron. 1, obs. Guérin.*

23. Débat contradictoire et porte fermée. Justifie sa décision la chambre de l'instruction qui rejette la demande d'annulation du débat contradictoire prise de ce qu'il résultait des constatations du procès-verbal que la porte du cabinet du juge des libertés et de la détention avait « été fermée durant le débat » dès lors que le fait que la porte fût fermée ne signifiait pas que le public eût été empêché d'entrer. • Crim. 18 juin 2008, n° 08-82.856 P : *D. 2008. AJ 2147, obs. Léna ; AJ pénal 2008. 428 ; Dr. pénal 2009. Chron. 1, obs. Guérin.*

24. Observations de la personne mise en examen. L'art. 145, seul applicable lors du débat contradictoire, permet au juge des libertés et de la détention de recueillir, au vu des éléments du dossier, les observations de la personne mise en examen, sans que ce texte en fixe les modalités ; dès lors, après que la personne mise en examen a fait de choix de faire de simples déclarations devant le juge d'instruction en application des dispositions de l'art. 116, le JLD peut l'interroger sur l'origine de fonds saisis lors d'une perquisition. • Crim. 10 nov. 2015, n° 15-

84.998 P : *D. 2016. Pan. 151, obs. Guého* ⌀.

25. Remplacement par un avocat commis d'office. Lorsque, en application de l'art. 116, le juge d'instruction, constatant l'empêchement de l'avocat choisi, a fait procéder, à la demande de la personne concernée, à la désignation d'un avocat d'office pour assister cette dernière au cours de l'interrogatoire de première comparution, cet avocat a vocation à assister la personne mise en examen lors du débat contradictoire tenu à la suite par le JLD, aucune diligence nouvelle n'étant imposée par la loi à ces magistrats ou à leur greffe en direction de l'avocat désigné pour la procédure. • Crim. 14 nov. 2017, n° 17-85.205 P.

26. Avocat et prolongation de la détention. Les dispositions de l'art. 145, al. 5, prescrivant, en l'absence de l'avocat choisi, la désignation d'un avocat commis d'office, ne sont pas applicables au débat contradictoire tenu pour la prolongation de la détention provisoire. • Crim. 20 déc. 2017, n° 17-86.176 P.

27. Situation du ministère public. Il n'y a pas lieu d'annuler l'ordonnance de prolongation de la détention provisoire pour défaut de respect du principe du contradictoire et des droits de la défense au motif qu'après le débat contradictoire, alors que l'intéressé avait, avec son avocat, quitté le bureau du JLD, le procureur de la République était resté quelques instants avec ce magistrat avant que ce dernier ne statue sur la détention, dès lors que le JLD, après avoir consigné, à la demande de l'avocat, les faits invoqués par l'intéressé, a mentionné sur le procès-verbal du débat contradictoire que le représentant du ministère public n'était resté dans son cabinet que pour retirer les dossiers devant être examinés par la suite. • Crim. 22 oct. 2002, n° 02-85.493 P : *JCP 2002. IV. 3033.* ♦ Le seul fait que le procureur ait eu un entretien avec le JLD avant la tenue de l'audience ne pouvait faire naître, dans l'esprit du mis en examen, un doute objectivement justifié quant au respect du principe du contradictoire. • Crim. 9 juill. 2003, n° 03-82.271 P : *D. 2003. IR 2285 ; D. 2004. 22, note Mayer* ⌀ *; ibid. Somm. 669, obs. Pradel* ⌀ *; JCP 2003. IV. 2671 ; AJ pénal 2003. 29* ⌀.

28. Conséquence de l'absence du ministère public. Justifie sa décision la chambre de l'instruction qui rejette l'exception de nullité prise de l'absence du ministère public lors du prononcé de la décision du JLD ordonnant le placement en détention provisoire à l'issue du débat contradictoire. En effet, d'une part, l'art. 145 n'impose pas que le ministère public soit présent lorsqu'est rendue l'ordonnance de placement en détention provisoire, d'autre part, l'art. 32 ne prescrit une telle présence que lors du prononcé des décisions des juridictions de jugement. • Crim. 28 avr. 2009, n° 09-80.816 P : *D. 2009. AJ 1613, obs. Girault* ⌀ *; ibid. Chron. C. cass. 1718, obs. Degorce* ⌀ *; ibid. Pan. 2242, obs. Pradel* ⌀ *; AJ pénal 2009. 269, obs. Royer* ⌀ *; ibid. 320* ⌀ *; Dr. pénal 2010. Chron. 1, obs. Guérin.*

29. Encourt la censure l'arrêt de la chambre de l'instruction qui, pour annuler l'ordonnance de prolongation de la détention provisoire rendue par le JLD, retient qu'après avoir pris ses réquisitions le procureur de la République n'a pas assisté à la poursuite du débat contradictoire et qu'il n'était pas présent lors du prononcé de la décision. En effet, l'art. 145 exige seulement que le ministère public soit entendu et développe ses réquisitions au cours du débat contradictoire tenu par le JLD statuant sur la détention de la personne mise en examen. • Crim. 12 mai 2009, n° 09-81.384 P : *RSC 2009. 863, obs. Finielz* ⌀ *; D. 2009. Chron. 1714, obs. Chaumont et Degorce* ⌀ *; ibid. Pan. 2238, obs. Pradel* ⌀ *; AJ pénal 2009. 320* ⌀ *; Dr. pénal 2010. Chron. 1, obs. Guérin.*

D. CIRCONSTANCES INSURMONABLES

30. L'ordonnance de placement en détention provisoire ne sera pas annulée malgré le défaut de contradiction dans l'hypothèse d'une circonstance insurmontable faisant obstacle à la comparution du demandeur devant le juge d'instruction, dès lors que l'audience de cabinet ne pouvait être reportée à une date ultérieure en raison des délais s'imposant au juge d'instruction pour la prolongation de la détention provisoire en matière criminelle. (...). Constitue, en l'espèce, une circonstance imprévisible et insurmontable mettant le juge d'instruction dans l'impossibilité de procéder au débat contradictoire prévu par l'art. 145-2 l'existence de barrages routiers empêchant la circulation et occupant les gendarmes à des tâches de maintien de l'ordre, alors que le débat ne pouvait, en raison des délais légaux, être reporté à une date ultérieure. • Crim. 28 avr. 1998, n° 98-80.754 P : *Procédures 1998. Comm. 224, obs. Buisson ; Dr. pénal 1998. Chron. 29, par Lesclous et Marsat.* ♦ Constitue une circonstance insurmontable le fait d'apprendre le jour du débat contradictoire, qui est le dernier jour pour statuer sur la détention provisoire, que le mis en examen qui est hospitalisé est soudainement intransportable. • Crim. 25 oct. 2000, n° 00-85.227 P.

31. Le JLD, qui ne peut, hors le cas prévu par l'art. 145, al. 7, différer sa décision sur le placement en détention provisoire, est tenu de statuer immédiatement, sans entendre préalablement la personne mise en examen, lorsque des circonstances insurmontables (hospitalisation) font obstacle à l'audition de celle-ci et que l'avocat présent n'a demandé aucun délai pour préparer sa défense. • Crim. 5 nov. 2002, n° 02-85.881.

32. Il n'y a pas lieu de casser l'arrêt par lequel la chambre de l'instruction a confirmé l'ordonnance prolongeant la détention provisoire, au motif que le délai de convocation prévu par l'art. 114, al. 2, n'avait pas été respecté, dès lors que ladite chambre relève qu'une circonstance imprévisible et insurmontable (un mouvement de grève du personnel pénitentiaire) mettait obstacle à la tenue de l'audience initialement prévue et qu'il n'est pas établi que la convocation à ladite audience, dans un délai inférieur à celui prescrit par l'art. 114, al. 2, ait nui aux intérêts de la personne concernée car si le débat a eu lieu en l'absence de l'avocat de l'intéressé, lequel avait demandé au juge d'excuser son absence, la personne concernée était présente et a pu s'exprimer et, par ailleurs, l'avocat, convoqué onze jours avant l'audience, avait eu le temps nécessaire à la consultation du dossier de la procédure et à l'organisation de la défense de son client. • Crim. 5 mars 2002, n° 01-88.625.

33. La décision prise collectivement par un barreau de suspendre toute désignation d'office constitue une circonstance insurmontable qui justifie que la chambre d'accusation statue, sur la détention provisoire d'un inculpé en l'absence d'un conseil, dès lors que les formalités légales ont été accomplies pour faire respecter les droits de la défense et que la présence effective d'un conseil à l'audience de la chambre d'accusation n'est pas obligatoire. • Crim. 11 juill. 1990, n° 90-82.613 P.

34. Méconnaît les dispositions impératives de l'art. 145, al. 8, et doit être annulée, l'ordonnance de placement en détention provisoire rendue à la suite d'un débat contradictoire tenu en l'absence de la personne mise en examen incarcérée, dès lors que cette non-comparution est imputable non à l'existence de circonstances imprévisibles et insurmontables extérieures au service de la justice, mais à un dysfonctionnement dans l'organisation du service en charge des extractions judiciaires (absence de moyen mobilisable à la date prévue pour les services en charge des extractions judiciaires : ARPEJ et service de gendarmerie). • Crim. 5 oct. 2016, n° 16-84.629 P : *D. actu. 28 oct. 2016, obs. Benelli-de Bénazé ; Gaz. Pal. 24 janv. 2017, p. 63, note Fourment ; AJ pénal 2016. 592, obs. Pitti ; Procédures 2016, n° 377, note Chavent-Leclère ; RSC 2016. 806, note Cordier*.

35. Justifie sa décision la chambre de l'instruction qui considère que la survenance d'une tempête et le déclenchement des alertes par l'autorité préfectorale, ainsi que la décision du bâtonnier de suspendre les activités de ses confrères, y compris ceux assurant une permanence, et l'incertitude sur l'évolution de la situation météorologique, ont constitué des circonstances insurmontables imposant que le débat contradictoire différé sur la détention provisoire soit tenu avant l'heure fixée, en visioconférence, par le seul magistrat du siège présent et hors la présence d'un avocat. • Crim. 24 janv. 2018, n° 17-86.265 P : *Dr. pénal 2018, n° 55, obs. Maron et Haas.*

II. INCARCÉRATION PROVISOIRE

36. Possibilité d'une incarcération provisoire. Il résulte de l'art. 145, al. 6, que, lorsque le débat contradictoire ne peut avoir lieu immédiatement en raison de demandes présentées par l'avocat de la personne mise en examen pour les besoins de la défense, le juge d'instruction apprécie librement, dans les limites légales, la date à laquelle le débat devra être tenu ainsi que la nécessité de prescrire, le cas échéant, l'incarcération provisoire de l'intéressé. • Crim. 10 févr. 1998, n° 97-96.066 P.

37. Le JLD doit, après comparution de l'intéressé devant lui et malgré le départ de la défense au cours du débat contradictoire, statuer immédiatement sur le placement en détention provisoire lorsque la personne mise en examen n'a pas alors expressément demandé un report du débat contradictoire. • Crim. 8 sept. 2020, n° 20-82.470 P : *D. actu. 13 oct. 2020, obs. Recotillet ; AJ pénal 2020. 528, obs. Chapelle*.

38. Détention et incarcération (art. 145, al. 8). Justifie sa décision la chambre de l'instruction qui, après infirmation de l'ordonnance du JLD disant n'y avoir lieu à placement en détention provisoire de la personne mise en examen, ordonne ce placement, dans la même affaire et pour les mêmes faits, dès lors que cette personne a fait précédemment l'objet, non d'un placement en détention provisoire, mais d'une incarcération provisoire en application de l'art. 145, al. 8. • Crim. 6 déc. 2011, — n° 11-86.900 P : *D. 2012. Actu. 287*.

39. Délai pour préparer sa défense. Le délai de l'art. 145, al. 8, se calcule de jour à jour et non d'heure à heure. Par conséquent, la personne mise en examen ne peut invoquer un quelconque grief tiré du retard (en heures) de la tenue du débat différé, tant que celui-ci s'est tenu au jour fixé par le JLD. • Crim. 17 oct. 2012, n° 12-85.083 P : *D. actu. 27 nov. 2012, obs. Léna ; D. 2012. Actu. 2522 ; AJ pénal 2012. 658, obs. Girault ; Procédures 2012, n° 369, obs. Chavent-Leclère ; ibid. 2013, n° 25, obs. Buisson ; Gaz. Pal. 2013, n° 39-40, p. 46, obs. Fourment* (3 arrêts). ♦ Le délai de l'incarcération provisoire prononcée par le JLD ne pouvant excéder quatre jours ouvrables, c'est à bon droit que ce dernier fait comparaître à nouveau la personne un jeudi, après l'avoir incarcérée provisoirement le samedi précédent, dès lors que le samedi et le dimanche ne sont pas des jours ouvrables au sens de l'art. 801. • Crim. 11 juill. 2012, n° 12-82.980 P.

40. Il se déduit de l'art. 145 que lorsque, devant le JLD saisi aux fins de placement en détention provisoire de la personne mise en examen, celle-ci, assistée de son avocat, sollicite un délai pour préparer sa défense et qu'un débat différé est en conséquence aussitôt fixé à date et heure déterminées, le greffier n'est pas tenu d'adresser un autre avis à avocat en vue de ce débat. • Crim. 17 déc. 2013, n° 13-86.744 P : *D. 2014. Actu. 374* ; *AJ pénal 2014. 304, obs. Royer*. ♦ Concernant le permis de communiquer, V. art. R. 57-6-5.

41. Les dispositions de l'art. 145, al. 4, qui prévoient la formalité substantielle de l'information du mis en examen du droit à solliciter un délai pour préparer sa défense, n'imposent pas que la mention de cette formalité soit portée au procès-verbal de débat contradictoire ; en outre, l'absence d'information est une cause de nullité soumise à grief ; or, tel n'est pas le cas lorsque la personne mise en examen a été assistée devant le JLD par l'avocat qu'elle a choisi, qui a pu s'entretenir avec elle, prendre connaissance du dossier, et qui a ainsi été mis en mesure d'apprécier l'opportunité de solliciter un délai pour préparer la défense de son client. • Crim. 28 juill. 2021, n° 21-83.005 B.

Circulaire CRIM 00-16 F1 du 20 décembre 2000, *présentant les dispositions de la loi du 15 juin 2000 renforçant la protection de la présomption d'innocence et les droits des victimes concernant l'instruction, la détention provisoire, le juge des libertés et de la détention et le jugement correctionnel. [...]*

2.1.1.2. *Application des dispositions concernant les fonctions du juge des libertés et de la détention en matière de détention provisoire*

2.1.1.2.1 *Placement en détention provisoire*

Si le juge des libertés et de la détention est saisi par le juge d'instruction d'une ordonnance tendant au placement en détention provisoire d'une personne mise en examen (y compris pour révocation d'un contrôle judiciaire), la procédure suivante sera applicable.

1) *Modalités de la saisine du juge des libertés et de la détention*

En pratique, c'est le plus souvent à l'issue de l'interrogatoire de première comparution — au cours de laquelle le juge d'instruction aura décidé de mettre la personne en examen — que le juge d'instruction décidera de saisir le juge des libertés et de la détention et rédigera à cette fin une ordonnance motivée.

Le juge pourra alors remettre au mis en examen et à son avocat copie de son ordonnance de saisine, même si la loi ne l'impose pas. En tout état de cause, cette ordonnance étant versée au dossier, l'avocat de la personne mise en examen pourra en prendre connaissance et, au vu des motivations qui y sont mentionnées, commencer à préparer sa défense pour le débat contradictoire devant le juge des libertés et de la détention.

Le juge d'instruction transmettra alors le dossier au juge des libertés et de la détention de permanence. Ce dossier peut être transmis en original si le juge n'a pas besoin de le conserver (parce qu'il n'y a pas d'autres personnes présentées devant lui dans la procédure). Dans le cas contraire, il devra être transmis en copie. La présentation de la personne devant le juge d'instruction puis devant le juge des libertés et de la détention, intervenant le plus souvent le jour même de l'ouverture de l'instruction par le parquet, il n'est pas nécessaire que cette copie ou que l'original de la procédure soit déjà coté, aucune irrégularité ne pouvant résulter du fait que cette cotation n'a pu encore être faite en raison de l'urgence (l'avocat ayant du reste consulté un dossier non encore coté lorsqu'il est intervenu pour la première comparution). — *En cas de saisine du juge des libertés et de la détention en cours d'information, à la suite d'une présentation d'une personne devant le juge d'instruction à la suite d'une commission rogatoire et/ou sur mandat d'amener ou d'arrêt, seules les pièces remises au juge en même temps que la personne qui lui a été présentée pourront ne pas être cotées, celles qui figuraient déjà dans le dossier devant normalement l'être.*

Dans la mesure où le juge des libertés et de la détention devra statuer dans les meilleurs délais après sa saisine, il est de bonne administration qu'il ait pu prendre connaissance du dossier aussi rapidement que possible, même avant que le juge d'instruction ait terminé son interrogatoire de première comparution et rendu son ordonnance de saisine.

Il serait ainsi opportun qu'une copie du dossier puisse lui être officieusement adressée, soit par le parquet lorsqu'il requiert l'ouverture d'une information et des mesures de détention provisoire, soit par le juge d'instruction lorsque lui est présentée sur commission rogatoire une personne dont il envisage la détention.

Il peut enfin être observé que la personne qui vient d'être mise en examen et qui est en attente de comparution devant le juge des libertés et de la détention est considérée comme mise à la disposition de ce magistrat, ce qui justifie sa rétention jusqu'au moment de sa comparution qui doit intervenir, comme cela a été précédemment indiqué, dans les meilleurs délais. La situation juridique de l'intéressé est ainsi similaire à celle de la personne en attente de présentation devant un juge d'instruction à l'issue de sa garde à vue (Crim. 9 févr. 2000, B. n° 64).

2) *Comparution de la personne mise en examen devant le juge des libertés et de la détention*

Ayant été rendu destinataire par le greffier du juge d'instruction de l'ordonnance de saisine, dûment motivée, rendue par ce magistrat et du procès-verbal de première comparution et après avoir pris connaissance de la procédure, le juge des libertés et de la détention, en application des dispositions de l'article 145 du code de procédure pénale, doit faire comparaître devant lui la personne mise en examen, assistée de son avocat si celui-ci a déjà été désigné (ce qui sera en pratique le plus souvent le cas).

Il convient d'observer que même si le juge des libertés et de la détention n'envisage pas le placement en détention, la présentation de la personne devant lui est obligatoire.

Le deuxième alinéa de l'article 145 précise qu'au vu des éléments du dossier et après avoir, s'il l'estime utile, recueilli les observations de l'intéressé, le juge des libertés et de la détention fait connaître à la personne mise en examen s'il envisage de la placer en détention provisoire.

Deux hypothèses peuvent dès lors se présenter :

Si le juge des libertés et de la détention envisage d'ordonner la détention provisoire de la personne mise en examen, il doit procéder à un débat contradictoire.

Si le juge des libertés et de la détention estime qu'une mesure de détention provisoire ne se justifie pas, il n'est pas tenu d'organiser de débat contradictoire.

La présence du procureur de la République n'est donc pas nécessaire dans une telle hypothèse (ni celle de l'avocat de la personne : le juge n'est donc pas tenu de pourvoir à l'assistance de la personne par un avocat, dans le cas où elle ne serait pas déjà assistée).

Le juge des libertés et de la détention peut alors :

— soit laisser la personne en liberté sans lui imposer une quelconque mesure de sûreté ; il doit alors rendre une ordonnance motivée, disant qu'il n'y a pas lieu à placer la personne en détention provisoire ;

— soit ordonner une mesure de contrôle judiciaire dont il fixe les obligations (en prenant à cette fin une ordonnance également motivée *[Sauf s'il préfère prendre une ordonnance motivée disant n'y avoir lieu au placement en détention et une ordonnance distincte, non motivée, de placement sous contrôle judiciaire.]*).

Dans les deux cas, il doit ensuite procéder au recueil de l'adresse déclarée de la personne, conformément aux deux derniers alinéas de l'article 116. *[...]*

Art. 145-1 *(L. n° 2000-516 du 15 juin 2000, art. 58, en vigueur le 1er janv. 2001)* **En matière correctionnelle, la détention provisoire ne peut excéder quatre mois si la personne mise en examen n'a pas déjà été condamnée pour crime ou délit de droit commun soit à une peine criminelle, soit à une peine d'emprisonnement sans sursis d'une durée supérieure à un an et lorsqu'elle encourt une peine inférieure ou égale à cinq ans.**

Dans les autres cas, à titre exceptionnel, le juge des libertés et de la détention peut décider de prolonger la détention provisoire pour une durée qui ne peut excéder quatre mois par une ordonnance motivée conformément aux dispositions de l'article 137-3 et rendue après un débat contradictoire organisé conformément aux dispositions du sixième alinéa de l'article 145, l'avocat ayant été convoqué selon les dispositions du deuxième alinéa de l'article 114. Cette décision peut être renouvelée selon la même procédure, sous réserve des dispositions de l'article 145-3, la durée totale de la détention ne pouvant excéder un an. Toutefois, cette durée est portée à deux ans lorsqu'un des faits constitutifs de l'infraction a été commis hors du territoire national ou lorsque la personne est poursuivie pour trafic de stupéfiants, *(Abrogé par L. n° 2016-731 du 3 juin 2016, art. 7)* **«** ***terrorisme,*** **» association de malfaiteurs, proxénétisme, extorsion de fonds ou pour une infraction commise en bande organisée et qu'elle encourt une peine égale à dix ans d'emprisonnement.**

(L. n° 2002-1138 du 9 sept. 2002, art. 37) **« A titre exceptionnel, lorsque les investigations du juge d'instruction doivent être poursuivies et que la mise en liberté de la**

personne mise en examen causerait pour la sécurité des personnes et des biens un risque d'une particulière gravité, la chambre de l'instruction peut prolonger pour une durée de quatre mois la durée de deux ans prévue au présent article. La chambre de l'instruction, devant laquelle la comparution personnelle du mis en examen est de droit, est saisie par ordonnance motivée du juge des libertés et de la détention selon les modalités prévues par le dernier alinéa de l'article 137-1, et elle statue conformément aux dispositions des articles 144, 144-1, 145-3, 194, 197, 198, 199, 200, 206 et 207. »

Sur l'application de l'art. 145-1 aux mineurs, V. CJPM, art. L. 334-1 s., App., v° Mineurs délinquants, 🏛.

S'agissant des dispositions d'urgence mises en place pour faire face à l'épidémie de covid-19, V. App., v° État d'urgence sanitaire.

BIBL. ▶ LEBRETON, *D. 2021. 1637* ✎ (la recherche de l'identité des individus).

I. RÈGLES GÉNÉRALES

A. DÉLAI ET DURÉE DE LA DÉTENTION PROVISOIRE

1. La durée de la détention provisoire doit être calculée de quantième à quantième. • Crim. 17 janv. 1963, 🏛 n° 62-92.289 P : *D. 1963. 244, note P. J. D. ; JCP 1963. II. 13102, note Chambon* • 16 nov. 1982, 🏛 n° 82-93.353 P • 4 janv. 1983 : *Bull. crim. n° 3 ; D. 1983. 562, note Roger ; JCP 1984. II. 20203, note Chambon.* ♦ ... Sans que les dispositions de l'art. 801 puissent recevoir application. • Crim. 16 nov. 1982 : *préc.* ♦ Le temps écoulé entre l'ordonnance de mise en liberté d'un inculpé et sa réincarcération, en exécution de l'arrêt infirmatif de la chambre d'accusation, ne compte pas dans le calcul des délais prévus par l'art. 145-1. • Crim. 27 janv. 1993, 🏛 n° 92-85.783 P • 2 juill. 1998, 🏛 n° 98-82.036 P : *Procédures 1998. Comm. 264, obs. Buisson ; Dr. pénal 1999. Chron. 11, par Marsat.* ♦ La durée de la détention provisoire doit être calculée de quantième à quantième à partir de la date initiale de la détention. • Crim. 8 juill. 1992, n° 92-92.292 P. ♦ Il n'y a pas lieu, pour le calcul de la période de quatre mois ou un an, selon la gravité de l'infraction, à l'issue de laquelle le juge des libertés et de la détention peut ordonner la prolongation de la détention provisoire du mis en examen, de tenir compte des périodes de détention accomplies antérieurement à la révocation du contrôle judiciaire. La durée de quatre mois prévue par l'art. 143-1 ne s'applique en effet qu'au calcul de la durée maximale au delà de laquelle la détention ne peut être maintenue. • Crim. 22 mars 2011 : 🏛 *AJ pénal 2011. 421, obs. Perrier* ✎. ♦ Pour le calcul de la période de quatre mois à l'expiration de la quelle la détention provisoire peut être prolongée, il n'y a pas lieu de tenir compte de la durée accomplie antérieurement à la révocation du contrôle judiciaire ; les dispositions de l'art. 141-3 qui ont trait à la durée maximale de la détention ne s'appliquent pas dans cette hypothèse. • Crim. 2 déc. 2003, 🏛 n° 03-85.460 P : *JCP 2004. IV. 1100* • 11 déc. 2007, 🏛 n° 07-86.989 P : *AJ pénal 2008. 98* ✎. ♦ Lorsqu'une personne mise en examen est placée en détention à raison d'une infraction distincte commise après sa mise en liberté, il n'y a pas lieu de tenir compte, pour le calcul du délai de la détention provisoire, de la première période. • Crim. 30 avr. 2014, 🏛 n° 14-81.201 P : *D. actu. 11 juin 2014, obs. Bombled ; AJ pénal 2014. 353, obs. Guéry* ✎.

2. Peine encourue supérieure à cinq ans. En matière correctionnelle dès lors que la peine encourue par la personne mise en examen est supérieure à cinq ans et même si elle n'a pas déjà été condamnée à une peine sans sursis supérieure à un an d'emprisonnement, sa détention provisoire peut être prolongée dans les conditions prévues par l'art. 145, al. 2. • Crim. 14 mars 2006, n° 06.80.056 P : *AJ pénal 2006. 220, obs. Girault* ✎.

3. Point de départ. Le délai de quatre mois de l'art. 145-1 ne commence à courir que du jour de l'ordonnance de placement en détention provisoire rendue par le JLD : peu importe que le tribunal correctionnel ait placé l'intéressé en détention provisoire sur le fondement de l'art. 397-3 un mois plus tôt, cette période de détention n'entre pas dans le calcul des quatre mois. • Crim. 23 août 2005, 🏛 n° 05-83.796 P : *D. 2005. IR 2410* ✎ *; JCP 2005. IV. 3138 ; RSC 2006. 105, obs. Giudicelli* ✎.

4. La détention provisoire a pour point de départ l'exécution du mandat d'arrêt. • Crim. 19 juill. 1961 : *Bull. crim. n° 341* • 8 oct. 1970 : *Bull. crim. n° 259.* ♦ Pour l'inculpé arrêté à l'étranger en vertu d'une demande d'extradition du gouvernement français, le délai ne commence à courir qu'à partir du jour où il a été écroué sur le territoire national et ainsi mis à la disposition du magistrat instructeur. • Crim. 29 juin 1967, 🏛 n° 67-90.925 P : *D. 1968. 305, note J. Honorat* • 3 nov. 1972, 🏛 n° 72-92.601 P • 1er juin 1976, 🏛 n° 76-90.922 P : *JCP 1977. II. 18758, note Chambon.* ♦ Il résulte des art. 122, 132 et 133 que c'est la date d'écrou d'une personne saisie en vertu d'un mandat d'arrêt, et non celle de l'ordonnance d'incarcération, qui fixe le point de départ de sa détention provisoire au sens de l'art. 145-1. • Crim. 10 mai 1995, 🏛 n° 95-80.975 P.

5. En cas d'appréhension sur mandat d'amener, le délai a pour point de départ, non la date d'exécution de ce mandat, mais celle à laquelle l'inculpé a fait l'objet d'un mandat de dépôt ou d'une ordonnance d'incarcération, la loi du 9 juill. 1984 s'étant bornée à étendre à la privation de liberté subie en exécution d'un mandat d'amener le bénéfice des dispositions de l'art. 24 C. pén. imputant la durée de la détention provisoire sur celle de la peine prononcée. • Crim. 25 juill. 1979, n° 79-92.158 P • 8 avr. 1986, n° 86-90.455 P.

B. RÈGLES DE PROCÉDURE

6. Notification. L'omission de la notification au conseil de l'inculpé de l'ordonnance de prolongation de la détention provisoire n'affecte pas la validité de l'ordonnance elle-même et a pour seule conséquence d'empêcher le délai d'appel de courir. • Crim. 19 juin 1984, n° 84-91.880 P.

7. Motivation du report d'audience. V. notes 103 s., ss. art. préliminaire et notes ss. art. 137-3.

8. Effets des nullités. L'irrégularité qui entache les conditions du maintien en détention n'affecte pas la procédure d'instruction proprement dite et ne saurait en faire prononcer la nullité alors qu'il n'est pas justifié que la recherche et l'établissement de la vérité s'en sont trouvés viciés fondamentalement. • Crim. 4 mai 1961, n° 61-90.545 P. ♦ Comp. : • Crim. 17 mars 1960 : *Bull. crim. n° 156.*

9. Faits correctionnels et criminels. Dans le cas où la mise en examen pour des faits recevant une qualification criminelle et des faits relevant d'une qualification correctionnelle, pour laquelle la personne concernée peut être placée en détention provisoire, a été annulée pour les faits criminels, le titre de détention demeure valable et la détention se trouve soumise, à compter du jour où la décision d'annulation est devenue définitive, aux règles qui découlent de la qualification des faits prévues aux art. 145-1 et 145-3 compte tenu de la durée de détention déjà écoulée depuis qu'elle a été ordonnée. • Crim. 26 avr. 2017, n° 17-80.979 P : *D. actu. 24 mai 2017, obs. Fucini* • Crim. 26 avr. 2017, n° 17-81.316 P : *AJ pénal 2017. 401, obs. Thierry* .

10. Justifications de la prolongation. Les règles prévues par l'art. 145-1 pour justifier la prolongation de la détention provisoire, selon lesquelles l'ordonnance la prescrivant doit comporter l'énoncé des considérations de droit et de fait qui en constituent le fondement, par référence aux dispositions de l'art. 144, ne souffrent aucune exception. Elles s'imposent notamment, lors de la prolongation de la détention d'un inculpé ayant fait l'objet d'une mesure de placement sous contrôle judiciaire, sous condition de fournir un cautionnement préalablement à sa mise en liberté, et qui n'a pas exécuté cette obligation. • Crim. 20 janv. 1993, n° 92-85.534 P.

11. Conditions de la prolongation. L'art. 145-1 n'impose pas que la prolongation soit ordonnée en une seule fois et par une décision unique. • Crim. 10 janv. 1994, n° 93-84.791 P • 9 janv. 1997, n° 96-85.211 P. ♦ ... Ni le dernier jour, à l'expiration des délais. • Crim. 9 janv. 1997 : *préc.* ♦ Mais le juge des libertés et de la détention ne saurait, sans excès de pouvoir, substituer une nouvelle ordonnance de prolongation de la détention provisoire à celle, précédemment prise, qu'il estime entachée de nullité. Une telle substitution empiète sur les attributions de la chambre de l'instruction, seule compétente pendant la durée de l'information pour en apprécier la régularité sous le contrôle de la Cour de cassation. • Crim. 13 oct. 2004, n° 04-84.922 P : *D. 2004. IR 2833* ; *JCP 2004. IV. 3270* ; *AJ pénal 2005. 27, obs. Leblois-Happe* .

12. Erreur dans l'ordonnance de prolongation. En raison de l'effet dévolutif de l'appel, il appartient à la juridiction du second degré de substituer ses motifs à ceux du juge d'instruction, afin de redresser l'erreur limitée à la durée de la prolongation de la détention. L'application erronée des dispositions de l'art. 145-1 n'est pas une cause de nullité de l'ordonnance du juge des libertés et de la détention. Encourt la censure l'arrêt qui annule une ordonnance prolongeant la détention provisoire pour une durée de six mois au lieu de quatre mois, et ordonne la mise en liberté de l'intéressé, alors qu'il lui appartenait de réformer la décision entreprise et de dire que la détention était prolongée pour une durée de quatre mois en application de l'art. 145-1. • Crim. 20 mai 2008, n° 07-88.671 P : *D. 2008. AJ 1696* ; *AJ pénal 2008. 327, note Roussel* . ♦ Lorsque le juge d'instruction, après avoir retenu qu'en application de l'art. 145-1, la détention provisoire de l'intéressé ne pouvait être prolongée au delà de quatre mois, a ordonné sa mise en liberté sous contrôle judiciaire, alors que, celui-ci étant poursuivi pour des vols aggravés par deux circonstances encourait une peine supérieure à cinq ans d'emprisonnement, il appartient à la chambre de l'instruction de corriger l'erreur de droit commise par le premier juge et sur laquelle reposait la décision de ce magistrat, et de statuer au fond après avoir constaté que la détention était susceptible de prolongation. • Crim. 7 sept. 2016, n° 16-84.031 P : *D. actu. 12 oct. 2016, obs. Goetz.*

13. Remise en liberté. Lorsque le juge des libertés et de la détention refuse de prolonger la détention provisoire d'une personne, aucune disposition légale ne lui impose d'ordonner immédiatement la mise en liberté qui n'intervient, en ce cas, qu'à l'expiration du titre de détention. • Crim. 7 juin 2006, n° 06-82.339 P : *D. 2006. IR 1989* ; *AJ pénal 2006. 410, obs. Saas* .

14. Le contentieux de la détention provisoire dont a pu être saisie une chambre de l'instruction devient sans objet dès lors que le délai prévu à l'art. 145-1, al. 1er est expiré. Confirme à tort une décision de placement sous contrôle judiciaire la chambre de l'instruction qui se prononce six jours après expiration du délai de quatre mois prévu à l'art. 145-1, al. 1er, susvisé. • Crim. 17 févr. 2010, n° 09-87.862 P : *D. 2010. AJ 831 ; Dr. pénal 2010, n° 63, obs. Maron et Haas ; Procédures 2010, n° 201, obs. Buisson.*

15. Référé-liberté. Il se déduit des art. 148-1-1 et 201 que lorsque, saisi aux fins de prolongation de la détention provisoire, le JLD décide, non seulement de refuser de prolonger la détention, mais encore de mettre la personne en liberté avant l'expiration du délai prévu par les art. 145-1 et 145-2, celle-ci doit être immédiatement libérée, sauf mise en œuvre de la procédure prévue par l'art. 148-1-1. • Crim. 8 oct. 2013 : *D. actu. 29 oct. 2013, obs. Winckelmuller ; AJ pénal 2013. 681, obs. Girault .*

16. Exception de nullité. Justifie sa décision la chambre de l'instruction qui, pour rejeter l'exception de nullité prise de l'absence au dossier du récépissé de l'envoi par télécopie de la convocation de l'avocat au débat contradictoire, soulevée contre l'ordonnance prolongeant la détention provisoire, constate qu'il résulte des mentions du procès-verbal que l'avocat a été convoqué par télécopie et énonce que cette mention fait foi jusqu'à inscription de faux. • Crim. 6 déc. 2005, n° 05.85.851 P. ♦ En revanche, l'ordonnance de prolongation de la détention provisoire rendue par le juge des libertés et de la détention alors que l'avocat avait été convoqué par le greffier du juge d'instruction pour un interrogatoire au fond doit être annulée dès lors que, l'avocat ayant pu se méprendre sur l'objet de la convocation, le débat contradictoire ne s'est pas tenu conformément aux dispositions de l'art. 145-1. • Crim. 20 mai 2008, n° 08-81.851 P : *D. 2008. AJ 1697 ; AJ pénal 2008. 378, obs. Lasserre Capdeville .*

II. CAS PARTICULIER DU MIS EN EXAMEN ANTÉRIEUREMENT CONDAMNÉ

17. Cas d'une condamnation prescrite. L'existence d'une condamnation prescrite qui subsiste avec toutes ses conséquences de droit et qui lorsqu'elle a été prononcée par défaut ou par contumace devient irrévocable en application de l'art. 133-5 C. pén. permet de prolonger au-delà de quatre mois la détention provisoire d'une personne mise en examen. • Crim. 18 juin 2003, n° 03-81.622 P : *D. 2004. Somm. 670, obs. Pradel ; JCP 2003. IV. 2449.* ♦ En revanche, compte tenu du principe de territorialité de la loi pénale, une décision rendue par une juridiction étrangère ne peut être prise en compte pour motiver une prolongation de la détention provisoire. • Même arrêt.

18. Prolongation au-delà d'un an. La durée de la détention n'excède pas un délai raisonnable et peut être prolongée au-delà d'une année dès lors que l'un des faits constitutifs de l'infraction a été commis hors du territoire national. • Crim. 20 févr. 2002, n° 01-88.116 P.

19. Détermination de la peine encourue. Le juge ne peut pas prolonger la détention provisoire de la personne mise en examen en prenant compte, pour déterminer la peine encourue, la circonstance de récidive. • Crim. 19 févr. 2002, n° 01-88.182 P : *D. 2002. IR 1177* • 25 mai 2005, n° 05-81.724 P : *D. 2005. IR 1731 ; JCP 2005. IV. 2558 ; AJ pénal 2005. 332, obs. Roussel .*

20. Incidence d'une requalification des faits sur la durée de détention. Le juge d'instruction est saisi des faits indépendamment de la qualification qui leur est donnée ; s'il apparaît que ces faits doivent recevoir une qualification différente de celle retenue lors de la première comparution, et qu'en raison de la peine alors encourue la durée de la détention provisoire s'en trouve modifiée, le titre initial de détention demeure valable mais, à compter de la notification de la nouvelle inculpation, la détention est soumise aux règles découlant de la nouvelle qualification. • Crim. 27 mars 1990, n° 88-83.669 P • 19 mars 1991, n° 90-87.592 P • 9 janv. 1997, n° 96-85.211 P • 27 mai 1997, n° 97-81.486 P : *Procédures 1997. Comm. 274, obs. Buisson* • 9 juin 2004, n° 04-81.901 P : *JCP 2004. IV. 2699.*

III. RÉGIMES PARTICULIERS

21. Association de malfaiteurs. Il résulte de l'art. 706-24-3 issu de la L. n° 2002-1138 du 9 sept. 2002 que la détention provisoire peut être prolongée dans les conditions prévues par le deuxième alinéa de l'art. 145-1 jusqu'à une durée totale de trois ans lorsque la personne détenue est mise en examen pour le délit d'association de malfaiteurs prévu et réprimé par les art. 421-2-1 et 421-5 C. pén. • Crim. 11 mars 2003, n° 02-88.146 P : *D. 2003. Somm. 1729, obs. Pradel ; JCP 2003. IV. 1811.*

Circulaire CRIM 00-16 F1 du 20 décembre 2000, *présentant les dispositions de la loi du 15 juin 2000 renforçant la protection de la présomption d'innocence et les droits des victimes concernant l'instruction, la détention provisoire, le juge des libertés et de la détention et le jugement correctionnel. [...]*

2.1.2.3.2. *Généralisation et réduction des durées maximales de détention provisoire en matière correctionnelle. [...]*

1) *Détentions provisoires ne pouvant excéder quatre mois*

Le premier alinéa de l'article 145-1 prévoit qu'en matière correctionnelle la détention provisoire ne peut excéder quatre mois si la personne mise en examen n'a pas déjà été condamnée pour crime ou délit de droit commun soit à une peine criminelle, soit à une peine d'emprisonnement sans sursis d'une durée supérieure à un an et lorsqu'elle encourt une peine inférieure ou égale à cinq ans.

2) *Détentions provisoires ne pouvant excéder un an*

Le deuxième alinéa de l'article 145-1 dispose que dans les autres cas, à titre exceptionnel, le juge des libertés et de la détention peut décider de prolonger la détention provisoire pour une durée qui ne peut excéder quatre mois par une ordonnance motivée conformément aux dispositions de l'article 137-3 et rendue après un débat contradictoire organisé conformément aux dispositions du sixième alinéa de l'article 145, l'avocat ayant été convoqué selon les dispositions du deuxième alinéa de l'article 114. Cette décision peut être renouvelée selon la même procédure, sous réserve des dispositions de l'article 145-3, la durée totale de la détention ne pouvant excéder un an.

Il s'ensuit donc que la détention provisoire peut durer une année dans l'une ou l'autre des deux hypothèses suivantes (et hors les cas particuliers prévus par les autres dispositions de l'article 145-1) :

— si la personne a déjà été condamnée pour crime ou délit de droit commun soit à une peine criminelle, soit à une peine d'emprisonnement sans sursis d'une durée supérieure à un an ;

— si la personne encourt une peine supérieure à cinq ans d'emprisonnement.

La durée totale de la détention provisoire dans la deuxième hypothèse — délits punis de plus de cinq ans d'emprisonnement — est donc très sensiblement réduite par rapport à ce que prévoyait l'ancien article 145-1 qui permettait alors une détention de deux ans, voire une détention sans durée maximale, si le délit était puni de dix ans d'emprisonnement.

Les délits punis de plus de cinq ans mais de moins de dix ans d'emprisonnement qui pouvaient donner lieu auparavant à des détentions provisoires d'une durée maximale de deux ans voient donc désormais, quelle que soit leur nature, le maximum de celles-ci limité à un an. Il en est en principe de même des délits punis de dix ans, pour lesquels la durée de la détention n'était pas limitée.

Dans la première hypothèse, les nouvelles dispositions permettent une détention d'un an, comme le prévoyaient les dispositions antérieures.

Mais, à la différence de ce qui était auparavant prévu, la première prolongation de détention intervenant à l'issue des quatre premiers mois de détention devra faire l'objet d'un débat contradictoire, alors qu'un tel débat n'était antérieurement prévu que lors de la seconde prolongation, après huit mois de détention.

En revanche, l'exigence d'une motivation renforcée prévue par l'article 145-3 du code de procédure pénale continue à ne s'appliquer qu'aux prolongations de détention décidées au huitième mois de la mesure.

3) *Détentions provisoires ne pouvant excéder deux ans*

Le deuxième alinéa de l'article 145-1 prévoit deux exceptions aux règles prévoyant une détention provisoire d'une durée maximum d'un an.

a) Délit dont l'un des faits constitutifs a été commis à l'étranger

Considérant que des procédures de plus en plus nombreuses avaient une dimension internationale et induisaient donc des investigations particulières du fait du recours éventuel à l'entraide répressive internationale, le législateur a défini un régime particulier pour les infractions dont l'un des faits constitutifs a été commis hors du territoire national.

La détention provisoire décidée à l'encontre de personnes à qui sont reprochées des infractions commises dans ces conditions d'extranéité pourront donc atteindre une durée maximale de deux ans, dès lors que les conditions générales prévues par le deuxième alinéa de l'article 145-1 sont remplies, à savoir soit que la peine encourue est supérieure à cinq ans, soit que la personne a déjà été condamnée à une peine criminelle ou d'emprisonnement sans sursis supérieure à un an.

L'article 145-1 n'exige pas, pour permettre le dépassement du délai butoir d'un an, qu'une commission rogatoire internationale soit en cours d'exécution (celle-ci pouvant notamment être achevée et devoir alors faire l'objet d'une exploitation par le magistrat et les enquêteurs nationaux), ni même qu'une commission rogatoire internationale ait dû être exécutée.

Les dispositions générales de l'article 144-1 interdisant qu'une détention provisoire excède une durée raisonnable sont toutefois applicables et sont de nature à empêcher qu'une détention se prolonge pendant deux ans, du seul fait qu'un des éléments constitutifs de l'infraction a été commis à l'étranger, si cette considération n'a pas d'incidence sur la complexité des investigations nécessaires à la manifestation de la vérité.

b) Délits spécifiés par la loi et punis de dix ans d'emprisonnement

Pour tenir compte de la complexité des investigations qui doivent être conduites dans les affaires de trafic de stupéfiants, de terrorisme, d'association de malfaiteurs, de proxénétisme, d'extorsion de fonds ou dans les dossiers relatifs à des infractions commises en bande organisée (infractions pour lesquelles il existe déjà des règles particulières de garde à vue), le législateur a considéré que les personnes poursuivies pour l'une de ces infractions, dès lors qu'elles encouraient une peine de dix ans d'emprisonnement, pouvaient être maintenues en détention provisoire pendant une durée maximale de deux ans.

Il convient d'observer que deux conditions doivent être cumulativement remplies pour permettre une détention provisoire de deux ans :

— il doit s'agir de l'un des délits limitativement énumérés par l'article 145-1 ;

— la peine encourue doit être de dix ans d'emprisonnement (ce qui n'est pas le cas, par exemple, du proxénétisme ou de l'extorsion de fonds non aggravé, de certains actes de terrorisme ou de trafic de stupéfiants). *[...]*

Art. 145-2 *(L. nº 93-2 du 4 janv. 1993)* **En matière criminelle, la personne mise en examen ne peut être maintenue en détention au-delà d'un an. Toutefois** *(L. nº 96-1235 du 30 déc. 1996)* **« , sous réserve des dispositions de l'article 145-3 »,** *(L. nº 2000-516 du 15 juin 2000, art. 132-VIII, en vigueur le 1er janv. 2001)* **« le juge des libertés et de la détention » peut, à l'expiration de ce délai, prolonger la détention pour une durée qui ne peut être supérieure à** *(L. nº 96-1235 du 30 déc. 1996)* **« six mois »** *(L. nº 2000-516 du 15 juin 2000, art. 132-VIII, en vigueur le 1er janv. 2001)* **« par une ordonnance motivée conformément aux dispositions de l'article 137-3 et rendue après un débat contradictoire organisé conformément aux dispositions du sixième alinéa de l'article 145 », l'avocat ayant été convoqué conformément aux dispositions du deuxième alinéa de l'article 114. Cette décision peut être renouvelée selon la même procédure.**

(L. nº 2000-516 du 15 juin 2000, art. 59, en vigueur le 1er janv. 2001) **« La personne mise en examen ne peut être maintenue en détention provisoire au-delà de deux ans lorsque la peine encourue est inférieure à vingt ans de réclusion ou de détention criminelles et au-delà de trois ans dans les autres cas. Les délais sont portés respectivement à trois et quatre ans lorsque l'un des faits constitutifs de l'infraction a été commis hors du territoire national. Le délai est également de quatre ans lorsque la personne est poursuivie pour plusieurs crimes mentionnés aux livres II et IV du code pénal, ou pour trafic de stupéfiants, terrorisme, proxénétisme, extorsion de fonds ou pour un crime commis en bande organisée. »**

(L. nº 2002-1138 du 9 sept. 2002, art. 37) **« A titre exceptionnel, lorsque les investigations du juge d'instruction doivent être poursuivies et que la mise en liberté de la personne mise en examen causerait pour la sécurité des personnes et des biens un risque d'une particulière gravité, la chambre de l'instruction peut prolonger pour une durée de quatre mois les durées prévues au présent article. La chambre de l'instruction, devant laquelle la comparution personnelle du mis en examen est de droit, est saisie par ordonnance motivée du juge des libertés et de la détention selon les moda-**

lités prévues par le dernier alinéa de l'article 137-1, et elle statue conformément aux dispositions des articles 144, 144-1, 145-3, 194, 197, 198, 199, 200, 206 et 207. Cette décision peut être renouvelée une fois sous les mêmes conditions et selon les mêmes modalités. »

Les dispositions du présent article sont applicables jusqu'à l'ordonnance de règlement.

Sur l'application de l'art. 145-2 aux mineurs, V. CJPM, art. L. 334-1 s., App., v° Mineurs délinquants, 🏛.

S'agissant des dispositions d'urgence mises en place pour faire face à l'épidémie de covid-19, V. App., v° État d'urgence sanitaire.

RÉP. PÉN. v^is *Détention criminelle,* par GIACOPELLI ; *Détention provisoire,* par GUÉRY.

I. RESPECT DES DISPOSITIONS DU CODE DE PROCÉDURE PÉNALE

A. DÉTENTION INITIALE

1. Preuve de la convocation. Justifie sa décision la chambre de l'instruction qui, pour rejeter l'exception de nullité prise de l'absence au dossier du récépissé de l'envoi par télécopie de la convocation de l'avocat au débat contradictoire, soulevée contre l'ordonnance prolongeant la détention provisoire, constate qu'il résulte des mentions du procès-verbal que l'avocat a été convoqué par télécopie et énonce que cette mention fait foi jusqu'à inscription de faux. • Crim. 6 déc. 2005, n° 05.85.851 P.

2. Circonstances insurmontables. Caractérise la circonstance insurmontable ayant fait, en l'espèce, obstacle à l'extraction du demandeur de l'établissement pénitentiaire et à sa présence au débat contradictoire, l'existence de barrages routiers qui empêchaient la circulation et occupaient les gendarmes au maintien de l'ordre, dès lors que l'audience de cabinet ne pouvait être reportée à une date ultérieure en raison des délais s'imposant au juge d'instruction pour la prolongation de la détention provisoire. • Crim. 28 avr. 1998, 🏛 n° 98-80.754 P : *Procédures 1998. Comm. 224, obs. Buisson ; Dr. pénal 1998. Chron. 29, par Lesclous et Marsat.* ♦ De même lorsqu'il y a une grève du personnel pénitentiaire qui s'oppose à toute extraction du détenu et que l'avocat du prévenu ne renonce pas au délai de convocation de l'art. 114, al. 2, pour permettre le déroulement du débat contradictoire avant l'expiration du délai de détention. • Crim. 9 mai 2001, 🏛 n° 00-87.998 P : *D. 2001. IR 1996* ✎.

3. Conséquences d'une nouvelle qualification ou mise en examen. En cas de changement de qualification des faits ou de nouvelle inculpation, le titre initial de détention demeure valable, la détention se trouvant alors soumise aux règles qui découlent de la nouvelle qualification ou inculpation. Le délai d'un an commence donc à courir à compter de la date du mandat de dépôt initial. • Crim. 29 oct. 1991, 🏛 n° 91-84.772 P. ♦ En cas de nouvelle inculpation, pour le calcul du délai d'un an, le mandat de dépôt à prendre en compte est celui qui a débuté au jour où le juge d'instruction a pris un nouveau mandat de dépôt en raison du non-respect des obligations du contrôle judiciaire et non celui qui avait été pris précédemment lors de la mise en examen. • Crim. 9 juin 2004, 🏛 n° 04-81.901 P : *JCP 2004. IV. 2699.* ♦ Dès lors que la détention a été ordonnée par une juridiction correctionnelle sur le fondement de l'art. 469, d'une part, les dispositions de l'art. 145-2 ne sont pas applicables et, d'autre part, la chambre de l'instruction n'est pas tenue par l'exigence de motivation spéciale prévue par l'art. 145-3. • Crim. 29 mai 2018, 🏛 n° 18-81.533 P : *D. actu. 25 juin 2018, obs. Goetz.*

4. Disjonction. Lorsque, dans une information suivie à la fois sur des faits recevant une qualification criminelle et des faits recevant une qualification correctionnelle, le juge d'instruction disjoint les poursuites sur les seconds pour renvoyer la personne mise en examen devant le tribunal correctionnel en ordonnant son maintien en détention, le mandat de dépôt initial reste en vigueur pour les besoins de l'information se poursuivant sur les faits qualifiés de crime et la détention provisoire de la personne demeurant en examen de ce chef peut être prolongée par le JLD suivant les règles fixées par l'art. 145-2. • Crim. 12 déc. 2017, 🏛 n° 17-85.522 P : *D. actu. 8 janv. 2018, obs. Goetz ; AJ pénal 2018. 154, obs. Lasserre Capdeville* ✎.

5. Titre de détention. Au jour de la demande de mise en liberté, l'intéressé, détenu en vertu de l'ordonnance de prise de corps, n'est plus recevable à invoquer l'illégalité de sa détention provisoire à raison d'une irrégularité prétendue du titre antérieur, ainsi, n'est pas recevable la demande de mise en liberté du détenu, au motif que son pourvoi en cassation, formé contre l'arrêt de renvoi, a eu pour effet de suspendre l'exécution de l'ordonnance de prise de corps et de faire revivre le titre de détention initial dont la durée ne pouvait excéder trois ans, en application de l'art. 145-2. • Crim. 2 mai 2002, 🏛 n° 02-81.170.

6. Erreur matérielle. L'intéressé, mis en examen pour vol avec arme, a été placé en détention provisoire le 15 sept. 2000. Le 12 sept. 2001, le JLD a prolongé cette mesure à compter du 15 sept. « 2002 » et le même jour, afin de corriger l'erreur ainsi commise sur la date d'effet de la prolongation, il a rendu une « ordonnance rectificative » disant que la détention serait prolongée pour une durée de 12 mois à compter du 15 sept. 2001. La chambre de l'instruction pouvait rejeter la demande de nullité de l'ordonnance de prolongation déposée par l'intéressé et réformer l'ordonnance entreprise en prolongeant pour une durée de 6 mois, au lieu d'un an, la détention provisoire de l'intéressé, conformément à l'art. 145-2 dès lors que l'intéressé n'avait interjeté appel que de l'ordonnance rectificative, et qu'elle n'était pas tenue de se prononcer sur le bien-fondé de la prolongation qui avait été décidée par l'ordonnance rectifiée. • Crim. 8 janv. 2002, n° 01-87.121. ♦ L'ordonnance de prolongation de détention prenant effet de plein droit à l'échéance du titre de détention, la mention d'une date de prise d'effet erronée est inopérante et ne nécessite pas la prise d'une ordonnance rectificative. • Crim. 6 mars 2007, n° 06-89.231 P : *AJ pénal 2007. 234*. ♦ Dès lors qu'il résultait sans ambiguïté de la mise en examen qu'un des faits reprochés était de nature criminelle, le JLD a pu, sans débat contradictoire préalable et après avoir constaté le caractère criminel du mandat de dépôt, qui résultait, par l'effet de la loi, de la qualification donnée aux faits, dire n'y avoir lieu à statuer sur une prolongation de la détention provisoire au-delà du délai de 4 mois, l'indication de la mention « procédure correctionnelle » sur l'ordonnance de placement en détention et le mandat de dépôt demeurant inopérante. • Crim. 7 févr. 2017, n° 16-86.761 P.

7. Durée minimale. Lorsque le juge des libertés place un prévenu sous mandat de dépôt criminel, il ne tient d'aucune disposition légale le pouvoir de fixer à l'avance une durée de détention inférieure à celle prévue par la loi. • Crim. 3 avr. 2002, n° 02-81.056 P : *JCP 2002. IV. 1897 ; RSC 2002. 841, obs. Commaret ; ibid. 883, obs. Renucci*. ♦ Le juge a l'interdiction de fixer à l'avance une durée de détention provisoire inférieure à celle prévue par la loi dès lors que la personne placée en détention peut à tout moment demander sa mise en liberté. • Crim. 21 nov. 2006, n° 06-86.937 P : *AJ pénal 2007. 138, obs. Saas*.

8. Limites de l'art. 145-2. Les dispositions de l'art. 145-2 relatives à la durée maximum de la détention provisoire ne s'appliquent pas lorsque le prévenu a été renvoyé devant le tribunal correctionnel avant l'expiration du délai de trois ans ; dans ce cas peu importe que la détention dure plus de trois ans en raison des aléas de la procédure, cette durée doit s'apprécier en fonction du « délai raisonnable ». • Crim. 27 sept. 2005, n° 05-84.234 P : *AJ pénal 2005. 456 ; RSC 2006. 106, obs. Giudicelli*. ♦ Dès lors que l'accusé a comparu devant la cour d'assises, jury constitué, dans les délais prévus aux al. 8 et 9 de l'art. 181, l'art. 145-2 n'est plus applicable. • Crim. 21 mai 2019, n° 19-81.753 P.

9. Le point de départ de la détention provisoire, au sens de l'art. 145-2, d'une personne remise en vertu d'un mandat d'arrêt européen est sa date d'écrou en France. • Crim. 31 mai 2011, n° 11-81.110 P.

B. NOUVELLE DÉTENTION

10. Compétence du JLD. L'arrêt par lequel la chambre de l'instruction, après avoir annulé l'ordonnance de mise en accusation, sans évocation, ordonne la poursuite de l'information et renvoie le dossier de la procédure au juge d'instruction, a pour effet de restituer au JLD sa compétence pour prolonger la détention provisoire de la personne mise en examen, conformément à l'art. 145-2. Un tel arrêt étant exécutoire, en application des art. 570 et 571, c'est à bon droit que le JLD, régulièrement saisi par le magistrat instructeur, après retour du dossier à ce dernier, a constaté que le titre de détention était expiré au jour de sa saisine, a dit n'y avoir lieu à prolonger la détention provisoire et a ordonné, en conséquence, la mise en liberté de la personne concernée. • Crim. 16 févr. 2010, n° 09-88.030 P : *AJ pénal 2010. 247, obs. Ascensi*. ♦ Dans cette hypothèse, c'est-à-dire lorsqu'une chambre de l'instruction, par une décision devenue définitive, infirme l'ordonnance de mise en accusation et renvoie le dossier au juge d'instruction, les dispositions de l'art. 145-2 étant de nouveau applicables, la détention doit être prolongée au plus tard dans les six mois suivant la date à laquelle expirait le délai de détention en cours au moment de l'ordonnance de règlement. • Crim. 24 janv. 2018, n° 17-86.586 P.

11. Prolongation de la détention provisoire. L'art. 145-2 qui permet au juge d'instruction, en matière criminelle, de prolonger la détention à l'expiration du délai d'un an, ne fait aucune obligation à ce magistrat de prendre sa décision le dernier jour, à l'expiration dudit délai. • Crim. 4 janv. 1993, n° 92-85.355 P. ♦ Le débat relatif à la prolongation de la détention provisoire peut se tenir un samedi, sans l'avocat. • Crim. 11 févr. 2003, n° 02-87.415 P : *D. 2003. IR 862 ; JCP 2003. IV. 1602*.

12. Notion d'extorsion. La prolongation de la détention provisoire prévue par l'art. 145-2 s'applique lorsque la personne est poursuivie pour trafic de stupéfiants, terrorisme, proxénétisme, extorsion de fonds ou pour un crime commis en bande organisée, la notion d'extorsion s'étendant alors à l'extorsion de secret (code de carte bancaire). • Crim. 2 juin 2021, n° 21-81.581 P : *D. actu. 22 juin 2021, obs. Goudjil ; AJ pénal 2021. 429, obs. Mesa*.

13. Le JLD qui ordonne, en matière criminelle, la prolongation de la détention provisoire d'une personne ne peut, sans excéder ses pouvoirs, limiter à l'avance cette mesure à une durée inférieure à celle de six mois prévue par l'art. 145-4, sans préjudice d'une mise en liberté avant l'expiration de cette durée dès lors que la détention ne se justifie plus. • Crim. 16 mars 2021, n° 20-87.141 P.

14. La juridiction du second degré ne se trouve pas liée par les règles relatives aux prolongations et à la durée de la détention provisoire édictées par l'art. 145-2. • Crim. 6 nov. 2002, n° 02-85.794 • 6 nov. 2002, n° 02-85.795. ♦ Dans le même sens • Crim. 7 août 2002, n° 02-83.888.

15. Lorsque le juge d'instruction est saisi d'une information, la chambre de l'instruction ne peut statuer sur la prolongation de la détention provisoire d'un mis en examen qu'après que le juge du premier degré a prononcé sur cette mesure ; dès lors, saisie du seul appel contre l'ordonnance de mise en liberté et de placement sous contrôle judiciaire, elle ne peut statuer sur l'éventuelle prolongation de la détention. • Crim. 12 juill. 2016, n° 16-82.700 P • Crim. 27 juill. 2016, n° 16-83.026 P : *D. actu. 1er sept. 2016, obs. Goetz.*

16. Prolongation de la détention et droits de la défense. L'absence de convocation de l'avocat au débat contradictoire sur la prolongation de la détention provisoire, qui l'empêche d'assister le demandeur, porte nécessairement atteinte aux intérêts de celui-ci. • Crim. 4 déc. 2007, n° 07-86.794 P : *D. 2008. AJ 356 ; ibid. 2008. Pan. 2762, obs. Pradel ; AJ pénal 2008. 95, obs. Lavric ; Dr. pénal 2009. Chron. 1, obs. Guérin.* ♦ En revanche, il n'y a pas lieu d'annuler une ordonnance de prolongation de détention provisoire au motif que l'avocat du mis en examen a reçu une convocation à un interrogatoire sur le fond au lieu d'une convocation pour débat contradictoire sur la détention dans la mesure où l'avocat n'a pu se méprendre sur l'objet de la convocation qui ne pouvait concerner que la prolongation de la détention. • Crim. 23 mai 2006, n° 06-81.702 P. ♦ En tout état de cause, la personne mise en examen conserve la possibilité de renoncer expressément à la présence de son conseil lors d'un débat contradictoire devant le JLD. • Crim. 24 janv. 2018, n° 17-86.317 P.

17. Renouvellement de la détention provisoire. La détention provisoire n'a pas à être renouvelée après l'ordonnance de mise en accusation, les dispositions de l'art. 145-2 relatives à la durée de la détention n'étant applicables que jusqu'à l'ordonnance de règlement. • Crim. 12 juin 2002, n° 02-82.559. ♦ Et le mandat de dépôt criminel, en l'état de l'annulation de l'ordonnance de mise en accusation, reprend ses effets jusqu'au prononcé de la mise en accusation par la juridiction du second degré. • Crim. 16 févr. 2005, n° 04-87.178 P : *D. 2005. IR 915 ; JCP 2005. IV. 1790 ; AJ pénal 2005. 201, obs. Girault.* ♦ Aucune disposition légale n'impose qu'à l'occasion du règlement d'une procédure criminelle, le juge d'instruction et, en cause d'appel, la chambre de l'instruction aient à se prononcer sur le maintien en détention provisoire de la personne concernée. • Crim. 14 mai 2002, n° 02-81.438.

II. RESPECT DES DISPOSITIONS DE LA CONVENTION EUROPÉENNE DES DROITS DE L'HOMME

18. Art. 5 Conv. EDH. Le demandeur ne saurait être admis à critiquer les motifs pour lesquels la chambre de l'instruction a estimé que la durée de la détention provisoire n'excédait pas le délai raisonnable prévu par l'art. 5 Conv. EDH, une telle appréciation échappant au contrôle de la Cour de cassation. • Crim. 20 nov. 2002, n° 02-86.157 • 10 juill. 2002, n° 02-83.452. ♦ Il résulte de l'art. 5 Conv. EDH que, lorsque la loi prévoit, au-delà de la durée initiale qu'elle détermine pour chaque titre concerné, la prolongation d'une mesure de détention provisoire, l'intervention du juge judiciaire est nécessaire comme garantie contre l'arbitraire de sorte que, saisie de l'appel contre une ordonnance du JLD constatant la prolongation automatique de la détention provisoire de la personne mise en examen en application de l'art. 16 de l'Ord. n° 2020-303 du 25 mars 2020 relative à l'urgence sanitaire, la chambre de l'instruction devait statuer sur la nécessité du maintien en détention de la personne mise en examen. • Crim. 1er sept. 2020, n° 20-82.938 P : *AJ pénal 2020. 594, obs. Miranda.*

19. Art. 6 Conv. EDH. Ne méconnaît pas les dispositions de l'art. 6 Conv. EDH la chambre de l'instruction qui, seule compétente pour statuer, ordonne une prolongation de détention provisoire en énonçant les indications particulières qui justifient en l'espèce la poursuite de l'information (indices de culpabilité pesant sur l'intéressé, importance du préjudice causé à la victime, dénégations du mis en examen et divergences des versions) et le délai prévisible d'achèvement de la procédure. • Crim. 15 oct. 2002, n° 02-85.337.

Circulaire CRIM 00-16 F1 du 20 décembre 2000, *présentant les dispositions de la loi du 15 juin 2000 renforçant la protection de la présomption d'innocence et les droits des victimes concernant l'instruction, la détention provisoire, le juge des libertés et de la détention et le jugement correctionnel. [...]*

2.1.2.3.3. *Institution de durées maximales de détention provisoire en matière criminelle*

L'article 59 de la loi du 15 juin 2000 complète l'article 145-2 du code de procédure pénale par un second alinéa nouveau qui instaure des délais « butoir » limitant la durée de la détention provisoire en matière criminelle.

Jusqu'à présent, la durée de la détention provisoire en matière criminelle n'était pas expressément limitée.

Dorénavant, une mesure de détention provisoire décidée en matière criminelle ne pourra être d'une durée supérieure à deux ans, trois ans ou quatre ans selon la situation de la personne mise en examen au regard de critères tenant à la peine encourue, au nombre de faits criminels poursuivis ou à la nature de ces derniers.

La nouvelle loi détermine ainsi un régime de détention provisoire criminelle de droit commun auquel il peut être apporté deux types d'exceptions.

1) *Détentions provisoires ne pouvant excéder deux ou trois ans (régime de droit commun déterminé par le critère de la peine encourue)*

Deux hypothèses sont prévues par l'article 145-2.

Lorsque la peine encourue est inférieure à vingt ans de réclusion ou de détention criminelle, c'est-à-dire pour les crimes punis de quinze ans de réclusion ou de détention, la détention provisoire ne peut dépasser deux ans.

Dans les autres cas, en l'occurrence lorsque la peine est égale à vingt ans ou trente ans de réclusion ou de détention ou à la réclusion ou la détention à perpétuité, la loi autorise le juge des libertés et de la détention à prolonger la détention provisoire jusqu'à un maximum de trois ans.

2) *Détentions provisoires ne pouvant excéder trois ou quatre ans (régime applicable en cas d'extranéité d'un élément constitutif de l'infraction)*

Comme en matière correctionnelle, le législateur a souhaité tenir compte du développement de la criminalité transnationale et des réalités auxquelles se trouvaient confrontés les magistrats en matière de coopération pénale internationale.

L'article 145-2 prévoit donc que, lorsque l'un des faits constitutifs du crime — ou de l'un des crimes — reprochés à la personne mise en examen a été commis hors du territoire national, les délais « butoir » prévus par le régime de droit commun évoqué précédemment, en l'occurrence deux et trois ans, sont respectivement portés à trois et quatre ans.

3) *Détentions provisoires ne pouvant excéder quatre ans (régime applicable en raison de la pluralité de crimes ou de la nature du crime)*

a) Pluralité des crimes poursuivis

Afin de tenir compte de la plus grande complexité des instructions concernant plusieurs crimes reprochés à un même accusé, l'article 145-1 prévoit que, dans certaines hypothèses, la pluralité des crimes poursuivis permettra une détention provisoire d'une durée de quatre ans.

Il en sera ainsi si la personne est poursuivie pour plusieurs crimes prévus par les livres II (infractions contre les personnes) et IV (infractions contre la Nation, l'État ou la paix publique) du code pénal.

Ces dispositions ne sont notamment pas applicables si un seul des crimes poursuivis est prévu et réprimé par les livres II ou IV du code pénal.

Elles sont en revanche applicables quelles que soient les circonstances dans lesquelles les crimes prévus aux livres II ou IV du code pénal ont été commis : il n'est pas nécessaire qu'ils aient été commis en des lieux différents et/ou à des périodes distinctes. Ainsi, le délai maximal de la détention provisoire dont peut faire l'objet une personne poursuivie pour un viol suivi d'un meurtre est donc, en théorie, de quatre ans. Dans une telle hypothèse, il est toutefois évident que les dispositions de l'article 144-1 relatives au respect du délai raisonnable doivent recevoir application.

b) Crimes présentant une gravité et une complexité particulières

Comme en matière correctionnelle, un régime spécifique détermine un délai « butoir » spécial pour les infractions connaissant des règles procédurales particulières. Ainsi, les mesures de détention provisoire dont font l'objet les personnes poursuivies pour crime de terrorisme, trafic de stupéfiants, proxénétisme, extorsion de fonds ou pour un crime commis en bande organisée peuvent être prolongées jusqu'à atteindre une durée de quatre ans. *[...]*

Art. 145-3 *(L. n° 96-1235 du 30 déc. 1996)* **Lorsque la durée de la détention provisoire excède un an en matière criminelle ou huit mois en matière délictuelle, les décisions ordonnant sa prolongation ou rejetant les demandes de mise en liberté doivent**

aussi comporter les indications particulières qui justifient en l'espèce la poursuite de l'information et le délai prévisible d'achèvement de la procédure.

(L. nº 2000-516 du 15 juin 2000, art. 53, en vigueur le 1er janv. 2001) **« Il n'est toutefois pas nécessaire que l'ordonnance de prolongation indique la nature des investigations auxquelles le juge d'instruction a l'intention de procéder lorsque cette indication risque d'entraver l'accomplissement de ces investigations. »**

S'agissant des dispositions d'urgence mises en place pour faire face à l'épidémie de covid-19, V. App., vº État d'urgence sanitaire.

I. CHAMP DES INDICATIONS PARTICULIÈRES

1. Obligations d'indications particulières. La chambre de l'instruction justifie sa décision, ordonnant la prolongation dès lors que celle-ci comporte les indications particulières justifiant tant la poursuite de l'information que le délai prévisible d'achèvement de la procédure, comme le prévoit l'art. 145-3, al. 1er. • Crim. 15 mai 2002, nº 02-81.500. ♦ Ainsi, justifie sa décision la chambre d'accusation qui confirme l'ordonnance par laquelle un juge d'instruction a prolongé la détention provisoire, en relevant que des investigations sont toujours en cours pour déterminer les rôles respectifs des personnes mises en cause dans la commission des faits qui leur sont reprochés et que plusieurs mois sont encore nécessaires. • Crim. 30 sept. 1997, nº 97-83.780 P : *Dr. pénal 1998. Comm. 59, obs. Maron.* ♦ Est justifié l'arrêt de la chambre de l'instruction qui, pour confirmer la décision de prolongation de la détention provisoire du JLD, retient que ce dernier a fixé le délai d'achèvement de l'instruction à quatre mois en raison des actes restant à effectuer, à savoir les formalités de fin d'information. • Crim. 12 juill. 2016, nº 16-82.714 P : *D. actu. 19 sept. 2016, obs. Aubert ; Gaz. Pal. 4 oct. 2016, p. 60, note Fourment.*

2. La chambre de l'instruction, en prolongeant la détention provisoire de six mois, a justifié sa décision en énonçant qu'il reste à effectuer des investigations dont l'indication risquerait d'entraver leur accomplissement et que le délai prévisible d'achèvement de la procédure peut être évalué à six mois. • Crim. 7 août 2002, nº 02-83.750. ♦ Même solution pour la chambre de l'instruction qui ordonne la prolongation de la détention provisoire pour une durée maximum de six mois après avoir indiqué que le délai prévisible d'achèvement de la procédure pouvait être de trois mois. • Crim. 12 avr. 2005, nº 05-80.431 P : *D. 2005. IR 1449 ; JCP 2005. IV. 2272.* • Crim. 19 déc. 2006 : *RSC 2007. 328, obs. Finielz.* ♦ ... Pour le juge d'instruction ayant notifié aux parties l'avis prévu par l'art. 175. • Crim. 5 mars 2002, nº 01-88.757.

3. Ordonnance de règlement. L'accomplissement des formalités prévues par l'art. 175 pour le règlement de la procédure entre dans les prévisions de l'art. 145-3, premier al., ce texte ne restreignant pas la justification de la poursuite d'une information aux seules investigations ordonnées par le juge d'instruction. • Crim. 24 janv. 2018, nº 17-86.586 P.

4. Délai d'achèvement prévisible de la procédure. En revanche, ne justifie pas sa décision la chambre de l'instruction qui, pour confirmer une ordonnance du JLD prolongeant une détention provisoire pour une durée de quatre mois, énonce que des investigations sont en cours au sens de l'art. 145-2 et que la mise en liberté consisterait un risque d'une particulière gravité pour la sécurité des personnes, sans préciser le délai prévisible d'achèvement de la procédure. • Crim. 21 juin 2005, nº 05-82.010 P : *D. 2005. IR 2243 ; JCP 2005. IV. 2820* • 1er juin 2021, nº 21-81.847 P. ♦ Même solution lorsqu'il s'agit de prolonger la détention au-delà de huit mois. • Crim. 19 août 1997, nº 97-82.998 P • 26 oct. 1999, nº 99-85.398 P • 2 mai 2007, nº 07-81.219 P : *D. 2007. AJ 1597 ; AJ pénal 2007. 330, obs. Girault* • 12 févr. 2008, nº 07-87.970 P : *D. 2008. AJ 924 ; AJ pénal 2008. 245.* ♦ ... Quand bien même la chambre de l'instruction relève que cette prolongation est l'unique moyen pour empêcher les pressions sur les témoins, ainsi que pour mettre fin au trouble exceptionnel et persistant causé à l'ordre public par les faits commis et qu'elle est nécessaire pour garantir la représentation en justice du prévenu. • Crim. 6 août 1997, nº 97-82.955 P : *D. 1998. Somm. 171, obs. Pradel ; JCP 1998. I. 105, Chron. Maron* • 30 sept. 1997, nº 97-83.789 P : *Procédures 1998. Comm. 50, obs. Buisson* • 28 oct. 1997, nº 97-84.369 P : *Procédures 1998. Comm. 17, obs. Buisson* • 18 nov. 1997, nº 97-84.656 P • 10 févr. 1999, nº 98-87.372 P : *Procédures 1999. Comm. 184, obs. Buisson ; Dr. pénal 1999. Chron. 20, par Marsat* • 22 sept. 1999, nº 99-84.604 P : *Procédures 2000. Comm. 20, obs. Buisson.* ♦ ... Quand bien même le délai prévisible d'achèvement de la procédure est précisé tant qu'il n'y a pas d'énonciation des indications particulières justifiant la poursuite de l'information. • Crim. 10 mai 2001, nº 01-81.819 P : *Procédures 2001. Comm. 182, obs. Buisson ; Dr. pénal 2002. Chron. 18, obs. Marsat.* ♦ ... Quand bien même la chambre de l'instruction a ordonné un supplément d'information. • Crim. 9 oct. 2001, nº 01-85.456 P : *D. 2001. IR 3397 ; Dr. pénal 2002. Chron. 9, obs. Marsat* • 25 oct. 2005, nº 05-84.961 P : *D. 2005. IR 1956 ; AJ pénal 2005. 456.* ♦ Car les circonstances particulières justifiant la poursuite de l'information ne se confondent pas avec les motifs de prolongation de la détention provisoire. • Crim. 21 janv. 2015, n° 14-86.996 : *Procédures 2015, n° 97, obs. Buisson.*

5. Renvoi après cassation. Lorsqu'un arrêt de la chambre de l'instruction prolongeant une détention provisoire au-delà du délai d'un an sans préciser la date prévisible d'achèvement de l'instruction est cassé et la cause renvoyée devant une nouvelle chambre de l'instruction, la détention provisoire, prolongée dans les délais légaux, se poursuit régulièrement jusqu'à ce qu'il ait été statué par la chambre de l'instruction qui a été désignée sur renvoi après cassation. • Crim. 28 sept. 2005, n° 05-84.440 P : *D. 2005. IR 2899* ♦ Rappr : • Crim. 24 nov. 2010, n° 10-86.347 P : *D. actu. 9 janv. 2011, obs. Léna ; D. 2011. Pan. 2002, obs. Bonfils ; RSC 2011. 862, obs. Boccon-Gibod ; Dr. pénal 2012. Chron. 1, obs. Georget.*

6. Appréciation du délai. L'appréciation du délai prévisible d'achèvement de la procédure, par le juge d'instruction qui prolonge la détention provisoire au-delà d'un an en matière criminelle, est une question de pur fait qui échappe au contrôle de la Cour de cassation. • Crim. 28 avr. 1998, n° 98-80.754 P. ♦ En revanche, l'existence des indications particulières qui justifient la poursuite de l'information et le délai prévisible d'achèvement de la procédure est contrôlée par la Cour de cassation qui relève en l'espèce l'absence de toute indication justifiant la poursuite de l'information. • Crim. 22 févr. 2011, n° 10-88.186 P : *D. actu. 22 mars 2011, obs. Girault ; AJ pénal 2011. 249, obs. Gallois ; RSC 2011. 862, obs. Boccon-Gibod ; Dr. pénal 2012. Chron. 1, obs. Georget.*

7. Délais non tenus. Les dispositions de l'art. 145-3 n'imposent pas au JLD ou à la chambre de l'instruction de préciser, le cas échéant, les raisons pour lesquelles le délai d'achèvement qu'ils avaient prévu dans une précédente décision n'a pu être tenu. • Crim. 3 juin 2003, n° 03-81.389 P : *D. 2004. Somm. 669, obs. Pradel ; JCP 2003. IV. 2372 ; Dr. pénal 2003. Chron. 26, obs. Maron.*

8. Demande de mise en liberté. Pour un exemple de rejet d'un pourvoi contre un arrêt confirmant l'ordonnance du JLD rejetant une demande de mise en liberté en raison des indices de culpabilité pesant sur l'intéressé, de la gravité des faits reprochés, du délai prévisible d'achèvement de la procédure, des investigations encore nécessaires, du passé judiciaire de l'intéressé et de ses garanties de représentation. • Crim. 25 sept. 2002, n° 02-84.710. ♦ Aux termes de l'art. 145-3, lorsque la durée de la détention excède un an en matière criminelle, les décisions rejetant une demande de mise en liberté doivent comporter les indications particulières qui justifient en l'espèce la poursuite de l'information et le délai prévisible d'achèvement de la procédure. • Crim. 25 juin 2002, n° 02-82.996. • Crim. 25 oct. 2005 : *préc. note 4.*

9. Mineurs. Les dispositions de l'art. 145-3 sont applicables aux mineurs. • Crim. 24 nov. 2010 : *préc. note 5.*

II. INDICATIONS PARTICULIÈRES NON REQUISES

10. Inapplicabilité de l'art. 145-3. Lorsque les juges sont saisis d'une demande de mise en liberté formée par une personne détenue en vertu d'une ordonnance de prise de corps, sur le fondement de l'art. 148-1, ils n'ont pas à se prononcer par référence aux dispositions de l'art. 145-3. • Crim. 5 janv. 1999, n° 98-86.368 P : *Dr. pénal 1999. Chron. 20, note Marsat* • Crim. 29 mai 2018, n° 18-81.533 P : *D. actu. 25 juin 2018, obs. Goetz.*

11. N'a pas à satisfaire aux prescriptions de l'art. 145-3 la chambre d'accusation qui statue sur l'appel d'une ordonnance du juge d'instruction prolongeant une détention provisoire, rendue en matière délictuelle à une date où la durée de la détention n'excédait pas encore huit mois. • Crim. 9 juin 1999, n° 99-82.001 P : *Procédures 2000. Comm. 19, obs. Buisson* • 5 juin 2002, n° 02-82.196. ♦ La décision de prolongation de la détention provisoire au-delà de huit mois en matière délictuelle n'a pas à contenir la motivation spéciale de l'art. 145-3 dès lors que l'information judiciaire est clôturée. • Crim. 9 août 2017, n° 17-83.250 P : *D. actu. 13 sept. 2017, obs. Fucini.* ♦ La durée de deux périodes de détention provisoire effectuée dans des procédures distinctes ayant donné lieu à jonction ne se cumulent pas, par conséquent, les dispositions de l'art. 145-3 ne s'appliquent pas lorsque la détention en matière correctionnelle excède huit mois dans cette hypothèse. • Crim. 24 mai 2005, n° 05-81.373 P : *D. 2005. IR 1731 ; JCP 2005. IV. 2557 ; AJ pénal 2005. 373, obs. Girault ; Dr. pénal 2005. Comm. 135, obs. Maron.*

12. Lorsque la détention est ordonnée par une juridiction de jugement par mandat de dépôt, fondé sur l'art. 469, la chambre de l'instruction n'est pas tenue par l'exigence de motivation spéciale prévue par l'art. 145-3. • Crim. 27 sept. 2005, n° 05-84.234 P : *AJ pénal 2005. 456 ; RSC 2006. 106, obs. Giudicelli.*

13. La chambre de l'instruction statuant sur la prolongation de la détention provisoire sur renvoi après cassation, plus de huit mois après le placement en détention provisoire, n'est pas soumise à l'obligation de motivation spéciale prévue par l'art. 145-3. • Crim. 27 juill. 2016, n° 16-82.990 P : *D. actu. 5 sept. 2016, obs. Goetz.* ♦ V. désormais, art. 194-1.

14. La chambre de l'instruction n'est pas tenue par l'exigence de motivation spéciale prévue par l'art. 145-3 dès lors que l'information judiciaire est clôturée, l'accusé étant en l'espèce renvoyé devant une cour d'assises. • Crim. 23 août 2017 n° 17-83.473 P : *D. actu. 13 sept. 2017, obs. Fucini.*

Art. 145-4 *(L. n° 2016-1547 du 18 nov. 2016, art. 108)* **Lorsque la personne mise en examen est placée en détention provisoire, le juge d'instruction peut prescrire à son encontre l'interdiction de communiquer pour une période de dix jours. Cette mesure peut être renouvelée, mais pour une nouvelle période de dix jours seulement. En aucun cas l'interdiction de communiquer ne s'applique à l'avocat de la personne mise en examen.**

Sous réserve des dispositions qui précèdent, toute personne placée en détention provisoire peut, avec l'autorisation du juge d'instruction, recevoir des visites sur son lieu de détention ou téléphoner à un tiers.

A l'expiration d'un délai d'un mois à compter du placement en détention provisoire, le juge d'instruction ne peut refuser de délivrer un permis de visite ou d'autoriser l'usage du téléphone que par une décision écrite et spécialement motivée au regard des nécessités de l'instruction, du maintien du bon ordre et de la sécurité ou de la prévention des infractions.

Cette décision est notifiée par tout moyen et sans délai au demandeur. Ce dernier peut la déférer au président de la chambre de l'instruction, qui statue dans un délai de cinq jours par une décision écrite et motivée non susceptible de recours. Lorsqu'il infirme la décision du juge d'instruction, le président de la chambre de l'instruction délivre le permis de visite ou l'autorisation de téléphoner.

Après la clôture de l'instruction, les attributions du juge d'instruction sont exercées par le procureur de la République selon les formes et conditions prévues au présent article. Il en est de même dans tous les autres cas où une personne est placée en détention provisoire.

A défaut de réponse du juge d'instruction ou du procureur de la République à la demande de permis de visite ou de téléphoner dans un délai de vingt jours, la personne peut également saisir le président de la chambre de l'instruction.

Lorsque la procédure est en instance d'appel, les attributions du procureur de la République sont confiées au procureur général.

Le Cons. const. avait reporté la déclaration d'inconstitutionnalité des al. 3 et 4 de l'art. 145-4 jusqu'à l'entrée en vigueur de nouvelles dispositions législatives ou, au plus tard, jusqu'au 31 déc. 2016. Le législateur est intervenu par la L. n° 2016-731 du 3 juin 2016 pour remédier à l'inconstitutionnalité. Les décisions prises en vertu des dispositions censurées avant l'entrée en vigueur de la loi ne peuvent être contestées sur le fondement de cette inconstitutionnalité (Cons. const. n° 2016-543 QPC du 24 mai 2016).

1. S'agissant des prévenus, le refus de faire droit à une demande de bénéficier d'un parloir familial ou d'une unité de vie familiale peut faire l'objet d'un recours devant le président de la chambre de l'instruction, en application des dispositions combinées des art. 145-4 et R. 57-8-8, conformément aux exigences de l'art. 13 Conv. EDH. • CE 12 déc. 2018, n° 417244.

2. QPC. Les 3e et 4e al. de l'art. 145-4 ne prévoient une voie de recours qu'à l'encontre des décisions refusant d'accorder un permis de visite aux membres de la famille de la personne placée en détention provisoire au cours de l'instruction. Ni ces dispositions, ni aucune autre disposition législative ne permettent de contester devant une juridiction une décision refusant un permis de visite dans les autres hypothèses, qu'il s'agisse d'un permis de visite demandé au cours de l'instruction par une personne qui n'est pas membre de la famille ou d'un permis de visite demandé en l'absence d'instruction, ou après la clôture de celle-ci. Par conséquent, au regard des conséquences qu'entraînent ces refus pour une personne placée en détention provisoire, ceci conduit à ce que la procédure contestée méconnaisse les exigences découlant de l'article 16 de la Déclaration de 1789 et prive de garanties légales la protection constitutionnelle du droit au respect de la vie privée et du droit de mener une vie familiale normale. • Cons. const. 24 mai 2016, n° 2016-543 QPC : *JO 29 mai 2016 ; D. actu. 30 mai 2016, obs. de Monteclerc ; AJ pénal 2016. 334, obs. H.-Evans ; Dr. pénal 2016, n° 116, obs. Maron et Haas.* ♦ V. aussi notes ss. L. 24 nov. 2009, art. 39, ss. livre V, titre II.

Art. 145-4-1 *(L. n° 2009-1436 du 24 nov. 2009, art. 93-V)* **Le juge d'instruction ou le juge des libertés et de la détention peut prescrire, par ordonnance motivée, que la personne placée en détention soit soumise à l'isolement aux fins d'être séparée des autres personnes détenues, si cette mesure est indispensable aux nécessités de l'information, pour une durée qui ne peut excéder celle du mandat de dépôt et qui peut être renou-**

velée à chaque prolongation de la détention. La décision du juge d'instruction peut faire l'objet d'un recours devant le président de la chambre de l'instruction.

(Ord. n° 2022-478 du 30 mars 2022, art. 6, en vigueur le 1er mai 2022) « Conformément aux dispositions de l'article L. 213-7 du code pénitentiaire, le placement à l'isolement n'affecte pas l'exercice des droits visés par les dispositions de l'article L. 6 du même code, sous réserve des aménagements qu'impose la sécurité. »

Un décret en Conseil d'État précise les modalités d'application du présent article.

Art. 145-4-2 *(L. n° 2019-222 du 23 mars 2019, art. 55)* Lorsque la personne mise en examen est placée en détention provisoire, le juge d'instruction peut décider de prescrire à son encontre l'interdiction de correspondre par écrit avec une ou plusieurs personnes qu'il désigne, au regard des nécessités de l'instruction, du maintien du bon ordre et de la sécurité ou de la prévention des infractions. Il peut pour les mêmes motifs décider de retenir un courrier écrit par la personne détenue ou qui lui est adressé.

Les décisions mentionnées au premier alinéa sont motivées et notifiées par tout moyen et sans délai à la personne détenue. Celle-ci peut les déférer au président de la chambre de l'instruction, qui statue dans un délai d'un mois par une décision écrite et motivée non susceptible de recours.

Après la clôture de l'instruction, les attributions du juge d'instruction sont exercées par le procureur de la République selon les formes et conditions prévues au présent article. Il en est de même dans tous les autres cas où une personne est placée en détention provisoire.

Lorsque la procédure est en instance d'appel, les attributions du procureur de la République sont confiées au procureur général.

Les autres décisions ou avis conformes émanant de l'autorité judiciaire prévus par les dispositions réglementaires du présent code ou *(Ord. n° 2022-478 du 30 mars 2022, art. 6, en vigueur le 1er mai 2022)* « par le code pénitentiaire » et relatifs aux modalités d'exécution d'une détention provisoire ou à l'exercice de ses droits par une personne placée en détention provisoire peuvent, conformément aux dispositions du présent article, faire l'objet d'un recours du détenu ou du ministère public devant le président de la chambre de l'instruction.

Art. 145-5 *(L. n° 2002-307 du 4 mars 2002)* « Le placement en détention provisoire d'une personne faisant connaître, lors de son interrogatoire par le juge d'instruction préalable à la saisine du juge des libertés et de la détention, qu'elle exerce à titre exclusif l'autorité parentale sur un mineur de seize ans au plus ayant chez elle sa résidence ne peut être ordonné sans que l'un des services ou l'une des personnes visés au septième alinéa de l'article 81 ait été chargé au préalable de rechercher et de proposer toutes mesures propres à éviter que la santé, la sécurité et la moralité du mineur ne soient en danger ou que les conditions de son éducation ne soient gravement compromises. »

(L. n° 2000-516 du 15 juin 2000, en vigueur le 1er janv. 2001) « Les dispositions du présent article ne sont pas applicables en cas de crime, en cas de délit commis contre un mineur ou en cas de non-respect des obligations du contrôle judiciaire. »

BIBL. ▶ MARON, *Dr. pénal 2002. Comm. 22* (le grand art d'être père).

1. Information du juge des libertés. Lorsque le prévenu ne fait pas savoir au juge des libertés qu'il exerce son autorité parentale sur un enfant de moins de dix ans et ne justifie pas devant la chambre de l'instruction qu'il exerce cette autorité parentale dans les conditions prévues par les art. 372, 372-1 et 374 C. civ., la chambre de l'instruction peut prolonger la détention provisoire sans que les services habilités soient intervenus. • Crim. 15 mai 2001, n° 01-81.563 P : *D. 2001. IR 1997*. ♦ Le prévenu doit déclarer expressément qu'il exerce l'autorité parentale sur un enfant de moins de dix ans, il ne suffit pas qu'il ait déclaré lors de son interpellation qu'il vivait avec sa compagne et leurs trois enfants mineurs. • Crim. 18 sept. 2001 (1er arrêt), n° 01-84.657 P : *D. 2001. IR 3170 ; D. 2002. Somm. 1457, obs. Pradel* • 18 sept. 2001 (2e arrêt) : *ibid.* ♦ Il ne suffit pas non plus qu'il se soit borné à déclarer qu'il souhaitait « retrouver sa femme et sa fille ». • 19 févr. 2002, n° 01-88.162. ♦ Si la personne mise en examen fait savoir au juge des libertés, au moment de sa comparution, qu'elle est parent d'un enfant de moins de dix ans, le juge n'est pas tenu de surseoir à statuer dans l'attente du rapport d'enquête sociale et peut placer en détention provisoire. • Crim. 11 déc. 2001, n° 01-86.564 P : *D. 2002. IR 619*.

2. Nature et portée de l'enquête. Si la juridiction d'instruction doit prendre en considération l'enquête effectuée, elle n'est pas tenue d'énoncer les motifs pour lesquels elle estime que les mesures proposées pour éviter la détention provisoire sont insuffisantes. • Crim. 22 mai 2001, ⚖ n° 01-81.702 P : *D. 2001 IR 2803.* ♦ Les juges appelés à statuer sur la détention provisoire apprécient souverainement les éléments fournis par l'enquête et s'ils s'estiment insuffisamment éclairés par cette enquête, ils peuvent en solliciter une complémentaire, mais en tout état de cause, la personne mise en examen ne peut solliciter l'annulation de l'ordonnance de placement en détention en invoquant le manque d'éléments apportés par l'enquête. • Crim. 11 déc. 2001, ⚖ n° 01-86.889 P : *D. 2002. IR 619* • 20 nov. 2002, ⚖ n° 02-85.947. ♦ Dès lors qu'une enquête rapide d'orientation pénale a bien été diligentée avant le placement en détention provisoire par le JLD conformément aux exigences des dispositions de l'art. 145-5, la chambre de l'instruction apprécie souverainement l'ensemble des éléments soumis à son examen pour confirmer ou infirmer la décision de placement en détention provisoire. • Crim. 27 juill. 2016, ⚖ n° 16-83.271 P : *D. actu. 14 sept. 2016, obs. Priou-Alibert.*

3. Les dispositions de l'art. 145-5 n'étant pas applicables en cas de crime, il n'y a pas lieu, dans cette hypothèse, d'ordonner une telle enquête. • Crim. 7 août 2002 : ⚖ *Dr. pénal 2003. Comm. 13, obs. Maron et Barbérot.*

4. Enquête complémentaire. La chambre de l'instruction a le pouvoir de faire procéder à des investigations complémentaires lorsqu'elle estime que l'enquête transmise au juge des libertés est insuffisante. • Crim. 22 mai 2001 : ⚖ *préc. note 2.*

5. Lorsque le prévenu invoque expressément son exercice de l'autorité parentale sur un enfant de moins de dix ans pour la première fois devant la chambre de l'instruction et le justifie, cette dernière doit ordonner la mesure d'enquête prévue par l'art. 145-5. • Crim. 18 sept. 2001 (1er arrêt) : *préc. note 1* • 18 sept. 2001 (2e arrêt) : *préc. note 1.*

Circulaire CRIM 00-16 F1 du 20 décembre 2000, *présentant les dispositions de la loi du 15 juin 2000 renforçant la protection de la présomption d'innocence et les droits des victimes concernant l'instruction, la détention provisoire, le juge des libertés et de la détention et le jugement correctionnel. [...]*

2.1.2.4. *Dispositions destinées à prévenir la détention provisoire des personnes exerçant l'autorité parentale sur un enfant de moins de dix ans*

Soucieux de tenir compte des conséquences du placement en détention d'une personne sur ses enfants, notamment lorsque ceux-ci sont très jeunes, le législateur a souhaité que, dans la mesure du possible, il ne soit recouru, à titre de mesure de sûreté, à l'incarcération des justiciables mis en examen répondant à ces conditions que lorsqu'aucune autre solution de substitution n'aura pu être déterminée. *[...]*

La loi n'exige pas que la personne mise en examen exerce l'autorité parentale de façon exclusive ou constitue avec ses enfants une famille monoparentale pour bénéficier des dispositions de l'article 145-5. *[...]*

Le soin de rechercher une solution de substitution à la détention doit être confié aux services ou aux personnes visés au septième alinéa de l'article 81 du code de procédure pénale, en l'occurrence le service pénitentiaire d'insertion et de probation, le service compétent de la protection judiciaire de la jeunesse ou toute association habilitée, à qui sont déjà confiées par la loi les enquêtes sociales sur la situation matérielle, familiale ou sociale des personnes mises en examen ainsi que la détermination des mesures propres à favoriser leur insertion sociale.

Aux termes de la loi, le service saisi devra rechercher et proposer toutes mesures propres à éviter la détention de la personne concernée. Ces mesures devant également pouvoir répondre aux impératifs du juge d'instruction, en l'occurrence les nécessités de l'instruction, le souci de parvenir à la manifestation de la vérité, elles devront par conséquent avoir un certain caractère de mesure de sûreté.

Il convient de noter que l'article 145-5 prévoit expressément que ces recherches devront être réitérées avant toute décision de prolongation d'une mesure de détention provisoire, le texte évoquant au demeurant des mesures propres à mettre fin à la détention de la personne concernée.

La loi ne précise pas à qui il appartient de saisir le service qui devra procéder à cette recherche : cette saisine pourra être faite par le procureur de la République dès le stade de l'enquête, à défaut par le juge d'instruction, à défaut par le juge des libertés et de la détention. Il est toutefois souhaitable que cette saisine intervienne le plus en amont dans la procédure, dès qu'il apparaît que les conditions de l'article 145-5 sont réunies. — *Il peut être ici précisé qu'il appartient également au juge des libertés ou de la détention, lorsque la personne mise en examen est un mineur ou un majeur de moins de vingt et un ans (et que la peine encourue n'excède alors pas cinq ans d'emprisonnement), de demander le rapport prévu par l'article 12 de l'ordonnance du 2 février 1945 au service éducatif auprès du tribunal pour enfants ou de demander l'enquête sociale prévue par le septième alinéa de l'article 81 du CPP aux services ou personnes visées par cet alinéa, si ce rapport ou cette enquête n'ont pas déjà été demandés par le procureur de la République, le juge pour enfants ou le juge d'instruction, même si ces dispositions ne le prévoient pas expressément.*

Cette saisine ne doit toutefois intervenir que si la personne fait connaître qu'elle exerce l'autorité parentale sur un enfant de moins de dix ans. Si l'intéressé ne donne pas cette indication au cours de la procédure dont il fait l'objet, il ne saurait être exigé du magistrat de rechercher si les conditions d'application de l'article 145-5 sont remplies.

Il convient enfin d'observer que le non-respect de ces dispositions ne constitue pas une cause de nullité de la détention mais justifierait son infirmation par la chambre de l'instruction en cas d'appel (celle-ci pouvant en tout état de cause prescrire les recherches qui n'auraient pas été ordonnées pour statuer sur la détention au vu de leurs conclusions). *[...]*

Art. 146 *(L. nº 2000-516 du 15 juin 2000, art. 54, en vigueur le 1er janv. 2001)* **S'il apparaît, au cours de l'instruction, que la qualification criminelle ne peut être retenue, le juge d'instruction peut, après avoir communiqué le dossier au procureur de la République aux fins de réquisitions, soit saisir par ordonnance motivée le juge des libertés et de la détention aux fins du maintien en détention provisoire de la personne mise en examen, soit prescrire sa mise en liberté assortie ou non du contrôle judiciaire.**

Le juge des libertés et de la détention statue dans le délai de trois jours à compter de la date de sa saisine par le juge d'instruction.

1. QPC. L'art. 146 est conforme à la Constitution. Si le JLD statue sur le maintien en détention en cas de correctionnalisation sans recueillir les observations de la personne détenue, celle-ci peut à tout moment demander sa mise en liberté en application de l'art. 148 et cette demande ne peut être rejetée sans une procédure contradictoire. • Cons. const. 30 sept. 2011 : *D. actu. 11 oct. 2011, obs. Léna ; Procédures 2011, nº 346, obs. Buisson.*

2. Substitution d'une qualification criminelle à une qualification correctionnelle. Lorsque le juge d'instruction a prescrit, en application de l'art. 144, la détention provisoire de l'individu qu'il a inculpé d'un délit et qu'il lui notifie, pour les mêmes faits autrement qualifiés, une inculpation criminelle, aucune ordonnance n'est plus nécessaire pour prolonger la détention. • Crim. 10 juin 1971, nº 71-90.627 P • 18 févr. 1975, nº 75-90.088 P.

3. En cas de notification d'une qualification criminelle se substituant à une qualification correctionnelle, le titre initial demeure valable, la détention se trouvant alors soumise aux règles qui découlent de la nouvelle qualification. Le point de départ du délai de renouvellement de la détention résultant de ce nouveau régime est fixé au jour du titre initial. • Crim. 27 mai 1997, nº 97-81.486 P.

4. Aggravation d'une qualification correctionnelle. En cas de changement de qualification des faits au cours d'une information, de nature à entraîner une modification de la durée de la détention provisoire, le titre initial de détention demeure valable mais, à compter de la notification de la nouvelle qualification, la détention se trouve, de plein droit, soumise aux règles qui découlent de celle-ci. • Crim. 9 janv. 1997, nº 96-85.211 P.

5. Correctionnalisation des faits. Le demandeur, qui se borne à alléguer que serait envisagée la correctionnalisation des faits retenus à son encontre, ne peut soutenir que l'article 146 aurait été méconnu. • Crim. 17 déc. 2002, nº 02-86.533. ♦ La correctionnalisation des faits reprochés à l'intéressé sous la qualification criminelle de vol avec violence en bande organisée n'ayant été qu'envisagée, il n'y avait pas lieu de faire application de l'art. 146. • Crim. 5 mars 2002, nº 01-88.757. ♦ L'art. 146 ne prévoit pas que la décision du JLD, saisi aux fins de maintien en détention provisoire d'une personne mise en examen pour des faits délictuels, à la suite de la substitution, en cours d'information, d'une qualification correctionnelle à une qualification criminelle, soit rendue à l'issue d'un débat contradictoire. • Crim. 11 mai 2010, nº 10-81.324 P.

6. Correctionnalisation légale des faits. En cas de requalification légale des faits en cours d'information, le titre initial de détention demeure valable et est soumis de plein droit aux règles qui découlent de la nouvelle qualification sans qu'il y ait lieu de saisir, en application de l'art. 146, le juge des libertés et de la détention. Justifie sa décision l'arrêt qui énonce que la correctionnalisation du crime de détention d'explosifs résultant d'une disposition légale et non de l'initiative du juge d'instruction, seuls étaient applicables, en matière de détention provisoire, les art. 145 et 145-1. • Crim. 7 juin 2006, nº 06-82.233 P : *AJ pénal 2006. 371.*

Art. 147 *(L. n° 70-643 du 17 juill. 1970)* **En toute matière, la mise en liberté assortie ou non du contrôle judiciaire peut être ordonnée d'office par le juge d'instruction après avis du procureur de la République, à charge pour** *(L. n° 93-2 du 4 janv. 1993)* **« la personne mise en examen » de prendre l'engagement de se représenter à tous les actes de la procédure aussitôt qu'***(L. n° 93-2 du 4 janv. 1993)* **« elle en sera requise » et de tenir informé le magistrat instructeur de tous ses déplacements.**

Le procureur de la République peut également la requérir à tout moment. *(L. n° 2000-516 du 15 juin 2000, art. 55, en vigueur le 1er janv. 2001)* **« Sauf s'il ordonne la mise en liberté de la personne, le juge d'instruction doit, dans les cinq jours suivant les réquisitions du procureur de la République, transmettre le dossier, assorti de son avis motivé, au juge des libertés et de la détention, qui statue dans le délai de trois jours ouvrables. »**

Une ordonnance de mise en liberté rendue d'office par le juge d'instruction n'est pas entachée de nullité pour avoir été rendue sans les réquisitions écrites du procureur de la République dès lors que ce magistrat a formulé, fût-ce oralement, l'avis qu'exige seulement l'art. 147. • Crim. 6 mai 1985, n° 85-91.061 P.

Art. 147-1 *(L. n° 2014-896 du 15 août 2014, art. 50, en vigueur le 1er oct. 2014)* **En toute matière et à tous les stades de la procédure, sauf s'il existe un risque grave de renouvellement de l'infraction, la mise en liberté d'une personne placée en détention provisoire peut être ordonnée, d'office ou à la demande de l'intéressé, lorsqu'une expertise médicale établit que cette personne est atteinte d'une pathologie engageant le pronostic vital ou que son état de santé physique ou mentale est incompatible avec le maintien en détention.** *(Abrogé par L. n° 2019-222 du 23 mars 2019, art. 86)* ***« La mise en liberté des personnes détenues admises en soins psychiatriques sans leur consentement ne peut être ordonnée en application du présent article. »***

En cas d'urgence, la mise en liberté peut être ordonnée au vu d'un certificat médical établi par le médecin responsable de la structure sanitaire dans laquelle cette personne est prise en charge ou par le remplaçant de ce médecin.

La décision de mise en liberté peut être assortie d'un placement sous contrôle judiciaire ou d'une assignation à résidence avec surveillance électronique.

L'évolution de l'état de santé de la personne peut constituer un élément nouveau permettant qu'elle fasse l'objet d'une nouvelle décision de placement en détention provisoire, selon les modalités prévues au présent code, dès lors que les conditions de cette mesure prévues à l'article 144 sont réunies.

BIBL. ▶ BARON, *Dr. pénal 2015. Étude 3* (raison médicale comme motif de mise en liberté).

1. Pour une application, V. • Rouen, j. instr., 15 juin 2015 : *AJ pénal 2015. 377, obs. Herzog-Evans*. ♦ Pour des exemples de rejet : • Crim. 7 févr. 2017, n° 16-86.877 P : *D. actu. 9 mars 2017, obs. André* • Crim. 29 nov. 2017, n° 17-85.300 P : *D. actu. 21 déc. 2017, obs. Diaz.*

2. Pour confirmer le maintien en détention d'une personne mise en examen, présentant un état de santé gravement détérioré à la suite de sa défenestration lors de son interpellation, la chambre de l'instruction devait faire vérifier au préalable par des investigations complémentaires au sens de l'art. 194 si, contrairement à ce qu'avait indiqué le praticien hospitalier de l'établissement public de santé national de Fresnes, l'état de santé de l'intéressé était compatible avec sa détention. • Crim. 18 oct. 2016, n° 16-84.764 P : *D. actu. 4 nov. 2016, obs. André ; Gaz. Pal. 24 janv. 2017, p. 64, note Fourment ; AJ pénal 2017. 91, obs. Falxa ; Dr. pénal 2017, n° 12, note Maron et Haas ; RSC 2016. 809, note Cordier*.

Art. 148 *(L. n° 2000-516 du 15 juin 2000)* **« En toute matière, la personne placée en détention provisoire ou son avocat peut, à tout moment, demander sa mise en liberté, sous les obligations prévues** *(L. n° 2016-731 du 3 juin 2016, art. 75)* **« à l'article 147. Toutefois, à peine d'irrecevabilité, aucune demande de mise en liberté ne peut être formée tant qu'il n'a pas été statué par le juge des libertés et de la détention, dans les délais prévus au troisième alinéa du présent article, sur une précédente demande. Cette irrecevabilité s'applique de plein droit sans qu'elle soit constatée par ordonnance du juge d'instruction. »**

« La demande de mise en liberté est adressée au juge d'instruction, qui communique immédiatement le dossier au procureur de la République aux fins de réquisitions.

« Sauf s'il donne une suite favorable à la demande, le juge d'instruction doit, dans les cinq jours suivant la communication au procureur de la République, la transmettre avec son avis motivé au juge des libertés et de la détention. Ce magistrat statue dans un délai de trois jours ouvrables, par une ordonnance comportant l'énoncé des considérations de droit et de fait qui constituent le fondement de cette décision par référence aux dispositions de l'article 144. Toutefois, lorsqu'il n'a pas encore été statué *(Abrogé par L. n° 2016-731 du 3 juin 2016, art. 75)* ***« sur une précédente demande de mise en liberté ou »*** **sur l'appel d'une précédente ordonnance de refus de mise en liberté, les délais précités ne commencent à courir qu'à compter de la décision rendue par la juridiction compétente. »** *(L. n° 2004-204 du 9 mars 2004, art. 101)* **« Lorsqu'il a été adressé plusieurs demandes de mise en liberté, il peut être répondu à ces différentes demandes dans les délais précités par une décision unique. »**

(L. n° 70-643 du 17 juill. 1970) **La mise en liberté, lorsqu'elle est accordée, peut être assortie de mesures de contrôle judiciaire.**

Al. 5 abrogé par L. n° 93-1013 du 24 août 1993.

Faute par *(L. n° 2000-516 du 15 juin 2000)* **« le juge des libertés et de la détention » d'avoir statué dans le délai fixé au troisième alinéa,** *(L. n° 93-2 du 4 janv. 1993)* **« la personne » peut saisir directement de sa demande la** *(L. n° 2000-516 du 15 juin 2000)* **« chambre de l'instruction » qui, sur les réquisitions écrites et motivées du procureur général, se prononce dans les** *(L. n° 85-1407 du 30 déc. 1985)* **« vingt jours » de sa saisine faute de quoi** *(L. n° 93-2 du 4 janv. 1993)* **« la personne est mise d'office » en liberté sauf si des vérifications concernant sa demande ont été ordonnées. Le droit de saisir dans les mêmes conditions la** *(L. n° 2000-516 du 15 juin 2000)* **« chambre de l'instruction » appartient également au procureur de la République.** — *Les dispositions de la L. n° 2000-516 du 15 juin 2000, art. 56 et 83, sont entrées en vigueur le 1er janv. 2001.*

1. QPC. Doit être renvoyée devant le Cons. const. la question portant sur la conformité à la Constitution de l'art. 148 qui permet à toute personne en détention provisoire de demander à tout moment sa mise en liberté. • Crim. 14 sept. 2010, n° 10-90.093. ♦ L'équilibre des droits des parties interdit que le JLD puisse rejeter la demande de mise en liberté sans que le demandeur ou son avocat ait pu avoir communication de l'avis du juge d'instruction et des réquisitions du ministère public. Sous cette réserve, l'art. 148 est conforme à la Constitution. • Cons. const. 17 déc. 2010, n° 2010-62 QPC : *D. actu. 7 janv. 2011, obs. Léna ; D. 2010. Actu. 17 ; AJ pénal 2011. 136, obs. Perrier ; RSC 2011. Chron. 193, obs. Lazerges ; ibid. 864, obs. Boccon-Gibod ; Constitutions 2011. 531, obs. Daoud et Talbot ; Dr. pénal 2012. Chron. 1, obs. Georget ; Procédures 2011, n° 72, obs. Buisson.* ♦ Doit être renvoyée devant le Conseil constitutionnel la question portant sur la conformité à la Constitution de l'art. 148 qui permet à toute personne en détention provisoire de demander à tout moment sa mise en liberté. • Crim. 14 sept. 2010, n° 10-90.093.

2. Il résulte des dispositions de l'art. 148, ayant fait l'objet d'une réserve d'interprétation par le Conseil constitutionnel (Décis. n° 2010-62 du 17 déc. 2010), que le JLD ne peut rejeter la demande de mise en liberté sans que le demandeur ou son avocat ait pu avoir communication de l'avis du juge d'instruction et des réquisitions du ministère public. Aucune obligation ne lui est cependant faite d'attendre la transmission d'éventuelles observations de leur part. En conséquence, justifie sa décision la cour d'appel qui constate que, préalablement à sa décision, le JLD a fait connaître au demandeur ou à son défenseur l'avis du juge d'instruction et les réquisitions du ministère public, la réception d'éventuelles observations n'étant prévue ni par les textes légaux, ni par le Conseil constitutionnel. • Crim. 26 oct. 2011, n° 11-86.117 P.

I. APPLICATION DES RÈGLES NATIONALES

A. FORMALITÉS PRÉLIMINAIRES

3. Nature de l'ordonnance de soit-communiqué. L'ordonnance de soit-communiqué, qui n'a d'autre objet que de mettre le procureur de la République en mesure de prendre ses réquisitions sur la mise en liberté n'est qu'une simple formalité de procédure et n'a pas de caractère juridictionnel au sens de l'art. 183. • Crim. 21 déc. 1970, n° 70-92.417 P.

B. DÉCISION SUR LA DEMANDE DE MISE EN LIBERTÉ

4. Délai de l'al. 3. Le jour où le juge d'instruction communique au procureur de la République la demande de mise en liberté n'entre pas en compte dans le calcul du délai de cinq jours prévu par l'art. 148, al. 3, de sorte que le juge ayant reçu une demande de mise en liberté le 12 déc. et l'ayant communiquée le jour même au parquet a pu valablement rendre son ordonnance le 17 déc. • Crim. 19 mars 1985, n° 85-90.391 P.

5. Motivation de la décision. Il résulte de la combinaison des art. 144, 145 et 148, al. 3, que la décision d'une juridiction d'instruction rejetant une demande de mise en liberté doit, comme celle prescrivant la détention provisoire en matière correctionnelle, être motivée d'après les éléments de l'espèce par référence aux dispositions de l'art. 144. • Crim. 22 juin 1971, n° 71-91.274 P : *D. 1971. 546, note Pradel* • 24 juin 1971, n° 71-91.006 P • 20 déc. 1972, n° 72-93.363 P • 25 sept. 1974 : *Bull. crim. n° 271* • 30 sept. 1976, n° 76-92.551 P • 18 mai 1977, n° 77-90.238 P : *D. 1977. IR 371* • 19 févr. 1980, n° 80-90.054 P • 9 oct. 1984, n° 84-93.516 P • 23 oct. 1984, n° 84-94.205 P • 10 oct. 1985 : *Bull. crim. n° 313* • 6 mars 1986, n° 85-96.526 P • 21 août 1990, n° 90-83.745 P. ♦ Ces dispositions sont substantielles. • Crim. 22 juin 1971 : *préc.* • 22 févr. 1983 : *D. 1983. IR 283.* ♦ L'exigence de motivation spéciale portant sur le caractère insuffisant des obligations du contrôle judiciaire, instituée par la loi n° 96-1235 du 30 déc. 1996, ne s'applique pas aux décisions qui rejettent une demande de mise en liberté formée sur le fondement de l'art. 148, texte qui ne fait pas référence à l'art. 145. En conséquence, justifie sa décision la chambre d'accusation qui, pour confirmer une ordonnance de rejet d'une demande de mise en liberté, énonce les considérations de droit et de fait qui constituent le fondement de sa décision par référence aux seules dispositions de l'art. 144. • Crim. 22 juill. 1997, n° 97-82.683 P : *D. 1998. Somm. 171, obs. Pradel ; Procédures 1998. Comm. 18 (1re esp.), obs. Buisson* • 2 sept. 1997, n° 97-83.234 P : *Procédures 1998. Comm. 18 (2e esp.), obs. Buisson ; Dr. pénal 1997. Comm. 161, et Chron. 26, par Maron ; Dr. pénal 1998. Chron. 2, par Lesclous et Marsat.*

6. En raison de l'effet dévolutif de l'appel, il appartient à la chambre de l'instruction d'examiner le bien-fondé de la détention provisoire et de statuer sur la nécessité de cette mesure, au besoin en substituant aux motifs insuffisants, voire erronés, du premier juge des motifs répondant aux exigences légales. Encourt la censure l'arrêt qui annule une ordonnance rejetant la demande de mise en liberté d'une personne mise en examen, en relevant que les motifs de ladite ordonnance concernent une autre personne, ce qui doit s'analyser en une absence de motivation affectant la validité même de la décision, et prescrit en conséquence la mise en liberté de l'intéressé, alors qu'il appartenait à la chambre de l'instruction de statuer par ses propres motifs sur le bien-fondé de la demande qui lui était soumise. • Crim. 19 janv. 2010, n° 09-87.206 P : *AJ pénal 2010. 195, obs. Ascensi .* ♦ Lorsqu'une chambre de l'instruction déclare inexistante, faute de signature, une ordonnance du juge des libertés et de la détention rejetant une demande de mise en liberté, le recours doit s'analyser en une saisine directe et la chambre de l'instruction doit se prononcer sur la nécessité du maintien en détention. • Crim. 8 juill. 2020, n° 20-81.915 P : *D. actu. 9 sept. 2020, obs. Diaz.*

7. Mandat d'arrêt européen. Est motivé le rejet d'une demande de mise en liberté concernant une détention dans le cadre de l'exécution d'un mandat d'arrêt européen, alors que l'intéressé avait été, dans le cadre de la procédure française concomitante, placé sous contrôle judiciaire en raison de l'absence de garantie de représentation, l'existence d'une domiciliation de façade et de multiples identités, les insuffisances des obligations du contrôle judiciaire, la révocation partielle d'une libération conditionnelle, le casier judiciaire ainsi que le fait que la durée d'incarcération de la personne mise en examen n'atteint pas un délai déraisonnable au regard des objectifs vers lesquels tend la mise à exécution du mandat d'arrêt européen. • Crim. 17 oct. 2017, n° 17-84.667 P : *D. actu. 6 nov. 2017, obs. Azoulay ; AJ pénal 2017. 547, obs. Brach-Thiel .*

8. Auteur. Le juge d'instruction, juridiction du premier degré, est en principe seul compétent pour statuer en premier ressort sur les demandes de mise en liberté formées au cours de l'instruction préparatoire, à moins que la chambre d'accusation, statuant dans les conditions prévues par l'art. 207, al. 1er, ait pris elle-même une mesure de détention ou ait réformé la décision du juge d'instruction sur la détention en se réservant expressément la faculté d'en ordonner, le cas échéant, la prolongation ou d'y mettre fin sur les réquisitions du ministère public ou à la demande de l'inculpé. • Crim. 24 nov. 1977, n° 77-92.803 P : *D. 1978. 56, note Malaval ; D. 1978. IR 113, obs. Puech ; RSC 1978. 652, obs. J. Robert ; JCP 1978. II. 18781, note Chambon* • 26 juill. 1978, n° 78-91.693 P • 11 janv. 1983, n° 82-93.697 P • 14 mai 1985, n° 85-91.294 P • 2 juill. 1985, n° 84-92.399 P : *D. 1986. IR 118, obs. Pradel.* ♦ Toutefois, le juge d'instruction qui a prononcé le renvoi d'un inculpé devant la juridiction de jugement reste seul compétent pour ordonner le maintien en détention de cet inculpé. • Crim. 21 janv. 1986, n° 85-95.517 P. ♦ Le juge d'instruction n'est plus compétent pour statuer sur les demandes de mise en liberté présentées par l'inculpé ou son conseil après l'ordonnance de règlement. • Crim. 2 déc. 1971, n° 71-92.789 P.

9. Saisine directe de la chambre de l'instruction (al. 5). La personne mise en examen n'est pas recevable à saisir la chambre de l'instruction en application des dispositions de l'art. 148, al. 5, lorsque la demande de mise en liberté laissée sans réponse par le juge d'instruction et le JLD était elle-même irrecevable faute d'avoir été présentée dans les formes prévues par les art. 148-6 et 148-7 ; que tel est le cas en l'espèce, la demande ayant été formée par lettre. • Crim. 19 nov. 2002, n° 02-86.030 P. ♦ Il se déduit des art. 148, al. 3 et 5, et 148-6 que la chambre de l'instruction n'est tenue de statuer sur la demande qui lui est présentée en application de ces textes par la voie d'une lettre recommandée avec demande d'avis de réception que dans le cas où sa saisine, fixée au jour de la réception de la lettre par le greffe, est antérieure à la date de l'ordonnance statuant sur la demande de mise en liberté, rendue par le JLD. • Crim. 28 mars 2017, n° 17-80.136 P : *D. actu. 24 avr. 2017, obs. Goetz.*

10. Lorsque la chambre de l'instruction est saisie sur le fondement de l'art. 148, al. 5, il lui appartient de se prononcer y compris lorsque le juge d'instruction statue sur la demande initiale après sa saisine et ne peut déclarer la demande de mise en liberté sur saisine directe sans objet. • Crim. 26 juin 2018, n° 18-82.579 P : *D. actu. 26 juill. 2018, obs. Diaz.*

11. Il n'importe, au regard des dispositions de l'art. 148, dernier alinéa, que la décision rendue dans les délais ait ensuite été annulée par la chambre criminelle de la Cour de cassation. • Crim. 16 oct. 2018, n° 18-84.585 P.

12. Concernant une demande de mise en liberté ambiguë, visant à la fois l'art. 148-4 et la saisine du juge d'instruction, V. note 3 ss. art. 148-4.

13. Délai de communication de la demande. La loi a confié à la conscience du juge d'instruction le soin d'ordonner la communication dans le plus bref délai de la demande de mise en liberté. • Crim. 25 mars 1985, n° 85-90.523 P (le juge avait transmis au parquet la demande au bout de quatre jours, d'où le rejet de sa requête de saisine de la chambre d'accusation fondée sur l'art. 148 *in fine*). ♦ Comp. : • Colmar, 21 nov. 1985 : *D. 1987. Somm. 80, obs. Pradel* (le juge n'avait jamais transmis la demande au parquet et sa requête avait été accueillie) • Paris, 20 juin 1990 : *D. 1991. Somm. 212, obs. Pradel* (le juge avait transmis la demande au bout de quinze jours).

14. Calcul des délais. Le délai prévu par l'art. 148 *in fine* expire le quinzième jour (vingtième jour) accompli depuis la saisine de la chambre d'accusation. • Crim. 13 nov. 1980, n° 80-93.576 P. ♦ Ce délai part du jour de l'arrivée effective de la demande de mise en liberté, c'est-à-dire du jour où le greffier en a accusé réception et non du jour où le greffier l'a constatée par son enregistrement. • Crim. 20 janv. 2009 : *Dr. pénal 2010. Chron. 1, obs. Guérin.* ♦ Le jour du dépôt au greffe de la cour de la demande de mise en liberté n'entre pas en compte pour le calcul du délai. • Crim. 2 juin 1981, n° 81-81.758 P : *RSC 1982. 799, obs. J. Robert* • 25 oct. 1983, n° 83-93.720 P : *D. 1984. 240, note Chambon.* ♦ Le délai de vingt jours laissé à la chambre de l'instruction pour statuer sur une demande de mise en liberté, dans le cas d'une saisine directe, court, non à compter du lendemain du jour de la déclaration au chef d'établissement pénitentiaire, mais du lendemain du jour où cette déclaration a été transcrite par le greffe de la chambre de l'instruction. • Crim. 16 janv. 2013 : *D. actu. 1er mars 2013, obs. Priou-Alibert ; AJ pénal 2013. 347, obs. Auffret.*

15. Retard de notification. Le retard apporté dans la notification d'une ordonnance du juge des libertés et de la détention rejetant une demande de mise en liberté n'a pas pour effet de permettre au demandeur de saisir directement la chambre de l'instruction sur le fondement de l'article 148, dernier al., mais seulement de différer d'autant le point de départ du délai d'appel. • Crim. 12 avr. 2005, n° 05-80.686 P : *D. 2005. IR 1376 ; JCP 2005. IV. 2279.*

16. Demande de mise en liberté après dessaisissement du juge d'instruction. Il résulte de l'art. 148 que, lorsqu'il n'a pas été statué, dans les délais prévus par ce texte, sur une demande de mise en liberté adressée au juge d'instruction, la personne placée en détention n'est pas remise en liberté d'office mais a la faculté de saisir directement la chambre de l'instruction de sa demande. • Crim. 9 janv. 2007, n° 06-87.705 P : *AJ pénal 2007. 137, obs. Roussel.*

17. Contestation de la décision de placement initial en détention provisoire. A l'occasion de l'appel d'une ordonnance de rejet de demande de mise en liberté, la personne mise en examen n'est pas recevable à invoquer l'irrégularité de la décision initiale de placement en détention. • Crim. 10 mai 2012, n° 12-81.427 P : *D. 2012. Actu. 1550.* ♦ Dès lors que le grief de partialité allégué n'est pas de nature à rendre inexistant le titre initial de détention, justifie sa décision la chambre de l'instruction qui confirme l'ordonnance de rejet de demande de mise en liberté, et énonce que la régularité de l'ordonnance de placement en détention ne peut être examinée qu'à l'occasion de l'appel interjeté contre cette ordonnance. • Crim. 7 déc. 2004, n° 04-85.807 P : *D. 2005. IR 795 ; JCP 2005. IV. 1312.*

II. APPLICATION DES PRINCIPES EUROPÉENS

18. Art. 5 Conv. EDH. Il appartient à la chambre d'accusation régulièrement saisie par conclusions d'apprécier souverainement si la durée de la détention provisoire n'excède pas un délai raisonnable. • Crim. 6 mars 1986, n° 85-96.526 P : *D. 1986. 315, note D. Mayer ; D. 1986. IR 305, obs. Pradel* • 12 déc. 1988, n° 88-85.813 P. ♦ V. ss. art. 5 Conv. EDH, App. v° *Droits de l'homme.* ♦ L'estimation selon laquelle la durée de la détention provisoire n'excède pas le délai raisonnable prévu par l'art. 5, § 3, Conv. EDH relève de l'appréciation souveraine des juges du fond et échappe donc au contrôle de la Cour de cassation. • Crim. 4 avr. 2001, n° 01-80.455.

♦ V. évolution de la jurispr. ss. art. 144-1.

19. Est irrecevable comme nouveau le moyen selon lequel la détention excéderait le délai raisonnable prévu par la Conv. EDH dès lors que devant la chambre d'accusation l'inculpé, demandeur au pourvoi, n'a élevé aucune contestation à ce sujet. • Crim. 12 déc. 1988, n° 88-85.812 P.

20. Il résulte de l'art. 5, § 3, Conv. EDH selon lequel toute personne arrêtée ou détenue a le droit d'être jugée dans un délai raisonnable ou libérée pendant la procédure, que ledit délai court non à compter de la date à laquelle une juridiction est saisie d'une demande de mise en liberté, mais à compter de celle à laquelle la personne s'est trouvée être arrêtée ou détenue. • Crim. 23 déc. 1986, n° 86-95.501 P.

21. Débat contradictoire. L'absence de débat contradictoire préalablement à l'ordonnance de rejet d'une demande de mise en liberté par le JLD n'est pas contraire à l'art. 6 Conv. EDH dans la mesure où le détenu peut à tout moment déposer une nouvelle demande de mise en liberté et déférer toute ordonnance rejetant cette demande à la chambre de l'instruction qui statue selon une procédure conforme aux exigences de l'art. 5, § 4, Conv. EDH. • Crim. 26 févr. 2003, n° 02-88.131 P : *D. 2003. Somm. 1730, obs. Pradel ; JCP 2003. IV. 1763.*

Circulaire CRIM 00-16 F1 du 20 décembre 2000, *présentant les dispositions de la loi du 15 juin 2000 renforçant la protection de la présomption d'innocence et les droits des victimes concernant l'instruction, la détention provisoire, le juge des libertés et de la détention et le jugement correctionnel. [...]*

2.1.1.2.3. *Décision en matière de demande de mise en liberté. [...]*

Ce n'est que dans l'hypothèse où il ne fait pas lui-même droit à ces réquisitions ou demandes en ordonnant la mise en liberté de la personne que le juge d'instruction doit saisir le juge des libertés et de la détention qui doit alors se prononcer.

Comme par le passé, le juge d'instruction dispose de cinq jours pour statuer sur les réquisitions du parquet (art. 147), ou sur la demande de mise en liberté (art. 148). Le délai de cinq jours court à compter de la communication du dossier au parquet, qui doit être faite immédiatement.

Si, dans ce délai de cinq jours, le juge d'instruction n'ordonne pas la mise en liberté de la personne, il doit, au plus tard au terme de ce délai, transmettre le dossier, assorti de son avis motivé, au juge des libertés et de la détention.

Il résulte de la combinaison des dispositions de l'article 137-1, dernier alinéa, et des articles 147 et 148, que cette transmission doit prendre la forme d'une ordonnance de saisine motivée (dont la motivation est similaire à celle des ordonnances tendant au placement ou à la prolongation, et tient, si nécessaire, compte des dispositions de l'article 145-3).

Le juge des libertés et de la détention doit alors statuer dans un délai de trois jours ouvrables à compter de sa saisine, par une ordonnance comportant l'énoncé des considérations de droit et de fait qui constituent le fondement de cette décision par référence aux dispositions de l'article 144.

Comme par le passé, il est prévu que lorsqu'il n'a pas encore été statué sur une précédente demande de mise en liberté ou sur l'appel d'une précédente ordonnance de refus de mise en liberté, ces délais ne commencent à courir qu'à compter de la décision rendue par la juridiction compétente.

Faute pour le juge des libertés et de la détention d'avoir statué dans les délais prescrits, la personne peut directement saisir la chambre de l'instruction de sa demande.

Application dans le temps : à compter du 1er janvier 2001, seul le juge des libertés et de la détention a la possibilité de rejeter une demande de mise en liberté. Il en résulte que les demandes de mise en liberté déposées avant le 1er janvier 2001 et sur lesquelles le juge d'instruction n'aurait pas statué avant cette date doivent être communiquées au juge des libertés et de la détention (sauf si, bien évidemment, le juge d'instruction ordonne la mise en liberté de la personne). *[...]*

Art. 148-1 *(L. n° 70-643 du 17 juill. 1970)* **La mise en liberté peut aussi être demandée en tout état de cause par** *(L. n° 93-2 du 4 janv. 1993)* **« toute personne mise en examen, tout prévenu » ou accusé, et en toute période de la procédure.**

(L. n° 2000-516 du 15 juin 2000, art. 136-II, en vigueur le 1er janv. 2001) **« Lorsqu'une juridiction de jugement est saisie, il lui appartient de statuer sur la détention provi-**

soire. Toutefois, en matière criminelle, la cour d'assises n'est compétente que lorsque la demande est formée durant la session au cours de laquelle elle doit juger l'accusé. Dans les autres cas, la demande est examinée par la chambre de l'instruction. »

En cas de pourvoi et jusqu'à l'arrêt de la Cour de cassation, il est statué sur la demande de mise en liberté par la juridiction qui a connu en dernier lieu de l'affaire au fond. Si le pourvoi a été formé contre un arrêt de la cour d'assises, il est statué sur la détention par la *(L. n° 2000-516 du 15 juin 2000, art. 83, en vigueur le 1er janv. 2001)* **« chambre de l'instruction ».**

En cas de décision d'incompétence et généralement dans tous les cas où aucune juridiction n'est saisie, la *(L. n° 2000-516 du 15 juin 2000, art. 83, en vigueur le 1er janv. 2001)* **« chambre de l'instruction » connaît des demandes de mise en liberté.**

S'agissant des dispositions d'urgence mises en place pour faire face à l'épidémie de covid-19, V. App., v° État d'urgence sanitaire.

I. RÈGLES NATIONALES

1. QPC. L'absence de droit d'appel concernant les arrêts de cours d'assises statuant sur la détention provisoire ne porte pas atteinte au principe d'égalité devant la loi et la justice, car la décision doit être motivée et est susceptible d'un pourvoi en cassation (non-renvoi de la QPC). • Crim. 6 mars 2013 : *D. actu. 4 avr. 2013, obs. Fucini.*

A. RÈGLES GÉNÉRALES

2. En permettant aux inculpés de demander leur mise en liberté, les art. 148-1 et 148-2 leur attribuent un droit exceptionnel, qui ne comporte aucune extension et limite la saisine de la juridiction à la seule question de la détention. • Crim. 15 sept. 1979, n° 79-92.183 P. ♦ En permettant aux prévenus de saisir la juridiction de jugement d'une demande de mise en liberté, l'art. 148-1, dont les dispositions sont limitatives, leur a attribué un droit exceptionnel dont ils ne sauraient s'autoriser pour faire juger à l'occasion de ces procédures spéciales, des questions étrangères à leur unique objet. • Crim. 7 févr. 1990, n° 89-83.615 P. ♦ Mais n'est pas étranger à l'unique objet de la demande de mise en liberté formée par un prévenu, détenu en vertu d'un mandat de dépôt dont a été assortie sa condamnation prononcée en première instance, non définitive, à une peine d'emprisonnement correctionnelle, le moyen pris de l'irrégularité dudit mandat. Néanmoins, l'arrêt n'encourt pas, en l'espèce la censure, dans la mesure où, pour constater la nécessité de la détention du prévenu et rejeter sa demande de mise en liberté, la cour d'appel s'est déterminée par des considérations de droit et de fait répondant aux exigences de l'art. 144. • Crim. 29 nov. 2016, n° 16-85.550 P : *D. actu. 17 févr. 2017, obs. Aubert.*

3. L'appréciation de fait des juges du fond sur le point de savoir s'il y a lieu d'accorder ou de refuser la mise en liberté est souveraine. • Crim. 18 févr. 1915 : *Bull. crim. n° 33* • 5 juin 1924 : *Bull. crim. n° 248.* ♦ Justifie sa décision au regard de l'art. 148-2 la chambre de l'instruction qui, pour rejeter la requête aux fins de comparution personnelle présentée à l'occasion d'une demande de mise en liberté formée en application de l'art. 148-1 par un détenu s'étant pourvu contre l'arrêt de condamnation prononcé à son encontre par la cour d'assises, retient que le requérant a comparu devant elle depuis moins de quatre mois et qu'une ordonnance de rejet de comparution a déjà été rendue par le président de la juridiction. En pareil cas, les dispositions de l'art. 199 relatives à la comparution personnelle n'ont pas vocation à s'appliquer. • Crim. 28 avr. 2009, n° 09-80.713 P : *AJ pénal 2009. 320.*

4. Un droit fondamental. Tout accusé dont la condamnation n'est pas définitive peut demander sa mise en liberté en toute période de la procédure ; ainsi, doit être cassé l'arrêt de la chambre de l'instruction qui déclare irrecevable la demande de mise en liberté d'une personne condamnée par une cour d'assises alors que le ministère public a fait appel de cette décision car la condamnation n'est pas définitive tant que la juridiction compétente ne s'est pas prononcée sur la recevabilité de cet appel. • Crim. 24 avr. 2003, n° 03-80.582 P : *JCP 2003. IV. 2124.*

5. Motivation de la décision. Lorsqu'une juridiction est saisie, par application de l'art. 148-1, d'une demande de mise en liberté, sa décision rejetant cette demande doit être spécialement motivée dans les conditions prévues à l'art. 145, ainsi que l'exige l'art. 148. • Crim. 16 déc. 1971 : *D. 1972. 318, note Lescure et E. Robert* • 15 sept. 1979, n° 79-92.183 P • 7 août 1990, n° 90-83.294 P : *D. 1991. Somm. 210, obs. Pradel.* ♦ L'exigence de motivation spéciale sur le caractère insuffisant des obligations du contrôle judiciaire cesse d'être applicable lorsque le juge d'instruction a renvoyé la personne poursuivie devant la juridiction de jugement. • Crim. 6 mai 2002, n° 02-81.391 P. ♦ L'exigence de motivation spéciale portant sur le caractère insuffisant des obligations du contrôle judiciaire, instituée par la loi du 30 déc. 1996, ne s'applique pas aux décisions qui rejettent une demande de mise en liberté formée sur le fondement de l'art. 148-1, mais seulement aux placements en détention ou aux prolongations de celle-ci. • Crim. 2 sept. 1997, n° 97-83.234 P. ♦ Lorsqu'elle est saisie, sur le fondement de l'art. 148-1, d'une demande formée par une personne détenue en vertu d'une ordonnance de prise de corps, elle n'a pas à se prononcer par référence aux dispositions de l'art. 145-3. • Crim. 5 janv. 1999, n° 98-86.368 P : *Dr. pénal 1999. Chron. 20, par Marsat.* ♦ La chambre de l'instruction qui maintient en détention un individu condamné en première instance par une cour d'assises en se fondant sur cette condamnation pour justifier un risque de pression sur les témoins et de soustraction à l'action de la justice ne méconnaît pas le principe du respect de la présomption d'innocence. • Crim. 19 sept. 2001, n° 01-84.736 P.

6. Aucun texte n'exige que l'arrêt de la chambre de l'instruction qui statue sur une demande de mise en liberté de l'accusé mentionne que la session au cours de laquelle l'accusé doit être jugé n'était pas ouverte le jour où la demande a été formée. • Crim. 29 mars 2006, n° 06.80.531 P : *AJ pénal 2006. 317* .

7. Dès lors qu'elle est invitée à ordonner une mesure de remise en liberté en cas de non-lieu, en application de l'art. 212, al. 2, et non à statuer sur la détention, sur le fondement de l'art. 148-1, la chambre d'accusation qui, renvoyant l'accusé devant la cour d'assises, rejette cette demande, n'a pas à motiver sa décision par des considérations de droit et de fait répondant aux exigences des art. 144 s. • Crim. 22 sept. 1998, n° 98-83.568 P : *Dr. pénal 1999. Chron. 11, note Marsat.*

8. Les décisions prises à l'égard d'une personne sur le fondement des art. 148-1 et 148-2, condamnée en première instance par une cour d'assises à une peine non couverte par la détention provisoire, n'ont pas à être motivées par référence aux indices ou aux charges relevés contre elle, qui ont été appréciés par la cour d'assises. • Crim. 14 avr. 2021, n° 21-80.865.

B. RÈGLES PROCÉDURALES

9. Incompétence. Lorsqu'une juridiction de jugement est saisie, il lui appartient de statuer sur le contrôle judiciaire et en cas de décision d'incompétence et généralement dans tous les cas où aucune juridiction n'est saisie, la chambre de l'instruction connaît des demandes de contrôle judiciaire, la détermination de la juridiction compétente s'appréciant au jour du dépôt de la requête modificative du contrôle judiciaire. • Crim. 17 avr. 2019, n° 19-80.950 P. ♦ En cas de décision d'incompétence et généralement dans tous les cas où aucune juridiction n'est saisie, la chambre de l'instruction connaît des demandes de mise en liberté, la détermination de la juridiction compétente s'appréciant au jour du dépôt de la demande de mise en liberté. • Crim. 7 mai 2019, n° 19-81.366 P : *D. actu. 7 juin 2019, obs. Fonteix.*

10. La chambre d'accusation à laquelle est soumise une demande de mise en liberté adressée à tort, par un accusé, au juge d'instruction dessaisi, pendant la session d'assises, est compétente pour se prononcer sur cette demande, dès lors que la session est close lorsque cette demande lui est soumise. • Crim. 24 juill. 1990, n° 90-82.963 P. ♦ Conf. : • Crim. 29 sept. 1998, n° 98-83.722 P : *Dr. pénal 1999. Chron. 11, note Marsat.* ♦ Dès lors que la demande de mise en liberté est formée postérieurement à l'arrêt de la cour d'assises ordonnant le renvoi à une session ultérieure, de sorte que l'accusé ne doit plus être jugé lors de la session en cours, seule la chambre de l'instruction est compétente. • Crim. 25 juin 2019, n° 19-82.584 P : *D. actu. 5 juill. 2019, obs. Priou-Alibert.* ♦ De même, une demande de mise en liberté, effectuée selon les modalités prévues par les art. 148-7 et 148-8 et régulièrement transmise au greffe de la juridiction compétente en vertu de l'art. 148-1, ne saurait être déclarée irrecevable au seul motif de l'existence, dans son libellé, d'une erreur matérielle (déclaration faite auprès du chef de l'établissement pénitentiaire matériellement adressée au greffe du juge d'instruction alors dessaisi au lieu du greffe de la chambre de l'instruction). • Crim. 21 mai 2008, n° 08-81.613 P : *D. 2008. AJ 1831* ; *AJ pénal 2008. 423, obs. Nord-Wagner* .

11. Lorsqu'un juge d'instruction s'est déclaré incompétent et qu'aucun autre juge n'a été saisi, la demande de mainlevée du contrôle judiciaire ne peut être présentée qu'à la chambre d'accusation, en application des dispositions combinées des art. 141-1 et 148-1. • Crim. 13 janv. 1998, n° 97-82.794 P : *Procédures 1998. Comm. 122, obs. Buisson.*

12. C'est à la chambre d'accusation, qui a renvoyé l'accusé devant la cour d'assises, qu'il appartient de statuer sur sa demande de mise en liberté, examinée après l'ouverture de la session d'assises, dès lors qu'elle a été déposée avant. • Crim. 17 mars 1998 : *Procédures 1998. Comm. 201, obs. Buisson ; Dr. pénal 1998. Chron. 25, par Lesclous et Marsat.* ♦ ... Ou sur une demande examinée lorsque la session d'assises a pris fin. • Crim. 29 sept. 1998, n° 98-83.722 P : *Procédures 1999. Comm. 44, obs. Buisson.* ♦ La chambre d'accusation est seule compétente pour connaître d'une demande de mise en liberté lorsqu'elle a renvoyé le dossier au juge d'instruction pour supplément d'information. • Crim. 21 nov. 2000, n° 00-85.875 P. ♦ De même lorsqu'il s'agit de connaître de la prolongation de la détention provisoire. • Crim. 11 déc. 2001, n° 01-86.729 P : *D. 2002. IR 698* .

13. L'appel formé contre une décision de renvoi avec maintien en détention ne peut être assimilé à une demande de mise en liberté, notamment au regard de la prorogation des délais impartis au tribunal pour statuer (exacte application des art. 148-1 et 148-2) • Crim. 4 mai 2011, n° 10-84.461 P : *D. 2011. Actu. 1352* ; *D. actu. 24 mai 2011, obs. Priou-Alibert ; AJ pénal 2011. 470, obs. Lasserre Capdeville* .

14. Appréciation par la cour d'assises. Pour apprécier la possibilité de faire droit à une demande de mise en liberté d'un accusé, la cour d'assises ne se prononce pas au regard des critères fixés par l'art. 144, mais doit notamment rechercher si, en fonction des éléments de l'espèce, souverainement appréciés par elle, une telle mesure n'est pas de nature à nuire au bon déroulement du procès, à la manifestation de la vérité ou à la mise à exécution, en cas de condamnation, de la sanction prononcée. • Crim. 24 sept. 1998, n° 97-84.017 P : *Procédures 1999. Comm. 74, obs. Buisson* • 15 déc. 1999, n° 99-81.431 P • 9 févr. 2000, n° 99-83.310 P.

15. Examen par la chambre de l'instruction et respect du formalisme de l'art. 197. La formalité, imposée à l'art. 197, de notifier aux parties et à leurs conseils la date de l'audience à laquelle sera appelée une cause soumise à la chambre de l'instruction, est essentielle aux droits des parties et doit être observée à peine de nullité de l'arrêt à intervenir. En conséquence encourt la censure l'arrêt de la chambre de l'instruction, statuant sur une demande de mise en liberté en application de l'art. 148-1, d'où il ne résulte ni des mentions de la décision ni de la procédure que la partie civile, régulièrement constituée avant l'envoi des lettres recommandées prévues par l'art. 197, non plus que son conseil, aient été avisés de la date de l'audience et appelés à produire leurs mémoires ou à présenter leurs observations. • Crim. 27 juin 2007, n° 06-89.403 P : *D. 2007. AJ 2240* ; *AJ pénal 2007. 493* .

16. Pourvoi en cassation. Aux termes de l'art. 148-1, al. 3, lorsqu'un pourvoi a été formé contre un arrêt de la cour d'assises et jusqu'à l'arrêt de la Cour de cassation, il est statué sur la détention par la chambre d'accusation. • Crim. 1er avr. 1987, n° 86-96.612 P.

17. Renvoi après cassation. La chambre d'accusation qui, sur renvoi après cassation, prononce la mise en accusation et ordonne le renvoi de l'accusé devant la cour d'assises désignée comme juridiction de renvoi par la Cour de cassation qui avait réglé de juges par avance, et alors que sa décision est définitive, n'est plus compétente pour connaître des demandes ultérieures de mise en liberté. • Crim. 23 déc. 1986 : *Bull. crim. n° 385.*

18. L'arrêt de cassation renvoyant le procès devant une cour d'assises emporte, dès son prononcé, l'incompétence de la chambre d'accusation qui était appelée à statuer sur la détention pendant l'instance en cassation en vertu des dispositions de l'art. 148-1, al. 3, et attribue compétence, dans l'intervalle des sessions d'assises, à la chambre d'accusation dans le ressort de laquelle est située la cour de renvoi. • Crim. 26 oct. 1993, n° 93-82.574 P.

II. RÈGLES EUROPÉENNES

19. Articulation avec la Conv. EDH (art. 5). Doit être cassé l'arrêt de la cour d'assises qui, saisie conformément à l'art. 148-1, d'une demande de mise en liberté ne répond pas aux conclusions de l'accusé qui soutenait que faute d'avoir été jugé dans un délai raisonnable, il devait être remis en liberté en application de l'art. 5, § 3, Conv. EDH. • Crim. 5 nov. 1987, n° 87-83.502 P • 26 juill. 1989, n° 89-82.918 P. ♦ Conf., pour la chambre d'accusation : • Crim. 20 janv. 1993, n° 92-85.534 P • 23 avr. 1997, n° 97-80.720 P • 18 mai 1998, n° 98-81.085 P.

20. En cas de pourvoi en cassation contre l'arrêt de la cour d'assises qui a condamné un accusé, une chambre d'accusation, saisie d'une demande de mise en liberté formée en application de l'art. 148-1, al. 3, n'est pas autorisée à le libérer sur le fondement de l'art. 5, § 3, Conv. EDH, qui accorde à toute personne arrêtée ou détenue le droit d'être jugée dans un délai raisonnable ou libérée pendant la procédure. Ce n'est qu'après une cassation ne laissant rien subsister de la déclaration de culpabilité que l'accusé recouvre l'usage de ce droit jusqu'à ce qu'il ait été à nouveau jugé au fond. • Crim. 18 nov. 1998, n° 98-86.561 P : *D. 1999. 97, note Pradel* ; *Procédures 1999. Comm. 72, obs. Buisson ; Dr. pénal 1999. Chron. 14, note Marsat.*

21. Articulation avec la Conv. EDH (art. 6). Il y a lieu de faire droit à la demande de mise en liberté d'un accusé de viol avec récidive dont l'affaire, renvoyée devant la cour d'assises par arrêt devenu définitif après arrêt de la Cour de cassation du 5 déc. 1996, n'est pas à ce jour audiencée, dès lors qu'elle ne pourra être jugée dans un délai raisonnable au sens de l'art. 6, § 1, Conv. EDH. • Paris, 30 oct. 1997 : *D. 1998. 459, note Renucci* . ♦ L'art. 5, § 3, Conv. EDH n'est plus applicable lorsque l'accusé détenu, condamné en première instance, est dans l'attente de la décision de la cour d'assises d'appel, l'art. 6 prenant alors le relais afin d'imposer aux magistrats une exigence de célérité. • Crim. 7 mars 2012, n° 11-88.739 P : *D. actu. 29 mars 2012, obs. Girault ; AJ pénal 2012. 290, obs. de Combles de Nayves* .

Art. 148-1-1 *(L. n° 2002-1138 du 9 sept. 2002, art. 38, en vigueur le 1er nov. 2002)* **Lorsqu'une ordonnance de mise en liberté d'une personne placée en détention provisoire est rendue par le juge des libertés et de la détention ou le juge d'instruction contrairement aux réquisitions du procureur de la République, cette ordonnance est immédiatement notifiée à ce magistrat. Pendant un délai de quatre heures à compter**

de *(L. n° 2004-204 du 9 mars 2004, art. 126-VI)* « la notification de l'ordonnance au procureur de la République », et sous réserve de l'application des dispositions du dernier alinéa du présent article, la personne mise en examen ne peut être remise en liberté et cette décision ne peut être adressée pour exécution au chef de l'établissement pénitentiaire.

Le procureur de la République peut interjeter appel de l'ordonnance devant le greffier du juge des libertés et de la détention ou du juge d'instruction, en saisissant dans le même temps le premier président de la cour d'appel d'un référé-détention, conformément aux dispositions de l'article 187-3 ; l'appel et le référé-détention sont mentionnés sur l'ordonnance. La personne mise en examen et son avocat en sont avisés en même temps que leur est notifiée l'ordonnance, qui ne peut être mise à exécution, la personne restant détenue tant que n'est pas intervenue la décision du premier président de la cour d'appel et, le cas échéant, celle de la chambre de l'instruction. La personne mise en examen et son avocat sont également avisés de leur droit de faire des observations écrites devant le premier président de la cour d'appel. Faute pour le procureur de la République d'avoir formé un référé-détention, dans un délai de quatre heures à compter de la notification de l'ordonnance de mise en liberté, celle-ci, revêtue d'une mention du greffier indiquant l'absence de référé-détention, est adressée au chef d'établissement pénitentiaire et la personne est mise en liberté sauf si elle est détenue pour une autre cause.

Si le procureur de la République, ayant pris des réquisitions de maintien en détention, estime néanmoins ne pas avoir à s'opposer à la mise en liberté immédiate de la personne, et sans préjudice de son droit de former ultérieurement appel dans le délai prévu par l'article 185, il retourne l'ordonnance au magistrat qui l'a rendue en mentionnant sur celle-ci qu'il ne s'oppose pas à sa mise à exécution. La personne est alors mise en liberté, si elle n'est pas détenue pour une autre cause.

V. Circ. CRIM. n° 2002-14 E8 du 30 oct. 2002 présentant les dispositions relatives au référé-détention issues de la L. n° 2002-1138 du 9 sept. 2002 (BOMJ 2002, n° 88, p. 64 s.).

S'agissant des dispositions d'urgence mises en place pour faire face à l'épidémie de covid-19, V. App., v° État d'urgence sanitaire.

1. Le référé-détention et l'appel classique. Le procureur de la République qui interjette appel dans le cadre d'un référé-détention doit saisir dans le même temps le premier président de la cour d'appel. L'irrégularité de la procédure ne le prive cependant pas du droit d'exercer son recours dans les conditions prévues aux art. 185 et 502. • Crim. 1er avr. 2003, n° 03-80.406 P : *D. 2003. IR 1603 ; JCP 2003. IV. 2125.*

2. Domaine d'application du référé-détention. Les dispositions de l'art. 148-1-1 sont applicables lorsque le JLD décide, non pas de refuser de prolonger la détention, mais de mettre la personne en liberté avant l'expiration du délai prévu par l'art. 145-2. • Crim. 6 août 2003, n° 03-82.964 P : *D. 2003. 2594, note Le Calvez ; JCP 2003. IV. 2669 ; AJ pénal 2003. 72* • 7 avr. 2009, n° 09-80.385 P : *AJ pénal 2009. 321 ; Dr. pénal 2009, n° 115, obs. Maron et Haas ; ibid. 2010. Chron. 1, obs. Guérin ; Procédures 2009, n° 286, obs. Buisson.* ♦ ... De même, lorsque le JLD décide non seulement de ne pas ordonner la prolongation de la détention provisoire, mais encore de mettre la personne concernée en liberté avant l'expiration du délai prévu par l'art. 145-1. • Crim. 20 juin 2006, n° 06-82.908 P : *D. 2006. 2375, note Donnier ; AJ pénal 2006. 458 ; RSC 2007. 117, note Giudicelli .* ♦ Il se déduit des art. 148-1-1 et 201 que lorsque, saisi aux fins de prolongation de la détention provisoire, le JLD décide, non seulement de refuser de prolonger la détention, mais encore de mettre la personne en liberté avant l'expiration du délai prévu par les art. 145-1 et 145-2, celle-ci doit être immédiatement libérée, sauf mise en œuvre de la procédure prévue par l'art. 148-1-1. • Crim. 8 oct. 2013, n° 13-85.098 P : *D. actu. 29 oct. 2013, obs. Winckelmuller ; AJ pénal 2013. 681, obs. Girault* .

3. Recours contre la décision du premier président. La décision par laquelle le premier président, saisi en matière de référé-détention, ordonne la suspension des effets d'une ordonnance de mise en liberté n'est, aux termes de l'art. 187-3, al. 3, susceptible d'aucun recours. • Crim. 9 déc. 2003 : *D. 2004. IR 250 ; JCP 2004. IV. 1090 ; AJ pénal 2004. 73* .

4. La régularité de la procédure de référé-détention ne peut être contestée qu'à l'occasion d'un pourvoi formé contre l'ordonnance du premier président et dans le seul cas de risque d'excès de pouvoirs. • Crim. 9 août 2017, n° 17-83.250 P.

5. Délai pour statuer. V. ss. art. 187-3.

Art. 148-2 *(L. nº 83-466 du 10 juin 1983)* **Toute juridiction appelée à statuer, en application des articles 141-1 et 148-1, sur une demande de mainlevée totale ou partielle du contrôle judiciaire ou sur une demande de mise en liberté se prononce après** *(L. nº 2021-1729 du 22 déc. 2021, art. 14-I-7º, en vigueur le 31 déc. 2021)* **« avoir entendu le ministère public, le prévenu, auquel est préalablement notifié son droit de se taire sur les faits qui lui sont reprochés, ou** *[ancienne rédaction : audition du ministère public, du prévenu ou de]* **» son** *(L. nº 93-2 du 4 janv. 1993)* **« avocat » ; le prévenu non détenu et son** *(L. nº 93-2 du 4 janv. 1993)* **« avocat » sont convoqués, par lettre recommandée, quarante-huit heures au moins avant la date de l'audience.** *(L. nº 2004-204 du 9 mars 2004, art. 102)* **« Si la personne a déjà comparu devant la juridiction moins de quatre mois auparavant, le président de cette juridiction peut en cas de demande de mise en liberté refuser la comparution personnelle de l'intéressé par une décision motivée qui n'est susceptible d'aucun recours. »**

(L. nº 2002-1138 du 9 sept. 2002, art. 38) **« Lorsque la personne n'a pas encore été jugée en premier ressort, la juridiction saisie statue dans les dix jours ou les vingt jours de la réception de la demande, selon qu'elle est du premier ou du second degré. Lorsque la personne a déjà été jugée en premier ressort et qu'elle est en instance d'appel, la juridiction saisie statue dans les deux mois de la demande. Lorsque la personne a déjà été jugée en second ressort et qu'elle a formé un pourvoi en cassation, la juridiction saisie statue dans les quatre mois de la demande.**

« Toutefois, lorsqu'au jour de la réception de la demande il n'a pas encore été statué soit sur une précédente demande de mise en liberté ou de mainlevée de contrôle judiciaire, soit sur l'appel d'une précédente décision de refus de mise en liberté ou de mainlevée du contrôle judiciaire, les délais prévus ci-dessus ne commencent à courir qu'à compter de la décision rendue par la juridiction compétente. Faute de décision à l'expiration des délais, il est mis fin au contrôle judiciaire ou à la détention provisoire, le prévenu, s'il n'est pas détenu pour une autre cause, étant d'office remis en liberté. »

La décision du tribunal est immédiatement exécutoire nonobstant appel ; lorsque le prévenu est maintenu en détention, la cour se prononce dans les vingt jours de l'appel, faute de quoi le prévenu, s'il n'est pas détenu pour autre cause, est mis d'office en liberté.

1. QPC. Droit de se taire. En ne prévoyant pas qu'un prévenu ou un accusé comparaissant devant une juridiction statuant sur une demande de mainlevée du contrôle judiciaire ou sur une demande de mise en liberté doit être informé de son droit de se taire, les dispositions contestées [les mots « du prévenu » figurant à la première phrase du premier al. de l'art. 148-2] portent atteinte à ce droit dès lors que, lorsque cette personne comparaît devant cette juridiction, elle peut être amenée, en réponse aux questions qui lui sont posées, à reconnaître les faits qui lui sont reprochés et que ces déclarations sont susceptibles d'être portées à la connaissance de la juridiction de jugement (abrogation reportée au 31 déc. 2021). • Cons. const. 18 juin 2021, nº 2021-920 QPC (décision antérieure à la L. nº 2021-1729 du 22 déc. 2021).

2. Règles générales. Les dispositions de l'art. 148-2 ne sont pas applicables aux cas dans lesquels la chambre d'accusation prononce sur l'appel d'une ordonnance du juge d'instruction, lui-même appelé à statuer en application de l'art. 148. • Crim. 14 févr. 1984, nº 83-94.843 P • 17 avr. 1991, nº 92-85.045 P. ♦ Rappr. : • Crim. 20 janv. 1993, nº 91-80.658 P. ♦ Dans un pareil cas, la comparution personnelle de l'inculpé n'est de droit, aux termes de l'art. 199, que si celui-ci ou son conseil en a fait la demande. • Crim. 17 avr. 1991, nº 91-80.658 P.

3. La « réception de la demande » par la juridiction saisie doit s'entendre aussi bien de la chambre d'accusation elle-même que du parquet ou du greffe de la cour d'appel, qui font partie intégrante et nécessaire de toute juridiction pénale. • Crim. 25 oct. 1983, nº 83-93.720 P : *D. 1984. 404, note Chambon.*

4. L'art. 148-2 n'impose la convocation du conseil, préalablement à l'audience, que pour le prévenu non détenu. • Crim. 17 juin 1986, nº 86-91.251 P.

5. Il résulte de la combinaison des art. 148-1 et 148-2 que la chambre d'accusation appelée à statuer en application de l'art. 148-1 se prononce après audition du ministère public, du prévenu, de l'accusé ou de leur conseil. • Crim. 15 sept. 1986, nº 96-93.535 P.

6. Justifie sa décision la cour d'appel qui retient qu'elle dispose du délai de deux mois prévu par l'art. 148-2 pour examiner la demande d'un prévenu qui a interjeté appel du jugement d'incompétence rendu par le tribunal et est en attente de comparution devant elle. • Crim. 25 févr. 2014, nº 13-87.896 P : *AJ pénal 2014. 428, obs. Royer.*

7. Comparution personnelle. Lorsque le président de la chambre de l'instruction a fait usage des dispositions de l'art. 148-2, al. 1er, et refusé la demande de comparution personnelle du détenu, par une décision motivée qui n'est susceptible d'aucun recours, la chambre de l'instruction n'est pas tenue d'ordonner cette comparution personnelle dans le cas où l'avocat, régulièrement convoqué, ne se présente pas à l'audience des débats. • Crim. 25 sept. 2007, n° 07-84.760 P : *D. 2007. AJ 2671* ; *AJ pénal 2008. 38, obs. Lavric* ; *Procédures 2007. Comm. n° 289, obs. Buisson.*

8. Justifie sa décision au regard de l'art. 148-2 la chambre de l'instruction qui, pour rejeter la requête aux fins de comparution personnelle présentée à l'occasion d'une demande de mise en liberté formée en application de l'art. 148-1 par un détenu s'étant pourvu contre l'arrêt de condamnation prononcé à son encontre par la cour d'assises, retient que le requérant a comparu devant elle depuis moins de quatre mois et qu'une ordonnance de rejet de comparution a déjà été rendue par le président de la juridiction. En pareil cas, les dispositions de l'art. 199 relatives à la comparution personnelle n'ont pas vocation à s'appliquer. • Crim. 28 avr. 2009, n° 09-80.713 P : *AJ pénal 2009. 320* .

9. Délai impératif. L'art. 148-2 ne prévoit aucune faculté de prolonger les délais qu'il fixe et dans lesquels la juridiction saisie doit se prononcer sur la demande. • Crim. 28 févr. 1984, n° 84-90.018 P. ♦ Notamment le délai de vingt jours imparti à la chambre d'accusation n'est pas prolongé lorsque cette juridiction fait procéder, par expertise, à des vérifications concernant la demande dont elle est saisie. • Même arrêt. ♦ Conf. • Crim. 7 mars 1991, n° 90-87.728 P. ♦ Le délai de vingt jours court du lendemain du jour où la requête de l'inculpé est parvenue au parquet général. • Crim. 25 oct. 1983, n° 83-93.720 P : *D. 1984. 404, note Chambon.* ♦ Il n'est pas applicable au cas de renvoi après cassation. • Crim. 14 oct. 1986, n° 86-94.181 P. ♦ En revanche il n'y a pas lieu de prendre en considération le dépassement du délai prévu par l'art. 148-2, dès lors que les demandes de mise en liberté présentées par le détenu étaient entachées de mentions erronées, de nature à rendre incertaine la désignation de la juridiction compétente, y compris en cas d'erreurs répétées de plus commises par le greffe de l'établissement pénitentiaire. • Crim. 12 juin 2014, n° 14-82.233 P : *D. actu. 27 juin 2014, obs. Fucini* ; *AJ pénal 2015. 48, obs. Ascensi* ; *RSC 2014. 591, note Danet* .

10. Lorsqu'elle est saisie d'une demande de mise en liberté, formée par un accusé qui a été jugé en premier ressort et se trouve en instance d'appel, la chambre de l'instruction doit se prononcer dans le délai de deux mois prévu par l'art. 148-2, al. 2 qui n'est pas susceptible de prolongation, faute de quoi il est mis fin, d'office, à la détention provisoire de l'intéressé. • Crim. 8 juin 2011, n° 11-82.402 P : *RSC 2011. 863, obs. Boccon-Gibod* .

11. Il résulte de la combinaison des art. 148, 148-1 et 148-2 que, lorsque la chambre de l'instruction, après s'être réservé le contentieux de la détention, est saisie d'une demande directe de mise en liberté, elle doit se prononcer dans les vingt jours de la réception de la demande. • Crim. 4 nov. 2008, n° 08-85.670 P : *AJ pénal 2009. 40* ; *Procédures 2009, n° 123, obs. Buisson.*

12. Circonstances insurmontables. Un afflux massif de demandes de mise en liberté (résultant d'un mouvement social des avocats), dont le dépôt est un droit pour toute personne placée en détention provisoire, ne constitue pas, pour le service de la justice, une circonstance insurmontable permettant de dépasser les délais fixés aux art. 148-1 et 148-2. • Crim. 13 oct. 2020, n° 20-82.016 P : *D. actu. 18 nov. 2020, obs. Goudjil* ; *Dr. pénal 2020, n° 213, obs. Maron et Haas* ; *AJ pénal 2020. 596, obs. Pujol* .

13. Vérifications supplémentaires. Les dispositions de l'art. 194, al. 4, relatives aux vérifications complémentaires, ne s'appliquent pas lorsque la chambre de l'instruction statue en application des art. 148-1 et 148-2. • Crim. 8 juill. 2020, n° 20-82.472 P : *D. actu. 17 sept. 2020, obs. Dominati.* ♦ En l'absence de tout mécanisme mis en place par la loi dans le délai imparti par le Cons. const. (Cons. const. 2 oct. 2020, n° 2020-858/859 QPC ; V. cep. depuis, art. 803-8), le délai prévu à l'art. 148-2 peut être dépassé, afin de satisfaire à l'effectivité du droit au recours exigé lorsque la personne détenue demande sa remise en liberté en raison de conditions de détention indignes, la juridiction ayant alors l'obligation de statuer sur cette demande dans un délai raisonnable. • Crim. 13 avr. 2021, n° 21-80.728 P : *D. actu. 5 mai 2021, obs. Engel.*

14. Incompétence. Peu importe la nature de la décision rendue dans le délai de vingt jours par la chambre d'accusation, même s'il s'agit d'une décision d'incompétence, les conditions de l'art. 148-2 sont respectées. • Crim. 15 mars 2000, n° 99-88.158 P. ♦ Justifie sa décision la chambre de l'instruction qui, pour rejeter une demande de mise en liberté fondée sur l'art. 148-2, al. 2, présentée par une personne ayant fait l'objet d'un arrêt de mise en accusation sur son appel d'une ordonnance de renvoi devant le tribunal correctionnel, constate que ledit tribunal, saisi d'une précédente demande de mise en liberté, a rendu une décision d'incompétence, dans le délai de dix jours fixé par le texte précité. • Crim. 11 sept. 2007, n° 07-84.109 P : *AJ pénal 2007. 446* . ♦ En revanche, le contrôle judiciaire prend fin si, dans le délai de dix jours imparti à la juridiction du premier degré pour statuer sur la demande de main levée, il n'a pas été statué fût-ce pour constater l'incompétence de la juridiction saisie. • Crim. 11 mai 2004, n° 03-87.851 P : *D. 2004. IR 1863* ; *JCP 2004. IV. 2429.*

15. Report du délai. Le délai imparti par l'art. 148-2 n'est reporté que lorsqu'il n'a pas été statué sur une précédente demande. • Crim. 5 nov. 2002, n° 02-85.887. ♦ V. aussi • Crim. 5 nov. 2002, n° 02-85.888.

16. Possibilité de renvoi. En énonçant que « n'ayant pas, au dossier, les moyens de rendre une décision spéciale et motivée, elle doit ordonner de plein droit la mise en liberté du prévenu », alors que le délai de l'art. 148-2 n'est pas encore expiré et qu'elle avait ainsi la possibilité de renvoyer l'affaire aux fins de production du dossier, la cour d'appel n'a pas légalement justifié sa décision. • Crim. 20 août 1992, n° 91-84.067 P : *JCP 1993. II. 22087, note Chambon.*

17. Regroupement de demandes de mise en liberté. Aucune disposition de la loi ni aucun principe de droit n'interdisent le regroupement, dans un souci de bonne administration de la justice, de demandes de mise en liberté successives, pour être statué sur celles-ci par une seule et même décision, dès lors qu'il est prononcé sur la première en date de ces demandes dans le délai prévu à l'art. 148-2. • Crim. 4 janv. 1993, n° 92-85.414 P.

18. Délai de deux ou quatre mois (art. 148-2, al. 2). En application de l'art. 148-2, la juridiction saisie doit statuer dans les quatre mois de la demande de mise en liberté formée par un accusé lorsque celui-ci a déjà été jugé en second ressort et a formé un pourvoi en cassation. Doit être cassé l'arrêt de la chambre de l'instruction qui, pour faire droit à la demande de mise en liberté de l'accusé, retient que, mis en accusation pour assassinat, l'accusé a été condamné le 28 févr. 2008 par la cour d'assises statuant en appel, mais que cet arrêt ayant été cassé le 19 févr. 2009 et la cause renvoyée devant une autre cour d'assises, l'intéressé se trouvait dans l'état d'une personne jugée en premier ressort et en instance d'appel, de sorte que la chambre de l'instruction devait rendre sa décision dans les deux mois de la demande, ce qui n'a pas été le cas. • Crim. 10 nov. 2009, n° 09-84.527 P : *D. 2009. AJ 2866* .

19. Point de départ du délai. Le délai prévu à l'art. 148-2 commence à courir à partir de l'enregistrement de la demande de mise en liberté au greffe de la chambre d'instruction. • Crim. 13 janv. 2015, n° 14-87.146 : *D. actu. 27 févr. 2015, obs. Anane.*

20. Spécificité de la demande de mise en liberté. L'appel formé contre une décision de renvoi avec maintien en détention ne peut être assimilé à une demande de mise en liberté, notamment au regard de la prorogation des délais impartis au tribunal pour statuer (exacte application des art. 148-1 et 148-2) • Crim. 4 mai 2011, n° 10-84.461 P : *D. 2011. Actu. 1352* ; *AJ pénal 2011. 470, obs. Lasserre Capdeville* .

21. Procédure d'extradition. Les dispositions de l'art. 148-2 ne sont pas applicables aux personnes placées en détention au cours d'une procédure d'extradition. • Crim. 19 mars 2002, n° 02-80.130 P • 18 juin 2002, n° 02-82.494.

Art. 148-3 *(L. n° 85-1407 du 30 déc. 1985)* **Préalablement à sa mise en liberté,** *(L. n° 93-2 du 4 janv. 1993)* **« la personne mise en examen » doit faire, auprès du juge d'instruction ou du chef de l'établissement pénitentiaire, la déclaration d'adresse prévue par** *(L. n° 93-2 du 4 janv. 1993)* **« le** *(L. n° 2014-535 du 27 mai 2014, art. 6, en vigueur le 2 juin 2014)* **« quatrième » alinéa de l'article 116 ».**

(L. n° 93-2 du 4 janv. 1993) **« La personne mise en examen est avisée qu'elle » doit signaler au juge d'instruction, jusqu'à la clôture de l'information, par nouvelle déclaration ou par lettre recommandée avec demande d'avis de réception, tout changement de l'adresse déclarée.** *(L. n° 93-2 du 4 janv. 1993)* **« Elle est également avisée » que toute notification ou signification faite à la dernière adresse déclarée sera réputée faite à sa personne.**

Mention de cet avis, ainsi que de la déclaration d'adresse, est portée soit au procès-verbal, soit dans le document qui est adressé sans délai, en original ou en copie, par le chef de l'établissement pénitentiaire au juge d'instruction.

Art. 148-4 *(L. n° 75-701 du 6 août 1975)* **A l'expiration d'un délai de quatre mois depuis sa dernière comparution devant le juge d'instruction ou le magistrat par lui délégué et tant que l'ordonnance de règlement n'a pas été rendue,** *(L. n° 93-2 du 4 janv. 1993)* **« la personne détenue ou son avocat » peut saisir directement d'une demande de mise en liberté la chambre de l'instruction qui statue dans les conditions prévues à l'article 148 (dernier alinéa).** *(Abrogé par L. n° 89-461 du 6 juill. 1989, à compter du 1er déc. 1989)* ***« Avant de statuer sur cette demande, la chambre d'accusation peut ordonner la comparution personnelle de l'inculpé ; celle-ci est de droit si l'inculpé ou son conseil le demande. »*** *— Pr. pén. 199.*

Concernant la saisine directe de la chambre de l'instruction d'une demande de mise en liberté lorsque la personne n'a pas comparu, dans les deux mois suivant la prolongation de plein droit de la détention provisoire intervenue en application des dispositions relatives à l'urgence sanitaire liée à l'épidémie de covid-19, V. Ord. nº 2020-303 du 25 mars 2020 portant adaptation de règles de procédure pénale, art. 18-1. — V. App., vº État d'urgence sanitaire.

I. DROIT INTERNE

1. Demande de mise en liberté. Ne saurait se prévaloir de la faculté de saisir directement la chambre d'accusation d'une demande de mise en liberté, en application de l'art. 148-4, l'inculpé qui refuse de déférer aux convocations du juge d'instruction. • Crim. 9 janv. 1985, nº 84-94.945 P.

2. Si, en vertu de l'art. 148-4, l'inculpé détenu peut saisir directement la chambre d'accusation d'une demande de mise en liberté, il ne lui est pas non plus interdit, même s'il a déjà usé de cette faculté, d'adresser à cette juridiction une nouvelle demande de mise en liberté, tant que le juge d'instruction ne l'a pas entendu. • Crim. 3 déc. 1984, nº 84-94.734 P • 19 août 2004, nº 04-83.700 P: *AJ pénal 2004. 409, obs. Girault*.

3. La demande de mise en liberté formée par le prévenu détenu, portant l'indication de deux juridictions, à savoir le juge d'instruction et la chambre de l'instruction avec la mention « 148-4 », contient des mentions ambiguës. Doit ainsi être rejeté le pourvoi qui soutenait que le délai de l'art. 148 avait été dépassé par la chambre de l'instruction, alors que la demande avait été adressée à la première juridiction nommément visée, à savoir le juge d'instruction, qui a statué dans le délai légal. • Crim. 8 août 2018, nº 18-83.518 P: *AJ pénal 2018. 527, obs. Chapelle*. ♦ Dans le cas où la personne mise en examen vise l'art. 148-4 tout en adressant sa demande de mise en liberté au juge d'instruction, ce dernier est valablement saisi et la chambre de l'instruction ne peut prononcer de décision de remise en liberté et de placement sous contrôle judiciaire en se fondant sur le constat du dépassement du délai de vingt jours imparti par application de l'art. 148-4. • Crim. 4 juin 2020, nº 20-81.736 P: *D. actu. 17 juill. 2020, obs. Diaz; Dr. pénal 2020, nº 147, obs. Maron et Haas.*

4. C'est au jour où la demande a été formée que la chambre d'accusation doit se placer pour apprécier sa recevabilité; ne saurait entrer en compte pour le calcul du délai de quatre mois le jour où a eu lieu le dernier interrogatoire. • Crim. 19 janv. 1988, nº 87-91.152 P.

5. Le délai de vingt jours laissé à la chambre de l'instruction pour statuer sur une demande de mise en liberté, dans le cas d'une saisine directe, court, non à compter du lendemain du jour de la déclaration au chef d'établissement pénitentiaire, mais du lendemain du jour où cette déclaration a été transcrite par le greffe de la chambre de l'instruction. • Crim. 16 janv. 2013: *D. actu. 1er mars 2013, obs. Priou-Alibert; D. 2013. Actu. 437; AJ pénal 2013. 347, obs. Auffret*.

6. Le jour où a été déposée au greffe de la cour d'appel la demande de mise en liberté d'office présentée en application de l'art. 148-4 ne saurait entrer en compte pour le calcul du délai de quinze (vingt) jours. • Crim. 2 juin 1981, nº 81-91.758 P: *RSC 1982. 799, obs. J. Robert.*

7. Un arrêt de renvoi à une audience ultérieure au motif que l'affaire n'a pas été mise en état selon les prescriptions des art. 191 et 197 ne saurait être considéré comme une vérification concernant la demande de mise en liberté fondée sur l'art. 148-4 permettant à la chambre d'accusation de statuer au-delà du délai de quinze (vingt) jours imparti à l'art. 148, al. 4. • Crim. 25 oct. 1983, nº 83-93.785 P: *D. 1984. 240, note Chambon.* ♦ V. aussi: • Crim. 17 janv. 1984, nº 83-94.465 P.

8. Comparaît, au sens de l'art. 148-4, l'inculpé qui est convoqué par le juge d'instruction pour participer à une parade d'identification organisée par ce magistrat. • Crim. 13 janv. 1993, nº 92-85.535 P: *D. 1993. Somm. 205, obs. Pradel*.

9. La comparution devant le juge des libertés, qui dispose, en matière de détention provisoire, de pouvoirs distincts de ceux du juge d'instruction et n'est pas délégué par ce dernier, ne rend pas irrecevable la demande de mise en liberté adressée à la chambre de l'instruction par le mis en examen qui n'a pas comparu devant le juge d'instruction depuis plus de quatre mois. • Crim. 6 mars 2002, nº 01-88.609 P: *D. 2002. IR 1323*.

10. Lorsqu'une infraction fait l'objet d'une requalification criminelle, la nature de la détention provisoire en est modifiée et se trouve, dès lors, soumise aux règles spécifiques de la détention provisoire en matière criminelle. • Crim. 18 déc. 2002, nº 02-86.496.

II. DROIT EUROPÉEN

11. Conv. EDH. Si, après cassation de l'arrêt d'une chambre d'accusation ayant rejeté une demande de mise en liberté formée en vertu de l'art. 148-4, la juridiction de renvoi n'est pas tenue de se prononcer dans le délai prévu au dernier al. de l'art. 148 applicable à un autre état de la procédure, il n'en demeure pas moins qu'elle doit le faire dans les meilleurs délais pour satisfaire aux dispositions de l'art. 5, § 4, Conv. EDH, qui imposent qu'il soit statué à bref délai sur la légalité de la détention. • Crim. 21 juin 1988, nº 88-82.743 P • Paris, ch. acc., 29 sept. 1988: *D. 1989. Somm. 172, obs. Pradel; RSC 1989. 143, obs. Braunschweig.*

12. Par l'effet de la cassation totale prononcée, la chambre de l'instruction de renvoi était saisie du dossier dans l'état où il avait été soumis à la première chambre de l'instruction, elle a donc pu déclarer irrecevable la demande de mise en liberté de l'intéressé dès lors qu'elle n'avait pas été faite dans les formes des art. 148-6 et 148-7 ; il n'y a pas violation des art. 148-4 et 5, § 4, Conv. EDH. • Crim. 1er oct. 2002, n° 02-84.994.

Art. 148-5 *(L. n° 2019-222 du 23 mars 2019, art. 55)* **En toute matière et en tout état de la procédure, toute personne placée en détention provisoire peut, à titre exceptionnel, faire l'objet d'une autorisation de sortie sous escorte selon des modalités prévues par décret. Les décisions accordant ou refusant ces autorisations peuvent faire l'objet du recours prévu au dernier alinéa de l'article 145-4-2.**

1. QPC. Au regard des conséquences qu'entraîne ce refus pour une personne placée en détention provisoire, l'absence de voie de droit permettant la remise en cause de la décision de la juridiction d'instruction ou de jugement méconnaît les exigences découlant de l'art. 16 de la Déclaration de 1789. Sans qu'il soit besoin d'examiner les autres griefs, l'art. 148-5 [dans sa version antérieure à la L. n° 2019-222 du 23 mars 2019] doit donc être déclaré contraire à la Constitution, cette déclaration d'inconstitutionnalité étant applicable à toutes les affaires non jugées définitivement à la date de la publication de la présente décision. • Cons. const. 21 juin 2019, n° 2019-791 QPC : *Dr. pénal 2019, n° 159, note Bonis.*

2. Le rejet, par une chambre d'accusation, de la demande de sortie sous escorte présentée par un accusé sur le fondement de l'art. 148-5 [dans sa version antérieure à la L. n° 2019-222 du 23 mars 2019] constitue une simple mesure d'administration judiciaire insusceptible de recours devant la Cour de cassation. • Crim. 22 juill. 1997, n° 97-82.678 P.

Art. 148-6 *(L. n° 85-1407 du 30 déc. 1985)* **Toute demande de mainlevée ou de modification du contrôle judiciaire ou de mise en liberté doit faire l'objet d'une déclaration au greffier de la juridiction d'instruction saisie du dossier ou à celui de la juridiction compétente en vertu de l'article 148-1.**

Elle doit être constatée et datée par le greffier qui la signe ainsi que le demandeur ou son avocat. Si le demandeur ne peut signer, il en est fait mention par le greffier.

(L. n° 93-2 du 4 janv. 1993) **« Lorsque la personne ou son avocat » ne réside pas dans le ressort de la juridiction compétente, la déclaration au greffier peut être faite au moyen d'une lettre recommandée avec demande d'avis de réception.**

1. Sous réserve de la faculté offerte par l'art. 148-7, la déclaration au greffier est une formalité essentielle que ne peut suppléer l'envoi d'une lettre. • Crim. 17 juin 1986, n° 86-92.004 P : *Gaz. Pal. 1987. 1. 38* • 22 juill. 1986, n° 86-92.717 P : *D. 1987. Somm. 79, obs. Pradel* • 29 mars 1990, n° 90-80.017 P. ♦ ... Même si la réception de cette lettre est constatée par un acte signé du greffier. • Crim. 14 mars 1989, n° 88-87.626 P.

2. Est également inopérante la demande dans un mémoire déposé devant la chambre d'accusation en vertu de l'art. 198. • Crim. 26 sept. 1986, n° 86-93.821 P : *RSC 1987. 242, obs. Braunschweig* • 17 nov. 1987 : *D. 1988. Somm. 191, obs. Pradel* • 23 mai 2001, n° 01-81.934 P : *D. 2001. IR 1996*. ♦ ... En effet, une demande de mise en liberté ne peut être présentée devant la chambre de l'instruction que dans les formes prévues par les art. 148-6 à 148-8, soit, en l'espèce, par une déclaration au greffe, et la seule mention « déclaration au greffe » apposée sur un mémoire ne permet pas de considérer que les formes prévues par ces art. ont été respectées, y compris si ce mémoire a été signé et horodaté par le greffe. • Crim. 4 janv. 2022, n° 21-85.822 P : *D. actu. 4 févr. 2022, obs. Recotillet.*

3. N'est pas une demande de mise en liberté au sens de l'art. 148-6 un courrier envoyé selon les formes prescrites par la loi mais n'annonçant pas son objet et insérant dans le corps d'une lettre de quatre pages un paragraphe formulant une demande de mise en liberté. • Crim. 23 janv. 2013 : *D. actu. 18 févr. 2013, obs. Priou-Alibert ; D. 2013. Actu. 308 ; AJ pénal 2013. 224, obs. Belfanti ; RSC 2013. 395, note Boccon-Gibod ; Dr. pénal 2013. Comm. 47, note Maron et Haas.*

4. Satisfait aux exigences de l'art. 148-6 la demande de mise en liberté présentée à l'audience de la juridiction de jugement, soit par une déclaration verbale constatée par le greffier d'audience, soit par voie de conclusions déposées à cette fin. • Crim. 16 juin 1998, n° 97-85.622 P : *RSC 1998. 785, obs. Dintilhac ; JCP 1999. II. 10096, note Molina.*

5. LRAR. Justifie sa décision la chambre de l'instruction qui déclare irrecevable une demande de mise en liberté adressée par lettre recommandée avec accusé de réception au juge d'instruction et portant un tampon « courrier arrivé au cabinet d'instruction », dès lors qu'il ne peut se déduire d'une telle mention que le greffier, qui n'était pas destinataire de la lettre, en avait eu connaissance. • Crim. 1er avr. 2009 : *Dr. pénal 2009, n° 100, obs. Maron et Haas.*

♦ Lorsque la demande de mise en liberté prévue par l'art. 148-6, al. 3 n'a pas été adressée directement au greffier de la juridiction, le délai imparti pour se prononcer court à compter du lendemain du jour où le greffier a attesté avoir reçu la déclaration. • Crim. 3 juin 2014, n° 14-82.042 P : *D. actu. 30 juin 2014, obs. Anane ; AJ pénal 2014. 586, obs. Girault*.

6. *Avocat résidant hors du ressort.* La demande de mise en liberté adressée par l'avocat du détenu ne résidant pas dans le ressort de la juridiction compétente, au moyen d'une lettre recommandée avec demande d'avis de réception, est parfaitement recevable dès lors que le greffier atteste avoir reçu cette déclaration. Peu importe que la lettre contenue soit à l'attention du magistrat instructeur. • Crim. 11 sept. 2007, n° 07-84.129 P : *RSC 2008. 365, obs. Finielz ; AJ pénal 2007. 493 ; Dr. pénal 2007. Comm. 164, obs. Maron ; ibid. 2009. Chron. 1, obs. Guérin.*

7. *Télécopie.* L'individu, détenu pour autre cause, qui fait une demande de mainlevée ou de modification de son contrôle judiciaire, doit pouvoir effectuer la déclaration au greffe prévue par l'art. 148-6 soit par lettre recommandée avec demande d'avis de réception, soit par l'intermédiaire d'une requête transmise par le chef de l'établissement pénitentiaire. • Crim. 30 oct. 2007, n° 07-85.170 P : *RSC 2008. 365, obs. Finielz ; D. 2007. AJ 3007 ; AJ pénal 2008. 94, obs. Royer*.

Art. 148-7 *(L. n° 85-1407 du 30 déc. 1985)* **Lorsque** *(L. n° 93-2 du 4 janv. 1993)* **« la personne mise en examen », le prévenu ou l'accusé est détenu, la demande de mise en liberté peut aussi être faite au moyen d'une déclaration auprès du chef de l'établissement pénitentiaire.**

Cette déclaration est constatée et datée par le chef de l'établissement pénitentiaire qui la signe, ainsi que le demandeur. Si celui-ci ne peut signer, il en est fait mention par le chef de l'établissement.

Ce document est adressé sans délai, en original ou en copie et par tout moyen, soit au greffier de la juridiction saisie du dossier, soit à celui de la juridiction compétente selon les distinctions de l'article 148-1.

1. *Règles de forme.* Une demande de mise en liberté formée par simple lettre ne suffit pas. • Crim. 19 nov. 2002, n° 02-86.030.

2. Encourt la cassation l'arrêt d'une chambre de l'instruction qui déclare irrecevable une demande de mise en liberté, effectuée selon les modalités de l'art. 148-7 et régulièrement transmise à son greffe, au motif de l'existence d'une simple erreur matérielle commise sur le destinataire de la demande, alors que la chambre de l'instruction, régulièrement saisie, était seule compétente pour en connaître en application de l'art. 148-1. • Crim. 21 mai 2008, n° 08-81.613 P : *D. 2008. AJ 1831 ; AJ pénal 2008. 423, obs. Nord-Wagner*.

3. *Mandat d'arrêt européen.* Fait l'exacte application de l'art. 695-34, la chambre de l'instruction qui déclare irrecevable la demande de mise en liberté formée oralement à l'audience par une personne incarcérée pour l'exécution d'un mandat d'arrêt européen. • Crim. 24 juin 2008, n° 08-83.877 P : *AJ pénal 2008. 428 ; Dr. pénal 2008. 382.*

Art. 148-8 *(L. n° 85-1407 du 30 déc. 1985)* **Lorsque** *(L. n° 93-2 du 4 janv. 1993)* **« la personne mise en examen » entend saisir la chambre de l'instruction en application des dispositions des articles 140, troisième alinéa, 148, sixième alinéa, ou 148-4, sa demande est faite, dans les formes prévues par les articles 148-6 et 148-7, au greffier de la chambre de l'instruction compétente ou au chef de l'établissement pénitentiaire qui en assure la transmission.**

(L. n° 89-461 du 6 juill. 1989) **« Lorsque le président de la chambre de l'instruction constate que cette juridiction a été directement saisie, sur le fondement des articles 140, 148, sixième alinéa, ou 148-4, d'une demande de mainlevée du contrôle judiciaire ou de mise en liberté manifestement irrecevable, il peut décider, par une ordonnance motivée non susceptible de voie de recours, qu'il n'y a pas lieu de statuer sur cette demande ; dans ce cas, la demande et l'ordonnance sont versées au dossier de la procédure. »**

Lorsque le président de la chambre de l'instruction constate que cette juridiction a été directement saisie d'une demande de mise en liberté manifestement irrecevable, son ordonnance motivée disant n'y avoir lieu à statuer n'est pas susceptible de voie de recours, en application de l'art. 148-8, al. 2, en conséquence, le pourvoi n'est pas recevable. • Crim. 18 déc. 2002, n° 02-86.461.

SOUS-SECTION 4 DE LA RÉPARATION À RAISON D'UNE DÉTENTION *(L. n° 2000-1354 du 30 déc. 2000).*

(L. n° 70-643 du 17 juill. 1970)

L'ancienne sous-section 3 a été renumérotée sous-section 4 en application des dispositions de l'art. 71-III de la L. n° 2009-1436 du 24 nov. 2009.

RÉP. PÉN. v° *Indemnisation des détentions provisoires abusives,* par LUCIANI-MIEN.

BIBL. ▶ BRYON, *ibid. 1971. 577.* – COMMARET, *RSC 1999. 843* (la commission nationale d'indemnisation en matière de détention provisoire) ; *RSC 2000. 857* (indemnisation des détentions provisoires suivies de non-lieu, relaxe ou acquittement). – GIUDICELLI, *RSC 1998. 11.* – GOMA MACKOUNDI, *AJ pénal 2013. 391* (réparation des préjudices nés de la détention provisoire et du placement sous contrôle judiciaire). – KARSENTY, *JCP 2003. I. 108* (la réparation des détentions). – LUCIANI-MIEN, *AJ pénal 2011. 338* (indemnisation des détentions provisoires abusives). – REVIRON, *AJ pénal 2017. 387* (l'incontournable unification de l'indemnisation des victimes d'erreurs judiciaires). – TOUFFAIT, *D. 1971. Chron. 189.*

Art. 149 *(L. n° 2000-516 du 15 juin 2000, art. 70-I ; L. n° 2000-1354 du 30 déc. 2000, art. 1er à 3)* **Sans préjudice de l'application des dispositions des articles L. 141-2 et L. 141-3 du code de l'organisation judiciaire, la personne qui a fait l'objet d'une détention provisoire au cours d'une procédure terminée à son égard par une décision de non-lieu, de relaxe ou d'acquittement devenue définitive a droit, à sa demande, à réparation intégrale du préjudice moral et matériel que lui a causé cette détention. Toutefois, aucune réparation n'est due lorsque cette décision a pour seul fondement la reconnaissance de son irresponsabilité au sens de l'article 122-1 du code pénal, une amnistie postérieure à la mise en détention provisoire,** *(L. n° 2004-204 du 9 mars 2004, art. 103)* **« ou la prescription de l'action publique intervenue après la libération de la personne, lorsque la personne était dans le même temps détenue pour autre cause, » ou lorsque la personne a fait l'objet d'une détention provisoire pour s'être librement et volontairement accusée ou laissé accuser à tort en vue de faire échapper l'auteur des faits aux poursuites. A la demande de l'intéressé, le préjudice est évalué par expertise contradictoire réalisée dans les conditions des articles 156 et suivants.**

Lorsque la décision de non-lieu, de relaxe ou d'acquittement lui est notifiée, la personne est avisée de son droit de demander réparation, ainsi que des dispositions des articles 149-1 à 149-3 (premier alinéa).

V. Circ. CRIM. 2003-06 E8 du 30 mai 2003, présentant les dispositions relatives à la réparation des détentions provisoires injustifiées, BOMJ 2003, n° 90, p. 81 s.

V. art. R. 26 s.

1. QPC. Est dépourvue de caractère sérieux et n'a pas à être transmise à la Cour de cassation la question de constitutionnalité soutenant que les dispositions de l'art. 149 contreviennent au droit à la réparation tel qu'il résulte de l'art. 4 de la Déclaration des droits de l'homme et du citoyen de 1789, en ce qu'elles limitent ce droit aux personnes ayant bénéficié d'un non-lieu, d'une relaxe ou d'un acquittement. En effet, l'article 149 instaure un régime spécifique d'indemnisation sans faute, qui n'est pas exclusif du droit de rechercher la responsabilité de l'État du fait du fonctionnement défectueux du service de la justice, en *application des dispositions* de l'art. L. 141-1 COJ, et ne méconnaît pas ainsi l'exigence constitutionnelle posée par l'art. 4 de ladite Déclaration. • CNR détentions, 20 déc. 2010, n° 10CRD047 P.

2. QPC – Extradition. Est dépourvue de caractère sérieux la question de constitutionnalité soutenant que l'art. 149, en ne prévoyant pas que la procédure d'extradition déclarée illégale ouvre droit à indemnisation de l'incarcération qui en a résulté, méconnaît l'exigence de clarté et précision de la loi et le droit à un recours effectif, ainsi que l'interdiction des détentions arbitraires, dans la mesure où le requérant disposait d'un recours contre la procédure d'extradition et de la possibilité de rechercher la responsabilité de l'État du fait du fonctionnement défectueux du service public de la justice. • CNR détentions, 9 juill. 2014, n° 14CDR024 P • CNR détentions, 9 juill. 2014, n° 14CDR025 P.

I. DROIT À RÉPARATION

A. CONDITIONS DU DROIT À RÉPARATION

3. Généralités. Aux termes de l'art. 149, la personne qui a fait l'objet d'une détention provisoire au cours d'une procédure terminée à son égard par une décision de non-lieu, de relaxe ou d'acquittement devenue définitive a droit, à sa demande, à réparation intégrale du préjudice matériel et moral que lui a causé cette détention. De ce seul fait, indépendamment de tout autre recours, elle dispose, contre l'État, d'une action principale et autonome en réparation de l'ensemble de son préjudice, à la seule condition qu'il ait été causé par la détention. • CNR détentions, 19 sept. 2002, ♔ n° 02-99.019 P • 19 déc. 2003, n° 03CRD012 P. ♦ En particulier, dès lors que le licenciement du demandeur à l'action en réparation a été consécutif à la détention, il n'y a pas lieu de rechercher, pour réduire le montant des sommes dues par l'État dans le cadre de l'instance fondée sur le texte précité, si la rupture du contrat de travail par l'employeur obligeait, par ailleurs, ce dernier à indemniser son ancien préposé. • CNR détentions, 19 sept. 2002, ♔ n° 02-99.019 P. ♦ De même, lorsqu'il se voit privé de son traitement pendant la durée de la détention, l'agent public a droit à la réparation des pertes de salaire subies pendant cette période, indépendamment du recours qu'il pourrait exercer, le cas échéant, à raison de la mesure de suspension administrative prononcée. • CNR détentions, 31 janv. 2003, ♔ n° 02-99.064 P.

4. Champ d'application du droit à réparation. En cas d'appel interjeté contre un jugement de condamnation rendu sur comparution immédiate ayant ordonné son placement en détention, l'appelant, qualifié de prévenu par l'art. 397-4, bénéficie des dispositions de l'art. 149 si la procédure se termine par une décision de relaxe. • Crim. 15 oct. 2012, n° 12CRD009 P.

5. Cas de la prescription. Les exceptions mettant fin à l'action publique, telles que la prescription, ne sont pas de celles qui dérogent au principe de réparation posé par l'action en réparation expressément prévu par l'art. 149 ; ainsi, peu importe que la chambre de l'instruction dans son arrêt constatant la prescription de l'action publique ait retenu que l'intéressé avait directement pris part aux crimes poursuivis, son droit à réparation pour sa détention ne peut être contesté sur ce motif. • CNR détentions, 4 avr. 2003, ♔ n° 02-99.083 P.

6. Détention arbitraire. L'absence de titre régulier de détention est de nature à mettre en cause la responsabilité de l'État et ne peut trouver réparation devant la Commission nationale de réparation des détentions. • CNR détentions, 27 oct. 2014, n° 14CDR012 P.

7. Pluralité d'infractions. Dès lors qu'il apparaît que la détention provisoire de l'intéressé était liée aux poursuites pour un crime dont il a été par la suite acquitté, peu importe qu'il ait par ailleurs été condamné par la cour d'assises pour un délit connexe. • CNR détentions, 6 mai 2003, ♔ n° 02-00.082 P. ♦ N'est pas privé de son droit à réparation le demandeur qui a été mis en examen puis déclaré coupable pour des faits distincts de ceux pour lesquels il a été mis en détention provisoire et qui ont conduit à une décision de non-lieu devenue définitive. • CNR détentions, 17 nov. 2008, n° 08CRD026 P. ♦ Lorsque le demandeur a été placé en détention provisoire à la fois pour des faits criminels et pour des faits correctionnels distincts, et qu'il est relaxé pour les faits criminels, le temps passé en détention au delà du maximum légal pour des faits délictuels doit lui être indemnisé. • CNR détentions, 13 mai 2005, n° 04CRD046 P. ♦ Lorsqu'un demandeur, placé en détention provisoire du chef de plusieurs infractions, ne bénéficie d'une décision de non-lieu, de relaxe ou d'acquittement que pour certaines d'entre elles, la compatibilité entre les infractions dont il a été déclaré coupable et la détention provisoire subie s'apprécie en prenant en compte non la durée maximale de la peine encourue, mais la durée maximale de la détention provisoire que la loi autorise pour les infractions retenues. Le demandeur ne peut utilement prétendre avoir subi un préjudice résultant de la période d'incarcération excédant la durée maximale autorisée du chef des infractions retenues si elle correspond à l'exécution du reliquat de la peine d'emprisonnement prononcée à titre définitif, après imputation de la détention provisoire. • CNR détentions, 18 juin 2007, ♔ n° 06CRD073 P. ♦ Lorsqu'une personne a été placée en détention provisoire pour des faits de nature délictuelle, pour lesquels elle a été condamnée, et pour des faits de nature criminelle, qui ont conduit à un arrêt d'acquittement, il n'appartient pas au juge chargé de la réparation des détentions de s'interroger sur la probabilité d'un placement en détention dans le cas où l'intéressé aurait été mis en examen du chef des seuls délits. • CNR détentions, 17 mars 2008, n° 07CRD080 P. ♦ Doit être rejetée la demande en réparation présentée par un demandeur qui, placé et maintenu en détention provisoire des chefs d'agression sexuelle et de violences aggravées, a été relaxé du premier de ces délits et condamné pour le second, dès lors que la détention provisoire effectuée n'a pas excédé la durée maximale que la loi autorise pour les violences aggravées et qu'il ne résulte d'aucune mention expresse des décisions successives du juge des libertés et de la détention et de la chambre de l'instruction, que ceux-ci aient entendu exclure cette infraction de leur motivation, qu'il n'appartient pas à la commission d'interpréter. • CNR détentions, 14 avr. 2008, n° 07CRD089 P.

8. Calcul de la durée de la détention. Doivent être pris en compte, dans le calcul de la durée d'une détention provisoire, le jour du placement en détention et le jour de la remise en liberté. • CNR détentions, 10 oct. 2011, n° 11CRD017 P. ♦ Doit être prise en compte la durée de la détention provisoire subie à l'étranger en application du mandat d'arrêt émis par la France. • CNR détentions, 10 mai 2016, ♔ n° 14CRD007 P.

9. Détention provisoire et ARSE. Lorsqu'une personne, placée successivement en détention provisoire puis sous assignation à résidence avec surveillance électronique bénéficie d'une décision de non-lieu, de relaxe ou d'acquittement partiel, et que les infractions dont elle a été déclarée coupable permettaient un placement en détention provisoire et sous assignation à résidence avec surveillance électronique d'une certaine durée, cette dernière mesure n'est indemnisable, au titre des art. 142-10 et 149 à 150, que si la durée totale de privation de liberté subie cumulativement sous l'un et l'autre régimes excède la durée maximale de l'assignation à résidence avec surveillance électronique permise par la loi. • CNR détentions, 8 mars 2016, n° 15CRD036 P.

B. EXCLUSIONS DU BÉNÉFICE DU DROIT À RÉPARATION

10. Exclusion du bénéfice de la réparation. Selon l'art. 149, aucune réparation n'est due à la personne ayant fait l'objet d'une détention provisoire lorsque la décision de non-lieu, de relaxe ou d'acquittement a pour seul fondement la prescription de l'action publique intervenue après la libération de la personne. Ne constitue pas, au sens de ce texte, le seul fondement de la non-déclaration de culpabilité la constatation de la prescription de l'infraction qui résulte de l'annulation des actes de poursuite ou d'instruction. • CNR détentions, 6 févr. 2012, n° 11CRD045 P. ♦ Aucune réparation n'est due sur le fondement de l'art. 149 à la personne reconnue coupable des faits pour lesquels elle a été placée en détention provisoire qui n'est cependant pas condamnée à une peine d'emprisonnement. • CNR détentions, 4 avr. 2003, n° 02-99.087 P. ♦ ... A la personne relaxée par la cour d'assises pour des faits de viol mais condamnée pour le délit connexe d'agression sexuelle, dès lors que ce délit connexe visé dans l'ordonnance de placement en détention provisoire et sa prolongation permettait qu'une telle mesure soit ordonnée pour la durée effectuée par le demandeur. • CNR détentions, 11 juin 2004, n° 04CRD001 P. ♦ ... Lorsque le juge d'instruction a procédé à une requalification des faits incriminés et a renvoyé l'intéressé devant la juridiction de jugement. • CNR détentions, 14 déc. 2005, n° 05CRD053 P. ♦ ... A la personne ayant fait l'objet d'une détention provisoire terminée à son égard par une décision de non-lieu, de relaxe ou d'acquittement devenue définitive lorsque cette décision a pour seul fondement la reconnaissance de son irresponsabilité au sens de l'art. 122-1 C. pén. • CNR détentions, 12 juill. 2006, n° 06CRD018 P. ♦ ... Lorsque la décision de non-lieu, de relaxe ou d'acquittement a pour seul fondement la prescription de l'action publique intervenue après la libération de l'intéressé. • CNR détentions, 14 avr. 2008, n° 07CRD094 P. ♦ ... A la personne qui a fait l'objet d'une détention provisoire à la suite de sa mise en examen sous la qualification d'un délit qui autorisait cette mesure de sûreté et qui, après disqualification des faits, a été condamnée pour avoir commis une infraction pour laquelle la loi interdisait son incarcération. • CNR détentions, 15 déc. 2008, n° 08CRD032 P. ♦ ... A la personne qui, dans le même temps que la détention provisoire, exécute une peine d'emprisonnement sous le régime du placement sous surveillance électronique. • CNR détentions, 20 sept. 2010, n° 09CRD070 P.

11. Aucune réparation n'est due sur le fondement de l'art. 149 à la personne qui s'est volontairement accusée d'un crime qu'elle n'avait pas commis pour protéger l'auteur des faits. • CNR détentions, 10 janv. 2006, n° 05CRD013 P. ♦ Néanmoins, doit être réformée la décision du premier président qui a déclaré une requête en réparation irrecevable pour ce motif, alors, d'une part, que les aveux de la personne concernée étaient intervenus deux mois et demi après son placement en détention et avaient été maintenus pendant un temps très bref, et que, d'autre part, selon l'ordonnance de mise en accusation, le mis en examen avait expliqué ses aveux mensongers par l'effet d'un traitement médicamenteux ainsi que les conseils de son avocate. • CNR détentions, 18 oct. 2010, n° 10CRD016 P.

12. L'art. 149, aux termes duquel aucune réparation n'est due lorsque la personne était dans le même temps détenue pour une autre cause, ne distingue pas selon que l'infraction a été commise en dehors de la période de détention provisoire considérée ou durant celle-ci. • CNR détentions, 20 sept. 2010, n° 09CRD069 P.

13. La détention provisoire subie à l'occasion de poursuites exercées par les autorités judiciaires françaises ouvre droit à indemnisation sur le fondement de l'art. 149 ; la personne arrêtée en France, à la suite d'une demande d'extradition par une juridiction de jugement étrangère, ne peut donc solliciter l'indemnisation de la détention subie par elle, en France, sous le régime de l'écrou extraditionnel. • CNR détentions, 24 févr. 2014, n° 13CRD029 P.

14. Les frais de cantine dont le requérant demande le remboursement ne peuvent être pris en compte dès lors qu'ils auraient également été exposés pour son entretien courant en dehors du milieu carcéral. • CNR détentions, 23 oct. 2006, n° 06CRD035 P.

15. Est irrecevable la demande en réparation de préjudice moral présentée tant en son nom personnel qu'en qualité de représentante légale de ses enfants mineurs, par la veuve de la personne placée en détention provisoire dans une procédure terminée par une décision de non-lieu, seul le préjudice personnel lié à la privation de liberté pouvant être réparé ; par ailleurs, dès lors qu'à la date du décès de l'intéressé, l'instruction ne s'était pas terminée par une décision de non-lieu, celui-ci ne disposait d'aucune action en indemnisation qu'il aurait pu transmettre à ses héritiers. • CNR détentions, 26 mars 2007, n° 06CRD069 P. ♦ La personne qui a été placée en détention provisoire dans une procédure terminée à son égard par un acquittement n'est pas titulaire de l'action en réparation résultant de l'art. 149, qu'elle ne peut transmettre à ses héritiers, si, au moment de son décès, cette décision n'était pas devenue définitive. • CNR détentions, 17 nov. 2008, n° 08CRD020 P.

16. La personne décédée avant l'expiration des droits à recours contre la décision par laquelle a été prononcé son acquittement par la cour d'assises d'appel, n'a pu transmettre un droit à indemnisation des préjudices résultant de la détention dont elle n'était pas titulaire à la date de son décès. La demande formée par ses héritiers est dès lors irrecevable. • CNR détentions, 12 oct. 2009, n° 09CRD017 P.

17. Le demandeur est irrecevable à présenter une requête en réparation tant qu'il n'a pas été statué par une décision devenue définitive sur chacune des infractions faisant l'objet de la mise en examen, de la prévention ou de l'accusation. En conséquence, est à bon droit déclarée irrecevable une requête, dès lors qu'il n'a pas été statué sur un pourvoi formé contre l'arrêt relaxant le requérant pour certaines des infractions des chefs desquelles il a été renvoyé devant la juridiction correctionnelle et le condamnant pour d'autres. • CNR détentions, 23 mai 2011, n° 10CRD076 P.

18. Constitue une fin de non-recevoir le fait de déposer une requête tendant à obtenir le bénéfice d'une indemnisation sous une fausse identité. Est dès lors irrecevable la requête en réparation d'une détention provisoire présentée sous une identité que le requérant savait n'être pas la sienne. • CNR détentions, 4 avr. 2011, n° 10CRD069 P.

19. Droit transitoire. Les dispositions de l'art. 149, dernier al., issues de la loi du 15 juin 2000 publiée au *Journal officiel* le 16 juin suivant, qui prévoient que l'intéressé est avisé de son droit de demander réparation à l'occasion de la notification de la décision de relaxe, ne s'appliquent pas à une décision rendue antérieurement à son entrée en vigueur. • CNR détentions, 8 nov. 2002, ☎ n° 02-99.033 P. ♦ L'ajout de la prescription de l'action publique aux exceptions *faisant obstacle* à l'action en réparation, par la loi n° 2004-204 du 9 mars 2004, restreint le droit à réparation des personnes ayant subi une détention provisoire injustifiée et n'est donc pas applicable à une demande formée antérieurement à la date de la publication de la loi. • CNR détentions, 15 juill. 2004, n° 03CRD068 P.

II. NATURE DES PRÉJUDICES INDEMNISABLES

A. PRÉJUDICE MORAL

20. Préjudice moral indemnisable. La souffrance causée au détenu par l'impossibilité d'apporter à sa compagne et à son bébé le soutien qui leur est nécessaire constitue un préjudice personnel indemnisable. • CNR détentions, 26 juin 2006, n° 05CRD079 P. ♦ Il convient de prendre en compte, pour évaluer le préjudice moral éprouvé par le demandeur, le supplément de souffrance qu'il a ressenti en étant placé dans l'impossibilité d'apporter l'aide nécessaire à son épouse, gravement malade sur le plan psychiatrique, et à leurs trois enfants présents au foyer familial, durant la période de détention provisoire qu'il a subie. • CNR détentions, 14 avr. 2008, n° 07CRD090 P.

21. Évaluation du préjudice moral. Est justifiée la décision du président qui, pour évaluer le préjudice moral du demandeur, prend en compte les éléments relatifs à sa personnalité et son mode de vie dont, notamment, ses antécédents judiciaires et les périodes de détention déjà effectuées en exécution de condamnations antérieures. • CNR détentions, 24 janv. 2002, ☎ n° 01-92.001 P. ♦ Les périodes d'incarcération déjà effectuées en exécution de condamnations successives antérieures ont nécessairement pour incidence de minorer les répercussions morales d'un nouveau placement en détention ; il convient donc d'en tenir compte pour l'évaluation du préjudice moral subi. • CNR détentions, 4 avr. 2003, ☎ n° 02-99.092 P. ♦ La circonstance selon laquelle la première année de détention est justifiée par la culpabilité de l'intéressé pour une partie des faits poursuivis constitue un facteur de diminution du choc carcéral. • CNR détentions, 18 juin 2007, ☎ n° 07CRD001 P. ♦ De même, le choc carcéral d'une détention subie dans la continuation d'une incarcération effectuée pour d'autres causes est atténué. • CNR détentions, 14 mars 2011, n° 10CRD045 P. ♦ Doit pareillement être prise en compte pour l'indemnisation du préjudice la période de détention liée à la procédure d'extradition, le requérant ayant fait l'objet d'un mandat d'arrêt visant l'infraction pour laquelle il a finalement été relaxé et la demande d'extradition ayant impliqué son placement en détention. • CNR détentions, 20 févr. 2006, n° 05CRD046 P. ♦ Toutefois, le choc psychologique enduré par la personne en raison de l'importance de la peine encourue pour un crime dont elle se savait innocente n'est pas amoindri par des incarcérations antérieures subies à l'occasion de procédures correctionnelles. • CNR détentions, 21 oct. 2005, n° 04CRD001 P. ♦ De même, le choc psychologique n'est pas amoindri par une précédente détention d'un mois subie cinq années auparavant. • CNR détentions, 21 oct. 2005, n° 04CRD032 P. ♦ V. également, • CNR détentions, 5 déc. 2005, n° 05CRD017 P. ♦ Dans le même sens, pour une incarcération longue mais ancienne, l'intéressé étant, depuis, complètement et durablement réinséré dans la vie sociale. • CNR détentions, 26 juin 2006, n° 06CRD008 P. ♦ Doit être pris en considération, pour l'évaluation du préjudice moral causé par la détention provisoire, l'accroissement du choc psychologique enduré par l'intéressé en raison de sa réincarcération. • CNR détentions, 14 juin 2010, n° 10CRD012 P. ♦ Pour l'évaluation du préjudice moral, il n'y a pas lieu de prendre en compte l'implication de l'intéressé dans des faits, en l'espèce des violences en réunion, concomitants à ceux pour lesquels son placement en détention provisoire a été décidé dont il n'est pas établi qu'ils ont eu une incidence sur la décision dès lors qu'il apparaît que cette détention concernait exclusivement le crime pour lequel l'intéressé a été relaxé. • CNR détentions, 6 mai 2003 : *préc. note 7*. ♦ Il n'y a pas lieu non plus de prendre en compte le comportement procédural de l'intéressé au cours de l'instruction. • CNR détentions, 21 oct. 2005, n° 05CRD005 P. ♦ Le bien-fondé de la décision de placement et de maintien en détention échappe au contrôle du président ; en conséquence, les énonciations de la décision déférée relatives à la nécessité d'une telle décision sont sans portée sur l'évaluation de l'indemnisation à accorder à quelque titre que ce soit. • CNR détentions, 24 janv. 2002, n° 01-92.003 P • 20 déc. 2002, n° 02-99.056 P • 19 déc. 2003 : *préc. note 3* • 14 nov. 2005, n° 05CRD019 P.

22. Constituent un facteur aggravant du préjudice moral les conditions de détention dans un établissement pénitentiaire dont l'insalubrité et le taux d'occupation particulièrement élevé ont été constatés par le contrôleur général des lieux de privation de liberté, lesdites conditions de détention ayant nécessairement été subies à titre personnel. • CNR détentions, 25 juin 2012, n° 12CRD001 P. ♦ Il en va de même lorsque la vétusté et le taux d'occupation élevé ont été dénoncés dans des rapports établis par des commissions d'enquête parlementaire concomitamment à la période de détention subie par le demandeur, lesdites conditions de détention ayant nécessairement été subies à titre personnel. • CNR détentions, 25 juin 2012, n° 12CRD002 P.

23. Requête en aménagement. Le préjudice moral d'une personne placée en détention provisoire alors qu'elle était détenue pour une autre cause est aggravé par l'impossibilité qui en a résulté de former une demande d'aménagement de peine alors qu'elle pouvait se prévaloir d'éléments favorables à cette demande. • CNR détentions, 27 oct. 2014 : *préc. note 6*.

24. L'évaluation du préjudice moral doit tenir compte de l'intensité du choc psychologique occasionné par la détention en fonction de la personnalité de l'intéressé. • CNR détentions, 21 oct. 2005, n° 04CRD010 P. ♦ Elle doit également tenir compte des mauvaises conditions de détention et des menaces subies lors de celle-ci. • CNR détentions, 20 févr. 2006, n° 05CRD055 P. ♦ En revanche, la violation des obligations du contrôle judiciaire ne figurant pas parmi les exceptions limitativement énumérées au principe de la réparation intégrale institué par l'art. 149, la fuite d'une personne à l'étranger en violation de telles obligations ne peut pas être retenue comme facteur d'atténuation de son préjudice moral, même s'il en est résulté sa condamnation par contumace au maximum de la peine encourue. • CNR détentions, 5 déc. 2005 : *préc. note 21*.

25. Les liens intimes de la requérante avec un délinquant habituel, qui détenait à son domicile des armes et avait des antécédents judiciaires n'ayant donné lieu à aucune condamnation judiciaire, sont sans relation avec la nature et l'importance des préjudices objectivement subis par l'intéressée du fait de sa privation de liberté ; ceci ne peut donc justifier une appréciation « très modérée » de son préjudice moral. • CNR détentions, 19 déc. 2003, n° 03CRD009 P. ♦ L'existence et la nature des relations que le requérant entretenait avec la mineure qui a dénoncé les faits incriminés qui ont conduit à l'incarcération provisoire sont sans portée sur l'appréciation du préjudice moral lié à la privation de liberté dès lors qu'il a été jugé qu'il n'y avait pas d'infraction. • CNR détentions, 19 déc. 2003, n° 02CRD081 P.

26. Dès lors qu'il n'existe pas d'état antérieur au sens médico-légal, la décompensation psychique ayant fait suite à l'incarcération doit être prise en compte au titre de la réparation intégrale du préjudice moral, aucune demande d'indemnisation d'un préjudice corporel n'étant par ailleurs présentée. • Crim. 10 mai 2017 : *préc. note 8*.

27. Minoration (non). Ne constituent pas une cause de minoration du préjudice moral les détentions précédentes subies par le demandeur, pour de courtes périodes et dans des quartiers réservés aux détenus mineurs, dont les conditions de détention sont plus favorables et mieux encadrées que celles réservées aux détenus majeurs. • CNR détentions, 21 mai 2007, n° 06CRD082 P.

28. Référence pour l'évaluation du préjudice moral. Les provisions accordées aux personnes acquittées lors du procès « d'Outreau » sont aussi destinées à les indemniser du dysfonctionnement du service de la Justice et non du seul préjudice subi d'une détention. • CNR détentions, 23 sept. 2005, n° 04CRD056 P • 14 nov. 2005, n° 05CRD019 P.

B. PRÉJUDICE MATÉRIEL

29. Nature du préjudice matériel. Pour obtenir réparation du préjudice matériel subi, l'intéressé doit produire les pièces qui sont de nature à justifier le montant du préjudice invoqué. • CNR détentions, 24 janv. 2002, n° 01-92.005 P. ♦ Le préjudice résultant de la perte de l'emploi doit être réparé dès lors qu'il apparaît que le demandeur a été arrêté sur son lieu de travail la veille de son incarcération et qu'il a été licencié pour abandon de poste, ce dont il résulte que la détention est la cause première et déterminante de la rupture du contrat de travail. • CNR détentions, 18 déc. 2006, n° 06CRD045 P. ♦ En revanche, un travail dissimulé, activité illicite, ne peut donner lieu à réparation. Doit dès lors être infirmée la décision du premier président qui alloue à un étranger en situation irrégulière une indemnité de ce chef. • CNR détentions, 12 sept. 2011, n° 10CRD089 P. ♦ L'évaluation du préjudice matériel subi à raison d'une mesure de détention ne peut procéder du cumul de méthodes alternatives de réparation pour la même période, telles que la perte d'indemnités ASSEDIC et la perte d'une chance de trouver un emploi. • CNR détentions, 8 nov. 2002, ♔ n° 02-99.034 P. ♦ Il appartient à la partie qui demande réparation d'un préjudice matériel lié à la détention d'en justifier. Faute de production de pièces justificatives relatives à l'existence et l'étendue dudit préjudice, le demandeur ne peut qu'être débouté. • CNR détentions, 5 déc. 2011, n° 11CRD037 P. ♦ Est justifiée la demande de réparation du préjudice matériel d'un montant équivalent au versement du RMI durant la période d'incarcération lorsqu'en l'espèce il est certain que compte tenu de son âge et de la longue durée de sa détention l'intéressée a perdu une chance, directement liée à sa détention, de rechercher et de retrouver un emploi. • CNR détentions, 20 déc. 2002, ♔ n° 02-99.056 P. ♦ En cas de licenciement motivé par la détention provisoire, le temps normalement nécessaire pour retrouver un emploi compte tenu de l'âge et de la profession de l'intéressé doit être pris en compte pour l'évaluation du préjudice matériel. • CNR détentions, 6 févr. 2004, ♔ n° 03CRD053 P. ♦ Les indemnités de congés payés et de licenciement n'ont pas à être déduites de l'indemnité allouée au titre d'une action autonome en réparation de l'entier préjudice causé par une détention injustifiée. • Même décision. ♦ Doivent être ajoutées aux salaires nets qui auraient dû être perçus pendant la période de détention une indemnité pour les congés payés correspondant *à la période de détention* ainsi qu'une indemnité prenant en compte la perte des cotisations nécessaires à la constitution de points retraite. • CNR détentions, 20 févr. 2006 : *préc. note 24.* ♦ Il n'y a pas lieu de déduire des dommages-intérêts alloués en réparation du préjudice matériel les sommes versées par une compagnie d'assurance en contrepartie des primes payées au titre du contrat d'assurance de personne garantissant le paiement de diverses sommes pendant la période d'interruption totale de l'activité professionnelle car ces sommes n'ont pas un caractère indemnitaire. • CNR détentions, 1er avr. 2005, n° 04CRD039 P. ♦ L'indemnité qui répare la perte des salaires étant de nature à remettre l'intéressé dans la situation où il se serait trouvé s'il n'avait pas été incarcéré, il ne peut cumulativement prétendre à une indemnité correspondant au montant des loyers dont il aurait dû s'acquitter s'il n'avait été incarcéré. • CNR détentions, 21 oct. 2005, n° 04CRD013 P. ♦ Lorsque la défaillance professionnelle du requérant ne peut être rattachée à une incapacité imputable de façon certaine et exclusive à la détention, le recours au titre de l'indemnisation du préjudice matériel ne peut qu'être rejeté. • CNR détentions, 21 oct. 2005 : *préc. note 24.* ♦ Le préjudice subi du fait de l'impossibilité pour le demandeur d'avoir pu cotiser pour sa retraite de base et ses retraites complémentaires s'analyse en une perte de chance d'obtenir les points de retraite qu'il était en droit d'escompter si, n'étant pas incarcéré, il avait pu normalement cotiser, et non en une perte des pensions de retraite qu'il aurait pu percevoir. • CNR détentions, 29 mai 2006, n° 05CRD082 P.

30. Honoraires de l'avocat, frais irrépétibles. Dès lors que ni une convention d'honoraires, ni une facture établie le lendemain, soit plusieurs mois avant la fin de l'incarcération de l'intéressé ne permettent d'identifier les dépenses supportées par celui-ci au titre des frais de défense directement et exclusivement liés à la détention subie, la décision du premier président, qui a cru pouvoir évaluer, à partir de pièces non détaillées, le coût afférent à une demande de mise en liberté, ne peut qu'être réformée. • CNR détentions, 7 déc. 2009, n° 09CRD037 P. ♦ Dès lors que l'avocat de la personne détenue admise au bénéfice de l'aide juridictionnelle n'a pas sollicité, devant la juridiction chargée de statuer sur les infractions reprochées à celui-ci, l'application de l'art. 37 de la L. n° 91-647 du 10 juill. 1991, relative à l'aide juridique, la commission nationale de réparation des détentions n'a pas compétence pour statuer sur ce point et ne peut allouer une indemnité qui ne correspondrait à aucun débours réel. • CNR détentions, 20 janv. 2014, n° 13CRD021 P. ♦ Doit être confirmée la décision qui alloue à l'intéressé un certain montant au titre des frais irrépétibles engagés pour la procédure sur le fondement de l'art. 700 NCPC *[devenu C. pr. civ.]*. • CNR détentions, 24 janv. 2002, ♔ n° 01-92.005 P.

31. L'irrégularité fiscale des factures d'honoraires produites devant la commission demeure sans incidence sur leur force probante. • CNR détentions, 12 avr. 2016, ♔ n° 15CRD038 P.

32. La circonstance que les factures d'avocat, relatives à des prestations directement liées à la privation de liberté, soient libellées au nom de la sœur du demandeur, qui les a payées en raison de l'impécuniosité de son frère, ne justifie pas d'en écarter l'indemnisation, dès lors que le demandeur a expressément souscrit une promesse nominative de remboursement produite aux débats. • CNR détentions, 17 déc. 2012, n° 12CRD022 P.

33. Doivent être accordés à titre de dommages-intérêts les intérêts échus sur les sommes versées à la partie civile par le prévenu dont la condamnation pénale a été révisée. • CNR détentions, 5 déc. 2005, n° 05CRD026 P.

34. Perte de chance. A perdu une chance de pouvoir continuer à travailler en France le demandeur qui, en raison de l'incarcération, a été privé de l'autorisation administrative de travail dont il bénéficiait auparavant, alors qu'il avait constamment occupé un emploi sur le territoire national depuis son émigration. • Crim. 7 nov. 2011, n° 11CRD021 P. ♦ Il appartient au demandeur, qui allègue la perte d'une chance d'exercer une activité rémunérée pendant la période de détention ou de trouver un emploi postérieurement à l'élargissement, d'en apporter la preuve, laquelle, en l'absence d'éléments permettant de justifier de sa situation professionnelle antérieure ou postérieure à l'incarcération, ne peut alors être évaluée au montant du revenu minimum d'insertion. • CNR détentions, 31 mars 2014, n° 13CRD035 P.

C. AUTRES PRÉJUDICES

35. Préjudice personnel. Constitue un chef de préjudice personnel, au sens de l'art. 149, la partie des frais de transport exposés par la compagne du demandeur pour les visites, en détention, des enfants mineurs, dès lors que l'intéressé contribuait, dans le cadre de la communauté de vie avec celle-ci, aux dépenses afférentes à l'entretien et à l'éducation des enfants communs et que lesdits frais sont justifiés. • CNR détentions, 10 oct. 2011, n° 10CRD079 P. ♦ Les frais exposés par le fils majeur du détenu, économiquement dépendant de son père chez qui il résidait, ouvrent au demandeur le droit d'être remboursé du coût des trajets de son visiteur. • CNR détentions, 17 déc. 2012, n° 12CRD022 P. ♦ Les frais de transport exposés par la mère de la personne détenue, financièrement indépendante de son fils, pour lui rendre visite n'ouvrent pas droit à indemnisation ; en revanche, lorsqu'un enfant mineur est à la charge de son père détenu, les frais de transport exposés pour les visites de cet enfant et ceux de son accompagnatrice doivent être indemnisés au regard des justificatifs fournis. • CNR détentions, 30 sept. 2013, n° 12CRD045 P.

36. Préjudice corporel. Le préjudice corporel est un des éléments du préjudice matériel lorsqu'il est constitué par des dommages physiques ou des troubles psychiques et en vertu de l'art. 149, abstraction faite de toute autre action fondée sur la responsabilité du fait du fonctionnement défectueux du service de la justice, la CNR détentions est compétente pour ordonner la réparation de ce préjudice dès lors qu'il a été causé par la détention provisoire qui n'a pas abouti à une condamnation de l'intéressé. • CNR détentions, 19 déc. 2003 : *préc. note 3.*

37. Préjudices n'ouvrant pas droit à réparation. Le préjudice moral résultant de la publication d'articles de presse, invoqué par le demandeur, n'a pas à être indemnisé s'il n'est pas établi un lien direct entre ce préjudice et la privation de liberté. • CNR détentions, 24 janv. 2002, n° 01-92.003 P. ♦ ... Peu importe que les articles de presse relataient l'arrestation, la mise en détention et l'incarcération du demandeur. • CNR détentions, 1er avr. 2005 : *préc. note 29* • 5 déc. 2005 : *préc. note 21.* ♦ Ne peut être prise en considération l'atteinte à l'honneur et à la considération du requérant dès lors qu'il n'est pas établi de lien de causalité directe entre le préjudice subi et la privation de liberté. • CNR détentions, 19 déc. 2003 : *préc. note 3.* ♦ Outre le préjudice matériel qui peut inclure un préjudice corporel, seul le préjudice moral peut ouvrir droit à réparation ; le demandeur ne saurait prétendre à une indemnisation distincte et autonome du fait du trouble apporté à ses conditions d'existence par la détention. • CNR détentions, 26 juin 2006 : *préc. note 21.*

Art. 149-1 *(L. n° 2000-1354 du 30 déc. 2000, art. 4)* **« La réparation »** *(L. n° 2000-516 du 15 juin 2000, art. 71, en vigueur le 16 déc. 2000)* **prévue à l'article précédent est allouée par décision du premier président de la cour d'appel dans le ressort de laquelle a été prononcée la décision de non-lieu, de relaxe ou d'acquittement.**

La décision du premier président de la cour d'appel de déclarer recevable la requête en réparation des préjudices causés par une détention *provisoire*, en dehors de toute décision au fond n'est pas susceptible d'un recours immédiat indépendamment de cette décision au fond. • CNR détentions, 10 mai 2004, n° 03CRD044 P.

Art. 149-2 *(L. n° 2000-516 du 15 juin 2000, art. 71, en vigueur le 16 déc. 2000)* **« Le premier président de la cour d'appel, saisi »** *(L. n° 70-643 du 17 juill. 1970)* **par voie de requête dans le délai de six mois de la décision de non-lieu, de relaxe ou d'acquittement devenue définitive, statue** *(L. n° 2000-516 du 15 juin 2000, art. 70)* **« par une décision motivée »** *(Abrogé par L. n° 2000-516 du 15 juin 2000, art. 71, à compter du 16 déc. 2000)* ***« qui n'est susceptible d'aucun recours de quelque nature que ce soit ».***

(L. n° 2000-516 du 15 juin 2000, art. 70) **« Les débats ont lieu en audience publique, sauf opposition du requérant. A sa demande, celui-ci est entendu personnellement ou par l'intermédiaire de son conseil. »**

Dernier al. abrogé par L. n° 2000-516 du 15 juin 2000, art. 71, à compter du 16 déc. 2000.

1. Point de départ du délai de saisine. Le délai de six mois pour déposer la requête en indemnisation ne peut commencer à courir avant la notification à l'intéressé de la décision de non-lieu, relaxe ou acquittement. • Civ. 2e, 31 janv. 2002, n° 00-21.684 P : *D. 2002. 2013, note C. Pelletier*. ♦ Le délai de recours devant la commission nationale ne court qu'à compter de la notification de la décision au requérant lui-même, l'élection de domicile chez un avocat ne dispensant pas de l'obligation de notifier la décision à la partie. • CNR détention, 14 mars 2011, n° 10CRD045 P. ♦ Par ailleurs, le demandeur n'ayant pas été informé par la notification de la décision des modalités selon lesquelles le recours devrait être exercé, celui-ci doit être déclaré recevable, bien qu'il n'ait pas été formalisé par déclaration au greffe de la maison d'arrêt dans laquelle l'intéressé se trouvait détenu mais par un courrier adressé audit greffe. • Même arrêt. ♦ Lorsqu'une personne a été acquittée, le délai ne commence à courir que lorsque l'arrêt de la cour d'assises est définitif, soit lorsque le délai de cinq jours francs, après le prononcé de la décision, permettant au ministère public de se pourvoir en cassation est écoulé. • CNR détentions, 6 mai 2003, n° 02-00.082 P.

2. La recevabilité de la requête adressée au greffe de la cour d'appel par lettre recommandée avec demande d'avis de réception doit s'apprécier au regard de la date d'expédition de ladite lettre. • CNR détentions, 20 sept. 2010, n° 09CRD073 P.

3. Le requérant ne saurait soutenir que la notification qui lui a été faite à sa dernière adresse déclarée au juge d'instruction est contraire à l'art. 6, § 1, Conv. EDH, dès lors qu'il lui appartenait d'informer le magistrat de son changement d'adresse et que la notification a été régulièrement faite à son avocat qui était en mesure de lui conseiller de déposer sa requête dans le délai de six mois prévu par l'art. 149-2. • CNR détentions, 20 déc. 2002, n° 02-99.046 P.

4. Il ne résulte pas de la combinaison des art. 149-2 et R. 26 d'obligation pour le requérant, à peine d'irrecevabilité, de présenter l'intégralité de ses demandes d'indemnisation dans le délai de six mois de la décision de non-lieu, de relaxe ou d'acquittement devenue définitive. Dès lors, c'est à bon droit que le premier président a déclaré des demandes additionnelles recevables. • CNR détention, 20 juin 2011, n° 10CRD078 P.

5. Absence du requérant. Si l'art. 149-4 énonce que le premier président de la cour d'appel et la CNR détentions statuent en tant que juridictions civiles, la réparation à raison d'une détention fait l'objet de dispositions législatives et réglementaires spécifiques et il n'y a pas lieu d'appliquer le code de procédure civile ; ainsi, il résulte de l'art. 149-2 que la présence du requérant à l'audience n'est pas requise à peine de caducité et son absence ainsi que celle de son représentant alors qu'ils ont été régulièrement convoqués ne constituaient pas un obstacle à la décision. • CNR détentions, 14 nov. 2003, n° 03CRD017 P.

Art. 149-3 *(L. n° 2000-516 du 15 juin 2000, art. 71, en vigueur le 16 déc. 2000)* **Les décisions prises par le premier président de la cour d'appel peuvent, dans les dix jours de leur notification, faire l'objet d'un recours devant une commission nationale** *(L. n° 2000-1354 du 30 déc. 2000)* **« de réparation des détentions ». Cette commission, placée auprès de la Cour de cassation, statue souverainement et ses décisions ne sont susceptibles d'aucun recours, de quelque nature que ce soit.**

Le bureau de la Cour de cassation peut décider que la commission nationale comportera plusieurs formations.

La commission nationale, ou le cas échéant chacune des formations qu'elle comporte, est composée du premier président de la Cour de cassation, ou de son représentant, qui la préside, et de deux magistrats du siège de la Cour ayant le grade de président de chambre, de conseiller ou de conseiller référendaire, désignés annuellement par le bureau de la cour. Outre ces deux magistrats, ce bureau désigne également, dans les mêmes conditions, trois suppléants.

Les fonctions du ministère public sont remplies par le parquet général près la Cour de cassation.

Les dispositions de l'article 149-2 sont applicables aux décisions rendues par la commission nationale.

V. art. R. 40-4.

BIBL. ▶ Canivet et Karsenty, *Mél. Pradel, Éd. Cujas, p. 219 s.* (réflexions pratiques sur la commission nationale de réparation des détentions).

1. Forme du recours. Est irrecevable la déclaration de recours faite par lettre recommandée avec accusé de réception adressée directement à la CNR détentions et non déposée, contre récépissé, au greffe de la cour d'appel dont le premier président a rendu la décision attaquée. • CNR détentions, 24 janv. 2002, n° 01-92.004 P. ♦ Les formalités de recours devant la CNR détentions ne constituent pas une entrave disproportionnée au droit d'accès à un tribunal, même pour une personne détenue qui a, d'une part, la faculté de s'adresser au greffe de l'établissement pénitentiaire pour s'informer et y formaliser son recours, d'autre part, celle de solliciter l'assistance d'un avocat au titre de l'aide juridictionnelle. • CNR détentions, 6 févr. 2004, n° 03CRD022 P.

2. Les demandes du requérant qui n'a pas saisi la Commission d'un recours personnel dans le délai imposé par l'art. 149-3 et selon les formes prescrites par l'art. R. 40-4, formées dans l'instance introduite par le seul recours de l'agent judiciaire du Trésor, ne sont pas recevables. • CNR détentions, 6 févr. 2004, n° 03CRD053 P.

3. Est recevable le recours formé, par lettre recommandée avec demande d'avis de réception, par un demandeur, détenu pour autre cause, qui est empêché d'accomplir les formalités prévues par les art. 149 et R. 40-4. • CNR détentions, 20 nov. 2006, n° 06CRD040 P.

4. Point de départ du délai de recours. Les art. 641 et 642 C. pr. civ. sont applicables à la computation du délai de recours formé devant la Commission nationale, qui statue en tant que juridiction civile. • CNR détentions, 29 juin 2009, n° 08CRD066 P. ♦ Le délai de dix jours pour effectuer le recours devant la CNR détentions court à compter du jour de la notification de la décision attaquée. • CNR détentions, 24 janv. 2002, n° 01-92.003 P. ♦ En revanche le délai pour former recours ne commence pas à courir dès lors que la décision critiquée n'a pas été notifiée au requérant lui-même mais seulement à son conseil. • CNR détentions, 2 mai 2006, n° 05CRD070 P • 17 nov. 2008, n° 08CRD019 P. ♦ Selon les art. 149-3 et R. 38, la décision du premier président est notifiée au demandeur et à l'agent judiciaire du Trésor par LRAR et le recours contre ces décisions doit être exercé dans les dix jours de la notification. Il s'ensuit que c'est à compter de la date de notification à la partie elle-même que le délai de recours commence à courir, quelle que soit la date à laquelle la décision a été notifiée, le cas échéant, à l'avocat de celle-ci. • CNR détentions, 18 janv. 2010, n° 09CRD045 P. ♦ La notification au demandeur de la décision du premier président, par une lettre qui se borne à viser l'art. R. 40-4 et à indiquer la durée du délai de recours, sans en préciser les modalités, n'est pas effectuée conformément aux dispositions de l'art. 680 NCPC [devenu C. pr. civ.] et ne fait pas courir le délai de dix jours prévu par l'art. 149-3. • CNR détentions, 26 janv. 2007, n° 06CRD064 P.

5. La décision de la Commission nationale de réparation des détentions n'est susceptible, sauf excès de pouvoir, d'aucun recours de quelque nature que ce soit. • Civ. 2e, 29 janv. 2004, n° 02-18.174 P : *AJ pénal 2004. 119*. ♦ Les décisions de la Commission nationale d'indemnisation ne sont susceptibles d'aucun recours de quelque nature que ce soit. Dès lors, un recours en révision formé sur le fondement de l'art. 593 C. pr. civ. doit être déclaré irrecevable. • CNR détentions, 29 juin 2009, n° 08CRD047 P.

Art. 149-4 *(L. n° 2000-516 du 15 juin 2000, art. 71, en vigueur le 16 déc. 2000)* **La procédure devant le premier président de la cour d'appel et la commission nationale, qui statuent en tant que juridictions civiles, est fixée par un décret en Conseil d'État.**

Si l'art. 149-4 énonce que le premier président de la cour d'appel et la CNR détentions statuent en tant que juridictions civiles, la réparation à raison d'une détention fait l'objet de dispositions législatives et réglementaires spécifiques et il n'y a pas lieu d'appliquer le code de procédure civile ; ainsi, il résulte de l'art. 149-2 que la présence du requérant à l'audience n'est pas requise à peine de caducité et son absence ainsi que celle de son représentant alors qu'ils ont été régulièrement convoqués ne constituaient pas un obstacle à la décision. • CNR détentions, 14 nov. 2003, n° 03CRD017 P.

Art. 150 *(L. n° 2000-1354 du 30 déc. 2000, art. 5)* « **La réparation** » *(L. n° 70-643 du 17 juill. 1970)* **allouée en application de la présente sous-section est à la charge de l'État, sauf le recours de celui-ci contre le dénonciateur de mauvaise foi ou le faux témoin dont la faute aurait provoqué la détention ou sa prolongation. Elle est payée comme frais de justice criminelle.**

SECTION VIII DES COMMISSIONS ROGATOIRES

RÉP. PÉN. v° *Commission rogatoire*, par GUÉRY.

Art. 151 *(L. n° 85-1407 du 30 déc. 1985)* « **Le juge d'instruction peut requérir par commission rogatoire tout juge de son tribunal, tout juge d'instruction ou tout officier de police judiciaire, qui en avise dans ce cas le procureur de la République, de procé-**

der aux actes d'information qu'il estime nécessaires dans les lieux où chacun d'eux est territorialement compétent. »

La commission rogatoire indique la nature de l'infraction, objet des poursuites. Elle est datée et signée par le magistrat qui la délivre et revêtue de son sceau.

Elle ne peut prescrire que des actes d'instruction se rattachant directement à la répression de l'infraction visée aux poursuites.

Al. 4 abrogé par L. nº 85-1407 du 30 déc. 1985, art. 22-II et 94, à compter du 1er févr. 1986.

(L. nº 93-2 du 4 janv. 1993) **« Le juge d'instruction fixe le délai dans lequel la commission rogatoire doit lui être retournée avec les procès-verbaux dressés pour son exécution par l'officier de police judiciaire. A défaut d'une telle fixation, la commission rogatoire et les procès-verbaux doivent lui être transmis dans les huit jours de la fin des opérations exécutées en vertu de celle-ci. »**

V. art. D. 33 s.

BIBL. ▶ GHICA-LEMARCHAND, *RSC 2003. 33* (la commission rogatoire internationale en droit pénal).

I. COMMISSIONS ROGATOIRES INTERNES

A. RÈGLES NATIONALES

1. *Autorités pouvant être déléguées.* Le juge d'instruction peut requérir par commission rogatoire les différents officiers de police judiciaire dont la compétence territoriale est nationale ainsi que les services de la DST. • Crim. 13 sept. 1986, nº 86-93.291 P. ♦ Une commission rogatoire délivrée au « commissaire divisionnaire du service régional de police judiciaire et du GIR (groupe d'intervention régional) de Rouen » est valable puisque le juge d'instruction a requis un officier de police judiciaire de procéder aux actes d'information : dès lors il n'y a pas lieu d'annuler les actes accomplis par le GIR au motif que cette structure serait dépourvue d'existence légale. • Crim. 6 août 2003, nº 03-82.898 P : *JCP 2003. IV. 2665 ; AJ pénal 2003. 69* .

2. *Subdélégation.* Ne constitue pas une subdélégation de commission rogatoire l'interpellation et le placement en garde à vue pour recel de suspects, après la découverte de marchandises volées grâce à des informations fournies aux enquêteurs par d'autres policiers commis pour des faits de vols concernant les mêmes marchandises. • Crim. 6 déc. 2016 nº 16-84.451 : *D. actu. 16 janv. 2017, obs. Goetz.*

3. *Actes pouvant être délégués : enregistrements.* Le juge d'instruction tient des art. 81, al. 1er, 151 et 152 le pouvoir de prescrire, en vue de la constatation des infractions, tous les actes d'information utiles à la manifestation de la vérité, y compris l'enregistrement de conversations privées, pourvu que ces mesures aient lieu sous son contrôle et dans des conditions ne portant pas atteinte aux droits de la défense. • Crim. 23 nov. 1999, nº 99-82.658 P : *Dr. pénal 2000. Comm. 82, note Maron ; Procédures 2000. Comm. 106, obs. Buisson.* ♦ Comp., dans le cas où l'enregistrement a été effectué au domicile d'un tiers : • Crim. 15 févr. 2000, nº 99-96.623 P : *Dr. pénal 2000. Comm. 82, note Maron ; Procédures 2000. Comm. 131, obs. Buisson.*

4. *Enregistrement de conversations.* L'enregistrement effectué de manière clandestine, par un policier agissant dans l'exercice de ses fonctions, des propos qui lui sont tenus, fût-ce spontanément, par une personne suspecte, élude les règles de procédure et compromet les droits de la défense. • Crim. 16 déc. 1997, nº 96-85.589 P : *D. 1998. 354, note Pradel ; RSC 1999. 588, obs. J.-P. Delmas Saint-Hilaire ; RG proc. 1998. 327, Chron. Rebut ; LPA 1999, nº 21, note Barberis ; JCP 1998. I. 153, Chron. Maron ; Procédures 1998. Comm. 98, obs. Buisson ; Dr. pénal 1998. Comm. 61, obs. Maron ; Gaz. Pal. 1998. 1. Chron. 57, note Doucet.* ♦ Rappr. : • Crim. 12 juin 1952 : *Bull. crim. nº 153 ; S. 1954. 69, note Legal ; D. 1953. Somm. 2 ; JCP 1952. II. 7241, note Brouchot.* ♦ Mais l'enregistrement clandestin fait par un policier, non dans l'exercice de ses fonctions en vue de constater des agissements délictueux sur délégation judiciaire, mais pour se constituer la preuve de faits dont il est lui-même victime, n'est pas un acte de procédure susceptible d'annulation, mais seulement un moyen de preuve soumis à la libre discussion des parties. • Crim. 19 janv. 1999, nº 98-83.787 P : *RSC 1999. 588, obs. J.-P. Delmas Saint-Hilaire ; Dr. pénal 1999. Comm. 77, obs. Maron, et 1999. Chron. 24, par Marsat ; JCP 1999. II. 10156, note Rebut.*

5. *Conditions de forme de la délégation.* La commission rogatoire doit être, à peine de nullité, datée. • Crim. 10 nov. 1970, nº 70-91.436 P • 28 janv. 1986 : *JCP 1986. IV. 93.* ♦ *Contra* : il n'y a pas lieu d'annuler une commisson rogatoire non datée dès lors qu'elle porte les mentions et la date de son enregistrement au groupement de gendarmerie, ce qui permet de suppléer à l'omission de date et d'établir que le réquisitoire introductif a bien précédé la commission rogatoire dont les actes d'exécution ont été postérieurs à celle-ci. • Crim. 18 avr. 2000, nº 00-80.402 P.

6. *Délégations générales.* L'art. 151, al. 2 et

3, adopte la jurisprudence de la chambre criminelle selon laquelle le juge d'instruction ne peut délivrer commission rogatoire que sur présomption d'une infraction déterminée, déjà commise ou en cours d'exécution ; la commission rogatoire ne saurait, à peine de nullité, revêtir la forme d'une délégation générale de pouvoirs visant de façon éventuelle toute une catégorie d'infractions. • Crim. 22 janv. 1953 : *D. 1953. 533, note Lapp* • 21 mars 1957 : *D. 1957. 482* • 16 avr. 1970, n° 69-92.089 P : *D. 1970. Somm. 179.* ♦ La nullité s'étend à tous les actes d'exécution. • Mêmes arrêts. ♦ ... Notamment au procès-verbal relatant les aveux du prévenu au cours d'une perquisition. • Crim. 22 janv. 1953 : *préc.* ♦ Cependant, dans une information suivie des chefs de vol, tentative de vols qualifiés et association de malfaiteurs, il n'y a ni violation de l'art. 151 ni atteinte aux droits de la défense lorsqu'une commission rogatoire prescrit, aux enquêteurs chargés de découvrir les individus coupables de vols, de rechercher les autres méfaits qu'ils pouvaient avoir commis, d'identifier les auteurs ou complices de ces autres infractions, de recueillir les preuves de la culpabilité et d'identifier tous receleurs, alors que, loin de revêtir la forme d'une délégation générale de pouvoirs visant de façon éventuelle toute une catégorie d'infractions, la commission rogatoire du juge d'instruction prescrivait des actes d'instruction se rattachant directement, par leur nature et leur étendue, à la répression de l'infraction visée au réquisitoire introductif et prévue par l'art. 265 C. pén. • Crim. 11 juin 1970, n° 70-90.400 P : *D. 1971. 321, note J.-M. R.* ♦ V. aussi : • Crim. 9 nov. 1976, n° 76-91.320 P • 14 juin 1978, n° 77-93.163 P. ♦ Ne constitue pas une délégation générale de pouvoirs la commission rogatoire donnée à un officier de police judiciaire dans une information ouverte contre personne non dénommée, du chef d'une infraction spécifiée et pour des faits déterminés, à l'effet de procéder à toutes recherches en vue d'identifier les auteurs ou complices de ces faits. • Crim. 9 déc. 1991, n° 88-80.786 P. ♦ ... Non plus que celle qui vise le réquisitoire introductif, lequel se réfère aux procès-verbaux de l'enquête initiale, et détermine ainsi clairement le cadre de la saisine du service délégataire. • Crim. 9 juin 1998, n° 98-80.418 P • 8 juin 1999, n° 99-81.291 P. ♦ Même si elle est intitulée « générale », une commission rogatoire est régulière dès lors que, conformément à l'art. 151, al. 3, elle ne prescrit que des actes d'instruction se rattachant directement à la répression des infractions visées aux poursuites. • Crim. 6 févr. 1996, n° 95-84.041 P.

7. Exécution des délégations. Les dispositions de l'art. 151, qui prescrivent à l'officier de police judiciaire recevant une commission rogatoire d'en aviser le procureur de la République, ne concernent que les rapports entre ce magistrat et l'officier de police judiciaire ; leur inobservation ne porte pas atteinte aux intérêts des parties et ne saurait entraîner la nullité des actes accomplis. • Crim. 10 janv. 1989, n° 88-86.129 P. ♦ L'éventuel dépassement du délai imparti par le juge d'instruction pour l'exécution d'une commission rogatoire ne saurait, en l'absence de retrait de cette délégation, avoir d'incidence sur la validité des actes accomplis dans le cadre de celle-ci. • Crim. 15 févr. 2006, n° 05.87.002 P.

8. Faits nouveaux. Lorsque des officiers de police judiciaire, lors de l'exécution d'une commission rogatoire, découvrent des faits étrangers à l'information mais susceptibles d'une incrimination pénale, ils ont le devoir d'en informer le magistrat instructeur. Il ne résulte aucune violation de l'art. 151 s'ils se bornent à informer leur mandant sans effectuer des actes ne se rattachant pas directement à la répression de l'infraction visée dans la commission rogatoire. • Crim. 14 janv. 1992, n° 91-85.864 P. ♦ Ils peuvent aussi en avertir le procureur de la République. • Crim. 9 févr. 1993, n° 92-85.415 P • 1er févr. 2012, n° 10-83.523 P. ♦ Les officiers de police judiciaire qui, à l'occasion de l'exécution d'une commission rogatoire, acquièrent la connaissance de faits nouveaux, peuvent, avant toute communication au juge d'instruction des procès-verbaux qui les constatent, effectuer d'urgence des vérifications sommaires pour en apprécier la vraisemblance. • Crim. 11 mai 2000, n° 99-85.100 P : *D. 2000. IR 225*. ♦ Cependant, ils ne peuvent procéder à des actes revêtant un caractère cœrcitif sous le couvert de la commission rogatoire, ils peuvent uniquement mettre en œuvre l'ensemble des pouvoirs qu'ils tiennent des règles prévues pour les enquêtes préliminaire ou de flagrance. • Crim. 13 déc. 2000, n° 00-84.189 P : *Procédures 2001. Comm. 114, obs. Buisson* • 27 mars 2012, n° 11-88.321 P : *D. actu. 14 mai 2012, obs. Léna ; D. 2012. Actu. 1189 ; AJ pénal 2012. 488, obs. Ascensi* • Crim. 23 juin 2015, n° 15-81.071 P : *D. actu. 27 juill. 2015, obs. Gallois.* ♦ Pour un exemple d'étendue des pouvoirs des OPJ dans le cadre d'une commission rogatoire, V. • Crim. 10 janv. 2001, n° 00-86.876.

9. Pour un exemple de commissions rogatoires ordonnant des écoutes téléphoniques dans le cadre d'une information ouverte contre personne non dénommée pour association de malfaiteurs en vue de commettre des infractions à la législation sur les stupéfiants ayant permis l'interpellation d'un individu en possession de 60 kg de résine de cannabis découverts à bord de son véhicule et ayant entraîné des réquisitions supplétives pour transport, offre, cession acquisition et détention de résine de cannabis en bande organisée. • Crim. 26 sept. 2001, n° 01-80.227.

10. Étant saisi de faits de recel, d'infractions à la législation sur les stupéfiants et de participation à une association de malfaiteurs, le juge d'instruction pouvait procéder à des investigations tant sur l'origine des fonds destinés à financer ce trafic et susceptibles, de plus, de caractériser la résolution d'agir en commun et des actes préparatoires que sur les rapports financiers des uns et des autres. • Crim. 5 déc. 2001, n° 00-87.546.

11. Extension de la délégation. Un soit-transmis émis par un juge d'instruction à l'intention d'un service enquêteur, déjà saisi par une commission rogatoire, est suffisant pour étendre la délégation à de nouveaux faits dénoncés, le soit-transmis constituant une extension de la commission rogatoire précédemment délivrée. • Crim. 19 janv. 2016, n° 15-81.041 P : *D. 2016. Pan. 1727, obs. Pradel.*

12. Utilisation dans une autre procédure. Aucune disposition légale n'interdit d'utiliser dans une procédure les éléments recueillis lors de l'exécution d'une commission rogatoire délivrée dans une autre information. • Crim. 9 mai 2018, n° 18-80.066 P : *D. actu. 22 mai 2018, obs. Goetz ; AJ pénal 2018. 359 s., note Fucini ; Dr. pénal 2018, n° 135, note Maron et Haas ; RSC 2018. 461, note Cordier.*

B. RÈGLES EUROPÉENNES

13. Convention européenne des droits de l'homme. L'intervention d'agents des douanes pour assister un OPJ dans l'exécution d'une commission rogatoire n'est pas contraire aux dispositions de l'art. 6, § 1, Conv. EDH car ils ne sont pas chargés de décider du bien-fondé d'une accusation. • Crim. 4 avr. 2001, n° 01-80.835 P : *D. 2001. IR 1997.*

14. Convention européenne d'entraide judiciaire. Selon les dispositions de l'art. 3 Conv. européenne d'entraide judiciaire du 20 avr. 1959, les commissions rogatoires sont exécutées dans les formes prévues par la législation de l'État requis, ce qui implique que la régularité de leur exécution soit contrôlée par les juridictions de cet État. • Crim. 24 juin 1997, n° 96-85.581 P : *Dr. pénal 1997. Comm. 133, obs. Maron ; RSC 1998. 351, obs. Dintilhac.*

II. COMMISSIONS ROGATOIRES INTERNATIONALES

A. C.R.I. ÉMANANT D'UN MAGISTRAT FRANÇAIS

15. Audition. Ne saurait être annulée l'audition d'une partie à l'étranger, en exécution d'une commission rogatoire internationale, dès lors que l'intéressé, assisté d'un avocat, a été entendu sur les seules questions figurant dans la mission confiée par le juge requérant et dans les formes prévues par la législation de l'État requis. • Crim. 26 nov. 1996, n° 94-84.572 P.

16. Transport sur les lieux. Ne sauraient être annulés un transport sur les lieux et des vérifications matérielles, effectués à l'étranger, par les autorités judiciaires de l'État requis, en exécution d'une commission rogatoire internationale, dès lors que la Cour de cassation est en mesure de s'assurer que les actes dont la nullité est demandée n'ont pas été accomplis en violation des droits de la défense, ni d'aucun principe général du droit. • Crim. 4 nov. 1997, n° 97-83.463 P.

B. C.R.I. ÉMANANT D'UNE AUTORITÉ ÉTRANGÈRE

17. Limites du contrôle. Si la chambre d'accusation est compétente, dans certaines conditions, pour contrôler la régularité des actes d'instruction effectués sur le territoire français en exécution d'une commission rogatoire internationale, elle ne saurait, sans excéder ses pouvoirs, porter une appréciation sur les modalités de délivrance et de transmission d'une telle délégation par les autorités de l'État requérant. • Crim. 4 nov. 1997, n° 97-82.274 P : *RSC 1998. 351, obs. Dintilhac.*

Art. 151-1-1 *Devenu art. 99-4 (L. n° 2004-204 du 9 mars 2004, art. 116-II).*

Art. 152 **Les magistrats ou officiers de police judiciaire commis pour l'exécution exercent, dans les limites de la commission rogatoire, tous les pouvoirs du juge d'instruction.**

(L. n° 93-1013 du 24 août 1993) **« Toutefois, les officiers de police judiciaire ne peuvent pas procéder aux interrogatoires et confrontations des personnes mises en examen** *(Abrogé par L. n° 2000-516 du 15 juin 2000, art. 131-III)* ***« ou des personnes mentionnées au deuxième alinéa de l'article 105 »*****. Ils ne peuvent procéder à l'audition des parties civiles »** *(L. n° 2000-516 du 15 juin 2000, art. 131-III)* **« ou du témoin assisté qu'à la demande de »** *(L. n° 2000-1354 du 30 déc. 2000, art. 14 et 37)* **« ceux-ci ».**

(L. n° 2004-204 du 9 mars 2004, art. 104-I) **« Le juge d'instruction peut se transporter, sans être assisté de son greffier ni devoir en dresser procès-verbal, pour diriger et contrôler l'exécution de la commission rogatoire, dès lors qu'il ne procède pas lui-même à des actes d'instruction. A l'occasion de ce transport, il peut ordonner la prolongation des gardes à vue prononcées dans le cadre de la commission rogatoire. Dans**

tous les cas, mention de ce transport est faite sur les pièces d'exécution de la commission rogatoire. »

1. Régularité. A la différence du juge d'instruction, un OPJ procédant sur commission rogatoire de ce magistrat à un acte d'information n'est pas tenu de se faire assister d'un greffier. • Crim. 4 juin 1953 : *D. 1954. 147, note F. G.*

2. Aucune irrégularité ni nullité ne résulte de ce qu'au cours d'actes de perquisition et de saisie, le commissaire de police délégué a eu recours à l'assistance d'un tiers pour procéder à la reconnaissance, au triage et à la répartition des papiers et documents saisis, alors que le tiers désigné étant le syndic de la faillite du principal inculpé en fuite, sa présence et son concours aux opérations avaient été autorisés et même prescrits par le juge d'instruction. • Crim. 25 nov. 1932 : *DP 1934. 1. 24, note G. L.*

3. Irrégularités. Mais l'instruction doit être annulée lorsque l'OPJ ayant reçu mission de « reconstituer un itinéraire du prévenu sans l'interroger », le procès-verbal d'exécution de la commission rogatoire constate que le prévenu a apporté, en cours de route, des « précisions spontanées », l'acte accompli présentant alors le caractère d'un interrogatoire. • Crim. 4 oct. 1968, n° 67-93.741 P : *D. 1968. 689, note Baurès.* ♦ Il résulte des art. 114, al. 1er, et 152, al. 2, que des policiers ne peuvent recueillir les confidences spontanées d'une personne mise en examen, celle-ci ne pouvant être interrogée que par le juge d'instruction, son avocat étant présent ou ayant été dûment convoqué. • Crim. 5 mars 2013 : *D. 2013. Actu. 711 ; ibid. Pan. 1993, obs. Pradel ; AJ pénal 2013. 288, obs. Belfanti ; RSC 2013. 595, note Danet ; Dr. pénal 2013. Comm. 63, obs. Maron et Haas ; Procédures 2013, n° 162, obs. Chavent-Leclère ; Gaz. Pal. 21 juill. 2013, p. 44, note Fourment.*

4. Le juge d'instruction ne peut déléguer qu'à des magistrats, à peine de nullité, la désignation d'un expert. • Crim. 2 sept. 1986, n° 86-93.266 P. ♦ ... La notification aux parties d'une expertise. • Crim. 15 mai 1973, n° 72-90.462 P.

5. Le juge d'instruction procédant à un interrogatoire sur commission rogatoire ne saurait se borner à recueillir les explications de l'inculpé sur les seules pièces transmises par le juge mandant et régulièrement communiquées au conseil de l'intéressé, alors que ce conseil a, préalablement à l'interrogatoire au fond, sollicité expressément la mise à sa disposition de l'ensemble des pièces de procédure. • Crim. 9 févr. 1982, n° 81-94.393 P : *D. 1982. 544, note Pradel.*

6. Faits nouveaux découverts par l'OPJ. Si des OPJ, commis pour l'exécution d'une commission rogatoire, ne peuvent instrumenter au-delà des faits dont les a saisis le juge d'instruction, il ne leur est pas interdit, lorsqu'ils découvrent des faits nouveaux, de mettre en œuvre l'ensemble des pouvoirs qu'ils tiennent des règles prévues pour l'enquête préliminaire. • Crim. 7 mai 2002 : *RSC 2003. 391, note Buisson* • Crim. 30 oct. 2012, n° 11-87.244 P : *D. actu. 17 déc. 2012, obs. Winckelmuller ; D. 2012. Actu. 2805 ; Procédures 2013, n° 27, obs. Buisson ; Dr. pénal 2013. Comm. 12, obs. Maron et Haas.*

7. L'OPJ qui découvre lors de l'exécution d'une commission rogatoire des objets pouvant intéresser l'exécution d'une autre commission rogatoire dont il est également porteur, doit mettre en œuvre les pouvoirs qu'il tient de cette dernière. • Crim. 26 mars 2003, n° 03-80.084 P : *D. 2003. IR 1605 ; JCP 2003. IV. 2121 ; RSC 2004. 426, obs. Buisson .*

8. Témoin assisté. En vertu des art. 113-2 et 152, toute personne nommément visée par une plainte et qui n'a pas acquis la qualité de témoin assisté peut être entendue par un OPJ agissant sur commission rogatoire ; c'est à tort qu'une chambre de l'instruction annule des procès-verbaux d'audition au motif que les intéressés n'avaient pas été préalablement informés par le juge d'instruction de leur droit d'obtenir le statut de témoin assisté. • Crim. 23 mars 2004, n° 03-87.854 P : *D. 2004. IR 1213 ; JCP 2004. IV. 2023 ; RSC 2004. 672, note Giudicelli .* ♦ Il résulte des mêmes art. que, si toute personne, qui est nommément visée par une plainte avec constitution de partie civile et qui n'a pas acquis la qualité de témoin assisté, peut être entendue par un officier de police judiciaire agissant sur commission rogatoire, c'est à la condition qu'elle y ait consenti après avoir été avisée de son droit d'être entendue comme témoin assisté par le juge d'instruction. • Crim. 6 août 2008, n° 08-82.924 P : *RSC 2009. 896, obs. Buisson ; D. 2008. AJ 2287, note Léna ; ibid. 2008. 2836, note Guéry ; AJ pénal 2008. 468, obs. Ascensi ; Dr. pénal 2009. Chron. 1, obs. Guérin ; ibid. 2009. Chron. 8, obs. Lesclous* • 10 sept. 2008 : *Dr. pénal 2009. Chron. 8, obs. Lesclous.*

Art. 153 **Tout témoin cité pour être entendu au cours de l'exécution d'une commission rogatoire est tenu de comparaître, de prêter serment et de déposer.** *(L. n° 2000-516 du 15 juin 2000, art. 4, en vigueur le 1er janv. 2001)* **« Lorsqu'il n'existe** *(L. n° 2002-307 du 4 mars 2002)* **« aucune raison plausible de soupçonner** [*ancienne rédaction : aucun indice faisant présumer*] **» qu'il a commis ou tenté de commettre une infraction, il ne peut être retenu que le temps strictement nécessaire à son audition. »**

(L. nº 2002-307 du 4 mars 2002) **« S'il ne satisfait pas à cette obligation, avis en est donné au magistrat mandant qui peut le contraindre à comparaître par la force publique. Le témoin qui ne comparaît pas encourt l'amende prévue par l'article 434-15-1 du code pénal. »**

(L. nº 2004-204 du 9 mars 2004, art. 104-II) **« L'obligation de prêter serment et de déposer n'est pas applicable aux personnes gardées à vue en application des dispositions de l'article 154. »** *(Abrogé par Cons. const. nº 2016-594 QPC du 4 nov. 2016, à compter du 6 nov. 2016)* ***« Le fait que les personnes gardées à vue aient été entendues après avoir prêté serment ne constitue toutefois pas une cause de nullité de la procédure. »***

V. art. R. 15-33-1.

1. QPC. Faire prêter serment à une personne entendue en garde à vue de « dire toute la vérité, rien que la vérité » peut être de nature à lui laisser croire qu'elle ne dispose pas du droit de se taire ou de nature à contredire l'information qu'elle a reçue concernant ce droit. Dès lors, en faisant obstacle, en toute circonstance, à la nullité d'une audition réalisée sous serment lors d'une garde à vue dans le cadre d'une commission rogatoire, les dispositions contestées portent atteinte au droit de se taire de la personne soupçonnée. Par conséquent, la seconde phrase du dernier al. de l'art. 153 doit être déclarée contraire à la Constitution. • Cons. const. 4 nov. 2016 : *JO 6 nov. ; D. 2017. 395, note A. Gallois ; Gaz. Pal. 24 janv. 2017, p. 65, note Fourment ; AJ pénal 2017. 27, note de Combles de Nayves et Merciner ; Dr. pénal 2017, Étude 16, par Marquetty et Picquet.*

2. Prestation de serment. Le défaut de prestation de serment prévu par l'art. 153 n'est pas une cause de nullité si l'inobservation de cette formalité, qui n'est sanctionnée par aucun texte, n'a pas porté atteinte aux droits de la défense. • Crim. 31 mars 1981, nº 80-94.773 P.

3. Compatibilité avec la Conv. EDH. Il résulte des dispositions combinées des art. 105, 113-1, 153 et 154, qui ne sont pas contraires à l'art. 6 Conv. EDH, qu'une personne placée en garde à vue sur commission rogatoire du juge d'instruction est entendue par l'OPJ après avoir prêté le serment prévu par la loi, dès lors qu'il n'existe pas à son encontre des indices graves et concordants d'avoir participé aux faits dont le juge d'instruction est saisi ou qu'elle n'est pas nommément visée par un réquisitoire introductif. • Crim. 14 janv. 2003, nº 02-87.062 P : *D. 2003. IR 808 ; JCP 2003. IV. 1528.*

4. Ne constitue pas une arrestation ou une mesure privative ou restrictive de liberté, au sens de l'art. 26, al. 2, de la Constitution, l'obligation faite à un parlementaire de comparaître en qualité de témoin, en application des art. 109 et 153, dès lors que ce dernier n'y est pas contraint par la force publique. • Crim. 19 sept. 2007, nº 06-85.003 P : *D. 2007. AJ 2874 ; AJ pénal 2007. 537 ; Dr. pénal 2009. Chron. 1, obs. Guérin.*

Art. 154 *(L. nº 2011-392 du 14 avr. 2011, en vigueur le 1er juin 2011)* **Les dispositions** *(L. nº 2014-535 du 27 mai 2014, art. 3, en vigueur le 2 juin 2014)* **« des articles 61-1 et 61-2 relatives à l'audition d'une personne soupçonnée ou d'une victime ainsi que »** *(L. nº 2016-731 du 3 juin 2016, art. 63, en vigueur le 15 nov. 2016)* **« les articles 61-3 et 62-2 à 64-1 » sont applicables lors de l'exécution des commissions rogatoires.**

Les attributions conférées au procureur de la République par ces articles sont alors exercées par le juge d'instruction. Lors de la délivrance de l'information prévue *(L. nº 2014-535 du 27 mai 2014, art. 3, en vigueur le 2 juin 2014)* **« aux articles 61-1 et 63-1 », il est précisé que** *(L. nº 2014-535 du 27 mai 2014, art. 3, en vigueur le 2 juin 2014)* **« l'audition ou » la garde à vue intervient dans le cadre d'une commission rogatoire.**

Les dispositions issues de la L. nº 2014-535 sont entrées en vigueur le 2 juin 2014. Toutefois, la référence à l'art. 61-2 est entrée en vigueur le 1er janv. 2015 (L. préc., art. 15).

Est devenu inopérant le moyen, dirigé contre l'arrêt de la chambre de l'instruction ayant refusé d'y faire droit et examiné lors du pourvoi formé contre l'arrêt sur le fond, pris de l'information tardive du juge d'instruction lors du placement en garde à vue du prévenu, dès lors que la déclaration de culpabilité n'est fondée ni exclusivement ni même essentiellement sur les déclarations que celui-ci a faites lors de sa garde à vue. • Crim. 30 avr. 2014, nº 12-85.115 P.

Ancien art. 154 *(L. nº 2000-516 du 15 juin 2000, art. 5-II)* ***« Lorsque l'officier de police judiciaire est amené, pour les nécessités de l'exécution de la commission rogatoire, à garder à sa disposition une personne à l'encontre de laquelle il existe*** *(L. nº 2002-307 du 4 mars 2002)* ***« une ou plusieurs raisons plausibles de soupçonner » qu'elle a commis ou tenté de commettre une infraction, il en informe dès le début de cette mesure le juge d'instruction saisi des faits. Ce der-***

nier contrôle la mesure de garde à vue. L'officier de police judiciaire ne peut retenir la personne plus de vingt-quatre heures. » — *Entrée en vigueur le 1er janv. 2001.*

(*L. n° 93-2 du 4 janv. 1993*) ***La personne doit être présentée avant l'expiration du délai de vingt-quatre heures à ce magistrat ou, si la commission rogatoire est exécutée dans un autre ressort que celui de son siège, au juge d'instruction du lieu d'exécution de la mesure. A l'issue de cette présentation, le juge d'instruction peut accorder l'autorisation écrite de prolonger la mesure d'un nouveau délai*** (*L. n° 93-1013 du 24 août 1993*) « ***, sans que celui-ci*** » ***puisse excéder vingt-quatre heures. Il peut, à titre exceptionnel, accorder cette autorisation par décision écrite et motivée sans présentation préalable de la personne.***

Pour l'application du présent article, les ressorts des tribunaux judiciaires de Paris, Nanterre, Bobigny et Créteil constituent un seul et même ressort.

Les dispositions des articles 63-1, 63-2, 63-3, 63-4, 64 (*L. n° 2007-291 du 5 mars 2007, art. 14-III, en vigueur le 1er juin 2008*) « ***, 64-1*** » ***et 65 sont applicables aux gardes à vue exécutées dans le cadre de la présente section.*** (*L. n° 93-1013 du 24 août 1993*) « ***Les pouvoirs conférés au procureur de la République par les articles*** (*L. n° 2007-291 du 5 mars 2007, art. 14-III, en vigueur le 1er juin 2008*) « ***63-2, 63-3 et 64-1*** » ***sont alors exercés par le juge d'instruction.*** » (*L. n° 2000-516 du 15 juin 2000, art. 134, en vigueur le 1er janv. 2001*) « ***L'information prévue au troisième alinéa de l'article 63-4 précise que la garde à vue intervient dans le cadre d'une commission rogatoire.*** »

I. APPLICATION DES RÈGLES NATIONALES

A. RÈGLES GÉNÉRALES

1. *Durée de la garde à vue.* Il résulte des art. 77 et 154 qu'une personne ne peut être retenue en garde à vue, à l'occasion des mêmes faits, pour une durée totale excédant 48 heures. Le dépassement de ce délai, même si les mesures ont été successivement ordonnées en application de l'un et de l'autre de ces textes, constitue par lui-même une atteinte aux intérêts de la personne concernée. • Crim. 13 févr. 1996, n° 95-85.538 P: *D. 1996. Somm. 258, obs. Pradel ; Procédures 1996. Comm. 151, obs. Buisson ; JCP 1997. I. 3998, Chron. Véron ; Dr. pénal 1996. 143, obs. Maron ; Justices 1997, n° 5, p. 309, Chron. Rebut.* ♦ Si une personne peut être soumise, à l'occasion de faits distincts, à des mesures de garde à vue immédiatement successives et indépendantes l'une de l'autre, elle ne peut toutefois être retenue de manière continue à la disposition des OPJ pendant une période totale excédant la durée maximale de la garde à vue autorisée par la loi ; le dépassement de ce délai porte nécessairement atteinte aux intérêts de la personne concernée. • Crim. 17 mars 2004, n° 03-87.739 P: *D. 2004. IR 1353 ; ibid. 2005. Pan. 686, obs. Pradel ; JCP 2004. IV. 1968 ; AJ pénal 2004. 248, obs. Coste ; Dr. pénal 2004. Comm. 96, obs. Maron ; RSC 2005. 378, obs. Buisson.* ♦ *Contra*, en ce sens que la durée de la garde à vue comme témoin d'une personne dans le cadre d'une commission rogatoire s'imputerait sur celle de la garde à vue reprise, pour une autre infraction, dans le cadre d'un flagrant délit : • Paris, 14 juin 1996 : *Dr. pénal 1998. Comm. 139, obs. Maron.*

2. La prolongation de la garde à vue prenant nécessairement effet à l'issue de la première période de 24 heures, l'erreur commise par le juge d'instruction sur le point de départ de cette prolongation ne porte pas préjudice à la personne gardée à vue dès lors que la garde à vue n'a pas dépassé le délai maximum de 48 heures prévu par la loi. • Crim. 15 févr. 2000, n° 99-86.623 P: *Dr. pénal 2000. Comm. 82, obs. Maron ; Procédures 2000. Comm. 131, obs. Buisson.*

3. Il résulte toutefois des art. 154 et 706-29 que les dispositions de l'art. 63-4 portant à 72 heures le délai à l'issue duquel la personne gardée à vue peut demander à s'entretenir avec un avocat sont applicables lorsque la mesure de garde à vue a été prise pour l'exécution d'une commission rogatoire délivrée dans une information relative à l'une des infractions prévues par les art. 222-34 à 222-39 C. pén. • Crim. 8 juin 1999, n° 99-81.291 P: *Procédures 2000. Comm. 45, obs. Buisson.*

4. *Information du juge.* L'écoulement d'un délai de 5 heures avant l'information du juge d'instruction méconnaît les dispositions de l'art. 154. • Crim. 29 févr. 2000, n° 99-84.899 P: *D. 2000. IR 108 ; Dr. pénal 2000. Comm. 80, obs. Maron.* ♦ L'art. 154 ne soumet l'information du juge à aucune forme, il suffit que cette information soit donnée dans les meilleurs délais et que le juge puisse exercer son contrôle. • Crim. 19 déc. 2000, n° 00-86.715 P: *Dr. pénal 2001. Comm. 55, obs. Maron ; Procédures 2001. Comm. 113, obs. Buisson.*

5. Il se déduit de la mention « malgré la demande, et conformément aux instructions du magistrat informé, l'avis à famille ou employeur n'a pas été effectué » que le juge d'instruction mandant a été avisé aussitôt après la notification des droits à l'intéressé du placement en garde à vue de celui-ci. • Crim. 4 déc. 2002, n° 02-86.370. ♦ De même, l'information du juge mandant au début de la mesure se déduit des énonciations du procès-verbal, qui relate le déroulement de la garde à vue de l'intéressé commencée à 10 heures, et qui indique que, successivement, ses droits lui ont été immédiatement notifiés, que le magistrat-instructeur mandant a refusé que sa famille fût avisée, et qu'il a fait l'objet d'un examen médical à 11 h 40. • Crim. 20 nov. 2002, n° 02-85.406.

6. Aucune obligation légale ne pèse sur les OPJ, agissant en exécution d'une commission rogatoire, d'aviser le juge d'instruction de la découverte d'infractions non comprises dans leur saisine, s'ils sollicitent immédiatement les instructions du procureur de la République comme le prescrit l'art. 40. • Crim. 12 janv. 2005 : *D. 2005. 1917, note Hennion-Jacquet*.

7. Maintien à disposition irrégulier. Encourt la cassation un arrêt qui refuse d'annuler les actes de la procédure alors que les formalités prévues par l'art. 154 ont été méconnues, à défaut pour l'officier de police judiciaire d'avoir avisé le juge d'instruction saisi des faits dès le début de la garde à vue et alors que la personne inscrite au fichier des personnes recherchées, identifiée au cours d'un contrôle d'identité a été, contrairement aux instructions données ultérieurement par ce magistrat, irrégulièrement maintenue à la disposition d'un officier de police judiciaire après la levée de sa garde à vue, pour être directement transférée auprès du juge d'instruction ayant délivré la commission rogatoire qui l'a mise en examen. • Crim. 2 févr. 2005, n° 04-86.805 P : *D. 2005. IR 797 ; AJ pénal 2005. 162, obs. Roussel ; JCP 2005. IV. 1644 ; RSC 2006. 416, obs. Buisson*.

8. Compétence. Le juge d'instruction du lieu de la garde à vue est seul compétent pour autoriser la prolongation de cette mesure, à peine de nullité des actes de la procédure. • Crim. 6 oct. 1998, n° 98-80.767 P : *Procédures 1999. Comm. 12, obs. Buisson.* ♦ *Contra*, lorsqu'il n'est pas démontré que l'inobservation de cette règle a fondamentalement vicié la recherche et l'établissement de la vérité : • Crim. 15 oct. 1974, n° 74-90.335 P • 1er sept. 1987, n° 85-92.518 P.

9. Prolongation sans présentation au juge. La chambre d'accusation apprécie souverainement les circonstances exceptionnelles permettant de prolonger une garde à vue sans présentation de l'intéressé à un juge d'instruction ; l'éloignement géographique du juge peut constituer une impossibilité matérielle de présentation. • Crim. 27 juin 2000, n° 00-80.411 P. ♦ De même, la prolongation de la garde à vue n'a pas à être annulée pour défaut de présentation au juge s'il apparaît que la personne n'a pu être présentée en raison de la nécessité d'accomplir des investigations durant le temps de la garde à vue. • Crim. 12 déc. 2000, n° 99-87.640 P. ♦ Le juge d'instruction peut décider de la prolongation de la garde à vue plusieurs heures avant la fin de la période initiale, en effet, les textes n'exigent pas une présentation de l'intéressé au magistrat à la dernière heure de cette période. • Crim. 20 déc. 2000, n° 00-86.499 P.

10. Notification de la prolongation. Le procès-verbal de notification de la prolongation antérieur à l'autorisation écrite de prolongation n'entraîne pas la nullité de cette partie de la procédure dans la mesure où le juge d'instruction n'est pas tenu d'indiquer l'heure de délivrance de l'autorisation et où les deux actes sont intervenus avant l'expiration du premier délai de 24 heures de la garde à vue. • Crim. 30 oct. 2001, n° 01-85.530 P : *D. 2002. IR 137*.

11. Motivation de la prolongation. Il n'y a pas lieu d'annuler une décision de prolongation de garde à vue accordée par une décision écrite du juge d'instruction sous la forme d'une mention adoptant nécessairement les motifs avancés par l'OPJ pour solliciter une telle prolongation et notifiée à la personne gardée à vue dans le délai légal. • Crim. 4 avr. 2002 : *RSC 2002. 911, note Buisson*.

12. Délai de déférement. L'ordre donné par le juge d'instruction de faire déférer une personne à l'issue de sa garde à vue justifie la privation de liberté pendant le temps strictement nécessaire à sa présentation ; un délai de vingt heures entre la fin de la garde à vue et l'audition par le juge n'est pas excessif dès lors qu'il se justifie par les circonstances de l'espèce. • Crim. 25 nov. 2003, n° 03-85.076 P : *D. 2004. IR 677 ; AJ pénal 2004. 74 ; Dr. pénal 2004. Comm. 42, obs. Maron ; RSC 2005. 381, obs. Buisson*. ♦ En revanche, est illégale la rétention de plus de vingt-quatre heures entre la fin de la garde à vue et la présentation au juge d'instruction lorsque les motifs ayant contraint à différer la comparution ne sont pas suffisants ; il y a alors violation de l'art. 5, § 3, Conv. EDH. • Crim. 16 sept. 2003, n° 03-82.918 P.

B. CAS PARTICULIERS

13. Détenu pour autre cause. L'absence de placement en garde à vue d'un détenu pour autre cause extrait avec l'autorisation du magistrat instructeur qui a placé l'intéressé en détention, par des policiers agissant dans le cadre d'une commission rogatoire, afin d'effectuer une perquisition et plusieurs auditions sur les faits visés dans la commission rogatoire, n'entraîne pas la nullité des actes dès lors que le détenu ne s'est opposé à aucun de ces actes et il n'y avait pas d'autre contrainte que celle du mandat de dépôt de l'autre affaire. • Crim. 6 févr. 2002, n° 01-87.991 P.

14. Aucune disposition légale ne fait obligation aux OPJ de placer en garde à vue la personne à l'audition de laquelle ils entendent procéder ou au domicile de laquelle une perquisition doit être effectuée, lorsqu'ils n'ont pris, dans le cadre de l'enquête préliminaire qui leur est confiée (pour des faits d'infraction à la législation sur les étrangers), aucune mesure cœrcitive à l'encontre de cette personne, laquelle se trouve déjà en garde à vue en exécution d'une commission rogatoire (dans une information ouverte pour proxénétisme aggravé en bande organisée). Le moyen de nullité pris du retard apporté au placement en garde à vue du prévenu dans le cadre de la procédure d'enquête préliminaire (dès levée de la mesure prise à son encontre dans la procédure d'information, ses droits lui ayant été notifiés immédiatement) ne saurait en conséquence être accueilli. • Crim. 31 oct. 2006, n° 06-86.123 P : *D. 2007. 1248, note Hennion-Jacquet ; AJ pénal. 36, obs. Girault ; Dr. pénal 2007. Chron. 40 et 43, obs. Lesclous.*

15. Statut de témoin et de gardé à vue. C'est par l'exacte application des art. 153 et 154, dans leur rédaction alors en vigueur, que les OPJ chargés de l'exécution de la commission rogatoire ont pu placer l'intéressée en garde à vue en estimant qu'il existait contre elle des indices faisant présumer son implication dans les infractions dont le juge d'instruction était saisi, sans que ces indices soient suffisamment graves et concordants, au sens de l'art. 105, pour proscrire son audition comme témoin, après prestation de serment. • Crim. 15 janv. 2003, n° 02-86.962. ♦ Une personne placée en garde à vue sur commission rogatoire du juge d'instruction peut être entendue par l'officier de police judiciaire après avoir prêté le serment prévu par la loi, dès lors qu'il n'existe pas à son encontre d'indices graves et concordants d'avoir participé aux faits dont le juge d'instruction est saisi ou qu'elle n'est pas nommément visée par un réquisitoire introductif. • Crim. 28 avr. 2004, n° 04-80.753 P : *D. 2004. IR 1772 ; JCP 2004. IV. 2267* • 28 avr. 2004, n° 01-84.554 P : *D. 2004. IR 1644 ; ibid. 2005. Pan. 688, obs. Pradel ; JCP 2004. IV. 2268 ; RSC 2005. 384, obs. Buisson .*

16. Découverte de faits nouveaux. Si des OPJ, commis pour l'exécution d'une commission rogatoire, ne peuvent instrumenter au-delà des faits dont les a saisis le juge d'instruction, il ne leur est pas interdit, lorsqu'ils découvrent des faits nouveaux, de mettre en œuvre l'ensemble des pouvoirs qu'ils tiennent des règles prévues pour l'enquête préliminaire. • Crim. 7 mai 2002, n° 01-80.317. ♦ V. également • Crim. 12 janv. 2005 : *préc. note 6.*

II. APPLICATION DES RÈGLES EUROPÉENNES

17. Compatibilité des dispositions nationales avec la Convention européenne des droits de l'homme. Ne sont pas incompatibles avec les dispositions de l'art. 5, § 1 c et 5, § 3, Conv. EDH celles de l'art. 154 *in fine* concernant les gardes à vue auxquelles il est procédé lors de l'exécution de commissions rogatoires. • Crim. 20 févr. 1990, n° 89-86.610 P.

18. Il résulte des dispositions combinées des art. 105, 113-1, 153 et 154, qui ne sont pas contraires à l'art. 6 Conv. EDH, qu'une personne placée en garde à vue sur commission rogatoire du juge d'instruction est entendue par l'OPJ après avoir prêté le serment prévu par la loi, dès lors qu'il n'existe pas à son encontre des indices graves et concordants d'avoir participé aux faits dont le juge d'instruction est saisi ou qu'elle n'est pas nommément visée par un réquisitoire introductif. • Crim. 14 janv. 2003, n° 02-87.062 P : *JCP. 2003. IV. 1528* • 25 nov. 2003 : *préc. note 12.* ♦ Dans le même sens • Crim. 14 mai 2002, n° 02-80.721 P.

Art. 154-1 *(L. n° 2003-239 du 18 mars 2003, art. 30)* **Pour les nécessités de l'exécution de la commission rogatoire, l'officier de police judiciaire peut faire procéder aux opérations de prélèvements externes prévues par l'article 55-1.**

Les dispositions des deuxième *(L. n° 2022-52 du 24 janv. 2022, art. 30)* **« , troisième et dernier » alinéas de l'article 55-1 sont applicables.** *(L. n° 2022-52 du 24 janv. 2022, art. 30)* **« L'autorisation prévue au dernier alinéa du même article 55-1 est alors donnée par le juge d'instruction. »**

Art. 154-2 *(L. n° 2004-204 du 9 mars 2004, art. 105)* **Le juge d'instruction qui envisage de mettre en examen une personne qui n'a pas déjà été entendue comme témoin assisté peut requérir par commission rogatoire, selon les modalités prévues par l'article 151, tout juge d'instruction de procéder à la mise en examen de cette personne conformément aux dispositions de l'article 116.**

Le juge d'instruction chargé d'exécuter la commission rogatoire procède alors à la mise en examen de la personne conformément aux dispositions de l'article 116, sauf s'il estime, au vu de ses observations ou celles de son avocat, qu'il n'existe pas contre elle d'indices graves ou concordants rendant vraisemblable sa culpabilité, auquel cas ce magistrat l'informe qu'elle bénéficie des droits du témoin assisté.

Lorsqu'une personne a déjà été entendue comme témoin assisté, le juge d'instruction peut requérir par commission rogatoire tout juge d'instruction de procéder à la mise en examen de cette personne.

Art. 155 *(Abrogé par L. n° 2019-222 du 23 mars 2019, art. 50) Lorsque la commission rogatoire prescrit des opérations simultanées sur divers points du territoire, elle peut, sur*

l'ordre du juge d'instruction mandant, être adressée aux juges d'instruction** (L. n° 85-1407 du 30 déc. 1985) « **ou officiers de police judiciaire** » **chargés de son exécution sous forme de reproduction ou de copie intégrale de l'original.

Elle peut même, en cas d'urgence, être diffusée par tous moyens ; chaque diffusion doit toutefois préciser les mentions essentielles de l'original et spécialement la nature de** (L. n° 93-1013 du 24 août 1993) « **la mise en examen** », **le nom et la qualité du magistrat mandant.

V. art. D. 33 à D. 36.

En ce qui concerne l'exécution des commissions rogatoires émanant des autorités judiciaires étrangères, V. art. 694 s.

SECTION IX DE L'EXPERTISE

RÉP. PÉN. v° *Expertise*, par CROIZIER et GUÉRY.

BIBL. ▶ AMBROISE-CASTÉROT, *Mél. Burgelin, p. 19* ; Le contradictoire dans le procès pénal, *Cujas, coll. Actes et études, 2012, p. 99* (le contradictoire dans l'expertise pénale). – BESSON, *D. 1960. Chron. 52.* – BOUCHARD, *Dr. pénal 2006. Étude 3* (l'expertise mentale en France). – BOULOC, *D. 2016. 1519* (équité). – CASILE-HUGUES, *Rev. pénit. 2007. 803.* – CÉDILE, *AJ pénal 2006. 389*. – COLOMB, *Dr. pénal 2005. 187* (nullités de l'expertise). – DEFRANCE, *Jurispr. auto 2004. 132* (la rénovation du statut des experts judiciaires). – DOLL, *D. 1966. Chron. 47* (responsabilité des experts) ; *JCP 1971. I. 2419* (serment des experts) ; *Gaz. Pal. 1972. 2. Doctr. 439* (auditions par les experts) ; *Gaz. Pal. 1973. 2. Doctr. 578* (communication des conclusions). – GLEZER, *Rev. pénit. 2005. 863* (l'expert psychiatre). – JACOB, *RTDH 2007. 215.* – LESCLOUS et MARSAT, *Dr. pénal 1998. Chron. 17* (empreintes génétiques). – LETURMY, *AJ pénal 2006. 58*. – MARGUÉNAUD, *D. 2000. Chron. 111* (droit à l'expertise équitable). – MATSOPOULOU, *Dr. pénal 2007. Étude 6.* – MICHAUD, *RSC 1985. 265* (traduction et expertise). – MIMIN, *D. 1957. Chron. 161.* – MOUSSA, *ALD 1986. 69.* – PENNEAU, *AJ pénal 2009. 169* (de quelques incidences du secret médical sur l'expertise judiciaire). – PRADEL, *RSC 1986. 247* (responsabilité de l'expert). – RENUCCI, *JCP 2000. I. 227* (expertise et Convention européenne des droits de l'homme). – ROLAND et autres, *RSC 1963. 751* (le juge et l'expert). – SAVEL et TRUFFAUT, *D. 1962. Chron. 257* (expertise médico-légale et toxicologique). – VOUIN, *D. 1955. Chron. 131* (le juge et son expert) ; *RSC 1956. 243* (la contradiction dans l'expertise). – ZAGURY, *AJ pénal 2004. 311* (irresponsabilité pénale du malade mental : le rôle de l'expert).

▶ **Dossiers :** *AJ pénal 2006. 57 s.* (l'expertise pénale) ; *ibid. 2014. 503 s.* (portée des expertises psychiatriques et psychologiques).

Art. 156 *(Ord. n° 60-529 du 4 juin 1960)* **Toute juridiction d'instruction ou de jugement, dans le cas où se pose une question d'ordre technique, peut, soit à la demande du ministère public, soit d'office, ou à la demande des parties, ordonner une expertise.** *(L. n° 2000-516 du 15 juin 2000, art. 27-I, en vigueur le 1er janv. 2001)* « **Le ministère public ou la partie qui demande une expertise peut préciser dans sa demande les questions qu'il voudrait voir poser à l'expert.** »

(L. n° 93-2 du 4 janv. 1993) « **Lorsque le juge d'instruction estime ne pas devoir faire droit à une demande d'expertise, il doit rendre une ordonnance motivée au plus tard dans un délai d'un mois à compter de la réception de la demande.** » *(L. n° 93-1013 du 24 août 1993)* « **Les dispositions des** *(L. n° 2004-204 du 9 mars 2004, art. 126-VII)* « **avant-dernier et dernier** » **alinéas de l'article 81 sont applicables.** »

Les experts procèdent à leur mission sous le contrôle du juge d'instruction ou du magistrat que doit désigner la juridiction ordonnant l'expertise.

Des enquêtes techniques peuvent être ordonnées par le ministre chargé des transports après un événement de mer, un accident ou un incident de transport terrestre (L. n° 2002-3 du 3 janv. 2002, art. 14 s.).

I. RECOURS À L'EXPERTISE

1. *Opportunité de l'expertise.* En matière correctionnelle, les juges du fond apprécient l'opportunité d'une expertise ou d'un complément d'expertise. Leur décision sur ce point est souveraine dès lors qu'elle est légalement motivée. • Crim. 23 oct. 1931 : *Bull. crim. n° 236* • 11 juill. 1972, n° 72-90.788 P • 15 janv. 1985, n° 84-92.517 P.

2. *Notion d'expertise.* Les prescriptions des art. 156 s. doivent être observées pour la désignation de traducteurs-interprètes dans le cas où leur mission comporte des questions d'ordre technique portant sur le fond de l'affaire. • Cass., ass. plén., 19 oct. 1984, n° 84-93.713 P : *JCP 1985. II. 20490, note Jeandidier* • Crim. 20 août 1986, n° 86-92.877 P : *Gaz. Pal. 1987. 1. Somm. 94, obs. Doucet.*

3. Ne constitue pas une ordonnance au sens de l'art. 156, al. 2, le « soit-transmis » ne comportant ni motif ni dispositif et ne statuant pas sur le bien-fondé de la requête de demande d'expertise. • Crim. 2 avr. 1992, n° 92-80.263 P.

4. La recherche du taux d'alcoolémie de la victime ne comportant pas d'interprétation des résultats est une simple constatation, non une expertise. • Crim. 2 sept. 1986, n° 86-93.266 P : *D. 1987. Somm. 83, obs. Pradel* • 6 oct. 1986, n° 86-93.988 P. ♦ Ne constitue pas davantage une expertise l'avis rendu par une chambre régionale des comptes sur la conformité de certaines opérations à la réglementation des marchés publics. • Crim. 20 févr. 2008, n° 07-87.871.

5. Différence entre expertise et mesure technique. La réquisition adressée par le juge d'instruction au directeur d'un laboratoire de police scientifique, fondée sur les dispositions de l'art. 81 et invitant celui-ci à faire connaître si des objets saisis et placés sous scellés comportent ou révèlent des taches de sang et, dans l'affirmative, de quel groupe, ne prescrit que de simples mesures de recherches et de constatations ne présentant pas le caractère d'une expertise au sens de l'art. 156 ; il en est de même de la réquisition établie par un officier de police judiciaire agissant sur commission rogatoire du magistrat instructeur et adressée au même directeur de laboratoire afin de connaître le groupe sanguin de la victime et de l'inculpé. • Crim. 4 nov. 1987 : *D. 1988. Somm. 192, obs. Pradel.* ♦ V. aussi : • Crim. 7 juin 1988, n° 88-81.828 P.

6. Les mesures tendant à la vérification d'éléments de fait débattus au cours du débat contradictoire, prises par le président en vertu de son pouvoir discrétionnaire, ne sont pas soumises aux prescriptions des art. 156 s. • Crim. 8 avr. 1987, n° 86-94.429 P.

7. Demande d'expertise. Aucun texte n'impose au juge d'instruction de communiquer au ministère public une demande, déposée par une partie, d'ordonner une expertise en application de l'art. 156. • Crim. 25 mars 1980 : *D. 1980. 579, note Chambon.*

8. L'OPJ, chargé de l'exécution d'une commission rogatoire du juge d'instruction, n'a pas compétence pour demander une expertise. • Crim. 2 sept. 1986, n° 86-93.266 P : *JCP 1987. II. 20766, note Chambon.*

9. Enquête préliminaire. L'art. 77-1 confère au procureur de la République, agissant en enquête préliminaire, le pouvoir de charger toutes personnes qualifiées, de missions techniques ou scientifiques de même nature que celles qui peuvent être confiées aux experts par le juge d'instruction en application de l'art. 156. • Crim. 14 sept. 2005, n° 05-84.021 P.

10. Refus du juge d'instruction. Lorsque le juge d'instruction n'a pas statué dans le délai d'un mois sur une demande d'expertise et que le demandeur de l'acte ne saisit pas le président de la chambre de l'instruction conformément aux dispositions de l'art. 81, dernier al., l'intéressé n'est pas fondé à interjeter appel de l'ordonnance de renvoi devant le tribunal correctionnel pour contester le rejet implicite de sa demande d'expertise. • Crim. 25 avr. 2006, n° 05-86.248 P : *D. 2006. IR 1636 ; AJ pénal 2006. 317* .

II. FRONTIÈRES DE L'EXPERTISE

11. Limites du recours à l'expert. Doit être annulée l'expertise lorsque sous le couvert d'une mission d'expertise, ordonnée et exécutée en méconnaissance des règles édictées aux art. 156 s., le juge d'instruction a délégué des pouvoirs relevant de sa seule compétence : tel est le cas lorsque la mission d'expertise confiée par le juge, par son imprécision et par l'absence de définition de l'analyse psychocriminologique sollicitée, laquelle ne s'apparente pas à une expertise psychologique, a constitué une délégation générale des pouvoirs du juge d'instruction, l'empêchant, par ailleurs, d'exercer tout contrôle sur les opérations effectuées et que, dans ce cadre, l'expert a pris des contacts répétés et suivis avec les enquêteurs sans en avoir informé le juge et qu'il a identifié le prévenu comme étant le seul suspect ayant un profil psychologique totalement compatible avec un passage à l'acte meurtrier sans l'avoir examiné ce qui revient à trancher une question de la compétence exclusive du juge. • Crim. 29 janv. 2003, n° 02-86.774 P : *D. 2003. Somm. 1730, obs. Pradel ; JCP 2003. IV. 1527 ; Dr. pénal 2003. Comm. 53, obs. Maron et Haas.*

12. Il n'y a pas lieu d'annuler le rapport de l'expert dont la mission consistait à décrire les fonctions de chaque intervenant pour permettre au juge de mieux apprécier la nature et l'étendue des responsabilités encourues, dès lors que la cancellation des passages du rapport pouvant s'apparenter à une analyse des responsabilités excédant l'étendue de la mission a été ordonnée et que les conclusions de l'expert restent soumises à la discussion des parties et à l'appréciation des juges du fond. • Crim. 9 juill. 2003, n° 03-81.944 P : *JCP 2003. IV. 2672.*

13. N'excède pas les limites fixées par la loi la mission d'expertise qui, après avoir précisé les questions techniques sur lesquelles devaient porter les vérifications des experts, indique que leur avis doit permettre au juge d'instruction de mieux apprécier les responsabilités encourues. • Crim. 13 avr. 2005, n° 05-80.668 P : *D. 2005. IR 1377 ; JCP 2005. IV. 2275.*

14. Interprète. Tout accusé qui ne comprend pas la langue employée à l'audience a droit à se faire assister gratuitement d'un interprète et ce droit doit bénéficier à la personne mise en examen lorsque l'expert reçoit ses déclarations.

• Crim. 21 mars 2007, n° 06-89.554 P : *D. 2007. AJ 1271, obs. Darsonville* ; *AJ pénal 2007. 229, obs. Royer* ; *RSC 2007. 898, obs. Renucci* .

Art. 157 *(L. n° 2004-130 du 11 févr. 2004, art. 54)* **« Les experts sont choisis parmi les personnes physiques ou morales qui figurent sur la liste nationale dressée par la Cour de cassation ou sur une des listes dressées par les cours d'appel dans les conditions prévues par la loi n° 71-498 du 29 juin 1971 relative aux experts judiciaires. »** — *V. L. n° 71-498 du 29 juin 1971, C. pr. civ., App., v° Experts judiciaires.* — ***C. pr. civ.***

A titre exceptionnel, les juridictions peuvent, par décision motivée, choisir des experts ne figurant sur aucune de ces listes.

I. EXPERT FIGURANT SUR UNE LISTE

1. Serment. Lorsqu'il a été régulièrement inscrit sur l'une des listes prévues à l'art. 157, l'expert n'a pas à renouveler son serment à chaque fois qu'il est commis. • Crim. 5 oct. 1961 : *Bull. crim. n° 381* • 17 oct. 1967, n° 67-90.053 P • 30 avr. 1996, n° 96-80.829 P. ♦ Conf. : • Crim. 3 nov. 1994, n° 84-83.226 P : *D. 1995. Somm. 146, obs. Pradel* (cf. égal. ss. art. 160).

2. Dépôt du rapport. Lorsque l'expert désigné par le juge d'instruction était inscrit sur les listes prévues par l'art. 157 au moment de sa désignation, aucune nullité ne saurait résulter de ce que son rapport soit déposé alors qu'il n'est plus qu'expert honoraire et ne figure plus en qualité d'expert en activité sur les listes précitées. • Crim. 10 juin 1986, n° 86-91.622 P.

3. Âge de l'expert. La limite d'âge de soixante-dix ans fixée par l'art. 2 du Décr. n° 2004-1463 du 23 déc. 2004 relatif aux experts judiciaires pour l'inscription sur les listes d'experts des cours d'appel s'apprécie au jour de l'inscription ou de la réinscription et non à celui de la désignation. • Crim. 10 nov. 2015, n° 15-83.605 P : *D. actu. 30 nov. 2015, obs. Benelli-de Bénazé.*

II. EXPERT NE FIGURANT PAS SUR UNE LISTE

4. Nécessité d'une décision motivée. Un expert ne figurant pas sur les listes prévues à l'art. 157 ne peut être choisi à titre exceptionnel que par une décision motivée, faute de quoi sa désignation est entachée de nullité. • Crim. 25 oct. 1983, n° 83-93.824 P : *D. 1984. IR 67, obs. J.-M. R.* ; *RSC 1984. 541, obs. J. Robert* • 3 sept. 1985, n° 85-93.591 P : *RSC 1986. 647, obs. Braunschweig* • 15 mai 1990, n° 90-80.827 P • 26 févr. 1991, n° 90-87.479 P • 8 juill. 2004, n° 04-82.601 P : *Dr. pénal 2004. Comm. 165, note Maron.* ♦ De même, un expert ne figurant plus sur les listes prévues à l'art. 157, même s'il a été admis à l'honorariat, ne peut être choisi à titre exceptionnel que par une décision motivée, faute de quoi la désignation est entachée de nullité. • Crim. 13 nov. 2008, n° 08-81.446 P : *D. 2008. AJ 3014* ; *AJ pénal 2009. 137, obs. Girault* . ♦ ... Et à la condition qu'il réunisse les conditions de compétence et d'honorabilité exigées pour l'inscription sur les listes. • Crim. 4 déc. 1991 : *Gaz. Pal. 1992. 1. 381, note Olivier.* ♦ Un expert honoraire, ne figurant sur aucune des listes prévues à l'art. 157, ne peut être choisi à titre exceptionnel que par décision motivée. • Crim. 25 juill. 1979, n° 79-91.258 P : *RSC 1980. 455, obs. J. Robert.* ♦ *Contra* : le juge d'instruction a pu valablement désigner deux experts ne figurant pas sur les listes en relevant uniquement « la complexité des opérations à accomplir » dès lors que la nature des fonctions professionnelles de ces deux experts suffit à justifier leur compétence particulière pour la mission à exécuter, ce qui ne porte pas atteinte aux intérêts des parties concernées. • Crim. 22 nov. 2000 : *Procédures 2001. Comm. 92, obs. Buisson.* ♦ La désignation peut être motivée par leurs compétences particulières pour répondre aux questions techniques posées. • Crim. 27 oct. 2004, n° 04-85.182 P.

5. Nullité. Le juge d'instruction désignant un expert ne figurant pas sur l'une des listes prévues à l'art. 157 et n'ayant pas motivé sa décision conformément au dernier al. de cet art., son ordonnance est entachée de nullité et il appartient à la chambre d'accusation, lorsqu'elle est saisie de la procédure, de déclarer d'office la nullité aux termes de l'art. 206. • Crim. 24 janv. 1984, n° 83-94.417 P • 6 mars 1984, n° 83-95.041 P.

6. Critère de l'urgence. La décision par laquelle le juge d'instruction désigne un expert ne figurant pas sur la liste en raison de l'indisponibilité des autres experts et de l'urgence est suffisamment motivée lorsqu'il se fonde sur la réputation et l'expérience de l'expert et que la mission qu'il lui a impartie a pour objet les constatations d'ordre technique nécessaires à l'examen des infractions poursuivies et non l'appréciation de la responsabilité pénale d'une personne déterminée. • Crim. 26 nov. 2002, n° 01-85.138. ♦ De même il n'y a pas lieu d'annuler l'expertise confiée à un expert ne figurant pas sur une des listes prévues à l'art. 157 dès lors que le juge d'instruction a visé dans son ordonnance, d'une part, l'urgence et, d'autre part, les compétences de l'intéressé, notamment en matière comptable. • Crim. 30 oct. 2002, n° 01-87.979.

7. Conseil de l'ordre des médecins. Le juge d'instruction est en droit de désigner un expert n'étant plus inscrit au conseil de l'ordre des médecins, bien que la mission d'expertise implique de procéder à l'examen de dossiers médicaux placés sous scellés, dès lors que celle-ci, qui avait pour seul objet des constatations d'ordre technique nécessitant la communication et l'examen de pièces utiles à la manifestation de la vérité, était étrangère au secret des professionnels de santé ayant pris en charge les patients. • Crim. 14 déc. 2010, n° 10-82.862 P : *D. actu. 2 févr. 2011, obs. Léna ; Dr. pénal 2012. Chron. 1, obs. Georget.*

8. Exception de nullité. L'exception tirée de la nullité d'une expertise pour violation de l'art. 157, al. 3, doit, à peine de forclusion, être présentée avant toute défense au fond. • Crim. 18 mai 1983 : *D. 1984. 188, note Jeandidier.*

Art. 157-1 *(L. n° 75-701 du 6 août 1975)* **Si l'expert désigné est une personne morale, son représentant légal soumet à l'agrément de la juridiction le nom de la ou des personnes physiques qui, au sein de celle-ci et en son nom, effectueront l'expertise.**

Absence de formalisme. L'agrément n'est soumis à aucune condition de forme et ne constitue pas une formalité substantielle. • Crim. 13 nov. 1990, n° 90-85.438 P.

Art. 157-2 *(L. n° 2019-222 du 23 mars 2019, art. 54-VIII)* **L'expertise peut également être demandée à des services ou organismes de police technique et scientifique de la police nationale et de la gendarmerie nationale dont la liste est fixée par arrêté conjoint du ministre de la justice et du ministre de l'intérieur. Dans ce cas, le responsable du service ou de l'organisme désigné soumet à l'agrément de la juridiction le nom des personnes qui effectueront l'expertise.**

Les services ou organismes de police technique et scientifique de la police nationale et de la gendarmerie nationale mentionnés à l'art. 157-2 sont le service national de police scientifique relevant de la direction générale de la police nationale et l'institut de recherche criminelle de la gendarmerie nationale relevant de la direction générale de la gendarmerie nationale (Arr. du 8 janv. 2021).

Art. 158 **La mission des experts, qui ne peut avoir pour objet que l'examen de questions d'ordre technique, est précisée dans la décision qui ordonne l'expertise.**

1. Précisions quant à l'étendue de la mission des experts. L'accomplissement d'une mission d'expertise psychiatrique, relative à la recherche d'anomalies mentales susceptibles d'annihiler ou atténuer la responsabilité pénale du sujet, n'interdit pas aux médecins experts d'examiner les faits, d'envisager la culpabilité de l'inculpé et d'apprécier son accessibilité à une sanction pénale. • Crim. 9 avr. 1991, n° 91-80.614 P • 29 oct. 2003, n° 03-84.617 P : *JCP 2004. IV. 1043* • Crim. 24 janv. 2006, n° 04-80.634.

2. Si c'est à tort que la chambre d'accusation a, en violation de l'art. 158, imparti à l'expert désigné par elle la mission de dire si les textes applicables aux faits dont elle était saisie étaient publics à la date du contrôle et si ces textes présentaient alors des difficultés d'interprétation, sa décision n'encourt cependant pas la censure, dès lors que l'expert était également chargé d'examiner des questions d'ordre technique et que ses appréciations restent soumises à la discussion des parties et à l'appréciation des juges du fond. • Crim. 4 sept. 2002, n° 01-81.481.

3. N'excède pas les limites fixées par la loi la mission d'expertise qui, après avoir précisé les questions techniques sur lesquelles devaient porter les vérifications des experts, indique que leur avis doit permettre au juge d'instruction de mieux apprécier les responsabilités encourues. • Crim. 13 avr. 2005, n° 05-80.668 P : *D. 2005. IR 1377 ; JCP 2005. IV. 2275.* ♦ Aucune affirmation de culpabilité ne saurait résulter de la mention, dans la mission d'expertise, des éléments qui fondent la demande d'avis qu'elle contient, en l'état de l'information. • Même arrêt.

Art. 159 *(L. n° 85-1407 du 30 déc. 1985)* **Le juge d'instruction désigne l'expert chargé de procéder à l'expertise.**

Si les circonstances le justifient, il désigne plusieurs experts.

Dernier al. abrogé par L. n° 93-1013 du 24 août 1993.

1. Décès d'un expert. Lorsque l'un des deux experts désignés par un juge d'instruction décède, il n'y a pas lieu d'annuler le rapport d'expertise déposé par un seul expert, dès lors que le juge d'instruction a été régulièrement informé du décès de l'un des experts désignés et de l'évolution des opérations d'expertise qui se sont déroulées sous son contrôle, sans qu'il estime nécessaire de désigner un nouvel expert ; en effet, les dispositions de l'art. 159 n'imposent pas la désignation d'un second expert, l'opportunité de ce choix relevant de la seule appréciation du juge d'instruction. • Crim. 24 juill. 2002, n° 02-83.270.

2. Impartialité. Doit être approuvée la chambre de l'instruction qui, pour annuler la désignation d'un expert, les actes accomplis par lui et ceux accomplis en sa présence, sur commission rogatoire, retient, notamment, que cet expert est salarié de la société partie civile ayant déposé la plainte initiale et que chaque page de son rapport d'expertise, qui mentionne que ce document est la propriété intellectuelle de ladite société, est rédigée à son en-tête. • Crim. 25 sept. 2012 : *D. actu. 15 oct. 2012, obs. Léna ; AJ pénal 2012. 659, obs. Duparc ; Dr. pénal 2012, n° 153, obs. Maron et Haas.* ♦ Mais en appréciant l'impartialité du juge d'instruction et de l'expert, celui-ci ayant été choisi par le collège de l'instruction, dont faisait partie le juge d'instruction qui entretenait des liens avec l'expert, en raison de sa compétence particulière et ayant participé avec les quatre autres experts désignés à l'élaboration de rapports ayant un caractère d'avis technique et soumis à la contradiction, la chambre de l'instruction a justifié sa décision. • Crim. 11 mars 2014, n° 13-86.965 P : *D. actu. 18 mars 2014, obs. Bombled.*

Art. 160 Les experts ne figurant sur aucune *(L. n° 2004-130 du 11 févr. 2004, art. 55)* « des listes mentionnées à l'article 157 prêtent, chaque fois qu'ils sont commis, le serment prévu par la loi n° 71-498 du 29 juin 1971 relative aux experts judiciaires » devant le juge d'instruction ou le magistrat désigné par la juridiction. Le procès-verbal de prestation de serment est signé par le magistrat compétent, l'expert et le greffier. En cas d'empêchement dont les motifs doivent être précisés, le serment peut être reçu par écrit et la lettre de serment est annexée au dossier de la procédure.

V. L. n° 71-498 du 29 juin 1971, C. pr. civ., App., v° Experts judiciaires. — ***C. pr. civ.***

1. Serment de l'expert. Lorsqu'il a été régulièrement inscrit sur les listes prévues à l'art. 157, un expert n'a pas à renouveler son serment chaque fois qu'il est commis. La dispense vaut non seulement pour l'année judiciaire de la première inscription, mais également pour les années suivantes si l'expert a été régulièrement maintenu sur les listes. • Crim. 5 oct. 1961 : *Bull. crim. n° 381* • 12 déc. 1973, n° 73-91.860 P. ♦ Il en va ainsi même s'agissant d'un expert honoraire. • Crim. 20 sept. 2006, n° 06-84.741 P : *AJ pénal 2006. 458*. ♦ Le serment prêté une première fois n'a pas à être renouvelé en cas d'addition à la commission donnée primitivement à l'expert. • Crim. 16 nov. 1922 : *Bull. crim. n° 364* • 10 avr. 1975, n° 74-92.978 P.

2. L'expert ne figurant sur aucune liste est tenu, en application de l'art. 160, al. 2, et à peine de nullité de l'expertise, de prêter serment devant le juge d'instruction chaque fois qu'il est commis. • Crim. 25 juill. 1979, n° 79-91.258 P • 14 nov. 1991, n° 91-84.910 P.

3. L'art. 160 n'impose pas une prestation de serment préalable au commencement des opérations d'expertise. Il n'existe aucune nullité dès lors que la prestation du serment intervient à bref délai après la désignation de l'expert et plusieurs jours avant le dépôt du rapport. • Crim. 17 juin 1976, n° 76-91.425 P • 16 juin 1977 : *Bull. crim. n° 206* • 14 nov. 1991, n° 91-84.910 P • 27 oct. 2004, n° 04-85.182 P.

4. Formes du serment. La formule du serment n'est pas sacramentelle et peut être suppléée par des termes équivalents pourvu qu'il en résulte un engagement semblable à celui découlant de l'art. 160. • Crim. 7 août 1951 : *Bull. crim. n° 254* • 10 avr. 1975, n° 74-92.978 P.

5. Preuve de la prestation de serment. La seule mention dans le rapport d'expertise de la prestation de serment de l'expert, alors que ne figure au dossier de la procédure aucun procès-verbal régulier d'une telle prestation, ni une lettre de serment conforme aux prescriptions de l'art. 160, ne permet pas de considérer qu'il a été satisfait aux prescriptions dudit art. dont les dispositions sont d'ordre public et édictées en vue d'une bonne administration de la justice. • Crim. 17 mars 1987 : *D. 1987. Somm. 408.*

Art. 161 Toute décision commettant des experts doit leur impartir un délai pour *remplir leur mission.*

Si des raisons particulières l'exigent, ce délai peut être prorogé sur requête des experts et par décision motivée rendue par le magistrat ou la juridiction qui les a désignés. Les experts qui ne déposent pas leur rapport dans le délai qui leur a été imparti peuvent être immédiatement remplacés et doivent rendre compte des investigations auxquelles ils ont déjà procédé. Ils doivent aussi restituer dans les quarante-huit heures les objets, pièces et documents qui leur auraient été confiés en vue de l'accomplissement de leur mission. Ils peuvent être, en outre, l'objet de mesures disciplinaires allant jusqu'à la radiation de l'une ou de l'autre des listes prévues par l'article 157.

Les experts doivent remplir leur mission en liaison avec le juge d'instruction ou le magistrat délégué ; ils doivent le tenir au courant du développement de leurs opérations et le mettre à même de prendre à tout moment toutes mesures utiles.

Le juge d'instruction, au cours de ses opérations, peut toujours, s'il l'estime utile, se faire assister des experts.

1. Il résulte de l'art. 161, al. 3, que l'expert a l'obligation de signaler au juge d'instruction ou à la juridiction compétente les faits lui semblant suspects, qui apparaîtraient à l'occasion de l'examen des pièces à lui remises aux fins d'expertise. Si de tels faits sont de nature à constituer d'autres infractions que celles qui avaient été visées dans la commission d'experts, il appartient au magistrat de prendre toutes mesures utiles et, le cas échéant, d'étendre la mission de l'expert. • Crim. 10 janv. 1967, n° 66-90.922 P : *D. 1967. 246, note Doll.*

2. L'obligation pour les experts de déposer leur rapport dans le délai imparti par le juge d'instruction ne saurait être une cause de nullité dès lors qu'il n'est pas établi qu'en l'espèce le retard constaté pour le dépôt de ce rapport ait porté atteinte aux droits de la défense. • Crim. 16 oct. 1979, n° 79-92.327 P.

Art. 161-1 *(L. n° 2007-291 du 5 mars 2007, art. 18-II, en vigueur le 1er juill. 2007)* **Copie de la décision ordonnant une expertise est adressée sans délai au procureur de la République et aux** *(Abrogé par Décis. n° 2012-284 QPC du 23 nov. 2012)* ***« avocats des »*** **parties, qui disposent d'un délai de dix jours pour demander au juge d'instruction, selon les modalités prévues par l'avant-dernier alinéa de l'article 81, de modifier ou de compléter les questions posées à l'expert ou d'adjoindre à l'expert ou aux experts déjà désignés un expert de leur choix figurant sur une des listes mentionnées à l'article 157.**

Si le juge ne fait pas droit, dans un délai de dix jours à compter de leur réception, aux demandes prévues au premier alinéa, il rend une ordonnance motivée. Cette ordonnance ou l'absence d'ordonnance peut être contestée dans un délai de dix jours devant le président de la chambre de l'instruction. Ce dernier statue par décision motivée qui n'est pas susceptible de recours.

Le présent article n'est pas applicable lorsque les opérations d'expertise et le dépôt des conclusions par l'expert doivent intervenir en urgence et ne peuvent être différés pendant le délai de dix jours prévu au premier alinéa ou lorsque la communication prévue au premier alinéa risque d'entraver l'accomplissement des investigations.

Il n'est pas non plus applicable aux catégories d'expertises dont les conclusions n'ont pas d'incidence sur la détermination de la culpabilité de la personne mise en examen et dont la liste est fixée par décret.

(Abrogé par L. n° 2016-731 du 3 juin 2016, art. 86) ***« Les parties peuvent déclarer renoncer, en présence de leur avocat ou celui-ci dûment convoqué, à bénéficier des dispositions du présent article. » — V. désormais art. 84-1.***

BIBL. ▶ GUÉRY, *AJ pénal 2009. 303* (dernière braderie avant liquidation définitive. Loi du 12 mai 2009 : deux possibilités nouvelles de renonciation par les parties à certains délais de procédure).

1. QPC. Les dispositions contestées de l'art. 161-1, al. 1er, C. pr. pén., prévoient la notification au procureur de la République et aux avocats des parties de la décision de la juridiction d'instruction ordonnant une expertise afin que les destinataires de cette notification soient mis à même, dans le délai imparti, de demander au juge d'instruction de modifier ou de compléter les questions posées à l'expert ou d'adjoindre un expert de leur choix. En l'absence d'une telle notification, les parties non assistées par un avocat ne peuvent exercer ce droit. La différence de traitement ainsi instituée entre les parties selon qu'elles sont représentées ou non par un avocat ne trouve pas de justification dans la protection du respect de la vie privée, la sauvegarde de l'ordre public ou l'objectif de recherche des auteurs d'infraction, auxquels concourt le secret de l'instruction ; elle n'est pas davantage compensée par la faculté, reconnue à toutes les parties par le 3e al. de l'art. 167, de demander un complément ou une contre expertise. Dans l'art. 161-1, al. 1er, les mots : « avocats des » ont pour effet de réserver aux avocats assistant les parties la notification de la copie de la décision ordonnant l'expertise et la faculté de demander au juge d'instruction d'adjoindre un expert ou de modifier ou compléter les questions qui lui sont posées. Par suite, ils doivent être déclarés contraires à la Constitution. Cette déclaration d'inconstitutionnalité prend effet à compter de la date de publication de la présente décision, elle est applicable à toutes les décisions ordonnant une expertise prononcées postérieurement à la publication de la présente décision. • Cons. const. 23 nov. 2012 : *D. actu. 6 déc. 2012, obs. Goetz ; D. 2013. Pan. 1591, obs. Mangiavillano ; Procédures 2013, n° 22, obs. Chavent-Leclère ; AJ pénal 2013. 109, obs. Perrier ; RPDP 2012. 917, note Vergès.*

2. Destinataire des copies des ordonnances du juge. Selon l'art. 161-1, issu de la loi du 5 mars 2007, le juge d'instruction adresse sans délai copie de la décision ordonnant une expertise au procureur de la République et aux avocats des parties, qui disposent d'un délai de dix jours pour lui demander de modifier ou compléter les questions posées à l'expert ou d'adjoindre à l'expert ou aux experts désignés tout expert de leur choix. Il ne peut être dérogé à cette obligation que lorsque, notamment, les opérations d'expertise et le dépôt des conclusions par l'expert doivent intervenir en urgence et ne peuvent être différés pendant le délai de dix jours susvisé. Encourt dès lors la cassation l'arrêt d'une chambre de l'instruction qui déclare régulières, au regard de l'art. 161-1, les ordonnances aux fins d'expertise qui n'ont pas été adressées en copie aux avocats des parties, sans que soit établie, au moment où elles ont été rendues, l'impossibilité de différer, pendant le délai de dix jours, les opérations d'expertise et le dépôt des conclusions des experts. • Crim. 13 oct. 2009, n° 09-83.669 P : *D. 2009. AJ 2554 ; ibid. 2010. Chron. C. cass. 46, obs. Degorce ; ibid. 2010. Pan. 2258, note Pradel ; AJ pénal 2009. 502, obs. Girault ; Dr. pénal 2010. Chron. 1, obs. Guérin.* ♦ Le souci légitime de célérité et le fait que le mis en examen soit détenu sont insuffisants à établir qu'existait, au moment où l'ordonnance a été rendue, l'impossibilité de différer, pendant le délai de dix jours, les opérations d'expertise et le dépôt des conclusions des experts et à priver ainsi le mis en examen du bénéfice du contradictoire. • Crim. 22 nov. 2011, n° 11-84.314 P : *D. actu. 6 déc. 2011, obs. Girault ; AJ pénal 2012. 233, obs. Porteron ; RSC 2012. 193, obs. Danet*. ♦ V. aussi ss. art. 175.

3. Lorsque la personne mise en examen est assistée d'un avocat, la notification de la copie de la décision du juge d'instruction ordonnant une expertise à son avocat est conforme à l'art. 161-1 dans sa rédaction postérieure à la Décis. du Cons. const. du 23 nov. 2012 (V. note 1). • Crim. 19 juin 2018, n° 17-85.742 P • Crim. 19 juin 2018, n° 15-85.073 : *D. actu. 23 juill. 2018, obs. Recotillet ; RSC 2018. 724, note Delage*.

4. *Délais.* La décision refusant de faire droit à une demande d'adjonction d'un expert ou de modification des questions qui lui sont posées n'est soumise à aucun délai. • Crim. 14 mars 2012, n° 11-89.178 P : *D. actu. 13 avr. 2012, obs. Priou-Alibert.*

5. N'encourt pas l'annulation pour non-respect du délai de dix jours prévu par l'art. 161-1 l'expertise réalisée en présence de la personne mise en examen et de son avocat, sans qu'aucune observation n'ait été faite à ce sujet. • Crim. 18 mars 2014, n° 13-87.758 P : *D. actu. 1er avr. 2014, obs. Anane ; D. 2014. 779*.

6. Dès lors que les expertises psychologiques ordonnées ont une incidence sur la détermination de la culpabilité des mis en examen et qu'il n'existe pas, au moment où les ordonnances sont rendues, d'impossibilité de différer, pendant le délai de dix jours, les opérations d'expertise et le dépôt des conclusions des experts, l'art. 161-1 doit s'appliquer. • Crim. 11 mars 2014, n° 13-86.965 P : *D. actu. 18 mars 2014, obs. Bombled.* ♦ Mais il importe peu que le rapport d'expertise soit déposé après le délai de dix jours prévu à l'art. 161-1, al. 1er, dès lors qu'il est établi que les opérations d'expertise devaient intervenir en urgence et ne pouvaient être différées pendant ledit délai. • Crim. 12 janv. 2021, n° 20-83.643 P : *D. actu. 12 janv. 2021, obs. Engel.*

7. *Témoin assisté.* Le témoin assisté ne peut se prévaloir des dispositions de l'art. 161-1, réservées aux parties à la procédure. • Crim. 14 déc. 2011, n° 11-85.753 P : *D. actu. 10 janv. 2012, obs. Léna ; AJ pénal 2012. 171, obs. Demarchi ; RSC 2012. 397, obs. Boccon-Gibod ; Dr. pénal 2012, n° 28, obs. Maron et Haas ; Procédures 2012, n° 85, obs. Chavent-Leclère.*

8. *Urgence et risque d'entrave.* Le juge d'instruction adresse sans délai copie de la décision ordonnant une expertise au procureur de la République et aux avocats des parties, qui disposent d'un délai de dix jours pour lui demander de modifier ou compléter les questions posées à l'expert ou d'adjoindre à l'expert ou aux experts déjà désignés un expert de leur choix ; en application de l'al. 3 de l'art. 161-1, il ne peut être dérogé à cette obligation que lorsque les opérations d'expertise doivent intervenir en urgence ou que la communication prévue au 1er al. risque d'entraver l'accomplissement des investigations. • Crim. 15 juin 2016, n° 16-80.347 P : *D. actu. 18 juill. 2016, obs. Priou-Alibert ; AJ pénal 2016. 443, obs. Porteron ; Procédures 2016, n° 302, note Chavent-Leclère.*

9. Ne caractérise pas l'urgence, ni le risque d'entrave à l'accomplissement des investigations pour chacune des décisions ordonnant une expertise le juge d'instruction qui se borne à relever les faits d'importation de 60 000 cachets d'ecstasy et les risques de collusion entre les organisateurs de ce trafic international de stupéfiants. • Crim. 20 juin 2018, n° 17-86.651 P : *D. actu. 16 juill. 2018, obs. Goetz ; Gaz. Pal. 6 nov. 2018, p. 62, note Fourment ; AJ pénal 2018. 471, obs. Roussel*.

10. *Nullité.* Si c'est à tort qu'une chambre de l'instruction énonce qu'il n'a pas été porté atteinte aux droits de la défense, dès lors que la transmission de l'ordonnance de commission d'expert aux parties a pour objectif de permettre une discussion contradictoire au stade de l'instruction quant à la possibilité d'adjoindre un expert aux experts désignés et au contenu de leur mission, l'arrêt n'encourt pas pour autant la censure dès lors que le demandeur n'a pas établi ni même allégué l'existence d'un grief résultant de l'absence de transmission de cette ordonnance. • Crim. 9 nov. 2021, n° 21-82.533 B : *D. actu. 7 déc. 2021, obs. Delacoure ; AJ pénal 2022. 44, obs. Patouillard*. ♦ ... Ainsi, lorsque l'urgence ou le risque d'entrave aux investigations ne sont pas suffisamment explicités pour justifier l'absence de transmission aux parties d'une ordonnance de commission d'expert, l'annulation de cette ordonnance et des opérations subséquentes est subordonnée au fait que la partie requérante justifie que l'impossibilité de solliciter l'adjonction d'un expert ou que l'énoncé de la mission de l'expert désigné ont porté atteinte à ses intérêts. • Crim. 9 nov. 2021, n° 21-83.095 B : *AJ pénal 2022. 44, obs. Patouillard*.

Art. 161-2 *(L. n° 2007-291 du 5 mars 2007, art. 18-II, en vigueur le 1er juill. 2007)* **Si le délai prévu à l'article 161 excède un an, le juge d'instruction peut demander que soit auparavant déposé un rapport d'étape qui est notifié aux parties selon les modalités prévues à l'article 167. Les parties peuvent alors adresser en même temps à l'expert et au juge leurs observations en vue du rapport définitif.**

Art. 162 **Si les experts demandent à être éclairés sur une question échappant à leur spécialité, le juge peut les autoriser à s'adjoindre des personnes nommément désignées, spécialement qualifiées par leur compétence.**

Les personnes ainsi désignées prêtent serment dans les conditions prévues *(L. n° 2004-130 du 11 févr. 2004, art. 56)* **« à » l'article 160.**

Leur rapport sera annexé intégralement au rapport mentionné à l'article 166.

1. *Généralités.* Il résulte des dispositions de l'art. 162 qu'il appartient au seul juge de désigner les experts adjoints aux experts déjà désignés lorsque ceux-ci demandent à être éclairés sur une question échappant à leur spécialité. • Crim. 31 oct. 1961 : *D. 1962. 221, note Le Roy* • Paris, 16 mars 1968 : *D. 1968. 397, note D. S.* • Crim. 6 sept. 1988, n° 88-83.731 P • 26 juill. 1989 : *D. 1990. Somm. 222, obs. Pradel.* ♦ Méconnaît ce principe l'arrêt qui autorise l'expert commis à demander, s'il y a lieu, l'avis de tout spécialiste de son choix. • Crim. 6 mai 2002, n° 02-81.041.

2. *Serment.* Les experts désignés comme adjoints à d'autres experts prêtent serment dans les conditions prévues à l'art. 160, al. 2. • Crim. 31 oct. 1961 : *préc. note 1* • 20 avr. 1972, n° 71-93.497 P. ♦ Toutefois, lorsqu'une personne morale est inscrite sur la liste des experts, le serment est prêté seulement par son représentant légal. • Crim. 13 nov. 1990, n° 90-85.438 P.

3. *Rédaction du rapport d'expertise.* Méconnaît l'art. 162 l'arrêt qui constate qu'un spécialiste a procédé, à la demande de l'expert régulièrement commis, à différents examens et déposé un rapport dont la cour d'appel a fait état, alors que ce spécialiste n'avait aucune qualité pour rédiger un tel rapport. • Crim. 5 mai 1970, n° 69-90.956 P.

4. Est nulle l'expertise au cours de laquelle l'expert s'est adjoint une personne qui ne lui avait pas été nommément désignée, n'était pas inscrite sur la liste des experts et n'avait pas prêté serment, dès lors qu'il a joint le rapport de cette personne à son propre rapport. • Crim. 24 févr. 1966 : *D. 1966. Somm. 84.*

5. Il résulte de l'art. 162, al. 3, que si le rapport des spécialistes adjoints aux experts doit être annexé intégralement aux rapports de ces derniers, il n'y a pas nullité, en l'absence de violation des droits de la défense, dès lors que les rapports séparés des spécialistes ont été, en temps voulu, versés au dossier de la procédure et que les experts ont pu en prendre connaissance. • Crim. 28 févr. 1974, n° 73-92.596 P : *D. 1974. IR 102 ; JCP 1974. II. 17774, note Chambon ; RSC 1975. 162, obs. J. Robert.*

6. La désignation d'un troisième expert auquel le juge d'instruction, à la demande des experts précédemment désignés, assigne une mission particulière afin de les renseigner, constitue la désignation d'une personne spécialement qualifiée pour éclairer les experts sur une question échappant à leur compétence et entre dans les prévisions de l'art. 162. Si le rapport de ce troisième expert est reproduit dans le rapport d'ensemble des premiers experts, il a été satisfait aux prescriptions de ce texte. • Crim. 13 mars 1984, n° 84-90.218 P.

Art. 163 *(L. n° 85-1407 du 30 déc. 1985)* **Avant de faire parvenir les scellés aux experts, le juge d'instruction ou le magistrat désigné par la juridiction procède, s'il y a lieu, à leur inventaire dans les conditions prévues par l'article 97. Il énumère ces scellés dans un procès-verbal.**

(L. n° 2004-204 du 9 mars 2004, art. 106-I) **« Pour l'application de leur mission, les experts sont habilités à procéder à l'ouverture ou à la réouverture des scellés, et à confectionner de nouveaux scellés après avoir, le cas échéant, procédé au reconditionnement des objets qu'ils étaient chargés d'examiner ; dans ce cas, ils en font mention dans leur rapport, après avoir, s'il y a lieu, dressé inventaire des scellés ; les dispositions du** *(L. n° 2016-731 du 3 juin 2016, art. 72)* **« sixième » alinéa de l'article 97 ne sont pas applicables. »**

1. L'art. 163 est applicable dès l'ouverture d'une information, même si l'expert avait été commis, en matière de flagrant délit, avant cette ouverture. La nullité qui résulte de l'inobservation de cet article n'entraîne cependant la cassation de l'arrêt de renvoi que s'il y a eu atteinte aux droits de la défense. • Crim. 24 nov. 1960, n° 4300/MIL P.

2. Avant de faire parvenir les scellés à l'expert, le juge d'instruction n'est pas tenu de procéder à leur inventaire en application des textes précités si celui-ci a déjà eu lieu. • Crim. 14 mai 2002, n° 02-80.721 P.

Art. 164 *(L. n° 2004-204 du 9 mars 2004, art. 106-II)* **Les experts peuvent recevoir, à titre de renseignement et pour le seul accomplissement de leur mission, les déclarations de toute personne autre que la personne mise en examen, le témoin assisté ou la partie civile.**

Toutefois, si le juge d'instruction ou le magistrat désigné par la juridiction les y a autorisés, ils peuvent à cette fin recevoir, avec l'accord des intéressés, les déclarations de la personne mise en examen, du témoin assisté ou de la partie civile nécessaires à l'exécution de leur mission. Ces déclarations sont recueillies en présence de leur avocat ou celui-ci dûment convoqué dans les conditions prévues par le deuxième alinéa de l'article 114, sauf renonciation écrite remise aux experts. Ces déclarations peuvent être également recueillies à l'occasion d'un interrogatoire ou d'une déposition devant le juge d'instruction en présence de l'expert.

Les médecins ou psychologues experts chargés d'examiner la personne mise en examen, le témoin assisté ou la partie civile peuvent dans tous les cas leur poser des questions pour l'accomplissement de leur mission hors la présence du juge et des avocats.

1. Procédés et modalités d'expertise. Entraîne la nullité de l'expertise le procédé consistant, pour des experts, à provoquer les explications d'un inculpé en lui adressant, par lettre, un questionnaire écrit auquel cet inculpé doit lui-même répondre par lettre. • Crim. 2 mars 1972, n° 70-91.182 P : *D. 1972. Somm. 100.* ♦ Ce procédé entraînant par voie de conséquence une violation de l'art. 118, les juridictions correctionnelles ont qualité, selon les dispositions combinées des art. 170 et 174, pour constater cette nullité et en tirer les conséquences légales. • Même arrêt. ♦ V. aussi : • Crim. 21 mars 1968, n° 66-92.249 P : *JCP 1968. II. 15647, note Chambon.* ♦ Mais l'expert peut entretenir au cours de sa mission avec la personne mise en examen lors d'une conférence téléphonique, s'il ne résulte pas de la lecture intégrale du rapport qu'il ait procédé à son audition. • Crim. 16 sept. 2015, 15-82.035 P : *D. actu. 30 sept. 2015, obs. Benelli-de Bénazé ; AJ pénal 2016. 153, obs. Grégoire.*

2. Expertise relative à la personne mise en examen. Les dires d'un inculpé, entendu par un expert en application de l'art. 164, al. 2, n'ont pas à être consignés dans un procès-verbal. • Crim. 18 mai 1983, n° 82-93.410 P : *D. 1984. 188, note Jeandidier.* ♦ Peu importe que l'expert n'ait pas entendu l'intéressée au cours de l'exécution de l'expertise pénale ; en effet, dès lors qu'il avait été autorisé par le juge d'instruction à se faire remettre toutes pièces utiles à sa mission, il pouvait valablement utiliser les éléments recueillis par lui au cours de l'instance disciplinaire de l'intéressée sans que celle-ci puisse prétendre qu'il y ait eu artifice ou stratagème de nature à compromettre l'exercice des droits de la défense. • Crim. 4 déc. 2002, n° 02-86.353.

3. Particularité de l'expertise médicale et psychologique. L'art. 164, al. 4, permet aux médecins et psychologues experts de poser des questions à la personne mise en examen, y compris sur les faits qui lui sont reprochés. • Crim. 30 avr. 1996, n° 96-80.829 P.

4. Expertise sur les intérêts civils. Il résulte des dispositions combinées des art. 10 C. pr. pén. et 160 C. pr. civ. que l'expert commis par une juridiction pénale statuant sur les intérêts civils doit convoquer les parties par lettre recommandée avec demande d'avis de réception ou par remise à leur défenseur d'un simple bulletin. • Crim. 3 mai 1988, n° 86-90.372 P.

5. Encadrement de la mission de l'expert. Excède les limites de sa mission l'expert qui entend la partie civile alors que le juge d'instruction, dans l'ordonnance le commettant, a précisé qu'il ne pouvait procéder à des auditions sans y avoir été préalablement autorisé. Cette irrégularité, consistant en la méconnaissance d'une règle d'ordre public touchant à l'organisation judiciaire (compétence du magistrat instructeur) à laquelle les dispositions de l'art. 802 sont étrangères, entraîne la nullité de l'expertise et des actes qui l'ont pour support nécessaire. • Crim. 17 janv. 2006, n° 05.86.326 P : *D. 2006. IR 531 ; ibid. 2007. Pan. 973, obs. Pradel ; AJ pénal 2006.175, obs. Girault.*

6. Compatibilité avec la Conv. EDH. Les dispositions du dernier al. de l'art. 164 ne sont pas incompatibles avec celles de l'art. 6, § 3 c), Conv. EDH. • Crim. 9 avr. 1991, n° 91-80.614 P • 6 sept. 1993, n° 93-82.861 P.

7. N'a pas méconnu les dispositions de l'art. 6 Conv. EDH la cour d'appel qui, pour refuser d'annuler un rapport d'expertise, relève que l'auteur du rapport est inscrit sur la liste nationale des experts, que sa formation et sa qualité de pharmacien ne permettent aucunement de présumer une partialité dont son rapport ne révèle aucune manifestation, que le prévenu, qui pouvait demander à être entendu par l'expert dans les conditions prévues par l'art. 164, ne l'a pas fait, et que les résultats de l'expertise ont été soumis à la discussion contradictoire des parties à l'audience des débats sans qu'il y ait de demande de contre-expertise. • Crim. 26 mars 2002, n° 01-82.280.

8. Contradictoire. L'expert tient des dispositions de l'art. 164, al. 1er, la faculté de procéder, à titre de renseignement, à toutes les auditions, hors celles du mis en examen, du témoin assisté ou de la partie civile, qu'il estime utiles à l'accomplissement de sa mission ; aucune disposition légale n'impose que ces auditions soient retranscrites dans un procès-verbal ni qu'elles soient effectuées contradictoirement, les parties ayant la possibilité de discuter l'avis des experts et de solliciter du juge d'instruction des compléments d'expertise ou des contre-expertises. • Crim. 10 nov. 2015, n° 15-83.605 P : *D. actu. 30 nov. 2015, obs. Benelli-de Bénazé.*

Art. 165 **Au cours de l'expertise, les parties peuvent demander à la juridiction qui l'a ordonnée qu'il soit prescrit aux experts d'effectuer certaines recherches ou d'entendre toute personne nommément désignée qui serait susceptible de leur fournir des renseignements d'ordre technique.**

Si le prévenu qui n'a été inculpé qu'après le dépôt du rapport d'expertise n'a pu bénéficier des droits que lui reconnaît l'art. 165, il n'en résulte aucune violation des droits de la défense dès lors que les conclusions des experts ont été, après son inculpation, portées à sa connaissance conformément à l'art. 167 et qu'il a eu ainsi toute latitude pour demander à la juridiction d'instruction qu'il soit prescrit aux experts d'effectuer de nouvelles recherches. • Crim. 11 avr. 1970, n° 68-92.463 P.

Art. 166 **Lorsque les opérations d'expertise sont terminées, les experts rédigent un rapport qui doit contenir la description desdites opérations ainsi que leurs conclusions.** *(L. n° 2003-239 du 18 mars 2003, art. 16)* **« Les experts signent leur rapport et mentionnent les noms et qualités des personnes qui les ont assistés, sous leur contrôle et leur responsabilité, pour la réalisation des opérations jugées par eux nécessaires à l'exécution de la mission qui leur a été confiée** *[ancienne rédaction : Les experts doivent attester avoir personnellement accompli les opérations qui leur ont été confiées et signent leur rapport]* **».**

(L. n° 85-1407 du 30 déc. 1985) **« Lorsque plusieurs experts ont été désignés et s'ils sont d'avis différents ou s'ils ont des réserves à formuler sur des conclusions communes, chacun d'eux indique son opinion ou ses réserves en les motivant. »**

Le rapport et les scellés, ou leurs résidus, sont déposés entre les mains du greffier de la juridiction qui a ordonné l'expertise ; ce dépôt est constaté par procès-verbal.

(L. n° 2004-204 du 9 mars 2004, art. 106-III) **« Avec l'accord du juge d'instruction, les experts peuvent, directement et par tout moyen, communiquer les conclusions de leur rapport aux officiers de police judiciaire chargés de l'exécution de la commission rogatoire »** *(L. n° 2007-291 du 5 mars 2007, art. 18-III, en vigueur le 1er juill. 2007)* **« , au procureur de la République ou aux avocats des parties ».**

1. Accomplissement personnel de la mission. Il résulte de l'art. 166 que les experts désignés par le juge d'instruction doivent accomplir personnellement la mission qui leur est confiée. L'appartenance de l'expert nominativement désigné à un service de l'État ne l'autorise pas à faire exécuter cette mission par ses subordonnés. • Crim. 30 mars 1999, n° 97-83.464 P. ♦ Mais le simple concours matériel d'une tierce personne – consistant en des demandes de renseignement qu'elle a adressées à divers laboratoires ayant fabriqué les produits à analyser, qui ne comportent aucune appréciation à formuler – ne saurait constituer une participation à l'expertise pour laquelle elle n'avait pas été désignée. • Crim. 8 juin 1999, n° 99-81.291 P.

2. Mentions du rapport d'expertise. L'art. 166, al. 1er, n'impose aucune formule sacramentelle aux experts pour attester qu'ils ont personnellement accompli les opérations qui leur sont confiées. • Crim. 9 févr. 1972, n° 71-92.699 P • 20 févr. 1990, n° 89-96.659 P.

3. Les prescriptions de l'art. 166, édictées en vue d'une bonne administration de la justice, excluent l'application de l'art. 802 ; est nul le rapport d'expertise qui ne porte pas la signature de l'un des experts désignés. • Crim. 17 mars 1987 : *D. 1987. Somm. 408, obs. Pradel.*

4. Pluralité d'experts. Si elle peut affecter la force probante des conclusions de l'expert, l'exécution d'une mission par un seul des deux experts désignés par le juge d'instruction, dès lors qu'aucun grief ne peut être invoqué par les requérants, n'est pas de nature à porter atteinte aux droits de la défense et n'entraîne pas la nullité de l'expertise. • Crim. 1er févr. 2000, n° 99-87.081 P : *Dr. pénal 2000. Comm. 65, obs. Maron.*

5. Sous réserve des dispositions de l'art. 166, al. 2, chacun des experts désignés pour exécuter une mission commune a qualité pour exposer à l'audience le résultat de l'ensemble des opérations techniques auxquelles tous ont procédé. • Crim. 30 sept. 1998, n° 97-86.532 P : *Dr. pénal 1999. Comm. 14, obs. Maron ; JCP 1999. I. 112, chron. Maron.*

6. Droit de la consommation. Selon l'art. L. 215-16 C. consom., si les experts désignés lors de l'expertise contradictoire sont en désaccord ou s'ils sont d'accord pour infirmer les conclusions du rapport de l'Administration, la juridiction, avant de statuer, donne au laboratoire connaissance du rapport de l'expertise contradictoire et lui fixe un délai pour faire parvenir éventuellement ses observations. • Crim. 6 mars 1997, n° 96-80.279 P.

Art. 167 *(L. n° 93-2 du 4 janv. 1993)* **« Le juge d'instruction donne connaissance des conclusions des experts aux parties et à leurs avocats après les avoir convoqués conformément aux dispositions du deuxième alinéa de l'article 114. »** *(L. n° 99-515 du 23 juin 1999)* **« Il leur donne également connaissance, s'il y a lieu, des conclusions des rapports des personnes requises en application des articles 60 et 77-1, lorsqu'il n'a pas été fait application des dispositions du quatrième alinéa de l'article 60. »** *(L. n° 2000-516 du 15 juin 2000, art. 27-III, en vigueur le 1er janv. 2001)* **« Une copie de l'intégralité du rapport est alors remise, à leur demande, aux avocats des parties** *(L. n° 2019-222 du 23 mars 2019, art. 54-IX)* **« ou aux parties si celles-ci ne sont pas assistées par un avocat ». »**

(L. n° 93-2 du 4 janv. 1993) **« Les conclusions peuvent également être notifiées par lettre recommandée ou, lorsque la personne est détenue, par les soins du chef de l'établissement pénitentiaire qui adresse, sans délai, au juge d'instruction l'original ou la copie du récépissé signé par l'intéressé. »** *(L. n° 2000-516 du 15 juin 2000, art. 27-III, en vigueur le 1er janv. 2001)* **« L'intégralité du rapport peut aussi être notifiée »,** *(L. n° 2019-222 du 23 mars 2019, art. 54-IX)* **« par lettre recommandée, à leur demande, aux avocats des parties ou aux parties si celles-ci ne sont pas assistées par un avocat. »** *(L. n° 2007-291 du 5 mars 2007, art. 18-IV, en vigueur le 1er juill. 2007)* **« Si les avocats des parties ont fait connaître au juge d'instruction qu'ils disposent d'une adresse électronique, l'intégralité du rapport peut leur être adressée par cette voie, selon les modalités prévues** *(L. n° 2015-177 du 16 févr. 2015, art. 14)* **« au I de l'article 803-1 ».**

(L. n° 2022-52 du 24 janv. 2022, art. 9) **« S'il s'agit d'une expertise psychiatrique, la copie de l'intégralité du rapport est remise ou adressée aux avocats des parties ou aux parties si celles-ci ne sont pas assistées d'un avocat, même en l'absence de demande de leur part. »**

(L. n° 85-1407 du 30 déc. 1985) **Dans tous les cas, le juge d'instruction fixe un délai aux parties pour présenter des observations ou formuler une demande, notamment aux fins de complément d'expertise ou de contre-expertise.** *(L. n° 93-1013 du 24 août 1993)* **« Cette demande doit être formée conformément aux dispositions du dixième alinéa de l'article 81. » Pendant ce délai, le dossier de la procédure est mis à la disposition des conseils des parties.** *(L. n° 2004-204 du 9 mars 2004, art. 106-IV)* **« Le délai fixé par le juge d'instruction, qui tient compte de la complexité de l'expertise, ne saurait être inférieur à quinze jours ou, s'il s'agit d'une expertise comptable ou financière, à un mois. Passé ce délai, il ne peut plus être formulé de demande de contre-expertise, de complément d'expertise ou de nouvelle expertise portant sur le même objet, y compris sur le fondement de l'article 82-1, sous réserve de la survenance d'un élément nouveau. »**

Lorsqu'il rejette une demande, le juge d'instruction rend une décision motivée qui doit intervenir dans un délai d'un mois à compter de la réception de la demande. Il en est de même s'il commet un seul expert alors que la partie a demandé qu'il en soit désigné plusieurs. *(L. n° 2007-291 du 5 mars 2007, art. 18-IV, en vigueur le 1er juill. 2007)* **« Faute pour le juge d'instruction d'avoir statué dans le délai d'un mois, la partie peut saisir directement la chambre de l'instruction. »**

(L. n° 2004-204 du 9 mars 2004, art. 95-VI, en vigueur le 1er oct. 2004) **« Le juge d'instruction peut également notifier au témoin assisté, selon les modalités prévues par le présent article, les conclusions des expertises qui le concernent en lui fixant un délai pour présenter une demande de complément d'expertise ou de contre-expertise. Le juge n'est toutefois pas tenu de rendre une ordonnance motivée s'il estime que la demande n'est pas justifiée, sauf si le témoin assisté demande à être mis en examen en application de l'article 113-6. »**

Avant l'entrée en vigueur de la loi n° 2019-222 du 23 mars 2019, le Cons. const. avait jugé que les mots : « avocats des » figurant à la deuxième phrase du 2e al. de l'art. 167, dans sa rédaction résultant de la L. n° 2015-177 du 16 févr. 2015 relative à la modernisation et à la simplification du droit et des procédures dans les domaines de la justice et des affaires intérieures, étaient contraires à la Const., les effets de la déclaration d'inconstitutionnalité étant reportés au 1er sept. 2019 (Cons. const. n° 2018-765 QPC du 15 févr. 2019).

I. APPLICATION DES RÈGLES NATIONALES

1. QPC. Dans la mesure où est reconnue aux parties la liberté d'être assistées d'un avocat ou de se défendre seules, toutes les parties à une instruction doivent pouvoir avoir connaissance de l'intégralité du rapport d'une expertise ordonnée par le juge d'instruction afin de leur permettre de présenter des observations ou de formuler une demande de complément d'expertise ou de contre-expertise. La différence dans l'accès au rapport d'expertise n'étant pas limitée aux cas où elle serait justifiée par la protection du respect de la vie privée, la sauvegarde de l'ordre public ou l'objectif de recherche des auteurs d'infractions, le principe d'égalité devant la justice est méconnu et les mots : « avocats des » doivent être déclarés contraires à la Constitution (report des effets au 1er sept. 2019). • Cons. const. 15 févr. 2019, n° 2018-765 QPC : *D. actu. 25 févr. 2019, obs. Goetz ; Procédures 2019, n° 138, obs. Buisson.*

2. Notification fautive des conclusions du rapport. Si le procès-verbal de notification d'un rapport d'expertise à l'inculpé en application de l'art. 167 est entaché de nullité pour violation des prescriptions de l'art. 118, par application de l'art. 802, il n'y a pas lieu de prononcer cette nullité, dès lors qu'après ordonnance de transmission des pièces, le conseil de l'inculpé a pu prendre connaissance de la procédure et solliciter toute expertise complémentaire ou contre-expertise qu'il jugeait utile. • Crim. 14 mars 1988 : *D. 1988. Somm. 356, obs. Pradel* • 7 juin 1988, n° 88-81.828 P.

3. De même, bien que le délai prescrit pour l'envoi des convocations aux conseils d'un inculpé par l'art. 118 ait été réduit en l'espèce à trois jours ouvrables, la nullité encourue n'est cependant pas susceptible de donner ouverture à cassation dès lors qu'il n'est ni établi ni allégué que l'irrégularité commise ait eu pour effet de porter atteinte aux intérêts de l'inculpé auquel après notification, en présence de l'un de ses conseils, des conclusions d'expertise, il a été imparti un délai pour présenter ses observations. • Crim. 15 mars 1988, n° 88-80.267 P.

4. Si l'inobservation de l'art. 167 n'est pas sanctionnée expressément par la nullité, il n'en est pas de même lorsque cette irrégularité a eu pour conséquence de porter atteinte aux droits de la défense. • Crim. 22 févr. 1966, n° 65-93.652 P • 23 mai 1970, n° 69-92.622 P • 15 mai 1973, n° 72-90.462 P : *RSC 1974. 123, obs. J. Robert.* ♦ Rappr. : • Colmar, 3 août 1989 : *D. 1990. Somm. 223, obs. Pradel.* ♦ Toutefois, ne saurait faire grief à la personne mise en examen l'absence de notification d'un rapport d'expertise, dès lors que la notification de l'avis de fin d'information prévue par l'art. 175 ouvre aux parties, dans le délai de vingt jours fixé par ce texte, le droit de formuler toute demande d'expertise, de contre-expertise ou d'expertise complémentaire qu'elles jugeraient utiles à la manifestation de la vérité. • Crim. 15 févr. 2006, n° 05.86.773 P : *D. 2006. IR 811 ; AJ pénal 2006. 178, obs. Roussel.*

5. Les juridictions correctionnelles ont qualité pour constater les nullités de l'information résultant de la violation des dispositions substantielles ou d'ordre public et tel est le cas de l'atteinte aux droits de la défense résultant de l'inobservation de l'art. 167. • Crim. 26 juin 1979, n° 78-93.955 P.

6. Demande tardive des parties. Le juge d'instruction n'est pas tenu de répondre par une ordonnance motivée aux demandes de l'inculpé formées en vertu de l'art. 165, ni à celles qu'il a formées en vertu de l'art. 167, mais après l'expiration du délai qui lui avait été imparti. • Crim. 16 janv. 1976, n° 75-91.928 P : *RSC 1976. 989, obs. J. Robert.* ♦ V. aussi : • Crim. 10 mai 1966, n° 65-91.447 P • 7 févr. 1968, n° 67-91.731 P.

7. Il n'y a pas lieu d'annuler un rapport de contre-expertise médicale ordonnée à la demande de la partie civile, au motif que cette demande aurait été formulée après l'expiration du délai fixé en application de l'art. 167, al. 3, dès lors que le juge d'instruction avait le pouvoir, en vertu de l'art. 81, al. 1er, d'ordonner, de sa seule initiative, tout acte d'information, tel qu'une contre-expertise médicale, s'il l'estimait utile à la manifestation de la vérité. • Crim. 9 oct. 2002, n° 01-83.947.

8. Demande de complément d'expertise et règlement de la procédure. Les parties sont recevables à demander un complément d'expertise ou une contre-expertise à la chambre de l'instruction saisie du règlement de la procédure sans que le délai de l'art. 167, al. 3, puisse leur être opposé. • Crim. 2 oct. 2001, n° 00-85.724 P : *D. 2002. Somm. 1458, obs. Pradel.*

II. CONFORMITÉ AUX RÈGLES EUROPÉENNES

9. Art. 6 de la Conv. EDH. Dans le cadre d'une expertise ordonnée par la juridiction de jugement, la partie civile, alors même qu'elle n'est pas la partie devant se défendre sur l'accusation pénale, peut valablement invoquer la violation des dispositions de l'art. 6, § 1, Conv. EDH imposant, au regard de la nécessité d'un procès équitable, d'assurer la contradiction pendant le cours d'une mesure d'expertise, mais l'arrêt n'encourt pas la censure dès lors que la partie civile a eu connaissance du rapport de l'expert et a pu en discuter les conclusions à l'audience. • Crim. 26 nov. 2002, n° 02-80.343. ♦ V. également : • Crim. 26 nov. 2002, n° 02-80.347.

Art. 167-1 *(L. n° 95-125 du 8 févr. 1995 ; L. n° 2008-174 du 25 févr. 2008, art. 4-I)* **« Lorsque les conclusions de l'expertise sont de nature à conduire à l'application des dispositions du premier alinéa de l'article 122-1 du code pénal prévoyant l'irresponsabilité pénale de la personne en raison d'un trouble mental, leur notification à la partie civile est effectuée dans les conditions prévues par le premier alinéa de l'article 167, le cas échéant en présence de l'expert ou des experts. En matière criminelle, cette présence est obligatoire si l'avocat de la partie civile le demande. » La partie civile dispose alors d'un délai de quinze jours pour présenter des observations ou formuler une demande de complément d'expertise ou de contre-expertise. La contre-expertise demandée par la partie civile est de droit. Elle doit être accomplie par au moins deux experts.**

Art. 167-2 *(L. n° 2007-291 du 5 mars 2007, art. 18-V, en vigueur le 1er juill. 2007)* **Le juge d'instruction peut demander à l'expert de déposer un rapport provisoire avant son rapport définitif. Le ministère public et les parties disposent alors d'un délai fixé par le juge d'instruction qui ne saurait être inférieur à quinze jours ou, s'il s'agit d'une expertise comptable ou financière, à un mois, pour adresser en même temps à l'expert et au juge les observations écrites qu'appelle de leur part ce rapport provisoire. Au vu de ces observations, l'expert dépose son rapport définitif. Si aucune observation n'est faite, le rapport provisoire est considéré comme le rapport définitif.**

Le dépôt d'un rapport provisoire est obligatoire si le ministère public le requiert ou si une partie en a fait la demande selon les modalités prévues par l'avant-dernier alinéa de l'article 81 lorsqu'elle est informée de la décision ordonnant l'expertise en application de l'article 161-1.

Art. 168 *(L. n° 72-1226 du 29 déc. 1972)* **« Les experts exposent à l'audience, s'il y a lieu, le résultat des opérations techniques auxquelles ils ont procédé, après avoir prêté serment d'apporter leur concours à la justice en leur honneur et en leur conscience. » Au cours de leur audition, ils peuvent consulter leur rapport et ses annexes.**

Le président peut soit d'office, soit à la demande du ministère public, des parties ou de leurs conseils, leur poser toutes questions rentrant dans le cadre de la mission qui leur a été confiée. *(L. n° 2007-291 du 5 mars 2007, art. 18-VI, en vigueur le 1er juill. 2007)* **« Le ministère public et les avocats des parties peuvent également poser directement des questions aux experts selon les modalités prévues par les articles 312 et 442-1. »**

Après leur exposé, les experts assistent aux débats, à moins que le président ne les autorise à se retirer.

I. NATURE DU SERMENT

1. L'expert commis au cours de l'instruction, cité et notifié comme témoin, qui rend compte de sa mission au cours des débats, doit prêter non le serment des témoins de l'art. 331, mais celui de l'art. 168. • Crim. 21 mars 1961 : *Bull. crim. n° 187* • 22 juin 1976, ⌂ n° 76-90.424 P. ♦ Toutefois, le fait par l'expert d'avoir prêté le serment des témoins n'est pas une cause de nullité. • Crim. 9 nov. 1978, ⌂ n° 78-90.923 P : *D. 1979. IR 216.* ♦ Il en est de même d'une personne ayant la double qualité de témoin et d'expert, lorsqu'elle a prêté le seul serment d'expert. • Crim. 20 janv. 1993, ⌂ n° 92-82.809 P. ♦ Ce serment implique en effet d'apporter son concours à la justice en son honneur et en sa conscience, ainsi que le prescrit l'art. 168. • Crim. 8 janv. 1992, ⌂ n° 91-81.689 P. ♦ La prestation cumulative des serments de l'expert et des témoins n'est pas une cause de nullité. • Crim. 7 oct. 1992, ⌂ n° 91-86.320 P.

II. PERSONNES CONCERNÉES

2. Personnes tenues au serment. L'art. 168, al. 1er, s'applique à tout expert entendu à l'audience dès lors qu'il a été chargé d'une mission d'expertise au cours de l'instruction préparatoire ou définitive. • Crim. 20 juill. 1965, ⌂ n° 65-90.859 P : *D. 1965. 584* • 29 avr. 1971, ⌂ n° 70-93.041 P • 19 mai 1971, ⌂ n° 70-92.101 P : *RSC 1972. 125, obs. J. Robert* • 25 avr. 1987 : *Bull. crim. n° 99.* ♦ Il en résulte que les experts, devant en tout état de cause prêter serment, ne sont jamais entendus à titre de simples renseignements. • Crim. 13 janv. 1993, ⌂ n° 92-83.587 P. ♦ Les experts qui sont entendus en vertu du pouvoir discrétionnaire du président doivent, à peine de nullité, prêter le serment prévu par l'art. 168. • Crim. 7 déc. 1966, ⌂ n° 66-91.973 P : *D. 1967. Somm. 23* • 14 juin 1967, ⌂ n° 67-90.720 P • 20 janv. 1971 : *D. 1971. 441* • 17 juill. 1976, ⌂ n° 76-90.584 P : *RSC 1977. 352, obs. J. Robert* • 9 nov. 1983, ⌂ n° 83-91.668 P : *RSC 1984. 542, obs. J. Robert.* ♦ Tel est le cas du fonctionnaire d'un service régional de police judiciaire qui, en cette qualité, procède à la comparaison des empreintes découvertes sur les lieux du crime avec celles de l'accusé, relevées à l'audience par un autre fonctionnaire de ce service, à la demande du président de la cour d'assises agissant en vertu de son pouvoir discrétionnaire. • Crim. 4 nov. 1998, n° 97-86.146 P.

3. Les personnes appelées, au cours d'une enquête préliminaire, à effectuer des constatations ou des examens techniques ou scientifiques qui ne peuvent être différés – en l'espèce, un examen gynécologique après un viol –, sont soumises, en application de l'art. 77-1, al. 2, aux dispositions de l'art. 60 et doivent donc, en vertu des art. 169-1 et 168, prêter, à l'audience, le serment des experts. • Crim. 25 nov. 1998, n° 98-80.606 P : *Procédures 1999. Comm. 73, obs. Buisson* • Crim. 19 oct. 2016, n° 15-83.937 P : *D. actu. 8 nov. 2016, obs. Goetz.* ♦ Toutefois, un médecin qui a délivré un certificat contenant des renseignements médicaux à la demande du juge d'instruction, mais qui n'a pas été commis par celui-ci selon les art. 156 s. ou selon l'art. 80, al. 7, n'a pas la qualité d'expert dès lors qu'il n'a pas non plus été appelé à procéder à des constatations conformément à l'art. 60. A l'audience, il doit donc prêter le serment des témoins. • Crim. 3 oct. 1979, n° 79-90.325 P. ♦ Le président de la cour d'assises peut en vertu de son pouvoir discrétionnaire faire entendre un médecin n'ayant pas la qualité d'expert et peu importe, en l'absence de toute opposition des parties, qu'il lui ait fait prêter le serment de l'art. 168 lequel implique de dire toute la vérité. • Crim. 17 mai 2000, n° 99-87.768 P.

4. L'examen médico-psychologique du dernier al. de l'art. 81 constituant une mesure d'expertise, la personne qui y a procédé au cours de l'information doit, lorsqu'elle est entendue à l'audience, prêter le serment exigé des experts. • Crim. 3 oct. 1979, n° 79-80.341 P.

5. Personnes non tenues au serment. Les spécialistes étrangers cités et dénoncés à tort en qualité d'experts n'ont pas à prêter le serment prescrit par l'art. 168, alors que les dispositions du C. pr. pén. ne sont pas applicables hors du territoire français. • Crim. 12 déc. 1984, n° 84-93.091 P.

6. Le président de la cour d'assises, en se fondant sur son pouvoir discrétionnaire, ne peut entendre comme expert après lui avoir fait prêter le serment spécial de l'art. 168 une personne qui n'a été chargée d'une mission d'expertise ni par une juridiction d'instruction, ni par le président lui-même, ni par la cour d'assises. • Crim. 24 févr. 1972, n° 71-93.607 P.

7. Une personne requise par le président pour procéder à l'audience à une opération matérielle ne nécessitant aucun compte rendu à la barre n'est pas chargée d'une mission d'expertise et n'a pas, dès lors, à prêter le serment prescrit par l'art. 168. • Crim. 17 déc. 1980, n° 80-92.601 P • 2 juill. 1985, n° 84-94.925 P.

8. Lorsqu'un expert a été entendu après avoir prêté le serment de l'art. 168, cette formalité n'a pas à être renouvelée si cet expert est réentendu au cours des débats. • Crim. 26 mai 1983, n° 83-90.121 P.

III. RÈGLES PROCÉDURALES

A. RÈGLES GÉNÉRALES

9. Forme du serment. La constatation au procès-verbal que l'expert a été entendu « après avoir prêté serment dans les formes prescrites par l'art. 168 » établit que le serment a été prêté dans les termes prévus par ce texte. • Crim. 4 oct. 1973, n° 73-92.205 P • 9 janv. 1974, n° 73-92.653 P.

10. Il n'y a pas de nullité lorsque la formule employée pour le serment des experts à l'audience, sans reproduire exactement celle de l'art. 168, en exprime cependant le sens sans le dénaturer ni le restreindre. • Crim. 19 déc. 1973, n° 73-92.334 P • 19 févr. 1975, n° 74-93.004 P : *RSC 1975. 1027, obs. J. Robert.*

11. Le serment que l'expert a accepté de prêter, sans observation des parties, dans les termes de l'art. 331, implique celui d'apporter son concours à la justice en son honneur et en sa conscience. • Crim. 9 nov. 1978, n° 78-90.923 P • 17 déc. 1980, n° 80-92.601 P : *RSC 1984. 542, obs. J. Robert.*

12. Ne constituent pas un manquement au serment des experts d'apporter leurs concours à la justice en leur honneur et en leur conscience, tel que prévu par l'art. 168, les propos tenus par des experts, au cours de leur audition, faisant état de la dangerosité de l'accusé. • Crim. 31 mars 1993, n° 92-84.681 P : *D. 1994. Somm. 185, obs. Pradel.*

13. Déposition de l'expert. Aucune disposition de loi n'exige qu'avant d'être entendus les experts se retirent de la salle d'audience. • Crim. 8 févr. 1968, n° 67-93.101 P.

14. Il résulte des art. 168 et 706-71 que les experts cités doivent déposer devant la cour d'assises, soit en personne, soit par un moyen de télécommunication audio-visuel garantissant la confidentialité de la transmission ; en entendant l'expert par un moyen de télécommunication exclusivement sonore, en l'espèce un téléphone, et même en l'absence d'opposition des parties, un président de cour d'assises a méconnu les textes susvisés. • Crim. 20 févr. 2019, n° 18-82.164 P : *D. actu. 13 mars 2019, obs. Goetz ; AJ pénal 2019. 284, obs. Capdepon ; Procédures 2019, n° 132, obs. Chavent-Leclère.*

15. Les experts peuvent consulter leur rapport et ses annexes ; sont assimilables à ces documents les notes prises à l'occasion de l'exécution de leur mission. • Crim. 17 janv. 1990, n° 89-83.876 P • 11 déc. 1996, n° 96-81.241 P : *Procédures 1997. Comm. 95, obs. Buisson* • Crim. 17 sept. 2014, n° 13-85.196 P : *D. 2014. Actu. 1879*.

16. Les prescriptions de l'art. 168, al. 2, ne sont pas prévues à peine de nullité et n'interdisent pas au président, usant de son droit de direction des débats et de la police de l'audience, d'autoriser le ministère public ou les parties à poser directement des questions aux experts sous son contrôle. • Crim. 31 mai 1972, n° 72-90.008 P.

17. Si, selon l'art. 331, les témoins doivent déposer séparément, l'art. 168 ne contient pas la même exigence en ce qui concerne l'audition des experts. • Crim. 19 déc. 1979, n° 79-92.563 P.

18. Le fait par un expert de faire état au cours de son audition d'une expertise effectuée dans une autre procédure et non jointe au dossier ne constitue pas une atteinte aux droits de la défense, dès lors que l'accusé n'a pas demandé le versement de cette expertise aux débats et que les déclarations de l'expert ont été soumises au débat contradictoire. • Crim. 7 mars 1990, n° 89-82.037 P.

19. Les propos tenus par les experts au cours de leur déposition, faisant état de la dangerosité de l'accusé, ne constituent pas un manquement à leur serment. Ils ne sauraient davantage fonder le grief allégué de manifestation d'opinion, dès lors que les art. 311 et 328, dont la violation est alléguée, ne sont pas applicables aux experts. • Crim. 31 mars 1993, n° 92-84.681 P.

B. RÈGLES PARTICULIÈRES

20. Pluralité d'experts. Aucun texte n'exige que tous les experts commis au cours de l'information comparaissent devant la cour d'assises. Il en est ainsi lorsque des experts rédacteurs ou signataires d'un rapport commun, bien que régulièrement cités, ont pris accord pour être représentés à la barre par certains d'entre eux. Dans un tel cas, l'absence de toute observation ou réclamation de l'accusé ou de son avocat implique une renonciation implicite de la défense à l'audition des experts non comparants. • Crim. 6 août 1996, n° 95-86.050 P.

21. Double qualité de témoin et d'expert. S'il est vrai qu'une personne ayant la double qualité de témoin et d'expert peut prêter les deux serments, le fait qu'elle ait, comme en l'espèce, prêté le seul serment d'expert n'entraîne aucune nullité, dès lors que ce serment implique de dire la vérité. • Crim. 6 nov. 2002, n° 02-80.154.

22. Distinction du témoin et de l'expert. L'art. 310 n'étant applicable qu'aux seuls témoins, il résulte de l'art. 168 que les experts, qui en tout état de cause doivent prêter serment, ne sont jamais entendus à titre de simples renseignements ; ainsi, il a été régulièrement procédé lorsque le procès-verbal des débats mentionne qu'une psychologue, chargée de procéder à une expertise au cours de l'information, a été appelée par le président en vertu de son pouvoir discrétionnaire et qu'elle a exposé le résultat des opérations techniques auxquelles elle a procédé, après avoir prêté le serment prévu par l'art. 168. • Crim. 25 sept. 2002, n° 01-87.647.

Art. 169 **Si, à l'audience d'une juridiction de jugement, une personne entendue comme témoin ou à titre de renseignement contredit les conclusions d'une expertise ou apporte au point de vue technique des indications nouvelles, le président demande aux experts, au ministère public, à la défense et, s'il y a lieu, à la partie civile, de présenter leurs observations. Cette juridiction, par décision motivée, déclare, soit qu'il sera passé outre aux débats, soit que l'affaire sera renvoyée à une date ultérieure. Dans ce dernier cas, cette juridiction peut prescrire quant à l'expertise toute mesure qu'elle jugera utile.**

Le président, usant de son pouvoir discrétionnaire, peut désigner un expert unique. • Crim. 30 juin 1960, n° 582/AM P.

Art. 169-1 *(L. n° 72-1226 du 29 déc. 1972)* **Les dispositions des articles 168 et 169 sont applicables aux personnes appelées soit à procéder à des constatations, soit à apprécier la nature des circonstances d'un décès, conformément aux articles 60 et 74.**

SECTION X DES NULLITÉS DE L'INFORMATION

RÉP. PÉN. v^is *Instruction préparatoire*, par GUÉRY ; *Nullités de procédure*, par GUERRIN.

BIBL. ► CLÉMENT, *RSC 2020. 557* (les présomptions de grief). – COUVRAT, *D. 1976. Chron. 43*. – DANET, *AJ pénal 2005. 133* (brèves remarques sur la typologie et la mise en œuvre des nullités). FOURMENT, *Gaz. Pal. 27-28 juill. 2012, p. 4* (nullité des actes de procédure et Conv. EDH). – GOYET, *RSC 1976. 899* (distinction entre nullités textuelles et nullités substantielles). – GUERRIN, *RSC 2000. 753* (les changements opérés par la loi relative à la présomption d'innocence sur les nullités de procédure dans la phase préalable au jugement pénal). – LARONDE-CLÉRAC, *Dr. pénal 2013. Étude 9* (pratique jurisprudentielle des nullités). – LEVASSEUR, *Mél. Patin*, *p. 469.* – MARON, *JCP 1994. I. 3738.* – J.-M. ROBERT, *D. 1971. Chron. 85* (nullités et bonne administration de la justice).

▶ **Dossier :** *AJ pénal 2005. 133 et 177* (les nullités : un contrôle efficace de la procédure ?).

Art. 170 *(L. nº 93-2 du 4 janv. 1993)* **En toute matière, la chambre de l'instruction peut, au cours de l'information, être saisie aux fins d'annulation d'un acte ou d'une pièce de la procédure par le juge d'instruction, par le procureur de la République** *(L. nº 2004-204 du 9 mars 2004, art. 95-VII, en vigueur le 1er oct. 2004)* **« , par les parties ou par le témoin assisté** *[ancienne rédaction : ou par les parties]* **».**

1. Notion d'acte de procédure. Les officiers de police judiciaire qui procèdent, en enquête préliminaire, à des écoutes téléphoniques, accomplissent des actes de la procédure au sens de l'art. 170. • Crim. 27 févr. 1996, nº 95-81.366 P : *JCP 1996. II. 22629, note Rassat ; D. 1996. 346, note Guéry ; Gaz. Pal. 1996. 2. 369, rapp. Guerder ; Justices 1997, nº 5, p. 317, chron. Rebut.*

2. Actes annulables. Les juridictions françaises sont compétentes pour connaître de la régularité des actes d'enquête effectués par l'Office européen de lutte anti-fraude (OLAF), organisme administratif indépendant créé par la Commission européenne et habilité à procéder à des investigations en matière de lutte contre la fraude aux intérêts financiers de l'Union européenne, un tel acte versé dans une procédure pénale suivie en France pouvant être annulé, afin de garantir un contrôle juridictionnel effectif, s'il est établi qu'il a été accompli en violation des droits fondamentaux. • Crim. 9 déc. 2015, nº 15-82.300 P : *D. actu. 8 janv. 2016, obs. Dufourq ; D. 2016. Pan. 153, obs. Pichon.*

3. Actes non annulables. Des enregistrements obtenus clandestinement par une personne privée ne constituent pas en eux-mêmes des actes ou des pièces de l'information, au sens de l'art. 170, et, comme tels, susceptibles d'être annulés, mais des moyens de preuve qui peuvent être discutés contradictoirement. • Crim. 31 janv. 2012 : *D. actu. 7 févr. 2012, obs. Léna ; D. 2012. Actu. 440, obs. Léna ; ibid. 914, note Fourment ; AJ pénal 2012. 224, obs. Daoud et Boutron-Marmion ; RSC 2012. 401, obs. Salvat ; Procédures 2012, nº 86, obs. Chavent-Leclère.* ♦ Des enregistrements réalisés à l'insu de la personne mise en examen par une personne privée ne sont pas en eux-mêmes des actes ou pièces de l'information comme tels susceptibles d'être annulés. • Crim. 7 mars 2012, nº 11-88.118 P : *D. actu. 30 mars 2012, obs. Léna ; D. 2012. Actu. 818 ; ibid. Pan. 2118, obs. Pradel ; AJ pénal 2012. 346, obs. Ascensi ; Dr. pénal 2012. Chron. 7, obs. Lesclous ; Procédures 2012, nº 157, obs. Chavent-Leclère ; ibid. nº 199, obs. Buisson.* ♦ Des fichiers informatiques volés par un salarié ne constituent pas des actes ou pièces de l'information susceptibles d'être annulés, dès lors qu'il résulte des pièces de la procédure que l'autorité publique n'est intervenue ni dans la confection ni dans l'obtention des pièces litigieuses. • Crim. 27 nov. 2013, nº 13-85.042 P : *D. actu. 16 déc. 2013, obs. Fucini ; D. 2013. Actu. 2852 ; Procédures 2014. 25, note Chavent-Leclère ; Dr. pénal 2014, nº 32, obs. Maron et Haas.*

4. Il résulte des dispositions combinées des art. 170, 171 et 173 que la requête en annulation, présentée devant la chambre de l'instruction, doit concerner un acte ou une pièce de la procédure et être fondée sur la méconnaissance d'une formalité substantielle prévue par le code de procédure pénale ou toute autre disposition de procédure pénale. Est, en conséquence, irrecevable la requête en annulation de la plainte avec constitution de partie civile et de la procédure subséquente, fondée sur la prétendue irrégularité de la délibération du conseil municipal ayant autorisé le maire à agir en justice, pour violation des prescriptions de l'art. L. 2122-22-16º CGCT, lesquelles n'édictent aucune disposition de procédure pénale. • Crim. 7 avr. 2009, nº 08-83.261 P : *D. 2009. Pan. 2242, obs. Pradel ; AJ pénal 2009. 274 ; Dr. pénal 2010. Chron. 1, obs. Guérin ; Procédures 2009, nº 245, obs. Buisson.*

5. Ni le courrier par lequel le juge d'instruction saisit le bâtonnier, en application de l'art. 63-3-1, d'une divergence d'appréciation avec l'avocat choisi sur l'existence d'un conflit d'intérêts ni les correspondances échangées à la suite ni, enfin, la décision du bâtonnier de désigner un autre défenseur, fondée sur la seule prise en considération des règles déontologiques propres à la profession d'avocat, ne constituent des actes ou des pièces de procédure au sens des art. 170 et 173 du code préc., de sorte que ces documents ne peuvent être contestés par la voie d'une requête en nullité, peu important qu'ils figurent, le cas échéant, au dossier de l'information. • Crim. 20 sept. 2016, nº 16-81.638 P : *AJ pénal 2016. 593, obs. Porteron.*

Art. 170-1 *(L. nº 2019-222 du 23 mars 2019, art. 56)* **Lorsque la solution d'une requête en annulation paraît s'imposer de façon manifeste, le président de la chambre de l'instruction statue sur cette demande, conformément aux dispositions de l'article 199, sans la présence des deux conseillers de la chambre.**

Si la décision qui s'impose consiste dans l'annulation des actes ou pièces de la procédure, elle peut, en cas d'accord du ministère public, être prise par ordonnance sans qu'il soit procédé à l'audience prévue au même article 199.

L'auteur de la requête en annulation peut cependant demander que celle-ci soit examinée par la chambre de l'instruction.

Art. 171 *(L. n° 93-1013 du 24 août 1993)* **Il y a nullité lorsque la méconnaissance d'une formalité substantielle prévue par une disposition du présent code ou toute autre disposition de procédure pénale a porté atteinte aux intérêts de la partie qu'elle concerne.** — *Pr. pén. 59, 78-3 et 100-7.*

V. Circ. du 24 août 1993, pt 5.

BIBL. ▶ CANDELA, *AJ pénal 2021. 527* (recevabilité de l'action en nullité).

I. VIOLATION DES NORMES NATIONALES

1. Limites de l'applicabilité de l'art. 171. La chambre d'accusation peut être saisie sur le fondement de l'art. 171 pour statuer sur la validité de tous les actes de procédure qui paraissent entachés de nullité, à la seule exception des décisions juridictionnelles susceptibles de voies de recours. • Crim. 30 juin 1987, n° 87-82.068 P.

2. Écoutes téléphoniques dans une autre procédure. C'est à tort qu'une chambre de l'instruction énonce qu'une personne mise en examen n'est pas recevable à contester la régularité d'écoutes téléphoniques réalisées sur des lignes dont elle n'était ni la titulaire ni l'utilisatrice, toute personne mise en examen dont les conversations téléphoniques ont été enregistrées et retranscrites ayant qualité au sens de l'art. 171 pour contester la régularité de ces mesures. Toutefois la cassation n'est pas encourue dès lors qu'il n'appartenait pas à cette juridiction d'apprécier la régularité d'actes de procédure accomplis dans le cadre d'une information étrangère au dossier dont elle était saisie. • Crim. 15 janv. 2003, n° 02-87.341 P : *D. 2003. IR 604 ; Dr. pénal 2003. Comm. 54. obs. Maron et Haas.* ♦ La chambre de l'instruction, qui est saisie par une personne mise en examen d'une requête en annulation visant l'interception de ses conversations téléphoniques, opérée dans une procédure distincte dans laquelle elle n'a pas été partie et dont la transcription a été versée dans la procédure soumise à cette juridiction, est tenue de contrôler la régularité, au regard des dispositions de droit interne comme de l'art. 8 Conv. EDH, des actes accomplis non seulement dans la procédure dont elle est saisie mais également dans la procédure distincte. • Crim. 7 déc. 2005, n° 05-85.876 P : *D. 2006. IR 253 ; RSC 2006. 343, obs. Commaret* • 19 déc. 2007, n° 07-86.885 P : *AJ pénal 2008. 144, note Lavric .*

3. Procédure distincte. La personne mise en examen est recevable à proposer à la chambre de l'instruction des moyens de nullité pris de l'irrégularité d'actes accomplis dans une information à laquelle elle n'a pas été partie et qui sont versés dans la procédure soumise à la juridiction, lorsque cette personne invoque une atteinte à l'un de ses droits qui aurait été commise dans la procédure distincte ou que les éléments versés dans l'information dans laquelle elle est mise en examen sont susceptibles d'avoir été illégalement recueillis. • Crim. 8 juin 2006, n° 06-81.796 P. ♦ V. aussi (au visa de l'art. 6, § 1, Conv. EDH) • Crim. 16 févr. 2011, n° 10-82.865 P : *D. actu. 8 avr. 2011, obs. Girault ; Dr. pénal 2012. Chron. 1, obs. Georget ; ibid. Chron. 7, obs. Lesclous.* ♦ La personne mise en examen est recevable à invoquer l'irrégularité d'un acte dépendant d'une procédure distincte, à la condition qu'elle établisse que cet acte lui fait grief dans la procédure soumise à la chambre de l'instruction... • Crim. 31 oct. 2006, n° 06-86.123 P : *D. 2007. 1248, note Hennion-Jacquet ; AJ pénal 2007. 36, obs. Girault ; Dr. pénal 2007. Chron. 42 et 43, obs. Lesclous.* ♦ ... L'autorité de la chose jugée de la décision rejetant la requête en nullité formée par le prévenu dans la procédure initiale ne pouvant lui être opposée puisqu'elle n'était pas partie à cette procédure. • Crim. 20 juin 2018, n° 17-86.657 P : *D. actu. 16 juill. 2018, obs. Goetz ; Gaz. Pal. 6 nov. 2018, p. 57, note Fourment ; AJ pénal 2018. 474, obs. Clément .*

4. Détournement de procédure. Encourt la censure l'arrêt de la chambre de l'instruction qui refuse d'examiner la régularité d'une enquête effectuée en application des dispositions de l'ordonnance du 1er déc. 1986 et révélant des infractions de droit commun, seules poursuivies, au motif que cette enquête ne figurerait au dossier qu'à titre de simple renseignement et ne constituerait ni une enquête économique ni une enquête préliminaire. Il appartenait en effet à la chambre de l'instruction de répondre au mémoire qui excipait d'un détournement de procédure ayant consisté à ne recourir aux dispositions de l'ordonnance du 1er déc. 1986 qu'à seule fin de mettre à jour des délits de droit commun en s'affranchissant des règles de procédure relatives aux enquêtes préliminaires. De même, elle ne pouvait se dispenser d'examiner si, comme il était allégué, des actes avaient été accomplis par des fonctionnaires incompétents territorialement. • Crim. 31 janv. 2006, n° 05-80.640 P : *AJ pénal 2006. 177, obs. Girault ; RSC 2006. 876, obs. Renucci ; JCP 2006. IV. 1396 ; ibid.*

2006. I. 159, note Maron ; Dr. pénal 2006. Comm. 93.

5. Intérêt à agir. Il résulte des art. 171 et 802 que l'inobservation des formalités substantielles ou prescrites à peine de nullité doit entraîner la nullité de la procédure lorsqu'il en est résulté une atteinte aux intérêts de la partie concernée. Il s'ensuit les principes généraux suivants : hors les cas de nullité d'ordre public, qui touchent à la bonne administration de la justice, la chambre de l'instruction, saisie d'une requête en nullité, doit successivement d'abord rechercher si le requérant a intérêt à demander l'annulation de l'acte, puis, s'il a qualité pour la demander et, enfin, si l'irrégularité alléguée lui a causé un grief. Le requérant a intérêt à agir s'il a un intérêt à obtenir l'annulation de l'acte. Pour déterminer si le requérant a qualité pour agir en nullité, la chambre de l'instruction doit rechercher si la formalité substantielle ou prescrite à peine de nullité, dont la méconnaissance est alléguée, a pour objet de préserver un droit ou un intérêt qui lui est propre. L'existence d'un grief est établie lorsque l'irrégularité elle-même a occasionné un préjudice au requérant, lequel ne peut résulter de la seule mise en cause de celui-ci par l'acte critiqué. • Crim. 7 sept. 2021, n° 20-87.191 B • 7 sept. 2021, n° 21-80.642 B : *D. actu. 28 sept. 2021, obs. Recotillet ; AJ pénal 2021. 484, obs. Recotillet* .

6. La méconnaissance des formalités substantielles auxquelles est subordonnée la garde à vue ne peut être invoquée à l'appui d'une demande d'annulation d'acte ou pièce de la procédure que par la partie qu'elle concerne. • Crim. 14 févr. 2012, n° 11-84.694 P : *D. actu. 16 févr. 2012, obs. Allain ; D. 2012. Actu. 12 ; ibid. 775, note Boccon-Gibod ; ibid. 779, note Matsopoulou ; ibid. Pan. 2118, obs. Pradel ; AJ pénal 2012. 159, note Guéry ; Dr. pénal 2012, n° 61, obs. Maron et Haas ; ibid. Chron. 7, obs. Lesclous ; Procédures 2012, n° 127, obs. Chavent-Leclère ; Gaz. Pal. 19 et 20 juin 2013, p. 5, note Bouloc* • 14 févr. 2012, n° 11-87.757 P : *RSC 2012. 394, obs. Boccon-Gibod ; Dr. pénal 2012. Chron. 7, obs. Lesclous* • 13 mars 2012, n° 11-88.737 P : *D. actu. 25 avr. 2012, obs. Léna ; D. 2012. Actu. 948 ; Dr. pénal 2012. Chron. 7, obs. Lesclous* • 10 mai 2012, n° 11-87.328 P : *Dr. pénal 2012. Chron. 7, obs. Lesclous.*

7. Perquisition. Concernant spécifiquement la question de savoir quel requérant a qualité pour agir en cas de méconnaissance d'une formalité substantielle lors d'une perquisition, la jurisprudence, qui réserve au seul titulaire d'un droit sur le local perquisitionné la qualité pour agir en nullité, ne peut être maintenue en cas de violation d'une formalité substantielle dont l'objet est de garantir le caractère contradictoire du déroulement des opérations de perquisition ainsi que la présence effective sur les lieux des objets découverts et saisis ; il s'ensuit que toute partie a qualité pour invoquer la méconnaissance de la formalité prise de l'absence de signature du procès-verbal de perquisition et saisie. • Crim. 7 sept. 2021, n° 21-80.642 P : *AJ pénal 2021. 484, obs. Recotillet* . ♦ La Cour de cassation juge que pour déterminer si le requérant a qualité pour agir en nullité, la chambre de l'instruction doit rechercher si la formalité substantielle ou prescrite à peine de nullité, dont la méconnaissance est alléguée, a pour objet de préserver un droit ou un intérêt qui lui est propre (Crim. 7 sept. 2021, n°s 21.80-642 et 20.97-191) ; les dispositions de l'art. 76, en ce qu'elles exigent l'assentiment de l'occupant des lieux à la perquisition, ayant pour objet la protection de la vie et du domicile privés, est irrecevable le moyen de nullité pris de la violation des prescriptions de ce texte soulevé par une personne se plaignant d'opérations effectuées dans un local sur lequel elle ne peut se prévaloir d'aucun droit. • Crim. 9 nov. 2021, n° 21-83.095 B : *AJ pénal 2022. 44, obs. Patouillard* . ♦ La méconnaissance des formalités substantielles régissant les perquisitions et les saisies ne peut être invoquée à l'appui d'une demande d'annulation d'actes que par la partie titulaire d'un droit sur le local dans lequel elles ont été effectuées. • Crim. 6 févr. 2018, n° 17-84.380 P. ♦ Antérieurement, V. • Crim. 6 mars 2013 : *AJ pénal 2013. 349, obs. Pronier* . ♦ Revirement par rapport à : • Crim. 6 sept. 2006, n° 06-84.869 P : *D. 2006. IR 2483 ; ibid. 2007. Pan. 973, obs. Pradel ; AJ pénal 2006. 509, note Girault ; JCP 2007. II. 10081, note Matsopoulou* : il résulte des art. 171 et 802, ainsi que de l'art. 6, § 1, Conv. EDH que le requérant à la nullité peut invoquer l'irrégularité d'un acte de la procédure concernant un tiers si cet acte, illégalement accompli, a porté atteinte à ses intérêts : ainsi le requérant pouvait invoquer l'irrégularité du contrôle d'identité de la personne qui l'a dénoncé à la suite de ce contrôle.

8. Celui qui invoque l'absence ou l'irrégularité d'une formalité protectrice des droits des parties n'a qualité pour le faire que si cette irrégularité le concerne. • Crim. 14 déc. 1999, n° 99-82.369 P : *D. 2000. IR 153 ; Dr. pénal 2000. Chron. 31, obs. Marsat.* ♦ Ainsi, une personne mise en examen est sans qualité pour solliciter l'annulation du procès-verbal d'audition comme témoin d'une autre personne pour méconnaissance de ses droits en vertu des dispositions de l'article 105. • Crim. 4 mars 2004, n° 03-85.983 P : *D. 2004. IR 1213* . ♦ Une personne mise en examen n'est recevable à invoquer l'irrégularité d'un acte concernant une autre personne également mise en examen qu'à la condition d'établir en quoi cette irrégularité a porté atteinte à ses intérêts. • Crim. 31 mai 2007, n° 07-80.928 P : *D. 2007. AJ 2033 ; AJ pénal 2007. 385, obs. Roussel ; Dr. pénal 2007. Chron. 45, obs. Lesclous ; Procédures 2007. Comm.*

n° 229, obs. Buisson.

9. Justifie sa décision la chambre de l'instruction qui déclare irrecevable la requête d'une personne mise en examen en annulation de surveillances effectuées dans des parties communes d'un immeuble en copropriété et de constatations opérées par prise de clichés photographiques effectués dans des garages, à partir de l'extérieur de ceux-ci, dans des parties communes, à travers les ouvertures situées dans leurs parties supérieures, en relevant que cette personne n'est titulaire d'aucun droit sur les locaux dans lesquels les constatations ont été faites, qu'elle n'apparaît pas dans les surveillances critiquées et que les clichés portent exclusivement sur du matériel volé. • Crim. 12 mars 2008 : *Dr. pénal 2008. Comm. 75, obs. Maron et Haas.*

10. Vidéo-protection. Est inopérant le moyen visant à annuler les documents provenant des systèmes de vidéo-protection privés tirés du défaut d'autorisation exigée par les art. L. 251-2 et L. 254-1 CSI, dès lors qu'à la supposer avérée, l'irrégularité alléguée, en ce qu'elle ne constituerait pas la violation d'une règle de procédure pénale, serait hors du champ d'application des art. 171 s. • Crim. 6 févr. 2018, n° 17-84.380 P : *Dr. pénal 2018, n° 69, obs. Maron et Haas.*

A. NULLITÉS SUBSTANTIELLES D'ORDRE PUBLIC

11. Exemples de nullités substantielles d'ordre public. Constituent des nullités de cet ordre la nomination irrégulière d'un juge d'instruction. • Crim. 15 juin 1982, n° 82-91.100 P. ♦ ... Son remplacement irrégulier. • Crim. 24 janv. 1985, n° 84-93.030 P. ♦ ... La violation des art. 83 et 84 sur la désignation du juge d'instruction. • Crim. 17 avr. 1980, n° 79-94.128 P. ♦ ... Le non-respect des dispositions des art. 679 s. • Crim. 5 mars 1986, n° 86-91.071 P.

12. Il en est de même quand le réquisitoire introductif ou supplétif n'est pas daté ni signé. • Crim. 4 déc. 1952 : *Bull. crim. n° 290* • 23 avr. 1971, n° 70-92.577 P. ♦ ... Ou lorsque les pièces de l'enquête n'ont pas été jointes au réquisitoire introductif. • Crim. 6 juill. 1955 : *Bull. crim. n° 339.* ♦ ... Ou lorsque le juge d'instruction instruit sur des faits étrangers à l'acte de saisine. • Crim. 23 janv. 1979, n° 77-93.007 P • Rouen, 15 juin 1982 : *D. 1983. 145, note Chambon.* ♦ ... Ou lorsqu'une personne gardée à vue n'a pas reçu la notification de la prolongation de la mesure. • Crim. 30 janv. 2001, n° 00-87.155 P.

13. Il en est de même des formes prescrites par les art. 106, 107, 118 et 121 lorsque, au cours d'un transport sur les lieux, des déclarations ont été faites par l'inculpé ou la partie civile ou un témoin. • Crim. 14 sept. 1985, n° 85-93.707 P.

14. Il en est de même de : l'absence de serment d'un interprète non assermenté. • Crim. 2 févr. 1977, n° 76-92.003 P. ♦ ... L'absence de serment d'un spécialiste non inscrit sur une liste d'experts. • Crim. 4 juin 1973, n° 72-93.802 P. ♦ ... L'absence d'autorisation donnée à l'expert de s'adjoindre le cas échéant tout spécialiste de son choix. • Crim. 4 juin 1973 : *préc.* ♦ ... L'absence de signature de l'ordonnance prescrivant l'expertise. • Crim. 22 oct. 1986, n° 86-94.398 P. ♦ ... Le choix d'un expert non inscrit sans décision motivée. • Crim. 2 sept. 1986, n° 86-93.266 P. ♦ ... La délivrance d'une mission technique ayant le caractère d'une expertise à un OPJ par voie de commission rogatoire. • Crim. 20 déc. 1972, n° 72-92.625 P. ♦ ... L'absence de date sur le procès-verbal de prestation de serment. • Crim. 2 sept. 1986 : *préc.* ♦ ... L'omission de la signature du magistrat, du greffier ou de l'expert sur le procès-verbal de prestation de serment. • Crim. 27 juin 1957 : *Bull. crim. n° 529* • 2 sept. 1986 : *préc.*

15. Excède les limites de sa mission l'expert qui entend la partie civile alors que le juge d'instruction, dans l'ordonnance le commettant, a précisé qu'il ne pouvait procéder à des auditions sans y avoir été préalablement autorisé. Cette irrégularité, consistant en la méconnaissance d'une règle d'ordre public touchant à l'organisation judiciaire (compétence du magistrat instructeur) à laquelle les dispositions de l'art. 802 sont étrangères, entraîne la nullité de l'expertise et des actes qui l'ont pour support nécessaire. • Crim. 17 janv. 2006, n° 05-86.326 P : *D. 2006. IR 531 ; D. 2007. Pan. 973, obs. Pradel ; AJ pénal 2006. 175, obs. Girault .* ♦ *Contra*, V. • Crim. 13 avr. 2005, n° 05-80.668 P : *D. 2005. IR 1377 ; JCP 2005. IV. 2275.*

B. NULLITÉS SUBSTANTIELLES D'ORDRE PRIVÉ (DROITS DE LA DÉFENSE)

16. Nullité pour violation d'une disposition prescrite aux art. 114 s. Au cours de l'interrogatoire de première comparution, le juge d'instruction ne peut pas poser de questions, ni discuter les dires de l'inculpé, ni mettre en doute sa parole, ne pouvant que se borner à recueillir ses déclarations. • Crim. 15 mars 1973, n° 72-93.562 P • 28 févr. 1974, n° 73-92.596 P. ♦ Viole en conséquence les droits de la défense le juge d'instruction qui, après avoir reçu les premières déclarations de l'inculpé, lui révèle, sans constater l'urgence, des charges de nature à mettre en doute ces déclarations. • Crim. 15 mars 1973 : *préc.*

17. Quand un inculpé a déclaré lors de sa première comparution qu'il s'expliquerait en présence de son avocat, la procédure est nulle s'il n'a pas été procédé ultérieurement à un interrogatoire. • Crim. 24 juin 1922 : *Bull. crim. n° 227.*

18. Atteinte aux droits de la défense. La violation du délai de quatre jours ouvrables pour la convocation du conseil, prévu par l'art. 118

[*cinq jours, art. 114*], n'entraîne aucune nullité si ce conseil ayant assisté à l'interrogatoire n'a élevé aucune protestation et s'il n'est ainsi ni établi ni même allégué que l'irrégularité a eu pour effet de porter atteinte aux intérêts de l'inculpé, l'art. 802 pouvant dès lors s'appliquer. • Crim. 2 sept. 1986, n° 86-93.266 P : *D. 1987. Somm. 82, obs. Pradel.*

19. L'absence de convocation de l'avocat au débat contradictoire (sur la prolongation de la détention provisoire), qui l'empêche d'assister le demandeur, porte nécessairement atteinte aux intérêts de celui-ci. • Crim. 4 déc. 2007, n° 07-86.794 P : *D. 2008. AJ 356 ; ibid. 2008. Pan. 2762, obs. Pradel ; AJ pénal 2008. 95, obs. Lavric ; Dr. pénal 2009. Chron. 1, p. 21, obs. Guérin.* ♦ La convocation du conseil de l'inculpé ou de la partie civile par lettre recommandée à une ancienne adresse devenue périmée entraîne la nullité de l'interrogatoire de l'inculpé ou de l'audition de la partie civile faite en l'absence dudit conseil. • Crim. 16 mai 1974, n° 73-92.922 P.

20. Pluralité d'avocats. Il résulte de l'art. 117 que si l'inculpé ou la partie civile désignent plusieurs conseils, ils doivent faire connaître celui d'entre eux auquel seront adressées les convocations et notifications. A défaut de ce choix, celles-ci seront adressées au conseil le premier choisi, ainsi qu'au deuxième conseil lorsque ce dernier n'est pas inscrit au même barreau que le premier. • Crim. 18 juin 1985, n° 85-91.900 P. ♦ Dès lors que la personne mise en examen, après avoir fait choix d'un avocat unique, en désigne quatre autres en précisant que les convocations et notifications devront être adressées à chacun d'eux, fait l'exacte application de l'art. 115 la chambre de l'instruction qui écarte le moyen de nullité pris de ce que les notifications d'actes ont été adressées au seul avocat premier choisi. • Crim. 15 janv. 2008, n° 07-87.460 P : *D. 2008. AJ 418, note Lavric ; AJ pénal 2008. 145, note Lavric ; Dr. pénal 2009. Chron. 1, obs. Guérin.* ♦ De la même manière, une personne mise en examen ne saurait se faire un grief de ce que la chambre de l'instruction ait rejeté sa demande d'annulation de la mesure de garde à vue dont elle a été l'objet ainsi que de la procédure subséquente, faute d'avoir pu être assistée de l'avocat de son choix, dès lors que celle-ci a accepté d'en choisir un autre qui l'a effectivement assistée, tant pour l'entretien prévu par l'art. 63-4 que lors de sa première comparution, après que *le juge d'instruction* se fut opposé à la désignation du premier contre qui existaient des indices de participation aux faits objet de l'information. Dès lors que le requérant a bénéficié d'une défense effective, assurée par un autre avocat qu'il a désigné et qui n'a formulé aucune observation, l'irrégularité invoquée n'a pas eu pour effet de porter atteinte à ses intérêts. • Crim. 3 juin 2008, n° 08-81.771 P : *AJ pénal 2008. 379, obs. Royer ; Dr. pénal 2008. Comm. 137, obs. Maron et Haas ; ibid. 2009. Chron. 1, obs. Guérin ; ibid. 8, obs. Lesclous.*

21. Communication du dossier. Lorsque, sur commission rogatoire, le juge délégué procède à un acte entrant dans les prévisions de l'art. 118 [*devenu art. 114*], l'entier dossier doit être mis à la disposition de la défense dans les lieux où est exécutée la mission dès lors que cette communication a été expressément demandée par le conseil de l'inculpé. • Crim. 9 févr. 1982, n° 81-94.393 P : *D. 1982. 544, note Pradel.* ♦ Lorsque le prévenu n'a fait aucune déclaration sur le fond, l'absence de certains documents au dossier au moment de sa consultation par l'avocat ne peut entraîner l'annulation du procès-verbal d'interrogatoire de première comparution. • Crim. 30 oct. 2001, n° 01-84.779 P. ♦ De même, si au cours de l'interrogatoire, l'avocat du prévenu qui avait pu prendre connaissance du procès-verbal d'inventaire des pièces n'élève aucune protestation et n'invoque pas une atteinte aux droits de la défense dans sa requête en nullité, il n'y a pas lieu d'annuler le procès-verbal d'interrogatoire. • Même arrêt.

22. Nullité pour violation d'une disposition étrangère aux art. 114 s. Constituent des nullités de cet ordre, s'il en est résulté une atteinte aux droits de la défense : le non-respect du délai imparti par l'art. 161 pour le dépôt du rapport d'expertise. • Crim. 16 oct. 1979, n° 79-92.327 P. ♦ ... L'inobservation des formalités prévues pour l'audition de l'inculpé par l'expert. • Crim. 21 févr. 1978 : *Bull. crim. n° 73* • 14 juin 1978, n° 77-93.163 P. ♦ ... Le fait que l'expert, inscrit sur une liste d'experts lors de sa saisine, ne l'est plus lors du dépôt de son rapport. • Crim. 10 juin 1986, n° 86-91.622 P. ♦ ... Le dépôt d'un rapport rédigé par un expert unique, en violation des dispositions de l'art. L. 215-12 C. consom., la désignation de deux experts constituant, en matière de fraude et falsification, une règle substantielle destinée à garantir le caractère contradictoire de l'expertise. • Crim. 19 juin 2007, n° 07-82.454 P : *D. 2007. AJ 2031 ; AJ pénal 2007. 438, obs. Royer ; RSC 2008. 89, obs. Ambroise-Castérot .*

23. Impartialité. Si le défaut d'impartialité d'un expert peut constituer une cause de nullité, les reproches adressés par les requérantes à l'expert concerné ne suffisent pas à priver les rapports de cet expert, dont la désignation est contestée, du caractère d'avis technique soumis à la contradiction et à l'appréciation ultérieure des juges. • Crim. 8 juin 2006, n° 06-81.359 P : *D. 2006. IR 1913 ; RSC 2006. 850, note Finielz .* ♦ De même, le reproche adressé à l'expert qui a examiné successivement le présumé auteur des faits et la victime, dont les conclusions n'impliquent aucune culpabilité, même implicite, ne suffit pas à priver ses rapports du caractère d'avis technique soumis à la contradiction et à l'appréciation ultérieure des juges. • Crim. 26 sept. 2007, n° 07-84.641 P : *AJ pénal 2007. 488, obs. Lavric ; Dr. pénal 2009. Chron. 1, obs. Guérin.* ♦ Si le défaut d'impartialité d'un enquêteur peut constituer une cause de nullité de la procédure, c'est à la condition que ce grief ait eu pour effet de porter atteinte au caractère équitable et contradictoire de la procédure ou de compromettre l'équilibre des droits des parties. • Crim. 14 mai 2008, n° 08-80.483 P : *RSC 2008. 631, obs. Giudicelli ; AJ pénal 2008. 328, obs. Roussel .* ♦ Doit être approuvée la chambre de l'instruction qui, pour annuler la désignation d'un expert, les actes accomplis par lui et ceux accomplis en sa présence, sur commission rogatoire, retient, notamment, que cet expert est salarié de la société partie civile ayant déposé la plainte initiale et que chaque page de son rapport d'expertise, qui mentionne que ce document est la propriété intellectuelle de ladite société, est rédigée à son en-tête. • Crim. 25 sept. 2012 : *D. actu. 15 oct. 2012, obs. Léna ; AJ pénal 2012. 659, obs. Duparc ; Dr. pénal 2012, n° 153, obs. Maron et Haas.*

24. Égalité des armes. La chambre de l'instruction peut estimer qu'il n'y a pas lieu à annulation d'une expertise lorsque les experts ont entendu la partie civile alors que ce n'était pas compris dans leur mission, dès lors qu'il n'en est résulté aucune atteinte aux droits des prévenus et que le principe de l'égalité des armes n'exige pas que les experts dressent procès-verbal de l'ensemble des déclarations recueillies dans le cadre de l'exécution de leur mission et qu'ils entendent en présence de leurs avocats les personnes qui ne sont pas parties à la procédure. • Crim. 13 avr. 2005, n° 05-80.668 P : *D. 2005. IR 1377 ; JCP 2005. IV. 2275.* ♦ Comp. • Crim. 17 janv. 2006 : *préc. note 15.*

25. Loyauté de la preuve. BIBL. Conte, *Dr. pénal 2009. Étude 8* (la loyauté de la preuve dans la jurisprudence de la chambre criminelle de la Cour de cassation : vers la solution de la quadrature du cercle ?). ♦ V. notes ss. art. préliminaire et 427.

26. Cas de loyauté de la preuve reconnus. La participation simulée d'un fonctionnaire de police à une action illicite ne vicie pas la procédure lorsqu'elle ne détermine pas la personne intéressée à commettre un délit. • Crim. 23 nov. 1999, n° 99-82.658 P : *Dr. pénal 2000. Comm. 82, obs. Maron ; Procédures 2000. Comm. 106, obs. Buisson* • 8 juin 2005, n° 05-82.012 P : *JCP 2005. IV. 2691.* ♦ Sont régulières les enquêtes effectuées avec le concours d'un fonctionnaire de police qui a feint d'accepter des offres de sommes d'argent, dès lors que ces investigations avaient pour objet de recueillir les preuves d'un délit de corruption active préexistant. • Crim. 23 nov. 1999 : *préc.*

27. Cas de déloyauté. En revanche, lorsque l'interpellation d'une personne suspectée de trafic d'influence a procédé d'une machination de nature à déterminer ses agissements délictueux et si par ce stratagème, qui a vicié la recherche et l'établissement de la vérité, il a été porté atteinte au principe de la loyauté des preuves, la chambre d'accusation est fondée à prononcer la nullité de la procédure subséquente. • Crim. 27 févr. 1996, n° 95-81.366 P. ♦ Comp. : ne constitue pas un stratagème portant atteinte à la loyauté des preuves, l'intervention des gendarmes qui a eu pour seul effet de permettre la constatation d'un délit de trafic d'influence dont ils n'ont pas déterminé la commission. • Crim. 16 janv. 2008, n° 07-87.633 P : *RSC 2008. 368, obs. Finielz ; D. 2008. Pan. 2760, obs. Pradel ; AJ pénal 2008. 148 ; Dr. pénal 2008. Comm. 59, obs. Maron ; Procédures 2008. Comm. 126, obs. Buisson.*

28. Porte atteinte au principe de la loyauté des preuves et au droit à un procès équitable la provocation à la commission d'une infraction par un agent de l'autorité publique ou par son intermédiaire : la déloyauté d'un tel procédé rend irrecevables en justice les éléments de preuve ainsi obtenus. • Crim. 11 mai 2006, n° 05-84.837 P : *D. 2006. IR 1772 ; AJ pénal 2006. 354, note Verges ; RSC 2006. 848, note Finielz , et 879, obs. Renucci ; RPDP 2006. 859, obs. Maistre du Chambon* • 9 août 2006, n° 06-83.219 P : *D. 2006. IR 2348 ; D. 2007. 402, obs. Roujou de Boubée ; ibid. Pan. 973, obs. Pradel ; RSC 2006. 848, obs. Finielz ; ibid. 2007. 614, obs. Buisson ; AJ pénal 2006. 510, note Saas .* ♦ Il en va ainsi quand bien même les preuves auraient pour support un stratagème commis à l'étranger, par des agents étrangers (mise en examen d'un Français « piégé » par sa connexion à un site de pornographie infantile créé et exploité par la police de New York). • Crim. 7 févr. 2007, n° 06-87.753 P : *D. 2007. AJ 1079 ; ibid. 2007. 2012, note Demarchi ; RSC 2008. 663, obs. Buisson ; AJ pénal 2007. 233 ; RSC 2007. 331, obs. Finielz ; ibid. 2007. 560, obs. Francillon ; Dr. pénal 2007. Chron. 29, obs. Lepage ; Procédures 2007. Comm. 147, obs. Buisson* • 4 juin 2008, n° 08-81.045 P : *D. 2008. AJ 1766, note Lavric ; ibid. Pan. 2716, obs. Bretzner ; RSC 2008. 621, obs. Francillon ; AJ pénal 2008. 425, obs. Lavric ; Dr. pénal 2008. Chron. 10, obs. Lepage ; ibid. 2009. Chron. 1, obs. Guérin.*

29. Enregistrements clandestins par un OPJ. L'enregistrement effectué de manière clandestine, par un policier agissant dans l'exercice de ses fonctions, des propos qui lui sont tenus, fût-ce spontanément, par une personne suspecte, élude les règles de procédure et compromet les droits de la défense. La validité d'un tel procédé ne peut être admise. • Crim. 16 déc. 1997, n° 96-85.589 P : *D. 1998. 354, note Pradel ; RSC 1999. 588, obs. J.-P. Delmas Saint-Hilaire ; Procédures 1998. Comm. 98, obs. Buisson ; RG proc.*

1998. Chron. 327, par Rebut ; JCP 1998. I. 153, Chron. Maron ; Gaz. Pal. 1998. 1. Chron. 57, note Doucet ; LPA 1999, n° 21, note Barberis. ♦ *Contra* : pour rejeter la demande de retrait de la procédure de la cassette contenant l'enregistrement, effectué par le capitaine de gendarmerie à l'insu de la personne mise en examen, préfet de région, d'une conversation échangée avec ce dernier, l'arrêt attaqué relève que cette cassette, ayant fait l'objet d'une expertise qui a authentifié les propos tenus, a été soumise à la libre discussion des parties ; en cet état, et dès lors que cet enregistrement ne constituait que l'un des éléments probatoires laissés à l'appréciation souveraine des juges, la cour d'appel a justifié sa décision au regard des dispositions légales et conventionnelles • Crim. 13 oct. 2004, n° 00-86.726 P : *Rev. pénit. 2005, n° 2, p. 410, obs. Ambroise-Castérot.*

30. La transcription effectuée par un OPJ, contre le gré de l'intéressé, des propos qui lui sont tenus officieusement par une personne suspecte, élude les règles de procédure et compromet les droits de la défense. La rédaction de ce procès-verbal constitue un procédé déloyal et n'a pas justifié sa décision au regard de l'art. 62 la chambre de l'instruction qui, pour refuser d'annuler ce procès-verbal d'investigations, énonce d'une part qu'il n'est pas établi que l'OPJ se soit engagé à ne pas retranscrire lesdits propos, et d'autre part que la valeur probante de ce simple procès-verbal de renseignement judiciaire sera soumise à l'appréciation de la juridiction de jugement. • Crim. 3 avr. 2007, n° 07-80.807 P : *D. 2007. AJ 1422 ; ibid. 2007. Chron. 1821, obs. Ménotti ; AJ pénal 2007. 285, obs. Royer ; Dr. pénal 2008. Chron. 45, obs. Lesclous.*

31. Nécessité d'un grief. La violation de l'instruction, non pas postérieure mais concomitante à l'accomplissement d'un acte de la procédure, ne peut conduire à son annulation que s'il en est résulté une atteinte aux intérêts d'une partie. • Crim. 25 janv. 1996, n° 95-85.560 P : *D. 1996. Somm. 258, obs. Pradel ; Dr. pénal 1996. Comm. 200, note Maron ; ibid. 1996. Chron. 39, rapp. de Larosière de Champfeu, et 1996. Chron. 43, par Lesclous et Marsat.*

32. L'inobservation des prescriptions de l'art. 197, al. 3, relatif à la mise à disposition de l'avocat de l'entier dossier d'instruction 48 heures avant l'audience devant la chambre de l'instruction ne saurait entraîner la nullité de la procédure que lorsqu'une atteinte a été portée aux intérêts de la partie concernée ou aux droits de la défense en application de l'art. 171. • Crim. 17 févr. 2004, n° 03-87.170 P : *D. 2004. IR 1067 ; JCP 2004. IV. 1774.*

33. Nullité en matière de presse. Selon l'art. 53, al. 2, de la loi du 29 juill. 1881, la citation à la requête du plaignant doit contenir élection de domicile dans la ville où siège la juridiction saisie, ce texte dépourvu d'ambiguïté déroge aux dispositions de l'art. 392 et constitue une formalité substantielle qui doit être observée à peine de nullité ; ainsi, doit être écarté le moyen, qui invoque la régularisation de la notification au ministère public alors que le délai de prescription était expiré. • Crim. 8 sept. 2001, n° 00-87.674.

34. Enregistrement audiovisuel. Le défaut d'enregistrement audiovisuel des interrogatoires d'un mineur placé en garde à vue, non justifié par un obstacle insurmontable, porte nécessairement atteinte aux intérêts de ce mineur. Justifie dès lors sa décision la chambre spéciale des mineurs de la cour d'appel qui, pour annuler l'interrogatoire d'un mineur placé en garde à vue, retient que l'impossibilité avancée par les fonctionnaires de police, de réaliser l'enregistrement audiovisuel de ce mineur en raison d'un « problème informatique », ne suffit pas, en l'absence de toute autre précision, à caractériser la cause insurmontable qui justifierait l'omission de procéder à un tel enregistrement, prescrit par l'art. 4-VI de l'Ord. du 2 févr. 1945. • Crim. 3 avr. 2007, n° 06-87.264 P : *D. 2007. AJ 1422 ; ibid. 2007. 2141, note Pradel ; ibid. 2008. Pan. 1859, obs. Bonfils ; AJ pénal 2007. 287, obs. Royer* • 12 juin 2007, n° 07-80.194 P : *D. 2007. AJ 1960 ; ibid. 2008. Pan. 1859, obs. Bonfils ; AJ pénal 2007. 388.* ♦ Comp., depuis l'entrée en vigueur de la loi n° 2007-297 du 5 mars 2007 : si l'enregistrement audiovisuel des interrogatoires des mineurs placés en garde à vue ne peut être effectué en raison d'une impossibilité technique, il doit en être fait mention dans le procès-verbal d'interrogatoire, qui précise la nature de cette impossibilité, et le procureur de la République ou le juge d'instruction doit en être immédiatement avisé. • Crim. 26 mars 2008, n° 07-88.554 P : *D. 2008. AJ 1416, note Léna ; ibid. 2008. Pan. 1859, obs. Bonfils ; AJ pénal 2008. 286, obs. Royer ; Dr. pénal 2008. Chron. 8, obs. Lesclous ; ibid. Comm. 119, obs. Maron et Haas ; ibid. 2009. Chron. 1, obs. Guérin.* ♦ Le juge d'instruction ne saurait, sans excès de pouvoir, recommencer un interrogatoire de première comparution qu'il estime entaché d'irrégularité pour n'avoir pas fait l'objet de l'enregistrement audiovisuel prévu par l'art. 116-1 ; en procédant ainsi, il empiète sur les attributions de la chambre de l'instruction, seule compétente, pendant l'information judiciaire, pour en apprécier la régularité, sous le contrôle de la Cour de cassation. • Crim. 19 sept. 2017, n° 17-81.016 P : *D. actu. 5 oct. 2017, obs. Goetz ; D. 2018. Pan. 1611, obs. Pradel ; Dr. pénal 2017, n° 169, obs. Maron et Haas.*

35. Perquisitions et saisies. Il y a nullité lorsque la méconnaissance d'une formalité substantielle prévue par une disposition du C. pr. pén. a porté atteinte aux droits de la partie qu'elle concerne. Il résulte de la combinaison des art. 57 et 95 que, lorsqu'il procède à une perquisition au domicile de la personne mise en examen, le juge d'instruction ou son délégataire doit agir en présence de celle-ci et, en cas d'impossibilité, l'inviter à désigner un représentant de son choix. L'inobservation des formalités prévues par les dispositions du C. pr. pén. en matière de perquisition et saisies doit entraîner la nullité de la procédure, lorsqu'il en est résulté une atteinte aux intérêts de la partie concernée. Encourt la censure l'arrêt qui, après avoir constaté l'irrégularité de la perquisition effectuée au domicile de la personne mise en examen a énoncé qu'il n'en résultait aucun grief alors que cette perquisition a déterminé la mise en examen supplétive de l'intéressé. • Crim. 3 avr. 2007, n° 07-80.807 P : *D. 2007. AJ 1422*.

36. Interceptions de télécommunications. La méconnaissance des formalités substantielles prévues par l'art. 706-95, al. 3, n'est constitutive d'une nullité que si l'irrégularité constatée a eu pour effet de porter atteinte aux intérêts de la partie qu'elle concerne. • Crim. 26 juin 2007, n° 07-82.401 P : *D. 2007. AJ 2239* ; *RSC 2008. 362, obs. Finielz* ; *AJ pénal 2007. 487, obs. Lavric*.

II. VIOLATION DES NORMES EUROPÉENNES

37. Droit à un procès équitable. L'exigence du délai raisonnable au sens de l'art. 6, § 1, Conv. EDH, si elle est méconnue, n'entraîne pas la nullité de la procédure. Elle permet seulement à celui qui en aurait souffert de saisir éventuellement la juridiction nationale compétente pour accorder une réparation, ou, s'il y a lieu, de saisir la Comm. EDH. • Crim. 7 mars 1989, n° 87-90.500 P. – V. aussi : • Crim. 3 févr. 1993, n° 92-83.443 P • Crim. 24 avr. 2013 : *AJ pénal 2013. 423, obs. Belfanti* ; *Dr. pénal 2013, n° 99, obs. Maron et Haas.*

38. L'art. 6, § 1, Conv. EDH concerne exclusivement les juridictions appelées à se prononcer sur le fond d'une affaire et ne saurait être invoqué contre des décisions de la chambre d'accusation, juridiction d'instruction dont les arrêts ne préjugent pas de la culpabilité. • Crim. 26 mai 1986, n° 85-95.199 P : *D. 1986. IR 305, obs. Pradel.*

39. La constatation éventuelle de la durée excessive d'une procédure, au regard des dispositions de la Conv. EDH, n'entraîne pas sa nullité, mais permet à celui qui s'en prévaut de solliciter réparation du préjudice qui lui aurait été causé ; au surplus, la durée excessive d'une procédure, à la supposer établie, ne saurait affecter l'effet interruptif de la prescription attaché aux actes régulièrement accomplis. • Crim. 27 mars 2002, n° 00-81.712 P : *D. 2002. IR 2172* ; *JCP 2002. IV. 1896.*

Art. 172 *Al. 1er abrogé par L. n° 93-1013 du 24 août 1993.*

(L. n° 93-2 du 4 janv. 1993) **La partie envers laquelle une formalité substantielle a été méconnue peut renoncer à s'en prévaloir et régulariser ainsi la procédure. Cette renonciation doit être expresse. Elle ne peut être donnée qu'en présence de l'avocat ou ce dernier dûment appelé.**

1. Selon les dispositions de l'art. 114, un juge d'instruction peut interroger ou confronter un inculpé sans que le conseil de ce dernier soit présent ou ait été convoqué, à condition que cet inculpé ait renoncé, expressément et préalablement à l'acte d'instruction, à l'assistance de son avocat. • Crim. 9 avr. 1986, n° 86-90.503 P.

2. La seule circonstance que la renonciation n'ait pas fait l'objet de la déclaration écrite exigée par l'art. 164, al. 3, constitue seulement la violation d'une formalité substantielle dont, aux termes de l'art. 802, ne saurait résulter aucune nullité dès lors qu'il n'est pas établi qu'elle ait effectivement préjudicié aux intérêts de l'inculpé. • Crim. 14 juin 1978, n° 77-93.163 P.

Art. 173 *(L. n° 93-2 du 4 janv. 1993)* **S'il apparaît au juge d'instruction qu'un acte ou une pièce de la procédure est frappé de nullité, il saisit la chambre de l'instruction aux fins d'annulation, après avoir pris l'avis du procureur de la République et avoir informé les parties.**

Si le procureur de la République estime qu'une nullité a été commise, il requiert du juge d'instruction communication de la procédure en vue de sa transmission à la chambre de l'instruction, présente requête aux fins d'annulation à cette chambre et en informe les parties.

Si l'une des parties *(L. n° 2004-204 du 9 mars 2004, art. 95-VIII, en vigueur le 1er oct. 2004)* **« ou le témoin assisté » estime qu'une nullité a été commise, elle saisit la chambre de l'instruction par requête motivée, dont elle adresse copie au juge d'instruction qui transmet le dossier de la procédure au président de la chambre de l'instruction.** *(L. n° 93-1013 du 24 août 1993)* **« La requête doit, à peine d'irrecevabilité, faire l'objet d'une déclaration au greffe de la chambre de l'instruction. Elle est constatée et datée par le greffier qui la signe ainsi que le demandeur ou son avocat. Si le demandeur ne peut signer, il en est fait mention par le greffier. Lorsque le demandeur ou son avocat**

ne réside pas dans le ressort de la juridiction compétente, la déclaration au greffe peut être faite au moyen d'une lettre recommandée avec demande d'avis de réception. Lorsque la personne mise en examen est détenue, la requête peut également être faite au moyen d'une déclaration auprès du chef de l'établissement pénitentiaire. Cette déclaration est constatée et datée par le chef de l'établissement pénitentiaire qui la signe, ainsi que le demandeur. Si celui-ci ne peut signer, il en est fait mention par le chef de l'établissement. Ce document est adressé sans délai, en original ou en copie et par tout moyen, au greffe de la chambre de l'instruction.

« Les dispositions des trois premiers alinéas ne sont pas applicables aux actes de procédure qui peuvent faire l'objet d'un appel de la part des parties, et notamment des décisions rendues en matière de détention provisoire ou de contrôle judiciaire *(L. n° 2017-1510 du 30 oct. 2017, art. 4)* **« , à l'exception des actes pris en application du chapitre** *(L. n° 2019-222 du 23 mars 2019, art. 53)* **« IX » du titre II du livre II du code de la sécurité intérieure ».**

« Dans les huit jours de la réception du dossier par le greffe de la chambre de l'instruction, le président peut, par ordonnance non susceptible de recours, constater que la requête est irrecevable en application *(L. n° 2019-222 du 23 mars 2019, art. 56-VI et 109-XIII, en vigueur le 1er juin 2019)* **« des troisième ou quatrième alinéas du présent article, de l'article 173-1, du premier alinéa de l'article 174 ou du IV de l'article 175 » ; il peut également constater l'irrecevabilité de la requête si celle-ci n'est pas motivée. » S'il constate l'irrecevabilité de la requête, le président de la chambre de l'instruction ordonne que le dossier de l'information soit renvoyé au juge d'instruction ; dans les autres cas, il le transmet au procureur général qui procède ainsi qu'il est dit aux articles 194 et suivants.**

I. APPLICATION DES RÈGLES NATIONALES

A. IMPORTANCE DE LA CHAMBRE DE L'INSTRUCTION

1° SAISINE DE LA CHAMBRE DE L'INSTRUCTION

1. Conditions préalables. Il résulte de l'art. 173 que la saisine de la chambre d'accusation par le juge d'instruction ou le procureur de la République aux fins d'annulation d'un acte ou d'une pièce de la procédure n'est pas subordonnée à la décision préalable du président de cette juridiction. • Crim. 9 nov. 1999, n° 99-85.618 P.

2. Champ de la nullité. Une enquête administrative versée dans une information à titre de renseignement ne constitue pas un acte ou une procédure au sens de l'art. 173 : la chambre de l'instruction n'est donc pas tenue de répondre à la demande d'annulation de cette enquête. • Crim. 16 sept. 2003, n° 03-82.918 P : *D. 2003. IR 2669 ; JCP 2003. IV. 2897.*

3. Qualité pour agir. La délivrance d'un mandat d'arrêt au cours de l'information, avant tout interrogatoire, ne confère pas à ceux qui en sont l'objet la qualité de personne mise en examen et, *par voie de conséquence*, celle de partie au sens de l'art. 173. Dès lors que les demandeurs n'avaient pas davantage la qualité de témoin assisté et que les dispositions des art. 5, 6 et 13 Conv. EDH ne sont pas applicables en cas de recours formé contre un mandat d'arrêt, dont le seul objet est d'assurer la représentation en justice de la personne à l'encontre de laquelle il est délivré afin, notamment, de permettre son interrogatoire par le juge d'instruction, la chambre de l'instruction a fait l'exacte application de la loi en rejetant les demandes d'annulation de l'information et de mainlevée desdits mandats d'arrêt. • Crim. 19 janv. 2010, n° 09-84.818 P : *AJ pénal 2010. 252 ; RSC 2010. 131, obs. Mayaud* • 5 mars 2014, n° 13-84.705 P : *D. actu. 18 mars 2014, obs. Winckelmuller ; D. 2014. Pan. 1743, obs. Pradel ; AJ pénal 2014. 370, obs. Lavric.*

4. Témoin assisté. L'art. 173, al. 3, dans sa rédaction issue de la loi du 9 mars 2004, reconnaissant au témoin assisté le droit de saisir la chambre de l'instruction d'une requête aux fins d'annulation d'actes de la procédure, ceci implique que, bien que n'étant pas partie à la procédure, il est recevable à se pourvoir en cassation contre l'arrêt statuant sur une demande d'annulation... • Crim. 21 juin 2005, n° 05-81.491 P : *D. 2005. IR 2104 ; D. 2006. Pan. 623, obs. Pradel ; JCP 2005. IV. 2822.* ♦ ... Et son avocat peut avoir la parole en dernier au même titre que ceux des personnes mises en examen. • Crim. 19 janv. 2016, n° 15-81.041 P : *D. 2016. Pan. 1727, obs. Pradel.*

5. Saisine impossible de la chambre de l'instruction. La procédure instituée par l'art. 173, dans sa rédaction issue de la loi du 4 janv. 1993, ne saurait être utilisée à l'égard de décisions juridictionnelles contre lesquelles la voie de l'appel peut seule être exercée. Encourt la censure l'arrêt qui statue sur une requête en appréciation de validité d'un mandat de dépôt au lieu de la déclarer irrecevable, alors qu'un tel acte fait corps avec l'ordonnance de placement en détention provisoire, qui en est le support et qui ne peut faire l'objet que d'un appel. • Crim. 19 juill. 1993, n° 93-82.243 P. ♦ Même jurisprudence en ce qui concerne l'ordonnance portant prolongation de la détention provisoire. • Crim. 13 déc. 1993, n° 93-84.671 P. ♦ V. antérieurement à la loi du 4 janv. 1993 : • Crim. 4 nov. 1986, n° 86-94.054 P : *D. 1987. Somm. 79, obs. Pradel.* ♦ De même, la procédure instituée par l'art. 173 ne peut être utilisée pour contester l'ordonnance du juge des libertés et de la détention autorisant le recueil des déclarations d'un témoin sans révélation de son identité, seul le recours prévu par l'art. 706-60 pouvant être exercé par la personne mise en examen à l'encontre de cette décision. • Crim. 15 févr. 2006, n° 05.87.002 P : *D. 2006. IR 949* .

6. Exception de prescription de l'action publique. C'est à tort qu'une chambre d'accusation, statuant en vertu de l'art. 173, se prononce sur l'exception de prescription de l'action publique soulevée par la personne mise en examen. • Crim. 14 juin 1994, n° 94-81.360 P. ♦ Dans le même sens : • Crim. 18 mars 2015, n° 14-86.680 P : *D. actu. 9 avr. 2015, obs. Priou-Alibert ; AJ pénal 2015. 557, obs. Royer* .

7. Cas d'irrecevabilité. Est irrecevable devant la chambre d'accusation la requête en annulation de la procédure fondée sur l'irrecevabilité alléguée de la constitution de partie civile en raison du dépôt tardif de la consignation, dès lors que l'exception d'irrecevabilité de ladite constitution n'entre pas dans les prévisions des art. 171 et 173 et doit être soumise au juge d'instruction qui statue par ordonnance susceptible d'appel. • Crim. 12 janv. 2000, n° 99-86.999 P.

8. Est irrecevable la requête en annulation d'une ordonnance de renvoi devant le tribunal correctionnel, dès lors que sa nullité ne peut être invoquée devant la chambre d'accusation qu'à l'occasion d'un appel interjeté dans les conditions limitativement énumérées par la loi. • Crim. 26 janv. 2000, n° 99-85.098 P : *Dr. pénal 2000. Chron. 34, obs. Marsat.*

9. La procédure instituée par l'art. 173 ne saurait non plus être utilisée contre les ordonnances du président du TGI autorisant des visites domiciliaires, en application de l'art. 64 C. douanes, qui ne sont susceptibles que d'un pourvoi en cassation. • Crim. 11 oct. 1990, n° 90-80.997 P.

10. L'art. 173 ne permettant la saisine de la chambre de l'instruction que dans le cas où une pièce de la procédure apparaît frappée de nullité, le demandeur est irrecevable à invoquer une prétendue fin de non-recevoir tirée de l'autorité de chose jugée attachée à une décision étrangère. • Crim. 27 nov. 2002, n° 02-80.911.

11. Supplément d'information. Est irrecevable la requête aux fins d'annulation d'une mise en examen présentée en application des art. 173 s. pour défaut d'indices graves ou concordants, lorsque le juge d'instruction a procédé à cette mise en examen en exécution d'un arrêt de ladite chambre ordonnant un supplément d'information. • Crim. 11 déc. 2018, n° 18-82.854 P : *D. 2019. Pan. 1626, obs. Pradel* ; *AJ pénal 2019. 106, obs. Mallet* .

12. Témoignage anonyme. Les raisons invoquées au soutien d'une contestation fondée sur les dispositions de l'art. 706-60, al. 2, ne peuvent être à nouveau présentées devant la chambre de l'instruction saisie sur le fondement de l'art. 173 d'une requête en nullité de procès-verbal d'audition. • Crim. 12 juill. 2006, n° 06-82.931 P : *D. 2006. IR 2348* ; *AJ pénal 2006. 511, obs. Royer* .

13. Commission rogatoire internationale. Si la chambre de l'instruction peut être saisie d'une requête en annulation de pièces d'exécution en France d'une commission rogatoire délivrée par une autorité judiciaire étrangère, c'est à la condition que ces pièces puissent être mises à sa disposition pour en assurer le contrôle ; tel n'est pas le cas lorsque la chambre de l'instruction ne disposait que des seules copies produites par le requérant, les pièces d'exécution de la commission rogatoire ayant été transmises à l'État étranger, et la requête en nullité doit dès lors être déclarée irrecevable. • Crim. 3 juin 2003, n° 02-87.484 P : *JCP 2003. IV. 2366.* ♦ Il résulte des art. 3 de la Convention européenne d'entraide judiciaire en matière pénale et 694-3 que les demandes d'entraide judiciaire émanant des autorités judiciaires étrangères sont exécutées selon les règles de procédure prévues par la législation de la partie requise. Par ailleurs, les dispositions de l'art. 173 ne font pas obstacle à ce que la chambre de l'instruction soit saisie, selon les modalités qu'il prévoit, d'une requête en annulation de pièces d'exécution en France d'une commission rogatoire délivrée par une autorité judiciaire étrangère, à la condition que ces pièces puissent être mises à la disposition de la juridiction compétente pour en assurer le contrôle. Encourt dès lors la cassation l'arrêt d'une chambre de l'instruction qui, pour rejeter la requête du mis en examen tendant à l'annulation d'interrogatoires effectués lors de la garde à vue ordonnée pour l'exécution de commissions rogatoires délivrées par des autorités judiciaires étrangères, énonce que la juridiction française, qui ne dispose que d'une partie de la procédure diligentée sur délégation des autorités judiciaires étrangères, n'a pas compétence pour en apprécier la validité, le contrôle de ces éléments étant du ressort exclusif de ces autorités, alors que les faits avaient été officiellement dénoncés aux autorités judiciaires françaises, lesquelles avaient été autorisées à utiliser les pièces d'exécution des commissions rogatoires étrangères, qu'une information avait été ouverte et qu'une copie de l'intégralité des pièces établies avait été versée au dossier de la procédure. • Crim. 16 févr. 2010, n° 09-88.273 P : *D. 2010. Actu. 769* ; *AJ pénal*

2010. 290, note Ascensi ; Dr. pénal 2010, n° 195, note Chavent-Leclère. ♦ La chambre de l'instruction est incompétente pour statuer, d'une part, sur la validité d'une autorisation écrite accordée par le procureur général de l'État requis à un juge d'instruction français de se transporter dans cet État et de procéder lui-même aux auditions de témoins, demandées par commission rogatoire internationale, d'autre part, sur la régularité des actes accomplis par ce magistrat, dans les formes définies, en l'absence de convention d'entraide judiciaire, par l'autorité judiciaire de l'État requis et relevant de la souveraineté de celui-ci. • Crim. 20 juin 2012, n° 12-81.024 P : *D. 2012. Actu. 1890 ; RSC 2012. 624, obs. Danet ; AJ pénal 2013. 53, obs. Poissonnier .*

14. Saisine obligatoire de la chambre de l'instruction. Le juge d'instruction ne saurait, sans excès de pouvoir, prendre une nouvelle ordonnance après une ordonnance de placement en détention provisoire qu'il avait omis de signer, sans qu'ait été constatée l'irrégularité de celle-ci par la chambre d'accusation • Crim. 24 mars 1992, n° 92-80.100 P : *D. 1992. Somm. 322, obs. Pradel .*

15. Saisine de la chambre de l'instruction et ORTC. Même après renvoi devant le tribunal correctionnel, la chambre de l'instruction saisie avant la fin de l'information demeure compétente. • Crim. 5 sept. 2012 : *AJ pénal 2013.110, obs. Auffret .*

16. Formalités. Il résulte de l'art. 173, al. 3, que, pour être recevable, la requête en annulation doit être déclarée au greffe de la chambre d'accusation par le demandeur ou son avocat, lequel n'étant pas tenu d'être muni d'un pouvoir spécial peut se faire substituer par un autre avocat pour l'accomplissement de cette formalité. • Crim. 13 oct. 1998, n° 98-82.775 P : *Procédures 1999. Comm. 43, obs. Buisson ; Dr. pénal 1999. Comm. 92, obs. Maron.*

17. En vertu de l'art. 173 la requête en annulation d'actes de la procédure est constatée par le greffier qui la signe ainsi que le demandeur ou son avocat, dès lors, satisfait aux exigences de ce texte la requête en annulation formée par l'avocat d'une personne morale mise en examen, sans que soit mentionné l'organe qui la représente. • Crim. 6 nov. 2002, n° 02-85.809 P : *D. 2003. IR 40 ; JCP 2003. IV. 1006.* ♦ En revanche doit être déclarée irrecevable la simple lettre d'avocat à laquelle est jointe une requête en annulation d'actes de la *procédure. • Crim. 8 oct. 2008,* n° 08-85.382 P : *AJ pénal 2008. 517 ; Dr. pénal 2009. Chron. 1, obs. Guérin.*

18. S'agissant de la computation du délai imposé par l'art. 173, seule la date de réception de la requête à la cour d'appel doit être retenue. • Crim. 11 mai 2010, n° 10-81.055 P.

19. Limites de la chambre de l'instruction. Devant la chambre de l'instruction statuant sur renvoi après cassation d'un arrêt ayant statué sur les nullités de la procédure en application des art. 173 et 174, seuls peuvent être invoqués, dans les limites de la cassation prononcée, les moyens de nullité qui avaient été soulevés devant la chambre de l'instruction dont l'arrêt a été cassé. • Crim. 11 juin 2002, n° 01-80.267 P.

20. Recevabilité du moyen de nullité. Il résulte de la combinaison des art. 173, 385 et 469 que la personne mise en examen dans une information faisant suite à une décision d'incompétence, en raison de la nature criminelle des faits poursuivis, rendue par la juridiction correctionnelle, laquelle avait été saisie autrement que par une ordonnance de renvoi du juge d'instruction, est recevable à soulever, au soutien d'une requête présentée en application de l'art. 173, un moyen de nullité que cette juridiction correctionnelle avait auparavant déclaré irrecevable en application de l'art. 385. • Crim. 4 juin 2014, n° 14-81.097 P : *D. actu. 30 juin 2014, obs. Fucini ; AJ pénal 2014. 489, obs. Perrier ; JCP 2014, n° 712, note Donnier.*

2° EXCÈS DE POUVOIR DE LA CHAMBRE DE L'INSTRUCTION

21. La chambre d'accusation ne peut, sans excès de pouvoir, statuer sur une question étrangère au contentieux de l'annulation dont elle est exclusivement saisie ; ainsi elle ne peut relever d'office l'extinction de l'action publique lorsqu'elle est saisie d'une requête en annulation d'actes d'instruction. • Crim. 27 févr. 2001, n° 00-80.108 P : *Dr. pénal 2001. Chron. 38, obs. Marsat.*

22. Constitue un excès de pouvoir le fait pour la chambre d'accusation d'annuler une ordonnance de non-lieu prise en cours d'information, dans le cadre de l'annulation d'actes effectués par un juge d'instruction sur requête d'autres parties fondée sur l'art. 173. • Crim. 27 févr. 2001, n° 00-86.747 P.

B. POUVOIR DU PRÉSIDENT DE LA CHAMBRE DE L'INSTRUCTION

23. Le président de la chambre de l'instruction, saisi par l'une des parties d'une requête en annulation d'actes ou pièces de la procédure, ne peut en constater l'irrecevabilité que dans les cas limitativement prévus aux troisième et quatrième al. de cet art. et aux art. 173-1, 174, premier al., et 175, quatrième al., ou lorsque la requête n'est pas motivée. • Crim. 17 juin 2014, n° 14-81.584 P : *D. actu. 4 juill. 2014, obs. Fucini.*

24. Recours. Si selon l'art. 173, l'ordonnance d'irrecevabilité du président de la chambre d'accusation n'est pas susceptible de recours – et si, en application de l'art. 567-1, le pourvoi dont elle fait l'objet doit être déclaré non admis par le président de la chambre criminelle – il en est autrement lorsque l'examen d'une telle ordonnance fait apparaître un risque d'excès de pouvoir relevant du contrôle de la Cour de cassation. • Crim. 26 nov. 1993, n° 93-84.406 P • 29 oct. 1996, n° 96-80.440 P : *D. 1997. 182, note Bouloc*. ♦ Est irrecevable le moyen qui, sous le couvert d'un excès de pouvoir, fait grief à l'ordonnance du président de la chambre de l'instruction de n'avoir pas été rendue dans un délai dont la méconnaissance n'est assortie d'aucune sanction ; en outre, les ordonnances du président de la chambre de l'instruction prises en application de l'art. 173, al. 5, n'étant susceptibles d'aucun recours, le pourvoi n'est pas recevable. • Crim. 17 déc. 2002, n° 02-86.393 P.

25. Lorsque la chambre de l'instruction est saisie d'une requête en nullité en application de l'art. 173, le président de cette juridiction est seul compétent pour décider la suspension de l'information, par une ordonnance qui n'est susceptible d'aucun recours. • Crim. 14 mai 2002, n° 02-80.721 P. ♦ Mais lorsque l'information n'a pas été suspendue, excède ses pouvoirs le président de la chambre de l'instruction qui refuse de saisir ladite chambre d'une requête en annulation d'actes de la procédure, au motif que l'ordonnance de renvoi devant le tribunal correctionnel est intervenue après son dépôt. • Crim. 5 sept. 2012, n° 12-83.509 P : *AJ pénal 2013. 110, obs. Auffret*.

26. Excès de pouvoir du président. Excède ses pouvoirs le président de la chambre d'accusation qui, se fondant sur l'art. 173, dernier al., rend une ordonnance déclarant irrecevable la requête en annulation de pièces de la procédure déposée par la personne mise en examen, au motif que le demandeur n'en a pas envoyé copie au juge d'instruction. • Crim. 24 janv. 1994, n° 93-84.406 P. ♦ ... Ou au motif que la requête invoque les mêmes griefs qu'une demande de contre-expertise rejetée par ordonnance du juge d'instruction. • Crim. 12 déc. 1994, n° 94-84.589 P. ♦ ... Ou motif pris de l'incompétence de la chambre d'accusation pour statuer sur la nullité d'actes d'instruction ordonnés par des autorités étrangères. • Crim. 17 déc. 1996, n° 96-80.440 P : *Procédures 1997. Comm. 93, obs. Buisson*. ♦ ... Ou motif pris de l'existence d'une précédente saisine de la chambre d'accusation en matière de contrôle judiciaire, étrangère aux hypothèses visées par les trois premiers al. de l'art. 173 et à l'al. 1er de l'art. 174. • Crim., ord. prés., 5 mai 1997, n° 97-80.869 P : *Procédures 1997. Comm. 272, obs. Buisson*. ♦ ... Ou au motif que si l'avocat a bien signé le procès-verbal constatant le dépôt de la requête en nullité, il n'a pas signé la requête elle-même. • Crim. 17 févr. 1998, n° 97-85.078 P : *Procédures 1998. Comm. 227, obs. Buisson*. ♦ ... Ou au motif que la requête a été déposée par un avocat substitué à l'avocat du requérant. • Crim. 13 oct. 1998, n° 98-82.775 P : *Procédures 1999. Comm. 43, obs. Buisson ; Dr. pénal 1999. Comm. 90 et 92, obs. Maron*. ♦ ... Ou au motif que l'un des actes dont l'annulation était sollicitée était susceptible d'appel alors que tous les autres actes visés n'étaient pas, eux, susceptibles d'appel. • Crim. 11 déc. 2001, n° 01-86.929 P : *D. 2002. IR 698*.

27. Excède ses pouvoirs le président de la chambre d'accusation qui, saisi d'une requête en annulation d'actes ou de pièces de la procédure, se prononce sur le bien-fondé des moyens de nullité qui y sont proposés. • Crim. 13 déc. 1994, n° 94-84.556 P. ♦ En effet, le président de la chambre de l'instruction, saisi d'une requête en annulation d'actes ou de pièces de la procédure motivée, ne peut constater l'irrecevabilité de cette requête que dans les cas limitativement prévus aux art. 173, al. 3 et 4, 173-1, 174, al. 1, ou 175, al. 2. • Crim. 4 avr. 2006, n° 06-80.732 P : *D. 2006. IR 1332 ; AJ pénal 2006. 315, obs. Saas*. ♦ Excède ses pouvoirs le président de la chambre de l'instruction qui, saisi d'une requête en annulation parvenue au greffe de la chambre de l'instruction le lendemain du dernier jour imparti par l'art. 173-1 pour ce faire, déclare cette requête irrecevable comme tardive, alors que ladite requête, adressée au greffe de la chambre de l'instruction, était parvenue à la cour d'appel dans les délais, ainsi que l'attestent les mentions figurant sur l'accusé de réception de la lettre recommandée, les délais d'acheminement interne à cette juridiction ne devant pas faire grief à la personne mise en examen. • Crim. 4 avr. 2007, n° 07-80.599 P : *D. 2007. AJ 1273*. ♦ Excède ses pouvoirs le président d'une chambre de l'instruction qui, pour déclarer irrecevable une requête en nullité portant sur des enregistrements placés sous scellés, retient que ceux-ci font déjà l'objet d'une ordonnance refusant un complément d'expertise, dont est saisie cette juridiction statuant en appel, alors qu'il s'agissait de deux procédures distinctes qui ne pouvaient être confondues. • Crim. 8 nov. 2011, n° 11-84.544 P : *D. 2011. Actu. 2871 ; AJ pénal 2012. 235, obs. Perrier ; RSC 2012. 195, obs. Danet*.

28. Hypothèses où le président n'excède pas ses pouvoirs. Au contraire, n'excède pas ses pouvoirs le président de la chambre d'accusation qui rend une ordonnance déclarant irrecevable une requête en annulation d'opérations d'expertise, dès lors que les parties, après le délai de forclusion prévu par l'art. 175, al. 2, ne peuvent plus contester la régularité d'actes de la procédure antérieure à l'avis de fin d'information, quand bien même elles n'auraient pu connaître l'irrégularité alléguée. • Crim. 6 mai 1998, n° 98-80.283 P : *Dr. pénal 1999. Comm. 62, obs. Maron ; JCP 1999. I. 151, Chron. Maron*. ♦ ... Ni, inversement, le président de la chambre d'accusation qui, saisi avant l'expiration du délai de vingt jours, constate l'irrecevabilité de la requête, lorsque la chambre d'accusation a rejeté une précédente requête par un arrêt contradictoire à l'égard du demandeur, sans que celui-ci n'ait alors proposé les moyens de nullité présentés dans sa requête ultérieure et qu'il pouvait connaître. • Crim. 1er oct. 1998, n° 98-80.417 P.

II. CONFORMITÉ AUX RÈGLES EUROPÉENNES

29. *Procès équitable.* L'art. 173 n'est pas contraire à l'art. 6 Conv. EDH. • Crim. 9 nov. 1999, n° 99-85.618 P. ♦ Toutefois, constitue une violation du droit fondamental à un tribunal le refus, par les juridictions françaises, de l'assimilation à une déclaration formelle au greffe, d'une simple requête en annulation déposée au greffe, et comportant toutes les mentions obligatoires. Ceci aboutit en effet, par le jeu des art. 173 et 385, à priver le requérant de toute possibilité de contester la régularité d'actes de procédure. • CEDH sect. III, 26 juill. 2007, *Walchli c/ France : D. 2007. AJ 2304, note Léna ; AJ pénal 2007. 490, obs. Porteron.*

30. *Convention européenne d'extradition.* A justifié sa décision la cour d'appel qui, pour écarter le moyen du prévenu qui soutenait que le principe de spécialité de l'extradition n'avait pas été respecté, énonce que, sans qu'il y ait lieu à surseoir à statuer, les conventions en matière d'extradition étant claires et les voies de recours n'étant pas épuisées, il convient de relever que l'intéressé a expressément renoncé à ce principe en signant l'acte de renonciation du 16 oct. 1997 en application de l'art. 66, § 1, de la Convention de Schengen du 19 juin 1990, qu'il résulte des pièces de la procédure que les autorités luxembourgeoises ont entendu poursuivre une procédure d'extradition « simplifiée », et que les autorités françaises n'ont pas compétence pour contrôler cette procédure appliquée par l'État requis. • Crim. 27 nov. 2002, n° 02-80.911.

Art. 173-1 *(L. n° 2000-516 du 15 juin 2000, art. 29-I, en vigueur le 1er janv. 2001)*

Sous peine d'irrecevabilité, la personne mise en examen doit faire état des moyens pris de la nullité des actes accomplis avant son interrogatoire de première comparution ou de cet interrogatoire lui-même dans un délai de six mois à compter de la notification de sa mise en examen, sauf dans le cas où elle n'aurait pu les connaître. *(L. n° 2002-307 du 4 mars 2002)* **« Il en est de même s'agissant des moyens pris de la nullité des actes accomplis avant chacun de ses interrogatoires ultérieurs** *(L. n° 2016-731 du 3 juin 2016, art. 87)* **« ou des actes qui lui ont été notifiés en application du présent code ». »**

(L. n° 2004-204 du 9 mars 2004, art. 95-IX, en vigueur le 1er oct. 2004) **« Il en est de même pour le témoin assisté à compter de sa première audition puis de ses auditions ultérieures. »**

Il en est de même pour la partie civile à compter de sa première audition *(L. n° 2002-307 du 4 mars 2002)* **« puis de ses auditions ultérieures ».**

Pour l'obligation de notification des dispositions de l'art. 173-1 à la personne mise en examen, V. art. 116.

1. *QPC.* La question de la constitutionnalité de l'art. 173-1 ne présente pas, à l'évidence, un caractère sérieux en ce que le délai imparti à la personne mise en examen par la disposition législative contestée, qui est destiné à éviter une remise en cause tardive de l'information de nature à fragiliser la procédure, est justifié par l'objectif à valeur constitutionnelle de bonne administration de la justice, et alors qu'au surplus, d'une part, la chambre de l'instruction a le pouvoir de relever d'office tout moyen de nullité à l'occasion de l'examen de la régularité des procédures qui lui sont soumises, et, d'autre part, la personne mise en examen a toujours la faculté de discuter la *valeur probante* des pièces de la procédure devant la juridiction de jugement. • Crim., QPC, 20 juill. 2011 : *RSC 2012. 185, obs. Danet.*

2. *Irrecevabilité.* S'il résulte de l'art. 173-1 que, sous peine d'irrecevabilité, la personne mise en examen doit faire état des moyens pris de la nullité des actes accomplis avant son interrogatoire de première comparution ou de cet interrogatoire lui-même dans un délai de six mois à compter de la notification de sa mise en examen, une telle irrecevabilité ne peut lui être opposée dans le cas où elle n'aurait pu en connaître. • Crim. 5 mars 2019, n° 18-85.752 P : *D. actu. 22 mars 2019, obs. Azoulay ; Procédures 2019, n° 168, obs. Chavent-Leclère.*

3. *Délai de forclusion.* Le délai de six mois posé par l'art. 173-1 ne commence à courir qu'à compter de la date d'entrée en vigueur de cet article lorsque la mise en examen a été notifiée avant cette date. • Crim. 20 juin 2001, n° 01-82.438 P : *Dr. pénal 2001. Comm. 136, obs. Maron ; JCP 2002. II. 10033, note Bouretz ; RSC 2002. 96, obs. Bouloc* • 19 sept. 2001, n° 01-85.188 P : *D. 2001. IR 3171.*

4. La forclusion édictée par l'art. 173-1 ne peut commencer à courir qu'à compter de l'interrogatoire de première comparution. • Crim. 29 oct. 2003, n° 03-84.459 P : *D. 2004. IR 109 ; JCP 2004. IV. 1045 ; AJ pénal 2004. 34.*

5. Bien que les termes de l'art. 173-1 fassent état d'une computation du délai de six mois à compter de chaque interrogatoire, l'esprit du texte permet de considérer qu'il en va de même pour chaque confrontation qui, réunissant plusieurs intervenants, n'en constitue pas moins un interrogatoire pour la personne mise en examen. • Crim. 26 mai 2021, n° 20-86.011 P : *D. actu. 14 juin 2021, obs. Recotillet ; AJ pénal 2021. 374, obs. S. Fucini*.

6. Est recevable la requête adressée en temps utile au greffe de la chambre de l'instruction et reçue à la cour d'appel avant expiration du délai de forclusion, quand bien même ladite requête ne serait-elle parvenue au greffe de la chambre de l'instruction que tardivement, du fait des délais d'acheminement interne de la cour, cet état de fait ne devant pas préjudicier à la personne mise en examen. • Crim. 4 avr. 2007, n° 07-80.599 P : *D. 2007. AJ 1273*.

7. Le délai de forclusion institué par l'art. 173-1 s'applique selon ce texte, indistinctement, aux moyens de nullité présentés, par requête ou par mémoire, par toute personne mise en examen. • Crim. 4 avr. 2002, n° 02-80.047 P : *D. 2002. IR 1808 ; JCP 2002. IV. 2007 ; RSC 2002. 844, obs. Commaret ; Dr. pénal 2002. Comm. 103, obs. Maron* • 8 juin 2005, n° 05-82.012 P : *JCP 2005. IV. 2691* • 6 déc. 2005, n° 05.85.951 P : *RSC 2007. 591 et 593, obs. Buisson*.

8. Si la personne mise en examen peut invoquer à tout moment l'incompétence du juge d'instruction chargé du dossier, elle ne peut, après l'échéance du délai de forclusion prévu à l'art. 173-1, demander l'annulation des actes accomplis antérieurement par ce magistrat, la chambre de l'instruction conservant néanmoins le pouvoir d'annuler lesdits actes au cas où il lui apparaîtrait qu'ils ont été réalisés par un juge manifestement incompétent. • Crim. 24 oct. 2007, n° 07-83.916 P : *RSC 2008. 358, obs. Finielz ; Procédures 2008. Comm. 56, obs. Buisson*.

9. Il résulte de la combinaison des art. 173 et 173-1 que le délai de forclusion ne s'applique pas aux actes auxquels il a été procédé après le dernier interrogatoire en date de la personne mise en examen, dont celle-ci peut critiquer la régularité. • Crim. 7 août 2019, n° 18-86.418 P : *D. actu. 16 sept. 2019, obs. Fucini*.

10. Majeur protégé. Dès lors que le majeur protégé mis en examen ne bénéficie pas de l'assistance de son tuteur ou curateur, l'intéressé ne peut être regardé comme étant en mesure de connaître les éventuelles nullités affectant la procédure, de sorte que le délai ne court pas. • Crim. 22 juin 2021, n° 21-80.407 B : *D. actu. 20 juill. 2021, obs. Priou-Alibert ; AJ pénal 2021. 485, obs. Engel*.

11. Effets du changement de statut de la personne mise en cause. Une mise en examen supplétive intervenue après jonction d'une procédure distincte n'a pas d'effet sur l'écoulement du délai de six mois prévu par l'art. 173-1. • Crim. 4 avr. 2002, n° 02-80.156 P : *D. 2002. IR 1808 ; JCP 2002. IV. 1893 ; RSC 2002. 844, obs. Commaret ; Dr. pénal 2002. Comm. 103, obs. Maron.* ♦ La mise en examen ultérieure d'un témoin assisté n'a pas pour effet d'ouvrir un nouveau délai de forclusion. • Crim. 6 mars 2013 : *D. actu. 8 avr. 2013, obs. Priou-Alibert ; AJ pénal 2013. 416, obs. Girault*.

12. Supplément d'information. L'art. 173-1 n'est pas applicable au supplément d'information ordonné par la chambre de l'instruction en vertu duquel les personnes poursuivies ont été mises en examen. • Crim. 11 déc. 2018, n° 18-82.854 P : *D. 2019. Pan. 1626, obs. Pradel ; AJ pénal 2019. 106, obs. Mallet*.

13. Double statut. Il se déduit de l'art. 173-1 que, lorsqu'une personne a acquis, dans une même information, les qualités de partie civile et de mis en examen, le délai de six mois qui lui est ouvert pour faire état des moyens de nullité des actes accomplis antérieurement a pour point de départ l'audition ou l'interrogatoire au cours duquel elle a été entendue pour la première fois par le juge d'instruction, en l'une ou l'autre qualité, sauf dans le cas où elle aurait été irrecevable, en raison de la première qualité acquise par elle, à les présenter. • Crim. 25 nov. 2014 : *D. actu. 5 janv. 2015, obs. Priou-Alibert ; AJ pénal 2015. 156, obs. Perrier*.

14. Portée de la forclusion. La forclusion édictée par l'art. 173-1 est applicable aux seuls moyens tirés de la nullité des actes accomplis avant l'interrogatoire de première comparution du mis en examen ou de cet interrogatoire lui-même. • Crim. 19 sept. 2001, n° 01-85.202 P : *D. 2001. IR 3332*. ♦ ... Peu importe que le rapport d'expertise déposé au dossier préalablement à l'interrogatoire du mis en examen, n'ait été notifié qu'ultérieurement. • Crim. 23 août 2005, n° 03-87.719 P : *JCP 2005. IV. 3137*.

15. Le mis en examen n'est plus recevable à invoquer la nullité d'auditions de garde à vue lorsque les délais de forclusion édictés par les art. 173-1 et 174 sont écoulés, fût-ce en se prévalant d'une évolution de la jurisprudence. • Crim. 27 sept. 2011, n° 11-81.458 P : *D. actu. 2 nov. 2011, obs. Léna ; D. 2012. 263, note Potaszkin ; ibid. 2118, obs. Pradel ; AJ pénal 2012. 43, obs. Girault ; Dr. pénal 2012. Chron. 1, obs. Georget ; ibid. Chron. 7, obs. Lesclous.*

16. Connaissance de l'irrégularité. Si la personne mise en examen doit faire état, à peine de forclusion, des moyens pris de la nullité des actes accomplis avant chaque interrogatoire ou confrontation dans un délai de six mois suivant celui-ci, c'est à la condition qu'elle ait pu en avoir connaissance. • Crim. 26 mai 2021, n° 20-86.011 P : *D. actu. 14 juin 2021, obs. Recotillet ; AJ pénal 2021. 374, obs. Fucini*.

17. Il résulte des dispositions de l'art. 173-1

que, sous peine d'irrecevabilité, la personne mise en examen doit faire état des moyens pris de la nullité des actes accomplis avant un interrogatoire dans un délai de six mois à compter de cet interrogatoire, sauf dans le cas où elle n'aurait pu les connaître. Justifie sa décision la chambre de l'instruction qui, pour déclarer irrecevables des requêtes, présentées le 26 avr. 2011 aux fins d'annulation d'une ordonnance d'expertise du 4 juin 2010 et de deux ordonnances complémentaires et indivisibles, constate que lesdites requêtes ont été déposées plus de six mois après des interrogatoires des mis en examen, en date du 3 sept. 2010, au cours desquels leurs avocats avaient émis les plus expresses réserves sur la régularité de la désignation de l'expert. L'intérêt à agir des demandeurs est né dès la constatation de l'irrégularité invoquée et non au moment de la notification des pré-rapport et rapport d'expertise. • Crim. 25 oct. 2011, n° 11-84.485 P : *D. actu. 30 nov. 2011, obs. Gayet ; AJ pénal 2012. 106, obs. Léna*.

18. Justifie sa décision la chambre de l'instruction qui, pour déclarer irrecevable l'exception de nullité, présentée par un mis en examen, de ses procès-verbaux d'audition en garde à vue, retient que l'intéressé n'a pas satisfait aux prescriptions de délai de l'art. 173-1. Le respect de l'art. 6 Conv. EDH est alors assuré par le fait que le demandeur aura, le cas échéant, la faculté de discuter la valeur probante de ses auditions en garde à vue devant la juridiction de jugement. • Crim. 14 févr. 2012, n° 11-87.757 P : *Dr. pénal 2012. Chron. 7, obs. Lesclous.*

19. Notification des dispositions de l'art. 173-1. L'obligation faite au juge d'instruction de notifier les dispositions de l'art. 173-1 à la personne mise en examen n'est applicable qu'aux mises en examen effectuées à compter du 1er janv. 2001 et aucune disposition légale n'imposait une notification de ces dispositions aux personnes mises en examen antérieurement. • Crim. 12 déc. 2001, n° 01-86.880 P • 4 avr. 2002 : *préc. note 7.*

Art. 174 *(L. n° 93-2 du 4 janv. 1993)* **Lorsque la chambre de l'instruction est saisie sur le fondement de l'article 173** *(L. n° 2007-291 du 5 mars 2007, art. 12-IV)* **« ou de l'article 221-3 », tous moyens pris de nullité de la procédure qui lui est transmise doivent, sans préjudice du droit qui lui appartient de les relever d'office, lui être proposés. A défaut, les parties ne sont plus recevables à en faire état, sauf le cas où elles n'auraient pu les connaître.**

La chambre de l'instruction décide si l'annulation doit être limitée à tout ou partie des actes ou pièces de la procédure viciée ou s'étendre à tout ou partie de la procédure ultérieure et procède comme il est dit au troisième alinéa de l'article 206.

(L. n° 93-1013 du 24 août 1993) **« Les actes ou pièces annulés sont retirés du dossier d'information et classés au greffe de la cour d'appel. Les actes ou pièces de la procédure partiellement annulés sont cancellés après qu'a été établie une copie certifiée conforme à l'original, qui est classée au greffe de la cour d'appel. Il est interdit de tirer des actes et des pièces ou parties d'actes ou de pièces annulés aucun renseignement contre les parties, à peine de poursuites disciplinaires pour les avocats et les magistrats. »**

I. RÈGLES TECHNIQUES

1. Applicabilité de l'art. 174. Les dispositions de l'art. 174, al. 1er s'appliquent à toutes les parties avisées de la date de l'audience où est examinée la régularité d'une procédure. • Crim. 30 mai 1996, n° 95-85.954 P • 30 mai 1997 : *Procédures 1997. Comm. 275, obs. Buisson.* ♦ Une partie qui n'a pas soulevé une exception de nullité de la garde à vue devant la chambre d'accusation est irrecevable à la soulever devant la Cour de cassation. • Crim. 27 juin 2000, n° 00-80.411 P. ♦ Le moyen pris de la nullité de la procédure qui n'a pas été soulevé par les demandeurs devant la chambre de l'instruction dans le délai prévu par l'art. 173-1 ne saurait être invoqué devant la Cour de cassation pour faire grief à la chambre de l'instruction d'avoir partiellement rejeté la requête en annulation d'actes de la procédure présentée par le magistrat instructeur. • Crim. 7 févr. 2007, n° 06-88.814 P : *AJ pénal 2007. 189*. ♦ En revanche, il résulte de l'art. 174 que la partie qui a saisi la chambre de l'instruction d'une requête en nullité est admise à proposer par mémoire, jusqu'à la veille de l'audience, de nouveaux moyens de nullité. • Crim. 6 mai 2009, n° 08-88.467 P : *D. 2009. AJ 1699 ; AJ pénal 2009. 455*. ♦ De la même façon, la requête en nullité régulièrement déposée la veille de l'audience fixée pour statuer sur celle d'un co-mis en examen soutenant un moyen différent doit être déclarée recevable, les nouvelles exceptions de nullité alléguées portant nécessairement sur des actes accomplis antérieurement à ladite audience. • Crim. 18 juin 2014, n° 14-81.422 P : *D. actu. 4 juill. 2014, obs. Fucini.*

2. S'il est vrai que les personnes mises en examen après que la chambre de l'instruction a été appelée à statuer sur la régularité de la procédure ne peuvent se voir opposer la cause d'irrecevabilité prévue par l'art. 174, elles ne sauraient cependant proposer, dans la même procédure portant sur les mêmes faits, des moyens de nullité qui auraient déjà été rejetés par cette juridiction, sauf à faire valoir des actes ou pièces de la procédure qui n'avaient pu lui être précédemment soumis. • Crim. 19 févr. 2019, n° 18-85.131 P : *D. actu. 12 mars 2019, obs. Goetz ; AJ pénal 2019. 281, obs. Pitti ; RSC 2019. Chron. 424, note Cordier*.

3. *Inapplicabilité de l'art. 174.* La chambre de l'instruction ne peut déduire de la seule expertise pratiquée sur la personne mise en examen, antérieurement à l'examen d'une requête en nullité, la connaissance que cette personne pouvait avoir de l'irrégularité alléguée de la décision ordonnant l'expertise. • Crim. 20 janv. 2015 : *D. actu. 19 févr. 2015, obs. Fucini ; AJ pénal 2015. 263, obs. Perrier ; Dr. pénal 2015, n° 41, note Maron et Haas.*

A. RÔLE DE LA CHAMBRE DE L'INSTRUCTION

4. *Importance de l'action de la chambre de l'instruction (ex-chambre d'accusation).* Les chambres d'accusation (désormais chambres de l'instruction) apprécient souverainement, au vu des éléments du dossier, les actes ou pièces qui s'avèrent viciés. • Crim. 6 mai 1996 : *Procédures 1996. Comm. 302, obs. Buisson.* ♦ La chambre d'accusation n'a pas à soumettre aux parties, pour observations, les moyens de nullité qu'elle relève d'office en application de l'art. 174, al. 1er. • Crim. 6 févr. 1996, n° 95-84.041 P. ♦ La chambre d'accusation qui prononce la nullité de certains actes d'instruction en application de l'art. 172 [*devenu art. 174*] peut ne pas étendre la nullité à une expertise dès lors que l'expert ne se réfère à aucun des actes annulés. • Crim. 13 juill. 1971, n° 71-91.168 P. ♦ De même qu'après avoir annulé les procès-verbaux de transcription de conversations téléphoniques enregistrées par écoutes au mépris des droits de la défense une cour d'appel a pu limiter cette annulation aux seuls actes viciés en relevant qu'aucun acte subséquent de la procédure ne leur faisait référence. • Crim. 15 avr. 1991, n° 90-82.000 P : *JCP 1992. II. 21795, note Jeandidier.* ♦ L'annulation d'un acte de l'enquête préliminaire n'entraîne pas celle du réquisitoire introductif, dès lors que celui-ci est fondé sur d'autres pièces de la procédure. • Crim. 4 oct. 1994, n° 94-83.490 P : *D. 1995. Somm. 145, obs. Pradel*.

B. INCIDENCES DES NULLITÉS

5. *Notion de support nécessaire.* Il résulte de la combinaison des art. 174, 385 et 802 que la nullité d'actes accomplis pendant la garde à vue est sans effet sur les actes ultérieurement accomplis dont cette mesure n'est pas le support nécessaire. • Crim. 15 oct. 2003, n° 03-82.683 P : *JCP 2004. IV. 1044* • 10 déc. 2003, n° 03-83.344 P : *JCP 2004. IV. 1233 ; AJ pénal 2004. 120, obs. Girault*. ♦ Ne peut être annulée l'intégralité d'une procédure de comparution immédiate alors que la régularité du procès-verbal d'interpellation, en flagrant délit, du prévenu, ne peut être affectée par la nullité d'actes ultérieurement accomplis en méconnaissance de la formalité substantielle relative à la notification des droits de la personne gardée à vue. • Crim. 30 avr. 1996, n° 95-82.217 P. ♦ La nullité de la garde à vue pour défaut de notification des droits ne peut affecter la régularité des procès-verbaux d'interpellation et de dépôt de plainte puisque l'acte annulé est postérieur aux actes concernés. • Crim. 6 mai 2003, n° 02-87.567 P : *JCP 2003. IV. 2176.* ♦ La régularité d'enregistrements réalisés par la partie civile ne peut être affectée par l'annulation des auditions du prévenu en garde à vue, qui lui sont postérieures, bien que ces enregistrements aient été écoutés pendant la mesure. • Crim. 14 mai 2014, n° 12-84.075 P : *D. 2014. Pan. 1142, obs. Pradel*. ♦ Après avoir annulé une garde à vue, une chambre d'accusation peut estimer que cette irrégularité n'affecte pas la mise en examen et le placement en détention dès lors que, d'une part, la garde à vue n'est pas le préalable à ces actes, et que, d'autre part, le juge d'instruction n'a pu fonder sa décision que sur les pièces antérieures à celles annulées, la personne gardée à vue n'ayant fait aucune déclaration au cours de l'exécution de cette mesure. • Crim. 26 mai 1999, n° 99-81.764 P : *Dr. pénal 1999. Chron. 28, par Marsat.* ♦ De même, la chambre d'accusation n'est pas tenue d'annuler les actes subséquents à une garde à vue annulée s'il apparaît que les fonctionnaires de police disposaient de renseignements avant de se rendre au domicile du prévenu et que les actes annulés n'ont porté que sur l'identification de l'intéressé et n'ont pas été un préalable nécessaire aux actes subséquents. • Crim. 28 mars 2000, n° 00-80.090 P : *Procédures 2000. Comm. 175, obs. Buisson.* ♦ Selon l'art. 174, al. 2, lorsque la chambre d'accusation prononce l'annulation d'actes de la procédure, les actes ultérieurs ne doivent être annulés que s'ils trouvent leur support nécessaire dans les actes viciés. • Crim. 23 juin 1999, n° 99-82.186 P : *Procédures 2000. Comm. 22, obs. Buisson.* ♦ V. déjà : • Crim. 12 févr. 1991, n° 90-86.888 P. ♦ L'annulation de procès-verbaux de garde à vue n'entraîne pas nécessairement l'annulation de l'interrogatoire de première comparution si la mise en examen résulte d'indices autres et qu'il n'est pas fait référence aux procès-verbaux annulés. • Crim. 19 avr. 2000, n° 00-80.357 P. ♦ Justifie sa décision la chambre d'accusation qui, après avoir constaté l'irrégularité d'une garde à vue, a dressé la liste des actes subséquents procédant de cette mesure et les a annulés, en appréciant souverainement que la mise en examen et le placement en détention, dont la garde à vue n'est pas le préalable nécessaire, ont trouvé leur support dans d'autres actes que ceux entachés de nullité. • Crim. 26 janv. 2000, n° 99-

86.166 P : *D. 2000. IR 93* ; *Dr. pénal 2000. Comm. 95, obs. Maron.* ♦ Ainsi, l'interpellation d'autres personnes mises en examen n'a pas à être annulée dès lors qu'elle résulte d'une lettre écrite pendant la détention provisoire de la personne dont la garde à vue a été annulée ainsi que du résultat de perquisitions effectuées au domicile des intéressés. • Crim. 19 avr. 2000, n° 00-80.577 P. ♦ Lorsqu'une irrégularité constitue une cause de nullité de la procédure, seuls doivent être annulés les actes affectés par cette irrégularité et ceux dont ils sont le support nécessaire ; les conditions irrégulières du placement en garde à vue n'emportent pas annulation d'actes d'interpellation et de dépôt de plainte qui sont antérieurs. • Crim. 4 janv. 2005, n° 04-84.876 P : *D. 2005. 761, obs. Lennon* ; *ibid. 2006. Pan. 620, obs. Pradel* ; *AJ pénal 2005. 160, obs. Leblois-Happe* ; *Dr. pénal 2005. Comm. 49, obs. Maron ; ibid. 2007. Chron. 39, obs. Lesclous ; JCP 2005. I. 161, obs. Maron ; ibid. II. 10176, note Conte.* ♦ Après avoir constaté que les auditions recueillies au cours des mesures de rétention douanière puis de garde à vue étaient irrégulières, il revenait aux juges du fond d'annuler ces actes (antérieurs au 15 avr. 2011) et, le cas échéant, d'étendre les effets de cette annulation aux actes dont les auditions étaient le support nécessaire. • Crim. 31 mai 2011 (4 arrêts), n° 10-88.293 P : *D. actu. 20 juin 2011, obs. Girault ; D. 2011. 1563* ; *ibid. Pan. 1716, obs. Bernaud ; ibid. 2084, note Matsopoulou ; ibid. Pan. 2233, obs. Pradel ; AJ pénal 2011. 370, obs. Mauro* ; *RSC 2011. 410, obs. Giudicelli* ; *Dr. pénal 2011. Chron. 7, obs. Lesclous ; ibid. 2012. Chron. 1, obs. Georget.*

6. Actes subséquents. Après avoir constaté la nullité d'un acte de saisie, la chambre d'accusation doit rechercher tous les actes de la procédure ayant un lien de causalité avec les opérations litigieuses et prononcer l'annulation de tous les actes dérivant des actes de saisie entachés de nullité. • Crim. 4 juin 1969, n° 69-91.071 P. ♦ La chambre d'accusation analyse souverainement les pièces affectées par une irrégularité de procédure, ainsi, l'annulation d'une garde à vue n'entraîne pas l'annulation d'une perquisition si la garde à vue n'en était pas le préalable nécessaire et les auditions de l'intéressé postérieures à la notification de ses droits ne sont pas, non plus, entachées de nullité. • Crim. 22 juin 2000, n° 00-82.632 P : *Procédures 2001. Comm. 14, obs. Buisson.* ♦ En ce sens : • Crim. 27 juin 2000, n° 00-80.411 P • 20 juin 2001 : *Dr. pénal 2001. Comm. 135, note Maron.* ♦ Comp. : pour rejeter l'exception tendant à ce que soient annulés les procès-verbaux subséquents aux actes de géolocalisation, une chambre de l'instruction ne peut se borner à retenir que les autres éléments du dossier ne sont pas susceptibles d'annulation, sans autrement démontrer que les actes annulés n'étaient pas le support nécessaire et exclusif des autres actes de la procédure, ne mettant pas ainsi la Cour de cassation en mesure d'exercer son contrôle. • Crim. 9 mai 2018, n° 17-86.638 P : *D. actu. 8 juin 2018, obs. Morgante ; AJ pénal 2018. 359, note Fucini* ; *Dr. pénal 2018, n° 136, note Maron et Haas.*

7. Doivent être annulés l'interpellation et le placement en garde à vue d'une personne réalisés au domicile de celle-ci, dès lors que l'introduction dans ce domicile trouve son support nécessaire et exclusif dans une ordonnance du juge d'instruction y ayant autorisé une perquisition en dehors des heures légales, elle-même annulée. • Crim. 21 juin 2016, n° 16-80.126 P : *D. actu. 22 juill. 2016, obs. Fonteix ; AJ pénal 2016. 541, obs. Andrei* ; *Procédures 2016, n° 304, note Chavent-Leclère.*

8. Il résulte des dispositions combinées des art. 174 et 802 que, lorqu'une irrégularité constitue une cause de nullité de la procédure, seuls doivent être annulés les actes affectés par cette irrégularité et ceux dont ils sont le support nécessaire. Encourt dès lors la cassation l'arrêt de la chambre spéciale des mineurs qui annule l'intégralité de la procédure d'enquête, sans rechercher si les procès-verbaux d'interpellation, de notification de placement en garde à vue du mineur et de dépôt de plainte étaient affectés par l'acte annulé et si cet acte n'était pas le support nécessaire d'actes ultérieurs de la procédure. • Crim. 3 avr. 2007, n° 06-87.264 P.

9. N'est pas irrecevable, au sens de l'art. 174, al. 1er, un moyen de nullité invoquant une pièce qui n'a été versée au dossier de l'information, ou un acte de procédure qui n'a été accompli, que postérieurement à un arrêt ayant statué sur une précédente requête soumise à la chambre d'accusation en application de l'art. 173. • Crim. 17 sept. 1996, n° 96-82.232 P : *Procédures 1996. Comm. 361, obs. Buisson.* ♦ Doivent être écartés les moyens de nullité invoqués par le mis en examen dès lors que ces moyens étaient relatifs à des actes accomplis antérieurement à un arrêt statuant sur une requête aux fins d'annulation de pièces faite en vertu de l'art. 173. • Crim. 22 mars 2000, n° 00-80.006 P.

10. Lorsqu'une ordonnance de dessaisissement d'un dossier d'information est annulée, les pièces de ce dossier ne peuvent subsister dans celui où elles ont été irrégulièrement versées. • Crim. 28 oct. 2020, n° 20-81.615 P.

11. Incidence d'un pourvoi en cassation. Après que la juridiction de renvoi a annulé les pièces de procédure selon ce que commande la solution du litige dont elle est saisie, la chambre de l'instruction primitivement saisie ne peut, à l'occasion de l'examen d'une nouvelle requête en nullité, prononcer, sans excéder ses pouvoirs, l'annulation de pièces au motif qu'elles trouveraient leur fondement exclusif et nécessaire dans des pièces annulées par la cour de renvoi. Elle a en revanche le pouvoir soit d'annuler des actes viciés en eux-mêmes, quand bien même les pièces concernées auraient été, le cas échéant, versées au dossier soumis à la juridiction de renvoi, lorsque lesdites nullités sont étrangères à la solution du contentieux dont la juridiction de renvoi était saisie, soit de prononcer la nullité de pièces qui n'avaient pas encore été versées au dossier de cette juridiction de renvoi, mais dont les actes initialement annulés par celle-ci sont le fondement nécessaire et exclusif. • Crim. 19 mai 2020, n° 19-83.339 P : *Dr. pénal 2020, n° 144, obs. Robert.* ♦ La personne mise en examen est irrecevable à solliciter devant la Cour de cassation l'annulation de pièces déjà soumises au contrôle de la chambre de l'instruction, au motif qu'elles trouveraient leur fondement exclusif et nécessaire dans des pièces antérieurement annulées par un précédent arrêt de la même chambre de l'instruction, dès lors qu'il lui appartenait de contester utilement l'étendue de l'annulation prononcée à l'occasion du précédent pourvoi formé contre cet arrêt. • Crim. 5 oct. 2021, n° 21-82.331 B : *D. actu. 26 oct. 2021, obs. Pamart ; RSC 2021. 870, obs. Valat ; AJ pénal 2021. 592, obs. Clément.*

12. Nullité d'une audition de témoin. Sont nuls, par voie de conséquence, les actes d'instruction qui procèdent d'actes dont l'annulation a été prononcée dans la même procédure. Dès lors, encourt la cassation la chambre d'accusation qui refuse d'annuler le procès-verbal d'audition d'un témoin entendu au sujet de pièces saisies au cours d'une perquisition dont l'annulation est prononcée par le même arrêt. • Crim. 4 juin 1997, n° 97-81.706 P : *Procédures 1997. Comm. 296, obs. Buisson.* ♦ La chambre de l'instruction, qui a annulé une audition d'un témoin sous hypnose, doit ensuite annuler tous les actes qui avaient pour support cette audition, notamment le rapport de l'expert qui a placé sous hypnose pendant la garde à vue et le rapport de « profilage psychologique », ainsi que l'audition du prévenu au cours de laquelle le psychologue conseil est intervenu sous couvert d'une mission d'expertise. • Crim. 28 nov. 2001, n° 01-86.467 P : *D. 2002. IR 372.* ♦ Quand l'annulation d'un procès-verbal de transport est prononcée, celle-ci doit porter sur l'ensemble des opérations irrégulières au cours dudit transport. • Crim. 11 déc. 1984, n° 84-90.238 P. ♦ Sur l'obligation d'examiner les moyens pris des nullités de l'information proposés par les parties : • Cass., ass. plén., 24 mai 1996, n° 95-80.666 P : *D. 1996. 345, note Pradel ; Procédures 1996. Comm. 227, obs. Buisson.*

13. Nullité d'une saisie. Le juge qui constate l'annulation d'une saisie et, partant, l'inexistence de tout titre permettant de conserver le bien concerné sous main de justice est tenu au préalable de restituer celui-ci avant de procéder, le cas échéant, à une nouvelle saisie. • Crim. 23 févr. 2022, n° 21-82.588 P.

14. Cancellation. Justifie sa décision au regard de l'art. 174, al. 2, la chambre de l'instruction qui, après avoir constaté l'irrégularité de poursuites engagées pour commerce illicite d'armes, se borne à ordonner la cancellation, dans le réquisitoire supplétif saisissant le juge d'instruction de ce chef et les pièces subséquentes, de toute référence à l'infraction précitée après avoir retenu que lesdites poursuites n'étaient pas le fondement exclusif et nécessaire de ces pièces. • Crim. 19 mars 2002, n° 01-88.240 P. ♦ L'irrégularité des poursuites sur certains chefs d'accusation ne doit pas entraîner l'annulation totale de toutes les pièces portant une référence à ces poursuites dès lors que les pièces litigieuses font également référence à d'autres infractions dont les poursuites sont régulières, seuls doivent être cancellés les passages en rapport avec l'irrégularité. • Crim. 19 mars 2002, n° 01-88.240 P. ♦ Après avoir constaté que la mise en examen était intervenue pour des faits non visés au réquisitoire supplétif, une chambre de l'instruction peut faire canceller les mentions du procès-verbal de l'interrogatoire de première comparution relatives à ces faits non compris dans la saisine, la mise en examen demeurant valide pour les autres faits reprochés, objet des réquisitoires introductif et supplétif dont le juge d'instruction était régulièrement saisi. • Crim. 23 juin 2015, n° 15-81.071 P : *D. actu. 27 juill. 2015, obs. Gallois.* ♦ Le demandeur ne saurait invoquer une irrégularité de l'ordonnance de renvoi du fait de la référence à une pièce cotée, dès lors que ladite pièce n'a pas été annulée, mais simplement cancellée, et que, même si la cancellation n'a pas été mise en œuvre, le juge d'instruction ne se réfère pas au contenu de l'ordonnance. • Crim. 25 nov. 2020, n° 19-86.979 P : *AJ pénal 2021. 39, obs. Hy.*

15. Procédure distincte. La personne mise en examen est recevable à proposer des moyens de nullité visant des actes de l'information se référant à des pièces annulées, fût-ce dans une procédure à l'origine distincte, dès lors qu'il en résulte une atteinte à ses intérêts. • Crim. 21 oct. 2015, n° 15-83.395 P : *D. actu. 4 nov. 2015, obs. Fucini ; Dr. pénal 2016. Chron. 8, obs. Lesclous.*

C. RETRAIT DES ACTES ANNULÉS

16. Conséquences du retrait. Selon l'art. 173 [*devenu art. 174*] les actes annulés sont retirés du dossier et il est interdit d'y puiser des renseignements contre les parties au débat. Cette interdiction doit s'étendre à tout procédé ou artifice qui serait de nature à reconstituer la substance des actes annulés. • Crim. 30 juin 1981, n° 81-92.261 P • 23 janv. 1990, n° 89-85.607 P. ♦ Mais rien ne s'oppose à ce que le juge d'instruction poursuive son information à partir des éléments qui subsistent, dès lors que les nouveaux actes ne se réfèrent en aucune façon à ceux qui ont été annulés. • Crim. 8 déc. 1998, n° 98-85.683 P : *Procédures 1999. Comm. 76, obs. Buisson.*

17. Les dispositions qui interdisent de faire référence aux actes annulés ne suffisent pas à garantir que les décisions d'annulation seront respectées lors des débats devant la cour d'assises, le retrait et la cancellation des actes annulés devant être effectifs. • Crim. 17 juin 2020, n° 19-87.188 P : *D. actu. 20 juill. 2020, obs. Diaz ; Dr. pénal 2020, n° 9, obs. Maron et Haas.*

18. L'art. 173 [*devenu art. 174*] qui interdit de puiser des renseignements dans des actes annulés ne s'applique pas à la lecture d'un arrêt qui s'y réfère alors que, rendu avant la décision d'annulation, il est devenu définitif. • Crim. 14 oct. 1976, n° 76-92.137 P • 25 juin 1986, n° 85-96.316 P.

19. Les dispositions légales relatives à l'annulation des actes de l'information ne sauraient s'appliquer aux écritures des parties, les défenseurs de celles-ci étant uniquement susceptibles, en cas de méconnaissance des prescriptions de l'art. 173, d'encourir les poursuites disciplinaires prévues par ce texte. • Crim. 17 mars 1987 : *D. 1987. Somm. 409, obs. Pradel.* ♦ L'obligation de retirer du dossier de l'information tous les exemplaires, en original et en copie, des pièces annulées ne s'étend pas, toutefois, aux requêtes en annulation et aux pièces des procédures, ainsi qu'aux décisions auxquelles elles donnent lieu, même si celles-ci se réfèrent aux pièces dont l'annulation est demandée et les analysent pour en apprécier la régularité. • Crim. 17 juin 2020 : *préc. note 17.*

20. Le retrait du dossier de l'information des pièces annulées ne peut être ordonné par la juridiction répressive que d'une manière indivisible à l'égard de toutes les parties sans qu'il soit permis à la juridiction d'en relever l'usage au profit de certaines d'entre elles contre d'autres non présentes aux débats, faute d'avoir exercé les voies de recours qui leur étaient offertes. • Crim. 8 mai 1974, n° 73-92.291 P • 28 juin 2000, n° 00-80.292 P : *D. 2000. IR 225 ; Dr. pénal 2001. Comm. 26, obs. Maron.* ♦ *Contra* : lorsque, à la suite de pourvois formés par certaines des personnes mises en examen, l'arrêt de la chambre de l'instruction n'est cassé qu'en ce qui les concerne, les annulations d'actes prononcées par la cour de renvoi n'ont d'effet qu'à leur égard. • Crim. 20 juin 2001 : *Dr. pénal 2001. Comm. 135, note Maron.*

21. Interdiction de faire référence à l'acte annulé. Il résulte de l'art. 174, al. 4, qu'il est interdit de tirer des actes et des pièces ou parties d'actes ou de pièces annulés dans une procédure antérieure aucun renseignement contre une partie ayant bénéficié de cette annulation : méconnaît ce texte et ce principe la chambre de l'instruction qui énonce que l'interdiction édictée par l'art. 174 ne s'applique pas lorsqu'il s'agit de procédures différentes et de débats distincts, sauf lorsque les pièces déjà annulées servent de fondement à d'autres poursuites ce qui ne serait pas le cas lorsqu'il n'y a pas eu de poursuites exercées par référence aux actes annulés, ni d'atteinte portée aux droits de la défense. • Crim. 29 oct. 2002, n° 02-85.108. ♦ *Contra,* précédemment : L'art. 173 *[174]* ne s'applique pas lorsqu'il s'agit de procédures différentes et, par suite, de débats distincts. • Crim. 9 mars 1981, n° 80-93.646 P : *D. 1982. 511, note Jeandidier* • 27 mars 1995, n° 94-85.074 P • 16 févr. 2000, n° 99-86.307 P.

22. L'art. 174 interdit de tirer des actes et des pièces ou parties d'actes ou de pièces annulés aucun renseignement contre les parties ; toutefois, une telle interdiction ne s'applique pas à la partie qui, ayant bénéficié de l'annulation d'actes portant atteinte à ses intérêts, s'en prévaut dans le cadre d'une procédure distincte. • Crim. 13 oct. 2020, n° 20-80.490 P : *D. actu. 22 oct. 2020, obs. Diaz ; AJ pénal 2020. 598, obs. Patouillard* • Crim. 19 oct. 2021, n° 20-82.172 B : *D. actu. 26 nov. 2021, obs. Goudjil ; AJ pénal 2021. 595, obs. Coste* .

23. Aux termes de l'art. 174, al. 3, les pièces annulées sont retirées du dossier de l'information et il est interdit d'y puiser aucun renseignement contre les parties, cette interdiction devant s'étendre à tout procédé ou artifices qui seraient de nature à reconstituer, au mépris des droits de la défense, la substance des actes annulés dans une autre procédure. • Crim. 16 janv. 2002, n° 01-81.054.

24. S'agissant d'une prévention fondée sur les constatations et saisies opérées lors d'une perquisition antérieurement annulée, méconnaît le principe de l'art. 174, al. 4, la cour d'appel qui, pour rejeter l'exception de nullité régulièrement soulevée par le prévenu, énonce qu'il ne lui appartient pas de connaître de la régularité d'une commission rogatoire étrangère au dossier qui lui est soumis mais seulement de celle de la saisie effectuée pour son exécution, à l'encontre de laquelle aucune nullité n'avait été invoquée. • Crim. 16 mai 2007, n° 06-81.815 P : *D. 2007. AJ 1785* . ♦ Fait une exacte application de l'art. 174 l'arrêt, qui, pour relaxer le prévenu, poursuivi du chef d'infraction à la législation sur les contributions indirectes, relève que le procès-verbal fondant ces poursuites a été établi sur la base d'une enquête de police annulée et qu'aucun autre élément n'établit la réalité de ces infractions, peu important que lesdites pièces aient été régulièrement communiquées à l'administration, antérieurement à leur annulation en application de l'art. L. 101 LPF. • Crim. 16 mai 2012, n° 11-83.602 P : *D. 2012. Actu. 1550 ; AJ pénal 2012. 553, obs. Roussel* .

25. Limitation des effets de la nullité. En cas de pourvoi d'un seul inculpé et de cassation de l'arrêt de la chambre d'accusation qu'en ce qui le concerne, les annulations d'actes prononcées par la cour de renvoi n'ont d'effet qu'à son égard. Il en résulte que les actes annulés sont réputés réguliers pour les accusés précédemment renvoyés devant la cour d'assises et qu'ils doivent, malgré les prescriptions de l'art. 173 [*devenu art. 174*], être maintenus dans la procédure, mais ne peuvent être opposés à celui qui en a obtenu l'annulation. • Crim. 11 déc. 1984, n° 84-90.238 P • 5 sept. 1990, n° 90-83.664 P • 12 févr. 1991, n° 90-86.888 P : *D. 1991. Somm. 209, obs. Pradel*.

26. Sur certains effets civils de la protection du secret de l'instruction : • Civ. 2e, 19 févr. 1992, n° 90-20.312 P : *Dr. pénal 1992. 160.*

27. N'ont pas été méconnus les art. 174 et 206 C. pr. pén. ou l'art. 6, § 1, Conv. EDH, lorsqu'au cours des débats devant une cour d'assises a été lu partiellement un procès-verbal de première comparution par un avocat de l'une des parties civiles, cette lecture ayant été interrompue par le président dès que les avocats de l'accusé ont fait valoir que la pièce en cause avait été annulée. • Crim. 27 mars 2008, n° 07-84.558 P : *AJ pénal 2008. 289*.

28. Nullités dans le cadre de l'expertise. La désignation d'un expert dont le précédent rapport a été annulé pour des motifs étrangers à sa qualité ou à la conduite de ses travaux (défaut de prestation de serment) ne peut être analysée, de manière abstraite et en l'absence d'autres éléments, comme un artifice destiné à reconstituer l'acte annulé. • Crim. 26 févr. 2014, n° 13-87.109 P : *D. actu. 14 mars 2014, obs. Winckelmuller ; AJ pénal 2014. 429, obs. Perrier ; Dr. pénal 2014, n° 65, note Maron et Haas ; Procédures 2014, n° 121, note Chavent-Leclère.* ♦ Il ne saurait se déduire de l'existence de certaines similitudes de rédaction ou de l'identité des conclusions auxquelles a abouti l'expert que son rapport, établi après un nouvel examen de la plaignante, procède d'actes annulés. • Même arrêt.

II. DROITS FONDAMENTAUX

29. Caractère équitable du procès. Il résulte de l'art. préliminaire et des art. 174 et 197 que, devant la chambre de l'instruction appelée à statuer sur les nullités de la procédure, sur renvoi après cassation d'un précédent arrêt, toutes les parties et leurs avocats doivent être avisés de la date de l'audience afin d'être mis en mesure de déposer un mémoire et, pour les seconds, de présenter leurs observations. • Crim. 19 mars 2002, n° 01-88.240 P.

Art. 174-1 *(L. n° 2000-516 du 15 juin 2000, art. 30, en vigueur le 1er janv. 2001)* **Lorsque la chambre de l'instruction annule une mise en examen pour violation des dispositions de l'article 80-1, la personne est considérée comme témoin assisté à compter de son interrogatoire de première comparution et pour l'ensemble de ses interrogatoires ultérieurs, jusqu'à l'issue de l'information, sous réserve des dispositions des articles 113-6 et 113-8.**

En vertu des dispositions de l'art. 80-1, la chambre de l'instruction est tenue de prononcer l'annulation d'une mise en examen lorsqu'il a été procédé à celle-ci en l'absence d'indices graves ou concordants rendant vraisemblable que la personne mise en cause ait pu participer, comme auteur ou complice, à la commission de l'infraction dont le juge d'instruction était saisi, et cette personne doit être considérée comme un témoin assisté en vertu de l'art. 174-1. • Crim. 1er oct. 2003, n° 03-82.909 P : *D. 2003. IR 2805 ; D 2004. Somm. 672, obs. Pradel ; JCP 2003. IV. 2892.*

SECTION XI DES ORDONNANCES DE RÈGLEMENT

RÉP. PÉN. v° *Instruction préparatoire*, par GUÉRY.

Art. 175 *(L. n° 2019-222 du 23 mars 2019, art. 56-I et 109-XIII, en vigueur le 1er juin 2019)* **I. — Aussitôt que l'information lui paraît terminée, le juge d'instruction communique le dossier au procureur de la République et en avise en même temps les avocats des parties ou, si elles ne sont pas assistées par un avocat, les parties. L'avis est notifié soit verbalement avec émargement au dossier, soit par lettre recommandée. Lorsque la personne est détenue, il peut également être notifié par les soins du chef de l'établissement pénitentiaire, qui adresse sans délai au juge d'instruction l'original ou la copie du récépissé signé par l'intéressé.**

II. — Le procureur de la République dispose alors d'un délai d'un mois si une personne mise en examen est détenue ou de trois mois dans les autres cas pour adresser ses réquisitions motivées au juge d'instruction. Copie de ces réquisitions est adressée dans le même temps par lettre recommandée aux avocats des parties ou, si elles ne sont pas assistées par un avocat, aux parties.

III. — Dans un délai de quinze jours à compter soit de chaque interrogatoire ou audition réalisé au cours de l'information, soit de l'envoi de l'avis prévu au I du présent article, les parties peuvent faire connaître au juge d'instruction, selon les modalités prévues à l'avant-dernier alinéa de l'article 81, qu'elles souhaitent exercer l'un ou plusieurs des droits prévus aux IV et VI du présent article.

IV. — Si elles ont indiqué souhaiter exercer ces droits dans les conditions prévues au III, les parties disposent, selon les cas mentionnés au II, d'un même délai d'un mois ou de trois mois à compter de l'envoi de l'avis prévu au I pour :

1° Adresser des observations écrites au juge d'instruction, selon les mêmes modalités ; copie de ces observations est alors adressée en même temps au procureur de la République ;

2° Formuler des demandes ou présenter des requêtes, selon les mêmes modalités, sur le fondement du neuvième alinéa de l'article 81, des articles 82-1 et 82-3, du premier alinéa de l'article 156 et du troisième alinéa de l'article 173, sous réserve qu'elles ne soient pas irrecevables en application des articles 82-3 et 173-1.

A l'expiration du délai mentionné au II du présent article, les parties ne sont plus recevables à adresser de telles observations ou à formuler ou présenter de telles demandes ou requêtes.

V. — Si les parties ont adressé des observations en application du 1° du IV, le procureur de la République dispose d'un délai de dix jours si une personne mise en examen est détenue ou d'un mois dans les autres cas pour adresser au juge d'instruction des réquisitions complémentaires à compter de la date à laquelle ces observations lui ont été communiquées.

VI. — Si les parties ont indiqué qu'elles souhaitaient exercer ce droit conformément au III, elles disposent d'un délai de dix jours si une personne mise en examen est détenue ou d'un mois dans les autres cas pour adresser au juge d'instruction des observations complémentaires à compter de la date à laquelle les réquisitions leur ont été communiquées.

VII. — A l'issue, selon les cas, du délai d'un mois ou de trois mois prévu aux II et IV, ou du délai de dix jours ou d'un mois prévu aux V et VI, le juge d'instruction peut rendre son ordonnance de règlement, y compris s'il n'a pas reçu de réquisitions ou d'observations dans ces délais.

VIII. — Le III, le 1° du IV, le VI et, s'agissant des requêtes en nullité, le 2° du IV sont également applicables au témoin assisté.

Le délai de dix jours, si une personne mise en examen est détenue, accordé aux parties qui ont indiqué qu'elles souhaitaient exercer ce droit conformément au III de l'art. 175, dans sa rédaction issue de la loi n° 2019-222 du 23 mars 2019, pour adresser au juge d'instruction des observations complémentaires, court à compter de la date à laquelle les réquisitions leur ont été communiquées. • Crim. 26 janv. 2022, n° 21-86.230 P : *D. actu. 18 févr. 2022, obs. Engel.* ♦ Comp. notes 12 s. ss. ancien art. 175.

Ancien art. 175 (*L. n° 2007-291 du 5 mars 2007, art. 19-I, en vigueur le 1er juill. 2007*) ***Aussitôt que l'information lui paraît terminée, le juge d'instruction communique le dossier au procureur de la République et en avise en même temps les parties et leurs avocats soit verbalement avec émargement au dossier, soit par lettre recommandée. Lorsque la personne est détenue, cet avis peut également être notifié par les soins du chef de l'établissement pénitentiaire, qui adresse sans délai au juge d'instruction l'original ou la copie du récépissé signé par l'intéressé.***

Le procureur de la République dispose alors d'un délai d'un mois si une personne mise en examen est détenue ou de trois mois dans les autres cas pour adresser ses réquisitions motivées au juge d'instruction. Copie de ces réquisitions est adressée dans le même temps aux (*Abrogé par Décis. n° 2011-160 QPC du 9 sept. 2011, à compter du 10 sept. 2011*) ***« avocats des » parties par lettre recommandée.***

Les parties disposent de ce même délai d'un mois ou de trois mois à compter de l'envoi de l'avis prévu au premier alinéa pour adresser des observations écrites au juge d'instruction, selon les modalités prévues par l'avant-dernier alinéa de l'article 81. Copie de ces observations est adressée en même temps au procureur de la République.

Dans ce même délai d'un mois ou de trois mois, les parties peuvent formuler des demandes ou présenter des requêtes sur le fondement des articles 81, neuvième alinéa, 82-1 (*L. n° 2016-731 du 3 juin 2016, art. 87*) ***« , 82-3 », 156, premier alinéa, et 173, troisième alinéa*** (*L. n° 2016-*

731 du 3 juin 2016, art. 87) « , sous réserve qu'elles ne soient irrecevables en application des articles 82-3 et 173-1 ». A l'expiration de ce délai, elles ne sont plus recevables à formuler ou présenter de telles demandes ou requêtes.

A l'issue du délai d'un mois ou de trois mois, le procureur de la République et les parties disposent d'un délai de dix jours si une personne mise en examen est détenue ou d'un mois dans les autres cas pour adresser au juge d'instruction des réquisitions ou des observations complémentaires au vu des observations ou des réquisitions qui leur ont été communiquées.

A l'issue du délai de dix jours ou d'un mois prévu à l'alinéa précédent, le juge d'instruction peut rendre son ordonnance de règlement, y compris s'il n'a pas reçu de réquisitions ou d'observations dans le délai prescrit.

Les premier, troisième et cinquième alinéas et, s'agissant des requêtes en nullité, le quatrième alinéa du présent article sont également applicables au témoin assisté.

(Abrogé par L. n° 2016-731 du 3 juin 2016, art. 86) « Les parties peuvent déclarer renoncer, en présence de leur avocat ou celui-ci dûment convoqué, à bénéficier des délais prévus par le présent article. » — V. désormais art. 84-1.

BIBL. ▸ GUÉRY, *AJ pénal 2009. 303* (dernière braderie avant liquidation définitive. Loi du 12 mai 2009 : deux possibilités nouvelles de renonciation par les parties à certains délais de procédure) ; *Dr. pénal 2010. Étude 24* (copié, collé, jugé ? [sur la motivation des ordonnances de renvoi par le juge d'instruction]). – MERCINIER, *AJ pénal 2008. 497* (nouveau régime de la fin de l'information judiciaire : réflexions pratiques).

I. COMMUNICATION AUX AVOCATS ET AUX PARTIES

1. QPC et communication aux parties elles-mêmes. Le Conseil constitutionnel déclare inconstitutionnelle la communication des réquisitions du procureur de la République suivant l'avis de fin d'information aux seuls avocats des parties (art. 175, al. 2). • Cons. const. 9 sept. 2011 : *D. actu. 19 sept. 2011, obs. Léna ; D. 2012. Pan. 1638, obs. Bernaud et Jacquinot ; AJ pénal 2012. 46, obs. Perrier ; Dr. pénal 2012. Chron. 1, obs. Georget ; Procédures 2011, n° 384, obs. Buisson ; ibid. 2012, n° 17, obs. Chavent-Leclère.*

2. Communication aux parties. La communication aux parties du réquisitoire définitif du procureur de la République n'est prévue que dans le cas où elles ne sont pas assistées ou représentées par un avocat. • Crim. 25 juin 2013 : *D. actu. 14 oct. 2013, obs. Priou-Alibert ; AJ pénal 2013. 682, obs. Perrier ; Procédures 2013, n° 259, note Chavent-Leclère ; Dr. pénal 2013, n° 132, obs. Maron et Haas.*

3. Communication aux avocats. Il incombe au procureur de la République qui a transmis dans les délais ses réquisitions motivées au juge d'instruction d'en adresser, dans le même temps, copie aux avocats des parties. Il ne peut être requis du juge d'instruction de procéder à une telle notification. • Crim. 4 déc. 2007, n° 07-87.203 P : *D. 2007. AJ 225, note Lacroix ; AJ pénal 2008. 147, obs. Saas ; Dr. pénal 2009. Chron. 1, obs. Guérin.*

4. En application de l'art. 385, al. 3, le prévenu peut soulever devant le tribunal correctionnel la nullité d'un réquisitoire supplétif adressé aux avocats des parties antérieurement à la décision du Cons. const. du 9 sept. 2011. • Crim. 14 mai 2013 : *D. actu. 28 mai 2013, obs. Winckelmuller.*

5. Nouvel avis de fin d'information. Lorsque l'information est reprise ou poursuivie postérieurement à la notification de l'avis de fin d'information, le juge d'instruction doit renouveler la procédure préalable au règlement, réitérer la communication au procureur de la République et la notification de l'avis de fin d'information aux parties. • Crim. 6 janv. 2015 : *D. actu. 29 janv. 2015, obs. Anane.*

6. Caducité de l'avis de fin d'information. Une saisie pénale de créance, qui n'a pas le caractère d'un acte utile à la manifestation de la vérité, n'a pas pour effet d'entraîner la caducité de l'avis de fin d'information. • Crim. 21 juin 2016, n° 16-81.084 P : *D. actu. 13 juill. 2016, obs. Goetz ; Dr. pénal 2016, n° 132, obs. Maron et Haas.*

II. CALCUL DES DÉLAIS

7. Terme du délai. Si une partie ou son avocat qui ne réside pas dans le ressort de la juridiction compétente peut saisir le juge d'instruction d'une demande de mesure complémentaire d'instruction par déclaration au greffier au moyen d'une lettre recommandée avec demande d'avis de réception dans le délai d'un mois, lorsque la personne mise en examen est détenue, ou de trois mois, quand elle est libre, à compter de l'envoi de l'avis de fin d'information, la demande doit parvenir au greffier avant l'expiration de ce délai. • Crim. 28 mars 2017, n° 16-86.794 P : *D. actu. 3 mai 2017, obs. Priou-Alibert.*

8. Détention pour une autre cause. Le délai d'un mois de l'art. 175 ne s'applique que lorsque la personne mise en examen est détenue dans le cadre de l'information en cause. • Crim. 17 juin 2014, n° 14-81.584 P : *D. actu. 4 juill. 2014, obs. Fucini.*

9. ARSE. L'assignation à résidence avec surveillance électronique, qui peut être ordonnée par un juge d'instruction ou par un juge des libertés et de la détention, est une mesure alternative à la détention provisoire, à laquelle elle ne peut être assimilée au cours de l'information, pour l'application des délais de l'art. 175. • Crim. 17 mars 2015, n° 14-88.310 P : *D. actu. 16 avr. 2015, obs. Anane ; AJ pénal 2015. 499, obs. Perrier ; RSC 2015. 400, note Boccon-Gibod ; Dr. pénal 2015, n° 76, obs. Maron et Haas.*

10. Le dépassement du délai de trois mois ouvert aux parties par l'art. 175, al. 3, est sans incidence sur la recevabilité de ces observations déposées avant les réquisitions du procureur de la République et l'ordonnance de clôture, l'al. 6 du texte préc. prévoyant seulement que le juge d'instruction peut rendre l'ordonnance de règlement sans attendre ces observations. • Crim. 20 avr. 2017, n° 14-84.562 P : *D. actu. 21 juin 2017, obs. Lazerus.*

11. Point de départ du premier délai (al. 2 à 4 de l'anc. art. 175). Pour l'application de l'art. 175, le délai imparti pour présenter une requête en annulation court à compter de la notification de l'avis de fin d'information. Justifie sa décision le président de la chambre de l'instruction qui déclare irrecevable comme tardive une requête en annulation présentée par une partie civile sur le fondement des art. 173, 3e al., et 175, 4e al., et déposée le 5 oct. 2009 auprès du greffe de la chambre de l'instruction, en retenant que le délai de trois mois, qui avait commencé à courir le 2 juill. 2009, jour de la notification de l'avis de fin d'information, avait expiré le 2 oct. 2009 à minuit. • Crim. 12 mai 2010 : *AJ pénal 2010. 452* .

12. Point de départ du second délai (al. 5 et 6 de l'anc. art. 175). Il résulte des art. 175 et 803-1 que, lorsque le juge d'instruction ayant estimé l'information terminée, le ministère public communique ses réquisitions à l'avocat d'une partie après l'expiration du délai d'un mois ou de trois mois qui lui est imparti pour le faire, le délai de dix jours ou d'un mois dont dispose cette partie pour présenter des observations complémentaires a pour point de départ la date de cette communication et est calculé, quel qu'en soit le mode, à compter du lendemain. • Crim. 17 sept. 2008, n° 08-84.928 P : *RSC 2009. 402, obs. Finielz ; AJ pénal 2008. 469, obs. Ascensi ; Dr. pénal 2009, n° 29, obs. Maron et Haas ; Procédures 2009, n° 25, obs. Buisson.* ♦ *Comp.* : il résulte de l'art. 175 que le délai de dix jours ou d'un mois ouvert au ministère public et aux parties pour présenter, respectivement, des réquisitions et observations complémentaires ne commence à courir qu'à l'issue du premier délai d'un mois ou de trois mois prévu par ce texte ; dès lors, en l'absence de détention provisoire de la personne mise en examen, le juge d'instruction ne peut rendre une ordonnance de règlement avant l'expiration d'un délai de 4 mois suivant son avis de fin d'information. • Crim. 15 nov. 2016, n° 15-86.940 P : *D. actu. 8 déc. 2016, obs. Aubert ; AJ pénal 2017. 95, obs. Pitti* .

13. Prescription. Constitue un acte interruptif de prescription l'avis de fin d'information donné par le juge d'instruction aux parties, en application de l'art. 175. • Crim. 3 avr. 2019, n° 18-84.468 P : *D. 2019. Pan. 1626, obs. Pradel* • Crim. 11 janv. 2000, n° 98-86.269 P : *Dr. pénal 2000. Comm. 67, obs. Maron.* ♦ Déjà dans le même sens : • Crim. 9 juin 1998, n° 96-84.894 P : *Procédures 1998. Comm. 263, obs. Buisson.* ♦ ... Par ailleurs, la prescription de l'action publique est suspendue pendant les délais prévus audit article, le juge d'instruction estimant l'information achevée. • Crim. 3 avr. 2019, n° 18-84.468 P : *D. actu. 11 avr. 2019, obs. Goetz ; D. 2019. Pan.1626, obs. Pradel ; AJ pénal 2019. 456, obs. Roussel* .

III. OBJET DES OBSERVATIONS ET DEMANDES

14. La Cour indique qu'en application de l'art. 175, al. 5 (anc.), les parties auxquelles des réquisitions ont été communiquées ne peuvent présenter que des observations complémentaires, à l'exclusion des demandes énumérées par l'al. 4 de cet art. et de celles tendant à constater la prescription de l'action publique. • Crim. 27 avr. 2011, n° 10-87.256 P : *D. actu. 1er juin 2011, obs. Girault ; D. 2011. Actu. 1490 ; Dr. pénal 2012. Chron. 1, obs. Georget.*

15. Justifie sa décision la chambre de l'instruction qui, pour déclarer irrecevable la requête tendant, en application de l'art. 80-1-1, à l'octroi de la qualité de témoin assisté, qui a été formulée par un mis en examen après que lui eut été délivré l'avis de fin d'information, retient que cette demande n'entre pas dans les prévisions de l'art. 175. En effet, le mis en examen ne dispose plus, à ce stade de l'information, que des droits limitativement énumérés par l'art. 175 précité. • Crim. 9 juin 2009, n° 09-82.269 P : *D. 2009. AJ 1831 ; AJ pénal 2009. 415, obs. Ascensi ; Dr. pénal 2010. Chron. 1, obs. Guérin ; Procédures 2009, n° 368, obs. Buisson.*

16. Justifie sa décision la chambre de l'instruction qui, pour rejeter la demande d'annulation de l'avis de mise en examen fondée sur le défaut de mention de la durée de vingt jours durant laquelle le mis en examen pouvait formuler des demandes d'actes ou des requêtes en annulation, retient que le délai ouvert par l'art. 175 s'est substitué à celui de vingt jours de l'art. 113-8. • Crim. 22 sept. 2010, n° 10-84.917 P.

17. Prolongation de la détention. Si la défense, dans le cadre des dispositions de l'art. 175, peut soumettre son argumentation au juge d'instruction avant que celui-ci ne prenne sa décision sur un éventuel maintien en détention de la personne renvoyée devant le tribunal correctionnel, le juge, qui doit spécialement motiver un maintien en détention, n'est pas tenu de répondre expressément aux observations formulées ; d'autre part, cette décision non contradictoire peut être déférée à la chambre de l'instruction. • Crim. 20 déc. 2017, n° 17-85.882 P : *D. actu. 25 janv. 2018, obs. Priou-Alibert.*

IV. IRRÉGULARITÉS

18. Régularisation. Lorsque l'ordonnance de renvoi devant le tribunal correctionnel a été rendue sans que les parties aient été mises en mesure de présenter des observations, les juges saisis de la poursuite doivent renvoyer la procédure au ministère public pour lui permettre de saisir à nouveau la juridiction d'instruction, afin que la procédure soit régularisée. • Crim. 21 mars 2012, n° 11-87.660 P : *D. actu. 4 avr. 2012, obs. Girault ; AJ pénal 2012. 344, obs. Léna.* ♦ L'annulation, par le tribunal correctionnel, de l'ordonnance de renvoi rendue prématurément et le retour de la procédure, aux fins de régularisation, au juge d'instruction qui délivre un nouvel avis de fin d'information n'ont pas pour effet, en l'absence de nouvel acte d'information, d'entraîner la caducité du premier avis qui avait été régulièrement notifié aux parties. Dès lors, après délivrance du second avis de fin d'information, les parties ne sont plus recevables à invoquer des moyens de nullité qu'elles étaient en mesure de présenter dans le délai qui leur était imparti par l'art. 175 à la suite du premier avis qui leur avait été notifié. • Crim. 6 nov. 2013, n° 13-82.123 P.

19. Purge des vices de procédure. Encourt la censure, l'arrêt d'une cour d'appel, qui, statuant dans une procédure suivie des chefs des délit et contravention de blessures involontaires, pour écarter l'exception de prescription soulevée par le prévenu, retient que, d'une part, la contravention relève de la prescription triennale dès lors qu'elle présente un lien de connexité avec le délit poursuivi et que, d'autre part, l'ordonnance de renvoi notifiée conformément aux dispositions de l'art. 175, a purgé les vices de la procédure. • Crim. 20 janv. 2009, n° 08-80.021 P : *D. 2009. AJ 502 ; AJ pénal 2009. 177, obs. Girault ; Dr. pénal 2009, n° 57, obs. Maron et Haas.*

20. Personne en fuite au cours de l'instruction. Il se déduit de l'art. 134 qu'une personne en fuite et vainement recherchée au cours de l'information n'a pas la qualité de partie au sens de l'art. 175. Dès lors, elle ne saurait se prévaloir des dispositions de l'art. 385, al. 3, si, renvoyée devant le tribunal correctionnel par le juge d'instruction, elle se trouve ensuite arrêtée, l'ordonnance de renvoi ayant, comme le prévoit l'art. 179, purgé, s'il en existait, les vices de la procédure. • Crim. 3 avr. 2007, n° 06-89.315 P : *D. 2007. AJ 1206 ; ibid. 2008. Pan. 2763, obs. Pradel ; AJ pénal 2007. 428, note Leblois-Happe ; RSC 2007. Chron. 834, obs. Finielz* • 3 oct. 2007, n° 07-81.030 P.

21. Personne en fuite au cours de l'information (QPC). Non-renvoi de la QPC portant sur la constitutionnalité des art. 134, al. 3, 175 et 385, al. 3, au motif que la personne en fuite ou résidant à l'étranger, qui se soustrait à la procédure d'information, se place, de son propre fait, dans l'impossibilité de bénéficier des dispositions de l'art. 175 ; en conséquence, le bénéfice des dispositions de l'art. 385, al. 3, constituerait dans son cas un avantage injustifié par rapport à la personne mise en examen qui a normalement comparu aux actes de la procédure. • Crim., QPC, 4 janv. 2012, n° 10-85.692 : *RSC 2013. 155, obs. Roets.*

22. Réquisitoire définitif. Justifie sa décision la chambre de l'instruction qui limite la nullité partielle prononcée à la cancellation, sur le réquisitoire définitif, de la mention prohibée (rappel d'une condamnation amnistiée), dès lors que ce réquisitoire répondait par ailleurs aux conditions essentielles de son existence légale. • Crim. 6 oct. 2015, n° 15-82.765 P : *D. actu. 10 nov. 2015, obs. Deker ; D. 2016. Pan. 1727, obs. Pradel.*

V. FORCLUSION

23. Portée de la forclusion. Si la personne mise en examen peut invoquer à tout moment l'incompétence du juge d'instruction en charge du dossier, elle ne peut plus, après l'échéance du délai de forclusion prévu à l'art. 175, al. 4, soulever un tel moyen devant ce magistrat. • Crim. 5 déc. 2018, n° 17-84.967 P.

24. La forclusion, opposable aux seules parties, ne fait pas obstacle à ce qu'en application de l'art. 82, le procureur de la République saisisse le juge d'instruction de réquisitions tendant à la mise en examen de personnes bénéficiant jusque-là du statut de témoin assisté, dès lors que seule l'ordonnance de règlement du juge d'instruction dessaisit ce dernier ; l'acte d'instruction faisant droit aux réquisitions du ministère public rend alors caduc l'avis délivré en application de l'art. 175, ce qui conduit à la réouverture des délais pour les parties. • Crim. 12 avr. 2016, n° 15-86.074 P : *D. actu. 19 mai 2016, obs. Fonteix.* ♦ Le délai de forclusion de l'art. 175 n'est pas opposable au juge d'instruction qui demeure libre, tant qu'il n'a pas rendu son ordonnance de règlement, de diligenter tout acte utile à la manifestation de la vérité, en application de l'art. 81 ; en cas d'acte nouveau, la seule obligation pour le juge d'instruction est de renouveler l'avis prévu à l'art. 175 afin de garantir le principe du contradictoire et les droits de la défense. • Même arrêt.

25. Forclusion et complément d'information. La forclusion de l'art. 175 ne fait pas obstacle à ce que les parties présentent à la chambre d'accusation, saisie du règlement de la procédure, des demandes de complément d'information. En application de l'art. 201, de telles demandes ne sont en effet soumises, devant la chambre d'accusation, à aucune condition de recevabilité. • Crim. 19 sept. 1995, n° 95-83.497 P. ♦ Rappr. : • Crim. 3 avr. 1996, n° 95-83.690 P.

26. La forclusion édictée par l'art. 175, al. 2 ne fait pas obstacle à ce que, en application des art. 463 et 512, les parties puissent saisir la juridiction de jugement de demandes tendant à l'accomplissement d'un supplément d'information. • Crim. 30 juin 1999, n° 98-80.470 P : *Procédures 2000. Comm. 42, obs. Buisson ; Dr. pénal 2000. Chron. 8, note Marsat.*

27. La chambre d'accusation n'a pas à répondre aux articulations d'un mémoire invoquant des nullités d'actes de l'information que la partie civile n'était plus recevable à proposer, en application de l'art. 175, al. 2. • Crim. 26 janv. 2000, n° 99-85.725 P. ♦ Mais la forclusion de l'art. 175 ne fait pas obstacle à ce que la chambre de l'instruction relève tout moyen de nullité à l'occasion de l'examen de la régularité de la procédure auquel elle se livre en application de l'art. 206. • Crim. 6 mai 2003, n° 02-84.348 P : *D. 2003. IR 1667 ; JCP 2003. IV. 2226.*

28. Forclusion et constatation de la prescription de l'action publique. Il se déduit de la combinaison des art. 82-3, 175 et 186-1 que la demande de constatation de la prescription de l'action publique présentée par une partie n'est plus recevable après l'expiration du délai de vingt jours à compter de l'envoi de l'avis de fin d'information. • Crim. 18 sept. 2001, n° 01-84.130 P : *D. 2002. IR 44.*

29. Lorsqu'une partie a adressé au juge d'instruction une demande fondée sur l'art. 82-3, avant l'expiration du délai de vingt jours, et que ce juge n'a pas statué dans le délai d'un mois, l'intéressé peut saisir directement le président de la chambre de l'instruction en application des dispositions de l'art. 186-1. • Crim. 18 sept. 2001, n° 01-85.129 P : *D. 2001. IR 3398.*

30. Limites de la forclusion. Selon les dispositions combinées des art. 174, al. 1er, et 175, le délai de forclusion de 20 jours ne peut être opposé aux parties en ce qui concerne les irrégularités révélées par les investigations complémentaires sollicitées dans ce délai, et diligentées même après son expiration. • Crim. 19 juin 1995, n° 94-85.915 P : *JCP 1996. I. 3906, Chron. J.-H. Robert ; Procédures 1995. Comm. 306, obs. Buisson.* ♦ ... Les irrégularités alléguées concernant des pièces versées au dossier de l'information ou des actes de la procédure réalisés après l'expiration de ce délai. • Crim. 5 mai 1998, n° 98-80.138 P : *Procédures 1998. Comm. 248, obs. Buisson.* ♦ Dans le même sens : • Crim. 7 juin 2000, n° 00-81.841 P : *Dr. pénal 2001. Chron. 4, obs. Marsat.* ♦ ... Ni aux parties qui, n'ayant pas été avisées de la date de l'audience de la chambre d'accusation où est examinée la régularité d'une procédure d'information, restent recevables par la suite à soulever d'éventuelles nullités. • Crim. 30 nov. 1995, n° 95-84.807 P.

31. Point de départ du délai de forclusion. Le délai de présentation d'une requête en annulation commence à courir le lendemain de la date d'expédition de la lettre recommandée avisant les parties de la fin de l'information. • Crim. 23 juin 1999, n° 99-82.347 P : *Procédures 2000. Comm. 43, obs. Buisson.* ♦ Le délai ne court pas tant que l'avis de fin d'information n'a pas été régulièrement notifié à l'avocat du mis en examen quand bien même ce dernier aurait reçu la notification. • Crim. 22 mars 2000, n° 99-87.230 P : *Procédures 2000, Comm. 174, obs. Buisson :*

VI. SOIT-COMMUNIQUÉ

32. Régime de l'ordonnance de soit-communiqué. L'ordonnance de soit-communiqué n'entre pas dans la catégorie des actes qui, d'après l'art. 183 en sa rédaction issue de la loi du 30 déc. 1985, doivent être notifiés aux parties ou à leurs conseils. • Crim. 28 janv. 1987, n° 86-96.014 P : *D. 1987. Somm. 410, obs. Pradel* • 7 nov. 1989, n° 89-85.006 P.

33. Effets de l'ordonnance de soit-communiqué. Après avoir rendu son ordonnance de soit-communiqué, le juge d'instruction peut recevoir des pièces nouvelles, les joindre au dossier et les communiquer au procureur de la République sans qu'il en soit donné connaissance aux conseils. • Crim. 15 avr. 1904 : *Bull. crim. n° 186.* ♦ La communication du dossier n'est exigible qu'avant les interrogatoires de l'inculpé. • Crim. 3 mars 1951 : *Bull. crim. n° 68.*

34. Le fait par un juge d'instruction d'avoir, après l'ordonnance de soit-communiqué aux fins de règlement, décerné des commissions rogatoires qui ont été exécutées avant l'ordonnance de transmission du dossier au procureur général, ne porte pas atteinte aux droits de la défense dès lors que, d'une part, les conseils de l'inculpé ont été régulièrement avisés de la date à laquelle l'affaire serait appelée à l'audience de la chambre d'accusation, qu'ils se sont présentés devant celle-ci et ont eu toute latitude pour intervenir dans l'intérêt de l'inculpé avant que soit prononcé le renvoi devant la juridiction de jugement et, d'autre part, que le ministère public a pu avoir connaissance des actes d'instruction incriminés avant de prendre ses réquisitions. • Crim. 14 juin 1984, n° 84-91.863 P.

35. Du moment que le réquisitoire définitif n'est intervenu qu'après que l'instruction ait été terminée, le silence de ce réquisitoire sur tel ou tel acte d'instruction antérieur à la date où il a été établi est sans conséquence au point de vue de la validité de la procédure. • Crim. 21 déc. 1966, n° 65-92.787 P.

36. Droit à un procès équitable. Les dispositions de l'art. 6, § 1, Conv. EDH ne concernent que les juridictions appelées à se prononcer sur le fond de l'affaire et ne peuvent être invoquées à propos du juge d'instruction, dont les décisions, qui ne préjugent en rien de la culpabilité, se bornent à examiner si les éléments recueillis au cours de l'information peuvent constituer des charges suffisantes de nature à justifier le renvoi de l'intéressé devant la juridiction compétente pour le juger, le prévenu ne peut donc invoquer une violation de cet art. au motif que le réquisitoire définitif ne lui a pas été communiqué et que le juge d'instruction a rendu l'ordonnance de renvoi dans un bref délai. • Crim. 4 sept. 2002, n° 01-85.933.

Art. 175-1 *(L. n° 2000-516 du 15 juin 2000, art. 74-II ; L. n° 2000-1354 du 30 déc. 2000, art. 25 et 37, en vigueur le 1er janv. 2001)* **La personne mise en examen, le témoin assisté ou la partie civile peut, à l'expiration du délai qui lui a été indiqué en application du** *(L. n° 2014-535 du 27 mai 2014, art. 6, en vigueur le 2 juin 2014)* **« neuvième » alinéa de l'article 116 ou du deuxième alinéa de l'article 89-1 à compter, respectivement, de la date de la mise en examen, de la première audition ou de la constitution de partie civile, demander au juge d'instruction, selon les modalités prévues au dixième alinéa de l'article 81, de prononcer le renvoi ou la mise en accusation devant la juridiction de jugement ou de déclarer qu'il n'y a pas lieu à suivre, y compris en procédant, le cas échéant, à une disjonction. Cette demande peut également être formée lorsque aucun acte d'instruction n'a été accompli pendant un délai de quatre mois.**

Dans le délai d'un mois à compter de la réception de cette demande, le juge d'instruction y fait droit ou déclare, par ordonnance motivée, qu'il y a lieu à poursuivre l'information. Dans le premier cas, il procède selon les modalités prévues à la présente section. Dans le second cas, ou à défaut pour le juge d'avoir statué dans le délai d'un mois, la personne mise en examen, le témoin assisté ou la partie civile peut saisir le président de la chambre de l'instruction en application de l'article 207-1. Cette saisine doit intervenir dans les cinq jours qui suivent la notification de la décision du juge ou l'expiration du délai d'un mois.

Lorsque le juge d'instruction a déclaré qu'il poursuivait son instruction, une nouvelle demande peut être formée à l'expiration d'un délai de six mois.

Les dispositions du présent article ne sont pas applicables après l'envoi de l'avis prévu au *(L. n° 2019-222 du 23 mars 2019, art. 56-X et 109-XIII, en vigueur le 1er juin 2019)* **« I » de l'article 175.**

1. Effets de l'expiration du délai d'un mois. L'expiration du délai d'un mois fixé par l'art. 175-1, al. 2 n'entraîne pas le dessaisissement du juge d'instruction. • Crim. 13 juin 1995, n° 94-85.210 P.

2. Saisine de la chambre d'accusation. Est irrecevable la demande de saisine directe de la chambre d'accusation en application de l'art. 175-1, al. 3 déposée après qu'a été rendue, par le juge d'instruction, l'ordonnance prévue par l'al. 2 dudit texte. • Crim. 13 juin 1995 : *préc. note 1.*

3. Réitération de la requête. Les dispositions de l'art. 175-1 ne sauraient interdire, sauf à faire échec aux droits qu'ont les parties de s'assurer que leur cause est examinée dans un délai raisonnable, que la requête de non-lieu à suivre ou de renvoi devant la juridiction de jugement soit réitérée dans les mêmes formes, lorsqu'un nouveau délai d'un an s'est écoulé depuis la dernière demande adressée aux mêmes fins au magistrat instructeur. • Crim. 15 janv. 1997, n° 95-85.481 P : *JCP 1997. I. 4031, Chron. Maron ; Procédures 1997. Comm. 125, obs. Buisson.*

4. Notification de la date d'audience. Il résulte des dispositions combinées des art. 175-1, al. 3, et 197 que, lorsqu'une partie civile ou une personne mise en examen saisit directement une chambre d'accusation d'une demande aux fins de renvoi devant la juridiction de jugement ou de non-lieu, le procureur général doit notifier à toutes les parties la date à laquelle l'affaire sera appelée à l'audience. • Crim. 11 janv. 2000, n° 99-87.247 P : *Dr. pénal 2000. Chron. 18, obs. Marsat ; ibid. Comm. 66, obs. Maron.*

5. Constatation de la prescription de l'action publique. La demande de constatation de la prescription de l'action publique prévue par l'art. 82-3 n'est pas une demande de déclaration qu'il n'y a pas lieu à poursuivre entrant dans le cadre des dispositions de l'art. 175-1 ; elle peut être valablement faite par l'une des parties entre l'envoi de l'avis de fin d'information et l'expiration du délai de vingt jours. • Crim. 18 sept. 2001, n° 01-85.129 P : *D. 2001. IR 3398.*

Circulaire CRIM 00-16 F1 du 20 décembre 2000, *présentant les dispositions de la loi du 15 juin 2000 renforçant la protection de la présomption d'innocence et les droits des victimes concernant l'instruction, la détention provisoire, le juge des libertés et de la détention et le jugement correctionnel. [...]*

1.2.7. *DISPOSITIONS TENDANT À GARANTIR LE RESPECT D'UNE DURÉE RAISONNABLE DE L'INFORMATION*

La loi du 15 juin 2000 a sensiblement renforcé les dispositions destinées à éviter qu'une instruction ne se poursuive au-delà d'un délai raisonnable, d'une part en améliorant le contrôle des parties sur la durée de la procédure, d'autre part en instituant un mécanisme de contrôle indépendant de la volonté des parties.

La nécessité de respecter un délai raisonnable résulte déjà, pour l'ensemble de la procédure, des dispositions de l'article préliminaire du code de procédure pénale. Elle est plus précisément rappelée dans le nouvel article 175-2 dont le premier alinéa dispose qu'en toute matière, la durée de l'instruction ne peut excéder un délai raisonnable au regard de la gravité des faits reprochés à la personne mise en examen, de la complexité des investigations nécessaires à la manifestation de la vérité et de l'exercice des droits de la défense.

1.2.7.1. *Renforcement du droit des parties de faire contrôler la durée de la procédure*

1.2.7.1.1. Présentation générale des nouvelles dispositions

Les dispositions de l'article 175-1, qui permettaient aux parties de demander au juge d'instruction la clôture de l'instruction, pour les affaires correctionnelles ou criminelles, à l'issue d'un délai d'un an, ont été à la fois améliorées et adaptées aux réalités judiciaires qui justifiaient notamment qu'il soit distingué selon la nature des procédures.

Désormais et d'une manière générale, le délai maximum à l'issue duquel les parties (mis en examen, partie civile et témoin assisté) peuvent demander le règlement de la procédure demeure d'un an en matière correctionnelle mais a été porté à dix-huit mois en matière criminelle. Ces délais sont donc ceux qui sont considérés par le législateur comme devant être les délais normaux d'achèvement des instructions.

En contrepartie, le juge d'instruction a désormais la possibilité de fixer un calendrier prévisionnel de la procédure plus court que ces délais d'un an et de dix-huit mois et d'en informer les parties qui pourront alors demander le règlement de l'instruction à l'issue des délais fixés par le juge.

Bien évidemment, l'évolution du dossier peut toujours conduire à ce que la durée prévisible de la procédure dont la partie a été informée par le juge d'instruction ne soit pas respectée, notamment si les parties demandent et obtiennent la réalisation de certains actes auxquels le juge d'instruction n'avait initialement pas l'intention de procéder ou si l'information révèle la commission de nouveaux faits qui donnent lieu à la délivrance de réquisitoires supplétifs.

Dans un tel cas, la saisine du juge d'instruction par la partie à l'issue du délai prévisionnel n'interdira évidemment pas la poursuite de la procédure et la partie pourra d'ailleurs être de ce fait conduite à renoncer à demander le règlement de l'information.

En tout état de cause, c'est au juge d'instruction qu'il appartiendra souverainement d'apprécier s'il est ou non possible de fixer un délai d'achèvement plus court que les délais d'un an ou de dix-huit mois et il pourra toujours préférer l'application de ces délais. Il est par ailleurs des hypothèses dans lesquelles le juge d'instruction sera dans la totale impossibilité de fixer un délai prévisible ; ainsi, un tel délai ne peut pas être donné à une partie civile en cas d'information ouverte contre une personne inconnue.

1.2.7.1.2. Application pratique des nouvelles dispositions

1) *Information obligatoire des parties sur leur droit de demander la clôture de l'instruction*

Les articles 116, relatif à la première comparution du mis en examen ou du témoin assisté, et 89-1, concernant la première audition de la partie civile, disposent désormais que s'il estime que le délai prévisible d'achèvement de l'information est inférieur à un an en matière correctionnelle ou à dix-huit mois en matière criminelle, le juge d'instruction donne connaissance de ce délai prévisible à la personne et l'avise qu'à l'expiration dudit délai, elle pourra demander la clôture de la procédure en application des dispositions de l'article 175-1. Dans le cas contraire, il indique à la personne qu'elle pourra demander, en application de ce même article, la clôture de la procédure à l'expiration d'un délai d'un an en matière correctionnelle ou de dix-huit mois en matière criminelle.

L'information de la partie civile peut également être faite par lettre recommandée, en application des dispositions du dernier alinéa de l'article 89-1.

La personne qui se voit octroyer le statut de témoin assisté, même sans avoir fait l'objet de la première comparution de l'article 116, est informée de ces mêmes droits comme cela a été indiqué en vertu des dispositions de l'article 113-4.

2) *Présentation de la demande de règlement de la procédure*

— *Moment de la demande :*

En application des nouvelles dispositions de l'article 175-1, les parties peuvent déposer auprès du juge d'instruction une demande tendant à la clôture de l'information à l'expiration soit du délai prévisible qui a été fixé par le magistrat, soit, à défaut, du délai d'un an ou de dix-huit mois.

Ce délai court selon les cas à compter de la mise en examen, de la première audition du témoin assisté ou de la constitution de partie civile.

Cette demande peut également être formée lorsqu'aucun acte d'instruction n'a été accompli pendant un délai de quatre mois.

En application du troisième alinéa de l'article 175-1, lorsque le juge d'instruction a déclaré qu'il poursuivait son instruction, une nouvelle demande peut être formée à l'expiration d'un délai de six mois (alors qu'auparavant la jurisprudence estimait qu'une nouvelle demande n'était possible qu'après l'expiration d'un délai d'un an).

Le dernier alinéa de l'article 175-1 précise que la demande de clôture de l'information ne peut intervenir après l'envoi de l'avis de fin d'information prévu au premier alinéa de l'article 175.

Application dans le temps : il convient de considérer que les personnes à qui ont été notifié leur droit de demander le règlement de l'instruction avant le 1er janvier 2001, sous l'empire des précédents textes, peuvent déposer leur demande dans les délais qui leur ont été notifiés et donc à l'issue d'un délai d'un an et non de dix-huit mois, y compris lorsqu'il s'agit d'une procédure criminelle.

— *Objet de la demande :*

Celle-ci tend soit au prononcé d'une ordonnance de renvoi devant la juridiction de jugement, soit au prononcé d'une ordonnance de non-lieu (rien n'interdisant à un mis en examen qui estime son renvoi inévitable de demander au juge de ne plus tarder à prendre cette décision).

L'article 175-1 précise expressément que la partie peut demander qu'intervienne une ordonnance de non-lieu, y compris en procédant, le cas échéant, à une disjonction. Il arrive en effet que des personnes dont il apparaît qu'elles ont été mises hors de cause en cours de procédure demeurent mises en examen jusqu'au règlement final de l'information (et au renvoi des autres personnes mises en examen). Dans de telles hypothèses, le non-lieu pourra, à leur demande, leur être accordé sans tarder (ces personnes bénéficiant alors du statut du témoin assisté pour la suite de la procédure, du fait des dispositions de l'alinéa 3 de l'article 182, dans sa rédaction issue de la loi du 23 juin 1999).

— *Formes de la demande :*

Il s'agit, comme auparavant, de celles prévues pour les demandes d'actes par l'alinéa 10 de l'article 81 du CPP [C. pr. pén.].

3) *Suite de la demande*

La suite de la procédure est précisée par le deuxième alinéa de l'article 175-1.

Le juge d'instruction doit répondre dans le délai d'un mois à compter de la réception de cette demande.

S'il décide d'y faire droit, le juge d'instruction entamera la procédure de règlement de l'information en adressant aux parties l'avis de fin d'information prévu par l'article 175. Il en sera ainsi même si le juge envisage un renvoi alors qu'il avait été saisi aux fins de non-lieu et inversement car, dans ces deux hypothèses, le juge d'instruction fera bien droit à la demande de la partie en ce qu'elle tend au règlement de la procédure.

S'il décide de ne pas y faire droit, il doit rendre une ordonnance motivée disant qu'il y a lieu à poursuivre l'information. Si la partie est convaincue par les motifs de l'ordonnance, elle ne contestera pas cette décision mais aura la possibilité, à l'issue d'un délai de six mois, de déposer une nouvelle demande de clôture. Dans le cas contraire, y compris à défaut pour le juge d'avoir statué dans le délai d'un mois, la personne mise en examen, le témoin assisté ou la partie civile, pourra saisir le président de la chambre de l'instruction en application de l'article 207-1. Cette saisine devra alors intervenir dans les cinq jours qui suivent la notification de la décision du juge ou l'expiration du délai d'un mois *[Il peut être observé que même si le juge d'instruction rend une ordonnance, le président de la chambre de l'instruction est directement saisi par la partie qui n'a donc pas à faire appel de cette ordonnance.]*.

L'article 207-1 précise la suite de la procédure devant le président de la chambre de l'instruction et, le cas échéant, devant cette chambre.

Le président de la chambre de l'instruction doit décider, dans les huit jours de la transmission du dossier, par une ordonnance qui n'est pas susceptible de recours, s'il y a lieu ou non de saisir la chambre de l'instruction.

S'il estime qu'il y a lieu de saisir la chambre, il transmet le dossier au procureur général qui procède ainsi qu'il est dit aux articles 194 et suivants.

Après qu'elle a été saisie, la chambre d'instruction peut alors soit prononcer le renvoi devant la juridiction de jugement ou la mise en accusation devant la cour d'assises, soit déclarer qu'il n'y a pas lieu à suivre, soit évoquer et procéder dans les conditions prévues aux articles 201, 202 et 204, soit renvoyer le dossier de la procédure au même juge d'instruction ou à un autre juge d'instruction afin de poursuivre l'information.

Si le président estime qu'il n'y a pas lieu de saisir la chambre, il ordonne, par décision motivée, que le dossier de l'information soit renvoyé au juge d'instruction. Il pourra notamment en être ainsi lorsqu'il apparaît avec une particulière évidence que la demande de clôture de l'information déposée par la partie n'est pas justifiée et que l'instruction doit se poursuivre. Tel pourra notamment être le cas si la chambre de l'instruction a été saisie peu de temps auparavant, à la demande d'une autre partie, et qu'elle a ordonné au juge de poursuivre son information.

Art. 175-2 *(L. nº 2000-516 du 15 juin 2000, art. 74-III, en vigueur le 1er janv. 2001)* **En toute matière, la durée de l'instruction ne peut excéder un délai raisonnable au regard de la gravité des faits reprochés à la personne mise en examen, de la complexité des investigations nécessaires à la manifestation de la vérité et de l'exercice des droits de la défense.**

Si, à l'issue d'un délai de deux ans à compter de l'ouverture de l'information, celle-ci n'est pas terminée, le juge d'instruction rend une ordonnance motivée par référence aux critères prévus à l'alinéa précédent, expliquant les raisons de la durée de la procédure, comportant les indications qui justifient la poursuite de l'information et précisant les perspectives de règlement. Cette ordonnance est communiquée au président de la chambre de l'instruction qui peut, par requête, saisir cette juridiction conformément aux dispositions de l'article 221-1.

L'ordonnance prévue à l'alinéa précédent doit être renouvelée tous les six mois.

Nature de l'ordonnance. L'ordonnance prévue à l'art. 175-2 relève de l'administration judiciaire et plus particulièrement de la surveillance des cabinets d'instruction par le président de la chambre de l'instruction, elle ne peut donc faire l'objet d'un quelconque recours et son omission ne peut affecter la validité de la procédure. • Paris, ch. instr., 20 déc. 2002 : *D. 2003. Chron. 2511, note Morvan* • Crim. 15 janv. 2008, nº 07-87.460 P : *D. 2008. AJ 418, note Lavric ; AJ pénal 2008. 145, note Lavric ; Dr. pénal 2009. Chron. 1, obs. Guérin.* ♦ L'obligation pour le juge d'instruction de rendre l'ordonnance prévue par l'art. 175-2, al. 2 à l'issue du délai de deux ans à compter de l'ouverture d'une information, si celle-ci n'est pas terminée, n'est pas prescrite à peine de nullité. Une telle ordonnance ne revêt aucun caractère juridictionnel, le juge d'instruction n'ayant d'autre obligation que de la communiquer au président de la chambre de l'instruction. • Crim. 17 janv. 2006, nº 05.82.197 P : *D. 2006. IR 533 ; ibid. 2007. Pan. 973, obs. Pradel ; AJ pénal 2006. 177, obs. Saas.*

Art. 175-3 *(Abrogé par L. nº 2004-204 du 9 mars 2004, art. 90-II) (L. nº 2000-516 du 15 juin 2000, art. 75, en vigueur le 1er janv. 2001)* ***Le juge d'instruction informe tous les six mois la partie civile de l'avancement de l'instruction.***

Art. 176 *(L. nº 93-1013 du 24 août 1993)* **Le juge d'instruction examine s'il existe contre la personne mise en examen des charges constitutives d'infraction, dont il détermine la qualification juridique.**

1. *Marge de manœuvre du juge d'instruction.* Le juge d'instruction n'est jamais lié par les réquisitions du procureur de la République et décide en toute indépendance sur le règlement de l'information. • Crim. 25 sept. 1824 : *Bull. crim. n° 126.*

2. Le juge d'instruction est tenu de statuer, par ordonnance de règlement, sur tous les faits dont il a été régulièrement saisi. • Crim. 24 mars 1977, n° 76-91.442 P.

3. *Qualifications retenues par le juge.* Il appartient au juge d'instruction de qualifier les faits entraînant un renvoi devant les juridictions quand bien même les intéressés ont été mis en examen sur la base d'autres qualifications ; peu importe que les personnes mises en examen n'aient pas pu s'exprimer à ce sujet, ce n'est pas contraire aux dispositions de l'art. 6, § 3, Conv. EDH. • Crim. 29 mai 2001, n° 01-80.718 P : *D. 2001. IR 1925 ; D. 2002. Somm. 1461, obs. Pradel.*

Art. 177 **Si le juge d'instruction estime que les faits ne constituent ni crime, ni délit, ni contravention, ou si l'auteur est resté inconnu, ou s'il n'existe pas de charges suffisantes contre** *(L. n° 93-2 du 4 janv. 1993)* **« la personne mise en examen », il déclare, par une ordonnance, qu'il n'y a lieu à suivre.**

(L. n° 2004-204 du 9 mars 2004, art. 122, en vigueur le 1er oct. 2004) **« Lorsque l'ordonnance de non-lieu est motivée par l'existence de l'une des causes d'irresponsabilité pénale prévue par** *(Abrogé par L. n° 2008-174 du 25 févr. 2008, art. 4-II) « le premier alinéa de l'article* **122-1, » les articles 122-2, 122-3, 122-4, 122-5 et 122-7 du code pénal ou par le décès de la personne mise en examen, elle précise s'il existe des charges suffisantes établissant que l'intéressé a commis les faits qui lui sont reprochés. »**

(L. n° 93-1013 du 24 août 1993) **« Les personnes mises en examen qui sont provisoirement détenues sont mises en liberté. »** *(L. n° 93-2 du 4 janv. 1993)* **« L'ordonnance met fin au contrôle judiciaire. »**

(L. n° 85-1407 du 30 déc. 1985) **« Le juge d'instruction statue par la même ordonnance sur la restitution des objets placés sous main de justice. Il peut refuser la restitution lorsque celle-ci présente un danger pour les personnes ou les biens. »** *(L. n° 87-962 du 30 nov. 1987)* **« La décision relative à la restitution peut être déférée, par toute personne qui y a intérêt, à la chambre de l'instruction dans les conditions et selon les modalités prévues par l'article 99. »**

Dernier al. *abrogé par L. n° 93-2 du 4 janv. 1993.*

V. également art. 706-112 s.

1. *Absence de conséquences sur le civilement responsable.* L'ordonnance de non-lieu dont bénéficie un inculpé quant aux infractions pénales est sans autorité sur sa qualité de civilement responsable. • Crim. 15 mars 1982, n° 80-90.031 P.

2. *Qualification.* L'ordonnance du juge d'instruction qui, sans contester l'existence d'indices suffisants contre l'inculpé, ou la réalité des faits poursuivis, ou leur nature délictuelle, se borne à écarter la qualification donnée à ces faits par le réquisitoire du ministère public, ne saurait être assimilée à une ordonnance de non-lieu, et les tribunaux ne sont pas liés par la qualification qu'a attribuée à ces faits le magistrat instructeur. • Crim. 12 janv. 1954 : *Bull. crim. n° 10.*

3. *Requalification.* La décision du juge d'instruction ne saurait présenter les caractères d'une ordonnance de non-lieu, ni posséder l'autorité de la chose jugée, lorsque le magistrat instructeur, sous le couvert, d'une part d'un non-lieu, d'autre part d'un renvoi devant la juridiction correctionnelle, a, en réalité, procédé à une requalification des faits. Le renvoi, indicatif et non attributif de compétence, laisse au juge correctionnel sa pleine liberté d'appréciation en fait comme en droit, et la négation des circonstances constitutives d'un crime, implicite ou énoncée textuellement dans l'ordonnance, ne lie aucunement les juges du fond qui restent maîtres de statuer sur la compétence. • Crim. 23 juin 1992, n° 92-81.460 P.

4. *Appel de l'ordonnance de non-lieu.* L'appel formé par la partie civile contre une ordonnance de non-lieu du juge d'instruction a pour effet de remettre en question devant la chambre de l'instruction le sort de l'action publique. • Crim. 17 sept. 2003, n° 02-87.391 P : *D. 2003. IR 2603 ; JCP 2003. IV. 2884.* ♦ Selon l'art. 177, al. 3, l'ordonnance de non-lieu rendue par le juge d'instruction met fin au contrôle judiciaire de la personne mise en examen. Ainsi, la chambre de l'instruction, statuant sur l'appel de cette ordonnance et infirmant celle-ci, ne peut ordonner le maintien sous contrôle judiciaire de l'intéressé jusqu'à sa comparution devant la juridiction de jugement. • Crim. 27 mars 2008, n° 07-86.261 P : *AJ pénal 2008. 289 ; Dr. pénal 2009. Chron. 1, obs. Guérin.*

5. L'ordonnance de non-lieu met fin au contrôle judiciaire de la personne mise en examen sauf si la chambre de l'instruction l'infirme et prononce à nouveau une mesure de contrôle judiciaire. • Crim. 24 avr. 2013 : *D. actu. 3 juin 2013, obs. Fucini ; AJ pénal 2013. 546, note Lasserre Capdeville* • Crim. 20 juin 2017, n° 17-82.215 P.

Art. 177-1 *(L. n° 93-2 du 4 janv. 1993)* **Le juge d'instruction** *(L. n° 93-1013 du 24 août 1993)* **« peut ordonner », sur la demande de la personne concernée** *(L. n° 2000-516 du 15 juin 2000, art. 96-III)* **« ou, avec l'accord de cette personne, d'office ou à la demande du ministère public », soit la publication intégrale ou partielle de sa décision de non-lieu, soit l'insertion d'un communiqué informant le public des motifs et du dispositif de celle-ci, dans un ou plusieurs journaux, écrits périodiques ou services de** *(L. n° 2004-575 du 21 juin 2004, art. 2-IV)* **« communication au public par voie électronique » qu'il désigne.**

Il détermine, le cas échéant, les extraits de la décision qui doivent être publiés ou fixe les termes du communiqué à insérer.

(L. n° 2000-516 du 15 juin 2000, art. 96-III) **« Si le juge ne fait pas droit à la demande de la personne concernée, il doit rendre une ordonnance motivée, qui est susceptible d'appel devant la chambre de l'instruction. »**

Art. 177-2 *(L. n° 2000-516 du 15 juin 2000, art. 87-I)* **Lorsqu'il rend une ordonnance de non-lieu à l'issue d'une information ouverte sur constitution de partie civile, le juge d'instruction peut, sur réquisitions du procureur de la République et par décision motivée, s'il considère que la constitution de partie civile a été abusive ou dilatoire, prononcer contre la partie civile une amende civile dont le montant ne peut excéder 15 000 €.**

Cette décision ne peut intervenir qu'à l'issue d'un délai de vingt jours à compter de la communication à la partie civile et à son avocat, par lettre recommandée ou par télécopie avec récépissé, des réquisitions du procureur de la République, afin de permettre à l'intéressé d'adresser des observations écrites au juge d'instruction.

Cette décision peut être frappée d'appel par la partie civile dans les mêmes conditions que l'ordonnance de non-lieu.

Si le juge d'instruction ne suit pas les réquisitions du procureur de la République, ce dernier peut interjeter appel dans les mêmes conditions.

RÉP. PÉN. v° *Dénonciation téméraire*, par MAYAUD.

1. Modifications législatives. La cour d'appel énonce justement que la loi du 15 juin 2000 n'a pas fait disparaître la faculté, dont dispose le procureur de la République, de solliciter la condamnation de la partie civile à une amende mais en a seulement modifié le mode d'exercice, l'art. 177-2 prévoyant désormais qu'une telle demande doit être formée devant le juge d'instruction. • Crim. 30 janv. 2002, n° 01-83.501.

2. Réquisitions du procureur. Si le juge d'instruction ne statue pas sur les réquisitions du procureur tendant au prononcé d'une amende civile, la chambre de l'instruction peut réparer cette omission ou si elle annule l'ordonnance, elle doit évoquer et statuer sur le fond ; dès lors, le procureur général ne saurait faire grief à l'arrêt de n'avoir pas annulé l'ordonnance entreprise. • Crim. 26 févr. 2002, n° 01-82.579 P : *RSC 2002. 624, obs. Giudicelli ; Dr. pénal 2002. Comm. 88, obs. Maron.*

3. Motivation. La juridiction d'instruction qui prononce une condamnation à une amende civile doit motiver sa décision en tenant compte des ressources et des charges du plaignant. • Crim. 5 sept. 2018, n° 17-84.980 P : *D. actu. 18 sept. 2018, obs. Goetz ; Dr. pénal 2018, n° 201, note Maron et Haas.*

4. Appréciation du prononcé de l'amende. Le juge d'instruction peut rendre une ordonnance de non-lieu si l'un des éléments constitutifs de l'infraction n'est pas réalisé, mais également estimer qu'il n'y a pas lieu au prononcé de l'amende civile dès lors qu'il ressort des circonstances de l'espèce que la plainte des parties civiles n'était ni abusive ni dilatoire. • Crim. 26 févr. 2002 : *préc. note 2.*

5. Le juge d'instruction peut, lorsqu'il rend une ordonnance de non-lieu à l'issue d'une information ouverte sur constitution de partie civile, prononcer contre la partie civile une amende civile s'il considère que cette constitution de partie civile est abusive ou dilatoire ; toutefois, si l'amende civile n'a été ni requise, ni prononcée en première instance, la chambre de l'instruction ne peut condamner les parties civiles au paiement de cette amende sur réquisitions du procureur général. • Crim. 16 oct. 2002, n° 02-81.808 P : *JCP 2002. IV. 3026.*

6. Pouvoirs de la chambre de l'instruction. La chambre de l'instruction peut, lorsque la partie civile a relevé appel de l'ordonnance de non-lieu rendue par le juge d'instruction qui, pour abus de constitution de partie civile, l'a condamnée à une amende civile, augmenter le montant de cette amende dès lors qu'aucun texte ne limite en raison de l'effet dévolutif de l'appel les pouvoirs de la juridiction d'instruction du second degré. • Crim. 27 nov. 2002, n° 01-88.706 P : *JCP 2003. IV. 1093.*

7. Amende civile et dénonciation calomnieuse. Il ne saurait être soutenu qu'en application de la règle *non bis in idem*, le prononcé d'une amende civile exclut celui d'une sanction pour dénonciation calomnieuse, dès lors que les intérêts protégés respectivement par les art. 177-2 C. pr. pén. et 226-10 C. pén. sont distincts, le premier sanctionnant une atteinte à une bonne administration de la justice tandis que le second réprime un comportement destiné à nuire à autrui. • Crim. 22 sept. 2015, n° 14-84.029 P : *D. actu. 6 oct. 2015, obs. Lavric ; D. 2016. Pan. 1727, obs. Pradel.*

8. Droits fondamentaux (motivation – procès équitable). La juridiction d'instruction qui prononce une amende civile en vertu des dispositions de l'art. 177-2 n'est pas tenue de motiver spécialement le montant de cette amende ; en outre le prononcé d'une amende civile pour constitution de partie civile abusive ou dilatoire n'entre pas dans les prévisions de l'art. 6, § 1, Conv. EDH. • Crim. 27 févr. 2002, n° 01-85.573 P : *RSC 2002. 625, obs. Giudicelli ; Dr. pénal 2002. Comm. 88, obs. Maron.* ♦ L'art. 177-2 n'exige pas que la condamnation de la partie civile soit précédée d'un débat contradictoire. • Crim. 9 nov. 2004, n° 04-81.068 P.

9. La décision de condamnation à une amende pour constitution de partie civile abusive ne peut intervenir qu'à l'issue d'un délai de vingt jours à compter de la communication à la partie civile et à son avocat, par lettre recommandée ou télécopie avec récépissé, des réquisitions du procureur général, afin de permettre à l'intéressé d'adresser des observations écrites à la chambre de l'instruction. • Crim. 9 janv. 2007, n° 06-84.064 P : *D. 2007. AJ 579 ; AJ pénal 2007. 144.*

Circulaire CRIM 00-16 F1 du 20 décembre 2000, *présentant les dispositions de la loi du 15 juin 2000 renforçant la protection de la présomption d'innocence et les droits des victimes concernant l'instruction, la détention provisoire, le juge des libertés et de la détention et le jugement correctionnel. [...]*

1.2.9. *DISPOSITIONS APPLICABLES EN CAS DE NON-LIEU*

1.2.9.1. *Condamnation des parties civiles abusives*

La loi du 15 juin 2000 a donné la possibilité au juge d'instruction de condamner lui-même la partie civile abusive à une amende civile (articles 88-1, 91 et 177-2 C. pr. pén.).

Ces dispositions reviennent ainsi sur l'un des inconvénients résultant de la suppression par la loi du 4 janvier 1993 de la condamnation de la partie civile en cas de non-lieu au règlement des frais de justice. Le juge était en effet obligé de saisir le parquet qui devait lui-même saisir le tribunal afin de condamner une partie civile de mauvaise foi, une telle procédure étant trop complexe et n'ayant par là même aucun caractère dissuasif.

Le nouvel article 177-2 dispose désormais que lorsqu'il rend une ordonnance de non-lieu à l'issue d'une information ouverte sur constitution de partie civile, le juge d'instruction peut, sur réquisitions du procureur de la République et par décision motivée, s'il considère que la constitution de partie civile a été abusive ou dilatoire, prononcer contre la partie civile une amende civile dont le montant ne peut excéder 15 000 €.

Cette décision ne peut intervenir qu'à l'issue d'un délai de vingt jours à compter de la communication à la partie civile et à son avocat, par lettre recommandée ou par télécopie avec récépissé, des réquisitions du procureur de la République afin de permettre à l'intéressé d'adresser des observations écrites au juge d'instruction.

Cette décision peut être frappée d'appel par la partie civile dans les mêmes conditions que l'ordonnance de non-lieu.

Si le juge d'instruction ne suit pas les réquisitions du procureur de la République, ce dernier peut interjeter appel dans les mêmes conditions.

En pratique, il n'est pas nécessaire que le juge d'instruction soit déjà en possession du réquisitoire définitif aux fins de non-lieu pour que la partie civile soit informée des réquisitions du parquet tendant à sa condamnation et qu'elle dispose alors d'un délai de vingt jours pour y répondre.

Le parquet pourra donc aviser le juge — le cas échéant en réponse à une ordonnance de soit-communiqué de ce dernier — de son intention de requérir le non-lieu (sans devoir motiver plus avant ses réquisitions sur ce point comme il devra le faire dans son réquisitoire définitif) et, en conséquence, requérir la condamnation de la partie civile. Le juge d'instruction adressera alors copie de ces réquisitions à la partie civile en même temps qu'elle lui enverra l'avis de fin d'information prévue par l'article 175.

A l'issue du délai de vingt jours prévu tant par l'article 175 que par l'article 177-2 et après avoir le cas échéant reçu les observations de la partie civile, le juge pourra alors communiquer le dossier au parquet pour règlement. Il pourra ensuite, dans la même ordonnance, prononcer le non-lieu et condamner la partie civile. Il n'est en effet juridiquement pas nécessaire que ces deux décisions fassent l'objet d'ordonnances distinctes.

Ces nouvelles dispositions présentent un intérêt tout particulier pour sanctionner et dissuader les plaintes avec constitution de partie civile abusives qui constituent une lourde charge pour les cabinets d'instruction, le plus souvent au détriment de la conduite des informations qui sont véritablement justifiées, que celles-ci aient été ouvertes à l'initiative du parquet ou de la victime. Il conviendra en conséquence que les magistrats du ministère public prennent de façon systématique des réquisitions tendant à la mise en œuvre de ces dispositions à chaque fois que cela leur apparaîtra nécessaire.

Par coordination avec les nouvelles dispositions de l'article 177-2, l'article 88-1 du CPP a été réécrit puisque la consignation demandée à la partie civile en début de procédure n'a plus pour objet de garantir le paiement d'une amende prononcée par le tribunal correctionnel. Cet article dispose désormais que la consignation fixée en application de l'article 88 garantit le paiement de l'amende civile susceptible d'être prononcée en application de l'article 177-2. Il précise que la somme consignée est restituée lorsque cette amende n'a pas été prononcée par le juge d'instruction ou, en cas d'appel du parquet ou de la partie civile, par la chambre de l'instruction.

L'article 91 C. pr. pén., qui prévoyait la condamnation de la partie civile à cette amende civile par le tribunal correctionnel, dispositions désormais inutiles, a de même été réécrit. Les nouvelles dispositions sont en réalité l'exacte reprise de celles qui existaient avant l'intervention de la loi du 4 janvier 1993 et qui permettaient à la personne injustement poursuivie de demander des dommages et intérêts à la partie civile.

Cet article dispose ainsi que lorsqu'une décision de non-lieu a été rendue après une information ouverte sur constitution de partie civile, la personne mise en examen et toutes personnes visées dans la plainte et sans préjudice d'une poursuite pour dénonciation calomnieuse peuvent, si elles n'usent de la voie civile, demander des dommages-intérêts au plaignant dans les formes indiquées ci-après.

L'action en dommages-intérêts doit être introduite dans les trois mois du jour où l'ordonnance de non-lieu est devenue définitive. Elle est portée par voie de citation devant le tribunal correctionnel de la juridiction où l'affaire a été instruite. Ce tribunal est immédiatement saisi du dossier de l'information terminée par une ordonnance de non-lieu en vue de sa communication aux parties. Les débats ont lieu en chambre du conseil : les parties, ou leurs conseils, et le ministère public sont entendus. Le jugement est rendu en audience publique.

En cas de condamnation, le tribunal peut ordonner la publication intégrale ou par extraits de son jugement dans un ou plusieurs journaux qu'il désigne, aux frais du condamné. Il fixe le coût maximum de chaque insertion.

L'opposition et l'appel sont recevables dans les délais de droit commun en matière correctionnelle.

L'appel est porté devant la chambre des appels correctionnels statuant dans les mêmes formes que le tribunal. L'arrêt de la cour d'appel peut être déféré à la Cour de cassation comme en matière pénale.

Lorsqu'une décision définitive rendue en application de l'article 177-2 a déclaré que la constitution de partie civile était abusive ou dilatoire, cette décision s'impose au tribunal correctionnel saisi dans les conditions prévues aux alinéas précédents. *[...]*

Art. 177-3 *(L. n° 2002-1138 du 9 sept. 2002, art. 39)* **Lorsque la partie civile est une personne morale, l'amende civile prévue par l'article 177-2 peut être prononcée contre son représentant légal, si la mauvaise foi de ce dernier est établie.**

Art. 178 *(L. n° 93-1013 du 24 août 1993)* **Si le juge estime que les faits constituent une contravention, il prononce, par ordonnance, le renvoi de l'affaire devant le tribunal de police** *(Abrogé par L. n° 2011-1862 du 13 déc. 2011, art. 2-V et 70-I, à compter du 1er juill. 2017) (L. n° 2005-47 du 26 janv. 2005, art. 9-IX, en vigueur le 1er avr. 2005)* ***« ou devant la juridiction de proximité ».***

Lorsqu'elle est devenue définitive, cette ordonnance couvre, s'il en existe, les vices de la procédure.

V. note au-dessus de l'art. 39.

Presse. Lorsque le juge d'instruction, estimant que la circonstance de publicité n'était pas caractérisée, renvoie le mis en examen devant le tribunal de police du chef de diffamation non publique, le tribunal de police ne peut retenir qu'il est saisi d'une qualification délictuelle par la plainte avec constitution de partie civile, malgré la requalification à laquelle il a été procédé dans l'ordonnance de renvoi, mais doit au contraire statuer sur les faits de diffamation non publique dont il est régulièrement saisi par l'ordonnance de renvoi et ne peut éventuellement se déclarer incompétent qu'après avoir apprécié si ceux-ci revêtent ou non en réalité un caractère public. • Crim. 11 déc. 2018, n° 18-80.717 P.

Art. 179 *(L. n° 93-1013 du 24 août 1993)* **« Si le juge estime que les faits constituent un délit, il prononce, par ordonnance, le renvoi de l'affaire devant le tribunal correctionnel. »** *(L. n° 2004-204 du 9 mars 2004, art. 126-VIII)* **« Cette ordonnance précise, s'il y a lieu, que le prévenu bénéficie des dispositions de l'article 132-78 du code pénal. »**

(L. n° 70-643 du 17 juill. 1970) **L'ordonnance de règlement met fin à la détention provisoire** *(L. n° 2009-1436 du 24 nov. 2009, art. 93-VI)* **« , à l'assignation à résidence avec surveillance électronique » ou au contrôle judiciaire.** *(L. n° 2004-204 du 9 mars 2004, art. 100-II, en vigueur le 1er oct. 2004)* **« S'il a été décerné, le mandat d'arrêt conserve sa force exécutoire ; s'ils ont été décernés, les mandats d'amener ou de recherche cessent de pouvoir recevoir exécution, sans préjudice de la possibilité pour le juge d'instruction de délivrer un mandat d'arrêt contre le prévenu. »**

(L. n° 93-2 du 4 janv. 1993) **« Toutefois, le juge d'instruction peut, par ordonnance distincte spécialement motivée, maintenir le prévenu en détention** *(L. n° 2009-1436 du 24 nov. 2009, art. 93-VI)* **« , sous assignation à résidence avec surveillance électronique » ou sous contrôle judiciaire jusqu'à sa comparution devant le tribunal. »** *(L. n° 2007-291 du 5 mars 2007, art. 9-III, en vigueur le 1er juill. 2007)* **« L'ordonnance de maintien en détention provisoire est motivée par référence aux 2°, 4°, 5° et 6° de l'article 144. »**

(L. n° 2000-516 du 15 juin 2000, art. 76 ; L. n° 2000-1354 du 30 déc. 2000, art. 15 et 33, en vigueur le 1er janv. 2001) **« Le prévenu en détention est immédiatement remis en liberté si le tribunal correctionnel n'a pas commencé à examiner au fond à l'expiration d'un délai de deux mois à compter de la date** *(L. n° 2016-731 du 3 juin 2016, art. 59, en vigueur le 1er août 2016)* **« soit de l'ordonnance de renvoi ou, en cas d'appel, de l'arrêt de renvoi non frappé de pourvoi, de l'arrêt déclarant l'appel irrecevable, de l'ordonnance de non-admission rendue en application du dernier alinéa de l'article 186 ou de l'arrêt de la chambre criminelle rejetant le pourvoi, soit de la date à laquelle il a été ultérieurement placé en détention provisoire ».**

« Toutefois, si l'audience sur le fond ne peut se tenir avant l'expiration de ce délai, le tribunal peut, à titre exceptionnel, par une décision mentionnant les raisons de fait ou de droit faisant obstacle au jugement de l'affaire, ordonner la prolongation de la détention pour une nouvelle durée de deux mois. La comparution personnelle du prévenu est de droit si lui-même ou son avocat en font la demande. Cette décision peut être renouvelée une fois dans les mêmes formes. Si le prévenu n'a toujours pas été jugé à l'issue de cette nouvelle prolongation, il est remis immédiatement en liberté.

« Lorsqu'elle est devenue définitive, l'ordonnance mentionnée au premier alinéa couvre, s'il en existe, les vices de la procédure. »

S'agissant des dispositions d'urgence mises en place pour faire face à l'épidémie de covid-19, V. App., v° État d'urgence sanitaire.

BIBL. ► SÉVELY-FOURNIÉ, *RSC 2009. 793* (répression et motivation. Réflexions sur la motivation des arrêts et jugements des juridictions répressives).

I. RÈGLES GÉNÉRALES

1. Dessaisissement du juge d'instruction. Sauf disjonction explicite, l'ordonnance de règlement dessaisit le juge d'instruction de l'ensemble de la procédure, même s'il a été omis de statuer sur certains chefs d'inculpation. • Crim. 23 déc. 1969, n° 69-91.612 P : *D. 1970. 282, note J.-M. R.* ♦ Ce dessaisissement a également pour conséquence de rendre le juge d'instruction incompétent pour ordonner la prise de corps de l'accusé à une date ultérieure à celle de l'ordonnance de règlement. • Crim. 9 janv. 2002, n° 01-87.123 P.

2. Les ordonnances de renvoi en police correctionnelle ne sont pas attributives, mais simplement indicatives de juridiction. Le tribunal saisi conserve donc le droit d'examiner sa compétence et, s'il y a lieu, de se déclarer incompétent. • Crim. 22 janv. 1881 : *D. 1881. 1. 288* • 25 févr. 1943 : *DA 1943. Somm. 5.*

3. Délais. Conformément aux prescriptions de l'art. 179, dernier al., l'ordonnance prescrivant le maintien ou le placement en détention provisoire de l'inculpé renvoyé devant le tribunal correctionnel cesse de produire effet à l'expiration d'un délai de quatre mois (deux mois). Ce délai court du jour de l'ordonnance, même si celle-ci est frappée d'appel. • Crim. 2 déc. 1971, n° 71-92.789 P : *JCP 1972. II. 17062, note Chambon ; RSC 1972. 897, obs. J.-M. Robert ; D. 1972. 190.*

4. Motivation du contrôle judiciaire. La décision par laquelle le juge d'instruction maintient le prévenu sous contrôle judiciaire jusqu'à sa comparution devant le tribunal, en application de l'art. 179, al. 3, est distincte de l'ordonnance de règlement et doit être spécialement motivée par les éléments de l'espèce. • Crim. 9 mai 1977, n° 76-92.097 P : *D. 1977. IR 383.* ♦ Le pourvoi dirigé contre la décision ordonnant le contrôle judiciaire n'a pas d'effet suspensif. • Crim. 8 juill. 2004, n° 01-80.234 P.

5. La chambre de l'instruction a spécialement motivé sa décision dans les conditions prévues par les art. 138 et 179, al. 3 dès lors que pour confirmer l'ordonnance du juge d'instruction maintenant l'intéressé sous contrôle judiciaire jusqu'à sa comparution devant le tribunal correctionnel, les juges relèvent, après avoir rappelé qu'il est reproché à l'intéressée des faits d'escroquerie, de faux et usage de faux commis au préjudice de la sécurité sociale dans l'exploitation de sa pharmacie, que les obligations qui lui sont imposées, notamment l'interdiction d'exercer l'activité indépendante de pharmacienne, de rencontrer son personnel et les médecins, de verser un cautionnement, sont de nature à éviter le renouvellement des infractions, à garantir sa représentation en justice et à l'empêcher de faire pression sur les témoins. • Crim. 8 janv. 2003, n° 02-86.698.

6. Si le conseil de l'ordre a seul le pouvoir de prononcer une mesure d'interdiction provisoire de l'exercice de la profession d'un avocat placé *sous contrôle judiciaire, ainsi* que d'y mettre fin, le juge d'instruction tient des dispositions de l'art. 179 celui de maintenir la mesure de contrôle judiciaire comportant une telle interdiction. • Crim. 21 janv. 2004, n° 03-86.358 P.

7. La personne mise en examen et la partie civile peuvent interjeter appel des ordonnances prévues par le premier al. de l'art. 179 dans le cas où elles estiment que les faits renvoyés devant le tribunal correctionnel ou le tribunal pour enfants constituent un crime qui aurait dû faire l'objet d'une ordonnance de mise en accusation devant la cour d'assises. • Crim. 20 nov. 2013, n° 13-83.047 P : *D. actu. 12 déc. 2013, obs. Fucini ; AJ pénal 2014. 188, obs. Perrier ; Gaz. Pal. 9 févr. 2014, p. 46, note Fourment.*

II. DÉLAI DE COMPARUTION

8. Calcul du délai de comparution. Le délai de deux mois qui est un délai de comparution devant la juridiction de jugement doit être calculé de quantième en quantième à compter du jour où l'ordonnance de renvoi a été rendue et expire le jour du second mois suivant portant le même quantième, à 24 heures ; ainsi, pour une ordonnance du 22 décembre, le délai expire le 22 février suivant à minuit. • Crim. 11 déc. 2001, n° 01-83.440 P : *D. 2002. IR 371* .

9. Le délai de détention de deux mois prévu par l'art. 179, al. 4 court du jour de l'ordonnance, même si celle-ci est frappée d'appel. • Crim. 18 août 2010, n° 10-83.656 P : *D. actu. 29 sept. 2010, obs. Léna ; AJ pénal 2010. 512.* ♦ Comp. : le délai de deux mois prévu par l'art. 179, al. 4, commence à courir du jour où l'ordonnance de renvoi est devenue définitive. • Crim. 5 févr. 2014, n° 13-87.372 P : *D. actu. 3 mars 2014, obs. Fonteix ; AJ pénal 2014. 306, obs. Perrier ; RSC 2014. 386, note Boccon-Gibod* . ♦ Dans le même sens : il se déduit des art. 189 et 388, que le tribunal correctionnel ne peut statuer sur une procédure qu'autant que l'ordonnance de renvoi est devenue définitive. • Crim. 5 févr. 2014, n° 13-87.897 P : *D. actu. 20 févr. 2014, obs. Bombled ; D. 2014. Actu. 426 ; ibid. 2014. Pan. 1745, obs. Pradel ; RSC 2014. 386, note Boccon-Gibod* . ♦ Il se déduit des art. 179 et 213 que, saisie par la personne mise en examen, maintenue en détention par une ordonnance distincte, de l'appel de la seule ordonnance le renvoyant devant le tribunal correctionnel, la chambre de l'instruction qui, dans le délai de deux mois qui lui est imparti, déclare cet appel irrecevable et ordonne le maintien en détention provisoire de l'appelant n'a ni à en fixer la durée ni à en ordonner la prolongation à l'issue d'un délai de deux mois, ce délai, tel qu'il est prévu par l'art. 179, al. 4, ne commençant à courir qu'à partir du jour où l'ordonnance de renvoi est devenue définitive. • Crim. 19 mars 2014, n° 13-88.586 P : *D. actu. 9 avr. 2014, obs. Bombled ; D. 2014. 781* .

10. Écoulement du délai. Dès lors que plus de 2 mois se sont écoulés depuis l'ordonnance du magistrat instructeur maintenant en détention un prévenu jusqu'à sa comparution devant la juridiction de jugement, le maintien en détention prescrit par celui-ci a nécessairement pris fin, par application de l'art. 179. • Crim. 15 janv. 2003, n° 02-86.951.

III. OBJET DES DEMANDES

11. *Détention provisoire.* Si une juridiction de jugement, appelée à statuer sur une demande de mise en liberté formée en application de l'art. 148-1, al. 2, ne peut connaître de questions étrangères à la détention, unique objet de sa saisine, une telle restriction ne peut être opposée au prévenu qui conteste la régularité du titre en vertu duquel il est détenu ; de plus, le tribunal correctionnel ne peut statuer sur une procédure qu'autant que l'ordonnance de renvoi qui l'en saisit est devenue définitive. Il en résulte que, alors qu'en raison d'un pourvoi formé, l'ordonnance de renvoi n'était pas devenue définitive, de sorte que le tribunal correctionnel, n'étant pas saisi des poursuites, n'était pas compétent pour prononcer sur sa détention, la cour d'appel devait annuler le titre de détention et constater que, l'intéressé étant toujours détenu en vertu de l'ordonnance de maintien en détention du juge d'instruction, seule la chambre de l'instruction était compétente pour statuer sur la demande de mise en liberté. • Crim. 28 nov. 2017, n° 17-85.523 P : *D. actu. 15 déc. 2017, obs. Goetz.*

12. L'ordonnance de règlement rendant caduc le titre de détention, l'appel du ministère public contre l'ordonnance du juge des libertés et de la détention s'étant antérieurement prononcée pour une remise en liberté devient sans objet. • Crim. 14 nov. 2012, n° 12-85.996 P : *D. actu. 17 janv. 2013, obs. Léna ; AJ pénal 2013. 282, note Auffret.*

13. Il résulte des dispositions combinées des art. 82, 179 et 207 que le juge d'instruction est tenu de statuer, par une ordonnance motivée, sur les réquisitions de maintien en détention provisoire du mis en examen dont il ordonne le renvoi devant le tribunal correctionnel, tant que l'ordonnance de renvoi n'est pas devenue définitive ; qu'à défaut d'une telle ordonnance, le procureur de la République peut, dans les dix jours, saisir directement la chambre de l'instruction. • Crim. 9 juill. 2014 : *D. actu. 25 juill. 2014, obs. Fucini ; RSC 2014. 593, note Danet ; Dr. pénal 2014. 120, note Maron et Haas.*

14. *Cautionnement.* Lorsqu'une chambre de l'instruction ordonne la mise en liberté sous contrôle judiciaire d'une personne mise en examen avec obligation de verser un cautionnement et que le juge d'instruction procède ensuite au renvoi de cette personne devant le tribunal correctionnel en décidant de son maintien en détention, cette ordonnance cesse de produire ses effets à compter du versement du cautionnement. • Crim. 23 août 2017, n° 17-83.791 P : *D. actu. 8 sept. 2017, obs. Portmann ; AJ pénal 2017. 501, obs. Miranda.*

IV. CONTENTIEUX SPÉCIAUX

15. *Presse. Purge des nullités.* Selon les art. 179, al. 6, et 385, al. 4, lorsque la juridiction correctionnelle est saisie par l'ordonnance de renvoi du juge d'instruction, les parties sont irrecevables à soulever les exceptions tirées de la nullité de la procédure antérieure ; il n'en est autrement en matière de presse que lorsque est invoquée la méconnaissance des prescriptions de l'art. 50 de la L. 29 juill. 1881. • Crim. 24 sept. 2002, n° 01-88.674 P • Crim. 9 déc. 2014, n° 13-84.143 P : *AJ pénal 2015, obs. Royer.*

16. V. aussi ss. art. 113-5.

17. *Mineurs.* V. CJPM.

Art. 179-1 *(L. n° 2004-204 du 9 mars 2004, art. 123-I, en vigueur le 1er oct. 2004)* **Toute ordonnance renvoyant la personne mise en examen devant** *(Abrogé par L. n° 2011-1862 du 13 déc. 2011, art. 2-IV et 70-I, à compter du 1er juill. 2017) (L. n° 2005-47 du 26 janv. 2005, art. 9-X, en vigueur le 1er avr. 2005)* ***« la juridiction de proximité, »*** **le tribunal de police ou le tribunal correctionnel informe celle-ci qu'elle doit signaler auprès du procureur de la République, jusqu'au jugement définitif de l'affaire, tout changement de l'adresse déclarée lors de sa mise en examen, par lettre recommandée avec demande d'avis de réception. L'ordonnance l'informe également que toute citation, notification ou signification faite à la dernière adresse déclarée sera réputée faite à sa personne.**

V. note au-dessus de l'art. 39.

En premier lieu, il n'importe, dans le cas où s'appliquent ensemble les art. 179-1 et 558, que les lettres mentionnées aux al. 2 et 4 de l'art. 558 n'aient pas été remises à leur destinataire ; en second lieu, dans le cas où les dispositions de l'art. 179-1 sont applicables, et sauf à ce que l'ordonnance de renvoi ne soit pas définitive, la citation du prévenu n'a pour seule finalité que de l'informer de la date et de l'heure de l'audience, il suffit alors que le tribunal, saisi *in rem et in personam* par l'ordonnance de renvoi, apprécie si le prévenu a eu connaissance de la date de l'audience dans le délai légal. • Crim. 25 nov. 2020, n° 19-86.979 P.

Art. 179-2 *(L. n° 2019-222 du 23 mars 2019, art. 56)* **Le juge d'instruction peut préciser dans l'ordonnance de renvoi la date d'audience devant le tribunal de police ou le tribunal correctionnel lorsque cette date lui a été préalablement communiquée par le**

procureur de la République. Cette ordonnance doit alors comporter les mentions prévues aux deuxième à dernier alinéas de l'article 390.

Cette ordonnance dispense alors le procureur de délivrer une citation en application du même article 390.

Art. 180 *(Ord. nº 58-1296 du 23 déc. 1958)* **Dans les cas de renvoi** *(Abrogé par L. nº 2011-1862 du 13 déc. 2011, art. 2-VII et 70-I, à compter du 1er juill. 2017) (L. nº 2005-47 du 26 janv. 2005, art. 9-XI, en vigueur le 1er avr. 2005)* **« , *soit devant la juridiction de proximité,* » soit devant le tribunal de police, soit devant le tribunal correctionnel, le juge d'instruction transmet le dossier avec son ordonnance au procureur de la République. Celui-ci est tenu de l'envoyer sans retard au greffe du tribunal qui doit statuer.**

Si la juridiction correctionnelle est saisie, le procureur de la République doit faire donner assignation au prévenu pour l'une des plus prochaines audiences, en observant les délais de citation prévus au présent code.

V. note au-dessus de l'art. 39.

Art. 180-1 *(L. nº 2011-1862 du 13 déc. 2011, art. 27-1º)* **Si le juge d'instruction estime que les faits constituent un délit, que la personne mise en examen reconnaît les faits et qu'elle accepte la qualification pénale retenue, il peut, à la demande ou avec l'accord du procureur de la République** *(L. nº 2021-1729 du 22 déc. 2021, art. 14)* **« ou du mis en examen », prononcer par ordonnance le renvoi de l'affaire au procureur de la République aux fins de mise en œuvre d'une comparution sur reconnaissance préalable de culpabilité conformément à la section VIII du chapitre Ier du titre II du livre II.** *(L. nº 2021-1729 du 22 déc. 2021, art. 14)* **« Lorsqu'une partie civile est constituée, cette ordonnance ne peut être prise qu'après avoir mis celle-ci en mesure de faire valoir ses observations ou, en cas de plainte avec constitution de partie civile, qu'avec son accord. »**

La détention provisoire, l'assignation à résidence sous surveillance électronique ou le contrôle judiciaire de la personne prend fin sauf s'il est fait application du troisième alinéa de l'article 179.

L'ordonnance de renvoi indique qu'en cas d'échec de la procédure de comparution sur reconnaissance préalable de culpabilité ou si, dans un délai de trois mois ou, lorsque la détention a été maintenue, dans un délai d'un mois à compter de celle-ci, aucune décision d'homologation n'est intervenue, *(L. nº 2013-1117 du 6 déc. 2013, art. 33)* **« l'ordonnance de renvoi est caduque, sauf la possibilité pour le procureur de la République, dans un délai de quinze jours, d'assigner le prévenu devant le tribunal correctionnel. » Si le prévenu a été maintenu en détention, les quatrième et cinquième alinéas du même article 179 sont applicables.**

Le procureur de la République peut, tout en mettant en œuvre la procédure de comparution sur reconnaissance préalable de culpabilité, assigner le prévenu devant le tribunal correctionnel ; cette assignation est caduque si une ordonnance d'homologation intervient avant l'expiration du délai de trois mois ou d'un mois mentionné au troisième alinéa du présent article.

La demande ou l'accord du ministère public et des parties prévus au premier alinéa, qui doivent faire l'objet d'un écrit ou être mentionnés par procès-verbal, peuvent être recueillis au cours de l'information ou à l'occasion de la procédure de règlement prévue à l'article 175 ; si ces demandes ou accords ont été recueillis au cours de l'information, le présent article peut être mis en œuvre sans qu'il soit nécessaire de faire application du même article 175.

(L. nº 2019-222 du 23 mars 2019, art. 56-IV) **« Lorsque la proposition émane du procureur de la République, les parties disposent d'un délai de dix jours à compter de la notification de cette proposition pour indiquer, par télécopie, déclaration au greffe ou lettre recommandée, si elles acceptent le renvoi de l'affaire aux fins de mise en œuvre d'une comparution sur reconnaissance préalable de culpabilité. En cas d'accord, les dispositions de l'article 175 ne sont pas applicables et, par dérogation aux dispositions de l'article 184, l'ordonnance de renvoi ne mentionne, outre les éléments prévus aux deuxième et troisième alinéas du présent article, que l'identité de la personne et la qualification retenue, sans avoir besoin d'être motivée. »**

Art. 180-2 *(L. n° 2016-1691 du 9 déc. 2016, art. 22)* **Lorsque le juge d'instruction est saisi de faits qualifiés constituant un des délits mentionnés au I de l'article 41-1-2,** *(Abrogé par L. n° 2020-1672 du 24 déc. 2020, art. 14)* ***« que la personne morale mise en examen reconnaît les faits et qu'elle accepte la qualification pénale retenue, »*** **il peut, à la demande ou avec l'accord du procureur de la République, prononcer, par ordonnance, la transmission de la procédure au procureur de la République aux fins de mise en œuvre de la procédure prévue au même article 41-1-2.**

La demande ou l'accord du procureur de la République en vue de la mise en œuvre de la procédure prévue audit article 41-1-2 peut être exprimé ou recueilli au cours de l'information ou à l'occasion de la procédure de règlement prévue à l'article 175. Les représentants légaux de la personne morale mise en cause sont informés, dès la proposition du procureur de la République, qu'ils peuvent se faire assister d'un avocat avant de donner leur accord à la convention.

L'instruction est suspendue en ce qu'elle concerne la personne morale faisant l'objet de la transmission pour mise en œuvre de la procédure prévue à l'article 41-1-2. Les mesures prononcées, le cas échéant, au titre du contrôle judiciaire sont maintenues à l'égard de cette personne jusqu'à la validation de la convention.

L'instruction se poursuit à l'égard des autres parties à la procédure.

Si, dans un délai de trois mois à compter de la transmission de la procédure au procureur de la République, aucun accord sur une proposition de convention n'a été trouvé, si le président du tribunal judiciaire refuse de valider la convention, si la personne morale décide d'exercer son droit de rétractation ou si, dans le délai prévu par la convention, la personne morale ne justifie pas de l'exécution intégrale des obligations à sa charge, le procureur de la République transmet la procédure au juge d'instruction, accompagnée des réquisitions aux fins de reprise de l'information.

Art. 180-3 *(L. n° 2020-1672 du 24 déc. 2020, art. 15)* **Les dispositions de l'article 180-2 sont applicables aux délits mentionnés à l'article 41-1-3 aux fins de mise en œuvre de la procédure prévue au même article 41-1-3.**

Art. 181 *(L. n° 2000-516 du 15 juin 2000, art. 82-I, en vigueur le 1er janv. 2001)* **Si le juge d'instruction estime que les faits retenus à la charge des personnes mises en examen constituent une infraction qualifiée crime par la loi, il ordonne leur mise en accusation devant la cour d'assises** *(L. n° 2021-1729 du 22 déc. 2021, art. 9, en vigueur le 1er janv. 2023)* **« , sous réserve de l'article 181-1 ».**

Il peut également saisir cette juridiction des infractions connexes.

L'ordonnance de mise en accusation contient, à peine de nullité, l'exposé et la qualification légale des fait*[s]***, objet***[s]* **de l'accusation, et précise l'identité de l'accusé.** *(L. n° 2004-204 du 9 mars 2004, art. 126-VIII)* **« Elle précise également, s'il y a lieu, que l'accusé bénéficie des dispositions de l'article 132-78 du code pénal. »**

(L. n° 2021-1729 du 22 déc. 2021, art. 6-I-1°, en vigueur le 31 déc. 2021) **« Lorsqu'elle est devenue définitive, l'ordonnance de mise en accusation couvre, s'il en existe, les vices de la procédure, sous réserve de l'article 269-1. »**

(L. n° 2009-1436 du 24 nov. 2009, art. 93-VII) **« Le contrôle judiciaire ou l'assignation à résidence avec surveillance électronique dont fait l'objet l'accusé continuent à produire leurs effets. »**

La détention provisoire *(L. n° 2009-1436 du 24 nov. 2009, art. 93-VII)* **« , l'assignation à résidence avec surveillance électronique » ou le contrôle judiciaire des personnes renvoyées pour délit connexe prend fin, sauf s'il est fait application des dispositions du troisième alinéa de l'article 179. Le délai prévu par le quatrième alinéa de l'article 179 est alors porté à six mois.**

(L. n° 2004-204 du 9 mars 2004, art. 99-I, en vigueur le 1er oct. 2004) **« Si l'accusé est placé en détention provisoire, le mandat de dépôt décerné contre lui conserve sa force exécutoire et l'intéressé reste détenu jusqu'à son jugement par la cour d'assises, sous réserve des dispositions des deux alinéas suivants et de l'article 148-1. S'il a été décerné, le mandat d'arrêt conserve sa force exécutoire ; s'ils ont été décernés, les mandats d'amener ou de recherche cessent de pouvoir recevoir exécution, sans préjudice de la possibilité pour le juge d'instruction de délivrer mandat d'arrêt contre l'accusé.**

« L'accusé détenu en raison des faits pour lesquels il est renvoyé devant la cour d'assises est immédiatement remis en liberté s'il n'a pas comparu devant celle-ci à l'expiration d'un délai d'un an à compter soit de la date à laquelle la décision de mise en accusation est devenue définitive s'il était alors détenu, soit de la date à laquelle il a été ultérieurement placé en détention provisoire.

« Toutefois, si l'audience sur le fond ne peut débuter avant l'expiration de ce délai, la chambre de l'instruction peut, à titre exceptionnel, par une décision rendue conformément à l'article 144 et mentionnant les raisons de fait ou de droit faisant obstacle au jugement de l'affaire, ordonner la prolongation de la détention provisoire pour une nouvelle durée de six mois. La comparution de l'accusé est de droit si lui-même ou son avocat en font la demande. Cette prolongation peut être renouvelée une fois dans les mêmes formes. Si l'accusé n'a pas comparu devant la cour d'assises à l'issue de cette nouvelle prolongation, il est immédiatement remis en liberté. »

Le juge d'instruction transmet le dossier avec son ordonnance au procureur de la République. Celui-ci est tenu de l'envoyer sans retard au greffe de la cour d'assises.

Les pièces à conviction, dont il est dressé état, sont transmises au greffe de la cour d'assises si celle-ci siège dans un autre tribunal que celui du juge d'instruction.

Concernant la mise en accusation devant la cour criminelle, V. L. n° 2019-222 du 23 mars 2019, art. 63, ss. titre Ier du livre II et art. 181-1 et s. ci-dessous.

I. DÉTENTION

1. Mandat d'arrêt. Lorsque le juge d'instruction a ordonné la transmission de la procédure au procureur général en vue de la mise en accusation de l'inculpé pour faits criminels, le mandat d'arrêt décerné contre l'individu poursuivi conserve sa valeur exécutoire jusqu'à décision de la chambre d'accusation. • Crim. 17 mai 1966, n° 65-90.127 P • 1er déc. 1966, n° 66-93.235 P : *D. 1967. 23, rapp. Costa* • 26 janv. 1967, n° 66-93.512 P • 19 sept. 1990, n° 90-84.317 P.

2. Mandat de dépôt. Dès lors que, par application de l'art. 181, al. 2, le mandat de dépôt initial conserve sa force exécutoire jusqu'à l'arrêt de mise en accusation, et qu'au jour de sa demande de mise en liberté, il est détenu en vertu de l'ordonnance de prise de corps, l'accusé n'est plus recevable à invoquer l'illégalité de sa détention provisoire à raison d'une irrégularité prétendue du titre de détention antérieur. • Crim. 5 janv. 2000, n° 99-86.353 P : *D. 2000. IR 106*. ♦ Lorsque la chambre de l'instruction a statué dans le délai de l'art. 186-2, même pour ordonner un supplément d'information, le mandat de dépôt initial conserve sa force exécutoire jusqu'au prononcé de la mise en accusation, par application de l'art. 181, al. 7. • Crim. 12 déc. 2012 : *D. actu. 5 févr. 2013, obs. Winckelmuller ; AJ pénal 2013. 223, note Perrier*. ♦ En application des dispositions de l'art. 181, si l'accusé est placé en *détention provisoire à la date de l'arrêt de mise* en accusation, le mandat de dépôt décerné contre lui conserve sa force exécutoire jusqu'à son jugement par la cour d'assises, quand bien même cet arrêt de mise en accusation serait considéré comme non avenu par suite d'une décision d'incompétence de la cour d'assises. • Crim. 11 sept. 2013 (règlement de juges), n° 13-84.857 P : *D. actu. 8 oct. 2013, obs. Bombled* • Crim. 8 oct. 2013 : *D. actu. 23 oct. 2013, obs. Bombled ; AJ pénal 2014. 43, obs. Perrier*.

3. Prolongation de la détention. Le délai d'un an prescrit par l'art. 181 à l'issue duquel la personne détenue provisoirement doit comparaître devant la cour d'assises ou faire l'objet d'une décision de prolongation de sa détention, commence à courir à compter de la date à laquelle l'ordonnance de mise en accusation est devenue définitive et ne saurait être prorogé dans le cas où la personne concernée exécute dans le même temps une peine privative de liberté ; justifie donc sa décision la chambre de l'instruction qui ordonne la libération d'office de l'accusé dès lors qu'elle relève qu'elle n'a pas été saisie aux fins de prolongation de la détention provisoire avant l'expiration du délai d'un an. • Crim. 22 nov. 2005, n° 05-86.295 P : *D. 2006. IR 51 ; AJ pénal 2006. 86, obs. Saas ; RSC 2006. 348, obs. Commaret*.

4. Les dispositions de l'art. 181, al. 9 autorisent la chambre de l'instruction à prolonger, à titre exceptionnel, la détention de l'accusé détenu au delà du délai d'un an à compter de la date à laquelle la décision de mise en accusation est devenue définitive, par une décision rendue conformément à l'art. 144 et mentionnant les raisons de fait ou de droit faisant obstacle au jugement de l'affaire. Encourt la cassation la chambre de l'instruction qui, sur le fondement de ce texte, afin de renouveler une seconde fois pour une durée de six mois la détention d'un accusé renvoyé devant la cour d'assises, à la demande du ministère public invoquant l'encombrement du rôle de cette cour, se réfère aux difficultés récurrentes de fonctionnement de la juridiction appelée à statuer au fond, sans rechercher si les autorités compétentes avaient apporté une diligence particulière à la poursuite de la procédure. • Crim. 2 sept. 2009, n° 09-83.950 P : *D. 2009. AJ 2348, note Léna ; ibid. 2010. Pan. 2261, note*

Pradel ; *AJ pénal 2009. 501, obs. Lasserre Capdeville* ; *Dr. pénal 2009, n° 145, obs. Maron et Haas ; ibid. 2010. Chron. 1, obs. Guérin.*

5. Dès lors que l'accusé a comparu devant la cour d'assises, jury constitué, dans les délais prévus aux al. 8 et 9 de l'art. 181, l'art. 145-2 n'est plus applicable. • Crim. 21 mai 2019, n° 19-81.753 P.

6. Grève du barreau. L'accusé n'ayant pas régulièrement comparu devant la cour d'assises avant l'expiration du délai d'un an doit être remis en liberté puisque la circonstance insurmontable liée à une grève des avocats qui avait empêché la constitution du jury de jugement n'interdisait pas qu'il fût statué, avant cette date, sur la prolongation de la détention provisoire de l'accusé. • Crim. 27 mars 2018, n° 18-80.123 P : *AJ pénal 2018. 316, obs. Perrier* .

7. Demande de mise en liberté. Justifie sa décision la chambre de l'instruction qui, pour refuser de faire droit à une demande de mise en liberté d'office émanant d'une personne mise en examen pour des faits criminels et renvoyée, après disqualification, devant la cour d'assises pour des délits connexes, l'intéressé ayant été maintenu en détention provisoire, par ordonnance distincte du juge d'instruction, jusqu'à sa comparution devant la juridiction de jugement, retient qu'avant l'expiration du délai de six mois prévu par l'art. 181, al. 6, le demandeur a fait l'objet d'une mise en examen criminelle en exécution d'un arrêt de la chambre de l'instruction rendu dans les quatre mois de l'ordonnance de renvoi frappée d'appel, et que, dès lors, le mandat de dépôt criminel initial a recouvré sa force exécutoire jusqu'au jugement. • Crim. 9 déc. 2008, n° 08-86.240 P : *AJ pénal 2009. 84* .

8. Détention et procès équitable. Lorsque la décision du JLD, disant n'y avoir lieu à prolongation de la détention provisoire et ordonnant la mise en liberté sous contrôle judiciaire de la personne mise en examen, n'a pas pris effet au moment où l'ordonnance de mise en accusation devant la cour d'assises est rendue, le mandat de dépôt conserve sa force exécutoire en application des dispositions de l'art. 181, al. 7, lesquelles ne sont pas incompatibles avec les principes définis par l'art. préliminaire et l'art. 6 Conv. EDH. • Crim. 11 juill. 2007, n° 07-83.106 P : *D. 2007. AJ 2239* ; *AJ pénal 2007. 446* . ♦ La chambre de l'instruction justifie sa décision de refus de faire droit à une demande de mise en liberté fondée sur le dépassement du délai de comparution d'un an fixé par l'art. 215-2, lorsqu'elle énonce que l'audience sur le fond avait commencé moins d'un an après que la mise en accusation fut devenue définitive et que « les limites du délai raisonnable prévu aux art. 5 et 6 Conv. EDH n'ont pas été excédées », peu important que la cour d'assises lors de cette audience ait ordonné le renvoi de l'affaire à une session ultérieure. • Crim. 29 janv. 2003, n° 02-87.414. ♦ La détention de l'intéressée, prolongée pendant trois ans en raison de la complexité des faits qui s'analysent en une succession de crimes, était en l'espèce l'unique moyen de garantir la représentation en justice de l'accusée qui a montré son incapacité à respecter les obligations du contrôle judiciaire et la chambre de l'instruction n'avait pas à prendre en considération, pour apprécier le caractère raisonnable de la durée de la détention provisoire, la durée de la privation de liberté subie à l'étranger. • Crim. 19 janv. 2022, n° 21-86.277 P : *D. actu. 2 févr. 2022, obs. Goetz.*

9. Exécution de l'ordonnance de prise de corps. L'ordonnance de prise de corps devenue définitive est immédiatement exécutoire lorsque la personne renvoyée devant la cour d'assises faisait l'objet au cours de l'instruction d'un mandat d'arrêt décerné par la juridiction d'instruction ; l'ordonnance se substitue à ce mandat d'arrêt. • Crim. 11 juill. 2001, n° 01-83.305 P.

10. Encourt la cassation l'arrêt qui confirme l'ordonnance complémentaire du juge d'instruction décernant prise de corps contre l'accusé, afin de satisfaire à la formalité qui est imposée par l'art. 181, al. 7, sauf dans le cas des accusés mineurs, et dont l'accomplissement n'était pas mentionné dans l'ordonnance de mise en accusation devenue définitive. • Crim. 9 janv. 2002, n° 01-87.123 P.

11. Ordonnance de prise de corps et appel de la mise en accusation. L'ordonnance de prise de corps rendue en vertu de l'art. 181 conserve sa force exécutoire jusqu'à ce qu'il ait été statué par la chambre de l'instruction, dans le délai de quatre mois prévu à l'art. 186-2, sur l'appel de mise en accusation. • Crim. 19 sept. 2001, n° 01-84.787 P. ♦ L'ordonnance de prise de corps du juge d'instruction, qui s'est substituée au mandat de dépôt initial, reprend de plein droit sa force exécutoire jusqu'à ce qu'il ait été statué sur l'ordonnance de mise en accusation par la chambre de l'instruction désignée sur renvoi après cassation. • Crim. 20 mars 2002, n° 02-80.150 P.

12. Étant, selon l'art. 181, al. 7, une conséquence légale de la mise en accusation, et n'ayant pas pour support une ordonnance du juge d'instruction statuant sur la détention, la prise de corps ordonnée par ce magistrat n'est pas susceptible d'appel. • Crim. 21 août 2002, n° 02-83.969 P : *D. 2003. Somm. 34, obs. Pradel* ; *JCP 2002. IV. 2777.*

13. Force exécutoire du mandat de dépôt criminel initial. L'infirmation de l'ordonnance de renvoi devant le tribunal correctionnel et le renvoi subséquent de la personne mise en examen devant la cour d'assises entraînent nécessairement la caducité de l'ordonnance de maintien en détention du juge d'instruction ; l'intéressé ayant initialement fait l'objet d'un mandat de dépôt criminel, celui-ci conserve sa force exécutoire dans les termes de l'art. 181, al. 7. • Crim. 29 oct. 2014, nº 14-85.895 P.

II. DROITS DE LA DÉFENSE

14. L'intervention de l'ordonnance de transmission de pièces au procureur général deux jours après l'ordonnance de soit-communiqué ne constitue la violation d'aucun texte et la convocation du conseil devant la chambre d'accusation lui donne toute latitude pour intervenir dans l'intérêt de la défense. • Crim. 4 janv. 1977, nº 76-91.991 P : *JCP 1977. II. 18727, note Mayer-Jack.*

15. Il se déduit de l'art. 6, § 1 et 3, *a)* et *c)*, Conv. EDH et de l'art. préliminaire que, lorsque l'altération des facultés d'une personne mise en examen est telle que celle-ci se trouve dans l'impossibilité absolue d'assurer effectivement sa défense, serait-elle assistée d'un avocat, il doit être sursis à son renvoi devant la juridiction de jugement. Cassation de l'arrêt de la chambre de l'instruction qui, après avoir relevé qu'aux termes d'un rapport d'expertise psychiatrique la personne mise en examen est, à la suite d'un accident vasculaire cérébral survenu en cours d'information, inapte à être auditionnée ou interrogée et inaccessible à une sanction pénale, confirme l'ordonnance du juge d'instruction ayant ordonné sa mise en accusation devant la cour d'assises. • Crim. 11 juill. 2007, nº 07-83.056 P : *D. 2007. AJ 2239* ; *AJ pénal 2007. 485, obs. Saas*.

16. Absence de contradictoire. Le juge d'instruction n'est pas tenu de procéder à une audition de l'inculpé après les réquisitions définitives du procureur de la République. Le principe qui veut que la défense soit toujours entendue en dernier ne saurait concerner que les procédures contradictoires et tel n'est pas le cas de la procédure d'instruction du premier degré. • Crim. 24 janv. 1984, nº 83-94.417 P.

III. PURGE DES NULLITÉS

17. Le 4e al. de l'art. 181, dans sa rédaction résultant de la L. nº 2009-1436 du 24 nov. 2009, et les mots « autre que celles purgées par l'arrêt de renvoi devenu définitif et » figurant à la première phrase de l'art. 305-1, dans sa rédaction résultant de la L. nº 85-1407 du 30 déc. 1985, sont contraires à la Const. en ce qu'ils ne prévoient aucune exception à la purge des nullités en cas de défaut d'information de l'intéressé ne lui ayant pas permis de contester utilement les irrégularités de procédure et alors même que cette défaillance ne procède pas d'une manœuvre de sa part ou de sa négligence (report de l'abrogation au 31 déc. 2021). • Cons. const. 23 avr. 2021, nº 2021-900 QPC : *JO 24 avr.* ; *RSC 2021. 483, obs. Botton* (décision antérieure à la L. nº 2021-1729 du 22 déc. 2021).

18. Méconnaît le sens et la portée des art. 181, al. 4, et 215, selon lesquels la décision de mise en accusation, lorsqu'elle est devenue définitive, couvre, s'il en existe, les vices de procédure, la cour d'assises qui, après avoir accueilli une exception de nullité prise du défaut d'impartialité d'un enquêteur ayant participé à l'enquête préliminaire, prononce l'annulation de la procédure. • Crim. 10 juin 2009, nº 09-81.902 P : *D. 2009. Pan. 2244, obs. Pradel* ; *AJ pénal 2009. 414, obs. Royer*.

19. En application de l'art. 181 lorsque la décision de mise en accusation est devenue définitive, l'accusé n'est plus recevable à invoquer, à l'appui de sa demande de mise en liberté, l'irrégularité prétendue du titre de détention provisoire antérieur. • Crim. 18 juin 2019, nº 19-82.358 P.

Art. 181-1 *(L. nº 2021-1729 du 22 déc. 2021, art. 9, en vigueur le 1er janv. 2023)* **S'il existe, à l'issue de l'information, des charges suffisantes contre la personne d'avoir commis, hors récidive, un crime puni de quinze ans ou de vingt ans de réclusion criminelle, elle est mise en accusation par le juge d'instruction, selon les modalités prévues à l'article 181, devant la cour criminelle départementale, sauf s'il existe un ou plusieurs coaccusés ne répondant pas aux conditions prévues au présent alinéa.**

Le délai d'un an prévu au huitième alinéa de l'article 181 est alors porté à six mois et il ne peut être procédé qu'à une seule prolongation en application du neuvième alinéa du même article 181.

Dans les départements autres que ceux dans lesquels l'expérimentation de la cour criminelle départementale est intervenue (Ndlr : pour les connaître, V. L. nº 2019-222 du 23 mars 2019, art. 63, ss. titre Ier du livre II), une 2e prolongation de 6 mois peut être ordonnée en application de l'art. 181-1 pour toutes les personnes renvoyées devant la cour criminelle départementale avant le 1er mars 2023 (L. nº 2021-1729 du 22 déc. 2021, art. 59-IV).

BIBL. ▶ **Dossier :** *AJ pénal 2021. 175* s. (le jugement des crimes).

Art. 181-2 *(L. nº 2021-1729 du 22 déc. 2021, art. 9, en vigueur le 1er janv. 2023)* **Lorsqu'une ordonnance de mise en accusation du juge d'instruction qui n'est plus susceptible d'appel a, au regard des qualifications criminelles retenues, renvoyé par erreur l'accusé devant la cour d'assises au lieu de la cour criminelle départementale ou inversement, le président de la chambre de l'instruction peut, sur requête du procureur de**

la République ou d'une partie, procéder par ordonnance motivée à la rectification de cette erreur en renvoyant l'accusé devant la juridiction criminelle compétente.

Si l'affaire est renvoyée devant la cour d'assises, les délais prévus à l'article 181 sont alors applicables.

Si l'affaire est renvoyée devant la cour criminelle départementale, les délais applicables sont ceux prévus au second alinéa de l'article 181-1 à compter de la décision prévue au premier alinéa du présent article, sans pouvoir dépasser les délais prévus à l'article 181.

Art. 182 **Des ordonnances comportant non-lieu partiel peuvent intervenir en cours d'information.**

(L. n° 81-82 du 2 févr. 1981) **« Peuvent intervenir, dans les mêmes conditions, des ordonnances de renvoi partiel ou de transmission partielle des pièces lorsque, sur l'un ou plusieurs des faits dont le juge d'instruction est saisi, les charges recueillies apparaissent suffisantes. »**

(L. n° 99-515 du 23 juin 1999) **« Les personnes ayant fait l'objet d'une ordonnance de renvoi partiel ou de transmission partielle des pièces et qui ne demeurent pas mises en examen pour d'autres faits sont entendues comme témoin assisté. Il en est de même en cas de disjonction d'une procédure d'instruction. »**

Le lien de connexité constitue un titre de compétence qui ne saurait être contesté alors même que certains des faits ayant servi de support à cette connexité ont fait l'objet d'une décision de non-lieu. • Crim. 20 oct. 1981, n° 81-90.627 P.

Art. 183 *(L. n° 85-1407 du 30 déc. 1985)* **Les ordonnances de règlement sont portées à la connaissance de** *(L. n° 93-2 du 4 janv. 1993)* **« la personne mise en examen »** *(L. n° 2000-516 du 15 juin 2000, art. 131-V, en vigueur le 1er janv. 2001)* **« et du témoin assisté »** *(L. n° 93-1013 du 24 août 1993)* **« et les ordonnances de renvoi »** *(L. n° 2000-516 du 15 juin 2000, art. 84, en vigueur le 1er janv. 2001)* **« ou de mise en accusation » à la connaissance de la partie civile ; la notification est effectuée dans les délais les plus brefs soit verbalement, avec émargement au dossier de la procédure, soit par lettre recommandée.**

Sous réserve de l'application *(L. n° 2002-1138 du 9 sept. 2002, art. 38)* **« de l'article 137-3, deuxième alinéa », les décisions qui sont susceptibles de faire l'objet de voies de recours de la part** *(L. n° 93-2 du 4 janv. 1993)* **« d'une partie à la procédure » ou d'un tiers conformément aux articles 99, 186 et 186-1 leur sont notifiées dans les délais les plus brefs soit verbalement, avec émargement au dossier de la procédure, soit par lettre recommandée.** *(L. n° 93-2 du 4 janv. 1993)* **« Si la personne mise en examen est détenue », elles peuvent également être portées à sa connaissance par les soins du chef de l'établissement pénitentiaire qui adresse, sans délai, au juge d'instruction l'original ou la copie du récépissé signé** *(L. n° 93-2 du 4 janv. 1993)* **« par la personne ». Dans tous les cas, une copie de l'acte est remise à** *(L. n° 93-2 du 4 janv. 1993)* **« l'intéressée ».**

Toute notification d'acte *(L. n° 93-2 du 4 janv. 1993)* **« à une partie » par lettre recommandée expédiée à la dernière adresse déclarée par** *(L. n° 93-2 du 4 janv. 1993)* **« l'intéressée » est réputée faite à sa personne.**

Les ordonnances mentionnées aux premier et deuxième alinéas du présent article qui doivent être portées à la connaissance *(L. n° 93-2 du 4 janv. 1993)* **« des parties » sont simultanément, et selon les mêmes modalités, portées à la connaissance de leurs** *(L. n° 93-2 du 4 janv. 1993)* **« avocats ».**

Les avis destinés au procureur de la République lui sont adressés par tout moyen. Lorsque le juge d'instruction rend une ordonnance non conforme aux réquisitions du procureur de la République, avis en est donné à celui-ci par le greffier.

Dans tous les cas, mention est portée au dossier par le greffier de la nature et de la date de la diligence faite en application du présent article ainsi que des formes utilisées.

BIBL. ► BOCCARA, *Procédures 1997. Chron. 2.* – BOULOC, *D. 1986. Chron. 226.* – BOUTELLIER, *JCP 1981. I. 3033.*

I. RÈGLES TECHNIQUES DE LA NOTIFICATION

A. FORMES DE LA NOTIFICATION

1. Règles générales. Seule la notification faite conformément aux dispositions de l'art. 183 fait courir le délai d'appel d'une ordonnance rendue par le juge d'instruction. • Crim. 8 févr. 1994, n° 93-84.479 P • 16 mars 1999 : *Procédures 1999. Comm. 210, obs. Buisson* • 24 nov. 1999, n° 98-86.848 P : *Procédures 2000. Comm. 105, obs. Buisson.* ♦ Lorsque l'avis porté par le greffier au pied de l'ordonnance n'indique pas qu'une copie de la décision a été remise à la partie civile, le délai d'appel n'a pas commencé à courir. • Crim. 30 mai 2007, n° 07-81.923 P : *D. 2007. AJ 2105 ; AJ pénal 2007. 388 ; Procédures 2007. Comm. n° 290, obs. Buisson.*

2. N'est pas régulière et ne fait pas courir le délai d'appel la notification qui ne porte pas la signature du greffier. • Crim. 18 juin 1996, n° 95-85.980 P.

3. La notification que prévoit l'art. 183 est réalisée par l'expédition de la lettre recommandée. • Crim. 12 janv. 1988, n° 86-94.087 P : *D. 1988. IR 195, obs. Pradel ; Procédures 1998. Comm. 153, obs. Buisson* • 17 déc. 2013, n° 12-87.467 P : *D. actu. 13 janv. 2014, obs. Le Drévo ; AJ pénal 2014. 190, obs. Royer*. ♦ La notification prévue par l'art. 183, qui constitue le point de départ du délai de dix jours fixé par l'art. 186, est réalisée par l'expédition de la lettre recommandée, ces textes ne portant pas atteinte à l'exigence d'un procès équitable, dès lors que le délai précité est prorogé lorsqu'un obstacle insurmontable a mis la partie concernée dans l'impossibilité d'exercer son recours en temps utile. • Crim. 4 juin 2002, n° 01-87.100 • 27 nov. 2002, n° 02-82.307.

4. Le délai d'appel de l'ordonnance ne court qu'à compter de sa notification à la partie civile à son adresse déclarée en vertu des dispositions de l'art. 89 et non à une autre adresse. • Crim. 10 oct. 2000, n° 99-87.912 P. ♦ L'appel de l'ordonnance du juge d'instruction formé après l'expiration du délai de dix jours suivant la notification faite à la partie civile et à son avocat par lettres recommandées est irrecevable, conformément aux dispositions de l'art. 183, al. 2, 3 et 4. • Crim. 13 mars 2002, n° 01-82.483.

5. L'ordonnance mentionnant simplement qu'elle « a été notifiée à la partie civile le... », sans précisions relatives aux formes utilisées pour la notification, est incomplète et ne fait pas courir le délai d'appel. • Crim. 4 janv. 1991, n° 90-84.179 P • 8 juill. 1992, n° 91-81.557 P.

6. La preuve de la nature, de la date et des formes utilisées pour la notification des ordonnances à la partie civile et à son avocat résulte de la mention portée au dossier par le greffier et les récépissés postaux, éventuellement annexés à l'ordonnance, ne peuvent y suppléer. • Crim. 22 oct. 1996, n° 95-84.498 P • 25 nov. 1998 : *Procédures 1999. Comm. 160, obs. Buisson* • 30 nov. 1999, n° 98-85.860 P : *Dr. pénal 2000. Chron. 22, obs. Marsat* • 27 avr. 2000 : *Procédures 2001. Comm. 190, obs. Buisson* • 3 déc. 2013, n° 12-84.957 P. ♦ V. pour une espèce très proche : • Crim. 10 mars 1992, n° 91-86.944 P.

7. Appel du procureur de la République. Est recevable l'appel formé par le procureur de la République contre une ordonnance de placement sous contrôle judiciaire dès lors que la Cour de cassation est en mesure de s'assurer que cette ordonnance avait des mentions incomplètes ne précisant pas la forme de l'avis destiné au procureur et qu'ainsi le délai d'appel n'avait pas commencé à courir. • Crim. 19 mars 2002, n° 02-80.050. ♦ Lorsque le juge d'instruction rend une ordonnance non conforme à ses réquisitions, avis en est donné à celui-ci par le greffier et, dans tous les cas, mention est portée au dossier par le greffier de la nature et de la date de la diligence faite ainsi que les formes utilisées ; encourt par conséquent la censure l'arrêt qui déclare irrecevable l'appel du ministère public alors qu'en l'état des mentions incomplètes, portées sur une lettre signée du seul juge d'instruction, qui ne précisent pas la forme utilisée pour adresser au procureur de la République l'avis qui lui est destiné, le délai d'appel n'avait pas commencé à courir à son égard. • Crim. 21 mars 2017, n° 16-83.555 P : *AJ pénal 2017. 351, obs. Lasserre Capdeville*. ♦ Les mentions du procès-verbal de débat contradictoire signé par le greffier, dont il résulte que le procureur de la République était présent lorsque le JLD a prononcé l'ordonnance disant n'y avoir lieu à détention, ainsi que celle ordonnant le placement sous contrôle judiciaire de la personne mise en examen, attestent que la notification, au procureur de la République, de ces ordonnances, non conformes à ses réquisitions, a été réalisée lors du débat contradictoire. En conséquence, l'appel interjeté plus de cinq jours après cette notification, qui peut avoir lieu par tout moyen, est irrecevable. • Crim. 10 mars 2009, n° 08-88.356 P : *AJ pénal 2009. 230, obs. Lasserre Capdeville ; Dr. pénal 2010. Chron. 1, obs. Guérin ; Procédures 2009, n° 214, obs. Buisson.*

B. DOMAINE DE LA NOTIFICATION

8. Les ordonnances du juge d'instruction rejetant une demande d'expertise de la partie civile doivent être signifiées (notifiées) à l'inculpé en application de l'art. 183. • Crim. 24 mai 1971, n° 71-90.921 P.

9. L'ordonnance par laquelle le juge d'instruction prescrit un transport sur les lieux n'a pas à être notifiée. • Crim. 31 janv. 1952 : *Bull. crim. n° 35.*

10. La notification que prévoit l'art. 183 est réalisée par l'expédition de la lettre recommandée. • Crim. 12 janv. 1988, n° 86-94.087 P : *D. 1988. IR 195, obs. Pradel.* ♦ N'ont pas à être notifiées les ordonnances de soit-communiqué qui n'ont pour objet que d'obtenir les réquisitions du ministère public en vue d'instruire sur de nouveaux chefs d'inculpation ou de faire joindre à la procédure une autre poursuite en cours d'instruction. • Crim. 9 janv. 1962 : *Bull. crim. n° 18.* ♦ Même solution pour les ordonnances de soit-communiqué qui n'ont d'autre objet que de mettre le procureur de la République en mesure de prendre ses réquisitions sur le maintien en détention préventive ou la mise en liberté provisoire (détention provisoire ou mise en liberté) et qui ne sont qu'une simple formalité de procédure. • Crim. 12 nov. 1959 : *Bull. crim. n° 486 ; JCP 1960. II. 11405, note Chambon ; D. 1960. 59, note Golléty ; RSC 1960. 295, obs. J.-M. Robert* • 21 déc. 1970, n° 70-92.417 P.

11. N'a pas davantage à être notifiée aux parties ou à leurs conseils l'ordonnance de soit-communiqué préalable à l'ordonnance de règlement, laquelle n'entre pas dans la catégorie des actes qui, d'après l'art. 183 en sa rédaction issue de la loi du 30 déc. 1985, doivent l'être. • Crim. 28 janv. 1987, n° 86-96.014 P : *D. 1987. Somm. 410, obs. Pradel* • 31 mars 1987, n° 86-94.100 P. ♦ Même solution pour l'ordonnance de soit-communiqué préalable à l'ordonnance de transmission des pièces au procureur général. • Crim. 28 janv. 1987, n° 86-95.889 P.

C. DESTINATAIRES DE LA NOTIFICATION

12. Il résulte des dispositions de l'art. 183, en sa rédaction issue de la loi du 30 déc. 1985, que la notification des ordonnances susceptibles de faire l'objet d'une voie de recours de la part de l'inculpé doit être faite à celui-ci et à son conseil selon les mêmes modalités ; dans tous les cas, une copie de l'acte doit être remise tant à l'inculpé qu'à son conseil. • Crim. 21 août 1986, n° 86-93.082 P • 7 mars 1989, n° 88-85.384 P • 12 févr. 1992, n° 91-84.192 P • 6 févr. 1996 : *Procédures 1996. Comm. 193, obs. Buisson* • 22 oct. 1996, n° 95-84.498 P. ♦ La notification de l'ordonnance à la partie civile doit se faire à l'adresse qu'elle a déclarée et non à l'adresse de son avocat. • Crim. 24 mai 2000 : *Procédures 2000. Comm. 105, obs. Buisson.* ♦ La notification tardive d'une ordonnance de prolongation de la détention n'a d'autre effet que de reculer le point de départ du délai d'appel jusqu'au jour où cette notification est faite. • Crim. 10 nov. 1992, n° 92-84.714 P. ♦ L'omission de notifier régulièrement au conseil de l'inculpé une ordonnance de rejet d'une demande de mise en liberté n'affecte pas la validité de l'ordonnance elle-même et a pour seule conséquence d'empêcher le délai d'appel de courir. • Crim. 21 août 1986 : *préc.* • 7 mars 1989 : *préc.* • Versailles, 27 mars 1990 : *D. 1990. Somm. 221, obs. Pradel*

13. Aucune disposition n'impose la notification de l'ordonnance de mise en accusation à une personne faisant l'objet d'un mandat d'arrêt, qui n'est pas partie à la procédure d'information, faute d'avoir été mise en examen par le juge d'instruction à l'issue d'un interrogatoire de première comparution en raison de sa fuite à l'étranger. • Crim. 2 févr. 2022, n° 21-86.715 P.

II. NOTIFICATION ET DROITS FONDAMENTAUX

14. Les art. 6 et 13 de la Conv. EDH (équité et effectivité des recours). La notification prévue par l'art. 183, réalisée par lettre recommandée, qui constitue le point de départ du délai d'appel ne porte pas atteinte aux art. 6 et 13 Conv. EDH, le délai précité pouvant être prorogé lorsqu'un obstacle insurmontable a mis la partie concernée dans l'impossibilité d'exercer son recours en temps utile. • Crim. 22 janv. 2003, n° 02-80.115 • 3 déc. 2013, n° 12-84.957 P.

15. Droit à l'information. L'art. 186, al. 4 qui ne comprend pas le droit à être informé des voies et délais de recours ne méconnaît pas l'art. 6 Conv. EDH, ainsi, l'appel formé par lettre recommandée avec accusé de réception est irrecevable quand bien même la notification de l'ordonnance de non-lieu n'indiquait pas les conditions de forme et de délai de l'appel. • Crim. 14 nov. 2002, n° 01-88.723.

Art. 183-1 *(L. n° 2015-993 du 17 août 2015, art. 7, en vigueur le 15 nov. 2015)* **A la demande de la victime qui a déposé plainte sans s'être toutefois constituée partie civile, l'ordonnance de non-lieu, une fois devenue définitive, est portée à sa connaissance par tout moyen.**

Art. 184 **Les ordonnances rendues par le juge d'instruction en vertu de la présente section contiennent les nom, prénoms, date, lieu de naissance, domicile et profession de** *(L. n° 93-2 du 4 janv. 1993)* **« la personne mise en examen ». Elles indiquent la qualification légale du fait imputé à** *(L. n° 93-2 du 4 janv. 1993)* **« celle-ci » et, de façon précise, les motifs pour lesquels il existe ou non** *(L. n° 93-2 du 4 janv. 1993)* **« contre elle » des charges suffisantes.** *(L. n° 2007-291 du 5 mars 2007, art. 19-IV, en vigueur le 1er juill. 2007)* **« Cette motivation est prise au regard des réquisitions du ministère public et des observations des parties qui ont été adressées au juge d'instruc-**

tion en application de l'article 175, en précisant les éléments à charge et à décharge concernant chacune des personnes mises en examen. »

BIBL. ► GUÉRY, *Dr. pénal 2010. Étude 24* (copié, collé, jugé ? [sur la motivation des ordonnances de renvoi par le juge d'instruction]).

1. Domaine d'application. L'art. 184 est applicable aux arrêts de mise en accusation rendus par la chambre de l'instruction (implicite). • Crim. 6 nov. 2013 : *RSC 2013. 852, note Salvat*.

2. Motivation quant aux charges. L'obligation faite au juge d'instruction par l'art. 184 d'indiquer les motifs pour lesquels il existe, à son avis, à l'encontre de l'inculpé des charges suffisantes, ne saurait être considérée comme une disposition substantielle. • Crim. 4 févr. 1960 : *Bull. crim. n° 66.* ♦ Elle n'est pas indispensable à la validité de l'acte lorsque le magistrat rend une ordonnance conforme au réquisitoire motivé du parquet et s'y réfère explicitement. • Crim. 11 oct. 1989, n° 89-81.369 P • 26 janv. 2000, n° 99-85.725 P : *D. 2000. IR 85* • 13 oct. 2004, n° 03-81.763 P.

3. Conséquence d'une omission. L'omission, par le juge d'instruction, de statuer sur certains des faits dont il est régulièrement saisi, n'entre pas dans les prévisions des art. 184 et 385, al. 2. • Crim. 22 janv. 2003, n° 01-87.297 P : *JCP 2003. IV. 1529.*

4. Nécessité d'identification du prévenu renvoyé. L'action publique ne pouvant être dirigée que contre un individu certain et déterminé, l'ordonnance du juge d'instruction qui renvoie un inculpé resté inconnu et sans le désigner de manière à ne laisser subsister aucun doute sur son identité, devant le tribunal correctionnel, est entachée de nullité ainsi que toute la procédure de défaut qui a suivi. • Crim. 2 déc. 1954 : *Bull. crim. n° 369.*

5. Précision quant aux faits reprochés. Justifie sa décision la cour d'appel qui, pour rejeter l'exception de nullité de l'ordonnance de renvoi tirée d'une prétendue imprécision des faits imputés au prévenu, constate que les faits reprochés sont mentionnés dans l'ordonnance litigieuse et sont détaillés dans une pièce du dossier d'instruction, pièce que le prévenu a pu étudier par l'intermédiaire de son avocat. • Crim. 6 oct. 2009 : *AJ pénal 2010. 38, obs. Royer*.

6. Forme. Aucun texte de loi n'impose, à peine de nullité, que les ordonnances de toute nature, rendues par le juge d'instruction, soient revêtues de la signature du greffier. • Crim. 12 juill. 1972, n° 71-91.394 P.

7. Motivation de l'ordonnance de règlement. L'ordonnance de renvoi devant le tribunal correctionnel dont les juges d'appel ont, sans insuffisance ni contradiction, constaté qu'elle précise les éléments à charge et à décharge concernant chacune des personnes mises en examen, en l'absence d'observations des parties, satisfait aux exigences de l'art. 184. • Crim. 2 mars 2011, n° 10-86.940 P : *D. actu. 16 mars 2011, obs. Lavric ; D. 2011. Chron. 1857, obs. Divialle ; AJ pénal 2011. 252, obs. Ascensi ; RSC 2011. 421, obs. Danet ; Dr. pénal 2012. Chron. 1, obs. Georget.*

8. Enquête officieuse du juge des enfants. L'enquête par voie officieuse prévue par l'art. 8, al. 2, Ord. du 2 févr. 1945, à laquelle peut procéder le juge des enfants, n'impose pas le respect des formes prescrites par l'art. 184. • Crim. 14 mai 2013 : *D. actu. 29 mai 2013, obs. Bombled.*

9. Sanction des irrégularités. En application de l'art. 385, si l'ordonnance qui saisit la juridiction de jugement n'a pas été rendue conformément aux dispositions de l'art. 184, la sanction de cette non-conformité est le renvoi de la procédure au ministère public pour lui permettre de saisir à nouveau la juridiction d'instruction aux fins de régularisation, les actes faits en application de ladite ordonnance demeurant valables. • Crim. 1er oct. 2013, n° 12-83.143 P. ♦ Lorsqu'il est saisi d'une ordonnance de renvoi par laquelle le prévenu est renvoyé pour des faits pour lesquels il n'a pas été mis en examen, le tribunal correctionnel doit renvoyer la procédure au ministère public aux fins de régularisation de la procédure. • Crim. 5 oct. 2021, n° 20-85.710 P : *AJ pénal 2021. 597, obs. Fucini*.

SECTION XII DE L'APPEL DES ORDONNANCES DU JUGE D'INSTRUCTION OU DU JUGE DES LIBERTÉS ET DE LA DÉTENTION *(L. n° 2000-516 du 15 juin 2000).*

RÉP. PÉN. *v° Appel,* par COURTIN.

Art. 185 **Le procureur de la République a le droit d'interjeter appel devant la chambre de l'instruction de toute ordonnance du juge d'instruction** *(L. n° 2000-516 du 15 juin 2000, art. 132-X, en vigueur le 1er janv. 2001)* **« ou du juge des libertés et de la détention ».**

(L. n° 85-1407 du 30 déc. 1985) **« Cet appel, formé par déclaration au greffe du tribunal, doit être interjeté dans les** *(L. n° 2019-222 du 23 mars 2019, art. 56-V)* **« dix » jours qui suivent la notification de la décision. »**

(L. n° 2000-1354 du 30 déc. 2000, art. 26 et 37, en vigueur le 1er janv. 2001) « En cas d'appel par la personne mise en examen de l'ordonnance de mise en accusation prévue par l'article 181, le procureur de la République dispose d'un délai d'appel incident de cinq jours supplémentaires à compter de l'appel de la personne mise en examen. »

Le droit d'appel appartient également dans tous les cas au procureur général. *(L. n° 2011-525 du 17 mai 2011, art. 156-11°)* « Celui-ci forme cet appel dans les dix jours qui suivent l'ordonnance du juge par déclaration au greffe du tribunal. »

1. Droit d'appel absolu et général du parquet. L'art. 135 C. instr. crim. (art. 185, al. 1er) confère au ministère public le droit absolu d'interjeter appel de toutes les ordonnances du juge d'instruction. Il en est ainsi dans le cas d'ordonnances qui refusent de faire droit à des réquisitions tendant notamment à ce qu'il soit décerné mandat de dépôt contre l'inculpé. • Crim. 25 mars 1954 : *Bull. crim. n° 123 ; D. 1954. 345, note P. A.* ♦ Le ministère public peut appeler de toutes les ordonnances, même de celles conformes à ses réquisitions. • Crim. 16 nov. 1956 : *Bull. crim. n° 753* • 8 juill. 1958 : *Bull. crim. n° 526* • 19 sept. 1990, n° 90-84.140 P. ♦ Le ministère public peut faire appel, que l'ordonnance ait été précédée ou non de réquisitions, et quel que soit le sens de ces réquisitions. Il en résulte qu'une chambre d'accusation ne saurait rejeter l'appel, par le procureur général, d'une ordonnance de placement sous contrôle judiciaire, au motif que cette décision n'avait pas été précédée de réquisitions de mise en détention émanant du procureur de la République. • Crim. 14 oct. 1997, n° 97-84.276 P.

2. Il résulte de l'art. 185 et des principes généraux du droit que l'appel du ministère public s'étend à toutes les décisions rendues en matière de détention provisoire. • Crim. 6 juill. 1993, n° 93-81.996 P : *D. 1993. 429, note Kehrig*. ♦ Il résulte des art. 185 et 186-1 que, en cas d'appel du ministère public contre une ordonnance du juge d'instruction, la saisine de la chambre d'accusation n'est pas subordonnée à la décision préalable du président de cette juridiction. • Crim. 28 avr. 1998, n° 98-90.366 P : *Dr. pénal 1998. Comm. 159, obs. Maron.*

3. Est régulier l'appel interjeté par un substitut du procureur de la République qui représente le ministère public près le TGI où il exerce ses fonctions. • Crim. 23 sept. 1974, n° 74-92.394 P.

4. Est recevable l'appel d'une ordonnance de placement sous contrôle judiciaire, interjeté par le ministère public au moyen d'une déclaration faite au greffier du juge d'instruction, dès lors que ce fonctionnaire a enregistré celle-ci en sa qualité de greffier du tribunal de grande instance. • Crim. 20 mai 2008, n° 08-81.582 P : *D. 2008. AJ 1695, note Girault*.

5. Délai d'appel. Point de départ. En l'état de mentions incomplètes portées par le greffier sur l'ordonnance de non-lieu qui ne précisent pas la forme utilisée pour adresser au procureur de la République l'avis qui lui était destiné, le délai d'appel ne commence pas à courir à son égard. • Crim. 10 févr. 2010, n° 09-83.499 P : *Procédures 2010, n° 243, obs. Buisson.*

6. Ordonnance conforme aux réquisitions et appel du ministère public. Si l'art. 185, al. 2, dispose que le délai d'appel du ministère public ne court qu'à compter de la notification qui lui est faite de la décision, le juge d'instruction, en vertu des dispositions de l'art. 183, al. 5, n'est tenu de donner avis au procureur que des seules ordonnances non conformes aux réquisitions qu'il a reçues ; ainsi, lorsque le juge d'instruction rend une ordonnance de non-lieu conforme aux réquisitions, le délai d'appel du ministère public commence à courir du jour où la décision a été rendue. • Crim. 4 mars 2004, n° 03-83.756 P : *D. 2004. IR 10665 ; JCP 2004. IV. 1772 ; AJ pénal 2004. 208, obs. Leblois-Happe ; Dr. pénal 2004. Comm. 76, obs. Maron.* ♦ Peu importe que le procureur de la République n'ait pas expressément donné son avis sur le placement sous contrôle judiciaire. • Crim. 10 déc. 2008, n° 08-86.368 P : *AJ pénal 2009. 84 ; Dr. pénal 2010. Chron. 1, obs. Guérin.*

7. L'appel qui est exceptionnellement ouvert à l'administration des douanes contre les ordonnances du juge d'instruction nonobstant les dispositions de l'art. 186 doit être formé dans le délai imparti au procureur de la République par l'art. 185, al. 2. • Crim. 4 juill. 1973, n° 72-91.185 P.

8. Effet dévolutif de l'appel. Lorsqu'elle est saisie par le ministère public de l'appel d'une ordonnance du juge d'instruction disant n'y avoir lieu à mise en examen et refusant de saisir le JLD, la chambre de l'instruction est tenue de statuer sur toutes les questions qui lui sont dévolues par l'appel : elle ne peut valablement énoncer que la question de la mise en examen est étrangère à l'unique objet de sa saisine. • Crim. 2 sept. 2005, n° 05-83.117 P : *D. 2005. IR 2484 ; Dr. pénal 2005. Comm. 165, obs. Maron ; AJ pénal 2006. 41, obs. Girault*. ♦ Dans le même sens : • Crim. 18 juin 2013 : *D. actu. 27 sept. 2013, obs. Winckelmuller.* ♦ Dès lors que la qualification pénale est dans le débat, la chambre de l'instruction fait une exacte application de l'art. 185, qui lui impose de statuer sur toutes les questions qui lui sont dévolues par l'appel du ministère public, en infirmant l'ordonnance disant n'y avoir lieu à saisine du JLD en raison de la qualification contraventionnelle des faits, et prononçant la mise en examen de l'intéressé du chef délictuel de violences aggravées et ordonnant son placement sous contrôle judiciaire. • Crim. 27 juill. 2016, n° 16-83.024 P : *D. actu. 16 sept. 2016, obs. Gallois.* ♦ Lorsque le JLD, saisi de réquisitions tendant au placement en détention provisoire d'une personne, rend, d'une part, une ordonnance de refus de mise en détention et, d'autre part, une ordonnance de placement sous contrôle judiciaire, l'appel par le ministère public de cette dernière ordonnance, laquelle répond nécessairement à ses réquisitions, saisit la chambre de l'instruction du contentieux de la détention. • Crim. 3 oct. 2006, n° 06-85.889 P : *D. 2006. IR 2874 ; AJ pénal 2007. 35, obs. Girault ; Procédures 2007. Comm. 95, obs. Buisson.*

9. Désistement. Le ministère public, en l'absence de disposition légale l'y autorisant, ne peut se désister de l'appel qu'il a formé contre une ordonnance du JLD ou du juge d'instruction. • Crim. 21 nov. 2017, n° 17-85.319 P : *Dr. pénal 2018, n° 17, obs. Maron et Haas.*

Art. 186 *(L. n° 93-2 du 4 janv. 1993 ; L. n° 93-1013 du 24 août 1993)* **« Le droit d'appel appartient à la personne mise en examen contre les ordonnances et décisions prévues par les articles** *(L. n° 2007-291 du 5 mars 2007, art. 17-III, en vigueur le 1er juill. 2007)* **« 80-1-1, » 87, 139, 140,** *(L. n° 2000-516 du 15 juin 2000, art. 132-XI, en vigueur le 1er janv. 2001)* **« 137-3 »** *(L. n° 2009-1436 du 24 nov. 2009, art. 93-VIII)* **« , 142-6, 142-7 », 145-1, 145-2, 148,** *(L. n° 2007-291 du 5 mars 2007, art. 18-VII, en vigueur le 1er juill. 2007)* **« 167,** *(L. n° 2022-52 du 24 janv. 2022, art. 9)* **« avant-dernier » alinéa, » 179, troisième alinéa »** *(L. n° 2000-516 du 15 juin 2000, art. 82-II, en vigueur le 1er janv. 2001 ; L. n° 2015-993 du 17 août 2015, art. 2, en vigueur le 1er oct. 2015)* **« , 181** *(L. n° 2021-1729 du 22 déc. 2021, art. 9, en vigueur le 1er janv. 2023)* **« , 181-1 » et 696-70 ».**

(L. n° 70-643 du 17 juill. 1970) **La partie civile peut interjeter appel des ordonnances de non-informer, de non-lieu et des ordonnances faisant grief à ses intérêts civils. Toutefois, son appel ne peut, en aucun cas, porter sur une ordonnance ou sur la disposition d'une ordonnance relative à la détention** *(L. n° 93-2 du 4 janv. 1993)* **« de la personne mise en examen » ou au contrôle judiciaire.**

(L. n° 93-2 du 4 janv. 1993) **« Les parties » peuvent aussi interjeter appel de l'ordonnance par laquelle le juge a, d'office ou sur déclinatoire, statué sur sa compétence.**

(L. n° 85-1407 du 30 déc. 1985) **« L'appel** *(L. n° 93-2 du 4 janv. 1993)* **« des parties »** *(Abrogé par L. n° 2000-516 du 15 juin 2000, art. 32-II, à compter du 1er janv. 2001)* ***« ou du témoin condamné en application des dispositions de l'article 109 »*** **ainsi que la requête prévue par le cinquième alinéa de l'article 99 doivent être formés dans les conditions et selon les modalités prévues par les articles 502 et 503, dans les dix jours qui suivent la notification ou la signification de la décision. »**

Le dossier de l'information ou sa copie établie conformément à l'article 81 est transmis, avec l'avis motivé du procureur de la République, au procureur général, qui procède ainsi qu'il est dit aux articles 194 et suivants.

(L. n° 72-1226 du 29 déc. 1972) **« Si le président de la** *(L. n° 2000-516 du 15 juin 2000, art. 83, en vigueur le 1er janv. 2001)* **« chambre de l'instruction » constate qu'il a été fait appel d'une ordonnance non visée aux alinéas 1 à 3 du présent article, il rend d'office une ordonnance de non-admission de l'appel qui n'est pas susceptible de voies de recours. »** *(L. n° 2004-204 du 9 mars 2004, art. 107-I)* **« Il en est de même lorsque l'appel a été formé après l'expiration du délai prévu au quatrième alinéa ou lorsque l'appel est devenu sans objet. Le président de la chambre de l'instruction est également compétent pour constater le désistement de l'appel formé par l'appelant. »**

1. QPC. Les dispositions de l'art. 186 ne sauraient, sans apporter une restriction injustifiée aux droits de la défense, être interprétées comme excluant le droit du mis en examen de former appel d'une ordonnance du juge d'instruction ou du JLD *faisant grief à ses droits* et dont il ne pourrait utilement remettre en cause les dispositions, notamment devant la juridiction de jugement. Sous cette réserve, l'art. 186 ne méconnaît pas les art. 6 et 16 DDH. • Cons. const. 13 juill. 2011, n° 2011-153 QPC : *D. 2011. Actu. 1973 ; D. actu. 25 juill. 2011, obs. Priou-Alibert ; AJ pénal 2012. 44, obs. Ascensi* (sur une QPC de • Cass., QPC, 18 mai 2011, n° 11-90.018 P).

I. RÈGLES COMMUNES

A. RÈGLES TECHNIQUES

2. Lieu de l'appel. Il résulte de la combinaison des art. 186, al. 4, et 502 que la déclaration d'appel doit être faite au greffier de la juridiction qui a rendu la décision attaquée ; en matière d'appel des ordonnances du juge d'instruction, il s'agit non du greffier de celui-ci, mais du greffe du tribunal auquel appartient le magistrat instructeur. • Crim. 19 janv. 1987, n° 86-91.840 P : *Gaz. Pal. 1987. 1. 273, note Bayet.* ♦ La déclaration d'appel d'une ordonnance du juge des libertés effectuée auprès du secrétariat greffe de ce juge et non au greffe du tribunal auquel ce magistrat appartient n'en est pas moins valable. • Crim. 23 oct. 2001, n° 01-81.703 P : *D. 2001. IR 3488*.

3. *Délai de l'appel.* L'art. 186, al. 4, décide formellement, en termes impératifs, que l'appel de l'inculpé et de la partie civile sera formé dans les trois jours (dix jours) de la signification de l'ordonnance entreprise. • Crim. 9 oct. 1962 : *D. 1962. 739.* ♦ Il s'agit d'un délai de rigueur. • Crim. 1er déc. 1970, n° 70-91.267 P : *D. 1971. Somm. 37.* ♦ Le délai ne saurait être prorogé s'il n'est pas allégué ou établi par la partie qu'elle ait été absolument empêchée, par une circonstance indépendante de sa volonté, cas de force majeure ou obstacle invincible, d'exercer son droit dans ce délai. • Crim. 9 oct. 1962 : *préc.* • Crim. 1er déc. 1970 : *préc.* • 7 juin 1966, n° 66-90.131 P : *D. 1966. Somm. 99* • 6 mai 1996, n° 96-80.979 P. ♦ La partie civile ne saurait invoquer sa détention comme un cas de force majeure la dispensant de respecter les formes imposées. • Orléans, 3 juill. 1964 : *D. 1964. 634.* ♦ Le délai de trois jours (dix jours) se trouve de plein droit prorogé suivant les modalités prévues par l'art. 801 lorsque le délai normal d'appel expire un samedi. • Crim. 23 oct. 1979, n° 79-91.385 P : *D. 1980. IR 160.* ♦ Lorsque les modalités particulières d'acheminement (secteur postal militaire) génèrent un allongement des délais de remise du courrier et sont connues de la partie civile, elles ne peuvent être retenues comme un cas de force majeure ou un obstacle invincible. • Crim. 27 avr. 2011, n° 10-81.650 P : *D. actu. 6 juin 2011, obs. Léna ; D. 2011. Actu. 1491 ; Dr. pénal 2012. Chron. 1, obs. Georget.*

4. *Point de départ et calcul du délai.* Le délai de trois jours (dix jours) court du jour de la signification, quel qu'en soit le mode. • Crim. 2 mai 1968, n° 66-90.771 P • 6 juin 1977, n° 75-92.200 P : *D. 1977. IR 371.* ♦ Si la signification a été faite autrement qu'à personne, le délai d'appel court du jour de la signification elle-même et non du jour de la réception de la lettre recommandée avisant l'intéressé de cette signification. • Crim. 4 oct. 1956 : *Bull. crim. n° 609* • 7 oct. 1956 : *Bull. crim. n° 718.* ♦ C'est dès lors à bon droit qu'une chambre d'accusation déclare irrecevable l'appel d'une ordonnance de non-lieu relevé par une partie civile plus de dix jours après la date d'envoi de la lettre recommandée portant ladite décision à sa connaissance. • Crim. 12 janv. 1988, n° 86-94.087 P • 14 sept. 2010, n° 10-81.484 P. ♦ Selon l'art. 186, le délai d'appel de la personne mise en examen contre une ordonnance de contrôle judiciaire court à compter de la date d'envoi de la lettre recommandée portant notification de la décision. • Crim. 6 mai 1996, n° 96-80.979 P • 22 mai 2008, n° 07-88.267 P : *D. 2008. 1724, obs. Ménotti ; ibid. 2008. AJ 1768 ; ibid. 2009. 48, obs. Degorce ; AJ pénal 2008. 333 ; ibid. 2008. 382 ; Dr. pénal 2009. Chron. 1, obs. Guérin* • 28 oct. 2008, n° 08-82.524 P : *D. 2009. Chron. 48, obs. Degorce ; AJ pénal 2008. 516 ; Dr. pénal 2010. Chron. 1, obs. Guérin ; Procédures 2009, n° 26 et n° 63, obs. Buisson.*

5. *Irrégularités empêchant le délai de commencer à courir.* Si l'ordonnance n'a pas été signifiée régulièrement, le délai ne court pas et l'appel est recevable à tout moment. • Crim. 12 janv. 1982, n° 81-92.110 P. ♦ Tel est le cas pour une ordonnance de mise en accusation d'un accusé non détenu auquel l'ordonnance n'a pas été signifiée. • Crim. 6 mars 2002, n° 01-88.483 P : *D. 2002. IR 1464*. ♦ Excède ses pouvoirs le président de la chambre de l'instruction qui refuse d'admettre l'appel relevé par la partie civile d'une ordonnance d'irrecevabilité de sa constitution rendue par le juge d'instruction au motif que cet appel serait tardif alors que l'ordonnance n'a pas été notifiée conformément aux dispositions de l'art. 183, et qu'ainsi, le délai de dix jours prévu par l'art. 186, al. 4 n'a pas commencé à courir. • Crim. 30 mai 2007, n° 07-81.923 P : *D. 2007. AJ 2105 ; AJ pénal 2007. 388 ; Procédures 2007. Comm. n° 290, obs. Buisson.* ♦ Le président de la chambre de l'instruction ne tient de l'art. 186, dernier al., le pouvoir de rendre une ordonnance de non-admission d'appel que lorsque l'appel a été formé après l'expiration du délai prévu au 4e al. de ce texte. Excède ses pouvoirs le président de la chambre de l'instruction qui, pour déclarer irrecevable, comme tardif, l'appel relevé par le demandeur, le 14 août 2007, de l'ordonnance de refus de restitution de scellés, énonce que la décision du juge d'instruction a été notifiée à la partie civile et à son avocat le 3 août 2007, selon mention figurant en marge de ladite ordonnance, alors qu'il résulte de l'examen des pièces de la procédure que l'expédition de la lettre recommandée, qui constitue le point de départ du délai de dix jours, n'est intervenue que le lundi 6 août 2007, date de remise du pli recommandé à la poste. • Crim. 22 mai 2008 : *préc. note 4.*

6. *Auteur de l'appel.* Il résulte des dispositions combinées des art. 4, 5 et 76 de la L. du 31 déc. 1971 portant réforme de certaines professions judiciaires et juridiques que l'avocat est investi, hormis le cas de désaveu et sous réserve des dérogations et restrictions spécialement prévues par la loi, d'un droit général d'assistance et de représentation devant la juridiction du premier degré sans avoir à justifier d'un pouvoir spécial et que dès lors, sous les mêmes réserves, il est habilité à formuler au nom de son client une déclaration d'appel. Il en est ainsi notamment dans les hypothèses prévues par l'art. 186. • Crim. 6 mars 1979, n° 78-93.523 P • 15 mai 1979, n° 78-94.261 P.

7. Rôle du président de la chambre de l'instruction. Si le président est investi par l'al. final de l'art. 186 du pouvoir de rendre d'office une ordonnance de non-admission de l'appel formé contre une ordonnance du juge d'instruction hors des conditions prévues par les al. 1er et 3, il demeure libre de ne pas user de cette faculté et, en ce cas, la chambre d'accusation a qualité pour statuer sur la recevabilité de l'appel. • Crim. 19 mars 1975, n° 74-90.121 P.

8. En matière de détention provisoire, l'obligation de se prononcer dans le plus bref délai et, au plus tard, dans les délais prescrits par les art. 194 et 199, est respectée lorsque le président de cette juridiction rend dans ce délai légal une ordonnance de non-admission d'appel en vertu du pouvoir qui lui est conféré par l'art. 186, dernier al. • Crim. 3 avr. 2007, n° 07-80.752 P : *D. 2007. AJ 1273*.

9. Excès de pouvoir. Le président d'une chambre de l'instruction ne détient pas le pouvoir de rendre une ordonnance de non-admission d'un appel formé contre une ordonnance de saisie pénale ; en conséquence, excède ses pouvoirs le président de la chambre de l'instruction qui déclare non admis car hors délai l'appel interjeté contre une ordonnance de saisie pénale de la créance figurant sur un contrat d'assurance-vie dont la prévenue était titulaire. • Crim. 17 févr. 2021, n° 20-83.504 P.

10. Excès de pouvoir et impartialité fonctionnelle. La chambre de l'instruction, saisie d'un appel après annulation d'une ordonnance présidentielle déclarant un précédent appel non admis, est irrégulièrement composée si elle est présidée par le magistrat ayant rendu l'ordonnance annulée. • Crim. 27 juin 2007 : *D. 2007. AJ 2240*.

B. DROITS FONDAMENTAUX

11. Conv. EDH. Le délai d'appel prévu par l'art. 186 n'est pas incompatible avec les dispositions de l'art. 6 Conv. EDH dès lors qu'il peut être prolongé s'il est établi par la partie qu'elle a été absolument empêchée d'exercer son recours par une circonstance indépendante de sa volonté, cas de force majeure ou obstacle invincible. • Crim. 19 déc. 2000 : *Dr. pénal 2001. Comm. 69, obs. Maron* • 19 déc. 2001, n° 01-84.394.

12. L'art. 186, al. 4 qui ne comprend pas le droit à être informé des voies et délais de recours ne méconnaît pas l'art. 6 Conv. EDH, ainsi, l'appel formé par lettre recommandée avec accusé de réception est irrecevable quand bien même la notification de l'ordonnance de non-lieu n'indiquait pas les conditions de forme et de délai de l'appel. • Crim. 14 nov. 2002, n° 01-88.723.

13. L'obligation de déclarer son appel au greffier de la juridiction qui a rendu la décision attaquée n'est pas contraire aux art. 186, al. 4 et à l'art. 6 Conv. EDH dès lors que, s'il ne peut se déplacer, l'appelant a la faculté d'exercer son recours par l'intermédiaire d'un avoué, d'un avocat ou d'un fondé de pouvoir spécial, comme le permet l'art. 502. • Crim. 27 nov. 2001, n° 01-85.050.

14. La notification prévue par l'art. 183, réalisée par lettre recommandée, qui constitue le point de départ du délai d'appel ne porte pas atteinte aux art. 6 et 13 Conv. EDH, le délai précité pouvant être prorogé lorsqu'un obstacle insurmontable a mis la partie concernée dans l'impossibilité d'exercer son recours en temps utile. • Crim. 22 janv. 2003, n° 02-80.115.

II. RÈGLES PARTICULIÈRES

A. RÈGLES PARTICULIÈRES AUX PERSONNES MISES EN EXAMEN

1° RECEVABILITÉ DE L'APPEL

a. Cas où l'appel est recevable

15. Compétence. Le prévenu est recevable à relever appel de toute ordonnance du juge d'instruction statuant sur sa compétence, sans qu'il y ait à distinguer suivant qu'il s'agit de compétence *ratione materiae, personae* ou *loci.* • Crim. 24 mars 1926 : *DP 1927. 1. 165* • Paris, 19 mai 1933 : *DP 1934. 1. 169, note Leloir (ss. Crim. 2 févr. 1934, 1re esp.).* ♦ Excède ses pouvoirs le président de la chambre de l'instruction qui refuse de saisir cette chambre d'un appel contre le rejet d'une demande tendant à faire constater l'incompétence territoriale du juge d'instruction alors que l'ordonnance entreprise entre dans les prévisions de l'article 186, al. 3, et non dans celles de l'art. 186-1. • Crim. 2 févr. 2005, n° 04-87.253 P : *JCP 2005. IV. 1639* • 16 févr. 2005, n° 04-86.948 P : *D. 2005. IR 858* ; *JCP 2005. IV. 1785.* ♦ Est recevable en application de l'art. 186, al. 3, l'appel d'une ordonnance du juge d'instruction statuant implicitement sur un déclinatoire de compétence. • Crim. 26 juin 1968, n° 67-93.737 P. ♦ Est recevable l'appel contre une ordonnance de dessaisissement d'un juge d'instruction au profit d'un autre juge d'instruction appartenant à un tribunal différent. • Crim. 20 oct. 1960 : *Bull. crim. n° 466* • 16 déc. 1971, n° 71-93.198 P : *D. 1972. Somm. 44* • 1er déc. 1976, n° 76-91.393 P • 8 févr. 1994, n° 93-84.479 P. ♦ Est recevable l'appel contre une ordonnance refusant la mise en liberté sollicitée par un inculpé qui invoquait l'illégalité de sa détention, en raison de l'incompétence de la juridiction d'instruction saisie. • Crim. 30 janv. 1979, n° 78-93.782 P : *RSC 1980. 152, obs. J. Robert* • 9 mai 1990, n° 90-80.928 P. ♦ Est recevable l'appel contre une ordonnance de dessaisissement du juge d'instruction relative à des faits connexes à ceux ayant fait l'objet de l'ouverture d'une information devant la juridiction spécialisée de Paris, rendue avec l'accord de celle-ci. • Crim. 4 déc. 2013, n° 13-

85.565 P : *D. actu. 20 déc. 2013, obs. Fucini ; D. 2013. Actu. 2917* ✎. ♦ Est recevable de plein droit l'appel contre une ordonnance par laquelle le juge d'instruction statue sur la requête par laquelle un mis en examen lui demande de revenir sur sa décision et de lui octroyer le statut de témoin assisté. • Crim. 6 oct. 2015, n° 15-82.700 P : *D. actu. 22 oct. 2015, obs. Goetz.*

16. Atteintes à la liberté. Est recevable l'appel contre : une ordonnance du juge d'instruction accordant la mise en liberté avec mise sous contrôle judiciaire. • Crim. 28 avr. 1981, n° 81-90.188 P : *D. 1983. IR 75, obs. Roujou de Boubée.* ♦ ... Une ordonnance de placement sous contrôle judiciaire. • Crim. 27 oct. 1993, n° 93-83.670 P. ♦ ... Une ordonnance statuant sur le maintien du contrôle judiciaire. • Crim. 16 janv. 1975, n° 74-82.873 P. ♦ ... Une ordonnance refusant de faire droit à une requête tendant à la suppression de deux des trois versements d'un cautionnement prescrit en application de l'art. 138, 11°. • Crim. 23 oct. 1984, n° 84-93.847 P. ♦ Le mandat de dépôt, faisant corps avec l'ordonnance de placement en détention provisoire qui en est le support, est susceptible d'appel comme l'ordonnance elle-même. • Crim. 1er mars 1994, n° 93-85.745 P.

17. Renvoi avec rejet implicite (ordonnance complexe). Est recevable l'appel contre une ordonnance de renvoi en police correctionnelle qui présente le caractère d'une décision complexe en ce qu'elle rejette implicitement une demande d'expertise. • Crim. 2 mai 1967, n° 66-93.616 P : *RSC 1968. 93, obs. J. Robert* • 2 avr. 1992, n° 92-80.263 P. ♦ ... Contre une ordonnance de renvoi devant le tribunal correctionnel qui présente le caractère d'une décision complexe en ce qu'elle a admis implicitement une constitution de partie civile dont la recevabilité avait été expressément contestée. • Crim. 14 déc. 1982, n° 82-90.109 P • Crim. 10 févr. 2016, n° 15-84.152 P : *D. actu. 14 mars 2016, obs. Benelli-de Bénazé.* ♦ ... Mais la contestation de la recevabilité de la partie civile n'est pas soumise au formalisme des art. 81 et 82-1. • Crim. 1er oct. 2013, n° 12-82.985 P : *D. actu. 16 oct. 2013, obs. Priou-Alibert ; AJ pénal 2013. 683, obs. Belfanti* ✎ *; Dr. pénal 2013. 162, obs. Maron et Haas.*

18. Amnistie. L'inculpé est recevable à interjeter appel d'une ordonnance lui refusant le bénéfice de l'amnistie. • Crim. 29 mars 1955 : *D. 1955. 380* • 17 mai 1955 : *Bull. crim. n° 248.*

19. Expertise. L'inculpé est recevable à interjeter appel d'une ordonnance rejetant une demande de contre-expertise. • Crim. 13 mars 1968, n° 67-91.698 P : *D. 1968. 429.* ♦ V. note Vouin ss. • Paris, 27 juin 1967 : *D. 1968. 184.*

20. Questions étrangères au code de procédure pénale. Est susceptible d'appel l'ordonnance qui, en application de l'art. L. 480, 2°, C. urb., a décidé ou maintenu l'interruption des travaux. • Crim. 10 janv. 1980, n° 79-91.729 P. ♦ ... L'ordonnance fondée sur l'art. L. 263-3-1 C. trav. *[L. 4741-11 nouv.]* relative à une entreprise à laquelle ont été imposées certaines obligations. • Crim. 24 févr. 1981, n° 79-93.193 P.

21. Extradition. Nonobstant les dispositions des art. 186 et 186-1, en l'absence de dispositions contraires, la personne extradée est recevable à interjeter appel devant la chambre d'accusation (chambre de l'instruction) de l'ordonnance du juge d'instruction rejetant sa requête en nullité de l'extradition. • Crim. 22 mai 2001, n° 00-88.238 P : *D. 2001. IR 2178* ✎.

b. Cas où l'appel n'est pas recevable

22. Principe général. En permettant aux inculpés de faire appel des ordonnances qu'il prévoit, l'art. 186, al. 1er et 3, dont les dispositions sont limitatives, leur a attribué un droit exceptionnel, qui ne comporte aucune extension et dont, à l'occasion d'une de ces procédures spéciales, ils ne sauraient s'autoriser pour faire juger des fins de non-recevoir étrangères à son unique objet. • Crim. 6 janv. 1961 : *Bull. crim. n° 6 ; D. 1961. 581, note M. R. M. P.* • 31 oct. 1961 : *D. 1962. Somm. 27* • 13 mars 1968 : *D. 1968. 429* • 18 mai 1977, n° 77-90.238 P : *D. 1977. IR 371* • 25 juill. 1978, n° 78-91.993 P • 12 mai 1987, n° 86-95.042 P • 21 août 1990, n° 90-83.745 P • 19 nov. 1990, n° 90-85.571 P • 8 déc. 1993, n° 93-84.247 P • 13 déc. 1995, n° 95-85.057 P • 10 déc. 1996, n° 96-84.073 P. ♦ Ainsi, le refus pour un juge d'instruction d'accéder à une demande de dessaisissement est un acte de simple administration dont les parties à l'information ne sont pas recevables à relever appel. • Crim. 21 juin 2005, n° 04-87.543 P : *JCP 2005. IV. 2827 ; Procédures 2005. Comm. 239, obs. Buisson.* ♦ N'excède pas ses pouvoirs le président d'une chambre de l'instruction qui décide qu'il n'y a lieu à saisir cette juridiction de l'appel formé par une partie civile contre une ordonnance du juge d'instruction refusant de procéder à l'audition de deux personnes aux fins de leur mise en examen. • Crim. 15 févr. 2011, n° 10-87.468 P : *D. actu. 3 mars 2011, obs. Bombled ; D. 2011. Actu. 680* ✎ *; ibid. Pan. 2235, obs. Pradel* ✎ *; AJ pénal 2011. 200* ✎ *; Dr. pénal 2011. 56, obs. Maron et Haas ; ibid. 2012. Chron. 1, obs. Georget.*

23. Application concernant le droit exceptionnel (pas d'appel contre une ordonnance non visée). L'appel est irrecevable contre : une ordonnance par laquelle le juge d'instruction constate le dépôt de la plainte, fixe le montant et le délai de versement de la consignation ou, au contraire, dispense la partie civile de toute consignation. • Crim. 3 avr. 1990, n° 89-83.975 P : *D. 1990. Somm. 379, obs. Pradel* ✎. ♦ ... Une ordonnance par laquelle le juge d'instruction s'était reconnu sans qualité ni pouvoir pour annuler lui-même certains actes de la procédure arguée d'irrégularité. • Crim. 3 nov. 1965, n° 65-91.477 P : *RSC 1966. 357, obs. J. Robert.* ♦ ... Une ordonnance du juge d'instruction en tant qu'elle contiendrait refus implicite de saisir la chambre d'accusation en vue de prononcer la nullité d'un acte d'instruction argué d'irrégularité. • Crim. 27 mai 1986, n° 85-95.841 P. ♦ ... Une ordonnance rejetant une demande de mise en liberté fondée sur de prétendues nullités de la procédure d'instruction susceptibles, selon l'inculpé, d'entraîner la prescription de l'action publique. • Crim. 4 juin 1973, n° 73-91.326 P : *RSC 1974. 609, obs. J. Robert* • 8 oct. 1979, n° 77-92.297 P. ♦ ... Une ordonnance du juge d'instruction refusant d'ordonner l'examen médico-psychologique prévu par l'art. 81, al. 6. • Crim. 29 avr. 1960 : *Bull. crim. n° 221.* ♦ ... Une ordonnance qui a rejeté des conclusions prises par l'inculpé devant le juge d'instruction et tendant à faire décider que le texte pénal visé dans la poursuite était entaché d'irrégularité, ce qui constitue, non un déclinatoire de compétence au sens de l'art. 186, al. 3, mais des conclusions aux fins de non-lieu. • Crim. 6 juill. 1961 : *Bull. crim. n° 328.* ♦ ... Une ordonnance qui renvoie l'inculpé devant le tribunal correctionnel • Crim. 12 janv. 1971, n° 70-91.964 P. ♦ Refus de renvoyer deux QPC au Conseil constitutionnel dans la mesure où l'ordonnance de renvoi saisit le tribunal correctionnel devant lequel sont assurés un accès effectif au juge et le respect des droits de la défense lors de débats publics à l'audience et où elle ne comporte aucune disposition définitive que le tribunal n'aurait le pouvoir de modifier. • Crim. 23 nov. 2010 : *D. actu. 9 déc. 2010, obs. Priou-Alibert.* • Crim. 1er déc. 2010 : *ibid.* • 17 juin 1975, n° 75-91.336 P : *JCP 1978. II. 18772, note Jeandidier ; RSC 1976. 142, obs. J. Robert* • 25 juin 1979, n° 78-91.443 P. ♦ ... Ou devant le tribunal de police. • Crim. 27 oct. 1992, n° 92-81.041 P. ♦ ... Une ordonnance de non-lieu rendue par le juge d'instruction. • Crim. 15 juill. 1965, n° 65-90.080 P : *RSC 1966. 98, obs. J. Robert.* ♦ ... Une ordonnance rejetant une requête qui, sous couvert d'une nullité d'extradition, tend en réalité à l'annulation d'actes d'instruction postérieurs à cette mesure. • Crim. 11 oct. 1988, n° 88-83.605 P. ♦ ... Une décision sur l'opposition à la publicité des débats devant le JLD. • Crim. 24 juin 2009 : *Procédures 2009, n° 371, obs. Buisson.*

24. Il appartient au président de la chambre de l'instruction, par application des dispositions du dernier al. de l'art. 186, dans le but d'une bonne administration de la justice, de constater l'irrecevabilité de l'appel d'une ordonnance de renvoi devant le tribunal correctionnel, lorsque la procédure suivie dès l'origine sous une qualification délictuelle ne comporte aucune possibilité de qualification criminelle des faits retenus. • Crim. 8 janv. 2020, n° 19-81.488 P : *D. actu. 17 févr. 2020, obs. Charlent.*

25. Renvoi devant le tribunal pour enfants. L'art. 186 applicable en vertu de l'art. 24 Ord. 2 févr. 1945 aux ordonnances du juge d'instruction des mineurs ne prévoit pas le droit d'appel contre les ordonnances de règlement rendues par ce magistrat, à l'exception de celles portant mise en accusation devant la cour d'assises des mineurs ; ainsi, l'appel interjeté par un mineur contre une ordonnance de renvoi devant le tribunal pour enfants pour crime est irrecevable. • Crim. 4 juin 2003, n° 03-81.495 P : *JCP 2003. IV. 2368.* ♦ Dans le même sens : • Crim. 7 juin 2017, n° 17-81.515 P : *D. actu. 24 juill. 2017, obs. Fonteix.* ♦ *Contra* : Il se déduit des art. 24 de l'Ord. du 2 févr. 1945 relative à l'enfance délinquante, 186 et 6 Conv. EDH que l'ordonnance renvoyant un mineur pour crime, soit devant la cour d'assises des mineurs, soit devant le tribunal pour enfants statuant en matière criminelle, peut être frappée d'appel dans les mêmes conditions qu'une ordonnance renvoyant un majeur devant une cour d'assises. • Crim. 26 juin 2019, n° 19-82.745 P : *AJ pénal 2019. 454, obs. Pitti*.

26. Il résulte de l'art. 82-1 que, lorsque le juge d'instruction n'a pas statué dans le délai d'un mois sur une demande d'actes présentée en application de ce texte, la partie a la faculté de saisir directement le président de la chambre d'accusation dans les conditions prévues par l'art. 81, dernier al. Il s'ensuit que la personne mise en examen qui n'a pas usé de cette faculté ne saurait être admise à interjeter appel de l'ordonnance la renvoyant devant le tribunal correctionnel pour contester le rejet implicite de sa demande d'actes, l'ordonnance entreprise ne présentant pas un caractère complexe. • Crim. 30 nov. 1999, n° 99-80.679 P : *RSC 2000. 423, obs. Commaret ; Dr. pénal 2000. Comm. 51, obs. Maron* • 25 avr. 2006, n° 05-86.248 P : *D. 2006. IR 1636 ; AJ pénal 2006. 317*.

27. Règle de l'unique objet. L'accusé, renvoyé devant la cour d'assises, ne saurait, à l'occasion de son appel en matière de détention provisoire, invoquer des exceptions ou formuler des demandes étrangères à l'unique objet de l'appel, telles des exceptions de prescription de l'action publique et de violation du principe *non bis in idem*. • Crim. 3 mars 2010, n° 09-88.234 P. ♦ En faisant appel, les personnes mises en examen ne peuvent en profiter pour faire juger des questions étrangères à l'unique objet de l'ordonnance. Ce principe étant applicable au cas d'appel d'une ordonnance de placement sous contrôle judiciaire, la personne mise en examen n'est donc pas recevable à invoquer à cette occasion de prétendues irrégularités commises en cours d'information ou à contester l'existence des infractions qui lui sont reprochées. • Crim. 10 déc. 1996, n° 96-84.073 P. ♦ La personne mise en examen n'est pas recevable à invoquer la nullité du placement initial en détention provisoire à l'occasion de l'appel d'une ordonnance de rejet de mise en liberté. • Crim. 2 oct. 2012, n° 12-84.896 P : *D. actu. 12 nov. 2012, obs. Léna ; D. 2013. Pan. 1993, obs. Pradel*. ♦ La chambre de l'instruction, saisie de l'unique objet de l'appel d'une ordonnance de placement en détention provisoire ne peut prononcer sur l'irrégularité des conditions de mise en œuvre de la rétention judiciaire prévue par l'art. 803-3, qui n'est pas un titre de détention. • Crim. 8 juin 2021, n° 21-81.515 P : *D. actu. 2 juill. 2021, obs. Engel.*

28. Exception. Par dérogation à la règle de l'unique objet de l'appel des ordonnances prévues par les art. 186 et 186-1 la personne mise en examen a le droit de fonder son appel d'une ordonnance de placement en détention provisoire sur l'absence de procédure d'extradition et l'irrégularité prétendue de son arrestation. • Crim. 24 sept. 1997, n° 97-83.877 P : *RG proc. 1998. Chron. 333, obs. Rebut.*

2° FORMES DE L'APPEL

29. Durée de la mission de l'avocat commis d'office. Il résulte des art. 116, 145 et 186 que la mission de l'avocat commis d'office pour assister la personne mise en examen, lors de la première comparution et du débat contradictoire sur la détention, ne cesse que si l'intéressé choisit un autre avocat ou s'il a été procédé, par le bâtonnier, à la désignation d'un autre conseil. • Crim. 12 mai 1999, n° 99-81.294 P : *Dr. pénal 1999. Comm. 144, obs. Maron ; Dr. pénal 1999. Comm. 144 (1er arrêt), obs. Maron.* ♦ Cassation de : • Douai, ch. acc., 5 févr. 1999 : *Dr. pénal 1999. Comm. 144 (2e arrêt), obs. Maron.*

B. RÈGLES PARTICULIÈRES AUX PARTIES CIVILES

1° RECEVABILITÉ DE L'APPEL

a. Cas où l'appel est recevable

30. Principe. La partie civile peut faire appel de toute ordonnance du juge d'instruction faisant grief à ses intérêts civils. • Crim. 4 mars 1932 : *D. 1933. 1. 127* • 5 août 1932 : *ibid.* ♦ ... Pourvu toutefois qu'il s'agisse d'une ordonnance juridictionnelle (sur la compétence, la communication ou la clôture de l'information) et non d'une ordonnance de caractère administratif (commission rogatoire, expertise, saisie, etc.). • Paris, 20 févr. 1953 : *D. 1954. 48, note F. G.*

31. L'art. 186 ne limite pas le droit d'appel de la partie civile contre une ordonnance de non-lieu aux dispositions de cette ordonnance portant sur les faits qu'elle a elle-même dénoncés. Elle est donc recevable à interjeter appel des dispositions de cette ordonnance qui portent sur des faits nouveaux dont le juge d'instruction a été saisi par réquisitions supplétives du ministère public, et qui font grief à ses intérêts, bien qu'elle n'ait pas déposé une plainte additionnelle étendant sa constitution. • Crim. 22 févr. 2000, n° 99-83.140 P : *D. 2000. IR 124 ; Dr. pénal 2000. Comm. 122, obs. Maron.*

32. Application. Il appartient à la chambre d'accusation d'apprécier, dans les circonstances de fait qu'elle constate, l'existence ou la non-existence de l'intérêt invoqué par la partie civile. • Crim. 4 mars 1932 : *D. 1933. 1. 127.* ♦ Est nul l'arrêt rendu sans qu'il ait été procédé à cet examen. • Crim. 18 avr. 1956 : *D. 1956. 560.*

33. Le recours de toute partie intéressée contre l'ordonnance par laquelle le juge d'instruction décide de la restitution d'objets placés sous main de justice est porté devant la chambre de l'instruction. La chambre de l'instruction demeure compétente pour examiner un tel recours, même formé postérieurement à l'ordonnance de règlement, dès lors qu'il a été formé dans le délai prévu par le quatrième al. de l'art. 186. • Crim. 30 avr. 2002, n° 01-84.750 P.

34. Conséquences. La partie civile est recevable à faire appel d'une ordonnance déclarant amnistiés les faits poursuivis. • Crim. 4 oct. 1956 : *Bull. crim. n° 610.* ♦ ... D'une ordonnance traduisant l'omission par le juge d'instruction de statuer sur les faits objets d'une plainte avec constitution de partie civile. • Crim. 23 déc. 1969, n° 69-91.612 P : *D. 1970. 282, note J.-M. R.* • 23 nov. 1993, n° 92-85.652 P • 13 juin 1995, n° 93-81.921 P : *Procédures 1995. Comm. 305, obs. Buisson* • 17 nov. 1999, n° 99-83.596 P • 6 déc. 2005, n° 05.85.811 P : *D. 2006. IR 253.* ♦ ... D'une ordonnance de non-lieu sans qu'il y ait à distinguer en présence de plusieurs inculpés si le non-lieu les concerne tous ou seulement quelques-uns d'entre eux. • Crim. 24 mars 1960 : *Bull. crim. n° 170.* ♦ ... D'une ordonnance de non-lieu qui, avant sa signification, n'a fait l'objet d'aucune notification satisfaisant aux prescriptions de l'art. 183, al. 2. • Crim. 6 juin 1989, n° 89-81.728 P. ♦ ... D'une ordonnance d'irrecevabilité d'une constitution de partie civile. • Crim. 6 avr. 1993, n° 92-84.778 P. ♦ ... D'une ordonnance prescrivant, par application de l'art. 88, le versement d'une consignation destinée à garantir le paiement de l'amende civile susceptible d'être prononcée et qui doit être proportionnée à ses ressources. • Crim. 19 juill. 1994, n° 94-80.236 P.

35. Il résulte des art. 85, 86 et 88 que le plaignant acquiert la qualité de partie civile par sa manifestation de volonté accompagnée du versement de la consignation fixée par le juge d'instruction, sauf dispense ou obtention de l'aide juridictionnelle. Dès lors que les termes utilisés dans la plainte au juge d'instruction manifestent et concrétisent sans équivoque l'intention, admise comme telle tant par celui-ci que par le ministère public, de se constituer partie civile, la chambre d'accusation ne peut déclarer irrecevable, pour défaut de qualité, l'appel de la partie civile contre une ordonnance de non-lieu. • Crim. 9 nov. 1998, n° 96-85.578 P : *Procédures 1999. Comm. 102, obs. Buisson.*

36. Lorsque, après clôture d'une information par une ordonnance de non-lieu, le ministère public décide de requérir la réouverture de celle-ci sur charges nouvelles, la partie civile recouvre la qualité qu'elle avait à l'origine et est recevable à relever appel de la décision par laquelle le juge d'instruction refuse d'informer sur ces réquisitions dès lors qu'une telle ordonnance fait grief à ses intérêts civils. Méconnaît les dispositions des art. 186 et 190 l'arrêt de la chambre de l'instruction déclarant un tel appel irrecevable. • Crim. 23 juin 2009, n° 08-87.679 P : *D. 2009. AJ 2039, note Gachi ; AJ pénal 2009. 505, obs. Ascensi ; Dr. pénal 2010. Chron. 1, obs. Guérin.*

37. Désignation d'un administrateur ad hoc. Il résulte des dispositions de l'art. R. 53-7 que l'ordonnance de désignation d'un administrateur *ad hoc* est notifiée aux représentants légaux du mineur qui peuvent la contester par la voie de l'appel ; s'agissant de dispositions particulières prévoyant l'appel, c'est à tort que le président de la chambre de l'instruction a déclaré l'appel irrecevable au motif qu'il n'entrait pas dans les prévisions de l'art. 186. • Crim. 16 mars 2005, n° 04-83.300 P : *D. 2005. IR 1250 ; AJ pénal 2005. 288, obs. Girault .*

b. Cas où l'appel n'est pas recevable

38. Irrecevabilité de l'appel. Encourt la cassation l'arrêt de la chambre d'accusation qui, après avoir déclaré recevable l'appel interjeté par la partie civile d'une ordonnance de renvoi devant le tribunal correctionnel ayant requalifié les faits de la poursuite, a statué au fond, une telle ordonnance ne portant pas de préjudice direct aux intérêts de la partie civile au sens de l'art. 186, al. 2. • Crim. 1er déc. 1964, n° 64-91.802 P • 15 févr. 1983, n° 82-90.928 P.

39. La partie civile n'est pas recevable à former appel de l'ordonnance par laquelle le juge d'instruction refuse de faire droit à des réquisitions du procureur de la République aux fins de mise en examen, une telle décision ne faisant pas grief à ses intérêts au sens de l'art. 186, al. 2. • Crim. 20 oct. 2015, n° 15-83.441 P : *D. actu. 19 nov. 2015, obs. Fonteix ; D. 2016. Pan. 1727, obs. Pradel .*

40. Est irrecevable l'appel de la partie civile contre l'ordonnance de mise en accusation qui qualifie les faits de violences mortelles avec arme alors que l'accusé était poursuivi pour meurtre puisqu'il n'y a pas grief pour la partie civile au sens de l'art. 186, al. 2. • Crim. 26 nov. 2003, n° 03-82.563 P : *JCP 2004. IV. 1110.* ♦ L'irrecevabilité de l'appel contre l'ordonnance de mise en accusation par la partie civile n'est pas incompatible avec les dispositions de l'art. 6, § 1, Conv. EDH dès lors que la requalification opérée par le juge d'instruction laisse intact le droit de la partie civile d'obtenir réparation de son préjudice devant la juridiction de jugement. • Crim. 6 avr. 2004, n° 04-80.579 P : *D. 2004. IR 1708 ; JCP 2004. IV. 2217 ; AJ pénal 2004. 287, obs. Girault .*

41. La partie civile est irrecevable à faire appel de l'ordonnance prescrivant un supplément d'expertise. • Crim. 5 août 1932 : *D. 1933. 1. 127.* ♦ ... Ou refusant l'ouverture d'un scellé. • Paris, 20 févr. 1953 : *D. 1954. 48, note F. G.*

42. L'appel de l'administration des impôts, constituée partie civile sur le fondement de l'art. L. 232 LPF, contre une ordonnance de non-lieu est irrecevable en l'absence de recours du ministère public. • Crim. 20 sept. 2000, n° 99-81.810 P.

43. Selon l'art. 186, le délai d'appel court à compter de la notification faite dans les formes prescrites par l'art. 183, lesquelles imposent seulement que la décision soit notifiée avec délivrance d'une copie soit verbalement avec émargement soit par l'envoi d'une lettre recommandée, par conséquent, est irrecevable l'appel de l'ordonnance de non-lieu formé plus de dix jours après la notification. • Crim. 13 nov. 2001, n° 01-80.965.

2° FORMES ET EFFETS DE L'APPEL

44. Formes de l'appel. L'art. 135 C. instr. crim. (art. 186) ne prescrit, pour la déclaration d'appel de la partie civile contre une ordonnance de non-lieu, aucune formalité spéciale et n'édicte de ce chef aucune nullité. • Crim. 23 juin 1934 : *DH 1934. 432* • 5 mars 1942 : *DA 1942. 84.* ♦ En particulier, l'art. 186 n'exige pas que soient précisées les qualifications pénales relevées dans les poursuites ou visées par l'ordonnance. • Crim. 13 janv. 1965, n° 64-90.392 P.

45. Aucune disposition légale n'impose que les conditions de forme et de délai de l'appel soient portées à la connaissance de la personne concernée. • Crim. 25 nov. 1997, n° 96-86.315 P • 24 mai 2011, n° 10-87.892 P.

46. Contradictoire. La chambre de l'instruction, saisie de l'appel d'une ordonnance de non-lieu, ne peut relever d'office l'irrecevabilité de la constitution de partie civile sans avoir au préalable invité les parties à présenter leurs observations. • Crim. 3 mai 2007, n° 06-82.149 P : *D. 2007. AJ 1663 ; AJ pénal 2007. 333 ; RSC 2007. 836, obs. Finielz .*

47. Les formes et délais d'appel étant d'ordre public, les juges sont bien fondés à relever d'office leur méconnaissance, sans avoir à provoquer préalablement les explications de la partie civile sur ce point. • Crim. 17 févr. 2015, n° 14-80.806 P : *D. actu. 6 mars 2015, obs. Anane ; AJ pénal 2015. 370, obs. Lasserre Capdeville .*

48. Il résulte des dispositions combinées des

art. 186, al. 4, et 502 que la déclaration d'appel de la personne mise en examen doit être faite au greffier de la juridiction qui a rendu la décision attaquée. Justifie sa décision la chambre d'accusation qui déclare recevable l'appel d'une ordonnance du juge d'instruction, dès lors que cet appel a été formé auprès d'une personne chargée de le recevoir et ayant reçu délégation à cette fin du greffier en chef du tribunal auquel appartient le magistrat instructeur. • Crim. 25 mars 1997, n° 97-80.096 P.

49. Effets de l'appel. L'art. 135 C. instr. crim. (art. 186) attache virtuellement à l'appel de la partie civile l'effet de saisir la chambre d'accusation de l'action publique et autorise ladite chambre, malgré le silence du ministère public, à renvoyer, si elle le juge convenable, l'inculpé devant la cour d'assises. • Crim. 3 nov. 1887 : *D. 1888. 1. 236* (motifs) • 28 avr. 1892 : *D. 1892. 1. 631* • 29 avr. 1893 : *D. 1895. 1. 326.*

50. L'appel formé par la partie civile contre une ordonnance de non-lieu du juge d'instruction a pour effet de remettre en question devant la chambre de l'instruction le sort de l'action publique. • Crim. 17 sept. 2003, n° 02-87.391 P : *D. 2003. IR 2603 ; JCP 2003. IV. 2884.*

C. RÈGLES PARTICULIÈRES AUX DOUANES

51. Si, dans l'exercice de l'action pour l'application de sanctions fiscales, l'administration des douanes peut, par dérogation aux dispositions des art. 185 et 186, interjeter appel des ordonnances du juge d'instruction, cette voie de recours ne lui est pas ouverte à l'encontre des décisions rendues en matière de détention provisoire et contrôle judiciaire. • Crim. 7 oct. 2003, n° 03-84.349 P : *D. 2004. Somm. 667, obs. Pradel ; JCP 2003. IV. 2920 ; Dr. pénal 2004. Comm. 10, obs. J.-H. Robert.*

Art. 186-1 *(L. n° 93-2 du 4 janv. 1993)* **« Les parties peuvent aussi interjeter appel des ordonnances prévues par le neuvième alinéa de l'article 81, par** *(L. n° 2000-516 du 15 juin 2000, art. 22-II, en vigueur le 1er janv. 2001)* **« les articles 82-1 et 82-3 »** *(L. n° 2007-291 du 5 mars 2007, art. 18-VII, en vigueur le 1er juill. 2007)* **« et » par le deuxième alinéa de l'article 156 »** *(Abrogé par L. n° 2007-291 du 5 mars 2007, art. 18-VII, à compter du 1er juill. 2007) « et le quatrième alinéa de l'article 167 ».*

(L. n° 72-1226 du 29 déc. 1972) **Dans ce cas, le dossier de l'information, ou sa copie établie conformément à l'article 81, est transmis avec l'avis motivé du procureur de la République au président de la chambre de l'instruction.**

Dans les huit jours de la réception de ce dossier, le président décide, par une ordonnance *(Abrogé par L. n° 93-2 du 4 janv. 1993) « non motivée »* **qui n'est pas susceptible de voie de recours, s'il y a lieu ou non de saisir la chambre de l'instruction de cet appel.**

Dans l'affirmative, il transmet le dossier au procureur général qui procède ainsi qu'il est dit aux articles 194 et suivants.

Dans la négative, il ordonne *(L. n° 93-2 du 4 janv. 1993)* **« par décision motivée » que le dossier de l'information soit renvoyé au juge d'instruction.**

I. CHAMP D'APPLICATION DE L'ARTICLE 186-1

1. Compétence limitée. Si, selon l'art. 186-1, les ordonnances du président de la chambre de l'instruction prévues par ce texte ne sont pas susceptibles de recours, il en est autrement lorsque cette décision est entachée d'excès de pouvoir. • Crim. 8 janv. 2013 : *D. actu. 8 févr. 2013, obs. Bombled ; RSC 2013. 400, obs. Boccon-Gibod ; AJ pénal 2013. 222, obs. Gallois .*

2. Liste limitative. En revanche, le président de la chambre d'accusation tient de l'art. 186-1, dernier al. le pouvoir de rendre une ordonnance de non-admission d'appel dans tous les cas où il constate qu'il a été fait appel d'une ordonnance du juge d'instruction pour laquelle ce recours n'est pas prévu par les al. 1er à 3 du même article. • Crim. 24 juin 1998, n° 98-80.446 P. ♦ En vertu des dispositions de l'art. 186-1, le président de la chambre de l'instruction peut décider par une ordonnance insusceptible de recours de ne pas saisir la chambre de l'instruction d'une demande faite sur le fondement de l'art. 81, dernier al., et le prévenu ne peut prétendre que la motivation de l'ordonnance est erronée pour alléguer un excès de pouvoir du président. • Crim. 18 déc. 2001, n° 01-86.958 P.

3. Une chambre de l'instruction déclare à bon droit irrecevable, en application de l'art. 186-1, l'appel du prévenu contre une décision lui ayant refusé l'application des dispositions de l'art. 132-78 C. pén. (réduction de peines pour les repentis), ce texte ne liant pas la juridiction de jugement devant laquelle le prévenu pourra toujours en invoquer le bénéfice. • Crim. 16 nov. 2016, n° 16-85.101 P : *D. actu. 28 nov. 2016, obs. Goetz.*

II. POUVOIRS DU PRÉSIDENT DE LA CHAMBRE DE L'INSTRUCTION

4. Absence de recours contre les ordonnances du président de la chambre de l'instruction. Si la Cour de cassation est en mesure de s'assurer que le président de la chambre d'accusation a statué sur l'appel d'une des ordonnances prévues par l'art. 186-1, le pourvoi formé contre l'ordonnance du président de la chambre d'accusation doit être déclaré irrecevable en application de l'al. 3 de cet art. • Crim. 6 juin 1973, n° 73-91.284 P • 22 déc. 1975, n° 75-92.931 P : *RSC 1976. 745, obs. J. Robert* • 6 nov. 1979, n° 79-93.767 P • 27 mai 1986, n° 85-95.841 P.

5. La décision du président de la chambre d'accusation de saisir cette juridiction d'un recours contre une ordonnance portant rejet d'une demande d'actes d'instruction ne préjuge pas la recevabilité de la requête. • Crim. 4 août 1998, n° 98-81.678 P.

III. EXCÈS DE POUVOIR

6. L'exercice par le président de la chambre d'accusation du pouvoir qu'il tient de l'art. 186-1, al. 3, qui procède du pouvoir général attribué à la chambre d'accusation, juridiction d'instruction du second degré, ne saurait interdire à ce magistrat de participer à la décision de règlement de la procédure. • Crim. 26 janv. 2000, n° 99-85.725 P.

7. Lorsqu'une partie a adressé au juge d'instruction une demande fondée sur l'art. 82-3, avant l'expiration du délai de vingt jours de l'art. 175, et que ce juge n'a pas statué dans le délai d'un mois, l'intéressé peut saisir directement le président de la chambre de l'instruction en application des dispositions de l'art. 186-1 ; le président qui dit n'y avoir lieu à saisine de la chambre de l'instruction dans cette hypothèse excède ses pouvoirs. • Crim. 18 sept. 2001, n° 01-85.129 P : *D. 2001. IR 3398*. ♦ ... En revanche, dès lors qu'une saisie pénale de créance, qui n'a pas le caractère d'un acte utile à la manifestation de la vérité, n'a pas pour effet d'entraîner la caducité de l'avis de fin d'information, l'ordonnance par laquelle le président de la chambre de l'instruction a déclaré, à bon droit, la demande d'acte irrecevable puisque formulée après l'avis de fin d'information, n'est entachée d'aucun excès de pouvoir. • Crim. 21 juin 2016, n° 16-81.084 P : *D. actu. 13 juill. 2016, obs. Goetz.*

8. Si, selon l'art. 186-1, l'ordonnance de non-admission d'appel du président de la chambre de l'instruction prévue par ce texte n'est pas susceptible de recours, il en est autrement lorsque cette décision est entachée d'excès de pouvoir. Excède ses pouvoirs le président de la chambre de l'instruction qui, pour dire n'y avoir lieu de saisir la chambre de l'instruction, énonce à tort que l'appel est irrecevable. • Crim. 4 avr. 2007, n° 07-80.929 P. ♦ En revanche, en l'absence d'excès de pouvoir du président de la chambre de l'instruction, sa décision n'est susceptible d'aucun recours en application de l'art. 186, dernier alinéa. • Crim. 26 nov. 2003, n° 03-85.240 P : *JCP 2004. IV. 1091 ; AJ pénal 2004. 72*.

9. En cas d'appel d'une des ordonnances prévues par l'art. 186-1, al. 1er, le 3e al. du même texte autorise le président de la chambre de l'instruction à décider, par une ordonnance qui n'est pas susceptible de recours, s'il y a lieu ou non de saisir sa juridiction de cet appel. Dès lors, n'excède pas ses pouvoirs le président d'une chambre de l'instruction qui décide de ne pas saisir ladite chambre de l'appel de l'ordonnance du juge d'instruction rejetant la demande, présentée par le mis en examen au visa de l'art. 82-1, aux fins de versement au dossier de la procédure de trois dossiers médicaux concernant la victime, placés sous scellés fermés. En application de l'art. 186-1, al. 3, précité, le pourvoi formé contre l'ordonnance du président de la chambre de l'instruction est irrecevable. • Crim. 16 févr. 2010, n° 09-86.363 P.

10. N'excède pas ses pouvoirs le président de la chambre d'accusation qui décide qu'il n'y a pas lieu de saisir la chambre de l'appel contre une ordonnance par laquelle le juge d'instruction a rejeté une demande d'actes, au motif qu'elle était irrecevable pour avoir été formée par lettre adressée à ce juge, et non au greffier, comme l'exige l'art. 81, al. 10. • Crim. 11 janv. 2000, n° 99-85.939 P.

11. En présence d'un protocole entre le tribunal de grande instance et l'ordre des avocats de cette juridiction, la transmission par un avocat, à partir de son adresse électronique sécurisée, par un moyen de télécommunication, à l'adresse électronique sécurisée de ce tribunal, d'une demande d'acte prévue par l'art. 82-1 est recevable. Commet dès lors un excès de pouvoir le président de la chambre de l'instruction qui refuse de transmettre à la chambre de l'instruction l'appel de l'ordonnance du juge d'instruction ayant rejeté cette demande, en retenant que la demande d'acte était irrecevable. • Crim. 11 déc. 2013 : *D. 2013. Actu. 2918* ; *AJ pénal 2014. 240, obs. Royer*.

IV. MOTIVATION

12. Avis du parquet. L'art. 186-1, qui ne prescrit pas que l'avis motivé du procureur de la République soit communiqué aux parties, n'est pas incompatible avec l'article 6, 1 § 1, Conv. EDH dès lors que la décision du président de ne pas saisir la chambre de l'instruction aux fins d'examiner l'appel de l'ordonnance rejetant la demande d'actes ne fait pas obstacle à ce que la partie civile puisse, ultérieurement, présenter une demande de supplément d'information soit à la chambre de l'instruction, en application de l'art. 201, soit aux juridictions de jugement en application des art. 463 et 512. • Crim. 4 janv. 2005, n° 04-86.215 P : *D. 2005. IR 670* ; *AJ pénal 2005. 158, obs. Leblois-Happe* ; *JCP 2005. IV. 1378.*

13. Motivation des décisions du président de la chambre de l'instruction. Si la décision du président de la chambre de l'instruction de ne pas saisir la chambre doit être motivée, cette disposition n'est pas méconnue lorsqu'il a adopté les motifs de l'ordonnance du magistrat instructeur frappée d'appel. • Crim. 4 janv. 2005, n° 04-86.215 P : *D. 2005. IR 670* ; *AJ pénal 2005. 158, obs. Leblois-Happe* . ♦ Mais le président de la chambre de l'instruction doit motiver son ordonnance de non-admission au vu de l'avis motivé du procureur de la République, à défaut de quoi il commet un excès de pouvoir. • Crim. 1er oct. 2013, n° 13-81.813 P : *D. actu. 27 oct. 2013, obs. Le Drévo ; AJ pénal 2014. 92, obs. Lasserre Capdeville* ; *Procédures 2013. 359, note Chavent-Leclère.* ♦ A excédé ses pouvoirs le président de la chambre de l'instruction qui n'a motivé son refus de transmission de l'appel à la chambre de l'instruction que par la seule référence à des difficultés de fonctionnement de la juridiction et à la nécessité pour lui d'opérer des choix entre les contentieux, alors qu'il aurait dû motiver sa décision au regard des spécificités de l'information en cause. • Crim. 8 janv. 2013 : *D. actu. 8 févr. 2013, obs. Bombled ; RSC 2013. 400, note Boccon-Gibod* ; *AJ pénal 2013. 222, obs. Gallois* .

V. MODIFICATION LÉGISLATIVE QUANT À L'EXPERTISE

14. Nouvel art. 186-1 (rédaction issue de la loi n° 2007-291 du 5 mars 2007). Depuis l'entrée en vigueur de la loi n° 2007-291 du 5 mars 2007 [1er juill. 2007], la demande de contre-expertise n'est plus soumise au droit de filtrage du président de la chambre de l'instruction. • Crim. 4 déc. 2007, n° 07-87.047 P : *D. 2007. AJ 355, note Darsonville* ; *AJ pénal 2008. 147, obs. Lavric* ; *Dr. pénal 2009. Chron. 1, obs. Guérin ; Procédures 2008. Comm. 57, obs. Buisson.* ♦ Mais n'excède pas ses pouvoirs le président de la chambre de l'instruction qui, sur le fondement de l'art. 186-1, dit n'y avoir lieu à saisir cette chambre, aux motifs que la demande initialement adressée au juge d'instruction ne contenait aucune indication d'une expertise antérieure que le demandeur aurait voulu voir compléter et portait donc sur une expertise et non sur un complément d'expertise. • Crim. 10 nov. 2009 : *D. 2009. AJ 2810, obs. Girault* .

Art. 186-2 *(L. n° 2000-516 du 15 juin 2000, art. 82-III, en vigueur le 1er janv. 2001)* **En cas d'appel contre une ordonnance prévue par l'article 181, la chambre de l'instruction statue dans les quatre mois** *(L. n° 2016-731 du 3 juin 2016, art. 59, en vigueur le 1er août 2016)* **« suivant la date de déclaration d'appel », faute de quoi, si la personne est détenue, elle est mise d'office en liberté.**

1. L'ordonnance de prise de corps rendue en vertu de l'art. 181 conserve sa force exécutoire jusqu'à ce qu'il ait été statué par la chambre de l'instruction, dans le délai de quatre mois prévu à l'art. 186-2, sur l'appel de mise en accusation. • Crim. 19 sept. 2001, n° 01-84.787 P. ♦ L'ordonnance de prise de corps du juge d'instruction, qui s'est substituée au mandat de dépôt initial, reprend de plein droit sa force exécutoire jusqu'à ce qu'il ait été statué sur l'ordonnance de mise en accusation par la chambre de l'instruction désignée sur renvoi après cassation. • Crim. 20 mars 2002, n° 02-80.150 P.

2. Lorsque la chambre de l'instruction a statué dans le délai de l'art. 186-2, même pour ordonner un supplément d'information, le mandat de dépôt initial conserve sa force exécutoire jusqu'au prononcé de la mise en accusation, par application de l'art. 181, al. 7. • Crim. 12 déc. 2012 : *D. actu. 5 févr. 2013, obs. Winckelmuller ; AJ pénal 2013. 223, note Perrier* . ♦ Lorsqu'un prévenu se pourvoit en cassation contre un arrêt de la chambre de l'instruction qui était saisie d'un appel d'une ordonnance de mise en accusation et de prise de corps pour lequel, dans le délai de quatre mois, elle a ordonné avant dire droit, un supplément d'information, l'ordonnance de prise de corps continue à produire ses effets car la chambre de l'instruction ne se trouve pas liée par les règles relatives aux prolongations et à la durée de la détention édictées par l'art. 145-2. • Crim. 20 nov. 2002, n° 02-86.033. ♦ V. également : • Crim. 5 nov. 2002, n° 02-85.887.

3. Un accusé ne peut se prévaloir de l'appel de ses coaccusés contre l'ordonnance de mise en accusation pour demander qu'il soit fait application à son profit de l'art. 186-2. • Crim. 3 févr. 2021, n° 20-86.338 P : *D. actu. 22 févr. 2021, obs. Recotillet.*

Art. 186-3 *(L. n° 2004-204 du 9 mars 2004, art. 124-I, en vigueur le 1er oct. 2004)* **La personne mise en examen et la partie civile peuvent interjeter appel des ordonnances prévues par le premier alinéa de l'article 179 dans le** *(Abrogé par L. n° 2007-291 du 5 mars 2007, art. 7-V, 30-II et III, à compter du 1er mars 2008)* **« seul » cas où elles estiment que les faits renvoyés devant le tribunal correctionnel constituent un crime qui aurait dû faire l'objet d'une ordonnance de mise en accusation devant la cour d'assises** *(L. n° 2021-1729 du 22 déc. 2021, art. 9, en vigueur le 1er janv. 2023)* **« ou devant la cour criminelle départementale ».**

(L. n° 2007-291 du 5 mars 2007, art. 7-V et 30-III, en vigueur le 1er mars 2008) **« Lorsque l'information a fait l'objet d'une cosaisine, elles peuvent également, en l'absence de cosignature par les juges d'instruction cosaisis conformément à l'article 83-2, interjeter appel de ces ordonnances. »**

(L. n° 2016-731 du 3 juin 2016, art. 87) **« Hors les cas prévus par le présent article, l'appel formé par la personne mise en examen ou la partie civile contre une ordonnance de renvoi devant le tribunal correctionnel est irrecevable et donne lieu à une ordonnance de non-admission de l'appel par le président de la chambre de l'instruction conformément au dernier alinéa de l'article 186. Il en est de même s'il est allégué que l'ordonnance de règlement statue également sur une demande formée avant l'avis prévu à l'article 175 mais à laquelle il n'a pas été répondu, ou sur une demande formée en application du** *(L. n° 2019-222 du 23 mars 2019, art. 56-VIII et 109-XIII, en vigueur le 1er juin 2019)* **« 2° du IV » du même article 175, alors que cette demande était irrecevable ou que le président considère qu'il n'y a pas lieu d'en saisir la chambre de l'instruction conformément à l'article 186-1. »**

BIBL. ▸ DARSONVILLE, *Dr. pénal 2007. Étude 4* (légalisation de la correctionnalisation judiciaire). – GRUNWALD, *AJ pénal 2017. 269* (correctionnalisation de l'infraction de viol).

1. Contestation de la qualification correctionnelle. La personne mise en examen et la partie civile peuvent interjeter appel des ordonnances prévues par le premier al. de l'art. 179 dans le cas où elles estiment que les faits renvoyés devant le tribunal correctionnel ou le tribunal pour enfants constituent un crime qui aurait dû faire l'objet d'une ordonnance de mise en accusation devant la cour d'assises. • Crim. 20 nov. 2013, n° 13-83.047 P : *D. actu. 12 déc. 2013, obs. Fucini ; Gaz. Pal. 9 févr. 2014, p. 46, note Fourment.*

2. La faculté, ouverte par l'art. 186-3 à la partie civile, si elle estime que les faits sont de nature criminelle, de relever appel de l'ordonnance de renvoi devant le tribunal correctionnel rendue par le juge d'instruction, s'étend au cas où le renvoi, pour un délit connexe, est ordonné devant la juridiction criminelle. • Crim. 5 janv. 2022, n° 21-86.007 P : *D. actu. 7 févr. 2022, obs. Pamart ; AJ pénal 2022. 89, obs. Besse.*

3. Le demandeur au pourvoi est sans intérêt à critiquer une décision qui, après avoir à bon droit déclaré irrecevable sa demande tendant à bénéficier d'un non-lieu, étrangère à l'unique objet de l'appel prévu par l'article 186-3, a fait droit à sa demande tendant à voir dire que les faits renvoyés devant le tribunal correctionnel constituaient en réalité un crime. • Crim. 29 oct. 2014, n° 14-85.896 P : *D. actu. 25 nov. 2014, obs. Fonteix ; D. 2015. 116, obs. Laurent ; AJ pénal 2015. 260, obs. de Combles de Nayves.*

4. Mention du texte fondant l'appel (évolution de la jurisprudence). L'appel d'une ordonnance de renvoi est recevable à condition que l'acte qui en est le support vise l'art. 186-3 ou, à défaut, qu'une qualification criminelle ait été invoquée dans un autre acte de la procédure. • Crim. 5 févr. 2014 : *D. actu. 3 mars 2014, obs. Fonteix ; AJ pénal 2014. 244, obs. Renaud-Duparc ; ibid. 306, obs. Perrier.* ♦ La recevabilité au regard des dispositions de l'art. 186-3, de l'appel d'une ordonnance de renvoi devant le tribunal correctionnel, portant requalification des faits, peut être appréciée, non seulement au vu des indications figurant dans l'acte d'appel, mais aussi en fonction des motifs de ce recours exposés par mémoire devant la chambre de l'instruction. • Crim. 4 juin 2014, n° 14-80.544 P : *D. actu. 23 juin 2014, obs. Fonteix ; AJ pénal 2014. 591, obs. Lasserre Capdeville ; Procédures 2014. 248, note Chavent-Leclère ; JCP 2014, n° 789, note Gallardo* • Crim. 29 nov. 2017, n° 17-84.566 P : *D. actu. 19 déc. 2017, obs. Azoulay ; D. 2018. Pan. 1611, obs. Pradel ; RSC 2018. 425, note Mayaud.*

5. Justifie sa décision la chambre de l'instruction qui déclare irrecevable l'appel d'une partie civile mais seulement en ce qu'il porte sur les dispositions de l'ordonnance renvoyant certaines des personnes, mises en examen pour le crime d'incendie volontaire en bande organisée, devant le tribunal correctionnel du chef de dégradations volontaires par incendie dès lors que la partie civile appelante n'a jamais invoqué les dispositions de l'article 186-3 pour expliciter l'étendue de son recours. • Crim. 23 févr. 2011, n° 10-81.767 P : *D. actu. 9 mars 2011, obs. Léna ; D. 2011. Actu. 756, obs. Léna ; AJ pénal 2011. 368, obs. Perrier.*

6. La déclaration d'appel, pour échapper à l'irrecevabilité de principe édictée par l'art. 186, doit faire apparaître de manière non équivoque que le recours est exercé en application de l'art. 186-3. • Crim. 15 mars 2006, n° 05-87.299 P : *D. 2006. IR 1247 ; AJ pénal 2006. 269.* ♦ L'appel de l'ordonnance de renvoi devant le tribunal correctionnel n'étant recevable que dans le seul cas où l'appelant estime que les faits sont de nature criminelle et justifient un renvoi devant la cour d'assises, la déclaration d'appel, pour échapper à l'irrecevabilité résultant de l'art. 186, doit faire apparaître de manière non équivoque que ce recours est exercé en application de l'art. 186-3. • Crim. 22 août 2007 : *Dr. pénal 2007. Comm. 146, obs. Maron.* ♦ *Contra* : • Crim. 10 déc. 2008, n° 08-86.812 P : *D. actu. 2 févr. 2009, obs. Léna ; RSC 2009. 405, obs. Finielz ; D. 2009. Actu. 300 ; AJ pénal 2009. 137, obs. Ascensi ; Dr. pénal 2010. Chron. 1, obs. Guérin ; Procédures 2009, n° 93, obs. Buisson* • Crim. 24 juin 2009 : *Procédures 2009, n° 373, obs. Buisson* (la recevabilité de l'appel n'est pas subordonnée à la mention dans l'acte d'appel de l'objet de ce recours).

7. Excès de pouvoir du président. Excède ses pouvoirs le président de la chambre de l'instruction qui, dans une information ouverte pour viols, faits de nature criminelle, et violences aggravées, séquestration de moins de sept jours et non-assistance à personne en péril, dans laquelle le juge d'instruction a renvoyé le prévenu devant le tribunal correctionnel sous la prévention d'agressions sexuelles aggravées et de violences aggravées, refuse d'admettre son appel de l'ordonnance de non-lieu partiel, de requalification et de renvoi devant le tribunal correctionnel, au motif que cette ordonnance n'est pas de celles dont l'art. 186, al. 6, autorise l'appel. • Crim. 25 nov. 2009, n° 09-84.814 P : *D. 2010. AJ 153, obs. Girault ; AJ pénal 2010. 85, obs. Ascensi ; Procédures 2010, n° 85, obs. Buisson.*

8. Limites de la recevabilité. L'appel de l'ordonnance prise par le juge d'instruction à la suite du renvoi opéré par le tribunal correctionnel en application de l'art. 385, al. 2, n'est lui-même recevable que dans les limites fixées par l'art. 186-3. • Crim. 15 nov. 2016, n° 16-84.619 P : *D. actu. 1er déc. 2016, obs. Benelli-de Bénazé.*

9. Alinéa 2. V. notes ss. art. 83-2.

10. Alinéa 3. Il se déduit des dispositions de l'art. 186-3, al. 3, dans leur rédaction issue de la loi du 3 juin 2016, que l'appel contre l'ordonnance de renvoi devant le tribunal correctionnel est recevable lorsqu'un précédent appel du mis en examen contre une ordonnance du juge d'instruction ayant rejeté une demande d'acte est pendant devant la chambre de l'instruction. • Crim. 7 févr. 2017, n° 16-86.835 P : *D. actu. 8 mars 2017, obs. Fonteix ; AJ pénal 2017. 242, obs. Lasserre Capdeville .* ♦ Le président de la chambre de l'instruction tient de l'art. 186-3, al. 3, le pouvoir, après avoir énoncé les motifs qui le portent à considérer qu'il n'y a pas lieu de saisir la chambre de l'instruction des demandes d'acte, de rendre une ordonnance de non-admission de l'appel, en ce que, hors les cas prévus par les deux premiers alinéas du texte, l'appel formé par la personne mise en examen contre une ordonnance de renvoi devant le tribunal correctionnel est irrecevable, l'ordonnance de non-admission de l'appel n'est entachée d'aucun excès de pouvoir ; elle est, alors, aux termes de l'art. 186-1, al. 3, insusceptible de recours. • Crim. 28 mars 2017, n° 17-80.382 P. ♦ L'art. 186-3, al. 3, ne vise pas les requêtes en annulation et la jurisprudence de la chambre criminelle, déclarant recevable l'appel contre une ordonnance de renvoi devant le tribunal correctionnel dès lors que l'appel contre une ordonnance du juge d'instruction rejetant une demande d'acte est pendant devant la chambre de l'instruction, ne s'impose pas au cas où une ordonnance de renvoi est rendue alors qu'une requête en nullité est pendante devant la chambre de l'instruction. • Crim. 18 juin 2019, n° 19-82.572 P : *D. actu. 17 juill. 2019, obs. Azoulay.* ♦ Par ailleurs, les restrictions au droit d'appel d'une ordonnance de renvoi devant le tribunal correctionnel, même lorsqu'une requête en nullité est pendante devant la chambre de l'instruction, ne portent atteinte ni au droit à un recours effectif, ni aux droits de la défense, puisque aucune personne ne peut être jugée sans qu'il ait été statué sur sa requête en nullité et qu'en cas d'annulation de pièces du dossier ne s'étendant pas à l'ordonnance de règlement, l'art. 174, dernier alinéa, énonce qu'il est interdit de tirer des actes et des pièces ou parties de pièces annulées aucun renseignement contre les parties en sorte qu'aucune condamnation ne peut être prononcée sur leur fondement par la juridiction saisie. • Même arrêt.

11. Convention européenne des droits de l'homme. L'obligation de mentionner explicitement dans l'acte d'appel l'objet du recours formé par la partie civile à l'encontre d'une ordonnance de renvoi devant le tribunal correctionnel méconnaît le droit à un procès équitable. • CEDH, 5e sect., 15 déc. 2011, *Poirot c/ France : D. actu. 5 janv. 2012, obs. Bachelet ; RSC 2012. 142, obs. Mayaud .*

Art. 186-4 *(L. n° 2016-731 du 3 juin 2016, art. 59, en vigueur le 1er août 2016)* **En cas d'appel, même irrecevable, formé contre une ordonnance prévue au premier alinéa de l'article 179, la chambre de l'instruction statue dans les deux mois suivant la date de déclaration d'appel, faute de quoi la personne détenue est remise d'office en liberté.**

Art. 186-5 *(L. n° 2016-731 du 3 juin 2016, art. 59, en vigueur le 1er août 2016)* **Les délais relatifs à la durée de la détention provisoire prévus aux articles 145-1 à 145-3 ne sont plus applicables lorsque le juge d'instruction a rendu son ordonnance de renvoi devant la juridiction de jugement, même en cas d'appel formé contre cette ordonnance.**

En application de l'art. 186-5, les délais relatifs à la durée de la détention provisoire prévus aux art. 145-1 à 145-3 ne sont plus applicables lorsque le juge d'instruction a rendu son ordonnance de renvoi devant la juridiction de jugement, même en cas d'appel formé contre cette ordonnance, ce texte ne distinguant pas selon que la chambre a ou non prescrit un supplément d'information. • Crim. 10 avr. 2018, n° 18-80.371 P : *AJ pénal 2018. 370, obs. Pitti* • Crim. 18 déc. 2019, n° 19-86.338 P : *D. actu. 23 janv. 2020, obs. Goudjil.*

Art. 187 *(L. nº 93-1013 du 24 août 1993)* **Lorsqu'il est interjeté appel d'une ordonnance autre qu'une ordonnance de règlement ou que la chambre de l'instruction est directement saisie, en application des articles 81, neuvième alinéa, 82-1, deuxième alinéa, 156, deuxième alinéa, ou 167,** *(L. nº 2022-52 du 24 janv. 2022, art. 9)* **« avant-dernier » alinéa, le juge d'instruction poursuit son information** *(L. nº 95-125 du 8 févr. 1995)* **« y compris, le cas échéant, jusqu'au règlement de celle-ci », sauf décision contraire du président de la chambre de l'instruction. Cette décision n'est pas susceptible de recours.**

Il en est de même lorsque la chambre de l'instruction est saisie d'une requête en nullité en application de l'article 173.

V. Circ. du 24 août 1993, pt 3.2.7.

1. QPC. Les mots « il est interjeté appel d'une ordonnance autre qu'une ordonnance de règlement ou que » figurant à la première phrase du premier al. de l'art. 187, dans sa rédaction résultant de la L. nº 2000-516 du 15 juin 2000 renforçant la protection de la présomption d'innocence et les droits des victimes, sont conformes à la Constitution. Les parties pouvant contester utilement, dans des délais appropriés, les décisions du juge d'instruction sur lesquelles la chambre de l'instruction n'a pas statué avant l'ordonnance de règlement, les dispositions contestées, qui ont pour objet d'éviter les recours dilatoires provoquant l'encombrement des juridictions et l'allongement des délais de jugement des auteurs d'infraction et mettent ainsi en œuvre l'objectif de bonne administration de la justice, ne méconnaissent pas le droit à un recours juridictionnel effectif. • Cons. const. 18 mai 2018, nº 2018-705 QPC. ♦ Dans le même sens : • Crim. 2 oct. 2018, nº 18-84.131 P : *D. actu. 23 oct. 2018, obs. Azoulay ; RSC 2018. 927, note Cordier* .

2. Prolongation de la détention. Si un appel est formé par l'inculpé contre une ordonnance ayant refusé de commettre un expert et s'il y a lieu de statuer sur la prolongation de la détention, c'est le juge d'instruction qui est compétent pour statuer sur cette prolongation, sauf si la chambre d'accusation en décide autrement. • Crim. 11 janv. 1961 : *Bull. crim. nº 20 ; D. 1961. 196, note J.-M. R.*

3. Information. Le juge d'instruction est en droit de poursuivre son information, le cas échéant, jusqu'au règlement de celle-ci, dès lors que le président de la chambre d'accusation n'en a pas expressément ordonné la suspension. • Crim. 17 nov. 1998, nº 97-85.908 P : *Procédures 1999. Comm. 133, obs. Buisson.* ♦ Nonobstant l'appel interjeté par la personne mise en examen contre une ordonnance ayant rejeté sa demande de *supplément d'information*, le juge d'instruction est fondé, en l'absence de décision contraire, à rendre une ordonnance de transmission de pièces au procureur général. • Crim. 6 févr. 1996, nº 95-85.710 P.

4. Loin de mettre obstacle au règlement de la procédure, l'art. 187 prescrit au juge d'instruction de poursuivre son information. Il s'ensuit que, nonobstant l'appel interjeté par l'inculpé d'une ordonnance sur la détention préventive, c'est justement qu'en vertu de l'art. 181 le juge d'instruction communique le dossier de la procédure au procureur de la République aussitôt que l'information lui paraît terminée, puis rend une ordonnance de transmission de ce dossier au procureur général près la cour d'appel. • Crim. 17 mai 1966, nº 65-90.127 P : *RSC 1966. 912, obs. J. Robert.*

5. Requêtes en nullité. Il résulte de l'art. 187 que, lorsque la chambre de l'instruction est saisie d'une requête en nullité en application de l'art. 173, le président de cette juridiction est seul compétent pour décider la suspension de l'information, par une ordonnance qui n'est susceptible d'aucun recours. • Crim. 14 mai 2002, nº 02-80.721 P : *JCP 2002. IV. 2005.* ♦ Le renvoi d'une personne mise en examen devant le tribunal correctionnel, régulièrement ordonné par le juge d'instruction, dont l'information n'a pas été suspendue, est sans incidence sur l'obligation faite à la chambre de l'instruction de statuer sur une requête en annulation d'actes de la procédure dont elle a été saisie par une partie, antérieurement à l'ordonnance du magistrat instructeur. Dès lors, excède ses pouvoirs le président de la chambre de l'instruction qui refuse de saisir ladite chambre d'une requête en annulation d'actes de la procédure, au motif que l'ordonnance de renvoi devant le tribunal correctionnel est intervenue après son dépôt. • Crim. 5 sept. 2012, nº 12-83.509 P : *AJ pénal 2013. 110, obs. Auffret* .

6. Lorsqu'un tribunal correctionnel a été saisi par l'ordonnance de renvoi du juge d'instruction, aucun conflit positif de juridiction ne résulte de ce que, postérieurement à cette ordonnance, un arrêt de la chambre de l'instruction a prescrit à ce magistrat la réalisation d'actes supplémentaires, l'information s'étant poursuivie jusqu'à son règlement, conformément à l'art. 187, de sorte que l'arrêt de la chambre d'instruction est inopérant. • Crim. 15 mai 2012, nº 12-83.268 P.

7. L'ordonnance de mise en accusation rendue malgré la requête en nullité fondée sur le caractère tardif du réquisitoire définitif est régulière dès lors, d'une part, que l'irrégularité alléguée du réquisitoire définitif serait sans incidence, puisque l'ordonnance de règlement peut être prise sans réquisitoire définitif dans les conditions prévues par l'art. 175, al. 6, et que, d'autre part, le pourvoi en cassation, assorti d'une requête déposée conformément à l'art. 570, formé contre un arrêt de la chambre de l'instruction qui se borne à rejeter une requête en annulation, est sans incidence sur le déroulement de l'instruction. • Crim. 2 oct. 2018, n° 18-84.131 P.

8. Suspension de la prescription. La prescription de l'action publique est suspendue lorsque, par l'effet d'une ordonnance du président de la chambre de l'instruction prise en application de l'art. 187, le juge d'instruction se trouve dans l'impossibilité de poursuivre son information. • Crim. 5 mars 2002, n° 01-83.870 P : *D. 2002. IR 1531* ; *Dr. pénal 2002. Comm. 79, obs. Maron* ; *RSC 2004. 132, obs. Giudicelli* .

9. Si, lorsqu'il est interjeté appel notamment d'une ordonnance de rejet de demande de contre-expertise, le juge d'instruction peut poursuivre son information y compris jusqu'au règlement, le renvoi de l'affaire devant le tribunal correctionnel n'a pas pour effet de priver la partie appelante du droit de faire examiner son recours par la chambre de l'instruction. • Crim. 7 juin 2006, n° 05-86.427 P.

Art. 187-1 *(L. n° 96-1235 du 30 déc. 1996)* **« En cas d'appel d'une ordonnance de placement en détention provisoire, la personne mise en examen ou le procureur de la République peut, si l'appel est interjeté au plus tard le jour suivant la décision de placement en détention, demander au président de la chambre de l'instruction ou, en cas d'empêchement, au magistrat qui le remplace, d'examiner immédiatement son appel sans attendre l'audience de la chambre de l'instruction. Cette demande doit, à peine d'irrecevabilité, être formée en même temps que l'appel devant la chambre de l'instruction. La personne mise en examen, son avocat ou le procureur de la République peut joindre toutes observations écrites à l'appui de la demande. A sa demande, l'avocat de la personne mise en examen présente oralement des observations devant le président de la chambre de l'instruction ou le magistrat qui le remplace, lors d'une audience de cabinet dont est avisé le ministère public pour qu'il y prenne, le cas échéant, ses réquisitions, l'avocat ayant la parole en dernier.**

« Le président de la chambre de l'instruction ou le magistrat qui le remplace statue au plus tard le troisième jour ouvrable suivant la demande, au vu des éléments du dossier de la procédure, par une ordonnance non motivée qui n'est pas susceptible de recours.

« Le président de la chambre de l'instruction ou le magistrat qui le remplace peut, s'il estime que les conditions prévues par l'article 144 ne sont pas remplies, infirmer l'ordonnance *(L. n° 2000-1354 du 30 déc. 2000, art. 16-I)* **« du juge des libertés et de la détention » et ordonner la remise en liberté de la personne. La chambre de l'instruction est alors dessaisie.**

« Dans le cas contraire, il doit renvoyer l'examen de l'appel à la chambre de l'instruction.

« S'il infirme l'ordonnance *(L. n° 2000-1354 du 30 déc. 2000, art. 16-I)* **« du juge des libertés et de la détention », le président de la chambre de l'instruction ou le magistrat qui le remplace peut ordonner le placement sous contrôle judiciaire de la personne mise en examen.**

« Si l'examen de l'appel est renvoyé à la chambre de l'instruction, la décision est portée à la connaissance du procureur général. Elle est notifiée à la personne mise en examen par le greffe de l'établissement pénitentiaire qui peut, le cas échéant, recevoir le désistement d'appel de cette dernière. »

(L. n° 93-1013 du 24 août 1993) **La déclaration d'appel et la demande prévue au premier alinéa du présent article peuvent être constatées** *(L. n° 2000-1354 du 30 déc. 2000, art. 16-II)* **« par le juge des libertés et de la détention » à l'issue du débat contradictoire prévu par le quatrième alinéa de l'article 145. Pour l'application du deuxième alinéa du présent article, la transmission du dossier de la procédure au président de la chambre de l'instruction peut être effectuée par télécopie.**

Wallis-et-Futuna : 823.

BIBL. ► ARRIGHI, *RSC 1998. 687.* – BRAULT-JAMIN, *Rev. pénit. 1997. 159.*

1. Lorsque la déclaration d'appel de l'ordonnance de placement en détention provisoire et la demande de suspension des effets du mandat de dépôt sont constatées par le juge d'instruction, assisté du greffier, à l'issue du débat contradictoire, conformément à l'art. 187-1, dernier al., le procès-verbal qui les constate se substitue à la formalité exigée de l'appelant par les art. 502 et

503. Il n'importe, pour la recevabilité de l'appel, que ce procès-verbal n'ait pas été transcrit, comme il le devrait, sur le registre public prévu par ces articles. • Crim. 14 nov. 1996, n° 96-83.672 P : *Procédures 1997. Comm. 66, obs. Buisson ; Dr. pénal 1997. Chron. 12, par Lesclous et Marsat.*

2. Absence de recours. Il résulte des dispositions combinées des art. 187-2 et 187-1, al. 2, que l'ordonnance rejetant la demande d'examen immédiat de l'appel de l'ordonnance de placement en détention n'est pas susceptible de recours. • Crim. 22 oct. 2002, n° 02-85.423.

3. L'ordonnance rendue par le président de la chambre de l'instruction en application du quatrième al. de l'art. 187-1 étant, aux termes du deuxième al. de ce texte, insusceptible de recours, la personne mise en examen ne peut être admise à en demander l'annulation à la chambre de l'instruction appelée à statuer, à la suite de cette ordonnance, sur l'appel de la décision de placement en détention provisoire. • Crim. 3 déc. 2002, n° 02-86.341 P : *D. 2003. IR 312 ; JCP 2003. IV. 1248* • 10 févr. 2004, n° 03-87.197 P : *JCP 2004. IV. 1658.*

4. Excès de pouvoir. Commet un excès de pouvoir le président de la chambre de l'instruction qui ordonne la mise en liberté du prévenu, pensant avoir dépassé le délai de trois jours imparti par l'art. 187-1, al. 2, alors, d'une part, que ce délai doit être décompté à partir du lendemain du jour où la déclaration d'appel, formulée auprès du chef d'établissement pénitentiaire et transmise au greffier de la juridiction, a été transcrite par celui-ci, et que, d'autre part, le texte ne prévoit pas à titre de sanction la faculté, pour le magistrat, de remettre la personne en liberté. • Crim. 16 janv. 2013 : *AJ pénal 2013. 214, obs. Belloir*. ♦ Commet un excès de pouvoir le président de la chambre de l'instruction qui déclare irrecevable la demande d'examen immédiat de l'appel interjeté contre l'ordonnance de placement en détention provisoire, comme formée plus d'un jour après la décision de placement en détention alors que cette décision, intervenue un vendredi, pouvait encore faire l'objet d'un appel et d'une demande d'examen immédiat, le lundi, en application de l'art. 801. • Crim. 22 juill. 2020, n° 20-82.094 P : *D. actu. 18 sept. 2020, obs. Roques* • Crim. 14 oct. 2020, n° 20-83.087 P : *RSC 2020. 971, obs. Valat*.

Art. 187-2 *(L. n° 2000-516 du 15 juin 2000, art. 64-I, en vigueur le 1er janv. 2001)* **La personne qui forme le recours prévu par l'article 187-1 peut demander à ce qu'il soit directement examiné par la chambre de l'instruction. Il est alors statué au plus tard, au vu des éléments du dossier, le cinquième jour ouvrable suivant la demande.**

La chambre de l'instruction peut se prononcer sur la demande d'examen immédiat de l'appel de l'ordonnance de placement en détention rendue par le JLD, dans le délai de 5 jours ouvrables fixé par l'art. 187-2, et, sur l'appel, dans le délai de 10 jours fixé par l'art. 194, al. 3. • Crim. 22 oct. 2002, n° 02-85.424.

Circulaire CRIM 00-16 F1 du 20 décembre 2000, *présentant les dispositions de la loi du 15 juin 2000 renforçant la protection de la présomption d'innocence et les droits des victimes concernant l'instruction, la détention provisoire, le juge des libertés et de la détention et le jugement correctionnel. [...]*

2.1.2.2.2. *Possibilité de demander l'examen du référé-liberté par la chambre de l'instruction*

L'article 64 de la loi du 15 juin 2000 introduit dans le code de procédure pénale un nouvel article 187-2 créant un second type de référé-liberté, qui a pour objet de permettre son examen par la formation collégiale de la chambre de l'instruction et non par son seul président.

Dorénavant, une personne à l'encontre de laquelle le juge des libertés et de la détention aura décerné mandat de dépôt pourra, lorsqu'elle fera appel, choisir entre les deux procédures de référé-liberté suivantes :

— soit le référé-liberté prévu par l'article 187-1, qui est porté devant le président de la chambre de l'instruction, sur lequel il doit être statué dans les trois jours ouvrables et qui, *en cas de rejet, entraîne l'examen* de l'appel par la chambre de l'instruction ;

— soit le référé-liberté prévu par l'article 187-2 qui est alors directement porté devant la chambre de l'instruction et sur lequel il doit alors être statué dans un délai de cinq jours ouvrables et non de trois jours.

La personne doit expressément indiquer qu'elle demande l'examen de son référé-liberté par la chambre de l'instruction, à défaut de quoi seront appliquées les dispositions de l'article 187-1.

Il convient de préciser que le nouveau référé-liberté ne diffère de la procédure d'urgence classique que sur deux points : un examen par la chambre de l'instruction et non plus par le seul président et l'allongement du délai d'examen, compte tenu de la nécessité de réunir une formation collégiale.

La procédure suivie demeure pour le reste celle de l'article 187-1 : il s'agit d'une procédure écrite — il est statué au vu du dossier de la procédure —, sans comparution personnelle du mis en examen (mais l'avocat peut présenter des observations orales s'il le demande, le ministère public étant alors avisé pour qu'il puisse présenter des réquisitions). Elle s'achève par une ordonnance qui n'est pas motivée ni susceptible d'appel.

Si la chambre de l'instruction statuant dans le cadre de la procédure de l'article 197-2 n'infirme pas l'ordonnance de placement en détention provisoire, l'appel doit alors être à nouveau examiné — conformément aux règles habituelles — devant la chambre de l'instruction : celle-ci doit alors statuer par arrêt motivé et susceptible de pourvoi dans les dix jours de l'appel ou dans les quinze jours si la personne mise en examen a demandé sa comparution personnelle. *[...]*

Art. 187-3 *(L. n° 2002-1138 du 9 sept. 2002, art. 38, en vigueur le 1er nov. 2002)* **Dans le cas prévu par le deuxième alinéa de l'article 148-1-1, le procureur de la République qui interjette appel d'une ordonnance de mise en liberté contraire à ses réquisitions dans un délai de quatre heures à compter de sa notification doit, à peine d'irrecevabilité, saisir dans le même temps le premier président de la cour d'appel ou, en cas d'empêchement, le magistrat qui le remplace, d'un référé-détention afin de déclarer cet appel suspensif. Le procureur de la République joint à sa demande les observations écrites justifiant le maintien en détention de la personne. La personne mise en examen et son avocat peuvent également présenter les observations écrites qu'ils jugent utiles.**

Le premier président de la cour d'appel ou le magistrat qui le remplace statue au plus tard le deuxième jour ouvrable suivant la demande. Pendant cette durée, les effets de l'ordonnance de mise en liberté sont suspendus et la personne reste détenue. A défaut pour le premier président de la cour d'appel ou le magistrat qui le remplace de statuer dans ce délai, la personne est remise en liberté, sauf si elle est détenue pour une autre cause.

Le premier président de la cour d'appel ou le magistrat qui le remplace statue au vu des éléments du dossier de la procédure, par une ordonnance motivée qui n'est pas susceptible de recours. A sa demande, l'avocat de la personne mise en examen peut présenter des observations orales devant ce magistrat, lors d'une audience de cabinet dont le ministère public est avisé pour qu'il y prenne, le cas échéant, ses réquisitions.

Si le premier président de la cour d'appel ou le magistrat qui le remplace estime que le maintien en détention de la personne est manifestement nécessaire au vu d'au moins deux des critères prévus par les dispositions de l'article 144 jusqu'à ce que la chambre d'instruction statue sur l'appel du ministère public, il ordonne la suspension des effets de l'ordonnance de mise en liberté jusqu'à cette date. La personne mise en examen ne peut alors être mise en liberté jusqu'à l'audience de la chambre de l'instruction devant laquelle sa comparution personnelle est de droit ; la chambre de l'instruction doit se prononcer dans les plus brefs délais et au plus tard dans les dix jours de l'appel, faute de quoi la personne est mise d'office en liberté si elle n'est pas détenue pour une autre cause.

***Dans le cas contraire*, le premier président de la cour d'appel ou le magistrat qui le remplace ordonne que la personne soit mise en liberté si elle n'est pas détenue pour une autre cause.**

A peine de nullité, le magistrat ayant statué sur la demande de référé-détention ne peut faire partie de la composition de la chambre de l'instruction qui statuera sur l'appel du ministère public.

La transmission du dossier de la procédure au premier président de la cour d'appel ou au magistrat qui le remplace peut être effectuée par télécopie.

1. Réitération de l'appel. Le procureur de la République qui interjette appel dans le cadre d'un référé-détention doit saisir dans le même temps le premier président de la cour d'appel. L'irrégularité de la procédure ne le prive cependant pas du droit de réitérer son recours dans les conditions prévues aux art. 185 et 502. • Crim. 1er avr. 2003, n° 03-80.406 P : *D. 2003. IR 1603* ; *JCP 2003. IV. 2125.*

2. La décision par laquelle le premier président, saisi en matière de référé-détention, ordonne la suspension des effets d'une ordonnance de mise en liberté n'est, aux termes de l'art. 187-3, al. 3, susceptible d'aucun recours. • Crim. 9 déc. 2003 : *D. 2004. IR 250* ; *JCP 2004. IV. 1090* ; *AJ pénal 2004. 73*.

3. Observations écrites. Le défaut de concomitance entre la saisine du premier président et les observations écrites du procureur de la République n'est pas une cause d'irrecevabilité de la procédure de référé-détention. • Crim. 12 mars 2014, n° 13-88.509 P : *D. actu. 26 mars 2014, obs. Bombled* ; *D. 2014. 727* ; *AJ pénal 2014. 481, obs. Royer*.

4. Délai pour statuer. Lorsque dans le délai de quatre heures suivant la notification de l'ordonnance du JLD de mise en liberté sous contrôle judiciaire, le procureur de la République a déclaré interjeter appel de cette décision en indiquant saisir dans le même temps le premier président d'un référé-détention, mais que l'appel n'a été enregistré au greffe du tribunal correctionnel que trois jours après, le délai de dix jours prévu par l'art. 187-3, al. 4, court à compter de cet enregistrement. • Crim. 8 oct. 2013, n° 13-85.489 P : *D. actu. 29 oct. 2013, obs. Winckelmuller* ; *AJ pénal 2014. 83, obs. Gallois*.

SECTION XIII DE LA REPRISE DE L'INFORMATION SUR CHARGES NOUVELLES

RÉP. PÉN. v° *Instruction préparatoire*, par GUÉRY.

BIBL. ▶ COURONNE-PALAT, *D. 2002. 918* (réouverture de l'instruction sur charges nouvelles : l'impossibilité de réentendre le prévenu renvoyé devant le tribunal correctionnel). – DESTRAZ, *RPDP 2005. 179* (l'innocence à l'épreuve de la décision de non-lieu). – GUÉRY et GUINCHARD, *JCP 2007. I. 202* (la partie civile et la « reprise » de l'information).

Art. 188 *(L. n° 93-2 du 4 janv. 1993)* **« La personne mise en examen à l'égard de laquelle »** **le juge d'instruction a dit n'y avoir lieu à suivre ne peut plus être** *(L. n° 93-2 du 4 janv. 1993)* **« recherchée » à l'occasion du même fait, à moins qu'il ne survienne de nouvelles charges.**

1. Champ d'application. Les règles relatives à la reprise de l'information sur charges nouvelles après décision de non-lieu, prévues par les art. 188 à 190, s'appliquent seulement aux personnes qui, pour les faits incriminés, ont été antérieurement mises en examen ou nommément visées dans une plainte avec constitution de partie civile. Dès lors, si des charges nouvelles apparaissent contre une personne n'ayant pas été concernée par l'information clôturée par une ordonnance de mise en accusation, c'est sur le fondement, non des art. 188 à 190, mais de l'art. 80 que doit être pris le réquisitoire aux fins d'informer contre cette personne. Toutefois, fût-il improprement qualifié, le réquisitoire de réouverture sur charges nouvelles ne doit pas être annulé dès lors qu'il satisfait, en la forme, aux conditions essentielles de son existence légale. • Crim. 26 févr. 2008, n° 07-87.865 P : *RSC 2008. 924, obs. Finielz* ; *AJ pénal 2008. 243, obs. Royer* ; *Dr. pénal 2009. Chron. 1, obs. Guérin.*

2. Si les règles du code de procédure pénale relatives à la reprise d'une information sur charges nouvelles s'appliquent seulement aux personnes qui ont été antérieurement mises en examen ou nommément visées dans une plainte avec constitution de partie civile pour les faits incriminés, aucune disposition légale ne fait obstacle à ce que le procureur général puisse requérir de la chambre de l'instruction la reprise d'une information lorsque des éléments nouveaux lui sont communiqués après décision de non-lieu prononcée par cette juridiction. En pareil cas, le procureur général dispose, auprès de la juridiction d'instruction du second degré, des mêmes pouvoirs que ceux que l'art. 80 confère au procureur de la République. • Crim. 4 déc. 2007, n° 06-88.286 P.

3. Identité de faits. Il résulte des art. 188 s. que l'inculpé à l'égard duquel la juridiction d'instruction a dit n'y avoir lieu de suivre ne saurait être recherché à l'occasion du même fait, à moins qu'il ne survienne de nouvelles charges, auquel cas le ministère public peut prendre des réquisitions tendant à la réouverture de l'information. • Crim. 10 nov. 1980, n° 79-94.326 P : *JCP 1982. II. 19817, note Jeandidier.* ♦ Une chambre de l'instruction peut déclarer irrecevable une plainte avec constitution de partie civile, en l'absence de réquisitions de reprise de l'information sur charges nouvelles du ministère public, lorsqu'il y a identité d'objet, de cause et de parties entre les faits dénoncés et ceux pour lesquels la chambre d'accusation a déjà rendu un arrêt de non-lieu. • Crim. 4 sept. 2002, n° 01-88.260.

4. Absence d'identité de faits. Les dispositions des art. 188 et 190 ne s'appliquent pas lorsque les faits dénoncés par une nouvelle plainte sont distincts de ceux qui ont fait l'objet d'une autre procédure clôturée par une décision de non-lieu. En l'espèce, les faits dénoncés sous la qualification d'assassinat n'étaient pas identiques à ceux qui avaient fait l'objet de la précédente information ; l'autorité de la chose jugée ne pouvait donc pas entraver la qualification d'assassinat objet de la seconde poursuite. • Crim. 3 févr. 2010 : *RSC 2010. Chron. 613, obs. Mayaud*.

5. Autorité de la décision de non-lieu. Encourt la cassation l'arrêt qui confirme l'ordonnance du juge d'instruction ayant déclaré la victime d'une infraction irrecevable à se constituer partie civile, après clôture de l'information par une ordonnance de non-lieu fondée sur l'insuffisance des charges, contre une personne qui n'avait pas été impliquée dans cette information. Une telle décision de non-lieu n'acquiert l'autorité de la chose jugée qu'à l'égard de ceux qui avaient fait l'objet d'une inculpation. • Crim. 5 mai 1981, n° 79-94.265 P : *RSC 1982. 798, obs. J. Robert.* ♦ Les règles relatives à la reprise d'une information sur charges nouvelles après décision de non-lieu, prévues par les art. 188 à 190 et 196, s'appliquent seulement aux personnes qui ont été antérieurement mises en examen ou nommément visées dans une plainte avec constitution de partie civile, pour les faits incriminés. • Crim. 14 juin 1994, n° 94-81.675 P. ♦ En revanche aucune disposition légale ne fait obstacle à ce que le procureur général puisse requérir de la chambre de l'instruction la reprise d'une information lorsque des éléments nouveaux lui sont communiqués après décision de non-lieu prononcée par cette juridiction. En pareil cas, le procureur général dispose, auprès de la juridicition d'instruction du second degré, des mêmes pouvoirs que ceux que l'art. 80 confère au procureur de la République. • Crim. 4 déc. 2007, n° 06-88.286 P : *AJ pénal 2008. 98*.

6. Encourt la cassation l'arrêt qui annule d'office le « réquisitoire de réouverture d'information sur charges nouvelles », alors que l'arrêt de non-lieu n'avait aucune autorité à l'égard des personnes en cause, qui n'avaient été antérieurement ni inculpées ni nommément désignées dans une plainte avec constitution de partie civile. • Crim. 14 juin 1994 : *préc. note 5.*

7. Une ordonnance de non-lieu du juge d'instruction n'a pas autorité de chose jugée à l'égard d'une personne qui n'a été ni mise en examen lors de l'information, ni nommément désignée dans une plainte avec constitution de partie civile. La partie civile qui s'était constituée dans le cadre de cette information peut prendre l'initiative de poursuites pénales par voie de citation directe contre cette personne, même si elle a été entendue comme témoin et a été l'objet de diverses vérifications. • Crim. 22 janv. 1997, n° 96-80.533 P.

8. En cas d'ordonnance de non-lieu dans une poursuite pour vol dirigée contre inconnu, et dans une poursuite pour recel contre les prévenus, ceux-ci peuvent ensuite être inculpés de vol, le vol et le recel constituant des infractions distinctes, et cela même en l'absence de charges nouvelles. • Crim. 13 juill. 1950 : *Bull. crim. n° 209 ; D. 1950. 685.*

9. Requalification. Une décision de non-lieu s'oppose, sauf réouverture de l'information sur charges nouvelles, à une nouvelle poursuite pour les mêmes faits sous quelque qualification que ce soit. • Crim. 24 janv. 2001 : *Dr. pénal 2001. Comm. 121, obs. Maron.* ♦ Mais, les dispositions des art. 188 et 190 ne s'appliquent pas lorsque les faits dénoncés par une nouvelle plainte sont distincts de ceux qui ont fait l'objet d'une autre procédure clôturée par une décision de non-lieu. • Crim. 3 févr. 2010 : *préc. note 4.*

10. Citation directe. Justifie ainsi sa décision la cour d'appel qui, pour déclarer irrecevables les citations à comparaître devant la juridiction correctionnelle délivrées, à la demande des victimes d'un glissement de terrain ou de leurs ayants droit, à trois préfets et à trois fonctionnaires de la direction départementale de l'équipement, au responsable du bureau de recherches géologiques et minières ainsi qu'à cet établissement public, retient que chacun des prévenus avait fait l'objet d'une mise en cause explicite, en sa qualité professionnelle, dans l'information conduite sur les mêmes faits et clôturée par une ordonnance de non-lieu devenue définitive, faute d'appel des mêmes victimes ou ayants droit, parties civiles. • Crim. 2 déc. 2008, n° 08-80.066 P : *AJ pénal 2009. 84*. ♦ En revanche, une ordonnance de non-lieu ne fait pas obstacle à la citation directe, pour les mêmes faits, d'une personne qui n'a pas été mise en examen lors de l'information, ni entendue comme témoin assisté, ni nommément désignée par les réquisitions du ministère public ou dans une plainte avec constitution de partie civile. • Crim. 12 nov. 2008, n° 07-88.222 P : *RSC 2009. 399, obs. Finielz ; D. 2009. 606, note Detraz ; AJ pénal 2009. 82, obs. Duparc ; Dr. pénal 2009. Chron. 1, obs. Guérin ; ibid. 2010. Chron. 1, obs. Guérin.*

Art. 189 **Sont considérées comme charges nouvelles les déclarations des témoins, pièces et procès-verbaux qui, n'ayant pu être soumis à l'examen du juge d'instruction, sont cependant de nature soit à fortifier les charges qui auraient été trouvées trop faibles, soit à donner aux faits de nouveaux développements utiles à la manifestation de la vérité.** — *Pr. pén. C. 376.*

1. Aucune forme spéciale n'est prescrite pour la constatation de l'existence de charges nouvelles autorisant la reprise des poursuites ; il suffit, pour que l'instruction soit régulièrement rouverte, que lesdites charges soient mentionnées dans le réquisitoire et constatées dans les pièces qui y sont annexées. • Crim. 23 juin 1949 : *Bull. crim. n° 219 ; D. 1949. Somm. 41.*

2. L'énumération des faits susceptibles de constituer des charges nouvelles donnée par l'art. 189 n'est pas limitative ; cette disposition doit être entendue dans le sens le plus large. • Crim. 9 nov. 1965, n° 65-90.418 P : *RSC 1966. 356, obs. J. Robert.* ♦ Ainsi constituent des charges nouvelles des photographies et relevés topographiques. • Même arrêt. ♦ ... Ou tous éléments nouveaux portant sur la responsabilité mentale de l'inculpé. • Crim. 6 juill. 1923 : *Bull. crim. n° 253* • 12 mai 1950 : *Bull. crim. n° 151.* ♦ ... Ou des éléments recueillis au cours d'une autre information suivie contre d'autres inculpés. • Crim. 12 mai 1950 : *préc.* ♦ ... Ou l'arrestation à l'étranger de l'inculpé trouvé en possession des valeurs détournées. • Crim. 9 janv. 1897 : *Bull. crim. n° 8.* ♦ ... Ou des constatations et témoignages au cours d'une poursuite sur une nouvelle infraction commise par le prévenu. • Crim. 17 janv. 1867 : *Bull. crim. n° 11.* ♦ ... Ou des résultats d'investigations, faites postérieurement à l'ordonnance de non-lieu, établissant des faits de nature à fortifier des charges qui avaient été trouvées trop faibles. • Crim. 9 nov. 1965, n° 65-90.418 P. ♦ ... Ou des faits qui n'ont pas été soumis à l'examen de la juridiction d'instruction avant la décision de non-lieu, peu importants qu'ils aient été connus des parties civiles avant la clôture de l'information. • Crim. 16 nov. 1999, n° 99-85.848 P. ♦ Inversement, ne constitue pas des charges nouvelles la simple arrestation de la personne poursuivie. • Crim. 10 déc. 1943 : *Bull. crim. n° 144.* ♦ ... Ou la confirmation, par de nouveaux témoins, de faits déjà connus. • Crim. 17 janv. 1962, n° 61-93.715 P.

Art. 190 Il appartient au ministère public seul de décider s'il y a lieu de requérir la réouverture de l'information sur charges nouvelles. — *Pr. pén. C. 376.*

1. QPC. Ne revêt par un caractère nouveau ou sérieux la QPC relative à la conformité des art. 190 et 196 aux droits de la défense ainsi qu'aux principes d'égalité et de séparation des pouvoirs en ce qu'ils privent la partie civile de la possibilité, concurremment au ministère public, de requérir la réouverture d'une instruction sur charges nouvelles. Dès lors que ces dispositions réservent le droit pour la partie civile, qui n'est pas dans une situation identique à celle du ministère public, d'exercer son action devant la juridiction civile, après clôture de l'information par une décision de non-lieu pour insuffisances de charges, il n'y a pas lieu de renvoyer la QPC devant le Conseil constitutionnel. • Cass., QPC, 9 mars 2011 : *D. actu. 20 avr. 2011, obs. Priou-Alibert.*

2. Exclusion de la partie civile. Il n'appartient pas à la partie civile de faire rouvrir, à raison de la survenance de charges nouvelles, une information terminée par une ordonnance de non-lieu, laquelle ne peut être reprise, s'il y a lieu, que sur les réquisitions du ministère public, conformément à l'art. 248 C. instr. crim. (art. 190), dont les dispositions s'appliquent aussi bien quand la décision de non-lieu résulte d'une ordonnance du juge d'instruction que lorsqu'elle émane de la chambre d'accusation. • Cass., ch. réun., 29 janv. 1931 : *DP 1931. 1. 89, rapp. Mornet, concl. Matter ; Bull. crim. n° 24.* ♦ Dans le même sens : • Crim. 11 janv. 2000, n° 99-82.143 P. ♦ En conséquence, justifie sa décision la chambre d'accusation qui déclare qu'il n'appartient qu'au ministère public de requérir la réouverture d'une information sur charges nouvelles et que l'autorité de chose jugée s'oppose à ce que les faits une fois de plus dénoncés par le plaignant permettent l'ouverture d'une nouvelle information, alors qu'elle constate que celui-ci s'était déjà constitué partie civile contre les mêmes personnes, à l'occasion des mêmes faits et sous les mêmes qualifications et que les pourvois formés contre ces arrêts avaient été rejetés ; c'est à bon droit que la chambre d'accusation s'abstient dans ces conditions de statuer au fond. • Crim. 17 janv. 1962 : *Bull. crim. n° 38* • 24 févr. 1972, n° 71-91.640 P • 13 févr. 1973, n° 72-92.487 P. ♦ Sur la base de l'art. 190, refuse à bon droit d'informer le juge d'instruction qui, en l'absence de réquisitions du ministère public exigées par ce texte, est saisi d'une nouvelle plainte avec constitution de partie civile, portant sur les mêmes faits et visant la même personne • Crim. 6 févr. 1979, n° 78-92.425 P : *RSC 1980. 155, obs. J. Robert* • 18 juin 1997, n° 96-81.375 P. ♦ Lorsque à la suite d'une décision de non-lieu définitive, le juge d'instruction est saisi d'une nouvelle plainte portant sur les mêmes faits et visant la même personne, seul le ministère public peut requérir, s'il y a lieu, l'ouverture d'une nouvelle information sur charges nouvelles, conformément aux dispositions des art. 190 et 196. • Crim. 10 avr. 2002, n° 01-85.991.

3. Lorsqu'une information a été close par une décision de renvoi contre l'un des inculpés ainsi que de non-lieu en faveur des autres inculpés, et, implicitement de tous autres en l'état, la victime de l'infraction ne peut, en se constituant partie civile contre personne non dénommée, obtenir l'ouverture d'une information ayant les mêmes faits pour objet. Seul le ministère public peut en ce cas requérir la réouverture de l'information s'il estime qu'il existe des charges nouvelles. • Crim. 24 mars 1981, n° 78-94.129 P. ♦ Lorsqu'après clôture d'une information par une ordonnance de non-lieu, le ministère public décide de requérir la réouverture de celle-ci sur charges nouvelles, la partie civile recouvre la qualité qu'elle avait à l'origine et est recevable à relever appel de la décision par laquelle le juge d'instruction refuse d'informer sur ces réquisitions dès lors qu'une telle ordonnance fait grief à ses intérêts civils. Méconnaît les dispositions des art. 186 et 190, l'arrêt de la chambre de l'instruction déclarant un tel appel irrecevable. • Crim. 23 juin 2009, n° 08-87.679 P : *D. 2009. AJ 2039, note Gachi ; AJ pénal 2009. 505, obs. Ascensi ; Dr. pénal 2010. Chron. 1, obs. Guérin.*

4. L'usage de faux se produisant autant de fois qu'intervient un nouveau fait d'utilisation d'une pièce fausse, une partie civile dont la plainte vise un nouveau fait d'utilisation de la pièce arguée de faux ne peut être déclarée irrecevable sur le fondement de l'art. 190, en l'absence d'identité d'objet, de cause et de parties entre les deux poursuites. • Crim. 30 mars 1999, n° 98-81.301 P.

*5. **Détermination des charges nouvelles par le parquet.*** A parfaitement justifié sa décision la chambre de l'instruction qui, pour rejeter l'exception tirée de la nullité du réquisitoire de réouverture de l'information au motif que les pièces lui servant de fondement seraient elles-mêmes frappées de nullité, énonce qu'il appartenait au seul procureur de la République de déterminer si les pièces qui lui avaient été transmises par le juge d'instruction pouvaient ou non être considérées comme des charges nouvelles, sans qu'il soit utile d'examiner la régularité des actes litigieux, tirés d'une autre information, qu'il appartenait au demandeur de contester en temps utile. • Crim. 15 mai 2007, n° 07-81.590 P : *D. 2007. AJ 1727*.

CHAPITRE II **DE LA CHAMBRE DE L'INSTRUCTION : JURIDICTION D'INSTRUCTION DU SECOND DEGRÉ**

Dans toutes les dispositions de nature législative, les mots : "chambre d'accusation" sont remplacés par les mots : "chambre de l'instruction" (L. n° 2000-516 du 15 juin 2000, art. 83, en vigueur le 1er janv. 2001).

RÉP. PÉN. v° *Chambre de l'instruction*, par BELLOIR.

BIBL. ▶ ARRIGHI, *RSC 1995. 271* et *1998. 687* (pouvoirs du président de la chambre d'accusation) ; *Rev. pénit. dr. pén. 2001. 123* (chambre de l'instruction). – BROUCHOT, *JCP 1959. I. 1485 ; RSC 1959. 327* (chambre d'accusation). – GAGNE, *Mél. Patin, p. 525* (chambre d'accusation). – GUÉRY, *Dr. pénal 2014. Étude 8* (effet dévolutif de l'appel et manifestation de la vérité : du prétendu pouvoir de révision de la chambre de l'instruction). – GUYÉNOT, *RSC 1964. 559*. – JEANDIDIER, *JCP 2000. I. 270* (requiem pour la chambre d'accusation). – LEVASSEUR, *Mél. Patin, Cujas 1965, p. 469* (nullités de l'instruction préparatoire). – MICHAUD, *RSC 1952. 685* (chambre d'accusation). – MIMIN, *JCP 1956. I. 1324* (chambre d'accusation). – PRADEL, *Rev. gén. dr. proc. 1996-4. 73* (second degré de l'instruction pénale). – VOUIN, *JCP 1955. I. 1221 et 1956. I. 1327* (chambre d'accusation).

SECTION PREMIÈRE **DISPOSITIONS GÉNÉRALES**

Art. 191 **Chaque cour d'appel comprend au moins une chambre de l'instruction.**

Cette juridiction est composée d'un président de chambre, exclusivement attaché à ce service, et de deux conseillers qui peuvent, en cas de besoin, assurer le service des autres chambres de la cour.

(L. n° 87-1062 du 30 déc. 1987) **« Le président de la chambre de l'instruction est désigné par décret, après avis du Conseil supérieur de la magistrature. En cas d'absence ou d'empêchement du président de la chambre de l'instruction, le premier président désigne pour le remplacer à titre temporaire un autre président de chambre ou un conseiller. »**

(Ord. n° 58-1296 du 23 déc. 1958 ; Décr. n° 74-163 du 27 févr. 1974 ; L. n° 81-82 du 2 févr. 1981 ; L. n° 87-1062 du 30 déc. 1987) **« Les conseillers composant la chambre de l'instruction sont désignés chaque année, pour la durée de l'année judiciaire suivante, par l'assemblée générale de la cour.**

« Un décret pourra prévoir que le président de la chambre de l'instruction d'une cour d'appel comptant moins de trois chambres assurera à titre exceptionnel le service d'une autre chambre de la même cour. » — *Pr. pén. C. 377 à C. 379.*

S'agissant des dispositions d'urgence mises en place pour faire face à l'épidémie de covid-19, V. App., v° État d'urgence sanitaire.

V. art. D. 43.

TOM : 824. — Mayotte : 877 s. — Saint-Pierre-et-Miquelon : 903.

I. COMPOSITION DE LA CHAMBRE

A. MAGISTRATS

*1. **Désignation des conseillers.*** Si, aux termes de l'art. 191, al. 3, les conseillers composant la chambre d'accusation sont désignés chaque année pour la durée de l'année judiciaire suivante par l'assemblée générale de la cour, ces dispositions ne s'opposent pas à ce que cette assemblée se réunisse en cours d'année pour procéder aux désignations qui s'avéreraient nécessaires en vue d'assurer la permanence et la continuité du service. • Crim. 30 sept. 1976, n° 76-92.551 P.

*2. **Remplacement des conseillers.*** Un conseiller titulaire ne peut, en cas d'empêchement, être remplacé que par un conseiller suppléant désigné par l'assemblée générale. • Crim. 1er mars 1977, n° 76-93.638 P • 20 nov. 1979, n° 79-93.889 P. ♦ Mais un remplaçant temporaire peut être désigné par le premier président lorsqu'il n'est pas possible de réunir l'assemblée générale de la cour. • Crim. 19 déc. 1989 : *Bull. crim. n° 488 ; D. 1990. 198, note Mayer* • 17 avr. 1991, n° 91-80.741 P. ♦ V. cep. : • Crim. 15 mai 1990 : *Dr. pénal 1990. 240, obs. Maron.*

3. Est irrégulièrement composée une chambre d'accusation dont un des conseillers a été désigné par le premier président de la cour d'appel en application de l'art. R. 761-12 COJ [*V. art. R. 212-31 nouv.*], ce texte ne pouvant déroger aux prescriptions de l'art. 191 qui exige une désignation des conseillers par l'assemblée générale de la cour d'appel. • Crim. 7 mai 1985, n° 85-91.288 P • Crim. 26 sept. 1990, n° 90-84.341 P • Crim. 15 nov. 1995, n° 95-84.534 P.

4. Président de la chambre de l'instruction. La présidence de la chambre d'accusation par le président suppléant implique que le président titulaire était empêché. • Crim. 9 juill. 1985, n° 85-92.669 P. ♦ Il y a lieu de présumer que le président de chambre et les conseillers composant une chambre d'accusation avaient qualité pour assurer leurs fonctions, à défaut de critique formulée devant la cour d'appel quant à la régularité de leur désignation. • Crim. 5 janv. 1982, n° 81-91.339 P • 8 août 1990, n° 89-81.539 P. ♦ La mention du titre de président de la chambre d'accusation suffit à établir, en l'absence de toute contestation à l'audience la régularité de la désignation du magistrat qui a présidé celle-ci. • Crim. 19 nov. 1991, n° 90-86.215 P. ♦ Suffit à établir la régularité de la composition de la chambre d'accusation la mention, dans son arrêt, que le président et les conseillers, nommément cités, ont été désignés en application de l'art. 191. • Crim. 30 nov. 1994, n° 94-84.137 P.

5. Selon l'art. 191, al. 2, en cas d'absence ou d'empêchement du président de la chambre de l'instruction, le premier président désigne pour le remplacer à titre temporaire un autre président de chambre ou un conseiller. N'encourt pas les griefs allégués l'arrêt de la chambre de l'instruction qui mentionne que celle-ci, en l'absence du président titulaire empêché, était présidée par le premier président en application des dispositions *réglementaires du COJ, dès lors* que les prescriptions de l'art. C. pr. pén. susvisé ne font pas obstacle à ce que, lorsque le président de la chambre de l'instruction est empêché, il soit remplacé par le premier président. • Crim. 23 juin 2009, n° 09-82.292 P : *AJ pénal 2009. 369 ; Dr. pénal 2010. Chron. 1, obs. Guérin.*

6. Aucune nullité ne résulte de la seule circonstance que le président de la chambre d'accusation ne soit pas exclusivement attaché à ce service. • Crim. 1er oct. 1984, n° 84-93.806 P : *RSC 1985. 603, obs. J. Robert.* ♦ Aucune disposition légale n'interdit à un président de chambre de siéger à la chambre d'accusation en qualité d'assesseur, dès lors qu'il a été régulièrement désigné par l'assemblée générale de la cour d'appel conformément aux dispositions de l'art. 191. • Crim. 5 mars 1997, n° 96-86.366 P.

7. Régularité. La mention de l'arrêt attaqué, selon laquelle le président et les deux assesseurs ont été tous trois désignés, conformément à l'art. 191, suffit à établir, en l'absence de toute contestation à l'audience concernant les conditions de leur désignation, la régularité de la composition de la juridiction. • Crim. 26 mars 2002, n° 02-80.123.

B. AUTRES PERSONNES

8. Avocats. Satisfait au vœu de la loi l'arrêt qui constate que l'avocat appelé à compléter la cour d'appel était le plus ancien inscrit au tableau. • Crim. 4 juill. 1978, n° 78-93.775 P. ♦ Y satisfait aussi l'arrêt qui constate que l'avoué le plus ancien dans l'ordre du tableau a été appelé à compléter la chambre d'accusation en cas d'empêchement de tous les autres conseillers et en l'absence d'avocats pouvant être appelés à siéger, l'art. L. 213-2 COJ étant applicable à la composition de la chambre d'accusation. • Crim. 8 nov. 1979, n° 79-93.775 P.

9. Élèves avocats. Il en est de même, aux termes de l'art. 12 de la loi du 31 déc. 1971, des élèves des centres régionaux de formation professionnelle d'avocats. • Crim. 20 oct. 1998, n° 98-84.212 P.

10. Auditeurs de justice. Les auditeurs de justice peuvent, aux termes de l'art. 19 de l'Ord. du 22 déc. 1958, assister avec voix consultative au délibéré de la chambre d'accusation. • Crim. 5 mai 1981, n° 81-90.615 P. ♦ ... De même, pour les magistrats stagiaires qui siègent en surnombre en vertu de l'art. 25-3 de l'Ord. du 22 déc. 1958. • Crim. 22 mars 2000, n° 00-80.006 P.

11. Magistrats étrangers en stage. Si l'art. unique de la loi du 11 juill. 1975 autorise les magistrats et futurs magistrats d'États étrangers, en stage auprès d'une juridiction de l'ordre judiciaire, à assister notamment aux délibérés des chambre d'accusation, ce texte doit être interprété restrictivement et exclut toute participation de leur part aux décisions de ces juridictions. • Crim. 27 oct. 1983, n° 83-93.770 P.

II. EXIGENCE D'IMPARTIALITÉ

12. Pluralité d'interventions d'un magistrat de la chambre de l'instruction dans la même affaire. Sur ce point, V. notes 43 s., ss. art. préliminaire.

13. Le prévenu n'est pas recevable à mettre en cause devant la Cour de cassation l'impartialité d'un des conseillers ayant siégé à la chambre de l'instruction, en invoquant une violation de l'art. 6, § 1, Conv. EDH, dès lors qu'il n'a pas usé de la possibilité d'en obtenir le respect en récusant ce magistrat par application de l'art. 668. • Crim. 17 déc. 2013, ☎ nos 12-84.297 et 13-86.565 : *D. actu. 7 janv. 2014, obs. Bombled.*

14. Magistrats conjoints. Rien ne s'oppose à ce que deux magistrats conjoints puissent siéger séparément à la cour d'assises puis à la chambre d'accusation à l'occasion de demandes de mise en liberté déposées successivement par un accusé devant ces deux juridictions. • Crim. 28 mars 2001, ☎ n° 01-80.390 P. ♦ Selon l'art. 6 Conv. EDH, deux magistrats conjoints ne peuvent connaître d'une même cause. Encourt dès lors la cassation l'arrêt rendu par la chambre d'accusation où siégeait un conseiller, conjoint du magistrat du parquet qui avait pris des réquisitions ayant conduit au prononcé, par le juge d'instruction, de l'ordonnance entreprise. • Crim. 29 févr. 1996, ☎ n° 95-82.648 P : *D. 1997. Somm. 141, obs. Pradel* ✎.

15. Ne peuvent faire partie de la chambre de l'instruction, saisie de l'appel d'une ordonnance de non-lieu, le président et le conseiller ayant participé à l'arrêt de la même juridiction qui avait confirmé, dans la même procédure, une ordonnance de refus d'informer. • Crim. 13 mars 2002, ☎ n° 01-82.034.

Art. 192 **Les fonctions du ministère public auprès de la chambre de l'instruction sont exercées par le procureur général ou par ses substituts ; celles du greffe par un greffier de la cour d'appel.** — *Pr. pén. C. 380.*

L'art. 192, pas plus qu'aucun autre texte, n'exige qu'un arrêt de la chambre d'accusation mentionne que la personne faisant fonction de greffier ait été assermentée. • Crim. 4 déc. 1979, ☎ n° 79-91.821 P.

Art. 193 **La chambre de l'instruction se réunit au moins une fois par semaine et, sur convocation de son président ou à la demande du procureur général, toutes les fois qu'il est nécessaire.** — *Pr. pén. C. 380.*

Mayotte : 884. — Saint-Pierre-et-Miquelon : 906.

Art. 194 **Le procureur général met l'affaire en état dans les quarante-huit heures de la réception des pièces en matière de détention provisoire et dans les dix jours en toute autre matière ; il la soumet, avec son réquisitoire, à la chambre de l'instruction.**

(L. n° 93-1013 du 24 août 1993) **« Dans les cas prévus par les articles 173 et 186-1, ou lorsqu'elle est directement saisie en application des articles 81, neuvième alinéa, 82-1, deuxième alinéa, 156, deuxième alinéa, ou 167,** *(L. n° 2022-52 du 24 janv. 2022, art. 9)* **« avant-dernier » alinéa, la chambre de l'instruction doit statuer dans les deux mois à compter de la transmission du dossier au procureur général par le président de la chambre de l'instruction. »**

(L. n° 2011-1862 du 13 déc. 2011, art. 62-I) **« Il en est de même en cas d'appel en matière de contrôle judiciaire ou d'assignation à résidence avec surveillance électronique ; à défaut, en cas d'appel d'une ordonnance de placement sous contrôle judiciaire ou sous assignation à résidence avec surveillance électronique ou de refus de mainlevée d'une de ces deux mesures, la mainlevée de celle-ci est acquise de plein droit, sauf si des vérifications concernant la demande de la personne ont été ordonnées ou si des circonstances imprévisibles et insurmontables mettent obstacle au jugement de l'affaire dans le délai prévu au présent article. »**

(L. n° 93-1013 du 24 août 1993) **« En matière de détention provisoire, la chambre de l'instruction doit »** *(Ord. n° 60-529 du 4 juin 1960)* **« se prononcer dans les plus brefs délais et au plus tard** *(L. n° 2000-516 du 15 juin 2000, art. 64-II, en vigueur le 1er janv. 2001)* **« dans les dix jours de l'appel lorsqu'il s'agit d'une ordonnance de placement en détention et dans les quinze jours dans les autres cas », faute de quoi** *(L. n° 93-2 du 4 janv. 1993)* **« la personne concernée est mise d'office en liberté », sauf si des vérifications concernant sa demande ont été ordonnées ou si des circonstances imprévisibles et insurmontables mettent obstacle au jugement de l'affaire dans le délai prévu au présent article. »** — *V. aussi art. 199.*

Dernier al. *abrogé par L. n° 93-1013 du 24 août 1993.*

S'agissant des dispositions d'urgence mises en place pour faire face à l'épidémie de covid-19, V. App., v° État d'urgence sanitaire, spéc. Ord. n° 2020-303 du 25 mars 2020, art. 15 s.

I. DÉLAIS DU CODE DE PROCÉDURE PÉNALE

A. DÉLAI IMPOSÉ AU PROCUREUR GÉNÉRAL

1. *Art. 194, al. 1er, C. pr. pén.* Les dispositions de l'art. 194, al. 1er, ne sont pas prescrites à peine de nullité et l'inobservation des formalités qu'il prévoit n'entraîne la nullité que s'il y a eu violation des droits de la défense. • Crim. 3 oct. 1974, n° 73-91.411 P. ♦ Les dispositions de l'art. 194, al. 1er fixant les délais dans lesquels le procureur général doit mettre l'affaire en état devant la chambre de l'instruction ne sont pas prescrites à peine de nullité. • Crim. 30 avr. 2002, n° 02-81.228.

2. *Réquisitions écrites.* Lorsque le procureur ne dépose des réquisitions écrites que le jour de l'audience alors qu'il devait les déposer au plus tard la veille, la chambre de l'instruction doit statuer après les avoir écartées des débats et ne peut ordonner la mise en liberté de l'intéressé sur ce seul fondement. • Crim. 9 mai 2001, n° 01-81.192 P : *D. 2001. IR 2000* • Crim. 9 août 2017, n° 17-83.332 : *D. actu. 20 sept. 2017, obs. Priou-Alibert ; RSC 2017. 803, note Renucci* . ♦ Selon les art. 194, al. 1er, et 197, al. 3, le procureur général doit déposer ses réquisitions au plus tard la veille de l'audience de la chambre de l'instruction devant laquelle la procédure est écrite ; le ministère public étant une partie nécessaire au procès pénal, le respect de cette exigence s'impose à peine de nullité et sa méconnaissance peut être invoquée pour la première fois devant la Cour de cassation. • Crim. 23 nov. 2021, n° 21-83.892 B : *D. actu. 9 déc. 2021, obs. Goetz.*

B. DÉLAI IMPOSÉ À LA CHAMBRE DE L'INSTRUCTION

3. *Nature du délai.* Le délai de deux mois prévu par l'art. 194, al. 2 est simplement indicatif et sa méconnaissance ne comporte pas de sanction. • Crim. 1er mars 1994, n° 93-85.374 P. ♦ Le demandeur ne saurait se faire un grief de ce que la chambre de l'instruction n'ait pas statué sur sa requête dans le délai de deux mois prévu par l'art. 194, al. 2, dès lors que ce délai est seulement indicatif et ne comporte aucune sanction. • Crim. 14 janv. 2003, n° 02-86.965.

4. *Domaine du délai.* Le délai de l'art. 194, al. 2, ne s'applique pas lorsque la chambre d'accusation statue sur des conclusions de l'inculpé tendant au non-lieu et en conséquence à la mainlevée définitive du titre de détention. • Crim. 17 févr. 1970, n° 69-92.623 P : *D. 1970. Somm. 147.* ♦ Ce délai ne concerne que les appels formés en application de l'art. 186 et non l'appel du ministère public contre une ordonnance du juge d'instruction refusant la mise en détention provisoire d'un inculpé, interjeté sur le fondement de l'art. 185. • Crim. 27 mars 1984, n° 84-90.595 P. ♦ Ce délai ne concerne pas non plus la chambre d'accusation qui statue en matière de détention préventive après cassation de l'arrêt d'une première chambre d'accusation. • Crim. 21 nov. 1968, n° 68-92.213 P : *RSC 1969. 421, obs. J. Robert. [V. désormais art. 194-1].* ♦ ... Ni les exceptions soulevées par l'inculpé et d'où pourrait résulter, si elles étaient admises, la mainlevée du titre de détention, dès lors qu'il a été statué dans les délais légaux, qui sont de stricte observation, sur la demande subsidiaire de mise en liberté qui a pu être présentée simultanément. • Crim. 25 févr. 1985, n° 84-95.805 P.

5. Les délais prévus à l'art. 194 s'appliquent dès lors que l'appel porte sur une ordonnance qui a pour effet de maintenir en détention une personne mise en examen (appel d'une ordonnance du juge d'instruction rejetant la demande de réduction du cautionnement). • Crim. 8 août 2018, n° 18-83.540 P : *D. actu. 19 sept. 2018, obs. Azoulay.*

6. L'inobservation des délais prévus par l'art. 194 n'est pas applicable lorsque la chambre de l'instruction est saisie directement d'une demande de mise en liberté fondée sur l'art. 148-4, soumise aux délais fixés par l'art. 148. • Crim. 10 avr. 2002, n° 02-80.777.

7. En matière de détention provisoire, l'obligation de se prononcer dans le plus bref délai et, au plus tard, dans les délais prescrits par les art. 194 et 199, est respectée lorsque le président de cette juridiction rend dans ce délai légal une ordonnance de non-admission d'appel en vertu du pouvoir qui lui est conféré par l'art. 186, dernier al. • Crim. 3 avr. 2007, n° 07-80.752 P : *D. 2007. AJ 1273* .

8. En cas de rétractation du désistement d'appel dont il n'a pas été donné acte, la chambre de l'instruction reste tenue de statuer dans le délai prévu à l'art. 194, al. 4, qui court à compter de cette rétractation. • Crim. 9 févr. 2021, n° 20-86.558 P : *D. actu. 3 mars 2021, obs. Dominati* • 16 juin 2021, n° 21-82.293.

9. *Calcul du délai. Principe.* Le délai de trente jours (quinze jours) imparti à la chambre d'accusation par l'al. 2 de l'art. 194 pour statuer en matière de détention provisoire ne se calcule pas de quantième à quantième à partir de l'appel formé par l'inculpé contre l'ordonnance du juge d'instruction, mais s'établit en tenant compte, si le délai expire un samedi, ou un dimanche ou un jour férié ou chômé, de la prorogation prévue par l'art. 801. • Crim. 26 sept. 1985, n° 85-94.253 P • 8 févr. 1989, n° 89-87.118 P : *RSC 1989. 350, obs. Braunschweig.* ♦ Le délai de quinze jours imparti par l'art. 194, al. 3, pour statuer sur l'appel d'une ordonnance portant refus de mise en liberté, expire le quinzième jour accompli depuis la déclaration d'appel de la personne mise en examen et ce délai est prorogé jusqu'au premier jour ouvrable suivant lorsque le dernier jour est un samedi ou un dimanche ou un jour férié ou chômé, en application des dispositions de l'art. 801. • Crim. 25 oct. 2005, n° 05.84.893 P.

10. Il résulte des dispositions combinées de l'art. 194 et des art. 186 et 503 que, si la chambre de l'instruction doit, en matière de détention provisoire, se prononcer au plus tard dans les 15 jours de l'appel, ce délai se calcule à compter du lendemain du jour où la déclaration de l'appelant détenu a été transcrite sur le registre tenu au greffe de la juridiction qui a rendu la décision attaquée. • Crim. 15 oct. 2002, n° 02-85.421.

11. En application des dispositions de l'art. 199, dernier al., la demande de comparution personnelle, présentée en même temps que la déclaration d'appel, a pour effet de porter de quinze à vingt jours le délai maximum imparti à la chambre de l'instruction pour statuer, même en cas de rejet par son président de la demande de comparution personnelle de l'intéressé. • Crim. 9 mai 2012, n° 12-81.557 P : *D. 2012. Actu. 1485*.

12. Circonstances imprévisibles. La chambre d'accusation ne peut se refuser à vérifier si les faits exposés par le ministère public constituent ou non des circonstances imprévisibles ou insurmontables au sens de l'art. 194, al. 2. • Crim. 25 oct. 1962 : *Bull. crim. n° 291 ; D. 1963. 166 ; JCP 1962. II. 12970, note Doll.* ♦ Constitue une circonstance imprévisible et insurmontable au sens de cet art. le fait que la déclaration d'appel formé par l'inculpé détenu contre l'ordonnance rejetant sa demande de mise en liberté, bien que reçue et expédiée par le surveillant-chef de l'établissement pénitentiaire dans les conditions prescrites par les art. 186, al. 4, et 503, ne soit pas parvenue au greffe de la juridiction pour une cause demeurée inconnue et n'ait pas été transcrite sur le registre à ce destiné. En effet, la défaillance d'un système d'acheminement du courrier ne pouvant être surmontée ni prévue par le destinataire, lorsque celui-ci ignore l'envoi d'un pli à son adresse, une telle circonstance met le procureur de la République dans l'impossibilité d'adresser le dossier de la procédure à la chambre d'accusation et fait obstacle au *jugement de l'affaire par* cette juridiction jusqu'à ce que se révèle l'existence de l'appel ainsi interjeté. • Crim. 22 avr. 1985, n° 85-90.741 P • 24 sept. 1987, n° 87-83.976 P. ♦ Comp. : • Crim. 20 déc. 1990 : *Dr. pénal 1992. 82* • Crim. 15 déc. 2009, n° 09-86.300. ♦ Encourt la cassation l'arrêt d'une chambre de l'instruction qui, pour rejeter la demande de mise en liberté de la personne mise en examen, faute de décision ayant statué sur son appel dans le délai de vingt jours, relève que, s'il n'est pas discutable que la déclaration d'appel a bien été envoyée par le greffe de la maison d'arrêt par télécopie, il est manifeste, ainsi que l'atteste le greffier en chef du tribunal, que, pour une raison technique demeurée inconnue, cet avis n'est jamais parvenu à son destinataire, alors qu'il lui appartenait de caractériser l'existence d'une circonstance imprévisible et insurmontable, extérieure au service de la justice, justifiant le retard apporté à la transcription, par le greffier de la juridiction, de la déclaration d'appel faite auprès du chef de l'établissement pénitentiaire. • Crim. 4 sept. 2012, n° 12-83.997 P : *D. 2012. Actu. 2175 ; AJ pénal 2012. 601, obs. Ascensi ; Procédures 2012, n° 330, obs. Chavent-Leclère.*

13. L'enregistrement tardif d'une déclaration d'appel suite à la confusion opérée par le magistrat instructeur entre cette déclaration et une demande de mise en liberté ne constitue pas une circonstance imprévisible et insurmontable extérieure au service de la justice. • Crim. 23 févr. 2000, n° 99-87.815 P : *D. 2000. IR 129*. ♦ Comp. : • Crim. 18 janv. 2011, n° 10-87.525 P : *D. actu. 14 févr. 2011, obs. Léna ; AJ pénal 2011. 195, obs. Renaud-Duparc ; Dr. pénal 2012. Chron. 1, obs. Georget.* ♦ Il en va de même de la transcription erronée d'une déclaration d'appel. • Crim. 24 févr. 2009 : *Dr. pénal 2010. Chron. 1, obs. Guérin.* ♦ L'absence de réception de la télécopie constatant l'appel interjeté contre une décision de maintien en détention provisoire du juge des libertés et de la détention adressée par le greffe de la maison d'arrêt à celui de la juridiction d'instruction (récépissé mentionnant : « résult pas rép/occupé ») ne constitue pas une circonstance imprévisible et insurmontable extérieure au service de la justice pouvant différer la transcription de l'appel. • Crim. 15 janv. 2013 : *D. actu. 27 févr. 2013, obs. Léna ; AJ pénal 2013. 280, obs. Girault*. ♦ Le service public de la justice étant informé de la fermeture des locaux du tribunal de grande instance en raison de la présence d'amiante, il lui appartenait de prendre les précautions nécessaires aux fins de réception des fax provenant du centre pénitentiaire et cette situation ne saurait caractériser l'existence d'une circonstance imprévisible et insurmontable, extérieure au service de la justice, ayant justifié la transcription tardive de l'appel. • Crim. 11 sept. 2019, n° 19-83.890 P : *D. actu, 30 sept. 2019, obs. Charlent ; RSC 2019. 849, note Valat ; Dr. pénal 2019, n° 191, note Haas et Maron.*

14. La chambre de l'instruction doit, en matière de détention provisoire, se prononcer dans les plus brefs délais et, au plus tard, dans les quinze jours de l'appel prévu par l'art. 186, ce délai étant prolongé de cinq jours, suivant l'art. 199, dernier al., en cas de comparution personnelle de la personne concernée, faute de quoi celle-ci est remise d'office en liberté, sauf si des vérifications concernant sa demande ont été ordonnées ou si des circonstances imprévisibles et insurmontables, extérieures au service de la justice, mettent obstacle au jugement de l'affaire dans le délai prévu. Ne caractérise pas une telle circonstance la confusion opérée par un juge des libertés et de la détention entre l'acte d'appel d'une ordonnance de rejet de demande de mise en liberté et une nouvelle demande aux mêmes fins. Dès lors, la chambre de l'instruction, saisie de l'appel de la seconde ordonnance, rendue à tort par ce magistrat doit statuer sur le précédent appel dans le délai susvisé. En cas de dépassement de celui-ci, elle a l'obligation de constater que la personne concernée est détenue sans titre. • Crim. 9 déc. 2008, n° 08-86.590 P : *AJ pénal 2009. 136, obs. Ascensi*. ♦ L'appelant détenu doit être libéré d'office lorsque la chambre de l'instruction, qui n'a pas démontré l'existence d'une circonstance imprévisible, insurmontable et extérieure au service public de la justice, n'a pas respecté les délais de l'art. 194, al. 3 pour statuer sur son appel. • Crim. 7 févr. 2012, n° 11-88.494 P : *D. actu. 13 mars 2012, obs. Girault ; D. 2012. Actu. 684 ; Procédures 2012, n° 130, obs. Buisson.*

15. Vérifications. La recherche demandée par un avocat, concernant une requête que celui-ci déclare avoir déposée dans l'intérêt de l'appelant, constitue bien une vérification qui permet de différer le délai imparti à la Cour pour statuer. • Crim. 12 avr. 2005, n° 05-80.431 P : *D. 2005. IR 1449 ; JCP 2005. IV. 2272.* ♦ Le complément d'information, ordonné par la chambre d'accusation pour rechercher si le juge d'instruction qui a signé l'ordonnance de prolongation a été régulièrement désigné, ne constitue pas une vérification concernant la demande de l'inculpé et ne permet donc pas à la chambre d'accusation de statuer au-delà du délai de quinze jours imparti par l'art. 194, al. 2. • Crim. 20 juin 1989 : *Bull. crim. n° 263 ; RSC 1990. 366, obs. Braunschweig*.

16. La demande de la chambre de l'instruction visant au versement des pièces originales d'un dossier d'information, lequel ne lui avait été transmis qu'en copie, aux fins de s'assurer de la régularité des pièces de détention mises en cause par la personne mise en examen, constitue une vérification concernant la demande et permet à cette chambre de statuer au-delà du délai de dix jours imparti par l'art. 194. • Crim. 16 avr. 2013, nos 13-81.106 et 13-81.115 : *D. actu. 24 mai 2013, obs. Bombled.*

17. Une expertise médicale destinée à s'assurer de la compatibilité de l'état de santé du détenu avec la détention est une vérification au sens de l'art. 194, al. 4. • Crim. 18 déc. 2013, n° 13-86.739 P : *D. actu. 17 janv. 2014, obs. Priou-Alibert ; D. 2014. Actu. 147*. ♦ La chambre de l'instruction peut se prononcer sur le fond de l'appel après l'expiration du délai de vingt jours en matière de détention provisoire lorsque la personne mise en examen a demandé sa comparution personnelle, dès lors que l'affaire a été appelée à l'audience dans le délai de vingt jours, et que des vérifications complémentaires ont été sollicitées par cette personne, consistant en une demande de report d'audience afin de remettre une pièce aux magistrats. • Crim. 9 avr. 2014, n° 14-80.833 P : *D. actu. 18 juin 2014, obs. Fucini ; AJ pénal 2014. 482, obs. Gallois*.

18. Les dispositions de l'art. 194, al. 4, relatives aux vérifications complémentaires, ne s'appliquent pas lorsque la chambre de l'instruction statue en application des art. 148-1 et 148-2. • Crim. 8 juill. 2020, n° 20-82.472 P.

19. Détention provisoire (QPC). En matière de privation de liberté, il appartient aux autorités judiciaires de veiller au respect du droit à un recours juridictionnel effectif, imposant que le juge judiciaire statue à bref délai, y compris lorsque la chambre de l'instruction statue sur renvoi après cassation. Sous cette réserve, l'absence de disposition législative fixant un délai maximal dans lequel la chambre de l'instruction doit statuer lorsqu'elle est saisie en matière de détention provisoire sur renvoi de la Cour de cassation ne porte pas atteinte aux exigences constitutionnelles. • Cons. const. 29 janv. 2015, n° 2014-446 QPC (JO 31 janv.) : *AJ pénal 2015. 209, obs. Perrier*. *[V. désormais art. 194-1].*

20. Détention provisoire. Les délais fixés par l'art. 194, al. 3, ne sont pas applicables lorsque l'intéressé a été remis en liberté entre la date de l'appel par le procureur de la République et le moment où la chambre de l'instruction s'est prononcée ainsi, peu importe que la chambre de l'instruction n'ait statué que par arrêt du 30 avr. pour un appel du 15 mars. • Crim. 11 sept. 2002, n° 02-84.323.

21. Les dispositions de l'art. 194, al. 3, ne s'appliquent pas en cas d'appel interjeté par le ministère public d'une décision de refus de prolongation de la détention provisoire, la chambre de l'instruction, statuant alors en matière de détention provisoire et non de contrôle judiciaire, devant dès lors se conformer au dernier al. de l'art. 194. • Crim. 4 juin 2020, n° 20-81.738 P : *D. actu. 17 juill. 2020, obs. Diaz ; Dr. pénal 2020, n° 148, obs. Maron et Haas.* ♦ La chambre de l'instruction, statuant sur l'appel interjeté par le procureur de la République à l'encontre de l'ordonnance du juge d'instruction qui, saisi de réquisitions aux fins de placement en détention provisoire, a placé la personne mise en examen sous contrôle judiciaire, se prononce en matière de détention provisoire et, en conséquence, est tenue de statuer dans le délai de quinze jours prévu par le 4e al. de l'art. 194. • Crim. 30 mars 2022, n° 22-80.021 P.

22. Il résulte des dispositions combinées des art. 186, 194 et 503 que, si la chambre d'accusation doit, en matière de détention provisoire, se prononcer au plus tard dans les 15 jours de l'appel, ce délai se calcule à compter, non de la date d'établissement de la déclaration d'appel au lieu de détention, mais du lendemain du jour où cette déclaration a été transcrite sur le registre tenu au greffe de la juridiction qui a rendu la décision attaquée. • Crim. 28 nov. 1989, n° 89-85.168 P • 8 févr. 1996, n° 95-85.830 P. ♦ Si le détenu a sollicité sa comparution personnelle, ce qui porte le délai maximum pour que la chambre d'accusation statue à vingt jours au lieu de quinze jours, sa renonciation ultérieure à cette comparution est sans incidence sur la durée du délai qui demeure de vingt jours. • Crim. 10 janv. 2001 : *Dr. pénal 2001. Comm. 67, obs. Maron ; Procédures 2001. Comm. 135, obs. Buisson.* ♦ Peu importe que ce soit le président de la chambre de l'instruction qui refuse la comparution du détenu. • Crim. 9 juill. 2003, n° 03-82.273 P : *AJ pénal 2003. 29* .

23. La décision d'ordonner la comparution personnelle de la personne concernée qui est laissée à l'entière discrétion de la chambre de l'instruction a pour effet de prolonger de cinq jours le délai maximum prévu au troisième al. de l'art. 194. • Crim. 10 juill. 2002, n° 02-83.363.

24. Il résulte des dispositions combinées de ce texte et des art. 199 et 503, que si la chambre de l'instruction doit, lorsqu'elle statue sur une ordonnance de prolongation de la détention provisoire, se prononcer dans les plus brefs délais et au plus tard, en cas de comparution de la personne concernée, dans les 20 jours de l'appel prévu par l'art. 186, ce délai court à compter du jour où la déclaration d'appel a été transcrite sur le registre public prévu par l'art. 502 et tenu au greffe de la juridiction ayant rendu la décision entreprise. • Crim. 23 janv. 2002, n° 01-87.357.

25. Irrecevabilité du moyen devant la Cour de cassation. Faute d'avoir été invoqué devant la chambre de l'instruction elle-même, le moyen tiré du dépassement du délai qui lui est imparti pour statuer sur l'appel de l'ordonnance du juge des libertés et de la détention ayant rejeté la demande de mise en liberté, présenté pour la première fois devant la Cour de cassation, est nouveau, mélangé de fait et comme tel irrecevable. • Crim. 29 avr. 2014, n° 14-80.980 P : *D. actu. 6 juin 2014, obs. Fonteix.*

II. CONVENTION EUROPÉENNE DES DROITS DE L'HOMME

26. Le « bref délai » de l'art. 5 de la Conv. EDH. Dès lors, d'une part, qu'après cassation de l'arrêt d'une chambre de l'instruction ayant confirmé un placement en détention provisoire, la juridiction de renvoi n'est pas tenue de se prononcer dans le délai prévu à l'al. 3 de l'art. 194, applicable à un autre état de la procédure, et d'autre part, que les juges ont souverainement apprécié que le bref délai prévu par l'art. 5, § 4, Conv. EDH avait été observé, la chambre de l'instruction a justifié sa décision. • Crim. 10 avr. 2002, n° 02-80.886. ♦ Pour un exemple dans lequel, deux mois et trois semaines se sont écoulés entre l'arrêt de la Cour de cassation et l'examen de l'affaire par la juridiction de renvoi. • Crim. 10 avr. 2002, n° 02-80.879.

27. Il se déduit de l'art. 5, § 1er, c, Conv. EDH, que la chambre de l'instruction, à chacun des stades de la procédure, doit s'assurer que les conditions légales de la détention provisoire sont réunies, et notamment de l'existence d'indices graves ou concordants rendant vraisemblable la participation de la personne mise en examen aux faits reprochés. • Crim. 14 oct. 2020, n° 20-82.961 P : *D. actu. 23 nov. 2020, obs. Goetz ; AJ pénal 2021. 27, note Boudot ; Dr. pénal 2020, n° 214, obs. Maron et Haas ; RSC 2020. 967, obs. Valat* . ♦ V. aussi n. ss. art. 144.

Art. 194-1 *(L. n° 2016-731 du 3 juin 2016, art. 59, en vigueur le 1er août 2016)* **Lorsque la chambre de l'instruction est saisie sur renvoi après cassation, elle statue dans les délais prévus aux articles 148-2, 186-2, 186-4 et 194. Ces délais courent à compter de la réception par le procureur général près la cour d'appel de l'arrêt et du dossier transmis par le procureur général près la Cour de cassation.**

Art. 195 *(Ord. n° 58-1296 du 23 déc. 1958)* **« Dans les causes dont sont saisies les juridictions correctionnelles ou de police et jusqu'à l'ouverture des débats », le procureur général, s'il estime que les faits sont susceptibles d'une qualification plus grave que celle dont ils ont été l'objet, ordonne l'apport des pièces, met l'affaire en état et la soumet avec son réquisitoire à la chambre de l'instruction.** — *Pr. pén. C. 382.*

Art. 196 **Le procureur général agit de même lorsqu'il reçoit, postérieurement à un arrêt de non-lieu prononcé par la chambre de l'instruction, des pièces lui paraissant contenir des charges nouvelles dans les termes de l'article 189. Dans ce cas et en attendant la réunion de la chambre de l'instruction, le président de cette juridiction peut, sur les réquisitions du procureur général, décerner mandat de dépôt ou d'arrêt.** — *Pr. pén. C. 383 et C. 384.*

1. QPC. Ne revêt par un caractère nouveau ou sérieux la QPC relative à la conformité des art. 190 et 196 aux droits de la défense ainsi qu'aux principes d'égalité et de séparation des pouvoirs en ce qu'ils privent la partie civile de la possibilité, concurremment au ministère public, de requérir la réouverture d'une instruction sur charges nouvelles. Dès lors que ces dispositions réservent le droit pour la partie civile, qui n'est pas dans une situation identique à celle du ministère public, d'exercer son action devant la juridiction civile, après clôture de l'information par une décision de non-lieu pour insuffisances de charges, il n'y a pas lieu de renvoyer la QPC devant le Conseil constitutionnel. • Cass., QPC, 9 mars 2011 : *D. actu. 20 avr. 2011, obs. Priou-Alibert.*

2. *Droit d'évocation.* La circonstance que la chambre d'accusation est saisie en application de l'art. 196 ne lui interdit pas d'exercer le pouvoir qu'elle tient de l'art. 204. • Crim. 16 nov. 1999, n° 99-85.848 P.

3. *Pouvoirs du procureur général.* Si les règles du C. pr. pén. relatives à la reprise d'une information sur charges nouvelles s'appliquent seulement aux personnes qui ont été antérieurement mises en examen ou nommément visées dans une plainte avec constitution de partie civile pour les faits incriminés, aucune disposition légale ne fait obstacle à ce que le procureur général puisse requérir de la chambre de l'instruction la reprise d'une information lorsque des éléments nouveaux lui sont communiqués après décision de non-lieu prononcée par cette juridiction. En pareil cas, le procureur général dispose, auprès de la juridiction d'instruction du second degré, des mêmes pouvoirs que ceux que l'art. 80 confère au procureur de la République. • Crim. 4 déc. 2007, n° 06-88.286 P : *AJ pénal 2008. 98*.

Art. 196-1 à 196-6 *Abrogés par L. n° 83-466 du 10 juin 1983, art. 17, à compter du 27 juin 1983.*

Art. 197 *(L. n° 85-1407 du 30 déc. 1985 ; L. n° 93-2 du 4 janv. 1993)* **« Le procureur général notifie par lettre recommandée à chacune des parties et à son avocat la date à laquelle l'affaire sera appelée à l'audience. La notification est faite à la personne détenue par les soins du chef de l'établissement pénitentiaire qui adresse, sans délai, au procureur général l'original ou la copie du récépissé signé par la personne. La notification à toute personne non détenue, à la partie civile ou au requérant mentionné au cinquième alinéa de l'article 99 est faite à la dernière adresse déclarée tant que le juge d'instruction n'a pas clôturé son information. »**

Un délai minimum de quarante-huit heures en matière de détention provisoire, et de cinq jours en toute autre matière, doit être observé entre la date d'envoi de la lettre recommandée et celle de l'audience.

(L. n° 2017-258 du 28 févr. 2017, art. 20) **« Pendant ce délai, le dossier de la procédure, comprenant les réquisitions du ministère public, est déposé au greffe de la chambre de l'instruction et mis à la disposition des avocats des personnes mises en examen et des parties civiles dont la constitution n'a pas été contestée ou, en cas de contestation, lorsque celle-ci n'a pas été retenue. Les avocats des parties ou, si elles n'ont pas d'avocat, les parties peuvent se faire délivrer copie de ces réquisitions sans délai et sur simple requête écrite, sans préjudice de leur faculté de demander la copie de l'entier dossier en application du quatrième alinéa de l'article 114. La délivrance de la première copie des réquisitions est gratuite. »**

(L. n° 2016-731 du 3 juin 2016, art. 86) **« Le caractère incomplet du dossier de la chambre de l'instruction ne constitue pas une cause de nullité dès lors que les avocats des parties ont accès à l'intégralité du dossier détenu au greffe du juge d'instruction. Si la chambre de l'instruction est avisée que des pièces sont manquantes, elle renvoie l'audience à une date ultérieure s'il lui apparaît que la connaissance de ces pièces est indispensable à l'examen de la requête ou de l'appel qui lui est soumis. »**

1. QPC. Les dispositions des art. 194 et 197, qui ne prescrivent pas que les réquisitions du parquet général devant la chambre de l'instruction soient adressées aux différentes parties, sont conformes à la Constitution et satisfont à un objectif de bonne administration de la justice, les parties ayant de surcroît la faculté de prendre connaissance des réquisitions du ministère public tant au greffe qu'à l'audience et d'y répondre conformément aux règles du contradictoire (non-renvoi). • Crim., QPC, 9 avr. 2014 : *AJ pénal 2014. 362, obs. Perrier*. ♦ V. aussi note 40.

2. Les parties non assistées par un avocat de la possibilité d'avoir connaissance des réquisitions du ministère public devant la chambre de l'instruction. • Cons. const. 16 sept. 2016, n° 2016-566-QPC : *D. actu. 29 sept. 2016, obs. André ; Gaz. Pal. 24 janv. 2017, p. 63, note Fourment ; AJ pénal 2016. 540, obs. Gallois ; Procédures 2016, n° 338, note Chavent-Leclère.*

I. CHAMP D'APPLICATION DE L'ART. 197

3. *Procédures.* Les prescriptions de l'art. 197 sont applicables sans restriction, y compris lorsque la chambre d'accusation est saisie selon les modalités de l'art. 171 par le juge d'instruction ou par le procureur de la République. • Crim. 9 déc. 1980, n° 79-94.318 P • 19 déc. 1982 : *Bull. crim. n° 224.* ♦ ... Ou d'une demande de confusion de peines. • Crim. 25 avr. 1979, n° 78-92.552 P. ♦ ... Ou en tant que juridiction d'instruction. • Crim. 9 déc. 1980, n° 79-94.318 P • 5 janv. 1982, n° 80-94.966 P. ♦ ... Ou, lorsque la chambre de l'instruction est saisie par un arrêt de cassation partielle. • Crim. 19 mars 2002, n° 01-88.240 P. ♦ ... Ou en matière de rectification d'erreur matérielle • Crim. 27 nov. 2012, n° 12-85.777 P : *D. actu. 13 déc. 2012, obs. Winckelmuller ; AJ pénal 2013. 167, obs. Girault*. ♦ ... Ou en matière de mandat d'arrêt européen. • Crim. 20 mai 2015, n° 15-82.469 P : *D. actu. 10 juin 2015, obs. Gallois.*

4. *Quant aux personnes.* Les prescriptions de l'art. 197 ont pour objet de mettre en temps voulu les parties et leurs avocats en mesure de prendre connaissance du dossier, de produire leurs mémoires et d'être entendus à l'audience et il n'y est apporté aucune exception ni restriction à l'égard de la partie civile, lorsque l'audience porte sur la détention provisoire ou le contrôle judiciaire ; il s'en déduit que la partie civile, constituée au plus tard la veille de l'envoi d'avis d'audience par le procureur général, doit en être également rendue destinataire. • Crim. 27 mars 2019, n° 18-86.433 P : *Dr. pénal 2019, n° 95, obs. Maron et Haas* • Crim. 27 mars 2019, n° 18-81.969 P : *AJ pénal 2019. 336, obs. Chapelle*. ♦ Les art. 197 s. prévoient la participation de la partie civile aux débats devant la chambre d'accusation sans aucune restriction, même en matière de détention provisoire ou de contrôle judiciaire. • Crim. 27 juill. 1964, n° 64-91.396 P • 25 oct. 1966, n° 66-91.370 P : *D. 1967. 47* • 13 déc. 1973, n° 73-92.866 P • 19 févr. 1985, n° 84-95.594 P. ♦ La participation de la partie civile à l'audience de la chambre de l'instruction statuant en matière de détention provisoire étant de droit, celle-ci, ainsi que son conseil, doivent être mis en mesure de prendre connaissance du dossier, de produire un mémoire, et d'être entendus à l'audience. • Crim. 25 juill. 2012, n° 12-83.324 P : *D. actu. 10 sept. 2012, obs. Léna ; Procédures 2012, n° 299, obs. Chavent-Leclère ; ibid. n° 301, obs. Buisson ; Gaz. Pal. 26-27 oct. 2012, p. 41, obs. Fourment.* ♦ Encourt la cassation l'arrêt qui statue sur l'appel d'une partie civile d'une ordonnance du juge d'instruction ayant accordé la mainlevée d'une saisie à la requête d'un tiers *sans que ce dernier ait été avisé de la date* d'audience, conformément aux dispositions de l'art. 197. • Crim. 27 janv. 1981, n° 80-91.118 P. ♦ Toutefois, la partie civile demanderesse ne saurait se faire un grief d'une prétendue violation de l'art. 197, qui aurait été commise au préjudice d'un inculpé. • Crim. 9 janv. 1973, n° 71-92.597 P. ♦ Un prévenu ne saurait se faire un grief de ce que la notification à son avocat de la date à laquelle l'affaire serait appelée à l'audience ne serait pas intervenue dans les délais prescrits par l'art. 197, dès lors qu'il a comparu assisté de son avocat, n'a formulé aucune observation à cet égard et qu'ainsi, aucune atteinte n'a été portée à ses intérêts ni aux droits de la défense. • Crim. 27 oct. 2009 : *AJ pénal 2010. 87 ; Dr. pénal 2010, n° 12, obs. Maron et Haas ; Procédures 2010, n° 55, obs. Buisson.*

5. *Appel du ministère public.* Lorsque le ministère public relève seul appel des dispositions d'une ordonnance portant non-lieu partiel en faveur d'un mis en examen, les autres personnes mises en examen dans la procédure et renvoyées devant la juridiction de jugement par la même ordonnance, dont les dispositions sont devenues définitives sur ce point, ne sont plus des parties à la procédure au sens de l'art. 197. En conséquence, ces dernières n'ont pas à être informées de la date de l'audience de la chambre de l'instruction appelée à statuer sur ledit appel, et leur pourvoi contre l'arrêt de cette juridiction est lui-même irrecevable, par application de l'art. 567. • Crim. 30 mars 2010, n° 09-85.717 P.

II. APPLICATION DE L'ART. 197

A. RESPECT DES NORMES NATIONALES

6. La régularité de l'avis prévu par l'art. 197 pour informer les parties et leurs avocats de l'audience des débats devant la chambre de l'instruction doit s'apprécier à la date à laquelle il est délivré. • Crim. 18 déc. 2007, n° 07-86.988 P : *D. 2008. AJ 420 ; AJ pénal 2008. 142, note Royer ; Dr. pénal 2009. Chron. 1, obs. Guérin.* ♦ La régularité de l'avis prévu par l'art. 197 s'apprécie au jour de sa délivrance. • Crim. 12 juin 2013 : *D. actu. 27 juin 2013, obs. Priou-Alibert ; D. 2013. Actu. 1625 ; AJ pénal 2014. 38, note Auffret ; Procédures 2013, n° 259, obs. Chavent-Leclère.*

7. *Renvoi d'audience.* Les prescriptions de l'art. 197, al. 1er, ont été observées, dès lors que l'arrêt de la chambre de l'instruction ayant renvoyé l'examen de l'affaire à une nouvelle date, en précisant que sa décision sera exécutée à la diligence du procureur général et notifiée à l'intéressé, a été notifié par le procureur général à ce dernier et à son avocat par lettre recommandée. • Crim. 26 janv. 2022, n° 22-80.072 P.

8. *Adresse de notification.* La notification de la date de l'audience devant la chambre de l'instruction doit être faite au demandeur non pas à l'adresse qu'il avait déclarée antérieurement en application de l'art. 116, mais à celle où, conformément à l'art. 138, les nouvelles obligations du contrôle judiciaire dont il faisait l'objet dans la même procédure lui imposaient de se trouver. • Crim. 6 mai 2015, n° 15-81.033 P : *AJ pénal 2015. 503, obs. Girault*.

1° FORMALISME DU TEXTE

9. *Formes de la notification.* Aux termes de l'art. 803-1, dans les cas où, en vertu des dispositions du C. pr. pén., il est prévu de procéder aux notifications à un avocat par lettre recommandée ou par lettre recommandée avec demande d'avis de réception, la notification peut aussi être faite sous forme d'une télécopie avec récépissé. Il en est ainsi, notamment, de la notification de la date d'audience de la chambre de l'instruction, telle que prescrite par l'art. 197, al. 1er. • Crim. 29 mai 2002, n° 02-81.751 P : *JCP 2002. IV. 2362 ; Dr. pénal 2002. Comm. 116, obs. Maron.*

2° VIOLATION DU TEXTE

10. Violation de l'al. 1er. Les prescriptions de l'art. 197, al. 1er et 2 ont pour objet de mettre en temps voulu les parties et leur conseil en mesure de prendre connaissance du dossier et de produire leur mémoire, conformément aux dispositions de l'art. 198. Ces prescriptions sont essentielles aux droits des parties et doivent être observées à peine de nullité. • Crim. 15 oct. 1996, n° 96-83.320 P : *D. 1997. Somm. 145, obs. Pradel* • 18 juin 1998, n° 98-81.704 P • 22 juin 1999 : *Procédures 1999. Comm. 278, obs. Buisson.* ♦ Si l'avis d'audience adressé à l'avocat ne comporte pas un exposé complet des points qui seront débattus à l'audience, les prescriptions de l'art. 197 ne sont pas respectées. • Crim. 2 mars 2004 : *Dr. pénal 2004. Comm. 94, obs. Maron.* ♦ La formalité imposée par l'art. 197 de la notification aux parties et à leur conseil de la date d'audience où sera appelée une cause soumise à la chambre d'accusation est essentielle aux droits des parties et doit être observée à peine de nullité de l'arrêt à intervenir. • Crim. 13 déc. 1973, n° 73-92.866 P • 5 nov. 1975, n° 75-92.433 P • 18 déc. 1979, n° 79-92.402 P • 5 janv. 1982, n° 80-94.966 P • 3 avr. 1984, n° 84-90.723 P : *D. 1984. IR 322* • 13 nov. 1986, n° 86-90.996 P • 28 oct. 1991, n° 91-84.789 P : *RSC 1992. 343, obs. Braunschweig* • 21 août 1995 : *Procédures 1996. Comm. 13, obs. Buisson* • 18 déc. 1997 : *Procédures 1998. Comm. 93, obs. Buisson* • Crim. 13 mai 2015, n° 14-87.851 P. ♦ ... Et si l'examen de la procédure fait l'objet de renvois successifs, il doit être justifié, à peine de nullité de l'arrêt à intervenir, que cette formalité a été observée pour chacune des audiences. • Crim. 8 févr. 1994, n° 93-82.381 P : *D. 1995. Somm. 144, obs. Pradel* • 23 févr. 2000, n° 99-87.678 P : *D. 2000. IR 141* .

11. Toutefois, il n'y a pas lieu d'annuler l'arrêt de la chambre de l'instruction lorsque celle-ci a été saisie par un arrêt de cassation partielle prononcé sur les pourvois d'autres personnes visées par les poursuites. • Crim. 19 mars 2002, n° 01-88.240 P. ♦ La partie civile ne saurait se faire un grief de ce qu'elle n'ait pas été avisée de la date de l'audience de la chambre d'accusation, dès lors que son avocat, régulièrement convoqué, a déposé un mémoire et présenté des observations critiquant l'ordonnance entreprise. • Crim. 9 nov. 1998, n° 98-80.752 P : *Procédures 1999. Comm. 103, obs. Buisson.*

12. La formalité imposée à l'art. 197, de notifier aux parties et à leurs conseils la date de l'audience à laquelle sera appelée une cause soumise à la chambre de l'instruction, est essentielle aux droits des parties et doit être observée à peine de nullité de l'arrêt à intervenir. En conséquence encourt la censure l'arrêt de la chambre de l'instruction, statuant sur une demande de mise en liberté en application de l'art. 148-1, d'où il ne résulte ni des mentions de la décision ni de la procédure que la partie civile, régulièrement constituée avant l'envoi des lettres recommandées prévues par l'art. 197, non plus que son conseil, aient été avisés de la date de l'audience et appelés à produire leurs mémoires ou à présenter leurs observations. • Crim. 27 juin 2007, n° 06-89.403 P : *D. 2007. AJ 2240 ; AJ pénal 2007. 493* . ♦ Les prescriptions des art. 197 et 803-1, qui ont pour objet de mettre, en temps voulu, les parties et leurs avocats en mesure de prendre connaissance du dossier, de produire leurs mémoires et, éventuellement, de présenter des observations à l'audience de la chambre de l'instruction, doivent être observées à peine de nullité. Encourt en conséquence la cassation l'arrêt de la chambre de l'instruction qui statue sur l'appel d'une ordonnance de placement en détention provisoire sans que le prévenu ait déposé un mémoire et sans que son avocat ait comparu, alors qu'il résulte des pièces que les tentatives de transmission par télécopie à l'avocat de l'avis relatif à la date d'audience ont échoué et qu'il a été ainsi porté atteinte aux intérêts du demandeur. • Crim. 10 déc. 2008, n° 08-86.668 P : *D. 2009. AJ 231 ; AJ pénal 2009. 84 ; Procédures 2009, n° 94, obs. Buisson.*

13. La notification aux parties et à leur avocat de la date de l'audience à laquelle sera appelée la cause soumise à la chambre de l'instruction est essentielle à la préservation des droits de la défense ; doit donc être cassé l'arrêt de la chambre de l'instruction qui a consenti à la remise de la personne faisant l'objet d'un mandat d'arrêt européen, alors qu'il résulte des pièces de la procédure que la date de l'audience à laquelle l'affaire a été appelée n'a été notifiée qu'à l'avocat qui avait l'assistée devant la chambre de l'instruction lors de la précédente demande de remise, et non à ce dernier, qu'aucun mémoire n'a été déposé et que cet avocat ne s'est pas présenté le jour de l'audience. • Crim. 20 mai 2015, n° 15-82.469 P : *D. actu. 10 juin 2015, obs. Gallois.*

14. La cassation d'un arrêt de la chambre de l'instruction, prononcée en raison de l'inobservation devant elle, des formalités prévues par l'art. 197, a pour seul effet de remettre la cause en l'état où elle se trouvait à la suite de l'appel de l'ordonnance du JLD mais n'entraîne pas l'annulation de la décision de ce magistrat ordonnant la prolongation de la détention provisoire de l'intéressé. Justifie sa décision la chambre de l'instruction qui écarte, en ce cas, la demande de mise en liberté immédiate de l'intéressé dès lors que celui-ci, qui avait fait l'objet d'une ordonnance de prolongation de sa détention provisoire rendue régulièrement, n'était pas détenu sans titre. • Crim. 29 janv. 2008, 🏛 n° 07-87.803 P : *AJ pénal. 2008. 194, note Lavric* ; *Dr. pénal 2009. Chron. 1, obs. Guérin.*

15. En cas d'appel d'une ordonnance de mise en détention provisoire, et en l'absence d'un autre avocat choisi par l'intéressé ou désigné d'office pour l'assister pendant l'information, cette notification doit être faite à l'avocat désigné à l'occasion du débat contradictoire prévu par l'art. 145. • Crim. 19 sept. 1994, 🏛 n° 94-83.301 P. ♦ L'irrégularité de l'inobservation de la formalité imposée par l'art. 197 ne saurait être couverte par la présence à l'audience du conseil de l'inculpé, qui s'est expressément prévalu de la nullité sans présenter ses observations sur le fond. • Crim. 3 avr. 1984 : *Bull. crim. n° 136.* ♦ Encourt la cassation l'arrêt rendu alors que la lettre recommandée a été adressée à un conseil autre que celui désigné par l'inculpé. • Crim. 24 juin 1985, 🏛 n° 85-92.442 P : *RSC 1986. 406, obs. Braunschweig.* ♦ Il résulte de l'art. 117, applicable à la procédure suivie devant la chambre d'accusation, que, si plusieurs conseils sont désignés par l'inculpé, celui-ci doit faire connaître celui d'entre eux auquel seront adressées les convocations et notifications. A défaut de ce choix, celles-ci seront adressées au conseil le premier choisi ainsi qu'au deuxième lorsque ce dernier n'est pas inscrit au même barreau que le premier. D'où cassation de l'arrêt intervenu sans que le deuxième avocat inscrit dans un barreau différent ait été convoqué à l'audience de la chambre d'accusation, l'inculpé n'ayant de ce fait pas été défendu. • Crim. 20 janv. 1986, 🏛 n° 85-95.633 P. ♦ En revanche, aucune disposition légale n'impose au procureur général de réitérer l'avis en cas de désignation ultérieure d'un nouvel avocat pour recevoir les convocations et notifications. • Crim. 18 déc. 2007 : 🏛 *préc. note 6.*

16. Lorsqu'un inculpé a, conformément à l'art. 117, désigné plusieurs conseils et fait connaître celui d'entre eux auquel le juge d'instruction adressera les convocations et notifications, c'est à l'avocat ainsi désigné que le procureur général est tenu, selon l'art. 197, de notifier la date à laquelle l'affaire sera appelée devant la chambre d'accusation. Une telle juridiction qui statue sans que ces formalités aient été accomplies, prive le conseil de l'inculpé de la possibilité de déposer un mémoire et méconnaît les droits de la défense. • Crim. 16 avr. 1985, 🏛 n° 85-90.759 P. ♦ La désignation par la personne mise en examen d'un avocat de son choix ayant rendu caduque la commission d'office du précédent conseil, c'est l'avocat choisi qui doit être avisé. • Crim. 18 juin 1998, 🏛 n° 98-81.704 P.

17. S'il n'existe au dossier aucun récépissé de notification signé par l'inculpé, la notification par lettre recommandée adressée au directeur de la maison d'arrêt ne satisfait pas aux prescriptions de l'art. 197. • Crim. 23 avr. 1991, 🏛 n° 91-80.890 P • 18 avr. 2000, 🏛 n° 99-84.571 P. ♦ ... A moins que l'omission de cette formalité n'ait pas eu pour effet de porter atteinte aux droits de la défense. Il en est ainsi lorsque, l'inculpé n'ayant pas demandé à comparaître personnellement, un mémoire a été régulièrement déposé et des observations présentées à l'audience dans son intérêt. • Crim. 27 nov. 1991, 🏛 n° 91-85.237 P. ♦ Lorsqu'un inculpé, placé sous mandat de dépôt, s'est évadé et se trouve en fuite lors de la fixation de la date d'audience à laquelle son affaire doit être appelée devant la chambre d'accusation et lors des débats de cette juridiction, le procureur général n'a pas à aviser de cette date d'audience le conseil précédemment désigné par cet inculpé, ce dernier s'étant volontairement soustrait au contrôle de la justice. • Crim. 19 janv. 1988, 🏛 n° 87-90.578 P.

18. Même si les formalités de notification ont été respectées, encourt la cassation l'arrêt qui statue sur une demande de mise en liberté, lorsqu'une heure d'audience, plus tardive que celle notifiée aux parties et à leurs avocats, a été fixée à l'avocat du demandeur, cette contradiction empêchant la Cour de cassation de s'assurer que celui-ci a été en mesure d'assister son client à l'heure à laquelle l'affaire a été débattue, et de présenter des observations sommaires conformément à l'art. 199. • Crim. 27 nov. 1996, 🏛 n° 96-83.831 P.

19. Selon l'art. 197, le procureur général doit notifier à chacune des parties et à son avocat la date de l'audience de la chambre de l'instruction : lorsqu'il résulte des pièces de la procédure que cette notification n'a pas été faite à l'adresse de l'avocat que la personne mise en examen avait fait connaître au juge d'instruction, qu'aucun mémoire n'a été déposé et que l'avocat de l'intéressée ne s'est pas présenté à l'audience, les droits de la défense ont été méconnus. • Crim. 18 déc. 2002, 🏛 n° 02-84.484.

20. Il résulte des dispositions de l'art. 197 que, si le juge d'instruction est avisé de la désignation d'un nouvel avocat pour assister une personne mise en examen, c'est à ce dernier que doit être notifiée la date de l'audience à laquelle sera appelée l'affaire devant la chambre de l'instruction. Le défaut de notification à cet avocat porte atteinte aux droits de la défense, dès lors qu'aucun mémoire n'a été déposé et qu'aucun avocat ne s'est présenté à l'audience pour assurer la défense de l'intéressé. • Crim. 17 sept. 2008, 🏛 n° 08-84.985 P : *AJ pénal 2008. 517* . ♦ Mais si seul l'avocat régulièrement constitué selon les modalités de l'art. 115 doit être avisé de la date d'audience devant la chambre de l'instruction, conformément à l'art. 197, al. 1er, en cas de convocation d'un autre des avocats de la personne mise en examen, celle-ci ne subit pas de grief si cet avocat a comparu ou s'est fait substituer et a présenté un mémoire. Il n'en résulte donc aucune nullité. • Crim. 9 avr. 2013 : *D. 2013. 1779, obs. Roth*.

21. Violation de l'al. 2. Les délais de l'art. 197, al. 2, sont prescrits à peine de nullité. • Crim. 16 oct. 1985 : *D. 1986. IR 119, obs. Pradel* • 2 avr. 1992, n° 92-80.263 P. ♦ Conf. : • Crim. 13 mai 1998, n° 98-81.079 P • 7 juill. 2005, n° 05-82.724 P : *D. 2005. IR 2103 ; JCP 2005. IV. 3001 ; AJ pénal 2005. 418*. ♦ Ni le jour d'expédition de la lettre, ni celui auquel est fixée l'audience ne sont pris en compte dans le calcul des délais. • Crim. 7 mars 1989, n° 88-87.298 P • 4 mars 2009 : *Procédures 2009, n° 212, obs. Buisson.* ♦ La notification à un détenu moins de quarante-huit heures avant l'audience porte atteinte à ses intérêts dès lors que ni le demandeur, ni son avocat qui ne s'est pas présenté à l'audience, n'ont déposé de mémoire. • Crim. 7 juill. 2005 : *préc.*

22. L'art. 197, al. 2, exige seulement qu'un délai minimum de cinq jours soit observé entre la date d'envoi de la lettre recommandée et celle de l'audience, sans imposer qu'il s'agisse de jours ouvrables. • Crim. 28 mars 1991, n° 91-80.175 P • 28 mars 2001, n° 01-81.594 P : *D. 2001. IR 1592* • 26 mars 2003, n° 03-80.180 P : *JCP 2003. IV. 2012.* ♦ Il en est de même pour le délai de quarante-huit heures. • Crim. 25 juin 1991, n° 91-82.153 P. ♦ Lorsque la lettre a été envoyée plus de quarante-huit heures avant l'audience, le fait qu'elle ait été adressée au domicile personnel et non au domicile professionnel du conseil est dépourvu de conséquences. • Crim. 12 avr. 1983, n° 83-90.499 P : *D. 1983. IR 295, obs. J.-M. R.* ♦ Il ne saurait y avoir de violation des art. 197 et 198 ni d'atteinte aux droits de la défense dans le fait par le procureur général de déposer une note au cours des débats devant la chambre d'accusation, dès lors que cette note ne constitue qu'une réponse au mémoire de la partie civile et ne contient aucune réquisition additionnelle du ministère public. Il n'en serait autrement que si, cette note contenant des réquisitions nouvelles, les délais de l'art. 197 n'avaient pas été respectés. • Crim. 13 juin 1974, n° 72-91.231 P.

23. Selon l'art. 197, le dossier, comprenant les réquisitions du procureur général, est déposé au greffe de la chambre d'accusation pendant le délai prévu à ce texte et tenu à la disposition des parties. La production tardive des réquisitions du ministère public n'entraîne pas toutefois la nullité dès lors que le conseil de la partie civile, entendu à l'audience en ses observations, ne s'est pas prévalu de cette irrégularité. • Crim. 12 juill. 1977, n° 75-93.292 P. ♦ Lorsque la personne poursuivie réside sur le territoire de l'un des États parties à la Conv. europ. d'entraide judiciaire en matière pénale du 20 avr. 1959, et qu'en raison des modalités de sa mise en examen, elle ne se trouve pas soumise aux exigences prévues par l'art. 116, al. 5 lui imposant de déclarer une adresse en France, l'avis d'audience doit lui être remis par l'intermédiaire des autorités compétentes de l'État étranger, le délai de 5 jours prévu par l'art. 197 devant être calculé à compter de la date à laquelle l'avis lui a été envoyé par ces autorités. • Crim. 27 mai 1999, n° 99-81.765 P : *Procédures 1999. Comm. 280, obs. Buisson.*

24. Les dispositions de l'art. 197, al. 2, prévoyant le délai minimum de cinq jours entre la date de convocation et celle de l'audience devant la chambre de l'instruction ne sont pas applicables lorsque la juridiction statue en matière de mandat d'arrêt européen. • Crim. 14 sept. 2005, n° 05-84.551 P : *D. 2005. IR 2549 ; JCP 2005. IV. 3191 ; AJ pénal 2005. 417*.

25. Doit être cassé l'arrêt d'une chambre de l'instruction qui a statué sur une requête en rectification d'erreur matérielle alors que les formalités prévues à l'art. 197, al. 2, n'avaient pas été respectées. • Crim. 27 nov. 2012 : *D. actu. 13 déc. 2012, obs. Winckelmuller ; AJ pénal 2013. 167, obs. Girault*.

26. Violation de l'al. 3. L'inobservation des prescriptions des art. 81, al. 2 et 3, 186, al. 5, et 197, al. 3, ne saurait entraîner de nullité de procédure lorsque aucune atteinte n'a été portée aux intérêts de la partie concernée ni aux droits de la défense. • Crim. 26 juill. 1989, n° 89-83.113 P : *D. 1990. Somm. 225, obs. Pradel* • 17 févr. 2004, n° 03-87.170 P : *D. 2004. IR 1067 ; JCP 2004. IV. 1774.* ♦ Comp. : • Crim. 20 juin 1989, n° 89-82.063 P. ♦ Il n'y a pas atteinte aux droits de la défense lorsque le délai de dépôt du dossier au greffe pour consultation par l'avocat n'est pas respecté dès lors qu'à l'audience le mis en examen qui a comparu assisté de son avocat n'a fait aucune observation à cet égard. • Crim. 26 mars 2003, n° 03-80.180 P : *JCP 2003. IV. 2012.* ♦ Doit être cassé l'arrêt de la chambre de l'instruction qui ordonne d'office la mise en liberté du demandeur en relevant que son avocat qui s'était vu remettre la copie de l'entier dossier indiquait par ailleurs dans un mémoire que ce dossier n'était pas complet alors que ceci ne constituait que des allégations pour lesquelles les juges n'ont pas établi qu'il y avait eu une atteinte aux intérêts du détenu. • Crim. 17 févr. 2004 : *préc.* ♦ La personne mise en examen ne peut se faire grief de ce que le dossier transmis au procureur général, auquel elle doit avoir accès avant l'audience devant la chambre de l'instruction, était incomplet dès lors que la copie du réquisitoire définitif, manquante, lui a été adressée ainsi qu'à son avocat par lettres recommandées avant l'audience devant la chambre de l'instruction. • Crim. 31 oct. 2012, n° 12-85.468 P : *D. actu. 14 nov. 2012, obs. Léna.* ♦ V. cep. : Les prescriptions de l'art. 197, al. 3, qui ont pour objet de permettre aux avocats des parties de prendre connaissance de l'ensemble du dossier de l'information et de pouvoir, en temps opportun, produire devant la chambre de l'instruction tous mémoires utiles, sont essentielles aux droits de la défense et doivent être observées à peine de nullité. • Crim. 6 janv. 2015, n° 14.86-719 P : *D. actu. 2 févr. 2015, obs. Priou-Alibert ; RSC 2015. 404, obs. Boccon-Gibod ; Dr. pénal 2015, n° 25, obs. Maron et Haas.*

27. Il résulte des art. 6, § 1, Conv. EDH, préliminaire du C. pr. pén., ensemble l'art. 197 que, si la chambre de l'instruction, lors de l'examen d'une voie de recours, peut fonder sa décision sur une pièce nouvelle ne figurant pas au dossier déposé au greffe, c'est à la condition de l'avoir préalablement soumise au débat contradictoire. • Crim. 6 nov. 2013, n° 13-85.658 P : *D. 2013. 2645, obs. Léna ; ibid. Pan. 2014. 1787, obs. Pradel ; AJ pénal 2014. 79, obs. Belfanti ; Procédures 2014. 21, note Chavent-Leclère.* ♦ Ne donne pas de base légale à sa décision la chambre d'accusation qui, pour rejeter une demande de mise en liberté qui lui est soumise en vertu de l'art. 148, al. 6, se fonde sur l'existence d'une ordonnance du juge d'instruction qui ne figure pas dans le dossier déposé au greffe, en application de l'art. 197. • Crim. 16 oct. 1984, n° 84-93.885 P. ♦ Le respect des droits de la défense impose en effet que soient communiqués non seulement l'entier dossier de l'instruction à la date de sa transmission au procureur général mais également les nouvelles pièces de l'information parvenues à la connaissance de la juridiction de second degré avant l'examen de l'appel. Méconnaît les droits de la défense la chambre de l'instruction qui, sur appel d'une ordonnance du JLD par le mis en examen, confirme l'ordonnance entreprise en se fondant, notamment, sur les résultats d'une perquisition effectuée sur commission rogatoire du juge d'instruction, laquelle avait amené à la découverte de sommes d'argent et de documents falsifiés concernant le mis en examen, alors que les pièces de la commission rogatoire n'avaient pas été préalablement communiquées à l'avocat de celui-ci. • Crim. 19 sept. 2006 : *Procédures 2007. Comm. 46 et 65, obs. Buisson.*

28. Contenu du dossier. Le dépôt doit porter sur le dossier de l'information, lequel comprend tous les actes d'information et toutes les pièces de la procédure. • Crim. 8 mars 1983, n° 83-90.116 P : *D. 1983. IR 308, obs. J.-M. R.* • 14 févr. 1984, n° 83-94.711 P : *D. 1984. 507, note Pradel ; RSC 1985. 339, obs. J. Robert.* ♦ V. aussi : • Crim. 24 juin 1985, n° 85-92.430 P • 21 févr. 1989, n° 88-86.975 P • 18 mai 1989, n° 89-81.334 P. ♦ Les documents saisis par le juge d'instruction, placés sous scellés et déposés au greffe à titre de pièces à conviction, ne font pas partie du dossier de la procédure au sens de l'art. 197. • Crim. 9 janv. 1996, n° 95-85.279 P • Crim. 12 nov. 2015, n° 15-85.266 P : *D. actu. 26 nov. 2015, obs. Priou-Alibert.* ♦ *A contrario,* des cédéroms remis au juge d'instruction par les enquêteurs chargés d'une commission rogatoire qui n'ont pas été placés sous scellés et déposés au greffe à titre de pièce à conviction font partie du dossier de la procédure... • Crim. 6 janv. 2015 : *préc. note 26.* ♦ ... Tout comme des cédéroms constituant les annexes d'autres procédures en cours et versés au dossier. • Crim. 3 juin 2015, n° 15-81.801 P : *D. actu. 2 juill. 2015, obs. Gallois ; AJ pénal 2015. 437, obs. Aubert.* ♦ N'encourt pas la cassation l'arrêt qui omet de répondre à une articulation du mémoire de la personne mise en examen qui n'a pas demandé à la chambre de l'instruction d'ordonner l'apport des pièces à conviction qu'autorise l'art. 199, et qui demande à cette juridiction de constater qu'elle n'a pas eu accès, avant l'audience, à un cédérom placé sous scellé. • Crim. 9 nov. 2011, n° 11-86.496 P : *D. 2011. Actu. 2998 ; ibid. 2012. 2118, obs. Pradel.* ♦ Une partie ne saurait se faire un grief de ce que ne figurent pas au dossier de la procédure les clichés photographiques d'une reconstitution des faits, à laquelle avait assisté son avocat, dès lors que ces clichés, à supposer qu'ils aient été développés et transmis au juge d'instruction, ont été commentés dans le procès-verbal de la reconstitution, lequel figure dans le dossier. • Crim. 10 juill. 1995 : *Procédures 1995. Comm. 338, obs. Buisson.*

29. Dès lors que l'entier dossier de l'instruction, dans l'état où il se trouvait, a été tenu à la disposition de l'avocat du mis en examen, le fait qu'il comporte des pièces en langue étrangère non traduites n'est pas une cause de nullité de l'ordonnance de prolongation de la détention provisoire, aucune disposition légale n'imposant la traduction des pièces dans un délai déterminé. • Crim. 14 juin 2016, n° 16-81.973 P.

30. Instruction close. Il se déduit de l'art. 197, al. 4, qu'après dessaisissement du juge d'instruction à la suite de la mise en accusation du mis en examen, ne peut constituer une cause de nullité le caractère incomplet du dossier de la chambre de l'instruction, l'avocat du mis en examen ayant accès à l'intégralité du dossier détenu au greffe de la cour d'assises. • Crim. 15 sept. 2021, n° 21-83.763 B : *RSC 2021. 868, obs. Valat.*

31. Réquisitions du procureur général. L'art. 197 n'impose pas au procureur général de verser ses réquisitions au dossier lors de son dépôt au greffe de la chambre d'accusation. • Crim. 20 mars 1989, n° 89-80.204 P • 1er juill. 1997, n° 96-82.932 P. ♦ Il suffit que ces réquisitions aient été jointes au dossier la veille de l'audience. • Même arrêt • Crim. 27 oct. 2004, n° 04-85.052 P : *Procédures 2005. Comm. 19, obs. Buisson.* ♦ Lorsque le procureur ne dépose des réquisitions écrites que le jour de l'audience alors qu'il devait les déposer au plus tard la veille, la chambre de l'instruction doit statuer après les avoir écartées des débats et ne peut ordonner la mise en liberté de l'intéressé sur ce seul fondement. • Crim. 9 mai 2001, n° 01-81.192 P : *D. 2001. IR 2000 ; Procédures 2001. Comm. 183, obs. Buisson.* ♦ Aucun texte n'exige que figure au dossier une copie du mandatement d'une commission rogatoire en cours d'exécution. • Crim. 12 mars 1991, n° 90-87.733 P : *RSC 1992. 116, obs. Braunschweig* • 4 août 1998, n° 98-82.622 P • 30 juin 1999, n° 99-81.426 P. ♦ L'art. 197 permet aux parties, entre l'envoi de la lettre recommandée portant notification de la date d'audience et le jour de l'audience, de prendre connaissance au greffe de la chambre de l'instruction des réquisitions du ministère public dans les délais légaux qui leur sont indiqués ; d'autre part, il incombe à la chambre de l'instruction de veiller au respect du contradictoire en permettant, le cas échéant, à une partie qui se serait trouvée dans l'impossibilité de prendre connaissance de ces réquisitions avant la fermeture du greffe, la veille de l'audience, de pouvoir y répondre. • Crim. 13 mai 2015, n° 15-90.003 P : *D. actu. 2 juill. 2015, obs. Gallois.* ♦ V. aussi note 2 ss. art. 194.

32. Il se déduit des art. préliminaire et 6 Conv. EDH, que le respect des principes du contradictoire et de l'équilibre des droits des parties interdit à la chambre de l'instruction de statuer sur l'appel d'une ordonnance de refus d'informer du juge d'instruction sans que la partie civile qui a choisi de se défendre sans avocat ait été mise en mesure d'obtenir la délivrance, si elle en a fait la demande, d'une copie du réquisitoire définitif du procureur de la République. • Crim. 19 nov. 2014 : *D. actu. 5 déc. 2014, obs. Fucini ; Dr. pénal 2015. 12, note Maron et Haas ; AJ pénal 2015. 153, obs. Luciani-Mien .* ♦ V. précédemment : Les art. 114 et 197, qui limitent aux avocats des parties la possibilité de se faire délivrer la copie des pièces du dossier d'une information en cours, ne sont pas applicables aux procédures dont la juridiction de jugement est saisie et qui, de ce fait, ne sont pas soumises au secret de l'enquête ou de l'instruction prescrit par l'art. 11. • Crim. 12 juin 1996, n° 96-80.219 P : *RSC 1996. 878, obs. Dintilhac ; Gaz. Pal. 1996. 2. 397 ; JCP 1997. I. 3998, Chron. Maron ; Procédures 1996. Comm. 365, obs. Buisson ; Dr. pénal 1996. Chron. 33, par Lesclous et Marsat, et Comm. 230 ; Dr. pénal 1997. Chron. 1, rapp. Ferrari, et Chron. 4, concl. Cotte (1er arrêt)* • 12 juin 1996 : *ibid. (2e arrêt)* • 2 oct. 1996, n° 95-82.290 P : *D. 1997. Somm. 149, obs. Pradel ; JCP 1997. I. 3998, Chron. Maron ; Dr. pénal 1997. Comm. 15, note Maron.* ♦ Il s'ensuit que toute personne ayant la qualité de prévenu ou d'accusé est en droit d'obtenir, en vertu de l'art. 6, § 3, Conv. EDH, non pas communication directe des pièces de la procédure, mais la délivrance, à ses frais, le cas échéant par l'intermédiaire de son avocat, de la copie des pièces du dossier soumis à la juridiction devant laquelle elle est appelée à comparaître. • Mêmes arrêts.

33. Méconnaît les dispositions de l'art. 197, al. 3, dès lors que l'avocat du mis en examen n'avait pu prendre connaissance de l'ensemble du dossier de l'information, la cour d'appel qui, pour rejeter l'argumentation tirée de ce que le dossier, transmis au procureur général, était incomplet en ce qu'il ne contenait pas les pièces relatives à la prolongation de la détention provisoire d'une autre personne mise en examen dans la même affaire ayant donné lieu à une décision, retient « qu'il n'apparaît pas que cette décision ait été communiquée au magistrat instructeur à la date où il a transmis le dossier pour le présent appel ». • Crim. 11 mai 2010, n° 10-81.313 P : *D. 2010. Chron. 1660, obs. Degorce ; AJ pénal 2010. 448, obs. Ascensi .*

34. Les dispositions des art. préliminaire et 197, al. 3, commandent la communication préalable à la partie civile, même contestée, des réquisitions du procureur de la République et, sur appel de la décision d'irrecevabilité, des réquisitions du procureur général. • Crim. 26 janv. 2021, n° 20-84.472 P.

35. Violation de l'al. 4. L'inobservation de la formalité prévue par l'art. 197, al. 4, ne saurait à elle seule avoir pour effet de porter atteinte aux droits de la défense dès lors qu'ont été respectées les prescriptions des al. 2 et 3. • Crim. 4 sept. 1982, n° 82-92.657 P. ♦ La délivrance incomplète, à la supposer établie, des pièces de la procédure aux conseils des inculpés ou des parties civiles qui en ont fait la demande, conformément aux dispositions de l'art. 197, al. 4, n'est pas de nature à vicier la procédure devant la chambre d'accusation s'il est établi que le dossier a bien été tenu à la disposition de ces conseils, au greffe, dans les conditions prévues par l'al. 3 dudit article. • Crim. 8 mars 1983, n° 83-90.116 P • 2 févr. 2011, n° 10-87.868 P : *D. actu. 23 mars 2011, obs. Léna ; D. 2011. Actu. 752 ; ibid. Pan. 2002, obs. Bonfils ; AJ pénal 2011. 246, obs. Renaud-Duparc ; Dr. pénal 2012. Chron. 1, obs. Georget.*

36. Une partie civile déclarée irrecevable par le juge d'instruction ne peut, en invoquant des circonstances de fait nouvelles, se constituer derechef, par voie d'intervention, dans l'information suivie pour les mêmes infractions. Dès lors, comme elle n'a pas été admise comme partie civile dans l'information par une décision antérieure définitive, les juges sont fondés à refuser de lui communiquer le dossier de la procédure. • Crim. 29 janv. 2008, n° 06-89.245 P : *D. 2008. AJ 694, note Léna ; AJ pénal 2008. 238, note Saas ; Dr. pénal 2009. Chron. 1, obs. Guérin.*

37. Pièces versées en cours de délibéré. Aucune disposition légale ou conventionnelle n'interdit à la chambre de l'instruction, lors de l'examen d'une requête en nullité, de prononcer au vu de pièces versées au dossier en cours de délibéré, à la condition de rouvrir les débats afin de soumettre celles-ci au débat contradictoire. • Crim. 11 mai 2021, n° 20-86.182 P : *D. actu. 7 juin 2021, obs. Fucini.*

B. RESPECT DES NORMES EUROPÉENNES

38. Exigences du procès équitable. Les dispositions de l'al. 2 de l'art. 197 relatives au délai de convocation du conseil de l'inculpé ne sont pas contraires à l'art. 6, § 3 *b)*, Conv. EDH, qui impose en son art. 5, § 4, qu'il soit statué à bref délai sur la détention d'un inculpé. • Crim. 22 déc. 1987, n° 87-90.034 P.

39. L'art. 6, § 3, *a)*, *b)*, *c)*, Conv. EDH n'impose pas la remise des copies des pièces du dossier à l'inculpé qui, en refusant l'assistance d'un avocat, se prive du bénéfice des dispositions de l'art. 197, dernier al. réservant cette délivrance aux seuls avocats des personnes mises en examen et des parties civiles. • Crim. 4 janv. 1995, n° 93-85.135 P.

40. Le fait, pour le procureur général, de ne pas verser ses réquisitions au dossier lors de son dépôt au greffe n'est pas forcément contraire aux exigences du procès équitable. Il suffit que les réquisitions aient été jointes au dossier la veille de l'audience, ce qui ne porte pas atteinte à l'art. 6, § 3 *a)* et *b)*, Conv. EDH, dès lors que les personnes poursuivies ont été informées lors de leur mise en examen de la nature et de la cause des accusations portées contre elles. • Crim. 20 mars 1989 : *préc. note 31* • 1er juill. 1997 : *préc. note 31.*

41. L'art. 197, al. 2, qui n'est pas contraire à l'art. 6 Conv. EDH, exige seulement qu'un délai minimum de quarante-huit heures soit observé en matière de détention provisoire entre la date de l'envoi de la lettre recommandée à chacune des parties ainsi qu'à son avocat et la date de l'audience de la chambre de l'instruction, sans imposer qu'il s'agisse de jours ouvrables. • Crim. 8 oct. 2002, n° 02-85.149.

42. L'art. 197, al. 3, n'est pas incompatible avec l'art. 6 Conv. EDH. • Crim. 17 juin 2008, n° 07-80.339 P : *D. 2008. AJ 1903, note Girault ; ibid. 2008. Pan. 2759, obs. Pradel ; Dr. pénal 2009. Chron. 1, obs. Guérin.*

Art. 197-1 *(L. n° 2000-516 du 15 juin 2000, art. 34)* **En cas d'appel d'une ordonnance de non-lieu, le témoin assisté peut, par l'intermédiaire de son avocat, faire valoir ses observations devant la chambre de l'instruction. La date de l'audience est notifiée à l'intéressé et à son avocat conformément aux dispositions de l'article 197.** — *Entrée en vigueur le 1er janv. 2001.*

1. Droits de l'avocat du témoin assisté. En application de l'art. 197-1, l'avocat du témoin assisté est admis à faire valoir devant la chambre de l'instruction, saisie de l'appel d'une ordonnance de non-lieu, des observations, qui peuvent être formulées tant oralement que par écrit, et seule est prescrite à peine de nullité l'audition en dernier de la personne mise en examen ou de son conseil : dès lors la partie civile ne saurait se faire un grief de ce que l'avocat des témoins assistés, ait déposé un mémoire et ait eu la parole en dernier. • Crim. 14 nov. 2002, n° 02-80.710 P : *D. 2003. IR 106 ; JCP 2003. IV. 1095.* ♦ V. aussi • Crim. 11 juin 2002, n° 02-80.562 • 16 oct. 2002, n° 01-87.454.

2. Observations orales ou écrites. Les observations que l'avocat du témoin assisté est admis à faire valoir devant la chambre de l'instruction en application de l'art. 197-1 peuvent être formulées tant oralement que par écrit. Dans ce second cas, elles doivent être présentées dans les conditions prévues par l'art. 198. • Crim. 25 juin 2002, n° 01-87.625 P : *D. 2002. IR 2582 ; JCP 2002. IV. 2497.* ♦ Répond aux dispositions de l'art. 198, al. 2, le mémoire adressé par télécopie au président de la chambre de l'instruction par l'avocat du témoin assisté n'exerçant pas dans la ville où siège la juridiction dès lors qu'il a été déposé au greffe et visé par le greffier avant le jour de l'audience. • Crim. 12 déc. 2007, n° 06-87.702 P : *AJ pénal 2008. 99 ; Dr. pénal 2008. Comm. 39, obs. Maron.*

3. Irrecevabilité des recours. N'étant pas partie à la procédure, le témoin assisté n'a pas qualité pour exercer les voies de recours : son pourvoi contre l'arrêt de la chambre de l'instruction infirmant une ordonnance de non-lieu et ordonnant un supplément d'information est donc irrecevable. • Crim. 21 juin 2005, n° 05-81.694 P : *D. 2005. IR 1962 ; JCP 2005. IV. 2821* • 21 juin 2005, n° 04-87.797 P : *Procédures 2005. Comm. 238, obs. Buisson.* ♦ V. également : • Crim. 13 nov. 2001, n° 01-85.506 P : *D. 2002. IR 372.* ♦ N'étant pas partie à la procédure, le témoin assisté ne tire d'aucune disposition légale la faculté de déposer un mémoire devant la Cour de cassation. • Crim. 1er sept. 2010, n° 09-87.624 P : *Dr. pénal 2010, n° 130, obs. Maron et Haas.*

4. Exception. Toutefois, le témoin assisté qui n'a pas été mis en mesure de faire valoir les droits que lui reconnaît l'art. 197-1 est recevable à se pourvoir en cassation contre l'arrêt de la chambre de l'instruction saisie de l'appel de l'ordonnance de non-lieu. • Crim. 16 juin 2011 : *Dr. pénal 2011, n° 112, obs. Maron et Haas.*

5. Notification. L'art. 197-1 n'impose la notification au témoin assisté de la date à laquelle la chambre de l'instruction examinera l'appel de l'ordonnance du juge d'instruction que lorsque la chambre de l'instruction statue sur l'appel d'une ordonnance de non-lieu. Une telle formalité ne s'impose pas en cas d'appel d'une ordonnance du juge d'instruction renvoyant le mis en examen devant la cour d'assises. • Crim. 21 févr. 2007, n° 06-80.375 P : *Dr. pénal 2007. Comm. 78 (2e esp.), obs. Maron.*

Art. 198 *(Ord. n° 58-1296 du 23 déc. 1958)* **Les parties et leurs** *(L. n° 93-2 du 4 janv. 1993)* **« avocats » sont admis jusqu'au jour de l'audience à produire des mémoires qu'ils communiquent au ministère public et aux autres parties.**

(L. n° 2021-1729 du 22 déc. 2021, art. 16) **« Ces mémoires sont déposés au greffe de la chambre de l'instruction et visés par le greffier avec l'indication du jour et de l'heure du dépôt ou sont adressés au greffier, au ministère public et aux autres parties par télécopie ou par lettre recommandée avec demande d'avis de réception, qui doit parvenir aux destinataires avant le jour de l'audience. »**

Pour la transmission par un moyen de télécommunication sécurisé à l'adresse électronique de la juridiction, V. art. D. 592.

I. DOMAINE

1. *Applicabilité de l'art. 198.* L'art. 198, al. 2, n'est pas applicable aux réquisitions écrites du ministère public. • Crim. 15 mai 1973, n° 72-91.526 P.

2. N'étant pas partie à la procédure, le témoin assisté ne tire d'aucune disposition légale la faculté de déposer un mémoire. • Crim. 12 déc. 2007, n° 06-87.702 P : *AJ pénal 2008. 99* ; *Dr. pénal 2008. Comm. 39, obs. Maron.* ♦ Seules les parties et leurs avocats peuvent produire un mémoire. Doit être déclaré irrecevable le mémoire signé par un avoué. • Crim. 2 sept. 2008, n° 07-87.882 P : *D. 2008. AJ 2350* ; *AJ pénal 2008. 472* ; *Dr. pénal 2009. Chron. 1, obs. Guérin.* ♦ Mais la Direction générale des finances publiques, étant partie civile dans l'information ayant donné lieu à la saisie contestée, bénéficie de la qualité de partie au sens de l'art. 198, ce qui autorise son avocat à produire un mémoire et à être entendu. • Crim. 13 juin 2018, n° 17-83.893 P : *Dr. pénal 2018, n° 164, note Maron et Haas.*

3. Les moyens de défense résultant de l'application des art. 198 et 199, al. 2, ne constituent que de simples facultés dont les conseils des parties sont libres d'user ou de ne pas user. • Crim. 28 mai 1973, n° 72-92.180 P.

4. *Désignation de l'avocat.* Après ordonnance de clôture, emportant dessaisissement du juge d'instruction, la constitution d'un avocat devant la chambre de l'instruction n'est soumise à aucune forme particulière. • Crim. 26 nov. 2013, n° 12-85.314 P : *D. actu. 12 déc. 2013, obs. Priou-Alibert ; D. 2014. 316, obs. Roth* .

II. MISE EN ŒUVRE

5. *Délai pour déposer un mémoire.* Les dispositions de l'art. 198 doivent être interprétées en ce sens que, pour être recevables, les mémoires produits par la partie civile doivent être déposés au greffe de la chambre d'accusation au plus tard la veille de l'audience. • Crim. 20 oct. 1966, n° 65-92.696 P • 8 mai 1969, n° 68-92.873 P : *D. 1969. Somm. 87* • 9 juill. 1975, n° 75-91.135 P • 19 déc. 1978 : *D. 1979. IR 287* • 4 nov. 1986, n° 85-95.791 P : *D. 1987. Somm. 86* • 14 janv. 1992, n° 91-83.488 P • 20 janv. 1993, n° 92-85.548 P • 18 déc. 2013, n° 13-86.739 P : *D. actu. 17 janv. 2014, obs. Priou-Alibert.* ♦ ... De même pour le mémoire déposé pour le prévenu appelant d'un rejet de demande de mise en liberté. • Crim. 30 mars 2005, n° 05-80.341 P. ♦ ... Peu important que le visa ait été apposé après l'heure de fermeture du greffe. • Crim. 16 mars 1999, n° 98-85.077 P : *Procédures 1999. Comm. 161, obs. Buisson.* ♦ Est valable un mémoire adressé en télécopie pourvu qu'il comporte la signature de la partie ou de son conseil. Pour apprécier si un tel mémoire a été déposé dans le délai légal, il faut tenir compte, non du moment de la réception enregistré par le télécopieur, mais du visa du greffier indiquant le jour et l'heure du dépôt. • Crim. 11 déc. 1990, n° 90-85.849 P : *D. 1992. Somm. 98, obs. Pradel* . ♦ Pour être valable, le mémoire adressé par télécopie doit être visé par le greffier avant le jour de l'audience, la date et l'heure du dépôt au greffe étant celles indiquées sur le visa. C'est donc à bon droit qu'une chambre d'accusation refuse d'examiner le mémoire qui, adressé dans le délai légal au numéro de télécopieur du procureur général et non à celui du greffier, n'a été remis à ce dernier que le jour de l'audience. • Crim. 16 mai 1994, n° 94-81.268 P. ♦ Conf. : • Crim. 29 mai 1996, n° 96-81.210 P • 1er déc. 1999, n° 99-81.853 P : *Procédures 2000. Comm. 104, obs. Buisson.* ♦ Il ne résulte d'aucune disposition du C. pr. pén. que l'accusé de réception électronique prévu à l'art. D. 591 dudit code remplace le visa du mémoire par le greffier exigé à l'art. 198 du même code par conséquent, le mémoire produit, parvenu au greffe de la chambre de l'instruction, après la fermeture de ce service, et visé par le greffier le lendemain, jour de l'audience, était irrecevable comme tardif. • Crim. 23 févr. 2022, n° 21-86.897 P.

6. Les mémoires des parties doivent être déposés au greffe au plus tard le dernier jour précédant l'audience, avant la fermeture des services du greffe – la date et l'heure du dépôt étant celles indiquées sur le visa du greffe, y compris pour un mémoire expédié par télécopie –, cette date ne pouvant être reportée au titre de l'art. 801, inapplicable en l'espèce. • Crim. 19 sept. 1995, n° 95-83.631 P. ♦ C'est à bon droit que la chambre de l'instruction a déclaré irrecevable le mémoire déposé par l'appelant le jour de l'audience. • Crim. 13 sept. 2005, n° 04-87.258 P.

7. Les parties n'ont plus la faculté, lorsque la chambre d'accusation a mis l'affaire en délibéré, de produire leur mémoire dans l'intervalle qui sépare la veille du jour où les débats ont eu lieu du jour où l'arrêt sera rendu. • Crim. 26 févr. 1970, n° 69-91.447 P : *D. 1970. Somm. 118* • 27 févr. 1978, n° 77-92.301 P : *JCP 1979. II. 19113, note Chambon* • 3 mai 1979, n° 78-93.645 P.

8. Encourt la cassation l'arrêt qui, après avoir constaté le dépôt tardif d'un mémoire d'une partie, fonde sa décision sur des pièces produites au cours de l'audience par cette même partie et qu'annonçait ce mémoire. • Crim. 14 janv. 1992, n° 91-83.488 P.

9. Il résulte toutefois du principe de la libre discussion des éléments de preuve qui domine tout procès pénal que rien ne saurait interdire à celui à qui a été opposée une pièce ou l'absence d'une justification de produire en réplique, au cours des débats, tous documents utiles, dès lors que ces documents ont été contradictoirement débattus. • Crim. 28 mai 1990, n° 89-82.972 P.

10. Par ailleurs, les dispositions de l'art. 198 ne font pas obstacle à ce que celui qui comparaît en personne devant la chambre de l'instruction pour soutenir une demande de mise en liberté puisse verser au cours de l'audience les pièces qu'il juge utiles à sa défense. • Crim. 12 déc. 2006, n° 06-87.545 P : *AJ pénal 2007. 92* ; *RSC 2007. 327, obs. Finielz* ; *Dr. pénal 2007. Comm. 63, obs. Maron* ; *Procédures 2007. Comm. 146, obs. Buisson.*

11. Dépôt manuel du mémoire. L'art. 198 n'exige pas que le mémoire soit déposé par l'avocat en personne. • Crim. 4 août 1998, n° 98-81.428 P : *Procédures 1999. Comm. 41, obs. Buisson* ; *Dr. pénal 1999. Comm. 91, obs. Maron.*

12. Mémoire adressé par lettre simple. C'est à bon droit qu'une chambre d'accusation refuse d'examiner le mémoire adressé par lettre simple dans les délais légaux, émanant d'un avocat qui n'exerce pas dans la ville où siège la chambre d'accusation. • Crim. 3 juin 1997, n° 96-83.647 P : *Procédures 1997. Comm. 273, obs. Buisson.* ♦ En revanche, sur le fondement des art. 6, § 1, Conv. EDH et préliminaire – aux termes desquels la procédure pénale doit être équitable et contradictoire et préserver l'équilibre des parties – doivent être déclarés parfaitement recevables les mémoires envoyés par un détenu par courrier au greffe de la chambre de l'instruction dès lors qu'adressés dans les délais légaux et visés par le greffier, ils ont été communiqués au ministère public et classés au dossier. • Crim. 13 juin 2007, n° 07-82.392 P : *D. 2007. AJ 2162, obs. Darsonville* ; *AJ pénal 2008. 444, obs Herzog-Evans.*

13. Mémoire adressé par télécopie. L'art. 198, dans sa rédaction issue de la loi du 4 janv. 1993, n'autorise l'envoi d'un mémoire sous forme de télécopie que dans l'hypothèse où l'avocat de la partie concernée n'exerce pas dans la ville où siège la chambre d'accusation ; c'est à bon droit qu'une chambre d'accusation refuse d'examiner le mémoire adressé dans les délais légaux sous forme de télécopie par un avocat exerçant dans la ville de son siège. • Crim. 19 juill. 1993, n° 93-82.112 P • 4 nov. 1997, n° 97-83.463 P : *Procédures 1998. Comm. 65, note Buisson* • 19 déc. 2000 : *Dr. pénal 2001. Comm. 66, obs. Maron.* ♦ ... Ou qu'elle refuse d'examiner le mémoire transmis par télécopie par le demandeur lui-même. • Crim. 13 sept. 2005, n° 04-87.258 P.

14. Un avocat qui n'exerce pas dans la ville où siège la chambre de l'instruction peut adresser son mémoire par télécopie ou par lettre recommandée avec demande d'avis de réception, lesquelles doivent parvenir à leurs destinataires avant le jour de l'audience, peu important que cet avocat appartienne à une société interbarreaux dont l'un des membres est inscrit au barreau du siège de cette juridiction. • Crim. 6 mai 2020, n° 20-81.111 P : *D. actu. 12 juin 2020, obs. Priou-Alibert.*

15. Si un avocat qui n'exerce pas dans la ville où siège la chambre d'accusation peut adresser son mémoire par télécopie, celui-ci doit, pour être valable, être visé par le greffier avant le jour de l'audience, la date et l'heure du dépôt étant celles indiquées sur le visa. • Crim. 28 juin 1995 : *Procédures 1995. Comm. 337 (1re esp.), obs. Buisson.*

16. Signature du mémoire. Les mémoires présentés devant la chambre de l'instruction en vertu de l'art. 198, lorsqu'ils ne comportent pas la signature de la partie intéressée ou de son avocat, ne saisissent pas les juges des moyens qui peuvent y être formulés, le demandeur ne pouvant se faire grief de cette exigence destinée à garantir l'authenticité de l'acte. • Crim. 13 janv. 2021, n° 20-80.511 P. ♦ Le mémoire doit comporter la signature de la partie ou de son conseil. • Crim. 27 juin 1995 : *Procédures 1995. Comm. 337 (2e esp.), obs. Buisson.* ♦ La cour est tenue de répondre au mémoire transmis par télécopie même non signé dans la mesure où il était accompagné d'une lettre signée de l'avocat et que par conséquent aucun doute n'existait sur l'identité de l'auteur du mémoire. • Crim. 8 nov. 2000, n° 00-81.644 P : *D. 2001. IR 181* ; *Procédures 2001. Comm. 94, obs. Buisson.*

17. C'est à bon droit qu'une chambre de l'instruction déclare irrecevable un mémoire adressé par télécopie alors que l'avocat qui a procédé à l'envoi justifie de celui-ci mais que le télécopieur du greffe de la chambre de l'instruction mentionne de façon concomitante un rapport d'erreur avec la mention « page non reçue ». • Crim. 31 mars 2009 : *Dr. pénal 2009, nº 32, obs. Maron et Haas.*

18. Si, selon l'art. 198, un avocat, qui n'exerce pas dans la ville où siège la chambre d'accusation, peut adresser son mémoire par télécopie, celui-ci, pour être valable, doit être visé par le greffier avant le jour de l'audience. C'est, dès lors, à bon droit que la chambre d'accusation refuse d'examiner le mémoire qui a été reçu au greffe de la juridiction, la veille de l'audience, après 18 heures, et n'a été visé par le greffier que le lendemain. • Crim. 29 mai 1996, nº 96-81.210 P. ♦ Dans le même sens : les dispositions de l'art. 198 doivent être interprétées en ce sens que, pour être recevables, les mémoires produits par les parties ou leurs avocats doivent être déposés au greffe de la juridiction au plus tard la veille de l'audience dans les horaires d'ouverture du greffe. Est dès lors irrecevable le mémoire transmis par télécopie dont la dernière page signée est arrivée après cette limite. • Crim. 4 sept. 2018, nº 17-86.619 P.

19. Mémoire adressé par transmission électronique sécurisée. Il se déduit des dispositions de l'art. 198, auquel aucune disposition légale ne déroge, que le mémoire doit être revêtu d'une signature, que l'indication de l'adresse électronique du cabinet d'avocat ne saurait remplacer, le demandeur ne pouvant se faire grief de cette exigence destinée à garantir l'authenticité de l'acte. • Crim. 21 sept. 2016, nº 16-82.635 P : *AJ pénal 2017. 86, obs. de Combles de Nayves.*

20. Encourt l'annulation l'arrêt de la chambre de l'instruction qui déclare irrecevable un mémoire transmis au greffe par l'avocat de la personne déférée au moyen de sa messagerie sécurisée, au motif qu'il n'est pas signé, dès lors que cette modalité de transmission ne laisse aucun doute sur l'identité de l'auteur des documents transmis, ni sur l'authenticité de ces derniers. • Crim. 23 févr. 2022, nº 21-86.762 P.

21. Détenu. Les exigences de l'art. 6, § 1, Conv. EDH et de l'art. préliminaire imposent de considérer que lorsqu'elle est détenue, la personne mise en examen doit pouvoir adresser son mémoire à la chambre de l'instruction par lettre simple ou recommandée, par télécopie ou par l'intermédiaire du chef de l'établissement pénitentiaire. • Crim. 8 janv. 2008 : *Procédures 2008. Comm. 126, obs. Buisson* • 25 juill. 2007 : *Procédures 2007. Comm. nº 263, obs. Buisson* • 13 juin 2007 : *préc. note 12.* ♦ Lorsque l'appel est formé au moyen d'une déclaration auprès du chef de l'établissement pénitentiaire et que la personne détenue joint une lettre à cette déclaration, la chambre de l'instruction est tenue de répondre à l'argumentation essentielle contenue dans ce mémoire. • Crim. 30 oct. 2007, nº 07-85.917 P : *AJ pénal 2008. 43.*

22. Obligations de la chambre de l'instruction. La chambre d'accusation n'est tenue de répondre qu'aux moyens figurant dans un mémoire établi et déposé au greffe conformément à l'art. 198. • Crim. 28 juin 1972, nº 72-91.868 P : *D. 1972. Somm. 199* • 27 févr. 1978, nº 77-92.301 P : *JCP 1979. II. 19113, note Chambon* • 26 mai 1993, nº 93-81.045 P.

23. Il ne saurait être fait grief à une chambre d'accusation devant laquelle l'inculpé et son conseil, régulièrement avisés de la date d'audience, n'étaient pas présents, de n'avoir pas répondu à une demande de renvoi qui n'avait pas été formée dans un mémoire déposé conformément aux prescriptions de l'art. 198. • Crim. 17 juill. 1985, nº 85-92.396 P.

24. La chambre d'accusation, qui statue comme cour de renvoi après cassation, n'est pas tenue de se référer à des mémoires produits par les parties au cours de la procédure antérieure ayant abouti à l'arrêt annulé. • Crim. 4 janv. 1978, nº 77-90.947 P. ♦ La chambre d'accusation n'est tenue de se référer et de répondre qu'aux mémoires produits au cours de la procédure ouverte devant elle dans les conditions prévues aux art. 194 s. • Crim. 15 mai 1990, nº 89-84.226 P • 26 févr. 1991, nº 90-87.295 P.

25. Mais encourt la cassation l'arrêt d'une chambre d'accusation qui, ne faisant pas mention du mémoire régulièrement produit par l'inculpé, ne met pas la Cour de cassation en mesure de savoir si ce mémoire a été soumis à l'examen des juges. • Crim. 25 avr. 1984, nº 84-90.965 P. ♦ ... Ou qui ne met pas la Cour de cassation en mesure de savoir si un mémoire régulièrement produit par la partie civile a été soumis à l'examen des juges. • Crim. 3 janv. 1980, nº 79-91.068 P • 9 déc. 1980, nº 79-94.318 P.

26. Pas de cassation en revanche de l'arrêt d'une chambre d'accusation qui, ayant omis de faire mention du mémoire régulièrement déposé par le conseil d'une partie, constate cependant que l'avocat a été entendu à l'audience en ses observations sommaires et que les motifs de son arrêt répondent aux chefs péremptoires des conclusions, en sorte qu'il s'en déduit nécessairement que les juges ont eu connaissance des moyens contenus dans le mémoire déposé. • Crim. 6 mai 1985, nº 85-91.193 P.

27. Les personnes mises en examen ne peuvent se faire un grief de ce que la chambre d'accusation a laissé sans réponse les chefs de leur mémoire tendant à ce que soit constatée l'absence alléguée de désignation régulière du magistrat instructeur, le mode de désignation constituant un acte d'administration judiciaire qui n'intéresse pas les parties, lesquelles ne sauraient en discuter ni la régularité, ni l'existence. • Crim. 11 juin 1996, n° 96-81.312 P.

28. Obligation du greffier de la chambre de l'instruction. Le greffier de la chambre d'accusation n'a pas à viser un mémoire qui n'a pas été déposé au greffe, mais qui a été transmis par lettre au président. Un tel mémoire ne saisit pas la chambre d'accusation des arguments qui y sont contenus. • Crim. 16 avr. 1975, n° 74-92.416 P.

Art. 199 **Les débats se déroulent et l'arrêt est rendu en chambre du conseil.** *(L. n° 2000-516 du 15 juin 2000, art. 96-IV)* **« Toutefois, si la personne majeure mise en examen ou son avocat le demande dès l'ouverture des débats, ceux-ci se déroulent et l'arrêt est rendu en séance publique, sauf si la publicité est de nature à entraver les investigations spécifiques nécessitées par l'instruction ou à nuire à la dignité de la personne ou aux intérêts d'un tiers. La chambre de l'instruction statue sur cette demande, après avoir recueilli les observations du procureur général et, le cas échéant, des avocats des autres parties, par un arrêt rendu en chambre du conseil qui n'est susceptible de pourvoi en cassation qu'en même temps que l'arrêt portant sur la demande principale. »**

(L. n° 2007-291 du 5 mars 2007, art. 12-I) **« En matière de détention provisoire, et par dérogation aux dispositions du premier alinéa, si la personne mise en examen est majeure, les débats se déroulent et l'arrêt est rendu en audience publique. Toutefois, le ministère public, la personne mise en examen ou la partie civile ou leurs avocats peuvent, avant l'ouverture des débats, s'opposer à cette publicité si celle-ci est de nature à entraver les investigations spécifiques nécessitées par l'instruction, à porter atteinte à la présomption d'innocence ou à la sérénité des débats ou à nuire à la dignité de la personne ou aux intérêts d'un tiers, ou si l'enquête porte sur des faits** *(L. n° 2015-993 du 17 août 2015, art. 11)* **« mentionnés aux articles 706-73 et 706-73-1 ». La chambre statue sur cette opposition après avoir recueilli les observations du ministère public et des parties, par un arrêt rendu en chambre du conseil qui n'est susceptible de pourvoi en cassation qu'en même temps que l'arrêt portant sur la demande principale. Si la chambre fait droit à cette opposition ou si la personne mise en examen est mineure, les débats ont lieu et l'arrêt est rendu en chambre du conseil. Il en est de même si la partie civile s'oppose à la publicité, dans les seuls cas où celle-ci est en droit de demander le huis-clos** *[huis clos]* **lors de l'audience de jugement. »**

Après le rapport du conseiller, le procureur général et les *(L. n° 93-2 du 4 janv. 1993)* **« avocats » des parties** *(L. n° 2007-291 du 5 mars 2007, art. 12-II)* **« sont entendus. »**

La chambre de l'instruction peut ordonner la comparution personnelle des parties ainsi que l'apport des pièces à conviction. *(L. n° 2021-1729 du 22 déc. 2021, art. 14-I-9°, en vigueur le 31 déc. 2021)* **« Lorsque la personne mise en examen comparaît devant la chambre, elle ne peut être entendue qu'après avoir été informée de son droit de se taire sur les faits qui lui sont reprochés. »**

(L. n° 93-2 du 4 janv. 1993) **« Il est donné lecture de l'arrêt par le président ou par l'un des conseillers ; cette lecture peut être faite même en l'absence des autres conseillers. »**

(L. n° 89-461 du 6 juill. 1989) **« En matière de détention provisoire, la comparution personnelle de** *(L. n° 93-2 du 4 janv. 1993)* **« la personne concernée » est de droit si** *(L. n° 93-2 du 4 janv. 1993)* **« celle-ci » ou son** *(L. n° 93-2 du 4 janv. 1993)* **« avocat » en fait la demande ; cette requête doit, à peine d'irrecevabilité, être présentée en même temps que la déclaration d'appel ou que la demande de mise en liberté adressée à la chambre de l'instruction.** *(L. n° 2002-1138 du 9 sept. 2002, art. 38)* **« Si la personne a déjà comparu devant la chambre de l'instruction moins de quatre mois auparavant, le président de cette juridiction peut, en cas d'appel d'une ordonnance rejetant une demande de mise en liberté, refuser la comparution personnelle de l'intéressé par une décision motivée qui n'est susceptible d'aucun recours. »**

« En cas de comparution personnelle de *(L. n° 93-2 du 4 janv. 1993)* **« la personne concernée », le délai maximum prévu au** *(L. n° 99-515 du 23 juin 1999 ; L. n° 2011-1862 du 13 déc. 2011, art. 62-II)* **« dernier alinéa » de l'article 194 est prolongé de cinq jours »** *(L. n° 2016-731 du 3 juin 2016, art. 59, en vigueur le 1er août 2016)* **« ou de dix jours si la chambre de l'instruction statue sur renvoi après cassation.**

« En cas d'appel du ministère public contre une décision de rejet de placement en détention provisoire ou de remise en liberté, la personne mise en examen est avisée de la date d'audience. Sa comparution personnelle à l'audience est de droit. »

S'agissant des dispositions d'urgence mises en place pour faire face à l'épidémie de covid-19, V. App., v° État d'urgence sanitaire.

BIBL. ▶ MARSAT, *Dr. pénal 2001. Chron. 35.*

I. RÈGLES NATIONALES

A. RÈGLES GÉNÉRALES

1. En ne prévoyant pas, lorsque la chambre de l'instruction est saisie d'une requête en nullité formée contre une décision de mise en examen, d'un appel à l'encontre d'une ordonnance de placement en détention provisoire ou du règlement d'un dossier d'information, soit dans le cadre d'un appel formé contre une ordonnance de règlement, soit à la suite d'un renvoi après cassation, que la personne mise en examen comparaissant devant elle doit être informée de son droit de se taire, les dispositions contestées de l'art. 199 portent atteinte à ce droit. Par conséquent, et sans qu'il soit besoin d'examiner les autres griefs, elles doivent être déclarées contraires à la Const. (abrogation reportée au 31 déc. 2021). • Cons. const. 9 avr. 2021, n°s 2021-895/901/902/903 QPC : *JO 10 avr. ; D. actu. 27 avr. 2021, obs. Goetz ; RSC 2021. 483, obs. Botton ; AJ pénal 2021. 269, obs. Courvoisier-Clément* (juris. antérieure à la L. n° 2021-1729 du 22 déc. 2021).

2. Formalisme. Les dispositions de l'art. 199, al. 4 qui permettent que la lecture d'un arrêt de la chambre d'accusation soit faite par l'un de ses membres, impliquent pour celui-ci, nonobstant l'art. 216, la faculté d'en signer la minute. • Crim. 14 juin 2000, n° 99-87.143 P : *D. 2000. IR 218 ; Dr. pénal 2000. Chron. 40, obs. Marsat.*

1° RÔLE DU CONSEILLER

3. Rapport du conseiller. La formalité du rapport exigée par l'art. 199 constitue un préliminaire indispensable aux débats. • Crim. 13 janv. 1965, n° 64-91.675 P : *D. 1965. Somm. 79* • 3 mai 1978, n° 77-91.598 P. ♦ L'inobservation de ces dispositions entraîne la nullité de la décision. • Crim. 25 juin 1979, n° 78-91.443 P : *D. 1980. 153, note Jeandidier.* ♦ Mais l'art. 199 n'exige pas que soit mentionné le nom du conseiller ayant accompli la formalité du rapport. • Crim. 3 avr. 2019, n° 18-84.468 P : *D. actu. 11 avr. 2019, obs. Goetz ; D. 2019. Pan. 1626, obs. Pradel ; AJ pénal 2019. 456, obs. Roussel*. ♦ L'omission du rapport oral, formalité destinée à l'information de la juridiction saisie, n'entre pas dans les prévisions de l'art. 802 et doit être sanctionnée par l'annulation de l'arrêt qui ne mentionne pas l'accomplissement de cette formalité. • Crim. 27 oct. 1997, n° 97-82.718 P.

4. Renvoi d'audience. La formalité du rapport s'impose lors de l'audience de renvoi en cas de changement intervenu dans la composition de la formation de la chambre de l'instruction. • Crim. 26 janv. 2022, n° 22-80.072 P : *D. actu.14 févr. 2022, obs. Engel.*

5. Le président d'une chambre de la cour d'appel n'est que « le premier des conseillers ». Constate l'accomplissement de la formalité de l'art. 199, al. 2, l'arrêt qui mentionne que le rapport à l'audience de la chambre d'accusation a été fait par le président. • Crim. 14 déc. 1971, n° 71-92.725 P.

6. La forme du rapport qui doit être fait à l'audience de la chambre d'accusation, conformément aux dispositions de l'art. 199, n'ayant pas été déterminée par la loi, est laissée à la conscience du magistrat qui en est chargé. Il en résulte que le demandeur au pourvoi ne saurait se faire un grief de ce que son auteur ait énoncé son avis personnel. • Crim. 20 déc. 1983, n° 83-94.077 P.

7. S'il impose un rapport comme préliminaire indispensable aux débats, l'art. 199, al. 2 n'en prescrit pas les formes et n'exige pas, notamment, qu'il soit présenté par son auteur. • Crim. 5 nov. 1998, n° 97-85.741 P.

8. N'imposent pas la formalité préalable du rapport : les dispositions de l'art. 199, al. 3 relatives à la comparution personnelle des parties. • Crim. 18 mai 1998, n° 97-83.926 P. ♦ ... Les dispositions de l'art. 199, al. 5 relatives à la publicité en cas de comparution personnelle. • Crim. 30 mai 1995, n° 95-81.425 P.

2° SITUATION DES PARTIES

a. Observations des parties

9. Procureur général. Selon l'art. 199, les débats devant la chambre d'accusation comportent l'audition du procureur général en ses réquisitions ; l'inobservation de cette prescription entraîne la nullité de la décision. • Crim. 4 juin 1985, n° 84-95.418 P.

10. Parties privées. Il se déduit des dispositions de l'art. 199 et des principes généraux du droit que, devant la chambre d'accusation, l'inculpé doit avoir la parole le dernier lorsqu'il est présent aux débats. Il en est de même de son conseil, dès lors que celui-ci a demandé à présenter des observations sommaires. • Crim. 28 sept. 1983, n° 83-93.215 P : *D. 1984. IR 88, obs. J.-M. R.* • 23 oct. 1984, n° 84-94.205 P. ♦ Cette règle s'applique à toutes les procédures pénales intéressant la défense et se terminant par un arrêt ou un jugement. • Crim. 10 mai 1989, n° 89-81.153 P. ♦ ... Elle s'applique également lorsque la chambre de l'instruction doit statuer sur une demande de publicité des débats et du prononcé de l'arrêt. • Crim. 16 oct. 2001, n° 01-85.381 P : *D. 2001. IR 3331 ; D. 2002. Somm. 1459, obs. Pradel*. ♦ ... Ainsi que dans le cadre d'une procédure d'extradition, cette règle s'appliquant à tout incident, dès lors qu'il n'est pas joint au fond. • Crim. 19 oct. 2021, n° 21-82.230 P. ♦ V. cep., lorsque le procureur général a requis un non-lieu : • Crim. 3 mai 1990, n° 90-80.226 P : *D. 1990. 435, note critique D. Mayer*. ♦ La règle selon laquelle l'inculpé ou son conseil doit avoir la parole le dernier n'implique pas que, devant la chambre d'accusation, lorsque l'un d'eux a usé de ce droit, la parole soit en outre donnée à l'autre. • Crim. 6 févr. 1992, n° 91-86.282 P. ♦ Devant la Cour de cassation, la violation de cette règle est relevée d'office. • Crim. 29 nov. 1984, n° 84-94.697 P. ♦ ... Mais la partie civile ne saurait se faire un grief de ce que l'avocat du mis en examen n'ait pas été entendu en dernier, dès lors que ce principe protège les seuls intérêts du mis en examen. • Crim. 29 mars 2017, n° 17-80.237 P.

11. Il se déduit des art. 5 et 6 Conv. EDH et 199 C. pr. pén. que la personne qui comparaît devant la chambre de l'instruction dans le cadre du contentieux de la détention provisoire, ou son avocat, doivent avoir la parole les derniers et la méconnaissance de ce principe devant la chambre de l'instruction fait nécessairement grief à la personne concernée. • Crim. 18 janv. 2022, n° 21-86.165 P.

12. Illustrations. Cassation de l'arrêt de la chambre de l'instruction devant laquelle, après les observations de l'avocat du mis en examen mineur, a eu la parole en dernier l'avocat du représentant légal dudit mineur. • Crim. 26 juin 2019, n° 19-82.779 P : *D. actu. 16 juill. 2019, obs. Goetz ; RSC 2019. 899, note Renucci*. ♦ Cassation de l'arrêt de la chambre de l'instruction qui mentionne que l'avocat général a été entendu en ses réquisitions et que l'avocat de l'un des comis en examen a eu la parole en dernier, dont il ne ressort pas que les avocats des demandeurs du requérant mis en examen ont eu la parole en dernier. • Crim. 25 août 2021, n° 21-83.238 B.

13. Les conseils des parties qui en ont fait la demande ne pouvant, selon l'art. 199, se voir refuser le droit de présenter des observations à l'audience de la chambre d'accusation, ce texte n'est pas incompatible avec l'art. 5 Conv. EDH selon lequel toute personne privée de sa liberté par arrestation ou détention a le droit d'introduire un recours devant un tribunal afin qu'il soit statué sans délai sur la légalité de sa détention. • Crim. 3 juill. 1985, n° 85-92.219 P.

14. Si, conformément aux dispositions de l'art. 199, al. 3, les avocats des parties disposent du droit d'être entendus à l'audience de la chambre de l'instruction, cette juridiction n'est tenue de répondre qu'aux articulations essentielles des mémoires régulièrement déposés devant elle en application de l'art. 198. • Crim. 15 mai 2012, n° 12-81.653 P.

15. Droit de se taire. Il se déduit de l'art. 6 Conv. EDH que la personne qui comparaît devant la chambre de l'instruction, saisie de l'appel formé contre l'ordonnance du juge d'instruction la renvoyant devant une cour d'assises, doit être informée de son droit, au cours des débats, de faire des déclarations, de répondre aux questions qui lui sont posées ou de se taire, la méconnaissance de l'obligation d'informer l'intéressé du droit de se taire lui faisant nécessairement grief. • Crim. 14 mai 2019, n° 19-81.408 P : *JCP 2019, n° 705, obs. Ribeyre*. ♦ Il se déduit des art. 6 Conv. EDH et préliminaire C. pr. pén. qu'une juridiction prononçant un renvoi devant la juridiction de jugement ou une déclaration de culpabilité ne peut tenir compte, à l'encontre de la personne poursuivie, de déclarations sur les faits effectuées par celle-ci devant cette juridiction ou devant une juridiction différente sans que l'intéressé ait été informé, par la juridiction qui les a recueillies, de son droit de se taire, lorsqu'une telle information était nécessaire. Le droit de faire des déclarations, de répondre aux questions posées ou de se taire doit également être porté à la connaissance de la personne qui comparaît devant la chambre de l'instruction saisie du contentieux d'une mesure de sûreté ; si le défaut d'une telle information est sans incidence sur la décision relative à la mesure de sûreté, les déclarations de la personne mise en cause ne peuvent être utilisées à son encontre par les juridictions appelées à prononcer un renvoi devant la juridiction de jugement ou une déclaration de culpabilité. • Crim. 24 févr. 2021, n° 20-86.537 P : *RSC 2021. 448, obs. Valat ; AJ pénal 2021. 269, obs. Courvoisier-Clément*. ♦ En matière de mandat d'arrêt européen, V. notes ss. art. 695-46.

16. ♦ L'information du mis en examen de son droit, au cours des débats, de faire des déclarations, de répondre aux questions qui lui seraient posées ou de se taire, ne s'impose pas devant la chambre de l'instruction saisie de l'appel de l'ordonnance du juge d'instruction ayant statué sur la restitution d'objets placés sous main de justice. • Crim. 19 déc. 2018, n° 18-84.303 P : *Dr. pénal 2019, n° 36, note Maron et Haas.*

17. Le témoin assisté, dont les droits sont limitativement définis par l'art. 104, n'étant pas partie à la procédure, son conseil ne peut être entendu devant la chambre d'accusation statuant sur l'appel d'une ordonnance de non-lieu par la partie civile. • Crim. 25 janv. 1993, n° 92-80.455 P ♦ Rappr. : • Crim. 30 oct. 1990, n° 90-83.414 P. ♦ ... Mais la censure n'est pas encourue pour autant dès lors qu'il n'est pas établi, ni même allégué, que cette irrégularité lui ait causé un grief. • Crim. 5 mai 1998, n° 97-83.002 P : *Procédures 1998. Comm. 225, obs. Buisson*. ♦ ... Il y a grief pour la partie civile dès lors que l'avocat des témoins assistés a été entendu en dernier sans possibilité pour l'avocat de la partie civile de répliquer. • Crim. 11 oct. 2000, n° 99-87.201 P : *D. 2000. IR 288* .

18. Devant la chambre de l'instruction, après le rapport du conseiller, seuls le procureur général et les avocats des parties ou des témoins assistés peuvent présenter des observations ; il en résulte que l'avocat de la personne qui a été mise en cause mais n'a été ni mise en examen ni placée sous le statut de témoin assisté ne peut être entendu. • Crim. 18 janv. 2017, n° 16-80.164 P : *D. actu. 10 févr. 2017, obs. Priou-Alibert*.

19. Ordre des auditions. Il n'importe que l'avocat de la partie civile appelante ait présenté ses observations avant le ministère public, dès lors que seule est prescrite à peine de nullité l'audition en dernier de la personne mise en examen ou de son avocat. • Crim. 18 mai 1998, n° 97-83.926 P • 14 avr. 1999, n° 99-81.003 P • Crim. 7 août 2019, n° 18-84.182 P : *Dr. pénal 2019, n° 174, note Maron et Haas*. ♦ La partie civile ne saurait se faire un grief de ce que l'avocat du témoin assisté ait eu la parole en dernier, dès lors que seule est prescrite à peine de nullité l'audition en dernier de la personne mise en examen ou de son conseil. • Crim. 14 nov. 2002, n° 02-80.710 P : *D. 2003. IR 106* ; *JCP 2003. IV. 1095*. ♦ Il se déduit des dispositions de l'art. 199 et des principes généraux du droit que, devant la chambre d'accusation (désormais chambre de l'instruction), la personne mise en examen doit avoir la parole en dernier lorsqu'elle est présente aux débats et qu'il en est de même de son avocat lorsqu'il a demandé à présenter des observations sommaires. • Crim. 28 mai 2002, n° 01-85.684 P : *JCP 2002. IV. 2360* • Crim. 7 juill. 2005, n° 05-80.914 P : *D. 2006. Pan. 624, obs. Pradel* ; *RSC 2005. 869, obs. Commaret* . ♦ Lorsque la chambre de l'instruction n'a pas donné la parole en dernier à l'avocat du mis en examen, le pourvoi de celui-ci contre l'arrêt de la chambre de l'instruction le renvoyant devant le tribunal correctionnel est recevable. • Crim. 7 juill. 2005 : *préc.* ♦ Mais si, devant la chambre de l'instruction, la personne mise en examen qui est présente aux débats doit avoir la parole en dernier, il n'importe, au regard des droits de la défense, que les observations présentées émanent d'elle-même ou de son conseil. • Crim. 19 mars 2014, n° 13-88.616 P. ♦ Devant la chambre de l'instruction, toutes les personnes ayant le statut de mis en examen et de témoin assisté, ainsi que leurs avocats, bénéficient, de manière identique et sans ordre de priorité entre eux, du droit de prendre la parole en dernier. • Crim. 11 avr. 2018, n° 17-86.711 P : *D. actu. 7 mai 2018, obs. Morgante ; RSC 2018. 461, note Cordier* . ♦ Le propriétaire d'un bien saisi qui n'a pas la qualité de personne mise en examen ou de témoin assisté ne saurait, à ce stade de la procédure, être assimilé à ceux-ci et ne saurait se faire un grief de ce que son avocat n'a pas eu la parole en dernier à l'issue des débats devant la chambre de l'instruction. • Crim. 13 juin 2018, n° 17-83.893 P : *Dr. pénal 2018, n° 164, note Maron et Haas*.

b. Comparution des parties

20. Demande de comparution personnelle. L'art. 199, al. 6, exige, à peine d'irrecevabilité, que la demande de comparution personnelle devant la chambre de l'instruction soit formulée en même temps que la déclaration d'appel, l'acte effectué par l'avocat ne pouvant compléter sur ce point la déclaration d'appel préalablement formée par la personne détenue. • Crim. 5 avr. 2016, n° 16-80.575 P.

21. Les dispositions de l'al. 3 de l'art. 199, contrairement à celles de l'al. 5, laissent à l'entière discrétion de la chambre d'accusation d'ordonner la comparution personnelle des parties ; cette décision ne constitue qu'une mesure d'administration judiciaire qui échappe au contrôle de la Cour de cassation. • Crim. 17 déc. 1996, n° 96-84.634 P : *JCP 1997. I. 4031, chron. Maron ; Procédures 1997. Comm. 127, obs. Buisson ; Dr. pénal 1997. Comm. 85, obs. Maron* • 15 janv. 2003, n° 02-86.962. ♦ La décision de la chambre de l'instruction d'ordonner la comparution personnelle de l'intéressé constitue une mesure d'administration judiciaire. • Crim. 1er oct. 2014, n° 14.84-823 P : *AJ pénal 2015. 94, obs. Luciani-Mien* . ♦ Mais lorsque la chambre de l'instruction ordonne la comparution personnelle des parties, celles-ci doivent être entendues. • Crim. 29 janv. 2014, n° 13-82.785 P : *Dr. pénal 2014. 47, note Maron et Haas*. ♦ ... La chambre pouvant recourir à la visioconférence, qui n'est qu'une modalité de cette comparution. • Crim. 27 févr. 2018, n° 17-87.133 P : *D. actu. 22 mars 2018, obs. Azoulay ; Dr. pénal 2018, n° 89, obs. Maron et Haas*.

22. L'audition de la personne mise en examen implique nécessairement que la chambre d'accusation, faisant application de la faculté qu'elle tient de l'art. 199, al. 3, a ordonné, en début d'audience, sa comparution personnelle. • Crim. 13 oct. 1998, n° 97-81.439 P. ♦ Comp., jugeant que méconnaît l'art. 199 la cour d'appel qui, en matière de détention provisoire, en l'absence de la personne mise en examen dont elle rejette la demande de mise en liberté, procède à l'audition de la partie civile sans avoir ordonné la comparution personnelle des parties : • Crim.

18 déc. 1996, n° 96-84.675 P : *JCP 1997. I. 4031, Chron. Maron ; Procédures 1997. Comm. 64, obs. Buisson ; Dr. pénal 1997. Comm. 68, note Maron.* ♦ Le mis en examen qui a saisi la chambre de l'instruction du défaut de réponse du juge d'instruction à une demande d'acte, ne saurait se faire grief de ce que la partie civile a été entendue alors que lui-même était absent, dès lors qu'en application de l'art. 199 al. 3, la chambre de l'instruction a ordonné en début d'audience la comparution personnelle de la partie civile et que l'avocat du mis en examen, présent à l'audience ne s'est pas opposé à ces auditions et n'a pas sollicité le renvoi de l'affaire pour audition de son client. • Crim. 17 janv. 2006, n° 05-86.364 P : *D. 2006. IR 605* .

23. La partie civile ne saurait se faire un grief de ce que, seule, la personne mise en examen ait été entendue, dès lors que son avocat ne s'est pas opposé à cette audition et n'a pas demandé le renvoi de l'affaire pour permettre sa comparution. • Crim. 13 oct. 1998 : *préc. note 22.*

24. Est inopérant le moyen pris d'une prétendue irrégularité de la notification de l'ordonnance par laquelle le président de la chambre de l'instruction, par application de l'art. 199, al. 5, refuse la comparution personnelle de la personne mise en examen, une telle décision étant, aux termes du texte précité, insusceptible de recours. • Crim. 14 janv. 2003, n° 02-87.095.

25. En application des dispositions de l'art. 199, dernier al., la demande de comparution personnelle, présentée en même temps que la déclaration d'appel, a pour effet de porter de quinze à vingt jours le délai maximum imparti à la chambre de l'instruction pour statuer, même en cas de rejet par son président de la demande de comparution personnelle de l'intéressé. • Crim. 9 mai 2012, n° 12-81.557 P.

26. Lorsque le président de la chambre de l'instruction refuse, conformément à l'art. 199, al. 6, la comparution à l'audience de la personne mise en examen appelante d'une ordonnance de refus de mise en liberté, cette décision s'étend à toute demande examinée à la même audience en application du dernier al. de l'art. 207. • Crim. 7 oct. 2008, n° 08-85.477 P : *D. 2008. AJ 2797* ; *AJ pénal 2008. 517* .

27. Box vitré. Justifie sa décision de faire comparaître la personne mise en examen dans un box vitré la chambre de l'instruction qui relève que celle-ci, déjà condamnée à sept ans d'emprisonnement pour trafic de stupéfiants, est mise en examen des chefs de meurtre, tentative de meurtre en bande organisée, destruction du bien d'autrui par un moyen dangereux pour les personnes en bande organisée, infraction à la législation sur les armes, association de malfaiteurs, à la suite d'une fusillade s'analysant en une véritable exécution de la victime en pleine rue, ce dont il ressort que la comparution derrière un box vitré était nécessaire à la sécurité de l'audience. • Crim. 18 nov. 2020, n° 20-84.893 P : *D. actu. 8 janv. 2021, obs. Engel.*

3° PRONONCÉ EN CHAMBRE DU CONSEIL

28. La chambre d'accusation apprécie souverainement, au regard des dispositions de l'art. 199, al. 5, la suite à donner à la demande de publicité des débats et de l'arrêt. • Crim. 5 sept. 1990, n° 90-83.668 P • 9 janv. 1996, n° 95-85.279 P. ♦ Lorsqu'une demande de publicité des débats et du prononcé de l'arrêt lui a été adressée, la chambre de l'instruction doit veiller à ce que l'inculpé ou son conseil ait la parole en dernier. • Crim. 16 oct. 2001, n° 01-85.381 P : *D. 2001. IR 3331 ; D. 2002. Somm. 1459, obs. Pradel* .

29. La mention « ainsi fait et prononcé en chambre du conseil », portée à la fin d'un arrêt de chambre d'accusation constate suffisamment que l'audience au cours de laquelle il a été procédé à l'instruction et aux débats a été tenue en chambre du conseil, ainsi que le prescrit l'art. 199. • Crim. 16 oct. 1974 : *Bull. crim. n° 295.* ♦ La mention selon laquelle l'arrêt a été rendu par la chambre d'accusation réunie en chambre du conseil, par sa généralité, constate non seulement la tenue en chambre du conseil de l'audience où la décision a été rendue, mais aussi celle de l'audience précédente où ont eu lieu les débats. • Crim. 6 mars 1989, n° 88-82.695 P : *D. 1989. Somm. 393, obs. Pradel.* ♦ Conf. : • Crim. 5 oct. 1994, n° 94-83.635 P.

30. La mention que la chambre d'accusation s'est réunie « hors la présence du public » constate suffisamment que l'audience au cours de laquelle il a été procédé à l'instruction et aux débats a été tenue dans les conditions prévues par l'art. 199. • Crim. 12 avr. 1983, n° 82-91.088 P. ♦ S'il est vrai qu'il résulte des mentions de l'arrêt attaqué que l'arrêt de la chambre de l'instruction a été rendu en audience publique, contrairement aux dispositions de l'art. 199, al. 1er, pour autant la censure n'est pas encourue, dès lors que les débats ont eu lieu en chambre du conseil et qu'il n'est pas établi, ni même allégué, que l'irrégularité constatée ait causé un grief au demandeur. • Crim. 22 janv. 2002, n° 01-83.639 P.

31. Le déroulement des débats en chambre du conseil exclut toute publicité, même restreinte à la présence d'auxiliaires de justice n'assistant pas les parties. • Crim. 14 nov. 1989, n° 89-85.078 P : *RSC 1990. 806, obs. Braunschweig* . ♦ Toutefois, s'il n'est ni démontré ni allégué que la présence de deux avocats extérieurs à la cause ait eu pour effet de porter atteinte aux intérêts du demandeur à l'occasion de l'examen de sa demande de mise en liberté, l'irrégularité ainsi commise ne saurait entraîner la nullité de la décision de la chambre d'accusation, en vertu des dispositions de l'art. 802. • Crim. 8 févr. 1990, n° 89-86.326 P : *D. 1990. Somm. 224, obs. Pradel* ; *RSC*

1990. 806, obs. Braunschweig • 11 oct. 1994, n° 94-83.697 P. ♦ Les prescriptions de l'art. 199, al. 1er, n'interdisent pas la présence, motivée par des impératifs de sécurité, des gardes régulièrement chargés d'escorter le détenu comparaissant en personne. • Crim. 7 août 1990, n° 90-83.435 P : *RSC 1991. 603, obs. Braunschweig*.

32. Huis clos et grief. Le non-respect des dispositions de l'art. 199 quant à l'absence de publicité des débats n'entraîne pas la nullité de l'arrêt dès lors que l'atteinte au secret de l'instruction qui en serait résulté n'a pas causé de grief à l'intéressé. • Crim. 7 nov. 2000, n° 00-85.219 P • 7 nov. 2000, n° 00-85.221 P. ♦ Le non-respect de l'absence de publicité n'est pas de nature à entraîner la censure de la décision dès lors que l'avocat de la personne mise en examen, présent à l'audience, n'a soulevé aucun incident et qu'il est seulement allégué mais non établi que l'irrégularité ainsi commise aurait causé un grief à l'intéressé. • Crim. 17 sept. 2014, n° 14-84.282 P.

33. Méconnaît l'art. 199 la chambre d'accusation qui statue par un même arrêt sur la demande de publicité des débats et sur la détention. • Crim. 10 janv. 1994, n° 93-84.846 P.

4° PUBLICITÉ DES DÉBATS EN MATIÈRE DE DÉTENTION PROVISOIRE (LOI N° 2007-291 DU 5 MARS 2007)

34. Si, par dérogations aux dispositions de son al. 1er, l'art. 199, al. 2 prévoit la publicité en matière de détention provisoire pour les personnes mises en examen majeures, l'inobservation de cette dernière formalité ne saurait donner ouverture à cassation que s'il en résulte une atteinte aux intérêts de la partie concernée. • Crim. 25 juill. 2007, n° 07-83.550 P : *RSC 2008. 933, obs. Finielz ; D. 2007. 2307, obs. Girault ; AJ pénal 2007. 484, obs. Royer* • 23 janv. 2013 : *D. actu. 7 mars 2013, obs. Léna ; D. 2013. Pan. 1993, obs. Pradel ; AJ pénal 2013. 346, obs. Lasserre Capdeville*. ♦ Il se déduit de l'art. 199, al. 2 qu'en matière de détention provisoire, si la personne mise en examen est majeure, le ministère public ainsi que les parties et leurs avocats peuvent s'opposer, jusqu'à l'ouverture des débats, à la publicité de l'audience et que, en ce cas, les débats concernant la demande d'opposition se déroulent en chambre du conseil. • Crim. 22 juin 2010, n° 10-82.422 P : *AJ pénal 2010. 509, obs. Perrier*.

35. Visioconférence. La publicité prévue, sauf décision contraire, par l'art. 199, al. 2, des audiences au cours desquelles il est statué sur la détention provisoire d'une personne majeure, concerne uniquement l'accès à la salle d'audience où siège la chambre de l'instruction et ne s'étend pas aux locaux pénitentiaires depuis lesquels la personne détenue comparaît par visioconférence. • Crim. 16 mars 2016, n° 15-87.644 P : *D. actu. 30 mars 2016, obs. Benelli-de Bénazé.*

B. RÈGLES PARTICULIÈRES

1° PIÈCES À CONVICTION

36. Apport des pièces à conviction. L'appréciation de la chambre d'accusation quant à l'opportunité de l'apport des pièces à conviction est souveraine. • Crim. 21 avr. 1944 : *DA 1944. 88.*

37. L'arrêt par lequel la chambre d'accusation ordonne l'apport des pièces à conviction constitue une mesure d'ordre qui n'a pas à être signifiée et contre laquelle aucun recours n'est recevable. • Crim. 27 janv. 1981, n° 80-92.657 P.

2° DÉTENTION PROVISOIRE

38. Présence de la personne en cause. Ne méconnaît pas les droits de la défense la chambre d'accusation qui statue, en l'absence de l'inculpé, sur une demande de mise en liberté présentée par le conseil de ce dernier et assortie d'une requête tendant à la comparution personnelle de l'intéressé, dès lors que l'avocat, entendu à l'audience, n'a formulé aucune observation à ce sujet. • Crim. 2 avr. 1990, n° 90-80.418 P.

39. Si l'art. 199, al. 3, impose, en matière de détention provisoire, la comparution personnelle de l'inculpé, lorsque la demande en est faite, il n'exige pas la présence de l'intéressé au moment du prononcé de l'arrêt. • Crim. 5 sept. 1990, n° 90-83.665 P.

40. Méconnaît l'art. 199, al. 5, la chambre de l'instruction qui statue sur la détention provisoire de la personne mise en examen, qui avait demandé à comparaître personnellement, sans caractériser l'existence d'une circonstance imprévisible et insurmontable ayant rendu la comparution par visioconférence impossible. • Crim. 2 févr. 2016, n° 15-86.596 P : *AJ pénal 2016. 273, obs. Girault*. ♦ L'arrêt sur l'appel d'une ordonnance de rejet de mise en liberté peut être rendu en l'absence de l'inculpé détenu et nonobstant sa demande de comparaître, dès lors que la grève du personnel pénitentiaire constitue une circonstance imprévisible et insurmontable rendant impossible sa présence et que la décision ne peut être différée. • Crim. 19 févr. 1992, n° 91-86.567 P. ♦ Saisie de l'appel d'une ordonnance de prolongation de détention d'une personne ayant demandé à comparaître et dont l'audition a été prévue sous forme de visioconférence, la chambre de l'instruction ne peut statuer en se bornant à constater que l'appelant a été admis, deux jours avant l'audience, dans un établissement hospitalier. Il appartient aux juges de constater que cette circonstance, imprévisible, constitue un obstacle à l'audition de l'intéressé qui ne peut être surmonté fût-ce en différant l'examen de l'appel dans les limites du délai légal. • Crim. 17 mars 2009, n° 08-88.460 P : *D. 2009. AJ 1091* ; *AJ pénal 2009. 233, obs. Lasserre Capdeville* ; *Dr. pénal 2010. Chron. 1, obs. Guérin ; Procédures 2009, n° 208, obs. Buisson.*

41. La décision du président de la chambre de l'instruction refusant la comparution personnelle du détenu dans le cadre de l'art. 199, al. 5, n'est susceptible d'aucun recours et est sans incidence sur la durée du délai d'audiencement de l'affaire qui reste de vingt jours. • Crim. 9 juill. 2003, n° 03-82.273 P : *AJ pénal 2003. 29* .

42. Publicité des débats. La chambre d'accusation apprécie souverainement la suite à donner à la demande de publicité des débats formée par l'inculpé ou son conseil. • Crim. 3 juill. 1990, n° 90-82.398 P. ♦ ... Sans avoir à s'expliquer autrement qu'en énonçant que la publicité demandée est de nature à nuire au bon déroulement de l'information. • Crim. 11 avr. 1991, n° 91-80.388 P.

43. Une demande de publicité des débats doit être rejetée, dès lors que l'inculpé s'efforce d'obtenir une tribune aux fins de mettre en cause le fonctionnement de la justice et de la police. • Versailles, 9 janv. 1990 : *D. 1990. 224, obs. Pradel* . ♦ C'est à juste titre que la chambre de l'instruction a refusé la publicité des débats dès lors que cette demande de publicité a été formulée dans un mémoire déposé la veille de l'audience et n'a pas été réitérée dès l'ouverture des débats. • Crim. 16 févr. 2005, n° 04-87.055 P : *D. 2005. IR 1052* .

II. RÈGLES EUROPÉENNES

44. Compatibilité avec l'art. 5 de la Conv. EDH. Les conseils des parties qui en ont fait la demande ne pouvant, selon l'art. 199, se voir refuser le droit de présenter des observations à l'audience de la chambre d'accusation, ce texte n'est pas incompatible avec l'art. 5 Conv. EDH, selon lequel toute personne privée de sa liberté par arrestation ou détention a le droit d'introduire un recours devant un tribunal afin qu'il soit statué sans délai sur la légalité de sa détention. • Crim. 3 juill. 1985, n° 85-92.219 P.

45. Encourt la censure l'arrêt de la chambre d'accusation qui ordonne la prolongation de la détention sans répondre au mémoire de la personne mise en examen, qui invoquait la violation de l'art. 5, § 3, Conv. EDH. • Crim. 14 mai 1996, n° 96-81.045 P.

46. Compatibilité avec l'art. 6 de la Conv. EDH. La chambre d'accusation qui, saisie d'une demande de mise en liberté, statue en chambre du conseil conformément à l'art. 199 ne méconnaît pas l'exigence de publicité édictée par l'art. 6, § 1, Conv. EDH, qui ne concerne que les procédures portant sur « le bien-fondé de toute accusation en matière pénale ». • Crim. 2 mars 1988, n° 87-91.594 P.

47. La chambre de l'instruction apprécie souverainement la suite à donner à la demande de publicité et justifie sa décision lorsqu'elle énonce que la publicité serait de nature à entraver les investigations spécifiques nécessitées par le supplément d'information réclamé par les parties ; il n'y a pas là méconnaissance des dispositions de l'art. 6, § 1, Conv. EDH pour lequel l'exigence de publicité édictée ne concerne que les procédures portant sur le « bien-fondé de toute accusation en matière pénale » et n'intéresse donc pas l'instance par laquelle il est statué sur une demande de mise en liberté. • Crim. 15 mai 2002, n° 02-81.644 P : *JCP 2002. IV. 2190 ; RSC 2002. 882, obs. Renucci* . ♦ V. également • Crim. 16 févr. 2005, n° 04-87.055 P : *D. 2005. IR 1052* ; *JCP 2005. IV. 1688.*

48. La partie civile, qui a pu déposer un mémoire auprès de la juridiction et qui était représentée par un avocat lors de l'audience, ne saurait se faire un grief, pris d'une prétendue violation de l'article 6, § 1, Conv. EDH, du refus, par la chambre de l'instruction, d'ordonner sa comparution personnelle à l'audience. • Crim. 8 déc. 2009, n° 09-82.135 P : *D. 2010. AJ 152, note Léna* ; *AJ pénal 2010. 190, obs. Royer* .

Art. 199-1 *Abrogé par L. n° 2008-174 du 25 févr. 2008, art. 4-III.*

Art. 200 **Lorsque les débats sont terminés, la chambre de l'instruction délibère sans qu'en aucun cas le procureur général, les parties, leurs** *(L. n° 93-2 du 4 janv. 1993)* **« avocats » et le greffier puissent être présents.**

1. La mention de l'arrêt selon laquelle la chambre d'accusation a délibéré hors la présence du ministère public et du secrétaire-greffier implique qu'aucune personne autre que les juges de cette chambre n'assistait au délibéré. • Crim. 3 juill. 1973, n° 73-90.378 P • 24 juin 1986, n° 86-92.164 P. ♦ Il en est de même de la mention selon laquelle la chambre d'accusation a délibéré conformément à l'art. 200. • Crim. 11 juin 1996, n° 96-81.312 P.

2. Il n'y a pas de violation de l'art. 200 lorsque, des énonciations de l'arrêt selon lesquelles, une fois les débats terminés, la chambre d'accusation a mis l'affaire en délibéré pour que la décision soit rendue à une date ultérieure, il se déduit qu'à l'issue des débats et avant l'ouverture du délibéré, le ministère public, les parties, leurs conseils et le greffier se sont retirés. • Crim. 19 févr. 1980, n° 80-90.340 P • 6 mai 1980, n° 79-94.420 P.

3. Les auditeurs de justice peuvent, aux termes de l'art. 19 de l'Ord. du 22 déc. 1958 rétabli par la loi organique du 17 juill. 1970, assister avec voix consultative au délibéré de la chambre d'accusation. • Crim. 5 mai 1981, n° 81-90.615 P • 28 avr. 1981, n° 81-90.746 P.

Art. 201 **La chambre de l'instruction peut, dans tous les cas, à la demande du procureur général, d'une des parties ou même d'office, ordonner tout acte d'information complémentaire qu'elle juge utile.**

Elle peut également, dans tous les cas, le ministère public entendu, prononcer d'office la mise en liberté de *(L. n° 93-2 du 4 janv. 1993)* **« la personne mise en examen ».**

(L. n° 2004-204 du 9 mars 2004, art. 107-II) **« Elle peut ordonner le placement en détention provisoire ou sous contrôle judiciaire de la personne mise en examen. En cas d'urgence, le président de la chambre de l'instruction ou le conseiller désigné par lui peut décerner mandat d'amener, d'arrêt ou de recherche. Il peut également ordonner l'incarcération provisoire de la personne pendant une durée déterminée qui ne peut en aucun cas excéder quatre jours ouvrables jusqu'à la réunion de la chambre de l'instruction. »**

I. POUVOIRS DE LA CHAMBRE DE L'INSTRUCTION

1. Complément d'information. La chambre d'accusation apprécie souverainement la nécessité d'un complément d'information. • Crim. 27 févr. 1978, n° 77-92.301 P : *JCP 1979. II. 19113, note Chambon* • 4 janv. 1995, n° 93-85.135 P • 6 juin 2000, n° 00-81.725 P. ♦ Notamment, elle peut ordonner, en même temps, une expertise dont elle confie le contrôle des opérations à l'un de ses membres et un supplément d'information pour l'exécution duquel elle délègue un juge d'instruction. • Crim. 10 déc. 1985, n° 85-95.006 P. ♦ Les parties sont recevables à demander un complément d'expertise ou une contre-expertise à la chambre de l'instruction saisie du règlement de la procédure sans que le délai de l'art. 167, al. 3, puisse leur être opposé. • Crim. 2 oct. 2001, n° 00-85.724 P : *D. 2002. Somm. 1458, obs. Pradel*.

2. La chambre d'accusation ne peut ordonner un complément d'information en se fondant sur des éléments de preuve irrégulièrement obtenus. • Crim. 20 mai 1980, n° 79-93.444 P.

3. Aucune violation des droits de la défense ni aucune nullité ne résulte du fait qu'une chambre d'accusation, en l'absence de toute protestation de l'inculpé, a statué sur le fond sans attendre le terme d'une mesure d'instruction qu'elle avait précédemment ordonnée, les juges répressifs pouvant modifier leur appréciation souveraine de la force probante des moyens de preuve qui leur sont proposés. • Crim. 17 nov. 1965, n° 64-92.842 P • 18 oct. 1973, n° 73-92.664 P.

4. Le président de la chambre d'accusation ne dispose d'aucun pouvoir propre pour ordonner un supplément d'information. • Crim. 20 mai 1980, n° 79-93.444 P : *RSC 1981. 404, obs. J. Robert.*

5. La demande de complément d'information n'est soumise, devant la chambre d'accusation, à aucune condition de recevabilité. • Crim. 19 sept. 1995, n° 95-83.497 P. ♦ Toutefois, lorsque la chambre de l'instruction n'est pas saisie du règlement de la procédure, elle ne peut être saisie directement d'une demande d'acte hormis le cas où le juge d'instruction n'y aurait pas répondu dans les délais. • Crim. 19 sept. 2001, n° 01-85.188 P.

6. Mise en liberté de la personne mise en examen. L'art. 201, al. 2, consacre au profit de la chambre d'accusation un droit dont l'exercice relève de sa seule initiative et qui n'autorise en aucune façon l'inculpé à s'adresser directement à elle pour la requérir d'en faire usage à son profit. • Crim. 22 mars 1966, n° 65-90.430 P : *D. 1966. 488* • 25 oct. 1973, n° 73-92.707 P • 3 avr. 2002, n° 02-81.056 P : *JCP 2002. IV. 1897 ; RSC 2002. 883, obs. Renucci*.

7. L'art. 201, al. 2, permettant à la chambre d'accusation, quelles que soient les conditions de sa saisine, de prononcer d'office la mise en liberté de l'inculpé, cette mise en liberté s'impose si celui-ci est détenu en vertu d'un titre inexistant. • Crim. 4 janv. 1983, n° 82-93.809 P : *D. 1983. 562, note Royer ; JCP 1984. II. 20203, note Chambon* • 10 mai 1995, n° 95-80.975 P. ♦ Tel est le cas lorsqu'une ordonnance de prolongation de détention provisoire, bien que n'ayant pas été frappée d'appel, est intervenue tardivement. • Mêmes arrêts. ♦ ... Lorsque la chambre d'accusation, saisie sur le fondement de l'art. 173, a annulé les actes d'une procédure d'interpellation, et constaté que cette annulation entraînait celle de l'ensemble de la procédure d'instruction, y compris celle du titre de détention de la personne interpellée, elle n'a pas à faire application de l'art. 201, al. 2. • Crim. 23 juin 1998, n° 98-81.900 P. ♦ Lorsque le procureur de la République a saisi, aux fins de prolongation de la détention provisoire, le juge des libertés et de la détention qui décide, non seulement de refuser de prolonger la détention, mais encore de mettre la personne concernée en liberté avant l'expiration du délai prévu par les art. 145-1 et 145-2, celle-ci doit être immédiatement libérée, sauf mise en œuvre de la procédure de référé-détention prévue par l'art. 148-1-1. • Crim. 8 oct. 2013, n° 13-85.098 P : *D. actu. 29 oct. 2013, obs. Winckelmuller ; AJ pénal 2013. 683, obs. Girault*.

8. N'encourt pas la censure la chambre d'accusation qui, saisie de l'appel formé contre une ordonnance rejetant la demande de mise en liberté d'une personne mise en examen, prononce la mise en liberté d'office d'une autre personne mise en examen dans la même procédure. • Crim. 26 sept. 1995, n° 95-80.010 P : *RSC 1996. 139, obs. Dintilhac ; Procédures 1996. Comm. 14, obs. Buisson.*

9. Pouvoir d'évocation. Après avoir constaté que le débat contradictoire prévu par l'art. 145-1 n'avait pas été tenu et avoir annulé l'ordonnance de prolongation de détention provisoire, la chambre de l'instruction doit prononcer d'office la mise en liberté et ne peut évoquer et organiser devant elle le débat contradictoire pour prolonger la détention provisoire. • Crim. 9 mai 2001, n° 01-81.598 P : *D. 2001. IR 1923 ; Procédures 2001. Comm. 181, obs. Buisson* • 5 sept. 2001, n° 01-84.379 P : *D. 2001. IR 3090* ♦ *Contra* : lorsqu'une ordonnance de prolongation de détention provisoire n'est pas motivée au regard des dispositions de l'art. 145-3, la chambre de l'instruction est tenue d'examiner le bien-fondé de la détention provisoire et de statuer au besoin par motifs propres sur la nécessité de cette mesure, en raison de l'effet dévolutif de l'appel ; il n'y a dès lors pas lieu à annuler l'ordonnance du juge des libertés mais à la confirmer en y insérant les motifs répondant aux exigences légales. • Crim. 9 mai 2001, n° 01-81.599 P : *D. 2001. IR 2240* . ♦ Rappr. : • Crim. 2 févr. 2000, n° 99-87.104 P. ♦ De même, lorsqu'une ordonnance de placement sous contrôle judiciaire imposant une interdiction d'exercer une activité professionnelle est insuffisamment motivée, les motifs de l'arrêt de la chambre de l'instruction confirmant l'acte entrepris, se substituent à ceux de l'ordonnance. • Crim. 16 janv. 2002, n° 01-87.235 P.

10. En raison de l'effet dévolutif de l'appel, la chambre de l'instruction est tenue d'examiner le bien-fondé de la prolongation d'une détention quand bien même elle est saisie d'une ordonnance du JLD ayant prescrit la mise en liberté d'un détenu avant l'expiration du délai de l'art. 145-2. • Crim. 6 août 2003, n° 03-82.964 P : *JCP 2003. IV. 2664 ; AJ pénal 2003. 108* .

II. COMPATIBILITÉ AVEC LES RÈGLES EUROPÉENNES

11. Droit à un procès équitable (art. 6, Conv. EDH). En appréciant souverainement que l'information est complète et qu'il n'y a pas lieu à supplément d'information, la chambre d'accusation ne méconnaît pas les dispositions de l'art. 6, § 3 d), Conv. EDH, dont l'objet est d'assurer les droits de la défense, non devant les juridictions d'instruction, mais devant les juridictions de jugement. • Crim. 10 mars 1992, n° 91-86.944 P.

Art. 202 *(Ord. n° 58-1296 du 23 déc. 1958)* **« Elle peut, d'office ou sur réquisitions du procureur général, ordonner qu'il soit informé à l'égard** *(L. n° 93-2 du 4 janv. 1993)* **« des personnes mises en examen » ou prévenus renvoyés devant elle sur tous les chefs de crimes, de délits, de contraventions, principaux ou connexes, résultant du dossier de la procédure, qui n'auraient pas été visés par l'ordonnance du juge d'instruction ou qui auraient été distraits par une ordonnance comportant non-lieu partiel, disjonction ou renvoi devant la juridiction correctionnelle ou de police. »**

Elle peut statuer sans ordonner une nouvelle information si les chefs de poursuite visés à l'alinéa précédent ont été compris *(L. n° 94-89 du 1er févr. 1994)* **« dans les faits pour lesquels la personne a été mise en examen par le » juge d'instruction.**

1. Rôle de la chambre de l'instruction. La chambre d'accusation apprécie souverainement tous les éléments constitutifs des crimes et des délits ; la Cour de cassation n'a d'autre pouvoir que de vérifier si la qualification donnée aux faits justifie l'arrêt de renvoi. • Crim. 18 juill. 1952 : *D. 1952. 667* • 10 mai 1973, n° 73-90.372 P. ♦ Si l'art. 202 permet à la chambre d'accusation d'ordonner une nouvelle information, cette disposition ne déroge pas aux droits et aux devoirs qu'ont les juridictions d'instruction de terminer par une décision de non-lieu leur procédure lorsqu'elles estiment que celle-ci est complète et qu'aucun crime, délit ou contravention ne peut être établi. • Crim. 20 juill. 1976, n° 75-91.084 P • 7 nov. 1978, n° 77-92.525 P : *D. 1979. IR 218* • 4 janv. 1979, n° 77-93.578 P.

2. Il résulte de la combinaison des art. 202 et 205 que lorsque, sur réquisitions du procureur général ou d'office, la chambre de l'instruction, saisie de l'appel interjeté contre une ordonnance de mise en accusation, estime y avoir lieu, à l'égard d'une personne mise en examen, de poursuivre les investigations sur des infractions résultant du dossier de la procédure mais non visées dans l'ordonnance, elle doit procéder par voie de supplément d'information et ne saurait infirmer l'ordonnance et ordonner la poursuite de l'information et le retour du dossier au magistrat instructeur. • Crim. 31 mai 2017, n° 17-81.539 P : *D. actu. 3 juill. 2017, obs. Fonteix ; AJ pénal 2017. 407, obs. Lasserre Capdeville* .

3. Étendue de la saisine. Les chambres d'accusation ne peuvent, sans recourir à la procédure des art. 202 et 204, statuer sur les faits restés en dehors de la saisine du juge d'instruction. • Crim. 3 janv. 1970, n° 68-93.382 P • 31 mai 1994, n° 93-82.380 P • 12 avr. 2005, n° 03-83.452 P : *JCP 2005. IV. 2270.* ♦ Elles ne peuvent statuer sur des faits qui, ayant été commis postérieurement à la mise en mouvement de l'action publique, sont restés en dehors de la saisine du juge d'instruction et le caractère continu de l'infraction ne saurait faire échec à cette règle. • Crim. 15 mai 1979, n° 78-92.189 P. ♦ ... Ni se prononcer sur le lien de connexité entre les faits dont elles sont saisies et ceux qui sont déjà déférés à une juridiction criminelle. • Crim. 30 mai 1989, n° 89-81.584 P.

4. La chambre d'accusation pouvant statuer sans ordonner une nouvelle information si les chefs de poursuite résultant du dossier ont été compris dans les faits pour lesquels la personne a été mise en examen, elle peut renvoyer devant le tribunal correctionnel pour faux et usage de faux une personne mise en examen pour escroquerie dès lors que les manœuvres qui lui étaient reprochées consistaient en la réalisation d'un faux engagement de caution. • Crim. 1er oct. 1997, n° 96-83.351 P. ♦ V. aussi : • Crim. 19 mars 1997, n° 96-86.683 P. ♦ ... De la même façon, dès lors que les éléments matériels sur lesquels la chambre de l'instruction s'est appuyée pour caractériser la circonstance aggravante de préméditation ont été discutés lors de l'information, elle n'avait l'obligation ni d'ordonner un complément d'information ni de provoquer de nouvelles explications des parties pour ordonner le renvoi de la personne mise en examen devant la cour d'assises. • Crim. 13 janv. 2021, n° 20-85.791 P : *D. actu. 1er févr. 2021, obs. Goetz ; RSC 2021. 607, obs. Beauvais*.

5. La chambre d'accusation, qui tient de l'art. 202 le droit d'ordonner d'informer sur tous les chefs d'infraction résultant du dossier, ne saurait mettre en accusation pour un crime non compris dans les inculpations du juge d'instruction, notamment en qualifiant de tentative de meurtre des faits de violences avec armes, retenus seulement comme circonstances aggravantes d'un vol. • Crim. 4 janv. 1977, n° 76-91.991 P : *JCP 1977. II. 18727, note Mayer-Jack.* ♦ Mais elle peut mettre en accusation pour des faits compris dans les inculpations du juge d'instruction, même si ceux-ci ont fait l'objet d'une ordonnance de non-lieu partiel. • Crim. 10 mars 1993, n° 90-86.854 P • 26 nov. 1996, n° 94-84.572 P.

6. Si la chambre d'accusation a l'obligation de statuer sur tous les faits dénoncés par la partie civile et sur tous les chefs d'inculpation visés dans la plainte, elle n'a cependant pas qualité pour se prononcer sur les infractions fiscales dont le juge d'instruction n'avait pas été lui-même saisi par des réquisitions spéciales du parquet après plainte préalable de l'administration des finances. *Il en est ainsi même si* la partie civile a visé dans sa plainte les faits susceptibles de constituer des fraudes fiscales. • Crim. 28 mai 1973, n° 72-93.749 P.

7. Le juge d'instruction est tenu de rechercher les personnes ayant pu participer, comme auteur ou comme complice, à la commission des infractions dont il se trouve saisi et cette obligation s'impose également à la chambre de l'instruction saisie de l'entier dossier ; dès lors, celle-ci ne pouvait, pour déclarer irrecevable la demande des parties civiles aux fins de supplément d'information et de mise en examen des parents de la victime, du chef de complicité de viols et agressions sexuelles sur mineure de quinze ans, énoncer que la mise en examen n'est pas un acte utile à la manifestation de la vérité qui peut être demandé par une partie civile. • Crim. 16 mars 2016, n° 15-87.675 P : *D. actu. 14 avr. 2016, obs. Fonteix ; AJ pénal 2016. 393, obs. Gallois*.

8. Effet dévolutif de l'appel. La chambre d'accusation est tenue, sans que sa saisine puisse être limitée par l'effet dévolutif de l'appel des parties civiles, de statuer sur les réquisitions du procureur général à l'égard de l'inculpé sur tous les chefs de crimes, de délits ou de contraventions résultant de la procédure, et notamment sur ceux qui ont été distraits par une ordonnance de renvoi devant le tribunal correctionnel • Crim. 15 oct. 1969, n° 69-90.439 P : *D. 1970. 53* • 28 avr. 1981, n° 81-90.188 P : *JCP 1970. II. 16278, note Desmonts.* ♦ Rappr. : • Crim. 1er déc. 1999, n° 99-81.853 P : *Dr. pénal 2000. Chron. 26, obs. Marsat.* ♦ L'art. 202 permet à la chambre de l'instruction, et sans que sa saisine puisse être limitée par l'effet dévolutif de l'appel, de statuer d'office, à l'égard de la personne mise en examen renvoyée devant elle, sur tous les chefs de crimes, délits principaux ou connexes, résultant de la procédure, et notamment, sur ceux qui, comme en l'espèce, en avaient été distraits par une ordonnance de renvoi devant le tribunal correctionnel. • Crim. 31 oct. 2006, n° 06-81.119 P : *D. 2006. IR 2950 ; AJ pénal 2006. 512 ; Procédures 2007. Comm. 20, obs. Buisson* • 27 mars 2008, n° 07-86.261 P : *AJ pénal 2008. 289 ; Dr. pénal 2009. Chron. 1, obs. Guérin.* ♦ Lorsque la chambre de l'instruction est saisie de l'appel d'une seule des deux parties civiles contre une ordonnance de non-lieu, elle peut infirmer l'ordonnance de non-lieu dans toutes ses dispositions et renvoyer le prévenu devant le tribunal pour l'ensemble des délits résultant de la procédure. • Crim. 2 oct. 2001, n° 01-82.555 P : *D. 2001. IR 3332*.

9. La chambre d'accusation, statuant comme juge d'appel, est saisie par l'acte d'appel et, sous réserve de l'application des art. 202 et 204, sa juridiction est circonscrite par les termes de cet acte et par la qualité de l'appelant. Lorsque aucun inculpé n'est renvoyé devant elle et qu'elle n'est saisie de l'appel de la partie civile qu'en ce que l'ordonnance entreprise a dit la constitution de partie civile irrecevable sur certains chefs, elle ne peut étendre cette irrecevabilité à un autre chef. • Crim. 2 oct. 1985, n° 85-90.315 P. ♦ De même, lorsque la chambre d'accusation est saisie d'un appel de la partie civile contre une ordonnance de non-lieu concernant une partie des personnes mises en examen, elle n'a pas à évoquer le cas de la personne non concernée par le non-lieu partiel qui a fait l'objet d'un renvoi devant le tribunal correctionnel et dont seul le ministère public peut interjeter appel. • Crim. 28 juin 2000, n° 99-85.280 P : *D. 2000. IR 252*. ♦ Le pouvoir de révision de la chambre de l'instruction prévu par l'art. 202 ne s'exerce qu'à l'encontre des personnes renvoyées devant elle. La personne mise en examen appelante de l'ordonnance de mise en accusation étant irrecevable à critiquer, devant la chambre de l'instruction, la qualification des faits retenue par le juge d'instruction à l'encontre des autres personnes mises en examen, ne saurait demander à cette juridiction de faire application des dispositions de l'art. 204 à l'encontre de celles qui n'ont pas été renvoyées devant elle. • Crim. 22 août 2012, n° 12-83.900 P.

10. Droit d'évocation. Si, suivant l'art. 202, al. 1er, les chambres d'accusation sont investies du droit de faire informer à l'égard des inculpés renvoyés devant elles sur tous les chefs de poursuite résultant du dossier de la procédure qui n'auraient pas été visés par l'ordonnance du juge d'instruction, et si, en pareille hypothèse, elles ont la faculté d'évoquer l'affaire, elles ne peuvent statuer « sans ordonner une nouvelle information », suivant l'art. 202, al. 2, que si les chefs de poursuite ont été compris dans les inculpations faites par le juge d'instruction. Dans la négative, les chambres d'accusation doivent ordonner une nouvelle information. • Crim. 23 févr. 1971, n° 70-91.578 P : *D. 1971. 592, note J.-M. Robert.* ♦ Comp., cependant : • Crim. 9 janv. 1990, n° 89-85.889 P • 22 août 1990 : *JCP 1991. II. 21699, obs. Courjon.*

11. Requalification. Même en l'absence d'appel du ministère public, les chambres de l'instruction sont investies du pouvoir de modifier et compléter les qualifications données aux faits par le juge d'instruction et peuvent ordonner le renvoi devant la cour d'assises pour des faits pour lesquels le juge d'instruction avait rendu une ordonnance de non-lieu partiel. • Crim. 6 août 2003, n° 03-82.892 P : *D. 2004. Somm. 668, obs. Pradel ; JCP 2003. IV. 2661 ; AJ pénal 2003. 71*.

12. Limites de l'autorité de la chose jugée. Si la chambre d'accusation tient des dispositions de l'art. 202 le pouvoir d'ordonner qu'il soit informé contre les personnes mises en examen renvoyées devant elle, il n'en est pas ainsi quand ces personnes ont fait l'objet d'une ordonnance de non-lieu devenue définitive. Méconnaît ce principe la chambre de l'instruction qui, sur appel des seules dispositions d'une ordonnance ayant renvoyé une personne devant la cour d'assises, infirme les dispositions de la même ordonnance ayant prononcé non-lieu à l'égard d'une autre personne mise en examen, alors que ce non-lieu, non frappé d'appel, était devenu définitif. • Crim. 29 mai 2002, n° 02-81.995 P : *D. 2002. IR 2305 ; JCP 2002. IV. 2361.*

Art. 203 **Les infractions sont connexes soit lorsqu'elles ont été commises en même temps par plusieurs personnes réunies, soit lorsqu'elles ont été commises par différentes personnes, même en différents temps et en divers lieux, mais par suite d'un concert formé à l'avance entre elles, soit lorsque les coupables ont commis les unes pour se procurer les moyens de commettre les autres, pour en faciliter, pour en consommer l'exécution, ou pour en assurer l'impunité, soit lorsque des choses enlevées, détournées ou obtenues à l'aide d'un crime ou d'un délit ont été, en tout ou en partie, recelées.**

1. QPC. V. note ss. art. 7.

I. CAS DE CONNEXITÉ

A. ÉNUMÉRATION LÉGALE

1° PRÉCISIONS JURISPRUDENTIELLES

2. Unité temporelle et spatiale. Sont considérées comme des infractions connexes des actes de pillages commis par plusieurs personnes au cours d'une même scène d'émeute. • Crim. 21 janv. 1808 : *Bull. crim. n° 9.* ♦ ... Ainsi que des violences réciproques exercées au cours d'une rixe. • Crim. 17 janv. 1973 : *Bull. crim. n° 24.*

3. Entente préalable. Il y a connexité entre le délit d'association de malfaiteurs et les crimes ou délits commis par les membres de cette association en exécution d'une entente établie entre eux. • Crim. 27 nov. 1958 : *Bull. crim. n° 699* • 20 févr. 1990, n° 89-86.610 P : *D. 1991. 395, note Fournier*. ♦ ... Entre des délits de vol et de transport d'explosifs d'une part, et de destruction d'immeubles au moyen des explosifs provenant de ces délits d'autre part. • Crim. 20 févr. 1980, n° 79-90.347 P. ♦ ... Ou encore entre des escroqueries commises aux divers niveaux hiérarchiques d'une société de crédit différé. • Crim. 8 janv. 1957 : *Bull. crim. n° 33.* ♦ La même solution est retenue pour des violences volontaires commises en réunion par plusieurs personnes, procédant d'une action concertée, déterminées par la même cause et tendant au même but. • Crim. 22 oct. 1997, n° 96-85.970 P.

4. Interdépendance. Il y a connexité dans les cas suivants : violences exercées par un détenu sur un gardien pour permettre l'évasion, et l'évasion ainsi réalisée. • Crim. 25 mars 1880 : *DP 1880. 1. 340.* ♦ ... Délit de port d'arme prohibée et assassinat commis avec cette arme. • Crim. 3 juin 1959 : *Bull. crim. n° 296.* ♦ ... Meurtre commis pour faciliter la fuite de l'auteur d'un vol.

• Crim. 12 juin 1954 : *Bull. crim. n° 210* • 31 mai 2000, n° 99-84.507 P. ♦ ... Usage d'un faux document et dénonciation calomnieuse pour l'exécution de laquelle il a été utilisé. • Crim. 20 oct. 1981, n° 81-90.627 P. ♦ ... Coups mortels et recel de malfaiteurs, la commission du recel étant destinée à assurer l'impunité de l'auteur des coups. • Crim. 4 juin 1995, n° 94-81.662 P. ♦ Il y a connexité lorsque les coupables ont commis une infraction (abstention volontaire de prendre ou provoquer les mesures permettant de combattre un sinistre de nature à créer un danger pour la sécurité des personnes) pour assurer l'impunité d'une autre (destruction involontaire d'un bien appartenant à autrui). • Crim. 18 oct. 2011 : *D. 2011. AJ 2658*

5. Choses recelées. La jurisprudence retient la connexité entre le recel de choses et l'infraction qui les a procurées. • Crim. 7 juin 1951 : *Bull. crim. n° 166* • 8 févr. 1956 : *Bull. crim. n° 141* • 25 juin 1974, n° 90-44.674 P • 6 mai 1987, n° 86-93.694 P • 28 oct. 1992, n° 91-84.341 P • 19 déc. 1995, n° 95-80.850 P. ♦ Il y a connexité entre l'infraction par laquelle les objets ont été enlevés, détournés ou obtenus, et le recel des mêmes objets. • Crim. 31 mai 2000, n° 99-84.308. ♦ *Adde* pour le recel : • Crim. 22 févr. 2000, n° 99-85.071 • 11 mai 2000, n° 99-83.334.

2° EXTENSIONS JURISPRUDENTIELLES

6. Caractère non limitatif de l'énumération légale. Les dispositions de l'art. 227 C. instr. crim. (art. 203) relatives à la connexité, n'étant pas limitatives, s'étendent aux cas dans lesquels il existe entre les faits des rapports étroits, analogues à ceux que la loi a spécialement prévus. • Crim. 6 déc. 1907 : *Bull. crim. n° 101 ; DP 1910. 1. 53* • 11 mars 1937 : *Bull. crim. n° 48* • 12 juin 1954 : *Bull. crim. n° 210* • 17 janv. 1957 : *Bull. crim. n° 53* • 6 janv. 1970 : *Bull. crim. n° 11* • 7 août 1971 : *Bull. crim. n° 245 ; D. 1971. Somm. 190* • 13 févr. 1974, n° 73-91.440 P • 12 nov. 1981, n° 79-90.830 P • 18 août 1987 : *D. 1988. Somm. 194, obs. Pradel* • 26 juin 1988, n° 87-81.745 P • 11 oct. 2000, n° 99-88.036 • 28 mai 2003, n° 02-85.185 P : *JCP 2003. IV. 2370* • 19 sept. 2006, n° 05-83.536 P : *AJ pénal 2006. 407* (faits de vols connexes à une escroquerie).

7. Lorsque le juge retient la connexité entre deux infractions dans une hypothèse qui ne figure pas parmi celles énumérées par l'art. 203, il doit en justifier. • Crim. 20 janv. 2009, n° 08-80.021 P : *D. 2009. AJ 502 ; AJ pénal 2009. 177, obs. Girault ; Dr. pénal 2009, n° 57, obs. Maron et Haas.*

8. La connexité est également retenue lorsque les faits en cause procèdent d'une conception unique. • Crim. 30 nov. 1987, n° 87-80.737 P • 28 nov. 1996, n° 95-80.168 P. ♦ Il en est de même en raison de l'identité de leur objet et de la communauté de leur résultat. • Crim. 18 févr. 1991, n° 90-80.025 P.

B. CONTRÔLE DE LA COUR DE CASSATION

9. Réalité du contrôle. Au cas où la connexité est retenue, la Cour de cassation vérifie si, à défaut d'entrer dans l'énumération de l'art. 203, il existe à tout le moins entre elles des rapports analogues à ceux que cet article a déterminé. • Crim. 16 oct. 1958 : *Bull. crim. n° 631 ; RSC 1959. 690, obs. Robert* • 7 avr. 1992, n° 91-82.210 P.

10. Les décisions qui n'indiquent pas les circonstances ayant conduit les juges à retenir la connexité, et qui par conséquent ne permettent pas à la Cour de cassation d'exercer son contrôle, sont censurées. • Crim. 3 janv. 1959 : *Bull. crim. n° 18* • 28 mars 1974, n° 73-90.850 P. ♦ La connexité n'étant pas présumée, les juges répressifs doivent en constater l'existence pour lui faire produire ses effets. • Crim. 27 sept. 1995 : *inédit.*

11. L'appréciation des juges du fond, quand ils estiment sans contradiction qu'il n'existe pas de lien de connexité entre les infractions qui leurs sont soumises, est au contraire souveraine. • Crim. 7 avr. 1992, n° 91-82.210 P • 7 juin 1993 : *Dr. pénal 1993. Comm. 206, obs. Véron.*

C. EXEMPLES

12. Exemples d'infractions connexes : infractions contre les personnes. Il y a connexité entre : des blessures involontaires occasionnées à la même victime par les conducteurs de deux véhicules qui l'ont successivement heurtée. • Crim. 23 juin 1971 : *Bull. crim. n° 206.* ♦ ... L'homicide involontaire reproché à un médecin anesthésiste et les crimes d'assassinat et complicité imputés à deux autres médecins qui auraient volontairement saboté l'appareil de réanimation utilisé. • Crim. 18 août 1987 : *D. 1988. Somm. 194, obs. Pradel.* ♦ ... Un meurtre et un délit de non-assistance à personne en danger. • Crim. 5 déc. 1957 : *Bull. crim. n° 808.* ♦ *Contra* • Paris, 11 juill. 1969 : *JCP 1969. II. 16395 note Chambon.* ♦ ... Le délit de non-assistance à personne en danger commis par un médecin omettant d'intervenir auprès d'un patient auquel il avait transfusé du sang qu'il a appris plus tard être contaminé et celui d'homicide involontaire consécutif au décès du malade. • Crim. 17 sept. 1997, n° 96-84.972 P. ♦ Il y a également connexité en cas d'infractions d'atteintes sexuelles commises par la même personne à l'égard de mineurs différents. • Crim. 11 oct. 2000, n° 99-88.036. ♦ ... Ou par des personnes différentes à l'égard du même mineur en raison du rapport étroit qui existe entre les différentes infractions. • Crim. 23 févr. 2000, n° 99-84.828.

13. Infractions contre les biens. Il y a connexité entre : des délits de présentation de faux bilan et de distribution de dividendes fictifs d'une part, et des délits d'abus de biens sociaux destinés à les masquer. • Crim. 6 janv. 1970 : *Bull. crim. n° 11.* ♦ ... Un détournement d'actif commis par un prévenu et la tenue d'une comptabilité fictive par un autre, les deux délits procédant d'une conception unique. • Crim. 30 nov. 1987, n° 87-80.737 P. ♦ ... Des abus de biens sociaux commis au préjudice d'une société et des escroqueries et détournements frauduleux au préjudice des clients de celle-ci. • Crim. 1er févr. 1988, n° 86-95.678 P. ♦ ... Des détournements réitérés de marchandises commis par plusieurs chauffeurs salariés d'une entreprise, chacun d'eux agissant pour son propre compte, mais non à l'insu des autres. • Crim. 12 nov. 1981, n° 79-90.830 P. ♦ ... Un vol de photocopie commis par un salarié au préjudice de son employeur et la falsification de ce document pour le présenter en justice. • Crim. 25 févr. 1998, n° 97-82.887 P. ♦ ... Diverses infractions douanières ou cambiaires reprochées à une même personne. • Crim. 26 juill. 1988, n° 87-81.745 P.

14. Exemples d'infractions non connexes. Il n'existe pas de lien de connexité : entre une infraction à la législation sur les paris dans les courses de chevaux et la complicité de délit de réception illicite de paris, faute de concert préalable et d'unicité de conception ou de but entre ces infractions. • Crim. 7 avr. 1992, n° 91-82.210 P. ♦ ... Entre l'exercice illégal de la profession de banquier, l'escroquerie et le délit de non-révélation par un commissaire aux comptes de faits délictueux. • Crim. 7 juin 1993 : *Dr. pénal. 1993. Comm. 206, obs. Véron.* ♦ ... Entre l'homicide involontaire d'un médecin n'ayant pas pris les mesures d'hospitalisation sans consentement et l'homicide volontaire commis par son patient déclaré pénalement irresponsable. • Crim. 15 sept. 2015, n° 14-83.740 P : *D. actu. 5 oct. 2015, obs. Deker ; AJ pénal 2016. 29, note Mayaud* .

II. EFFETS DE LA CONNEXITÉ

A. EFFETS PRINCIPAUX

15. Prorogation de compétence. La chambre d'accusation apprécie la nécessité ou la convenance de la jonction, dans un même renvoi devant la cour d'assises, d'un crime et d'un délit connexes retenus à l'encontre de prévenus différents, poursuivis les uns pour crimes, les autres pour délits. • Crim. 25 juin 1974, n° 74-90.446 P.

16. En vertu des dispositions combinées des art. 43, 52 et 203, la compétence du procureur de la République et du juge d'instruction, à raison du lieu de commission d'un crime ou délit quelconque, s'étend aux infractions connexes de toute nature commises en dehors de leur circonscription. N'encourt donc pas la cassation l'arrêt d'une chambre d'accusation qui déclare compétents pour connaître de faits, alors criminels, de soustraction, destruction ou enlèvement de pièces par un dépositaire public, commis en dehors de leur circonscription, le procureur de la République et le juge d'instruction du lieu de commission de délits connexes de faux et usage de faux en écriture privée, et qui en déduit n'y avoir lieu à annulation du réquisitoire introductif et de la procédure subséquente. • Crim. 2 mai 1994, n° 94-80.218 P. ♦ En vertu des dispositions de l'art. 203, la compétence du procureur de la République prévue par l'art. 43, comme celle du juge d'instruction définie par l'art. 52, s'étend aux infractions de toute nature, même commises en dehors de la circonscription de ces magistrats, lorsqu'elles sont connexes à celles dont ils sont déjà saisis. • Crim. 30 mai 1996, n° 95-85.954 P.

17. Malgré les dispositions de l'art. 696, l'auteur français d'une infraction commise à l'étranger et qui est connexe à un crime ou délit commis en France peut être déféré devant la juridiction française compétente pour juger ce crime ou ce délit. • Crim. 20 févr. 1990, n° 89-86.610 P.

18. Lorsque la juridiction correctionnelle a été régulièrement saisie de deux infractions, dont l'une n'a pu lui être déférée qu'en raison de sa connexité avec l'autre, elle reste compétente pour statuer sur l'action publique et l'action civile, afférentes à cette infraction connexe, alors même que, pour le reste de la poursuite, l'action publique se trouve éteinte. Il en est ainsi spécialement lorsque la poursuite de l'infraction principale est déclarée prescrite. • Crim. 31 janv. 1995, n° 92-86.559 P.

19. Jonction des procédures. Il appartient à la chambre d'accusation d'apprécier la nécessité ou la convenance de la jonction, dans un même renvoi devant la cour d'assises, d'un crime et d'un délit connexes retenus à l'encontre de prévenus différents, poursuivis les uns pour crimes, les autres pour délits. • Crim. 25 juin 1974, n° 74-90.446 P.

20. La jonction de procédures étant facultative, celle-ci constitue une mesure d'administration judiciaire insusceptible d'annulation, sauf atteinte aux droits de la défense. • Crim. 3 juin 1959 : *Bull. crim. n° 296.*

21. Solidarité. Après avoir déclaré un prévenu coupable de violences avec arme et un autre prévenu coupable de non-assistance à personne en péril sur une même victime, les juges ne peuvent les condamner solidairement à des réparations civiles en omettant de rechercher l'existence d'une connexité entre les infractions distinctes. • Crim. 27 sept. 1995, n° 94-80.034 P. ♦ La solidarité de l'art. 375-2 s'étend à tous les individus déclarés coupables de différentes infractions rattachées entre elles par des liens d'indivisibilité ou de connexité, ainsi tous les auteurs d'un vol commis avec usage ou sous la menace d'une arme sont responsables du préjudice causé par celui qui a commis seul une tentative de meurtre avec l'une de ces armes. • Crim. 31 mai 2000, n° 99-84.507 P : *D. 2000. IR 219*.

22. Il résulte des art. 55 C. pén. et 203 C. pr. pén. qu'il y a connexité entre l'infraction par laquelle les objets ont été enlevés, détournés ou obtenus, et le recel des mêmes objets ; ainsi, le receleur, même s'il n'a reçu qu'une partie des objets provenant d'un crime de vol avec arme, est solidairement responsable, avec les auteurs principaux, de la totalité des dommages-intérêts. • Crim. 6 mai 1987, n° 86-93.694 P : *RSC 1988. 535, obs. Vitu*. ♦ La solidarité établie par l'art. 55 C. pén. s'applique même au receleur ayant partiellement obtenu des objets volés d'un premier receleur. • Crim. 24 juin 1992, n° 91-86.318 P.

B. EFFETS SUBSÉQUENTS

23. Effets sur l'amnistie. Aucun texte ou principe de droit n'exclut l'auteur d'un délit, entrant dans les prévisions de la loi d'amnistie, du bénéfice de celle-ci en raison d'un lien de connexité entre ce délit et un crime non amnistié. La loi, en déclarant amnistiés les délits en relation avec les élections de toute nature, n'exige pas que cette relation soit directe, ce qui ajouterait une condition non prévue par le texte. • Crim. 23 mars 1989, n° 89-80.112 P : *D. 1989. 518, note Mayer ; RSC 1989. 723, obs. Vitu*.

24. Effets sur la prescription de l'action publique. Lorsque deux infractions sont connexes, un acte interruptif de prescription concernant l'une d'elles a nécessairement le même effet à l'égard de l'autre. Les faits reprochés au médecin qui n'a pas révélé la contamination par le virus VIH du sang antérieurement transfusé, lors d'une intervention chirurgicale, à son patient depuis décédé du sida, présentent un lien de connexité avec ceux d'homicide involontaire dénoncés par la partie civile qui, dans sa plainte, imputait notamment au médecin l'absence de contrôle, après l'opération, de la séropositivité du malade alors qu'il présentait des complications médicales. • Crim. 17 sept. 1997, n° 96-84.972 P : *D. 1998. 399, note Rebut*. ♦ En cas d'infractions connexes, un acte interruptif de prescription concernant l'une d'elles a nécessairement le même effet à l'égard de l'autre. Les actes de poursuite ou d'instruction concernant des faits dont la juridiction d'instruction est demeurée saisie interrompent ainsi la prescription de l'action publique à l'égard d'autres faits connexes ayant fait l'objet précédemment d'un renvoi devant le tribunal correctionnel, lorsque le prévenu n'a pas encore été cité à comparaître devant cette juridiction. • Crim. 25 févr. 1998, n° 97-82.887 P. ♦ Pour un exemple en matière d'abus de biens sociaux, V. • Crim. 28 mai 2003, n° 02-85.185 P : *JCP 2003. IV. 2370*. ♦ V. également • Crim. 1er déc. 2004, n° 03-87.883 P : *Dr. pénal 2005. Comm. 31, obs. Maron* • 3 oct. 2007 : *D. 2007. AJ 2814*. ♦ ...En matière de tromperie. • Crim. 7 juill. 2005, n° 05-81.119 P : *D. 2005. 2998, note Donnier ; JCP 2005. II. 10143, note Leblois-Happe ; Dr. pénal 2005. Comm. 132, note J.-H. Robert ; AJ pénal 2005. 370, obs. Leblois-Happe* • 14 nov. 2013, n° 12-87.008 : *RSC 2014. 559, note Matsopoulou*.

25. Les dispositions de l'art. 203 ne sont pas limitatives, ainsi, la cour peut écarter l'exception de prescription invoquée par le demandeur et déclarer connexes une procédure dans laquelle le procureur de la République a ordonné une enquête le 1er sept. 1992 et une autre procédure ouverte le 12 févr. 1995 contre le prévenu du chef d'abus de biens sociaux, dès lors qu'elle énonce que les faits ont été commis, dans les deux cas par une seule personne, en la même qualité, dans le même temps, par le biais de fausses facturations, au préjudice d'une seule société et dans le cadre de la restauration du même ensemble immobilier. • Crim. 18 sept. 2002, n° 01-83.125.

26. Prescription du recel. V. notes ss. anc. art. 8.

Art. 204 La chambre de l'instruction peut également, quant aux infractions résultant du dossier de la procédure, ordonner que soient (*L. n° 93-2 du 4 janv. 1993*) **« mises en examen », dans les conditions prévues à l'article 205, des personnes qui n'ont pas été renvoyées devant elle, à moins qu'elles n'aient fait l'objet d'une ordonnance de non-lieu devenue définitive.**

Cette décision ne pourra pas faire l'objet d'un pourvoi en cassation.

1. Pouvoirs de la chambre de l'instruction. Une chambre d'accusation qui estime nécessaire l'inculpation d'une personne désignée dans la procédure ne peut qu'ordonner un supplément d'information dans les conditions des art. 204 et 205, et non enjoindre à un juge d'instruction d'inculper cette personne. • Crim. 13 févr. 1984, n° 82-93.814 P : *D. 1984. IR 350* • 25 juin 1996, n° 96-81.239 P : *D. 1997. 62, note Pradel ; Procédures 1996. Comm. 303, obs. Buisson*. ♦ Attendu qu'il se déduit de la combinaison des art. 201, 204 et 205 que, lorsque saisie de l'entier dossier de la procédure, la chambre de l'instruction ordonne un supplément d'information, il est de son seul pouvoir de décider d'une mise en examen. • Crim. 12 nov. 2014 : *D. actu. 5 janv. 2015, obs. Anane ; AJ pénal 2015. 208, obs. Gallois ; Procédures 2014. 325, obs. Chavent-*

Leclère. ♦ Sur l'interdiction des injonctions au juge d'instruction, V. aussi note 17 ss. art. 207.

2. L'arrêt par lequel la chambre d'accusation a cru pouvoir enjoindre au juge d'instruction de procéder à la mise en examen de telle personne et de la renvoyer devant la juridiction de jugement présente le caractère d'une décision d'avant-dire droit à laquelle ne peut s'attacher l'autorité de la chose jugée dès lors que ses dispositions relatives au règlement de la procédure procédaient d'une application erronée des art. 175-1 et 207 et ne pouvaient avoir pour effet d'épuiser la saisine de la juridiction d'instruction. Un tel arrêt laisse ainsi les juges entièrement libres d'apprécier à nouveau lors de son examen ultérieur et une fois la procédure devenue complète, l'existence de charges de culpabilité. • Crim. 13 mai 1997, n° 96-82.363 P. ♦ De même, l'arrêt par lequel la chambre de l'instruction ordonne un supplément d'information et délègue un juge d'instruction afin de procéder à la mise en examen d'une personne présente le caractère d'une décision d'avant-dire droit à laquelle ne peut s'attacher l'autorité de la chose jugée ; un tel arrêt laisse ainsi les juges entièrement libres d'apprécier à nouveau lors de son examen ultérieur et une fois la procédure devenue complète, l'existence de charges de culpabilité. Justifie, dès lors, sa décision la chambre de l'instruction qui, après exécution du supplément d'information à l'issue duquel le juge d'instruction a décidé, au vu des explications fournies lors de l'interrogatoire de première comparution, de ne pas procéder à la mise en examen qui lui avait été demandée, prononce un non-lieu au motif qu'il ne résulte pas de l'information des charges suffisantes contre quiconque d'avoir commis l'infraction, objet des poursuites. • Crim. 28 avr. 2009, n° 08-85.021 P : *AJ pénal 2009. 320*.

3. Limitation de pouvoirs en cas de non-lieu. Il résulte de l'art. 204 que si la chambre d'accusation peut, quant aux infractions résultant du dossier de la procédure, ordonner que soient inculpées des personnes qui n'ont pas été renvoyées devant elle d'un chef d'inculpation, il n'en est pas ainsi quand ces personnes ont fait l'objet d'une ordonnance de non-lieu devenue, même partiellement, définitive. • Crim. 25 mai 1976, n° 75-90.088 P : *JCP 1978. II. 18772, note Jeandidier ; RSC 1977. 113, obs. J. Robert.* ♦ En application de l'art. 204, la chambre de l'instruction peut, quant aux infractions résultant du dossier de la procédure, ordonner que soient mises en examen, dans les conditions prévues à l'art. 205, des personnes qui n'ont pas été renvoyées devant elle. • Crim. 14 janv. 2014, n° 11-81.362 P.

4. Motivation de la décision. La chambre d'accusation, saisie d'un mémoire de la partie civile tendant à ce que soit ordonnée l'inculpation de personnes qui n'ont pas été renvoyées devant elle quant aux infractions résultant du dossier de la procédure, a le devoir, si elle veut écarter ces conclusions, de s'en expliquer afin de mettre la Cour de cassation en mesure d'exercer son contrôle sur la décision. Résulte suffisamment du dossier de la procédure une infraction dénoncée devant la chambre d'accusation, dès lors qu'elle est reliée par un lien indivisible à un fait établi par l'information. • Crim. 29 nov. 1983, n° 83-90.349 P. ♦ Comp. : il importe peu que l'arrêt, pour rejeter la demande de la personne mise en examen aux fins de supplément d'information en vue de la mise en examen de tiers aux côtés des personnes déjà renvoyées devant la juridiction de jugement, ait retenu son défaut de qualité, dès lors que la chambre de l'instruction, qui avait le pouvoir d'ordonner, en application de l'art. 204, la mise en examen, a souverainement apprécié qu'il n'y avait pas lieu de le faire. • Crim. 1er oct. 2019, n° 18-86.428 P : *D. actu. 22 oct. 2019, obs. Gallois.*

5. Combinaison avec l'art. 196. La circonstance que la chambre d'accusation est saisie en application de l'art. 196 ne lui interdit pas d'exercer le pouvoir qu'elle tient de l'art. 204. • Crim. 16 nov. 1999, n° 99-85.848 P.

Art. 205 **Il est procédé aux suppléments d'information conformément aux dispositions relatives à l'instruction préalable soit par un des membres de la chambre de *l'instruction*, soit par un juge d'instruction qu'elle délègue à cette fin.**

Le procureur général peut à tout moment requérir la communication de la procédure, à charge de rendre les pièces dans les vingt-quatre heures.

1. Désignation du magistrat instructeur. Aucune nullité ne résulte de ce que le doyen des juges d'instruction, désigné par la chambre d'accusation, a lui-même désigné un autre magistrat instructeur. • Crim. 15 nov. 1951 : *D. 1951. 755.*

2. Si la chambre de l'instruction, qui ordonne un supplément d'information, peut déléguer un de ses membres pour y procéder, c'est à la condition qu'il s'agisse d'un magistrat ayant concouru à la décision. • Crim. 6 janv. 2004, n° 03-86.260 P : *JCP 2004. IV. 1374 ; ibid. II. 10086, note Roumier.*

3. La chambre de l'instruction ne peut déléguer ces actes à la chambre de l'instruction d'un autre ressort. • Crim. 3 mai 2012, n° 11-89.173 P : *D. 2012. Actu. 1335*.

4. L'arrêt de la chambre d'accusation qui se borne à énoncer qu'il y a lieu d'informer, sans nommer un de ses membres pour remplir les fonctions d'instructeur, contient une simple omission qu'il appartient à la chambre d'accusation de réparer et qui ne saurait donner matière à cassation. • Crim. 12 nov. 1926 : *DH 1926. 598.*

5. Les dispositions de l'art. 83 ne sont pas applicables au cas dans lequel la chambre d'accusation, après évocation, a désigné un juge d'instruction pour procéder à un supplément d'information, le magistrat nommé en remplacement du juge d'instruction délégué poursuivant de plein droit l'instruction. • Crim. 26 mai 1983, n° 82-91.697 P • 24 juin 1998, n° 98-80.995 P : *Procédures 1999. Comm. 13, obs. Buisson.*

6. Le supplément d'information ordonné par la chambre de l'instruction implique le dessaisissement du juge d'instruction. • Crim. 6 janv. 2004, n° 03-86.770 P : *D. 2004. IR 398 ; JCP 2004. IV. 1373 ; ibid. II. 10086, note Roumier.* ♦ Mais aucune disposition légale ou conventionnelle n'interdit à la chambre de l'instruction, qui ordonne un supplément d'information, de désigner le juge d'instruction initialement en charge de l'information. • Crim. 15 sept. 2004, n° 04-83.960 P : *D. 2004. IR 2765 ; JCP 2004. IV. 3191.* ♦ Comp. • Crim. 11 juill. 2007 : *D. 2007. AJ 2239 ; AJ pénal 2007. 446* (la chambre de l'instruction n'est nullement tenue d'user de son pouvoir d'évocation pour ordonner, avant-dire droit, un supplément d'information).

7. Activité du magistrat instructeur. Lorsque la chambre d'accusation, saisie à la suite de l'ordonnance de transmission du juge d'instruction, a ordonné un supplément d'information, le conseiller délégué pour y procéder a tout pouvoir pour faire les actes d'instruction qu'il juge nécessaires, y compris la délivrance des divers mandats d'arrestation ; mais il ne peut faire aucun acte de juridiction et, en conséquence, ne saurait statuer sur une demande de mise en liberté. • Crim. 27 juill. 1907 : *D. 1911. 1. 153.*

8. Mise en examen. L'arrêt qui prononce le supplément d'information laisse au magistrat délégué la possibilité de ne pas mettre en examen la personne visée au terme de son interrogatoire de première comparution, la chambre de l'instruction restant elle-même libre d'apprécier à nouveau, lors de son examen ultérieur et une fois la procédure devenue complète, l'existence de charges de culpabilité. • Crim. 11 déc. 2018, n° 18-82.854 P : *D. 2019. Pan. 1626, obs. Pradel ; AJ pénal 2019. 106, obs. Mallet .*

9. Le magistrat commis par une cour d'assises pour exécuter un supplément d'information, n'agissant pas dans le cadre d'une information, n'a aucune qualité pour procéder à une mise en examen et, par voie de conséquence, un tel acte se trouve entaché d'une nullité d'ordre public. • Crim. 15 nov. 2017, n° 17-83.257 P : *D. actu. 8 déc. 2017, obs. Azoulay.*

10. Il n'appartient qu'à la chambre d'accusation qui a ordonné un supplément d'information de constater que celui-ci est terminé, puis de prescrire, par arrêt, la communication du dossier au procureur général et son dépôt au greffe. L'ordonnance de soit-communiqué rendue par le conseiller chargé du supplément d'information est nulle. • Crim. 20 juin 1985, n° 84-95.303 P : *D. 1986. IR 119, obs. Pradel.*

Art. 206 *(L. n° 2004-204 du 9 mars 2004, art. 107-III)* **« Sous réserve des dispositions des articles 173-1, 174 et 175, » la chambre de l'instruction examine la régularité des procédures qui lui sont soumises.**

Si elle découvre une cause de nullité, elle prononce la nullité de l'acte qui en est entaché et, s'il y échet, celle de tout ou partie de la procédure ultérieure.

Après annulation, elle peut soit évoquer et procéder dans les conditions prévues aux articles 201, 202 et 204, soit renvoyer le dossier de la procédure au même juge d'instruction ou à tel autre, afin de poursuivre l'information.

1. Une compétence exclusive. La chambre de l'instruction est seule compétente pendant la durée de l'information pour en apprécier la régularité sous le contrôle de la Cour de cassation : le juge des libertés et de la détention ne saurait, sans excès de pouvoir, substituer une nouvelle ordonnance de prolongation de la détention provisoire à celle, précédemment prise, qu'il estime entachée de nullité. • Crim. 13 oct. 2004, n° 04-84.922 P : *D. 2004. IR 2833 ; JCP 2004. IV. 3270.*

2. Appel irrecevable. Dès lors qu'elle constate que l'appel porté devant elle est irrecevable, la chambre d'accusation se trouve dessaisie de la poursuite. Dans ce cas, elle ne peut, sans commettre un excès de pouvoir, examiner la régularité de la procédure et faire application de l'art. 206. • Crim. 17 juin 1975, n° 75-91.336 P : *JCP 1978. II. 18772, note Jeandidier.*

3. Formalisme. Si la chambre d'accusation, en application de l'art. 206, a l'obligation d'examiner la régularité de la procédure qui lui est soumise lorsqu'elle est saisie de l'entier dossier, ce texte ne lui impose pas d'indiquer expressément dans sa décision qu'elle a procédé à cet examen. • Crim. 19 juin 1996, n° 96-81.544 P.

I. ÉTENDUE DU CONTRÔLE

4. Examen de la régularité des procédures. En application de l'art. 206, il appartient à la chambre d'accusation d'examiner la régularité des procédures qui lui sont soumises en vertu de l'art. 181. D'où cassation de l'arrêt d'une chambre d'accusation qui omet de constater, même d'office, la nullité des actes d'instruction entachés de vices et de tirer de ces constatations les conséquences légales qu'elles comportent.

• Crim. 12 oct. 1972, ♖ n° 72-91.527 P • 25 oct. 1983, ♖ n° 83-93.824 P : *D. 1984. IR 67, obs. J.-M. R., et 1985. 416, note Chambon* • 6 juin 1988, ♖ n° 88-81.990 P : *RSC 1989. 349, obs. Braunschweig.* ♦ La chambre de l'instruction, lorsqu'elle examine le dossier dans le cadre de l'art. 206, doit relever d'office la violation du principe de non-transcription des conversations entre un client et son avocat si le contenu de ces conversations n'est pas de nature à faire présumer la participation de cet avocat à une infraction, principe résultant des art. 66-5 L. 31 déc. 1971, 100-5 et 8 Conv. EDH. • Crim. 18 janv. 2006, ♖ n° 05-86.447 P : *D. 2006. IR 392* ✎ *; AJ pénal 2006. 126, obs. Girault* ✎ *; RSC 2006. 413, obs. Buisson* ✎. ♦ Est inopérant le moyen de cassation faisant grief à la chambre de l'instruction, saisie d'une requête en annulation prise de la violation de l'art. 113-2, d'avoir relevé d'office, pour l'écarter, un moyen de nullité qui ne lui avait pas été proposé par les parties. En effet, selon l'art. 206, la chambre de l'instruction examine la régularité des procédures qui lui sont soumises sous réserve des dispositions des art. 173-1, 174 et 175. Or l'art. 174 limite ses pouvoirs à l'examen de tous les moyens de nullité proposés par les parties et à l'admission de tous autres qu'elle estime devoir relever d'office. • Crim. 26 mai 2009, ♖ n° 09-81.075 P : *D. 2009. AJ 1762, note Allain* ✎ *; AJ pénal 2009. 416, obs. Ascensi* ✎ *; Dr. pénal 2010. Chron. 1, obs. Guérin ; Procédures 2009, n° 376, obs. Buisson.*

5. *Ordonnance de règlement incomplète.* En cas d'appel de la partie civile contre une ordonnance de règlement du juge d'instruction qui, sans disjonction explicite, a omis de statuer sur certains chefs d'inculpation, la chambre d'accusation doit annuler l'ordonnance en ce qu'elle a omis de statuer, et procéder conformément à l'art. 206. • Crim. 23 déc. 1969, ♖ n° 69-91.612 P : *D. 1970. 282, note J.-M. R.*

6. *Portée des actes annulés.* Est justifiée la décision d'une chambre d'accusation qui refuse d'annuler les instructions du procureur de la République aux fins d'enquête visant des actes annulés, dès lors qu'elle constate que ces actes ne sont pas le support exclusif de la procédure subséquente. • Crim. 30 juin 1999, ♖ n° 99-81.426 P.

7. *Réquisitions du ministère public.* La chambre d'accusation ne peut, sans excès de pouvoir, annuler d'office les réquisitions du ministère public qui satisfont en la forme aux conditions essentielles de leur existence légale. Dès lors, encourt la cassation l'arrêt rendu par une chambre d'accusation qui, saisie de l'appel d'une ordonnance d'un juge d'instruction refusant de faire droit à des réquisitions de non-lieu, prononce l'annulation de celles-ci, alors que, bien que prises en violation des dispositions impératives et préalables de l'art. 175 C, ces réquisitions n'en étaient pas moins régulières en la forme et que le magistrat instructeur y avait répondu, à bon droit, par une ordonnance de passer outre. • Crim. 13 nov. 1996, ♖ n° 96-83.748 P : *Dr. pénal 1997. Chron. 19, note Lesclous et Marsat.*

8. *Nullité et forclusion, art. 175 et 206.* L'expiration du délai de forclusion institué par l'art. 175 fait obstacle à ce que les parties invoquent devant la chambre de l'instruction les nullités de la procédure antérieure à l'avis de fin d'information lorsque celui-ci leur a été régulièrement notifié. • Crim. 10 juill. 2002, ♖ n° 02-83.179 P : *D. 2003. Somm. 33, obs. Pradel* ✎ *; JCP 2002. IV. 2614.* ♦ Mais la forclusion de l'art. 175 ne fait pas obstacle à ce que la chambre de l'instruction relève tout moyen de nullité à l'occasion de l'examen de la régularité de la procédure auquel elle se livre en application de l'art. 206. • Crim. 6 mai 2003, ♖ n° 02-84.348 P : *D. 2003. IR 1667* ✎ *; JCP 2003. IV. 2226.* ♦ Les dispositions de l'art. 206, al. 1er, ne sauraient priver d'effets celles de l'art. 175, dès lors que, si elles autorisent les parties à présenter à la chambre de l'instruction des moyens pris de la nullité des actes de la procédure soumise à cette juridiction, c'est à la condition que ces moyens ne se heurtent pas à une cause d'irrecevabilité prévue par la loi. • Crim. 16 févr. 2005, ♖ n° 04-87.055 P : *D. 2005. IR 1052* ✎ *; JCP 2005. IV. 1688.*

9. *Limites.* Si la chambre d'accusation a le devoir, en application de l'art. 206, d'examiner la régularité des procédures qui lui sont soumises et peut, après annulation des actes entachés de cause de nullité, soit évoquer, soit renvoyer le dossier de la procédure au juge d'instruction ou à tel autre afin de poursuivre l'information, il n'en est pas ainsi lorsqu'elle statue dans les conditions prévues par l'art. 186-1, sa saisine étant alors limitée à l'examen de l'ordonnance entreprise. • Crim. 21 juill. 1998, ♖ n° 98-81.213 P. ♦ La chambre de l'instruction, saisie de l'appel de la partie civile contre une ordonnance de non-lieu partiel, comprise dans une ordonnance de règlement à caractère mixte portant également renvoi du prévenu devant le tribunal correctionnel pour d'autres chefs de poursuites, n'est pas saisie des dispositions de l'ordonnance portant ce renvoi au sens de l'art. 206. • Crim. 14 mai 2013 : ♖ *D. actu. 28 mai 2013, obs. Winckelmuller.*

10. Devant la chambre de l'instruction saisie du règlement de la procédure, les parties sont irrecevables à invoquer, sur le fondement de l'art. 206, des moyens de nullité qui auraient dû être proposés à cette juridiction en application de l'art. 174, à la suite d'une requête en nullité présentée au cours de l'information. • Crim. 11 juin 2002, ♖ n° 01-80.267 P.

11. Si la chambre d'accusation tient de l'art. 206 le pouvoir de prononcer sur les exceptions de nullité qui lui sont soumises par les parties, c'est à la condition qu'elle n'ait pas statué conformément aux art. 170, 173, 174 et 175, sur des moyens relatifs à des actes accomplis antérieurement, sauf le cas où les parties n'auraient pu les connaître et sans préjudice du droit qui lui appartient de les relever d'office. • Crim. 19 févr. 1997, n° 95-84.446 P.

12. Le demandeur qui, en application des art. 173-1 et 174, n'est plus recevable à faire état de moyens pris de la nullité de la procédure qu'il n'a pas soulevés en temps utile devant la chambre de l'instruction, ne saurait être admis à invoquer, devant la Cour de cassation, de tels moyens pour faire grief à la chambre de l'instruction de ne pas avoir annulé d'office certains actes de la procédure en vertu du pouvoir qu'elle tient de l'art. 206. • Crim. 9 oct. 2002, n° 02-81.441 P • 27 avr. 2011, n° 11-80.076 P : *D. actu. 16 mai 2011, obs. Bombled ; D. 2011. Actu. 1352, obs. Bombled ; AJ pénal 2011. 473, obs. Ascensi ; Dr. pénal 2012. Chron. 1, obs. Georget.*

II. DÉCISION DE LA CHAMBRE DE L'INSTRUCTION

A. PORTÉE DE L'ANNULATION D'ACTE

13. Il appartient à la chambre d'accusation, qui a ordonné l'annulation de certains actes d'information, de décider si cette annulation doit ou non s'étendre à tout ou partie de la procédure ultérieure. • Crim. 28 juin 1983, n° 83-91.676 P.

14. Dès lors qu'un acte annulé n'est qu'un élément de la procédure qu'il ne vicie pas, la chambre d'accusation peut statuer indépendamment de cet acte ou ordonner telles mesures d'instruction qui lui paraîtraient nécessaires. • Crim. 6 oct. 1986, n° 86-93.988 P.

15. La chambre d'accusation qui annule des actes faisant partie de la procédure d'information auxquels le procureur de la République et le juge d'instruction ont pu se référer pour requérir et ordonner la transmission des pièces au procureur général doit, par voie de conséquence, constater la nullité desdites réquisitions et ordonnances, puis procéder conformément aux prescriptions de l'art. 206, al. 3. • Crim. 17 juill. 1985, n° 85-92.396 P • 5 sept. 1990, n° 90-83.664 P.

B. INCIDENCES SUR LA PROCÉDURE

16. La chambre d'accusation ne peut renvoyer le dossier à un juge d'instruction si elle a évoqué l'affaire sans ordonner de supplément d'information. • Cass., ass. plén., 3 mars 2000, n° 99-83.167 P : *D. 2000. IR 100 ; Procédures 2001. Comm. 189, obs. Buisson.*

17. Aux termes de l'art. 206, al. 3, après annulation d'actes, la chambre d'accusation peut soit évoquer et procéder dans les conditions prévues aux art. 201, 202 et 204, soit renvoyer le dossier au même juge d'instruction ou à tel autre, afin de poursuivre l'information. Viole l'art. 206 la chambre d'accusation qui tient pour régulière la mission donnée à un juge d'instruction aux fins de poursuivre l'instruction, alors que la chambre d'accusation avait évoqué sans ordonner de supplément d'information. • Cass., ass. plén., 3 mars 2000 : *préc. note 16.*

18. La chambre d'accusation qui annule l'ordonnance rendue par le juge d'instruction non désigné conformément à l'art. 83 doit appliquer les dispositions de l'art. 206, al. 3, et, soit évoquer puis statuer elle-même, soit renvoyer le dossier à un juge d'instruction de son choix. • Crim. 7 mars 1988, n° 88-80.061 P • Crim. 6 janv. 2015, n° 13-88.227 P : *D. actu. 29 janv. 2015, obs. Anane.*

19. Toutefois, si la chambre de l'instruction a le pouvoir d'évoquer et de procéder directement au règlement de la procédure, elle a l'obligation, pour satisfaire aux exigences de l'art. préliminaire, de mettre les parties en mesure d'en débattre contradictoirement. • Crim. 19 sept. 2006, n° 05-85.941 P : *D. 2006. 3045, note Royer ; ibid. 2007. Pan. 973, obs. Pradel ; RSC 2007. 113, note Giudicelli .*

20. Conséquence du supplément d'information. Après avoir annulé une ordonnance de non-lieu, la chambre de l'instruction, ne peut, après évocation et exécution d'un supplément d'information, confirmer ladite ordonnance. • Crim. 10 mai 2005, n° 04-87.736 P : *JCP 2005. IV. 2428.*

21. Ordonnance de non-lieu prononçant une amende civile. Lorsque la chambre de l'instruction est régulièrement saisie de l'appel d'une ordonnance prononçant un non-lieu et condamnant la partie civile à une amende civile, elle doit annuler cette ordonnance en ce qu'elle a omis de notifier à la partie civile et son conseil les réquisitions du parquet, en violation de l'art. 177-2 C, puis conformément à l'art. 206, al. 3, elle peut évoquer et procéder dans les conditions des art. 201, 202 et 204. • Crim. 8 oct. 2002, n° 02-80.952 P.

22. Conséquences de l'évocation. L'exercice, par la chambre d'accusation, de son pouvoir d'évocation exclut toute compétence du président du TGI pour désigner ou remplacer le juge d'instruction, du procureur de la République pour prendre des réquisitions et du juge d'instruction pour procéder au règlement de la procédure. • Crim. 24 juin 1998, n° 98-80.995 P : *Procédures 1999. Comm. 13, obs. Buisson.*

Art. 207 *(Ord. n° 60-529 du 4 juin 1960)* **Lorsque la chambre de l'instruction a statué sur l'appel relevé contre** *(L. n° 2000-516 du 15 juin 2000)* **« une ordonnance »** *(Abrogé par L. n° 2004-204 du 9 mars 2004, art. 107-IV)* ***« du juge des libertés et de la détention »***

en matière de détention provisoire *(L. n° 93-1013 du 24 août 1993)* **« ou à la suite d'une saisine du procureur de la République »** *(L. n° 2000-516 du 15 juin 2000)* **« soit qu'elle ait confirmé »** *(L. n° 2004-204 du 9 mars 2004, art. 107-IV)* **« cette décision, » soit que, l'infirmant, elle ait ordonné une mise en liberté ou maintenu en détention ou décerné un mandat de dépôt ou d'arrêt, le procureur général fait sans délai retour du dossier au juge d'instruction après avoir assuré l'exécution de l'arrêt.** *(Abrogé par Cons. const. n° 2010-81 QPC du 17 déc. 2010) (L. n° 2004-204 du 9 mars 2004, art. 107-IV)* ***« Lorsque la chambre de l'instruction décerne mandat de dépôt ou qu'elle infirme une ordonnance de mise en liberté ou de refus de prolongation de détention provisoire, les décisions en matière de détention provisoire continuent de relever de la compétence du juge d'instruction et du juge des libertés et de la détention sauf mention expresse de la part de la chambre de l'instruction disant qu'elle est seule compétente pour statuer sur les demandes de mise en liberté et prolonger le cas échéant la détention provisoire. Il en est de même lorsque la chambre de l'instruction ordonne*** *(L. n° 2009-1436 du 24 nov. 2009, art. 93-IX)* ***« ou modifie un contrôle judiciaire ou une assignation à résidence avec surveillance électronique ».***

« Lorsque, en toute autre matière, la chambre de l'instruction infirme une ordonnance du juge d'instruction *(L. n° 93-1013 du 24 août 1993)* **« ou est saisie en application** *(L. n° 2004-204 du 9 mars 2004, art. 107-IV)* **« des articles 81, dernier alinéa, 82, dernier alinéa », 82-1, deuxième alinéa, 156, deuxième alinéa, ou 167,** *(L. n° 2022-52 du 24 janv. 2022, art. 9)* **« avant-dernier » alinéa », elle peut, soit évoquer et procéder dans les conditions prévues aux articles 201, 202, 204 et 205, soit renvoyer le dossier au juge d'instruction ou à tel autre afin de poursuivre l'information. »** *(L. n° 2004-204 du 9 mars 2004, art. 107-IV)* **« Elle peut également procéder à une évocation partielle du dossier en ne procédant qu'à certains actes avant de renvoyer le dossier au juge d'instruction. »**

(L. n° 2000-516 du 15 juin 2000) **« L'ordonnance du juge d'instruction ou du juge des libertés et de la détention » frappée d'appel sort son plein et entier effet si elle est confirmée par la chambre de l'instruction.**

(L. n° 89-18 du 13 janv. 1989) **« En cas d'appel formé contre une ordonnance de refus de mise en liberté, la chambre de l'instruction peut, lors de l'audience et avant la clôture des débats, se saisir immédiatement de toute demande de mise en liberté sur laquelle** *(L. n° 2000-516 du 15 juin 2000)* **« le juge d'instruction ou le juge des libertés et de la détention » n'a pas encore statué ; dans ce cas, elle se prononce à la fois sur l'appel et sur cette demande. »**

Les dispositions de la L. n° 2000-516 du 15 juin 2000, art. 132-XII, sont entrées en vigueur le 1er janv. 2001.

BIBL. ▶ REMPLON, *JCP 1978. I. 2887* (maîtrise du contention en cas d'opposition entre chambre d'accusation et juge d'instruction). – LHUILIER et PLOUVIER, *D. 2011. Point de vue 1091* (le droit pénal et la Constitution). – LAZERGES, *RSC 2011. Chron. 193* (la question prioritaire de constitutionnalité devant le Conseil constitutionnel en droit pénal : entre audace et prudence).

1. QPC. Doit être renvoyée devant le Conseil constitutionnel la question portant sur la conformité à la Constitution du premier al. de l'art. 207. • *Crim. 28 sept. 2010,* n° 10-90.098. ♦ Le Conseil constitutionnel a relevé que les dispositions de l'art. 207 conféraient à la chambre de l'instruction le pouvoir discrétionnaire de priver une personne mise en examen de l'application de certaines garanties, notamment le droit à un double degré de juridiction. Par suite, les deuxième et troisième phrases du premier al. de l'art. 207 sont déclarés contraires à la Constitution. • Cons. const. 17 déc. 2010, n° 2010-81 QPC : *D. 2010. Chron. 17 ; ibid. 2011. Point de vue 1091, obs. Lhuilier et Plouvier ; ibid. Pan. 2241, obs. Pradel ; D. actu. 12 janv. 2011, obs. Bombled ; AJ pénal 2011. 140, obs. Ascensi ; Dr. pénal 2012. Chron. 1, obs. Georget ; Procédures 2011, n° 38, obs. Buisson ; ibid. n° 74, obs. Buisson.*

2. La chambre de l'instruction qui infirme une ordonnance de mise en liberté du juge d'instruction peut, dans le même temps, statuer sur la prolongation de la détention provisoire. • Crim. 28 juin 2011, n° 11-82.272 P : *D. actu. 9 sept. 2011, obs. Léna ; Dr. pénal 2012. Chron. 1, obs. Georget.*

I. EN MATIÈRE DE DÉTENTION PROVISOIRE

3. La chambre d'accusation qui infirme l'ordonnance de mise en liberté du juge d'instruction et rend ses effets au mandat de dépôt initialement décerné, ne peut, sans se réserver le contentieux de la détention, ordonner en outre la prolongation de cette dernière. • Crim. 1er avr. 1992, n° 92-81.033 P.

4. Lorsqu'une chambre d'accusation infirme une ordonnance de mise en liberté sous contrôle judiciaire rendue par le juge d'instruction, sa décision rend son plein effet au titre de détention initial, dans les limites de celui-ci au regard des art. 145 s. • Crim. 23 juin 1999, n° 99-82.356 P : *Dr. pénal 2000. Chron. 6, par Marsat.*

5. Si l'abrogation de l'al. 6 de l'art. 186 par la loi du 9 juill. 1984 doit être considérée comme entraînant l'exécution provisoire d'une ordonnance de mise en liberté contre laquelle le procureur de la République a cependant formé appel, l'arrêt de la chambre d'accusation qui infirme ou annule une telle ordonnance rend son plein effet au titre de détention initial qu'avait délivré le juge d'instruction et cet arrêt doit être exécuté sans délai par le procureur général, conformément aux prescriptions de l'art. 207, al. 1er, lesquelles font échec à l'effet suspensif du recours en cassation. • Crim. 22 avr. 1985, n° 85-90.891 P : *D. 1985. 464, note Pradel ; JCP 1986. II. 20594, note Jeandidier.* ♦ V. aussi : • Crim. 14 mai 1985, n° 85-91.294 P.

6. La chambre d'accusation qui, dans le cas où elle infirme une ordonnance du juge d'instruction refusant de placer l'inculpé en détention provisoire, décerne, conformément à l'art. 207, al. 1er, un mandat de dépôt en matière criminelle, n'est pas tenue de motiver sa décision par référence aux dispositions de l'art. 144. • Crim. 11 mars 1980, n° 80-90.074 P : *RSC 1981. 114, obs. J. Robert.*

7. L'arrêt de la chambre de l'instruction statuant sur l'appel d'une ordonnance du JLD en matière de détention provisoire est immédiatement exécutoire en vertu des dispositions de l'art. 207. • Crim. 1er févr. 2005, n° 04-86.768 P : *D. 2005. IR 795 ; JCP 2005. IV. 1642.*

8. Effet dévolutif de l'appel. Lorsqu'une ordonnance de prolongation de détention provisoire n'est pas motivée au regard des dispositions de l'art. 145-3, la chambre de l'instruction est tenue d'examiner le bien-fondé de la détention provisoire et de statuer au besoin par motifs propres sur la nécessité de cette mesure, en raison de l'effet dévolutif de l'appel ; il n'y a dès lors pas lieu à annuler l'ordonnance du juge des libertés mais à la confirmer en y insérant les motifs répondant aux exigences légales. • Crim. 9 mai 2001, n° 01-81.599 P : *D. 2001. IR 2240 .* ♦ Rappr. : • Crim. 2 févr. 2000, n° 99-87.104 P. ♦ De même, lorsqu'une ordonnance de placement sous contrôle judiciaire imposant une interdiction d'exercer une activité professionnelle est insuffisamment motivée, les motifs de l'arrêt de la chambre de l'instruction confirmant l'acte entrepris se substituent à ceux de l'ordonnance. • Crim. 16 janv. 2002, n° 01-87.235 P. ♦ Ne constitue pas non plus une évocation, mais la conséquence nécessaire de l'effet dévolutif de l'appel, la décision d'une chambre de l'instruction qui, saisie de l'appel du ministère public contre une ordonnance du JLD disant n'y avoir lieu à révocation du contrôle judiciaire de la personne mise en examen, statue sur cette mesure. • Crim. 19 sept. 2017, n° 17-84.165 P : *D. actu. 5 oct. 2017, obs. Azoulay ; AJ pénal 2017. 544, obs. Miranda .*

9. Nullité de l'ordonnance de placement en détention. Après avoir constaté que le débat contradictoire prévu par l'art. 145-1 n'avait pas été tenu et avoir annulé l'ordonnance de prolongation de détention provisoire, la chambre de l'instruction doit prononcer d'office la mise en liberté et ne peut évoquer et organiser devant elle le débat contradictoire pour prolonger la détention provisoire. • Crim. 9 mai 2001, n° 01-81.598 P : *D. 2001. IR 1923 ; Procédures 2001. Comm. 181, obs. Buisson.* ♦ Dès lors qu'elle constate que la personne est détenue en vertu d'un titre nul, la chambre de l'instruction doit prononcer d'office sa mise en liberté et ne peut évoquer l'affaire pour y substituer sa propre décision ; tel est le cas lorsque l'ordonnance de prolongation de la détention est nulle en raison d'une irrégularité dans la convocation de l'avocat de l'intéressé au débat contradictoire. • Crim. 5 sept. 2001, n° 01-84.379 P.

10. Contentieux réservé (jur. antérieure à la Décis. du Cons. const. préc. note 1). Saisie de l'appel de l'ordonnance du juge d'instruction refusant de décerner mandat d'arrestation contre l'inculpé, la chambre d'accusation qui infirme la décision entreprise a le pouvoir de délivrer elle-même mandat de dépôt ou d'arrêt et d'imposer l'effet d'une telle mesure pour toute la suite de la procédure d'instruction jusqu'à décision nouvelle de sa part. Mais elle ne saurait, sans commettre un excès de pouvoir et porter atteinte à l'indépendance du magistrat instructeur, lui enjoindre d'avoir à décerner personnellement mandat, contrairement à la conviction affirmée dans l'ordonnance de refus. • Crim. 22 déc. 1959 : *Bull. crim. n° 569 ; D. 1960. 1, concl. A. Besson ; JCP 1962. II. 12857, note Chambon.*

11. Le juge d'instruction, juridiction du premier degré est, en principe, seul compétent pour statuer, en premier ressort, sur les demandes de mise en liberté formées au cours de l'instruction préparatoire. Il n'en est autrement, hormis les cas prévus par les art. 148, dernier al., et 148-4, que lorsque la chambre d'accusation, statuant dans les conditions prévues par l'art. 207, al. 1er, a pris elle-même une mesure de détention ou s'est réservé expressément la faculté d'en ordonner, le cas échéant, la prolongation ou d'y mettre fin soit d'office, soit sur les réquisitions du ministère public ou sur la demande de l'inculpé. • Crim. 24 nov. 1977, n° 77-92.803 P : D. 1979. 56, note *Malaval ; RSC 1978. 652, obs. J.-M. Robert* • 2 juill. 1985, n° 84-92.399 P : *D. 1986. IR 118, obs. Pradel.* ♦ La chambre de l'instruction qui infirme une ordonnance de mise en liberté rendue par le juge d'instruction, ne peut ordonner la prolongation de la détention sans s'être réservé, par une mention expresse de l'arrêt, le contentieux de la détention provisoire. • Crim. 19 déc.

2006, n° 06-87.399 P : *D. 2007. AJ 224* ; *AJ pénal 2007. 127, obs. Porteron*. ♦ Il résulte de l'article 207 que la chambre de l'instruction, qui infirme une ordonnance de mise en liberté ou de refus de prolongation de détention provisoire, est seule compétente pour statuer sur les demandes de mise en liberté et prolonger, le cas échéant, la détention provisoire, lorsqu'elle s'est réservée expressément la connaissance de ce contentieux. Fait l'exacte application de ce texte la chambre de l'instruction, qui, saisie de l'appel par le procureur de la République de l'ordonnance prescrivant la mise en liberté du mis en examen, au motif que son avocat n'a pu être régulièrement convoqué au débat contradictoire, infirme cette décision et, après s'être réservé expressément la connaissance du contentieux de la détention provisoire, a ordonné la prolongation de celle-ci. • Crim. 12 févr. 2008, n° 07-87.950 P : *AJ pénal 2008. 196*. ♦ *Contra* précédemment : • Crim. 19 févr. 2002, n° 01-88.028 P : *D. 2003. Somm. 32, obs. Pradel*. ♦ V. également en ce sens : • Crim. 5 févr. 2002, n° 01-87.704 P : *D. 2002. IR 1012* • 25 févr. 2003, n° 02-87.791 P. ♦ Même jurisprudence en ce qui concerne le contrôle judiciaire. • Crim. 26 juill. 1978, n° 78-91.693 P.

12. Si l'art. 207, al. 1er, habilite la chambre d'accusation, au cas où elle infirme la décision qui lui est déférée, à prendre elle-même les mesures de mise en liberté ou en détention que le magistrat instructeur aurait pu prendre, et à imposer l'effet de ces mesures pour la suite de la procédure, elle ne saurait avoir, quant à la délivrance d'un nouveau mandat contre l'inculpé illégalement détenu, plus de pouvoirs qu'il n'en est accordé au juge d'instruction. • Crim. 8 oct. 1970, n° 70-92.283 P. ♦ Une chambre de l'instruction, qui modifie les modalités du contrôle judiciaire ordonné par l'ordonnance du juge d'instruction, peut se réserver la connaissance ultérieure du contentieux de cette mesure. • Crim. 23 avr. 2003, n° 03-80.705 P : *D. 2003. IR 1409* ; *JCP 2003. IV. 2123*.

13. Contentieux réservé et juge des libertés. L'instauration d'un juge des libertés ne remet pas en cause la possibilité pour la chambre de l'instruction de se réserver le contentieux de la détention provisoire dans la mesure où les décisions de cette juridiction sont soumises à recours. • Crim. 13 juin 2001 : *D. 2001. 3571, note Dreyer* ; *Dr. pénal 2002. Comm. 10, obs. Maron*. ♦ Les dispositions de l'art. 145-1, al. 2, relatives au débat contradictoire devant le juge des libertés et de la détention ne sont pas applicables devant la chambre de l'instruction, qui peut se réserver le contentieux de la détention. • Crim. 26 oct. 2004, n° 04-85.036 P : *D. 2004. IR 3194*.

II. AUTRES MATIÈRES

14. Lorsque, sauf en matière de détention provisoire, une chambre d'accusation infirme une ordonnance du juge d'instruction frappée d'appel et prescrit en conséquence un supplément d'information, il se déduit nécessairement de l'art. 207, al. 2, qu'elle agit en vertu de son pouvoir d'évocation. Dans ces conditions, quel que soit le magistrat délégué pour l'exécution de cette mesure, seule la chambre d'accusation est compétente pour rendre les décisions de caractère juridictionnel imposées par le déroulement de l'instruction, après la mise en œuvre de la procédure prévue par les art. 208 et 209. • Crim. 5 oct. 1982, n° 82-91.601 P : *JCP 1983. II. 20005, note Allix* • 6 janv. 2004, n° 03-86.260 P : *JCP 2004. IV. 1374* ; *ibid. II. 10086, note Roumier* • 6 janv. 2004, n° 03-86.770 P : *D. 2004. IR 398* ; *JCP 2004. IV. 1373* ; *ibid. II. 10086, note Roumier*. ♦ Ainsi, lorsque la chambre de l'instruction a ordonné un supplément d'information qu'elle a délégué au juge d'instruction, elle devient seule compétente pour connaître des demandes de mise en liberté. • Crim. 21 nov. 2000, n° 00-85.875 P. ♦ ... Ou de la prolongation de la détention provisoire. • Crim. 11 déc. 2001, n° 01-86.729 P : *D. 2002. IR 698*.

15. Lorsqu'elle infirme une ordonnance du juge d'instruction ayant refusé d'accomplir un acte sollicité par une partie ou par le procureur de la République en application des art. 81 ou 82, la chambre de l'instruction peut soit se borner à renvoyer le dossier au juge d'instruction ou à tel autre afin de poursuivre l'information, soit procéder à une évocation partielle du dossier en accomplissant elle-même certains actes avant de renvoyer le dossier au juge d'instruction, soit, enfin, évoquer et, éventuellement, ordonner un supplément d'information, en application de l'art. 202, notamment aux fins de mise en examen. • Crim. 22 janv. 2019, n° 18-83.304 P. ♦ L'art. 207, al. 2, qui permet à la chambre de l'instruction, en toute autre matière que la détention provisoire, dès lors qu'elle est saisie selon les modalités qu'il énumère, de renvoyer le dossier à un autre juge d'instruction, soit lorsqu'elle infirme une décision du magistrat initialement saisi, soit lorsque, ce faisant, elle évoque en totalité et ordonne un supplément d'information, doit être interprété comme autorisant également le renvoi à un autre juge d'instruction, dans le cas où, après avoir infirmé la décision contestée, la chambre de l'instruction évoque partiellement et procède à tel acte qu'elle juge utile à la manifestation de la vérité. • Crim. 30 mars 2021, n° 20-84.974 P : *D. actu. 26 avr. 2021, obs. Charlent*.

16. S'il est vrai qu'aux termes des art. 206 et 207, la chambre d'accusation ne peut dessaisir un juge d'instruction d'une affaire que lorsqu'elle annule tout ou partie de la procédure ou lorsqu'elle infirme une ordonnance de ce juge d'instruction, cette règle ne peut faire échec aux principes généraux de l'organisation judiciaire et de la compétence des juridictions. La chambre d'accusation de renvoi ne peut renvoyer la procédure au juge d'instruction initialement saisi, mais doit désigner, même si elle confirme l'ordonnance, un juge d'instruction du ressort de sa propre juridiction. • Crim. 23 juin 1980, n° 80-90.692 P : *D. 1982. 167, note Jeandidier.*

17. Interdiction des injonctions au juge d'instruction. Il résulte de la combinaison des art. 81, al. 1er, et 207, al. 2 que, lorsque, en toute autre matière que la détention provisoire, la chambre d'accusation infirme une ordonnance du juge d'instruction et que, n'usant pas de la faculté d'évoquer, elle renvoie le dossier au juge d'instruction ou à tel autre afin de poursuivre l'information, elle ne peut, sans excès de pouvoir, lui donner d'injonction quant à la conduite de l'information. • Crim. 17 nov. 1998, n° 98-81.717 P : *Procédures 1999. Comm. 132, obs. Buisson.* ♦ La chambre de l'instruction, lorsqu'elle n'use pas de son pouvoir d'évocation, ne peut donner d'injonction au juge d'instruction. • Crim. 9 déc. 2015, n° 13-84.163 P : *D. actu. 12 janv. 2016, obs. Gallois.* ♦ Il résulte de la combinaison des art. 204, 205 et 207, al. 2, que, lorsque, en toute autre matière que la détention provisoire, la chambre de l'instruction infirme une ordonnance de non-lieu du magistrat instructeur et que, n'usant pas de la faculté d'évoquer, elle renvoie le dossier au juge d'instruction afin de poursuivre l'information, elle ne peut, sans excès de pouvoir, lui donner d'injonction quant à la conduite de cette information. • Crim. 31 oct. 2017, n° 16-86.897 P : *D. actu. 23 nov. 2017, obs. Diaz.*

18. Le recours formé contre une ordonnance de restitution d'objet placé sous main de justice, sur le fondement de l'art. 99, ne figure pas dans les cas limitativement énumérés par l'art. 207. Dès lors excède ses pouvoirs la chambre de l'instruction qui, saisie d'un tel recours, évoque, après infirmation de l'ordonnance déférée, et, faisant application de l'art. 99-2, ordonne la remise d'un véhicule automobile saisi au service des domaines aux fins de mise en vente. • Crim. 6 mai 2008, n° 07-86.829 P : *AJ pénal 2008. 382* .

19. L'arrêt, par lequel une chambre de l'instruction, après avoir évoqué, conformément à l'art. 207, al. 2, ordonne un supplément d'information et commet un juge d'instruction pour exécuter les actes qu'elle spécifie, n'a pas pour effet de la dessaisir de sa compétence pour ordonner elle-même toute autre investigation qu'elle estime nécessaire. Dès lors, la personne mise en examen ne saurait se faire un grief de ce que, après exécution, par le juge d'instruction, des seuls actes mentionnés dans l'arrêt et retour par ce magistrat de la procédure à la chambre de l'instruction, cette juridiction prononce elle-même sur la demande d'investigations complémentaires présentée par la personne concernée au juge commis qui n'y avait pas répondu. • Crim. 31 août 2011, n° 10-85.742 P.

III. ART. 207, DERNIER AL.

20. Lorsque le président de la chambre de l'instruction refuse, conformément à l'art. 199, al. 6, la comparution à l'audience de la personne mise en examen appelante d'une ordonnance de refus de mise en liberté, cette décision s'étend à toute demande examinée à la même audience en application du dernier al. de l'art. 207. • Crim. 7 oct. 2008, n° 08-85.477 P : *D. 2008. AJ 2797* ; *AJ pénal 2008. 517* .

Art. 207-1 *(L. n° 2000-516 du 15 juin 2000, art. 74-IV, en vigueur le 1er janv. 2001)* **Le président de la** *(L. n° 2004-204 du 9 mars 2004, art. 126-IX)* **« chambre de l'instruction », saisi en application des dispositions du deuxième alinéa de l'article 175-1, décide, dans les huit jours de la transmission du dossier, par une ordonnance qui n'est pas susceptible de recours, s'il y a lieu ou non de saisir la chambre de l'instruction.**

Dans l'affirmative, il transmet le dossier au procureur général qui procède ainsi qu'il est dit aux articles 194 et suivants. Après qu'elle a été saisie, la *(L. n° 2004-204 du 9 mars 2004, art. 126-IX)* **« chambre de l'instruction » peut soit prononcer le renvoi devant la juridiction de jugement ou la mise en accusation devant la cour d'assises, soit déclarer qu'il n'y a pas lieu à suivre, soit évoquer et procéder dans les conditions prévues aux articles 201, 202 et 204, soit renvoyer le dossier de la procédure au même juge d'instruction ou à tel autre, afin de poursuivre l'information.**

Dans la négative, il ordonne, par décision motivée, que le dossier de l'information soit renvoyé au juge d'instruction.

L'ordonnance par laquelle le président de la chambre de l'instruction refuse de saisir la chambre d'une requête aux fins de non-lieu n'est pas susceptible de recours et son obligation de motivation résulte d'une appréciation des charges en l'état qui n'est pas de nature à s'imposer à la juridiction d'instruction ni à la juridiction de jugement. • Crim. 13 nov. 2001, n° 01-86.327 P.

Art. 208 *(Ord. n° 58-1296 du 23 déc. 1958)* **Lorsqu'elle a prescrit une information complémentaire et que celle-ci est terminée, la chambre de l'instruction ordonne le dépôt au greffe du dossier de la procédure.**

Le procureur général avise immédiatement de ce dépôt chacune des parties et son *(L. n° 93-2 du 4 janv. 1993)* **« avocat » par lettre recommandée.**

1. Lorsqu'elle a ordonné un supplément d'information et que celui-ci est terminé, la chambre d'accusation, selon l'art. 208, al. 1er, prescrit le dépôt de la procédure au greffe. Encourt la cassation l'arrêt de la chambre d'accusation qui a prononcé un non-lieu après que le conseiller, commis pour procéder au supplément d'information, a, par ordonnance, communiqué la procédure au procureur général, lequel a pris ses réquisitions écrites et fait venir l'affaire à l'audience sans que la juridiction ait, au préalable, ordonné le dépôt de la procédure au greffe. • Crim. 20 juin 1985, n° 84-95.303 P : *D. 1986. IR 119, obs. Pradel ; RSC 1986. 405, obs. Braunschweig.*

2. Aucune disposition légale ne prescrit que le conseiller, commis par la chambre d'accusation pour exécuter un supplément d'information et qui a participé à l'arrêt rendu en application de l'art. 208, doive également participer à l'arrêt de renvoi. • Crim. 20 mars 1990, n° 89-87.172 P.

3. La décision de la chambre d'accusation constitue un simple acte de procédure ne donnant lieu à aucun débat ; la mention de la présence du ministère public n'y est dès lors pas requise à peine de nullité. • Crim. 20 mars 1990 : *préc. note 2.*

4. Le moyen tiré de la violation de l'art. 208, al. 2, ne peut être présenté pour la première fois devant la Cour de cassation. • Crim. 16 févr. 1966, n° 65-92.364 P • 3 nov. 1977, n° 76-90.225 P.

Art. 209 **Le dossier de la procédure reste déposé au greffe pendant quarante-huit heures en matière de détention provisoire, pendant cinq jours en toute autre matière.**

Il est alors procédé conformément aux *(Ord. n° 60-529 du 4 juin 1960)* **« articles 197, 198 et 199 ».**

Art. 210 **La chambre de l'instruction statue par un seul et même arrêt sur tous les faits entre lesquels il existe un lien de connexité.**

1. Connexité. La juridiction correctionnelle, régulièrement saisie d'un délit, ne peut se dessaisir pour cause de simple connexité entre ce délit et un fait qualifié crime. • Crim. 23 avr. 1910 : *DP 1912. 1. 309.*

2. Jugé conformément à ce principe : ... que la juridiction correctionnelle ne peut, sans violer les règles de sa compétence, se refuser à statuer sur le délit dont elle a été régulièrement saisie, sous prétexte que ce délit était connexe à un fait pouvant donner lieu à une poursuite devant une autre juridiction. • Crim. 24 mars 1893 : *DP 1895. 1. 404.*

3. ... Qu'en cas de connexité, dans les termes des art. 226 et 227 C. instr. crim. (art. 203), entre des chefs de prévention entrant dans la compétence des tribunaux correctionnels et d'autres chefs entrant dans celle de la cour d'assises, la juridiction correctionnelle ne peut refuser de statuer sur les chefs dont l'examen lui est dévolu par la loi, lorsque la cour d'assises n'est pas encore saisie des autres chefs. • Crim. 11 avr. 1891 : *DP 1891. 1. 235-236.*

4. ... Que c'est à bon droit que la juridiction correctionnelle, en se déclarant incompétente pour connaître d'un des faits qui lui étaient déférés, ce fait présentant le caractère de crime, retient la connaissance d'un délit dont elle était en même temps saisie, et ce, malgré la connexité de ces faits, s'ils ne sont pas indivisibles, et alors que la poursuite n'est pas encore introduite à raison du crime. • Crim. 29 mars 1890 : *DP 1891. 1. 191-192.*

5. ... Que la juridiction correctionnelle, saisie d'un crime et d'un délit connexes, ne peut, tout en se déclarant incompétente quant au crime, refuser, sous prétexte de connexité, de connaître du délit dont elle est compétemment saisie. • Crim. 23 juin 1892 : *DP 1893. 1. 297-298* • Paris, 7 févr. 1894 : *DP 1898. 1. 342* • Crim. 25 oct. 1894 : *DP 1898. 1. 342-343.*

6. Indivisibilité. Les juges correctionnels doivent se dessaisir de la connaissance du délit, comme de celle du crime, si les deux infractions sont unies par un lien d'indivisibilité. • Crim. 29 mars 1890 (motifs) : *préc. note 4* • 24 mars 1893 : *préc. note 2* • 25 oct. 1894 : *préc. note 5.*

7. Seule la constatation par les juges de faits rattachés entre eux par un lien tel que l'existence des uns ne se comprend pas sans l'existence des autres et formant un tout indivisible, peut faire obstacle à des poursuites séparées. L'unité de dessein de l'auteur d'infractions successives révèle seulement un cas de connexité. • Crim. 20 févr. 1980, n° 79-90.347 P.

8. En cas de pluralité de délinquants, l'indivisibilité des poursuites ne peut s'appliquer qu'à l'égard de ceux qui sont en état d'être jugés. • Crim. 29 juin 1976, n° 76-91.303 P.

Art. 211 **Elle examine s'il existe contre** *(L. n° 93-2 du 4 janv. 1993)* **« la personne mise en examen » des charges suffisantes.**

Art. 212 **Si la chambre de l'instruction estime que les faits ne constituent ni crime, ni délit, ni contravention ou si l'auteur est resté inconnu ou s'il n'existe pas de charges suffisantes contre** *(L. n° 93-2 du 4 janv. 1993)* **« la personne mise en examen », elle déclare qu'il n'y a lieu à suivre.**

(L. n° 94-89 du 1er févr. 1994) **« Les personnes mises en examen qui sont provisoirement détenues sont remises en liberté. »** *(L. n° 93-2 du 4 janv. 1993)* **« L'arrêt met**

fin au contrôle judiciaire » *(L. nº 2009-1436 du 24 nov. 2009, art. 93-X)* **« ou à une assignation à résidence avec surveillance électronique ».**

(L. nº 85-1407 du 30 déc. 1985) **« La chambre de l'instruction statue par le même arrêt sur la restitution des objets placés sous main de justice. Elle peut refuser la restitution lorsque celle-ci présente un danger pour les personnes ou les biens. »**

1. Demande de remise en liberté. Dès lors qu'elle est invitée à ordonner une mesure de remise en liberté en cas de non-lieu, en application de l'art. 212, al. 2, et non à statuer sur la détention, sur le fondement de l'art. 148-1, la chambre d'accusation qui, renvoyant l'accusé devant la cour d'assises, rejette cette demande, n'a pas à motiver sa décision par des considérations de droit et de fait répondant aux exigences des art. 144 s. • Crim. 22 sept. 1998, nº 98-83.568 P : *Dr. pénal 1999. Chron. 11, note Marsat.*

2. Pourvoi en cassation du ministère public. Les dispositions de l'art. 567 autorisent le ministère public à se pourvoir en cassation contre les arrêts de la chambre d'accusation qui constituent une décision de non-lieu à suivre dans les termes de l'art. 212. • Crim. 21 nov. 1972, nº 72-91.652 P.

Art. 212-1 *(L. nº 93-2 du 4 janv. 1993)* **La chambre de l'instruction** *(L. nº 93-1013 du 24 août 1993)* **« peut ordonner », sur la demande de la personne concernée** *(L. nº 2000-516 du 15 juin 2000, art. 96-V)* **« ou, avec l'accord de cette personne, d'office ou à la demande du ministère public », soit la publication intégrale ou partielle de l'arrêt de non-lieu, soit l'insertion d'un communiqué informant le public des motifs et du dispositif de celui-ci, dans un ou plusieurs journaux, écrits périodiques ou services de** *(L. nº 2004-575 du 21 juin 2004, art. 2-IV)* **« communication au public par voie électronique » désignés par cette chambre.**

Elle détermine, le cas échéant, les extraits de l'arrêt qui doivent être publiés ou fixe les termes du communiqué à insérer.

(L. nº 2000-516 du 15 juin 2000, art. 96-V) **« Si la chambre de l'instruction ne fait pas droit à la demande de la personne concernée, elle doit rendre une décision motivée. »**

Les dispositions de l'art. 212-1 ne sont pas applicables au témoin assisté ; seule une personne mise en examen peut demander publication intégrale ou partielle d'un arrêt de non-lieu ou l'insertion d'un communiqué, et ce, avant la clôture définitive de l'information. • Crim. 6 mars 2007, nº 06-83.103 P : *D. 2007. AJ 1016 ; AJ pénal 2007. 284, obs. Saas ; RSC 2007. 846, obs. Finielz ; Dr. pénal 2007. Comm. 95, obs. Maron.* ♦ La partie civile est toutefois irrecevable à se pourvoir contre un arrêt de la chambre de l'instruction qui, dans une affaire terminée par un non-lieu, a admis à tort la demande de publication d'un communiqué par le témoin assisté, car elle n'a pu avoir la qualité de partie devant la juridiction ayant rendu l'arrêt attaqué. • Même arrêt.

Art. 212-2 *(L. nº 2004-204 du 9 mars 2004, art. 107-V)* **Lorsqu'elle déclare qu'il n'y a lieu à suivre à l'issue d'une information ouverte sur constitution de partie civile, la chambre de l'instruction peut, sur réquisitions du procureur général et par décision motivée, si elle considère que la constitution de partie civile a été abusive ou dilatoire, prononcer contre la partie civile une amende civile dont le montant ne peut excéder 15 000 €.**

Cette décision ne peut intervenir qu'à l'issue d'un délai de vingt jours à compter de la communication à la partie civile et à son avocat, par lettre recommandée ou par télécopie avec récépissé, des réquisitions du procureur général, afin de permettre à l'intéressé d'adresser des observations écrites à la chambre de l'instruction.

Lorsque la partie civile est une personne morale, l'amende civile peut être prononcée contre son représentant légal, si la mauvaise foi de ce dernier est établie.

RÉP. PÉN. vº *Partie civile*, par BONFILS.

1. L'art. 212-2, institué par la loi du 9 mars 2004, s'applique aux procédures en cours à la date de son entrée en vigueur. • Crim. 30 mai 2007, nº 06-87.743 P.

2. Motivation. La juridiction d'instruction qui prononce une condamnation à une amende civile doit motiver sa décision en tenant compte des ressources et des charges du plaignant. • Crim. 5 sept. 2018, nº 17-84.980 P : *D. actu. 18 sept. 2018, obs. Goetz ; Dr. pénal 2018, nº 201, note Maron et Haas.* ♦ ... Mais il appartient à la partie civile, représentée par son avocat, de fournir des éléments concernant ses ressources et ses charges, et le cas échéant de se prévaloir devant la juridiction du second degré de l'absence de prise en compte de celles-ci par le premier juge qui a prononcé une amende civile. • Crim. 21 oct. 2020, n° 19-87.492 P : *D. actu. 27 nov. 2020, obs. Goetz.*

3. La décision de condamnation à une amende pour constitution de partie civile abusive ne peut intervenir qu'à l'issue d'un délai de vingt jours à compter de la communication à la partie civile et à son avocat, par lettre recommandée ou télécopie avec récépissé, des réquisitions du procureur général, afin de permettre à l'intéressé d'adresser des observations écrites à la chambre de l'instruction. • Crim. 9 janv. 2007, n° 06-84.064 P : *D. 2007. AJ 579 ; AJ pénal 2007. 144*. ♦ La communication de la procédure par la chambre de l'instruction au procureur général aux fins de réquisitions est une mesure d'administration judiciaire échappant au contrôle de la Cour de cassation. • Crim. 30 mai 2007 : *préc. note 1.*

4. Dès lors que l'ordonnance confirmée a été rendue, conformément aux prescriptions de l'art. 177-2, à l'issue d'un délai de vingt jours à compter de la communication à la partie civile des réquisitions prises par le procureur de la République, la chambre de l'instruction n'a pas à faire application de l'art. 212-2. • Crim. 5 nov. 2014 : *D. actu. 24 nov. 2014, obs. Priou-Alibert.*

5. Applicabilité de l'art. 6, § 1, Conv. EDH. La chambre de l'instruction n'est pas tenue de motiver spécialement le montant de l'amende civile, dont le prononcé n'entre pas dans les prévisions de l'art. 6, § 1, Conv. EDH. • Crim. 27 févr. 2002, n° 01-85.573 P : *RSC 2002. 625, obs. Giudicelli ; Dr. pénal 2002, n° 88, obs. Maron.* ♦ *Contra* : La chambre de l'instruction, qui a statué après que des réquisitions ont été régulièrement prises par le ministère public et communiquées à la partie civile et à son avocat pour leur permettre de formuler des observations écrites en réplique, a fait l'exacte application de l'art. 212-2, sans méconnaître l'art. 6, § 1, Conv. EDH. • Crim. 1er mars 2011, n° 10-84.979 P : *D. actu. 14 avr. 2011, obs. Léna ; AJ pénal 2011. 423, obs. Royer*.

Art. 213 *(L. n° 70-643 du 17 juill. 1970)* **Si la chambre de l'instruction estime que les faits constituent un délit ou une contravention, elle prononce le renvoi de l'affaire dans le premier cas devant le tribunal correctionnel, dans le second cas devant le tribunal de police** *(Abrogé par L. n° 2011-1862 du 13 déc. 2011, art. 2-V et 70-I, à compter du 1er juill. 2017) (L. n° 2005-47 du 26 janv. 2005, art. 9-XII, en vigueur le 1er avr. 2005)* ***« ou devant la juridiction de proximité »***. *(L. n° 2016-731 du 3 juin 2016, art. 65)* **« L'article 184 est applicable. »**

Le prévenu détenu est immédiatement remis en liberté et le contrôle judiciaire prend fin. Toutefois, la chambre de l'instruction peut faire application, par un arrêt spécialement motivé, des dispositions prévues aux troisième et quatrième alinéas de l'article 179.

En cas de renvoi devant le tribunal de police *(Abrogé par L. n° 2011-1862 du 13 déc. 2011, art. 2-V et 70-I, à compter du 1er juill. 2017) (L. n° 2005-47 du 26 janv. 2005, art. 9-XII, en vigueur le 1er avr. 2005)* ***« ou devant la juridiction de proximité »***, **le prévenu détenu est immédiatement remis en liberté ; le contrôle judiciaire prend fin.**

V. note au-dessus de l'art. 39.

1. Du rapprochement de l'art. 179, al. 3 et 4, et de l'art. 213, al. 2, il ressort que, lorsqu'elle déclare irrecevable l'appel formé par l'inculpé contre l'ordonnance le renvoyant devant le tribunal correctionnel et que, par là même, elle se trouve ainsi maintenir cette décision de renvoi, la chambre d'accusation a le pouvoir d'ordonner le maintien en détention provisoire de cet inculpé, cette décision cessant de produire effet à l'expiration d'un délai de quatre mois (deux mois) commençant à courir du jour de l'arrêt, et l'inculpé conservant le droit de saisir à tout moment la chambre d'accusation d'une demande de mise en liberté, ainsi que le prévoit l'art. 148-1. • Crim. 2 déc. 1971, n° 71-92.789 P : *D. 1972. 190 ; RSC 1972. 897, obs. J. Robert* • 28 nov. 1984, n° 84-94.898 P • 11 juin 1991, n° 91-81.870 P. ♦ Il se déduit des art. 179 et 213 que, saisie par la personne mise en examen, maintenue en détention par une ordonnance distincte, de l'appel de la seule ordonnance le renvoyant devant le tribunal correctionnel, la chambre de l'instruction qui, dans le délai de deux mois qui lui est imparti, déclare cet appel irrecevable et ordonne le maintien en détention provisoire de l'appelant n'a ni à en fixer la durée ni à en ordonner la prolongation à l'issue d'un délai de deux mois, ce délai, tel qu'il est prévu par l'art. 179, al. 4, ne commençant à courir qu'à partir du jour où l'ordonnance de renvoi est devenue définitive. • Crim. 19 mars 2014 : *D. actu. 9 avr. 2014, obs. Bombled ; D. 2014. 781*. ♦ La chambre de l'instruction jugeant que les faits poursuivis ne constituent pas un crime et confirmant le renvoi du prévenu devant le tribunal correctionnel doit s'expliquer sur la nécessité du maintien en détention, sans pouvoir se borner à affirmer que l'ordonnance distincte et motivée de maintien en détention du juge conserve tous ses effets. • Crim. 20 févr. 2019, n° 18-86.897 P : *Procé-*

dures 2019, n° 133, obs. Chavent-Leclère. ♦ V. aussi notes ss. art. 179.

2. Alors que la chambre d'accusation peut maintenir ou placer sous contrôle judiciaire l'inculpé qu'elle renvoie devant le tribunal correctionnel, elle n'a pas ce pouvoir à l'égard de celui qu'elle renvoie devant la cour d'assises sous la seule accusation d'un délit connexe à un crime ; le contrôle judiciaire prend fin dès le prononcé de l'arrêt renvoyant l'intéressé devant la cour d'assises. • Crim. 19 déc. 1991, n° 91-86.137 P : *JCP 1992. II. 21895, note de Touzalin ; Dr. pénal 1992. 108.*

3. Les juges correctionnels, saisis par l'arrêt d'une chambre d'accusation renvoyant des prévenus devant eux, conservent le pouvoir de donner aux faits leur interprétation légale. Dès lors, en application de l'art. 574, n'est pas recevable le moyen par lequel les prévenus critiquent les énonciations d'un tel arrêt relatives aux éléments constitutifs de l'infraction poursuivie et aux charges que la chambre d'accusation a retenues contre eux. • Crim. 13 janv. 1988, n° 84-95.047 P.

Art. 214 **Si les faits retenus à la charge des** *(L. n° 93-2 du 4 janv. 1993)* **« personnes mises en examen » constituent une infraction qualifiée crime par la loi, la chambre de l'instruction prononce la mise en accusation devant la cour d'assises** *(L. n° 2021-1729 du 22 déc. 2021, art. 9, en vigueur le 1er janv. 2023)* **« ou devant la cour criminelle départementale ».**

Elle peut saisir également *(L. n° 2021-1729 du 22 déc. 2021, art. 9, en vigueur le 1er janv. 2023)* **« la juridiction criminelle compétente » des infractions connexes.**

(Abrogé par L. n° 2000-516 du 15 juin 2000, art. 82-IV, à compter du 1er janv. 2001) (L. n° 81-82 du 2 févr. 1981 ; L. n° 93-2 du 4 janv. 1993) ***« La chambre d'accusation statue par un arrêt rendu dans les deux mois de l'ordonnance de transmission des pièces, faute de quoi la personne est mise d'office en liberté. »***

BIBL. ▶ CHAPAR, *D. 1965. Chron. 111.*

1. Il appartient à la chambre de l'instruction, saisie de l'appel d'une ordonnance de mise en accusation, d'apprécier par elle-même s'il existe à l'encontre de la personne mise en examen des charges suffisantes d'avoir commis un crime et d'ordonner son renvoi devant la cour d'assises ; elle ne saurait rejeter l'appel de la personne mise en examen en retenant qu'il résulte de la procédure qu'il existe contre cette personne des indices concordants d'avoir commis le crime poursuivi. • Crim. 7 févr. 2017, n° 16-86.926 P : *D. actu. 3 mars 2017, obs. Goetz.*

2. Ne saurait encourir la censure de la Cour de cassation l'arrêt de la chambre d'accusation portant renvoi devant la cour d'assises lorsque le fait, objet de la poursuite, à le supposer mal qualifié, n'en constituerait pas moins un crime. • Crim. 4 nov. 1997, n° 97-83.463 P • 16 nov. 2004, n° 04-85.318 P.

3. Encourt la cassation l'arrêt de la chambre d'accusation qui, prononçant la mise en accusation, omet de désigner la cour d'assises compétente. • Crim. 6 mars 1996, n° 95-86.216 P.

4. Saisie de l'appel d'une ordonnance de mise en accusation, une chambre de l'instruction a l'obligation de statuer sur l'objet de cet appel et, si elle considère que les faits reprochés sont susceptibles d'une qualification criminelle, de rendre un arrêt de mise en accusation. Elle ne peut donc se borner à déclarer irrecevable la demande d'expertise présentée par mémoire régulièrement déposé, sans statuer sur l'appel de l'ordonnance de mise en accusation dont elle était saisie. • Crim. 10 janv. 2017, n° 16-86.861 P.

5. ***Contradiction de motifs.*** Ayant retenu que l'accusé a utilisé un couteau dont la lame, par sa longueur, pouvait provoquer la mort, et frappé sciemment au niveau du thorax, qui constitue une zone vitale, la chambre de l'instruction, en le renvoyant devant la cour d'assises du chef de coups mortels aggravés au motif que l'intention homicide, contestée par les mis en examen, ne résultait d'aucun élément du dossier, la chambre de l'instruction n'a pas tiré les conséquences de ses propres constatations. • Crim. 15 mars 2017, n° 16-87.694 P : *AJ pénal 2017. 348, obs. Floquet et Roth.*

6. ***Mise en accusation et présomption d'innocence.*** La présomption d'innocence dont bénéficie l'accusé ne cesse qu'en cas de déclaration de culpabilité par la juridiction de jugement devenue irrévocable ; ne saurait constituer une atteinte à ce principe l'arrêt de mise en accusation d'une chambre de l'instruction, dès lors que ses motifs sont dépourvus de l'autorité de la chose jugée et que la cour d'assises conserve son entière liberté, après débat contradictoire, pour apprécier la valeur des charges retenues par la chambre d'accusation en application de l'art. 214. • Crim. 13 nov. 1996, n° 96-82.087 P • Crim. 25 juin 2013 : *D. actu. 2 juill. 2013, obs. Bombled.*

7. ***Délai de l'al. 3 (anc. jur.).*** L'inobservation du délai de deux mois à compter de l'ordonnance de transmission des pièces, imparti par l'art. 214, al. 3, si elle entraîne la mise en liberté d'office de l'inculpé détenu, n'est pas sanctionnée par la nullité. • Crim. 10 janv. 1984 : *D. 1984. IR 244, obs. J.-M. R.*

8. Selon l'art. 214, al. 3, la chambre d'accusation statue par un arrêt rendu dans les deux mois de l'ordonnance de transmission des pièces, faute de quoi l'inculpé est mis d'office en liberté. Répond aux exigences de ce texte l'arrêt qui, dans ce délai, a ordonné un supplément d'information. • Crim. 30 juin 1981, n° 81-92.783 P • 19 août 1997 : *Procédures 1998. Comm. 49, obs. Buisson* • 10 févr. 1999, n° 98-87.372 P : *Dr. pénal 1999. Chron. 20, par Marsat.* ♦ Dans ce cas, il n'y a pas lieu de rendre une décision sur la détention provisoire. • Crim. 18 juin 1985, n° 85-91.877 P • 17 juill. 1990, n° 90-82.614 P.

9. En revanche, encourt la cassation l'arrêt d'une chambre d'accusation qui, pour dire que le délai fixé par ce texte, a été prorogé en raison de la survenance d'un cas de force majeure, relève une circonstance ne présentant pas les caractères d'un événement imprévisible et insurmontable, extérieur au service de justice (perte du dossier). • Crim. 26 juin 1997, n° 97-81.229 P : *RSC 1997. 856, obs. Dintilhac.*

10. Selon l'art. 181, le titre de détention initial conserve de plein droit sa force exécutoire après le prononcé de l'ordonnance de transmission des pièces de la procédure jusqu'à la décision de la chambre d'accusation qui, lorsqu'elle a été saisie sur renvoi après cassation, n'est pas tenue par le délai prévu par l'art. 214, dernier al. • Crim. 4 mars 1992, n° 91-86.867 P.

Art. 215 *(L. n° 2000-516 du 15 juin 2000, art. 82-V, en vigueur le 1er janv. 2001)* **L'arrêt de mise en accusation contient, à peine de nullité, l'exposé et la qualification légale des faits, objet de l'accusation, et précise l'identité de l'accusé.** *(L. n° 2004-204 du 9 mars 2004, art. 126-VIII)* **« Il précise également, s'il y a lieu, que l'accusé bénéficie des dispositions de l'article 132-78 du code pénal. »**

(L. n° 2004-204 du 9 mars 2004, art. 100-III, en vigueur le 1er oct. 2004) **« Les** *(L. n° 2016-731 du 3 juin 2016, art. 65)* **« articles 181 et 184 » sont applicables. »**

(L. n° 2002-1138 du 9 sept. 2002, art. 43) **« L'arrêt de mise en accusation est notifié à l'accusé conformément aux dispositions du deuxième alinéa de l'article 183. »**

Ancien art. 215, al. 2 et 3 *Il décerne en outre ordonnance de prise de corps contre l'accusé et contre les personnes renvoyées pour délit connexe devant la cour d'assises.*

Les dispositions des cinquième et sixième alinéas de l'article 181 sont applicables.

1. Exposé des faits et qualification. Doit être annulé, selon l'art. 215, al. 1er, l'arrêt de la chambre d'accusation prononçant la mise en accusation et qui ne contient aucun exposé, même sommaire, des faits. • Crim. 8 déc. 1976, n° 76-90.868 P ♦ Même solution en cas d'absence, d'insuffisance ou de contradiction des motifs. • Crim. 17 sept. 1997, n° 97-83.617 P. ♦ Mais cet exposé des faits ne concerne que les arrêts de mise en accusation. • Crim. 10 janv. 1984 : *D. 1984. IR 235* • 6 août 2003, n° 03-83.046 P. ♦ En revanche, ne méconnaît pas les dispositions de l'art. 6, § 3, Conv. EDH qui reconnaît à tout inculpé le droit d'entendre ou de faire entendre les témoins à charge, la chambre d'accusation qui, pour justifier le renvoi d'un inculpé aux assises, se fonde sur les déclarations de coïnculpés, bien que ces derniers ne puissent être entendus sous serment. • Crim. 7 sept. 1993, n° 93-82.904 P. ♦ Il n'en résulte aucune atteinte aux intérêts de la personne que ces déclarations mettent en cause, dès lors que leurs auteurs pourront être interrogés devant la juridiction de jugement. • Crim. 6 févr. 1996, n° 95-85.710 P.

2. Viole l'art. 232 C. instr. crim. (art. 215) l'arrêt de la chambre d'accusation dont l'exposé des faits ne relève pas les circonstances de fait nécessaires pour permettre à la Cour de cassation de vérifier la légalité de la qualification. • Crim. 13 avr. 1911 : *Bull. crim. n° 210.* ♦ Mais la chambre d'accusation apprécie souverainement tous les éléments constitutifs des crimes et délits, la Cour de cassation n'ayant d'autre pouvoir que de vérifier si la qualification donnée aux faits justifie le renvoi devant la juridiction de jugement. • Crim. 8 mai 1969, n° 68-92.873 P • 24 juin 1980, n° 79-94.829 P • 20 août 1986, n° 86-92.877 P.

3. Le même fait ne peut être retenu comme constitutif de deux circonstances aggravantes. • Crim. 4 févr. 1998, n° 97-86.090 P.

4. L'accusé ne peut se faire un grief des motifs de l'arrêt de mise en accusation, en alléguant qu'ils préjugeraient de sa culpabilité, dès lors que ces motifs, auxquels l'art. 485 n'est pas applicable, sont dépourvus de l'autorité de la chose jugée et que la cour d'assises conserve son entière liberté, après débat contradictoire, pour apprécier la valeur des charges retenues par la chambre d'accusation. La présomption d'innocence dont l'accusé continue de bénéficier ne cessera qu'en cas de déclaration de culpabilité, prononcée par la juridiction de jugement et devenue irrévocable. • Crim. 13 nov. 1996, n° 96-83.696 P : *Dr. pénal 1997. Comm. 69 et 71, obs. Maron.*

5. Vices de procédure. Méconnaît le sens et la portée des art. 181, al. 4, et 215, selon lesquels la décision de mise en accusation, lorsqu'elle est devenue définitive, couvre, s'il en existe, les vices de procédure, la cour d'assises qui, après avoir accueilli une exception de nullité prise du défaut d'impartialité d'un enquêteur ayant participé à l'enquête préliminaire, prononce l'annulation de la procédure. • Crim. 10 juin 2009, n° 09-81.902 P : *D. 2009. Pan. 2244, obs. Pradel* ; *AJ pénal 2009. 414, obs. Royer.*

6. L'infirmation de l'ordonnance de renvoi devant le tribunal correctionnel et le renvoi subséquent de la personne mise en examen devant la cour d'assises entraînent nécessairement la caducité de l'ordonnance de maintien en détention et le mandat de dépôt criminel conserve sa force exécutoire dans les termes de l'art. 181, al. 7. • Crim. 29 oct. 2014 : *D. actu. 3 déc. 2014, obs. Fonteix ; AJ pénal 2015. 260, obs. de Combles de Nayves*.

7. Ordonnance de prise de corps. L'ordonnance de prise de corps fait partie de l'arrêt de mise en accusation, avec lequel elle ne forme qu'un seul et même contexte. • Crim. 1er déc. 1966, nº 66-93.235 P : *D. 1967. 23, rapp. Costa.* ♦ Par suite, le pourvoi s'applique à cette ordonnance comme à toutes autres dispositions de l'arrêt de renvoi devant la cour d'assises. • Même arrêt. ♦ Il en résulte que, en raison de l'effet suspensif du pourvoi en cassation, l'ordonnance de prise de corps incluse dans un arrêt de renvoi ne peut être exécutée pendant la durée du pourvoi dirigé contre l'arrêt de renvoi. • Crim. 26 janv. 1967, nº 66-93.512 P. ♦ *Contra* : en cas de cassation de l'arrêt qui a confirmé l'ordonnance de mise en accusation, l'ordonnance de prise de corps du juge d'instruction, qui s'est substituée au mandat de dépôt initial, reprend de plein droit sa force exécutoire jusqu'à ce qu'il ait été statué sur l'ordonnance de mise en accusation par la chambre de l'instruction désignée sur renvoi après cassation. • Crim. 20 mars 2002, nº 02-80.150 P.

8. L'ordonnance de prise de corps demeure valable jusqu'au jugement définitif des faits, sans qu'il soit besoin d'en maintenir les effets en cas de disjonction de la cause de l'accusé et de son renvoi à une session ultérieure de la cour d'assises. • Crim. 22 nov. 1990, nº 90-85.046 P.

9. Il résulte de l'art. 215 que, même lorsque l'accusé est placé sous contrôle judiciaire, l'arrêt de mise en accusation doit décerner à son encontre ordonnance de prise de corps, celle-ci n'étant alors mise à exécution que dans les conditions prévues par les art. 141-2 et 215-1. • Crim. 3 déc. 1996, nº 96-84.020 P.

10. Il se déduit des dispositions combinées des art. 214 et 215 que l'arrêt de mise en accusation doit décerner ordonnance de prise de corps, laquelle ne peut concerner que le ou les crimes objets du renvoi devant la cour d'assises. • Crim. 22 nov. 1983, nº 83-93.975 P. ♦ Doit donc être annulée, la disposition de l'arrêt de renvoi portant ordonnance de prise de corps contre un prévenu, à raison d'un délit connexe au crime, retenu à la charge d'un coïnculpé. • Crim. 15 nov. 1990, nº 90-85.352 P : *Dr. pénal 1991. 272.*

11. En cas d'acquittement du chef d'un crime et de condamnation pour un délit connexe, l'accusé détenu en vertu de l'ordonnance de prise de corps est mis en liberté immédiatement, nonobstant un pourvoi contre l'arrêt de la cour d'assises. • Crim. 5 févr. 1992, nº 92-80.125 P.

12. Les dispositions de l'art. 26 de la Constitution qui prévoient une autorisation du bureau de l'Assemblée nationale en cas de mesure coercitive prise à l'encontre d'un député ne sont pas applicables tant que l'ordonnance de prise de corps n'est pas mise à exécution. • Crim. 28 mars 2001, nº 01-80.239 P.

Circulaire CRIM 00-14 F1 du 11 décembre 2000, *présentant les dispositions de la loi du 15 juin 2000 renforçant la protection de la présomption d'innocence et les droits des victimes concernant la procédure criminelle. [...]*

1.3.2. *POUVOIR DE LA CHAMBRE DE L'INSTRUCTION EN CAS D'APPEL OU D'ÉVOCATION*

1.3.2.1. *Précisions sur les nouvelles dispositions du code de procédure pénale*

Les articles 214 et 215 concernant le rôle de la chambre de l'instruction en matière criminelle n'ont été sur le fond que peu modifiés par le législateur. En effet, si cette juridiction aura en pratique moins souvent l'occasion d'intervenir dans des procédures criminelles, lorsque tel sera le cas, son rôle sera alors sensiblement identique à celui auparavant exercé par la chambre d'accusation.

L'article 214 prévoyant la possibilité pour la chambre de l'instruction de renvoyer un accusé devant la cour d'assises est simplement modifié pour ne plus préciser que la chambre doit statuer dans un délai de deux mois, puisqu'elle n'interviendra plus à l'issue d'une ordonnance de transmission des pièces, qui est supprimée, et qu'en cas d'appel, elle devra statuer dans un délai de quatre mois.

L'article 215 relatif à l'arrêt de mise en accusation est modifié par coordination avec l'article 181 relatif à l'ordonnance de mise en accusation, auquel il renvoit désormais expressément.

Ces articles 214 et 215 ont ainsi vocation à s'appliquer quel que soit le mode de saisine de la chambre de l'instruction (appel d'une ordonnance de mise en accusation du juge d'instruction — ce qui sera l'hypothèse la plus fréquente — ou évocation — ce qui devrait demeurer exceptionnel).

L'article 215-1, sur les effets de l'ordonnance de prise de corps, est abrogé, car ses dispositions — qui vaudront non seulement à la suite d'un arrêt de mise en accusation émanant de la chambre de l'instruction, mais également à la suite d'une ordonnance de mise en accusation émanant du juge d'instruction (ce qui fait qu'elles ne pouvaient figurer dans une partie du code consacré à la chambre de l'instruction) — sont reprises, avec de notables modifications, à l'article 272-1.

1.3.2.2. *Application des nouvelles dispositions du code de procédure pénale*

En cas d'appel, la chambre de l'instruction pourra infirmer ou confirmer — en totalité ou en partie — l'ordonnance du juge, afin de prononcer un non-lieu total ou partiel, de renvoyer la personne devant le tribunal correctionnel ou de renvoyer l'accusé devant la cour d'assises.

Cette décision pourra évidemment être prise, le cas échéant, après qu'aura été ordonné un supplément d'information.

La chambre de l'instruction pourra également prendre l'une des ces décisions après avoir évoqué l'affaire, et renvoyer elle-même l'accusé devant la cour d'assises en l'absence d'ordonnance de règlement du juge d'instruction.

Toutefois, même si la chambre de l'instruction confirme l'ordonnance de mise en accusation, et dans la mesure où c'est alors l'arrêt de la chambre qui sera lu à l'audience, il conviendra de respecter les dispositions de l'article 215 et, tout en confirmant l'ordonnance du juge, de rendre un arrêt de mise en accusation.

Comme cela a déjà été indiqué, il convient en effet de considérer que les dispositions de l'article 215 devront recevoir application, que la chambre de l'instruction soit saisie sur appel de l'ordonnance de mise en accusation du juge d'instruction, ou qu'elle règle elle-même la procédure après avoir procédé à l'évocation du dossier, en application des dispositions de l'article 207.

En application de cet article, l'arrêt devra contenir, à peine de nullité, l'exposé et la qualification légale des faits, objet de l'accusation, et préciser l'identité de l'accusé.

Il sera nécessaire de motiver complètement l'arrêt de la cour, même si celle-ci, statuant en appel, confirme sur le fond l'ordonnance du juge, car c'est cet arrêt qui sera lu à l'audience (il ne sera donc pas possible de simplement viser les motifs de l'ordonnance et indiquant qu'ils sont repris, sans pour autant les reproduire).

L'arrêt décernera en outre ordonnance de prise de corps contre l'accusé et contre les personnes renvoyées pour délit connexe devant la cour d'assises. En cas de confirmation, l'arrêt de la chambre d'instruction pourra comporter la formule : « Confirmons l'ordonnance du juge d'instruction en ce qu'elle ordonne prise de corps contre ... ». *[...]*

Art. 215-1 *Abrogé par L. n° 2000-516 du 15 juin 2000, art. 82-VI, à compter du 1er janv. 2001.*

Art. 215-2 *Abrogé par L. n° 2004-204 du 9 mars 2004, art. 99-II, à compter du 1er oct. 2004.*

V. désormais art. 181, al. 7 à 9.

Art. 216 **Les arrêts de la chambre de l'instruction sont signés par le président et par le greffier. Il y est fait mention du nom des juges, du dépôt des pièces et des mémoires, de la lecture du rapport, des réquisitions du ministère public et, s'il y a lieu, de l'audition des parties ou de leurs** *(L. n° 93-2 du 4 janv. 1993)* **« avocats.**

« La chambre condamne l'auteur de l'infraction à payer à la partie civile la somme qu'elle détermine, au titre des frais non payés par l'État et exposés par celle-ci. *(L. n° 2021-1729 du 22 déc. 2021, art. 48)* **« Les parties peuvent produire les justificatifs des sommes qu'elles demandent et la chambre tient » compte de l'équité ou de la situation économique de la partie condamnée. Elle peut, même d'office, pour des raisons tirées des mêmes considérations, dire qu'il n'y a pas lieu à cette condamnation. »**

1. Premier al. de l'art. 216. Il n'importe que l'arrêt de la chambre d'accusation ne mentionne pas la présence du ministère public à l'audience du prononcé de l'arrêt, dès lors que l'art. 216, propre à cette juridiction, n'impose pas cette mention et que, selon l'art. 592, al. 2, la nullité de la décision n'est encourue qu'à défaut de son audition lors des débats. • Crim. 6 mars 1996, n° 95-86.175 P : *RSC 1996. 883, obs. Dintilhac*. ♦ Conf. : • Crim. 11 juin 1996, n° 96-81.312 P. ♦ *Contra* : • Crim. 19 avr. 1995, n° 94-83.770 P.

2. Dès lors que l'existence même de la décision attaquée n'est pas contestée, la circonstance que la signature du greffier ne figure pas au bas de l'arrêt ne saurait être invoquée comme un cas de cassation. • Crim. 5 déc. 1988, n° 88-85.634 P. ♦ La mention par le greffier sur l'expédition d'un arrêt que celui-ci a été signé par le président et le greffier fait foi jusqu'à inscription de faux. • Crim. 16 sept. 1992, n° 92-83.896 P.

3. L'absence dans l'arrêt de toute constatation relative à la formalité du rapport entraîne nullité. • Crim. 13 janv. 1965, n° 64-91.675 P : *D. 1965. Somm. 79* • 3 mai 1978, n° 77-91.598 P • 25 juin 1979, n° 78-91.443 P : *D. 1980. 153, note Jeandidier.* ♦ Il en est de même lorsque l'arrêt d'une chambre d'accusation ne met pas la Cour de cassation en mesure de savoir si un mémoire produit par la partie civile dans les conditions de l'art. 198 a été soumis à l'examen des juges. • Crim. 3 janv. 1980, n° 79-91.068 P • 25 avr. 1984, n° 84-90.965 P.

4. L'art. 216 ne fait pas obligation à la chambre d'accusation de mentionner spécialement les pièces annexées à un mémoire régulièrement visé. • Crim. 16 nov. 1982, n° 82-91.628 P • 19 févr. 1997, n° 96-85.884 P.

5. Même si l'arrêt de la chambre d'accusation ne fait pas mention du dépôt des pièces, il n'y a pas atteinte aux droits de la défense alors que le conseil de la partie civile n'a pas excipé de ce que la procédure n'aurait pas été tenue à sa disposition. • Crim. 31 mai 1961 : *Bull. crim. n° 278.*

6. Constitue un simple acte de procédure et non un arrêt au sens de l'art. 216 la décision par laquelle la chambre d'accusation, lorsqu'est terminé le supplément d'information prescrit par un arrêt avant-dire droit, ordonne le dépôt au greffe du dossier de la procédure. • Crim. 17 oct. 1967, n° 66-92.630 P.

7. Une condamnation aux dépens alors que l'arrêt n'a pas mis fin à la procédure est contraire à la loi et revêt un caractère définitif rendant le pourvoi recevable. • Crim. 10 mai 1973, n° 73-90.372 P • 31 janv. 1978, n° 76-93.250 P : *D. 1978. IR 318* • 17 janv. 1989, n° 88-85.119 P.

8. Les dispositions de l'art. 199, al. 4, qui permettent que la lecture d'un arrêt de la chambre d'accusation soit faite par l'un de ses membres, impliquent pour celui-ci, nonobstant l'art. 216, la faculté d'en signer la minute ; l'arrêt n'encourt donc pas l'annulation. • Crim. 14 juin 2000, n° 99-87.143 P : *D. 2000. IR 218* ; *Dr. pénal 2000. Chron. 40, obs. Marsat.*

9. Second al. de l'art. 216. Un grief par lequel il est reproché à l'arrêt attaqué d'avoir rejeté la demande présentée par la partie civile sur le fondement de l'art. 216, al. 2 n'est pas de ceux que l'art. 575 autorise la partie civile à présenter devant la Cour de cassation à l'appui de son seul pourvoi contre un arrêt de chambre de l'instruction, en l'absence de recours du ministère public. • Crim. 29 janv. 2003, n° 02-80.114.

Art. 217 *(Ord. n° 60-529 du 4 juin 1960)* **Hors le cas prévu à l'article 196,** *(L. n° 2000-516 du 15 juin 2000, art. 28, en vigueur le 1er janv. 2001)* **« les arrêts » sont, dans les trois jours, par lettre recommandée, portés à la connaissance des** *(L. n° 93-2 du 4 janv. 1993)* **« avocats des parties ».**

Dans les mêmes formes et délais, *(L. n° 2000-516 du 15 juin 2000, art. 28, en vigueur le 1er janv. 2001)* **« les arrêts » de non-lieu sont portés à la connaissance des** *(L. n° 93-2 du 4 janv. 1993)* **« personnes mises en examen »,** *(L. n° 2000-516 du 15 juin 2000, art. 28, en vigueur le 1er janv. 2001)* **« les arrêts » de renvoi devant le tribunal correctionnel ou de police sont portés à la connaissance des** *(L. n° 93-2 du 4 janv. 1993)* **« parties ».**

(L. n° 85-1407 du 30 déc. 1985) **« Les arrêts contre lesquels les** *(L. n° 93-2 du 4 janv. 1993)* **« parties » peuvent former un pourvoi en cassation** *(L. n° 2004-204 du 9 mars 2004, art. 108)* **« , à l'exception des arrêts de mise en accusation, » leur sont signifiés à la requête du procureur général dans les trois jours. Toutefois, ces arrêts sont notifiés par lettre recommandée** *(L. n° 93-2 du 4 janv. 1993)* **« aux parties » ou au requérant mentionné au cinquième alinéa de l'article 99 tant que le juge d'instruction n'a pas clôturé son information** *(L. n° 2004-204 du 9 mars 2004, art. 108)* **« ; les arrêts de mise en accusation sont également notifiés aux parties par lettre recommandée ».** *(L. n° 89-461 du 6 juill. 1989)* **« Ils peuvent être notifiés** *(L. n° 93-2 du 4 janv. 1993)* **« à la personne détenue » par les soins du chef de l'établissement pénitentiaire qui adresse, sans délai, au procureur général l'original ou la copie du récépissé signé par »** *(L. n° 93-2 du 4 janv. 1993)* **« elle ».**

(L. n° 85-1407 du 30 déc. 1985) **« Toute notification d'acte à la dernière adresse déclarée par une partie est réputée faite à sa personne. »**

1. L'art. 217 n'exige pas que la notification au défenseur du dispositif de l'arrêt de renvoi soit une copie littérale de ce dispositif ; il suffit qu'il donne connaissance du contenu du dispositif. • Crim. 12 mars 1961 : *Bull. crim. n° 170.*

2. Les prescriptions de l'art. 217 relatives à la signification ou à la notification aux parties ou à leur conseil des arrêts rendus par la chambre d'accusation ne sont pas édictées à peine de nullité. Leur inobservation n'a pour conséquence que de reculer jusqu'à la notification de l'arrêt le point de départ du pourvoi en cassation. • Crim. 3 oct. 1973, n° 73-91.325 P. ♦ V. conf. pour l'art. 217, al. 3 : • Crim. 20 juill. 1965, n° 64-93.824 P • 7 nov. 1979 : *D. 1980. IR 160* • 29 janv. 2003, n° 02-87.470.

3. Il résulte de la combinaison des art. 217, al. 3, et 568 que le délai de pourvoi en cassation contre un arrêt de la chambre d'accusation court, tant que le juge d'instruction n'a pas clôturé son information, du jour de la notification dudit arrêt par lettre recommandée ou par les soins du chef de l'établissement pénitentiaire s'il s'agit d'une personne détenue. • Crim. 4 mars 1997, n° 96-83.636 P.

Art. 218 *(L. n° 93-2 du 4 janv. 1993)* **« Les dispositions des articles 171, 172 et du dernier alinéa de l'article 174 sont applicables au présent chapitre. »**

(Ord. n° 60-529 du 4 juin 1960) **La régularité des arrêts des chambres de l'instruction et celle de la procédure antérieure, lorsque cette chambre a statué sur le règlement d'une procédure, relève du seul contrôle de la Cour de cassation, que le pourvoi soit immédiatement recevable ou qu'il ne puisse être examiné qu'avec l'arrêt sur le fond.**

1. L'art. 218 réserve à la Cour de cassation seule le contrôle de la régularité des arrêts rendus par la chambre d'accusation, même si aucun recours ne peut être formé à leur encontre. Dans ce cas, le pourvoi régulièrement formé contre le jugement de condamnation a pour effet d'attribuer à la chambre criminelle l'examen de tous moyens concernant la régularité de l'arrêt de renvoi et de la procédure antérieure. • Crim. 31 mars 1960 : *Bull. crim. n° 191* • 12 janv. 1961 : *Bull. crim. n° 24* • 20 avr. 1961 : *Bull. crim. n° 215.*

2. Selon l'art. 218, al. 2, la régularité des arrêts des chambres d'accusation relève du seul contrôle de la Cour de cassation. Lorsqu'une chambre d'accusation, infirmant l'ordonnance du juge d'instruction, a maintenu l'inculpé en détention provisoire et s'est expressément réservé le contentieux de cette détention, seule cette chambre d'accusation est compétente pour statuer sur ce contentieux. • Crim. 11 janv. 1983, n° 82-93.697 P. ♦ V. aussi : • Crim. 29 avr. 1996, n° 95-81.948 P. ♦ V. cep. notes ss. art. 207.

SECTION II POUVOIRS PROPRES DU PRÉSIDENT DE LA CHAMBRE DE L'INSTRUCTION

BIBL. ▶ BIMES-ARBUS, *LPA 2000, n° 37* (les pouvoirs du président de la chambre d'accusation).

Art. 219 **Le président de la chambre de l'instruction, et dans les cours où il existe plusieurs chambres de l'instruction l'un des présidents spécialement désigné par l'assemblée générale, exerce les pouvoirs propres définis aux articles suivants.**

En cas d'empêchement de ce président, ses pouvoirs propres sont attribués, par délibération de l'assemblée générale de la cour d'appel, à un magistrat du siège appartenant à ladite cour.

(L. n° 75-701 du 6 août 1975) **« Le président peut déléguer tout ou partie de ses pouvoirs à un magistrat du siège de la chambre de l'instruction et, dans les cours où il existe plusieurs chambres de l'instruction, à un magistrat du siège d'une autre chambre de l'instruction après accord du président de cette chambre. »** *(Abrogé par L. n° 2000-516 du 15 juin 2000, art. 65, à compter du 1er janv. 2001)* ***« Il peut également déléguer tout ou partie de ses pouvoirs à un premier vice-président du tribunal de grande instance désigné par le président de ce tribunal. »***

Art. 220 **Le président de la chambre de l'instruction s'assure du bon fonctionnement des cabinets d'instruction du ressort de la cour d'appel. Il vérifie notamment les conditions d'application des** *(Ord. n° 60-529 du 4 juin 1960)* **« alinéas 4 et 5 de l'article 81 »** *(L. n° 96-1235 du 30 déc. 1996)* **« et de l'article 144 » et s'emploie à ce que les procédures ne subissent aucun retard injustifié.** *(L. n° 96-1235 du 30 déc. 1996)* **« Chaque fois qu'il le juge nécessaire et au moins une fois par an, il transmet ses observations écrites au premier président de la cour d'appel, au procureur général près ladite cour ainsi qu'au président du tribunal judiciaire concerné et au procureur de la République près ledit tribunal. »**

Al. 2 abrogé par L. n° 83-466 du 10 juin 1983, art. 17, à compter du 27 juin 1983.

Art. 221 *(L. nº 83-466 du 10 juin 1983)* « A cette fin, il est établi, » chaque *(L. nº 2004-204 du 9 mars 2004, art. 107-VI)* « semestre », dans chaque cabinet d'instruction, un état de toutes les affaires en cours portant mention, pour chacune des affaires, de la date du dernier acte d'information exécuté.

Les affaires dans lesquelles sont *(L. nº 93-2 du 4 janv. 1993)* « impliquées des personnes mises en examen, détenues » provisoirement figurent sur un état spécial.

Les états prévus par le présent article sont adressés au président de la chambre de l'instruction et au procureur général dans les trois premiers jours du *(L. nº 2004-204 du 9 mars 2004, art. 107-VI)* « semestre ».

Art. 221-1 *(L. nº 87-1062 du 30 déc. 1987)* Lorsqu'un délai de quatre mois s'est écoulé depuis la date du dernier acte d'instruction nécessaire à la manifestation de la vérité, le président de la chambre de l'instruction peut, par requête, saisir cette juridiction. La chambre de l'instruction peut, dans l'intérêt d'une bonne administration de la justice, soit évoquer et procéder dans les conditions prévues par les articles 201, 202, 204 et 205, soit renvoyer le dossier au juge d'instruction ou à tel autre afin de poursuivre l'information.

Art. 221-2 *(L. nº 96-1235 du 30 déc. 1996)* Lorsqu'un délai de quatre mois s'est écoulé depuis la date du dernier acte d'instruction, les parties peuvent saisir la chambre de l'instruction dans les conditions prévues par le troisième alinéa de l'article 173. Ce délai est ramené à deux mois au profit de la personne mise en examen lorsque celle-ci est placée en détention provisoire.

Dans les huit jours de la réception du dossier par le greffe de la chambre de l'instruction, le président peut, par ordonnance motivée non susceptible de recours, décider qu'il n'y a pas lieu de saisir la chambre de l'instruction.

La chambre de l'instruction, lorsqu'elle est saisie, peut, soit évoquer et procéder dans les conditions prévues par les articles 201, 202, 204 et 205, soit renvoyer le dossier au juge d'instruction ou à tel autre afin de poursuivre l'information.

Si, dans les deux mois suivant le renvoi du dossier au juge d'instruction initialement saisi, aucun acte d'instruction n'a été accompli, la chambre de l'instruction peut être à nouveau saisie selon la procédure prévue aux premier et deuxième alinéas du présent article. Ce délai est ramené à un mois au profit de la personne mise en examen lorsque celle-ci est placée en détention provisoire.

La chambre de l'instruction doit alors, soit évoquer comme il est dit au troisième alinéa du présent article, soit renvoyer le dossier à un autre juge d'instruction afin de poursuivre l'information.

Il appartient au président de la chambre criminelle de constater, sur le fondement de l'art. 567-1, la non-admission du pourvoi formé contre l'ordonnance d'un président de chambre d'accusation qui déclare irrecevable la requête du prévenu saisissant directement la chambre d'accusation d'une demande d'actes, une telle ordonnance étant insusceptible de recours, conformément à l'art. 221-2. • Crim., ord. prés., 24 déc. 1997, ☎ nº 97-84.942 P.

Art. 221-3 *(L. nº 2007-291 du 5 mars 2007, art. 12-III)* I. — Lorsqu'un délai de trois mois s'est écoulé depuis le placement en détention provisoire de la personne mise en examen, que cette détention est toujours en cours et que l'avis de fin d'information prévu par l'article 175 n'a pas été délivré, le président de la chambre de l'instruction peut, d'office ou à la demande du ministère public ou de la personne mise en examen, décider de saisir cette juridiction afin que celle-ci examine l'ensemble de la procédure. En cas de demande du ministère public ou d'une partie, il statue dans les huit jours de la réception de cette demande. Cette décision n'est pas susceptible de recours.

La chambre de l'instruction statue après une audience à laquelle les avocats de l'ensemble des parties et des témoins assistés sont convoqués. La chambre de l'instruction ou son président peut ordonner la comparution des personnes mises en examen et des témoins assistés, d'office ou à la demande des parties. Si un mis en examen placé en détention provisoire demande à comparaître, le président ne peut refuser sa comparution que par une décision motivée. La comparution peut être réalisée selon les modalités prévues à l'article 706-71.

Si la personne mise en examen est majeure, les débats se déroulent et l'arrêt est rendu en audience publique. Toutefois, le ministère public, la personne mise en exa-

men ou la partie civile ou leurs avocats peuvent, avant l'ouverture des débats, s'opposer à cette publicité si celle-ci est de nature à entraver les investigations spécifiques nécessitées par l'instruction, à porter atteinte à la présomption d'innocence ou à la sérénité des débats ou à nuire à la dignité de la personne ou aux intérêts d'un tiers, ou si l'enquête porte sur des faits *(L. n° 2015-993 du 17 août 2015, art. 11)* **« mentionnés aux articles 706-73 et 706-73-1 ». La chambre statue sur cette opposition, après avoir recueilli les observations du ministère public et des parties, par un arrêt rendu en chambre du conseil qui n'est susceptible d'un pourvoi en cassation qu'en même temps que l'arrêt portant sur la demande principale. Si la chambre fait droit à cette opposition ou si la personne mise en examen est mineure, les débats ont lieu et l'arrêt est rendu en chambre du conseil. Il en est de même si la partie civile s'oppose à la publicité, dans les seuls cas où celle-ci est en droit de demander le huis-clos** *[huis clos]* **lors de l'audience de jugement.**

Le président de la chambre de l'instruction peut également ordonner d'office, après avoir recueilli les observations du ministère public et des parties, que les débats se déroulent en chambre du conseil si la publicité est de nature à entraver les investigations spécifiques nécessitées par l'instruction ou à nuire à la dignité de la personne ou aux intérêts d'un tiers. Le président de la chambre de l'instruction statue par une ordonnance rendue en chambre du conseil qui n'est susceptible de pourvoi en cassation qu'en même temps que l'arrêt rendu à l'issue des débats.

Deux jours ouvrables au moins avant la date prévue pour l'audience, les parties peuvent déposer des mémoires consistant soit en des demandes de mise en liberté, soit en des demandes d'actes, y compris s'il s'agit d'une demande ayant été précédemment rejetée en application de l'article 186-1, soit en des requêtes en annulation, sous réserve des articles 173-1 et 174, soit en des demandes tendant à constater la prescription de l'action publique.

II. — La chambre de l'instruction, après avoir le cas échéant statué sur ces demandes, peut :

1° Ordonner la mise en liberté, assortie ou non du contrôle judiciaire, d'une ou plusieurs des personnes mises en examen, même en l'absence de demande en ce sens ;

2° Prononcer la nullité d'un ou plusieurs actes dans les conditions prévues par l'article 206 ;

3° Évoquer et procéder dans les conditions prévues par les articles 201, 202, 204 et 205 ;

4° Procéder à une évocation partielle du dossier en ne procédant qu'à certains actes avant de renvoyer le dossier au juge d'instruction ;

5° Renvoyer le dossier au juge d'instruction afin de poursuivre l'information, en lui prescrivant le cas échéant de procéder à un ou plusieurs actes autres que ceux relatifs à la détention provisoire ou au contrôle judiciaire, dans un délai qu'elle détermine ;

6° Désigner un ou plusieurs autres juges d'instruction pour suivre la procédure avec le juge ou les juges d'instruction déjà saisis, conformément à l'article 83-1 ;

7° Lorsque cette décision est indispensable à la manifestation de la vérité et à la bonne administration de la justice et qu'il n'est pas possible de procéder aux désignations prévues au 6°, procéder au dessaisissement du juge d'instruction et à la désignation, aux fins de poursuite de la procédure, d'un ou plusieurs juges d'instruction de la juridiction d'origine ou d'une autre juridiction du ressort ;

8° Ordonner le règlement, y compris partiel, de la procédure, notamment en prononçant un ou plusieurs non-lieux à l'égard d'une ou plusieurs personnes.

L'arrêt de la chambre de l'instruction doit être rendu au plus tard trois mois après la saisine par le président, à défaut de quoi les personnes placées en détention sont remises en liberté.

Six mois après que l'arrêt est devenu définitif, si une détention provisoire est toujours en cours, et sauf si l'avis de fin d'information prévu par l'article 175 a été délivré, le président de la chambre de l'instruction peut à nouveau saisir cette juridiction dans les conditions prévues par le présent article.

La juridiction d'instruction du second degré doit rendre son arrêt dans les trois mois de sa saisine par son président, à défaut de quoi la personne placée en détention provisoire est remise en liberté. • Crim. 14 sept. 2011, ☎ n° 11-84.937 P : *D. actu. 20 oct. 2011, obs. Girault ; AJ pénal*

2012. 229, obs. Ascensi ; Dr. pénal 2011, n° 142, obs. Maron et Haas.

Art. 222 *(Abrogé par L. n° 2009-1436 du 24 nov. 2009, art. 97-I)* ***Le président, chaque fois qu'il l'estime nécessaire et au moins une fois par trimestre, visite les maisons d'arrêt du ressort de la cour d'appel et y vérifie la situation*** *(L. n° 93-2 du 4 janv. 1993)* ***« des personnes mises en examen » en état de détention provisoire. »***

Art. 223 **Il peut saisir la chambre de l'instruction afin qu'il soit par elle statué sur le maintien en détention** *(L. n° 93-2 du 4 janv. 1993)* **« d'une personne mise en examen » en état de détention provisoire.**

Le président de la chambre d'accusation ne dispose d'aucun pouvoir propre pour ordonner un supplément d'information. • Crim. 5 nov. 1969, n° 69-90.296 P : *D. 1970. 116* • 20 mai 1980, n° 79-93.444 P : *D. 1980. 493, note Chambon ; RSC 1981. 404, obs. J. Robert.*

SECTION III DU CONTRÔLE DE L'ACTIVITÉ DES OFFICIERS ET AGENTS DE POLICE JUDICIAIRE *(L. n° 78-788 du 28 juill. 1978)*.

RÉP. PÉN. v° *Chambre de l'instruction*, par BELLOIR.

Art. 224 *(L. n° 78-788 du 28 juill. 1978)* **La chambre de l'instruction exerce un contrôle sur l'activité des fonctionnaires civils et des militaires, officiers et agents de police judiciaire, pris en cette qualité.**

V. art. D. 44 s.

1. Règles nationales. Les art. 224 s. qui chargent la chambre d'accusation d'exercer un contrôle de caractère disciplinaire sur l'activité des officiers et agents de police judiciaire sont étrangers au régime des nullités pouvant affecter les actes de procédure. • Crim. 20 mars 1984, n° 82-94.121 P.

2. La police judiciaire étant, aux termes de l'art. 13, placée, dans le ressort de chaque cour d'appel, sous la surveillance du procureur général et sous le contrôle de la chambre d'accusation, cette juridiction est compétente pour prendre, sous le contrôle de la Cour de cassation, les décisions disciplinaires prévues par l'art. 227, alors même que le procureur général aurait, à raison des mêmes faits, usé à l'égard de l'OPJ des pouvoirs, différents par leur nature et par leur étendue, qu'il tient de l'art. 16, dernier al. • Crim. 4 mai 1988, n° 87-90.098 P : *D. 1988. Somm. 357, obs. Pradel.*

3. Les décisions juridictionnelles des chambres d'accusation, statuant sur le fondement des art. 224 à 230, sont susceptibles d'un pourvoi en cassation. Conformément à la règle posée par l'art. 569 et en l'absence d'une dérogation expresse de la loi, ce recours a un effet suspensif, à la différence de celui prévu par les dispositions réglementaires de l'art. R. 15-16 concernant les mesures administratives de retrait ou de suspension de l'habilitation des OPJ prises par arrêté du procureur général, immédiatement exécutoires. • Crim. 26 févr. 1997, n° 96-84.960 P : *D. 1997. 297, note Pradel ; JCP 1997. II. 22865, note Matsopoulou.*

4. Conformité avec la Conv. EDH. Lorsqu'elle statue dans les conditions prévues par les art. 224 à 230 – qui lui permettent, non de retirer, à ceux qui la possèdent, la qualité d'OPJ, mais seulement de leur interdire d'en exercer les fonctions –, la chambre d'accusation ne se prononçant ni sur des contestations relatives à des droits ou des obligations de caractère civil, ni sur le bien-fondé d'une accusation en matière pénale, ses décisions n'entrent pas dans le champ d'application de l'art. 6, § 1, Conv. EDH. • Crim. 26 févr. 1997 : *préc. note 3.*

Art. 225 **Elle est saisie soit par le procureur général, soit par son président.**

Elle peut se saisir d'office à l'occasion de l'examen de la procédure qui lui est soumise.

Art. 226 *(L. n° 78-788 du 28 juill. 1978)* **« La chambre de l'instruction, une fois saisie, fait procéder à une enquête ; elle entend le procureur général et l'officier ou agent de police judiciaire en cause. »**

Ce dernier doit avoir été préalablement mis à même de prendre connaissance de son dossier d'officier de police judiciaire tenu au parquet général de la cour d'appel.

Il peut se faire assister par un avocat.

1. Il résulte des art. 224 et 226 que, lorsqu'elle exerce un contrôle sur l'activité des fonctionnaires civils et des militaires de la gendarmerie, officiers et agents de police judiciaire, pris en cette qualité, la chambre de l'instruction, une fois saisie, doit faire procéder à une enquête. Cette enquête, essentielle aux droits de la défense, qui ne se confond pas avec l'audience de la juridiction, doit la précéder. Encourt la censure l'arrêt d'une chambre de l'instruction qui prononce à l'égard d'un officier de police judiciaire une interdiction d'exercer ses fonctions dans le ressort d'une cour d'appel, sans avoir fait procéder préalablement à l'enquête prescrite par l'art. 226. • Crim. 7 juin 2011, n° 10-85.090 P.

2. Si, avant de statuer sur une procédure disciplinaire contre un officier ou un agent de police judiciaire, la chambre de l'instruction doit entendre le procureur général ainsi que l'officier ou l'agent de police judiciaire en cause, l'art. 226 n'exige pas que leur audition soit effectuée lors de l'enquête mais permet qu'elle intervienne à l'audience. • Crim. 5 sept. 2018, n° 17-86.888 P : *D. actu. 24 sept. 2018, obs. Goetz ; AJ pénal 2018. 531, obs. Roussel*.

Art. 227 *(L. n° 78-788 du 28 juill. 1978)* **La chambre de l'instruction peut, sans préjudice des sanctions disciplinaires qui pourraient être infligées à l'officier ou agent de police judiciaire par ses supérieurs hiérarchiques, lui adresser des observations ou décider qu'il ne pourra, temporairement ou définitivement, exercer, soit dans le ressort de la cour d'appel, soit sur tout l'ensemble du territoire, ses fonctions d'officier de police judiciaire et de délégué du juge d'instruction ou ses fonctions d'agent de police judiciaire.** *(L. n° 2000-516 du 15 juin 2000, art. 16)* **« Cette décision prend effet immédiatement. »**

1. En cas de manquement professionnel grave, ou d'atteinte grave à l'honneur ou à la probité, ayant une incidence sur la capacité d'exercice des missions de police judiciaire, l'officier de police judiciaire peut faire l'objet d'une interdiction d'exercice de ses fonctions, tel étant le cas de l'emploi d'agents de police judiciaire adjoints en dehors du cadre de l'art. 21. • Crim. 21 janv. 2020, n° 19-81.530 P : *Dr. pénal 2020, n° 63, obs. Maron et Haas ; AJ pénal 2020. 254, obs. Andrei*.

2. En statuant en chambre du conseil, comme le prévoit l'art. 199, la chambre d'accusation n'a pas méconnu la règle de la publicité prescrite par l'art. 6, § 1, Conv. EDH, dès lors que, siégeant comme juridiction disciplinaire des officiers ou agents de police judiciaire, elle ne se prononçait ni sur des contestations relatives à des droits ou des obligations de caractère civil, ni sur le bien-fondé d'une accusation en matière pénale. • Crim. 26 nov. 1996, n° 95-86.173 P : *Gaz. Pal. 1997. 1. Chron. 66, note Doucet*.

3. Pour un exemple de prononcé d'une interdiction d'exercer les fonctions d'APJ à titre définitif : • Crim. 5 sept. 2018, n° 17-86.888 P : *D. actu. 24 sept. 2018, obs. Goetz ; AJ pénal 2018. 531, obs. Roussel*.

4. La durée de l'interdiction d'exercice des fonctions d'officier de police judiciaire prononcée à titre provisoire par le président de la chambre de l'instruction doit être déduite de la durée de l'interdiction d'exercice prononcée par ladite chambre. • Crim. 21 janv. 2020 : *préc. note 1*.

Art. 228 *(L. n° 78-788 du 28 juill. 1978)* **Si la chambre de l'instruction estime que l'officier ou agent de police judiciaire a commis une infraction à la loi pénale, elle ordonne en outre la transmission du dossier au procureur général à toutes fins qu'il appartiendra.**

Art. 229 *(L. n° 78-788 du 28 juill. 1978)* **Les décisions prises par la chambre de l'instruction contre les officiers ou agents de police judiciaire sont notifiées, à la diligence du procureur général, aux autorités dont ils dépendent.**

Art. 229-1 *(L. n° 2016-731 du 3 juin 2016, art. 55)* **En cas de manquement professionnel grave ou d'atteinte grave à l'honneur ou à la probité par une des personnes mentionnées à l'article 224 ayant une incidence sur la capacité d'exercice des missions de police judiciaire, le président de la chambre de l'instruction, saisi par le procureur général près la cour d'appel dans le ressort de laquelle la personne exerce habituellement ses fonctions, peut, sans préjudice des sanctions disciplinaires administratives qui pourraient être prononcées, décider immédiatement qu'elle ne pourra exercer ses fonctions de police judiciaire pour une durée maximale d'un mois.**

Cette décision prend effet immédiatement. Elle est notifiée, à la diligence du procureur général, aux autorités dont dépend la personne.

La saisine du président de la chambre de l'instruction par le procureur général en application du premier alinéa du présent article vaut saisine de la chambre de l'instruction au titre du premier alinéa de l'article 225.

Imputation de la suspension provisoire. V. note 4 ss. art. 227.

Art. 230 *(L. nº 93-2 du 4 janv. 1993)* **Les dispositions de la présente section sont applicables aux agents de police judiciaire adjoints ainsi qu'aux fonctionnaires et agents chargés de certaines fonctions de police judiciaire.**

V. art. D. 44 s.

TITRE QUATRIÈME DISPOSITIONS COMMUNES

(L. nº 2001-1062 du 15 nov. 2001 ; L. nº 2003-239 du 18 mars 2003, art. 31)

CHAPITRE PREMIER DE LA MISE AU CLAIR DES DONNÉES CHIFFRÉES NÉCESSAIRES À LA MANIFESTATION DE LA VÉRITÉ

Le chapitre unique est devenu chapitre Ier en vertu des dispositions de la L. nº 2011-267 du 14 mars 2011, art. 11-I.

L'Agence nationale des techniques d'enquêtes numériques judiciaires, chargée de mettre en œuvre la plate-forme nationale des interceptions judiciaires, peut également être sollicitée pour l'emploi des techniques mentionnées aux art. 230-1 et 230-2 (Décr. nº 2017-614 du 24 avr. 2017, JO 25 avr.).

Art. 230-1 **Sans préjudice des dispositions des articles 60, 77-1 et 156, lorsqu'il apparaît que des données saisies ou obtenues au cours de l'enquête ou de l'instruction ont fait l'objet d'opérations de transformation empêchant d'accéder aux informations en clair qu'elles contiennent ou de les comprendre,** *(L. nº 2014-1353 du 13 nov. 2014, art. 15)* **« ou que ces données sont protégées par un mécanisme d'authentification, » le procureur de la République, la juridiction d'instruction** *(L. nº 2014-1353 du 13 nov. 2014, art. 15)* **« , l'officier de police judiciaire, sur autorisation du procureur de la République ou du juge d'instruction, » ou la juridiction de jugement saisie de l'affaire peut désigner toute personne physique ou morale qualifiée, en vue d'effectuer les opérations techniques permettant d'obtenir** *(L. nº 2014-1353 du 13 nov. 2014, art. 15)* **« l'accès à ces informations, leur version en clair » ainsi que, dans le cas où un moyen de cryptologie a été utilisé, la convention secrète de déchiffrement, si cela apparaît nécessaire.**

(L. nº 2004-575 du 21 juin 2004, art. 38) **« Si la personne ainsi désignée est une personne morale, son représentant légal soumet à l'agrément du procureur de la République** *(L. nº 2014-1353 du 13 nov. 2014, art. 15)* **« , de l'officier de police judiciaire » ou de la juridiction saisie de l'affaire le nom de la ou des personnes physiques qui, au sein de celle-ci et en son nom, effectueront les opérations techniques mentionnées au premier alinéa. Sauf si elles sont inscrites sur une liste prévue à l'article 157, les personnes ainsi désignées prêtent, par écrit, le serment prévu** *(L. nº 2014-1353 du 13 nov. 2014, art. 15)* **« au deuxième alinéa de l'article 60 et à » l'article 160. »**

Si la peine encourue est égale ou supérieure à deux ans d'emprisonnement et que les nécessités de l'enquête ou de l'instruction l'exigent, le procureur de la République, la juridiction d'instruction *(L. nº 2014-1353 du 13 nov. 2014, art. 15)* **« , l'officier de police judiciaire, sur autorisation du procureur de la République ou du juge d'instruction, » ou la juridiction de jugement saisie de l'affaire peut prescrire le recours aux moyens de l'État soumis au secret de la défense nationale selon les formes prévues au présent chapitre.**

Art. 230-2 **Lorsque le procureur de la République, la juridiction d'instruction** *(L. nº 2014-1353 du 13 nov. 2014, art. 15)* **« , l'officier de police judiciaire, sur autorisation du procureur de la République ou du juge d'instruction, » ou la juridiction de jugement saisie de l'affaire décident d'avoir recours, pour les opérations mentionnées à l'article 230-1, aux moyens de l'État couverts par le secret de la défense nationale, la réquisition écrite doit être adressée** *(L. nº 2014-1353 du 13 nov. 2014, art. 15)* **« à un organisme technique soumis au secret de la défense nationale, et désigné par décret », avec le support physique contenant les données à mettre au clair ou une copie de celui-ci. Cette réquisition fixe le délai dans lequel les opérations de mise au clair doivent être réalisées. Le délai peut être prorogé dans les mêmes conditions de forme. A tout moment,** *(L. nº 2014-1353 du 13 nov. 2014, art. 15)* **« le procureur de la République, la juridiction d'instruction, l'officier de police judiciaire sur autorisation du procureur de la République ou du juge d'instruction, ou la juridiction de jugement sai-**

sie de l'affaire ou ayant requis l'organisme technique » peut ordonner l'interruption des opérations prescrites.

(L. n° 2016-731 du 3 juin 2016, art. 17) **« Aux fins de réaliser les opérations de mise au clair, l'organisme technique mentionné au premier alinéa du présent article est habilité à procéder à l'ouverture ou à la réouverture des scellés et à confectionner de nouveaux scellés après avoir, le cas échéant, procédé au reconditionnement des supports physiques qu'il était chargé d'examiner. En cas de risque de destruction des données ou du support physique qui les contient, l'autorisation d'altérer le support physique doit être délivrée par le procureur de la République, la juridiction d'instruction ou la juridiction de jugement saisie de l'affaire. »**

(Abrogé par L. n° 2014-1353 du 13 nov. 2014, art. 15) ***« Le service de police judiciaire auquel la réquisition a été adressée transmet sans délai cette dernière ainsi que, le cas échéant, les ordres d'interruption, à un organisme technique soumis au secret de la défense nationale, et désigné par décret. »*** **Les données protégées au titre du secret de la défense nationale ne peuvent être communiquées que dans les conditions prévues** *(L. n° 2017-55 du 20 janv. 2017, art. 36)* **« aux articles L. 2312-4 à L. 2312-8 du code de la défense »** *[V. aussi C. défense, art. L. 2312-1 s.].*

(L. n° 2016-731 du 3 juin 2016, art. 88, en vigueur le 1er janv. 2017) **« Lorsqu'il s'agit de données obtenues dans le cadre d'interceptions de communications électroniques, au sein du traitement mentionné** *(L. n° 2018-699 du 3 août 2018, art. 16)* **« au I de » l'article 230-45, la réquisition est adressée directement à l'organisme technique désigné en application du premier alinéa du présent article. »**

L'organisme technique visé à l'art. 230-2 a été créé par le Décr. n° 2002-1073 du 7 août 2002 (JO 10 août).

Art. 230-3 *(L. n° 2014-1353 du 13 nov. 2014, art. 15)* **« Dès l'achèvement des opérations ou dès qu'il apparaît que ces opérations sont techniquement impossibles ou à l'expiration du délai prescrit ou à la réception de l'ordre d'interruption émanant du procureur de la République, de la juridiction d'instruction, de l'officier de police judiciaire, sur autorisation du procureur de la République ou du juge d'instruction, ou de la juridiction de jugement saisie de l'affaire, les résultats obtenus et les pièces reçues sont retournés par le responsable de l'organisme technique** *(L. n° 2016-731 du 3 juin 2016, art. 88, en vigueur le 1er janv. 2017)* **« soit à l'auteur de la réquisition, soit au magistrat mandant dans le cas où la réquisition a été adressée directement ». » Sous réserve des obligations découlant du secret de la défense nationale, les résultats sont accompagnés des indications techniques utiles à la compréhension et à leur exploitation ainsi que d'une attestation visée par le responsable de l'organisme technique certifiant la sincérité des résultats transmis.**

(Abrogé par L. n° 2014-1353 du 13 nov. 2014, art. 15) ***« Ces pièces sont immédiatement remises à l'autorité judiciaire par le service national de police judiciaire chargé de la lutte contre la criminalité liée aux technologies de l'information. »***

Les éléments ainsi obtenus font l'objet d'un procès-verbal de réception et sont versés au dossier de la procédure.

Art. 230-4 Les décisions *(Abrogé par L. n° 2014-1353 du 13 nov. 2014, art. 15)* ***« judiciaires »*** **prises en application du présent chapitre n'ont pas de caractère juridictionnel et ne sont susceptibles d'aucun recours.**

Art. 230-5 Sans préjudice des obligations découlant du secret de la défense nationale, les agents requis en application des dispositions du présent chapitre sont tenus d'apporter leur concours à la justice.

CHAPITRE II **DES FICHIERS DE POLICE JUDICIAIRE**

(L. n° 2011-267 du 14 mars 2011, art. 11-I)

RÉP. PÉN. v° *Fichiers de police*, par GAUTRON.

SECTION PREMIÈRE **DES FICHIERS D'ANTÉCÉDENTS**

BIBL. ▶ BONFILS, *RSC 2011. Chron. 442* (loi d'orientation et de programmation pour la performance de la sécurité intérieure [Loi n° 2011-267 du 14 mars 2011]).

Art. 230-6 Afin de faciliter la constatation des infractions à la loi pénale, le rassemblement des preuves de ces infractions et la recherche de leurs auteurs, les services de la police nationale et de la gendarmerie nationale peuvent mettre en œuvre des traitements automatisés de données à caractère personnel recueillies :

1° Au cours des enquêtes préliminaires ou de flagrance ou des investigations exécutées sur commission rogatoire et concernant tout crime ou délit ainsi que les contraventions de la cinquième classe sanctionnant :

a) Un trouble à la sécurité ou à la tranquillité publiques ;

b) Une atteinte aux personnes, aux biens ou à l'autorité de l'État ;

2° Au cours des procédures de recherche des causes de la mort mentionnées à l'article 74 ou de recherche des causes d'une disparition mentionnées à l'article 74-1.

Ces traitements ont également pour objet l'exploitation des informations recueillies à des fins de recherches statistiques.

V. art. R. 40-23 s.

Sur la marge de manœuvre dont dispose l'autorité judiciaire saisie d'une demande d'effacement de données figurant dans le fichier de traitement des antécédents judiciaires : • CE, avis, 30 mars 2016, n° 395119 : *D. actu. 6 avr. 2016, obs. Pastor.*

Art. 230-7 Les traitements mentionnés à l'article 230-6 peuvent contenir des informations sur les personnes, sans limitation d'âge, à l'encontre desquelles il existe des indices graves ou concordants rendant vraisemblable qu'elles aient pu participer, comme auteurs ou complices, à la commission des infractions mentionnées au 1° du même article 230-6.

Ils peuvent également contenir des informations sur les victimes de ces infractions. Ces dernières peuvent toutefois s'opposer à ce que les données à caractère personnel les concernant soient conservées dans le fichier dès lors que l'auteur des faits a été définitivement condamné.

Ils peuvent en outre contenir des informations sur les personnes faisant l'objet d'une enquête ou d'une instruction pour recherche des causes de la mort mentionnée à l'article 74 ou d'une enquête ou d'une instruction pour recherche des causes d'une disparition mentionnée à l'article 74-1. Les données personnelles concernant ces dernières sont effacées dès lors que l'enquête a permis de retrouver la personne disparue ou d'écarter toute suspicion de crime ou délit.

Art. 230-8 *(L. n° 2018-493 du 20 juin 2018, art. 36)* Le traitement des données à caractère personnel est opéré sous le contrôle du procureur de la République territorialement compétent, qui, d'office ou à la demande de la personne concernée, ordonne qu'elles soient effacées, complétées ou rectifiées, notamment en cas de requalification judiciaire, ou qu'elles fassent l'objet d'une mention. La rectification pour requalification judiciaire est de droit. Le procureur de la République se prononce dans un délai de deux mois sur les suites qu'il convient de donner aux demandes qui lui sont adressées. La personne concernée peut former cette demande sans délai à la suite d'une décision devenue définitive de relaxe, d'acquittement, de condamnation avec dispense de peine ou dispense de mention au casier judiciaire, de non-lieu ou de classement sans suite. Dans les autres cas, la personne ne peut former sa demande, à peine d'irrecevabilité, que lorsque ne figure plus aucune mention de nature pénale dans le bulletin n° 2 de son casier judiciaire. En cas de décision de relaxe ou d'acquittement devenue définitive, les données *(Ord. n° 2018-1125 du 12 déc. 2018, art. 16)* « à caractère personnel » concernant les personnes mises en cause sont effacées, sauf si le procureur de la République en prescrit le maintien, auquel cas elles font l'objet d'une mention. Lorsque le procureur de la République prescrit le maintien des données *(Ord. n° 2018-1125 du 12 déc. 2018, art. 16)* « à caractère personnel » relatives à une personne ayant bénéficié d'une décision de relaxe ou d'acquittement devenue définitive, il en avise la personne concernée. En cas de décision de non-lieu ou de classement sans suite, les données *(Ord. n° 2018-1125 du 12 déc. 2018, art. 16)* « à caractère personnel » concernant les personnes mises en cause font l'objet d'une mention, sauf si le procureur de la République ordonne l'effacement des données *(Ord. n° 2018-1125 du 12 déc. 2018, art. 16)* « à caractère personnel ». Lorsque les données *(Ord. n° 2018-1125 du 12 déc. 2018, art. 16)* « à caractère personnel » relatives à la personne concer-

née font l'objet d'une mention, elles ne peuvent faire l'objet d'une consultation dans le cadre des enquêtes administratives prévues aux articles L. 114-1 et L. 234-1 à L. 234-3 du code de la sécurité intérieure et à l'article 17-1 de la loi nº 95-73 du 21 janvier 1995 d'orientation et de programmation relative à la sécurité. Les décisions du procureur de la République prévues au présent alinéa ordonnant le maintien ou l'effacement des données *(Ord. nº 2018-1125 du 12 déc. 2018, art. 16)* **« à caractère personnel » ou ordonnant qu'elles fassent l'objet d'une mention sont prises pour des raisons liées à la finalité du fichier au regard de la nature ou des circonstances de commission de l'infraction ou de la personnalité de l'intéressé.**

Les décisions d'effacement ou de rectification des informations nominatives prises par le procureur de la République sont portées à la connaissance des responsables de tous les traitements automatisés pour lesquels, sous réserve des règles d'effacement ou de rectification qui leur sont propres, ces mesures ont des conséquences sur la durée de conservation des données *(Ord. nº 2018-1125 du 12 déc. 2018, art. 16)* **« à caractère personnel ».**

Les décisions du procureur de la République sont susceptibles de recours devant le président de la chambre de l'instruction.

Le procureur de la République dispose pour l'exercice de ses fonctions d'un accès direct aux traitements automatisés de données à caractère personnel mentionnés à l'article 230-6.

QPC. Abrogation de l'anc. art. 230-8. En privant les personnes mises en cause dans une procédure pénale, autres que celles ayant fait l'objet d'une décision d'acquittement, de relaxe, de non-lieu ou de classement sans suite, de toute possibilité d'obtenir l'effacement de leurs données personnelles inscrites dans le fichier des antécédents judiciaires, les dispositions contestées portent une atteinte disproportionnée au droit au respect de la vie privée. Le 1er al. de l'art. 230-8 doit donc être déclaré contraire à la Constitution, l'abrogation étant toutefois reportée au 1er mai 2018. • Cons. const. 27 oct. 2017, nº 2017-670 QPC : *JO 29 oct. ; D. actu. 30 oct. 2017, obs. Januel ; AJ pénal 2017. 546, obs. Oudoul ; RSC 2018. 981, note de Lamy .*

Art. 230-9 **Un magistrat, chargé de suivre la mise en œuvre et la mise à jour des traitements automatisés de données à caractère personnel mentionnés à l'article 230-6 et désigné à cet effet par le ministre de la justice, concourt à l'application de l'article 230-8.**

Ce magistrat peut agir d'office ou sur requête des particuliers. Il dispose des mêmes pouvoirs d'effacement, de rectification ou de maintien des données personnelles dans les traitements mentionnés au premier alinéa du présent article que le procureur de la République. Lorsque la personne concernée le demande, la rectification pour requalification judiciaire est de droit. Il se prononce sur les suites qu'il convient de donner aux demandes d'effacement ou de rectification dans un délai *(L. nº 2018-493 du 20 juin 2018, art. 36)* **« de deux » mois.**

Il dispose, pour l'exercice de ses fonctions, d'un accès direct à ces traitements automatisés.

(L. nº 2016-731 du 3 juin 2016, art. 68) **« Les décisions de ce magistrat en matière d'effacement ou de rectification des données** *(Ord. nº 2018-1125 du 12 déc. 2018, art. 16)* **« à caractère personnel » sont susceptibles de recours devant le président de la chambre de l'instruction de la cour d'appel de Paris. »**

Art. 230-10 **Les personnels spécialement habilités des services de la police et de la gendarmerie nationales désignés à cet effet ainsi que les personnels spécialement habilités de l'État investis par la loi d'attributions de police judiciaire, notamment les agents des douanes** *(L. nº 2019-773 du 24 juill. 2019, art. 4-IX)* **« , les agents des services fiscaux et les inspecteurs de l'environnement mentionnés à l'article L. 172-1 du code de l'environnement », peuvent accéder aux informations, y compris nominatives, figurant dans les traitements de données** *(Ord. nº 2018-1125 du 12 déc. 2018, art. 16)* **« à caractère personnel » prévus par la présente section et détenus par chacun de ces services. L'habilitation précise la nature des données auxquelles elle autorise l'accès. L'accès, par tous moyens techniques mobiles, aux informations figurant dans les traitements de données** *(Ord. nº 2018-1125 du 12 déc. 2018, art. 16)* **« à caractère personnel » prévus par la présente section est ouvert aux seuls personnels de la police et de la gendarmerie nationales** *(L. nº 2018-898 du 23 oct. 2018, art. 2)* **« , des douanes et**

des services fiscaux » *(L. n° 2019-773 du 24 juill. 2019, art. 4-IX)* « et aux inspecteurs de l'environnement mentionnés au même article L. 172-1 ».

L'accès aux informations mentionnées au premier alinéa est également ouvert :

1° Aux magistrats du parquet ;

2° Aux magistrats instructeurs, pour les recherches relatives aux infractions dont ils sont saisis.

Art. 230-11 Un décret en Conseil d'État, pris après avis de la Commission nationale de l'informatique et des libertés, fixe les modalités d'application de la présente section. Il précise notamment la liste des contraventions mentionnées à l'article 230-6, la durée de conservation des informations enregistrées, les modalités d'habilitation des personnes mentionnées à l'article 230-10 ainsi que, le cas échéant, les conditions dans lesquelles les personnes intéressées peuvent exercer leur droit d'accès *(L. n° 2016-731 du 3 juin 2016, art. 68)* « et contester les décisions prises par le procureur de la République ou le magistrat mentionné à l'article 230-9 ».

V. art. R. 40-23 s.

SECTION II DES FICHIERS D'ANALYSE SÉRIELLE

Art. 230-12 Afin de rassembler les preuves et d'identifier les auteurs, grâce à l'établissement de liens entre les individus, les événements ou les infractions, des crimes et délits présentant un caractère sériel, les services et unités de la police et de la gendarmerie nationales chargés d'une mission de police judiciaire peuvent mettre en œuvre, sous le contrôle des autorités judiciaires, des traitements automatisés de données à caractère personnel collectées au cours :

1° Des enquêtes préliminaires ou de flagrance ou des investigations exécutées sur commission rogatoire et concernant toute infraction punie d'au moins cinq ans d'emprisonnement ;

2° Des procédures de recherche des causes de la mort prévues par l'article 74 ou de recherche des causes d'une disparition prévues par l'article 74-1.

Ces traitements peuvent enregistrer des données à caractère personnel de la nature de celles mentionnées au I de l'article *(Ord. n° 2018-1125 du 12 déc. 2018, art. 16 et 29, en vigueur le 1er juin 2019)* « 6 » de la loi n° 78-17 du 6 janvier 1978 relative à l'informatique, aux fichiers et aux libertés, dans la stricte mesure nécessaire aux finalités de recherche criminelle assignées auxdits traitements.

Les dispositions de l'Ord. n° 2018-1125 du 12 déc. 2018 sont entrées en vigueur en même temps que le Décr. n° 2019-536 du 29 mai 2019 pris pour l'application de la L. n° 78-17 du 6 janv. 1978 relative à l'informatique, aux fichiers et aux libertés, soit le 1er juin 2019.

V. Décr. n° 2013-1054 du 22 nov. 2013 relatif aux traitements automatisés de données à caractère personnel dénommés "bases d'analyse sérielle de la police judiciaire" (JO 24 nov.).

Art. 230-13 Les traitements mentionnés à l'article 230-12 peuvent contenir des données sur les personnes, sans limitation d'âge :

1° A l'encontre desquelles il existe des indices graves ou concordants rendant vraisemblable qu'elles aient pu participer, comme auteurs ou complices, à la commission d'une infraction mentionnée au 1° de l'article 230-12 ; l'enregistrement des données concernant ces personnes peut intervenir, le cas échéant, après leur condamnation ;

2° A l'encontre desquelles il existe des raisons sérieuses de soupçonner qu'elles ont commis ou tenté de commettre une infraction mentionnée au 1° du même article 230-12 ;

3° Susceptibles de fournir des renseignements sur les faits au sens des articles 62, 78 et 101 et dont l'identité est citée dans une procédure concernant une infraction mentionnée au 1° de l'article 230-12 ;

4° Victimes d'une infraction mentionnée au 1° du même article 230-12 ;

5° Faisant l'objet d'une enquête ou d'une instruction pour recherche des causes de la mort prévue par l'article 74 ou d'une enquête ou d'une instruction pour recherche des causes d'une disparition prévue par l'article 74-1.

Art. 230-14 Les articles 230-8 et 230-9 sont applicables aux traitements mentionnés à l'article 230-12.

Art. 230-15 Les données *(Ord. n° 2018-1125 du 12 déc. 2018, art. 16)* « à caractère personnel » concernant les personnes qui font l'objet d'une procédure pour recherche des causes de la mort ou d'une disparition sont effacées dès lors que l'enquête a permis de retrouver la personne disparue ou d'écarter toute suspicion de crime ou délit. Dès lors que l'auteur des faits a été définitivement condamné, les personnes mentionnées aux 2°, 3° et 4° de l'article 230-13 peuvent demander l'effacement des données enregistrées dans le traitement, sauf si le procureur de la République ou le magistrat mentionné à l'article 230-9 en prescrit le maintien pour des motifs liés à la finalité du traitement, auquel cas ces motifs font l'objet d'une mention.

Art. 230-16 Sont destinataires des données à caractère personnel mentionnées à la présente section :

1° Les personnels spécialement habilités et individuellement désignés de la police et de la gendarmerie nationales ;

2° Les magistrats du parquet et les magistrats instructeurs, pour les recherches relatives aux infractions dont ils sont saisis ;

3° Les agents des douanes spécialement habilités et individuellement désignés, à l'occasion des enquêtes visées à l'article 28-1.

L'habilitation précise la nature des données auxquelles elle autorise l'accès.

Art. 230-17 Les traitements relevant de la présente section ne peuvent donner lieu à aucune utilisation à des fins administratives.

Art. 230-18 En application de l'article *(Ord. n° 2018-1125 du 12 déc. 2018, art. 16 et 29, en vigueur le 1er juin 2019)* « 31 » de la loi n° 78-17 du 6 janvier 1978 précitée, un décret en Conseil d'État, pris après avis de la Commission nationale de l'informatique et des libertés, fixe les modalités d'application de la présente section. Il précise la durée de conservation des données enregistrées, les modalités d'habilitation des personnes mentionnées aux 1° et 3° de l'article 230-16 ainsi que, le cas échéant, les conditions dans lesquelles les personnes intéressées peuvent exercer leur droit d'accès *(Ord. n° 2018-1125 du 12 déc. 2018, art. 16 et 29, en vigueur le 1er juin 2019)* « et contester les décisions prises par le procureur de la République ou le magistrat mentionné à l'article 230-9 ».

Les dispositions de l'Ord. n° 2018-1125 du 12 déc. 2018 sont entrées en vigueur en même temps que le Décr. n° 2019-536 du 29 mai 2019 pris pour l'application de la L. n° 78-17 du 6 janv. 1978 relative à l'informatique, aux fichiers et aux libertés, soit le 1er juin 2019.

V. Décr. n° 2013-1054 du 22 nov. 2013 (JO 24 nov.).

SECTION III DU FICHIER DES PERSONNES RECHERCHÉES

Art. 230-19 Sont inscrits dans le fichier des personnes recherchées au titre des décisions judiciaires :

1° Les mandats, ordres et notes de recherches émanant du procureur de la République, des juridictions d'instruction, de jugement ou d'application des peines, du juge des libertés et de la détention et du juge des enfants tendant à la recherche ou à l'arrestation d'une personne ;

2° Les obligations ou interdictions visées aux 1°, 2°, 3°, *(L. n° 2019-290 du 10 avr. 2019, art. 4)* « 3° *bis,* » *(L. n° 2015-912 du 24 juill. 2015, art. 19)* « 7°, » 8°, 9°, 12°, *(L. n° 2016-457 du 14 avr. 2016, art. 1er)* « 12° *bis,* » *(L. n° 2014-896 du 15 août 2014, art. 34, en vigueur le 1er oct. 2014)* « 14° et 17° *[ancienne rédaction : et 14°]* » de l'article 138 *(L. n° 2019-1480 du 28 déc. 2019, art. 12)* « et à l'article 138-3 du présent code » *(Ord. n° 2019-950 du 11 sept. 2019, art. 4 et 9, en vigueur le 30 sept. 2021)* « ainsi que les obligations et interdictions similaires prévues par l'article L. 331-2 du code de la justice pénale des mineurs et l'obligation prévue par l'avant-dernier alinéa de cet article » ;

3° Les interdictions prononcées en application des dispositions des 1°, 2°, *(L. n° 2006-64 du 23 janv. 2006, art. 10)* « 3°, 6°, 11°, 12°, 13° et 14° » de l'article 131-6 du code pénal relatif aux peines alternatives à l'emprisonnement ;

(L. n° 2003-495 du 12 juin 2003, art. 7) « 3° *bis* *(L. n° 2016-731 du 3 juin 2016, art. 78)* « Lorsqu'elles sont prononcées » à titre de peine complémentaire, l'interdiction de conduire certains véhicules terrestres à moteur, y compris ceux pour la

conduite desquels le permis de conduire n'est pas exigé » *(L. nº 2016-731 du 3 juin 2016, art. 78)* **« , la suspension et l'annulation du permis de conduire » ;**

4º L'interdiction d'exercer certaines activités prononcée en application des articles 131-27 et 131-28 du code pénal ;

5º L'interdiction du territoire français prononcée en application de l'article 131-30 du code pénal ;

6º L'interdiction de séjour prononcée en application de l'article 131-31 du code pénal ;

(L. nº 2016-731 du 3 juin 2016, art. 78) **« 7º Lorsqu'elle est prononcée à titre de peine complémentaire, l'interdiction de détenir ou de porter une arme soumise à autorisation ; »**

8º Les obligations ou interdictions prononcées dans le cadre *(L. nº 2019-222 du 23 mars 2019, art. 80-II et 109-XIX, en vigueur le 24 mars 2020)* **« d'un sursis probatoire** *[ancienne rédaction : d'une contrainte pénale, d'un sursis avec mise à l'épreuve, d'un sursis assorti de l'obligation d'accomplir un travail d'intérêt général]* **»** *[,]* **d'un suivi socio-judiciaire, d'une libération conditionnelle, d'une semi-liberté, d'un placement à l'extérieur, d'une détention à domicile sous surveillance électronique** *(L. nº 2016-731 du 3 juin 2016, art. 78)* **« , d'une suspension ou d'un fractionnement de peine privative de liberté, d'un suivi post-libération ordonné sur le fondement de l'article 721-2 », d'une surveillance judiciaire ou d'une surveillance de sûreté en application des dispositions des 5º et 6º** *[ancienne rédaction : un sursis avec mise à l'épreuve en application des dispositions du 5º]* **» de l'article 132-44** *(L. nº 2016-731 du 3 juin 2016, art. 78)* **« , des 7º à 14º,** *(L. nº 2019-222 du 23 mars 2019, art. 80-II et 109-XIX, en vigueur le 24 mars 2020)* **« 18º et 19º** *[ancienne rédaction : 19º et 21º]* **» de l'article 132-45** *(L. nº 2019-1480 du 28 déc. 2019, art. 12)* **« , de l'article 132-45-1 » et des 3º et 4º de l'article 132-55 » du code pénal** *(Ord. nº 2019-950 du 11 sept. 2019, art. 4 et 9, en vigueur le 30 sept. 2021)* **« et des articles L. 611-3 à L. 611-6 du code de la justice pénale des mineurs précité » ;**

9º L'interdiction de paraître dans certains lieux ou de rencontrer certaines personnes prononcée en application *(Ord. nº 2019-950 du 11 sept. 2019, art. 4 et 9, en vigueur le 30 sept. 2021)* **« des 5º, 6º et 7º de l'article L. 112-2 du code de la justice pénale des mineurs précité » ;**

10º L'interdiction de stade prononcée en application des dispositions de l'article 42-11 de la loi nº 84-610 du 16 juillet 1984 relative à l'organisation et à la promotion des activités physiques et sportives *[C. sport, art. L. 332-11 à L. 332-15]* **;**

(L. nº 2020-936 du 30 juill. 2020, art. 16) **« 11º L'interdiction de paraître dans certains lieux** *(L. nº 2021-401 du 8 avr. 2021, art. 1er)* **« ou de rencontrer certaines personnes » prononcée en application** *(L. nº 2021-401 du 8 avr. 2021, art. 1er)* **« des 7º, 8º ou 9º de l'article 41-1 et des 9º, 10º ou 11º » de l'article 41-2 du présent code ; »**

(L. nº 2008-174 du 25 févr. 2008, art. 10) **« 11º *bis* Les interdictions prononcées en application de l'article 706-136 du code de procédure pénale ; »**

12º Les personnes considérées comme insoumises ou déserteurs en application des dispositions des articles 397 à 404 du code de justice militaire *[L. 321-1 à L. 321-8 nouv.]* **;**

(Abrogé par L. nº 2015-990 du 6 août 2015, art. 19) (L. nº 2004-204 du 9 mars 2004, art. 37-II) ***« 13º La peine d'interdiction d'entrer et de séjourner dans l'enceinte d'une ou plusieurs infrastructures aéroportuaires ou portuaires, d'une gare ferroviaire ou routière, ou de leurs dépendances, sans y avoir été préalablement autorisé par les autorités de police territorialement compétentes, prévue par le 4º de l'article 2 ter de la loi nº 95-66 du 20 janvier 1995 relative à l'accès à l'activité de conducteur et à la profession d'exploitant de taxi » ;***

(L. nº 2010-769 du 9 juill. 2010, art. 4) **« 14º L'interdiction de sortie du territoire prévue aux articles 373-2-6,** *(L. nº 2016-731 du 3 juin 2016, art. 50)* **« 375-5, » 375-7 et 515-13 du code civil » ;**

(L. nº 2015-912 du 24 juill. 2015, art. 19) **« 15º Les personnes inscrites au fichier judiciaire national automatisé des auteurs d'infractions terroristes pendant toute la durée de leurs obligations prévues à l'article 706-25-7 ;**

« 16º Les personnes inscrites au fichier judiciaire national automatisé des auteurs d'infractions sexuelles ou violentes dans les cas mentionnés à l'article 706-53-8 ; »

(L. nº 2019-222 du 23 mars 2019, art. 70) **« 17º Les interdictions prévues aux 1º** *(L. nº 2019-1480 du 28 déc. 2019, art. 12)* **« , 1º *bis* » et 2º de l'article 515-11 du code**

civil et celles prévues par une mesure de protection en matière civile ordonnée dans un autre État membre de l'Union européenne reconnue et ayant force exécutoire en France en application du règlement (UE) n° 606/2013 du Parlement européen et du Conseil du 12 juin 2013 relatif à la reconnaissance mutuelle des mesures de protection en matière civile, ainsi que celles prévues par une décision de protection européenne reconnue conformément à l'article 696-102 du présent code en application de la directive 2011/99/UE du Parlement européen et du Conseil du 13 décembre 2011 relative à la décision de protection européenne ; »

(L. n° 2019-290 du 10 avr. 2019, art. 4) **« 17°** *[18°]* **L'interdiction de participer à des manifestations sur la voie publique prononcée en application de l'article 131-32-1 du code pénal ; »**

(L. n° 2021-1539 du 30 nov. 2021, art. 35) **« 19° Les interdictions de détenir un animal prévues à l'article 131-21-2 du même code. »**

L'art. 23-I de la L. n° 2003-239 du 18 mars 2003 est devenu l'art. 230-19 C. pr. pén. (L. n° 2011-267 du 14 mars 2011, art. 11-II).

L'entrée en vigueur de l'Ord. n° 2019-950 du 11 sept. 2019 a été repoussée au 30 sept. 2021 par la L. n° 2021-218 du 26 févr. 2021, art. 2.

Décret n° 2010-569 du 28 mai 2010,

Relatif au fichier des personnes recherchées.

Art. 1er Le ministre de l'intérieur (direction générale de la police nationale et direction générale de la gendarmerie nationale) est autorisé à mettre en œuvre un traitement automatisé de données à caractère personnel dénommé "fichier des personnes recherchées".

(Décr. n° 2017-1219 du 2 août 2017, art. 2) « Ce traitement a pour finalité de faciliter les recherches, les surveillances et les contrôles effectués, dans le cadre de leurs attributions respectives, par les services de la police nationale, les unités de la gendarmerie nationale et les agents des douanes exerçant des missions de police judiciaire ou de police administrative ainsi que par les agents du service mentionné à l'article L. 561-23 du code monétaire et financier.

« Ce traitement peut faire l'objet d'une consultation lors de la réalisation des enquêtes administratives prévues aux articles L. 114-1, L. 114-2 et L. 211-11-1 du code de la sécurité intérieure ou lors de l'instruction des demandes relatives à l'application de la réglementation relative aux étrangers, aux titres d'identité et de voyage, aux visas, aux armes et munitions et aux permis de conduire. »

Art. 2 I. — Sont inscrites dans le fichier les personnes faisant l'objet des décisions judiciaires mentionnées *(Décr. n° 2013-745 du 14 août 2013, art. 2)* « à l'article 230-19 du code de procédure pénale. »

II. — Sont inscrites dans le fichier, à la demande des services et unités de police judiciaire ou des autorités judiciaires, les personnes faisant l'objet d'une recherche pour les besoins d'une enquête de police judiciaire :

1° Soit dans le cadre d'une enquête préliminaire, d'une enquête de flagrance ou d'une commission rogatoire ;

2° Soit dans le cadre de la mission d'animation et de coordination des recherches criminelles sur tout le territoire national dévolue à la direction centrale de la police judiciaire et aux offices centraux mentionnés à l'article D. 8-1 du code de procédure pénale ;

3° Soit en cas de disparition de personnes dans des conditions inquiétantes ou suspectes ;

4° Soit en cas de découverte de personnes décédées ou vivantes non identifiées.

III. — Peuvent être inscrits dans le fichier à la demande des autorités administratives compétentes :

1° Les étrangers pour lesquels il existe, eu égard aux informations recueillies, des éléments sérieux de nature à établir que leur présence en France constituerait une menace pour l'ordre public susceptible de justifier que l'accès au territoire français leur soit refusé dans les conditions prévues à l'article L. 213-1 du code de l'entrée et du séjour des étrangers et du droit d'asile ;

2° Les ressortissants d'un État non membre de l'Union européenne faisant l'objet d'une mesure restrictive de voyage, interdisant l'entrée sur le territoire ou le transit par le territoire, adoptée par l'Union européenne ou une autre organisation internationale et légalement applicable en France ;

3° Les personnes mineures faisant l'objet d'une opposition à la sortie du territoire ;

4° Les personnes mineures ayant quitté leur domicile ou s'étant soustraites à l'autorité des personnes qui en ont la garde ;

5° Les personnes faisant l'objet d'un signalement en qualité de débiteurs de l'État, des collectivités locales ou de leurs établissements publics, ainsi que les redevables de pensions alimentaires faisant l'objet d'un recouvrement public en application de la loi du 11 juillet 1975 susvisée ;

6° Les personnes recherchées en vue de l'exécution d'une décision de placement d'office en établissement psychiatrique ou évadées d'un tel établissement ;

(Abrogé par Décr. n° 2017-1219 du 2 août 2017, art. 3) « *7° Les personnes disparues faisant l'objet de recherches à la demande d'un membre de leur famille, l'adresse des intéressés n'étant communiquée, en cas de découverte, qu'avec leur consentement ;* »

8° Les personnes faisant l'objet de recherches pour prévenir des menaces graves pour la sécurité publique ou la sûreté de l'État, dès lors que des informations ou des indices réels ont été recueillis à leur égard ;

9° Les personnes faisant l'objet d'une mesure administrative d'interdiction de stade en vertu de l'article L. 332-16 du code du sport.

IV. — Peuvent également être inscrits dans le fichier à l'initiative des autorités administratives compétentes :

1° Les personnes faisant l'objet de recherches en vue de la notification de mesures administratives concernant leur permis de conduire ;

2° Les personnes faisant l'objet d'une mesure administrative de retrait d'un permis de conduire obtenu indûment ;

3° Les personnes qui, au terme du délai prévu au III de l'article R. 223-3 du code de la route, n'ont pas restitué au préfet du département de leur lieu de résidence leur permis de conduire invalidé pour solde de points nul en application de l'article L. 223-5 du même code ;

4° Les personnes qui font l'objet d'une décision de retrait d'une carte nationale d'identité ou d'un passeport obtenus *(Décr. n° 2015-174 du 13 févr. 2015, art. 3)* « ou détenus » indûment et celles qui ont tenté d'obtenir la délivrance d'une carte nationale d'identité ou d'un passeport en violation des dispositions des décrets des 22 octobre 1955 et 30 décembre 2005 susvisés ;

5° Les étrangers faisant l'objet d'une obligation de quitter le territoire français non exécutée, en application du I de l'article L. 511-1 *(Décr. n° 2013-745 du 14 août 2013, art. 2)* « ou de l'article L. 511-3-1 » du code de l'entrée et du séjour des étrangers et du droit d'asile ;

6° *(Décr. n° 2013-745 du 14 août 2013, art. 2)* « Les étrangers faisant l'objet d'une interdiction de retour en application du III de l'article L. 511-1 du code de l'entrée et du séjour des étrangers et du droit d'asile, pendant sa période de validité ; »

(Décr. n° 2017-1219 du 2 août 2017, art. 3) « 7° Les étrangers faisant l'objet d'une interdiction de circulation sur le territoire français en application de l'article L. 511-3-2 du code de l'entrée et du séjour des étrangers et du droit d'asile, pendant sa période de validité ; »

8° Les étrangers faisant l'objet d'un arrêté d'expulsion pris en application du titre II du livre V du code de l'entrée et du séjour des étrangers et du droit d'asile ;

9° Les étrangers faisant l'objet d'une assignation à résidence en application *(Décr. n° 2013-745 du 14 août 2013, art. 2)* « des articles L. 523-3 à L. 523-5 ou du titre VI du livre V » du code de l'entrée et du séjour des étrangers et du droit d'asile ;

(Décr. n° 2015-174 du 13 févr. 2015, art. 3) « 10° Les personnes qui font l'objet d'une décision d'interdiction de sortie du territoire prononcée en vertu de l'article L. 224-1 du code de la sécurité intérieure ;

« 11° Les personnes auxquelles a été notifiée une décision d'interdiction de sortie du territoire et qui n'ont pas procédé à la restitution de leur passeport et de leur carte nationale d'identité dans le délai prévu au huitième alinéa de l'article L. 224-1 du code de la sécurité intérieure ;

« 12° Les étrangers qui font l'objet d'une interdiction administrative du territoire, prononcée en application des articles L. 214-1 ou L. 214-2 du code de l'entrée et du séjour des étrangers et du droit d'asile ; »

(Décr. n° 2017-1219 du 2 août 2017, art. 3) « 13° Les personnes qui font l'objet d'une interdiction de séjour dans tout ou partie d'un département en application du 3° de l'article 5 de la loi n° 55-385 du 3 avril 1955 modifiée relative à l'état d'urgence ;

« 14° Les personnes qui font l'objet d'une assignation à résidence et, le cas échéant, d'une interdiction de se trouver en relation avec certaines personnes, en application de l'article 6 de la loi du 3 avril 1955 précitée ;

« 15° Les personnes qui font l'objet d'un contrôle administratif dès leur retour sur le territoire national et des obligations afférentes à cette mesure, en application des articles L. 225-1 à L. 225-3 du code de la sécurité intérieure. »

V. — En tant que de besoin et dans le respect des conditions prévues à *(Décr. n° 2013-745 du 14 août 2013, art. 2)* « l'article L. 235-1 du code de la sécurité intérieure », le fichier est également constitué de données à caractère personnel issues de traitements gérés par des organismes de coopération internationale en matière de police judiciaire ou des services de police étrangers.

Art. 3 Pour chaque personne inscrite dans le traitement, donnent lieu à enregistrement les données à caractère personnel et informations suivantes :

1° L'état civil (nom, prénom[s], date et lieu de naissance, filiation), l'alias, le sexe, la nationalité ;

2° Le signalement *(Abrogé par Décr. n° 2017-1217 du 2 août 2017, art. 4)* « *et la photographie* » ;

(Décr. n° 2017-1217 du 2 août 2017, art. 4) « 2° *bis* Les photographies ; »

3° Les motifs de la recherche *(Décr. n° 2017-1217 du 2 août 2017, art. 4)* « ainsi que, le cas échéant, les actes administratifs ou judiciaires afférents » ;

4° La conduite à tenir en cas de découverte.

La photographie ne fait pas l'objet d'un dispositif de reconnaissance faciale.

L'enregistrement, au titre du présent article, d'informations de la nature de celles mentionnées au I de l'article 8 de la loi du 6 janvier 1978 susvisée est autorisé dans les seuls cas où ces informations sont nécessairement liées au motif même de l'inscription ou se rapportent à des signes physiques particuliers, objectifs et permanents, en tant qu'éléments de signalement des personnes.

Art. 4 I. — L'inscription des personnes mentionnées au I, au II et au III de l'article 2 est effectuée par les agents des services de la police nationale et les militaires des unités de la gendarmerie nationale *(Abrogé par Décr. n° 2013-745 du 14 août 2013, art. 3)* « *exerçant des missions de police judiciaire* », individuellement désignés et spécialement habilités par les autorités mentionnées, respectivement, au 1° et au 2° du I de l'article 5.

II. — *(Décr. n° 2017-1219 du 2 août 2017, art. 5)* « L'inscription des personnes mentionnées au IV de l'article 2 est effectuée, dans le cadre de leurs attributions respectives, par les agents mentionnés au 4° du I de l'article 5, désignés et spécialement habilités, respectivement, par leur chef de service ou par le préfet. »

(Décr. n° 2013-745 du 14 août 2013, art. 3) « En cas de circonstances particulières et sur demande des autorités administratives compétentes, l'inscription peut être effectuée par les services de la police nationale ou les unités de la gendarmerie nationale. »

Art. 5 I. — Peuvent seuls avoir accès aux données à caractère personnel et informations enregistrées dans le fichier des personnes recherchées, dans le cadre de leurs attributions légales et pour les besoins exclusifs des missions qui leur sont confiées :

1° Les agents des services de la police nationale individuellement désignés et spécialement habilités soit par les chefs des services *(Décr. n° 2013-745 du 14 août 2013, art. 4)* « territoriaux » de la police nationale, soit par les chefs des services actifs à la préfecture de police ou, le cas échéant, par le préfet de police, soit par les chefs des services centraux de la police nationale ou, le cas échéant, par le *(Décr. n° 2014-445 du 30 avr. 2014, art. 10-III et 13, en vigueur le 12 mai 2014)* « directeur général dont ils relèvent » ;

2° Les militaires des unités de la gendarmerie nationale *(Abrogé par Décr. n° 2013-745 du 14 août 2013, art. 4)* « *exerçant des missions de police judiciaire* » individuellement désignés et spécialement habilités soit par les commandants de groupement, soit par les commandants de la gendarmerie dans les départements et collectivités d'outre-mer et en Nouvelle-Calédonie, soit par les commandants de région, soit par les commandants des gendarmeries spécialisées, soit par le sous-directeur de la police judiciaire ou, le cas échéant, par le directeur général de la gendarmerie nationale ;

3° Les agents des services des douanes individuellement désignés et spécialement habilités soit par les directeurs régionaux des douanes, soit par le chef du service national de douane judiciaire ou, le cas échéant, par le directeur général des douanes et droits indirects ;

(Décr. n° 2017-1217 du 2 août 2017, art. 6) « 4° Les agents des services centraux du ministère de l'intérieur et des préfectures et sous-préfectures individuellement désignés et spécialement habilités, respectivement, par leur chef de service ou par le préfet, et chargés :

« *a)* De l'application de la réglementation relative aux étrangers, aux titres d'identité et de voyages, aux visas, aux armes et munitions et aux permis de conduire ;

« *b)* De la mise en œuvre des mesures prises en application du 3° de l'article 5 et de l'article 6 de la loi n° 55-385 du 3 avril 1955 modifiée relative à l'état d'urgence ;

« *c)* De la mise en œuvre des mesures prises en application des articles L. 225-1 à L. 225-3 du code de la sécurité intérieure ;

« 5° Les agents du ministère des affaires étrangères, chargés du traitement des titres d'identité et de voyage et de l'instruction des demandes de visa, individuellement désignés et spécialement habilités par le directeur général dont ils relèvent ; »

(Décr. n° 2015-648 du 10 juin 2015, art. 2) « 6° Les agents du Conseil national des activités privées de sécurité, individuellement désignés et spécialement habilités par le préfet compétent en application de l'article R. 632-14 du code de la sécurité intérieure ; »

(Décr. n° 2022-751 du 29 avr. 2022, art. 4) « 7 Les agents du service à compétence nationale dénommé "agence nationale des données de voyage" et rattaché au ministère de l'intérieur, individuellement désignés et spécialement habilités par le directeur de l'agence ; »

(Décr. n° 2016-1523 du 10 nov. 2016, art. 1er) « 8° Les agents du service mentionné à l'article L. 561-23 du code monétaire et financier, individuellement désignés et spécialement habilités par le directeur du service ; »

(Décr. n° 2017-1217 du 2 août 2017, art. 6) « 9° Les agents du service à compétence nationale dénommé "service national des enquêtes administratives de sécurité", individuellement désignés et spécialement habilités par le directeur général de la police nationale ;

« 10° Les agents du service à compétence nationale dénommé "Commandement spécialisé pour la sécurité nucléaire", individuellement désignés et spécialement habilités par le directeur général de la gendarmerie nationale. »

II. — Sont destinataires des données à caractère personnel et informations enregistrées, dans le cadre de leurs attributions légales :

1° Les autorités judiciaires ;

2° Les organismes de coopération internationale en matière de police judiciaire et les services de police étrangers, dans les conditions prévues à *(Décr. n° 2013-745 du 14 août 2013, art. 4)* « l'article L. 235-1 du code de la sécurité intérieure ;

« 3° Les agents de police municipale, à l'initiative des agents des services de police nationale ou des militaires des unités de la gendarmerie nationale aux fins et dans les limites fixées à l'article 12 des annexes IV-I et IV-II du code général des collectivités territoriales, dans le cadre des recherches des personnes disparues.

« Afin de parer à un danger pour la population, les services de la police nationale et les unités de la gendarmerie nationale peuvent, à titre exceptionnel, transmettre oralement aux agents de police municipale certaines informations relatives à une personne inscrite dans le présent fichier ;

« 4° Les agents du service gestionnaire du fichier judiciaire national automatisé des auteurs d'infractions sexuelles ou violentes aux fins de consultation des seules fiches concernant le fichier judiciaire national automatisé des auteurs d'infractions sexuelles ou violentes » ;

(Décr. n° 2015-1840 du 29 déc. 2015, en vigueur le 1er juill. 2016) « 5° Les agents du service gestionnaire du fichier judiciaire national automatisé des auteurs d'infractions terroristes aux fins de consultation des seules fiches concernant le fichier judiciaire national automatisé des auteurs d'infractions terroristes » ;

(Décr. n° 2017-1217 du 2 août 2017, art. 6) « 6° Les agents des services spécialisés de renseignement du ministère de la défense, individuellement désignés et spécialement habilités par les directeurs de ces services, aux seules fins de prévention des actes de terrorisme et dans la limite du besoin d'en connaître. »

Art. 6 Les données contenues dans le fichier peuvent, dans le respect des conditions prévues à *(Décr. n° 2013-745 du 14 août 2013, art. 5)* « l'article L. 235-1 du code de la sécurité intérieure », être transférées à des organismes de coopération internationale en matière de police judiciaire ou à des services de police étrangers.

Art. 7 Les données à caractère personnel enregistrées dans le fichier sont effacées sans délai en cas d'aboutissement de la recherche ou d'extinction du motif de l'inscription. Les données enregistrées au titre du 5° du IV de l'article 2 sont effacées, au plus tard, trois ans après la date à laquelle l'obligation de quitter le territoire français a été signée.

La mise à jour des données enregistrées est réalisée, à l'initiative de l'autorité ayant demandé l'inscription au fichier *(Décr. n° 2013-745 du 14 août 2013, art. 6)* « ou, le cas échéant, du gestionnaire du fichier judiciaire national automatisé des auteurs d'infractions sexuelles ou violentes » *(Décr. n° 2015-1840 du 29 déc. 2015, art. 5, en vigueur le 1er juill. 2016)* « et du gestionnaire du fichier judiciaire national automatisé des auteurs d'infractions terroristes », par les services ayant procédé à l'enregistrement des données en application des dispositions de l'article 4. Des vérifications périodiques sont mises en œuvre afin de garantir la fiabilité des données.

Art. 8 Les consultations font l'objet d'un enregistrement comprenant l'identification du consultant ainsi que la date, l'heure et l'objet de la consultation. Les informations relatives aux consultations sont conservées dans le traitement pendant une durée de cinq ans.

Art. 9 En application du dernier alinéa de l'article 41 de la loi du 6 janvier 1978 susvisée, les droits d'accès et de rectification s'exercent directement auprès du ministère de l'intérieur (direction centrale de la police judiciaire) pour les données mentionnées aux 1° à 3° de l'article 3 du présent décret et concernant :

1° Les personnes faisant l'objet des décisions judiciaires mentionnées aux *(Décr. n° 2017-1219 du 2 août 2017, art. 7)* « 2° à 16° de l'article 230-19 du code de procédure pénale » ;

2° Les personnes mentionnées aux 3°, 4°, 5°, 7° et 9° du III et au IV de l'article 2 du présent décret.

Pour toutes les autres données, les droits d'accès indirect et de rectification s'exercent auprès de la Commission nationale de l'informatique et des libertés, dans les conditions prévues aux deuxième et troisième alinéas de l'article 41 de la loi du 6 janvier 1978 susvisée.

Art. 10 Les droits d'information et d'opposition prévus aux articles 32 et 38 de la loi du 6 janvier 1978 susvisée ne sont pas applicables au présent traitement.

CHAPITRE III DES LOGICIELS DE RAPPROCHEMENT JUDICIAIRE

(L. n° 2011-267 du 14 mars 2011, art. 14)

Art. 230-20 Afin de faciliter le rassemblement des preuves des infractions et l'identification de leurs auteurs, les services de la police nationale et de la gendarmerie nationale chargés d'une mission de police judiciaire *(L. n° 2013-1117 du 6 déc. 2013, art. 32)* **« ainsi que le service »** *(L. n° 2018-898 du 23 oct. 2018, art. 2)* **« placé sous l'autorité du ministre chargé du budget chargé d'effectuer des enquêtes judiciaires » peuvent mettre en œuvre, sous le contrôle de l'autorité judiciaire, des logiciels destinés à faciliter l'exploitation et le rapprochement d'informations sur les modes opératoires réunies par ces services au cours :**

1° Des enquêtes préliminaires, des enquêtes de flagrance ou des investigations exécutées sur commission rogatoire ;

2° Des procédures de recherche des causes de la mort ou d'une disparition prévues par les articles 74 et 74-1.

Les dispositions des art. 230-20 s. n'ont pas pour objet et ne sauraient avoir pour effet de permettre la mise en œuvre d'un traitement général des données recueillies à l'occasion des diverses enquêtes mentionnées à l'art. 230-20. Les logiciels de rapprochement judiciaire ne pourront conduire qu'à la mise en œuvre, autorisée par le procureur de la République ou de juridiction compétente, de traitements de données à caractère personnel particuliers, dans le cadre d'une enquête ou d'une procédure déterminée portant sur une série de faits et pour les seuls besoins de ces investigations. Partant, ces dispositions ne sont pas contraires à la Constitution. • Cons. const. 10 mars 2011, n° 2011-625 DC : *D. 2012. Pan. 1638, obs. Bernaud et Jacquinot ; Dr. pénal 2012. Chron. 2, obs. Garçon et Peltier.*

Art. 230-21 Les données exploitées par les logiciels faisant l'objet du présent chapitre ne peuvent provenir que des pièces et documents de procédure judiciaire déjà détenus par les services mentionnés à l'article 230-20.

Lorsque sont exploitées des données pouvant faire indirectement apparaître l'identité des personnes, celle-ci ne peut apparaître qu'une fois les opérations de rapprochement effectuées, et uniquement pour celles de ces données qui sont effectivement entrées en concordance entre elles ou avec d'autres informations exploitées par le logiciel.

Art. 230-22 Les données à caractère personnel éventuellement révélées par l'exploitation des enquêtes et investigations mentionnées au 1° de l'article 230-20 sont effacées à la clôture de l'enquête et, en tout état de cause, à l'expiration d'un délai de trois ans *[Dispositions déclarées non conformes à la Constitution par la décision du Conseil constitutionnel n° 2011-625 DC du 10 mars 2011]*.

Les données à caractère personnel éventuellement révélées par l'exploitation des enquêtes mentionnées au 2° du même article sont effacées dès que l'enquête a permis de retrouver la personne disparue ou d'écarter toute suspicion de crime ou délit.

Eu égard à la possibilité d'un enregistrement de données même liées à des faits de faible gravité, la conservation de ces données ne saurait être prolongée à l'initiative de l'enquêteur au-delà de trois ans après leur enregistrement. Partant, les mots « après le dernier acte d'enregistrement » de l'al. 1er de l'art. 230-22 doivent être déclarés contraires à la Constitution. • Cons. const. 10 mars 2011, n° 2011-625 DC : *D. 2012. Pan. 1638, obs. Bernaud et Jacquinot ; Dr. pénal 2012. Chron. 2, obs. Garçon et Peltier.*

Art. 230-23 Sans préjudice des pouvoirs de contrôle attribués à la Commission nationale de l'informatique et des libertés par la loi n° 78-17 du 6 janvier 1978 précitée, le traitement des données à caractère personnel est opéré sous le contrôle du procureur de la République compétent qui peut demander qu'elles soient effacées, complétées ou rectifiées, notamment en cas de requalification judiciaire. La rectification pour requalification judiciaire est de droit lorsque la personne concernée la demande.

Le procureur de la République dispose, pour l'exercice de ses fonctions, d'un accès direct à ces logiciels.

Art. 230-24 Un magistrat, chargé de contrôler la mise en œuvre des logiciels faisant l'objet du présent chapitre et de s'assurer de la mise à jour des données, désigné à cet effet par le ministre de la justice, concourt à l'application de l'article 230-23.

Ce magistrat peut agir d'office ou sur requête des particuliers.

Il dispose, pour l'exercice de ses fonctions, d'un accès direct à ces logiciels.

Art. 230-25 Peuvent seuls utiliser les logiciels faisant l'objet du présent chapitre :

1° Les agents des services *(Abrogé par L. n° 2013-1117 du 6 déc. 2013, art. 32)* « *de police judiciaire* » mentionnés à l'article 230-20, individuellement désignés et spécialement habilités, pour les seuls besoins des enquêtes dont ils sont saisis ;

2° Les magistrats du parquet et les magistrats instructeurs, pour les recherches relatives aux infractions dont ils sont saisis ;

3° Le procureur de la République compétent, aux fins du contrôle qu'il exerce en vertu de l'article 230-23 ;

4° Le magistrat mentionné à l'article 230-24.

L'habilitation mentionnée au 1° du présent article précise la nature des données auxquelles elle donne accès.

Art. 230-26 Les logiciels faisant l'objet du présent chapitre ne peuvent en aucun cas être utilisés pour les besoins d'enquêtes administratives, ni à une autre fin que celle définie à l'article 230-20.

Art. 230-27 Les logiciels faisant l'objet du présent chapitre ne peuvent être autorisés que par décret en Conseil d'État pris après avis de la Commission nationale de l'informatique et des libertés. Ce décret précise notamment les infractions concernées, les modalités d'alimentation du logiciel, les conditions d'habilitation des personnes mentionnées au 1° de l'article 230-25 et les modalités selon lesquelles les personnes intéressées peuvent exercer leur droit d'accès *(Abrogé par Ord. n° 2018-1125 du 12 déc. 2018, art. 16 et 29, à compter du 1er juin 2019)* « *de manière indirecte* ».

Les dispositions de l'Ord. n° 2018-1125 du 12 déc. 2018 sont entrées en vigueur en même temps que le Décr. n° 2019-536 du 29 mai 2019 pris pour l'application de la L. n° 78-17 du 6 janv. 1978 relative à l'informatique, aux fichiers et aux libertés, soit le 1er juin 2019.

CHAPITRE IV DES AUTOPSIES JUDICIAIRES

(L. n° 2011-525 du 17 mai 2011, art. 147)

Art. 230-28 Une autopsie judiciaire peut être ordonnée dans le cadre d'une enquête judiciaire en application des articles 60, 74 et 77-1 ou d'une information judiciaire en application des articles 156 et suivants.

Elle ne peut être réalisée que par un praticien titulaire d'un diplôme attestant de sa formation en médecine légale ou d'un titre justifiant de son expérience en médecine légale.

Au cours d'une autopsie judiciaire, le praticien désigné à cette fin procède aux prélèvements biologiques qui sont nécessaires aux besoins de l'enquête ou de l'information judiciaire.

Sous réserve des nécessités de l'enquête ou de l'information judiciaire, le conjoint, le concubin, le partenaire lié par un pacte civil de solidarité, les ascendants ou les descendants en ligne directe du défunt sont informés dans les meilleurs délais de ce qu'une autopsie a été ordonnée et que des prélèvements biologiques ont été effectués.

BIBL. ▶ MARTRILLE et VIBRAC, *AJ pénal 2017. 276* (le corps médico-légal et les pratiques de mise sous scellés).

Art. 230-29 Lorsqu'une autopsie judiciaire a été réalisée dans le cadre d'une enquête ou d'une information judiciaire et que la conservation du corps du défunt n'est plus nécessaire à la manifestation de la vérité, l'autorité judiciaire compétente délivre dans les meilleurs délais l'autorisation de remise du corps et le permis d'inhumer.

Le praticien ayant procédé à une autopsie judiciaire est tenu de s'assurer de la meilleure restauration possible du corps avant sa remise aux proches du défunt.

Il ne peut être refusé aux proches du défunt qui le souhaitent d'avoir accès au corps avant sa mise en bière, sauf pour des raisons de santé publique. L'accès au corps se déroule dans des conditions qui leur garantissent respect, dignité, décence et humanité. Une charte de bonnes pratiques, dont le contenu est défini par voie réglementaire, informe les familles de leurs droits et devoirs. Elle est obligatoirement affichée en un lieu visible.

A l'issue d'un délai d'un mois à compter de la date de l'autopsie, les proches du défunt ayant qualité pour pourvoir aux funérailles peuvent demander la restitution du corps auprès du procureur de la République ou du juge d'instruction, qui doit y répondre par une décision écrite dans un délai de quinze jours.

Art. 230-30 Lorsque les prélèvements biologiques réalisés au cours d'une autopsie judiciaire ne sont plus nécessaires à la manifestation de la vérité, l'autorité judiciaire compétente peut ordonner leur destruction.

La destruction s'effectue selon les modalités prévues par l'article R. 1335-11 du code de la santé publique.

Toutefois, sous réserve des contraintes de santé publique et lorsque ces prélèvements constituent les seuls éléments ayant permis l'identification du défunt, l'autorité judiciaire compétente peut autoriser leur restitution en vue d'une inhumation ou d'une crémation.

Art. 230-31 Les modalités d'application des dispositions du présent chapitre sont précisées par décret en Conseil d'État.

CHAPITRE V DE LA GÉOLOCALISATION

(L. n° 2014-372 du 28 mars 2014, art. 1er)

BIBL. ▶ BUISSON, *Procédures 2014. Étude 10* (la géolocalisation enfin prévue par une loi...). – LEBRETON, *Gaz. Pal. 12 mars 2019, p. 15* (investigations et téléphonie mobile). – VALAT, *Dr. pénal 2014. Étude 12* (la loi du 28 mars 2014 relative à la géolocalisation).

▶ **Dossier :** Les techniques d'enquête numériques judiciaires, *AJ pénal 2017. 311* s.

Art. 230-32 *(L. n° 2014-372 du 28 mars 2014, art. 1er)* **Il peut être recouru à tout moyen technique destiné à la localisation en temps réel, sur l'ensemble du territoire national, d'une personne, à l'insu de celle-ci, d'un véhicule ou de tout autre objet, sans le consentement de son propriétaire ou de son possesseur, si cette opération est exigée par les nécessités :**

(L. nº 2019-222 du 23 mars 2019, art. 44-X et 109-XIII, en vigueur le 1er juin 2019)
« 1º D'une enquête ou d'une instruction portant sur un crime ou sur un délit puni d'au moins trois ans d'emprisonnement ;
« 2º » D'une procédure d'enquête ou d'instruction de recherche des causes de la mort ou de la disparition prévue aux articles 74, 74-1 et 80-4 ;
(L. nº 2019-222 du 23 mars 2019, art. 44-X et 109-XIII, en vigueur le 1er juin 2019)
« 3º » D'une procédure de recherche d'une personne en fuite prévue à l'article 74-2.
La géolocalisation est mise en place par l'officier de police judiciaire ou, sous sa responsabilité, par l'agent de police judiciaire, ou prescrite sur réquisitions de l'officier de police judiciaire, dans les conditions et selon les modalités prévues au présent chapitre.

Sur la plateforme nationale des interceptions judiciaires, V. art. R. 40-42 s.

V. aussi Arr. du 22 mai 2018 portant création de traitements de données à caractère personnel concernant les mesures de géolocalisation autorisées dans un cadre judiciaire (JO 24 mai).

En ce qui concerne la géolocalisation par les services de renseignement, V. CSI, art. L. 851-5. — ***CSI.***

BIBL. ► COLLET, *RSC 2021. 29* (le renforcement des garanties applicables à la géolocalisation et à la sonorisation).

1. Sur la technique de géolocalisation avant l'entrée en vigueur de la L. du 28 mars 2014, pour écarter le moyen de nullité pris du défaut de fondement légal de l'apposition sur un véhicule automobile d'un dispositif technique, dit de « géolocalisation », permettant d'en suivre et d'en relever les déplacements, l'arrêt retient que, d'une part, cette mesure a pour fondement l'art. 81 et que, d'autre part, en l'espèce, cette surveillance a été effectuée sous le contrôle d'un juge constituant une garantie suffisante contre l'arbitraire, qu'elle était proportionnée au but poursuivi, s'agissant d'un important trafic de stupéfiants en bande organisée portant gravement atteinte à l'ordre public et à la santé publique. Les juges, qui ont caractérisé la prévisibilité et l'accessibilité de la loi, et la proportionnalité de l'ingérence ainsi réalisée dans l'exercice, par les requérants, du droit au respect de leur vie privée, ont fait une exacte application de l'art. 8 Conv. EDH. • Crim. 22 nov. 2011, nº 11-84.308 P. ♦ Un dispositif technique de géolocalisation, fondé sur l'art. 81, répond aux exigences de prévisibilité et d'accessibilité de la loi et est effectué sous le contrôle d'un juge, ce qui constitue une garantie suffisante contre l'arbitraire, dès lors que cette ingérence dans la vie privée de la personne concernée était proportionnée au but poursuivi, s'agissant en l'espèce d'une association de malfaiteurs en vue de la préparation d'actes de terrorisme. • Crim. 22 oct. 2013, nº 13-81.945 P : *D. actu. 5 nov. 2013, obs. Bombled.* ♦ En matière d'enquête préliminaire, V. notes ss. art. 41.

2. Application dans le temps. C'est à tort que les juges du fond ont apprécié la légalité d'actes accomplis avant l'entrée en vigueur de la L. nº 2014-372 du 28 mars 2014 relative à la géolocalisation au regard des dispositions du C. pr. pén. qui en sont issues, alors qu'il résulte des dispositions de l'art. 112-4, al. 1, C. pén. que la validité des actes de procédure doit être appréciée en fonction du droit applicable au moment de leur accomplissement. • Crim. 6 janv. 2015, nº 14-84.694 P : *D. actu. 27 janv. 2015, obs. Fucini ; RSC 2015. 123, note Giudicelli* .

3. Application dans l'espace. Les données issues d'une géolocalisation mise en œuvre sur le territoire national et s'étant poursuivie sur le territoire d'un autre État ne peuvent, lorsque cette mesure n'a pas fait l'objet d'une acceptation préalable ou concomitante de celui-ci au titre de l'entraide pénale, être exploitées en procédure qu'avec son autorisation. • Crim. 9 févr. 2016, nº 15-85.070 P : *D. actu. 24 févr. 2016, obs. Fucini ; AJ pénal 2016. 275, obs. Boursier* ; *D. 2016. Pan. 1727, obs. Pradel* . ♦ Les données issues d'une géolocalisation mise en œuvre sur le territoire national mentionnant des heures de franchissement aller-retour des frontières avec l'Allemagne, par un véhicule, observées depuis la France, ou mentionnant simplement un déplacement de l'intéressé vers l'Espagne, visiblement en avion, ne constituent pas, en l'absence de toute indication sur son itinéraire dans ce pays, une localisation en temps réel sur son territoire et n'encourent aucun grief lié à l'absence d'autorisation de ces pays. • Crim. 2 mars 2021, nº 20-84.004 P : *D. actu. 9 mars 2021, obs. Fucini.*

4. Intérêt à agir. Le prévenu qui ne peut se prévaloir d'aucun droit sur le conteneur géolocalisé et qui n'a pas été lui-même géolocalisé est irrecevable à invoquer une irrégularité affectant cette mesure, dès lors qu'il n'établit pas qu'à cette occasion il aurait été porté atteinte à un autre intérêt qui lui serait propre. • Crim. 23 nov. 2016, nº 16-81.904 P : *D. actu. 21 déc. 2016, obs. Fucini ; D. 2017. 245, obs. Ascensi* ; *AJ pénal 2017. 76, note Thierry* ; *Dr. pénal 2017, nº 13, note Maron et Haas.* ♦ La méconnaissance des formalités substantielles régissant la géolocalisation peut être invoquée à l'appui d'une demande d'annulation d'actes ou de pièces de procédure par la partie titulaire d'un droit sur le véhicule géolocalisé ou qui établit, hors le cas d'un véhicule volé et faussement immatriculé, qu'il a, à l'occasion d'une telle investigation, été porté atteinte à sa vie privée. • Crim. 27 mars 2018, n° 17-85.603 P : *D. 2018. Pan. 1611, obs. Pradel ; ibid. Pan. 1711, obs. Barbier ; AJ pénal 2018. 317, obs. Engel*.

5. Est recevable la requête en nullité formée par le prévenu qui avait l'usage habituel du véhicule geolocalisé, immatriculé au nom de sa concubine, dont il n'était pas prétendu qu'il était détenu frauduleusement. • Crim. 9 mai 2018, n° 17-86.558 P : *D. actu. 29 mai 2018, obs. Fucini ; AJ pénal 2018. 359, note Fucini (état des lieux) ; Dr. pénal 2018, n° 136, note Maron et Haas.*

6. Véhicule volé. La pose d'un procédé de géolocalisation à l'extérieur d'un véhicule volé et faussement immatriculé est étrangère aux prévisions de l'article 8, § 2, Conv. EDH. • Crim. 14 oct. 2014, n° 14-85.391 P : *D. actu. 7 nov. 2014, obs. Anane ; RSC 2014. 797, note Boccon-Gibod*. ♦ En dehors du recours, par les autorités publiques, à un procédé déloyal, un mis en examen est irrecevable à contester la régularité de la géolocalisation en temps réel d'un véhicule volé et faussement immatriculé sur lequel il ne peut se prévaloir d'aucun droit. • Crim. 7 juin 2016, n° 15-87.755 P : *D. actu. 1er juill. 2016, obs. Fucini ; D. 2016. Pan. 1597, obs. Ascensi ; Gaz. Pal. 4 oct. 2016, p. 56, note Fourment ; RSC 2016. 847, note Renucci* • Crim. 2 nov. 2016, n° 16-81.716 P : *D. actu. 15 nov. 2016, obs. Goetz ; D. 2017. 279, note Lennon ; D. 2017. Pan. 1676, obs. Pradel*. ♦ Sur le refus de renvoi de la QPC relative à cette interprétation jurisprudentielle : • Crim. 14 nov. 2017, n° 17-82.435 P : *D. actu. 29 nov. 2017, obs. Azoulay.*

7. Définition de la mesure. La géolocalisation en temps réel pour suivi dynamique d'un mis en cause, envisagée par les dispositions des art. 230-32 s., ne doit pas être confondue avec la géolocalisation en temps différé pour reconstitution ultérieure du parcours de la personne mise en cause, régulièrement exécutée sur le fondement de l'art. 77-1-1 à partir des « fadettes », et qui ne répond pas aux mêmes conditions de nécessité. • Crim. 2 nov. 2016, n° 16-82.376 P : *D. 2017. 0245, obs. Ascensi ; D. actu. 5 déc. 2016, obs. Goetz.*

8. Proportionnalité. L'accès d'autorités publiques aux données visant à l'identification des titulaires des cartes SIM activées avec un téléphone mobile volé comporte une ingérence dans les droits fondamentaux qui ne présente pas une gravité telle que cet accès devrait être limité en matière de prévention, de recherche, de détention et de poursuite d'infractions pénales, à la lutte contre la criminalité grave. • CJUE 2 oct. 2018, *Ministerio Fiscal*, n° C-207/16 : *D. actu. 16 oct. 2018, obs. Fucini.*

Art. 230-33 *(L. n° 2014-372 du 28 mars 2014, art. 1er)* **L'opération mentionnée à l'article 230-32 est autorisée :**

1° Dans le cadre d'une enquête de flagrance, d'une enquête préliminaire ou d'une procédure prévue aux articles 74 à 74-2, par le procureur de la République, pour une durée maximale de quinze jours consécutifs *(L. n° 2019-222 du 23 mars 2019, art. 44-XI et 109-XIII, en vigueur le 1er juin 2019)* **« dans les cas prévus aux articles 74 à 74-2 ou lorsque l'enquête porte sur un crime ou sur une infraction mentionnée aux articles 706-73 ou 706-73-1, ou pour une durée maximale de huit jours consécutifs dans les autres cas ». A l'issue de** *(L. n° 2019-222 du 23 mars 2019, art. 44-XI et 109-XIII, en vigueur le 1er juin 2019)* **« ces délais », cette opération est autorisée par le juge des libertés et de la détention à la requête du procureur de la République, pour une durée maximale d'un mois renouvelable dans les mêmes conditions de forme et de durée ;**

2° Dans le cadre d'une instruction ou d'une information pour recherche des causes de la mort ou des causes de la disparition mentionnées aux articles 74, 74-1 et 80-4, par le juge d'instruction, pour une durée maximale de quatre mois renouvelable dans les mêmes conditions de forme et de durée.

(L. n° 2019-222 du 23 mars 2019, art. 44-XI et 109-XIII, en vigueur le 1er juin 2019) **« La durée totale de cette opération ne peut pas excéder un an ou, s'il s'agit d'une infraction prévue aux articles 706-73 ou 706-73-1, deux ans. »**

La décision du procureur de la République, du juge des libertés et de la détention ou du juge d'instruction est écrite *(L. n° 2019-222 du 23 mars 2019, art. 44-XI et 109-XIII, en vigueur le 1er juin 2019)* **« et motivée par référence aux éléments de fait et de droit justifiant que ces opérations sont nécessaires ». Elle n'a pas de caractère juridictionnel et n'est susceptible d'aucun recours.**

L'art. 230-33 ne pose pas l'exigence d'une continuité entre l'expiration du délai durant lequel la mesure est autorisée par le procureur de la République et la délivrance de l'autorisation du JLD faisant courir, à partir de ce moment, un nouveau délai. • Crim. 19 févr. 2019, n° 18-84.671 P : *D. actu. 8 mars 2019, obs. Fucini ; AJ pénal 2019. 277, obs. Clément ; Procédures 2019, n° 130, obs. Chavent-Leclère.*

Art. 230-34 Dans les cas mentionnés aux 1° et 2° de l'article 230-33, lorsque les nécessités de l'enquête ou de l'instruction l'exigent, le procureur de la République ou le juge d'instruction peut, aux seules fins de mettre en place ou de retirer le moyen technique mentionné à l'article 230-32, autoriser par décision écrite l'introduction, y compris en dehors des heures prévues à l'article 59, dans des lieux privés destinés ou utilisés à l'entrepôt de véhicules, fonds, valeurs, marchandises ou matériel, ou dans un véhicule situé sur la voie publique ou dans de tels lieux, à l'insu ou sans le consentement du propriétaire ou de l'occupant des lieux ou du véhicule ou de toute personne titulaire d'un droit sur ceux-ci.

S'il s'agit d'un lieu privé autre que ceux mentionnés au premier alinéa du présent article, cette opération ne peut intervenir que dans les cas mentionnés aux *(L. n° 2019-222 du 23 mars 2019, art. 44-XII et 109-XIII, en vigueur le 1er juin 2019)* « 2° et 3° *[ancienne rédaction : 3° et 4°]* » de l'article 230-32 ou lorsque l'enquête ou l'instruction est relative à un crime ou à un délit puni d'au moins cinq ans d'emprisonnement. Si ce lieu privé est un lieu d'habitation, l'autorisation est délivrée par décision écrite :

1° Dans les cas prévus au 1° de l'article 230-33, du juge des libertés et de la détention, saisi à cette fin par le procureur de la République ;

2° Dans les cas prévus au 2° du même article 230-33, du juge d'instruction ou, si l'opération doit intervenir en dehors des heures prévues à l'article 59, du juge des libertés et de la détention, saisi à cette fin par le juge d'instruction.

La mise en place du moyen technique mentionné à l'article 230-32 ne peut concerner ni les lieux mentionnés aux articles 56-1 à *(L. n° 2016-731 du 3 juin 2016, art. 58, en vigueur le 1er oct. 2016)* « 56-5 », ni le bureau ou le domicile des personnes mentionnées à l'article 100-7.

1. Le parking de l'hôtel où a été posée une balise de géolocalisation ne constitue pas une habitation au sens de l'art. 230-34. • Crim. 23 mai 2017, n° 16-87.323 P : *D. actu. 14 juin 2017, obs. Fucini ; D. 2017. Pan. 1676, obs. Pradel.* ♦ ... Pas plus que les espaces de circulation, ni les emplacements de stationnement, ni les boxes fermés du parking souterrain d'un immeuble collectif d'habitation. • Crim. 18 juin 2019, n° 18-86.421 P : *D. actu. 9 juill. 2019, obs. Goetz ; Gaz. Pal. 19 nov. 2019, p. 56, note Fourment ; JCP 2019, n° 947, obs. Jeanne ; Dr. pénal 2019, n° 158, note Maron et Haas ; D. 2019. Pan. 1568, obs. de Lamarzelle ; Procédures 2019, n° 266, obs. Buisson.*

2. L'autorisation écrite du procureur de la République ne peut être donnée postérieurement à la mise en place du dispositif de géolocalisation, sans mise en œuvre préalable des dispositions de l'art. 230-35. • Crim. 9 mai 2018, n° 17-86.558 P : *D. actu. 29 mai 2018, obs. Fucini ; Dr. pénal 2018, n° 136, note Maron et Haas.*

Art. 230-35 En cas d'urgence résultant d'un risque imminent de dépérissement des preuves ou d'atteinte grave aux personnes ou aux biens, les opérations mentionnées à l'article 230-32 peuvent être mises en place ou prescrites par un officier de police judiciaire. Celui-ci en informe immédiatement, par tout moyen, le procureur de la République ou le juge d'instruction dans les cas mentionnés aux articles 230-33 et 230-34. Ce magistrat peut alors ordonner la mainlevée de la géolocalisation.

Toutefois, si l'introduction dans un lieu d'habitation est nécessaire, l'officier de police judiciaire doit recueillir l'accord préalable, donné par tout moyen :

1° Dans les cas prévus au 1° de l'article 230-33, du juge des libertés et de la détention, saisi à cette fin par le procureur de la République ;

2° Dans les cas prévus au 2° du même article 230-33, du juge d'instruction ou, si l'introduction doit avoir lieu en dehors des heures prévues à l'article 59, du juge des libertés et de la détention, saisi à cette fin par le juge d'instruction.

Ces magistrats disposent d'un délai de vingt-quatre heures pour prescrire, par décision écrite, la poursuite des opérations. A défaut d'une telle autorisation dans ce délai, il est mis fin à la géolocalisation. Dans les cas prévus au premier alinéa du présent article, l'autorisation comporte l'énoncé des circonstances de fait établissant l'existence du risque imminent mentionné à ce même alinéa.

1. Une note adressée par l'OPJ à sa hiérarchie, soulignant l'opportunité d'une surveillance technique, ne peut valoir avis au juge d'instruction d'une mesure prise en urgence la nuit précédente, la commission rogatoire transmise le même jour aux service de police, ne comportant ni référence à la géolocalisation déjà mise en place, ni énoncé des circonstances de fait établissant l'existence d'un risque imminent de dépérissement des preuves ou d'atteinte grave aux personnes ou aux biens, ne pouvant par ailleurs s'analyser en une autorisation de poursuite des opérations précédemment engagées, mais seulement comme une prescription valant pour l'avenir. • Crim. 17 nov. 2015, n° 15-84.025 P : *D. actu. 3 déc. 2015, obs. Fonteix.*

2. Ne respectent pas les garanties visées par l'art. 230-35 le procès-verbal établi par l'OPJ après l'information donnée au procureur de la République n'énonçant que la nécessité d'exercer de manière efficace une surveillance physique du prévenu et de pouvoir suivre techniquement les déplacements de la voiture qu'il pourrait être amené à utiliser pour ses trajets, l'autorisation de prolongation donnée par le procureur de la République ne comportant aucun énoncé des circonstances de fait établissant l'existence d'un risque imminent de dépérissement des preuves ou d'atteinte grave aux personnes ou aux biens. • Crim. 9 mai 2018, n° 17-86.638 P : *D. actu. 8 juin 2018, obs. Morgante ; AJ pénal 2018. 359, note Fucini ; Dr. pénal 2018, n° 136, note Maron et Haas.* ♦ Sauf en cas de circonstances insurmontables empêchant que l'information soit donnée selon les exigences légales, l'information du procureur de la République ou du juge d'instruction, selon le cas, doit intervenir dès la mise en place effective de la mesure de géolocalisation. • Crim. 29 sept. 2020, n° 20-80.915 : *RSC 2020. 973, obs. Valat.*

3. Information immédiate d'un magistrat. A défaut de circonstances insurmontables, l'information du procureur de la République ou du juge d'instruction, selon le cas, doit être réalisée dès la mise en place effective de la mesure de géolocalisation, y compris lorsque celle-ci intervient de nuit. • Crim. 29 sept. 2020, n° 20-80.915 P : *D. actu. 16 nov. 2020, obs. Charlent ; RSC 2021. 973, obs. Valat.*

4. La commission rogatoire doit comporter l'énoncé des circonstances de fait établissant l'existence d'un risque imminent de dépérissement des preuves ou d'atteinte grave aux personnes ou aux biens rendant nécessaire le recours à la procédure d'urgence prévue à l'art. 230-35, à défaut, la délégation ne peut s'analyser comme une autorisation de poursuite des opérations précédemment engagées par les enquêteurs. • Crim. 20 juin 2018, n° 17-86.657 P : *D. actu. 16 juill. 2018, obs. Goetz.*

Art. 230-36 **Le juge d'instruction ou l'officier de police judiciaire commis par lui ou autorisé par le procureur de la République peut requérir tout agent qualifié d'un service, d'une unité ou d'un organisme placé sous l'autorité du ministre de l'intérieur et dont la liste est fixée par décret, en vue de procéder à l'installation et au retrait du moyen technique mentionné à l'article 230-32.**

V. art. D. 15-1-5 à D. 15-1-7.

Art. 230-37 **Les opérations prévues au présent chapitre sont conduites sous le contrôle du magistrat qui les a autorisées ou qui a autorisé leur poursuite.**

Le fait que ces opérations révèlent des infractions autres que celles visées dans la décision de ce magistrat ne constitue pas une cause de nullité des procédures incidentes.

Art. 230-38 **L'officier de police judiciaire ou l'agent de police judiciaire agissant sous sa responsabilité dresse procès-verbal de chacune des opérations de mise en place du moyen technique mentionné à l'article 230-32 et des opérations d'enregistrement des données de localisation. Ce procès-verbal mentionne la date et l'heure auxquelles l'opération a commencé et celles auxquelles elle s'est terminée.**

Les enregistrements sont placés sous scellés fermés.

Le demandeur ne saurait se faire un grief que ne figure en procédure ni l'heure de l'installation effective du dispositif mais seule celle à laquelle l'OPJ en a été informé, ni celle de début d'enregistrement, puisque, en l'espèce, la mesure n'a été prescrite ni en urgence ni dans un lieu privé, opérations qui nécessitent l'accord d'un magistrat selon l'heure de pose du dispositif. • Crim. 11 mai 2021, n° 20-86.182 P : *D. actu. 7 juin 2021, obs. Fucini.*

Art. 230-39 **L'officier de police judiciaire ou l'agent de police judiciaire agissant sous sa responsabilité décrit ou transcrit, dans un procès-verbal qui est versé au dossier, les données enregistrées qui sont utiles à la manifestation de la vérité.**

Sur la transmission des informations à l'autorité judiciaire, V. Arr. du 22 mai 2018 portant création de traitements de données à caractère personnel concernant les mesures de géolocalisation autorisées dans un cadre judiciaire (JO 24 mai).

Art. 230-40 **Lorsque, dans une instruction concernant l'un des crimes ou délits entrant dans le champ d'application** *(L. n° 2015-993 du 17 août 2015, art. 11)* **« des**

articles 706-73 et 706-73-1 », la connaissance de ces informations est susceptible de mettre gravement en danger la vie ou l'intégrité physique d'une personne, des membres de sa famille ou de ses proches et qu'elle n'est ni utile à la manifestation de la vérité, ni indispensable à l'exercice des droits de la défense, le juge des libertés et de la détention, saisi à tout moment par requête motivée du juge d'instruction, peut, par décision motivée, autoriser que n'apparaissent pas dans le dossier de la procédure :

1° La date, l'heure et le lieu où le moyen technique mentionné à l'article 230-32 a été installé ou retiré ;

2° L'enregistrement des données de localisation et les éléments permettant d'identifier une personne ayant concouru à l'installation ou au retrait du moyen technique mentionné à ce même article.

La décision du juge des libertés et de la détention mentionnée au premier alinéa du présent article est jointe au dossier de la procédure. Les informations mentionnées aux 1° et 2° sont inscrites dans un autre procès-verbal, qui est versé dans un dossier distinct du dossier de la procédure, dans lequel figure également la requête du juge d'instruction prévue au premier alinéa. Ces informations sont inscrites sur un registre coté et paraphé, qui est ouvert à cet effet au tribunal judiciaire.

V. art. R. 53-40 s.

Art. 230-41 La personne mise en examen ou le témoin assisté peut, dans les dix jours à compter de la date à laquelle il lui a été donné connaissance du contenu des opérations de géolocalisation réalisées dans le cadre prévu à l'article 230-40, contester, devant le président de la chambre de l'instruction, le recours à la procédure prévue à ce même article. S'il estime que les opérations de géolocalisation n'ont pas été réalisées de façon régulière, que les conditions prévues audit article ne sont pas remplies ou que les informations mentionnées à ce même article sont indispensables à l'exercice des droits de la défense, le président de la chambre de l'instruction ordonne l'annulation de la géolocalisation. Toutefois, s'il estime que la connaissance de ces informations n'est pas ou n'est plus susceptible de mettre gravement en danger la vie ou l'intégrité physique d'une personne, des membres de sa famille ou de ses proches, il peut également ordonner le versement au dossier de la requête et du procès-verbal mentionnés au dernier alinéa du même article. Le président de la chambre de l'instruction statue par décision motivée, qui n'est pas susceptible de recours, au vu des pièces de la procédure et de celles figurant dans le dossier mentionné au même alinéa.

Les dispositions de l'art. 230-41 ne sauraient, sans méconnaître les droits de la défense, être interprétées comme permettant que le délai de dix jours commence à courir avant que la décision du juge des libertés et de la détention rendue en application de l'art. 230-40 ne soit formellement portée à la connaissance de la personne mise en examen ou du témoin assisté ; en outre, les droits de la défense seraient également méconnus si la chambre de l'instruction, saisie dans les conditions prévues par les art. 170 s. du C. pr. pén., aux fins d'annulation des actes relatifs aux autorisations d'installation du dispositif technique de géolocalisation et à leur enregistrement, ne pouvait également exercer le contrôle et prendre les décisions prévus par l'art. 230-41 (Cons. const. nº 2014-693 DC du 25 mars 2014).

Art. 230-42 Aucune condamnation ne peut être prononcée sur le (*Disposition déclarée non conforme à la Constitution par la décision du Conseil constitutionnel nº 2014-693 DC du 25 mars 2014*) *« seul »* fondement des éléments recueillis dans les conditions prévues à l'article 230-40, sauf si la requête et le procès-verbal mentionnés au dernier alinéa de ce même article ont été versés au dossier en application de l'article 230-41.

Sauf si la requête ou le procès-verbal mentionnés au dernier al. de l'art. 230-40 ont été versés au dossier en application de l'art. 230-41, il appartient à la chambre de l'instruction d'ordonner que les éléments recueillis dans les conditions prévues à l'art. 230-40 soient retirés du dossier de l'information avant la saisine de la juridiction de jugement (Cons. const. nº 2014-693 DC du 25 mars 2014).

Art. 230-43 Les enregistrements de données de localisation sont détruits, à la diligence du procureur de la République ou du procureur général, à l'expiration du délai de prescription de l'action publique.

Il est dressé procès-verbal de l'opération de destruction.

Art. 230-44 Le présent chapitre n'est pas applicable lorsque les opérations de géolocalisation en temps réel ont pour objet la localisation d'un équipement terminal de communication électronique, d'un véhicule ou de tout autre objet dont le propriétaire ou le possesseur légitime est la victime de l'infraction sur laquelle porte l'enquête ou l'instruction ou la personne disparue au sens des articles 74-1 ou 80-4, dès lors que ces opérations ont pour objet de retrouver la victime, l'objet qui lui a été dérobé ou la personne disparue.

Dans les cas prévus au présent article, les opérations de géolocalisation en temps réel font l'objet de réquisitions conformément aux articles 60-1, 60-2, 77-1-1, 77-1-2, 99-3 ou 99-4.

CHAPITRE VI DE LA PLATE-FORME NATIONALE DES INTERCEPTIONS JUDICIAIRES

(L. n° 2016-731 du 3 juin 2016, art. 88, en vigueur le 1er janv. 2017)

Art. 230-45 *(L. n° 2018-699 du 3 août 2018, art. 16)* « I. — » Un décret en Conseil d'État, pris après avis public et motivé de la Commission nationale de l'informatique et des libertés, détermine les missions et les modalités de fonctionnement de la plate-forme nationale des interceptions judiciaires.

Sauf impossibilité technique, les réquisitions et demandes adressées en application des articles 60-2, 74-2, 77-1-2, 80-4, 99-4, 100 à 100-7, 230-32 à 230-44, 706-95 *(L. n° 2017-258 du 28 févr. 2017, art. 35)* « et 709-1-3 » du présent code ou de l'article 67 *bis*-2 du code des douanes sont transmises par l'intermédiaire de la plate-forme nationale des interceptions judiciaires qui organise la centralisation de leur exécution.

(L. n° 2019-222 du 23 mars 2019, art. 50) « Les dispositions du présent code relatives au placement des enregistrements sous scellés fermés et à l'établissement d'un procès-verbal lorsqu'il est procédé à leur destruction ne sont pas applicables » aux données conservées par la plate-forme nationale des interceptions judiciaires.

Le décret mentionné au premier alinéa du présent *(L. n° 2018-699 du 3 août 2018, art. 16)* « I » fixe également les modalités selon lesquelles les données ou correspondances recueillies en application des articles 230-32 à 230-44, *(L. n° 2019-222 du 23 mars 2019, art. 46-IV et 109-XIII, en vigueur le 1er juin 2019)* « 706-95-20 », *(Abrogé par L. n° 2019-222 du 23 mars 2019, art. 44-VIII, à compter du 1er juin 2019)* « *706-95-5* » et 709-1-3 *(Abrogé par L. n° 2017-258 du 28 févr. 2017, art. 35)* « *ainsi que des 2° et 4° de l'article 727-1* » du présent code sont, sauf impossibilité technique, centralisées et conservées par la plate-forme nationale des interceptions judiciaires.

(L. n° 2018-699 du 3 août 2018, art. 16) « II. — La plateforme nationale des interceptions judiciaires est placée sous le contrôle d'une personnalité qualifiée, assistée par un comité qui comprend parmi ses membres un député et un sénateur.

« Les missions, la composition, l'organisation et le fonctionnement du comité sont précisés par décret en Conseil d'État. »

V. C. pr. pén., art. R. 40-42 s. et, sur l'Agence nationale des techniques d'enquêtes numériques judiciaires, chargée de mettre en œuvre la plate-forme nationale des interceptions judiciaires, et le comité d'orientation des techniques d'enquêtes numériques judiciaires, Décr. n° 2017-614 du 24 avr. 2017 (JO 25 avr.).

CHAPITRE VII DE L'ENQUÊTE SOUS PSEUDONYME

(L. n° 2019-222 du 23 mars 2019, art. 45 et 109-XIII, en vigueur le 1er juin 2019)

Art. 230-46 Aux seules fins de constater les crimes et les délits punis d'une peine d'emprisonnement commis par la voie des communications électroniques, et lorsque les nécessités de l'enquête ou de l'instruction le justifient, les officiers ou agents de police judiciaire agissant au cours de l'enquête ou sur commission rogatoire peuvent, s'ils sont affectés dans un service spécialisé et spécialement habilités à cette fin dans des conditions précisées par arrêté du ministre de la justice et du ministre de l'intérieur, procéder sous pseudonyme aux actes suivants sans en être pénalement responsables :

1° Participer à des échanges électroniques, y compris avec les personnes susceptibles d'être les auteurs de ces infractions ;

2° Extraire ou conserver par ce moyen les données sur les personnes susceptibles d'être les auteurs de ces infractions et tout élément de preuve ;
3° Après autorisation du procureur de la République ou du juge d'instruction saisi des faits, acquérir tout contenu, produit, substance, prélèvement ou service, y compris illicite, ou transmettre en réponse à une demande expresse des contenus illicites.
A peine de nullité, l'autorisation prévue au 3°, qui peut être donnée par tout moyen, est mentionnée ou versée au dossier de la procédure et les actes autorisés ne peuvent constituer une incitation à commettre ces infractions.
Les actes mentionnés au présent article s'effectuent sous le contrôle du procureur de la République ou du juge d'instruction.

Arrêté du 21 octobre 2015, *relatif à l'habilitation au sein de services spécialisés d'officiers ou agents de police judiciaire pouvant procéder aux enquêtes sous pseudonyme.*

Art. 1er Sont autorisés à procéder aux actes définis par *(Arr. du 28 mai 2019, en vigueur le 1er juin 2019)* « l'article 230-46 » du code de procédure pénale les officiers et agents de police judiciaire spécialement habilités à cette fin, affectés à l'un des services ou unités suivants :

(Arr. du 28 déc. 2019, art. 12, en vigueur le 1er janv. 2020) « 1. Services et unités relevant de la direction générale de la police nationale :

« *a)* Services des directions territoriales de la police nationale :

« — les services territoriaux de sécurité publique ;

« — les services territoriaux de police judiciaire.

« *b)* » Services et unités relevant de la direction centrale de la police judiciaire :

(Arr. du 27 déc. 2019, art. 4, en vigueur le 1er janv. 2020) « — l'Office anti-stupéfiants ; »

— la sous-direction antiterroriste ;

— la sous-direction de la lutte contre la criminalité organisée *(Abrogé par Arr. du 19 avr. 2019, art. 1er, à compter du 1er juill. 2019) « et la délinquance financière »* ;

(Arr. du 19 avr. 2019, art. 1er, en vigueur le 1er juill. 2019) « — la sous-direction de la lutte contre la criminalité financière ; »

— la sous-direction de la lutte contre la cybercriminalité ;

(Arr. du 30 déc. 2020, art. 3, en vigueur le 1er janv. 2021) « — les directions zonales et régionales de police judiciaire. »

(Arr. du 28 déc. 2019, art. 12, en vigueur le 1er janv. 2020) « *c)* » Services et unités relevant de la direction centrale de la sécurité publique :

— les directions départementales de la sécurité publique ;

— les sûretés départementales ;

— les circonscriptions de sécurité publique.

(Arr. du 28 déc. 2019, art. 12, en vigueur le 1er janv. 2020) « *d)* » Services et unités relevant de la direction centrale de la police aux frontières :

— l'office central pour la répression de l'immigration irrégulière et de l'emploi d'étrangers sans titre au sein de la sous-direction de l'immigration irrégulière et des services territoriaux ;

— l'unité de coordination opérationnelle de la lutte contre le trafic et l'exploitation des migrants ;

— les brigades mobiles de recherche ;

— la brigade des chemins de fer.

(Arr. du 28 déc. 2019, art. 12, en vigueur le 1er janv. 2020) « *e)* » Services et unités relevant de l'inspection générale de la police nationale :

— la division nationale des enquêtes ;

— les délégations de l'inspection générale de la police nationale à Paris, Lille, Lyon, Marseille, Bordeaux, Rennes, Metz et Fort-de-France ;

— le bureau de l'inspection générale de la police nationale à Nice.

(Arr. du 28 déc. 2019, art. 12, en vigueur le 1er janv. 2020) « 2. » La direction générale de la sécurité intérieure.

(Arr. du 28 déc. 2019, art. 12, en vigueur le 1er janv. 2020) « 3. » Services et unités relevant de la préfecture de police :

— à la direction du renseignement : la sous-direction chargée de la lutte contre l'immigration irrégulière et le travail illégal des étrangers ;

— à la direction régionale de la police judiciaire : la sous-direction des brigades centrales, la sous-direction des affaires économiques et financières et la sous-direction des services territoriaux ;

— à la direction de la sécurité de proximité de l'agglomération parisienne : la sûreté régionale des transports au sein de la sous-direction régionale de la police des transports et les sûretés territoriales au sein des directions territoriales de sécurité de proximité.

(Arr. du 28 déc. 2019, art. 12, en vigueur le 1er janv. 2020) « 4. » Services et unités relevant de la direction générale de la gendarmerie nationale :

— la sous-direction de la police judiciaire ;

(Arr. du 6 avr. 2022, en vigueur le 10 avr. 2022) « — le commandement de la gendarmerie dans le cyberespace ; »

— le service technique de recherches judiciaires et de documentation ;

— les sections de recherches de la gendarmerie départementale et des gendarmeries spécialisées ;

— les sections d'appui judiciaire ;

— les brigades départementales de renseignements et d'investigations judiciaires ;

— les brigades de renseignements et d'investigations judiciaires de la gendarmerie d'outre-mer et des gendarmeries spécialisées ;

— les brigades de recherches de la gendarmerie départementale et des gendarmeries spécialisées.

(Arr. du 28 déc. 2019, art. 12, en vigueur le 1er janv. 2020) « 5. » Services et unités relevant de l'inspection générale de la gendarmerie nationale :

— le bureau des enquêtes judiciaires.

Art. 2 Les officiers et agents de police judiciaire jugés aptes, après une formation spécifique, à procéder aux actes définis par *(Arr. du 28 mai 2019, en vigueur le 1er juin 2019)* « l'article 230-46 » du code de procédure pénale sont spécialement habilités à cet effet par le procureur général près la cour d'appel dans le ressort de laquelle ils exercent habituellement leurs fonctions après agrément accordé, selon le cas, pour la police nationale, par le directeur central de la police judiciaire, le directeur central de la sécurité publique, le directeur central de la police aux frontières, le directeur, chef de l'inspection générale de la police nationale, le directeur général de la sécurité intérieure, le directeur de la sécurité de proximité de l'agglomération parisienne, le directeur régional de la police judiciaire de Paris, le directeur du renseignement de la préfecture de police, pour la gendarmerie nationale, par le *(Arr. du 6 avr. 2022, art. 2, en vigueur le 10 avr. 2022)* « commandant de la gendarmerie dans le cyberespace », par le chef de l'inspection générale de la gendarmerie nationale, en fonction de leur service ou unité d'affectation.

Cette habilitation ainsi que l'agrément peuvent être retirés à tout moment par les autorités les ayant délivrés ou accordés. Le retrait de l'agrément rend caduque l'habilitation.

CHAPITRE VIII DES CAPTATIONS ET FIXATIONS D'IMAGES DANS LES LIEUX PUBLICS AU MOYEN DE DISPOSITIFS AÉROPORTÉS

(L. nº 2022-52 du 24 janv. 2022, art. 16)

Art. 230-47 Il peut être recouru, au moyen de caméras aéroportées, à la mise en place d'un dispositif technique ayant pour objet la captation, la fixation, la transmission et l'enregistrement sans leur consentement de l'image d'une ou de plusieurs personnes se trouvant dans un lieu public, si cette opération est exigée par les nécessités :

1º D'une enquête ou d'une instruction portant sur un crime ou sur un délit puni d'au moins trois ans d'emprisonnement ;

2º D'une procédure d'enquête ou d'instruction de recherche des causes de la mort ou de la disparition prévue aux articles 74, 74-1 et 80-4 ;

3º D'une procédure de recherche d'une personne en fuite prévue à l'article 74-2.

Art. 230-48 Le dispositif technique mentionné à l'article 230-47 est autorisé :

1º Dans le cadre d'une enquête de flagrance, d'une enquête préliminaire ou d'une procédure prévue aux articles 74 à 74-2, par le procureur de la République, pour une durée maximale d'un mois renouvelable une fois ;

2º Dans le cadre d'une instruction ou d'une information pour recherche des causes de la mort ou des causes de la disparition mentionnées aux articles 74, 74-1 et 80-4, par le juge d'instruction, pour une durée maximale de quatre mois renouvelable, sans que la durée totale des opérations puisse excéder deux ans.

Art. 230-49 La décision autorisant le recours au dispositif mentionné à l'article 230-47 comporte tous les éléments permettant d'identifier les lieux concernés et précise sa durée.

L'autorisation du procureur de la République ou du juge d'instruction, qui peut être donnée par tout moyen, est mentionnée ou versée au dossier de la procédure. Elle n'a pas de caractère juridictionnel et n'est susceptible d'aucun recours.

Art. 230-50 Les opérations prévues au présent chapitre se déroulent sous l'autorité et le contrôle du magistrat qui les a autorisées. Ce magistrat peut ordonner à tout moment leur interruption.

Les opérations ne peuvent, à peine de nullité, avoir un autre objet que celui pour lequel elles ont été autorisées. Le fait que ces opérations révèlent d'autres infractions ne constitue pas une cause de nullité des procédures incidentes.

Art. 230-51 Le dispositif technique est mis en place par l'officier de police judiciaire commis par le juge d'instruction ou requis par le procureur de la République ou, sous sa responsabilité, par l'agent de police judiciaire.

Art. 230-52 Le procureur de la République, le juge d'instruction ou l'officier de police judiciaire commis par lui ou requis par le procureur de la République, ou l'agent de police judiciaire agissant sous sa responsabilité, dresse procès-verbal des opérations de captation, de fixation et d'enregistrement. Ce procès-verbal mentionne la date et l'heure du début et de la fin des opérations.

Les enregistrements sont placés sous scellés fermés.

L'officier de police judiciaire ou l'agent de police judiciaire agissant sous sa responsabilité décrit, dans un procès-verbal versé au dossier, les données enregistrées qui sont utiles à la manifestation de la vérité. Aucune séquence relative à la vie privée étrangère à l'objet pour lequel les opérations ont été autorisées ne peut être conservée dans le dossier de la procédure.

Art. 230-53 Les enregistrements et les données recueillis lors des opérations effectuées en application du présent chapitre sont détruits, à la diligence du procureur de la République ou du procureur général, à l'expiration du délai de prescription de l'action publique.

Il est dressé procès-verbal de l'opération de destruction.

LIVRE DEUXIÈME DES JURIDICTIONS DE JUGEMENT

(Ord. n° 58-1296 du 23 déc. 1958)

RÉP. PÉN. v° *Jugement*, par LÉNA.

BIBL. ▶ CAPDERON, *Dr. pénal 2007. Étude 15* (le juge du siège et l'évolution de la procédure pénale : juger ou contrôler ?).

TITRE PREMIER DE LA COUR D'ASSISES ET DE LA COUR CRIMINELLE DÉPARTEMENTALE *(L. n° 2021-1729 du 22 déc. 2021, art. 9, en vigueur le 1er janv. 2023).*

RÉP. PÉN. vis *Cour d'assises*, par REDON ; *Acquittement*, par GIRAULT.

BIBL. GÉN. ▶ ANGEVIN, *Dr. pénal 1991. Chron. 1.* – BERGEAUG-WETTERWALD et GARCON, *Rev. pénit. 2012. 589* (libres propos sur la participation des citoyens à la justice pénale). – CHAVENT-LECLÈRE, *Procédures 2019. Étude 20.* Loi de programmation 2018-2022 pour la justice du 23 mars 2019 : principales dispositions relatives au jugement et au droit de la peine. – DANET, *RSC 2003. 289* (le procès d'assises après la réforme, regards sur les pratiques). – DETRAZ, *RSC 2008, p. 41* (la notion de condamnation pénale : l'arlésienne de la science criminelle). – VITU, *RSC 1959. 539.* – VOUIN, *Mél. Hugueney, p. 225 ; RSC 1955. 43.*

▶ **Dossiers :** La cour d'assises ou la pratique de la vérité, *Cah. just. 2017. 563 s* ; Le jugement des crimes, *AJ pénal 2021. 175.*

Loi n° 2019-222 du 23 mars 2019,

Cour criminelle.

Art. 63 *[...]*

II. — Par dérogation à l'article 181 et aux chapitres Ier à V du titre Ier du livre II du code de procédure pénale, les personnes majeures accusées d'un crime puni de quinze ans ou de vingt ans de réclusion criminelle, lorsqu'il n'est pas commis en état de récidive légale, sont jugées en premier ressort par la cour criminelle. Cette cour est également compétente pour le jugement des délits connexes. Elle n'est pas compétente s'il existe un ou plusieurs co-accusés ne répondant pas aux conditions prévues au présent alinéa.

La cour criminelle, qui siège au même lieu que la cour d'assises, est composée d'un président et de quatre assesseurs, choisis par le premier président de la cour d'appel parmi, pour le président, les présidents de chambres et les conseillers du ressort de la cour d'appel et, pour les assesseurs, les conseillers et les juges de ce ressort. Deux des assesseurs peuvent être des magistrats exerçant à titre temporaire ou des magistrats honoraires exerçant les fonctions juridictionnelles mentionnées à l'article 41-25 de l'ordonnance n° 58-1270 du 22 décembre 1958 portant loi organique relative au statut de la magistrature.

Les personnes contre lesquelles il existe à l'issue de l'information des charges suffisantes d'avoir commis, hors récidive, un crime mentionné au premier alinéa du présent II sont, selon les modalités prévues à l'article 181 du code de procédure pénale, mises en accusation par le juge d'instruction devant la cour criminelle. Le délai d'un an prévu au huitième alinéa du même article 181 est alors réduit à six mois, et il ne peut être procédé qu'à une seule prolongation en application du neuvième alinéa dudit article 181.

(L. n° 2020-1672 du 24 déc. 2020, art. 26) « Lorsqu'une ordonnance de mise en accusation du juge d'instruction qui n'est plus susceptible d'appel a, au regard des qualifications criminelles retenues, renvoyé par erreur l'accusé devant la cour d'assises au lieu de la cour criminelle ou inversement, le président de la chambre de l'instruction peut, sur requête du procureur de la République ou d'une partie, procéder par ordonnance motivée à la rectification de cette erreur en renvoyant l'accusé devant la juridiction criminelle compétente. »

Sur proposition du ministère public, l'audiencement de la cour criminelle est fixé par son président ou, à la demande du procureur général, par le premier président de la cour d'appel.

La cour criminelle applique les dispositions du titre Ier du livre II du code de procédure pénale sous les réserves suivantes :

1° Il n'est pas tenu compte des dispositions qui font mention du jury ou des jurés ;

2° Les attributions confiées à la cour d'assises sont exercées par la cour criminelle, et celles confiées au président de la cour d'assises sont exercées par le président de la cour criminelle ;

3° La section II du chapitre III du même titre Ier, l'article 282, la section I du chapitre V du titre Ier du livre II, les deuxième et dernier alinéas de l'article 293 et les articles 295 à 305 du même code ne sont pas applicables ;

4° Pour l'application des articles 359, 360 et 362 dudit code, les décisions sont prises à la majorité ;

5° Les deux derniers alinéas de l'article 347 du même code ne sont pas applicables et la cour criminelle délibère en étant en possession de l'entier dossier de la procédure.

Si la cour criminelle estime, au cours ou à l'issue des débats, que les faits dont elle est saisie constituent un crime puni de trente ans de réclusion criminelle ou de la réclusion criminelle à perpétuité, elle renvoie l'affaire devant la cour d'assises. Si l'accusé comparaissait détenu, il demeure placé en détention provisoire jusqu'à sa comparution devant la cour d'assises ; dans le cas contraire, la cour criminelle peut, après avoir entendu le ministère public et les parties ou leurs avocats, décerner, par la même décision, mandat de dépôt ou mandat d'arrêt contre l'accusé.

L'appel des décisions de la cour criminelle est examiné par la cour d'assises dans les conditions prévues au titre Ier du livre II du même code pour l'appel des arrêts rendus par les cours d'assises en premier ressort.

Pour l'application des dispositions relatives à l'aide juridictionnelle, la cour criminelle est assimilée à la cour d'assises.

III. — Le II du présent article est applicable à titre expérimental dans au moins deux départements et au plus *(L. n° 2020-734 du 17 juin 2020, art. 32)* « dix-huit » départements déterminés par un arrêté du ministre de la justice, pendant une durée de trois ans à compter de la date fixée par cet arrêté, pour le jugement des personnes mises en accusation au plus tard deux ans après cette date. *— V. Arr. du 25 avr. 2019, ci-dessous ; dans les départements où elle est en cours, le terme de cette expérimentation est reporté au 1er janv. 2023 (L. n° 2021-1729 du 22 déc. 2021, art. 59-IV).*

Six mois au moins avant le terme de l'expérimentation, le Gouvernement adresse au Parlement un rapport procédant à son évaluation. L'ensemble des acteurs judiciaires est associé à cette évaluation. Cette évaluation est étendue, sur le fondement du principe de bonne administration de la justice, aux modalités d'accès à l'instruction et aux conséquences de celles-ci, tant pour les victimes et les mis en cause qu'en matière de gestion des personnels, d'activité des juges d'instruction des pôles d'instruction seuls compétents sur le ressort de tribunaux judiciaires sans pôle de l'instruction.

Pour la mise en œuvre de l'expérimentation, les personnes déjà mises en accusation devant la cour d'assises peuvent être renvoyées devant la cour criminelle, avec leur accord recueilli en présence de leur avocat, sur décision du premier président de la cour d'appel. Les personnes mises en accusation devant la cour criminelle dans un délai de deux ans à compter du début de l'expérimentation et non encore jugées dans un délai de trois ans à compter de cette date sont de plein droit mises en accusation devant la cour d'assises.

Il est institué, jusqu'à la date d'entrée en vigueur de l'art. 9 de la L. n° 2021-1729 du 22 déc. 2021, un comité d'évaluation chargé du suivi de l'expérimentation prévue aux II et III de l'art. 63 ci-dessus. Ce comité comprend deux députés et deux sénateurs, respectivement désignés par le président de l'Assemblée nationale et le président du Sénat. Sa composition, ses missions et ses modalités de fonctionnement sont précisées par décret (V. Décr. n° 2022-16 du 7 janv. 2022 relatif au comité d'évaluation et de suivi de la cour criminelle départementale). Il établit un rapport public au plus tard deux mois avant l'entrée en vigueur de l'art. susvisé (L. n° 2021-1729 du 22 déc. 2021, art. 9, en vigueur le 1er janv. 2023).

La procédure applicable à la cour criminelle départementale à compter du 1er janv. 2023 est fixée par les art. 380-16 s.

Dispositions transitoires. *Les personnes mises en accusation devant la cour d'assises avant le 1er janv. 2023 peuvent être renvoyées devant la cour criminelle départementale, avec leur accord recueilli en présence de leur avocat, sur décision du premier président de la cour d'appel. A compter du 1er janv. 2022, dans les départements où est en cours l'expérimentation, les personnes sont mises en accusation conformément aux art. 380-16 s. C. pr. pén. Les personnes ayant fait l'objet d'une ordonnance de mise en accusation devant la cour d'assises intervenue à compter du 13 mai 2021 sont, sur décision du premier président de la cour d'appel, renvoyées devant la cour criminelle départementale lorsque les faits relèvent de la compétence de cette juridiction.*

Lorsque la personne est ainsi renvoyée devant la cour criminelle départementale sur décision du premier président de la cour d'appel, les délais d'audiencement devant cette juridiction sont ceux prévus au 2d al. de l'art. 181-1 C. pr. pén. à compter de cette décision, sans pouvoir dépasser les délais prévus à l'art. 181 (L. no 2021-1729 du 22 déc. 2021, art. 59).

Conformément aux dispositions du IV de l'art. 59 de la L. no 2021-1729 du 22 déc. 2021, dans les départements où est en cours l'expérimentation prévue aux II et III de l'art. 63 de la L. no 2019-222 du 23 mars 2019, lorsque le premier président de la cour d'appel ou son délégué constate, d'office ou sur saisine du procureur général, que les faits pour lesquels une personne a été mise en accusation devant la cour d'assises par une décision intervenue à compter du 13 mai 2021 relèvent de la compétence de la cour criminelle départementale, et que cette personne n'a pas déjà comparu devant la cour d'assises, il ordonne le renvoi de cette personne devant cette juridiction. Cette ordonnance ne peut intervenir après le 13 mai 2022. Elle est notifiée au ministère public et aux parties. Cette ordonnance constitue une mesure d'administration judiciaire non susceptible de recours. Lorsque l'ordonnance est prise plus de six mois après la date de mise en accusation de la personne devant la cour d'assises, la détention provisoire de cette personne est prolongée par la chambre de l'instruction, en application de l'art. 181 C. pr. pén., avant l'expiration du délai d'un an à compter de la décision de mise en accusation. Cette prolongation est valable jusqu'à l'expiration du sixième mois suivant la date de l'ordonnance du premier président, date avant laquelle la personne peut faire l'objet d'une nouvelle décision de prolongation pour une durée maximale de six mois (Décr. no 2022-17 du 7 janv. 2022, art. 1er).

Arrêté du 25 avril 2019,

Relatif à l'expérimentation de la cour criminelle.

Les dispositions du II de l'art. 63 de la L. no 2019-222 du 23 mars 2019 de programmation 2018-2022 et de réforme pour la justice relatives à l'expérimentation de la cour criminelle sont applicables, à compter du 13 mai 2019, dans les départements suivants :

— Ardennes ;
— Calvados ;
— Cher ;
— Moselle ;
— Réunion ;
— Seine-Maritime ;
— Yvelines.

II. — A compter de cette date :

1o les personnes majeures contre lesquelles il existe à l'issue de l'information des charges suffisantes d'avoir commis, hors récidive, un crime puni de quinze ans ou de vingt ans de réclusion sont mises en accusation par le juge d'instruction ou par la chambre de l'instruction devant la cour criminelle, sauf s'il existe un ou plusieurs co-accusés ne répondant pas aux conditions prévues par le premier alinéa du II de l'article 63 précité, y compris si a déjà été adressé un réquisitoire définitif tendant à la mise en accusation devant la cour d'assises ; dans ce dernier cas, le procureur de la République peut le cas échant *[échéant]* rappeler par des réquisitions supplétives la compétence de la cour criminelle ;

2o Conformément au troisième alinéa du III de l'article 63 précité, le premier président de la cour d'appel, ou le président de la cour d'assises ou tout autre magistrat du siège agissant sur délégation du premier président, peut, sur réquisitions ou après avis du ministère public, décider que les personnes déjà mises en accusation devant la cour d'assises sont renvoyées devant la cour criminelle, après avoir recueilli leur accord en présence de leur avocat, sauf s'il existe un ou plusieurs co-accusés ne répondant pas aux conditions prévues par le premier alinéa du II de l'article 63.

III. — Les premières audiences des cours criminelles interviendront à compter du 1er septembre 2019.

Arrêté du 2 mars 2020,

Portant extension de l'expérimentation de la cour criminelle.

Art. 1er I. — Les dispositions du II de l'article 63 de la loi no 2019-222 du 23 mars 2019 de programmation 2018-2022 et de réforme pour la justice relatives à l'expérimentation de la cour criminelle sont également applicables dans les départements suivants :

— Hérault ;

— Pyrénées-Atlantiques.

II. — A compter de l'entrée en vigueur du présent arrêté :

1° Les personnes majeures contre lesquelles il existe à l'issue de l'information des charges suffisantes d'avoir commis, hors récidive, un crime puni de quinze ans ou de vingt ans de réclusion sont mises en accusation par le juge d'instruction ou par la chambre de l'instruction devant la cour criminelle, sauf s'il existe un ou plusieurs co-accusés ne répondant pas aux conditions prévues par le premier alinéa du II de l'article 63 précité, y compris si a déjà été adressé un réquisitoire définitif tendant à la mise en accusation devant la cour d'assises ; dans ce dernier cas, le procureur de la République peut, le cas échant *[échéant]*, rappeler par des réquisitions supplétives la compétence de la cour criminelle ;

2° Conformément au troisième alinéa du III de l'article 63 précité, le premier président de la cour d'appel, ou le président de la cour d'assises ou tout autre magistrat du siège agissant sur délégation du premier président, peut, sur réquisitions ou après avis du ministère public, décider que les personnes déjà mises en accusation devant la cour d'assises sont renvoyées devant la cour criminelle, après avoir recueilli leur accord en présence de leur avocat, sauf s'il existe un ou plusieurs co-accusés ne répondant pas aux conditions prévues par le premier alinéa du II de l'article 63.

III. — Les premières audiences des cours criminelles siégeant dans le département de l'Hérault interviendront à compter du 1er septembre 2020.

Arrêté du 2 juillet 2020,

Portant extension de l'expérimentation de la cour criminelle dans six départements.

Art. 1er I. — Les dispositions du II de l'article 63 de la loi du 23 mars 2019 susvisée sont également applicables à compter du 1er août 2020 dans les départements suivants :

— Isère ;
— Haute-Garonne ;
— Loire-Atlantique ;
— Val-d'Oise ;
— Guadeloupe ;
— Guyane.

II. — A compter de l'entrée en vigueur du présent arrêté :

1° Les personnes majeures contre lesquelles il existe à l'issue de l'information des charges suffisantes d'avoir commis, hors récidive, un crime puni de quinze ans ou de vingt ans de réclusion sont mises en accusation par le juge d'instruction ou par la chambre de l'instruction devant la cour criminelle, sauf s'il existe un ou plusieurs coaccusés ne répondant pas aux conditions prévues par le premier alinéa du II de l'article 63 susmentionné, y compris si a déjà été adressé un réquisitoire définitif tendant à la mise en accusation devant la cour d'assises ; dans ce dernier cas, le procureur de la République peut, le cas échant, rappeler par des réquisitions supplétives la compétence de la cour criminelle ;

2° Conformément au troisième alinéa du III de l'article 63 susmentionné, le premier président de la cour d'appel, ou le président de la cour d'assises ou tout autre magistrat du siège agissant sur délégation du premier président, peut, sur réquisitions ou après avis du ministère public, décider que les personnes déjà mises en accusation devant la cour d'assises sont renvoyées devant la cour criminelle, après avoir recueilli leur accord en présence de leur avocat, sauf s'il existe un ou plusieurs coaccusés ne répondant pas aux conditions prévues par le premier alinéa du II du même article 63.

SOUS-TITRE PREMIER DE LA COUR D'ASSISES *(L. no 2021-1729 du 22 déc. 2021, art. 9, en vigueur le 1er janv. 2023).*

CHAPITRE PREMIER DE LA COMPÉTENCE DE LA COUR D'ASSISES

Art. 231 *(L. no 2021-1729 du 22 déc. 2021, art. 9, en vigueur le 1er janv. 2023)* **« Sous réserve des dispositions de l'article 380-16, »** *(L. no 2000-516 du 15 juin 2000, art. 79-I, en vigueur le 1er janv. 2001)* **« la cour d'assises a plénitude de juridiction pour juger, en premier ressort ou en appel, les personnes renvoyées devant elle par la décision de mise en accusation. »**

Elle ne peut connaître d'aucune autre accusation.

La cour d'assises ne connaît pas des crimes imputés aux mineurs de dix-huit ans, qui ne sont justiciables que des tribunaux pour enfants ou des cours d'assises des mineurs. — V. CJPM, art. L. 231-3 et L. 231-9.

TOM : 825 s. — Mayotte : 877 s. et 885 s. — Saint-Pierre-et-Miquelon : 904 et 908 s.

BIBL. ▶ CHAPAR, *D. 1965. Chron. 111* (délits connexes à des crimes).

I. PRINCIPE DE PLÉNITUDE DE JURIDICTION

A. FORCE DU PRINCIPE DE PLÉNITUDE DE JURIDICTION

1. *Compétence de la cour d'assises.* L'arrêt de la chambre d'accusation qui renvoie un inculpé devant une cour d'assises a fixé définitivement la compétence de cette dernière quand il n'a pas été attaqué en temps utile. L'accusé n'est plus recevable à proposer à la Cour de cassation un moyen pris de ce que la cour d'assises n'aurait pas été compétente pour le juger. • Crim. 13 juill. 1949 : *Bull. crim. n° 243.* ♦ V. aussi : • Crim. 28 janv. 1981 : *ibid. n° 41.*

2. Il résulte de l'art. 231 que la cour d'assises a plénitude de juridiction et qu'elle est, dès lors, compétente pour connaître de toutes les infractions dont elle est saisie, même si celles-ci, par l'effet d'une loi nouvelle entrée en vigueur postérieurement à l'arrêt de renvoi, ne sont plus constitutives de crimes, mais de délits au moment où elle est appelée à statuer. • Crim. 29 avr. 1997, n° 95-82.669 P • 21 janv. 1998, n° 96-86.612 P : *RSC 1998. 581, obs. Dintilhac.*

3. Lorsque le procès-verbal des débats mentionne que le président a donné lecture de l'ensemble des questions résultant de l'arrêt de renvoi, qu'aucune observation n'a été faite par l'accusé et que la cour et le jury ont répondu affirmativement aux questions posées, le président n'a modifié ni la nature ni la substance des faits poursuivis en complétant les questions posées à la cour et au jury sur le crime de violences mortelles par l'adjonction du terme « volontaire ». • Crim. 18 déc. 2002, n° 02-80.870.

B. LIMITES DU PRINCIPE

4. *La rigueur du principe.* Il résulte des art. 231 et 594 que la cour d'assises ne peut connaître d'aucune autre accusation que celle résultant de l'arrêt de mise en accusation qui, devenu définitif, fixe sa compétence. Doit être cassé l'arrêt incident de la cour d'assises qui, après la lecture de l'arrêt de renvoi, modifie les termes de l'accusation, quand bien même l'accusé aurait accepté cette rectification. • Crim. 21 févr. 1996, n° 95-82.085 P. ♦ Doit être cassé l'arrêt de la cour d'assises qui a répondu à la question demandant si Z. avait commis des actes de pénétration sexuelle sur la personne de E. alors que l'arrêt de mise en accusation renvoyait Z. devant la cour d'assises pour un acte de pénétration sexuelle sur la personne de E. • Crim. 8 mars 2000, n° 99-82.597 P.

II. EXCEPTION AU PRINCIPE DE PLÉNITUDE DE JURIDICTION

5. *Exception concernant les mineurs.* La cour d'assises des mineurs ayant une compétence exceptionnelle, édictée dans le seul intérêt des mineurs, elle se déclare à bon droit incompétente lorsque, devant elle, a été renvoyé, en même temps que des majeurs de dix-huit ans, un mineur de seize à dix-huit ans décédé depuis l'arrêt de renvoi de la chambre d'accusation. • Crim. 18 déc. 1973, n° 73-93.210 P.

CHAPITRE II DE LA TENUE DES ASSISES

RÉP. PÉN. v° *Cour d'assises*, par REDON.

Art. 232 *(L. n° 72-625 du 5 juill. 1972)* **Il est tenu des assises à Paris et dans chaque département.**

(Ord. n° 2016-1562 du 21 nov. 2016, art. 25 et 35, en vigueur le 1er janv. 2018) **« En Corse, il est tenu des assises à Ajaccio et à Bastia. »**

(Ord. n° 2020-1304 du 28 oct. 2020, art. 17, en vigueur le 1er janv. 2021) **« Il est tenu des assises à Strasbourg et à Colmar. »**

V. L. n° 67-557 du 12 juill. 1967 (D. 1967. 262 ; BLD 1967. 460) relative à l'organisation des cours d'assises dans la région parisienne, mod. par L. n° 72-625 du 5 juill. 1972 (D. et BLD 1972. 360). — V. Décr. n° 73-503 du 28 mai 1973 (D. et BLD 1973. 230) portant création d'une cour d'assises dans le département de la Seine-Saint-Denis ; Décr. n° 75-281 du 21 avr. 1975 (D. et BLD 1975. 132) portant création d'une cour d'assises dans le département des Hauts-de-Seine ; Décr. n° 76-181 du 19 févr. 1976 (D. et BLD 1976. 134) portant création d'une cour d'assises dans le département de l'Essonne ; Décr. n° 78-304 du 14 févr. 1978 (D. et BLD 1978. 184) portant création d'une cour d'assises dans le département du Val-de-Marne.

Mayotte : 877 s.

Art. 233 **La cour d'appel peut, sur les réquisitions du procureur général, ordonner qu'il soit formé autant de sections d'assises que les besoins du service l'exigent.** — *Pr. pén. C. 412.*

Saint-Pierre-et-Miquelon : 908.

Art. 234 **Dans les départements où siège une cour d'appel les assises se tiennent ordinairement au chef-lieu de cette cour.**

Dans les autres départements, les assises se tiennent ordinairement au chef-lieu de ces circonscriptions.

Exceptionnellement, un règlement d'administration publique *[décret en Conseil d'État]* **peut fixer le siège de la cour d'assises dans une autre ville du département où existe un tribunal judiciaire.** — *Pr. pén. C. 413.*

V. art. R. 41.

Art. 234-1 *(L. nº 2011-1862 du 13 déc. 2011, art. 63-1º)* **Lorsque le chef-lieu du département où se tiennent les assises n'est pas le siège d'un tribunal judiciaire, le tribunal judiciaire mentionné aux articles 242,** *(Abrogé par L. nº 2021-1729 du 22 déc. 2021, art. 6-I-2º à compter du 1er mars 2022)* **« 249, » 251, 261-1, 262, 263, 265, 266, 270, 271 et 289 est celui dans le ressort duquel se tiennent les assises.**

Art. 235 **La cour d'appel peut, sur les réquisitions du procureur général, ordonner par arrêt motivé que les assises se tiendront au siège d'un tribunal autre que celui auquel elles se tiennent habituellement.**

L'arrêt est porté à la connaissance des tribunaux intéressés par les soins du procureur général. — *Pr. pén. C. 414 et C. 415.*

Mayotte : 877 s.

Art. 236 *(L. nº 2011-939 du 10 août 2011, art. 13-I, en vigueur le 1er janv. 2012)* **La date de l'ouverture des sessions de la cour d'assises est fixée chaque fois qu'il est nécessaire, sur proposition du procureur général, par le premier président de la cour d'appel ou, dans le cas prévu à l'article 235, par l'arrêt de la cour d'appel.**

TOM : 825. — Saint-Pierre-et-Miquelon : 909.

Art. 237 *Abrogé par L. nº 2011-939 du 10 août 2011, art. 13-II, à compter du 1er janv. 2012.*

Art. 238 *(L. nº 2007-291 du 5 mars 2007, art. 22-III)* **Sur proposition du ministère public, le rôle de chaque session est arrêté par le président de la cour d'assises ou, à la demande du procureur général, par le premier président de la cour d'appel.**

L'établissement du rôle est une mesure administrative que les accusés ne peuvent critiquer. • Crim. 6 juin 1898 : *DP 1898. 1. 551* • 13 août 1908 : *Bull. crim. nº 356.*

Art. 239 **Le ministère public avise l'accusé de la date à laquelle celui-ci doit comparaître.** — *Pr. pén. C. 419.*

CHAPITRE III DE LA COMPOSITION DE LA COUR D'ASSISES

RÉP. PÉN. vº *Cour d'assises*, par REDON.

Art. 240 **La cour d'assises comprend : la cour proprement dite et le jury.**

Mayotte : 877 s. — Saint-Pierre-et-Miquelon : 910.

Art. 241 **Les fonctions du ministère public y sont exercées dans les conditions définies aux articles 34 et 39.**

(L. nº 85-1407 du 30 déc. 1985) **« Toutefois, le procureur général peut déléguer tout magistrat du ministère public du ressort de la cour d'appel auprès d'une cour d'assises instituée dans ce ressort. »** — *Pr. pén. C. 421.*

1. Le ministère public fait partie essentielle et intégrante des tribunaux de répression qui ne peuvent procéder au jugement des affaires qu'en sa présence et avec son concours. • Crim. 9 mai 1985, ☎ nº 84-92.130 P.

2. Il n'y a pas de violation de l'art. 6 Conv. EDH lorsque le magistrat qui a occupé les fonctions du ministère public auprès d'une cour d'assises, dont l'arrêt a été cassé, exerce les mêmes fonctions devant la cour d'assises de renvoi. • Crim. 10 déc. 1986, n° 86-91.567 P. ♦ ... Ou devant la cour d'assises statuant en appel. • Crim. 21 mai 2003, n° 02-87.150 P : *D. 2003. IR 2052* ; *JCP 2003. IV. 2266.*

3. Il n'appartient pas à l'accusé de contester la régularité de la délégation du magistrat occupant les fonctions du ministère public. • Crim. 5 juin 1996, n° 95-84.066 P.

4. Dès lors que le président de la cour prend toutes mesures utiles pour pallier l'absence momentanée du ministère public en suspendant l'audience et en informant l'avocat de la défense qu'il peut reprendre sa plaidoirie à son début au moment de la reprise de l'audience, aucun grief n'est encouru. • Crim. 8 nov. 2000, n° 00-81.706 P.

Art. 242 **La cour d'assises est, à l'audience, assistée d'un greffier.**

(L. n° 67-557 du 12 juill. 1967) **« A Paris et dans les départements où siège une cour d'appel, les fonctions du greffe sont exercées par** *(L. n° 2016-1547 du 18 nov. 2016, art. 16)* **« un directeur des services de greffe judiciaires » ou un greffier de la cour d'appel. »**

Dans les autres départements, elles le sont par *(L. n° 2016-1547 du 18 nov. 2016, art. 16)* **« un directeur des services de greffe judiciaires » ou un greffier du tribunal judiciaire.** — *Pr. pén. C. 421.*

RÉP. PÉN. v° *Greffier,* par REDON.

1. Capacité du greffier. La capacité du greffier qui a assisté la cour repose sur une présomption de droit. Celle-ci ne peut tomber que devant la preuve contraire. • Crim. 13 janv. 1993, n° 92-80.164 P.

2. Absence du greffier. L'arrêt de cour d'assises doit être cassé s'il résulte du procès-verbal des débats qu'après une suspension d'audience le greffier a repris sa place alors que l'audition d'une partie civile avait déjà commencé. • Crim. 14 mars 2001, n° 00-82.888 P.

SECTION PREMIÈRE DE LA COUR

Art. 243 **La cour proprement dite comprend : le président et les assesseurs.**

Mayotte : 877 s. et 885 s. — Saint-Pierre-et-Miquelon : 911.

Dès lors qu'aucune réclamation n'a été présentée devant la cour d'assises et qu'aucune preuve ne résulte des pièces de la procédure soumise à l'examen de la Cour de cassation, les magistrats appelés à composer la cour sont présumés avoir été nommés conformément à la loi aux fonctions leur donnant qualité pour être désignés comme président ou comme assesseur à la cour d'assises. • Crim. 19 mars 1981, n° 80-94.525 P. • 22 juin 1988, n° 87-91.235 P.

§ 1er DU PRÉSIDENT

BIBL. ► LE QUINQUIS, *Justices 1998, n° 10, p. 99.*

Art. 244 **La cour d'assises est présidée par un président de chambre ou par un conseiller de la cour d'appel.** — *Pr. pén. C. 422.*

TOM : 826 s. — Mayotte : 877 s. et 885 s. — Saint-Pierre-et-Miquelon : 912.

Art. 245 *(L. n° 2011-939 du 10 août 2011, art. 13-III, en vigueur le 1er janv. 2012)* **Le président de la cour d'assises est désigné par ordonnance du premier président.**

Saint-Pierre-et-Miquelon : 908.

Art. 246 **En cas d'empêchement survenu avant l'ouverture de la session, le président des assises est remplacé par ordonnance du premier président.**

Si l'empêchement survient au cours de la session, le président des assises est remplacé par l'assesseur du rang le plus élevé.

1. La cour d'assises est présidée par un président de chambre ou un conseiller à la cour d'appel, à moins que, par suite d'un empêchement survenu au cours de la session, ce magistrat soit remplacé de plein droit par l'assesseur du rang le plus élevé, même s'il s'agit d'un juge au tribunal de grande instance. • Crim. 7 déc. 1977, n° 77-91.934 P : *RSC 1978. 876, obs. J. Robert.*

2. Il résulte des dispositions des art. 246 et 251 que le premier assesseur, désigné par le président de la cour d'assises empêché, est sans qualité pour présider cette cour et n'est pas compétent pour désigner un magistrat destiné à assurer son propre remplacement, dès lors que l'empêchement du président des assises s'est révélé avant l'ouverture de la session. • Crim. 15 mai 1985, n° 84-96.022 P.

3. Lorsque le président s'abstient de siéger, il y

a présomption légale que son empêchement est légitime ; peu importe donc qu'aucun motif n'en soit mentionné au procès-verbal : l'accusé ne saurait se faire un grief d'une prétendue irrégularité qui n'intéresse que l'administration intérieure des cours et tribunaux. • Crim. 18 juill. 1946 : *D. 1946. 378.*

Art. 247 **Le premier président peut présider la cour d'assises chaque fois qu'il le juge convenable.** — *Pr. pén. C. 425.*

§ 2 DES ASSESSEURS

Art. 248 **Les assesseurs sont au nombre de deux.**

Toutefois, il peut leur être adjoint un ou plusieurs assesseurs supplémentaires, si la durée ou l'importance de la session rendent cette mesure nécessaire.

Les assesseurs supplémentaires siègent aux audiences. Ils ne prennent part aux délibérations qu'en cas d'empêchement d'un assesseur titulaire, constaté par ordonnance motivée du président de la cour d'assises.

Mayotte : 877 s. et 885 s.

Il résulte de l'art. 248, 3e al., que les assesseurs supplémentaires ne prennent part à la délibération de la cour d'assises qu'en cas d'empêchement d'un assesseur titulaire mais leur assistance à la délibération n'est pas interdite par la loi ; le président de la cour d'assises n'ayant pas, par ordonnance, constaté l'empêchement d'un assesseur titulaire, le secret du délibéré étant absolu, il doit être présumé, en l'absence d'énonciation contraire, que l'assesseur supplémentaire n'a exprimé aucune opinion et n'a pas pris part au vote. • Crim. 5 janv. 2022, ☎ n° 21-80.355 P : *D. actu. 25 janv. 2022, obs. Recotillet.*

Art. 249 **Les assesseurs sont choisis soit parmi les conseillers de la cour d'appel, soit parmi les présidents, vice-présidents ou juges du** *(L. n° 2021-1729 du 22 déc. 2021, art. 6-I-3°, en vigueur le 1er mars 2022)* **« ressort de la cour d'appel** *[ancienne redaction : tribunal judiciaire du lieu de la tenue des assises]*.

« Le premier président de la cour d'appel peut désigner un des assesseurs, lorsque la cour d'assises statue en premier ressort, parmi les magistrats exerçant à titre temporaire ou, lorsqu'elle statue en premier ressort ou en appel, parmi les magistrats honoraires exerçant des fonctions juridictionnelles dans les conditions prévues à la section II du chapitre V *bis* de l'ordonnance n° 58-1270 du 22 décembre 1958 portant loi organique relative au statut de la magistrature *[ancienne rédaction : Un des assesseurs peut être un magistrat honoraire exerçant les fonctions juridictionnelles mentionnées à l'article 41-25 de l'ordonnance n° 58-1270 du 22 décembre 1958 portant loi organique relative au statut de la magistrature]*. **»**

Saint-Pierre-et-Miquelon : 913 s.

1. Choix des assesseurs. L'art. 249 ne fait aucune distinction selon les fonctions dont sont chargés les juges et ne crée aucune incompatibilité pour le juge chargé du service du tribunal d'instance. • Crim. 14 févr. 1973, ☎ n° 72-93.138 P • 19 mars 1981, ☎ n° 80-94.525 P : *D. 1982. 605, note Fenaux.* ♦ ... Ni pour un juge au TGI. • Crim. 23 nov. 1983 : *D. 1984. IR 159.* ♦ ... Ni pour le juge d'instruction du lieu de la tenue des assises, sauf s'il a participé à des actes d'instruction dans l'affaire soumise à la cour d'assises. • Crim. 11 déc. 1974, ☎ n° 74-92.262 P. ♦ ... Ni *pour un magistrat qui a* été régulièrement délégué au TGI du lieu de la tenue des assises. • Crim. 26 mai 1983, ☎ n° 83-90.121 P.

2. Il n'importe qu'un magistrat ait été délégué au TGI du lieu de la tenue des assises postérieurement à sa désignation comme assesseur à la cour d'assises, dès lors que cette délégation est intervenue avant l'ouverture de la session. • Crim. 8 nov. 1993, ☎ n° 92-85.979 P. ♦ ... Ou avant l'audience. • Crim. 17 mars 1999, ☎ n° 98-83.999 P • 20 oct. 1999, ☎ n° 98-88.078 P.

3. L'art. L. 221-1 COJ n'exige pas que l'ordonnance par laquelle le premier président de la cour d'appel délègue un magistrat au tribunal du lieu de la tenue des assises soit spécialement motivée. • Crim. 20 oct. 1999, ☎ n° 99-81.942 P.

4. Un magistrat qui a été délégué au TGI du lieu de tenue des assises, puis désigné comme assesseur à la cour d'assises, n'a plus qualité pour exercer cette dernière fonction, dès lors que sa délégation est parvenue à son terme. • Crim. 3 sept. 1997, ☎ n° 96-85.724 P.

5. Il résulte de l'art. 3-1, al. 4, de l'ordonnance modifiée du 22 déc. 1958 portant loi organique relative au statut de la magistrature qu'un magistrat du siège placé auprès du premier président en application de l'art. 1er, 2°, du même texte exerce, à défaut d'être chargé d'un remplacement temporaire dans un autre tribunal, ses fonctions au tribunal du siège de la cour d'appel à laquelle il est rattaché ; il a donc qualité pour être désigné comme assesseur à la cour d'assises du département, siège de ladite cour d'appel. • Crim. 22 nov. 1989, n° 89-83.200 P : • 8 janv. 1992, n° 91-81.689 P.

6. L'art. R. 213-27 COJ prévoit que, selon les besoins du service, le premier président peut déléguer par ordonnance les juges des tribunaux d'instance et de grande instance pour exercer des fonctions judiciaires dans les tribunaux du ressort de la cour d'appel, le mot « juge » désignant l'ensemble des magistrats du siège d'une juridiction, quelles que soient les fonctions qu'ils y exercent. • Crim. 29 nov. 1989, n° 88-87.537 P.

7. Entraîne la cassation de l'arrêt et des débats de la cour d'assises de Paris, l'annulation pour excès de pouvoir par le Conseil d'État de l'arrêté du garde des sceaux affectant au tribunal de grande instance de Paris, en application du décret du 19 janvier 1979, un magistrat à titre temporaire qui avait siégé à ce titre en qualité d'assesseur à ladite cour d'assises. • Crim. 4 juin 1981, n° 80-92.232 P : *RSC 1982. 799, obs. J. Robert.* ♦ V. aussi : • Crim. 9 janv. 1985, n° 84-92.268 P.

Art. 250 *(L. n° 2011-939 du 10 août 2011, art. 13-IV, en vigueur le 1er janv. 2012)* **Les assesseurs sont désignés par ordonnance du premier président.**

TOM : 827.

1. Moment de la désignation. L'art. 250 n'exige pas que les assesseurs soient désignés en même temps que le président. • Crim. 20 oct. 1999, n0 98-88.078 P.

2. Session supplémentaire. En cas de session supplémentaire et dès lors qu'il n'a pas été désigné plus de deux assesseurs pour une même session, le premier président de la cour d'appel peut, sans violer la loi, désigner en cette qualité deux magistrats différents de ceux qui l'ont été pour la session ordinaire. • Crim. 18 juin 1986 : *Bull. crim. n° 216.*

Art. 251 **En cas d'empêchement survenu avant l'ouverture de la session, les assesseurs sont remplacés par ordonnance du premier président.**

Si l'empêchement survient au cours de la session, les assesseurs sont remplacés par ordonnance du président de la cour d'assises et choisis parmi les magistrats du siège de la cour d'appel ou du tribunal, siège de la cour d'assises. — *Pr. pén. C. 427.*

1. Empêchement survenu avant l'ouverture de la session. Les termes impératifs de l'art. 251, al. 1er, excluent tout autre mode de remplacement que celui prescrit par la loi. • Crim. 28 juin 1967, n° 67-90.999 P : *D. 1967. Somm. 114* • 7 janv. 1970, n° 69-92.244 P : *D. 1970. Somm. 84.* ♦ Notamment, ni le premier président de la cour d'appel, ni le président de la cour d'assises ne sont compétents pour remplacer les assesseurs empêchés. • Crim. 3 mars 1999, n° 98-83.800 P.

2. L'empêchement de siéger comme assesseur ne survient, au sens de l'art. 251, qu'au moment où il est révélé au magistrat compétent pour y *remédier. Il en est ainsi même si* l'empêchement résulte d'une cause antérieure à l'ouverture de la session des assises. • Crim. 9 janv. 1974, n° 73-92.459 P • 5 déc. 1984 : *D. 1985. IR 201, obs. J.-M. R.* • 23 janv. 1991, n° 90-82.722 P. ♦ Lorsque par une ordonnance rendue avant l'ouverture de la session, un magistrat est désigné en remplacement d'un magistrat empêché pour cette session, ce dernier devient sans qualité pour siéger au cours de cette session et sa présence au sein de la cour d'assises en vicie la composition. • Crim. 21 mai 1990, n° 89-86.058 P.

3. Le premier président a seul qualité pour procéder au remplacement des assesseurs empêchés de siéger à une session supplémentaire avant la date d'ouverture de cette session. • Crim. 19 févr. 1992, n° 91-83.838 P.

4. Empêchement survenu au cours de la session. L'ordonnance du président des assises ordonnant le remplacement, datée du jour de l'ouverture de la session, est régulière dès lors qu'elle a été rendue postérieurement à l'heure fixée par le premier président. • Crim. 11 mars 1970, n° 70-90.055 P • 23 juill. 1973, n° 73-90.920 P.

5. La disposition de l'art. 251, al. 2, est générale et s'applique même si le président est lui-même empêché pour une cause d'incompatibilité. Le président qui le remplace de droit est investi de la même prérogative pendant la durée de ses fonctions intérimaires. • Crim. 29 janv. 1963, n° 62-91.873 P • 23 janv. 1974, n° 73-92.322 P.

6. En application de l'art. 251, al. 2, le premier président ne peut désigner, même avant l'ouverture de la session, à côté des deux assesseurs prévus par l'art. 248, deux assesseurs suppléants qui n'ont pas qualité pour siéger à la cour d'assises, en cas d'empêchement d'un assesseur survenu au cours de la session, si l'un des deux n'a pas été désigné par le président de la cour d'assises. • Crim. 24 mars 1982, n° 81-92.533 P.

7. L'assesseur dont le président assure le remplacement, en constatant un empêchement limité à un jour, doit ultérieurement composer la cour pour statuer sur les autres affaires inscrites au rôle. • Crim. 14 nov. 1979, n° 79-91.452 P. ♦ Lorsque le président de la cour d'assises a procédé au remplacement d'un assesseur empêché, sans en préciser le terme, ce remplacement, dont la durée est nécessairement limitée à celle de l'empêchement, prend alors fin à la reprise des fonctions de cet assesseur. • Crim. 5 mars 1997, n° 96-83.620 P.

8. Empêchement survenu avant l'épuisement du rôle. La session d'assises se poursuivant tant que la cour d'assises n'a pas épuisé son rôle, les magistrats désignés comme assesseurs jusqu'à la date de clôture de ladite session, prévue par l'ordonnance du premier président, sont habilités à siéger au-delà de cette date, jusqu'à ce que toutes les affaires aient été examinées ; s'il constate leur empêchement, le président est en droit de procéder à leur remplacement, en application de l'art. 251, al. 2. • Crim. 7 janv. 1998, n° 97-81.085 P.

Art. 252 **Lorsque la session est ouverte, le président de la cour d'assises peut, s'il y a lieu, désigner un ou plusieurs assesseurs supplémentaires.** — *Pr. pén. C. 427.*

Art. 253 **Ne peuvent faire partie de la cour en qualité de président ou d'assesseur les magistrats qui, dans l'affaire soumise à la cour d'assises, ont, soit fait un acte de poursuite ou d'instruction, soit participé à l'arrêt de mise en accusation ou à une décision sur le fond relative à la culpabilité de l'accusé.** — *Pr. pén. C. 429 à C. 433.*

L'article 253 ne reproduit pas la sanction de nullité qu'édictait l'article 257 du code d'instruction criminelle.

BIBL. ► KOERING-JOULIN, *Justices 1998, n° 10, p. 1.* – REBUT, *RSC 1998. 449.*

I. INCOMPATIBILITÉS ET SITUATIONS D'IMPARTIALITÉ

1. Interprétation des incompatibilités de l'art. 253 C. pr. pén. Les incompatibilités de l'art. 253 sont de droit étroit. • Crim. 13 juin 1991, n° 90-86.981 P.

2. Faits différents. Les incompatibilités de l'art. 253 étant de droit étroit, elles ne concernent pas un magistrat qui a participé au jugement de l'accusé dans une précédente affaire. • Crim. 18 mai 1977, n° 76-93.009 P • 25 juill. 1989, n° 89-87.658 P : *D. 1990. Somm. 226, obs. Pradel.*

3. Jurisprudence de la Cour européenne des droits de l'homme. Lorsque le président d'une cour d'assises a, dans une affaire soumise à cette juridiction, antérieurement rempli les fonctions de magistrat du ministère public, même s'il n'existe aucun motif de mettre en cause son impartialité personnelle, il convient de tenir compte de considérations de caractère organique. On est en effet en droit de craindre que ce magistrat n'offre pas assez de garanties, et l'impartialité du tribunal auquel il incombe de décider « du bien-fondé de l'accusation » peut leur paraître sujette à caution. La Cour conclut donc à la violation de l'art. 6, § 1. • CEDH 1er oct. 1982, *Piersack c/ Belgique : Série A, n° 53.* – V. notes 68 s. ss. Conv. EDH, art. 6.

II. SITUATION DU JUGE EXERÇANT SUCCESSIVEMENT DES FONCTIONS JUDICIAIRES DIFFÉRENTES DANS UNE MÊME AFFAIRE OU À PROPOS DU MÊME JUSTICIABLE

A. FONCTIONS D'INSTRUCTION

4. Incompatibilités. Le magistrat qui a participé à un arrêt de la chambre d'accusation rendu sur la détention provisoire d'un inculpé renvoyé ultérieurement devant la cour d'assises ne peut faire partie de cette juridiction car il a nécessairement procédé à un examen préalable du fond. • Crim. 12 oct. 1983, n° 82-93.569 P : *D. 1984. 610, note Pradel ; RSC 1986. 131, obs. Braunschweig* • 8 avr. 1992, n° 91-84.127 P : *D. 1993. Somm. 204, obs. Pradel* • 3 déc. 1997, n° 97-80.446 P : *Procédures 1998. Comm. 94, obs. Buisson ; Dr. pénal 1998. Comm. 58, obs. Maron.*

5. Doit être annulé l'arrêt d'une cour d'assises auquel a concouru un magistrat ayant accompli des actes d'instruction dans la procédure antérieure. • Crim. 26 mai 1981, n° 81-91.488 P.

6. Ne peuvent faire partie de la cour d'assises en qualité de président ou d'assesseur les magistrats qui ont participé à l'arrêt de la chambre d'accusation ayant renvoyé l'accusé devant la cour d'assises. • Crim. 29 janv. 1986, n° 85-95.045 P. ♦ ... Ni celui qui, en tant que juge d'instruction, a délivré deux commissions rogatoires. • Crim. 3 juin 1992, n° 91-86.096 P. ♦ ... Ni celui qui a instruit des infractions indivisibles de celles soumises à la cour d'assises. • Crim. 6 oct. 1999, n° 98-87.047 P.

7. Le juge qui a remplacé le juge d'instruction ne peut siéger à la cour d'assises, même s'il s'est borné à rendre une ordonnance rejetant une demande de mise en liberté, ce qui implique un examen préalable du fond. • Crim. 18 mars 1982, n° 81-93.150 P : *RSC 1983. 489 obs. J. Robert.* ♦ Il en est de même de l'auditeur de justice qui avait assisté le juge d'instruction. • Crim. 21 juin 1978, n° 77-93.607 P.

8. Compatibilité. Aucun texte ne fait obstacle, au regard de l'exigence d'impartialité, à ce que l'un des magistrats composant la chambre de l'instruction statuant sur une demande de publicité des débats ait précédemment rendu, dans la même procédure, une ordonnance déclarant irrecevable une requête en annulation de pièces de procédure. • Crim. 16 févr. 2005, n° 03-82.504 P.

9. Détention provisoire. Lorsque la cour d'assises a été appelée, dans les conditions prévues à l'art. 148-1, à se prononcer sur une demande de mise en liberté d'un accusé, le président ou les assesseurs qui ont participé à cette décision peuvent siéger à la cour d'assises ayant à juger ledit accusé. • Crim. 4 févr. 1987, n° 86-94.062 P • 17 juin 1987, n° 86-93.819 P : *D. 1987. IR 188* • 20 nov. 1991, n° 91-81.691 P. ♦ Rappr. : • Crim. 18 févr. 1998, n° 97-81.483 P.

B. FONCTIONS DU SIÈGE

10. Cumuls de fonctions possibles. Les incompatibilités prévues par l'art. 253 étant de droit étroit, la circonstance qu'un des magistrats de la cour d'assises ait eu à se prononcer dans une autre poursuite contre le même accusé n'est contraire ni audit article ni à l'exigence d'impartialité résultant de l'art. 6 Conv. EDH. • Crim. 13 juin 1991, n° 90-86.981 P • 20 janv. 1999, n° 98-82.500 P. ♦ Dès lors qu'un magistrat demeure libre de se former, en toute objectivité, une opinion sur l'affaire soumise à son examen, aucune disposition légale ou conventionnelle ne lui interdit, s'il a antérieurement eu à connaître de procédures concernant un accusé, de faire partie de la cour d'assises appelée à juger cette personne pour des faits distincts, seraient-ils connexes. • Crim. 23 juin 1999, n° 98-80.561 P : *D. 1999. Somm. 328, obs. Pradel* ; *Dr. pénal 1999. Comm. 145 (2e esp.), obs. Maron.* ♦ ... Ou des faits nouveaux, seraient-ils connexes. • Crim. 10 juill. 1997, n° 96-83.507 P.

11. Présidence de cour d'assises. Le renvoi de l'affaire à une autre session n'interdit pas au magistrat qui présidait la cour d'assises de siéger en la même qualité à celle qui est appelée à connaître à nouveau de la cause, dès lors que la cour d'assises qui a ordonné le renvoi n'a pris aucune décision impliquant une appréciation de la culpabilité de l'accusé. • Crim. 12 sept. 2007, n° 07-80.755 P. ♦ Aucun texte légal ou conventionnel n'interdit à un magistrat du ministère public qui ne décide pas du bien-fondé de l'accusation en matière pénale de requérir successivement dans la même affaire devant les cours d'assises statuant en première instance et en appel. • Crim. 21 mai 2003, n° 02-87.150 P.

12. L'accusé n'est pas recevable à mettre en cause devant la Cour de cassation l'impartialité du président de la cour d'assises, en invoquant une violation de la Conv. EDH, dès lors qu'il n'a pas fait usage de la possibilité d'en obtenir le respect en récusant le président de la cour d'assises par application de l'art. 668 et qu'en s'abstenant de le faire avant la clôture des débats, il a renoncé sans équivoque à s'en prévaloir. • Crim. 29 sept. 2004, n° 04-80.079 P.

13. Présidence successive dans une même affaire. Ne contrevient pas à son devoir d'impartialité le magistrat qui est désigné pour présider la cour d'assises, devant laquelle comparaît un accusé dont le cas avait été disjoint de la procédure, et qui, lors d'une session antérieure, avait présidé la cour d'assises ayant eu à juger les seuls accusés alors présents. • Crim. 13 nov. 1996, n° 96-82.403 P.

14. Le renvoi d'une affaire à une autre session n'interdit pas au magistrat qui présidait la cour d'assises de siéger en la même qualité à celle qui est appelée à connaître à nouveau de la cause, dès lors que la cour d'assises qui a ordonné le renvoi n'a pris aucune décision impliquant une appréciation de la culpabilité de l'accusé. • Crim. 17 juin 1987, n° 86-93.819 P.

15. Contumace. Doit être annulé pour violation de l'art. 253 l'arrêt de la cour d'assises auquel a concouru un magistrat ayant précédemment connu de la même affaire jugée par contumace. • Crim. 10 mars 1966, n° 65-93.528 P : *D. 1966. Somm. 123.*

16. Affaire rejugée. Lorsque l'arrêt d'une cour d'assises a été annulé par la Cour de cassation en raison de l'entrée en vigueur postérieure d'une loi nouvelle édictant des pénalités moins sévères et que la cause et les parties ont été renvoyées devant « la même cour d'assises », les magistrats ayant participé à l'arrêt annulé ne peuvent faire partie de la Cour appelée à rejuger l'affaire. • Crim. 16 déc. 1982, n° 82-92.338 P : *RSC 1983. 686, obs. Robert.*

17. Le fait que l'un des assesseurs ait participé au jugement de l'accusé dans de précédentes affaires et qu'en qualité de juge de l'application des peines, il ait révoqué une mesure de libération conditionnelle ne constitue pas une cause d'incompatibilité dès lors qu'il n'avait pas porté d'appréciation sur la culpabilité de l'intéressé pour les faits dont est saisie la cour. • Crim. 11 oct. 2000, n° 00-80.770 P : *D. 2000. IR 285* ; *D. 2001. Somm. 1066, obs. Courtin.*

18. Interrogatoire préalable en appel. V. notes ss. art. 272.

19. Chambre des appels correctionnels. Le magistrat ayant pris part à l'arrêt par lequel la chambre des appels correctionnels s'est déclarée incompétente en raison du caractère criminel des faits peut faire partie de la cour d'assises connaissant ultérieurement de ces faits, ledit arrêt ne préjugeant pas du fond et en conséquence ne constituant pas « une décision sur le fond relative à la culpabilité de l'accusé ». • Crim. 22 août 1981, n° 81-91.309 P.

20. Tirage au sort du jury d'assises. Le tirage au sort du jury de session, acte relatif à l'organisation générale de la session qui ne comporte aucun examen du cas particulier de l'accusé, ne saurait être assimilé à une décision sur le fond relative à la culpabilité de l'accusé. Le magistrat qui y a procédé peut participer à la cour d'assises. • Crim. 14 déc. 1988, n° 88-82.701 P : *RSC 1989. 538, obs. Braunschweig.*

21. Conjoint magistrat. Ne constitue pas une cause d'incompatibilité empêchant un magistrat de siéger à la cour d'assises en qualité d'assesseur le fait que son conjoint, lui-même magistrat, ait, en remplacement du juge d'instruction chargé de l'affaire, statué sur une demande de mise en liberté formée par un coïnculpé de l'accusé non soumis au même débat devant la cour d'assises. • Crim. 6 mars 1991, n° 90-83.815 P.

C. MINISTÈRE PUBLIC

22. Incompatibilité. Les fonctions de ministère public étant incompatibles avec celles de juge, est nul l'arrêt de la cour d'assises auquel a concouru, comme assesseur, un magistrat qui avait requis, comme officier du ministère public, la mise en accusation de l'accusé. • Crim. 3 mars 1859 : *Bull. crim. n° 67.*

23. Compatibilités. Aucun texte n'interdit à un magistrat du ministère public de requérir successivement contre le même accusé devant la chambre d'accusation et devant la cour d'assises. • Crim. 23 nov. 1966, n° 66-91.933 P : *D. 1967. Somm. 19.* ♦ Aucun texte légal ou conventionnel n'interdit à un magistrat du ministère public qui ne décide pas du bien-fondé de l'accusation en matière pénale de requérir successivement dans la même affaire devant les cours d'assises statuant en première instance et en appel. • Crim. 21 mai 2003, n° 02-87.150 P.

24. Le magistrat qui a occupé les fonctions du ministère public auprès d'une cour d'assises dont l'arrêt a été cassé peut, sans que puisse être invoquée une violation de l'art. 6 Conv. EDH, exercer les mêmes fonctions devant la cour d'assises de renvoi. • Crim. 10 déc. 1986, n° 86-91.567 P.

D. JUGE DES ENFANTS

25. Compatibilité. Le juge des enfants, qui a reçu le procès-verbal d'une enquête sociale sur la situation de famille d'une enfant victime d'attentats à la pudeur, n'accomplit pas un acte de poursuite ou d'instruction en adressant une copie de cette pièce au juge d'instruction chargé de l'information ouverte contre les individus inculpés de crime et peut, dès lors, faire partie de la cour d'assises. • Crim. 3 oct. 1968, n° 68-90.808 P. ♦ Il n'importe qu'un assesseur à la cour d'assises ait ordonné, en sa qualité de juge des enfants, une mesure d'assistance éducative en milieu ouvert du fils de l'accusé et qu'il ait eu connaissance de la personnalité de ce dernier ; une cour d'assises est régulièrement composée tant au regard de l'art. 253 et de l'art. 6, § 1, Conv. EDH, dès lors que ce magistrat n'a porté aucune appréciation sur la culpabilité du demandeur pour les faits reprochés • Crim. 11 oct. 2000 : *préc. note 33.*

26. Cumuls de fonctions impossibles. La garantie du droit à un tribunal impartial, au sens de l'art. 6, § 1, Conv. EDH, fait obstacle à ce qu'un juge des enfants, qui a connu des faits, objet de l'accusation, en recueillant la plainte d'une victime mineure et en procédant à diverses vérifications sur son objet, avant de la transmettre au procureur de la République, siège comme assesseur à la cour d'assises, pour le jugement de l'auteur des faits. • Crim. 10 janv. 1996, n° 95-81.591 P.

E. AUTRES FONCTIONS JUDICIAIRES

27. Juge des tutelles. Il n'importe qu'un assesseur de la cour d'assises ait pris, en sa qualité de juge des tutelles, une mesure de protection concernant l'accusé. La composition de la cour d'assises est régulière tant au regard de l'art. 253 que de l'art. 6, § 1, Conv. EDH, dès lors que ce magistrat n'a porté aucune appréciation sur la culpabilité du demandeur. • Crim. 14 mars 2001, n° 00-83.786 P : *D. 2001. IR 1669 ; Dr. pénal 2001. Comm. 106, obs. Maron.*

28. Juge de l'application des peines. Il n'importe qu'un assesseur de la cour d'assises ait participé au jugement de l'accusé dans de précédentes affaires et ait pris, en sa qualité de juge de l'application des peines, une décision le concernant de révocation d'une mesure de libération conventionnelle ; la cour d'assises est régulièrement composée tant au regard de l'art. 253 que de l'art. 6, § 1, Conv. EDH, dès lors que ce magistrat n'a porté aucune appréciation sur la culpabilité du demandeur pour les faits reprochés • Crim. 11 oct. 2000, n° 00-80.770 : *préc. note 17.*

III. PARTICIPATION PRÉCÉDANTE À UNE INSTANCE NON PÉNALE

A. DIVORCE

29. Ne peut siéger en qualité d'assesseur de la cour d'assises le magistrat qui a été antérieurement conduit à porter une appréciation sur les faits de viols et agressions sexuelles aggravés reprochés à l'accusé, à l'occasion d'une instance en divorce opposant ce dernier à son épouse et au cours de laquelle étaient invoqués les faits poursuivis. • Crim. 21 févr. 1996, n° 95-82.085 P : *Dr. pénal 1996. Comm. 53, obs. Maron.* ♦ Solution inverse dès lors que, le divorce ayant été prononcé postérieurement à la condamnation pour viol, le magistrat n'a eu à porter aucune appréciation sur le caractère pénal des faits avant la comparution de l'accusé devant la cour d'assises. • Crim. 19 mars 1997, n° 95-84.377 P : *Dr. pénal 1997. Comm. 100, obs. Maron.*

30. Compatibilités. Peut siéger à la cour d'assises un magistrat qui, en qualité de juge civil, a fait partie de la formation qui a prononcé le divorce de l'accusé à ses torts exclusifs, dès lors que le jugement de divorce est fondé sur des faits différents de ceux qui ont motivé le renvoi devant la cour d'assises. • Crim. 24 nov. 1993, n° 93-82.270 P • 13 sept. 2000, n° 00-80.922 P : *Dr. pénal 2000. Chron. 41, obs. Marsat.* ♦ *Contra :* • Crim. 16 oct. 1991, n° 90-86.527 P.

31. La participation à la cour d'assises d'un magistrat qui, au cours d'une procédure de divorce, a eu connaissance des faits reprochés à l'accusé, n'est pas contraire à l'exigence d'impartialité énoncée par l'art. 6, § 1, Conv. EDH dès lors que, le divorce ayant été prononcé postérieurement à la condamnation, ce magistrat n'a eu à porter aucune appréciation sur le caractère pénal de ces faits, avant la comparution de l'intéressé devant la cour d'assises. • Crim. 19 mars 1997, n° 95-84.377 : *préc. note 29.* ♦ Est régulière, tant au regard de l'art. 253 que de l'art. 6, § 1, Conv. EDH, la composition de la cour d'assises appelée à juger l'accusé à laquelle siège un magistrat ayant participé antérieurement au jugement de divorce de celui-ci, prononcé à ses torts exclusifs mais fondé sur des faits d'adultère, étrangers à ceux de viols aggravés retenus par l'arrêt de renvoi et excluant, dès lors, qu'une appréciation de culpabilité ait pu être portée sur le compte du demandeur, avant sa mise en accusation. • Crim. 5 juill. 1994, n° 93-85.829 P : *D. 1995. Somm. 143, obs. Pradel.*

32. S'il n'est pas allégué qu'un assesseur de la chambre d'accusation a eu connaissance, à l'occasion de la procédure de divorce précédemment soumise à son examen, de l'imputation faite au mari d'une atteinte sexuelle commise sur l'enfant commun, la partie civile ne saurait se faire grief de la participation de ce magistrat à la décision de la chambre d'accusation dans la procédure suivie sur sa plainte du chef d'agression sexuelle. • Crim. 26 janv. 2000, n° 99-85.725 P.

33. Assistance éducative. Le fait d'avoir ordonné une mesure d'assistance éducative en faveur du fils de l'accusé en qualité de juge pour enfant ne constitue pas une cause d'incompatibilité dès lors que le magistrat n'avait pas porté d'appréciation sur la culpabilité de l'intéressé pour les faits dont est saisie la cour. • Crim. 11 oct. 2000, n° 99-87.122 P : *D. 2000. IR 290.* ♦ De même lorsque l'un des assesseurs a précédemment pris une mesure de protection de l'accusé en qualité de juge des tutelles. • Crim. 14 mars 2001, *préc. note 27.*

SECTION II DU JURY

BIBL. ▶ AUSSEL, *JCP 1978. I. 2919.* – CHAPAR, *D. 1980. Chron. 203.* – DECOCQ, *RSC 1979. 127.* – POCHON, *Gaz. Pal. 1978. 2. 553.*

▶ **Dossier :** *AJ pénal 2006. 238.*

Art. 254 **Le jury est composé de citoyens désignés conformément aux dispositions des articles suivants.** — *Pr. pén. C. 434.*

§ 1er DES CONDITIONS D'APTITUDE AUX FONCTIONS DE JURÉ

Art. 255 *(L. n° 72-1226 du 29 déc. 1972)* **« Peuvent seuls remplir les fonctions de juré, les citoyens de l'un ou l'autre sexe, âgés de plus de vingt-trois ans », sachant lire et écrire en français, jouissant des droits politiques, civils et de famille, et ne se trouvant dans aucun cas d'incapacité ou d'incompatibilité énumérés par les deux articles suivants.** — *Pr. pén. C. 435.*

Mayotte : 877 s.

1. Les inscriptions faites par l'autorité compétente sur la liste du jury emportent, à l'égard de ceux qui sont inscrits, une présomption de capacité qui vaut jusqu'à preuve contraire. • Crim. 15 nov. 1951 : *Bull. crim. n° 299* • 5 déc. 1973, n° 73-92.284 P.

2. Est nulle la déclaration de la cour et du jury à laquelle a participé un juré âgé de moins de vingt-trois ans. • Crim. 14 nov. 1985, n° 85-93.093 P : *RSC 1986. 891, obs. Braunschweig.*

Art. 256 **Sont incapables d'être jurés :**

1° *(L. n° 2000-516 du 15 juin 2000, art. 136-III, en vigueur le 1er janv. 2001)* **« Les personnes dont le bulletin n° 1 du casier judiciaire mentionne une condamnation pour crime ou »** *(L. n° 2011-939 du 10 août 2011, art. 2)* **« pour délit** *[ancienne rédaction : une condamnation pour délit à une peine égale ou supérieure à six mois d'emprisonnement]* **» ;**

2° *(Abrogé par L. n° 92-1336 du 16 déc. 1992, à compter du 1er mars 1994)* ***« Pendant cinq ans seulement, à compter du jugement définitif, ceux condamnés pour délit quelconque à un emprisonnement de moins d'un mois ou à une amende au moins égale à 500 F ; »***

3° Ceux qui sont en état d'accusation ou de contumace et ceux qui sont sous mandat de dépôt ou d'arrêt ;

4° Les fonctionnaires et agents de l'État, des départements et des communes, révoqués de leurs fonctions ;

5° Les officiers ministériels destitués et les membres des ordres professionnels, frappés d'une interdiction définitive d'exercer par une décision juridictionnelle ;

6° *(L. n° 78-788 du 28 juill. 1978)* **« Les personnes qui ont été déclarées en état de faillite et n'ont pas été réhabilitées ; »**

(L. n° 2004-204 du 9 mars 2004, art. 148-III) **« 7° Les personnes qui ont fait l'objet d'une condamnation en vertu de l'article 288 du présent code ou celles auxquelles les fonctions de juré sont interdites en vertu de l'article 131-26 du code pénal ; »**

(L. n° 78-788 du 28 juill. 1978) **« 8° Les majeurs sous sauvegarde de justice, les majeurs en tutelle, les majeurs en curatelle et ceux qui sont placés dans un établissement d'aliénés en vertu des articles L. 326-1 à L. 355** *[L. 3211-1 à L. 3223-3]* **du code de la santé publique. »**

TOM : 828 s.

Incapacités. Les incapacités aux fonctions de juré édictées par l'art. 256 sont de droit étroit et ne peuvent être étendues. • Crim. 31 mars 1906 : *Bull. crim. n° 167* • 29 févr. 1984 : *Bull. crim. n° 84 ; D. 1984. IR 449.*

Circulaire CRIM 00-14 F1 du 11 décembre 2000, *présentant les dispositions de la loi du 15 juin 2000 renforçant la protection de la présomption d'innocence et les droits des victimes concernant la procédure criminelle. [...]*

3.2. *Conditions d'aptitude aux fonctions de juré*

Suivant en cela une demande ancienne et répétée des praticiens, le législateur a rétabli l'incapacité d'être juré qui concernait les personnes ayant fait l'objet de certaines condamnations.

Celle-ci avait été supprimée lors de la réforme du code pénal, en raison des dispositions générales de l'article 132-21 du code pénal, selon lesquelles aucune interdiction des droits civiques ne peut résulter de plein droit d'une condamnation pénale.

Par dérogation à ce principe, l'article 136 de la loi a ainsi rétabli le 1° de l'article 256 du code de procédure pénale, afin d'exclure des fonctions de jurés les personnes dont le bulletin n° 1 du casier judiciaire mentionne une condamnation pour crime ou une condamnation pour délit à une peine égale ou supérieure à six mois d'emprisonnement.

Droit transitoire : cette disposition ne peut concerner que les personnes condamnées après le 15 juin 2000. *[...]*

Art. 257 *(L. n° 78-788 du 28 juill. 1978)* **Les fonctions de juré sont incompatibles avec celles qui sont énumérées ci-après :**

1° Membre du Gouvernement, du Parlement, du Conseil constitutionnel, du Conseil supérieur de la magistrature et du Conseil économique, social et environnemental ;

2° Membre du Conseil d'État ou de la Cour des comptes, magistrat de l'ordre judiciaire, membre des tribunaux administratifs, magistrat des tribunaux de commerce, assesseur des tribunaux paritaires de baux ruraux et conseiller prud'homme ;

3° Secrétaire général du Gouvernement ou d'un ministère, directeur de ministère, membre du corps préfectoral ;

(L. n° 2005-270 du 24 mars 2005, art. 94) **« 4° Fonctionnaire des services de police ou de l'administration pénitentiaire et militaire de la gendarmerie, en activité de service. »**

1. Incompatibilités. Les incompatibilités visées par l'art. 257 ne concernent pas les gardes champêtres. • Crim. 26 mai 1965, n° 65-90.544 P. ♦ ... Ni les peseurs jurés. • Crim. 17 déc. 1969, n° 69-91.486 P : *D. 1970. Somm. 76.* ♦ ... Ni un contrôleur du Trésor. • Crim. 19 déc. 1967, n° 67-90.901 P : *D. 1968. Somm. 67.* ♦ ... Ni un sapeur-pompier, s'il n'est pas militaire. • Crim. 19 déc. 1967, n° 67-92.449 P : *D. 1968. Somm. 66.* ♦ ... Ni les surveillants militaires des palais nationaux. • Crim. 13 nov. 1969, n° 69-91249 P : *D. 1970. Somm. 76.* ♦ Mais les fonctions de juge à un tribunal de commerce sont incompatibles avec celles de juré. • Crim. 21 nov.

1973, ☎ n° 73-91.827 P.

2. La décision de rayer de la liste de session un garde républicain implique que la Cour a constaté souverainement que ce militaire en activité de service était pourvu d'un emploi. • Crim. 19 mars 1981, ☎ n° 80-94.525 P : *D. 1982. 605, note Fenaux.*

Art. 258 *(L. n° 81-82 du 2 févr. 1981)* **« Sont dispensées des fonctions de juré les personnes âgées de plus de soixante-dix ans ou n'ayant pas leur résidence principale dans le département siège de la cour d'assises lorsqu'elles en font la demande à la commission prévue par l'article 262. »**

(L. n° 78-788 du 28 juill. 1978) **Peuvent, en outre, être dispensées de ces fonctions les personnes qui invoquent un motif grave reconnu valable par la commission.**

1. Dispenses. L'art. 258, selon lequel sont dispensées des fonctions de juré les personnes âgées de plus de soixante-dix ans lorsqu'elles en font la demande à la commission prévue par l'art. 262, ne fait pas obstacle à ce que la cour d'assises dispense par arrêt motivé, le ministère public entendu, un juré dont elle constate souverainement que son âge ne lui permet pas de remplir ses fonctions. • Crim. 28 avr. 1982, ☎ n° 81-93.129 P • 6 juill. 1982, ☎ n° 81-95.109 P : *Gaz. Pal. 1983. 15, note Doucet.*

2. La cour d'assises qui statue sur les causes d'exonération et les excuses des jurés n'est pas tenue d'exprimer les motifs qui la déterminent à admettre ou à rejeter les dispenses. Il suffit qu'elle constate l'impossibilité de remplir ses fonctions pour chaque juré qu'elle dispense. • Crim. 29 avr. 1965, ☎ n° 65-90.548 P.

Art. 258-1 *(L. n° 78-788 du 28 juill. 1978)* **Sont exclus ou rayés de la liste annuelle des jurés et de la liste spéciale des jurés suppléants ceux qui ont rempli les fonctions de juré dans le département depuis moins de cinq ans.**

(L. n° 80-1042 du 23 déc. 1980) **« Une objection morale d'ordre laïque ou religieux ne constitue pas un motif grave susceptible de justifier l'exclusion de la liste des jurés. »**

La commission prévue à l'article 262 peut également exclure les personnes qui, pour un motif grave, ne paraissent pas en mesure d'exercer les fonctions de juré.

L'inobservation des dispositions du présent article et de l'article précédent n'entache d'aucune nullité la formation du jury.

§ 2 DE LA FORMATION DU JURY

Art. 259 **Il est établi, annuellement, dans le ressort de chaque cour d'assises une liste du jury criminel.** — *Pr. pén. C. 438.*

Mayotte : 877 s.

Les opérations aboutissant, en application des art. 259 à 265, à l'établissement de la liste annuelle du jury criminel, constituent des actes d'administration qui échappent au contrôle de la Cour de cassation. • Crim. 17 déc. 1980, ☎ n° 80-91.139 P • 23 mai 1984, ☎ n° 83-94.193 P.

Art. 260 *(L. n° 78-788 du 28 juill. 1978)* **Cette liste comprend, pour la cour d'assises de Paris, mille huit cents jurés et, pour les autres ressorts de cour d'assises, un juré pour mille trois cents habitants, sans toutefois que le nombre des jurés puisse être inférieur à** *(L. n° 80-1042 du 23 déc. 1980)* **« deux cents ».**

(L. n° 2004-204 du 9 mars 2004, art. 147-I) **« Un arrêté du ministre de la justice** *[ancienne rédaction : un décret en Conseil d'État]* **»** *(L. n° 2000-516 du 15 juin 2000, art. 136-IV, en vigueur le 1er janv. 2001)* **« peut, pour la liste annuelle de chaque cour d'assises, fixer un nombre de jurés plus élevé que celui résultant des dispositions du premier alinéa, si le nombre de sessions tenues chaque année par la cour d'assises le justifie. »** — *V. art. A. 36-12.*

Le nombre des jurés pour la liste annuelle est réparti proportionnellement au tableau officiel de la population. Cette répartition est faite par commune ou communes regroupées, par arrêté du préfet au mois d'avril de chaque année. A Paris, elle est faite par arrêté du préfet au mois de juin entre les arrondissements.

Al. 4 abrogé par L. n° 81-82 du 2 févr. 1981.

Pour l'augmentation transitoire du nombre de jurés en raison de la crise sanitaire, jusqu'à la fin de l'année 2022, V. Arr. du 15 févr. 2022 relatif au nombre de personnes figurant sur les listes annuelles des jurés titulaires et les listes spéciales de jurés suppléants.

TOM : 830 s. — Saint-Pierre-et-Miquelon : 916.

Art. 261 *(L. nº 78-788 du 28 juill. 1978)* **Dans chaque commune, le maire, en vue de dresser la liste préparatoire de la liste annuelle, tire au sort publiquement à partir de la liste électorale un nombre de noms triple de celui fixé par l'arrêté préfectoral pour la circonscription.** *(L. nº 81-82 du 2 févr. 1981)* **« Pour la constitution de cette liste préparatoire, ne sont pas retenues les personnes qui n'auront pas atteint l'âge de vingt-trois ans au cours de l'année civile qui suit. »**

Lorsque l'arrêté préfectoral de répartition a prévu un regroupement de communes, le tirage au sort est effectué par le maire de la commune désignée dans l'arrêté du préfet. Il porte sur l'ensemble des listes électorales des communes concernées.

A Paris, le tirage au sort est effectué, dans chaque arrondissement, par l'officier d'état civil désigné par le maire.

Saint-Pierre-et-Miquelon : 908.

Art. 261-1 *(L. nº 78-788 du 28 juill. 1978)* **La liste préparatoire doit être dressée en deux originaux dont l'un est déposé à la mairie, et pour Paris à la mairie annexe, et l'autre transmis avant le 15 juillet au secrétariat-greffe de juridiction siège de la cour d'assises.**

Le maire doit avertir les personnes qui ont été tirées au sort. *(L. nº 81-82 du 2 févr. 1981)* **« Il leur demande de lui préciser leur profession. » Il les informe qu'elles ont la possibilité de demander par lettre simple avant le 1er septembre au président de la commission prévue à l'article 262 le bénéfice des dispositions de l'article 258.**

Le maire est tenu d'informer le *(L. nº 2016-1547 du 18 nov. 2016, art. 16)* **« directeur de greffe » de la cour d'appel ou du tribunal judiciaire siège de la cour d'assises, des inaptitudes légales résultant des articles 255, 256 et 257 qui, à sa connaissance, frapperaient les personnes portées sur la liste préparatoire. Il peut, en outre, présenter des observations sur le cas des personnes qui, pour des motifs graves, ne paraissent pas en mesure d'exercer les fonctions de juré.**

Les opérations prévues aux art. 261-1 et 263 C. pr. pén. peuvent être valablement réalisées jusqu'à la fin de l'année 2022, sans respecter le calendrier prévu aux mêmes art. 261-1 et 263. Dans ce cas, l'information adressée, en application du deuxième al. de l'art. 261-1 du même code, aux personnes tirées au sort doit leur laisser un délai d'au moins quinze jours pour demander d'être dispensées des fonctions de jurés. Le maire procédant au tirage au sort prévu à l'art. 261 dudit code ainsi que le magistrat procédant au tirage au sort prévu à l'art. 266 du même code peuvent limiter la présence du public pouvant assister à ces opérations, en raison des risques sanitaires pouvant en résulter, ou, en raison de ces risques, décider que ces opérations n'auront pas lieu publiquement. Le fait qu'avant la publication de la présente loi, ces opérations n'aient pas été réalisées publiquement ne constitue pas une cause de nullité de la procédure (L. nº 2020-734 du 17 juin 2020, art. 32, mod. par Ord. nº 2020-1401 du 18 nov. 2020, art. 10, et par L. nº 2022-46 du 22 janv. 2022, art. 4).

Art. 262 *(L. nº 78-788 du 28 juill. 1978)* **La liste annuelle est dressée au siège de chaque cour d'assises par une commission présidée, au siège de la cour d'appel, par le premier président ou son délégué et, dans les tribunaux judiciaires, sièges de la cour d'assises, par le président du tribunal ou son délégué.**

Cette commission comprend, outre son président :

Trois magistrats du siège désignés chaque année par l'assemblée générale de la juridiction siège de la cour d'assises ;

Selon le cas, soit le procureur général ou son délégué, soit le procureur de la République ou son délégué ;

Le bâtonnier de l'ordre des avocats de la juridiction, siège de la cour d'assises ou son représentant ;

Cinq conseillers généraux désignés chaque année par le conseil général *(Abrogé par Ord. nº 2014-1543 du 19 déc. 2014, art. 39, à compter du 1er janv. 2015)* **« et », à Paris, cinq conseillers désignés par le conseil de Paris** *(Ord. nº 2014-1543 du 19 déc. 2014, art. 39, en vigueur le 1er janv. 2015)* **« et, à Lyon, deux conseillers désignés par le conseil général du Rhône et trois conseillers désignés par le conseil de la métropole de Lyon »** *(Ord. nº 2016-1562 du 21 nov. 2016, art. 25 et 35, en vigueur le 1er janv. 2018)*

« ; pour chacune des deux cours d'assises de Corse, cinq conseillers à l'Assemblée de Corse élus en son sein. »

Saint-Pierre-et-Miquelon : 917.

Les jurés qui ont été dispensés de service pour la durée d'une session n'en continuent pas moins de figurer sur la liste annuelle. C'est dès lors à juste titre qu'avant de procéder au tirage au sort de la liste de session le magistrat qui en est chargé remet dans les urnes les noms des jurés qui, lors de précédents tirages effectués au cours de la même année, avaient été désignés par le sort, mais dispensés de service. • Crim. 3 déc. 1980, ☤ n° 80-93.154 P.

Art. 263 *(L. n° 78-788 du 28 juill. 1978)* **La commission se réunit sur la convocation de son président au siège de la cour d'assises, dans le courant du mois de septembre. Son secrétariat est assuré par le** *(L. n° 2016-1547 du 18 nov. 2016, art. 16)* **« directeur de greffe » de la juridiction siège de la cour d'assises.**

Elle exclut les personnes qui ne remplissent pas les conditions d'aptitude légale résultant des articles 255, 256 et 257. Elle statue sur les requêtes présentées en application de l'article 258. Sont également exclues les personnes visées par l'article 258-1 (alinéa 1er), ainsi que, le cas échéant, celles visées par l'article 258-1 (alinéa 2).

Les décisions de la commission sont prises à la majorité ; en cas de partage, la voix du président est prépondérante.

La liste annuelle des jurés est établie par tirage au sort parmi les noms qui n'ont pas été exclus.

La liste est définitivement arrêtée *(L. n° 80-1042 du 23 déc. 1980)* **« dans l'ordre du tirage au sort », signée séance tenante et déposée au secrétariat-greffe de la juridiction siège de la cour d'assises.**

Nota : *Concernant les dispositions relatives à l'urgence sanitaire, V. note ss. art. 261-1.*

Art. 264 *(L. n° 78-788 du 28 juill. 1978)* **Une liste spéciale de jurés suppléants est également dressée chaque année par la commission, dans les conditions prévues à l'article 263, en dehors de la liste annuelle des jurés. Les jurés suppléants doivent résider dans la ville siège de la cour d'assises.**

(L. n° 85-1407 du 30 déc. 1985, en vigueur le 1er oct. 1986) **« Le nombre des jurés figurant sur cette liste, qui ne peut être inférieur à cinquante ni supérieur à sept cents, est fixé, pour chaque cour d'assises, »** *(L. n° 2004-204 du 9 mars 2004, art. 147-II)* **« par arrêté du ministre de la justice** *[ancienne rédaction : par décret en Conseil d'État]* **». —** *V. C. pr. pén., art. A. 36-13.*

Saint-Pierre-et-Miquelon : 918.

Art. 265 *(L. n° 78-788 du 28 juill. 1978)* **La liste annuelle et la liste spéciale sont transmises par le président de la commission** *(Abrogé par L. n° 2004-1343 du 9 déc. 2004, art. 15, à compter du 1er janv. 2005)* ***« au préfet qui les fait parvenir »*** **au maire de chaque commune. Le maire est tenu d'informer, dès qu'il en a connaissance, le premier président de la cour d'appel ou le président du tribunal judiciaire, siège de la cour d'assises, des décès, des incapacités ou des incompatibilités légales qui frapperaient les personnes dont les noms sont portés sur ces listes.**

Le premier président de la cour d'appel ou le président du tribunal judiciaire, siège de la cour d'assises, ou leur délégué est habilité à retirer les noms de ces personnes de la liste annuelle et de la liste spéciale.

Art. 266 *(L. n° 78-788 du 28 juill. 1978)* **Trente jours au moins avant l'ouverture des assises, le premier président de la cour d'appel, ou son délégué, ou le président du tribunal judiciaire, siège de la cour d'assises, ou son délégué, tire au sort, en audience publique, sur la liste annuelle, les noms de** *(L. n° 2011-939 du 10 août 2011, art. 13-V-1°, en vigueur le 1er janv. 2012)* **« trente-cinq** *[ancienne rédaction : quarante]* **» jurés qui forment la liste de session. Il tire, en outre, les noms de** *(L. n° 2011-939 du 10 août 2011, art. 13-V-2°, en vigueur le 1er janv. 2012)* **« dix** *[ancienne rédaction : douze]* **» jurés suppléants sur la liste spéciale.**

Si, parmi les noms tirés au sort, figurent ceux d'une ou de plusieurs personnes décédées ou qui se révéleraient ne pas remplir les conditions d'aptitude légale résultant des articles 255, 256 et 257 ou avoir exercé les fonctions de juré dans le département depuis moins de cinq ans, ces noms sont immédiatement remplacés sur la liste de ses-

sion et la liste des *(Abrogé par L. n° 2000-516 du 15 juin 2000, art. 136-V, à compter du 1er janv. 2001)* **« *dix* » jurés suppléants par les noms d'un ou de plusieurs autres jurés désignés par le sort ; ils sont retirés de la liste annuelle ou de la liste spéciale par le premier président de la cour d'appel ou par le président du tribunal judiciaire, siège de la cour d'assises, ou leur délégué.**

Sont également remplacés sur la liste de session et sur la liste des *(Abrogé par L. n° 2000-516 du 15 juin 2000, art. 136-V, à compter du 1er janv. 2001)* **« *dix* » jurés suppléants, dans le cas où ils sont tirés au sort, les noms des personnes qui, dans l'année, ont satisfait aux réquisitions prescrites par** *(Abrogé par L. n° 2004-204 du 9 mars 2004, art. 148-I, à compter du 1er oct. 2004)* **« *les alinéas 2 et 3 de* » l'article 267.**

Saint-Pierre-et-Miquelon : 919.

Par dérogation à l'art. 266 C. pr. pén., pendant toute la durée de l'état d'urgence sanitaire et jusqu'au 31 déc. 2022, si le président de la cour d'assises l'estime nécessaire au regard du risque qu'en raison de l'épidémie de covid-19 un nombre important de jurés de session ne répondent pas à leur convocation ou soient dispensés, il est tiré au sort quarante-cinq noms de jurés titulaires sur la liste annuelle et quinze noms de jurés suppléants sur la liste spéciale. Ces nombres peuvent être portés jusqu'à cinquante et jusqu'à vingt par arrêté du ministre de la justice. Si le tirage au sort prévu au même art. 266 a déjà été réalisé, un tirage au sort complémentaire est effectué pour compléter la liste de session ; il peut intervenir quinze jours avant l'ouverture des assises (L. n° 2020-734 du 17 juin 2020, art. 32, mod. par Ord. n° 2020-1401 du 18 nov. 2020, art. 10, et par L. n° 2022-46 du 22 janv. 2022, art. 4).

1. Auteur du tirage au sort. Si l'art. 266, al. 1er, permet au premier président de désigner spécialement un magistrat pour effectuer le tirage au sort du jury de session, il ne s'agit là que d'une simple faculté ; à défaut par lui d'en user, le premier président, s'il n'y procède personnellement, est suppléé dans cette fonction comme dans toutes celles qui lui sont spécialement attribuées, par le président de chambre qu'il a désigné en application des dispositions de l'art. R. 213-6 *[V. art. R. 312-2 nouv.]* COJ • Crim. 17 juin 1981, n° 80-95.016 P. ♦ L'art. 266 n'exige pas que le magistrat ayant qualité pour procéder au tirage au sort du jury de session soit assisté d'assesseurs lors de cette opération. • Crim. 24 oct. 1984, n° 83-94.345 P : *D. 1985. IR 116.* ♦ ... Ni que le ministère public soit présent. • Crim. 23 oct. 1985, n° 84-95.071 P.

2. Procédure du tirage au sort. L'art. 266 n'interdit pas d'utiliser des numéros pour le tirage au sort du jury de session, dès lors que chacun des numéros déposés dans les urnes correspond au numéro figurant sur les listes annuelle et spéciale en regard du nom de chaque juré et que le collationnement des numéros sortis des urnes et des noms correspondants inscrits sur les listes est opéré séance tenante. • Crim. 4 juin 1986, n° 86-90.181 P.

3. Publicité du tirage au sort. La publicité de l'audience au cours de laquelle a été tiré le jury de session est une formalité substantielle. • Crim. 22 févr. 1984, n° 83-93.139 P : *D. 1984. IR 233* • 7 mars 1984 : *D. 1984. IR 433, obs. J.-M. R.* ♦ ... Et le procès-verbal de tirage au sort du jury de session doit le constater. • Crim. 10 janv. 1984, n° 83-92.455 P. ♦ ... Fût-ce par la mention que le tirage au sort a été effectué conformément à l'art. 266, de laquelle il se déduit qu'il a eu lieu en audience publique. • Crim. 20 févr. 1985, n° 84-94.750 P.

4. Suites du tirage au sort. L'art. 282 impose la signification à l'accusé seulement de la liste des jurés de session. Ni l'art. 266, ni aucun autre texte n'exigent que le procès-verbal du tirage au sort desdits jurés soit inséré dans le dossier de la procédure suivie devant la cour d'assises. • Crim. 20 déc. 1978, n° 78-92.378 P.

Art. 267 *(L. n° 2004-204 du 9 mars 2004, art. 148-I, en vigueur le 1er oct. 2004)* **Quinze jours au moins avant l'ouverture de la session, le greffier de la cour d'assises convoque, par courrier, chacun des jurés titulaires et suppléants. Cette convocation précise la date et l'heure d'ouverture de la session, sa durée prévisible et le lieu où elle se tiendra. Elle rappelle l'obligation, pour tout citoyen requis, de répondre à cette convocation sous peine d'être condamné à l'amende prévue par l'article 288. Elle *invite le juré convoqué* à renvoyer, par retour du courrier, au greffe de la cour d'assises le récépissé joint à la convocation, après l'avoir dûment signé.**

Si nécessaire, le greffier peut requérir les services de police ou de gendarmerie aux fins de rechercher les jurés qui n'auraient pas répondu à la convocation et de leur remettre celle-ci.

Les opérations par lesquelles le préfet notifie à chacun des jurés l'extrait de la liste de session le concernant constituent des actes administratifs dont le contrôle échappe à la Cour de cassation. • Crim. 20 nov. 1980, n° 80-90.956 P • 26 avr. 1984, n° 83-92.532 P : *D. 1984. IR 320.*

CHAPITRE IV DE LA PROCÉDURE PRÉPARATOIRE AUX SESSIONS D'ASSISES

RÉP. PÉN. v° *Cour d'assises*, par REDON.

SECTION PREMIÈRE DES ACTES OBLIGATOIRES

Art. 268 *Abrogé par L. n° 2002-1138 du 9 sept. 2002, art. 43.*

1. Importance de la notification. La notification de l'arrêt de renvoi est une formalité substantielle, dont l'omission ou l'irrégularité emporte nullité des débats et de la condamnation, et dont l'accomplissement doit être constaté, également à peine de nullité. • Crim. 11 janv. 1877 : *DP 1877. 1. 517* • 10 oct. 1957 : *D. 1957. 694.* ♦ L'absence de signification d'une ordonnance de mise en accusation à un accusé non détenu ne permet pas de faire courir le délai d'appel de cette ordonnance pour l'intéressé. • Crim. 6 mars 2002, n° 01-88.483 P : *D. 2002. IR 1464*.

2. Acte de notification. Les mentions relatives au « parlant à », dans l'exploit de notification, peuvent n'être pas écrites de la main de l'huissier, mais dactylographiées, même par anticipation, dès lors que l'acte est signé par l'officier ministériel. • Crim. 2 déc. 1958 : *D. 1959. 36.* ♦ L'absence de signature de l'accusé sur l'original de la signification de l'arrêt de renvoi ne saurait être une cause de nullité, dès lors que cette irrégularité n'a pas eu pour effet de porter atteinte aux intérêts de l'accusé. • Crim. 4 mai 1977, n° 76-93.510 P. ♦ L'omission du nom de la personne à qui l'huissier de justice a parlé, dans l'exploit de signification de l'arrêt de renvoi de l'accusé devant la cour d'assises, est couverte dès lors que celui-ci a reconnu avoir reçu signification de cet arrêt à la date mentionnée sur l'exploit dans l'interrogatoire que lui a fait subir le président. • Crim. 5 janv. 1984, n° 83-90.810 P. ♦ Les déclarations de l'accusé, qui reconnaît, lors de son interrogatoire par le président, que l'arrêt de renvoi, signifié à parquet, lui a été ultérieurement notifié et qu'il en a reçu une copie, valant preuve de l'accomplissement des formalités prévues par l'art. 268 et couvrant, s'il en existe, les irrégularités affectant l'exploit de signification. • Crim. 6 août 1997, n° 96-85.120 P. ♦ Il n'y a pas violation de l'art. 242 C. instr. crim. (art. 268) et des droits de la défense dans le fait que la copie de l'arrêt de renvoi notifiée à l'accusé contient des ratures et surcharges non approuvées, si ces irrégularités laissent au document signifié toute sa clarté et n'ont pu avoir pour conséquence de tromper l'accusé sur l'accusation dont il était l'objet. • Crim. 28 févr. 1907 : *DP 1907. 1. 391* • 24 févr. 1921 : *Bull. crim. n° 96.*

3. Accusé ne parlant pas ou ne semblant pas parler le français. Ni l'art. 242 C. instr. crim. (art. 268), ni aucun texte de loi n'exige que les notifications faites avant sa comparution devant la cour criminelle à un accusé, ne comprenant pas ou ne comprenant que difficilement la langue française, soient accompagnées d'une traduction ; les prescriptions de l'art. 332 C. instr. crim. (art. 344) ne sont imposées à peine de nullité qu'à partir de l'ouverture des débats. • Crim. 6 déc. 1934 : *DH 1935. 54* • 19 févr. 1925 : *Bull. crim. n° 60.* ♦ L'accusé n'ayant à prendre aucune décision sur-le-champ, au moment de la signification de l'arrêt de renvoi, la présence d'un interprète ne s'impose pas. • Crim. 4 janv. 1980, n° 79-93.219 P. ♦ Est irrecevable le moyen tiré de la violation alléguée de l'art. 6, § 3, Conv. EDH dont excipe l'accusé pour la première fois devant la Cour de cassation, en invoquant l'absence de traduction de l'arrêt de renvoi lors de sa signification et lors de sa lecture à l'audience. • Crim. 8 nov. 1993, n° 93-80.794 P.

4. Accusé en fuite. Lorsque l'accusé est en fuite, et dès lors sans domicile connu, la signification de l'arrêt de renvoi devant une cour d'assises est régulièrement faite au parquet par application des art. 268, dernier al., et 559, et elle fait courir le délai de pourvoi. • Crim. 12 févr. 1975, n° 74-92.620 P • 6 juill. 1977, n° 77-91.741 P : *D. 1977. IR 392* • 2 sept. 1997, n° 97-83.533 P.

5. Accusé non détenu. Il résulte des dispositions conjuguées des art. 268 et 186 que l'ordonnance de mise en accusation doit être signifiée à l'accusé s'il n'est pas détenu. Le délai d'appel ne court qu'à compter de l'accomplissement de cette formalité. • Crim. 6 mars 2002, n° 01-88.483 P.

Art. 269 *(L. n° 2000-516 du 15 juin 2000, art. 136-VIII, en vigueur le 1er janv. 2001)* **« Dès que la décision de mise en accusation est devenue définitive ou, en cas d'appel, dès que l'arrêt de désignation de la cour d'assises d'appel a été signifié », l'accusé, s'il est détenu, est transféré dans la maison d'arrêt du lieu où se tiennent les assises.** — *Pr. pén. C. 458.*

TOM : 834.

Art. 269-1 *(L. n° 2021-1729 du 22 déc. 2021, art. 6-I-4°, en vigueur le 31 déc. 2021)* **Lorsque l'accusé n'a pas été régulièrement informé, selon le cas, de sa mise en examen**

ou de sa qualité de partie à la procédure, de l'avis de fin d'information judiciaire ou de l'ordonnance de mise en accusation et que cette défaillance ne procède pas d'une manœuvre de sa part ou de sa négligence, il peut saisir le président de la chambre de l'instruction, alors même que l'ordonnance de mise en accusation est devenue définitive et au plus tard trois mois avant la date de sa comparution devant la cour d'assises, d'une requête contestant les éventuelles irrégularités de la procédure d'information.

Le président de la chambre de l'instruction statue dans un délai d'un mois, au vu des observations écrites de l'accusé ou de son avocat et des observations écrites du ministère public, par une décision motivée susceptible de pourvoi en cassation.

A défaut pour l'accusé d'avoir exercé ce recours, l'ordonnance de mise en accusation couvre les vices de la procédure.

Art. 270 *(L. n° 2004-204 du 9 mars 2004, art. 149, en vigueur le 1er oct. 2004)* **Si l'accusé est en fuite ou ne se présente pas, il peut être jugé par défaut conformément aux dispositions du chapitre VIII du présent titre.**

Lorsque l'accusé est en fuite, la date de l'audience au cours de laquelle il doit être jugé par défaut doit toutefois lui être signifiée à son dernier domicile connu ou *(L. n° 2008-644 du 1er juill. 2008, art. 6)* **« à étude d'huissier de justice** *[ancienne rédaction : à la mairie de ce domicile]* **» ou, à défaut, au parquet du procureur de la République du tribunal judiciaire où siège la cour d'assises, au moins dix jours avant le début de l'audience.**

Art. 271 **Si l'affaire ne doit pas être jugée au siège de la cour d'appel, le dossier de la procédure est renvoyé par le procureur général au greffe du tribunal judiciaire, où se tiennent les assises.**

Les pièces à conviction sont également transportées au greffe de ce tribunal.

Art. 272 *(L. n° 70-643 du 17 juill. 1970)* **Le président de la cour d'assises interroge l'accusé dans le plus bref délai, après l'arrivée de ce dernier à la maison d'arrêt et la remise des pièces au greffe.**

Si l'accusé est en liberté, il est procédé comme il est dit *(L. n° 2000-516 du 15 juin 2000, art. 82-VII, en vigueur le 1er janv. 2001)* **« à l'article 272-1 ».**

Le président peut déléguer un de ses assesseurs afin de procéder à cet interrogatoire.

Il doit être fait appel à un interprète si l'accusé ne parle ou ne comprend pas la langue française.

Sur les modalités d'exercice du droit à l'assistance d'un interprète et à la traduction de certaines pièces, V. art. préliminaire, 803-5 et D. 594 s.

BIBL. ► BROUCHOT, *JCP 1963. I. 1748.*

1. Nécessité de l'interrogatoire. L'interrogatoire de l'accusé, dès son arrivée dans la maison de justice, est une formalité substantielle dont l'omission ou la constatation irrégulière entraîne la nullité de toute la procédure. • Crim. 1er juill. 1892 : *DP 1892. 5. 364.* ♦ Comp. : • Crim. 24 mars 1971, n° 70-92.649 P.

2. Auteur de l'interrogatoire. Le président de la cour d'assises qui procède à l'interrogatoire prévu par l'art. 272 est celui qui est désigné pour présider la session à la date dudit interrogatoire. • Crim. 31 mai 1978 : *Bull. crim. n° 177.* ♦ Cependant, l'art. 293 C. instr. crim. (art. 272) n'exige pas que l'interrogatoire soit effectué par le président de la session d'assises au cours de laquelle l'accusé sera jugé ; il peut y être procédé par le président de la session en cours. • Crim. 11 déc. 1952 : *D. 1953. 165* • 21 mars 1961, n° 61-90.591 P • 21 août 1986, n° 86-90.653 P. ♦ Un magistrat autre que le président ou l'un des assesseurs a qualité pour procéder à l'interrogatoire. • Crim. 29 mai 1957, n° 1.609 P • 2 févr. 1961, n° 60-94.467 P • 16 sept. 1961, n° 61-93.017 P. ♦ ... Mais méconnaît le droit à un procès équitable le fait que le président de la cour d'assises ayant condamné l'accusé en première instance procède à l'interrogatoire, préalable au procès devant la cour d'assises statuant en appel, dès lors qu'au cours de cet interrogatoire, l'accusé, fût-il assisté d'un avocat, a la faculté de faire des déclarations spontanées sur le fond qui seront recueillies par procès-verbal, et de se désister de son appel. • Crim. 17 avr. 2019, n° 18-83.201 P : *D. 2019. Pan. 1626, obs. Pradel ; Dr. pénal 2019, n° 114, obs. Maron et Haas.*

3. Personnes soumises à l'interrogatoire. Le terme « accusé » employé par l'art. 272 doit s'entendre aussi bien de l'individu renvoyé devant la cour d'assises en raison d'un crime, que de celui qui est impliqué dans la poursuite d'un délit connexe à ce crime. Dès lors les formalités antérieures au débat, notamment l'interrogatoire par le président, doivent être observées à l'égard de tous les individus renvoyés devant la cour d'assises, quelle que soit la qualification des faits qui leur sont imputés. • Crim. 14 mars 1979, n° 78-91.135 P : *RSC 1979. 860, obs. J. Robert.*

4. *Visioconférence et refus de comparaître.* Dès lors que ni l'accusé, ni son avocat, n'ont produit à l'administration pénitentiaire un document médical attestant de l'impossibilité pour l'accusé de rejoindre la salle de visioconférence, et n'ont pas sollicité la venue immédiate d'un médecin afin de constater une telle impossibilité, son absence à l'interrogatoire préalable s'analyse en un refus de comparaître et aucune nullité de la procédure subséquente n'est encourue. • Crim. 9 janv. 2019, n° 17-87.070 P : *Dr. pénal 2019, n° 54, obs. Maron et Haas ; AJ pénal 2019. 213, obs. Lasserre Capdeville ; JCP 2019, n° 638, obs. Collet.*

5. *Moment de l'interrogatoire.* L'art. 272 ne prévoyant aucun délai pour l'interrogatoire de l'accusé en liberté, le président peut y procéder à n'importe quel moment se situant entre la signification de l'arrêt de renvoi et le sixième jour précédant l'ouverture des débats. • Crim. 26 nov. 1980, n° 80-90.405 P.

6. *Objet de l'interrogatoire.* Au cours de l'interrogatoire de l'art. 272, le président des assises n'a pas le pouvoir de provoquer les explications de l'accusé sur le fond de l'affaire. • Crim. 22 déc. 1970, n° 70-91.524 P : *D. 1971. Somm. 52* • 5 mai 1982, n° 81-93.669 P : *RSC 1983. 489, obs. J. Robert.* ♦ Cependant, le président peut recueillir au cours de l'interrogatoire les déclarations que l'accusé estimerait devoir lui faire et peut même lui demander s'il ne désire faire aucune déclaration, à la seule condition que s'il résulte de ces déclarations qu'un supplément d'information est nécessaire, le président se conforme aux dispositions de l'art. 283. • Crim. 14 janv. 1960 : *D. 1960. 156.*

7. *Interprète lors de l'interrogatoire.* Les art. 344 et 407 qui règlent le cas où doit avoir lieu la désignation d'un interprète ne s'étendent pas à l'interrogatoire du président. • Crim. 12 nov. 1964 : *D. 1965. Somm. 43* • 21 déc. 1977, n° 77-91.810 P : *D. 1978. IR 317* • 4 janv. 1980, n° 79-93.219 P. ♦ L'art. 272 laisse à l'appréciation du président le soin de décider si l'accusé doit être assisté d'un interprète. • Crim. 29 janv. 1970, n° 69-90.778 P • 4 janv. 1980 : *préc.* ♦ L'art. 272, dernier al., ne prescrit pas que l'interprète soit âgé de plus de vingt et un ans, ni qu'il soit assermenté ou ait à prêter serment. • Crim. 12 janv. 1966, n° 65-92.461 P : *D. 1966. Somm. 51* • 7 sept. 1974, n° 74-90.912 P. – V. art. 273.

8. *Inutilité d'un nouvel interrogatoire après renvoi de cassation.* L'interrogatoire n'a pas à être obligatoirement renouvelé par le président des assises devant lesquelles l'affaire revient après cassation de l'arrêt de condamnation. Il suffit que le président s'assure que l'accusé est assisté du même avocat qui avait assuré sa défense. • Crim. 31 mai 1949 : *D. 1949. 348* • 9 nov. 1954 : *D. 1955. Somm. 26* • 9 févr. 1961 : *D. 1962. 20, note F. C.* • 7 juin 1972, n° 72-90.354 P : *D. 1972. Somm. 197* • 21 févr. 1979, n° 78-93.190 P.

Art. 272-1 *(L. n° 2000-516 du 15 juin 2000, art. 82-VIII, en vigueur le 1er janv. 2001)* **Si l'accusé, après avoir été convoqué par la voie administrative au greffe de la cour d'assises, ne se présente pas, sans motif légitime d'excuse, au jour fixé pour être interrogé par le président de la cour d'assises, ce dernier peut, par décision motivée,** *(L. n° 2004-204 du 9 mars 2004, art. 100, en vigueur le 1er oct. 2004)* **« décerner mandat d'arrêt** *[ancienne rédaction : mettre à exécution l'ordonnance de prise de corps]* **».**

Pendant le déroulement de l'audience de la cour d'assises, la cour peut également, sur réquisition du ministère public, *(L. n° 2004-204 du 9 mars 2004, art. 100, en vigueur le 1er oct. 2004)* **« décerner mandat de dépôt ou d'arrêt** *[ancienne rédaction : ordonner la mise à exécution de l'ordonnance de prise de corps]* **» si l'accusé se soustrait aux obligations du contrôle judiciaire ou s'il apparaît que la détention est l'unique moyen d'assurer sa présence lors des débats ou d'empêcher des pressions sur les victimes ou les témoins. Dès le début de l'audience, la cour peut aussi, sur les réquisitions du ministère public, ordonner le placement de l'accusé sous contrôle judiciaire afin d'assurer sa présence au cours des débats ou empêcher des pressions sur les victimes ou les témoins. Les dispositions du présent alinéa sont également applicables aux personnes renvoyées pour délits connexes.**

A tout moment, la personne peut demander sa mise en liberté devant la cour.

Les ordonnances de prise de corps décernées avant le 1er oct. 2004 valent mandat de dépôt lorsque l'accusé est détenu en vertu de ce titre (L. n° 2004-204 du 9 mars 2004, art. 208).

1. *Conséquences d'une ordonnance de prise de corps définitive.* L'ordonnance de prise de corps devenue définitive est immédiatement exécutoire lorsque la personne renvoyée devant la cour d'assises faisait l'objet au cours de l'information d'un titre de détention, tel un mandat d'arrêt décerné par la juridiction d'instruction, auquel elle se substitue. • Crim. 11 juill. 2001, n° 01-83.305 P.

2. *Ordonnance de prise de corps et interpellation postérieure au 1er oct. 2004.* Le JLD est compétent pour décerner un mandat de dépôt et placer en détention provisoire, en application des dispositions de l'art. 135-2, le prévenu contre lequel une ordonnance de prise de corps avait été prise par le président de la cour d'assises avant l'entrée en vigueur de la L. n° 2004-204 du 9 mars 2004. • Crim. 16 mars 2005, n° 04-87.795 P.

3. Ordonnance de prise de corps et Convention européenne des droits de l'homme. Tant que l'ordonnance de prise de corps n'est pas mise à exécution, le cas échéant par application des art. 141-2 et 272-1, le demandeur, qui n'est pas privé de sa liberté, ne saurait se prévaloir d'une prétendue méconnaissance de l'art. 5 Conv. EDH. • Crim. 23 janv. 2002, n° 01-87.618.

Art. 273 *(L. n° 2014-535 du 27 mai 2014, art. 8, en vigueur le 2 juin 2014)* **« Après avoir, s'il y a lieu, informé l'accusé de son droit d'être assisté par un interprète, le président l'interroge » sur son identité et s'assure que celui-ci a reçu** *(L. n° 2004-204 du 9 mars 2004, art. 127-I)* **« notification »** *(L. n° 2000-516 du 15 juin 2000, art. 136-IX, en vigueur le 1er janv. 2001)* **« de la décision de mise en accusation ou, en cas d'appel, de l'arrêt de désignation de la cour d'assises d'appel ».**

L'art. 273, suivant lequel le président s'assure que l'accusé a reçu signification de l'arrêt de renvoi, n'exige pas que le président interroge spécialement l'accusé sur ce point. • Crim. 29 oct. 1968, n° 68-91.130 P : *D. 1969. 11* • 27 avr. 1976, n° 76-90.054 P.

Art. 274 **L'accusé est ensuite invité à choisir un** *(L. n° 93-2 du 4 janv. 1993)* **« avocat » pour l'assister dans sa défense.**

Si l'accusé ne choisit pas son *(L. n° 93-2 du 4 janv. 1993)* **« avocat », le président ou son délégué lui en désigne un d'office.**

Cette désignation est non avenue si, par la suite, l'accusé choisit un *(L. n° 93-2 du 4 janv. 1993)* **« avocat ».**

1. Droits de la défense. Le président peut désigner un défenseur unique pour plusieurs accusés. • Crim. 15 déc. 1892 : *DP 1894. 1. 139* • 29 avr. 1909 : *Bull. crim. n° 233* • 29 juin 1923 : *Bull. crim. n° 245.*

2. Aucune nullité ne résulte des irrégularités de forme du procès-verbal d'interrogatoire dans la partie qui a trait à la désignation d'un conseil, s'il est constant en fait que l'accusé a été assisté d'un conseil lors du tirage au sort du jury et pendant tout le cours des débats. • Crim. 11 avr. 1924 : *Bull. crim. n° 171* • 27 avr. 1976, n° 76-90.054 P.

3. L'absence du conseil pendant tout ou partie des débats n'entraîne nullité de la procédure qu'autant que cette absence est le fait de la cour, du président ou du ministère public. • Crim. 21 juin 1950 : *D. 1950. 501.*

4. Le respect des droits de la défense est assuré dès lors qu'en l'absence du défenseur choisi par l'accusé celui-ci a été assisté pendant toute la durée des débats par un avocat commis d'office qui avait obtenu un délai pour préparer la défense. La nécessité d'assurer la continuité du cours de la justice et celle de permettre le jugement des procès dans un délai raisonnable s'opposent à ce que l'absence du défenseur choisi par l'accusé entraîne nécessairement le renvoi de l'affaire. • Crim. 5 déc. 1990, n° 90-81.761 P.

5. Absence de l'avocat. Dès lors que l'avocat de l'accusé a été régulièrement avisé de la date de l'audience à laquelle la demande de mise en liberté serait examinée, sa présence lors des débats n'est pas indispensable à la régularité de la procédure. • Crim. 19 sept. 2001, n° 00-87.685.

6. Choix de l'avocat et refus de renvoi. Si l'art. 274, comme l'art. 6, § 3 c), Conv. EDH, reconnaissent à l'accusé le droit de choisir librement son défenseur, la nécessité d'assurer la continuité du cours de la justice et celle de permettre le jugement des accusés dans un délai raisonnable font obstacle à ce que l'absence du défenseur choisi entraîne nécessairement le renvoi de l'affaire. • Crim. 5 déc. 1990, n° 90-81.761 P.

Art. 275 *(L. n° 93-2 du 4 janv. 1993)* **A titre exceptionnel, le président peut autoriser l'accusé à prendre pour conseil un de ses parents ou amis.**

Art. 276 **L'accomplissement des formalités prescrites par les articles 272 à 275 est constaté par un procès-verbal que signent le président ou son délégué, le greffier, l'accusé et, s'il y a lieu, l'interprète.**

Si l'accusé ne sait ou ne veut signer, le procès-verbal en fait mention.

1. Le procès-verbal est un acte essentiel. • Crim. 11 août 1921 : *Bull. crim. n° 343.* ♦ Il ne saurait être remplacé par un certificat du président. • Même arrêt.

2. L'omission de la date du procès-verbal d'interrogatoire préalable constitue une cause de nullité, à moins que l'acte lui-même ou certaines pièces de la procédure ne permettent de suppléer à cette omission et de vérifier que le délai prescrit par l'art. 277 a été observé ou encore que l'accusé et son conseil aient expressément renoncé à ce délai. • Crim. 4 avr. 1979, n° 78-92.893 P.

3. Les signatures du président et du greffier sont substantielles. • Crim. 13 févr. 1946 : *Bull. crim. n° 53* • 2 juill. 1958, n° 58-91.055 P • 20 juill. 1965, n° 64-93.826 P : *D. 1966. Somm. 3* • 18 nov. 1970, n° 70-91.100 P • 24 nov. 1971, n° 71-91.953 P. ♦ Mais il n'est pas exigé que leurs signatures figurent dans le contexte même de l'interrogatoire ; il suffit qu'elles aient été apposées régulièrement au bas de cet acte. • Crim. 30 nov. 1971, n° 71-92.188 P.

4. Aucune nullité ne résulte de ce que, dans le procès-verbal d'interrogatoire préalable, certaines réponses de l'accusé sont constatées par des formules imprimées. • Crim. 8 déc. 2004, n° 04-80.790 P : *JCP 2005. IV. 1302.*

Art. 276-1 *(L. n° 2021-1729 du 22 déc. 2021, art. 6-I-5°, en vigueur le 1er mars 2022)* **Après avoir procédé à l'interrogatoire de l'accusé en application de l'article 272, le président de la cour d'assises organise en chambre du conseil une réunion préparatoire criminelle. Si l'accusé est en détention provisoire, le président de la cour d'assises sollicite la communication d'une copie de son dossier individuel de détention. La réunion se tient en présence du ministère public et des avocats de l'ensemble des parties, le cas échéant par tout moyen de télécommunication, afin de rechercher un accord sur la liste des témoins et des experts qui seront cités à l'audience, sur leur ordre de déposition et sur la durée de l'audience, notamment lorsqu'il a été fait application de l'article 380-2-1 A.**

Si un accord intervient, il ne fait obstacle, en cas de nécessité, ni à la possibilité pour le ministère public et les parties de citer d'autres témoins ou experts que ceux qui avaient été prévus, ni à une modification de leur ordre de déposition. A défaut d'accord, il est procédé dans les conditions prévues aux articles 277 à 287.

L'art. 276-1 est applicable aux procédures dans lesquelles la décision de renvoi de l'accusé a été rendue après le 1er mars 2022. Lorsque la décision a été rendue avant cette date, le président de la cour d'assises ou de la cour criminelle départementale peut cependant organiser une réunion préparatoire dans les conditions prévues à cet art. (L. n° 2021-1729 du 22 déc. 2021, art. 59-III).

V. art. D. 45 s.

Art. 277 Les débats ne peuvent s'ouvrir moins de cinq jours après l'interrogatoire par le président de la cour d'assises. L'accusé et son *(L. n° 93-2 du 4 janv. 1993)* **« avocat » peuvent renoncer à ce délai.**

1. L'omission de la date du procès-verbal d'interrogatoire préalable constitue une cause de nullité, à moins que l'acte ou certaines pièces de la procédure ne permettent de suppléer à cette omission et de vérifier que le délai de l'art. 277 a été observé ou qu'il y a eu renonciation. • Crim. 27 oct. 1965, n° 65-91.686 P : *RSC 1966. 97, obs. J. Robert* • 4 avr. 1979, n° 78-92.893 P.

2. La renonciation prévue à l'art. 277 doit être expresse. • Crim. 21 oct. 1964, n° 64-91.595 P.

3. La renonciation du seul accusé est insuffisante s'il ne résulte d'aucune pièce de la procédure que son conseil ait également renoncé au délai. • Crim. 26 janv. 1983, n° 82-93.124 P : *D. 1983. IR 208.*

Art. 278 L'accusé ne cesse pas de pouvoir communiquer librement avec son *(L. n° 93-2 du 4 janv. 1993)* **« avocat ».**

(L. n° 93-2 du 4 janv. 1993) **« L'avocat » peut prendre sur place communication de toutes les pièces du dossier sans que cette communication puisse provoquer un retard dans la marche de la procédure.**

I. RÈGLES NATIONALES

A. PRINCIPE DE LIBRE COMMUNICATION DE L'ACCUSÉ AVEC SON AVOCAT

1. Affirmation du principe. Le principe de libre communication de l'accusé avec son défenseur est d'ordre public. • Crim. 31 déc. 1897 : *S. 1898. 1. 247* • 15 févr. 1906 : *D. 1906. 1. 160.*

2. Conséquences du principe. C'est le dossier complet qui doit être communiqué, y compris le supplément d'information. • Crim. 9 août 1948 : *Bull. crim. n° 231.* ♦ Doit être annulé pour violation des droits de la défense l'arrêt duquel il résulte que des pièces nouvelles ont été versées aux débats sans avoir été communiquées à l'accusé ou à son défenseur, et qui refuse le renvoi de l'affaire à la prochaine session, par l'unique motif que ces pièces nouvelles auraient été produites à titre de simple renseignement. • Crim. 8 sept. 1887 : *Bull. crim. n° 333.* ♦ Jugé de même que doit être cassé pour violation des droits de la défense l'arrêt de condamnation prononcé contre un accusé, lorsque, d'aucune pièce ou d'aucune mention, il ne résulte soit une preuve, soit une présomption quelconque que l'instruction complémentaire à laquelle il a été procédé par le président des assises ait été communiquée à la défense. • Crim. 15 juill. 1909 : *Bull. crim. n° 378* • 4 juin 1959, n° 59-90.381 P.

B. LIMITES DU PRINCIPE DE LIBRE COMMUNICATION DE L'ACCUSÉ AVEC SON AVOCAT

3. Limites. En l'absence de tout incident soulevé de ce chef à l'audience par l'accusé ou son défenseur et relaté au procès-verbal, il y a présomption légale que toutes les pièces dont il a été fait état aux débats ont été, sous la surveillance et le contrôle du président de la cour d'assises, mises intégralement à la disposition de la défense dans les conditions prévues par l'art. 278. • Crim. 28 mars 1963, n° 62-93.348 P (instruction complémentaire prescrite par la chambre d'accusation). ♦ Il résulte des dispositions combinées des art. 271, 278 et 341 que doivent être mises à la disposition de la défense, durant la phase préparatoire aux sessions d'assises, les seules pièces du dossier, à l'exclusion des pièces à conviction. • Crim. 8 janv. 1992, n° 91-81.689 P.

II. RÈGLES EUROPÉENNES

4. Choix de l'interprète. Ne méconnaît pas les dispositions des art. 278 et 6, § 3, Conv. EDH la cour d'assises qui, après avoir ordonné le huis clos, refuse d'autoriser la présence d'un interprète officieux, choisi par l'accusé, dès lors, d'une part, qu'un interprète a effectivement été commis par le président, conformément aux dispositions de l'art. 344, afin de permettre à l'accusé de suivre les débats, et de communiquer chaque fois qu'il était nécessaire avec son conseil, d'autre part, que le procès-verbal des débats constate que l'interprète a assisté l'accusé chaque fois qu'il a été nécessaire. • Crim. 2 févr. 1994, n° 93-80.938 P.

Art. 279 **Il est délivré gratuitement à chacun des accusés** *(L. n° 90-589 du 6 juill. 1990)* **« et parties civiles » copie des** *(L. n° 2014-535 du 27 mai 2014, art. 10, en vigueur le 2 juin 2014)* **« pièces du dossier de la procédure ».**

Sur les modalités d'exercice du droit à l'assistance d'un interprète et à la traduction de certaines pièces, V. art. préliminaire, 803-5 et D. 594 s.

1. Nature de la formalité. La remise gratuite à l'accusé des pièces énoncées à l'art. 305 C. instr. crim. (art. 279) n'est pas prescrite à peine de nullité. • Crim. 14 avr. 1892 : *Bull. crim. n° 109* • 21 mars 1912 : *Bull. crim. n° 164* • 20 juin 1912 : *ibid. n° 325* • 28 nov. 1963, n° 63-91.667 P • 20 oct. 1982, n° 82-90.890 P • 1er juin 1988 (arrêt n° 2), n° 87-83.312 P.

2. Conséquence. On ne peut puiser dans la remise tardive des pièces qu'un motif de surseoir aux débats, et, si ce sursis n'a été demandé ni avant l'ouverture ni au cours des débats, le défenseur ne peut transformer devant la Cour de cassation en moyen de nullité le retard qui aurait été apporté à la délivrance des copies des pièces de l'instruction. • Crim. 12 avr. 1888 : *Bull. crim. n° 138.* ♦ La cour apprécie souverainement l'opportunité du sursis sollicité. • Crim. 21 janv. 1928 : *Bull. crim. n° 28* • 29 juin 1983, n° 82-93.080 P.

3. Domaine du texte. L'art. 279 n'exige pas l'établissement d'un inventaire détaillé. • Crim. 31 janv. 1979, n° 78-92.168 P : *D. 1979. IR 299.* ♦ Un rapport de police résumant le résultat d'une enquête n'entre pas dans l'énumération limitative de l'art. 279. • Crim. 10 mai 1961 : *Bull. crim. n° 250.* ♦ Même solution pour une note de renseignements. • Crim. 4 mars 1970 : *Bull. crim. n° 91.*

4. Droit européen. Si, en application de l'art. 6, § 3 *b)*, Conv. EDH, tout accusé a droit de disposer du temps et des facilités nécessaires pour préparer sa défense, il ne saurait cependant tirer argument d'une situation qu'il a délibérément provoquée – en l'espèce, son placement en quartier d'isolement – pour prétendre qu'il a été privé du droit d'accéder à son dossier, et tenter d'entraver le cours de la justice en demandant plusieurs fois le renvoi de l'affaire. • Crim. 5 juin 1996, n° 95-84.066 P.

Art. 280 *(Abrogé par L. n° 2014-535 du 27 mai 2014, art. 10, à compter du 2 juin 2014)* ***L'accusé et la partie civile, ou leurs*** *(L. n° 93-2 du 4 janv. 1993)* ***« avocats », peuvent prendre ou faire prendre copie, à leurs frais, de toutes pièces de la procédure.***

Art. 281 *(Ord. n° 60-529 du 4 juin 1960)* **« Le ministère public et la partie civile signifient à l'accusé, l'accusé signifie au ministère public et, s'il y a lieu, à la partie civile,** *(L. n° 2004-204 du 9 mars 2004, art. 150)* **« dès que possible et »** *(L. n° 2019-222 du 23 mars 2019, art. 63 et 109-XIII, en vigueur le 1er juin 2019)* **« un mois** *[ancienne rédaction : vingt-quatre heures]* **» au moins avant l'ouverture des débats, la liste des personnes qu'ils désirent faire entendre en qualité de témoins.**

« Les noms des experts appelés à rendre compte des travaux dont ils ont été chargés au cours de l'information doivent être signifiés dans les mêmes conditions.

« L'exploit de signification doit mentionner les nom, prénoms, profession et résidence de ces témoins ou experts. »

(L. n° 94-89 du 1er févr. 1994) **« Les citations faites à la requête des parties sont à leurs frais, ainsi que les indemnités des témoins cités, s'ils en requièrent. Toutefois, le ministère public est tenu de citer à sa requête les témoins, dont la liste lui a été communiquée par les parties,** *(L. n° 2019-222 du 23 mars 2019, art. 63 et 109-XIII, en vigueur le 1er juin 2019)* **« un mois et dix jours** *[ancienne rédaction : cinq jours]* **» au moins avant l'ouverture des débats ; cette liste ne peut comporter plus de cinq noms. »**

1. Absence de nullité. Les prescriptions de l'art. 281 ne sont pas prévues à peine de nullité. • Crim. 24 nov. 1971, n° 71-91.953 P. ♦ Si l'art. 281, al. 3, prévoit que l'acte de signification doit mentionner les nom, prénoms, profession et résidence des témoins ou experts, ces prescriptions ne sont pas prévues à peine de nullité. En outre, il ne résulte pas du procès-verbal des débats que l'accusé ou son avocat aient formulé d'observation quelconque lors de l'audition des experts. Dès lors, aucune atteinte n'a été portée aux droits de la défense. • Crim. 22 juin 2016, n° 15-82.685 P : *D. 2016. Actu. 1433* ; *Gaz. Pal. 4 oct. 2016, p. 62, note Fourment.*

2. Preuve du respect de l'art. 281. Les mentions de l'exploit de signification attestant la remise à l'accusé de la copie de la liste des témoins et des experts suffisent à établir qu'il a été satisfait aux prescriptions de l'art. 281, dès lors qu'il ne résulte pas du procès-verbal des débats que l'accusé ou son conseil se soient opposés à l'audition sous serment des témoins signifiés ou aient formulé une observation quelconque lors de l'audition des experts. • Crim. 5 janv. 1984, n° 83-90.810 P.

3. Citation des témoins. Le ministère public n'est pas tenu de faire citer les témoins que l'accusé lui indique. • Crim. 20 mars 1903 : *D. 1903. 1. 200.* ♦ Ce dernier peut citer lui-même tous les témoins dont la déposition lui paraît utile à sa défense et son abstention d'user de cette faculté ne peut lui fournir un moyen de cassation. • Même arrêt.

4. Quand la liste des témoins a été notifiée à l'accusé la veille de l'ouverture des débats, il y a présomption que cette notification a été faite vingt-quatre heures avant l'examen des témoins. • *Crim. 11 août 1922 : D. 1922. 1. 239.*

5. Les dispositions jurisprudentielles combinées des art. 281 et 550 n'imposent, en elles-mêmes, aucun ordre d'antériorité entre le ministère public et les parties, dans la communication des noms des témoins dont ils sollicitent la comparution devant la cour d'assises. Elles s'appliquent de la même manière aux accusés et aux parties civiles ; il n'en résulte, dès lors, aucun manquement au principe d'égalité. Par ailleurs la dénonciation des témoins doit intervenir un mois au moins avant l'ouverture des débats, ce qui permet à l'accusé de faire citer lui-même les témoins dont l'audition lui paraît utile, en étant dispensé des frais de citation si ses ressources sont insuffisantes et s'il a été admis au bénéfice de l'aide juridictionnelle. • Crim. 9 mars 2022, n° 21-82.136 P.

6. Le défaut ou l'irrégularité de la notification de la liste des témoins donne seulement à l'accusé le droit de s'opposer à l'audition de ces témoins. • Crim. 20 déc. 1945 : *D. 1946. 135.* ♦ L'absence de signification de la liste des témoins ne peut conduire à l'annulation de la déclaration de la cour d'assises sur la culpabilité et sur la peine, mais permet seulement à la partie à qui la signification n'a pas été faite de s'opposer à l'audition du témoin dont elle ignorait qu'il allait comparaître, la cour pouvant, par arrêt incident, ordonner l'audition du témoin en cause, ainsi que le prévoit l'art. 330. • Crim. 9 mars 2022, n° 21-82.136 P.

7. Experts. Tout expert cité et dénoncé et même simplement cité ou dénoncé dans les conditions prescrites par l'art. 281 est acquis aux débats et doit, avant son audition, prêter le serment prescrit par l'art. 168, al. 1er. • Crim. 28 juin 1966, n° 65-92.836 P.

8. Aucun texte n'exige que tous les experts commis au cours de l'information comparaissent devant la cour d'assises. Les experts rédacteurs ou signataires d'un rapport commun peuvent prendre accord pour être représentés à la barre par certains d'entre eux. L'absence d'observation ou de réclamation de l'accusé ou de son avocat, tendant à l'audition des experts non comparants, implique une renonciation tacite de la défense à leur audition. • Crim. 6 août 1996, n° 95-86.050 P.

9. La signification de la liste des experts n'est pas prescrite à peine de nullité. • Crim. 9 mars 2022, n° 21-82.136 P.

Art. 282 **La liste des jurés de session telle qu'elle a été arrêtée conformément aux prescriptions de l'article 266 est** *(Ord. n° 60-529 du 4 juin 1960)* **« signifiée » à chaque accusé au plus tard l'avant-veille de l'ouverture des débats.**

(L. n° 83-466 du 10 juin 1983 ; L. n° 94-89 du 1er févr. 1994) **« Cette liste doit contenir des indications suffisantes pour permettre l'identification des jurés, à l'exception de celles concernant leur domicile ou résidence. »**

1. Importance de la signification. La signification de la liste des jurés est une formalité substantielle dont l'accomplissement doit être constaté à peine de nullité. • Crim. 26 mai 1922 : *Bull. crim. n° 197* • 6 oct. 1971, n° 71-90.699 P : *D. 1971. 705.* ♦ Comp. : C'est à tort qu'une cour d'assises a énoncé que les accusés ne rapportaient pas la preuve de l'irrégularité de la signification de la liste de jurés, sans constater la présence, à la procédure, de l'acte en cause, ou de la remise régulière des listes aux accusés, dans les formes de l'art. 555-1. Toutefois, la nullité de la procédure n'est pas encourue car le procès-verbal des débats indique qu'avant l'ouverture de l'audience, le greffier de la cour d'assises a porté à la connaissance des accusés la liste du jury de session, telle qu'elle résultait de la révision et que l'accomplissement de cette formalité, prévue par l'art. 292, a mis les accusés en mesure d'exercer leurs droits de récusation. • Crim. 9 mars 2022, n° 21-82.136 P.

2. Destinataire de la signification. La signification à la personne de l'accusé n'est exigée que si celui-ci est détenu ; elle peut lui être faite à son domicile s'il est en liberté. • Crim. 9 août 1949 : *D. 1949. 425.* ♦ ... Ou plus généralement lorsqu'il n'est pas sous main de justice. • Crim. 9 févr. 1961 : *D. 1962. 20, note F. C.* • 7 déc. 1966, n° 66-91.247 P : *D. 1966. Somm. 22.*

3. Date de la signification. Si la signification a eu lieu trop tôt, cette circonstance, toute en faveur de l'accusé, ne peut être invoquée par lui comme moyen de cassation. • Crim. 28 févr. 1889 : *DP 1890. 1. 190.* ♦ Mais la nullité résultant de l'inobservation du délai ne peut être couverte par l'adhésion de l'accusé. • Crim. 6 juin 1890 : *DP 1890. 1. 492* • 30 janv. 1892 : *ibid. 1892. 1. 495.*

4. Défauts dans la signification. L'omission du nom d'un des jurés de jugement sur la liste du jury notifiée à l'accusé emporte nullité du tirage au sort du jury de jugement, des débats et de l'arrêt. • Crim. 25 mai 1972, n° 78-90.028 P. ♦ Il en est de même d'une liste n'indiquant pas les date, lieu de naissance et profession des jurés. • Crim. 17 avr. 1985, n° 84-93.309 P. ♦ Toutefois le fait que la profession d'un juré n'est indiquée que de manière imprécise ou selon une formule abrégée ne saurait entraîner aucune nullité lorsque les autres énonciations permettent à l'accusé d'identifier le juré et d'exercer son droit de récusation. • Crim. 6 déc. 1934 : *DH 1935. 54* • 8 mars 1977, n° 76-92.796 P : *D. 1977. IR 241, obs. Puech.* ♦ A défaut d'indication de la profession, la mention de la qualité d'adjoint au maire suffit. • Crim. 2 août 1951 : *D. 1951. 684.* ♦ L'absence de réclamation relative à la mention ambiguë de la profession d'un juré sur la liste de session implique que les accusés ont jugé les autres énonciations suffisantes pour leur permettre d'exercer leur droit de récusation. • Crim. 30 nov. 1977, n° 77-92.173 P.

5. Accusé non francophone. Aucun texte de loi n'exige que les notifications faites avant sa comparution à un accusé ne comprenant pas ou ne comprenant que difficilement la langue française soient accompagnées d'une traduction. Les prescriptions de l'art. 332 C. instr. crim. (art. 344) ne sont imposées à peine de nullité qu'à partir des débats. • Crim. 6 déc. 1934 : *DH 1935. 54.*

SECTION II DES ACTES FACULTATIFS OU EXCEPTIONNELS

Art. 283 **Le président, si l'instruction lui semble incomplète ou si des éléments nouveaux ont été révélés depuis sa clôture, peut ordonner tous actes d'information qu'il estime utiles.**

(Ord. n° 60-529 du 4 juin 1960) **« Il y est procédé soit par le président, soit par un de ses assesseurs ou un juge d'instruction qu'il délègue à cette fin. Dans ce cas, les prescriptions du chapitre Ier du titre III du livre Ier doivent être observées, à l'exception de celles de l'article 167. »** — *Pr. pén. C. 477 à C. 479.*

I. DÉFINITION DU SUPPLÉMENT D'INFORMATION

1. Ce que n'est pas le supplément d'information. En ordonnant l'examen médical de l'accusé à l'effet de dire si son état de santé est compatible avec la détention, le président ne procède pas à un supplément d'information au sens des art. 283 et 284. • Crim. 15 févr. 1966, n° 65-92.650 P. ♦ Même solution pour l'examen médical visant à déterminer si l'état de santé de l'accusé lui permet de subir l'interrogatoire et de comparaître ultérieurement devant la cour d'assises. • Crim. 10 avr. 1962, n° 61-93.634 P. ♦ Ne constitue pas un acte d'instruction le fait par le président de s'être rendu sur les lieux du crime avant l'ouverture des débats dès lors qu'il n'est pas établi qu'il se soit proposé d'autre but que de remplir ses fonctions ni qu'il y ait eu atteinte aux droits de la défense. • Crim. 17 oct. 1968, n° 68-91.255 P : *D. 1968. Somm. 15 ; D. 1969. 449, rapp. Chapar ; JCP 1969. II. 15780, note Vitu.*

2. Ce qu'est le supplément d'information. La visite des lieux par le président, qui s'est fait accompagner par une personne appelée à témoigner à l'audience et dont les déclarations ne pouvaient dès lors être provoquées ou reçues que dans les conditions et selon les formes exigées par les art. 283 et 284 a le caractère d'un acte d'information complémentaire soumis aux règles édictées par ces textes. • Crim. 30 avr. 1969, n° 69-90.721 P : *JCP 1970. II. 16448, note Boyer.*

♦ Le président des assises peut entendre ou faire entendre par commission rogatoire, avec prestation de serment, non seulement des témoins nouveaux, mais aussi des témoins déjà entendus dans l'instruction écrite. • Crim. 31 janv. 1895 : *DP 1899. 1. 462.* ♦ L'art. 303 C. instr. crim. (art. 283) n'interdit pas la confrontation des témoins avec l'accusé. • Crim. 26 juill. 1912 : *Bull. crim. n° 429.*

II. MODALITÉS DU SUPPLÉMENT D'INFORMATION

3. Opportunité d'un débat contradictoire. Les dispositions de l'art. 145-2 ne sont pas applicables devant le juge désigné en vertu de l'art. 283, al. 2 pour procéder à un supplément d'information ; ainsi, lorsque le président de la cour d'assises a prescrit un supplément d'information et délégué un juge d'instruction à cette fin alors que l'intéressé avait déjà été renvoyé devant la cour d'assises des mineurs et qu'une ordonnance de prise de corps avait été décernée à son encontre, il n'appartenait pas à ce juge délégué d'organiser un débat contradictoire en vue de la prolongation de la détention provisoire au-delà d'un an, les dispositions de l'art. 145-2 relatives au renouvellement de la détention provisoire n'étant applicables que jusqu'à l'ordonnance de règlement. • Crim. 3 mai 1993, n° 93-80.780 P.

4. Pouvoirs du président. Le pouvoir attribué au président de la cour d'assises par l'art. 283 de procéder ou de faire procéder à un complément d'information confère à ce magistrat un droit propre dont il apprécie souverainement s'il y a lieu, ou non, de faire usage. Sa décision à cet égard n'est soumise à aucune forme. • Crim. 25 févr. 1968, n° 68-93.098 P.

Art. 284 **Les procès-verbaux et autres pièces ou documents réunis au cours du supplément d'information sont déposés au greffe et joints au dossier de la procédure.**

Ils sont mis à la disposition du ministère public et des parties qui sont avisés de leur dépôt par les soins du greffier.

Le procureur général peut, à tout moment, requérir communication de la procédure à charge de rendre les pièces dans les vingt-quatre heures. — *Pr. pén. C. 480.*

En communiquant aux parties, avant l'audition de l'expert, les conclusions du rapport de l'expertise qu'il a ordonnée antérieurement à l'ouverture de la session, le président ne méconnaît pas le principe de l'oralité des débats mais se conforme aux dispositions de l'art. 284, selon lequel les procès-verbaux et autres pièces ou documents réunis au cours d'un supplément d'information doivent être portés à la connaissance du ministère public et des parties et mis à leur disposition pour leur permettre de les consulter. • Crim. 13 oct. 1993, n° 93-80.528 P.

Art. 285 **Lorsqu'à raison d'un même crime plusieurs arrêts de renvoi ont été rendus contre différents accusés, le président peut, soit d'office, soit sur réquisition du ministère public, ordonner la jonction des procédures.**

Cette jonction peut également être ordonnée quand plusieurs arrêts de renvoi ont été rendus contre un même accusé pour des infractions différentes. — *Pr. pén. C. 285.*

1. Jonction des procédures. La jonction des procédures constitue une mesure d'ordre prise par le président de la cour d'assises dans l'intérêt d'une bonne administration de la justice, et dont l'accusé ne peut faire grief dès lors qu'elle n'a pu lui porter aucun préjudice. • Crim. 18 août 1903 : *Bull. crim. n° 302.* ♦ Il s'agit d'un acte facultatif et exceptionnel qui ne relève, sauf incident contentieux entrant dans les prévisions des art. 305-1 et 316, que de l'appréciation du président de la cour d'assises et qui, échappant au contrôle de la Cour de cassation, n'est susceptible d'aucune voie de recours. La non-admission du pourvoi est constatée par le président de la chambre criminelle conformément à l'art. 567-1. • Crim. 25 oct. 1996, n° 96-85.076 P.

2. Les ordonnances de jonction n'ont pas à être signifiées aux accusés ou à leurs conseils ou à être portées à leur connaissance. • Crim. 23 janv. 1963, n° 62-92.357 P : *D. 1963. Somm. 75* • 2 mars 1967, n° 66-93.959 P. ♦ ... Et elles ne nécessitent pas l'assistance d'un greffier. • Même arrêt.

3. N'est pas contraire aux dispositions des art. 6, § 1, et 6, § 3 *b)* Conv. EDH l'ordonnance de jonction dès lors que les procédures jointes concernaient des faits différents commis par les mêmes accusés et que ceux-ci ont eu connaissance de l'ordonnance au plus tard lors de la signification des listes de témoins et d'experts dans les différentes procédures dont la jonction a été ordonnée. • Crim. 28 oct. 1992, n° 92-80.726 P.

Art. 286 **Quand l'arrêt de renvoi vise plusieurs infractions non connexes, le président peut, soit d'office, soit sur réquisition du ministère public, ordonner que les accusés ne soient immédiatement poursuivis que sur l'une ou quelques-unes de ces infractions.**

1. Disjonction. La disjonction des accusations est une mesure d'ordre prise par le président des assises dans l'intérêt d'une bonne administration de la justice et qui ne donne ouverture à cassation dès lors qu'elle a été prononcée par une ordonnance régulière n'ayant fait l'objet d'aucune réclamation devant la cour d'assises. • Crim. 18 avr. 1948 : *Bull. crim. n° 118.* ♦ ... Ou dès lors qu'elle ne porte pas préjudice à la défense de l'accusé. • Crim. 8 oct. 1969, n° 69-90.735 P : *D. 1970. Somm. 51.*

2. Les dispositions de l'art. 286 ne sont ni limitatives, ni absolues, mais simplement énonciatives. • Crim. 27 mai 1964, n° 64-90.106 P • 8 oct. 1969 : *préc. note 1* • 2 déc. 1964, n° 64-92.281 P.

3. Disjonction antérieure au tirage au sort du jury. Une cour d'assises peut valablement rendre un arrêt ordonnant une disjonction de l'accusation à l'égard d'un coaccusé en fuite, sur réquisitions du ministère public et après audition des parties présentes ou de leurs conseils, après l'ouverture de l'audience et avant le tirage au sort du jury de jugement, la cour étant déjà constituée, et ayant compétence pour répondre aux réquisitions ou aux conclusions qui lui sont présentées. • Crim. 12 mai 1999, n° 98-84.410.

Art. 286-1 *(L. n° 2011-525 du 17 mai 2011, art. 156-12°)* **Lorsque, par suite d'une disjonction des poursuites, d'un appel ou de toute autre cause, la cour d'assises ne se trouve saisie que du renvoi devant elle d'un ou plusieurs accusés, uniquement pour un délit connexe à un crime, elle statue sans l'assistance des jurés.**

Art. 287 Le président peut, soit d'office, soit sur réquisition du ministère public, ordonner le renvoi à une session ultérieure des affaires qui ne lui paraissent pas en état d'être jugées au cours de la session au rôle de laquelle elles sont inscrites.

1. Renvoi de l'affaire. S'agissant du renvoi à une session ultérieure des affaires qui ne paraissent pas au président en état d'être jugées, cette mesure peut être ordonnée soit d'office par ce magistrat, soit sur réquisitions du ministère public, l'art. 287 n'autorisant pas les parties à le réclamer. • Crim. 7 déc. 1966, n° 66-91.247 P • 5 déc. 1990, n° 90-81.761 P.

2. La cour apprécie souverainement s'il convient d'ordonner le renvoi de l'affaire à une session ultérieure. • Crim. 9 déc. 1998, n° 97-84.375 P.

3. La cour est compétente pour statuer avant le tirage au sort du jury de jugement sur les conclusions déposées par un défenseur et tendant au renvoi. • Crim. 23 nov. 1977, n° 77-91.257 P.

4. De même le renvoi d'une affaire à un autre jour de la même session peut être ordonné d'office sans le consentement de l'accusé si la remise est ordonnée avant le tirage au sort du jury et si elle ne porte aucune atteinte aux droits de la défense. Il en résulte que les témoins doivent être avisés de la remise de l'audience et être tous présents à l'appel, à moins que les parties ne fassent aucune observation relativement à leur absence. • Crim. 30 avr. 1985, n° 84-93.344 P.

5. L'accusé n'a pas qualité pour présenter, avant l'ouverture des débats, une requête tendant au renvoi de l'affaire à une autre session ; il est dès lors sans droit à critiquer les actes par lesquels ses conclusions à cette fin ont été rejetées. • Crim. 5 déc. 1990, n° 90-81.761 P.

6. Droit à un procès équitable. La nécessité d'assurer la continuité du cours de la justice et celle de permettre le jugement des procès dans un délai raisonnable s'opposent à ce que l'absence du défenseur choisi par l'accusé entraîne nécessairement le renvoi de l'affaire. • Crim. 5 déc. 1990 : *préc. note 5.*

CHAPITRE V DE L'OUVERTURE DES SESSIONS

RÉP. PÉN. v° *Cour d'assises*, par REDON.

SECTION PREMIÈRE DE LA RÉVISION DE LA LISTE DU JURY

Art. 288 Aux lieu, jour et heure fixés pour l'ouverture de la session, la cour prend séance.

Le greffier procède à l'appel des jurés inscrits sur la liste établie conformément à l'article 266.

La cour statue sur le cas des jurés absents.

(L. n° 2004-204 du 9 mars 2004, art. 148-II) **« Tout juré qui, sans motif légitime, n'a pas déféré à la convocation qu'il a reçue peut être condamné par la cour à une amende de 3 750 €.**

« Le juré peut, dans les dix jours de la signification de cette condamnation faite à sa personne ou à son domicile, former opposition devant le tribunal correctionnel du siège de la cour d'assises. »

Les peines portées au présent article sont applicables à tout juré qui, même ayant déféré à la *(L. n° 2004-204 du 9 mars 2004, art. 148-II)* **« convocation** *[ancienne rédaction : citation]* **», se retire avant l'expiration de ses fonctions, sans une excuse jugée valable par la cour.**

Mayotte : 877 s.

1. Aucun texte de loi n'interdit au président de réunir les jurés de session pour les entretenir de la procédure de la cour d'assises, à condition toutefois que la conférence ainsi tenue ne porte ni sur les faits des causes à juger au cours de la session, ni sur la personnalité des accusés. • Crim. 24 nov. 1982, n° 82-90.359 P.

2. La révision de la liste de session, prévue par les art. 288 s., doit, à peine de nullité, être effectuée en audience publique. • Crim. 9 nov. 1983, n° 83-91.982 P • 26 avr. 1984, n° 83-92.532 P.

3. La présence au sein de la cour d'assises d'un assesseur qui n'a pas été désigné conformément aux dispositions des art. 248 s. vicie la composition de ladite cour. Une telle irrégularité de la composition de la cour qui a procédé, conformément aux dispositions des art. 288 s., à la révision de la liste du jury de session à partir de laquelle ont été tirés au sort les noms des jurés qui ont participé au jugement de l'accusé, affecte directement la composition de la cour d'assises devant laquelle cet accusé a comparu et entraîne l'annulation de la déclaration commune de la cour et du jury, les débats qui l'ont précédée et l'arrêt de condamnation. • Crim. 17 avr. 1985, n° 84-93.335 P.

Art. 289 *(L. n° 78-788 du 28 juill. 1978)* **Si, parmi les jurés présents, il en est qui ne remplissent pas les conditions d'aptitudes légales exigées par les articles 255, 256 et 257, la cour ordonne que leurs noms soient rayés de la liste et adressés au premier président de la cour d'appel ou au président du tribunal judiciaire, siège de la cour d'assises, aux fins de radiation de la liste annuelle.**

Il en est de même en ce qui concerne les noms des jurés décédés.

Sont également rayés de la liste de session, les noms des jurés qui se révéleraient être conjoints, parents ou alliés jusqu'au degré d'oncle ou de neveu inclusivement d'un membre de la cour ou de l'un des jurés présents inscrits avant lui sur ladite liste.

Art. 289-1 *(L. n° 78-788 du 28 juill. 1978)* **Si, en raison des absences ou à la suite des radiations par la cour,** *(L. n° 2000-516 du 15 juin 2000, art. 136-VI, en vigueur le 1er janv. 2001)* **« il reste, sur la liste de session, moins de** *(L. n° 2011-939 du 10 août 2011, art. 13-IX, en vigueur le 1er janv. 2012)* **« vingt** *[ancienne rédaction : vingt-trois]* **» jurés ou, lorsqu'** *[lorsque]* **au cours de la session la cour d'assises doit statuer en appel, moins de** *(L. n° 2011-939 du 10 août 2011, art. 13-IX, en vigueur le 1er janv. 2012)* **« vingt-trois** *[ancienne rédaction : vingt-six]* **» jurés, ce nombre est complété par les jurés suppléants, suivant l'ordre de leur inscription ; en cas d'insuffisance, par des jurés tirés au sort, en audience publique, parmi les jurés inscrits sur la liste spéciale, subsidiairement parmi les jurés de la ville inscrits sur la liste annuelle.**

Dans le cas où les assises se tiennent dans un lieu autre que celui où elles doivent se tenir habituellement, le nombre des jurés titulaires est complété par un tirage au sort fait, en audience publique, parmi les jurés de la ville inscrits sur la liste annuelle.

Les noms des jurés suppléants, de ceux qui sont inscrits sur la liste spéciale ainsi que les noms des jurés de la ville où se tiennent les assises, qui sont inscrits sur la liste annuelle, sont rayés des listes dans les conditions prévues à l'article précédent.

Saint-Pierre-et-Miquelon : 920.

1. Formalité substantielle. La règle de l'art. 289-1, relative à l'appel des jurés suppléants dans l'ordre de leur inscription, est substantielle. • Crim. 12 avr. 1951 : *D. 1951. 364* • 19 oct. 1977, n° 77-91.205 P : *D. 1978. IR 53.*

2. Régularité. L'inobservation de la disposition de l'art. 289-1 relative au complément du nombre des jurés n'entraîne pas nullité lorsqu'elle n'a pas eu pour conséquence la présence dans le jury de jugement d'un juré suppléant sans qualité pour en faire partie. • Crim. 27 nov. 1963, n° 63-91.213 P • 23 mai 1986, n° 85-93.232 P.

3. Nature de la mesure. L'appel à des jurés suppléants, prévu par l'art. 289-1, n'est pas une mesure soumise à la décision de la cour et devant, comme telle, faire l'objet d'un arrêt rendu dans les conditions prévues par l'art. 290. • Crim. 26 janv. 1966, n° 66-92.681 P • 14 juin 1984, n° 84-90.421 P.

4. Absence de notification. Le remplacement des jurés titulaires par des jurés suppléants n'a pas à être notifié à l'accusé dans les conditions de l'art. 292 puisque les jurés suppléants font partie de la liste de session signifiée à l'accusé et que cette liste ne se trouve pas modifiée par suite de ce remplacement. • Crim. 12 juin 1974, ⚖ n° 74-90.086 P • 19 déc. 1974, ⚖ n° 74-92.336 P.

5. Ordre d'inscription. Les jurés complémentaires doivent être inscrits sur la liste de session, non pas dans l'ordre où leurs noms sont sortis de l'urne, mais dans celui où, après convocation, ils se sont présentés à l'audience, ce qui ne laisse aucune place à la possibilité d'un choix arbitraire. • Crim. 26 nov. 1980, ⚖ n° 80-90.405 P.

6. Complément de liste. Aux termes du 1er al. de l'art. 289-1, si, en raison des absences ou radiations, il reste moins de vingt-trois jurés sur la liste de session, ce nombre est complété par les jurés suppléants suivant l'ordre de leur inscription et cet appel à des jurés suppléants n'est pas une mesure soumise à décision de la cour et devant, comme telle, faire l'objet d'un arrêt rendu dans les conditions de l'art. 290 ; par ailleurs, le remplacement des jurés titulaires par les jurés suppléants n'a pas à être notifié aux accusés dans les conditions prévues par l'art. 292 puisque les jurés suppléants font partie de la liste de session régulièrement portée à la connaissance des accusés. • Crim. 31 mai 2000, ⚖ n° 99-85.034.

Art. 290 **L'ensemble des décisions de la cour fait l'objet d'un arrêt motivé, le ministère public entendu.**

Cet arrêt ne peut être attaqué par la voie du recours en cassation qu'en même temps que l'arrêt sur le fond. — *Pr. pén. C. 484.*

Art. 291 *(L. n° 78-788 du 28 juill. 1978)* **Avant le jugement de chaque affaire, la cour procède, s'il y a lieu, aux opérations prévues par les articles 288, 289 et 289-1. La cour ordonne, en outre, que soient provisoirement retirés de la liste, éventuellement modifiée, les noms des conjoints, parents et alliés jusqu'au degré d'oncle ou de neveu inclusivement de l'accusé ou de son** *(L. n° 93-2 du 4 janv. 1993)* **« avocat », ainsi que les noms de ceux qui, dans l'affaire, sont témoins, interprètes, dénonciateurs, experts, plaignants ou parties civiles ou ont accompli un acte de police judiciaire ou d'instruction.**

Art. 292 *(L. n° 78-788 du 28 juill. 1978)* **Tout arrêt modifiant la composition de la liste de session établie conformément à l'article 266 est porté, par les soins du greffier, sans formalité, à la connaissance de l'accusé. Celui-ci ou son** *(L. n° 93-2 du 4 janv. 1993)* **« avocat » peut demander qu'un délai, qui ne pourra excéder une heure, soit observé avant l'ouverture des débats.**

1. Absence de nullité. L'inobservation de la formalité de l'art. 292 n'entraîne pas de nullité lorsqu'elle n'a pas eu d'incidence sur l'exercice par l'accusé de son droit de récusation. • Crim. 29 nov. 1960, n° 60-92.018 P • 30 nov. 1961, n° 61-92.149 P • 3 mars 1971, ⚖ n° 70-92.465 P : *D. 1971. Somm. 77.*

2. Absence de délai. L'art. 292 n'impose aucun délai au greffier pour la notification à l'accusé de l'arrêt modifiant la composition de la liste de session. • Crim. 19 mars 1981, ⚖ n° 80-94.525 P : *D. 1982. 605, note Fenaux.*

3. Identité des jurés complémentaires. L'identité complète des jurés complémentaires doit être portée à la connaissance de l'accusé, afin que celui-ci ait toutes les indications nécessaires lui permettant d'exercer éventuellement son droit de récusation. • Crim. 28 nov. 1979, ⚖ n° 79-91.212 P.

4. Le remplacement des jurés titulaires par les *jurés suppléants n'avait pas* à être notifié aux accusés dans les conditions prévues par l'art. 292 puisque les jurés suppléants faisaient partie de la liste de session régulièrement portée à la connaissance des accusés. • Crim. 31 mai 2000, ⚖ n° 99-85.034.

5. Renonciation. L'accusé peut renoncer au bénéfice de l'art. 292. • Crim. 21 oct. 1964, ⚖ n° 64-91.595 P • 4 avr. 1979, ⚖ n° 78-92.893 P. ♦ La validité de cette renonciation n'est pas soumise à l'assistance d'un avocat au moment où elle intervient. • Crim. 11 mai 1964, ⚖ n° 64-90.376 P.

6. Interprète. Pour porter un arrêt rectificatif à la connaissance de l'accusé qui ne parle pas le français, le greffier doit se faire assister d'un interprète. • Crim. 21 déc. 1977, ⚖ n° 77-92.033 P • 4 janv. 1980, ⚖ n° 79-93.219 P. ♦ La communication à l'accusé sans l'assistance d'un interprète, mais dans les conditions de l'art. 292, ne constitue ni une méconnaissance de cet article ni une violation des droits de la défense, bien que dès l'ouverture des débats un interprète ait été désigné à cet accusé, dès lors qu'aucune réclamation n'a été élevée par l'accusé ou son conseil avant le tirage au sort du jury de jugement. • Crim. 9 févr. 1983, ⚖ n° 82-92.768 P.

SECTION II DE LA FORMATION DU JURY DE JUGEMENT

Art. 293 **Au jour indiqué pour chaque affaire, la cour prend séance et fait introduire l'accusé.**

Le jury de jugement est formé en audience publique.

La présence *(L. n° 93-2 du 4 janv. 1993)* **« de l'avocat » de l'accusé n'est pas prescrite à peine de nullité.** — *Pr. pén. C. 488.*

Mayotte : 877 s.

1. L'art. 293, al. 2, est une disposition substantielle, à laquelle il n'est pas dérogé par les art. 14 et 20 de l'ordonnance du 2 févr. 1945, modifiée par la loi du 24 mai 1951, fixant les règles applicables à la publicité des audiences de la cour d'assises des mineurs. • Crim. 26 déc. 1962 : *D. 1963. Somm. 34.*

2. Aux termes de l'art. 293, le jury de jugement doit être formé en audience publique. Cette disposition est d'ordre public. • Crim. 4 mai 1977, n° 76-93.125 P.

3. La cour, qui existe et se trouve constituée dès lors que l'audience est ouverte, est compétente pour statuer, avant le tirage au sort du jury de jugement, sur des conclusions déposées par un défenseur et tendant au renvoi de l'affaire. • Crim. 23 nov. 1977, n° 77-91.257 P.

Art. 294 Le président demande à l'accusé ses nom, prénoms, date et lieu de naissance, profession et résidence. — *Pr. pén. C. 488.*

1. Les dispositions de l'art. 294 ne sont pas prescrites à peine de nullité. Dès lors, la constatation de l'interrogatoire d'identité n'étant pas obligatoire, les irrégularités commises dans la mention de l'accomplissement de cette formalité ne peuvent donner ouverture à cassation. • Crim. 7 nov. 1961, n° 61-91.501 P.

2. Il importe peu que le prénom de l'accusé ait fait l'objet d'une énonciation erronée, si les autres spécifications de sa personne ne laissent aucun doute sur son identité. • Crim. 10 févr. 1909 : *Bull. crim. n° 117.*

3. Les moyens de défense propres à établir la non-culpabilité de l'accusé, notamment la question de son identité, ne peuvent être examinés et appréciés que par la cour et le jury réunis. • Crim. 10 oct. 1957 : *D. 1957. 693.*

Art. 295 *(L. n° 78-788 du 28 juill. 1978)* **Le greffier fait l'appel des jurés non excusés. Une carte portant leur nom est déposée dans une urne.** — *Pr. pén. C. 489.*

1. Lorsque le procès-verbal des opérations de formation du jury de jugement énonce que le greffier a fait l'appel des jurés titulaires non excusés dont le nombre est de trente, il est ainsi établi, ledit procès-verbal ne mentionnant aucune absence, que ces jurés étaient présents au nombre de trente. • Crim. 27 oct. 1983, n° 82-94.464 P. ♦ Lorsque le procès-verbal des opérations de formation du jury de jugement énonce que le greffier a fait appel des jurés non excusés et non dispensés compris sur la liste de session et qu'il ressort de l'arrêt ayant modifié la liste de cession que la liste révisée comprenait vingt-cinq jurés titulaires, il est ainsi établi, le procès-verbal susvisé ne relatant aucune absence parmi les jurés titulaires appelés, que ceux-ci étaient présents au nombre de vingt-cinq. • Crim. 29 nov. 1967, n° 67-91.857 P.

2. Lorsque le procès-verbal des débats qui relate la constitution du jury de jugement précise qu'en présence de l'accusé et de son conseil et en audience publique il a été fait l'appel par le greffier des noms des jurés de la présente session non excusés ni dispensés, que le nom de chaque juré présent a été mis dans une urne par le président, les jurés titulaires étant encore présents au nombre de 26 qu'en l'état de ces opérations qui ont été effectuées contradictoirement – dès lors que l'accusé avait connaissance des noms des jurés par la signification de la liste du jury de session et de l'arrêt en portant révision – il a été légalement procédé, aucun texte n'exigeant que les noms des jurés présents avant le tirage au sort figurent au procès-verbal des débats. • Crim. 5 janv. 1994, n° 93-82.115.

Art. 296 *(L. n° 2011-939 du 10 août 2011, art. 13-VI, en vigueur le 1er janv. 2012)* **« Le jury de jugement est composé de six jurés lorsque la cour statue en premier ressort et de neuf jurés lorsqu'elle statue en appel. »**

(L. n° 83-466 du 10 juin 1983) **« La cour doit, » par arrêt, ordonner, avant le tirage de la liste des jurés, qu'indépendamment** *(L. n° 2000-516 du 15 juin 2000, art. 79-II, en vigueur le 1er janv. 2001)* **« des jurés de jugement », il soit tiré au sort un ou plusieurs jurés supplémentaires qui assistent aux débats** *(L. n° 2016-731 du 3 juin 2016, art. 92)* **« et qui assistent, sans pouvoir manifester leur opinion, au délibéré ».**

Dans le cas où l'un ou plusieurs *(L. n° 2000-516 du 15 juin 2000, art. 79-II, en vigueur le 1er janv. 2001)* **« des jurés de jugement » seraient empêchés de suivre les débats** *(L. n° 2016-731 du 3 juin 2016, art. 92)* **« ou de prendre part à la délibération » jusqu'au prononcé de l'arrêt de la cour d'assises, ils sont remplacés par les jurés supplémentaires.**

Le remplacement se fait suivant l'ordre dans lequel les jurés supplémentaires ont été appelés par le sort.

Saint-Pierre-et-Miquelon : 921 s.

1. QPC. La question de la constitutionnalité de l'art. 296 ne présente pas un caractère sérieux dès lors que, d'une part, le principe du double degré de juridiction n'a pas, en lui-même, valeur constitutionnelle et que, d'autre part, les dispositions légales contestées n'affectent pas la règle suivant laquelle toute décision défavorable à l'accusé ne peut être prise, en première instance comme en appel, et, dans ce dernier cas, quelle que soit la date à laquelle il a été jugé en premier ressort, qu'à la majorité qualifiée des deux tiers des votants, de sorte qu'elles ne sont contraires ni au principe d'égalité devant la loi, ni au respect des droits de la défense. • Crim. 28 nov. 2012 : *D. 2013. 1778, obs. Laurent* • 28 nov. 2012, n° 12-81.782 • 12 déc. 2012, n° 12-81.626.

2. Audience publique. L'arrêt, ordonnant, avant le tirage de la liste des jurés qu'indépendamment des neuf jurés, il soit tiré un juré supplémentaire, doit être prononcé en audience publique. • Crim. 11 mai 1983, n° 82-93.844 P.

3. Absence de nullité. L'obligation de tirer au sort un ou plusieurs jurés supplémentaires n'est pas prescrite à peine de nullité. • Crim. 5 juin 1985, n° 85-90.322 P : *RSC 1986. 406, obs. Braunschweig.*

4. Empêchement d'un juré. La cour d'assises dispose d'un pouvoir souverain à l'effet d'apprécier l'empêchement, quelle qu'en soit la cause, qui survient en la personne d'un juré. • Crim. 16 janv. 1985, n° 84-93.347 P. ♦ Elle statue sur l'empêchement et sur le remplacement éventuel d'un juré par un arrêt motivé rendu après audition du ministère public et des parties. • Crim. 12 nov. 1987, n° 86-96.702 P • 5 nov. 1997, n° 96-85.178 P. ♦ Le pouvoir souverain de la cour d'apprécier la nécessité de remplacer un juré dispense celle-ci de mentionner dans l'arrêt la cause de l'empêchement du juré remplacé si l'arrêt a été prononcé sans contestation des parties. • Crim. 15 juin 2000, n° 99-87.795 P. ♦ L'art. 296, qui prescrit le tirage au sort d'un ou de plusieurs jurés supplémentaires, investit la cour, dans l'intérêt d'une bonne administration de la justice et pour éviter que le cours n'en soit interrompu, d'un pouvoir souverain à l'effet d'apprécier si l'empêchement qui survient en la personne d'un juré, quelle qu'en soit la cause, *rend nécessaire son remplacement* par le juré supplémentaire désigné par le sort. • Crim. 13 sept. 2000, n° 00-80.993.

5. Erreur matérielle. N'encourt pas la cassation l'arrêt qui comporte une erreur matérielle dans l'écriture du nom patronymique d'un juré supplémentaire, appelé à remplacer un juré titulaire, dès lors qu'il n'existait aucune incertitude quant à l'identité de ce juré supplémentaire. • Crim. 3 nov. 2016, n° 15-84.339 P. ♦ Mais la mention en 4e et 5e jurés titulaires du même nom patronymique ne met pas la Cour de cassation en mesure de s'assurer que la cour d'assises était régulièrement composée. • Crim. 8 juin 2017, n° 16-83.263 P.

6. Délibération avec juré remplaçant. Il n'importe que le juré inapte comme illettré ait ou non participé à un début de délibération dès lors qu'après son remplacement par un juré supplémentaire il a été procédé à une nouvelle délibération distincte de la première, qui doit être considérée comme non avenue. • Crim. 3 avr. 1991, n° 90-84.501 P.

7. Jurés supplémentaires. Le juré supplémentaire, bien qu'il n'ait pas participé à la délibération et à la déclaration de la cour d'assises, est légalement investi de tous les droits et tenu de tous les devoirs des jurés de jugement au cours des débats. Il peut donc poser des questions aux témoins en demandant la parole au président, dès lors qu'il ne manifeste pas son opinion. • Crim. 27 juin 1984, n° 83-94.122 P. ♦ En revanche, ce juré, s'il n'a pas été appelé à remplacer un juré de jugement avant le prononcé de l'arrêt, n'a pas à être présent au moment de la lecture de celui-ci. • Crim. 3 sept. 1977, n° 76-93.437 P. ♦ Aucune disposition légale n'impose à peine de nullité que le nom des jurés ayant participé au délibéré soit mentionné dans l'arrêt pénal ; d'autre part, le secret du délibéré étant absolu, il doit être présumé, en l'absence d'énonciation contraire, que les jurés supplémentaires, admis à assister au délibéré sans y participer, en application des dispositions de l'art. 296, dans sa rédaction issue de la L. n° 2016-731 du 3 juin 2016, n'ont exprimé aucune opinion et n'ont pris part à aucun vote. • Crim. 28 juin 2017, n° 16-85.904 P : *D. actu. 27 juill. 2017, obs. Gallois.* ♦ Le demandeur ne peut se faire un grief de ce que le procès-verbal des débats n'indique pas la présence des jurés supplémentaires lors du prononcé de l'arrêt, leur présence n'étant indispensable qu'au cours des débats et lors de la délibération de la cour et du jury, à laquelle ils assistent sans manifester leur opinion. • Crim. 23 juin 2021, n° 20-84.705 P : *D. actu. 15 juill. 2021, obs. Dominati.*

8. Nature de la décision de remplacement. L'arrêt qui ordonne le tirage au sort d'un ou plusieurs jurés supplémentaires n'a pas un caractère contentieux et les dispositions de l'art. 316 ne lui sont pas applicables. • Crim. 29 janv. 1986, n° 85-93.219 P • 21 août 1986, n° 86-90.653 P.

Art. 297 **L'accusé ou son** *(L. nº 93-2 du 4 janv. 1993)* **« avocat » d'abord, le ministère public ensuite, récusent tels jurés qu'ils jugent à propos, à mesure que leurs noms sortent de l'urne, sauf la limitation exprimée à l'article 298.**

L'accusé, son *(L. nº 93-2 du 4 janv. 1993)* **« avocat », ni le ministère public ne peuvent exposer leurs motifs de récusation.**

Le jury de jugement est formé à l'instant où sont sortis de l'urne *(L. nº 2000-516 du 15 juin 2000, art. 79-III, en vigueur le 1er janv. 2001)* **« les noms de** *(L. nº 2011-939 du 10 août 2011, art. 13-VII, en vigueur le 1er janv. 2012)* **« six » ou** *(L. nº 2011-939 du 10 août 2011, art. 13-VII, en vigueur le 1er janv. 2012)* **« neuf » jurés non récusés, selon les distinctions prévues par le premier alinéa de l'article 296, » et** *(L. nº 83-466 du 10 juin 1983)* **« les noms des jurés supplémentaires prévus par l'article 296 ».**

BIBL. ▸ BOTTON, *D. 2010. Chron. 517* (examen de la proposition d'octroi à la victime d'un droit de récusation des jurés d'assises).

▸ **Dossier :** *AJ pénal 2006. 238 s.* (formation d'un jury d'assises : la récusation en question).

1. Le tirage au sort est irrévocable et le jury régulièrement constitué est définitivement acquis à l'accusé. Le président ne peut donc seul, sans recueillir le consentement formel de l'accusé et du ministère public et sans même faire annuler par la cour le tirage au sort et les débats qui ont suivi, procéder au remplacement d'un juré inapte. • Crim. 16 févr. 1983, nº 82-92.178 P.

2. La mention du procès-verbal, qui énonce que le président a fait connaître aux accusés les droits de récusation qui leur étaient confiés par les art. 297, 298, 299 et 300, établit que les accusés ont été avertis tant des droits de récusation dont ils disposaient que du mode d'exercice de ces droits. • Crim. 23 nov. 1977, nº 77-91.257 P.

3. Lorsque la liste de session contient une erreur matérielle sur la date de naissance d'un juré, la production de l'extrait de naissance devant la Cour de cassation permet de vérifier sa capacité. L'absence de réclamation au moment du tirage au sort implique que les intéressés ont jugé les autres énonciations suffisantes pour leur permettre d'exercer leur droit de récusation. • Crim. 4 mai 1977, nº 76-92.705 P.

Art. 298 *(L. nº 2011-939 du 10 août 2011, art. 13-VIII, en vigueur le 1er janv. 2012)* **Lorsque la cour d'assises statue en premier ressort, l'accusé ne peut récuser plus de quatre jurés et le ministère public plus de trois. Lorsqu'elle statue en appel, l'accusé ne peut récuser plus de cinq jurés et le ministère public plus de quatre.**

Art. 299 **S'il y a plusieurs accusés, ils peuvent se concerter pour exercer leurs récusations ; ils peuvent les exercer séparément.**

Dans l'un et l'autre cas, ils ne peuvent excéder le nombre de récusations déterminé pour un seul accusé. — *Pr. pén. C. 490.*

La mention du procès-verbal qui énonce que les accusés ont déclaré que les récusations seraient exercées par le défenseur de l'un d'eux, implique que ces accusés se sont concertés pour exercer leurs récusations. • Crim. 31 janv. 1979, nº 78-92.140 P.

Art. 300 **Si les accusés ne se concertent pas pour récuser, le sort règle entre eux le rang dans lequel ils font les récusations. Dans ce cas, les jurés récusés par un seul, et dans cet ordre, le sont pour tous jusqu'à ce que le nombre des récusations soit épuisé.** — *Pr. pén. C. 490.*

1. Le droit de récusation est un droit personnel et intransmissible. • Crim. 16 févr. 1911 : *Bull. crim. nº 92.*

2. La constatation au procès-verbal de tirage au sort des jurés que le président de la cour d'assises s'est conformé aux prescriptions de l'art. 403 C. instr. crim. (art. 300) implique présomption légale que les opérations ont été régulières et que les récusations attribuées à chacun des accusés ont pu être librement exercées. • Crim. 6 juill. 1894 : *DP 1899. 1. 171.*

Art. 301 **Les accusés peuvent se concerter pour exercer une partie des récusations, sauf à exercer le surplus suivant le rang fixé par le sort.** — *Pr. pén. C. 490.*

Art. 302 **Le greffier dresse procès-verbal des opérations de formation du jury de jugement.** — *Pr. pén. C. 491.*

1. Si l'art. 302 prescrit au greffier de dresser un procès-verbal des opérations de formation du jury de jugement, aucune disposition n'impose la mention du nom des jurés récusés sur ce procès-verbal. • Crim. 12 oct. 1967, n° 67-92.088 P. ♦ Il en est ainsi notamment dès lors que la défense n'a élevé aucune réclamation à l'occasion du tirage au sort. • Crim. 11 oct. 1977, n° 77-90.916 P.

2. Le procès-verbal du tirage au sort du jury de jugement, lorsqu'il est distinct du procès-verbal des débats, doit, à peine de nullité, porter la signature du greffier avec celle du président. • Crim. 28 avr. 1971, n° 70-92.856 P.

3. L'authenticité du procès-verbal du tirage du jury de jugement est suffisamment constatée par les signatures du président et du greffier apposées à la suite du procès-verbal des débats, lorsque les deux procès-verbaux font corps l'un avec l'autre. • Crim. 16 mars 1976, n° 75-93.070 P.

Art. 303 **Les jurés se placent dans l'ordre désigné par le sort, aux côtés de la cour, si la disposition des lieux le permet, et sinon sur des sièges séparés du public, des parties et des témoins, en face de celui qui est destiné à l'accusé.** — *Pr. pén. C. 492.*

Les dispositions relatives aux places occupées dans la salle par les jurés ne sont pas prescrites à peine de nullité. • Crim. 17 févr. 1999, n° 98.83-986.

Art. 304 *(L. n° 72-1226 du 29 déc. 1972)* **Le président adresse aux jurés, debout et découverts, le discours suivant : "Vous jurez et promettez d'examiner avec l'attention la plus scrupuleuse les charges qui seront portées contre X..., de ne trahir ni les intérêts de l'accusé, ni ceux de la société qui l'accuse** *(L. n° 2000-516 du 15 juin 2000, art. 40, en vigueur le 1er janv. 2001)* **« ni ceux de la victime » ; de ne communiquer avec personne jusqu'après votre déclaration ; de n'écouter ni la haine ou la méchanceté, ni la crainte ou l'affection ;** *(L. n° 2000-516 du 15 juin 2000, art. 40, en vigueur le 1er janv. 2001)* **« de vous rappeler que l'accusé est présumé innocent et que le doute doit lui profiter ; » de vous décider d'après les charges et les moyens de défense, suivant votre conscience et votre intime conviction, avec l'impartialité et la fermeté qui conviennent à un homme probe et libre, et de conserver le secret des délibérations, même après la cessation de vos fonctions."**

Chacun des jurés, appelé individuellement par le président, répond en levant la main : "Je le jure". — *Pr. pén. C. 493.*

Mayotte : 886.

BIBL. ► CHAPAR, *D. 1962. Chron. 63.*

I. SERMENT

1. Importance du serment. L'art. 304 est d'ordre public. Il y a nullité lorsque le procès-verbal des débats ne constate pas l'accomplissement de la formalité qu'il évoque. • Crim. 4 juin 1982, n° 81-94.903 P : *D. 1983. IR 22.* ♦ Il y a nullité lorsque le procès-verbal des débats ne constate pas la prestation de serment de tous les jurés, y compris les jurés supplémentaires. La nullité est encourue même lorsque les jurés supplémentaires n'ont pas pris part à la délibération et à la déclaration de la cour et du jury. • Crim. 30 oct. 1974, n° 74-91.509 P : *RSC 1975. 432, obs. J. Robert.*

2. Moment du serment. Le serment des jurés est une formalité substantielle qui doit, à peine de nullité, être accomplie avant l'ouverture des débats. • Crim. 1er juin 1983, n° 83-90.320 P.

3. Formes du serment. La formule du serment, telle qu'elle est fixée par l'art. 304, constitue un tout indivisible dont l'observation est prescrite à peine de nullité. • Crim. 27 août 1914 : *Bull. crim. n° 376.* ♦ La prescription de l'art. 304, selon laquelle les jurés écouteront debout et découverts la formule de serment qui leur est lue par le président de la cour d'assises, ne constitue qu'une formalité extrinsèque, non substantielle, dont l'omission n'entraîne pas la nullité. • Crim. 29 juin 1905 : *D. 1905. 5. 34.*

4. Preuve du serment. La référence par le procès-verbal à l'art. 304 pour les termes dans lesquels les jurés ont prêté serment est suffisante. Aucun texte n'exige que la formule du serment soit reproduite au procès-verbal. • Crim. 17 oct. 1973, n° 73-91.475 P.

II. DÉLIBÉRATIONS

5. Secret des délibérations. Une dérogation à l'obligation de conserver le secret des délibérations, édictée par l'art. 304, ne saurait être admise, même à l'occasion de poursuites pour violation du secret du délibéré, sans qu'il soit porté atteinte tant à l'indépendance des juges, professionnels comme non professionnels, qu'à l'autorité de leurs décisions. • Crim. 25 mai 2016, n° 15-84.099 P : *D. actu. 13 juin 2016, obs. Fonteix ; D. 2016. Pan. 1727, obs. Pradel ; AJ pénal 2016. 390, obs. Thierry ; Dr. pénal 2016, n° 118, obs. Maron et Haas ; Procédures 2016, n° 272, note Chavent-Leclère.* ♦ Sur l'application de l'art. 378 C. pén. au juré qui a violé le secret des délibérations : • T. corr. Paris, 31 mars 1989 : *JCP 1989. II. 21356, note Dubreuil.* ♦ Pour qu'elle soit illégale, il faut que la communication du juré avec un tiers sur les faits du procès soit volontaire, ce qui exclut les propos adressés spontanément au juré. • Crim. 16 mars 1994, n° 93-93.796 P.

6. Cas particulier. La présence des deux jurés supplémentaires dans la salle d'audience pendant le délibéré n'a contrevenu à aucune disposition légale. • Crim. 20 nov. 2002, n° 02-81.575.

Art. 304-1 *(L. n° 2021-1729 du 22 déc. 2021, art. 6-I-6°, en vigueur le 1er mars 2022)* **Lorsque la cour d'assises statuant en appel doit se prononcer uniquement sur la peine, le discours aux jurés prévu à l'article 304 est ainsi modifié :**

1° Les mots : "les charges qui seront portées contre X..." sont remplacés par les mots : "les éléments de preuves retenus contre X, qui ont conduit à sa déclaration de culpabilité" ;

2° Les mots : "de vous rappeler que l'accusé est présumé innocent et que le doute doit lui profiter ; de vous décider d'après les charges et les moyens de défense" sont remplacés par les mots : "de vous prononcer sur la peine d'après les charges et les moyens de défense".

Art. 305 **Le président déclare le jury définitivement constitué.** — *Pr. pén. C. 494.*

Mayotte : 877 s.

Les débats commencent dès que le président, en application de l'art. 305, a déclaré le jury définitivement constitué. • Crim. 1er févr. 1989, n° 88-83.730 P.

Art. 305-1 *(L. n° 85-1407 du 30 déc. 1985) (L. n° 2021-1729 du 22 déc. 2021, art. 6-I-7°, en vigueur le 31 déc. 2021)* **« L'exception tirée d'une nullité autre que celles purgées par la décision de renvoi devenue définitive ou en application de l'article 269-1 et entachant la procédure qui précède l'ouverture des débats doit, à peine de forclusion, être soulevée dès que le jury de jugement est définitivement constitué. » Cet incident contentieux est réglé conformément aux dispositions de l'article 316.**

1. QPC. Le 4e al. de l'art. 181, dans sa rédaction résultant de la L. n° 2009-1436 du 24 nov. 2009, et les mots « autre que celles purgées par l'arrêt de renvoi devenu définitif et » figurant à la première phrase de l'art. 305-1, dans sa rédaction résultant de la L. n° 85-1407 du 30 déc. 1985, sont contraires à la Const. en ce qu'ils ne prévoient aucune exception à la purge des nullités en cas de défaut d'information de l'intéressé ne lui ayant pas permis de contester utilement les irrégularités de procédure et alors même que cette défaillance ne procède pas d'une manœuvre de sa part ou de sa négligence (report de l'abrogation au 31 déc. 2021). • Cons. const. 23 avr. 2021, n° 2021-900 QPC : *JO 24 avr. 2021 ; RSC 2021. 483, obs. Botton* (décision antérieure à la L. n° 2021-1729 du 22 déc. 2021). ♦ *V. désormais art. 269-1.*

I. CHAMP D'APPLICATION DE L'ARTICLE 305-1

A. DOMAINE DU TEXTE QUANT AUX IRRÉGULARITÉS

2. Irrégularités auxquelles s'applique l'art. 305-1. L'art. 305-1 est applicable au cas de la nullité résultant de la présence au sein du jury de jugement d'un juré incapable comme n'ayant pas encore atteint l'âge de vingt-trois ans. • Crim. 8 oct. 1986, n° 86-91.440 P : *D. 1986. 605, note Angevin.* ♦ ... Au cas de défaut de constatation au procès-verbal du nombre des jurés ayant participé au tirage au sort du jury de jugement, dès lors que les accusés ou leurs conseils n'ont pas soulevé, avant l'ouverture des débats, une exception prise de ce que le nombre des jurés dont les noms ont été déposés dans l'urne en vue du tirage au sort n'était pas conforme à celui que prescrit la loi. • Crim. 8 oct. 1986, n° 86-91.798 P. ♦ ... Au cas de prétendue irrégularité du tirage au sort du jury de session. • Crim. 22 oct. 1986, n° 86-92.258 P • 9 déc. 1987, n° 87-80.056 P. ♦ ... Au cas de nullité de l'exploit de signification de la liste du jury de session, délivré à l'accusé. • Crim. 26 nov. 1986, n° 86-92.471 P. ♦ ... Au cas où un juré de jugement aurait exercé une profession incompatible avec les fonctions de juré et au cas où les jurés supplémentaires n'auraient pas prêté le serment des jurés. • Crim. 19 nov. 1986, n° 86-91.753 P. ♦ ... Au cas de nullité résultant d'une prétendue violation de l'art. 277 relatif à la date à laquelle il doit être procédé à l'interrogatoire prescrit par l'art. 272. • Crim. 3 déc. 1986, n° 86-91.651 P • 1er déc. 1999, n° 99-82.067 P. ♦ ... Aux irrégularités pouvant entacher l'arrêt rendu avant l'ouverture des débats et ordonnant la disjonction des poursuites. • Crim. 11 oct. 1989, n° 89-80.868. ♦ ... Au cas de nullité résultant d'une irrégularité commise lors de l'exercice du droit de récusation. • Crim. 23 déc. 1986, n° 86-93.360 P. ♦ Rappr. : • Crim. 18 mai 1989, n° 88-86.363 P. ♦ ... A une exception d'irrecevabilité de l'appel du ministère public. • Crim. 29 mars 2017, n° 15-86.300 P.

3. Requête d'un contumax. En application des dispositions de l'art. 305-1, seule la cour d'assises saisie dès que le jury de jugement est définitivement constitué est compétente pour examiner la requête aux fins d'annulation de l'exploit de signification de l'arrêt de renvoi devant la cour d'assises faite par un contumax après son arrestation. • Crim. 26 mars 2003 (1er arrêt), n° 03-80.580 P : *D. 2003. IR 1546* ; *JCP 2003. IV. 2015.*

4. Irrégularités auxquelles ne s'applique pas l'art. 305-1. Peut être soulevée valablement après l'ouverture des débats la nullité tenant à ce qu'un magistrat qui a participé à l'arrêt de mise en accusation fait partie de la cour d'assises. • Crim. 11 mai 1988, n° 87-91.864 P.

B. DOMAINE DU TEXTE QUANT AUX JURIDICTIONS

5. Cour d'assises spéciale. L'art. 305-1 est aussi applicable aux affaires soumises aux cours d'assises composées conformément à l'art. 698-6 pour le jugement des crimes énumérés aux art. 697-1, 702 et 706-16. • Crim. 11 févr. 1987, n° 86-93.391 P : *D. 1987. 215, note Angevin ; RSC 1987. 463, obs. Braunschweig* • 4 mai 1988, n° 87-83.273 P.

II. MODALITÉS

6. Rôle du président des assises. Aucune disposition de la loi ne fait obligation au président de rappeler aux parties avant l'ouverture des débats les prescriptions de l'art. 305-1. • Crim. 22 oct. 1987, n° 87-80.971 P • 22 déc. 1987, n° 87-83.073 P • 4 mai 1988, n° 87-83.273 P • 20 août 1997, n° 96-85.549 P : *Procédures 1998. Comm. 68, obs. Buisson* • 12 mai 2004, n° 03-87.226 P : *JCP 2004. IV. 2513.*

7. Moment où la nullité doit être soulevée. En application des art. 305-1 et 599, al. 2, les accusés ne sont pas recevables à présenter comme moyen de cassation une prétendue nullité résultant d'une irrégularité qui aurait été commise lors de l'exercice de leurs droits de récusation s'ils ne l'ont pas soulevée devant la cour d'assises conformément aux prescriptions de l'art. 305-1. • Crim. 29 janv. 1997, n° 97-80.288. ♦ En application des art. 305-1 et 599, al. 2, les demandeurs ne sont pas recevables à présenter comme moyen de cassation une prétendue nullité qu'ils n'ont pas invoquée, conformément au premier de ces textes, devant la cour d'assises statuant en appel. • Crim. 23 oct. 2002, n° 01-87.952 • 31 mai 2007 : *D. 2007. AJ 1874* .

8. S'il ne résulte d'aucune pièce de procédure que l'accusé ou son avocat, qui pouvaient obtenir communication des pièces relatives à la composition de la cour, aient soulevé, avant l'ouverture des débats, une exception prise de l'irrégularité de cette composition, le demandeur n'est pas recevable, en application des art. 305-1 et 599, al. 2, à présenter comme moyen de cassation une nullité qu'il n'a pas invoquée devant la cour d'assises conformément au premier de ces textes. • Crim. 25 sept. 2002, n° 01-88.024 P : *JCP 2002. IV. 2878 ; Dr. pénal 2002. Comm. 142, obs. Maron et Haas* • 25 sept. 2002, n° 02-80.766 P : *JCP 2002. IV. 2877 ; Dr. pénal 2002. Comm. 142, obs. Maron et Haas.* ♦ V. aussi : • Crim. 25 mai 2011, n° 10-86.229 P : *D. 2011. Actu. 1622* ; *ibid. Pan. 2241, obs. Pradel* ; *Dr. pénal 2011, n° 98, obs. Maron et Haas.*

CHAPITRE VI DES DÉBATS

SECTION PREMIÈRE DISPOSITIONS GÉNÉRALES

Art. 306 **Les débats sont publics, à moins que la publicité ne soit dangereuse pour l'ordre ou les mœurs. Dans ce cas, la cour le déclare par un arrêt rendu en audience publique.**

Toutefois, le président peut interdire l'accès de la salle d'audience aux mineurs ou à certains d'entre eux.

(L. n° 92-1336 du 16 déc. 1992) **« Lorsque les poursuites sont exercées du chef de viol ou de tortures et actes de barbarie accompagnés d'agressions sexuelles, »** *(L. n° 2016-444 du 13 avr. 2016, art. 14)* **« de traite des êtres humains ou de proxénétisme aggravé, réprimé par les articles 225-7 à 225-9 du code pénal, »** *(L. n° 80-1041 du 23 déc. 1980)* **« le huis clos est de droit si la victime partie civile ou l'une des victimes parties civiles le demande ; dans les autres cas, le huis clos ne peut être ordonné que si la victime partie civile ou l'une des victimes parties civiles ne s'y oppose pas. »**

Lorsque le huis clos a été ordonné, celui-ci s'applique au prononcé des arrêts qui peuvent intervenir sur les incidents contentieux visés à l'article 316.

L'arrêt sur le fond doit toujours être prononcé en audience publique.

(Abrogé par Ord. n° 2019-950 du 11 sept. 2019, art. 4 et 9, à compter du 30 sept. 2021) (L. n° 2011-939 du 10 août 2011, art. 13-X, en vigueur le 1er janv. 2012) ***« Par dérogation au huitième alinéa de l'article 20 de l'ordonnance n° 45-174 du 2 février 1945 relative à***

l'enfance délinquante, la cour d'assises des mineurs peut décider que le présent article est applicable devant elle si la personne poursuivie, mineure au moment des faits, est devenue majeure au jour de l'ouverture des débats et que cette dernière, le ministère public ou un autre accusé en fait la demande. Elle ne fait pas droit à cette demande lorsqu'il existe un autre accusé toujours mineur ou que la personnalité de l'accusé qui était mineur au moment des faits rend indispensable que, dans son intérêt, les débats ne soit pas publics. Dans les autres cas, la cour statue en prenant en considération les intérêts de la société, de l'accusé et de la partie civile, après avoir entendu le ministère public et les avocats des parties, par une décision spéciale et motivée qui n'est pas susceptible de recours.

« Lorsque les débats devant la cour d'assises des mineurs sont publics en application de l'alinéa précédent, les comptes rendus de ces débats faisant l'objet d'une diffusion écrite ou audiovisuelle ne doivent pas mentionner l'identité de l'accusé mineur au moment des faits, sous peine d'une amende de 15 000 €, sauf si l'intéressé donne son accord à cette publication. »

S'agissant des dispositions d'urgence mises en place pour faire face à l'épidémie de covid-19, V. App., v° État d'urgence sanitaire.

L'entrée en vigueur de l'Ord. n° 2019-950 du 11 sept. 2019 a été repoussée au 30 sept. 2021 par la L. n° 2021-218 du 26 févr. 2021, art. 2.

I. PRINCIPE DE LA PUBLICITÉ DES DÉBATS

1. QPC. Les mots : « le huis clos est de droit si la victime partie civile ou l'une des victimes parties civiles le demande ; dans les autres cas, » figurant au 3e al. de l'art. 306, dans sa rédaction résultant de la L. n° 2016-444 du 13 avr. 2016, sont conformes à la Constitution. En effet, au regard de l'objectif d'intérêt général poursuivi par le législateur, à savoir assurer la protection de la vie privée des victimes de certains faits criminels et éviter que, faute d'une telle protection, celles-ci renoncent à dénoncer ces faits, les griefs notamment tirés d'une atteinte au principe de la publicité des débats et à celui d'égalité devant la justice doivent être écartés. • Cons. const. 21 juill. 2017, n° 2017-645 QPC : *JO 23 juill. ; D. actu. 13 sept. 2017, obs. Yazici.*

2. Exigences du C. pr. pén. et de la Conv. EDH. Il n'y a pas violation des art. 306 et 592 et 6, § 1, Conv. EDH, lorsque, pour une audience qui a duré plusieurs jours, le procès-verbal des débats, ni aucune pièce de la procédure, ne constatent la publicité des audiences du 10 déc. 2001 reprise à 14 h 20 et du 11 déc. 2001 reprise à 14 h 10 dès lors que le procès-verbal des débats énonce que la cour d'assises s'est assemblée publiquement le 10 déc. 2001, à 8 h 30 et qu'à défaut de constatations contraires il y a présomption que la publicité s'est prolongée pendant toute la durée de l'examen de l'affaire. • Crim. 12 févr. 2003, n° 02-80.767 P : *JCP 2003. IV. 1697 ; Dr. pénal 2003. Comm. 90, obs. Maron et Haas.*

3. Il résulte de l'art. 306, al. 3, selon lequel, lorsque les poursuites sont exercées du chef de viol, le huis clos est de droit si la victime partie civile le demande et ne peut être ordonné que si elle ne s'y oppose pas, que l'étendue de la mesure de huis clos est laissée à l'application de la victime partie civile. Respecte les prescriptions de ce texte, non contraires à l'art. 6, § 1, Conv. EDH, la cour d'assises qui fait droit à la demande de l'une des parties civiles, victime d'un viol, ayant sollicité le huis clos, tout en demandant qu'il ne s'applique pas aux représentants accrédités de la presse. • Crim. 2 mars 2005, n° 04-83.220 P.

II. EXCEPTION AU PRINCIPE DE LA PUBLICITÉ DES DÉBATS

A. CHOIX DU HUIS CLOS

4. Critère du huis clos. Le huis clos a pour objet exclusif de prévenir les inconvénients qu'à raison de la nature spéciale des faits incriminés le débat pourrait présenter pour l'ordre ou les mœurs. Par suite, le caractère partiel de cette mesure n'affecte à aucun degré les droits de la défense et ne saurait autoriser aucune critique de sa part, alors que la loi laisse à la conscience des juges le soin d'apprécier les faits et circonstances nécessitant le huis clos, ainsi que de déterminer l'étendue de cette mesure. • Crim. 11 déc. 1968, n° 68-92.858 P : *JCP 1969. II. 15898, note Rassat ; D. 1969. 264, note J.-M. R. ; RSC 1969. 419, obs. Robert* • 22 juin 1977, n° 77-90.345 P : *D. 1977. IR 382.* ♦ Rien ne leur interdit de prononcer le huis clos au vu des seules énonciations de l'arrêt de renvoi, même avant sa lecture. • Crim. 10 mai 1995, n° 94-83.676 P. ♦ La cour peut ordonner le huis clos avant la lecture de l'arrêt de renvoi. • Crim. 27 juin 2007, n° 06-88.511 P : *D. 2007. AJ 2104.* ♦ En cas de poursuites pour viol, un huis clos partiel, ne concernant que l'audition de la victime, peut être ordonné. • Crim. 7 déc. 1988, n° 88-81.895 P. ♦ Rappr. : • Crim. 29 nov. 1984, n° 84-93.024 P. ♦ Le huis clos partiel, en application de l'art. 306, al. 1er, lors de l'audition de la victime ne peut être ordonné que si la cour constate que la publicité est dangereuse pour l'ordre ou les bonnes mœurs ; la cour qui constate qu'une telle mesure relève d'une bonne administration de la justice dès lors que l'intéressé expose ne pouvoir s'exprimer librement et totalement face à un large public viole l'art. précité. • Crim. 27 sept. 2000, ⚖ n° 00-82.229 P. ♦ L'accusé ne saurait se faire grief de ce que les jurés de session non tirés au sort sont restés dans la salle. • Crim. 10 févr. 1988, ⚖ n° 87-84.127 P. ♦ Le mouvement de protestation d'un barreau et son opposition à la poursuite de l'audience ne constituent pas un danger pour l'ordre ou les mœurs justifiant le huis clos, et, en cas de trouble apporté à l'ordre par des personnes assistant à l'audience, il appartient au président de la cour d'assises d'ordonner leur expulsion. • Crim. 20 févr. 2019, ⚖ n° 18-82.915 P : *D. actu. 14 mars 2019, obs. Priou-Alibert ; Dr. pénal 2019, n° 76, obs. Maron et Haas ; Procédures 2019, n° 127, obs. Chavent-Leclère.*

5. Autorité appréciant le huis clos. Selon l'art. 306, la cour a seule le pouvoir de déclarer que la publicité des débats est dangereuse pour l'ordre ou les mœurs et de prononcer le huis clos. • Crim. 12 févr. 1986, ⚖ n° 85-93.351 P.

6. Excède ses pouvoirs le président des assises qui « annule » un arrêt de la cour prononçant le huis clos. • Crim. 1er juin 1983, n° 83-93.351 P.

7. La cour est seule compétente pour statuer sur les incidents de caractère juridictionnel survenant au cours des débats. Ainsi entraîne nullité la participation du jury à un arrêt ordonnant le huis clos. • Crim. 24 oct. 1952 : *D. 1953. 39.*

B. CAS PARTICULIER DE L'AL. 3 CONCERNANT LES VICTIMES DE CERTAINES INFRACTIONS SEXUELLES

8. Droit d'exiger le huis clos appartenant à la seule victime. Le droit exceptionnel, qu'accorde l'al. 3 de l'art. 306 à la victime partie civile d'un viol ou d'un attentat à la pudeur de nature criminelle, de s'opposer à ce que le huis clos soit ordonné, est exclusivement réservé à la personne qui réunit les qualités de victime et de partie civile, ce qui n'est pas le cas, bien qu'elle se soit constituée partie civile, de la mère de la victime décédée d'un viol. • Crim. 30 oct. 1985, ⚖ n° 85-92.109 P : *JCP 1987. II. 20727, note Conte.* ♦ Mais la mère de la victime du viol, partie civile en tant que représentante légale de sa fille mineure, a qualité pour demander au nom de celle-ci le huis clos de droit. • Crim. 22 mars 1989, ⚖ n° 88-84.788 P. ♦ Il en est de même du directeur départemental de l'éducation surveillée (de la protection judiciaire de la jeunesse), régulièrement constitué partie civile en tant que tuteur *ad hoc* de la victime. • Crim. 30 oct. 1989, ⚖ n° 89-83.560 P : *D. 1990. Somm. 221, obs. Pradel* ✎ ; *RSC 1990. 367, obs. Braunschweig* ✎.

9. Le huis clos, ordonné en application de l'art. 306, est de droit à la demande de la partie civile, victime d'un viol, sans qu'il soit nécessaire de préciser que la publicité serait dangereuse pour l'ordre ou les mœurs. • Crim. 28 avr. 1993, ⚖ n° 92-85.443 P. ♦ L'étendue de la mesure de huis clos est laissée à l'appréciation de la victime partie civile, qui peut solliciter le huis clos, tout en demandant qu'il ne s'applique pas aux représentants accrédités de la presse. • Crim. 2 mars 2005, ⚖ n° 04-83.220 P : *D. 2005. IR 1048* ✎ ; *Dr. pénal 2005. Comm. 82, obs. Maron ; JCP 2005. IV. 1904.* ♦ Lorsque l'accusé d'un viol réclame le huis clos, la simple absence d'opposition de la victime partie civile laisse à la cour l'entière liberté de décider de la publicité des débats. • Crim. 6 déc. 2000, ⚖ n° 00-82.691 P : *Dr. pénal 2001. Comm. 41, obs. Maron.* ♦ Après leur réouverture, les débats sont repris à huis clos, lorsqu'il avait été initialement ordonné, à la demande de la victime, constituée partie civile. • Crim. 13 nov. 1996, ⚖ n° 96-80.531 P : *JCP 1997. I. 4031, Chron. Maron ; Dr. pénal 1997. Comm. 53, note Maron.* ♦ L'audience sur les intérêts civils peut avoir lieu à huis clos si celui-ci n'est pas ordonné après le prononcé de la décision sur l'action pénale, par contre l'arrêt doit être prononcé en audience publique. • Crim. 19 avr. 2000, ⚖ n° 99-85.061 P. ♦ Lorsque plusieurs parties civiles sont victimes de viol, chacune d'elles est en droit d'obtenir le prononcé du huis clos pour la suite des débats, ainsi que le prévoit l'art. 306, al. 3. • Crim. 23 oct. 2002, ⚖ n° 02-80.369. ♦ L'avocat représentant une partie civile, victime de viols, a qualité, en l'absence de celle-ci, pour demander le huis clos de droit prévu par l'al. 3 de l'art. 306. • Crim. 15 mai 2002, ⚖ n° 01-88.330 P : *JCP 2002. IV. 2191 ; Dr. pénal 2002. Comm. 102, obs. Maron.*

10. Conformité à l'art. 6 Conv. EDH. En laissant à la partie civile, victime d'un viol, le soin de décider si la protection de sa vie privée nécessite que les débats, ou partie d'entre eux, ne soient pas publics, l'art. 306, al. 3 ne fait qu'édicter une prescription entrant dans les prévisions de l'art. 6, § 1, Conv. EDH. • Crim. 3 avr. 1996, ⚖ n° 95-83.366 P : *JCP 1997. I. 4031, chron. Maron ; Dr. pénal 1996. Comm. 233, et 1997. Comm. 43, notes Maron* • 27 juin 2007, ⚖ n° 06-88.511 P.

11. Il résulte des dispositions combinées des al. 1er et 3 de l'art. 306 que lorsque la victime de crimes prévus par les art. 332 ou 333-1 C. pén. n'a pas la qualité de partie civile et n'a pas réclamé le huis clos, la cour d'assises ne peut l'ordonner sans constater que la publicité est dangereuse pour l'ordre ou les mœurs. • Crim. 26 juin 1985, ⚖ n° 84-91.730 P.

12. Le prononcé du huis clos n'est pas subordonné au consentement de la défense. • Crim. 18 févr. 1953 : *D. 1953. 287* (solution partiellement remise en cause avec l'al. 3 de l'art. 306).

13. En l'absence d'incident contentieux, la cour peut ordonner le huis clos sans constater que l'accusé a préalablement reçu la parole le dernier. • Crim. 14 nov. 1979, ⚖ n° 79-91.452 P. ♦ Le président n'est pas tenu de donner préalablement la parole à l'avocat de l'accusé. • Crim. 27 juin 2007 : ⚖ *préc. note 4.*

C. LIMITES DU HUIS CLOS

14. Le huis clos ne peut être ordonné que pour les débats. Après clôture, l'audience doit être continuée publiquement. • Crim. 19 mars 1986, n° 85-93.713 P. ♦ Le huis clos constituant une dérogation à la règle de la publicité des débats, son interruption et le retour éventuel à la publicité n'affectent à aucun degré les droits de la défense et ne peut faire grief à l'accusé. • Crim. 8 mars 2000, n° 99-82.398 P : *D. 2000. IR 150* • 19 avr. 2000, n° 99-85.061 P : *D. 2000. IR 163* . ♦ L'exécution incomplète de l'arrêt de huis clos ne peut être critiquée par l'accusé qui n'a élevé aucun incident à ce sujet. • Crim. 5 sept. 2012, n° 11-86.001 P.

15. L'audition d'un témoin mineur par la cour d'assises, fût-il coauteur ou complice des accusés majeurs jugés séparément, doit avoir lieu en audience publique. • Crim. 23 juin 1993, n° 92-86.512 P.

16. Les parties civiles, même en l'absence d'appel de la décision sur l'action civile, peuvent en application de l'art. 380-6, exercer devant la cour d'assises d'appel les droits reconnus à la partie civile jusqu'à la clôture des débats : qu'il s'agisse d'exiger ou de s'opposer au huis-clos ou d'intervenir aux débats. • Crim. 28 sept. 2005, n° 05-80.429 P : *Dr. pénal 2005. Comm. 181, obs. Maron ; RSC 2006. 108, obs. Giudicelli* .

17. En ordonnant que les victimes, parties civiles, soient entendues hors la présence de l'accusé, alors que la Cour avait ordonné que leur audition aurait lieu à huis clos, le président n'a pas méconnu les dispositions des art. 6, § 1, et 6, § 3, Conv. EDH, dès lors qu'il tient de l'art. 309, dont les dispositions ne sont pas incompatibles avec celles de l'art. 306, le pouvoir de diriger les débats, que l'accusé était assisté d'un conseil qui, étant demeuré dans la salle, avait la faculté d'interroger les victimes et qu'enfin, ayant été instruit des déclarations faites en son absence, l'accusé n'a sollicité aucune confrontation. • Crim. 13 janv. 1993, n° 92-80.164 P.

D. CONSÉQUENCE DU HUIS CLOS

18. Absence de publicité. Dans la mesure où seules les audiences publiques peuvent faire l'objet d'un enregistrement en vertu des dispositions de l'art. 1er L. 11 juill. 1985 (C. patr. L. 221-1), le huis clos ordonné en vertu de l'art. 306 rend sans objet la demande de l'accusé tendant à l'enregistrement des débats. • Crim. 3 févr. 2004, n° 04-80.530 P : *JCP 2004. IV. 1590 ; AJ pénal 2004. 162* .

III. COUR D'ASSISES DES MINEURS

19. L'accusé majeur au moment des faits n'a pas la possibilité de s'opposer à ce que l'audience se tienne à huis clos, l'art. 306, al. 6 réservant cette possibilité au seul accusé mineur au moment des faits, devenu majeur lors de l'ouverture des débats. • Crim. 10 oct. 2007, n° 07-80.971 P : *D. 2007. AJ 3008* ; *ibid. 2008. Pan. 1859, obs. Bonfils* ; *AJ pénal 2008. 40, obs. Roussel* .

Art. 306-1 *(L. n° 2016-731 du 3 juin 2016, art. 21)* **Pour le jugement des crimes contre l'humanité mentionnés au sous-titre Ier du titre Ier du livre II du code pénal, du crime de disparition forcée mentionné à l'article 221-12 du même code, des crimes de tortures ou d'actes de barbarie mentionnés aux articles 222-1 à 222-6 dudit code, des crimes de guerre mentionnés au chapitre Ier du livre IV *bis* du même code et des crimes mentionnés à l'article 706-73 du présent code, la cour, sans l'assistance du jury, peut, par un arrêt rendu en audience publique, ordonner le huis clos pour le temps de l'audition d'un témoin si la déposition publique de celui-ci est de nature à mettre gravement en danger sa vie ou son intégrité physique ou celles de ses proches.**

Art. 307 **Les débats ne peuvent être interrompus et doivent continuer jusqu'à ce que la cause soit terminée par l'arrêt de la cour d'assises.**

Ils peuvent être suspendus pendant le temps nécessaire au repos des juges *(L. n° 2004-204 du 9 mars 2004, art. 151)* **« , de la partie civile » et de l'accusé.** — *Pr. pén. C. 503.*

1. Interruption des débats. La seule interruption prohibée par l'art. 307 est celle qui amènerait la cour et le jury réunis à délaisser l'affaire commencée pour procéder à l'examen d'une autre cause. Une cour peut, sans méconnaître le principe de continuité des débats, statuer, au cours d'une suspension, sur une demande de mainlevée d'ordonnance de prise de corps formée par un accusé dans une autre cause. • Crim. 7 déc. 1988, n° 88-82.559 P.

2. Ainsi, peu importe que, selon le procès-verbal de formation du jury de jugement et des débats, l'audience a été ouverte le jeudi 17 juin 1999, à 9h30, que le président a suspendu l'audience à plusieurs reprises et notamment à 21h45 jusqu'à sa reprise, à 9h15 et qu'après la délibération de la cour et du jury l'arrêt a été prononcé le vendredi 18 juin, à 22h05 : il n'y a eu aucune violation de l'art. 307. • Crim. 19 avr. 2000, n° 99-85.684.

3. Suspension des débats. Le président dispose d'un pouvoir discrétionnaire pour fixer le moment et la durée des suspensions nécessaires au repos de ceux qui prennent part aux débats, et, en renvoyant à cette fin l'affaire au lendemain, il prend une mesure qui entre dans les pouvoirs qu'il tient de l'art. 307. • Crim. 14 déc. 1977, n° 77-91.896 P. ♦ En l'absence de réclamation de sa part au cours des débats quant aux suspensions, le demandeur n'est pas fondé à se plaindre d'une violation de ses droits au regard des dispositions de la Convention européenne de sauvegarde des droits de l'homme. • Crim. 31 mai 2000, n° 99-86.719. ♦ Aucun texte ne fait obligation de noter au procès-verbal les suspensions d'audience qui interviennent au cours des débats ; en l'absence de donné acte qu'il appartient à l'accusé ou à son avocat de réclamer, le moyen tiré de l'absence de repos et de nourriture des jurés reste à l'état d'allégation et ne peut être accueilli. • Crim. 10 nov. 2004, n° 04-80.274 P : *Dr. pénal 2005. Comm. 29, obs. Maron ; D. 2005. IR 169* ; *JCP 2005. IV. 1125* • Crim. 5 sept. 2018, n° 17-82.654 P.

4. Renvoi de l'affaire et impératifs de la justice. La nécessité d'assurer la continuité du cours de la justice et celle de permettre le jugement dans un délai raisonnable justifient que, malgré l'absence du défenseur choisi par l'accusé, le renvoi de l'affaire ne soit pas ordonné. • Crim. 20 oct. 1993, n° 92-85.775 P.

Art. 308 **Dès l'ouverture de l'audience, l'emploi de tout appareil d'enregistrement ou de diffusion sonore, de caméra de télévision ou de cinéma, d'appareils photographiques, est interdit sous peine d'une amende de 18 000 €, qui peut être prononcée dans les conditions prévues au titre VIII du livre IV.**

(L. n° 2014-640 du 20 juin 2014, art. 2) **« Toutefois, les débats de la cour d'assises font l'objet d'un enregistrement sonore sous le contrôle du président** *(L. n° 2016-731 du 3 juin 2016, art. 89, en vigueur le 1er sept. 2016)* **« lorsque la cour d'assises statue en appel, sauf renonciation expresse de l'ensemble des accusés ; lorsque la cour d'assises statue en premier ressort, le président peut, d'office ou à la demande du ministère public ou des parties, ordonner cet enregistrement ». Le président peut également, à la demande de la victime ou de la partie civile, ordonner que l'audition ou la déposition de ces dernières fassent l'objet, dans les mêmes conditions, d'un enregistrement audiovisuel. »**

(L. n° 81-82 du 2 févr. 1981) **« Les supports de cet enregistrement sont placés sous scellés et déposés au greffe de la cour d'assises.** *(L. n° 2016-731 du 3 juin 2016, art. 89, en vigueur le 1er sept. 2016)* **« L'enregistrement peut être placé sous scellé numérique selon des modalités définies par arrêté. »**

« L'enregistrement sonore *(L. n° 2004-204 du 9 mars 2004, art. 152)* **« ou audiovisuel » peut être utilisé devant la cour d'assises, jusqu'au prononcé de l'arrêt ; s'il l'est au cours de la délibération, les formalités prévues au troisième alinéa de l'article 347 sont applicables.** *(L. n° 2004-204 du 9 mars 2004, art. 152)* **« L'enregistrement sonore ou audiovisuel peut également être utilisé devant la cour d'assises statuant en appel,** *(L. n° 2014-640 du 20 juin 2014, art. 2)* **« devant la cour de révision et de réexamen » saisie d'une demande en révision, ou, après cassation ou annulation sur demande en révision, devant la juridiction de renvoi. »**

« Les scellés sont ouverts par le premier président ou un magistrat délégué par lui, en présence du condamné assisté de son *(L. n° 93-2 du 4 janv. 1993)* **« avocat », ou eux dûment appelés, ou en présence de l'une des personnes visées** *(L. n° 2014-640 du 20 juin 2014, art. 2)* **« au 4° de l'article 622-2 », ou elles dûment appelées.**

Après présentation des scellés, le premier président fait procéder par un expert à une transcription de l'enregistrement qui est jointe au dossier de la procédure.

(Abrogé par Cons. const. n° 2015-499 QPC du 20 nov. 2015, à compter du 1er sept. 2016) « Les dispositions ci-dessus ne sont pas prescrites à peine de nullité de la procédure. »

(L. n° 2016-731 du 3 juin 2016, art. 89, en vigueur le 1er sept. 2016) **« Les dispositions du présent article ne sont pas prescrites à peine de nullité de la procédure ; toutefois, le défaut d'enregistrement sonore, lorsque celui-ci est obligatoire en application du deuxième alinéa, constitue une cause de cassation de l'arrêt de condamnation s'il est établi qu'il a eu pour effet de porter atteinte aux intérêts de la personne condamnée. »**

Les dispositions de la L. n° 2014-640 du 20 juin 2014 sont entrées en vigueur le 1er oct. 2014 (L. préc., art. 9).

1. QPC. Il résulte des dispositions des al. 2 et 3 de l'art. 308 que le législateur a conféré aux parties un droit à l'enregistrement sonore des débats de la cour d'assises ; dès lors, en interdisant toute forme de recours en annulation en cas d'inobservation de cette formalité, les dispositions du dernier al. de ce texte méconnaissent les exigences de l'art. 16 DDH. Néanmoins, l'abrogation immédiate des dispositions déclarées contraires à la Constitution, d'une part, étant susceptible d'entraîner la nullité ou d'empêcher la tenue d'un nombre important de procès d'assises et, d'autre part, remettant en cause l'absence de sanction par une nullité procédurale de la méconnaissance des dispositions de l'art. 308 autres que celles de son second alinéa, il y a lieu de la reporter au 1er sept. 2016 • Cons. const. 20 nov. 2015, n° 2015-499 QPC : *D. actu. 23 nov. 2015, obs. Fleuriot ; D. 2016. 51, note Courtin*.

2. Appareils d'enregistrement (al. 1er). Les dispositions de l'art. 308 ne sont pas prescrites à peine de nullité. • Crim. 12 oct. 1972, n° 72-92.272 P • Crim. 21 avr. 1982, n° 81-91.472 P.

3. Une infraction à l'art. 308, notamment l'enregistrement des débats par des tiers, n'a pas de conséquence sur la validité des débats. • Crim. 12 oct. 1972 : *préc. note 2.* ♦ Il en est de même au cas où l'accusé a été photographié au cours des débats. • Crim. 8 mai 1974, n° 73-93.626 P.

4. N'est pas l'inobservation de l'art. 308 l'utilisation durant les débats d'un dispositif destiné à communiquer simultanément aux juges et aux parties, par projection sur les écrans d'un circuit interne de télévision, les plans et photographies des lieux du crime. • Crim. 21 avr. 1982 : *préc. note 2.*

5. Enregistrements sous le contrôle du président (al. 2 et 3). Les débats devant la cour d'assises n'ayant pas fait l'objet d'un enregistrement sonore faute de matériel équipant la salle d'audience, le moyen, qui concerne un hypothétique recours en révision sans qu'il soit allégué que l'arrêt de la cour d'assises ait été affecté par l'absence d'enregistrement sonore des débats, est irrecevable. • Crim. 19 oct. 2016, n° 15-83.937 P : *D. actu. 8 nov. 2016, obs. Goetz.*

Code du patrimoine

(Ord. n° 2004-178 du 20 févr. 2004)

PREMIÈRE PARTIE

TITRE II. ARCHIVES AUDIOVISUELLES DE LA JUSTICE

CHAPITRE Ier. *CONSTITUTION*

Art. L. 221-1 Les audiences publiques devant les juridictions de l'ordre administratif ou judiciaire peuvent faire l'objet d'un enregistrement audiovisuel ou sonore dans les conditions prévues par le présent titre lorsque cet enregistrement présente un intérêt pour la constitution d'archives historiques de la justice. Sous réserve des dispositions de l'article L. 221-4, l'enregistrement est intégral.

Dans la mesure où seules les audiences publiques peuvent faire l'objet d'un enregistrement en vertu des dispositions de l'art. 1er L. 11 juillet 1985 (C. patr. L. 221-1), le huis clos ordonné en vertu de l'art. 306 rend sans objet la demande de l'accusé tendant à l'enregistrement des débats. • Crim. 3 févr. 2004, n° 04-80.530 P : *JCP 2004. IV. 1590 ; AJ pénal 2004. 162*.

Art. L. 221-2 L'autorité compétente pour décider l'enregistrement de l'audience est :

a) Pour le tribunal des conflits, le *(L. n° 2021-1729 du 22 déc. 2021, art. 1er)* « président » ;

b) Pour les juridictions de l'ordre administratif, le vice-président pour le Conseil d'État et, pour toute autre juridiction, le président de celle-ci ;

c) Pour les juridictions de l'ordre judiciaire, le premier président pour la Cour de cassation ; pour la cour d'appel et pour toute autre juridiction de son ressort, le premier président de la cour d'appel.

Art. L. 221-3 La décision prévue par l'article L. 221-2 est prise soit d'office, soit à la requête d'une des parties ou de ses représentants ou du ministère public. Sauf urgence, toute requête est présentée, à peine d'irrecevabilité, au plus tard huit jours avant la date fixée pour l'audience dont l'enregistrement est demandé.

Avant toute décision, l'autorité compétente recueille les observations des parties ou de leurs représentants, du président de l'audience dont l'enregistrement est envisagé et du ministère public. Elle fixe le délai dans lequel les observations doivent être présentées et l'avis doit être fourni.

(L. n° 2019-222 du 23 mars 2019, art. 69-IV et 109-XVIII, en vigueur à compter d'une date fixée par décret et au plus tard le 1er janv. 2020) « En cas de procès pour crime contre l'humanité ou pour actes de terrorisme, l'enregistrement est de droit s'il est demandé par le ministère public. »

Art. L. 221-4 Les enregistrements sont réalisés dans *(L. nº 2004-1343 du 9 déc. 2004, art. 78-XIV, A, 9º)* « des conditions » ne portant atteinte ni au bon déroulement des débats ni au libre exercice des droits de la défense. Ils sont réalisés à partir de points fixes.

Lorsque les dispositions du premier alinéa ne sont pas respectées, le président de l'audience peut, dans l'exercice de son pouvoir de police, s'opposer aux enregistrements ou les interrompre momentanément.

Art. L. 221-5 Les enregistrements sont transmis à l'administration des Archives de France, responsable de leur conservation, par le président des audiences, qui signale, le cas échéant, tout incident survenu lors de leur réalisation.

CHAPITRE II. *COMMUNICATION ET REPRODUCTION*

Art. L. 222-1 *(L. nº 2008-696 du 15 juill. 2008, art. 18)* « L'enregistrement audiovisuel ou sonore est communicable à des fins historiques ou scientifiques dès que l'instance a pris fin par une décision devenue définitive. »

(Abrogé par L. nº 2008-696 du 15 juill. 2008, art. 18) « A l'expiration de ce délai, la consultation est libre. » La reproduction ou la diffusion, intégrale ou partielle, de l'enregistrement audiovisuel ou sonore est subordonnée à une autorisation accordée, après que toute personne justifiant d'un intérêt pour agir a été mise en mesure de faire valoir ses droits, par le président du tribunal judiciaire de Paris ou par le juge qu'il délègue à cet effet. Toutefois, la reproduction ou la diffusion, intégrale ou partielle, de l'enregistrement des audiences d'un procès pour crime contre l'humanité *(L. nº 2019-222 du 23 mars 2019, art. 69-IV et 109-XVIII, en vigueur à compter d'une date fixée par décret et au plus tard le 1er janv. 2020)* « ou pour actes de terrorisme » peut être autorisée dès que ce procès a pris fin par une décision devenue définitive.

Après cinquante ans, la reproduction et la diffusion des enregistrements audiovisuels ou sonores sont libres.

Art. L. 222-2 Les procès dont l'enregistrement a été autorisé avant le 13 juillet 1990 peuvent être reproduits ou diffusés en suivant la procédure prévue à l'article L. 222-1.

Art. L. 222-3 Un décret en Conseil d'État détermine les modalités d'application des articles L. 221-1 à L. 221-5 et de l'article L. 222-1, notamment en ce qui concerne les voies de recours susceptibles d'être exercées contre les décisions prévues par les articles L. 221-2 et L. 222-1.

Les dispositions de la L. nº 85-699 du 11 juill. 1985 relatives à la commission consultative des archives audiovisuelles (art. 3, al. 2, 4 et 5) restent en vigueur jusqu'à la publication des dispositions réglementaires du code du patrimoine (Ord. nº 2004-178 du 20 févr. 2004, art. 8-I-5º).

DEUXIÈME PARTIE RÉGLEMENTAIRE

TITRE II. ARCHIVES AUDIOVISUELLES DE LA JUSTICE

CHAPITRE Ier. CONSTITUTION

SECTION I. *Décision d'enregistrement des audiences*

Art. R. 221-1 La demande tendant à l'enregistrement audiovisuel ou sonore d'une audience est présentée par une requête écrite, adressée à l'autorité mentionnée à l'article L.221-2, compétente pour prendre la décision.

La demande et les pièces qui lui sont jointes sont établies en trois exemplaires.

Art. R. 221-2 *Abrogé par Décr. nº 2013-420 du 23 mai 2013, art. 7.*

Art. R. 221-3 Une copie de la demande est communiquée aux autorités et personnes dont les observations doivent être recueillies en application du deuxième alinéa de l'article L. 221-3 *(Abrogé par Décr. nº 2013-420 du 23 mai 2013, art. 7)* « et de l'article R. 221-2 ».

Ces autorités et personnes sont informées qu'elles peuvent prendre connaissance, au greffe ou au secrétariat de la juridiction dont le président est compétent pour statuer sur la demande d'enregistrement, de l'ensemble des pièces jointes à cette demande.

(Abrogé par Décr. nº 2013-420 du 23 mai 2013, art. 7) « Un exemplaire de la demande et des pièces jointes est transmis à la commission consultative des archives audiovisuelles de la justice. »

Les communications prévues par le présent article sont faites soit par la remise des pièces à leur destinataire, soit par lettre recommandée avec demande d'avis de réception.

Art. R. 221-4 Lorsque l'autorité compétente n'est pas saisie d'une demande des parties, de leurs représentants ou du ministère public et qu'elle envisage de prescrire d'office l'enregistrement d'une audience, elle communique un projet de décision motivée aux autorités et personnes mentionnées au premier alinéa de l'article R. 221-3 *(Abrogé par Décr. n° 2013-420 du 23 mai 2013, art. 7)* « *et à la commission consultative des archives audiovisuelles de la justice* ». Les communications sont faites dans les conditions prévues par le *(Décr. n° 2013-420 du 23 mai 2013, art. 7)* « troisième » alinéa de l'article R. 221-3.

Art. R. 221-5 L'autorité compétente statue par une décision motivée, qui est notifiée sans délai aux parties ou à leurs représentants, au président de l'audience et au ministère public. Lorsque la décision prescrit l'enregistrement de l'audience, elle est communiquée en outre au garde des sceaux, ministre de la justice.

Art. R. 221-6 La décision prescrivant ou refusant l'enregistrement d'une audience peut, dans les huit jours de sa notification, faire l'objet d'un recours en annulation.

Ce recours, qui n'a pas d'effet suspensif, est porté :

1° Devant le tribunal des conflits, lorsque la décision a été rendue par le vice-président de cette juridiction ;

2° Devant le Conseil d'État, lorsque la décision a été rendue par le vice-président du Conseil d'État ou par le président d'une juridiction administrative ;

3° Devant la Cour de cassation, lorsque la décision a été rendue par le premier président de la Cour de cassation ou d'une cour d'appel.

Le recours est formé, instruit et jugé selon les règles applicables devant la juridiction appelée à statuer ; devant la Cour de cassation, il est fait par simple déclaration au secrétariat-greffe de cette cour et examiné par la chambre compétente à raison de la nature du procès.

Art. R. 221-7 En cas d'annulation d'une décision prescrivant un enregistrement, le juge peut ordonner la destruction de cet enregistrement.

SECTION III. *Réalisation des enregistrements*

Art. D. 221-14 L'enregistrement des audiences est assuré par les services du ministère de la justice, à défaut, par un ou plusieurs entrepreneurs choisis dans les conditions prévues par le chapitre III du titre III du code des marchés publics.

Art. D. 221-15 La disposition des appareils d'enregistrement à l'intérieur de la salle d'audience est fixée en accord avec le président de l'audience, dans le cadre de son pouvoir de police.

Art. R. 221-16 Les enregistrements sont remis au président dès la fin de l'audience. Ils sont transmis au directeur général des patrimoines et de l'architecture avec un procès-verbal signé par le président de l'audience et mentionnant les incidents qui ont pu survenir au cours de la réalisation. Un exemplaire de ce procès-verbal est conservé au greffe ou au secrétariat de la juridiction.

Art. R. 221-17 Les modalités de la conservation, du classement, de l'inventaire et de la consultation des archives audiovisuelles de la justice sont fixées par un arrêté conjoint du *ministre chargé* du budget, du garde des sceaux, ministre de la justice, et du ministre chargé de la culture.

CHAPITRE II. COMMUNICATION ET REPRODUCTION

Art. R. 222-1 La demande aux fins de reproduction ou de diffusion intégrale ou partielle de l'enregistrement audiovisuel ou sonore d'une audience est présentée au président du tribunal judiciaire de Paris en la forme prévue par l'article 494 du code de procédure civile pour les ordonnances sur requête.

Art. R. 222-2 Après avoir procédé ou fait procéder aux mesures d'instruction qu'il estime utiles, le président du tribunal judiciaire de Paris statue sur la requête par une ordonnance motivée dont la minute est conservée au greffe de ce tribunal. Il peut assortir de conditions particulières la reproduction ou la diffusion de l'enregistrement.

L'ordonnance est portée à la connaissance du public selon les modalités qu'elle fixe, à la diligence du requérant.

Art. R. 222-3 Si l'ordonnance fait droit à la requête, tout intéressé peut en référer au juge qui l'a rendue pour la contester dans le délai qu'elle fixe.

Le délai d'appel est de quinze jours. L'appel est formé, instruit et jugé comme en matière gracieuse.

Art. R. 222-4 Le président du tribunal judiciaire de Paris a la faculté de relever le contestant de la forclusion dans les conditions de l'article 540 du code de procédure civile.

Loi du 29 juillet 1881,

Sur la liberté de la presse.

Art. 38 Il est interdit de publier les actes d'accusation et tous les autres actes de procédure criminelle ou correctionnelle avant qu'ils aient été lus en audience publique, et ce, sous peine d'une amende de 3 750 €.

(L. nº 51-1078 du 10 sept. 1951) Sans préjudice des dispositions de l'article 378 du code d'instruction criminelle *[dispositions reprises par l'art. 15 C. pén., abrogé]*, il est interdit, sous la même peine, de publier aucune information relative aux travaux et délibérations du Conseil supérieur de la magistrature *(L. org. nº 2001-539 du 25 juin 2001)* « , à l'exception des informations concernant les audiences publiques et les décisions publiques rendues en matière disciplinaire à l'encontre des magistrats ». Pourront, toutefois, être publiées les informations communiquées par le président *(L. org. nº 2010-830 du 22 juill. 2010, art. 37)* « d'une formation du Conseil supérieur ».

Al. abrogés par L. nº 2000-516 du 15 juin 2000, art. 97-III.

Art. 38 *ter* *(L. nº 81-82 du 2 févr. 1981)* Dès l'ouverture de l'audience des juridictions administratives ou judiciaires, l'emploi de tout appareil permettant d'enregistrer, de fixer ou de transmettre la parole ou l'image est interdit. Le président fait procéder à la saisie de tout appareil et du support de la parole ou de l'image utilisés en violation de cette interdiction.

Toutefois, sur demande présentée avant l'audience, le président peut autoriser des prises de vues quand les débats ne sont pas commencés et à la condition que les parties ou leurs représentants et le ministère public y consentent.

Toute infraction aux dispositions du présent article sera punie *(L. nº 2021-1729 du 22 déc. 2021, art. 1er)* « de deux mois d'emprisonnement et » d'une amende de 4 500 €. Le tribunal pourra en outre prononcer la confiscation du matériel ayant servi à commettre l'infraction et du support de la parole ou de l'image utilisé.

Est interdite, sous les mêmes peines, la cession ou la publication, de quelque manière et par quelque moyen que ce soit, de tout enregistrement ou document obtenu en violation des dispositions du présent article.

Art. 38 *quater* *(L. nº 2021-1729 du 22 déc. 2021, art. 1er)* I. — Par dérogation au premier alinéa de l'article 38 *ter*, l'enregistrement sonore ou audiovisuel d'une audience peut être autorisé, pour un motif d'intérêt public d'ordre pédagogique, informatif, culturel ou scientifique, en vue de sa diffusion. La demande d'autorisation d'enregistrement et de diffusion est adressée au ministre de la justice. L'autorisation est délivrée, après avis du ministre de la justice, par le président du Tribunal des conflits, le vice-président du Conseil d'État, le premier président de la Cour de cassation et le premier président de la Cour des comptes, concernant leurs juridictions respectives. Elle est délivrée, après avis du ministre de la justice, par le président de la juridiction concernant les juridictions administratives et les juridictions comprenant un magistrat du siège membre de la Cour de cassation, et par le premier président de la cour d'appel concernant les cours d'appel et les juridictions de l'ordre judiciaire de leur ressort.

Lorsque l'audience n'est pas publique, l'enregistrement est subordonné à l'accord préalable et écrit des parties au litige. Lorsqu'un majeur bénéficiant d'une mesure de protection juridique est partie à l'audience, qu'elle soit publique ou non, l'enregistrement est subordonné à l'accord préalable du majeur apte à exprimer sa volonté ou, à défaut, de la personne chargée de la mesure de protection juridique. Lorsqu'un mineur est partie à l'audience, qu'elle soit publique ou non, l'enregistrement est subordonné à l'accord préalable du mineur capable de discernement ainsi qu'à celui de ses représentants légaux ou, le cas échéant, de l'administrateur *ad hoc* désigné.

Les modalités de l'enregistrement ne portent atteinte ni au bon déroulement de la procédure et des débats, ni au libre exercice de leurs droits par les parties et les personnes enregistrées, dont la confidentialité des échanges entre l'avocat et son client. Le magistrat chargé de la police de l'audience peut, à tout moment, suspendre ou arrêter l'enregistrement. Cette décision constitue une mesure d'administration judiciaire insusceptible de recours.

La diffusion, intégrale ou partielle, de l'enregistrement n'est possible qu'après que l'affaire a été définitivement jugée. En cas de révision d'un procès en application de l'article 622 du code de procédure pénale, la diffusion de l'enregistrement peut être suspendue.

La diffusion est réalisée dans des conditions ne portant atteinte ni à la sécurité ni au respect de la vie privée des personnes enregistrées, ni au respect de la présomption d'innocence. Cette diffusion est accompagnée d'éléments de description de l'audience et d'explications pédagogiques et accessibles sur le fonctionnement de la justice.

Sans préjudice de l'article 39 *sexies* de la présente loi, l'image et les autres éléments d'identification des personnes enregistrées ne peuvent être diffusés qu'avec leur consentement donné par écrit avant la tenue de l'audience. Les personnes enregistrées peuvent rétracter ce consentement dans un délai de quinze jours à compter de la fin de l'audience.

L'image et les autres éléments d'identification des mineurs ou des majeurs bénéficiant d'une mesure de protection juridique ne peuvent, en aucun cas, être diffusés.

Aucun élément d'identification des personnes enregistrées ne peut être diffusé cinq ans après la première diffusion de l'enregistrement ou dix ans après l'autorisation d'enregistrement.

L'accord écrit des parties au litige ou des personnes enregistrées ne peut faire l'objet d'aucune contrepartie.

II. — Après recueil de l'avis des parties, les audiences publiques devant le Conseil d'État et la Cour de cassation peuvent également être diffusées le jour même, sur décision de l'autorité compétente au sein de la juridiction, dans des conditions fixées par décret en Conseil d'État.

III. — Le présent article est également applicable, par dérogation à l'article 11 du code de procédure pénale, aux audiences intervenant au cours d'une enquête ou d'une instruction ainsi qu'aux auditions, interrogatoires et confrontations réalisés par le juge d'instruction. Lors des auditions, interrogatoires et confrontations, l'enregistrement est subordonné à l'accord préalable et écrit des personnes entendues et le juge d'instruction peut, à tout moment, suspendre ou arrêter l'enregistrement.

IV. — Le fait de diffuser un enregistrement réalisé en application du I sans respecter les conditions de diffusion prévues au même I est puni d'un an d'emprisonnement et de 15 000 € d'amende.

V. — La cession des droits sur les images enregistrées emporte de droit transfert au cessionnaire des obligations et interdictions prévues au présent article.

VI. — Les modalités d'application du présent article sont précisées par décret en Conseil d'État. — *V. ci-dessous.*

Décret n° 2022-462 du 31 mars 2022,

Pris pour l'application de l'article 1er de la loi n° 2021-1729 du 22 décembre 2021 pour la confiance dans l'institution judiciaire.

Art. 1er Les modalités d'application des dispositions de l'article 38 *quater* de la loi du 29 juillet 1881 sur la liberté de la presse prévoyant l'enregistrement des audiences en vue de leur diffusion sont fixées par le présent décret.

CHAPITRE Ier. *L'AUTORISATION D'ENREGISTRER UNE AUDIENCE EN VUE DE SA DIFFUSION*

SECTION I. *La demande d'autorisation et la décision de l'autorité compétente*

Art. 2 La demande d'autorisation d'enregistrement sonore ou audiovisuel d'une audience en vue de sa diffusion adressée au garde des sceaux, ministre de la justice, précise le motif d'intérêt public d'ordre pédagogique, informatif, culturel ou scientifique qui la justifie.

La demande est accompagnée d'une description circonstanciée du projet éditorial. Elle précise les conditions d'enregistrement et de diffusion.

Art. 3 Dès réception de la demande, le garde des sceaux, ministre de la justice, la transmet à l'autorité appelée à statuer en application du premier alinéa du I de l'article 38 *quater* de la loi du 29 juillet 1881 sur la liberté de la presse.

Dans un délai de quinze jours à compter de la réception de la demande, le garde des sceaux, ministre de la justice, transmet son avis à l'autorité appelée à statuer. Au terme de ce délai, son silence vaut avis défavorable.

Art. 4 S'agissant des audiences judiciaires, l'autorité appelée à statuer sur la demande sollicite l'avis préalable du ministère public.

Art. 5 L'autorité appelée à statuer sur la demande d'autorisation se prononce dans un délai de quarante-cinq jours à compter de sa réception par le garde des sceaux, ministre de la justice. Elle notifie sa décision sans délai au demandeur. Au terme du délai de quarante-cinq jours, son silence vaut décision de rejet.

L'autorisation peut être accompagnée de prescriptions relatives aux conditions techniques d'enregistrement et de diffusion, visant à garantir le respect des principes mentionnés au troisième et au cinquième alinéas du I de l'article 38 *quater* de la loi du 29 juillet 1881 sur la liberté de la presse.

Art. 6 La décision refusant l'enregistrement peut faire l'objet d'un recours dans les huit jours de sa notification ou de la date à laquelle est née la décision implicite de rejet.

Ce recours, qui n'a pas d'effet suspensif, est porté :

1° Devant le Tribunal des conflits, lorsque la décision a été rendue par le président de cette juridiction ;

2° Devant le Conseil d'État, lorsque la décision a été rendue par le vice-président du Conseil d'État ou par le président d'une juridiction de l'ordre administratif ;

3° Devant la Cour de cassation, lorsque la décision a été rendue par le premier président de la Cour de cassation, par le président des juridictions comprenant un magistrat du siège membre de la Cour de cassation ou le premier président d'une cour d'appel.

Le recours est formé, instruit et jugé selon les règles applicables devant la juridiction appelée à statuer ; devant la Cour de cassation, il est fait par simple déclaration au greffe de cette cour.

SECTION II. *Le recueil des consentements*

Art. 7 Dans tous les cas où un accord préalable à l'enregistrement est requis, son recueil incombe au bénéficiaire de l'autorisation d'enregistrement, qui en justifie auprès du président de l'audience.

L'accord est recueilli au moyen d'un formulaire établi conformément à un modèle fixé par arrêté du garde des sceaux, ministre de la justice.

Dans le cas où l'enregistrement d'une audience, qu'elle soit publique ou non, concerne un majeur bénéficiant d'une mesure de protection juridique apte à exprimer sa volonté mais inapte à la transcrire, le majeur protégé peut, à cette fin, bénéficier de l'assistance de la personne chargée de sa protection.

Art. 8 Le recueil du consentement des personnes enregistrées à la diffusion de leur image et des autres éléments permettant leur identification incombe au bénéficiaire de l'autorisation d'enregistrement.

Ce consentement est distinct de l'accord préalable à l'enregistrement mentionné à l'article 7.

Il est recueilli avant l'audience au moyen d'un formulaire établi conformément à un modèle fixé par arrêté du garde des sceaux, ministre de la justice.

Art. 9 Le délai de quinze jours dont disposent les personnes enregistrées pour rétracter leur consentement à la diffusion de leur image et des autres éléments permettant leur identification commence à courir au lendemain du dernier jour de la dernière audience enregistrée.

La rétractation est adressée au bénéficiaire de l'autorisation et se fait par tout moyen conférant date certaine à la réception. Elle peut être effectuée au moyen du formulaire prévu à l'article 8.

SECTION III. *La réalisation des enregistrements*

Art. 10 Le bénéficiaire de l'autorisation d'enregistrement veille à ce que les conditions d'enregistrement ne portent pas atteinte au bon déroulement de la procédure, à la dignité et la sérénité des débats, et au libre exercice de leurs droits par les parties et les personnes enregistrées. Une discrétion particulière est requise en ce qui concerne l'installation et le fonctionnement des appareils d'enregistrement.

Les enregistrements sont réalisés à partir de points fixes. Le nombre de personnes autorisées à procéder à l'enregistrement et la disposition des appareils d'enregistrement à l'intérieur de la salle d'audience sont fixés en accord avec les chefs de juridiction ou leurs représentants.

Art. 11 L'enregistrement est interrompu en cas de suspension d'audience ou sur décision du magistrat chargé de la police de l'audience.

Art. 12 L'enregistrement sonore ou audiovisuel d'une audience ne constitue pas un acte de procédure.

SECTION IV. *La diffusion des enregistrements*

Art. 13 Les séquences enregistrées non retenues lors du montage effectué en vue de leur diffusion sont détruites. Leur conservation ou réutilisation est interdite.

Art. 14 Le bénéficiaire de l'autorisation d'enregistrement est tenu à une obligation d'occultation des mineurs, des majeurs bénéficiant d'une protection juridique, et des autres personnes enregistrées qui n'ont pas consenti à la diffusion des images et des éléments d'identification les concernant.

A l'expiration d'un délai de cinq ans après la première diffusion de l'enregistrement ou de dix ans après l'autorisation d'enregistrement, l'obligation d'occultation est étendue à toute personne enregistrée.

L'occultation implique que l'image et tout élément permettant l'identification directe ou indirecte des personnes enregistrées soient dissimulés, notamment que les éléments relatifs à l'état civil soient modifiés ou masqués, les visages et les silhouettes floutés et les voix déformées.

CHAPITRE II. *LA DIFFUSION DES AUDIENCES PUBLIQUES DEVANT LE CONSEIL D'ÉTAT ET LA COUR DE CASSATION SUR DÉCISION DE CES JURIDICTIONS*

Art. 15 La décision de diffusion le jour même d'une audience publique devant le Conseil d'État et la Cour de cassation est prise, respectivement, par le vice-président du Conseil d'État et, après avis du Procureur général, par le premier président de la Cour de cassation. Cette décision peut fixer une durée pendant laquelle l'enregistrement de l'audience demeure accessible sur le site internet de la juridiction.

Art. 16 L'avis des parties est recueilli par tout moyen avant le début de l'audience.

Art. 17 Le consentement à la diffusion de l'image et des éléments d'identification des personnes enregistrées est recueilli avant le début de l'audience, au moyen du formulaire prévu à l'article 8. La rétractation de ce consentement peut être exercée à tout moment jusqu'au début de la diffusion et, si l'enregistrement demeure accessible sur le site internet de la juridiction, jusqu'à la date de son retrait.

Les images et les éléments d'identification des personnes enregistrées qui n'ont pas consenti à leur diffusion sont occultés selon les modalités prévues au troisième alinéa de l'article 14.

Art. 18 Le président de la formation de jugement peut, à tout moment, suspendre ou arrêter l'enregistrement.

....

CHAPITRE III. *DISPOSITIONS DIVERSES*

Art. 20 Les articles 1er à 18 du présent décret sont applicables dans les îles Wallis-et-Futuna, en Polynésie Française, en Nouvelle-Calédonie et dans les Terres australes et antarctiques françaises.

Art. 309 **Le président a la police de l'audience et la direction des débats.**

Il rejette tout ce qui tendrait à compromettre leur dignité ou à les prolonger sans donner lieu d'espérer plus de certitude dans les résultats.

I. POLICE DE L'AUDIENCE ET DIRECTION DES DÉBATS

1. Il appartient au président de la cour d'assises de déterminer l'ordre des débats ; aucun texte ne prévoit d'ordre obligatoire à suivre entre les interrogatoires, les auditions d'experts et les dépositions des témoins. • Crim. 28 juin 1978, n° 77-93.240 P. • 25 févr. 1987, n° 86-94.201 P • 23 févr. 2000, n° 99-83.784 P. ♦ ... Ou encore les observations des parties civiles. • Crim. 26 févr. 1992, n° 91-84.741 P. ♦ Rien ne s'oppose à ce que soient évoqués au cours des débats des faits non visés aux poursuites, dès lors que les parties estiment que cet examen peut être utile à la défense de leurs intérêts ; il appartient alors au président de faire usage du pouvoir de direction des débats qu'il détient de l'art. 309 pour cantonner l'évocation de ceux-ci dans les limites qui lui apparaissent utiles à la manifestation de la vérité. • Cass., ass. plén., 11 juin 2004, n° 98-82.323 P : *D. 2004. IR 2010*.

2. Il appartient au président de la cour d'assises d'apprécier si les observations que le défenseur veut présenter aux jurés après l'audition d'un témoin sont de nature à être proposées à ce moment même ou doivent être ajournées au moment de la défense de l'accusé. • Crim. 11 août 1922 : *DP 1922. 1. 239.*

3. Le président, ayant la direction des débats, ne fait qu'user des pouvoirs que lui confère l'art. 309, auquel l'art. 341 n'apporte aucune dérogation, en faisant présenter une pièce à conviction, au cours de l'interrogatoire de l'accusé. • Crim. 5 janv. 1978, n° 77-92.429 P. ♦ ... Ou en faisant revenir un témoin pour la reprise des débats. • Crim. 2 mars 2005 : *D. 2005. IR 1048* ; *JCP 2005. IV. 1904.* ♦ ... Ou en interrompant la déposition d'un témoin le temps de rétablir le calme dans la salle d'audience. • Crim. 30 mars 2011 : *Dr. pénal 2011, n° 97, obs. Maron et Haas.*

4. Le président apprécie l'opportunité de la requête d'un défenseur demandant qu'un témoin, déjà entendu, se retire de l'audience pendant la déposition d'un autre témoin. • Crim. 21 mars 1979, n° 78-93.449 P : *D. 1979. IR 502.* ♦ Le président ne fait qu'un usage régulier des pouvoirs qu'il détient de l'art. 309 en refusant la possibilité à un accusé de lire un document ne figurant pas au dossier et non communiqué aux parties. • Crim. 11 oct. 2000, n° 00-80.770 P.

5. En ordonnant, en l'absence de conclusions déposées par la défense, qu'un témoin cité mais non comparant soit recherché afin d'être entendu à l'audience, le président ne fait qu'user du pouvoir de direction des débats qu'il tient de l'art. 309. L'art. 326 ne prévoit l'intervention de la cour que s'il est ordonné que le témoin non comparant soit amené par la force publique ou que l'affaire soit renvoyée à la prochaine session. • Crim. 25 janv. 1984, n° 83-91.205 P.

6. Si la publicité des débats est un principe essentiel de la procédure pénale, il doit toutefois se concilier avec le pouvoir de police que l'art. 309 confère au président des assises. Ce dernier fait un usage régulier de ce pouvoir en ordonnant, non pas l'évacuation complète de la salle, mais seulement de ceux qui, par leurs cris, nuisaient au bon déroulement des débats. • Crim. 24 oct. 1984, n° 84-90.673 P : *D. 1985. IR 116.*

7. Suspension des débats. L'art. 307, al. 2, qui prévoit la suspension des débats pour le repos des juges et de l'accusé, ne donne pas une liste limitative des causes de suspension. En l'absence de réclamation des parties, le président peut ordonner, en vertu de l'art. 309, une suspension d'audience sans qu'il soit nécessaire que le procès-verbal des débats énonce la cause de ladite suspension. • Crim. 27 févr. 1985, n° 84-92.536 P.

II. DIGNITÉ ET RAPIDITÉ DES DÉBATS

8. En refusant de poser à un témoin à la demande de la défense une question au motif que cette question n'avait pas trait à l'affaire soumise à la cour ni à la moralité des accusés, le président a fait un usage régulier de son pouvoir de direction des débats qui lui permet, selon l'art. 309, de rejeter tout ce qui tendrait à les prolonger sans donner lieu d'espérer plus de certitude dans leurs résultats. Il appartient à la défense, si elle entend soutenir que le président a excédé ses pouvoirs, de saisir la cour de l'incident. • Crim. 26 juill. 1993, n° 92-86.470 P. ♦ Même solution dans le cas de refus par le président de joindre au dossier une pièce produite par la défense. • Crim. 12 nov. 1997, n° 96-82.498 P.

Art. 310 *(L. n° 72-1226 du 29 déc. 1972)* **« Le président est investi d'un pouvoir discrétionnaire en vertu duquel il peut, en son honneur et en sa conscience, prendre toutes mesures qu'il croit utiles pour découvrir la vérité. Il peut, s'il l'estime opportun, saisir la cour qui statue dans les conditions prévues à l'article 316. »**

Il peut au cours des débats appeler, au besoin par mandat d'amener, et entendre toutes personnes ou se faire apporter toutes nouvelles pièces qui lui paraissent, d'après les développements donnés à l'audience, utiles à la manifestation de la vérité.

Les témoins ainsi appelés ne prêtent pas serment et leurs déclarations ne sont considérées que comme renseignements. – *Pr. pén. C. 508.*

I. MISE EN ŒUVRE DU POUVOIR DISCRÉTIONNAIRE DU PRÉSIDENT

1. Titulaires du pouvoir discrétionnaire. Aucune loi ne donne à l'accusé ou à toute autre partie le droit de requérir l'exercice du pouvoir discrétionnaire du président qui est entièrement laissé à sa libre disposition. • Crim. 1er févr. 1966, n° 65-92.713 P • 12 mai 1970, n° 70-90.223 P : *D. 1970. 515, rapp. Chapar.* ♦ L'art. 310 n'est applicable qu'aux seuls témoins. • Crim. 25 sept. 2002, n° 01-87.647.

2. Le fait que la cour ait statué sur deux mesures relevant du pouvoir discrétionnaire du président, alors qu'aucune conclusion n'avait été déposée, implique que le président avait estimé opportun de la saisir conformément aux dispositions de l'art. 310, al. 1er, *in fine*. • Crim. 18 déc. 1980, n° 80-92.190 P : *D. 1981. 312, note Chapar.* ♦ La délégation expresse consentie à la cour, par le président, de son pouvoir discrétionnaire, en vertu de l'al. 1er de l'art. 310, doit être renouvelée pour que la cour statue à nouveau. • Crim. 21 mars 1984, n° 83-91.409 P. ♦ Outrepasse ses pouvoirs la cour d'assises qui ordonne que le président fasse un acte relevant exclusivement de son pouvoir discrétionnaire. • Crim. 4 juin 1969, n° 68-92.875 P • 19 juin 1974, n° 74-90.521 P : *D. 1974. 705, note Chapar.* ♦ La cour d'assises est incompétente pour ordonner la comparution de témoins non cités et non dénoncés par les parties. Elle ne peut faire injonction au président d'user de son pouvoir discrétionnaire pour permettre l'audition de ces personnes. • Crim. 9 déc. 1998, n° 97-84.375 P. ♦ La cour est incompétente pour statuer sur des conclusions tendant à réformer une décision prise par le président dans l'exercice de son pouvoir discrétionnaire alors même que la mesure ordonnée constituait un acte d'instruction que la Cour aurait eu, comme le président, le pouvoir de prendre. • Crim. 13 déc. 1989, n° 89-82.391 P.

3. Moment de l'exercice du pouvoir discrétionnaire. Si le président ne peut user de son pouvoir discrétionnaire avant les débats, il peut, avant l'audience prendre les mesures nécessaires pour en assurer l'exercice. C'est ainsi qu'il peut se procurer à l'avance, en vue de les verser aux débats le cas échéant, des documents lui apparaissant comme pouvant être utiles à la manifestation de la vérité. • Crim. 7 déc. 1988, n° 88-80.173 P. ♦ ... Tels le casier judiciaire de l'accusé ou des copies de jugement de condamnations antérieures concernant celui-ci. • Crim. 25 mai 1992, n° 91-85.775 P. ♦ ... Ou inviter des témoins à comparaître. • Crim. 4 juin 1984, n° 83-94.081 P • 22 mars 2000, n° 99-84.563 P : *D. 2000. IR 170* ; *Dr. pénal 2000. Comm. 142, obs. Maron.*

II. MANIFESTATIONS DU POUVOIR DISCRÉTIONNAIRE DU PRÉSIDENT

4. Contenu du pouvoir discrétionnaire. Le président peut prendre, en vertu de son pouvoir discrétionnaire, toutes mesures qu'il croit utiles à la manifestation de la vérité, à la seule condition qu'elles ne soient pas contraires à la loi. • Crim. 18 mai 1977, n° 76-93.009 P • 1er avr. 1987, n° 86-91.835 P.

5. Audition du juge d'instruction. Le président peut appeler le magistrat qui a été chargé de l'instruction de l'affaire. • Crim. 2 déc. 1987, n° 87-82.603 P : *D. 1988. Somm. 355, obs. Pradel.*

6. Audition de témoins. Il peut faire entendre, malgré l'opposition de la défense, des témoins. • Crim. 10 mars 1921 : *DP 1921. 1. 168* • 18 janv. 1989, n° 88-82.973 P. ♦ ... Ou, en l'absence d'opposition des parties, des personnes dont l'art. 335 défend de recevoir les dépositions sous la foi du serment. • Crim. 7 déc. 1966, n° 66-92.270 P • 15 févr. 1966, n° 65-92.650 P • 9 mars 1994, n° 93-83.461 P. ♦ ... Ou lorsque les parties ont d'un commun accord renoncé à l'audition de témoins défaillants, en l'absence d'incident contentieux, passer outre aux débats. • Crim. 9 mars 1995, n° 94-82.674 P. ♦ ... Ou ne pas faire entendre des témoins, dont l'audition est demandée par la défense, sans qu'il soit tenu de répondre à cette demande. • Crim. 29 nov. 1989, n° 88-84.676 P. ♦ Comp. : • Crim. 23 janv. 1991, n° 90-81.846 P • 9 oct. 1991, n° 91-80.358 P • 31 mars 1999, n° 98-83.936 P.

7. Lorsque le président, en vertu de son pouvoir discrétionnaire, a ordonné qu'un témoin cité à domicile et dont le nom avait été régulièrement signifié soit amené par la force publique devant la cour et a décerné mandat d'amener à son encontre, que ce témoin a été ultérieurement entendu sous serment sans opposition de la défense, l'accusé ne saurait se faire un grief de ce que le président ait ordonné, à la place de la cour, la comparution par la force d'un témoin, acquis aux débats, dès lors que cette irrégularité n'a porté aucune atteinte à ses intérêts. • Crim. 29 mai 2002, n° 01-87.222 P.

8. Auditions de spécialistes hors expertise. Le président de la cour d'assises peut en vertu de son pouvoir discrétionnaire faire entendre un médecin n'ayant pas la qualité d'expert et peu importe, en l'absence de toute opposition des parties, qu'il lui ait fait prêter le serment de l'art. 168 lequel implique de dire toute la vérité. • Crim. 17 mai 2000, n° 99-87.768 P. ♦ Le président peut également entendre un expert sur des faits étrangers à sa mission d'expertise, dès lors que cet expert n'a été régulièrement cité et dénoncé qu'en cette seule qualité. • Crim. 15 mars 1995, n° 94-84.018 P.

9. Désignation d'un expert. Il entre dans le pouvoir discrétionnaire du président de désigner un psychiatre en qualité d'expert pour déterminer la fiabilité des déclarations d'un témoin et faire rapport oral à l'audience sur ses opérations. • Crim. 30 nov. 1988, n° 87-84.330 P : *D. 1989. Somm. 171, obs. Pradel.*

10. En l'absence d'observation formulée par les parties lors des débats, le demandeur n'est pas fondé à invoquer pour la première fois devant la Cour de cassation une irrégularité dans la décision de procéder à un supplément d'information dans le cadre duquel la présidente a ordonné une expertise technique, l'expert rendant compte oralement à l'audience du résultat de sa mission. • Crim. 5 sept. 2018, n° 17-82.654 P.

11. Projection de film ou écoute d'enregistrement. Le président peut refuser la projection d'un film réalisé en vidéocassette par la défense et déjà versé à la procédure. • Crim. 24 mars 1993, n° 92-81.700 P. ♦ C'est sans méconnaître le principe de l'oralité des débats qu'un président peut, à la fin de l'instruction à l'audience, avant de faire procéder à l'audition d'une bande magnétique saisie comme pièce à conviction, remettre à la cour et aux jurés la transcription, extraite du dossier de la procédure, du contenu de cet enregistrement. • Crim. 8 févr. 1989, n° 88-82.890 P.

12. Photographies. En vertu de son pouvoir discrétionnaire, le président peut communiquer à la cour et au jury diverses photographies extraites du dossier de la procédure, ces pièces étant déjà connues de l'accusé et de son avocat, lequel avait pu en prendre connaissance en application de l'art. 278 et les droits de la défense n'ayant donc pas été méconnus. • Crim. 20 août 1997, n° 96-85.549 P : *D. 1998. Somm. 175, obs. Pradel*. ♦ Le président peut aussi « pour faciliter l'intelligence de l'affaire, faire passer aux parties, aux jurés et aux assesseurs une photo figurant au dossier » et en procédant ainsi, il a fait un usage régulier des pouvoirs que lui confère l'art. 310, dès lors que la régularité ou la validité de cette pièce n'est pas contestée. • Crim. 1er oct. 1997, n° 96-84.491 P : *D. 1998. Somm. 175. obs. Pradel*. ♦ En l'absence d'incident contentieux ou de demande de donné-acte, il doit être présumé que ces pièces, portées à la connaissance de la cour et du jury, ont été également communiquées à l'ensemble des parties. • Crim. 5 sept. 2018, n° 17-82.654 P.

13. Choix des documents versés au débat. Le président de la cour d'assises peut refuser la production aux débats d'un dossier social au motif que l'avocat de la défense ne précise pas en quoi cet élément serait utile à la manifestation de la vérité et que la chambre d'accusation a déjà rejeté cette requête dans un arrêt définitif. • Crim. 19 avr. 2000, n° 99-85.061 P. ♦ Il peut verser aux débats des documents relatifs aux antécédents judiciaires de l'accusé. • Crim. 5 janv. 1994, n° 93-81.900 P : *D. 1995. Somm. 145, obs. Pradel*. ♦ Il entre dans le pouvoir discrétionnaire du président verser aux débats un dossier administratif étranger à la poursuite. • Crim. 1er déc. 1971, n° 71-91.859 P : *D. 1972. Somm. 21.* ♦ Le président a fait un usage régulier de son pouvoir discrétionnaire, sans manifester son opinion sur la culpabilité de l'accusé lorsque, en vertu de ce pouvoir discrétionnaire, il a versé aux débats une copie d'un arrêt rendu par la chambre correctionnelle de la cour d'appel de Rennes et que ce document a été immédiatement communiqué au ministère public, à l'accusé, à la partie civile et à leurs conseils. • Crim. 20 mars 2002, n° 01-85.846. ♦ Use régulièrement de son pouvoir discrétionnaire le président qui donne communication aux parties des seules conclusions d'un rapport dont il a ordonné le versement aux débats. • Crim. 4 mai 1994, n° 93-84.861 P. ♦ Il entre dans le pouvoir discrétionnaire du président de communiquer aux parties, à la cour et au jury, même après la plaidoirie de la défense, les documents nouveaux apportés par cette dernière, afin d'en permettre la discussion contradictoire, en respectant les règles de l'art. 346 concernant l'usage du droit de réplique. • Crim. 10 avr. 1991, n° 90-84.232 P. ♦ Si les pièces nouvelles versées aux débats et communiquées ne sont pas identifiées précisément, et s'il ne résulte d'aucune des mentions du procès-verbal qu'elles aient été lues et soumises à un débat contradictoire, la cassation n'est cependant pas encourue, dès lors que l'absence de tout incident contentieux ou demande de donné-acte fait présumer qu'aucune irrégularité de nature à porter atteinte aux droits de la défense n'a été commise au cours de l'audience. • Crim. 23 mai 2012, n° 11-80.742 P.

14. Audition de témoins. L'audition d'un témoin non acquis aux débats comme ayant été cité tardivement relève du pouvoir discrétionnaire du président. • Crim. 12 juin 1981, n° 81-90.284 P. ♦ Le président peut décider d'entendre des témoins à titre de renseignements en vertu de son pouvoir discrétionnaire, même si la Cour a au préalable rendu un arrêt déclarant fondée l'opposition des parties civiles à l'audition des témoins non dénoncés. • Crim. 20 déc. 2000, n° 00-82.779 P : *D. 2001. IR 745* ; *Dr. pénal 2001. Comm. 53, obs. Maron.*

15. Audition à titre de renseignement. Le président peut entendre, à titre de renseignements, un coaccusé, non soumis au même débat, cité comme témoin et régulièrement dénoncé, dès lors qu'ayant été condamné à une peine criminelle devenue définitive, il est frappé d'incapacité de témoigner sous serment. • Crim. 29 nov. 1989, n° 89-83.196 P. ♦ ... Mais le président de la cour d'assises ne peut entendre, sans prestation de serment, à titre de simples renseignements, le témoin qui s'est constitué partie civile, mais dont la constitution a été contestée, alors que, par un arrêt incident, la Cour a sursis à statuer sur l'exception d'irrecevabilité jusqu'à l'audience civile. • Crim. 4 déc. 1991, n° 91-83.103 P. ♦ Comp. : • Crim. 2 déc. 1998, n° 98-80.532 P.

16. Oralité des débats et lecture de pièces et documents. Il entre dans le pouvoir discrétionnaire du président de donner lecture de toutes pièces de la procédure utiles à la manifestation de la vérité, dès lors que la régularité ou la validité de ces pièces n'a pas été contestée. • Crim. 9 janv. 1974, n° 73-92.653 P • 5 janv. 1978, n° 77-92.429 P • 18 févr. 1981, n° 80-93.479 P • 20 mai 1987, n° 86-96.698 P. ♦ C'est sans violer le principe de l'oralité des débats que le président donne lecture du procès-verbal d'audition, tenu lors de l'instruction préparatoire, de la partie civile, alors même que celle-ci, qui n'a pas la qualité de témoin acquis aux débats, est présente aux débats. • Crim. 22 nov. 1989, n° 89-83.196 P. ♦ Le principe de l'oralité des débats n'est pas méconnu lorsque le président a, en vertu de son pouvoir discrétionnaire, donné lecture de dépositions des personnes qui n'étaient pas des témoins acquis aux débats et n'ont pas été entendues lors de l'audience. • Crim. 22 nov. 2000, n° 00-82.871. ♦ En donnant lecture, en vertu de son pouvoir discrétionnaire et à titre de renseignements, du rapport d'expertise psychiatrique du docteur R., qui n'était pas acquis aux débats et qui n'était pas présent, le président n'a pas méconnu le principe de l'oralité des débats. • Crim. 28 nov. 2001, n° 00-86.340. ♦ Les propos d'un témoin acquis aux débats recueillis grâce à un dispositif de sonorisation ne constituant pas des déclarations reçues par les enquêteurs ou le juge d'instruction, la lecture, à l'audience, avant que l'auteur de ces propos ne soit entendu, des procès-verbaux qui les retranscrivent, ne porte pas atteinte au principe de l'oralité des débats. • Crim. 10 avr. 2019, n° 18-83.053 P : *D. actu. 3 mai 2019, obs. Azoulay ; AJ pénal 2019. 334, obs. Thierry ; Dr. pénal 2019, n° 118, obs. Maron et Haas.*

17. Lecture à l'audience et secret médical. Aucune violation du secret médical ne saurait résulter de la lecture à l'audience, en vertu du pouvoir discrétionnaire du président, du rapport d'un expert désigné pour procéder à des opérations techniques. • Crim. 1er déc. 1999, n° 99-82.067 P.

III. RÉGIME DU POUVOIR DISCRÉTIONNAIRE

18. Les mesures tendant à l'examen de questions d'ordre technique, comme l'identification d'une empreinte digitale, qu'en dehors de tout incident contentieux le président peut être amené à prendre au cours des débats en vertu de l'art. 310, ne sont pas soumises aux prescriptions des art. 156 s. • Crim. 23 oct. 1985, n° 85-91.626 P : *D. 1986. IR 117, obs. Pradel ; RSC 1986. 407, obs. Braunschweig* • 20 oct. 1999, n° 99-81.942 P. ♦ Même solution pour les mesures tendant à la vérification d'éléments de fait débattus au cours du débat contradictoire. • Crim. 8 avr. 1987, n° 86-93.774 P • 27 mai 1987, n° 86-93.774 P.

19. Principe d'oralité. Le principe du débat oral régit et domine la procédure d'assises ; il s'impose même au pouvoir discrétionnaire du président. • Crim. 8 nov. 1934 : *DH 1935. 7.* ♦ Celui-ci ne peut donc faire donner lecture d'une déposition écrite que s'il s'agit d'un témoin non comparant ou ayant terminé sa déposition orale. • Même arrêt • 9 avr. 1986, n° 85-93.491 P : *D. 1986. IR 305, obs. Pradel.* ♦ Le principe de l'oralité des débats s'oppose à ce que le président donne lecture d'un procès-verbal de confrontation de l'accusé avec plusieurs témoins, dès lors que certains de ceux-ci régulièrement cités et signifiés étaient présents et n'avaient pas encore été entendus. • Crim. 15 oct. 1986, n° 86-90.959 P. ♦ Le principe de l'oralité des débats s'oppose à ce que le président communique aux assesseurs et aux jurés un document produit par le ministère public, sans en donner lecture et sans que ce document ait été soumis à un débat contradictoire. • Crim. 13 févr. 2008, n° 07-84.341 P : *D. 2008. Pan. 2763, obs. Pradel ; AJ pénal 2008. 239, obs. Lavric .*

20. Si, en application de l'art. 310, il appartient au seul président de prendre la décision de faire lire la déposition écrite d'un témoin absent, il est loisible à ce magistrat de confier à une autre personne, et notamment au représentant du ministère public, le soin de procéder à la lecture ainsi ordonnée. • Crim. 14 janv. 1987, n° 86-93.675 P.

21. Quand, sur l'ordre du président exerçant son pouvoir discrétionnaire, il a été donné lecture de la déposition de témoins non comparants, aucun texte légal n'oblige à donner la parole à l'accusé ou à son conseil et il appartient à ceux-ci de la demander pour présenter s'il y a lieu toutes observations utiles. • Crim. 8 déc. 1982 : *D. 1983. IR 195.*

22. Prestation de serment. Si, en application de l'art. 310, le témoin entendu en vertu du pouvoir discrétionnaire du président n'a pas à prêter serment, l'accomplissement de cette formalité ne peut, en l'absence de toutes oppositions des parties, être une cause de nullité. • Crim. 23 févr. 1983, n° 82-92.767 P.

23. Le président n'est pas tenu d'avertir la cour et le jury que la partie civile, qu'il doit entendre sans prestation de serment, n'est entendue qu'à titre de renseignements, en vertu de son pouvoir discrétionnaire. • Crim. 11 oct. 1978, n° 78-90.238 P.

24. La lecture par le président, en vertu de son pouvoir discrétionnaire, de documents, n'est subordonnée à aucune communication spéciale à l'accusé ou à son conseil, dès lors qu'il s'agit de pièces du dossier dont le conseil pouvait prendre connaissance en application de l'art. 278. • Crim. 1er avr. 1987, n° 86-91.835 P. ♦ Lorsque le président fait apporter des pièces nouvelles sans qu'elles aient été préalablement communiquées à la défense, il n'y a atteinte aux droits de la défense que si celle-ci a été dans l'impossibilité d'en prendre connaissance après leur production. • Crim. 20 mai 1987, n° 86-96.698 P.

25. Excès de pouvoir. Excède les pouvoirs que lui confèrent les art. 268 et 269 C. instr. crim. (art. 310) le président qui, à la suite d'une perquisition pratiquée au cours de l'information au domicile du prévenu, en dehors des garanties de la loi et annulée comme telle par arrêt de justice, fait appeler à la barre l'officier de police judiciaire qui a procédé à cette perquisition et, se prévalant de son pouvoir discrétionnaire, l'admet à déposer devant le jury sur des faits dont il n'a connu que par suite de son introduction illégale au domicile du prévenu. • Crim. 28 août 1926 : *Bull. crim. n° 223.*

Art. 311 **Les assesseurs et les jurés peuvent poser des questions aux accusés et aux témoins en demandant la parole au président.**

Ils ont le devoir de ne pas manifester leur opinion. — *Pr. pén. C. 509.*

1. Il ne résulte d'aucune disposition de la loi que le président de la cour d'assises soit tenu de rappeler aux assesseurs de la cour et aux jurés la faculté que leur ouvre l'art. 311 de poser des questions aux accusés et aux témoins, en demandant la parole au président, ni que le procès-verbal des débats doive en retracer mention. • Crim. 2 déc. 2020, n° 19-87.124 P : *D. actu. 12 janv. 2021, obs. Goudjil ; Dr. pénal 2021, n° 34, obs. Maron et Haas.*

2. L'utilisation par un assesseur dans la question posée à un expert psychiatre des termes « coup de couteau sournois » et tendant à obtenir du praticien son avis sur un élément de l'affaire n'implique pas, de la part de ce magistrat, la manifestation d'une opinion préconçue sur les faits incriminés au point de vue de la culpabilité de l'accusé et n'est pas, dès lors, de nature à entraîner la nullité des débats et de la décision qui a suivi. • Crim. 28 janv. 1998, n° 97-81.676 P : *JCP 1998. I. 153, Chron. Maron ; Dr. pénal 1998. Comm. 57, obs. Maron.*

3. Est légalement remplacé par un juré supplémentaire régulièrement désigné lors du tirage au sort du jury de jugement le juré titulaire qui, en manifestant publiquement son opinion sur les faits de l'accusation, s'est interdit de rester juge. • Crim. 4 nov. 1958, n° 58-90.803 P.

4. Le fait par un juré de poser une question destinée à obtenir un éclaircissement qu'il juge nécessaire n'implique pas la manifestation d'une opinion préconçue sur les faits incriminés au point de vue de la culpabilité de l'accusé et n'est pas de nature à entraîner la nullité des débats. • Crim. 20 déc. 1967, n° 67-92.711 P : *RSC 1968. 653, obs. Robert* • 6 mai 1975, n° 74-93.519 P • 2 juill. 1985, n° 84-94.925 P.

5. Bien que les paroles prononcées à haute voix par un juré au cours des débats n'expriment pas nécessairement par elles-mêmes une opinion arrêtée sur les faits de l'accusation, la cour peut trouver dans les circonstances qui ont accompagné ces paroles des éléments de nature à leur conférer le caractère d'une manifestation d'opinion. • Crim. 4 nov. 1958 : *préc. note 3.*

Art. 312 *(L. n° 2000-516 du 15 juin 2000, art. 36, en vigueur le 1er janv. 2001)* **Sous réserve des dispositions de l'article 309, le ministère public et les avocats des parties peuvent poser directement des questions à l'accusé, à la partie civile, aux témoins et à toutes les personnes appelées à la barre, en demandant la parole au président.**

L'accusé et la partie civile peuvent également poser des questions par l'intermédiaire du président.

1. Règles techniques. Si les art. 311 et 312 permettent aux assesseurs, aux jurés et au ministère public de poser des questions aux accusés, il ne s'agit là que *d'une simple faculté* et l'un des accusés ne peut se plaindre de ce qu'il n'en ait été fait usage qu'à l'égard de l'un d'eux seulement. • Crim. 4 mars 1970, n° 69-93.018 P : *D. 1970. Somm. 118.*

2. Il appartient au président de déterminer l'ordre des questions posées à l'accusé. • Crim. 21 sept. 1893 : *Bull. crim. n° 264.* ♦ ... Et de fixer le moment où elles seront posées. • Crim. 25 mars 1987, n° 86-94.699 P.

3. Droits fondamentaux. Si l'art. 6, § 3, Conv. EDH, comme l'art. 312, reconnaissent à l'accusé et à son conseil le droit d'interroger ou de faire interroger les témoins, ni l'un ni l'autre de ces textes n'autorise le défenseur à accompagner les questions qu'il pose de déclarations ou de commentaires de nature à influencer le témoin interrogé ou à dénaturer sa déposition. Il appartient au président qui, en vertu de son pouvoir de direction des débats, a le devoir de rejeter tout ce qui tendrait à compromettre leur dignité de s'opposer à de telles pratiques qui pourraient nuire à l'équité du procès. • Crim. 5 mars 1986, n° 85-21.259 P.

4. La déposition à l'audience, sous la foi du serment, de la victime d'une infraction pénale, à laquelle, en application de l'art. 312, l'accusé et son conseil peuvent poser des questions, n'est pas contraire à l'exigence d'équité du procès énoncée par la Convention européenne de sauvegarde des droits de l'homme. • Crim. 25 oct. 2000, n° 00-81.594.

Art. 313 **Le ministère public prend, au nom de la loi, toutes les réquisitions qu'il juge utiles : la cour est tenue de lui en donner acte et d'en délibérer.**

Les réquisitions du ministère public prises dans le cours des débats sont mentionnées par le greffier sur son procès-verbal. Toutes les décisions auxquelles elles ont donné lieu sont signées par le président et par le greffier. — *Pr. pén. C. 511.*

1. Un membre du parquet, même s'il a engagé la poursuite, est un témoin acquis aux débats, dès lors qu'il a été cité et dénoncé aux accusés en cette qualité de témoin. Aucune disposition légale ne le dispense de la prestation de serment. • Crim. 16 déc. 1975, n° 75-92.436 P.

2. Le ministère public, étant indépendant dans l'exercice de ses fonctions, a le droit de rendre compte verbalement à la cour d'assises des démarches qu'il a entreprises pour sauvegarder les intérêts civils de la victime d'une infraction. • Crim. 31 mai 1978, n° 77-93.786 P : *RSC 1979. 590, obs. Robert.*

Art. 314 **Lorsque la cour ne fait pas droit aux réquisitions du ministère public, l'instruction ni le jugement ne sont arrêtés, ni suspendus.** — *Pr. pén. C. 511.*

Art. 315 **L'accusé, la partie civile et leurs** *(L. n° 93-2 du 4 janv. 1993)* **« avocats » peuvent déposer des conclusions sur lesquelles la cour est tenue de statuer.**

1. Limites du pouvoir discrétionnaire du président. La cour, saisie par la défense de conclusions aux fins d'expertise, ne saurait, sans violation de l'art. 315, se dispenser d'y répondre et le président ne peut, en usant de son pouvoir discrétionnaire, se substituer à elle pour faire échec aux règles légales sur l'expertise définies par les art. 156 s., et qui s'imposent à toute juridiction d'instruction ou de jugement. • Crim. 30 avr. 1985, n° 84-95.257 P : *RSC 1986. 407, obs. Braunschweig.* ♦ Méconnaît l'art. 315 le président qui refuse de faire droit à la demande de l'avocat de l'accusé, ayant saisi oralement la cour d'une demande tendant à la désignation d'un expert aux fins de vérifier l'état de santé de l'une des parties civiles, absente lors des débats, dès lors que son refus avait fait naître un incident contentieux relevant de la compétence exclusive de la cour. • Crim. 28 mai 2015, n° 14-82.559 P : *D. actu. 3 juill. 2015, obs. Benelli-de Bénazé.*

2. Il n'appartient pas *au président* de rejeter par ordonnance, et en se fondant sur des motifs de droit, des conclusions déposées par la défense devant la cour qui est tenue de statuer. • Crim. 21 janv. 1981, n° 80-93.972 P : *RSC 1982. 364, obs. Robert.*

3. Obligations de la cour. Encourt la cassation l'arrêt de condamnation rendu par une cour d'assises après avoir décidé de passer outre à l'absence d'un témoin cité et dénoncé, sans répondre aux chefs péremptoires des conclusions de la défense qui, pour réclamer sa comparution, soutenaient que l'accusé n'avait, à aucun stade de la procédure, été confronté avec ce témoin dont les déclarations constituaient, selon elle, la principale charge sur laquelle reposait l'accusation. • Crim. 6 mars 1991, n° 90-84.990 P : *D. 1992. Somm. 96, obs. Pradel* ♦ Comp. : • Crim. 23 janv. 1991, n° 90-81.846 P. ♦ Elle ne peut se borner à donner acte d'un incident sans se prononcer sur la réalité des faits allégués. • Crim. 24 juin 1998, n° 97-84.657 P : *Dr. pénal 1999. Comm. 11 et 13, obs. Maron ; JCP 1999. I. 112, chron. Maron.*

4. La cour ne peut se borner à déclarer la demande du conseil de l'accusé tardive, sans plus s'expliquer sur l'utilité d'une nouvelle audition de l'expert en présence de la partie civile. • Crim. 2 mars 2016, n° 14-86.915 P : *D. actu. 25 mars 2016, obs. Gallois.*

5. Limites à l'obligation de statuer. De simples « protestations » ou « réserves », qui ne précisent pas quelle décision il est demandé aux juges de prendre, ne sauraient être tenues pour des conclusions donnant naissance à un incident contentieux et mettant la cour dans l'obligation de statuer. • Crim. 1er avr. 1987, n° 86-91.835 P. ♦ La cour n'est pas tenue de statuer en l'absence de conclusions explicites présentées oralement ou par écrit, la simple opposition manifestée par une partie ne suffisant pas à faire naître un incident contentieux. • Crim. 11 mai 2017, n° 16-83.327 P : *Dr. pénal 2017, n° 115, note Maron et Haas.* ♦ La cour n'est pas tenue de répondre à une requête en supplément d'information déposée le premier jour d'audience et visée par le greffier, mais non soutenue oralement. • Crim. 15 nov. 2017, n° 16-86.913 P : *AJ pénal 2018. 91, obs. de Combles de Nayves*.

6. Si les parties sont recevables à demander acte à la cour, tant que celle-ci n'a pas épuisé sa juridiction, de faits qui se seraient produits devant elle pendant les débats, il n'en demeure pas moins que ladite cour peut, lorsqu'il ne lui est pas demandé de procéder à une enquête pour en vérifier l'exactitude, refuser de donner acte de faits qui ne sont pas parvenus à sa connaissance ou dont, en raison du temps écoulé, elle ne conserve pas le souvenir. • Crim. 21 janv. 1987, n° 86-92.626 P.

7. *Faits extérieurs à l'audience.* La cour n'a pas à donner acte de faits, en l'espèce la publication par une partie civile, sur son site internet, d'extraits de comptes rendus de l'audience comportant notamment des inexactitudes, qui ne se sont pas produits à l'audience, dès lors qu'ils ne mettent pas en cause l'impartialité de la juridiction de jugement. • Crim. 24 mai 2018, n° 16-87.622 P : *D. actu. 7 juin 2018, obs. Goetz.*

8. *Moment du donné-acte.* Toute demande de donné-acte relative à l'audience pénale, présentée au cours de l'audience civile, est irrecevable. • Crim. 21 mai 2003, n° 02-86.879 P : *JCP 2003. IV. 2265.*

9. *Recevabilité des conclusions.* Seules sont recevables les conclusions émanant d'un avocat qui assiste une partie au procès, ce qui n'est pas le cas d'un avocat ayant quitté le prétoire pour protester contre une décision de la cour et n'assurant donc plus la défense de l'accusé. • Crim. 29 mars 2017, n° 15-86.300 P : *AJ pénal 2017. 295, obs. Thierry.*

Art. 316 **Tous incidents contentieux sont réglés par la cour, le ministère public, les parties ou leurs** *(L. n° 93-2 du 4 janv. 1993)* **« avocats » entendus.**

Ces arrêts ne peuvent préjuger du fond.

(L. n° 2000-516 du 15 juin 2000, art. 136-X, en vigueur le 1er janv. 2001) **« Lorsque la cour d'assises examine l'affaire en appel, ces arrêts ne peuvent être attaqués que par la voie du recours en cassation, en même temps que l'arrêt sur le fond. Lorsque la cour d'assises examine l'affaire en premier ressort, ces arrêts ne peuvent faire l'objet d'un recours, mais, en cas d'appel de l'arrêt sur le fond et de réexamen de l'affaire devant une autre cour d'assises, ils n'ont pas autorité de la chose jugée devant cette cour. »** — *Pr. pén. C. 513.*

Mayotte : 887.

1. *Généralités.* Ne méconnaît pas les dispositions de l'art. 316 l'arrêt incident qui, pour rejeter la demande de l'accusé tendant à la production d'une pièce, énonce qu'après l'audition de tous les témoins et experts cités, la mesure sollicitée n'apparaît pas utile à la manifestation de la vérité. • Crim. 19 avr. 2000, n° 99-85.061 P.

2. *Transport sur les lieux.* Justifie sa décision de rejet de la demande de transport sur les lieux la cour qui, par arrêt incident, énonce notamment que plus de vingt ans après les faits, la configuration des lieux a nécessairement évolué, rendant inopérant un transport sur les lieux qui, de surplus, est juridiquement impossible, le transport sur les lieux assimilé au prolongement de l'audience n'étant pas possible pour une juridiction de jugement en territoire étranger. • Crim. 24 mai 2018, n° 16-87.622 P : *D. actu. 7 juin 2018, obs. Goetz.*

I. DÉROULEMENT DE LA PROCÉDURE D'INCIDENT

3. *Principe.* La formalité prévue par l'art. 316, al. 1er, est une formalité substantielle. • Crim. *9 oct. 1974,* n° 74-91.277 P.

4. *Compétence de la cour.* Les jurés doivent, à peine de nullité, assister à l'intégralité des débats. Viole le principe de la continuité des débats l'arrêt de condamnation rendu par une cour d'assises, alors que le procès-verbal des débats constate que, par trois fois au cours de l'audience, des arrêts incidents ont été rendus en l'absence du jury de jugement. • Crim. 4 févr. 1998, n° 97-82.134 P. ♦ *Contra* : • Crim. 22 déc. 1949 : *Bull. crim. n° 356.*

5. Dès lors qu'elle constate le caractère contentieux d'une demande de donné acte – de ce qu'un témoin, qui devait être à nouveau entendu, avait conversé, au cours d'une suspension d'audience, avec diverses personnes, dont la partie civile –, la cour d'assises est tenue de statuer sur le bien-fondé de cette demande. • Crim. 18 févr. 1998, n° 97-81.707 P. ♦ De même, lorsque le président refuse de donner acte à une partie d'un fait de nature à vicier la procédure – non-respect du principe de publicité des débats –, l'incident revêt un caractère contentieux et doit donner lieu à un arrêt rendu par la cour dans les formes prévues par l'art. 316. • Crim. 10 nov. 1998, n° 98-81.810 P : *Dr. pénal 1999. Comm. 47, obs. Maron ; JCP 1999. I. 151, chron. Maron.*

6. Toute demande de donné-acte relative à l'audience pénale, présentée au cours de l'audience civile, est irrecevable. • Crim. 21 mai 2003, n° 02-86.879 P : *JCP 2003. IV. 2265.*

7. *Audition des parties.* Lorsque, à la suite d'un dépôt de conclusions, s'élève un incident contentieux sur lequel la cour doit statuer par un arrêt, toutes les parties doivent être entendues à peine de nullité. • Crim. 9 oct. 1974, n° 74-91.277 P : *D. 1974. IR 227* • 8 févr. 1984, n° 83-94.285 P • 24 févr. 1988, n° 87-84.192 P. ♦ Ainsi, l'arrêt doit être cassé lorsque le procès-verbal des débats ne constate pas qu'avant de rendre l'arrêt incident la Cour a entendu, comme elle est tenue de le faire, le ministère public, les parties ou leurs avocats. • Crim. 6 mai 1997, n° 96-84.082 P • 4 juin 2003, n° 02-84.162 P : *JCP 2003. IV. 2364.*

8. Parole en dernier donnée à l'accusé et à son avocat. La règle selon laquelle l'accusé ou son conseil auront toujours la parole les derniers n'est pas applicable seulement une fois l'instruction à l'audience terminée, mais également lors de tout incident contentieux intéressant la défense qui est réglé par un arrêt. • Crim. 17 févr. 1983, n° 82-90.664 P : *D. 1983. IR 281, obs. J.-M. R.* • 12 oct. 1983, n° 82-93.569 P. ♦ Lorsque, à la suite d'un premier arrêt de sursis à statuer, la cour se prononce sur le bien-fondé d'un incident contentieux, le ministère public et les parties ou leurs conseils doivent à nouveau être entendus à peine de nullité. • Crim. 26 sept. 1990, n° 90-80.876 P • 13 juin 1991, n° 90-86.955 P : *RSC 1992. 117, obs. Braunschweig* • 6 mai 1997, n° 96-84.082 P. ♦ Si tous les accusés doivent être entendus lorsqu'un incident contentieux est élevé par l'un d'entre eux, seul celui-ci doit avoir la parole le dernier. • Crim. 7 mars 1990, n° 89-83.124 P.

9. Motivation des arrêts. Les arrêts de la cour, statuant sur un incident contentieux, doivent être motivés à peine de nullité. • Crim. 28 oct. 1975, n° 75-91.466 P • Crim. 20 févr. 2019, n° 19-81.969 : *AJ pénal 2019. 275*., *obs. Chapelle.*

10. Nature de l'incident. En l'absence de toute contestation, la constitution de partie civile à l'audience de la cour d'assises ne présente pas le caractère d'un incident contentieux sur lequel la cour doit statuer par un arrêt, et le président peut valablement donner acte de cette constitution. • Crim. 19 juin 1974, n° 74-90.695 P.

11. Saisie de réquisitions du ministère public tendant à un supplément d'information et au renvoi de l'affaire à une session ultérieure, la cour dispose d'un pouvoir souverain pour accorder ou refuser la mesure sollicitée. • Crim. 21 mars 1984, n° 83-91.409 P. ♦ A justifié sa décision, relevant de son pouvoir souverain d'appréciation, la cour d'assises qui a refusé le renvoi de l'affaire à une session ultérieure au motif que la grève de la faim et de la soif de l'accusé devait s'analyser en un refus de comparaître, son état de santé ne pouvant être considéré indépendamment de sa volonté de ne pas s'alimenter et de ne pas boire. • Crim. 12 mai 2021, n° 20-83.166 P : *D. actu. 2 juin 2021, obs. Recotillet.*

12. De simples « réserves » qui ne précisent pas quelle décision il est demandé aux juges de prendre, ne donnent pas naissance à un incident contentieux et ne mettent pas la cour dans l'obligation de statuer en application de l'art. 316. • Crim. 22 nov. 1989, n° 89-82.115 P.

13. Si, à l'issue de la lecture des questions auxquelles la cour et le jury auront à répondre, l'accusé ou son avocat n'ont soulevé aucun incident contentieux à leur sujet, il ne saurait être reproché à la cour de ne pas avoir statué sur leur opposition, formulée lors d'une précédente audience, à ce qu'une question spéciale soit posée. • Crim. 7 déc. 2005, n° 05.80.988 P.

14. N'a pas un caractère contentieux l'arrêt rendu sur des conclusions demandant qu'il soit donné acte de faits qui, relevant du pouvoir discrétionnaire du président, ne sont pas de nature à entraîner la nullité de la procédure. • Crim. 30 sept. 1992, n° 92-81.595 P.

15. Le dépôt de conclusions évoquant des moyens de défense au fond n'entre pas dans les prévisions de l'art. 316. • Crim. 28 mai 2015, n° 14-82.559 P : *D. actu. 3 juill. 2015, obs. Duhil-de Bénazé.*

II. INTERDICTION DE PRÉJUGER

16. Principe. Les arrêts incidents ne doivent pas préjuger du fond. • Crim. 16 nov. 1976, n° 76-91.236 P.

17. Illustrations. Préjuge du fond et doit être annulé l'arrêt incident qui énonce qu'un fait reproché à l'accusé n'est pas contesté par celui-ci. • Crim. 5 mars 1986, n° 85-93.663 P. ♦ ... Ou qui met en doute certaines affirmations de l'accusé, ce qui peut avoir une incidence sur le jugement du fond. • Crim. 9 nov. 1977, n° 77-91.011 P • 6 nov. 1985, n° 85-90.263 P. ♦ ... Ou qui relève que les déclarations d'un accusé mettant en cause un tiers « impliquent que ce dernier peut être considéré comme un complice des accusés ». • Crim. 4 mai 1988, n° 87-83.273 P. ♦ ... Ou qui, pour refuser de poser une question relative à l'excuse de provocation, se prononce sur la gravité des violences alléguées. • Crim. 31 janv. 1990, n° 89-83.017 P.

18. Ne préjuge pas du fond l'arrêt incident qui rejette la demande d'audition d'un témoin défaillant et qui ne contient aucun motif de nature à mettre en doute les déclarations de l'accusé telles qu'elles résultent des conclusions de la défense. • Crim. 23 janv. 1985, n° 84-93.163 P. ♦ ... Ou qui affirme que la déposition d'un témoin défaillant n'est pas indispensable à la manifestation de la vérité. • Crim. 9 juin 1977, n° 77-91.008 P. ♦ ... Ou qui, en se référant objectivement à la qualification criminelle retenue par la chambre d'accusation, ordonne le huis clos. • Crim. 17 déc. 1980, n° 80-92.681 P. ♦ ... Ou qui constate, à la demande de l'accusé, une mutilation dont celui-ci est atteint et déclare que la cour et le jury ont les éléments suffisants pour apprécier eux-mêmes les conséquences de cette mutilation. • Crim. 21 févr. 1973, n° 72-93.070 P. ♦ A justifié sa décision la cour qui, dans son appréciation souveraine, rejette par arrêt incident une demande de supplément d'information au motif que cette mesure n'apparaît pas utile à la manifestation de la vérité, alors qu'il ne résulte d'aucune mention du procès-verbal des débats que l'instruction à l'audience avait révélé des éléments nouveaux de nature à justifier la mesure sollicitée. • Crim. 6 janv. 1999, n° 98-82.615 P. ♦ Ainsi, pour le refus opposé à une demande de transport sur les lieux : • Crim. 8 janv. 1992, n° 91-81.689 P.

III. RECOURS

19. Selon l'art. 316, les arrêts de la cour d'assises, statuant sur les incidents contentieux, ne peuvent être attaqués par la voie du recours en cassation qu'en même temps que l'arrêt sur le fond. Les art. 570 et 571 sont étrangers aux arrêts de cette sorte. • Crim. 24 juill. 1961, n° 6192.530 P • 15 juill. 1981, n° 81-91.837 P. ♦ Les arrêts incidents par lesquels la cour d'assises, statuant en premier ressort, règle un incident contentieux ne peuvent faire l'objet d'un recours, sauf le pourvoi formé contre un arrêt, non susceptible d'appel, par lequel la cour d'assises met fin à la procédure, dans le cas où son examen fait apparaître un risque d'excès de pouvoir relevant du contrôle de la Cour de cassation. • Crim. 26 avr. 2017, n° 16-86.326 P. ♦ L'arrêt sur le fond par lequel la cour, mettant fin à la procédure, se déclare incompétente, fait corps avec l'arrêt incident par lequel elle décide que doit être posée une question spéciale sur la qualification juridique des faits ; le pourvoi formé contre le seul arrêt incident, qui entraîne nécessairement la remise en cause de l'arrêt sur le fond, est donc recevable. • Crim. 29 nov. 2017, n° 17-80.224 P : *D. actu. 14 déc. 2017, obs. Goetz ; AJ pénal 2018. 92, note Clément*.

20. Recours effectif. Les dispositions de l'art. 316, qui prévoient que les arrêts contentieux prononcés par la cour ne peuvent être attaqués que par la voie du recours en cassation, en même temps que l'arrêt sur le fond, ne privent pas l'accusé d'un recours effectif dès lors que le pourvoi formé contre l'arrêt sur le fond, qui s'étend de plein droit aux arrêts incidents mentionnés au procès-verbal des débats, permet, à terme, la discussion de la décision contestée, le cas échéant son annulation, et, par voie de conséquence, la cassation de l'arrêt vicié sur le fond. • Crim. 11 juill. 2012, n° 11-85.220 P.

21. Si une partie, autre que l'accusé, est sans qualité pour contester le bien-fondé de la décision rendue sur l'action publique, est néanmoins recevable son pourvoi dirigé contre l'arrêt de condamnation dans la mesure où, conformément à l'art. 316, l'arrêt incident qui lui a fait grief en rejetant sa demande de constitution de partie civile ne peut être attaqué par la voie du recours en cassation qu'en même temps que l'arrêt sur le fond. • Crim. 18 mars 1981, n° 80-93.324 P.

22. Si, selon l'art. 316, l'arrêt par lequel une cour d'assises, saisie de l'affaire en premier ressort, statue sur un incident contentieux ne peut faire l'objet d'un recours, le pourvoi contre ledit arrêt est recevable lorsque celui-ci, non susceptible d'appel, met fin à la procédure et que, au surplus, son examen fait apparaître un risque d'excès de pouvoir relevant du contrôle de la Cour de cassation. • Crim. 10 juin 2009, n° 09-81.902 P : *D. 2009. Pan. 2244, obs. Pradel ; AJ pénal 2009. 414, obs. Royer*.

Art. 316-1 *(L. n° 2019-222 du 23 mars 2019, art. 63-I-3° et 109-XIII, en vigueur le 1er juin 2019)* **Une copie du dossier est mise à la disposition des assesseurs.**

SECTION II DE LA COMPARUTION DE L'ACCUSÉ

Art. 317 **A l'audience, la présence d'un défenseur auprès de l'accusé est obligatoire.**

Si le défenseur choisi ou désigné conformément à l'article 274 ne se présente pas, le président en commet un d'office.

1. QPC. N'est pas nouvelle en ce qu'elle ne porte pas sur l'interprétation d'une disposition constitutionnelle dont le Conseil constitutionnel n'aurait pas encore eu l'occasion de faire application et n'est pas sérieuse (en ce que les dispositions litigieuses rappellent le caractère obligatoire de la présence d'un défenseur auprès de l'accusé et prévoient, notamment, qu'il en soit désigné un d'office au cas où celui-ci ne se présente pas ; qu'elles ont par ailleurs pour objet d'assurer l'information de l'accusé lorsque, malgré la sommation qui lui est faite, celui-ci maintient son refus de comparaître) la QPC qui soutient que les dispositions des art. 317, 319 et 320 ne garantiraient pas le droit d'un accusé à une défense, quand bien même ce dernier aurait refusé de comparaître et d'être défendu, et porteraient atteinte aux droits de la défense tels qu'ils sont garantis par les PFRLR et l'art. 16 DDHC. • Cass., QPC, 19 mai 2010 : *D. 2010. Actu. 1352*.

2. Présence d'un défenseur. Dès lors qu'il ne résulte pas du fait de la cour, du président ou du ministère public, le défaut d'un avocat au cours des débats ne vicie pas la procédure. • Crim. 9 oct. 1957 : *Bull. crim. n° 614* • 14 oct. 1976, n° 76-92.137 P. ♦ En cas d'abandon volontaire de la barre par les défenseurs après lecture de la feuille de questions, l'art. 317, al. 2, n'impose pas la désignation d'un avocat d'office ; ce qui n'est le cas que lorsque le conseil ne se présente pas. • Crim. 14 oct. 1976 : *préc.* ♦ L'absence de l'accusé et de son avocat pendant tout ou partie des débats n'entraîne la nullité de la procédure qu'autant qu'elle est le fait de la cour, du ministère public ou du président, lequel s'est conformé aux dispositions des art. 317, 319 et 320 ; une telle absence ne peut faire obstacle à la poursuite des débats afin d'en assurer la continuité et au jugement de l'accusé dans un délai raisonnable. • Crim. 24 juin 2015, n° 14-84.221 P : *D. actu. 9 juill. 2015, obs. Fucini ; AJ pénal 2016. 38, obs. Perrier ; Procédures 2015, n° 272, note Chavent-Leclère ; Dr. pénal 2015, n° 116, note Maron et Haas.*

3. Avocats quittant le prétoire en cours d'audience. Dès lors qu'à la suite de la décision des avocats de quitter le procès, le président a commis d'office un autre avocat qui a, à son tour, refusé sa mission et quitté le prétoire, il n'appartenait pas au président de désigner un nouvel avocat commis d'office ; l'absence d'un avocat de l'accusé pendant tout ou partie des débats ne constitue un motif de nullité qu'autant qu'elle est le fait de la cour, du président ou du ministère public. • Crim. 29 mars 2017, n° 15-86.300 P : *AJ pénal 2017. 295, obs. Thierry*.

4. Le président peut commettre d'office l'un des conseils de l'accusé, alors même que ceux-ci avaient déclaré ne pouvoir continuer d'assurer la défense de leur client en raison d'une manifestation de défiance de celui-ci à leur égard. • Crim. 19 févr. 1986, n° 85-93.429 P : *D. 1986. IR 234.* ♦ Il n'est commis aucune violation des droits de la défense lorsque, après la récusation par l'accusé de son conseil et la déclaration de celui-ci de ne plus pouvoir continuer d'assurer sa défense, le président de la cour d'assises commet d'office le même avocat et que le défenseur développe alors les moyens de défense au nom de cet accusé qui avait refusé de comparaître. • Crim. 23 nov. 1994, n° 94-81.219 P : *D. 1995. Somm. 321, obs. Pradel*.

5. Remplacement de l'avocat. Il n'importe que l'avocat désigné lors de l'interrogatoire de l'accusé par le président ait été remplacé à l'audience par un autre avocat dès lors que la défense de l'accusé devant la cour d'assises a été assurée dans les conditions prescrites par l'art. 317 et que le changement intervenu n'a donné lieu à aucune réclamation. • Crim. 31 janv. 1974, n° 73-93.333 P • 10 janv. 1990, n° 89-84.168 P. ♦ V. aussi, très proche : • Crim. 19 déc. 1974, n° 74-92.336 P.

6. Manque en fait le moyen qui soutient que l'accusé aurait été privé de défenseur durant une partie des débats, dès lors que le procès-verbal constate que, sur les trois avocats de la défense, un seul a quitté le prétoire. • Crim. 23 juin 1999, n° 98-80.561 P.

7. Avocat commis d'office. Est irrecevable le pourvoi formé par l'accusé contre l'ordonnance du président de la cour d'assises qui désigne des avocats d'office. • Crim. 13 oct. 1987, n° 87-83.153 P.

8. Fait l'exacte application des dispositions de l'art. 317 le président qui commet d'office l'avocat qui avait été initialement désigné pour assister l'accusé mais avait été remplacé par un autre avocat choisi qui ne pouvant être présent à l'audience en avait sollicité le renvoi. • Crim. 31 mars 2005, n° 04-83.037 P : *D. 2006. Pan. 625, obs. Pradel*. ♦ Si l'avocat commis d'office par le président est absent de son fait, quittant volontairement le prétoire sans avoir été déchargé de sa mission, il n'y a pas lieu à désignation d'un autre avocat commis d'office. • Crim. 29 mars 2017, n° 15-86.300 P : *AJ pénal 2017. 295, obs. Thierry*.

Art. 318 **L'accusé comparaît libre et seulement accompagné de gardes pour l'empêcher de s'évader.** — *Pr. pén. C. 515.*

1. Justifie sa décision la cour qui, tout en respectant les prescriptions de l'art. 318, prend pour la comparution des accusés des mesures de sécurité exigées par leur particulière dangerosité. • Crim. 20 févr. 1985, n° 84-94.750 P.

2. Le dispositif de sécurité, consistant en un enclos de verre à l'intérieur duquel sont placés les accusés durant leur comparution à l'audience, est licite dès lors que ce dispositif, dans lequel lesdits accusés sont libres de leurs mouvements, comporte des aménagements permettant à chacun d'eux de communiquer librement et secrètement avec son conseil. • Crim. 15 mai 1985, n° 84-95.752 P.

3. Lorsque le procès-verbal des débats constate qu'à chaque reprise d'audience, sauf pour l'une d'elles, l'accusé a comparu « libre », il y a présomption, à défaut de réclamation ou de circonstances contraires, qu'il a comparu dans les mêmes conditions pendant toutes les audiences. • Crim. 26 nov. 1997, n° 97-80.417 P • Crim. 27 nov. 2019, n° 18-83.942 P : *D. actu. 10 janv. 2020, obs. Diaz ; Dr. pénal 2020. n° 19, obs. Maron et Haas.* ♦ A défaut de réclamation ou de constatations contraires, il y a présomption que l'accusé a comparu libre pendant toutes les audiences. • Crim. 20 déc. 2000, n° 00-83.007.

4. En l'état du donné-acte des observations de l'avocat de l'accusé selon lesquelles ce dernier indiquait avoir été, à l'issue de la journée d'audience précédente, ramené dans sa cellule à 2 h 45 et en avoir été extrait à 5 h 30 le matin même, ainsi que des réserves faites sur le caractère équitable de l'audience, et dès lors qu'il n'était pas expressément soutenu que l'accusé n'aurait pas été en mesure de se défendre en raison d'un état de moindre résistance physique ou morale, le moyen pris de la violation du droit à un procès équitable ne saurait être accueilli. • Crim. 12 oct. 2011, n° 10-84.492 P.

5. Box vitré. La comparution de l'accusé dans un box vitré apparaît comme une mesure de sécurité nécessaire, ce dernier étant renvoyé devant la cour d'assises pour assassinat en bande organisée et association de malfaiteurs et s'étant soustrait à la justice pendant plus de quatre ans ; dans la mesure où l'accusé y est libre de ses mouvements et peut communiquer librement avec ses avocats, la mesure est proportionnée et ne porte pas atteinte aux droits de la défense. • Crim. 10 avr. 2019, n° 18-83.053 P : *D. actu. 3 mai 2019, obs. Azoulay ; AJ pénal 2019. 334, note Thierry ; ibid. 335, note Taleb-Karlsson ; Dr. pénal 2019, n° 113, obs. Maron et Haa.*

Art. 319 **Si un accusé refuse de comparaître, sommation lui est faite au nom de la loi, par un huissier commis à cet effet par le président, et assisté de la force publique. L'huissier dresse procès-verbal de la sommation et de la réponse de l'accusé.**

1. QPC. N'est pas nouvelle en ce qu'elle ne porte pas sur l'interprétation d'une disposition constitutionnelle dont le Conseil constitutionnel n'aurait pas encore eu l'occasion de faire application et n'est pas sérieuse (en ce que les dispositions litigieuses rappellent le caractère obligatoire de la présence d'un défenseur auprès de l'accusé et prévoient, notamment, qu'il en soit désigné un d'office au cas où celui-ci ne se présente pas ; qu'elles ont par ailleurs pour objet d'assurer l'information de l'accusé lorsque, malgré la sommation qui lui est faite, celui-ci maintient son refus de comparaître) la QPC qui soutient que les dispositions des art. 317, 319 et 320 ne garantiraient pas le droit d'un accusé à une défense, quand bien même ce dernier aurait refusé de comparaître et d'être défendu, et porteraient atteinte aux droits de la défense tels qu'ils sont garantis par les PFRLR et l'art. 16 DDHC. • Cass., QPC, 19 mai 2010 : *D. 2010. Actu. 1352.*

2. La sommation prévue par l'art. 319 n'a pas à être renouvelée à l'issue d'une suspension d'audience. • Crim. 23 févr. 2000, n° 99-83.784 P.

3. Aucune nullité ne saurait résulter de l'absence de délivrance à l'accusé de la sommation prévue par l'art. 319, dès lors qu'après avoir, de sa propre initiative, quitté la salle d'audience au cours des débats de l'après-midi, il a spontanément comparu à nouveau le lendemain matin, après que lecture du procès-verbal de la partie des débats à laquelle il avait refusé d'assister lui a été faite par le greffier de la cour et qu'il n'a formulé aucune observation à la reprise de l'audience. • Crim. 17 sept. 2014, n° 13-84.971 P : *D. 2014. Actu. 1879 ; D. actu. 30 oct. 2014, obs. Fucini.*

Art. 320 **Si l'accusé n'obtempère pas à la sommation, le président peut ordonner qu'il soit amené par la force devant la cour ; il peut également, après lecture faite à l'audience du procès-verbal constatant sa résistance, ordonner que, nonobstant son absence, il soit passé outre aux débats.**

Après chaque audience, il est, par le greffier de la cour d'assises, donné lecture à l'accusé qui n'a pas comparu du procès-verbal des débats, et il lui est signifié copie des réquisitions du ministère public ainsi que des arrêts rendus par la cour, qui sont tous réputés contradictoires. — *Pr. pén. C. 516.*

1. QPC. N'est pas nouvelle en ce qu'elle ne porte pas sur l'interprétation d'une disposition constitutionnelle dont le Conseil constitutionnel n'aurait pas encore eu l'occasion de faire application et n'est pas sérieuse (en ce que les dispositions litigieuses rappellent le caractère obligatoire de la présence d'un défenseur auprès de l'accusé et prévoient, notamment, qu'il en soit désigné un d'office au cas où celui-ci ne se présente pas ; qu'elles ont par ailleurs pour objet d'assurer l'information de l'accusé lorsque, malgré la sommation qui lui est faite, celui-ci maintient son refus de comparaître) la QPC qui soutient que les dispositions des art. 317, 319 et 320 ne garantiraient pas le droit d'un accusé à une défense, quand bien même ce dernier aurait refusé de comparaître et d'être défendu, et porteraient atteinte aux droits de la défense tels qu'ils sont garantis par les PFRLR et l'art. 16 DDH. • Cass., QPC, 19 mai 2010 : *D. 2010. Actu. 1352.*

2. Dès lors que les réquisitions du ministère public ont été signifiées à l'accusé, il est satisfait aux prescriptions de l'art. 320, al. 2 si, durant son expulsion de l'audience, la poursuite des débats s'est limitée à ces seules réquisitions. • Crim. 26 janv. 2000, n° 99-83.430 P.

3. La signification, prescrite par l'art. 320, al. 2, à l'accusé qui a refusé de comparaître, de réquisitions prises par le ministère public à la fin d'une audience suspendue un vendredi pour être reprise le lundi suivant, lui est valablement délivrée ce dernier jour. • Crim. 3 juin 1988, n° 87-84.240 P.

Art. 320-1 *(L. n° 2004-204 du 9 mars 2004, art. 153, en vigueur le 1er oct. 2004)* **Sans préjudice des dispositions du deuxième alinéa de l'article 272-1 et de celles du**

deuxième alinéa de l'article 379-2, le président peut ordonner que l'accusé qui n'est pas placé en détention provisoire et qui ne comparaît pas à l'audience soit amené devant la cour d'assises par la force publique.

Art. 321 **Lorsque à l'audience l'un des assistants trouble l'ordre de quelque manière que ce soit, le président ordonne son expulsion de la salle d'audience.**

Si au cours de l'exécution de cette mesure, il résiste à cet ordre ou cause du tumulte, il est, sur-le-champ, placé sous mandat de dépôt, jugé et puni d'un emprisonnement de *(Abrogé par L. n° 92-1336 du 16 déc. 1992, art. 322, à compter du 1er mars 1994) « deux mois à »* **deux ans, sans préjudice des peines portées au code pénal contre les auteurs d'outrages et de violences envers les magistrats.**

Sur l'ordre du président, il est alors contraint par la force publique de quitter l'audience. — *Pr. pén. C. 516.*

BIBL. ▶ MICOU, *ALD 1994. 85.*

Le mouvement de protestation d'un barreau et son opposition à la poursuite de l'audience ne constituent pas un danger pour l'ordre ou les mœurs justifiant le huis clos, et, en cas de trouble apporté à l'ordre par des personnes assistant à l'audience, il appartient au président de la cour d'assises d'ordonner leur expulsion. • Crim. 20 févr. 2019, n° 18-82.915 P : *D. actu. 14 mars 2019, obs. Priou-Alibert ; Dr. pénal 2019, n° 76, obs. Maron et Haas.*

Art. 322 **Si l'ordre est troublé par l'accusé lui-même, il lui est fait application des dispositions de l'article 321.**

L'accusé, lorsqu'il est expulsé de la salle d'audience, est gardé par la force publique, jusqu'à la fin des débats, à la disposition de la cour ; il est, après chaque audience, procédé ainsi qu'il est dit à l'article 320, alinéa 2. — *Pr. pén. C. 516.*

1. Lorsqu'il résulte du procès-verbal des débats « qu'au cours de la déposition de M. le docteur R., expert neuro-psychiatre, malgré les avertissements du président, l'accusé a poussé des clameurs, s'est levé en invectivant l'expert entravant ainsi l'audition dudit expert », le président a fait l'exacte application de l'art. 322 en ordonnant l'expulsion de la salle d'audience de l'accusé qui troublait l'ordre. • Crim. 2 sept. 1987, n° 86-96.904.

2. Les art. 320, al. 2, et 322 ne sont pas applicables, dès lors qu'au cours de la même audience, l'accusé est expulsé pendant la durée d'une partie du réquisitoire, prononcé en présence du défenseur, puis reprend volontairement sa place au cours de la plaidoirie, et reçoit à nouveau la parole avant la clôture des débats. • Crim. 22 nov. 1972, n° 72-92.336 P.

3. Aux termes des art. 320 et 322 lorsqu'un accusé qui a troublé l'ordre a été expulsé de la salle d'audience, il lui est donné lecture, après chaque audience, du procès-verbal des débats. Ces prescriptions ont été observées dès lors que le procès-verbal des débats mentionne que l'audience a été suspendue avant que l'accusé expulsé soit ramené dans la salle d'audience afin que le greffier « puisse donner lecture à l'accusé de la partie du procès-verbal des débats auxquels il n'a pas assisté ». • Crim. 25 mai 1965, n° 65-90.253 P.

4. Dès lors que, d'une part, le président a fait un usage régulier de l'art. 322, qui l'autorise à expulser un accusé qui trouble l'ordre et que, d'autre part, le greffier a, conformément à l'art. 320, al. 2, donné lecture à l'accusé des déclarations du témoin consignées au procès-verbal, et l'a ainsi mis en mesure de répondre, aucune atteinte n'a été portée aux droits de la défense. • Crim. 8 févr. 2017, n° 15-86.914 P.

SECTION III **DE LA PRODUCTION ET DE LA DISCUSSION DES PREUVES**

RÉP. PÉN. v° *Témoin*, par GIACOPELLI et JOSEH-RATINEAU.

▶ **Dossier :** Le témoin, *AJ pénal 2018. 171* s.

Art. 323 **Lorsque** *(L. n° 93-2 du 4 janv. 1993)* **« l'avocat » de l'accusé n'est pas inscrit à un barreau, le président l'informe qu'il ne peut rien dire contre sa conscience ou le respect dû aux lois et qu'il doit s'exprimer avec décence et modération.**

Art. 324 *(L. n° 85-1407 du 30 déc. 1985)* **Le président ordonne à l'huissier de faire l'appel des témoins cités par le ministère public, par l'accusé et la partie civile dont les noms ont été signifiés conformément aux prescriptions de l'article 281.** — *Pr. pén. C. 518.*

1. Le renvoi d'une affaire à un autre jour de la même session n'est réglementé par aucune disposition légale ; il peut être ordonné d'office sans le consentement de l'accusé, dès lors que la remise est ordonnée avant le tirage au sort du jury et qu'elle ne porte aucune atteinte aux droits de la défense. Il en résulte que les témoins doivent être avisés de la remise de l'audience et être tous présents à l'appel, à moins que les parties ne fassent aucune observation relative à leur absence. • Crim. 30 avr. 1985, n° 84-93.344 P.

2. Peu importe que le procès-verbal des débats se borne à énoncer qu'il a été fait l'appel des témoins sans que leur nom ne soit mentionné, dès lors que ce procès-verbal mentionne que tous les témoins cités ont répondu à l'appel de leur nom, à l'exception de quatre dont les noms sont précisés et qu'ainsi la Cour de cassation est en mesure de s'assurer que l'ensemble des témoins acquis aux débats ont été appelés à témoigner. • Crim. 23 oct. 2002, n° 02-80.369.

Art. 325 **Le président ordonne aux témoins de se retirer dans la chambre qui leur est destinée. Ils n'en sortent que pour déposer. Le président prend, s'il en est besoin, toutes mesures utiles pour empêcher les témoins de conférer entre eux avant leur déposition.** — *Pr. pén. 436 ; C. 519.*

1. La disposition de l'art. 325 selon laquelle le président de la cour d'assises doit ordonner aux témoins de se retirer dans la chambre à eux destinée n'est pas prescrite à peine de nullité. • Crim. 31 mars 1887 : *DP 1888. 1. 239* • 28 févr. 1946 : *D. 1946. 186* • 12 oct. 1972, n° 72-92.272 P • 27 nov. 1974, n° 74-92.195 P. ♦ Les dispositions de l'art. 325 ne sont pas prescrites à peine de nullité. • Crim. 23 févr. 2000, n° 99-83.784 P.

2. En conséquence, aucune nullité ne résulte du fait que trois témoins, après avoir été entendus sur un chef d'accusation, ont été ramenés dans la salle où se trouvaient les autres témoins et en sont sortis plus tard pour achever leurs dépositions sur les autres chefs d'accusation. • Crim. 7 mars 1912 : *DP 1913. 1. 372.* ♦ ... Ni du fait que le témoin a assisté à une partie des débats avant son audition. • Crim. 4 mai 1973, n° 73-90.864 P • 15 févr. 1989, n° 88-84.356 P : *D. 1989. Somm. 391, obs. Pradel* • 15 déc. 1999, n° 98-87.706 P • 23 févr. 2000, n° 99-83.784 P.

3. De même, aucune cause d'incapacité, dispensant du serment et permettant l'audition à titre de renseignement, ne résulte de ce qu'un témoin est resté dans la salle d'audience au lieu de se retirer dans la chambre. • Crim. 28 févr. 1946 : *préc. note 1.*

4. L'art. 325 ne concerne que les témoins et est inapplicable aux experts, auxquels il n'est pas interdit d'assister aux débats avant leur audition. • Crim. 7 oct. 1970, n° 70-90.877 P : *D. 1970. Somm. 213* • 27 nov. 1974, n° 74-92.195 P.

Art. 326 **Lorsqu'un témoin cité ne comparaît pas, la cour peut, sur réquisitions du ministère public ou même d'office, ordonner que ce témoin soit immédiatement amené par la force publique devant la cour pour y être entendu, ou renvoyer l'affaire à la prochaine session.**

Dans tous les cas, le témoin qui ne comparaît pas ou qui refuse soit de prêter serment, soit de faire sa déposition peut, sur réquisitions du ministère public, être condamné par la cour *(L. n° 2000-1354 du 30 déc. 2000, art. 9 et 37, en vigueur le 1er janv. 2001)* **« à une amende de 3 750 € ».** *(L. n° 2010-1 du 4 janv. 2010)* **« L'obligation de déposer s'applique sous réserve des dispositions des articles 226-13 et 226-14 du code pénal et de la faculté, pour tout journaliste entendu comme témoin sur des informations recueillies dans l'exercice de son activité, de ne pas en révéler l'origine. »**

La voie de l'opposition est ouverte au condamné qui n'a pas comparu. L'opposition s'exerce dans les cinq jours de la signification de l'arrêt faite à sa personne ou à son domicile. La cour statue sur cette opposition soit pendant la session en cours, soit au cours d'une session ultérieure. — *Pr. pén. 438 s. ; C. 520.*

BIBL. ► BOSSAN, *Dr. pénal 2010. Étude 14* (protection du secret des sources des journalistes en procédure pénale).

1. Présentation tardive du témoin. Le témoin régulièrement notifié qui ne s'est pas présenté à l'appel lors de l'ouverture de la séance, mais qui se présente ensuite au cours des débats, ne cesse point, malgré cette circonstance, d'être acquis aux débats ; il doit donc être entendu avec prestation de serment. • Crim. 6 juin 1887 : *DP 1888. 1. 45.*

2. Appréciation tardive du témoin. La cour d'assises apprécie souverainement les causes d'excuse d'un témoin. • Crim. 26 oct. 1894 : *DP 1899. 1. 388.*

3. Obligation de comparaître de la partie civile appelée comme témoin. Bien qu'en principe la partie civile ne puisse être entendue comme témoin, elle est cependant tenue de comparaître si elle a été citée en cette dernière qualité, et, à défaut de comparution sans excuse légitime, elle encourt les sanctions prévues pour les témoins défaillants. • Crim. 7 juin 1912 : *DP 1913. 1. 275.*

4. Absence d'un témoin. Aucune disposition de la loi ne fait obstacle à ce que la cour décide qu'il sera passé outre aux débats malgré l'absence d'un témoin contre lequel elle avait délivré mandat d'amener, mais qui n'avait pu être retrouvé, si elle estime, au vu des résultats de l'instruction à l'audience, que l'audition de ce témoin n'est pas indispensable à la manifestation de la vérité. • Crim. 9 déc. 1987, n° 87-80.056 P • 29 nov. 1989, n° 89-84.676 P. ♦ Conf. : • Crim. 9 déc. 1998, n° 97-84.375 P : *Dr. pénal 1999. Chron. 16, note Marsat.*

5. Selon l'art. 326, lorsqu'un témoin cité ne comparaît pas, la cour d'assises peut renvoyer l'affaire à la prochaine session. S'il est vrai qu'aucune disposition de la loi n'interdit que l'affaire soit renvoyée à un autre jour de la même session, avec formation dans ce cas d'un nouveau jury de jugement, cette procédure exceptionnelle, que peuvent seuls justifier l'intérêt de l'accusé et celui d'une prompte justice est privée de cette justification s'il n'est pas constaté que l'accusé y ait expressément consenti. • Crim. 16 déc. 1971, n° 71-92.187 P : *D. 1972. 164 ; RSC 1972. 403, obs. Robert.*

6. Pouvoirs de la cour. Ne méconnaît pas les dispositions de l'art. 326, qui réserve à la cour le pouvoir d'ordonner qu'un témoin défaillant soit amené devant elle par la force publique, le président qui, en l'absence de tout incident contentieux, fait rechercher ce témoin en vue de l'inviter à se présenter pour être entendu à une audience qu'il indique. • Crim. 30 avr. 1986, n° 85-95.884 P.

7. Pouvoir discrétionnaire du président. Lorsque le président, en vertu de son pouvoir discrétionnaire, a ordonné qu'un témoin cité à domicile et dont le nom avait été régulièrement signifié soit amené par la force publique devant la cour et a décerné mandat d'amener à son encontre, que ce témoin a été ultérieurement entendu sous serment sans opposition de la défense, l'accusé ne saurait se faire un grief de ce que le président ait ordonné, à la place de la cour, la comparution par la force d'un témoin, acquis aux débats, dès lors que cette irrégularité n'a porté aucune atteinte à ses intérêts. • Crim. 29 mai 2002, n° 01-87.222 P : *JCP 2002. IV. 2363.*

Art. 327 *(L. n° 2011-939 du 10 août 2011, art. 10, en vigueur le 1er janv. 2012)* **Le président de la cour d'assises présente, de façon concise, les faits reprochés à l'accusé tels qu'ils résultent de la décision de renvoi.**

Il expose les éléments à charge et à décharge concernant l'accusé tels qu'ils *(L. n° 2021-1729 du 22 déc. 2021, art. 6-I-8°, en vigueur le 1er mars 2022)* **« résultent de l'information, y compris, s'il y a lieu, les éléments à décharge mentionnés par les observations de l'avocat déposées en application du III de l'article 175, même si ces éléments ne figurent pas dans l'ordonnance de renvoi prise en application de l'article 184** *[ancienne rédaction : sont mentionnés, conformément à l'article 184, dans la décision de renvoi]* **».**

Lorsque la cour d'assises statue en appel, il donne en outre connaissance du sens de la décision rendue en premier ressort, de sa motivation et, le cas échéant, de la condamnation prononcée.

Dans sa présentation, le président ne doit pas manifester son opinion sur la culpabilité de l'accusé.

A l'issue de sa présentation, le président donne lecture de la qualification légale des faits objets de l'accusation.

BIBL. ▶ Guéry, *AJ pénal 2012. 29* (nouvelle « déclaration d'ouverture » du président de la cour d'assises).

1. L'ordre prévu par l'art. 327 ne l'est pas à *peine de nullité.* • *Crim. 9 mai 2019,* n° 18-82.885 P : *Dr. pénal 2019, n° 136, obs. Maron et Haas.*

2. Respect des formalités de l'art. 327. S'il est mentionné au procès-verbal que le président s'est conformé aux prescriptions de l'art. 327, l'absence d'incident contentieux ou de demande de donné-acte fait présumer qu'aucune irrégularité de nature à porter atteinte aux droits de la défense n'a été commise. • Crim. 26 juin 2013 : *D. actu. 26 sept. 2013, obs. Léna ; D. 2013. 1778, obs. Laurent* • 26 juin 2013, n° 12-85.300 • 14 déc. 2016, n° 15-86.303 P : *D. actu. 10 janv. 2017, obs. Benelli-de Bénazé.* ♦ Dans le même sens : la décision rendue en premier ressort avant le 1er janv. 2012 n'étant pas motivée, il doit être présumé, en l'absence de tout incident contentieux ou demande de donné-acte, qu'aucune méconnaissance des dispositions de l'art. 327, de nature à porter atteinte aux droits de la défense, n'a été commise. • Crim. 31 oct. 2012, n° 12-81.549 P : *D. actu. 3 déc. 2012, obs. Martineau ; D. 2013. 1778, obs. Laurent* . ♦ D'une part, l'accusé ne saurait se faire un grief de l'ordre dans lequel les formalités prévues à l'art. 327 ont été accomplies dès lors que le procès-verbal des débats mentionne que le président s'est conformé aux prescriptions de ce texte, d'autre part, il doit être présumé, en l'absence de tout incident contentieux ou demande de donné acte, qu'aucune méconnaissance desdites dispositions, de nature à porter atteinte aux droits de la défense, n'a été commise. • Crim. 27 nov. 2019, n° 18-83.942 P : *D. actu. 10 janv. 2020, obs. Diaz ; Dr. pénal 2020. n° 19, obs. Maron et Haas.* ♦ Comp., pour une interprétation plus restrictive : les dispositions de l'art. 327, dans leur rédaction issue de la loi du 10 août 2011, sont d'application immédiate. Dès lors, méconnaît ce texte le président de la cour d'assises d'appel qui a présenté, de façon concise, les faits reprochés à l'accusé, tels qu'ils résultent de la décision de renvoi, et exposé les éléments à charge et à décharge concernant la décision, mais sans avoir donné lecture de la qualification légale des faits objets de l'accusation, ni du sens de la décision (par ailleurs non motivée car rendue avant le 1er janv. 2012). • Crim. 23 avr. 2013 : *D. actu. 30 mai 2013, obs. Le Drevo ; AJ pénal 2013. 547, obs. Auffret ; RSC 2013. 855, note Boccon-Gibod ; Dr. pénal 2013, n° 101, obs. Maron et Haas.*

3. Si le président de la cour d'assises, statuant en appel, doit, en application de l'art. 327, donner connaissance de la motivation de la décision rendue en premier ressort, qu'elle soit de culpabilité ou d'acquittement, c'est après avoir indiqué les éléments à charge mais aussi à décharge résultant de la décision de mise en accusation ; par ailleurs, la motivation retenue en première instance, faisant partie intégrante des débats, est soumise à la discussion contradictoire des parties, et ne porte atteinte ni au droit à un procès équitable, ni aux droits de la défense de l'accusé. • Crim. 13 nov. 2014 : *D. actu. 10 déc. 2014, obs. Anane.*

4. Violation de l'art. 327. A défaut d'indication générale dans le procès-verbal du fait que le président s'est conformé aux prescriptions de l'art. 327, l'énumération des quatre diligences mises à sa charge est nécessaire et l'omission de l'une ou plusieurs d'entre elles justifient la cassation. • Crim. 26 juin 2013 : *D. 2013. 1778, obs. Laurent .* ♦ Doit être cassé l'arrêt de la cour d'assises dont il ne résulte d'aucune mention du procès-verbal des débats que le président ait présenté de façon concise les faits reprochés aux accusés tels qu'ils résultaient de la décision de renvoi ni qu'il ait donné lecture de la qualification légale des faits objets de l'accusation. • Crim. 18 juin 2014, n° 13-82.517 P : *D. actu. 7 juill. 2014, obs. Fonteix ; Procédures 2014. 249, note Chavent-Leclère.*

Ancien art. 327 *(L. n° 2000-516 du 15 juin 2000, art. 136-XI)* ***Le président invite l'accusé et les jurés à écouter avec attention la lecture de la décision de renvoi, ainsi que, lorsque la cour d'assises statue en appel, des questions posées à la cour d'assises ayant statué en premier ressort, des réponses faites aux questions, de la décision et de la condamnation prononcée.***

Il invite le greffier à procéder à cette lecture.

I. PRINCIPES COMMUNS

1. Principe de la lecture obligatoire. La lecture de l'arrêt de renvoi est une formalité indispensable pour que les parties et la cour d'assises aient connaissance de l'accusation qui doit être oralement exposée et discutée. • Crim. 20 janv. 1999, n° 98-80.896 P. ♦ L'omission de cette formalité entraîne, dès lors, la nullité de la procédure. • Crim. 31 janv. 1973, n° 72-92.353 P • 6 janv. 1982, n° 81-92.592 P. ♦ ... Mais il n'importe que la décision de renvoi dont il a été donné lecture ait été inexactement qualifiée d'arrêt, et non d'ordonnance, dans le procès-verbal des débats, dès lors qu'il n'en résulte aucune incertitude quant à l'acte de procédure dont la lecture a été faite. • Crim. 12 févr. 2003, n° 02-80.767 P : *JCP 2003. IV. 1697 ; Dr. pénal 2003. Comm. 90, obs. Maron et Haas.*

2. En revanche, aucune disposition légale ou conventionnelle ne prescrit la lecture, à l'audience de la cour d'assises de renvoi, de l'arrêt précédemment cassé et de la décision de cassation. • Crim. 12 mai 1999, n° 98-85.364 P.

3. Aucune disposition légale ou conventionnelle n'impose, en cas de réexamen, d'autres lectures, en début d'audience, que celles exigées par l'art. 327. • Crim. 7 déc. 2005, n° 05.80.988 P.

4. Arrêt de renvoi partiellement cassé. Si un arrêt de renvoi a été partiellement cassé, la lecture de cet arrêt ainsi que celle de l'arrêt rendu après cassation sont obligatoires. • Crim. 24 nov. 1982, n° 82-92.212 P. ♦ Lorsqu'un arrêt de mise en accusation n'a été que partiellement annulé par la Cour de cassation, et que la chambre d'accusation, désignée comme juridiction de renvoi, en a modifié certaines dispositions, fussent-elles limitées à l'action civile, il doit être donné lecture, devant la cour d'assises, tant de cet arrêt que de ceux rendus par la chambre criminelle et par la chambre d'accusation de renvoi. • Crim. 29 avr. 1997, n° 95-82.669 P.

5. Jonction de procédures. Lorsque deux affaires ont été jointes, il doit résulter du procès-verbal que les deux arrêts de renvoi ont été lus. • Crim. 20 janv. 1999, n° 98-80.896 P.

6. Lecture partielle admise. Si la lecture de l'arrêt de renvoi est une formalité obligatoire, un accusé ne saurait, faute d'intérêt, se faire un grief de ce que le greffier n'ait pas donné lecture d'une partie dudit arrêt dès lors qu'y étaient partiellement reproduits des passages d'un rapport d'expertise dont la chambre d'accusation avait ordonné la cancellation à la demande de la défense. • Crim. 12 juin 1981, n° 81-90.284 P. ♦ Même jurisprudence pour des renseignements relatifs à des faits amnistiés. • Crim. 4 juin 1982, n° 81-94.958 P.

II. RÈGLES PROPRES À LA COUR D'ASSISES STATUANT EN APPEL

7. Lecture de l'arrêt, des questions et des réponses. Lorsque le procès-verbal des débats énonce que le président a invité l'accusé à écouter attentivement la lecture de l'arrêt de renvoi et de l'arrêt de condamnation de la cour d'assises de premier ressort et s'est conformé aux dispositions de l'art. 327 et que le greffier a lu à haute et intelligible voix ces deux arrêts, il a été satisfait aux exigences de la loi dès lors que l'arrêt de condamnation de la cour d'assises reproduit intégralement les questions posées en première instance et les réponses faites à ces questions. • Crim. 12 févr. 2003, n° 02-80.187 P : *JCP 2003. IV. 1653 ; Dr. pénal 2003. Comm. 91, obs. Maron et Haas* • 29 oct. 2003, n° 02-87.815 P : *JCP 2004. IV. 1041.* ♦ Les dispositions de l'art. 327 sont respectées dès lors qu'il a été donné lecture des questions posées à la cour d'assises de première instance, des réponses apportées ainsi que des condamnations prononcées par cette cour d'assises. • Crim. 15 oct. 2003, n° 02-84.346 P. ♦ Les dispositions de l'art. 327 n'ont pas été violées lorsqu'en appel il n'a été donné lecture que de la première question posée à la cour d'assises de première instance dans la mesure où il a été répondu affirmativement à cette première question par cette cour ce qui rendait sans objet les questions subsidiaires suivantes qui proposaient une qualification plus légère des faits. • Crim. 17 mars 2004, n° 03-84.448 P : *JCP 2004. IV. 1959 ; Dr. pénal 2004. Comm. 95, obs. Maron.*

8. Formalisme de la règle. Aux termes de l'art. 327, le président invite l'accusé et les jurés à écouter avec attention la lecture de la décision de renvoi, ainsi que, lorsque la cour d'assises statue en appel, des questions posées à la cour d'assises ayant statué en premier ressort, des réponses faites aux questions, de la décision et de la condamnation prononcée ; lorsque le procès-verbal des débats énonce que le président a invité l'accusé et les jurés à écouter avec attention la lecture de l'arrêt de renvoi, que le greffier a lu l'arrêt de renvoi mais qu'il ne résulte d'aucune mention que le greffier ait également donné lecture des questions posées à la cour d'assises ayant statué en premier ressort, des réponses faites aux questions, de la décision et de la condamnation prononcée, la cassation est encourue. • Crim. 23 oct. 2002, n° 02-81.966 P : *JCP 2002. IV. 3030 ; Dr. pénal 2003. Comm. 40, obs. Maron et Haas* • 18 juin 2003, n° 02-85.269 P : *D. 2003. IR 2207 ; JCP 2003. IV. 2447 ; Dr. pénal 2003. Comm. 115, obs. Maron* • 29 oct. 2003, n° 02-86.609 P : *JCP 2004. IV. 1042* • 31 mars 2004, n° 03-84.832 P : *D. 2004. IR 1124 ; JCP 2004. IV. 2021 ; AJ pénal 2004. 247, obs. Leblois-Happe ; Dr. pénal 2004. Comm. 95, obs. Maron* • 25 mai 2005, n° 04-84.032 P : *JCP 2005. IV. 2552 ; AJ pénal 2005. 333 .* ♦ La cassation est encourue lorsqu'il ne résulte d'aucune mention du procès-verbal des débats que le greffier, qui a lu la décision de renvoi, les questions posées à la cour d'assises de première instance et les réponses faites à ces questions, ait également donné lecture de l'arrêt de condamnation prononcé par cette cour d'assises. • Crim. 11 sept. 2002, n° 01-87.723 P : *D. 2003 Somm. 30, obs. Pradel ; JCP 2002. IV. 2774 ; Dr. pénal 2002. Comm.143, obs. Maron et Haas.* ♦ La cassation est également encourue lorsqu'il ne résulte d'aucune mention au procès-verbal que le greffier ait donné lecture des réponses faites aux questions posées à la cour d'assises ayant statué en premier ressort. • Crim. 2 sept. 2005, n° 04-84.776 P : *JCP 2005. IV. 3186.*

9. Mention non obligatoire. Aucune disposition légale n'exige que l'arrêt de condamnation prononcé par la cour d'assises statuant en appel vise la décision rendue en première instance. • Crim. 25 sept. 2002, n° 01-88.024 P : *JCP 2002. IV. 2878 ; Dr. pénal 2002. Comm. 142, obs. Maron et Haas.*

10. Désignation de la cour d'assises d'appel. Si l'art. 327 ne prévoit pas la lecture de l'arrêt de la chambre criminelle portant désignation de la cour d'assises chargée de statuer en appel, cette lecture ne saurait faire grief à l'accusé dès lors que cette décision se borne à désigner la juridiction chargée de statuer en appel. • Crim. 27 juin 2007, n° 07-80.361 P : *D. 2007. AJ 2240 ; AJ pénal 2008. 446 .*

Art. 328 *(L. n° 2014-535 du 27 mai 2014, art. 8, en vigueur le 2 juin 2014)* **« Après l'avoir informé de son droit, au cours des débats, de faire des déclarations, de répondre aux questions qui lui sont posées ou de se taire, » le président interroge l'accusé et reçoit ses déclarations.**

Il a le devoir de ne pas manifester son opinion sur la culpabilité.

BIBL. ▶ HENNEBOIS, *AJ pénal 2021. 407* (du droit au silence à l'encouragement à se taire). – KOERING-JOULIN, *Justices 1998. 1* (impartialité du président).

1. Information sur les droits. Après avoir rappelé à l'accusé son droit, au cours des débats, de faire des déclarations, de répondre aux questions qui lui sont posées ou de se taire, conformément à l'art. 328, le président n'a pas à renouveler ces formalités au cours des débats lors d'interrogatoires successifs de l'accusé. • Crim. 11 juill. 2017, n° 16-86.656 P.

2. Déclarations de l'accusé. Les dispositions de l'art. 328, al. 1er, ne sont pas prescrites à peine de nullité, la loi exigeant seulement que l'accusé ait pu librement se défendre. • Crim. 9 déc. 1959 : *Bull. crim. n° 540* • 10 mai 1961, n° 60-94.185 P.

3. L'art. 328 n'impose pas au président de recevoir la déclaration liminaire de l'accusé, par laquelle celui-ci s'est adressé à la veuve d'une des victimes pour contester les faits qui lui étaient reprochés, une telle déclaration étant sans portée sur le plan procédural, dès lors que, conformément au droit interne et à la Conv. EDH, toute personne accusée d'une infraction est présumée innocente jusqu'à ce que sa culpabilité ait été légalement établie. • Crim. 22 janv. 1997, n° 96-82.401 P.

4. Impartialité du président. La déclaration par le président des assises, au cours d'un bref exposé avant l'interrogatoire, que, « quel que soit le mobile, l'accusé a commis deux crimes odieux et abominables », constitue, de la part de l'un des juges appelés à se prononcer sur la culpabilité de l'accusé, la manifestation d'une opinion sur cette culpabilité, viciant les débats et violant les art. 266 s., 328 ainsi que les droits de la défense. • Crim. 14 juin 1956 : *Bull. crim. n° 476 ; D. 1956. 733, note Vouin.* ♦ Il en est de même de la question posée à l'accusé, qui dénie sa culpabilité : « Ne pensez-vous pas que vous niez l'évidence et que vous avez une position insoutenable ? ». • Crim. 14 juin 1989, n° 88-86.553 P : *D. 1989. Somm. 390, obs. Pradel ; RSC 1990. 368, obs. Braunschweig*. ♦ De même en donnant lecture, à la fin des débats, d'une question où la culpabilité d'un accusé était affirmée, le président a manifesté publiquement sa conviction préétablie de cette culpabilité en violation de l'art. 328 et porté atteinte aux droits de la défense. • Crim. 20 août 1997, n° 96-85.732 P : *D. 1998. Somm. 177, obs. Pradel ; Dr. pénal 1997. Comm. 148, obs. Maron* • 8 mars 2000, n° 99-82.597 P. ♦ ... De même pour le fait de remettre aux assesseurs et aux jurés, dès l'ouverture des débats, copie d'une feuille de questions préétablie portant, à la suite du texte des questions qui leur seraient posées, mention de la décision de condamnation de l'accusé. • Crim. 9 janv. 1991, n° 90-81.844 P : *D. 1991. Somm. 210, obs. Pradel ; RSC 1991. 787, obs. Braunschweig*.

5. Erreur de langage. Dès lors que, en réponse à des observations de la défense, la présidente avait effectivement déclaré qu'elle « n'était pas impartiale », elle avait aussitôt rectifié le terme employé en assurant qu'il provenait d'une erreur de langage, le demandeur n'est pas fondé à invoquer une violation de l'art. 328 ni du principe d'impartialité des débats. • Crim. 5 sept. 2018, n° 17-82.654 P.

6. Formules légales et neutres. La mention manuscrite par le président sur la feuille des questions à la suite de celles-ci et de la mention dactylographiée « en conséquence, la cour et le jury, après en avoir délibéré dans les conditions prévues à l'art. 362... », ne constitue pas une manifestation publique d'opinion sur la culpabilité de l'accusé, seule prohibée par l'art. 328. • Crim. 15 janv. 2003, n° 02-84.349. ♦ Dans le même sens • Crim. 20 mars 2002, n° 01-85.846. ♦ De même, la mention sur la feuille de questions de la mention suivante : « sans désemparer, la Cour et le jury réunis en chambre du conseil, après en avoir délibéré en commun et voté conformément à la loi sur l'application de la peine à la majorité (...) condamnent l'accusé (...) » est une formule préétablie qui ne constitue aucune manifestation d'opinion préconçue sur la culpabilité de l'accusé, prohibée par l'art. 328, al. 2. • Crim. 15 nov. 2006, n° 06-80.655 P : *AJ pénal 2007. 88, obs. Saas ; Dr. pénal 2007. Chron. 29, obs. Angevin.*

7. Forme de la rédaction. Il ne résulte, en effet, d'aucune disposition légale ou conventionnelle que le président soit tenu de transcrire de sa propre main le résultat des votes de la cour et du jury ; il suffit que mention en soit faite d'une manière qui ne laisse aucune incertitude sur le sens des réponses formulées et sur la majorité par laquelle elles se sont exprimées, le caractère d'authenticité des décisions intervenues étant garanti par les signatures conjointes du président et du premier juré sur la feuille de questions. • Crim. 20 mars 2002 : *préc. note 6.*

8. Absence de manifestation d'opinion. Seule la manifestation d'une opinion préconçue sur les faits incriminés du point de vue de la culpabilité de l'accusé est interdite au président de la cour d'assises par l'art. 328, al. 2. • Crim. 12 oct. 1967, n° 67-92.088 P • 12 juin 1981, n° 81-90.284 P : *RSC 1982. 800, obs. Robert.* ♦ N'est donc pas prohibée la lecture de décisions antérieures de condamnation de l'accusé. • Crim. 25 mai 1992, n° 91-85.775 P. ♦ ... Ni le rappel, après la lecture de l'arrêt de renvoi, de la condamnation prononcée antérieurement contre le complice de l'accusé. • Crim. 20 nov. 1991, n° 91-82.115 P.

9. Aucune disposition de la loi n'interdit au président de la cour d'assises de poser à un témoin une question qu'il estime utile à la manifestation de la vérité dès lors qu'en posant cette question, il ne manifeste pas sa propre opinion sur la culpabilité de l'accusé. • Crim. 4 juin 1984, n° 83-94.081 P • 8 déc. 1993, n° 93-82.391 P.

10. La seule communication à la cour et aux jurés d'une brochure extraite du dossier de la procédure ne saurait constituer de la part du président une manifestation prohibée d'opinion, au sens de l'art. 328, dès lors qu'à cette occasion, il n'est rien relevé dans les propos de ce magistrat qui soit de nature à révéler son sentiment sur la culpabilité de l'accusé. • Crim. 3 juin 1988, n° 87-84.240 P. ♦ Le président ne manifeste pas son opinion sur la culpabilité de l'accusé et ne manque pas à son devoir d'impartialité en soumettant au débat contradictoire des éléments d'autres procédures, dont la production peut être de nature à éclairer les juges et à contribuer à la manifestation de la vérité : ainsi, le président a pu valablement ordonner le versement aux débats de deux réquisitoires extraits de procédures distinctes suivies contre l'intéressé, au cours de l'interrogatoire sur la personnalité, puis, à la demande de la défense, ordonner l'apport des entiers dossiers d'instruction. • Crim. 6 déc. 2000, n° 00-83.097.

11. Le fait pour le président de dire, suite à une opinion apportée par l'accusé, « c'est horrible ça » n'implique pas par lui-même la manifestation d'une opinion préconçue sur la culpabilité de l'accusé et ne constitue pas, dès lors, une violation de l'art. 328. • Crim. 28 mai 1997, n° 96-83.637 P : *D. 1998. Somm. 177, obs. Pradel* ; *Dr. pénal 1997. Comm. 134, obs. Maron.*

12. La décision du président de faire consigner au procès-verbal des débats, en application de l'art. 379, certaines déclarations de l'accusé ne saurait être interprétée comme une manifestation d'opinion sur la culpabilité de ce dernier. • Crim. 12 déc. 2012 : *D. 2013. Pan. 1993, obs. Pradel* .

Art. 329 *(Ord. n° 60-529 du 4 juin 1960)* **Les témoins appelés par le ministère public ou les parties sont entendus dans le débat, même s'ils n'ont pas déposé à l'instruction, ou s'ils n'ont pas été assignés, à condition que leurs noms aient été signifiés conformément aux prescriptions de l'article 281.** — *Pr. pén. C. 525.*

1. Droit fondamental à l'audition contradictoire des témoins. Il résulte de l'art. 6, § 3 d), Conv. EDH que les juges d'appel sont tenus, lorsqu'ils en sont légalement requis, d'ordonner l'audition contradictoire des témoins à décharge dans les mêmes conditions que les témoins à charge. • Crim. 22 mars 1989, n° 88-84.580 P • 4 juin 1998, n° 97-82.618 P : *D. 1999. Somm. 324, obs. Pradel* ; *Dr. pénal 1999. Chron. 6, par Marsat.* ♦ Le refus de faire droit à une telle demande doit être motivé. • Mêmes arrêts. ♦ ... Notamment en exposant les circonstances particulières qui font obstacle à la confrontation ou sont de nature à la priver de toute force probante. • Crim. 21 janv. 1991, n° 90-81.264 P.

2. En raison du droit pour tout accusé d'interroger ou de faire interroger les témoins à charge et d'obtenir la convocation et l'interrogatoire des témoins à décharge dans les mêmes conditions que les témoins à charge, une cour d'assises ne peut décider n'y avoir lieu d'entendre un témoin acquis aux débats, bien que celui-ci soit visé par une plainte de l'accusé relative aux circonstances de sa garde à vue, le président de la juridiction disposant du pouvoir d'écarter, d'office ou à la demande du ministère public ou des parties, toute question compromettant la dignité des débats, ou étrangère à leur objet. • Crim. 17 juin 2020, n° 19-81.485 P : *D. actu. 29 juill. 2020, obs. Roques* ; *Dr. pénal 2020, n° 9, obs. Maron et Haas.*

3. Il résulte des art. 329 s. que tout témoin cité par le ministère public ou par les parties, dont le nom a été régulièrement signifié, est acquis aux débats devant la cour d'assises et doit déposer, après avoir prêté serment, sauf s'il se trouve dans un cas d'empêchement ou d'incapacité prévu par la loi, ou si toutes les parties ont renoncé à son audition, l'audition d'un enquêteur ne pouvant être remplacée par le visionnage de l'audition de l'accusé au cours de sa garde à vue. • Crim. 17 juin 2020, n° 19-81.485 P : *cité note 2.*

4. Limites au droit d'interroger les témoins. Le principe posé par l'art. 6, § 3 d), Conv. EDH, selon lequel tout accusé a droit notamment à interroger ou à faire interroger les témoins à charge trouve, devant la cour d'assises, sa limite dans l'impossibilité, dès lors que celle-ci est constatée, de faire comparaître un témoin défaillant. • Crim. 27 juin 1990, n° 89-87.077 P. ♦ Même solution si l'audition est inutile. • Crim. 13 juin 1991 (arrêt n° 2), n° 90-81.489 P (4 arrêts) • 9 oct. 1991, n° 91-80.358 P.

5. Nécessité d'un grief. Un accusé ne saurait se prévaloir de ce qu'un témoin régulièrement cité par un coaccusé n'a pas été entendu, cette irrégularité ne faisant pas grief à ses intérêts. • Crim. 27 mai 1981, n° 80-92.907 P : *D. 1983. 63, note Chapar.*

6. Renonciation implicite. Lorsque le témoin, présent à l'appel de son nom, s'est absenté avant d'avoir été entendu et que les parties ont eu la parole et n'ont pas fait d'observation, il apparaît que celles-ci ont implicitement renoncé à l'audition du témoin défaillant lequel a ainsi perdu sa qualité de témoin acquis aux débats et dès lors le président pouvait comme il l'a fait, sans méconnaître les dispositions légales et conventionnelles, déclarer qu'il serait passé outre aux débats et donner lecture de la déposition dudit témoin en vertu de son pouvoir discrétionnaire. • Crim. 20 déc. 2000, n° 00-82.878.

Art. 330 *(Ord. n° 60-529 du 4 juin 1960)* **« Le ministère public et les parties peuvent s'opposer à l'audition d'un témoin dont le nom ne leur aurait pas été signifié ou qui leur aurait été irrégulièrement signifié. »**

La cour statue sur cette opposition.

Si elle est reconnue fondée, ces témoins peuvent être entendus, à titre de renseignements, en vertu du pouvoir discrétionnaire du président. — *Pr. pén. C. 525.*

1. Lorsque le ministère public s'est opposé à l'audition sous serment de témoins dont les noms ne lui ont pas été signifiés et qu'aucune contestation n'est soulevée par l'accusé, l'intervention de la cour n'est pas nécessaire et le président peut entendre ces témoins en vertu de son pouvoir discrétionnaire et à titre de simple renseignement. • Crim. 22 avr. 1948 : *Bull. crim. n° 112* • 10 mars 1971, n° 70-92.422 P : *D. 1971. Somm. 83.* ♦ La cour peut valablement déclarer bien fondées les oppositions, formées par la partie civile et le ministère public, à l'audition d'un témoin cité par l'accusé, après que celui-ci et son avocat n'eurent pas constaté que le nom de ce témoin n'avait pas été signifié. • Crim. 22 nov. 2000, n° 98-87.321.

2. Lorsque l'une des parties s'oppose à l'audition d'un témoin dont le nom ne lui aurait pas été signifié, la cour doit rechercher si le grief pris du défaut de dénonciation dudit témoin est fondé. • Crim. 27 juin 1979, n° 78-94.236 P • 28 mai 1986, n° 85-94.344 P • 6 mai 1987, n° 86-95.871 P.

3. La seule mention du nom patronymique du témoin visé au moyen suffit à établir que la personne entendue est celle citée et dénoncée. • Crim. 23 mai 2001, n° 00-84.446.

Art. 331 **Les témoins déposent séparément l'un de l'autre, dans l'ordre établi par le président.**

Les témoins doivent, sur la demande du président, faire connaître leurs nom, prénoms, âge, profession, leur domicile ou résidence, s'ils connaissaient l'accusé avant le fait mentionné dans l'arrêt de renvoi, s'ils sont parents ou alliés, soit de l'accusé, soit de la partie civile, et à quel degré. Le président leur demande encore s'ils ne sont pas attachés au service de l'un ou de l'autre.

Avant de commencer leur déposition, les témoins prêtent le serment « de parler sans haine et sans crainte, de dire toute la vérité, rien que la vérité ». Cela fait, les témoins déposent oralement. *(L. n° 2004-204 du 9 mars 2004, art. 154)* **« Le président peut autoriser les témoins à s'aider de documents au cours de leur audition. »**

(Abrogé par L. n° 2019-222 du 23 mars 2019, art. 63-I-IV° et 109-XIII, à compter du 1er juin 2019) ***« Sous réserve des dispositions de l'article 309, les témoins ne sont pas interrompus dans leur déposition. »*** *— V. désormais art. 332.*

(Ord. n° 60-1067 du 6 oct. 1960) **« Les témoins déposent uniquement, soit sur les faits reprochés à l'accusé, soit sur sa personnalité et sur sa moralité. »**

(L. n° 2019-222 du 23 mars 2019, art. 63-I-IV° et 109-XIII, en vigueur le 1er juin 2019) **« Les témoins ne sont pas tenus de faire part de leur intime conviction concernant la culpabilité de l'accusé. »**

Pr. pén. C. 525 à C. 527.

L'art. 331 ne reproduit pas la sanction de nullité qu'édictait l'art. 317 C. instr. crim.

I. PRINCIPE DU DÉBAT ORAL

1. Principe : interdiction de lecture. Le principe du débat oral régit et domine la procédure devant la cour d'assises ; il s'impose même au pouvoir discrétionnaire du président. Celui-ci ne peut faire donner lecture d'une déposition écrite que s'il s'agit d'un témoin non comparant ou d'un témoin ayant terminé sa déposition orale. • Crim. 8 nov. 1934 : *DH 1935. 7* • 2 nov. 1949 : *D. 1950. 75.* • Crim. 30 mars 2011 : *Dr. pénal 2011, n° 97, obs. Maron et Haas.* ♦ ... Ou encore d'un témoin ayant refusé de prêter serment. • Crim. 9 mai 2019, n° 18-82.800 P : *D. actu. 3 juin 2019, obs. Azoulay ; Dr. pénal 2019, n° 136, obs. Maron et Haas.* ♦ De même, le président ne peut donner lecture d'un procès-verbal de confrontation de l'accusé avec plusieurs témoins, dès lors que l'un de ceux-ci, régulièrement cité et signifié, était présent et n'avait pas encore été entendu. • Crim. 14 juin 1989, n° 88-83.860 P : *D. 1990. Somm. 221, obs. Pradel* • 30 mars 2011 : *préc.* ♦ ... Ni donner lecture de documents écrits se référant à leur témoignage. • Crim. 26 févr. 1992, n° 91-83.165 P. ♦ ... Ni procéder à la projection d'un film dont une séquence évoque leurs déclarations. • Crim. 24 juin 1998, n° 97-84.657 P : *Dr. pénal 1999. Comm. 11 et 12, obs. Maron.*

2. Les emprunts succincts faits, de mémoire, par le président du contenu d'un rapport d'expertise, sans lecture, même partielle, de celui-ci, alors que l'expert, acquis aux débats, n'a pas encore été entendu, ne constituent pas la violation de la règle de l'oralité des débats. • Crim. 19 nov. 1997, n° 97-80.266 P.

3. Exception. Les témoins, s'ils doivent déposer oralement, peuvent toutefois exceptionnellement s'aider de documents si le président les y a autorisés. • Crim. 8 janv. 1981, n° 79-94.439 P. ♦ Méconnaît ces dispositions l'arrêt incident qui rejette les conclusions de la défense demandant qu'il lui soit donné acte de ce qu'un témoin utilise des documents au cours de sa déposition alors qu'il ne résulte ni de l'arrêt incident ni des mentions du procès-verbal que le président ait donné l'autorisation exigée par l'art. 331, al. 3.

• Crim. 7 nov. 2007, n° 07-80.437 P : *AJ pénal 2008. 95, note Lavric*.

4. En donnant lecture de dépositions écrites faites à l'instruction par des parties civiles, qui ne sont pas des témoins, le président fait un usage régulier de son pouvoir discrétionnaire sans méconnaître les dispositions légales relatives à l'administration de la preuve. • Crim. 15 mai 1991, n° 90-86.328 P.

5. Si le principe de l'oralité des débats fait obstacle à ce que le ministère public donne lecture d'un document reproduisant les déclarations d'un témoin acquis aux débats, comparant, mais non encore entendu, rien ne lui interdit d'évoquer de telles déclarations lorsque, avec l'autorisation du président, il est conduit à poser des questions à l'accusé au cours de son interrogatoire. • Crim. 18 juin 1997, n° 96-83.985 P.

6. Les dispositions de l'art. 331 prévoyant que les témoins sont entendus séparément l'un de l'autre ne sont pas applicables à l'audition des parties civiles. • Crim. 29 oct. 2003, n° 02-87.815 P : *JCP 2004. IV. 1041.*

7. Déclarations initiales des témoins. Les prescriptions de l'art. 331, al. 2 concernant l'interpellation du président des assises aux témoins sur leur nom, âge et lien de parenté avec l'accusé, ne sont pas prescrites à peine de nullité. • Crim. 26 oct. 1933 : *DH 1933. 542* • 9 avr. 1957, n° 5.665 P • 7 nov. 1961 : *D. 1962. Somm. 47.* ♦ Dès lors, et à plus forte raison, le fait que ces interpellations n'ont été adressées aux témoins qu'après leur déposition ne saurait donner ouverture à cassation, alors surtout qu'aucune réclamation ne s'est produite de la part de l'accusé ou de son défenseur. • Crim. 26 oct. 1933 : *préc.*

8. L'art. 331, al. 2, ne concerne que les témoins et non les experts. • Crim. 21 mars 1961, n° 60-93.805 P. • 8 mars 1967, n° 66-93.240 P : *D. 1967. Somm. 63.*

9. Le président de la cour d'assises peut s'opposer à ce que les prescriptions prévues par l'art. 331, al. 2, concernant l'éventuel lien du témoin avec les accusés ou les parties civiles soient respectées dès lors que la réponse apportée par le témoin, entendu de façon anonyme, à la question posée pouvait être de nature à permettre ou faciliter son identification, prohibée par la loi. • Crim. 28 mars 2018, n° 17-82.116 P.

II. SERMENT DES TÉMOINS

10. Tout témoin cité et dénoncé est acquis aux débats et doit, avant de déposer, prêter le serment prescrit par l'art. 331 ; peu importe qu'il soit historien et qu'il n'ait pas déposé sur des faits dont il avait eu à connaître personnellement ; par ailleurs, aucune partie ne s'était opposée à son audition. • Cass., ass. plén., 11 juin 2004, n° 98-82.323 P : *D. 2004. IR 2010 ; ibid. 2005. Pan. 690, obs. Pradel*. ♦ Il doit nécessairement résulter du procès-verbal des débats qu'un témoin, acquis aux débats, a prêté le serment prescrit par l'art. 331 ou se trouvait dans un cas d'empêchement ou d'incapacité prévu par la loi. • Crim. 17 mars 1999, n° 98-81.124 P : *Dr. pénal 1999. Comm. 120 et 121, obs. Maron.*

11. Formalité substantielle. La prestation de serment des témoins constitue une formalité substantielle qui, non régulièrement constatée dans le procès-verbal des débats, doit être réputée avoir été omise. • Crim. 15 nov. 2006, n° 06-81.331 P : *AJ pénal 2007. 89, obs. Saas ; Dr. pénal 2007. Chron. 5, obs. Angevin.* ♦ Sur le moyen relevé d'office : • Crim. 20 oct. 1999, n° 98-84.939 P. ♦ La formule du serment que doivent prêter les témoins en cour d'assises est sacramentelle et ne comporte ni modification, ni retranchement. • Crim. 9 déc. 1948 : *D. 1949. 44* • 20 déc. 1967, n° 67-93.375 P • 26 nov. 1980, n° 80-92.740 P. ♦ Toutefois, satisfait aux prescriptions de l'art. 331 l'engagement pris par un témoin de religion juive, par lequel il a « promis de parler sans haine et sans crainte, de dire toute la vérité, rien que la vérité », forme qu'il a dit être celle du serment autorisé par sa religion. • Crim. 6 mai 1987, n° 86-95.871 P : *D. 1987. Somm. 406, obs. Pradel ; Gaz. Pal. 1987. 2. Somm. 464, note Doucet.* ♦ V. aussi : • Crim. 27 sept. 1883 : *Bull. crim. n° 237* • 8 mars 1924 : *ibid. n° 117* • 6 déc. 1972, n° 72-92.593 P • 5 janv. 1984, n° 83-90.810 P : *D. 1984. IR 145.* ♦ De même, la mention selon laquelle un témoin a prêté serment « de parler sans haine et sans crainte, de dire la vérité, rien que la vérité » n'est pas de nature à entraîner la nullité, l'omission du mot « toute » n'ayant pas modifié la substance du serment prêté. • Crim. 18 juin 1997, n° 96-83.175 P : *D. 1998. Somm. 175, obs. Pradel*. ♦ Par contre, l'engagement et la promesse de dire toute la vérité ne suffit pas si le témoin n'ajoute pas qu'il s'engage à parler sans haine et sans crainte. • Crim. 6 déc. 2000, n° 00-82.623 P.

12. Cumul de serments. La prestation cumulative des serments de l'expert et des témoins n'est pas une cause de nullité. • Crim. 7 oct. 1992, n° 91-86.320 P.

13. Absence de prestation de serment. Si un témoin a commencé sa déposition avant d'avoir prêté le serment prescrit par la loi, le président de la cour d'assises peut valablement, en prenant toutes mesures pour éviter la moindre atteinte aux droits de la défense, déclarer que les paroles prononcées par le témoin sont nulles et l'inviter, serment préalablement prêté, à recommencer sa déposition. • Crim. 9 juill. 1926 : *DH 1926. 566* • 15 févr. 1989, n° 88-84.356 P.

14. La déposition sans prestation de serment d'un témoin régulièrement cité et notifié, alors que toutes les parties n'ont pas renoncé à son audition, constitue une violation de l'art. 317 C. instr. crim. (art. 331) qui entraîne l'annulation des débats, de la déclaration du jury et de l'arrêt de condamnation. • Crim. 13 juill. 1923 : *Bull. crim. n° 269* • 28 févr. 1946 : *D. 1946. 186.*

15. Tout témoin cité et notifié est acquis aux débats et doit, avant de déposer, prêter à peine de nullité le serment prescrit par l'art. 317 C. instr. crim. (art. 331). Il ne peut être entendu sans prestation de serment en vertu du pouvoir discrétionnaire du président que s'il se trouve dans un des cas d'empêchement ou d'incapacité prévus par la loi. • Crim. 14 mars 1935 : *DH 1935. 255* • 25 févr. 1958 : *D. 1958. 516.* ♦ ... Ou si le ministère public et l'accusé ont renoncé à son audition. • Crim. 28 févr. 1946 : *D. 1946. 186* • 19 mai 1998, n° 97-83.814 P. ♦ ... Ou si les parties ont formé à cette audition une opposition reconnue légalement fondée. • Crim. 27 oct. 1965, n° 65-91.529 P • 14 janv. 1987, n° 86-93.675 P. ♦ Un témoin légalement acquis aux débats ne peut être dépouillé de son caractère que pour des causes prévues par la loi ; si, étant reprochable, il a, sans opposition, prêté serment, ce serment s'applique à toutes les parties de sa déposition et, sauf survenance d'une cause nouvelle d'incapacité ou d'incompatibilité, il ne peut être entendu à titre de renseignement. • Crim. 5 avr. 1949 : *D. 1949. 281* • 14 janv. 1987 : *préc.*

16. Erreur dans la citation. Une erreur de sexe dans la citation à comparaître d'un témoin ne prive pas celui-ci de sa qualité de témoin s'il est établi qu'il s'agit de la personne que l'avocat souhaitait faire entendre, par conséquent, il doit prêter serment. • Crim. 17 mai 2000, n° 99-84.622 P.

17. Témoin incapable ou poursuivi. L'audition sous serment d'un témoin frappé d'une condamnation à une peine afflictive ou infamante ne donne pas ouverture à cassation lorsqu'il n'y a pas eu, de la part du ministère public ou de l'accusé, opposition à ce que le serment fût prêté. • Crim. 30 nov. 1895 : *D. 1896. 1. 142.* ♦ Comp. : • Crim. 19 mai 1900 : *D. 1901. 1. 176* • 1er déc. 1911 : *Bull. crim. n° 553* • 21 févr. 1979, n° 78-93.190 P : *D. 1979. IR 502.* ♦ La déclaration d'un témoin, selon laquelle il a été condamné à une peine criminelle, est suffisante pour motiver l'exclusion de son témoignage sous la foi du serment, dès lors que cette déclaration n'a fait l'objet d'aucune contestation à l'audience. • Crim. 10 mars 1993, n° 92-84.050 P • 19 mai 1998, n° 97-83.052 P. ♦ Le témoin inculpé d'avoir participé aux mêmes faits que ceux soumis à l'appréciation du juge, mais faisant l'objet d'une procédure distincte, n'est pas partie aux débats et doit être entendu sous serment. • Crim. 14 janv. 1960 : *D. 1961. 271, note J.-M. R.* • 14 déc. 1988, n° 88-81.236 P • 10 déc. 2003, n° 02-88.018 P : *JCP 2004. IV. 1238 ; AJ pénal 2004. 72*. ♦ Il en est de même du témoin condamné à une peine de réclusion criminelle, dès lors que cette condamnation n'est pas définitive. • Crim. 11 mai 1989, n° 88-86.292 P. ♦ ... De l'accusé ayant bénéficié d'un acquittement antérieur, cité comme témoin au procès d'un coaccusé. • Crim. 31 janv. 1996, n° 95-80.446 P. ♦ ... Du coaccusé s'étant désisté de son appel, dont la condamnation est devenue définitive. • Crim. 8 déc. 2004, n° 04-80.790 P.

18. Prestation de serment unique. Il n'y a pas lieu pour un témoin de renouveler la formalité du serment chaque fois que son intervention aux débats est nécessaire. • Crim. 14 sept. 1893 : *D. 1895. 1. 433.* ♦ Lorsqu'un témoin a, avant son audition, prêté le serment prescrit par l'art. 331, ce serment s'applique à toutes les parties de ses déclarations faites à diverses reprises pendant le cours des débats ; il ne peut, par suite, sauf survenance d'une cause d'incapacité ou d'incompatibilité, être entendu dans la même affaire à titre de simple renseignement. • Crim. 8 juill. 1987, n° 86-96.700 P • 17 mars 1999, n° 98-82.424 P : *D. 1999. Somm. 322, obs. Pradel*.

19. Médecin. Un médecin, qui a délivré un certificat médical concernant une victime sans en avoir été requis par un officier de police judiciaire et qui n'a été ni appelé à procéder à des constatations conformément à l'art. 60, ni chargé d'une mission d'expertise après l'ouverture de l'information, doit, à l'audience, prêter le serment prescrit pour les témoins. • Crim. 11 janv. 1989, n° 88-82.779 P. ♦ Il en est de même de celui qui a été chargé de l'enquête de personnalité prévue par l'art. 81, alors même qu'il aurait été cité en qualité d'expert. • Crim. 17 janv. 1990, n° 89-83.876 P : *D. 1990. Somm. 222, obs. Pradel*.

20. En imposant certaines limites à l'action des personnes appelées en qualité de témoins, l'art. 331, dernier al., ne fait aucune discrimination selon que celles-ci ont été citées par l'accusation ou par la défense. • Crim. 4 nov. 1983, n° 83-91.677 P.

III. ABSENCE D'INTERRUPTION

21. Relève du pouvoir discrétionnaire du président et ne constitue pas une interruption au sens de l'art. 331, al. 4, le fait, au cours de la déposition d'un témoin ou de l'exposé d'un expert, de présenter des documents ou des pièces à conviction. • Crim. 9 déc. 1992, n° 92-82.206 P : *D. 1993. Somm. 205, obs. Pradel*. ♦ Lorsqu'il résulte du procès-verbal des débats que le président a suspendu l'audience, après l'audition du témoin auquel des questions avaient été posées et que, lors de la reprise de l'audience, une heure et demie plus tard, le témoin a poursuivi son audition, et qu'ensuite des questions lui ont été posées, les art. 331 et 309 ont été méconnus puisque la déposition du témoin faite avant la suspension d'audience avait été interrompue lorsque des questions lui avaient été posées par les parties. • Crim. 12 févr. 2003, n° 02-82.058 P : *JCP 2003. IV. 1654 ; Dr. pénal 2003. Comm. 79, obs. Maron et Haas.*

22. Il résulte de l'art. 331, al. 4 que le président ne peut interrompre la déposition spontanée d'un témoin, même lorsqu'il rappelle les déclarations incriminantes faites par une personne en garde à vue en l'absence d'un avocat et sans notification du droit de se taire. • Crim. 16 déc. 2015, n° 14-83.238 P : *D. actu. 21 janv. 2016, obs. Gallois ; AJ pénal 2016. 209, obs. Royer* • 11 mai 2017, n° 16-83.327 P : *Dr. pénal 2017, n° 115, note Maron et Haas.*

23. La seule mention du procès-verbal selon laquelle les témoins ont été entendus sans être interrompus ne met pas la Cour de cassation en mesure de s'assurer qu'ils ont déposé séparément. • Crim. 4 nov. 1999, n° 99-82.767 P. ♦ *Contra* : à défaut de donner acte qu'il appartenait aux accusés de solliciter s'ils le jugeaient utile à leurs intérêts, il se déduit, en l'absence de toute autre énonciation du procès-verbal des débats, que les témoins ont été entendus conformément aux dispositions de l'art. 331, al. 1er (et notamment séparément). • Crim. 4 janv. 2006, n° 04.86.599 P. ♦ ... De même lorsqu'il résulte des mentions du procès-verbal des débats que le témoin [X] a été confronté au témoin [Y] alors qu'il n'avait pas été entendu préalablement et séparément de ce dernier. • Crim. 8 juin 2006, n° 05-87.769 P : *AJ pénal 2006. 410, obs. Saas*. ♦ En revanche, il n'est pas nécessaire que le procès-verbal mentionne expressément que les différents témoins ont été entendus séparément dès lors qu'il résulte de la lecture même de ce document que lesdits témoins ont effectivement été entendus seuls et successivement, en l'absence des autres témoins cités. • Crim. 8 juin 2006, n° 05-86.695 P.

24. Ne méconnaît pas les dispositions de l'art. 331 l'interruption de la déposition d'un témoin le temps, pour le président, de rétablir le calme dans la salle d'audience. • Crim. 30 mars 2011 : *préc. note 1.*

25. Le procès-verbal des débats indiquant qu'un témoin, serment préalablement prêté, a fait sa déposition le 22 mai dans la matinée, qu'il a été rappelé les 10 et 11 juin pour de nouvelles questions, qu'au cours de celles posées lors de cette dernière audience le président a fait expulser l'accusé qui proférait des insultes, son avocat quittant alors la salle d'audience, et qu'ensuite le témoin a repris sa déposition ; aucune de ces énonciations ne caractérise une violation par le président de l'interdiction d'interrompre la déposition d'un témoin édictée par l'art. 331. • Crim. 17 sept. 2014, n° 13-84.971 P : *D. actu. 30 oct. 2014, obs. Fucini ; D. 2014. Actu. 1879*.

26. Aucune atteinte n'est portée aux dispositions de l'art. 331 prohibant l'interruption de la déposition des témoins, dès lors que la Cour de cassation est en mesure de s'assurer que le témoin avait achevé sa déposition spontanée sans avoir été interrompu, avant que des questions ne lui soient posées, bien que le président de la cour d'assises ait ensuite suspendu l'audience et rappelé le témoin à la barre pour d'autres questions. • Crim. 1er mars 2017, n° 16-83.001 P : *D. actu. 30 mars 2017, obs. Priou-Alibert ; D. 2017. Pan. 1676, obs. Pradel*.

27. Contraintes techniques. S'il résulte de l'art. 331, al. 4, que le témoin ne peut être interrompu durant sa déposition, aucune disposition légale n'interdit, à l'issue de la déposition, de différer les questions lorsque le bon déroulement des débats, en particulier les contraintes techniques liées à l'audition d'un expert par visioconférence, le nécessite. • Crim. 9 mai 2018, n° 17-84.591 P.

IV. OBJET DU TÉMOIGNAGE

28. Faits prescrits. Aucune disposition légale ne fait obstacle à la déposition d'un témoin sur des faits prescrits. • Crim. 3 nov. 2016, n° 15-87.038 P.

29. Origine des blessures de la victime. Il résulte des art. 329 et 331, dernier al., que, dès lors qu'il a été inscrit sur la liste complémentaire des témoins, qu'il a été régulièrement cité et que son nom a été signifié à l'ensemble des parties, le témoin, co-rédacteur, à la demande de l'accusé, d'un rapport d'observations sur l'origine des hématomes constatés par le médecin légiste lors de l'autopsie de la victime, doit être entendu, l'audition de ce praticien ayant pour objet de fournir à la cour un avis sur l'origine des blessures de la victime. • Crim. 14 déc. 2016, n° 16-81.656 P : *D. actu. 17 janv. 2017, obs. Goetz.*

30. Déposition des témoins. Le président peut, après avoir fait prêter serment au témoin, ne pas le laisser poursuivre sa déposition, après que ce dernier a précisé qu'il n'était en état de déposer ni sur les faits reprochés aux accusés, ni sur leur personnalité, ni sur leur moralité. • Crim. 31 janv. 1979, n° 78-92.140 P : *D. 1979. IR 217, obs. Puech.*

31. L'art. 331, dernier al., disposant que les témoins déposent uniquement soit sur les faits reprochés à l'accusé, soit sur sa personnalité et sa moralité, n'est pas incompatible avec l'art. 6, § 3 d), Conv. EDH qui n'interdit pas que des restrictions soient apportées au droit de l'accusé de faire interroger un témoin lorsque la question posée est étrangère aux causes de l'accusation ou porte atteinte au respect de la vie privée de ce témoin. • Crim. 14 mai 1996, n° 95-83.333 P : *D. 1997. Somm. 143, obs. Pradel*.

32. Non-déposition d'un témoin. La cour d'assises en décidant d'une part de passer outre à l'absence d'un témoin défaillant en raison d'une hospitalisation et d'autre part en rejetant une demande de transport sur les lieux, n'a pas méconnu les dispositions de l'art. 6, § 2, Conv. EDH dès lors que les motifs des deux arrêts incidents n'impliquent nullement que la culpabilité de l'accusé soit établie. • Crim. 23 janv. 1985, n° 84-93.163 P.

Art. 332 **Après chaque déposition, le président peut poser des questions aux témoins.**

Le ministère public, ainsi que les conseils de l'accusé et de la partie civile, l'accusé et la partie civile ont la même faculté, dans les conditions déterminées à l'article 312.

(L. n° 2019-222 du 23 mars 2019, art. 63-I-5° et 109-XIII, en vigueur le 1er juin 2019) **« Lorsque cela lui paraît nécessaire à la clarté et au bon déroulement des débats, le président peut interrompre les déclarations d'un témoin ou lui poser directement des questions sans attendre la fin de sa déposition. »** — *Pr. pén. C. 528.*

Art. 333 **Le président fait dresser d'office ou à la requête** *(Ord. n° 60-529 du 4 juin 1960)* **« du ministère public ou des parties », par le greffier, un procès-verbal des additions, changements ou variations qui peuvent exister entre la déposition d'un témoin et ses précédentes déclarations. Ce procès-verbal est joint au procès-verbal des débats.**

1. Le pouvoir exclusif que le président tient de l'art. 333 de faire constater les additions, changements ou variations pouvant exister entre la déposition et ses précédentes déclarations, est souverain, incommunicable et ne peut justifier d'incident contentieux. • Crim. 26 juin 1996, n° 96-80.287 P. ♦ Il n'appartient pas à la cour d'intervenir dans l'exercice de ce droit personnel du président. • Crim. 11 janv. 1977, n° 76-91.974 P.

2. Le président apprécie souverainement d'après les débats s'il existe des additions, changements et variations entre la déposition d'un témoin et ses précédentes déclarations et s'il y a lieu d'en établir un procès-verbal. • Crim. 14 avr. 1972, n° 71-93.063 P : *D. 1972. Somm. 143.*

3. Le contenu du procès-verbal échappe au contrôle de la Cour de cassation. • Crim. 30 oct. 1996, n° 96-80.211 P.

4. Il résulte de la combinaison des art. 333 et 378 que le procès-verbal des additions, changements ou variations doit être signé par le président et par le greffier, à peine de nullité. • Crim. 4 déc. 1985, n° 85-92.120 P. ♦ Les signatures apposées à la fin du procès-verbal authentifient l'ensemble des énonciations qui les précèdent et notamment les déclarations d'une partie civile actées en vertu de l'art. 333. • Crim. 17 mai 2000, n° 98-87.157 P.

5. Le président apprécie souverainement, d'après les débats, s'il existe des additions ou variations entre la déposition d'un témoin et ses précédentes déclarations et s'il y a lieu d'en établir un procès-verbal, peu importe que la défense ait demandé que lui soit donné acte des variations et modifications constatées dans les dépositions des témoins et que le président se soit contenté de donner acte de cette demande sans se prononcer sur la réalité des faits allégués. • Crim. 9 juin 1999, n° 98-85.236.

6. Le procès-verbal relatant les dépositions d'un témoin à l'audience doit être joint au procès-verbal des débats mais cette prescription ne s'impose pas à peine de nullité, le président pouvant faire inscrire ces dépositions dans le corps même du procès-verbal des débats. • Crim. 2 mars 2005, n° 04-83.220 P : *D. 2005. IR 1048* ; *JCP 2005. IV. 1904* ; *Dr. pénal 2005. Comm. 82, obs. Maron.*

Art. 334 **Chaque témoin, après sa déposition, demeure dans la salle d'audience, si le président n'en ordonne autrement, jusqu'à la clôture des débats.**

1. La disposition de l'art. 320 C. instr. crim. (art. 334) n'est pas prescrite à peine de nullité. • Crim. 4 nov. 1893 : *DP 1896. 1. 473* • 12 avr. 1894 : *DP 1895. 1. 52* • 17 mars 1921 : *Bull. crim. n° 130.*

2. Si des témoins ont été entendus à deux reprises et s'ils sont restés dans la salle d'audience après leur première déposition, c'est en application des dispositions de l'art. 334. • Crim. 14 déc. 1977, n° 77-91.896 P • 30 avr. 1980, n° 79-93.033 P • 15 févr. 1989, n° 88-81.356 P.

Art. 335 **Ne peuvent être reçues sous la foi du serment les dépositions :**

1° Du père, de la mère ou de tout autre ascendant de l'accusé, ou de l'un des accusés présents et soumis au même débat ;

2° Du fils, de la fille ou de tout autre descendant ;

3° Des frères et sœurs ;

4° Des alliés aux mêmes degrés ;

5° Du mari ou de la femme *(L. n° 2020-1672 du 24 déc. 2020, art. 27)* **« , du partenaire lié à l'accusé par un pacte civil de solidarité ou de son concubin, au sens de l'article 515-8 du code civil, lorsque cet état a été allégué par le témoin, l'accusé ou une partie et qu'il n'est pas contesté ou qu'il est établi par les éléments de la procédure ; cette prohibition subsiste même après le divorce, la dissolution du pacte civil de solidarité ou la cessation du concubinage ; »**

6° De la partie civile ;

7° Des enfants au-dessous de l'âge de seize ans ;
(L. n° 2011-939 du 10 août 2011, art. 13-XI, en vigueur le 1er janv. 2012) **« 8° De toute personne qui a été accusée, prévenue ou condamnée soit pour le crime dont est saisie la cour d'assises en qualité de coauteur ou de complice, soit pour un crime ou un délit connexe ou formant un ensemble indivisible avec le crime dont est saisie la cour d'assises. »**

I. PRINCIPE GÉNÉRAL

1. QPC. La différence de traitement instaurée par les dispositions contestées entre les personnes qui vivent en couple, selon qu'elles sont ou non mariées, qui n'est justifiée ni par une différence de situation ni par un motif d'intérêt général est contraire au principe d'égalité devant la loi. Par suite, et sans qu'il soit besoin d'examiner les autres griefs, les mots « Du mari ou de la femme » figurant au 5° de l'art. 335 doivent être déclarés contraires à la Constitution (abrogation reportée au 31 déc. 2020). • Cons. const. 28 févr. 2020, n° 2019-828/829 QPC : *Dr. pénal 2020, n° 86, obs. Maron et Haas.*

2. Les prohibitions édictées par l'art. 335 ne peuvent être étendues au-delà des degrés de parenté et d'alliance qui y sont précisés. • Crim. 1er déc. 1999, n° 99-83.464 P.

3. L'énumération de l'art. 335 est limitative et ne s'étend pas en dehors des personnes qui y sont désignées. • Crim. 30 mai 1895 : *DP 1896. 1. 505* • 9 août 1907 : *DP 1910. 1. 304* • 14 mars 1935 : *DH 1935. 255* • 4 févr. 1954 : *D. 1954. 365* • 25 févr. 1958 : *D. 1958. 516* • 21 mars 1973, n° 72-93.333 P • 9 janv. 1980, n° 79-92.165 P • 12 janv. 1983, n° 82-91.501 P • 20 avr. 1983, n° 82-93.831 P • 15 oct. 1986, n° 86-90.959 P.

4. Le fait constitutif d'une cause d'exclusion du serment ne peut être contesté pour la première fois devant la Cour de cassation. • Crim. 5 janv. 1994, n° 93-81.900 P • 3 mars 1999, n° 98-83.213 P.

5. Si, en raison de son lien de parenté ou d'alliance, un témoin entre dans l'un des cas d'empêchement prévus par l'art. 335, la nature de ce lien doit être précisée à peine de nullité afin de permettre à la Cour de cassation d'exercer son *contrôle. • Crim. 21 juin 1995, n° 94-85.197 P.* ♦ Toutefois est régulier le procès-verbal des débats qui mentionne que les témoins acquis aux débats mais visés par la prohibition de l'art. 335 ont été entendus sans prestation de serment, aucune autre mention du procès-verbal n'établissant que les parties aient élevé quelque contestation à ce sujet. • Crim. 3 avr. 1996, n° 95-83.153 P.

II. PARENTS ET ALLIÉS

6. Audition sans serment. L'alliance emportant prohibition de témoignage s'entend du lien qui se contracte entre l'un des conjoints et les parents de l'autre. • Crim. 15 avr. 1905 : *DP 1905. 1. 533* • 13 mars 1952 : *D. 1952. 360.* ♦ L'alliance survit au conjoint qui en fournit le lien. • Crim. 3 sept. 1977, n° 76-93.437 P : *D. 1977. IR 493.*

7. En présence de la déclaration d'un témoin se disant épouse divorcée de l'accusé, le président peut, en vertu de l'art. 335, l'entendre sans prestation de serment, dès lors que cet état n'a fait l'objet d'aucune contestation ou réclamation de la part de l'accusé ou du ministère public et bien qu'il ait été produit pour la première fois devant la Cour de cassation un document selon lequel le mariage entre l'accusé et le témoin avait fait l'objet non d'un jugement de divorce, mais d'un jugement d'annulation. • Crim. 3 oct. 1985, n° 84-94.402 P : *RSC 1986. 407, obs. Braunschweig.*

8. Une ordonnance de non-conciliation qui n'a qu'un caractère provisoire ne saurait être assimilée à une décision de divorce définitive qui seule a pour effet de rompre le lien d'alliance résultant du mariage. Les dispositions de l'art. 335 sont donc applicables à la mère de la victime, épouse non divorcée de l'accusé. • Crim. 27 avr. 1988, n° 87-90.279 P.

9. Le mari de la mère de l'accusé, allié au premier degré d'un ascendant de celui-ci, doit être entendu sans prestation de serment. • Crim. 26 janv. 2000, n° 99-82.979 P. ♦ Il en est de même du gendre de l'accusé. • Crim. 5 déc. 1990, n° 90-81.209 P. ♦ La constatation, par le procès-verbal des débats, qu'un témoin était le gendre de l'accusé, sans que cette qualité fût contestée par quiconque, justifie son audition sans prestation de serment. La production, pour la première fois devant la Cour de cassation, d'une expédition d'un jugement prononçant le divorce entre le témoin et la fille de l'accusé, est inopérante. • Crim. 1er juin 1988, n° 87-90.006 P.

10. La « demi-sœur » de l'accusé doit être entendue sans prestation de serment. L'expression demi-sœur qui s'applique aussi bien à une sœur consanguine qu'à une sœur utérine désigne une des personnes dont, en application de l'art. 335, la déposition n'est pas reçue sous la foi du serment. • Crim. 14 mars 1984 : *D. 1984. IR 314.* ♦ Le mari de la sœur de l'accusé peut être entendu sans prestation de serment, conformément aux dispositions de l'art. 335 car, l'alliance étant le lien que le mariage établit entre l'un des époux et les parents de l'autre, sont des « alliés aux mêmes degrés », au sens de ce texte, les ascendants, descendants, frères et sœurs du conjoint de l'accusé, ainsi que les conjoints des ascendants, descendants, frères et sœurs de l'accusé. • Crim. 13 sept. 2000, n° 99-86.019.

11. Étendue de l'audition sans serment. La prohibition d'entendre comme témoins les parents ou alliés de l'accusé ne se limite pas à leur déposition pour ou contre lui, mais s'étend à leur témoignage à l'égard de ses coaccusés présents et soumis aux mêmes débats. • Crim. 15 déc. 1954 : *D. 1955. 220* • 12 déc. 1990, n° 90-82.175 P : *D. 1991. Somm. 210, obs. Pradel*.

12. Audition sous serment. La prohibition de l'art. 335 ne s'étend pas aux neveux de l'accusé. • Crim. 14 mars 1935 : *DH 1935. 255* • 12 nov. 1987 : *D. 1988. Somm. 189, obs. Pradel.* ♦ ... Ni à sa concubine. • Crim. 25 févr. 1958 : *D. 1958. 516* • 21 mars 1973, n° 72-93.333 P. ♦ ... Ni à celui qui invoque une possession d'état d'enfant naturel non reconnu. • Crim. 7 nov. 1979 : *D. 1980. IR 143.* ♦ ... Ni à l'épouse de la partie civile, ni à la personne à son service. • Crim. 29 févr. 1984 : *D. 1984. IR 233.* ♦ ... Ni aux parents nourriciers de l'accusé. • Crim. 3 oct. 1985, n° 84-95.722 P. ♦ ... Ni à la concubine de l'accusé, même si le concubinage présente un certain caractère de stabilité. • Crim. 15 oct. 1986, n° 86-90.959 P. ♦ ... Ni à la personne liée à l'accusé par un pacte civil de solidarité. • Crim. 25 mai 2011 : *D. 2011. Actu. 1622* ; *ibid. Pan. 2241, obs. Pradel* ; *Dr. pénal 2011, n° 98, obs. Maron et Haas.*

13. N'est pas recevable le moyen pris de ce que le témoin, qui n'était pas l'épouse de l'accusé au sens de l'art. 335, étant seulement unie à lui par un mariage religieux contracté à l'étranger, n'avait pas prêté serment, le fait constitutif d'une cause d'exclusion du serment ne pouvant être contesté pour la première fois devant la Cour de cassation. • Crim. 16 déc. 2015, n° 14-87.234 P : *D. actu. 21 janv. 2016, obs. Gallois ; Dr. pénal 2016. 36, obs. Maron et Haas.*

14. La prohibition ne s'étend pas non plus entre un époux et les alliés de l'autre. • Crim. 21 déc. 1972, n° 72-92.529 P : *D. 1973. Somm. 22.* ♦ ... Ni après divorce. • Crim. 30 juin 1993, n° 93-80.497 P.

15. Ne sont pas des alliés et doivent prêter serment le mari de la sœur de la femme de l'accusé, qualifié à tort de beau-frère de celui-ci. • Crim. 15 avr. 1905 : *DP 1905. 1. 533.* ♦ ... Ou la femme du frère de l'épouse de l'accusé. • Crim. 12 nov. 1987 : *D. 1988. Somm. 189, obs. Pradel.* ♦ ... Ou la femme du frère du mari de l'accusée. • Crim. 13 mars 1952 : *D. 1952. 360.* ♦ ... Ou le mari de la fille d'un premier lit de l'épouse de l'accusé. • Crim. 4 déc. 1962, n° 62-91.762 P.

16. La disposition de l'art. 322, 5°, C. instr. crim. (art. 335, 5°) relative aux époux divorcés ne peut être étendue au-delà de ses termes. Par suite, doit être cassé l'arrêt mentionnant l'audition sans serment du mari divorcé de la fille de l'accusé. • Crim. 4 févr. 1954 : *D. 1954. 365.*

17. Si, en application de l'art. 335, l'interdiction d'entendre sous la foi du serment la femme de l'accusé subsiste après le divorce, il n'en va pas de même pour les membres de la belle-famille de l'accusé dès lors que leur alliance avec celui-ci a cessé à la suite de la dissolution du mariage. • Crim. 4 août 1984, n° 82-91.751 P.

18. C'est à la date de sa déposition et non à celle des faits sur lesquels il est appelé à déposer qu'il faut se placer pour apprécier l'âge d'un témoin. • Crim. 29 nov. 1989, n° 89-82.620 P.

III. PARTIE CIVILE

19. Audition sans serment. C'est à bon droit que le témoin cité et notifié, qui s'est constitué partie civile avant son audition, est entendu sans prestation de serment. En effet, nul ne peut, dans la même affaire, être témoin et partie. • Crim. 28 janv. 1958, n° 57-92.261 P.

20. Est régulièrement entendu à l'audience sans prestation de serment un mineur cité comme témoin, dont le père s'était précédemment constitué partie civile en tant que représentant légal de ce mineur. • Crim. 4 janv. 1968, n° 67-92.518 P. ♦ Il en est de même de la mère d'un mineur qui devient partie civile lorsqu'elle intervient en qualité d'administrateur légal de la victime. • Crim. 16 déc. 1992, n° 92-82.179 P.

21. Est régulière l'audition sans prestation de serment d'une personne citée et dénoncée comme témoin, mais qui s'était constituée partie civile au cours de l'information alors même qu'elle n'a pas renouvelé sa constitution de partie civile à l'audience de la cour d'assises. Cette personne conserve sa qualité de partie civile à défaut d'une renonciation expresse. • Crim. 17 nov. 1971, n° 71-92.282 P • 3 juill. 1990, n° 89-87.171 P.

22. Audition sous serment. La prohibition d'entendre la partie civile comme témoin ne s'étend pas à ses parents et alliés. • Crim. 16 août 1888 : *Bull. crim. n° 278* • 22 févr. 1917 : *Bull. crim. n° 50.* ♦ ... Ni à son fils ou à sa fille. • Crim. 15 déc. 1899 : *DP 1902. 5. 670.* ♦ ... Ni à son conjoint. • Crim. 29 nov. 1907 : *DP 1910. 1. 437* • 24 janv. 1990, n° 89-83.855 P : *D. 1990. Somm. 376, obs. Pradel*.

23. Doit déposer sous serment le père d'une victime mineure entendu en qualité de témoin et non de représentant légal de celle-ci, pour le compte de laquelle il ne s'est pas constitué partie civile. • Crim. 29 nov. 1989, n° 89-82.620 P.

24. Le plaignant qui ne s'est pas constitué partie civile peut être entendu comme témoin, sauf au juge à apprécier le degré de confiance que méritent ses déclarations. • Crim. 3 août 1911 : *DP 1912. 1. 388* • 4 déc. 1930 : *Bull. crim. n° 293.*

25. Dès lors qu'un témoin n'avait pas la qualité de partie civile au moment où il a été entendu comme témoin, serment préalablement prêté, il n'a été commis aucune violation de l'art. 335, non plus que de l'art. 6 Conv. EDH, rien ne permettant d'induire du fait allégué que la cause de l'accusé n'a pas été entendue équitablement par un tribunal indépendant et impartial. • Crim. 12 mars 1986, n° 85-94.997 P • 25 oct. 2000, n° 00-81.418 P : *D. 2000. IR 304*. ♦ Spécialement, un témoin, dont la constitution de partie civile à l'audience a fait l'objet d'une exception d'irrecevabilité sur laquelle la Cour a sursis à statuer, peut être entendu dans les formes prévues par l'art. 331 avant que celle-ci ne se prononce, dès lors que cette audition n'a donné lieu à aucune opposition des parties. • Crim. 2 déc. 1998, n° 98-80.532 P. ♦ Comp. : • Crim. 4 déc. 1991, n° 91-83.103 P.

Art. 336 **Néanmoins, l'audition sous serment des personnes désignées par l'article précédent n'entraîne pas nullité lorsque le ministère public ni aucune des parties ne s'est opposé à la prestation de serment.**

En cas d'opposition du ministère public ou d'une ou plusieurs des parties, le témoin peut être entendu à titre de renseignements, en vertu du pouvoir discrétionnaire du président. — *Pr. pén. C. 529 et C. 532.*

1. L'art. 322 *in fine* C. instr. crim. (art. 336, al. 1er) n'impose ni d'entendre les parents ou alliés de l'accusé sous la foi du serment par cela seul qu'aucune des parties ne s'y oppose, ni de les exclure des débats ; ils peuvent être entendus, à titre de renseignement et sans serment, en vertu du pouvoir discrétionnaire du président. • Crim. 17 févr. 1955 : *D. 1955. 191, rapp. Patin.*

2. L'audition sous serment d'un témoin n'a pu entraîner de nullité, selon l'art. 336, le ministère public ni aucune des parties ne s'étant opposé à la prestation de serment. • Crim. 20 nov. 2002, n° 01-88.109.

3. La partie civile est un témoin simplement reprochable. Par suite, son audition sous la foi du serment n'est pas une cause de nullité si elle a eu lieu sans opposition. • Crim. 16 mars 1959, n° 58-94.307 P.

4. L'accusé n'est pas fondé à invoquer une violation de l'art. 6, Conv. EDH tenant à l'audition sous serment d'un témoin acquis aux débats qui s'était constitué partie civile avant son audition, dès lors qu'il n'a pas usé de la faculté que lui donnait l'art. 336 de s'opposer à la prestation de serment de ce témoin. • Crim. 13 mars 1985, n° 84-91.658 P.

Art. 337 **La personne qui, agissant en vertu d'une obligation légale ou de sa propre initiative, a porté les faits poursuivis à la connaissance de la justice, est reçue en témoignage, mais le président en avertit la cour d'assises.**

Celui dont la dénonciation est récompensée pécuniairement par la loi peut être entendu en témoignage, à moins qu'il n'y ait opposition d'une des parties ou du ministère public. — *Pr. pén. C. 533.*

1. L'avertissement énoncé en l'art. 323 C. instr. crim. (art. 337, al. 1er) n'est pas prescrit à peine de nullité, et son omission ne peut donner ouverture à cassation. • Crim. 22 avr. 1887 : *DP 1887. 1. 506* • 20 juin 1912 : *Bull. crim. n° 328* • 22 nov. 1967, n° 67-92.292 P • 22 juin 1977, n° 77-90.345 P : *D. 1977. IR 382* • 29 nov. 1989, n° 89-82.620 P. ♦ Les dispositions de l'art. 337, al. 1er, ne sont pas prescrites à peine de nullité. • Crim. 4 mai 2000, n° 99-87.312.

2. On ne doit pas considérer comme dénonciateur un fonctionnaire qui, chargé par son administration d'apprécier certaines réclamations, n'a fait, en dénonçant les faits incriminés, que remplir un devoir de sa fonction. • Crim. 20 mars 1891 : *DP 1892. 1. 255.* ♦ Tel est le cas des commissaires et officiers de police qui ont procédé à l'enquête. • Crim. 11 févr. 1970, n° 69-92.519 P • 4 avr. 1979, n° 78-90.667 P : *D. 1979. IR 548.*

3. Si un officier de police judiciaire n'entre pas dans les prévisions de l'art. 337, al. 1er, l'avertissement donné à tort par le président de la cour d'assises ne constitue pas une violation des droits de la défense. • Crim. 5 juin 1969, n° 68-93.185 P • 4 avr. 1979 : *préc. note 2* • 29 nov. 1989, n° 89-82.620 P.

Art. 338 **Le ministère public, ainsi que la partie civile et l'accusé, peuvent demander, et le président peut toujours ordonner, qu'un témoin se retire momentanément de la salle d'audience, après sa déposition, pour y être introduit et entendu s'il y a lieu après d'autres dépositions, avec ou sans confrontation.**

Art. 339 **Le président peut, avant, pendant ou après l'audition d'un témoin** (*L. n° 2004-204 du 9 mars 2004, art. 155*) **« ou l'interrogatoire d'un accusé », faire retirer un ou plusieurs accusés, et les examiner séparément sur quelques circonstances du procès ; mais il a soin de ne reprendre la suite des débats qu'après avoir instruit chaque accusé de ce qui s'est fait en son absence, et ce qui en est résulté.**

I. RÈGLES NATIONALES

1. Rôle du président. Invitant le président à instruire l'accusé momentanément éloigné de l'audience de ce qui s'est fait en son absence, l'art. 339 ne prévoit pas la forme dans laquelle cet avis doit être donné. • Crim. 12 juin 1974, n° 74-90.086 P.

2. Répond aux exigences de l'art. 339 l'énonciation du procès-verbal qui constate qu'après son retour à l'audience, l'accusé a été instruit des déclarations de ses coaccusés et a été à nouveau interrogé. • Crim. 12 janv. 1977, n° 76-91.920 P.

3. La faculté prévue par l'art. 339 peut s'exercer non seulement à l'occasion de l'audition d'un témoin mais aussi de celle de l'interrogatoire d'un coaccusé, ainsi, le président peut valablement faire retirer de la salle d'audience les coaccusés des personnes qui vont être interrogées si après les interrogatoires, ces coaccusés ont repris leur place et ont été instruits par le président, avant la poursuite des débats, de ce qui s'était fait en leur absence et de ce qu'il en était résulté. • Crim. 29 janv. 2003, n° 02-84.682 P.

4. L'art. 339 impose au président de ne reprendre les débats qu'après avoir informé l'accusé momentanément éloigné de l'audience de ce qui s'est fait en son absence et de ce qui en est résulté. Ne répondent pas aux exigences de ce texte et n'établissent pas qu'il a été satisfait à cette obligation les énonciations du procès-verbal qui se bornent à constater qu'à la reprise des débats, en présence de l'accusé, aucune des parties au procès n'a présenté de demande ou d'observation. • Crim. 28 oct. 2009, n° 09-82.004 P : *D. 2010. Pan. 2258, note Pradel ; AJ pénal 2010. 82, obs. Girault*.

II. RÈGLES EUROPÉENNES

5. Art. 6 de la Convention européenne des droits de l'homme. En ordonnant que la victime, partie civile, soit entendue hors la présence de l'accusé, le président n'a pas méconnu les dispositions de l'art. 6, § 3 *d)*, Conv. EDH, dès lors que l'avocat de l'accusé est demeuré dans la salle et a eu la faculté d'interroger la partie civile, et qu'au surplus, ayant été instruit des déclarations faites en son absence, l'accusé n'a sollicité aucune confrontation. • Crim. 17 déc. 1997, n° 97-31.318 P : *Dr. pénal 1998. Comm. 41, obs. Maron.*

Art. 340 **Pendant l'examen, les magistrats et les jurés peuvent prendre note de ce qui leur paraît important, soit dans les dépositions des témoins, soit dans la défense de l'accusé, pourvu que les débats ne soient pas interrompus.**

Art. 341 **Dans le cours ou à la suite des dépositions, le président fait, s'il est nécessaire, présenter à l'accusé ou aux témoins les pièces à conviction et reçoit leurs observations.**

Le président les fait aussi présenter, s'il y a lieu, aux assesseurs et aux jurés.

1. Il appartient à la cour d'assises d'apprécier souverainement s'il y a lieu d'ordonner l'apport à l'audience d'objets ne figurant pas à l'état des pièces à conviction. • Crim. 14 sept. 1893 : *DP 1895. 1. 433.*

2. L'art. 341 ne fait pas au président une obligation d'interpeller l'accusé sur la présentation des pièces à conviction et il appartient à l'accusé, s'il le juge opportun, de demander la parole pour user de la faculté que lui donne la loi. • Crim. 3 avr. 1974, n° 73-93.393 P. ♦ Les conditions dans lesquelles le président, conformément aux dispositions de l'art. 341, fait présenter les pièces à conviction ne sauraient donner ouverture à cassation dès lors que ni l'accusé, ni son conseil n'ont élevé de protestation au cours de cette présentation, et que les droits de *la défense n'ont pas été méconnus.* • Crim. 20 juill. 1976, n° 76-90.983 P • 22 janv. 1997, n° 96-80.309 P. ♦ Dès lors, il n'importe que, en l'absence de tout incident contentieux relatif à cette présentation, le procès-verbal des débats ne mentionne pas que l'accusé ou son avocat a eu la parole le dernier. • Crim. 19 févr. 1997, n° 96-81.542 P.

3. N'encourt pas la censure l'arrêt par lequel la cour d'assises rejette la demande de l'accusé tendant à faire écarter des débats un courrier communiqué à l'audience par un haut fonctionnaire de la police dès lors que l'auteur du dépôt avait le devoir de remettre la pièce à l'autorité judiciaire et qu'il n'est pas démontré que cette pièce, soumise à la libre discussion des parties et à l'appréciation des juges, ait été obtenue par des procédés illicites ou déloyaux. • Crim. 11 juill. 2012, n° 11-85.220 P.

4. Le président peut produire à l'audience, s'il y a lieu, une pièce à conviction, même si elle n'a pas été présentée à l'inculpé lors de l'information. • Crim. 28 févr. 1979, n° 78-92.709 P. ♦ Rien n'interdit au président de faire présenter une pièce à conviction avant d'avoir entendu la personne ayant procédé à l'expertise de cette pièce. • Crim. 5 janv. 1994, n° 93-81.900 P. ♦ Les conditions, dans lesquelles le président, conformément aux dispositions de l'art. 341, fait présenter les pièces à conviction, ne sauraient donner ouverture à cassation lorsque l'accusé et son avocat n'ont pas élevé de protestations au cours de cette présentation et que les droits de la défense n'ont pas été méconnus. • Crim. 22 mars 2000, n° 99-86.898.

5. Les réponses des accusés et les déclarations des témoins faites lors de la présentation des pièces à conviction ne peuvent être insérées au procès-verbal des débats sans l'ordre exprès du président. • Crim. 2 déc. 1971, ♨ n° 72-92.842 P • 2 oct. 1975, ♨ n° 75-90.758 P • 12 oct. 1983 ; ♨ n° 82-93.569 P : *D. 1984. IR 51.*

6. La présentation au cours des débats, des pièces à conviction, conformément aux dispositions de l'art. 341, n'ayant entraîné aucune réclamation ou observation des parties, le greffier n'était pas tenu d'en rendre compte dans le procès-verbal. • Crim. 15 avr. 2001, n° 00-82.117.

Art. 342 **Si, d'après les débats, la déposition d'un témoin paraît fausse, le président, soit d'office, soit à la requête du ministère public ou d'une des parties, peut ordonner spécialement à ce témoin d'être présent aux débats jusqu'à leur clôture et en outre de demeurer dans la salle d'audience jusqu'au prononcé de l'arrêt de la cour d'assises. En cas d'infraction à cet ordre, le président fait mettre le témoin en état d'arrestation provisoire.**

Après lecture de l'arrêt de la cour d'assises, ou, dans le cas de renvoi à une autre session, le président ordonne que le témoin soit, par la force publique, conduit sans délai devant le procureur de la République qui requiert l'ouverture d'une information.

Le greffier transmet à ce magistrat une expédition du procès-verbal qui a pu être dressé par application de l'article 333.

La faculté donnée par l'art. 342 au président de la cour d'assises rentre dans l'exercice du pouvoir discrétionnaire conféré par l'art. 310. Par suite l'emploi des mesures indiquées par l'art. 342, le refus par le président de les prendre au sein d'une action ne peuvent, dans aucun cas, devenir le fondement d'un moyen de cassation. • Crim. 2 févr. 1966, ♨ n° 65-92.831 P.

Art. 343 **En tout état de cause la cour peut ordonner d'office, ou à la requête du ministère public ou de l'une des parties, le renvoi de l'affaire à la prochaine session.** — *Pr. pén. 287.*

Mayotte : 887.

1. Si, dans le cas prévu par l'art. 342, la cour peut, conformément à l'art. 343, ordonner le renvoi de l'affaire à la prochaine session, aucun texte n'exige qu'elle se prononce à cet égard. • Crim. 13 mars 1963, ♨ n° 62-93.282 P.

2. Saisie de conclusions de la défense tendant au renvoi, la cour dispose d'un pouvoir souverain pour accorder ou refuser la demande. • Crim. 25 févr. 1965, ♨ n° 64-92.541 P • 23 mai 1967, ♨ n° 66-93.642 P : *RSC 1967. 879, obs. Robert.*

3. Aucune disposition de la loi n'interdit que l'affaire soit renvoyée à un autre jour de la même session, avec formation dans ce cas d'un nouveau jury de jugement. Ce renvoi ne porte aucune atteinte aux droits de la défense dès lors qu'il est constaté que l'accusé y a expressément consenti. • Crim. 10 mai 1978, ♨ n° 77-93.473 P.

Art. 344 *(L. n° 72-1226 du 29 déc. 1972)* **« Dans le cas où l'accusé,** *(L. n° 2000-516 du 15 juin 2000, art. 110-I)* **« la partie civile, » les témoins ou l'un d'eux ne parlent pas suffisamment la langue française ou s'il est nécessaire de traduire un document versé aux débats, le président nomme d'office un interprète, âgé de vingt et un ans au moins, et lui fait prêter serment d'apporter son concours à la justice en son honneur et en sa conscience. »**

Le ministère public, l'accusé et la partie civile, peuvent récuser l'interprète en motivant leur récusation. La cour se prononce sur cette récusation. Sa décision n'est susceptible d'aucune voie de recours.

L'interprète ne peut, même du consentement de l'accusé ou du ministère public, être pris parmi les juges composant la cour, les jurés, le greffier qui tient l'audience, les parties et les témoins. — *Pr. pén. C. 538.*

Mayotte : 887.

Sur les modalités d'exercice du droit à l'assistance d'un interprète et à la traduction de certaines pièces, V. art. préliminaire, 803-5 et D. 594 s.

BIBL. ▶ ESCHYLLE, *RSC 1992. 259.*

I. DÉSIGNATION DE L'INTERPRÈTE

1. Choix de l'interprète et incompatibilités. Les incompatibilités de l'art. 344, al. 3, sont de droit étroit et ne peuvent être étendues par analogie. • Crim. 21 déc. 1977, ♨ n° 77-91.810 P : *D. 1978. IR 317.* ♦ Mais elles s'appliquent à tous les témoins, qu'ils aient été cités et déposent sous la foi du serment ou qu'ils aient été entendus en vertu du pouvoir discrétionnaire du président. • Crim. 4 août 1904 : *Bull. crim. n° 363* • 27 oct. 1982, n° 82-91.536 P. ♦ ... Ainsi qu'aux parties civiles. • Crim. 10 nov. 1998, n° 98-81.810 P : *Dr. pénal 1999. Comm. 48, obs. Maron.*

2. Peut être désignée en tant qu'interprète une personne citée comme témoin qui n'a pas déposé du fait de la renonciation des parties à son audition, dès lors qu'elle remplit les autres conditions exigées par l'art. 344. • Crim. 20 avr. 1988, n° 87-84.462 P.

3. L'art. 344 n'interdit pas l'audition comme témoin de la personne qui a servi d'interprète pendant l'information. • Crim. 30 sept. 1992, n° 92-81.595 P.

4. Présence de l'interprète. Aucune nullité ne résulte de ce que la désignation d'un interprète a été faite seulement à l'ouverture des débats et non au moment du tirage au sort du jury de jugement, lorsqu'il est constaté que les accusés ont compris l'avertissement du président relatif aux récusations et que le droit de défense n'a subi aucune atteinte. • Crim. 4 janv. 1917 : *Bull. crim. n° 1.*

5. Limites. L'art. 344 ne s'étend pas à l'interrogatoire du président en vertu de l'art. 272. • Crim. 2 nov. 1964 : *D. 1965. Somm. 43.*

6. La mission de l'interprète appelé à prêter son concours à un accusé ne parlant pas suffisamment la langue française s'applique aux parties des débats pour lesquelles les accusés ne peuvent être suppléés par les conseils qui les assistent. Ce n'est pas le cas de la signification à un accusé qui refuse de comparaître des réquisitions du ministère public à des conclusions déposées par son défenseur. • Crim. 3 juin 1988, n° 87-84.240 P.

7. Serment de l'interprète. Il n'y a pas nullité lorsque la formule employée pour le serment de l'interprète à l'audience, bien que ne reproduisant pas celle qui est prévue par l'art. 344, en exprime cependant le sens sans le dénaturer ni le restreindre. • Crim. 22 févr. 1977, n° 76-92.413 P • 9 nov. 1983, n° 83-91.668 P : *RSC 1984. 542, obs. Robert.*

8. Le serment prêté par l'interprète à l'ouverture des débats conserve sa valeur jusqu'à la fin de l'affaire. • Crim. 22 oct. 1987, n° 86-96.736 P.

9. Procès-verbal. Aucune disposition de la loi ne prescrit à peine de nullité que la signature de *l'interprète doive figurer sur* le procès-verbal du tirage du jury de jugement ; en l'absence de réclamation de l'accusé ou de son conseil, il y a présomption que l'interprète a exercé ses fonctions dans tous les cas où la loi l'exigeait. • Crim. 2 nov. 1949 : *D. 1949. 602.*

10. La seule constatation, par le procès-verbal des débats, que, l'accusé ne parlant pas le français, le président a nommé d'office deux interprètes, n'établit pas que ceux-ci ont rempli leur mission. • Crim. 20 juin 1990, n° 89-96.557 P : *Gaz. Pal. 1991. 1. 56.* ♦ Lorsque plusieurs accusés ou témoins parlent des langues étrangères différentes, il doit être constaté, non seulement que les déclarations de chacun d'eux ont été traduites en français, mais aussi qu'elles l'ont été dans les langues que comprennent les autres. • Même arrêt.

11. Toutefois, la mention du procès-verbal des débats selon laquelle l'accusé, ne parlant pas suffisamment le français, a été, « pendant le cours des débats », assisté d'un interprète en l'absence de toute autre mention contraire ou résultant de donnés acte qu'il appartenait à l'accusé ou à son avocat de solliciter, suffit à établir que l'interprète a prêté son concours chaque fois que cela a été nécessaire. • Crim. 30 oct. 1996, n° 96-81.573 P.

II. DÉBATS

12. Ne viole pas les art. 6, § 3 a), et 14 Conv. EDH l'arrêt qui constate que les débats se sont déroulés en langue française et que les prévenus, bien que possédant cette nationalité, mais se disant incapables de mesurer et d'apprécier les nuances de leur langue nationale, étaient assistés d'un interprète. • Crim. 13 mars 1989, n° 86-93.846 P.

13. Selon l'art. 6, § 3 e), Conv. EDH, tout prévenu ou accusé ne comprenant pas ou ne parlant pas la langue employée à l'audience, doit bénéficier de l'assistance gratuite d'un interprète. • Crim. 24 févr. 1988, n° 87-90.341 P.

14. Il n'y a pas violation des art. 6, § 3, Conv. EDH, 272, 276 et 344 lorsque le procès-verbal des débats mentionne qu'au cours de l'audience durant laquelle ont été lus les trois arrêts de renvoi, l'interprète a prêté son concours chaque fois que cela a été nécessaire car, en l'absence d'un donné acte qu'il appartenait à l'accusé ou à son avocat de solliciter, il en résulte que l'interprète a traduit les pièces dont la lecture a été donnée à l'audience. • Crim. 23 oct. 2002, n° 01-87.655. ♦ V. aussi • Crim. 17 oct. 2001, n° 00-82.636.

15. Il n'y a pas violation des art. 344, et 6, § 3, Conv. EDH dès lors que l'interprète a prêté son concours pendant tout le cours des débats, ce qui est le cas lorsque selon le procès-verbal des débats, l'audience a été ouverte le 9 mars à 10 h 35 et que le président a nommé d'office un interprète en langue allemande aussitôt après l'introduction de l'accusé dans la salle et que la mention, selon laquelle l'interprète a prêté son concours à chaque fois que cela a été nécessaire, figure après celle de la lecture de l'arrêt de condamnation et avant celle de la levée de l'audience, le 10 mars à 20 h. • Crim. 17 janv. 2001, n° 00-82.696.

16. Est suffisante (au regard des art. 344 et 6

Conv. EDH), à défaut de mentions contraires ou résultant de donnés-acte qu'il appartenait à l'accusé ou à son conseil de solliciter, la mention du procès-verbal des débats indiquant que l'interprète, assistant l'accusé ne parlant pas suffisamment la langue française, a prêté son concours « pendant le cours des débats », une telle formule impliquant que l'interprète est intervenu chaque fois que cela a été nécessaire. • Crim. 30 oct. 1996, ☎ n° 96-81.573 P.

Art. 345 *(L. n° 2000-516 du 15 juin 2000, art. 37, en vigueur le 1er janv. 2001)* **Si l'accusé est atteint de surdité, le président nomme d'office pour l'assister lors du procès un interprète en langue des signes ou toute personne qualifiée maîtrisant un langage ou une méthode permettant de communiquer avec les sourds. Celui-ci prête serment d'apporter son concours à la justice en son honneur et en sa conscience.**

Le président peut également décider de recourir à tout dispositif technique permettant de communiquer avec la personne atteinte de surdité.

Si l'accusé sait lire et écrire, le président peut également communiquer avec lui par écrit.

Les autres dispositions du précédent article sont applicables.

Le président peut procéder de même avec les témoins ou les parties civiles atteints de surdité.

1. Surdité. Il résulte des mentions du procès-verbal des débats, selon lesquelles un témoin sourd-muet a été assisté d'un interprète et a déposé oralement, que ce témoin est sourd-muet ne sachant pas écrire et que l'interprète a prêté son concours chaque fois qu'il a été nécessaire. • Crim. 15 déc. 1999, ☎ n° 98-87.706 P.

2. Il n'y a pas violation de l'art. 345 dès lors qu'il ne résulte ni du procès-verbal ni d'aucun donné acte qu'il appartenait à l'accusé ou à son avocat de solliciter s'il l'estimait utile à sa défense, que l'intéressé lequel, au demeurant, n'est pas atteint de surdité mais est seulement malentendant n'ait pas été mis en mesure de suivre les débats dans leur totalité et qu'au contraire, le procès-verbal énonce que les dispositions de l'art. 345 ont été respectées et qu'aucune observation n'a été faite à ce sujet par les parties. • Crim. 4 nov. 1999, ☎ n° 99-80.133.

3. Choix de l'interprète. Il ne résulte aucune nullité de ce qu'un interprète, donné à un témoin sourd-muet, a été choisi parmi les autres témoins. • Crim. 1er sept. 1887 : *Bull. crim. n° 324* • 24 avr. 1896 : *Bull. crim. n° 142.* ♦ Mais il est indispensable, en pareil cas, de constater dans le procès-verbal la nécessité d'un tel choix. • Crim. 24 avr. 1896 : *préc. (a contrario).*

4. Peut être désignée en qualité d'interprète une personne citée comme témoin qui n'a pas déposé du fait de la renonciation des parties à son audition, dès lors qu'elle remplit les autres conditions exigées par l'art. 344. • Crim. 20 avr. 1988, ☎ n° 87-84.462 P.

Loi n° 2005-102 du 11 février 2005,

Pour l'égalité des droits et des chances, la participation et la citoyenneté des personnes handicapées.

Art. 76 Devant les juridictions administratives, civiles et pénales, toute personne sourde bénéficie du dispositif de communication adapté de son choix. Ces frais sont pris en charge par l'État.

Lorsque les circonstances l'exigent, il est mis à la disposition des personnes déficientes *visuelles une aide* technique leur permettant d'avoir accès aux pièces du dossier selon des modalités fixées par voie réglementaire.

Les personnes aphasiques peuvent se faire accompagner devant les juridictions par une personne de leur choix ou un professionnel, compte tenu de leurs difficultés de communication liées à une perte totale ou partielle du langage.

Art. 346 **Une fois l'instruction à l'audience terminée, la partie civile ou son** *(L. n° 93-2 du 4 janv. 1993)* **« avocat » est entendu. Le ministère public prend ses réquisitions.**

L'accusé et son *(L. n° 93-2 du 4 janv. 1993)* **« avocat » présentent leur défense.**

La réplique est permise à la partie civile et au ministère public, mais l'accusé ou son *(L. n° 93-2 du 4 janv. 1993)* **« avocat » auront toujours la parole les derniers.**

1. Ordre de prise de parole. La règle d'après laquelle l'accusé ou son conseil doivent avoir toujours la parole les derniers est une règle générale et fondamentale qui domine tous les débats et ne s'applique pas seulement une fois l'instruction à l'audience terminée, mais également lors de tout incident contentieux intéressant la défense qui est réglé par un arrêt. • Crim. 20 févr. 1913 : *DP 1916. 1. 181* • 21 mars 1913 : *ibid.* • 17 févr. 1983, n° 82-90.664 P • 5 janv. 1984 : *D. 1984. IR 145, obs. J.-M. R.* • 25 nov. 1998, n° 98-81.273 P : *Dr. pénal 1999. Chron. 16, par Marsat.* ♦ Sous la réserve que l'accusé ou son conseil ait la parole le dernier, l'ordre dans lequel les parties prennent la parole n'est pas prescrit à peine de nullité. • Crim. 30 sept. 1992, n° 92-80.354 P. ♦ La mention au procès-verbal que l'accusé a eu la parole le dernier implique nécessairement que la partie civile et le ministère public ont été préalablement entendus. • Crim. 13 nov. 1996, n° 96-80.531 P : *JCP 1997. I. 4031, Chron. Maron ; Dr. pénal 1997. Comm. 53, note Maron.* ♦ En donnant la parole en dernier au seul avocat de l'accusé, il est satisfait aux prescriptions de l'art. 346. • Crim. 14 nov. 1990, n° 90-82.242 P. Si tous les accusés doivent être entendus lorsqu'un incident contentieux est élevé par l'un d'entre eux, seul celui-ci doit avoir la parole le dernier. • Crim. 7 mars 1990, n° 89-83.124 P. ♦ La procédure devant la cour d'assises étant orale, aucune disposition légale ou conventionnelle ne prévoit que le ministère public doive faire préalablement connaître la teneur des réquisitions qu'il entend développer, dès lors que l'accusé et son avocat ont eu la parole en dernier. • Crim. 29 sept. 2004, n° 04-80.079 P : *D. 2004. IR 2834* ; *JCP 2004. IV. 3190.* ♦ Fait l'exacte application de l'art. 346, lequel prescrit seulement que l'accusé ou son avocat auront toujours la parole en dernier, le président de la cour d'assises qui suspend l'audience juste après avoir entendu les plaidoiries de l'avocat général et celles des avocats de la défense, pour ne donner la parole en dernier à l'accusé qu'à la reprise des débats juste avant de les clôturer. • Crim. 18 nov. 2015, n° 14-86.475 P : *D. actu. 9 déc. 2015, obs. Goetz ; Dr. pénal 2016. 14, obs. Maron et Haas.*

2. Il se déduit de l'art. 346 que le principe suivant lequel l'accusé ou son conseil ont toujours la parole en dernier ne s'applique pas lorsque le président, en application de l'art. 328, interroge l'accusé et reçoit ses déclarations, ni lorsque le ministère public, les avocats des parties civiles et les parties civiles, en application de l'art. 312, lui posent des questions. • Crim. 2 déc. 2015, n° 14-85.581 P : *D. actu. 18 déc. 2015, obs. Benelli-de Bénazé.*

3. Civilement responsable. L'art. 346 ne prévoit pas que, devant la cour d'assises, une fois l'instruction terminée, le civilement responsable doive être entendu après le ministère public (comp., en matière correctionnelle, art. 460). • Crim. 27 nov. 2019, n° 18-83.553 P : *D. actu. 17 janv. 2020, obs. Goudjil.*

4. Réouverture des débats. Lorsque les débats ont été rouverts, le président de la cour d'assises doit, avant d'en prononcer à nouveau la clôture, donner la parole à toutes les parties comme le prescrit l'art. 346. Il ne suffit pas que le procès-verbal constate qu'aucune observation n'a été présentée. • Crim. 4 nov. 1972, n° 72-92.046 P : *D. 1973. 47, note Chapar.* ♦ Le dépôt de conclusions après la clôture des débats entraîne la réouverture de ceux-ci. Dès lors, après le prononcé de l'arrêt incident, le président doit de nouveau se conformer aux prescriptions de l'art. 346 et redonner la parole aux parties. • Crim. 27 juin 1979, n° 78-94.289 P • 27 nov. 1985, n° 85-91.982 P.

5. Le fait pour une partie civile de ne pas user, une fois l'instruction à l'audience terminée, de la faculté que lui confère l'art. 346 ne saurait porter atteinte aux droits de la défense. • Crim. 23 nov. 1977, n° 77-91.257 P.

6. Réquisitions. Le ministère public a le droit de produire tous documents qui lui paraissent utiles à la manifestation de la vérité, sauf le droit, pour les autres parties, d'examiner les pièces produites et de présenter toutes observations à leur sujet, sans qu'il soit nécessaire que le président les invite spécialement à le faire. • Crim. 30 oct. 1996, n° 96-80.020 P : *Procédures 1997. Comm. 65, obs. Buisson.* ♦ Le ministère public peut produire tous documents qui lui paraissent utiles à la manifestation de la vérité, sauf le droit, pour les autres parties, d'examiner les pièces produites et de formuler toutes observations à leur sujet. • Crim. 3 oct. 2012, n° 11-88.468 P : *D. actu. 2 nov. 2012, obs. Priou-Alibert ; Dr. pénal 2012, n° 152, obs. Maron et Haas.* ♦ Le demandeur ne saurait se faire un grief de ce que l'avocat général, dans ses réquisitions, a donné lecture d'une pièce de la procédure non discutée contradictoirement lors de l'instruction à l'audience, ce dont le président a donné acte, dès lors que la parole du ministère public à l'audience est libre et que, partie au procès, il est indépendant dans l'exercice de ses fonctions et a le droit de dire tout ce qu'il croit convenable au bien de la justice, sauf le droit des parties de combattre les arguments présentés par lui. • Crim. 1er mars 2017, n° 16-83.001 P : *D. actu. 30 mars 2017, obs. Priou-Alibert ; D. 2017. Pan. 1676, obs. Pradel* .

7. En application de l'art. 60 du décret du 27 nov. 1991 organisant la profession d'avocat, l'élève d'un centre régional de formation professionnelle d'avocat peut, aux côtés de son maître de stage et avec l'autorisation du président, formuler des observations orales à l'audience de la cour d'assises. • Crim. 26 sept. 1996, n° 95-85.800 P.

SECTION IV DE LA CLÔTURE DES DÉBATS ET DE LA LECTURE DES QUESTIONS

Art. 347 **Le président déclare les débats terminés.**

Il ne peut résumer les moyens de l'accusation et de la défense.

Il ordonne que le dossier de la procédure soit déposé entre les mains du greffier de la cour d'assises ; toutefois, il conserve en vue de la délibération prévue par les articles 355 et suivants, *(L. n° 2011-939 du 10 août 2011, art. 11, en vigueur le 1er janv. 2012)* **« la décision de renvoi et, en cas d'appel, l'arrêt rendu par la cour d'assises ayant statué en premier ressort ainsi que la feuille de motivation qui l'accompagne** *[ancienne rédaction : l'arrêt de la chambre de l'instruction]* **».**

Si, au cours de la délibération, la cour d'assises estime nécessaire l'examen d'une ou plusieurs pièces de la procédure, le président ordonne le transport dans la salle des délibérations du dossier, qui à ces fins sera rouvert en présence du ministère public et des *(L. n° 93-2 du 4 janv. 1993)* **« avocats » de l'accusé et de la partie civile.**

1. Clôture des débats. Si l'art. 347 dispose que le président, après avoir déposé le dossier de la procédure entre les mains du greffier, conserve, en vue de la délibération, l'arrêt de la chambre d'accusation, cette dernière formalité n'est pas substantielle. • Crim. 10 mai 1961, n° 60-94.673 P • 30 oct. 1973, n° 73-92.083 P ♦ Si aux termes de l'art. 347, al. 3, le président de la cour d'assises doit conserver l'arrêt de la chambre de l'instruction en vue de la délibération, cette formalité n'est pas substantielle, la loi ne faisant pas dépendre la conviction de la cour et du jury de l'examen de la décision de renvoi mais du débat oral qui s'est déroulé devant eux. Est donc sans conséquence le fait que le président ait conservé l'ordonnance de mise en accusation et non l'arrêt de renvoi. • Crim. 8 juin 2006, n° 05-86.695 P. ♦ Si, en vertu des dispositions de l'art. 347, al. 3, dans sa rédaction issue de la L. du 10 août 2011, le président conserve en cas d'appel l'arrêt rendu par la cour d'assises ayant statué en premier ressort ainsi que la feuille de motivation qui l'accompagne, cette formalité n'est pas substantielle, la loi ne faisant pas dépendre la conviction de la cour et du jury de l'examen de la décision rendue en premier ressort mais du débat oral qui s'est déroulé devant eux. • Crim., QPC, 20 nov. 2013 : *D. actu. 5 déc. 2013, obs. Fucini ; Dr. pénal 2014. 13, note Maron et Haas.*

2. L'art. 347, al. 3, se borne à prescrire que, les débats étant terminés, le dossier de la procédure, à l'exception de l'arrêt de renvoi, soit, sur l'ordre du président, déposé entre les mains du greffier. Il n'interdit pas notamment aux magistrats de la cour et aux jurés de conserver pardevers eux, durant la délibération, des notes prises pendant l'audience ou des documents qui leur auraient été remis pendant les débats pour leur faciliter la compréhension de ceux-ci. • Crim. 21 avr. 1982, n° 81-91.472 P.

3. Oralité des débats. Le principe de l'oralité des débats s'oppose à ce que le président communique aux assesseurs et aux jurés, une fois l'instruction d'audience terminée, des documents de l'instruction écrite, sans en donner lecture et sans préciser que ces pièces avaient fait l'objet d'un débat contradictoire. • Crim. 9 avr. 1986, n° 85-93.491 P.

4. Il s'oppose aussi à ce qu'il soit donné lecture de tout ou partie du procès-verbal des déclarations faites à l'instruction par un témoin acquis aux débats et comparant, avant la déposition à l'audience de ce témoin. • Crim. 18 juin 1986, n° 86-90.768 P. ♦ ... Ou au cours de la déposition de ce témoin. • Crim. 27 juin 1990, n° 89-87.170 P • 26 févr. 1992, n° 91-83.165 P.

5. Le débat devant la cour d'assises doit être oral ; ce principe d'ordre public, qui ne peut être couvert ni par le silence ni par le consentement des accusés, interdit qu'il soit donné lecture de tout ou partie du rapport d'un expert présent avant son audition à la barre. • Crim. 23 oct. 2013, n° 12-87.786 P : *D. actu. 18 nov. 2013, obs. Winckelmuller.*

6. Méconnaît le principe de l'oralité des débats en ce qu'elle se réfère nécessairement au contenu des pièces de la procédure écrite, la cour d'assises qui, pour rejeter des conclusions tendant au renvoi de l'affaire en raison de la défaillance d'un témoin, énonce que la déposition de ce témoin n'est pas indispensable à la manifestation de la vérité, la cour disposant d'autres éléments d'appréciation susceptibles d'être développés à l'audience par les témoins et experts présents. • Crim. 6 mai 1998, n° 97-84.479 P.

7. En l'état d'un procès-verbal constatant qu'à trois reprises, le président, agissant en vertu de son pouvoir discrétionnaire, a donné lecture de déclarations faites par l'accusé au cours de l'enquête et de l'instruction, il ne saurait être allégué une violation du principe de l'oralité, dès lors que ces lectures n'ont pas été substituées à l'interrogatoire, auquel il a été procédé conformément à l'art. 328. • Crim. 26 janv. 2000, n° 99-82.979 P.

8. Le dépôt de conclusions évoquant des moyens de défense au fond, aux fins d'être conservées par la cour et le jury en vue de la délibération, se heurte à la prohibition, pour le président, de conserver, pendant le délibéré, d'autres documents que ceux limitativement énumérés par l'art. 347. • Crim. 28 mai 2015, n° 14-82.559 P : *D. actu. 3 juill. 2015, obs. Duhil-de Bénazé.*

9. L'absence de tout incident contentieux ou demande de donné acte fait présumer qu'aucune irrégularité de nature à porter atteinte aux droits de la défense n'a été commise pendant l'audience, au cours de laquelle, durant l'exposé de deux experts pour faciliter la compréhension de l'affaire, le président a communiqué à la cour et aux jurés trois pièces issues de la procédure d'instruction. • Crim. 27 nov. 2019, n° 18-83.942 P : *D. actu. 10 janv. 2020, obs. Diaz ; Dr. pénal 2020. n° 19, obs. Maron et Haas.*

Art. 348 **Le président donne lecture des questions auxquelles la cour et le jury ont à répondre. Cette lecture n'est pas obligatoire quand les questions sont posées dans les termes de** *(L. n° 2000-516 du 15 juin 2000, art. 136-XII, en vigueur le 1er janv. 2001)* **« la décision de mise en accusation » ou si l'accusé ou son défenseur y renonce.** — *Pr. pén. C. 543.*

I. LECTURE OBLIGATOIRE

1. *Absence de lecture.* Méconnaît les dispositions de l'art. 348 le président de la cour d'assises qui, après la clôture des débats, ne donne pas lecture en audience publique des questions alors que certaines n'étaient pas posées dans les termes de la décision de mise en accusation, peu important que les questions aient été lues précédemment, durant l'audience se tenant à huis clos • Crim. 28 sept. 2011, n° 11-80.929 P : *D. actu. 12 oct. 2011, obs. Bombled ; D. 2012. Chron. 171, obs. Roth, Leprieur et Divialle ; Dr. pénal 2011, n° 141, obs. Maron et Haas.*

2. Est obligatoire, à moins que l'accusé n'y ait expressément renoncé, la lecture par le président d'une question relative à une circonstance aggravante qui n'avait pas été retenue par l'arrêt de renvoi. • Crim. 28 avr. 1982, n° 81-93.658 P.

3. *Dispense de lecture.* Les questions demeurant posées dans les termes de l'arrêt de renvoi, l'art. 348 autorise le président à n'en pas donner lecture. • Crim. 31 janv. 2001, n° 00-84.683. ♦ Le président n'est dispensé de la lecture des questions, conformément aux dispositions de l'art. 348, que si elles sont posées dans les termes de l'arrêt de renvoi. • Crim. 14 nov. 1979, n° 79-91.163 P • 11 déc. 1996, n° 96-82.303 P. ♦ La dispense de la lecture des questions, prévue par l'art. 348, n'est pas subordonnée par la loi à la lecture publique de l'arrêt de renvoi. • Crim. 18 nov. 1987, n° 87-81.759 P • 3 avr. 1996, n° 95-83.366 P • 4 nov. 1999, n° 98-87.165 P.

4. Tel n'est pas le cas de la question non lue, à laquelle il a été répondu affirmativement, et qui interrogeait la cour et le jury sur le point de savoir *si l'accusé avait commis* des actes de pénétration sexuelle avec violence, contrainte ou surprise, alors que le dispositif de l'arrêt de renvoi ne faisait état que d'un acte de pénétration sexuelle. • Crim. 15 oct. 1997, n° 96-85.379 P.

5. Pour dispenser le président de la cour d'assises de l'obligation de donner lecture des questions lorsqu'elles sont posées dans les termes de l'arrêt de renvoi, l'art. 348 n'exige pas que lesdites questions soient la reproduction littérale du dispositif de l'arrêt de renvoi, mais seulement que la substance n'en soit pas altérée. • Crim. 16 juin 1960, n° 59-94.125 P • 1er févr. 1984, n° 83-92.069 P • 22 juin 1988, n° 87-91.595 P • 9 mars 1994, n° 92-82.356 P.

II. QUESTIONS POSÉES

6. Le président de la cour d'assises peut poser les questions dans des termes différents de ceux du dispositif de l'arrêt de renvoi, en se référant au contenu dudit arrêt, dès lors qu'il ne modifie ni la substance, ni la nature des faits imputés à l'accusé. • Crim. 15 nov. 1995, n° 95-80.419 P.

7. Mais les questions ne peuvent porter sur un crime distinct de celui qui fait l'objet de l'accusation, par exemple sur le crime de suppression d'enfant dans une poursuite pour infanticide. • Crim. 5 juin 1896 : *Bull. crim. n° 181.*

8. *Questions subsidiaires.* Méconnaît les art. 348 et 351 et l'art. 6 Conv. EDH, le président de la cour d'assises qui, après avoir prononcé la clôture des débats, se borne à faire connaître que des questions subsidiaires seront posées, sans en avoir averti les parties avant les réquisitions et plaidoiries et sans en donner lecture, lesdites questions fussent-elles déclarées sans objet à l'issue de la délibération sur la culpabilité. • Crim. 13 févr. 2008, n° 07-84.341 P : *D. 2008. Pan. 2763, obs. Pradel ; AJ pénal 2008. 239, obs. Lavric* • 28 mai 2015, n° 14-82.559 P : *D. actu. 3 juill. 2015, obs. Duhil-de Bénazé.*

9. Méconnaît l'art. 6, § 3 a) et b), Conv. EDH le président de la cour d'assises qui pose une question spéciale de préméditation, circonstance aggravante non mentionnée dans la décision de renvoi, sans avoir prévenu les parties avant les réquisitions et les plaidoiries, qu'il envisageait de poser, comme résultant des débats, ladite question spéciale, pour permettre à l'accusé ou à son conseil de faire valoir toutes observations utiles à la défense. • Crim. 4 févr. 2009, n° 08-85.144 P : *D. 2009. AJ 732 ; AJ pénal 2009. 232, obs. Ascensi .*

10. *Renonciation implicite de la défense.* Lorsque le procès-verbal mentionne que le président a annoncé qu'il poserait trois questions subsidiaires dont il a donné la teneur aux parties et que l'accusé et son avocat n'ont fait valoir aucune observation à ce sujet, il doit être considéré qu'ils ont renoncé, comme le permet l'art. 348, à la lecture intégrale desdistes questions. • Crim. 26 nov. 2003, n° 03-81.323 P.

11. Rectification des erreurs matérielles. Il appartient au président de la cour d'assises de rectifier des erreurs matérielles contenues dans le dispositif de l'arrêt de renvoi, et de poser les questions à la cour et au jury en tenant compte de ces rectifications, mais à la condition de ne pas modifier la substance de l'accusation, ni d'ajouter de faits nouveaux. Ainsi en est-il de la rectification d'une erreur matérielle commise dans la seule évaluation des objets volés. • Crim. 18 mars 1981, n° 80-93.324 P • 7 oct. 1981, n° 81-91.780 P. ♦ ... Ou sur la date d'un vol avec arme. • Crim. 12 nov. 1997, n° 96-82.498 P (moyen non reproduit) ; *Procédures 1998. Comm. 69, obs. Buisson.*

12. Moment de la lecture. Aucune disposition de loi n'interdit au président de faire connaître les questions avant la clôture des débats. Il n'importe que, au cours des débats à huis clos, et avant les explications du ministère public et des parties, le président ait donné connaissance de la question qui serait posée à la cour et au jury. • Crim. 30 oct. 1996, n° 95-84.341 P. ♦ Le président qui envisage de poser trois questions spéciales, relatives au caractère incestueux des infractions poursuivies, doit en avertir les parties avant les plaidoiries et réquisitions. • Crim. 11 mars 2020, n° 19-80.366 P : *D. actu. 20 mars 2020, obs. Goetz.*

13. Respect des exigences du procès équitable. Satisfait aux art. 348, 349 et 6 Conv. EDH l'arrêt de condamnation prononcé par la cour d'assises d'appel spécialement composée, reprenant les réponses qu'en leur intime conviction, magistrats et jurés, statuant dans la continuité des débats, à vote secret et à la majorité, ont donné aux questions sur la culpabilité dès lors qu'ont été assurés l'information préalable sur les charges fondant la mise en accusation, le libre exercice des droits de la défense ainsi que le caractère public et contradictoire des débats. • Crim. 14 oct. 2009 : *D. 2009. Édito. 2473, obs. Rome ; ibid. 2545, obs. Gachi ; ibid. 2778, obs. Pradel ; ibid. 2010. Chron. 39, obs. Leprieur* • 15 juin 2011 (2 arrêts), n° 09-87.135 P : *D. 2011. Actu. 1687 ; ibid. 2258, note Pradel ; D. actu. 27 juin 2011, obs. Lavric ; Procédures 2011, n° 277, obs. Chavent-Leclère.*

Art. 349 **Chaque question principale est posée ainsi qu'il suit : "L'accusé est-il coupable d'avoir commis tel fait ?"**

Une question est posée sur chaque fait spécifié dans le dispositif de *(L. n° 2000-516 du 15 juin 2000, art. 136-XII, en vigueur le 1er janv. 2001)* **« la décision de mise en accusation ».**

Chaque circonstance aggravante fait l'objet d'une question distincte.
(L. n° 92-1336 du 16 déc. 1992) **« Il en est de même, lorsqu'elle est invoquée, de chaque cause légale d'exemption ou de diminution de la peine. »** — *Les dispositions de la loi n° 92-1336 du 16 déc. 1992 sont entrées en vigueur le 1er mars 1994.*

1. QPC. En premier lieu, le Conseil constitutionnel considère que le législateur a pu, sans méconnaître le principe d'égalité, édicter pour le prononcé des arrêts de la cour d'assises des règles différentes de celles qui s'appliquent devant les autres juridictions pénales. En second lieu, le Conseil considère que les dispositions contestées ayant pour seul objet de déterminer les modalités selon lesquelles la cour d'assises délibère, elles ne portent, en elles-mêmes, aucune atteinte aux droits de la défense. Enfin, l'absence de motivation des arrêts de condamnation ne peut trouver de justification qu'à la condition que soient instituées par la loi des garanties propres à exclure l'arbitraire. Tel est le cas des garanties offertes par les dispositions relatives aux débats devant la cour d'assises et aux modalités de sa délibération, à savoir celles garantissant l'oralité et la continuité des débats, celles assurant la présence de l'accusé à l'audience et son assistance, celles interdisant la consultation du dossier en cours de délibéré hors la présence du ministère public et des avocats des parties, celles assurant que magistrats et jurés délibèrent ensemble immédiatement après les débats et forgent leur intime conviction uniquement sur des éléments contradictoirement débattus, celles encadrant la détermination des questions et les modalités de la délibération et celles imposant la majorité absolue des jurés pour toute décision défavorable à l'accusé. Dès lors, les art. 349, 350, 353 et 357 sont conformes à la Constitution. • Cons. const. 1er avr. 2011, n° 2011-113/115 QPC : *D. 2011. Actu. 952 ; D. actu. 5 avr. 2011, obs. Lavric ; AJ pénal 2011. 243, obs. Perrier ; RSC 2011. 423, obs. Danet ; Dr. pénal 2011. 70, obs. Maron et Haas.* ♦ La Cour décide de renvoyer au Conseil constitutionnel la question de la conformité aux droits et libertés garantis par la Constitution (principes du droit à une procédure juste et équitable, d'égalité devant la loi et d'égalité devant la justice) des art. 349, 350, 353 et 357 encadrant le prononcé des verdicts d'assises. La question portant sur la constitutionnalité des dispositions susvisées dont il se déduit l'absence de motivation des arrêts de cour d'assises statuant, avec ou sans jury, sur l'action publique, présente un caractère nouveau au sens que le Conseil constitutionnel donne à ce critère alternatif de saisine, les circonstances ayant changé depuis l'arrêt rendu par la Cour européenne dans son arrêt Taxquet c/ Belgique. • Cass., QPC, 19 janv. 2011, n° 10-85.159 P : *D. actu. 8 févr. 2011, obs. Lavric ; D. 2011. 800, obs. Perrier ; RSC 2011. 423, obs. Danet*. ♦ Opposer : • Cass., QPC, 19 mai 2010 (3 arrêts) : *D. 2010. Actu. 135 ; ibid. 2236, note Nico ; RSC 2011. Chron. 190, obs. De Lamy* • Cass., QPC, 4 juin 2010 (7 arrêts), n° 09-84.928 (la QPC ne tend pas à contester la constitutionnalité des dispositions qu'elle vise mais l'interprétation qu'en a donnée la Cour de cassation au regard du caractère spécifique des arrêts de cours d'assises statuant sur l'action publique et ne doit en conséquence pas être transmise au Conseil constitutionnel).

2. Généralités. Aux termes de l'art. 349, la cour d'assises doit être interrogée sur tous les éléments constitutifs de l'infraction et des circonstances qui l'aggravent. • Crim. 11 déc. 1996, n° 96-82.303 P • 11 févr. 1998, n° 97-80.427 P • 9 juin 1999, n° 98-86.227 P. ♦ En vertu du principe *non bis in idem*, un même fait ne peut entraîner une double déclaration de culpabilité ni être retenu comme élément constitutif d'un crime et comme circonstance aggravante d'une autre infraction. • Crim. 6 janv. 1999, n° 98-80.730 P. ♦ L'état de récidive, qui ne constitue ni un fait punissable ni une circonstance aggravante au sens de l'art. 349, n'a pas à donner lieu à une question soumise à la cour et au jury. • Crim. 23 févr. 2000, n° 99-83.784 P. ♦ La mention superfétatoire relative à la récidive ne peut entacher les questions de complexité prohibée. • Crim. 26 mai 1999, n° 98-86.225 P.

3. Cas particulier des ratures sur la feuille de questions. La rédaction des questions étant l'œuvre du président, l'approbation d'un renvoi les concernant ne nécessite que son seul paraphe. • Crim. 29 avr. 1997, n° 95-82.669 P.

4. Contestations. Il appartient à l'accusé ou à son avocat, s'ils entendent contester la formulation des questions posées à la cour et au jury en application de l'art. 349, d'élever un incident contentieux dans les formes prévues par l'art. 352. • Crim. 14 sept. 2011, n° 11-80.905 P : *D. actu. 12 oct. 2011, obs. Bombled* • 23 mai 2012, n° 11-80.742 P. ♦ Si c'est à tort que le président de la cour d'assises a posé, avant la question principale sur la culpabilité de l'accusé, *des questions distinctes sur* des éléments de preuve des infractions, et ce en méconnaissance des dispositions de l'art. 349, l'arrêt n'encourt pas pour autant la censure dès lors que la défense n'a pas élevé d'incident contentieux au sujet des questions. • Crim. 28 sept. 2011, n° 11-80.929 P : *D. 2012. Chron. 171, obs. Roth, Leprieur et Divialle ; Dr. pénal 2011, n° 141, obs. Maron et Haas.*

I. FAIT PRINCIPAL

5. Conformité de la question à l'art. 349. Si l'emploi du mot « coupable » prescrit par l'art. 349 n'est pas sacramentel dans la question posée, il est du moins nécessaire que les termes substitués soient, au point de vue de l'intention criminelle, absolument équivalents. • Crim. 12 juin 1981, n° 81-90.274 P • 28 oct. 1987, n° 86-93.776 P.

6. Nouvelle qualification et droit à un procès équitable. Ne viole pas l'art. 6 Conv. EDH le président de la cour d'assises qui, après en avoir averti les parties avant réquisitoire et plaidoiries, pose comme résultant des débats, à l'égard d'un individu accusé de meurtre avec préméditation la question subsidiaire de complicité de ce crime, dont il a régulièrement donné lecture. L'accusé a en effet été mis en mesure de se défendre spécialement au regard de la nouvelle qualification donnée aux faits de l'accusation, ce que lui permettait en outre l'art. 352 en application duquel il pouvait, en élevant un incident contentieux, obtenir la réouverture des débats. • Crim. 5 déc. 1984, n° 84-91.414 P.

7. V. note 13 ss. art. 348.

A. AUTEUR PRINCIPAL

1° Infraction consommée

8. S'il résulte de l'art. 349 que la cour d'assises doit être interrogée sur toutes les circonstances constitutives de l'infraction retenue par la décision de mise en accusation et sur chaque circonstance aggravante, les énonciations de la feuille de motivation peuvent permettre de pallier l'imprécision de la formulation d'une question posée à la cour et au jury. • Crim. 20 oct. 2021, n° 21-80.307 B : *D. actu. 22 nov. 2021, obs. Delacoure.*

9. Contrainte. La question relative à la contrainte se trouve comprise dans la question de culpabilité et ne doit dès lors pas être posée séparément. • Crim. 19 nov. 1980, n° 80-91.425 P.

10. Meurtre. N'est pas légalement posée la question qui, omettant de mentionner le caractère volontaire de l'homicide reproché à l'accusé, n'a pas fait état de l'un des éléments constitutifs du meurtre dont il a été déclaré coupable. • Crim. 11 févr. 1998, n° 97-80.427 P : *D. 2000. Somm. 26, obs. Mayaud*. ♦ Mais il suffit de demander à la cour et au jury s'il est constant qu'un meurtre a été commis, ce mot exprimant par lui-même le fait de donner volontairement la mort à autrui. • Crim. 3 avr. 1996, n° 95-84.201 P : *Dr. pénal 1996. Comm. 252, note Maron.*

11. Viol. C'est à bon droit que le président de la cour d'assises a complété la question relative au viol d'une mineure de quinze ans en demandant si ce viol avait été imposé par violence, contrainte ou surprise, d'après le contenu de l'arrêt de renvoi, dès lors qu'il n'a modifié ni la substance ni la nature des faits imputés à l'accusé. • Crim. 13 nov. 1991, n° 91-80.352 P. ♦ La question posée à la cour d'assises doit comporter les notions de violence, contrainte ou surprise qui sont des éléments constitutifs du viol. • Cass., ass. plén., 8 juill. 2005, n° 99-83.846 P : *D. 2005. IR 2242* ; *ibid. 2006. Pan. 1649, obs. Garé* . ♦ Néanmoins, dès lors que les faits retenus par la décision de renvoi comme constitutifs de viol sont antérieurs à l'entrée en vigueur de la loi du 23 déc. 1980, la cour et le jury doivent, à peine de nullité, être interrogés sur la culpabilité de l'accusé dans les termes de l'art. 332, al. 1er, C. pén. en sa rédaction applicable au moment des faits, qui, incriminant le viol et le définissant par ce seul terme, soumet à la cour et au jury le point de fait auquel ils doivent répondre. • Crim. 15 nov. 2006, n° 06-80.655 P : *AJ pénal 2007. 88, obs. Saas* ; *Dr. pénal 2007. Chron. 5, obs. Angevin.*

12. Élément intentionnel. N'est pas légalement posée la question principale qui omet de mentionner le caractère volontaire de l'incendie d'un bien appartenant à autrui. • Crim. 9 juin 1999, n° 98-86.227 P. ♦ ... Mais, si les questions principales ne mentionnent pas le caractère volontaire des destructions ou dégradations opérées, la cassation n'est toutefois pas encourue, dès lors que les deux questions spéciales, lesquelles se réfèrent aux questions principales, mentionnent expressément le caractère volontaire de ces agissements. • Crim. 9 mai 2019, n° 18-82.800 P. ♦ Dans le même sens, au sujet de destructions, détériorations ou dégradations opérées, les questions évoquant l'usage d'armes de guerre : • Crim. 9 mai 2019, n° 18-82.885 P : *Dr. pénal 2019, n° 136, obs. Maron et Haas.*

13. Est posée dans les termes de l'art. 222-7 C. pén. la question qui ne mentionne pas le caractère intentionnel des violences exercées dont le principe est affirmé par l'art. 121-3 du même code pour tous les crimes et délits à l'exception des infractions d'imprudence. • Crim. 19 sept. 1996, n° 96-81.198 P.

14. Question alternative. N'encourt pas le grief de complexité la question unique posée sous la forme alternative par laquelle il est demandé si la séquestration arbitraire a duré un mois ou moins d'un mois, dès lors que, selon l'art. 341, 2°, [anc.] C. pén., les conséquences pénales sont les mêmes. • Crim. 10 janv. 1990, n° 89-83.672 P.

15. Question unique pour tous les éléments de l'infraction. Le lien de filiation entre la victime et l'accusé étant un élément constitutif du crime de parricide, est régulière la question réunissant en une formule unique l'homicide volontaire et cette circonstance. • Crim. 26 oct. 1988, n° 87-91.470 P. ♦ Mais le président peut poser une question spéciale sur la circonstance de filiation. • Crim. 23 déc. 1986, n° 86-91.462 P. ♦ V. aussi : • Crim. 19 nov. 1986, n° 86-92.739 P.

16. Division de questions sur les éléments d'un crime. Si les éléments constitutifs de l'homicide volontaire peuvent donner lieu à une question unique, aucun texte n'interdit la division des questions, s'il n'en résulte ni substitution, ni addition d'un fait principal nouveau au fait principal poursuivi. • Crim. 26 sept. 1996, n° 96-81.167 P.

17. Pluralité de victimes. Si un fait criminel unique portant préjudice à plusieurs personnes peut faire l'objet d'une seule question, il peut faire également l'objet de questions distinctes relatives à chacune des victimes. • Crim. 13 mai 1981, n° 80-94.885 P • 24 oct. 1984, n° 83-90.711 P • 4 mars 1992, n° 91-84.157 P. ♦ Le fait de tirer des coups de feu en direction de trois personnes au cours d'une même tentative d'homicide volontaire constitue un seul crime. Dès lors, n'est pas entachée de complexité prohibée la question unique mentionnant le nom des trois victimes. • Crim. 31 mai 1978, n° 78-90.025 P • 23 janv. 1985, n° 84-93.163 P. ♦ Quel que soit le nombre des victimes, n'est pas entachée de complexité prohibée la question unique relative à des homicides volontaires commis par plusieurs auteurs mais procédant, pour chacun d'entre eux, d'un acte unique et indivisible accompli par les mêmes moyens dans les mêmes circonstances de temps et de lieu, inspiré par une même pensée homicide et devant entraîner les mêmes conséquences pénales. • Crim. 28 oct. 1992, n° 92-80.726 P. ♦ ... Ni la question unique sur la complicité de deux crimes de violences mortelles procédant, pour chacun des accusés, d'un acte unique et indivisible, accompli par les mêmes moyens, dans les mêmes circonstances de temps et de lieu, inspiré par la même intention criminelle et devant entraîner les mêmes conséquences pénales. • Crim. 15 déc. 1999, n° 98-87.706 P.

18. Lorsque plusieurs vols ont été commis au préjudice de personnes différentes au cours d'une même action criminelle, dans un même lieu, au même moment et avec les mêmes circonstances aggravantes, il suffit qu'une seule question soit posée à la cour et au jury sur le fait principal de vol. • Crim. 10 oct. 1990, n° 89-87.073 P. ♦ En revanche, une question unique ne peut être posée sur des faits de viol commis sur plusieurs victimes, sans encourir le grief de complexité prohibée, ces faits constituant des crimes distincts devant faire l'objet de questions séparées. • Crim. 2 juill. 1984, n° 83-93.072 P. ♦ Même solution pour des faits d'homicide volontaire commis sur deux personnes, dès lors que ces faits ne procèdent pas d'un acte criminel unique et indivisible. • Crim. 8 oct. 1986, n° 86-91.568 P. ♦ ... Pour des actes distincts constitutifs du crime d'abus de confiance qualifié, commis à des dates différentes au préjudice de plusieurs victimes. • Crim. 26 janv. 1989, n° 87-91.479 P : *D. 1989. 207, note Angevin.*

19. Pluralité de faits. Il n'y a complexité prohibée qu'autant que la même question contient plusieurs faits ou circonstances qui peuvent donner lieu à des réponses distinctes et qui, diversement appréciées, peuvent conduire à des conséquences différentes. • Crim. 5 janv. 1983, n° 81-94.605 P • 4 août 1984, n° 84-91.132 P : *D. 1985. IR 89, obs. J.-M. R.* • 3 juin 1988, n° 87-84.240 P. ♦ Une question unique sur des actes répétés d'attentats à la pudeur sur la même personne peut être posée à la cour et au jury, lorsqu'ils ont été accomplis dans les mêmes conditions et entraînent les mêmes conséquences pénales. • Crim. 20 déc. 1978, n° 78-92.378 P. ♦ V. aussi, pour des actes répétés de viol ou d'agressions sexuelles sur la même personne : • Crim. 12 juill. 1982, n° 82-90.544 P • 17 nov. 1982, n° 82-92.029 P • 24 juin 1987, n° 86-96.712 P • 17 oct. 1990, n° 89-87.132 P • 3 juin 1992, n° 91-86.096 P • 7 janv. 1998, n° 97-82.408 P • 25 nov. 1998, n° 98-90.606 P • 12 mai 1999, n° 98-85.364 P. ♦ Sont des questions à complexité prohibée les deux questions se rapportant à des recels d'objets provenant de vols distincts, commis à des dates et en des lieux différents, au préjudice de diverses victimes. • Crim. 6 déc. 2000, n° 00-82.942 P : *D. 2001. IR 906 ; Dr. pénal 2001. Comm. 92, obs. Maron.*

20. Un officier ministériel ayant été renvoyé devant la cour d'assises sous l'accusation unique d'avoir détourné une importante somme d'argent sans que soient précisés les noms des victimes et les dates des détournements, c'est à bon droit que le président a posé 535 questions restituant aux abus de confiance leur date exacte et indiquant le nom des victimes, précisions qui ressortaient de l'exposé des faits et des pièces du procès dès lors que le total des sommes détournées étant inférieur à celui qu'avait retenu l'arrêt de renvoi, la substance de l'accusation n'a pas été altérée et aucun fait nouveau n'a été ajouté. • Crim. 31 oct. 1984, n° 84-90.425 P. ♦ V. aussi : • Crim. 27 mai 1988, n° 87-91.478 P : *D. 1989. Somm. 172, obs. Pradel.*

21. Est entachée de complexité la question relative à une circonstance aggravante qui se réfère à la fois à deux questions principales concernant des infractions distinctes. • Crim. 28 avr. 1982, n° 81-93.659 P.

22. *L'enlèvement d'un mineur* et la séquestration illégale du même mineur constituent des crimes distincts dont la nature et les éléments constitutifs sont différents. En conséquence, le coauteur de la séquestration peut n'avoir été ni l'auteur, ni le coauteur, ni le complice de l'enlèvement qui a permis la réalisation de ladite séquestration. • Crim. 21 févr. 1979, n° 78-92.731 P.

23. Est entachée de complexité prohibée comme englobant, en une formule unique, des crimes distincts perpétrés sur une même victime par des auteurs différents, la question, posée de manière abstraite, par laquelle il est demandé à la cour et au jury si des actes de pénétration sexuelle par violence, contrainte ou surprise ont été commis sur la même personne. • Crim. 26 nov. 1990, n° 90-81.702 P • 14 janv. 1998, n° 97-81.432 P.

24. Les crimes d'arrestation illégale d'une part, et de détention ou séquestration illégale d'autre part, bien que prévus et réprimés par le même texte, constituent des crimes distincts dont la nature et les éléments constitutifs sont différents. Est en conséquence entachée de complexité prohibée la question par laquelle il est demandé à la cour et au jury si un accusé est coupable d'avoir arrêté, détenu et séquestré une personne. • Crim. 23 mars 1983, n° 82-93.648 P • 30 oct. 1996, n° 95-85.744 P. ♦ Comp. : Le fait de détenir illégalement et celui de séquestrer illégalement une personne constituant une seule et même infraction, punie par l'art. 224-1 C. pén., la question unique demandant à la cour et au jury si la victime a été détenue ou séquestrée n'est pas entachée de complexité prohibée. • Crim. 12 mai 2021, n° 20-83.166 P : *D. actu. 2 juin 2021, obs. Recotillet.*

25. Lorsque les crimes ne constituaient pas un acte unique et indivisible accompli dans les mêmes circonstances de temps et de lieu, inspiré par la même pensée homicide et devant entraîner les mêmes conséquences pénales, la cour d'assises peut, sans se contredire, répondre tantôt affirmativement, tantôt négativement aux questions relatives à la circonstance aggravante de préméditation. • Crim. 13 janv. 1993, n° 92-83.587 P. ♦ Et, *a contrario*, en cas d'acte unique concernant plusieurs victimes : • Crim. 24 févr. 1982, n° 81-93.862 P.

26. Nécessité de viser tous les éléments du crime. La cour d'assises doit être interrogée sur tous les éléments constitutifs d'une infraction et tel n'est pas le cas lorsque la question principale omet de mentionner l'intention frauduleuse de l'auteur du vol. • Crim. 24 avr. 1980, n° 79-94.001 P • 11 juin 1986, n° 85-96.535 P. ♦ ... Ou lorsque la question principale demande à la cour et au jury si l'accusé est coupable d'avoir commis un viol. • Crim. 23 mai 1984, n° 83-91.384 P ; *JCP 1985. II. 20431, note Angevin.* ♦ ... Tel n'est pas le cas non plus lorsque la question ne mentionne pas le caractère illicite des faits d'importation, de transport et détention de stupéfiants. • Crim. 8 nov. 2000, n° 99-87.557 P. ♦ ... Ou lorsque, s'agissant du crime réprimé par l'art. 224-6 C. pén., les questions posées omettent de mentionner la présence à bord des navires détournés de personnes y ayant pris place, et visent cumulativement le fait de s'emparer et de prendre le contrôle desdits navires.

• Crim. 24 oct. 2007, n° 07-80.179 P : *AJ pénal 2007. 538*.

2° Infraction tentée

27. Tentative. Une question unique peut, sans être entachée de complexité prohibée, demander si une tentative a été manifestée par un commencement d'exécution et si elle n'a été suspendue ou n'a manqué son effet que par suite de circonstances indépendantes de la volonté de son auteur. • Crim. 19 juin 1985, n° 84-95.723 P.

28. La tentative d'homicide volontaire impliquant nécessairement l'intention de donner la mort, la question principale est régulièrement posée lorsque le terme « volontairement » n'a pas été employé. • Crim. 22 juin 1988, n° 87-91.235 P.

B. COMPLICE(S)

29. Complicité. Les actes de complicité se référant à des faits principaux distincts doivent faire l'objet de questions séparées. Est dès lors entachée de complexité la question unique qui demande à la cour et au jury si l'accusé s'est rendu complice de crimes multiples, qui ne sont pas de même qualification pénale et qui ont été commis par des auteurs principaux différents. • Crim. 14 févr. 1979, n° 78-92.787 P • 29 nov. 1989, n° 89-82.400 P.

30. La question de complicité par aide ou assistance doit préciser que l'aide ou assistance a été prêtée avec connaissance de cause. • Crim. 19 mars 1986, n° 85-93.900 P.

31. Une question distincte peut être posée pour chacun des modes de complicité d'un même crime. • Crim. 21 avr. 1982, n° 81-91.472 P.

32. L'art. 121-7, al. 2, C. pén. ne prévoyant qu'un seul mode de complicité, peut être posée une question unique visant la provocation et les instructions données. • Crim. 15 déc. 1999, n° 98-87.706 P.

33. Si l'auteur principal et le complice sont soumis au même débat, il suffit que la question relative au complice se réfère au crime précédemment spécifié sans qu'il y ait lieu de rappeler autrement les éléments constitutifs et les circonstances aggravantes de ce crime. • Crim. 27 avr. 1977, n° 76-93.448 P • 8 févr. 1989, n° 88-82.890 P.

34. Il n'est pas nécessaire que la question posée à la cour et au jury, sur la complicité par provocation, mentionne qu'elle a été exercée envers celui ou ceux par qui le crime a été commis. • Crim. 3 avr. 1996, n° 95-84.201 P.

II. CIRCONSTANCES AGGRAVANTES

35. Les questions relatives aux circonstances aggravantes doivent être posées en fait. En particulier, encourt la censure la question qui se borne à demander si les faits ont été commis en bande organisée alors que cette question doit être posée dans les termes de l'art. 132-71 C. pén. définissant les éléments constitutifs de cette circonstance aggravante et par référence aux faits d'espèce. • Crim. 15 mars 2006, n° 05.82.785 P : *D. 2006. IR 1186*. ♦ Sont régulières comme posées dans les termes de la loi, les questions par lesquelles il est demandé à la cour et au jury si l'auteur des viols et des agressions sexuelles avait autorité sur la victime, une telle circonstance de pur fait n'ayant pas à être autrement caractérisée. • Crim. 27 juin 2007, n° 06-88.511 P : *AJ pénal 2007. 443, obs. Royer ; Dr. pénal 2007. Chron. 29, obs. Angevin.* ♦ De même est régulière la question n° 2 portant sur le fait de savoir si les faits de viols ont été précédés, accompagnés ou suivis de tortures ou d'actes de barbarie, dès lors que la cour et le jury ont été interrogés sur une circonstance de fait dans les termes de la loi, laquelle ne définit pas les tortures et actes de barbarie. • Crim. 24 oct. 2007, n° 07-82.282 P : *AJ pénal. 2007. 543*.

36. La question relative à une circonstance aggravante doit se référer à une autre question portant sur le fait principal. • Crim. 15 nov. 2006, n° 06-81.331 P : *AJ pénal 2007. 89, obs. Saas ; Dr. pénal 2007. Chron. 5, obs. Angevin.*

37. Illégalité d'une question unique sur le fait principal et une circonstance aggravante. Est entachée de complexité la question posée à la cour et au jury comprenant à la fois le fait principal de tentative d'homicide volontaire et la circonstance aggravante portant sur le fait que ladite tentative a été commise sur la personne d'un agent de la force publique dans l'exercice de ses fonctions. • Crim. 10 janv. 1979, n° 78-92.380 P. ♦ ... La question unique qui réunit le fait principal de coups ou violences volontaires et la circonstance aggravante en ce que lesdits coups ou violences ont, aux termes de l'art. 310 [anc.] C. pén., « entraîné une mutilation, une amputation ou la privation de l'usage d'un membre, la cécité, la perte d'un œil ou d'autres infirmités permanentes ». • Crim. 6 mars 1985, n° 84-91.733 P. ♦ Même solution en cas de mort sans intention de la donner. • Crim. 8 août 1981, n° 81-91.263 P : *JCP 1982. II. 19845, note Chambon.* ♦ ... En cas de vol et de corrélation entre un meurtre et ce délit. • Com. 10 janv. 1990, n° 89-83.444 P.

38. Le fait, prévu par l'art. 343 [anc.] C. pén., que la personne arrêtée, détenue ou séquestrée, l'ait été comme otage, constitue une circonstance aggravante du crime défini par l'art. 341 du même code et doit dès lors, à peine de complexité, faire l'objet d'une question distincte. • Crim. 30 juin 1987, n° 86-95.980 P.

39. Lorsque le complice paraît seul aux débats, est entachée de complexité prohibée la question unique comprenant à la fois le fait principal, les circonstances aggravantes et l'accusation de complicité. • Crim. 27 janv. 1988, n° 87-80.429 P.

40. N'est pas entachée de complexité la question par laquelle il est demandé si l'accusé est coupable de recel des objets volés par des individus définitivement jugés, qui interroge, non sur la matérialité du vol, mais uniquement sur la culpabilité de l'accusé du chef de recel d'objets provenant de la soustraction frauduleuse. • Crim. 6 févr. 1991, n° 90-81.548 P.

41. Imputation des circonstances aggravantes réelles au coauteur ou complice. Le complice encourt la responsabilité de toutes les circonstances qui aggravent l'acte sans qu'il soit nécessaire que celles-ci aient été connues de lui. • Crim. 26 janv. 1954 : *Bull. crim. n° 54.* ♦ Il suffit, en cas de pluralité d'auteurs principaux d'un même crime, que l'un d'entre eux ait eu la connaissance de la particulière vulnérabilité de la vicitme pour que cette circonstance aggravante produise ses effets à l'égard du complice. • Crim. 6 nov. 2016, n° 12-88.272 : *Gaz. Pal. 11 févr. 2014, n° 42, obs. Dreyer.* ♦ Comp. L'imputation automatique des circonstances aggravantes résultant de l'absence d'individualisation des questions posées à la cour d'assises est contraire à l'art. 6 § 1 Conv. EDH. • CEDH 2 juin 2005, *Göktepe c/ Belgique*, n° 50372/99. ♦ Dans le même sens : • CEDH 26 janv. 2016, *Iasir c/ Belgique*, n° 21614/12 : *D. 2016. 1188, note Teyllier-Cayrol* .

42. Si un même fait ne peut être retenu comme constitutif à la fois d'un crime ou d'un délit et d'une circonstance aggravante accompagnant une autre infraction, rien ne s'oppose à ce qu'une même circonstance soit relevée comme aggravant des crimes ou délits distincts. • Crim. 14 févr. 1990, n° 89-83.191 P.

43. Légalité d'une question unique si le fait est un élément constitutif et non une circonstance aggravante. N'encourt pas le grief de complexité la question qui interroge la cour et le jury à la fois sur une arrestation illégale et sur la durée de la séquestration, la durée de la séquestration constituant non une circonstance aggravante, mais un élément constitutif de l'arrestation illégale. • Crim. 24 oct. 1984, n° 83-90.711 P.

44. La minorité de quinze ans de la victime étant un élément constitutif du délit d'attentat à la pudeur, prévu et réprimé par l'art. 331 [anc.] C. pén. en sa rédaction résultant de la loi du 2 févr. 1981, et non une circonstance aggravante, n'est donc pas entachée de complexité la question principale qui comprend cet élément constitutif. • Crim. 6 juill. 1982, n° 81-95.109 P.

45. Distinction entre les circonstances aggravantes. Est réelle la circonstance aggravante visée à l'art. 332, al. 3, [anc.] C. pén., lorsque la victime du viol est une personne particulièrement vulnérable. Il en résulte qu'en cas de pluralité d'auteurs, cette question peut n'être posée qu'une fois. • Crim. 10 oct. 1984, n° 83-92.777 P.

46. La circonstance aggravante de corrélation d'un meurtre avec un délit ou un autre crime, prévue par l'art. 304, al. 2, [anc.] C. pén., est une circonstance morale, personnelle à chacun des coauteurs d'un même meurtre. Elle doit, à peine de complexité prohibée, être constatée par une question distincte pour chaque accusé. • Crim. 5 mars 1981, n° 80-94.426 P : *RSC 1982. 629, obs. Robert.*

47. Pluralité de circonstances aggravantes. Dans une accusation d'homicide volontaire, les circonstances aggravantes de préméditation et de guet-apens doivent faire l'objet de deux questions distinctes. Leurs caractères propres sont en effet déterminés par deux dispositions différentes du code pénal et si le guet-apens suppose nécessairement la préméditation, celle-ci peut exister sans guet-apens. • Crim. 19 oct. 1977, n° 77-90.996 P • 1er mars 1978, n° 77-91.507 P. ♦ V. aussi, pour la préméditation : • Crim. 21 mars 1984, n° 83-91.409 P. ♦ ... Le guet-apens. • Même arrêt.

48. Il résulte de l'art. 461 [anc.] C. pén. qu'il doit être posé à l'égard de l'accusé receleur une question sur chaque circonstance aggravante. Dès lors, en cas de recel du produit d'un vol avec arme, une question doit être posée sur le point de savoir si le receleur a eu connaissance de la circonstance que le vol a été commis avec une arme apparente ou cachée. • Crim. 19 mars 1986, n° 85-93.900 P.

49. En matière de vol aggravé, les violences et le fait que ces violences ont entraîné la mort constituent deux circonstances aggravantes distinctes sur lesquelles la cour et le jury doivent être interrogés séparément à peine de nullité. • Crim. 28 mars 1984, n° 83-94.192 P • 4 mai 1988, n° 87-90.235 P. ♦ ... Le port d'une arme apparente ou cachée constitue une circonstance aggravante sur laquelle la cour et le jury doivent être interrogés par une question distincte. • Crim. 11 juin 1986, n° 85-96.535 P.

50. Mais la réunion dans une même question de deux circonstances aggravantes relatives au port d'arme et à la présence d'une arme dans un véhicule motorisé, prévues par l'art. 381, al. 1er, [anc.] C. pén., ne constitue pas une complexité prohibée. • Crim. 4 avr. 1979, n° 78-92.893 P.

51. Est entachée de complexité prohibée la question comprenant à la fois le fait principal de viol et plusieurs circonstances aggravantes : d'autorité et de vulnérabilité. • Crim. 10 janv. 1996, n° 95-82.084 P : *RSC 1996. 687, obs. Dintilhac* . ♦ ... Ou d'autorité et de minorité. • Crim. 21 févr. 1996, n° 95-82.085 P : *Dr. pénal 1996. 222, obs. Maron.*

52. Lorsque la cour et le jury ont été interrogés *in abstracto* sur le fait principal et les circonstances aggravantes matérielles, la question relative à la culpabilité de l'accusé se référant à celles qui constatent l'existence du fait principal et des circonstances aggravantes matérielles n'est pas entachée de complexité. Les circonstances aggravantes matérielles sont en effet inhérentes au fait principal même, elles ne peuvent en être séparées et engagent la responsabilité de tout auteur de l'infraction. • Crim. 15 nov. 1989, n° 89-81.094 P.

53. Irrégularité d'une question concernant une circonstance aggravante. L'irrégularité d'une question relative à une circonstance aggravante ne peut donner ouverture à cassation lorsque la réponse affirmative à cette question n'a entraîné aucune aggravation de la peine et que celle-ci se trouve justifiée par la déclaration de culpabilité concernant le fait principal. • Crim. 21 janv. 1998, n° 97-82.059 P.

54. Pluralité d'accusés. S'il est admis que les circonstances aggravantes matérielles peuvent légalement n'être l'objet que d'une seule question commune à tous les accusés d'un même crime, par ce motif qu'une fois établi à l'égard d'un seul, le fait matériel l'est à l'égard de tous, il en est autrement des circonstances aggravantes morales qui, par leur nature même, sont personnelles à chacun d'eux. • Crim. 30 oct. 1996, n° 96-80.541 P : *D. 1997. Somm. 147, obs. Pradel* • 14 avr. 1999, n° 98-84.081 P : *D. 1999. Somm. 323, obs. Pradel ; D. 2000. Somm. 26, obs. Mayaud*.

III. CAUSES LÉGALES D'EXEMPTION ET DE DIMINUTION DE PEINE

55. Illégalité d'une question unique sur le fait principal et un fait d'excuse. Tout fait d'excuse, admis comme tel par la loi, doit, quand il est allégué par la défense, faire l'objet d'une question posée à la cour et au jury. • Crim. 31 janv. 1990, n° 89-83.017 P.

56. Trouble psychique. L'art. 122-1, al. 2, C. pén. n'édictant pas de cause légale de diminution de peine au sens de l'art. 349, il n'y a pas lieu de poser de question sur le trouble psychique ou neuropsychique ayant pu altérer le discernement de l'accusé ou le contrôle de ses actes, la cour d'assises demeurant entièrement libre dans la détermination de la peine. • Crim. 1er oct. 1997, n° 96-85.267 P • 20 oct. 1999, n° 99-80.596 P. ♦ V. néanmoins art. 122-1, al. 2, réd. L. du 15 août 2014 et art. 349-1.

Art. 349-1 *(L. n° 2000-516 du 15 juin 2000, art. 80-I, en vigueur le 1er janv. 2001)* **Lorsque est invoquée comme moyen de défense l'existence de l'une des causes d'irresponsabilité pénale prévue par les articles 122-1 (premier alinéa), 122-2, 122-3, 122-4 (premier et second alinéas), 122-5 (premier et second alinéas) et 122-7 du code pénal, chaque fait spécifié dans le dispositif de la décision de mise en accusation fait l'objet de deux questions posées ainsi qu'il suit :**

"1° L'accusé a-t-il commis tel fait ? ;

"2° L'accusé bénéficie-t-il pour ce fait de la cause d'irresponsabilité pénale prévue par l'article ... du code pénal selon lequel n'est pas pénalement responsable la personne qui ... ?"

Le président peut, avec l'accord des parties, ne poser qu'une seule question concernant la cause d'irresponsabilité pour l'ensemble des faits reprochés à l'accusé.

Sauf si l'accusé ou son défenseur y renonce, il est donné lecture des questions posées en application du présent article.

Art. 350 **S'il résulte des débats une ou plusieurs circonstances aggravantes, non mentionnées dans l'arrêt de renvoi, le président pose une ou plusieurs questions spéciales.**

1. QPC. En premier lieu, le Conseil constitutionnel considère que le législateur a pu, sans méconnaître le principe d'égalité, édicter pour le prononcé des arrêts de la cour d'assises des règles différentes de celles qui s'appliquent devant les autres juridictions pénales. En second lieu, le Conseil considère que les dispositions contestées ayant pour seul objet de déterminer les modalités selon lesquelles la cour d'assises délibère, elles ne portent, en elles-mêmes, aucune atteinte aux droits de la défense. Enfin, l'absence de motivation des arrêts de condamnation ne peut trouver de justification qu'à la condition que soient instituées par la loi des garanties propres à exclure l'arbitraire. Tel est le cas des garanties offertes par les dispositions relatives aux débats devant la cour d'assises et aux modalités de sa délibération, à savoir celles garantissant l'oralité et la continuité des débats, celles assurant la présence de l'accusé à l'audience et son assistance, celles interdisant la consultation du dossier en cours de délibéré hors la présence du ministère public et des avocats des parties, celles assurant que magistrats et jurés délibèrent ensemble immédiatement après les débats et forgent leur intime conviction uniquement sur des éléments contradictoirement débattus, celles encadrant la détermination des questions et les modalités de la délibération et celles imposant la majorité absolue des jurés pour toute décision défavorable à l'accusé. Dès lors, les art. 349, 350, 353 et 357 sont conformes à la Constitution. • Cons. const. 1er avr. 2011, n° 2011-113/115 QPC : *D. 2011. Actu. 952 ; D. actu. 5 avr. 2011, obs.*

Lavric ; AJ pénal 2011. 245, obs. Perrier ; RSC 2011. 423, obs. Danet ; Dr. pénal 2011. 70, obs. Maron et Haas. ♦ La Cour décide de renvoyer au Conseil constitutionnel la question de la conformité aux droits et libertés garantis par la Constitution (principes du droit à une procédure juste et équitable, d'égalité devant la loi et d'égalité devant la justice) des art. 349, 350, 353 et 357 encadrant le prononcé des verdicts d'assises. La question portant sur la constitutionnalité des dispositions susvisées dont il se déduit l'absence de motivation des arrêts de cour d'assises statuant, avec ou sans jury, sur l'action publique, présente un caractère nouveau au sens que le Conseil constitutionnel donne à ce critère alternatif de saisine, les circonstances ayant changé depuis l'arrêt rendu par la Cour européenne dans son arrêt *Taxquet c/ Belgique*. • Cass., QPC, 19 janv. 2011, n° 10-85.159 P : *D. actu. 8 févr. 2011, obs. Lavric ; D. 2011. 800, obs. Perrier ; RSC 2011. 423, obs. Danet .* ♦ Opposer : • Cass., QPC, 19 mai 2010 (3 arrêts) : *D. 2010. Actu. 135 ; ibid. 2236, note Nico ; RSC 2011. Chron. 190, obs. De Lamy* • Cass., QPC, 4 juin 2010 (7 arrêts), n° 09-84.928 (la QPC ne tend pas à contester la constitutionnalité des dispositions qu'elle vise mais l'interprétation qu'en a donnée la Cour de cassation au regard du caractère spécifique des arrêts de cours d'assises statuant sur l'action publique et ne doit en conséquence pas être transmise au Conseil constitutionnel).

2. ***Question(s) spéciale(s) non retenues dans l'arrêt de renvoi.*** Le président de la cour d'assises qui, en application de l'art. 350, décide de poser une question spéciale sur une circonstance aggravante non mentionnée dans l'arrêt de renvoi, doit au préalable poser les questions résultant du dispositif de l'arrêt de renvoi. • Crim. 30 avr. 1985, n° 84-92.235 P.

3. Méconnaît les dispositions de l'art. 6, § 3, Conv. EDH, le président de la cour d'assises qui, après avoir prononcé la clôture des débats, se borne à donner lecture des questions au nombre desquelles figure une question spéciale sur une circonstance aggravante, non retenue par l'arrêt de renvoi, sans avoir prévenu les parties avant les plaidoiries et réquisitions pour permettre à l'accusé ou à son conseil de faire valoir toutes observations utiles à sa défense. • Crim. 13 juin 2007, n° 06-89.266 P : *D. 2007. AJ 2104 ; ibid. 2008. Chron. 109, obs. Caron ; AJ pénal 2007. 442, note Lavric .* ♦ Méconnaît l'art. 6, § 3 a) et b), Conv. EDH le président de la cour d'assises qui pose une question spéciale de préméditation, circonstance aggravante non mentionnée dans la décision de renvoi, sans avoir prévenu les parties avant les réquisitions et les plaidoiries qu'il envisageait de poser, comme résultant des débats, ladite question spéciale, pour permettre à l'accusé ou à son conseil de faire valoir toutes observations utiles à la défense. • Crim. 4 févr. 2009, n° 08-85.144 P : *D. 2009. AJ 732 ; AJ pénal 2009. 232, obs. Ascensi .* ♦ Méconnaît les dispositions de l'art. 6 Conv. EDH le président de la cour d'assises qui, après avoir prononcé la clôture des débats, se borne à donner lecture des questions, au nombre desquelles figurent une question spéciale sur une circonstance aggravante, non retenue par l'arrêt de renvoi, et des questions subsidiaires sans avoir prévenu les parties avant les plaidoiries et réquisitions que ces questions seraient posées, pour permettre à l'accusé et à son conseil de faire valoir toutes observations utiles à sa défense, peu important qu'il ait été répondu par la négative à la question spéciale et que les questions subsidiaires aient été déclarées sans objet au cours de la délibération de la cour et du jury. • Crim. 10 mai 2012, n° 11-81.437 P.

4. ***Question spéciale écartée.*** Le président de la cour d'assises ne peut soumettre à la cour et au jury une question relative à une circonstance aggravante qui a été formellement écartée par l'arrêt de renvoi pour un motif de droit. • Crim. 21 mai 1980, n° 79-93.146 P. ♦ Solution inverse en cas d'exclusion pour motif de fait. • Crim. 22 mai 1985, n° 84-92.092 P.

5. Si le président peut, aux termes de l'art. 350, poser, comme résultant des débats, une question spéciale relative à une circonstance aggravante qui n'a pas été retenue par l'arrêt de renvoi, il a le devoir d'en donner lecture dès lors qu'il n'est pas constaté que l'accusé a renoncé à cette lecture. • Crim. 25 nov. 1987, n° 87-82.272 P • 13 déc. 1995, n° 94-86.146 P.

6. ***Infractions distinctes.*** Le crime de violences ayant entraîné la mort sans intention de la donner étant une infraction distincte du délit de violences commises avec arme, et non pas une circonstance aggravante de ce délit, la cour d'assises, saisie à la suite d'un incident contentieux, ne peut décider que soit posée une question spéciale sur cette nouvelle qualification juridique. • Crim. 29 nov. 2017, n° 17-80.224 P : *D. actu. 14 déc. 2017, obs. Goetz ; AJ pénal 2018. 92, obs. Clément .*

7. ***Incident contentieux.*** Dès lors qu'aucune observation n'a été formulée après la lecture des questions spéciales par le président, en l'absence d'incident contentieux élevé en application de l'art. 352, il n'y a pas lieu à réouverture des débats. • Crim. 23 juin 1999, n° 98-80.561 P. ♦ Comp., méconnaît l'art. 132-16-5 C. pén. la cour d'assises qui relève d'office l'état de récidive non mentionné dans l'acte de renvoi, sans qu'il résulte des énonciations du procès-verbal des débats que le président ait mis l'accusé ou son avocat en mesure de présenter leurs observations, à ce sujet, avant réquisitoire et plaidoiries. • Crim. 16 janv. 2008, n° 07-83.218 P : *D. 2008. AJ 487 ; AJ pénal 2008. 138 ; Dr. pénal 2009. Chron. 3, obs. Garçon.*

Art. 351 *(L. nº 2018-703 du 3 août 2018, art. 2)* **S'il résulte des débats que le fait comporte une qualification légale autre que celle donnée par la décision de mise en accusation, le président pose une ou plusieurs questions subsidiaires.**

Lorsque l'accusé majeur est mis en accusation du chef de viol aggravé par la minorité de quinze ans de la victime, le président pose la question subsidiaire de la qualification d'atteinte sexuelle sur la personne d'un mineur de quinze ans si l'existence de violences ou d'une contrainte, menace ou surprise a été contestée au cours des débats.

1. Questions subsidiaires. Le président ne peut poser, comme résultant des débats, une question subsidiaire si la cour et le jury n'ont au préalable répondu négativement à la question principale ; ce principe est méconnu lorsque la cour et le jury répondent affirmativement aux questions subsidiaires alors que les questions principales sont déclarées « sans objet ». • Crim. 19 nov. 1986, nº 86-92.739 P. ♦ Comp. : Une cour d'assises peut répondre par l'affirmative aux questions subsidiaires portant sur la culpabilité de l'accusé comme auteur des meurtres et tentatives de meurtres et déclarer sans objet les questions principales portant sur les faits de complicité des mêmes faits, tant que les réponses apportées aux questions posées ne sont pas contradictoires entre elles et que cette nouvelle qualification a été portée à la connaissance de l'accusé et de ses avocats dans des conditions qui leur ont permis de préparer utilement sa défense. • Crim. 22 avr. 2020, nº 19-84.253 P : *D. actu. 8 juin 2020, obs. Engel ; Dr. pénal 2020, nº 120, obs. Maron et Haas.*

2. L'arrestation illégale et la séquestration illégale constituant des crimes distincts, excède en conséquence ses pouvoirs le président qui pose la question de savoir si un accusé renvoyé sous la seule accusation de séquestration illégale, est coupable d'arrestation, détention ou séquestration illégales. • Crim. 9 nov. 1983, nº 83-91.982 P • 24 janv. 1996, nº 95-81.210 P.

3. Dans le cas de l'art. 351, l'appréciation des résultats du débat n'a pas à être examinée par la Cour de cassation. • Crim. 4 juill. 1963, nº 63-91.363 P • 5 oct. 1967, nº 67-92.355 P.

4. Le président peut, en vertu de l'art. 351, poser subsidiairement à la cour et au jury, comme résultant des débats, la question de complicité du crime d'assassinat à raison duquel l'accusé est renvoyé devant la cour d'assises. • Crim. 12 mai 1970, nº 70-90.223 P : *D. 1970. 515, rapp. Chapar.* ♦ Même solution pour la tentative de meurtre à l'occasion d'une accusation de complicité de ce crime. • Crim. 26 mai 1983, nº 83-90.012 P. ♦ La question subsidiaire de tentative du crime relevé par l'arrêt de renvoi ne crée pas une accusation nouvelle mais s'applique au même fait différemment qualifié. • Crim. 13 nov. 1991, nº 91-82.956 P.

5. Lorsque les questions principales ont été résolues affirmativement, les questions subsidiaires deviennent sans objet. • Crim. 1er juin 1988, nº 87-91.863 P. ♦ Toutefois, s'il ne résulte pas du procès-verbal des débats que le président a lu les questions subsidiaires ou que le défenseur de l'accusé a renoncé à cette lecture, l'arrêt de la cour d'assises doit être cassé quand bien même la réponse positive à la question principale ait rendu sans objet les questions subsidiaires. • Crim. 18 févr. 1998, nº 96-84.643 P • 2 sept. 2005, nº 04-84.776 P : *JCP 2005. IV. 3186 ; AJ pénal 2006. 41, obs. Girault.*

6. Le président de la cour d'assises n'anticipe pas sur le résultat des débats en annonçant, avant les plaidoiries, son intention de poser une question subsidiaire. Loin de violer les droits de la défense, il en facilite l'exercice en permettant aux parties de fournir leurs explications. • Crim. 25 mars 1987, nº 86-94.699 P.

7. Compatibilité avec la Convention européenne des droits de l'homme. Méconnaît les art. 348 et 351 et l'art. 6 Conv. EDH le président de la cour d'assises qui, après avoir prononcé la clôture des débats, se borne à faire connaître que des questions subsidiaires seront posées, sans en avoir averti les parties avant les réquisitions et plaidoiries et sans en donner lecture, lesdites questions fussent-elles déclarées sans objet à l'issue de la délibération sur la culpabilité. • Crim. 13 févr. 2008, nº 07-84.341 P : *D. 2008. Pan. 2763, obs. Pradel ; AJ pénal 2008. 239, obs. Lavric.* ♦ V. précédemment : Aucun texte légal ou conventionnel n'oblige le président à avertir les parties, avant le réquisitoire et les plaidoiries, de son intention de poser une ou plusieurs questions subsidiaires, ainsi il n'y a pas de nullité lorsque le procès-verbal mentionne qu'après avoir déclaré les débats terminés, le président « a donné lecture des questions auxquelles la cour et le jury allaient avoir à répondre, y compris la question subsidiaire résultant des débats » et que finalement l'accusé a été déclaré coupable en réponse à cette question subsidiaire. • Crim. 11 sept. 2002, nº 01-87.211.

Art. 351-1 *(L. nº 2018-703 du 3 août 2018, art. 2)* **Le président ne peut poser une ou plusieurs questions prévues aux articles 350 ou 351 que s'il en a préalablement informé les parties au cours des débats et au plus tard avant le réquisitoire, afin de permettre à l'accusé et à son avocat de faire valoir toutes les observations utiles à sa défense.**

Art. 352 **S'il s'élève un incident contentieux au sujet des questions la cour statue dans les conditions prévues à l'article 316.** – *Pr. pén. C. 545.*

Lorsque le président ne fait pas droit aux conclusions de la défense, demandant que soient posées des questions subsidiaires, il s'élève un incident contentieux qui doit être réglé par la cour conformément aux art. 352 et 316. La cour dispose d'un pouvoir souverain pour refuser, par arrêt motivé ne préjugeant pas du fond, de poser les questions subsidiaires sollicitées par la défense. • Crim. 17 déc. 1997, n° 97-81.318 P. ♦ En revanche, si, à l'issue de la lecture des questions auxquelles la cour et le jury auront à répondre, l'accusé ou son avocat n'ont soulevé aucun incident contentieux à leur sujet, il ne saurait être reproché à la Cour de ne pas avoir statué sur leur opposition, formulée lors d'une précédente audience, à ce qu'une question spéciale soit posée. • Crim. 7 déc. 2005, n° 05.80.988 P.

Art. 353 **Avant que la cour d'assises se retire, le président donne lecture de l'instruction suivante, qui est, en outre, affichée en gros caractères, dans le lieu le plus apparent de la chambre des délibérations :**

(L. n° 2011-939 du 10 août 2011, art. 12-I, en vigueur le 1er janv. 2012) **« Sous réserve de l'exigence de motivation de la décision, la loi ne demande pas compte à chacun des juges et jurés composant la cour d'assises » des moyens par lesquels ils se sont convaincus, elle ne leur prescrit pas de règles desquelles ils doivent faire particulièrement dépendre la plénitude et la suffisance d'une preuve ; elle leur prescrit de s'interroger eux-mêmes, dans le silence et le recueillement et de chercher, dans la sincérité de leur conscience, quelle impression ont faite, sur leur raison, les preuves rapportées contre l'accusé, et les moyens de sa défense. La loi ne leur fait que cette seule question, qui renferme toute la mesure de leurs devoirs :**

"Avez-vous une intime conviction ?"

BIBL. ▶ Blanc, *AJ pénal 2005. 271* (la preuve aux assises). – Guéry, *JCP 2011, n° 28* (peut-on motiver l'intime conviction ?). – Huyette, *D. 2011. 158* (comment motiver les décisions de la cour d'assises ?). – Mastor et De Lamy, *D. 2011. Point de vue 1154* (à propos de la motivation sur la non-motivation des arrêts d'assises : « je juge donc je motive »). – Matsopoulou, *JCP 2010, n° 1228* (la motivation des arrêts de la cour d'assises et les exigences du procès équitable).

1. QPC. En premier lieu, le Conseil constitutionnel considère que le législateur a pu, sans méconnaître le principe d'égalité, édicter pour le prononcé des arrêts de la cour d'assises des règles différentes de celles qui s'appliquent devant les autres juridictions pénales. En second lieu, le Conseil considère que les dispositions contestées ayant pour seul objet de déterminer les modalités selon lesquelles la cour d'assises délibère, elles ne portent, en elles-mêmes, aucune atteinte aux droits de la défense. Enfin, l'absence de motivation des arrêts de condamnation ne peut trouver de justification qu'à la condition que soient instituées par la loi des garanties propres à exclure l'arbitraire. Tel est le cas des garanties offertes par les dispositions relatives aux débats devant la cour d'assises et aux modalités de sa délibération, à savoir celles garantissant l'oralité et la continuité des débats, celles assurant la présence de l'accusé à l'audience et son assistance, celles interdisant la consultation du dossier en cours de délibéré hors la présence du ministère public et des avocats des parties, celles assurant que magistrats et jurés délibèrent ensemble immédiatement après les débats et forgent leur intime conviction uniquement sur des éléments contradictoirement débattus, celles encadrant la détermination des questions et les modalités de la délibération et celles imposant la majorité absolue des jurés pour toute décision défavorable à l'accusé. Dès lors, les art. 349, 350, 353 et 357 sont conformes à la Constitution. • Cons. const. 1er avr. 2011, n° 2011-113/115 QPC : *D. 2011. Actu. 952 ; ibid. Point de vue 1156, obs. Perrier ; D. actu. 5 avr. 2011, obs. Lavric ; AJ pénal 2011. 245, obs. Perrier ; RSC 2011. 423, obs. Danet ; Dr. pénal 2011. 70, obs. Maron et Haas.* ♦ La Cour décide de renvoyer au Conseil constitutionnel la question de la conformité aux droits et libertés garantis par la Constitution (principes du droit à une procédure juste et équitable, d'égalité devant la loi et d'égalité devant la justice) des art. 349, 350, 353 et 357 encadrant le prononcé des verdicts d'assises. La question portant sur la constitutionnalité des dispositions susvisées dont il se déduit l'absence de motivation des arrêts de cour d'assises statuant, avec ou sans jury, sur l'action publique, présente un caractère nouveau au sens que le Conseil constitutionnel donne à ce critère alternatif de saisine, les circonstances ayant changé depuis l'arrêt rendu par la Cour européenne dans son arrêt Taxquet *c/ Belgique*. • Cass., QPC, 19 janv. 2011 (2 arrêts), n° 10-85.305 P : *D. actu. 8 févr. 2011, obs. Lavric ; D. 2011. 800, obs. Perrier.* ♦ Opposer : • Cass., QPC, 19 mai 2010 (3 arrêts) : *D. 2010. Actu. 135 ; ibid. 2236, note Nico ; RSC 2011. Chron. 190, obs. De Lamy* • Cass., QPC, 4 juin 2010 (7 arrêts), n° 09-84.928 (la QPC ne tend pas à contester la constitutionnalité des dispositions qu'elle vise mais l'interprétation qu'en a donnée la Cour de cassation au regard du caractère spécifique des arrêts de cours d'assises statuant sur l'action publique et ne doit en conséquence pas être transmise au Conseil constitutionnel).

2. Il n'y a pas violation des dispositions de la Conv. EDH dès lors que sont reprises dans l'arrêt de condamnation les réponses qu'en leur intime conviction, magistrats et jurés composant la cour d'assises d'appel ont donné aux questions sur la culpabilité. En outre, par décision du 1er juillet 2010, la Cour de cassation a dit n'y avoir lieu à transmettre au Conseil constitutionnel la QPC à laquelle se réfère le moyen. • Crim. 27 oct. 2010 : *D. actu. 4 janv. 2011, obs. Lavric.*

3. Les dispositions de l'art. 353 n'étant pas substantielles, aucune nullité ne résulte de l'omission des formalités qu'elles prescrivent. • Crim. 7 oct. 1965, n° 65-92.355 P : *D. 1965. 810* • 6 nov. 1968, n° 68-91.326 P • 26 juin 1991, n° 90-87.657 P. ♦ V. conf., pour la lecture de l'instruction aux jurés : • Crim. 15 nov. 1961 : *D. 1962. Somm. 31* • 20 déc. 1967, n° 67-92.711 P.

Art. 354 **Le président fait retirer l'accusé de la salle d'audience.** *(L. n° 2000-516 du 15 juin 2000, art. 136-XIV, en vigueur le 1er janv. 2001)* **« Si l'accusé est libre, il lui enjoint de ne pas quitter le palais de justice pendant la durée du délibéré, en indiquant, le cas échéant, le ou les locaux dans lesquels il doit demeurer, et invite le chef du service d'ordre à veiller au respect de cette injonction. »** *(L. n° 2016-731 du 3 juin 2016, art. 90)* **« Si la longueur prévisible du délibéré le justifie, le président peut désigner tout lieu hors du palais de justice comme local dans lequel l'accusé devra demeurer. »**

Il invite le chef du service d'ordre à faire garder les issues de la chambre des délibérations, dans laquelle nul ne pourra pénétrer, pour quelque cause que ce soit, sans autorisation du président.

Le président déclare l'audience suspendue. — *Pr. pén. C. 547.*

1. La disposition finale de l'art. 343 C. instr. crim. (art. 354, al. 1er), relative à la sortie de l'accusé, n'est pas prescrite à peine de nullité. • Crim. 30 mars 1943 : *DA 1943. 41.*

2. De même, l'ordre que le président doit donner au chef de la gendarmerie de garder les issues de la chambre des délibérations ne constitue pas une formalité substantielle prescrite à peine de nullité. • Crim. 17 déc. 1942 : *DA 1943. 26.*

CHAPITRE VII DU JUGEMENT

RÉP. PÉN. v° *Cour d'assises*, par REDON.

SECTION PREMIÈRE DE LA DÉLIBÉRATION DE LA COUR D'ASSISES

Art. 355 **Les magistrats de la cour et les jurés se retirent dans la chambre des délibérations.**

Ils n'en peuvent sortir qu'après avoir pris leurs décisions.

(L. n° 2016-731 du 3 juin 2016, art. 90) **« Si la longueur prévisible du délibéré le justifie, le président peut désigner tout lieu hors du palais de justice comme chambre des délibérations. »**

1. Il n'appartient pas à la Cour de cassation de rechercher ni de contrôler les circonstances dans lesquelles s'est formée la conviction de la cour et du jury au cours de leur délibération commune qui est essentiellement secrète. • Crim. 22 juin 1988, n° 87-91.595 P.

2. La délibération de la cour et du jury étant secrète, la mention dans les arrêts de condamnation que les auditeurs de justice ont assisté au délibéré « sans voix délibérative » est dès lors dépourvue de portée et ne saurait signifier que lesdits auditeurs y aient participé d'une manière quelconque, fût-ce avec voix consultative. • Crim. 30 janv. 1985, n° 83-94.748 P.

3. Doit être cassé l'arrêt de la cour d'assises dont le procès-verbal des débats mentionne que la cour et les neuf jurés sont entrés dans la chambre des délibérations accompagnés de Madame G. que le président a autorisée à « assister aux délibérations », sans autres précisions permettant à la Cour de cassation de contrôler la compatibilité de cette autorisation avec les dispositions de l'art. 355. • Crim. 22 nov. 2000, n° 00-82.458 P.

4. Dès lors que le procès-verbal des débats énonce que la cour et les neuf jurés de jugement se sont retirés dans la chambre des délibérations et n'en sont ressortis que pour rendre leur décision, que la feuille de questions mentionne qu'au cours du délibéré, après les réponses affirmatives de la cour et du jury sur la culpabilité de l'accusé, il a été donné lecture des art. 132-18 et 132-24 du C. pén., il en résulte que le délibéré s'est déroulé secrètement et sans désemparer et peu importe que, lors du prononcé de l'arrêt de condamnation, lesdits articles aient été lus publiquement, à la suite des textes de répression dont il avait été fait application. • Crim. 5 sept. 2001, n° 00-82.943.

5. Les deux expressions de chambre du conseil et de chambre des délibérations peuvent être indifféremment utilisées pour désigner un même lieu. • Crim. 22 janv. 2020, n° 19-80.122 P : *Dr. pénal 2020, n° 86, obs. Maron et Haas.*

Art. 356 **La cour et le jury délibèrent puis votent par bulletins écrits et par scrutins distincts et successifs, sur le fait principal d'abord et, s'il y a lieu,** *(L. n° 2000-516 du 15 juin 2000, art. 80-II, en vigueur le 1er janv. 2001)* **« sur les causes d'irresponsabilité pénale, » sur chacune des circonstances aggravantes, sur les questions subsidiaires** *(L. n° 92-1336 du 16 déc. 1992)* **« et sur chacun des faits constituant une cause légale d'exemption ou de diminution de la peine ».**

(L. n° 2016-297 du 14 mars 2016, art. 47) **« La qualification d'inceste prévue aux articles** *(L. n° 2021-478 du 21 avr. 2021, art. 1er)* **« 222-22-3 » et 227-27-2-1 du code pénal fait l'objet, s'il y a lieu, d'une question spécifique. »** — *L'al. 2, introduit par la L. n° 2010-121 du 8 févr. 2010, a été abrogé par la L. n° 2013-711 du 5 août 2013, avant d'être rétabli par la L. n° 2016-297 du 14 mars 2016.*

Disparition des circonstances atténuantes. L'application au 1er mars 1994 des dispositions de la L. n° 92-1336 du 16 déc. 1992 qui a supprimé dans les art. 356, 358 et 359 toutes les dispositions relatives aux circonstances atténuantes a pour conséquence que, depuis cette date, la question relative à l'octroi de ces dernières n'a plus à être posée à la cour et au jury délibérant en commun sur l'application de la peine. • Crim. 20 mars 1996, n° 95-84.272 P. ♦ Les juges disposent, en effet, de la faculté discrétionnaire d'atténuer la peine encourue, par application des art. 132-18 s. C. pén., dont le maximum, seul prévu par la loi, doit, pour être prononcé, recueillir la majorité qualifiée de 8 voix au moins. • Crim. 14 déc. 1994, n° 94-82.436 P : *RSC 1995. 367, obs. Dintilhac.*

Art. 357 *(L. n° 72-1226 du 29 déc. 1972)* **Chacun des magistrats et des jurés reçoit, à cet effet, un bulletin ouvert, marqué du timbre de la cour d'assises et portant ces mots : "sur mon honneur et en ma conscience, ma déclaration est ...".**

Il écrit à la suite ou fait écrire secrètement le mot "oui" ou le mot "non" sur une table disposée de manière que personne ne puisse voir le vote inscrit sur le bulletin. Il remet le bulletin écrit et fermé au président, qui le dépose dans une urne destinée à cet usage.

1. QPC. En premier lieu, le Conseil constitutionnel considère que le législateur a pu, sans méconnaître le principe d'égalité, édicter pour le prononcé des arrêts de la cour d'assises des règles différentes de celles qui s'appliquent devant les autres juridictions pénales. En second lieu, le Conseil considère que les dispositions contestées ayant pour seul objet de déterminer les modalités selon lesquelles la cour d'assises délibère, elles ne portent, en elles-mêmes, aucune atteinte aux droits de la défense. Enfin, l'absence de motivation des arrêts de condamnation ne peut trouver de justification qu'à la condition que soient instituées par la loi des garanties propres à exclure l'arbitraire. Tel est le cas des garanties offertes par les dispositions relatives aux débats devant la cour d'assises et aux modalités de sa délibération, à savoir celles garantissant l'oralité et la continuité des débats, celles assurant la présence de l'accusé à l'audience et son assistance, celles interdisant la consultation du dossier en cours de délibéré hors la présence du ministère public et des avocats des parties, celles assurant que magistrats et jurés délibèrent ensemble immédiatement après les débats et forgent leur intime conviction uniquement sur des éléments contradictoirement débattus, celles encadrant la détermination des questions et les modalités de la délibération et celles imposant la majorité absolue des jurés pour toute décision défavorable à l'accusé. Dès lors, les art. 349, 350, 353 et 357 sont conformes à la Constitution. • Cons. const. 1er avr. 2011, n° 2011-113/155 QPC : *D. 2011. Actu. 952 ; D. actu. 5 avr. 2011, obs. Lavric ; AJ pénal 2011. 245, obs. Perrier ; RSC 2011. 423, obs. Danet ; Dr. pénal 2011. 70, obs. Maron et Haas.* ♦ La Cour décide de renvoyer au Conseil constitutionnel la question de la conformité aux droits et libertés garantis par la Constitution (principes du droit à une procédure juste et équitable, d'égalité devant la loi et d'égalité devant la justice) des art. 349, 350, 353 et 357 encadrant le prononcé des verdicts d'assises. La question portant sur la constitutionnalité des dispositions susvisées dont il se déduit l'absence de motivation des arrêts de cour d'assises statuant, avec ou sans jury, sur l'action publique, présente un caractère nouveau au sens que le Conseil constitutionnel donne à ce critère alternatif de saisine, les circonstances ayant changé depuis l'arrêt rendu par la Cour européenne dans son arrêt *Taxquet c/ Belgique.* • Cass., QPC, 19 janv. 2011

(2 arrêts), n° 10-85.305 P : *D. actu. 8 févr. 2011, obs. Lavric ; D. 2011. 800, obs. Perrier ; RSC 2011. 423, obs. Danet.* ♦ Opposer : • Cass., QPC, 19 mai 2010 (3 arrêts) : *D. 2010. Actu. 135 ; ibid. 2236, note Nico ; RSC 2011. Chron. 190, obs. De Lamy* • Cass., QPC, 4 juin 2010 (7 arrêts), n° 09-84.928 (la QPC ne tend pas à contester la constitutionnalité des dispositions qu'elle vise mais l'interprétation qu'en a donnée la Cour de cassation au regard du caractère spécifique des arrêts de cours d'assises statuant sur l'action publique et ne doit en conséquence pas être transmise au Conseil constitutionnel).

2. Il résulte des art. 353 et 357 que les arrêts de condamnation prononcés par les cours d'assises ne peuvent comporter d'autres énonciations relatives à la culpabilité que celles qui, tenant lieu de motivation, sont constituées par l'ensemble des réponses données par les magistrats et les jurés aux questions posées conformément à l'arrêt de renvoi. • Crim. 15 déc. 1999, n° 99-84.099 P : *Dr. pénal 2000. Comm. 93, obs. Maron.*

3. Il n'y a pas violation des dispositions de la Conv. EDH dès lors que sont reprises dans l'arrêt de condamnation les réponses qu'en leur intime conviction, magistrats et jurés composant la cour d'assises d'appel ont donné aux questions sur la culpabilité. En outre, par décision du 1er juillet 2010, la Cour de cassation a dit n'y avoir lieu à transmettre au Conseil constitutionnel la QPC à laquelle se réfère le moyen. • Crim. 27 oct. 2010 : *D. actu. 4 janv. 2011, obs. Lavric.*

Art. 358 Le président dépouille chaque scrutin en présence des membres de la cour et du jury qui peuvent vérifier les bulletins. Il constate sur-le-champ le résultat du vote en marge ou à la suite de la question résolue.

Les bulletins blancs, ou déclarés nuls par la majorité, sont comptés comme favorables à l'accusé.

Immédiatement après le dépouillement de chaque scrutin, les bulletins sont brûlés.

Dernier al. abrogé par L. n° 92-1336 du 16 déc. 1992, à compter du 1er mars 1994.

Il ne résulte ni de l'art. 358 ni d'aucun autre texte, que le président soit tenu de transcrire de sa propre main le résultat des votes de la cour et du jury ; il suffit que mention en soit faite d'une manière qui ne laisse place à aucune incertitude sur le sens des réponses formulées et sur la majorité par lesquelles elles se sont exprimées, le caractère d'authenticité des décisions intervenues étant garanti par les signatures conjointes du président et du premier juré sur la feuille de questions. • Crim. 17 mars 1999, n° 98-81.239 P. ♦ Ainsi, peu importe que des mentions de la feuille de questions aient été portées à la plume, à l'aide d'un tampon encreur ou d'une machine à écrire. • Crim. 22 nov. 2000, n° 00-83.621.

Art. 359 *(L. n° 2011-939 du 10 août 2011, art. 13-XII, en vigueur le 1er janv. 2012)* **Toute décision défavorable à l'accusé se forme à la majorité de** *(L. n° 2021-1729 du 22 déc. 2021, art. 6-I-9°, en vigueur le 1er mars 2022)* **« sept** *[ancienne rédaction : six]* **» voix au moins lorsque la cour d'assises statue en premier ressort et à la majorité de huit voix au moins lorsque la cour d'assises statue en appel.**

Mayotte : 888. — Saint-Pierre-et-Miquelon : 923.

1. Les réponses aux questions posées ainsi libellées : « Oui à la majorité des voix exigée par l'art. 359 C. pr. pén. » sont dépourvues d'ambiguïté dès lors que la majorité à laquelle il est fait référence ne peut être, lorsque, comme en l'espèce, la cour d'assises statue en appel, que celle de 10 voix au moins. • Crim. 6 févr. 2002, n° 01-85.335 P • 23 oct. 2002, n° 01-87.951 • 18 févr. 2004, n° 03-82.789 P : *JCP 2004. IV. 1776.* ♦ Il est fait l'exacte application des art. 359 et 360, lorsque, statuant en appel, la cour et les douze jurés répondent « oui à la majorité des 10 voix au moins » aux questions relatives à la culpabilité de l'accusé. • Crim. 20 févr. 2002, n° 01-85.696 P.

2. Est une décision défavorable à l'accusé la réponse affirmative à la question relative à l'application à un mineur d'une condamnation pénale. • Crim. 13 févr. 1991, n° 90-83.471 P : *RSC 1991. 788, obs. Braunschweig.*

Art. 360 La déclaration, lorsqu'elle est affirmative, constate que *(L. n° 2000-516 du 15 juin 2000, art. 79-VI, en vigueur le 1er janv. 2001)* **« la majorité de voix exigée par l'article 359 » a été acquise sans que le nombre de voix puisse être autrement exprimé.**

1. La mention, que la déclaration a été prise à la majorité, est prescrite à peine de nullité. • Crim. 12 nov. 1891 : *Bull. crim. n° 233* • 16 mars 1923 : *ibid. n° 118* • 10 mars 1943 : *DA 1943. Somm. 11.*

2. Validité de la déclaration. L'expression « oui à la majorité des voix exigée par l'art. 359 C. pr. pén. » est dépourvue d'ambiguïté puisqu'il ressort du libellé de cet article que la majorité des voix en appel est de 10 voix au moins. • Crim. 6 févr. 2002, n° 01-85.335 P. ♦ L'expression « oui à la majorité des 10 voix au moins » est valable puisque la cour statuait en appel et que cette déclaration dans sa rédaction ne permet pas de savoir le nombre de voix qui se sont prononcées. • Crim. 20 févr. 2002, n° 01-85.696 P : *Dr. pénal 2002. Comm. 77, obs. Maron.*

3. Est nulle la déclaration énonçant qu'elle a été prise à l'unanimité, cette énonciation équivalant à l'expression interdite du nombre des voix. • Crim. 24 oct. 1924 : *Bull. crim. n° 366* • 15 juin 1983, n° 82-93.468 P : *D. 1983. IR 474.* ♦ Est également nulle la déclaration qui indique le nombre des voix qui se sont prononcées pour la culpabilité. • Crim. 19 nov. 1974, n° 74-91.508 P • 4 mai 1984, n° 83-91.429 P : *D. 1984. IR 433, obs. J.-M. R.*

Art. 361 **Au cas de contradiction entre deux ou plusieurs réponses, le président peut faire procéder à un nouveau vote.**

Une déclaration de la cour et du jury entachée de contradiction ne saurait servir de base à l'application d'une peine. Après avoir déclaré un accusé non coupable de l'ensemble des viols qui lui étaient imputés au cours d'une période déterminée, la cour et le jury ne peuvent, sans contradiction, retenir sa culpabilité pour des viols commis dans un laps de temps compris dans cette période. • Crim. 3 déc. 1997, n° 97-80.446 P.

Art. 361-1 *(L. n° 2000-516 du 15 juin 2000, art. 80-III, en vigueur le 1er janv. 2001)* **Si, lorsqu'il est fait application des dispositions de l'article 349-1, la cour d'assises a répondu positivement à la première question et négativement à la seconde question, elle déclare l'accusé coupable. Si elle a répondu négativement à la première question ou positivement à la seconde question, elle déclare l'accusé non coupable.**

(L. n° 2008-174 du 25 févr. 2008, art. 4-IV) **« Si elle a répondu positivement à la première question et positivement à la seconde question portant sur l'application des dispositions du premier alinéa de l'article 122-1 du code pénal, il est fait application des articles 706-129 et suivants relatifs à la déclaration d'irresponsabilité pénale pour cause de trouble mental. »**

(L. n° 2014-896 du 15 août 2014, art. 17, en vigueur le 1er oct. 2014) **« Si la cour d'assises a répondu positivement à la première question et négativement à la seconde question portant sur l'application du premier alinéa de l'article 122-1 du code pénal, doit être posée la question de l'application du second alinéa de ce même article. »**

Art. 362 *(L. n° 2020-1672 du 24 déc. 2020, art. 27)* **« En cas de réponse affirmative sur la culpabilité, le président donne lecture aux jurés des dispositions des articles 130-1, 132-1 et 132-18 du code pénal ; si les dispositions des deux premiers alinéas de l'article 132-23 du même code sont applicables, le président les informe également des conséquences de la peine prononcée sur la période de sûreté et de la possibilité de la moduler. »** *(L. n° 92-1336 du 16 déc. 1992)* **« La cour d'assises délibère alors sans désemparer sur l'application de la peine ». Le vote a lieu ensuite au scrutin secret, et séparément pour chaque accusé.**

(L. n° 92-1336 du 16 déc. 1992) **« La décision sur la peine se forme à la majorité absolue des votants.** *(L. n° 2011-939 du 10 août 2011, art. 13-XIII, en vigueur le 1er janv. 2012)* **« Toutefois, le maximum de la peine privative de liberté encourue ne peut être prononcé qu'à la majorité de** *(L. n° 2021-1729 du 22 déc. 2021, art. 6-I-10°, en vigueur le 1er mars 2022)* **« sept** *[ancienne rédaction : six]* **» voix au moins lorsque la cour d'assises statue en premier ressort et qu'à la majorité de huit voix au moins lorsque la cour d'assises statue en appel. » Si le maximum de la peine encourue n'a pas obtenu** *(L. n° 2000-516 du 15 juin 2000, art. 79-VII, en vigueur le 1er janv. 2001)* **« cette majorité », il ne peut être prononcé une peine supérieure à trente ans de réclusion criminelle lorsque la peine encourue est la réclusion criminelle à perpétuité** *(Abrogé par L. n° 2021-1729 du 22 déc. 2021, art. 6-I-10°, à compter du 1er mars 2022)* *« et une peine supérieure à vingt ans de réclusion criminelle lorsque la peine encourue est de trente ans de réclusion criminelle ».* **Les mêmes règles sont applicables en cas de détention criminelle.** *(L. n° 2014-896 du 15 août 2014, art. 17, en vigueur le 1er oct. 2014)* **« Si la cour d'assises a répondu positivement à la question portant sur l'application des dispositions du second alinéa de l'article 122-1 du même code, les peines privatives de liberté d'une durée égale ou supérieure aux deux tiers de la peine initialement encourue ne peuvent être prononcées qu'à la majorité qualifiée prévue par la deuxième phrase du présent alinéa. »**

Si, après deux tours de scrutin, aucune peine n'a réuni la majorité des suffrages, il est procédé à un troisième tour au cours duquel la peine la plus forte proposée au tour précédent est écartée. Si, à ce troisième tour, aucune peine n'a encore obtenu la majorité absolue des votes, il est procédé à un quatrième tour et ainsi de suite, en continuant à écarter la peine la plus forte, jusqu'à ce qu'une peine soit prononcée.

Lorsque la cour d'assises prononce une peine correctionnelle, elle peut ordonner à la majorité qu'il soit sursis à l'exécution de la peine avec ou sans *(L. n° 2020-1672 du 24 déc. 2020, art. 26)* **« probation ».**

La cour d'assises délibère également sur les peines accessoires ou complémentaires.

(L. n° 2008-174 du 25 févr. 2008, art. 1er-II) **« Dans les cas prévus par l'article 706-53-13, elle délibère aussi pour déterminer s'il y a lieu de se prononcer sur le réexamen de la situation du condamné avant l'exécution de la totalité de sa peine en vue d'une éventuelle rétention de sûreté conformément à l'article 706-53-14. »**

Mayotte : 888.

1. QPC. Lorsqu'une cour d'assises composée majoritairement de jurés, qui ne sont pas des magistrats professionnels, prononce une peine à laquelle s'attache une période de sûreté de plein droit, ni les dispositions contestées ni aucune autre ne prévoient que les jurés sont informés des conséquences de la peine prononcée sur la période de sûreté et de la possibilité de la moduler. Par conséquent, les dispositions du premier al. de l'art. 362 sont contraires à la Constitution (abrogation reportée au 31 mars 2020). • Cons. const. 29 mars 2019, n° 2019-770 QPC : *JO 30 mars ; D. actu. 4 avr. 2019, obs. Goetz ; Dr. pénal 2019, n° 99, obs. Bonis et Peltier ; ibid., n° 113, obs. Maron et Haas ; Procédures 2019, n° 176, obs. Buisson.*

2. Vote sur la peine principale. Il résulte de l'art. 362, al. 1er, que la cour et le jury doivent se prononcer sans désemparer successivement sur la culpabilité et, s'il y a lieu, sur la peine dans une délibération unique. Ainsi les décisions sur la culpabilité et sur la peine sont indivisibles et ne peuvent être scindées. Dès lors, la cassation visant la décision sur la peine doit être totale et porter à la fois sur l'arrêt, la déclaration de culpabilité et les débats qui l'ont précédée. • Crim. 18 oct. 1962 : *D. 1963. 23 ; Bull. crim. n° 279.*

3. Le fait que les peines aient été votées à l'issue d'une délibération achevée le lendemain du jour des réponses sur la culpabilité d'accusés n'établit pas que la cour n'a pas délibéré sans *désemparer.* • *Crim. 15 juin 2000,* n° 99-87.795 P.

4. La mention sur la feuille de questions que la cour et le jury ont « délibéré dans les conditions prévues à l'art. 362 C. pr. pén. » implique que le président a donné lecture des art. 132-18 et 132-24 C. pén. • Crim. 8 févr. 1995, n° 94-82.922 P • 22 mars 1995, n° 94-83.474 P. ♦ ... Que ces textes soient visés dans l'arrêt de condamnation. • Crim. 29 avr. 1997, n° 95-82.669 P. ♦ ... Ou ne le soient pas. • Crim. 18 nov. 1998, n° 98-80.520 P. ♦ La mention qui indique, sur la feuille de questions, que la cour et le jury, avant de statuer sur la peine, en ont délibéré dans les conditions prévues par l'art. 362 apporte, sans méconnaître les exigences de l'art. 6 Conv. EDH, la garantie qu'une telle décision a été prise en application de l'art. 132-24 C. pén., dont le président a donné lecture et selon lequel la juridiction prononce la peine, dans les limites fixées par la loi, notamment en fonction des circonstances de l'infraction et de la personnalité de l'auteur. • Crim. 20 janv. 2010, n° 09-80.652 P : *AJ pénal 2010. 245, obs. Perrier ; Procédures 2010, n° 129, obs. Chavent-Leclère.*

5. Ne met pas la Cour de cassation en mesure d'exercer son contrôle la cour d'assises qui se borne à faire une simple référence à l'art. 362 sur la feuille de questions sans préciser à quelle majorité a été acquis le vote sur le maximum de la peine privative de liberté qu'elle prononce. • Crim. 6 déc. 1995, n° 95-81.949 P : *RSC 1996. 397, obs. Dintilhac* • 3 sept. 2003, n° 03-80.578 P : *D. 2003. IR 2547 ; JCP 2003. IV. 2796 ; AJ pénal 2003. 106.*

6. La délibération de la cour et du jury étant secrète, et aucune pièce de la procédure ne pouvant révéler ce qui s'y est passé, le condamné ne saurait se faire un grief de la non-constatation, par l'arrêt, de formalités dont l'observation est laissée à la conscience des juges. • Crim. 15 juill. 1932 : *DP 1933. 1. 68, note Mimin* • 13 juill. 1949 : *D. 1949. 461* • 8 févr. 1967, n° 66-92.907 P • 10 janv. 1968, n° 67-92.368 P.

7. L'art. 362 selon lequel le maximum de la peine privative de liberté encourue ne peut être prononcé qu'à la majorité de huit voix au moins s'applique également lorsque cette peine est de nature correctionnelle. • Crim. 29 oct. 1997, n° 96-85.230 P : *D. 1998. Somm. 172, obs. Pradel.* ♦ En vertu des dispositions de l'art. 362, le maximum de la peine privative de liberté encourue ne peut être prononcé qu'à la majorité de dix voix au moins lorsque la cour d'assises statue en appel, la cour d'assises méconnaît ce texte lorsqu'elle prononce le maximum de la peine encourue (en l'espèce 30 ans de réclusion criminelle pour un meurtre) à la majorité absolue. • Crim. 23 oct. 2002, n° 02-83.408.

8. Aux termes de l'art. 362, al. 2, lorsque la peine encourue est de trente ans de réclusion cirminelle, si ce maximum n'a pas obtenu la majorité de dix voix, il ne peut être prononcé une peine supérieure à vingt ans. Encourt la cassation l'arrêt prononçant une peine de vingt-deux ans de réclusion criminelle en appliction de l'art. 221-1 C. pén. (meurtre). • Crim. 10 mai 2012, n° 11-81.437 P : *D. 2012. Actu. 1485*.

9. Motivation de la peine principale. Les dispositions de l'art. 132-19, al. 2, C. pén. ne sont pas applicables aux délibérations de la cour d'assises, lesquelles sont régies par l'art. 362. • Crim. 29 avr. 1997, n° 95-82.669 P. ♦ En l'absence de disposition légale le prévoyant, la cour et le jury ne doivent pas motiver le choix de la peine qu'ils prononcent dans les conditions définies à l'art. 362. • Crim. 28 juin 2017, n° 16-85.904 P : *D. actu. 27 juill. 2017, obs. Gallois.* ♦ V. désormais art. 365-1.

10. Modalités de la peine principale. La peine de la réclusion criminelle ne peut être assortie de sursis, avec ou sans mise à l'épreuve. • Crim. 11 juin 1986, n° 86-90.999 P.

11. Seuls la cour et le jury ont qualité, après avoir statué sur la peine, pour décider que celle-ci se confondra ou non avec une peine prononcée antérieurement contre l'accusé. • Crim. 13 févr. 1980, n° 79-91.574 P.

12. Période de sûreté. La période de sûreté est une modalité d'exécution de la peine privative de liberté. La décision relative à sa durée doit donc, conformément aux dispositions de l'art. 362, faire l'objet, comme la peine elle-même, d'un vote acquis à la majorité absolue et non à la majorité de faveur prévue par l'art. 359. • Crim. 10 déc. 1980, n° 80-92.358 P • 16 janv. 1985, n° 84-93.553 P • 8 juill. 1992, n° 91-83.820 P • 5 juill. 1993, n° 92-86.681 P • 8 févr. 1995, n° 94-82.153 P : *D. 1996. Somm. 262, obs. Pradel*.

13. L'existence d'une décision spéciale fixant la durée de la période de sûreté aux deux tiers de la peine permet de présumer de la régularité du prononcé de la période de sûreté, et notamment de la réalité de l'information du jury sur le sens et la portée de l'art. 132-23 C. pén. (période de sûreté de plein droit de la moitié de la peine). • Crim. 15 mars 2017, n° 16-81.776 P : *AJ pénal 2017. 243, obs. Grégoire*. ♦ V. aussi note 1.

14. Peines secondaires. La déchéance de l'autorité parentale est, non une peine accessoire frappant le condamné, mais une mesure de protection de ses enfants. Cette mesure, d'ordre purement civil, ne peut en conséquence être prononcée que par la cour seule, sans l'assistance du jury. • Crim. 4 janv. 1985, n° 84-92.942 P • 14 oct. 1992, n° 92-81.146 P • 23 sept. 2008, n° 08-80.489 P : *D. 2008. AJ 2724* ; *AJ pénal 2009. 40* ; *AJ fam. 2009. 32*.

15. La confiscation spéciale des armes, des objets et instruments ayant servi à commettre le crime de meurtre est une peine. Elle doit être prononcée par la cour et le jury réunis. • Crim. 8 juin 1977, n° 76-93.504 P : *D. 1977. IR 425, obs. Puech* • 22 nov. 1989, n° 89-82.888 P • 10 janv. 1996, n° 95-82.084 P. ♦ Il en est de même de la peine complémentaire d'interdiction temporaire des droits énumérés à l'art. 131-26 C. pén. • Crim. 8 févr. 1995, n° 94-82.321 P : *RSC 1995. 606, obs. Dintilhac*.

16. La majorité qualifiée n'a pas à être réunie pour l'application du maximum de la peine complémentaire de l'interdiction des droits civiques, civils et de famille prévue par l'art. 131-26 C. pén. • Crim. 1er févr. 1995, n° 94-83.257 P : *RSC 1995. 606, obs. Dintilhac*. ♦ ... De même pour une peine complémentaire d'interdiction du territoire français. • Crim. 17 janv. 2001 : *Procédures 2001. Comm. 112, obs. Buisson.*

17. L'observation par la cour d'assises des dispositions de l'art. 362 apporte la garantie que la décision de prononcer une peine complémentaire d'interdiction du territoire français est prise en considération de la gravité de l'infraction et de la situation personnelle et familiale du condamné au sens de l'art. 131-30 C. pén., et la délibération et le vote de la cour et du jury sur cette peine tiennent alors lieu de motivation spéciale. • Crim. 18 févr. 2004, n° 03-82.789 P : *JCP 2004. IV. 1776.*

18. Il ressort des art. 132-2, 132-4 et 132-5 C. pén., et 362, que, lorsque à l'occasion de procédures séparées, la personne poursuivie a été reconnue coupable de plusieurs infractions en concours, les peines privatives de liberté successivement prononcées ne peuvent s'exécuter cumulativement que dans la limite du maximum légal le plus élevé. Dès lors, lorsque la peine de trente ans de réclusion criminelle, encourue pour l'une des infractions en concours, n'a pas été prononcée, le maximum légal de la réclusion criminelle est fixé à vingt ans, en application de l'art. 362. • Crim. 17 sept. 2008 : *Dr. pénal 2009. Chron. 3, obs. Peltier.*

19. Cour d'assises spécialement composée. Si, selon l'art. 362, al. 2 lorsque la peine de trente ans de réclusion criminelle n'a pas été prononcée, le maximum légal de la réclusion criminelle est fixé à vingt ans, ces dispositions ne sont pas applicables devant la cour d'assises spécialement composée. Il s'ensuit que le maximum légal de la peine prononcée par une cour d'assises spécialement composée pour des faits d'importation de produits stupéfiants en bande organisée prévus et réprimés par l'art. 222-36 C. pén. est à bon droit fixé à trente ans. • Crim. 21 mai 2008, n° 07-84.112 P : *AJ pénal 2008. 334, obs. Herzog-Evans*. ♦ En application des dispositions de l'art. 698-6 les dispositions de l'art. 362, al. 2, relatives aux majorités qualifiées prévues devant la cour d'assises avec jury pour le prononcé de peine supérieure à vingt ans de réclusion criminelle lorsque celle encourue est de trente ans ne sont pas applicables devant la cour d'assises spécialement composée. • Crim. 21 mai 2003, n° 02-85.294 P : *D. 2003. IR 1944* ; *JCP 2003. IV. 2319* • 23 janv. 2013 : *Dr. pénal 2013, n° 67, obs. Peltier.*

Art. 363 **Si le fait retenu contre l'accusé ne tombe pas ou ne tombe plus sous l'application de la loi pénale, ou si l'accusé est déclaré non coupable, la cour d'assises prononce l'acquittement de celui-ci.**

(L. n° 92-1336 du 16 déc. 1992) **« Si l'accusé bénéficie d'une cause d'exemption de peine, la cour d'assises le déclare coupable et l'exempte de peine. » —**

RÉP. PÉN. v° *Acquittement*, par GIRAULT.

Art. 364 **Mention des décisions prises est faite sur la feuille de questions, qui est signée séance tenante par le président et par le premier juré désigné par le sort ou, s'il ne peut signer, par celui désigné par la majorité des membres de la cour d'assises.**

1. Règles générales. Constitue une violation de l'art. 364 le fait par le président d'avoir consigné la décision prise sur l'application de la peine sur une feuille volante sur laquelle ne figure aucune signature. • Crim. 22 oct. 1980, n° 80-91.230 P • 16 févr. 1983, n° 82-93.451 P : *D. 1983. IR 293* • 18 nov. 1998, n° 98-80.695 P.

2. Les décisions prises par la cour et le jury sur la culpabilité et sur la peine doivent être successivement mentionnées sur la feuille de questions et signées séance tenante à la fois par le président et par le premier juré ; chacune de ces formalités est substantielle aux droits de la défense ; dès lors il y a violation de la loi s'il n'est pas fait mention, sur la feuille, de la décision concernant la peine. • Crim. 3 déc. 1942 : *DC 1943. 24, note Mimin* • 7 mars 1946 : *D. 1946. 222.*

3. Étant une peine, la confiscation prononcée par la cour et le jury réunis doit dès lors figurer sur la feuille de questions. • Crim. 10 janv. 1996, n° 95-82.084 P.

4. L'art. 364 n'exigeant pas que la déclaration de la cour et du jury soit datée, la surcharge de la date sans approbation ne saurait donner ouverture à cassation. • Crim. 26 janv. 1966, n° 65-92.653 P. ♦ V. aussi : • Crim. 3 oct. 1984, n° 84-91.739 P • 9 mars 1995, n° 94-82.674 P : *D. 1995. Somm. 319, obs. Pradel* .

5. Il n'importe que les mentions de la feuille de questions aient été portées à la plume, à l'aide d'un timbre humide ou d'une machine à écrire, dès lors qu'il n'est laissé place à aucune incertitude sur le sens des réponses formulées et sur la majorité par lesquelles elles se sont exprimées, le caractère d'authenticité étant garanti par les signatures conjointes du président et du premier juré. • Crim. 17 mars 1999, n° 98-81.239 P. ♦ V. déjà : • Crim. 16 juin 1971, n° 71-90.609 P : *D. 1971. Somm. 156.*

6. L'art. 364 n'exige pas que, lorsqu'il y a plusieurs accusés, il soit précisé sur la feuille de questions qu'une délibération distincte a eu lieu pour chaque accusé en ce qui concerne l'application de la peine et une mention unique indiquant les décisions prises pour chacun des accusés est suffisante. • Crim. 4 déc. 1974, n° 74-92388 P • 6 mai 1975, n° 74-93.391 P.

7. L'art. 364 n'exige pas qu'il soit précisé que la décision a été prise à la majorité. • Crim. 28 nov. 1963, n° 63-92.667 P • 1er févr. 1984, n° 83-92.069 P.

8. Les dispositions de l'art. 364 n'exigent pas qu'il soit constaté, par mention spéciale de la feuille de questions, que les signatures du président et du premier juré y ont été apposées séance tenante. • Cass., ass. plén., 11 juin 2004, n° 98-82.323 P : *D. 2004. IR 2010* .

9. La feuille de questions doit, selon les prescriptions de l'art. 364, indiquer non seulement la durée de la peine, mais la nature de celle-ci. • Crim. 15 juin 1963 : *Bull. crim. n° 186.*

10. La signature du greffier n'étant pas requise, l'authenticité des décisions de la cour et du jury signées seulement du président et du premier juré ne peut être contestée. • Crim. 21 févr. 1946 : *D. 1946. 241.* ♦ Ces décisions suffisent à donner le caractère d'authenticité aussi bien à la décision sur la culpabilité qu'à celle sur l'application de la peine. • Crim. 16 mars 1948 : *Bull. crim. n° 91* • 13 mars 1963, n° 62-93.282 P.

11. La déclaration de culpabilité reprise par l'arrêt de condamnation doit, à peine de nullité, être en concordance avec les questions posées telles qu'elles figurent sur la feuille de questions. • Crim. 9 oct. 1985, n° 85-92.223 P. ♦ V. aussi : • Crim. 11 mai 1988, n° 87-84.099 P • 20 déc. 1995, n° 95-81.557 P.

12. Cas particulier des surcharges. La feuille de questions comportant une surcharge non approuvée entraîne la cassation de l'arrêt en application de l'art. 107 qui dispose que les ratures et renvois non approuvés figurant sur un procès-verbal sont non avenus. • Crim. 28 févr. 2001, n° 00-84.055 P.

13. Il n'importe que la feuille de questions comporte une surcharge non approuvée de la date des réponses de la cour d'assises aux questions posées dès lors que l'art. 364, qui règle la forme de la déclaration de la cour et du jury, n'exige pas que celle-ci soit datée. • Crim. 15 janv. 2003, n° 01-88.577.

Art. 365 **Les réponses de la cour d'assises aux questions posées sont irrévocables.**

Les réponses de la cour et du jury ne peuvent être remises en cause à l'aide d'arguments de fait ou de suppositions qui échappent au contrôle de la Cour de cassation. • Crim. 20 mai 1976, n° 76-93.284 P • 18 mai 1977, n° 76-90.666 P : *D. 1977. IR 392* • 9 nov. 1978, n° 78-90.923 P • 6 févr. 1980, n° 79-91.831 P.

Art. 365-1 *(L. n° 2011-939 du 10 août 2011, art. 12-II, en vigueur le 1er janv. 2012)* **Le président ou l'un des magistrats assesseurs par lui désigné rédige la motivation de l'arrêt.**

(L. n° 2019-222 du 23 mars 2019, art. 63) « **En cas de condamnation, la motivation consiste dans l'énoncé des principaux éléments à charge qui, pour chacun des faits reprochés à l'accusé, ont convaincu la cour d'assises et qui ont été exposés au cours des délibérations menées par la cour et le jury en application de l'article 356, préalablement aux votes sur les questions. La motivation consiste également dans l'énoncé des principaux éléments ayant convaincu la cour d'assises dans le choix de la peine, au vu des éléments exposés au cours de la délibération prévue à l'article 362. L'application des dispositions du troisième alinéa de l'article 706-53-13 est également motivée. La motivation des peines complémentaires obligatoires, de la peine de confiscation du produit ou de l'objet de l'infraction ou des obligations particulières du sursis probatoire n'est pas nécessaire** *[ancienne rédaction : En cas de condamnation, la motivation consiste dans l'énoncé des principaux éléments à charge qui, pour chacun des fait s reprochés à l'accusé, ont convaincu la cour d'assises. Ces éléments sont ceux qui ont été exposés au cours des délibérations menées par la cour et le jury en application de l'article 356, préalablement aux votes sur les questions].* » — *Cet al. est censé être entré en vigueur le 1er mars 2019 (L. n° 2019-222 du 23 mars 2019, art. 109-XIV).*

La motivation figure sur un document annexé à la feuille des questions appelé feuille de motivation, qui est signée conformément à l'article 364.

Lorsqu'en raison de la particulière complexité de l'affaire, liée au nombre des accusés ou des crimes qui leur sont reprochés, il n'est pas possible de rédiger immédiatement la feuille de motivation, celle-ci doit alors être rédigée, versée au dossier et déposée au greffe de la cour d'assises au plus tard dans un délai de trois jours à compter du prononcé de la décision.

Les dispositions du 2e al. de l'art. 365-1, dans leur rédaction en vigueur avant la L. n° 2019-222 du 23 mars 2019, ont été déclarées contraires à la Const. par le Cons. const. L'abrogation est reportée au 1er mars 2019, mais, à compter de la publication de la décision du Conseil, il y a lieu de considérer, pour les arrêts de cour d'assises rendus à l'issue d'un procès ouvert après cette date, que les dispositions du 2e al. de l'art. 365-1 doivent être interprétées comme imposant également à la cour d'assises d'énoncer, dans la feuille de motivation, les principaux éléments l'ayant convaincue dans le choix de la peine (Cons. const. n° 2017-694 QPC du 2 mars 2018, JO 3 mars 2018).

BIBL. ▶ MILBURN, PERROCHEAU et ZEROUKI-COTTIN, *AJ pénal 2018. 139* (motivation des décisions des cours d'assises). – SCHAFFHAUSER, *AJ pénal 2012. 32* (comprendre sans se méprendre). – DADOUN et ZEROUKI-COTTIN, *RSC 2018. 789* s. (réflexions pluridisciplinaires sur la motivation des peines par la cour d'assises).

1. QPC. L'absence de motivation des peines de réclusion criminelle et d'emprisonnement prononcées par les cours d'assises, qui s'explique par l'exigence d'un vote à la majorité absolue ou à la majorité de six ou de huit voix au moins lorsque le maximum de la peine privative de liberté est prononcé, ne porte pas atteinte au droit à l'égalité devant la justice garanti par l'art. 6 DDH, les personnes accusées de crime devant les cours d'assises étant dans une situation différente de celles poursuivies devant le tribunal correctionnel. • Crim., QPC, 29 mai 2013 : *D. 2013. 1778, obs. Laurent*. ♦ *Contra* : En n'imposant pas à la cour d'assises de motiver le choix de la peine, le législateur a méconnu les exigences tirées des art. 7, 8 et 9 de la Déclaration de 1789. Il y a lieu de reporter au 1er mars 2019 la date de cette abrogation, mais, afin de faire cesser l'inconstitutionnalité constatée à compter de la publication de la présente décision, il y a lieu de juger, pour les arrêts de cour d'assises rendus à l'issue d'un procès ouvert après cette date, que les dispositions du deuxième al. de l'art. 365-1 doivent être interprétées comme imposant également à la cour d'assises d'énoncer, dans la feuille de motivation, les principaux éléments l'ayant convaincue dans le choix de la peine. • Cons. const. 2 mars 2018, n° 2017-694 QPC : *D. actu. 6 mars 2018, obs. Goetz ; D. 2018. 1191, note Botton ; ibid. Pan. 1611, obs. Pradel ; AJ pénal 2018. 192, note Robert ; Dr. pénal 2018, n° 68, obs. Maron et Haas ; ibid. n° 72, obs. Bonis ; RSC 2018. 981, note de Lamy*.

2. Application de la loi dans le temps. Issues d'une loi de procédure, les dispositions du nouvel art. 365-1, imposant la motivation des arrêts d'assises, ne sauraient entraîner rétroactivement l'annulation d'une décision sur le fond régulièrement rendue sans motivation avant le 1er janv. 2012. • Crim. 6 févr. 2013 : *D. 2013. Actu. 642 ; ibid. 1787, obs. Laurent.*

3. La rédaction de la feuille de questions exigée par l'art. 365-1 ne saurait constituer par sa seule existence une violation du secret des délibérations, étant rédigée afin de permettre à l'accusé de mieux comprendre les raisons de sa condamnation. • Crim. 11 juill. 2012, n° 11-85.220 P.

4. ***Garde à vue irrégulière.*** Est valable la motivation annexée à la feuille de questions, dès lors qu'elle reprend les principaux éléments exposés au cours du délibéré qui ont convaincu la cour d'assises, tels qu'ils résultaient des débats, et ne se fonde ni exclusivement ni essentiellement sur les déclarations émises par l'accusé lors d'une garde à vue irrégulière. • Crim. 12 déc. 2012, n° 12-80.788 P : *D. actu. 10 janv. 2013, obs. Bombled ; RSC 2013. 109, note Danet ; Procédures 2013, n° 53, obs. Buisson ; ibid., 78, obs. Chavent-Leclère ; Dr. pénal 2013. Comm. 29, note Maron et Haas.*

5. En se déterminant par des motifs imprécis qui ne mettent pas la Cour de cassation en mesure de s'assurer que la cour et les jurés ne se sont fondés ni exclusivement ni essentiellement sur des déclarations incriminantes recueillies au cours de la garde à vue sans l'assistance d'un avocat et sans la notification du droit de se taire, une cour d'assises n'a pas justifié sa décision. • Crim. 16 déc. 2015, n° 15-81.160 P : *D. actu. 21 janv. 2016, obs. Gallois ; AJ pénal 2016. 209, obs. Royer ; Dr. pénal 2016. 36, obs. Maron et Haas.*

6. ***Contrôle de la motivation.*** La cour d'assises, retenant au titre de sa motivation que « les éléments du dossier ne permettent pas d'établir l'identité de l'auteur des coups, les éléments à charge recueillis à l'encontre de l'accusé étant davantage révélateurs de sa présence sur les lieux que d'un geste homicide, l'infraction de vol n'étant pas contestée », n'a pas énoncé les principaux éléments à charge, exposés au cours des *délibérations, qui l'ont convaincue de la culpabi*lité de l'accusé du chef de vol avec arme précédé, accompagné ou suivi de violences ayant entraîné la mort et association de malfaiteurs et permis de le condamner à trente ans de réclusion criminelle. • Crim. 20 nov. 2013, n° 12-86.630 P : *D. actu. 5 déc. 2013, obs. Fucini ; AJ pénal 2014. 81, obs. de Combles de Nayves ; Dr. pénal 2014. 13, obs. Maron et Haas.*

7. Une feuille de motivation peut faire référence au fait que la cour et le jury n'ont pas été convaincus par les dénégations de l'accusé, après les aveux faits en garde à vue sans l'assistance d'un avocat et sans avoir été préalablement informé du droit de se taire, dès lors que la Cour de cassation est en mesure de s'assurer que, pour retenir la culpabilité de l'accusé, la cour ne s'est fondée ni essentiellement, ni exclusivement sur les déclarations contestées. • Crim. 11 mai 2017, n° 16-83.327 P : *Dr. pénal 2017, n° 115, note Maron et Haas.*

8. La feuille de motivation de la condamnation de l'accusé concernant les crimes de viol aggravé et de tentative de meurtre aggravé retenant que, d'une part, l'accusé a reconnu être l'auteur des blessures occasionnées à cette personne vulnérable et, d'autre part, la nature de ces lésions et les déclarations de la victime, confirmées par des témoins, caractérisent la volonté homicide ayant animé l'auteur n'énonce pas les principaux éléments à charge, exposés au cours des délibérations, qui ont convaincu la cour d'appel de la culpabilité de l'accusé concernant le crime de viol. • Crim. 16 nov. 2016, n° 15-86.106 P : *D. actu. 6 déc. 2017, obs. Priou-Alibert.* ♦ Doit être cassé l'arrêt d'une cour d'assises qui ne fait état d'une quelconque énonciation, quelle qu'en soit la nature, permettant de connaître les éléments de violence, contrainte, menace ou surprise, requis par la loi, sur lesquels elle a fondé sa conviction pour les faits de viols aggravés concernés. • Crim. 17 oct. 2018, n° 17-83.958 P : *Dr. pénal 2018, n° 218, note Maron et Haas ; Procédures 2018, n° 376, obs. Chavent-Leclère.*

9. ***Acquittement partiel.*** Si l'art. 365-1 prévoit la motivation de la déclaration de culpabilité mais non celle d'un acquittement partiel, le demandeur ne peut justifier d'aucun grief pouvant résulter du fait que la cour d'assises a motivé l'acquittement partiel dont il a bénéficié. • Crim. 20 juin 2018, n° 17-82.237 P : *D. actu. 20 juill. 2018, obs. Fonteix.*

10. ***Appel.*** Lorsque les énonciations de la feuille de questions et celles de la feuille de motivation mettent la Cour de cassation en mesure de s'assurer que la cour d'assises, statuant en appel, a caractérisé les principaux éléments à charge, résultant des débats, qui l'ont convaincue de la culpabilité de l'accusé, et justifié sa décision, conformément aux art. 6 et 13 de la Conv. EDH et 365-1, le moyen, qui se borne à remettre en question l'appréciation souveraine, par la cour et le jury, des faits et circonstances de la cause, ainsi que des éléments de preuve contradictoirement débattus, ne saurait être admis. • Crim. 9 janv. 2013, n° 12-81.626 : *D. actu. 22 janv. 2013, obs. Bombled ; D. 2013. 1785, obs. Laurent ; RSC 2013. 405, obs. Salvat* • 17 sept. 2014, n° 13-85.196 : *D. actu. 7 oct. 2014, obs. Fucini.* ♦ Le réexamen de l'affaire auquel doit procéder la cour d'assises statuant en appel n'implique pas que celle-ci doive forger sa conviction sans se référer à aucun des éléments recueillis au cours des débats qui se sont déroulés devant la juridiction qui a statué en premier ressort ; n'encourt pas de critique la feuille de motivation qui retient que les déclarations d'un accusé ont varié entre l'audience de première instance et celle d'appel. • Crim. 9 mars 2022, n° 21-80.345 P.

11. Motivation de la peine. Selon les dispositions de l'art. 365-1, en cas de condamnation par la cour d'assises, la motivation consiste dans l'énoncé des principaux éléments à charge qui l'ont convaincue de la culpabilité de l'accusé ; en l'absence d'autre disposition légale le prévoyant, la cour et le jury ne doivent pas motiver le choix de la peine qu'ils prononcent dans les conditions définies à l'art. 362. • Crim. 8 févr. 2017, n° 15-86.914 P • 8 févr. 2017, n° 16-80.389 P • 8 févr. 2017, n° 16-80.391 P : *D. actu. 21 févr. 2017, obs. Fucini ; AJ pénal 2017. 175, obs. Dreyer* ; *Dr. pénal 2017, Étude 10, note Dantras-Bioy ; ibid., n° 63, note Maron et Haas ; D. 2017. Pan. 1676, obs. Pradel* • 11 mai 2017, n° 16-83.327 P : *Dr. pénal 2017, n° 115, note Maron et Haas* • Crim. 28 juin 2017, n° 16-85.904 P : *D. actu. 27 juill. 2017, obs. Gallois.* – V. cependant, *contra*, note 1. ♦ En exposant les principaux éléments l'ayant convaincue dans le choix de la peine, la cour d'assises a justifié la peine appliquée, conformément aux exigences énoncées par le Cons. const. dans sa décision n° 2017-694 QPC du 2 mars 2018. • Crim. 27 mars 2019, n° 18-82.351 P : *D. actu. 12 avr. 2019, obs. Fucini ; D. 2019. Pan. 1626, obs. Pradel* ; *Dr. pénal 2019, n° 98, obs. Bonis et Peltier ; AJ pénal 2019. 334, obs. Thierry* . ♦ Pour condamner l'accusé à la peine de trente ans de réclusion criminelle, la cour d'assises, après avoir souligné la gravité des faits, s'agissant de deux assassinats en bande organisée, leur contexte ainsi que le mode opératoire utilisé, retient que cette peine est proportionnée à cette forme de criminalité, au trouble occasionné à l'ordre public et à la douleur de la famille des victimes ; en l'état de ces motifs qui exposent les principaux éléments l'ayant convaincue dans le choix de la peine, la cour d'assises a justifié la peine appliquée, conformément aux exigences énoncées par le Cons. const. dans sa décision n° 2017-694 QPC du 2 mars 2018. • Crim. 10 avr. 2019, n° 18-83.053 P : *D. actu. 3 mai 2019, obs. Azoulay ; Dr. pénal 2019. 118, obs. Maron et Haas.*

12. Le principe selon lequel nul n'est tenu de s'accuser lui-même, qui interdit de déduire la culpabilité de l'accusé de son silence et de le contraindre à faire des déclarations, ne s'oppose pas à ce que, après avoir retenu sa culpabilité, le juge tienne compte, entre autres éléments, pour déterminer la peine, de la manière dont l'accusé se situe par rapport aux faits, afin d'apprécier sa dangerosité, le risque de récidive et les garanties de sa réinsertion. • Crim. 16 déc. 2020, n° 19-87.622 P : *D. actu. 25 janv. 2021, obs. Fonteix ; AJ pénal 2021. 163, obs. Thierry ; Dr. pénal 2021, n° 41, obs. Robert.*

13. Confiscation. Si la confiscation est encourue de plein droit pour les crimes et porte sur tous les biens ayant servi à le commettre, ainsi que sur ceux qui en sont l'objet, ou le produit direct ou indirect, la cour d'assises doit néanmoins énumérer les objets dont elle ordonne la confiscation et indiquer, pour chacun d'eux, s'ils constituent l'instrument, le produit ou l'objet de l'infraction, afin de mettre la Cour de cassation en mesure de s'assurer de la légalité de sa décision, et d'apprécier, le cas échéant, son caractère proportionné. • Crim. 16 déc. 2020, n° 19-87.622 P : *Dr. pénal 2021, n° 41, obs. Robert.* ♦ Dans le même sens : • Crim. 9 mars 2022, n° 21-80.345 P.

14. Période de sûreté. Lorsqu'en application de l'art. 132-23 C. pén., la période de sûreté est fixée à la moitié de la peine, aucune délibération spéciale n'est nécessaire pour la fixer à cette durée, celle-ci n'étant exigée que pour la réduire ou la porter aux deux tiers de la peine. • Crim. 22 janv. 2020, n° 19-80.122 P : *Dr. pénal 2020, n° 86, obs. Maron et Haas.*

15. Feuille de motivation. Précisions procédurales. Aucune disposition légale n'impose que les énonciations de la feuille de motivation, annexée à la feuille de questions, soient, de plus, reproduites dans l'arrêt de condamnation. • Crim. 20 févr. 2013 : *RSC 2013. 405, obs. Salvat* . ♦ Il n'existe de même aucune obligation de lecture de la feuille de motivation à l'audience. • Crim. 20 mars 2013, n° 12-84.688. ♦ La signature du président suffit à attester qu'il a été satisfait aux exigences légales et que la motivation a été rédigée par lui-même ou par l'un des assesseurs désigné à cet effet. • Crim. 15 mai 2013, n° 12-85.806. ♦ La décision n° 2017-694 QPC du Cons. const., en date du 2 mars 2018 (V. note 1), n'impose pas que la feuille de motivation contienne une analyse de la personnalité de l'accusé et de sa situation matérielle, familiale et sociale, évoquées lors des débats. • Crim. 22 avr. 2020, n° 19-84.253 P : *D. actu. 8 juin 2020, obs. Engel.*

16. Jurisprudence européenne. La feuille de motivation est *a priori* susceptible de renforcer significativement les garanties contre l'arbitraire et de favoriser la compréhension de la condamnation par l'accusé. • CEDH 10 janv. 2013, *A. c/ France*, n° 61198/08 : *RSC 2013. 109, note Danet* ; *JCP 2013, n° 855, obs. Sudre.* ♦ V. aussi notes 115 et 116, ss. Conv. EDH, art. 6, App., v° *Droits de l'homme.*

SECTION II DE LA DÉCISION SUR L'ACTION PUBLIQUE

Art. 366 **La cour d'assises rentre ensuite dans la salle d'audience. Le président fait comparaître l'accusé, donne lecture des réponses faites aux questions, et prononce l'arrêt portant condamnation, absolution ou acquittement.**

Les textes de loi dont il est fait application sont lus à l'audience par le président ; il est fait mention de cette lecture dans l'arrêt.

(Abrogé par L. n° 2011-525 du 17 mai 2011, art. 156-1°) (L. n° 93-2 du 4 janv. 1993) ***« Au cas de condamnation*** *(L. n° 92-1336 du 16 déc. 1992, en vigueur le 1er mars 1994)* ***« ou d'exemption de peine », l'arrêt se prononce sur la »*** *(L. n° 2004-204 du 9 mars 2004, art. 198-V, en vigueur le 1er janv. 2005)* ***« contrainte judiciaire ».***

Al. 4 à 6 abrogés par L. n° 93-2 du 4 janv. 1993.

(L. n° 2021-1729 du 22 déc. 2021, art. 6-I-11°, en vigueur le 1er mars 2022) **« La lecture des textes de loi et des réponses faites aux questions n'est pas obligatoire si l'accusé ou son défenseur y renonce. »**

1. Lecture des questions. La lecture des réponses aux questions est prescrite à peine de nullité, et doit, sous la même sanction, être constatée au procès-verbal. • Crim. 23 avr. 1891 : *DP 1891. 5. 155* • 1er juill. 1897 : *DP 1897. 1. 503.*

2. Les réponses de la cour et du jury aux questions posées et leur décision commune sur la peine ne deviennent irrévocables qu'à compter de leur lecture en audience publique et du prononcé de l'arrêt conformément à l'art. 366. • Crim. 9 déc. 1998, n° 97-84.375 P : *Dr. pénal 1999. Chron. 16, note Marsat.*

3. Lecture des textes appliqués. La sanction de la nullité ne s'attache pas à la disposition de l'art. 357, § 3, C. instr. crim. (art. 366, al. 2), relative à la lecture du texte appliqué. • Crim. 25 sept. 1946 : *D. 1947. 4* • 5 juin 1947 : *D. 1947. 355* • 8 févr. 1989, n° 88-83.590 P.

4. Mentions de l'arrêt et de la feuille de questions. Les mentions de la feuille de questions et les énonciations de l'arrêt de condamnation doivent, à peine de nullité, être en concordance. • Crim. 6 janv. 1999, n° 98-80.168 P. ♦ Encourt la cassation l'arrêt qui déclare l'accusé coupable de tentative de meurtre, alors que la feuille de questions fait mention d'une réponse négative à la question relative à la préméditation. • Crim. 20 oct. 1999, n° 98-84.939 P. ♦ Encourt la cassation l'arrêt qui condamne l'intéressé pour complicité d'importation de produits stupéfiants en bande organisée alors que la feuille des questions le déclare coupable de complicité en bande organisée d'importation de produits stupéfiants. • Crim. 8 nov. 2000, n° 99-87.557 P.

5. Si le procès-verbal des débats ne mentionne pas la présence du ministère public après la délibération de la cour et du jury, il est suppléé à cette omission par les énonciations de l'arrêt de condamnation qui constate expressément qu'il a été rendu en présence de l'avocat général. • Crim. 30 avr. 1980, n° 79-93.033 P. ♦ V. aussi : • Crim. 15 mai 1985, n° 84-95.506 P.

6. Aucun texte de loi ne prescrivant, à peine de nullité, que les noms des jurés soient mentionnés dans l'arrêt de la cour d'assises, le procès-verbal des opérations de formation du jury de jugement qui a la même force probante que le procès-verbal des débats, permet à la Cour de cassation d'exercer son contrôle. • Crim. 23 juin 1993, n° 92-86.152 P.

7. Le demandeur ne saurait se faire un grief de l'absence des parties civiles et de leurs avocats lors du prononcé de l'arrêt pénal de la cour d'assises dès lors que l'art. 386 *[366]*, al. 1er, ne prévoit pas leur présence. • Crim. 2 nov. 2017, n° 17-80.169 P.

8. Sanctions. La cassation n'est pas encourue s'il résulte des mentions du procès-verbal des débats, non contradictoires avec celles de l'arrêt de condamnation, que cet arrêt a été rendu en présence du jury et que le président a donné lecture de la réponse faite, par la cour et le jury, à la question posée. • Crim. 23 mai 2012, n° 11-80.742 P.

Art. 367 *(L. n° 2000-516 du 15 juin 2000, art. 85-I et 140, al. 3, en vigueur le 16 juin 2001)* **Si l'accusé est exempté de peine ou acquitté, s'il est condamné à une peine autre qu'une peine ferme privative de liberté, ou s'il est condamné à une peine ferme privative de liberté couverte par la détention provisoire, il est mis immédiatement en liberté s'il n'est retenu pour autre cause.**

Dans les autres cas *(L. n° 2021-1729 du 22 déc. 2021, art. 6-I-12°, en vigueur le 1er mars 2022)* **« , si l'accusé est condamné à une peine de réclusion criminelle », tant que l'arrêt n'est pas définitif et, le cas échéant, pendant l'instance d'appel,** *(L. n° 2011-525 du 17 mai 2011, art. 156-2°)* **« l'arrêt de la cour d'assises vaut titre de détention » jusqu'à ce que la durée de détention ait atteint celle de la peine prononcée** *(L. n° 2002-1138 du 9 sept. 2002, art. 43)* **« , sans préjudice pour l'accusé de son droit à demander sa mise en liberté conformément aux dispositions des articles 148-1 et 148-2. »** *(L. n° 2021-1729 du 22 déc. 2021, art. 6-I-12°, en vigueur le 1er mars 2022)* **« Lorsque l'accusé n'est pas détenu au moment où l'arrêt est rendu et qu'il est condamné à une peine d'emprisonnement, la cour peut, par décision spéciale et motivée, décider de**

décerner mandat de dépôt, à effet immédiat ou différé, si les éléments de l'espèce justifient une mesure particulière de sûreté. »

(L. n° 2004-204 du 9 mars 2004, art. 100-V, en vigueur le 1er oct. 2004) **« La cour » peut, par décision spéciale et motivée, décider** *(L. n° 2004-204 du 9 mars 2004, art. 100-V, en vigueur le 1er oct. 2004)* **« de décerner mandat de dépôt » contre la personne renvoyée pour délit connexe qui n'est pas détenue au moment où l'arrêt est rendu, si la peine prononcée est supérieure ou égale à un an d'emprisonnement et si les éléments de l'espèce justifient une mesure particulière de sûreté.** *(L. n° 2021-1729 du 22 déc. 2021, art. 6-I-12°, en vigueur le 1er mars 2022)* **« Si la peine prononcée est supérieure à six mois, la cour peut également prononcer un mandat de dépôt à effet différé. »** — *V. art. D. 45-2-1.*

Les sanctions pénales prononcées en application des articles 131-6 à 131-11 du code pénal peuvent être déclarées exécutoires par provision.

1. Il résulte de l'art. 367, al. 2, qu'en cas d'appel de la condamnation prononcée par une cour d'assises, le mandat de dépôt criminel initial continue de produire ses effets jusqu'à ce que la durée de la détention ait atteint celle de la peine prononcée. Doit être approuvée la chambre de l'instruction qui, pour rejeter une demande de mise en liberté, écarte l'argumentation tenant à l'absence de titre de détention au motif que la cour d'assises n'avait pas décerné mandat de dépôt. • Crim. 3 mai 2011, n° 11-80.879 P. ♦ Les dispositions de l'art. 367, al. 2, s'appliquent à un condamné pour lequel l'ordonnance de prise de corps a été mise à exécution en vertu de l'art. 215-1 qui était en vigueur à l'époque, ainsi l'ordonnance de prise de corps poursuit ses effets dans ce cadre. • Crim. 25 avr. 2001, n° 01-81.154 P : *D. 2001. IR 1923*. ♦ Elle produit ses effets tant que l'arrêt de cour d'assises n'est pas définitif et jusqu'à ce que la durée de la détention ait atteint celle de la peine prononcée. • Crim. 20 juin 2001, n° 01-82.548 P. ♦ Les dispositions de l'art. 367, al. 2, ne sont pas contraires au principe de la présomption d'innocence. • Crim. 20 juin 2001, n° 01-82.926 P : *D. 2001. IR 2875*.

2. Il résulte de l'art. 367, al. 2, que lorsqu'il comparaît libre, l'accusé ne peut être placé en détention que si la cour, délibérant seule à l'issue du vote sur la peine, décerne mandat de dépôt à son encontre. Ne constitue pas un titre de détention régulier le mandat de dépôt signé par le président qui ne se réfère qu'aux décisions prises par la cour d'assises alors qu'il ne résulte d'aucune autre pièce de procédure qu'à l'issue du vote sur la peine, la cour délibérant sans l'assistance du jury a décerné mandat de dépôt. • Crim. 7 mai 2008, n° 08-81.261 P : *D. 2008. AJ 1557*; *AJ pénal 2008. 330, obs. Lasserre-Capdeville*; *Dr. pénal 2008. Comm. 104, obs. Maron et Haas.* ♦ Les ordonnances de prise de corps décernées avant l'entrée en vigueur de la loi n° 2004-204 du 9 mars 2004 (entrée en vigueur le 1er oct. 2004) ne valent mandat de dépôt que lorsque l'accusé est détenu en vertu de ce titre ; lorsqu'il comparaît libre, il ne peut être placé en détention que si la cour décerne un mandat de dépôt à son encontre. • Crim. 21 juill. 2005, n° 05-83.441 P : *D. 2005. IR 2410* ; *JCP 2005. IV. 3136* ; *AJ pénal 2005. 373, obs. Girault*.

3. Il résulte de l'art. 367, dans sa rédaction issue de la loi du 9 sept. 2002, immédiatement applicable, qu'aucun délai n'est imparti pour la comparution d'un accusé devant la cour d'assises désignée pour statuer sur son appel de l'arrêt rendu par une précédente cour d'assises. • Crim. 14 janv. 2003, n° 02-87.191.

4. L'examen de l'affaire, au sens de l'art. 367, al. 2, commence dès l'instant où l'accusé comparaît devant la cour d'assises. • Crim. 21 août 2002 : *Dr. pénal 2003. Comm. 12, obs. Maron et Barbérot.* ♦ Le délai d'un an prévu à l'art. 367, al. 2, est interrompu dès lors que la cour d'assises d'appel a commencé à examiner l'affaire avant l'expiration du délai ; ainsi le renvoi de l'affaire à une session ultérieure en raison de l'impossibilité d'auditionner vingt témoins cités tardivement par la défense suffit à interrompre ce délai. • Crim. 15 mai 2002, n° 02-81.644 P : *RSC 2002. 882, obs. Renucci*.

5. Demande de mise en liberté. Tout accusé dont la condamnation n'est pas définitive peut demander sa mise en liberté en toute période de la procédure ; ainsi, doit être cassé l'arrêt de la chambre de l'instruction qui déclare irrecevable la demande de mise en liberté d'une personne condamnée par une cour d'assises alors que le ministère public a fait appel incident sans que l'accusé ait lui même fait appel de cette décision car la condamnation n'est pas définitive tant que la juridiction compétente ne s'est pas prononcée sur la recevabilité de cet appel. • Crim. 24 avr. 2003, n° 03-80.582 P : *JCP 2003. IV. 2124.*

6. Réexamen. Lorsque la Commission de réexamen ordonne la suspension de l'exécution d'une condamnation prononcée par une cour d'assises en même temps que le renvoi de l'affaire devant une autre juridiction de même ordre et de même degré, cette décision est sans effet sur la mise à exécution de l'ordonnance de prise de corps qui peut résulter de la condamnation prononcée par la cour d'assises devant laquelle l'affaire est renvoyée. • Crim. 29 sept. 2004, n° 04-84.506 P : *D. 2004. IR 2973* ; *JCP*

2004. IV. 3273 ; AJ pénal 2004. 452, obs. Coste .

7. Acquittement. L'accusé acquitté est immédiatement remis en liberté et il ne peut être placé sous contrôle judiciaire en cas d'appel du ministère public. • Crim. 29 sept. 2004, n° 04-84.496 P : *D. 2004. IR 2833* .

Art. 368 **Aucune personne acquittée légalement ne peut plus être reprise ou accusée à raison des mêmes faits, même sous une qualification différente.**

RÉP. PÉN. v° *Chose jugée*, par DANET.

1. L'art. 368 *in fine*, en interdisant, après acquittement, la poursuite des mêmes faits autrement qualifiés, a adopté la solution de l'arrêt par lequel la Cour de cassation avait abandonné sa jurisprudence antérieure. V. : • Crim. 20 mars 1956 : *D. 1957. 33, note Huguenev.*

2. En cas d'accusations multiples devant une cour d'assises, une accusation définitivement purgée par une déclaration de non-culpabilité, qui est définitivement acquise à l'accusé, ne peut plus, après cassation de l'arrêt de condamnation, servir de base à une nouvelle poursuite devant la cour d'assises de renvoi. • Crim. 1er avr. 1998, n° 97-83.994 P : *D. 1999. Somm. 326, obs. Pradel* ; *Dr. pénal 1998. Comm. 158, obs. Maron.*

3. Le crime d'homicide qui se commet par la détermination de la volonté et le délit d'imprudence qui l'exclut étant deux infractions distinctes en leurs éléments de fait aussi bien qu'en leurs éléments de droit, un individu condamné pour homicide involontaire peut être poursuivi à nouveau pour homicide volontaire, dès lors qu'il résulte des circonstances de fait révélées postérieurement à la décision des juges correctionnels que la mort de la victime a été la conséquence d'un acte intentionnel de son auteur. • Crim. 25 mars 1954 : *Bull. crim. n° 121* • 19 mai 1983, n° 82-90.251 P : *D. 1984. 51, note Chapar ; JCP 1985. II. 20385, note Jeandidier.*

4. Ni la règle *non bis in idem*, ni l'autorité de la chose jugée ne s'opposent à ce qu'une infraction réprimée par une première condamnation soit l'objet d'une nouvelle poursuite et d'une seconde condamnation, lorsque cette infraction s'est renouvelée et présente, par sa nature, le caractère d'une infraction successive. • Crim. 24 avr. 1931 : *DP 1932. 1. 62, rapp. Bourgeon.*

5. L'exception de chose jugée en matière criminelle est d'ordre public et peut, dès lors, être suppléée d'office par le juge. • Crim. 5 juill. 1907 : *DP 1909. 1. 542.*

Art. 369 **Lorsque dans le cours des débats des charges sont relevées contre l'accusé à raison d'autres faits, et lorsque le ministère public a fait des réserves aux fins de poursuites, le président ordonne que l'accusé acquitté soit, par la force publique, conduit sans délai devant le procureur de la République du siège de la cour d'assises qui doit immédiatement requérir l'ouverture d'une information.** — *Pr. pén. C. 560.*

Art. 370 **Après avoir prononcé l'arrêt, le président avertit, s'il y a lieu, l'accusé de la faculté qui lui est accordée** *(L. n° 2000-516 du 15 juin 2000, art. 136-XV, en vigueur le 1er janv. 2001)* **« , selon les cas, d'interjeter appel ou de se pourvoir en cassation et lui fait connaître le délai d'appel ou de pourvoi ».**

1. Règles nationales. Les dispositions de l'art. 370 ne sont pas prescrites à peine de nullité. • Crim. 3 juill. 1973, n° 73-90.855 P.

2. Règles européennes. Dès lors que le procès-verbal des débats mentionne que le président a averti les accusés de ce qu'ils avaient cinq jours francs pour se pourvoir en cassation contre l'arrêt les condamnant et que, passé ce délai, ils n'y seraient plus recevables, peu importe que cette mention n'ait pas été reproduite dans l'arrêt de condamnation, il n'y a pas violation des art. 2 du protocole additionnel 7 à la Conv. EDH et 370. • Crim. 23 oct. 2002, n° 02-80.369.

3. Peu importe que le procès-verbal mentionne que le président de la cour d'assises après le prononcé de la condamnation a averti « le condamné de la faculté qui lui est accordée de se pourvoir en cassation... » car à supposer que l'emploi par le président du terme « condamné » ait pu constituer une atteinte au principe de la présomption d'innocence, une telle atteinte n'a pu, dès lors qu'elle a eu lieu après le prononcé de l'arrêt portant condamnation, avoir eu pour effet de préjudicier aux intérêts de l'accusé. • Crim. 12 juin 2002, n° 02-88.337.

SECTION III DE LA DÉCISION SUR L'ACTION CIVILE

Art. 371 **Après que la cour d'assises s'est prononcée sur l'action publique, la cour, sans l'assistance du jury, statue sur les demandes en dommages-intérêts formées soit par la partie civile contre l'accusé, soit par l'accusé acquitté contre la partie civile, après que les parties et le ministère public ont été entendus.**

La cour peut commettre l'un de ses membres pour entendre les parties, prendre connaissance des pièces et faire son rapport à l'audience, où les parties peuvent encore présenter leurs observations et où le ministère public est ensuite entendu.

Mayotte : 887.

1. Règles nationales. La cour d'assises doit statuer sur les intérêts civils, bien qu'un pourvoi ait déjà été formé contre l'arrêt prononçant la peine. • Crim. 30 mai 1958 : *D. 1958. Somm. 160.*

2. La cour d'assises, statuant sur les intérêts civils, est en droit de relever le comportement de la victime en se fondant sur les faits tels qu'ils résultent des débats, mais non sur l'octroi des circonstances atténuantes que les membres de la cour et du jury n'ont pas à motiver. • Crim. 11 juin 1980, n° 78-92.434 P.

3. Pour réparer les préjudices résultant des infractions dont ils sont saisis, les juges doivent statuer dans la limite des demandes dont ils sont saisis par les parties civiles ; en conséquence, il ne peut être fait droit à une demande de solidarité sollicitée par l'un des condamnés, mais non sollicitée par les parties civiles. • Crim. 30 oct. 2019, n° 18-82.920 P : *D. actu. 27 nov. 2019, obs. Priou-Alibert ; Dr. pénal 2019. n° 207, obs. Maron et Haas.*

4. Si les établissements publics à caractère administratif peuvent intervenir devant les cours d'assises aux fins prévues par l'art. 1er de l'ordonnance du 7 janv. 1959, modifiée par la loi du 2 janv. 1968, leur intervention n'échappe pas pour autant aux règles de l'exercice de l'action civile devant les tribunaux répressifs. Leur action ne peut ainsi être intentée devant la cour d'assises que jusqu'à la clôture des débats prévue par l'art. 347. A défaut, leur intervention est tardive, donc irrecevable, et ne peut plus être portée que devant les juridictions civiles. • Crim. 19 oct. 1983, n° 83-90.073 P. ♦ Même solution pour les caisses de sécurité sociale qui peuvent intervenir devant les juridictions répressives aux fins prévues par l'art. L. 397 (art. L. 376-1) CSS. • Crim. 16 févr. 1984, n° 83-91.015 P.

5. Lorsque l'arrêt criminel d'une cour d'assises a seul été frappé de pourvoi, la cassation de cet arrêt n'entraîne pas celle de l'arrêt statuant sur les intérêts civils, lequel a acquis l'autorité de la chose jugée. Il s'ensuit que, n'étant plus partie au procès, la victime ou ses ayants droit qui ont obtenu réparation de leur dommage, sont irrecevables à intervenir en qualité de partie civile devant la cour d'assises de renvoi. • Crim. 13 avr. 1988, n° 87-90.447 P.

6. Lorsqu'un arrêt criminel a seul été frappé de pourvoi, la cassation de cet arrêt n'entraîne pas celle de l'arrêt statuant sur les intérêts civils, lequel a acquis autorité de la chose jugée. Il s'ensuit que les victimes ou leurs ayants droit, si elles peuvent intervenir aux débats au soutien de l'accusation, sont irrecevables à présenter toute demande nouvelle d'indemnisation autre que celle pour préjudice souffert depuis la première décision et celles relatives aux frais de procédure. Encourt la cassation en ses dispositions ayant alloué des dommages-intérêts l'arrêt qui n'a pas constaté un préjudice souffert depuis le précédent arrêt civil devenu définitif. • Crim. 10 mai 2012, n° 11-81.437 P.

7. Peut seule donner lieu à des dommages-intérêts la plainte de la partie civile portée de mauvaise foi, de façon abusive ou téméraire. • Crim. 11 mars 1987, n° 86-94.993 P.

8. Dès lors qu'elle ne provient pas du fait de la cour, du président ou du ministère public, l'absence du défenseur au cours de l'audience précédant la décision sur l'action civile ne saurait rendre la procédure irrégulière. • Crim. 29 janv. 1997, n° 96-80.962 P.

9. Il y a violation d'une formalité substantielle portant atteinte aux droits de la défense lorsqu'il ne résulte d'aucune mention de l'arrêt civil que le ministère public et l'accusé ou son conseil ont été entendus. • Crim. 13 sept. 2000, n° 00-80.922 P. ♦ A l'audience de la cour d'assises sur les intérêts civils, les parties et le ministère public doivent, selon l'art. 371, être entendus en leurs observations, conclusions ou moyens de défense. Encourt la cassation l'arrêt civil qui ne mentionne pas l'accomplissement de cette formalité substantielle. • Crim. 23 mai 2012, n° 11-80.742 P.

10. Selon l'art. 371, après que la cour d'assises s'est prononcée sur l'action publique, la cour, sans l'assistance du jury, statue sur les demandes en dommages-intérêts formées notamment par la partie civile contre l'accusé. En conséquence, doit être cassé l'arrêt qui constate que la cour et le jury ont statué ensemble sur la demande en dommages-intérêts de la partie civile contre l'accusé condamné. • Crim. 23 oct. 2002, n° 02-81.966 P.

11. Compatibilité avec les règles européennes. Selon l'art. 371, après que la cour d'assises s'est prononcée sur l'action publique, la cour, sans l'assistance du jury, statue sur les demandes en dommages-intérêts formées par la partie civile contre l'accusé, après que les parties et le ministère public ont été entendus ; s'il ne résulte d'aucune mention de l'arrêt civil que l'accusé ou son conseil ont été entendus, le principe ci-dessus rappelé a été méconnu et la violation de cette formalité substantielle, qui porte atteinte aux droits de la défense, entraîne la nullité de l'arrêt civil. • Crim. 4 déc. 2002, n° 02-82.334.

Code de la sécurité sociale

CHAPITRE VI. *Recours des caisses contre les tiers*

V. Circ. de la DACS nº 2007-05 du 22 févr. 2007 relative à l'amélioration des conditions d'exercice du recours subrogatoire des tiers payeurs en cas d'indemnisation du dommage corporel.

Art. L. 376-1 Lorsque, sans entrer dans les cas régis par les dispositions législatives applicables aux accidents du travail, la lésion dont l'assuré social ou son ayant droit est atteint est imputable à un tiers, l'assuré ou ses ayants droit conserve contre l'auteur de l'accident le droit de demander la réparation du préjudice causé, conformément aux règles du droit commun, dans la mesure où ce préjudice n'est pas réparé par application du présent livre *(L. nº 2016-1827 du 23 déc. 2016, art. 64-I)* « ou du livre Ier ».

Les caisses de sécurité sociale sont tenues de servir à l'assuré ou à ses ayants droit les prestations prévues par le présent livre *(L. nº 2016-1827 du 23 déc. 2016, art. 64-I)* « et le livre Ier », sauf recours de leur part contre l'auteur responsable de l'accident dans les conditions ci-après.

(L. nº 2006-1640 du 21 déc. 2006, art. 25-III) « Les recours subrogatoires des caisses contre les tiers s'exercent poste par poste sur les seules indemnités qui réparent des préjudices qu'elles ont pris en charge, à l'exclusion des préjudices à caractère personnel.

« Conformément à *(Ord. nº 2016-131 du 10 févr. 2016, art. 6-XVII, en vigueur le 1er oct. 2016)* « l'article 1346-3 » du code civil, la subrogation ne peut nuire à la victime subrogeante, créancière de l'indemnisation, lorsqu'elle n'a été prise en charge que partiellement par les prestations sociales ; en ce cas, l'assuré social peut exercer ses droits contre le responsable, par préférence à la caisse subrogée. — *Les dispositions de l'Ord. nº 2016-131 du 10 févr. 2016 entrent en vigueur le 1er oct. 2016. Les contrats conclus avant cette date demeurent soumis à la loi ancienne (Ord. préc., art. 9 ; ratifiée par L. nº 2018-287 du 20 avr. 2018, JO 21 avr.).*

« Cependant, si le tiers payeur établit qu'il a effectivement et préalablement versé à la victime une prestation indemnisant de manière incontestable un poste de préjudice personnel, son recours peut s'exercer sur ce poste de préjudice. »

(L. nº 2003-1199 du 18 déc. 2003, art. 8-I) « Hors le cas où la caisse est appelée en déclaration de jugement commun conformément aux dispositions ci-après, la demande de la caisse vis-à-vis du tiers responsable s'exerce en priorité à titre amiable. Une convention signée par la Caisse nationale de l'assurance maladie des travailleurs salariés, la *(Ord. nº 2005-1528 du 8 déc. 2005)* « Caisse nationale du régime social des indépendants » et la Caisse centrale de la mutualité sociale agricole avec les organisations représentatives des assureurs peut définir les modalités de mise en œuvre de cette procédure.

« La personne victime, les établissements de santé, le tiers responsable et son assureur sont tenus d'informer la caisse de la survenue des lésions causées par un tiers dans des conditions fixées par décret. » *(Abrogé par L. nº 2011-1906 du 21 déc. 2011, art. 120-I-1º) « La méconnaissance de l'obligation d'information des caisses par l'assureur du tiers responsable donne lieu à la majoration de 50 % de l'indemnité forfaitaire mentionnée ci-après dans les conditions déterminées par le même décret. »*

L'intéressé ou ses ayants droit doivent indiquer, en tout état de la procédure, la qualité d'assuré social de la victime de l'accident ainsi que les caisses de sécurité sociale auxquelles celle-ci est ou était affiliée pour les divers risques. Ils doivent appeler ces caisses en déclaration de jugement commun *(L. nº 2006-1640 du 21 déc. 2006, art. 25-I)* « ou réciproquement ». A défaut du respect de l'une de ces obligations, la nullité du jugement sur le fond pourra être demandée pendant deux ans, à compter de la date à partir de laquelle ledit jugement est devenu définitif, soit à la requête du ministère public, soit à la demande des caisses de sécurité sociale intéressées ou du tiers responsable, lorsque ces derniers y auront intérêt. *(L. nº 2016-1547 du 18 nov. 2016, art. 13)* « Dans le cadre d'une procédure pénale, la déclaration en jugement commun ou l'intervention des caisses de sécurité sociale peut intervenir après les réquisitions du ministère public, dès lors que l'assuré s'est constitué partie civile et qu'il n'a pas été statué sur le fond de ses demandes. »

(Ord. nº 96-51 du 24 janv. 1996, art. 9-I) « En contrepartie des frais qu'elle engage pour obtenir le remboursement mentionné au troisième alinéa ci-dessus, la caisse d'assurance maladie à laquelle est affilié l'assuré social victime de l'accident recouvre une indemnité forfaitaire à la charge du tiers responsable et au profit de l'organisme national d'assurance maladie. Le montant de cette indemnité est égal au tiers des sommes dont le remboursement a été obtenu, dans les limites d'un montant maximum de *(L. nº 2005-1579 du 19 déc. 2005,*

art. 15-II) « 910 € » et d'un montant minimum de *(L. nº 2005-1579 du 19 déc. 2005, art. 15-II)* « 91 €. A compter du 1er janvier 2007, les montants mentionnés au présent alinéa sont révisés chaque année, par arrêté des ministres chargés de la sécurité sociale et du budget, en fonction du taux de progression de l'indice des prix à la consommation hors tabac prévu dans le rapport économique, social et financier annexé au projet de loi de finances pour l'année considérée ».

« Cette indemnité est établie et recouvrée par la caisse selon les règles et sous les garanties et sanctions, prévues au chapitre III du titre III et aux chapitres II, III et IV du titre IV du livre Ier ainsi qu'aux chapitres III et IV du titre IV du livre II applicables au recouvrement des cotisations de sécurité sociale.

« Lorsque l'assuré victime de l'accident est affilié au régime agricole, l'indemnité est recouvrée selon les règles et sous les garanties et sanctions prévues aux chapitres II, III et IV du titre IV du livre Ier ainsi » *(L. nº 2011-1906 du 21 déc. 2011, art. 120-I-2º)* « qu'aux articles L. 725-3 à L. 725-4 du code rural et de la pêche maritime. »

(L. nº 2017-1836 du 30 déc. 2017, art. 46-I) « Pour l'exécution des recours subrogatoires prévus au présent article, les créances détenues par l'organisme qui a versé les prestations sont cédées définitivement à l'organisme chargé de cette mission en application du 3º de l'article L. 221-3-1 du présent code. »

Art. L. 376-2 La victime ou ses ayants droit est admise à faire valoir les droits résultant pour elle de l'action en indemnité formée conformément à l'article L. 376-1 par priorité sur ceux des caisses en ce qui concerne son action en remboursement des débours.

Art. L. 376-3 Le règlement amiable pouvant intervenir entre le tiers et l'assuré ne peut être opposé à la caisse de sécurité sociale qu'autant que celle-ci a été invitée à y participer par lettre recommandée et ne devient définitif que quinze jours après l'envoi de cette lettre.

Art. L. 376-4 *(L. nº 2011-1906 du 21 déc. 2011, art. 120-II)* La caisse de sécurité sociale de l'assuré est informée du règlement amiable intervenu entre l'assuré et le tiers responsable ou l'assureur.

L'assureur *(L. nº 2016-1827 du 23 déc. 2016, art. 107-3º)* « ou le tiers responsable » ayant conclu un règlement amiable sans respecter l'obligation mentionnée au premier alinéa ne *(L. nº 2016-1827 du 23 déc. 2016, art. 107-3º)* « peuvent » opposer à la caisse la prescription de *(L. nº 2016-1827 du 23 déc. 2016, art. 107-3º)* « leur » créance. *(L. nº 2016-1827 du 23 déc. 2016, art. 107-3º)* « Ils versent » à la caisse, outre les sommes obtenues par celle-ci au titre du recours subrogatoire prévu à l'article L. 376-1, une pénalité qui est fonction du montant de ces sommes et de la gravité du manquement à l'obligation d'information, dans la limite de 50 % du remboursement obtenu.

Le deuxième alinéa du présent article est également applicable à l'assureur du tiers responsable *(L. nº 2016-1827 du 23 déc. 2016, art. 107-3º)* « ou au tiers responsable » lorsqu'*(L. nº 2016-1827 du 23 déc. 2016, art. 107-3º)* « ils ne respectent pas » l'obligation d'information de la caisse prévue au septième alinéa de l'article L. 376-1. Une seule pénalité est due à raison du même sinistre.

(L. nº 2016-1827 du 23 déc. 2016, art. 107-3º) « La pénalité appliquée au tiers responsable ne peut excéder 30 000 euros lorsqu'il s'agit d'un particulier. »

La contestation de la décision de la caisse de sécurité sociale relative au versement de la pénalité relève du contentieux de la sécurité sociale. La pénalité est recouvrée selon les modalités définies au *(L. nº 2017-1836 du 30 déc. 2017, art. 78-I)* « neuvième » alinéa du IV de l'article *(L. nº 2015-1702 du 21 déc. 2015, art. 59-XII-A-23º, en vigueur le 1er janv. 2016)* « L. 114-17-1 ». L'action en recouvrement de la pénalité se prescrit par deux ans à compter de la date d'envoi de la notification de la pénalité par le directeur de la caisse.

Les modalités d'application du présent article sont définies par décret en Conseil d'État.

Art. 371-1 *(L. nº 2019-222 du 23 mars 2019, art. 63 et 109-XIII, en vigueur le 1er juin 2019)* **La cour peut mettre en délibéré sa décision sur l'action civile.**

Elle peut également, après avoir recueilli les observations des parties, renvoyer cette décision à une audience ultérieure dont elle fixe la date. Ce renvoi est de droit à la demande des parties civiles.

L'audience sur les intérêts civils a lieu au tribunal judiciaire dans le ressort duquel se sont tenues les assises.

Sauf si la partie civile ou l'accusé a sollicité lors du renvoi le bénéfice de la collégialité, le président de la cour d'assises statue seul et peut prendre les décisions prévues à la présente section.

L'audience est publique. La présence du ministère public n'est pas obligatoire.

Art. 372 **La partie civile, dans le cas d'acquittement comme dans** *(L. n° 92-1336 du 16 déc. 1992)* **« celui d'exemption de peine », peut demander réparation du dommage résultant de la faute de l'accusé, telle qu'elle résulte des faits qui sont l'objet de l'accusation.** — *Pr. pén. 470-1, C. 562.*

1. La cour d'assises peut, après acquittement de l'accusé, le condamner à des dommages-intérêts, pourvu que sa décision soit fondée sur des faits qui ont été l'objet de l'accusation, qu'elle puisse se concilier avec la déclaration de non-culpabilité et qu'elle précise la faute, distincte du crime définitivement écarté, qui sert de base à la condamnation. • Crim. 26 févr. 1969, n° 68-91.352 P : *D. 1969. 325* • 11 mars 1987, n° 83-94.993 P.

2. Un verdict négatif ne fait pas obstacle à ce que la cour examine si le même fait, dépouillé des circonstances qui lui imprimaient le caractère d'un crime, ne constitue pas tout au moins un fait dommageable de nature à engager, en cas de faute constatée à la charge de l'accusé, la responsabilité civile de celui-ci. • Crim. 11 janv. 1984, n° 83-91.968 P • 7 oct. 1987, n° 87-80.526 P • 20 oct. 1993, n° 93-80.338 P. ♦ Un verdict négatif ne met pas obstacle à ce que la cour d'assises examine si le fait poursuivi, dépouillé des circonstances qui lui imprimaient le caractère d'un crime, n'en est pas moins dommageable et de nature à engager, en cas de faute constatée à la charge de l'accusé, la responsabilité civile de celui-ci. • Crim. 20 oct. 1993, n° 93-80.338 P.

3. Doit être annulé l'arrêt qui, après acquittement de l'accusé, rejette une demande de dommages-intérêts fondée sur des faits se rattachant à l'accusation, sans s'expliquer sur la faute précise imputée par la partie civile à l'accusé acquitté. • Crim. 27 févr. 1968, n° 67-91.430 P.

4. Justifie sa décision au regard de l'art. 372 la cour d'assises qui alloue des dommages-intérêts aux parties civiles en réparation du préjudice moral causé par le décès de la victime, alors même que l'accusé a été déclarée coupable du délit de violences avec arme, dès lors qu'elle caractérise la faute de l'auteur, distincte du crime de violences mortelles définitivement écarté, ainsi que le lien entre cette faute et la mort de la victime. • Crim. 31 janv. 2002, n° 00-82.852.

5. Lorsqu'il ne résulte ni du procès-verbal des débats, ni des conclusions déposées par la partie civile que celle-ci ait demandé, après le prononcé de l'acquittement, qu'il soit statué sur le dommage résultant pour elle de la faute de l'accusé, objet de l'accusation, il ne peut être reproché à la cour de s'être abstenue de se prononcer sur ce point car elle n'est pas tenue de le faire d'office. • Crim. 23 juin 2004, n° 03-86.082 P : *JCP 2004. IV. 2691 ; AJ pénal 2004. 371*. ♦ Par ailleurs, l'action formée par la partie civile contre l'accusé acquitté en invoquant une faute civile distincte doit être déclarée irrecevable dès lors que cette demande a été formulée lors d'une audience ultérieure de la cour d'assises et en l'absence de conclusions déposées lors de l'audience initiale ou de demande expresse de renvoi ou de sursis à statuer. • Crim. 29 mars 2006, n° 05-84.446 P : *D. 2006. IR 1483 ; AJ pénal 2006. 312, obs. Girault*.

Art. 373 **La cour peut ordonner** *(L. n° 2016-731 du 3 juin 2016, art. 84)* **« , *d'office ou sur demande d'une partie ou de toute personne intéressée,* » la restitution des objets placés sous la main de la justice. Toutefois, s'il y a eu condamnation, cette restitution n'est effectuée que si son bénéficiaire justifie que le condamné a laissé passer les délais sans se pourvoir en cassation ou, s'il s'est pourvu, que l'affaire est définitivement jugée.**

(L. n° 85-1407 du 30 déc. 1985) **« La cour peut refuser la restitution lorsque celle-ci présente un danger pour les personnes ou les biens** *(L. n° 2016-731 du 3 juin 2016, art. 84)* **« ou lorsque le bien saisi est l'instrument ou le produit direct ou indirect de l'infraction ». »** — *Pr. pén. C. 563.*

(L. n° 2016-731 du 3 juin 2016, art. 84) **« En cas de demande de restitution émanant d'une personne autre que les parties, seuls les procès-verbaux relatifs à la saisie des biens peuvent lui être communiqués. »**

1. Distinction des restitutions et des dommages-intérêts. Il résulte de l'art. 373 que la cour d'assises ne peut ordonner de restitutions qu'autant que, distinctes des dommages-intérêts alloués en réparation du préjudice causé par l'infraction, elles portent sur des objets identifiés et placés sous la main de la justice. • Crim. 10 nov. 1998, n° 97-86.693 P.

2. Composition de la cour. La cour seule peut ordonner la restitution des objets saisis, la cour et le jury réunis n'ayant pas compétence pour le faire. • Crim. 20 nov. 1985, n° 85-92.246 P.

Art. 373-1 *(L. n° 2010-768 du 9 juill. 2010, art. 7-I)* **En cas de condamnation à une peine de confiscation portant sur un bien qui n'est pas sous main de justice, la cour statuant sans l'assistance des jurés peut, afin de garantir l'exécution de cette peine, ordonner la saisie, aux frais avancés du Trésor, du bien confisqué.**

La cour peut également autoriser la remise à l'Agence de gestion et de recouvrement des avoirs saisis et confisqués, en vue de leur aliénation, des biens meubles confisqués dont elle ordonne la saisie, lorsque ces biens ne sont plus nécessaires à la manifestation de la vérité et que leur conservation serait de nature à en diminuer la valeur. Dans ce cas le produit de la vente est consigné.

La décision de la cour est exécutoire nonobstant l'appel qui peut être formé contre la condamnation et, le cas échéant, le caractère non avenu de l'arrêt en phase d'appel prévu à l'article 379-4. Toutefois, le président de la chambre de l'instruction peut ordonner, à la requête du procureur général ou à la demande d'une des parties, la mainlevée totale ou partielle de ces mesures, par décision spéciale et motivée.

Les arrêts d'acquittement ou qui ne confirment pas la confiscation du bien emportent de plein droit mainlevée de la saisie aux frais avancés du Trésor ou, si le propriétaire en fait la demande, restitution du produit de la vente.

Art. 374 *(L. n° 2000-516 du 15 juin 2000, art. 85-II ; L. n° 2000-1354 du 30 déc. 2000, art. 27 et 37, en vigueur le 1er janv. 2001)* **Lorsqu'elle statue en premier ressort, la cour peut ordonner l'exécution provisoire de sa décision, si celle-ci a été demandée, sans préjudice des dispositions de l'article 380-8.**

Toutefois, l'exécution provisoire des mesures d'instruction est de droit.

Art. 375 *(L. n° 93-2 du 4 janv. 1993)* **La cour condamne l'auteur de l'infraction à payer à la partie civile la somme qu'elle détermine, au titre des frais non payés par l'État et exposés par celle-ci.** *(L. n° 2021-1729 du 22 déc. 2021, art. 48)* **« Les parties peuvent produire les justificatifs des sommes qu'elles demandent et » la cour tient compte de l'équité ou de la situation économique de la partie condamnée. Elle peut, même d'office, pour des raisons tirées des mêmes considérations, dire qu'il n'y a pas lieu à cette condamnation.**

Les dispositions de l'art. 375 demeurent applicables à la partie civile non appelante qui a été déboutée en première instance de toutes ses demandes. • Crim. 9 janv. 2019, n° 17-87.070 P : *AJ pénal 2019. 213, obs. Lasserre Capdeville*.

Art. 375-1 *(L. n° 81-82 du 2 févr. 1981)* **La partie civile est assimilée au témoin en ce qui concerne le paiement des indemnités, sauf décision contraire du tribunal.**

Art. 375-2 *(L. n° 92-1336 du 16 déc. 1992 ; L. n° 94-89 du 1er févr. 1994)* **Les personnes condamnées pour un même crime sont tenues solidairement des restitutions et des dommages-intérêts.**

En outre, la cour peut, par décision spéciale et motivée, ordonner que l'accusé qui s'est entouré de coauteurs ou de complices insolvables sera tenu solidairement des amendes. — *Les dispositions de la loi n° 92-1336 du 16 déc. 1992 sont entrées en vigueur le 1er mars 1994.*

RÉP. PÉN. v° *Solidarité pénale*, par REDON.

La solidarité de l'art. 375-2 s'étend à tous les individus déclarés coupables de différentes infractions rattachées entre elles par des liens d'indivisibilité ou de connexité, ainsi tous les auteurs d'un vol commis avec usage ou sous la menace d'une arme sont responsables du préjudice causé par celui qui a commis seul une tentative de meurtre avec l'une de ces armes. • Crim. 31 mai 2000, n° 99-84.507 P : *D. 2000. IR 219*.

SECTION IV **DE L'ARRÊT ET DU PROCÈS-VERBAL**

Art. 376 *(L. nº 2011-525 du 17 mai 2011, art. 186-1º)* **Le greffier écrit l'arrêt ; les textes de lois appliqués y sont indiqués.**

1. Forme de l'arrêt. L'art. 376 n'interdit pas l'usage de formules comportant certaines mentions imprimées à l'avance. • Crim. 24 nov. 1965, nº 65-91.780 P.

2. Nom d'un magistrat ou d'un juré dans l'arrêt. L'omission du nom d'un assesseur dans l'arrêt de condamnation résultant d'une simple erreur matérielle n'est pas une cause de nullité dès lors que les autres pièces de la procédure, et notamment le procès-verbal des débats, permettent d'y suppléer. • Crim. 18 janv. 1977, nº 76-92.601 P. ♦ D'où la nullité dans le cas inverse. • Crim. 20 mars 1961, nº 60-92.775 P. ♦ Aucun texte de loi ne prescrit, à peine de nullité, que les noms des jurés soient mentionnés dans l'arrêt de la cour d'assises, le procès-verbal du tirage au sort contenant, à cet égard, toute indication nécessaire pour permettre à la Cour de cassation d'exercer son contrôle. • Crim. 11 avr. 1964, nº 63-93.128 P • 3 nov. 1994, nº 94-80.233 P.

3. Contenu de l'arrêt. Aucun texte n'exige que l'arrêt de condamnation constate que la décision refusant les circonstances atténuantes a été prise à la majorité requise par l'art. 359, dès lors que cet arrêt se réfère à la déclaration de la cour et du jury, laquelle a été exprimée conformément aux dispositions dudit art. • Crim. 17 déc. 1980, nº 80-92.681 P. ♦ Les mentions de la feuille de questions et les énonciations de l'arrêt de condamnation doivent, à peine de nullité, être en concordance. • Crim. 28 janv. 1981, nº 80-82.348 P • 13 oct. 1982, nº 82-91.058 P • 3 juin 1988, nº 87-84.240 P • 9 avr. 1997, nº 96.82.123 P. ♦ Mais cette règle ne fait pas obstacle à ce que l'ordre des divers éléments d'une déclaration de culpabilité de la cour et du jury soit inversé dans l'arrêt, dès lors que la substance de cette déclaration est intégralement reproduite, sans adjonction ni substitution. Il en est autrement lorsque l'arrêt fait mention d'une circonstance aggravante qui ne figure pas sur la feuille de questions ; cette adjonction n'a toutefois porté aucune atteinte aux intérêts de l'accusé, dès lors qu'il résulte de ladite feuille de questions que la cour et le jury ont délibéré sur l'application de la peine qui a été prononcée, en conséquence de leurs réponses affirmatives aux questions posées, au nombre desquelles ne figure aucune interrogation sur la circonstance aggravante considérée. • Crim. 3 juin 1988 : *préc.*

4. Lorsque la feuille de questions précise que la peine maximale a été décidée à la majorité qualifiée exigée par l'art. 362, il n'importe que cette mention ne figure pas dans l'arrêt de condamnation. • Crim. 25 janv. 1995, nº 94-82.811 P.

5. Date de l'arrêt. Si l'arrêt de condamnation contient une erreur de date et d'heure purement matérielle, cette erreur peut être rectifiée par l'examen des autres pièces de procédure. • Crim. 30 nov. 1977, nº 77-92.173 P.

Art. 377 **La minute de l'arrêt rendu après délibération de la cour d'assises ainsi que la minute des arrêts rendus par la cour sont signées par le président et le greffier.**

Tous ces arrêts doivent porter mention de la présence du ministère public.

Il résulte des art. 376, 377 et 378 que le greffier doit signer avec le président la minute des arrêts rendus par la cour d'assises ainsi que le procès-verbal des débats. Pour justifier l'absence de signature du greffier, il est insuffisant de mentionner que le procès-verbal des débats, l'arrêt pénal et les autres arrêts incidents sont signés par le seul président « suite au congé-maladie du greffier et à son état invalidant ne permettant pas sa signature ». Le manque de précision, notamment quant à la date à laquelle le greffier est devenu indisponible, ne permet pas à la Cour de cassation de s'assurer de l'existence d'un événement de force majeure, seul susceptible de conférer, faute de signature du greffier, authenticité aux actes susvisés. • Crim. 12 sept. 2007, nº 07-80.618 P : *D. 2007. AJ 2472* ; *AJ pénal 2007. 493*.

Art. 378 **Le greffier dresse, à l'effet de constater l'accomplissement des formalités prescrites, un procès-verbal qui est signé par le président et par ledit greffier.**

Le procès-verbal est dressé et signé dans le délai de trois jours au plus tard du prononcé de l'arrêt. — *Pr. pén. C. 568.*

1. Intérêt et valeur du procès-verbal. La preuve des faits survenus au cours des débats résulte des mentions du procès-verbal des débats, insérées, le cas échéant, après une demande de donner acte. • Crim. 8 févr. 1977, nº 76-92.858 P. ♦ L'absence du procès-verbal, rendant impossible la vérification de l'accomplissement des formalités substantielles, entraîne l'annulation des débats et de l'arrêt. • Crim. 9 janv. 1963, nº 62-92.690 P : *D. 1963. Somm. 39.* ♦ Il en est de même de l'absence d'une seule page du procès-verbal, attendu qu'en l'état de cette omission, la Cour de cassation n'est pas en mesure de connaître quels ont été les actes de procédure effectués et, par là-même, de vérifier si les formalités substantielles imposées par la loi, relatives à ces actes, ont été respectées. • Crim. 29 janv. 2014, n° 13-81.479 P : *D. actu. 18 févr. 2014, obs. Fucini.*

2. La demande de donner acte est recevable jusqu'à la levée de la dernière audience du procès. • Crim. 22 avr. 1977, n° 76-91.049 P : *D. 1978. 28, note Chapar.* ♦ Des attestations produites après la levée de l'audience n'ont pas de valeur probatoire et il ne peut être suppléé à la constatation régulière d'un fait matériel survenu à l'audience par une demande d'inscription de faux reposant uniquement sur un silence du procès-verbal. • Même arrêt.

3. Contenu du procès-verbal. Le greffier n'a pas l'obligation de constater dans son procès-verbal les suspensions d'audience, simples faits matériels. Dès lors, en l'absence de toute réclamation de sa part durant les débats, le demandeur est sans qualité à se plaindre d'une violation de ses droits imputable à la durée prétendument déraisonnable de l'audience. • Crim. 12 nov. 1997, n° 96-84.679 P. ♦ L'accusé ne peut se faire grief de la présence au procès-verbal de deux pages numérotées huit, l'une d'elle mentionnant une suspension d'audience de 11 h 55 à 14 h, car cette suspension, qui s'intercale logiquement dans le déroulement des débats, est attestée par les signatures du président et du greffier, à la fin du procès-verbal. • Crim. 16 oct. 2019, n° 18-84.374 P : *D. actu. 6 nov. 2019, obs. Goudjil ; AJ pénal 2019. 609, obs. Thierry* .

4. Le procès-verbal doit nécessairement préciser l'objet du donné acte qui est concédé par le président de la cour d'assises. • Crim. 17 mars 1999, n° 98-81.124 P : *Dr. pénal 1999. Comm. 121, obs. Maron.*

5. Le procès-verbal ne constate valablement l'accomplissement des formalités prescrites qu'à la condition d'être exempt de contradictions. En outre, le procès-verbal ne fait foi des faits qu'il constate que dans la mesure où ses énonciations ne sont pas en contradiction avec celles de l'arrêt de condamnation. • Crim. 8 juill. 1985, n° 84-91.755 P • 6 déc. 2000, n° 00-82.942 P : *D. 2001. IR 906* ; *Dr. pénal 2001. Comm. 92, obs. Maron.* ♦ Contient des énonciations contradictoires le procès-verbal des débats qui, après avoir relaté que les audiences de la cour d'assises ont été tenues publiquement, constate que, les débats terminés, le président a donné l'ordre que les portes soient ouvertes et que le public a été à nouveau admis dans la salle d'audience. • Crim. 21 juin 1995, n° 94-85.194 P • 21 oct. 1998, n° 97-85.959 P. ♦ Il en est de même du procès-verbal qui mentionne que les débats ont eu lieu en audience publique et que, le lendemain, l'audience a été reprise à huis clos puis, après une suspension, qu'elle a été reprise dans les mêmes conditions qu'avant ladite suspension, toujours publiquement. • Crim. 3 sept. 1997, n° 96-84.454 P. ♦ Conf. : • Crim. 9 sept. 1998, n° 97-86.187 P.

6. A défaut de mentions au procès-verbal, la référence à des faits prétendument survenus à l'audience demeure à l'état d'allégation. • Crim. 22 juin 1988, n° 87-91.595 P.

7. Aucune contradiction ne peut être opposée aux constatations du procès-verbal si ce n'est par la voie de l'inscription de faux. • Crim. 9 déc. 1987, n° 87-80.056 P.

8. Signature du procès-verbal. Il résulte des termes de l'art. 378 que seules sont exigées, pour authentifier l'ensemble des énonciations, la signature du président et celle du greffier. • Crim. 28 févr. 1979, n° 78-92.709 P.

9. L'accomplissement des formalités au cours de l'audience n'est pas authentifié si le greffier a omis de signer le procès-verbal. • Crim. 20 févr. 1980, n° 79-93.071 P.

10. Les signatures du président et du greffier apposées à la fin du procès-verbal, rédigé sur plusieurs feuilles réunies et en un seul contexte, s'appliquent à la totalité des énonciations qui les précèdent, dès lors que rien ne met en doute la force probante des mentions qui y sont contenues. • Crim. 12 juin 1981, n° 81-90.899 P • 18 nov. 1992, n° 92-83.406 P. ♦ De même, ces signatures apposées à la fin du procès-verbal authentifient l'ensemble des énonciations qui les précèdent, y compris les déclarations actées en vertu de l'art. 333, lorsque le procès-verbal mentionne qu'il a été signé par le président et le greffier et que sur l'expédition qui figure au dossier, le greffier atteste que « suivent les signatures ». • Crim. 17 mai 2000, n° 98-87.157 P.

11. Il résulte des art. 376, 377 et 378 que le greffier doit signer avec le président la minute des arrêts rendus par la cour d'assises ainsi que le procès-verbal des débats. Pour justifier l'absence de signature du greffier, il est insuffisant de mentionner que le procès-verbal des débats, l'arrêt pénal et les autres arrêts incidents sont signés par le seul président « suite au congé-maladie du greffier et à son état invalidant ne permettant pas sa signature ». Le manque de précision, notamment quant à la date à laquelle le greffier est devenu indisponible, ne permet pas à la Cour de cassation de s'assurer de l'existence d'un événement de force majeure, seul susceptible de conférer, faute de signature du greffier, authenticité aux actes susvisés. • Crim. 12 sept. 2007, n° 07-80.618 P : *D. 2007. AJ 2472* ; *AJ pénal 2007. 493* .

12. Pluralité de greffiers. Les greffiers peuvent se remplacer au cours des débats devant la cour d'assises, mais il incombe à chacun d'eux d'authentifier par sa signature la partie du procès-verbal relative aux actes auxquels il a personnellement assisté. • Crim. 11 mai 1977, n° 76-90.048 P • 25 oct. 2000, n° 99-85.208 P • 9 oct. 2002, n° 01-87.978 P : *D. 2002. IR 3242* ; *JCP 2002. IV. 3031* • 4 juin 2003, n° 02-84.162 P : *JCP 2003. IV. 2364.*

13. Date du procès-verbal. Si le procès-verbal des débats, signé par le président et le greffier, ne mentionne pas la date à laquelle il a été dressé et clos, aucune nullité n'est cependant encourue, dès lors qu'il n'est pas établi que l'absence de date ait eu pour effet de porter atteinte aux intérêts de l'accusé, notamment en ce qui concerne l'exercice d'un pourvoi en cassation. • Crim. 10 déc. 2003, n° 03-80.539 P : *D. 2004. IR 250* ; *JCP 2004. IV. 1376* • Crim. 17 oct. 2018, n° 17-83.958 P : *D. actu. 26 oct. 2018, obs. Goetz ; Dr. pénal 2018, n° 218, note Maron et Haas ; Procédures 2018, n° 376, obs. Chavent-Leclère.* ♦ *Contra* : l'indication de la date du procès-verbal est essentielle à sa validité. • Crim. 10 janv. 1996 : *D. 1996. Somm. 260, obs. Pradel* ; *Dr. pénal 1996. 120, obs. Maron* • 17 mars 1999, n° 98-81.124 P.

14. Délai d'établissement du procès-verbal. Conformément à l'art. 801, est prorogé jusqu'au dernier jour ouvrable suivant le délai de trois jours à compter du prononcé de l'arrêt, imparti par l'art. 378, al. 2, pour dresser et signer le procès-verbal des débats, dès lors que ledit délai expirait normalement un samedi, un dimanche ou un jour férié. • Crim. 19 nov. 1980, n° 80-92.018 P • 21 avr. 1982, n° 81-91.472 P.

15. Le délai de trois jours prévu par l'art. 378, al. 2 n'est pas prescrit à peine de nullité, dès lors qu'il n'est pas établi que cette inobservation a porté atteinte aux intérêts de l'accusé, notamment en ce qui concerne l'exercice d'un pourvoi en cassation. • Crim. 13 nov. 1996, n° 96-80.531 P : *JCP 1997. I. 4031, Chron. Maron ; Dr. pénal 1997. Comm. 53, note Maron* • 15 déc. 1999, n° 99-81.431 P.

Art. 379 **A moins que le président n'en ordonne autrement d'office ou sur la demande** *(Ord. n° 60-529 du 4 juin 1960)* **« du ministère public ou des parties », il n'est fait mention au procès-verbal, ni des réponses des accusés, ni du contenu des dépositions, sans préjudice, toutefois, de l'exécution de l'article 333 concernant les additions, changements ou variations dans les déclarations des témoins.** — *Pr. pén. C. 569.*

L'art. 379 ne reproduit pas la sanction de nullité qu'édictait l'art. 372 C. instr. crim.

1. Disposition d'ordre public. L'art. 379, disposition d'ordre public, s'applique à toute déclaration en relation avec la culpabilité de l'accusé. • Crim. 19 nov. 1964, n° 64-91.500 P • 11 déc. 1968, n° 68-92.890 P : *D. 1969. 197, note J.-M. R.* • 24 mars 1971, n° 70-92.273 P : *D. 1971. Somm. 104* • 11 janv. 1977, n° 76-91.974 P.

2. Généralité de la règle. Le pouvoir donné par l'art. 379 au président d'ordonner qu'il soit pris note de la déposition d'un témoin est général. Il s'applique à toutes les dépositions, celles qui sont faites sous la foi du serment comme celles qui ne sont reçues qu'à titre de renseignement. Il n'est pas limité au cas où des additions, changements ou variations existent entre la déposition d'un témoin et ses précédentes déclarations. • *Crim. 3 juill. 1974*, n° 74-90.540 P. ♦ Dans l'hypothèse où le président demande que soient inscrites au procès-verbal les réponses d'un accusé, son nom doit être précisé afin qu'il puisse être identifié. • Crim. 15 nov. 2006, n° 06-81.331 P : *AJ pénal 2007. 89, obs. Saas* ; *Dr. pénal 2007. Comm. 46, obs. Maron ; ibid. 2007. Chron. 5, obs. Angevin.*

3. Nécessité d'un ordre exprès du président. Les réponses des accusés et les déclarations des témoins faites lors de la présentation des pièces à conviction ne peuvent être insérées au procès-verbal des débats sans l'ordre exprès du président. • Crim. 2 déc. 1971, n° 72-92.842 P • 12 oct. 1983, n° 82-83.569 P : *D. 1984. IR 51* • 2 déc. 1987, n° 87-83.243 P • 10 avr. 1996, n° 95-85.504 P. ♦ Dans le même sens : la mention du procès-verbal des débats transcrivant des déclarations en lien avec la culpabilité de l'accusé doit préciser que l'ordre d'y procéder a été donné par le président de la cour d'assises. • Crim. 23 oct. 2013, n° 12-87.786 P : *D. actu. 18 nov. 2013, obs. Winckelmuller.* ♦ Ainsi en est-il de la réponse d'un témoin entendu à titre de simples renseignements qui est en relation avec la culpabilité de l'accusé. • Crim. 7 déc. 1994, n° 94-82.089 P : *D. 1995. Somm. 322, obs. Pradel* . ♦ ... Des déclarations de la partie civile, d'une personne présente dans la salle d'audience, et de la réponse de l'accusé à ces déclarations. • Crim. 13 avr. 2005, n° 04-82.473 P : *JCP 2005. IV. 2273.* ♦ ... Des déclarations d'un accusé dans le procès-verbal des débats. • Crim. 18 févr. 2009, n° 08-82.527 P : *D. 2009. AJ 814* ; *AJ pénal 2009. 232, obs. Royer* .

4. Une demande de donner acte ne peut aboutir à contourner la prohibition prévue à l'art. 379 qui interdit, sauf ordre du président, de faire mention au procès-verbal du contenu des dépositions des témoins. • Crim. 6 janv. 1999, n° 98-82.615 P : *JCP 1999. I. 151, Chron. Maron* • Crim. 17 oct. 2012, n° 10-88.321 P.

5. L'art. 379 confère au président seul le droit d'ordonner qu'il soit fait mention au procès-verbal des réponses des accusés ou du contenu des dépositions des témoins. Il n'appartient pas à la cour d'intervenir dans l'exercice de ce droit personnel et exclusif du président. • Crim. 1er juin 1983, n° 82-94.368 P : *D. 1983. 637, note Chapar* • 29 juin 1983, n° 82-94.208 P • 23 nov. 1983, n° 83-90.811 P. ♦ Mais l'accusé est irrecevable, faute d'intérêt, à se faire un grief de ce que la cour, et non son président, a pris une décision faisant droit à sa demande. • Crim. 14 juin 1989, n° 87-92.100 P.

6. Forme de la décision du président. L'art. 379 n'exige pas que la décision du président ait la forme d'une ordonnance et soit constatée autrement que par une mention au procès-verbal des débats. • Crim. 17 juin 1970, n° 70-90.306 P • 3 févr. 1971, n° 70-92.074 P • 7 févr. 1996, n° 95-82.871 P. ♦ Il n'exige pas que cette décision soit motivée. • Crim. 12 mars 1975, n° 74-92.936 P. ♦ ... Ni que l'art. 379 soit visé ou que l'identité de la personne qui a posé la question au témoin soit précisée. • Crim. 9 mars 2022, n° 21-82.136 P.

7. Exclusions. La mention au procès-verbal que l'accusé a « répondu par la négative » lorsque le président lui a demandé s'il avait quelque chose à ajouter pour sa défense échappe aux dispositions prohibitives de l'art. 379. • Crim. 24 mars 1958, n° 58-90.842 P • 7 févr. 1990, n° 89-83.125 P. ♦ Il en est de même de la mention énonçant que « les experts ont exposé à l'audience les résultats des opérations techniques auxquelles ils ont procédé ». • Crim. 17 avr. 1975, n° 74-93.050 P. ♦ ... De la mention du contenu de questions posées à l'accusé. • Crim. 19 sept. 1996, n° 96-81.198 P.

8. Les propos tenus au cours des débats par les conseils des parties n'entrent pas dans les prévisions de l'art. 379. • Crim. 14 févr. 1990, n° 89-84.267 P.

9. L'indication au procès-verbal du nom des témoins entendus n'est prescrite par aucune disposition de la loi. • Crim. 17 déc. 1997, n° 97-81.485 P.

10. Conséquences de l'absence de consignation. La cour d'assises peut, sans méconnaître les dispositions de l'art. 379, motiver sa décision de refus d'organisation d'une nouvelle reconstitution des faits en faisant état de certaines réponses faites à l'audience par l'accusé qui, sans constituer des aveux, étaient de nature à justifier l'inutilité de la mesure sollicitée, même si ces réponses n'étaient pas mentionnées au procès-verbal des débats. • Crim. 30 mars 2011 : *Dr. pénal 2011, n° 97, obs. Maron et Haas.* ♦ De même, les dispositions de l'art. 379 ne font pas obstacle à ce que la cour, saisie d'un incident contentieux, se réfère, pour répondre aux arguments invoqués, aux dépositions d'un expert et d'un témoin qui n'ont pas été consignées au procès-verbal des débats. • Crim. 2 mars 2016, n° 14-83.063 P : *D. actu. 22 mars 2016, obs. Benelli-de Bénazé.*

11. Absence de manifestation d'opinion. La décision du président de faire consigner au procès-verbal des débats, en application de l'art. 379, certaines déclarations de l'accusé ne saurait être interprétée comme une manifestation d'opinion sur la culpabilité de ce dernier au sens de l'art. 328. • Crim. 12 déc. 2012, n° 12-80.788 P : *D. actu. 10 janv. 2013, obs. Bombled ; D. 2013. Pan. 1993, obs. Pradel ; Procédures 2013, n° 78, obs. Chavent-Leclère ; Dr. pénal 2013. Comm. 29, note Maron et Haas.*

Art. 379-1 Les minutes des arrêts rendus par la cour d'assises sont réunies et déposées au greffe du tribunal judiciaire, siège de ladite cour.

Toutefois, les minutes des arrêts rendus par la cour d'assises du département où siège la cour d'appel restent déposées au greffe de ladite cour.

CHAPITRE VIII DU DÉFAUT EN MATIÈRE CRIMINELLE

(L. n° 2004-204 du 9 mars 2004, art. 156-III, en vigueur le 1er oct. 2004)

BIBL. ► MAURO, *RSC 2006. 35* (le défaut criminel).

Art. 379-2 L'accusé absent sans excuse valable à l'ouverture de l'audience est jugé par défaut conformément aux dispositions du présent chapitre. Il en est de même lorsque l'absence de l'accusé est constatée au cours des débats et qu'il n'est pas possible de les suspendre jusqu'à son retour.

Toutefois, la cour peut également décider de renvoyer l'affaire à une session ultérieure, après avoir décerné mandat d'arrêt contre l'accusé si un tel mandat n'a pas déjà été décerné.

Les dispositions du présent chapitre ne sont pas applicables dans les cas prévus par les articles 320 et 322. *(L. n° 2016-731 du 3 juin 2016, art. 91)* « Elles ne sont pas non plus applicables si l'absence du condamné au cours des débats est constatée alors que les interrogatoires de l'accusé sur les faits et sur sa personnalité ont déjà été réalisés ; dans ce cas, le procès se poursuit jusqu'à son terme, conformément aux chapitres VI et VII du présent titre, à l'exception des dispositions relatives à la présence de l'accusé, son avocat continuant d'assurer la défense de ses intérêts ; si l'accusé est condamné à une peine ferme privative de liberté non couverte par la détention provi-

soire, la cour décerne mandat d'arrêt contre l'accusé, sauf si ce mandat a déjà été décerné. Les délais d'appel ou de pourvoi en cassation courent à partir de la date à laquelle l'arrêt est porté à la connaissance de l'accusé. »

V. Circ. CRIM 04-16 E8 du 21 sept. 2004 présentant les dispositions générales de procédure pénale de la loi n° 2004-204 du 9 mars 2004 portant adaptation de la justice aux évolutions de la criminalité applicables à compter du 1er oct. 2004 (BOMJ 2004, n° 95, p. 447 s.).

Il résulte de l'art. 20, al. 10, de l'Ord. n° 45-174 du 2 févr. 1945 [CJPM, art. L. 231-7] qu'il est procédé pour les mineurs âgés de seize ans au moins, poursuivis pour crime, conformément aux dispositions de l'art. 270, lequel prévoit que, lorsque l'accusé est en fuite, il peut être jugé par défaut selon les dispositions des art. 379-2 à 379-6. Les mineurs âgés de seize ans au moins, poursuivis pour crime, peuvent en conséquence être jugés selon la procédure de défaut criminel. • Crim. 21 mars 2007, n° 06-87.767 P : *D. 2008. Pan. 1858, obs. Bonfils ; AJ pénal 2007. 322, note Molins ; Dr. pénal 2007. Chron. 5, obs. Angevin.*

Art. 379-3 **La cour examine l'affaire et statue sur l'accusation sans l'assistance des jurés, sauf si sont présents d'autres accusés jugés simultanément lors des débats, ou si l'absence de l'accusé a été constatée après le commencement des débats.**

Si un avocat est présent pour assurer la défense des intérêts de l'accusé, la procédure se déroule conformément aux dispositions des articles 306 à 379-1, à l'exception des dispositions relatives à l'interrogatoire ou à la présence de l'accusé.

En l'absence d'avocat pour assurer la défense des intérêts de l'accusé, la cour statue sur l'accusation après avoir entendu la partie civile ou son avocat et les réquisitions du ministère public.

En cas de condamnation à une peine ferme privative de liberté, la cour décerne mandat d'arrêt contre l'accusé, sauf si celui-ci a déjà été décerné.

Art. 379-4 **Si l'accusé condamné dans les conditions prévues par l'article 379-3 se constitue prisonnier ou s'il est arrêté avant que la peine soit éteinte par la prescription, l'arrêt de la cour d'assises est non avenu dans toutes ses dispositions et il est procédé à son égard à un nouvel examen de son affaire par la cour d'assises conformément aux dispositions des articles 269 à 379-1.**

Le mandat d'arrêt délivré contre l'accusé en application de l'article 379-3 *(L. n° 2005-1549 du 12 déc. 2005, art. 39)* **« ou décerné avant l'arrêt de condamnation » vaut mandat de dépôt et l'accusé demeure détenu jusqu'à sa comparution devant la cour d'assises, qui doit intervenir dans le délai prévu par l'article 181 à compter de son placement en détention, faute de quoi il est immédiatement remis en liberté.**

(L. n° 2016-731 du 3 juin 2016, art. 92) **« Dans un délai d'un mois à compter de la date de son arrestation ou de sa constitution de prisonnier, l'accusé condamné peut toutefois acquiescer à l'arrêt de la cour d'assises et renoncer, en présence de son avocat, au nouvel examen de son affaire. La renonciation est constatée par le président de la cour d'assises, le cas échéant selon la procédure prévue par l'article 706-71. Les délais d'appel ou de pourvoi courent à compter de la notification au parquet ou de la signification aux parties de la constatation de cette renonciation. »**

Doit être cassé l'arrêt de cour d'assises qui, pour déclarer irrecevable l'appel interjeté par le demandeur d'un arrêt de contumace, retient que l'appel n'était pas ouvert à la personne condamnée par défaut. Bien qu'elle n'était pas désignée par la chambre criminelle pour statuer en appel, la cour d'assises était tenue, en raison de l'arrestation du prévenu et en application de l'art. 379-4, de procéder à un nouvel examen de l'affaire conformément aux dispositions des art. 269 à 379-3. • Crim. 19 janv. 2011, n° 09-88.363 P : *D. 2011. Actu. 681 ; AJ pénal 2011. 245, obs. Perrier .*

Art. 379-5 **L'appel n'est pas ouvert à la personne condamnée par défaut.**

Il résulte de l'art. 379-5 que l'appel n'est pas ouvert à la personne condamnée par un arrêt de la cour d'assises rendu par défaut. • Crim. 30 janv. 2008, n° 08-80.341 P : *D. 2008. AJ 788 ; Dr. pénal 2008. Comm. 77, obs. Maron et Haas.*

Art. 379-6 **Les dispositions du présent chapitre sont applicables aux personnes renvoyées pour délits connexes. La cour peut toutefois, sur réquisitions du ministère public et après avoir entendu les observations des parties, ordonner la disjonction de**

la procédure les concernant. Ces personnes sont alors considérées comme renvoyées devant le tribunal correctionnel et peuvent y être jugées par défaut.

Art. 379-7 *(L. n° 2016-731 du 3 juin 2016, art. 91)* **Le présent chapitre n'est pas applicable lorsque l'absence de l'accusé, sans excuse valable, est constatée à l'ouverture de l'audience ou, à tout moment, au cours des débats, devant la cour d'assises désignée à la suite de l'appel formé par l'accusé.**

Dans ce cas, le procès se déroule ou se poursuit jusqu'à son terme, conformément aux chapitres VI et VII du présent titre, à l'exception des dispositions relatives à l'interrogatoire et à la présence de l'accusé, en présence de l'avocat de l'accusé qui assure la défense de ses intérêts.

Si l'accusé est condamné à une peine ferme privative de liberté non couverte par la détention provisoire, la cour décerne mandat d'arrêt contre l'accusé, sauf si ce mandat a déjà été décerné.

Le délai de pourvoi en cassation court à partir de la date à laquelle l'arrêt est porté à la connaissance de l'accusé.

CHAPITRE IX DE L'APPEL DES DÉCISIONS RENDUES PAR LA COUR D'ASSISES EN PREMIER RESSORT

(L. n° 2000-516 du 15 juin 2000, art. 81, en vigueur le 1er janv. 2001)

RÉP. PÉN. v° *Cour d'assises*, par REDON.

BIBL. GÉN. ▶ ANGEVIN, *JCP 2000. I. 260* (à propos de l'instauration, par la loi du 15 juin 2000, d'un second degré de juridiction en matière criminelle). – MARSAT, *Dr. pénal 2001. Chron. 28* (cour d'assises : l'absence du double degré de juridiction avant la loi du 15 juin 2000). – PRADEL, *D. 2001. Chron. 1964* (« l'appel » contre les arrêts d'assises : un apport heureux de la loi du 15 juin 2000).

SECTION PREMIÈRE DISPOSITIONS GÉNÉRALES

Art. 380-1 **Les arrêts de condamnation rendus par la cour d'assises en premier ressort peuvent faire l'objet d'un appel dans les conditions prévues par le présent chapitre.**

Cet appel est porté devant une autre cour d'assises *(Abrogé par L. n° 2016-731 du 3 juin 2016, art. 93)* ***« désignée par la chambre criminelle de la Cour de cassation et »*** **qui procède au réexamen de l'affaire selon les modalités et dans les conditions prévues par les chapitres II à** *(L. n° 2016-731 du 3 juin 2016, art. 91)* **« VIII » du présent titre.** — *V. Circ. CRIM 00-14, F 1 du 11 déc. 2000 (BOMJ, n° 80).*

(Abrogé par L. n° 2011-525 du 17 mai 2011, art. 156-13°) (L. n° 2004-204 du 9 mars 2004, art. 157, en vigueur le 1er oct. 2004) ***« La cour statue sans l'assistance des jurés dans les cas suivants :***

« 1° Lorsque l'accusé, renvoyé devant la cour d'assises uniquement pour un délit connexe à un crime, est le seul appelant ;

« 2° Lorsque l'appel du ministère public d'un arrêt de condamnation ou d'acquittement concerne un délit connexe à un crime et qu'il n'y a pas d'appel interjeté concernant la condamnation criminelle. »

1. Règles générales. En vertu des dispositions des art. 380-1 à 380-15, l'appel du ministère public, en ce qu'il porte sur l'acquittement partiel de l'intéressé, est irrecevable, dès lors qu'il n'émane pas du procureur général. • Crim. 15 janv. 2003, n° 02-88.207 P.

2. *La cour d'assises, statuant en appel, procède* à un réexamen de l'affaire et doit statuer elle-même sur les demandes qui lui sont faites au titre de l'action civile ; elle ne peut ni confirmer ni infirmer la décision rendue en premier ressort, ni renvoyer aux premiers juges l'examen d'une demande sur laquelle ils n'avaient pas définitivement statué. • Crim. 2 févr. 2022, n° 21-80.310 P.

3. Portée de l'appel. En matière de désignation de cour d'assises d'appel, il résulte des dispositions combinées des art. 380-1, al. 2, et 380-14, al. 3, qu'il est procédé comme en cas de renvoi après cassation et que la cour d'assises désignée par la chambre criminelle pour statuer en appel réexamine l'affaire en son entier ; la décision attaquée ne peut faire l'objet d'un appel cantonné aux seules dispositions relatives à la peine. • Crim. 2 févr. 2005, n° 05-80.196 P : *D. 2005. IR 795* ; *JCP 2005. IV. 1635.* ♦ Pour être recevable, l'appel du procureur général doit porter sur l'ensemble des chefs d'accusation retenus contre un même accusé. Fait dès lors l'exacte application des dispositions combinées des art. 308-1, al. 2, et 380-14, al. 3, qui imposent que la juridiction d'appel procède au réexamen de l'affaire dans son entier, l'arrêt qui déclare irrecevable l'appel du procureur général exercé contre un arrêt de cour d'assises, seulement en ce qu'il a déclaré non coupables les accusés de certains des chefs d'accusation retenus contre eux. • Crim. 24 juin 2009, n° 08-88.262 P : *AJ pénal 2009. 413, obs. Roussel ; Procédures 2009, n° 333, obs. Buisson.* ♦ L'appel du procureur général ne peut faire l'objet d'un cantonnement aux seules déclarations de non-culpabilité prononcées pour des délits connexes à des crimes pour lesquels la cour d'assises du premier degré a retenu la culpabilité de l'accusé. • Crim 17 oct. 2012 : *D. actu. 5 nov. 2012, obs. Léna ; D. 2012. Actu. 2522 ; AJ pénal 2013.166, obs. Pronier ; Procédures 2012, n° 367, obs. Chavent-Leclère.* ♦ Il doit porter sur l'ensemble des chefs d'accusation retenus contre l'accusé. • Crim. 23 sept. 2015, n° 15-84.987 P : *RSC 2015. 904, obs. Cordier.* ♦ Le procureur général ne peut cantonner à une partie de la décision son appel d'un arrêt pénal rendu par une cour d'assises à l'encontre d'un accusé. • Crim. 14 déc. 2016, n° 16-87.086 P.

4. Portée de l'appel incident. Il se déduit des art. 380-1 et 380-2 que l'appel incident formé par le procureur général, à la suite de l'appel principal de l'accusé, ne saisit pas la cour d'assises, statuant en appel, des infractions dont l'intéressé a été déclaré non coupable, par une décision dont le bénéfice lui est définitivement acquis. • Crim. 4 mars 2015, n° 14-81.685 P : *D. actu. 20 mars 2015, obs. Gallois ; D. 2015. 1395, obs. Laurent ; AJ pénal 2015. 434, obs. de Combles de Nayves* • Crim. 14 déc. 2016, n° 16-87.086 P. ♦ Mais l'appel incident du ministère public ne s'oppose pas à ce que soit de nouveau posée une question spéciale portant sur la préméditation, qui avait été écartée en première instance. • Crim. 29 mars 2017, n° 16-82.615 P : *D. actu. 21 avr. 2017, obs. Gallois.*

5. Les personnes ayant été condamnées par un arrêt de cour d'assises devenu définitif avant la publication de la loi du 15 juin 2000 ne peuvent prétendre qu'elles subissent une discrimination au sens de l'art. 14 Conv. EDH du fait de leur impossibilité de faire appel de cet arrêt. • Crim. 22 nov. 2000, n° 00-82.051 P : *D. 2001. IR 523 et 829.*

6. Décision d'acquittement. Seuls les arrêts de condamnation peuvent faire l'objet d'un appel, par conséquent l'appel du ministère public d'une décision d'acquittement est irrecevable (jurispr. ant. L. n° 2002-307 du 4 mars 2002). • Crim. 23 mai 2001, n° 01-83.191 P : *RSC 2001. 836, obs. Commaret.* ♦ V. art. 380-2, dernier al.

7. Appel sur un délit connexe. En cas d'appel d'une décision de cour d'assises sur la seule partie concernant un prévenu condamné pour un délit connexe aux crimes d'autres personnes, l'affaire est renvoyée devant une cour d'assises d'appel siégeant sans l'assistance des jurés. • Crim. 22 juin 2005 : *JCP 2005. IV. 2823 ; Procédures 2005. Comm. 236, obs. Buisson.* ♦ ... Quand bien même le ministère public a interjeté appel incident. • Crim. 7 juill. 2005, n° 05-83.974 P.

8. Motivation de l'arrêt d'appel. V. note 10 ss. art. 365-1.

9. Justice militaire. En matière criminelle et en temps de paix, en cas d'appel d'une décision du tribunal aux armées de Paris, la chambre criminelle de la Cour de cassation peut désigner cette même juridiction autrement composée, dans sa formation criminelle avec jury, en application des art. 2, 203, 205 CJM et 380-1. • Crim. 9 nov. 2005, n° 05.85.316 P.

Art. 380-2 **La faculté d'appeler appartient :**

1° A l'accusé ;

2° Au ministère public ;

3° A la personne civilement responsable, quant à ses intérêts civils ;

4° A la partie civile, quant à ses intérêts civils ;

5° En cas d'appel du ministère public, aux administrations publiques, dans les cas où celles-ci exercent l'action publique. — *Entrée en vigueur le 1er janv. 2001.*

(L. n° 2002-307 du 4 mars 2002) **« Le procureur général peut également faire appel des arrêts d'acquittement. »**

1. Appel incident de la partie civile. L'appel incident de la partie civile contre l'arrêt ayant prononcé sur les intérêts civils est irrecevable dès lors que l'accusé n'avait interjeté appel que de l'arrêt pénal. • Crim. 23 janv. 2002, n° 02-80.003 P.

2. Appel du procureur. Il résulte de l'art. 380-2, dans sa rédaction issue de la L. du 4 mars 2002, que seul le procureur général peut faire appel des arrêts d'acquittement. Dès lors, l'appel interjeté par un procureur de la République est irrecevable. • Crim. 26 juin 2002, n° 02-84.335 P • 23 juill. 2003, n° 03-84.118 P : *JCP 2003. IV. 2663 ; AJ pénal 2003. 68.* ♦ De même, l'appel du procureur de la République est irrecevable lorsqu'il porte sur l'acquittement partiel de l'accusé. • Crim. 21 mai 2003, n° 03-80.466 P. ♦ Même s'il agit sur instructions du procureur général. • Crim. 2 sept. 2009, n° 09-84.355 P : *D. 2009. AJ 2349, note Léna ; AJ pénal 2009.*

455 ; *Dr. pénal 2009, nº 144, obs. Maron et Haas.* ♦ Le ministère public ne peut cantonner à une partie de la décision son appel d'un arrêt pénal rendu à l'encontre d'un accusé. • Crim. 11 mai 2016, nº 16-82.123 P : *D. actu. 24 juin 2016, obs. André ; AJ pénal 2016. 438, obs. Renaud-Duparc.*

3. Portée de l'appel incident du procureur général. V. ss. art. 380-1.

4. Indivisibilité du parquet. Si l'art. 380-2 réserve le droit d'appel des arrêts d'acquittement au procureur général, ce dernier peut exercer ce droit, en vertu du principe général posé par l'art. 34, en personne ou par ses substituts : l'appel interjeté par un avocat général près la cour d'appel est recevable. • Crim. 26 nov. 2003, nº 03-87.030 P : *D. 2004. IR 108 ; JCP 2004. IV. 1097* • 31 mai 2007, nº 06-88.818 P : *D. 2007. AJ 1874 ; AJ pénal 2007. 388 ; Procédures 2007. Comm. nº 261, obs. Buisson.* ♦ La déclaration d'appel peut être faite au greffe de la cour d'assises du siège de la cour d'appel qui l'adresse au greffe de la cour d'assises de première instance aux fins de transcription dans les conditions prévues par l'art. 380-12 : • Même arrêt.

Art. 380-2-1 A *(L. nº 2019-222 du 23 mars 2019, art. 63 et 109-XIII, en vigueur le 1er juin 2019)* **L'appel formé par l'accusé ou le ministère public peut indiquer qu'il ne conteste pas les réponses données par la cour d'assises sur la culpabilité et qu'il est limité à la décision sur la peine.**

Dans ce cas, seuls sont entendus devant la cour d'assises statuant en appel les témoins et experts dont la déposition est nécessaire afin d'éclairer les assesseurs et les jurés sur les faits commis et la personnalité de l'accusé, sans que soient entendues les personnes dont la déposition ne serait utile que pour établir sa culpabilité.

Lorsque la cour d'assises se retire pour délibérer, les dispositions relatives aux questions sur la culpabilité ne sont pas applicables.

Art. 380-2-1 *(L. nº 2011-939 du 10 août 2011, art. 4)* **Même lorsqu'elle n'a pas interjeté appel, la partie civile est avisée par tout moyen de la date à laquelle l'affaire est appelée à l'audience.**

Art. 380-3 La cour d'assises statuant en appel sur l'action publique ne peut, sur le seul appel de l'accusé, aggraver le sort de ce dernier.

1. Appel incident. Dès lors que le ministère public a interjeté appel incident de la décision de la cour d'assises de première instance, la cour d'assises d'appel a pu aggraver le sort de l'accusé. • Crim. 12 juin 2002, nº 01-88.337.

2. Notion de peine plus grave. Doit être cassé l'arrêt de cour d'assises d'appel, qui statuant sur le seul appel de l'accusé contre une décision le condamnant à la réclusion criminelle à perpétuité, aggrave sa peine en le condamnant à une peine de trente ans de réclusion criminelle et dix ans d'interdiction des droits civiques, civils et de famille, peine complémentaire à laquelle il n'avait pas été condamné en première instance. • Crim. 26 mars 2003, nº 02-85.064 P : *D. 2003. IR 1480 ; JCP 2003. IV. 2014.*

3. Réexamen. Aucune disposition légale ou conventionnelle n'interdit en revanche d'aggraver le sort de l'accusé lors du réexamen d'une décision pénale, la cour d'assises disposant, comme au cas de renvoi après cassation, de la plénitude de juridiction pour juger à nouveau l'accusé. • Crim. 7 déc. 2005, nº 05.80.988 P : *AJ pénal 2006. 87, obs. Girault.*

Art. 380-3-1 *(L. nº 2019-222 du 23 mars 2019, art. 63 et 109-XIII, en vigueur le 1er juin 2019)* **L'accusé doit comparaître devant la cour d'assises statuant en appel sur l'action publique dans un délai d'un an à compter soit de l'appel, si l'accusé est détenu, soit de la date à laquelle l'accusé a été ultérieurement placé en détention provisoire en application de la décision rendue en premier ressort.**

Toutefois, si l'audience sur le fond ne peut se tenir avant l'expiration de ce délai, le président de la chambre de l'instruction peut, à titre exceptionnel, par une décision mentionnant les raisons de fait ou de droit faisant obstacle au jugement de l'affaire, *ordonner la prolongation* de la détention pour une nouvelle durée de six mois. La comparution de l'accusé est de droit si lui-même ou son avocat en font la demande. Cette prolongation peut être renouvelée une fois dans les mêmes formes. La durée de six mois prévue au présent alinéa est portée à un an en cas de poursuites pour crime contre l'humanité ou pour un crime constituant un acte de terrorisme.

Si l'accusé n'a pas comparu devant la cour d'assises avant l'expiration des délais prévus au présent article, il est remis immédiatement en liberté s'il n'est pas détenu pour une autre cause.

L'art. 380-3-1 est applicable aux procédures dans lesquelles l'appel a été formé postérieurement au 1er juin 2019 (L. no 2019-222 du 23 mars 2019, art. 109-XV).

Justifie sa décision, en exposant les raisons de fait et de droit faisant obstacle au jugement de l'affaire dans le délai légal, le président de la chambre de l'instruction qui, pour ordonner la prolongation de la détention provisoire de l'accusé, à titre exceptionnel, relève que sa durée qui atteindra quatre années au mois de janvier 2021 n'est pas excessive au regard de la gravité des faits, de la comparution en première instance de l'accusé qui a exercé son droit d'appel et enfin des circonstances sanitaires exceptionnelles. • Crim. 2 mars 2021, no 20-86.729 P : *D. actu. 17 mars 2021, obs. Goetz.*

Art. 380-4 Pendant les délais d'appel et durant l'instance d'appel, il est sursis à l'exécution de l'arrêt sur l'action publique.

Toutefois, *(L. no 2011-525 du 17 mai 2011, art. 156-3o)* **« l'arrêt de la cour d'assises** *[ancienne rédaction : le mandat de dépôt]* **» continue de produire ses effets à l'encontre de la personne condamnée à une peine privative de liberté conformément aux dispositions du deuxième alinéa de l'article 367.**

1. La demande de mise en liberté d'office présentée par un accusé qui soutenait que sa détention était illégale doit être rejettée dès lors qu'il a été statué sur la précédente demande de mise en liberté de l'intéressé dans le délai de 20 jours fixé par l'art. 148-2 et que, pendant l'instance d'appel, l'ordonnance de prise de corps continue à produire ses effets, en application de l'art. 380-4. • Crim. 15 mai 2002, no 02-81.512.

2. Le régime de détention d'un accusé ayant fait appel de l'arrêt de cour d'assises de première instance relève des seuls art. 367 et 380-4, aux termes desquels l'ordonnance de prise de corps continue à produire ses effets pendant un an à compter de la date à laquelle l'appel a été interjeté, et les dispositions de l'art. 145-2 dans leur rédaction issue de la loi du 15 juin 2000, limitant la durée de la détention provisoire à trois ans, n'ont pas lieu de s'appliquer. • Crim. 11 juill. 2001, no 01-83.391.

3. Motivation du rejet d'une demande de mise en liberté. Ne préjuge pas de la culpabilité d'une personne condamnée par arrêt d'une cour d'assises de première instance à huit ans d'emprisonnement la chambre de l'instruction qui, pour confirmer une ordonnance de rejet de demande de mise en liberté, relève que la condamnation en première instance impose le maintien en détention afin d'éviter toute pression sur les témoins ou la victime et d'assurer sa représentation en justice alors même que l'intéressé connaît désormais les véritables enjeux du procès. • Crim. 26 mars 2003, no 03-80.144 P : *JCP 2003. IV. 2018.*

Art. 380-5 Lorsque la cour d'assises n'est pas saisie de l'appel formé contre le jugement rendu sur l'action publique, l'appel formé par une partie contre le seul jugement rendu sur l'action civile est porté devant la chambre des appels correctionnels. Les articles 380-14 et 380-15 ne sont pas applicables.

1. Le demandeur ne saurait se faire un grief du refus de la cour de se considérer saisie de l'appel de l'arrêt civil dès lors qu'il n'en est résulté aucune conséquence sur les débats et le jugement de l'action publique, et qu'il se déduit de l'art. 380-5 que l'appel formé contre la décision rendue sur l'action civile pourra être porté devant la chambre des appels correctionnels de la cour d'appel. • Crim. 12 juin 2002, no 01-87.624.

2. Aux termes de l'art. 380-5, lorsque la cour d'assises n'est pas saisie de l'appel formé contre le jugement rendu sur l'action publique, l'appel formé par une partie contre le seul jugement rendu sur l'action civile, est porté devant la chambre des appels correctionnels et les art. 380-14 et 380-15 ne sont pas applicables. • Crim. 28 mars 2001, no 01-81.943 P.

Art. 380-6 La cour d'assises statuant en appel sur l'action civile ne peut, sur le seul appel de l'accusé, du civilement responsable ou de la partie civile, aggraver le sort de l'appelant.

La partie civile ne peut, en cause d'appel, former aucune demande nouvelle ; toutefois, elle peut demander une augmentation des dommages et intérêts pour le préjudice souffert depuis la première décision. Même lorsqu'il n'a pas été fait appel de la décision sur l'action civile, la victime constituée partie civile en premier ressort peut exercer devant la cour d'assises statuant en appel les droits reconnus à la partie civile jusqu'à la clôture des débats ; elle peut également demander l'application des dispositions du présent alinéa, ainsi que de celle de l'article 375.

1. Constitution de partie civile en appel. Une victime non constituée partie civile devant la cour d'assises de première instance ne peut se constituer, pour la première fois, devant celle statuant en appel. • Crim. 18 juin 2003, n° 02-85.269 P : *D. 2003. IR 2207* ; *JCP 2003. IV. 2447* ; *Dr. pénal 2003. Comm. 115, obs. Maron* ; *RSC 2004. 137, obs. Giudicelli* • 24 mai 2006, n° 05-86.430 P. ♦ Ne peut être présentée pour la première fois devant la Cour de cassation la contestation de la constitution d'une partie civile, non constituée en première instance, en cause d'appel, à défaut pour le demandeur au pourvoi ou toute autre partie au procès de s'y être opposé par une demande de donner acte ou en soulevant un incident. • Crim. 2 févr. 2022, n° 21-82.009 P. ♦ Les victimes sont irrecevables à intervenir en qualité de parties civiles devant la cour d'appel lorsque les dispositions civiles du jugement sont devenues définitives. • Crim. 19 janv. 2005, n° 04-81.903 P : *D. 2005. IR 664*.

2. Sort de l'accusé. Il se déduit des art. 380-3 et 380-6 qu'une cour d'assises statuant en appel ne saurait aggraver, au plan civil, le sort de l'accusé dès lors que la partie civile n'a pas interjeté appel de l'arrêt ayant déclaré, en premier ressort, sa constitution de partie civile irrecevable ; peu importe que la somme allouée soit de un euro en réparation du préjudice moral. • Crim. 28 avr. 2004, n° 03-80.695 P : *D. 2004. IR 1709* ; *JCP 2004. IV. 2263*. ♦ Une cour d'assises statuant en appel ne saurait allouer des dommages et intérêts à une partie civile qui a été déboutée de l'ensemble de ses demandes en première instance et n'a pas interjeté appel de l'arrêt sur ses intérêts civils, mais les dispositions de l'art. 375 relatives aux frais du procès lui demeurent applicables. • Crim. 9 janv. 2019, n° 17-87.070 P : *AJ pénal 2019. 213, obs. Lasserre Capdeville*.

3. Pour un exemple d'arrêt d'appel cassé pour avoir augmenté la somme des dommages-intérêts alloués à la partie civile alors qu'elle était saisie par le seul appel de l'accusé. V. : • Crim. 26 juin 2002, n° 01-87.752.

4. Pour un exemple d'arrêt d'appel ayant alloué aux parties civiles une augmentation des dommages et intérêts pour le préjudice subi depuis la première décision, par application de l'art. 380-6, V. : • Crim. 26 juin 2002, n° 01-85.960. ♦ La victime, constituée partie civile en première instance, non appelante, peut demander une augmentation des dommages et intérêts pour le préjudice subi depuis la première décision. • Crim. 10 juin 2015, n° 14-84.345. ♦ Mais l'arrêt civil de la cour d'assises, statuant en appel, qui accorde à une partie civile des dommages et intérêts sans préciser qu'ils réparent un préjudice souffert depuis la décision de première instance encourt la cassation. • Crim. 10 mai 2012, n° 11-81.437 P • Crim. 15 avr. 2015, n° 13-88.519 • Crim. 22 janv. 2020, n° 19-80.122 P : *Dr. pénal 2020, n° 86, obs. Maron et Haas.*

5. L'exception d'irrecevabilité tirée des dispositions de l'art. 380-6, al. 2 ne tenant pas à l'ordre public, le demandeur ne saurait la soulever pour la première fois devant la Cour de cassation. • Crim. 12 juin 2002, n° 01-87.624.

6. Sort de la partie civile. La cour d'assises statuant en appel ne peut, sur le seul appel de la partie civile, aggraver le sort de celle-ci : doit être cassé l'arrêt d'appel qui réduit les indemnités accordées à la partie civile en première instance. • Crim. 31 oct. 2006, n° 06-82.372 P : *D. 2007. AJ 84* ; *Dr. pénal 2007. Chron. 5, obs. Angevin.*

7. L'arrêt de la cour d'assises, statuant en appel, ne peut augmenter les dommages et intérêts accordés à une partie civile non appelante que dans la mesure où cette nouvelle indemnité répare exclusivement le préjudice souffert depuis la décision de première instance. • Crim. 16 déc. 2020, n° 19-87.622 P : *Dr. pénal 2021, n° 41, obs. Robert.*

Art. 380-7 **Pendant les délais d'appel et durant l'instance d'appel, il est sursis à l'exécution de l'arrêt sur l'action civile, sous réserve des dispositions de l'article 374.**

Art. 380-8 **Lorsque la cour d'assises statuant en premier ressort sur l'action civile a ordonné le versement provisoire, en tout ou en partie, des dommages-intérêts alloués, cette exécution provisoire peut être arrêtée, en cause d'appel, par le premier président, statuant en référé si elle risque d'entraîner des conséquences manifestement excessives. Le premier président peut subordonner la suspension de l'exécution provisoire à la constitution d'une garantie, réelle ou personnelle, suffisante pour répondre de toutes restitutions ou réparations.**

Lorsque l'exécution provisoire a été refusée par la cour statuant sur l'action civile ou lorsque l'exécution provisoire n'a pas été demandée, ou si, l'ayant été, la Cour a omis de statuer, elle peut être accordée, en cas d'appel, par le premier président statuant en référé.

Pour l'application des dispositions du présent article, est compétent le premier président de la cour d'appel dans le ressort de laquelle siège la cour d'assises désignée pour connaître de l'affaire en appel.

SECTION II DÉLAIS ET FORMES DE L'APPEL

Art. 380-9 **L'appel est interjeté dans le délai de dix jours à compter du prononcé de l'arrêt.**

Toutefois, le délai ne court qu'à compter de la signification de l'arrêt, quel qu'en soit le mode, pour la partie qui n'était pas présente ou représentée à l'audience où le jugement a été prononcé, mais seulement dans le cas où elle-même ou son représentant n'auraient pas été informés du jour où l'arrêt serait prononcé.

Art. 380-10 **En cas d'appel d'une partie, pendant les délais ci-dessus, les autres parties ont un délai supplémentaire de cinq jours pour interjeter appel.**

1. Dans le cas visé à l'art. 380-10, où l'une des parties a interjeté appel pendant le délai de dix jours prévu par l'art. 380-9, il est imparti pour faire appel incident, à toutes les parties qui auraient été admises à former un appel principal, un délai global de quinze jours après le prononcé de l'arrêt. • Crim. 18 juin 2008, n° 08-83.891 P.

2. Appel incident de la partie civile. L'appel incident de la partie civile contre l'arrêt ayant prononcé sur les intérêts civils est irrecevable dès lors que l'accusé n'avait interjeté appel que de l'arrêt pénal. • Crim. 23 janv. 2002, n° 02-80.003 P. ♦ L'appel incident interjeté par l'accusé de l'arrêt ayant prononcé sur les intérêts civils est irrecevable, lorsque cet arrêt n'a pas fait l'objet d'un appel principal. • Crim. 18 juin 2008 : *préc. note 1.*

Art. 380-11 **L'accusé peut se désister de son appel jusqu'à son interrogatoire par le président prévu par l'article 272.**

Ce désistement rend caducs les appels incidents formés par le ministère public ou les autres parties.

(L. n° 2007-291 du 5 mars 2007, art. 23) **« Dans tous les cas, le ministère public peut toujours se désister de son appel formé après celui de l'accusé en cas de désistement de celui-ci. »**

(L. n° 2021-401 du 8 avr. 2021, art. 11) **« Le désistement d'appel est constaté par ordonnance du premier président de la cour d'appel ou du président de la chambre criminelle de la Cour de cassation, lorsque celle-ci est saisie en application de l'article 380-14, ou par ordonnance du président de la cour d'assises. »**

(Abrogé par Cons. const. n° 2014-403 QPC du 13 juin 2014, à compter du 15 juin 2014) ***« La caducité de l'appel de l'accusé résulte également de la constatation, par le président de la cour d'assises, que ce dernier a pris la fuite et n'a pas pu être retrouvé avant l'ouverture de l'audience ou au cours de son déroulement. »***

BIBL. ▶ TEISSEDRE, *Dr. pénal 2015. Étude 9* (aspects insoupçonnés de la QPC relative à l'al. 5 de l'art. 380-11).

1. QPC (art. 380-11, al. 5). Les dispositions contestées s'appliquent à l'accusé qui a régulièrement relevé appel de sa condamnation ; elles le privent du droit de faire réexaminer l'affaire par la juridiction saisie du seul fait que, à un moment quelconque du procès, il s'est soustrait à l'obligation de comparaître, tout en rendant immédiatement exécutoire la condamnation contestée ; ces dispositions portent au droit à un recours juridictionnel effectif une atteinte disproportionnée au regard de l'objectif d'intérêt général de comparution personnelle de l'accusé poursuivi. Le cinquième al. de l'art. 380-11 est contraire à la Constitution. • Cons. const. 13 juin 2014, n° 2014-403 (*JO 15 juin*). ♦ Est sérieuse la QPC portant sur l'art. 380-11, al. 5, ce texte, qui prévoit la caducité de l'appel de l'accusé en fuite, met en effet l'intéressé dans une situation différente selon que l'appel est déclaré caduc ou que l'affaire est jugée par défaut, situation de nature à porter atteinte au principe d'égalité (renvoi au Cons. const.). • Crim., QPC, 9 avr. 2014 : *D. actu. 16 avr. 2014, obs. Fleuriot.*

2. Caducité de l'appel du condamné en fuite (art. 380-11, al. 5). Le Conseil constitutionnel ayant abrogé les dispositions de l'art. 380-11, al. 5, l'ordonnance constatant la caducité de l'appel formé par un accusé en fuite doit être annulée. • Crim. 13 nov. 2014 : *D. actu. 19 déc. 2014, obs. Priou-Alibert.*

3. Incidence du désistement. Après désistement des accusés dont il leur a été donné acte, les appels incidents du ministère public les concernant sont caducs. • Crim. 2 févr. 2005, n° 05-80.577 P : *AJ pénal 2005. 163, obs. G. R.* ; *JCP 2005. IV. 1636.* ♦ L'appel principal et l'appel incident du ministère public n'ayant pas les mêmes effets dès lors que l'éventuel désistement de l'accusé, appelant principal, rend caduc le second, mais non le premier, en application de l'art. 380-11, l'exercice par le ministère public de son droit d'appel incident ne fait pas obstacle à ce qu'il forme, par la suite, dans le délai prévu par l'art. 380-9, un appel principal de l'arrêt pénal. • Crim. 11 mai 2016, n° 16-82.436 P : *D. actu. 24 juin 2016, obs. André ; AJ pénal 2016. 438, obs. Renaud-Duparc.*

4. Donné acte. Le président de la cour d'assises ayant statué au premier degré est sans qualité pour donner acte à l'accusé de son désistement d'appel. • Crim. 2 sept. 2005, n° 05-84.433 P : *D. 2005. IR 2410 ; JCP 2005. IV. 3185 ;*

AJ pénal 2006. 42 ; Dr. pénal 2006. Comm. 16, obs. Maron.

5. *Rétractation du désistement.* L'accusé peut revenir sur sa décision de désistement d'appel tant qu'il ne lui en a pas été donné acte par une autorité compétente. • Crim. 2 sept. 2005 : *préc. note 4.*

Art. 380-12 La déclaration d'appel doit être faite au greffe de la cour d'assises qui a rendu la décision attaquée.

Elle doit être signée par le greffier et par l'appelant lui-même, par un avocat *(Abrogé par L. n° 2011-94 du 25 janv. 2011, art. 32, à compter du 1er janv. 2012)* « *, par un avoué près la cour d'appel* », ou par un fondé de pouvoir spécial ; dans ce dernier cas, le pouvoir est annexé à l'acte dressé par le greffier. Si l'appelant ne peut signer, il en sera fait mention par le greffier.

Elle est inscrite sur un registre public à ce destiné et toute personne a le droit de s'en faire délivrer une copie.

(L. n° 2002-307 du 4 mars 2002) « Lorsque l'appel est formé par le procureur général et que le siège de la cour d'assises n'est pas celui de la cour d'appel, la déclaration d'appel, signée par le procureur général, est adressée sans délai, en original ou en copie, au greffe de la cour d'assises ; elle est transcrite sur le registre prévu à l'alinéa précédent et annexée à l'acte dressé par le greffier. »

Est recevable la déclaration d'appel du procureur général régulièrement formée sans ambiguïté, auprès du greffe de la cour d'appel, en dépit de l'erreur matérielle commise lors de la retranscription sur le registre du greffe de la cour d'assises de première instance, l'accusé ne pouvant s'être mépris sur l'étendue de l'appel du ministère public dans la mesure où la déclaration d'appel était annexée à ce registre. • Crim. 20 juin 2018, n° 17-82.237 P : *D. actu. 20 juill. 2018, obs. Fonteix.*

Art. 380-13 Lorsque l'appelant est détenu, l'appel peut être fait au moyen d'une déclaration auprès du chef de l'établissement pénitentiaire.

Cette déclaration est constatée, datée et signée par le chef de l'établissement pénitentiaire. Elle est également signée par l'appelant ; si celui-ci ne peut signer, il en est fait mention par le chef de l'établissement.

Ce document est adressé sans délai, en original ou en copie, au greffe de la cour d'assises qui a rendu la décision attaquée ; il est transcrit sur le registre prévu par le troisième alinéa de l'article *(L. n° 2002-307 du 4 mars 2002)* « 380-12 » et annexé à l'acte dressé par le greffier.

SECTION III DÉSIGNATION DE LA COUR D'ASSISES STATUANT EN APPEL

Art. 380-14 *(L. n° 2016-731 du 3 juin 2016, art. 93)* « Après avoir recueilli les observations écrites du ministère public et des parties ou de leurs avocats, le premier président de la cour d'appel désigne la cour d'assises chargée de statuer en appel parmi les autres cours d'assises du ressort de la cour d'appel.

« Toutefois, si le ministère public ou l'une des parties le demande ou si le premier président estime nécessaire la désignation d'une cour d'assises située hors de ce ressort, le ministère public adresse sans délai au greffe de la chambre criminelle de la Cour de cassation, avec ses observations éventuelles et celles des parties, l'arrêt attaqué et, le cas échéant, le dossier de la procédure.

« Dans le mois qui suit la réception de l'appel, la chambre criminelle, après avoir recueilli, si elles n'ont pas déjà été données, les observations écrites du ministère public et des parties ou de leurs avocats, désigne la cour d'assises chargée de statuer en appel. Il est alors procédé comme en cas de renvoi après cassation. »

Par dérogation aux dispositions du deuxième alinéa de l'article 380-1, en cas d'appel d'une décision de la cour d'assises d'un département d'outre-mer, de la Nouvelle-Calédonie, de la Polynésie française et des îles Wallis-et-Futuna, *(L. n° 2016-1547 du 18 nov. 2016, art. 112)* « le président de la cour d'appel ou » la chambre criminelle peut désigner la même cour d'assises, autrement composée, pour connaître de l'appel. Les dispositions du présent alinéa sont également applicables en cas d'appel des décisions de la *(Ord. n° 2011-337 du 29 mars 2011, art. 12)* « cour d'assises » de Mayotte ou du tribunal criminel de Saint-Pierre-et-Miquelon. En cas de vacance de poste, d'absence, d'empêchement ou d'incompatibilité légale, les fonctions de président de la

juridiction criminelle statuant en appel et, le cas échéant, des magistrats assesseurs qui la composent, sont exercées par des conseillers désignés, sur une liste arrêtée pour chaque année civile, par le premier président de la cour d'appel de Paris, ou, pour la *(Ord. n° 2011-337 du 29 mars 2011, art. 12)* **« cour d'assises » de Mayotte, par le premier président de la cour d'appel de Saint-Denis de La Réunion.**

1. Cour d'assises d'appel compétente. Lorsque l'unique appelant d'un arrêt de cour d'assises des mineurs est majeur, l'affaire est envoyée en appel devant une cour d'assises de droit commun. • Crim. 15 févr. 2001, n° 01-80.751 P • Crim. 16 févr. 2022, n° 21-82.643 P.

2. Cas particulier. Selon l'art. 380-14, par dérogation aux dispositions du deuxième alinéa de l'art. 380-1, en cas d'appel d'une décision de la cour d'assises d'un département d'outre-mer, la chambre criminelle peut désigner la même cour d'assises, autrement composée, pour connaître de l'appel. • Crim. 12 févr. 2003, n° 02-80.767 P : *JCP 2003. IV. 1697 ; Dr. pénal 2003. Comm. 90, obs. Maron et Haas.* ♦ Pour être recevable, l'appel du procureur général doit porter sur l'ensemble des chefs d'accusation retenus contre un même accusé. Fait dès lors l'exacte application des dispositions combinées des art. 308-1, al. 2, et 380-14, al. 3, qui imposent que la juridiction d'appel procède au réexamen de l'affaire dans son entier, l'arrêt qui déclare irrecevable l'appel du procureur général exercé contre un arrêt de cour d'assises, seulement en ce qu'il a déclaré non coupables les accusés de certains des chefs d'accusation retenus contre eux. • Crim. 24 juin 2009, n° 08-88.262 P : *AJ pénal 2009. 413, obs. Roussel ; Procédures 2009, n° 333, obs. Buisson.*

3. Il se déduit de l'art. 380-14, dans sa rédaction issue de la loi du 18 nov. 2016, qu'en cas d'appel d'une décision rendue par l'une des cours d'assises mentionnées au quatrième alinéa, lorsque la désignation d'une juridiction située hors du ressort de la cour d'appel n'est sollicitée ni par le ministère public ni par une partie, la chambre criminelle de la Cour de cassation n'a compétence que si le premier président de la cour d'appel estime nécessaire de désigner une cour d'assises située hors de ce ressort, et non pas la même cour d'assises autrement composée. • Crim. 1er mars 2017, n° 16-87.665 P.

4. En cas de désistement d'appel, sans qu'au préalable la Cour de cassation ait été saisie d'une demande de désignation, il appartient au premier président de la cour d'appel de désigner la cour d'assises chargée de statuer en appel parmi celles de son ressort, et au président de la cour d'assises ainsi désignée de constater ce désistement. • Crim. 15 nov. 2017, n° 17-86.410 P : *D. actu. 27 nov. 2017, obs. Fucini.*

Art. 380-15 *(L. n° 2016-731 du 3 juin 2016, art. 93)* **Si l'appel n'a pas été formé dans les délais prévus par la loi ou porte sur un arrêt qui n'est pas susceptible d'appel, le premier président de la cour d'appel ou le président de la chambre criminelle de la Cour de cassation dit n'y avoir pas lieu à désignation d'une cour d'assises chargée de statuer en appel.**

Lorsque la Cour de cassation ne s'est pas expressément prononcée sur la recevabilité de l'appel, la cour d'assises est compétente pour statuer sur la régularité du recours. • Crim. 2 mars 2005, n° 04-82.900 P : *Dr. pénal 2005. Comm. 83, obs. Maron.*

SOUS-TITRE II DE LA COUR CRIMINELLE DÉPARTEMENTALE

(L. n° 2021-1729 du 22 déc. 2021, art. 9, en vigueur le 1er janv. 2023)

Concernant l'application expérimentale de la cour criminelle et les dispositions transitoires, V. L. n° 2019-222 du 23 mars 2019, art. 63, ss. titre Ier du livre II.

Art. 380-16 **Par dérogation aux chapitres Ier à V du sous-titre Ier du présent titre, les personnes majeures accusées d'un crime puni de quinze ans ou de vingt ans de réclusion criminelle, lorsqu'il n'est pas commis en état de récidive légale, sont jugées en premier ressort par la cour criminelle départementale.**

Cette cour est également compétente pour le jugement des délits connexes.

Elle n'est pas compétente s'il existe un ou plusieurs coaccusés ne répondant pas aux conditions prévues au présent article.

Art. 380-17 **La cour criminelle départementale, qui siège au même lieu que la cour d'assises ou, par exception et dans les conditions prévues à l'article 235, dans un autre tribunal judiciaire du même département, est composée d'un président et de quatre assesseurs, choisis par le premier président de la cour d'appel, pour le président, parmi les présidents de chambre et les conseillers du ressort de la cour d'appel exerçant ou ayant exercé les fonctions de président de la cour d'assises et, pour les assesseurs, parmi les conseillers et les juges de ce ressort. Le premier président de la cour**

d'appel peut désigner deux assesseurs au plus parmi les magistrats exerçant à titre temporaire ou les magistrats honoraires exerçant des fonctions juridictionnelles dans les conditions prévues à la section II du chapitre V *bis* de l'ordonnance n° 58-1270 du 22 décembre 1958 portant loi organique relative au statut de la magistrature.

Loi n° 2021-1729 du 22 décembre 2021,

Pour la confiance dans l'institution judiciaire.

Art. 10 I. — Un des assesseurs de la cour criminelle départementale, désigné par ordonnance du premier président de la cour d'appel, peut être un avocat honoraire exerçant des fonctions juridictionnelles dans les conditions prévues à l'article 3 de la loi organique n° 2021-1728 du 22 décembre 2021 pour la confiance dans l'institution judiciaire. Dans cette hypothèse, le premier président de la cour d'appel ne peut désigner en qualité d'assesseur à la cour criminelle départementale, par dérogation à l'article 380-17 du code de procédure pénale, qu'un seul magistrat exerçant à titre temporaire ou magistrat honoraire exerçant des fonctions juridictionnelles.

II. — Le présent article est applicable, à titre expérimental, dans au moins deux départements et au plus vingt départements, déterminés par arrêté du ministre de la justice, pendant une durée de trois ans à compter de la date fixée par ce même arrêté, et au plus tard six mois après l'entrée en vigueur du présent article.

Six mois au moins avant le terme de l'expérimentation, le Gouvernement remet au Parlement un rapport d'évaluation de cette expérimentation.

Art. 380-18 **Sur proposition du ministère public, l'audiencement de la cour criminelle départementale est fixé par son président ou, à la demande du procureur général, par le premier président de la cour d'appel.**

Art. 380-19 **La cour criminelle départementale applique les dispositions du présent code relatives aux cours d'assises sous les réserves suivantes :**

1° Il n'est pas tenu compte des dispositions qui font mention du jury ou des jurés ;

2° Les attributions confiées à la cour d'assises sont exercées par la cour criminelle départementale et celles confiées au président de la cour d'assises sont exercées par le président de la cour criminelle départementale ;

3° La section II du chapitre III du sous-titre Ier du présent livre, l'article 282, la section Ire du chapitre V du même sous-titre Ier, les deux derniers alinéas de l'article 293 et les articles 295 à 305 ne sont pas applicables ;

4° Pour l'application des articles 359, 360 et 362, les décisions sont prises à la majorité ;

5° Les deux derniers alinéas de l'article 347 ne sont pas applicables et la cour criminelle départementale délibère en étant en possession de l'entier dossier de la procédure.

Art. 380-20 **Si la cour criminelle départementale estime, au cours ou à l'issue des débats, que les faits dont elle est saisie constituent un crime puni de trente ans de réclusion criminelle ou de la réclusion criminelle à perpétuité, elle renvoie l'affaire devant la cour d'assises. Si l'accusé comparaissait détenu, il demeure placé en détention provisoire jusqu'à sa comparution devant la cour d'assises ; dans le cas contraire, la cour criminelle départementale peut, après avoir entendu le ministère public et les parties ou leurs avocats, décerner, par la même décision, mandat de dépôt ou mandat d'arrêt contre l'accusé.**

Art. 380-21 **L'appel des décisions de la cour criminelle départementale est examiné par la cour d'assises dans les conditions prévues au sous-titre Ier du présent titre pour l'appel des arrêts rendus par les cours d'assises en premier ressort.**

Art. 380-22 **Pour l'application des dispositions relatives à l'aide juridictionnelle, la cour criminelle départementale est assimilée à la cour d'assises.**

TITRE DEUXIÈME DU JUGEMENT DES DÉLITS

CHAPITRE PREMIER DU TRIBUNAL CORRECTIONNEL

RÉP. PÉN. v° *Tribunal correctionnel*, par REDON.

BIBL. GÉN. ▶ GASSIN, *ALD 1995. 103* (l'audience de jugement). – LEVASSEUR, *RSC 1959. 577*. – PERRIER, *D. 2019. Chron. 1061* (les (r)évolutions de la procédure pénale).

SECTION PREMIÈRE DE LA COMPÉTENCE ET DE LA SAISINE DU TRIBUNAL CORRECTIONNEL

RÉP. PÉN. v° *Compétence*, par AGOSTINI.

§ 1er DISPOSITIONS GÉNÉRALES

Art. 381 Le tribunal correctionnel connaît des délits.

(L. n° 92-1336 du 16 déc. 1992) **« Sont des délits les infractions que la loi punit d'une peine d'emprisonnement ou d'une peine d'amende supérieure ou égale à 3 750 €. »**

TOM : 805 et 835 s. — Mayotte : 877 s. et 889 s. — Saint-Pierre-et-Miquelon : 904 et 924 s.

Le tribunal correctionnel ne connaît pas des délits dont sont prévenus des mineurs, qui relèvent de la compétence du tribunal pour enfants, V. CJPM, art. L. 431-3.

V. Circ. CRIM 04-16 E8 du 21 sept. 2004 présentant les dispositions générales de procédure pénale de la loi n° 2004-204 du 9 mars 2004 portant adaptation de la justice aux évolutions de la criminalité applicables à compter du 1er oct. 2004 (BOMJ 2004, n° 95, p. 447 s.).

1. *Question d'ordre public.* En matière répressive, la compétence est une question d'ordre public que toute partie a le droit de soulever, et si le juge, qui relève des circonstances aggravantes de nature à attribuer aux faits dont il est saisi par l'ordonnance de renvoi une qualification criminelle, se déclare incompétent, il appartient à la Cour de cassation, si elle rejette le pourvoi, de régler de juges. • Crim. 26 févr. 1970, n° 69-90.567 P • 6 août 1977, n° 77-90.882 P.

2. Le prévenu, comme la partie civile, a toujours le droit de soulever l'incompétence de la juridiction correctionnelle. • Reims, 9 nov. 1978 : *D. 1979. 92, note Pradel ; JCP 1979. II. 19046, note Bouzat ; RSC 1979. 329, obs. Levasseur.* ♦ ... Même pour la première fois devant la Cour de cassation. • Crim. 24 janv. 1930 : *Bull. crim. n° 31* • 29 oct. 1968, n° 68-91.677 P : *JCP 1969. II. 16014, note Fayard* • 2 mai 1983, n° 80-93.395 P.

3. *Vérification de la compétence.* Toute juridiction répressive doit vérifier sa compétence et même si aucune des parties n'a soulevé l'exception d'incompétence, elle doit la relever d'office et se déclarer incompétente. • Crim. 16 mars 1954 : *D. 1954. 454* • 1er déc. 1971, n° 71-91.036 P : *D. 1972. Somm. 18 ; JCP 1972. II. 16987, note X.* • 16 nov. 1982, n° 82-92.518 P • 31 mai 1988, n° 88-82.449 P : *D. 1988. IR 217* • 1er déc. 1993, n° 92-96.077 P • 22 mai 1996, n° 95-84.899 P.

4. *Appréciation de la minorité.* Il ne relève pas de l'office du juge pénal d'analyser comme le juge civil les documents d'état civil au regard de l'ordre public international et de la législation civile du pays d'origine du prévenu ; par ailleurs, l'examen osseux pratiqué sur le prévenu n'a pas à être pris en considération lorsque la juridiction retient, en vertu de son appréciation souveraine, que les documents argués de faux sont authentiques et établissent la minorité. • Crim. 5 janv. 2022, n° 21-80.516 P : *D. actu. 19 janv. 2022, obs. Engel.*

5. *Conséquences pour le prévenu.* En renvoyant le ministère public à se pourvoir, le tribunal peut décerner contre le prévenu mandat de dépôt ou mandat d'arrêt. • Crim. 25 oct. 1973, n° 73-92.740 P : *D. 1973. IR 219.*

6. Le délit de violation des obligations résultant d'une peine de travail d'intérêt général, réprimé par l'art. 434-42 C. pén., relève de la compétence de la juridiction correctionnelle et non de celle du juge de l'application des peines. • Crim. 15 mars 2006, n° 05.85.676 P : *D. 2006. IR 1185 ; AJ pénal 2006. 320 ; ibid. 2006. 270, obs. Herzog-Evans*

7. *Responsabilité du fait du dysfonctionnement de la justice.* Le juge correctionnel n'est pas compétent pour se prononcer sur l'action en réparation du dommage causé par le fonctionnement défectueux du service public de la justice fondée sur l'art. L 141-1 COJ. • Crim. 7 nov. 2018, n° 18-80.176 P.

Ordonnance n° 58-1297 du 23 décembre 1958,

Modifiant certaines peines en vue d'élever la compétence des tribunaux de police (D. 1959. 103 ; BLD 1959. 164).

Art. 31 Sont abrogées toutes les dispositions dérogatoires au droit commun donnant compétence aux tribunaux correctionnels pour le jugement de contraventions de police *[...]*

Art. 382 Est compétent le tribunal correctionnel du lieu de l'infraction, celui de la résidence du prévenu *(L. n° 2004-204 du 9 mars 2004, art. 111-III)* **« ou celui du lieu d'arrestation ou de détention de ce dernier, même lorsque cette arrestation ou cette détention a été opérée ou est effectuée pour une autre cause ».**

*(Abrogé par L. n° 2004-204 du 9 mars 2004, art. 111-III) (L. n° 75-701 du 6 août 1975) « **Le tribunal dans le ressort duquel une personne est détenue n'est compétent que dans les conditions prévues au titre VI du livre IV.** »*

(L. n° 92-1336 du 16 déc. 1992) **« Pour le jugement du délit d'abandon de famille prévu par l'article 227-3 du code pénal, est également compétent le tribunal du domicile ou de la résidence de la personne qui doit recevoir la pension, la contribution, les subsides ou l'une des autres prestations visées par cet article. »** *(L. n° 2016-731 du 3 juin 2016, art. 28)* **« Pour les infractions mentionnées à l'article 113-2-1 du code pénal, est également compétent le tribunal correctionnel, selon le cas, du lieu de résidence ou du siège des personnes physiques ou morales mentionnées au même article 113-2-1. »**

La compétence du tribunal correctionnel s'étend aux délits et contraventions qui forment avec l'infraction déférée au tribunal un ensemble indivisible ; elle peut aussi s'étendre aux délits et contraventions connexes, au sens de l'article 203.

(L. n° 2016-1547 du 18 nov. 2016, art. 20) **« Lorsque l'infraction a été commise au préjudice d'un magistrat exerçant ses fonctions au sein du tribunal judiciaire, un tribunal judiciaire dont le ressort est limitrophe est également compétent. »** — *Pr. pén. 43, 52, 663 s., 675 s., C. 572.*

Concernant les différentes hypothèses de compétences concurrentes, V. art. 15-3-3 (harcèlement sexuel), 704 s. (infractions en matière économique et financière), 706-2 s. (infractions en matière de santé publique), 706-2-3 (infractions en matière d'atteintes à l'environnement), 706-16 s. (infractions en matière de terrorisme), 706-106-1 s. (crimes sériels ou non élucidés), 706-72 s. (atteintes aux systèmes de traitement automatisés de données), 706-75 s. (criminalité organisée), 706-107 s. (pollution des eaux maritimes par rejets des navires), 706-168 s. (prolifération d'armes de destruction massive et de leurs vecteurs) et 706-176 s. (accidents collectifs).

Sur la compétence des tribunaux maritimes : V. C. transp., App., v° Transport et navigation maritimes. — **C. transp.**

I. COMPÉTENCE TERRITORIALE

1. Abandon de famille. Si l'art. 357-2 [anc.] C. pén. attribue compétence pour connaître du délit d'abandon de famille au tribunal du domicile ou de la résidence de la personne qui doit recevoir la pension, cette disposition, destinée à faciliter l'action de la victime de l'infraction, n'exclut pas l'application éventuelle des règles normales de compétence prévues par l'art. 382. • Crim. 3 mars 1977, n° 74-92.884 P : *JCP 1978. II. 18790, rapp. Guerder.*

2. Non-représentation d'enfant. En l'absence de désignation expresse du lieu spécifique où doit être accomplie la remise du mineur, par la décision de justice accordant le droit de visite, le délit de non-représentation d'enfant, prévu par l'art. 227-5 C. pén., est commis au lieu du domicile de la personne ayant le droit de réclamer l'enfant, les dispositions prises par les parties à cet égard n'ayant aucune incidence. • Crim. 14 avr. 1999, n° 98-82.853 P : *Dr. pénal 1999. Comm. 111, obs. Véron* • Crim. 23 juin 2010 : *Dr. pénal 2010, n° 129, obs. Maron et Haas.* ♦ Déjà dans ce sens, sous l'empire de l'art. 357 anc. C. pén. : • Crim. 24 juin 1992, n° 91-81.264 P.

3. Cas particulier du tribunal correctionnel de Nouméa. Si les art. L. 932-3 et R. 932-4 COJ donnent compétence aux sections détachées du tribunal de première instance de Nouméa pour juger, dans leur ressort, les affaires correctionnelles, ces textes ne comportent aucune dérogation aux dispositions des art. L. 931-7, L. 931-10, L. 931-11 du même code, ni à celles de l'art. 382, d'où il résulte que cette compétence particulière n'est pas exclusive de celle, générale, que possède le tribunal correctionnel de Nouméa dans l'ensemble de son ressort tel qu'il est fixé, sans limitation, au territoire de la Nouvelle-Calédonie, par le tableau que prévoit l'art. R. 931-11 COJ, annexé audit code par l'art. 3 du décret du 26 juill. 1993. • Crim. 10 janv. 1996, ☎ n° 95-80.750 P.

II. INCOMPÉTENCE TERRITORIALE

4. Connexité avec une infraction non déférée. Une juridiction est incompétente pour connaître d'une infraction dont aucun élément ne se rattache territorialement à son ressort, quand bien même une information avait été ouverte dans ce tribunal, lorsque la partie de l'infraction permettant le rattachement territorial a fait l'objet d'un non-lieu ; en effet, la connexité avec une infraction non déférée ne peut être invoquée. • Crim. 19 juin 2001, ☎ n° 00-86.522 P : *Dr. pénal 2002. Comm. 36, obs. Maron.*

Code monétaire et financier *(Ord. n° 2000-1223 du 14 déc. 2000)* **Art. L. 163-2** Est puni d'un emprisonnement de cinq ans et d'une amende de 375 000 euros, le fait pour toute personne d'effectuer après l'émission d'un chèque, dans l'intention de porter atteinte aux droits d'autrui, le retrait de tout ou partie de la provision, par transfert, virement ou quelque moyen que ce soit, ou de faire dans les mêmes conditions défense au tiré de payer.

Est puni des mêmes peines le fait, pour toute personne, d'accepter de recevoir ou d'endosser en connaissance de cause un chèque émis dans les conditions définies à l'alinéa précédent.

Est puni des mêmes peines le fait, pour toute personne, d'émettre un ou plusieurs chèques au mépris de l'injonction qui lui a été adressée en application de l'article L. 131-73.

Est puni des mêmes peines le fait, pour un mandataire, d'émettre, en connaissance de cause, un ou plusieurs chèques dont l'émission était interdite à son mandant en application de l'article L. 131-73.

Pour la recherche, la poursuite, l'instruction et le jugement des infractions mentionnées aux alinéas précédents, le tribunal du lieu où le chèque est payable est compétent, sans préjudice de l'application des articles 43, 52 et 382 du code de procédure pénale.

Art. L. 163-7 Est puni d'un emprisonnement de cinq ans et d'une amende de 375 000 euros le fait, pour toute personne, d'émettre un ou plusieurs chèques en violation de l'interdiction prononcée en application de l'article L. 163-6.

Est puni des mêmes peines le fait, pour un mandataire, d'émettre, en connaissance de cause, un ou plusieurs chèques dont l'émission était interdite à son mandant en application de l'article L. 163-6.

Pour la recherche, la poursuite, l'instruction et le jugement des infractions mentionnées aux alinéas précédents, le tribunal du lieu où le chèque est payable est compétent, sans préjudice de l'application des articles 43, 52 et 382 du code de procédure pénale.

Loi n° 72-1138 du 22 décembre 1972,

Relative à la compétence territoriale du ministère public et des juridictions répressives sur certains aérodromes.

Art. 1er Les aérodromes dont l'emprise s'étend sur le ressort de plusieurs juridictions répressives de même catégorie peuvent être rattachés par décret au ressort de l'une de ces juridictions pour l'application des dispositions concernant la compétence territoriale en matière pénale. — *V. Décr. n° 89-309 du 11 mai 1989 (JO 17 mai ; Rect. JO 3 juin).*

Lorsqu'un aérodrome s'étendant sur plusieurs départements a été rattaché au ressort d'un tribunal correctionnel dans les conditions prévues à l'alinéa précédent, la cour d'assises du département dans lequel le tribunal a son siège est territorialement compétente.

Art. 2 Les juridictions d'instruction ou de jugement dont la compétence territoriale se trouvera réduite à la date d'entrée en vigueur d'un décret pris en application de l'article précédent demeureront compétentes pour connaître des procédures introduites devant elles antérieurement à cette date.

Lorsque ces procédures auront été soumises à une juridiction d'instruction, elles seront, en cas de renvoi, déférées à la juridiction de jugement qui aurait été compétente antérieurement à la même date.

En ce qui concerne la juridiction compétente pour connaître du délit de refus d'obtempérer en matière de contrôle en mer des navires par l'État, V. C. défense, art. L. 1521-9.

Art. 383 **La compétence à l'égard d'un prévenu s'étend à tous coauteurs et complices.**

En application de l'article 383, la compétence territoriale à l'égard d'un prévenu s'étend à tous coauteurs et complices ; ainsi, peu importe que la personne poursuivie ait accompli les actes poursuivis dans un lieu qui relève du ressort d'un autre tribunal. • Crim. 29 mai 1989, n° 87-82.073 P. ♦ Cette compétence subsiste malgré une disjonction des poursuites, dès lors que le tribunal a été valablement saisi par l'ordonnance de renvoi. • Crim. 4 mai 1988, n° 87-83.576 P.

Art. 384 **Le tribunal saisi de l'action publique est compétent pour statuer sur toutes exceptions proposées par le prévenu pour sa défense, à moins que la loi n'en dispose autrement, ou que le prévenu n'excipe d'un droit réel immobilier.** – *Pr. pén. C. 573.*

RÉP. PÉN. v° *Question préjudicielle*, par ERSTEIN.

BIBL. ▸ AMBROISE-CASTÉROT, *JCP 2020, doctr. 39* (les juridictions pénales face aux questions préjudicielles à la CJUE). – ORTSCHEID, *RSC 1981. 303.*

I. PRINCIPE : LE JUGE DE L'ACTION EST JUGE DE L'EXCEPTION

1. Saisis d'une poursuite pour non-représentation d'enfants, les juges statuent à bon droit sur la régularité internationale d'un jugement étranger d'adoption. • Crim. 9 mai 1977, n° 73-90.553 P : *D. 1977. IR 426, obs. Puech.*

2. La procédure d'information est suspendue tant que la juridiction civile n'a pas statué définitivement au fond sur la question préjudicielle immobilière. • Crim. 28 nov. 2012, n° 12-81.821 P : *D. actu. 18 janv. 2013, obs. Gayet.* ♦ Comp. : l'art. 384 ne visant que le cas du prévenu qui excipe d'un droit réel immobilier devant le tribunal saisi de l'action publique, les juridictions d'instruction n'ont pas la faculté de surseoir en cas d'exception préjudicielle de propriété immobilière. • Paris, 3 mai 1969 : *D. 1969. 503, note L. G.* ♦ V. aussi notes 12 s.

3. Le juge de répression, saisi d'une poursuite pour usage d'une fausse attestation de bail, n'a pas à surseoir jusqu'à ce que la validité de ce bail ait été examinée par le juge civil. • Crim. 30 janv. 1937 : *Bull. crim. n° 14* • 29 oct. 1963, n° 63-90.284 P.

4. Les juges du fond sont compétents pour apprécier la valeur de procès-verbaux de constat établis en vertu d'une ordonnance sur requête dont la régularité est contestée devant la juridiction civile et pour statuer sur l'exception prise de l'irrégularité desdits procès-verbaux. • Crim. 16 déc. 1992, n° 91-86.314 P.

5. Pleinement compétente pour rechercher tous les éléments légaux de l'infraction, la cour d'appel, s'agissant d'une poursuite pour fraude électorale, ne saurait se dispenser de statuer au motif que la poursuite pose une question préjudicielle d'éligibilité échappant à l'autorité judiciaire, sans indiquer le texte qui lui interdit de connaître de cette question. • Crim. 24 mars 1949 : *D. 1949. 221, rapp. Pépy ; S. 1950. 1. 21, note Légal.* ♦ *Adde* : • Crim. 2 mars 1971, n° 70-91.635 P.

6. Les tribunaux répressifs ont pleine qualité pour apprécier en matière de sécurité sociale les éléments des infractions dont ils sont saisis ; le recours aux organismes de sécurité sociale ne saurait constituer une exception préjudicielle, mais lorsque ces organismes ont définitivement statué, leurs décisions s'imposent aux juridictions répressives ultérieurement appelées à en connaître. • Crim. 15 oct. 1959 : *JCP 1959. II. 11336, note Pépy.*

7. Le juge répressif n'a pas à surseoir à statuer jusqu'à ce que la juridiction administrative ait décidé sur l'assiette et l'étendue des impositions contestées, lorsqu'il est saisi d'une poursuite pénale sur la base de l'art. 1741 CGI. • Crim. 16 mai 1968 : *JCP 1969. II. 15803, note Brière de l'Isle et Lalumière ; Gaz. Pal. 1968. 2. 214, note Blancher.* ♦ *Adde* : • Crim. 31 janv. 1973, n° 70-91.635 P.

8. Les juges répressifs, saisis d'une plainte pour fraude fiscale, sont compétents pour statuer sur les exceptions tirées de la nullité de la procédure suivie devant la Commission des infractions fiscales, dont l'avis conforme constitue un préalable nécessaire à la mise en mouvement de l'action publique. • Crim. 28 janv. 1991, n° 89-86.597 P. ♦ ... Mais à condition que, en application de l'art. 385, elles aient été soulevées avant toute défense au fond. • Crim. 19 févr. 1990, n° 89-80.354 P.

9. Lorsqu'un acte administratif est assorti d'une sanction pénale qu'il est demandé à un tribunal judiciaire de prononcer, les juges ont, lorsqu'ils en sont requis, le devoir, non d'en apprécier l'opportunité, mais de s'assurer, tant en la forme qu'éventuellement au fond, de la conformité de cet acte à la loi. Il leur appartient de rechercher si l'autorité administrative n'a pas commis une erreur manifeste d'appréciation notamment en estimant que la présence d'un étranger sur le territoire français constituait une menace pour l'ordre public. • Crim. 21 oct. 1987, n° 80-90.439 P : *D. 1988. 58, note Kehrig.*

10. Le fait que l'employeur poursuivi pour avoir licencié irrégulièrement un salarié protégé conteste avoir pris une mesure de licenciement, ne constitue pas une question préjudicielle relevant de la juridiction prud'homale. • Crim. 26 juill. 1988, n° 87-82.181 P : *D. 1988. IR 251.*

11. La juridiction répressive saisie d'une demande de nullité d'un contrat d'assurance ayant pour effet d'exonérer totalement l'assureur de son obligation de garantie à l'égard des tiers doit se prononcer sur cette exception, et ce même si le juge civil a été préalablement saisi d'une demande de nullité du même contrat. • Crim. 25 oct. 2016, n° 15-86.713 : *D. actu. 23 nov. 2016, obs. André.*

II. EXCEPTIONS AU PRINCIPE

A. QUESTIONS PRÉJUDICIELLES

1° QUESTIONS PRÉJUDICIELLES DE DROIT CIVIL

12. Droit réel immobilier. Sur le sursis à statuer en matière de passage sur le terrain d'autrui : • Crim. 21 déc. 1954 : *Bull. crim. n° 419.* ♦ Mais, en tout état de cause, nécessité pour surseoir à statuer, de production de faits ou de titres donnant un fondement à la prétention. • Crim. 26 mars 1985, n° 83-93.613 P. ♦ V. aussi art. L. 153-7 C. for.

13. Une question préjudicielle fondée sur l'existence de droits réels ne peut être admise par les tribunaux répressifs qu'autant que les faits invoqués ou les titres produits sont de nature, dans le cas où ils seraient retenus par les juges compétents, à faire disparaître l'infraction. • Crim. 20 mars 1973, n° 72-93.258 P • 8 juill. 1986, n° 85-92.820 P • Crim. 21 oct. 2020, n° 19-87.071 P : *D. actu. 3 déc. 2020, obs. Fonteix ; AJ pénal 2021. 44, obs. Hy.*

14. Sur les questions de propriété mobilière, le juge correctionnel reste compétent. V., à propos du vol d'un chien : • Crim. 30 janv. 1973, n° 72-93.057 P : *Gaz. Pal. 1973. 1. 383.*

15. Nationalité. Selon l'art. 124 C. nationalité, les questions de nationalité sont préjudicielles devant toute autre juridiction que la juridiction civile de droit commun ou les juridictions répressives comportant un jury criminel. • Crim. 4 juill. 1978, n° 78-90.977 P : *D. 1979. IR 104.*

16. La chambre d'accusation, appelée à donner son avis sur une demande d'extradition, ne peut juger que l'intéressé n'a pas rapporté la preuve de la nationalité française dont il se réclame, alors que la question de la nationalité se pose sérieusement. • Crim. 2 oct. 1987, n° 87-84.290 P. ♦ L'exception de nationalité française, invoquée devant une juridiction correctionnelle par un prévenu poursuivi du chef de soustraction à l'exécution d'une mesure de reconduite à la frontière, constitue une exception préjudicielle sur laquelle la juridiction civile est seule compétente pour statuer. • Crim. 12 mai 2010, n° 09-88.648 P : *AJ pénal 2010. 451.*

17. Mais s'il s'agit d'une poursuite pour usage d'une carte d'identité obtenue à l'aide d'un certificat de nationalité argué de faux, la nationalité du prévenu n'est pas en cause dans la poursuite et il n'y a pas lieu à question préjudicielle. • Crim. 4 janv. 1982, n° 80-95.198 P. ♦ De même, la juridiction correctionnelle ne doit pas surseoir devant une exception manifestement peu sérieuse. • Crim. 29 déc. 1964, n° 64-92.733 P. ♦ Ainsi la validité de son mariage avec une ressortissante française ne constitue pas pour l'intéressé une exception préjudicielle au jugement d'un étranger poursuivi pour obtention indue de document administratif, en l'espèce un titre de séjour pour un conjoint étranger d'une ressortissante française. • Crim. 18 mai 1993, n° 93-80.331 P : *JCP 1993. IV. 258.*

18. Filiation. V. art. 311-6 C. civ. ♦ V. cep. : • Crim. 16 mars 1925 : *S. 1926. 1. 187,* selon lequel d'une façon générale les questions de filiation ne sont pas préjudicielles et les tribunaux répressifs peuvent les trancher.

19. Nullité du mariage. En cas de poursuites pour bigamie, si le prévenu invoque la nullité de son premier mariage en faisant valoir une cause de nullité absolue, il y a lieu à sursis à statuer. • Crim. 16 janv. 1826 : *S. 1825-27. 1. 260.*

2° QUESTIONS PRÉJUDICIELLES DE DROIT ADMINISTRATIF

20. Constitue une exception préjudicielle l'appréciation de la légalité d'un acte administratif individuel. • Crim. 15 juin 1982, n° 82-91.100 P. ♦ ... Étant précisé que le juge pénal a le devoir d'apprécier la légalité d'un tel acte si sa violation est pénalement sanctionnée et si cette légalité est contestée par les parties. • Crim. 10 oct. 1978, n° 78-91.937 P : *D. 1979. IR 37, obs. Puech* • 21 oct. 1987 : *préc. note 9* • 7 févr. 1989, n° 88-84.512 P • 16 janv. 1990, n° 89-82.443 P.

21. Constitue une exception préjudicielle l'appréciation de l'opportunité d'un acte réglementaire. • Crim. 20 mars 1980, n° 79-93.104 P. ♦ ... Étant rappelé que sa légalité est en revanche soumise au juge répressif. • Crim. 24 mars 1949 : *D. 1949. 221, rapp. Pépy ; S. 1950. 1. 21, note Légal* • 29 nov. 1977, n° 76-92.342 P : *D. 1978. IR 315* • 21 oct. 1987 : *préc. note 9.* ♦ Comp. : • T. confl., 20 nov. 1961 : *D. 1962. 265.*

22. Sur l'application de l'art. L. 480-13 C. urb., V. notamment : • Crim. 30 juin 1981, n° 80-95.148 P : *D. 1983. IR 28, obs. Charles.*

23. Encourt la cassation l'arrêt qui déclare prescrites l'action publique et l'action civile, alors que le délai de la prescription a été suspendu à compter de l'arrêt ayant sursis à statuer jusqu'à la date de l'arrêt de la juridiction administrative saisie d'une question préjudicielle. • Crim. 28 mars 2000, n° 99-84.367 P.

3° QUESTIONS PRÉJUDICIELLES DE DROIT PÉNAL

24. Sur l'application de l'art. 373 C. pén., V. notamment : • Crim. 28 nov. 1978, n° 78-92.055 P : *D. 1979. IR 271.*

25. Si, aux termes de l'art. 384, le tribunal saisi de l'action publique est compétent pour statuer sur toutes exceptions proposées par le prévenu pour sa défense, c'est à la condition que la loi n'en dispose pas autrement ; ainsi, selon l'art. L. 38-2 LPF, l'ordonnance du président du TGI autorisant une visite domiciliaire pour la recherche et la constatation des infractions à la législation sur les contributions indirectes, n'est susceptible que d'un pourvoi en cassation. • Crim. 31 janv. 1994, n° 93-81.366 P.

26. Sur l'application de l'art. 35 *in fine* de la loi du 29 juill. 1881, V. notamment : • Civ. 29 mars 1897 : *D. 1897. 1. 471.*

B. INTERPRÉTATION DES CONVENTIONS INTERNATIONALES

BIBL. Biancarelli et Maidani, *RSC 1984. 225.* – V. également Circ. CRIM. n° 82-2847 D. 2 du 25 mars 1985 (*BOMJ n° 17, p. 151*).

27. Dans le cas d'un texte clair qu'il n'y a pas lieu à soumettre à interprétation, le juge répressif applique les conventions internationales. • Crim. 1er déc. 1966, n° 66-93.235 P : *D. 1967. 23, note Costa.* ♦ ... S'agissant d'un texte communautaire clair. • Crim. 21 oct. 1985, n° 84-95.387 P. ♦ Mais lorsqu'il y a lieu à interprétation, celle-ci est réservée au gouvernement français. • Crim. 26 janv. 1984 : *JCP 1984. II. 20197, rapp. Le Gunehec, note Ruzié.* ♦ ... Et dans le cas d'un texte communautaire, à la Cour de justice des communautés par application de l'art. 177 du Traité de Rome. • Crim. 25 oct. 1982, n° 81-95.114 P. ♦ Mais si la cour de justice a déjà donné une réponse en la matière, le juge pénal peut se référer à l'arrêt interprétatif déjà rendu. • Crim. 14 janv. 1980, n° 78-94.365 P.

28. Les juges du fond ne sont pas tenus de saisir la CJCE et de surseoir à statuer lorsqu'il est excipé de l'incompatibilité d'un texte de droit interne avec le traité instituant la Communauté européenne. • Crim. 12 févr. 1997 : *Procédures 1997. Comm. 158, obs. Buisson.*

29. Office du juge et traités internationaux. Il est de l'office du juge d'interpréter les traités internationaux invoqués dans la cause soumise à son examen ; d'autre part, les autorités judiciaires françaises, lorsqu'elles utilisent les informations qui leur ont été communiquées dans le cadre d'une convention d'entraide judiciaire en matière pénale, sont tenues de respecter les règles fixées par cette convention, à laquelle s'incorporent les réserves et déclarations formulées, qui obligent les États parties dans leurs rapports réciproques. • Crim. 15 janv. 2014, n° 13-84.778 P : *D. actu. 31 janv. 2014, obs. Winckelmuller ; AJ pénal 2014. 243, obs. de Combles de Nayves ; Dr. pénal 2014. 113, note Maron et Haas.*

30. Au cas de poursuite contre un Espagnol pour avoir fait commerce en France sans carte de commerçant étranger, le prévenu ne peut être relaxé sur le simple fondement de la Convention franco-espagnole du 7 janv. 1862, qui permet aux ressortissants de chacun des deux pays d'exercer le commerce sur le territoire de l'autre, alors que des précisions étaient nécessaires et qu'il appartenait aux juges d'interroger le ministre des affaires étrangères sur des points précis avant de se prononcer sur le bien-fondé de la poursuite. • Crim. 24 mars 1953 : *D. 1953. 365, note Savatier ; JCP 1953. II. 7659, note Weill et Léauté.* ♦ *Adde* : • Crim. 30 juin 1976 : *D. 1977. 1, note Coste-Floret* • 1er mars 1977, n° 76-91.722 P : *D. 1977. IR 186.* ♦ V. : • Crim. 29 juin 1972, n° 71-91.581 P : *JCP 1973. II. 17457, note Ruzié* • Crim. 5 mars 1985, n° 84-92.155 P (cassant des arrêts de chambres d'accusation qui n'avaient pas fait trancher par l'autorité compétente la question préjudicielle d'interprétation d'une convention internationale).

Art. 385 *(L. n° 93-2 du 4 janv. 1993)* **Le tribunal correctionnel a qualité pour constater les nullités des procédures qui lui sont soumises sauf lorsqu'il est saisi par le renvoi ordonné par le juge d'instruction ou la chambre de l'instruction.**

Toutefois, dans le cas où l'ordonnance ou l'arrêt qui l'a saisi n'a pas été porté à la connaissance des parties dans les conditions prévues, selon le cas, par le quatrième alinéa de l'article 183 ou par l'article 217, ou si l'ordonnance n'a pas été rendue conformément aux dispositions de l'article 184, le tribunal renvoie la procédure au ministère public pour lui permettre de saisir à nouveau la juridiction d'instruction afin que la procédure soit régularisée.

(L. nº 99-515 du 23 juin 1999) **« Lorsque l'ordonnance de renvoi du juge d'instruction a été rendue sans que les conditions prévues par l'article 175 aient été respectées, les parties demeurent recevables, par dérogation aux dispositions du premier alinéa, à soulever devant le tribunal correctionnel les nullités de la procédure. »**

(L. nº 93-1013 du 24 août 1993) **« Lorsque la procédure dont il est saisi n'est pas renvoyée devant lui par la juridiction d'instruction, le tribunal statue sur les exceptions tirées de la nullité de la procédure antérieure. »**

La nullité de la citation ne peut être prononcée que dans les conditions prévues par l'article 565.

Dans tous les cas, les exceptions de nullité doivent être présentées avant toute défense au fond.

BIBL. ▸ GUÉRY, *AJ pénal 2015. 407* (sort de la détention provisoire).

1. Équité de la procédure. Les art. 179 et 385 ne portent aucune atteinte au principe du procès équitable dès lors que, d'une part, la défense peut contester la régularité d'une procédure d'instruction en saisissant en temps utile la chambre de l'instruction, d'autre part, en cas de pourvoi formé contre l'arrêt de cette juridiction rejetant une requête en nullité, les art. 570 et 571 ont pour seul effet d'en différer, le cas échéant, l'examen jusqu'à un éventuel pourvoi contre la décision statuant sur la culpabilité, la constatation d'une irrégularité ayant nécessairement pour effet de remettre en cause la décision sur le fond. • Crim. 11 juill. 2017, nº 16-83.588 P : *D. actu. 26 sept. 2017, obs. Benelli-de Bénazé.*

I. DOMAINE D'APPLICATION DE L'ARTICLE 385

2. Auteur de la nullité. Aux termes de l'art. 385, les nullités ne peuvent pas être relevées d'office par le juge pénal, même lorsqu'elles sont substantielles et d'ordre public, sauf si elles affectent la compétence. • Crim. 25 févr. 1991, nº 90-81.383 P • 14 oct. 1991, nº 90-84.818 P : *Dr. pénal avr. 1994, p. 3, obs. Lesclous et Marsat* • 10 oct. 2006, nº 06-81.833 P : *D. 2006. IR 2752 ; Procédures 2007. Comm. 45, obs. Buisson.* ♦ Selon l'art. 385, al. 1er, les juridictions correctionnelles n'ont pas qualité pour constater les nullités de procédure lorsqu'elles sont saisies par le renvoi ordonné par le juge d'instruction. Si une cour d'appel a cru devoir répondre à l'exception de nullité tirée du défaut de convocation du tuteur de la demanderesse, lors de sa mise en examen, le moyen qui reprend cette exception devant la Cour de cassation est irrecevable par application du texte précité. • Crim. 20 mai 2009, nº 08-80.677 P : *AJ pénal 2009. 321 ; Dr. pénal 2009, nos 134 et 140, obs. Véron.* ♦ Il résulte des art. 179 et 385 qu'en dehors des cas prévus par les al. 2 et 3 de ce dernier texte, lorsque la juridiction correctionnelle est saisie par l'ordonnance de renvoi du juge d'instruction, les parties sont irrecevables à invoquer des exceptions de nullité de la procédure antérieure. Encourt dès lors la cassation l'arrêt d'une cour d'appel qui fait droit à l'exception de nullité soulevée par le prévenu faisant valoir qu'il a été renvoyé devant la juridiction correctionnelle sans avoir été interrogé au fond par le juge d'instruction, alors même qu'il n'a présenté à ce magistrat aucune demande d'interrogatoire, tant au cours de l'information que pendant le délai ouvert par l'art. 175. • Crim. 26 mai 2010, nº 10-81.839 P : *D. 2010. Pan. 2257, note Pradel ; AJ pénal 2010. 452 .* ♦ Il se déduit de l'art. 385 que seules les parties sont recevables à présenter les exceptions tirées de la nullité de la citation ou de la procédure antérieure et les juges ne sauraient relever d'office une telle exception en l'absence du prévenu défaillant. • Crim. 21 mars 1989, nº 88-82.789 P : *D. 1989. Somm. 394, obs. Pradel* • 25 févr. 1991, nº 90-81.383 P • 17 mars 1993, nº 92-82.348 P • 11 déc. 2013, nº 13-81.271 P : *D. actu. 9 janv. 2014, obs. Fucini ; D. 2013. Actu. 2918 .* ♦ Encourt la cassation l'arrêt qui a relevé d'office une nullité, le prévenu n'ayant pas soulevé d'exception avant de conclure au fond. • Crim. 15 juin 1987, nº 85-92.803 P • 13 nov. 1991, nº 91-83.316 P • 9 déc. 1991, nº 91-82.880 P • 17 nov. 1992 : *Dr. pénal févr. 1993, nº 54, obs. Maron* • 20 mars 1997 : *Procédures 1997. Comm. 216, obs. Buisson.* ♦ Les exceptions tirées de la nullité, soit de la citation, soit de la procédure antérieure, doivent, à peine de forclusion, être présentées avant toute défense au fond et les juridictions ne sauraient les relever d'office. • Crim. 6 juin 2012, nº 11-87.180 P : *D. actu. 27 juin 2012, obs. Fleuriot ; Gaz. Pal. 26-27 oct. 2012, p. 45, obs. Fourment.* ♦ Cette règle s'applique à toutes les nullités, même substantielles, touchant à l'ordre public, à la seule exception de celle affectant la compétence de la juridiction. • Crim. 10 déc. 2003, nº 03-83.344 P : *JCP 2004. IV. 1233 ; AJ pénal 2004. 120, obs. Girault .* ♦ En application de l'art. 385, les exceptions de nullité doivent être présentées avant toute défense au fond. • Crim. 14 mai 2008, nº 07-88.013 P : *D. 2008. AJ 1626 ; AJ pénal 2008. 334 .* ♦ Selon l'art. 385, les exceptions de nullité de la procédure ne peuvent être présentées pour la première fois en cause d'appel après un débat au fond devant le tribunal. Encourt la censure l'arrêt qui après avoir déclaré le prévenu coupable de fausse déclaration de récolte, dit n'y avoir lieu d'ordonner la confiscation des vins saisis, au motif que les saisies ont été opérées en méconnaissance des dispositions de l'art. L. 38 LPF alors qu'il résulte des pièces de procédure que la nullité des saisies n'a pas été soulevée devant le tribunal. • Crim. 23 janv. 2008, n° 06-87.781 P.

3. Intervenants. L'assureur appelé en garantie et le civilement responsable n'ont pas qualité pour soulever la nullité de la procédure d'instruction préalable. • Crim. 5 sept. 1988, n° 86-92.682 P.

4. Presse. L'art. 385, al. 2 [*al. 4*], est applicable en matière de presse. • Crim. 6 mars 1974, n° 73-92.256 P : *D. 1974. IR 105.* ♦ Il en est de même de l'art. 385, al. 5. • Crim. 26 avr. 1994, n° 92-82.459 P. ♦ Ainsi les juges n'ont pas le pouvoir de relever d'office la violation des dispositions de l'art. 53 de la loi du 29 juill. 1881 relatives à la qualification des faits et au visa du texte dont l'application est requise. • Crim. 12 mars 1996, n° 95-81.127 P. ♦ Encourt ainsi la censure l'arrêt qui relève d'office l'exception de nullité prise du non-respect dans la citation délivrée au prévenu des dispositions des art. 29 et 53 de la loi du 29 juill. 1881 relatives à l'absence de précision du fait incriminé, les juges du fond n'ayant pas le pouvoir de la relever d'office. • Crim. 6 janv. 2009, n° 08-80.826 P : *AJ pénal 2009. 139*. ♦ En revanche, il appartient à la Cour de cassation, qui, en matière de presse, exerce son contrôle sur les pièces de la procédure, de relever d'office le moyen de pur droit pris de la nullité de l'exploit introductif d'instance. Une telle nullité entraînant celle de la poursuite, il n'y a pas lieu à renvoi. • Même arrêt. ♦ De même, l'erreur dans la qualification en matière de presse est une question de fond qu'il appartient aux juges de relever d'office et qui, dès lors, est étrangère à la forclusion édictée par l'art. 385 • Crim. 25 oct. 2005, n° 05-81.252 P. ♦ Selon les art. 179, al. 6, et 385, al. 4, lorsque la juridiction correctionnelle est saisie par l'ordonnance de renvoi du juge d'instruction, les parties sont irrecevables à soulever des exceptions tirées de la nullité de la procédure antérieure. Il n'en est autrement en matière de presse que lorsqu'est invoquée la méconnaissance des prescriptions de l'art. 50 de la loi du 29 juill. 1881. • Crim. 24 sept. 2002, n° 01-88.597 P • 16 sept. 2003, n° 02-84.554 P : *JCP 2003. IV. 2896.* ♦ Les juridictions correctionnelles n'ont pas qualité pour constater les nullités de procédure lorsqu'elles sont saisies par le renvoi ordonné par le juge d'instruction ; si la cour d'appel a cru, à tort, devoir répondre à l'exception de nullité tirée de l'absence d'impartialité du juge d'instruction, le moyen, qui reprend cette exception devant la Cour de cassation, est irrecevable. • Crim. 9 févr. 2005, n° 04-81.776 P : *D. 2005. IR 1053* ; *D. 2005. AJ 1025* ; *JCP 2005. IV. 1852.* – V. aussi note 35.

5. Aux termes de l'art. 385, applicable à la poursuite des infractions à la loi sur la liberté de la presse, et devant la cour d'appel, les exceptions de nullité doivent être présentées avant toute défense au fond. • Crim. 6 janv. 2009, n° 08-80.826 P. ♦ Le Conseil constitutionnel constate que l'application combinée de l'art. 51-1 *in fine* de la loi de 1881 et de l'art. 385 C. pr. pén. créé une atteinte substantielle au droit à un recours juridictionnel effectif ; en effet, en matière d'injure ou diffamation publiques, les parties sont privées, dès l'envoi de l'avis de fin d'information, de la possibilité d'obtenir l'annulation d'un acte ou d'une pièce de la procédure qui serait entaché d'une irrégularité affectant leurs droits. Le dernier al. de l'art. 51-1 de la L. du 29 juill. 1881 sur la liberté de la presse, dans sa rédaction issue de la L. n° 2019-222 du 23 mars 2019 de programmation 2018-2022 et de réforme pour la justice, est immédiatement abrogé. • Cons. const. 14 sept. 2021, n° 2021-929/941QPC : *D. actu. 23 sept. 2021, obs. Lavric*; *RSC 201. 892, obs. Botton.*

6. Rétention de sûreté. Fait une exacte application des art. 385 et 512 la juridiction nationale de la rétention de sûreté qui relève que le requérant est irrecevable à soulever pour la première fois en appel l'irrégularité de la saisine de la juridiction du premier degré, faute de l'avoir fait en première instance, où il avait comparu. • Crim. 28 mars 2018, n° 17-86.938 P : *D. actu. 6 avr. 2018, obs. Goetz* ; *AJ pénal 2018. 327, obs. Grégoire* ; *Dr. pénal 2018, n° 118, obs. Peltier* ; *RSC 2018. 468, note Cordier*.

7. Forme de l'exception. Les art. 385 et 522, al. 4, n'exigent pas que les exceptions de nullité soient soutenues par écrit. • Crim. 26 avr. 2017, n° 16-82.742 P : *D. actu. 31 mai 2017, obs. Goetz* ; *AJ pénal 2017. 355, obs. Reviron*.

8. Actes susceptibles d'être annulés. Conçu en termes généraux, l'art. 385 vise, sans distinction, tous les actes auxquels il a été procédé antérieurement à la citation et notamment ceux de l'enquête préliminaire. • Crim. 29 déc. 1964, n° 64-91.854 P : *D. 1965. Somm. 67* • 11 juin 1975, n° 75-90.094 P. ♦ Ainsi, il doit être statué sur la nullité de la garde à vue ayant précédé la rétention administrative d'un étranger poursuivi pour refus de quitter le territoire quand bien même ce dernier aurait fait l'objet d'un second placement en garde à vue à la fin de la rétention en raison de son refus d'embarquer. • Crim. 4 sept. 2001, n° 00-85.984 P. ♦ La nullité d'une garde à vue n'entraîne l'annulation des actes subséquents qu'à la condition que ces derniers aient eu pour support nécessaire la mesure annulée. Méconnaît ce principe et l'art. 385, l'arrêt qui, après avoir fait droit à la demande d'annulation d'une mesure de garde à vue, en raison de l'inobservation des dispositions de l'art. 63-4 qui prévoient que le bâtonnier doit être informé sans délai de la demande de la personne concernée de s'entretenir dès le début de la garde à vue avec un avocat commis d'office, annule également la procédure subséquente, y compris le procès-verbal de comparution immédiate saisissant le tribunal correctionnel, alors que la saisine de cette juridiction ne pouvait être affectée par l'annulation de cette mesure, qui n'en était pas le support nécessaire. • Crim. 26 mars 2008, n° 07-83.814 P : *RSC 2008. 926, obs. Finielz ; D. 2008. AJ 1063, note Léna ; AJ pénal 2008. 286, obs. Saas ; Dr. pénal 2008, n° 92, obs. Maron et Haas ; ibid. 2009. Chron. 8, obs. Lesclous.*

9. Irrégularité de l'ORTC. Il résulte de l'art. 385, al. 2 que, lorsque la cour d'appel constate la nullité de l'ordonnance de renvoi du juge d'instruction, elle doit, par dérogation à l'art. 520, renvoyer la procédure au ministère public pour lui permettre de saisir à nouveau la juridiction d'instruction. • Crim. 20 oct. 1998, n° 97-81.276 P. ♦ De même, si le tribunal correctionnel constate que le prévenu n'a pas fait l'objet d'une mise en examen, il doit renvoyer la procédure au ministère public aux fins de régularisation. • Crim. 15 sept. 2004, n° 04-83.670 P : *JCP 2004. IV. 3203* • Crim. 5 oct. 2021, n° 20-85.710 : *AJ pénal 2021. 597, obs. Fucini* . ♦ Ces dispositions sont applicables devant les juridictions des mineurs saisies par l'ordonnance de renvoi du juge des enfants. Méconnaît ces dispositions la cour d'appel, chambre spéciale des mineurs, qui, après avoir constaté la nullité de l'ordonnance de renvoi du juge des enfants, comme l'y autorise l'art. 385, al. 2, décide de renvoyer directement l'affaire à ce magistrat « pour qu'il la reprenne dans son état antérieur » à l'ordonnance, alors que seul le ministère public était habilité à saisir le juge des enfants à cet effet. • Crim. 7 oct. 1997, n° 96-85.599 P : *D. 1997. IR 257* . ♦ En application de l'art. 385, si l'ordonnance qui saisit la juridiction de jugement n'a pas été rendue conformément aux dispositions de l'art. 184, la sanction de cette non-conformité est le renvoi de la procédure au ministère public pour lui permettre de saisir à nouveau la juridiction d'instruction aux fins de régularisation, les actes faits en application de ladite ordonnance demeurant valables. • Crim. 1er oct. 2013, n° 12-83.143 P. ♦ L'omission, par le juge d'instruction, de statuer sur certains des faits dont il est régulièrement saisi, n'entre pas dans les prévisions des art. 184 et 385, al. 2 ; méconnaît ces dispositions la cour d'appel qui annule une ORTC pour ce motif et renvoie le dossier de la procédure au ministère public pour lui permettre de saisir à nouveau le juge d'instruction afin de régulariser la procédure. • Crim. 22 janv. 2003, n° 01-87.297 P : *JCP 2003. IV. 1529.* ♦ Si la juridiction de jugement ne peut pas annuler l'ordonnance de renvoi du juge d'instruction qui n'a pas statué sur tous les faits dont il était saisi, elle peut néanmoins renvoyer l'examen de l'affaire à une audience ultérieure et transmettre le dossier de la procédure au ministère public pour qu'il saisisse le juge d'instruction de toutes réquisitions appropriées visant les faits sur lesquels il n'a pas été statué dans l'ordonnance de règlement. • Crim. 4 mars 2004, n° 03-85.983 P. ♦ Le ministère public est alors habilité à adresser au magistrat instructeur des réquisitions visant les faits sur lesquels celui-ci a le devoir de statuer. • Crim. 21 nov. 2007, n° 07-85.922 P : *D. 2008. AJ 22 ; AJ pénal 2008. 96, note Lavric* . ♦ La mention faite par le juge d'instruction dans son ordonnance de renvoi à des pièces annulées par la chambre de l'instruction constitue une irrégularité qui, affectant la motivation de cette décision, entre dans les prévisions des art. 385, al. 2, et 184 et est susceptible d'entraîner une nullité, laquelle ne pourra être examinée que par la juridiction d'instruction. Dans ces conditions, le tribunal correctionnel a renvoyé à bon droit l'affaire au ministère public pour saisine du juge d'instruction aux fins de régularisation de l'ordonnance de renvoi devant le tribunal correctionnel. • Crim. 13 juin 2019, n° 19-82.326 P : *D. actu. 8 juill. 2019, obs. Goetz.*

10. Sort de la détention provisoire. La décision de la cour d'appel de renvoyer la procédure au ministère public, aux fins de régularisation, dans les cas prévus par l'art. 385, al. 2 n'impliquant pas son dessaisissement, il lui appartient, si le jugement est annulé pour violation ou omission non réparée des formes prescrites par la loi à peine de nullité, d'évoquer, de renvoyer au fond à une audience ultérieure, en application de l'art. 520, et de prononcer, le cas échéant, sur le maintien en détention du prévenu. • Crim. 3 mars 2015, n° 14-88.472 P : *D. actu. 3 avr. 2015, obs. Fucini ; AJ pénal 2015. 371, obs. Aubert* . ♦ Constatant l'inobservation des délais prévus à l'article 175, dont se déduisait une absence de conformité aux prescriptions de l'art. 184, la juridiction de jugement ne peut que renvoyer la procédure au ministère public pour régularisation par le juge d'instruction, comme le prévoit l'art. 385, al. 2, et, restant saisie, elle doit se prononcer sur le maintien en détention du prévenu selon les prévisions de l'art. 179, al. 5. • Crim. 28 févr. 2017, n° 16-87.511 P : *RSC 2017. 341, note Cordier* .

11. Les demandeurs ne sauraient se faire un grief de ce que les juges du fond ont rejeté leur demande d'annulation de l'ordonnance de renvoi devant le tribunal correctionnel, après avoir constaté qu'ils avaient été mis en examen pour l'ensemble des faits objet de ce renvoi, dès lors qu'en dehors des cas prévus par les al. 2 et 3 de l'art. 385, cette juridiction n'a pas qualité pour constater les nullités des procédures qui lui sont soumises, lorsqu'elle est saisie par le renvoi ordonné par le juge d'instruction. • Crim. 5 mars 2003, n° 01-87.045 P : *JCP 2003. IV. 1808 ; Dr. pénal 2003. Comm. 81, obs. Maron et Haas.*

12. L'absence d'avis de fin d'information avant

l'ordonnance de renvoi devant le tribunal correctionnel ne rend pas l'ORTC nulle mais a pour seul effet de rendre le demandeur recevable à soulever devant le tribunal des nullités de la procédure d'instruction. • Crim. 30 mars 2004, n° 02-85.180 P : *D. 2005. Pan. 689, obs. Pradel ; JCP 2004. IV. 2060.* ♦ La violation des dispositions de l'art. 175 permet aux parties de soulever devant le tribunal correctionnel les nullités de l'information mais également la nullité de l'ORTC. • Crim. 29 sept. 2010, n° 10-84.003 P : *AJ pénal 2011. 41, obs. Ascensi* .

II. LA FORCLUSION

13. Il se déduit du dernier al. de l'art. 385 que la présentation tardive des exceptions de nullité de procédure devant le tribunal correctionnel est sanctionnée par l'irrecevabilité. • Crim. 19 sept. 1994, n° 93-85.641 P. ♦ ... Mais encourt la censure le jugement qui dit irrecevables, en application des art. 385 et 386, les conclusions du prévenu déposées avant l'audience et visées par le greffier pour n'avoir pas été développées oralement avant les réquisitions du ministère public. • Crim. 26 mars 1997, n° 96-83.477 P : *Procédures 1997. Comm. 189, obs. Buisson.* ♦ ... Car le dépôt des conclusions visées par le greffier avant l'audience saisit le tribunal dès l'ouverture des débats et avant toute défense au fond. • Crim. 10 déc. 2003, n° 02-87.487 P : *JCP 2004. IV. 1240 ; AJ pénal 2004. 75* . ♦ Pour une application en cause d'appel : • Crim. 24 oct. 2017, n° 16-85.875 P.

14. Les nullités et exceptions préjudicielles doivent être soulevées avant toute défense au fond. Une telle exception, soulevée lors de l'interrogatoire du prévenu sur les faits, est tardive car le prévenu s'est alors engagé dans la défense au fond. • Crim. 29 mars 1995, n° 94-82.320 P.

15. L'exception d'irrecevabilité d'une constitution de partie civile doit être soulevée avant toute défense au fond. • Crim. 16 févr. 2010, n° 09-80.516 P : *AJ pénal 2010. 20 ; Procédures 2010, n° 198, obs. Buisson.*

16. La règle de l'art. 385, al. 1er, selon laquelle les exceptions tirées de la nullité soit de la citation, soit de la procédure antérieure doivent être, à peine de forclusion, présentées avant toute défense au fond, s'applique à toutes les nullités, même substantielles, touchant à l'ordre public. • Crim. 6 juill. 1993, n° 93-82.133 P. ♦ ... Sauf celles affectant la compétence juridictionnelle. • Crim. 13 nov. 1996, n° 95-84.897 P • 7 juin 2000, n° 99-82.788 P : *D. 2000. IR 224 ; D. 2001. Somm. 518, obs. Pradel ; Dr. pénal 2001. Chron. 6, obs. Marsat.* ♦ Est dès lors irrecevable l'exception de nullité invoquant, pour la première fois devant la cour d'appel, l'incompétence territoriale d'un agent de police judiciaire intervenu lors de l'enquête préliminaire. • Même arrêt. ♦ Le demandeur ne saurait se faire un grief de ce que la cour d'appel a rejeté l'exception tirée de la nullité des opérations et procès-verbaux de saisie, dès lors que, cette exception n'ayant pas été invoquée devant le tribunal, elle ne pouvait être présentée pour la première fois devant la cour d'appel, par application de l'art. 385. • Crim. 11 déc. 2002, n° 02-83.648. ♦ Dans le même sens, sur l'impossibilité de soulever une exception tirée de l'irrégularité de la procédure antérieure : • Crim. 19 oct. 2004, n° 04-80.317 P. ♦ L'exception de nullité doit être présentée en première instance avant que le prévenu ne s'engage dans sa défense au fond. • Crim. 22 nov. 2011, n° 11-80.013 P. ♦ Une telle exception ne peut être utilement proposée pour la première fois en cause d'appel, après débat au fond devant le tribunal en présence dudit prévenu ou de son avocat. • Crim. 22 nov. 2011 : *préc.* ♦ Est ainsi irrecevable l'exception de nullité, invoquant, pour la première fois devant la cour d'appel, la nullité d'une garde à vue prise de l'absence de notification du droit de se taire à la personne placée en garde à vue et du défaut d'assistance de cette dernière par un avocat, bien que l'irrégularité résulte d'une loi postérieure au jugement de première instance. • Crim. 14 mars 2012, n° 11-85.827 P : *D. 2012. Actu. 1063 ; RSC 2012. 631, obs. Danet ; Dr. pénal 2012. Chron. 7, obs. Lesclous* • Crim. 13 févr. 2013 : *AJ pénal 2013. 352, obs. Perrier* . ♦ L'exception de nullité tirée des conditions dans lesquelles ont été réalisées les vérifications destinées à prouver un état alcoolique, qui constituent un acte d'enquête. • Crim. 4 avr. 2013 : *Procédures 2013, n° 196, obs. Chavent-Leclère.*

17. Aux termes de l'art. 385, les exceptions de nullité de la procédure antérieure à la citation doivent être présentées avant toute défense au fond. C'est à bon droit qu'une cour d'appel oppose la forclusion édictée par ledit texte à une exception de nullité de la procédure présentée pour la première fois devant elle et fondée sur la violation d'une disposition légale différente de celle qui avait été invoquée devant les premiers juges avant toute défense au fond. • Crim. 7 août 1990, n° 89-83.556 P. ♦ ... Mais les dispositions de l'art. 385 ne peuvent être invoquées devant la cour d'appel lorsque le jugement entrepris mentionne que l'exception a été régulièrement présentée par voie de conclusions qui ont été débattues devant les premiers juges ; il n'importe que ces conclusions n'aient été visées ni par le président ni par le greffier, comme l'exige l'art. 459, § 2. • Crim. 11 juill. 1994, n° 93-80.749 P : *Dr. pénal 1994. Comm. 224, obs. Maron.* ♦ ... Une exception de nullité soulevée régulièrement devant le tribunal, mais reprise au cours des débats en appel n'est pas recevable car elle aurait dû être invoquée avant tout débat au fond devant la cour. • Crim. 28 févr. 2001, nº 00-82.107 P : *JCP 2001. IV. 1944 ; Dr. pénal 2001. Chron. 39, obs. Marsat.*

18. *Prévenu non comparant et cour d'appel de renvoi.* Lorsqu'un arrêt est annulé par la Cour de cassation, la juridiction de renvoi se trouve saisie de la cause dans l'état où elle se trouvait quand elle a été soumise aux juges dont la décision a été cassée. Doit en conséquence être censuré l'arrêt de la cour d'appel qui, sur renvoi après cassation, déclare irrecevable l'exception présentée devant elle par le prévenu et prise de la nullité de la garde à vue, au motif que cette exception n'avait pas été proposée avant toute défense au fond devant la juridiction du second degré dont l'arrêt avait été annulé, alors que le prévenu n'ayant pas assuré sa défense en première instance (art. 410, al. 2), la cour d'appel désignée était tenue de statuer tant sur ladite exception que sur le fond. • Crim. 5 mars 2013 : *D. 2013. Pan. 1993, obs. Pradel.*

19. L'inscription de faux s'analyse en une exception de nullité et elle doit être prise avant toute défense au fond. • Crim. 12 avr. 1988, nº 87-82.444 P • 16 déc. 1997, nº 96-82.509 P. ♦ Sur le sursis à statuer en cas de production à l'audience d'une pièce arguée de faux, V. art. 646.

20. *Fin de non-recevoir.* La règle *electa una via*, fondée sur l'art. 5, constitue une fin de non-recevoir, laquelle, aux termes de l'art. 385, doit être présentée avant toute défense au fond, à peine d'irrecevabilité. • Crim. 18 sept. 2018, nº 13-88.631 P.

21. *CRPC.* Il résulte de l'art. 385 que les exceptions de nullité de la procédure doivent, à peine de forclusion, être présentées avant toute défense au fond. Dès lors, cet article étant applicable en matière de comparution sur reconnaissance préalable de culpabilité, l'individu qui comparaît suivant cette procédure ne peut présenter aucune exception de nullité pour la première fois devant la cour d'appel, un débat au fond s'étant déjà instauré devant le président du tribunal correctionnel chargé d'homologuer la peine. • Crim. 22 févr. 2012, nº 11-82.786 P : *D. actu. 8 mars 2012, obs. Bombled ; D. 2012. Actu. 684 ; ibid. 2118, obs. Pradel ; AJ pénal 2012. 236, obs. Gallois ; Dr. pénal 2012, nº 59, obs. Maron et Haas ; ibid. Chron. 7, obs. Lesclous ; Procédures 2012, nº 132, obs. Buisson.*

22. *Supplément d'information.* Il résulte de l'art. 385 qu'au cas où un supplément d'information est ordonné par un tribunal correctionnel, le prévenu ne saurait faire état devant la cour d'appel des nullités qui auraient été commises au cours de ce supplément d'information s'il ne les a pas préalablement soulevées devant le tribunal correctionnel avant de se défendre au fond. • Crim. 14 avr. 1961, nº 60-90.422 P • 22 nov. 1961 : *D. 1962. Somm. 29 ; JCP 1962. II. 12545, note Chambon* • 29 avr. 1985, nº 84-93.057 P.

23. *Partie civile.* La règle de l'art. 385, al. 1er [al. 5], s'applique à la partie civile comme au prévenu. • Crim. 20 déc. 1973, nº 73-90.501 P • 11 juin 1981, nº 80-90.560 P.

24. *Exclusion de la forclusion.* Le prévenu ni comparant ni excusé, qui a été jugé contradictoirement dans les conditions prévues par l'art. 410, ne saurait être regardé comme s'étant défendu au fond ; les exceptions tirées de la nullité de l'information peuvent dès lors être présentées pour la première fois en cause d'appel. • Crim. 10 févr. 1986, nº 85-91.838 P • 29 janv. 1992, nº 91-83.712 P : *D. 1992. Somm. 321, obs. Pradel* • 6 juin 2007, nº 06-88.541 P : *AJ pénal 2007. 388* • Toulouse, 1er avr. 1999 : *JCP 1999. IV. 2811.* ♦ ... Mais à la condition qu'aucune défense au fond n'ait encore été présentée, ni en première instance, ni devant les juges du second degré. • Crim. 24 oct. 1991, nº 90-82.220 P. ♦ En application de l'art. 385, le prévenu absent et non représenté devant le tribunal correctionnel est irrecevable à soulever des exceptions de nullité pour la première fois en cause d'appel alors qu'il avait, dans sa lettre d'opposition à l'ordonnance pénale, présenté des moyens de défense au fond et demandé une application indulgente de la loi. • Crim. 15 oct. 2014, nº 12-83.594 P : *D. actu. 31 oct. 2014, obs. Priou-Alibert.*

25. Le prévenu, intimé par l'appel du ministère public d'une décision de relaxe, est recevable à réitérer devant la cour d'appel les exceptions qu'il avait soulevées avant toute défense au fond, devant les premiers juges, et la cour d'appel est tenue de statuer sur ces demandes. • Crim. 10 juill. 1996, nº 95-83.930 P : *D. 1997. Somm. 147, obs. Pradel.*

26. Le prévenu poursuivi sur citation de la partie civile ne peut se voir opposer la forclusion édictée par l'art. 385 au motif qu'il n'aurait pas présenté les exceptions de nullité lors de l'audience à l'issue de laquelle les juges ont fixé la consignation prévue par l'art. 392-1, dès lors que, l'action publique n'étant mise en mouvement qu'après le versement de la somme due par la partie civile, le débat sur le fond n'a pu s'engager. • Crim. 22 juin 1999, nº 98-84.424 P.

27. *Pourvoi en cassation.* Le grief tiré de l'irrespect de l'art. 385, al. 1er, ne peut être invoqué pour la première fois devant la Cour de cassation. • Crim. 20 déc. 1973, nº 73-90.501 P • 16 juin 1976, nº 75-91.773 P • 2 févr. 1987, nº 86-91.734 P : *D. 1987. Somm. 407, obs. Pradel.*

28. Le moyen, qui invoque des nullités de la procédure soulevées devant le tribunal et non reprises avant toute défense au fond devant la cour d'appel, est irrecevable devant la Cour de cassation en application des art. 385 et 512, sous réserve de la nullité affectant la compétence juridictionnelle, alors même que le prévenu, régulièrement cité, conformément à l'art. 503-1, n'a pas comparu devant la cour d'appel. • Crim. 15 juin 2016, nº 14-88.404 P.

29. Renvoi après cassation. La cour d'appel de renvoi saisie par l'arrêt de la Cour de cassation devra statuer tant sur les moyens de nullité proposés devant la chambre d'accusation que sur le fond sans que puissent lui être opposées les dispositions de l'art. 385, al. 1er. • Crim. 28 mai 2002, n° 01-85.684 P.

30. Personne en fuite au cours de l'information. Il se déduit de l'art. 134 qu'une personne en fuite et vainement recherchée au cours de l'information n'a pas la qualité de partie au sens de l'art. 175. Dès lors, elle ne saurait se prévaloir des dispositions de l'art. 385, al. 3 si, renvoyée devant le tribunal correctionnel par le juge d'instruction, elle se trouve ensuite arrêtée, l'ordonnance de renvoi ayant, comme le prévoit l'art. 179, purgé, s'il en existait, les vices de la procédure. • Crim. 3 avr. 2007, n° 06-89.315 P : *D. 2007. AJ 1206 ; ibid. 2008. Pan. 2763, obs. Pradel ; AJ pénal 2007. 428, note Leblois-Happe ; RSC 2007. Chron. 834, obs. Finielz* • 3 oct. 2007, n° 07-81.030 P • Crim. 15 mai 2018, n° 17-82.866 P : *D. actu. 7 juin 2018, obs. Recotillet.*

31. Personne en fuite au cours de l'information (QPC). Non-renvoi de la QPC portant sur la constitutionnalité des art. 134, al. 3, 175 et 385, al. 3, au motif que la personne en fuite ou résidant à l'étranger, qui se soustrait à la procédure d'information, se place, de son propre fait, dans l'impossibilité de bénéficier des dispositions de l'art. 175 ; en conséquence, le bénéfice des dispositions de l'art. 385, al. 3, constituerait dans son cas un avantage injustifié par rapport à la personne mise en examen qui a normalement comparu aux actes de la procédure. • Crim., QPC, 4 janv. 2012, n° 10-85.692 : *RSC 2013. 155, obs. Roets* .

32. En application de l'art. 385, al. 1er, la juridiction correctionnelle n'a pas qualité pour constater les nullités de la procédure antérieure. Il en est ainsi lorsque le prévenu s'est mis volontairement en fuite afin de se soustraire à la justice. • Crim. 16 janv. 2013 : *D. actu. 31 janv. 2013, obs. Bombled ; Procédures 2013, n° 84, obs. Buisson ; ibid. Comm. 118, obs. Chavent-Leclère.* ♦ Doivent être déclarées irrecevables des exceptions de nullité soulevées devant la juridiction correctionnelle alors que le prévenu, résidant à l'étranger, était en fuite durant l'instruction, ce qui résultait notamment de déclarations faites auprès d'autres personnes mises en cause, le prévenu devant toutefois être mis en mesure de discuter des éléments de preuve réunis contre lui. • Crim. 17 déc. 2014 : *D. actu. 22 janv. 2014, obs. Fonteix.*

33. Nécessité de caractériser la fuite. L'impossibilité, pour une personne mise en examen en fuite, de présenter une requête en nullité devant la juridiction correctionnelle viole l'art. 6, § 1, Conv. EDH, dès lors que l'intention de se soustraire à la justice n'a pas été établie. • CEDH, 5e sect., 17 oct. 2012, *A. c/ France*, n° 43353/07 : *RSC 2013. 117, note Danet ; ibid. 155, obs. Roets ; Dr. pénal 2013. Étude 7, obs. Guéry.* ♦ Dans le même sens : encourt la cassation l'arrêt qui s'est borné, pour écarter l'application de l'art. 385, al. 3, à relever que le prévenu résidait aux États-Unis, sans constater que l'intéressé était en fuite, se savait recherché et voulait échapper aux poursuites. • Crim. 11 janv. 2017, n° 16-80.619 P : *D. actu. 23 févr. 2017, obs. Priou-Alibert ; AJ pénal 2017. 196, obs. Recotillet ; Dr. pénal 2017, n° 49, note Maron et Haas ; Procédures 2017, n° 46, note Chavent-Leclère.*

34. Correctionnalisation. Il résulte de la combinaison des art. 173, 385 et 469 que la personne mise en examen dans une information faisant suite à une décision d'incompétence, en raison de la nature criminelle des faits poursuivis, rendue par la juridiction correctionnelle, laquelle avait été saisie autrement que par une ordonnance de renvoi du juge d'instruction, est recevable à soulever, au soutien d'une requête présentée en application de l'art. 173, un moyen de nullité que cette juridiction correctionnelle avait auparavant déclaré irrecevable en application de l'art. 385. • Crim. 4 juin 2014, n° 14-81.097 P : *D. actu. 30 juin 2014, obs. Fucini ; AJ pénal 2014. 489, obs. Perrier ; JCP 2014, n° 712, note Donnier.*

35. Presse. Selon les art. 179, al. 6, et 385, al. 4, lorsque la juridiction correctionnelle est saisie par l'ordonnance de renvoi du juge d'instruction, les parties sont irrecevables à soulever les exceptions tirées de la nullité de la procédure antérieure ; il n'en est autrement en matière de presse que lorsque est invoquée la méconnaissance des prescriptions de l'art. 50 de la L. 29 juill. 1881. • Crim. 24 sept. 2002, n° 01-88.674 P • Crim. 9 déc. 2014, n° 13-84.143 P : *AJ pénal 2015, obs. Royer.*

36. Conséquences de la censure partielle de l'art. 175. En application de l'art. 385, al. 3, le prévenu est recevable à soulever devant le tribunal correctionnel la nullité d'un réquisitoire supplétif adressé aux avocats des parties avant la décision du Cons. const. du 9 sept. 2011 ayant partiellement déclaré inconstitutionnel l'art. 175 (sur laquelle V. ss. art. 175). • Crim. 14 mai 2013 : *D. actu. 28 mai 2013, obs. Winckelmuller.*

Art. 385-1 *(L. n° 83-608 du 8 juill. 1983)* **Dans les cas prévus par les articles 388-1 et 388-2, l'exception fondée sur une cause de nullité ou sur une clause du contrat d'assurance et tendant à mettre l'assureur hors de cause est, à peine de forclusion, présentée par celui-ci avant toute défense au fond. Elle n'est recevable que si elle est de nature à exonérer totalement l'assureur de son obligation de garantie à l'égard des tiers.**

L'assureur mis en cause dans les conditions prévues par l'article 388-2 qui n'intervient pas au procès pénal est réputé renoncer à toute exception ; toutefois, s'il est établi que le dommage n'est pas garanti par l'assureur prétendu, celui-ci est mis hors de cause par le tribunal.

1. Exception de nullité. L'art. 385-1 n'opérant aucune distinction entre les formes d'intervention de l'assureur, l'exception fondée sur une cause de nullité peut être présentée par l'assureur du prévenu intervenant volontairement. • T. corr. Les Sables-d'Olonne, 2 mai 1985 : *Gaz. Pal. 1985. 2. 601.*

2. Forclusion. La forclusion édictée par l'art. 385-1 ne concerne que l'action civile engagée devant la juridiction pénale et ne s'oppose pas à ce que l'assureur invoque contre son assuré, devant la juridiction civile, une cause de non-garantie. • Civ. 2e, 3 nov. 2011 : *D. 2011. 2796 ; RCA 2012, n° 32, obs. Groutel.*

3. Requête in limine litis. Pour être recevable, l'exception fondée sur une cause de nullité ou sur une clause du contrat d'assurance et tendant à mettre l'assureur hors de cause doit être présentée par celui-ci au début de l'audience à laquelle il intervient pour la première fois et avant toute défense au fond. • Crim. 24 avr. 1989, n° 88-81.664 P. ♦ L'assureur qui est intervenu en première instance n'est pas recevable à présenter pour la première fois en appel l'exception de non-garantie. • Crim. 28 oct. 1992, n° 91-84.436 P • 5 juin 1996 : *RCA 1996. Comm. 340 ; RGDA 1997. 279, note Beauchard.*

4. Est irrecevable le moyen, invoqué pour la première fois devant la Cour de cassation, pris de ce que l'assureur n'aurait pas présenté avant toute défense au fond son exception de nullité ou de non-garantie. • Crim. 24 janv. 1996, n° 95-80.855 P : *Dr. pénal 1996. Comm. 145, obs. Maron.*

5. Obligation de statuer sur l'exception. La juridiction pénale est tenue de statuer sur l'exception présentée par l'assureur tendant à l'exonérer de son obligation de garantie. • Crim. 29 mai 1986, n° 85-92.471 P • 17 déc. 1997 : *RGDA 1998. 370, note Beauchard.* ♦ Il en est ainsi notamment de l'exception tirée d'une fausse déclaration intentionnelle de l'assuré, sur laquelle il n'appartient pas à la juridiction civile de se prononcer dans ce cas. • Même arrêt. ♦ ... De l'exception tirée d'une clause dite « de complémentarité ». • Crim. 16 déc. 1986, n° 86-91.199 P. ♦ ... En cause d'appel, avant toute défense au fond, si l'assureur n'a pu intervenir auparavant. • Crim. 22 avr. 1986, n° 85-94.303 P • 16 janv. 2007, n° 06-80.185 P : *AJ pénal 2007. 185, obs. Royer .* ♦ ... En cas de mise en cause tardive, après que le tribunal a déclaré le prévenu responsable et commis un expert. • Crim. 10 nov. 1987, n° 86-96.754 P. ♦ La juridiction répressive saisie, avant toute défense au fond, d'une demande de nullité du contrat d'assurance ayant pour effet d'exonérer totalement l'assureur de son obligation de garantie à l'égard des tiers, est tenue de statuer sur cette exception, bien que le juge civil ait été préalablement saisi d'une demande de nullité du même contrat, dès lors que celui-ci ne s'est pas définitivement prononcé. • Crim. 25 oct. 2016, n° 15-86.713 P : *Dr. pénal 2016, n° 180, note Maron et Haas.*

6. Particularité de l'exception de non-assurance. L'exception de non-assurance opposée par l'assureur du prévenu à l'une des parties civiles ne tend pas à sa mise hors de cause et n'a donc pas à être invoquée avant toute défense au fond. • Crim. 19 déc. 2000, n° 00-80.479 P.

7. Exception de non-garantie. L'assureur qui entend invoquer une exception de non-assurance opposable à la victime tirée de la résiliation du contrat avant la date du sinistre est recevable à le faire, à condition de la soulever avant toute défense au fond, même si les formalités prescrites par l'art. R. 421-5, al. 1er, C. assur. n'ont pas été respectées par l'assureur. • Crim. 1er juin 2021, n° 20-80.609 P : *D. actu. 18 juin 2021, obs. Priou-Alibert.*

8. Il résulte des dispositions combinées des art. 385-1 et 388-1 que l'exception présentée par un assureur, intervenant au procès pénal dans une poursuite pour homicide ou blessures involontaires, est recevable lorsqu'elle est de nature à exonérer totalement l'assureur de son obligation de garantie du dommage corporel à l'égard des tiers. Est dès lors recevable l'exception de non-garantie limitée au dommage corporel, présentée par un assureur de responsabilité civile garantissant par ailleurs le dommage matériel découlant des faits, objet de la poursuite (solution implicite). • Crim. 4 juin 1997, n° 96-84.945 P. ♦ Le juge pénal, saisi d'une exception présentée par l'assureur en application de l'art. 385-1 ne peut, lorsque les termes du contrat d'assurance sont clairs et précis, dénaturer les obligations qui en résultent, ni modifier les stipulations qu'il renferme. • Même arrêt • Crim. 24 sept. 1997, n° 96-94.407 P • Crim. 5 déc. 2006, n° 06-81.968 P : *Dr. pénal 2007. Comm. 28, obs. Maron.*

9. C'est à tort qu'une cour d'appel déclare irrecevable l'exception d'incompétence soulevée par un assureur comme n'entrant pas dans les prévisions de l'art. 385-1, alors que cette exception touchait l'ordre public puisque la faute dont le prévenu, agent d'un service public, est déclaré coupable, n'est pas détachable de ses fonctions et son indemnisation relève ainsi de la compétence des juridictions administratives. • Crim. 2 déc. 2003, n° 02-85.254 P : *RSC 2004. 671, obs. Giudicelli .*

10. Exception de déchéance. Est irrecevable l'exception de déchéance de la garantie pour déclaration tardive du sinistre dès lors que, selon l'art. R. 124-1 C. assur., elle n'est pas de nature à exonérer l'assureur de son obligation à l'égard des victimes de l'infraction. • Crim. 9 oct. 1986, n° 85-91.040 P. ♦ Le juge pénal n'a pas compétence pour examiner le mérite d'une exception opposant seulement l'assureur à l'assuré ; ainsi en est-il de l'exception de non-garantie tirée du défaut de permis de conduire valable qui, selon l'art. R. 211-13 C. assur., n'est pas opposable aux victimes ou à leurs ayants droit. • Crim. 18 janv. 1990, n° 89-91.747 P.

11. Exception de litispendance. L'exception de litispendance n'est pas de celles que l'art. 385-1 autorise l'assureur à présenter devant la juridiction pénale. • Crim. 25 oct. 1990, n° 89-83.779 P.

12. Mise en cause du souscripteur. Si le souscripteur du contrat n'est présent à l'instance à aucun titre, l'assureur qui soulève une exception de nullité ou de non-garantie doit, à peine d'irrecevabilité de cette exception, mettre le souscripteur en cause. • Crim. 14 déc. 1989, n° 89-80.192 P : *Gaz. Pal. 1990. 1. 62, note Appietto* • 2 juill. 1996, n° 95-85.986 P : *Dr. pénal 1996. Comm. 277, note Maron* • 28 mai 1997, n° 96-81.244 P : *Dr. pénal 1997. Comm. 136, obs. Maron* • 26 juin 2001, n° 00-82.400 P : *Dr. pénal 2001. Comm. 134, obs. Maron.* ♦ Le juge répressif qui relève d'office l'irrecevabilité d'une exception de nullité ou de non-garantie soulevée par l'assureur, faute de mise en cause préalable du souscripteur du contrat, n'est pas tenu de rouvrir les débats. • Crim. 28 mai 1997 : *préc.* ♦ Lorsqu'une compagnie d'assurances entend décliner sa garantie, elle doit mettre en cause le souscripteur de la police en le faisant citer en qualité de partie intervenante s'il ne figure pas déjà dans la procédure à un autre titre, la délivrance d'une citation à comparaître comme témoin ne satisfaisant pas à cette exigence. • Crim. 2 juill. 1996 : *préc.*

13. Qualité pour agir. L'assureur appelé en garantie et le civilement responsable n'ont pas qualité pour soulever la nullité de la procédure d'instruction préalable. • Crim. 5 sept. 1988, n° 86-92.682 P.

14. Droits de la défense. Il résulte des art. 385-1 et 6, § 1, Conv. EDH que les juges ne peuvent opposer à l'assureur la forclusion résultant de la tardiveté de la présentation de l'exception de nullité ou de non-garantie sans avoir mis préalablement les parties en demeure de conclure sur ce point. • Crim. 7 juin 1995, n° 94-84.548 P : *RSC 1996. 136, obs. Dintilhac.* ♦ Pour une décision similaire fondée sur l'art. préliminaire : • Crim. 27 mai 2003 : *Dr. pénal 2003. Comm. 140, obs. Maron ; JCP 2004. I. 105, obs. Maron.*

Art. 385-2 *(L. n° 83-608 du 8 juill. 1983)* **En ce qui concerne les intérêts civils, le tribunal, après avoir mis les parties en demeure de conclure au fond, statue dans un seul et même jugement sur l'exception d'irrecevabilité et sur le fond du litige.**

Art. 386 **L'exception préjudicielle est présentée avant toute défense au fond.**

Elle n'est recevable que si elle est de nature à retirer au fait qui sert de base à la poursuite le caractère d'une infraction.

Elle n'est admise que si elle s'appuie sur des faits ou sur des titres donnant un fondement à la prétention du prévenu.

Si l'exception est admissible, le tribunal impartit un délai dans lequel le prévenu doit saisir la juridiction compétente. Faute par le prévenu d'avoir introduit l'instance dans ce délai et de justifier de ses diligences, il est passé outre à l'exception.

Si l'exception n'est pas admise, les débats sont continués. — *Pr. pén. C. 573.*

RÉP. PÉN. v° *Question préjudicielle*, par ERSTEIN.

1. Exception fondée sur l'ex-art. 177 du traité CEE (désormais art. 234). Une demande d'interprétation fondée sur l'art. 177 du traité CEE n'est pas soumise aux règles prévues par l'art. 386 ; elle est recevable même si elle n'a pas été formulée avant toute défense au fond et peut être présentée pour la première fois en cause d'appel. • Crim. 16 mai 1991, n° 89-82.396 P : *RSC 1992. 96, obs. Pradel.*

2. Illégalité d'un acte administratif. Lorsque l'exception préjudicielle tirée d'une prétendue illégalité de l'arrêté préfectoral de suspension du permis de conduire n'a pas été présentée avant toute défense au fond devant les premiers juges, le moyen qui invoque une telle exception pour la première fois devant la Cour de cassation est irrecevable non par application de l'art. 385 mais par application de l'art. 386. • Crim. 18 janv. 1993, n° 92-81.705 P : *Dr. pénal juill. 1993. 15, obs. Maron.*

3. Si, en application de l'art. 386, l'exception préjudicielle invoquant l'illégalité d'un acte administratif réglementaire ou individuel doit être présentée avant toute défense au fond, il se déduit de l'art. 111-5 C. pén. que le juge pénal peut déclarer d'office l'illégalité d'un tel acte lorsqu'il lui apparaît qu'elle conditionne la solution du procès qui lui est soumis. • Crim. 7 juin 1995, n° 84-81.416 P : *RSC 1996. 363, obs. Bouloc ; Dr. pénal 1995. Comm. 226, obs. Robert ; Procédures*

1995. Comm. 275, obs. Buisson ; Gaz. Pal. 1995. 2. 648, note Petit.

4. Moment de présentation de l'exception. L'interrogatoire du prévenu sur les faits implique qu'il s'est engagé dans la défense au fond. A défaut de conclusions écrites, il doit résulter des mentions de la décision elle-même que les juges ont été saisis oralement de l'exception dans les conditions prévues par la loi. • Crim. 29 mars 1995, n° 94-82.320 P : *RSC 1995. 607, obs. Dintilhac.*

5. Encourt la cassation le jugement qui dit irrecevables, en application des art. 385 et 386, les conclusions du prévenu, bien que déposées avant l'audience et visées par le greffier, pour n'avoir pas été développées oralement avant les réquisitions du ministère public. • Crim. 26 mars 1997, n° 96-83.477 P : *Procédures 1997. Comm. 189, obs. Buisson.* ♦ ... Car le dépôt des conclusions visées par le greffier avant l'audience saisit le tribunal dès l'ouverture des débats et avant toute défense au fond. • Crim. 10 déc. 2003, n° 02-87.487 P : *JCP 2004. IV. 1240 ; AJ pénal 2004. 75.*

6. Exception de débet. L'exception préjudicielle de débet doit être présentée *in limine litis* et n'est pas recevable pour la première fois en cause d'appel. Cette procédure ne peut, de surcroît, bénéficier qu'aux seuls comptables publics et ne peut être invoquée par ceux qui sont susceptibles d'être déclarés comptables de fait par une juridiction financière. • Crim. 18 déc. 2019, n° 18-85.856 P.

7. Recevabilité d'une exception préjudicielle et jugement au fond. Lorsque le tribunal correctionnel a admis la recevabilité d'une exception préjudicielle et a imparti, en application de l'art. 386, un délai au prévenu pour saisir la juridiction compétente, il ne peut être statué au fond par le juge pénal avant que la juridiction, régulièrement saisie dans le délai imparti, ait prononcé sur l'exception relevant de sa compétence. • Crim. 7 mars 2007 : *Dr. pénal 2007. Comm. 92, obs. Maron.* ♦ Les juridictions civiles, saisies en application de l'al. 4 de l'art. 386, ayant rendu des décisions exécutoires d'irrecevabilité dont il résulte que les exceptions préjudicielles dont elles ont été saisies ne relevaient pas de leur compétence, il appartenait en l'espèce au juge pénal d'apprécier la compatibilité de la loi nationale avec le droit de l'Union, sous réserve de l'application de l'art. 267 TFUE relatif au recours en interprétation devant la CJUE. • Crim. 18 déc. 2019, n° 18-83.062 P.

8. Conditions de recevabilité. Selon l'art. 386, l'exception préjudicielle n'est recevable que si elle est de nature à retirer au fait qui sert de base à la poursuite le caractère d'une infraction. • Crim. 19 mars 2008, n° 07-82.124 P.

Art. 387 **Lorsque le tribunal est saisi de plusieurs procédures visant des faits connexes, il peut en ordonner la jonction soit d'office, soit sur réquisition du ministère public, ou à la requête d'une des parties.** — *Pr. pén. C. 574.*

Art. 388 *(L. n° 83-466 du 10 juin 1983)* **Le tribunal correctionnel est saisi des infractions de sa compétence soit par la comparution volontaire des parties, soit par la citation, soit par la convocation par procès-verbal, soit par la comparution immédiate, soit enfin par le renvoi ordonné par la juridiction d'instruction.**

BIBL. ► A. et C. GUÉRY, *Dr. pénal 2005. Chron. 6 et 7* (requalification stricte ou élargie). —D. SAVARZEIX et B. PARTOUCHE, *Dr. pénal 2013. Étude 2* (éléments de définition du régime juridique unifié de la saisine du tribunal correctionnel). — REDON, *AJ pénal 2020. 384* (comparution immédiate : le juge reprend ses droits quand il le doit).

I. SAISINE DU TRIBUNAL

A. RÈGLES GÉNÉRALES DE SAISINE

1. Généralités. Nul ne peut être condamné par un tribunal de répression s'il n'a pas été régulièrement cité devant ce tribunal ou s'il n'a volontairement comparu. • Crim. 4 juill. 1929 : *DH 1929. 429.* ♦ Celui qui a été cité comme témoin devant un tribunal de simple police ou de police correctionnelle ne peut s'y voir attribuer, sans qu'il y ait consenti, le rôle de prévenu. • Crim. 4 juill. 1929 : *préc.* • 16 juill. 1958, n° 57-94.884 P.

2. Un tribunal correctionnel ne peut statuer sur une procédure qu'autant que l'ordonnance de renvoi qui l'en saisit est devenue définitive. Tel n'est pas le cas de l'ordonnance dont le prévenu a relevé appel, puis contre laquelle il s'est pourvu en cassation. • Crim. 28 nov. 2017, n° 17-85.523 P : *D. actu. 15 déc. 2017, obs. Goetz.*

3. Lorsque le ministère public met en œuvre une procédure de CRPC, il ne peut concomitamment saisir le tribunal correctionnel avant l'échec de cette procédure : cette convocation devant le tribunal correctionnel doit donc être déclarée irrecevable. • Crim. 4 oct. 2006, n° 05-87.435 P : *D. 2007. 58, note Delage ; AJ pénal 2007. 79, obs. Leblois-Happe ; RSC 2007. 118, note Giudicelli ; Dr. pénal 2007. Comm. 45, obs. Maron ; Procédures 2007. Comm. 44, obs. Buisson* • 14 oct. 2008, n° 08-82.195 P : *D. 2008. AJ 2796, note Léna ; AJ pénal 517.* V. désormais art. 495-15-1. ♦ Néanmoins, le procureur de la République peut saisir la juridiction correctionnelle selon l'un des modes prévus par l'art. 388 lorsque, après la délivrance d'une convocation en vue d'une comparution sur reconnaissance préalable de culpabilité, il renonce à proposer une peine dans les conditions prévues par l'art. 495-8. • Crim. 29 oct. 2008, n° 08-84.857 P : *D. 2008. AJ 2943 ; ibid. 2009. 533, note Delage ; AJ pénal 2009. 38, obs. Saas ; Procédures 2009, n° 62, obs. Buisson.* ♦ Il résulte des art. 388 et 393 que lorsque le procureur de la République saisit le tribunal correctionnel selon la procédure de comparution immédiate, il ne peut requérir d'office l'ouverture d'une information sur ces mêmes faits. • Crim. 20 févr. 2007, n° 06-89.229 P : *AJ pénal 2007. 234 ; RSC 2007. 844, obs. Finielz ; Procédures 2007. Comm. 202, obs. Buisson.*

1° PRINCIPES

4. Comparution volontaire. La comparution volontaire suppose au préalable la mise en mouvement de l'action publique dans les conditions prescrites par l'art. 1er. • Crim. 19 mars 1997, n° 96-82.621 P : *RSC 1997. 665, obs. Dintilhac ; Dr. pénal 1997. Comm. 116, obs. Maron* • Crim. 2 févr. 2016, n° 15-82.790 P : *D. actu. 1er mars 2016, obs. Fonteix.*

5. De même, un tribunal de simple police ou de police correctionnelle ne peut condamner une personne comme civilement responsable sans constater qu'elle a volontairement comparu ou qu'une citation lui a été délivrée. • Crim. 18 juill. 1924 : *DH 1924. 603* • 17 déc. 1925 : *DH 1926. 52.* ♦ Comp. : • Crim. 9 mars 1934 : *DH 1934. 588-589.*

6. Citation directe. Le tribunal correctionnel ne peut plus être saisi par une citation directe dès qu'une instruction est ouverte ; spécialement, le ministère public ne peut citer directement pour des faits qui font l'objet d'une instruction ouverte à sa requête sur la plainte de la victime avec constitution de partie civile. • Civ. 19 avr. 1929 : *DP 1931. 1. 47.* ♦ Rappr. : • Crim. 29 oct. 1990, n° 87-81.568 P.

7. Renvoi ordonné par la juridiction d'instruction. Lorsque le tribunal correctionnel est saisi par une ordonnance de renvoi du juge d'instruction, c'est cette ordonnance qui détermine les faits déférés à la juridiction répressive et fixe l'étendue et la date de sa saisine. • Crim. 22 juin 1977, n° 75-92.244 P • 23 avr. 1980, n° 79-92.527 P. ♦ Les faits visés dans la citation mais non visés dans l'ordonnance de renvoi n'ont pas à être examinés par le tribunal. • Crim. 4 oct. 2000, n° 99-86.285 P. ♦ La citation délivrée au prévenu n'a dans ce cas pour objet essentiel que de permettre à ce dernier de se présenter aux jour et heure fixés devant la juridiction de jugement. • Crim. 11 janv. 1977, n° 76-92.281 P.

8. Les juridictions correctionnelles doivent statuer sur l'ensemble des faits dont elles sont saisies par l'ordonnance de renvoi. • Crim. 14 nov. 2000, n° 00-80.817 P : *D. 2001. IR 181 .*

2° EXCEPTIONS AUX PRINCIPES

9. Les juges ne peuvent statuer que sur les faits dont ils sont saisis à moins que le prévenu n'accepte expressément d'être jugé sur des faits distincts de ceux visés à la prévention. • Crim. 19 avr. 2005, n° 04-83.879 P : *JCP 2005. IV. 2356 ; RSC 2005. 842, note Vermelle .* ♦ Les tribunaux ne peuvent légalement statuer que sur les faits relevés par l'ordonnance ou par la citation qui les a saisis. Ce principe ne reçoit exception que dans le cas où le prévenu renonce à s'en prévaloir et accepte le débat sur des faits non dénoncés dans le titre de la poursuite. • Crim. 10 mars 1922 : *DP 1922. 1. 214* • 6 août 1924 : *DH 1924. 577* • 3 juill. 1946 : *D. 1946. 395* • 17 oct. 1956 : *D. 1957. 75* • 29 janv. 1970, n° 67-92.054 P : *D. 1971. 244* • 5 juin 1996, n° 95-83.265 P. ♦ ... Mais encore faut-il qu'il ait été mis en mesure de se défendre tant sur les divers chefs d'infraction qui lui sont imputés que sur chacune des circonstances aggravantes susceptibles d'être retenues à sa charge. • Crim. 18 juill. 1991 : *JCP 1991. IV. 384.* ♦ Rappr. : • Crim. 20 sept. 2000, n° 99-82.846 P : *Dr. pénal 2001. Chron. 14, obs. Marsat* • 21 nov. 2000, n° 00-80.616 P : *RSC 2001. 409, obs. Commaret .* ♦ *Adde* : • Crim. 2 juill. 1991, n° 91-82.997 P : *D. 1991. IR 229.*

10. Étendue de la saisine du tribunal. Les tribunaux correctionnels ne peuvent statuer que sur les faits relevés par l'ordonnance ou la citation qui les a saisis ; en matière douanière, seuls les procès-verbaux joints à la citation peuvent préciser l'objet de cette dernière sans en étendre la portée. • Crim. 9 mars 2005, n° 04-81.597 P : *D. 2005. IR 1114 ; RSC 2006. 618, obs. Matsopoulou .* ♦ V. également : • Crim. 29 juin 2005, n° 04-82.614 P : *D. 2005. IR 2178 ; JCP 2005. IV. 2907 ; RSC 2006. 619, obs. Matsopoulou .*

11. Les juges ne peuvent statuer que sur les faits dont ils sont saisis à moins que le prévenu n'accepte expressément d'être jugé sur des faits distincts de ceux visés à la prévention : ils ne peuvent, par conséquent, retenir des manœuvres qui auraient été réalisées dans une période non visée par la prévention sans constater que le prévenu avait accepté d'être jugé sur des faits d'escroquerie commis au moyen de ces manœuvres. • Crim. 20 avr. 2017, n° 16-81.452 P : *D. actu. 11 mai 2017, obs. Gallois.*

B. CAS PARTICULIER DE LA SAISINE PAR LA PARTIE CIVILE

12. Saisine par la partie civile. La victime d'une infraction qui s'est constituée partie civile a la possibilité de mettre l'action publique en mouvement en usant de la voie de la citation directe à l'égard des personnes qui n'ont pas été l'objet de l'instruction. • Cass., ch. réun., 24 avr.

1961 : *Bull. crim. n° 222 ; D. 1961. 733, note Bouzat ; JCP 1961. II. 12131, rapp. Monguilan* • Crim. 12 mars 1969, n° 67-91.059 P : *RSC 1970. 121, obs. Robert.* ♦ Toutefois, c'est à la condition que celles-ci n'aient pas été dénoncées dans la plainte et mises en cause dans les poursuites. • Crim. 17 janv. 1983, n° 82-90.262 P : *JCP 1984. II. 20232, note Jeandidier.* ♦ Peu importe que la personne citée ait été entendue comme témoin dans le cadre de l'instruction. • T. corr. Gap, 13 janv. 2000 : *D. 2000. 773, note Redon*.

13. Une ordonnance de non-lieu ne fait pas obstacle à la citation directe, pour les mêmes faits, d'une personne qui n'a été ni mise en examen lors de l'information ni entendue comme témoin assisté ni nommément désignée par les réquisitions du ministère public ou dans une plainte avec constitution de partie civile. • Crim. 12 nov. 2008, n° 07-88.222 P : *RSC 2009. 399, obs. Finielz ; D. 2009. 606, note Detraz ; AJ pénal 2009. 82, obs. Duparc ; Dr. pénal 2009. Chron. 1, obs. Guérin ; ibid. 2010. Chron. 1, obs. Guérin.* ♦ En revanche, justifie sa décision la cour d'appel qui, pour déclarer irrecevables les citations à comparaître devant la juridiction correctionnelle délivrées, à la demande des victimes d'un glissement de terrain ou de leurs ayants droit, à trois préfets et à trois fonctionnaires de la direction départementale de l'équipement, au responsable du bureau de recherches géologiques et minières ainsi qu'à cet établissement public, retient que chacun des prévenus avait fait l'objet d'une mise en cause explicite, en sa qualité professionnelle, dans l'information conduite sur les mêmes faits et clôturée par une ordonnance de non-lieu devenue définitive, faute d'appel des mêmes victimes ou ayants droit, parties civiles. • Crim. 2 déc. 2008, n° 08-80.066 P : *AJ pénal 2009. 84*.

14. En cas de clôture par un non-lieu de l'information ouverte contre X... sur constitution de partie civile de la personne lésée, celle-ci est recevable à citer directement devant le tribunal ceux qu'elle présume coupables et qui n'ont pas été impliqués dans la poursuite, sans avoir à saisir le parquet d'une requête aux fins de réouverture de l'instruction sur charges nouvelles. • Crim. 6 mars 1957 : *D. 1958. 25, note Bouzat.* ♦ La victime d'une infraction peut mettre en mouvement l'action publique en usant de la voie de la citation directe à l'égard de personnes qui n'ont pas été l'objet de l'information diligentée à raison des mêmes faits à la condition que ces personnes n'aient pas été dénoncées dans la plainte, mises en cause dans les poursuites ou impliquées, même en qualité de témoins, dans la procédure et qu'enfin, la plainte initiale ou les imputations exprimées au cours de l'information ne renferment pas des précisions telles que l'identification des personnes visées ne laisserait place à aucun doute. • Crim. 7 oct. 1986, n° 85-91.841 P.

15. Mise en mouvement de l'action publique. L'exercice de l'action civile devant le tribunal de répression a pour conséquence nécessaire de mettre en mouvement l'action publique. • Crim. 8 mai 1903 : *DP 1905. 1. 534* • 15 nov. 1945 : *D. 1946. 111* • 22 janv. 1953 : *D. 1953. 109.* ♦ Mais il n'en est ainsi qu'autant que l'action civile a été régulièrement introduite soit par une plainte avec constitution de partie civile, soit par une citation selon les art. 182 et 183 C. instr. crim. (art. 388), soit par la comparution de l'inculpé sur simple avertissement, selon l'art. 147 C. instr. crim. (art. 389). • Crim. 6 déc. 1928 : *DP 1930. 1. 140.*

16. La mise en mouvement de l'action publique par la victime d'une infraction pénale a lieu aussi bien à l'encontre des fonctionnaires, même si l'infraction a été commise dans le service, qu'à l'encontre des particuliers. • Crim. 22 janv. 1953 : *D. 1953. 109, rapp. Patin.*

17. La constitution de partie civile devant le juge d'instruction, si elle a pour effet de mettre en mouvement l'action publique devant ce magistrat, n'opère pas la saisine de la juridiction de jugement, ladite saisine ne pouvant résulter que d'une ordonnance ou d'un arrêt de renvoi, après la clôture de l'instruction. • Crim. 21 oct. 1932 : *DH 1932. 542.*

18. Lorsque le tribunal est saisi par une citation directe de la partie civile, il ne peut fixer la consignation sans s'être préalablement reconnu compétent pour connaître du fond du procès. • Crim. 11 oct. 1988, n° 88-80.521 P.

19. Irrecevabilité de la constitution de partie civile. L'exception d'irrecevabilité d'une constitution de partie civile fondée sur l'art. 2 peut être soulevée en tout état de la procédure pour la première fois, y compris en appel. • Crim. 11 sept. 2001, n° 00-86.641 P : *D. 2001. IR 3169*.

II. QUALIFICATION ET REQUALIFICATION DES FAITS

A. QUALIFICATION DES FAITS

20. Qualification des faits. Le tribunal correctionnel peut changer la qualification des faits poursuivis, à la condition d'être saisi par le titre initial de la poursuite de tous les éléments de fait du délit qu'il s'agit de substituer à celui qui était poursuivi. • Crim. 13 août 1886 : *DP 1887. 1. 363* • 18 juin 1898 : *DP 1900. 1. 83* • 12 janv. 1907 : *DP 1908. 1. 347* • 23 janv. 1931 : *DH 1931. 102.* ♦ Il peut notamment condamner comme complice le prévenu qui lui est déféré comme auteur de l'infraction. • Crim. 3 mars 1922 : *Bull. crim. n° 96* • 14 avr. 1961 : *ibid. n° 200.* ♦ ... Et à la condition que le prévenu ait été en mesure de se défendre sur la nouvelle qualification envisagée. • Crim. 17 oct. 2001, n° 01-81.988 P : *Dr. pénal 2002. Comm. 37, obs. Maron.* ♦ Les juges ne peuvent requalifier d'office les faits poursuivis lorsqu'ils statuent par défaut. • Crim. 5 janv. 2005, n° 04-82.524 P : *D. 2005. IR 437* ; *JCP 2005. I. 161, obs. Maron* ; *Dr. pénal 2005. Comm. 66, obs. Maron.*

21. Ainsi jugé que le juge n'est pas lié par la qualification donnée à la prévention et qu'il a non seulement le droit, mais le devoir de caractériser les faits qui lui sont déférés et d'y appliquer la loi pénale, conformément aux résultats de l'instruction faite à l'audience. • Crim. 23 janv. 1931 : *préc. note 20* • 4 juin 1941 : *DA 1941. 338* • 4 févr. 1943 : *DA 1943. 43* • 6 févr. 1985, n° 84-92.661 P. ♦ Il ne peut donc prononcer une décision de relaxe qu'autant qu'il a vérifié que les faits dont il est saisi ne sont constitutifs d'aucune infraction. • Crim. 11 févr. 1933 : *DH 1933. 233* • 28 mars 2000, n° 98-86.886 P : *D. 2000. IR 198* . ♦ ... Mais dans ce cas, s'il a le droit et le devoir de restituer aux faits leur véritable qualification, c'est à la condition de n'y rien ajouter. • Crim. 11 mai 2006, n° 05-85.637 P.

22. Le droit de modifier la qualification légale du fait appartient aussi bien aux juges d'appel qu'au tribunal correctionnel. • Crim. 10 févr. 1888 : *DP 1888. 1. 192* • 19 juill. 1895 : *DP 1900. 1. 567* • 5 févr. 1898 : *DP 1900. 1. 29* • 10 févr. 1898 : *DP 1899. 1. 20.* ♦ Mais c'est à la même condition de ne rien changer au fait tel qu'il est dénoncé dans les actes de la procédure, et ne pas statuer sur d'autres faits non compris dans la prévention. • Crim. 1er déc. 1949 : *D. 1950. 23* • 22 avr. 1986, n° 84-95.759 P • 21 juin 1989, n° 88-86.834 P : *RSC 1990. 369, obs. Braunschweig* • 23 janv. 1995, n° 94-80.897 P • 23 nov. 1999, n° 98-87.849 P. ♦ Ils ne peuvent, au prétexte de cette requalification, ajouter des faits et des délits non visés à la prévention en ce qu'elle concerne l'un des prévenus, sans que, au préalable, l'intéressé ait expressément accepté d'être jugé de ce chef complémentaire. • Crim. 4 mai 1987, n° 86-93.269 P • 13 févr. 1997, n° 96-82.751 P • 22 mars 2000, n° 98-87.496 P : *Procédures 2000. Comm. 173, obs. Buisson* • 27 avr. 2000, n° 99-93.648 P • 23 janv. 2001, n° 00-80.600 P : *D. 2001. IR 1515* ; *Dr. pénal 2001. Comm. 109, obs. Maron* • 8 sept. 2004 : *Dr. pénal 2004. Comm. 186, obs. Maron.*

23. Supériorité du droit de l'UE sur le droit interne. N'a pas manqué à son obligation d'analyser les faits sous toutes leurs qualifications possibles la cour d'appel qui a relaxé les prévenus des chefs d'importation de médicaments vétérinaires sans autorisation, dès lors qu'il appartient au juge répressif d'écarter l'application d'un texte d'incrimination de droit interne lorsque ce dernier méconnaît une disposition du TFUE européenne ou un texte pris pour l'application de celui-ci. • Crim. 5 nov. 2019, n° 18-82.989 P : *D. actu. 28 nov. 2019, obs. Goetz* • Crim. 5 nov. 2019, n° 18-80.554 P : *D. actu. 18 nov. 2019, obs. Goetz.*

B. REQUALIFICATION DES FAITS

24. Requalification, droits de la défense et droit européen (art. 6, § 1, Conv. EDH). Lorsque des juges répressifs sont amenés à requalifier les faits dont ils sont saisis, ils doivent donner la possibilité au prévenu de présenter sa défense sur la nouvelle qualification envisagée. • Crim. 16 mai 2001, n° 00-85.066 P : *D. 2001. IR 2088* ; *ibid. 31, note Lapérou-Scheneider* ; *RSC 2001. 821, obs. Renucci* ; *JCP 2001. I. 346, obs. Maron* ; *Dr. pénal 2001. Comm. 109, obs. Maron* • 12 sept. 2001, n° 00-86.493 P : *D. 2002. Somm. 1460, obs. Pradel* • 16 mai 2007, n° 06-87.866 P : *D. 2007. AJ 1727* ; *AJ pénal 2007. 332, obs. Saas* • 13 févr. 2008, n° 07-81.097 P : *D. 2008. AJ 924* ; *ibid. 2008. 1805, note Lennon* ; *AJ pénal 2008. 197* • 4 juin 2009, n° 08-87.943 P : *AJ pénal 2009. 370* . ♦ Ils doivent également mettre la partie civile en mesure de s'expliquer sur la nouvelle qualification. • Crim. 27 janv. 2015, n° 14-81.723 P : *AJ pénal 2015. 255, obs. Pitti* .

25. La non comparution du prévenu ne saurait faire obstacle à la requalification de faits de conduite en état alcoolique en conduite en état d'ivresse manifeste, laquelle a été mise dans le débat, dès lors que l'avocat de l'intéressé, ayant déposé des conclusions, le représentait valablement. • Crim. 27 nov. 2018, n° 17-87.385 P.

26. S'il appartient aux juges répressifs de restituer aux faits dont ils sont saisis leur véritable qualification, c'est à la condition que le prévenu ait été mis en mesure de présenter sa défense sur la nouvelle qualification envisagée. Encourt, dès lors, la censure l'arrêt qui requalifie d'office des faits poursuivis sous la qualification de banqueroute en abus de biens sociaux, sans que le prévenu ait été invité à s'expliquer sur cette modification. • Crim. 16 mai 2001 : *préc. note 24.* ♦ De même s'agissant de la requalification par la cour d'appel de faits poursuivis sous la qualification de violences ayant entraîné une ITT supérieure à 8 jours sur une personne chargée d'une mission de service public en violences ayant entraîné une ITT supérieure à 8 jours sur un agent exerçant des fonctions de gardiennage ou de surveillance d'un immeuble à usage d'habitation, sans avoir invité le prévenu à se défendre sur cette nouvelle qualification. • Crim. 16 mai 2007 : *préc. note 24.* ♦ Méconnaît ce principe la cour d'appel qui déclare un prévenu, renvoyé devant la juridiction correctionnelle pour entrave aux vérifications et aux contrôles du commissaire aux comptes et condamné par les premiers juges sous cette qualification, coupable de complicité de ce délit sans l'avoir invité à se défendre sur cette nouvelle qualification. • Crim. 12 sept. 2001, n° 00-86.493 P. ♦ Encourt, dès lors, la censure l'arrêt qui requalifie d'office des faits poursuivis sous la qualification de complicité de vol en recel de vol sans que le prévenu n'ait été invité à s'expliquer sur cette modification. • Crim. 17 oct. 2001, ♔ n° 01-81.988 P. ♦ Méconnaît le principe la cour d'appel qui requalifie d'office des faits de tentatives d'escroquerie et abus de faiblesse en complicité desdits délits sans avoir invité les prévenus à s'expliquer sur cette nouvelle qualification. • Crim. 22 janv. 2003, ♔ n° 02-80.657. ♦ ... De même lorsque des prévenus ont été renvoyés devant le tribunal correctionnel et condamnés pour des faits qualifiés d'escroquerie en bande organisée, la cour d'appel ne pouvait les déclarer coupables de recel de ces délits commis par d'autres prévenus, sans les avoir invités à se défendre sous cette nouvelle qualification. • Crim. 5 mars 2003, ♔ n° 01-87.045 P : *JCP 2003. IV. 1808 ; Dr. pénal 2003. Comm. 81, obs. Maron et Haas.* ♦ ... De même, lorsque la cour requalifie les faits de conduite en état d'ivresse alors que le prévenu avait été condamné par le tribunal correctionnel pour conduite d'un véhicule sous l'empire d'un état alcoolique, sans l'entendre au préalable sur la nouvelle qualification. • Crim. 4 nov. 2003, ♔ n° 03-80.838 P : *D. 2004. Somm. 672, obs. Pradel* ; *JCP 2004. IV. 1114 ; Dr. pénal 2004. Comm. 37, obs. J.-H. Robert ; ibid. Comm. 58, obs. Maron* • 7 mai 2008, ♔ n° 07-86.931 P : *AJ pénal 2008. 331, obs. Lasserre-Capdeville* ; *Dr. pénal 2008. Comm. 98, obs. J.-H. Robert ; ibid. 2009. Chron. 8, obs. Lesclous.* ♦ ... Ou lorsque la cour requalifie les faits de prise illégale d'intérêt alors que le prévenu avait été condamné par le tribunal correctionnel pour détournement d'objets publics par personne dépositaire de l'autorité publique, sans l'entendre sur la nouvelle qualification. • Crim. 3 mars 2004, ♔ n° 03-84.388 P : *D. 2004. IR 1213* ; *JCP 2004. IV. 1967 ; RSC 2004. 966, obs. Renucci* ; *Dr. pénal 2004. Comm. 138, obs. Maron.* ♦ ... Ou lorsque le prévenu a été condamné par les premiers juges pour complicité d'abus de biens sociaux puis déclaré coupable d'abus de biens sociaux en qualité d'auteur principal, sans avoir été mis en mesure de se défendre sur cette nouvelle qualification. • Crim. 8 sept. 2004 : ♔ *Dr. pénal 2004. Comm. 186, obs. Maron.* ♦ ... Ou lorsque les juges d'appel, pour entrer en voie de condamnation du chef d'escroquerie, écartent l'usage de manœuvres frauduleuses, seul visé à la prévention, au profit de l'usage d'une fausse qualité sans mettre la personne en mesure de s'expliquer sur cette nouvelle qualification. • Crim. 22 oct. 2014, ♔ n° 13-83.901 P : *D. actu. 6 nov. 2014, obs. Fonteix ; AJ pénal 2015. 211, obs. Renaud-Duparc* .

27. Si c'est à tort qu'en méconnaissance des art. 388 et 6, § 1, Conv. EDH, la cour d'appel n'a pas mis le prévenu en mesure de présenter sa défense sur la nouvelle qualification, l'arrêt n'encourt pas pour autant la censure, dès lors que la Cour de cassation a pu s'assurer que, tels qu'ils ont été souverainement appréciés par les juges du fond, les faits reprochés au prévenu caractérisaient le délit d'importation de stupéfiants pour lequel l'intéressé avait été poursuivi et sur lequel il s'était expliqué, la peine prononcée étant justifiée de ce chef. • Crim. 14 nov. 2002, ♔ n° 02-80.954 P. ♦ ... De même, il n'y a pas méconnaissance des droits de la défense lorsque la cour d'appel qui a puisé les éléments de sa décision dans les faits visés à la prévention a mis les prévenus en mesure de s'expliquer sur la nouvelle qualification retenue. • Crim. 28 janv. 2004, ♔ n° 02-85.141 P : *JCP 2004. IV. 1488 ; Dr. pénal 2004. Comm. 58, obs. Maron.* ♦ De même, n'encourt pas la censure une décision dont il ressort que si la circonstance aggravante de récidive a été relevée d'office par les juges du second degré, le prévenu et son avocat en ont été informés au cours des débats et ont pu présenter leurs arguments de défense à ce sujet. • Crim. 2 sept. 2004 : ♔ *Dr. pénal 2004. Comm. 186, obs. Maron.* ♦ Aucune atteinte n'a été portée aux droits du demandeur, dès lors que, d'une part, les éléments constitutifs du délit retenu étaient compris dans les termes de la prévention initiale et que, d'autre part, la requalification ayant été opérée par les premiers juges, le prévenu a été mis en mesure de se défendre devant la cour d'appel. • Crim. 30 janv. 2008, ♔ n° 06-81.027 P : *D. 2008. 1805, note Lennon* ; *AJ pénal 2008. 187, obs. Roussel* . ♦ Les juges correctionnels, qui ont le droit et le devoir de restituer aux faits leur véritable qualification, peuvent, dans la limite de leur saisine, qualifier en délits de faux et usage les faits d'escroquerie reprochés au prévenu qui a comparu, assisté de son avocat, et a été mis en demeure de s'expliquer sur cette requalification, requise à l'audience par le ministère public. • Crim. 16 oct. 2013, ♔ n° 12-87.096 P. ♦ Justifie sa décision la cour d'appel qui requalifie le délit de non-dénonciation de mauvais traitements infligés à une personne vulnérable en omission d'empêcher une infraction, dès lors que la requalification, ne portant pas sur des faits nouveaux, a été soumise au débat contradictoire, qu'elle a fait l'objet de réquisitions du ministère public et que le prévenu a été mis en mesure de s'en expliquer. • Crim. 23 oct. 2013, ♔ n° 12-80.793 P.

28. Les demandeurs ne sauraient faire grief à l'arrêt d'avoir rejeté l'exception de nullité du jugement prise de ce qu'ils n'avaient pas été en mesure de préparer leur défense sur la requalification retenue par le tribunal correctionnel, des faits de travail dissimulé en complicité de ce délit, dès lors que, d'une part, en cas d'annulation, la cour d'appel aurait été tenue d'évoquer et de statuer au fond en application de l'art. 520, d'autre part, le changement de qualification n'a pas privé les intéressés du temps et des facilités nécessaires à la préparation de leur défense devant la cour d'appel. • Crim. 18 sept. 2018, n° 13-88.631 P.

29. Le juge correctionnel, qui n'est pas lié par la qualification donnée à la prévention, ne peut prononcer une décision de relaxe qu'autant qu'il a vérifié que les faits dont il est saisi ne sont constitutifs d'aucune infraction ; il a le droit et le devoir de leur restituer leur véritable qualification à la condition de n'y rien ajouter ; il appartient dès lors à la cour d'appel, qui retient la possibilité d'une qualification différente des faits dont elle était saisie, de rendre une décision renvoyant l'affaire à une date ultérieure et invitant le prévenu à venir s'expliquer sur la requalification envisagée. • Crim. 1er juin 2016, n° 14-87.173 P : *D. actu. 16 juin 2016, obs. Goetz.*

30. Pour concilier son droit de disqualifier avec l'obligation qui lui est imposée de ne pas aggraver le sort du prévenu sur son seul appel, il suffit que le juge du second degré ne prononce pas une peine plus forte que celle qui a été appliquée en première instance. • Crim. 12 janv. 1923 : *DP 1924. 1. 57.*

Art. 388-1 *(L. n° 83-608 du 8 juill. 1983)* **La personne dont la responsabilité civile est susceptible d'être engagée à l'occasion d'une infraction d'homicide ou de blessures involontaires qui a entraîné pour autrui un dommage quelconque pouvant être garanti par un assureur doit préciser le nom et l'adresse de celui-ci, ainsi que le numéro de sa police d'assurance. Il en est de même pour la victime lorsque le dommage qu'elle a subi peut être garanti par un contrat d'assurance. Ces renseignements sont consignés dans les procès-verbaux d'audition.**

Lorsque des poursuites pénales sont exercées, les assureurs appelés à garantir le dommage sont admis à intervenir et peuvent être mis en cause devant la juridiction répressive, même pour la première fois en cause d'appel ; ils doivent se faire représenter par un avocat *(Abrogé par L. n° 2011-94 du 25 janv. 2011, art. 32, à compter du 1er janv. 2012)* **« ou un avoué ».**

En ce qui concerne les débats et les voies de recours, les règles concernant les personnes civilement responsables et les parties civiles sont applicables respectivement à l'assureur du prévenu et à celui de la partie civile sous réserve des dispositions de l'alinéa ci-dessus *(L. n° 2019-222 du 23 mars 2019, art. 62 et 109-XIII, en vigueur le 1er juin 2019)* **« , du deuxième alinéa de l'article 385-1, de l'article 388-2 et du dernier alinéa de l'article 509. »**

BIBL. ▶ BLIN, *Gaz. Pal. 1985. 1. Doctr. 141* (l'intervention de l'assureur au pénal). – DEFRANCE, *Jurispr. auto 2002. 4* (l'intervention de l'assureur au pénal). – DURRY, Mélanges Larguier, *PUG, 1993, p. 105* (une innovation en procédure pénale : l'intervention de certains assureurs devant les juridictions de jugement). – D'HAUTEVILLE, *JCP 1984 I. 3139* (l'intervention des assureurs au procès pénal en application de la loi du 8 juillet 1983). – SCHULTZ, *AJ pénal 2021. 297* (l'indemnisation des victimes par la garantie collective : les fonds de garantie).

▶ **Dossier :** *AJ pénal 2021. 287* (l'assureur et l'infraction pénale).

1. Règles générales. L'art. 388-1, relatif à la mise en cause du civilement responsable, est constitutif d'une exception au droit commun. Après que le jugement au pénal est devenu définitif et que la juridiction a renvoyé sur les intérêts civils, le civilement responsable ne peut plus être mis en cause devant la juridiction répressive alors qu'il ne l'avait pas été à l'origine. • Crim. 20 mars 1985, n° 84-91.047 P.

2. L'intervention de l'assureur est subordonnée à la condition que la victime elle-même exerce l'action en réparation qui lui appartient en vertu de l'art. 2. A défaut, l'intervention, volontaire ou forcée, de cet assureur est sans objet. • Crim. 12 oct. 1994, n° 93-85.113 P.

3. Seul l'assureur du prévenu ou de la personne civilement responsable peut intervenir ou être mis en cause en tant qu'assureur de responsabilité devant la juridiction répressive saisie de poursuites pour homicide ou blessures involontaires. • Crim. 2 avr. 1992, n° 91-83.259 P. ♦ Dès lors, l'intervention de l'assureur d'un tiers, conducteur du véhicule impliqué dans l'accident, étant irrecevable, son pourvoi l'est également. • Crim. 17 févr. 1993, n° 92-81.477 P • 22 janv. 2008 : *Dr. pénal 2008. Comm. 58, obs. Maron.* ♦ Il en est de même de l'intervention de l'assureur de la victime constitué partie civile. • Crim. 2 avr. 1992 : *préc.* ♦ En cas de poursuites exercées du chef d'homicide ou de blessures involontaires, peuvent être mis en cause les assureurs appelés à garantir un dommage quelconque subi à l'occasion de cette infraction, y compris des dommages matériels occasionnés par une contravention poursuivie concomitamment. • Crim. 11 juill. 2017, n° 16-82.904 P : *D. actu. 8 sept. 2017, obs. Priou-Alibert ; Dr. pénal 2017, n° 153, obs. Maron et Haas.*

4. L'assureur de responsabilité peut être mis en cause ou admis à intervenir aussi bien devant une cour d'assises que devant un tribunal correctionnel. • Crim. 30 mai 1985, n° 84-95.086 P : *Gaz. Pal. 1985. 2. 542, note Angevin ; RSC 1986. 131, obs. Braunschweig.*

5. L'intervention ou la mise en cause de l'assureur devant la juridiction répressive est limitée au cas de poursuites pénales pour homicide ou blessures involontaires. Elle est donc exclue en cas de coups ou violences volontaires avec arme. • Crim. 31 mai 1989, n° 87-84.123 P • 23 mai 1991, n° 90-832.820 P • 6 févr. 2001 : *Dr. pénal 2001. Comm. 123, obs. Maron* • 7 oct. 2003, n° 02-88.383 P : *AJ pénal 2003. 106*. ♦ ... En cas d'incendie involontaire. • Crim. 2 mars 1988, n° 86-91.105 P. ♦ ... En cas de vol. • Crim. 8 nov. 1988, n° 88-80.218 P • 26 mars 1990, n° 88-84.584 P. ♦ ... En cas de conduite sous l'empire d'un état alcoolique. • Crim. 23 avr. 1991, n° 90-81.451 P. ♦ ... En cas d'appel en garantie du propriétaire par le déclarant en matière douanière. • Crim. 22 févr. 1996, n° 93-84.820 P : *Dr. pénal 1996. Comm. 133, obs. Robert.* ♦ Il appartient aux juges d'assurer, même d'office, le respect de cette disposition. • Crim. 6 mars 1991, n° 90-83.891 P • 24 févr. 1993, n° 92-84.437 P. ♦ V. aussi ss. art. 2, sur l'irrecevabilité de la constitution de partie civile de l'assureur de la victime d'un vol.

6. Un assureur n'a aucun intérêt à critiquer un arrêt en ce qu'il l'a condamné à indemniser la victime d'un accident dès lors que, intervenant dans le cadre d'une assurance obligatoire, il ne prétend pas pouvoir opposer à ladite victime, devant la juridiction civile, une limitation de garantie ou la réduction proportionnelle prévue par l'art. L. 113-9 C. assur. • Crim. 8 nov. 1988, n° 87-91.097 P.

7. L'assureur d'un prévenu ou de la personne civilement responsable, subrogé dans les droits de la partie civile et des tiers payeurs qu'il a indemnisés, est sans qualité pour exercer devant la juridiction pénale, sur le fondement de l'art. 388-1, une action récursoire contre des codébiteurs solidaires. • Crim. 3 juin 1992, n° 91-80.752 P. ♦ Dans le même sens : l'assureur du prévenu est sans qualité pour exercer, devant la juridiction pénale, une action récursoire contre la personne responsable de l'accident qui a obtenu la garde ou la conduite du véhicule contre le gré du propriétaire. • Crim. 27 mai 2014, n° 13-80.849 P : *D. actu. 17 juin 2014, obs. Kilgus.* ♦ Mais il est recevable, dans la mesure de ses intérêts civils, à remettre en cause devant la cour d'appel ce qui a été jugé en première instance, notamment quant à la qualification de l'infraction. • Crim. 26 mars 1992, n° 91-83.263 P • 20 janv. 1993, n° 92-81.825 P.

8. Est recevable, pour la première fois en appel, l'intervention de l'assureur de la victime qui, ayant versé à celle-ci une avance sur indemnité, exerce son recours subrogatoire en vertu de l'art. 388-1, ce texte ne faisant aucune distinction selon l'objet de l'intervention. • Crim. 24 juin 1992, n° 91-86.882 P. ♦ ... Ainsi que la mise en cause de l'assureur du prévenu devant la juridiction pénale qui, après avoir statué sur l'action publique, reste saisie de l'instance civile toujours pendante. • Crim. 7 oct. 1992, n° 91-86.008 P.

9. Est recevable l'appel de l'assureur qui a été condamné par le tribunal correctionnel à payer des dommages-intérêts à une partie civile alors qu'il n'était pas intervenu volontairement et qu'il n'avait pas été appelé en la cause. • Crim. 7 oct. 2003, n° 02-88.383 P : *JCP 2003. IV. 2925 ; JCP 2004.I.105, obs. Maron ; AJ pénal 2003. 106 ; RSC 2004. 131, obs. Giudicelli ; Dr. pénal 2004. Comm. 13, obs. Maron.*

10. Si selon l'art. 385-1, al. 2, l'assureur, mis en cause dans les conditions prévues par les art. 388-1 et 388-2, et qui n'intervient pas au procès pénal, est réputé renoncer à toute exception, cette disposition ne fait pas obstacle, lorsque cet assureur n'a pas comparu en première instance, à ce qu'il soumette à la cour d'appel, avant toute défense au fond, les exceptions visées à l'art. 385-1, al. 1er. • Crim. 16 janv. 2007, n° 06-80.185 P : *AJ pénal 2007. 185, obs. Royer*.

11. Mise hors de cause. La juridiction pénale ne peut mettre hors de cause l'assureur intervenu volontairement ou mis en cause devant elle que si elle reconnaît le bien-fondé de l'exception, soulevée avant toute défense au fond par l'assureur et fondée sur une cause de nullité ou sur une clause du contrat d'assurance de nature à l'exonérer totalement de son obligation de garantie à l'égard des tiers. • Crim. 4 déc. 2001, n° 01-81.985 P : *RCA 2002. Comm. 109, note Groutel.* ♦ En vertu des dispositions de l'art. 388-3, l'intervention volontaire ou forcée de l'assureur n'a pour objet que de lui rendre opposable la décision rendue sur les intérêts civils, ainsi, lorsque la victime est privée de l'action civile devant la juridiction pénale, cette dernière ne peut se prononcer sur la garantie de l'assureur. • Crim. 5 févr. 2002, n° 01-82.368 P : *D. 2002. IR 1176 ; JCP 2002. I. 155, obs. Maron ; RCA 2002. Comm. 186 ; Dr. pénal 2002. Comm. 78, obs. Maron.*

12. En vertu des dispositions de l'art. 520, la cour peut confirmer sans l'annuler le jugement condamnant l'assureur à indemniser les parties civiles solidairement avec le prévenu alors que l'assureur qui a fait appel n'avait pas été partie à la procédure de première instance. • Crim. 6 nov. 2001, n° 01-80.451 P : *RCA 2002. Comm. 86.*

13. Frais non recouvrables. L'assureur du prévenu en sa qualité de partie intervenante ne peut être condamné à verser aux parties civiles une somme au titre des frais non recouvrables qu'elles ont dû exposer. • Crim. 6 nov. 2001, n° 01-80.451 P.

Art. 388-2 *(L. n° 83-608 du 8 juill. 1983)* **Dix jours au moins avant l'audience, la mise en cause de l'assureur est faite par toute partie qui y a intérêt au moyen d'un**

acte d'huissier ou d'une lettre recommandée, avec demande d'avis de réception, qui mentionne la nature des poursuites engagées, l'identité du prévenu, de la partie civile et, le cas échéant, de la personne civilement responsable, le numéro des polices d'assurance, le montant de la demande en réparation ou, à défaut, la nature et l'étendue du dommage, ainsi que le tribunal saisi, le lieu, la date et l'heure de l'audience.

1. Faute d'avoir mis en cause l'assureur de la victime devant la juridiction répressive, dans les formes et les délais prévus aux art. 388-1, al. 2, et 388-2, le prévenu et son assureur ne sauraient se faire grief du refus par la cour d'appel de surseoir à statuer dans l'attente de cette mise en cause. • Crim. 29 févr. 2000, n° 98-95.825 P.

2. Est inopposable à l'assureur, non intervenu aux débats, la décision sur les intérêts civils, dès lors que la mise en cause tardive n'a pas été faite dans les formes et délais prévus par l'art. 388-2. • Crim. 22 janv. 1997, n° 96-81.002 P.

Art. 388-3 *(L. n° 83-608 du 8 juill. 1983)* **La décision concernant les intérêts civils est opposable à l'assureur qui est intervenu au procès ou a été avisé dans les conditions prévues par l'article 388-2.**

BIBL. ▶ Bouillane de Lacoste, *Gaz. Pal. 1987. 1. Doctr. 397.* – Bufquin, *Gaz. Pal. 1985. 2. Doctr. 539 ; ibid. 1988. 1. Doctr. 60.* – Froment, *ibid. 1986. 1. Doctr. 40.* – D'Hauteville, *JCP 1984. I. 3139.* – Pradel, *D. 1983. Chron. 241.*

1. L'intervention volontaire ou forcée de l'assureur à l'instance pénale n'a pour objet, selon l'art. 388-3, que de lui rendre opposable la décision rendue sur les intérêts civils. En aucun cas, l'intervention du Fonds de garantie ne peut entraîner sa condamnation. • Crim. 18 avr. 1991, n° 90-83.283 P • 5 oct. 1994, n° 93-82.700 P. Comp. : • Crim. 8 nov. 1988, n° 87-91.097 P.

2. Il résulte de l'art. 388-3 que l'intervention volontaire ou forcée de l'assureur à l'instance a pour objet et pour résultat de lui rendre opposable la décision concernant les intérêts civils ; il s'ensuit que, faute par la victime d'avoir exercé l'action dont elle dispose en réparation de son dommage, cette intervention est sans objet. • Crim. 12 oct. 1994, n° 93-85.113 P.

3. En raison de l'impossibilité d'exercice de l'action en réparation du dommage résultant de l'accident du travail, par la victime salariée, contre son employeur, la juridiction correctionnelle ne peut se prononcer ni sur les intérêts civils ni sur la garantie de l'assureur. Méconnaît les dispositions de l'art. L. 451-1 CSS ainsi que celles de l'art. 388-3, et excède ses pouvoirs, la cour d'appel qui, après avoir constaté que la victime de blessures involontaires ne pouvait qu'exercer une action en reconnaissance de faute inexcusable devant le tribunal des affaires de sécurité sociale, tranche néanmoins la contestation relative à une exception de non-garantie opposée par un assureur. • Crim. 5 févr. 2002, n° 01-82.368 P.

4. Le juge pénal ne peut écarter la sanction prévue par l'art. L. 211-9, al. 2, C. assur., consistant dans le doublement des intérêts du montant de l'indemnité qu'il alloue à la victime à défaut d'offre formulée dans les délais par l'assureur. • Crim. 4 nov. 2014 : *D. actu. 3 déc. 2014, obs. de Ravel d'Esclapon.*

Art. 388-4 *(L. n° 2014-535 du 27 mai 2014, art. 8, en vigueur le 2 juin 2014)* **En cas de poursuites par citation prévue à l'article 390 ou convocation prévue à l'article 390-1, les avocats des parties peuvent consulter le dossier de la procédure au greffe du tribunal judiciaire dès la délivrance de la citation ou au plus tard deux mois après la notification de la convocation.**

A leur demande, les parties ou leur avocat peuvent se faire délivrer copie des pièces du dossier. Si le dossier a fait l'objet d'une numérisation, cette copie est remise sous forme numérisée, le cas échéant par un moyen de télécommunication selon les modalités prévues à l'article 803-1. La délivrance de cette copie intervient dans le mois qui suit la demande. Toutefois, en cas de convocation en justice et si la demande est faite moins d'un mois après la notification de cette convocation, cette délivrance intervient au plus tard deux mois après cette notification. La délivrance de la première copie de chaque pièce du dossier est gratuite.

Art. 388-5 *(L. n° 2014-535 du 27 mai 2014, art. 8, en vigueur le 2 juin 2014)* **En cas de poursuites par citation prévue à l'article 390 ou convocation prévue à l'article 390-1, les parties ou leur avocat peuvent, avant toute défense au fond ou à tout moment au cours des débats, demander, par conclusions écrites, qu'il soit procédé à tout acte qu'ils estiment nécessaire à la manifestation de la vérité.**

Ces conclusions peuvent être adressées avant le début de l'audience, par lettre recommandée avec demande d'avis de réception ou par remise au greffe contre récépissé.

S'il estime que tout ou partie des actes demandés sont justifiés et qu'il est possible de les exécuter avant la date de l'audience, le président du tribunal peut, après avis du procureur de la République, en ordonner l'exécution selon les règles applicables au cours de l'enquête préliminaire. Les procès-verbaux ou autres pièces relatant leur exécution sont alors joints au dossier de la procédure et mis à la disposition des parties ou de leur avocat. Si le prévenu ou la victime doivent être à nouveau entendus, ils ont le droit d'être assistés, lors de leur audition, par leur avocat, en application de l'article 63-4-3. *(L. n° 2019-222 du 23 mars 2019, art. 60)* **« L'avocat est alors convoqué au plus tard cinq jours ouvrables avant l'audition, et il a accès au dossier au plus tard quatre jours ouvrables avant cette date. »**

Si les actes demandés n'ont pas été ordonnés par le président du tribunal avant l'audience, le tribunal statue sur cette demande et peut commettre par jugement l'un de ses membres ou l'un des juges d'instruction du tribunal, désigné dans les conditions prévues à l'article 83, pour procéder à un supplément d'information ; l'article 463 est applicable. S'il refuse d'ordonner ces actes, le tribunal doit spécialement motiver sa décision. Le tribunal peut statuer sur cette demande sans attendre le jugement sur le fond, par un jugement qui n'est susceptible d'appel qu'en même temps que le jugement sur le fond.

1. L'opportunité d'ordonner un supplément d'information à la suite d'une demande d'actes formée en application de l'art. 388-5, rendu applicable à la cour d'appel par l'art. 512, est une question de pur fait qui ne relève pas du contrôle de la Cour de cassation. • Crim. 8 févr. 2017, n° 16-80.057 P.

2. Si c'est à tort que, pour rejeter la demande d'expertise formée par conclusions écrites déposées par le prévenu le jour de l'audience, une cour d'appel énonce que l'art. 388-5 suppose la saisine préalable du président de la juridiction, l'arrêt n'encourt pas pour autant la censure dès lors que, d'une part, le rejet a fait l'objet d'une motivation spéciale et, d'autre part, que l'opportunité d'ordonner une mesure d'instruction relève de l'appréciation souveraine des juges du fond. • Crim. 11 sept. 2019, n° 18-81.980 P : *D. actu. 1er oct. 2019, obs. Fucini ; AJ pénal 2019. 562, obs. Lasserre Capdeville ; ibid. 564, obs. Lassalle*.

§ 2 DE LA COMPARUTION VOLONTAIRE ET DE LA CITATION *(L. n° 81-82 du 2 févr. 1981).*

Art. 389 **L'avertissement, délivré par le ministère public, dispense de citation, s'il est suivi de la comparution volontaire de la personne à laquelle il est adressé.**

Il indique le délit poursuivi et vise le texte de loi qui le réprime.

Lorsqu'il s'agit d'un prévenu détenu, le jugement doit constater le consentement de l'intéressé à être jugé sans citation préalable. — *Pr. pén. C. 576.*

1. Citation. Un simple avertissement délivré par le ministère public ne dispense de citation que s'il est suivi de la comparution volontaire de la personne à laquelle il est adressé. • Crim. 26 avr. 1967, n° 66-91.642 P : *Gaz. Pal. 1967. 1. 344 ; RSC 1967. 880, obs. Robert* • 27 avr. 1981, n° 80-95.107 P. ♦ Encore faut-il que la volonté du prévenu de comparaître volontairement soit expressément constatée. • Crim. 31 mai 1958 : *JCP 1958. II. 10737, note Chambon.*

2. Comparution volontaire. Le tribunal n'est pas saisi si le ministère public ne prend pas de réquisitions, quand bien même le prévenu se présente volontairement à l'audience. • Crim. 7 juin 2000 : *Procédures 2000. Comm. 221, obs. Buisson.*

Art. 390 **La citation est délivrée dans des délais et formes prévus par les articles 550 et suivants.** — *Pr. pén. C. 576.*

(L. n° 2014-535 du 27 mai 2014, art. 8, en vigueur le 2 juin 2014) **« La citation informe le prévenu qu'il peut se faire assister d'un avocat de son choix ou, s'il en fait la demande, d'un avocat commis d'office, dont les frais seront à sa charge sauf s'il remplit les conditions d'accès à l'aide juridictionnelle, et qu'il a également la possibilité de bénéficier, le cas échéant gratuitement, de conseils juridiques dans une structure d'accès au droit. »**

(L. n° 2004-204 du 9 mars 2004, art. 197-I, en vigueur le 1er oct. 2004) **« La citation informe le prévenu qu'il doit comparaître à l'audience en possession des justificatifs de ses revenus ainsi que de ses avis d'imposition ou de non-imposition, ou les communiquer à l'avocat qui le représente. »**

(L. n° 2008-644 du 1er juill. 2008, art. 4) **« La citation informe également le prévenu que le droit fixe de procédure dû en application du 3° de l'article 1018 A du code général des impôts peut être majoré s'il ne comparaît pas personnellement à l'audience ou s'il n'est pas jugé dans les conditions prévues par les premier et deuxième alinéas de l'article 411 du présent code. »**

La comparution qui suit une citation irrégulière saisit le tribunal et couvre la nullité résultant de l'irrégularité de la citation. • Crim. 7 nov. 1968, n° 68-91.175 P • 22 juin 1971, n° 71-90.583 P.

Art. 390-1 *(L. n° 85-1407 du 30 déc. 1985)* **Vaut citation à personne la convocation en justice notifiée au prévenu, sur instructions du procureur de la République et dans les délais prévus par l'article 552, soit par un greffier** *(L. n° 2016-731 du 3 juin 2016, art. 76)* **« , un officier ou agent de police judiciaire** *(L. n° 2019-222 du 23 mars 2019, art. 47)* **« , un fonctionnaire ou agent d'une administration relevant de l'article 28 » ou un délégué ou un médiateur du procureur de la République », soit, si le prévenu est détenu, par le chef de l'établissement pénitentiaire.**

La convocation énonce le fait poursuivi, vise le texte de loi qui le réprime et indique le tribunal saisi, le lieu, la date et l'heure de l'audience. Elle précise, en outre, que le prévenu peut se faire assister d'un avocat *(L. n° 2014-535 du 27 mai 2014, art. 8, en vigueur le 2 juin 2014)* **« de son choix ou, s'il en fait la demande, d'un avocat commis d'office, dont les frais seront à sa charge sauf s'il remplit les conditions d'accès à l'aide juridictionnelle, et qu'il a également la possibilité de bénéficier, le cas échéant gratuitement, de conseils juridiques dans une structure d'accès au droit ».** *(L. n° 2004-204 du 9 mars 2004, art. 197-II, en vigueur le 1er oct. 2004)* **« Elle l'informe qu'il doit comparaître à l'audience en possession des justificatifs de ses revenus ainsi que de ses avis d'imposition ou de non-imposition. »** *(L. n° 2008-644 du 1er juill. 2008, art. 4)* **« Elle l'informe également que le droit fixe de procédure dû en application du 3° de l'article 1018 A du code général des impôts peut être majoré s'il ne comparaît pas personnellement à l'audience ou s'il n'est pas jugé dans les conditions prévues par les premier et deuxième alinéas de l'article 411 du présent code. »**

Elle est constatée par un procès-verbal signé par le prévenu qui en reçoit copie.

1. En cas de non-comparution du prévenu, l'art. 410 est applicable. • Crim. 6 mars 1990, n° 89-86.339 P. ♦ La délivrance de la convocation n'empêche pas le procureur de la République de poursuivre sa recherche de renseignements dès lors qu'il s'agit simplement de compléter les éléments de l'enquête à l'origine de la saisine de la juridiction et que ces renseignements sont communiqués aux parties et soumis au débat contradictoire. • Crim. 27 avr. 2000, n° 99-81.415 P.

2. L'art. 390-1 permet la convocation en justice du prévenu contrôlé sur le territoire national, et auquel est notifiée cette convocation, même s'il réside à l'étranger, et que ces dispositions n'entrent pas dans les prévisions de l'art. 397-6 invoqué par le demandeur. • Crim. 30 avr. 2002, n° 00-88.031 P : *JCP 2002. IV. 2205 ; Dr. pénal 2002. Comm. 131, obs. Maron.*

3. En vertu des art. 388 et 390-1, aucun texte n'exclut la possibilité pour le procureur de la République de mandater un OPJ détaché de l'administration des douanes pour délivrer une convocation en justice pour un délit de droit commun. • Crim. 20 avr. 2005, n° 04-80.740 P : *D. 2005. IR 1589 ; JCP 2005. IV. 2355.*

4. L'officier ou agent de police judiciaire chargé, sur instructions du procureur de la République, de notifier une convocation en justice à un prévenu doit, de sa propre initiative, faire toutes diligences pour parvenir à la délivrance de cet acte à la personne de son destinataire ; il n'a donc pas à recourir à la procédure de l'art. 77-1-1 (autorisation du procureur de la République) pour obtenir d'une caisse d'allocations familiales l'adresse de l'intéressé. • Crim. 29 mai 2013 : *D. actu. 9 juill. 2013, obs. Gayet ; AJ pénal 2013. 689, obs. Renaud-Duparc ; Gaz. Pal. 21 juill. 2013, p. 46, obs. Fourment.*

5. Ecqc le contenu des citations, V. notes ss. art. 551.

Art. 390-2 *(L. n° 2014-535 du 27 mai 2014, art. 8, en vigueur le 2 juin 2014)* **Lorsque le délai entre la signification de la citation prévue à l'article 390 ou la notification de la convocation prévue à l'article 390-1 et l'audience devant le tribunal est inférieur à deux mois et que le prévenu ou son avocat n'ont pas pu obtenir avant l'audience la copie du dossier demandé en application de l'article 388-4, le tribunal est tenu d'ordonner, si le prévenu en fait la demande, le renvoi de l'affaire à une date fixée à**

au moins deux mois à compter de la délivrance de la citation ou de la notification de la convocation.

Application dans une hypothèse où l'avocat du prévenu avait demandé le renvoi faute d'avoir obtenu copie du dossier. • Crim. 19 févr. 2019, n° 18-83.381 P : *Procédures 2019, n° 129, obs. Chavent-Leclère.*

Art. 391 **Toute personne ayant porté plainte est avisée par le parquet de la date de l'audience.**

(L. n° 2015-993 du 17 août 2015, art. 7, en vigueur le 15 nov. 2015) **« Lorsque la victime ne comprend pas la langue française, elle a droit, à sa demande, à une traduction de l'avis d'audience. A titre exceptionnel, il peut en être effectué une traduction orale ou un résumé oral. »** — *Pr. pén. C. 577.*

(L. n° 2019-222 du 23 mars 2019, art. 42-VIII) **« Lorsque l'avis d'audience a été adressé à la victime mais qu'il n'est pas établi qu'il a été reçu par celle-ci, le tribunal qui statue sur l'action publique parce qu'il estime que la présence de la victime n'est pas indispensable aux débats peut renvoyer le jugement de l'affaire sur l'action civile à une audience ultérieure, composée conformément au troisième alinéa de l'article 464 ; le tribunal doit alors fixer la date de cette audience et la victime doit en être avisée. »**

L'art. 391 n'édicte pas une prescription dont l'inobservation entraîne une nullité. • Crim. 5 mars 1964 : *D. 1964. 454 ; JCP 1964. II. 13689, note X.* ♦ Par suite, son inobservation ne permet pas de se constituer partie civile pour la première fois devant la cour d'appel. • Même arrêt • Crim. 20 avr. 2017, n° 16-83.199 P : *AJ pénal 2017. 298, obs. Royer.*

Art. 392 **La partie civile, qui cite directement un prévenu devant un tribunal répressif, fait, dans l'acte de citation, élection de domicile dans le ressort du tribunal saisi, à moins qu'elle n'y soit domiciliée.** — *Pr. pén. C. 578.*

Art. 392-1 *(L. n° 93-1013 du 24 août 1993)* **Lorsque l'action de la partie civile n'est pas jointe à celle du ministère public, le tribunal correctionnel fixe, en fonction des ressources de la partie civile, le montant de la consignation que celle-ci doit, si elle n'a pas obtenu l'aide juridictionnelle, déposer au greffe et le délai dans lequel elle devra être faite sous peine de non-recevabilité de la citation directe. Cette consignation garantit le paiement de l'amende civile susceptible d'être prononcée en application du** *(L. n° 2019-222 du 23 mars 2019, art. 53)* **« dernier » alinéa.**

(L. n° 2011-1862 du 13 déc. 2011, art. 59-2°) **« Lorsque la partie civile est une personne morale à but lucratif, elle doit, sous peine de non-recevabilité de la citation directe, produire au tribunal son bilan et son compte de résultat afin de permettre la détermination du montant de la consignation. »**

(L. n° 2019-222 du 23 mars 2019, art. 53) **« Dans le cas où la citation directe est délivrée par la partie civile à la suite d'une ordonnance du juge d'instruction de refus d'informer prise conformément à la troisième phrase de l'avant-dernier alinéa de l'article 86, la consignation qui a pu être versée en application de l'article 88 est considérée comme constituant la consignation prévue au présent article. »**

(L. n° 2000-516 du 15 juin 2000, art. 87-IV) **« Lorsque le tribunal correctionnel, saisi par une citation directe de la partie civile, prononce une relaxe, il peut, par ce même jugement, sur réquisitions du procureur de la République, condamner la partie civile au paiement d'une amende civile dont le montant ne saurait excéder 15 000 € s'il estime que la citation directe était abusive ou dilatoire. Les réquisitions du procureur de la République doivent intervenir avant la clôture des débats, après les plaidoiries de la défense, et la partie civile ou son avocat doivent avoir été mis en mesure d'y répliquer. Les dispositions du présent alinéa sont également applicables devant la cour d'appel, lorsque le tribunal correctionnel a, en premier ressort, relaxé la personne poursuivie et statué sur des réquisitions du procureur de la République tendant à la condamnation de la partie civile en application des dispositions du présent alinéa. »**

TOM : 835.

RÉP. PÉN. v° *Dénonciation téméraire*, par MAYAUD.

1. Pluralité de procédures. En vertu des dispositions de l'art. 392-1, lorsque l'action de la partie civile qui cite directement un prévenu devant le tribunal correctionnel n'est pas jointe à celle du ministère public, le tribunal correctionnel fixe le montant de la consignation que la partie civile doit, sous peine de non-recevabilité de cette citation directe, verser au greffe en vue de garantir le paiement de l'amende civile susceptible d'être prononcée en cas de relaxe ; ainsi, la somme consignée dans le cadre d'une plainte avec constitution de partie civile pour des faits de faux et usage ne vaut pas consignation pour une citation directe le même jour avec les mêmes parties pour des faits d'atteinte au secret des correspondances. • Crim. 18 sept. 2002, n° 01-87.464.

2. *Modalités de dépôt.* La citation délivrée par la partie civile ne peut être déclarée irrecevable en application de l'art. 392-1, lorsque, dans le délai fixé par le tribunal, le montant de la consignation mise à la charge de la partie civile a été déposé au greffe par celle-ci ou toute autre personne agissant pour son compte. Lorsque la consignation a été déposée par une personne autre que la partie civile, la juridiction correctionnelle ne saurait, sans ajouter au texte précité, déclarer la citation irrecevable au motif que cette personne n'aurait pas produit un pouvoir spécial. • Crim. 14 mai 2002, n° 01-85.999 P : *D. 2002. IR 2097* ; *Dr. pénal 2002. Chron. 36, obs. Marsat.* ♦ Vaut le dépôt en application de l'art. 392-1 la réception, dans le délai imparti, et sous réserve que le titre soit ultérieurement honoré, d'un chèque adressé par courrier au greffe de la juridiction qui a rendu la décision aux fins de consignation. • Crim. 9 juin 2015, n° 14-80.328 P : *D. actu. 1er juill. 2015, obs. Priou-Alibert.*

3. *Sanction du défaut de consignation.* La cour d'appel qui confirme le jugement ayant déclaré irrecevable la citation à comparaître en énonçant que la partie civile n'a pas déposé dans le délai prescrit la consignation fixée par le tribunal correctionnel en application de l'art. 392-1 justifie sa décision. • Crim. 27 mars 2001, n° 00-87.895. ♦ Le défaut de versement de la consignation avant l'expiration du délai initialement fixé rend la poursuite irrecevable. • Crim. 18 déc. 2007, n° 07-82.106 P : *D. 2008. AJ 298, note Léna* . ♦ *Contra* : la personne morale à but lucratif, qui, ayant fait délivrer une citation directe devant le tribunal correctionnel, a omis de justifier de ses ressources en joignant son bilan et son compte de résultat, demeure recevable à apporter ces justifications devant la cour d'appel au soutien de son appel du jugement ayant sanctionné sa carence en déclarant sa citation irrecevable. • Crim. 1er sept. 2020, n° 19-84.600 P : *D. actu. 22 sept. 2020, obs. Lavric.* ♦ V. aussi, en cas de plainte avec constitution de partie civile, note 15 ss. art. 85.

4. *Aide juridictionnelle.* Il résulte de l'art. 392-1 que le défaut de consignation dans le délai imparti entraîne l'irrecevabilité de la citation. Peu importe que la partie poursuivante ait présenté après l'expiration dudit délai une demande d'aide juridictionnelle qui a abouti, dès lors qu'une telle demande n'avait pas pour effet de rouvrir ce délai. • Crim. 29 janv. 2008 : *RSC 2008. 357, obs. Finielz* .

5. *CHSCT.* Les juges du fond doivent rechercher si un CHSCT qui soutenait, dans ses conclusions régulièrement produites devant elle, ne pas avoir de budget propre, disposait en réalité de ressources disponibles lui permettant d'acquitter le montant, fût-il réduit, d'une consignation. • Crim. 28 mars 2017, n° 16-82.060 P.

6. *Défaut de fixation d'une consignation.* En vertu des dispositions de l'art. 392-1, est irrecevable la citation directe délivrée par la partie civile, lorsque aucune consignation n'a été ordonnée ni versée. • Crim. 21 janv. 1997, n° 94-84.919 P • 23 oct. 2001, n° 01-81.151. ♦ *Contra* : le défaut de versement de consignation par la partie civile poursuivante n'est pas une cause d'irrecevabilité de la citation directe délivrée à sa requête lorsque le tribunal a omis d'en fixer le montant et le délai de versement. • Crim. 29 avr. 2003, n° 02-85.315 P : *D. 2003. IR 1601* ; *JCP 2003. IV. 2173.*

7. *Terme fixé.* Il se déduit de la combinaison des art. 392-1, al. 1er, et 801 que, lorsque la juridiction, pour satisfaire à l'obligation prévue par le premier de ces textes d'indiquer à la partie civile le délai dans lequel doit être versée la consignation, fixe, comme terme, un jour qui s'avère non ouvrable, la limite pour effectuer la consignation s'entend nécessairement du premier jour ouvrable qui suit avant minuit. • Crim. 28 juin 2017, n° 16-82.169 P : *D. actu. 26 juill. 2017, obs. Azoulay.*

§ 3 DE LA CONVOCATION PAR PROCÈS-VERBAL ET DE LA COMPARUTION IMMÉDIATE ET DE LA COMPARUTION DIFFÉRÉE (*L. n° 2019-222 du 23 mars 2019, art. 60*).

(*L. n° 83-466 du 10 juin 1983*)

S'agissant des dispositions d'urgence mises en place pour faire face à l'épidémie de covid-19, V. App., v° État d'urgence sanitaire.

V. note ss. art. 397-6.

BIBL. ▸ CHAVENT-LECLÈRE, *Procédures 2019. Étude 20* (loi de programmation 2018-2022 pour la justice du 23 mars 2019 : principales dispositions relatives au jugement et au droit de la peine). – FUCINI, *D. 2019. Actu. 701* (réforme de la justice : dispositions relatives au jugement). – PRADEL, *D. 1984. Chron. 75.* – PUECH, *ALD 1983. 105.*

Art. 393 *(L. nº 83-466 du 10 juin 1983) (L. nº 2014-535 du 27 mai 2014, art. 8, en vigueur le 2 juin 2014)* **« En matière correctionnelle, lorsqu'il envisage de poursuivre une personne en application des articles 394** *(L. nº 2019-222 du 23 mars 2019, art. 60)* **« , 395 et 397-1-1 », le procureur de la République ordonne qu'elle soit déférée devant lui.**

« Après avoir, s'il y a lieu, informé la personne de son droit d'être assistée par un interprète, constaté son identité et lui avoir fait connaître les faits qui lui sont reprochés ainsi que leur qualification juridique, le procureur de la République l'informe qu'elle a le droit à l'assistance d'un avocat de son choix ou commis d'office. L'avocat choisi ou, dans le cas d'une demande de commission d'office, le bâtonnier de l'ordre des avocats en est avisé sans délai.

« L'avocat ou la personne déférée lorsqu'elle n'est pas assistée par un avocat peut consulter sur-le-champ le dossier. L'avocat peut communiquer librement avec le prévenu.

« Le procureur de la République avertit alors la personne de son droit de faire des déclarations, de répondre aux questions qui lui sont posées ou de se taire. Après avoir, le cas échéant, recueilli les observations de la personne ou procédé à son interrogatoire, le procureur de la République entend, s'il y a lieu, les observations de l'avocat, portant notamment sur la régularité de la procédure, sur la qualification retenue, sur le caractère éventuellement insuffisant de l'enquête *(L. nº 2016-731 du 3 juin 2016, art. 56)* **« , sur la nécessité de procéder à de nouveaux actes qu'il estime nécessaires à la manifestation de la vérité et sur les modalités d'engagement éventuel des poursuites ou le recours éventuel à la procédure de comparution sur reconnaissance préalable de culpabilité ». Au vu de ces observations, le procureur de la République soit procède comme il est dit aux articles 394 à 396** *(L. nº 2019-222 du 23 mars 2019, art. 60)* **« et à l'article 397-1-1 », soit requiert l'ouverture d'une information, soit ordonne la poursuite de l'enquête, soit prend toute autre décision sur l'action publique en application de l'article 40-1. S'il ordonne la poursuite de l'enquête et que la personne est à nouveau entendue, elle a le droit d'être assistée, lors de son audition, par son avocat, en application de l'article 63-4-3. »**

(L. nº 2019-222 du 23 mars 2019, art. 60) **« Si le procureur de la République procède comme il est dit aux articles 394 à** *(L. nº 2020-1672 du 24 déc. 2020, art. 26)* **« 397-1-1 », il peut décider de fixer à la même audience, afin qu'elles puissent être jointes à la procédure ou examinées ensemble, de précédentes poursuites dont la personne a fait l'objet pour d'autres délits, à la suite d'une convocation par procès-verbal, par officier de police judiciaire ou en vue d'une comparution sur reconnaissance préalable de culpabilité, d'une citation directe, d'une ordonnance pénale ou d'une ordonnance de renvoi du juge d'instruction. Hors le cas de la comparution immédiate, cette décision doit intervenir au moins dix jours avant la date de l'audience. Le prévenu et son avocat en sont informés sans délai. »**

Mention de ces formalités est faite au procès-verbal à peine de nullité de la procédure.

Les dispositions ci-dessus de la L. nº 2014-535 du 27 mai 2014 sont entrées en vigueur le 2 juin 2014.

Sur les modalités d'exercice du droit à l'assistance d'un interprète et à la traduction de certaines pièces, V. art. préliminaire, 803-5 et D. 594 s.

BIBL. ▸ DAVID, *AJ pénal 2020. 386* (la procédure de comparution immédiate ou la quasi-certitude d'être incarcéré). – HENNEBOIS, *AJ pénal 2021. 407* (du droit au silence à l'encouragement à se taire).

1. QPC. D'une part, le respect des droits de la défense n'impose pas que la personne poursuivie ait accès au dossier avant de recevoir la notification du procureur de la République de sa décision prise sur l'action publique et ait bénéficié de l'assistance d'un avocat à l'occasion de cette notification. D'autre part, l'art. 393 permet au procureur de recueillir les déclarations de la personne déférée si elle en fait la demande. En revanche, ledit article ne saurait permettre que soient recueillies ou consignées, à cette occasion, les déclarations de la personne sur les faits qui font l'objet de la poursuite. Sous cette réserve, l'art. 393 est conforme à la Constitution. • Cons. const., 6 mai 2011, nº 2011-125-QPC : *D. actu. 18 mai 2011, obs. Girault ; D. 2011. Actu. 1222 ; ibid. 2012. Pan. 1638, obs. Bernaud et Jacquinot ; AJ pénal 2011. 471, obs. Perrier ; RSC 2011. 415,* *obs. Danet ; Constitutions 2011. 525, obs. Daoud et Talbot ; Dr. pénal 2011. Chron. 7, obs. Lesclous.*

2. Accès au dossier. Méconnaît les art. 6, § 3, Conv. EDH et 393 C. pr. pén., la cour d'appel qui rejette l'exception de nullité d'une comparution immédiate, tirée de ce que le dossier de la procédure a été remis à l'avocat du prévenu sous forme de CD-ROM, sans mise à disposition du matériel qui permette de le consulter, que la libre consultation du dossier implique. • Crim. 9 mars 2022, n° 21-82.580 P.

3. L'option donnée au procureur de la République, en matière correctionnelle, par l'art. 393 d'ouvrir une information ou, s'il estime que celle-ci n'est pas nécessaire, de procéder conformément aux art. 394 à 396, est laissée à la libre appréciation de ce magistrat. • Crim. 26 avr. 1994 n° 93-84.880 P.

4. Il résulte des art. 388 et 393 que lorsque le procureur de la République saisit le tribunal correctionnel selon la procédure de comparution immédiate, il ne peut requérir d'office l'ouverture d'une information sur ces mêmes faits. • Crim. 20 févr. 2007, n° 06-89.229 P : *AJ pénal 2007. 234 ; RSC 2007. 844, obs. Finielz ; Procédures 2007, n° 202, obs. Buisson.*

5. Les faits énoncés dans l'ordonnance prescrivant la détention provisoire visée à l'art. 396 sont sans incidence sur l'étendue de la saisine du tribunal dans la mesure où ce dernier statue sur les faits notifiés à l'intéressé dans le procès-verbal dressé en application de l'art. 393. • Crim. 21 mars 2000, n° 99-85.677 P : *D. 2000. IR 153*.

Art. 393-1 *(L. n° 2000-516 du 15 juin 2000, art. 115) (L. n° 2014-535 du 27 mai 2014, art. 8, en vigueur le 2 juin 2014)* **« Si le procureur de la République procède comme il est dit aux articles 394 à 396 »** *(L. n° 2019-222 du 23 mars 2019, art. 60)* **« et à l'article 397-1-1 », la victime doit être avisée par tout moyen de la date de l'audience.**

(L. n° 2019-222 du 23 mars 2019, art. 42-IX) **« L'article 391 est applicable. »**

Art. 394 *(L. n° 83-466 du 10 juin 1983)* **Le procureur de la République peut inviter la personne déférée à comparaître devant le tribunal dans un délai qui ne peut être inférieur à dix jours, sauf renonciation expresse de l'intéressé en présence de son avocat, ni supérieur à** *(L. n° 2016-731 du 3 juin 2016, art. 95)* **« six » mois. Il lui notifie les faits retenus à son encontre ainsi que le lieu, la date et l'heure de l'audience.** *(L. n° 2004-204 du 9 mars 2004, art. 197-III, en vigueur le 1er oct. 2004)* **« Il informe également le prévenu qu'il doit comparaître à l'audience en possession des justificatifs de ses revenus ainsi que de ses avis d'imposition ou de non-imposition. » Cette notification, mentionnée au procès-verbal dont copie est remise sur le champ au prévenu, vaut citation à personne.**

L'avocat choisi ou le bâtonnier est informé, par tout moyen et sans délai, de la date et de l'heure de l'audience ; mention de cet avis est portée au procès-verbal. *(L. n° 93-2 du 4 janv. 1993)* **« L'avocat** *(L. n° 2014-535 du 27 mai 2014, art. 8, en vigueur le 2 juin 2014)* **« ou la personne déférée lorsqu'elle n'est pas assistée d'un avocat » peut, à tout moment, consulter le dossier.**

Si le procureur de la République estime nécessaire de soumettre le prévenu jusqu'à sa comparution devant le tribunal à une ou plusieurs obligations du contrôle judiciaire *(L. n° 2009-1436 du 24 nov. 2009, art. 93-XI)* **« ou de le placer sous assignation à résidence avec surveillance électronique », il le traduit sur-le-champ devant** *(L. n° 2004-204 du 9 mars 2004, art. 128-II)* **« le juge des libertés et de la détention** *[ancienne rédaction : le président du tribunal ou le juge délégué par lui]* **», statuant en chambre du conseil avec l'assistance d'un greffier.** *(L. n° 2009-1436 du 24 nov. 2009, art. 93-XI)* **« Ce magistrat peut, après audition du prévenu** *(L. n° 2021-1729 du 22 déc. 2021, art. 14-I-10°, en vigueur le 31 déc. 2021)* **« préalablement informé de son droit de se taire sur les faits qui lui sont reprochés », son avocat ayant été avisé et entendu en ses observations, s'il le demande, prononcer l'une de ces mesures dans les conditions et suivant les modalités prévues par les articles 138, 139, 142-5 et 142-6. » Cette décision est notifiée verbalement au prévenu et mentionnée au procès-verbal dont copie lui est remise sur-le-champ.** *(L. n° 2006-399 du 4 avr. 2006, art. 12)* **« Si le prévenu placé sous contrôle judiciaire** *(L. n° 2009-1436 du 24 nov. 2009, art. 93-XI ; L. n° 2010-769 du 9 juill. 2010, art. 5-IV)* **« ou sous assignation à résidence avec surveillance électronique » se soustrait aux obligations qui lui sont imposées, les dispositions du deuxième alinéa de l'article 141-2 sont applicables, ainsi que celles de l'article 141-4 ; les attri-**

butions confiées au juge d'instruction par cet article sont alors exercées par le procureur de la République. »

(Abrogé par L. n° 2019-222 du 23 mars 2019, art. 60) (L. n° 2014-535 du 27 mai 2014, art. 8, en vigueur le 2 juin 2014) ***« Lorsque le tribunal correctionnel a été saisi en application du présent article, il peut, à la demande des parties ou d'office, commettre par jugement l'un de ses membres ou l'un des juges d'instruction du tribunal désigné dans les conditions prévues à l'article 83 pour procéder à un supplément d'information ; l'article 463 est applicable. Le tribunal peut, dans les mêmes conditions, s'il estime que la complexité de l'affaire nécessite des investigations supplémentaires approfondies, renvoyer le dossier au procureur de la République afin que celui-ci requière l'ouverture d'une information. »***

BIBL. ▶ EYRIGNAC, *AJ pénal 2015. 306* (de quelques éclaircissements sur la procédure de convocation par procès-verbal).

1. QPC (conformité). Il résulte des dispositions de l'al. 3 de l'art. 394, telles qu'interprétées par la Cour de cassation, que le prévenu convoqué par procès-verbal ne peut former appel de la décision du JLD de le placer sous contrôle judiciaire ou sous assignation à résidence avec surveillance électronique. Toutefois, en application des dispositions combinées des art. 140, 141-1 et 142-8, le prévenu peut, à tout moment, saisir le tribunal correctionnel d'une demande de mainlevée ou de modification du contrôle judiciaire ou de l'assignation à résidence. A cette occasion, il peut notamment faire valoir l'irrégularité de l'ordonnance du JLD ayant ordonné la mesure. Dès lors, les dispositions contestées sont conformes à la Constitution. • Cons. const. 31 janv. 2019, n° 2018-758/759/760.

2. Il revient au JLD d'apprécier si les charges retenues contre le prévenu justifient qu'il soit placé sous contrôle judiciaire ou assigné à résidence. Lorsqu'il est entendu par ce magistrat, le prévenu peut être amené à reconnaître les faits qui lui sont reprochés. En outre, le fait même que le JLD invite le prévenu à présenter ses observations peut être de nature à lui laisser croire qu'il ne dispose pas du droit de se taire. Or, les observations du prévenu sont susceptibles d'être portées à la connaissance du tribunal correctionnel. Dès lors, l'art. 394, qui ne prévoit pas que le prévenu traduit devant JLD doit être informé de son droit de se taire, est déclaré non conforme à la Constitution. • Cons. const. 6 oct. 2021, n° 2021-934 QPC : *D. actu. 6 oct. 2021, obs. Goetz* (décision antérieure à la L. n° 2021-1729 du 22 déc. 2021).

3. Contrôle judiciaire. Dans la procédure de convocation par procès-verbal, un contrôle judiciaire ne peut être ordonné, en application de l'art. 394, que si les délais d'audiencement prévus par ce texte sont respectés. • Crim. 10 mars 2015, n° 14-88.326 P : *D. actu. 7 avr. 2015, obs. Fucini.* ♦ Aucune disposition de l'art. 194, instaurant la procédure de comparution par procès-verbal, ou du code de procédure pénale n'ouvre la voie de l'appel contre les ordonnances de placement sous contrôle judiciaire du JLD. Doit dès lors être cassé l'arrêt de la cour d'appel qui a déclaré l'appel du prévenu recevable et a statué sur les moyens soulevés par celui-ci. • Crim. 11 juill. 2018, n° 18-92.791 P. ♦ Concernant le maintien du prévenu sous contrôle judiciaire lorsqu'il a comparu devant le tribunal dans un délai de six mois, V. note 3 ss. art. 397-3.

4. Droit européen des droits de l'homme. L'exception tirée de la violation des dispositions de l'art. 394 relatives à la notification des faits au prévenu et de l'art. 6, § 3 *a)*, Conv. EDH relatif à cette même information doit être présentée avant toute défense au fond. • Crim. 26 avr. 1994, n° 93-84.880 P.

Art. 395 *(L. n° 86-1019 du 9 sept. 1986)* **« Si le maximum de l'emprisonnement prévu par la loi est au moins égal à deux ans** *(Abrogé par L. n° 2002-1138 du 9 sept. 2002, art. 40)* ***« sans excéder*** *(L. n° 95-125 du 8 févr. 1995)* ***« sept ans »*, le procureur de la République, lorsqu'il lui apparaît que les charges réunies sont suffisantes et que l'affaire est en état d'être jugée, peut, s'il estime que les éléments de l'espèce justifient une comparution immédiate, traduire le prévenu sur-le-champ devant le tribunal. »** — *Entrée en vigueur le 1er oct. 1986.*

(L. n° 83-466 du 10 juin 1983) **En cas de délit flagrant, si le maximum de l'emprisonnement prévu par la loi est** *(L. n° 2002-1138 du 9 sept. 2002, art. 40)* **« au moins égal à six mois », le procureur de la République, s'il estime que les éléments de l'espèce justifient une comparution immédiate, peut traduire le prévenu sur-le-champ devant le tribunal.**

Le prévenu est retenu jusqu'à sa comparution qui doit avoir lieu le jour même ; il est conduit sous escorte devant le tribunal.

RÉP. PÉN. v° *Comparution immédiate*, par GUÉRY.

BIBL. ▶ DE COMBLES DE NAYVES et MERCINIER, *AJ pénal 2011. 18* (comparutions immédiates : la défense *in situ*). – RAOULT et AZOULAY, *AJ pénal 2016. 480* (comparutions immédiates à Marseille). – REDON, *AJ pénal 2011. 16* (gestion pragmatique de la comparution immédiate par les magistrats). – Vlamynck, *AJ pénal 2011. 10* (procédure de comparution immédiate : vitesse ou précipitation ? ; procédure de présentation immédiate des mineurs).

1. Appréciation de la peine maximale. Pour saisir le tribunal d'une comparution immédiate, le maximum de la peine s'apprécie sans tenir compte de l'aggravation résultant éventuellement de l'état de récidive. • Crim. 19 févr. 2002, n° 01-84.903 P : *D. 2002. IR 1180*. ♦ Déjà en ce sens, V. • Limoges, 8 nov. 2000 : *BICC 2001. 839*. ♦ Pour la comparution immédiate d'une prostituée poursuivie pour racolage public sur le fondement de l'art. 225-10-1 C. pén. alors que le maximum de la peine encourue est de deux mois : • Crim. 26 sept. 2007, n° 07-82.713 P : *D. 2007. AJ 2732* ; *AJ pénal 2007. 538, obs. Royer*.

2. Délits douaniers. Dès lors que les délits et contraventions prévus par les lois sur les douanes, qui sont constatés par procès-verbal de saisie ou de constat ou par tous autres moyens peuvent être, aux termes de l'art. 342, al. 1er, C. douanes, poursuivis et prouvés par toute voie de droit, les délits douaniers passibles d'un emprisonnement entrant dans les prévisions de l'art. 395 peuvent être poursuivis par le ministère public selon la procédure de comparution immédiate. • Crim. 8 avr. 1999, n° 98-84.889 P : *Dr. pénal 1999. Chron. 29, par Molins* ; *RSC 2000. 647, obs. Giudicelli*.

3. Fraudes aux allocations chômage. En l'absence de flagrant délit, la procédure de comparution immédiate prévue par l'art. 395 est applicable en cas d'infractions punies d'un emprisonnement inférieur à 2 ans lorsqu'elles sont poursuivies concurremment avec des infractions punies d'un emprisonnement au moins égal à 2 ans ; il en est ainsi en cas de poursuites simultanées pour fraude aux allocations de chômage prévue par l'art. L. 365-1 *[L. 5124-1, L. 5129-1 et L. 5135-1 nouv.]* C. trav. et pour escroquerie (solution implicite). • Crim. 26 avr. 1994, n° 93-84.880 P.

4. Application de l'art. 40 L. n° 2002-1138. L'art. 40 de la loi du 9 sept. 2002, applicable en vertu de l'art. 112-2 C. pén. aux infractions commises avant son entrée en vigueur, permet de recourir à la procédure de comparution immédiate même lorsque la peine encourue est supérieure à sept ans d'emprisonnement. • Crim. 7 janv. 2004, n° 03-85.305 P : *D. 2004. IR 471* ; *JCP 2004. IV. 1409* ; *AJ pénal 2004. 121* ; *Dr. pénal 2004, n° 47, obs. Véron*.

5. Comparution le jour même. L'exigence d'une comparution « le jour même » de la présentation de l'intéressé au parquet ne saurait être interprétée comme la nécessité de le juger impérativement avant minuit, mais comme celle de le faire comparaître au cours de l'audience considérée, quand bien même celle-ci se terminerait après minuit en raison de contraintes diverses. • Crim. 12 janv. 2021, n° 20-80.259 P : *D. actu. 4 févr. 2021, obs. Diaz* ; *AJ pénal 2021. 92, obs. Lebreton*.

Art. 396 *(L. n° 83-466 du 10 juin 1983)* **Dans le cas prévu par l'article précédent, si la réunion du tribunal est impossible le jour même et si les éléments de l'espèce lui paraissent exiger une mesure de détention provisoire, le procureur de la République peut traduire le prévenu devant** *(L. n° 2000-516 du 15 juin 2000, art. 49-I)* **« le juge des libertés et de la détention », statuant en chambre du conseil avec l'assistance d'un greffier.**

(L. n° 2000-516 du 15 juin 2000, art. 49-I) **« Le juge »,** *(Abrogé par L. n° 2004-204 du 9 mars 2004, art. 128-III)* ***« après avoir recueilli les déclarations du prévenu, son*** *(L. n° 93-2 du 4 janv. 1993)* ***« avocat » ayant été avisé, et »*** **après avoir fait procéder,** *(L. n° 2004-204 du 9 mars 2004, art. 128-III)* **« sauf si elles ont déjà été effectuées », aux** *(L. n° 93-2 du 4 janv. 1993)* **« vérifications prévues par le** *(L. n° 2019-222 du 23 mars 2019, art. 69 et 109-XVIII, en vigueur à compter d'une date fixée par décret et au plus tard le 1er janv. 2020)* **« huitième** *[ancienne rédaction : septième]* **» alinéa de l'article 41 », statue sur les réquisitions du ministère public aux fins de détention provisoire.** *(L. n° 2021-1729 du 22 déc. 2021, art. 14-I-11°, en vigueur le 31 déc. 2021)* **« Après avoir informé le prévenu de son droit de se taire, il recueille ses observations éventuelles ou celles de son avocat. L'ordonnance rendue n'est pas susceptible d'appel. »**

(L. n° 93-2 du 4 janv. 1993) **« Il peut placer le prévenu en détention provisoire jusqu'à sa comparution devant le tribunal. L'ordonnance prescrivant la détention est rendue suivant les modalités prévues** *(L. n° 2002-1138 du 9 sept. 2002, art. 40)* **« par l'article 137-3, premier alinéa », et doit comporter l'énoncé des considérations de droit et de fait qui constituent le fondement de la décision par référence aux dispositions des** *(L. n° 96-1235 du 30 déc. 1996)* **« 1° »** *(L. n° 2007-291 du 5 mars 2007, art. 9-IV, en vigueur le 1er juill. 2007)* **« à 6° » de l'article 144. Cette décision énonce les faits retenus et saisit le tribunal ; elle est notifiée verbalement au prévenu et mentionnée au procès-verbal dont copie lui est remise sur-le-champ. Le prévenu doit comparaître devant le tribunal au plus tard le** *(L. n° 2004-204 du 9 mars 2004, art. 128-III)* **« troisième jour ouvrable » suivant. A défaut, il est mis d'office en liberté. »**

(L. n° 2004-204 du 9 mars 2004, art. 128-III) **« Si le juge estime que la détention provisoire n'est pas nécessaire, il peut soumettre le prévenu, jusqu'à sa comparution devant le tribunal, à une ou plusieurs obligations du contrôle judiciaire** *(L. n° 2009-1436 du 24 nov. 2009, art. 93-XII)* **« ou le placer sous assignation à résidence avec surveillance électronique ».** *(L. n° 2016-731 du 3 juin 2016, art. 76)* **« La date et l'heure de l'audience, fixées dans les délais prévus à l'article 394, sont alors notifiées à l'intéressé soit par le juge ou par son greffier, si ces informations leur ont été préalablement données par le procureur de la République, soit, dans le cas contraire, par le procureur ou son greffier. Toutefois, si les poursuites concernent plusieurs personnes dont certaines sont placées en détention, la personne reste convoquée à l'audience où comparaissent les autres prévenus détenus. L'article 397-4 ne lui est pas applicable. »** *(L. n° 2006-399 du 4 avr. 2006, art. 12)* **« Si le prévenu placé sous contrôle judiciaire** *(L. n° 2009-1436 du 24 nov. 2009, art. 93-XII)* **« ou sous assignation à résidence avec surveillance électronique » se soustrait aux obligations qui lui sont imposées, les dispositions du deuxième alinéa de l'article 141-2 sont applicables. »**

BIBL. ▸ COTTEREAU, *AJ pénal 2020. 388* (le ministère public et la comparution immédiate).

1. QPC. Non-renvoi au Conseil constitutionnel de la question portant sur la constitutionnalité de l'al. 3 de l'art. 396, en ce qu'il attribue compétence au JLD pour placer la personne en détention provisoire et saisir le tribunal correctionnel par une décision insusceptible de recours. • Crim. 22 juill. 2015, n° 15-90.010 P : *AJ pénal 2016. 87, obs. Girault*.

2. Les prescriptions de l'art. 143-1, aux termes desquelles, en matière correctionnelle, la personne mise en examen ne peut être placée en détention provisoire qu'à la condition d'encourir une peine égale ou supérieure à trois ans d'emprisonnement, ne sont pas applicables à la procédure de comparution immédiate. Dès lors est régulier le placement en détention provisoire ordonné par un JLD, saisi conformément à l'art. 396, al. 3, à l'égard d'un prévenu poursuivi du chef d'un délit puni d'un an d'emprisonnement. • Crim. 9 mai 2012, n° 10-87.331 P : *D. 2012. Actu. 1484* ; *AJ pénal 2012. 486, obs. Lasserre Capdeville*.

3. Recours. L'ordonnance de placement en détention provisoire rendue par le JLD dans une procédure de comparution immédiate en application des dispositions de l'art. 396 est une décision rendue par une juridiction du premier degré, qui, en l'absence de toute disposition le prévoyant, n'est pas susceptible de recours. • Crim., ord. prés., 1er févr. 2006, n° 06-80.697 P • Crim. 6 janv. 2016, n° 15-86.186 P : *D. 2016. Actu. 202*.

4. Condition du renvoi. Le ministère public, lorsqu'il a recours à la procédure de l'art. 396 qui lui permet de présenter le prévenu au JLD pour solliciter son placement en détention provisoire si la réunion du tribunal le jour même est impossible, n'a pas à rapporter la preuve concrète et effective de l'impossibilité de faire comparaître le prévenu ce jour-là. • Crim. 23 mai 2006, n° 05-83.149 P : *RSC 2007. 120, note Giudicelli*.

Art. 397 *(L. n° 83-466 du 10 juin 1983)* **Lorsque le tribunal est saisi en application des articles 395 et 396, troisième alinéa, le président constate l'identité du prévenu, son** *(L. n° 93-2 du 4 janv. 1993)* **« avocat » ayant été avisé. Il avertit le prévenu qu'il ne peut être jugé le jour même qu'avec son accord ; toutefois, cet accord ne peut être recueilli qu'en présence de son avocat ou, si celui-ci n'est pas présent, d'un avocat désigné d'office sur sa demande par le bâtonnier.**

Si le prévenu consent à être jugé séance tenante, mention en est faite dans les notes d'audience.

BIBL. ▸ CABIOCH et BELONCLE, *AJ pénal 2020. 392* (la défense en comparution immédiate).

Encourt la cassation l'arrêt qui retient qu'il n'est pas mentionné dans les notes d'audience du tribunal, et ceci contrairement au jugement, que le prévenu ait été averti de la nécessité de recueillir son accord pour être jugé immédiatement alors qu'il faisait l'objet d'une procédure de comparution immédiate, ni qu'il ait donné expressément son accord, les juges ajoutant que ce défaut d'information fait nécessairement grief au prévenu, alors qu'il résulte des énonciations du jugement, qui a valeur d'acte authentique, que les formalités prévues par l'art. 397, al. 1er ont été accomplies. • Crim. 12 avr. 2016, n° 16-81.015 P : *D. actu. 17 mai 2016, obs. André* ; *Procédures 2016, n° 210, note Chavent-Leclère*.

Art. 397-1 *(L. n° 86-1019 du 9 sept. 1986)* **Si le prévenu ne consent pas à être jugé séance tenante ou si l'affaire ne paraît pas en état d'être jugée, le tribunal, après avoir recueilli les observations des parties et de leur** *(L. n° 93-2 du 4 janv. 1993)* **« avocat »,**

renvoie à une prochaine audience qui doit avoir lieu dans un délai qui ne peut être inférieur à deux semaines, sauf renonciation expresse du prévenu, ni supérieur à six semaines.

(L. nº 2002-1138 du 9 sept. 2002, art. 40) **« Lorsque la peine encourue est supérieure à sept ans d'emprisonnement, le prévenu, informé de l'étendue de ses droits, peut demander que l'affaire soit renvoyée à une audience qui devra avoir lieu dans un délai qui ne peut être inférieur à deux mois, sans être supérieur à quatre mois. »**

(L. nº 2004-204 du 9 mars 2004, art. 128-IV) **« Dans les cas prévus par le présent article, le prévenu ou son avocat peut demander au tribunal d'ordonner tout acte d'information qu'il estime nécessaire à la manifestation de la vérité relatif aux faits reprochés ou à la personnalité de l'intéressé. Le tribunal qui refuse de faire droit à cette demande doit rendre un jugement motivé. »**

S'agissant des dispositions d'urgence mises en place pour faire face à l'épidémie de covid-19, V. App., vº État d'urgence sanitaire.

1. Les dispositions de l'art. 397-1 prescrivant que le délai ne peut excéder six semaines sont impératives. • Crim. 28 avr. 1998, nº 96-81.539 P. ♦ Il appartient à la cour d'appel d'évoquer dès lors que les premiers juges n'ont pas respecté les délais de renvoi de l'affaire prévus en matière de comparution immédiate. • Crim. 13 nov. 2012, nº 12-85.664 P : *D. actu. 21 janv. 2013, obs. Fucini.*

2. Lorsque l'affaire est renvoyée à une audience ultérieure sans que le délai minimal fixé à l'art. 397-1 soit respecté, le prévenu assisté d'un avocat qui, lors de l'audience de renvoi, ne sollicite pas un nouveau report est présumé avoir renoncé à bénéficier du délai minimal et ne peut soulever la nullité de la procédure. • Crim. 28 nov. 2012, nº 12-81.839 P : *D. actu. 29 janv. 2013, obs. Winckelmuller.*

Art. 397-1-1 *(L. nº 2019-222 du 23 mars 2019, art. 60)* **Dans les cas prévus à l'article 395, s'il existe contre la personne des charges suffisantes pour la faire comparaître devant le tribunal correctionnel, mais que l'affaire n'est pas en état d'être jugée selon la procédure de comparution immédiate parce que n'ont pas encore été obtenus les résultats de réquisitions, d'examens techniques ou médicaux déjà sollicités, le procureur de la République peut, si le prévenu est assisté par un avocat choisi par lui ou désigné par le bâtonnier, le poursuivre devant le tribunal correctionnel selon la procédure de comparution à délai différé conformément aux dispositions du présent article.**

Conformément aux dispositions de l'article 396, le prévenu est présenté devant le juge des libertés et de la détention, qui statue sur les réquisitions du ministère public aux fins de contrôle judiciaire, d'assignation à résidence avec surveillance électronique ou de détention provisoire, après avoir recueilli les observations éventuelles du prévenu ou de son avocat. Les réquisitions du procureur précisent les raisons justifiant le recours à la présente procédure, en indiquant s'il y a lieu les actes en cours dont les résultats sont attendus. La détention provisoire ne peut être ordonnée que si la peine d'emprisonnement encourue est égale ou supérieure à trois ans. L'ordonnance rendue est susceptible d'appel dans un délai de dix jours devant la chambre de l'instruction.

L'ordonnance prescrivant le contrôle judiciaire, l'assignation à résidence avec surveillance électronique ou la détention provisoire, rendue dans les conditions et selon les modalités prévues à l'article 396, énonce les faits retenus et saisit le tribunal ; elle est notifiée verbalement au prévenu et mentionnée au procès-verbal dont copie lui est remise sur-le-champ. Le prévenu doit comparaître devant le tribunal au plus tard dans un délai de deux mois, à défaut de quoi il est mis fin d'office au contrôle judiciaire, à l'assignation à résidence avec surveillance électronique ou à la détention provisoire.

Si le prévenu placé sous contrôle judiciaire ou sous assignation à résidence avec surveillance électronique se soustrait aux obligations qui lui sont imposées, les dispositions du deuxième alinéa de l'article 141-2 et de l'article 141-4 sont applicables ; les attributions confiées au juge d'instruction par les mêmes articles 141-2 et 141-4 sont alors exercées par le procureur de la République.

Les procès-verbaux ou autres pièces résultant des réquisitions, examens techniques ou médicaux mentionnés au premier alinéa du présent article sont versés au dossier de la procédure dès leur accomplissement et mis à la disposition des parties ou de leur avocat.

Jusqu'à l'audience de jugement, le prévenu ou son avocat peuvent demander au président du tribunal la réalisation de tout acte qu'ils estiment nécessaire à la manifes-

tation de la vérité, conformément aux dispositions de l'article 388-5, dont les deuxième à dernier alinéas sont applicables. Si le prévenu est détenu, la demande peut être faite au moyen d'une déclaration auprès du chef de l'établissement pénitentiaire. Cette déclaration est constatée et datée par le chef de l'établissement pénitentiaire, qui la signe, ainsi que le demandeur. Si celui-ci ne peut signer, il en est fait mention par le chef de l'établissement.

Pour la mise en œuvre de la procédure de comparution à délai différée, la présentation de la personne devant le procureur de la République prévue à l'article 393 ainsi que sa présentation devant le juge des libertés et de la détention prévue au deuxième alinéa du présent article peuvent intervenir dans un lieu autre que le tribunal si l'état de santé de cette personne ne permet pas de l'y transporter.

Lorsqu'il est fait application des dispositions du présent article, la victime en est avisée par tout moyen. Elle peut alors se constituer partie civile et déposer des demandes d'actes conformément à l'article 388-5.

S'agissant des dispositions d'urgence mises en place pour faire face à l'épidémie de covid-19, V. App., v° État d'urgence sanitaire.

BIBL. ▶ MIANSONI, *AJ pénal 2019. 595* (« comparution à délai différé » : nouveau mode de poursuite ou simple aménagement des cadres existants ?).

Art. 397-2 *(L. n° 83-466 du 10 juin 1983) (L. n° 2019-222 du 23 mars 2019, art. 60)* **« Dans tous les cas prévus au présent paragraphe 3, le tribunal peut, à la demande des parties ou d'office, commettre » par jugement l'un de ses membres ou l'un des juges d'instruction de la juridiction désigné dans les conditions de l'article 83** *(L. n° 93-2 du 4 janv. 1993)* **« , alinéa premier, » pour procéder à un supplément d'information ; les dispositions de l'article 463 sont applicables.**

(L. n° 86-1019 du 9 sept. 1986) **« Le tribunal peut, dans les mêmes conditions, s'il estime que la complexité de l'affaire nécessite des investigations supplémentaires approfondies, renvoyer le dossier au procureur de la République.**

« Le tribunal statue au préalable sur le maintien du prévenu en détention provisoire jusqu'à sa comparution devant un juge d'instruction. Cette comparution doit avoir lieu le jour même, à défaut de quoi le prévenu est remis en liberté d'office. » *(L. n° 2007-291 du 5 mars 2007, art. 6-V)* **« Toutefois, si** *(L. n° 2021-1729 du 22 déc. 2021, art. 7)* **« la gravité ou la complexité de l'affaire justifie que le tribunal commette un juge du pôle de l'instruction compétent » et qu'il n'existe pas de pôle au sein du tribunal judiciaire, cette comparution doit intervenir devant le juge d'instruction du pôle territorialement compétent dans un délai de** *(L. n° 2019-222 du 23 mars 2019, art. 60)* **« cinq » jours ouvrables, à défaut de quoi le prévenu est remis en liberté d'office. »**

1. Investigations complémentaires éventuelles. Le tribunal saisi par la comparution immédiate du prévenu apprécie souverainement si l'affaire est en état d'être jugée ou s'il y a lieu, comme le lui permet l'art. 397-2, de renvoyer le dossier au procureur de la République lorsqu'il estime que la complexité de l'affaire nécessite des *investigations* complémentaires approfondies. • Crim. 26 avr. 1994, n° 93-84.880 P.

2. Lorsque le tribunal renvoie l'affaire au procureur sur le fondement de l'art. 397-2 parce qu'il estime qu'un complément d'investigation est nécessaire, il n'a pas à statuer sur sa compétence car les dispositions de l'art. 469 ne s'appliquent pas dans cette hypothèse. • Crim. 27 mai 2003, n° 02-85.619 P : *D. 2003. IR 1877* ; *JCP 2003. IV. 2373.*

3. Voies de recours. La décision du tribunal correctionnel renvoyant, par application de l'art. 397-2, al. 2, le dossier au procureur de la République en vue de la saisine du juge d'instruction, n'est pas susceptible d'appel. Excède ses pouvoirs, la cour d'appel qui, saisie des appels formés par le prévenu et par le ministère public d'un jugement du tribunal correctionnel renvoyant le dossier au procureur de la République sur le fondement de l'art. 397-2, al. 2, annule le jugement et, après avoir évoqué, fait application du texte précité alors qu'elle aurait dû déclarer les appels irrecevables. • Crim. 29 oct. 2008, n° 08-84.623 P : *AJ pénal 2009. 39, obs. Ascensi*. ♦ A l'inverse, l'appel est recevable lorsque le renvoi au procureur de la République est consécutif à l'annulation des pièces de la procédure et est donc étranger à la saisine d'un juge d'instruction. • Crim. 23 févr. 2011, n° 10-84.922 P : *D. actu. 7 avr. 2011, obs. Priou-Alibert.*

4. Nécessité de l'ouverture d'information judiciaire. Il se déduit de l'art. 397-2, al. 2 que, lorsque le tribunal renvoie le dossier au procureur de la République en raison de la complexité de l'affaire et des investigations supplémentaires approfondies qu'elle implique, ce magistrat doit requérir l'ouverture d'une information judiciaire. • Crim. 21 nov. 2012, n° 12-80.621 P :

D. actu. 10 déc. 2012, obs. Bombled ; D. 2013. Pan. 1993, obs. Pradel ; AJ pénal 2013. 170, obs. Belfanti ; Procédures 2013, n° 24, obs. Buisson ; Gaz. Pal. 2013, n° 39-40, p. 46, obs. Fourment ; Dr. pénal 2013, n° 13, note Maron et Haas. ♦ Les dispositions des al. 2 et 3 de l'art. 397-2 ne font pas obligation au tribunal, saisi selon la procédure de comparution immédiate, lorsqu'il renvoie le dossier au procureur de la République, de procéder à un nouveau débat sur le maintien en détention provisoire au regard des dispositions de l'art. 144, puisque c'est par l'effet de la loi que le prévenu doit comparaître le jour même devant le juge d'instruction, faute de quoi, il est remis en liberté d'office. • Crim. 5 févr. 2019, n° 18-86.405 P : *D. actu. 5 mars 2019, obs. Priou-Alibert ; D. 2019. Pan. 1626, obs. Pradel ; AJ pénal 2019. 212, obs. Clément ; Procédures 2019, n° 134, obs. Buisson ; RSC 2019. 430, note Cordier .*

5. *Différence avec la convocation par procès-verbal.* Pour déclarer recevable l'appel du ministère public, annuler le jugement et évoquer, l'arrêt énonce, notamment, que ledit jugement a mis fin à la procédure de convocation par procès-verbal, et que le tribunal correctionnel, lorsqu'il est saisi selon cette procédure, n'est pas habilité à renvoyer le dossier au procureur de la République. En prononçant ainsi, la cour d'appel a fait l'exacte application des art. 397-2, al. 2, 507 et 520 ; en effet, c'est uniquement lorsqu'il est saisi selon la procédure de comparution immédiate que le tribunal correctionnel peut, en application du premier de ces textes, et par un jugement non susceptible d'appel, renvoyer le dossier au procureur de la République, en vue de la saisine du juge d'instruction. • Crim. 10 juill. 2013, n° 13-81.599 P : *RSC 2013. 596, obs. Danet .*

Art. 397-2-1 *(L. n° 2022-52 du 24 janv. 2022, art. 25)* **S'il lui apparaît que la personne présentée devant lui est mineure, le tribunal renvoie le dossier au procureur de la République.**

S'il s'agit d'un mineur âgé d'au moins treize ans, le tribunal statue au préalable, après avoir entendu les réquisitions du procureur de la République et les observations du mineur et de son avocat, sur son placement ou son maintien en détention provisoire jusqu'à sa comparution soit devant le juge d'instruction spécialisé, soit devant le juge des enfants ou le juge des libertés et de la détention spécialisé, selon les modalités prévues aux articles L. 423-6 ou L. 423-9 du code de la justice pénale des mineurs. La décision est spécialement motivée au regard de la nécessité de garantir le maintien du mineur à la disposition de la justice. La comparution devant le juge compétent doit avoir lieu dans un délai de vingt-quatre heures, à défaut de quoi le mineur est remis en liberté d'office. – *V. CJPM, art. L. 423- 6 s., App. v° Mineurs délinquants.*

Le présent article est également applicable devant le juge des libertés et de la détention statuant en application de l'article 396 du présent code.

Art. 397-3 *(L. n° 83-466 du 10 juin 1983)* **Dans tous les cas prévus par le présent paragraphe, le tribunal peut, conformément aux dispositions de l'article 141-1, placer ou maintenir le prévenu sous contrôle judiciaire. Cette décision est exécutoire par provision.** *(L. n° 2006-399 du 4 avr. 2006, art. 12)* **« Si le prévenu placé sous contrôle judiciaire se soustrait aux obligations qui lui sont imposées, les dispositions du deuxième alinéa de l'article 141-2 sont applicables. »**

Dans les cas prévus par les articles 395 et suivants, le tribunal peut également placer ou maintenir le prévenu en détention provisoire par décision spécialement motivée. La décision prescrivant la détention est rendue suivant les modalités prévues par les articles 135, *(L. n° 2002-1138 du 9 sept. 2002, art. 40)* **« 137-3, premier alinéa »,** *(L. n° 84-576 du 9 juill. 1984 ; L. n° 93-2 du 4 janv. 1993 ; L. n° 94-89 du 1er févr. 1994 ; L. n° 96-1235 du 30 déc. 1996)* **« et 464-1 et est motivée par référence aux dispositions des 1°** *(L. n° 2007-291 du 5 mars 2007, art. 9-V, en vigueur le 1er juill. 2007)* **« à 6° » de l'article 144 ». Elle est exécutoire par provision.**

(L. n° 2002-1138 du 9 sept. 2002, art. 40) **« Lorsque le prévenu est en détention provisoire, le jugement au fond doit être rendu dans les deux mois qui suivent le jour de sa première comparution devant le tribunal. Faute de décision au fond à l'expiration de ce délai, il est mis fin à la détention provisoire. Le prévenu, s'il n'est pas détenu pour une autre cause, est mis d'office en liberté.**

« Lorsqu'il a été fait application des dispositions du deuxième alinéa de l'article 397-1, le délai prévu à l'alinéa précédent est porté à quatre mois. »

S'agissant des dispositions d'urgence mises en place pour faire face à l'épidémie de covid-19, V. App., v° État d'urgence sanitaire.

1. Il appartient à la cour d'appel, en raison de l'effet dévolutif, d'examiner le bien-fondé de la détention provisoire non motivée par le tribunal correctionnel. • Crim. 13 nov. 2012, n° 12-85.664 P : *D. actu. 21 janv. 2013, obs. Fucini.*

2. A l'égard d'une personne détenue, la cour, saisie de l'appel d'un jugement ayant ordonné un renvoi pour préparer la défense avec placement en détention provisoire, et qui a évoqué, doit statuer dans le délai de quatre mois prévu par l'art. 397-4, et non dans celui de deux mois de l'art. 397-3, al. 3. • Crim. 13 nov. 2013, n° 12-86.951 P.

3. La durée du contrôle judiciaire n'est pas limitée lorsque le maintien de cette mesure, décidée par le JLD sur saisine du procureur de la République dans le cadre de l'art. 394, a été ordonné par la juridiction saisie devant laquelle la personne poursuivie a comparu pour la première fois dans ce délai de six mois. • Crim. 7 sept. 2021, n° 21-83.643.

Art. 397-3-1 *(L. n° 2014-896 du 15 août 2014, art. 5, en vigueur le 1er oct. 2014)* **Quand il prononce l'ajournement de la peine aux fins d'investigations sur la personnalité en application de l'article 132-70-1 du code pénal, le tribunal peut également placer ou maintenir la personne déclarée coupable sous contrôle judiciaire en application du premier alinéa de l'article 397-3 du présent code, sous assignation à résidence avec surveillance électronique en application du premier alinéa de l'article 142-12, ou, dans les cas prévus aux articles 395 à 397-7, en détention provisoire en application du deuxième alinéa de l'article 397-3. La détention provisoire ne peut être décidée que pour l'un des motifs prévus aux 2°, 3°, 5° et 6° de l'article 144. Lorsque la personne a été placée ou maintenue en détention, les deux derniers alinéas de l'article 397-3 sont applicables.**

Art. 397-4 *(L. n° 83-466 du 10 juin 1983)* **Dans le cas où le prévenu est condamné à un emprisonnement sans sursis, le tribunal saisi en application des articles 395 et suivants peut, quelle que soit la durée de la peine, ordonner, d'après les éléments de l'espèce, le placement ou le maintien en détention par décision spécialement motivée. Les dispositions des articles 148-2 et 471, deuxième alinéa, sont applicables.**

(L. n° 2002-1138 du 9 sept. 2002, art. 40) **« La cour statue dans les quatre mois de l'appel du jugement rendu sur le fond interjeté par le prévenu détenu, faute de quoi celui-ci, s'il n'est pas détenu pour une autre cause, est mis d'office en liberté. »**

Si la juridiction estime devoir décerner un mandat d'arrêt, les dispositions de l'article 465 sont applicables, quelle que soit la durée de la peine prononcée.

S'agissant des dispositions d'urgence mises en place pour faire face à l'épidémie de covid-19, V. App., v° État d'urgence sanitaire.

1. Respect des droits de la défense. Il n'y a pas d'atteinte aux droits de la défense lorsque la cour d'appel statue en présence du prévenu en l'absence de son conseil malgré une demande de renvoi de l'affaire à une audience ultérieure faite par courrier par le conseil du prévenu dès lors que, lors de sa comparution, le prévenu n'a pas réitéré la demande de renvoi de son conseil et n'a pas utilisé la faculté dont il disposait de se faire assister par un autre défenseur. • Crim. 4 sept. 2002, n° 01-84.423.

2. Respect des délais. Le dépassement du délai de quatre mois ne saurait entraîner la nullité de la procédure ni mettre fin aux poursuites. • Crim. 13 janv. 1992, n° 91-86.058 P : *RSC 1993. 129, obs. Braunschweig*.

3. Le demandeur ne saurait faire grief à la cour d'appel d'avoir statué dans le délai de deux mois prévu par l'art. 397-4, al. 2, dans sa rédaction issue de la loi du 15 juin 2000, au lieu de celui de quatre mois applicable avant le 1er janv. 2001, dès lors qu'il a disposé d'un délai suffisant pour préparer sa défense. • Crim. 19 sept. 2001, n° 01-83.429.

4. A l'égard d'une personne détenue, la cour, saisie de l'appel d'un jugement ayant ordonné un renvoi pour préparer la défense avec placement en détention provisoire, et qui a évoqué, doit statuer dans le délai de quatre mois prévu par l'art. 397-4, et non dans celui de deux mois de l'art. 397-3, al. 3. • Crim. 13 nov. 2013, n° 12-86.951 P.

5. Motivation spéciale. Le placement ou le maintien en détention ordonné en application de l'art. 397-4, à l'issue d'une procédure de comparution immédiate, échappe aux prescriptions de l'art. 144, édictées pour la détention provisoire. Justifie en conséquence suffisamment sa décision la cour d'appel qui, pour motiver la peine d'emprisonnement sans sursis prononcée et ordonner le maintien en détention du prévenu, retient, par motifs propres et adoptés, que celui-ci est en état de récidive légale, que son attitude démontre qu'il n'a tiré aucun enseignement de sa précédente condamnation, que les faits sont d'une particulière gravité, et qu'il existe un risque manifeste de renouvellement de l'infraction. • Crim. 13 avr. 2010, n° 09-87.398 P : *AJ pénal 2010. 450, obs. Roussel*.

Art. 397-5 *(L. nº 83-466 du 10 juin 1983)* **Dans tous les cas prévus par le présent paragraphe et par dérogation aux dispositions des articles 550 et suivants, les témoins peuvent être cités sans délai et par tout moyen. Lorsqu'ils sont requis verbalement par un officier de police judiciaire ou un agent de la force publique, ils sont tenus de comparaître sous les sanctions portées aux articles 438 à 441.**

1. La procédure de comparution immédiate, qui n'interdit pas au prévenu, au besoin en sollicitant le renvoi de la cause, de faire citer les témoins de son choix, le tribunal ayant de surcroît la faculté d'autoriser l'audition de témoins présents à l'audience, même si la cour d'appel refuse la demande tendant à une nouvelle audition de témoin, ne méconnaît pas le principe du procès équitable et les intérêts de la défense. • Crim. 18 avr. 1988, nº 87-84.819 P : *D. 1988. IR 151.* ♦ V. Circ. crim. nº 86-18-F1 du 10 sept. 1986 (*BOMJ nº 23, p. 102*).

2. L'art. 390-1 permet la convocation en justice du prévenu contrôlé sur le territoire national, et auquel est notifiée cette convocation, même s'il réside à l'étranger, et que ces dispositions n'entrent pas dans les prévisions de l'art. 397-6 invoqué par le demandeur. • Crim. 30 avr. 2002, nº 00-88.031 P : *JCP 2002. IV. 2205 ; Dr. pénal 2002, nº 131, obs. Maron.*

3. La procédure de comparution immédiate n'interdit pas au prévenu, au besoin en sollicitant le renvoi de la cause, de faire citer les témoins de son choix en application des dispositions des art. 397-5 et 435. • Crim. 18 avr. 1988, nº 87-84.819 P.

Art. 397-6 *(L. nº 83-466 du 10 juin 1983)* **Les dispositions des articles 393 à 397-5 ne sont applicables ni aux mineurs, ni en matière de délits de presse, de délits politiques ou d'infractions dont la procédure de poursuite est prévue par une loi spéciale.**

(L. nº 2021-1109 du 24 août 2021, art. 46) **« Par dérogation au premier alinéa du présent article, les articles 393 à 397-5 sont applicables aux délits prévus aux articles 24 et 24 *bis* ainsi qu'aux troisième et quatrième alinéas de l'article 33 de la loi du 29 juillet 1881 sur la liberté de la presse, sauf si ces délits résultent du contenu d'un message placé sous le contrôle d'un directeur de la publication en application de l'article 6 de la même loi ou de l'article 93-2 de la loi nº 82-652 du 29 juillet 1982 sur la communication audiovisuelle. »**

Toute référence faite dans les textes en vigueur à la procédure de saisine directe vise désormais les procédures prévues par les art. 393 à 397-6 C. pr. pén. (L. nº 83-466 du 10 juin 1983, art. 26).

1. Le recours à la procédure de comparution immédiate ne se heurte pas aux dispositions de l'art. 397-6 lorsqu'une loi spéciale détermine une incrimination, mais ne soumet pas la poursuite à une procédure spéciale. • Crim. 26 avr. 1994, nº 93-84.880 P.

2. La poursuite par la voie de la convocation en justice notifiée au prévenu, sur instructions du procureur de la République, valant citation à personne, prévue par l'art. 390-1, ne figure pas au rang des procédures inapplicables aux délits de presse, limitativement énumérées par l'art. 397-6. • Crim. 15 déc. 2015, nº 14-85.570 P : *D. actu. 21 janv. 2016, obs. Lavric.*

3. Participation à un attroupement. La convocation par procès-verbal, prévue par l'art. 394, n'est pas applicable en matière de délits politiques, au nombre desquels figure le fait, pour celui qui n'est pas porteur d'une arme, de continuer volontairement à participer à un attroupement après les sommations, réprimé par l'art. 431-4 C. pén. • Crim. 28 mars 2017, nº 15-84.940 P : *D. 2017. 1233, note Pradel ; AJ pénal 2017. 284, obs. Azoulay ; Dr. pénal 2017, nº 104, note Conte ; RSC 2017. 577, obs. Giudicelli.*

Art. 397-7 *(L. nº 2007-291 du 5 mars 2007, art. 6-VI)* **Si le procureur de la République estime que les faits pour lesquels la personne est déférée devant lui en application de l'article 393 doivent faire l'objet** *(L. nº 2021-1729 du 22 déc. 2021, art. 7)* **« , en raison de leur gravité ou de leur complexité, » d'une information relevant de la compétence d'un pôle de l'instruction alors qu'il n'existe pas de tel pôle au sein du tribunal judiciaire et que les éléments de l'espèce lui paraissent exiger une mesure de détention provisoire, il peut requérir le placement sous contrôle judiciaire** *(L. nº 2009-1436 du 24 nov. 2009, art. 93-XIII)* **« , sous assignation à résidence avec surveillance électronique » ou en détention provisoire de cette personne jusqu'à sa comparution devant le juge d'instruction compétent en faisant application du** *(L. nº 2019-222 du 23 mars 2019, art. 60)* **« dernier » alinéa de l'article 394 ou de l'article 396. Si la personne est placée en détention provisoire, elle doit comparaître devant le juge d'instruction du pôle de l'instruction au plus tard le** *(L. nº 2019-222 du 23 mars 2019, art. 60)* **« cinquième » jour ouvrable suivant. A défaut, elle est mise d'office en liberté.**

SECTION II DE LA COMPOSITION DU TRIBUNAL ET DE LA TENUE DES AUDIENCES

RÉP. PÉN. v° *Tribunal correctionnel,* par REDON.

§ 1er DISPOSITIONS GÉNÉRALES *(L. n° 2011-939 du 10 août 2011 art. 5-1°).*

Art. 398 *(L. n° 75-701 du 6 août 1975)* **« Le tribunal correctionnel est composé d'un président et de deux juges.**

« Lorsqu'un procès paraît de nature à entraîner de longs débats, le président du tribunal judiciaire peut décider qu'un ou plusieurs magistrats du siège supplémentaires assisteront aux débats. Dans le cas où un ou plusieurs magistrats du siège composant le tribunal correctionnel seraient empêchés de suivre les débats jusqu'au prononcé du jugement, ils sont remplacés par le ou les magistrats du siège supplémentaires dans l'ordre de leur nomination au tribunal judiciaire, en commençant par le plus ancien du rang le plus élevé. »

(L. n° 95-125 du 8 févr. 1995) **« Toutefois, pour le jugement des délits énumérés à l'article 398-1, il est composé d'un seul de ces magistrats exerçant les pouvoirs conférés au président. »** — *V. COJ, art. D. 212-19-1.*

(L. n° 72-1226 du 29 déc. 1972) **La désignation des magistrats du tribunal correctionnel appelés à statuer dans les conditions prévues à l'alinéa 2** *[alinéa 3]* **est faite par le président du tribunal judiciaire selon les modalités fixées pour la répartition des juges entre les diverses chambres de ce tribunal ; s'il y a lieu, le président du tribunal correctionnel répartit les affaires entre ces magistrats.**

(Ord. n° 2006-673 du 8 juin 2006, art. 8) **« Avant le début de l'année judiciaire, le président du tribunal judiciaire établit par ordonnance la liste des** *(L. n° 2016-1547 du 18 nov. 2016, art. 15, en vigueur le 1er juill. 2017)* **« magistrats exerçant à titre temporaire » de son ressort susceptibles de siéger en qualité d'assesseur au sein de la formation collégiale du tribunal correctionnel. Cette ordonnance peut être modifiée en cours d'année pour prendre en compte une modification de la composition de la juridiction ou pour prévoir un service allégé pendant la période au cours de laquelle les magistrats, les fonctionnaires et les auxiliaires de justice bénéficient de leurs congés annuels. Cette formation ne peut comprendre plus d'un juge non professionnel. »**

Les décisions prévues au présent article sont des mesures d'administration non susceptibles de recours.

S'agissant des dispositions d'urgence mises en place pour faire face à l'épidémie de covid-19, V. App., v° État d'urgence sanitaire.

TOM : 836 s. — Mayotte : 877 et 889. — Saint-Pierre-et-Miquelon : 924 s.

BIBL. ► STRICKLER, *LPA 2002, n° 35, p. 9* (le juge unique en procédure pénale).

1. Compétence. Le tribunal correctionnel, statuant à juge unique, qui a prononcé une condamnation comportant une interdiction, déchéance ou incapacité, est compétent pour connaître, en la même formation, d'une requête en relèvement de cette mesure présentée ultérieurement conformément à l'art. 55-1 C. pén. • Crim. 27 janv. 1988, n° 87-84.684 P. ♦ De même, le tribunal saisi d'une demande de révocation du sursis avec mise à l'épreuve, doit statuer en formation collégiale quand bien même la peine avait été prononcée par le tribunal statuant à juge unique. • Crim. 3 févr. 2004, n° 03-83.873 P : *JCP 2004. IV. 1596 ; AJ pénal 2004. 165.*

2. L'art. 398 ne réserve pas au président du tribunal de grande instance la présidence du tribunal correctionnel, ainsi, l'exception de nullité tirée par le prévenu de l'irrégularité prétendue du jugement rendu par le tribunal correctionnel, au motif que celui-ci était présidé par le vice-président du tribunal de grande instance, et non par son président, doit être rejetée. • Crim. 15 juin 1999, n° 98-86.142.

3. Outre-mer. L'art. 398 n'a pu être modifié par le décret du 16 mars 1978 (COJ) dont l'art. L. 921-2 permet à un juge unique de statuer en matière correctionnelle dans les départements d'outre-mer. • Basse-Terre, 3 oct. 1978 : *D. 1979. 360, note Lepointe.* ♦ Est nul, comme rendu par un tribunal irrégulièrement composé, le jugement rendu par un seul magistrat. • Même arrêt.

4. Compatibilité avec le droit européen des droits de l'homme. La présence du juge de l'application des peines ayant donné un avis antérieur sur l'opportunité de la révocation d'un sursis, au sein de la juridiction de jugement, n'est pas incompatible avec l'art. 6, § 1, Conv. EDH dès lors que ce juge lorsqu'il donne son avis n'examine pas la valeur des charges pesant sur le prévenu. • Crim. 18 oct. 2000, n° 99-86.289 P : *D. 2001. IR 42*.

5. Aucune disposition légale ou conventionnelle ne fait obstacle à ce que les juges qui ont prononcé une peine assortie d'un sursis avec mise à l'épreuve fassent partie de la composition de la juridiction appelée à statuer sur une requête du juge de l'application des peines tendant à la révocation de cette mesure. • Crim. 3 févr. 2004 : *préc. note 1.* ♦ Aucune disposition de la Convention européenne des droits de l'homme n'interdit à un tribunal de statuer, comme en l'espèce, en application de l'art. 398, al. 3, dans la composition d'un seul magistrat exerçant les pouvoirs conférés au président. • Crim. 14 mars 2001, n° 00-86.411.

Art. 398-1 *(L. n° 95-125 du 8 févr. 1995) (L. n° 2019-222 du 23 mars 2019, art. 61 et 109-XVII, en vigueur le 1er sept. 2019)* **« Sont jugés dans les conditions prévues au troisième alinéa de l'article 398 les délits suivants, lorsqu'ils sont punis d'une peine inférieure ou égale à cinq ans d'emprisonnement :**

« 1° Les délits ci-après mentionnés, prévus aux dispositions suivantes du code pénal :

« – les violences prévues aux articles 222-11, 222-12 *(L. n° 2022-52 du 24 janv. 2022, art. 10)* **« , 222-13 et 222-14-5 » ;**

« – les appels ou messages malveillants et agressions sonores prévus à l'article 222-16 ;

« – les menaces prévues aux articles 222-17 à 222-18-3 ;

« – les atteintes involontaires à l'intégrité de la personne prévues aux articles 222-19-1, 222-19-2, 222-20-1 et 222-20-2 ;

« – l'exhibition sexuelle prévue à l'article 222-32 ;

« – la cession ou l'offre illicite de stupéfiants à une personne en vue de sa consommation personnelle prévues à l'article 222-39 ;

« – le délit de risques causés à autrui prévu à l'article 223-1, lorsqu'il est commis à l'occasion de la conduite d'un véhicule ;

« – le délit de recours à la prostitution prévu à l'article 225-12-1 ;

« – les atteintes à la vie privée et à la représentation de la personne prévues aux articles 226-1 à 226-2-1, 226-3-1, 226-4 à 226-4-2 et 226-8 ;

« – les abandons de famille, les violations des ordonnances prises par le juge aux affaires familiales en cas de violences et les atteintes à l'exercice de l'autorité parentale prévus aux articles 227-3 à 227-11 ;

« – le vol, la filouterie, et le détournement de gage ou d'objet saisi prévus aux articles 311-3 et 311-4, 313-5, 314-5 et 314-6 ;

« – le recel prévu à l'article 321-1 ;

« – les destructions, dégradations et détériorations ne présentant pas de danger pour les personnes et l'installation illicite sur un terrain communal prévues aux articles 322-1 à 322-4-1 ;

« – les destructions, dégradations et détériorations involontaires par explosion ou incendie prévues à l'article 322-5 ;

« – les menaces de destruction, de dégradation ou de détérioration et les fausses alertes prévues aux articles 322-12 à 322-14 ;

« – l'intrusion dans un établissement d'enseignement scolaire prévue aux articles 431-22 à 431-25 ;

« – les menaces et actes d'intimidation commis contre les personnes exerçant une fonction publique prévus à l'article 433-3 ;

« – les outrages et rébellions prévus aux articles 433-5 à 433-10 ;

« – l'opposition à l'exécution de travaux publics ou d'utilité publique prévue à l'article 433-11 ;

« – les usurpations de fonctions, de signes, de titres et l'usage irrégulier de qualité prévus aux articles 433-12 à 433-18 ;

« – les atteintes à l'état civil des personnes prévues aux articles 433-18-1 à 433-21-1 ;

« – le délit de fuite prévu à l'article 434-10 ;

(L. n° 2020-1672 du 24 déc. 2020, art. 26) **« – les délits de prise du nom d'un tiers ou de fausse déclaration relative à l'état civil d'une personne prévus à l'article 434-23 ; »**

« – les atteintes au respect dû à la justice prévues aux articles 434-24, 434-26, 434-35, 434-35-1 et 434-38 à 434-43-1 ;

« – les faux prévus aux articles 441-1 à 441-3, 441-5 et 441-6 à 441-8 ;
« – la vente à la sauvette prévue aux articles 446-1 et 446-2 ;
« – les sévices graves ou actes de cruauté envers les animaux prévus aux articles 521-1 et 521-2 ;
« 2° Les délits prévus par le code de la route ;
« 3° Les délits en matière de chèques prévus aux articles L. 163-2, L. 163-3 et L. 163-7 du code monétaire et financier ;
« 4° *(L. n° 2003-495 du 12 juin 2003, art. 33)* **« Les délits en matière de réglementations relatives aux transports** *(L. n° 2016-731 du 3 juin 2016, art. 94)* **« prévus aux quatre premières parties du code des transports » ; »**
« 5° *(L. n° 2005-1550 du 12 déc. 2005, art. 18)* **« Les délits de port ou transport d'armes** *(L. n° 2012-304 du 6 mars 2012, art. 34-XX, en vigueur le 6 sept. 2013)* **« de la catégorie D figurant sur une liste fixée par un décret en Conseil d'État** *[ancienne rédaction : de la 6e catégorie]* **» prévus par l'article** *(Ord. n° 2012-351 du 12 mars 2012, art. 9, en vigueur le 1er mai 2012)* **« L. 317-8 du code de la sécurité intérieure » ; »** *— V. ces art. du C. défense in C. pén., App., v° Armes et explosifs. —* ***C. pén.***
6° *(L. n° 2007-297 du 5 mars 2007, art. 73)* **« Les délits prévus par le code de l'environnement en matière de chasse, de pêche en eau douce,** *(Abrogé par L. n° 2021-1104 du 22 août 2021, art. 291)* ***« de pêche maritime, »*** *(L. n° 2010-788 du 12 juill. 2010, art. 50)* **« de protection** *(L. n° 2021-1104 du 22 août 2021, art. 291)* **« du patrimoine naturel », ainsi que par le titre VIII du livre V du même code » ; »**
(L. n° 2001-602 du 9 juill. 2001) **« 7° Les délits prévus par le code forestier et par le code de l'urbanisme »** *(Abrogé par L. n° 2021-1104 du 22 août 2021, art. 291)* ***« pour la protection des bois et forêts ; »***
(Abrogé par L. n° 2019-222 du 23 mars 2019, art. 61 et 109-XVII, à compter du 1er sept. 2019) (L. n° 2004-204 du 9 mars 2004, art. 130) ***« 7° bis Le délit prévu par l'article L. 12-6-3 du code de la construction et de l'habitation ; »***
(L. n° 2019-222 du 23 mars 2019, art. 61 et 109-XVII, en vigueur le 1er sept. 2019) **« 8° Les délits prévus par le code de la construction et de l'habitation ; »**
(L. n° 2008-582 du 20 juin 2008, art. 14) **« 9° Les délits prévus par le code rural et de la pêche maritime en matière de garde et de circulation des animaux »** *(L. n° 2021-1104 du 22 août 2021, art. 291)* **« et de pêche maritime » ;**
(L. n° 2009-1311 du 28 oct. 2009, art. 6-I) **« 10° Les délits prévus aux articles L. 335-2, L. 335-3 et L. 335-4 du code de la propriété intellectuelle, lorsqu'ils sont commis au moyen d'un service de communication au public en ligne ; »**
(L. n° 2021-1040 du 5 août 2021, art. 20) **« 10°** ***bis*** **Les délits prévus à l'article L. 3136-1 du code de la santé publique, à l'article 1er de la loi n° 2021-689 du 31 mai 2021 relative à la gestion de la sortie de crise sanitaire ainsi qu'aux articles 9 et 16 de la loi n° 2021-1040 du 5 août 2021 relative à la gestion de la crise sanitaire ; »**
(L. n° 2019-222 du 23 mars 2019, art. 61 et 109-XVII, en vigueur le 1er sept. 2019) **« 11° Le délit d'usage de stupéfiants prévu à l'article L. 3421-1 du code de la santé publique ainsi que le délit prévu à l'article 60** ***bis*** **du code des douanes.**
(Abrogé par Ord. n° 2020-1144 du 16 sept. 2020, art. 8, en vigueur le 1er janv. 2021) ***« 12° Les délits en matière d'habitat insalubre prévus à l'article L. 1337-4 du code de la santé publique. »***
« Pour l'appréciation du seuil de cinq ans d'emprisonnement mentionné au premier alinéa du présent article, il n'est pas tenu compte des aggravations résultant de l'état de récidive ou des dispositions des articles 132-76, 132-77 ou 132-79 du code pénal.
« Sont également jugés dans les conditions prévues au troisième alinéa de l'article 398 du présent code les délits pour lesquels une peine d'emprisonnement n'est pas encourue, à l'exception des délits de presse. »

Toutefois, le tribunal statue obligatoirement dans les conditions prévues par le premier alinéa de l'article 398 lorsque le prévenu est en état de détention provisoire lors de sa comparution à l'audience ou lorsqu'il est poursuivi selon la procédure de comparution immédiate. Il statue également dans les conditions prévues par le premier alinéa de l'article 398 pour le jugement des délits prévus au présent article lorsque ces délits sont connexes à d'autres délits non prévus par cet article.

Les « 3° » et « 4° » sont remplacés par les « 4° » et « 5° » par la L. n° 2019-222 du 23 mars 2019 à compter du 1er sept. 2019 (L. préc., art. 61 et 109-XVII).

Pour un exemple de rejet de l'exception d'incompétence du juge unique d'un tribunal correctionnel. • Crim. 17 oct. 2001, n° 01-82.943.

Art. 398-2 *(L. n° 95-125 du 8 févr. 1995)* **Lorsque le tribunal correctionnel, dans sa composition prévue par le troisième alinéa de l'article 398, constate que la qualification retenue dans l'acte qui le saisit ne relève pas des dispositions de l'article 398-1, il renvoie l'affaire devant le tribunal correctionnel siégeant dans les conditions prévues par le premier alinéa de l'article 398.**

Lorsque le tribunal correctionnel, dans sa composition prévue par le premier alinéa de l'article 398, constate que la qualification retenue dans l'acte qui le saisit relève des dispositions de l'article 398-1, et sous réserve des dispositions du dernier alinéa de cet article, l'affaire peut soit être renvoyée devant le tribunal correctionnel siégeant dans les conditions prévues par le troisième alinéa de l'article 398, soit être jugée par le seul président. — *Entrée en vigueur le 6 mars 1995.*

(L. n° 99-515 du 23 juin 1999) **« Le tribunal correctionnel siégeant dans sa composition prévue par le troisième alinéa de l'article 398 peut,** *(L. n° 2005-1549 du 12 déc. 2005, art. 18)* **« si ce renvoi lui paraît justifié en raison de la complexité des faits ou, au regard notamment des dispositions du dernier alinéa, en raison de l'importance de la peine susceptible d'être prononcée** *[ancienne rédaction : si la complexité des faits le justifie]* **», décider, d'office ou à la demande des parties ou du ministère public, de renvoyer l'affaire devant le tribunal correctionnel siégeant dans les conditions prévues au premier alinéa du même article. Les dispositions de l'alinéa qui précède ne sont alors pas applicables. Cette décision constitue une mesure d'administration judiciaire qui n'est pas susceptible de recours. »**

(L. n° 2005-1549 du 12 déc. 2005, art. 18) **« Le tribunal correctionnel siégeant dans sa composition prévue par le troisième alinéa de l'article 398 ne peut prononcer une peine d'emprisonnement ferme d'une durée supérieure à cinq ans. »**

1. Aucun conflit négatif de compétence n'existe, et il n'y a pas lieu à règlement de juges, lorsque, le juge de l'application des peines ayant saisi le tribunal correctionnel d'une requête en révocation de sursis avec mise à l'épreuve et le ministère public ayant audiencé cette demande devant un magistrat siégeant à juge unique, ce dernier renvoie l'affaire devant la formation collégiale, conformément à l'art. 398-2. • Crim. 3 juill. 1996, n° 96-82.725 P.

2. Encourt dès lors la cassation un arrêt qui déclare immédiatement recevable l'appel d'une décision de renvoi prise en application de l'art. 398-2, alors que le jugement entrepris ne mettait pas fin à la procédure, et alors qu'aucune requête n'avait été déposée tendant à son examen immédiat. • Crim. 16 mai 2000, n° 99-86.681 P.

3. Le demandeur ne saurait reprocher à la cour d'appel d'avoir rejeté l'exception de nullité soulevée pour la première fois devant elle et prise de ce que, en première instance, il avait comparu devant un juge unique et non devant un tribunal en formation collégiale, dès lors qu'il lui appartenait d'élever cette contestation devant le premier juge pour lui permettre la mise en œuvre de la procédure de renvoi prévue par l'art. 398-2, al. 1er. • Crim. 1er déc. 1998, n° 98-82.010.

Art. 398-3 *(L. n° 72-1226 du 29 déc. 1972 ; L. n° 95-125 du 8 févr. 1995)* **Les fonctions du ministère public près le tribunal correctionnel sont exercées par le procureur de la République ou l'un de ses substituts ; celles du greffe par un greffier du tribunal judiciaire.**

Il n'y a pas violation de l'art. 398-3 lorsqu'un arrêt mentionne que la cour d'appel était assistée de « Mme B, agent administratif, faisant fonctions de greffier » dès lors que cette mention, en l'absence de toute contestation des avocats des parties présents à l'audience, suffit à établir la régularité de la décision prononcée. • Crim. 27 sept. 2000, n° 00-81.634.

Art. 399 *(L. n° 2004-204 du 9 mars 2004, art. 131-I)* **Le nombre et le jour des audiences correctionnelles sont fixés par décision conjointe du président du tribunal judiciaire et du procureur de la République.**

Il en est de même de la composition prévisionnelle de ces audiences, sans préjudice des pouvoirs propres du ministère public en matière d'audiencement.

Les décisions prévues au présent article sont prises, après avis de l'assemblée générale du tribunal, à la fin de l'année judiciaire pour l'année judiciaire suivante, et peuvent, en cas de nécessité, être modifiées en cours d'année dans les mêmes conditions.

En cas d'impossibilité de parvenir à des décisions conjointes, le nombre et le jour des audiences correctionnelles sont fixés par le seul président du tribunal judiciaire, et la composition prévisionnelle de ces audiences est déterminée par le seul procureur de la République, après avis du premier président de la cour d'appel et du procureur général.

Mayotte : 877 et 890. — Saint-Pierre-et-Miquelon : 926.

§ 2 DU TRIBUNAL CORRECTIONNEL DANS SA FORMATION CITOYENNE

(L. nº 2011-939 du 10 août 2011, art. 5-2º)

V. les art. 399-1 à 399-11 sur le Code en ligne.

SECTION III DE LA PUBLICITÉ ET DE LA POLICE DE L'AUDIENCE

Art. 400 **Les audiences sont publiques.**

Néanmoins, le tribunal peut, en constatant dans son jugement que la publicité est dangereuse pour l'ordre *(L. nº 2004-204 du 9 mars 2004, art. 132)* **« , la sérénité des débats, la dignité de la personne ou les intérêts d'un tiers** *[ancienne rédaction : ou les mœurs]* **», ordonner, par jugement rendu en audience publique que les débats auront lieu à huis clos.**

Lorsque le huis clos a été ordonné, celui-ci s'applique au prononcé des jugements séparés qui peuvent intervenir sur des incidents ou exceptions ainsi qu'il est dit à l'article 459, alinéa 4.

Le jugement sur le fond doit toujours être prononcé en audience publique. — *Pr. pén. C. 582 et C. 583.*

(Abrogé par Ord. nº 2019-950 du 11 sept. 2019, art. 4 et 9, à compter du 30 sept. 2021) (L. nº 2002-307 du 4 mars 2002) ***« Les dispositions du présent article sont applicables devant le tribunal pour enfants si la personne poursuivie, mineure au moment des faits, est devenue majeure au jour de l'ouverture des débats et qu'elle en fait la demande, sauf s'il existe un autre prévenu qui est toujours mineur ou qui, mineur au moment des faits et devenu majeur au jour de l'audience, s'oppose à cette demande. »***

Les audiences publiques peuvent faire l'objet, dans certaines conditions, d'un enregistrement audiovisuel, soit tendant à la constitution d'archives, soit pour un motif d'intérêt public d'ordre pédagogique, informatif, culturel ou scientifique, en vue de sa diffusion : V. ss. art. 308.

S'agissant des dispositions d'urgence mises en place pour faire face à l'épidémie de covid-19, V. App., vº État d'urgence sanitaire.

1. Règles générales. La publicité des débats est un principe essentiel de la procédure pénale. • Crim. 10 juill. 1974, nº 74-09.369 P. ♦ ... Une règle d'ordre public qui ne souffre d'exception que dans les cas limitativement déterminés par la loi. • Crim. 17 mars 1970, nº 69-92.475 P : *D. 1970. 406.* ♦ ... Le huis clos ne pouvant être ordonné que si le tribunal ou la cour d'appel constate, dans le jugement ou l'arrêt, que la publicité est dangereuse pour l'ordre, la sérénité des débats, la dignité de la personne ou les intérêts d'un tiers. • Crim. 16 nov. 2016, nº 15-86.704 P : *D. actu. 28 nov. 2016, obs. Goetz ; Gaz. Pal. 24 janv. 2017, p. 65, note Fourment.*

2. Huis clos. La juridiction de jugement apprécie souverainement l'opportunité de prononcer le huis clos. • Crim. 11 déc. 1968, nº 68-92.858 P : *D. 1969. 234, note J.-M. R.* • 13 mars 1969, nº 68-CS.129 P : *Gaz. Pal. 1969. 1. 269* • 22 juin 1977, nº 77-90.345 P : *D. 1977. IR 382.* ♦ Mais le juge doit justifier sa décision en indiquant les effets de la publicité des débats, et se trouve insuffisamment motivé l'arrêt qui prononce le huis clos en se référant seulement à des réquisitions du ministère public visant la nature des débats. • Crim. 17 mars 1970 : *préc. note 1* • 8 mars 1989, nº 88-84.296 P. ♦ De même, est insuffisamment motivé l'arrêt qui ordonne le huis clos en se bornant à énoncer que l'avocat des parties civiles en a fait la demande. • Crim. 17 oct. 2001, nº 01-80.399 P : *D. 2001. IR 3397* • 9 nov. 2005, nº 04-87.471 P. ♦ ... Il appartient en effet à la cour de vérifier par elle-même si la publicité est dangereuse pour l'ordre, la sérénité des débats, la dignité de la personne ou les intérêts d'un tiers. • Crim. 17 sept. 2008, nº 07-87.967 P : *D. 2008. AJ 2672 ; ibid. 2009. Pan. 2245, obs. Pradel ; AJ pénal 2008. 514, obs. Nord-Wagner.* ♦ En revanche, justifie sa décision de recourir au huis clos la chambre correctionnelle d'une cour d'appel qui ordonne cette mesure, demandée par les parties civiles et le ministère public, pour assurer la sérénité des débats. • Crim. 24 janv. 2007 : *Dr. pénal 2007, nº 60, obs. Maron.*

3. Audience sur les intérêts civils. La publicité des débats judiciaires étant une règle d'ordre public à laquelle il ne peut être dérogé que dans les cas limitativement déterminés par la loi, une chambre des appels correctionnels, uniquement saisie des intérêts civils, ne peut ordonner le huis clos à la demande de la partie civile sans motiver sa décision en recherchant si la publicité était dangereuse pour l'ordre, la sérénité des débats, la dignité de la personne ou les intérêts d'un tiers. • Crim. 28 mars 2018, n° 17-82.138 P : *Dr. pénal 2018, n° 92, obs. Maron et Haas.*

4. Publicité des débats. Méconnaît le principe de la publicité des débats la juridiction qui, saisie d'un délit de violation des obligations résultant du travail d'intérêt général, tient les débats et rend l'arrêt en chambre du conseil. • Crim. 1er juin 1988, n° 88-80.081 P : *D. 1988. IR 236.* ♦ Aucune disposition de la loi ne déroge à la règle de publicité des débats, lorsque la juridiction correctionnelle est saisie, en même temps que du fond de l'affaire, d'un incident contentieux relatif à l'exécution de la sentence sur le fond, et notamment d'une demande de confusion de peines ; cette règle doit être respectée en cas d'appel de l'une des parties, limité au seul chef du jugement ayant statué sur cet incident. • Crim. 15 mai 1990, n° 89-91.725 P.

5. Formalisme de la décision. La mention selon laquelle l'arrêt a été rendu par la juridiction correctionnelle publiquement, par sa généralité, constate la publicité, non seulement de l'audience à laquelle il a été rendu, mais aussi de celles, précédentes, où ont eu lieu les débats. • Crim. 27 juin 1967, n° 67-90.455 P • 15 juin 1976, n° 75-90.299 P • 24 avr. 1984, n° 83-90.752 P. ♦ Mais il y a lieu à cassation lorsque l'arrêt ne fait pas mention de la publicité de l'audience à laquelle il a été rendu. • Crim. 23 avr. 1985, n° 84-92.034 P.

6. Il n'y a pas méconnaissance des textes légaux et conventionnel lorsque l'arrêt attaqué énonce, d'une part, que la cour d'appel a prononcé le huis clos, conformément à l'art. 400, après avoir constaté que la publicité des débats pouvait être dangereuse pour l'ordre ou les mœurs et qu'en conséquence, « la salle d'audience a été immédiatement évacuée par le public », et que, d'autre part, le prévenu ayant eu la parole en dernier, « la publicité des débats a été rétablie » avant que la cour ne mette l'affaire en délibéré. • Crim. 11 sept. 2002, n° 01-86.867.

7. Nature de la décision. En matière correctionnelle, l'art. 400 ne confère aucun caractère contentieux au prononcé du huis clos. • Crim. 10 févr. 1993, n° 92-83.516 P.

8. Jugements séparés. A fait l'exacte application des dispositions de l'art. 400 la cour d'appel ayant rendu en audience publique sa décision sur une demande de mise en liberté, laquelle ne constitue pas un jugement séparé au sens de cet art. et de l'art. 459, al. 4. • Crim. 11 juin 2013 : *D. actu. 10 juill. 2013, obs. Bombled.*

9. Urbanisme. Aucune disposition du code de l'urbanisme ne déroge à la règle de la publicité des débats lorsque la juridiction correctionnelle est saisie de toute demande relative à une astreinte prononcée en application de l'art. L. 480-7. • Crim. 7 nov. 2006, n° 06-80.882 P : *D. 2007. Chron. 1819, obs. Caron ; AJ pénal 2007. 38.* ♦ Néanmoins, si c'est à tort que la juridiction correctionnelle, saisie d'une requête en relèvement d'astreinte, conformément à l'art. L. 480-7 C. urb., a débattu en chambre du conseil et non pas en audience publique, l'irrégularité commise ne doit pas entraîner l'annulation de la décision, dès lors qu'il n'est pas établi, ni même allégué, qu'elle ait porté atteinte aux intérêts du demandeur. • Crim. 15 juin 1999, n° 98-85.349 P : *D. 1999. 689, note crit. Mayer et Chassaing ; Dr. pénal 1999, n° 157 (1er arrêt), obs. Maron.* ♦ *Contra* : • Crim. 2 juin 1981, n° 80-94.399 P • 19 janv. 1982, n° 81-91.653 P. ♦ Il en est de même pour le jugement fait et prononcé en chambre du conseil sur requête en reversement d'astreinte. • Crim. 15 juin 1999, n° 98-85.722 P : *Dr. pénal 1999, n° 157 (2e arrêt), obs. Maron.*

Art. 400-1 *(L. n° 2016-731 du 3 juin 2016, art. 21)* **Pour le jugement des délits de guerre mentionnés au chapitre Ier du livre IV *bis* du code pénal et des délits mentionnés à l'article 706-73 du présent code, le tribunal peut, par jugement rendu en audience publique, ordonner le huis clos pour le temps de l'audition d'un témoin si la déposition publique de celui-ci est de nature à mettre gravement en danger sa vie ou son intégrité physique ou celles de ses proches.**

Art. 401 **Le président a la *police* de l'audience et la direction des débats.** — *Pr. pén. C. 585.*

RÉP. PÉN. v° *Délit d'audience*, par SAINT-PIERRE.

1. Principe de la publicité des débats. La publicité des débats, principe essentiel de la procédure pénale doit se concilier avec les pouvoirs de police que confèrent au président les art. 401 s. C. pr. pén. ; l'expulsion d'un perturbateur vaut pour toute la durée de l'audience quelles que soient les affaires qui y sont successivement jugées, à moins que le président ne l'autorise expressément à revenir dans la salle d'audience. • Crim. 10 juill. 1974, n° 74-09.369 P.

2. Respect de la Convention européenne des droits de l'homme. En invitant les appelants à mettre un terme à leurs explications au motif qu'ils « s'éloignaient des conditions d'application des art. 2 et 3 C. pr. pén. », le président n'a fait qu'user du pouvoir de direction des débats qu'il tient de l'art. 401, sans méconnaître les dispositions de l'art. 6, § 1, Conv. EDH. • Crim. 18 oct. 2000, n° 00-83.822.

Art. 402 Le président peut interdire l'accès de la salle d'audience aux mineurs ou à certains d'entre eux. — *Pr. pén. C. 584.*

Art. 403 *Abrogé par L. n° 81-82 du 2 févr. 1981.*

Art. 404 Lorsque, à l'audience, l'un des assistants trouble l'ordre de quelque manière que ce soit, le président ordonne son expulsion de la salle d'audience.

Si au cours de l'exécution de cette mesure, il résiste à cet ordre ou cause du tumulte, il est, sur-le-champ, placé sous mandat de dépôt, jugé et puni de deux ans d'emprisonnement, sans préjudice des peines portées au code pénal contre les auteurs d'outrages et de violences envers les magistrats.

Sur l'ordre du président, il est alors contraint par la force publique de quitter l'audience. — *Pén. 681 ; Pr. pén. C. 587 ; NCPC 439.*

BIBL. ▶ Micou, *ALD 1994. 85.*

Art. 405 Si l'ordre est troublé à l'audience par le prévenu lui-même, il lui est fait application des dispositions de l'article 404.

Le prévenu, même libre, lorsqu'il est expulsé de la salle d'audience, est gardé par la force publique, jusqu'à la fin des débats, à la disposition du tribunal. Il est alors reconduit à l'audience, où le jugement est rendu en sa présence. — *Pr. pén. C. 587.*

En ce qui concerne le manquement aux obligations du serment commis par un avocat à l'audience, V. L. n° 71-1130 du 31 déc. 1971, art. 25. — ***C. avocat.***

BIBL. ▶ Brunois, *ALD 1983. 7.* - Damien, *Gaz. Pal. 1982. Doctr. 192.*

SECTION IV DES DÉBATS

BIBL. ▶ Aydalot, *Rec. dr. pén. 1965. 145.* - Brière de L'Isle, *D. 1961. Chron. 85.* - Chaplet, *Rec. gén. lois 1960. 265.* - Janson, *Rev. pénit. 1950-1951. 792.* - Lassale, *RSC 1981. 542.* - Poncet, *RSC 1979. 1.* - Pradel, *Arch. pol. crim. 1980. 129.*

§ 1er DE LA COMPARUTION DU PRÉVENU

BIBL. ▶ Aydalot, *Rec. dr. pén. 1965. 145.* - Lassalle, *RSC 1981. 541.* - Meurisse, *RID pén. 1967. 347.*

Art. 406 *(L. n° 2014-535 du 27 mai 2014, art. 8, en vigueur le 2 juin 2014)* « Le président ou l'un des assesseurs, par lui désigné, après avoir, s'il y a lieu, informé le prévenu de son droit d'être assisté par un interprète, constate son identité et donne connaissance de l'acte qui a saisi le tribunal. Il informe le prévenu de son droit, au cours des débats, de faire des déclarations, de répondre aux questions qui lui sont posées ou de se taire. » Il constate aussi s'il y a lieu la présence ou l'absence de la personne civilement responsable, de la partie civile, des témoins, des experts et des interprètes. — *Pr. pén. C. 588 et C. 589.*

BIBL. ▶ Hennebois, *AJ pénal 2021. 407* (du droit au silence à l'encouragement à se taire).

1. Généralités. La disposition de l'art. 406 selon laquelle le président constate l'identité du prévenu n'est qu'une simple recommandation dont le défaut de constatation ne saurait entraîner nullité. • Crim. 30 mars 1960, n° 59-93.616 P : *D. 1960. Somm. 131* • 6 mai 1969, n° 68-93.194 P : *D. 1969. Somm. 91.*

2. La mention de l'arrêt précisant que le prévenu n'a pas comparu et celle indiquant que le président a constaté son identité ne sont pas contradictoires ; cet acte d'instruction à l'audience n'implique pas la présence de l'intéressé. • Crim. 4 avr. 1991, n° 90-85.578 P.

3. Dans la situation exceptionnelle où toutes les recherches entreprises n'ont pas permis de découvrir l'identité de l'intéressé et où celui-ci refuse de la révéler, les tribunaux peuvent néanmoins lui infliger une sanction pénale, dès lors qu'il est établi que l'infraction reprochée a bien été commise par lui. • Crim. 6 juin 1849 : *D. 1849. 1. 135* • T. corr. Chambéry, 21 déc. 1973 : *D. 1975. 33, note Karaquillo ; JCP 1974. II. 17678, note Lécrivain.*

4. Remise de cause. Une demande de remise

de cause constitue un incident extrinsèque au fond du procès auquel il peut être répondu par une décision de refus mentionnée à l'arrêt sur le fond ; des conclusions demandant à nouveau cette remise sont irrecevables. • Crim. 14 juin 1988, n° 87-84.020 P.

5. La remise de cause constitue une simple mesure d'ordre contre laquelle l'appel n'est pas recevable. • Crim. 24 mai 1890 : *DP 1890. 1. 450.* ♦ La remise de cause contradictoire est un acte d'instruction ou de poursuite qui interrompt la prescription de l'action publique. • Crim. 1er avr. 1963, n° 62-90.778 P • 11 mai 1988, n° 87-92.056 P. ♦ ... Même si, à une audience à laquelle l'affaire avait été contradictoirement renvoyée, elle a été décidée sans le concours du prévenu ou de son avocat, dès lors que le fait pour le prévenu de s'abstenir de comparaître ou de se faire représenter à l'audience sans fournir d'excuse ne peut retirer à la procédure son caractère contradictoire. • Crim. 14 févr. 1989, n° 86-94.422 P. ♦ En effet, si le prévenu régulièrement cité à personne ne comparaît pas, et si l'affaire est renvoyée, elle doit l'être contradictoirement, sans qu'il soit nécessaire de citer le prévenu à nouveau. • Crim. 20 juill. 1960, n° 59-93.282 P • 17 déc. 1985, n° 83-92.479 P • 14 févr. 1989 : *préc.*

6. Il est indifférent que les parties soient présentes ou non lors de la décision de renvoi. • Crim. 11 juin 1981, n° 79-94.739 P. ♦ Ou que la composition de la juridiction diffère entre les deux audiences, l'art. 592 ne s'appliquant pas aux audiences où des affaires ont été seulement appelées et renvoyées à une date ultérieure. • Crim. 30 oct. 1963, n° 62-91.916 P • 1er févr. 1972, n° 71-91.328 P.

7. Une remise de cause, à défaut d'avoir été ordonnée par jugement, n'est interruptive de la prescription que si, prononcée contradictoirement et motivée par une mesure préparatoire, elle est constatée par une mention sur les notes d'audience tenues par le greffier et signées par le président en application de l'art. 453. • Crim. 3 févr. 1993, n° 92-86.673 P • 28 nov. 2006, n° 05-85.085 P : *Procédures 2007, n° 64, obs. Buisson.*

8. Respect des droits de la défense. Les juges ne peuvent, sans le motiver, refuser le renvoi d'une affaire sollicité par le prévenu en raison de l'absence de l'avocat choisi et du refus de l'intéressé de se faire assister de l'avocat de permanence. • *Crim. 24 mai 2006,* n° 05-85.685 P : *D. 2007. Pan. 973, obs. Pradel ; ibid. 2006. IR 1704 ; AJ pénal 2006. 412, obs. Leblois-Happe ; RSC 2006. 847, note Finielz* • 15 juin 2010 : *D. 2010. Actu. 1877 ; RSC 2010. Chron. 939, obs. Renucci .* – V. aussi ss. art. 6 Conv. EDH.

9. Notification du droit de se taire. En application de l'art. 406, devant le tribunal correctionnel, le président ou l'un des assesseurs par lui désigné informe le prévenu de son droit, au cours des débats, de faire des déclarations, de répondre aux questions qui lui sont posées ou de se taire, la méconnaissance de cette obligation faisant nécessairement grief ; par ailleurs, selon l'art. 512, ces dispositions sont applicables devant la chambre des appels correctionnels... • Crim. 8 juill. 2015, n° 14-85.699 P : *D. actu. 29 juill. 2015, obs. Priou-Alibert ; AJ pénal 2015. 555, obs. Porteron ; Procédures 2015, n° 307, note Chavent-Leclère ; Dr. pénal 2015, n° 132, note Maron et Haas.* ♦ ... Et ne font pas de distinction selon que le prévenu est une personne physique ou une personne morale. • Crim. 24 mai 2016, n° 15-82.516 P : *D. actu. 28 juin 2016, obs. Collot ; Dr. pénal 2016, n° 117, obs. Maron et Haas ; Procédures 2016, n° 271, note Chavent-Leclère.* ♦ Mais lorsque le représentant de la personne morale prévenue est également prévenu, la notification de son droit au silence vaut pour cette double qualité. • Crim. 9 janv. 2018, n° 17-80.200 P : *AJ pénal 2018. 144, obs. Chopin ; Dr. pénal 2018, n° 58, obs. Bonis.*

10. En cas de notification tardive du droit de se taire, l'atteinte aux intérêts de la personne concernée est caractérisée lorsque le prévenu prend la parole avant d'avoir reçu cet avertissement. • Crim. 23 nov. 2021, n° 20-80.675 B : *D. actu. 8 déc. 2021, obs. Engel ; AJ pénal 2022. 92, obs. Thierry .*

11. Lorsque plusieurs personnes comparaissent dans la même affaire, les dispositions de l'art. 406 n'imposent pas que l'information qu'elles prévoient soit donnée à chacun des prévenus de manière distincte et individuelle, une information collective suffisant. • Crim. 27 juin 2018, n° 17-85.959 P : *D. actu. 9 juill. 2018, obs. Coustet ; Gaz. Pal. 6 nov. 2018, p. 63, note Fourment.*

12. Domaine d'application. La disposition de l'art. 406 relative à la notification du droit de se taire ne trouve pas à s'appliquer lorsqu'une chambre de l'instruction statue dans le cadre de la procédure de déclaration d'irresponsabilité pénale pour cause de trouble mental. • Crim. 29 nov. 2017, n° 16-85.490 P : *D. actu. 4 janv. 2018, obs. Morgante ; AJ pénal 2018. 87, obs. Thierry ; Dr. pénal 2018, n° 16, obs. Maron et Haas.* ♦ *Contra :* La personne qui comparaît devant la chambre de l'instruction, saisie d'une ordonnance de transmission de pièces pour cause de trouble mental, doit être informée de son droit, au cours des débats, de faire des déclarations, de répondre aux questions qui lui sont posées ou de se taire. • Crim. 8 juill. 2020, n° 19-85.954 P : *AJ pénal 2020. 414, obs. Thierry ; RSC 2020. 686, obs. Delage .*

13. Les dispositions de l'art. 406 relatives au droit de se taire devant les juridictions pénales, qui ont pour objet d'empêcher qu'une personne prévenue d'une infraction ne contribue à sa propre incrimination, ne sont pas applicables devant la juridiction correctionnelle lorsque celle-ci est appelée à se prononcer uniquement sur les peines. • Crim. 17 nov. 2021, n° 21-80.567 B.

14. La notification du droit de se taire doit intervenir avant que l'avocat du prévenu soutienne une requête en nullité et que le procureur de la République présente ses réquisitions sur cette demande. • Crim. 16 oct. 2019, n° 18-86.614 P : *D. actu. 8 nov. 2019, obs. Diaz ; AJ pénal 2019. 616, obs. Vaz-Fernandez ; JCP 2019. 1295, note Collet.*

Art. 407 *(L. n° 72-1226 du 29 déc. 1972)* **« Dans le cas où le prévenu** *(L. n° 2000-516 du 15 juin 2000, art. 110-II)* **« , la partie civile » ou le témoin ne parle pas suffisamment la langue française, ou s'il est nécessaire de traduire un document versé aux débats, le président désigne d'office un interprète, âgé de vingt et un ans au moins, et lui fait prêter serment d'apporter son concours à la justice en son honneur et en sa conscience. »**

Le ministère public, le prévenu et la partie civile peuvent récuser l'interprète en motivant leur récusation. Le tribunal se prononce sur cette récusation, et sa décision n'est susceptible d'aucune voie de recours.

L'interprète ne peut, même du consentement du prévenu ou du ministère public, être pris parmi les juges composant le tribunal, le greffier qui tient l'audience, les parties et les témoins. — *Pr. pén. C. 589. V. art. préliminaire, 344, 803-5 et D. 594 s.*

TOM : 839.

BIBL. ▶ ESCHYLLE, *RSC 1992. 259.*

1. *Âge.* En l'absence de toute contestation à l'audience, il y a présomption que les personnes appelées par le président à remplir les fonctions d'interprète ont l'âge requis par la loi. • Crim. 24 sept. 1996, n° 96-80.349 P • 25 juin 1998, n° 97-81.647 P.

2. *Instruction.* L'art. 407 est inapplicable aux juridictions d'instruction. • Crim. 18 févr. 1998, n° 97-86.385 P : *Procédures 1998, n° 121, obs. Buisson.*

3. *Demande en relèvement d'interdiction.* Les dispositions de l'art. 407 s'étendent au requérant agissant en application de l'art. 702-1, lorsque celui-ci ne parle pas suffisamment la langue française. • Crim. 6 mars 1997, n° 96-80.953 P : *Dr. pénal 1998. Comm. 103, obs. Maron.*

I. DROIT À UN INTERPRÈTE

4. En vertu des dispositions de l'art. 6, § 3, Conv. EDH, le prévenu d'origine étrangère a droit à l'assistance d'un interprète avant l'audience pour lui permettre de préparer sa défense avec son avocat. • Crim. 29 juin 2005, n° 04-86.110 P : *D. 2005. IR 2104 ; JCP 2005. IV. 2912 ; AJ pénal 2005. 419 ; Procédures 2005, n° 240, obs. Buisson ; RSC 2005. 868, obs. Commaret ; Dr. pénal 2005. Comm. 155, obs. Maron.* ♦ V. également : • Crim. 25 mai 2005, n° 05-81.628 P : *D. 2005. IR 1884 ; JCP 2005. IV. 2555 ; RSC 2005. 868, obs. Commaret ; Dr. pénal 2005. Comm. 136, note Maron.*

5. Le concours d'un interprète doit être constaté chaque fois qu'il a été nécessaire, pour tous les actes substantiels des débats. • Crim. 18 juill. 1991, n° 90-86.926 P. ♦ Le demandeur ne saurait se faire un grief du défaut de référence à la désignation de l'interprète par le président, et de l'absence de mention du serment prévu à l'art. 407, dès lors qu'il ne résulte d'aucune mention de l'arrêt attaqué, ni d'aucunes conclusions que l'intéressé, comparant en personne assisté de son conseil, ait sollicité l'assistance d'un interprète, ou fait connaître qu'il ne maîtrisait pas la langue française, ni qu'il ait personnellement bénéficié de l'assistance de l'interprète présent à l'audience. • Crim. 10 oct. 2001, n° 01-81.220.

6. *Droit à un interprète, droit fondamental.* Aucune disposition du C. pr. pén., de la DUDH ou de la Conv. EDH ne reconnaît à un prévenu parlant et comprenant suffisamment le français, citoyen français de surcroît, le droit de s'exprimer à l'audience dans une autre langue de son choix, fût-elle sa « langue maternelle » ; par suite, doit être rejetée la demande d'un prévenu, de nationalité française, parlant et maîtrisant parfaitement la langue française, tendant à être autorisé à s'exprimer en langue basque avec l'assistance d'un interprète. • Poitiers, 8 janv. 1993 : *BICC. 1993. 361.* ♦ Rappr. : • Crim. 30 juin 1981, n° 80-94.053 P • 13 mars 1989, n° 86-93.846 P.

7. Il n'y a pas violation des art. 6 Conv. EDH, 407 et 593 et des droits de la défense, lorsqu'un prévenu qui était assisté d'un interprète en première instance ne l'est pas à l'audience de la cour d'appel car les juges apprécient souverainement si un prévenu a une connaissance suffisante de la langue française pour être entendu sans l'assistance d'un interprète, et au surplus, ils n'ont été saisis en l'espèce d'aucune demande en ce sens. • Crim. 24 nov. 1999, n° 99-81.028.

8. *Connaissance de la langue française.* Les juges apprécient souverainement si un prévenu a une connaissance suffisante de la langue française pour être entendu sans être assisté d'un interprète. • Crim. 30 juin 1981, n° 80-94.053 P.

9. Témoins. Si des témoins, cités à la requête du prévenu, ont été entendus sans avoir préalablement prêté serment et si l'un d'entre eux n'a pas bénéficié du concours d'un interprète, l'arrêt attaqué n'encourt pas pour autant la censure, dès lors qu'il résulte des motifs exactement repris au moyen que, pour asseoir leur conviction sur la culpabilité, les juges du second degré se sont essentiellement fondés sur les déclarations de ces témoins recueillies sous la foi du serment au cours de l'information judiciaire. • Crim. 19 juin 2002, n° 01-86.302.

II. PRESTATION DE SERMENT

10. Dès lors qu'un interprète est inscrit sur une liste d'experts judiciaires et assermenté, le fait qu'il n'ait pas prêté serment à nouveau à l'audience ne doit pas, selon les dispositions de l'art. 802, entraîner l'annulation de l'arrêt s'il n'est ni établi ni même allégué que cette omission ait porté atteinte aux intérêts du demandeur. • Crim. 28 mars 1991, n° 90-83.227 P : *Dr. pénal 1991. 155, 166 et 273.* ♦ ... A condition qu'il résulte des mentions de l'arrêt que l'interprète était assermenté. • Crim. 12 janv. 2000, n° 99-83.399 P : *Dr. pénal 2000. Chron. 19, obs. Marsat.*

11. Les termes du serment n'étant pas sacramentels, la constatation dans l'arrêt que l'interprète a prêté serment dans les termes et formes voulus par la loi fait présumer que le serment prêté a été celui de l'art. 407. • Crim. 10 nov. 1964, n° 64-91.283 P : *D. 1965. Somm. 45.*

12. En vertu des dispositions de l'art. 407, l'interprète désigné par le président de la juridiction correctionnelle doit prêter serment d'apporter son concours à la justice en son honneur et en sa conscience : la mention selon laquelle « le prévenu, ne parlant pas suffisamment le français, a été assisté d'un interprète inscrit sur la liste des interprètes » ne permet pas d'établir que l'interprète a prêté serment ou qu'il était assermenté, et par conséquent ne satisfait pas aux exigences de l'art. 407. • Crim. 12 janv. 2000, n° 99-83.399 P.

Art. 408 *(L. n° 2000-516 du 15 juin 2000, art. 38, en vigueur le 1er janv. 2001)* **Si le prévenu est atteint de surdité, le président nomme d'office pour l'assister lors du procès un interprète en langue des signes ou toute personne qualifiée maîtrisant un langage ou une méthode permettant de communiquer avec les sourds. Celui-ci prête serment d'apporter son concours à la justice en son honneur et en sa conscience.**

Le président peut également décider de recourir à tout dispositif technique permettant de communiquer avec la personne atteinte de surdité.

Si le prévenu sait lire et écrire, le président peut également communiquer avec lui par écrit.

Les autres dispositions du précédent article sont applicables.

Le président peut procéder de même avec les témoins ou les parties civiles atteints de surdité.

Sur les dispositifs d'aides prévus au bénéfice des personnes sourdes, des déficients visuels et des aphasiques, V. L. n° 2005-102 du 11 févr. 2005, art. 76, ss. art. 345.

Art. 409 **Au jour indiqué pour la comparution à l'audience, le prévenu en état de détention y est conduit par la force publique.** — *Pr. pén. C. 590.*

1. Comparution à l'audience. Le prévenu doit comparaître sans entraves mais les menottes peuvent cependant être laissées pendant l'audience aux mains d'un prévenu spécialement violent et dangereux dès lors que l'entrave corporelle qui en est résultée n'a pas compromis la liberté de sa défense. • Crim. 30 nov. 1976, n° 76-92.068 P : *RSC 1977. 608, obs. Robert.*

2. Les dispositions de l'art. D. 173, selon lequel aucun lien ne doit être laissé à un détenu au moment de sa comparution devant une juridiction, ne sont pas prescrites à peine de nullité. • Crim. 21 janv. 1981, n° 80-94.421 P.

3. Aux termes de l'art. 409, au jour indiqué pour la comparution à l'audience, le prévenu en état de détention y est conduit par la force publique ; le respect de cette disposition, applicable à la procédure de révocation d'un sursis avec mise à l'épreuve en vertu de l'art. 744, est commandé par le libre exercice du droit de la défense et s'impose aux juridictions correctionnelles ; encourt la cassation l'arrêt qui, pour statuer contradictoirement sur la révocation d'un sursis avec mise à l'épreuve à l'égard d'un condamné régulièrement cité mais absent, énonce que la comparution de ce dernier qui, étant détenu, sollicitait sa conduite devant les juges, n'est pas nécessaire en raison de l'irrecevabilité de son appel. • Crim. 26 mai 1993, n° 92-85.360 P.

Art. 410 **Le prévenu régulièrement cité à personne doit comparaître, à moins qu'il ne fournisse une excuse reconnue valable par la juridiction devant laquelle il est appelé. Le prévenu a la même obligation lorsqu'il est établi que, bien que n'ayant pas été cité**

à personne, il a eu connaissance de la citation régulière le concernant dans les cas prévus par les *(Ord. n° 60-529 du 4 juin 1960)* **« articles 557, 558 et 560 ».**

Si ces conditions sont remplies, le prévenu non comparant et non excusé *(L. n° 2004-204 du 9 mars 2004, art. 133-I, en vigueur le 1er oct. 2004)* **« est jugé par jugement contradictoire à signifier, sauf s'il est fait application des dispositions de l'article 411.**

« Si un avocat se présente pour assurer la défense du prévenu, il doit être entendu s'il en fait la demande, même hors le cas prévu par l'article 411. »

BIBL. ▶ LESCLOUS et MARSAT, *Dr. pénal 1995. Chron. 3 et 12 ; ibid. 1996. Chron. 31.* – COMMARET, *RSC 2003. 809* (la défense du prévenu absent).

I. DÉFENSE DU PRÉVENU ABSENT

A. RÈGLES GÉNÉRALES

1. *Audition de l'avocat du prévenu non comparant.* L'avocat du prévenu, cité à personne régulièrement qui n'a pas fourni d'excuse valable, doit être entendu à l'audience s'il est présent pour assurer la défense de son client et a été mandaté en ce sens. • Cass., ass. plén., 2 mars 2001, n° 00-81.388 P : *D. 2001. 1899, obs. Pradel ; Dr. pénal 2001. Comm. 94, obs. Maron ; Procédures 2001, n° 134, obs. Buisson ; JCP 2001. I. 346, obs. Maron ; JCP 2001. II. 10611, obs. Lievremont.* ♦ Le droit au procès équitable et le droit de tout accusé à l'assistance d'un défenseur s'opposent à ce que la juridiction juge un prévenu non comparant et non excusé sans entendre l'avocat présent à l'audience pour assurer sa défense. • Crim. 16 mai 2001, n° 00-86.331 P : *D. 2001. IR 2240 ; Procédures 2001, n° 179, obs. Buisson.* ♦ L'avocat qui se présente pour assurer la défense du prévenu cité à personne, non comparant ni excusé, doit être entendu, s'il en fait la demande, même lorsqu'il est dépourvu du mandat de représentation prévu par l'art. 411. Par ailleurs il doit, en application de l'art. 513, avoir la parole en dernier. • Crim. 23 oct. 2007, n° 07-82.313 P : *D. 2007. AJ 2949, note Lavric ; AJ pénal 2008. 39, obs. Girault* • Crim. 3 mars 2015, n° 14-86.498 P : *AJ pénal 2015. 378, obs. Pitti .* ♦ L'avocat qui se présente pour assurer la défense du prévenu, doit être entendu s'il en fait la demande. • Crim. 2 déc. 2009, n° 08-86.790 P : *AJ pénal 2010. 87 ; Procédures 2010, n° 96, obs. Buisson.* ♦ *Toutefois, s'il ne ressort pas des pièces ou des notes d'audience que les avocats du prévenu défaillant étaient présents le jour de l'audience des plaidoiries et qu'ils aient justifié d'un mandat exprès du prévenu, ce dernier ne peut invoquer une violation de l'art. 6, § 1, Conv. EDH.* • Crim. 11 juill. 2001, n° 00-84.832 P : *D. 2002. Somm. 1458, obs. Pradel ; LPA 2001, n° 184, p. 16, note Ducouloux-Favard ; Dr. pénal 2001. Chron. 42 à 44, obs. Marsat.* ♦ *Contra* : lorsque le prévenu non comparant ni excusé est jugé contradictoirement, son défenseur ne saurait être entendu. • Crim. 29 oct. 1970, n° 69-91.653 P. ♦ ... Ni *a fortiori* déposer des conclusions, qui doivent être déclarées irrecevables. • Crim. 5 mai 1970, n° 69-90.831 P.

2. *Mandat de l'avocat.* Une cour d'appel ne peut refuser d'entendre l'avocat choisi par le prévenu au motif qu'il n'est pas en possession d'un courrier de représentation de ce dernier dès lors que le nom de l'avocat choisi par le prévenu était mentionné sur le récépissé du dépôt de demande d'aide juridictionnelle qui figurait au dossier. • Crim. 12 mars 2003, n° 02-85.112 P : *D. 2003. Somm. 1730, obs. Pradel ; JCP 2003. IV. 1801.* ♦ De même, le dépôt de conclusions écrites par l'avocat fait présumer l'existence d'un mandat du prévenu pour être représenté par ledit avocat. • Crim. 12 mars 2003, n° 02-85.313 P : *D. 2003. Somm. 1730, obs. Pradel ; JCP 2003. IV. 1802.*

3. Le droit d'être entendu, reconnu par l'art. 410, dernier al., à l'avocat qui se présente pour assurer la défense d'un prévenu implique, même en l'absence du mandat de représentation prévu par l'art. 411, que celui-ci puisse déposer des conclusions qui doivent être visées par le président et le greffier et auxquelles les juges sont tenus de répondre. La décision, en ce cas, est rendue contradictoirement. • Crim. 12 déc. 2006, n° 05-86.214 P : *D. 2007. AJ 445, obs. Girault ; AJ pénal 2007. 139, obs. Girault ; RSC 2007. 322, obs. Finielz .* ♦ Justifie sa décision la cour d'appel qui, pour écarter l'argumentation de prévenus soutenant que leur appel est recevable dès lors que, n'ayant pas comparu et leur avocat étant dépourvu d'un mandat de comparution, la décision entreprise aurait dû leur être signifiée, retient que le dépôt de conclusions écrites par leur avocat fait présumer l'existence d'un mandat et qu'en conséquence, les premiers juges ont, à juste titre, qualifié le jugement de contradictoire. En effet, le dépôt de conclusions par un avocat qui se présente pour assurer la défense d'un prévenu absent implique qu'il agit en vertu d'un mandat de représentation et il en résulte que la décision est rendue contradictoirement. • Crim. 14 oct. 2008, n° 08-81.617 P : *RSC 2009. 411, obs. Finielz ; AJ pénal 2009. 185, obs. Ascensi .*

4. *Demande de renvoi.* Une demande de renvoi de l'affaire peut être présentée par l'avocat de la personne poursuivie au moyen d'une lettre ou d'une télécopie, sans mandat de représentation, même en l'absence de comparution de cette dernière personne. • Crim. 6 janv. 2015, n° 13-85.035 P : *D. actu. 9 févr. 2015, obs. Fonteix ; RSC*

2015. 403, obs. Boccon-Gibod • Crim. 27 nov. 2018, n° 18-81.622 P.

5. Incidence de la représentation. Il résulte des art. 410 et 411 que lorsque le prévenu non comparant est représenté à l'audience par son avocat, la décision est rendue contradictoirement à son égard ; la mention « statuant par jugement par défaut » est donc erronée dès lors que l'avocat du prévenu a assuré la défense de son client absent. • Crim. 7 avr. 2004, n° 03-84.889 P : *JCP 2004. IV. 2214.*

B. EXCUSE DU PRÉVENU

6. Appréciation de l'excuse du prévenu. Si une excuse est fournie par le prévenu, il ne peut être jugé contradictoirement qu'autant que l'excuse n'est pas reconnue valable et la décision doit le déclarer expressément. • Crim. 27 janv. 1960, n° 59-92.587 P • 10 janv. 1961, n° 60-92.165 P • 17 janv. 1978, n° 77-92.487 P : *D. 1978. IR 318* • 15 juin 1981, n° 80-94.954 P : *JCP 1982. II. 19824, note Chambon* • 14 mai 1997, n° 96-83.946 P • 10 nov. 2004, n° 04-82.498 P : *JCP 2005. IV. 1128* • 15 juin 2010, n° 10-80.429 P. ♦ Cette disposition s'applique même si la demande de remise a été présentée par un avocat. • Crim. 18 juill. 1995, n° 94-81.959 P. ♦ Mais l'appréciation de la juridiction sur la pertinence de l'excuse est souveraine. • Crim. 22 févr. 1961, n° 60-91.352 P • 16 janv. 1989, n° 88-82.331 P • 19 mars 1998, n° 96-86.312 P : *Dr. pénal 1998. Comm. 148 et 151, obs. Maron.*

7. Excuse postérieure à l'audience. Lorsqu'il est justifié par une lettre, parvenue au greffe de la cour d'appel après les débats mais avant le prononcé de la décision, que l'avocat du prévenu a sollicité, en raison de l'hospitalisation de ce dernier, le renvoi de l'affaire à une date ultérieure, la Cour a méconnu les dispositions de l'art. 410 en s'abstenant de se prononcer sur la validité de cette excuse, tout en condamnant le prévenu par décision contradictoire. • Crim. 2 oct. 2002, n° 01-83.084.

8. Le tribunal doit examiner si l'attestation de l'employeur d'un déplacement professionnel est ou non une excuse valable. • Crim. 15 juin 1981 : *préc. note 6.*

9. Doit être assimilée à l'excuse, sur la validité de laquelle les juges sont tenus de se prononcer, la lettre du prévenu non comparant, parvenue après les débats mais avant le prononcé de la décision et invoquant une cause d'empêchement légitime. • Crim. 1er févr. 1995, n° 94-80.360 P : *Dr. pénal 1995. Comm. 162, obs. Maron ; Dr. pénal 1996. Chron. 22, par Lesclous et Marsat* • 27 févr. 1996, n° 95-83.084 P • 16 janv. 1997 : *Procédures 1997, n° 162, obs. Buisson.* ♦ Doit être assimilée à l'excuse prévue par l'art. 410 C, sur la validité de laquelle les juges sont tenus de se prononcer, la lettre du prévenu non comparant, parvenue après les débats et invoquant une cause d'empêchement légitime. Encourt la cassation l'arrêt qui statue par décision contradictoire en omettant de se prononcer sur une telle excuse, parvenue après les débats, pendant la durée du délibéré. • Crim. 19 juin 2012, n° 11-87.545 P : *Gaz. Pal. 26-27 oct. 2012, p. 46, note Fourment.*

10. Ne peut valoir excuse au sens de l'art. 410 la demande de renvoi présentée par le conseil du prévenu. • Crim. 21 juin 1995, n° 94-84.571 P • 15 déc. 1998 : *Procédures 1999, n° 165, obs. Buisson.*

11. Lorsque le prévenu cité à personne n'a pas comparu après un premier renvoi de l'affaire sur sa demande et a fait tenir aux juges un certificat médical en sollicitant l'autorisation de ne pas comparaître, ceux-ci peuvent le juger contradictoirement en relevant le caractère imprécis et non circonstancié du certificat. • Crim. 17 nov. 1987, n° 87-84.025 P.

12. Le prévenu cité à personne qui ne comparaît pas mais fournit une excuse reconnue valable ne peut être jugé contradictoirement à une audience ultérieure à laquelle l'affaire a été renvoyée sans qu'il ait été cité pour cette nouvelle audience. • Crim. 9 janv. 1962, n° 60-93.388 P. ♦ ... Ou s'il n'est pas établi qu'il a eu connaissance de la citation. • Crim. 10 mai 1995, n° 94-83.828 P. ♦ ... Quand bien même son avocat était présent à la première audience. • Crim. 27 juin 2000, n° 00-80.780 P. ♦ Il peut également être jugé sans renvoi mais par défaut. • Crim. 1er avr. 1968, n° 68-90.574 P. ♦ Doit être cassé l'arrêt qui, se bornant à énoncer que le prévenu régulièrement cité en mairie ne comparaît pas et n'a fourni aucune excuse, statue contradictoirement, sans rechercher si le prévenu a eu connaissance de la citation. • Crim. 17 sept. 1991, n° 90-86.885 P. ♦ A été à bon droit jugé contradictoirement le prévenu non comparant qui a fait citer plusieurs témoins pour la date, le lieu et l'heure de l'audience à laquelle il était lui-même invité à comparaître, établissant ainsi, conformément à l'art. 412, la connaissance qu'il avait eue de la citation régulière le concernant dont le contrôle échappe à la Cour de cassation. • Crim. 26 mai 1998, n° 97-81.328 P. *JCP 1999. II. 10055, note Jeandidier.*

13. Le prévenu régulièrement cité à personne, qui ne comparaît pas et ne fournit pas une excuse reconnue valable par la juridiction devant laquelle il est appelé, est jugé contradictoirement. Il continue d'en être ainsi sans qu'il y ait lieu de citer à nouveau le prévenu lorsque l'affaire, au vu de cette première citation, a été renvoyée à une audience ultérieure à date fixe. • Crim. 20 juill. 1960, n° 59-93.282 P.

14. Même s'il ne peut être fait grief aux juges de n'avoir pas statué sur une cause d'empêchement dont ils n'ont pas eu connaissance, il n'en a pas moins été porté atteinte aux intérêts du prévenu, dès lors que celui-ci, conformément aux dispositions de l'art. 410, avait effectué les diligences nécessaires pour en aviser le président avant l'audience, et que c'est pour une raison qui ne lui est pas imputable que la cour d'appel ne s'est pas prononcée sur la validité de cette excuse. • Crim. 20 mars 1996, n° 95-83.687 P.

15. Obligation de comparution. Refus d'examiner une affaire en l'absence de nouvelle citation. • Crim. 20 févr. 2007, n° 06-86.179 P : *D. 2007. AJ 1141 ; AJ pénal 2007. 283, obs. Saas*. ♦ Le prévenu, cité à personne, qui n'a pas comparu, ne peut être jugé contradictoirement, en cas d'absence à une audience ultérieure à laquelle l'affaire a été renvoyée, que s'il a été régulièrement cité à personne pour cette nouvelle audience, ou s'il est établi qu'il a eu connaissance de la citation. Sinon, le jugement est rendu par défaut. • Crim. 7 déc. 2010 : *D. 2011. Actu. 308 ; D. actu. 7 févr. 2011, obs. Léna*.

C. CAS PARTICULIERS

16. Prévenu détenu. Le prévenu détenu qui ne comparaît pas ne saurait être condamné contradictoirement si la décision ne constate pas que l'intéressé, qui n'a pas été extrait de l'établissement pénitentiaire où il est incarcéré, a manifesté son intention de ne pas être présent aux débats. • Crim. 26 janv. 1977, n° 76-93.521 P • 5 janv. 1982, n° 81-91.619 P • Crim. 26 janv. 1977 : *Bull. crim. n° 36* • 5 janv. 1982 : *Bull. crim. n° 6* • 19 janv. 2010, n° 09-87.474 P : *D. 2010. AJ 444, obs. Léna ; AJ pénal 2010. 202 ; Dr. pénal 2010, n° 53, obs. Maron et Haas.* ♦ Il en est de même d'un prévenu détenu à l'étranger. • Crim. 29 juin 2011, n° 10-83.466 P : *D. actu. 19 juill. 2011, obs. Priou-Alibert ; AJ pénal 2011. 600, obs. Lasserre Capdeville ; RSC 2012. 199, obs. Danet*.

17. Intérêts civils. Lorsqu'un arrêt, prononçant sur les seuls intérêts civils, constate que le prévenu, qui ne comparaît pas bien que régulièrement cité et avisé de la date d'audience, a adressé une lettre d'excuse exposant les motifs de son absence sans solliciter le renvoi de l'affaire, c'est à bon droit que la cour d'appel, estimant que le prévenu consent à être jugé en son absence, statue contradictoirement à son égard. • Crim. 18 mai 1994, n° 91-80.110 P.

18. Réponse aux conclusions. Il résulte des art. 410 et 411 que, lorsque saisie d'une demande du prévenu à être jugé en son absence à laquelle sont jointes des conclusions, la juridiction a ordonné sa comparution personnelle, celui-ci, s'il a eu connaissance de la nouvelle citation et n'a pas répondu à cette invitation sans fournir d'excuse reconnue valable, doit être jugé contradictoirement sans que le tribunal ait à répondre à ces conclusions. • Crim. 31 mai 2000, n° 99-85.443 P.

19. Droits de la défense. La délivrance de deux exploits, qui n'entache pas par elle-même la validité de ceux-ci, est cependant de nature à porter atteinte aux droits de la défense lorsque le prévenu, ayant été cité, à deux dates différentes, pour une audience tenue le même jour, à la même heure, par deux chambres différentes de la même juridiction, a été ainsi induit en erreur sur celle devant laquelle il devait comparaître et qui l'a jugé en son absence. • Crim. 30 juin 1993, n° 93-80.556 P.

20. Récidive. Si la circonstance aggravante de récidive n'a été visée pour la première fois que par la citation adressée au prévenu en vue de sa comparution devant la cour d'appel, cette circonstance ne peut être retenue par la cour lorsque le prévenu, non comparant ni représenté, n'a pas été mis en mesure de se défendre sur ce point. • Crim. 20 mars 1996, n° 95-83.060 P.

21. La réassignation. Il résulte des art. 410 et 411 que, lorsque le tribunal a ordonné la réassignation d'un prévenu qui demandait à être dispensé de comparaître, celui-ci, s'il ne comparaît pas et ne fournit pas d'excuse reconnue valable, est jugé contradictoirement sans que son avocat puisse être entendu. • Crim. 13 mars 2000, n° 99-83.528 P.

22. Inapplicabilité des art. 410 et 411. Les dispositions des art. 410 et 411 ne sont pas applicables à la personne citée devant la juridiction correctionnelle sur le fondement de l'art. 91, celle-ci pouvant se faire représenter par un avocat, comme en matière civile. • Crim. 8 juin 1999, n° 98-82.163 P : *Dr. pénal 2000. Chron. 2, par Marsat.* ♦ Sur l'application de l'art. 410 au cas de personnes résidant à l'étranger, V. ss. art. 552.

23. Citation délivrée à mauvaise adresse. Excède ses pouvoirs la cour d'appel qui, constatant que le prévenu a été régulièrement cité à personne et n'a pas comparu sans pour autant fournir d'excuse valable, statue par arrêt contradictoire à signifier, alors que, faute d'avoir fait citer le prévenu à l'adresse qu'il avait indiquée en application de l'art. 503-1, la cour ne se trouvait pas légalement saisie à l'égard de celui-ci. • Crim. 20 févr. 2007 : *préc. note 15.* ♦ Faute par le prévenu d'avoir été cité à l'adresse qu'il avait déclarée conformément aux dispositions de l'art. 503-1, dernier al., la cour d'appel, qui n'est pas légalement saisie, ne peut statuer par arrêt contradictoire à signifier. • Crim. 12 mars 2008 : *Dr. pénal 2008. Comm. 91 (1re esp.), obs. Maron et Haas.*

II. PRINCIPE DU CONTRADICTOIRE ET CARACTÈRE ÉQUITABLE DE LA PROCÉDURE

24. Art. 410 et Conv. EDH. L'art. 410 n'est pas incompatible avec les dispositions de l'art. 6 Conv. EDH, lequel ne confère pas au prévenu la faculté de s'abstenir de comparaître en justice. • Crim.

21 juin 1995, ⚖ n° 94-84.571 P • 6 mai 1997, ⚖ n° 96-82.328 P. ♦ ... Ni avec les dispositions de l'art. 14 du Pacte international relatif aux droits civils et politiques. • Crim. 15 déc. 1998 : ⚖ *Procédures 1999, n° 165, obs. Buisson.* ♦ Selon cet article, qui n'est pas incompatible avec les dispositions de l'art. 6 Conv. EDH, lequel ne confère pas à la personne poursuivie la faculté de s'abstenir de comparaître en justice, le prévenu, qui a eu connaissance de la citation, ne comparaît pas et ne fournit, comme en l'espèce, aucune excuse personnelle reconnue valable, doit être jugé contradictoirement en son absence, par décision à signifier. • Crim. 1er mars 2000, ⚖ n° 98-86.635.

25. En vertu des dispositions des art. 6, § 1 et § 3 c), Conv. EDH, 410, 411, 417 et 494, le droit au procès équitable et le droit de tout accusé à l'assistance d'un défenseur s'opposent à ce qu'un prévenu non comparant et non excusé soit jugé sans entendre l'avocat présent à l'audience pour assurer sa défense. • Crim. 19 févr. 2003, ⚖ n° 01-88.361 P : *D. 2003. IR 806 ; JCP 2003. IV. 1604.* ♦ L'avocat qui se présente pour assurer la défense du prévenu absent doit être entendu s'il en fait la demande même lorsqu'il est dépourvu du mandat de représentation prévu par l'art. 411. Par ailleurs il doit, en application de l'art. 513, avoir la parole en dernier. • Crim. 23 oct. 2007 : ⚖ *préc. note 1.* ♦ Pour la jurisprudence européenne, notamment l'affaire « *Van Pelt* » : V. sous art. 6, Conv. EDH.

26. Article préliminaire. Doit être cassé l'arrêt de la cour d'appel qui, constatant que le prévenu, cité à l'adresse déclarée dans son acte d'appel, adresse au surplus vérifiée comme étant exacte par l'huissier ayant délivré la citation, n'a pas comparu ni été représenté, l'a déclaré coupable des faits reprochés et a rejeté la demande en réouverture des débats présentée par son avocat, après les débats mais avant le prononcé de la décision, son client n'ayant pas été touché par la citation. En effet, en invoquant pour seuls motifs le fait que le prévenu avait été cité à personne bien que la citation ait été remise en mairie, et que le courrier de son conseil ne fournissait aucune autre explication que les modalités de délivrance de la citation et susceptibles de permettre de retenir une excuse à la défaillance de son client, la cour, sans autrement s'expliquer sur l'urgence qui imposait, en l'espèce, de ne pas différer le jugement de l'affaire, a violé l'art. préliminaire dont les dispositions exigent que la procédure pénale soit équitable et contradictoire et préserve l'équilibre des droits des parties. • Crim. 21 févr. 2007 : ⚖ *Dr. pénal. 2007. Comm. 94, obs. Maron.*

Art. 410-1 *(L. n° 95-125 du 8 févr. 1995)* **Lorsque le prévenu cité dans les conditions prévues par le premier alinéa de l'article 410 ne comparaît pas et que la peine qu'il encourt est égale ou supérieure à deux années d'emprisonnement, le tribunal peut ordonner le renvoi de l'affaire et, par décision spéciale et motivée, décerner mandat d'amener** *(L. n° 2004-204 du 9 mars 2004, art. 133-II, en vigueur le 1er oct. 2004)* **« ou mandat d'arrêt.**

« Si le prévenu est arrêté à la suite du mandat d'amener ou d'arrêt, il est fait application des dispositions de l'article 135-2. Toutefois, dans le cas où la personne est placée en détention provisoire par le juge des libertés et de la détention, elle doit comparaître dans les meilleurs délais, et au plus tard dans le délai d'un mois, devant le tribunal correctionnel, faute de quoi elle est mise en liberté. »

TOM : 840 s. — Mayotte : 891.

Art. 411 *(L. n° 2004-204 du 9 mars 2004, art. 133-III, en vigueur le 1er oct. 2004)* **Quelle que soit la peine encourue, le prévenu peut, par lettre adressée au président du tribunal et qui sera jointe au dossier de la procédure, demander à être jugé en son absence en étant représenté au cours de l'audience par son avocat ou par un avocat commis d'office. Ces dispositions sont applicables quelles que soient les conditions dans lesquelles le prévenu a été cité.**

L'avocat du prévenu, qui peut intervenir au cours des débats, est entendu dans sa plaidoirie et le prévenu est alors jugé contradictoirement.

Si le tribunal estime nécessaire la comparution personnelle du prévenu, il peut renvoyer l'affaire à une audience ultérieure en ordonnant cette comparution. Le procureur de la République procède alors à une nouvelle citation du prévenu.

Le prévenu qui ne répondrait pas à cette nouvelle citation peut être jugé contradictoirement si son avocat est présent et entendu. Le tribunal peut également, le cas échéant, après avoir entendu les observations de l'avocat, renvoyer à nouveau l'affaire en faisant application des dispositions de l'article 410-1.

Lorsque l'avocat du prévenu qui a demandé à ce qu'il soit fait application des dispositions du présent article n'est pas présent au cours de l'audience, le prévenu est, sauf renvoi de l'affaire, jugé par jugement contradictoire à signifier.

TOM : 841.

I. DEMANDE D'ÊTRE JUGÉ EN SON ABSENCE

1. Lettre adressée au président. La lettre adressée au président doit être jointe au dossier de la procédure, mais son existence résulte, jusqu'à inscription de faux, de la mention qui en est faite dans le jugement ou l'arrêt. • Crim. 28 mars 1968, n° 67-91.350 P : *D. 1968. Somm. 92* • 25 juin 1970, n° 69-92.474 P.

2. Absence de lettre. Lorsqu'il ne résulte ni de l'arrêt attaqué ni du dossier qu'ait été adressée au président la lettre prévue par l'art. 411, al. 1er, le prévenu ne peut être jugé en son absence, son défenseur étant entendu. • Crim. 8 févr. 1972, n° 71-90.493 P • 7 mai 1974 : *D. 1974. 512* • 27 févr. 1995, n° 94-83.115 P : *Dr. pénal 1995. 134, obs. Maron* • 13 mars 1997, n° 96-82.772 P. ♦ ... A moins que, par le mandat donné à son défenseur, le prévenu, dont il est établi par les pièces de la procédure qu'il a eu connaissance de la citation, ait manifesté de façon formelle son consentement à être jugé en son absence. • Crim. 30 janv. 1992, n° 91-80.639 P. ♦ La prévenue ne saurait se faire un grief d'avoir été jugée contradictoirement en l'absence d'envoi de la lettre prévue par l'art. 411 précité, dès lors qu'elle a été entendue sur le fond, assistée de son avocat, et que son conseil a ensuite été admis à faire valoir ses moyens de défense, lors de l'audience à laquelle, régulièrement citée, elle n'a pas comparu. • Crim. 22 janv. 2003, n° 02-82.316 P : *JCP 2003. IV. 1523.*

3. Contradictoire. Lorsque, après la clôture des débats, l'affaire a été renvoyée seulement pour la lecture du jugement ou de l'arrêt, l'absence volontaire du prévenu ou de l'appelant à la lecture de la sentence n'empêche pas que le jugement ou l'arrêt soit contradictoire. • Crim. 2 mai 1929 : *DH 1929. 334.* ♦ Mais le prévenu, cité à personne, qui n'a pas comparu mais a fourni une excuse reconnue valable, ne peut être jugé contradictoirement à l'audience à laquelle l'affaire a été renvoyée que s'il a été cité à personne pour cette nouvelle audience ou s'il est établi qu'il a eu connaissance de la citation. • Crim. 10 mai 1995, n° 94-83.828 P : *D. 1995. IR 182.*

4. Partie civile. La partie civile qui n'a pas déposé de conclusions en vue de requérir la comparution personnelle du prévenu ne saurait se faire un grief de la méconnaissance des dispositions des art. 411 et 414, lesquelles sont prescrites dans l'intérêt du prévenu. • Crim. 8 juin 1972, n° 71-91.295 P • 26 sept. 1995, n° 94-84.003 P.

5. Depuis la loi du 23 juin 1999 modifiant l'art. 411, la représentation est toujours possible pour le prévenu cité à l'initiative de la partie civile, par conséquent son avocat dûment mandaté peut prendre la parole. • Crim. 14 févr. 2001, n° 00-83.657 P. ♦ ... De même si le prévenu fait l'objet d'un mandat d'arrêt. • T. corr. Draguignan, 19 avr. 2000 : *Dr. pénal 2000. Comm. 143, obs. Maron.*

6. Obligation de répondre aux conclusions. Le tribunal est tenu de répondre aux chefs péremptoires de conclusions transmises par un prévenu non comparant lorsque celui-ci a demandé à bénéficier des dispositions de l'art. 411, al. 1er. • Crim. 27 mai 1987, n° 86-93.921 P • 17 mai 1993, n° 92-82.937 P. ♦ Il en va de même pour le tribunal de police. • Crim. 3 déc. 1991, n° 91-82.786 P • 17 juin 1992, n° 92-80.073 P • 14 mai 1997, n° 96-83.946 P. ♦ ... Dès lors que le prévenu développe par écrit des moyens de défense, il s'en déduit qu'il demande à être jugé en son absence. • Crim. 31 oct. 2000 : *Dr. pénal 2001. Chron. 10, obs. Marsat.* ♦ ... Aucun formalisme n'étant exigé pour la présentation par écrit des moyens de défense. • Crim. 6 mai 1997, n° 96-84.807 P. ♦ ... Qui peuvent être exposés dans une lettre adressée au président de la juridiction. • Crim. 29 avr. 1998 : *Procédures 1998, n° 230, obs. Buisson* • 21 oct. 1998, n° 98-80.259 P. ♦ Doit être cassé le jugement du tribunal de police qui ne répond pas aux cinq moyens de défense développés par le prévenu, non comparant, dans la lettre adressée au président de la juridiction pour lui demander d'être jugé en son absence. • Crim. 29 mai 2002, n° 02-80.647. ♦ Dans le même sens • Crim. 12 mars 2002, n° 01-83.586 • 15 mai 2002, n° 01-87.177 • 28 mai 2002, n° 01-88.426.

7. Régularité des conclusions. Si les art. 411 et 544 permettent au prévenu de demander à être jugé en son absence par le tribunal de police, son défenseur étant alors entendu, ces dispositions ne sauraient rendre recevables les conclusions adressées postalement avec le pouvoir de représentation sans que le conseil ne comparaisse à l'audience. • Crim. 10 janv. 1996, n° 09-83.381 P.

8. Il résulte de l'art. 459 que les conclusions doivent être déposées à l'audience, visées par le président et le greffier. Les écrits adressés à la juridiction par un prévenu ayant, en application de l'art. 411, demandé à être jugé en son absence ne sont pas régulièrement déposés au sens de ce texte, faute pour lui d'avoir comparu à l'audience ou d'y avoir été représenté. Dès lors, le prévenu ne saurait se faire un grief d'une insuffisance ou d'un défaut de réponse aux moyens qui pouvaient être contenus dans ces écrits. • Crim. 13 sept. 2011, n° 11-81.093 P. ♦ Le prévenu ne saurait se faire un grief d'une insuffisance ou d'un défaut de réponse à conclusions, dès lors que les écrits qu'il a adressés à la juridiction ne valent pas conclusions régulièrement déposées au sens de l'art. 459, faute pour lui d'avoir comparu à l'audience ou d'y avoir été représenté. • Crim. 16 juin 2011, n° 10-87.568 P : *D. actu. 29 juin 2011, obs. Girault ; RSC 2011. 664, obs.*

Danet ; ibid. 869, obs. Salvat ; D. 2011. Actu. 1688 ; ibid. Pan. 2239, obs. Pradel ; ibid. 2012. Chron. 171, obs. Roth, Leprieur et Divialle ; Dr. pénal 2011, n° 114, obs. Maron et Haas ; Procédures 2011, n° 275, obs. Maron et Haas • Crim. 22 nov. 2011, n° 11-82.826 P : *D. actu. 9 déc. 2011, obs. Bombled ; D. 2011. Actu. 2998 ; Dr. pénal 2012, n° 14, obs. Maron et Haas.* ♦ Revirement par rapport à : • Crim. 27 mai 1987 : *préc. note 6.* ♦ En revanche, sont recevables en vertu de l'art. 459 les conclusions de nullité régulièrement déposées à la première audience par le prévenu, quand bien même celui-ci ne serait ni présent ni représenté lors de l'audience de renvoi. • Crim. 25 juin 2014, n° 13-83.072 P : *D. actu. 21 juill. 2014, obs. Bombled.*

II. DROIT D'ÊTRE REPRÉSENTÉ PAR UN AVOCAT

9. La seule déclaration d'un avocat d'après laquelle il représenterait le prévenu ne saurait, en l'absence d'une disposition de la loi, tenir lieu de la lettre adressée par ce prévenu au président pour lui demander à être jugé en son absence. • Crim. 20 déc. 1967, n° 65-92.338 P. ♦ ... Non plus un télégramme adressé à l'avocat indiquant que le prévenu ne peut assister à l'audience. • Crim. 8 mai 1973, n° 72-93.224 P. ♦ De même, l'avocat ne peut représenter le prévenu si la comparution personnelle de ce dernier a été estimée nécessaire par le tribunal lors d'une première audience, que le prévenu a fait l'objet d'une citation régulière dans cet objectif et s'est abstenu de comparaître sans fournir d'excuse. • Crim. 15 mars 2000, n° 99-83.528 P.

10. L'avocat tient de sa qualité le droit de représenter son client à l'audience sans avoir à justifier d'une procuration écrite et spéciale. • Crim. 23 mai 1919 : *DP 1925. 1. 174* • Crim. 6 mai 1954 : *D. 1954. 404* • 6 déc. 1961, n° 61-91.773 P • 17 nov. 1998, n° 97-86.104 P.

11. La représentation des parties par un avocat, lorsqu'en vertu de l'art. 185 C. instr. crim. (art. 411) elles ne sont pas tenues de comparaître personnellement, est complète, régulière et légale, et le jugement rendu dans ces conditions est contradictoire. • Crim. 11 juin 1937 : *DP 1938. 1. 12* • 27 nov. 1978, n° 77-93.395 P • 11 juin 1981, n° 79-91.739 P.

12. Jugé de même que le prévenu non comparant qui, par procuration écrite, a donné mandat à son avocat de le représenter, est à bon droit jugé contradictoirement. • Crim. 1er févr. 1950 : *D. 1951. Somm. 3.* ♦ ... A la différence du prévenu qui s'est borné à solliciter des remises par l'organe de son avocat, sans se défendre au fond, et qui ne peut être jugé que par défaut. • Crim. 9 nov. 1950 : *D. 1950. 756.*

13. Comparution jugée nécessaire. Encourt la cassation l'arrêt qui, après avoir ordonné la comparution du prévenu ayant demandé par lettre à être représenté par son avocat, a renvoyé l'affaire en continuation à une audience ultérieure, où elle a prononcé contradictoirement en l'absence de l'avocat et du prévenu, sans que ce dernier ait été réassigné. • Crim. 24 janv. 1996, n° 95-83.681 P.

14. Si la comparution personnelle du prévenu a été estimée nécessaire par le tribunal lors d'une première audience, et qu'il a fait l'objet d'une citation régulière dans cet objectif, le jugement sera contradictoire et le tribunal n'est pas tenu de répondre à ses conclusions de nullité, si ce prévenu s'est abstenu de comparaître sans fournir d'excuse valable. • Crim. 31 mai 2000, n° 99-85.443 P : *Dr. pénal 2000. Chron. 42, obs. Marsat.*

15. Il résulte des art. 410 et 411 que, lorsque, saisie d'une demande du prévenu à être jugé en son absence à laquelle sont jointes des conclusions, la juridiction a ordonné sa comparution personnelle, celui-ci, s'il a eu connaissance de la nouvelle citation et n'a pas répondu à cette invitation sans fournir d'excuse reconnue valable, doit être jugé contradictoirement sans que la cour d'appel ait à répondre à ces conclusions. • Crim. 6 mars 2002, n° 01-82.681.

III. DROIT À UN PROCES ÉQUITABLE

16. Droit à l'assistance d'un défenseur. Le droit au procès équitable et le droit de tout accusé à l'assistance d'un défenseur s'opposent à ce qu'un prévenu non comparant et non excusé soit jugé sans entendre l'avocat présent à l'audience pour assurer sa défense. • Crim. 5 juin 2002, n° 01-85.616 • 19 févr. 2003, n° 01-88.361 P : *D. 2003. IR 806 ; JCP 2003. IV. 1604.*

17. L'art. 6, § 3 *c)*, Conv. EDH ne confère pas à la personne poursuivie la faculté de s'abstenir de comparaître en justice, mais lui accorde seulement, si elle se présente, le droit de se défendre personnellement ou avec l'assistance d'un conseil. Par suite, conformément aux dispositions de l'art. 411, c'est à bon droit qu'un prévenu qui ne justifiait d'aucune excuse valable de nature à l'empêcher de comparaître, a été jugé en son absence, sans que la demande de renvoi, présentée par son avocat, absent, soit prise en considération, la peine encourue étant de 2 ans d'emprisonnement. • Crim. 9 janv. 1995, n° 94-81.696 P : *Dr. pénal 1996. Chron. 17, par Lesclous et Marsat ; RSC 1995. 368, obs. Dintilhac ; Procédures 1995, n° 93, obs. Buisson.*

18. Limites. Il n'y a pas violation des art. 6, § 1, et 6, § 2, Conv. EDH dès lors qu'il résulte de l'arrêt attaqué que l'intéressé, auquel a été régulièrement notifiée la date à laquelle il serait statué sur son opposition, n'a pas comparu à cette date, qu'il a été statué à son égard par arrêt d'itératif défaut et qu'il ne ressort d'aucune pièce de procédure ni d'aucune mention de l'arrêt qu'un avocat, présent à l'audience, ait demandé à plaider au nom du demandeur, ait justifié d'un mandat exprès à cette fin et ait déposé des conclusions pour sa défense. • Crim. 13 févr. 2002, n° 01-86.204 • 20 févr. 2002, n° 01-85.234.

19. Le prévenu ne saurait reprocher à la cour d'appel de ne pas avoir donné à son avocat la possibilité de plaider en son absence, en méconnaissance des dispositions des art. 6, § 1, et 6, § 3 *c)*, Conv. EDH, dès lors que cet avocat a sollicité le renvoi de l'affaire à une audience ultérieure et qu'ainsi, la Cour a entendu l'avocat du prévenu défaillant sur la demande qu'il lui a présentée et y a répondu de façon motivée ; en outre, il ne résulte d'aucune mention de l'arrêt attaqué que l'avocat ait demandé à plaider au nom de son client et ait justifié d'un mandat exprès à cette fin ou qu'il ait déposé des conclusions pour la défense au fond. • Crim. 12 déc. 2001, n° 01-80.626 • 20 mars 2002, n° 01-84.282.

Art. 412 *(L. n° 2004-204 du 9 mars 2004, art. 133-IV, en vigueur le 1er oct. 2004)* **Si la citation n'a pas été délivrée à la personne du prévenu, et s'il n'est pas établi qu'il ait eu connaissance de la citation, la décision, au cas de non-comparution du prévenu, est rendue par défaut, sauf s'il est fait application des dispositions de l'article 411.**

Dans tous les cas, si un avocat se présente pour assurer la défense du prévenu, il doit être entendu s'il en fait la demande. Le jugement est alors contradictoire à signifier, sauf s'il a été fait application de l'article 411.

Dans tous les cas, le tribunal peut, s'il l'estime nécessaire, renvoyer l'affaire à une audience ultérieure, en faisant le cas échéant application des dispositions de l'article 410-1.

BIBL. ► CHAMBON, *JCP 1953. I. 1118.*

1. La décision est rendue contradictoirement lorsque, le prévenu étant domicilié à l'étranger, une copie de la citation lui a été remise par les autorités consulaires, en application de l'art. 562, et qu'il en a accusé réception. • Crim. 25 févr. 1988, n° 86-90.325 P : *D. 1988. IR 109.*

2. La cour d'appel a pu rendre, après ajournement, un arrêt contradictoire à signifier condamnant l'intéressé à une peine d'emprisonnement sans sursis, dès lors qu'elle énonce que lors de la première audience, elle a insisté à l'égard du prévenu, comparant en personne, d'une part, sur la nécessité pour lui de se présenter à l'audience suivante, muni des pièces justifiant de l'indemnisation des victimes, d'autre part, sur les conséquences d'une absence de comparution sur la peine restant à prononcer ; en effet, il est ainsi établi que le prévenu avait connaissance de la date à laquelle l'affaire avait été renvoyée. • Crim. 16 janv. 2002, n° 01-85.735.

3. S'il résulte des pièces de procédure que l'intéressé n'avait pas eu connaissance de la citation à comparaître devant la cour d'appel, celle-ci aurait dû statuer par défaut en application de l'art. 412 et non par arrêt contradictoire à signifier et le pourvoi du prévenu contre l'arrêt de la cour d'appel est irrecevable s'il a été formé avant l'expiration du délai d'opposition. • Crim. 20 mars 2001, n° 00-83.479 P • 20 mars 2001, n° 00-81.507 • 27 juin 2006, n° 05-85.701 P : *AJ pénal 2006. 457* • 4 déc. 2012, n° 12-80.615 P.

4. Il résulte des art. 410 et 412 que le prévenu cité à personne, qui n'a pas comparu, mais a fourni une excuse reconnue valable, ne peut être jugé contradictoirement à l'audience à laquelle l'affaire a été renvoyée que s'il a été cité à personne pour cette nouvelle audience ou s'il est établi qu'il a eu connaissance de la citation. • Crim. 27 janv. 2000, n° 00-80.780 P.

5. Ne peut être jugé en son absence, le prévenu, qui, bien qu'il ait eu connaissance de la date de l'audience et ait adressé une lettre dans laquelle il indiquait qu'il ne pourrait se présenter, n'a pas été cité régulièrement. • Crim. 4 mars 2008, n° 07-82.997 P : *AJ pénal 2008. 245* .

6. Doit être jugé par défaut en application de l'art. 412, le prévenu appelant non comparant cité à parquet après que l'huissier chargé de délivrer l'acte à l'adresse déclarée lors de l'appel s'est borné à mentionner « identification difficile, rien sur annuaire ». Faute de vérification effective, par l'huissier, de l'adresse déclarée, la cour d'appel ne peut faire application de l'art. 503-1 et prononcer par arrêt contradictoire à signifier. • Crim. 16 sept. 2008, n° 08-81.351 P : *AJ pénal 2008. 472* ; *Dr. pénal 2008. Comm. 148, obs. Maron et Haas.*

Art. 413 **Nul n'est recevable à déclarer qu'il fait défaut dès lors qu'il est présent au début de l'audience.** — *Pr. pén. C. 597.*

L'art. 413 s'applique au cas où le prévenu libre répond à l'appel de son nom et quitte ensuite volontairement la salle d'audience. • Crim. 22 juill. 1959 : *D. 1959. 475* • 17 févr. 1993, n° 92-82.403 P. ♦ ... Ou s'est présenté à l'audience, mais a quitté définitivement la salle avant l'examen de son affaire. • Crim. 28 févr. 1995, n° 94-84.630 P • 30 mars 1999, n° 98-80.723.

Art. 414 **Les dispositions de l'article 411, alinéas 1 et 2, sont applicables chaque fois que le débat sur le fond de la prévention ne doit pas être abordé, et spécialement quand le débat ne doit porter que sur les intérêts civils.** — *Pr. pén. C. 595.*

La faculté accordée au prévenu par l'art. 414 ne s'applique pas à ceux qui se dérobent à l'exécution d'un mandat d'arrêt décerné contre eux et ne se tiennent pas à la disposition de la justice. • Crim. 21 janv. 1965, n° 64-92.548 P: *D. 1965. Somm. 51.*

Art. 415 **La personne civilement responsable peut toujours se faire représenter par un avocat. Dans ce cas, le jugement est contradictoire à son égard.**

En vertu des dispositions de l'art. 415, la personne civilement responsable peut toujours se faire représenter par un avocat qui n'est pas tenu de produire un pouvoir spécial : doit être cassé l'arrêt de la cour d'appel qui déclare irrecevable le mandat de représentation donné à un avocat par le prévenu et le civilement responsable et écarte les conclusions produites en énonçant que ce mandat ne précise ni l'audience ni l'affaire à laquelle il s'applique. • Crim. 7 nov. 1990, n° 90-81.844.

Art. 416 **Si le prévenu ne peut, en raison de son état de santé, comparaître devant le tribunal et s'il existe des raisons graves de ne point différer le jugement de l'affaire, le tribunal ordonne, par décision spéciale et motivée, que le prévenu, éventuellement assisté de son** *(L. n° 93-2 du 4 janv. 1993)* **« avocat », sera entendu à son domicile ou à la maison d'arrêt dans laquelle il se trouve détenu, par un magistrat commis à cet effet, accompagné d'un greffier. Procès-verbal est dressé de cet interrogatoire. Le débat est repris après citation nouvelle du prévenu, et les dispositions de l'article 411, alinéas 1 et 2, sont applicables. Dans tous les cas, le prévenu est jugé contradictoirement.** — *Pr. pén. C. 598.*

TOM : 842.

1. Lorsqu'un prévenu a été entendu en ses explications à son domicile selon la procédure de l'art. 416, la cour d'appel mentionne justement dans l'arrêt, sur nouvelle citation, que le prévenu a été jugé contradictoirement et qu'il a été entendu bien qu'il ne soit pas présent à l'audience. • Crim. 16 févr. 1966, n° 65-91.820 P : *D. 1966. Somm. 78* • 26 févr. 1969, n° 68-92.372 P • 13 févr. 1978, n° 77-91.747 P. ♦ Ainsi la cour statue contradictoirement après avoir entendu l'avocat de l'intéressé, quand bien même il n'y a pas au dossier de la procédure de lettre du prévenu tel que prévu par l'art. 411. • Crim. 22 janv. 2003, n° 02-82.316 P : *JCP 2003. IV. 1523.*

2. Pas plus qu'aucun autre texte l'art. 416 ne prescrit que, lorsque l'affaire revient à l'audience après audition du prévenu à son domicile, il doive être ordonné lecture de l'arrêt précédent, ni du procès-verbal d'audition du prévenu. Le nouveau rapport qui doit être présenté suffit à porter ces actes à la connaissance de la cour. • Crim. 22 juin 1971, n° 70-92.914 P : *D. 1971. Somm. 167.*

3. Une cour d'appel peut déclarer une opposition non avenue lorsque l'intéressé ne s'explique pas sur son absence et qu'aucun avocat n'est présent à l'audience pour assurer la défense du prévenu qui ne conteste pas avoir eu personnellement connaissance de la citation ; peu importe que le conseil du prévenu ait sollicité par télécopie, la veille de l'audience, le renvoi de l'affaire en arguant de son propre état de santé qui l'empêcherait de plaider et en soutenant qu'il ne pouvait se faire substituer par l'un de ses collaborateurs. • Crim. 19 févr. 2003, n° 01-88.361 P : *D. 2003. IR 806* ; *JCP 2003. IV. 1604.*

4. Refus d'application. Le prévenu malade ne subit pas de grief du refus de la cour d'appel d'appliquer les dispositions de l'art. 416 dès lors qu'il est représenté à l'audience par un avocat de son choix qui plaide au fond et dépose des conclusions tendant notamment à la relaxe. • Crim. 4 mai 2004, n° 03-86.073 P : *JCP 2004. IV. 2335* ; *AJ pénal 2004. 290* .

Art. 417 **Le prévenu qui comparaît a la faculté de se faire assister par un défenseur.** *(L. n° 2011-1862 du 13 déc. 2011, art. 64)* **« Si le prévenu n'a pas fait choix d'un défenseur avant l'audience, le président l'informe, s'il n'a pas reçu cette information avant l'audience, qu'il peut, à sa demande, bénéficier d'un avocat commis d'office. Si le prévenu formule cette demande, le président commet un défenseur d'office. »**

Le défenseur ne peut être choisi ou désigné que parmi les avocats inscrits à un barreau *(Abrogé par L. n° 2011-94 du 25 janv. 2011, art. 32, à compter du 1er janv. 2012)* **«, *ou parmi les avoués admis à plaider devant le tribunal* ».**

(L. n° 2011-525 du 17 mai 2011, art. 186-2°) **« L'assistance d'un défenseur est obligatoire quand le prévenu est atteint d'une infirmité de nature à compromettre sa défense. »**

RÉP. PÉN. v° *Défense pénale,* par SAINT-PIERRE.

BIBL. ▸ BRIÈRE DE L'ISLE, *D. 1961. Chron. 85.*

1. Avocat commis d'office. L'art. 417 n'impose au président de commettre un défenseur d'office que si le prévenu comparant, qui n'a pas fait choix d'un avocat avant l'audience, demande cependant à être assisté. • Crim. 16 janv. 1995, n° 94-80.720 P. ♦ Tel n'est pas le cas lorsque l'avocat du prévenu comparant, lequel a eu la parole en dernier, a indiqué ne pas plaider pour son client, a fait néanmoins des observations orales puis a quitté la salle d'audience. • Crim. 4 janv. 2006, n° 05.83.096 P : *D. 2006. IR 395.* ♦ L'inobservation de cette formalité substantielle porte atteinte aux droits de la défense. • Crim. 22 sept. 1999, n° 98-86.557 P : *Dr. pénal 2000. Comm. 12, obs. Maron.*

2. Nature du droit à l'avocat. L'art. 417, dernier alinéa, prévoyant l'assistance obligatoire d'un défenseur édicte une formalité substantielle. • Crim. 9 mai 1972, n° 72-90.111 P : *D. 1973. 78, note E. R. ; D. 1972. 621, note Pradel ; JCP 1973. II. 17444, note Chambon ; 1974. II. 17825, note M. A.* • 26 avr. 1977, n° 77-90.284 P : *D. 1977. IR 336.*

3. Information du prévenu de son droit à être assisté. L'exercice de la faculté reconnue au prévenu qui comparaît devant la juridiction correctionnelle de se faire assister d'un avocat implique, pour être effectif, y compris en cause d'appel, que le président l'ait préalablement informé de cette faculté s'il n'a pas reçu cette information avant l'audience. • Crim. 24 nov. 2010, n° 10-80.551 P : *D. 2010. Actu. 14 ; D. actu. 14 janv. 2011, obs. Léna ; RSC 2011. Chron. 147, obs. Danet .* ♦ Mais l'arrêt attaqué n'encourt pas la censure, la Cour de cassation ayant pu s'assurer que le prévenu a été mis en mesure de bénéficier d'un avocat, dès lors que le parquet général l'avait informé de la date de l'audience, qui s'est déroulée par visioconférence avec son accord, et de sa faculté d'être assisté d'un conseil. • Crim. 27 nov. 2013, n° 12-85.447 P : *D. actu. 18 déc. 2013, obs. Winckelmuller ; AJ pénal 2014. 186, obs. de Combles de Nayves .*

4. Temps pour préparer sa défense. Encourt la cassation au visa des art. 417 et 593 l'arrêt d'une cour d'appel qui, pour refuser d'ordonner le renvoi demandé par le prévenu au motif qu'il souhaitait comparaître assisté d'un conseil, se borne à retenir que l'intéressé avait eu le temps de préparer sa défense, sans permettre à la Cour de cassation de s'assurer que celui-ci avait été en mesure de bénéficier de l'assistance d'un avocat de son choix ou commis d'office. • Crim. 24 nov. 2010, n° 10-82.772 P. ♦ Les prévenus ayant été jugés contradictoirement et, à la suite de leur appel, cités plus de deux mois avant la date de l'audience, de sorte qu'ils ont été en mesure de préparer leur défense durant les quinze mois de l'instance d'appel, justifie sa décision la cour d'appel qui refuse d'ordonner le renvoi. • Crim. 27 nov. 2013, n° 13-80.225 P : *D. actu. 18 déc. 2013, obs. Winckelmuller.*

5. Absence de l'avocat à l'audience. Fait l'exacte application de l'art. 417 la cour d'appel qui, pour écarter la demande de renvoi de l'affaire à une audience ultérieure, retient que le prévenu, demandeur, a fait le choix, avant l'audience, d'un défenseur qui ne s'y est pas présenté. • Crim. 27 juin 2012, n° 11-86.679 P.

6. Circonstances insurmontables. La grève des avocats est une circonstance insurmontable justifiant que l'affaire soit retenue sans la présence de l'avocat. • Crim. 23 mai 2013 : *D. actu. 4 juin 2013, obs. Priou-Alibert ; JCP 2013. 1032, obs. Maron ; JCP 2013. 875, note Bolze ; Dr. pénal 2013, n° 116, note Maron et Haas* • 8 juill. 2015, n° 14-86.400 P : *AJ pénal 2016. 40, obs. Andrei .*

7. Infirmité. La connaissance insuffisante de la langue française n'est pas une « infirmité » de nature à compromettre la défense du prévenu, justifiant l'assistance obligatoire d'un défenseur. • Crim. 7 nov. 1968, n° 68-91.175 P.

8. Art. 6, § 3, Conv. EDH. La cour d'appel n'a porté aucune atteinte aux droits de la défense et a satisfait aux exigences de l'art. 6, § 3, Conv. EDH dès lors que le prévenu n'avait pas cru devoir utiliser la faculté dont il disposait de se faire assister par un défenseur en l'absence du conseil de son choix défaillant. • Crim. 17 mai 1993, n° 92-85.733.

9. Si l'art. 417, comme l'art. 6, § 3 c), Conv. EDH, reconnaissent au prévenu le droit de se faire assister par un défenseur de son choix, la nécessité d'assurer la continuité du cours de la justice et celle de permettre le jugement des prévenus dans un délai raisonnable font obstacle à ce que l'absence du défenseur choisi entraîne nécessairement le renvoi de l'affaire. • Crim. 17 janv. 1996, n° 95-82.114 P : *Procédures 1996, n° 192, obs. Buisson.*

§ 2 DE LA CONSTITUTION DE PARTIE CIVILE ET DE SES EFFETS

RÉP. PÉN. v° *Partie civile*, par BONFILS.

Art. 418 Toute personne qui, conformément à l'article 2, prétend avoir été lésée par un délit, peut, si elle ne l'a déjà fait, se constituer partie civile à l'audience même.

Le ministère d'un avocat n'est pas obligatoire.

La partie civile peut, à l'appui de sa constitution, demander des dommages-intérêts correspondant au préjudice qui lui a été causé.

1. Constitution de partie civile à l'audience. L'art. 418, al. 3, prévoit une simple faculté, dont la partie civile est libre de ne pas user. Ce principe s'applique à l'administration fiscale partie civile. • Crim. 10 oct. 1968, n° 67-92.262 P • 8 juin 1971, n° 69-92.311 P : *D. 1971. 594, note Maury* • 26 oct. 1982, n° 81-94.768 P. ♦ Rappr. : • Crim. 15 oct. 1970, n° 68-93.383 P : *D. 1970. 733, note Costa.*

2. Lorsque l'action publique a été mise en mouvement sur citation directe d'une partie civile, sauf en matière de presse, toute personne qui prétend avoir été lésée par le délit objet de la poursuite est recevable à se constituer partie civile à l'audience, par voie d'intervention. • Crim. 12 nov. 2008, n° 07-88.222 P : *RSC 2009. 399, obs. Finielz ; D. 2009. 606, note Detraz ; AJ pénal 2009. 88, obs. Duparc ; Dr. pénal 2009. Chron. 1, obs. Guérin.*

3. L'intervention d'une partie civile pouvant n'être motivée que par le souci de corroborer l'action publique et d'obtenir que soit établie la culpabilité du prévenu, la constitution de partie civile doit être accueillie à ces fins, quand bien même il serait allégué ou démontré que la réparation du dommage causé par l'infraction échapperait à la compétence de la juridiction répressive. • Crim. 8 juin 1971 : *préc. note 1* • 10 févr. 1987, n° 85-95.939 P.

4. Saisis de poursuites pour fraude fiscale, les juges n'ont pas à motiver la recevabilité de la constitution de partie civile de l'administration des impôts, dès lors qu'elle est fondée sur les dispositions des art. L. 232 LPF et 418. • Crim. 22 janv. 2003, n° 02-83.051.

5. Le tribunal correctionnel n'étant compétent pour connaître de l'action civile en réparation du dommage provenant d'une infraction qu'accessoirement à l'action publique, il en résulte que ce tribunal ne peut se prononcer sur l'action civile qu'autant qu'il a préalablement statué sur l'action publique. • Crim. 7 déc. 1967, n° 67-90.685 P. ♦ Comp. toutefois : • Crim. 5 mai 1976, n° 75-90.400 P : *D. 1976. 494, note crit. Robert* • 2 juin 1976, n° 75-90.559 P : *RSC 1976. 745, obs. Robert* (selon lesquelles la juridiction correctionnelle méconnaît l'étendue de ses attributions en se déclarant incompétente pour connaître, après acquittement du prévenu, le fond de l'action civile).

6. En cas de citation directe de fonctionnaires par la partie civile, il est décidé à bon droit que, par l'effet de cette citation, l'action publique a été régulièrement mise en mouvement comme l'action civile et doit être poursuivie jusqu'à son terme, quand bien même il serait démontré que les faits dénoncés constitueraient, au point de vue des intérêts civils, une faute non détachable du service, dont la réparation incomberait à l'administration. • Crim. 22 janv. 1953 : *D. 1953. 109, rapp. Patin.*

7. Constitution en cause d'appel. La règle du double degré de juridiction fait obstacle à ce que la partie civile, quelle que soit la raison pour laquelle elle n'a pas été partie au jugement de première instance, intervienne pour la première fois en cause d'appel (empêchement de se constituer partie civile en raison d'une erreur d'horaire figurant sur l'avis à victime). • Crim. 20 avr. 2017, n° 16-83.199 P. ♦ V. aussi note ss. art. 391.

Art. 419 **La déclaration de constitution de partie civile se fait soit avant l'audience au greffe, soit pendant l'audience par déclaration consignée par le greffier ou par dépôt de conclusions.** — *Pr. pén. C. 601.*

1. La plainte de la victime, suivie de l'envoi par son avocat d'une télécopie au président du tribunal correctionnel par laquelle, étant dans l'impossibilité de se rendre à l'audience pour "défendre les intérêts de son client", il sollicite un renvoi, ne manifestent pas de façon suffisamment explicite la volonté de se constituer partie civile. • Crim. 19 sept. 2006, n° 05-85.967 P. ♦ Comp. • Crim. 19 sept. 2006, n° 06-80.674 P : *AJ pénal 2006. 458.*

2. Cas particulier de la Cour de justice de la République. L'art. 13 de la L. organique du 23 nov. 1993 exclut toute constitution de partie civile, mais il réserve aux victimes la possibilité de porter l'action en réparation de leurs dommages devant les juridictions de droit commun et de faire ainsi trancher toute contestation sur leurs droits civils. • Cass., ass. plén., 21 juin 1999, n° 99-81.927 P : *Procédures 1999, n° 212, obs. Buisson ; Dr. pénal 1999. Comm. 135, obs. Maron ; RSC 2000. 220, obs. Giudicelli.*

Art. 420 **Lorsqu'elle est faite avant l'audience, la déclaration de partie civile doit préciser l'infraction poursuivie et contenir élection de domicile dans le ressort du tribunal saisi, à moins que la partie civile n'y soit domiciliée.**

Elle est immédiatement transmise par le greffier au ministère public qui cite la partie civile pour l'audience. — *Pr. pén. C. 601.*

Art. 420-1 *(L. n° 83-466 du 10 juin 1983)* **« Par dérogation aux dispositions qui précèdent, toute personne qui se prétend lésée peut se constituer partie civile, directement ou par son** *(L. n° 93-2 du 4 janv. 1993)* **« avocat », par lettre recommandée avec avis de réception** *(L. n° 2019-222 du 23 mars 2019, art. 42-X)* **« , par télécopie ou par**

le moyen d'une communication électronique » parvenue au tribunal vingt-quatre heures au moins avant la date de l'audience, lorsqu'elle demande soit la restitution d'objets saisis, soit des dommages-intérêts *(L. n° 2000-516 du 15 juin 2000, art. 111)* **« elle joint à sa demande toutes les pièces justificatives de son préjudice. Ces documents sont immédiatement joints au dossier.** *(L. n° 2019-222 du 23 mars 2019, art. 42-X)* **« Lorsque le délai de vingt-quatre heures n'a pas été respecté mais que le tribunal a effectivement eu connaissance, avant les réquisitions du ministère public sur le fond, de la constitution de partie civile, son irrecevabilité ne peut être relevée. »**

« Avec l'accord du procureur de la République, la demande de restitution ou de dommages-intérêts peut également être formulée par la victime, au cours de l'enquête de police, auprès d'un officier ou d'un agent de police judiciaire, qui en dresse procès-verbal. Cette demande vaut constitution de partie civile si l'action publique est mise en mouvement et que le tribunal correctionnel ou de police est directement saisi.

« Dans les cas prévus aux deux alinéas précédents, la partie civile n'est pas tenue de comparaître. »

(L. n° 81-82 du 2 févr. 1981) **En cas de contestation sur la propriété des objets dont la restitution est demandée, ou si le tribunal ne trouve pas** *(L. n° 2000-516 du 15 juin 2000, art. 111)* **« dans la demande », dans les pièces jointes à celle-ci et dans le dossier, les motifs suffisants pour statuer, la décision sur les seuls intérêts civils est renvoyée à une audience ultérieure à laquelle toutes les parties sont citées à la diligence du ministère public.**

TOM : 843.

BIBL. ▶ PRADEL, *D. 1981. Chron. 101.*

1. La règle selon laquelle les constitutions de partie civile ne peuvent être reçues par lettre recommandée avec avis de réception devant les juridictions répressives que si la demande n'excède pas le plafond de la compétence de droit commun des tribunaux d'instance en matière civile, est applicable aux parties intervenantes. • Crim. 7 nov. 1989, n° 87-92.060 P.

2. La demanderesse n'ayant pas invoqué devant les juges du fond l'irrecevabilité en la forme de la constitution de partie civile faite par lettre, le moyen pris de cette cause d'irrecevabilité est irrecevable car nouveau et mélangé de fait. • Crim. 15 févr. 2000, n° 99-84.869.

Art. 420-2 *(L. n° 81-82 du 2 févr. 1981)* **La décision rendue sur la demande de restitution d'objets saisis ou de dommages-intérêts** *(L. n° 2000-516 du 15 juin 2000, art. 133-I)* **« présentée conformément aux dispositions de l'article 420-1** *[ancienne rédaction : présentée par lettre]* **» produit tous les effets d'une décision contradictoire ; elle est signifiée à la partie civile par exploit d'huissier conformément aux dispositions des articles 550 et suivants.**

Art. 421 A l'audience, la déclaration de partie civile doit, à peine d'irrecevabilité, être faite avant les réquisitions du ministère public sur le fond *(L. n° 75-624 du 11 juill. 1975)* **« ou, si le tribunal a ordonné l'ajournement du prononcé de la peine, avant les réquisitions du ministère public sur la peine. »** — *Pr. pén. C. 602.*

1. Une constitution de partie civile est recevable quoique formée pour la première fois après opposition puisque le jugement par défaut frappé d'opposition est non avenu dans toutes ses dispositions, et que la cause se présente dans le même état qu'avant l'opposition. Ce n'est que dans le cas où l'acte d'opposition serait lui-même non avenu en raison de la non-comparution du prévenu, que la partie civile ne pourrait être reçue en sa constitution, en raison de la nécessité d'assurer au prévenu le double degré de juridiction en ce qui concerne sa défense à l'action civile. • TGI Seine, 9 févr. 1965 : *Gaz. Pal. 1965. 1. 235.*

2. Si le jugement rendu après ajournement de la peine est contradictoire à l'égard du prévenu non comparant par application de l'art. 469-3 devenu l'art. 132-60 nouv. C. pén., et si le délai d'appel contre une telle décision court du jour où elle est rendue, sans qu'une signification soit nécessaire en cas d'absence du prévenu, il n'en va pas de même lorsque, par ce jugement, les juges statuent pour la première fois sur l'intervention des parties civiles dans les conditions prévues par l'art. 421, cette circonstance nouvelle imposant alors la signification du jugement au prévenu. • Crim. 7 févr. 1996, n° 95-82.546 P.

3. Les dispositions de l'art. 421, qui ne prévoient aucune exception, et aux termes desquelles la déclaration de partie civile à l'audience doit, à peine d'irrecevabilité, être faite avant les réquisitions du ministère public sur le fond, sont applicables à la Caisse des dépôts et consignations agissant en application des dispositions de l'ordonnance du 7 janv. 1959 pour le remboursement des prestations par elle servies à l'agent d'une commune victime de dommages dont la responsabilité incombe à un tiers. • Crim. 29 mai 1984, ☎ n° 82-91.868 P. ♦ De même la Caisse des dépôts et consignations ne saurait avoir plus de droits que le subrogeant, lorsqu'elle agit en application des dispositions de l'ordonnance du 7 janv. 1959 pour le remboursement des prestations par elle servies à un agent de l'État victime de dommages dont la responsabilité incombe à un tiers et se trouve subrogée dans les droits de la victime. • Crim. 12 oct. 1981, ☎ n° 80-93.962 P.

Art. 422 **La personne qui s'est constituée partie civile ne peut plus être entendue comme témoin.**

(L. n° 81-82 du 2 févr. 1981) **« Toutefois, la partie civile est assimilée au témoin en ce qui concerne le paiement des indemnités, sauf décision contraire du tribunal. »** — *Pr. pén. C. 603.*

Art. 423 **Le tribunal apprécie la recevabilité de la constitution de partie civile et, s'il échet, déclare cette constitution irrecevable.**

L'irrecevabilité peut également être soulevée par le ministère public, le prévenu, le civilement responsable ou une autre partie civile. — *Pr. pén. C. 603.*

1. Il ne résulte pas de l'art. 423 que l'appréciation par le juge du bien-fondé d'une exception d'irrecevabilité de constitution de partie civile doive, quelle que soit la partie qui la soulève, être préalable à la décision rendue en même temps sur l'action publique. • Crim. 15 oct. 1970, ☎ n° 68-93.383 P : *D. 1970. 733, note Costa.*

2. Lorsque les poursuites pour diffamation envers un corps constitué n'ont pas été précédées de la délibération de l'assemblée générale prévue par l'art. 48-1° de la L. du 29 juill. 1881 sur la liberté de la presse en cas de poursuite pour diffamation contre un corps constitué, les juges doivent relever d'office l'irrecevabilité de la constitution de partie civile et constater que la juridiction n'est pas valablement saisie. • Crim. 15 déc. 2020, ☎ n° 19-87.710 P : *D. actu. 13 janv. 2021, obs. Hasnaoui-Dufrenne.*

Art. 424 **La partie civile peut toujours se faire représenter par un avocat. Dans ce cas le jugement est contradictoire à son égard.**

Art. 425 **La partie civile régulièrement citée qui ne comparaît pas ou n'est pas représentée à l'audience est considérée comme se désistant de sa constitution de partie civile.**

En ce cas, et si l'action publique n'a été mise en mouvement que par la citation directe délivrée à la requête de la partie civile, le tribunal ne statue sur ladite action que s'il en est requis par le ministère public ; sauf au prévenu à demander au tribunal des dommages-intérêts pour abus de citation directe, comme il est dit à l'article 472.

(L. n° 81-82 du 2 févr. 1981) **« Le jugement constatant le désistement présumé de la partie civile lui est signifié par exploit d'huissier, conformément aux dispositions des articles 550 et suivants. Ce jugement est assimilé à un jugement par défaut, et l'opposition est soumise aux dispositions des articles 489 à 495. »**

RÉP. PÉN. v° *Désistement*, par CHAVENT-LECLÈRE.

BIBL. ▶ CHAMBON, *JCP 1970. I. 2324.*

1. Conditions d'application. L'art. 425, al. 1er, ne peut être appliqué qu'à la partie civile qui n'a pas manifesté son intention de persister dans son action civile. • Crim. 29 déc. 1964, ☎ n° 64-91.654 P : *D. 1965. Somm. 67.* ♦ Lorsque l'action publique n'a pas été mise en mouvement par la citation directe délivrée à la requête de la partie civile, le prévenu doit conclure à l'application de l'art. 425, al. 1er, et demander qu'il lui soit donné acte du désistement de la partie civile ; faute par lui de l'avoir fait, le désistement constaté par la juridiction saisie est une décision par défaut, susceptible d'opposition. • Même arrêt • Crim. 11 mai 1977 : ☎ *D. 1977. IR 355.* ♦ Lorsque le tribunal est saisi par ordonnance de renvoi du juge d'instruction et non par citation directe délivrée par la partie civile, et que cette dernière se désiste de son action, la demande de dommages-intérêts pour abus de constitution de partie civile n'est pas recevable. • Crim. 11 déc. 2001, ☎ n° 00-88.269 P.

2. L'art. 425, al. 1er, n'établit qu'une simple présomption qui ne joue pas si elle est contredite par les éléments de la cause. Présomption simple, la partie doit être admise à démontrer que son défaut n'impliquait pas l'intention de se désister. • Chambéry, 14 oct. 1965 : *JCP 1966. II. 14712, note M. B.*

3. La partie civile, qui est présumée s'être désistée de l'action qu'elle avait engagée devant la juridiction pénale en ne comparaissant pas à l'audience, ne peut exercer la même action devant cette juridiction sans avoir contesté, par la voie de l'appel ou de l'opposition, la décision ayant constaté son désistement. • Crim. 28 nov. 2018, n° 18-80.465 P : *D. actu. 9 janv. 2019, obs. Diaz.*

4. Application en cause d'appel. L'art. 425 est sans application en cause d'appel nonobstant les termes de l'art. 512. • Crim. 24 juill. 1967, n° 67-90.061 P • 27 avr. 1968, n° 67-91.540 P : *D. 1968. Somm. 100* • 17 juill. 1973, n° 73-91.037 P • 18 juin 1975, n° 74-93.219 P • 13 avr. 1983, n° 82-91.007 P • 11 mars 1992, n° 91-82.162 P • 23 sept. 2003, n° 03-81.056 P : *JCP 2003. IV. 2917* • 25 juin 2014, n° 12-88.329 P : *D. actu. 30 juill. 2014, obs. Priou-Alibert.* ♦ Il en est autrement en cas d'évocation après annulation d'un jugement ayant mis fin à la procédure sans statuer au fond. • Douai, 31 mai 1995 : *Gaz. Pal. 1995. 2. Chron. crim. 569.* ♦ L'art. 425, premier al., qui prévoit que la partie civile non comparante ou non représentée et régulièrement citée est considérée comme se désistant de sa constitution de partie civile, est sans application en cause d'appel. • Crim. 21 févr. 2001, n° 00-85.636 • 6 nov. 2001, n° 00-87.672. ♦ Les dispositions selon lesquelles la partie civile qui ne comparaît pas à l'audience est présumée se désister de sa constitution de partie civile ne sont pas applicables devant la juridiction du second degré. • Crim. 20 oct. 2010, n° 10-81.118 P : *D. actu. 6 déc. 2010, obs. Bombled ; D. 2010. Actu. 2842 ; Procédures 2011, n° 28, obs. Chavent-Leclère.*

5. Incompétence de la cour d'appel. Une cour d'appel n'est plus compétente pour se prononcer sur les demandes d'une personne s'étant constituée partie civile à l'audience devant le tribunal qui a constaté son irrecevabilité et définitivement constaté l'extinction de l'action publique suite au désistement présumé de la partie civile ayant fait délivrer la citation directe. • Crim. 5 janv. 2017, n° 15-82.562 P : *D. actu. 26 janv. 2017, obs. Fucini.*

6. Recours de la partie civile. La partie civile dont le désistement présumé a été constaté par jugement assimilé à un jugement par défaut peut exercer un recours contre une telle décision, soit par la voie de l'opposition, en application de l'article 425, al. 3, soit par celle de l'appel, sur le fondement des art. 497 et 499. • Crim. 3 juin 2004, n° 03-87.092 P : *JCP 2004. IV. 2641.*

7. A défaut de règlement du montant de la consignation dans les délais fixés par le juge, le plaignant qui n'a pas acquis la qualité de partie civile ne peut mettre l'action publique en mouvement et ne saurait, en conséquence, être condamné au titre de l'art. 425. • Crim. 10 sept. 2002, n° 01-82.998.

8. L'art. 49 de la loi du 29 juill. 1881 ne met pas obstacle à ce que, en cas de désistement de la partie civile, le tribunal alloue au prévenu, sur le fondement de l'art. 425, des dommages-intérêts pour abus de citation directe. • Crim. 11 déc. 2001, n° 00-88.269 P.

Instruction générale. — Art. C. 604 L'article 425 examine l'hypothèse de la non-comparution ou de la non-représentation de la partie civile régulièrement constituée et l'assimile à un désistement.

Sous l'empire du code d'instruction criminelle, la jurisprudence décidait que le désistement de la partie civile ne se présumait pas ; la Cour de cassation avait jugé que la volonté de la partie civile d'abandonner l'instance ne résultait pas du fait qu'elle ne s'était pas présentée devant le tribunal au jour fixé par son assignation (Cass. Ch. réunies 27 févr. 1865, DP 67. 1. 95) ou du fait qu'elle s'était retirée de l'audience.

Les effets du désistement ou de la non-comparution de la partie civile sont désormais de deux ordres :

a) Du point de vue de l'action publique, on distinguera selon que cette dernière a été mise en mouvement par le ministère public ou par la partie civile. Dans le premier cas, le désistement par non-comparution ou non-représentation, qui ne peut pas être assimilé à un retrait de plainte, est sans influence sur l'exercice de l'action publique. Dans le second, ou bien l'action publique a été mise en mouvement par une constitution de partie civile devant le magistrat instructeur et en ce cas, l'action publique suit son cours lorsque le ministère public a requis du juge d'instruction qu'il soit informé (art. 86) ou bien la partie civile a cité directement le prévenu devant le tribunal correctionnel ; dans cette dernière hypothèse le tribunal n'a pas à statuer sur l'action publique si le ministère public ne le requiert pas expressément (art. 425). On remarquera que le jugement constatant la non-comparution ou la non-représentation de la partie civile doit être rendu par défaut ; il est susceptible d'opposition conformément aux dispositions de l'article 493, cette opposition dans le cas où le ministère public n'a pas requis qu'il soit statué sur l'action publique, mettant le tribunal à même de statuer tant sur l'action civile que sur l'action publique.

b) Du point de vue de l'action civile, il en résulte que la partie civile n'étant plus partie au procès, le prévenu ne peut pas être condamné à des dommages-intérêts envers la partie civile qui s'est désistée, mais en revanche il a le droit de réclamer des dommages-intérêts à la partie civile, pour abus de citation directe (art. 425 *in fine* et 472).

Le désistement de la partie civile ne met pas obstacle à l'action civile devant la juridiction compétente (art. 426). Le législateur consacre ainsi les principes dégagés, sous l'empire du code d'instruction criminelle, par la jurisprudence.

On doit noter que la partie civile qui s'est désistée n'est pas tenue des frais lorsque le prévenu a été déclaré coupable à la requête du ministère public des infractions relevées à sa charge.

Art. 426 **Le désistement de la partie civile ne met pas obstacle à l'action civile devant la juridiction compétente.**

Il se déduit de l'art. 426 que la partie civile qui s'est désistée de l'action engagée devant la juridiction pénale ne peut ultérieurement exercer cette même action que devant la juridiction civile. • Crim. 2 mai 1972, n° 71-91.059 P : *D. 1972. Somm. 149* • 14 juin 1983, n° 81-92.087 P • 20 mars 2001, n° 00-86.303. ♦ Est donc irrecevable la constitution de partie civile devant le tribunal correctionnel. • Crim. 15 mars 2005, n° 04-84.463 P : *JCP 2005. IV. 1901.*

§ 3 DE L'ADMINISTRATION DE LA PREUVE

RÉP. PÉN. v[is] *Aveu,* par AMBROISE-CASTÉROT ; *Preuve,* par BUISSON.

BIBL. ▸ ACCOMANDO et GUÉRY, *D. 2002. Chron. 2001* (la sonorisation : un mode légal de preuve ?). – BLONDET, *JCP 1958. I. 1419* (ruses et artifices). – BOUZAT, *Mél. Hugueney, p. 155* (loyauté). – BUISSON, *Procédures 1998. Chron. 14* (légalité de la preuve pénale) ; *ibid. 2000. Chron. 6.* – CONTE, *Dr. pénal 2009. Étude 8* (la loyauté de la preuve dans la jurisprudence de la chambre criminelle de la Cour de cassation : vers la solution de la quadrature du cercle ?). – DANJAUME, *D. 1996. Chron. 153.* – FÉRAL-SCHUHL, *AJ pénal 2009. 115* (collecte de la preuve numérique en matière pénale). – GAMBIER, *Dr. pénal 1992, p. 1.* – HALARD, *RSC 2018. 31 s.* (réflexions sur la provocation policière). – HUR-VARIO, *Rev. pénit. 2012. 543* (administration de la preuve pénale : de l'irrecevabilité à la valeur probatoire). –LECLERC, *RSC 1992. 15.* – LESCLOUS et MARSAT, *Dr. pénal févr. 1993, p. 4.* – LETANG, *Gaz. Pal. 1993. 2. 1376* (preuve en droit fiscal et douanier). – MAISTRE DU CHAMBON, *JCP 1989. I. 3422* (provocations policières). – MIMIN, *JCP 1957. I. 324.* – MOLINA, *RSC 2002. 263* (réflexion critique sur l'évolution paradoxale de la liberté de la preuve des infractions en droit français contemporain). – PATARIN, *in « Quelques aspects de l'autonomie du droit pénal », p. 2.* – POMPE, *RSC 1961. 269.* – RENUCCI, *Rev. pénit. 1998. 3* (témoins anonymes) ; *JCP 2000. I. 227* (expertise et CEDH). – ROUSSELET, *RSC 1946. 50* (ruses et artifices). – SÉMINAIRE DE SYRACUSE, 20/25 janv. 1992, *RID pén. 1992, vol. 63, n°s 1 et 2.* – VAN DE KERCHOVE, *RSC 1992. 1.* – VLAMYNCK, *AJ pénal 2014. 325* (loyauté de la preuve au stade de l'enquête). – VOUIN, *RI crim. et pol. techn. 1959. 241* (moyens illégaux de preuve).

▸ **Dossiers :** *AJ pénal 2005. 261* (la preuve : une question de loyauté ?) ; *ibid. 2009. 433* (investigations privées en marge de l'enquête pénale) ; *ibid. 2014. 56* (la preuve au 21e siècle).

Art. 427 **Hors les cas où la loi en dispose autrement, les infractions peuvent être établies par tout mode de preuve et le juge décide d'après son intime conviction.**

Le juge ne peut fonder sa décision que sur des preuves qui lui sont apportées au cours des débats et contradictoirement discutées devant lui. — *Pr. pén. C. 605.*

BIBL. ▸ SAENKO, *D. 2021. 774* (le caractère loyal de la preuve à l'origine inconnue).

I. PRINCIPES NATIONAUX GOUVERNANT LA PREUVE

A. PRINCIPE DE LA LIBERTÉ DE LA PREUVE (ART. 427, AL. 1er)

1° PREUVES ADMISSIBLES

1. La loi n'interdit pas au juge correctionnel de se fonder sur des présomptions, pourvu que les faits qui leur servent de base aient été produits dans le débat oral et soumis à la libre discussion. • Crim. 6 août 1925 : *DH 1925. 533* • 9 févr. 1955 : *D. 1955. 274* • 14 juin 1961, n° 60-93.773 P. ♦ Ainsi, le juge peut faire état des déclarations, à l'audience, d'un coprévenu, en même temps partie civile, mais non entendu comme témoin. • Crim. 9 févr. 1955 : *préc.* • 9 mars 1971, n° 70-90.546 P. ♦ Le juge peut également fonder sa décision sur des pièces d'une autre procédure pénale, ces pièces ayant été soumises à la discussion contradictoire des parties. • Crim. 19 déc. 1973, n° 73-90.224 P. ♦ De même les juges peuvent se fonder sur des pièces obtenues après clôture de l'information par un juge incompétent ayant agi de sa propre initiative dès lors que le procureur les a communiquées à toutes les parties et qu'elles ont été soumises à débat contradictoire. • Crim. 11 juill. 2001, n° 00-84.832 P : *D. 2002. Somm. 1458, obs. Pradel* ; *LPA 2001, n° 184, p. 16, note Ducouloux-Favard* ; *Dr. pénal 2001. Chron. 42 à 44, obs. Marsat.*

2. Actes de l'état civil des pays étrangers. Aucune force probante irréfragable ne s'attache aux actes de l'état civil des pays étrangers et en droit pénal français, la preuve peut se faire par tout moyen. • Crim. 17 juill. 1991, n° 91-82.771 P : *JCP 1991. IV. 384.* ♦ Rappr. : • Crim. 1er déc. 1999, n° 98-87.158 P.

3. Traduction en langue française. En application de la L. n° 94-665 du 4 août 1994 sur l'emploi de la langue française, celle-ci est la langue des services publics. Justifie dès lors sa décision la cour d'appel qui écarte des débats des documents censés justifier la propriété d'un tiers sur un véhicule, aux motifs qu'ils ne sont pas traduits en langue française. • Crim. 14 mai 2008, n° 07-88.013 P : *D. 2008. AJ 1626* ; *AJ pénal 2008. 334* .

4. Enregistrements. L'enregistrement et la production par le destinataire d'appels téléphoniques anonymes et répétés ne sont ni une atteinte à l'intimité de la vie privée de l'auteur des appels, ni une violation des intérêts de la défense. • Crim. 17 juill. 1984 (1er arrêt), n° 83-92.332 P • 17 juill. 1984 (2e arrêt), n° 83-92.333 P • 20 mai 1992, n° 91-84.297 P : *Gaz. Pal. 1992. 2. 468* • 25 janv. 1994, n° 93-81.041 P. ♦ ...Il en est de même de la production par le plaignant d'un film. • Crim. 23 juill. 1992, n° 92-82.721 P : *D. 1993. Somm. 206, obs. Pradel* ; *Gaz. Pal. 1993. 1. 126* • 6 avr. 1994, n° 93-82.717 P : *D. 1994. IR 155* .

5. L'enregistrement par magnétophone peut constituer un indice de preuve, susceptible de s'ajouter à d'autres indices, sur lesquels les tribunaux répressifs peuvent fonder leur intime conviction. • Crim. 16 mars 1961 : *JCP 1961. II. 12157, note Larguier.* ♦ S'agissant de pièces à conviction et non d'actes de procédure, les juges ne peuvent les annuler. • Crim. 22 avr. 1992, n° 90-85.125 P • 23 juill. 1992, n° 92-82.721 P • 6 avr. 1993 : *Dr. pénal juill. 1993, obs. Lesclous et Marsat* ; *JCP 1993. II. 22144, note Rassat.* ♦ Est parfaitement recevable le procès-verbal établi par huissier et retranscrivant une conversation téléphonique entre le prévenu et son ex-épouse, démontrant que l'attestation produite par cette dernière et faisant état de graves violences commises sur sa personne, est mensongère. • Crim. 31 janv. 2007, n° 06-82.383 P : *D. 2007. Chron. 1821, obs. Ménotti* ; *AJ pénal 2007. 145* ; *RSC 2007. 331, obs. Finielz* . ♦ Sur la mise sur écoutes téléphoniques, V. art. 100 s.

6. Témoignage des descendants. Les dispositions de l'art. 205 C. pr. civ., relatives au divorce, ne sont pas applicables devant la juridiction pénale en raison du principe de la liberté de la preuve. • Crim. 2 juin 2015 : *D. actu. 22 juin 2015, obs. Fucini* ; *AJ pénal 2015. 439, obs. Roussel* ; *Procédures 2015, n° 274, note Chavent-Leclère.*

7. Rapport du médiateur. Les constatations du médiateur et les déclarations qu'il recueille ne peuvent être évoquées devant le juge saisi du litige qu'avec l'accord des parties. • Crim. 28 févr. 2001, n° 00-83.365 P : *Dr. pénal 2001. Comm. 95, obs. Maron.*

8. Doit être annulé le jugement fondé non sur des renseignements puisés dans l'instruction de la cause et sur les débats, mais sur la notoriété publique ou sur la connaissance personnelle que le juge de police aurait du fait, objet de la poursuite. • Crim. 13 mai 1922 : *Bull. crim. n° 183* • 21 avr. 1923 : *Bull. crim. n° 171* • 22 juin 1977, n° 76-93.533 P. ♦ ... Ou sur la connaissance personnelle d'éléments de preuve puisés dans d'autres procédures. • Crim. 3 avr. 1984, n° 83-91.362 P. ♦ ... Ou sur des constatations au cours d'une visite des lieux effectuée par le juge en l'absence des parties ou sans qu'elles y aient été appelées. • Crim. 20 mars 1926 : *DH 1926. 300.* ♦ ... Ou sur des éléments qui n'ont pas été soumis à la libre discussion des parties. • Crim. 20 mai 1992, n° 91-84.297 P. ♦ ... Ou sur des renseignements portés directement à la connaissance des juges par l'un des appelants et non communiqués aux autres parties. • Crim. 26 déc. 1961, n° 61-91.301 P • 17 déc. 1970, n° 68-91.412 P : *JCP 1971. II. 16830, note Gaudemet.*

9. Le juge ne saurait asseoir sa décision sur des documents que les parties ont été dans l'impossibilité de combattre par des preuves contraires. • 3 févr. 1921 : *DP 1923. 1. 86* • 6 mars 1973, n° 72-93.525 P. ♦ ... Tel un certificat délivré par un maire après que l'affaire avait été mise en délibéré et qui n'a pu être discuté par l'inculpé. • 3 févr. 1921 : *préc.* ♦ V. également : • Crim. 21 janv. 1975, n° 74-91.629 P.

10. Transmission électronique. Le juge ne peut fonder sa décision que sur des preuves qui lui sont apportées au cours des débats et contradictoirement discutées devant lui, de sorte que, en l'absence de protocole d'accord sur l'utilisation de moyens de communication électronique en matière pénale dans le ressort de la juridiction, des pièces transmises sur l'adresse mail structurelle du greffe d'une juridiction ne peuvent être considérées comme reçues. • Crim. 14 nov. 2017, n° 16-86.663 P : *D. actu. 13 déc. 2017, obs. Priou-Alibert* ; *AJ pénal 2018. 98, obs. Roussel* .

11. Empreinte digitale. Le nombre de points de comparaison pertinents relevés sur une empreinte digitale (en l'espèce dix), qui constitue un simple élément de preuve soumis au principe de contradiction et à l'appréciation des juges, est sans incidence sur la régularité de la procédure. • Crim. 15 déc. 2015, n° 15-82.013 P : *D. actu. 14 janv. 2016, obs. Goetz.*

12. Cas particulier du contentieux routier. L'art. L. 235-1 C. route incrimine le fait de conduire un véhicule après avoir fait usage de stupéfiants, dès lors que cet usage résulte d'une analyse sanguine ; ainsi, l'usage de stupéfiants, élément constitutif de l'infraction prévue par l'art. L. 235-1 C. route, ne peut être prouvé que par analyse sanguine. Tout autre mode de preuve est prohibé, y compris l'aveu, la chambre criminelle cassant une décision des juges du fond ayant condamné un prévenu qui avait reconnu avoir fumé un joint préalablement à la conduite de son véhicule et qu'il passe, ainsi, aveu de sa culpabilité sur ce point ; car attendu qu'en prononçant ainsi, alors que l'usage de stupéfiants, élément constitutif de l'infraction prévue par l'art. L. 235-1 C. route, ne peut être prouvé que par analyse sanguine, la cour d'appel a violé le texte susvisé. • Crim. 15 févr. 2012, n° 11-84.607 P : *RPDP 2012, p. 922, obs. Vergès.*

13. Cas particulier du droit de la consommation. Sur le fondement de la loi de 1905 (art. L. 215-9 et L. 215-11 C. consom.), les éléments de preuve sont recherchés selon le droit commun, indépendamment des règles relatives à la constatation des fraudes. • Crim. 17 janv. 1996, n° 93-83.887 P : *Dr. pénal 1996. Comm. 146, obs. Maron.*

14. Cas particulier de la lutte contre la prostitution. L'art. 706-40, qui prévoit que les propriétaires et bailleurs de locaux affectés à la prostitution seront informés à la diligence du ministère public, ne déroge pas, en l'absence de disposition expresse, au principe de la libre administration de la preuve tel qu'il résulte de l'art. 427. • Crim. 28 nov. 2001, n° 01-81.823.

2° PREUVE ILLICITE OU DÉLOYALE

a. Principe de loyauté applicable aux autorités judiciaires

15. Interdiction des stratagèmes. Dès lors qu'il résulte des énonciations des juges que l'interpellation d'une personne, suspectée de trafic d'influence, a procédé d'une machination de nature à déterminer ses agissements délictueux et que, par ce stratagème, qui a vicié la recherche et l'établissement de la vérité, il a été porté atteinte au principe de la loyauté des preuves, la chambre d'accusation est fondée à prononcer la nullité de la procédure subséquente. • Crim. 27 févr. 1996, n° 95-81.366 P : *Gaz. Pal. 11 juill. 1997, p. 9, rapp. Guerder ; D. 1996. 346, note Guéry ; JCP 1996. II. 22629, note Rassat.* ♦ Comp. : ne constitue pas un stratagème portant atteinte à la loyauté des preuves, l'intervention des gendarmes qui a eu pour seul effet de permettre la constatation d'un délit de trafic d'influence dont ils n'ont pas déterminé la commission. • Crim. 16 janv. 2008, n° 07-87.633 P : *RSC 2008. 367, obs. Finielz ; D. 2008. Pan. 2760, obs. Pradel ; AJ pénal 2008. 148 ; Dr. pénal 2008. Comm. 59, obs. Maron ; Procédures 2008, n° 126, obs. Buisson.*

16. Porte atteinte au droit à un procès équitable et au principe de loyauté des preuves le stratagème qui en vicie la recherche par un agent de la force publique ; constitue un tel stratagème le fait pour le procureur de la République de donner à un OPJ l'ordre de se substituer à la victime supposée d'un chantage dans les négociations avec les auteurs de celui-ci, cet enquêteur ayant eu avec l'un d'entre eux plusieurs conversations téléphoniques dont certaines, ayant fait l'objet d'interceptions, ont conduit à l'interpellation des mis en cause. • Crim. 11 juill. 2017, n° 17-80.313 P : *D. actu. 25 juill. 2017, obs. Azoulay ; D. 2018. Pan. 196, note Barbier ; AJ pénal 2017. 436, note Perrier.* ♦ *Contra*, dans la même affaire : Seul est proscrit le stratagème qui, par un contournement ou un détournement d'une règle de procédure, a pour objet ou pour effet de vicier la recherche de la preuve en portant atteinte à l'un des droits essentiels ou à l'une des garanties fondamentales de la personne suspectée ou poursuivie. • Cass., ass. plén., 9 déc. 2019, n° 18-86.767 P : *D. actu. 16 juin 2020, obs. Diaz ; AJ pénal 2020. 88, obs. Ambroise-Castérot ; RSC 2020. 103, note Delage ; JCP 2020. 129, note Matsopoulou.*

17. Sonorisations de cellules. La conjugaison de mesures de garde à vue, du placement de deux prévenus dans des cellules contiguës et de la sonorisation des locaux (ordonnée dans les formes de l'art. 706-96) participe d'un stratagème constituant un procédé déloyal de recherche des preuves. • Crim. 7 janv. 2014, n° 13-85.246 P : *D. actu. 27 janv. 2014, note Fucini ; D. 2014. 407, note Vergès ; ibid. Pan. 1738, obs. Pradel ; AJ pénal 2014. 194, obs. Vlamynck ; RSC 2014. 130, obs. Danet ; Procédures 2014. 83, note Chavent-Leclère ; Dr. pénal 2014, n° 32, obs. Maron et Haas ; ibid. Étude 7, obs. Bergeaud-Wetterwald.* ♦ Au cours d'une mesure de garde à vue, le placement, durant les périodes de repos séparant les auditions, de deux personnes retenues dans des cellules contiguës préalablement sonorisées, de manière à susciter des échanges verbaux qui seraient enregistrés à leur insu pour être utilisés comme preuve, constitue un procédé déloyal d'enquête mettant en échec le droit de se taire et celui de ne pas s'incriminer soi-même et porte atteinte au droit à un procès équitable. • Cass., ass. plén., 6 mars 2015 : *D. actu. 10 mars 2015, obs. Fucini ; D. 2015. 711, note Pradel ; AJ pénal 2015. 362, note Girault ; RSC 2015. 117, note Delage ; ibid. 971, obs. Renucci ; Dr. pénal 2015, n° 58, note Maron et Haas.* ♦ Mais doit être rejeté le pourvoi formé par les prévenus contre l'arrêt de la cour d'appel qui a mis la Cour de cassation en mesure de s'assurer que les déclarations de culpabilité des prévenus ne sont fondées ni exclusivement ni même essentiellement sur les déclarations faites par eux aux agents de la DST s'étant présentés comme une délégation humanitaire, alors qu'ils étaient détenus au camp militaire américain de Guantanamo et alors qu'une enquête préliminaire était ouverte en France. • Crim. 3 sept. 2014 : *AJ pénal 2014. 577, obs. Cahn.*

18. Interdiction des procédés frauduleux. L'administration des douanes n'est pas recevable à prouver des délits par des documents qu'elle s'est procurés de manière frauduleuse. • Crim. 28 oct. 1991, n° 90-83.692 P : *JCP 25 juin 1992 n° 318, note Pannier ; Dr. pénal 1992. Comm. n° 42, obs. Robert.* ♦ V. aussi : • Cass., ass. plén., 7 janv. 2011 : *D. 2011. 562, obs. Fourment ; ibid. 618, obs. Vigneau ; ibid. Pan. 2893, obs. Delebecque.*

19. Étendue de la nullité. La nullité d'une des parties d'un procès-verbal n'entraîne pas de plein droit celle de l'acte en son entier et le vice qui affecte les constatations irrégulières ne s'étend à celles auxquelles il a été régulièrement procédé que lorsqu'il existe entre les unes et les autres une relation de cause à effet. • Crim. 11 févr. 1911 : *Bull. crim. n° 97.* ♦ La nullité de la perquisition et des saisies effectuées sans mandat est sans influence sur la validité de la poursuite et n'interdit pas au juge de tenir compte de tous éléments de preuve indépendants des actes irréguliers, en particulier d'aveux postérieurs du prévenu s'ils ont été faits sans contrainte. • Crim. 27 déc. 1935 : *DP 1936. 1. 20, note Mimin* • 11 juin 1949 : *D. 1949. 517.*

20. Enregistrements policiers clandestins. L'enregistrement effectué de manière clandestine, par un policier agissant dans l'exercice de ses fonctions, des propos qui lui sont tenus, fût-ce spontanément, par une personne suspecte, élude les règles de procédure et compromet les droits de la défense. La validité d'un tel procédé ne peut être admise. • Crim. 16 déc. 1997, n° 96-85.589 P : *D. 1998. IR 81 ; RG proc. 1998. Chron. 327, par Rebut ; Procédures 1998, n° 98, obs. Buisson.* ♦ V. toutefois : • Crim. 13 oct. 2004, n° 03-81.763 P : *RPDP 2005, n° 2, p. 410, obs. Ambroise-Castérot.*

21. Aveux hors audition. Aucun procédé déloyal, tendant à éluder les règles de procédure ou à compromettre les droits de la défense, n'a été mis en œuvre lorsque le versement à la procédure des aveux de la personne gardée à vue, faits lors d'une pause auprès d'un officier qui n'était pas en charge de l'enquête, a résulté d'une demande de son avocat. • Crim. 15 mars 2015, n° 14-86.913 : *RSC 2015. 399, note Boccon-Gibod.* ♦ Ne constitue pas un stratagème le fait pour des gendarmes de consigner dans un tel procès-verbal des propos qui n'ont pas été recueillis contre le gré de l'intéressé ou à son insu. • Crim. 7 janv. 2020, n° 19-84.246 P : *D. actu. 28 janv. 2020, obs. Goetz ; AJ pénal 2020. 256, obs. Clément.*

b. Provocations à l'infraction et provocation à la preuve

22. Interdiction des provocations policières à l'infraction. Porte atteinte au principe de la loyauté des preuves et au droit à un procès équitable, la provocation à la commission d'une infraction par un agent de l'autorité publique ou par son intermédiaire : la déloyauté d'un tel procédé rend irrecevables en justice les éléments de preuve ainsi obtenus. • Crim. 11 mai 2006, n° 05-84.837 P : *D. 2006. IR 1772 ; AJ pénal 2006. 354, note Verges ; RSC 2006. 848, note Finielz ; ibid. 2006. 879, obs. Renucci ; RPDP 2006. 859, obs. Maistre du Chambon.* • 9 août 2006, n° 06-83.219 P : *D. 2006. IR 2348 ; ibid. 2007. 402, obs. Roujou de Boubée ; ibid. Pan. 973, obs. Pradel ; RSC 2006. 848, obs. Finielz ; ibid. 2007. 614, obs. Buisson ; AJ pénal 2006. 510, note Saas.* ♦ Il en va ainsi quand bien même les preuves auraient pour support un stratagème commis à l'étranger, par des agents étrangers (mise en examen d'un Français "piégé" par sa connexion à un site de pornographie infantile créé et exploité par la police de New York). • Crim. 7 févr. 2007, n° 06-87.753 P : *D. 2007. AJ 1079 ; ibid. 2007. 2012, note Demarchi ; RSC 2008. 663, obs. Buisson ; AJ pénal 2007. 233 ; RSC 2007. 331, obs. Finielz ; ibid. 2007. 560, obs. Francillon ; Dr. pénal 2007. Chron. 29, obs. Lepage ; Procédures 2007, n° 147, obs. Buisson* • 4 juin 2008, n° 08-81.045 P : *D. 2008. AJ 1766, note Lavric ; ibid. Pan. 2716, obs. Bretzner ; RSC 2008. 621, obs. Francillon ; AJ pénal 2008. 425, obs. Lavric ; Dr. pénal 2008. Chron. 10, obs. Lepage ; ibid. 2009. Chron. 1, obs. Guérin.* ♦ Comp. : la preuve recueillie par l'autorité publique américaine, issue de la création d'un site internet dont les échanges étaient surveillés, est régulière, dès lors que ce site a seulement permis de rassembler les preuves de la commission de fraudes et d'en identifier les auteurs, aucun élément ne démontrant qu'il ait eu pour objet d'inciter les personnes qui l'ont consulté à passer à l'acte. • Crim. 30 avr. 2014, n° 13-88.162 P : *D. actu. 12 mai 2014, obs. Fucini ; D. 2014. Pan. 1739, obs. Pradel ; AJ pénal 2014. 374, obs. de Combles de Nayves ; JCP 2014, n° 583 ; RSC 2014. 577, note Francillon.*

23. L'interception des communications d'un téléphone portable, introduit clandestinement dans une maison d'arrêt, ne porte pas atteinte au principe de loyauté, dès lors que le recueil des preuves a été obtenu sans actes positifs de l'autorité publique susceptibles de caractériser un stratagème constituant un procédé déloyal. • Crim. 14 avr. 2015, n° 14-87.914 P : *D. actu. 12 mai 2015, obs. Fucini ; Procédures 2015, n° 273, note Chavent-Leclère.* ♦ Le recueil des renseignements obtenus par les enquêteurs, lors d'une conversation fortuite du suspect avec un tiers se trouvant près de lui et qui n'était pas son interlocuteur téléphonique, à l'occasion d'une interception de communications régulièrement autorisée par le juge d'instruction, ne constitue pas un procédé de recherche des preuves déloyal ou portant une atteinte illégale à la vie privée. • Crim.

14 avr. 2015, n° 14-88.515 P : *ibid.*

24. Licéité de la provocation policière à la preuve. Justifie sa décision refusant d'accueillir une prétendue provocation policière la cour qui, après avoir relevé qu'un fonctionnaire de police s'est fait passer pour un acheteur éventuel d'opium, constate que l'intervention de cet agent n'a en rien déterminé les agissements délictueux du prévenu et a eu seulement pour effet de permettre la constatation d'infractions déjà commises et d'en arrêter la continuation. • Crim. 2 mars 1971, n° 70-91.810 P : *Gaz. Pal. 1971. 1. 324.* ♦ *Adde* : • Crim. 27 janv. 1944 : *Gaz. Pal. 1944. 1. 167, note Bouzat* • T. corr. Seine, 7 mars 1963 : *JCP 1964. II. 13522 note Brouchot* • Crim. 12 juin 1952 : *Bull. crim. n° 153 ; JCP 1952. II. 7241.* ♦ Il en va de même pour des policiers cachés, demeurés passifs, qui ont laissé faire les événements. • Crim. 22 avr. 1992 : *Gaz. Pal. 1992. 2. 476.* ♦ De même, ne porte pas atteinte au principe de la loyauté des preuves et au droit à un procès équitable le fait, pour un officier de police judiciaire, compétent pour ce faire, préalablement informé, de façon spontanée, par un tiers, de la possible commission d'infractions, de contacter, à l'aide d'un numéro de téléphone diffusé par elle sur internet, la société mettant en vente un véhicule susceptible d'avoir été acquis en leasing à l'aide d'un dossier contenant des pièces falsifiées, et de se rendre au rendez-vous fixé par le commercial qui l'a rappelé à cette fin, sans prendre aucun engagement ni faire une quelconque autre demande. • Crim. 12 sept. 2018, n° 17-87.498 • Crim. 12 sept. 2018, n° 17-87.499 : *LPA 29 mai 2019, p. 8, obs. Ambroise-Castérot.* ♦ Un procédé qui n'a en rien déterminé les agissements d'une personne mise en examen ne porte pas atteinte à la loyauté entrant dans les garanties du droit à la liberté et à la sûreté et du procès équitable ; dès lors, des policiers peuvent répondre à une annonce de vente immobilière en se présentant comme acquéreurs et fixer un rendez-vous avec l'auteur du vol dans le but de l'appréhender. • Crim. 15 déc. 2015, n° 15-84.373 P : *D. actu. 15 janv. 2016, obs. Benelli-de Bénazé.*

c. Journalistes

25. Les impératifs de loyauté et de légalité de la preuve ne s'appliquent pas aux journalistes, qui sont des personnes privées, tiers au procès, et l'impossibilité de connaître l'origine des enregistrements sonores met en cause, non pas la régularité de la procédure, mais le contrôle de la valeur probante de ceux-ci. • Crim. 1er déc. 2020, n° 20-82.078 P : *AJ pénal 2021. 102, obs. Ambroise-Castérot.*

d. Parties privées non soumises aux exigences de loyauté

26. Les juges répressifs ne peuvent écarter les moyens de preuve produits par les parties au seul motif qu'ils auraient été obtenus de façon illicite ou déloyale. Il leur appartient seulement d'en apprécier la valeur probante ; méconnaît les dispositions de l'art. 427 la cour d'appel qui déclare irrecevable en preuve un document produit par la partie civile poursuivante parce qu'elle n'avait pu l'obtenir que de façon illicite. • Crim. 15 juin 1993, n° 92-82.509 P : *D. 1994. 613, note Mascala ; Dr. pénal févr. 1994, p. 3, obs. Lesclous et Marsat* • 6 avr. 1994, n° 93-82.717 P • 6 avr. 1994, n° 93-82.717 P : *Gaz. Pal. 21 juill. 1994, p. 18, note Doucet.* ♦ ... Alors qu'il peut être discuté contradictoirement. • Crim. 30 mars 1999, n° 97-83.464 P : *Procédures 1999., n° 215, obs. Buisson ; RG proc. 1999. 640, Chron. Rebut ; D. 2000. 391, note Garé* ♦ V. également : • Crim. 26 avr. 1987, n° 87-80.903 P • 12 juin 2003 : *RSC 2004. 427, obs. Buisson.*

27. Le droit à un procès équitable et la liberté d'expression justifient que la personne poursuivie du chef de diffamation soit admise à produire, pour les nécessités de sa défense, les pièces de nature à établir la vérité des faits ou sa bonne foi, sans qu'elles puissent être écartées des débats au motif qu'elles auraient été obtenues par des moyens illicites ou déloyaux. • Crim. 19 janv. 2010, n° 09-84.408 P : *AJ pénal 2010. 240, obs. Royer.*

28. Participation de l'autorité publique. Porte atteinte aux principes du procès équitable et de la loyauté des preuves la participation de l'autorité publique à l'administration d'une preuve obtenue de façon illicite ou déloyale par une partie privée (participation indirecte à l'obtention d'enregistrements, par un particulier, sans le consentement des intéressés, de propos tenus par eux à titre privé). • Crim. 20 sept. 2016, n° 16-80.820 P : *D. actu. 22 sept. 2016, obs. Fucini ; Gaz. Pal. 24 janv. 2017, p. 56, note Fourment ; AJ pénal 2016. 600, obs. Ambroise-Castérot ; Dr. pénal 2016, n° 164, note Maron et Haas ; Procédures 2016, n° 341, note Chavent-Leclère ; RSC 2016. 797, note Cordier.* ♦ *Contra* (dans la même affaire) : L'enregistrement clandestin réalisé par une partie privée est un moyen de preuve admis lors du procès pénal, l'absence d'intervention des enquêteurs quant à son recueil, dont ils étaient informés, leur conférant un rôle passif dont on ne saurait déduire leur participation, directe ou indirecte. • Cass., ass. plén., 10 nov. 2017, n° 17-82.028 P : *D. actu. 17 nov. 2017, obs. Azoulay ; D. 2018. 103, note Décima ; ibid. Pan. 2018. 196, note Barbier ; ibid. 1611, note Pradel ; Dr. pénal 2018, n° 37, obs. Maron et Haas ; RSC 2018. 117, note Delage.*

29. La circonstance que des enregistrements ont été remis aux enquêteurs par des journalistes ne saurait en elle-même conduire à exclure que l'autorité publique, sur qui seule pèse une obligation de légalité et de loyauté dans le recueil des preuves, ait concouru à la réalisation de ces enregistrements, mais le versement au dossier d'éléments de preuve ne saurait être déclaré irrégulier au seul motif que les conditions de leur recueil sont restées incertaines. • Crim. 1er déc. 2020, n° 20-82.078 P : *AJ pénal 2021. 101, obs. Engel ; Dr. pénal 2021, n° 37, obs. Maron et Haas ; RSC 2021. 117, obs. Delage* .

30. Dès lors que les pièces litigieuses obtenues après clôture de l'information judiciaire par un juge incompétent agissant de sa propre initiative étaient extérieures à cette procédure et ont été soumises au débat contradictoire, la cour d'appel, qui a répondu comme elle le devait aux chefs péremptoires des conclusions dont elle était saisie, a, sans méconnaître les principes du procès équitable, justifié sa décision. Les juges répressifs ne sauraient écarter des pièces, étrangères à la procédure d'instruction, versées aux débats par le ministère public et provenant d'actes opérés par un juge étranger dessaisi de toute commission rogatoire internationale et agissant de sa propre initiative, après clôture de l'information, dès lors que ces pièces ont été communiquées aux parties et ont été contradictoirement débattues. • Crim. 11 juill. 2001, n° 00-84.832 P.

31. Enregistrements réalisés par la victime. Constitue un moyen de preuve licite l'exploitation par des enquêteurs de l'enregistrement d'une cassette contenant des propos injurieux proférés par téléphone et enregistrés par la victime qui a déposé plainte. • Crim. 13 juin 2001 : *Procédures 2001, n° 202, obs. Buisson.* • Crim. 6 avr. 1993 : *JCP 1993. II. 22144, note Rassat.* ♦ Attendu qu'en statuant ainsi, et dès lors que l'enregistrement de la conversation téléphonique privée, réalisé par l'époux, était justifié par la nécessité de rapporter la preuve des faits dont il était victime et de répondre, pour les besoins de sa défense, aux accusations de violences qui lui étaient imputées, la cour d'appel, devant qui la valeur de ce moyen de preuve a été contradictoirement débattue, n'a pas méconnu les textes et les dispositions conventionnelles visés au moyen. • Crim. 31 janv. 2007, n° 06-88.051 P : *D. 2007, p. 1821, obs. Caron et Ménotti ; Rev. pénit. 2007, n° 2, p. 385, obs. Ambroise-Castérot.*

32. Enregistrements réalisés par un tiers. Pour rejeter le moyen de nullité pris du versement au dossier des enregistrements de conversations privées réalisés par le maître d'hôtel de Mme Y... à l'insu de celle-ci et de ses interlocuteurs, dont ses avocats, et des pièces subséquentes, l'arrêt relève notamment que ne peut être annulé un document, versé en procédure, qui est produit par un particulier, qui constitue une pièce à conviction et ne procède, dans sa confection, d'aucune intervention, directe ou indirecte, d'une autorité publique ; en effet, les enregistrements contestés ne sont pas en eux-mêmes des actes ou des pièces de l'information, au sens de l'art. 170, et comme tels, susceptibles d'être annulés, mais des moyens de preuve qui peuvent être discutés contradictoirement, et que la transcription de ces enregistrements, qui a pour seul objet d'en matérialiser le contenu, ne peut davantage donner lieu à annulation. • Crim. 31 janv. 2012 : *RPDP 2012, p. 157, obs. Ambroise-Castérot.*

33. Validation du « testing ». Aucune disposition légale ne permet au juge répressif d'écarter les moyens de preuve produits par les parties au seul motif qu'ils auraient été obtenus de façon illicite ou déloyale ; il appartient seulement au juge d'en apprécier la valeur probante après les avoir soumis à la discussion contradictoire ; ainsi, les juges ne peuvent écarter le procédé de preuve par « testing » au simple motif qu'il n'offre « aucune transparence » et n'est pas « loyal ». • Crim. 11 juin 2002, n° 01-85.559 P : *D. 2003. 1309, note Collet-Askri ; JCP 2002. IV. 2370* • 11 juin 2002 : *RSC 2002. 878, obs. Renucci* . ♦ L'art. 225-3-1 C. pén. ne prévoit aucune dérogation aux règles de poursuite et de jugement des infractions ; en outre, il ne confère pas au procureur de la République la faculté de provoquer à la commission d'une infraction et ne remet pas en cause le pouvoir du juge d'apprécier la valeur probante des éléments à charge produits par les parties, après les avoir soumis à la discussion contradictoire ; il n'est ainsi porté aucune atteinte aux droits de la défense ni au droit à un procès équitable (non renvoi de la QPC). • Crim. 4 févr. 2015 : *D. actu. 25 févr. 2015, obs. Fonteix ; AJ pénal 2015. 139, obs. Lasserre Capdeville ; RSC 2015. 117, note Delage ; Dr. pénal 2015, n° 46, note Véron.*

34. Obligation d'admettre la preuve. Le fait que des pièces produites par une partie pour sa défense auraient été obtenues par des moyens déloyaux ne permet pas au juge d'instruction de refuser de les joindre à la procédure, dès lors qu'elles ne constituent que des moyens de preuve dont la valeur peut être discutée contradictoirement. Il ne peut donc être reproché au juge d'instruction ni de saisir une bande magnétique, à lui remise par une partie, contenant l'enregistrement d'une conversation, ni de faire procéder à la transcription de cet enregistrement et de la joindre au dossier de la procédure, même si cet enregistrement a eu lieu à l'insu d'un des participants à cette conversation. • Crim. 11 févr. 1992, n° 91-86.067 P. ♦ Aucune disposition légale ne permet aux juges répressifs d'écarter des moyens de preuve remis par un particulier aux services d'enquête, au seul motif qu'ils auraient été obtenus de façon illicite ou déloyale ; il leur appartient seulement, en application de l'art. 427, d'en apprécier la valeur probante, après les avoir soumis à la discussion contradictoire des parties. • Crim. 27 janv. 2010, n° 09-83.395 P : *D. 2010. AJ 656 ; AJ pénal 2010. 280,* *obs. Lasserre Capdeville* ; *Procédures 2010, n° 156, obs. Chavent-Leclère.*

35. *Impossibilité d'annuler.* L'enregistrement clandestin, par un policier, des propos qui lui sont tenus ne constitue pas un acte de procédure susceptible d'annulation, mais seulement un moyen de preuve soumis à la libre discussion des parties, lorsqu'il est effectué par lui, non dans l'exercice de ses fonctions, en vue, par exemple, de constater des agissements délictueux sur délégation judiciaire, mais pour se constituer la preuve de faits dont il est lui-même victime. • Crim. 19 janv. 1999, n° 98-83.787 P : *JCP 1999. II. 10156, note Rebut* ; *Dr. pénal 1999. Comm. n° 24, obs. Marsat.*

36. *Différence fondamentale entre procédure civile et procédure pénale.* Sauf disposition expresse contraire du code de commerce, les règles du code de procédure civile relatives à la loyauté de la preuve s'appliquent au contentieux des pratiques anticoncurrentielles relevant de l'Autorité de la concurrence. Par conséquent, l'enregistrement d'une communication téléphonique réalisé à l'insu de l'auteur des propos tenus constitue un procédé déloyal rendant irrecevable sa production à titre de preuve. • Cass., ass. plén., 7 janv. 2011 : *D. 2011. 562, obs. Fourment* ; *ibid. 618, obs. Vigneau* ; *ibid. Pan. 2893, obs. Delebecque.*

37. *Droit européen.* Si la Conv. EDH garantit en son art. 6 le droit à un procès équitable, elle ne réglemente pas pour autant l'admissibilité des preuves en tant que telle, matière qui dès lors relève au premier chef du droit interne. La Cour ne saurait donc exclure par principe et *in abstracto* l'admissibilité d'une preuve recueillie de manière illégale. Il incombe seulement de rechercher si le procès de M. S. a présenté dans son ensemble un caractère équitable. La Cour estime qu'il n'y a pas eu méconnaissance des droits de la défense, M. S. ayant d'une part eu la possibilité de contester les preuves litigieuses (débat contradictoire) et d'autre part, la juridiction suisse s'étant appuyée sur d'autres preuves, l'enregistrement litigieux ne constituait donc pas la seule preuve fondant la condamnation du requérant : en conclusion, l'utilisation de l'enregistrement litigieux comme pièce à conviction n'a pas privé le requérant d'un procès équitable et n'a donc pas enfreint l'art. 6, § 1 : CEDH 12 juill. 1988, (A.140), n° 10862/84, *Schenk c/ Suisse : RSC 1988, p. 840, obs. Pettiti et Teitgen.*

B. PRINCIPE DU CONTRADICTOIRE (ART. 427, AL. 2)

1° RÈGLES GÉNÉRALES

38. *Essence du principe du contradictoire.* L'art. 427, qui impose au juge correctionnel de ne fonder sa décision que sur des preuves qui lui sont apportées au cours des débats et contradictoirement discutées devant lui, n'exige pas que les pièces soient communiquées à la partie adverse avant l'audience. • Crim. 10 nov. 2004, n° 03-87.628 P : *D. 2005. 245* ; *ibid. 684, obs. J. Pradel* ; *AJ pénal 2005. 77* ; *Procédures 2005, n° 21, obs. J. Buisson* ; *JCP 2005. IV. 1129* ; *RPDP 2005, p. 413, obs. Ambroise-Castérot* • Crim. 18 févr. 2015 : *D. actu. 6 mars 2015, obs. Priou-Alibert* ; *AJ pénal 2015. 261, obs. Porteron.*

39. *Étendue du contradictoire.* L'art. 427, al. 2, est applicable aux moyens de défense. • Crim. 13 janv. 1970, n° 68-93.408 P : *D. 1970. Somm. 87.* ♦ Tout prévenu a droit à être informé d'une manière détaillée de la nature et de la cause de la prévention dont il est l'objet et il doit, par suite, être mis en mesure de se défendre tant sur les différents chefs d'infraction qui lui sont imputés que sur chacune des circonstances aggravantes susceptibles d'être retenues à sa charge. • Crim. 5 déc. 1978, n° 78-91.826 P : *D. 1979. 50, note Kehrig* ; *Gaz. Pal. 1979. 149, note Pettiti* ; *RSC 1979. 349, obs. Robert.*

40. Si l'expertise n'a pas, en principe, en matière pénale, un caractère contradictoire, ses résultats doivent être contradictoirement débattus. • Crim. 9 nov. 1972, n° 71-93.529 P : *D. 1973. Somm. 19.* ♦ Par ailleurs, encourt la censure l'arrêt qui, sans répondre aux conclusions du prévenu poursuivi du chef de menace de mort matérialisée par un écrit, fonde sa décision sur les seules conclusions de l'expert désigné par le procureur de la République qui l'incriminent, se bornant à affirmer la partialité de l'analyse d'écriture diligentée à la demande de la défense, sans dire en quoi cette analyse était techniquement discutable. • Crim. 6 sept. 2006, n° 06-80.972 P : *AJ pénal 2006. 452, obs. Girault.*

41. *Limites de la contradiction.* Méconnaît le sens et la portée de l'art. 427, et dès lors encourt la cassation, l'arrêt qui écarte les pièces produites aux débats au motif qu'elles auraient dû être communiquées à la partie adverse antérieurement à l'audience. • Crim. 19 juin 1991, n° 90-86.630 P • 28 juin 1995, n° 94-85.684 P • 10 nov. 2004, n° 03-87.628 P : *D. 2005. IR 245* ; *ibid. 2005. Pan. 689, obs. Pradel* ; *AJ pénal 2005. 77, obs. Coste* ; *Procédures 2005, n° 21, obs. Buisson* ; *JCP 2005. IV. 1129.* ♦ ... Et il appartient au juge d'assurer le débat contradictoire en ordonnant la communication des documents au ministère public • Crim. 12 janv. 2005, n° 04-81.982 P : *D. 2005. IR 595* ; *JCP 2005. IV. 1510.* ♦ En revanche, en fondant leur conviction sur l'examen, au cours du délibéré, de l'enregistrement audiovisuel réalisé en application des dispositions de l'art. 706-52, de l'audition d'une mineure victime d'agressions sexuelles, les juges n'ont pas méconnu le principe du contradictoire, dès lors qu'une copie de cet enregistrement était jointe au dossier, laquelle pouvait être visionnée par les avocats des parties dans les conditions fixées par l'al. 7 de ce texte. • Crim. 12 sept. 2007, n° 06-87.498 P : *RSC 2007. 837,* *obs. Finielz* ✎. ♦ Dans le même sens, au sujet d'une vidéosurveillance relative à une intervention des forces de police constituant un manquement volontaire et inexcusable à des obligations professionnelles et déontologiques. • Crim. 18 juin 2013 : *Dr. pénal 2013, n° 134, obs. Maron et Haas ; Gaz. Pal. 13 au 15 oct. 2013, p. 45, note Fourment.*

42. Disparition de scellés. Un demandeur ne saurait se faire un grief de ce que l'arrêt a refusé d'annuler le jugement en raison de la disparition de scellés dès lors qu'il résulte des énonciations dudit jugement que le tribunal n'a pas fondé sa décision sur ces seuls éléments de preuve. • Crim. 7 juin 2017, n° 15-87.214 P.

2° CAS PARTICULIERS

43. Application de l'art. 427, al. 2, dans la procédure d'instruction. Doit être cassé l'arrêt qui se fonde sur un élément de conviction irrégulièrement porté à la connaissance des juges et qui n'a pas été soumis à la libre discussion des parties. • Crim. 20 mai 1980, n° 79-93.444 P : *D. 1980. 493, note crit. Chambon.*

44. Principe du contradictoire et témoignages anonymes. Ne saurait se faire un grief de l'irrégularité de l'audition, par un officier de police judiciaire, de témoins ayant désiré garder l'anonymat, le prévenu poursuivi pour outrage public à la pudeur dès lors qu'il a été constaté par les enquêteurs qu'au moment de son interpellation, son pantalon et son slip étaient descendus jusqu'au bas des jambes. • Crim. 4 juin 1997, n° 96-85.802 P : *Dr. pénal 1997, Comm. n° 137, obs. Maron.* ♦ Sur la jurisprudence européenne relative à l'anonymat : V. ss. art. 6 Conv. EDH.

II. PRINCIPES EUROPÉENS GOUVERNANT LA PREUVE

Sur la jurisprudence de la CEDH : V. ss. art. 6 Conv. EDH.

A. RESPECT DES DROITS FONDAMENTAUX PROCÉDURAUX

V. également sur la loyauté des preuves : notes 15 s.

45. Art. 6 de la Conv. EDH. Il n'y a pas violation de l'art. 6 Conv. EDH lorsque les juges du fond ne se sont pas fondés sur des témoignages anonymes mais sur les constatations effectuées par deux inspecteurs nommément désignés qui se sont présentés comme des « consommateurs anonymes », l'intervention des policiers ayant eu pour seul effet de permettre la constatation d'une activité délictueuse et d'en arrêter la continuation. • Crim. 17 oct. 1991 : *JCP 1992. I. 3551, note Maron.*

46. Les dispositions de l'art. 6 Conv. EDH ne s'opposent pas à ce que la juridiction du second degré examine des pièces qui ont été produites devant le tribunal, puis écartées en première instance à la demande des prévenus, dès lors que ceux-ci, après avoir pris connaissance de ces pièces, ont déposé des conclusions devant les juges d'appel aux fins d'en discuter la régularité et le contenu. • Crim. 16 févr. 1999, n° 97-84.260 P.

47. Art. 6 de la Conv. EDH (couplé avec l'article 7). L'art. L. 1er C. route, dont les dispositions ne sont pas à cet égard incompatibles avec la Conv. EDH, ne prévoit pas pour les auteurs des infractions visées par cet article et les conducteurs impliqués dans un accident de la circulation le droit de choisir entre des modes de vérification, auxquels la loi accorde la même valeur probante. • Crim. 27 oct. 1993, n° 93-81.570 P : *D. 1994. IR 9.*

48. Art. 6, § 3 d), de la Conv. EDH. Le demandeur ne saurait se faire un grief des motifs par lesquels la chambre d'accusation a refusé d'examiner les exceptions de nullité qu'il soulevait, dès lors que l'audition des témoins, non suivie de leur confrontation avec la personne mise en examen, n'est de nature à entraîner la nullité de la procédure ni sur le fondement du droit interne ni sur celui de la Convention européenne des droits de l'homme. Le défaut de confrontation à ce stade de la procédure n'a pour autre conséquence, au regard des art. 427 s. et 323 s. ainsi que de l'art. 6, § 3 *d)*, de la Convention précitée, que d'ouvrir la faculté au prévenu ou à l'accusé, qui comparaît devant la juridiction de jugement, de citer lesdits témoins, pour permettre qu'il soit contradictoirement discuté de ces éléments de preuve. • Crim. 26 janv. 1994, n° 93-81.342 P • 12 mars 1997, n° 96-86.596 P.

B. RESPECT DES DROITS FONDAMENTAUX SUBSTANTIELS

49. Art. 8 de la Conv. EDH. Ne constitue pas une interception de correspondance émise par la voie des télécommunications, au sens des art. 8 Conv. EDH ou 100, le simple compte rendu de propos entendus par des policiers au cours d'une conversation téléphonique qui s'est déroulée en leur présence, sans artifice ni stratagème. L'utilisation, lors de l'enquête, d'un procédé technique ayant pour seul objet l'identification de l'auteur d'appels téléphoniques n'est pas irrégulier. • Crim. 2 avr. 1997, n° 97-80.269 P : *RSC 1997. 858, obs. Dintilhac* ✎.

50. Si selon les dispositions combinées des art. 342 et 451 C. douanes, tous délits en matière douanière ou cambiaire peuvent être prouvés par toutes les voies de droit, c'est à la condition que les moyens de preuve produits devant le juge pénal ne procèdent pas d'une méconnaissance des règles de procédure et n'aient pas eu pour effet de porter atteinte aux droits de la défense, ni au principe énoncé à l'art. 8 Conv. EDH. Ne met pas la Cour de cassation en mesure d'exercer son contrôle sur la régularité de la procédure la chambre d'accusation qui, pour déclarer n'y avoir lieu à annulation d'un procès-verbal de douanes faisant état de la remise anonyme d'un enregistrement de conversations téléphoniques, se borne à relever que celui-ci aurait été réalisé par l'un des contrevenants à la suite de son audition par les agents des douanes qui lui auraient demandé une preuve des transferts de fonds effectués pour le compte d'un tiers. • Crim. 19 juin 1989, n° 89-81.777 P.

51. Ne méconnaît ni les règles du C. pr. pén. ni l'art. 8 Conv. EDH concernant le respect de la vie privée, du domicile et de la correspondance, le procès-verbal relatant les constatations effectuées personnellement, sans artifice ni stratagème, par des gardes nationaux de la chasse et de la faune sauvage agissant dans le cadre d'une enquête préliminaire destinée à constater une infraction, à en rassembler les preuves et à en rechercher les auteurs. • Crim. 23 août 1994, n° 93-84.739 P. ♦ Ne constitue pas une ingérence injustifiée dans la vie privée, au sens de l'art. 8 Conv. EDH, la constatation des contraventions d'excès de vitesse au moyen d'un cinémomètre associé à un appareil de prise de vue, dès lors que cet appareil n'est utilisé qu'aux seules fins de relever l'immatriculation du véhicule en infraction et de permettre, le cas échéant, l'identification du contrevenant. • Crim. 7 mai 1996, n° 95-85.674 P.

52. Ne donne pas de base légale à sa décision la cour d'appel qui, dans la procédure engagée du chef de fausse attestation et usage, par le médecin psychiatre d'un établissement spécialisé, contre, notamment, la mère d'un majeur protégé qui y a séjourné, refuse d'écarter des débats les pièces du dossier médical et psychologique de ce dernier, produites par la partie poursuivante, sans rechercher si l'examen public et contradictoire, devant la juridiction correctionnelle, de ces pièces, couvertes par le secret professionnel, constituait une mesure nécessaire et proportionnée à la défense de l'ordre et à la protection des droits de la partie civile au sens de l'art. 8 Conv. EDH. • Crim. 24 avr. 2007, n° 06-88.051 P : *AJ pénal 2007. 331, obs. Saas ; RSC 2007. 815, obs. Mayaud ; ibid. 838, obs. Finielz ; ibid. 895, obs. Renucci.*

53. Art. 11 de la Conv. EDH. Les art. 114 et 197, qui limitent aux avocats des parties la possibilité de se faire délivrer la copie des pièces du dossier d'une information en cours, ne sont pas applicables aux procédures dont la juridiction du jugement est saisie et qui, de ce fait, ne sont pas soumises au secret de l'enquête ou de l'instruction prescrit par l'art. 11. Il s'ensuit que toute personne ayant la qualité de prévenu ou d'accusé est en droit d'obtenir, en vertu de l'art. 6, § 3, Conv. EDH, non pas la communication directe des pièces de la procédure, mais la délivrance, à ses frais, le cas échéant par l'intermédiaire de son avocat, de la copie des pièces du dossier soumis à la juridiction devant laquelle elle est appelée à comparaître. Les dispositions de l'art. R. 155 (2°), soumettant à autorisation du ministère public la délivrance aux parties des pièces de la procédure, ne sauraient faire obstacle à ce droit. • Crim. 12 juin 1996 (1er arrêt), n° 96-80.219 P : *Dr. pénal 1996. Comm. 203, note Maron* • 12 juin 1996 (2e arrêt), n° 95-82.735 P.

Art. 428 **L'aveu, comme tout élément de preuve, est laissé à la libre appréciation des juges.** — *Pr. pén. C. 606.*

RÉP. PÉN. v° *Aveu*, par AMBROISE-CASTÉROT.

BIBL. ▶ VIAUT, *Cah. just. 2021. 151* (l'aveu).

1. Les éléments de fait, librement débattus, sont appréciés souverainement par les juges du fond quant à leur valeur probante, notamment les aveux faits à la police, confirmés devant le magistrat instructeur. • Crim. 21 oct. 1965, n° 65-90.318 P • 4 janv. 1985, n° 82-93.066 P.

2. Donnent une base légale à leur décision les juges d'appel qui écartent la rétractation d'aveux, faisant foi jusqu'à preuve contraire, quant à leur exactitude et leur sincérité, en constatant que les auteurs de ces aveux accompagnaient la conductrice de la voiture qui transportait la marchandise de fraude dont ils ont connu l'existence et la nature. • Crim. 18 déc. 1969, n° 69-90.341 P.

3. Ni l'art. 6, § 1, Conv. EDH, ni l'art. 14 du Pacte international relatif aux droits civils et politiques n'excluent l'aveu des éléments de preuve pouvant être retenus pour fonder une déclaration de culpabilité. • Crim. 28 janv. 1998, n° 97-83.196.

Art. 429 **Tout procès-verbal ou rapport n'a de valeur probante que s'il est régulier en la forme, si son auteur a agi dans l'exercice de ses fonctions et a rapporté sur une matière de sa compétence ce qu'il a vu, entendu ou constaté personnellement.** — *Pr. pén. 65, C. 607 et C. 608.*

(L. n° 2000-516 du 15 juin 2000, art. 41, en vigueur le 1er janv. 2001) **« Tout procès-verbal d'interrogatoire ou d'audition doit comporter les questions auxquelles il est répondu. »**

BIBL. ▶ LESCLOUS et MARSAT, *Dr. pénal 1995. Chron. 9 ; ibid. 1997. Chron. 14.* – ROUSSEL, *AJ pénal 2005. 19.*

1. Forme du procès-verbal. Sont irréguliers, comme contrevenant aux dispositions des art. 429, D. 10 et D. 11, des procès-verbaux qui sont rédigés au crayon de cahier, en une écriture plus ou moins effacée ou illisible, et qui ne mentionnent pas le nom et la signature de l'agent qui a instrumenté. • Douai, 3 juin 1986 : *Gaz. Pal. 1986. 2. 589.* ♦ Le procès-verbal de constatation d'un excès de vitesse qui n'a pas été signé sur-le-champ par les agents verbalisateurs, mais postérieurement à l'engagement des poursuites est dépourvu de valeur probante, n'étant pas régulier en la forme en application de l'art. 429, ce texte étant applicable à la procédure de l'amende forfaitaire. • Crim. 4 déc. 2002 : *Jurispr. auto 2003. 67.*

2. Une rature ou un renvoi non approuvés ne sauraient entacher la validité d'un procès-verbal dès lors qu'ils portent, comme en l'espèce, sur une mention non substantielle de celui-ci. • Crim. 2 déc. 1992 : *Gaz. Pal. 1993. 1. 233 ; Dr. pénal avr. 1993, p. 4, obs. Lesclous et Marsat.* ♦ De même, la validité des procès-verbaux d'un acte de saisie conservatoire de denrées et de l'audition de la personne présente lors de la visite domiciliaire n'est affectée ni par l'absence de date sur le premier ni par l'apposition d'une date erronée sur le second, dès lors que ces dates, qui ne sont pas indispensables à la rédaction des documents et ne conditionnent aucune formalité légale, ne constituent pas des formalités substantielles. • Crim. 25 janv. 2005, n° 04-85.847 P : *D. 2005. IR 669 ; RSC 2006. 403, obs. Buisson* . ♦ Par ailleurs, l'impossibilité pour les enquêteurs de constater personnellement que des produits sont impropres à la consommation et alors qu'aucun examen de laboratoire n'avait été effectué, n'entache en rien la régularité d'un procès-verbal de constatations, dès lors que les rédacteurs n'ont fait que transcrire leurs propres observations concernant les marchandises détenues dans l'établissement visité. • Même arrêt.

3. Copie certifiée conforme. Sont réguliers les procès-verbaux d'enquête préliminaire rétablis au dossier de la procédure par la production de leurs copies certifiées conformes revêtues d'un timbre humide identificateur signé par le service de police ayant procédé à l'enquête. • Crim. 5 sept. 2018, n° 16-87.180 P : *D. actu. 5 sept. 2018, obs. Fonteix ; Gaz. Pal. 5 févr. 2019, p. 59, note Fourment ; AJ pénal 2018. 528, obs. Clément ; RSC 2019. Chron. 141, note Jeanne* .

4. Forme du procès-verbal d'audition. La disposition de l'art. 429, al. 2, selon laquelle tout procès-verbal d'audition doit comporter les questions posées à la personne entendue n'est pas prescrite à peine de nullité. • Crim. 21 sept. 2005 : *AJ pénal 2006. 127, obs. Roussel ; RSC 2006. 410, note Buisson* • 27 mai 2008, n° 07-84.300 P : *RSC 2009. 891, obs. Buisson ; AJ pénal 2008. 428* .

5. Compétence de l'auteur du procès-verbal. Tout militaire de la gendarmerie est considéré comme étant en service et agissant dans l'exercice de ses fonctions dès l'instant où il accomplit en uniforme, soit de sa propre initiative, soit sur ordre de son autorité hiérarchique, un acte qui entre légalement dans ses attributions. • Crim. 12 oct. 1983, n° 82-94.364 P.

6. Il résulte de la combinaison des art. 429, 537, 19 du Décr. n° 95-654 du 9 mai 1995 et R. 434-19 CSI que, tout fonctionnaire de police étant considéré comme étant en service et agissant dans l'exercice de ses fonctions dès lors qu'il intervient dans sa circonscription et dans le cadre de ses attributions, de sa propre initiative ou sur réquisition, pour prévenir et réprimer tout acte de nature à troubler la sécurité et l'ordre publics, un commissaire de police peut, alors qu'il emprunte un passage piéton dans sa circonscription, constater qu'un véhicule circule à une vitesse excessive et refuse la priorité à un piéton. • Crim. 15 déc. 2015, n° 15-81.322 P : *D. actu. 13 janv. 2016, obs. Goetz ; AJ pénal 2016. 277, obs. Roussel ; Dr. pénal 2016. 37, obs. Maron et Haas.*

7. L'inobservation d'un texte réglementaire ne saurait entraîner la nullité d'un procès-verbal établi conformément à la loi. Il s'ensuit que c'est à bon droit qu'une cour d'appel, après avoir relevé que les gendarmes en tenue civile de sport se rendant à une séance d'entraînement commandée par leur hiérarchie et qui avaient fait connaître leur qualité lors de la constatation des infractions, rejette l'exception de nullité du procès-verbal établi par eux et dont se prévalait le prévenu en se fondant sur les dispositions du décret du 20 mai 1903 imposant aux gendarmes le port de l'uniforme. • Crim. 21 janv. 1998, n° 97-82.269 P : *RSC 1998. 354, obs. Dintilhac ; Procédures 1998, n° 125, obs. Buisson.*

8. Constatation personnelle de l'infraction. Participent personnellement à la constatation d'une contravention d'excès de vitesse, selon les termes de l'art. 429, et doivent être considérés comme les rédacteurs communs du procès-verbal qu'ils ont conjointement signé, aussi bien l'agent qui met en œuvre le cinémomètre que celui qui, placé à une certaine distance, reçoit et consigne les indications du premier. • Crim. 28 mai 1980, n° 79-93.072 P • 9 févr. 1981, n° 80-92.593 P • 4 déc. 2001, n° 01-83.483 • 2 mai 2002, n° 01-86.963 P : *D. 2002. IR 2098 ; JCP 2002. IV. 2204* • 26 juin 2002, n° 01-88.278 • 8 juin 2006, n° 06-81.293 P : *AJ pénal 2006. 366 ; Jurispr. auto 2006. 384 ; RSC 2007. 589, obs. Buisson* . ♦ Et même si seulement l'un d'entre eux a signé le procès-verbal. • Crim. 12 févr. 1997, n° 96-82.831 P : *Procédures 1997, n° 130, obs. Buisson.* ♦ Tel n'est pas le cas du gendarme motocycliste qui, avisé de l'infraction par message radiophonique du militaire chargé du fonctionnement du cinémomètre, intercepte le véhicule du contrevenant et l'escorte jusqu'au poste d'interpellation. • Crim. 5 juill. 1994, n° 93-93.845 P : *Dr. pénal 1994. Comm. 68, obs. Lesclous et Marsat.*

9. S'il est vrai que les procès-verbaux établis par des agents n'ayant pas eux-mêmes constaté les contraventions qui y sont rapportées sont dépourvus de la force probante particulière prévue par les art. 429 et 537 et par l'art. R. 253 C. route (abrogé par la nouvelle codification), leurs énonciations valent à titre de simples renseignements et peuvent suffire à fonder la conviction des juges. En conséquence, justifie sa décision la cour d'appel qui déclare le prévenu coupable d'inobservation de la signalisation imposant l'arrêt absolu en se fondant sur un procès-verbal établi par des agents ayant rapporté ce qu'ils ont entendu de leur collègue, agissant dans l'exercice de ses fonctions et qui leur rendait compte, par liaison radio, de ses propres constatations. • Crim. 5 nov. 1996, n° 96-80.151 P : *Procédures 1997, n° 69, obs. Buisson.* ♦ En revanche, le procès-verbal, établi par un agent n'ayant pas lui-même constaté la contravention, s'il aurait pu, ses énonciations valant à titre de simples renseignements, fonder, à lui seul, la conviction du juge, était dépourvu de la force probante particulière attribuée par les art. 429 et 537 et c'est à bon droit que les juges du fond ont relaxé le prévenu du chef d'inobservation de l'arrêt absolu imposé par un feu de signalisation dès lors que le procès-verbal a été dressé au vue d'une photographie prise par un appareil qui n'était soumis à aucun contrôle d'un organisme agréé et qui ne permettait ni de s'assurer que le feu était rouge ni d'apprécier si le véhicule l'avait véritablement franchi. • Crim. 17 oct. 2001 : *Jurispr. auto. 2001. 522 ; D. 2002. IR 3395.*

10. Délai de rédaction du procès-verbal. Selon les art. L. 213 LPF et 429, en matière de contributions indirectes, aucun délai n'est exigé par la loi, à peine de nullité, pour la rédaction des procès-verbaux de constatation des infractions établis par les agents de l'administration fiscale. Encourt, dès lors, la censure l'arrêt qui, pour déclarer nul un procès-verbal relatant des faits survenus 1 an ou 8 mois auparavant, énonce qu'il n'a pas été rédigé sur-le-champ, comme en cas de délit flagrant, ou à une date proche des faits, en méconnaissance des textes précités et que ce manquement a fait grief aux intérêts des prévenus. • Crim. 15 mars 2000, n° 99-81.465 P. – V. aussi note ss. art. D. 11.

11. Force probante. Selon l'art. 429, un procès-verbal n'a de valeur probante que s'il est régulier en la forme ; il suit de là qu'aucun renseignement ne saurait être tiré d'un procès-verbal annulé. Méconnaissent ce principe les juges d'appel qui, pour entrer en voie de condamnation contre les prévenus, énoncent que « nonobstant la nullité du procès-verbal, les juridictions peuvent accueillir le document à titre de simple renseignement » et se fondent en outre sur les résultats d'une enquête effectuée, à l'initiative du procureur de la République, à partir de ce procès-verbal. • Crim. 6 nov. 1991 : *Gaz. Pal. 1992. 1. 107.* ♦ Le procès-verbal constatant l'infraction, même s'il comporte une erreur matérielle de date, conserve sa force probante. • Crim. 5 sept. 2001, n° 01-82.130. ♦ V. également • Crim. 4 déc. 2002 : *préc. note 1.*

12. JLD. Les formalités de rédaction des procès-verbaux de l'art. 429, al. 2 (transcription des questions auxquelles il est répondu dans tout procès-verbal d'audition ou d'interrogatoire) n'ont pas à être respectées s'agissant des débats devant le JLD. La non-retranscription des questions posées au mis en examen n'entache en rien la validité de son placement en détention provisoire. • Crim. 30 janv. 2007, n° 06-88.284 P : *AJ pénal 2007. 144.*

13. Retard dans la notification. Si l'art. R. 234-4 C. route fait obligation aux OPJ ou aux APJ de notifier immédiatement le résultat de la mesure du taux d'alcool à la personne faisant l'objet de cette vérification et de l'aviser de ce qu'il peut demander un second souffle, n'encourt cependant pas la nullité le procès-verbal de vérification du taux d'alcoolémie dès lors que le retard de neuf heures dans la notification est imputable à l'état alcoolique de l'intéressé qui ne lui permettait pas de comprendre le sens de cette mesure et que ce dernier a par ailleurs refusé à deux reprises le contrôle auquel les fonctionnaires de police entendaient le soumettre d'office. • Crim. 10 janv. 2007 : *Dr. pénal 2007. Comm. 61, obs. Maron.*

Art. 430 **Sauf dans les cas où la loi en dispose autrement, les procès-verbaux et les rapports constatant les délits ne valent qu'à titre de simples renseignements.** – *Pr. pén. C. 609.*

1. Encourt la censure l'arrêt qui, pour déclarer un prévenu coupable de trafic de stupéfiants, se fonde sur les constatations d'un procès-verbal établi par des policiers, en relevant qu'il faisait foi jusqu'à preuve contraire. • Crim. 3 déc. 2008, n° 08-82.179 P : *RSC 2009. 901, obs. Buisson ; AJ pénal 2009. 186, obs. Roussel ; Dr. pénal 2009, n° 58, obs. Maron et Haas ; Procédures 2009, n° 95, obs. Buisson.* ♦ En vertu de l'art. 430, sauf quand la loi en dispose autrement, les procès-verbaux et les rapports constatant les délits, en l'espèce des vols aggravés, ne valent qu'à titre de simples renseignements. • Crim. 28 oct. 2014, n° 13-84.840 P : *D. actu. 18 nov. 2014, obs. Priou-Alibert ; AJ pénal 2015. 159, obs. Roussel*.

2. Le procès-verbal établi par un inspecteur du travail fait foi jusqu'à preuve contraire lorsque, conformément aux dispositions de l'art. L. 611-10 C. trav. *[L. 8113-7 nouv.]*, il constate une infraction entrant dans les prévisions de l'art. L. 611-1 dudit code *[L. 8113-10 nouv.]* ; tel n'est pas le cas du délit d'outrage, prévu et réprimé par l'art. 433-5, al. 2, C. pén. Le procès-verbal constatant cette infraction ne peut donc avoir que simple valeur de renseignement. • Crim. 6 févr. 2007, n° 06-83.356 P : *D. 2007. Chron. 1819, obs. Caron ; AJ pénal 2007. 232, obs. Saas*.

3. Renseignements anonymes. Sur la valeur des procès-verbaux consignant des renseignements anonymes, V. notes ss. art. 706-58.

4. Agents des douanes. Il résulte de l'art. 336 C. douanes que la force probante conférée aux procès-verbaux établis par les agents des douanes ne vaut que pour la caractérisation des infractions douanières ; dès lors, en retenant que les douaniers, constatant la commission d'une infraction à la législation douanière alors qu'ils étaient en mission de surveillance, reconnaissaient en la personne poursuivie l'individu qui avait réceptionné la livraison de stupéfiants et l'interpelaient, et que cette reconnaissance formelle par les douaniers suffit à établir la culpabilité du prévenu, la cour d'appel a méconnu le texte susvisé et le principe ci-dessus rappelé. • Crim. 28 sept. 2016, n° 15-84.383 P.

Art. 431 **Dans les cas où les officiers de police judiciaire, les agents de police judiciaire ou les fonctionnaires et agents chargés de certaines fonctions de police judiciaire ont reçu d'une disposition spéciale de la loi le pouvoir de constater des délits par des procès-verbaux ou des rapports, la preuve contraire ne peut être rapportée que par écrit ou par témoins.** — *Pr. pén. C. 609.*

1. Le juge de police ne saurait, sans méconnaître la foi due à un procès-verbal, dénier l'existence d'une contravention constatée par un procès-verbal, non combattu par la preuve contraire. • Crim. 2 avr. 1929 : *DH 1929. 268.* ♦ ... Et, spécialement, relaxer, sur ses seules dénégations, un prévenu poursuivi en vertu du procès-verbal d'un inspecteur du travail. • Crim. 23 mai 1950 : *D. 1950. 470* • 28 mai 1991, n° 90-82.359 P. ♦ ... Ou d'un procès-verbal des agents des contributions indirectes. • Crim. 14 oct. 1991, n° 90-84.932 P.

2. Mais il en est autrement lorsque le procès-verbal, tel celui d'un agent de police, ne fait pas foi jusqu'à preuve contraire ; le juge de police peut alors renvoyer le prévenu des fins de la plainte, après avoir entendu ses explications et ses dénégations. • Crim. 28 nov. 1896 : *DP 1897. 1. 502* • 6 juin 1908 : *DP 1909. 5. 37.*

3. La culpabilité du contrevenant peut être retenue par les juges du second degré qui relèvent qu'il résulte du procès-verbal de constatation de l'infraction que l'intéressé « a omis de marquer l'arrêt absolu que lui imposait de respecter le feu tricolore, alors en rouge fixe, implanté à l'angle de l'avenue du Maine et de la rue Raymond Losserand, 75014 Paris » et qu'il ne rapporte pas la preuve contraire, par écrit ou par témoins, des énonciations de ce procès-verbal. • Crim. 17 sept. 1997, n° 96-86.382.

4. Les procès-verbaux dressés en application de l'art. 104 C. urb. et habit. (art. L. 480-4 C. urb.) font foi jusqu'à preuve contraire. • Crim. 11 févr. 1971, n° 70-92.521 P.

5. Les juges du fond ne peuvent relaxer un prévenu en faisant état de l'incertitude qu'il leur paraît exister dans la détermination des circonstances de fait d'une infraction constatée par procès-verbal faisant foi jusqu'à preuve contraire en application de l'art. L. 218-28 C. envir. (pollution de la mer par hydrocarbure) sans vérifier si cette preuve avait été rapportée par écrit ou par témoins dans les conditions prévues par l'art. 431. • Crim. 13 mai 2014, n° 13-83.910 P : *D. actu. 30 mai 2014, obs. Fucini ; Dr. pénal 2014. 109, note Robert.*

Livre des procédures fiscales

Art. L. 238 Les procès-verbaux des agents de l'administration *[des Impôts]* font foi jusqu'à preuve contraire.

La personne qui fait l'objet des poursuites peut demander à apporter la preuve contraire des faits constatés dans le procès-verbal. Lorsque le tribunal accepte la demande, il reporte l'examen de l'affaire en la renvoyant à au moins quinze jours.

Lorsque la personne concernée veut faire entendre des témoins, elle en dépose la liste au secrétariat-greffe avec leurs nom, prénoms, profession et domicile dans le délai de trois jours francs à compter de l'audience au cours de laquelle le renvoi a été prononcé.

Art. 432 **La preuve par écrit ne peut résulter de la correspondance échangée entre le prévenu et son** *(L. nº 93-2 du 4 janv. 1993)* **« avocat ».** – *Pr. pén. C. 610.*

V. les notes ss. les art. 56-1 et 81.

Art. 433 **Les matières donnant lieu à des procès-verbaux faisant foi jusqu'à inscription de faux sont réglées par des lois spéciales. A défaut de disposition expresse la procédure de l'inscription de faux est réglée comme il est dit au titre II du livre IV.** – *Pr. pén. C. 611.*

Art. 434 *(Ord. nº 60-529 du 4 juin 1960)* **Si le tribunal estime qu'une expertise est nécessaire, il est procédé conformément aux articles 156 à 166, 168 et 169.** – *Pr. pén. C. 612.*

RÉP. PÉN. vº *Expertise,* par CROIZIER et GUÉRY.

Art. 435 **Les témoins sont cités ainsi qu'il est dit aux articles 550 et suivants.** – *Pr. pén. C. 613.*

RÉP. PÉN. vº *Témoin,* par GIACOPELLI et JOSEPH-RATINEAU.

▶ **Dossier :** Le témoin, *AJ pénal 2018. 171* s.

Le rejet de demande d'audition de témoin régulièrement requis par un prévenu doit être motivé par la juridiction. • Crim. 27 juin 2001, nº 00-87.414 P. ♦ Les juges d'appel ne peuvent, sans s'en expliquer, passer outre la demande de renvoi de l'affaire sollicitée dans le but d'obtenir la convocation et l'interrogation d'un témoin à décharge. • Crim. 20 sept. 2011 : *D. actu. 24 oct. 2011, obs. Bombled ; D. 2011. Actu. 2542, obs. Léna ; ibid. 2012. Chron. 171, obs. Roth, Leprieur et Divialle ; AJ pénal 2012. 47, obs. Pronier ; RSC 2012. 198, obs. Danet.*

Art. 436 **Après avoir procédé aux constatations prévues à l'article 406, le président ordonne aux témoins de se retirer dans la chambre qui leur est destinée. Ils n'en sortent que pour déposer. Le président prend, s'il en est besoin, toutes mesures utiles pour empêcher les témoins de conférer entre eux avant leur déposition.** – *Pr. pén. 325 ; C. 614.*

Art. 437 *(L. nº 2010-1 du 4 janv. 2010)* **Toute personne citée pour être entendue comme témoin est tenue de comparaître, de prêter serment et de déposer sous réserve des dispositions des articles 226-13 et 226-14 du code pénal.**

Tout journaliste entendu comme témoin sur des informations recueillies dans l'exercice de son activité est libre de ne pas en révéler l'origine.

BIBL. ▶ BOSSAN, *Dr. pénal 2010. Étude 14* (protection du secret des sources des journalistes en procédure pénale).

1. La dispense de déposer sur les secrets dont un témoin est dépositaire ne saurait justifier son refus absolu de prêter serment. • Crim. 11 juin 1926 : *DH 1926. 378.* ♦ V. aussi : • Crim. 7 mars 1924 : *DH 1924. 244.*

2. Ce serment n'est pas de nature à empêcher le témoin d'invoquer le secret professionnel s'il est invité à s'expliquer sur des secrets qui ne lui ont été confiés qu'à raison de sa qualité ou de sa profession. • Crim. 7 mars 1924 : *préc. note 1.* ♦ Toute déclaration d'un témoin tenu au secret professionnel ne saurait en constituer la violation et n'entraîne la nullité que si elle comporte la révélation d'une information protégée. • Crim. 15 sept. 1987, nº 87-82.239 P.

3. La juridiction correctionnelle, en décidant de passer outre à l'absence d'un témoin excusé, n'a pas méconnu les dispositions de l'art. 6, § 3 *d),* de la Conv. EDH, dès lors qu'il n'est pas établi, ni même allégué, qu'il ait été refusé au prévenu de poser des questions à un témoin entendu au cours des débats ou de convoquer et d'interroger des témoins à décharge dans les mêmes conditions que les témoins à charge. • Crim. 9 févr. 1987, nº 86-92.864 P.

4. Sur le secret professionnel, V. **C. pén.**, art. 226-13, et les annotations de jurisprudence.

5. La personne entendue comme témoin ne peut être assistée d'un avocat ; dès lors, méconnaît l'art. 437 la cour d'appel qui, sur appel d'un jugement de relaxe formé par le procureur de la République, entend les observations de l'avocat de la victime. • Crim. 18 juin 2014, nº 13-86.526 P.

Art. 438 **Le témoin qui ne comparaît pas ou qui refuse, soit de prêter serment, soit de faire sa déposition, peut être, sur réquisitions du ministère public, condamné par le tribunal** *(L. nº 2000-1354 du 30 déc. 2000, art. 10 et 37, en vigueur le 1er janv. 2001)* **« à une amende de 3 750 € ».** – *Pr. pén. 326 ; C. 614.*

Art. 439 **Si le témoin ne comparaît pas, et s'il n'a pas fait valoir un motif d'excuse reconnu valable et légitime, le tribunal peut, sur réquisitions du ministère public ou même d'office, ordonner que ce témoin soit immédiatement amené devant lui par la force publique pour y être entendu, ou renvoyer l'affaire à une prochaine audience.**

Art. 440 **Le témoin qui a été condamné à une amende ou aux frais pour non-comparution peut, au plus tard dans les cinq jours de la signification de cette décision faite à sa personne ou à son domicile, former opposition.**

La voie de l'appel ne lui est ouverte que sur le jugement rendu sur cette opposition. *— Pr. pén. C. 615.*

Art. 441 **Le témoin qui a été condamné pour refus de prêter serment ou de déposer peut interjeter appel.** *— Pr. pén. C. 615.*

Art. 442 **Avant de procéder à l'audition des témoins, le président interroge le prévenu et reçoit ses déclarations.** *(Abrogé par L. n° 2000-516 du 15 juin 2000, art. 39-II, à compter du 1er janv. 2001)* ***« Le ministère public, ainsi que la partie civile et la défense, celles-ci par l'intermédiaire du président, peuvent lui poser des questions. »*** *— Pr. pén. C. 616.*

L'art. 442 ne prescrit pas à peine de nullité l'interrogatoire du prévenu appelant. L'omission de cette formalité ne peut devenir cause de nullité que s'il est établi que le prévenu n'a pas été appelé à se défendre d'une manière quelconque pendant le débat qui a suivi le rapport. • Crim. 26 juin 1968, n° 67-91.505 P : *D. 1968. 671, note Doll* • 16 mars 1971, n° 70-91.381 P : *D. 1971. Somm. 92.*

Art. 442-1 *(L. n° 2000-516 du 15 juin 2000, art. 39-I, en vigueur le 1er janv. 2001)* **Sous réserve des dispositions de l'article 401, le ministère public et les avocats des parties peuvent poser directement des questions au prévenu, à la partie civile, aux témoins et à toutes personnes appelées à la barre, en demandant la parole au président.**

Le prévenu et la partie civile peuvent également poser des questions par l'intermédiaire du président.

BIBL. ▶ AYELA et DASSA-LE DEIST, *JCP 2006. I. 186* (le développement de la *cross-examination* dans le procès pénal français).

Art. 443 **Lorsqu'un témoin est sourd-muet ou ne parle pas suffisamment la langue française, les dispositions des articles 407 et 408 sont applicables.** *— Pr. pén. C. 617.*

Il n'y a pas lieu de censurer un arrêt lorsque des témoins, cités à la requête du prévenu, ont été entendus sans avoir préalablement prêté serment et que l'un d'entre eux n'a pas bénéficié du concours d'un interprète, dès lors qu'il résulte des motifs que, pour asseoir leur conviction sur la culpabilité, les juges du second degré se sont essentiellement fondés sur les déclarations de ces témoins recueillies sous la foi du serment au cours de l'information judiciaire. • Crim. 19 juin 2002, n° 01-86.302.

Art. 444 *(Ord. n° 60-1067 du 6 oct. 1960)* **« Les témoins déposent ensuite séparément, soit sur les faits reprochés au prévenu, soit sur sa personnalité et sur sa moralité. »**

Parmi **les témoins cités, ceux qui sont produits par les parties poursuivantes sont entendus les premiers, sauf pour le président à régler lui-même souverainement l'ordre d'audition des témoins.**

Peuvent également, avec l'autorisation du tribunal, être admises à témoigner, les personnes, proposées par les parties, qui sont présentes à l'ouverture des débats sans avoir été régulièrement citées.

Il résulte des dispositions de l'art. 444, al. 3, que la cour d'appel n'est pas tenue de motiver spécialement son refus d'entendre comme témoin une personne présente à l'ouverture des débats sans avoir été régulièrement citée, la décision d'autoriser cette audition étant laissée à son appréciation. • Crim 4 juin 2019, n° 18-84.720 P.

Art. 445 **Les témoins doivent, sur la demande du président, faire connaître leurs nom, prénoms, âge, profession et domicile, s'ils sont parents ou alliés du prévenu, de la personne civilement responsable ou de la partie civile et s'ils sont à leur service.**

Le cas échéant, le président leur fait préciser quelles relations ils ont ou ont eues, avec le prévenu, la personne civilement responsable, ou la partie civile. — *Pr. pén. C. 619.*

La vérification de l'empêchement de témoigner, fondant la demande de sursis à statuer en matière de diffamation, entre dans les prévisions de l'art. 445 et n'exige pas le serment prévu par l'art. 446. • Crim. 28 juin 1994, ⚖ n° 94-81.435 P : *D. 1995. Somm. 265, note Dupeux* ✎.

Art. 446 **Avant de commencer leur déposition, les témoins prêtent le serment de dire toute la vérité, rien que la vérité.** — *Pr. pén. C. 619.*

I. IMPORTANCE DE LA PRESTATION DE SERMENT

1. *Obligation de prêter serment.* Le président du tribunal correctionnel ne saurait s'arroger le pouvoir discrétionnaire que l'art. 310 n'attribue qu'au président de la cour d'assises pour entendre, sans prestation de serment et à titre de simple renseignement, une personne dont le témoignage est requis. • Crim. 17 févr. 1965, ⚖ n° 64-91.404 P : *D. 1965. 537.* ♦ La cour ne peut écarter une exception de nullité soulevée au motif de l'audition d'un témoin sans prestation de serment en énonçant que le témoin n'a fait que confirmer ses déclarations antérieures alors que, pour entrer en voie de condamnation, le tribunal s'était fondé notamment sur le témoignage recueilli. • Crim. 7 nov. 2000, ⚖ n° 00-83.380 P : *D. 2001. IR 180* ✎.

2. Doit être cassé l'arrêt dont les mentions n'établissent pas que le témoin, sur la déposition duquel la cour d'appel a fondé sa conviction, a préalablement prêté serment. • Crim. 6 nov. 1991, ⚖ n° 90-86.667 P. ♦ Selon l'art. 446, les témoins entendus à l'audience doivent, avant de commencer leur déposition, prêter serment. Viole dès lors cette disposition la juridiction qui a entendu « à titre de simple renseignement » un policier municipal, alors que cette déposition a pu exercer une influence sur la décision de culpabilité des prévenus. • Crim. 23 oct. 2013 : ⚖ *Dr. pénal 2014. 14, note Maron et Haas.*

3. *Formule du serment.* La formule prescrite par l'art. 155 C. instr. crim. (art. 446) étant substantielle et ne comportant aucun retranchement, la déposition d'un témoin est nulle, si ce témoin a prêté serment de dire « la vérité, rien que la vérité », au lieu de « toute la vérité, rien que la vérité ». • Crim. 25 janv. 1912 : *DP 1912. 5. 28* • 4 mars 1950 : *D. 1951. Somm. 52.* ♦ Aucun retranchement n'est admis. • Crim. 2 nov. 1971, ⚖ n° 71-91.023 P : *D. 1972. Somm. 16.* ♦ … Mais une addition ne vicie pas le serment si elle est surabondante. • Crim. 24 mars 1938 : *Bull. crim. n° 92* • 14 nov. 1972, ⚖ n° 72-92.301 P.

4. Cependant l'arrêt qui constate que « X… a été entendu comme témoin conformément à l'art. 155 C. instr. crim. » (art. 446) établit suffisamment que le serment a bien été prêté dans les termes prescrits par ledit article. • Crim. 27 mai 1933 : *DH 1933. 381.*

5. *Constatations de l'arrêt.* La mention de l'arrêt, selon laquelle le témoin a prêté serment, suffit à établir qu'il a été satisfait aux prescriptions de l'art. 446. • Crim. 26 mai 1999, ⚖ n° 98-85.602 P : *Dr. pénal 1999. Comm. 158, obs. Maron.* ♦ Contra, annulant des arrêts constatant seulement que le témoin avait prêté serment : • Crim. 13 nov. 1924 : *Bull. crim. n° 380* • 5 mai 1981, ⚖ n° 80-92.973 P. ♦ … Même lorsqu'il était précisé que le serment avait été prêté « conformément à la loi » : • Crim. 5 mars 1919 : *Bull. crim. n° 63* • 16 févr. 1950 : *D. 1950. 213.*

6. *Auteur du serment.* L'art. 446 s'applique même aux agents assermentés d'une administration intéressée aux poursuites. • Crim. 26 avr. 1977, ⚖ n° 75-93.045 P : *D. 1977. IR 371* • 7 déc. 1982 : *inédit* (décision attaquée CA Nîmes, Ch. Correct. 1982-03-9) : *D. 1983. IR 256* • 3 mai 1990, ⚖ n° 89-83.163 P : *RSC 1999. 596, obs. Fourgoux* ✎ • 30 mars 1994, ⚖ n° 93-82.611 P. ♦ Toutefois, l'inobservation de la formalité du serment ne saurait entraîner nullité dès lors que cette omission n'a pas eu pour effet de porter atteinte aux intérêts du prévenu ; spécialement, lorsque les juges ne se sont pas fondés sur les déclarations d'un agent de la Direction de la concurrence, intéressée aux poursuites pour publicité trompeuse, pour asseoir leur conviction sur la culpabilité. • Crim. 3 janv. 1996, ⚖ n° 94-83.916 P • 17 déc. 1997, ⚖ n° 96-86.164 P • 4 févr. 1998 : ⚖ *RSC 1999. 597, obs. Fourgoux* ✎ ; *Dr. pénal 1998. Comm. 93, obs. Maron.*

7. Selon l'art. 460, codifié sous l'art. L. 238-3 C. rur., les fonctionnaires qualifiés pour exercer, conjointement avec le ministère public, toutes les poursuites et actions en réparation des infractions aux dispositions du titre II du livre III, devenu le titre III du livre II, du même code et des textes pris pour son application, à l'exception des infractions de pêche sans la permission du détenteur du droit de pêche – fonctionnaires dont font partie les directeurs départementaux de l'agriculture et de la forêt – ont le droit d'exposer l'affaire devant la juridiction appelée à en connaître et sont entendus à l'appui de leurs observations ; ce droit s'oppose à ce qu'ils déposent comme témoins, serment préalablement prêté par application de l'art. 446. • Crim. 7 avr. 1993, ⚖ n° 92-82.343 P : *Dr. pénal nov. 1993, n° 247, obs. Maron.* ♦ Tel n'est pas le cas des inspecteurs et contrôleurs du travail, dont l'audition devant la juridiction de jugement est soumise aux dispositions de l'art. 466. • Crim. 26 sept. 1995, ☎ n° 94-80.983 P.

II. CAS D'ABSENCE DE NULLITÉ

8. Absence de grief. Le demandeur ne saurait se faire un grief de l'inobservation des dispositions de l'art. 446 relatives au serment des témoins, dès lors que les juges ne se sont pas fondés sur les déclarations de ces témoins pour asseoir leur conviction sur la culpabilité. • Crim. 22 janv. 2003, ☎ n° 01-88.651.

9. Culpabilité non fondée sur le témoignage. Si les prescriptions des art. 435 à 457 et 513 relatives à l'audition d'un témoin par la chambre des appels correctionnels n'ont pas été respectées, la cassation n'est cependant pas encourue dès lors que la déclaration de culpabilité n'a pas été fondée, même pour partie, sur les déclarations faites à l'audience par la personne entendue. • Crim. 20 févr. 2019, n° 118-80.421 P : *D. actu. 19 mars 2019, obs. Recotillet ; Procédures 2019, n° 131, obs. Chavent-Leclère.*

Art. 447 **Les enfants au-dessous de l'âge de seize ans sont entendus sans prestation de serment.** — *Pr. pén. C. 620.*

Art. 448 **Sont reçues dans les mêmes conditions les dépositions :**

1° Du père, de la mère ou de tout autre ascendant du prévenu ou de l'un des prévenus présents et impliqués dans la même affaire ;

2° Du fils, de la fille ou de tout autre descendant ;

3° Des frères et sœurs ;

4° Des alliés aux mêmes degrés ;

5° Du mari ou de la femme ; cette prohibition subsiste même après le divorce.

1. L'énumération de l'art. 156 C. instr. crim. (applicable en matière correctionnelle : art. 189) (art. 448) est limitative. • Crim. 20 juin 1952 : *D. 1953. Somm. 32.* ♦ Elle ne comprend pas les parents du plaignant. • Crim. 17 juin 1911 : *Bull. crim. n° 315.* ♦ ... Ni le plaignant lui-même, s'il ne s'est pas porté partie civile. • Crim. 5 août 1911 : *DP 1912. 1. 388* • 8 janv. 1925 : *DP 1925. 1. 94.* ♦ ... Ni les cousins germains du prévenu. • Crim. 5 août 1911 : *préc.*

2. En ce qui concerne les alliés, V. ss. art. 335.

3. La mère d'un mineur victime d'une infraction pénale, intervenant en qualité d'administrateur légal de ce dernier, a la qualité de partie civile et doit être entendue sans prestation de serment. • Crim. 16 déc. 1992, ☎ n° 92-82.179 P : *Gaz. Pal. 1993. 1. 241.*

Art. 449 **Toutefois les personnes visées aux articles 447 et 448 peuvent être entendues sous serment lorsque ni le ministère public ni aucune des parties ne s'y sont opposés.** — *Pr. pén. C. 621.*

Art. 450 **Le témoin qui a prêté le serment n'est pas tenu de le renouveler, s'il est entendu une seconde fois au cours des débats.**

Le président lui rappellera, s'il y a lieu, le serment qu'il a prêté. — *Pr. pén. C. 622.*

Art. 451 **La personne qui, agissant en vertu d'une obligation légale ou de sa propre initiative, a porté les faits poursuivis à la connaissance de la justice, est reçue en témoignage, mais le président en avertit le tribunal.**

Celui dont la dénonciation est récompensée pécuniairement par la loi peut aussi être entendu en témoignage, à moins qu'il n'y ait opposition d'une des parties, ou du ministère public. — *Pr. pén. 337 ; C. 621.*

L'inspecteur du travail entendu comme témoin sur les infractions au code du travail qu'il a constatées dans l'exercice de ses fonctions n'entre pas dans les prévisions de l'art. 451, de sorte que le président n'a pas à donner à la cour l'avertissement prévu par ce texte dont, au demeurant, les dispositions ne sont pas prescrites à peine de nullité. • Crim. 25 janv. 2000, ☎ n° 99-82.476 P : *Dr. pénal 2000. Comm. n° 12, obs. Giraud-Van Gaver.*

Art. 452 **Les témoins déposent oralement.**

Toutefois ils peuvent, exceptionnellement, s'aider de documents avec l'autorisation du président.

Art. 453 **Le greffier tient note du déroulement des débats et principalement, sous la direction du président, des déclarations des témoins ainsi que des réponses du prévenu.**

Les notes d'audience sont signées par le greffier. Elles sont visées par le président, au plus tard dans les trois jours qui suivent chaque audience.

RÉP. PÉN. v° *Greffier*, par REDON.

1. QPC. Il ne résulte pas de l'al. 1er de l'art. 453 l'impossibilité pour une partie d'apporter la preuve de l'existence d'une irrégularité ayant affecté le déroulement d'une audience correctionnelle dès lors que les parties peuvent établir par tout moyen la preuve de l'irrégularité de la procédure, le cas échéant par la voie de l'inscription de faux, déposer des conclusions faisant état d'une telle irrégularité et demander auprès du président du tribunal correctionnel qu'il leur soit donné acte dans les notes d'audience de propos tenus ou d'incidents. • Cons. const. 20 sept. 2019, n° 2019-801 QPC : *JO 21 sept. ; D. actu. 4 oct. 2019, obs. Goetz ; AJ pénal 2019. 566, obs. Lebreton.*

2. Notes d'audience. Si les notes d'audience ne peuvent faire échec aux constatations d'un jugement, elles peuvent servir à les compléter. • Crim. 19 déc. 1923 : *Bull. crim. n° 452* • 17 juill. 1980, n° 79-93.039 P. ♦ ... Notamment en établissant : la prestation de serment d'un témoin. • Crim. 16 nov. 1994, n° 94-80.660 P. ♦ ... Ou l'audition des parents du mineur devant la chambre spéciale des mineurs. • Crim. 18 oct. 2017, n° 16-87.123 P : *AJ pénal 2017. 559, obs. Ficara.* ♦ Mais les notes d'audience qui ne sont ni visées par le président ni signées par le greffier sont dépourvues de toute force probante ; elles ne peuvent, par conséquent, suppléer l'absence des mentions de l'arrêt. • Crim. 14 nov. 2013, n° 12-87.991 P : *AJ pénal 2014. 296, obs. Lasserre Capdeville.*

3. Le dispositif qui constitue les jugements et arrêts fait foi jusqu'à inscription de faux ; cette autorité ne peut être détruite par de simples notes d'audience dont l'objet est seulement d'assurer aux cours d'appel la connaissance des débats oraux. • Crim. 23 mai 1967, n° 66-93.857 P.

4. Il n'est pas nécessaire que les décisions intervenues sur de simples incidents soient rédigées à part ; il suffit qu'elles soient mentionnées aux notes d'audience et signées par le juge et par le greffier. • Crim. 25 avr. 1914 : *Bull. crim. n° 216.*

5. L'absence ou l'irrégularité des notes d'audience n'opère aucune nullité. • Crim. 19 août 1875 : *Bull. crim. n° 269.*

6. Le ministère public, au cours de l'instruction orale, peut se faire donner acte, en vue d'une poursuite ultérieure, de toute déclaration du prévenu, de l'accusé ou des témoins imputant à un tiers un fait réprimé par la loi pénale. • Crim. 13 déc. 1860 : *DP 1861. 5. 129* • 5 janv. 1893 : *Bull. crim. n° 5* • 21 juin 1950 : *D. 1950. 501.*

7. Capacité du greffier. La capacité du greffier qui a assisté la cour d'assises repose sur une présomption de droit qui dispense de toute mention spéciale relative tant au serment professionnel qu'aux autres conditions que doivent remplir les greffiers d'audience. • Crim. 3 mai 1995 : *Dr. pénal 1996. Comm. 24, obs. Lesclous et Marsat.*

Art. 454 *(L. n° 2000-516 du 15 juin 2000, art. 39-III, en vigueur le 1er janv. 2001)* **« Après chaque déposition, le président et, dans les conditions prévues à l'article 442-1, le ministère public et les parties posent au témoin les questions qu'ils jugent nécessaires. »**

Le témoin peut se retirer après sa déposition, à moins que le président n'en décide autrement.

Le ministère public, ainsi que la partie civile et le prévenu, peuvent demander et le président peut toujours ordonner qu'un témoin se retire momentanément de la salle d'audience après sa déposition, pour y être introduit et entendu s'il y a lieu après d'autres dépositions avec ou sans confrontation. — *Pr. pén. 332, 334, 338 ; C. 625, C. 626.*

Art. 455 **Au cours des débats le président fait, s'il est nécessaire, représenter au prévenu ou aux témoins les pièces à conviction et reçoit leurs observations.** — *Pr. pén. 431 ; C. 626.*

Art. 456 **Le tribunal, soit d'office, soit à la demande du ministère public, de la partie civile ou du prévenu, peut ordonner tous transports utiles en vue de la manifestation de la vérité.**

Les parties et leurs *(L. n° 93-2 du 4 janv. 1993)* **« avocats » sont appelés à y assister. Il est dressé procès-verbal de ces opérations.** — *Pr. pén. C. 626.*

Art. 457 **Si d'après les débats la déposition d'un témoin paraît fausse, le président, soit d'office, soit à la requête du ministère public ou de l'une des parties, fait consigner aux notes d'audience les dires précis du témoin.**

Il peut enjoindre spécialement à ce témoin de demeurer à la disposition du tribunal, qui l'entendra à nouveau, s'il y a lieu.

Si le jugement doit être rendu le jour même, le président peut également faire garder ce témoin par la force publique dans ou hors la salle d'audience.

Après lecture du jugement sur le fond, le tribunal ordonne sa conduite devant le procureur de la République qui requiert l'ouverture d'une information pour faux témoignage.

Il est dressé séance tenante par le tribunal, après la lecture du jugement sur le fond, un procès-verbal des faits ou des dires d'où peut résulter le faux témoignage.

Ce procès-verbal et une expédition des notes d'audience sont transmis sans délai au procureur de la République. — *Pr. pén. C. 627.*

Le demandeur ne saurait se faire un grief de l'absence de notes d'audience dès lors qu'il n'est ni établi ni même allégué qu'il ait usé, devant les juges du fond, du droit qu'il tient de l'art. 457 de faire consigner les dires précis des témoins entendus. • Crim. 16 janv. 2001, n° 00-83.356.

§ 4 DE LA DISCUSSION PAR LES PARTIES

Art. 458 Le procureur de la République prend, au nom de la loi, les réquisitions tant écrites qu'orales qu'il croit convenables au bien de la justice.

Dans le cas où des réquisitions écrites sont prises, mention en est faite dans les notes tenues par le greffier et le tribunal est tenu d'y répondre. — *Pr. pén. C. 628.*

L'irrecevabilité de l'appel du ministère public ne l'empêche pas de prendre des réquisitions. • Crim. 12 déc. 2007 : *AJ pénal 2008. 98* ; *Dr. pénal 2008. Comm. 35, obs. J.-H. Robert.*

Art. 459 Le prévenu, les autres parties et leurs *(L. n° 93-2 du 4 janv. 1993)* **« avocats », peuvent déposer des conclusions.**

Ces conclusions sont visées par le président et le greffier ; ce dernier mentionne ce dépôt aux notes d'audience.

Le tribunal qui est tenu de répondre aux conclusions ainsi régulièrement déposées doit joindre au fond les incidents et exceptions dont il est saisi, et y statuer par un seul et même jugement en se prononçant en premier lieu sur l'exception et ensuite sur le fond.

Il ne peut en être autrement qu'au cas d'impossibilité absolue, ou encore lorsqu'une décision immédiate sur l'incident ou sur l'exception est commandée par une disposition qui touche à l'ordre public. — *Pr. pén. C. 628.*

1. Incidents et exceptions. Le tribunal doit joindre au fond les incidents dont il est saisi et statuer par un seul jugement sur l'incident et sur le fond sauf impossibilité absolue ou exception portant sur une disposition touchant à l'ordre public. • Crim. 2 déc. 1964, n° 64-90.450 P • 13 mars 1995, n° 93-84.299 P. ♦ Pour ce qui concerne les exceptions préjudicielles, V. note ss. art. 384. ♦ ... L'exception *non bis in idem*, V. : • Crim. 9 mai 1961, n° 60-93.508 P.

2. L'exception prise de l'incompétence de la juridiction correctionnelle au profit de la cour d'assises n'impose pas une décision immédiate commandée par une disposition qui touche à l'ordre public, au sens de l'art. 459, dernier al. • Crim. 16 juin 2009, n° 08-87.090 P : *RSC 2009. 832, obs. Mayaud* ; *AJ pénal 2009. 419*.

3. Dès lors que les juges d'appel, par application de l'art. 459, joignent au fond l'exception de nullité dont ils sont régulièrement saisis, conformément à l'art. 385 avant toute défense au fond, le rapport fait après cette décision porte nécessairement, comme les débats qui le suivent, à la fois sur l'incident et sur le fond. • Crim. 1er févr. 1988, n° 86-95.678 P : *D. 1988. IR 85.*

4. La décision de jonction au fond n'est pas susceptible d'appel immédiat. • Crim. 3 avr. 1979, n° 78-91.844 P. ♦ V. cep. : • Crim. 26 févr. 1937 : *S. 1938. 1. 117*, déclarant recevable l'appel immédiat de la jonction au fond d'une exception d'irrecevabilité des poursuites contre des personnes protégées par l'immunité diplomatique.

5. La décision par laquelle la juridiction correctionnelle joint au fond les incidents dont elle est saisie constitue une mesure d'administration judiciaire qui n'est pas soumise au contrôle de la Cour de cassation. • Crim. 22 juin 1994, n° 92-85.123 P. ♦ Elle n'est soumise à aucune forme particulière et n'a pas à être motivée. • Crim. 13 mars 1995, n° 94-81.343 P. ♦ Elle n'est susceptible d'aucun recours. • 10 mai 2007, n° 06-87.379 P : *D. 2007. AJ 1824* ; *AJ pénal 2007. 334* • Crim. 2 juin 2010, n° 09-87.147 P.

6. Une demande de remise de cause constitue un incident extrinsèque au fond du procès auquel il peut être répondu par une décision de refus mentionnée à l'arrêt sur le fond ; les juges auxquels sont ensuite soumises des conclusions demandant à nouveau cette remise sont fondés à joindre au fond l'incident ainsi provoqué et à déclarer ces conclusions irrecevables comme tendant seulement à les faire revenir sur leur décision précédente. • Crim. 14 juin 1988, n° 87-84.020 P : *JCP 1989. II. 21218, note Jeandidier.*

7. La preuve de la présentation d'une exception, sur laquelle les juges seraient tenus de statuer, ne saurait résulter des seules notes d'audience qui ne peuvent prévaloir ni sur les conclusions régulièrement déposées, dans lesquelles ladite exception n'est pas proposée, ni sur les mentions de l'arrêt attaqué qui n'en font pas état, et pas davantage suppléer à leur silence à cet égard. • Crim. 10 juin 1992, n° 91-82.872 P.

8. Le juge correctionnel méconnaît la loi en joignant au fond l'examen d'une exception concernant la légalité de la poursuite contre un membre de l'Assemblée nationale. • Crim. 3 févr. 1955 : *Bull. crim. n° 82 ; JCP 1955. II. 8663, note Chambon.*

9. Jugements séparés. A fait l'exacte application des dispositions de l'art. 400 la cour d'appel ayant rendu en audience publique sa décision sur une demande de mise en liberté, laquelle ne constitue pas un jugement séparé au sens de cet art. et de l'art. 459, al. 4. • Crim. 11 juin 2013 : *D. actu. 10 juill. 2013, obs. Bombled.*

10. Conclusions. La loi n'a pas édicté, pour la procédure suivie devant la juridiction correctionnelle, comme pour la cour d'assises (art. 347), de dispositions spéciales sur la clôture des débats ; le dernier état des débats n'est irrévocablement fixé que par la prononciation du jugement ou de l'arrêt ; et jusque-là le ministère public, la partie civile et le prévenu doivent être admis à conclure. • Crim. 14 juin 1951 : *D. 1951. Somm. 80* • 23 avr. 1981, n° 79-94.600 P. ♦ Mais les juges du fond apprécient souverainement s'il y a lieu d'ordonner la reprise des débats à la suite du dépôt d'une note en délibéré. • Crim. 27 nov. 1996 : *Procédures 1997, n° 100, obs. Buisson* • 1er avr. 1998, n° 97-83.734 P : *Dr. pénal 1998. Comm. 160, obs. Maron, et Chron. 27, par Lesclous et Marsat.* ♦ ... Ces écritures fussent-elles intitulées « conclusions » et visées par le président et le greffier. • Crim. 25 juin 1990, n° 89-86.256 P. ♦ La suite susceptible d'être réservée à une note en délibéré relève en effet de l'appréciation souveraine des juges du fond. • Crim. 14 mars 2007, n° 06-81.010 P.

11. Par suite, le juge ne peut, lorsque des conclusions ont été prises par la partie civile, se refuser à en faire état par le motif que le prévenu n'en a pas eu connaissance, dès lors que les débats ne sont pas définitivement clos ; il lui appartient, dans ce cas, d'ordonner ou d'assurer la communication desdites pièces au prévenu, qui ne saurait être privé du droit de répliquer à l'organe de la prévention ou à la partie civile. • Crim. 27 juin 1929 : *DH 1929. 147.*

12. L'art. 459 n'exige pas que la partie qui dépose des conclusions, dans les conditions qu'il prévoit, les communique préalablement aux autres parties. Il appartient aux juges d'ordonner ou d'assurer leur communication aux autres parties (conclusions déposées par télécopie à la cour d'appel l'avant-veille de l'audience par un avocat et régulièrement visées). • Crim. 23 janv. 2007, n° 06-84.551 P : *D. 2007. AJ 659 ; AJ pénal 2007. 138, obs. Girault.*

13. Pour l'application des mêmes principes en cas de demande de sursis à statuer formée par un prévenu de diffamation au motif que les faits imputés sont l'objet de poursuites commencées à la requête du ministère public : • Crim. 14 juin 1951 : *préc. note 10.*

14. Aucune nullité ne résulte de ce que certaines pièces à décharge, adressées par le conseil d'un prévenu au président pendant le délibéré, n'ont pas été communiquées au ministère public et à la partie civile, s'il n'appert d'aucune des énonciations de l'arrêt que la Cour ait fait état de ces documents. • Crim. 12 déc. 1951 : *D. 1952. 157.*

15. L'avocat, qui a qualité pour rédiger et signer les conclusions écrites, a qualité pour renoncer oralement aux moyens proposés dans ses conclusions. • Crim. 6 mars 1974, n° 73-92.256 P.

16. La demande d'audition de témoin, formulée par conclusions régulièrement déposées, doit entraîner une réponse du tribunal correctionnel. • Crim. 4 mars 2014, n° 13-81.916 P : *Procédures 2014, n° 120, note Chavent-Leclère.*

17. Aucune disposition du C. pr. pén. n'oblige le juge correctionnel à donner acte aux parties des incidents qu'elles soulèvent. • Crim. 21 nov. 2018, n° 17-81.096 P : *Dr. pénal 2019, n° 13, note Maron et Haas.*

18. Dépôt des conclusions. Il ne saurait être reproché au juge de ne pas avoir répondu aux conclusions de la prévenue, dès lors que, en méconnaissance des dispositions de l'article 459, ces conclusions n'ont pas été déposées le jour de l'audience des débats et qu'il n'est pas établi que le président en ait eu connaissance. • Crim. 17 févr. 1998, n° 97-82.999 P. ♦ ... Même si ces conclusions ont été adressées par télécopie plusieurs jours avant l'audience. • Crim. 7 janv. 2015, n° 12-86.623 P : *D. actu. 19 janv. 2015, obs. Priou-Alibert.*

19. Forme des conclusions. Dès lors que des conclusions, qui figurent au dossier, ne sont ni datées, ni signées par leur auteur et qu'elles ne sont revêtues d'aucun des visas prévus par l'art. 459, al. 2, ni mentionnées par l'arrêt, il n'est pas établi que les juges d'appel aient été mis en demeure d'y répondre. • Crim. 8 juin 1994, n° 93-83.548 P. ♦ N'est pas tenue de répondre à la demande du prévenu tendant à l'audition de témoins la cour d'appel qui n'a pas été saisie régulièrement, dans les formes prévues par l'art. 459. • Cass., ass. plén., 2 déc. 2005, n° 96.81.553 P.

20. Portée des conclusions de la partie civile. Statuant sur les intérêts civils, le juge répressif doit se prononcer dans la limite des conclusions dont il est saisi. • Crim. 30 sept. 2003, n° 03-80.039 P. ♦ Ainsi, le juge répressif ne peut allouer à la partie civile une somme inférieure au montant admis par le prévenu. • Crim. 19 mars

1985, ☎ n° 83-94.870 P : *Gaz. Pal. 1985. 2. 594, note Doucet* • 3 févr. 1987, ☎ n° 86-91.214 P. ♦ De même une cour d'appel ne peut condamner un prévenu à verser des dommages-intérêts à la partie civile alors que cette dernière n'avait déposé des conclusions ne visant qu'un co-prévenu par ailleurs relaxé. • Crim. 14 oct. 2003, ☎ n° 03-81.366 P : *AJ pénal 2003. 105* .

21. Dépôt des conclusions et prévenu non comparant. V. note 7 ss. art. 411.

Art. 460 **L'instruction à l'audience terminée, la partie civile est entendue en sa demande, le ministère public prend ses réquisitions, le prévenu et, s'il y a lieu, la personne civilement responsable, présentent leur défense.**

La partie civile et le ministère public peuvent répliquer. Le prévenu ou son *(L. n° 93-2 du 4 janv. 1993)* **« avocat » auront toujours la parole les derniers.** – *Pr. pén. C. 628.*

1. Obligation d'entendre l'avocat présent. Aux termes des art. 460 et 513, qui s'appliquent lors de l'audience devant la cour d'appel saisie des seuls intérêts civils sauf en ce qui concerne l'ordre de parole, lorsqu'une partie est représentée par un avocat, ce dernier doit être entendu. • Crim. 11 mai 2021, ☎ n° 19-86.308 P : *D. actu. 3 juin 2021, obs. Goudjil.*

2. Ordre d'intervention des parties. Les dispositions de l'art. 460 relatives à l'ordre d'intervention des parties ne sont pas applicables aux débats devant la chambre d'accusation. • Crim. 3 mai 1995, ☎ n° 95-80.725 P.

3. Parquet. Le ministère public, étant partie intégrante et nécessaire des juridictions répressives, doit être entendu, à peine de nullité, en ses réquisitions. • Crim. 8 janv. 1972, ☎ n° 70-91.567 P. ♦ La preuve de l'accomplissement de cette formalité, dont l'inobservation, lorsque l'action publique est en cause, porte atteinte aux intérêts de toutes les parties, doit résulter de l'arrêt lui-même. • Crim. 10 juill. 1995, ☎ n° 94-85.641 P : *Procédures 1995, n° 334, obs. Buisson.* ♦ Encourt la cassation l'arrêt qui ne mentionne pas la présence du ministère public aux débats, ceux-ci fussent-ils exclusivement consacrés à l'action civile. • Crim. 22 juill. 1987, ☎ n° 86-95.418 P • 14 févr. 1991, ☎ n° 90-80.733 P • 30 oct. 1995, ☎ n° 94-85.320 P. ♦ L'arrêt étant rédigé en un seul contexte, il y a présomption que le ministère public a assisté à toutes les audiences de la cause s'il est mentionné comme ayant été présent à la dernière audience. • Crim. 14 févr. 1991, ☎ *n° 90-80.959 P.* ♦ *... Ou lors du prononcé de* l'arrêt. • Crim. 7 sept. 1999, ☎ n° 98-87.561 P.

4. La nullité résultant de ce que, d'après les mentions de l'arrêt, le ministère public n'a pas été entendu en ses réquisitions ne saurait, en application de l'art. 802, être prononcée dès lors que, dans une poursuite où seules des pénalités fiscales étaient encourues, il n'est pas démontré ni même allégué que cette irrégularité ait eu pour effet de porter atteinte aux intérêts du demandeur au pourvoi. • Crim. 21 nov. 1977, ☎ n° 76-91.777 P.

5. Si, dans une poursuite où les intérêts civils sont seuls en cause, la formalité de l'audition du ministère public en ses réquisitions demeure substantielle, la nullité résultant de son omission ne saurait, en application de l'art. 802, être prononcée dès lors qu'il n'est pas établi ni même allégué que cette irrégularité ait eu pour effet de porter atteinte aux intérêts du demandeur au pourvoi. • Crim. 22 févr. 1978, ☎ n° 77-91.423 P.

6. Le prévenu et son conseil. La plaidoirie du conseil ne dispense pas les juges de donner la parole au prévenu s'il la demande, à peine de violation des droits de la défense. • Crim. 11 déc. 1990, ☎ n° 89-84.772 P. ♦ N'encourt pas la censure l'arrêt dont il ne résulte d'aucune mention que la prévenue ait demandé à prendre la parole à l'audience, dès lors qu'il résulte de ses énonciations que l'avocat de celle-ci a eu la parole en dernier et qu'il n'importe, au regard des droits de la défense, que les observations présentées émanent du prévenu ou de son avocat. • Crim. 9 mars 2016, ☎ n° 13-85.943 P : *D. actu. 4 avr. 2016, obs. Gallois.*

7. Lorsque le ministère public a été entendu le dernier à propos d'un incident, l'arrêt n'encourt aucune censure dès lors qu'il est constaté que l'incident a été joint au fond et qu'à la fin des débats, avant le prononcé de la décision sur l'ensemble de l'affaire, le prévenu a eu la parole le dernier. • Crim. 2 déc. 1986, ☎ n° 86-91.388 P • 20 mai 1992, ☎ n° 91-86.976 P • 5 mai 1997, ☎ n° 85-82.685 P : *Procédures 1997, n° 295, obs. Buisson ; Dr. pénal 1998. Chron. 3, par Lesclous et Marsat* • 27 févr. 2002, ☎ n° 01-83.119 P. ♦ Si la règle prévue par l'al. 2 de l'art. 460, qui impose de donner au prévenu ou à son avocat la parole en dernier, ne se limite pas au débat sur le fond et s'applique aussi aux incidents, l'arrêt attaqué n'encourt pas la censure dès lors que, après jonction de l'incident au fond et poursuite des débats, le prévenu a eu la parole en dernier avant que la cour d'appel ne se prononce sur l'ensemble de l'affaire. • Crim. 15 mai 2002, ☎ n° 01-83.816. ♦ Peu importe que le prévenu n'ait pas eu la parole après le ministère public sur l'exception de nullité, dès lors qu'après jonction de cette exception au fond le prévenu a eu la parole en dernier. • Crim. 19 juin 2002, ☎ n° 01-83.070.

8. Le tribunal peut s'estimer suffisamment éclairé avant l'issue d'une plaidoirie. • Toulouse, 17 janv. 1951 : *D. 1951. 146 ; S. 1951. 2. 89, note*

Hugueney. ♦ Il peut en fixer la durée à l'avance. • Crim. 18 nov. 1852 : *Bull. crim. n° 375.*

9. Partie civile. Le défaut d'audition de la partie civile ne saurait porter atteinte à ses intérêts dès lors qu'elle a déposé des conclusions formalisant sa demande. • Crim. 5 oct. 1994, n° 93-82.769 P.

10. La partie civile, poursuivante et appelante, doit être entendue en premier pour permettre un débat contradictoire. Si elle n'allègue pas que le président lui a refusé le droit qu'elle tient des dispositions combinées des art. 199 et 460 de répliquer aux réquisitions orales du ministère public, elle ne saurait soutenir que sa cause n'a pas été équitablement entendue. • Crim. 19 déc. 1994, n° 94-80.923 P : *D. 1995. Somm. 323, obs. Pradel* .

11. Assureur. Aucune atteinte n'est portée aux intérêts de la société prévenue dès lors qu'il n'est ni établi ni même allégué que la société d'assurance de cette même société prévenue, qui ne soulevait aucune exception de non-garantie, ait eu des intérêts contraires à ceux de celle-ci. • Crim. 19 oct. 2021, n° 21-80.146 B.

Art. 460-1 *(L. n° 81-82 du 2 févr. 1981)* **Lorsque la personne qui se prétend lésée** *(L. n° 2000-516 du 15 juin 2000, art. 133-II)* **« s'est constituée partie civile selon les modalités prévues à l'article 420-1, le président donne lecture de sa demande** *[ancienne rédaction : s'est constituée partie civile par lettre, le président donne lecture de cette lettre]* **» dès que l'instruction à l'audience est terminée. Le ministère public prend ses réquisitions ; le prévenu et, s'il y a lieu, la personne civilement responsable présentent leur défense.**

Si le tribunal l'estime nécessaire, il peut ordonner la comparution de la partie civile. En ce cas, les débats sur l'ensemble de l'affaire ou uniquement sur les intérêts civils sont renvoyés à une prochaine audience dont la date est immédiatement fixée. Les parties sont tenues de comparaître sans autre citation à l'audience de renvoi. Il en est de même pour les personnes invitées par le tribunal à rester à sa disposition lorsqu'un avertissement écrit leur est immédiatement délivré.

Art. 461 **Si les débats ne peuvent être terminés au cours de la même audience, le tribunal fixe, par jugement, le jour où ils seront continués.**

Les parties et les témoins non entendus, ou ceux qui ont été invités à rester à la disposition du tribunal, sont tenus de comparaître, sans autre citation, à l'audience de renvoi. — *Pr. pén. C. 628.*

1. Les juridictions correctionnelles ne sauraient, sans interrompre le cours de la justice, ordonner qu'il sera sursis à statuer, pour une durée indéterminée, sur une action dont elles sont saisies. • Crim. 2 juin 1999 : *Procédures 1999, n° 257, obs. Buisson.* ♦ Déjà dans le même sens : • Crim. 20 mai 1987, n° 86-96.649 P.

2. Ainsi, une cour d'appel ne peut ordonner le renvoi de l'affaire jusqu'à ce qu'une décision sur le fond soit prise à l'égard d'une nouvelle procédure concernant le même prévenu et la même victime sans fixer le terme à l'issue duquel l'affaire serait à nouveau appelée. • Crim. 1er déc. 1999, n° 98-83.509 P.

§ 5 DISPOSITIONS APPLICABLES DEVANT LE TRIBUNAL CORRECTIONNEL DANS SA FORMATION CITOYENNE

(L. n° 2011-939 du 10 août 2011, art. 6)

V. les art. 461-1 à 461-4 sur le Code en ligne.

SECTION V DU JUGEMENT

RÉP. PÉN. v° *Jugement*, par Léna.

BIBL. ▶ Jambu Merlin, *Rev. pénit. 1968. 434.* – Larguier, *RSC 1980. 587.* – Ortscheidt, *RSC 1981. 303.* – Roujou de Boubée, *Mél. Marty, p. 955.* – Versele, *RSC 1968. 823.* – Vienne, *Rev. pénit. 1966. 595.* – Vitu, *Rev. pénit. 1969. 485.*

§ 1er DISPOSITIONS GÉNÉRALES *(L. n° 2011-939 du 10 août 2011, art. 7-1°).*

Art. 462 **Le jugement est rendu soit à l'audience même à laquelle ont eu lieu les débats, soit à une date ultérieure.**

Dans ce dernier cas, le président informe les parties présentes du jour où le jugement sera prononcé.

1. Quand le jugement ne mentionne pas que le président a informé les parties du jour où le jugement sera prononcé, le délai d'appel ne peut, par application de l'art. 498-2, commencer à courir que du jour de la signification du jugement. • Crim. 15 oct. 1996, n° 96-80.995 P

• 23 nov. 1999, n° 99-81.789 P : *Dr. pénal 2000. Chron. 24, obs. Marsat.*

2. Mais lorsque l'arrêt de la cour d'appel est prononcé à une date dont les parties ont été informées, le délai du pourvoi a pour point de départ le jour du prononcé de la décision. • Crim. 20 déc. 1971, n° 71-91.634 P • 13 déc. 1982, n° 81-94.372 P.

3. Aucune disposition légale n'impose au président de la chambre d'accusation d'aviser les parties de la date à laquelle la décision sur une affaire mise en délibéré sera prononcée. • Crim. 3 nov. 1977, n° 76-90.335 P :*D. 1978. IR 330.*

4. L'appel formé contre une décision de mise en délibéré est irrecevable. • Nancy, 23 sept. 1987 : *JCP 1988. II. 21024, note Chambon.*

5. Notes en délibéré. Les juges du fond apprécient souverainement s'il y a lieu d'ordonner la reprise des débats à la suite du dépôt d'une note en délibéré. • Crim. 27 nov. 1996 : *Procédures 1997, n° 100, obs. Buisson* • 1er avr. 1998, n° 97-83.734 P : *Dr. pénal 1998. Comm. 160, obs. Maron, et Chron. 27, par Lesclous et Marsat.* ♦ ... Ces écritures fussent-elles intitulées « conclusions » et visées par le président et le greffier. • Crim. 25 juin 1990, n° 89-86.356 P. ♦ La suite susceptible d'être réservée à une note en délibéré relève en effet de l'appréciation souveraine des juges du fond. • Crim. 14 mars 2007, n° 06-81.010 P. ♦ Il n'y a pas méconnaissance du principe du contradictoire dès lors que la note en délibéré de la partie civile a bien été transmise au conseil du prévenu qui pouvait y répondre s'il le souhaitait. • Crim. 9 févr. 2005 : *JCP 2005. I. 161, obs. Maron ; Dr. pénal 2005. Comm. 118, obs. Maron.*

6. Partie civile. La partie civile, présente à l'audience des débats et régulièrement mise en demeure d'assister ou d'être représentée à celle à laquelle la décision devait être rendue, ne saurait se prévaloir de sa propre carence qui seule l'a empêchée de connaître la prorogation du délibéré et d'être informée de la date à laquelle le jugement a été effectivement rendu ; tel est le cas de la partie civile présente à l'audience publique où ont eu lieu les débats contradictoires et où le tribunal a indiqué que le délibéré serait rendu à une date ultérieure. • Crim. 12 mai 1993, n° 91-86.034 P. ♦ Il en va de même en ce qui concerne le prévenu. • Crim. 7 févr. 1996, n° 95-81.751 P.

Art. 463 *(L. n° 2011-525 du 17 mai 2011, art. 186-3°)* **« S'il y a lieu de procéder à un supplément d'information, le tribunal commet par jugement un de ses membres qui dispose des pouvoirs prévus aux articles 151 à 155. »**

(L. n° 93-2 du 4 janv. 1993) **« Ce supplément d'information obéit aux règles édictées par les articles 114, 119, 120 et 121. »**

Le procureur de la République peut obtenir, au besoin par voie de réquisitions, la communication du dossier de la procédure à toute époque du supplément d'information, à charge de rendre les pièces dans les vingt-quatre heures.

I. RÈGLES NATIONALES

1. Initiative du supplément d'information. Seule la juridiction de jugement saisie peut ordonner des investigations complémentaires par voie de supplément d'information. • Crim. 8 déc. 1999, n° 98-85.893 P. ♦ L'opportunité d'ordonner un supplément d'information relève de l'appréciation souveraine des juges du fond. • Crim. 19 mars 2002, n° 01-84.551. ♦ Comp. : il appartient aux juges d'ordonner les mesures d'instruction dont ils reconnaissent eux-mêmes la nécessité ; ainsi, en cas : de besoin d'identification de l'organe ou du représentant de la personne morale soupçonnée d'avoir commis une infraction. • Crim. 27 sept. 2016, n° 15-85.248 P : *D. actu. 28 oct. 2016, obs. Aubert ; AJ pénal 2016. 599, obs. Girault*. ♦ ... De nécessité d'une expertise comptable pour caractériser les éléments constitutifs d'une banqueroute. • Crim. 25 nov. 2020, n° 19-85.205 P : *D. actu. 4 janv. 2021, obs. Fonteix.*

2. Auteur du supplément d'information. L'instruction supplémentaire doit être faite par un des membres du tribunal ayant concouru au jugement. • Crim. 2 août 1934 : *DH 1934. 494* • 11 juill. 1956 : *D. 1956. Somm. 146* • 22 nov. 1956 : *D. 1957. 89, note P. A.*

3. Il y a nullité si c'est le juge d'instruction qui a été chargé de ce supplément d'information. • Crim. 2 août 1934 : *préc. note 2.* ♦ ... Ou le président d'un autre tribunal. • Crim. 22 nov. 1956 : *préc. note 2.*

4. Injonction au ministère public. Si un supplément d'information est nécessaire, une juridiction répressive ne peut enjoindre au Ministère public de diligenter une enquête, elle doit commettre l'un de ses membres pour effectuer les recherches. • Crim. 6 déc. 2000 : *Procédures 2001, n° 99, obs. Buisson.*

5. Moment de la demande de supplément d'information. La forclusion édictée par l'art. 175, al. 2 ne fait pas obstacle à ce que, en application des art. 463 et 512, les parties puissent saisir la juridiction de jugement de demandes tendant à l'accomplissement d'un supplément d'information. • Crim. 30 juin 1999, n° 98-86.470 P : *Procédures 2000, n° 42, obs. Buisson ; Dr. pénal 2000. Chron. 8, par Marsat.*

6. Portée du jugement avant-dire droit. Aucune autorité de chose jugée quant à la compétence de la juridiction ne saurait s'attacher à un arrêt avant-dire droit ordonnant une expertise psychiatrique. • Crim. 1er févr. 2005, n° 04-85.351 P : *D. 2005. IR 856*.

7. Rejet de la demande de supplément d'information. Pour refuser une demande de supplément d'information, le tribunal ne doit pas donner des motifs insuffisants ou inopérants. • Crim. 25 avr. 2006, n° 05-87.318 P : *AJ pénal 2006. 317*.

II. RÈGLES EUROPÉENNES

8. Supplément d'information et Convention européenne des droits de l'homme. Le supplément d'information ordonné en application de l'art. 463 n'est pas contraire aux dispositions de l'art. 6, § 1, Conv. EDH dès lors que son exécution n'implique pas que le magistrat commis acquiert, à l'occasion de cette mesure, une conviction sur la culpabilité du prévenu. • Crim. 19 janv. 2000, n° 99-80.655 P.

Art. 464 **Si le tribunal estime que le fait constitue un délit, il prononce la peine.**

Il statue, s'il y a lieu, sur l'action civile, et peut ordonner le versement provisoire, en tout ou en partie, des dommages-intérêts alloués.

Il a aussi la faculté, s'il ne peut se prononcer en l'état sur la demande en dommages-intérêts, d'accorder à la partie civile une provision, exécutoire nonobstant opposition ou appel.

(L. n° 2000-516 du 15 juin 2000, art. 112) **« Après avoir statué sur l'action publique, le tribunal peut, d'office ou à la demande du procureur de la République ou des parties, renvoyer l'affaire à une date ultérieure pour statuer sur l'action civile, même s'il n'ordonne pas de mesure d'instruction, afin de permettre à la partie civile d'apporter les justificatifs de ses demandes. Ce renvoi est de droit lorsqu'il est demandé par les parties civiles. Le tribunal doit alors fixer la date de l'audience à laquelle il sera statué sur l'action civile. La présence du ministère public à cette audience n'est pas obligatoire. »** *(L. n° 2004-204 du 9 mars 2004, art. 134)* **« A cette audience, le tribunal est composé du seul président siégeant à juge unique. »**

(L. n° 95-125 du 8 févr. 1995) **« Les dispositions du présent article sont applicables lorsque le tribunal correctionnel, dans sa composition prévue par le premier alinéa de l'article 398, estime, au résultat des débats, que le fait qui lui était déféré constitue un délit visé par l'article 398-1. »**

1. Prononcé de la peine. Selon l'art. 464, et sauf à faire application des dispositions particulières prévues par l'art. 469-1, le juge pénal ne peut retenir la culpabilité d'un prévenu sans prononcer simultanément la peine. Encourt dès lors la censure l'arrêt d'une cour d'appel qui, après avoir déclaré les prévenus coupables de certains chefs de la prévention, sans prononcer de peine, ordonne un supplément d'information sur la caractérisation d'une autre infraction. • Crim. 11 févr. 2009, n° 08-85.224 P : *D. 2009. AJ 876 ; AJ pénal 2009. 236 ; Dr. pénal 2009, n° 89, obs. Maron et Haas.* ♦ Doit être cassé l'arrêt qui confirme la culpabilité d'un prévenu mais omet de statuer sur la peine. • Crim. 10 févr. 2016, n° 15-80.405 P : *Dr. pénal 2016, n° 68, note Maron et Haas.* ♦ En s'abstenant de prononcer une peine, fût-ce en prononçant la confusion de cette peine avec une autre peine prononcée par le tribunal pour d'autres infractions, la cour d'appel méconnaît l'art. 464, al. 1er. • Crim. 14 mars 2012 : *Dr. pénal 2013. Chron. 3, obs. Bonis-Garçon et Peltier.*

2. Réparations civiles. Les juges du fond ont un pouvoir souverain d'appréciation pour déterminer le montant de la réparation due à la partie civile. • Crim. 28 juin 1966, n° 65-93.378 P. ♦ Les sommes allouées par les juridictions correctionnelles aux parties civiles en réparation du préjudice causé par une infraction sont des dommages-intérêts et non des restitutions. • Crim. 20 nov. 1973, n° 73-91.166 P. ♦ V. aussi : • Crim. 19 févr. 1964 : *D. 1964. 376, note Mazard.* ♦ Rappr. : • Cass., ass. plén., 13 mai 1966, n° 62-13.252 P : *D. 1966. 689 ; RTD civ. 1966. 843, obs. Hébraud ; Chabas, D. 1972. Chron. 275.*

3. Les tribunaux répressifs ne peuvent statuer sur les dommages-intérêts que les parties se réclament entre elles qu'accessoirement à la décision qui prononce sur la prévention ; cette obligation est d'ordre public. • Crim. 26 mars 1963, n° 62-92.654 P.

4. Les juridictions correctionnelles, après avoir statué sur l'action publique, ne peuvent connaître ultérieurement de l'action civile que si elles s'en sont réservé la faculté par une décision excluant leur dessaisissement ; encourt, dès lors, la cassation la cour d'appel qui, après avoir liquidé les chefs de préjudice à caractère personnel soumis à son examen et sursis à statuer sur le seul préjudice patrimonial soumis au recours des tiers payeurs, déclare recevable une demande complémentaire ultérieure de la victime tendant à la réparation d'autres chefs de préjudice à caractère personnel. • Crim. 24 févr. 1993, n° 92-82.543 P.

5. Lorsque le tribunal correctionnel soulève d'office l'irrecevabilité de la constitution d'une partie civile ou est saisi, par les parties ou le ministère public, d'une telle contestation, il ne peut statuer sur la recevabilité desdites constitutions qu'accessoirement à la décision qu'il rend sur le fait délictueux et par le jugement qu'il prononce sur l'action publique. En cas d'appel sur l'action publique par le prévenu ou le ministère public, la méconnaissance de cette règle d'ordre public porte nécessairement atteinte aux intérêts de la partie civile, laquelle se trouve privée de la possibilité de participer au débat sur l'action publique devant la cour d'appel et de mettre celle-ci en mesure, après évocation, de statuer également sur son action civile. Il s'ensuit que toute partie civile, constituée devant le tribunal correctionnel, peut faire appel d'un jugement qui, après avoir statué sur l'action publique, a, à tort, renvoyé à une audience ultérieure l'examen de la recevabilité de sa constitution. Dès lors, en l'absence d'un tel appel, la partie civile ne saurait reprocher à la cour d'appel statuant sur l'action civile de lui opposer l'autorité de la chose jugée sur l'action publique. • Crim. 15 févr. 2022, n° 20-86.486 P.

6. Statuant sur les intérêts civils, le juge répressif doit se prononcer dans la limite des conclusions dont il est saisi. • Crim. 30 sept. 2003, n° 03-80.039 P. ♦ Ainsi, le juge répressif ne peut allouer à la partie civile une somme inférieure au montant admis par le prévenu. • Crim. 19 mars 1985, n° 83-94.870 P : *Gaz. Pal. 1985. 2. 594, note Doucet* • 3 févr. 1987, n° 86-91.214 P. ♦ De même une cour d'appel ne peut condamner un prévenu à verser des dommages-intérêts à la partie civile alors que cette dernière n'avait déposé des conclusions ne visant qu'un co prévenu par ailleurs relaxé. • Crim. 14 oct. 2003, n° 03-81.366 P : *AJ pénal 2003. 105*

7. Exécution provisoire. L'art. 464, al. 2, disposition exceptionnelle, doit être interprété restrictivement et ne peut s'étendre au-delà de ses termes mêmes. Les juges ne sauraient notamment user de la faculté qu'il prévoit lorsqu'ils condamnent le prévenu à des réparations civiles dont le caractère particulier exclut toute possibilité ultérieure de restitution. • Crim. 16 oct. 1968, n° 67-91.992 P : *D. 1969. Somm. 56.*

8. Lorsqu'un jugement, assorti de l'exécution provisoire et ayant indûment condamné une partie à verser des dommages-intérêts, est réformé, l'obligation de rembourser résulte de plein droit de la réformation de la décision de première instance. • Crim. 25 mars 2014, n° 12-84.668 P : *D. actu. 15 avr. 2014, obs. Priou-Alibert ; Dr. pénal 2014. 81, note Maron et Haas.*

9. Ni l'art. 464, al. 2, ni aucune autre disposition de la loi ne confèrent à l'appelant le droit de demander des défenses à l'exécution des jugements ordonnant le versement provisoire des dommages-intérêts. • Crim. 6 mai 1965 : *D. 1965. 605.*

10. La provision accordée à la partie civile en vertu de l'art. 464 n'est qu'une avance sur l'indemnité définitive ultérieurement consacrée. Elle ne peut donc porter intérêt à compter d'une date antérieure à la décision qui l'ordonne. • Crim. 23 mai 1964, n° 63-92.225 P • 7 déc. 1967, n° 67-90.685 P.

11. Intervention des caisses de sécurité sociale. Les caisses de sécurité sociale intervenant dans un procès répressif n'ont aucun titre à bénéficier d'un versement provisionnel et c'est seulement lorsque l'indemnité de réparation est fixée que les droits respectifs de la victime et des caisses peuvent être déterminés et remplis. • Crim. 12 janv. 1966 : *D. 1966. Somm. 83.* ♦ V. aussi ss. art. 391.

12. Condition temporelle du renvoi. Si les juridictions répressives ont la faculté, en application de l'art. 464, d'ordonner un renvoi à une date déterminée lorsqu'elles ne peuvent se prononcer, en l'état, sur une demande en dommages-intérêts, elles ne sauraient, en revanche, sans interrompre le cours de la justice, ordonner qu'il sera sursis à statuer pour un temps indéterminé, dans l'attente d'une nouvelle expertise. • Crim. 25 janv. 1973, n° 72-91.314 P : *D. 1973. Somm. 42.* ♦ ... Ou pour un délai de sept ans. • Crim. 19 mars 1975, n° 74-92.446 P. ♦ ... Ou dans l'attente de « plus amples justifications ». • Crim. 14 févr. 1973, n° 71-93.258 P : *D. 1973. Somm. 42.* ♦ ... Ou au motif de l'importance d'un dommage susceptible de se modifier. • Crim. 9 nov. 1976, n° 75-91.310 P. ♦ ... Ou dans l'attente d'une hypothétique décision de la commission des Communautés européennes. • Crim. 7 févr. 1991, n° 90-84.511 P. ♦ ... Ou jusqu'à ce qu'une décision sur le fond soit prise à l'égard d'une nouvelle procédure concernant le même prévenu et la même victime. • Crim. 1er déc. 1999, n° 98-83.509 P : *Dr. pénal 2000. Chron. 30, obs. Marsat ; Procédures 2000, n° 108, obs. Buisson.* ♦ Il leur appartient de fixer un terme à l'issue duquel l'affaire sera à nouveau appelée. • Crim. 7 nov. 1977, n° 77-90.185 P : *D. 1978. IR 319.* ♦ Mais les juges ne peuvent se dispenser de prononcer, au jour de leur décision, la réparation de la part du préjudice dont ils constatent dès à présent la réalité. • Crim. 10 mai 1979, n° 78-90.373 P : *D. 1980. IR 60.* ♦ Ils ne peuvent refuser de prendre en considération, pour déterminer l'assiette du recours de l'organisme social, les chefs de préjudice dès à présent susceptibles d'évaluation. • Crim. 24 avr. 1981, n° 80-91.297 P. ♦ Par ailleurs, justifie sa décision la cour d'appel qui, après avoir énoncé qu'en l'état les parties civiles ne justifient pas de la qualité d'ayants droit de la victime, rejette leur demande de sursis à statuer dans l'attente de l'issue d'une action en nullité d'un testament, dès lors que le droit des parties civiles de demander le renvoi de l'affaire à une audience ultérieure, pour qu'il soit statué sur l'action civile, n'appartient qu'à celles qui ont préalablement été déclarées recevables. • Crim. 9 sept. 2008, n° 07-82.027 P : *AJ pénal 2008. 509, obs. Royer*.

13. Action publique et action civile. Sur le principe de la solidarité de l'action publique et de l'action civile et les limites à la dissociation de ces deux actions : • Crim. 23 oct. 1968, n° 68-90.494 P : *D. 1969. 163, note Faivre.*

14. Lorsqu'il a été définitivement jugé sur l'action publique à l'égard du prévenu préposé et qu'il a été reconnu coupable, il résulte des art. 10, 464 et 539 que le juge a l'obligation de statuer sur l'action civile exercée contre le commettant civilement responsable. • Crim. 17 mai 1976, n° 75-91.154 P : *D. 1977. 650, rapp. Lecourtier.*

15. Absence du ministère public. En vertu des dispositions de l'art. 464, al. 3, issues de la loi du 15 juin 2000, la présence du ministère public à l'audience de la juridiction correctionnelle n'est pas obligatoire lorsque le débat ne porte plus que sur les intérêts civils. • Crim. 18 déc. 2001, n° 01-81.045 P. ♦ Il résulte de l'art. 464 al. 3 que la présence du ministère public n'est pas obligatoire lorsque le débat ne porte plus que sur les intérêts civils. • Crim. 25 févr. 2003, n° 01-88.320 P. ♦ Il résulte des dispositions des art. 464 et 711, que la présence du ministère public n'est pas obligatoire lorsque le débat porte, devant la juridiction correctionnelle saisie d'une requête en rectification d'erreur matérielle, sur les seuls intérêts civils. • Crim. 3 nov. 2009, n° 09-80.991 P : *AJ pénal 2010. 39, obs. Lasserre Capdeville ; Procédures 2010, n° 88, obs. Buisson.* ♦ Il en est de même lorsque le débat ne porte plus que sur la demande formée par l'administration fiscale tendant à ce que le prévenu de fraude fiscale soit condamné à la solidarité au paiement de l'impôt avec le contribuable. • Crim. 14 mai 2014 : *Dr. pénal 2014, n° 108, note Robert.* ♦ La chambre des appels correctionnels, compétente en application de l'art. 380-5 pour prononcer sur l'appel d'un arrêt de cour d'assises statuant sur intérêts civils, peut se prononcer hors la présence du ministère public, dès lors qu'en application des dispositions des art. 464 et 512, la présence du ministère public n'est pas obligatoire devant cette juridiction lorsque les débats ne portent plus que sur les intérêts civils. • Crim. 28 mars 2018, n° 16-84.872 P.

16. Coauteurs. Le partage de responsabilité entre les coauteurs d'un dommage échappe à la compétence de la juridiction répressive. • Crim. 7 avr. 2009, n° 08-85.519 P : *D. 2009. AJ 1485 ; AJ pénal 2009. 316, obs. Duparc ; Procédures 2009, n° 287, obs. Buisson.* ♦ En matière civile, la compétence de la juridiction pénale, limitée à l'examen des demandes formées par les parties civiles contre les prévenus, ne s'étend pas aux recours de ces derniers entre eux ; il s'ensuit qu'il n'appartient pas à cette juridiction de prononcer un partage de responsabilité entre les coauteurs du dommage dont la réparation a été ordonnée. • Crim. 2 oct. 2012, n° 11-84.415 P • 26 févr. 2013 : *D. actu. 28 mars 2013, obs. Priou-Alibert ; D. 2013. Actu. 772 ; ibid. Pan. 1993, obs. Pradel ; Dr. pénal 2013. Comm. 65, obs. Maron et Haas.*

Art. 464-1 *(L. n° 70-643 du 17 juill. 1970)* **A l'égard du prévenu détenu, le tribunal peut, en tout état de cause, par décision spéciale et motivée, lorsque les éléments de l'espèce justifient la prolongation d'une mesure particulière de sûreté, maintenir la détention. Pour l'exécution de cette décision, le mandat continue à produire ses effets.**

BIBL. ► SÉVELY-FOURNIÉ, *RSC 2009. 793* (répression et motivation. Réflexions sur la motivation des arrêts et jugements des juridictions répressives).

1. Maintien de la détention. Les motifs imprécis de la décision « spéciale et motivée » maintenant la détention provisoire peuvent être explicités par les autres motifs des juges du fond relevant les circonstances de l'espèce, notamment la gravité du comportement du prévenu et justifiant ainsi, dans le souci de l'ordre public, le maintien en détention. • Crim. 7 janv. 1972, n° 71-92.387 P : *D. 1972. 318, note Lescure et Robert* • 9 mai 1972, n° 71-93.467 P.

2. La comparution du prévenu devant les juges correctionnels fait cesser de plein droit la détention provisoire lorsque ceux-ci n'en ordonnent pas le maintien par décision spéciale et motivée. • Crim. 16 sept. 1972, n° 72-92.755 P : *D. 1973. 330, note Le Tourneau* • Rennes, 5 mai 1975 : *D. 1975. Somm. 102.* ♦ Il en est ainsi notamment lorsque la comparution est suivie d'une remise de la cause et que le maintien en détention ne résulte que des notes d'audience. • Crim. 26 mars 1985, n° 84-95.476 P : *Gaz. Pal. 1985. 1. 389.* ♦ Le maintien en détention étant exécutoire nonobstant appel, le pourvoi formé par un prévenu contre l'arrêt d'une chambre d'accusation confirmant son maintien en détention provisoire jusqu'à comparution devant la juridiction de jugement devient sans objet. • Crim. 14 oct. 1991, n° 91-84.414 P.

3. Il se déduit des dispositions des art. 179 et 464-1 que la comparution d'un prévenu détenu devant une juridiction correctionnelle se prolonge pendant toute la durée des débats et, si l'affaire a été mise en délibéré, jusqu'à la clôture de ceux-ci par le jugement ; cette comparution ne fait cesser de plein droit la détention provisoire qu'au prononcé dudit jugement lequel doit alors statuer sur le maintien en détention par une décision spéciale et motivée. • Crim. 25 juin 1986, n° 85-95.498 P • 25 mai 1988, n° 87-85.273 P : *D. 1988. IR 188.*

4. La juridiction correctionnelle qui constate que le prévenu a été renvoyé devant elle par une ordonnance du juge d'instruction visant certains faits pour lesquels il n'a pas été mis en examen n'est pas légalement tenue d'annuler l'ordonnance de renvoi et de se dessaisir. Elle a en effet la faculté de renvoyer l'examen de l'affaire à une audience ultérieure et de transmettre le dossier de la procédure au ministère public pour lui permettre de saisir à nouveau la juridiction d'instruction par des réquisitions appropriées aux fins de régularisation. • Crim. 21 févr. 2007, n° 06-89.043 P : *D. 2007. Chron. 1819, obs. Caron* ; *AJ pénal 2007. 189*.

5. Respect des droits fondamentaux. L'art. 5, § 1 *c)*, Conv. EDH ne concerne que les conditions dans lesquelles une personne peut être arrêtée et détenue « en vue d'être conduite devant l'autorité judiciaire compétente » et ne s'applique pas aux décisions de justice qui se prononcent sur la mise en détention ou le maintien en détention de celle-ci. • Crim. 3 janv. 1986 : *D. 1986. 137, note Kœring-Joulin.* ♦ Comp. : • Crim. 22 févr. 1982 : *D. 1983. IR 74, obs. Roujou de Boubée.* ♦ Les dispositions du code de procédure pénale qui définissent limitativement les cas dans lesquels le placement ou le maintien en détention peut être ordonné par le juge, loin d'être incompatibles avec les dispositions de la Conv. EDH, instituent au contraire en faveur des inculpés des garanties supplémentaires destinées à éviter toute détention injustifiée. • Crim. 6 mars 1986 (1er arrêt), n° 85-96.526 P : *D. 1986. 315, note Mayer* • 6 mars 1986 (2e arrêt), n° 85-94.597 P : *ibid.*

Art. 464-2 *(L. n° 2019-222 du 23 mars 2019, art. 74 et 109-XIX, en vigueur le 24 mars 2020)* **I. — Lorsque la durée totale de l'emprisonnement ferme prononcé, y compris en tenant compte le cas échéant de la révocation de sursis, est inférieure ou égale à un an, le tribunal correctionnel doit :**

1° Soit ordonner que l'emprisonnement sera exécuté sous le régime de la détention à domicile sous surveillance électronique, de la semi-liberté ou du placement à l'extérieur, selon des modalités déterminées par le juge de l'application des peines ;

2° Soit, s'il ne dispose pas des éléments lui permettant de déterminer la mesure d'aménagement adaptée, ordonner que le condamné soit convoqué devant le juge de l'application des peines et le service pénitentiaire d'insertion et de probation conformément aux dispositions de l'article 474, afin que puisse être prononcé*[e]* une mesure mentionnée au 1° du présent I conformément à l'article 723-15 ;

3° Soit, si l'emprisonnement est d'au moins six mois, décerner un mandat de dépôt à effet différé, en ordonnant que le condamné soit convoqué dans un délai qui ne saurait excéder un mois devant le procureur de la République afin que ce dernier fixe la date à laquelle il sera incarcéré dans un établissement pénitentiaire ; le procureur de la République peut également donner connaissance au condamné de la date d'incarcération à l'issue de l'audience. Dans ce cas, il n'est pas fait application des articles 723-15 et suivants ;

4° Soit, dans les cas prévus aux articles 397-4, 465 et 465-1, décerner mandat de dépôt ou mandat d'arrêt contre le condamné.

Dans les cas prévus aux 3° et 4° du présent I, le tribunal doit spécialement motiver sa décision, au regard des faits de l'espèce et de la personnalité de leur auteur ainsi que de sa situation matérielle, familiale et sociale, afin de justifier les raisons pour lesquelles il estime devoir prononcer une peine d'emprisonnement sans sursis et celles pour lesquelles il considère que cette peine ne peut être aménagée.

II. — Lorsque la durée totale de l'emprisonnement ferme prononcé, y compris en tenant compte le cas échéant de la révocation de sursis, est supérieure à un an, le tribunal correctionnel doit spécialement motiver sa décision, au regard des faits de l'espèce et de la personnalité de leur auteur ainsi que de sa situation matérielle, familiale et sociale, afin de justifier les raisons pour lesquelles il estime devoir prononcer une peine d'emprisonnement sans sursis.

III. — Le 3° du I est également applicable lorsque la durée totale de l'emprisonnement ferme prononcé par le tribunal correctionnel est supérieure à un an.

IV. — Lorsqu'il décerne un mandat de dépôt à effet différé, le tribunal correctionnel peut, dans les cas prévus aux articles 397-4, 465 et 465-1, assortir ce mandat de l'exécution provisoire.

Pour l'application de l'art. 464-2, il est tenu compte, s'il y a lieu, de la durée de l'emprisonnement dont la mise à exécution a été ordonnée par le tribunal correctionnel en application de l'art. 713-48, dans sa rédaction résultant de la L. n° 2014-896 du 15 août 2014, à l'encontre d'une personne condamnée à la peine de contrainte pénale (Décr. n° 2020-81 du 3 févr. 2020, art. 8, en vigueur le 24 mars 2020). – V. art. D. 45-2-1 s.

BIBL. ► BALLOT-SQUIRAWSKI, *Gaz. Pal. 19 nov. 2019, p. 62* (la nouvelle motivation des peines).

1. Application dans le temps. Les dispositions relatives au prononcé et à l'aménagement de la peine d'emprisonnement sans sursis, qui figurent à l'art. 74 de la L. du 23 mars 2019, doivent, au regard de leur application dans le temps, être envisagées séparément les unes des autres ; les dispositions qui privent les juridictions correctionnelles de la faculté d'aménager les peines d'emprisonnement, qu'elles prononcent lorsque celles-ci sont supérieures à un an d'emprisonnement, relèvent de la catégorie des lois relatives aux peines ou à leur régime d'exécution et d'application, de sorte que leur application dans le temps obéit aux règles définies par l'art. 112-2, 3°, C. pén., ces nouvelles dispositions, plus sévères, ne pouvant recevoir application s'agissant de faits commis avant leur entrée en vigueur. • Crim. 20 oct. 2020, n° 19-84.754 P : *AJ pénal 2020. 514, note. H.-Evans.* ♦ ... Et les dispositions précitées relatives à l'aménagement des peines d'emprisonnement supérieures à un mois et inférieures ou égales à un an forment un ensemble cohérent dont les éléments sont indissociables ; devant être considérées comme n'ayant pas pour résultat de rendre plus sévères les peines prononcées, elles sont applicables au jugement des faits commis antérieurement à leur entrée en vigueur. • Crim. 11 mai 2021, n° 20-85.576 P • Crim. 11 mai 2021, n° 20-84.412 P.

2. Lorsque les faits poursuivis sont antérieurs au 24 mars 2020, le juge qui prononce une peine d'emprisonnement supérieure à un an et inférieure ou égale à deux ans doit se prononcer sur son éventuel aménagement au regard des dispositions issues de la L. du 23 mars 2019 relatives à l'aménagement des peines supérieures à 6 mois et inférieures ou égales à un an, seule la condition tenant au quantum de la peine aménageable restant régie par la loi ancienne. • Crim. 11 mai 2021, n° 20-83.507 P.

3. Il se déduit de l'art. 464-2 que le juge qui prononce une peine d'emprisonnement ferme supérieure à six mois ou inférieure ou égale à un an doit nécessairement prendre l'une des décisions énoncées par le texte, à l'exclusion de toute autre. • Crim. 11 mai 2021, n° 20-85.576 P.

4. Les juridictions de jugement ne peuvent pas prononcer une peine d'emprisonnement ferme intégralement aménagée *ab initio*, avec ou sans exécution provisoire, tout en décernant un mandat de dépôt ou en maintenant le condamné en détention. • Crim. 14 avr. 2021, n° 21-80.829 : *AJ pénal 2021. 328, obs. Lebreton.*

Art. 465 *(L. n° 70-643 du 17 juill. 1970)* **« Dans le cas visé à l'article 464, premier alinéa, s'il s'agit d'un délit de droit commun** *(L. n° 99-929 du 10 nov. 1999)* **« ou d'un délit d'ordre militaire prévu par le livre III du code de justice militaire » et si la peine prononcée est au moins d'une année d'emprisonnement** *(L. n° 85-1407 du 30 déc. 1985, art. 42)* **« sans sursis », le tribunal peut, par décision spéciale et motivée, lorsque les éléments de l'espèce justifient une mesure particulière de sûreté, décerner mandat de dépôt ou d'arrêt contre le prévenu. »**

Le mandat d'arrêt continue à produire son effet, même si le tribunal, sur opposition, ou la cour, sur appel, réduit la peine à moins d'une année d'emprisonnement.

Le mandat de dépôt décerné par le tribunal produit également effet lorsque, sur appel, la cour réduit la peine d'emprisonnement à moins d'une année.

Toutefois le tribunal, sur opposition, ou la cour, sur appel, a la faculté, par décision spéciale et motivée, de donner mainlevée de ces mandats.

En toutes circonstances, les mandats décernés dans les cas susvisés continuent à produire leur effet, nonobstant le pourvoi en cassation.

(L. n° 2004-204 du 9 mars 2004, art. 133-VI, en vigueur le 1er oct. 2004) **« Si la personne est arrêtée à la suite du mandat d'arrêt et qu'il s'agit d'un jugement rendu par défaut, il est fait application des dispositions de l'article 135-2. »**

1. Mandat de dépôt ou d'arrêt. L'art. 193-2 C. instr. crim. (art. 465, al. 1er) est applicable en cause d'appel. • Crim. 7 févr. 1935 • 18 avr. 1936 (sol. impl.) : *DP 1936. 1. 96, note G. L.*

2. Si un mandat de dépôt ou d'arrêt peut être décerné à l'audience dans les conditions de l'art. 465, al. 1er, en vertu d'une décision spéciale et motivée, les juges ne sont pas tenus d'engager un débat sur cette mesure d'exécution. • Crim. 24 oct. 1968, n° 68-91.258 P.

3. C'est du jour où l'opposition est formée contre un jugement par défaut ayant décerné mandat d'arrêt que part le délai de huitaine dans lequel l'affaire doit être soumise au tribunal. • Crim. 26 mars 1991, n° 90-84.193 P.

4. Les dispositions du dernier al. de l'art. 465 ne concernent que le prévenu qui, au moment de son opposition, était détenu en vertu du mandat d'arrêt décerné par le tribunal ; dans le cas particulier où l'intéressé est arrêté à l'étranger, ce n'est qu'à compter du jour où il est remis aux autorités françaises que le mandat d'arrêt peut être exécuté et que le délai prévu par l'art. 465 peut prendre effet. • Crim. 1er févr. 1994, n° 93-82.532 P : *Dr. pénal 1995. Chron. 29, par Lesclous et Marsat.* ♦ Peu importe qu'au moment où la demande de mainlevée des effets du mandat d'arrêt a été faite l'intéressé était détenu à l'étranger sous écrou extraditionnel. • Crim. 24 avr. 2003, n° 01-88.554 P : *JCP 2003. IV. 2122.*

5. L'art. 465 n'est applicable que devant les juridictions correctionnelles. • Crim. 3 janv. 1991, n° 90-81.458 P. ♦ ... Et pour des délits de droit commun. • Crim. 25 avr. 1990, n° 89-86.494 P.

6. Le mandat d'arrêt décerné par le juge d'instruction reste exécutoire, après la clôture de l'information tant qu'il n'a pas été rapporté, remplacé ou anéanti par un acte exprès de l'autorité judiciaire. • Crim. 29 sept. 1992, n° 92-82.584 P.

7. L'absence de mise à exécution, lors de la comparution du prévenu devant la cour d'appel, d'un mandat d'arrêt délivré à son encontre par le tribunal correctionnel a nécessairement mis fin aux effets dudit mandat. • Crim. 18 mai 2011, n° 10-81.045 P.

8. Interprétation du dernier al. Il résulte du 7e al. de l'art. 135-2 et du dernier al. de l'art. 465 que les dispositions des al. 2 et 3 du premier de ces textes ne sont pas applicables à l'exécution d'un mandat d'arrêt décerné à la suite d'une condamnation en matière correctionnelle à une peine privative de liberté par une décision contradictoire ou réputée contradictoire. • Crim. 11 juin 2013 : *D. actu. 10 juill. 2013, obs. Bombled ; AJ pénal 2013. 618, note Ascensi*.

Art. 465-1 *(L. n° 2005-1549 du 12 déc. 2005, art. 7)* **Lorsque les faits sont commis en état de récidive légale, le tribunal peut, par décision spéciale et motivée, décerner mandat de dépôt ou d'arrêt contre le prévenu, quelle que soit la durée de la peine d'emprisonnement prononcée.**

(Abrogé par L. n° 2019-222 du 23 mars 2019, art. 74 et 109-XIX, à compter du 24 mars 2020) ***« S'il s'agit d'une récidive légale au sens des articles 132-16-1 et 132-16-4 du code pénal, le tribunal délivre mandat de dépôt à l'audience, quel que soit le quantum de la peine prononcée, sauf s'il en décide autrement par une décision spécialement motivée. »***

BIBL. ▸ SÉVELY-FOURNIÉ, *RSC 2009. 793* (répression et motivation. Réflexions sur la motivation des arrêts et jugements des juridictions répressives).

Art. 466 **Si le tribunal régulièrement saisi d'un fait qualifié délit par la loi, estime, au résultat des débats, que ce fait ne constitue qu'une contravention, il prononce la peine et statue, s'il y a lieu, sur l'action civile.**

BIBL. ▸ MEURISSE, *RSC 1966. 521.*

Lorsqu'un conflit négatif de compétence entre un tribunal de police et un tribunal correctionnel a été réglé par la Cour de cassation au profit du tribunal correctionnel, cette décision, justifiée au regard des dispositions de l'art. 466, ne peut être contestée par voie d'opposition formée en application de l'art. 661. • Crim. 21 oct. 1998, n° 98-80.775 P.

Art. 467 **Si le fait est une contravention connexe à un délit, le tribunal statue par un seul et même jugement, à charge d'appel sur le tout.**

Art. 467-1 *Abrogé par L. n° 92-1336 du 16 déc. 1992, à compter du 1er mars 1994.*

Art. 468 *(L. n° 92-1336 du 16 déc. 1992)* **Si le prévenu bénéficie d'une cause légale d'exemption de peine, le tribunal le déclare coupable et l'exempte de peine. Il statue, s'il y a lieu, sur l'action civile, ainsi qu'il est dit aux deuxième et troisième alinéas de l'article 464.**

Art. 469 **Si le fait déféré au tribunal correctionnel sous la qualification de délit est de nature à entraîner une peine criminelle, le tribunal renvoie le ministère public à se pourvoir ainsi qu'il avisera.**

Il peut, le ministère public entendu, décerner, par la même décision, mandat de dépôt ou d'arrêt contre le prévenu.

(L. n° 95-125 du 8 févr. 1995, en vigueur le 6 mars 1995) **« Les dispositions des deux alinéas précédents sont également applicables si le tribunal correctionnel, dans sa composition prévue par le troisième alinéa de l'article 398, estime, au résultat des débats, que le fait qui lui était déféré sous la qualification de l'un des délits visés à l'article 398-1 est de nature à entraîner une peine prévue pour un délit non visé par cet article. »**

(L. n° 2004-204 du 9 mars 2004, art. 124-II, en vigueur le 1er oct. 2004) **« Lorsqu'il est saisi par le renvoi ordonné par le juge d'instruction ou la chambre de l'instruction, le tribunal correctionnel ne peut pas faire application, d'office ou à la demande des par-**

ties, des dispositions du premier alinéa, si la victime était constituée partie civile et était assistée d'un avocat lorsque ce renvoi a été ordonné. Toutefois, le tribunal correctionnel saisi de poursuites exercées pour un délit non intentionnel conserve la possibilité de renvoyer le ministère public à se pourvoir s'il résulte des débats que les faits sont de nature à entraîner une peine criminelle parce qu'ils ont été commis de façon intentionnelle. »

BIBL. ▶ DARSONVILLE, *Dr. pénal 2007. Étude 4* (légalisation de la correctionnalisation judiciaire). – GRUNVALD, *AJ pénal 2017. 269* s. (correctionnalisations de l'infraction de viol). – LAURENT, *JCP 1950. I. 852 et 877.* – PATIN, *RSC 1955. 335.* – LAVRIC, MÉNABÉ et PELTIER-HENRY, *AJ pénal 2018. 188* s. (enjeux et perspectives).

1. Compétence. En matière répressive, la compétence des juridictions est d'ordre public et il appartient aux juges correctionnels, même d'office et en tout état de la procédure, de se déclarer incompétents lorsque les faits poursuivis ressortissent à la juridiction criminelle. • Crim. 1er févr. 2005, n° 04-85.351 P : *D. 2005. IR 856* . ♦ Il appartient aux juges du second degré, saisis de la cause entière par l'appel du ministère public, d'examiner, même d'office, leur compétence lorsque les faits tels qu'ils résultent du débat sont du ressort de la juridiction criminelle. • Crim. 3 janv. 1970, n° 69-93.254 P • 3 févr. 1988, n° 87-82.336 P • 4 janv. 1990, n° 89-82.636 P • 1er févr. 2005, n° 04-85.351 P.

2. Le moyen tiré de l'incompétence est recevable même s'il est présenté pour la première fois devant la Cour de cassation. • Crim. 9 nov. 1955 : *JCP 1956. II. 9249, note Granier.* ♦ Il peut même être relevé d'office par la Cour de cassation. • Crim. 12 juin 1958, n° 57-90.833 P.

3. Décision d'incompétence. La juridiction correctionnelle saisie d'une infraction non intentionnelle conserve la possibilité de se déclarer incompétente s'il apparaît que les faits étaient de nature criminelle parce qu'ils ont été commis de façon intentionnelle. • Crim. 24 mars 2009, n° 08-84.849 P : *RSC 2009. 590, obs. Mayaud* ; *ibid. 855, obs. Finielz* ; *D. 2009. AJ 1207, note Léna* ; *ibid. Chron. C. cass. 1714, obs. Chaumont* ; *ibid. Chron. 2140, note Mesa* ; *AJ pénal 2009. 318, obs. Roussel* ; *Procédures 2009, n° 210, obs. Buisson.*

4. Lorsque la cour d'appel confirme le jugement d'incompétence du tribunal correctionnel et ne fait que maintenir les effets d'un mandat de dépôt régulièrement décerné contre le prévenu, elle n'est pas tenue d'entendre le ministère public sur cette mesure ; en effet, les dispositions de l'art. 469, al. 2, ne s'appliquent que devant la juridiction qui décerne le titre de détention. • Crim. 25 mai 2005, n° 04-86.363 P : *D. 2005. IR 1803* ; *JCP 2005. IV. 2560.*

5. Mandat de dépôt. Lorsqu'un tribunal correctionnel, après s'être déclaré incompétent en raison de la nature criminelle des faits, a régulièrement ordonné le maintien en détention du détenu en application de l'art. 469, al. 2, il a nécessairement décerné un mandat de dépôt criminel. • Crim. 26 juill. 1988, n° 88-83.008 P. ♦ ... Qui conserve ses effets jusqu'à ce qu'il ait été statué sur la compétence et la prévention par la chambre d'accusation désignée suivant la procédure de règlement de juges. • Crim. 7 mai 1991, n° 91-81.225 P • 7 déc. 1992, n° 92-81.892 P. ♦ ... Dans ce cadre, les dispositions de l'art. 145-2 relatives à la durée maximum de la détention ne s'appliquent pas ; la durée de la détention s'apprécie au regard du délai raisonnable. • Crim. 27 sept. 2005, n° 05-84.234 P : *AJ pénal 2005. 456* ; *RSC 2006. 106, obs. Giudicelli* . ♦ Dans le même sens : dès lors que la détention a été ordonnée par une juridiction correctionnelle sur le fondement de l'art. 469, d'une part, les dispositions de l'art. 145-2 ne sont pas applicables et, d'autre part, la chambre de l'instruction n'est pas tenue par l'exigence de motivation spéciale prévue par l'art. 145-3. • Crim. 29 mai 2018, n° 18-81.533 P : *D. actu. 25 juin 2018, obs. Goetz.* ♦ Toutefois, en vertu de l'art. 201, al. 2, la chambre d'accusation peut souverainement apprécier l'opportunité de mettre fin à la détention provisoire du détenu à une date qu'elle fixe. • Crim. 14 mars 2000, n° 00-80.283 P.

6. Articulation avec l'art. 397-2. Les dispositions de l'art. 469 ne sont pas applicables lorsque le tribunal correctionnel, saisi par la comparution immédiate du prévenu et estimant que la complexité de l'affaire nécessite des investigations complémentaires approfondies, renvoie la procédure au procureur de la République en vue de saisir le juge d'instruction sur le fondement de l'art. 397-2 ; ainsi, le tribunal n'a pas à statuer sur sa compétence. • Crim. 27 mai 2003, n° 02-85.619 P : *D. 2003. IR 1877* ; *JCP 2003. IV. 2373.*

7. L'ordonnance de renvoi rendue par le juge d'instruction est simplement indicative de juridiction et ne fait pas obstacle à ce que le tribunal, s'il constate que le fait déféré sous la qualification de délit est de nature à entraîner une peine criminelle, renvoie le ministère public à se pourvoir ainsi qu'il avisera ; faute d'avoir relevé appel du jugement du tribunal qui a renvoyé l'examen de l'affaire, le prévenu n'est plus recevable à contester la validité de la prolongation de sa détention. • Crim. 15 févr. 2005, n° 04-84.519 P : *JCP 2005. IV. 1690.*

8. Correctionnalisation judiciaire. Les dispositions de l'art. 469, al. 4, dont il résulte que le juge correctionnel saisi par une ordonnance de renvoi du juge d'instruction ne peut se déclarer incompétent, ne sont applicables que si la victime des fait poursuivis est constituée partie civile lorsque ce renvoi est ordonné. • Crim. 27 mars 2008, n° 07-85.076 P : *D. 2008. 1719, obs. Caron* ; *AJ pénal 2008. 288, obs. Roussel* • 21 juin 2011, n° 10-85.671 P : *D. 2011. Actu. 1821* ; *D. actu. 6 juill. 2011, obs. Bombled* ; *AJ pénal 2011. 527, obs. Lasserre Capdeville* ; *RSC 2011. 662, obs. Danet* ; *Procédures 2011, n° 316, obs. Buisson.*

9. Art. 469, al. 4, et victimes indirectes. Dès lors que la victime directe était constituée partie civile et assistée d'un avocat au moment du renvoi devant le tribunal correctionnel et qu'elle avait dès lors la faculté d'interjeter appel en application de l'art. 186-3, ses proches sont irrecevables à soulever l'incompétence de ce dernier au motif que les faits déférés sont de nature à entraîner une peine criminelle. • Crim. 20 nov. 2013, n° 12-85.185 P : *D. actu. 3 déc. 2013, obs. Winckelmuller.*

10. Application de la loi dans le temps. Les dispositions de l'art. 469 al. 4 qui sont la conséquence de celles du nouvel art. 186-3 introduit par la L. n° 2004-204 et qui instituent en faveur des parties un droit d'appel de l'ordonnance de renvoi devant le tribunal correctionnel (ORTC) pour contester cette qualification correctionnelle, ne sont applicables qu'aux procédures dans laquelle l'ordonnance de renvoi est intervenue à compter du 1er oct. 2004 ; c'est à bon droit que la cour d'appel écarte l'application de ces dispositions en ce qu'elles interdisent à la juridiction correctionnelle de se déclarer incompétente pour des faits de nature criminelle lorsque la partie civile était assistée d'un avocat au moment du prononcé de l'ORTC rendue avant le 1er oct. 2004. • Crim. 4 janv. 2006, n° 05-84.231 P : *D. 2006. IR 393* ; *RSC 2006. 637, note Giudicelli*. ♦ ... De même, doit être cassé l'arrêt de la cour d'appel qui refuse d'examiner la demande d'incompétence des juridictions correctionnelles à raison de la nature criminelle des faits, demande effectuée par la prévenue renvoyée devant le tribunal correctionnel par une ORTC antérieure au 1er oct. 2004. • Crim. 23 mai 2006, n° 05-86.375 P.

Art. 469-1 *(L. n° 75-624 du 11 juill. 1975)* **Nonobstant les dispositions de l'alinéa premier de l'article 464, le tribunal peut, après avoir déclaré le prévenu coupable, soit le dispenser de peine, soit ajourner le prononcé de celle-ci** *(L. n° 92-1336 du 16 déc. 1992)* **« dans les conditions prévues aux articles 132-59 à 132-70 du code pénal et aux articles 747-3 et 747-4 du présent code ». Il statue s'il y a lieu sur l'action civile.**

(L. n° 92-1336 du 16 déc. 1992) **« La dispense de peine exclut l'application des dispositions prévoyant des interdictions, déchéances ou incapacités de quelque nature qu'elles soient qui résulteraient de plein droit d'une condamnation. »**

Sur l'ajournement en matière de protection collective des consommateurs, V. C. consom., art. L. 621-3 s., ss. art. 2-24 C. pr. pén. ; ... en matière d'infractions à la législation sur l'eau, V. C. envir., art. L. 216-9.

BIBL. ▶ COUVRAT, *RSC 1987. 483.* – DECOCQ, *RSC 1976. 5.* – LARGUIER, *RSC 1978. 617.* – PRADEL, *D. 1976. Chron. 63.*

I. LA DISPENSE DE PEINE

1. Lorsqu'ils font application des art. 469-1 et 469-2, les juges peuvent dispenser le prévenu de toute peine, mais non d'une peine après l'avoir prononcée. • Crim. 27 nov. 1978, n° 76-90.944 P : *D. 1979. IR 271* ; *RSC 1980. 115, obs. Larguier.*

2. *Même dans les cas où* les conditions des art. 469-1 et 469-2 sont réunies, l'application de la dispense de peine est une faculté dont les juges du fond ne doivent aucun compte. • Crim. 20 nov. 1985, n° 84-94.491 P : *D. 1986. IR 194.*

3. Lorsque la juridiction a, par une première décision, déclaré un prévenu coupable du délit qui lui était imputé et renvoyé le prononcé de la peine à une date ultérieure, cette même juridiction ne peut, par la suite, rendre une décision de relaxe. • Crim. 12 juin 1979, n° 79-90.710 P.

4. La dispense de peine ne peut être accordée lorsque la pénalité encourue est de nature fiscale. • Crim. 11 avr. 1983, n° 82-92.433 P. ♦ Elle n'est pas davantage applicable devant le tribunal permanent des forces armées. • Crim. 15 mars 1977, n° 77-90.006 P : *D. 1977. IR 237, note Puech.* ♦ De même, elle ne peut affecter la mesure de confiscation des instruments de pesage faux et inexacts prévue par l'art. 6 de la loi du 1er août 1905 [*C. consom., art. L. 216-2*]. • Crim. 23 mai 1977, n° 76-93.239 P. ♦ Mais elle est applicable à la confiscation à titre de peine principale des marchandises mises en vente, prévue à l'art. 2 de la loi du 30 déc. 1906 sur les ventes au déballage. • Crim. 6 nov. 1984, n° 84-90.170 P : *D. 1985. IR 161* ; *RSC 1985. 585, obs. Pradel.*

5. Interdictions, déchéances ou incapacités. Selon l'art. 469-1, al. 2, la déclaration de culpabilité suivie d'une dispense de peine exclut l'application des dispositions prévoyant des interdictions, déchéances ou incapacités de quelque nature qu'elles soient qui résulteraient de plein droit d'une condamnation. • Crim. 4 févr. 2004, n° 03-85.591 P : *D. 2004. IR 849* ; *JCP 2004. IV. 1659.*

6. Permis à points. Il résulte des dispositions

de l'art. 469-1, qui sont d'interprétation stricte, qu'une décision par laquelle le juge pénal déclare le titulaire d'un permis de conduire coupable d'une infraction justifiant un retrait de points de son permis mais le dispense de peine ne saurait être assimilée à une condamnation au sens de l'art. L. 223-1 C. route et ne peut légalement fonder un retrait de points. • CE 16 juin 2004 : *D. 2005. 2516, note Père*.

II. L'AJOURNEMENT DE PEINE

7. Cassation de la décision de la juridiction de proximité qui, après avoir déclaré la prévenue coupable de stationnement gênant et ajourné le prononcé de la peine, renvoie celle-ci des fins de la poursuite à l'audience devant statuer sur la peine. • Crim. 30 mai 2017, n° 16-87.183 P : *D. actu. 28 juin 2017, obs. André.*

8. L'ajournement du prononcé de la peine est une simple faculté laissée à la libre appréciation des juges du fond, qui n'en doivent aucun compte. S'ils la refusent, ils n'ont pas à s'en expliquer dans leur décision. • Crim. 23 nov. 1982 : *D. 1983. IR 144.*

9. Le jugement rendu après ajournement du prononcé de la peine est contradictoire et le délai d'appel contre une telle décision court du jour où elle est rendue sans qu'une signification soit nécessaire en cas d'absence du prévenu. • Crim. 14 juin 1983, n° 83-90.186 P : *D. 1983. IR 446* • 4 nov. 1988, n° 88-80.761 P. ♦ Il en est de même en cas de pourvoi. • Crim. 22 oct. 1986, n° 86-90.482 P. ♦ Il en va différemment lorsque, par ce jugement, les juges statuent pour la première fois sur l'action civile dans les conditions prévues par l'art. 421, cette circonstance imposant la signification du jugement au prévenu non comparant. • Crim. 7 févr. 1996, n° 95-82.546 P.

10. L'art. 469-3 [*art. 132-62 C. pén.*] n'a pas pour objet d'assurer l'impunité du prévenu après l'expiration du délai qu'il prévoit ; le délai d'un an, seulement indicatif, n'est pas prescrit à peine de nullité. • Crim. 3 oct. 1984, n° 83-90.701 P : *JCP 1985. II. 20447, note Chambon ; RSC 1985. 606, obs. J. Robert ; Gaz. Pal. 1985. 1. 238, note Doucet.* ♦ *Adde* note Pradel ss. • TGI Aix-en-Provence, 24 juin 1982 : *D. 1983. 251 ; note Chambon sous la même décision, JCP 1983. II. 19998.*

11. Lorsqu'un tribunal a, par jugement devenu définitif, déclaré un prévenu coupable, puis a statué sur la peine par décision ultérieure, la cour d'appel, *saisie du seul recours formé contre cette* dernière décision, ne peut se prononcer à nouveau sur la culpabilité sans méconnaître à la fois l'autorité de la chose jugée et les règles de sa saisine. • Crim. 2 janv. 1980, n° 79-92.232 P • 15 mai 1984, n° 82-91.617 P. ♦ Même sens, • Crim. 13 déc. 2006, n° 06-82.576 P : *D. 2007. AJ 505, obs. Girault ; AJ pénal 2007. 132, obs. Saas ; Procédures 2007, n° 203, obs. Buisson.*

12. La décision ayant déclaré un détenu coupable du délit de refus de se soumettre à un prélèvement biologique destiné à l'identification de son empreinte génétique tout en ajournant le prononcé de la peine, n'ayant fait l'objet d'aucun recours dans les délais, est devenue définitive quant à la culpabilité et n'est plus susceptible de pourvoi. • Crim. 7 févr. 2007, n° 06-84.427 P : *D. 2007. AJ 1017 ; AJ pénal 2007. 186, obs. Girault.*

13. La cour d'appel saisie de l'appel du seul jugement déclarant la culpabilité doit également statuer sur la peine dès lors que le délai fixé par le tribunal est expiré à la date de son arrêt. • Crim. 27 mars 1984, n° 83-92.422 P : *RSC 1985. 122, obs. Robert* • 11 juin 1986, n° 85-92.325 P • 28 févr. 1991, n° 90-85.071 P : *D. 1991. IR 111 ; RSC 1991. 603, obs. Braunschweig* • 7 oct. 1992, n° 92-81.284 P. ♦ ... Saisie du seul appel du prévenu contre le jugement déclarant la culpabilité, la cour doit ordonner une remise de cause pour ne statuer sur la peine qu'après le délai fixé par le tribunal. • Crim. 12 avr. 1988, n° 87-90.609 P : *D. 1988. Somm. 357, obs. Pradel.* ♦ ... Saisie de l'appel du ministère public contre un jugement déclarant le prévenu coupable, la cour doit se prononcer sur la peine sans égard pour la date à laquelle le tribunal avait prévu de le faire. • Crim. 4 oct. 1995, n° 94-86.057 P : *Dr. pénal 1995. Comm. 295, obs. Maron.* ♦ La cour d'appel saisie de l'appel d'un jugement déclarant le prévenu coupable d'une infraction, ajournant le prononcé de la peine, et ordonnant le sursis à statuer sur les intérêts civils, ne saurait, sans méconnaître l'étendue de sa saisine, statuer sur la culpabilité et la peine en renvoyant la procédure au tribunal correctionnel pour prononcer sur les intérêts civils. • Crim. 19 janv. 2005, n° 04-80.996 P : *D. 2005. IR 735 ; AJ pénal 2005. 244, obs. Girault ; Dr. pénal 2005. Comm. 81, obs. Maron.*

14. En cas de pourvoi en cassation contre un arrêt qui déclare le prévenu coupable d'une infraction et ajourne le prononcé de la peine, il est sursis à l'exécution de l'arrêt conformément à l'art. 569 ; doit en conséquence être cassé l'arrêt de la cour d'appel qui, sans attendre la décision de la Cour de cassation, se prononce sur la peine après l'expiration du délai d'ajournement. • Crim. 8 févr. 1993, n° 92-83.479 P.

15. La disposition de l'art. 469-3 [C. pén., art. 132-60] prescrivant la présence du prévenu devant la juridiction pour permettre l'ajournement du prononcé de la peine est d'ordre public. • Crim. 22 mai 1986, n° 85-90.210 P : *D. 1987. IR 80* • 25 févr. 1992, n° 91-84.063 P : *Dr. pénal 1992. 192.*

16. Il n'est pas nécessaire que la juridiction qui statue sur la peine soit composée des magistrats qui ont statué sur la culpabilité. • Crim. 17 nov. 1987, n° 86-94.186 P • 14 nov. 1989, n° 88-83.758 P.

17. Les dispositions des art. 469-1 et 469-3 [C. pén., art. 132-60] ne sont pas applicables en matière de presse. • Crim. 2 déc. 1980, nº 79-91.096 P.

18. Il appartient au prévenu de satisfaire à l'obligation, prise par lui à l'audience d'ajournement, de réparer le dommage causé par l'infraction et, à l'audience du prononcé de la peine, de rapporter la preuve de cette réparation. • Crim. 16 oct. 1991, nº 90-87.390 P : *D. 1992. Somm. 321, obs. Pradel*.

Art. 469-2 à 469-4 *Abrogés par L. nº 92-1336 du 16 déc. 1992, à compter du 1er mars 1994.*

Art. 469-5 *Ajouté par L. nº 93-1417 du 30 déc. 1993 ; abrogé et repris, à compter du 1er mars 1994, ss. C. pén., art. 132-70-1. —* ***C. pén.***

Art. 470 Si le tribunal estime que le fait poursuivi ne constitue aucune infraction à la loi pénale ou que le fait n'est pas établi, ou qu'il n'est pas imputable au prévenu, il renvoie celui-ci des fins de la poursuite.

1. Admet une excuse illégale et méconnaît ses pouvoirs le juge qui, pour relaxer, déclare que le doute doit profiter à l'inculpé, alors que le doute du juge n'a porté que sur le sens exact d'un arrêté préfectoral, par conséquent sur la solution qu'il devait donner à une question de droit. • Crim. 24 janv. 1936 : *DP 1936. 1. 60, note Mimin* • 21 oct. 1942 : *DA 1943. 4.*

2. Le juge correctionnel, qui n'est pas lié par la qualification donnée à la prévention, ne peut prononcer une décision de relaxe qu'autant qu'il a vérifié que les faits dont il est saisi ne sont constitutifs d'aucune infraction. • Crim. 22 janv. 1997, nº 95-81.186 P : *Dr. pénal 1997. Comm. 78, obs. Véron.* ♦ ... Mais dans ce cas, s'il a le droit et le devoir de restituer aux faits leur véritable qualification, c'est à la condition de n'y rien ajouter. • Crim. 11 mai 2006, nº 05-85.637 P. ♦ Ainsi, a méconnu le sens et la portée de l'art. 470 l'arrêt qui a retenu que le prévenu, pour s'introduire dans un logement vide (en tant que tel non constitutif de domicile), avait forcé la serrure de la porte d'entrée, sans rechercher si cette dégradation ou détérioration d'un lieu appartenant à autrui n'était pas susceptible de recevoir une autre qualification réprimée par la loi pénale. • Même arrêt.

3. Altération définitive des facultés mentales. Il ne peut être statué sur la culpabilité d'une personne que l'altération de ses facultés physiques ou psychiques met dans l'impossibilité de se défendre personnellement contre l'accusation dont elle fait l'objet, fût-ce en présence de son tuteur et assistée d'un avocat ; en l'absence de l'acquisition de la prescription de l'action publique ou de disposition légale lui permettant de statuer sur les intérêts civils, la juridiction pénale, qui ne peut interrompre le cours de la justice, est tenue de renvoyer l'affaire à une audience ultérieure et ne peut la juger qu'après avoir constaté que l'accusé ou le prévenu a recouvré la capacité à se défendre. Aussi, une cour d'appel ne peut-elle renvoyer des fins de la poursuite un prévenu en raison de son impossibilité absolue, définitive et objectivement constatée d'assurer sa défense devant la juridiction de jugement, ce motif de relaxe n'étant pas prévu par la loi. • Crim. 5 sept. 2018, nº 17-84.402 P : *D. actu. 14 sept. 2018, obs. Fucini ; D. 2018. 2076, note Tellier-Cayrol ; Gaz. Pal. 5 févr. 2019, p. 60, note Fourment ; AJ pénal 2018. 517, obs. Thierry ; RSC 2018. 927, note Cordier*. — V. désormais art. 10.

4. La juridiction, qui relaxe un prévenu, ne doit pas se déclarer incompétente sur l'action civile, alors qu'il s'agit d'un débouté. La partie civile ne saurait se faire grief de cette erreur, qui ne lui cause aucun préjudice. • Crim. 10 mai 1993, nº 92-82.205 P.

Art. 470-1 *(L. nº 96-393 du 13 mai 1996)* **« Le tribunal saisi, à l'initiative du ministère public ou sur renvoi d'une juridiction d'instruction, de poursuites exercées pour une infraction non intentionnelle** *(L. nº 2000-647 du 10 juill. 2000)* **« au sens des deuxième, troisième et quatrième alinéas de l'article 121-3 du code pénal », et qui prononce une relaxe demeure compétent, sur la demande de la partie civile ou de son assureur formulée avant la clôture des débats, pour accorder, en application des règles du droit civil, réparation de tous les dommages résultant des faits qui ont fondé la poursuite. »**

(L. nº 83-608 du 8 juill. 1983) **Toutefois, lorsqu'il apparaît que des tiers responsables doivent être mis en cause, le tribunal renvoie l'affaire, par une décision non susceptible de recours, devant la juridiction civile compétente qui l'examine d'urgence selon une procédure simplifiée déterminée par décret en Conseil d'État.** *— V. art. 372, art. R. 41-2. — V. C. pr. civ., art. 826-1. —* ***C. pr. civ.***

TOM : 844.

BIBL. ▸ Bouillane de Lacoste, *Gaz. Pal. 1987. 1. Doctr. 397.* – Delivre, *Gaz. Pal. 1984. Chron. 11.* – Pradel, *D. 1983. Chron. 241.*

1. Caractère général et absolu du droit de la partie civile d'interjeter appel. La faculté pour la partie civile d'interjeter appel dans l'instance pénale quant à ses intérêts civils est un droit spécifique, général et absolu auquel l'art. 470-1 n'apporte aucune limite ; l'appel ne peut pas être déclaré irrecevable au motif que la partie civile n'a pas invoqué, devant le tribunal, l'application de l'art. 470-1. • Crim. 26 oct. 2004, n° 04-80.126 P : *D. 2004. IR 3191 ; RSC 2005. 100, obs. Giudicelli ; Dr. pénal 2005. Comm. 14, obs. Maron ; JCP 2004. IV. 3469.* ♦ La faculté pour la partie civile d'interjeter appel dans l'instance pénale quant à ses intérêts civils est un droit spécifique, général et absolu auquel l'art. 470-1 n'apporte aucune limite ; ne peut être déclaré irrecevable l'appel d'un salarié contre une décision de relaxe après des poursuites pour infraction à la réglementation sur la sécurité des travailleurs et la contravention de blessures involontaires au motif que le salarié n'a pas invoqué, devant le tribunal, l'application de cet article. • Crim. 26 oct. 2004, n° 04-80.126 P : *D. 2004. IR 3191.*

2. Appel de la partie civile sur les seuls intérêts civils. Si la décision de renvoyer l'affaire devant la juridiction civile compétente en application de l'art. 470-1, al. 2, n'est pas susceptible de recours, cette règle ne fait pas obstacle au droit de la partie civile d'appeler, quant à ses intérêts civils, du jugement de relaxe en vertu de l'art. 497, 3°. • Crim. 4 oct. 1990, n° 89-86.027 P.

3. L'action publique et l'action civile étant indépendantes, les juges du second degré, saisis du seul appel de la partie civile, ne sont pas liés, en ce qui concerne les intérêts civils, par la décision de relaxe de première instance. • Crim. 28 nov. 1989, n° 88-86.499 P • 13 avr. 1992, n° 91-84.616 P. ♦ En raison de l'indépendance de l'action publique et de l'action civile, les juges du second degré, saisis du seul appel de la partie civile, ne sont nullement liés, en ce qui concerne les intérêts civils, par la décision de relaxe rendue en première instance. • Crim. 13 avr. 1992, n° 91-84.616 P. ♦ N'encourt pas la censure l'arrêt qui ayant prononcé la relaxe des prévenus des chefs d'homicides et blessures involontaires réserve les droits des parties civiles par application de l'art. 470-1, n'excluant par là que la réparation du préjudice sur le fondement d'une *faute personnelle. • Crim. 20 nov. 1996,* n° 96-81.107 P. ♦ Dans une poursuite d'un médecin pour homicide involontaire, la juridiction répressive ne peut, du seul fait de la relaxe pour absence de faute pénale, déclarer irrecevable la demande régulièrement formée par les parties civiles conformément à l'art. 470-1. Il lui appartient d'apprécier s'il existe à la charge du prévenu une éventuelle faute contractuelle en rapport de causalité avec la perte de chance de survie de la victime. • Crim. 28 sept. 1999, n° 97-82.353 P.

4. Mise en cause de tiers. Lorsque la juridiction correctionnelle prononce une relaxe pour une infraction non intentionnelle et qu'il apparaît que, pour statuer sur la demande de réparation de la partie civile, des tiers responsables doivent être mis en cause, elle renvoie l'affaire devant la juridiction civile compétente ; il incombe alors à celle-ci de se prononcer sur les responsabilités civiles des prévenus ou des personnes civilement responsables et des tiers responsables mentionnés dans la décision de renvoi. • Crim. 27 mai 2014, n° 13-83.262 P : *D. actu. 9 juin 2014, obs. Winckelmuller.*

5. Demandes formulées par la partie civile ou son assureur. Une juridiction correctionnelle ne peut user de la faculté que lui confère l'art. 470-1 de faire application des règles de droit civil pour statuer sur les conséquences dommageables d'un homicide ou de blessures involontaires, si ce n'est sur la demande de la partie civile ou de son assureur formulée avant la clôture des débats. • Crim. 12 févr. 1997, n° 96-82.666 P • 29 juin 1999, n° 98-83.517 P. ♦ … A l'exclusion notamment du propriétaire d'un véhicule indemne de toute atteinte à son intégrité physique. • Crim. 24 janv. 1996, n° 93-83.414 P. ♦ L'art. 470-1 n'est pas applicable lorsque les juges du second degré sont saisis du seul appel de la partie civile contre une décision de relaxe et que l'application de cet article n'a pas été invoquée devant le tribunal. • Crim. 10 juill. 1989, n° 88-86.054 P • 29 janv. 1997, n° 96-82.167 P : *Procédures 1997, n° 161, obs. Buisson ; Dr. pénal 1997. Comm. 132, obs. Maron.* • 2 oct. 2007, n° 06-85.799 P : *AJ pénal 2008. 37, note Royer.* • 14 mai 2008, n° 08-80.202 P : *AJ pénal 2008. 371, obs. Duparc ; Dr. pénal 2008. Comm. n° 111, obs. Véron.* ♦ Mais la partie civile qui demande, à titre subsidiaire, la réparation de son préjudice sur le fondement d'une règle de droit civil, sollicite nécessairement le bénéfice de l'art. 470-1. • Crim. 30 sept. 1998, n° 97-80.135 P. ♦ L'art. 470-1 selon lequel les juridictions correctionnelles peuvent, après relaxe, statuer, sur la demande de la partie civile ou de son assureur formulée avant la clôture des débats, sur les conséquences dommageables d'un homicide ou de blessures involontaires, n'est pas applicable devant le tribunal aux armées des forces françaises en Allemagne. • Crim. 28 févr. 1990, n° 89-81.393 P.

6. Compétence. Selon l'art. 470-1, la juridiction correctionnelle n'est compétente, pour statuer sur la demande de la partie civile après relaxe, qu'en cas de poursuites exercées pour une infraction non intentionnelle au sens des deuxième et troisième al. de l'art. 121-3 C. pén. • Crim. 11 oct. 2000, n° 00-83.219. ♦ Selon l'art. 1er de la L. n° 57-1424 du 31 déc. 1957, les tribunaux de l'ordre judiciaire sont seuls compétents pour statuer sur toute action en responsabilité tendant à la réparation des dommages de toute nature causés par un véhicule quelconque, peu important qu'il ait été conduit par un militaire, que la victime soit elle-même agent de l'État et qu'ils aient tous deux été dans l'exercice de leurs fonctions. • Crim. 23 sept. 2014 : *D. actu. 14 oct. 2014, obs. Priou-Alibert.*

7. Faute d'imprudence. La juridiction répressive peut, après relaxe d'un prévenu du chef de blessures involontaires, retenir à la charge de celui-ci une faute contractuelle en relation de cause à effet avec le dommage consécutif auxdites blessures. • Crim. 3 mars 1993, n° 92-83.293 P. ♦ ... Ou, après relaxe d'un prévenu du chef d'homicide involontaire, retenir à sa charge une faute d'imprudence en rapport de causalité avec la perte de chance qui lui est imputable. • Crim. 20 mars 1996, n° 95-81.168 P • 28 sept. 1999, n° 97-82.353 P • 3 nov. 2010, n° 09-87.375 P : *D. actu. 7 déc. 2010, obs. Bombled ; D. 2011. Pan. 2831, obs. Garé* . ♦ ... Ou retenir la responsabilité du civilement responsable, après relaxe de son préposé du chef de blessures involontaires, sur le fondement de son obligation contractuelle de sécurité. • Crim. 1er juill. 1997, n° 96-85.320 P.

8. Par application de l'art. 470-1, la juridiction répressive peut, après avoir relaxé le prévenu du chef du délit de blessures involontaires, retenir sa responsabilité sur le fondement de l'art. 1891 C. civ. Dès lors, justifie sa décision la cour d'appel qui, en application de ces textes, après avoir relaxé la prévenue du chef de blessures involontaires, la déclare responsable des conséquences dommageables de l'accident causé par la jument qu'elle avait prêtée à la victime sans l'avertir des défauts non apparents de l'animal, qu'elle connaissait. • Crim. 17 sept. 2002, n° 01-83.510 P. ♦ Justifie sa décision au regard tant de l'art. 1147 C. civ. que des art. L. 1110-5 et L. 1142-1 CSP la cour d'appel qui, pour déclarer un médecin spécialisé en chirurgie plastique et réparatrice *responsable* des conséquences dommageables du décès d'une patiente, retient qu'il a commis des fautes qui ont contribué de façon directe à la production du dommage. • Crim. 5 juin 2007, n° 06-86.331 P : *RSC 2008. 78, obs. Mayaud* .

9. Civilement responsable. La juridiction répressive peut, après relaxe du prévenu, retenir la responsabilité du civilement responsable, après relaxe de son préposé du chef de blessures involontaires, sur le fondement de son obligation contractuelle de sécurité. • Crim. 1er juill. 1997, n° 96-85.320 P. ♦ Il appartient aux seuls juges du fond d'apprécier si des tiers responsables doivent être mis en cause et si, en conséquence, l'affaire doit être renvoyée devant la juridiction civile compétente, leur décision à cet égard n'étant susceptible d'aucun recours. • Crim. 10 févr. 1987, n° 86-91.264 P • 24 janv. 1996, n° 93-83.414 P : *Dr. pénal 1996. 147, obs. Maron.*

10. Tiers responsables. Lorsque, au cours des débats, il apparaît que des tiers responsables doivent être mis en cause, les dispositions de l'art. 470-1, al. 2, qui permettent à la juridiction répressive de renvoyer l'affaire devant la juridiction civile compétente, exigent que la première de ces juridictions ait prononcé une relaxe ; elles ne sauraient, dès lors, être appliquées par les juges du second degré qui, ayant déclaré réunis les éléments constitutifs de l'infraction, ne pouvaient réprimer pénalement celle-ci, ayant été saisis par la seule partie civile. • Crim. 26 avr. 1988, n° 84-93.811 P : *D. 1988. IR 182.*

11. Appréciation de la demande. Les juges doivent tenir compte de tous les chefs de dommage résultant des faits qui ont fondé la poursuite. Ainsi, en cas de destruction d'un véhicule pris en location avec option d'achat, les juges doivent accorder la réparation du préjudice résultant de ce que, par application du contrat de crédit-bail, cette destruction entraîne l'obligation, pour le locataire, de régler au bailleur une indemnité de résiliation. • Crim. 26 mars 1991, n° 89-86.471 P. ♦ Mais justifie sa décision la cour d'appel qui, statuant en application de l'art. 470-1, après relaxe du propriétaire d'un animal, poursuivi pour homicide involontaire, retient pour rejeter la demande d'indemnisation présentée par les parties civiles sur le fondement de l'art. 1385 [1243] C. civ. que l'accident dans lequel s'est trouvé impliqué l'animal trouve sa cause dans l'acte de malveillance d'un tiers qui, perpétré de nuit, à l'insu du propriétaire, lequel ne pouvait en pallier les conséquences, a constitué pour celui-ci un événement imprévisible et irrésistible. • Crim. 1er oct. 1997, n° 95-83.471 P.

12. En invitant les parties civiles à mieux se pourvoir sur leur demande de réparation après avoir constaté que la faute de négligence relevée à la charge du prévenu relaxé n'est pas détachable de ses fonctions de maire, la cour d'appel a justifié sa décision sans méconnaître la portée des art. 4-1 et 470-1, qui n'apportent pas d'exception au principe de la séparation des pouvoirs. • Crim. 4 juin 2002, n° 01-81.280 P.

13. Appel. Ne constitue pas une demande nouvelle la demande par laquelle pour la première fois en appel la partie civile, invoquant les dispositions de l'art. 470-1, al. 1er, réclame subsidiairement l'application des règles du droit civil pour obtenir réparation du dommage résultant des faits ayant fondé la poursuite. • Crim. 20 oct. 1986, n° 85-92.876 P.

Art. 470-2 *(L. nº 2008-174 du 25 févr. 2008, art. 4-V)* **Le tribunal correctionnel ne peut relaxer le prévenu en raison d'une des causes d'irresponsabilité pénale prévues par les articles 122-2,122-3,122-4,122-5 et 122-7 du code pénal qu'après avoir constaté que celui-ci avait commis les faits qui lui étaient reprochés.**

Dans le cas où il estime qu'est applicable le premier alinéa de l'article 122-1 du code pénal, il statue conformément à l'article 706-133 relatif à la déclaration d'irresponsabilité pénale pour cause de trouble mental.

Art. 471 *(L. nº 75-624 du 11 juill. 1975)* **« Nonobstant appel, le prévenu détenu qui n'a pas été condamné à une peine d'emprisonnement sans sursis est mis en liberté immédiatement après le jugement. »**

(L. nº 70-643 du 17 juill. 1970) **Il en est de même en cas de condamnation à une peine d'emprisonnement, lorsque la détention provisoire a été ordonnée ou maintenue en application de l'article 464-1 ou de l'article 465, premier alinéa, aussitôt que la durée de la détention a atteint celle de la peine prononcée.**

Le contrôle judiciaire prend fin sauf si le tribunal en décide autrement lorsqu'il prononce une condamnation à l'emprisonnement sans sursis ou assorti du sursis *(L. nº 2019-222 du 23 mars 2019, art. 81 et 109-XIX, en vigueur le 24 mars 2020)* **« probatoire** *[ancienne rédaction : avec mise à l'épreuve]* **».** *(L. nº 89-461 du 6 juill. 1989)* **« Si un cautionnement a été fourni, les dispositions des premier et deuxième alinéas de l'article 142-2 et du deuxième alinéa de l'article 142-3 sont applicables. »**

(L. nº 83-466 du 10 juin 1983) **« Les sanctions pénales prononcées en application** *(L. nº 92-1336 du 16 déc. 1992, en vigueur le 1er mars 1994)* **« des articles** *(L. nº 2019-1480 du 28 déc. 2019, art. 10)* **« 131-4-1 » à 131-11** *(L. nº 2009-1436 du 24 nov. 2009, art. 94-I)* **« et 132-25 à 132-70 » du code pénal peuvent être déclarées exécutoires par provision. »**

(L. nº 2006-399 du 4 avr. 2006, art. 12) **« Si le tribunal a ordonné le maintien du contrôle judiciaire et que la personne se soustrait aux obligations qui lui sont imposées, les dispositions du deuxième alinéa de l'article 141-2 sont applicables. Lorsque le jugement est exécutoire et que le condamné est placé sous le régime** *(L. nº 2019-222 du 23 mars 2019, art. 81 et 109-XIX, en vigueur le 24 mars 2020)* **« du sursis probatoire** *[ancienne rédaction : de la mise à l'épreuve]* **»,** *(L. nº 2010-769 du 9 juill. 2010, art. 26)* **« le tribunal correctionnel ou le juge de l'application des peines peut désigner** *[ancienne rédaction : le juge de l'application des peines peut désigner]* **», pour veiller au respect des obligations, la personne physique ou morale qui était chargée de suivre l'intéressé dans le cadre du contrôle judiciaire. »** *(L. nº 2019-222 du 23 mars 2019, art. 81 et 109-XIX, en vigueur le 24 mars 2020)* **« Cette personne est en ce cas chargée des missions confiées au service pénitentiaire d'insertion et de probation mentionnées à l'article 132-44 du code pénal. »**

BIBL. ▶ LASALLE, *AJ pénal 2014. 272* (la réforme pénale peut-elle se passer d'une complémentarité entre le secteur public et le secteur associatif socio-judiciaire ?).

1. En ce sens que l'art. 471 doit être appliqué par référence à l'art. 464-1 : • Lyon, 25 nov. 1971 : *D. 1972. 505, note Pradel.*

2. Il se déduit des dispositions combinées des art. 471, al. 2, et 506, qu'à défaut de nouvelle décision concernant la détention, son maintien se prolonge jusqu'à l'expiration de la peine prononcée. • Crim. 26 sept. 1986, nº 86-90.330 P. ♦ Il résulte des dispositions des art. 465, al. 1er et 471, al. 2, qu'après la mise à exécution, sur mandat d'arrêt, de la peine d'emprisonnement ferme prononcée à son encontre, et le maintien en détention ordonné par la cour d'appel à l'issue de la première audience au fond, le prévenu se trouve placé sous le régime de la détention provisoire dans la limite de la durée de la peine prononcée en première instance, et que le renvoi de l'affaire à une audience ultérieure ne nécessite dès lors pas que la détention soit prolongée par une décision spéciale et motivée. • Crim. 4 déc. 2019, nº 19-86.128 P : *D. actu. 13 janv. 2020, obs. Charlent.*

3. Il résulte de l'art. 471 que, lorsqu'un cautionnement a été fourni au titre d'un contrôle judiciaire et que cette mesure prend fin par le jugement du prévenu, les sommes versées sont restituées dans les conditions prévues aux art. 142-2 et 142-3, une fois la décision devenue définitive. • Crim. 24 mai 1993, nº 92-82.318 P. ♦ En application des art. 471, al. 3, 142-2, al. 3, et 142-3, al. 1 en cas de décision de relaxe, même non définitive, le cautionnement est restitué de plein droit au prévenu et il n'appartient pas au juge d'en prononcer la restitution. • Crim. 27 oct. 1999, nº 98-87.080 P.

4. Exécution provisoire des peines. Les peines complémentaires prévues par les art. 131-10,

131-27 et 131-28 C. pén., peuvent être assorties de l'exécution provisoire en vertu des dispositions de l'art. 471 al. 4 ; il en est ainsi également pour la peine complémentaire d'interdiction d'exercer une activité professionnelle. • Crim. 2 nov. 2005, n° 05-82.004 P : *AJ pénal 2006. 121, obs. Saas*.

Art. 472 **Dans le cas prévu par l'article 470, lorsque la partie civile a elle-même mis en mouvement l'action publique, le tribunal statue par le même jugement sur la demande en dommages-intérêts formée par la personne** *(L. n° 92-1336 du 16 déc. 1992)* **« relaxée » contre la partie civile pour abus de constitution de partie civile.**

RÉP. PÉN. v° *Dénonciation téméraire*, par MAYAUD.

1. QPC. Presse. Les dispositions de l'art. 472 doivent désormais être interprétées comme permettant au prévenu, qui a été renvoyé des fins d'une poursuite engagée du chef d'infractions prévues par la loi sur la presse, d'obtenir la condamnation de la partie civile au paiement de dommages-intérêts en cas d'abus, sans distinguer selon que l'action publique a été mise en mouvement par une plainte avec constitution de partie civile devant le juge d'instruction ou par voie de citation directe. • Crim. 11 juill. 2018, n° 18-90.017 P : *D. actu. 30 juill. 2018, obs. Lavric ; AJ pénal 2018. 477, obs. Thierry*.

I. CONDITIONS D'APPLICATION

2. Nécessité d'une relaxe. La décision d'octroi de dommages et intérêts doit néanmoins, et comme il est dit à l'art. 472, être précédée de la relaxe du prévenu. • Crim. 17 janv. 2012, n° 11-82.072 P : *D. actu. 30 janv. 2012, obs. Léna*.

3. Appréciation du comportement de la partie civile. La partie civile qui a mis en mouvement l'action publique ne peut être condamnée à des dommages-intérêts que s'il est constaté qu'elle a agi de mauvaise foi ou témérairement. • Crim. 6 nov. 1979 : *D. 1980. IR 284* • 22 avr. 1992, n° 91-82.148 P. ♦ Tel est le cas lorsque la cour relève que la partie civile a agi de mauvaise foi et dans l'intention de nuire au prévenu. • Crim. 7 mai 2002, n° 01-84.492 P : *JCP 2002. IV. 2192*. ♦ Mais tel ne peut être le cas lorsque l'action est fondée sur des faits reconnus diffamatoires. • Crim. 1er mars 2005, n° 04-81.981 P : *JCP 2005. IV. 1900*. ♦ Une telle faute ne peut se déduire du seul exercice du droit de citation directe. • Crim. 6 nov. 1979 : *préc.*

4. Aux termes de l'art. 472, le tribunal ne peut condamner une partie civile à payer des dommages-intérêts au prévenu, pour abus de constitution de partie civile, que dans les cas prévus par l'art. 470, auquel il renvoie. Encourt dès lors la cassation l'arrêt qui octroie des dommages-intérêts pour abus de constitution de partie civile, alors que la poursuite a été annulée pour inobservation des prescriptions de l'art. 50 de la L. du 29 juill. 1881. • Crim. 9 mai 2012, n° 11-83.150 P : *D. 2012. Actu. 1484 ; Dr. pénal 2012. Chron. 3, obs. Verly*. ♦ V. cependant, en sens contraire, • Crim. 21 janv. 1997, n° 95-83.766 P : le fait d'attraire de manière hâtive et téméraire une personne devant une juridiction répressive lui cause nécessairement un préjudice et justifie l'allocation à son profit de dommages et intérêts, sur le fondement de l'art. 472. ♦ Rappr. : • Crim. 22 mars 1994, n° 93-80.356 P.

5. Lorsque l'action publique a été mise en mouvement par la citation directe de la partie civile, le désistement de celle-ci à l'audience ne met pas obstacle à l'attribution de dommages et intérêts au prévenu par application des art. 425 et 472 dès lors qu'il a été constaté par les juges que la citation résulte d'une faute lourde de la partie civile dont la mauvaise foi a causé un préjudice à la personne citée. • Crim. 22 févr. 1966, n° 64-90.865 P • 24 oct. 1983, n° 82-92.893 P : *D. 1984. IR 73*. ♦ La décision d'octroi de dommages et intérêts doit néanmoins, et comme il est dit à l'art. 472, être précédée de la relaxe du prévenu. • Crim. 17 janv. 2012, n° 11-82.072 P : *D. actu. 30 janv. 2012, obs. Léna*.

6. L'art. 472 est applicable lorsque la relaxe est prononcée après que la prescription de l'action publique a été constatée. • Crim. 16 janv. 2018, n° 16-87.699 P.

7. Montant. Les dispositions combinées des art. 472 et 515, al. 3 ne font pas obstacle à ce que les juges du second degré élèvent le montant des réparations allouées au prévenu relaxé, bien que seule la partie civile ait interjeté appel, dès lors qu'il allègue une aggravation de préjudice postérieure au jugement et se rattachant directement à l'abus de constitution de partie civile dont elle est la conséquence et le développement ; cette aggravation peut résulter pour le prévenu intimé, après relaxe définitive sur l'action publique, de la poursuite injustifiée de la procédure en cause d'appel, à l'initiative d'une partie civile déclarée de mauvaise foi. • Crim. 18 oct. 1993, n° 92-84.261 P • 18 oct. 1995, n° 94-83.119 P.

II. EXCLUSIONS

8. L'art. 472 n'est pas applicable devant le tribunal de police. • Crim. 2 févr. 1988, n° 87-81.377 P • 21 nov. 1991, n° 90-83.877 P : *Dr. pénal 1992. 164*. ♦ ... Ni lorsque la partie civile s'est constituée auprès du juge d'instruction et qu'elle n'a donc pas mis elle-même en mouvement l'action publique, par voie de citation directe. • Crim. 19 déc. 2006 : *AJ pénal 2007. 144 ; RSC 2007. 324, obs. Finielz*. ♦ Une juridiction qui renvoie un prévenu des fins de la poursuite ne peut lui allouer des dommages-intérêts pour abus de constitution de partie civile, sur le fondement de l'art. 472, que lorsque la partie civile elle-même a mis en mouvement l'action publique, et non lorsque le prévenu est renvoyé devant ladite juridiction par un arrêt de la chambre de l'instruction. • Crim. 6 oct. 2010, n° 09-88.002 P : *D. actu. 29 nov. 2010, obs. Bombled ; AJ pénal 2011. 132, obs. Pradelle*.

9. Encourt la cassation pour violation de l'art. 515 l'arrêt qui, sur le seul appel de la partie civile contre un jugement de relaxe, accorde des dommages-intérêts pour abus de constitution de partie civile au prévenu intimé, dont la demande a été rejetée par les premiers juges. • 19 juin 1989, n° 88-85.534 P • 8 oct. 2003, n° 02-86.992 P : *JCP 2003. IV. 2971.*

10. En matière de contributions indirectes l'administration des impôts, agissant à titre principal pour l'application des sanctions fiscales, exerce non une action civile mais une action publique d'une nature particulière ; elle ne peut, dès lors, être assimilée à une partie civile ; si, selon l'art. 472, le tribunal peut, à la demande de la personne acquittée, condamner la partie qui a mis en mouvement l'action publique à des dommages-intérêts pour action abusive, c'est seulement lorsque celle-ci a la qualité de partie civile. Tel n'est pas le cas de l'administration des impôts, partie poursuivante en matière de contributions indirectes. • Crim. 7 déc. 1992, n° 92-81.892 P.

Art. 473 *(Abrogé par L. n° 2004-204 du 9 mars 2004, art. 198-VI, à compter du 1er janv. 2005) (L. n° 93-2 du 4 janv. 1993)* ***Tout jugement de condamnation se prononce à l'égard du prévenu sur la durée de la contrainte par corps.***

Art. 474 *(L. n° 2004-204 du 9 mars 2004, art. 186-I et 207-V, en vigueur le 31 déc. 2006) (L. n° 2019-222 du 23 mars 2019, art. 74 et 109-XIX, en vigueur le 24 mars 2020)* **« Si le tribunal n'a pas prononcé un mandat de dépôt à effet différé en application du 3° du I de l'article 464-2, » en cas de condamnation d'une personne non incarcérée à une peine d'emprisonnement inférieure ou égale à** *(L. n° 2019-222 du 23 mars 2019, art. 74 et 109-XIX, en vigueur le 24 mars 2020)* **« un an** *[ancienne rédaction : deux ans]* **», ou pour laquelle la durée de détention restant à subir est inférieure ou égale à** *(L. n° 2019-222 du 23 mars 2019, art. 74 et 109-XIX, en vigueur le 24 mars 2020)* **« un an** *[ancienne rédaction : deux ans]* **», il est remis au condamné qui est présent à l'issue de l'audience un avis de convocation à comparaître, dans un délai qui ne saurait** *(Abrogé par L. n° 2009-1436 du 24 nov. 2009, art. 94-II)* ***« être inférieur à dix jours ni »*** **excéder trente jours, devant le juge de l'application des peines en vue de déterminer les modalités d'exécution de la peine.** *(L. n° 2009-1436 du 24 nov. 2009, art. 94-II)* **« Le condamné est également avisé qu'il est convoqué aux mêmes fins devant le service pénitentiaire d'insertion et de probation dans un délai qui ne saurait être supérieur à quarante-cinq jours.** *(Abrogé par L. n° 2019-222 du 23 mars 2019, art. 74 et 109-XIX, à compter du 24 mars 2020) (L. n° 2010-242 du 10 mars 2010, art. 21-I)* ***« Les durées de deux ans prévues par le présent alinéa sont réduites à un an si le condamné est en état de récidive légale. »*** *(L. n° 2014-896 du 15 août 2014, art. 12, en vigueur le 1er oct. 2014)* **« Le présent alinéa est applicable au condamné exécutant une peine sous le régime de la semi-liberté, du placement à l'extérieur ou du placement sous surveillance électronique. »**

« L'avis de convocation devant le juge de l'application des peines » précise que, sauf exercice par le condamné des voies de recours, la peine prononcée contre lui sera mise à exécution en établissement pénitentiaire s'il ne se présente pas, sans excuse légitime, *(L. n° 2009-1436 du 24 nov. 2009, art. 94-II)* **« devant ce magistrat ».**

Les dispositions du premier alinéa sont également applicables lorsque la personne est condamnée à *(L. n° 2019-222 du 23 mars 2019, art. 74 et 109-XIX, en vigueur le 24 mars 2020)* **« une peine d'emprisonnement assortie du sursis probatoire** *[ancienne rédaction : une contrainte pénale, à une peine d'emprisonnement assortie du sursis avec mise à l'épreuve, à une peine d'emprisonnement avec sursis assortie de l'obligation d'accomplir un travail d'intérêt général ou bien à une peine de travail d'intérêt général]*. **» Toutefois, dans** *(L. n° 2019-222 du 23 mars 2019, art. 74 et 109-XIX, en vigueur le 24 mars 2020)* **« cette hypothèse** *[ancienne rédaction : ces hypothèses]* **», le condamné** *(L. n° 2009-1436 du 24 nov. 2009, art. 94-II)* **« n'est convoqué que devant » le service pénitentiaire d'insertion et de probation** *(L. n° 2011-939 du 10 août 2011, art. 20-1°, en vigueur le 1er janv. 2012)* **« qui se trouve ainsi saisi de la mesure ».**

V. art. D. 48-2 s.

BIBL. ► HERZOG-EVANS, *AJ pénal 2008. 274* (les articles 474 et 723-15 ou le sens retrouvé des courtes peines d'emprisonnement. Plaidoyer pour un artisanat judiciaire).

1. Application dans le temps. Ecqc l'application dans le temps de la L. du 23 mars 2019, V. note ss. art. 464-2.

2. La juridiction de jugement peut elle-même saisir le juge de l'application des peines après s'être assurée que le condamné, comparaissant libre après avoir été écroué en détention provisoire, bénéficiait, de ce fait, de plein droit, pour le calcul de la détention restant à subir, du crédit de réduction de peine prévu par la loi, lequel, cumulé avec la durée de la détention provisoire, faisait apparaître que le quantum de la peine restant à mettre à exécution était inférieur à deux ans d'emprisonnement. • Crim. 18 mars 2015, n° 14-84.689 P : *D. actu. 6 mai 2015, obs. Léna.*

Art. 474-1 *(L. n° 2008-644 du 1er juill. 2008, art. 1er)* **En cas de condamnation à des dommages et intérêts, lorsque les articles 706-15-1 et 706-15-2 sont applicables, la personne condamnée présente à l'issue de l'audience est informée qu'en l'absence de paiement volontaire dans un délai de deux mois à compter du jour où la décision sera devenue définitive, le recouvrement pourra, si la victime le demande, être exercé par le fonds de garantie des victimes des actes de terrorisme et d'autres infractions et qu'une majoration des dommages et intérêts, permettant de couvrir les dépenses engagées par le fonds au titre de sa mission d'aide, sera perçue par le fonds, en sus des frais d'exécution éventuels, dans les conditions déterminées à l'article L. 422-9 du code des assurances.** — *Dispositions applicables à toutes les décisions juridictionnelles rendues à compter du 1er oct. 2008 (L. n° 2008-644 du 1er juill. 2008, art. 14-II).*

Art. 475 *Abrogé par L. n° 93-2 du 4 janv. 1993.*

Art. 475-1 *(L. n° 93-2 du 4 janv. 1993)* **Le tribunal condamne l'auteur de l'infraction** *(L. n° 2011-1862 du 13 déc. 2011, art. 65-I)* **« ou la personne condamnée civilement en application de l'article 470-1 » à payer à la partie civile la somme qu'il détermine, au titre des frais non payés par l'État et exposés par celle-ci.** *(L. n° 2021-1729 du 22 déc. 2021, art. 48)* **« Les parties peuvent produire les justificatifs des sommes qu'elles demandent et » le tribunal tient compte de l'équité ou de la situation économique de la partie condamnée. Il peut, même d'office, pour des raisons tirées des mêmes considérations, dire qu'il n'y a pas lieu à cette condamnation.**

(L. n° 2006-1640 du 21 déc. 2006, art. 25-V) **« Les dispositions du présent article sont également applicables aux organismes tiers payeurs intervenant à l'instance. »**

BIBL. ► CERVEAU, *Gaz. Pal. 1993. 2. Doctr. 994.* – LEOST, *Gaz. Pal. 1998. 1. Doctr. 242.*

1. QPC. L'art. 475-1 est conforme aux droits et libertés que la Constitution garantit en ce qu'il se borne à prévoir que la partie civile peut obtenir de l'auteur de l'infraction une indemnité au titre des frais de procédure qu'elle a exposés pour sa défense. • Cons. const. 21 oct. 2011 : *D. actu. 3 nov. 2011, obs. Bombled ; D. 2011. Actu. 2544 ; AJ pénal 2012. 168, obs. Perrier ; Procédures 2011, n° 385, obs. Buisson ; ibid. 2012, n° 19, obs. Chavent-Leclère.*

2. Champ d'application. Seul l'auteur de l'infraction peut être condamné au paiement des frais visés à l'art. 475-1 et la somme ainsi déterminée ne peut être allouée à une personne autre que la partie civile. • Crim. 19 févr. 1998, n° 97-80.177 P • 15 févr. 2005, n° 04-85.038 P : *JCP 2005. IV. 1789.* ♦ ... Ce qui exclut les parties intervenantes. • Crim. 16 déc. 1998, n° 98-80.479 P. ♦ La cour d'appel qui caractérise l'existence d'une infraction à la charge du prévenu définitivement relaxé peut condamner celui-ci à payer à la partie civile une somme au titre des frais visés à l'art. 475-1. • Crim. 7 oct. 2009, n° 08-88.320 P : *AJ pénal 2009. 501, obs. Royer ; Dr. pénal 2009, n° 157, obs. Maron et Haas ; Procédures 2010, n° 90, obs. Buisson.*

3. Selon l'art. 475-1, seul l'auteur de l'infraction, et non son assureur, partie intervenante, peut être condamné à payer à la partie civile la somme que le juge détermine, au titre des frais non payés par l'État et exposés par celle-ci. • Crim. 18 mai 1994, n° 93-82.872 P • 6 nov. 2001, n° 01-80.451 P • 30 sept. 2003, n° 03-80.039 P. ♦ L'art. 475-1 ne saurait permettre à la juridiction correctionnelle de condamner le civilement responsable à verser à la partie civile une somme correspondant aux frais non recouvrables qu'elle a dû exposer. • Crim. 12 oct. 1982, n° 81-94.489 P • 9 juin 1986, n° 85-90.670 P. ♦ ... Ni la partie civile à rembourser les frais non recouvrables au prévenu renvoyé des fins de la poursuite. • Crim. 3 déc. 1985, n° 84-94.843 P • 8 janv. 1992, n° 90-86.553 P • 27 juin 1996, n° 96-80.079 P. ♦ ... Ni à la partie civile de verser à l'assureur du prévenu une somme d'argent. • Crim. 27 nov. 1990, n° 90-81.839 P.

4. Une partie civile, condamnée sur le fondement de l'art. 472 à payer des dommages-intérêts à un prévenu relaxé, ne peut être tenue du paiement des frais non recouvrables prévu par l'art. 475-1, l'abus de constitution de partie civile n'étant pas une infraction pénale au sens de ce dernier texte. • Crim. 17 avr. 1985, n° 84-92.225 P.

5. Les sommes allouées à la partie civile au titre de l'art. 475-1 ne sont pas des dommages-intérêts. • Crim. 10 déc. 1990, n° 90-80.282 P • 15 janv. 1998, n° 96-85.526 P. ♦ N'obéissant pas aux règles fixées par les art. 47 et 48 de la loi du 25 janv. 1985 sur le redressement et la liquidation judiciaires, elles peuvent être mises à la charge de l'auteur de l'infraction personnellement dans les liens d'une procédure collective. • Crim. 24 févr. 1999, n° 98-81.945 P. ♦ La solidarité édictée par l'art. 480-1 pour les restitutions et dommages-intérêts n'est pas applicable au paiement des frais non recouvrables. • Crim. 16 juin 2015, n° 14-82.595 P : *D. actu. 22 juill. 2015, obs. Fonteix ; AJ pénal 2016. 43, obs. Royer*.

6. Pour l'application des dispositions combinées des art. 475-1 et 512, il n'y a pas lieu de distinguer selon que la partie civile est appelante ou intimée. • Crim. 10 avr. 1986, n° 84-95.453 P : *Gaz. Pal. 1987. 1. Somm. 6* • 4 févr. 1998, n° 97-82.417 P. ♦ La partie civile, même si elle n'est pas appelante, citée devant la cour d'appel comme intimée sur l'appel du prévenu, est admise à s'exprimer à l'audience et à présenter une demande sur le fondement de l'art. 475-1, même si le prévenu appelant s'est désisté de son appel et tant que ce désistement n'a pas été constaté par la cour. • Crim. 19 janv. 2022, n° 20-86.255 P : *AJ pénal 2022. 91, obs. Engel*.

7. Les dispositions de l'art. 475-1 ne sont pas applicables devant la Cour de cassation. • Crim. 3 mars 1993, n° 92-83.293 P • 24 mai 1993, n° 92-85.161 P.

8. Parties civiles seules bénéficiaires du texte. Si les émoluments des avoués près les cours d'appel, tels que déterminés en matière correctionnelle par l'art. 19 (3°) du décret du 30 juill. 1980, peuvent entrer dans les prévisions de l'art. 475-1, ce texte ne prévoit la condamnation de l'auteur de l'infraction au paiement des frais non compris dans les dépens qu'au profit de la partie civile, ce qui exclut les parties intervenantes. • Crim. 11 janv. 1995, n° 92-84.174 P. ♦ ... Fussent-elles subrogées dans les droits de la victime de l'infraction. • Crim. 24 sept. 1996, n° 96-80.456 P : *Dr. pénal 1997. Comm. 44, par Maron.* ♦ Les juges ne peuvent faire bénéficier des dispositions de l'art. 475-1 que la seule partie civile ; tel n'est pas le cas du Conseil supérieur de l'audiovisuel, agissant aux droits de la Commission nationale de la communication et des libertés qui est intervenu dans la procédure sans invoquer un dommage personnel quelconque, lequel ne peut être constitué par le seul préjudice social résultant de la violation de la réglementation que cette autorité a la mission, au nom de l'État, de faire respecter et dont la réparation est assurée par l'exercice de l'action publique. • Crim. 24 mars 1992, n° 91-81.423 P : *JCP 1992. IV. 2468.*

9. Application de la L. du 21 déc. 2006. C'est à tort que la cour d'appel a déclaré irrecevable la demande de la CPAM tendant à obtenir paiement d'une somme en application de l'art. 475-1 au motif que ce texte serait inapplicable aux parties intervenantes alors que les dispositions de la L. n° 2006-1640 du 21 déc. 2006 sont devenues immédiatement applicables aux organismes tiers payeurs intervenant à l'instance. • Crim. 9 mai 2007, n° 07-80.894 P : *D. 2007. AJ 1728 ; AJ pénal 2007. 333 ; Dr. pénal 2007. Comm. 121, obs. Maron.*

Art. 476 et 477 *Abrogés par L. n° 93-2 du 4 janv. 1993.*

Art. 478 Le prévenu, la partie civile ou la personne civilement responsable, peut réclamer au tribunal saisi de la poursuite la restitution des objets placés sous la main de la justice.

Le tribunal peut ordonner d'office cette restitution.

RÉP. PÉN. v° *Restitution*, par VIOLEAU.

1. Nature juridique de l'action en restitution. L'action en restitution d'objets placés sous main de justice prévue aux art. 478 s. est distincte de l'action civile avec laquelle elle ne peut interférer. • Crim. 7 sept. 1999, n° 98-86.127 P. ♦ ... Même si, nonobstant l'art. 479, dernier al., elle peut être examinée lors du jugement de l'affaire au fond lorsqu'elle est exercée par une partie civile, régulièrement constituée, et par un tiers étranger aux poursuites. • Crim. 3 févr. 1986, n° 84-92.813 P.

2. Mauvaise foi du demandeur. On ne saurait refuser la restitution en retenant que le demandeur relaxé était de mauvaise foi lors de son acquisition. • Crim. 29 avr. 1980, n° 79-94.218 P • 12 mai 1982, n° 81-92.315 P. ♦ Les juges doivent faire droit à sa demande, sans qu'il y ait lieu d'appliquer l'art. 2279 C. civ., dès lors que les objets ne sont pas revendiqués par des tiers, que leur détention n'est pas illicite et que la confiscation n'a pas été prononcée. • Crim. 4 avr. 1984 : *D. 1984. IR 300, obs. J.-M. R.*

3. Compétence. La juridiction correctionnelle est incompétente pour statuer sur la demande de restitution de tout objet placé sous main de justice au cours d'une procédure distincte des poursuites dont elle est saisie. • Crim. 17 févr. 1992, n° 91-83.184 P.

Art. 479 **Toute personne autre que le prévenu, la partie civile ou la personne civilement responsable qui prétend avoir droit sur des objets placés sous la main de la justice, peut également en réclamer la restitution au tribunal saisi de la poursuite.**

Seuls, les procès-verbaux relatifs à la saisie des objets peuvent lui être communiqués.

Le tribunal statue par jugement séparé, les parties entendues.

1. Publicité des débats. Aucune disposition de la loi ne déroge à la règle de la publicité des débats lorsque la juridiction correctionnelle est saisie, après décision définitive sur le fond, d'une requête aux fins de restitution d'objets placés sous la main de la justice, que cette requête émane d'une des parties ou d'un tiers. • Crim. 6 nov. 1969, nº 68-92.059 P.

2. Possession équivoque. Le juge répressif, auquel une personne demeurée étrangère aux poursuites demande, sur le fondement de l'art. 479, la restitution d'un objet saisi, ne peut, motif pris du caractère équivoque de la possession, refuser de faire droit à cette demande, dès lors que cet objet n'est pas revendiqué par un tiers, que sa détention n'est pas illicite et que sa confiscation n'a pas été ordonnée par la juridiction de jugement. Ce principe doit être également respecté par les juridictions spécialisées en matière militaire, lorsqu'elles statuent sur une demande de restitution formée en application de l'art. 252, dernier al., CJM. • Crim. 30 oct. 1996, nº 95-85.233 P. ♦ Le tribunal correctionnel apprécie souverainement, au vu des éléments de preuve régulièrement soumis aux débats contradictoires, la régularité de la possession et la bonne foi dont peut se prévaloir, en application de l'art. 2279 C. civ., l'acquéreur d'un bien mobilier. • Crim. 1er févr. 2005, nº 04-81.962 P.

3. Mauvaise foi. La personne qui a acquis en connaissance de cause la réplique d'un véhicule de collection, réalisée au mépris des droits du titulaire de la marque, puis l'a fait immatriculer frauduleusement, au moyen d'une carte grise afférente à un autre modèle, ne saurait se prévaloir de sa bonne foi et réclamer la restitution du véhicule contrefaisant confisqué par le tribunal dans le jugement retenant la culpabilité des prévenus du chef de contrefaçon. • Crim. 5 févr. 1997, nº 96-80.257. ♦ Si le tiers à la procédure dont le bien qui a servi à la commission de l'infraction est susceptible d'être confisqué sur le fondement de l'art. 131-21 C. pén. a le droit d'intervenir volontairement au procès pénal, c'est à la condition qu'il soit de bonne foi, ce qui n'est pas le cas de la société dont le gérant unique était détenteur de mauvaise foi du bien. • Crim. 15 janv. 2014, nº 13-81.874 P : *D. actu. 3 févr. 2014, obs. Fonteix ; Procédures 2014. 78, note Chavent-Leclère.*

4. Communication des pièces relatives à la saisie. L'art. 479, al. 2, concerne seulement le tiers qui, étranger au procès, demande une restitution, et n'apporte aucune restriction aux droits du tribunal lequel, pour statuer en connaissance de cause, peut se reporter à tous les éléments du procès. • Crim. 19 avr. 1961, nº 60-92.765 P. ♦ Toute personne physique ou morale a droit au respect de ses biens, en cela il appartient à la juridiction correctionnelle statuant sur la requête en restitution d'un objet placé sous main de justice de s'assurer que les pièces sur lesquelles se fonde sa décision ont été communiquées en temps utile au tiers de bonne foi justifiant être titulaire de droits sur ce bien ; au besoin, il appartient à la juridiction correctionnelle de renvoyer l'examen de la demande de restitution à une audience ultérieure après avoir statué sur la culpabilité et sur la peine, sans que puisse être opposée au tiers requérant l'autorité de la chose jugée de la décision ayant éventuellement ordonné la confiscation, ni que puisse être exécutée cette mesure tant qu'il n'a pas été définitivement statué sur la demande de restitution. • Crim. 21 oct. 2020, nº 19-87.071 P.

5. Jugement séparé. L'art. 479, al. 3, concerne, de même, le seul cas du tiers ; il n'est pas applicable lorsque la demande est présentée conjointement par le prévenu et par des tiers. • Crim. 19 avr. 1961 : *préc. note 4.*

6. Droit de revendication de l'État. S'il résulte de l'art. 5 de la loi du 27 sept. 1941 portant réglementation des fouilles archéologiques que l'État peut, dans l'intérêt des collections publiques, revendiquer les pièces provenant des fouilles, ou de découvertes fortuites, sa revendication est soumise aux conditions fixées par l'art. 16 de ladite loi. Justifie sa décision au regard des art. 478 et 479 la cour d'appel qui, pour rejeter la demande du ministre de la Culture en restitution d'objets placés sous scellés dans une poursuite des chefs d'aliénation et acquisition d'objets provenant de fouilles non autorisées, énonce qu'aucune disposition légale, hors l'action en revendication prévue par les dispositions de cette loi, n'attribue à l'État, d'office ou à titre de peine complémentaire de confiscation, la propriété sur les objets provenant de fouilles illégales. • Crim. 23 nov. 1999, nº 98-85.684 P. ♦ Comp., pour des épaves maritimes : • Crim. 21 mai 1997, nº 96-80.618 P.

Art. 480 **Si le tribunal accorde la restitution, il peut prendre toutes mesures conservatoires pour assurer jusqu'à décision définitive sur le fond la représentation des objets restitués.**

Art. 480-1 *(L. nº 92-1336 du 16 déc. 1992 ; L. nº 94-89 du 1er févr. 1994)* **Les personnes condamnées pour un même délit sont tenues solidairement des restitutions et des dommages-intérêts.**

En outre, le tribunal peut, par décision spéciale et motivée, ordonner que le prévenu qui s'est entouré de coauteurs ou de complices insolvables sera tenu solidairement des amendes. — *Entrée en vigueur le 1er mars 1994.*

RÉP. PÉN. v° *Solidarité pénale*, par REDON.

1. La connexité entre les actes de complicité et l'infraction principale s'étend à tous les faits poursuivis procédant d'une conception unique. • Crim. 28 nov. 1996, n° 95-80.168 P.

2. La solidarité édictée pour les restitutions et les dommages-intérêts par l'art. 480-1 s'applique aux auteurs d'infractions connexes, notamment lorsque ceux-ci ont commis les unes pour assurer l'impunité des autres. Doit être approuvée la cour d'appel qui énonce que le civilement responsable d'un mineur, définitivement condamné pour abstention volontaire de prendre ou provoquer les mesures permettant de combattre un sinistre de nature à créer un danger pour les biens ou les personnes, doit répondre solidairement de l'entière réparation envers les paties civiles victimes de la destruction involontaire de leurs biens au motif que les personnes en cause se sont concertées pour assurer leur impunité commune. • Crim. 18 oct. 2011, n° 11-81.400 P.

3. La solidarité, édictée par l'art. 480-1 entre les individus condamnés pour un même délit, s'applique également à ceux déclarés coupables de différentes infractions rattachées entre elles par des liens d'indivisibilité ou de connexité. Il en est ainsi en cas de violences volontaires commises en réunion sur plusieurs personnes, procédant d'une action concertée, déterminée par la même cause et tendant au même but. • Crim. 22 oct. 1997, n° 96-85.970 P. ♦ ... Ou pour deux prévenus déclarés respectivement coupables de vol de sculptures et œuvres d'art et de recel de ces objets volés. • Crim. 14 janv. 2003, n° 02-81.491.

4. Aux termes de l'art. 480-1, les personnes condamnées pour un même délit sont tenues solidairement des restitutions et des dommages-intérêts. • Crim. 5 juin 2002, n° 01-86.734. ♦ ... Ainsi, sont solidairement tenus des restitutions et des dommages-intérêts, avec les administrateurs condamnés pour abus de biens sociaux, le prévenu condamné pour complicité du délit de faux en écriture dans la même affaire et celui condamné pour complicité du délit d'abus de biens sociaux. • Crim. 28 janv. 2004, n° 02-87.585 P : *JCP 2004. IV. 1598 ; AJ pénal 2004. 202, obs. Remillieux*.

5. Est tenu solidairement de la totalité des dommages et intérêts, avec l'auteur du recel connexe, le prévenu condamné pour abus de biens sociaux, le fait qu'une partie des faits relatifs à cette dernière infraction aient été déclarés prescrits étant indifférent. • Crim. 10 nov. 2020, n° 19-80.557 P : *D. actu. 21 déc. 2020, obs. Dominati ; AJ pénal 2021. 97, obs. Lasserre Capdeville*.

6. Fait l'exacte application des dispositions de l'art. 480-1 la cour d'appel qui, pour condamner l'intéressé à réparer en totalité le préjudice subi par la partie civile, solidairement avec l'ensemble des prévenus déclarés coupables de complicité d'escroquerie et de recel de ce délit, retient qu'il n'y a pas lieu de tenir compte de la part de responsabilité personnelle de chacun des coauteurs. • Crim. 22 janv. 2003, n° 01-88.157. ♦ Il n'appartient pas au juge pénal de prononcer un partage de responsabilité entre les coauteurs du dommage dont la réparation a été ordonnée, ces derniers étant tenus solidairement des restitutions et dommages-intérêts. • Crim. 16 oct. 2007, n° 07-81.850 P : *AJ pénal 2007. 542*. ♦ Mais la solidarité ne saurait être étendue aux dommages-intérêts résultant de faits connexes pour lesquels aucune personne n'a été condamnée, le ou les auteurs du vol ayant donné lieu au recel n'ayant pas été identifiés, et aucun des deux prévenus n'ayant été déclaré coupable du recel de la totalité des objets volés. • Crim. 18 janv. 2005, n° 04-80.417 P : *D. 2005. IR 670 ; AJ pénal 2005. 203, obs. C.S.E*.

7. Il résulte de la combinaison des art. 509 et 480-1, ainsi que du principe selon lequel chaque responsable d'un même dommage est tenu de le réparer en totalité, que le prévenu définitivement relaxé, à la charge duquel la cour d'appel caractérise pour les besoins de la seule action civile les éléments constitutifs d'une infraction, est solidairement tenu des dommages-intérêts avec les autres codébiteurs ayant participé à cette infraction. • Crim. 2 mai 2012, n° 11-84.290 P : *AJ pénal 2012. 490, obs. Léna*.

8. Frais non recouvrables. La solidarité édictée par l'art. 480-1 pour les restitutions et dommages-intérêts n'est pas applicable au paiement des frais non recouvrables. • Crim. 16 juin 2015, n° 14-82.595 P : *D. actu. 22 juill. 2015, obs. Fonteix ; AJ pénal 2016. 43, obs. Royer*.

9. Incidence de l'amnistie. L'amnistie, qui ne préjudicie pas aux tiers en application des art. 133-10 C. pén. et 21 de la L. du 3 août 1995, ne fait pas obstacle à l'application de l'art. 480-1 selon lequel les personnes condamnées pour un même délit sont tenues solidairement des dommages-intérêts. • Crim. 10 janv. 2006, n° 05-82.048 P : *AJ pénal 2006. 121*.

Art. 481 **Si le tribunal estime que les objets placés sous la main de la justice sont utiles à la manifestation de la vérité ou susceptibles de confiscation, il sursoit à statuer jusqu'à sa décision sur le fond.**

Dans ce cas, le jugement n'est susceptible d'aucun recours.

(L. n° 86-1019 du 9 sept. 1986) **« Le tribunal peut refuser la restitution lorsque celle-ci présente un danger pour les personnes ou les biens** *(L. n° 2016-731 du 3 juin 2016, art. 84)* **« ou lorsque le bien saisi est l'instrument ou le produit direct ou indirect de l'infraction ». »**

1. Lorsque les objets saisis ne sont pas susceptibles de confiscation, la juridiction correctionnelle ne peut en refuser la restitution à l'intéressé que si elle présente un danger pour les personnes ou pour les biens ou si ces objets sont revendiqués par un tiers ; l'absence de preuve de l'origine licite des objets ne peut motiver un refus de restitution. • Crim. 5 déc. 2001, n° 01-80.315 P : *D. 2002. IR 620* • 7 juin 2006, n° 05-84.193 P : *AJ pénal 2006. 372*.

2. Si la demande de restitution doit être examinée sur le fondement de l'art. 481 lorsque les biens placés sous main de justice n'ont pas été confisqués, il doit être statué sur cette demande en faisant application des dispositions de l'art. 131-21 C. pén. lorsque les biens ont été confisqués et, conformément aux dispositions précises et inconditionnelles de l'art. 6, § 2, de la directive 2014/42/UE du Parlement européen et du Conseil du 3 avril 2014, les droits du propriétaire de bonne foi doivent être réservés, même lorsque le bien constitue le produit direct ou indirect de l'infraction. • Crim. 7 nov. 2018, n° 17-87.424 P : *D. actu. 16 nov. 2018, obs. Goetz ; AJ pénal 2019. 45, obs. Hy ; Dr. pénal 2018, n° 216, note Camous ; JCP 2019, n° 75, obs. Beaussonie.*

Art. 482 **Le jugement qui rejette une demande de restitution est susceptible d'appel de la part de la personne qui a formé cette demande.**

Le jugement qui accorde la restitution est susceptible d'appel de la part du ministère public et de la part du prévenu, de la personne civilement responsable, ou de la partie civile à qui cette décision ferait grief.

La cour ne peut être saisie qu'après que le tribunal a statué au fond.

1. Une peine de confiscation ordonnée par le tribunal s'analysant, à l'égard des parties civiles, en un refus de restitution, les juge d'appel doivent statuer la demande de restitution formée par elles et portant sur les biens confisqués. • Crim. 26 janv. 2016, n° 14-86.030 P : *D. actu. 10 févr. 2016, obs. Fonteix.*

2. Le jugement qui rejette une demande de restitution est susceptible d'appel de la part de la personne qui a formulé cette demande, sans que puisse lui être opposée l'autorité de la chose jugée de la décision ordonnant la confiscation. • Crim. 7 nov. 2018, n° 17-87.424 P : *D. actu. 16 nov. 2018, obs. Goetz ; AJ pénal 2019. 45, obs. Hy ; Dr. pénal 2018, n° 216, note Camous ; JCP 2019, n° 75, obs. Beaussonie.*

Art. 483 *Abrogé par L. n° 85-1407 du 30 déc. 1985, art. 9, à compter du 1er févr. 1986.*

Art. 484 **Lorsque la cour d'appel est saisie du fond de l'affaire, elle est compétente pour statuer sur les restitutions dans les conditions prévues par les articles 478 à 481.**

(L. n° 85-1407 du 30 déc. 1985) **« La cour d'appel peut refuser la restitution lorsque celle-ci présente un danger pour les personnes ou les biens. »**

1. La cour d'appel n'excède pas ses pouvoirs lorsqu'elle prend toutes mesures complémentaires qui lui permettent d'ordonner, éventuellement d'office, des restitutions au profit d'un prévenu, d'une partie civile ou de toute autre personne intéressée. • Crim. 26 avr. 1982, n° 81-93.368 P.

2. Encourt la cassation l'arrêt de condamnation qui, pour rejeter la demande de restitution d'objets saisis formée par le prévenu, se borne à énoncer qu'il n'a pas établi que ces objets étaient sa propriété, sans rechercher, notamment, s'ils étaient susceptibles de confiscation. • Crim. 22 mai 1997, n° 96-82.080 P.

3. Lorsque les objets saisis ne sont pas susceptibles de confiscation, la juridiction correctionnelle ne peut en refuser la restitution à l'intéressé que si elle présente un danger pour les personnes ou pour les biens ou si ces objets sont revendiqués par un tiers ; l'absence de preuve de l'origine licite d'une somme d'argent ne peut motiver un refus de restitution. • Crim. 5 déc. 2001, n° 01-80.315 P : *D. 2002. IR 620* • 7 juin 2006, n° 05-84.193 P : *AJ pénal 2006. 372*.

Art. 484-1 *(L. n° 2010-768 du 9 juill. 2010, art. 7-II)* **En cas de condamnation à une peine de confiscation portant sur un bien qui n'est pas sous main de justice, le tribunal correctionnel peut, afin de garantir l'exécution de cette peine, ordonner la saisie, aux frais avancés du Trésor, du bien confisqué.**

Le tribunal peut également autoriser la remise à l'Agence de gestion et de recouvrement des avoirs saisis et confisqués, en vue de leur aliénation, des biens meubles confisqués dont il ordonne la saisie, lorsque ces biens ne sont plus nécessaires à la manifestation de la vérité et que leur conservation serait de nature à en diminuer la valeur. Dans ce cas le produit de la vente est consigné.

La décision du tribunal est exécutoire nonobstant l'appel ou l'opposition qui peut être formé à l'encontre de la condamnation. Toutefois, le président de la chambre des appels correctionnels peut ordonner, à la requête du procureur de la République ou à la demande d'une des parties, la mainlevée totale ou partielle de ces mesures, par décision spéciale et motivée.

Les arrêts de relaxe ou qui ne confirment pas la confiscation du bien emportent de plein droit mainlevée de la saisie aux frais avancés du Trésor ou, si le propriétaire en fait la demande, restitution du produit de la vente.

Art. 485 **Tout jugement doit contenir des motifs et un dispositif.**

(L. n° 85-1407 du 30 déc. 1985) **« Les motifs constituent la base de la décision. »**

Le dispositif énonce les infractions dont les personnes citées sont déclarées coupables ou responsables, ainsi que la peine, les textes de loi appliqués, et les condamnations civiles.

(L. n° 85-1407 du 30 déc. 1985) **« Il est donné lecture du jugement par le président ou par l'un des juges ; cette lecture peut être limitée au dispositif. Dans le cas prévu par l'alinéa premier de l'article 398, elle peut être faite même en l'absence des autres magistrats du siège. »** – *Pr. pén. C. 632.*

I. RÈGLES NATIONALES

A. MOTIVATION

1. Règles générales. Le juge correctionnel ne peut prononcer une condamnation qu'autant qu'il constate les éléments du délit et précise les circonstances de fait dans lesquelles il a été commis. • Crim. 30 oct. 1924 : *DH 1924. 653* • 2 nov. 1950 : *D. 1950. 757* • 15 mars 1955 : *D. 1955. 420* • 31 oct. 1957 : *D. 1958. Somm. 27.* ♦ Sur la « description du délit » par le juge, V. note Mimin : DP 1937. 1. 53. ♦ Le jugement ou arrêt doit aussi être motivé et répondre à tous les chefs de conclusions dont les juges ont été saisis. • Crim. 12 mars 1957 : *D. 1957. Somm. 87.*

2. Méconnaît l'art. 485 l'arrêt qui, sans préciser les pénalités prononcées sur l'action publique et celles sur l'action fiscale, se borne à énoncer qu'il « condamne le prévenu pour chacune des infractions retenues au minimum des amendes prévues par les textes applicables en la matière ». • Crim. 10 nov. 1970, n° 70-91.387 P : *D. 1971. Somm. 83.* ♦ Encourt la cassation le jugement d'un tribunal de police, rédigé sur un imprimé, ne comportant aucune référence ni à l'établissement du procès-verbal de constatation, ni aux circonstances de la contravention réprimée. • Crim. 26 nov. 1990, n° 90-81.974 P.

3. Doit être cassé l'arrêt qui se limite à adopter les motifs d'un jugement se bornant à déclarer les faits établis, sans les énoncer et sans préciser l'existence des circonstances exigées par la loi pour que ces faits soient punissables. • Crim. 6 mars 1996, n° 95-83.310 P.

4. Indication du texte de loi appliqué. L'obligation d'indiquer dans le jugement de condamnation le texte de loi appliqué ne s'entend que de la loi qui édicte la peine, et non des dispositions réglementaires ayant servi à caractériser l'infraction. • Crim. 17 nov. 1928 : *DP 1929. 1. 63* • 7 févr. 1945 : *D. 1945. 254.* ♦ Si regrettable qu'elle soit au regard des prescriptions de l'art. 485, l'omission de viser, dans le dispositif de l'arrêt, les textes répressifs appliqués ne saurait donner ouverture à cassation lorsqu'il n'existe aucune incertitude quant aux infractions retenues contre le prévenu, aux textes dont il lui a été fait application ainsi qu'aux peines qui lui ont été infligées. • Crim. 5 janv. 1974, n° 73-90.952 P • 24 nov. 1986, n° 85-94.140 P. ♦ L'omission, dans le dispositif, des dispositions répressives appliquées ne saurait donner ouverture à cassation dès lors qu'il n'existe aucune incertitude ni sur les infractions poursuivies ni sur les peines encourues, les textes d'incrimination et de répression ayant en l'espèce été visés par l'arrêt attaqué, et l'art. L. 480-5 C. urb. ayant été expressément mentionné dans les citations à comparaître devant la cour d'appel. • Crim. 15 sept. 2015, n° 14-88.048 P : *D. 2016. Pan. 1727, obs. Pradel* .

5. Demandes de renvoi. Les juges ne peuvent, sans le motiver, refuser le renvoi d'une affaire sollicité par le prévenu, en raison de l'absence de l'avocat choisi et du refus de l'intéressé de se faire assister de l'avocat de permanence. • Crim. 24 mai 2006, n° 05-85.685 P : D. 2007. *Pan. 973, obs. Pradel ; ibid. 2006. IR 1704 ; AJ pénal 2006. 412, obs. Leblois-Happe ; RSC 2006. 847, note Finielz* • 15 juin 2010 : *D. 2010. Actu. 1877 ; RSC 2010. Chron. 939, obs. Renucci* .

6. Motivation de la peine. Délits. Sur la motivation des peines d'emprisonnement ferme, V. C. pén., art. 132-19 et 485-1. ♦ Vu l'art. 132-

20, al. 2, C. pén., ensemble l'art. 132-1 du même code et les art. 485, 512 et 593 ; en matière correctionnelle, le juge qui prononce une amende doit motiver sa décision au regard des circonstances de l'infraction, de la personnalité et de la situation personnelle de son auteur, en tenant compte de ses ressources et de ses charges. • Crim. 1er févr. 2017, n° 15-83.984 P : *D. actu. 16 févr. 2017, obs. Fonteix ; AJ pénal 2017. 175, note Dreyer ; JCP 2017, n° 277, note Leblois-Happe ; Dr. pénal 2017, n° 69, note Bonis-Garçon.* ♦ Pour une application positive : • Crim. 22 mars 2017, n° 16-80.050 P. ♦ Il résulte des art. 132-1 C. pén. et 485 qu'en matière correctionnelle toute peine doit être motivée au regard de la gravité des faits, de la personnalité de leur auteur et de sa situation personnelle. • Crim. 1er févr. 2017, n° 15-85.199 P • 1er févr. 2017, n° 15-84.511 P • Crim. 28 juin 2017, n° 16-87.469 P : *D. actu. 7 juill. 2017, obs. Goetz* • Crim. 7 nov. 2018, n° 17-84.616 P : *D. actu. 6 déc. 2018, obs. Recotillet.* ♦ Tel est le cas d'une peine d'emprisonnement assortie d'un sursis avec mise à l'épreuve. • Crim. 17 oct. 2018, n° 17-86.910 : *Dr. pénal 2018, n° 220, note Bonis.* ♦ Pour un exemple de motivation fondant la condamnation d'un prévenu, élu pendant de longues années, à des peines d'emprisonnement partiellement sans sursis, d'amende et de privation des droits civils, civiques et de famille : • Crim. 31 janv. 2018, n° 17-81.876 P : *D. actu. 19 févr. 2018, obs. Recotillet ; Dr. pénal 2018, n° 58, obs. Bonis.*

7. En prononçant une peine d'amende de 300 000 € et une interdiction de gérer de 10 ans, d'une part, sans s'expliquer sur la personnalité du prévenu et sa situation personnelle qu'elle devait prendre en considération pour prononcer les peines d'amende et d'interdiction de gérer et, d'autre part, sans mieux s'expliquer sur les ressources et charges du prévenu, pour le condamner à une amende, la cour d'appel n'a pas justifié sa décision. • Crim. 27 juin 2018, n° 16-87.009 P : *D. actu. 24 juill. 2018, obs. Recotillet ; Procédures 2018, n° 310, obs. Chavent-Leclère.* ♦ Dès lors que le prévenu, contre lequel des recherches ont été entreprises, en vain, et qui n'a comparu ni devant les premiers juges, ni devant la cour d'appel, n'a fourni, ni fait fournir, à aucun de ces stades d'éléments sur le montant de ses ressources comme de ses charges, la cour d'appel a justifié sa décision de prendre en compte, pour fixer le montant de l'amende à 200 000 euros, l'importance des gains occultes générés par un trafic de cannabis de grande ampleur pour lequel il a été condamné. • Crim. 10 avr. 2019, n° 18-83.709 P : *D. actu. 2 mai 2019, obs. Fucini.*

8. TIG. Le prononcé d'une peine de travail d'intérêt général étant subordonné à l'accord préalable de l'intéressé, il implique nécessairement la prise en compte de la gravité des faits, de la personnalité de leur auteur et de la situation personnelle de celui-ci. • Crim. 16 avr. 2019, n° 18-83.434 P : *D. actu. 10 mai 2019, obs. Goetz.*

9. Motivation de la peine. Contraventions. En application des art. 132-1 et 132-20 C. pén., 485, 543 et 593 et des principes constitutionnels tels que dégagés dans la décision n° 2017-694 QPC du 2 mars 2018, la juridiction qui prononce une peine d'amende contraventionnelle doit motiver sa Décis. au regard des circonstances de l'infraction, de la personnalité et de la situation personnelle de son auteur, en tenant compte de ses ressources et de ses charges. S'agissant de textes de procédure, l'objectif, reconnu par le Conseil constitutionnel, d'une bonne administration de la justice, commande que la nouvelle interprétation qui en est donnée n'ait pas d'effet rétroactif, de sorte qu'elle ne s'appliquera qu'aux décisions prononcées à compter du présent arrêt. • Crim. 30 mai 2018, n° 16-85.777 P : *D. actu. 8 juin 2018, obs. Goetz ; D. 2018. Pan. 1711, obs. Guého ; AJ pénal 2018. 407, note Perrier ; Dr. pénal 2018, n° 144, note Bonis.*

10. Personnes morales. Ces règles s'appliquent aux personnes morales, de sorte que les juges correctionnels ne peuvent prononcer une peine d'amende de 20 000 euros pour homicide involontaire sans s'expliquer sur les ressources et charges de la personne morale prévenue. • Crim. 9 janv. 2018, n° 17-80.200 P : *D. actu. 29 janv. 2018, obs. Lefort* • Civ. 2e, 29 mars 2018, n° 17-14.980 P : *D. actu. 3 mai 2018, obs. Gallois.* ♦ A nécessairement pris en compte les ressources et les charges de la personne morale prévenue la cour d'appel qui, pour prononcer contre elle une amende délictuelle, énonce que le tribunal a fait une juste appréciation de la peine qui doit les sanctionner au regard du bénéfice annuel dégagé par la prévenue. • Crim. 30 janv. 2018, n° 16-87.131 P : *D. actu. 30 janv. 2018, obs. Goetz ; AJ pénal 2018. 144, obs. Chopin ; Dr. pénal 2018, n° 58, obs. Bonis.* ♦ ... Mais des prévenus ne sauraient se faire un grief de ce que la cour d'appel ne s'est pas mieux expliquée sur leur personnalité, dès lors que, absents tant en première instance qu'en appel, ils n'ont fait valoir aucun argument, que ce soit sur la personnalité du gérant ou sur les caractéristiques devant être retenues au titre de la personnalité de la société, au regard notamment de sa forme, de son objet social et de son importance. • Crim. 15 janv. 2019, n° 17-87.049 P.

11. Confiscation. Le juge qui prononce une mesure de confiscation de tout ou partie d'un patrimoine doit motiver sa décision au regard de la gravité des faits, de la personnalité de son auteur et de sa situation personnelle, et apprécier le caractère proportionné de l'atteinte portée au droit de propriété de l'intéressé. • Crim. 7 déc. 2016, n° 16-80.879 P : *D. 2017. 245, obs. Pichon* • 7 déc. 2016, n° 15-85.136 P • 8 mars 2017, n° 15-87.422 P : *D. actu. 1er avr. 2017, obs. Fonteix.* ♦ Applications :

• Crim. 22 mars 2016, n° 16-82.051 P • 15 mars 2017, n° 16-83.838 P : *D. actu. 7 avr. 2017, obs. Benelli-de Bénazé.* ♦ Il doit en outre préciser à quel titre les biens sont confisqués. • Crim. 27 juin 2018, n° 16-87.009 P : *préc. note 7.* ♦ Hormis le cas où la confiscation, qu'elle soit en nature ou en valeur, porte sur un bien qui, dans sa totalité, constitue le produit de l'infraction, le juge, en ordonnant une telle mesure, doit apprécier le caractère proportionné de l'atteinte portée au droit de propriété de l'intéressé lorsqu'une telle garantie est invoquée ou procéder à cet examen d'office lorsqu'il s'agit d'une confiscation de tout ou partie du patrimoine. • Crim. 16 janv. 2019, n° 17-86.581 P. ♦ Il incombe au juge qui décide de confisquer un bien, après s'être assuré de son caractère confiscable en application des conditions légales, de préciser la nature et l'origine de ce bien ainsi que le fondement de la mesure et, le cas échéant, de s'expliquer sur la nécessité et la proportionnalité de l'atteinte portée au droit de propriété du prévenu. • Crim. 29 janv. 2020, n° 17-83.577 P.

12. Peines complémentaires. Répond à l'exigence, résultant des art. 132-1 C. pén. et 485, selon laquelle, en matière correctionnelle, toute peine doit être motivée en tenant compte de la gravité des faits, de la personnalité de leur auteur et de sa situation personnelle, la cour d'appel, qui, pour condamner les prévenus à la peine complémentaire d'interdiction de gérer, administrer ou contrôler une entreprise commerciale ou industrielle ou une société commerciale pour une durée de cinq ans, retient notamment la gravité des faits commis en connaissance de cause par ceux-ci, qui ont utilisé les biens des sociétés qu'ils dirigeaient pour financer leurs besoins personnels, ce qui justifie particulièrement le prononcé de la peine complémentaire d'interdiction de gérer. • Crim. 20 juin 2017, n° 16-80.982 P : *D. actu. 3 juill. 2017, obs. Goetz.* ♦ Pour un exemple de motivation de la peine complémentaire d'interdiction de séjour : • Crim. 11 juill. 2017, n° 16-81.797 P. ♦ ... Ou d'interdiction d'exercer une fonction publique pendant une durée de cinq ans : • Crim. 5 juin 2019, n° 18-80.783 P.

13. Dispense de peine. Les juges du fond ne sont pas tenus de s'expliquer spécialement sur leur refus de prononcer la dispense de peine. • Crim. 22 mars 2017, n° 16-80.050 P.

14. Période de sûreté. Il résulte de la décision du Cons. const. n° 2018-742 QPC du 26 oct. 2018, que la période de sûreté « présente un lien étroit avec la peine et l'appréciation par le juge des circonstances propres à l'espèce », de sorte que, faisant corps avec elle, elle doit faire l'objet d'une décision spéciale, et motivée lorsqu'elle est facultative ou excède la durée prévue de plein droit ; toutefois, s'agissant de textes de procédure, l'objectif, reconnu par le Conseil constitutionnel, d'une bonne administration de la justice, commande que la nouvelle interprétation qui en est donnée n'ait pas d'effet rétroactif, de sorte qu'elle ne s'appliquera qu'aux décisions prononcées à compter du présent arrêt. • Crim. 10 avr. 2019 : *préc. note 7.*

B. DISPOSITIF

15. Aux termes de l'al. 3 de l'art. 485, en matière correctionnelle, le dispositif de la décision de condamnation énonce les infractions dont les personnes citées sont déclarées coupables ou responsables ainsi que les peines, les textes de loi appliqués, et les condamnations civiles ; encourt la cassation la cour d'appel qui, après avoir retenu la culpabilité du prévenu, l'avoir condamné à trente mois d'emprisonnement avec sursis et avoir statué sur les intérêts civils, a ordonné la communication de sa décision à l'Ordre national des médecins, mesure qui ne constitue ni une peine ni une condamnation civile, et qui n'est pas légalement prévue. • Crim. 25 mai 2016, n° 15-81.511 P : *D. actu. 14 juin 2016, obs. Aubert ; AJ pénal 2016. 444, obs. Thierry* .

C. LECTURE DU JUGEMENT

16. La présence du ministère public à l'audience de lecture s'impose non seulement lorsque la décision est rendue par la formation de jugement qui a débattu de l'affaire et en a délibéré, mais encore lorsque la décision est lue par l'un des membres de ladite formation en application de l'art. 485, dernier al. • Crim. 11 févr. 1991, n° 90-80.414 P : *RSC 1992. 117, obs. Braunschweig* • 23 juin 1992, n° 91-84.308 P. ♦ L'omission du nom du ministère public ne constitue pas la violation d'une formalité substantielle. • Crim. 28 mai 1974, n° 72-92.129 P. ♦ Il n'importe que l'un des conseillers n'ait pas été présent à la lecture de la décision dès lors que l'arrêt a été lu en audience publique, par un membre de la cour, en présence du ministère public et du greffier. Il résulte, en effet, des dispositions combinées de l'art. 485, dans sa rédaction issue de la loi du 30 déc. 1985, et des art. 398 et 512, qu'en cause d'appel, comme en première instance, il est donné lecture de la décision par le président ou par l'un des juges et que cette lecture peut être faite même en l'absence des autres magistrats du siège. • Crim. 9 févr. 1987, n° 86-92.864 P • 11 avr. 1988, n° 87-84.040 P • 17 juin 1992, n° 91-83.979 P.

17. Les renvois successifs du seul prononcé d'une décision, simples mesures d'ordre, n'impliquent pas la prolongation du délibéré et peuvent intervenir après la cessation des fonctions de l'un des magistrats dès lors que celui-ci était présent aux débats et au délibéré et que la lecture a été faite par un magistrat ayant composé la juridiction. • Crim. 7 oct. 1992, n° 91-86.012 P.

18. Ne met pas la Cour de cassation en mesure d'exercer son contrôle sur la régularité de la composition de la juridiction ayant statué l'arrêt qui n'indique pas qu'il ait été fait application, pour la lecture de la décision, des dispositions de l'art. 485, al. 4, et qui fait état, pour l'audience des débats et celle du prononcé de la décision, de deux compositions différentes. • Crim. 13 oct. 1988, n° 87-83.836 P. ♦ Mais satisfait à ces prescriptions l'arrêt qui constate qu'il a été procédé à sa lecture par l'un des magistrats ayant participé aux débats et au délibéré, et ainsi concouru à la décision. • Crim. 17 juin 1992, n° 91-83.979 P.

19. Lorsqu'un arrêt est signé par un conseiller, il est présumé, en l'absence de mentions contraires, que c'est en l'empêchement du président. • Crim. 21 nov. 1989, n° 88-85.870 P • 28 oct. 1992, n° 91-85.793 P : *JCP 1993. IV. 425.*

20. La lecture du seul dispositif d'un jugement ou arrêt à l'audience même à laquelle ont eu lieu les débats ne saurait impliquer l'inexistence de sa motivation au moment du prononcé. • Crim. 9 janv. 1989, n° 88-81.787 P.

21. Il n'importe que le magistrat ayant instruit une affaire ait assisté au prononcé de l'arrêt d'une cour d'appel dès lors qu'il n'a participé ni aux débats ni au délibéré. • Crim. 20 juin 1996, n° 95-82.078 P.

II. RÈGLES EUROPÉENNES

Sur la jurisprudence européenne : V. ss. art. 6 Conv. EDH.

22. Art. 8 Conv. EDH et art. 485 C. pr. pén. L'administration fiscale peut mettre en œuvre la procédure prévue par l'art. L. 16 B LPF pour rechercher la preuve d'une fraude fiscale en se fondant sur des éléments régulièrement constatés par elle, dans l'exercice de ses pouvoirs d'investigation et droit de communication, sans être tenue d'en préciser l'origine au moyen d'un document écrit ; par ailleurs, le juge, se référant, en les analysant, aux éléments d'information fournis par l'administration, apprécie souverainement l'existence des présomptions d'agissements frauduleux justifiant la mesure autorisée. • Crim. 22 janv. 2003, n° 02-80.477.

23. Art. 6 Conv. EDH et art. 485 C. pr. pén. Lorsque les énonciations d'un jugement mettent la Cour de cassation en mesure de s'assurer que le tribunal de police a, sans insuffisance ni contradiction, caractérisé la contravention dont il a déclaré le prévenu coupable, et a régulièrement sursis à statuer sur l'action civile, le moyen, qui se borne à remettre en question l'appréciation souveraine, par le juge du fond, des faits et circonstances de la cause, ainsi que des éléments de preuve contradictoirement débattus, ne saurait être admis. • Crim. 15 janv. 2003, n° 02-83.845.

Art. 485-1 *(L. n° 2019-222 du 23 mars 2019, art. 74 et 109-XIX, en vigueur le 24 mars 2020)* **En cas de condamnation, sans préjudice des dispositions prévoyant la motivation spéciale de certaines peines, notamment des peines non aménagées d'emprisonnement ferme, la motivation doit également porter sur le choix de la peine au regard des dispositions des articles 132-1 et 132-20 du code pénal, sauf s'il s'agit d'une peine obligatoire ou de la confiscation du produit ou de l'objet de l'infraction. Les obligations particulières du sursis probatoire n'ont pas à être motivées.**

BIBL. ▶ DADOUN, *Dr. pénal 2017. Dossier 6* (proportionnalité de la peine de confiscation). – DREYER, *D. 2018. Chron. 576* (pourquoi motiver les peines) ; *Dr. pénal 2018. Étude 8* (contrôle de la Cour de cassation). – GIACOPELLI, *D. 2017. 931.* – GUÉRIN, *Dr. pénal 2018. Étude 9* (motivation des peines). – PICHON, *Dr. pénal 2017. Étude 7.* – SÉVELY-FOURNIÉ, *RSC 2009. 793* (répression et motivation. Réflexions sur la motivation des arrêts et jugements des juridictions répressives). – SAAS, *D. 2017. 961.*

1. Les lois relatives à la motivation des peines étant des lois de procédure applicables immédiatement à la répression des infractions commises avant leur entrée en vigueur en vertu de l'art. 112-2, 2°, C. pén., l'art. 485-1 est dès lors applicable immédiatement au jugement des infractions commises avant son entrée en vigueur. • Crim. 11 mai 2021, n° 20-85.576 P.

2. Le juge qui prononce, en matière correctionnelle, une peine d'emprisonnement ferme doit, quels que soient le quantum et la décision prise quant à son éventuel aménagement, motiver ce choix en faisant apparaître qu'il a tenu compte des faits de l'espèce, de la personnalité de leur auteur ainsi que de sa situation matérielle, familiale et sociale ; il lui appartient d'établir, au regard de ces éléments, que la gravité de l'infraction et la personnalité de son auteur rendent cette peine indispensable et que toute autre sanction est manifestement inadéquate. Par ailleurs, les lois relatives à la motivation des peines étant d'application immédiate, ces prescriptions s'appliquent à toutes les condamnations prononcées à compter du 24 mars 2020. • Crim. 11 mai 2021, n° 20-83.507 P.

Art. 486 **La minute du jugement est datée et mentionne les noms des magistrats qui l'ont rendu ; la présence du ministère public à l'audience doit y être constatée.**

Après avoir été signée par le président et le greffier, la minute est déposée au greffe du tribunal dans les trois jours au plus tard du prononcé du jugement. Ce dépôt est mentionné sur le registre spécialement tenu au greffe à cet effet.

(L. nº 89-461 du 6 juill. 1989) **« En cas d'empêchement du président, mention en est faite sur la minute qui est signée par celui des juges qui donne lecture du jugement. »**

RÉP. PÉN. vº *Greffier*, par REDON.

1. ***Règles générales.*** Le jugement ou l'arrêt porté sur la minute doit être conforme à celui qui a été prononcé. Cette règle est d'ordre public. • Crim. 7 nov. 1974, nº 71-91.419 P.

2. Si les jugements ou arrêts sont rendus au nom du peuple français, aucun texte ne prescrit que la mention en soit portée dans la décision. • Crim. 31 janv. 1996, nº 95-81.319 P.

3. Les dispositions de l'art. 485 n'exigent pas que soit spécifié le nom du magistrat qui a lu l'arrêt, ainsi, il n'y a pas lieu d'annuler l'arrêt qui mentionne les noms des trois magistrats de la cour d'appel ayant participé aux débats et au délibéré indique qu'au jour du prononcé le dispositif a été lu par l'un d'eux, conformément à l'art. 485. • Crim. 6 nov. 2001, nº 01-83.151.

4. L'art. 486 étant applicable en cause d'appel, l'arrêt qui mentionne le nom de trois magistrats composant la cour lors du délibéré mais omet de mentionner la composition lors des débats doit être cassé, la seule affirmation que la cour d'appel a délibéré conformément à la loi ne suffisant pas à déterminer si les magistrats qui ont participé au délibéré sont ceux qui étaient présents lors des débats. • Crim. 30 mai 2017, nº 16-85.626 P : *D. actu. 27 juin 2017, obs. Benelli-de Bénazé.*

5. ***Ministère public.*** Le ministère public doit être présent non seulement à l'audience où le jugement est rendu, mais encore à toutes les audiences de la cause, et avoir la parole pour ses conclusions ; ces formalités sont substantielles ; l'accomplissement doit en être constaté par le jugement, à peine de nullité. • Crim. 23 janv. 1957 : *D. 1958. Somm. 62* • 25 oct. 1967, nº 67-92.193 P.

6. Les noms des représentants du ministère public présents à l'audience des débats et à l'audience à laquelle est rendue la décision n'ont pas nécessairement à être mentionnés. • Crim. 26 févr. 1970, nº 69-92.346 P • 28 mai 1974, nº 72-92.129 P • 12 juill. 1994, nº 93-84.609 P • 6 mai 1996, nº 95-81.766 P. ♦ Mais tout arrêt doit établir la régularité de la composition de la juridiction qui l'a rendu ; doit être censuré un arrêt qui contient des mentions contradictoires quant à la participation du président au délibéré • Crim. 30 mars 2005, nº 04-82.629 P : *JCP 2005. IV. 2068.*

7. L'arrêt statuant sur intérêts civils qui ne fait aucune mention de la présence du ministère public doit être censuré. • Crim. 30 oct. 1995, nº 94-85.320 P.

8. Si les art. 32, 486 et 510 exigent que le ministère public, partie nécessaire au procès pénal, soit présent à chaque audience des juridictions de jugement, il résulte de l'art. 592 qu'à l'instar des magistrats composant la juridiction, il est présumé avoir assisté à toutes les audiences de la cause, dès lors qu'il a été entendu en ses réquisitions à celle des débats. • Crim. 26 mars 1996, nº 93-84.306 P : *RSC 1996. 883, obs. Dintilhac* • 4 sept. 1996, nº 93-83.764 P : *Procédures 1997, nº 16, obs. Buisson.* ♦ Il n'importe que la minute ne mentionne pas la présence du ministère public au prononcé. • Mêmes arrêts. ♦ *Contra* : • Crim. 18 janv. 1995, nº 94-81.296 P.

9. ***Greffier.*** L'art. 486 n'exige pas que le nom du greffier, qui a assisté les magistrats au cours de la procédure, soit mentionné. • Crim. 15 déc. 1965, nº 65-90.734 P. ♦ Seule est requise sur la minute, en ce qui concerne le greffier, la signature de celui qui a assisté la cour d'appel lors du prononcé de l'arrêt. • Crim. 16 mai 1995, nº 93-83.690 P • 5 déc. 1996, nº 95-85.960 P • Crim. 19 mai 2015, nº 14-83.936 P.

10. Les formalités prescrites par l'art. 486 ne le sont pas à peine de nullité. • Crim. 12 mai 1971, nº 70-92.821 P : *D. 1971. Somm. 165* • 27 nov. 1984, nº 83-93.475 P • 21 mars 1995, nº 93-81.462 P. ♦ Ainsi le dépôt tardif de la minute d'un jugement ne peut entraîner la nullité de celui-ci lorsque le prévenu n'en a subi aucun préjudice. • Mêmes arrêts. ♦ Mais ne satisfait pas en lui-même aux conditions essentielles de son existence légale, et spécialement aux prescriptions de l'art. 486, al. 1er, un jugement qui ne mentionne pas le nom des magistrats composant le tribunal correctionnel et se borne à énoncer qu'il a été rendu par le président en l'absence de deux juges assesseurs dont la présence, aux débats et au délibéré, n'est pas mentionnée, et sans qu'il soit fait référence aux dispositions de l'art. 485, al. 3 ; la cour d'appel ne saurait suppléer aux mentions légales et rejeter l'exception de nullité du jugement en constatant que, d'après les notes d'audience tenues lors des débats, le tribunal était composé des magistrats dont s'agit ; la cour d'appel doit en ce cas, par application de l'art. 520, annuler, évoquer et statuer sur le fond. • Crim. 31 janv. 1994, nº 93-81.724 P.

11. Il se déduit des mentions de l'arrêt, selon lesquelles la minute a été signée par l'un des conseillers ayant assisté aux débats et au délibéré, que, conformément à l'art. 486, al. 3, la décision a été lue par ce magistrat. • Crim. 17 juin 1992, nº 91-85.872 P.

12. Observation du délai de trois jours. Un prévenu ne saurait se faire un grief de l'inobservation du délai de trois jours fixé par l'art. 486, al. 2 pour le dépôt au greffe de la minute de l'arrêt, dès lors que ces dispositions ne sont pas prescrites à peine de nullité. Il appartenait au prévenu, s'il n'était pas en mesure de faire valoir ses moyens de défense dans le délai d'un mois à compter de la date du pourvoi, de solliciter du président de la chambre criminelle la dérogation prévue par l'art. 585-1. • Crim. 24 juin 2009, n° 09-81.119 P.

§ 2 DISPOSITIONS APPLICABLES DEVANT LE TRIBUNAL CORRECTIONNEL DANS SA FORMATION CITOYENNE

(L. n° 2011-939 du 10 août 2011, art. 7-2°)

V. les art. 486-1 à 486-5 sur le Code en ligne.

SECTION VI DU JUGEMENT PAR DÉFAUT ET DE L'OPPOSITION

BIBL. ▶ CLERS, *Mél. Ancel, p. 203.* – GERETY, *Arch. pol. crim. 1980. 83 (n° 4).* – GOULESQUE, *RSC 1969. 720.* – LAPP, *RSC 1951. 149.* – LEMERCIER, *JCP 1965. I. 1909.* – PONCET, *RSC 1979. 1.* – VINCENT, *JCP 1959. I. 1486.* – VITU, *JCP. 1959. I. 1486.*

§ 1er DU DÉFAUT

RÉP. PÉN. v° *Jugement par défaut,* par FONTEIX.

Art. 487 **Sauf les cas prévus par les articles 410, 411, 414, 415, 416 et 424, toute personne régulièrement citée qui ne comparaît pas au jour et à l'heure fixés par la citation est jugée par défaut, ainsi qu'il est dit à l'article 412.** — *Pr. pén. C. 634.*

Droit interne. Doit être qualifié par défaut l'arrêt intervenu alors que la partie civile n'était ni présente ni représentée à l'audience. • Chambéry, 14 oct. 1965 : *JCP 1966. II. 14712, note M. B.* • Crim. 25 oct. 1988, n° 86-94.231 P.

Art. 488 **Le jugement prononcé par défaut est signifié par exploit d'huissier, conformément aux dispositions des articles 550 et suivants.** — *Pr. pén. C. 634.*

§ 2 DE L'OPPOSITION

RÉP. PÉN. v° *Jugement par défaut,* par FONTEIX.

Art. 489 **Le jugement par défaut est non avenu dans toutes ses dispositions, si le prévenu forme opposition à son exécution.**

Il peut toutefois limiter cette opposition aux dispositions civiles du jugement. — *Pr. pén. C. 635.*

1. Règles techniques. Lorsqu'un prévenu fait à la fois opposition et appel d'un jugement par défaut, la cour ne peut statuer sur cet appel, même pour en apprécier seulement la recevabilité, que si l'opposition a été déclarée irrecevable ou si le prévenu a renoncé à son opposition. • Crim. 9 août 1872 : *Bull. crim. n° 215* • 4 mars 1959, n° 58-93.612 P • 27 mai 1961 : *D. 1961. 626, note Robert* • 1er avr. 1968, n° 68-90.574 P. ♦ Lorsque le prévenu fait opposition à un jugement rendu par défaut à son égard, mais frappé d'appel par le ministère public, le tribunal saisi de l'opposition est tenu de surseoir à statuer jusqu'à ce qu'il soit définitivement prononcé sur cet appel. • Crim. 11 mars 2003, n° 02-82.509 P : *D. 2003. IR 1203* ; *JCP 2003. IV. 1813.* ♦ Lorsque le prévenu a fait opposition à un jugement rendu par défaut à son égard, précédemment frappé d'appel par le ministère public et qui a donné lieu à un arrêt également rendu par défaut à l'encontre duquel il a aussi fait opposition, la cour ainsi saisie doit déclarer la première opposition sans objet, annuler l'arrêt et évoquer. • Crim. 24 sept. 2019, n° 19-84.072 P : *D. actu. 21 oct. 2019, obs. Priou-Alibert.*

2. Le jugement par défaut est non avenu dans toutes ses dispositions, si le prévenu forme opposition à son exécution. Il n'appartient pas au juge saisi de l'opposition de prononcer sur la régularité du jugement rendu par défaut. • Crim. 12 sept. 2007, n° 07-81.985 P : *AJ pénal 2007. 493*.

3. Choix du recours. La partie à l'encontre de laquelle il a été statué par défaut a la faculté de choisir la voie de l'opposition ou celle de l'appel. Si elle opte pour cette dernière, elle se ferme, sans retour, la voie de l'opposition. • Crim. 7 févr. 1984, n° 83-91.104 P.

4. Si l'art. 489, al. 1er, n'interdit pas à la juridiction appelée à statuer sur l'opposition du prévenu comparant de faire revivre le jugement ou l'arrêt rendu par défaut, encore faut-il qu'elle justifie sa décision. • Crim. 8 févr. 1956, n° 3.200

P • 28 mars 1962, n° 61-92.077 P • 23 juin 1971, n° 70-92.840 P. ♦ A justifié sa décision la cour d'appel qui s'est explicitement approprié les motifs de sa précédente décision, rendue par défaut, aux termes desquels elle avait caractérisé en tous ses éléments constitutifs, tant matériels qu'intentionnels, le délit reproché. • Crim. 26 févr. 1997, n° 96-82.754 P.

5. S'il est vrai que le jugement par défaut est non avenu dans toutes ses dispositions lorsque le prévenu forme opposition à son exécution, ce texte est sans application à celles des dispositions de la décision prononçant sa relaxe, à l'égard desquelles l'appel est ouvert au ministère public et à la partie civile. • Crim. 5 oct. 1994, n° 93-84.277 P : *Dr. pénal 1994. Comm. 273, obs. Maron* • 25 juin 2008, n° 08-80.410 P : *AJ pénal 2008. 427*.

6. Conséquences civiles. L'opposition du prévenu à l'exécution d'un jugement prononcé par défaut, dès lors qu'elle met à néant ce jugement, non avenu en toutes ses dispositions, tant pénales que civiles, ne saurait laisser subsister la condamnation du civilement responsable, nécessairement subordonnée à celle de l'auteur de l'infraction. • Crim. 4 avr. 1995, n° 94-80.227 P. ♦ Devient, dès lors, sans objet, le pourvoi formé par le civilement responsable contre un arrêt contradictoire à son égard, mais déclaré non avenu par une nouvelle décision à la suite de l'opposition du prévenu condamné par défaut. • Crim. 4 oct. 1995, n° 94-80.227 P.

7. Selon l'art. 489, le jugement par défaut est non avenu en toutes ses dispositions si le prévenu forme opposition à son exécution, sans limiter l'effet extinctif de cette voie de recours aux dispositions civiles de la décision ; doit donc être cassé l'arrêt qui constate que les dispositions civiles du jugement frappé d'opposition sont devenues définitives. • Crim. 16 mai 2006, n° 05-85.080 P : *AJ pénal 2006. 367, obs. Saas*.

8. L'effet extinctif n'est pas atteint par le fait que le prévenu déclare à l'audience se désister de son opposition. • Crim. 4 déc. 1975, n° 75-90.308 P : *Gaz. Pal. 1976. 1. 286, note Y. M.*

9. Auteur de l'opposition. Est recevable l'opposition à un arrêt de défaut formée par le prévenu par l'intermédiaire d'un mandataire muni d'un pouvoir spécial. Méconnaît ce principe l'arrêt qui déclare irrecevable l'opposition formée par un avocat, alors que celui-ci était muni d'un pouvoir spécial pour former ce recours et qu'au surplus la date de l'audience avait été notifiée à cet avocat également mandaté pour représenter l'opposante devant le tribunal. • Crim. 11 sept. 2007, n° 06-87.864 P : *D. 2007. 2912, note Boccon-Gibod* ; *ibid. 2007. 2537, note Lacroix* ; *ibid. 2008. Chron. 114, obs. Ménotti* ; *AJ pénal 2008. 25, note Girault* • 30 oct. 2002, n° 02-80.189 P. ♦ *Contra* : • Crim. 13 juin 1988, n° 87-84.970 P : *D. 1988. IR 242* • 21 juin 1990, n° 89-83.316 P • 7 avr. 1993 : *Dr. pénal juin 1993, n° 146, obs. Maron* • 1er févr. 1994, n° 93-82.532 P • 20 sept. 1994, n° 91-83.264 P : *Dr. pénal 1994. Comm. 249, obs. Maron* (l'opposition à un jugement rendu par défaut ne peut être formée que par le prévenu lui-même, et non par un avocat, même muni d'un pouvoir spécial).

10. La partie civile, qui peut toujours se faire représenter devant la juridiction répressive, peut faire exercer son opposition par son mandataire légal. • Crim. 18 janv. 1990, n° 89-82.298 P.

11. Une voie de recours exercée dans les temps et forme prévus par la loi ne peut être déclarée irrecevable que si le prévenu, en ne déférant pas à un mandat décerné contre lui, se dérobe à l'exécution d'un mandat de justice. • Crim. 13 mai 1985, n° 84-95.278 P : *Dr. pénal déc. 1992, p. 4, obs. Lesclous et Marsat.* ♦ ... Mais s'il forme opposition par lettre en précisant sa nouvelle adresse, et qu'il est interpellé avant l'audience à laquelle il comparaît personnellement, il ne peut voir son opposition déclarée irrecevable. • Même arrêt.

12. Est irrecevable le pourvoi formé contre un arrêt de la cour qui par erreur a statué contradictoirement au lieu de statuer par défaut, car le délai d'opposition n'était pas expiré le jour de formation du pourvoi. • Crim. 20 mars 2001, n° 00-83.479 P • 4 déc. 2012, n° 12-80.615 P.

13. Opposition et prescription. L'opposition, fût-elle déclarée irrecevable, à un jugement par défaut, interrompt la prescription de la peine et constitue le point de départ d'un nouveau délai de prescription de l'action publique, la poursuite ayant repris son cours. • Crim. 20 sept. 1994, n° 91-83.264 P • 20 mai 2003, n° 02-85.403 P : *D. 2003. IR 2285* ; *JCP 2003. IV. 2267* • 20 mai 2009, n° 09-81.339 P : *AJ pénal 2009. 417, obs. Saas*.

14. Droits fondamentaux. L'opposition, voie de rétractation, nécessairement portée devant la juridiction ayant rendu la décision de défaut, éventuellement composée des mêmes magistrats, n'est pas en contradiction avec l'obligation d'impartialité édictée par l'art. 6, § 1, Conv. EDH. • Crim. 25 juill. 1989, n° 88-87.658 P : *D. 1990. Somm. 226, obs. Pradel*.

15. En vertu des dispositions de l'art. 6, § 1 et 3 *c)*, Conv. EDH, le droit au procès équitable et le droit de tout accusé à l'assistance d'un défenseur s'opposent à ce qu'un prévenu non comparant et non excusé soit jugé sans entendre l'avocat présent à l'audience pour assurer sa défense ; ainsi, c'est à tort que l'arrêt attaqué énonce que, ni la présence de l'avocat du prévenu à l'audience ni les écritures déposées par lui ne permettent d'écarter les dispositions de l'art. 494, al. 1er. • Crim. 19 févr. 2003, n° 01-88.361 P : *D. 2003. IR 806* ; *JCP 2003. IV. 1604.* ♦ Contrevient aux dispositions de l'art. 6, § 3, Conv. EDH la juridiction qui relève que le prévenu qui se dérobe à l'exécution d'un mandat d'arrêt n'est pas admis à se faire représenter devant le juge pénal, que ce soit pour y exercer des voies de recours ou pour comparaître en justice. • CEDH 27 avr. 2004, *Maat c/ France : AJ pénal 2004. 246, obs. Leblois-Happe*.

16. Les dispositions de l'art. 6, § 3 *c)*, Conv. EDH n'ont pas été méconnues lorsque la cour d'appel déclare une opposition non avenue, sans renvoyer l'affaire à une autre audience, dès lors que, n'ayant déposé aucune demande en ce sens, le prévenu n'a pas comparu à la date qui lui avait été fixée en application des dispositions de l'art. 494, al. 1er, par la notification, à lui faite verbalement, et constatée par procès-verbal au moment où cette opposition avait été formée. • Crim. 28 mai 2002, n° 01-87.577.

Art. 490 *(L. n° 85-1407 du 30 déc. 1985)* **L'opposition est portée à la connaissance du ministère public, à charge par lui d'en aviser la partie civile par lettre recommandée avec demande d'avis de réception.** — *Pr. pén. C. 635.*

1. L'art. 490 n'impose pas, à peine de nullité, le recours au ministère d'huissier pour dénoncer l'opposition ; elle peut être déclarée soit directement au magistrat du ministère public lui-même, soit à toute autorité qualifiée pour en dresser procès-verbal et rendre compte. • Crim. 19 janv. 1961 : *D. 1961. 255.*

2. L'opposition est recevable lorsqu'elle est déclarée, dans le délai légal, à la partie civile ou à son conseil et qu'il n'est pas contesté qu'elle en ait eu connaissance. • Crim. 21 déc. 1961, n° 61-91.047 P • 24 janv. 1979, n° 77-93.160 P : *D. 1979. IR 250.*

3. L'opposition faite à un jugement par défaut ne suspend pas le cours de la prescription de la peine, mais l'interrompt et constitue le point de départ d'une nouvelle prescription de l'action publique. • Com. 23 mars 1993 : *Gaz. Pal. 1994. 1. 29, note Vigneron.*

Art. 490-1 *(L. n° 85-1407 du 30 déc. 1985)* **Lorsque l'opposant est détenu, l'opposition peut être faite au moyen d'une déclaration auprès du chef de l'établissement pénitentiaire.**

Cette déclaration est constatée, datée et signée par le chef de l'établissement pénitentiaire. Elle est également signée par le demandeur. Si celui-ci ne peut signer, il en est fait mention par le chef d'établissement.

Ce document est adressé sans délai, en original ou en copie et par tout moyen, au ministère public près la juridiction qui a rendu la décision attaquée.

Art. 491 **Si la signification du jugement a été faite à la personne du prévenu, l'opposition doit être formée dans les délais ci-après, qui courent à compter de cette signification : dix jours si le prévenu réside en France métropolitaine, un mois s'il réside hors de ce territoire.** — *Pr. pén. C. 635.*

TOM : 845. — Mayotte : 892. — Saint-Pierre-et-Miquelon : 927.

Art. 492 **Si la signification du jugement n'a pas été faite à la personne du prévenu, l'opposition doit être formée dans les délais ci-après, qui courent à compter de la signification du jugement faite à domicile,** *(L. n° 2008-644 du 1er juill. 2008, art. 6)* **« à étude d'huissier de justice** *[ancienne rédaction : à mairie]* **» ou à parquet : dix jours si le prévenu réside dans la France métropolitaine, un mois s'il réside hors de ce territoire.**

Toutefois, s'il s'agit d'un jugement de condamnation et s'il ne résulte pas, soit de l'avis constatant remise de la lettre recommandée *(L. n° 2004-204 du 9 mars 2004, art. 133-IX, en vigueur le 1er oct. 2004)* **« ou du récépissé prévus aux articles 557 et 558** *[ancienne rédaction : prévue aux articles 557 et 558, alinéa 3]* **» soit d'un acte d'exécution quelconque, ou de l'avis donné conformément à l'article 560, que le prévenu a eu connaissance de la signification, l'opposition tant en ce qui concerne les intérêts civils que la condamnation pénale reste recevable** *(Abrogé par Cons. const. n° 2018-712 QPC du 8 juin 2018) « jusqu'à l'expiration des délais de prescription de la peine ».*

Dans les cas visés à l'alinéa précédent, le délai d'opposition court à compter du jour où le prévenu a eu cette connaissance. — *Pr. pén. C. 635.*

I. APPLICATION DES RÈGLES TECHNIQUES

1. QPC. Délai d'opposition. En privant la personne condamnée par défaut de la possibilité, lorsque la peine est prescrite, de former opposition, lorsqu'elle n'a pas eu connaissance de sa condamnation avant cette prescription et alors que des conséquences restent attachées à une peine même prescrite, les dispositions contestées portent une atteinte excessive aux droits de la défense et au droit à un recours juridictionnel effectif. Par conséquent les mots « jusqu'à l'expiration des délais de prescription de la peine » figurant au deuxième al. de l'art. 492 et les mots « ou par défaut » et « ou à former opposition » figurant à l'art. 133-5 C. pén. doivent être déclarés contraires à la Constitution. • Cons. const. 8 juin 2018, n° 2018-712 QPC : *JO 9 juin ; D. actu. 4 juill. 2018, obs. Recotillet ; AJ pénal 2018. 424, obs. Oudoul ; Dr. pénal 2018. Étude 19, Griffon-Yarza.*

2. Règles générales. L'exécution volontaire d'un jugement de défaut ne saurait emporter contre le prévenu déchéance de son droit d'opposition, si l'exécution a eu lieu avant l'expiration du délai pendant lequel cette voie de recours peut être exercée. • Crim. 10 déc. 1903 : *DP 1905. 1. 374.*

3. L'application du paragraphe 3 de l'art. 187 C. instr. crim. (art. 492, al. 2) est limitée aux dispositions ayant un caractère pénal ; à l'encontre de la partie civile, l'opposition du prévenu est régie par l'art. 187-1er (art. 491) et doit être formée dans les cinq (dix) jours de la signification, même si elle n'a pas été faite à personne. • Crim. 18 janv. 1901 : *DP 1901. 1. 51, rapp. Bard* • 7 juill. 1943 : *DA 1943. 70* • 15 nov. 1951 : *D. 1952. 21.* ♦ En matière douanière, où les amendes et confiscations ont un caractère pénal, le délai d'opposition est celui de l'art. 187-3 (art. 492, al. 2). • Crim. 31 oct. 1956 : *D. 1957. Somm. 40.*

4. L'art. 187 C. instr. crim. (art. 492) ne distingue pas, quant aux effets de la signification d'un jugement par défaut, suivant qu'elle a été faite par la partie civile ou par la partie publique ; il n'exige pas qu'elle ait été faite par l'une et l'autre ; par suite, le délai de l'opposition doit courir, à l'égard tant du ministère public que de la partie civile, du jour de la connaissance légale du jugement par défaut donnée au défaillant par la signification à lui faite à la requête de l'une ou l'autre des parties. • Crim. 24 juill. 1937 : *DH 1937. 572* • 22 avr. 1958 : *D. 1958. 499.*

5. L'arrestation du prévenu, faite en pays étranger, sur une demande d'extradition en vertu d'un mandat d'arrêt et d'une décision de condamnation qui le frappe, régulièrement signifiée à domicile, constitue un acte d'exécution qui marque le point de départ du délai d'opposition prévu par l'art. 492, al. 2. • Crim. 15 déc. 1960, n° 60-91.623 P : *D. 1961. Somm. 47.* ♦ Mais non la notification de l'arrêt par défaut à la personne détenue à l'étranger lorsque la demande d'extradition ne porte pas sur les faits ayant donné lieu à la décision par défaut. • Crim. 15 oct. 1984, n° 83-91.514 P.

6. La demande de remise de cause présentée par le prévenu qui, condamné par défaut, comparaît sur l'appel interjeté par une autre partie contre le jugement de condamnation, ne constitue pas un acte d'exécution au sens de l'art. 492, al. 2 et ne fait pas courir le délai d'opposition de 10 jours. Encourt la cassation l'arrêt qui ne retient que cette seule circonstance pour rejeter la demande d'un prévenu tendant au sursis à statuer sur les appels de la partie civile et du ministère public jusqu'à l'expiration du délai légal d'opposition, sans s'assurer que l'intéressé avait eu connaissance de la signification du jugement, faite à parquet, dans les formes prescrites par l'art. 560. • Crim. 4 mai 1994, n° 93-85.852 P : *Dr. pénal 1994. Comm. 171, obs. Maron.*

7. Dès lors que le prévenu a déclaré avoir eu connaissance du jugement lors de sa signification faite – par lettre recommandée dont l'accusé de réception n'a pas été signé –, et avoir donné des instructions à son avocat pour qu'il fasse opposition, l'opposition est tardive si elle est effectuée plus de dix jours après que le condamné a eu connaissance de la signification. • Crim. 30 mars 1999, n° 98-81.271 P : *Dr. pénal 1999. Chron. 30, note Marsat.*

8. Le délai d'opposition prévu par l'art. 492, al. 2, ne peut s'appliquer aux jugements ne statuant que sur l'action civile. • Crim. 10 févr. 1970, n° 69-91.219 P : *D. 1970. Somm.142* • 17 janv. 1973, n° 72-92.072 P • 26 mars 1998, n° 97-80.141 P.

9. Point de départ du délai. Doit être cassé l'arrêt qui déclare irrecevable comme tardive l'opposition faite par le prévenu à un précédent arrêt de condamnation rendu par défaut, en retenant comme point de départ du délai pour exercer cette voie de recours la délivrance d'une citation directe par les parties civiles, de laquelle il ne résulte pas que le prévenu ait eu connaissance de la signification de la décision par défaut. • Crim. 29 nov. 2005, n° 05.80.468 P.

10. S'il est établi que le condamné n'a pas eu connaissance de la signification, l'opposition est recevable jusqu'à l'expiration des délais de prescription de la peine, délais commençant à courir à compter de l'expiration du délai d'appel de dix jours. • Crim. 11 févr. 1981, n° 80-92.499 P : *RSC 1982. 367, obs. Robert.*

11. Exécution de la condamnation. L'opposition formée après le délai légal de 10 jours est irrecevable dès lors que les juges constatent dans les agissements du prévenu des actes d'exécution du jugement de condamnation, au sens du deuxième al. de l'art. 492, dont il résulte que l'intéressé avait eu connaissance de la signification. • Crim. 10 déc. 2019, n° 18-83.851 P.

12. L'opposition à un arrêt signifié à parquet effectuée près d'un an après l'exécution de la condamnation est irrecevable car tardive ; les dispositions de l'art. 492 qui ne privent pas le prévenu d'un recours mais soumettent celui-ci à des conditions de forme et de délai ne sont pas incompatibles avec l'art. 6 Conv. EDH. • Crim. 17 mai 2000, n° 99-85.132 P.

13. Les dispositions de l'art. 492 relatives à l'opposition, applicables au prévenu, ne le sont pas à son assureur. • Crim. 28 févr. 1991, n° 90-85.071 P : *JCP 1991. IV. 218.*

II. RESPECT DES DROITS FONDAMENTAUX

14. Exigences de la Convention européenne des droits de l'homme. Le délai d'opposition à un arrêt de défaut signifié à Parquet, ayant statué sur l'appel d'un jugement de condamnation, court à partir du jour de la mise à exécution dudit jugement lorsqu'il résulte de cet acte que la signification à Parquet de l'arrêt de défaut a été portée à cette date à la connaissance de l'intéressé. Les dispositions de l'art. 492, al. 2, qui ne privent pas le prévenu d'un recours mais qui soumettent seulement ledit recours à des conditions de forme et de délai, ne sont pas incompatibles avec l'art. 6 Conv. EDH. • Crim. 17 mai 2000, n° 99-85.132 P.

15. Conformément aux art. 7 Conv. EDH et 112-2, 4°, C. pén., les lois de prescription ne s'appliquent pas à la répression des infractions commises avant leur entrée en vigueur lorsqu'elles ont pour effet d'aggraver le sort de l'intéressé. • Crim. 20 mai 2009, n° 09-81.339 P : *AJ pénal 2009. 417, obs. Saas.*

Art. 493 La personne civilement responsable et la partie civile peuvent former opposition à tout jugement par défaut à leur encontre, dans les délais fixés à l'article 491, lesquels courent à compter de la signification du jugement, quel qu'en soit le mode. — *Pr. pén. C. 635.*

1. L'opposition de la partie civile à un jugement rendu par défaut à son égard, prononçant l'annulation de certains actes de procédure, est recevable dans la mesure où cette décision fait grief à ses intérêts ; tel n'est pas le cas lorsqu'elle a repris l'exercice de l'action civile devant le juge d'instruction et a, par là même, acquiescé au jugement de défaut. • Crim. 29 oct. 1990, n° 87-81.568 P.

2. La partie civile, à la différence du prévenu, peut toujours se faire représenter devant la juridiction répressive ; l'art. 493, qui ne soumet son opposition à aucune formalité spéciale, ne fait pas obstacle à ce que cette voie de recours soit exercée par le ministère d'un avoué, mandataire légal de cette partie. • Crim. 18 janv. 1990, n° 89-82.298 P.

Art. 493-1 *(L. n° 2016-731 du 3 juin 2016, art. 84)* **En l'absence d'opposition, les biens confisqués par défaut deviennent la propriété de l'État à l'expiration du délai de prescription de la peine.**

§ 3 DE L'ITÉRATIF DÉFAUT

RÉP. PÉN. v° *Jugement par défaut*, par FONTEIX.

Art. 494 L'opposition est non avenue si l'opposant ne comparaît pas à la date qui lui est fixée soit par la notification à lui faite verbalement et constatée par procès-verbal au moment où l'opposition a été formée, soit par une nouvelle citation, *(L. n° 85-1407 du 30 déc. 1985)* **« délivrée à la personne de l'intéressé », conformément aux dispositions des articles 550 et suivants.**

(L. n° 72-1226 du 29 déc. 1972) **« Toutefois, en cas de condamnation à une peine privative de liberté sans sursis, le tribunal peut ordonner le renvoi de l'affaire à une prochaine audience sans qu'il y ait lieu à délivrance de nouvelles citations et donner l'ordre à la force publique de rechercher et de conduire l'opposant devant le procureur de la République du siège du tribunal qui, soit le fait comparaître à l'audience de renvoi, soit le met en demeure de s'y présenter.**

« Si l'opposant est trouvé en dehors du ressort du tribunal, il est conduit devant le procureur de la République du lieu de l'arrestation qui le met en demeure de se présenter à l'audience de renvoi.

« Dans tous les cas, le procureur de la République dresse procès-verbal de ses diligences et l'opposant ne peut être retenu plus de vingt-quatre heures. »

(L. n° 85-1407 du 30 déc. 1985) **« Si les recherches ordonnées sont demeurées sans effet, le tribunal déclare l'opposition non avenue sans nouveau renvoi.**

« Il en est de même si l'opposant, régulièrement mis en demeure, ne comparaît pas. » — *Pr. pén. C. 636.*

I. NORMES NATIONALES

1. Règles du C. pr. pén. La citation donnée par le parquet au prévenu et à la partie civile, pour faire statuer sur l'opposition formée par le prévenu à un jugement par défaut, ne peut supprimer le droit pour la partie civile de se prévaloir de l'art. 188 C. instr. crim. (art. 494). • Crim. 9 juin 1934 : *DH 1934. 580.*

2. L'opposition du prévenu à l'arrêt confirmatif statuant par défaut sur son appel anéantit la condamnation prononcée par cet arrêt et remet toutes les parties, y compris le ministère public, au même état qu'auparavant ; dès lors, la cour, ayant à statuer tant sur l'appel du ministère public que sur celui du prévenu, recouvre la plénitude de ses pouvoirs, et elle peut augmenter la peine prononcée par le tribunal. • Crim. 7 nov. 1941 : *DC 1942. 9, rapp. Nast.*

3. La condamnation prononcée par un jugement de défaut est non avenue par le fait de l'opposition. Mais les énonciations du jugement par défaut subsistent lorsque ce jugement est confirmé sur l'opposition ; le jugement définitif rendu sur celle-ci se lie, en effet, et s'identifie avec le jugement par défaut qu'il fait revivre. • Crim. 17 févr. 1938 : *DH 1938. 311.*

4. Le prévenu qui a formé opposition à un jugement de défaut et qui n'a pas immédiatement reçu notification de la date à laquelle il sera statué sur ce recours doit être cité à sa dernière adresse connue à la date du mandement de citation. Lorsque le prévenu a été cité à son ancienne adresse, alors qu'une adresse plus récente figurait au dossier, la juridiction doit constater l'irrégularité de la citation délivrée et inviter le ministère public à faire citer le prévenu à la bonne adresse. • Crim. 29 nov. 2017, n° 17-81.574 P : *D. actu. 5 janv. 2018, obs. Fonteix.*

5. Pour qu'une juridiction correctionnelle puisse statuer par itératif défaut à l'égard de l'opposant, il est nécessaire, soit que la date d'audience lui ait été notifiée et que cette notification ait été constatée par procès-verbal au moment de l'opposition, soit qu'une nouvelle citation lui ait été délivrée. • Crim. 23 déc. 1986, n° 86-95.642 P. ♦ En revanche, lorsque l'opposant à une décision de défaut, non avisé régulièrement par procès-verbal ni cité à personne, ne comparaît pas, la juridiction saisie doit rendre une nouvelle décision de défaut, laquelle est susceptible d'opposition. • Crim. 26 mars 2008, n° 07-81.960 P : *AJ pénal 2008. 287, obs. Nord-Wagner* .

6. Le recours à la procédure de l'art. 494, al. 2, est laissé à l'appréciation souveraine des juges du fond. • Crim. 22 nov. 1988, n° 88-82.505. ♦ Cependant, quand l'opposant non cité à personne ni avisé par procès-verbal ne comparaît pas, le juge ne peut statuer par itératif défaut et doit rendre une décision de défaut, laquelle est susceptible d'opposition. • Crim. 8 juin 1989, n° 88-80.027 P : *JCP 1990. II. 21512, note Picod* • 5 déc. 1989, n° 89-85.577 P • 28 avr. 1993, n° 92-85.555 P : *JCP 1993. IV. 1979 ; Dr. pénal juill. 1993, n° 174, obs. Maron.*

7. Vaut citation à personne la convocation notifiée à l'opposant à un arrêt par défaut, sur instructions du procureur général et dans les délais de l'art. 552, par le chef de l'établissement pénitentiaire où il est incarcéré, et précisant la date et l'heure à laquelle la cour d'appel statuera sur son opposition. En cas de non-comparution, la cour d'appel fait l'exacte application des dispositions combinées des art. 390-1 et 494, al. 1er en déclarant l'opposition non avenue. • Crim. 21 févr. 1991, n° 90-80.769 P.

8. Il appartient à l'opposant d'aviser le parquet de toute modification de l'adresse indiquée dans l'acte d'opposition, serait-ce à la suite d'une incarcération pour autre cause. • Crim. 24 juin 1992, n° 91-87.044 P : *Gaz. Pal. 1992. 2. 480.*

II. NORMES EUROPÉENNES

9. Exigences du procès équitable. L'identité de composition de la juridiction se prononçant sur l'opposition à une précédente décision rendue par défaut n'est pas contraire à l'exigence du tribunal impartial édictée par l'art. 6, § 1, Conv. EDH. • Crim. 23 oct. 1996, n° 95-85.585 P.

10. Représentation. La comparution exigée par l'art. 494, al. 1er, s'entend soit de celle de l'opposant lui-même, soit de celle de son avocat. • Crim. 2 sept. 2003, n° 02-86.538 P : *D. 2003. IR 2606* ; *JCP 2003. IV. 2803.* ♦ En vertu des dispositions de l'art. 6, § 1 et 3 *c*), Conv. EDH, le droit au procès équitable et le droit de tout accusé à l'assistance d'un défenseur s'opposent à ce qu'un prévenu non comparant et non excusé soit jugé sans entendre l'avocat présent à l'audience pour assurer sa défense ; ainsi, c'est à tort que l'arrêt attaqué énonce que, ni la présence de l'avocat du prévenu à l'audience ni les écritures déposées par lui ne permettent d'écarter les dispositions de l'art. 494, al. 1er. • Crim. 19 févr. 2003, n° 01-88.361 P : *D. 2003. IR 806* ; *JCP 2003. IV. 1604.*

Art. 494-1 *(L. n° 85-1407 du 30 déc. 1985)* **Dans les cas prévus par les premier à cinquième alinéas de l'article 494 et si des circonstances particulières le justifient, le tribunal peut, par décision spécialement motivée, modifier le jugement frappé *d'opposition, sans possibilité* d'aggravation de la peine.**

1. En laissant subsister la condamnation du prévenu à 1 000 francs d'amende pour la contravention de conduite sans permis, alors que ladite contravention, commise le 19 juill. 1992, se trouvait amnistiée par application de l'art. 1er de la loi du 3 août 1995, la cour d'appel, à qui il appartenait de faire application de l'art. 494-1, a méconnu le sens et la portée de ce texte. • Crim. 19 mars 1997, n° 96-85.716.

2. Les dispositions de l'art. 494-1 ne s'appliquent qu'au cas où l'opposition est, conformément aux prévisions des al. 1er à 5 de l'art. 494, déclarée non avenue. • Crim. 8 juin 1989, n° 88-80.027 P : *JCP 1990. II. 21512, note Picod.* ♦ Les dispositions de l'art. 494-1 ne s'appliquent qu'au cas où l'opposition est, conformément aux prévisions des al. 1er à 5 de l'art. 494, déclarée non avenue. • Crim. 18 oct. 1990, n° 90-84.638 P.

SECTION VII DE LA PROCÉDURE SIMPLIFIÉE

(L. n° 2002-1138 du 9 sept. 2002, art. 42)

RÉP. PÉN. v° *Jugement par défaut*, par FONTEIX.

BIBL. ▶ THIERRY, *AJ pénal 2021. 504* (déspécialisation de la procédure pénale applicable aux infractions de presse). – VOLFF, *D. 2003. Chron. 2777* (l'ordonnance pénale en matière correctionnelle).

Art. 495 *(L. n° 2011-1862 du 13 déc. 2011, art. 26-2°)* **I. — Le procureur de la République peut décider de recourir à la procédure simplifiée de l'ordonnance pénale pour les délits mentionnés au II du présent article lorsqu'il résulte de l'enquête de police judiciaire que les faits reprochés au prévenu sont simples et établis, que les renseignements concernant la personnalité, les charges et les ressources de celui-ci sont suffisants pour permettre la détermination de la peine, qu'il n'apparaît pas nécessaire, compte tenu de la faible gravité des faits, de prononcer une peine d'emprisonnement ou une peine d'amende d'un montant supérieur à celui fixé à l'article 495-1 et que le recours à cette procédure n'est pas de nature à porter atteinte aux droits de la victime.**

(L. n° 2019-222 du 23 mars 2019, art. 61 et 109-XVII, en vigueur le 1er sept. 2019) **« II. — La procédure simplifiée de l'ordonnance pénale est applicable aux délits mentionnés à l'article 398-1 du présent code, à l'exception des délits d'atteintes volontaires et involontaires à l'intégrité des personnes.**

« Cette procédure est également applicable au délit de diffamation prévu à l'article 32 de la loi du 29 juillet 1881 sur la liberté de la presse et au délit d'injure prévu aux deuxième à quatrième alinéas de l'article 33 de la même loi, sauf lorsque sont applicables les dispositions de l'article 42 de ladite loi ou de l'article 93-3 de la loi n° 82-652 du 29 juillet 1982 sur la communication audiovisuelle. »

III. — La procédure simplifiée de l'ordonnance pénale n'est pas applicable :

1° Si le prévenu était âgé de moins de dix-huit ans au jour de l'infraction ;

2° Si la victime a fait directement citer le prévenu avant qu'ait été rendue l'ordonnance prévue à l'article 495-1 du présent code ;

3° Si le délit a été commis en même temps qu'un délit ou qu'une contravention pour lequel la procédure d'ordonnance pénale n'est pas prévue ;

(Abrogé par L. n° 2019-222 du 23 mars 2019, art. 61 et 109-XVII, à compter du 1er sept. 2019) **« 4° Si les faits ont été commis en état de récidive légale. »**

V. art. R. 41-3 s.

Art. 495-1 **Le ministère public qui choisit la procédure simplifiée communique au président du tribunal le dossier de la poursuite et ses réquisitions.**

Le président statue sans débat préalable par une ordonnance pénale portant relaxe ou condamnation à une amende ainsi que, le cas échéant, à une ou plusieurs des peines complémentaires encourues, ces peines pouvant être prononcées à titre de peine principale. *(L. n° 2011-1862 du 13 déc. 2011, art. 26-3°)* **« Le montant maximal de l'amende pouvant être prononcée est de la moitié de celui de l'amende encourue sans pouvoir excéder 5 000 €. »** *(L. n° 2019-222 du 23 mars 2019, art. 61 et 109-XVII, en vigueur le 1er sept. 2019)* **« Les peines prévues aux articles 131-5 à 131-8-1 du code pénal peuvent être prononcées ; la peine de travail d'intérêt général ne peut toutefois être prononcée que si la personne a déclaré, au cours de l'enquête, qu'elle accepterait l'accomplissement d'un tel travail. »**

S'il estime qu'un débat contradictoire est utile ou qu'une peine d'emprisonnement devrait être prononcée, le juge renvoie le dossier au ministère public.

Art. 495-2 **L'ordonnance mentionne les noms, prénoms, date et lieu de naissance et domicile du prévenu, la qualification légale, la date et le lieu du fait imputé, la mention des textes applicables et, en cas de condamnation, la ou les peines prononcées.**

L'ordonnance pénale doit être motivée, au regard notamment des dispositions du *(L. n° 2011-1862 du 13 déc. 2011, art. 26-4°)* **« I » de l'article 495.**

Art. 495-2-1 *(L. n° 2011-1862 du 13 déc. 2011, art. 26-5°)* **Lorsque la victime des faits a formulé au cours de l'enquête de police une demande de dommages et intérêts**

ou de restitution valant constitution de partie civile conformément au deuxième alinéa de l'article 420-1, le président statue sur cette demande dans l'ordonnance pénale. S'il ne peut statuer sur cette demande pour l'une des raisons mentionnées au dernier alinéa du même article 420-1, il renvoie le dossier au ministère public aux fins de saisir le tribunal sur les intérêts civils. L'article 495-5-1 est alors applicable.

Art. 495-3 **Dès qu'elle est rendue, l'ordonnance pénale est transmise au ministère public qui, dans les dix jours, peut soit former opposition par déclaration au greffe du tribunal, soit en poursuivre l'exécution.**

Cette ordonnance est portée à la connaissance du prévenu par lettre recommandée avec demande d'avis de réception. *(L. n° 2004-204 du 9 mars 2004, art. 135-II)* **« Elle peut également être portée à la connaissance du prévenu par le procureur de la République, directement ou par l'intermédiaire d'une personne habilitée** *(L. n° 2019-222 du 23 mars 2019, art. 61 et 109-XVII, en vigueur le 1er sept. 2019)* **« ; ce mode de notification est obligatoire si l'ordonnance prononce la peine de jour-amende ou la peine de travail d'intérêt général ». »**

Le prévenu est informé qu'il dispose d'un délai de quarante-cinq jours à compter de cette notification pour former opposition à l'ordonnance *(L. n° 2011-1862 du 13 déc. 2011, art. 26-6°)* **« , que cette opposition peut être limitée aux dispositions civiles ou pénales de l'ordonnance lorsqu'il a été statué sur une demande présentée par la victime et qu'elle » permettra que l'affaire fasse l'objet d'un débat contradictoire et public devant le tribunal correctionnel, au cours duquel il pourra être assisté par un avocat, dont il pourra demander la commission d'office. Le prévenu est également informé que le tribunal correctionnel, s'il l'estime coupable des faits qui lui sont reprochés, aura la possibilité de prononcer contre lui une peine d'emprisonnement si celle-ci est encourue pour le délit ayant fait l'objet de l'ordonnance.**

En l'absence d'opposition, l'ordonnance est exécutée suivant les règles prévues par le présent code pour l'exécution des jugements correctionnels.

Toutefois, s'il ne résulte pas de l'avis de réception que le prévenu a reçu la lettre de notification, l'opposition reste recevable jusqu'à l'expiration d'un délai de trente jours qui court de la date à laquelle l'intéressé a eu connaissance, d'une part, de la condamnation, soit par un acte d'exécution, soit par tout autre moyen, d'autre part, du délai et des formes de l'opposition qui lui sont ouvertes.

Le comptable *(Ord. n° 2010-420 du 27 avr. 2010, art. 115)* **« public compétent » arrête le recouvrement dès réception de l'avis d'opposition à l'ordonnance pénale établi par le greffe.**

Les juges d'appel doivent constater que la notification comporte effectivement les informations prévues à l'art. 495-3, al. 3, notamment celle relative à la durée du délai d'opposition, à défaut desquelles aucune notification ne peut être régulière. • Crim. 12 nov. 2014 : *D. actu. 4 déc. 2014, obs. Fucini ; AJ pénal 2015. 262, obs. Lasserre Capdeville*.

Art. 495-3-1 *(L. n° 2011-1862 du 13 déc. 2011, art. 26-7°)* **Lorsqu'il est statué sur les intérêts civils, l'ordonnance pénale est portée à la connaissance de la partie civile selon l'une des modalités prévues au deuxième alinéa de l'article 495-3. La partie civile est informée qu'elle dispose d'un délai de quarante-cinq jours à compter de cette notification pour former opposition aux dispositions civiles de l'ordonnance.**

Art. 495-4 **En cas d'opposition formée par le ministère public ou par le prévenu, l'affaire est portée à l'audience du tribunal correctionnel.** *(L. n° 2011-1862 du 13 déc. 2011, art. 26-8°)* **« En cas d'opposition formée par le prévenu sur les seules dispositions civiles ou par la partie civile, le tribunal statue conformément à l'avant-dernier alinéa de l'article 464. » Le jugement rendu par défaut, sur l'opposition du prévenu,** *(L. n° 2011-1862 du 13 déc. 2011, art. 26-9°)* **« est susceptible d'opposition dans les conditions prévues aux articles 489 à 494-1 ».**

Jusqu'à l'ouverture des débats, le prévenu peut renoncer expressément à son opposition. L'ordonnance pénale reprend alors sa force exécutoire et une nouvelle opposition n'est pas recevable.

Art. 495-5 **L'ordonnance pénale, à laquelle il n'a pas été formé opposition ou qui n'a pas été portée par le ministère public à l'audience du tribunal correctionnel, a les effets d'un jugement passé en force de chose jugée.**

(L. nº 2011-1862 du 13 déc. 2011, art. 26-10º) **« Cependant, l'ordonnance pénale statuant uniquement sur l'action publique n'a pas l'autorité de la chose jugée à l'égard de l'action civile en réparation des dommages causés par l'infraction. »**

Art. 495-5-1 *(L. nº 2011-1862 du 13 déc. 2011, art. 26-11º)* **Lorsque la victime de l'infraction est identifiée et qu'elle n'a pu se constituer partie civile dans les conditions prévues à l'article 495-2-1 ou lorsqu'il n'a pas été statué sur sa demande formulée conformément à l'article 420-1, le procureur de la République doit l'informer de son droit de lui demander de citer l'auteur des faits à une audience du tribunal correctionnel statuant conformément à l'avant-dernier alinéa de l'article 464, dont elle est avisée de la date pour lui permettre de se constituer partie civile. Le tribunal statue alors sur les seuls intérêts civils, au vu du dossier de la procédure qui est versé au débat.**

Art. 495-6 **Les dispositions de la présente section ne font pas échec aux droits de la partie lésée de citer l'auteur des faits devant le tribunal correctionnel.**

Le tribunal statue uniquement sur les intérêts civils si l'ordonnance pénale a acquis la force de chose jugée. *(L. nº 2004-204 du 9 mars 2004, art. 136)* **« A cette audience, le tribunal est composé du seul président siégeant à juge unique. »**

Art. 495-6-1 et 495-6-2 *Abrogés par L. nº 2011-1862 du 13 déc. 2011, art. 26-12º.*

SECTION VIII DE LA COMPARUTION SUR RECONNAISSANCE PRÉALABLE DE CULPABILITÉ

(L. nº 2004-204 du 9 mars 2004, art. 137-I, en vigueur le 1er oct. 2004)

RÉP. PÉN. vº *Comparution sur reconnaissance préalable de culpabilité,* par MOLINS.

BIBL. ▶ CHARVET, *D. 2004. Chron. 2517* (réflexions autour du plaider-coupable). – CHAVENT-LECLÈRE, *Procédures 2019. Étude 20.* Loi de programmation 2018-2022 pour la justice du 23 mars 2019 : principales dispositions relatives au jugement et au droit de la peine). – DEFFERRARD, *Dr. pénal 2009. Étude 13* (dénaturation du « plaider coupable » après la loi nº 2009-526 du 12 mai 2009, de simplification et de clarification du droit et d'allègement des procédures). – DELAGE, *D. 2005. Chron. 1970* (la comparution sur reconnaissance préalable de culpabilité : quand la pratique ramène à la théorie) ; *D. 2009. Étude 1650* (« plaider coupable » : la clarification par l'entérinement des pratiques) ; *RSC 2011. 831* (résistances et retournements. Essai de synthèse du contentieux relatif à la procédure de « plaider-coupable »). – DESPREZ, *D. 2007. Point de vue 2043* (ordonnance de refus d'homologation dans le cadre de la CRPC). – JOSEPH-RATINEAU, *D. 2009. 2815* (petites incohérences pratiques résultant de la double convocation dans le cadre de la CRPC). – LÉVY et MONIN DE FLAUGERGUES, *Dr. pénal 2016. Étude 21* (CRPC en matière économique et financière). – MOLINS, *AJ pénal 2003. 61* (plaidoyer pour le « plaider coupable » : des vertus d'une peine négociée).

▶ **Dossiers :** *AJ pénal 2005. 433 s.* (la CRPC : un an après...) ; *Dr. pénal 2021. Dossier 10* (l'avocat et la contractualisation du procès pénal).

Art. 495-7 *(L. nº 2011-1862 du 13 déc. 2011, art. 27-2º)* **« Pour tous les délits, à l'exception de ceux mentionnés à l'article 495-16 et des délits d'atteintes volontaires et involontaires à l'intégrité des personnes et d'agressions sexuelles prévus aux articles 222-9 à 222-31-2 du code pénal lorsqu'ils sont punis d'une peine d'emprisonnement d'une durée supérieure à cinq ans** *[ancienne rédaction : Pour les délits punis à titre principal d'une peine d'amende ou d'une peine d'emprisonnement d'une durée inférieure ou égale à cinq ans]* **», le procureur de la République peut, d'office ou à la demande de l'intéressé ou de son avocat, recourir à la procédure de comparution sur reconnaissance préalable de culpabilité conformément aux dispositions de la présente section à l'égard de toute personne convoquée à cette fin ou déférée devant lui en application** *(L. nº 2011-1862 du 13 déc. 2011, art. 27-2º)* **« de l'article 393 du présent code** *[ancienne rédaction : des dispositions de l'article 393]* **», lorsque cette personne reconnaît les faits qui lui sont reprochés.**

Circulaire CRIM 04-12 E8 du 2 septembre 2004,

Présentant les dispositions de la loi n° 2004-204 du 9 mars 2004 portant adaptation de la justice aux évolutions de la criminalité relatives à la procédure de comparution sur reconnaissance préalable de culpabilité. [...]

1.2.2.2. *Affaire simple et en état d'être jugée*

Même si les nouvelles dispositions ne l'indiquent pas expressément, elles ne sont par définition applicables qu'aux procédures concernant des affaires en état d'être jugées, et qui, s'il n'avait pas été recouru à la CRPC, auraient pu être immédiatement examinées par le tribunal correctionnel, sans qu'il soit nécessaire de recourir à une instruction ou de procéder à un complément d'enquête.

L'infraction reprochée à la personne doit de même présenter une relative simplicité, permettant, au-delà du fait que la personne reconnaît le délit qui lui est reproché, d'en apprécier la gravité de façon précise, sans qu'il soit besoin pour ce faire de procéder à de longs débats.

De même, la personnalité de son auteur ne doit pas justifier d'investigations complémentaires, à l'exception de celle, parfois obligatoire, de l'enquête rapide de personnalité prévue par l'article 41 du code de procédure pénale.

Ainsi, en pratique, la CRPC doit être exclue si une expertise psychiatrique de l'auteur est nécessaire, ce qui est notamment le cas en matière de délits sexuels pour lesquels une telle expertise est obligatoire.

Lorsqu'il y a une victime et que l'affaire est complexe en raison de la nécessité d'évaluer le préjudice, il peut de même paraître préférable d'écarter la procédure de CRPC, même si celle-ci prévoit les modalités de prise en compte des intérêts de la partie civile. En particulier, en cas d'infraction ayant causé des dommages corporels, dont l'importance peut être difficile à évaluer et qui peuvent donner lieu à l'intervention des caisses de sécurité sociale, la CRPC paraît devoir être évitée, sauf si l'organisation mise en place dans la juridiction pour mettre en œuvre cette nouvelle procédure permet de prendre en considération l'intérêt de la victime dans de telles hypothèses.

Pour les mêmes raisons, la CRPC doit de même être écartée s'il existe un civilement responsable.

Enfin, l'exigence de simplicité du dossier conduit en principe à éviter de recourir à la CRPC en cas d'auteurs multiples, si une partie d'entre eux ne reconnaissent pas leur culpabilité.

Toutefois, la loi ne prohibe pas expressément de dissocier des procédures, ce qui peut toujours intervenir dans des situations exceptionnelles.

1.2.2.3. *Affaire dans laquelle il existe une certaine prévisibilité de la sanction*

De par sa nature, la procédure de CRPC suppose qu'indépendamment de la peine juridiquement encourue par l'auteur des faits, il existe une certaine prévisibilité de la sanction que le tribunal correctionnel pourrait être amené à prononcer s'il était saisi.

A défaut en effet, il ne serait pas possible pour la personne ou pour son avocat d'apprécier en toute connaissance de cause le bien-fondé des peines proposées par le procureur de la République et de les accepter afin d'éviter une poursuite devant le tribunal.

Il doit donc en pratique s'agir de faits qui, même s'ils ne relèvent pas nécessairement d'un contentieux de masse, sont poursuivis de façon suffisamment fréquente devant le tribunal correctionnel, et pour lesquels il existe une jurisprudence relativement établie.

1.2.2.4. *Affaire ne justifiant pas une audience devant le tribunal correctionnel*

D'une manière générale, le parquet ne doit pas recourir à la procédure de CRPC, même si les conditions légales expressément prévues par les articles 495-7 et suivants sont remplies, et même si cette procédure permettrait le prononcé des peines qu'il estime souhaitables, lorsqu'il considère que la nature des faits ou la personnalité de leur auteur justifient une audience devant le tribunal correctionnel.

Tel peut être le cas non seulement en raison de la complexité des faits, mais également parce qu'au regard de l'intérêt de la société, la nature des faits rend opportune la saisine du tribunal correctionnel *(ce point résulte notamment d'une importante réserve d'interprétation du Conseil constitutionnel relative au rôle du juge chargé de statuer sur la requête en homologation).*

Tel serait notamment le cas dans l'hypothèse d'infractions commises avec la circonstance aggravante de racisme, dont il est hautement souhaitable qu'elles fassent l'objet, à l'audience du tribunal correctionnel, d'une stigmatisation publique de la part du parquet en tant que représentant de la société. (...)

Même s'il appartient toujours au procureur de la République de décider en dernier ressort de recourir ou non à la CRPC, cette décision peut intervenir d'office ou à la suite d'une demande de l'auteur des faits ou de son avocat.

2.1.1. *Décision d'office du procureur de la République*

Cette décision peut donner lieu, selon les cas, au déferement ou la convocation de la personne.

2.1.1.1. *Déferement de la personne*

La CRPC peut intervenir à l'égard d'une personne dont le procureur de la République a ordonné le déferement en application des dispositions de l'article 393 du code de procédure pénale.

Il implique que le parquet envisage de proposer un emprisonnement ferme (le cas échéant avec un aménagement devant intervenir immédiatement) ou accompagné d'un sursis avec mise à l'épreuve dont les obligations seront immédiatement applicables, voire une peine complémentaire dont l'exécution doit intervenir sans délai (comme par exemple une suspension ou une annulation du permis).

Ce mode de mise en œuvre de la CRPC est donc en pratique destiné à intervenir dans des affaires qui auraient normalement fait l'objet d'une comparution immédiate, voire d'une convocation par procès-verbal, et à se substituer à ces procédures.

Le sixième alinéa de l'article 41 du code de procédure pénale impose au procureur de la République de requérir l'enquête rapide de personnalité prévue par cet alinéa en cas de réquisitions de placement en détention provisoire lors du recours à la procédure de CRPC.

En pratique, de telles réquisitions ne sont susceptibles d'être prises par le parquet, en application des dispositions de l'article 495-10, que si la personne sollicite un délai de réflexion et que le procureur demande au juge des libertés et de la détention le placement en détention de la personne jusqu'à ce qu'elle recomparaisse devant lui.

Le procureur ne pouvant connaître à l'avance la position de la personne (d'autant que si cette dernière refuse la CRPC, elle sera en principe poursuivie selon la procédure de comparution immédiate, pour laquelle l'article 41 exige également une enquête), il en résulte que l'enquête rapide de personnalité doit être systématiquement demandée lorsque le procureur qui fait déférer une personne aux fins de CRPC envisage de proposer à son encontre une peine d'emprisonnement ferme, avec mise à exécution immédiate.

Bien qu'elle ne soit pas prévue à peine de nullité de la procédure, cette enquête permet de s'assurer que des renseignements de personnalité suffisants figurent au dossier pour que le magistrat chargé de statuer sur la requête en homologation proposant une peine d'emprisonnement ferme se prononce en connaissance de cause.

2.1.1.2. *Convocation de la personne*

La CRPC peut être mise en œuvre par le procureur de la République à la suite de la convocation à cette fin de la personne.

Cette voie procédurale doit être *utilisée lorsqu'*un déferement n'est pas possible ou n'est pas nécessaire, notamment parce que la nature des faits ou la personnalité de la personne ne justifient ni le placement en détention de l'intéressé, ni une réponse judiciaire immédiate.

La convocation aux fins de CRPC a ainsi vocation à se substituer aux poursuites par voie de convocation en justice, de citation directe ou même de convocation par procès-verbal, voire à certaines compositions pénales pour lesquelles le parquet aurait préféré engager des poursuites si l'encombrement des audiences correctionnelles ne l'en avait pas dissuadé.

La loi ne précise pas les modalités de convocation de la personne, qui peut en pratique principalement intervenir de deux façons : soit par un OPJ ou un APJ, soit par courrier. Il est également possible que la convocation soit délivrée par le délégué du procureur de la République agissant sur instruction de ce magistrat.

2.1.1.2.1. *Convocation par OPJ ou APJ*

La convocation peut être faite dans le cadre du traitement en temps réel des procédures, par un officier ou un agent de police judiciaire agissant sur instruction du procureur de la

République à l'issue de l'enquête de police ou de flagrance, comme en cas de convocation en justice notifiée en application de l'article 390-1 du code de procédure pénale. Elle peut alors donner lieu à un procès-verbal, dont une copie est remise à la personne, et dont un modèle figure en annexe.

Contrairement à ce que prévoit l'article 390-1, la loi ne fixe pas de délai minimal entre la notification de la convocation et la date de comparution devant le procureur, qui peut donc être inférieur à 10 jours, si le parquet l'estime opportun (en effet, la personne peut toujours demander à bénéficier d'un délai de dix jours avant de donner sa réponse à la proposition de peine).

En pratique, afin d'éviter un échec de la procédure, il paraît souhaitable qu'avant d'ordonner aux enquêteurs de convoquer la personne aux fins de CRPC, le parquet s'assure auprès de ces derniers que l'intéressé est bien susceptible d'accepter une proposition de peine dans le cadre de cette procédure.

A cette fin, la CRPC exigeant l'assistance d'un avocat, la personne doit en pratique être informée qu'elle doit soit choisir un conseil – le cas échéant en donnant immédiatement son nom aux enquêteurs – soit à demander la désignation d'un avocat d'office. Il doit de même lui être indiqué que les frais d'avocat resteront à sa charge sauf s'il remplit les conditions pour bénéficier de l'aide juridictionnelle.

Par ailleurs, pour éviter que, dans le cas où la personne ne déférerait pas à sa convocation devant le procureur de la République, il soit nécessaire d'engager des poursuites par voie de citation directe, rien n'interdit au parquet, compte tenu des dispositions de l'article 495-15, de donner instruction aux enquêteurs de notifier à la personne une convocation en justice devant le tribunal correctionnel en application de l'article 390-1 du code de procédure pénale puis, avec son accord, de la convoquer en vue d'une CRPC devant le procureur de la République à une date plus rapprochée. Si la personne se présente devant le procureur de la République, qu'elle accepte les peines proposées et que celles-ci sont homologuées, la convocation en justice sera caduque. Dans le cas contraire, le tribunal demeurera saisi, et pourra condamner la personne, même en son absence, par jugement contradictoire à signifier. Bien évidemment, ces convocations en justice ayant en principe vocation à être caduques du fait de la réussite de la CRPC, elles devront venir compléter le rôle d'une audience correctionnelle ordinaire.

Le modèle de procès-verbal de convocation figurant en annexe est rédigé de manière à permettre la convocation en vue d'une CRPC à la suite d'une convocation en justice.

2.1.1.2.2. *Convocation par courrier*

La convocation peut également être faite par lettre simple adressée à l'intéressé, dans les hypothèses où la décision du parquet de recourir à la CRPC intervient quelque temps après la clôture de l'enquête, au vu du dossier de la procédure.

Cette manière de faire peut notamment être utilisée par des parquets désireux de recourir à la CRPC pour des procédures en attente, pour lesquelles des citations directes, bien qu'envisagées, n'ont pas encore été délivrées en raison des difficultés d'audiencement devant le tribunal correctionnel.

Un modèle de courrier, précisant la nécessité pour la personne de choisir un avocat ou de demander un avocat commis d'office dont les frais restent à charge sauf en cas d'aide juridictionnelle, figure en annexe.

2.1.1.2.3. *Orientation par le délégué du procureur de la République*

Il est enfin possible en pratique que les procureurs de la République demandent à leurs délégués devant qui comparaissent les personnes convoquées à cette fin à l'issue de l'enquête conformément aux instructions du parquet, de leur signaler les procédures qui, bien qu'une composition pénale soit à l'origine envisagée, justifient en réalité de par leur gravité, après examen plus détaillé du dossier, le recours à une CRPC. Il en sera en pratique ainsi si le délégué constate que la personne a d'importants antécédents judiciaires (condamnations figurant au casier, précédentes compositions pénales) que le procureur ignorait lors de sa prise de décision initiale.

Les délégués du procureur de la République peuvent ainsi, dans ces hypothèses, après en avoir téléphoniquement rendu compte auprès du procureur et sur instructions de ce magistrat, indiquer à la personne qu'ils reçoivent qu'elle est convoquée le même jour devant le procureur pour se voir proposer une CRPC. Le fait que l'article 495-7 n'impose pas de délai entre la convocation et la présentation devant le procureur permet en effet une telle réorientation de la procédure.

C'est en particulier dans les cas où le délégué constatera en recevant la personne que celle-ci soit a déjà été condamnée, soit a déjà fait l'objet d'une composition pénale, qu'il paraîtra opportun qu'il propose au procureur de procéder par voie de CRPC, qui constitue, dans la gradation des réponses pénales, une procédure plus appropriée au vu des antécédents de la personne en permettant le prononcé d'une véritable peine.

Bien évidemment, en cas de renvoi de la procédure par le délégué au parquet aux fins de CRPC, c'est au seul procureur qu'il appartiendra de formuler les propositions de peines même si le délégué a pu préalablement s'assurer auprès de la personne qu'elle est susceptible d'accepter de telles propositions.

2.1.2. *Décision du procureur de la République sur demande du prévenu ou de son avocat*

L'article 495-7, en précisant de façon générale que la décision du parquet de recourir à la CRPC peut intervenir non seulement d'office mais également « à la demande de l'intéressé ou de son avocat », concerne en pratique deux hypothèses.

La première, non explicitée par les nouveaux textes, est celle dans laquelle la décision du procureur de la République de déférer ou de convoquer une personne à l'issue de l'enquête aux fins d'une CRPC, conformément aux modalités précisées plus haut, fera suite à la demande de la personne ou de son avocat, demande sans laquelle le parquet n'aurait peut-être pas envisagé de recourir à cette procédure.

Un avocat qui est intervenu au cours de la garde à vue d'une personne peut ainsi demander au procureur, oralement ou par écrit, de procéder à une CRPC, soit après déferement, soit après convocation. De même, une personne qui, à la suite d'une enquête, s'attend à recevoir une citation directe peut, elle-même ou par son avocat, demander une CRPC au procureur. Le magistrat décidera alors librement de la suite à donner à la procédure, sans devoir rendre de compte à l'auteur de la demande des raisons de sa décision.

La seconde hypothèse est celle prévue par l'article 495-15 qui permet au prévenu d'être à l'origine de la procédure de CRPC, ou du moins de proposer au parquet de recourir à cette procédure, dans le cas où des poursuites ont déjà été engagées par le parquet selon les voies traditionnelles.

Cette hypothèse devait être expressément prévue par la loi car elle permet de revenir sur une saisine déjà intervenue du tribunal correctionnel.

L'article 495-15 prévoit ainsi que le prévenu qui a fait l'objet, pour un délit relevant de la CRPC, d'une citation directe ou d'une convocation en justice en application des dispositions des articles 390 ou 390-1 peut, soit lui-même, soit par l'intermédiaire de son avocat, indiquer par lettre recommandée avec demande d'avis de réception adressée au procureur de la République qu'il reconnaît les faits qui lui sont reprochés et demander l'application de la procédure de CRPC.

Cette possibilité est toutefois exclue si la personne a été renvoyée devant le tribunal correctionnel par le juge d'instruction.

Le procureur de la République qui reçoit une demande formulée en application de l'article 495-15 peut, s'il l'estime opportun, recourir à la procédure de CRPC, après avoir convoqué le prévenu et son avocat ainsi que, si elle existe et est identifiée, la victime.

Le procureur de la République est totalement libre de prendre cette décision, et de revenir ainsi sur le choix des poursuites qu'il avait initialement retenu. Il n'a pas à justifier sa décision, et l'avant-dernier alinéa de l'article précise même clairement que s'il décide de ne pas recourir à la CRPC, il n'est pas tenu d'en aviser le prévenu ou son avocat.

Les nouvelles dispositions précisent que si le parquet décide de recourir à la CRPC, la citation directe ou la convocation en justice est alors caduque.

Afin d'éviter des manœuvres dilatoires qui permettraient, sinon de paralyser au moins de retarder la répression, cette caducité suppose cependant la réussite de la CRPC, la loi prévoyant qu'il n'y aura pas de caducité si la personne refuse d'accepter les peines proposées ou si le président du tribunal judiciaire ou le juge délégué par lui refuse de les homologuer.

Toutefois, pour éviter des difficultés dans l'audiencement du tribunal correctionnel, l'absence de caducité suppose que l'un ou l'autre de ces refus intervienne plus de dix jours avant la date de l'audience devant le tribunal correctionnel mentionnée dans l'acte de poursuite initial.

Ainsi, si la CRPC échoue plus de 10 jours avant la date de l'audience, celle-ci aura lieu comme si aucune CRPC n'avait été mise en œuvre (et le prévenu, même absent, pourra être condamné par jugement contradictoire).

En revanche, si la CRPC échoue moins de 10 jours avant la date de l'audience, les poursuites demeureront caduques, et elles devront être reprises.

L'objet de cette règle est ainsi de permettre d'avoir la certitude, dix jours avant la date de l'audience, si celle-ci aura ou n'aura pas lieu.

Il s'ensuit qu'en pratique le parquet ne doit normalement accepter de recourir à la procédure de CRPC à la demande du prévenu et de son avocat que si leur demande est faite suffisamment à l'avance pour lui permettre de programmer cette procédure en temps utile de telle manière qu'un éventuel échec ne l'oblige pas à délivrer une nouvelle citation.

Précisons enfin qu'en cas de réussite de la CRPC et de caducité de la saisine du tribunal (y compris si cette réussite a lieu moins de dix jours avant l'audience parce que le parquet a « pris le risque » d'organiser une CRPC à une date aussi rapprochée), il appartient au ministère public de retirer l'affaire du rôle du tribunal, à défaut de quoi la caducité des poursuites sera constatée à l'audience. *[...]*

Art. 495-8 **Le procureur de la République peut proposer à la personne d'exécuter une ou plusieurs des peines principales ou complémentaires encourues ; la nature et le quantum de la ou des peines sont déterminés conformément aux** *(L. n° 2014-896 du 15 août 2014, art. 3, en vigueur le 1er oct. 2014)* **« articles 130-1 et 132-1** *[ancienne rédaction : dispositions de l'article 132-24]* **» du code pénal.**

Lorsqu' *[Lorsque]* **est proposée une peine d'emprisonnement, sa durée ne peut être supérieure à** *(L. n° 2019-222 du 23 mars 2019, art. 59)* **« trois ans » ni excéder la moitié de la peine d'emprisonnement encourue. Le procureur peut proposer qu'elle soit assortie en tout ou partie du sursis. Il peut également proposer qu'elle fasse l'objet d'une des mesures d'aménagement énumérées par l'article 712-6. Si le procureur de la République propose une peine d'emprisonnement ferme, il précise à la personne s'il entend que cette peine soit immédiatement mise à exécution ou si la personne sera convoquée devant le juge de l'application des peines pour que soient déterminées les modalités de son exécution, notamment la semi-liberté, le placement à l'extérieur ou le placement sous surveillance électronique.**

Lorsqu' *[Lorsque]* **est proposée une peine d'amende, son montant ne peut être supérieur à celui de l'amende encourue. Elle peut être assortie du sursis.**

(L. n° 2019-222 du 23 mars 2019, art. 59) **« Le procureur de la République peut proposer que la peine d'emprisonnement proposée révoquera tels ou tels sursis précédemment accordés. Il peut également proposer le relèvement d'une interdiction, d'une déchéance ou d'une incapacité résultant de plein droit de la condamnation, en application du second alinéa de l'article 132-21 du code pénal, ou l'exclusion de la mention de la condamnation du bulletin n° 2 ou n° 3 du casier judiciaire en application des articles 775-1 et 777-1 du présent code. »**

Les déclarations par lesquelles la personne reconnaît les faits qui lui sont reprochés sont recueillies, et la proposition de peine est faite par le procureur de la République, en présence de l'avocat de l'intéressé choisi par lui ou, à sa demande, désigné par le bâtonnier de l'ordre des avocats, l'intéressé étant informé que les frais seront à sa charge sauf s'il remplit les conditions d'accès à l'aide juridictionnelle. La personne ne peut renoncer à son droit d'être assistée par un avocat. L'avocat doit pouvoir consulter sur-le-champ le dossier.

La personne peut librement s'entretenir avec son avocat, hors la présence du procureur de la République, avant de faire connaître sa décision. Elle est avisée par le procureur de la République qu'elle peut demander à disposer d'un délai de dix jours avant de faire connaître si elle accepte ou si elle refuse la ou les peines proposées.

(L. n° 2019-222 du 23 mars 2019, art. 59) **« Le procureur de la République peut, avant de proposer une peine conformément aux dispositions du cinquième alinéa du présent article, informer par tout moyen la personne ou son avocat des propositions qu'il envisage de formuler. »**

Le procureur de la République peut saisir la juridiction correctionnelle selon l'un des modes prévus par l'art. 388 lorsque, après la délivrance d'une convocation en vue d'une comparution sur reconnaissance préalable de culpabilité, il renonce à proposer une peine dans les conditions prévues par l'art. 495-8. • Crim. 29 oct. 2008, n° 08-84.857 P : *D. 2008. AJ 2943* ; *ibid. 2009. 533, note Delage* ; *AJ pénal 2009. 38, obs. Saas* ; *Procédures 2009, n° 62, obs. Buisson.*

Art. 495-9 **Lorsque, en présence de son avocat, la personne accepte la ou les peines proposées, elle est aussitôt présentée devant le président du tribunal judiciaire ou le juge délégué par lui, saisi par le procureur de la République d'une requête en homologation.** *(L. n° 2009-526 du 12 mai 2009, art. 129-1°)* **« Si la personne n'est pas détenue, elle peut être convoquée devant le président du tribunal judiciaire ou le juge délégué par lui dans un délai inférieur ou égal à un mois. »**

Le président du tribunal judiciaire ou le juge délégué par lui entend la personne et son avocat *[Dispositions déclarées non conformes à la Constitution par décision du Conseil constitutionnel n° 2004-492 DC du 2 mars 2004]*. **Après avoir vérifié la réalité des faits et leur qualification juridique, il peut décider d'homologuer les peines proposées par le procureur de la République. Il statue le jour même par ordonnance motivée.** *(L. n° 2005-847 du 26 juill. 2005)* **« La procédure prévue par le présent alinéa se déroule en audience publique ; la présence du procureur de la République à cette audience n'est pas obligatoire. »**

BIBL. ▶ DELPRAT, *Dr. pénal 2005. Chron. 10* (la Cour de cassation et le Conseil d'État doivent-ils plaider coupable ?). – BUISSON, *Procédures 2005, n° 234.*

1. Procès équitable. Il n'y a pas atteinte au principe de séparation des autorités chargées de l'action publique et des autorités de jugement dans la mesure où, si la peine est proposée par le parquet et acceptée par l'intéressé, seul le président du tribunal de grande instance peut homologuer cette proposition après avoir vérifié la qualification juridique des faits et s'être interrogé sur la justification de la peine au regard des circonstances de l'infraction et de la personnalité de son auteur ; en outre, il pourra refuser l'homologation s'il estime que la nature des faits, la personnalité de l'intéressé, la situation de la victime ou les intérêts de la société justifient une audience correctionnelle ordinaire ou encore si les déclarations de la victime apportent un éclairage nouveau sur les conditions dans lesquelles l'infraction a été commise ou sur la personnalité de son auteur. • Cons. const. 2 mars 2004, n° 2004-492 DC : *JO 10 mars.*

2. Publicité des débats. L'homologation ou le refus d'homologation par le président du tribunal de grande instance de la peine proposée par le parquet et acceptée par la personne concernée constitue une décision juridictionnelle qui est susceptible de conduire à une privation de liberté d'un an ; ainsi, le caractère non public de l'audience au cours de laquelle le président du tribunal de grande instance se prononce sur la proposition du parquet, même lorsque aucune circonstance particulière ne nécessite le huis clos, méconnaît les exigences constitutionnelles résultant de la combinaison des art. 6, 8, 9 et 16 de la Déclaration des droits de l'homme de 1789 qui posent le principe de la publicité du jugement des affaires pénales pouvant conduire à une privation de liberté sauf circonstances particulières nécessitant le huis clos ; il s'ensuit que doivent être déclarés contraires à la Constitution les mots : « en chambre du conseil » à la fin de la première phrase du second alinéa de l'article 495-9 nouveau du code de procédure pénale. • Cons. const. 2 mars 2004, n° 2004-492 DC : *préc. note 1.*

3. Présence du ministère public. Lorsqu'il saisit le président du tribunal de grande instance ou le juge délégué par lui d'une requête en homologation de la ou des peines qu'il a proposées dans le cadre de la procédure de comparution sur reconnaissance préalable de culpabilité, le procureur de la République est, conformément aux termes de l'art. 32, tenu d'assister aux débats de cette audience de jugement, la décision devant être prononcée en sa présence. • Cass., avis 18 avr. 2005, n° 05-00.001 P : *D. 2005. 1200, note Pradel* ; *JCP 2005. Actu. 252* ; *RSC 2005. 592, note Giudicelli* .

4. Validité de la circulaire. Le Conseil d'État a ordonné en référé la suspension de cette circulaire en tant qu'elle rend facultative la présence du ministère public au cours de l'audience d'homologation de la proposition de peine ainsi que lors du prononcé du jugement d'homologation, si celle-ci est décidée. • CE 11 mai 2005 : *D. 2005. IR 1379, obs. Astaix* ; *RSC 2005. 592, note Giudicelli* .

Art. 495-10 **Lorsque la personne demande à bénéficier, avant de se prononcer sur la proposition faite par le procureur de la République, du délai prévu** *(L. n° 2019-222 du 23 mars 2019, art. 59)* **« à l'avant-dernier » alinéa de l'article 495-8, le procureur de la République peut la présenter devant le juge des libertés et de la détention pour que celui-ci ordonne son placement sous contrôle judiciaire** *(L. n° 2009-1436 du 24 nov. 2009, art. 93-XIV)* **« , à l'assignation à résidence avec surveillance électronique » ou, à titre exceptionnel et si l'une des peines proposées est égale ou supérieure à deux mois**

d'emprisonnement ferme et que le procureur de la République a proposé sa mise à exécution immédiate, son placement en détention provisoire, selon les modalités prévues par *(L. nº 2019-222 du 23 mars 2019, art. 60)* **« le dernier » alinéa de l'article 394 ou les articles 395 et 396, jusqu'à ce qu'elle comparaisse de nouveau devant le procureur de la République. Cette nouvelle comparution doit intervenir dans un délai compris entre dix et vingt jours à compter de la décision du juge des libertés et de la détention. A défaut, il est mis fin au contrôle judiciaire** *(L. nº 2009-1436 du 24 nov. 2009, art. 93-XIV)* **« , à l'assignation à résidence avec surveillance électronique » ou à la détention provisoire de l'intéressé si l'une de ces mesures a été prise.**

Art. 495-11 L'ordonnance par laquelle le président du tribunal judiciaire ou le juge délégué par lui décide d'homologuer la ou les peines proposées est motivée par les constatations, d'une part, que la personne, en présence de son avocat, reconnaît les faits qui lui sont reprochés et accepte la ou les peines proposées par le procureur de la République, d'autre part, que cette ou ces peines sont justifiées au regard des circonstances de l'infraction et de la personnalité de son auteur.

L'ordonnance a les effets d'un jugement de condamnation. Elle est immédiatement exécutoire. Lorsque la peine homologuée est une peine d'emprisonnement ferme, la personne est, selon les distinctions prévues au deuxième alinéa de l'article 495-8, soit immédiatement incarcérée en maison d'arrêt, soit convoquée devant le juge de l'application des peines, à qui l'ordonnance est alors transmise sans délai.

Dans tous les cas, elle peut faire l'objet d'un appel de la part du condamné, conformément aux dispositions des articles 498, 500, 502 et 505. Le ministère public peut faire appel à titre incident dans les mêmes conditions. A défaut, elle a les effets d'un jugement passé en force de chose jugée.

Si les dispositions de l'art. 495-11 ne mentionnent que l'appel incident du parquet à l'égard d'une ordonnance d'homologation, les dispositions de l'art. 497 prévoient un droit d'appel général du parquet contre les décisions pénales. Dès lors et à défaut de mention expresse de la loi lui interdisant un appel principal, le ministère public peut relever appel principal d'une ordonnance d'homologation. • Toulouse, 21 nov. 2007 : *Dr. pénal 2008. Étude 23, note Delage.* ♦ Opposer : Le ministère public ne dispose pas du droit de relever appel à titre principal d'une ordonnance d'homologation des peines proposées à un prévenu comparaissant sur reconnaissance préalable de culpabilité. • Crim. 10 nov. 2010, nº 10-82.097 P : *D. 2010. Actu. 18, obs. Girault ; ibid. Pan. 2238, obs. Pradel.* ♦ Le fait que le sursis avec mise à l'épreuve soit inférieur au minimum légal ne permet pas, alors que le procureur de la République qui a proposé cette peine ne bénéficie pas d'un droit d'appel principal, d'aggraver la condamnation qui est passée en force de chose jugée à défaut d'appel principal du prévenu. • Crim. 29 mars 2011, nº 10-88.236 P : *D. 2011. Actu. 1420 ; ibid. Pan. 2238, obs. Pradel.*

Circulaire CRIM 04-12 E8 du 2 septembre 2004,

Présentant les dispositions de la loi nº 2004-204 du 9 mars 2004 portant adaptation de la justice aux évolutions de la criminalité relatives à la procédure de comparution sur reconnaissance préalable de culpabilité. […]

2.3.3.1. *Conditions de l'homologation résultant expressément de la loi*

Au vu des termes mêmes des articles 495-9 et 495-11, l'homologation nécessite que soient remplies trois séries de conditions, dont le président ou le juge délégué doit successivement vérifier l'existence, après avoir entendu les observations de la personne et celles de son avocat.

2.3.3.1.1. *Vérification de la culpabilité de la personne et de la qualification juridique*

Le président ou le juge délégué doit en premier lieu vérifier la réalité des faits et leur qualification juridique, comme l'exige l'article 495-9.

Cette vérification essentielle implique que l'homologation ne pourra intervenir que si ce magistrat a l'intime conviction de la culpabilité de la personne, indépendamment du fait que celle-ci reconnaît cette culpabilité (et même si cette reconnaissance est évidemment un élément de nature à emporter la conviction du juge).

De même, s'il estime que la qualification retenue par le parquet est erronée – par exemple si ont été qualifiés de délit des faits qui lui paraissent constituer une simple contravention – l'homologation devra être refusée.

La situation est ainsi sur ce point exactement la même que si des poursuites avaient été engagées devant le tribunal correctionnel selon les procédures ordinaires, sous la seule réserve que le juge ne peut procéder à une requalification des faits.

La procédure de CRPC est donc dans son essence même très différente des procédures de « plaider coupable » existant dans les pays anglo-saxons, dans lesquelles la primauté est donnée à la reconnaissance de culpabilité de la personne – l'autorité de poursuites pouvant transiger et abandonner certaines charges en échange d'un plaider coupable et d'une acceptation de peines sur d'autres charges – et non à la réalité des faits ayant effectivement été commis.

2.3.3.1.2. *Vérification de la reconnaissance des faits par la personne et de son acceptation des peines proposées*

Il résulte des dispositions de l'article 495-11 relatives à la motivation de l'ordonnance d'homologation que le président ou le juge délégué doit également vérifier que la personne, en présence de son avocat, reconnaît les faits qui lui sont reprochés et accepte la ou les peines proposées par le procureur de la République.

Ainsi que l'a rappelé le Conseil constitutionnel, le magistrat doit s'assurer que l'intéressé a reconnu librement et sincèrement être l'auteur des faits, et qu'il a accepté en connaissance de cause la ou les peines proposées.

Cette vérification est particulièrement importante si a été proposée une peine d'emprisonnement ferme avec exécution immédiate, le juge devant notamment s'assurer que la personne a compris que son acceptation impliquait son incarcération en établissement pénitentiaire.

D'une manière générale, c'est non seulement la réalité mais également la sincérité du consentement de la personne qui doivent être vérifiées, l'intéressé devant donc être appelé à réitérer par procès-verbal devant le juge sa reconnaissance de culpabilité et son acceptation.

2.3.3.1.3. *Vérification de la légalité et de la proportionnalité des peines proposées*

Enfin, conformément aux dispositions de l'article 495-11, le président ou le juge délégué doit vérifier que la ou les peines proposées sont justifiées au regard des circonstances de l'infraction et de la personnalité de son auteur.

Le Conseil constitutionnel précise à cet égard qu'il appartient au juge de s'interroger sur la justification de la peine au regard de ces éléments d'appréciation.

Cette vérification essentielle – qui suppose évidemment au préalable qu'a été contrôlée la légalité même de la peine proposée, au regard tant des dispositions générales du code pénal que de celles de l'article 495-8 prévoyant un double plafond aux peines d'emprisonnement dans le cadre de la CRPC – implique que le juge sera conduit à refuser l'homologation s'il estime que la peine est particulièrement soit trop sévère, soit trop clémente.

Elle exige en conséquence que, dans le cadre des concertations préalables menées entre les magistrats du siège et du parquet pour la mise en place de la CRPC, des critères soient dégagés pour permettre des propositions de peines susceptibles de faire l'objet d'une homologation.

Comme cela a été indiqué plus haut, il n'est pas illogique que la ou les peines proposées par le procureur de la République soient moins sévères que celles qui résulteraient d'une procédure ordinaire. Un refus d'homologation ne devrait intervenir qu'en cas de différence manifeste entre la proposition du parquet et la décision que le juge aurait estimé devoir prendre s'il avait été conduit à statuer lors d'une audience du tribunal correctionnel.

2.3.3.2. *Critères résultant de la nature de la procédure et de la décision du Conseil constitutionnel*

Il résulte de la nature même de la procédure de CRPC, et notamment des réserves d'interprétation formulées par le Conseil constitutionnel, que l'homologation de la proposition du parquet suppose d'autres vérifications préalables.

Le président ou le juge délégué devra ainsi vérifier la régularité de la procédure, et refuser d'homologuer s'il constate la nullité de la procédure d'enquête ou la nullité de la procédure de CRPC, quelles que puissent être les causes de nullité.

Surtout, comme l'a expressément réservé le Conseil constitutionnel, il pourra refuser l'homologation s'il estime que la nature des faits, la personnalité de l'intéressé, la situation de la victime ou les intérêts de la société justifient une audience ordinaire, ou si les déclarations de la victime apportent un éclairage nouveau sur les conditions dans lesquelles l'infraction a été commise ou sur la personnalité de son auteur. *[...]*

3.1. *EFFETS DE L'ORDONNANCE D'HOMOLOGATION*

3.1.1. *Effets d'un jugement immédiatement exécutoire*

Le deuxième alinéa de l'article 495-11 dispose que l'ordonnance d'homologation a les effets d'un jugement de condamnation et qu'elle est immédiatement exécutoire.

3.1.1.1. *Conséquences générales*

3.1.1.1.1. *Effets d'un jugement*

L'ordonnance d'homologation ayant les mêmes effets qu'un jugement, il s'ensuit notamment, sans qu'il ait été nécessaire que la loi le précise expressément :
— que l'action publique est éteinte ;
— que les peines homologuées sont inscrites au casier judiciaire comme si elles avaient été prononcées par le tribunal correctionnel ;
— que ces peines peuvent constituer le premier terme d'une récidive ;
— qu'elles peuvent entraîner le retrait des points du permis de conduire ;
— que la personne est tenue de s'acquitter du droit fixe de procédure applicable devant le tribunal correctionnel en plus, le cas échéant, de sa peine d'amende. *[...]*

3.1.1.1.2. *Caractère immédiatement exécutoire de l'ordonnance*

Dans un souci d'efficacité et compte tenu du fait que la ou les peines homologuées ont été acceptées par la personne, il est prévu que l'ordonnance d'homologation est immédiatement exécutoire, nonobstant la possibilité, qui est par ailleurs prévue, de former appel.

La situation est ainsi similaire à celle qui résulte d'un jugement de condamnation lorsque certaines peines – comme les peines complémentaires ou l'emprisonnement assorti du sursis avec mise à l'épreuve – ont été prononcées avec exécution provisoire, ou peuvent, s'agissant des peines d'emprisonnement, être exécutées provisoirement du fait de la délivrance d'un mandat de dépôt.

C'est principalement pour les peines d'emprisonnement que le caractère immédiatement exécutoire de l'ordonnance présente un intérêt pratique.

Ainsi, en cas d'homologation d'une peine d'emprisonnement assortie du sursis avec mise à l'épreuve, la mise en œuvre du sursis pourra être immédiatement confiée au juge de l'application des peines, la personne pouvant être convoquée devant ce magistrat – ou devant le service pénitentiaire d'insertion ou de probation – juste après qu'ait *[aura]* été rendue l'ordonnance d'homologation. *[...]*

Art. 495-11-1 *(L. nº 2019-222 du 23 mars 2019, art. 59)* **Sans préjudice des cas dans lesquels les conditions prévues au premier alinéa de l'article 495-11 ne sont pas remplies, le président peut refuser l'homologation s'il estime que la nature des faits, la personnalité de l'intéressé, la situation de la victime ou les intérêts de la société justifient une audience correctionnelle ordinaire ou lorsque les déclarations de la victime entendue en application de l'article 495-13 apportent un éclairage nouveau sur les conditions dans lesquelles l'infraction a été commise ou sur la personnalité de son auteur.**

1. QPC. L'art. 495-11-1, qui ne prévoit pas de recours contre l'ordonnance de refus d'homologation du président du TJ, est conforme à la Constitution dès lors que la personne qui a reconnu les faits ne dispose d'un droit ni à bénéficier d'une proposition de CRPC, ni à l'homologation, et que, si le président du TJ refuse d'homologuer la peine, le procès-verbal de la procédure ne peut être transmis à la juridiction d'instruction ou de jugement et que ni le ministère public ni les parties ne peuvent faire état devant cette juridiction des déclarations faites ou des documents remis au cours de la procédure, de sorte qu'aucune atteinte n'est portée aux droits de la défense. • Cons. const. 18 juin 2021, nº 2021-918 QPC : *AJ pénal 2021. 428, obs. Taleb-Karlsson*.

2. Aucun texte n'envisageant la possibilité d'un recours contre l'ordonnance de refus d'homologation des peines proposées par le procureur de la République dans le cadre d'une procédure de comparution sur reconnaissance préalable de culpabilité, un pourvoi en cassation contre une telle décision n'est possible que si son examen fait apparaître un risque d'excès de pouvoir relevant du contrôle de la Cour de cassation, ce qui n'est pas le cas lorsque le juge, énonçant que, les autres personnes poursuivies ayant refusé la procédure de CPRC, le refus d'homologation permettra au tribunal, éventuellement saisi de l'affaire, de statuer en cohérence sur le rôle de chacun des trois mis en examen, dans leur connaissance des faits reprochés. • Crim. 30 mars 2021, n° 20-86.358 P : *AJ pénal 2021. 317, obs. Ingrain et Mallet ; RSC 2021. 659, obs. Parizot*.

Art. 495-12 **Lorsque la personne déclare ne pas accepter la ou les peines proposées ou que le président du tribunal judiciaire ou son délégué rend une ordonnance de refus d'homologation, le procureur de la République saisit, sauf élément nouveau, le tribunal correctionnel selon l'une des procédures prévues par l'article 388 ou requiert l'ouverture d'une information.**

Lorsque la personne avait été déférée devant lui en application des dispositions de l'article 393, le procureur de la République peut la retenir jusqu'à sa comparution devant le tribunal correctionnel ou le juge d'instruction, qui doit avoir lieu le jour même, conformément aux dispositions de l'article 395 ; si la réunion du tribunal n'est pas possible le jour même, il est fait application des dispositions de l'article 396. Les dispositions du présent alinéa sont applicables y compris si la personne avait demandé à bénéficier d'un délai et avait été placée en détention provisoire en application des dispositions des articles 495-8 et 495-10.

Lorsque le ministère public met en œuvre une procédure de CRPC, il ne peut concomitamment saisir le tribunal correctionnel avant l'échec de cette procédure : cette convocation devant le tribunal correctionnel doit donc être déclarée irrecevable. • Crim. 4 oct. 2006, n° 05-87.435 P : *D. 2007. 58, note Delage ; AJ pénal 2007. 79, note Leblois-Happe ; RSC 2007. 118, note Giudicelli ; Dr. pénal 2007. Comm. 45, obs. Maron ; Procédures 2007, n° 44, obs. Buisson* • 14 oct. 2008, n° 08-82.195 P : *D. 2008. AJ 2796, note Léna ; AJ pénal 2008. 517*. – V. également, • Cass., avis, 23 avr. 2007 : *D. 2007. AJ 1503*. ♦ En revanche, le procureur de la République peut saisir la juridiction correctionnelle selon l'un des modes prévus par l'art. 388 lorsque, après la délivrance d'une convocation en vue d'une comparution sur reconnaissance préalable de culpabilité, il renonce à proposer une peine dans les conditions prévues par l'art. 495-8. • Crim. 29 oct. 2008, n° 08-84.857 P : *D. 2008. AJ 2943 ; ibid. 2009. 533, note Delage ; AJ pénal 2009. 38, obs. Saas ; Procédures 2009, n° 62, obs. Buisson.* ♦ Conf. : • Crim. 7 janv. 2009, n° 08-84.856. ♦ V. désormais art. 495-15-1.

Art. 495-13 **Lorsque la victime de l'infraction est identifiée, elle est informée sans délai, par tout moyen, de cette procédure. Elle est invitée à comparaître en même temps que l'auteur des faits, accompagnée le cas échéant de son avocat, devant le président du tribunal judiciaire ou le juge délégué par lui pour se constituer partie civile et demander réparation de son préjudice. Le président du tribunal judiciaire ou le juge délégué par lui statue sur cette demande, même dans le cas où la partie civile n'a pas comparu à l'audience, en application de l'article 420-1. La partie civile peut faire appel de l'ordonnance conformément aux dispositions des articles 498 et 500.**

Si la victime n'a pu exercer le droit prévu à l'alinéa précédent, le procureur de la République doit l'informer de son droit de lui demander de citer l'auteur des faits à une audience du tribunal correctionnel statuant conformément aux dispositions du quatrième alinéa de l'article 464, dont elle sera avisée de la date, pour lui permettre de se constituer partie civile. Le tribunal statue alors sur les seuls intérêts civils, au vu du dossier de la procédure qui est versé au débat.

Art. 495-14 **A peine de nullité de la procédure, il est dressé procès-verbal des formalités accomplies en application des articles 495-8 à 495-13.**

Lorsque la personne n'a pas accepté la ou les peines proposées ou lorsque le président du tribunal judiciaire ou le juge délégué par lui n'a pas homologué la proposition du procureur de la République, le procès-verbal ne peut être transmis à la juridiction d'instruction ou de jugement, et ni le ministère public ni les parties ne peuvent faire état devant cette juridiction des déclarations faites ou des documents remis au cours de la procédure.

1. Méconnaît les dispositions de l'art. 495-14, al. 2, la cour d'appel qui, pour déclarer le prévenu coupable de conduite d'un véhicule en état d'ivresse manifeste, énonce notamment que lors de son audition par le procureur de la République, selon la procédure de comparution sur reconnaissance préalable de culpabilité, le prévenu a reconnu sa culpabilité. En effet, il ne pouvait être fait état, par la juridiction de jugement, des déclarations faites au cours de la procédure de comparution sur reconnaissance préalable de culpabilité. • Crim. 17 sept. 2008, n° 08-80.858 P : *RSC 2009. 413, obs. Finielz ; D. 2008. AJ 2602, obs. Léna ; ibid. 2008. 2904, note Lasserre Capdeville ; ibid. 2009. Pan. 2244, obs. Pradel ; AJ pénal 2008. 515, obs. Saas .* ♦ *Contra* : • Crim. 30 nov. 2010, n° 10-80.460 P : *D. 2011. Pan. 2238, obs. Pradel ; D. actu. 24 janv. 2011, obs. Léna.*

2. Sort de l'appelant. L'al. 2 de l'art. 495-14 n'interdit de faire état de la procédure de comparution sur reconnaissance préalable de culpabilité que lorsque la personne n'a pas accepté la ou les peines proposées ou lorsque le magistrat compétent n'a pas homologué la proposition du procureur de la République et ne s'étend pas au cas d'appel du prévenu de l'ordonnance d'homologation sur reconnaissance préalable de culpabilité. • Crim. 16 avr. 2019, n° 18-83.059 P : *D. actu. 24 mai 2019, obs. Fonteix ; D. 2019. Pan. 1626, obs. Pradel ; Dr. pénal 2019, n° 112, obs. Maron et Haas ; AJ pénal 2020. 332, obs. Lebreton ; JCP 2019, n° 637, obs. Perrier.*

Art. 495-15 *(L. n° 2021-1729 du 22 déc. 2021, art. 14)* **Le prévenu qui a fait l'objet, pour l'un des délits mentionnés à l'article 495-7, d'une citation directe ou d'une convocation en justice en application des articles 390 ou 390-1, d'une convocation par procès-verbal en application de l'article 394 ou d'une ordonnance de renvoi en application de l'article 179 peut, soit lui-même, soit par l'intermédiaire de son avocat, indiquer au procureur de la République qu'il reconnaît les faits qui lui sont reprochés et demander l'application de la procédure prévue à la présente section. Dans ce cas, le procureur de la République peut, s'il l'estime opportun, procéder dans les conditions prévues à l'article 495-8, après avoir convoqué le prévenu et son avocat ainsi que, le cas échéant, la victime. L'acte de saisine du tribunal correctionnel est alors caduc, sauf si la personne n'accepte pas les peines proposées ou si le président du tribunal judiciaire ou le juge délégué par lui refuse de les homologuer, lorsque l'un ou l'autre de ces refus intervient plus de dix jours avant la date de l'audience devant se tenir sur le fond devant le tribunal correctionnel.**

Le procureur de la République peut également prendre l'initiative de proposer au prévenu de procéder conformément au premier alinéa du présent article.

Le présent article est applicable tant que le tribunal correctionnel n'a pas examiné l'affaire sur le fond, y compris si celle-ci a fait l'objet d'une décision de renvoi.

Lorsque le tribunal a été saisi par une citation directe délivrée par la partie civile ou que l'ordonnance de renvoi a été prise par le juge d'instruction saisi par une plainte avec constitution de partie civile, le présent article ne peut être mis en œuvre qu'avec l'accord de la partie civile.

Le présent article est applicable au prévenu condamné par le tribunal correctionnel qui a formé appel en limitant la portée de celui-ci aux peines prononcées, lors de la déclaration d'appel ou ultérieurement. Les attributions confiées au procureur de la République et au président du tribunal ou à son délégué par la présente section sont alors exercées respectivement par le procureur général et par le président de la chambre des appels correctionnels ou son délégué.

V. art. D. 45-2-11 s. et D. 45-28 s.

▸ **Dossiers :** *AJ pénal 2022. 7 s.* (loi pour la confiance dans l'institution judiciaire).

Art. 495-15-1 *(L. n° 2009-526 du 12 mai 2009, art. 129-2°)* **La mise en œuvre de la procédure prévue par la présente section n'interdit pas au procureur de la République de procéder simultanément à une convocation en justice en application de l'article 390-1. La saisine du tribunal résultant de cette convocation en justice est caduque si la personne accepte la ou les peines proposées et que celles-ci font l'objet d'une ordonnance d'homologation.**

1. QPC. La QPC relative à l'art. 495-15-1 revêt un caractère sérieux dès lors qu'en permettant au procureur de la République de procéder simultanément à une convocation aux fins de mise en œuvre de la procédure de CRPC et, sans attendre l'issue de cette dernière, à une convocation devant le tribunal correctionnel, ses dispositions sont susceptibles de mettre en cause les droits de la défense. Partant, elle doit être transmise au Conseil constitutionnel. • Cass., 29 sept. 2010 :

Dr. pénal 2010, n° 145, obs. Maron et Haas. ♦ L'art. 495-15-1 est conforme à la Constitution aux motifs, notamment, qu'en cas de refus ou de non-homologation de la peine à l'issue de la comparution, le procès-verbal des formalités accomplies pendant cette procédure ne peut être transmis, ni invoqué devant la juridiction ultérieurement saisie. En conséquence, il appartient au procureur de la République, dans la mise en œuvre de l'art. 495-15-1, de veiller à ce que la convocation en justice adressée en application de l'art. 390-1 soit faite à une date suffisamment lointaine pour garantir qu'au jour fixé pour la comparution du prévenu devant le tribunal correctionnel la procédure sur reconnaissance préalable de culpabilité a échoué ou que les peines proposées ont été homologuées. • Cons. const. 10 déc. 2010, n° 2010-77 QPC : *AJ pénal 2011. 188, obs. Perrier ; Procédures 2011, n° 71, obs. Buisson.*

2. Selon l'art. 112-2 C. pén., les lois fixant les modalités des poursuites et les formes de la procédure sont applicables immédiatement à la répression des infractions commises avant leur entrée en vigueur. Selon les dispositions de l'art. 495-15-1, issu de la L. du 12 mai 2009, la mise en œuvre de la procédure de comparution sur reconnaissance préalable de culpabilité n'interdit pas au procureur de la République de procéder silmutanément à une convocation en justice en application de l'art. 390-1. Méconnaît en conséquence le sens et la portée des textes susvisés la cour d'appel qui, pour constater la nullité du procès-verbal de convocation en justice établi par le procureur de la République et déclarer irrégulière la saisine du tribunal, énonce que le ministère public ne pouvait concomitamment mettre en œuvre la procédure de comparution sur reconnaissance préalable de culpabilité et saisir le tribunal suivant un des modes prévus par l'art. 388. • Crim. 24 nov. 2009, n° 09-85.151 P : *D. 2010. Chron. C. cass. 44, obs. Degorce ; AJ 210, note Léna ; ibid. 875, note Joseph-Ratineau ; AJ pénal 2010. 76, obs. Lasserre Capdeville ; Dr. pénal 2010, n° 30, obs. Maron et Haas.*

Art. 495-16 **Les dispositions de la présente section ne sont applicables ni aux mineurs de dix-huit ans ni en matière de délits de presse, de délits d'homicides involontaires** *(L. n° 2018-898 du 23 oct. 2018, art. 24)* **« ou de délits politiques. »**

SECTION IX DE LA PROCÉDURE DE L'AMENDE FORFAITAIRE APPLICABLE À CERTAINS DÉLITS

(L. n° 2016-1547 du 18 nov. 2016, art. 36)

Art. 495-17 **Lorsque la loi le prévoit, l'action publique est éteinte par le paiement d'une amende forfaitaire délictuelle** *(L. n° 2019-222 du 23 mars 2019, art. 58)* **« fixée par la loi, qui ne peut excéder le montant prévu au premier alinéa de l'article 131-13 du code pénal, » dans les conditions prévues à la présente section.**

Toutefois, la procédure de l'amende forfaitaire n'est pas applicable si le délit a été commis par un mineur *(Abrogé par L. n° 2022-52 du 24 janv. 2022, art. 29)* ***« ou en état de récidive légale »*** **ou si plusieurs infractions, dont l'une au moins ne peut donner lieu à une amende forfaitaire, ont été constatées simultanément.** *(L. n° 2022-52 du 24 janv. 2022, art. 29)* **« Elle n'est pas non plus applicable en état de récidive légale, sauf lorsque la loi en dispose autrement. »**

Art. 495-18 **L'amende forfaitaire doit être acquittée dans les quarante-cinq jours qui suivent la constatation de l'infraction ou, si l'avis d'infraction est ultérieurement envoyé à l'intéressé, dans les quarante-cinq jours qui suivent cet envoi, à moins que l'intéressé ne formule dans le même délai une requête tendant à son exonération auprès du service indiqué dans l'avis d'infraction. Cette requête est transmise au procureur de la République.**

Toutefois, l'amende forfaitaire est minorée si l'intéressé en règle le montant soit entre les mains de l'agent verbalisateur au moment de la constatation de l'infraction, soit dans un délai de quinze jours à compter de la constatation de l'infraction ou, si l'avis d'infraction est ultérieurement envoyé à l'intéressé, dans un délai de quinze jours à compter de cet envoi.

A défaut de paiement ou d'une requête présentée dans le délai prévu au premier alinéa, l'amende forfaitaire est majorée de plein droit et recouvrée au profit du Trésor public en vertu d'un titre rendu exécutoire par le procureur de la République.

Art. 495-19 **Le titre mentionné au dernier alinéa de l'article 495-18 est exécuté suivant les règles prévues au présent code pour l'exécution des jugements correctionnels. La prescription de la peine commence à courir à compter de la signature par le procureur de la République du titre exécutoire, qui peut être individuel ou collectif.**

Dans les trente jours suivant l'envoi de l'avis invitant *(L. nº 2019-222 du 23 mars 2019, art. 58)* « l'auteur de l'infraction » à payer l'amende forfaitaire majorée, celui-ci peut former auprès du ministère public une réclamation motivée qui a pour effet d'annuler le titre exécutoire en ce qui concerne l'amende contestée. Cette réclamation reste recevable tant que la peine n'est pas prescrite, s'il ne résulte pas d'un acte d'exécution ou de tout autre moyen de preuve que l'intéressé a eu connaissance de l'amende forfaitaire majorée.

(Abrogé par L. nº 2019-222 du 23 mars 2019, art. 58) ***« La réclamation doit être accompagnée de l'avis d'amende forfaitaire majorée correspondant à l'amende considérée ainsi que de l'un des documents exigés au présent article, à défaut de quoi elle est irrecevable. »***

Art. 495-20 La requête en exonération prévue à l'article 495-18 ou la réclamation prévue à l'article 495-19 n'est recevable que si elle est adressée par lettre recommandée avec demande d'avis de réception, en utilisant le formulaire joint à l'avis d'amende forfaitaire *(L. nº 2019-222 du 23 mars 2019, art. 58)* « ou d'amende forfaitaire majorée », et si elle est accompagnée soit d'un document démontrant qu'il a été acquitté une consignation préalable d'un montant égal à celui de l'amende forfaitaire, dans le cas prévu au premier alinéa de l'article 495-18, ou à celui de l'amende forfaitaire majorée, dans le cas prévu au deuxième alinéa de l'article 495-19, soit du récépissé du dépôt de plainte pour le délit d'usurpation d'identité prévu à l'article 434-23 du code pénal.

Le procureur de la République vérifie que les conditions de recevabilité de la requête ou de la réclamation prévues au présent article sont remplies.

Les requêtes et les réclamations prévues au présent article peuvent également être adressées de façon dématérialisée, selon des modalités précisées par arrêté. — *V. art. A. 36-14 s.*

Art. 495-21 Au vu de la requête faite en application du premier alinéa de l'article 495-18 ou de la réclamation faite en application du deuxième alinéa de l'article 495-19, le procureur de la République peut soit renoncer à l'exercice des poursuites, soit procéder conformément aux articles 389 à 390-1, 393 à 397-7, 495 à 495-6 ou 495-7 à 495-16, soit aviser l'intéressé de l'irrecevabilité de la *(L. nº 2019-222 du 23 mars 2019, art. 58)* « contestation non motivée ou qui n'a pas été effectuée en utilisant le formulaire joint à l'avis d'amende forfaitaire ou à l'avis d'amende forfaitaire majorée ». La décision d'irrecevabilité du procureur peut être contestée devant le président du tribunal correctionnel ou un juge désigné par le président du tribunal judiciaire.

En cas de condamnation, l'amende prononcée ne peut pas être inférieure au montant de l'amende forfaitaire dans le cas prévu à l'article 495-18, ni être inférieure au montant de l'amende forfaitaire majorée dans le cas prévu à l'article 495-19.

En cas de classement sans suite ou de relaxe, le montant de la consignation est reversé à la personne à qui avait été adressé l'avis de paiement de l'amende forfaitaire ou ayant fait l'objet des poursuites. Les modalités de ce remboursement sont définies par voie réglementaire. En cas de condamnation, l'amende prononcée ne peut être inférieure au montant prévu au deuxième alinéa du présent article, augmenté d'un taux de 10 %.

Par dérogation aux deuxième et troisième alinéas, le tribunal peut, à titre exceptionnel, par décision spécialement motivée au regard des charges et des revenus de la personne, ne pas prononcer d'amende ou prononcer une amende d'un montant inférieur à ceux prévus aux mêmes alinéas.

Art. 495-22 Pour l'application de la présente section, le lieu du traitement automatisé des informations nominatives concernant les infractions constatées par un procès-verbal *(L. nº 2019-222 du 23 mars 2019, art. 50)* « établi sous format numérique » est considéré comme le lieu de constatation de l'infraction.

Art. 495-23 *(Abrogé par L. nº 2019-222 du 23 mars 2019, art. 58)* ***Le paiement de l'amende forfaitaire ou l'émission du titre exécutoire d'une amende forfaitaire majorée non susceptible de réclamation sont assimilés à une condamnation définitive pour l'application des règles sur la récidive des délits prévues aux articles 132-10 et 132-14 du code pénal.***

Art. 495-24 Lorsque la personne qui a fait l'objet d'une amende forfaitaire majorée ne conteste pas la réalité du délit mais sollicite, en raison de ses difficultés financières, des délais de paiement ou une remise gracieuse, elle adresse sa demande motivée au comptable public compétent.

Dans ce cas, l'article 495-20 n'est pas applicable.

S'il estime la demande justifiée, le comptable public compétent peut alors octroyer des délais ou rendre une décision de remise gracieuse partielle ou totale, le cas échéant en appliquant une diminution de 20 % des sommes dues, en application de l'article 707-4.

Art. 495-24-1 *(L. nº 2019-222 du 23 mars 2019, art. 58)* Lorsque les amendes forfaitaires, les amendes forfaitaires minorées et les amendes forfaitaires majorées s'appliquent à une personne morale, leur montant est quintuplé.

Art. 495-25 Un décret précise les modalités d'application de la présente section. — *V. art. D. 45-3 s.*

CHAPITRE II DE LA COUR D'APPEL EN MATIÈRE CORRECTIONNELLE

SECTION PREMIÈRE DE L'EXERCICE DU DROIT D'APPEL

RÉP. PÉN. vº *Appel*, par COURTIN.

Art. 496 Les jugements rendus en matière correctionnelle peuvent être attaqués par la voie de l'appel.

L'appel est porté à la cour d'appel. — *Pr. pén. C. 638.*

Mayotte : 878. — Saint-Pierre-et-Miquelon : 903 s. et 928 s.

1. Règles générales. La règle de l'art. 496 est une règle générale qui doit recevoir application à moins qu'il n'y soit dérogé par une disposition expresse de la loi. • Crim. 17 mars 1977, nº 76-93.148 P : *D. 1978. IR 113, obs. Puech ; RSC 1978. 118, obs. Robert.* ♦ ... Et l'art. 720-1 n'y apporte aucune dérogation. • Même arrêt.

2. Un jugement interprétatif est susceptible d'appel, alors du moins qu'il altère, par addition ou retranchement, le jugement interprété. • Agen, 31 oct. 1946 : *D. 1947. 35.*

3. Un jugement par lequel le tribunal correctionnel donne acte au prévenu du désistement de l'opposition qu'il avait formée constitue une décision sur le fond. Encourt, dès lors, la cassation l'arrêt qui déclare irrecevable l'appel formé par le prévenu d'un tel jugement, au motif qu'il s'est désisté de son opposition. • Crim. 11 janv. 2012, nº 11-83.446 P.

4. Les décisions juridictionnelles statuant en matière de détention provisoire sont susceptibles d'appel sans que la recevabilité de ce recours soit soumise à la procédure prévue par les art. 507 et 508. • Crim. 8 juin 1999, nº 98-82.484 P.

5. A défaut, dans la loi du 20 mai 1863, de disposition expressément dérogatoire à la règle générale et absolue de l'art. 199 C. instr. crim. (art. 496), les jugements statuant, en matière de flagrant délit, sur la mise en liberté du prévenu sont susceptibles d'appel de la part du ministère public, et cela, nonobstant l'art. 200 C. instr. crim. (art. 508), même avant le jugement au fond. • Crim. 14 oct. 1954 : *D. 1954. 694, note P. A.*

6. Est également susceptible d'appel la décision du tribunal statuant sur un incident contentieux relatif à l'exécution d'une peine. • Crim. 29 déc. 1964, nº 64-91.912 P.

7. Une remise de cause prononcée par un tribunal constitue une simple mesure d'ordre, contre laquelle l'appel n'est pas recevable. • Crim. 24 mai 1890 : *DP 1890. 1. 450* • 6 août 1997, nº 96-81.268 P : *Dr. pénal 1998. Chron. 12, par Lesclous et Marsat.* ♦ Il en est de même pour une mise en délibéré. • Nancy, 23 sept. 1987 : *JCP 1988. II. 21024, note Chambon.*

8. Si la décision rendue par défaut contre un prévenu à qui elle n'a pas été signifiée est contradictoire à l'égard de la partie civile, celle-ci a la faculté de l'attaquer par la voie de l'appel dans le délai de dix jours à compter du prononcé du jugement. • Crim. 24 févr. 1965, nº 64-92.413 P.

9. Selon les dispositions des art. 14 de l'ordonnance nº 45-174 du 2 févr. 1945 relative à l'enfance délinquante, L. 223-1 et L. 223-2 COJ, l'appel des décisions du tribunal pour enfants est jugé par la cour d'appel dans une audience spéciale, dans les mêmes conditions qu'en première instance et par une formation comprenant le conseiller délégué à la protection de l'enfance ; il en est ainsi, même lorsque l'appel ne porte que sur l'action civile. • Crim. 3 déc. 1991, nº 89-86.599 P.

10. Forme de l'appel. Une partie peut interjeter appel par deux déclarations successives dès lors que ces déclarations interviennent dans le délai légal et portent sur des dispositions différentes du jugement. • Crim. 19 déc. 2000, nº 00-80.479 P : *D. 2001. IR 522*.

Art. 497 La faculté d'appeler appartient :
1° Au prévenu ;
2° *(L. n° 83-608 du 8 juill. 1983)* **« A la personne civilement responsable quant aux intérêts civils seulement » ;**
3° A la partie civile, quant à ses intérêts civils seulement ;
4° Au procureur de la République ;
5° Aux administrations publiques, dans les cas où celles-ci exercent l'action publique ;
6° Au procureur général près la cour d'appel. – *Pr. pén. C. 638.*

V. CSS, art. L. 376-1, ss. art. 371.

I. PERSONNES POUVANT INTERJETER APPEL

A. LISTE LÉGALE

1. QPC. La partie civile n'étant pas dans la même situation que la personne poursuivie ou le ministère public, s'agissant réciproquement de l'exercice des droits de la défense et de l'action publique, l'interdiction qui lui est faite d'appeler seule d'un jugement correctionnel dans ses dispositions statuant au fond sur l'action publique ne méconnaît pas le principe d'égalité devant la justice ; d'autre part, la partie civile étant en droit d'interjeter appel sur ses intérêts civils, et étant alors en droit, selon la jurisprudence de la Cour de cassation, nonobstant la relaxe du prévenu en première instance, de reprendre contre lui devant la juridiction pénale d'appel sa demande en réparation du dommage que lui ont personnellement causé les faits à l'origine de la poursuite, le moyen tiré de la méconnaissance du droit à un recours effectif manque en fait. Le 3° de l'art. 497 est déclaré conforme à la Constitution. • Cons. const. 31 janv. 2014, n° 2013-363 QPC (JO 2 févr.) : *D. actu. 20 févr. 2014, obs. Anane ; D. 2014. 651, note Botton* ; *AJ pénal 2014. 136, obs. Lacroix*. ♦ V. aussi note 5.

2. Caractère limitatif de la liste de l'art. 497. L'art. 497 détermine de façon limitative les personnes qui peuvent appeler d'un jugement rendu en matière correctionnelle. • Crim. 10 janv. 1984, n° 83-94.291 P. ♦ Est irrecevable la déclaration d'appel fait par un avocat mandataire d'une société « représentée par X » lorsque le prévenu condamné était le représentant légal de la société et non ladite société qui n'était pas partie à la procédure devant les premiers juges, le représentant légal ayant été cité personnellement. • Crim. 20 déc. 1994, n° 93-84.858.

3. Appel du prévenu. En l'absence de dispositions expresses de la loi dérogeant, en cas de délivrance d'un mandat de justice, à l'application des conditions de forme prévues par l'art. 502, une cour d'appel ne peut déclarer irrecevable l'appel du prévenu qui ne se soumet pas à l'exécution de ce mandat. • Crim. 24 nov. 1999, n° 97-85.694 P. ♦ *Contra*, dans le sens du rejet de l'appel au motif qu'un condamné qui se dérobe à un mandat de justice n'est pas en droit de se faire représenter : • Crim. 5 juin 1989, n° 88-85.545 P. ♦ ... Et dans le sens de l'irrecevabilité de l'appel : • Crim. 14 avr. 1992 : *JCP 1992. II. 22099, note Lassalle.* ♦ ... A moins que le condamné ait comparu en personne à l'audience de la cour d'appel. • Crim. 13 juin 1991 : *Gaz. Pal. 1992. 1. 35.* ♦ Contrevient aux dispositions de l'art. 6, § 3, Conv. EDH la juridiction qui relève que le prévenu qui se dérobe à l'exécution d'un mandat d'arrêt n'est pas admis à se faire représenter devant le juge pénal, que ce soit pour y exercer des voies de recours ou pour comparaître en justice. • CEDH 27 avr. 2004, *Maat c/ France : AJ pénal 2004. 246, obs. Leblois-Happe*.

4. Appel de l'assureur. L'assureur du prévenu ou du civilement responsable est recevable, dans la mesure de ses intérêts civils, à remettre en cause en appel ce qui a été jugé en première instance, notamment quant à la qualification de l'infraction. • Crim. 26 mars 1992, n° 92-81.825 P • 20 janv. 1993, n° 92-81.825 P.

5. Appel de la partie civile. La question portant sur la constitutionnalité des dispositions de l'art. 497, 3°, en ce qu'elles cantonnent la faculté d'appeler de la partie civile à ses seuls intérêts civils et porteraient ainsi atteinte aux droits et libertés garantis par la Constitution, notamment au droit d'accès au juge, aux droits de la défense et au droit à l'égalité devant la justice, n'est pas sérieuse et il n'y a pas lieu de la renvoyer devant le Conseil constitutionnel. • Cass., QPC, 16 juill. 2010 : *D. 2010. Actu. 1944* • Cass., QPC, 26 sept. 2012, n° 12-84.796 P.

6. Le droit d'appel de la partie civile est spécifique, général et absolu ; il n'est pas soumis aux règles limitatives de la procédure civile. • Crim. 2 mars 1981, n° 80-93.370 P • 2 mars 1981 : *D. 1983. IR 74, obs. Roujou de Boubée.* ♦ Toutefois, l'art. 497 détermine de façon limitative les personnes qui peuvent appeler d'un jugement rendu en matière correctionnelle. • Crim. 10 janv. 1984, n° 83-91.291 P.

7. A défaut d'appel du ministère public, le jugement d'acquittement acquiert, quant à l'action publique, l'autorité de la chose jugée ; la partie civile peut en relever appel, mais en ce qui concerne seulement ses intérêts civils, et la cour ne saurait, sur cet appel, prononcer une peine contre le prévenu acquitté en première instance. • Crim. 26 janv. 1944 : *DA 1944. 108* • 7 août 1951 : *D. 1951. 671.* ♦ Mais elle doit apprécier et qualifier les faits en vue de condamner, s'il y a lieu, le prévenu à des dommages-intérêts envers la partie civile. • Crim. 7 févr. 1956 : *D. 1956. Somm. 129* • 18 juin 1991, n° 90-85.886 P : *RSC 1992. 115, obs. Braunschweig* • 22 nov. 2005, n° 05-84.826 P : *D. 2006. IR 176* ; *JCP 2005. IV. 3733.* ♦ V. note 13 s.

8. Saisie du seul appel de la partie civile, la cour d'appel ne peut se déclarer incompétente par le motif que les faits seraient de la compétence de la juridiction criminelle, l'action publique n'étant plus en cause. • Crim. 17 févr. 1960, n° 59-92.394 P • 4 mars 1981, n° 80-94.035 P • 22 mars 1995, n° 94-82.818 P. ♦ ... Peu important à cet égard que la juridiction du premier degré ait statué par une même décision sur la compétence et sur le fond. • Crim. 25 nov. 1992, n° 92-80.199 P. ♦ Ainsi, les conclusions de la partie civile appelante tendant à ce que la juridiction correctionnelle se déclare incompétente, au motif que les faits revêtaient selon elle une qualification criminelle, sont irrecevables. • Crim. 2 mars 2004, n° 03-83.353 P : *JCP 2004. IV. 1817.*

9. Lorsqu'elle est saisie du seul appel de la partie civile, la cour d'appel ne peut plus connaître d'exceptions de nullité d'actes d'instruction, l'action publique n'étant plus en cours. • Crim. 20 nov. 1990, n° 89-80.909 P : *D. 1991. Somm. 209, obs. Pradel* .

10. Si la partie civile n'a la faculté d'appeler que quant à ses intérêts civils, il n'en est ainsi qu'à l'égard des dispositions par lesquelles les premiers juges ont statué au fond. S'ils se sont bornés à se prononcer sur la compétence, les juges du second degré sont saisis, par le seul appel de la partie civile, non seulement de ses intérêts civils, mais aussi de l'action publique, qui a continué de subsister, et sont tenus de statuer sur les deux actions. • Crim. 26 juin 1975, n° 73-93.066 P • 10 mai 1994, n° 92-81.850 P. ♦ Si la faculté d'appeler n'appartient à la partie civile que quant aux dispositions relatives à ses intérêts civils, cette restriction aux effets de son appel n'a pas lieu lorsqu'il n'a été statué que sur la validité de la poursuite. • Crim. 20 nov. 1958, n° 6.042 P • 17 mars 1981, n° 79-94.121 P.

11. L'art. 378 C. civ. institue non pas une peine accessoire frappant le condamné, mais une mesure de protection de ses enfants, d'ordre purement civil. Le représentant légal des enfants victimes de violences parentales, constitué partie civile en leur nom, a dès lors, en application de l'art. 497, la faculté de relever appel du refus opposé à sa demande de retrait de l'autorité parentale, qui fait grief à leurs intérêts civils. • Crim. 23 sept. 2008, n° 08-80.489 P : *D. 2008. AJ 2724* ; *AJ pénal 2009. 40* ; *AJ fam. 2009. 32* .

12. Il résulte des dispositions de l'art. 497 que la partie civile qui n'a pas fait appel du jugement ayant déclaré sa constitution irrecevable ne saurait intervenir devant la juridiction du second degré et y faire plaider par un avocat. • Crim. 20 sept. 2006, n° 05-85.869 P : *AJ pénal 2006. 512* .

13. Partie civile seule appelante. – Détermination de la faute civile. Le dommage dont la partie civile, seule appelante d'un jugement de relaxe, peut obtenir réparation de la part de la personne relaxée résulte de la faute civile démontrée à partir et dans la limite des faits objet de la poursuite. • Crim. 5 févr. 2014, n° 12-80.154 P : *D. actu. 28 févr. 2014, obs. Winckelmuller* ; *D. 2014. 807, note Saenko* ; *AJ pénal 2014. 422, obs. Renaud-Duparc* ; *Dr. pénal 2014, n° 46, note Maron et Haas* ; *ibid. Étude 10, note Bonnet* • 11 mars 2014, n° 12-88.131 P : *D. actu. 24 mars 2014, obs. Fucini* ; *D. 2014. 1188, note Dantras-Bioy* ; *AJ pénal 2014. 422, obs. Renaud-Duparc* ; *Dr. pénal 2014. 80, note Maron et Haas* ; *JCP 2014, n° 653, note Pradel* • Crim. 19 févr. 2019, n° 18-80.195 P (dénonciation calomnieuse) : *D. actu. 29 mars 2019, obs. Lavric* ; *Dr. pénal 2019, n° 74, obs. Maron et Haas.* ♦ N'encourt pas la censure l'arrêt qui caractérise, à partir et dans la limite des faits, objets de la poursuite, une faute civile qui a entraîné pour les parties civiles un préjudice direct et personnel ouvrant droit à réparation pour un montant que les juges ont souverainement évalué, dans les limites des conclusions dont ils étaient saisis, le moyen relatif à la qualification pénale des faits étant inopérant dès lors que la cour d'appel n'était plus saisie que de l'action civile. • Crim. 24 juin 2014, n° 13-84.478 P : *D. actu. 9 juill. 2014, obs. Priou-Alibert* ; *D. 2014. 1673, obs. Detraz* ; *AJ pénal 2014. 422, obs. Renaud-Duparc* . ♦ Les juges du second degré, saisis du seul appel de la partie civile d'une décision de relaxe, motif pris de l'état de légitime défense dans lequel se trouvait le prévenu, doivent, s'ils y sont invités, rechercher si la victime a commis une faute de nature à exclure ou réduire la responsabilité du prévenu. • Crim. 16 juin 2015, n° 13-88.263 P : *D. actu. 21 juill. 2015, obs. Priou-Alibert* ; *AJ pénal 2015. 610, obs. Aubert* . ♦ Mais saisi du seul appel d'un jugement de relaxe formé par la partie civile, le juge répressif ne peut énoncer que les faits qui lui sont déférés constituent une infraction pénale, sans méconnaître le principe de la présomption d'innocence. • Crim. 13 oct. 2015, n° 14-82.272 P : *D. actu. 2 nov. 2015, obs. Priou-Alibert.* ♦ Le dommage dont la partie civile, seule appelante d'un jugement de relaxe, peut obtenir réparation, doit résulter d'une faute démontrée à partir et dans la limite des faits objet de la poursuite ; dès lors les juges d'appel ne peuvent, pour fonder la demande en réparation d'une partie civile, seule appelante d'un jugement de relaxe, retenir contre le prévenu des faits non visés dans la poursuite. • Crim. 19 mai 2016, n° 15-

81.491 P : *D. actu. 7 juin 2016, obs. Priou-Alibert.* ♦ Ainsi en est-il de la qualité de tuteur, pour retenir une opération de détournement de fonds et non de remise. • Crim. 7 déc. 2016, n° 16-80.083 P.

14. Lorsqu'il a été définitivement statué sur l'action publique par le tribunal ayant procédé à une disqualification des faits, l'évaluation du préjudice reste en discussion devant la cour d'appel pour tous les chefs de dommage qui découlent des faits objet de la poursuite, les juges du second degré devant notamment apprécier eux-mêmes le lien de causalité fondant la responsabilité. • Crim. 25 juin 2019, n° 18-84.825 P : *D. actu. 1er août 2019, obs. Diaz ; Dr. pénal 2019, n° 155, note. Maron et Hass.*

15. Applications. En l'absence d'intention frauduleuse de la part du prévenu, définitivement relaxé en première instance pour abus de confiance, il résulte qu'aucune faute civile, à l'origine du préjudice invoqué, n'est démontrée à partir et dans la limite des faits objets de la poursuite. • Crim. 17 févr. 2016, n° 15-80.634 P : *D. actu. 10 mars 2016, obs. Fucini ; AJ pénal 2016. 436, obs. Gallois ; Dr. pénal 2016, n° 67, obs. Maron et Haas.* ♦ Une cour d'appel ne peut retenir, à la charge de l'intimée, une faute civile, distincte des faits positifs d'assistance de son conjoint dans la mise à disposition de bungalows insalubres, seuls visés à la prévention comme élément constitutif de la complicité de soumission de personnes vulnérables à des conditions d'hébergement indignes. • Crim. 10 mai 2017, n° 15-86.906 P : *D. actu. 8 juin 2017, obs. Gallois ; Dr. pénal 2017, n° 114, note Maron et Haas.*

16. Une chambre des appels correctionnels, saisie du seul appel de la partie civile après une décision de relaxe, ne peut statuer sur la faute civile découlant des faits, objets de la poursuite et consistant en une prise illégale d'intérêts imputée à un juge non professionnel dans l'exercice de ses fonctions sans violer les dispositions spécifiques relatives à la responsabilité des juges non professionnels (COJ, art. L. 141-1 s.). • Crim. 22 févr. 2017, n° 15-86.666 P.

17. Les juges d'appel n'ont pas à s'expliquer sur l'existence d'une faute d'une particulière gravité incompatible avec l'exercice normal des fonctions sociales constituant une faute séparable des fonctions de dirigeant social pour caractériser une faute civile démontrée à partir et dans la limite des faits objet de la poursuite, après la relaxe de ce dernier du chef d'abus de confiance. • Crim. 5 avr. 2018, n° 16-87.669 P : *D. actu. 17 mai 2018, obs. Priou-Alibert ; D. 2018. 1128, concl. Salomon et note Saenko .*

18. Lorsque le prévenu a été relaxé du chef de refus d'insertion d'une réponse, l'autorité de la chose jugée attachée à ces dispositions relatives à l'action publique ne fait pas obstacle au droit, pour la partie civile, seule appelante, d'obtenir, au cas où une faute civile est démontrée à partir et dans la limite des faits objet de la poursuite, que soit ordonnée par la cour d'appel, statuant sur les seuls intérêts civils, en réparation du préjudice résultant directement de cette faute, l'insertion de la réponse dans les conditions prévues par l'al. 8 de l'art. 13 de la L. du 29 juill. 1881. • Crim. 3 nov. 2020, n° 19-85.276 P : *D. actu. 7 déc. 2020, obs. Lavric ; AJ pénal 2021. 36, obs. Verly ; RSC 2021. 113, obs. Dreyer .*

BIBL. Wester-Ouisse, *D. 2016. 2018* (sort de la victime en cas de relaxe).

19. Appel du ministère public. Le ministère public, qui veille au respect de l'application de la loi et à l'exécution des décisions de justice, dispose d'un droit général d'appel des décisions prononcées par la juridiction correctionnelle : il peut dès lors interjeter appel d'un jugement statuant sur une requête aux fins d'annulation du titre exécutoire portant sur une astreinte assortissant une obligation de démolir une construction irrégulière prononcée en application de l'art. L. 480-7 C. urb. • Crim. 24 mars 2015, n° 14-84.154 P : *D. actu. 10 avr. 2015, obs. Gallois ; AJ pénal 2015. 372, obs. Cholet .* ♦ L'appel formé par le procureur général dans le délai de l'art. 505 est recevable et les parties civiles, qui tiennent de la loi la faculté de faire appel quant à leurs intérêts civils seulement, sont irrecevables en leurs appels incidents si elles n'ont pas relevé appel dans le délai imparti par l'art. 498. • Crim. 29 févr. 2000, n° 98-87.642 P. ♦ Aucune disposition légale ne réserve l'appel au procureur général près la cour d'appel et doit donc être déclaré parfaitement recevable l'appel du ministère public contre un jugement conforme à ses réquisitions. • Crim. 24 janv. 2007, n° 06-82.052 P : *AJ pénal 2007. 144 .*

B. CAS PARTICULIERS

20. L'appel du tiers payeur. Lorsque son intervention a été régulièrement admise par le tribunal, le trésor public devient partie à l'instance. Il dispose d'un droit propre d'appel lui permettant de déférer la décision aux juges du second degré, dans la limite de ses intérêts, même si la partie civile aux droits de laquelle il est subrogé n'a pas usé de cette voie de recours. • Crim. 23 juin 1993, n° 92-86.295 P.

21. La caisse de sécurité sociale est recevable avant les réquisitions du ministère public devant le tribunal, donc irrecevable lorsqu'elle intervient pour la première fois en appel. • Crim. 26 nov. 1991, n° 90-83.008 P. ♦ Sur l'appel des caisses de sécurité sociale, V. notamment : • Crim. 4 janv. 1980, n° 79-90.687 P • 26 nov. 1991, n° 90-83.008 P : *D. 1992. IR 57* • 4 nov. 1992, n° 91-84.370 P : *D. 1993. IR 48.* ♦ Le tiers payeur (fédération mutualiste), dès lors qu'il est partie en première instance, dispose d'un droit d'appel indépendant de celui de la victime, ce qui lui permet de faire constater la garantie due par l'assureur du prévenu responsable. • Crim. 16 févr. 1994, n° 92-85.828 P.

22. *Prévenu en liquidation judiciaire.* Doit être cassé l'arrêt de la cour d'appel qui déclare recevable l'appel sur les intérêts civils du prévenu en liquidation judiciaire, sans rechercher si l'appel d'un jugement statuant sur les intérêts patrimoniaux était exclu de la mission du liquidateur. • Crim. 4 déc. 2012, n° 12-80.559 P.

II. RESPECT DES DROITS FONDAMENTAUX

23. *Exigences du procès équitable.* Les dispositions des art. 497, 498, 500 et 505 qui accordent un droit d'appel non seulement à toutes les parties à l'instance pénale mais aussi au procureur général ne sont pas incompatibles avec le principe du procès équitable découlant de l'art. 6 Conv. EDH. • Crim. 29 févr. 2000 : *préc. note 19.*

24. *Principe du double degré de juridiction.* Les dispositions de l'art. 14 (5.) du Pacte international relatif aux droits civils et politiques reprises par l'art. 2 (1.) du protocole n° 7 à la Conv. EDH n'excluent pas que le ministère public, partie au procès pénal, puisse relever appel des décisions, y compris de relaxe, rendues par les juridictions répressives, dès lors que l'exercice de ce droit d'appel, qui permet un nouvel examen des faits et de leur imputabilité éventuelle au prévenu, n'est pas incompatible avec le principe du double degré de juridiction. • Crim. 29 juin 1999, n° 97-84.166 P.

Art. 498 *(L. n° 2009-1436 du 24 nov. 2009, art. 73-I)* **« Sans préjudice de l'article 505 », l'appel est interjeté dans le délai de dix jours à compter du prononcé du jugement contradictoire.**

(Ord. n° 60-529 du 4 juin 1960) **« Toutefois, le délai d'appel ne court qu'à compter de la signification du jugement quel qu'en soit le mode :**

« 1° Pour la partie qui, après débat contradictoire, n'était pas présente ou représentée à l'audience où le jugement a été prononcé, mais seulement dans le cas où elle-même ou son représentant n'auraient pas été informés du jour où le jugement serait prononcé ; »

(L. n° 2004-204 du 9 mars 2004, art. 133-VII, en vigueur le 1er oct. 2004) **« 2° Pour le prévenu qui a été jugé en son absence, mais après audition d'un avocat qui s'est présenté pour assurer sa défense, sans cependant être titulaire d'un mandat de représentation signé du prévenu ;**

« 3° Pour le prévenu qui n'a pas comparu dans le cas prévu par le cinquième alinéa de l'article 411, lorsque son avocat n'était pas présent. »

(L. n° 85-1407 du 30 déc. 1985) **« Il en est de même dans les cas prévus par les articles 410 et 494-1 »** *(L. n° 2004-204 du 9 mars 2004, art. 133-VII, en vigueur le 1er oct. 2004)* **« sous réserve des dispositions de l'article 498-1 ».** — *Pr. pén. C. 639.*

BIBL. ▶ LESCLOUS et MARSAT, *Dr. pénal juin 1993, p. 5.*

I. POINT DE DÉPART DU DÉLAI D'APPEL : LE PRINCIPE

1. *Jugement contradictoire.* Si le délai d'appel court à compter du prononcé du jugement contradictoire, même si la partie dûment avertie n'était pas présente à l'audience à laquelle le jugement a été prononcé, ce n'est qu'à la condition que cette partie ne justifie pas de circonstances l'ayant mise dans l'impossibilité absolue d'être présente à la lecture de la décision et d'exercer son recours en temps utile. • Crim. 29 févr. 1988, n° 87-81.337 P : *D. 1988. IR 105.* ♦ Justifie de circonstances l'ayant mis dans l'impossibilité absolue d'exercer son recours en temps utile, le prévenu détenu qui, étant présent aux débats, n'a pas été extrait de la maison d'arrêt le jour où a été prononcé le jugement ; le délai d'appel ne peut dès lors courir qu'à compter de la signification. • Même arrêt. ♦ *Adde* : • Crim. 17 mars 1986, n° 85-92.999 P.

2. *Appel du ministère public.* Les dispositions relatives aux formes et délais d'appel, qui sont d'ordre public et dont l'inobservation entraîne une nullité qui peut être invoquée pour la première fois devant la Cour de cassation ou même suppléée d'office, sont impératives et s'appliquent au ministère public comme à toute autre partie. • Crim. 14 janv. 2014, n° 12-84.592 P : *D. actu. 28 janv. 2014, obs. Priou-Alibert ; D. 2014. Actu. 147 ; AJ pénal 2014. 185, obs. Perrier ; Procédures 2014. 77, note Chavent-Leclère.*

3. Le jugement rendu après ajournement du prononcé de la peine, par application de l'art. 469-3, est nécessairement contradictoire, et le délai d'appel court du jour où cette décision est rendue sans qu'une signification soit nécessaire en cas d'absence du prévenu ; l'erreur du tribunal qui a déclaré, à tort, son jugement contradictoire à signifier et celle du ministère public qui a fait procéder à cette signification sont sans incidence sur le point de départ du délai d'appel. • Crim. 4 nov. 1988, n° 88-80.761 P.

4. *Signification.* Il résulte des dispositions combinées des art. 394, 410 et 498 que le délai d'appel ne court qu'à compter de la signification du jugement lorsque le prévenu, non comparant et non excusé, a été convoqué par procès-verbal. • Crim. 29 janv. 1997 : *Procédures 1997, n° 163, obs. Buisson.* ♦ Pour un exemple d'irrecevabilité d'appel fait après l'expiration du délai de dix jours à compter de la signification, V. : • Crim. 18 déc. 2001, n° 01-83.677.

5. Jugement contradictoire à signifier. Selon les art. 410, al. 2, et 498, al. 2, le délai d'appel ne court qu'à compter du jour de la signification du jugement lorsque la décision a été prononcée hors la présence du prévenu et que celui-ci n'a pas été informé de la date à laquelle ce jugement serait rendu ; ainsi lorsque le prévenu était présent à l'appel des causes mais non comparant lors des débats et du prononcé de la décision, le délai d'appel ne court qu'à compter de la signification du jugement. • Crim. 26 avr. 2006, n° 05-85.389 P : *AJ pénal 2006. 313, obs. Girault*. ♦ Lorsque le jugement n'est pas rendu à l'audience même à laquelle ont eu lieu les débats, et que les parties n'ont pas été avisées de la date à laquelle il serait prononcé, le délai d'appel ne court pas à compter du prononcé de la décision, mais à compter de la signification. • Crim. 13 oct. 2010, n° 10-81.511 P : *D. actu. 23 nov. 2010, obs. Léna ; Procédures 2011, n° 32, obs. Buisson.*

6. Pour que le délai d'appel coure dès la signification, celle-ci doit avoir été faite conformément aux prescriptions des art. 556 s. • Crim. 22 déc. 1964, n° 64-90.746 P • 11 juill. 1973, n° 73-91.097 P • 31 janv. 1983 : *D. 1983. IR 244.* ♦ Si, aux termes de l'al. 2 de l'art. 498, le délai d'appel de dix jours court, pour le prévenu jugé par arrêt contradictoire à signifier, à compter de la signification du jugement, quel qu'en soit le mode, c'est à la condition que cette signification ait été faite conformément aux prescriptions des art. 555 s. • Crim. 7 mai 2014 : *D. actu. 26 mai 2014, obs. Fucini ; Procédures 2014. 180, note Chavent-Leclère ; AJ pénal 2014. 478, obs. Lasserre Capdeville*. ♦ Lorsque le jugement a été régulièrement signifié, dans les conditions prévues par l'art. 556, au domicile du prévenu non condamné à une peine d'emprisonnement ferme, le délai d'appel court, en application des dispositions de l'art. 498, à compter de la date de signification, sans qu'il y ait lieu de prendre en considération la signature portée sur l'avis de réception de la lettre recommandée (jugement signifié par acte d'huissier remis à l'épouse et information de l'époux de cette remise le lendemain par lettre recommandée avec avis de réception). • Crim. 21 nov. 2006, n° 06-84.231 P : *AJ pénal 2007. 37*.

7. L'art. 498, qui fait courir le délai d'appel à compter de la signification, ne limite pas à la décision intervenue sur l'action publique les effets d'une signification effectuée à la requête du ministère public et concerne également la décision sur les intérêts civils. • Crim. 15 janv. 1975, n° 73-92.531 P. ♦ Ainsi, doit être déclaré irrecevable, tant sur l'action civile que sur l'action publique, l'appel du condamné effectué plus de dix jours après la signification du jugement par acte d'huissier à la requête de la partie civile ; peu importe que la signification faite à la requête du ministère public soit intervenue ultérieurement. • Crim. 2 mars 2004, n° 03-83.315 P : *JCP 2004. IV. 1818.*

8. Le principe posé par l'art. 498, 1°, ne souffre pas d'exception lorsque la signification a été faite au parquet dans des conditions régulières. • Crim. 23 nov. 1967, n° 67-91.603 P • 23 mars 1981, n° 80-93.583 P : *RSC 1982. 632, obs. Robert.*

9. L'art. 498, al. 2, 2°, ne s'applique qu'aux décisions rendues dans les conditions prévues par l'art. 411, al. 1er, et non au cas prévu par l'al. 2, où le défenseur est entendu. • Crim. 27 nov. 1978, n° 77-93.395 P. ♦ En ce cas, le prévenu étant représenté par son avocat, le délai d'appel court à compter du prononcé de la décision. • Même arrêt.

10. En cas de pluralité de parties défaillantes ou non comparantes, le délai d'appel ne court, pour chacune d'elles, qu'à compter de la signification qui lui est faite du jugement. • Crim. 7 juin 1988, n° 87-83.240 P.

11. Il résulte de la combinaison des art. 388-1, 415 et 498 que le délai d'appel ne court, à l'encontre de l'assureur appelé en cause mais non intervenant, qu'à compter de la signification qui lui est faite du jugement. • Crim. 15 déc. 1987, n° 87-83.240 P.

12. Action fiscale. Lorsque le ministère public a exercé seul, en première instance, l'action douanière, le délai d'appel ouvert à cette administration contre le jugement rendu en première instance court à compter de la signification de celui-ci puisqu'elle n'était ni présente ni représentée à l'audience, ni informée des suites données à la procédure. • Crim. 5 nov. 2014 : *D. actu. 20 nov. 2014, obs. Anane.*

II. POINT DE DÉPART DU DÉLAI D'APPEL : LES EXCEPTIONS

13. Cas particulier de l'impossibilité absolue. Il ne saurait être dérogé à l'art. 498, relatif au délai d'appel, qu'à la condition que, par un événement de force majeure ou un obstacle invincible et indépendant de sa volonté, l'appelant se soit trouvé dans l'impossibilité absolue de s'y conformer. • Crim. 24 juill. 1967 : D. 1967. *Somm. 114.* ♦ Une grève postale déclenchée inopinément ne présente pas le caractère de la force majeure. • Même arrêt. ♦ Mais présente bien ce caractère une hospitalisation qui ne permet pas au demandeur d'exprimer normalement sa volonté. • Crim. 18 janv. 1962, n° 61-90.957 P • 27 oct. 2004, n° 04-85.037 P : *D. 2004. IR 3191 ; AJ pénal 2005. 27, obs. 27 ; RSC 2005.*

102, obs. Giudicelli ; *Procédures 2005, n° 18, obs. Buisson.*

14. Est irrecevable, comme tardif, l'appel formé hors des délais légaux, dès lors qu'il n'est pas justifié que l'appelant se soit trouvé dans l'impossibilité absolue de se présenter avant l'heure réglementaire de la fermeture du greffe. • Crim. 15 juin 1973, n° 72-92.889 P.

15. ***Majeur protégé.*** Le droit à un procès équitable et le droit d'accès à un juge impliquent que le tuteur d'une personne majeure protégée soit avisé tant des poursuites pénales dirigées contre cette personne que de la décision de condamnation dont elle fait l'objet. A défaut d'une telle information, le délai d'appel ne saurait commencer à courir. • Crim. 16 janv. 2008 : *RSC 2008. 366, obs. Finielz* .

16. ***Cas particulier du renvoi.*** L'avertissement donné aux représentants des parties que le jugement est renvoyé a pour effet de faire courir le délai d'appel dès le jugement, sans qu'il soit nécessaire de procéder à la signification de ce dernier. • Crim. 18 févr. 1964, n° 63-90.879 P. ♦ ... Même après prorogation de délibérés mentionnés dans le jugement. • Crim. 7 févr. 1996, n° 95-81.751 P. ♦ Mais l'indication de la date à laquelle sera rendu le jugement après renvoi contradictoire doit résulter des termes de la décision elle-même et non de notes d'audience. • Crim. 11 juill. 1973, n° 72-92.663 P.

17. ***Cas particulier de la signification à l'étranger.*** Il résulte des dispositions combinées des art. 498 et 562 que le délai d'appel de dix jours d'un jugement signifié à l'étranger ne court qu'à compter de la remise de l'acte effectuée dans les conditions prévues par la Convention internationale applicable, et non à compter de la date de la signification à parquet. • Crim. 4 mai 2004, n° 04-80.817 P : *D. 2004. IR 1769* ; *JCP 2004. IV. 2333* ; *AJ pénal 2004. 289* . ♦ V. également : • Crim. 18 juin 1996, n° 95-80.668 P.

18. ***Erreur matérielle affectant le jugement.*** Dès lors qu'une juridiction de proximité avait indûment indiqué sur le jugement de condamnation qu'il était rendu en dernier ressort, mention de nature à induire les parties en erreur sur la voie de recours qui leur était ouverte, le point de départ du délai d'appel doit être reporté au jour de la notification de l'arrêt de la Cour de cassation rendu sur pourvoi des intéressés. • Crim. 4 févr. 2009, n° 08-85.939 P : *AJ pénal 2009. 235* ; *Procédures 2009, n° 253, obs. Buisson* • 23 nov. 2011, n° 11-83.954 P : *D. actu. 19 janv. 2012, obs. Fleuriot.*

Art. 498-1 *(L. n° 2004-204 du 9 mars 2004, art. 133-VIII, en vigueur le 1er oct. 2004)* **Pour un jugement de condamnation à une peine d'emprisonnement ferme ou à une peine d'emprisonnement assortie d'un sursis partiel, rendu dans les conditions prévues à l'article 410 et qui n'a pas été signifié à personne, le délai d'appel ne court à compter de la signification du jugement faite à domicile,** *(L. n° 2008-644 du 1er juill. 2008, art. 6)* **« à étude d'huissier de justice » ou à parquet que sous réserve des dispositions du deuxième alinéa. Le jugement est exécutoire à l'expiration de ce délai.**

S'il ne résulte pas soit de l'avis constatant la remise de la lettre recommandée ou du récépissé prévus aux articles 557 et 558, soit d'un acte d'exécution quelconque ou de l'avis donné conformément à l'article 560, que le prévenu a eu connaissance de la signification, l'appel, tant en ce qui concerne les intérêts civils que la condamnation pénale, reste recevable jusqu'à l'expiration des délais de prescription de la peine, le délai d'appel courant à compter de la date à laquelle le prévenu a eu connaissance de la condamnation.

(L. n° 2005-1549 du 12 déc. 2005, art. 39) **« Si la personne a été écrouée en exécution de la condamnation après l'expiration du délai de dix jours prévu par le premier alinéa et qu'elle forme appel conformément aux dispositions du deuxième alinéa, elle demeure toutefois détenue, sous le régime de la détention provisoire et sans préjudice de son droit de former des demandes de mise en liberté, jusqu'à l'audience devant la cour d'appel.**

« Les dispositions du présent article sont également applicables en cas d'itératif défaut. »

Art. 499 **Si le jugement est rendu par défaut ou par itératif défaut, le délai d'appel ne court qu'à compter de la signification du jugement, quel qu'en soit le mode.** — *Pr. pén. C. 640.*

RÉP. PÉN. v° *Jugement par défaut*, par FONTEIX.

1. Si, suivant l'art. 499, dans le cas d'un jugement par défaut le délai d'appel court à compter de la signification du jugement, quel qu'en soit le mode, c'est à la condition que cette signification ait été faite conformément aux prescriptions des art. 555 s. concernant les obligations des huissiers. • Crim. 7 janv. 1969, n° 67-93.176 P : *JCP 1969. II. 15928, note Chambon.* ♦ La signification prévue par l'art. 558 ne peut être considérée comme parfaite et ne fait courir le délai d'appel que dans la mesure où les formalités prescrites par l'al. 3 de ce texte ont été accomplies. • Crim. 4 avr. 1974, n° 73-92.002 P : *D. 1974. 668.* ♦ Si, aux termes de l'art. 499, le délai d'appel de 10 jours court, pour le prévenu condamné par défaut, à compter de la signification du jugement, quel qu'en soit le mode, c'est à la condition que cette signification ait été faite conformément aux prescriptions des art. 555 s. ; c'est à tort qu'une cour d'appel déclare irrecevable comme tardif l'appel formé par le prévenu, alors que, si l'acte d'huissier portant signification à domicile est daté du vendredi 5 nov. 1999, il résulte des mentions portées sur le pli recommandé joint à cet acte que la lettre recommandée, dont l'envoi est prescrit « sans délai », n'a été expédiée que le lundi 8 nov. 1999. • Crim. 22 mai 2002, n° 01-84.459.

2. L'appel est irrecevable s'il est formé plus de dix jours après la signification dudit jugement au domicile indiqué par le prévenu dans sa déclaration d'opposition. • Crim. 17 juill. 1957 : *D. 1957. 676.* ♦ Pour un exemple d'appel irrecevable car formé après l'expiration du délai de dix jours suivant la signification du jugement rendu par itératif défaut, faite à parquet : • Crim. 19 sept. 2001, n° 01-83.015.

3. Il incombe au prévenu d'avertir le parquet de tout changement de l'adresse indiquée dans l'acte d'opposition, serait-ce à la suite d'une incarcération pour autre cause et en outre il résulte des dispositions de l'art. 499 que le délai pour faire appel d'un jugement d'itératif défaut court à compter de la signification qui en est faite, quel qu'en soit le mode. • Crim. 24 juin 1992, n° 91-87.044 P.

4. En cas de signification faite en mairie, la circonstance que l'avis de réception ait été ou non signé par l'intéressé n'exerce par elle-même aucune influence sur la validité de la signification. • Crim. 6 janv. 1970, n° 69-92.037 P : *RSC 1970. 664, obs. Robert.*

5. Le jugement de débouté d'opposition fait corps avec celui auquel la partie condamnée a formé opposition et se confond avec lui ; il en résulte que l'appel relevé contre un tel jugement défère en même temps aux juges du second degré le jugement par défaut antérieur. • Crim. 21 oct. 1991, n° 90-87.575 P : *JCP 1992. IV. 412.*

Art. 500 **En cas d'appel d'une des parties pendant les délais ci-dessus, les autres parties ont un délai supplémentaire de cinq jours pour interjeter appel.** — *Pr. pén. C. 641.*

TOM : 846. — Mayotte : 893.

BIBL. ▶ BANCAL, *JCP 1965. I. 1883* (automatisme des appels *a minima* consécutifs à des appels limités aux intérêts civils). - CHAPAR, *D. 1963. Chron. 127* (appel incident des jugements par défaut et des jugements réputés contradictoires).

1. Règles générales. Dans le cas prévu par l'art. 203, § 3, C. instr. crim. (art. 500), il est imparti pour faire appel incident, à toutes les parties qui auraient été admises à interjeter l'appel principal, un délai global de quinze jours après celui où le jugement entrepris a été rendu. • Crim. 11 mars 1927 : *DH 1927. 305* • 23 nov. 1965, n° 65-91.031 P • 7 juin 1990, n° 89-81.287 P. ♦ Dans le cas visé à l'art. 500, où l'une des parties a interjeté appel pendant le délai de dix jours prévu par l'art. 498, il est imparti, pour faire appel incident, à toutes les parties qui auraient été admises à former un appel principal, un délai global de quinze jours après le prononcé du jugement rendu contradictoirement, ce délai pouvant être prorogé dans les conditions prévues par l'art. 801 s'il expire un samedi, un dimanche, ou un jour férié ou chômé. • Crim. 6 janv. 2009, n° 08-84.141 P : *RSC 2009. 415, obs. Finielz ; AJ pénal 2009. 139 ; Dr. pénal 2009, n° 56, obs. Maron et Haas.*

2. Il résulte des art. 498 et 500 que le délai global de quinze jours imparti aux parties qui auraient été admises à former un appel principal court, pour former un appel incident, du jour où le jugement entrepris, rendu contradictoirement, a été prononcé, les dispositions relatives aux formes et délais d'appel étant impératives et d'ordre public et leur inobservation entraînant une nullité qui peut être invoquée pour la première fois devant la Cour de cassation ou même soulevée d'office ; doit par conséquent être déclaré irrecevable l'appel incident interjeté le 6 janv. 2015, alors qu'il résulte de l'arrêt et des pièces de procédure que, lors des débats devant les juges du premier degré, la partie civile était représentée par son avocat, qui avait été informé de ce que le jugement serait rendu le 24 sept. 2014, date à laquelle il a été effectivement prononcé, le prévenu et le ministère public ayant interjeté appel le 29 déc. 2014. • Crim. 22 mars 2017, n° 16-80.050 P : *D. actu. 19 avr. 2017, obs. (critiques) Fucini.*

3. Bénéficiaires du délai de cinq jours supplémentaires. Cette disposition est générale ; elle a pour effet d'impartir un délai supplémentaire de cinq jours non seulement à l'intéressé, mais à toutes les parties en cause. • Crim. 19 mai 1927 : *DH 1927. 353.* ♦ ... Notamment au ministère public. • Paris, 1er mars 1965 : *D. 1965. 695.* ♦ ... Et à la partie civilement responsable. • Crim. 19 nov. 1926 : *DH 1927. 38.* ♦ ... Ainsi qu'à un coprévenu. • Crim. 14 janv. 1970, n° 69-93.389 P. ♦ Il en est ainsi même à l'égard de celles des autres parties dont le délai d'appel avait couru à compter d'un autre point de départ que celui de l'appelant principal. • Crim. 3 juin 1992, n° 91-84.268 P. ♦ ... Eût-elle formé son appel le même jour et par le même acte que l'appelant principal. • Crim. 8 nov. 1995, n° 95-81.301 P.

4. ***Interprétation stricte.*** L'art. 500 est une disposition de droit strict, qui ne saurait être étendue à des cas autres que ceux qu'il vise expressément ; les seules hypothèses où il est appelé à jouer sont celles où l'appel est formé dans les délais fixés par les art. 498 et 499. • Crim. 18 janv. 1962 : *D. 1963. 548, note J.-M. R.* • 23 nov. 1965, n° 65-91.031 P : *D. 1966. Somm. 71* • 8 juill. 1970, n° 70-90.376 P : *D. 1970. Somm. 181.*

5. ***Computation du délai.*** Le délai de cinq jours ne court qu'à compter du moment où le ministère public a été informé de l'appel principal formé par un détenu, grâce à la transcription de la déclaration de ce dernier sur le registre du greffe dans les conditions de l'art. 503. • Crim. 30 janv. 1969, n° 68-92.456 P : *D. 1969. 559, note J.-M. R.* • 5 sept. 2006, n° 05-86.559 P : *AJ pénal 2006. 457*. ♦ Le défaut de transcription d'une déclaration d'appel sur le registre prévu par l'article 502 n'affecte pas la validité de l'acte, mais a pour seul effet de retarder, jusqu'à l'accomplissement de cette formalité, le point de départ du délai supplémentaire de cinq jours, accordé par l'article 500 aux autres parties, pour interjeter appel. Doit être rejeté le moyen pris de l'irrecevabilité de l'appel formé par le ministère public au motif qu'il n'a pas été transcrit sur le registre prévu à cet effet. • Crim. 4 déc. 2007, n° 07-81.830 P : *AJ pénal 2008. 93, note Lavric*.

6. L'appel incident du ministère public interjeté dans le délai de quinze jours à partir du jugement est recevable, bien qu'il ait été formé plus de cinq jours après l'appel principal du prévenu et après expiration du délai normal d'appel de dix jours. • Crim. 29 nov. 1955 : *D. 1956. 134, note P. A.* • 7 juin 1990, n° 89-81.287 P. ♦ Il en est ainsi même à l'égard de celle des autres parties dont le délai d'appel a eu un autre point de départ que celui de l'appelant principal, eût-elle formé son appel le même jour et par le même acte que l'appelant principal. • Crim. 8 nov. 1995, n° 95-81.301 P : *Dr. pénal 1996. Comm. 53, obs. Maron.*

7. L'appel incident formé par le ministère public dans le délai spécial de l'art. 205 C. instr. crim. (art. 505) ne donne pas ouverture à l'appel incident du prévenu, de la partie civile ou de la partie civilement responsable. • Crim. 17 févr. 1933 : *DH 1933. 204.*

8. Plus généralement, concernant le délai supplémentaire pour interjeter appel incident en matière correctionnelle et de police, V. la note J.-M. R. ss. : • Crim. 2 nov. 1967, n° 66-92.754 P : *D. 1968. 378.*

9. ***Désistement.*** Le désistement de son appel par l'une des parties n'entraîne pas l'irrecevabilité de l'appel formé par une autre partie dans le délai supplémentaire de cinq jours prévu par l'art. 500. • Crim. 19 janv. 1994, n° 93-80.792 P : *D. 1994. Somm. 185, obs. Pradel*. ♦ Mais la nullité de l'appel principal entraîne celle de l'appel incident. • Crim. 23 mars 1993 : *BICC 1993, n° 730.*

Art. 500-1 *(L. n° 2000-516 du 15 juin 2000, art. 42, en vigueur le 1er janv. 2001) (L. n° 2016-731 du 3 juin 2016, art. 93)* **« Sauf lorsqu'il intervient moins de deux mois avant la date de l'audience devant la cour d'appel », le désistement par le prévenu ou la partie civile de son appel principal entraîne la caducité des appels incidents, y compris celui du ministère public** *(L. n° 2004-204 du 9 mars 2004, art. 138, en vigueur le 1er oct. 2004)* **« si ce désistement intervient dans les formes prévues pour la déclaration d'appel ». Constitue un appel incident l'appel formé dans le délai prévu par l'article 500, ainsi que l'appel formé, à la suite d'un précédent appel, dans les délais prévus par les articles 498 ou 505, lorsque l'appelant précise qu'il s'agit d'un appel incident. Dans tous les cas, le ministère public peut toujours se désister de son appel formé après celui du prévenu en cas de désistement de celui-ci.** *(L. n° 2004-204 du 9 mars 2004, art. 138, en vigueur le 1er oct. 2004)* **« Le désistement d'appel est constaté par ordonnance du président de la chambre des appels correctionnels. »**

1. Dès lors que le représentant du ministère public avait formé son appel dans le délai prévu par l'art. 498 sans indiquer qu'il s'agissait d'un appel incident, le demandeur ne saurait soutenir que cet appel aurait dû être déclaré caduc sur le fondement de l'art. 500-1 en conséquence du désistement d'appel de la partie civile. • Crim. 10 sept. 2002, n° 01-85.716.

2. Doit être cassé, pour violation des dispositions de l'art. 500-1, l'arrêt de la cour d'appel qui, après avoir pris acte du désistement d'appel du prévenu reçu au greffe du tribunal dans le mois qui a suivi l'appel, statue sur le seul appel du ministère public qui était pourtant un appel incident. • Crim. 23 mars 2004, n° 03-82.802 P : *D. 2004. IR 1349* ; *JCP 2004. IV. 2057* ; *Dr. pénal 2004. Comm. 120, obs. Maron.* ♦ Seul le désistement, par le prévenu, ou la partie civile, de son appel principal, porté à la connaissance du greffe dans un délai d'un mois à compter de l'appel, entraîne la caducité des appels incidents, y compris celui du ministère public, tel n'est pas le cas d'une déclaration au greffe, enregistrée plus d'un mois après l'appel. • Crim. 16 mars 2005, n° 04-86.135 P : *D. 2005. IR 1176* ; *JCP 2005. IV. 2070.*

3. Aucune disposition légale ou conventionnelle n'impose au procureur de la République de signifier son appel incident au prévenu, appelant principal, celui-ci pouvant, en se renseignant au greffe, savoir si un appel incident a été interjeté et utiliser, s'il le juge utile, son droit de désistement. • Crim. 2 sept. 2004, n° 04-80.804 P : *D. 2004. IR 2544* ; *JCP 2004. IV. 3080* ; *Dr. pénal 2005. Comm. 15, obs. Maron.*

4. L'art. 500-1 qui prévoit la possibilité pour le ministère public de se désister de son appel formé après celui du prévenu en cas de désistement de celui-ci ne distingue pas entre le parquet de première instance et le parquet général. • Crim. 21 juin 2006, n° 05-86.688 P : *D. 2006. IR 2273* ; *RSC 2007. 329, obs. Finielz*.

5. Lorsque le ministère public se désiste de son appel principal, ce désistement n'entraîne pas la caducité des appels incidents. • Crim. 12 oct. 2021, n° 20-83.360 B.

6. Dès lors que le représentant du parquet général est revenu sur le désistement d'appel formulé par le procureur de la République avant que la cour d'appel n'en ait donné acte, ladite juridiction ne peut constater le désistement intervenu et en donner acte. • Crim. 27 juin 2007, n° 07-81.464 P : *D. 2007. AJ 2164, obs. Léna* ; *AJ pénal 2007. 482, obs. Royer*. ♦ Dans le même sens, pour la partie privée qui peut également se rétracter de son désistement d'appel tant qu'il n'en a pas été donné acte : • Crim. 28 mai 2013 : *D. actu. 22 juill. 2013, obs. Gayet.*

7. La volonté du ministère public de se désister de son appel ne saurait se déduire de ce que, appelant d'un jugement de relaxe, il a en demandé la confirmation dès lors qu'il n'a fait qu'user de la liberté de parole que lui confère l'art. 33. • Crim. 16 mai 2012, n° 11-83.834 P.

8. Le demandeur, qui n'a pas interjeté appel du jugement, acquiesçant ainsi aux décisions qu'il contient, est sans intérêt à critiquer les dispositions de l'arrêt constatant le désistement du ministère public, qui ne lui font pas grief. • Crim. 16 janv. 2019, n° 17-84.924 P.

9. Il se déduit de l'art. 500-1 que le prévenu ne peut plus rétracter son désistement d'appel après qu'il a été constaté par ordonnance du président de la chambre des appels correctionnels, peu important la date à laquelle, le cas échéant, ladite ordonnance a été notifiée. • Crim. 8 déc. 2021, n° 21-83.220 P : *D. actu. 7 janv. 2022, obs. Recotillet.*

Art. 501 *(L. n° 70-643 du 17 juill. 1970)* **Lorsque le tribunal statue sur une demande de mise en liberté conformément aux articles 148-1 et 148-2 ainsi que lorsqu'il statue sur une demande de mainlevée ou de modification du contrôle judiciaire** *(L. n° 2009-1436 du 24 nov. 2009, art. 93-XV)* **« ou de l'assignation à résidence avec surveillance électronique », l'appel doit être formé dans un délai de vingt-quatre heures.**

Al. 2 *abrogé par L. n° 84-576 du 9 juill. 1984, à compter du 1er janv. 1985.*

Dernier al. *abrogé par L. n° 85-1407 du 30 déc. 1985, à compter du 1er févr. 1986.*

Le fait, pour un officier d'état civil, de signer un acte constatant un mariage fictif constitue le crime de faux commis dans une écriture publique par une personne dépositaire de l'autorité publique ou chargée d'une mission de service public agissant dans l'exercice de ses fonctions ou de sa mission, prévu et réprimé par l'article 441-4 C. pén. Dès lors, il appartient aux juges du second degré, saisis de la cause entière par appel du ministère public, d'examiner, même d'office, leur compétence. • Crim. 20 juill. 2011, n° 11-83.098 P : *D. actu. 6 sept. 2011, obs. Léna* ; *AJ pénal 2011. 528, obs. Ascensi* .

Art. 502 La déclaration d'appel doit être faite au greffier de la juridiction qui a rendu la décision attaquée.

(L. n° 2019-222 du 23 mars 2019, art. 62 et 109-XIII, en vigueur le 1er juin 2019) **« La déclaration indique si l'appel porte sur la décision sur l'action publique ou sur la décision sur l'action civile ou sur les deux décisions. Si l'appel concerne la décision sur l'action publique, la déclaration indique s'il porte sur l'ensemble de la décision ou s'il est limité aux peines prononcées, à certaines d'entre elles ou à leurs modalités d'application. Si la décision sur l'action publique a déclaré le prévenu coupable de plusieurs infractions, l'appel sur cette décision précise s'il concerne l'ensemble des infractions ou certaines d'entre elles. Si la déclaration ne comporte aucune de ces précisions, l'appel est considéré comme portant sur l'intégralité de la décision. Le prévenu qui a limité la portée de son appel sur l'action publique aux peines prononcées dans les conditions prévues au présent alinéa peut, selon les modalités prévues au premier alinéa, revenir sur cette limitation dans un délai d'un mois à compter de la déclaration d'appel ; si l'affaire est audiencée en appel avant ce délai d'un mois, il peut revenir sur**

cette limitation au moment de l'audience. Le prévenu qui n'a pas limité la portée de son appel lors de la déclaration d'appel peut toujours le faire ultérieurement, jusqu'à l'audience de jugement *[ancienne rédaction : La déclaration peut indiquer que l'appel est limité aux peines prononcées, à certaines d'entre elles ou à leurs modalités d'application]*. **»**

Elle doit être signée par le greffier et par l'appelant lui-même, *(Abrogé par L. n° 2011-94 du 25 janv. 2011, art. 32, à compter du 1er janv. 2012)* ***« ou par un avoué près la juridiction qui a statué, »*** *(L. n° 85-1407 du 30 déc. 1985)* **« ou par un avocat », ou par un fondé de pouvoir spécial ; dans ce dernier cas, le pouvoir est annexé à l'acte dressé par le greffier. Si l'appelant ne peut signer il en sera fait mention par le greffier.**

Elle est inscrite sur un registre public à ce destiné et toute personne a le droit de s'en faire délivrer une copie.

S'agissant des dispositions d'urgence mises en place pour faire face à l'épidémie de covid-19, V. App., v° État d'urgence sanitaire.

TOM : 847.

RÉP. PÉN. v° *Greffier*, par REDON.

1. Modalités de l'appel. Le prévenu qui veut interjeter appel doit (sauf exception s'il est détenu : V. art. 503) se rendre lui-même ou par fondé de pouvoir spécial au greffe du tribunal qui a prononcé le jugement, et faire sa déclaration d'appel à l'officier public compétent ; par suite, est irrecevable l'appel (d'un non-détenu) interjeté par lettre ou par télégramme adressés au procureur de la République, alors même que ce magistrat aurait déposé cette lettre ou ce télégramme au greffe et que le greffier aurait dressé acte du dépôt. • Cass., ch. réun., 10 févr. 1909 : *DP 1911. 1. 217, note Le Poittevin* • Limoges, 11 janv. 1951 : *D. 1951. 281.* ♦ Comp. : • Crim. 15 déc. 1953 : *D. 1954. 97.* ♦ Il n'en serait autrement qu'en cas de force majeure. • Crim. 24 oct. 1929 : *DH 1929. 574* • 21 oct. 1943 : *DA 1944. 11.* ♦ Mais l'état de santé du prévenu ne présente qu'exceptionnellement ce caractère (V. ss. art. 498, note 13). ♦ Le fait que le demandeur se soit vu interdire de paraître dans la ville, siège de la juridiction d'instruction, ne le prive pas de la faculté d'exercer son recours par avoué, avocat ou fondé de pouvoir spécial. • Crim. 28 sept. 2004 : *Dr. pénal 2005. Comm. 17, obs. Maron.* ♦ L'art. 502, qui exige que la déclaration d'appel soit faite au greffier de la juridiction qui a rendu la décision et signée du greffier et du demandeur ou de son avocat, ne prive pas le prévenu d'un recours, mais le soumet seulement à des conditions de forme et de délai et n'est pas incompatible avec l'art. 6 Conv. EDH et le protocole n° 7 à cette Convention. Doit dès lors être déclaré irrecevable l'appel formé au moyen d'un courrier transmis par télécopie. L'indication donnée par le prévenu au procureur de la République, à l'occasion de l'exécution d'un mandat d'arrêt, de sa volonté d'interjeter appel du jugement constitue une simple déclaration d'intention et non une modalité d'exercice de cette voie de recours. • Crim. 6 mai 2008, n° 07-86.304 P : *RSC 2008. 928, obs. Finielz ; D. 2008. AJ 1485 ; AJ pénal 2008. 333 ; Dr. pénal 2008. Comm. 103 (2e esp.), obs. Maron et Haas ; ibid. 2009. Chron. 1, obs. Guérin.* ♦ Aucune disposition légale ou conventionnelle n'impose au greffier d'examiner la recevabilité d'un appel et, à supposer cet acte irrégulier, d'inviter l'avocat du prévenu à le réitérer dans les formes prescrites par la loi. • Même arrêt.

2. Appel du ministère public. Les dispositions relatives aux formes et délais d'appel, qui sont d'ordre public et dont l'inobservation entraîne une nullité qui peut être invoquée pour la première fois devant la Cour de cassation ou même suppléée d'office, sont impératives et s'appliquent au ministère public comme à toute autre partie. • Crim. 14 janv. 2014, n° 12-84.592 P : *D. actu. 28 janv. 2014, obs. Priou-Alibert ; D. 2014. Actu. 147 ; AJ pénal 2014. 185, note Perrier ; Procédures 2014. 77, note Chavent-Leclère.*

3. Bien que la citation à comparaître à l'audience d'appel n'ait pas précisé que l'appel du ministère public était limité à la peine, aucune nullité n'est encourue dès lors que les déclarations d'appel sont inscrites sur un registre public, dont toute personne a le droit de se faire délivrer une copie en application de l'art. 502. De surcroît, le prévenu, qui a discuté, dans ses conclusions d'appel, les conséquences de la limitation, par le ministère public, de son appel aux peines prononcées, n'a pu se méprendre sur l'objet et la portée de l'acte par lequel il a été attrait devant la juridiction. • Crim. 26 nov. 2019, n° 18-84.956 P : *D. actu. 24 déc. 2019, obs. Fucini.*

4. Lieu de l'appel. L'art. 203 C. instr. crim. (art. 502) ne prescrit pas à peine de nullité que la déclaration d'appel ait lieu dans le local affecté au greffe du tribunal qui a rendu le jugement ; il exige seulement que l'acte constatant l'appel soit reçu dans le délai légal par l'officier public compétent. • Crim. 3 déc. 1958 : *D. 1959. Somm. 43.*

5. C'est à tort qu'une cour d'appel admet la validité d'un appel formé au greffe d'un autre tribunal en se fondant sur la distance qui sépare les deux tribunaux et l'importance des frais de voyage qui constitueraient un cas de force majeure. • Crim. 8 avr. 1937 : *DH 1937. 304.*

6. Application dans le temps (L. du 23 juin 2019). Les recours sont soumis aux règles de forme en vigueur au jour où ils sont exercés et il en est de même de leur limitation. L'art. 502, dans sa rédaction issue de la L. du 23 juin 2019, est donc applicable à l'appel a été formé avant son entrée en vigueur, si sa limitation (en l'espèce au quantum de la peine) a été faite après cette entrée en vigueur. • Crim. 14 avr. 2021, n° 20-82.529 P : *AJ pénal 2021. 314, obs. Nicolas-Gréciano.*

7. Condamné décédé. La déclaration d'appel faite au nom d'une personne décédée est nulle. • Crim. 10 janv. 1984, n° 83-94.291 P : *D. 1984. IR 334, obs. J.-M. R. ; RSC 1985. 121, obs. J. Robert.*

8. Avocat. L'art. 502 n'exige aucun pouvoir spécial de l'avocat qui interjette appel au nom de la partie qu'il représente. • Crim. 4 déc. 1979, n° 78-91.635 P • 5 nov. 1997, n° 96-86.380 P. ♦ ... Quel que soit le barreau dont il relève. • Crim. 20 mars 1990, n° 89-87.172 P • 9 nov. 2004, n° 04-84.236 P : *AJ pénal 2005. 76, obs. Coste ; Dr. pénal 2005. Comm. 28, obs. Maron ; JCP 2005. IV. 1054.* ♦ ... Et, s'agissant d'un appel formé par l'avocat d'une personne morale, sans que soit nécessairement mentionné l'organe qui la représente. • Crim. 10 mars 1999, n° 97-86.546 P : *Procédures 1999, n° 159, obs. Buisson ; Dr. pénal 1999. Chron. 21, par Marsat.* ♦ *Contra* : • Crim. 4 avr. 1995, n° 93-81.064 P • 25 sept. 1997 : *Procédures 1998, n° 64, obs. Buisson* • 3 févr. 1998 : *Procédures 1998, n° 151, obs. Buisson* • 17 mars 1998, n° 97-80.009 P. ♦ Toutefois, s'il résulte des dispositions des art. 115 et 502 combinées que, l'avocat qui fait une déclaration d'appel n'est pas tenu de produire un pouvoir spécial, il ne peut exercer ce recours, au stade de l'instruction, que si la partie concernée a préalablement fait le choix de cet avocat et en a informé la juridiction d'instruction. • Crim. 9 janv. 2007, n° 06-84.738 P : *D. 2007. AJ 579 ; AJ pénal 2007. 136, obs. Saas ; RSC 2007. 324, obs. Finielz ; Dr. pénal 2007. Comm. 65, obs. Maron* • 27 nov. 2012, n° 11-85.130 P : *D. actu. 25 janv. 2013, obs. Léna.*

9. Mandat de justice. En l'absence de dispositions expresses de la loi dérogeant, en cas de délivrance d'un mandat de justice, à l'application des conditions de forme prévues par l'art. 502, une cour d'appel ne peut, sans méconnaître le sens et la portée de ce texte, déclarer irrecevable l'appel du prévenu qui ne se soumet pas à l'exécution de ce mandat. • Crim. 24 nov. 1999, n° 97-85.694 P : *Dr. pénal 2000. Comm. 37, obs. Maron ; ibid. Chron. 13, obs. Marsat.* ♦ *Contra*, dans le sens du rejet de l'appel au motif qu'un condamné qui se dérobe à un mandat de justice n'est pas en droit de se faire représenter : • Crim. 5 juin 1989, n° 88-85.545 P. ♦ ... Et dans le sens de l'irrecevabilité de l'appel : • Crim. 14 avr. 1992 : *JCP 1992. II. 22099, note Lassalle.* ♦ ... A moins que le condamné n'ait comparu en personne à l'audience de la cour d'appel. • Crim. 13 juin 1991 : *Gaz. Pal. 1992. 1. 35.*

10. Administration. Les fonctionnaires des impôts, territorialement compétents pour suivre l'action fiscale, sont habilités à relever appel sans avoir à produire un pouvoir spécial. • Crim. 11 févr. 1991, n° 89-84.703 P • 4 juin 1998, n° 97-80.620 P. ♦ ... A condition toutefois que l'acte d'appel comporte bien la signature de celui qu'il désigne comme comparant. • Crim. 26 sept. 1995, n° 94-83.084 P : *Dr. pénal 1997. Chron. 2, notes Lesclous et Marsat.*

11. Délégation du maire. Est recevable l'appel du maire d'une commune formé par la directrice du service juridique de la ville dès lors que le pouvoir ainsi donné, visant à formaliser au greffe un appel dont l'objet avait été déterminé par le maire lui-même, est une simple délégation de signature n'entraînant pas transfert de compétence. • Crim. 4 févr. 2004, n° 01-85.964 P.

12. Forme de la déclaration d'appel. La preuve de l'existence, au moment de la déclaration d'appel, du pouvoir spécial et de son dépôt au greffe doit résulter des énonciations de l'acte d'appel et de ses annexes. • Crim. 24 janv. 1956, n° 5.807 P : *D. 1956. 306* • 13 nov. 1962, n° 61-94.114 P • 9 mars 1972, n° 70-91.390 P : *D. 1972. 675* • 4 janv. 1988, n° 86-92.515 P • 25 mai 2004, n° 03-86.245 P : *JCP 2004. IV. 2511 ; AJ pénal 2004. 327.*

13. L'acte d'appel fait foi jusqu'à inscription de faux des mentions et des déclarations qui y sont contenues ; il ne saurait être tenu compte d'un acte rectificatif établi après l'expiration du délai de recours. • Crim. 16 nov. 1994, n° 93-85.007 P : *Dr. pénal 1995. Comm. 50, obs. Maron.* ♦ Les mentions rectificatives portées sur un acte d'appel doivent avoir date certaine et être approuvées par le greffier et le déclarant ; ainsi, une cour d'appel ne peut déclarer recevable l'appel sur les intérêts civils dès lors que la mention que l'appel portait également sur les dispositions civiles a été ajoutée postérieurement par le greffier sur la déclaration d'appel initiale sans qu'il ait approuvé cette mention. • Crim. 10 sept. 2003, n° 02-84.181 P : *JCP 2003. IV. 2882.*

14. La déclaration d'appel doit spécifier le jugement contre lequel cette voie de recours est exercée, ou en cas de pluralité de décisions, chacune de celles-ci. • Crim. 23 mars 1993, n° 91-81.203 P : *D. 1994. Somm. 186, obs. Pradel.*

15. Greffe compétent pour enregistrer l'appel. La déclaration d'appel d'une ordonnance du juge des libertés effectuée auprès du secrétariat greffe de ce juge et non au greffe du tribunal auquel ce magistrat appartient n'en est pas moins valable. • Crim. 23 oct. 2001, n° 01-81.703 P : *D. 2001. IR 3488*.

16. Irrecevabilité de l'acte d'appel. Les formes et délais d'appel étant d'ordre public, les juges sont fondés à les relever d'office, sans avoir à provoquer préalablement les explications des parties sur ce point. • Crim. 25 mai 2004 : *préc. note 11.* ♦ Toutefois, le défaut de transcription d'une déclaration d'appel sur le registre prévu par l'article 502 n'affecte pas la validité de l'acte mais a pour seul effet de retarder, jusqu'à l'accomplissement de cette formalité, le point de départ du délai supplémentaire de cinq jours, accordé par l'article 500 aux autres parties, pour interjeter appel. Doit être rejeté le moyen pris de l'irrecevabilité de l'appel formé par le ministère public au motif qu'il n'a pas été transcrit sur le registre prévu à cet effet. • Crim. 4 déc. 2007, n° 07-81.830 P : *AJ pénal 2008. 93, note Lavric* ; *Dr. pénal 2008. Comm. 56, obs. Maron.*

Art. 503 *(L. n° 85-1407 du 30 déc. 1985)* **Lorsque l'appelant est détenu, l'appel peut être fait au moyen d'une déclaration auprès du chef de l'établissement pénitentiaire.**

Cette déclaration est constatée, datée et signée par le chef de l'établissement pénitentiaire. Elle est également signée par l'appelant ; si celui-ci ne peut signer, il en est fait mention par le chef de l'établissement.

Ce document est adressé sans délai, en original ou en copie, au greffe de la juridiction qui a rendu la décision attaquée ; il est transcrit sur le registre prévu par le troisième alinéa de l'article 502 et annexé à l'acte dressé par le greffier. — *Pr. pén. C. 642.*

1. Formalité de l'art. 503. La formalité prévue à l'art. 503 est substantielle et l'appelant ne peut la remplacer par l'envoi d'une lettre recommandée. • Crim. 29 nov. 1983, n° 82-90.287 P. ♦ ... Ni par une lettre adressée au procureur de la République. • Crim. 12 juill. 1962, n° 62-91.009 P. ♦ ... Ni par une déclaration verbale d'intention. • Crim. 25 nov. 1970, n° 70-90.569 P. ♦ En revanche la déclaration d'appel envoyée par télécopie de la maison d'arrêt est parfaitement recevable. • Crim. 4 avr. 2007 : *AJ pénal 2007. 288*.

2. L'art. 503 a une portée générale à l'égard de tout appelant détenu et s'applique à la partie civile lorsque celle-ci se trouve en état de détention. • Crim. 10 févr. 1977, n° 76-90.979 P.

3. Détention à l'étranger. L'appelant, détenu à l'étranger, s'il se trouve dans l'impossibilité d'user de la faculté prévue par l'art. 503 peut mandater un avoué, un avocat ou un fondé de pouvoir spécial pour interjeter appel, aucune disposition légale ou conventionnelle n'imposant qu'il soit informé de cette faculté. • Crim. 22 juill. 2004 : *RSC 2005. 103, obs. Giudicelli*.

4. Référé-liberté. Lorsque la déclaration d'appel de l'ordonnance de placement en détention provisoire et la demande de suspension des effets du mandat de dépôt sont constatées par le juge d'instruction, assisté du greffier, à l'issue du débat contradictoire, conformément à l'art. 187-1, dernier al., le procès-verbal qui les constate se substitue à la formalité exigée de l'appelant par les art. 502 et 503. Il n'importe, pour la recevabilité de l'appel, que ce procès-verbal n'ait pas été transcrit, comme il le devrait, sur le registre public prévu par ces articles. • Crim. 14 nov. 1996, n° 96-83.672 P : *Dr. pénal 1997. Chron. 12, par Lesclous et Marsat.* ♦ Commet un excès de pouvoir le président de la chambre de l'instruction qui ordonne la mise en liberté du prévenu, pensant avoir dépassé le délai de trois jours imparti par l'art. 187-1, al. 2, alors, d'une part, que ce délai doit être décompté à partir du lendemain du jour où la déclaration d'appel, formulée auprès du chef d'établissement pénitentiaire et transmise au greffier de la juridiction, a été transcrite par celui-ci, et que, d'autre part, le texte ne prévoit pas à titre de sanction la faculté, pour le magistrat, de remettre la personne en liberté. • Crim. 16 janv. 2013 : *AJ pénal 2013. 214, obs. Belloir*.

5. Citation. Il se déduit des art. 503 et 556 à 559 que, sauf à avoir été transféré ou libéré entre-temps, l'appelant ne peut être valablement cité qu'à l'établissement pénitentiaire où il est détenu et où il a fait appel sans avoir déclaré une autre adresse ; il appartient dans le cas contraire à la cour d'appel de constater l'irrégularité de la citation et d'inviter le ministère public à faire citer l'appelant au centre pénitentiaire, sans pouvoir statuer par défaut. • Crim. 25 mars 2015, n° 14-80.127 P : *AJ pénal 2015. 498, obs. Pitti* ; *Dr. pénal 2015, n° 75, obs. Maron et Haas.*

Art. 503-1 *(L. n° 2004-204 du 9 mars 2004, art. 123-II, en vigueur le 1er oct. 2004)* **Lorsqu'il est libre, le prévenu qui forme appel doit déclarer son adresse personnelle. Il peut toutefois lui substituer l'adresse d'un tiers chargé de recevoir les citations, rectifications et significations qui lui seront destinées s'il produit l'accord de ce dernier. Cette déclaration est faite par l'avocat du prévenu si c'est celui-ci qui forme l'appel.**

A défaut d'une telle déclaration, est considérée comme adresse déclarée du prévenu celle figurant dans le jugement rendu en premier ressort.

Le prévenu ou son avocat doit signaler auprès du procureur de la République, jusqu'au jugement définitif de l'affaire, tout changement de l'adresse déclarée par lettre recommandée avec demande d'avis de réception.

Toute citation, notification ou signification faite à la dernière adresse déclarée est réputée faite à sa personne et le prévenu qui ne comparaît pas à l'audience sans excuse reconnue valable par la cour d'appel est jugé par arrêt contradictoire à signifier.

Si le prévenu, détenu au moment de l'appel, est remis en liberté avant l'examen de son affaire par la cour d'appel, il doit faire la déclaration d'adresse prévue par le présent article préalablement à sa mise en liberté auprès du chef de la maison d'arrêt.

RÉP. PÉN. v° *Citations et significations*, par LÉNA.

1. L'huissier de justice doit délivrer la citation devant la cour d'appel à l'adresse déclarée par le prévenu appelant, par conséquent, lorsque le prévenu a été cité à une adresse autre que celle mentionnée dans sa déclaration d'appel, il appartient à la chambre des appels correctionnels, légalement saisie par l'acte d'appel, de constater l'irrégularité de la citation et d'inviter le ministère public à faire citer le prévenu à son adresse déclarée. • Crim. 24 juin 2015, n° 14-81.452 P. ♦ La juridiction ne peut être valablement saisie que lorsque la citation a été délivrée à l'exacte adresse déclarée par l'appelant ; tel n'est pas le cas lorsque la citation omet de préciser la domiciliation du prévenu chez un tiers, qui figurait bien dans sa déclaration d'adresse. • Crim. 30 mars 2021, n° 20-85.836 P.

2. Portée de l'obligation de déclaration d'adresse. En application des dispositions de l'art. 503-1, lorsque le prévenu libre déclare une adresse en formant appel, la citation faite à cette adresse est réputée faite à personne, et, s'il ne comparaît pas à l'audience sans excuse reconnue valable, il est jugé par arrêt contradictoire à signifier : méconnaît ces dispositions la cour d'appel qui pour statuer par défaut énonce que les dispositions de l'art. 503-1, al. 4, ne concernent que l'appelant qui n'aurait pas respecté l'obligation de signaler tout changement d'adresse déclarée. • Crim. 6 déc. 2005, n° 05-82.448 P : *D. 2006. IR 320*. ♦ Ainsi, doit être confirmé l'arrêt de la cour d'appel qui statue par décision contradictoire à signifier alors même que l'avocat de l'intéressé avait sollicité le renvoi de l'audience par courrier dans la mesure où il apparaît que l'avocat n'avait pas de nouvelles de son client. • Crim. 15 févr. 2006, n° 05-85.608 P : *D. 2006. IR 744*. ♦ Il en va de même si le prévenu n'a pas fait connaître son changement d'adresse déclarée lors de son appel, au moyen d'une lettre recommandée avec demande d'avis de réception, conformément aux dispositions de l'art. 503-1, al. 3. Justifie dès lors sa décision la cour d'appel qui, pour prononcer par décision contradictoire à signifier, énonce que le prévenu, régulièrement cité à mairie à l'adresse déclarée dans sa déclaration d'appel et qui a eu connaissance de la citation le concernant, l'avis de réception de la lettre recommandée étant signé par son destinataire, n'a pas comparu à l'audience et n'a pas fait parvenir de motif d'excuse. • Crim. 2 oct. 2007, n° 07-80.581 P : *AJ pénal 2007. 542*. • 21 juin 2011, n° 10-84.301 P : *D. actu. 21 juill. 2011, obs. Lavric ; D. 2012. Chron. 171, obs. Roth, Leprieur et Divialle*. ♦ Une cour d'appel saisie de l'appel d'un prévenu cité à sa dernière adresse déclarée ne saurait, en conséquence, statuer par arrêt contradictoire à signifier sur ce recours sans constater l'absence d'excuse valable à la non-comparution du prévenu dès lors que la citation délivrée à ladite adresse indique que celui-ci se trouvait actuellement dans un centre hospitalier. • Crim. 26 mars 2008 : *Dr. pénal 2008. Comm. 91 (4e esp.), obs. Maron et Haas*. ♦ Encourt la cassation l'arrêt de la cour d'appel qui reçoit l'opposition d'un prévenu et met à néant un précédent arrêt justement qualifié de contradictoire à signifier, par lequel la cour d'appel avait statué en l'absence d'un prévenu non excusé, régulièrement cité à l'adresse déclarée dans l'acte d'appel. • Crim. 21 mai 2008, n° 08-80.735 P : *AJ pénal 2008. 381*.

3. Est régulièrement cité, par un acte valant citation faite à personne, le prévenu cité à l'adresse déclarée dans l'acte d'appel, cette déclaration fût-elle erronée. • Crim. 18 mars 2008 : *Dr. pénal 2008. Comm. 91 (2e esp.), obs. Maron et Haas*. ♦ Viole l'art. 503-1 la cour d'appel qui déclare recevable l'opposition formée à une précédente décision, alors que le prévenu, qui n'avait pas fait de déclaration d'adresse, avait été cité à celle figurant dans le jugement (cassation de l'arrêt qui, pour déclarer recevable l'opposition, avant de renvoyer à une audience ultérieure l'examen de l'affaire sur le fond, retient que l'adresse figurant dans le jugement est erronée et que l'appelant en a fait connaître une autre qui se trouve indiquée dans les notes d'audience du tribunal). • Crim. 22 mai 2007, n° 07-82.263 P : *AJ pénal 2007. 387*. ♦ Font l'exacte application des dispositions de l'art. 503-1 les juges qui statuent par jugement contradictoire à signifier en constatant que le prévenu n'avait pas comparu à l'audience sans fournir d'excuse et que l'huissier avait dressé un procès-verbal de perquisitions et recherches à l'adresse figurant au jugement rendu contre le prévenu, où celui-ci était inconnu, et alors que son acte d'appel, formé par un avocat, n'indiquait ni son adresse personnelle, ni celle d'un tiers. L'acte délivré par l'huissier de justice à la dernière adresse déclarée au sens de l'art. 503-1, al. 2, vaut citation à personne. • Crim. 7 janv. 2009 : *Dr. pénal 2009, n° 41, obs. Maron et Haas*.

4. Cas du prévenu détenu. Si le prévenu, détenu au moment de l'appel, est remis en liberté avant l'examen de son affaire, ce n'est qu'à défaut d'une déclaration d'adresse effectuée auprès du chef de la maison d'arrêt que sera considérée comme adresse déclarée celle figurant sur le jugement rendu en premier ressort. • Crim. 7 juin 2011, n° 10-86.153 P : *D. actu. 18 juill. 2011, obs. Lavric.* ♦ Il appartient au prévenu appellant d'informer le procureur de la République, par lettre recommandée avec avis de reception, du changement d'adresse déclarée lors de son appel, y compris lorsqu'il se trouve, lors de la citation en détention provisoire pour une autre cause. • Crim. 15 juin 2016, n° 14-88.404 : *Dr. pénal 2016, n° 133, obs. Maron et Haas.*

5. Forme de la citation. Les dispositions de l'art. 503-1 écartent l'application des art. 555 et suivants, et par conséquent, l'huissier de justice pour délivrer la citation lorsque la personne est inconnue à l'adresse déclarée peut la déposer en mairie en application de l'art. 558 et il n'est pas tenu de faire une citation à parquet (art. 559). • Crim. 25 avr. 2006, n° 06-80.599 P : *D. 2006. IR 1565 ; AJ pénal 2006. 317 ; RSC 2006. 852, note Finielz* . ♦ Dans le même sens : la citation délivrée à parquet par l'huissier, tandis que le prévenu appelant avait déclaré une adresse personnelle et que le procureur général l'avait fait citer à une autre adresse, ne saisit pas légalement la cour d'appel. • Crim. 26 juin 2013 : *D. actu. 12 sept. 2013, obs. Léna.*

6. L'huissier de justice qui se transporte à l'adresse déclarée par l'appelant afin de délivrer une citation et dresse un procès verbal constatant que l'appelant est inconnu n'a pas d'autres diligences à accomplir, les art. 555 s., étant inapplicables et l'acte délivré à l'adresse déclarée conformément à l'art. 503-1, al. 4, valant citation à personne. • Crim. 19 mars 2008 : *Dr. pénal 2008. Comm. 91 (3ᵉ esp.), obs. Maron et Haas.* ♦ *Contra :* L'huissier qui délivre une citation à la dernière adresse déclarée du prévenu appelant, conformément à l'art. 503-1, est tenu d'effectuer les diligences prévues par les art. 555, 556, 557 et 559, al. 2 et 4 que l'intéressé demeure ou non à l'adresse dont il a fait le choix, cette citation étant réputée à personne. • Crim. 17 déc. 2008 : *AJ pénal 2009. 83* • 2 mars 2011, n° 10-81.945 P : *D. actu. 17 mars 2011, obs. Léna ; D. 2011. Actu. 754 ; ibid. Chron. 1855, obs. Divialle ; AJ pénal. 2011. 299, obs. Renaud-Duparc ; RSC 2011. 873, obs. Boccon-Gibod ; Dr. pénal 2011. 54, obs. Maron et Haas* • 30 mars 2011, n° 10-87.198 P : *D. 2011. Actu. 1221 ; ibid. 2012. Chron. 171, obs. Roth* • 5 oct. 2011, n° 10-88.851 P. ♦ Fait l'exacte application des dispositions de l'art. 503-1 la cour d'appel qui, pour statuer par décision contradictoire à signifier à l'encontre d'un prévenu appelant non comparant, retient que l'huissier, qui a délivré la citation à l'adresse déclarée par celui-ci, a effectué les diligences prévues par les al. 2 et 4 de l'art. 558, en se transportant à cette adresse et, en l'absence de l'intéressé, lui a envoyé une LRAR en l'invitant à retirer la copie de l'acte à l'étude dans les plus brefs délais. • Crim. 27 sept. 2011, n° 11-80.252 P. ♦ Il résulte de la combinaison des art. 503-1 et 558, al. 2 et 4, que l'huissier qui délivre une citation à la dernière adresse déclarée du prévenu appelant, conformément à l'art. 503-1, est tenu d'effectuer les diligences prévues par l'art. 558, al. 2 et 4, que l'intéressé demeure ou non à l'adresse dont il a fait le choix, cette citation étant réputée faite à personne. N'est pas légalement saisie et méconnaît le sens et la portée des textes susvisés la cour d'appel qui, pour statuer par arrêt contradictoire à signifier, constate que le prévenu n'a pas comparu à son audience et retient qu'il a été recherché par l'huissier à l'adresse indiquée dans le jugement, où il n'a pas été retrouvé, alors qu'il appartenait à l'huissier d'effectuer les diligences prévues par les al. 2 et 4 de l'art. 558. • Crim. 25 oct. 2011, n° 11-81.692 P. ♦ S'il ne trouve personne à l'adresse personnelle déclarée par le prévenu appelant, conformément à l'art. 503-1, l'huissier chargé de lui délivrer la citation doit, sans avoir à vérifier que l'intéressé y demeure effectivement, effectuer les diligences prévues par les al. 2 et 4 de l'art. 558. • Crim. 14 févr. 2012, n° 11-83.556 P. ♦ En statuant par arrêt contradictoire à signifier, la cour d'appel a fait l'exacte application de l'art. 503-1 dès lors que, d'une part, il résulte de ses constatations que, n'ayant trouvé personne à l'adresse déclarée, l'huissier, qui n'avait pas à vérifier que le prévenu appelant y demeurait effectivement, a procédé comme il est dit à l'art. 558, al. 2, d'autre part, jusqu'à ce que l'affaire soit définitivement jugée, il appartenait à l'appelant de signaler au procureur de la République, par lettre recommandée avec demande d'avis de réception, le changement de son adresse déclarée, ce dont il s'est abstenu. • Crim. 19 mars 2014, n° 13-81.850 P : *D. actu. 1ᵉʳ avr. 2014, obs. Fleuriot ; JCP 2014, n° 717, obs. Griffon-Yarza.*

7. Dès lors qu'elle avait vérifié que, en l'absence du destinataire à son adresse déclarée, l'huissier de justice avait effectué les diligences prévues par les al. 2 et 4 de l'art. 558, la cour d'appel était valablement saisie et pouvait statuer par jugement contradictoire à signifier en application de l'art. 503-1, peu important que la lettre recommandée n'ait pas été remise à son destinataire. • Crim. 17 janv. 2012, n° 11-84.778 P.

8. Absence de retour du récépissé. Il résulte de la combinaison des art. 558 et 553, ensemble l'art. 503-1, que l'huissier de justice qui ne trouve personne au domicile de celui que l'exploit concerne informe sans délai celui-ci, soit par lettre recommandée, soit par avis de passage ou lettre simple accompagnés d'un récépissé à retourner signé, et qu'en l'absence de retour dudit récépissé et de comparution à l'audience de la partie citée, la juridiction n'est pas valablement saisie. • Crim. 20 févr. 2019, n° 18-82.254 P : *AJ pénal 2019. 273, obs. Mallet ; Procédures 2019, n° 136, obs. Chavent-Leclère.* ♦ *Contra* : pour statuer par arrêt contradictoire à signifier, la cour d'appel constate que, bien que cité régulièrement à adresse déclarée, par acte délivré en étude de l'huissier qui a procédé aux vérifications prescrites aux art. 555 s., le prévenu n'a pas comparu ni n'a été représenté et dès lors qu'il résulte de l'acte lui-même que les formalités prévues par l'art. 558 ont été accomplies, peu important qu'il n'ait pas été fait retour du récépissé prévu par l'al. 4 de ce texte, la cour d'appel n'a méconnu aucun des textes visés au moyen. • Crim. 15 juin 2021, n° 20-84.271 B : *D. actu. 9 juill. 2021, obs. Dominati ; AJ pénal 2021. 426, obs. Mallet.*

9. En revanche, doit être jugé par défaut en application de l'art. 412, le prévenu appelant non comparant cité à parquet après que l'huissier chargé de délivrer l'acte à l'adresse déclarée lors de l'appel s'est borné à mentionner « identification difficile, rien sur annuaire ». Faute de vérification effective, par l'huissier, de l'adresse déclarée, la cour d'appel ne peut faire application de l'art. 503-1 et prononcer par arrêt contradictoire à signifier. • Crim. 16 sept. 2008, n° 08-81.351 P : *AJ pénal 2008. 472 ; Dr. pénal 2008. Comm. 148, obs. Maron et Haas.* ♦ De même, s'il ne résulte pas des mentions de l'acte d'huissier que l'appelant ne demeure pas à l'adresse déclarée, les dispositions de l'art. 503-1 ne peuvent s'appliquer. • Crim. 13 mai 2009 : *RSC 2009. 862, obs. Finielz.*

10. Entrée en vigueur de l'art. 503-1. Est jugé par défaut, conformément aux dispositions de l'art. 412, le prévenu appelant non comparant, qui n'a pas été personnellement touché par la citation délivrée à l'adresse déclarée dans l'acte d'appel, dès lors que celui-ci est antérieur au 1er oct. 2004, date d'entrée en vigueur de l'art. 503-1. • Crim. 27 juin 2006, n° 05-85.701 P : *AJ pénal 2006. 457.*

11. Compatibilité avec les exigences européennes. Selon l'art. 503-1, al. 4, la citation faite à l'adresse déclarée par un prévenu libre et qui n'a pas signalé auprès du procureur de la République de changement d'adresse, est réputée faite à sa personne. L'huissier, qui se transporte à cette adresse pour délivrer une citation et dresse un procès-verbal constatant que l'appelant n'y est plus connu, n'a aucune autre diligence à accomplir. Ces dispositions ne sont pas incompatibles avec le principe du droit au procès équitable résultant de l'art. 6 Conv. EDH. • Crim. 23 sept. 2009, n° 08-87.406 P : *AJ pénal 2009. 508.*

Art. 504 **Une requête contenant les moyens d'appel peut être remise dans les délais prévus pour la déclaration d'appel au greffe du tribunal ; elle est signée de l'appelant ou d'un avocat inscrit à un barreau** *(Abrogé par L. n° 2011-94 du 25 janv. 2011, art. 32, à compter du 1er janv. 2012)* ***« ou d'un avoué »*** **ou d'un fondé de pouvoir spécial.**

La requête, ainsi que les pièces de la procédure sont envoyées par le procureur de la République au parquet de la cour dans le plus bref délai.

Si le prévenu est en état d'arrestation, il est également, dans le plus bref délai et par ordre du procureur de la République, transféré dans la maison d'arrêt du lieu où siège la cour d'appel.

Art. 505 *(L. n° 2009-1436 du 24 nov. 2009, art. 73-II)* **En cas de jugement de condamnation, le procureur général peut également former son appel dans le délai de vingt jours à compter du jour du prononcé de la décision.**

Sans préjudice de l'application des articles 498 à 500, les autres parties ont alors un délai de cinq jours pour interjeter appel incident. Même en l'absence d'appel incident, la cour d'appel peut, en cas d'appel formé par le seul procureur général en application du présent article, prononcer une peine moins importante que celle prononcée par le tribunal correctionnel. — *Pr. pén. C. 644.*

1. Règles nationales. Si le libellé de l'acte d'appel ne spécifie pas que l'appel émane du procureur général, le demandeur ne peut se faire grief de cette imprécision dès lors qu'instruit, avant l'expiration du délai d'appel du procureur général, d'un appel interjeté par le ministère public, il a été ainsi mis à même de produire et de faire valoir ses moyens de défense. • Crim. 20 avr. 1961, n° 60-92.478 P.

2. L'appel du procureur général est signifié par ministère d'huissier. • Crim. 30 janv. 1969, n° 68-92.456 P. ♦ Toutefois, si le poste d'huissier est vacant, l'appel du procureur par signification délivrée au prévenu par un gendarme spécialement requis à cet effet dans la collectivité territoriale de Saint-Pierre-et-Miquelon est recevable. • Crim. 22 mars 2005, n° 04-87.400 P.

3. L'appel formé par le procureur général dans le délai de l'art. 505 est recevable et les parties civiles, qui tiennent de la loi la faculté de faire appel quant à leurs intérêts civils seulement, sont irrecevables en leurs appels incidents si elles n'ont pas relevé appel dans le délai imparti par l'art. 498. • Crim. 29 févr. 2000, n° 98-87.642 P.

4. Règles européennes (juris. ant. L. n° 2009-1436 du 24 nov. 2009). Les dispositions de l'art. 505 qui laissent au parquet un délai d'appel du jugement de condamnation plus long que celui du prévenu sont contraires aux exigences du procès équitable prévues par l'art. 6, § 1, Conv. EDH : • CEDH 3 oct. 2006, *Ben Naceur c/ France : D. 2006. IR 2625 ; ibid 2007. Pan. 979, obs. Pradel*. ♦ L'art. 505 qui ouvre au procureur général un délai d'appel plus long que celui accordé aux autres parties par l'art. 498 méconnaît le principe de l'égalité des armes tel qu'il résulte de l'exigence d'un procès équitable au sens de l'art. 6, § 1, Conv. EDH. • Crim. 17 sept. 2008, n° 08-80.598 P : *D. 2008. AJ 2507, note Girault ; ibid. 2009. Chron. 44, obs. Chaumont ; AJ pénal 2008. 456, note Saas ; Dr. pénal 2008. Comm. 161, obs. Maron et Haas.* ♦ Doit dès lors être annulé l'arrêt qui déclare un tel appel recevable. • Crim. 10 févr. 2009, n° 08-83.837 P : *RSC 2009. 921, obs. Renucci ; D. 2009. AJ 814, note Girault ; AJ pénal 2009. 234, obs. Saas ; Procédures 2009, n° 171, obs. Buisson.* ♦ Revirement par rapport à : • Crim. 27 juin 2000, n° 89-87.460 P : *D. 2000. IR 221 ; ibid. 2001. Somm. 514, obs. Pradel* • 24 oct. 2001, n° 01-81.039 • 9 janv. 2002, n° 01-84.693 (le délai plus long dont bénéficie le ministère public pour faire appel n'est pas contraire à l'exigence d'un procès équitable posé par l'art. 6, § 1, Conv. EDH dès lors que le prévenu bénéficie également d'un droit d'appel et d'un délai lui permettant de l'exercer utilement).

5. Les dispositions des art. 497, 498, 500 et 505 qui accordent un droit d'appel non seulement à toutes les parties à l'instance mais également au procureur général ne sont pas incompatibles avec le principe du procès équitable résultant de l'art. 6 Conv. EDH. • Crim. 29 févr. 2000 : *préc. note 3.*

Art. 505-1 *(L. n° 2004-204 du 9 mars 2004, art. 139)* **Lorsqu'il est fait appel après expiration des délais prévus aux articles 498, 500 ou 505, lorsque l'appel est devenu sans objet** *(L. n° 2016-731 du 3 juin 2016, art. 93)* **« , qu'il a été formé sans respecter les formalités prévues à l'article 502 ou qu'il a été formé hors les cas mentionnés à l'article 546 » ou lorsque l'appelant s'est désisté de son appel, le président de la chambre des appels correctionnels rend d'office une ordonnance de non-admission de l'appel qui n'est pas susceptible de voies de recours.**

1. Si, selon l'art. 505-1, l'ordonnance de non-admission d'appel du président de la chambre des appels correctionnels prévue par ce texte n'est pas susceptible de recours, il en est autrement lorsque cette décision est entachée d'excès de pouvoirs. Excède ses pouvoirs le président de la chambre des appels correctionnels qui, pour dire n'y avoir lieu à admettre un appel, énonce à tort que celui-ci est tardif. • Crim. 2 avr. 2008, n° 08-80.067 P : *RSC 2008. 637, obs. Giudicelli ; AJ pénal 2008. 377, note Duparc ; Dr. pénal 2008. Comm. 103 (1re esp.), obs. Maron et Haas.*

2. Si, selon les dispositions combinées des art. D. 49-43, D. 49-44-1 et 505-1, la décision par laquelle le président de la CHAP constate que l'appel est tardif, devenu sans objet ou que l'appelant s'est désisté de son appel, n'est pas susceptible de recours, il en est autrement lorsque son examen fait apparaître un risque d'excès de pouvoir relevant du contrôle de la Cour de cassation. • Crim. 12 nov. 2009, n° 09-82.946 P : *AJ pénal 2010. 87, obs. Herzog-Evans ; Procédures 2010, n° 47, obs. Buisson* • 18 déc. 2013, n° 12-87.281 P.

3. Si l'ordonnance de non-admission d'appel du président de la chambre des appels correctionnels prévue par l'art. 505-1 n'est pas susceptible de recours, il en est autrement lorsque son examen fait apparaître un excès de pouvoir. Excède ses pouvoirs le président de la chambre des appels correctionnels qui déclare non admis, aux motifs que cette voie de recours est devenue sans objet, aucune peine ne restant à exécuter en France, l'appel d'un jugement ayant substitué, en application de l'art. 728-4, une peine prévue par la loi française à une peine prononcée à l'étranger, alors que l'appelant était en droit de soumettre la décision des premiers juges à l'examen de la cour d'appel, peu important qu'il ait été mis fin à l'exécution de la peine. • Crim. 25 nov. 2009, n° 09-84.522 P.

4. Le président de la chambre des appels correctionnels ne peut, sans excès de pouvoir sanctionné par un pourvoi en cassation, prononcer la non-admission d'un appel irrecevable pour une autre cause que celles énoncées par l'art. 505-1. • Crim. 11 oct. 2011, n° 11-85.042 P : *D. actu. 27 oct. 2011, obs. Léna.*

Art. 506 *(L. n° 70-643 du 17 juill. 1970)* **Pendant les délais d'appel et durant l'instance d'appel, il est sursis à l'exécution du jugement, sous réserve des dispositions des articles 464 (deuxième et troisième alinéas), 464-1** *(L. n° 2020-1672 du 24 déc. 2020, art. 26)* **« , 464-2 », 471, 507, 508 et 708.** — *Pr. pén. C. 645.*

Sur l'exécution provisoire de la suspension ou de l'annulation du permis de conduire, V. C. route, art. L. 224-13 ; ... de l'interdiction d'émettre des chèques, V. C. mon. fin., art. L. 163-6, al. 2.

1. L'art. 506, qui écarte expressément de son champ d'application l'art. 464-1, exclut par là même, en la matière, l'effet suspensif de l'appel du procureur de la République. • Crim. 13 mars

1978 : *Bull. crim. n° 92 ; D. 1978. IR 343, obs. Roujou de Boubée.*

2. L'appel n'a pas d'effet suspensif à l'égard des dispositions du jugement qui, par application de l'art. 464-1, ordonne le maintien en détention du prévenu. • Crim. 25 juin 1984 : *Bull. crim. n° 240.* ♦ Il se déduit en outre des dispositions combinées des art. 471, al. 2, et 506 qu'à défaut de nouvelle décision la concernant la détention ordonnée par le tribunal en application de l'art. 464-1 se prolonge jusqu'à l'expiration de la peine prononcée. • Crim. 26 sept. 1986 : *Bull. crim. n° 258.*

3. L'appel n'a pas davantage d'effet suspensif en cas de jugement de relaxe, de condamnation à l'emprisonnement avec sursis ou à l'amende, ou de condamnation à une peine d'emprisonnement couverte par la détention provisoire ; le prévenu en état de détention doit être immédiatement libéré. • Lyon, 25 nov. 1971 : *D. 1972. 505, note Pradel ; JCP 1972. II. 17121, note Decocq.*

Art. 507 **Lorsque le tribunal statue par jugement distinct du jugement sur le fond l'appel est immédiatement recevable si ce jugement met fin à la procédure.**

Dans le cas contraire et jusqu'à l'expiration des délais d'appel le jugement n'est pas exécutoire et le tribunal ne peut statuer au fond.

Si appel n'a pas été interjeté ou si avant l'expiration du délai d'appel la partie appelante n'a pas déposé au greffe la requête prévue à l'alinéa suivant, le jugement est exécutoire et le tribunal statue au fond.

La partie appelante peut déposer au greffe, avant l'expiration des délais d'appel, une requête adressée au président de la chambre des appels correctionnels et tendant à faire déclarer l'appel immédiatement recevable.

BIBL. ▶ BROUCHOT, *JCP 1964. I. 1828.* – LESCLOUS et MARSAT, *Dr. pénal 1998. Chron. 12.* – MEURISSE, *JCP 1967. I. 2066.*

1. Jugement séparé. L'appel d'un jugement séparé doit être formé immédiatement mais il ne sera examiné qu'en même temps que l'appel formé ultérieurement sur le fond. • Crim. 11 févr. 1965, n° 64-91.951 P : *D. 1965. 426, note Mazard.* ♦ ... Sauf si le jugement séparé met fin à la procédure. • Crim. 16 oct. 1962, n° 61-93.956 P.

2. Conditions d'application. Sur les conditions d'application de l'art. 507, al. 1er : • Crim. 6 déc. 1951 : *Bull. crim. n° 334 ; RSC 1952. 464, obs. Patin* • 24 janv. 1962, n° 61-91.019 P • 29 nov. 1962, n° 62-90.800 P • Douai, 15 avr. 1964 : *D. 1964. 316.* ♦ Sont notamment des jugements distincts au sens de l'art. 507, al. 1er, le jugement ordonnant une mesure d'expertise. • Crim. 6 janv. 1970, n° 69-92.912 P. ♦ ... Le jugement rejetant une nouvelle demande d'expertise. • Douai, 15 avr. 1964 : *D. 1964. 316.* ♦ ... Ou une exception de prescription. • Crim. 6 janv. 1970 : *préc.* ♦ ... Ou une exception d'immunité parlementaire. • Crim. 9 juill. 1984 :, n° 84-90.804 P : *D. 1985. 78, note J.-M. R. ; RSC1985. 607, obs. J. Robert.*

3. Champ d'application. L'art. 507, al. 1er, concerne aussi les jugements contenant des dispositions définitives. • Crim. 14 juin 1967, n° 66-93.765 P : *D. 1967. Somm. 114.* ♦ Ainsi est susceptible d'appel le jugement accordant un sursis à statuer indéfini et illimité. • Crim. 22 oct. 1984, n° 84-90.844 P • 14 janv. 1992, n° 88-84.493 P : *D. 1992. Somm. 319, obs. Pradel.* ♦ ... Ou ordonnant le renvoi de l'affaire sans fixer de date. • Crim. 20 juill. 1993, n° 92-84.370 P. ♦ ... Ou déclarant irrecevable une partie civile. • Crim. 16 oct. 1962 : *préc. note 1.* ♦ ... Ou déclarant irrégulière la citation. • Crim. 12 juin 1968, n° 67-92.268 P : *JCP 1969. II. 15850, note Sacotte.* ♦ ... Ou aux termes duquel le tribunal correctionnel renvoie le dossier au procureur de la République sur le fondement de l'art. 397-2, al. 2, qui ne s'applique qu'aux procédures de convocation par procès-verbal et de comparution immédiate, alors qu'il était saisi par la citation directe du procureur de la République. • Crim. 15 févr. 2000, n° 99-81.290 P : *Dr. pénal 2000. Chron. 33, obs. Marsat.* ♦ De même, met fin à la procédure et est donc susceptible d'appel immédiat le jugement du tribunal correctionnel qui annule non seulement les actes relatifs à la garde à vue subie par le prévenu lors de l'enquête de flagrance mais également l'ensemble de la procédure de comparution immédiate et qui a ordonné la mise en liberté de l'intéressé. • Crim. 6 sept. 2006, n° 06-82.303 P : *D. 2006. 2547 ; AJ pénal 2007. 34, obs. Leblois-Happe.*

4. Exclusions. Mais n'entre pas dans la classe des décisions visées par l'art. 507 le jugement avant-dire droit qui se prononce sur une exception d'incompétence en application de l'art. 59, al. 2, de la loi du 29 juill. 1881. • Crim. 24 janv. 1973, n° 72-91.510 P : *D. 1973. IR 46* • 15 févr. 1988, n° 88-80.521 P. ♦ ... Ni le jugement qui, constatant une nullité prévue par l'art. 170, renvoie le ministère public à se pourvoir. • Crim. 20 déc. 1988, n° 87-80.882 P • 25 févr. 1991, n° 90-81.497 P • 21 oct. 1992, n° 87-92.132 P • 22 nov. 1994, n° 94-83.944 P. ♦ L'appel d'une telle décision par le ministère public et l'administration des douanes, en raison de l'effet dévolutif de l'appel, saisit les juges du second degré de l'ensemble de la procédure, à l'égard de tous les prévenus, même à l'égard de ceux qui n'avaient pas soulevé la nullité. • Crim. 6 avr. 1992, n° 91-83.375 P. ♦ ... Ni la décision de mise en délibéré. • Nancy, 23 sept. 1987 : *JCP 1988. II. 21024, note Chambon.* ♦ ... Ni le jugement qui condamne le prévenu et admet le principe de sa responsabilité civile mais ordonne une mesure d'instruction complémentaire aux fins de fixer le montant du préjudice subi par la victime de l'infraction. • Crim. 27 janv. 1993, n° 92-82.136 P. ♦ ... Ni le jugement fixant le montant de la consignation que la partie civile devra verser au greffe. • Crim. 26 nov. 1997, n° 96-84.570 P. ♦ ... Ni le jugement qui constate l'extinction de l'action publique par l'amnistie et ordonne le renvoi de la cause sur l'action civile à une audience ultérieure. • Crim. 22 sept. 1998, n° 97-81.964 P.

5. Irrecevabilité de l'appel immédiat. N'est pas recevable l'appel immédiat d'un jugement par lequel un tribunal correctionnel à juge unique renvoie l'affaire en application de l'art. 398-2 car un tel jugement ne dessaisit pas le tribunal et ne met pas fin à la procédure. • Crim. 16 mai 2000, n° 99-86.681 P : *D. 2000. IR 188*. ♦ V. également • Crim. 2 sept. 2004, n° 04-83.871 P : *D. 2004. IR 3112* • 8 déc. 2004, n° 04-85.877 P : *AJ pénal 2005. 74, obs. Coste* ; *JCP 2005. IV. 1300.*

6. Ministère public. Le ministère public, comme toute autre partie, doit présenter la requête prévue par l'art. 507 lorsqu'il interjette appel d'un jugement ne mettant pas fin à la procédure. • Crim. 29 déc. 1971, n° 71-91.256 P • 20 déc. 1988, n° 87-80.881 P • 25 févr. 1991, n° 90-81.749 P • 2 sept. 2004 : *préc. note 5* • 8 déc. 2004 : *préc. note 5.*

7. Parties. Les parties ne sont pas recevables à critiquer la désignation du président appelé à statuer sur les requêtes présentées en application de l'art. 507, al. 4. • Crim. 20 mars 1973, n° 72-90.870 P.

8. Dépôt facultatif de la requête (al. 4). L'art. 507, al. 4, laisse la partie appelante libre de ne pas user de la faculté qu'il prévoit et son appel n'en demeure pas moins recevable en même temps que l'appel ultérieurement formé contre la décision sur le fond. • Crim. 24 juill. 1962, n° 62-92.121 P • 26 juin 1975, n° 73-93.066 P • 10 mars 1987, n° 86-90.547 P : *Gaz. Pal. 1988. 1. Somm. 8, note Doucet.* ♦ Les juges d'appel statuent alors en premier lieu sur l'exception soulevée. • Crim. 8 déc. 2004, n° 04-80.977 P : *AJ pénal 2005. 74, obs. Coste* ; *JCP 2005. IV. 1299* • 14 févr. 2006, n° 05-81.838 P : *D. 2006. IR 880* • 26 févr. 2008, n° 07-86.436 P : *D. 2008. AJ 854* ; *AJ pénal 2008. 239, note Royer*.

9. Presse. Aux termes de l'art. 59 de la L. du 29 juill. 1881, l'appel contre les jugements statuant en matière d'infractions à ladite loi sur les incidents et exceptions, autres que les exceptions d'incompétence, ne peut être formé, à peine de nullité, qu'après le jugement rendu sur le fond et en même temps que l'appel contre ledit jugement ; toutefois, il peut être immédiatement interjeté appel du jugement qui ordonne un sursis à statuer, mais renvoie la cause à une date déterminée et ne met pas fin à la procédure, à condition qu'il soit fait application des art. 507 et 508. • Crim. 5 nov. 1991, n° 91-82.347 P.

10. Nullité d'ordre public. Les formes, modalités et délai de l'appel sont d'ordre public et leur nullité peut être proposée pour la première fois devant la Cour de cassation ; ce principe s'applique à la requête prévue par l'art. 507, al. 4. • Crim. 25 févr. 1991 : *préc. note 6.*

Art. 508 **Le greffier avise le président du tribunal du dépôt de cette requête. Le jugement n'est pas exécutoire et le tribunal ne peut statuer au fond tant qu'il n'a pas été prononcé sur ladite requête.**

Dès que le greffier a reçu l'appel et la requête il fait parvenir celle-ci au président de la chambre des appels correctionnels ainsi qu'une expédition du jugement et de l'acte d'appel.

Le président statue sur la requête, par ordonnance non motivée, dans les huit jours *de la réception* de ce dossier.

S'il rejette la requête, le jugement est exécutoire et le tribunal se prononce au fond ; aucun recours n'est recevable contre l'ordonnance du président et l'appel n'est alors jugé qu'en même temps que l'appel formé contre le jugement sur le fond.

Si, dans l'intérêt de l'ordre public ou d'une bonne administration de la justice, le président fait droit à la requête, il fixe la date à laquelle l'appel sera jugé.

La cour doit statuer dans le mois qui suit l'ordonnance du président, sans que puisse être soulevée devant elle une exception tirée de ce que l'appel formé contre la décision entreprise ne serait pas suspensif ; l'exécution du jugement est suspendue dans ce dernier cas jusqu'à ce qu'intervienne l'arrêt de la cour. — *Pr. pén. C. 646 à C. 649.*

1. Délais. Le délai d'un mois imparti par l'art. 508, dernier al. à la cour d'appel pour statuer sur l'appel d'un jugement incident est indicatif et ne comporte pas de sanction. • Crim. 17 nov. 1993, n° 93-83.531 P : *Dr. pénal févr. 1994, n° 54, obs. Maron.* ♦ Il ne résulte pas des art. 507 et 508 que le délai d'appel soit suspendu jusqu'au jour de la décision sur le fond ;

l'appel doit au contraire être formé dans les délais de l'art. 498, soit dix jours, sauf si l'appel émane du procureur général. • Crim. 11 févr. 1965, n° 64-91.951 P : *D. 1965. 426, note Mazard* • 26 juin 1975, n° 73-93.066 P.

2. Champ d'application. La procédure spéciale prévue par les art. 507 et 508 pour les décisions d'avant-dire droit n'est pas applicable aux décisions rendues par une juridiction de jugement, même en matière de flagrant délit, sur la détention préventive (provisoire) ou la liberté, décision purement provisoire. • Paris, 14 sept. 1967 : *D. 1967. 661, note D. S.* ; *JCP 1968. II. 15691, note Chambon.* ♦ L'appel peut donc avoir lieu immédiatement, sans attendre l'appel du jugement sur le fond. • Même arrêt.

3. La requête prévue par les art. 507 et 508 n'est obligatoire que pour les jugements distincts du jugement sur le fond notamment dans les cas prévus par l'art. 459 si le jugement met fin à la procédure ; le jugement homologuant une expertise ordonnée par un précédent jugement est hors du champ d'application des art. 507 et 508. • Riom, 9 mars 1966 : *D. 1966. Somm. 74.* ♦ Il en est de même du jugement interlocutoire. • TGI Seine, 18 mars 1964 : *JCP 1964. IV. 83.* ♦ ... Et du jugement de jonction. • Crim. 3 avr. 1979, n° 78-91.844 P : *D. 1979. IR 546.*

4. Absence d'exigences de forme. Aucune forme particulière n'est imposée aux ordonnances rendues en application de l'art. 508, al. 3, lesquelles ne doivent pas être motivées et il n'est pas interdit au président de la chambre correctionnelle de porter sa décision sur la requête qui, dès lors, fait corps avec l'ordonnance rendue. • Crim. 4 nov. 1987, n° 87-83.119 P : *D. 1988. IR 10.* ♦ V. également, sur les ordonnances de l'art. 508 : • Crim. 10 mars 1987, n° 86-90.547 P • 9 juin 1987, n° 87-83.119 P.

5. Absence d'appel au fond. En l'absence d'appel contre la décision sur le fond, l'appel contre le jugement avant dire droit devient caduc. • Crim. 28 juin 1983, n° 82-90.994 P.

Art. 509 **L'affaire est dévolue à la cour d'appel** *(L. n° 2019-222 du 23 mars 2019, art. 62 et 109-XIII, en vigueur le 1er juin 2019)* **« dans les limites fixées par l'acte d'appel conformément au deuxième alinéa de l'article 502 » et par la qualité de l'appelant ainsi qu'il est dit à l'article 515.** — *Pr. pén. C. 650.*

(L. n° 2019-222 du 23 mars 2019, art. 62 et 109-XIII, en vigueur le 1er juin 2019) **« Lorsque la limitation de la portée de l'appel sur l'action publique aux peines prononcées n'a pas été faite par l'avocat du prévenu ou par le prévenu en présence de son avocat, le prévenu peut revenir sur cette limitation à l'audience. »**

(L. n° 83-608 du 8 juill. 1983) **« L'appel de l'assureur produit effet à l'égard de l'assuré en ce qui concerne l'action civile. Il est, dans un délai de trois jours, notifié à l'assuré par lettre recommandée avec demande d'avis de réception adressée par l'assureur. »**

BIBL. ▶ BUFQUIN, *Gaz. Pal. 1985. 2. Doctr. 539* (appel de l'assureur).

I. PRINCIPE DE L'EFFET DÉVOLUTIF (ART. 509, AL. 1er)

1. Il résulte de l'art. 509 que l'affaire est dévolue dans la limite fixée par l'acte d'appel à la cour d'appel qui doit à nouveau statuer en fait et en droit ; la cour d'appel doit donc procéder elle-même à l'examen des faits dont elle est saisie par l'appelant. • Crim. 30 mai 2017, n° 16-83.474 : *D. actu. 30 juin 2017, obs. Azoulay.*

2. Presse. Les dispositions de l'art. 48 de la L. du 29 juill. 1881, qui subordonnent la poursuite des délits de diffamation et d'injure envers un membre de l'une ou l'autre chambre à la plainte de la personne intéressée, ne dérogent pas à celles de l'art. 509, selon lesquelles l'affaire est dévolue à la cour d'appel dans la limite fixée par l'acte d'appel et par la qualité de l'appelant et n'impliquent pas la présence de la victime en instance d'appel. • Crim. 1er sept. 2009, n° 09-81.913 P : *D. 2010. Chron. C. cass. 47, obs. Degorce* ; *AJ pénal 2009. 455* ; *Dr. pénal 2010. Chron. 5, obs. Mouysset* ; *Procédures 2010, n° 49, obs. Buisson.*

3. Cadre de la dévolution. Selon l'art. 509, l'affaire est dévolue à la cour d'appel dans la limite fixée par l'acte d'appel et par la qualité de l'appelant. Méconnaît ce texte la cour d'appel, qui, saisie des dispositions pénales et civiles d'un jugement ayant déclaré le prévenu coupable, reçu la constitution de partie civile de la victime et renvoyé à une audience ultérieure l'examen des demandes de celle-ci, se borne à confirmer le jugement, alors qu'il lui appartenait de statuer elle-même sur les demandes de la partie civile. • Crim. 16 juin 2009, n° 09-80.278 P : *AJ pénal 2009. 452, obs. Duparc* ; *Dr. pénal 2009, n° 128, obs. Maron et Haas* ; *Procédures 2009, n° 332, obs. Buisson.*

4. Une cour d'appel peut interpréter une déclaration d'appel, dont ne résulte nettement aucune restriction, comme un appel lui déférant la cause dans son ensemble. • Crim. 30 janv. 1973, n° 72-91.691 P. ♦ Sauf indication contraire l'appel est dirigé à la fois contre les dispositions pénales et civiles du jugement. • Crim. 2 mars 1961 : *D. 1961. 295.* ♦ Aux termes de l'art. 509, la cause est dévolue à la cour d'appel dans les limites fixées par l'acte d'appel et par la qualité de l'appelant. • Crim. 8 oct. 2003, n° 02-81.471 P : *JCP 2003. IV. 2883.* ♦ ... Et les limitations et restrictions doivent résulter nettement des termes mêmes de l'acte d'appel. • Crim. 12 nov. 1974, n° 74-91.229 P • 8 oct. 2003 : *préc.* ♦ En cas de contestation, c'est à la cour d'appel qu'il appartient de déterminer elle-même, au vu des actes d'appel, l'étendue de sa saisine. • Crim. 30 janv. 1973, n° 72-92.968 P • 14 mai 1992, n° 91-82.362 P : *D. 1993. Somm. 83, obs. Pannier* • 25 mai 2004, n° 03-86.735 P : *JCP 2004. IV. 2579.*

5. Les juges du second degré ne sauraient sans excès de pouvoir, lorsqu'ils sont saisis des seuls appels du ministère public et d'un prévenu, réviser les condamnations civiles prononcées en première instance à l'encontre de coprévenus non appelants, encore qu'ils aient relaxé ceux-ci sur l'action publique. • Crim. 8 nov. 1972, n° 71-91.309 P • 18 juill. 1975, n° 74-93.147 P.

6. Requalification des faits. S'il appartient aux cours d'appel de changer la qualification des faits, et de substituer une qualification nouvelle à celle qui leur était déférée, c'est à la condition qu'il ne soit rien changé aux faits de la prévention et qu'ils restent tels qu'ils ont été dénoncés dans les actes de la procédure. • Crim. 6 mai 1971, n° 70-93.160 P : *D. 1971. 670, note Perreau.* ♦ Mais l'état de récidive légale se trouve dans le débat devant la cour d'appel dès lors qu'il a été relevé par les premiers juges, quand bien même cette circonstance n'aurait pas été visée dans la prévention initiale. • Crim. 29 janv. 2014, n° 12-85.603 P : *D. actu. 14 févr. 2014, obs. Bombled.*

7. Appel incident. Dès lors qu'ils ne sont pas limités, les actes d'appel régulièrement formés par les parties civiles dans le délai d'appel supplémentaire de cinq jours, prévu par l'art. 500, remettent en cause toutes les dispositions civiles du jugement, ainsi que le prévoit l'art. 509, sans que les limites de l'acte d'appel du prévenu aient d'incidence sur l'étendue du recours des parties civiles. • Crim. 8 déc. 2021, n° 20-86.224 P.

II. PRISE EN CONSIDÉRATION DE LA QUALITÉ DE L'APPELANT

A. APPEL DU MINISTÈRE PUBLIC

8. Concernant l'interdiction d'aggraver le sort de l'appelant sur son seul appel, V. aussi notes ss. art. 515.

9. La cour d'appel, saisie du seul appel du ministère public, limité aux dispositions d'un jugement concernant les modalités d'exécution de la peine, ne peut condamner le prévenu à une peine d'emprisonnement (18 mois au lieu des 6 mois précédents). • Crim. 8 juin 2006, n° 06-82.700 P.

10. Il résulte des art. 502 et 509 que, lorsque le ministère public a limité son appel d'une décision de condamnation aux peines prononcées et que le prévenu n'a pas lui-même relevé appel de la décision sur sa culpabilité, la cour d'appel n'est pas saisie de cette décision sur la culpabilité, qui est revêtue de l'autorité de la chose jugée. Il s'en déduit que, si celle-ci est à nouveau présentée devant elle, la cour d'appel ne peut davantage statuer sur l'exception de nullité de l'acte de poursuite qui avait été écartée par les juges du premier degré avant qu'ils ne se prononcent sur la culpabilité du prévenu. • Crim. 26 nov. 2019, n° 18-84.956 P : *D. actu. 24 déc. 2019, obs. Fucini.*

11. Le juge d'appel étant saisi par l'acte d'appel et sa juridiction étant circonscrite dans les termes de cet acte, le ministère public doit, lorsque le jugement contient des dispositions spéciales et distinctes, préciser à l'encontre de quelles dispositions il se pourvoit. • Crim. 11 févr. 1965, n° 64-91.951 P : *D. 1965. 426, note Mazard* • 23 avr. 1975, n° 74-92.242 P. ♦ Ce principe est général et absolu. • Mêmes arrêts. ♦ Ainsi, si le jugement contient des dispositions distinctes et s'il n'y a appel que de certaines d'entre elles, la cour ne peut se prononcer que sur celles dont elle est saisie ; ce principe s'applique également à l'appel du ministère public. • Crim. 10 mars 2004, n° 02-85.285 P : *D. 2005. Pan. 686, obs. Pradel* ; *JCP 2004. IV. 1963.* ♦ Une cour d'appel ne peut, sur le seul appel du ministère public limité aux dispositions pénales du jugement, augmenter le montant de l'amende douanière au paiement de laquelle les prévenus ont été condamnés en première instance. • 24 avr. 2013 : *D. actu. 16 mai 2013, obs. Bombled.*

12. Encourt la censure la cour d'appel qui se dit non saisie de la demande de confiscation formée par le ministère public, alors que l'appel de ce dernier portait sur l'action douanière, qu'il exerçait par application de l'art. 343, 3°, C. douanes, et dont relevaient notamment les mesures de confiscation. • Crim. 19 févr. 2014, n° 13-82.065 P : *RSC. 2014. 573, note Detraz* .

13. Appel du ministère public et intérêts civils. L'appel du ministère public est sans effet sur les intérêts civils. • Crim. 21 nov. 1972, n° 71-91.942 P. ♦ La victime partie civile, non appelante d'un jugement de relaxe, n'est plus partie à l'instance d'appel et ne peut être entendue en cette qualité. • Crim. 9 mars 2005, n° 04-80.384 P : *D. 2005. IR 1302* ; *JCP 2005. IV. 1978* ; *Dr. pénal 2005. Comm. 99, obs. Maron* • 20 sept. 2006, n° 05-85.869 P : *AJ pénal 2006. 512* • 18 juin 2014, n° 13-86.361 P • 29 mars 2017, n° 15-86.434 P : *AJ pénal 2017. 288, obs. Pitti* ; *Dr. pénal 2017, n° 81, note Maron et Haas* ; *RSC 2017. 342, note Cordier* . ♦ ... Ni représentée par son avocat. • Crim. 18 juin 2014, n° 13-87.951 P : *D. actu. 23 juill. 2014, obs. Fonteix* ; *Procédures 2014. 247, note Chavent-Leclère.* ♦ La partie civile, constituée en première instance, qui n'est plus partie en appel, ne peut comparaître à l'audience ou s'y faire représenter et ne peut être entendue qu'en qualité de témoin. • Crim. 14 nov. 2017, n° 16-85.161 P : *D. actu. 28 nov. 2017, obs. Goetz.* ♦ Entendue comme témoin, la partie civile non appelante ne peut non plus être assistée de son conseil. • Crim. 29 mars 2017, n° 16-82.484 P : *AJ pénal 2017. 288, obs. Pitti ; Dr. pénal 2017, n° 81, note Maron et Haas ; RSC 2017. 342, note Cordier.*

14. L'affaire est dévolue à la cour dans les limites fixées à l'acte d'appel et par la qualité de l'appelant. Méconnaît ces dispositions la juridiction qui, sur les seuls appels de coprévenus et du ministère public à l'encontre de ceux-ci et d'une prévenue relaxée, condamne cette dernière tant sur l'action publique que sur l'action civile, alors qu'en l'absence d'appel de la partie civile, le jugement la déboutant à l'égard de la prévenue avait acquis un caractère définitif. • Crim. 28 nov. 2006, n° 05-85.085 P : *Dr. pénal 2007. Comm. 29 et 32, obs. Maron ; ibid. 2007. Chron. 1, obs. Mouysset.*

B. APPEL DE LA PARTIE CIVILE

15. Omission de statuer sur l'action civile. En l'absence d'appel de la partie civile d'un jugement ayant omis de statuer sur sa demande, les juges du second degré, saisis des seuls appels du prévenu et du ministère public, limités aux dispositions pénales, ne peuvent annuler le jugement entrepris, évoquer et condamner le prévenu à des réparations civiles. • Crim. 6 déc. 2005, n° 04-87.661 P. ♦ V. aussi en cas d'appel de la victime, note 6 ss. art. 520.

16. L'appel d'une partie civile ne saurait profiter à une autre partie civile non appelante. • Crim. 6 sept. 1980, n° 79-93.443 P • 25 oct. 1983, n° 82-90.223 P. ♦ Sur le seul appel de la partie civile d'un jugement déclarant l'action publique éteinte par l'effet de la prescription, les juges du second degré ne peuvent prononcer une peine, la décision des premiers juges ayant acquis force de chose jugée au regard de l'action publique. • Crim. 25 oct. 2006, n° 05-86.993 P.

17. Selon l'art. 509, l'affaire est dévolue à la cour d'appel dans la limite fixée par l'acte d'appel et par la qualité de l'appelant. Méconnaît ce texte la cour d'appel qui, saisie des dispositions pénales et civiles d'un jugement ayant déclaré le *prévenu coupable*, reçu la constitution de partie civile de la victime et renvoyé à une audience ultérieure l'examen des demandes de celle-ci, se borne à confirmer le jugement, alors qu'il lui appartenait de statuer elle-même sur les demandes de la partie civile. • Crim. 16 juin 2009, n° 09-80.278 P: *AJ pénal 2009. 452, obs. Duparc.*

18. Partie civile non appelante. Une partie civile, dont les demandes n'ont pas été satisfaites en première instance et qui n'est pas appelante, ne peut ni être reçue en qualité de partie intervenante devant la cour d'appel saisie de la seule action publique, ni se constituer de nouveau partie civile devant cette juridiction. • Crim. 1er sept. 2009 : *préc. note 2.*

19. Face pénale de l'action civile. Sur l'évolution de la jurisprudence en la matière, V. note 14 ss. art. 2 et notes ss. art. 515.

C. APPEL DU PRÉVENU

20. Saisie du seul appel du prévenu, la cour d'appel peut passer outre au désistement d'appel dont il se prévaut, dès lors que ce désistement est assorti de réserves. • Crim. 28 nov. 1989, n° 89-81.003 P.

21. Le prévenu, condamné en première instance pour blessures involontaires, qui a limité son appel à l'action civile, est recevable à discuter devant la cour, non pas le principe de sa responsabilité civile, mais son étendue. • Crim. 15 mai 1968, n° 67-90.511 P : *JCP 1968. II. 15671, note Meurisse* • 27 oct. 1976, n° 76-90.062 P.

22. L'autorité de la chose jugée qui s'attache à la décision du tribunal sur l'action publique n'autorise pas la prévenue, appelante sur les seuls intérêts civils, à contester la compétence territoriale du premier juge. • Crim. 25 juin 2008, n° 07-87.515 P : *AJ pénal 2008. 472 ; Dr. pénal 2008. Comm. 147, obs. Maron et Haas.*

23. Rectification d'erreur matérielle. Les art. 509 et 515 ne sont pas applicables en cas de rectification d'erreur matérielle ; dès lors, il n'y a pas lieu de casser l'arrêt de la cour d'appel qui infirme un jugement rectificatif concernant plusieurs condamnés mais dont un seul avait fait appel. • Crim. 17 juin 2003, n° 02-82.003 P : *D. 2003. IR 2284 ; JCP 2003. IV. 2451 ; AJ pénal 2003. 27 ; Dr. pénal 2003. Comm 117, obs. Maron.*

D. AUTRES APPELANTS

24. Appel du civilement responsable. L'appel non limité du civilement responsable saisit la cour d'appel de l'action civile dans son intégralité. • Crim. 27 oct. 1976 : *préc. note 21.*

25. Appel de l'administration. En application de l'art. 509, l'affaire est dévolue à la cour d'appel dans la limite fixée par l'acte d'appel et la qualité de l'appelant. Méconnaît ce principe la cour d'appel qui, saisie du seul appel de l'administration des douanes limité aux dispositions civiles d'un jugement, prononce sur l'action pour l'application des sanctions fiscales, laquelle n'est pas assimilable à l'action civile. • Crim. 8 janv. 1998, n° 97-80.512 P.

26. Administration fiscale. L'action pour l'application des sanctions fiscales exercée par l'administration des douanes sur le fondement de l'art. 343-2 C. douanes a le caractère d'une action publique qui est indépendante du droit d'obtenir le paiement des sommes fraudées ou indûment obtenues, que cette administration tient de l'art. 377 *bis* de ce code et qui, seul, a le caractère d'une action civile. Justifie sa décision, la cour d'appel qui, saisie de l'appel du prévenu sur les seules dispositions pénales, a sursis à statuer en matière douanière pour permettre la mise en cause de l'administration des douanes. • Crim. 8 janv. 1998, ♘ nº 97-84.996 P.

27. Douanes. Une infraction douanière donne naissance à deux actions : l'action publique, pour l'application des peines, qui n'est exercée que par le ministère public, et l'action fiscale, exercée à titre principal par l'administration des douanes, mais qui peut être aussi exercée par le ministère public, accessoirement à l'action publique. La cour d'appel, saisie de poursuites sur la seule initiative de l'administration, exerçant l'action fiscale, ne peut prononcer pour un délit douanier une peine d'emprisonnement, même si le ministère public a relevé appel incident du jugement, et requis à l'audience d'appel. • Crim. 16 janv. 1995, ♘ nº 94-80.720 P.

28. La juridiction répressive, même en cas de relaxe, ne peut, lorsqu'elle est saisie d'une demande de l'administration des douanes, dispenser le redevable du paiement des droits éludés. • Crim. 20 mars 1995, ♘ nº 94-82.476 P.

29. Le juge pénal, s'il estime l'infraction établie, doit condamner le prévenu aux amendes fiscales et aux confiscations prévues par le code des douanes, qui ont un caractère mixte, à la fois civil et pénal, ainsi qu'au paiement des droits fraudés. Il en résulte que l'administration, dont l'action fiscale ne se confond pas avec l'action civile, est recevable à demander au juge la condamnation aux amendes et confiscations douanières d'un prévenu déclaré en liquidation judiciaire à titre personnel, sans avoir à produire sa créance entre les mains du syndic. Cependant, l'administration doit produire à la procédure collective en ce qui concerne le paiement des droits fraudés. • Crim. 11 mai 1995, ♘ nº 94-84.639 P • 6 févr. 1997, ♘ nº 95-83.452 P. ♦ Il en résulte également que le seul appel de l'administration contre une décision de relaxe pour infraction douanière remet en cause devant la juridiction du second degré la culpabilité des prévenus pour l'application des pénalités fiscales. • Crim. 20 août 1996, ♘ nº 95-81.582 P : *Dr. pénal 1996. 270, obs. Robert.*

30. Méconnaît l'art. 509 la cour d'appel qui, saisie du seul appel de l'administration des douanes et droits indirects, limité aux dispositions fiscales du jugement l'ayant débouté de ses demandes après relaxe des prévenus du chef d'infraction à la législation sur les contributions indirectes, infirmant ledit jugement, a condamné ces derniers à une amende pénale. • Crim. 21 oct. 2009, ♘ nº 08-83.723 P : *AJ pénal 2010. 139, obs. Roussel* ✎ ; *Procédures 2010, nº 83, obs. Buisson.*

31. Appel de l'assureur. Selon les dispositions combinées des art. 509, al. 2, et R. 211-2 C. assur., l'appel de l'assureur produit effet, en ce qui concerne l'action civile, à l'égard de toute personne qui, conduisant le véhicule assuré avec l'autorisation du propriétaire de celui-ci ou du souscripteur du contrat, est personnellement revêtue de la qualité d'assuré, ce qui justifie que la cour d'appel, sur les seuls appels de la personne civilement responsable du fait du prévenu et de son assureur, diminue le montant des indemnités mises solidairement à la charge des appelants et du prévenu au profit des parties civiles. • Crim. 19 avr. 1988, ♘ nº 87-84.200 P • 3 nov. 1988, ♘ nº 86-91.143 P. ♦ ... Ou modifie le jugement dans un sens défavorable aux parties civiles sur appel de l'assureur. • Crim. 29 sept. 1993, ♘ nº 92-85.713 P. ♦ Comp. : • Crim. 7 mars 1989, ♘ nº 88-85.156 P.

32. L'art. 509, al. 2, ne déroge au principe posé par l'al. 1er de ce texte qu'au profit de l'assuré, en cas d'appel de l'assureur. Mais l'appel du prévenu, limité à l'action civile, ne produit pas effet à l'égard de son assureur. • Crim. 19 juin 1996, ♘ nº 95-83.726 P : *Dr. pénal 1997. Comm. 73, note Maron.*

33. La notification de l'appel est prévue dans le seul intérêt de l'assuré ; la partie civile ne peut se prévaloir de l'inobservation de cette formalité. • Crim. 10 avr. 1986, ♘ nº 85-93.805 P : *Gaz. Pal. 1986. 2. 744.* ♦ L'absence de notification n'est pas une cause de cassation, cette formalité n'étant pas prescrite à peine d'irrecevabilité de l'appel. • Crim. 3 nov. 1988, ♘ nº 86-91.143 P.

Art. 509-1 *(L. nº 2019-222 du 23 mars 2019, art. 62 et 109-XIII, en vigueur le 1er juin 2019)* **Le prévenu doit comparaître devant la chambre des appels correctionnels dans un délai de quatre mois à compter soit de l'appel, si le prévenu est détenu, soit de la date à laquelle le prévenu a été ultérieurement placé en détention provisoire, en application de la décision rendue en premier ressort.**

Toutefois, si l'audience sur le fond ne peut se tenir avant l'expiration de ce délai, le président de la chambre peut, à titre exceptionnel, par une décision mentionnant les raisons de fait ou de droit faisant obstacle au jugement de l'affaire, ordonner la prolongation de la détention pour une nouvelle durée de quatre mois. La comparution personnelle du prévenu est de droit si lui-même ou son avocat en font la demande. Cette décision peut être renouvelée une fois dans les mêmes formes.

Lorsqu'un des faits constitutifs de l'infraction a été commis hors du territoire national ou lorsque la personne est poursuivie pour une infraction mentionnée aux articles 706-73 et 706-73-1, le délai mentionné aux deux premiers alinéas du présent article est porté à six mois.

Si le prévenu n'a pas comparu devant la cour d'appel avant l'expiration des délais prévus au présent article, il est remis immédiatement en liberté s'il n'est pas détenu pour une autre cause.

L'art. 509-1 est applicable aux procédures dans lesquelles l'appel a été formé postérieurement au 1er juin 2019 (L. n° 2019-222 du 23 mars 2019, art. 109-XV).

Lorsque l'affaire, en état d'être jugée dans le délai de 4 mois mentionné à l'art. 509-1, ne peut l'être en raison d'une grève des avocats, le prévenu demandant à être jugé en sa présence, le président de la chambre justifie sa décision de prolongation exceptionnelle de la détention provisoire en raison d'un obstacle de fait ou de droit, qui n'a, dans ce cadre, pas à être motivée au regard des conditions fixées par les art. 137 et 144. • Crim. 21 avr. 2020, n° 20-80.950 P : *D. actu. 9 juin 2020, obs. Priou-Alibert ; AJ pénal 2020. 361, obs. Clément*.

SECTION II DE LA COMPOSITION DE LA CHAMBRE DES APPELS CORRECTIONNELS

RÉP. PÉN. v° *Tribunal correctionnel*, par REDON.

Art. 510 **La chambre des appels correctionnels est composée d'un président de chambre et de deux conseillers.**

(L. n° 2019-222 du 23 mars 2019, art. 62 et 109-XIII, en vigueur le 1er juin 2019) **« Toutefois, lorsque le jugement attaqué a été rendu selon les modalités prévues au troisième alinéa de l'article 398 ou selon celles prévues** *(L. n° 2020-1672 du 24 déc. 2020, art. 26)* **« à l'avant-dernier » alinéa de l'article 464, la chambre des appels correctionnels est composée d'un seul de ces magistrats exerçant les pouvoirs confiés au président de chambre, sauf si le prévenu est en détention provisoire pour les faits qui lui sont reprochés ou si l'appelant demande expressément que l'affaire soit examinée par une formation collégiale** *(L. n° 2020-1672 du 24 déc. 2020, art. 26)* **« ; cette demande peut être formée pendant un délai d'un mois à compter de la déclaration d'appel ». La chambre des appels correctionnels ainsi composée ne peut alors prononcer une peine d'emprisonnement ferme d'une durée supérieure à cinq ans. Elle peut toutefois, si ce renvoi lui paraît justifié en raison de la complexité des faits ou en raison de l'importance de la peine susceptible d'être prononcée, décider, d'office ou à la demande des parties ou du ministère public, de renvoyer l'affaire devant la chambre des appels correctionnels siégeant en formation collégiale. »** — *V. art. D. 45-23.*

Les fonctions du ministère public sont exercées par le procureur général ou par un de ses avocats généraux ou de ses substituts ; celles du greffe par un greffier de la cour d'appel.

Mayotte : 877 et 904. — Saint-Pierre-et-Miquelon : 928.

S'agissant des dispositions d'urgence mises en place pour faire face à l'épidémie de covid-19, V. App., v° État d'urgence sanitaire.

I. COMPOSITION DE LA CHAMBRE DES APPELS CORRECTIONNELS

1. *Loi dans le temps.* Les dispositions de l'art. 510, issues de la L. n° 2019-222 du 23 mars 2019, sont applicables à la répression des infractions commises avant leur entrée en vigueur, s'agissant de dispositions fixant les modalités des poursuites et les formes de la procédure. • Crim. 10 nov. 2020, n° 19-86.750 P : *D. actu. 8 déc. 2020, obs. Goetz* • Crim. 5 janv. 2021, n° 20-80.569 P.

2. *Règles générales.* La méconnaissance éventuelle des dispositions réglementaires du code de l'organisation judiciaire est sans incidence sur la régularité de la composition de la chambre des appels correctionnels qui relève des seules règles fixées par la loi. • Crim. 18 janv. 1995, n° 93-85.854 P. ♦ ... Selon l'art. 34 de la Constitution. • Crim. 3 avr. 1996, n° 95-81.756 P.

3. Aucune disposition légale n'interdit aux membres de la chambre d'accusation qui se sont prononcés sur la détention provisoire d'une personne mise en examen de faire ensuite partie de la chambre des appels correctionnels saisie du fond de l'affaire. • Crim. 19 févr. 1998, n° 96-83.423 P : *RG proc. 1998. 461, Chron. Rebut.*

4. Dès lors que l'arrêt attaqué énonce que la chambre correctionnelle de la cour d'appel était composée de trois conseillers, le premier nommé étant dit « faire fonction de président », il s'en déduit que celui-ci a été régulièrement appelé à présider en l'empêchement du président titulaire, et que se trouvent respectées les dispositions édictées par l'art. 510. • Crim. 24 oct. 1988, n° 87-91.203 P • 27 juin 1990, n° 89-85.602 P.

5. En l'absence de toute contestation de la part des avocats des parties présents à l'audience, la mention de l'arrêt de la chambre correctionnelle de la cour d'appel selon laquelle un des conseillers assesseurs, empêché, a été remplacé par l'avocat le plus ancien, sans que l'arrêt constate le barreau d'appartenance de cet avocat, ni l'empêchement de tous les magistrats du siège de la cour d'appel, suffit à établir la régularité de la composition de la cour d'appel. • Crim. 13 juin 1996, n° 95-85.020 P. ♦ *Contra* : • Crim. 11 juin 1980, n° 79-93.173 P • 3 juin 1991, n° 89-86.573 P.

6. Magistrat maintenu en activité. Les magistrats maintenus en activité dans des fonctions de conseiller de cour d'appel peuvent être désignés, au même titre et dans les mêmes conditions que les autres conseillers, pour présider une chambre, conformément aux art. R. 213-6 à R. 213-9 COJ *[V. art. R. 312-2 s. nouv.]*. • Crim. 4 sept. 1990, n° 89-86.080 P.

7. La mention de l'arrêt selon laquelle la cour d'appel est présidée par un magistrat maintenu en activité en qualité de conseiller en vertu de la loi du 7 janv. 1988 suffit à établir la régularité de la composition de cette juridiction. • Crim. 25 juin 1998, n° 97-81.647 P.

8. Cour d'appel statuant à juge unique. Il résulte de l'art. 510 que la chambre des appels correctionnels n'est composée d'un seul magistrat exerçant les pouvoirs confiés au président de chambre que lorsque le jugement attaqué a été rendu selon les modalités prévues au 3e [4e] al. de l'art. 398 ou selon celles prévues au 3e al. de l'art. 464 ; par ailleurs, la juridiction du 2d degré qui statue sur appel d'un jugement rendu en formation collégiale ne peut statuer à juge unique. • Crim. 15 déc. 2020, n° 20-81.563 P : *D. actu. 18 janv. 2021, obs. Morgante.*

9. Audience sur les intérêts civils. Il résulte des art. 510 et 592 que la chambre des appels correctionnels est composée, même lorsqu'elle statue sur les seuls intérêts civils, d'un président et de deux conseillers, qui doivent assister à toutes les audiences au cours desquelles la cause est instruite, plaidée ou jugée ; ces règles sont d'ordre public, les parties ne pouvant y renoncer. Doit être cassé l'arrêt qui mentionne qu'un conseiller rapporteur a entendu seul les plaidoiries, les avocats ne s'y étant pas opposés, qu'il en ait ou non rendu compte à la cour d'appel dans son délibéré. • Crim. 1er févr. 2000, n° 99-80.533 P : *D. 2000. IR 87 ; Dr. pénal 2000. Comm. 92, obs. Maron* • Crim. 28 nov. 2017, n° 17-80.416 P.

II. IMPARTIALITÉ DE LA CHAMBRE DES APPELS CORRECTIONNELS

10. Exigence d'impartialité. V. ss. art. préliminaire (Impartialité).

11. Compatibilité avec la Convention européenne des droits de l'homme. Un magistrat qui, à l'occasion d'une instance commerciale en dommages-intérêts pour résiliation fautive de la location-gérance d'un fonds de commerce, a porté une appréciation sur les éléments de preuve produits par le locataire évincé, ne peut, sans méconnaître l'exigence d'impartialité, participer ensuite à la chambre correctionnelle appelée à juger ce preneur poursuivi pour escroquerie au jugement à raison des mêmes faits et éléments de preuve. • Crim. 8 avr. 2009, n° 08-83.923 P : *D. 2009. Pan. 2244, obs. Pradel ; AJ pénal 2009. 451, obs. Saas.*

Art. 511 *(L. n° 2004-204 du 9 mars 2004, art. 140)* **Le nombre et le jour des audiences correctionnelles sont fixés à la fin de chaque année judiciaire pour l'année judiciaire suivante par une décision conjointe du premier président et du procureur général prise après avis de l'assemblée générale de la cour d'appel.**

En cas de nécessité, cette décision peut être modifiée dans les mêmes conditions en ***cours d'année.***

En cas d'impossibilité de parvenir à une décision conjointe, le nombre et le jour des audiences correctionnelles sont fixés par le seul premier président.

Saint-Pierre-et-Miquelon : 926.

SECTION III DE LA PROCÉDURE DEVANT LA CHAMBRE DES APPELS CORRECTIONNELS

RÉP. PÉN. v° *Appel*, par COURTIN.

Art. 512 **Les règles édictées pour le tribunal correctionnel sont applicables devant la cour d'appel** *(L. n° 2019-222 du 23 mars 2019, art. 62 et 109-XIII, en vigueur le 1er juin 2019)* **« , y compris les dispositions** *(L. n° 2020-1672 du 24 déc. 2020, art. 26)* **« de l'avant-dernier » alinéa de l'article 464, » sous réserve des dispositions suivantes.**

Mayotte : 894.

1. Notes d'audience. Aucune nullité ne saurait résulter de ce qu'il n'a été tenu aucune note d'audience devant la cour d'appel, l'objet des notes d'audience prévues par l'art. 453 étant seulement d'assurer aux cours d'appel la connaissance des débats oraux de première instance. • Crim. 31 mai 1961, n° 60-94.622 P.

2. Incompatibilité avec l'art. 425. Malgré les termes de l'art. 512, les dispositions de l'art. 425 sont inconciliables avec les effets de l'appel et sont inapplicables en cause d'appel. • Crim. 24 juill. 1967, n° 67-90.061 P ♦ Sur l'application de ce principe, V. note 4 ss. art. 425.

3. Forclusion de l'art. 515. La forclusion édictée par l'art. 175, al. 2 ne fait pas obstacle à ce que, en application des art. 463 et 512, les parties puissent saisir la juridiction de jugement de demandes tendant à l'accomplissement d'un supplément d'information. • Crim. 30 juin 1999, n° 98-80.470 P : *Procédures 2000, n° 42, obs. Buisson ; Dr. pénal 2000. Chron. 8, obs. Marsat.*

4. Droits de la défense. Le principe, tiré de l'art. préliminaire du code et de l'art. 6 Conv. EDH, en vertu duquel, s'il appartient aux juges répressifs de restituer aux faits dont ils sont saisis leur véritable qualification, c'est à la condition que le prévenu ait été en mesure de se défendre sur la nouvelle qualification envisagée, s'applique également aux cours d'appel. • Crim. 3 mars 2004, n° 03-84.388 P : *D. 2004. IR 1213 ; JCP 2004. IV. 1967 ; Dr. pénal 2004. Comm. 138, obs. Maron.*

5. La règle de l'art. 406, imposant au président de la juridiction correctionnelle ou à un assesseur par lui désigné d'informer le prévenu de son droit, au cours des débats, de faire des déclarations, de répondre aux questions qui lui sont posées ou de se taire est applicable devant la chambre des appels correctionnels. • Crim. 8 juill. 2015, n° 14-85.699 P : *D. actu. 29 juill. 2015, obs. Priou-Alibert ; AJ pénal 2015. 555, obs. Porteron ; Procédures 2015, n° 307, note Chavent-Leclère.*

6. Présence du ministère public en cause d'appel. V. ss. art. 464.

Art. 513 **L'appel est jugé à l'audience sur le rapport oral d'un conseiller ; le prévenu est interrogé.**

(L. n° 2000-516 du 15 juin 2000, art. 43, en vigueur le 1er janv. 2001) **« Les témoins cités par le prévenu sont entendus dans les règles prévues aux articles 435 à 457. Le ministère public peut s'y opposer si ces témoins ont déjà été entendus par le tribunal. La cour tranche avant tout débat au fond.**

« Après que l'appelant ou son représentant a sommairement indiqué les motifs de son appel, les parties en cause ont la parole dans l'ordre prévu par l'article 460. »

Le prévenu ou son *(L. n° 93-2 du 4 janv. 1993)* **« avocat » auront toujours la parole les derniers.** — *Pr. pén. 460 ; C. 652.*

Saint-Pierre-et-Miquelon : 929.

BIBL. ▶ LEMONDE, *RSC 1996. 815.* – LESCLOUS et MARSAT, *Dr. pénal 1994. Chron. 66.* – MARSAT, *Dr. pénal 2000. Chron. 11.* – RENUCCI, *Rev. pénit. 1998, n° 1.*

1. Mentions. Aucun texte n'impose que figure dans les arrêts des cours d'appel la mention selon laquelle, conformément à l'art. 513, l'appelant ou son représentant a sommairement indiqué les motifs de son appel. • Crim. 30 avr. 2002, n° 01-84.958 P : *JCP 2002. IV. 2000.*

I. FORMALITÉ DU RAPPORT

2. Le rapport du conseiller prescrit par l'art. 209 C. instr. crim. (art. 513) est une formalité substantielle dont l'accomplissement constitue un préliminaire indispensable avant tout débat, soit qu'il y ait lieu de juger le fond du procès, soit qu'il s'agisse de prononcer sur une nullité de procédure ou sur une question préjudicielle. • Crim. 28 mars 1924 : *DH 1924. 315* • 4 août 1938 : *DH 1938. 352* • 4 juill. 1962, n° 62-90.123 P • 7 mars 1963, n° 62-93.629 P • 15 déc. 1976, n° 75-90.816 P • 6 nov. 1984, n° 83-93.301 P. ♦ Dès lors, encourt la cassation l'arrêt d'une cour d'appel qui, ne portant aucune mention du rapport, ni le nom du rapporteur et se bornant à faire état de la lecture par le président du dispositif du jugement, ne fait pas la preuve de sa régularité au regard de l'art. 513. • Crim. 12 juin 1989, n° 88-85.495 P • Crim. 3 nov. 2004, n° 03-84.859 P : *JCP 2005. IV. 1053.* ♦ Cette formalité substantielle s'impose même si l'action civile reste seule en cause, dès lors que la cour d'appel doit statuer au fond. • Crim. 10 juin 1948 : *Bull. crim. n° 152* • 3 juill. 1975, n° 74-93.232 P • 16 juin 1993, n° 92-83.457 P. ♦ Il résulte de l'art. 513 que le conseiller qui a présenté le rapport dans une affaire correctionnelle soumise à la cour d'appel doit faire partie de la formation juridictionnelle qui rend la décision. • Crim. 1er mars 1982, n° 81-91.515 P. ♦ L'inobservation de cette exigence légale porte atteinte aux intérêts de toutes les parties en cause. • Même arrêt.

3. La formalité du rapport doit être réputée accomplie et aucune nullité n'est encourue, lorsque l'arrêt énonce qu'un conseiller a été entendu ; peu importe que les mots « sur son rapport » aient été omis, si ce magistrat n'a pu intervenir qu'en qualité de rapporteur. • Crim. 25 nov. 1937 : *DP 1940. 1. 31.* ♦ Peu importe que le rapport ait été très succinct si, en vertu de l'art. 802, cette irrégularité n'a pas eu pour effet de porter atteinte aux intérêts du demandeur. • Crim. 9 janv. 1978, n° 77-92.241 P. ♦ ... Ou qu'il ait été tardif. • Crim. 28 nov. 1977, n° 75-92.339 P. ♦ L'arrêt qui mentionne qu'à l'audience des débats, à laquelle était présent un substitut du procureur général, « les parties en cause ont eu la parole dans l'ordre prévu par les art. 513 et 460 C. pr. pén. » implique que le ministère public a été entendu en ses réquisitions. • Crim. 4 févr. 1997, n° 96-81.227 P.

4. *Question préjudicielle.* La décision des juges d'appel correctionnel sur une question préjudicielle doit, à peine de nullité, être précédée du rapport d'un conseiller ; en conséquence, l'arrêt incident par lequel la cour d'appel donne acte au prévenu de ce qu'il renonce formellement à se prévaloir de l'inobservation, au cours de l'instruction écrite, des formalités prescrites à peine de nullité par la loi du 8 déc. 1897 (art. 114 s.), et ordonne qu'il sera passé outre à l'examen du fond, est nul s'il n'a pas été précédé du rapport d'un conseiller. • Crim. 16 juin 1898 : *DP 1899. 1. 123.* ♦ V. aussi : • Crim. 27 févr. 1909 : *DP 1910. 1. 173* • 20 janv. 1912 : *DP 1913. 1. 79.*

5. *Nécessité d'un nouveau rapport.* Un nouveau rapport devient nécessaire chaque fois que, depuis l'audience où un rapport a été fait, il a été accompli des actes de procédure qui doivent servir de base à la décision à intervenir. • Crim. 4 août 1938 : *préc. note 2.*

6. *Validité du rapport.* Le rapport est valablement fait après le dépôt de conclusions qui n'ont donné lieu à aucun incident préjudiciel et sur lesquelles les parties n'ont été entendues qu'une fois faite la lecture du rapport. • Crim. 8 juill. 1932 : *DH 1932. 509.*

7. *Inutilité du rapport.* Le rapport exigé par l'art. 209 C. instr. crim. (art. 513) n'ayant d'autre but que de porter à la connaissance de la cour les faits antérieurs à l'époque où elle a été saisie, est inutile lorsqu'il s'agit de statuer sur un incident qui s'est produit à l'audience même de la cour d'appel. • Crim. 22 mai 1909 : *DP 1913. 1. 77* • 15 juin 1976, n° 75-90.299 P.

8. La décision, par laquelle les juges d'appel, soit d'office, soit sur les réquisitions du ministère public, interdisent la publicité des débats comme préjudiciable à l'ordre ou aux bonnes mœurs, étant un incident extrinsèque au fond du procès, sans influence possible sur la défense du prévenu, et se rattachant exclusivement à la police de l'audience, peut être valablement prise sans la formalité du rapport préalable. • Crim. 3 mai 1928 : *DP 1929. 1. 56* • 8 juill. 1943 : *DA 1943. 66.*

9. L'art. 209 C. instr. crim. (art. 513), en subordonnant le jugement de l'appel au rapport préalable d'un des juges de la cause, n'a eu en vue que le fond même de la prévention ou celui des exceptions pour la solution desquelles la connaissance du fond peut être nécessaire ; tel n'est pas le cas lorsque l'arrêt attaqué qui a joint l'incident au fond n'a pas statué sur l'exception soulevée. • Crim. 27 févr. 1936 : *DH 1936. 198* • 1er févr. 1988, n° 86-95.678 P. ♦ Tel n'est pas le cas des arrêts de remise de cause, réglant un incident extrinsèque au fond du procès. • Crim. 23 juin 1910 : *Bull. crim. n° 329* • 11 oct. 1961 : *D. 1962. 171* • 17 nov. 1964 : *Gaz. Pal. 1965. 1. 321* ♦ ... Non plus que de l'arrêt ordonnant l'audition du prévenu à son domicile en raison de son état de santé. • Crim. 21 mai 1968, n° 67-93.112 P. ♦ ... Ou de celui statuant sur des excuses présentées par le prévenu non comparant et sur sa demande de renvoi. • Crim. 27 avr. 1968, n° 67-92.795 P. ♦ Rappr. : • Crim. 6 nov. 1989, n° 88-86.854 P. ♦ ... Ou constatant que le prévenu fait défaut en son opposition. • Crim. 23 déc. 1963, n° 63-91.815 P.

II. DÉBATS

A. RÈGLES GÉNÉRALES

10. *Interrogatoire.* L'interrogatoire du prévenu devant le juge correctionnel d'appel n'étant pas prescrit à peine de nullité, ce prévenu ne peut se faire un moyen de nullité... de l'omission de cette formalité. • Crim. 5 mai 1892 : *DP 1893. 1. 270-271* • 27 avr. 1894 : *DP 1894. 1. 495.* ♦ ... Dès lors qu'il est établi qu'il a été appelé à se défendre au cours du débat oral. • Crim. 29 avr. 1971, n° 71-90.557 P.

11. Lorsque les dispositions civiles de l'arrêt ayant fait l'objet d'une cassation partielle sont devenues définitives, la partie civile, qui n'est plus partie au procès, ne peut comparaître ou se faire représenter, en cette qualité, à l'audience de la juridiction désignée pour statuer sur renvoi après cassation. • Crim. 11 avr. 2018, n° 17-83.024 P.

12. *Obligation d'entendre l'avocat présent.* Aux termes des art. 460 et 513, qui s'appliquent lors de l'audience devant la cour d'appel saisie des seuls intérêts civils sauf en ce qui concerne l'ordre de parole, lorsqu'une partie est représentée par un avocat, ce dernier doit être entendu. • Crim. 11 mai 2021, n° 19-86.308 P : *D. actu. 3 juin 2021, obs. Goudjil.*

13. *Ordre de prise de parole.* La règle selon laquelle le prévenu ou son conseil auront toujours la parole les derniers s'impose à peine de nullité. • Crim. 14 déc. 1989, n° 89-82.912 P. ♦ Il en résulte que le ministère public ne saurait être entendu le dernier en ses réquisitions orales. • Crim. 20 sept. 2000, n° 99-81.392 P : *D. 2000. IR 282 ; D. 2001. Somm. 519, obs. Pradel* . ♦ Rappr. : • Crim. 13 juin 1983 : *D. 1984. IR 88.* ♦ La règle s'applique à tout incident dès lors qu'il n'est pas joint au fond. • Crim. 1er févr. 2011, n° 10-85.378 P : *D. actu. 25 févr. 2011, obs. Allain ; AJ pénal 2011. 200* . ♦ La règle concerne toutes les procédures intéressant la défense et se terminant par un jugement ou un arrêt. • Crim. 8 juin 1983, n° 82-94.323 P : *D. 1984. IR 88.* ♦ ... Y compris les procédures dans lesquelles seule l'application des sanctions fiscales est engagée à la diligence de l'administration des douanes. • Crim. 23 août 1993, n° 92-85.012 P. ♦ ... Y compris lorsque la cour d'appel, statuant en chambre du conseil à la requête du JAP, se prononce sur la révocation d'une mesure de sursis avec mise à l'épreuve. • Crim. 21 oct. 1997, n° 96-85.363 P. ♦ ... Y compris les procédures ne portant que sur les intérêts civils, en cas de prononcé de la solidarité fiscale et de la contrainte par corps, mesures à caractère pénal prévues par les art. L. 272 LPF et 1745 CGI. • Crim. 20 sept. 2000, n° 99-81.392 P : *D. 2000. IR 282 ; D. 2001. Somm. 519, obs. Pradel*. ♦ ... Y compris lorsqu'il s'agit de la personne redevable pécuniairement d'une amende. • Crim. 7 nov. 2017, n° 17-80.831 P : *AJ pénal 2017. 554, obs. Céré*.

14. En revanche, lorsque l'action publique n'est plus en cause, les dispositions de l'art. 513, al. 4 ne sont pas applicables. • Crim. 26 févr. 2013 : *Dr. pénal 2013. Comm. 65, par Maron et Haas.* ♦ Est inopérant le moyen de cassation pris de ce qu'il ne résulterait pas des mentions de l'arrêt attaqué que les prévenus ou leurs avocats ont eu la parole en dernier dès lors que le pourvoi est limité aux dispositions civiles de l'arrêt. • Crim. 25 juin 2014, n° 13-84.450 P : *Dr. pénal 2014, n° 131, note Maron et Haas.* ♦ Lorsque les juges, saisis par l'appel du prévenu contre une décision qui statue sur l'action publique et sur l'action civile, constatent que l'action publique est éteinte sous l'effet de l'amnistie, ils ne sont pas tenus, dès lors qu'ils se prononcent uniquement sur les intérêts civils, de donner au prévenu ou à son conseil la parole les derniers. • Crim. 13 déc. 1983, n° 82-92.346 P : *D. 1984. IR 236.* ♦ ... Lorsque, sur le seul appel de la partie civile d'un jugement de relaxe, ce jugement devient définitif, l'action publique se trouvant éteinte, la personne relaxée ne comparaît plus qu'en qualité d'intimée. • Crim. 14 nov. 1989, n° 88-81.817 P • 4 nov. 1992 : *Dr. pénal févr. 1993, n° 56* • 7 sept. 1999, n° 98-86.127 P. ♦ V. aussi : • Crim. 12 janv. 2010, n° 09-82.171 P : *AJ pénal 2010. 250, obs. Royer ; Procédures 2010, n° 132, obs. Chavent-Leclère.* ♦ ... Lorsque le ministère public a requis un non-lieu en faveur des inculpés. • Crim. 3 mai 1990, n° 90-80.226 P : *D. 1990. 435, note Mayer*. ♦ ... Lorsque, la cour d'appel n'étant saisie que des seules dispositions relatives à la solidarité fiscale, l'action publique n'était plus en cause. • Crim. 23 févr. 2022, n° 21-81.161 P.

15. Lorsque le parquet s'en est remis à la justice sur une demande de renvoi présentée par un prévenu et que la partie civile s'est associée à cette demande, le prévenu ne peut se plaindre de ne pas avoir eu la parole en dernier sur cet incident. • Crim. 20 sept. 2011, n° 11-81.314 P : *D. actu. 24 oct. 2011, obs. Bombled ; D. 2011. Actu. 2542, obs. Léna ; ibid. 2012. Chron. 171, obs. Roth, Leprieur et Divialle ; AJ pénal 2012. 47, obs. Pronier ; RSC 2012. 198, obs. Danet ; Dr. pénal 2011, n° 143, obs. Maron et Haas.*

16. L'arrêt portant les mentions selon lesquelles le conseil a présenté les moyens de défense du prévenu, a déposé des conclusions en sa faveur et a été entendu en sa plaidoirie, le ministère public déclarant se rapporter à justice ne met pas la Cour de cassation en mesure de s'assurer qu'il a été satisfait aux prescriptions de l'art. 513, al. 4. • Crim. 2 déc. 1992, n° 91-86.698 P. ♦ Un prévenu ne saurait faire grief à une juridiction d'avoir entendu sa compagnie d'assurances après lui, dès lors qu'il n'établit ni n'allègue que les intérêts de celle-ci, qui ne soulevait aucune exception de non-garantie, eussent été différents des siens. • Crim. 14 juin 1990, n° 89-85.575 P.

17. L'obligation faite à la cour de donner à la défense la parole en dernier peut être établie par l'intitulé, qui doit en mentionner expressément l'existence. • Crim. 25 juill. 1978, n° 77-93.792 P • 19 janv. 1978, n° 77-91.620 P • 2 déc. 1992, n° 91-86.698 P. ♦ Comp. : • Crim. 10 juill. 1979, n° 78-92.929 P : *D. 1979. IR 529, obs. Puech.* ♦ Mais il n'importe au regard des droits de la défense que ce soit le prévenu lui-même ou son avocat qui ait eu la parole le dernier. • Crim. 22 mai 1996, n° 95-80.129 P : *Gaz. Pal. 1996. 2. 166.* ♦ Par conséquent il y a violation de l'art. 513 lorsque la cour d'appel n'a pas donné la parole à la défense en dernier, en raison de l'état d'énervement du prévenu. • Crim. 26 juin 2013 : *Dr. pénal 2013, n° 147, note Maron et Haas.*

18. La loi du 4 janv. 1993 et celle du 8 févr. 1995 ayant successivement modifié, puis rétabli dans sa rédaction initiale l'art. 513, l'irrégularité résultant d'une méconnaissance des dispositions de ce texte ayant fixé un nouvel ordre d'audition des parties devant la cour d'appel – entre le 2 sept. 1993 et le 11 févr. 1995 – n'est pas de nature à porter atteinte aux intérêts du prévenu dès lors que celui-ci ou son avocat ont eu la parole les derniers. • Crim. 31 mai 1995, n° 94-85.143 P.

19. La mention d'un arrêt selon laquelle, après le rapport du président à l'audience publique, les avocats des parties ont déposé leurs dossiers de plaidoirie à la demande expresse de la cour n'établit pas qu'il ait été fait obstacle à l'exercice de leur droit à la parole tel qu'il est prévu par l'art. 513. • Crim. 15 févr. 1995, n° 94-82.849 P.

20. Lorsque le représentant de la personne morale prévenue est également prévenu dans la même affaire et a la parole en dernier, il exerce nécessairement ce droit en sa double qualité. • Crim. 9 janv. 2018, n° 17-80.200 P : *AJ pénal*

2018. 144, obs. Chopin ; *Dr. pénal 2018, n° 58, obs. Bonis.*

21. Incident. Les dispositions de l'art. 513, dernier al. ne sont pas respectées lorsqu'il ressort des mentions de l'arrêt attaqué qu'à l'audience des débats, après jonction d'un incident au fond et présentation du rapport de la présidente, ont été entendus l'avocat de l'administration des douanes, partie poursuivante, le représentant du ministère public, les avocats des prévenus et des sociétés civilement responsables puis, à nouveau, l'avocat de l'administration des douanes en ses observations complémentaires et que l'affaire a alors été mise en délibéré sans que les avocats des prévenus ne soient réentendus. • Crim. 5 févr. 2003, n° 01-88.747. ♦ N'encourt pas la censure l'arrêt qui constate que, après jonction d'un incident au fond et poursuite des débats, les avocats des prévenus ont eu la parole en dernier, avant que la cour d'appel ne se prononce sur l'ensemble de l'affaire. • Crim. 27 févr. 2002, n° 01-83.119 P. ♦ La règle posée par l'art. 513, al. 4, ne se limite pas aux débats sur le fond mais s'applique également à tout incident dès lors qu'il n'est pas joint au fond. • Crim. 5 janv. 2005, n° 04-82.437 P : *JCP 2005. IV. 1503* (opposition manifestée par le prévenu à l'audition de témoins cités par la partie civile). • 12 janv. 2005, n° 04-83.030 P : *JCP 2005. IV. 1504.*

22. Lorsque l'arrêt mentionne qu'à l'ouverture de l'audience de la cour d'appel, l'avocat des prévenus a soulevé des exceptions de nullité, que le ministère public a été entendu après lui à ce propos, et que les juges, après en avoir délibéré, ont joint l'incident au fond et ordonné la poursuite immédiate des débats, il est exact que, si la règle qui impose de donner au prévenu ou à son avocat la parole en dernier ne se limite pas au débat sur le fond, et s'applique aussi aux incidents, l'arrêt attaqué n'encourt pas la censure, dès lors que, après jonction de l'incident au fond et poursuite des débats, l'avocat des prévenus a eu la parole en dernier avant que la cour d'appel se prononçât sur l'ensemble de l'affaire : • Crim. 5 mai 1997, n° 85-82.685 P : *Dr. pénal 1998. Chron. 3, par Lesclous et Marsat* • 27 févr. 2002, n° 01-83.119 P.

23. Les dispositions de l'art. 513 relatives à l'ordre d'intervention des parties ne sont pas applicables aux débats devant la chambre d'accusation. • Crim. 3 mai 1995, n° 95-80.725 P.

B. CAS PARTICULIER DES TÉMOINS

1° RÈGLES NATIONALES

24. Les juges d'appel ne sont pas tenus d'entendre de nouveau les témoins qui ont déjà déposé en première instance. • Crim. 30 oct. 1890 : *Bull. crim. n° 212* • 13 déc. 1890 : *Bull. crim. n° 253* • 20 oct. 1892 : *DP 1894. 1. 140* • 13 janv. 1916 : *DP 1921. 1. 63.* ♦ ... Même lorsque cette audition est demandée ; toutefois, ils ont l'obligation de statuer sur les réquisitions prises, en faisant connaître les motifs de leur refus. • Mêmes arrêts.

25. La cour d'appel peut, si elle le juge utile ou nécessaire, ordonner l'audition de témoins nouveaux, qui n'ont point déposé en première instance. • Crim. 20 oct. 1892 : *préc. note 24.*

26. Mais l'audition de nouveaux témoins en cause d'appel est toujours facultative et le refus de les entendre est suffisamment motivé par l'arrêt qui déclare n'y avoir lieu à un supplément d'information. • Crim. 9 févr. 1924 : *Bull. crim. n° 70* • 5 nov. 1975, n° 75-90.457 P. ♦ En revanche les juges ne peuvent se contenter de rejeter la demande d'audition d'un témoin sans donner les raisons de ce refus. • Crim. 13 févr. 2008, n° 07-81.097 P : *D. 2008. AJ 924* ; *AJ pénal 2008. 197* . ♦ Justifie sa décision la cour d'appel qui, pour passer outre à la défaillance d'un témoin cité par la défense, retient que son audition n'est pas utile, ses déclarations écrites figurant au dossier et correspondant aux autres témoignages. • Crim. 4 mars 2008, n° 07-87.356 P : *AJ pénal 2008. 245* . ♦ V. cep. note 31.

27. S'il est vrai que les juges du fond sont tenus de répondre aux conclusions dont ils sont saisis et notamment de s'expliquer sur toute demande de mesure d'instruction, c'est à la condition que l'indication de son objet et de son intérêt pour la cause permette à la juridiction d'en apprécier le bien-fondé ; ne répond pas à cette exigence la demande d'audition d'un témoin désigné seulement par son nom, à l'exclusion de toute précision sur l'éventuelle utilité de sa déposition pour la manifestation de la vérité, ainsi que de toute explication sur les raisons pour lesquelles sa comparution en première instance n'avait pas été proposée en vertu des dispositions des art. 435 s. • Crim. 27 oct. 1993, n° 93-80.113 P.

28. Les demandeurs ne sauraient faire grief à la cour d'appel d'avoir rejeté leur demande d'audition de témoins dès lors qu'ils n'ont pas usé, devant les premiers juges, du droit qu'ils tiennent des art. 437 et 444 de faire eux-mêmes citer et interroger les témoins de leur choix. • Crim. 25 juin 1996, n° 95-80.592 P : *D. 1997. 100, note Renucci* .

29. Le ministère public ne peut s'opposer à l'audition des témoins cités par le prévenu que s'ils ont déjà été entendus par le tribunal, en vertu des dispositions de l'art. 513, al. 2 ; ainsi, doit être cassé l'arrêt qui rejette la demande d'audition de témoins au motif qu'ils n'ont pas assisté aux faits alors que ces témoins n'avaient pas été entendus par le tribunal en première instance. • Crim. 23 juin 2004, n° 04-81.051 P : *D. 2004. IR 2196* ; *JCP 2004. IV. 2690* ; *AJ pénal 2004. 412, obs. Leblois-Happe* ; *RSC 2004. 965, obs. Renucci* • 30 nov. 2004, n° 04-82.461

P : *JCP 2005. IV. 1301.* ♦ Selon l'art. 513, les témoins sont entendus dans les règles prévues par les art. 435 à 457, le ministère public pouvant s'y opposer si ces témoins ont déjà été entendus par le tribunal. Méconnaît le sens et la portée de ces dispositions la cour d'appel qui, pour refuser d'entendre une personne inscrite sur une liste d'experts, citée comme témoin par le prévenu et qui n'avait pas été entendue par le tribunal, énonce que l'audition est inutile, cette personne n'ayant eu à connaître des faits ni comme témoin ni comme expert. • Crim. 3 juin 2009, n° 08-83.665 P : *AJ pénal 2009. 370* ; *Procédures 2009, n° 377, obs. Buisson.* ♦ Dans le même sens, doit être cassé l'arrêt qui se contente de rejeter la demande d'audition d'un témoin formulée par la défense alors même que le ministère public ne s'était pas opposé à l'audition demandée et qu'aucun témoin n'avait été entendu par le tribunal. • Crim. 9 nov. 2005, n° 04.86.127 P : *D. 2006. IR 10.* ♦ Est inopérant, pour justifier le refus d'entendre les témoins régulièrement cités par le prévenu et non entendus par le tribunal, le motif tiré de ce que, la demande d'audition de témoins à décharge n'ayant été formulée qu'au cours des débats, il n'avait pu être procédé ainsi qu'il est prescrit par l'art. 436. • Crim. 29 mars 2006, n° 05.80.027 P : *D. 2006. IR 1184* ; *AJ pénal 2006. 318* . ♦ ... Tout comme le motif tiré du caractère non exclusif des déclarations du témoin parmi les éléments à charge, alors que le témoin n'avait pas été entendu par le tribunal. • Crim. 1er juin 2016, n° 15-83.059 P : *D. actu. 15 juin 2016, obs. Goetz* ; *D. 2016. Pan. 1597, obs. Pichon* ; *AJ pénal 2016. 545, obs. Lasserre Capdeville* . ♦ Encourt la cassation un arrêt mentionnant expressément que la cour d'appel a été saisie d'une demande tendant à l'audition d'un témoin et n'y apportant aucune réponse motivée. • Crim. 26 oct. 2011, n° 11-80.683 P.

30. Audition sur les intérêts civils. Lorsque seule l'action civile est dévolue à la cour d'appel, les dispositions de l'art. 513, al. 2, ne sont pas applicables ; l'opportunité de procéder à l'audition d'un témoin, compte tenu des indications qui lui sont données par les parties, relève de son appréciation souveraine. • Crim. 20 oct. 2021, n° 19-86.294 B : *D. actu. 8 nov. 2021, obs. Goetz.*

2° *RÈGLES EUROPÉENNES*

Sur la jurisprudence européenne : V. ss. art. 6, *Conv. EDH (Témoins).*

31. Règles générales de l'audition des témoins. Sauf impossibilité dont il leur appartient de préciser les causes, les juges d'appel sont tenus, lorsqu'ils en sont légalement requis, d'ordonner l'audition contradictoire des témoins à charge qui n'ont, à aucun stade de la procédure, été confrontés avec le prévenu. Notamment au regard de l'art. 6, § 3 *d)*, Conv. EDH. • Crim. 12 janv. 1989, n° 88-81.592 P • 8 févr. 1990, n° 89-81.832 P : *D. 1990. IR 109* • 13 juin 1991, n° 90-81.489 P : *JCP 1992. II. 21920, note Lassalle* ; *RSC 1991. 789, obs. Braunschweig* . ♦ V. aussi : • Crim. 21 janv. 1991, n° 90-81.264 P : *D. 1991. Somm. 213, obs. Pradel* • 6 mars 1991, n° 90-84.990 P : *D. 1992. Somm. 96, obs. Pradel* .

32. Obligation de motivation. Le refus de faire droit à une demande d'audition contradictoire des témoins à décharge doit être également motivé. • Crim. 22 mars 1989, n° 88-84.580 P. ♦ ... Ainsi que des témoins de moralité. • Crim. 18 juill. 1990 : *Gaz. Pal. 1991. 2. 107.* ♦ Mais il ne saurait être opposé à la demande d'audition de témoins, l'art. 175 étant inapplicable devant la juridiction de jugement. • Crim. 26 mars 1998, n° 97-81.214 P : *Procédures 1998, n° 181, obs. Buisson.* ♦ Il résulte de l'art. 6, § 3 *d)*, Conv. EDH que les juges d'appel sont tenus, lorsqu'ils en sont légalement requis, d'ordonner l'audition contradictoire des témoins à décharge dans les mêmes conditions que les témoins à charge. Le refus des juges de faire droit à une telle demande doit être motivé. • Crim. 27 juin 2001, n° 00-87.414 P. ♦ Les juges d'appel ne peuvent, sans s'en expliquer, passer outre la demande de renvoi de l'affaire sollicitée dans le but d'obtenir la convocation et l'interrogation d'un témoin à décharge. • Crim. 20 sept. 2011 : *préc. note 15.*

33. Ne méconnaît pas les dispositions de l'art. 6, § 3 *d)*, Conv. EDH la cour d'appel qui, par décision motivée, rejette la demande de complément d'information présentée par un prévenu aux fins d'audition contradictoire d'un coauteur des faits et de témoins à charge, auxquels il n'avait pu être confronté devant le tribunal, dès lors que ce prévenu n'a pas usé de la faculté, prévue par l'art. 513, al. 2, permettant de faire citer l'ensemble de ces témoins devant la juridiction du second degré pour qu'ils soient entendus dans les règles prévues par les art. 435 à 457. • Crim. 25 févr. 2014, n° 13-81.508 P.

34. Limite au droit de faire interroger les témoins. Le principe posé par l'art. 6, § 3 *d)*, Conv. EDH, aux termes duquel tout accusé a droit notamment à interroger ou faire interroger les témoins à charge trouve, devant la cour d'assises, sa limite dans l'impossibilité, dès lors que celle-ci est constatée, de faire comparaître un témoin défaillant. • Crim. 27 juin 1990, n° 89-87.077 P.

35. Lorsque la défense s'est opposée à ce qu'il soit passé outre à l'absence d'un témoin, le président ayant ordonné pour le faire comparaître des recherches demeurées infructueuses, la cour, qui n'était pas saisie de conclusions motivées tendant au renvoi de l'affaire, apprécie souverainement, au vu des résultats de l'instruction à l'audience, l'opportunité de passer outre à l'absence de ce témoin. • Crim. 23 janv. 1991, n° 90-81.846 P.

36. Justifie sa décision au regard de l'art. 6, § 3 *d)*, Conv. EDH l'arrêt de la cour d'assises qui, pour rejeter des conclusions tendant au renvoi de l'affaire en raison de l'absence de témoins, énonce qu'il résulte des recherches effectuées en exécution des mandats d'amener décernés par la cour que les témoins dont l'audition est réclamée sont sans domicile connu et qu'il est en conséquence impossible d'assurer leur comparution, laquelle, au vu des résultats de l'instruction à l'audience, n'apparaît pas nécessaire à la manifestation de la vérité. • Crim. 13 juin 1991, n° 90-86.352 P.

37. Intérêt à agir. Faute d'avoir usé devant les premiers juges de la prérogative qu'il tient des art. 435 ou 444, al. 3, un prévenu ne saurait faire grief à une cour d'appel d'avoir, en refusant, par des motifs exempts d'insuffisance, la demande qu'il lui présentait, tendant à l'audition d'un témoin, méconnu le principe du procès équitable et les droits de sa défense ; ses coprévenus, ne s'étant pas associés à la demande précitée et n'ayant formulé par eux-mêmes aucune requête aux mêmes fins, ne sont pas recevables à critiquer ladite décision. • Crim. 19 sept. 1989, n° 88-84.172 P • 21 nov. 1996, n° 95-85.995 P.

38. Presse. S'agissant de poursuites exercées pour infraction à la loi du 29 juill. 1881, à raison de la publication d'un article de presse, les juges peuvent s'estimer suffisamment éclairés par les écrits des prévenus et leurs explications orales et refuser d'entendre des témoins, présents à l'audience, mais non cités, sans méconnaître non plus les dispositions de l'art. 6, § 3, Conv. EDH. • Crim. 13 mars 1989, n° 86-93.846 P.

39. Témoin excusé. La juridiction correctionnelle, en décidant de passer outre à l'absence d'un témoin excusé, n'a pas méconnu les dispositions de l'art. 6, § 3 *d)*, Conv. EDH, dès lors qu'il n'est pas établi, ni même allégué, qu'il ait été refusé au prévenu de poser des questions à un témoin entendu au cours des débats ou de convoquer et d'interroger des témoins à décharge dans les mêmes conditions que les témoins à charge. • *Crim. 9 févr. 1987, n° 86-92.864 P.*

40. Droit de la partie civile. Les dispositions de l'art. 6, § 3 *d)*, Conv. EDH, aux termes desquelles tout accusé a droit notamment à interroger ou faire interroger les témoins à charge, s'appliquent à la victime constituée partie civile et la cour d'appel qui, constatant que la victime, constituée partie civile, a fait l'objet de menaces de représailles de la part du prévenu, refuse d'ordonner sa comparution personnelle aux fins de confrontation ne méconnaît par l'article susvisé. • Crim. 26 oct. 1994, n° 93-94.493 P.

41. Cas particulier du témoin anonyme. Ne saurait se faire un grief de l'irrégularité de l'audition, par un officier de police judiciaire, de témoins ayant désiré garder l'anonymat le prévenu poursuivi pour outrage public à la pudeur dès lors qu'il a été constaté par les enquêteurs qu'au moment de son interpellation son pantalon et son slip étaient descendus jusqu'au bas des jambes. • Crim. 4 juin 1997, n° 96-85.803 P : *D. 1998. Somm. 174, obs. Pradel*. ♦ V. également la jurisprudence de la Cour EDH, notamment les affaires « *Kostovski* », « *Doorson* » et « *Van Mechelen* » : ss. art. 6, Conv. EDH.

42. Ne méconnaît pas les dispositions de l'art. 6, § 3, Conv. EDH la cour d'appel qui utilise la faculté dont elle dispose en vertu de l'art. 513 et rejette l'exception présentée par le prévenu concernant l'audition par les juges du témoin anonyme à l'origine de la procédure aux motifs que les éléments de l'information étaient suffisamment précis et que l'absence d'identification de ce témoin ne préjudiciait pas à la défense. • Crim. 10 nov. 1999, n° 98-88.021.

43. La cour d'appel, en procédant à l'audition régulière de témoins, dont elle avait ordonné la citation par arrêt avant-dire droit conformément aux dispositions de l'art. 513, n'a pas méconnu les dispositions de l'art. 6, § 3, Conv. EDH, dès lors que le prévenu, comparant à l'audience, assisté de son conseil, avait la possibilité d'interroger ou de faire interroger lesdits témoins, et que, par ailleurs, les juges du second degré peuvent, s'ils l'estiment utile, ordonner l'audition de témoins nouveaux qui n'ont pas déposé en première instance. • Crim. 1er févr. 1994, n° 90-84.235.

Art. 514 **Si la cour estime que l'appel est tardif ou irrégulièrement formé, elle le déclare irrecevable.**

Si elle estime que l'appel, bien que recevable, n'est pas fondé, elle confirme le jugement attaqué. — *Pr. pén. C. 653.*

Art. 515 **La cour peut, sur l'appel du ministère public, soit confirmer le jugement, soit l'infirmer en tout ou en partie dans un sens favorable ou défavorable au prévenu.**

(L. n° 83-608 du 8 juill. 1983) **« La cour ne peut, sur le seul appel du prévenu, du civilement responsable, de la partie civile ou de l'assureur de l'une de ces personnes, aggraver le sort de l'appelant. »**

La partie civile ne peut, en cause d'appel, former aucune demande nouvelle ; toutefois elle peut demander une augmentation des dommages-intérêts pour le préjudice souffert depuis la décision de première instance. — *Pr. pén. C. 653.*

BIBL. ▶ BANCAL, *JCP 1965. I. 1883* (automatisme des appels *a minima* consécutifs à des appels limités aux intérêts civils). – BOISVILLIERS, *RSC 1993. 694* et *1994. 237* (règle de l'interdiction d'aggraver le sort du prévenu). – DETRAZ, *Procédures 2008. Étude 10* (la juridiction pénale saisie de la seule action civile). – MARON, *Dr. pénal déc. 1993, nº 270 ; ibid. janv. 1994, nº 28.*

1. Rectification d'erreur matérielle. Les art. 509 et 515 ne sont pas applicables en cas de rectification d'erreur matérielle. • Crim. 17 juin 2003, nº 02-82.003 P : *D. 2003. IR 2284 ; JCP 2003. IV. 2451 ; AJ pénal 2003. 27 ; Dr. pénal 2003. Comm. 117, obs. Maron.*

2. Frais de justice. Doit être rejeté le pourvoi de la partie prenante faisant grief à l'arrêt attaqué d'avoir, sur son seul recours, réduit la somme allouée par le premier juge, dès lors que l'interdiction d'aggraver le sort de l'appelant sur son seul appel n'est pas applicable au recours de la partie prenante en matière de taxation de frais de justice criminels, correctionnels et de police. • Crim. 3 juin 2008, nº 07-87.883 P : *AJ pénal 2008. 468, obs. Saas ; Dr. pénal 2008. Comm. 136 (1re esp.), obs. Maron et Haas ; ibid. 2009. Chron. 1, obs. Guérin.*

3. Répétition de l'indu. Lorsqu'un jugement ayant indûment condamné une partie à verser des dommages-intérêts aux parties civiles est réformé, l'obligation de rembourser résulte de plein droit de la réformation de la décision de première instance. • Crim. 25 mars 2014 : *D. actu. 15 avr. 2014, obs. Priou-Alibert ; Dr. pénal 2014. 81, note Maron et Haas.*

I. EFFETS DES APPELS DU MINISTÈRE PUBLIC ET DES PARTIES

4. A propos du droit de faire appel et de la qualité de l'appelant, V. notes ss. art. 509.

A. APPEL DE LA PARTIE CIVILE

5. Sur le seul appel de la partie civile, la cour ne peut modifier le jugement dans un sens défavorable à celle-ci ; elle peut le faire si le prévenu a également fait appel. • Crim. 8 déc. 1960, nº 60-90.410 P • 7 févr. 1961, nº 60-92.218 P • 30 juin 2009, nº 08-85.954 P : *AJ pénal 2009. 419 ; Procédures 2009, nº 369, obs. Buisson.* ♦ Sur le seul appel de la partie civile, les juges ne peuvent infirmer le jugement lui ayant accordé des dommages et intérêts et débouter celle-ci de cette demande. • Crim. 14 mai 2019, nº 17-87.259 P : *D. actu. 19 juin 2019, obs. Priou-Alibert.*

6. Face pénale de l'action civile. La personne qui, conformément à l'art. 2, prétend avoir *été lésée par une infraction*, est recevable à se constituer partie civile pour faire établir l'existence de cette infraction et possède, par l'effet de sa constitution, tous les droits reconnus à la partie civile, au nombre desquels figure celui d'interjeter appel. Même dans les cas où la réparation du dommage peut échapper à la compétence du juge judiciaire, les juges du second degré, saisis du seul appel de la partie civile contre un jugement relaxant le prévenu, sont tenus de rechercher si les faits leur étant déférés constituent une infraction pénale. • Crim. 30 oct. 2006, nº 05-86.997 P.

7. Appréciation du préjudice. Le préjudice causé par une infraction doit être déterminé au jour de la décision et les dispositions de l'art. 515, al. 3, prohibant en cause d'appel les demandes nouvelles, ne sauraient interdire à la partie civile d'élever le montant de sa demande pour un chef de dommage déjà soumis au premier juge. • Crim. 18 mars 2014, nº 12-83.274 P : *D. actu. 16 avr. 2014, obs. Fonteix.*

8. Appel sur les seuls intérêts civils. Les juges du second degré, saisis du seul appel de la partie civile, ne peuvent prononcer aucune peine contre le prévenu définitivement relaxé du fait de l'absence de recours du ministère public. • Crim. 30 mars 2005, nº 03-84.621 P : *JCP 2005. IV. 2069.*

9. Appréciation de la faute civile du prévenu définitivement relaxé. Le dommage dont la partie civile, seule appelante d'un jugement de relaxe, peut obtenir réparation de la part de la personne relaxée résulte de la faute civile démontrée à partir et dans la limite des faits objets de la poursuite. • Crim. 5 févr. 2014, nº 12-80.154 P : *D. actu. 28 févr. 2014, obs. Winckelmuller.* ♦ Saisi du seul appel d'un jugement de relaxe formé par la partie civile, le juge répressif ne peut énoncer que les faits qui lui sont déférés constituent une infraction pénale, sans méconnaître le principe de la présomption d'innocence. • Crim. 13 oct. 2015, nº 14-82.272 P : *D. actu. 2 nov. 2015, obs. Priou-Alibert.* ♦ V. aussi notes ss. art. 497. ♦ La Cour reconnaît une violation de l'égalité des armes dans l'action civile contre l'ayant droit d'un prévenu reconnu coupable post mortem. • CEDH, 12 avr. 2012, *Lagardère c/ France*, nº 18851/07 : *D. 2012. 1708, note Renucci ; AJ pénal 2012. 421, obs. Lavric ; JCP 2012. Doctr. 724, note Dethomas ; Rev. Sociétés 2012. 517, obs. Matsopoulou.* ♦ Comp. jurisprudence antérieure à la condamnation européenne : Si les juges du second degré, saisis du seul appel de la partie civile, ne peuvent prononcer aucune peine contre le prévenu définitivement relaxé, ils n'en sont pas moins tenus, au regard de l'action civile, de rechercher si les faits qui leur sont déférés constituent une infraction pénale et de prononcer en conséquence sur la demande en réparation de la partie civile. • Crim. 27 mai 1999, nº 98-82.978 P : *Dr. pénal 2000. Chron. 10, obs. Marsat* • 18 janv. 2005, nº 04-85.078 P : *D. 2005. IR 664 ; JCP 2005. IV. 1560 ; AJ pénal 2005. 201, obs. Leblois-Happe* • 22 nov. 2005, nº 05-84.826

P : *D. 2006. IR 176* ; *JCP 2005. IV. 3733* • 1er juin 2010, n° 09-87.159 P : *D. 2010. 172, obs. Trébulle* ; *ibid. 2468, obs. Trébulle* ; *ibid. Pan. 2732, obs. Roujou de Boubée, Garé et Mirabail* ; *AJ pénal 2010. 393, obs. Lasserre Capdeville*. ♦ Un prévenu est sans intérêt à critiquer l'arrêt en ce qu'il a dit que le délit de mise en danger d'autrui avait été « également commis », la cour d'appel, saisie de la seule action civile, n'ayant prononcé ni sur la culpabilité ni sur la peine mais seulement sur la réparation des préjudices résultant des blessures causées à la partie civile. • Crim. 15 janv. 2009 : *AJ pénal 2009. 268, obs. Porteron*.

10. Exceptions de nullité de la citation. La cour d'appel, saisie de l'appel de la partie civile contre une décision de relaxe, a l'obligation de statuer sur les exceptions de nullité de la citation ayant mis l'action publique en mouvement, soutenues devant les premiers juges et reprises devant elle. Encourt dès lors la censure l'arrêt qui déclare irrecevable l'exception de nullité de la citation présentée par les prévenus au motif que la cour d'appel n'est plus saisie de l'action publique en raison de la relaxe définitive prononcée en première instance. • Crim. 28 avr. 2009, n° 08-85.219 P : *D. 2009. Pan. 2245, obs. Pradel* ; *AJ pénal 2009. 314, obs. Lasserre Capdeville*.

11. Abus de constitution de partie civile. Encourt la cassation l'arrêt qui, sur le seul appel de la partie civile contre un jugement de relaxe, accorde des dommages-intérêts pour abus de constitution de partie civile, sur le fondement de l'art. 472, au prévenu intimé, dont la demande a été rejetée par les premiers juges. • Crim. 19 juin 1989, n° 88-85.534 P • 8 oct. 2003, n° 02-86.992 P : *JCP 2003. IV. 2971*. ♦ V. note 18.

12. Les dispositions de l'art. 515, al. 2, ne font pas obstacle à ce que le prévenu, relaxé en première instance, puisse saisir la juridiction du second degré, statuant sur le seul appel de la partie civile ayant mis en mouvement l'action publique, d'une demande tendant à faire constater que la poursuite exercée est abusive et qu'elle lui cause un préjudice ouvrant droit à réparation. • Crim. 27 mai 2004, n° 03-81.080 P : *D. 2005. Pan. 690, obs. Pradel* ; *RSC 2005. 105, obs. Giudicelli* ; *JCP 2004. IV. 2425*. ♦ *Contra* : méconnaît les dispositions de l'art. 515 selon lesquelles la cour d'appel ne peut, sur le seul appel de la partie civile, aggraver le sort de celle-ci, la cour d'appel qui, saisie du seul appel de la partie civile, du jugement ayant relaxé le prévenu, après avoir débouté la partie civile de ses demandes, l'a condamnée à verser au prévenu des dommages-intérêts sur le fondement de l'art. 472. • Crim. 5 févr. 2003, n° 02-83.646. ♦ V. également, dans le même sens : • Crim. 28 janv. 2003, n° 02-83.034.

13. Appel de l'administration fiscale, partie civile. L'administration fiscale, partie civile, est recevable devant la juridiction du second degré, y compris sur son seul appel, à demander que soit prononcée la solidarité du condamné avec le redevable des impôts fraudés. • Crim. 16 janv. 2013 : *Dr. pénal 2013, n° 92, note J.-H. Robert.*

14. Appel du fonds de garantie. Si, en l'absence d'un appel du prévenu, la condamnation de ce dernier au profit de la partie civile ne peut, par application de l'art. 515, être modifiée dans un sens défavorable à celle-ci, il n'en est pas de même à l'égard du fonds de garantie, partie intervenante à titre principal dont l'appel remet en cause ses propres rapports avec la partie civile. • Crim. 8 oct. 1975, n° 73-93.619 P. ♦ Comp. : • Crim. 20 juin 1991, n° 90-80.756 P • 20 juin 1991, n° 90-81.146 P.

B. APPEL DU PRÉVENU

15. Viole les dispositions de l'art. 515, al. 2, la cour d'appel qui se déclare incompétente par le motif que les faits reprochés au prévenu constitueraient des crimes, alors que le ministère public n'a pas relevé appel et que le prévenu, seul appelant, n'a pas déposé de déclinatoire de compétence. • Crim. 19 juill. 1966, n° 66-91.823 P.

16. Interdiction de la reformatio in pejus. Sur l'application du principe de l'interdiction d'aggraver le sort de l'appelant sur son seul appel en matière d'exécution des peines, V. ss. art. 721-1. ♦ Il résulte de l'art. 723-15, des principes de l'effet dévolutif de l'appel et de la prohibition de l'aggravation du sort de l'appelant sur son seul appel que saisie par le seul appel du condamné, d'un jugement prononçant sur une requête en aménagement de peines, la CHAP ne peut aggraver le sort de l'appelant. Dès lors, elle ne peut déclarer irrecevable une demande de conversion, motif pris de la durée des peines cumulée supérieure à six mois d'emprisonnement, alors que le JAP l'avait partiellement admise. • Crim. 15 oct. 2014 : *AJ pénal 2015. 267, obs. Herzog-Evans* ; *Dr. pénal 2015. Chron. « Un an de », n° 3, obs. Bonis-Garçon et Peltier.* ♦ Mais le principe de la prohibition de l'aggravation du sort du condamné, sur son seul appel, ne s'impose à la CHAP qu'en l'absence de changement substantiel de circonstances, imputable au condamné, survenu pendant l'instance d'appel, en l'espèce la rétractation, par le condamné, de son acceptation du placement sous surveillance électronique. • Crim. 10 févr. 2016, n° 15-81.148 P : *D. actu. 8 mars 2016, obs. Goetz* ; *AJ pénal 2016. 159, obs. H.-Evans* ; *ibid. 279, obs. Giacopelli.*

17. Lorsqu'il a été statué sur le fond en première instance, la cour d'appel évoquant demeure astreinte aux règles de la dévolution des art. 509 et 515. Dès lors, elle ne saurait, en l'absence d'appel du procureur, revenir sur l'action publique. • Crim. 4 oct. 2011, n° 11-84.138 P : *D. actu. 7 nov. 2011, obs. Léna* ; *Dr. pénal 2011, n° 157, obs. Maron et Haas.*

18. Sont justifiées les condamnations civiles

prononcées sur le seul appel de la partie civile, mais doivent être cassées les condamnations pénales prononcées contre le prévenu en l'absence d'un appel du ministère public. • Crim. 11 mars 1964, n° 63-91.373 P.

19. Aggravation de la peine. Pour apprécier une peine d'emprisonnement, seule est à prendre en compte la durée de la peine prononcée, indépendamment de ses modalités d'exécution. • Crim. 21 nov. 2001, n° 01-82.335 P : *D. 2002. IR 251*. ♦ Viole l'art. 515 la cour qui, sur le seul appel du prévenu, élève la peine d'emprisonnement ferme prononcée par les premiers juges, en l'assortissant du sursis. • Crim. 13 juin 1968, n° 68-90.940 P. ♦ ... Ou du sursis avec mise à l'épreuve. • Crim. 31 mars 1993, n° 91-84.172 P • 21 nov. 2001, n° 01-82.335 P : *D. 2002. IR 251*. ♦ ... De même, pour apprécier la gravité de la peine prononcée, seul étant à prendre en considération le montant de l'amende indépendamment de ses modalités d'exécution, les juges du second degré ne peuvent-ils, sur le seul appel du prévenu, augmenter la peine d'amende en l'assortissant du sursis. • Crim. 16 mars 2021, n° 20-82.174 P : *D. actu. 29 mars 2021, obs. Charlent.* ♦ Doit être annulé le jugement qui, sur le seul appel du prévenu, en réduisant la durée de l'emprisonnement prononcée par les premiers juges, ajoute une amende que ceux-ci n'avaient pas prononcée. • Crim. 5 juin 1962, n° 61-93.585 P. ♦ En l'absence d'appel du ministère public, sur l'appel formé par le seul prévenu contre un jugement ayant ordonné la révocation d'un sursis avec mise à l'épreuve assortissant une condamnation à l'emprisonnement et refusé d'ordonner la révocation d'un autre sursis pour une autre condamnation, une cour d'appel ne peut ordonner la révocation refusée par les premiers juges. • Crim. 9 avr. 1991, n° 91-80.935 P. ♦ Mais elle peut décider de révoquer le sursis qui ne l'avait pas été par le tribunal, tout en écartant la révocation ordonnée par lui, dès lors que, loin d'aggraver le sort de l'appelant, une telle décision lui est favorable. • Crim. 5 mai 1998, n° 97-82.391 P : *RSC 1999. 318, obs. Bouloc*. ♦ La cour d'appel est en mesure de transformer une peine prononcée avec sursis simple en une peine avec sursis avec mise à l'épreuve, ce qui ne constitue pas une aggravation de la peine puisqu'il s'agit de mesures relatives aux modalités d'exécution de la peine sans incidence sur sa durée. • Crim. 4 avr. 2002, n° 01-84.625 P : *JCP 2002. IV. 1895 ; RSC 2002. 811, obs. Bouloc*. ♦ *Sur l'interdiction d'aggraver le sort de l'appelant sur son seul appel, V. aussi ss. art. 509.*

C. APPEL DU MINISTÈRE PUBLIC

20. Sauf indications contraires expressément formulées dans la déclaration d'appel, le recours principal ou incident du ministère public, qui est sans effet sur les intérêts civils, saisit la juridiction de l'intégralité de l'action publique. • Crim. 21 sept. 2004, n° 04-81.887 P : *D. 2004. IR 2761* ; *JCP 2004. IV. 3185.* ♦ Lorsqu'il y a appel incident du ministère public sur les dispositions pénales d'un jugement, la cour d'appel se trouve saisie de la cause entière quant à l'action publique. • Crim. 10 mars 2004 : *Dr. pénal 2004. Comm. 98, obs. Maron.* ♦ Une cour d'appel ne peut, sur le seul appel du ministère public limité aux dispositions pénales du jugement, augmenter le montant de l'amende douanière au paiement de laquelle les prévenus ont été condamnés en première instance. • 24 avr. 2013 : *D. actu. 16 mai 2013, obs. Bombled ; Dr. pénal 2013, n° 114, note Robert.*

21. Mais, sur appel du ministère public émettant l'avis que la condamnation est justifiée, la cour peut élever la peine, le ministère public ne pouvant porter atteinte ni par sa requête ni par ses conclusions aux pouvoirs de la cour quant à l'appréciation de la peine. • Crim. 3 nov. 1964, n° 64-91.612 P : *D. 1965. 63 ; JCP 1964. II. 13966, rapp. Combaldieu* • 30 janv. 1985, n° 79-92.608 P.

22. Lorsque seul le ministère public fait appel d'un jugement de condamnation, la cour doit néanmoins statuer sur l'exception de nullité soulevée par le prévenu-intimé, exception qui avait été régulièrement soulevée en première instance. • Crim. 7 déc. 1999, n° 99-82.473 P : *Dr. pénal 2000. Chron. 23, obs. Marsat.*

23. Appels du ministère public et du prévenu. Les juges du second degré, saisis des seuls appels du ministère public et du prévenu, ne peuvent réformer au profit de la partie civile, non appelante et intimée, un jugement auquel elle a tacitement acquiescé. • Crim. 19 mars 1991, n° 90-81.621 P • Crim. 16 juin 2015, n° 14-84.522 P : *D. actu. 21 juill. 2015, obs. Gallois.* ♦ Les victimes sont irrecevables à intervenir en qualité de parties civiles devant la cour d'appel lorsque les dispositions civiles du jugement sont devenues définitives. • Crim. 19 janv. 2005, n° 04-81.903 P : *D. 2005. IR 664*. ♦ Saisie des seuls appels des prévenus et du ministère public, la cour d'appel ne peut modifier, au profit des parties civiles, un jugement contre lequel elles n'ont pas formé appel. • Crim. 4 nov. 2021, n° 20-87.028 B : *D. actu. 1er déc. 2021, obs. Goetz.*

24. Appels du ministère public et de la partie civile. Méconnaît les dispositions de l'art. 515 la cour qui, sur les seuls appels du ministère public et de la partie civile, tout en confirmant les peines prononcées, se déclare incompétente pour statuer sur l'action civile au motif que le préjudice ne serait pas la conséquence directe de l'infraction. • Crim. 15 févr. 1966, n° 65-91.970 P.

25. Appels de toutes les parties. La juridiction du second degré saisie de l'appel des prévenus, du ministère public et des parties civiles a l'obligation, lors même qu'elle déclare tardif et irrecevable l'appel des prévenus, de procéder à l'examen de leurs conclusions, ceux-ci demeurant intimés sur l'appel des autres parties à la procédure. • Crim. 17 janv. 1996, n° 95-80.854 P.

26. Cour d'appel de renvoi. La cour de renvoi doit statuer non seulement sur l'appel du prévenu, mais également sur celui du ministère public et peut aggraver la peine antérieurement prononcée, même si la cassation est intervenue sur le seul pourvoi du prévenu. • Crim. 13 oct. 2015, n° 14-87.111 P : *D. actu. 5 nov. 2015, obs. Benelli-de Bénazé ; Dr. pénal 2015. 168, obs. Maron et Haas.*

II. DEMANDES NOUVELLES

27. L'exception d'irrecevabilité, en cause d'appel, d'une demande nouvelle, n'est pas d'ordre public et ne peut être relevée d'office par les juges d'appel. • Crim. 20 juill. 1976, n° 75-90.109 P • 7 févr. 1984, n° 82-92.131 P • 18 sept. 1996, n° 95-84.134 P. ♦ Elle ne peut être proposée pour la première fois devant la Cour de cassation. • Crim. 3 mars 1977, n° 74-92.884 P • 18 oct. 1988, n° 84-94.959 P • 21 nov. 2012, n° 11-85.867 P.

28. N'est pas nouvelle, au sens de l'art. 515, la demande par laquelle, pour la première fois en appel, la partie civile réclame subsidiairement le bénéfice des dispositions de l'art. 470-1, al. 1er, applicables devant la cour d'appel en vertu de l'art. 512, une telle demande ayant pour objet, au même titre que l'action civile originaire, la réparation des dommages résultant des faits poursuivis. • Crim. 11 mars 1986, n° 85-91.048 P : *Gaz. Pal. 1986. 2. 719* • 20 oct. 1986, n° 85-92.876 P. ♦ ... Ni la demande de dommages-intérêts formée pour la première fois en cause d'appel par la partie civile qui avait soulevé l'incompétence du tribunal correctionnel, dès lors que les premiers juges ont, par un seul et même jugement, statué sur la compétence et sur l'action publique, sans mettre la partie civile en mesure de compléter devant eux sa demande. • Crim. 17 juin 1992, n° 91-84.213 P • 25 mai 2005, n° 04-86.930 P : *D. 2005. IR 1802 ; JCP 2005. IV. 2549.* ♦ ... Ni la demande de complément de dommages-intérêts pour le préjudice nouveau souffert depuis la décision de première instance et se rattachant directement aux faits mêmes dont il est la conséquence et le développement. • Crim. 17 mars 1993, n° 92-83.595 P. ♦ ... Ni la demande qui, tendant aux mêmes fins que celle soumise aux premiers juges, repose sur un fondement juridique différent. • Crim. 29 juin 1999, n° 98-81.962 P. ♦ Ne donne pas de base légale à sa décision la cour d'appel qui écarte, comme nouvelles, des demandes de réparation des préjudices fonctionnels temporaire et permanent, demandes formées en application de l'art. 25 L. 21 déc. 2006, alors que, devant les premiers juges, la partie civile avait demandé que soient réparés, au titre de son préjudice d'agrément, l'ensemble des troubles dans ses conditions d'existence. • Crim. 7 oct. 2008, n° 07-87.792 P : *D. 2008. AJ 2797 ; AJ pénal 2009. 36, obs. Duparc .*

29. Mais la partie civile qui se borne à mentionner un préjudice « pour mémoire » dans ses conclusions de première instance, sans préciser le montant de sa demande, ne peut l'expliciter en appel sans se heurter à l'interdiction de l'art. 515. • Crim. 22 mars 1973, n° 72-92.265 P.

30. Réévaluation des dommages-intérêts. N'est pas nouvelle la demande tendant à élever le montant des dommages-intérêts sollicités en première instance alors qu'une telle demande ne tendait qu'à opérer une juste réévaluation de ceux-ci en cause d'appel. • Crim. 30 juin 2009 : *Procédures 2009, n° 370, obs. Buisson.* ♦ Mais la partie civile qui a obtenu en première instance le montant intégral des dommages-intérêts réclamés ne peut, en cause d'appel, demander une augmentation de ce montant, sauf à démontrer l'existence d'un préjudice souffert depuis la décision de première instance. • Crim. 18 sept. 2007, n° 07-80.684 P : *AJ pénal 2007. 492 .* ♦ La demande de capitalisation portant sur un poste de préjudice déjà soumis aux juges de première instance n'est pas nouvelle au sens de l'art. 515, al. 3. • Crim. 18 mars 2014 : *D. actu. 16 avr. 2014, obs. Fonteix.*

31. Selon l'art. 515, al. 3, la partie civile, même non appelante, peut demander un complément de dommages-intérêts pour le préjudice nouveau souffert depuis la décision de première instance et se rattachant directement aux faits dont il est la conséquence, les juges d'appel étant alors tenus de répondre aux conclusions déposées en ce sens. • Crim. 8 déc. 2021, n° 21-80.200 P.

32. Sécurité sociale. Le code de la sécurité sociale n'apporte aucune dérogation à la règle d'ordre public du double degré de juridiction qui s'oppose à ce que l'intervention des caisses, même en matière d'accident du travail, se produise pour la première fois en cause d'appel. D'autre part, l'art. 466 C. pr. civ. est inapplicable devant les tribunaux répressifs. • Crim. 19 mai 1971, n° 70-91.432 P • 4 nov. 1992, n° 91-84.370 P : *JCP 1993. IV. 488.*

33. V. l'exception posée par l'art. 388-1, al. 2, en faveur de l'intervention de l'assureur appelé à garantir le dommage.

Art. 515-1 *(L. n° 81-82 du 2 févr. 1981)* **Lorsque le tribunal, statuant sur l'action civile, a ordonné le versement provisoire, en tout ou en partie, des dommages-intérêts alloués, cette exécution provisoire peut être arrêtée, en cause d'appel, par le premier**

président statuant en référé si elle risque d'entraîner des conséquences manifestement excessives. Le premier président peut subordonner la suspension de l'exécution provisoire à la constitution d'une garantie, réelle ou personnelle, suffisante pour répondre de toutes restitutions ou réparations.

Lorsque l'exécution provisoire a été refusée par le tribunal statuant sur l'action civile ou lorsque l'exécution provisoire n'a pas été demandée, ou si, l'ayant été, le tribunal a omis de statuer, elle peut être accordée, en cas d'appel, par le premier président statuant en référé.

1. L'ordonnance d'un premier président statuant en référé par application de l'art. 515-1, sur une demande de suspension de l'exécution provisoire des dispositions civiles d'un jugement pénal n'entre pas dans les prévisions de l'art. 567 et ne peut faire l'objet d'un pourvoi devant la chambre criminelle de la Cour de cassation. • Crim. 13 avr. 1983, n° 82-91.662 P.

2. La compétence du juge de l'application des peines pour définir les modalités de la réparation des dommages causés par l'infraction, en application de l'art. 132-45 C. pén., n'exclut pas, lorsque le prévenu a interjeté appel des seules dispositions civiles de la décision, que le premier président soit saisi, en application de l'art. 515-1, al. 2, d'une demande tendant à ce que la condamnation civile soit assortie de l'exécution provisoire. • Grenoble, 21 nov. 1995 : *Dr. pénal 1997. Comm. 42, note Maron.*

Art. 516 **Si le jugement est réformé parce que la cour estime qu'il n'y a ni crime, ni délit, ni contravention, ou que le fait n'est pas établi ou qu'il n'est pas imputable au prévenu, elle renvoie celui-ci des fins de la poursuite.**

Dans ce cas, si le prévenu acquitté demande des dommages-intérêts, dans les conditions prévues à l'article 472, il porte directement sa demande devant la cour d'appel.

Art. 517 **Si le jugement est réformé parce que la cour estime que le prévenu bénéficie** *(L. n° 92-1336 du 16 déc. 1992)* **« d'une cause légale d'exemption de peine », elle se conforme aux dispositions de l'article 468.**

Art. 518 **Si le jugement est annulé parce que la cour estime que le fait ne constitue qu'une contravention, elle prononce la peine et statue, s'il y a lieu sur l'action civile.** — *Pr. pén. C. 654.*

Art. 519 **Si le jugement est annulé parce que la cour estime que le fait est de nature à entraîner une peine criminelle, la cour d'appel se déclare incompétente. Elle renvoie le ministère public à se pourvoir ainsi qu'il avisera.**

Elle peut, le ministère public entendu, décerner par la même décision, mandat de dépôt ou d'arrêt contre le prévenu. — *Pr. pén. C. 654.*

1. En matière répressive, la compétence des juridictions est d'ordre public et il appartient aux juges correctionnels, même d'office et en tout état de la procédure, de se déclarer incompétents lorsque les faits poursuivis ressortissent à la juridiction criminelle : peu importe que le tribunal correctionnel ait condamné l'intéressé et que la cour ait rendu un arrêt avant dire droit ordonnant une expertise psychiatrique. • Crim. 1er févr. 2005, n° 04-85.351 P : *D. 2005. IR 856.*

2. Pour décerner un mandat de dépôt, l'audition du ministère public est prescrite à peine de nullité. • Crim. 3 sept. 1985 (1re esp.), n° 85-93.058 P.

3. La cour d'appel qui annule le jugement qui lui est déféré au motif que les faits seraient constitutifs d'un crime ne peut se borner à ordonner le maintien en détention du prévenu et doit, après avoir entendu le ministère public en ses réquisitions, décerner un nouveau titre de détention. • Crim. 8 févr. 1989, n° 88-86.875 P. ♦ Comp. : • Crim. 3 sept. 1985 (2e esp.), n° 85-91.501 P. ♦ En revanche, lorsque la cour d'appel ne fait que confirmer le jugement d'incompétence et maintenir les effets d'un mandat de dépôt régulièrement décerné contre le prévenu, elle n'est pas tenue d'entendre le ministère public sur cette mesure ; en effet, les dispositions des art. 469, al. 2 et 519, al. 2 ne s'appliquent que devant la juridiction qui décerne le titre de détention. • Crim. 25 mai 2005, n° 04-86.363 P : *D. 2005. IR 1803 ; JCP 2005. IV. 2560.*

Art. 520 **Si le jugement est annulé pour violation ou omission non réparée de formes prescrites par la loi à peine de nullité, la cour évoque et statue sur le fond.**

BIBL. ▶ MEURISSE, *JCP 1954. I. 1203 ; Gaz. Pal. 1964. 2. 102 ; RSC 1969. 853.* – ZENCKER, *RSC 2015. 745* (usages de l'évocation par la chambre des appels correctionnels).

1. QPC. Il n'y a pas lieu de transmettre au Conseil constitutionnel la question de la conformité de l'art. 520 au principe du droit au procès équitable (en ce qu'il priverait la personne du droit à un double degré de juridiction), laquelle ne présente pas de caractère sérieux dès lors que, si la disposition qu'elle vise impose à la cour d'appel d'évoquer et de statuer sur le fond après annulation du jugement, c'est dans tous les cas et par un arrêt susceptible d'un pourvoi en cassation. • Cass., QPC, 15 févr. 2011, n° 10-90.123 P : *D. actu. 15 mars 2011, obs. Priou-Alibert ; D. 2011. Point de vue. 1091, obs. Thuilier et Plouvier ; Dr. pénal 2011. 47, obs. Maron et Haas.*

I. DOMAINE DE L'ÉVOCATION

A. APPLICATION EXTENSIVE DE L'ÉVOCATION

2. La disposition de l'art. 520, qui n'est pas limitative, fait obligation à la cour d'appel d'évoquer et de statuer au fond chaque fois qu'elle annule un jugement pour toute autre cause que celle d'incompétence. • Crim. 16 févr. 1972, n° 71-90.104 P • 26 avr. 1972, n° 70-93.153 P • 18 juill. 1985, n° 84-95.325 P : *D. 1986. IR 69* • 31 mai 1989, n° 88-83.151 P • 27 avr. 2004, n° 04-80.645 P : *JCP 2004. IV. 2426.* ♦ Il se déduit de la combinaison des art. 520 et D. 49-44-1 que la chambre de l'application des peines de la cour d'appel ne peut évoquer et statuer sur le fond qu'après avoir annulé le jugement déféré pour violation ou omission non réparée de formes prescrites par la loi à peine de nullité ; dès lors, doit être cassé l'arrêt de la cour qui, après avoir confirmé le jugement d'incompétence déféré, statue au fond sur la demande d'aménagement de peine et y fait droit, le juge de l'application des peines n'ayant pas statué en premier ressort. • Crim. 18 nov. 2015, n° 14-82.805 P : *D. actu. 16 déc. 2015, obs. Priou-Alibert.* ♦ En sens contraire, sur la question de l'incompétence territoriale de la juridiction de 1er degré, V. • Crim. 20 oct. 2009, n° 09-81.721 P : *AJ pénal 2010. 31, obs. Lasserre Capdeville ; Procédures 2010, n° 99, obs. Buisson* : si l'exception d'incompétence territoriale de la juridiction de proximité peut être soulevée pour la première fois en cause d'appel, celle-ci doit évoquer, lorsqu'elle est elle-même compétente, après annulation du jugement.

3. La cour doit évoquer lorsqu'elle déclare irrecevable l'exception de nullité d'une procédure d'instruction que les premiers juges avaient accueillie. • Crim. 3 avr. 2007, n° 06-89.315 P : *D. 2007. AJ 1206 ; AJ pénal 2007. 428, note Leblois-Happe ; RSC 2007. 834, obs. Finielz.* ♦ Il en va de même lorsque le tribunal s'est à tort dessaisi de la poursuite. • Crim. 20 févr. 2007, n° 06-84.607 P : *D. 2007. AJ 1142 ; AJ pénal 2007. 283, obs. Saas ; RSC 2007. 838, obs. Finielz.* ♦ ... Lorsque l'irrégularité s'attache à l'enquête et affecte l'acte par lequel le tribunal a été saisi. • Crim. 3 avr. 2007, n° 06-87.264 P. ♦ ... Lorsqu'il a été mal jugé sur un incident. • Crim. 2 mars 2011, n° 10-86.940 P : *D. actu. 16 mars 2011, obs. Lavric ; D. 2011. Actu. 821, obs. Lavric ; RSC 2011. 421, obs. Danet ; Dr. pénal 2012. Chron. 1, obs. Georget.*

4. Sur appel tant du ministère public que de la partie civile contre un jugement d'incompétence du tribunal correctionnel, la cour qui réforme ce jugement est tenue d'évoquer et de statuer au fond, sur l'action publique comme sur l'action civile ; elle peut, dès lors, sans aggraver le sort du prévenu, prononcer contre celui-ci une sanction pénale. • Crim. 30 avr. 1908 : *DP 1909. 1. 241* • 19 juill. 1945 : *D. 1947. 130.* ♦ La même solution est admise au cas où l'appel a été formé seulement par le ministère public. • Crim. 8 juill. 1964, n° 63-93.043 P : *RSC 1965. 149, obs. Robert.* ♦ ... Par la partie civile ou le civilement responsable. • Crim. 3 juin 1935 : *DP 1938. 1. 118* • 12 oct. 1993, n° 92-84.409 P. ♦ ... En particulier contre un jugement qui a prononcé à tort le sursis à statuer au fond. • Crim. 7 juill. 1949 : *D. 1949. 552* • 16 mars 1959 : *D. 1959. Somm. 83.* ♦ Lorsque le jugement frappé d'appel a déclaré irrecevable la constitution de partie civile de la victime qui a saisi le tribunal correctionnel par citation directe, la cour d'appel, dans l'hypothèse où elle infirme cette décision, doit statuer tant sur l'action publique que sur l'action civile, alors même que seule la partie civile aurait usé de cette voie de recours. • Crim. 29 avr. 1996, n° 95-82.081 P • 11 mai 2010 : *AJ pénal 2010. 498, obs. de Combles de Nayves.*

5. Par application de l'art. 520, lorsque les tribunaux répressifs ont statué au fond, en première instance, sur l'action civile accessoirement à l'action publique, le premier juge ne peut, après infirmation de sa décision, être à nouveau saisi de ce chef et se trouver ainsi exposé à se mettre en opposition avec le jugement rendu par lui. • Crim. 9 oct. 1969, n° 67-92.665 P : *D. 1969. 688* • 10 oct. 1973, n° 73-91.345 P : *D. 1975. 84, note A. M.-H.* • 23 juin 1990, n° 89-84.517 P. ♦ Ce principe est d'ordre public. • Mêmes arrêts. ♦ La cour d'appel doit alors évoquer, et elle peut le faire implicitement. • Crim. 27 avr. 1971 : *D. 1971. Somm. 110* • 7 mars 1972, n° 71-90.817 P : *D. 1972. 366* • 12 mars 1984, n° 82-93.863 P. ♦ La cour d'appel, saisie de l'appel du prévenu, doit évoquer et remplir directement la mission des premiers juges en statuant sur l'action publique et sur les intérêts civils, même en l'absence de la partie civile à l'audience d'appel. • Crim. 6 janv. 2015 : *D. actu. 3 févr. 2015, obs. Anane ; Dr. pénal 2015, n° 24, obs. Maron et Haas.* ♦ Sur l'action civile, V. aussi note 14.

6. Lorsque la cour d'appel statue sur l'appel d'un jugement ayant omis de prononcer sur une action civile, elle doit annuler ce jugement, évoquer et statuer à nouveau, en remplissant la mission des premiers juges et, par suite, prononcer sur l'action civile, la victime ayant interjeté appel. • Crim. 10 nov. 2020, n° 19-80.962 P : *D. actu. 15 déc. 2020, obs. Goudjil ; AJ pénal 2021. 100, obs. Engel*. ♦ Comp. : note 15 ss. art. 509.

7. La cour d'appel, qui annule un jugement correctionnel pour omission, dans l'instruction, des formalités prescrites à peine de nullité par la loi du 8 déc. 1897 (art. 114 s.), doit évoquer la cause et statuer au fond. • Crim. 18 mars 1910 : *DP 1912. 1. 139* • 1er juill. 1922 : *Bull. crim. n° 203* • 7 janv. 1965, n° 63-93.032 P : *D. 1965. 114, note J. M.* • 10 janv. 1974, n° 73-90.560 P • 20 oct. 1986, n° 85-91.746 P. ♦ Notamment, fait exacte application de l'art. 520 la cour d'appel qui, saisie des appels de certains prévenus et du ministère public, a, sur l'exception de nullité régulièrement soulevée par la défense, annulé en son entier la procédure d'information, y compris l'ordonnance de renvoi, et le jugement déféré en leurs seules dispositions concernant les prévenus appelants, puis a évoqué et, au vu de l'enquête préliminaire et des débats, a statué au fond, déclarant lesdits prévenus coupables des faits reprochés. • Crim. 4 sept. 1990, n° 89-86.408 P. ♦ La cour d'appel qui constate que la minute du jugement ne mentionne pas le nom des magistrats qui l'ont rendu doit annuler le jugement et, après évocation, statuer sur le fond. • Crim. 14 mai 1990, n° 89-83.945 P. ♦ La cour doit opérer ainsi non seulement quand il y a eu violation des formes prescrites par la loi, mais encore parce qu'il a été mal jugé sur un incident. • Crim. 7 oct. 1964, n° 64-90.262 P • 12 juin 1968, n° 67-92.268 P. ♦ ... Notamment lorsque le tribunal s'est déclaré à tort incompétent. • Crim. 6 mars 1884 : *Bull. crim. n° 67* • 5 mai 1960 : *D. 1960. 498, note R. M. ; JCP 1960. II. 11691, note Chambon*. ♦ ... Ou après avoir annulé, sur appel du prévenu, un jugement par défaut improprement qualifié de contradictoire. • Crim. 18 janv. 1995, n° 94-80.898 P • Crim. 7 déc. 2010 : *D. 2011. Actu. 308 ; D. actu. 7 févr. 2011, obs. Léna*. ♦ ... Ou après avoir annulé, sur appel du prévenu, un jugement ayant à tort déclaré l'opposition recevable. • Crim. 3 nov. 1999, n° 98-86.019 P : *Dr. pénal 2000. Chron. 23, obs. Marsat*. ♦ ... Ou encore lorsque le prévenu a fait opposition à un jugement rendu par défaut à son égard, précédemment frappé d'appel par le ministère public et qui a donné lieu à un arrêt également rendu par défaut à l'encontre duquel il a aussi fait opposition. • Crim. *24 sept. 2019, n° 19-84.072 P : D. actu. 21 oct. 2019, obs. Priou-Alibert*. ♦ L'obligation d'évoquer l'affaire sur le fond, de l'art. 520, n'est pas limitative et s'étend aux irrégularités de l'enquête qui affectent l'acte par lequel le tribunal a été saisi, ainsi, la cour doit évoquer l'affaire quand bien même elle constaterait la nullité d'une garde à vue et des actes accomplis au cours de cette mesure. • Crim. 21 nov. 2000, n° 00-83.693 P : *D. 2001. IR 522* • 15 oct. 2003, n° 03-82.683 P : *JCP 2004. IV. 1044*.

8. L'art. 520 s'étend au cas où le tribunal s'est à tort dessaisi de la poursuite. • Crim. 12 juin 1968 : *JCP 1969. II. 15850, note Sacotte* • 14 mars 1974, n° 73-93.274 P : *D. 1974. 604, note Robert* • 11 juin 1974, n° 72-90.388 P • 5 juin 1980, n° 80-90.842 P : *Gaz. Pal. 1981. 1. 6, note Marchi* • 23 févr. 1983, n° 81-93.719 P • 4 oct. 1993, n° 93-82.512 P. ♦ ... Ou a déclaré à tort irrecevable une constitution de partie civile. • Crim. 15 nov. 1978, n° 77-93.181 P. ♦ Il s'étend au cas où le tribunal, contrairement aux prescriptions de l'art. 485, n'a pas énoncé ou a laissé incertaines les infractions dont les personnes citées ont été déclarées coupables. • Crim. 5 nov. 1970, n° 69-91.154 P : *D. 1971. 90, note J.-M. R.* ♦ La cour d'appel doit évoquer le fond, que l'irrégularité s'attache à l'instruction ou au jugement ou qu'elle se réfère à l'acte par lequel le tribunal avait été saisi. • Crim. 9 avr. 1921 : *Bull. crim. n° 126* • 1er févr. 1950 : *D. 1950. Somm. 73* • 25 juill. 1972, n° 72-91.748 P : *D. 1972. Somm. 209* • 30 nov. 1987, n° 86-95.467 P • 4 sept. 1990, n° 89-86.408 P. ♦ Comp., en matière d'intervention : • Crim. 3 juill. 1952 : *D. 1953. Somm. 33*. ♦ L'art. 520 n'est pas limitatif et s'étend au cas où le tribunal de police a déclaré à tort irrecevable une constitution de partie civile. • Crim. 17 févr. 1976, n° 75-91.821 P • 15 nov. 1978, n° 77-93.181 P : *D. 1979. IR 147*. ♦ ... Où le tribunal a déclaré à tort l'action prescrite. • Crim. 24 janv. 1962, n° 61-91.019 P : *RSC 1962. 766, obs. Robert*. ♦ ... Ou avait une composition irrégulière. • Crim. 1er févr. 1950 : *Bull. crim. n° 50*. ♦ ... Ou n'a pas rendu son jugement en audience publique. • Crim. 9 févr. 1960, n° 59-91.592 P. ♦ ... Ou avait ordonné à tort un sursis à statuer sur une exception. • Crim. 11 déc. 1989, n° 89-85.368 P. ♦ ... Ou n'a pas respecté les dispositions impératives de l'art. 397-1 prescrivant que le délai ne peut excéder six semaines. • Crim. 28 avr. 1998, n° 96-81.539 P • 13 nov. 2012, n° 12-85.664 P : *D. actu. 21 janv. 2013, obs. Fucini*. ♦ Les dispositions de l'art. 520 s'étendent au cas où l'irrégularité affecte l'acte par lequel le tribunal compétent est saisi. • Crim. 12 avr. 2005, n° 05-80.870 P : *D. 2005. IR 1376 ; JCP 2005. IV. 2269*.

9. Les dispositions de l'art. 520, qui obligent les juges d'appel à évoquer le fond lorsque le jugement est annulé pour violation ou omission non réparée des formes prescrites par la loi à peine de nullité, ne sont pas limitatives et s'étendent au cas où l'irrégularité affecte la convocation du prévenu devant la juridiction (non-respect des diligences prévues par l'art. 558, al. 2 et 4, par l'huissier chargé de la délivrance de la citation à l'adresse déclarée) et non l'acte de saisine que constitue en l'espèce l'ordonnance de renvoi rendue par le juge d'instruction. • Crim. 22 mars

2017, n° 16-80.050 P : *D. 2017. Pan. 1676, obs. Pradel* .

10. L'art. 520 n'est pas limitatif et son application n'est pas exclue en cas de poursuites pour infraction à la loi du 29 juill. 1881 particulièrement en cas de méconnaissance de son art. 59, al. 2 et 3. • Crim. 12 juill. 1983, n° 82-91.814 P : *D. 1984. IR 47.* ♦ V. cep., en cas de méconnaissance de l'art. 54 de la loi : • Crim. 14 juin 1973, n° 72-92.478 P.

11. Dès lors que les juges sont saisis d'un appel contre un jugement qui déclare le prévenu coupable d'une infraction et renvoie le prononcé de la peine à une date ultérieure, ils ne sauraient, sans ignorer les règles de leur saisine, statuer sur la seule culpabilité, en laissant au tribunal le soin de fixer la peine. • Crim. 28 févr. 1991, n° 90-82.555 P : *RSC 1991. 603, obs. Braunschweig* . ♦ En cas d'appel de la décision ayant déclaré un prévenu coupable et ajourné le prononcé de la peine, le tribunal ne peut statuer sur la peine en méconnaissance de l'effet dévolutif de l'appel et la cour doit évoquer après avoir annulé le jugement ayant statué sur la peine. • Crim. 22 févr. 1988, n° 86-92.466 P • 12 avr. 1988, n° 87-90.609 P. ♦ ... Sans égard pour la date à laquelle le tribunal avait prévu de statuer. • Crim. 28 févr. 1991, n° 90-82.555 P : *RSC 1991. 603, obs. Braunschweig* .

12. En cas d'irrégularité dans la convocation d'un mineur poursuivi devant le juge des enfants, la cour d'appel annule le jugement, évoque et statue à nouveau conformément à l'art. 520. • Crim. 19 déc. 1995, n° 94-82.442 P.

13. Application restrictive. Si l'évocation prononcée par la cour d'appel, en vertu des dispositions de l'art. 520, permet aux juges du second degré de remplir directement la mission des premiers juges, elle ne saurait cependant, lorsque ces derniers ont déjà statué au fond, faire échec aux principes qui, découlant des art. 509 et 515, régissent l'effet dévolutif de l'appel. • Crim. 30 mars 2010, n° 09-85.376 P.

14. La cour d'appel n'est tenue d'évoquer les points du litige relatif à l'action civile, qui n'ont pas été tranchés par les premiers juges, que lorsque le renvoi devant ces derniers les exposerait à se contredire sur ce qu'ils avaient décidé. • Crim. 15 juin 2011, n° 10-87.312 P : *D. 2011. Actu. 1825, obs. Léna* • 2 nov. 2016, n° 15-83.473 P : *D. actu. 25 nov. 2016, obs. Fucini.*

B. IMPOSSIBILITÉ D'ÉVOQUER

15. Sur la question de savoir s'il faut que les premiers juges aient été régulièrement saisis pour que la cour d'appel puisse évoquer et statuer au fond, V. E. Robert, rapp. sur • Crim. 10 nov. 1976, n° 76-90.943 P : *D. 1977. 467.* ♦ Les dispositions de l'art. 520 qui obligent les juges d'appel à évoquer le fond lorsque le jugement est annulé s'étendent aux cas où l'irrégularité affecte l'acte par lequel le tribunal compétent a été saisi. • Crim. 27 avr. 2004, n° 04-80.645 P : *JCP 2004. IV. 2426.*

16. L'art. 520 ne permet pas à la cour d'appel de se prononcer à l'égard d'une partie qui ne se trouvait pas en cause en première instance. • Crim. 21 mars 1979, n° 78-92.998 P • 8 nov. 1983, n° 81-93.797 P : *Gaz. Pal. 1984. 2. 609, note Daverat.* ♦ Mais lorsque l'action pour l'application des sanctions fiscales en matière douanière a été exercée par le ministère public accessoirement à l'action publique sans la présence de l'administration des douanes, la juridiction est tenue de statuer sur ces sanctions ; dès lors, la cour d'appel qui a déclaré à tort irrecevable l'appel de l'administration des douanes est tenue d'évoquer et de statuer sur les sanctions fiscales encourues. • Crim. 11 juill. 2012, n° 11.86.617 P.

17. L'évocation est impossible lorsque le jugement est annulé pour incompétence *ratione loci*, l'affaire devant être renvoyée devant le premier degré de juridiction auquel elle n'a pas été soumise. • Crim. 6 déc. 1951 : *D. 1952. 90* • 10 août 1963, n° 63-92.003 P • 8 août 1981, n° 81-92.535 P. ♦ Sur la question de l'incompétence territoriale de la juridiction de premier degré, V. note 2.

18. L'art. 473 C. pr. civ. n'est pas applicable à la matière des appels correctionnels ; par suite, si la cause n'est pas en état, la cour est tenue, non de se dessaisir, mais de surseoir jusqu'au moment où elle sera en mesure de se prononcer sur le fond. • Crim. 7 déc. 1955 : *D. 1956. 178.*

19. L'évocation est prohibée lorsque les premiers juges n'ont pas été régulièrement saisis de la prévention pour avoir statué après avoir annulé une citation irrégulière. • Crim. 21 mars 1979, n° 78-92.998 P. ♦ ... Après que la cour eut annulé l'information à compter du réquisitoire introductif, les premiers juges n'ayant pas été régulièrement saisis. • Crim. 6 janv. 1954 : *JCP 1955. II. 9011, note Meurisse.* ♦ V. aussi : • Crim. 28 déc. 1950 : *D. 1951. 114.* ♦ Mais, si c'est à tort qu'une cour d'appel, ayant relevé que les faits poursuivis étaient de nature délictuelle et qu'en conséquence le tribunal de police était incompétent pour prononcer la nullité de citations, a, après avoir annulé le jugement, évoqué et prononcé à son tour la nullité de ces citations, l'arrêt n'encourt pas la censure dès lors que la Cour de cassation est en mesure de s'assurer que la poursuite était nulle. • Crim. 15 déc. 1998, n° 96-82.166 P.

20. Si les dispositions de l'art. 520 font obligation à la cour d'appel d'évoquer le fond lorsque le jugement est annulé pour violation ou omission des formes prescrites par la loi, il en va différemment lorsque le prévenu n'a pas été informé de la date d'audience ou n'a pas été cité et que le jugement lui est ainsi inopposable, ce qui prohibe toute évocation. • Crim. 17 nov.

1987, n° 86-94.186 P • 5 juin 1991, n° 90-83.361 P.

21. L'évocation ne saurait s'appliquer en cas de confirmation. • Crim. 5 mai 1960 : *D. 1960. 498, note Meurisse.*

II. EFFETS DE L'ÉVOCATION

22. L'évocation prononcée par la cour d'appel, en vertu des dispositions de l'art. 520, permet aux juges du second degré de remplir directement la mission des premiers juges, elle ne saurait cependant, lorsque ces derniers ont déjà statué au fond, faire échec aux principes qui, découlant des art. 509 et 515, régissent l'effet dévolutif de l'appel. • Crim. 27 mai 1988, n° 86-94.075 P : *D. 1988. IR 194.*

23. Les juges d'appel ne peuvent confirmer, après évocation, un jugement qu'ils ont précédemment annulé. • Crim. 19 déc. 1995, n° 95-80.727 P • 31 mars 2010, n° 09-82.795 P : *AJ pénal 2010. 400, note Duparc.*

24. Encourt la cassation partielle le même arrêt qui n'a pas évoqué et statué sur le fond en application de l'art. 520, alors qu'il a infirmé le jugement entrepris en déclarant qu'il n'y avait pas lieu à renvoi de la cause devant le ministre de l'Économie et confirmé ledit jugement en ce qu'il a renvoyé l'affaire à une audience ultérieure du tribunal. • Crim. 5 juin 1980, n° 80-90.842 P.

25. Conformité au droit européen. La procédure d'évocation prévue par l'art. 520 est une obligation pour le magistrat, ce qui exclut toute différence de traitement entre les justiciables. Partant, la procédure d'évocation n'est pas contraire à la Convention européenne. • Crim. 7 déc. 2010, n° 10-87.339 P : *D. 2011. Pan. 2240, obs. Pradel ; Dr. pénal 2011. 58, obs. Maron et Haas.*

Art. 520-1 *(L. n° 2004-204 du 9 mars 2004, art. 137-II, en vigueur le 1er oct. 2004)* **En cas d'appel d'une ordonnance rendue en application de l'article 495-11, la cour évoque l'affaire et statue sur le fond sans pouvoir prononcer une peine plus sévère que celle homologuée par le président du tribunal ou le juge délégué par lui, sauf s'il y a appel formé par le ministère public.**

TITRE TROISIÈME DU JUGEMENT DES CONTRAVENTIONS

CHAPITRE PREMIER DE LA COMPÉTENCE DU TRIBUNAL DE POLICE

(L. n° 2005-47 du 26 janv. 2005, art. 7-I ; L. n° 2011-1862 du 13 déc. 2011, art. 1er-III et 70-I, en vigueur le 1er janv. 2017).

Les modifications issues des art. 7 à 9 de la loi n° 2005-47 du 26 juill. 2005 sont entrées en vigueur le 1er avr. 2005. Toutefois, les affaires dont le tribunal de police ou la juridiction de proximité étaient régulièrement saisis à cette date sont demeurées de la compétence de ces juridictions.

Les art. 1er et 2 de la L. n° 2011-1862 du 13 déc. 2011 sont entrés en vigueur le 1er juill. 2017 et sont applicables aux procédures en cours dans les conditions suivantes : en matière pénale, les procédures en cours sont transférées en l'état au tribunal de police.

A cette date, les procédures en cours devant les tribunaux de police et les juridictions de proximité supprimés sont transférées en l'état aux tribunaux de police territorialement compétents. Les convocations et citations données aux parties et aux témoins peuvent être délivrées avant cette date pour une comparution postérieure à cette date devant le tribunal de police nouvellement compétent.

Il n'y a pas lieu de renouveler les actes, formalités et jugements régulièrement intervenus avant le transfert des procédures civiles et pénales, à l'exception des convocations et citations données aux parties et aux témoins qui n'ont pas été suivies d'une comparution devant la juridiction supprimée. Les parties ayant comparu devant la juridiction supprimée sont informées par l'une ou l'autre des juridictions qu'il leur appartient d'accomplir les actes de la procédure devant le tribunal auquel les procédures sont transférées. Les archives et les minutes du greffe de la juridiction supprimée sont transférées au greffe des tribunaux de police ou d'instance compétents. Les frais de transfert de ces archives et minutes sont imputés sur le crédit ouvert à cet effet au budget du ministère de la justice (L. préc., art. 70-III, mod. par les lois n° 2012-1441 du 24 déc. 2012, n° 2014-1654 du 29 déc. 2014, art. 99, puis n° 2016-1547 du 18 nov. 2016, art. 15).

RÉP. PÉN. vis *Compétence,* par AGOSTINI ; *Contravention,* par COURTIN ; *Tribunal de police,* par REDON.

BIBL. ► LEBRETON, *D. 2004. Chron. 2808.* – DE GRAËVE, *Dr. pénal 2013. Étude 1* (à propos de l'ordonnance du 2 nov. 2012 portant réforme pénale en matière maritime).

Art. 521 *(L. n° 2011-1862 du 13 déc. 2011, art. 1er-II et 70, en vigueur le 1er juill. 2017)* **Le tribunal de police connaît des contraventions.**

Art. 522 *(L. n° 83-466 du 10 juin 1983)* **« Est compétent le tribunal de police du lieu de commission ou de constatation de la contravention ou celui de la résidence du prévenu.**

« Est également compétent le tribunal de police du siège de l'entreprise détentrice du véhicule en cas de contravention, soit aux règles relatives au chargement ou à l'équipement de ce véhicule » *(L. n° 2003-495 du 12 juin 2003, art. 33)* **« , soit aux réglementations relatives aux transports terrestres ».**

(Ord. n° 2012-1218 du 2 nov. 2012, art. 4) **« Est également compétent le tribunal de police du lieu du port de débarquement de la personne mise en cause, du port d'immatriculation du navire, du port où le navire a été conduit ou peut être trouvé ou de la résidence administrative de l'agent qui a constaté l'infraction, lorsque la contravention a été commise à bord d'un navire. »**

Les articles 383 à 387 sont applicables au jugement des infractions de la compétence du tribunal de police.

V. L. n° 72-1138 du 22 déc. 1972 relative à la compétence territoriale du ministère public et des juridictions répressives sur certains aérodromes, ss. art. 382.

1. Lieu de commission de la contravention. Le tribunal de police du lieu de commission d'une contravention est compétent pour connaître des contraventions commises même en dehors de son ressort. • Crim. 17 oct. 1978, n° 77-93.784 P ; *D. 1979. IR 102.*

2. La contravention d'injure ou de diffamation non publique, résultant d'une correspondance expédiée d'un lieu à un autre, est réalisée au lieu où la correspondance est reçue par son destinataire ; en conséquence, le tribunal de simple police du lieu où réside le destinataire est compétent pour en connaître. • Crim. 10 juill. 1913 : *DP 1915. 1. 80.*

3. ... Ou lieu de sa constatation. Le lieu retenu pour déterminer la compétence du tribunal de police est celui où les contraventions ont été matériellement constatées, et non celui où ont été centralisés, collationnés et analysés les résultats de l'enquête. • Crim. 29 oct. 1998, n° 97-84.433 P.

4. Contraventions routières. En application de l'art. 522, al. 2, la connaissance des contraventions aux règles relatives au chargement ou à l'équipement d'un véhicule, aux conditions de travail dans les transports routiers ou à la coordination des transports est attribuée non seulement au tribunal de police du siège de l'entreprise détentrice du véhicule, mais aussi au tribunal de police du lieu de commission ou de constatation de la contravention ou celui de la résidence du prévenu. • Crim. 10 nov. 1992, n° 92-83.055 P : *Dr. pénal avr. 1993, n° 97, obs. Maron.* Ces dispositions sont limitatives. • Crim. 27 juin 1995, n° 94-84.037 P. La juridiction compétente pour connaître de la redevabilité pécuniaire du représentant d'une personne morale est soit celle de commission ou de constatation de l'infraction, soit la juridiction du lieu du siège social de cette personne morale à la date de l'infraction. • Crim. 4 juin 2014, n° 13-87.278 P : *D. actu. 26 juin 2014, obs. Portmann.*

5. Contraventions douanières. Encourt la cassation au regard de l'art. 522 l'arrêt d'une cour d'appel qui énonce qu'est compétent pour juger des contraventions douanières commises au siège d'une société, le tribunal de police dans le ressort duquel se trouve la direction nationale des renseignements et enquêtes douanières, dans les locaux de laquelle ont été centralisés et analysés les résultats de l'enquête, alors qu'il ne résulte d'aucune constatation que le lieu retenu pour déterminer la compétence de la juridiction ait été l'un de ceux énumérés par le texte précisé. • Crim. 29 oct. 1998, n° 97-84.433 P.

6. Exception d'incompétence territoriale. Il résulte de la combinaison des art. 522 et 385 que, devant le tribunal de police, les exceptions tirées de la nullité de la citation doivent, à peine de forclusion, être présentées avant toute défense au fond. • Crim. 1er févr. 1968, n° 66-90.044 P.

7. L'exception d'incompétence territoriale est d'ordre public et peut être soulevée pour la première fois devant la Cour de cassation. • Crim. 8 mars 1961, n° 66-90.044 P • 4 janv. 1978, n° 76-92.446 P. Pour un exemple dans une procédure devant le juge de proximité, V. • Crim. 28 févr. 2006, n° 05-85.840 P : *D. 2006. IR 1002.*

Art. 523 **Le tribunal de police est constitué par** *(L. n° 2016-1547 du 18 nov. 2016, art. 15)* **« un juge du tribunal judiciaire », un officier du ministère public ainsi qu'il est dit aux articles 45 et suivants, et un greffier.** — *Pr. pén. C. 664.*

(L. n° 2016-1547 du 18 nov. 2016, art. 15, en vigueur le 1er juill. 2017) **« Lorsqu'il connaît des contraventions des quatre premières classes, à l'exception de celles déterminées par un décret en Conseil d'État, ainsi que des contraventions de la cinquième classe relevant de la procédure de l'amende forfaitaire, le tribunal de police peut être**

constitué par un magistrat exerçant à titre temporaire *(L. n° 2021-1729 du 22 déc. 2021, art. 14)* **« ou par un magistrat honoraire exerçant des fonctions juridictionnelles dans les conditions prévues à la section II du chapitre V *bis* de l'ordonnance n° 58-1270 du 22 décembre 1958 portant loi organique relative au statut de la magistrature. Si l'importance du contentieux le justifie, le président du tribunal judiciaire peut décider qu'à titre exceptionnel, le magistrat exerçant à titre temporaire ou le magistrat honoraire exerçant des fonctions juridictionnelles préside une partie des audiences du tribunal de police consacrées aux contraventions de la cinquième classe, à l'exception de celles déterminées par décret en Conseil d'État ». »**

Saint-Pierre-et-Miquelon : 930.

CHAPITRE II DE LA PROCÉDURE SIMPLIFIÉE

(L. n° 72-5 du 3 janv. 1972)

BIBL. ► DOLL, *Gaz. Pal. 1972. 1. Doctr. 114.* – LORENTZ et VOLFF, *ibid. 1972. 1. Doctr. 274, ibid. 1972. 2. Doctr. 499.* – MAYER-JACK, *JCP 1972. II. 2456.* – PRADEL, *D. 1972. Chron. 153.*

Art. 524 *(L. n° 72-5 du 3 janv. 1972)* **Toute contravention de police, même commise en état de récidive, peut être soumise à la procédure simplifiée prévue au présent chapitre.**

Cette procédure n'est pas applicable :

(Abrogé par Ord. n° 2016-413 du 7 avr. 2016, art. 8, à compter du 1er juill. 2016) ***« 1° Si la contravention est prévue par le code du travail ; »***

2° Si le prévenu, *(L. n° 92-1336 du 16 déc. 1992)* **« auteur d'une contravention de la cinquième classe », était âgé de moins de dix-huit ans au jour de l'infraction.**

Cette procédure ne peut plus être poursuivie lorsque la victime du dommage causé par la contravention a fait citer directement le prévenu avant qu'ait été rendue l'ordonnance prévue à l'article 525.

V. C. pr. pén., art. R. 42 à R. 50.

RÉP. PÉN. v^{is} *Amende pénale et jour-amende,* par LASSALLE ; *Jugement par défaut,* par FONTEIX.

1. La procédure simplifiée prévue aux art. 524 s. revêtant un caractère subsidiaire et facultatif jusqu'à l'expiration du délai d'opposition à l'exécution de l'ordonnance pénale, le ministère public conserve la faculté d'y renoncer en recourant à la procédure de droit commun. • Crim. 3 févr. 1998, n° 97-80.847 P : *Dr. pénal 1998. Chron. 14, par Lesclous et Marsat.*

2. L'ordonnance pénale prononcée selon les art. 524 s., et devenue définitive, n'a pas l'autorité de la chose jugée à l'égard de l'action civile en réparation des dommages causés par l'infraction. Le tribunal de police demeure compétent pour statuer sur l'action civile, même si l'ordonnance pénale est devenue définitive depuis sa saisine. • Crim. 3 févr. 1998, n° 97-80.847 P.

3. Prescription. Les réquisitions d'ordonnance pénale, écrites, datées et signées, qui satisfont en la forme aux conditions essentielles de leur existence, ont un effet interruptif de la prescription. • Crim. 4 déc. 2013 : *D. actu. 20 déc. 2013, obs. Priou-Alibert.*

Art. 525 *(L. n° 72-5 du 3 janv. 1972)* **Le ministère public qui choisit la procédure simplifiée communique au juge** *(L. n° 2011-1862 du 13 déc. 2011, art. 2-XIX)* **« compétent du tribunal de police » le dossier de la poursuite et ses réquisitions.**

Le juge statue sans débat préalable par une ordonnance pénale portant soit relaxe, soit condamnation à une amende *(L. n° 99-515 du 23 juin 1999)* **« ainsi que, le cas échéant, à une ou plusieurs des peines complémentaires encourues ».**

S'il estime qu'un débat contradictoire est utile *(Abrogé par L. n° 99-515 du 23 juin 1999)* ***« ou que des sanctions autres que l'amende devraient être éventuellement prononcées »*, le juge renvoie le dossier au ministère public aux fins de poursuites dans les formes de la procédure ordinaire.**

A compter du 1er juill. 2017, à l'art. 525, al. 1er, C. pr. pén., les mots : "du tribunal de police ou de la juridiction de proximité" sont remplacés par les mots : "compétent du tribunal de police" (L. n° 2011-1862 du 13 déc. 2011, art. 2-XIX et 70-I, mod. par L. n° 2012-1441 du 24 déc. 2012, L. n° 2014-1654 du 29 déc. 2014, art. 99, et L. n° 2016-1547 du 18 nov. 2016, art. 15).

Art. 526 *(L. n° 93-2 du 4 janv. 1993)* **L'ordonnance contient les nom, prénoms, date et lieu de naissance et domicile du prévenu, la qualification légale, la date et le lieu du**

Sur les intérêts civils seulement si aucune opposition n'a été formée ou si le prévenu a déclaré expressément, au plus tard à l'ouverture des débats, renoncer à son opposition ou à son droit d'opposition. Il en est de même s'il est établi que l'ordonnance pénale a fait l'objet d'un paiement volontaire.

V. C. pr. pén., art. R. 42 à R. 50. — V. aussi Circ. du 30 juin 1972 (D. et BLD 1972. 343).

CHAPITRE II *BIS* DE LA PROCÉDURE DE L'AMENDE FORFAITAIRE

(L. nº 85-1407 du 30 déc. 1985)

RÉP. PÉN. v^is *Amende forfaitaire,* par CÉRÉ ; *Amende pénale et jour-amende,* par LASSALLE.

BIBL. ▶ CÉRÉ, *AJ pénal 2012. 401* (le sort procédural de la contestation de l'amende forfaitaire) ; *ibid. 2019. 416* (la procédure d'amende forfaitaire contraventionnelle). – COMBALDIEU, *JCP 1967. I. 2096.* – LECLÈRE, *RSC 1970. 591.* – LEPAGE et SEZNEC, *RSC 1996. 839*.

SECTION PREMIÈRE DISPOSITIONS APPLICABLES À CERTAINES CONTRAVENTIONS *(L. nº 99-515 du 23 juin 1999).*

(L. nº 85-1407 du 30 déc. 1985 ; L. nº 89-469 du 10 juill. 1989)

RÉP. PÉN. vº *Contravention,* par COURTIN.

Art. 529 *(L. nº 99-515 du 23 juin 1999)* **« Pour les contraventions** *(Abrogé par L. nº 2011-1862 du 13 déc. 2011, art. 29-I)* **« *des quatre premières classes* » dont la liste est fixée par décret en Conseil d'État »,** *(L. nº 85-1407 du 30 déc. 1985)* **l'action publique est éteinte par le paiement d'une amende forfaitaire qui est exclusive de l'application des règles de la récidive.** *— Les dispositions du présent alinéa, dans leur rédaction issue de la loi nº 99-515 du 23 juin 1999, sont entrées en vigueur à la date de publication du décret en Conseil d'État qui y est prévu (L. préc., art. 9-IV : V. Décr. nº 2002-801 du 3 mai 2002, JO 5 mai).*

Toutefois, la procédure de l'amende forfaitaire n'est pas applicable si plusieurs infractions, dont l'une au moins ne peut donner lieu à une amende forfaitaire, ont été constatées simultanément *(L. nº 2011-1862 du 13 déc. 2011, art. 29-I)* **« ou lorsque la loi prévoit que la récidive de la contravention constitue un délit ».**

V. art. R. 48-1 s.

Toute référence faite dans les textes en vigueur à l'amende pénale fixe doit, à compter du 1er oct. 1986, être entendue comme faite à l'amende forfaitaire majorée (L. nº 85-1407 du 30 déc. 1985, art. 89 et 94).

La procédure prévue aux art. 529 à 529-2 et 530 à 530-2 C. pr. pén. est applicable aux contraventions des quatre premières classes intéressant les bois, forêts et terrains à boiser, punies seulement d'une peine d'amende et énumérées à l'art. R. 48-1.

TOM : 850. — Mayotte : 877.

Si pour les contraventions des quatre premières classes (visées à l'art. 529-6), l'action publique peut être éteinte par le paiement d'une amende forfaitaire, aucune disposition légale n'interdit au ministère public d'exercer l'action publique dans les conditions de droit commun. • Crim. 12 mars 2002, nº 01-84.596 P : *D. 2002. IR 1531*.

Art. 529-1 *(L. nº 85-1407 du 30 déc. 1985)* **Le montant de l'amende forfaitaire peut être acquitté soit entre les mains de l'agent verbalisateur au moment de la constatation de l'infraction, soit auprès du service indiqué dans l'avis de contravention** *(L. nº 2004-204 du 9 mars 2004, art. 56-I)* **« dans les quarante-cinq jours** *[ancienne rédaction : dans les trente jours]* **» qui suivent la constatation de l'infraction ou, si cet avis est ultérieurement envoyé à l'intéressé,** *(L. nº 2004-204 du 9 mars 2004, art. 56-I)* **« dans les quarante-cinq jours** *[ancienne rédaction : dans les trente jours]* **» qui suivent cet envoi.**

Art. 529-2 *(L. nº 85-1407 du 30 déc. 1985)* **Dans le délai prévu par l'article précédent, le contrevenant doit s'acquitter du montant de l'amende forfaitaire, à moins qu'il ne formule dans le même délai une requête tendant à son exonération auprès du service indiqué dans l'avis de contravention.** *(L. nº 2003-495 du 12 juin 2003, art. 8)* **« Dans les cas prévus par l'article 529-10, cette requête doit être accompagnée de l'un des documents exigés par cet article. » Cette requête est transmise au ministère public.**

A défaut de paiement ou d'une requête présentée dans le délai *(L. n° 2004-204 du 9 mars 2004, art. 56-II)* **« de quarante-cinq jours** *[ancienne rédaction : de trente jours]* **», l'amende forfaitaire est majorée de plein droit et recouvrée au profit du Trésor public en vertu d'un titre rendu exécutoire par le ministère public.**

V. art. R. 155.

1. Requête et conclusions. Le juge de police n'est pas tenu de répondre aux demandes ou exceptions invoquées par le prévenu dans sa requête au ministère public, mais non réitérées par conclusions devant le tribunal. • Crim. 16 nov. 1992, n° 91-86.301 P • 18 juin 1997, n° 96-84.926 P. ♦ La juridiction de proximité n'est pas tenue de répondre aux demandes ou exceptions invoquées par le prévenu, non par voie de conclusions régulièrement déposées à l'audience du tribunal, mais seulement dans la requête prévue à l'art. 529-2 concernant la procédure de l'amende forfaitaire et adressée au représentant du ministère public. • Crim. 8 sept. 2009, n° 09-80.693 P : *AJ pénal 2009. 508*.

2. Infractions de stationnement. Il résulte de la combinaison des art. L. 21-1 C. route *[art. L. 121-2]* et 529-2 que, en cas de poursuites pour infraction aux règles du stationnement payant dirigées contre le propriétaire du véhicule, ce dernier doit indiquer l'identité du véritable utilisateur du véhicule lors de sa réclamation. • Crim. 23 oct. 1991, n° 91-80.671 P : *Gaz. Pal. 1992. 1. 286, obs. Doucet* • 27 janv. 1993 : *Dr. pénal, juill. 1993, n° 161, obs. J.-H. Robert.* ♦ Dès lors que le propriétaire des véhicules fournit dès sa réclamation des éléments sur l'auteur véritable de l'infraction, ces éléments sont appréciés souverainement par le tribunal de police. • Crim. 20 mars 2002, n° 01-85.719 P : *JCP 2002. IV. 1894.*

3. Conditions de recevabilité. Il se déduit des dispositions de l'art. R. 49-4 que, pour être déclarée recevable, la requête en exonération de l'amende forfaitaire présentée en application de l'art. 529-2 doit être accompagnée de l'original de l'avis de contravention correspondant à l'amende considérée. • Crim. 3 mars 2009, n° 08-84.162 P : *D. 2009. AJ 952* ; *AJ pénal 2009. 235*.

4. Représentation par un avocat. En vertu de son pouvoir général de représentation, résultant des art. 6 et 8 de la L. n° 71-1130 du 31 déc. 1971 auquel l'art. 529-2 n'apporte aucune restriction, l'avocat peut introduire, au nom de son client destinataire d'un avis de contravention, la contestation prévue par ce texte. • Crim. 22 janv. 2020, n° 19-84.325 P. ♦ Il se déduit de la combinaison des art. 529-2 et 530, des dispositions de la L. n° 71-1130 du 31 déc. 1971 portant réforme de certaines professions judiciaires et juridiques, ainsi que des stipulations de l'art. 6, § 3 Conv. EDH que le contrevenant ou l'intéressé, lorsqu'il entend présenter une requête en exonération d'une infraction au C. route qui lui est reprochée ou une réclamation en contestation d'une amende forfaitaire majorée, a la faculté, s'il l'estime nécessaire à la défense de ses intérêts et sans préjudice des prérogatives que l'autorité de poursuite tient de l'art. 530-1, d'être représenté dans ses démarches par un avocat. • Crim. 1er sept. 2020, n° 19-83.092 P : *D. actu. 2 oct. 2020, obs. Diaz.*

5. Requête en annulation du titre exécutoire. Il résulte de la combinaison des art. 529-2, 529-9 et 530 que seule la réclamation motivée émanant du contrevenant a pour effet d'annuler le titre rendu exécutoire par le ministère public aux fins de recouvrement de l'amende forfaitaire majorée et que celui-ci ne peut, au vu d'une réclamation formulée par un tiers, annuler ce titre et faire citer le contrevenant devant la juridiction de proximité. • Crim. 7 avr. 2009, n° 08-87.773 P : *D. 2009. AJ 1419* ; *AJ pénal 2009. 274*.

6. Interruption de la prescription. La requête en exonération d'une amende forfaitaire prévue par l'art. 529-2 ne constitue pas un acte d'instruction ou de poursuite susceptible d'interrompre la prescription de l'action publique. • Crim. 15 sept. 2010 : *AJ pénal 2011. 87, obs. Lasserre Capdeville* • Crim. 3 sept. 2014 : *AJ pénal 2014. 537, obs. Céré* ; *Dr. pénal 2015. 6, note Robert.* ♦ La requête en exonération adressée à l'autorité administrative qui a dressé un procès-verbal de contravention n'interrompt pas la prescription de l'action publique. • Crim. 2 sept. 2010 : *Dr. pénal 2010, n° 123, obs. J.-H. Robert* • 15 sept. 2010, n° 10-80.273 P. ♦ Mais la transmission de la procédure (comprenant une requête en exonération) de l'officier du ministère public de Rennes à l'officier du ministère public territorialement compétent en raison du domicile du contrevenant constitue un acte de poursuite interrompant la prescription. • Crim. 5 mars 2013 : *AJ pénal 2013. 355, obs. Céré*.

7. Exclusion des 10 % de majoration. Lorsqu'un prévenu est cité, pour excès de vitesse, devant la juridiction de proximité à la suite d'une requête en exonération de l'amende forfaitaire présentée sur le fondement de l'art. 529-2, l'amende prononcée ne peut être augmentée d'une somme de 10 %. Cette augmentation n'est prévue, par l'art. 530-1, dernier al., que dans les cas visés par l'art. 529-10, lequel ne concerne que les personnes titulaires du certificat d'immatriculation déclarées redevables pécuniairement de l'amende en application de l'art. L. 121-3 C. route. • Crim. 13 mai 2009, n° 08-88.029 P : *AJ pénal 2009. 314* ; *Dr. pénal 2009, n° 95, obs. J.-H. Robert* • 24 mars 2010, n° 09-86.375 P : *D. 2010. Actu. 1286* ; *AJ pénal 2010. 298* ; *Dr. pénal. 2010, n° 69, note J.-H. Robert.*

Art. 529-2-1 *(L. nº 2021-401 du 8 avr. 2021, art. 9)* **Lorsqu'il s'agit d'une contravention de cinquième classe ou lorsque le règlement le prévoit, l'amende forfaitaire est minorée si le contrevenant s'acquitte du montant de l'amende forfaitaire minorée soit entre les mains de l'agent verbalisateur au moment de la constatation de l'infraction, soit dans un délai de quinze jours à compter de la constatation de l'infraction ou, si l'avis de contravention est ultérieurement envoyé à l'intéressé, dans un délai de quinze jours à compter de cet envoi.**

En cas de non-paiement de l'amende forfaitaire minorée dans les conditions prévues au premier alinéa, le contrevenant est redevable de l'amende forfaitaire.

BIBL. ▶ LUDWICZAC, *AJ pénal 2021. 234* (les apports de la loi du 8 avril 2021 en matière d'alternatives aux poursuites). – RASCHEL, *RSC 2021. 673* (la déjudiciarisation de la réponse pénale à la délinquance du quotidien).

SECTION II **DISPOSITIONS APPLICABLES À CERTAINES INFRACTIONS À LA POLICE DES SERVICES PUBLICS DE TRANSPORTS TERRESTRES**

(L. nº 85-1407 du 30 déc. 1985)

Art. 529-3 *(L. nº 85-1407 du 30 déc. 1985)* **Pour les contraventions des quatre premières classes à la police des services publics de transports ferroviaires et des services de transports publics de personnes, réguliers et à la demande, constatées par** *(Ord. nº 2015-855 du 15 juill. 2015, art. 34)* **« les agents mentionnés aux 4º et 5º du I de l'article L. 2241-1 du code des transports », l'action publique est éteinte, par dérogation à l'article 521 du présent code, par une transaction entre l'exploitant et le contrevenant.**

Toutefois, les dispositions de l'alinéa précédent ne sont pas applicables si plusieurs infractions dont l'une au moins ne peut donner lieu à transaction ont été constatées simultanément.

En ce qui concerne le procès-verbal d'infraction établi par l'agent de l'exploitant, V. C. transp., art. L. 2241-1 s., in ***C. pén.****, App., vº Chemins de fer.*

TOM : 804. — Mayotte : 877.

Si, pour les contraventions des quatre premières classes à la police des services de transports publics de personnes, constatées par des agents assermentés, l'exploitant dispose du droit de proposer au contrevenant une transaction qui éteint l'action publique, aucune disposition légale ne lui impose d'y recourir, il peut laisser le soin au ministère public d'exercer l'action publique dans les conditions du droit commun. • Crim. 14 avr. 1999, nº 98-83.277.

Art. 529-4 *(L. nº 85-1407 du 30 déc. 1985)* **La transaction est réalisée par le versement à l'exploitant** *(Ord. nº 2015-855 du 15 juill. 2015, art. 34)* **« au profit duquel la prestation de sûreté est réalisée, » d'une indemnité forfaitaire et, le cas échéant, de la somme due au titre du transport.**

I. — Ce versement est effectué :

1. Soit, au moment de la constatation de l'infraction, entre les mains *(Ord. nº 2015-855 du 15 juill. 2015, art. 34)* **« d'un agent mentionné au 4º ou au 5º du I de l'article L. 2241-1 du code des transports » ;**

2. Soit, *(L. nº 93-2 du 4 janv. 1993)* **« dans un délai de** *(L. nº 2019-1428 du 24 déc. 2019, art. 115)* **« trois » mois » à compter de la constatation de l'infraction, auprès du service de l'exploitant** *(Ord. nº 2015-855 du 15 juill. 2015, art. 34)* **« mentionné au premier alinéa » indiqué dans la proposition de transaction ; dans ce dernier cas, il y est ajouté aux sommes dues le montant des frais de constitution du dossier.**

A défaut de paiement immédiat entre ses mains, *(Ord. nº 2015-855 du 15 juill. 2015, art. 34)* **« l'agent mentionné au 4º ou au 5º du I de l'article L. 2241-1 du code des transports » est habilité à recueillir le nom et l'adresse du contrevenant ; en cas de besoin, il peut requérir l'assistance d'un officier ou d'un agent de police judiciaire.**

Le montant de l'indemnité forfaitaire et, le cas échéant, celui des frais de constitution du dossier sont acquis à l'exploitant *(Ord. nº 2015-855 du 15 juill. 2015, art. 34)* **« mentionné au premier alinéa ».**

(L. nº 99-291 du 15 avr. 1999) **« II. — A défaut de paiement immédiat entre leurs mains,** *(Ord. nº 2015-855 du 15 juill. 2015, art. 34)* **« l'agent mentionné aux 4º et 5º**

du I de l'article L. 2241-1 du code des transports », s'ils ont été agréés par le procureur de la République et assermentés, *(Abrogé par L. n° 2007-297 du 5 mars 2007, art. 74)* « *et uniquement lorsqu'ils procèdent au contrôle de l'existence et de la validité des titres de transport des voyageurs,* » sont habilités à relever l'identité et l'adresse du contrevenant.

« Si le contrevenant refuse ou se trouve dans l'impossibilité de justifier de son identité, *(Ord. n° 2015-855 du 15 juill. 2015, art. 34)* « l'agent mentionné au 4° ou au 5° du I de l'article L. 2241-1 du code des transports » en rend compte immédiatement à tout officier de police judiciaire de la police nationale ou de la gendarmerie nationale territorialement compétent, qui peut alors lui ordonner sans délai de lui présenter sur-le-champ le contrevenant. A défaut de cet ordre, *(Ord. n° 2015-855 du 15 juill. 2015, art. 34)* « l'agent mentionné au 4° ou au 5° du I de l'article L. 2241-1 du code des transports » ne peut retenir le contrevenant. Lorsque l'officier de police judiciaire mentionné au présent alinéa décide de procéder à une vérification d'identité, dans les conditions prévues à l'article 78-3, le délai prévu au troisième alinéa de cet article court à compter du relevé d'identité.

« Il est mis fin immédiatement à la procédure prévue à l'alinéa précédent si le contrevenant procède au versement de *(L. n° 2016-339 du 22 mars 2016, art. 19)* « l'ensemble des sommes dues au titre de la transaction ».

« III. — Les conditions d'application du II du présent article sont fixées par décret en Conseil d'État. Ce décret précise notamment les conditions dans lesquelles *(Ord. n° 2015-855 du 15 juill. 2015, art. 34)* « l'agent mentionné aux 4° et 5° du I de l'article L. 2241-1 du code des transports » doivent, *(Ord. n° 2015-855 du 15 juill. 2015, art. 34)* « aux frais de l'entité dont dépend l'agent », suivre une formation spécifique afin de pouvoir obtenir l'agrément délivré par le procureur de la République. Il définit en outre les conditions dans lesquelles le représentant de l'État approuve *(Ord. n° 2015-855 du 15 juill. 2015, art. 34)* « l'organisation que l'entité dont dépend l'agent arrête » aux fins d'assurer les contrôles précités et les modalités de coordination et de transmission d'informations *(Ord. n° 2015-855 du 15 juill. 2015, art. 34)* « entre l'entité dont dépend l'agent et la police » ou la gendarmerie nationales. »

V. art. R. 49-8-1 s.

En ce qui concerne la police des chemins de fer, V. C. transp., art. L. 2240-1 s., in ***C. pén.****, App., v° Chemins de fer.*

Les dispositions de l'art. 529-4-II ne sont pas applicables lorsque le contrevenant n'a pas refusé de justifier de son identité, ni ne se trouve dans l'impossibilité de le faire. • Crim. 2 juin 2004, n° 03-87.876 P : *D. 2004. IR 2836* ; *JCP 2004. IV. 2586* ; *AJ pénal 2004. 327*.

Art. 529-5 *(L. n° 85-1407 du 30 déc. 1985)* Dans le délai prévu par l'article précédent, le contrevenant doit s'acquitter du montant des sommes dues au titre de la transaction, à moins qu'il ne formule *(L. n° 93-2 du 4 janv. 1993)* « dans le délai de *(L. n° 2019-1428 du 24 déc. 2019, art. 115)* « trois » mois » à compter de la constatation de l'infraction une protestation auprès du service de l'exploitant. Cette protestation, accompagnée du procès-verbal d'infraction, est transmise au ministère public.

A défaut de paiement ou de protestation *(L. n° 93-2 du 4 janv. 1993)* « dans le délai de *(L. n° 2019-1428 du 24 déc. 2019, art. 115)* « trois » mois » précité, le procès-verbal d'infraction est adressé par l'exploitant au ministère public et le contrevenant devient redevable de plein droit d'une amende forfaitaire majorée recouvrée par le Trésor public en vertu d'un titre rendu exécutoire par le ministère public.

Sur l'inventaire des infractions relatives aux transports ferroviaires, V. Décr. n° 2016-541 du 3 mai 2016, relatif à la sûreté et aux règles de conduite dans les transports ferroviaires ou guidés et certains autres transports publics.

Art. 529-5-1 *(L. n° 2009-526 du 12 mai 2009, art. 103)* Les officiers du ministère public près *(L. n° 2011-1862 du 13 déc. 2011, en vigueur le 1er juill. 2017)* « d'un ou de plusieurs tribunaux de police » dont la liste et le ressort sont fixés par décret sont compétents pour établir les titres exécutoires des amendes forfaitaires majorées prévus par l'article 529-5 lorsqu'ils concernent des contraventions mentionnées à l'arti-

cle 529-3 et commises au préjudice de certains exploitants de services de transport public de personnes dont la liste est précisée par décret. *(Abrogé par L. nº 2011-1862 du 13 déc. 2011, art. 2-XIX et 70-I, à compter du 1er juill. 2017)* ***« Cette compétence est concurrente de celle qui résulte de l'application de l'article 522-1. »*** **En cas de protestation ou de réclamation devant donner lieu à la saisine** *(L. nº 2011-1862 du 13 déc. 2011, en vigueur le 1er juill. 2017)* **« du tribunal de police », ces officiers du ministère public transmettent le dossier de la procédure au ministère public compétent à raison du domicile du contrevenant.**

A compter du 1er juill. 2017, à la 1re phrase de l'art. 529-5-1 C. pr. pén., les mots : « d'une ou [de] plusieurs juridictions de proximité » sont remplacés par les mots : « d'un ou [de] plusieurs tribunaux de police », et, à la dernière phrase du même art., les mots « de la juridiction de proximité » ont été remplacés par les mots : « du tribunal de police » (L. nº 2011-1862 du 13 déc. 2011, art. 2-XIX et 70-I, mod. par L. nº 2012-1441 du 24 déc. 2012 et L. nº 2014-1654 du 29 déc. 2014, art. 99).

Art. 529-6 *(L. nº 2010-788 du 12 juill. 2010, art. 58-II)* **I. — Pour les contraventions pour non-paiement du péage constatées par les agents assermentés de l'exploitant d'une autoroute ou d'un ouvrage routier ouvert à la circulation publique et soumis à péage, y compris dans le cadre de l'article L. 130-9 du code de la route, l'action publique est éteinte, par dérogation à l'article 521 du présent code, par une transaction entre l'exploitant et le contrevenant.**

Toutefois, le premier alinéa n'est pas applicable si plusieurs infractions, dont l'une au moins ne peut donner lieu à transaction, ont été constatées simultanément.

II. — La transaction est réalisée par le versement à l'exploitant d'une indemnité forfaitaire, de la somme due au titre du péage et, le cas échéant, au titre du droit départemental de passage institué en application de l'article L. 321-11 du code de l'environnement.

Ce versement est effectué, dans un délai de deux mois à compter de l'envoi de l'avis de paiement au domicile de l'intéressé, auprès du service de l'exploitant indiqué dans la proposition de transaction. *(L. nº 2019-1428 du 24 déc. 2019, art. 159)* **« Pour les contraventions constatées à la suite de l'usage d'un dispositif de péage permettant l'identification des véhicules et la perception du montant du péage sans recours à une barrière physique, faute pour le conducteur d'avoir fait usage de l'une des modalités de paiement mises à sa disposition avant et après le trajet concerné, la transaction est réalisée par le versement à l'exploitant d'une indemnité forfaitaire minorée et de la somme due au titre du péage si ce versement est effectué dans un délai inférieur ou égal à quinze jours à compter de l'envoi de l'avis de paiement au domicile de l'intéressé. »**

Le montant de l'indemnité forfaitaire, *(L. nº 2019-1428 du 24 déc. 2019, art. 159)* **« de l'indemnité forfaitaire minorée, » de la somme due au titre du péage et, le cas échéant, au titre du droit départemental de passage institué en application du même article L. 321-11 est acquis à l'exploitant.**

III. — Dans le délai prévu au deuxième alinéa du II, le contrevenant doit s'acquitter du montant des sommes dues au titre de la transaction, à moins qu'il ne formule dans ce même délai une protestation auprès de l'exploitant. Cette protestation, accompagnée du procès-verbal de contravention, est transmise au ministère public.

A défaut de paiement ou de protestation dans le délai de deux mois précité, le procès-verbal de contravention est adressé par l'exploitant au ministère public et le titulaire du certificat d'immatriculation, ou l'une des personnes visées aux *(L. nº 2011-1862 du 13 déc. 2011, art. 31-I)* **« trois derniers** *[ancienne rédaction : deuxième et troisième]* **» alinéas de l'article L. 121-2 du code de la route, devient redevable de plein droit d'une amende forfaitaire majorée recouvrée par le Trésor public en vertu d'un titre rendu exécutoire par le ministère public.** *(L. nº 2019-1428 du 24 déc. 2019, art. 159)* **« Si le contrevenant n'a pas payé le montant de cette amende dans un délai de quatre mois à compter de l'envoi à son domicile du titre exécutoire, le Trésor public fait opposition auprès de l'autorité administrative compétente au transfert du certificat d'immatriculation du véhicule du contrevenant en cas de vente d'occasion. »**

SECTION II *BIS* DISPOSITIONS APPLICABLES À CERTAINES INFRACTIONS AU CODE DE LA ROUTE

(L. n° 89-469 du 10 juill. 1989)

Art. 529-7 *(L. n° 89-469 du 10 juill. 1989)* **Pour les contraventions au code de la route des deuxième, troisième** *(L. n° 2016-1547 du 18 nov. 2016, art. 15)* **« , quatrième et cinquième » classes** *(L. n° 99-515 du 23 juin 1999)* **« dont la liste est fixée par décret en Conseil d'État », à l'exception de celles relatives au stationnement, l'amende forfaitaire est minorée si le contrevenant en règle le montant dans les conditions prévues par l'article 529-8.** — *Entrée en vigueur à la date de publication du décret en Conseil d'État prévu à l'al. 1er de l'art. 529 C. pr. pén. (L. n° 99-515 du 23 juin 1999, art. 9-IV), soit le 5 mai 2002.*

Art. 529-8 *(L. n° 89-469 du 10 juill. 1989)* **Le montant de l'amende forfaitaire minorée peut être acquitté soit entre les mains de l'agent verbalisateur au moment de la constatation de l'infraction, soit dans un délai de** *(L. n° 2015-177 du 16 févr. 2015, art. 14)* **« quinze » jours à compter de la constatation de l'infraction ou, si** *(L. n° 2003-495 du 12 juin 2003, art. 8)* **« l'avis de contravention » est ultérieurement envoyé à l'intéressé,** *(L. n° 2004-204 du 9 mars 2004, art. 56-III)* **« dans le délai de quinze jours à compter de cet envoi** *[ancienne rédaction : dans les sept jours qui suivent cet envoi]* **».**

En cas de non-paiement de l'amende forfaitaire minorée dans les conditions prévues ci-dessus, le contrevenant est redevable de l'amende forfaitaire.

Il appartient au contrevenant auquel est réclamée l'amende forfaitaire de rapporter, le cas échéant, la preuve qu'il s'est acquitté de l'amende forfaitaire minorée dans les conditions et les délais prévus par l'art. 529-8. • Crim. 29 avr. 2009, n° 09-80.064 P : *D. 2009. AJ 1540, obs. Darsonville ; AJ pénal 2009. 274.*

Art. 529-9 *(L. n° 89-469 du 10 juill. 1989)* **L'amende forfaitaire doit être versée** *(L. n° 2004-204 du 9 mars 2004, art. 56-IV)* **« dans le délai de quarante-cinq jours à compter de** *[ancienne rédaction : avant l'expiration de la période de trente jours qui suit]* **» la constatation de l'infraction ou l'envoi de l'avis de contravention.**

Les dispositions de l'article 529-2 relatives à la requête aux fins d'exonération et à la majoration de plein droit sont applicables.

Art. 529-10 *(L. n° 2003-495 du 12 juin 2003, art. 8)* **Lorsque l'avis d'amende forfaitaire concernant une des** *(L. n° 2016-1547 du 18 nov. 2016, art. 34)* **« infractions » mentionnées à l'article L. 121-3 du code de la route a été adressé au titulaire du certificat d'immatriculation ou aux personnes visées aux** *(L. n° 2011-1862 du 13 déc. 2011, art. 31-II)* **« trois derniers » alinéas de l'article L. 121-2 de ce code, la requête en exonération prévue par l'article 529-2 ou la réclamation prévue par l'article 530 n'est recevable que si elle est adressée par lettre recommandée avec demande d'avis de réception** *(L. n° 2015-177 du 16 févr. 2015, art. 14)* **« , en utilisant le formulaire joint à l'avis d'amende forfaitaire, » et si elle est accompagnée :**

1° Soit de l'un des documents suivants :

***a)* Le récépissé du dépôt de plainte pour vol ou destruction du véhicule** *(L. n° 2004-204 du 9 mars 2004, art. 61-II)* **« ou pour le délit d'usurpation de plaque d'immatriculation prévu par l'article L. 317-4-1 du code de la route », ou une copie de la déclaration de destruction de véhicule établie conformément aux dispositions du code de la route ;**

***b)* Une lettre signée de l'auteur de la requête ou de la réclamation précisant l'identité, l'adresse, ainsi que la référence du permis de conduire de la personne qui était présumée conduire le véhicule lorsque la contravention a été constatée ;**

(L. n° 2011-1862 du 13 déc. 2011, art. 31-II) **« *c)* Des copies de la déclaration de cession du véhicule et de son accusé d'enregistrement dans le système d'immatriculation des véhicules ; »**

(Ord. n° 2021-443 du 14 avr. 2021, art. 2) **« *d)* Un document attestant, selon des modalités précisées par arrêté conjoint des ministres chargé des transports, de la sécurité routière et de la justice, qu'un système de délégation de conduite automatisé était activé conformément à ses conditions d'utilisation au moment de l'infraction. »**

2° Soit d'un document démontrant qu'il a été acquitté une consignation préalable d'un montant égal à celui de l'amende forfaitaire dans le cas prévu par le premier alinéa de l'article 529-2, ou à celui de l'amende forfaitaire majorée dans le cas prévu par le deuxième alinéa de l'article 530 ; cette consignation n'est pas assimilable au paiement de l'amende forfaitaire et ne donne pas lieu au retrait des points du permis de conduire prévu par le quatrième alinéa de l'article L. 223-1 du code de la route.

L'officier du ministère public vérifie si les conditions de recevabilité de la requête ou de la réclamation prévues par le présent article sont remplies.

(L. n° 2015-177 du 16 févr. 2015, art. 14) **« Les requêtes et les réclamations prévues au présent article peuvent également être adressées de façon dématérialisée, selon des modalités précisées par arrêté. »** — *V. art. A. 37-20-1 s.*

BIBL. ► CÉRÉ, *AJ pénal 2003. 91* (les nouveaux modes de poursuites des contraventions au code de la route et le droit à un procès équitable).

1. QPC. Le dernier alinéa de l'art. 529-10 prévoit que l'officier du ministère public vérifie si les conditions de recevabilité de la requête en exonération ou de la réclamation sont remplies. Le droit à un recours juridictionnel effectif impose que la décision du ministère public déclarant irrecevable la réclamation puisse être contestée devant la juridiction de proximité. Il en va de même de la décision déclarant irrecevable une requête en exonération lorsque cette décision a pour effet de convertir la somme consignée en paiement de l'amende forfaitaire. Sous cette réserve, le pouvoir reconnu à l'officier du ministère public de déclarer irrecevable une requête en exonération ou une réclamation ne méconnaît pas l'art. 16 DDH. • Cons. const. 29 sept. 2010, n° 2010-38 QPC : *D. 2010. Actu. 2230 ; ibid. Pan. 2736 ; AJ pénal 2010. 555, obs. Céré ; RSC 2011. Chron. 187, obs. De Lamy ; Dr. pénal 2010. 120, obs. J.-H. Robert.*

2. Jurisprudence européenne. La décision d'irrecevabilité de l'officier du ministère public a entraîné l'encaissement de la consignation équivalant au paiement de l'amende forfaitaire. Ainsi, nonobstant la contestation du requérant, l'amende était payée et l'action publique était éteinte, sans qu'un « tribunal », au sens de l'art. 6, § 1, Conv. EDH, ait examiné le fondement de l'« accusation » dirigée contre lui et entendu ses arguments relatifs à celle-ci. La cour en déduit que le droit d'accès à un tribunal du requérant s'est trouvé atteint dans sa substance même. Au surplus, la cour prend acte du fait que, dans sa Décis. n° 2010-38 QPC du 29 sept. 2010, le Cons. const. a jugé que, dans le cas où l'officier du ministère public déclare irrecevable une requête en exonération contre une amende forfaitaire après que le requérant a payé la consignation et où la déclaration d'irrecevabilité a pour effet de convertir le paiement de la consignation en paiement de l'amende, l'impossibilité de saisir la juridiction de proximité d'un recours contre cette décision est incompatible avec le droit à un recours juridictionnel effectif. Partant, il y a eu violation de l'art. 6, § 1, de la Conv. • CEDH 8 mars 2012 : *Célice c/ France.* ♦ Dans le même sens : • CEDH 8 mars 2012, *Cadène c/ France : Dr. pénal 2012, n° 71, obs. Robert.*

Art. 529-11 *(L. n° 2003-495 du 12 juin 2003, art. 8)* **L'avis de contravention prévu par les articles 529-1 et 529-8** *(L. n° 2010-788 du 12 juill. 2010, art. 58-II)* **« ou l'avis de paiement de la transaction prévue par l'article 529-6 » peut être envoyé à la suite de la constatation d'une contravention au code de la route réalisée grâce à un appareil homologué de contrôle automatique. En cas de réclamation portée devant** *(L. n° 2011-1862 du 13 juill. 2011, en vigueur le 1er juill. 2017)* **« le tribunal de police », le procès-verbal ou le rapport de l'officier ou de l'agent de police judiciaire** *(L. n° 2010-788 du 12 juill. 2010, art. 58-II)* **« ou de l'agent verbalisateur » faisant état du résultat de ce contrôle est alors dressé.** *(L. n° 2004-204 du 9 mars 2004, art. 56-V)* **« Ce procès-verbal peut être revêtu d'une signature manuelle numérisée. »**

A compter du 1er juill. 2017, à l'art. 529-11 C. pr. pén., les mots : "la juridiction de proximité" sont remplacés par les mots : "le tribunal de police" (L. n° 2011-1862 du 13 déc. 2011, art. 2-XIX et 70-I, mod. par L. n° 2012-1441 du 24 déc. 2012, L. n° 2014-1654 du 29 déc. 2014, art. 99 et L. n° 2016-1547 du 18 nov. 2016, art. 15).

SECTION III **DISPOSITIONS COMMUNES**

(L. n° 85-1407 du 30 déc. 1985)

Art. 530 *(L. n° 93-2 du 4 janv. 1993)* **Le titre mentionné au second alinéa de l'article 529-2** *(L. n° 2010-788 du 12 juill. 2010, art. 58-II)* **« , au second alinéa de l'article 529-5 ou au second alinéa du III de l'article 529-6 » est exécuté suivant les règles prévues par le présent code pour l'exécution des jugements de police. La prescription**

de la peine commence à courir à compter de la signature par le ministère public du titre exécutoire, qui peut être individuel ou collectif.

Dans les trente jours de l'envoi de l'avis invitant le contrevenant à payer l'amende forfaitaire majorée, l'intéressé peut former auprès du ministère public une réclamation motivée qui a pour effet d'annuler le titre exécutoire en ce qui concerne l'amende contestée. Cette réclamation reste recevable tant que la peine n'est pas prescrite, s'il ne résulte pas d'un acte d'exécution ou de tout autre moyen de preuve que l'intéressé a eu connaissance de l'amende forfaitaire majorée. *(L. n° 2003-495 du 12 juin 2003, art. 8)* **« S'il s'agit d'une contravention au code de la route, la réclamation n'est toutefois plus recevable à l'issue d'un délai de trois mois lorsque l'avis d'amende forfaitaire majorée est envoyé par lettre recommandée à l'adresse figurant sur le certificat d'immatriculation du véhicule, sauf si le contrevenant justifie qu'il a, avant l'expiration de ce délai, déclaré son changement d'adresse au service d'immatriculation des véhicules »** *(L. n° 2004-204 du 9 mars 2004, art. 62)* **« ; dans ce dernier cas, le contrevenant n'est redevable que d'une somme égale au montant de l'amende forfaitaire s'il s'en acquitte dans un délai de quarante-cinq jours, ce qui a pour effet d'annuler le titre exécutoire pour le montant de la majoration. »**

(L. n° 2003-495 du 12 juin 2003, art. 8 ; L. n° 2007-1787 du 20 déc. 2007, art. 5) **« La réclamation doit être accompagnée de l'avis d'amende forfaitaire majorée correspondant à l'amende considérée ainsi que, dans le cas prévu par l'article 529-10, de l'un des documents exigés par cet article, à défaut de quoi elle est irrecevable. »**

Mayotte : 877.

1. Recevabilité de la réclamation. Il se déduit des dispositions des art. 530, al. 3, et 530-1, al. 1er que la réclamation du contrevenant, lorsqu'elle n'est pas accompagnée de l'original de l'avis correspondant à l'amende considérée, peut être déclarée irrecevable par l'officier du ministère public. • Crim. 18 janv. 2000, n° 99-80.185 P : *Dr. pénal 2000. Chron. 20, obs. Marsat.* ♦ Il se déduit des dispositions des art. 530 et R. 49-4 qu'en matière d'amende forfaitaire majorée, la réclamation adressée à l'officier du ministère public doit être déclarée irrecevable si elle n'est pas accompagnée de l'avis de contravention. • Crim. 8 janv. 2013 : *D. actu. 8 mars 2013, obs. Fucini ; AJ pénal 2013. 279, note Céré.* ♦ En revanche, cette réclamation doit être déclarée recevable dès lors que la réclamation est motivée et accompagnée des avis correspondant aux amendes considérées. • Crim. 2 sept. 2005, n° 05-84.293 P : *D. 2005. IR 2408 ; JCP 2005. IV. 3192 ; AJ pénal 2005. 418.*

2. Recevabilité de la requête en incident contentieux. Il se déduit notamment de l'art. 530, tel qu'interprété par la décision du Conseil constitutionnel en date du 7 mai 2015, que la décision du ministère public déclarant la réclamation prévue par le 3e al. de cet art. irrecevable au motif qu'elle n'est pas accompagnée de l'avis d'amende forfaitaire majorée peut faire l'objet d'un incident contentieux devant le juge de proximité, soit que le contrevenant prétende que, contrairement aux prescriptions du 2e al. du même texte, l'avis d'amende forfaitaire majorée ne lui pas été envoyé, soit qu'il justifie être dans l'impossibilité de le produire pour un motif légitime ; par conséquent, d'une part la requête en incident contentieux, qui constitue un recours juridictionnel effectif, est recevable lorsque le demandeur prétend que l'avis d'amende forfaitaire majorée ne lui a pas été envoyé, d'autre part il appartient au juge, pour prononcer sur la recevabilité de la réclamation adressée à l'officier du ministère public, de vérifier si la preuve de l'envoi de l'avis au contrevenant est rapportée par le ministère public. • Crim. 18 mai 2016, n° 15-86.095 P : *D. actu. 13 juin 2016, obs. Aubert ; AJ pénal 2016. 378, note Céré.* ♦ Doit donc être déclarée irrecevable par la juridiction de proximité la requête en incident contentieux du contrevenant soutenant n'avoir jamais reçu l'avis d'amende forfaitaire majorée, alors que l'officier du ministère public rapporte la preuve de l'envoi de l'avis de cette amende par recommandé simple, dont le numéro a été communiqué, qui devait donc être joint à la requête pour que cette dernière soit examinée. • Crim. 4 janv. 2017, n° 16-80.630 P : *D. actu. 23 janv. 2017, obs. Goetz ; AJ pénal 2017. 132, obs. Céré.* ♦ Dès lors que l'omission du titulaire d'un certificat d'immatriculation de déclarer son changement d'adresse au service de l'immatriculation des véhicules ne saurait constituer un motif légitime justifiant qu'il soit dans l'impossibilité de joindre à sa réclamation l'avis d'amende forfaitaire majorée correspondant à l'amende considérée, la réclamation est irrecevable en application des dispositions du 3e al. de l'art. 530, lu à la lumière du considérant n° 7 de la décision du Cons. const. n° 2015-467 QPC du 7 mai 2015. • Crim. 17 sept. 2019, n° 18-86.289 P : *D. actu. 2 oct. 2019, obs. Goetz.*

3. Bordereaux collectifs d'envoi. La production de bordereaux collectifs d'envoi d'amendes forfaitaires majorées au trésor public ne permet pas de retenir que la preuve de l'envoi des avis relatifs aux deux amendes en cause au contrevenant était rapportée par le ministère public et de déclarer la réclamation adressée à l'officier du ministère public irrecevable. • Crim. 18 mai 2016, n° 15-84.729 P : *D. actu. 13 juin 2016, obs. Aubert ; AJ pénal 2016. 378, note Céré*.

4. Il résulte de la combinaison des art. 529-2, 529-9 et 530 que seule la réclamation motivée émanant du contrevenant a pour effet d'annuler le titre rendu exécutoire par le ministère public aux fins de recouvrement de l'amende forfaitaire majorée et que celui-ci ne peut, au vu d'une réclamation formulée par un tiers, annuler ce titre et faire citer le contrevenant devant la juridiction de proximité. • Crim. 7 avr. 2009, n° 08-87.773 P : *D. 2009. AJ 1419 ; AJ pénal 2009. 274*.

5. Exception de nullité du titre exécutoire. Dès lors que le titre exécutoire est annulé par la réclamation du contrevenant, celui-ci est sans intérêt à soutenir que l'émission de ce titre serait contraire à l'exigence d'un procès équitable découlant de l'art. 6, § 1er, Conv. EDH. • Crim. 1er févr. 2000, n° 99-84.769 P.

6. Requête en exonération et droit à un recours effectif. Le droit à un recours juridictionnel effectif impose que la décision du ministère public déclarant irrecevable la requête en exonération présentée par la personne destinataire de l'avis de contravention puisse être contestée devant la juridiction de proximité. • Crim. 25 mars 2014, n° 13-80.170 P : *D. 2014. 1029, note Céré ; Dr. pénal 2014. 89, note Robert.* ♦ Dans le même sens : • Cons. const. 7 mai 2015, n° 2015-467 QPC : *D. 2015. Actu. 1046 ; AJ pénal 2015. 433, obs. Céré ; Dr. pénal 2015, n° 118, note Peltier.*

7. Prescription. La réclamation du contrevenant a pour conséquence, à compter de la réception par le ministère public, d'ouvrir un nouveau délai de prescription de l'action publique et il suffit alors qu'un acte de poursuite, tel un mandement aux fins de citation adressé à un huissier, intervienne dans le délai d'un an. • Crim. 11 juin 1992, n° 92-80.397 P • 6 oct. 1993 : *Gaz. Pal. 1994. 1. 14.* ♦ En matière de contravention donnant lieu au recouvrement de l'amende forfaitaire majorée prévue par l'art. 529-2, al. 2, il suffit, pour que la prescription de l'action publique ne soit pas acquise, que le délai soit interrompu par la délivrance du titre exécutoire, qui fait courir la prescription de la peine, puis, après la réclamation du contrevenant, que la citation soit délivrée avant l'expiration du nouveau délai de prescription de l'action publique ouvert à la suite de cette réclamation. • Crim. 14 sept. 2005, n° 05-81.978 P : *D. 2005. IR 1683* • 4 déc. 2013, n° 13-83.284 P : *D. actu. 20 déc. 2013, obs. Léna ; D. 2013. Actu. 2917*. ♦ Le soit-transmis de l'officier du ministère public de Rennes à un officier du ministère public d'un autre ressort marque la reprise des poursuites après annulation du titre exécutoire et interrompt la prescription de l'action publique. • Crim. 15 janv. 2014, n° 13-84.533 P : *AJ pénal 2014. 253, obs. Céré*.

Art. 530-1 *(L. n° 93-2 du 4 janv. 1993)* **« Au vu de la requête faite en application du premier alinéa de l'article 529-2, de la protestation formulée en application du premier alinéa de l'article 529-5** *(L. n° 2010-788 du 12 juill. 2010, art. 58-II)* **« , de celle prévue par le III de l'article 529-6 » ou de la réclamation faite en application du deuxième alinéa de l'article 530, le ministère public peut, soit renoncer à l'exercice des poursuites, soit procéder conformément aux articles 524 à 528-2 ou aux articles 531 et suivants, soit aviser l'intéressé de l'irrecevabilité de la réclamation non motivée ou non accompagnée de l'avis. »**

(L. n° 85-1407 du 30 déc. 1985) **En cas de condamnation, l'amende prononcée ne peut être inférieure au montant de l'amende ou de l'indemnité forfaitaire dans les cas prévus par le premier alinéa de l'article 529-2** *(L. n° 2010-788 du 12 juill. 2010, art. 58-II)* **« , le premier alinéa de l'article 529-5 ou le premier alinéa du III de l'article 529-6 », ni être inférieure au montant de l'amende forfaitaire majorée dans les cas prévus par le second alinéa de l'article 529-2** *(L. n° 2010-788 du 12 juill. 2010, art. 58-II)* **« , le second alinéa de l'article 529-5 et le second alinéa du III de l'article 529-6 ».**

(L. n° 2003-495 du 12 juin 2003, art. 8) **« Dans les cas prévus par l'article 529-10, en cas de classement sans suite ou de relaxe, s'il a été procédé à la consignation prévue par cet article, le montant de la consignation est reversé** *(Abrogé par L. n° 2009-526 du 12 mai 2009, art. 3-1°)* **« , *à sa demande,* » à la personne à qui avait été adressé l'avis de paiement de l'amende forfaitaire ou ayant fait l'objet des poursuites.** *(L. n° 2009-526 du 12 mai 2009, art. 3-2°)* **« Les modalités de ce remboursement sont définies par voie réglementaire. » En cas de condamnation, l'amende prononcée ne peut être inférieure au montant prévu à l'alinéa précédent augmenté d'une somme de 10 %. »**

1. QPC. L'art. 530-1, al. 2, qui prévoit que lorsque le tribunal est saisi à la suite d'une réclamation contre une amende forfaitaire il ne peut, en cas de condamnation, prononcer une amende d'un montant inférieur à celui de l'amende initiale, est conforme à la Constitution. • Cons. const. 16 sept. 2011, n° 2011-162-QPC : *D. actu. 28 sept. 2011, obs. Léna ; AJ pénal 2011. 526, obs. Céré ; Dr. pénal 2011, n° 136, obs. J.-H. Robert ; ibid. 2012. Chron. 2, obs. Garçon et Peltier ; Procédures 2011, n° 348, obs. Buisson.*

2. Compatibilité avec la Conv. EDH. Dès lors que le juge de police, qui fixe la peine dans les limites de l'amende forfaitaire majorée et du maximum encouru, dispose du pouvoir de proportionner le montant de l'amende à la gravité de la contravention commise, à la personnalité de son auteur et à ses ressources, les dispositions de l'art. 530-1 ne sont pas incompatibles avec l'art. 6 Conv. EDH. • Crim. 16 juin 1999, n° 98-82.881 P.

3. En vertu des dispositions de l'art. 530-1, al. 2, en cas de condamnation d'un contrevenant qui a formulé une réclamation contre une amende forfaitaire majorée, l'amende prononcée ne peut être inférieure à ce montant, ces dispositions ne sont pas incompatibles avec l'art. 6 Conv. EDH dès lors que le juge de police dispose de la possibilité de proportionner le montant de l'amende à la gravité de la contravention commise, à la personnalité de son auteur et à ses ressources en fixant la peine dans les limites de l'amende forfaitaire et du maximum encouru. • Crim. 9 oct. 2002, n° 02-82.413.

4. Montant minimal. Méconnaît les art. 530-1 et R. 49-7 la juridiction de proximité qui, sur réclamation d'un individu s'étant vu délivrer une amende forfaitaire majorée d'un montant de 375 € pour excès de vitesse d'au moins 30 Km/h, l'a condamné à une amende de 135 €. Le montant de l'amende, qui ne pouvait être inférieur à 375 €, aurait en outre permis au prévenu de faire appel. • Crim. 12 sept. 2007, n° 06-86.752 P : *D. 2007. AJ 2608 ; AJ pénal 2007. 493 ; Dr. pénal 2008. Chron. 22, obs. Gauvin* • 8 janv. 2013, n° 12-82.678 • 9 janv. 2013, n° 12-81472 • 22 janv. 2013, n° 12-82679 : *RPDP 2013, n° 1, note Ambroise-Castérot.*

5. Droit d'accès à un tribunal. La procédure de l'amende forfaitaire majorée est compatible avec l'art. 6 Conv. EDH car l'intéressé a la possibilité de faire valoir ses droits devant le tribunal de police à l'occasion d'un débat contradictoire et d'être éventuellement relaxé des poursuites, ce qui anéantit le titre exécutoire. • Civ. 2e, 16 mai 2002, n° 00-20.129 P.

6. Recevabilité de la réclamation. Seul le ministère public, sous le contrôle du tribunal de police, apprécie la recevabilité d'une réclamation formée par un contrevenant et, par voie de conséquence, la validité du titre exécutoire servant de fondement aux poursuites ; il n'appartient pas au comptable public de formuler de prétention de ce chef en cas de demande d'annulation du titre exécutoire de recouvrement de l'amende. • Civ. 2e, 18 oct. 2001, n° 00-16.597 P.

7. Dispense de peine. Les dispositions de l'art. 530-1, al. 2, n'ont vocation à s'appliquer qu'en cas de condamnation effective du prévenu à une peine d'amende et ne sauraient faire obstacle à l'application de la dispense de peine prévue, en matière contraventionnelle, par les art. 132-59 s. C. pén. • Crim. 9 nov. 2005, n° 05-84.504 P : *D. 2006. IR 11 ; AJ pénal 2006.80, obs. Céré .*

8. Majoration de 10 %. Cette augmentation n'est prévue, par l'art. 530-1, dernier alinéa, que dans les cas visés par l'art. 529-10, lequel ne concerne que les personnes titulaires du certificat d'immatriculation déclarées redevables pécuniairement de l'amende en application de l'art. L. 121-3 C. route. • Crim. 24 mars 2010, n° 09-86.375 P : *D. 2010. Actu. 1286 ; AJ pénal 2010. 298 ; Dr. pénal. 2010, n° 69, note J.-H. Robert.*

9. Art. 530-1, al. 3. En cas de recours de la personne titulaire du certificat d'immatriculation poursuivie sur le fondement de l'art. L. 121-3 C. route contre une amende forfaitaire majorée, l'amende prononcée ne peut être inférieure au montant de l'amende qui aurait été due par l'intéressé s'il n'avait pas présenté de réclamation, augmenté d'une somme de 10 %. • Crim. 1er mars 2006, n° 05.86.895 P : *D. 2006. IR 945.* ♦ Cette majoration n'est possible que lorsque l'avis d'amende forfaitaire concerne l'une des contraventions visées à l'art. L. 121-3 C. route et a été adressé au titulaire du certificat d'immatriculation. • Crim. 24 mai 2006, n° 05-86.885 P : *AJ pénal 2006. 365 .*

10. Lorsqu'un prévenu est cité, pour excès de vitesse, devant la juridiction de proximité à la suite d'une requête en exonération de l'amende forfaitaire présentée sur le fondement de l'art. 529-2, l'amende prononcée ne peut être augmentée d'une somme de 10 %. Cette augmentation n'est prévue, par l'art. 530-1, dernier al., que dans les cas visés par l'art. 529-10, lequel ne concerne que les personnes titulaires du certificat d'immatriculation déclarées redevables pécuniairement de l'amende en application de l'art. L. 121-3 C. route. • Crim. 13 mai 2009, n° 08-88.029 P : *AJ pénal 2009. 314 ; Dr. pénal 2009, n° 95, obs. J.-H. Robert.*

Art. 530-2 *(L. n° 85-1407 du 30 déc. 1985)* **Les incidents contentieux relatifs à l'exécution du titre exécutoire et à la rectification des erreurs matérielles qu'il peut comporter sont déférés** *(L. n° 2016-1547 du 18 nov. 2016, art. 15, en vigueur le 1er juill. 2017)* **« au tribunal de police » qui statue conformément aux dispositions de l'article 711.**

A compter du 1er juill. 2017, les mots : "à la juridiction de proximité" sont remplacés par les mots : "au tribunal de police" (L. no 2011-1862 du 13 déc. 2011, art. 2-XIX et 70-I, mod. par L. no 2012-1441 du 24 déc. 2012, L. no 2014-1654 du 29 déc. 2014, art. 99, et L. no 2016-1547 du 18 nov. 2016, art. 15).

1. Encourt la cassation le jugement déclarant irrecevable une requête présentée sur le fondement de l'art. 530-2 alors que la réclamation n'avait pas été déclarée irrecevable en raison de l'absence de motivation ou du défaut d'accompagnement de l'avis correspondant à l'amende considérée et que, dès lors, l'officier du ministère public devait, en application de l'art. R. 49-8, informer le comptable du Trésor de l'annulation du titre exécutoire. • Crim. 29 oct. 1997, no 97-81.904 P.

2. Nécessité d'une réclamation motivée préalable. Selon l'art. 530-2, pour être admis à invoquer, devant le tribunal de police, un incident contentieux relatif à l'exécution du titre exécutoire, le demandeur doit, au préalable, formuler une réclamation motivée auprès de l'officier du ministère public, accompagnée des avis correspondants aux amendes contestées, et ce n'est que dans l'hypothèse où cette requête est déclarée irrecevable par l'officier du ministère public que le tribunal peut régulièrement être saisi. • Crim. 25 oct. 2000, no 00-82.939 P • 26 févr. 2014, no 13-87.328 P.

3. Délai de recevabilité des incidents contentieux relatifs à l'exécution du titre exécutoire de l'amende forfaitaire majorée. Lorsque la décision d'irrecevabilité de la réclamation du contrevenant est prise par le ministère public pour un motif autre que l'un des deux seuls prévus par l'art. 530-1, le contrevenant, avisé de cette décision, peut élever un incident contentieux devant la juridiction de proximité, en application de l'art. 530-2. Cet incident est recevable jusqu'à prescription de la peine. • Cass., avis, 5 mars 2007, no 00-07.004 P : *D. 2007. AJ 943 ; ibid. 2007. 1764, note Bonfils et Giacopelli ; AJ pénal 2007. 228 .* ♦ Si la juridiction de proximité juge que la réclamation était recevable, le titre exécutoire est annulé, ce qui a pour effet d'ouvrir un nouveau délai de prescription de l'action publique. • Même avis.

4. Selon l'art. 530-2, les incidents contentieux relatifs à l'exécution des titres exécutoires doivent être réglés par le tribunal de police qui statue conformément aux dispositions de l'art. 711. Encourt la cassation le jugement qui, pour rejeter la requête présentée par le contrevenant sur le fondement de l'art. 530-2, énonce que l'appréciation du délai ouvert pour la réclamation prévue par l'art. 530 appartient au ministère public alors que le tribunal devait se prononcer sur le bien-fondé de la décision de l'officier du ministère public déclarant irrecevable comme tardive la réclamation du contrevenant. • Crim. 29 mai 2002, no 01-87.396 P : *JCP 2002. IV. 2369.*

Art. 530-2-1 *(L. no 2003-495 du 12 juin 2003, art. 8)* **Lorsque les avis de contravention ou d'amende forfaitaire majorée sont adressés à une personne résidant à l'étranger, les délais prévus par les articles 529-1, 529-2, 529-8, 529-9 et 530 sont augmentés d'un mois.**

Les dispositions des articles 529-10 et 530 du présent code et des articles L. 121-2 et L. 121-3 du code de la route relatives aux titulaires du certificat d'immatriculation du véhicule sont applicables aux personnes dont l'identité figure sur les documents équivalents délivrés par des autorités étrangères.

Art. 530-3 *(L. no 89-469 du 10 juill. 1989)* **Un décret en Conseil d'État fixe le montant des amendes et indemnités forfaitaires, des amendes forfaitaires minorées et des amendes forfaitaires majorées ainsi que des frais de constitution de dossier et précise les modalités d'application du présent chapitre, en déterminant notamment les conditions dans lesquelles les agents habilités à constater les infractions sont assermentés et perçoivent le *montant* des amendes forfaitaires et celui des transactions.**

(L. no 2016-1547 du 18 nov. 2016, art. 34) **« Lorsque les amendes forfaitaires, les amendes forfaitaires minorées et les amendes forfaitaires majorées s'appliquent à une personne morale, leur montant est quintuplé. »**

V. C. pr. pén., art. R. 49 à R. 49-19 relatifs aux modalités de recouvrement des amendes forfaitaires.

V. L. no 77-747 du 8 juill. 1977 (D. et BLD 1977. 286) instituant dans les territoires d'outre-mer un système de perception différée d'amendes forfaitaires pour certaines contraventions de simple police (contraventions en matière de police de la circulation routière), mod. par L. no 83-520 du 27 juin 1983, art. 42 (D. et ALD 1983. 315) ; Décr. no 77-1267 du 10 nov. 1977 (JO 20 nov.) fixant les conditions d'application de cette loi.

Art. 530-4 *(L. no 2008-644 du 1er juill. 2008, art. 8)* **Lorsque la personne qui a fait l'objet d'une amende forfaitaire majorée ne conteste pas la réalité de la contravention**

mais sollicite, en raison de ses difficultés financières, des délais de paiement ou une remise gracieuse, elle adresse sa demande motivée non pas à l'officier du ministère public, mais au comptable *(Ord. nº 2010-420 du 27 avr. 2010, art. 115)* **« public compétent ».**

Dans ce cas, l'article 529-10 n'est pas applicable.

S'il estime la demande justifiée, le comptable *(Ord. nº 2010-420 du 27 avr. 2010, art. 115)* **« public compétent » peut alors octroyer des délais ou rendre une décision de remise gracieuse partielle ou totale, le cas échéant en appliquant une diminution de 20 % des sommes dues, conformément à l'article 707-4.**

Art. 530-5 *(L. nº 2011-525 du 17 mai 2011, art. 27)* **Les délais mentionnés aux articles 529-8, 529-9 et 530 s'apprécient, en cas d'envoi du règlement de l'amende par courrier, au regard de la date d'envoi du moyen de paiement attestée par le cachet de l'opérateur postal.**

Art. 530-6 *(L. nº 2016-1547 du 18 nov. 2016, art. 34)* **Pour l'application des dispositions relatives à l'amende forfaitaire, le lieu du traitement automatisé des informations nominatives concernant les infractions constatées par un procès-verbal** *(L. nº 2019-222 du 23 mars 2019, art. 50)* **« établi sous format numérique » est considéré comme le lieu de constatation de l'infraction.**

Art. 530-7 *(Abrogé par L. nº 2019-222 du 23 mars 2019, art. 58) (L. nº 2016-1547 du 18 nov. 2016, art. 34)* ***Le paiement de l'amende forfaitaire ou l'émission du titre exécutoire d'une amende forfaitaire majorée non susceptible de réclamation sont assimilés à une condamnation définitive pour l'application des règles sur la récidive des contraventions de la cinquième classe prévues aux articles 132-11 et 132-15 du code pénal.***

CHAPITRE III DE LA SAISINE DU TRIBUNAL DE POLICE *(L. nº 2005-47 du 26 janv. 2005, art. 9-XVIII, en vigueur le 1er avr. 2005 ; L. nº 2011-1862 du 13 déc. 2011, art. 2-II et 70-I, en vigueur le 1er juill. 2017).*

RÉP. PÉN. vº *Tribural de police*, par REDON.

Art. 531 **Le tribunal de police** *(Abrogé par L. nº 2011-1862 du 13 déc. 2011, art. 2-X et 70-I, à compter du 1er juill. 2017) (L. nº 2005-47 du 26 janv. 2005, art. 9-XIX, en vigueur le 1er avr. 2005)* ***« ou la juridiction de proximité »*** **est saisi des infractions de sa compétence soit par le renvoi qui lui en est fait par la juridiction d'instruction, soit par la comparution volontaire des parties, soit par la citation délivrée directement au prévenu et à la personne civilement responsable de l'infraction.** – *Pr. pén. 388 ; C. 669.*

1. *Qualificatio*. Le juge de police qui n'est pas lié par la qulification donnée à la prévention ne peut pononcer une décision de relaxe qu'autant qu'i a vérifié que les faits dont il est saisi ne sont onstitutifs d'aucune contravention. • Crim. 31 ai 2005, nº 04-86.384 P : *D. 2005. IR 2217* ; *JCP 2005. IV. 2629 ; AJ pénal 2005. 368, obs aas* .

2. Ur juridiction de proximité ne peut renvoyer e affaire devant le tribunal de police que si ell en a été saisie par l'acte de poursuite ; tel n'e pas le cas lorsque, en présence d'une erre manifeste, la citation introductive d'insnce devant ce tribunal de police mentionne une date d'audience de la juridiction de proximité, laquelle n'est pas compétente pour connaître d'ue contravention de diffamation non publique. En cette hypothèse, la juridiction de proximité n'a pas le pouvoir de statuer, fût-ce pour se déclarer incompétente. • Crim. 7 juin 2017, nº 16-85.614 P.

3. Après réclamation d'un contrevenant et annulation du premier titre exécutoire émis par l'officier du ministère public, ce dernier n'a d'autre possibilité que de classer sans suite l'infraction ou d'engager des poursuites par la voie d'ordonnance pénale ou de citation, de sorte qu'un second titre exécutoire ayant donné lieu à avis forfaitaire d'amende majorée ne peut être considéré comme régulier, ni susceptible d'interrompre le délai de prescription, lequel avait expiré un an après le dernier acte d'enquête. • Crim. 9 avr. 2019, nº 18-83.215 P : *D. actu. 6 mai 2019, obs. Goetz.*

Art. 52 **L'avertissement délivré par le ministère public dispense de citation s'il est suivi dla comparution volontaire de la personne à laquelle il est adressé.**

Il indue l'infraction poursuivie et vise le texte de loi qui la réprime. – *Pr. pén. 389 ; C. 669.*

Art. 533 *(L. n° 83-608 du 8 juill. 1983)* **Les articles** *(Abrogé par L. n° 93-2 du 4 janv. 1993)* **« 385-1, 385-2, » 388-1, 388-2, 388-3** *(L. n° 2014-535 du 27 mai 2014, art. 8, en vigueur le 2 juin 2014)* **« , 388-4 » et 390 à** *(L. n° 94-89 du 1er févr. 1994)* **« 392-1 » sont applicables devant le tribunal de police** *(Abrogé par L. n° 2011-1862 du 13 déc. 2011, art. 2-XI et 70-I, à compter du 1er juill. 2017) (L. n° 2005-47 du 26 janv. 2005, art. 9-XX, en vigueur le 1er avr. 2005)* ***« et devant la juridiction de proximité »*.**

CHAPITRE IV DE L'INSTRUCTION DÉFINITIVE DEVANT LE TRIBUNAL DE POLICE *(L. n° 2005-47 du 26 janv. 2005, art. 9-XXI, en vigueur le 1er avr. 2005 ; L. n° 2011-1862 du 13 déc. 2011, art. 2-VIII et 70-I, en vigueur le 1er juill. 2017).*

RÉP. PÉN. v° *Tribunal de police,* par REDON.

BIBL. ▶ LEBRETON, *AJ pénal 2019. 424* (la preuve en droit pénal routier).

Art. 534 **Avant le jour de l'audience, le président peut, sur la requête du ministère public ou de la partie civile, estimer ou faire estimer les dommages, dresser ou faire dresser des procès-verbaux, faire ou ordonner tous actes requérant célérité.** — *Pr. pén. C. 670 à C. 676.*

Art. 535 **Les dispositions des articles 400 à 405, 406 à 408, sont applicables à la procédure devant le tribunal de police** *(Abrogé par L. n° 2011-1862 du 13 déc. 2011, art. 2-XI et 70-I, à compter du 1er juill. 2017) (L. n° 2005-47 du 26 janv. 2005, art. 9-XXII, en vigueur le 1er avr. 2005)* ***« et devant la juridiction de proximité »*.**

Toutefois, les sanctions prévues par l'article 404, alinéa 2, ne peuvent être prononcées que par le tribunal correctionnel, saisi par le ministère public, au vu du procès-verbal dressé par le juge du tribunal de police *(Abrogé par L. n° 2011-1862 du 13 déc. 2011, art. 2-XII et 70-I, à compter du 1er juill. 2017) (L. n° 2005-47 du 26 janv. 2005, art. 9-XXII, en vigueur le 1er avr. 2005)* ***« ou par le juge de proximité »* relatant l'incident.**

BIBL. ▶ MICOU, *ALD 1994. 85.*

Art. 536 **Sont également applicables les règles édictées par les articles 418 à 426 concernant la constitution de partie civile ; par les articles 427 à 457 relatifs à l'administration de la preuve sous réserve de ce qui est dit à l'article 537 ; par les articles 458 à 461 concernant la discussion par les parties ; par l'article 462 relatif au jugement.** — *Pr. pén. C. 678.*

1. Publicité. Doit être annulé tout jugement de (simple) police qui ne constate pas ou qui constate insuffisamment la publicité de l'instruction et du jugement. • Crim. 19 déc. 1891 : *DP 1892. 1. 367* • 2 mars 1894 : *DP 1897. 1. 497, note Sarrut* • 20 avr. 1894 : *ibid.* • 17 janv. 1895 : *ibid.* • 15 mars 1895 : *ibid.* • 10 mai 1895 : *ibid.* • 11 janv. 1896 : *DP 1897. 1. 329.*

2. La publicité doit, à peine de nullité, être constatée non seulement pour l'audience dans laquelle le jugement est rendu, mais aussi pour toutes les audiences où il a été fait des actes d'instruction. Jurisprudence constante. ♦ V. notamment : • Crim. 10 févr. 1916 : *Bull. crim. n° 34* • 29 nov. 1918 : *ibid. n° 218* • 25 janv. 1924 : *ibid. n° 38* • 24 janv. 1956 : *D. 1956. Somm. 131.*

3. Ministère public. Le jugement de (simple) police rendu et prononcé en l'absence du ministère public est nul. • Crim. 29 janv. 1914 : *Bull. crim. n° 58* • 25 mars 1922 : *Bull. crim. n° 128.*

4. La disposition de l'art. 153, al. 6, C. instr. crim. (art. 460), relative aux conclusions du ministère public, est prescrite à peine de nullité ; dès lors, encourt la cassation le jugement qui constate la présence du ministère public, mais n'indique pas qu'il a eu la parole en ses conclusions. • Crim. 28 avr. 1944 : *D. 1945. 84.*

5. Droits de la défense. En application de l'art. 460, applicable devant le tribunal de police selon l'art. 536, le prévenu ou son conseil doivent toujours avoir la parole les derniers. • Crim. 5 mars 1984, n° 83-93.271 P. ♦ De même, devant la juridiction de proximité, le prévenu ou son avocat doivent avoir la parole en dernier. • Crim. 18 oct. 2006, n° 06-82.734 P : *D. 2006. IR 3012* ; *AJ pénal 2006. 512*.

Art. 537 **Les contraventions sont prouvées soit par procès-verbaux ou rapports, soit par témoins à défaut de rapports et procès-verbaux, ou à leur appui.**

(L. n° 78-788 du 28 juill. 1978) **« Sauf dans les cas où la loi en dispose autrement, les procès-verbaux ou rapports établis par les officiers et agents de police judiciaire et**

les agents de police judiciaire adjoints, » ou les fonctionnaires ou agents chargés de certaines fonctions de police judiciaire auxquels la loi a attribué le pouvoir de constater les contraventions, font foi jusqu'à preuve contraire.

La preuve contraire ne peut être rapportée que par écrit ou par témoins. – *Pr. pén. C. 678.*

BIBL. ▶ Besse, *Dr. pénal 2017. Étude 22* (preuve contraire ou *probatio diabolica*). – Danjaume, *D. 1996. Chron. 153*. – Krief-Semitko, *AJ pénal 2015. 478* (procès équitable en matière contraventionnelle). – Lesclous et Marsat, *Dr. pénal 1997. Chron. 14.*

1. QPC. La question de la constitutionnalité de l'art. 537 ne présente pas un caractère sérieux, dès lors que, d'une part, seuls font foi jusqu'à preuve contraire les procès-verbaux régulièrement établis, sous le contrôle de l'autorité judiciaire, et rapportant des faits que leur auteur a personnellement constatés, ce qui exclut tout risque d'arbitraire, que, d'autre part, cette présomption ne revêt pas un caractère irréfragable et que, enfin, le respect des droits de la défense devant la juridiction de jugement assure l'équilibre des droits des parties. • Crim. 15 janv. 2014, n° 13-90.032 P : *AJ pénal 2014. 254, obs. Perrier*. ♦ La question posée visant à contester la constitutionnalité de l'art. 537 ne présente pas un caractère sérieux dès lors qu'en présence des constatations d'un procès-verbal ou d'un rapport établi conformément à l'art. 537, la présomption de culpabilité instituée par ce texte en matière de contravention ne revêt pas de caractère irréfragable, que le respect des droits de la défense est assuré devant la juridiction de jugement et que se trouve ainsi assuré l'équilibre des droits des parties. • Crim. 22 janv. 2013 : *RPDP 2013, n° 1, obs. Ambroise-Castérot*. ♦ La question posée ne présente pas un caractère sérieux, dès lors qu'en présence des constatations d'un procès-verbal ou d'un rapport établi conformément à l'art. 537, la présomption de culpabilité instituée par ce texte en matière de contravention ne revêt pas de caractère irréfragable ; que le respect des droits de la défense est assuré devant la juridiction de jugement, laquelle ne peut exiger du prévenu qu'il fasse citer plusieurs témoins, seul étant à prendre en considération, au regard de la disposition critiquée, le caractère probant de la déclaration de chaque témoin cité, fût il unique ; que se trouve ainsi préservé l'équilibre des droits des parties. • Crim. 29 nov. 2016, n° 16-83.659 P.

I. RÈGLES NATIONALES

A. GÉNÉRALITÉS QUANT AUX DIFFÉRENTES FORCES PROBATOIRES

2. Valeur probatoire à titre de simple renseignement. S'il est vrai que les procès-verbaux établis par des agents n'ayant pas eux-mêmes constaté les contraventions qui y sont rapportées sont dépourvus de la force probante particulière prévue par les art. 429 et 537 et par l'art. R. 253 C. route, leurs énonciations valent à titre de simples renseignements et peuvent suffire à fonder à elles seules la conviction des juges. • Crim. 5 nov. 1996, n° 96-80.151 P : *D. 1997. Somm. 145, obs. Pradel ; Procédures 1997, n° 69, obs. Buisson.* ♦ Justifie sa décision la cour d'appel qui déclare le prévenu coupable d'inobservation de la signalisation imposant l'arrêt absolu en se fondant sur un procès-verbal établi par des agents ayant rapporté ce qu'ils ont entendu d'un collègue, agissant dans l'exercice de ses fonctions et qui leur rendait compte, par message radio, de ses propres constatations. • Même arrêt.

3. Nécessité d'un constat personnel. En revanche, ne suffit pas à démontrer la culpabilité du prévenu le procès-verbal d'un agent de police, servant de base à des poursuites diligentées contre une entreprise, et indiquant que des cartons au nom de ladite société étaient abandonnés sur la voie publique, alors que l'agent n'indique pas avoir constaté lui-même les circonstances dans lesquelles les cartons avaient été laissés sur la chaussée. • Crim. 13 févr. 2007, n° 06-85.976 P : *D. 2007. Pan. 2635, obs. Roujou de Boubée ; AJ pénal 2007. 189 ; Dr. pénal 2007. Comm. 78 (1re esp.), obs. Maron.*

4. Droit pénal du travail. La valeur probante des constatations d'un inspecteur du travail s'étend à celles qui résulteraient des documents fournis par l'employeur, en l'espèce des listings de pointage. • Crim. 30 oct. 2018, n° 17-87.520 P : *AJ pénal 2019. 43, obs. Gouesse et Dilmi*.

5. Droit pénal de l'environnement. Les infractions, correctionnelles ou de police, au code de l'environnement, auquel ne font pas exception sur ce point les règles particulières applicables aux installations nucléaires, peuvent être prouvées par tous moyens. • Crim. 24 sept. 2019, n° 18-85.348 P : *D. actu. 4 oct. 2019, obs. Goetz ; AJ pénal 2019. 612, obs. Gallois.*

6. Conséquence de l'admission de la preuve légale. La conviction du législateur étant, en vertu de l'art. 537, al. 2 substituée à celle du juge, une cour d'appel ne peut, sans violer les dispositions de l'art. 537, prononcer la relaxe d'un contrevenant sans constater que la preuve contraire aux énonciations du procès-verbal a été rapportée par écrit ou par témoins. • Crim. 25 avr. 1977, n° 77-90.125 P • 18 oct. 2000 : *Procédures 2001, n° 71, obs. Buisson* • 12 oct. 2005, n° 05.81.542 P. ♦ ... Peu importe que l'agent verbalisateur n'ait pas « circonstancié les faits » dans le procès-verbal et se soit contenté de mentionner la qualification légale. • Crim. 3 mars 2004 : *Dr. pénal 2004. Comm. 119, obs. Maron.* ♦ ... Ou que la juridiction de proximité énonce qu'un doute subsiste quant à la commission de l'infraction sans constater expressément que la preuve contraire aux énonciations du procès-verbal avait été rapportée dans les conditions prévues par la loi. • Crim. 16 févr. 2005, nº 04-86.729 P : *D. 2005. IR 915 ; JCP 2005. IV. 1782 ; RSC 2005. 596, note Giudicelli ; ibid 2006. 405, note Buisson* • 13 juin 2007, nº 06-85.441 P : *D. 2007. AJ 2104* (excès de vitesse d'au moins 50 Km/h en récidive). ♦ Peu importe encore que la juridiction de proximité ait relevé que l'excès de vitesse constaté était « infime » et se situait « dans la marge d'erreur pouvant exister dans les appareils de contrôle même homologués et vérifiés annuellement ». • Crim. 9 nov. 2005, nº 05.83.651 P : *D. 2006. IR 97.*

7. Témoin unique. Il appartient au juge du fond d'apprécier souverainement la valeur des éléments soumis aux débats, notamment d'un témoignage, à décharge, fait devant lui, seul étant à prendre en considération le caractère probant de la déclaration de chaque témoin cité, fût-il unique, nonobstant la rédaction de l'al. 3 de l'art. 537 mentionnant le terme « témoins » au pluriel. • Crim. 28 mars 2017, nº 16-83.659 P : *D. actu. 26 avr. 2017, obs. Fonteix.*

B. CONTENTIEUX ROUTIER

8. Preuve par écrit. Constitue un écrit au sens de l'art. 537 un ticket horodateur produit par le prévenu. Toutefois, la condamnation du prévenu est justifiée lorsque le jugement relève que le ticket produit, qui justifiait certes du paiement, a pu être acquis pour un autre véhicule, le numéro d'immatriculation de celui ayant donné lieu à la verbalisation n'y étant pas mentionné. • Crim. 13 déc. 2016, nº 15-86.915 P. ♦ L'enregistrement d'un chronotachygraphe constitue un écrit au sens de l'art. 537 permettant d'apporter la preuve contraire au procès-verbal, base des poursuites. Mais il appartient au ministère public de contester la fiabilité des données y figurant relatives à la vitesse du véhicule en cause, et au tribunal d'en apprécier souverainement la force probante. • Crim. 30 oct. 2018, nº 18-81.318 P. ♦ Attestations écrites, V. notes 14 s.

9. Force probante jusqu'à preuve contraire : interdiction du doute. Le juge ne peut prononcer une relaxe au motif du doute dès lors qu'aux termes du procès-verbal dressé le bon fonctionnement du cinémomètre est établi par son homologation et sa vérification annuelle. • Crim. 18 mars 2009 : *Procédures 2009, nº 251, obs. Buisson.*

10. Étendue de la force probante particulière. Si les procès-verbaux établis par les policiers pour constater les infractions au code de la route font foi jusqu'à preuve du contraire en ce qui concerne la constatation des faits constitutifs de l'infraction, la mention relative à l'information du contrevenant des dispositions relatives au retrait de points sur le permis de conduire (L. 223-3 et R. 223-3, C. route) n'est pas quant à elle revêtue de la même force probante. • CE, avis, 30 janv. 2002 : *JO 29 mars.*

11. Nécessité d'une constatation. Le procès-verbal de contravention, qui ne précise pas les circonstances concrètes dans lesquelles l'infraction a été relevée, de nature à établir que la distance de sécurité avec le véhicule qui le précédait n'avait pas été respectée par le prévenu, ne comporte pas de constatations au sens de l'art. 537. • Crim. 27 janv. 2016, nº 15-80.581 P : *D. actu. 18 févr. 2016, obs. Benelli-de Bénazé ; AJ pénal 2016. 337, obs. Royer ; Dr. pénal 2016, nº 51, obs. Maron et Haas.* ♦ Le procès-verbal de contravention, qui ne précise pas concrètement quelles vitres étaient concernées ni en quoi leur transparence était insuffisante au regard des exigences de l'art. R. 316-3 C. route, ne comporte pas de constatations au sens de l'art. 537. • Crim. 19 juin 2018, nº 17-85.046 P. ♦ Les constatations de l'agent verbalisateur, selon lesquelles le véhicule conduit par le prévenu a opéré, au lieu indiqué, un changement de direction sans avertissement préalable, suffisent à établir la matérialité de l'infraction relevée ; par ailleurs, l'intéressé ayant précisément eu connaissance des faits reprochés lors de son interpellation sur-le-champ, une cour d'appel n'a méconnu ni l'art. 429, ni l'art. 537. • Crim. 20 sept. 2016, nº 16-80.148 P : *D. actu. 7 oct. 2016, obs. Goetz.*

12. Radars automatiques. Justifie légalement sa décision de déclaration de culpabilité d'un conducteur d'un véhicule automobile, auquel est reproché un excès de vitesse, hors d'une agglomération, contravention relevée au moyen d'un appareil automatique, la cour d'appel qui déduit sa conviction de culpabilité, non seulement des constatations du procès-verbal, mais aussi du témoignage de l'un des gendarmes verbalisateurs et d'autres considérations de fait que l'arrêt expose. • Crim. 24 juill. 1979, nº 78-94.260 P : *D. 1979. 528, obs. Puech.* ♦ Le conducteur doit être relaxé lorsque le procès-verbal a été dressé par un agent qui n'a pas constaté personnellement l'infraction, au vu d'une photographie prise automatiquement par un appareil qui n'était soumis à aucun contrôle d'un organisme agréé et qui ne permettait pas de s'assurer que le feu était rouge ni d'apprécier si le véhicule l'avait véritablement franchi. • Crim. 17 oct. 2001 : *Jurispr. auto. 2001. 522 ; D. 2002. IR 3395* . ♦ Fait une exacte application de l'art. 537 la juridiction de proximité qui, pour renvoyer le prévenu des fins de la poursuite, relève que résulte du rapport de l'expert désigné l'impossibilité pour le véhicule en cause d'atteindre la vitesse relevée par le radar automatique, bien que celui-ci ne présente pas de dysfonctionnement apparent. • Crim. 8 mars 2016, n° 15-83.019 P : *D. 2016. Actu. 656* ; *Dr. pénal 2016, n° 77, note Robert.*

13. Infraction de stationnement. Les procès-verbaux constatant des infractions à la réglementation sur le stationnement payant des véhicules sur la base d'indications fournies par des appareils de mesure « parcmètres » font foi, en application des art. 537 et R. 253 C. route, jusqu'à preuve contraire. • Crim. 23 mai 1984, n° 83-94.782 P : *D. 1984. IR 431* • 25 mars 1992, n° 91-83.057 P. ♦ Il appartient au prévenu d'apporter la preuve du fonctionnement défectueux de l'appareil horodateur. • Crim. 15 févr. 2000, n° 99-83.971 P : *D. 2000. IR 112* ; *Procédures. 2000, n° 134, obs. Buisson.* ♦ Méconnaît l'art. 537 le jugement qui, pour renvoyer le prévenu des fins de la poursuite pour infraction à la règlementation sur le stationnement des véhicules, énonce, après avoir mentionné que deux témoins ont été entendus, qu'il ne résulte pas de l'audience ni des pièces versées à la procédure que les faits soient imputables au prévenu. • Crim. 8 déc. 2015, n° 15-81.470 : *Dr. pénal 2016, n° 51, obs. Maron et Haas.* ♦ Il appartient à la juridiction de proximité d'apprécier la force probante du ticket horodateur, qui constitue un écrit au sens de l'art. 537, produit pour apporter la preuve de ce que le contrevenant avait dûment payé la redevance de stationnement. • Crim. 13 déc. 2016, n° 15-86.915 P : *D. actu. 20 janv. 2017, obs. Priou-Alibert* ; *Dr. pénal 201, n° 29, note Maron et Haas.*

14. Attestations écrites, principe : règle en cas d'identification du conducteur. Une attestation écrite n'est pas une preuve par écrit ou par témoins au sens de l'art. 537. • Crim. 7 févr. 2001, n° 00-84.520 P : *Dr. pénal 2001. Chron. 45, obs. Marsat* • 25 avr. 2001, n° 00-87.946 P • 18 juin 2003 : *JCP 2004. I. 105, obs. Maron* ; *Dr. pénal 2003. Comm. 154, obs. Maron* ; *RSC 2004. 428, obs. Buisson* .

15. L'enregistrement d'un chronotachygraphe constitue un écrit au sens de l'art. 537, permettant d'apporter la preuve contraire au procès-verbal, base des poursuites, le juge, non saisi d'une contestation du ministère public sur la fiabilité des données y figurant relatives à la vitesse du véhicule en cause, en appréciant souverainement la force probante. • Crim. 30 oct. 2018, n° 18-81.318 P.

16. Attestation écrite, exception : sans interception du véhicule. Toutefois, un procès-verbal ne faisant foi (force probante de l'alinéa 2 de l'art. 537) que sur ce qu'il constate, en cas de contravention routière sans interpellation du conducteur (radar automatique), le procès-verbal ne peut faire foi de l'identité de celui-ci : par conséquent, et en vertu de l'art. L. 121-3 C. route, le prévenu peut produire une attestation écrite d'un tiers pour démontrer qu'il ne pouvait être l'auteur de l'excès de vitesse poursuivi. • Crim. 1er oct. 2008 : *D. 2009. Pan. 2238, obs. Pradel* ; *AJ pénal 2009. 508* . ♦ Le propriétaire d'un véhicule, dont il n'est pas établi qu'il était le conducteur, peut présenter tous éléments de preuve (et notamment une attestation écrite) pour établir qu'il n'est pas l'auteur véritable d'un excès de vitesse. • Crim. 29 mai 2013 : *AJ pénal 2013. 6010, note Céré* • 17 déc. 2013, n° 12-87.923 P.

17. En énonçant que « la déclaration d'un éventuel témoin passager et ami du prévenu sera rejetée étant entendu le lien qui lie le conducteur à son passager », la juridiction de proximité n'a pas légalement justifié sa décision, dès lors que la preuve contraire aux énonciations d'un procès-verbal dressé en matière de contravention ne peut être rapportée que par écrit ou par témoins. • Crim. 4 mars 2014, n° 13-81.135 P : *D. 2014. 668* ; *ibid. Pan. 1419, obs. Roth* ; *AJ pénal 2014. 377, obs. Auffret* ; *Dr. pénal 2014, n° 82, note Maron et Haas* ; *Procédures 2014, n° 123, note Chavent-Leclère.*

18. Téléphone au volant. En application de l'art. 537, lequel est conforme à l'art. 6 de la Conv. EDH, il appartient au prévenu de rapporter la preuve contraire aux énonciations du procès-verbal constatant l'infraction d'usage d'un téléphone tenu en main par le conducteur d'un véhicule en circulation, ce que ne suffit pas à constituer un simple relevé de communications. • Crim. 13 sept. 2011 : *D. actu. 17 oct. 2011, obs. Bombled.*

II. PRINCIPES CONSTITUTIONNELS ET EUROPÉENS

19. L'art. 537, qui dispose que les contraventions sont prouvées, soit par procès-verbaux ou rapports, soit par témoins, et que la preuve contraire ne peut être rapportée que par écrit ou par témoins, n'est pas incompatible avec le principe conventionnel de « l'égalité des armes », dès lors qu'il impose à chacune des parties au procès pénal les mêmes modes de preuve. • Crim. 10 juill. 1996, n° 95-85.785 P : *Procédures 1997, n° 19, obs. Buisson* • 12 nov. 1997, n° 96-84.325 P • 7 mars 2001, n° 00-85.486.

20. Ne constitue pas une ingérence injustifiée au sens de l'art. 8 Conv. EDH la constatation des contraventions d'excès de vitesse au moyen d'un cinémomètre associé à un appareil de prise de vue qui est utilisé aux seules fins de relever l'immatriculation des véhicules en infraction et de permettre, le cas échéant, l'identification des contrevenants. • Crim. 7 mai 1996, n° 95-85.674 P : *Procédures 1996, n° 270, obs. Buisson.*

21. Validité des présomptions de culpabilité. Tout système juridique connaît des présomptions de fait ou de droit ; la Convention n'y met évidemment pas obstacle en principe, mais en matière pénale elle oblige les États contractants à ne pas dépasser à cet égard un certain seuil ; L'art. 6, § 2, ne se désintéresse donc pas des présomptions de fait ou de droit qui se rencontrent dans les lois répressives. Il commande aux États de les enserrer dans des limites raisonnables prenant en compte la gravité de l'enjeu et préservant les droits de la défense. • CEDH 7 oct. 1988, *Salabiaku c/ France*, n° 10519/83. ♦ A titre exceptionnel, des présomptions de culpabilité peuvent être établies, notamment en matière contraventionnelle, dès lors qu'elles ne revêtent pas de caractère irréfragable, qu'est assuré le respect des droits de la défense et que les faits induisent raisonnablement la vraisemblance de l'imputabilité. • Cons. const. 16 juin 1999 : *D. 1999. 589, note Mayaud*.

Art. 538 **S'il y a lieu à supplément d'information, il y est procédé par le juge du tribunal de police** *(Abrogé par L. n° 2011-1862 du 13 déc. 2011, art. 2-XII et 70-I, à compter du 1er juill. 2017) (L. n° 2005-47 du 26 janv. 2005, art. 9-XXIII, en vigueur le 1er avr. 2005)* **« *ou par le juge de proximité* », conformément aux articles** *(L. n° 93-2 du 4 janv. 1993)* **« 114, 119, 120 et 121 ».**

Les dispositions de l'article 463, alinéa 3, sont applicables. — *Pr. pén. C. 679.*

Une fois saisie, seule la juridiction de jugement peut procéder à un supplément d'information, à l'exclusion du ministère public. • Crim. 20 juill. 2011, n° 10-83.846 P : *D. actu. 8 sept. 2011, obs. Léna ; AJ pénal 2011. 601, obs. Lasserre Capdeville*.

Art. 539 **Si le tribunal de police** *(Abrogé par L. n° 2011-1862 du 13 déc. 2011, art. 2-X et 70-I, à compter du 1er juill. 2017) (L. n° 2005-47 du 26 janv. 2005, art. 9-XXIV, en vigueur le 1er avr. 2005)* **« *ou la juridiction de proximité* » estime que le fait constitue une contravention, il prononce la peine** *(L. n° 92-1336 du 16 déc. 1992)* **« , sous réserve des dispositions des articles 132-59 à 132-70 du code pénal et des articles 747-3 et 747-4 du présent code ».**

Il statue s'il y a lieu sur l'action civile conformément aux dispositions de l'article 464, alinéas 2 et 3. — *Pr. pén. C. 679.*

BIBL. ► ORTSCHEIDT, *RSC 1981. 303.*

Les dispositions de l'art. 530-1, al. 2, n'ont vocation à s'appliquer qu'en cas de condamnation effective du prévenu à une peine d'amende et ne sauraient faire obstacle à l'application de la dispense de peine prévue, en matière contraventionnelle, par les art. 132-59 s. C. pén. • Crim. 9 nov. 2005, n° 05.84.504 P : *D. 2006. IR 11 ; AJ pénal 2006. 80, obs. Céré* • Crim. 30 oct. 2012, n° 12-81.603 P.

Art. 539-1 *Abrogé par L. n° 92-1336 du 16 déc. 1992, à compter du 1er mars 1994.*

Art. 540 **Si le tribunal de police** *(Abrogé par L. n° 2011-1862 du 13 déc. 2011, art. 2-X et 70-I, à compter du 1er juill. 2017) (L. n° 2005-47 du 26 janv. 2005, art. 9-XXIV, en vigueur le 1er avr. 2005)* **« *ou la juridiction de proximité* » estime que le fait constitue un crime ou un délit, il se déclare incompétent. Il renvoie le ministère public à se pourvoir ainsi qu'il avisera.**

Art. 541 **Si le tribunal de police** *(Abrogé par L. n° 2011-1862 du 13 déc. 2011, art. 2-X et 70-I, à compter du 1er juill. 2017) (L. n° 2005-47 du 26 janv. 2005, art. 9-XXIV, en vigueur le 1er avr. 2005)* **« *ou la juridiction de proximité* » estime que le fait ne constitue aucune infraction à la loi pénale, ou que le fait n'est pas établi, ou qu'il n'est pas imputable au prévenu, il renvoie celui-ci des fins de la poursuite.** — *Pr. pén. 470 ; C. 679.*

(L. n° 2021-1729 du 22 déc. 2021, art. 14) **« Les articles 470-1 et 472 sont applicables. »**

La personne citée directement par la partie civile à comparaître devant le tribunal de police ne peut, dans la même instance, demander que cette dernière soit condamnée, en cas de relaxe, au paiement de dommages-intérêts pour abus de constitution de partie civile, or, cette possibilité est ouverte, en cas de désistement de la partie civile, pour la personne directement citée devant le tribunal de police en application de l'art. 536 et pour le prévenu qui, après avoir été cité directement devant le tribunal de police, est relaxé en appel, en application de l'art. 549, dès lors, les dispositions de l'art. 541, al. 2, procèdent à une distinction injustifiée entre les justiciables poursuivis par citation directe devant le tribunal de police et doivent donc être déclarées contraires à la Constitution. L'abrogation est reportée au 31 déc. 2021 mais à compter de la publication de la décision du Cons. const., il y a lieu de juger que, jusqu'à l'entrée en vigueur d'une nouvelle loi et, au plus tard, jusqu'au 31 déc. 2021, lorsque la partie civile a elle-même mis en mouvement l'action publique, le tribunal de police statue par le même jugement sur la demande en dommages-intérêts formée par la personne relaxée contre la partie civile pour abus de constitution de partie civile. • Cons. const. 26 mai 2021, n° 2021-909 QPC (décision antérieure à la L. n° 2021-1729 du 22 déc. 2021).

Art. 542 *(L. n° 92-1336 du 16 déc. 1992)* **Si le prévenu bénéficie d'une cause légale d'exemption de peine, le tribunal de police** *(Abrogé par L. n° 2011-1862 du 13 déc. 2011, art. 2-X et 70-I, à compter du 1er juill. 2017) (L. n° 2005-47 du 26 janv. 2005, art. 9-XXIV, en vigueur le 1er avr. 2005)* ***« ou la juridiction de proximité »*** **le déclare coupable et l'exempte de peine. Il statue, s'il y a lieu, sur l'action civile ainsi qu'il est dit à l'article 539.**

Art. 543 *(L. n° 93-2 du 4 janv. 1993) (L. n° 2021-1729 du 22 déc. 2021, art. 14)* **« Sont applicables à la procédure devant le tribunal de police les articles 475-1 à 486 concernant les frais de justice et dépens, la restitution des objets placés sous la main de la justice et la forme des jugements. »**

(L. n° 92-1336 du 16 déc. 1992) **« Toutefois, les dispositions de l'article 480-1 ne sont applicables qu'aux condamnés pour contraventions de la cinquième classe. »** — *Les dispositions de la L. n° 92-1336 du 16 déc. 1992 sont entrées en vigueur le 1er mars 1994.*

L'al. 2 ci-dessus a été ajouté à l'art. 543 C. pr. pén., par la loi d'entrée en vigueur du nouveau code pénal, dans sa rédaction antérieure à la modification résultant de la loi du 4 janv. 1993. Bien que cette dernière loi n'ait pas repris cet alinéa, nous le reproduisons ci-dessus.

RÉP. PÉN. v° *Solidarité pénale*, par REDON.

1. QCP. Aucune exigence constitutionnelle n'impose qu'une partie au procès puisse obtenir du perdant le remboursement des frais qu'elle a exposés en vue de l'instance. Toutefois, la faculté d'un tel remboursement affecte l'exercice du droit d'agir en justice et les droits de la défense. D'une part, en application de l'art. 543, qui fait référence aux dispositions de l'art. 475-1 applicables en matière correctionnelle, le tribunal de police peut condamner l'auteur d'une contravention à payer à la partie civile la somme qu'il détermine au titre des frais non payés par l'État et exposés par celle-ci pour sa défense. D'autre part, par sa décision du 5 avr. 2019, le Cons. const. a déclaré contraire à la Constitution le premier al. de l'art. 800-2 et reporté son abrogation au 31 mars 2020. Faute pour le législateur d'avoir adopté en temps utile de nouvelles dispositions pour remédier à cette inconstitutionnalité, la personne poursuivie pénalement est dans l'impossibilité, depuis cette date, d'obtenir du tribunal de police, en cas de relaxe, une indemnité au titre des frais non payés par l'État et exposés par celle-ci pour sa défense. Dans ces conditions, les dispositions contestées portent atteinte à l'équilibre des droits des parties dans le procès pénal. Par suite, elles doivent être déclarées contraires à la Constitution. L'abrogation est reportée au 31 déc. 2021 mais, afin de faire cesser l'inconstitutionnalité constatée à compter de la publication de la présente décision, il y a lieu de juger que jusqu'à l'entrée en vigueur d'une nouvelle loi et, au plus tard, jusqu'au 31 déc. 2021, toute juridiction prononçant un non-lieu, une relaxe, un acquittement ou toute décision autre qu'une condamnation ou une déclaration d'irresponsabilité pénale peut, à la demande de l'intéressé, accorder à la personne poursuivie pénalement ou civilement responsable une indemnité qu'elle détermine au titre des frais non payés par l'État et exposés par celle-ci. Il en est de même, pour la personne civilement responsable, en cas de décision la mettant hors de cause. • Cons. const. 26 mai 2021, n° 2021-910 QPC (décision antérieure à la L. n° 2021-1729 du 22 déc. 2021).

2. Doit être cassé l'arrêt d'une cour d'appel qui condamne « solidairement et conjointement » au paiement des dommages-intérêts envers la victime de l'infraction les coauteurs de faits constituant, à la date de leur commission, une contravention de la 4e classe. • Crim. 28 juin 1995, n° 94-83.028 P.

CHAPITRE V DU JUGEMENT PAR DÉFAUT ET DE L'OPPOSITION

RÉP. PÉN. v° *Jugement par défaut*, par FONTEIX.

Art. 544 **Sont applicables devant le tribunal de police** *(Abrogé par L. n° 2011-1862 du 13 déc. 2011, art. 2-XI et 70-I, à compter du 1er juill. 2017) (L. n° 2005-47 du 26 janv. 2005, art. 9-XXV, en vigueur le 1er avr. 2005)* ***« et devant la juridiction de proximité »*** **les dispositions des articles 410 à 415 relatives à la comparution et à la représentation du prévenu et de la personne civilement responsable.**

Toutefois, lorsque la contravention poursuivie n'est passible que d'une peine d'amende le prévenu peut se faire représenter par un *(L. n° 2011-94 du 25 janv. 2011, art. 31, en vigueur le 1er janv. 2012)* **« avocat » ou par un fondé de procuration spéciale.**

TOM : 851.

1. *Procuration.* La procuration visée par l'art. 152 C. instr. crim. (art. 544) doit, en principe, être écrite et non verbale. • Crim. 2 juill. 1859 : *DP 1859. 1. 320.*

2. *Mandat verbal.* Toutefois, le prévenu est régulièrement représenté par un mandataire verbal, lorsque aucune contestation n'est élevée par le ministère public ou la partie civile sur l'existence ou la spécialité du mandat. • Crim. 19 janv. 1873 : *DP 1873. 1. 163.*

3. *Représentation par un avocat.* Sur la représentation par avocat, V. ss. art. 411. ♦ V. également la note De Lestang ss. • Dijon, 28 janv. 1960 : *JCP 1960. II. 11541.* ♦ *Adde* : • Crim. 23 nov. 1960 : *Bull. crim. n° 542* • 17 nov. 1998, n° 97-86.104 P : *Procédures 1999, n° 137, obs. Buisson ; Dr. pénal 1999. Comm. 93, obs. Maron.*

4. Il résulte des dispositions de l'art. 544, al. 2, que le prévenu traduit devant le tribunal de police pour une contravention passible d'une simple peine d'amende est régulièrement représenté par un avocat. Dès lors la décision rendue à son égard est contradictoire, et le délai d'appel part du jour du jugement. • Crim. 16 févr. 1977, n° 76-90.675 P • 3 mars 2004 : *Dr. pénal 2004. Comm. 99, obs. Maron.*

5. *Absence d'avocat.* Le prévenu ayant demandé à être jugé en son absence conformément aux dispositions de l'art. 411, le tribunal de police a l'obligation de répondre au chef péremptoire des conclusions soulevant l'exception de prescription de l'action publique. • Crim. 27 mai 1987, n° 86-93.921 P. ♦ *Contra :* • Crim. 16 juin 2011, n° 10-87.568 P : *D. actu. 29 juin 2011, obs. Girault ; RSC 2011. 664, obs. Danet ; ibid. 869, obs. Salvat ; D. 2011. Actu. 1688 ; ibid. Pan. 2239, obs. Pradel ; ibid. 2012. Chron. 171, obs. Roth, Leprieur et Divialle ; Dr. pénal 2011, n° 114, obs. Maron et Haas ; Procédures 2011, n° 275, obs. Maron et Haas* (le prévenu ne saurait se faire un grief d'une insuffisance ou d'un défaut de réponse à conclusions, dès lors que les écrits qu'il a adressés à la juridiction ne valent pas conclusions régulièrement déposées au sens de l'art. 459, faute pour lui d'avoir comparu à l'audience ou d'y avoir été représenté).

6. *Représentation par un fondé de procuration spéciale.* Il se déduit de l'art. 544 que, lorsque la contravention est passible d'autres peines que celle de l'amende, le prévenu ne peut se faire représenter par un fondé de procuration spéciale. • Crim. 22 juin 2011, n° 11-80.070 P.

Art. 545 Sont également applicables les dispositions des articles 487 et 488 relatives aux jugements par défaut, et 489 à 495 relatives à l'opposition. — *Pr. pén. C. 681 et C. 682.*

CHAPITRE VI DE L'APPEL DES JUGEMENTS DE POLICE

RÉP. PÉN. v° *Appel*, par COURTIN.

Art. 546 La faculté d'appeler appartient au prévenu, à la personne civilement responsable, au procureur de la République *(L. n° 99-515 du 23 juin 1999)* **« , au procureur général » et à l'officier du ministère public près le tribunal de police** *(Abrogé par L. n° 2011-1862 du 13 déc. 2011, art. 2-VIII et 70-I, à compter du 1er juill. 2017) (L. n° 2005-47 du 26 janv. 2005, art. 9-XXVI, en vigueur le 1er avr. 2005)* ***« et la juridiction de proximité »***, *(L. n° 94-89 du 1er févr. 1994)* **« lorsque l'amende encourue est celle prévue pour les contraventions de la cinquième classe, lorsqu'a été prononcée la peine prévue par le 1° de l'article 131-16 du code pénal, ou lorsque la peine d'amende prononcée est supérieure au maximum de l'amende encourue pour les contraventions de la deuxième classe ».**

Lorsque des dommages et intérêts ont été alloués, la faculté d'appeler appartient également au prévenu et à la personne civilement responsable.

Cette faculté appartient dans tous les cas à la partie civile quant à ses intérêts civils seulement.

Dans les affaires poursuivies à la requête *(L. n° 2014-1170 du 13 oct. 2014, art. 73)* **« du directeur régional de l'administration chargée des forêts », l'appel est toujours possible de la part de toutes les parties, quelles que soient la nature et l'importance des condamnations.**

(Abrogé par L. n° 99-515 du 23 juin 1999) ***« Le procureur général peut faire appel de tous les jugements rendus en matière de police. »*** — *Pr. pén. C. 683 à C. 685.*

TOM : 852 s.

1. *Cumul des amendes.* Lorsqu'un tribunal est saisi par la même poursuite de plusieurs contraventions lui permettant de prononcer plusieurs amendes, il y a lieu de totaliser les amendes encourues pour déterminer si le jugement est susceptible d'appel. • Crim. 5 mai 1949 : *D. 1949.*

421, note Vouin • 18 févr. 1954 : *D. 1954. 221* • 8 oct. 1957 : *Bull. crim. n° 607* • 18 juill. 1978 : *D. 1979. IR 68* • 20 mars 1984, n° 83-93.111 P : *RSC 1985. 336, obs. J. Robert* • 29 oct. 1986, n° 85-96.356 P • 11 avr. 1991, n° 91-80.133 • 23 mars 1999, n° 98-81.173 P • 8 févr. 2000, n° 98-82.373 P • 30 avr. 2002, n° 01-86.725 P : *JCP 2002. IV. 2002* • 4 févr. 2009, n° 08-85.939 P : *AJ pénal 2009. 235* • 8 mars 2012, n° 11-85.333 P : *D. actu. 4 mai 2012, obs. Léna* • Crim. 25 mars 2014 : *Dr. pénal 2014, n° 101, note Peltier.* ♦ Le pourvoi contre un jugement susceptible d'appel en raison de cette totalisation n'est pas recevable si le demandeur n'a pas usé de la voie de l'appel. • Crim. 24 juin 1986, n° 85-91.581 P • 21 mars 2000, n° 99-84.057 P. ♦ Bien qu'irrecevable, le pourvoi en cassation contre un jugement portant à tort qu'il a été rendu en dernier ressort a cependant pour effet de différer, jusqu'à la notification de l'arrêt de la Cour de cassation, l'ouverture du délai d'appel du jugement. • Crim. 29 oct. 1986 : *préc.* • 23 mars 1999 : *préc.* • 21 mars 2000 : *préc.* • 7 juin 2006, n° 05-85.952 P : *AJ pénal 2006. 371* • 20 juin 2006, n° 05-86.014 P • 4 févr. 2009, n° 08-85.939 P : *AJ pénal 2009. 235* ; *Procédures 2009, n° 253, obs. Buisson* • 23 nov. 2011 : *D. actu. 19 janv. 2012, obs. Fleuriot.*

2. *Qualification impropre de premier ou dernier ressort.* Doit être cassé, pour violation des dispositions d'ordre public de l'art. 546, l'arrêt qui, au lieu de le déclarer irrecevable, examine le bien-fondé d'un appel formé contre un jugement improprement qualifié de rendu en premier ressort. • Crim. 1er oct. 1987, n° 86-96.004 P. ♦ ... Ou d'un appel formé contre un jugement exactement qualifié de « rendu en dernier ressort ». • Crim. 10 janv. 1991, n° 90-82.389 P. ♦ ... Même formé par le ministère public. • Crim. 7 févr. 1994, n° 92-80.561 P. ♦ La qualification erronée d'un jugement de police, présenté à tort comme rendu « en premier ressort », ne peut préjudicier au justiciable qui, induit en erreur sur la voie de recours applicable, a interjeté appel. Par suite, le délai de pourvoi à son encontre ne commence à courir que de la date de notification de l'arrêt de la chambre criminelle qui déclare irrecevable le pourvoi formé contre l'arrêt de la cour d'appel qui, à bon droit, avait constaté l'irrecevabilité de cet appel. • Crim. 14 mars 1991, n° 90-86.416 P • 29 mai 1996, n° 95-83.546 P : *Dr. pénal 1997. Comm. 29, note Maron.* ♦ La partie civile qui tient de l'art. 546 la faculté d'appeler, dans tous les cas, des jugements du tribunal de police, ne peut se pourvoir contre ces jugements. En effet, selon l'art. 567, le pourvoi en cassation n'est reçu que contre les arrêts et jugements rendus en dernier ressort ; il en est ainsi d'un jugement sur la compétence, prononcé en matière d'infraction de presse ; le pourvoi en cassation contre un jugement portant à tort qu'il a été rendu en dernier ressort a cependant pour effet de différer, jusqu'à la signification de l'arrêt de la Cour de cassation, l'ouverture du délai d'appel du jugement. • Crim. 3 mars 1993, n° 92-85.500 P.

3. *Jugement incident.* Le jugement incident par lequel le tribunal de (simple) police statue sur la compétence ou sur une exception, sans prononcer aucune des condamnations prévues à l'art. 172, al. 1er, C. instr. crim. (art. 546, al. 1er), ne peut, en aucun cas, être attaqué par la voie de l'appel ; sans doute appartient-il au juge du second degré, saisi dans la même cause de l'appel d'un jugement de condamnation, d'apprécier les questions de compétence et l'exception tranchées par le jugement incident, mais c'est en vertu de l'effet dévolutif de l'appel sur le fond. • Crim. 12 août 1910 : *Bull. crim. n° 457* • 15 nov. 1951 : *D. 1952. 3.*

4. *Tierce-opposition.* La voie extraordinaire de la tierce opposition est une action essentiellement civile et principale, qui ne peut être exercée contre les décisions des juridictions pénales. • Crim. 25 oct. 1928 : *DP 1930. 1. 36.*

5. *Appel contre les dispositions civiles.* Le jugement contenant des dispositions civiles est susceptible d'appel quelle que soit la peine encourue ou prononcée. • Crim. 18 juill. 1990, n° 88-80.211 P. ♦ Les dommages-intérêts visés par l'art. 546 concernent toutes les réparations civiles quelle qu'en soit la nature. • Crim. 31 oct. 1961 : *Bull. crim. n° 426* • 8 déc. 1965 : *ibid. n° 266.* ♦ Le jugement du tribunal de police est susceptible d'appel lorsqu'il se prononce sur les intérêts civils. • Crim. 10 déc. 2002, n° 02-84.285 P : *D. 2003. IR 310* . • 7 juin 2006 : *préc. note 1.*

6. *Personne morale.* Les art. 546 et 131-41 C. pén. ont un objet différent, le premier fixant le seuil du droit d'appel en matière contraventionnelle, le second déterminant le maximum des amendes encourues en cette matière pour les personnes morales, de sorte que l'appel d'une personne morale est recevable dès lors que l'amende prononcée dépasse le montant de l'amende encourue pour les contraventions de la deuxième classe, sans avoir à tenir compte du quintuplement prévu par l'art. 131-41 C. pén. • Crim. 10 mars 2020, n° 19-83.218 P.

7. Si les dispositions de l'art. 546 restreignent sous certaines réserves la faculté d'appeler en matière de police selon la nature et l'importance des condamnations prononcées ou encourues, elles ne sauraient faire obstacle à ce que l'administration des douanes qui, en application des dispositions de l'art. 343-2 C. douanes, exerce à titre principal l'action publique pour l'application des sanctions fiscales, soit admise à bénéficier du même droit d'appel que le ministère public. • Crim. 6 nov. 1973, n° 72-93.930 P.

8. C'est à bon droit qu'une cour d'appel déclare recevable l'appel du ministère public contre un jugement conforme à ses réquisitions de relaxe, cette circonstance ne le privant pas de la faculté d'user d'une voie de recours qui lui est ouverte par l'art. 546, sans autres restrictions que celles prévues par ce texte. • Crim. 17 janv. 1991, n° 90-83.051 P : *D. 1992. Somm. 95, obs. Pradel*.

9. Méconnaît les dispositions de l'art. 546, al. 4, la cour d'appel qui déclare l'appel du prévenu irrecevable, tout en relevant que les infractions avaient été poursuivies sur l'initiative d'agents de l'Office national de la chasse et de la faune sauvage, lesquels sont, aux termes de l'art. 2 du Décr. n° 95-1272 du 6 déc. 1995, assimilés aux agents assermentés de l'État chargé des forêts. • Crim. 14 mai 2008, n° 07-87.168 P : *RSC 2008. 916, obs. J.-H. Robert ; AJ pénal 2008. 382 ; Dr. pénal 2008. Comm. 131, obs. J.-H. Robert.*

10. Règles européennes. N'est pas compatible avec le principe de l'égalité des armes découlant de l'art. 6 Conv. EDH la disposition de l'art. 546, dernier al. qui réserve au seul procureur général un droit d'appel contre certains jugements rendus en matière de police, dans des hypothèses où ce même droit est refusé au prévenu ainsi qu'à l'officier du ministère public et au procureur de la République. Doit, dès lors, être annulé l'arrêt qui déclare un tel appel recevable. • Crim. 6 mai 1997, n° 96-83.512 P : *D. 1998. 223, note Cerf ; RSC 1997. 858, obs. Dintilhac ; RG proc. 1998. Chron. 106, note Rebut ; JCP 1998. II. 10056, note Lassalle* • 21 mai 1997, n° 96-85.532 P : *RG proc. 1998. Chron. 106, note Rebut ; Procédures 1997, n° 214, obs. Buisson* • 17 juin 1998, n° 97-85.801 P. ♦ Conf. : • Aix-en-Provence, 18 déc. 1997 : *Dr. pénal 1998. Comm. 137, obs. Maron.* ♦ Les dispositions de l'art. 546 qui ne prévoient pas la possibilité pour le prévenu condamné à une amende inférieure au montant maximum de l'amende de deuxième classe de faire appel du jugement ne sont pas contraires à la Conv. EDH dont l'art. 2 du Prot. add. n° 7 prévoit que le droit de faire examiner par une juridiction supérieure la condamnation peut faire l'objet d'exceptions pour les infractions mineures. • Crim. 6 févr. 2002, n° 01-84.216 P.

Art. 547 **L'appel des jugements de police est porté à la cour d'appel.**

Cet appel est interjeté dans les délais prévus par les articles 498 à 500.

L'appel est suivi et jugé dans la même forme que les appels des jugements correctionnels. *(L. n° 2004-204 du 9 mars 2004, art. 142-I)* **« La cour est cependant composée du seul président de la chambre des appels correctionnels, siégeant à juge unique. »**

Les articles 502 à 504, alinéas 1er et 2, sont applicables à l'appel des jugements de police. — *Pr. pén. C. 686.*

1. De la combinaison des art. 502 et 547 il résulte que l'avoué près le tribunal de grande instance est dispensé de produire un pouvoir en vue d'interjeter appel, aussi bien lorsque la décision émane d'un tribunal correctionnel que des tribunaux de police compris dans le ressort de ce tribunal. • Crim. 21 juin 1931 : *Bull. crim. n° 184* • 20 nov. 1956 : *ibid. n° 758* • 29 juin 1961 : *D. 1961. 586.*

2. Des dispositions combinées des art. 544 et 547 il résulte qu'en matière d'appel de police, le prévenu qui n'est passible que d'une peine d'amende peut être jugé contradictoirement par *la cour d'appel, bien qu'il soit absent*, dès lors qu'il est représenté par un avocat. • Crim. 12 janv. 1971, n° 70-75.390 P : *D. 1971. 129* • 10 oct. 1974, n° 73-92.337 P.

3. L'art. 547 confie à la cour d'appel la mission de juger l'appel des décisions rendues par les tribunaux de police dans les mêmes conditions et selon les mêmes formes que l'appel des jugements correctionnels. Dès lors, fait l'exacte application de la loi la cour d'appel qui, sur l'appel d'un jugement de police saisi à tort d'une infraction constituant un délit, statue au fond en procédant aux disqualifications requises et prononce les peines correctionnelles applicables. • Crim. 12 oct. 1994, n° 93-85.703 P.

4. Juge unique. Lorsqu'elle est composée de son seul président de chambre, la chambre des appels correctionnels peut, en cas d'empêchement de ce magistrat, être présidée par le conseiller qui a été désigné pour le remplacer par le premier président de la cour d'appel, selon les modalités prévues aux art. L. 710-1 et R. 213-6 s. *[V. art. R. 312-2 s. nouv.]* COJ. • Crim. 5 oct. 2004, n° 04-84.056 P : *AJ pénal 2005. 32, obs. Coste*.

5. Il résulte de l'art. 547, dans sa rédaction issue de la L. du 9 mars 2004, que l'appel des jugements de police est porté devant le président de la chambre des appels correctionnels siégeant à juge unique. Méconnaît cette disposition l'arrêt qui mentionne que la cour d'appel était composée de trois magistrats. • Crim. 14 juin 2006, n° 05-84.266 P : *AJ pénal 2006. 417 et 457*.

Art. 548 *(Abrogé par L. n° 2009-1436 du 24 nov. 2009, art. 73-III)* ***Le procureur général forme son appel par*** *(Ord. n° 60-529 du 4 juin 1960)* ***« signification », soit au prévenu soit à la partie civilement responsable de l'infraction, dans le délai de deux mois à compter du jour du prononcé du jugement.*** — *Pr. pén. C. 686 à C. 688.*

Art. 549 **Les dispositions des articles** *(L. n° 2009-1436 du 24 nov. 2009, art. 73-IV)* **« 505 » à 509,** *(L. n° 2004-204 du 9 mars 2004, art. 142-II)* **« 511 et 514 à 520 » sont applicables aux jugements rendus par les tribunaux de police** *(Abrogé par L. n° 2011-1862 du 13 déc. 2011, art. 2-XV et 70-I, à compter du 1er juill. 2017) (L. n° 2005-47 du 26 janv. 2005, art. 9-XXVII, en vigueur le 1er avr. 2005)* ***« ou les juridictions de proximité ».***

(Ord. n° 60-529 du 4 juin 1960) **« La cour d'appel, saisie de l'appel d'un jugement d'incompétence du tribunal de police** *(Abrogé par L. n° 2011-1862 du 13 déc. 2011, art. 2-III et 70-I, à compter du 1er juill. 2017) (L. n° 2005-47 du 26 janv. 2005, art. 9-XXVII, en vigueur le 1er avr. 2005)* ***« ou de la juridiction de proximité »*, si elle constate que le fait poursuivi constitue un délit, prononce la peine et statue, s'il y a lieu, sur les dommages-intérêts. »**

TOM : 853.

L'arrêt par lequel une cour d'appel se borne à confirmer un jugement d'incompétence du tribunal de police alors qu'elle relève qu'il y a eu violences entraînant une incapacité d'au moins dix jours, ce qui constitue un délit, méconnaît les dispositions de l'art. 549. • Crim. 2 mai 2001, n° 00-85.493 P : *D. 2001. IR 2084* ; *Procédures 2001, n° 178, obs. Buisson.* ♦ Il résulte des dispositions de l'art. 549 que, lorsque la cour d'appel statue sur l'appel d'un jugement de police, la formalité du rapport prévue par l'art. 513 ne trouve pas à s'appliquer. • Crim. 15 mai 2012, n° 11-84.907 P.

TITRE QUATRIÈME DES CITATIONS ET SIGNIFICATIONS

RÉP. PÉN. v° *Citations et significations*, par Léna.

Art. 550 *(Ord. n° 60-529 du 4 juin 1960)* **Les citations et significations, sauf disposition contraire des lois et règlements, sont faites par exploit d'huissier de justice.**

Les notifications sont faites par voie administrative.

L'huissier ne peut instrumenter pour lui-même, pour son conjoint, pour ses parents et alliés et ceux de son conjoint, en ligne directe à l'infini, ni pour ses parents et alliés collatéraux, jusqu'au degré de cousin issu de germain inclusivement.

L'exploit de citation ou de signification contient la désignation du requérant, la date, les nom, prénoms et adresse de l'huissier, ainsi que les nom, prénoms et adresse du destinataire *(L. n° 92-1336 du 16 déc. 1992)* **« ou, si le destinataire est une personne morale, sa dénomination et son siège ».** — *Les dispositions de la loi n° 92-1336 du 16 déc. 1992 sont entrées en vigueur le 1er mars 1994.*

La personne qui reçoit copie de l'exploit signe l'original ; si elle ne veut ou ne peut signer, mention en est faite par l'huissier. — *Pr. pén. C. 690.*

TOM : 854. — Mayotte : 897. — Saint-Pierre-et-Miquelon : 932.

I. RÈGLES GÉNÉRALES

1. Si l'huissier doit en principe instrumenter lui-même, les exploits peuvent néanmoins être dressés par clercs assermentés. • Crim. 29 oct. 1968, n° 68-90.637 P. ♦ L'absence de visa par l'huissier sur l'original de l'exploit de la mention que celui-ci a été dressé par un clerc assermenté ne porte aucun préjudice à la personne qu'il concerne. • Crim. 29 juill. 1968, n° 68-90.331 P.

2. Les dispositions de l'art. 550, dernier al., sur la signature de l'original de l'exploit, sont des *formalités substantielles.* • Crim. 23 juill. 1975, n° 75-91.057 P • 26 mars 1992, n° 91-85.341 P.

3. Il y a nullité de la citation pour violation de l'art. 550 lorsque l'original de l'exploit ne comporte pas la signature de la personne qui en a reçu copie et qu'il n'est pas précisé qu'elle n'a pu ou voulu signer. Dès lors que le prévenu n'a été ni présent ni représenté à l'audience, la nullité de l'exploit par lequel il a été cité a eu pour effet de porter atteinte à ses intérêts ; lorsque la cassation résulte d'une faute de l'huissier, il y a lieu, en vertu des dispositions de l'art. 566, de le condamner aux frais de l'exploit et de la procédure annulée. • Crim. 26 mars 1992, n° 91-85.341 P. ♦ Une citation directe visant une personne par sa fonction sans mentionner son nom est nulle dès lors que l'infraction visée implique des actes d'une personne physique. • Paris, 11e ch. a, 31 mai 2000 : *D. 2000. IR 247.*

4. L'inobservation des formes prescrites par les art. 550 s. n'entraîne pas la nullité de la citation lorsque le prévenu n'a pu se méprendre sur l'objet et la portée de l'acte par lequel il a été attrait devant le tribunal. Tel est le cas de la citation qui, conformément à l'art. 551, al. 4, mentionne le nom de la partie civile, sa date de naissance et son domicile, ainsi qu'un prénom d'emprunt au lieu du prénom inscrit à l'état civil. • Crim. 13 juin 1995, n° 91-82.144 P.

5. Aucun texte n'exige qu'il soit fait mention

dans la décision des modalités de convocation du prévenu. • Crim. 29 oct. 2002, n° 02-80.624.

II. CONTENTIEUX ROUTIER : CITATION DES REPRÉSENTANTS LÉGAUX DES PERSONNES MORALES

6. Lorsque le certificat d'immatriculation d'un véhicule verbalisé pour excès de vitesse est établi au nom d'une personne morale, seul le représentant légal de celle-ci peut être déclaré redevable pécuniairement de l'amende encourue ; la responsabilité pécuniaire du représentant légal ne peut être retenue que s'il a été poursuivi en tant que tel (art. L. 121-3 C. route). • Crim. 27 oct. 2010, n° 10-81.868, inédit • 19 déc. 2012, n° 12-81.607 P • Crim. 15 janv. 2013, n° 12-80.862 • 22 janv. 2013 : *RPDP 2013, n° 1, obs. Ambroise-Castérot.*

Art. 551 **La citation est délivrée à la requête du ministère public, de la partie civile, et de toute administration qui y est légalement habilitée. L'huissier doit déférer sans délai à leur réquisition.**

La citation énonce le fait poursuivi et vise le texte de loi qui le réprime.

Elle indique le tribunal saisi, le lieu, l'heure et la date de l'audience, et précise la qualité de prévenu, de civilement responsable, ou de témoin de la personne citée.

(L. n° 2008-644 du 1er juill. 2008, art. 7) **« Si elle est délivrée à la requête de la partie civile, elle mentionne, s'il s'agit d'une personne physique, ses nom, prénoms, profession et domicile réel ou élu et, s'il s'agit d'une personne morale, sa forme, sa dénomination, son siège social et l'organe qui la représente légalement ».**

La citation délivrée à un témoin doit en outre mentionner que la non-comparution, le refus de témoigner et le faux témoignage sont punis par la loi. — *Pr. pén. C. 691.*

Par dérogation au premier al. de l'art. 551, la citation visant les délits réprimant les abus de marché ne peut être délivrée qu'à la demande du procureur de la République financier, à la condition qu'il ait la possibilité d'exercer les poursuites en application de l'art. L. 465-3-1 C. mon fin. — V. ce texte in ***C. mon. fin.***

BIBL. ▸ LESCLOUS et MARSAT, *Dr. pénal 1995. Chron. 40 ; ibid. 1996. Chron. 16 ; ibid. 1997. Chron. 3.*

1. Règles générales. L'art. 551, al. 4, n'exige pas de mentionner l'identité de celui qui agit en justice au nom de la personne morale : est recevable la citation de la partie civile personne morale « représentée par son conseil d'administration actuellement en fonction ». • Crim. 23 mai 2006, n° 04-86.541 P. ♦ Dans le même sens, s'agissant du président de l'association, partie civile. • Crim. 26 sept. 2006, n° 05-87.681 P : *AJ pénal. 2006. 451 ; RSC 2007. 74, note Fortis .* ♦ *Contra* : • Crim. 22 juin 1967, n° 67-91.220 P • 15 mai 1984, n° 84-90.253 P : *D. 1984. IR 430, obs. J.-M. R. ; RSC 1985. 335, obs. J. Robert* • 28 sept. 2004, n° 04-80.688 P : *JCP 2004. IV. 3269.* ♦ L'obligation d'énoncer le fait poursuivi n'impose pas d'identifier dans la citation l'or*gane ou* le représentant ayant commis l'infraction pour le compte de la personne morale poursuivie. • Crim. 24 mai 2005, n° 04-86.813 P : *D. 2005. IR 1807* .

2. Un tribunal ne peut statuer valablement sur le mérite d'une procédure dont il n'a jamais été régulièrement saisi, si le prévenu a été cité en personne mais, par suite d'une erreur matérielle, devant un autre tribunal. • Paris, 10 juin 1961 : *Gaz. Pal. 1961. 2. 86.* ♦ V. également : • Crim. 31 mai 1958 : *Bull. crim. n° 422 ; JCP 1958. II. 10737, note Chambon.*

3. Il y a nullité de la citation lorsque celle-ci n'indique pas l'heure de l'audience ; si le prévenu n'y a été ni présent, ni représenté, cette nullité a eu pour effet de porter atteinte à ses intérêts. • Crim. 22 mai 1990, n° 89-96.836 P. ♦ Il en est de même lorsque la citation comporte une erreur sur le lieu de l'audience. • Crim. 7 mai 1996, n° 95-82.637 P • 4 mai 2006, n° 05-85.239 P : *AJ pénal 2006. 317* . ♦ ... Ou sur la date de l'audience. • Crim. 3 sept. 2008, n° 08-82.434 P : *AJ pénal 2008. 516 ; Procédures 2009, n° 61, obs. Buisson.* ♦ Mais les juges ne peuvent relever d'office la nullité de la citation. • Crim. 19 mars 1997 : *Dr. pénal 1997. Comm. 104, obs. Maron.*

4. L'acte par lequel le ministère public requiert un huissier de justice, par application de l'art. 551, de délivrer une citation à comparaître devant la juridiction répressive, est un acte de poursuite. • Crim. 28 janv. 1988, n° 86-92.565 P. ♦ Pour une application en matière de presse : • Crim. 3 déc. 2013, n° 12-87.126 P : *D. actu. 19 déc. 2013, obs. Lavric.*

5. En cas de pluralité de parties civiles, la nullité d'une citation commune délivrée au prévenu ne peut avoir d'effet qu'à l'égard de celle desdites parties civiles qui est l'auteur de l'irrégularité constatée. • Crim. 14 nov. 1989, n° 86-92.599 P.

6. La citation à comparaître devant la cour d'appel a seulement pour effet d'informer les parties de la date à laquelle l'affaire doit être appelée et n'est pas soumise aux prescriptions de l'art. 551, al. 2. • Crim. 5 janv. 1993, n° 91-

86.921 P • 10 avr. 1995, n° 94-82.026 P : *Procédures 1995, n° 187, obs. Buisson.*

7. L'art. 551, al. 4 exige que la citation, si elle est délivrée à la requête de la partie civile, mentionne les nom, prénoms, profession et domicile réel ou élu de celle-ci ; lorsque la partie civile est une personne morale, cette exigence s'applique à la désignation de celui qui agit en justice en son nom. • Crim. 10 mars 1993, n° 90-83.144 P : *Dr. pénal mars 1994, p. 4, obs. Véron.* ♦ La méconnaissance de ces formalités fait nécessairement grief dès lors que les prévenus n'étaient pas en mesure de s'assurer que la citation avait été délivrée à la requête de la personne physique ayant qualité pour agir au nom de la personne morale. • Crim. 3 juin 2004, n° 03-83.539 P : *D. 2004. IR 2477 ; JCP 2004. IV. 2584.* ♦ V. aussi : • Crim. 15 mai 1984, n° 84-90.253 P : *RSC 1985. 335, obs. J. Robert.*

8. Texte dont l'application est demandée. Il n'est pas nécessaire que la citation énonçant le fait poursuivi de non-représentation d'enfant dans les termes mêmes de l'art. 227-5 C. pén. précise la nature du droit en vertu duquel l'enfant doit être représenté. • Crim. 13 mars 1996, n° 95-83.111 P : *D. 1996. IR 161.*

9. Selon l'art. 551, al. 2, le prononcé d'une peine complémentaire n'est pas subordonné au visa, dans le titre de poursuite, du texte qui le prévoit. • Crim. 24 janv. 1996, n° 94-86.152 P : *Procédures 1996, n° 149 (1re esp.), obs. Buisson.*

10. Selon l'art. 551, al. 2, la citation est régulière lorsqu'elle énonce les faits poursuivis et vise les textes de loi qui les répriment. La description de ces faits et la référence aux principaux textes applicables mettent le prévenu en mesure de préparer sa défense sur les délits qui lui sont reprochés. • Crim. 10 sept. 2008, n° 08-80.817 P : *AJ pénal 2008. 516* .

11. La seule circonstance qu'une convocation délivrée en second lieu mentionne une infraction non visée par la première convocation ne peut induire l'intéressé en erreur sur le nombre et la nature des faits qui lui sont en l'espèce reprochés en définitive, les juges du fond ayant du reste relevé que l'avocat du prévenu s'était expliqué dans ses conclusions écrites sur les quatre infractions poursuivies. • Crim. 8 août 2018, n° 17-84.920 P.

12. En cas de cassation, par le seul effet de l'arrêt de la chambre criminelle, les juges du fond sont saisis des faits de la prévention sur lesquels portait le renvoi et dès lors que le prévenu a été mis en mesure de se défendre sur la nouvelle qualification envisagée, la cour d'appel justifie sa décision de rejet de la demande d'annulation de la citation du prévenu devant la cour d'appel de renvoi. • Crim. 12 juin 2019, n° 17-81.235 P : *D. actu. 12 juill. 2019, obs. Diaz.*

13. Code de la route. Il n'est pas nécessaire que la citation vise l'art. L. 121-3 C. route pour que le propriétaire d'un véhicule puisse être déclaré redevable pécuniairement de l'amende encourue pour excès de vitesse lorsqu'il a pu établir qu'il n'était pas l'auteur véritable de l'infraction car cet article du code de la route n'est pas un texte d'incrimination. • Crim. 1er oct. 2003, n° 02-87.349 P : *D. 2003. IR 2726 ; JCP 2003. IV. 2921 ; AJ pénal 2004. 30 ; Dr. pénal 2004. Comm. 6, obs. J.-H. Robert.* ♦ Mais lorsque la citation vise l'art. L. 121-3 C. route, elle ne crée pas une incertitude quant aux poursuites puisqu'elle met le prévenu en mesure de préparer sa défense, non seulement sur sa responsabilité pénale, mais aussi sur sa responsabilité pécuniaire. • Crim. 17 févr. 2004, n° 03-83.794 P. ♦ Est parfaitement régulière la citation qui énonce les faits poursuivis et vise le texte du code de la route qui les réprime, peu important l'absence de référence faite à la décision préfectorale portant injonction de restituer le permis de conduire invalidé. • Crim. 31 oct. 2006, n° 06-84.670 P : *D. 2006. IR 3012 ; AJ pénal 2007. 87, obs. Saas ; Procédures 2007, n° 94, obs. Buisson.*

14. Le représentant légal d'une personne morale titulaire du certificat d'immatriculation est redevable pécuniairement des amendes encourues du fait des contraventions commises avec le véhicule ; mais il ne peut être condamné à ce paiement que si la citation délivrée l'a été à sa seule personne physique et non à la personne morale. • Crim. 19 déc. 2012 : *RSC 2013. 398, note Boccon-Gibod ; Dr. pénal 2013. Comm. 24, obs. Robert.*

15. La citation est valable dès lors qu'elle comporte le détail des faits reprochés et la référence aux règlements communautaires et à l'article du code dont la violation constitue l'infraction visée dans la poursuite ; peu importe que les articles des règlements communautaires n'aient pas été précisés ou que d'autres articles du code aient été visés à tort. • Crim. 14 janv. 2004, n° 02-87.935 P : *JCP 2004. IV. 1493.*

16. En application de l'art. L. 121-3, al. 3, C. route, lorsque le certificat d'immatriculation du véhicule est établi au nom d'une personne morale, la responsabilité pécuniaire prévue au premier alinéa de cet article incombe au représentant légal de cette personne morale. En conséquence, la citation doit être délivrée à la seule personne physique qui était, au moment des faits, le représentant légal de la personne morale titulaire du certificat d'immatriculation et qui, à ce titre, est pécuniairement responsable de l'amende encourue. • Crim. 19 déc. 2012, n° 12-80.861 P.

17. Citation par les douanes. Les tribunaux correctionnels ne peuvent statuer que sur les faits relevés par l'ordonnance ou la citation qui les a saisis ; en matière douanière, seuls les procès-verbaux joints à la citation peuvent préciser l'objet de cette dernière sans en étendre la portée. • Crim. 9 mars 2005, n° 04-81.597 P : *D. 2005. IR 1114 ; RSC 2005. 869, obs. Commaret ; RSC*

2006. 618, obs. Matsopoulou ✎. ♦ Sont nulles les citations qui ne permettent pas au prévenu de connaître les faits qui lui sont reprochés ce qui est le cas lorsque la matérialité des opérations incriminées ne sont pas indiquées et que ne sont pas joints les procès-verbaux de notification d'infraction, seuls à même d'en préciser l'objet. • Crim. 29 juin 2005, n° 04-82.614 P : *D. 2005. IR 2178* ✎ ; *JCP 2005. IV. 2907* ; *RSC 2005. 869, obs. Commaret* ✎ ; *ibid. 2006. 619, obs. Matsopoulou* ✎.

18. Presse. Pour les citations en matière de presse, V. art. 53, L. du 29 juill. 1881, *in* C. pén., App., v° *Presse et communication.*

Art. 552 *(L. n° 75-701 du 6 août 1975 ; L. n° 75-1257 du 27 déc. 1975)* **« Le délai entre le jour où la citation est délivrée et le jour fixé pour la comparution devant le tribunal correctionnel ou de police est d'au moins dix jours, si la partie citée réside dans un département de la France métropolitaine ou si, résidant dans un département d'outre-mer, elle est citée devant un tribunal de ce département. »**

(L. n° 93-2 du 4 janv. 1993) **« Ce délai est augmenté d'un mois si la partie citée devant le tribunal d'un département d'outre-mer réside dans un autre département d'outre-mer, dans un territoire d'outre-mer, à Saint-Pierre-et-Miquelon ou Mayotte ou en France métropolitaine, ou si, cité devant un tribunal d'un département de la France métropolitaine, elle réside dans un département ou territoire d'outre-mer, à Saint-Pierre-et-Miquelon ou Mayotte. »**

(L. n° 2008-644 du 1er juill. 2008, art. 7) **« Si la partie citée réside à l'étranger, ce délai est augmenté d'un mois si elle demeure dans un État membre de l'Union européenne et de deux mois dans les autres cas ».**

TOM : 854. — Mayotte : 897. — Saint-Pierre-et-Miquelon : 932.

1. Aucune disposition de loi ne prévoyant qu'une citation puisse être délivrée au domicile élu en France par une personne habitant à l'étranger, celle-ci ne peut être jugée contradictoirement, conformément à l'art. 410, que si les prescriptions de l'art. 552 ont été observées. • Crim. 17 juin 1986, n° 85-92.202 P.

2. L'inobservation du délai de l'art. 552 entraîne la nullité de la poursuite. • Crim. 17 nov. 1965, n° 65-91.319 P • 19 oct. 1999, n° 99-82.466 P. ♦ La nullité peut être effacée par la comparution volontaire du prévenu. • Crim. 7 nov. 1968, n° 68-91.175 P. ♦... Ou en demandant à être jugé en son absence, représenté par son avocat, aux conditions de l'art. 411, mais il ne peut alors lui être opposé qu'il a eu connaissance de la citation pour le condamner contradictoirement en vertu des dispositions de l'art. 410, sans avoir entendu son défenseur. • Crim. 14 oct. 1991, n° 90-84.659 P.

3. L'arrêt prononçant la nullité de la citation délivrée au prévenu intimé en raison de l'inobservation du délai prévu par l'art. 552 ne fait pas obstacle à ce que la cour d'appel statue ultérieurement sur l'appel dont elle demeure saisie, après avoir constaté la délivrance, à l'initiative du ministère public ou de la partie civile, d'une autre citation respectant le délai précité. • Crim. 13 avr. 1999, n° 98-82.466 P : *Dr. pénal 2000. Comm. 23, obs. Maron.* ♦ La cour d'appel, après avoir constaté la nullité du jugement de condamnation pour inobservation des délais de l'art. 552, doit évoquer et statuer au fond, cette nullité étant de celles qu'une défense au fond aurait pu couvrir et l'action publique ayant été mise en mouvement devant la juridiction compétente. • Crim. 12 avr. 2005, n° 05-80.870 P : *D. 2005. IR 1376* ✎ ; *JCP 2005. IV. 2269.*

4. Encourt la cassation l'arrêt contradictoire à signifier rendu à l'égard d'un prévenu domicilié à l'étranger qui ne comparaît pas sans qu'il soit constaté qu'il a eu connaissance de la citation dans le délai fixé par l'art. 552. • Crim. 13 oct. 2009, n° 09-81.830 P : *AJ pénal 2009. 508* ✎ ; *Procédures 2010, n° 50, obs. Buisson.*

5. Il résulte de la combinaison des art. 552, 553 et 562, que le délai de remise d'une citation à comparaître devant une juridiction, délivrée à une personne résidant à l'étranger, ne court qu'à compter de la remise effective de l'acte à celle-ci. • Crim. 6 oct. 2010, n° 10-81.585 P : *D. 2010. Actu. 2777* ✎ ; *D. actu. 22 nov. 2010, obs. Priou-Alibert.*

Art. 553 **Si les délais prescrits à l'article précédent n'ont pas été observés, les règles suivantes sont applicables :**

1° Dans le cas où la partie citée ne se présente pas, la citation doit être déclarée nulle par le tribunal ;

2° Dans le cas où la partie citée se présente, la citation n'est pas nulle mais le tribunal doit, sur la demande de la partie citée, ordonner le renvoi à une audience ultérieure.

Cette demande doit être présentée avant toute défense au fond, ainsi qu'il est dit à l'article 385. — *Pr. pén. C. 693.*

1. Encourt la cassation l'arrêt qui a statué en l'absence du prévenu, alors qu'il résulte des pièces de procédure que le délai prescrit par l'art. 552 n'avait pas été respecté et que la citation devait être déclarée nulle par application de l'art. 553-1. • Crim. 19 oct. 1999, n° 98-82.466 P. ♦ Lorsque la partie ne comparaît pas, la citation doit être déclarée nulle et la juridiction ne peut statuer, si le délai exigé par la loi entre le jour où la citation a été délivrée et le jour fixé pour la comparution n'a pas été observé. • Crim. 27 févr. 2007, n° 06-87.185 P.

2. Lorsque le délai de dix jours prévu à l'art. 552, entre le jour où la citation est délivrée et le jour fixé pour la comparution devant le tribunal correctionnel ou de police, n'est pas respecté, les juges doivent, lorsque la partie le demande, ordonner le renvoi de l'affaire à une audience ultérieure. • Crim. 27 févr. 2007, n° 06-85.909 P : *AJ pénal 2007. 287*.

3. L'arrêt prononçant la nullité de la citation délivrée au prévenu intimé en raison de l'inobservation du délai prévu par l'art. 552, ne fait pas obstacle à ce que la cour d'appel statue ultérieurement sur l'appel dont elle demeure saisie, après avoir constaté la délivrance, à l'initiative du ministère public ou de la partie civile, d'une autre citation respectant le délai précité. • Crim. 13 avr. 1999, n° 98-82.466 P.

4. Selon l'art. 553, 1°, si le délai exigé par la loi entre le jour où la citation a été délivrée et le jour fixé pour la comparution n'a pas été observé, la citation doit être déclarée nulle dès lors que la partie citée ne se présente pas. En statuant par défaut, en application de l'art. 412, al. 1er, la juridiction de proximité a violé le texte susvisé dès lors qu'à la date de l'audience, le délai de dix jours prévu par l'art. 552 n'avait pas été observé. • Crim. 5 janv. 2010, n° 09-85.531 P : *AJ pénal 2010. 201*.

5. Presse. L'art. 553, 1° est applicable aux délits de presse, la citation devant être déclarée nulle dans le cas où le délai entre celle-ci et la comparution, fixé par l'art. 54 de la loi sur la presse, n'a pas été respecté et où la partie citée ne se présente pas, sans que les juges d'appel puissent évoquer, l'action publique n'étant pas régulièrement mise en mouvement. • Crim. 15 déc. 2015, n° 14-85.570 P : *D. actu. 21 janv. 2016, obs. Lavric.*

Art. 554 *(Ord. n° 60-529 du 4 juin 1960)* **La signification des décisions, dans les cas où elle est nécessaire, est effectuée à la requête du ministère public ou de la partie civile.** — *Pr. pén. C. 694.*

Art. 555 *(L. n° 92-1336 du 16 déc. 1992)* **L'huissier doit faire toutes diligences pour parvenir à la délivrance de son exploit à la personne même du destinataire ou, si le destinataire est une personne morale, à son représentant légal, à un fondé de pouvoir de ce dernier ou à toute personne habilitée à cet effet ; il lui en remet une copie.**

Lorsque la signification est faite à une personne morale, l'huissier doit, en outre et sans délai, informer celle-ci par lettre simple de la signification effectuée, du nom du requérant ainsi que de l'identité de la personne à laquelle la copie a été remise.

1. Les circonstances caractérisant l'impossibilité de la signification à personne doivent être mentionnées dans l'exploit. • Crim. 20 févr. 1986, n° 84-92.277 P : *RSC 1986. 893, note Braunschweig.*

2. Il résulte des art. 7 à 13 et 42 de la L. du 29 juill. 1881, ainsi que de l'art. 5 de la L. du 1er août 1986, que le directeur de la publication d'un journal, ou celui qui a pris cette qualité dans la publication, peut, par dérogation aux art. 555 s., être cité au siège de l'entreprise éditrice, à raison des écrits ou images publiés par l'organe de presse dont il est responsable. • Crim. 21 janv. 1997, n° 94-84.919 P • 11 déc. 2001, n° 00-83.838 P : *D. 2002. IR 620* ; *Dr. pénal 2002. Comm. 39, obs. Véron.*

3. N'est pas nulle, la citation délivrée en méconnaissance des dispositions de l'art. 555 à une personne morale, dès lors que celle-ci, qui a été représentée devant les juges du fond par un avocat et s'est défendue au fond, ne justifie d'aucune atteinte à ses intérêts. • Crim. 20 oct. 2009, n° 09-81.721 P : *AJ pénal 2010. 31, obs. Lasserre Capdeville* ; *Procédures 2010, n° 99, obs. Buisson.*

4. L'officier ou agent de police judiciaire chargé, sur instructions du procureur de la République, de notifier une convocation en justice à un prévenu doit, de sa propre initiative, faire toutes diligences pour parvenir à la délivrance de cet acte à la personne de son destinataire ; il n'a donc pas à recourir à la procédure de l'art. 77-1-1 (autorisation du procureur de la République) pour obtenir d'une caisse d'allocations familiales l'adresse de l'intéressé. • Crim. 29 mai 2013 : *D. actu. 9 juill. 2013, obs. Gayet ; AJ pénal 2013. 679, obs. Renaud-Duparc* ; *Gaz. Pal. 21 juill. 2013, p. 46, obs. Fourment.*

Art. 555-1 *(L. n° 2008-644 du 1er juill. 2008, art. 7)* **Vaut signification à personne par exploit d'huissier la notification d'une décision effectuée soit, si la personne est détenue, par le chef de l'établissement pénitentiaire, soit, si la personne se trouve dans les locaux d'une juridiction pénale, par un greffier ou par un magistrat.**

Art. 556 *(Ord. n° 60-529 du 4 juin 1960)* **Si la personne visée par l'exploit est absente de son domicile, la copie est remise à un parent, allié, serviteur ou à une personne résidant à ce domicile.**

L'huissier indique dans l'exploit la qualité déclarée par la personne à laquelle est faite cette remise. — *V. Pr. pén., nos C. 696 et C. 697.*

1. La signification ne peut être tenue comme régulièrement faite à domicile lorsque l'huissier s'est borné à remettre copie de l'exploit à la concierge de l'ancien domicile de l'intéressé et à envoyer la lettre recommandée à son nouveau domicile. • Crim. 7 janv. 1969, n° 67-93.176 P: *JCP 1969. II. 15928, note Chambon.*

2. Une citation faite au domicile élu par le prévenu résidant en France devant le juge d'instruction, en application de l'art. 116, vaut citation à personne et les art. 556 et 557 ne sont pas applicables en pareil cas. • Crim. 11 déc. 2001, n° 00-85.212 P: *D. 2002. IR 456 ; Dr. pénal 2002. Comm. 39, obs. Véron ; ibid. Comm. 61, obs. Maron.*

Art. 557 *(Ord. n° 60-529 du 4 juin 1960)* **Si la copie a été remise à une personne résidant au domicile de celui que l'exploit concerne, l'huissier informe sans délai l'intéressé de cette remise, par lettre recommandée avec avis de réception. Lorsqu'il résulte de l'avis de réception, signé par l'intéressé, que celui-ci a reçu la lettre recommandée de l'huissier, l'exploit remis à domicile produit les mêmes effets que s'il avait été délivré à personne.**

(L. n° 95-125 du 8 févr. 1995) **« L'huissier peut également** *(L. n° 2009-526 du 12 mai 2009, art. 132-I)* **« , à la place de la lettre recommandée avec demande d'avis de réception mentionnée à l'alinéa précédent, » envoyer à l'intéressé par lettre simple une copie de l'acte accompagnée d'un récépissé que le destinataire est invité à réexpédier par voie postale ou à déposer à l'étude de l'huissier, revêtu de sa signature. Lorsque ce récépissé signé a été renvoyé, l'exploit remis à domicile produit les mêmes effets que s'il avait été remis à personne. »**

(L. n° 92-1336 du 16 déc. 1992) **« Le domicile de la personne morale s'entend du lieu de son siège. »**

1. Les dispositions des art. 556 et 557 sont inapplicables en cas de signification à domicile élu. • Crim. 12 janv. 1982, n° 81-92.110 P • 2 oct. 1985, n° 84-95.412 P. ♦ Elles sont également inapplicables lorsque les prévenus déclarent comme adresse au juge d'instruction un domicile élu, en l'espèce l'adresse de leur cabinet d'avocat, et que celui-ci accepte de recevoir les citations et signent les exploits d'huissier. • Crim. 11 déc. 2001, n° 00-85.212 P: *D. 2002. IR 456 ; Dr. pénal 2002. Comm. 39, obs. Véron ; ibid. Comm. 61, obs. Maron.*

2. La mention dans l'exploit des diligences accomplies par l'huissier vaut jusqu'à inscription de faux et la citation ne saurait être déclarée nulle au motif que l'avis de réception de la lettre recommandée ne figure pas au dossier. • Crim. 6 nov. 1984, n° 83-93.301 P.

3. La seule date de présentation portée sur l'avis ne peut, en l'absence de date de distribution, faire courir le délai d'opposition. • Crim. 23 juin 1999, n° 98-84.785 P.

4. L'huissier devant lequel un détenu refuse de se laisser conduire accomplit toutes diligences utiles en faisant signer l'original et remettre la copie par le surveillant-chef, puis en envoyant un avis à l'intéressé par lettre recommandée avec accusé de réception. • Crim. 22 déc. 1975, n° 75-92.467 P.

Art. 558 *(Ord. n° 60-529 du 4 juin 1960)* **Si l'huissier ne trouve personne au domicile de celui que l'exploit concerne, il vérifie immédiatement l'exactitude de ce domicile.**

(L. n° 2008-644 du 1er juill. 2008, art. 6) **« Lorsque le domicile indiqué est bien celui de l'intéressé, l'huissier mentionne dans l'exploit ses diligences et constatations, puis il informe sans délai l'intéressé, par lettre recommandée avec demande d'avis de réception, en lui faisant connaître qu'il doit retirer dans les plus brefs délais la copie de l'exploit signifié à l'étude de l'huissier de justice, contre récépissé ou émargement, par l'intéressé ou par toute personne spécialement mandatée. Si l'exploit est une signification de jugement rendu par itératif défaut, la lettre recommandée mentionne la nature de l'acte signifié et le délai d'appel.**

« Lorsqu'il résulte de l'avis de réception, signé par l'intéressé, que celui-ci a reçu la lettre recommandée de l'huissier, l'exploit déposé à l'étude de l'huissier de justice produit les mêmes effets que s'il avait été délivré à personne.

« L'huissier peut également *(L. n° 2009-526 du 12 mai 2009, art. 132-II)* **« , à la place de la lettre recommandée avec demande d'avis de réception mentionnée aux précédents alinéas, » envoyer à l'intéressé par lettre simple une copie de l'acte ou laisser à son domicile un avis de passage invitant l'intéressé à se présenter à son étude afin de retirer la copie de l'exploit contre récépissé ou émargement. La copie et l'avis de passage sont accompagnés d'un récépissé que le destinataire est invité à réexpédier par voie postale ou à déposer à l'étude de l'huissier, revêtu de sa signature. Lorsque l'huissier laisse un avis de passage, il adresse également une lettre simple à la personne.**

« Lorsque ce récépissé a été renvoyé, l'exploit déposé à l'étude de l'huissier de justice produit les mêmes effets que s'il avait été remis à personne.

« Si l'exploit est une citation à comparaître, il ne pourra produire les effets visés aux troisième et cinquième alinéas que si le délai entre, d'une part, le jour où l'avis de réception est signé par l'intéressé, le jour où le récépissé a été renvoyé ou le jour où la personne s'est présentée à l'étude et, d'autre part, le jour indiqué pour la comparution devant le tribunal correctionnel ou de police est au moins égal à celui fixé, compte tenu de l'éloignement du domicile de l'intéressé, par l'article 552. »

Les significations en mairie effectuées conformément à l'art. 558 C. pr. pén. dans sa rédaction antérieure à la présente loi demeurent valables jusqu'au 31 déc. 2008 (L. n° 2008-644 du 1er juill. 2008, art. 14-IV).

1. Sur la forme de la citation délivrée à adresse déclarée, V. notes 4 à 9 ss. art. 503-1.

2. Formalités. Il appartient aux juges du fond d'apprécier souverainement si la signature figurant sur le récépissé postal de l'avis de réception est celle du prévenu, et, si tel n'est pas le cas, de le juger par défaut dès lors qu'il n'a pas comparu à l'audience et ne s'y est pas fait représenter. • Crim. 7 mai 2014, n° 13-87.322 P : *D. actu. 26 mai 2014, obs. Fucini.*

3. Calcul des délais. La signification n'est parfaite et ne fait courir le délai que dans la mesure où la formalité de l'envoi de la lettre recommandée a été accomplie dans le temps exigé. • Crim. 14 févr. 1978, n° 77-90.348 P : *D. 1978. IR 330.* ♦ Tel est le cas d'une lettre recommandée expédiée dès le lendemain de sa signification. • Crim. 21 nov. 1996, n° 96-80.893 P.

4. Avis de réception. La citation à comparaître délivrée conformément aux art. 557 et 558 ne saurait être déclarée nulle au motif que l'avis de réception de la lettre recommandée ne figurerait pas au dossier, alors que la mention, dans l'exploit, des diligences accomplies par l'huissier vaut jusqu'à inscription de faux. • Crim. 6 nov. 1984, n° 83-93.301 P : *D. 1985. IR 161.*

5. Absence d'avis de réception. Il résulte seulement de l'absence d'avis de réception que le prévenu ne peut être jugé que par défaut. • Crim. 6 févr. 1969, n° 68-92.023 P : *D. 1969. 314 ; JCP 1969. II. 15994, note Escande.* ♦ V. aussi : • Crim. 31 janv. 1990, n° 89-84.819 P. ♦ En l'absence de récépissé d'envoi ou d'avis de réception de la lettre recommandée, la signification est parfaite si l'acte mentionne que la formalité prescrite par l'art. 558, al. 3, a été accomplie. • Crim. 6 nov. 1996, n° 96-82.055 P. ♦ La Cour de cassation exerce à cet égard, même d'office, son contrôle. • Même arrêt.

6. Itératif défaut. Hormis le cas prévu par l'art. 558, al. 3 [devenu al. 2], l'huissier qui procède à la signification d'un jugement rendu par itératif défaut au condamné qui a reçu copie de la décision et a signé l'original, n'est pas tenu d'indiquer dans l'acte de signification les modalités de l'exercice du droit d'appel. • Crim. 5 nov. 1970, n° 69-92.038 P • 15 févr. 1983, n° 82-93.282 P.

7. Lettre recommandée. La lettre recommandée est une formalité extérieure à l'exploit, qui n'a d'autre objet que de faire connaître à l'intéressé que l'exploit a été remis à l'une des personnes visées par la loi. Il s'ensuit que les irrégularités de la lettre ne pourraient entacher de nullité l'exploit de signification que s'il était établi en fait qu'elles ont mis l'intéressé dans l'impossibilité d'exercer son droit d'appel. • Crim. 16 nov. 1971, n° 71-90.611 P.

8. Mentions impératives. La prescription finale de l'art. 558, al. 3 (mention dans la lettre recommandée de la nature de l'acte signifié et du délai d'appel) est impérative. • Crim. 10 nov. 1971, n° 69-92.308 P • 6 févr. 1978, n° 77-90.515 P.

9. Valeur des mentions. Les mentions portées par l'huissier dans l'exploit valent jusqu'à inscription de faux. • Crim. 16 mars 1960 : Bull. crim. *n° 152* • 6 févr. 1969, n° 68-92.023 P.

10. Irrespect de l'art. 558. Sur l'évocation par la cour d'appel en cas d'irrespect des conditions posées par l'art. 558, V. notes ss. art. 520.

11. Anc. jurisp. relative aux signifations en mairie. L'exploit de signification régulièrement délivré en mairie par l'huissier, conformément à l'art. 558, produit les mêmes effets que s'il avait été délivré à personne, lorsqu'il résulte de l'avis de réception de la lettre recommandée envoyée par l'huissier, avis signé par l'intéressé, que celui-ci a reçu cette lettre lui faisant connaître qu'il doit retirer immédiatement la copie de l'exploit à la mairie indiquée. • Crim. 16 déc. 1965, n° 65-91.953 P. ♦ Il en va de même pour la citation à domicile. • Crim. 19 déc. 1961 : *Bull. crim. n° 536*. ♦ Mais l'huissier doit informer sans délai l'intéressé de la remise d'une copie de l'exploit en mairie. • Crim. 4 avr. 1974, n° 73-92.002 P • Paris, 3 janv. 1974 : *D. 1974. 183.*

12. Est nulle une signification en mairie lorsque la lettre recommandée n'est pas envoyée sans délai, mais sept jours après la signification. • Crim. 26 sept. 1988, n° 87-81.162 P. ♦ ... Ou même trois jours après la signification. • Crim. 28 juin 1990, n° 89-86.716 P • 13 déc. 1995, n° 95-80.713 P : *Dr. pénal 1996. Chron. 27, notes Lesclous et Marsat.*

13. En l'état des textes régissant les règles de la procédure suivie devant les juridictions répressives, aucune disposition légale n'impose aux huissiers de faire figurer dans l'acte de signification d'une décision de la juridiction pénale l'indication des modalités de l'exercice du droit d'appel, hormis le cas prévu par l'art. 558, al. 3, pour la signification en mairie d'un jugement rendu par itératif défaut. • Crim. 15 nov. 1982, n° 80-94.248 P • 7 févr. 1989, n° 88-83.715 P.

14. En cas de citation en mairie, l'inexactitude d'une mention portée dans la lettre d'avis de l'huissier et dans la copie de l'exploit entraîne la nullité de la citation lorsqu'elle est de nature à porter atteinte aux droits du prévenu. • Crim. 19 sept. 2007, n° 07-82.496 P.

Art. 559 *(Ord. n° 60-529 du 4 juin 1960)* **Si la personne visée par l'exploit est sans domicile ou résidence connus, l'huissier remet une copie de l'exploit au parquet du procureur de la République du tribunal saisi.** — *Pr. pén. C. 700.*

(L. n° 92-1336 du 16 déc. 1992) **« Les dispositions qui précèdent sont applicables à la signification d'un acte concernant une personne morale dont le siège est inconnu. »** — *Les dispositions de la loi n° 92-1336 du 16 déc. 1992 sont entrées en vigueur le 1er mars 1994.*

(L. n° 2019-222 du 23 mars 2019, art. 57) **« Lorsque le procureur de la République constate par procès-verbal qu'une personne qu'il veut citer à comparaître est sans domicile ou résidence connus ou, s'il s'agit d'une personne morale, que son siège est inconnu, ce procès-verbal, qui comporte les mentions prévues aux deuxième et troisième alinéas de l'article 551, vaut citation à parquet. Il permet de juger la personne par défaut selon les modalités prévues à l'article 412. »**

1. Sur les conditions d'application de cet article : • Crim. 14 nov. 1973, n° 73-92.335 P • 10 févr. 1977, n° 76-92.331 P • 11 janv. 1983 : *D. 1983. IR 241.*

2. Est entachée de nullité la signification faite à un parquet, d'un jugement rendu par itératif défaut, alors qu'il résulte de l'examen de la procédure que le procureur de la République possédait des indications précises quant à l'adresse où le prévenu avait été découvert par la gendarmerie lors de la notification du jugement par défaut et où il était, dès lors, susceptible de résider. • Crim. 20 juill. 1977, n° 77-90.654 P : *D. 1977. IR 407.*

3. La signification à parquet effectuée un 16 avr. 1999 n'est pas valable dès lors que le procureur de la République dispose d'éléments au dossier à partir du 29 juin 1999 lui permettant de connaître l'adresse de l'intéressé. • Crim. 7 juin 2000, n° 00-80.069 P : *D. 2000. IR 259 ; Dr. pénal 2001. Chron. 11, obs. Marsat.*

4. L'habilitation d'un fonctionnaire du parquet pour recevoir des citations en application des art. 559 s. est présumée ; la preuve contraire n'étant, en l'espèce, ni apportée ni même alléguée, la cour d'appel ne pouvait prononcer la nullité des poursuites sur ce fondement. • Crim. 18 sept. 2001, n° 00-86.649 P : *Dr. pénal 2002. Comm. 39, obs. Véron.*

Art. 559-1 *(L. n° 2008-644 du 1er juill. 2008, art. 5)* **Si l'exploit est une signification de décision, l'huissier doit avoir accompli les diligences prévues par les articles 555 à 559 dans un délai maximal de quarante-cinq jours à compter de la requête du ministère public ou de la partie civile. A l'expiration de ce délai, l'huissier doit informer le ministère public qu'il n'a pu accomplir la signification. Le ministère public peut alors faire procéder à la signification selon les modalités prévues par l'article 560.**

Le procureur de la République peut dans sa requête porter jusqu'à trois mois le délai prévu par le premier alinéa.

Art. 560 **Lorsqu'il n'est pas établi que l'intéressé a reçu la lettre** *(Abrogé par L. n° 95-125 du 8 févr. 1995)* ***« recommandée »*** **qui lui a été adressée par l'huissier conformément aux dispositions des articles 557 et 558, ou lorsque l'exploit a été délivré au parquet, un officier** *(L. n° 85-1407 du 30 déc. 1985)* **« ou un agent » de police judi-**

ciaire peut être requis par le procureur de la République à l'effet de procéder à des recherches en vue de découvrir l'adresse de l'intéressé. En cas de découverte de ce dernier, l'officier *(L. n° 85-1407 du 30 déc. 1985)* **« ou l'agent » de police judiciaire lui donne connaissance de l'exploit, qui produit alors les mêmes effets que s'il avait été délivré à personne.**

Dans tous les cas, l'officier *(L. n° 85-1407 du 30 déc. 1985)* **« ou l'agent » de police judiciaire dresse procès-verbal de ses recherches et le transmet sans délai au procureur de la République.** — *Pr. pén. C. 702.*

(L. n° 95-125 du 8 févr. 1995) **« Lorsqu'il s'agit d'une citation à prévenu, le procureur de la République peut également donner l'ordre à la force publique de rechercher l'intéressé. En cas de découverte de ce dernier, il en est immédiatement avisé et peut adresser, par tout moyen, une copie de l'exploit pour notification par un officier ou un agent de police judiciaire. Cette notification vaut signification à personne. Lorsqu'un prévenu visé par un acte de citation n'a pu être découvert avant la date fixée pour l'audience, l'ordre de recherche peut être maintenu. En cas de découverte, le procureur de la République peut faire notifier à l'intéressé, en application de l'article 390-1, une convocation en justice.**

« Le procureur de la République peut également requérir de toute administration, entreprise, établissement ou organisme de toute nature soumis au contrôle de l'autorité administrative, sans qu'il soit possible de lui opposer le secret professionnel, de lui communiquer tous renseignements en sa possession aux fins de déterminer l'adresse du domicile ou de la résidence du prévenu. »

L'art. 560, al. 1er *in fine*, ne s'applique pas à la signification des jugements contradictoires énumérés à l'art. 498, suivant lequel le délai d'appel court, en pareil cas et sans exception, à compter de la signification quel qu'en soit le mode. • Crim. 21 nov. 1973, ♢ n° 72-91.173 P.

Art. 561 **Dans les cas prévus aux articles 557 et 558, la copie est délivrée sous enveloppe fermée ne portant d'autres indications, d'un côté que les nom, prénoms, adresse de l'intéressé** *(L. n° 92-1336 du 16 déc. 1992)* **« ou, si le destinataire est une personne morale, que ses dénomination et adresse », et de l'autre que le cachet de l'étude de l'huissier apposé sur la fermeture du pli.**

Aucune nullité ne saurait résulter de ce que l'huissier, dans le cas de signification à la personne, a également remis la copie sous enveloppe fermée. • Crim. 30 nov. 1971, ♢ n° 71-92.188 P.

Art. 562 *(L. n° 92-1336 du 16 déc. 1992)* **Si la personne réside à l'étranger, elle est citée au parquet du procureur de la République près le tribunal saisi. Le procureur de la République vise l'original et en envoie la copie au ministre des affaires étrangères ou à toute autorité déterminée par les conventions internationales.**

Les dispositions de l'alinéa précédent sont applicables aux personnes morales qui ont leur siège à l'étranger.

1. En cas de non-comparution de la personne citée, la décision est rendue par défaut sauf si l'intéressé a eu connaissance de la citation, auquel cas il peut être jugé contradictoirement si les prescriptions de l'art. 552 ont été observées. • Crim. 17 juin 1986, ♢ n° 85-92.202 P.

2. Lorsque le prévenu habitant à l'étranger a été cité, en application des dispositions de l'art. 562, au parquet du procureur de la République près le tribunal saisi, et que la copie de la citation a été transmise au ministre des relations extérieures ou à toute autre autorité déterminée par les conventions diplomatiques, il peut, lorsqu'il ne comparaît pas, être jugé contradictoirement si les circonstances de l'espèce établissent qu'il a eu connaissance de la citation en temps utile ; tel est le cas lorsqu'en vertu d'une telle convention, la copie de la citation a été adressée à l'autorité judiciaire d'un État étranger et que cette autorité ayant, pour lui remettre cette copie, convoqué le prévenu, celui-ci a désigné un fondé de pouvoir à qui elle a été délivrée. • Crim. 19 janv. 1993, ♢ n° 91-82.490 P.

3. Toute citation destinée à une personne résidant à l'étranger doit être délivrée au parquet du procureur de la République sans que le défaut de transmission de l'acte en cause, par l'un des moyens prévus par l'art. 562, puisse être opposé à la partie civile poursuivante. • Crim. 11 mai 1999, ♢ n° 97-83.143 P. ♦ La juridiction n'est valablement saisie que si la personne demeurant à l'étranger a été citée selon la convention internationale applicable, une remise de citation au parquet général étant insuffisante. • Crim. 4 oct. 2011, ♢ n° 10-85.739 P.

4. L'art. 562 qui prévoit les modalités de citation des personnes résidant à l'étranger ne met pas obstacle à la convocation en justice notifiée au prévenu contrôlé sur le territoire national, même s'il réside par ailleurs à l'étranger. • Crim. 30 avr. 2002, n° 00-88.031 P : *JCP 2002. IV. 2205 ; Dr. pénal 2002. Comm. 131, obs. Maron.*

5. Il résulte des dispositions combinées des art. 498 et 562 que le délai d'appel d'un jugement signifié à l'étranger ne court qu'à compter de la remise de l'acte effectuée dans les conditions prévues par la Convention internationale applicable. Dès lors que la Convention européenne d'entraide judiciaire est applicable, l'appel ne peut être déclaré irrecevable comme tardif si la cour d'appel ne s'est pas assurée que la signification du jugement entrepris avait été effectuée au destinataire par l'autorité du pays de sa résidence, conformément à l'art. 7 de cette convention. • Crim. 18 juin 1996, n° 95-80.668 P • 4 mai 2004, n° 04-80.817 P : *D. 2004. IR 1769 ; JCP 2004. IV. 2333 ; AJ pénal 2004. 289.*

6. En application de l'art. 562, toute personne habitant à l'étranger est citée au parquet de la juridiction saisie et, en cas de non-comparution et si aucun avocat ne se présente, est jugée par défaut, sauf s'il est établi qu'elle a eu connaissance de la citation dans le délai prévu par la loi. Encourt la cassation l'arrêt contradictoire à signifier rendu à l'égard d'un prévenu domicilié à l'étranger qui ne comparaît pas sans qu'il soit constaté qu'il a eu connaissance de la citation dans le délai fixé par l'art. 552. • Crim. 13 oct. 2009, n° 09-81.830 P : *AJ pénal 2009. 508 ; Procédures 2010, n° 50, obs. Buisson.*

Art. 563 **Dans tous les cas, l'huissier doit mentionner sur l'original de l'exploit, et sous forme de procès-verbal, ses diligences ainsi que les réponses qui ont été faites à ses différentes interpellations.**

Le procureur de la République peut prescrire à l'huissier de nouvelles recherches, s'il estime incomplètes celles qui ont été effectuées.

L'original de l'exploit doit être adressé à la personne à la requête de qui il a été délivré, dans les vingt-quatre heures.

En outre, si l'exploit a été délivré à la requête du procureur de la République, une copie de l'exploit doit être jointe à l'original. — *Pr. pén. C. 704 et C. 705.*

La citation devant le tribunal correctionnel délivrée à parquet par un huissier sans aucune investigation préalable est nulle et entraîne la nullité de la décision par défaut qui est intervenue. Celle-ci ne peut interrompre la prescription de l'action publique ou lui substituer celle de la peine. • T. corr. Seine, 8 mars 1960 : *JCP 1960. II. 11738, note De Lestang.*

Art. 564 **Les huissiers sont tenus de mettre, à la fin de l'original et de la copie de l'exploit, le coût de celui-ci, à peine d'une amende civile de 3 à 15 € ; cette amende est prononcée par le président de la juridiction saisie de l'affaire.** — *Pr. pén. C. 706.*

Art. 565 **La nullité d'un exploit ne peut être prononcée que lorsqu'elle a eu pour effet de porter atteinte aux intérêts de la personne qu'il concerne, sous réserve, pour les délais de citation, des dispositions de l'article 553, 2°.** — *C. pr. civ. 114, 649 ; Pr. pén. C. 706.*

BIBL. ▸ J.-M. Robert, *D. 1971. Chron. 85.*

1. Lorsque les parties citées ont pu avoir un doute sur l'objet et la portée de l'acte par lequel elles ont été traduites devant le tribunal, il y a lieu à l'application de l'art. 565. • Crim. 20 oct. 1964, n° 63-90.553 P : *D. 1964. 743.*

2. Si l'art. 565 indique les conditions de la nullité d'un exploit, il ne fait aucune réserve relativement à la qualité de ceux qui sont en droit de l'invoquer. Il ne s'oppose en rien au droit qui appartient au ministère public de soulever, en se conformant à l'art. 385, l'exception de nullité d'un exploit quand bien même la personne que concerne cet exploit n'aurait pas proposé cette exception ou aurait renoncé à l'invoquer. • Crim. 5 mars 1970, n° 67-91.652 P : *D. 1971. 207 ; JCP 1970. II. 16556, note Rassat.*

3. Il n'y a pas lieu d'annuler un exploit pour défaut de la mention, prévue par l'art. 563, des diligences de l'huissier s'il se déduit des termes de l'arrêt que le destinataire a reçu l'avis prescrit par l'art. 557 et qu'il n'a donc pas été porté atteinte à ses intérêts. • Crim. 17 nov. 1971, n° 70-92.068 P : *D. 1972. Somm. 29.*

4. La citation visant le procès-verbal qui constate l'infraction informe le prévenu des faits servant de base à la prévention et le met en mesure de préparer ses moyens de défense. • Crim. 30 août 1866 : *Bull. crim. n° 216* • 14 févr. 1930 : *ibid. n° 57* • 23 févr. 1951 : *ibid. n° 122* • 14 mars 1957 : *ibid. n° 254.*

5. Lorsque la date, même surchargée, de l'exploit, résulte d'un autre acte de procédure, aucune sanction n'est encourue. • Crim. 20 mai 1976, n° 76-90.666 P.

6. Si la citation ne porte pas la date de l'audience, l'atteinte aux intérêts de la défense justifie la nullité. • Crim. 25 janv. 1983, n° 82-91.285 P. ♦ De même si la citation indique un lieu d'audience erroné et que le prévenu n'est ni présent ni représenté. • Crim. 4 mai 2006, n° 05-85.239 P : *AJ pénal 2006. 317*. ♦ En cas de citation en mairie, l'inexactitude d'une mention portée dans la lettre d'avis de l'huissier et dans la copie de l'exploit entraîne la nullité de la citation lorsqu'elle est de nature à porter atteinte aux droits du prévenu. • Crim. 19 sept. 2007, n° 07-82.496 P.

7. Frais. Lorsque l'annulation d'une citation résulte de la faute de l'huissier de justice, il lui appartient de payer les frais de cet exploit et de la procédure annulée, en vertu des dispositions de l'art. 566. • Crim. 4 mai 2006 : *préc. note 6.*

8. Lorsque la cour d'appel infirme le jugement qui a déclaré nul l'exploit introductif d'instance, elle doit statuer sur l'action publique comme sur l'action civile alors même que seule la partie civile aurait usé de la voie de l'appel. • Crim. 12 oct. 1993 : *JCP 1994. IV. 186.*

Art. 566 Si un exploit est déclaré nul par le fait de l'huissier, celui-ci peut être condamné aux frais de l'exploit et de la procédure annulée, et éventuellement à des dommages-intérêts envers la partie à laquelle il est porté préjudice.

La juridiction qui déclare la nullité a compétence pour prononcer ces condamnations. — *Pr. pén. C. 706.*

Lorsque la cassation résulte d'une faute de l'huissier, il y a lieu, en vertu des dispositions de l'art. 566, de le condamner aux frais de l'exploit et de la procédure annulée. • Crim. 7 mai 1996, n° 95-82.637 P • 4 mai 2006, n° 05-85.239 P • 3 sept. 2008, n° 08-82.434 P : *AJ pénal 2008. 516 ; Procédures 2009, n° 61, obs. Buisson.*

LIVRE TROISIÈME DES VOIES DE RECOURS EXTRAORDINAIRES

(Ord. nº 58-1296 du 23 déc. 1958)

BIBL. ▶ DAMOUR, *JCP 1959. I. 1494.*

TITRE PREMIER DU POURVOI EN CASSATION

BIBL. ▶ ANCEL, *RID pén. 1975, nos 1-2. 31.* – AUDIER, *RSC 1978. 553.* – BOCCON-GIBOD, *D. 2014. 1107* (ce qui pourrait changer à la Cour de cassation). – DAMOUR, *JCP 1959. I. 1494.* – DREYER, *Dr. pénal 2016. Étude 24* (évolution du contrôle de cassation en matière pénale). – FALQUE, *RSC 1937. 39.* – HOUIN, *RSC 1941. 120.* – LOBIN, *Mél. Audinet, p. 171.* – JEANDIDIER, *JCP 1978. I. 18772.* – LOISEL, *JCP 1945. I. 846.* – MARON, *Dr. pénal 1994, nº 97.* – ROBERT, *Mél. Patin, p. 567.* – SCHMIDT, *RSC 1955. 653.*

▶ **Dossiers :** *Dr. pénal 2011. Étude 15* (la protection des droits fondamentaux par la chambre criminelle de la Cour de cassation). – *Gaz. Pal. 4 oct. 2016, p. 63 s.* (le contrôle excercé par la chambre criminelle de la Cour de cassation en matière pénale).

CHAPITRE PREMIER DES DÉCISIONS SUSCEPTIBLES D'ÊTRE ATTAQUÉES ET DES CONDITIONS DU POURVOI

RÉP. PÉN. vº *Cassation (Pourvoi en)*, par J. BORÉ et L. BORÉ.

Art. 567 **Les arrêts de la chambre de l'instruction et les arrêts et jugements rendus en dernier ressort en matière criminelle, correctionnelle et de police peuvent être annulés en cas de violation de la loi sur pourvoi en cassation formé par le ministère public ou par la partie à laquelle il est fait grief, suivant les distinctions qui vont être établies.**

Le recours est porté devant la chambre criminelle de la Cour de cassation. — *Pr. pén. C. 707.*

TOM : 855 s.

BIBL. ▶ **Dossier :** *Dr. pénal 2021. Dossier 14* (l'avocat et les recours « extraordinaires »).

I. RÈGLES NATIONALES

A. DÉCISIONS SUSCEPTIBLES DE POURVOI

1. *Recevabilité du pourvoi.* Il se déduit de l'art. 567 qu'un pourvoi n'est recevable que contre une décision de nature à constituer une violation de la loi. • Crim. 29 nov. 1982, nº 81-93.489 P. ♦ Cette règle, d'ordre général, est applicable aussi bien au pourvoi formé par le ministère public qu'à celui formé par la partie à laquelle il est fait grief. • Même arrêt.

2. Le pourvoi dirigé contre deux décisions dont l'une émane du juge pénal et l'autre du juge civil est recevable lorsque, même non rendues en dernier ressort et alors qu'aucune d'elles n'est susceptible d'un recours ordinaire, elles sont inconciliables et aboutissent à un déni de justice. • Cass., ass. plén., 29 nov. 1996 : *JCP 1997. II. 22807, note Le Bars.*

3. La partie civile est recevable à se pourvoir en cassation contre une décision ayant annulé une mise en examen. • Crim. 26 juin 2012, nº 12-80.319 P. ♦ Lorsque la requalification d'une infraction est susceptible d'avoir une incidence sur l'étendue du droit à réparation de la partie civile, celle-ci est recevable à la contester et son pourvoi devant la Cour de cassation est également recevable. • Crim. 8 déc. 2021, nº 21-80.200 P.

4. Le procureur général est recevable à se pourvoir en cassation contre un jugement rendu, en dernier ressort, par la juridiction de proximité (sol. impl.) • Crim. 5 mars 2013 : *D. 2013. 1782, obs. Laurent* .

5. *Irrecevabilité du pourvoi.* Est irrecevable le pourvoi contre une décision qui n'est pas rendue en dernier ressort. • Crim. 28 sept. 2005, nº 05-84.275 P : *AJ pénal 2005. 459* . ♦ Est ainsi irrecevable le pourvoi formé par une personne contre le jugement la déclarant redevable pécuniairement d'une amende de 250 € pour excès de vitesse dès lors qu'en vertu de l'art. 546, al. 1er, la faculté d'appeler contre un jugement de police appartient au prévenu, notamment lorsque la peine d'amende prononcée est supérieure au maximum de l'amende encourue pour les contraventions de la deuxième classe, soit 150 €. • Crim. 31 janv. 2012, nº 11-86.178 P. ♦ Il en va de même du pourvoi formé contre un arrêt rendu par défaut et signifié à personne, une telle décision étant susceptible d'opposition. • Crim. 2 mars 2010, nº 09-84.953 P : *AJ pénal 2010. 251* .

6. Les décisions prises à l'égard des personnes qui troublent l'audience constituent de simples mesures d'ordre, non susceptibles d'être déférées à la Cour de cassation. • Crim. 5 déc. 1884 :

Bull. crim. n° 333 • 25 oct. 1890 : *ibid. n° 208.*

7. Nul ne peut se pourvoir ni intervenir devant la Cour de cassation contre un jugement ou un arrêt rendu en dernier ressort, s'il n'a été partie dans la cause. • Crim. 4 nov. 1969 : *JCP 1970. II. 16268, note Chambon* • 21 janv. 1979 : *D. 1979. IR 297.* ♦ Il en est ainsi du témoin assisté. • Crim. 30 oct. 1990 n° 90-83.414 P : *D. 1991. Somm. 213, obs. Pradel*. ♦ Ainsi, un syndicat professionnel, qui n'a pas été partie dans l'instance, n'est pas recevable à intervenir en matière criminelle devant la Cour de cassation, quel que soit son intérêt à assurer la défense de l'inculpé. • Cass., ch. réun., 5 nov. 1925 : *DP 1926. 1. 241.* ♦ De même, la personne visée dans une plainte avec constitution de partie civile, n'étant pas partie à la procédure tant qu'elle n'est pas mise en examen, est sans qualité pour se pourvoir en cassation contre l'arrêt de la chambre de l'instruction qui, sur l'appel interjeté par la partie civile contre l'ordonnance du juge d'instruction déclarant sa plainte irrecevable, accueille la plainte contestée après avoir relevé que l'ordonnance entreprise s'analyse en un refus d'informer, et renvoie le dossier de la procédure du juge d'instruction. • Crim. 2 oct. 2012, n° 11-87.979 P : *Dr. pénal 2012, n° 169, obs. Maron et Haas.* ♦ Le pourvoi en cassation formé par le mis en examen à l'encontre d'une décision rendue antérieurement à sa mise en examen est de même irrecevable, la circonstance qu'il ait été nommément cité dans les réquisitions du ministère public ne lui ayant pas conféré la qualité de partie. • Cass., ass. plén., 13 oct. 2017, n° 17-83.620 P : *D. actu. 24 oct. 2017, obs. Fucini ; Dr. pénal 2017, n° 184, obs. Maron et Haas ; RSC 2017. 767, note Cordier*.

8. La requête civile n'est pas recevable devant les tribunaux répressifs. • Crim. 18 juin 1959 : *D. 1960. 21* • 28 oct. 1959 : *ibid.*

9. L'ordonnance de renvoi devant le tribunal correctionnel rendue par une juridiction d'instruction du premier degré n'entre pas dans les prévisions de l'art. 567. • Crim. 19 janv. 1988, n° 87-85.576 P.

10. Ne sont pas susceptibles de pourvoi : le jugement susceptible d'appel. • Crim. 18 juill. 1985, n° 85-90.907 P. ♦ ... Ni l'arrêt susceptible d'opposition. • Crim. 8 mars 1983, n° 82-93.595 P. ♦ Ne relève pas de la compétence de la chambre criminelle le pourvoi formé contre les ordonnances du président du tribunal de grande instance autorisant des visites domiciliaires en *matière économique ou douanière.* • Crim. 31 janv. 1994, n° 93-81.366 P. ♦ En vertu des dispositions de l'art. 567, le pourvoi en cassation est une voie de recours extraordinaire ouverte seulement contre les arrêts et jugements rendus en dernier ressort ; ainsi, le pourvoi n'est pas recevable lorsque l'intéressé s'est pourvu en cassation contre le dispositif d'un jugement ayant assorti de l'exécution provisoire l'interdiction définitive d'exercer la profession de directeur d'hôpital prononcée contre lui, alors que seule la voie de l'appel lui était ouverte contre ce jugement dont le dispositif est indivisible. • Crim. 21 nov. 2001, n° 00-87.992.

11. L'ordonnance du premier président statuant en référé en application de l'art. 515-1 n'est pas susceptible de pourvoi. • Crim. 13 avr. 1983, n° 82-91.662 P. ♦ ... Ni la décision rendue en application de l'art. 35 *bis* de l'Ord. du 2 nov. 1945 sur les étrangers. • Crim. 27 févr. 1985, n° 83-94.206 P. ♦ ... Ni l'arrêt ordonnant l'apport de pièces à conviction. • Crim. 27 janv. 1981, n° 80-92.657 P. ♦ ... Ni l'ordonnance du président de la chambre d'accusation statuant sur l'appel d'une ordonnance visée à l'art. 186-1. • Crim. 24 janv. 1974, n° 73-91.925 P : *JCP 1974. II. 17750, note Chambon* • 27 mai 1986, n° 85-95.841 P. ♦ ... Ni l'arrêt rejetant une demande de sursis à statuer à l'exécution d'une contrainte par corps. • Crim. 28 oct. 1987, n° 86-96.406 P. ♦ ... Ni l'arrêt de contumace. • Crim. 9 juill. 1970 : *Bull. crim. n° 234 ; Gaz. Pal. 1970. 2. 283.* ♦ ... Ni le rejet par une chambre d'accusation de la demande de sortie sous escorte présentée par un accusé sur le fondement de l'art. 148-5 qui constitue une simple mesure d'administration judiciaire insusceptible de recours devant la Cour de cassation. • Crim. 22 juill. 1997, n° 97-82.678 P. ♦ ... Ni la décision par laquelle une juridiction d'instruction, estimant l'information terminée, ordonne la communication de la procédure au ministère public, aux fins de réquisitions qui constitue une mesure d'administration judiciaire insusceptible de pourvoi en cassation. • Crim. 29 avr. 1996, n° 94-82.166 P : *JCP 1996. II. 22700, note Chambon ; Procédures 1996, n° 226, obs. Buisson.* ♦ ... Ni l'arrêt rejetant la demande de dispense de mise en état. • Crim. 24 avr. 1996, n° 96-80.917 P. ♦ ... Ni l'ordonnance du premier président rendue en application de l'art. 99-1. • Crim. 4 juin 2002, n° 02-81.555 P.

12. En l'absence de texte le prévoyant, aucun pourvoi en cassation ne peut être formé contre une ordonnance rendue sur le fondement de l'art. L. 611-13 C. trav. *[L. 8271-13 et L. 8271-18 nouv.]* (visites domiciliaires, perquisitions et saisies de pièces à conviction dans les lieux de travail au cours des enquêtes préliminaires pour la recherche des infractions visées aux art. L. 324-9 *[L. 8221-1 et L. 8221-2 nouv.]* (travail dissimulé) et L. 341-6, al. 1er *[L. 8251-1 nouv.]* (emploi de travailleurs étrangers dépourvus de titre). • Crim. 3 nov. 2005, n° 05.80.949 P : *D. 2006. IR 102.*

B. CONDITIONS DU POURVOI

13. Pourvoi du condamné. Le condamné qui a bénéficié d'une amnistie de plein droit est sans intérêt à se pourvoir en cassation. • Crim. 10 janv. 1983, n° 82-91.220 P. ♦ ... De même le condamné qui a bénéficié d'une décision ayant constaté la nullité de la citation. • Crim. 19 mars 1984, nº 93-94.171 P. ♦ ... De même le condamné qui critique un arrêt reprenant le jugement du tribunal sur les intérêts civils, dès lors qu'il n'en a pas fait appel. • Crim. 4 juin 1980, nº 79-92.822 P. ♦ ... De même le condamné qui ne peut se faire grief d'une décision ordonnant le huis clos. • Crim. 29 nov. 1984, nº 84-93.024 P. ♦ ... De même le condamné qui, refusant d'être extrait de l'établissement où il est détenu, n'est pas recevable à faire valoir pour la première fois devant la Cour de cassation des moyens qui n'ont pas été proposés devant les juges du fond. • Crim. 4 mai 1994, nº 93-94.808 P.

14. Un majeur, placé sous le régime de la curatelle avec interdiction d'engager toute procédure judiciaire sans l'assistance de son curateur, en application de l'art. 511 C. civ., a la capacité de se pourvoir seul en cassation lorsqu'il est traduit devant une juridiction pénale. • Crim. 19 mai 1998, nº 97-81.018 P. ♦ *Contra*, dans le sens de l'irrecevabilité du pourvoi : • Crim. 28 oct. 1997, nº 97-80.051 P.

15. Le pourvoi d'un condamné qui a été déclaré en liquidation judiciaire, contre l'arrêt de la cour d'assises sur les intérêts civils de victimes de viols aggravés, n'est pas recevable s'il n'est pas fait par le liquidateur. • Crim. 22 mars 2000, nº 99-80.769 P.

16. Personne condamnée en fuite. Il résulte des principes généraux de la procédure pénale que le condamné qui n'a pas obéi à un mandat d'arrêt décerné contre lui n'est pas en droit de se faire représenter pour se pourvoir en cassation. • Crim. 16 mars 1987, nº 86-92.932 P • 10 mars 1993, nº 91-80.936 P • 8 mars 1995, nº 94-85.990 P : *Dr. pénal 1995. Comm. 166, obs. Maron.* ♦ Ainsi en est-il du pourvoi formé par un mandataire au nom d'une personne de nationalité étrangère, mise en examen et placée sous contrôle judiciaire, qui, refusant de déférer aux convocations du juge d'instruction, fait l'objet d'un mandat d'arrêt décerné par ce magistrat. • Crim. 18 nov. 1997, nº 97-83.643 P. ♦ Il ne peut en être autrement que s'il justifie de *circonstances* l'ayant mis dans l'impossibilité absolue de se soumettre en temps utile à l'action de la justice. • Crim. 19 janv. 1994 : *BICC 1994. 378 ; concl. Perfetti, Dr. pénal juin 1994, p. 1 ; rapp. Verdun, Dr. pénal sept. 1994, p. 1* • 14 nov. 1996, nº 95-83.405 P : *Dr. pénal 1997. Comm. 73, note Maron.* ♦ Sur l'arrêt du 19 janv. 1994, considéré comme ayant violé l'art. 6, § 1er, Conv. EDH, V. • CEDH 29 juill. 1998, *Guérin c/ France : RSC 1998. 832, obs. Pettiti*. ♦ Rappr. : • CEDH 29 juill. 1998, *Omar c/ France : D. 1998. Somm. 364, obs. Renucci ; RSC 1998. 835, obs. Pettiti* (cf. ss. l'art. 6 Conv. EDH). ♦ ... Mais aucune disposition légale ni aucun principe de droit ne s'opposent à ce qu'un condamné qui n'a pas obéi à un mandat de justice fasse lui-même une déclaration de pourvoi. • Crim. 7 sept. 1993, nº 93-83.471 P • 15 févr. 1994 : *D. 1994. IR 84 ; Dr. pénal 1995. Chron. 4, par Lesclous et Marsat ; D. 1994. Somm. 187, obs. Pradel*.

17. Personne en fuite visée par un mandat d'arrêt. N'étant ni mise en examen ni témoin assisté, la personne en fuite visée par un mandat d'arrêt ne peut, à peine d'irrecevabilité, se pourvoir en cassation contre l'arrêt d'une chambre de l'instruction déclarant sa requête en annulation irrecevable. • Crim. 5 mars 2014, nº 13-84.705 P : *D. actu. 18 mars 2014, obs. Winckelmuller ; D. 2014. Pan. 174, obs. Pradel ; AJ pénal 2014. 370, obs. Lavric*. ♦ La personne en fuite qui, se sachant recherchée, se soustrait volontairement à la procédure d'information, se place, de son propre fait, dans l'impossibilité de bénéficier des dispositions des art. 173 et 567 ; le bénéfice de ces dispositions, dont le corollaire est le droit d'accéder à la procédure, constituerait dans ce cas un avantage injustifié par rapport à la personne mise en examen ou au témoin assisté qui a normalement comparu aux actes de la procédure et serait contraire à l'objectif, de valeur constitutionnelle, de bonne administration de la justice. • Crim., QPC, 19 févr. 2014, nº 13-84.705 P.

18. La décision du juge de l'application des peines concernant une permission de sortir constitue une mesure d'administration judiciaire qui ne peut faire l'objet d'un pourvoi du condamné. • Crim. 26 juin 1996, nº 96-80.599 P : *Dr. pénal 1997. Comm. 27, note Maron.*

19. Est irrecevable le pourvoi formé contre un arrêt de la cour qui par erreur a statué contradictoirement au lieu de statuer par défaut, car le délai d'opposition n'était pas expiré le jour de formation du pourvoi. • Crim. 20 mars 2001, nº 00-83.479 P • 4 déc. 2012, nº 12-80.615 P.

20. Pourvoi de la partie civile. La partie civile peut se pourvoir seulement contre les dispositions de la décision qui font grief à ses intérêts civils. • Crim. 2 juin 1980, nº 79-93.482 P • 15 févr. 1977 : *D. 1977. IR 182* • 25 janv. 1983, nº 82-90.137 P. ♦ Est irrecevable le pourvoi d'une partie civile contre les dispositions d'un arrêt déclarant le prévenu coupable de défaut d'assurance, la demanderesse ne pouvant se prévaloir d'aucun dommage découlant de cette infraction. • Crim. 22 févr. 1990, nº 89-82.968 P.

21. La partie civile est, en principe, irrecevable à se pourvoir en cassation : ... contre un arrêt de non-lieu. • Crim. 3 nov. 1887 : *DP 1888. 1. 236* • 5 févr. 1926 : *Bull. crim. nº 47* • 11 févr. 1926 : *Bull. crim. nº 60* • 21 oct. 1926 : *Bull. crim. nº 229* • 4 févr. 1932 : *DP 1933. 1. 127, note Leloir* • 5 août 1932 : *ibid.* • 4 nov. 1932 : *ibid.* • 4 mai 1935 : *DH 1935. 415* • 28 mars 1936 : *DH 1936. 302* • 30 oct. 1996, nº 96-80.541 P : *D. 1997. Somm. 141, obs. Pradel*. ♦ ... Ou contre un arrêt rendu par défaut à son égard, alors que seule la voie de l'opposition lui est ouverte en vertu de l'art. 493. • Crim. 11 mars 1991, ☖ n° 90-83.855 P. ♦ ... Ou contre un arrêt de relaxe qui lui a donné acte de son désistement sur les intérêts civils alors qu'elle était intimée. • Crim. 15 févr. 1993, ☖ n° 92-81.810 P. ♦ ... Ou contre un arrêt ayant déclaré amnistiée une précédente condamnation prononcée aux termes d'une décision ayant fait droit à ses propres prétentions. • Crim. 15 oct. 1996, ☖ n° 95-84.536 P. ♦ La restriction des effets du pourvoi de la partie civile aux seules dispositions relatives aux intérêts civils n'a pas lieu d'être lorsque la cour n'a statué que sur la validité des poursuites et non sur la prévention; c'est le cas lorsqu'il y a disqualification erronée d'un délit en contravention. • Crim. 6 févr. 2001, ☖ n° 00-84.692 P : *Dr. pénal 2001. Comm. 72, obs. Véron.*

22. Si, aux termes des art. 58 de la loi du 29 juill. 1880 et 567, la partie civile ne peut se pourvoir que quant aux dispositions de l'arrêt relatives à ses intérêts civils, cette restriction aux effets de son pourvoi n'a pas lieu lorsqu'il n'a été statué que sur la validité de la poursuite. • Crim. 5 janv. 1974, ☖ n° 73-90.035 P : *D. 1974. 295, note Chapar.* ♦ En conséquence, la juridiction de renvoi est tenue de statuer sur la prévention, tant du point de vue pénal que du point de vue civil. • Crim. 27 janv. 1992, ☖ n° 90-87.501 P • 3 févr. 1992, ☖ n° 91-80.382 P • 19 déc. 1995, ☖ n° 95-80.850 P.

23. Lorsqu'un condamné s'est pourvu seulement contre l'arrêt de la cour d'assises prononçant une condamnation pénale et que l'arrêt statuant sur les intérêts civils n'ayant fait l'objet d'aucun recours est devenu définitif, l'action civile est éteinte et la partie civile est sans qualité pour intervenir devant la Cour de cassation. • Crim. 5 oct. 1972, ☖ n° 72-91.211 P. ♦ Elle est également sans qualité pour former opposition à l'arrêt de la chambre criminelle statuant sur le pourvoi du condamné contre l'arrêt pénal. • Crim. 29 mars 1995, n° 94-95.237 P.

24. En l'absence de pourvoi du ministère public, la partie civile est irrecevable à soulever devant la Cour de cassation, l'incompétence de la juridiction correctionnelle qui par un même arrêt a statué sur la compétence et l'action publique, lorsque le prévenu n'invoque pas cette incompétence. • Crim. 17 mars 1993, ☖ n° 92-82.348 P • 22 juin 1994, ☖ n° 93-83.900 P : *JCP 1993. II. 22310, note Rassat; Gaz. Pal. 1994. 2. 592.*

25. La partie civile peut se pourvoir contre l'arrêt de la cour d'assises rendu selon la procédure de contumace, lorsque celui-ci a déclaré l'irrecevabilité de son action. • Crim. 17 mars 1999, ☖ n° 98-80.413 P.

26. *Pourvoi du ministère public.* Le ministère public puise dans les art. 567 et 591 le droit de se pourvoir en cassation afin de poursuivre l'annulation d'une décision qui lui paraît entachée d'illégalité. • Crim. 20 oct. 1964 ☖ n° 62-92.075 P • 15 nov. 1973, ☖ n° 72-93.425 P • 23 janv. 1985, ☖ n° 84-92.788 P • 18 mars 1991, ☖ n° 90-83.752 P.

27. Le ministère public n'est recevable à se pourvoir qu'autant que le jugement affecte l'intérêt général, et non pas seulement des intérêts privés. • Crim. 12 janv. 1901 : *DP 1904. 1. 102* • 2 juill. 1904 : *ibid. 536* • 20 juin 1946 : *D. 1946. 359* • 25 oct. 2006, ☖ n° 05-85.998 P : *D. 2006. 2736, obs. Lienhard*. ♦ N'est pas recevable faute d'intérêt le moyen pris par le procureur général du défaut d'avis à la partie civile de la date de l'audience à laquelle devait être examinée la demande de mise en liberté du prévenu. • Crim. 3 mai 1994, ☖ n° 94-80.823 P. ♦ Mais il peut se pourvoir lorsqu'un arrêt a déclaré à tort irrecevable comme tardif l'appel du prévenu. • Crim. 18 mars 1991, ☖ n° 90-83.752 P.

28. Il est recevable à se pourvoir en cassation contre les arrêts de la chambre d'accusation qui constituent une décision de non-lieu à suivre dans les termes de l'art. 212. • Crim. 21 nov. 1972, ☖ n° 72-91.652 P • 17 juill. 1976, ☖ n° 76-90.390 P • 11 juill. 1995, ☖ n° 94-85.917 P.

29. Si, en principe, le ministère public est sans qualité pour se pourvoir contre la décision qui a, sur sa poursuite, prononcé la peine édictée par la loi, il en est autrement lorsqu'il soutient que le fait retenu par le juge du fond n'est pas sanctionné par la loi pénale. • Crim. 3 mai 1930 : *DH 1930. 364* • 29 janv. 1975 : *D. 1975. IR 51* • 20 nov. 1985, ☖ n° 85-91.622 P.

30. *Désistement du ministère public.* L'action publique appartenant à la société et non au fonctionnaire public ou au magistrat chargé par la loi de l'exercer, le ministère public n'a pas le droit de se désister du pourvoi qu'il a formé et d'anéantir, de sa propre autorité, l'effet d'un acte qui, dans un intérêt d'ordre public, a saisi la Cour de cassation. • Crim. 11 avr. 1991, ☖ n° 91-80.133 P. ♦ *Contra* : Aucune disposition légale ne le lui interdisant, le ministère public a la faculté de se désister de son pourvoi. • Crim. 2 mai 2002, ☖ n° 01-87.488 P : *Dr. pénal 2002. Comm. 129, obs. Maron.*

31. *Pourvoi du civilement responsable.* La solidarité n'étant qu'un mode d'exécution des peines et des réparations civiles qui ne bénéficie qu'au Trésor public et aux parties civiles, un civilement responsable est sans qualité pour reprocher à la cour d'appel d'avoir écarté des conclusions tendant à ce que la charge de l'indemnisation du dommage soit étendue avec solidarité à l'auteur d'une infraction qu'il estime connexe. • Crim. 28 févr. 1989, ☖ n° 87-91.369 P.

32. *Pourvoi de l'administration.* Les dispositions de l'art. 567 autorisent l'administration des douanes à se pourvoir contre les arrêts de la chambre d'accusation qui constituent une décision de non-lieu à suivre dans les poursuites qu'elle exerce à titre principal pour l'application des sanctions fiscales en vertu de l'art. 343, al. 2, C. douanes. • Crim. 4 nov. 1991, n° 90-82.711 P.

33. Lorsqu'elle est constituée partie civile dans une information ouverte sur plainte par le procureur de la République, l'administration n'a pas qualité pour remettre en cause par voie de cassation, en l'absence de recours du ministère public, ce qui a été jugé sur l'action publique. • Crim. 28 avr. 1997, n° 96-86.314 P. ♦ Si l'administration fiscale est recevable à former un pourvoi contre un arrêt prononçant à la fois une condamnation pour une partie des faits de fraude fiscale reprochés et une relaxe pour le surplus, le moyen unique de cassation présenté par l'administration, qui ne critique que les dispositions de l'arrêt attaqué ayant partiellement relaxé le prévenu, est irrecevable en l'absence de pourvoi du ministère public. • Crim. 31 janv. 2018, n° 17-80.104 P : *D. actu. 20 févr. 2018, obs. Fonteix.*

34. Pourvoi du témoin assisté. Est irrecevable le pourvoi en cassation formé par un témoin assisté contre l'arrêt d'une chambre de l'instruction qui infirme une ordonnance de non-lieu et ordonne un supplément d'information afin qu'il soit procédé à la mise en examen de l'intéressé. • Crim. 13 nov. 2001, n° 01-85.506 P : *D. 2002. IR 372* • 21 juin 2005, n° 05-81.694 P : *D. 2005. IR 1962 ; JCP 2005. IV. 2821* • 21 juin 2005, n° 04-87.797 P : *Procédures 2005, n° 238, obs. Buisson.* ♦ Le témoin assisté, à qui la loi ne reconnaît ni la qualité de partie ni la faculté de saisir le juge d'instruction d'une demande tendant à constater la prescription, est irrecevable à se pourvoir contre un arrêt de la chambre de l'instruction infirmant, sur l'appel de la partie civile, l'ordonnance ayant, d'office, constaté la prescription. • Crim. 28 mars 2006, n° 05.86.661 P : *D. 2006. IR 1189 ; AJ pénal 2006.269* . ♦ Par contre, l'art. 173, al. 3, dans sa rédaction issue de la loi du 9 mars 2004, reconnaissant au témoin assisté le droit de saisir la chambre de l'instruction d'une requête aux fins d'annulation d'actes de la procédure, ceci implique que, bien que n'étant pas partie à la procédure, il est recevable à se pourvoir en cassation contre l'arrêt statuant sur une demande d'annulation. • Crim. 21 juin 2005, n° 05-81.491 P : *D. 2005. IR 2104 ; JCP 2005. IV. 2822 ; D. 2006. Pan. 623, obs. Pradel* . ♦ N'étant pas partie à la procédure, le témoin assisté ne tire d'aucune disposition légale la faculté de déposer un mémoire devant la Cour de cassation. • Crim. 17 oct. 2006 : *Dr. pénal 2007. Comm. 11, obs. Maron.* ♦ Le témoin assisté est recevable à déposer un mémoire devant la Cour de cassation saisie d'un pourvoi contre l'arrêt de la chambre de l'instruction ayant confirmé l'ordonnance de non-lieu rendue par le juge d'instruction, la décision à intervenir étant susceptible de lui faire grief. • Crim. 16 juin 2011, n° 10-85.079 P.

35. Bien que n'étant pas partie à la procédure, le témoin assisté est recevable à se pourvoir en cassation contre l'arrêt d'une chambre de l'instruction qui, excédant ses pouvoirs par la méconnaissance des règles de compétence des juridictions d'instruction, porte atteinte à ses intérêts. • Crim. 31 oct. 2017, n° 16-86.897 P : *Dr. pénal 2017, n° 184, obs. Maron et Haas.*

II. RÈGLES EUROPÉENNES

36. La consécration européenne du double degré de juridiction. Aux termes de l'art. 2-1 du protocole n° 7 à la Conv. EDH, toute personne déclarée coupable d'une infraction pénale par un tribunal a le droit de faire examiner par une juridiction supérieure la déclaration de culpabilité ou de condamnation. Mais, selon les réserves formulées par la France lors de la ratification de ce protocole entré en vigueur le 1er nov. 1968, l'examen par une juridiction supérieure peut se limiter à un contrôle de l'application de la loi, tel que le recours en cassation. • Crim. 19 déc. 1990, n° 90-83.175 P • 23 juin 1999, n° 98-80.561 P : *D. 1999. Somm. 327, obs. Pradel* . ♦ Sur le principe du double degré de juridiction : V. ss. art. préliminaire (5°) et ss. Prot. n° 7 add. Conv. EDH.

Art. 567-1 *(L. n° 75-701 du 6 août 1975)* **Si le président de la chambre criminelle constate qu'il a été formé un pourvoi contre une décision qui n'est pas susceptible de voie de recours, il rend une ordonnance de non-admission du pourvoi. Sa décision n'est pas susceptible de recours.**

BIBL. ► VIGNEAU, *D. 2010. Chron. 102* (régime de non-admission des pourvois devant la Cour de cassation).

1. Ordonnance de non-admission du pourvoi. Est constatée par ordonnance du président de la chambre criminelle l'irrecevabilité du pourvoi contre la décision du président de la chambre d'accusation déclarant non admis, en application des art. 186, dernier al., et 186-1, al. 3, l'appel de l'inculpé contre une ordonnance de renvoi devant le tribunal correctionnel qui, selon le demandeur, aurait implicitement rejeté une demande de contre-expertise. • Crim. 1er déc. 1989, n° 89-86.462 P. ♦ ... Contre la décision du président de la chambre d'accusation qui, faute de pouvoir statuer sur une demande étrangère à l'unique objet de l'appel d'une ordonnance de renvoi devant le tribunal de police, en constate l'irrecevabilité. • Crim. 6 juin 1996, n° 96-80.711 P. ♦ ... Contre l'ordonnance d'un président de chambre d'accusation qui déclare irrecevable la requête du prévenu saisissant directement la chambre d'accusation d'une demande d'actes, une telle ordonnance étant insusceptible de recours, conformément à l'art. 221-2. • Crim., ord., prés., 24 déc. 1997, n° 97-84.942 P. ♦ ... Contre la décision d'une chambre d'accusation, saisie comme juridiction de renvoi de la Cour de cassation lui donnant compétence pour la poursuite de la procédure, et qui désigne un juge d'instruction de son ressort. • Crim., ord., prés., 5 mai 1997, n° 96-86.431 P.

2. Conformément à l'art. 567-1, modifié par la L. du 4 janv. 1993, le président de la chambre criminelle constate, par ordonnance, la non-admission des pourvois formés contre les décisions qui ne sont pas susceptibles de recours ; tel est le cas de l'ordonnance du président de la chambre d'accusation rejetant une requête tendant à la rétractation d'une précédente décision rendue au visa de l'art. 173, aucune disposition de ce code ne prévoyant une telle requête et l'ordonnance qui la rejette ne constituant qu'une mesure d'administration judiciaire. • Crim., ord., prés., 26 nov. 1993, n° 93-84.620 P.

3. Si, selon l'art. 173, l'ordonnance d'irrecevabilité du président de la chambre d'accusation prévue par ce texte n'est pas susceptible de recours – et si, en application de l'art. 567-1, le pourvoi dont elle fait l'objet doit être déclaré non admis par le président de la chambre criminelle – il en est autrement lorsque l'examen d'une telle ordonnance fait apparaître un risque d'excès de pouvoir relevant du contrôle de la Cour de cassation. • Crim., ord., prés., 26 nov. 1993, n° 93-84.408 P : *Dr. pénal févr. 1994, n° 48, obs. Maron* • 5 mai 1997, n° 97-80.869 P.

4. Il appartient au président de la chambre criminelle de constater, sur le fondement des art. 567-1, 570 et 571, la non-admission du pourvoi formé contre l'arrêt d'une chambre d'accusation lorsqu'il est établi par une attestation du greffier de cette juridiction qu'aucune décision susceptible de faire grief au demandeur, n'a été rendue à la date indiquée par celui-ci. • Crim., ord., prés., 4 déc. 1997, n° 97-85.092 P.

5. Si la partie qui avait formé une demande en cassation d'un arrêt de condamnation ne peut plus, conformément aux dispositions de l'art. 618, présenter de nouvelle demande aux mêmes fins lorsque la précédente a été rejetée par la chambre criminelle, le président de celle-ci tient de l'art. 567-1 le pouvoir de ne pas ordonner l'examen immédiat de l'opposition formée par ce demandeur à l'encontre de l'arrêt de rejet, une telle opposition n'étant ouverte qu'au seul défendeur, dans les conditions prévues par les art. 579 et 589. • Crim. 7 oct. 1997, n° 97-84.805 P • 11 déc. 1997, n° 97-85.789 P.

6. En l'absence d'excès de pouvoir, le pourvoi formé contre la décision du magistrat ayant prescrit l'exécution de l'ordonnance de prise de corps est irrecevable, par application des art. 567 et 567-1. • Crim. 22 août 2001, n° 01-84.142 P.

7. Jonction de procédures criminelles. La jonction des procédures, prévue par l'art. 285, constitue un acte facultatif et exceptionnel, ordonné dans l'intérêt d'une bonne administration de la justice, qui ne relève, sauf incident contentieux entrant dans les prévisions des art. 305-1 et 316, que de l'appréciation du président de la cour d'assises et qui, échappant au contrôle de la Cour de cassation, n'est susceptible d'aucune voie de recours. • Crim. 25 oct. 1996, n° 96-85.076 P.

8. Jonction de dossiers connexes. Est irrecevable le pourvoi contre une mesure d'administration judiciaire échappant au contrôle de la Cour de cassation, telle la décision de jonction de dossiers connexes prise par une cour d'appel confirmant un jugement de tribunal correctionnel. • Crim. 12 oct. 1998, n° 98-84.163 P.

9. Communication du dossier d'information. Telle la décision d'une chambre d'accusation qui, après exécution d'actes d'instruction par son président délégué à cet effet, prescrit la communication du dossier d'information au procureur général près la cour d'appel. • Crim. 12 oct. 1998, n° 98-83.743 P.

10. Disjonction des poursuites. La disjonction des poursuites, ordonnée par une cour d'appel à l'égard d'un coprévenu, constitue une mesure d'administration judiciaire qui n'est susceptible d'aucun recours. • Crim. 4 juill. 1996, n° 96-82.908 P.

Art. 567-1-1 *(Ord. n° 2006-673 du 8 juin 2006, art. 8)* **Lorsque la solution d'une affaire soumise à la chambre criminelle lui paraît s'imposer, le premier président ou le président de la chambre criminelle peut décider de faire juger l'affaire par une formation de trois magistrats. Cette formation peut renvoyer l'examen de l'affaire à l'audience de la chambre à la demande de l'une des parties ; le renvoi est de droit si l'un des magistrats composant la formation restreinte le demande. La formation déclare non admis les pourvois irrecevables ou non fondés sur un moyen sérieux de cassation.**

1. La chambre criminelle peut, en application de l'art. 567-1-1, déclarer non admis certains moyens du pourvoi qui sont irrecevables ou non fondés sur un motif sérieux de cassation. • Crim. 18 mai 2010, n° 09-83.156 P : *D. 2010. Pan. 2258, note Pradel.*

2. La procédure de non-admission, qui est conforme aux dispositions de l'article 6 Conv.

EDH, est fondée sur l'absence de moyen sérieux de cassation dans les termes de l'art. 567-1-1, laquelle est explicitée par le rapporteur, pour permettre le respect du contradictoire, avant que la formation collégiale ne se prononce ; doit dès lors être rejetée la requête en récusation visant le conseiller rapporteur qui avait conclu dans son rapport à la non-admission du pourvoi. • Crim. 1er sept. 2015, ⚖ nº 15-83.533 P : *Dr. pénal 2015, nº 149, note Maron et Haas.*

Art. 567-2 *(L. nº 81-82 du 2 févr. 1981)* **La chambre criminelle saisie d'un pourvoi contre un arrêt de la chambre de l'instruction** *(L. nº 2021-401 du 8 avr. 2021, art. 11)* **« ou de la chambre correctionnelle de la cour d'appel » rendu en matière de détention provisoire doit statuer dans les trois mois qui suivent** *(L. nº 85-1407 du 30 déc. 1985)* **« la réception du dossier à la Cour de cassation », faute de quoi la personne mise en examen est mise d'office en liberté.**

Le demandeur en cassation ou son avocat doit, à peine de déchéance, déposer son mémoire exposant les moyens de cassation dans le délai d'un mois à compter de *(L. nº 85-1407 du 30 déc. 1985)* **« la réception du dossier »,** *(L. nº 83-466 du 10 juin 1983)* **« sauf décision du président de la chambre criminelle prorogeant, à titre exceptionnel, le délai pour une durée de huit jours ». Après l'expiration de ce délai, aucun moyen nouveau ne peut être soulevé par lui et il ne peut plus être déposé de mémoire.**

Dès le dépôt du mémoire, le président de la chambre criminelle fixe la date de l'audience.

S'agissant des dispositions d'urgence mises en place pour faire face à l'épidémie de covid-19, V. App., vº État d'urgence sanitaire.

1. Délai du pourvoi en matière de détention provisoire. Par dérogation aux art. 584 et 585, le demandeur en cassation a la faculté de transmettre un mémoire directement au greffe de la Cour de cassation pendant le délai d'un mois à compter de la réception du dossier. • Crim. 14 nov. 1989, ⚖ nº 89-85.265 P.

2. Mais il ne déroge pas aux dispositions de l'art. 584 exigeant que le mémoire soit signé par le demandeur. • Crim. 11 juill. 1990, ⚖ nº 90-82.937 P.

3. Les dispositions de l'art. 567-2 ne s'appliquent pas au cas de modification du contrôle judiciaire. • Crim. 23 mai 1986, ⚖ nº 86-91.443 P • 19 nov. 1997, ⚖ nº 97-84.642 P.

4. QPC déposée à l'occasion d'un pourvoi en matière de détention provisoire. Le mémoire du demandeur contenant une QPC doit être déposé dans le délai de l'art. 567-2. • Crim. 11 juin 2013 : *Dr. pénal 2013. 163, obs. Maron et Haas.*

5. Déchéance du pourvoi. Si aucun mémoire n'est déposé dans le délai d'un mois, la déchéance du pourvoi est prononcée. • Crim. 5 févr. 1985, ⚖ nº 84-95.950 P. ♦ Une demande d'aide judiciaire ne saurait suspendre ou interrompre ce délai. • Crim. 20 févr. 1990, ⚖ nº 89-86.760 P. ♦ Il appartient au demandeur au pourvoi de respecter la date d'échéance du délai d'un mois pour déposer son mémoire en s'enquérant lui-même de la date d'arrivée de son dossier à la Cour de cassation si nécessaire. • Crim. 14 nov. 2001, ⚖ nº 01-83.791 P : *D. 2002. IR 133* ✎. ♦ Lorsque le demandeur n'a pas déposé dans le délai légal, personnellement ou par son avocat, un mémoire exposant ses moyens de cassation, il y a lieu de le déclarer déchu de son pourvoi par application de l'art. 567-2. • Crim. 14 janv. 2003 : ⚖ *inédit* • 15 janv. 2003 : ⚖ *inédit.* ♦ Équivaut à un défaut de présentation de mémoire dans le délai d'un mois de la réception du dossier par la Cour de cassation, sanctionné par la déchéance prévue par l'art. 567-2, la production par le demandeur qui s'est pourvu contre un arrêt rendu en matière de détention provisoire d'un mémoire ne visant aucun texte de loi et n'offrant à juger aucun moyen de droit. • Crim. 11 déc. 2012, ⚖ nº 12-86.576 P.

6. Poursuite de l'information. Si la requête en examen immédiat du pourvoi contre un arrêt avant-dire droit rendu par une chambre d'accusation a pour effet de suspendre l'exécution de l'arrêt, elle ne met pas obstacle à ce que l'information se poursuive y compris, le cas échéant, jusqu'à son règlement. • Crim. 2 avr. 1996, ⚖ nº 95-83.145 P • 18 sept. 1996, ⚖ nº 96-83.425 P.

7. Examen immédiat. Doit être immédiatement examiné par la chambre criminelle sans être soumis à la procédure des art. 570 et 571 le pourvoi formé par un prévenu contre un arrêt de la chambre des appels correctionnels qui, statuant en comparution immédiate, l'a placé en détention provisoire, après annulation du jugement, et a fixé la date de l'audience où elle a renvoyé l'affaire, sans que le pourvoi ainsi formé suspende la procédure en cours devant la cour d'appel. • Crim. 29 août 2012, ⚖ nº 12-85.664 P.

Art. 568 Le ministère public et toutes les parties ont cinq jours francs après celui où la décision attaquée a été prononcée pour se pourvoir en cassation.

Toutefois, le délai de pourvoi ne court qu'à compter de la signification de l'arrêt, quel qu'en soit le mode :

1° Pour la partie qui, après débat contradictoire, n'était pas présente ou représentée à l'audience où l'arrêt a été prononcé, si elle n'avait pas été informée ainsi qu'il est dit à l'article 462, alinéa 2 ;

(L. n° 2004-204 du 9 mars 2004, art. 133-X, en vigueur le 1er oct. 2004) **« 2° Pour le prévenu qui a été jugé en son absence, mais après audition d'un avocat qui s'est présenté pour assurer sa défense, sans cependant être titulaire d'un mandat de représentation signé du prévenu ;**

« 3° Pour le prévenu qui n'a pas comparu, soit dans les cas prévus par l'article 410, soit dans le cas prévu par le cinquième alinéa de l'article 411, lorsque son avocat n'était pas présent ; »

4° Pour le prévenu qui a été jugé par itératif défaut.

Le délai du pourvoi contre les arrêts ou les jugements par défaut ne court, à l'égard du prévenu, que du jour où ils ne sont plus susceptibles d'opposition. A l'égard du ministère public, le délai court à compter de l'expiration du délai de dix jours qui suit la signification. — *Pr. pén. C. 708 à C. 710.*

(L. n° 2004-204 du 9 mars 2004, art. 133-XI, en vigueur le 1er oct. 2004) **« Les dispositions de l'article 498-1 sont applicables pour déterminer le point de départ du délai de pourvoi en cassation de la personne condamnée à une peine d'emprisonnement ferme ou à une peine d'emprisonnement assortie d'un sursis partiel. »**

TOM : 855 s.

I. RÈGLES GÉNÉRALES

1. Délai du pourvoi en cassation. L'art. 1033, § 3, C. pr. civ. ne concerne pas la matière des pourvois criminels ; par suite, est irrecevable le pourvoi en cassation formé le lendemain de l'expiration du délai prévu par l'art. 373 C. instr. crim. (art. 568), bien que les deux derniers jours fussent des jours fériés, si le demandeur ne justifie d'aucune diligence faite à cette date pour réaliser une déclaration de pourvoi. • Crim. 11 mars 1927 : *DP 1928. 1. 150* • 11 janv. 1956 : *D. 1956. Somm. 126* • 8 nov. 1961 : *D. 1962. Somm. 27.*

2. Si, dans des cas exceptionnels, il peut être dérogé aux prescriptions de l'art. 568 sur les délais du pourvoi en cassation, c'est à la condition que, par un événement de force majeure ou un obstacle invincible et indépendant de la volonté, le demandeur se soit trouvé dans l'impossibilité de s'y conformer. • Crim. 4 janv. 1963, n° 61-94.434 P • 28 mars 1977, n° 76-91.433 P : *D. 1977. IR 345* • 20 juin 1985, n° 83-94.765 P. ♦ Ainsi, est recevable le pourvoi formé après l'expiration du délai de cinq jours francs prévu à l'art. 568 par le demandeur qui s'est trouvé dans l'impossibilité absolue d'exercer son recours en temps utile en raison de la fermeture exceptionnelle des locaux du greffe... • Crim. 14 févr. 2007, n° 06-82.283 P. ♦ ... Mais pas en raison de la fermeture ordinaire du greffe de la Cour de cassation à dix-sept heures. • Crim. 13 janv. 2015, n° 13-87.188 P : *D. actu. 6 févr. 2015, obs. Martineau.*

3. Le pourvoi formé le lendemain du jour d'expiration du délai est irrecevable, sauf si le demandeur justifie de diligences infructueuses effectuées dans le dernier jour du délai. • Crim. 22 mai 1974, n° 73-92.362 P. ♦ ... Ou en cas d'application de l'art. 801. • Crim. 21 mai 1985, n° 85-91.507 P.

4. Le délai de cinq jours francs commence en tous les cas à courir du lendemain du jour où la chambre d'accusation s'est prononcée, en la présence de l'étranger réclamé conformément à l'exigence de l'art. 14 de la L. du 10 mars 1927. • Crim. 12 juin 1987, n° 87-81.547 P. ♦ Le délai de cinq jours francs commence à courir à compter de la signification ou de la notification de l'arrêt aux parties. • Crim. 15 févr. 2005, n° 04-87.040 P : *JCP 2005. IV. 1776.*

5. Aucun art. du code d'instruction criminelle n'accorde aux parties le droit de former un pourvoi incident ; tout pourvoi formé hors du délai légal est irrecevable. • Crim. 13 déc. 1924 : *Bull. crim. n° 415.*

6. Lorsque l'arrêt a été prononcé hors de la présence du condamné, il suffit que celui-ci ait été régulièrement mis en mesure d'assister à la prononciation dudit arrêt pour que le jour où cette décision a été rendue soit le point de départ du délai du pourvoi en cassation. • Crim. 19 nov. 1926 : *DH 1927. 37* • 11 déc. 1975, n° 74-90.607 P • 17 déc. 1985, n° 83-92.479 P. ♦ Il en va de même pour la partie civile, y compris en cas de prorogation de délibéré par avertissement. • Crim. 24 mai 1993 : *JCP 1993. IV. 2209.* ♦ Le prévenu qui a été régulièrement représenté par son avocat et dont la défense a été assurée ne saurait se prévaloir de l'art. 568, al. 2, 2°. • Crim. 1er févr. 1968, n° 67-91.002 P • 9 mai 1984, n° 93-93.815 P : *D. 1984. IR 431, obs. J.-M. R.* • 14 mai 1991, n° 90-85.107 P • 29 mai 1996, n° 95-93.160 P • 13 mai 2003, n° 00-87.553 P. ♦ Il en va de même pour le civilement responsable régulièrement représenté par son avocat ou son avoué. • Crim. 22 oct. 1990, n° 89-81.129 P.

7. La décision rendue par la cour d'assises statuant sur l'action civile, après des débats au cours desquels les accusés absents étaient représentés par leurs avocats, lesquels ont été informés de la date du prononcé de la décision mise en délibéré, est contradictoire ; dès lors, sont irrecevables en application de l'art. 568 les pourvois en cassation formés par les accusés au-delà du délai de cinq jours francs à compter du prononcé de la décision. • Crim. 2 févr. 2022, n° 21-82.009 P.

8. Lorsque le prononcé de l'arrêt a été, à une audience où le prévenu a comparu, renvoyé à une date déterminée et que l'arrêt a été effectivement rendu ce jour-là, cette date est le point de départ du délai du pourvoi, alors même que le prévenu n'aurait pas été présent. • Crim. 2 mai 1929 : *DH 1929. 334* • 19 mars 1942 : *DA 1942. 85* • 29 nov. 1988, n° 88-80.879 P.

9. La qualification erronée de « rendu en premier ressort » d'un jugement de police ne saurait avoir pour effet de préjudicier au justiciable qui a interjeté appel de cette décision ; le délai de pourvoi à son encontre ne commence à courir que de la date de signification de l'arrêt qui constate l'irrecevabilité de l'appel. • Crim. 1er oct. 1987, n° 86-96.004 P.

10. Le délai du pourvoi en cassation contre une ordonnance du président de la chambre d'accusation prise en application de l'art. 186, al. 6 doit être formé dans le délai de 5 jours francs prévu par l'art. 568 ; ce délai court à compter de la notification de l'ordonnance. • Crim. 29 avr. 1997, n° 96-82.089 P.

11. De la combinaison des art. 217, al. 3, et 568, il résulte que le délai de pourvoi contre un arrêt de la chambre d'accusation court, tant que le juge d'instruction n'a pas clôturé son information, du jour de la notification dudit arrêt par lettre recommandée, ou par les soins du chef de l'établissement pénitentiaire si la personne est détenue. • Crim. 4 mars 1997, n° 96-83.636 P. ♦ Mais le pourvoi formé plus de cinq jours francs après la notification de l'arrêt faite par lettre recommandée est irrecevable comme tardif en application de l'art. 568 dès lors que l'art. 217 est sans application à la partie prenante. • Crim. 7 juin 2011, n° 10-86.117 P : *D. 2011. Actu. 1687*.

12. Lorsque l'accusé est en fuite et sans résidence connue, la signification de l'arrêt de la chambre d'accusation le renvoyant devant la cour d'assises est régulièrement faite au parquet du procureur général par application des art. 268, dernier al., et 559. Cette signification fait courir le délai de pourvoi. • Crim. 2 sept. 1997, n° 97-83.533 P.

13. Délai du pourvoi en cassation contre les arrêts ou les jugements par défaut. Le pourvoi en cassation contre un jugement rendu par défaut est irrecevable, lorsqu'il a été formé avant l'expiration du délai d'opposition. • Crim. 17 juin 1922 : *DP 1924. 1. 179* • 28 févr. 1936 : *DH 1936. 183* • 11 juill. 1990, n° 89-86.483 P • 26 oct. 2005, n° 05-82.057 P : *D. 2005. IR 3033* ; *AJ pénal 2005. 458*.

14. Les dispositions de l'art. 568, dernier al. aux termes desquelles, à l'égard du ministère public, le délai du pourvoi contre les arrêts de défaut court à compter de l'expiration du délai de 10 jours qui suit la signification, sont applicables au pourvoi formé par l'administration des douanes qui poursuit à titre principal l'action pour l'application des sanctions fiscales en matière douanière et cambiaire. • Crim. 11 juin 1990, n° 89-84.909 P.

15. La décision prononcée contradictoirement en l'absence du prévenu qui n'était ni présent ni représenté, et qui n'a pas été signifiée au détenu (pour autre cause), n'a eu pour seule conséquence que de suspendre le délai du pourvoi. • Crim. 7 févr. 2007, n° 06-84.427 P : *D. 2007. AJ 1017* ; *AJ pénal 2007. 186, obs. Girault*.

16. Délai du pourvoi en cassation contre les arrêts contradictoires à signifier. En statuant par arrêt contradictoire à signifier, une cour d'appel a fait l'exacte application de l'art. 503-1, dès lors que n'ayant trouvé personne à l'adresse déclarée par l'appelant, l'huissier, qui n'avait pas à vérifier que le prévenu y demeurait effectivement, a procédé comme il est dit à l'art. 558, al. 2, d'autre part, jusqu'à ce que l'affaire soit définitivement jugée, il appartenait au prévenu de signaler au procureur de la République, par lettre recommandée avec demande d'avis de réception, le changement de son adresse déclarée, fût-ce pour un établissement pénitentiaire. Dès lors, le pourvoi formé plus de cinq jours francs après la signification de l'arrêt d'appel est irrecevable comme tardif, bien que le prévenu ait été condamné à une peine d'emprisonnement ferme. • Crim. 19 mars 2014, n° 13-81.850 P : *D. actu. 1er avr. 2014, obs. Fleuriot ; D. 2014. 780* ; *JCP 2014, n° 717, note Griffon-Yarza.* ♦ Comp. : En l'absence d'une condamnation à une peine d'emprisonnement, le délai de pourvoi commence à courir le lendemain de la signification de l'arrêt à la dernière adresse déclarée par le prévenu, alors réputée faite à sa personne, et le pourvoi formé plus de cinq jours francs après la signification doit être déclaré irrecevable comme tardif. • Crim. 13 mai 2014, n° 13-83.247 P : *D. actu. 12 juin 2014, obs. Winckelmuller.*

II. CAS PARTICULIERS

17. Contentieux de la presse. Pour ce qui concerne le délai prévu par l'art. 59 de la loi du 29 juill. 1881 : • Crim. 19 sept. 1981, n° 80-93.519 P • 8 avr. 1986, n° 85-93.076 P. ♦ ... Et en cas de concours entre une infraction de presse et une autre infraction : • Crim. 30 janv. 1979, n° 78-92.940 P • 15 janv. 1991, n° 90-84.155 P. ♦ Il résulte de la combinaison des art. 568 et 59 de la L. du 29 juill. 1881 que, lorsqu'un même arrêt a statué à la fois sur deux infractions respectivement prévues par la loi sur la liberté de la presse et par un autre texte, le délai de pourvoi en cassation est de 3 jours non francs en ce qui concerne les dispositions de l'arrêt relatives à la première de ces infractions et de 5 jours pour le surplus ; ainsi, lorsque le prévenu a été déclaré coupable de menace de mort réitérée et d'injures non publiques, infractions respectivement prévues et réprimées par les art. 222-17, 29, al. 2, de la L. du 29 juill. 1881 et R. 621-2 C. pén., si son pourvoi a été formé dans le délai de l'art. 568, mais hors du délai fixé par l'art. 59 de la loi sur la liberté de la presse, il doit être déclaré irrecevable comme tardif, en ce qu'il est dirigé contre les dispositions de l'arrêt relatives aux injures non publiques. • Crim. 25 févr. 2003, n° 02-81.907 P : *JCP 2003. IV. 1695.* ♦ Dans le même sens : • Crim. 19 févr. 2019, n° 18-80.195 P : *Dr. pénal 2019, n° 74, obs. Maron et Haas.* ♦ En cas de poursuites exercées pour des infractions de presse et des infractions de droit commun, la validité ou la recevabilité du pourvoi doit être appréciée selon que cette voie de recours concerne les premières de ces infractions ou les secondes. • Crim. 14 janv. 2014, n° 12-88.212 P.

18. Contentieux économique. Il résulte de la combinaison des art. L. 450-4 C. com. et 568 que le pourvoi en cassation formé contre l'ordonnance du premier président de la cour d'appel statuant sur la validité d'une ordonnance du JLD autorisant des opérations de visite et saisie en vue de rechercher la preuve de pratiques anticoncurrentielles doit être formé, lorsque la décision est rendue après débat contradictoire et que les parties ont été informées de la date à laquelle elle serait rendue, dans les cinq jours francs de son prononcé. • Crim. 19 déc. 2012, n° 11-88.472 P.

Art. 568-1 *(L. n° 2004-204 du 9 mars 2004, art. 18-I)* **Lorsque la décision attaquée est un arrêt d'une chambre de l'instruction, statuant dans les conditions énoncées au quatrième alinéa de l'article 695-31** *(L. n° 2013-711 du 5 août 2013, art. 18)* **« ou au quatrième alinéa de l'article 695-46 », le délai de pourvoi mentionné au premier alinéa de l'article 568 est ramené à trois jours francs.**

Le dossier est transmis, par tout moyen permettant d'en conserver une trace écrite, au greffe de la chambre criminelle de la Cour de cassation dans les quarante-huit heures à compter de la déclaration de pourvoi.

Le défaut de transmission du dossier à la Cour de cassation dans les quarante-huit heures de son pourvoi par le procureur général entraîne la déchéance de ce pourvoi, en application du principe de l'égalité des armes, la même sanction étant encourue par l'auteur du pourvoi en cas de dépôt tardif du mémoire (art. 574-2). • Crim. 23 janv. 2013 : *Dr. pénal 2013. Comm. 48, note Maron et Haas ; D. 2013. 1782, obs. Laurent.*

Art. 569 *(L. n° 70-643 du 17 juill. 1970)* **Pendant les délais du recours en cassation et, s'il y a eu recours, jusqu'au prononcé de l'arrêt de la Cour de cassation, il est sursis à l'exécution de l'arrêt de la cour d'appel, sauf en ce qui concerne les condamnations civiles, et à moins que la cour d'appel ne confirme le mandat décerné par le tribunal en application de l'article 464-1 ou de l'article 465, premier alinéa, ou ne décerne elle-même mandat sous les mêmes conditions et selon les mêmes règles.**

Le contrôle judiciaire *(L. n° 2009-1436 du 24 nov. 2009, art. 93-XVI)* **« et l'assignation à résidence avec surveillance électronique prennent fin », sauf si la cour d'appel en décide autrement, lorsqu'elle prononce une condamnation à l'emprisonnement sans sursis ou assorti du sursis probatoire.** *(L. n° 89-461 du 6 juill. 1989)* **« Lorsqu'un cautionnement a été fourni, les dispositions des premier et deuxième alinéas de l'article 142-2 et du deuxième alinéa de l'article 142-3 sont applicables. »**

En cas d'acquittement, d'*(L. n° 92-1336 du 16 déc. 1992)* **« exemption de peine » ou de condamnation soit à l'emprisonnement assorti du sursis simple ou du sursis probatoire soit à l'amende, le prévenu détenu est, nonobstant pourvoi, mis en liberté immédiatement après l'arrêt.** — *Les dispositions de la loi n° 92-1336 du 16 déc. 1992 sont entrées en vigueur le 1er mars 1994.*

Il en est de même en cas de condamnation à une peine d'emprisonnement, lorsque la détention provisoire a été ordonnée ou maintenue dans les conditions prévues par l'alinéa 1er aussitôt que la durée de la détention aura atteint celle de la peine prononcée. — *Pr. pén. C. 711.*

(L. n° 2009-526 du 12 mai 2009, art. 134-4°) **« Le troisième alinéa de l'article 498-1 est applicable en cas de pourvoi en cassation formé contre un arrêt de condamnation rendu dans les conditions prévues à l'article 410. »**

1. Sens de l'exécution. L'exécution d'un arrêt dans ses dispositions civiles ne vaut pas acquiescement à cet arrêt, ni renonciation à se pourvoir. • Crim. 27 mars 1957 : *D. 1958. Somm. 23.*

2. Exécution des réparations civiles. En cas de pourvoi contre un arrêt de condamnation, c'est à bon droit que les juges du fond refusent de surseoir à statuer sur les réparations civiles jusqu'à décision sur le pourvoi et allouent des provisions aux parties civiles. • Crim. 17 mai 1955 : *D. 1955. 442, note P. A.* • 5 juin 1997, n° 96-82.783 P. ♦ L'exécution d'une mesure de publication prononcée à titre de réparation civile pour des faits de contrefaçon n'est pas suspendue par le pourvoi en cassation. • Crim. 16 nov. 2010, n° 10-80.297 P : *D. 2011. Pan. 2239, obs. Pradel ; D. actu. 14 déc. 2010, obs. Lavric.*

3. Restitutions. La restitution, ordonnée au profit de la partie civile, d'objets lui appartenant, saisis au cours de l'instance à titre de pièces à conviction, est une condamnation civile, immédiatement exécutoire malgré le pourvoi du condamné. • T. civ. Seine, réf., 13 juin 1946 : *D. 1946. 336.* ♦ V. *contra*, s'agissant de restitutions ordonnées au profit du prévenu. • Paris, 10 juill. 1957 : *D. 1957. Somm. 148.*

4. Champ du sursis à exécution. Encourt la censure la cour d'appel qui, après avoir infligé au prévenu une condamnation avec sursis frappée de pourvoi, nonobstant les dispositions de l'art. 569, al. 2, se déclare compétente pour statuer sur une requête en modification de contrôle judiciaire et réduit, notamment, le montant du cautionnement initialement fixé par le juge d'instruction et les garanties offertes à ce titre. • Crim. 19 juin 1995, n° 94-85.773 P : *Procédures 1995, n° 339, obs. Buisson.*

5. Lorsqu'un décret de grâces collectives accorde une remise de peine à un condamné qui a formé un pourvoi en cassation, la peine d'emprisonnement n'étant exécutoire qu'à compter du rejet du pourvoi bien que le maintien en détention ait été prescrit par la cour d'appel, ce condamné ne peut bénéficier de la mesure de grâce survenue avant l'arrêt de la Cour de cassation. • Crim. 20 oct. 1992, n° 92-83.285 P.

6. Il résulte des art. 506, 569 et 708 que le délai prévu pour l'exécution de la démolition ou de la mise en conformité d'un ouvrage irrégulièrement édifié, lorsqu'il est fixé à compter du jugement ou de l'arrêt qui prononce la mesure, ne commence à courir que du jour où cette décision est devenue définitive. • Crim. 28 avr. 1997, n° 96-81.527 P. ♦ Toutefois, il n'est pas sursis à l'exécution de la mesure de mise en conformité des lieux jusqu'à ce que la décision soit définitive, dès lors que cette mesure a été prononcée à titre de condamnation civile. • Crim. 3 nov. 2009, n° 08-88.178 P : *AJ pénal 2010. 40 ; Dr. pénal 2010, n° 24, obs. J.-H. Robert.*

7. Il résulte des dispositions combinées des art. 179, al. 3, et 213, al. 2, que la durée du contrôle judiciaire ordonné en application de ces textes par la chambre d'accusation – devant laquelle n'est pas applicable l'art. 569, al. 2 concernant la seule juridiction de jugement – n'a d'autre limite que celle tendant à la comparution du prévenu devant cette juridiction, sauf à celui-ci à saisir à tout moment la chambre d'accusation d'une demande de mainlevée dudit contrôle, ainsi que le prévoit l'art. 140. • Crim. 30 oct. 1995, n° 95-83.115 P.

8. La décision de la commission de recours concernant le retrait de l'habilitation à exercer les fonctions d'OPJ ne s'analysant pas en un arrêt ou jugement, les dispositions de l'art. 569, relatives à l'effet suspensif du pourvoi en cassation, ne trouvent pas application. • Crim. 21 juin 2016, n° 15-84.172 P : *D. actu. 28 juill. 2016, obs. Aubert ; AJ pénal 2016. 543, obs. Roussel.*

Art. 570 *(Ord. n° 60-529 du 4 juin 1960)* **Lorsque le tribunal ou la cour d'appel statue par jugement ou arrêt distinct de l'arrêt sur le fond, le pourvoi en cassation est immédiatement recevable si cette décision met fin à la procédure. Si le président de la chambre criminelle constate qu'une décision a été à tort considérée par la partie intéressée comme mettant fin à la procédure, il apprécie si le pourvoi doit néanmoins être reçu dans l'intérêt de l'ordre public ou d'une bonne administration de la justice, ou si, au contraire, il ne doit pas être reçu, et rend d'office à cet effet une ordonnance d'admission ou de non-admission.**

Dans le cas où la décision n'a pas mis fin à la procédure et jusqu'à l'expiration des délais de pourvoi, l'arrêt n'est pas exécutoire et la cour d'appel ne peut statuer au fond.

Si aucun pourvoi n'a été interjeté ou si, avant l'expiration du délai du pourvoi, la partie demanderesse au pourvoi n'a pas déposé au greffe la requête prévue par l'alinéa suivant, le jugement ou l'arrêt est exécutoire et le tribunal ou la cour d'appel statue au fond. *(L. n° 93-1013 du 24 août 1993)* **« Il en est de même, nonobstant les dispositions de l'alinéa suivant, en cas d'arrêt rendu soit sur appel d'une ordonnance du juge d'instruction en application des articles 81, neuvième alinéa, 82-1, deuxième alinéa, 156, deuxième alinéa, ou 167,** *(L. n° 2022-52 du 24 janv. 2022, art. 9)* **« avant-dernier » alinéa, soit en raison du défaut, par le juge d'instruction, d'avoir rendu une telle ordon-**

nance. Dans ces cas », si la procédure a été néanmoins transmise à la Cour de cassation, le président de la chambre criminelle ordonne qu'il en soit fait retour à la juridiction saisie.

Le demandeur en cassation peut déposer au greffe, avant l'expiration des délais de pourvoi, une requête adressée au président de la chambre criminelle de la Cour de cassation et tendant à faire déclarer son pourvoi immédiatement recevable. — *Pr. pén. C. 712.*

1. QPC. N'est pas nouvelle et ne présente pas un caractère sérieux (en ce que les dispositions légales critiquées n'ont pour effet que de déférer, dans certains cas, dans l'intérêt de l'ordre public ou d'une bonne administration de la justice, l'examen du pourvoi, et ne font pas obstacle à l'accès au juge) la QPC qui soutient que les dispositions des art. 570 et 571 portent atteinte au droit au juge tel qu'il est garanti par les dispositions constitutionnelles au travers du droit des personnes intéressées d'exercer un recours effectif devant une juridiction fondé sur l'art. 16 DDH. • Cass., QPC, 31 mai 2010 : *D. 2010. Actu. 1486*.

2. Appréciation de la Cour. Il appartient à la Cour de cassation d'examiner les recours formés contre des jugements ou arrêts qui, apparemment interlocutoires, ordonnent des mesures d'instruction dans des conditions contraires aux lois et sont ainsi de nature à entraver le cours normal de la justice. • Crim. 22 nov. 1956 : *D. 1957. 89, note P. A.*

3. Champ d'application. L'art. 570 est étranger aux arrêts visés par l'art. 316. • Crim. 24 juill. 1961 : *Bull. crim. n° 350* • 15 juill. 1981 : *ibid. n° 229.* ♦ L'arrêt d'une cour d'appel statuant sur l'appel formé contre un jugement avant-dire droit et constatant qu'à défaut de dépôt de la requête prévue par l'art. 507 le jugement entrepris devient exécutoire et que l'appel contre cette décision serait examiné en même temps que l'appel ultérieur contre la décision sur le fond, entre dans la classe des décisions visées par l'art. 570. • Crim. 11 mars 1987, n° 86-94.780 P.

4. Lorsque la chambre d'accusation, saisie en vertu de l'art. 171, annule des actes de la procédure, et, par voie de conséquence, ordonne la mise en liberté de la personne mise en examen, son arrêt n'est pas exécutoire en application des art. 570 et 571, pendant le délai de pourvoi en cassation ; en cas de pourvoi, il n'est exécutoire que dans les conditions prévues par lesdits articles. • Crim. 23 juin 1999, n° 99-82.187 P. ♦ Rappr. : • Crim. 24 avr. 1990, n° 89-96.639 P : *JCP 1990. IV. 273.*

5. Condition de recevabilité. Selon les art. 570 et 571, le pourvoi contre un arrêt ne mettant pas fin à la procédure ne peut être examiné qu'en même temps que le pourvoi formé contre l'arrêt sur le fond. Dès lors, il n'y a pas lieu à statuer sur le pourvoi antérieur formé par une personne mise en examen contre l'arrêt ayant rejeté sa demande d'annulation d'actes de la procédure, lorsque le pourvoi contre l'arrêt l'ayant renvoyée devant la cour d'assises est irrecevable comme tardif. • Crim. 27 nov. 1997, n° 97-81.90 P • 15 sept. 1999, n° 99-84.251 P.

6. Force exécutoire. Il résulte de l'art. 570, al. 3, qu'en l'absence de dépôt, avant l'expiration du délai de pourvoi, de la requête prévue à l'al. 4 du même art., l'arrêt distinct de l'arrêt sur le fond et ne mettant pas fin à la procédure est exécutoire, même en l'absence de notification de l'ordonnance du président de la chambre criminelle de la Cour de cassation déclarant d'office n'y avoir lieu à recevoir, en l'état, le pourvoi formé contre cet arrêt. • Crim. 7 juin 2000, n° 99-87.847 P • 15 sept. 2004, n° 04-83.960 P : *D. 2004. IR 2765* ; *JCP 2004. IV. 3191.* ♦ Il se déduit de l'art. 570, al. 2 et 3, que l'arrêt de la chambre de l'instruction distinct de l'arrêt au fond n'est pas exécutoire tant que les délais de pourvoi du ministère public et de toutes les parties à la procédure ne sont pas expirés, peu important que celles-ci aient ou non un intérêt à former un tel recours, dès lors qu'il revient à la seule Cour de cassation, saisie d'un pourvoi, d'en apprécier la recevabilité. Il s'en déduit que la présence au dossier d'actes ou pièces annulés par la chambre de l'instruction ne relève d'aucune irrégularité tant que le délai de pourvoi en cassation contre l'arrêt de la chambre de l'instruction n'est pas expiré. • Crim. 17 nov. 2020, n° 20-84.817 P : *D. actu. 18 déc. 2020, obs. Engel.*

7. Poursuite de l'information. La requête en examen immédiat du pourvoi contre un arrêt de chambre de l'instruction ne mettant pas fin à la procédure ne fait pas obstacle à la poursuite de l'information jusqu'à son règlement et son renvoi devant le tribunal. Doit être rejeté le moyen pris de ce que le tribunal a statué au fond avant qu'il ne soit statué sur la requête, dès lors que la cour d'appel a annulé ce jugement, évoqué et statué au fond postérieurement à l'ordonnance du président de la chambre criminelle rejetant la requête. • Crim. 8 juin 2010, n° 09-84.085 P : *D. 2010. Actu. 1875*. ♦ Le pourvoi en cassation, assorti d'une requête déposée conformément à l'art. 570, formé contre un arrêt de la chambre de l'instruction qui se borne à rejeter une requête en annulation, est sans incidence sur le déroulement de l'instruction. • Crim. 2 oct. 2018, n° 18-84.131 P : *D. actu. 23 oct. 2018, obs. Azoulay.*

8. Effet suspensif du pourvoi. L'effet suspensif du pourvoi en cassation, prévu par les art. 570 et 571 lorsque sont remplies les conditions fixées par ces textes, ne s'attache qu'aux arrêts qui peuvent donner lieu à des actes d'exécution et ne fait pas obstacle à la poursuite de l'information. • Crim. 29 avr. 1996, n° 95-81.948 P. ♦ L'effet suspensif attaché au pourvoi en cassation par les art. 570 et 571 ne fait obstacle ni à la réalisation d'une expertise médicale ordonnée par l'arrêt attaqué, ni à la poursuite de l'information • Crim. 18 déc. 2013, n° 13-86.739 P.

9. Absence de dérogation aux art. 584 et 585. Les art. 570 et 571 ne dérogent pas aux art. 584 et 585. • Crim. 2 juin 1981, n° 81-91.637 P • 23 juin 2004, n° 02-83.638 P : *D. 2004. IR 2689* ; *JCP 2004. IV. 2780* ; *AJ pénal 2004. 370*. ♦ De même, l'art. 570, al. 4, ne déroge pas aux art. 584 et 585 ; la requête doit être signée par le demandeur. • Crim. 14 oct. 1987 : *Gaz. Pal. 1988. 1. 42.* ♦ L'irrecevabilité ne fait pas obstacle à ce que l'examen immédiat du pourvoi soit prescrit d'office par le président de la chambre criminelle. • Crim. 19 juin 1990, n° 90-83.309 P.

10. La requête en recevabilité immédiate du pourvoi est distincte du mémoire personnel ou ampliatif et ne saisit pas la Cour de cassation des moyens qu'elle pourrait contenir, les art. 570 et 571 n'apportant aucune dérogation aux dispositions des art. 584 s. • Crim. 12 mars 2014, n° 13-87.411 P.

11. Doit être immédiatement examiné par la chambre criminelle sans être soumis à la procédure des art. 570 et 571 le pourvoi formé par un prévenu contre un arrêt de la chambre des appels correctionnels qui, statuant en comparution immédiate, l'a placé en détention provisoire, après annulation du jugement, et a fixé la date de l'audience où elle a renvoyé l'affaire, sans que le pourvoi ainsi formé suspende la procédure en cours devant la cour d'appel. • Crim. 29 août 2012, n° 12-85.664 P.

12. Délais. Si les art. 570 et 571 déterminent les règles selon lesquelles le pourvoi formé contre une décision qui ne met pas fin à la procédure peut être déclaré immédiatement recevable, il ne découle pas de ces textes que le délai de pourvoi soit suspendu jusqu'au jour de la décision sur le fond ; bien au contraire ces articles ne portent aucune dérogation aux dispositions générales et absolues de l'art. 568 lequel fixe à cinq jours francs, après celui où la décision attaquée a été prononcée, le délai pour se pourvoir en cassation. • Crim. 24 févr. 1966, n° 64-93.807 P • 14 nov. 1973, n° 72-90.057 P • 4 avr. 1991, n° 90-80.216 P • 29 avr. 1996, n° 95-85.079 P.

13. Le pourvoi est immédiatement recevable contre un arrêt prononçant l'ajournement de la peine. • Crim. 8 févr. 1977, n° 77-90.100 P. ♦ D'une façon générale, l'arrêt qui statue sur le principe de la culpabilité ne doit pas être considéré comme un arrêt avant-dire droit, mais comme un arrêt sur le fond. Il n'entre pas dans les prévisions de l'art. 570. • Crim. 7 avr. 1976, n° 76-90.780 P.

14. Dispositions d'ordre public. Les dispositions des art. 570 et 571 étant d'ordre public, leur inobservation n'entre pas dans les prévisions de l'art. 802. • Crim. 19 mai 1980, n° 79-93.161 P : *D. 1981. 177, note Jeandidier.*

15. Loi sur la presse. Sur les pourvois en matière d'infractions de presse : • Crim. 29 déc. 1971, n° 71-82.527 P • 15 mars 1973, n° 71-93.706 P • 11 avr. 1996, n° 95-85.296 P. ♦ Les dispositions des art. 570 et 571 autorisent le président de la chambre criminelle à apprécier si un pourvoi contre un arrêt ne mettant pas fin à la procédure doit être reçu dans l'intérêt de l'ordre public ou d'une bonne administration de la justice, mais ne lui permettent pas de relever ce pourvoi de la nullité qui le frappe en application de l'article 59 de la L. du 29 juill. 1881. • Crim. 26 oct. 2004, n° 04-84.685 P.

Art. 571 **Le greffier avise le président du tribunal ou le premier président de la cour d'appel du dépôt de cette requête. Le jugement ou l'arrêt n'est pas exécutoire et il ne peut être statué au fond tant qu'il n'a pas été prononcé sur ladite requête.**

Dès que le greffier a reçu le pourvoi et la requête, il fait parvenir celle-ci au président de la chambre criminelle ainsi qu'une expédition du jugement ou de l'arrêt et de la déclaration de pourvoi.

(Ord. n° 60-529 du 4 juin 1960) **« Le président de la chambre criminelle statue sur la requête par ordonnance dans les huit jours de la réception de ce dossier. »**

S'il rejette la requête, le jugement ou l'arrêt est exécutoire et le tribunal ou la cour d'appel se prononce au fond ; aucun recours n'est recevable contre l'ordonnance du président et le pourvoi n'est alors jugé qu'en même temps que le pourvoi formé contre le jugement ou l'arrêt sur le fond.

Si, dans l'intérêt de l'ordre public ou d'une bonne administration de la justice, le président fait droit à la requête, il fixe la date à laquelle le pourvoi sera jugé.

La chambre criminelle doit statuer dans les deux mois qui suivent l'ordonnance du président, sans que puisse être soulevée devant elle une exception tirée de ce que le pourvoi formé contre la décision entreprise ne serait pas suspensif. L'exécution du jugement ou de l'arrêt est suspendue jusqu'à ce qu'intervienne l'arrêt de la chambre criminelle.

(Ord. n° 60-529 du 4 juin 1960 ; L. n° 2000-516 du 15 juin 2000) **« Les dispositions de l'article 570 et du présent article sont applicables aux pourvois formés contre les arrêts préparatoires, interlocutoires ou d'instruction rendus par les chambres de l'instruction »** *(L. n° 93-1013 du 24 août 1993)* **« à l'exception des arrêts visés au troisième alinéa de l'article 570.**

« Lorsque le président de la chambre criminelle déclare immédiatement recevable le pourvoi formé contre un arrêt de la chambre de l'instruction, saisie par application de l'article 173, il peut ordonner au juge d'instruction saisi de suspendre son information, à l'exception des actes urgents. »

1. QPC. N'est pas nouvelle et ne présente pas un caractère sérieux (en ce que les dispositions légales critiquées n'ont pour effet que de déférer, dans certains cas, dans l'intérêt de l'ordre public ou d'une bonne administration de la justice, l'examen du pourvoi, et ne font pas obstacle à l'accès au juge) la QPC qui soutient que les dispositions des art. 570 et 571 portent atteinte au droit au juge tel qu'il est garanti par les dispositions constitutionnelles au travers du droit des personnes intéressées d'exercer un recours effectif devant une juridiction fondé sur l'art. 16 DDHC. • Cass., QPC, 31 mai 2010 : *D. 2010. Actu. 1486*.

2. Recevabilité immédiate du pourvoi. Constituent des arrêts d'instruction, auxquels est applicable la disposition finale de l'art. 571, l'arrêt d'une chambre d'accusation rejetant une requête en mainlevée de saisie. • Crim. 18 oct. 1961 : *Bull. crim. n° 407* • 3 juill. 1987, n° 85-95.826 P. ♦ ... L'arrêt de chambre d'accusation confirmant l'ordonnance rejetant une demande d'expertise. • Crim. 22 déc. 1960 : *Bull. crim. n° 605*. ♦ ... L'arrêt statuant sur une demande de contre-expertise. • Crim. 5 mai 1964, n° 63-92.934 P. ♦ ... L'arrêt de la chambre d'accusation qui, statuant sur la requête du procureur de la République, annule certaines pièces de l'information. • Crim. 2 juin 1975, n° 75-91.180 P ; *D. 1975. IR 155*. ♦ ... L'arrêt de chambre d'accusation refusant, à l'occasion de l'appel d'une ordonnance de refus de mise en liberté, de déclarer la nullité de certaines pièces de la procédure qui n'affectent en rien les actes se rapportant directement à la détention. • Crim. 28 oct. 1959 : *Bull. crim. n° 452* • 26 janv. 1961 : *Bull. crim. n° 55*. ♦ ... L'arrêt par lequel la chambre d'accusation, d'une part rejette une exception d'irrecevabilité de l'action publique, et d'autre part ordonne un complément d'information. • Crim. 10 juin 1971, n° 71-91.355 P. ♦ ... La décision qui statue sur un incident de procédure, sans mettre fin à celle-ci. • Crim. 19 oct. 1972, n° 72-92.749 P. ♦ ... L'arrêt fixant la consignation à verser par la partie civile préalablement à la mise en mouvement de l'action publique. • Crim. 3 juin 1986, n° 85-95.640 P : *Gaz. Pal. 1987. 1. Somm. 2, note Doucet* • 24 avr. 1990, n° 89-83.517 P. ♦ ... L'arrêt de la chambre d'accusation qui, dans le cadre d'une demande de mise en liberté, ordonne, sur le fondement de l'art. 194, al. 2, des vérifications et renvoie l'affaire à une date ultérieure. • Crim. 5 janv. 1987, n° 86-96.276 P. ♦ ... L'arrêt d'une chambre d'accusation qui renvoie le dossier à un autre juge d'instruction, dans l'intérêt d'une bonne administration de la justice, en application de l'art. 221-1. • Crim. 10 déc. 1990, n° 90-86.500 P.

3. Exclusions. Le pourvoi formé contre un arrêt préparatoire, interlocutoire ou d'instruction rendu par une chambre d'accusation n'a pas d'effet suspensif, en l'absence d'une requête adressée au président de la chambre criminelle de la Cour de cassation, ou en cas d'ordonnance de magistrat refusant l'examen immédiat du pourvoi. • Crim. 4 nov. 1992, n° 92-84.972 P • 5 déc. 1996, n° 96-84.322 P.

4. Les arrêts portant mise en accusation et renvoi d'inculpés devant la cour d'assises n'entrent pas dans la classe des arrêts préparatoires, interlocutoires ou d'instruction prévus par l'art. 571, dernier al. • Crim. 21 juill. 1966, n° 66-92.423 P. ♦ ... Pas plus que l'arrêt de la chambre d'accusation admettant la recevabilité de la partie civile. • Crim. 29 juill. 1968, n° 68-92.308 P • 29 janv. 1971 : *Bull. crim. n° 32* • 6 mars 1990, n° 88-81.385 P • 13 janv. 2004, n° 02-88.025 P. ♦ ... Ou l'arrêt déclarant irrecevable sa constitution. • Crim. 11 janv. 1972, n° 71-93.622 P • 4 avr. 1995, n° 95-81.008 P.

5. Sont exclus des prévisions des art. 570 et 571 les arrêts de la chambre d'accusation rendus, soit sur appel de l'une des ordonnances du juge d'instruction visées aux art. 81, al. 9, 82-1, al. 2, 156, al. 2, et 167, al. 4, soit en raison du défaut par le juge d'instruction d'avoir rendu une telle ordonnance ; les pourvois formés contre ces arrêts n'ont pas d'effet suspensif et leur examen immédiat ne peut être ordonné par le président de la chambre criminelle. • Crim., ord., prés., 23 déc. 1993, n° 93-85.234 P • 11 avr. 1996, n° 96-80.987 P.

6. N'est pas un arrêt sur le fond au sens de l'art. 571 la décision de la chambre de l'instruction qui, saisie sur le fondement de l'art. 186-3, confirme l'ordonnance du juge d'instruction renvoyant la personne mise en examen devant le tribunal correctionnel. • Crim. 20 févr. 2019, n° 18-86.897 P : *D. actu. 18 mars 2019, obs. Priou-Alibert ; Procédures 2019, n° 133, obs. Chavent-Leclère.*

7. Incidence de la réforme du 4 janv. 1993. La loi du 4 janv. 1993, en modifiant les art. 170 à 174, n'a apporté aucune dérogation aux dispositions des art. 570 et 571 concernant les pourvois en cassation formés contre les arrêts des chambres d'accusation qui ne mettent pas fin à la procédure. De tels pourvois, dépourvus d'effet suspensif lorsqu'ils ne sont pas assortis de la requête prévue par ces textes, ne sont jugés qu'en même temps que le pourvoi formé contre l'arrêt sur le fond, sauf décision du président de la chambre criminelle pouvant en prescrire, éventuellement d'office, l'examen immédiat. • Crim., ord., prés., 2 juin 1993, n° 93-82.187 P.

Art. 571-1 *(L. n° 85-1407 du 30 déc. 1985)* **Le désistement du pourvoi est constaté par ordonnance du président de la chambre criminelle.**

1. Moment du désistement. Le demandeur ne peut se désister de son pourvoi après que le rapport a été fait à l'audience. • Crim. 12 mars 2014, n° 13-81.273 P.

2. Moment où devient exécutoire la décision de condamnation après désistement. Alors qu'un arrêt de condamnation ne devient exécutoire qu'à la date à laquelle il est donné acte du désistement du pourvoi dont il a fait l'objet, il en va différemment lorsque, par suite d'une erreur non imputable au demandeur, les pièces de son pourvoi et celles de son désistement n'ont été transmises que tardivement à la Cour de cassation. Il appartient au président de la chambre criminelle, en donnant acte du désistement, de fixer à sa réception par le parquet général localement compétent la date à laquelle la condamnation doit être considérée comme définitive et exécutoire. • Crim. 12 juill. 1996, n° 96-82.933 P : *Dr. pénal 1996. Comm. 255, note Maron.*

3. Rétractation du désistement. La production de moyens de cassation, postérieurement à un désistement de pourvoi mais avant qu'il en ait été donné acte, équivaut à une rétractation de ce désistement et laisse subsister le pourvoi avec tous ses effets. • Crim., ord., prés., 7 mars 1994, n° 93-81.052 P.

Art. 572 **Les arrêts d'acquittement prononcés par la cour d'assises ne peuvent faire l'objet d'un pourvoi que dans le seul intérêt de la loi, et sans préjudicier à la partie acquittée.**

1. Il résulte de l'art. 572 que l'arrêt de la cour d'assises déclarant l'accusé coupable de certains des crimes qui lui étaient reprochés, et l'acquittant pour le surplus, ne peut être annulé, en l'absence d'indivisibilité, que dans ses seules dispositions portant condamnation. • Crim. 16 juill. 1996, n° 96-82.945 P.

2. Aux termes des art. 572, 620 et 621 combinés, les arrêts d'acquittement de la cour d'assises ne peuvent faire l'objet d'un pourvoi que dans l'intérêt de la loi, sans préjudicier à la partie acquittée, et à la seule initiative du procureur général près la Cour de cassation. Par ailleurs, il résulte des dispositions de l'art. 596 que le ministère public ne peut se pourvoir contre une décision de condamnation de cour d'assises que si l'arrêt a prononcé une peine autre que celle appliquée par la loi à la nature du crime. En conséquence, le procureur général près une cour d'appel qui n'invoque à l'appui de son recours que des griefs concernant les énonciations de la feuille de questions et, plus spécialement, l'absence de constatations formelles des acquittements partiels consécutifs aux réponses négatives de la cour à des questions relatives à certains chefs d'accusation, est sans qualité pour se pourvoir. • Crim. 21 févr. 2007, n° 06-81.713 P : *D. 2007. AJ 1080 ; AJ pénal. 2007. 184, obs. Royer ; Dr. pénal 2007. Comm. 78 (3ᵉ esp.), obs. Maron.*

Art. 573 **Peuvent toutefois donner lieu à un recours en cassation de la part des parties auxquelles ils font grief les arrêts prononcés par la cour d'assises soit après acquittement dans les conditions prévues par l'article 371, soit après acquittement ou** *(L. n° 92-1336 du 16 déc. 1992)* **« exemption de peine » dans les conditions prévues par l'article 372.** — *Les dispositions de la loi n° 92-1336 du 16 déc. 1992 sont entrées en vigueur le 1ᵉʳ mars 1994.*

Il en est de même des arrêts statuant sur les restitutions, comme il est dit à l'article 373.

Art. 574 **L'arrêt de la chambre de l'instruction portant renvoi du prévenu devant le tribunal correctionnel ou de police ne peut être attaqué devant la Cour de cassation que lorsqu'il statue, d'office ou sur déclinatoire des parties, sur la compétence ou qu'il présente des dispositions définitives que le tribunal, saisi de la prévention, n'a pas le pouvoir de modifier.**

1. QPC. Ne revêt pas un caractère sérieux la question de conformité à la Constitution de l'art. 574, dès lors que le pourvoi est ouvert lorsque l'arrêt ne satisfait pas aux conditions essentielles de son existence légale, assurant ainsi un accès effectif au juge et garantissant le respect des droits de la défense, lors de débats publics à l'audience. • Cass., QPC, 15 déc. 2010, n° 10-84.112.

2. Pour une présentation schématique de la jurisprudence sur l'art. 574, V. Jeandidier, note ss. • Crim. 15 mars 1983 : *Bull. crim. n° 80 ; D. 1983. 615.*

3. Est définitif et lie le juge du fond et est donc susceptible de pourvoi en cassation, l'arrêt de renvoi rendu sur le seul appel de la partie civile contre l'ordonnance de non-lieu du juge d'instruction. • Crim. 18 avr. 1956 : *D. 1956. 560* • 7 févr. 1956 : *D. 1956. Somm. 125* • 31 mai 1961 : *Bull. crim. n° 279* • 2 déc. 1969, n° 68-91.953 P • 20 oct. 1977, n° 76-90.927 P : *D. 1978. IR 51* • 29 mai 1985, n° 84-90.720 P • 23 juin 1987, n° 86-94.322 P • 13 janv. 1988, n° 84-95.047 P : *Gaz. Pal. 28 juin 1988 ; Somm. 15.*

4. La règle de l'art. 416, al. 3, C. instr. crim. (art. 574), souffre exception et le pourvoi est irrecevable, lorsque l'arrêt ne tranche pas de question de compétence, ne contient aucune disposition définitive sur les qualifications par lui retenues, et laisse entiers les droits du demandeur devant le tribunal de renvoi. • Crim. 9 nov. 1955 : *D. 1956. 82* • 5 déc. 1978 : *D. 1979. 151, note Chambon.*

5. La règle de l'art. 574 est applicable au pourvoi formé contre un arrêt qui a statué sur l'appel relevé par le ministère public d'une ordonnance qui avait, elle-même, renvoyé l'inculpé devant le tribunal correctionnel. • Crim. 3 janv. 1964, n° 62-93.633 P.

6. Pourvoi de la partie civile. En l'absence de pourvoi du ministère public contre une décision de relaxe, la partie civile ne saurait, sur son seul pourvoi dont la portée se limite aux intérêts civils, être admise à remettre en question les conditions dans lesquelles les juges du fond ont été saisis de l'action publique. • Crim. 3 janv. 1956 : *D. 1956. 198.* ♦ Mais son pourvoi est recevable s'il se fonde sur la méconnaissance des droits qu'elle tient de la loi du 8 déc. 1897 (des art. 114 s.). • Crim. 7 mars 1956 : *D. 1956. Somm. 129.* ♦ Il est également recevable lorsque l'arrêt statue sur la compétence, soit d'office, soit sur déclaration des parties. • Crim. 21 déc. 1982, n° 82-92.054 P : *JCP 1984. II. 20143, note Jeandidier.* ♦ V. aussi : • Crim. 26 nov. 1990, n° 90-81.484 P • 21 oct. 1997, n° 96-85.907 P : *Procédures 1998, n° 67, obs. Buisson.*

7. Pourvoi du mis en examen. Le prévenu dénoncé, fût-ce implicitement, par la plainte, ou impliqué dans une poursuite sans avoir été inculpé, est recevable à se pourvoir en cassation contre l'arrêt de la chambre d'accusation qui, sur le seul appel de la partie civile contre l'ordonnance de non-lieu du juge, et après l'avoir fait inculper, l'a renvoyé devant le tribunal correctionnel. • Crim. 25 avr. 1979, n° 77-93.302 P : *D. 1979. IR 529, obs. Puech ; JCP 1980. II. 19353, note Jeandidier* • 3 mai 1979 : *inédit.*

8. Est recevable le pourvoi en cassation formé par un prévenu contre l'arrêt de la chambre d'accusation qui, sur le seul appel de la partie civile contre l'ordonnance de non-lieu du juge d'instruction et après avoir fait procéder à son inculpation, l'a renvoyé devant le tribunal correctionnel. • Crim. 13 janv. 1988, n° 84-95.047 P.

9. Le prévenu est sans intérêt et non recevable à se pourvoir contre l'arrêt de la chambre d'accusation qui se borne à le renvoyer en police correctionnelle en statuant sur la prévention du délit, sans trancher aucune question de compétence, et qui laisse entière la liberté d'appréciation du tribunal. • Crim. 18 sept. 1890 : *DP 91. 1. 192* • 12 déc. 1890 : *DP 91. 5. 308* • 5 janv. 1935 : *DH 1935. 149.* ♦ Ainsi doit être déclaré irrecevable le pourvoi formé par le mis en examen contre l'arrêt de renvoi prononçant également sur la recevabilité de l'action civile, la décision de la chambre d'accusation admettant la recevabilité de l'action civile ne présentant pas un caractère définitif dès lors qu'elle ne s'impose pas à la juridiction de jugement. • Crim. 20 janv. 1998, n° 96-85.591 P : *RSC 1998. 347, obs. Dintilhac* . ♦ V. aussi : • Crim. 27 févr. 1932 : *DP 1933. 1. 127, note Leloir.* ♦ De même, les parties civiles sont irrecevables à se pourvoir contre un arrêt de la chambre de l'instruction qui, saisie de l'appel d'une ordonnance de mise en accusation du chef de violences ayant entraîné la mort sans intention de la donner, a ordonné le renvoi devant le tribunal correctionnel du chef d'homicide involontaire. • Crim. 5 sept. 2006, n° 05-87.407 P : *AJ pénal 2006. 458* .

10. Le pourvoi serait, au contraire, recevable contre l'arrêt de renvoi s'il statuait sur une question de compétence ou préjugeait, par quelque disposition définitive, certaines questions du procès. • Crim. 4 nov. 1932 : *DP 1933. 1. 127* • 28 mars 1936 (sol. impl.) : *DH 1936. 302.* ♦ Ainsi en est-il de l'arrêt qui ne satisfait pas, en la forme, aux conditions essentielles de son existence légale, l'art. 174 interdisant à la juridiction de jugement d'examiner la régularité des procédures d'instruction renvoyées devant elle par la chambre d'accusation. • Crim. 3 mai 1990, n° 90-80.226 P. ♦ De même, lorsque la chambre de l'instruction n'a pas donné la parole en dernier à l'avocat du mis en examen, le pourvoi de celui-ci contre l'arrêt de la chambre de l'instruction le renvoyant devant le tribunal correctionnel est recevable. • Crim. 7 juill. 2005, n° 05-80.914 P : *D. 2006. Pan. 624, obs. Pradel* ; *RSC 2005. 869, obs. Commaret* .

11. Sont irrecevables les pourvois formés par une personne mise en examen et des parties civiles contre un arrêt de la chambre d'accusation confirmant une ordonnance du juge d'instruction rejetant les réquisitions du ministère public tendant à la mise en examen de témoins car le droit de requérir une mise en examen est réservé par la loi au ministère public. • Crim. 16 mai 2000, n° 99-82.235 P.

Art. 574-1 *(L. n° 81-82 du 2 févr. 1981)* **La chambre criminelle saisie d'un pourvoi contre l'arrêt portant mise en accusation** *(L. n° 2016-731 du 3 juin 2016, art. 59, en vigueur le 1er août 2016)* **« ou ordonnant le renvoi devant le tribunal correctionnel » doit statuer dans les trois mois** *(L. n° 85-1407 du 30 déc. 1985)* **« de la réception du dossier à la Cour de cassation ».**

(L. n° 83-466 du 10 juin 1983 ; L. n° 85-1407 du 30 déc. 1985) **« Le demandeur en cassation ou son avocat doit, à peine de déchéance, déposer son mémoire exposant les moyens de cassation dans le délai d'un mois à compter de la réception du dossier à la Cour de cassation, sauf décision du président de la chambre criminelle prorogeant, à titre exceptionnel, le délai pour une durée de huit jours ». Après l'expiration de ce délai, aucun moyen nouveau ne peut être soulevé par lui et il ne peut plus être déposé de mémoire.**

S'il n'est pas statué dans le délai prévu au premier alinéa, le prévenu est mis d'office en liberté.

S'agissant des dispositions d'urgence mises en place pour faire face à l'épidémie de covid-19, V. App., vo État d'urgence sanitaire.

1. Le moyen de cassation produit dans un mémoire additionnel, après l'expiration du délai d'un mois imparti par l'art. 574-1, est irrecevable, en application de ce texte. • Crim. 18 juin 1991, n° 91-82.028 P.

2. Ne fait pas courir les délais prévus par l'art. 574-1 la réception, à la Cour de cassation, de l'arrêt d'une chambre d'accusation portant renvoi devant la cour d'assises, accompagné de la copie des réquisitions du Parquet général tendant à ce renvoi et de l'expédition des déclarations de pourvoi, ces seuls documents ne constituant pas, au sens dudit article, le dossier dont l'examen permettrait, à l'avocat du demandeur et à la chambre criminelle, d'examiner la régularité de la procédure antérieure à l'arrêt attaqué. • Crim. 7 oct. 1988, n° 88-85.516 P.

3. Un inculpé qui s'est pourvu successivement contre deux arrêts de la chambre d'accusation, le premier ayant annulé certains actes de la procédure, le second l'ayant renvoyé devant la cour d'assises du chef d'assassinat, et qui se trouve déchu de son second pourvoi, faute de mémoire déposé dans le délai prévu par l'art. 574-1, perd l'exercice des droits que lui avait ouverts son pourvoi antérieur contre l'arrêt avant dire droit ; ce premier pourvoi étant devenu sans objet, il n'y a pas lieu à statuer sur les moyens proposés contre l'arrêt avant dire droit. • Crim. 1er sept. 1987, n° 85-92.518 P : *RSC 1990. 325, obs. Vitu*.

Art. 574-2 *(L. n° 2004-204 du 9 mars 2004, art. 18-II)* **La chambre criminelle de la Cour de cassation saisie d'un pourvoi contre un arrêt visé à l'article 568-1 statue dans le délai de quarante jours à compter de la date du pourvoi.**

Le demandeur en cassation ou son avocat doit, à peine de déchéance, déposer son mémoire exposant les moyens de cassation dans le délai de cinq jours à compter de la réception du dossier à la Cour de cassation. La transmission du mémoire peut être effectuée par tout moyen permettant d'en conserver une trace écrite.

Après l'expiration de ce délai, aucun moyen nouveau ne peut être soulevé par lui et il ne peut plus être déposé de mémoire.

Dès la réception du mémoire, le président de la chambre criminelle fixe la date de l'*audience*.

S'agissant des dispositions d'urgence mises en place pour faire face à l'épidémie de covid-19, V. App., vo État d'urgence sanitaire.

1. Dépôt du mémoire. Dans l'hypothèse où ni le demandeur ni son avocat n'ont déposé de mémoire exposant les moyens de cassation dans le délai de cinq jours à compter de la réception du dossier à la Cour de cassation, le demandeur est déchu de son pourvoi. • Crim. 22 juill. 2004, n° 04-84.241 P : *D. 2004. IR 2272 ; JCP 2004. IV. 3009 ; AJ pénal 2004. 408*.

2. Signature du mémoire. Le mémoire personnel produit au soutien d'un pourvoi contre un arrêt autorisant l'exécution d'un mandat d'arrêt européen doit être signé par le demandeur lui-même, sous peine de déchéance. • Crim. 22 juill. 2004, n° 04-84.158 P : *D. 2004. IR 2271 ; JCP 2004. IV. 3010 ; AJ pénal 2004. 410*. ♦ Le mémoire personnel, adressé au greffe de la chambre de l'instruction dans le délai de l'art. 574-2, al. 2, soit dans les cinq jours de la réception du dossier à la Cour de cassation, non signé par le demandeur, est irrecevable et ne saisit donc pas la Cour des moyens qu'il pourrait contenir. • Crim. 16 janv. 2019, n° 18-87.134 P.

Art. 575 *(Abrogé par Cons. const. n° 2010-15/23 QPC du 23 juill. 2010)* ***La partie civile ne peut se pourvoir en cassation contre les arrêts de la chambre de l'instruction que s'il y a pourvoi du ministère public.***

Toutefois son seul pourvoi est recevable dans les cas suivants :

1° Lorsque l'arrêt de la chambre de l'instruction a dit n'y avoir lieu à informer ;

2° Lorsque l'arrêt a déclaré l'irrecevabilité de l'action de la partie civile ;

3° *(Ord. n° 60-529 du 4 juin 1960)* ***« Lorsque l'arrêt a admis une exception mettant fin à l'action publique » ;***

4° Lorsque l'arrêt a, d'office ou sur déclinatoire des parties, prononcé l'incompétence de la juridiction saisie ;

5° Lorsque l'arrêt a omis de statuer sur un chef d'inculpation *[de mise en examen]* ***;***

6° Lorsque l'arrêt ne satisfait pas, en la forme, aux conditions essentielles de son existence légale ;

(L. n° 70-643 du 17 juill. 1970) ***« 7° En matière d'atteintes aux droits individuels telles que définies »*** *(L. n° 92-1336 du 16 déc. 1992)* ***« aux articles 224-1 à 224-5 et 432-4 à 432-6 du code pénal ».***

BIBL. ▶ MEURISSE, *JCP 1956. I. 1313.* – PATIN, *RSC 1959. 143.* – LACROIX, *Dr. pénal 2007. Étude 2* (l'accès à la chambre criminelle de la Cour de cassation par les parties civiles : de la nécessité de modifier l'art. 575 C. pr. pén). – LAZERGES, *RSC 2011. Chron. 193* (la question prioritaire de constitutionnalité devant le Conseil constitutionnel en droit pénal : entre audace et prudence).

CHAPITRE II DES FORMES DU POURVOI

RÉP. PÉN. v° *Cassation (Pourvoi en)*, par J. BORÉ et L. BORÉ.

Art. 576 **La déclaration de pourvoi doit être faite au greffier de la juridiction qui a rendu la décision attaquée.**

Elle doit être signée par le greffier et par le demandeur en cassation lui-même ou par un *(L. n° 2011-94 du 25 janv. 2011, art. 31, en vigueur le 1er janv. 2012)* **« avocat** *[ancienne rédaction : avoué]* **» près la juridiction qui a statué, ou par un fondé de pouvoir spécial ; dans ce dernier cas, le pouvoir est annexé à l'acte dressé par le greffier. Si le déclarant ne peut signer, le greffier en fera mention.**

Elle est inscrite sur un registre public à ce destiné et toute personne a le droit de s'en faire délivrer une copie.

S'agissant des dispositions d'urgence mises en place pour faire face à l'épidémie de covid-19, V. App., v° État d'urgence sanitaire.

TOM : 856 s.

I. DÉCLARATION DE POURVOI

1. *Signature du demandeur.* La déclaration de pourvoi non signée par le demandeur rend le pourvoi irrecevable en application de l'art. 576. • Crim. 28 oct. 2009, n° 09-84.913.

2. *Au greffier.* Le pourvoi en cassation ne peut être formé que par la voie d'une déclaration au greffe ; cette règle s'applique soit qu'il s'agisse de la partie civile, soit du condamné, du moins lorsqu'il se trouve en liberté au moment où le délai légal prend fin. • Crim. 26 oct. 1894 : *DP 1897. 1. 332* • 18 oct. 1895 : *ibid.* • 5 août 1911 : *DP 1915. 1. 71.* ♦ Le greffier compétent est celui de la juridiction qui a rendu la décision attaquée. • Crim. 1er févr. 1956 : *D. 1956. Somm. 129.*

3. Les formes du pourvoi étant réglées non par l'art. 373 C. instr. crim. (art. 568), mais par l'art. 417 (art. 576), est valable la déclaration de pourvoi faite au greffier par le procureur général, non au greffe, mais dans son parquet. • Crim. 24 juill. 1931 : *DH 1931. 402.*

4. Il ne peut être suppléé à l'emploi de cette forme légale ni par l'envoi d'une lettre, ni par une déclaration faite par exploit d'huissier au procureur général ou au procureur de la République. • Crim. 30 oct. 1894 : *DP 1897. 1. 202* • 18 oct. 1895 : *ibid.* • 27 janv. 1900 : *DP 1900. 1. 615* • 10 févr. 1900 : *DP 1900. 1. 614* • 5 août 1911 : *préc. note 2.* ♦ ... Ni par lettre transcrite sur les registres du greffe. • Crim. 7 nov. 1989, n° 89-85.723 P. ♦ ... Ni par l'envoi d'un télégramme au greffier. • Crim. 29 févr. 1956 : *D. 1956. Somm. 126* • 3 avr. 1991, n° 91-81.467 P. ♦ ... Ou d'une lettre recommandée. • Crim. 29 mai 1973, n° 73-91.429 P : *JCP 1974. II. 17655, note H. B.* ♦ ... Ou d'un télex. • Crim. 28 janv. 1988, n° 87-81.225 P.

5. Les art. 706-53-15 et R. 53-8-43 ne dérogent pas aux conditions de recevabilité du pourvoi en cassation fixées par les art. 576 et 577, dès lors est irrecevable le pourvoi en cassation formé contre la décision d'une juridiction nationale de la rétention de sûreté par lettre recommandée adressée à la Cour de cassation. • Crim. 12 déc. 2012, n° 12-83.240 P.

*6. ... **Sauf force majeure.*** Néanmoins, un pourvoi formé irrégulièrement ne doit être déclaré non recevable que si le demandeur en cassation, non détenu, ne s'est pas trouvé dans l'impossibilité absolue de se présenter au greffe. • Crim. 20 janv. 1893 (*a contrario*) : *DP 1895. 1. 213* • 18 oct. 1895 (*a contrario*) : *Bull. crim. n° 253* • 5 déc. 1896 (*a contrario*) : *ibid. n° 353* • 21 mars 1988 : *ibid. n° 132.* ♦ ... Pourvu que cette impossibilité résulte d'une circonstance indépendante de la volonté du demandeur, dont il incombe à celui-ci de justifier. • Crim. 26 oct. 1894 : *DP 1897. 1. 332* • 17 mai 1895 : *ibid.* ♦ ... Cette impossibilité peut ainsi résulter d'une hospitalisation psychiatrique en soins complets. • Crim. 30 oct. 2018, n° 17-87.537 P : *Dr. pénal 2018, n° 215, note Maron et Haas.*

7. La manifestation de la volonté de se pourvoir, lorsqu'elle est certaine et non équivoque, doit être tenue pour un acte de pourvoi ; il en est ainsi de la démarche faite à cette fin dans le délai légal au greffe du tribunal par un condamné qui s'est heurté au refus injustifié du greffier ; le pourvoi réitéré ultérieurement, hors délai, est recevable. • Crim. 10 nov. 1953 : *D. 1954. 565, note A.-L. P.*

II. LA REPRÉSENTATION AU POURVOI

8. Capacité du demandeur. Un majeur, placé sous le régime de la curatelle avec interdiction d'engager toute procédure judiciaire sans l'assistance de son curateur, en application de l'art. 511 C. civ, a la capacité de se pourvoir seul en cassation lorsqu'il est traduit devant une juridiction pénale. • Crim. 19 mai 1998, n° 97-81.018 P. ♦ *Contra*, déclarant le pourvoi irrecevable : • Crim. 1er mars 1983, n° 82-92.270 P (pour un majeur en tutelle) • 28 oct. 1997, n° 97-80.051 P.

9. Le père, par la puissance qu'il exerce sur ses enfants mineurs, est de plein droit leur fondé de pouvoir spécial pour toutes les affaires qui les concernent ; il a, par suite, qualité pour former *un pourvoi en cassation* contre tout arrêt de condamnation prononcé contre eux. • Crim. 2 avr. 1927 : *DP 1928. 1. 48.*

10. Le pourvoi d'un condamné qui a été déclaré en liquidation judiciaire, contre l'arrêt de la cour d'assises sur les intérêts civils de victimes de viols aggravés, n'est pas recevable s'il n'est pas fait par le liquidateur. • Crim. 22 mars 2000, n° 99-80.769 P.

11. Matière criminelle. En matière criminelle, le défenseur, étant assimilé à l'accusé lui-même, a qualité pour former au nom de l'accusé un pourvoi en cassation, même contre l'arrêt civil, sans avoir à justifier du pouvoir spécial prévu à l'art. 576. • Crim. 8 mars 1989.

12. Représentants locaux des contributions indirectes. Les représentants locaux de l'administration des contributions indirectes, notamment un commis principal, ont qualité, sans avoir besoin de pouvoir *ad hoc*, pour former des recours, spécialement un pourvoi en cassation. • Crim. 10 mars 1927 : *DH 1927. 305.*

13. Demandeur se dérobant à un mandat de justice. En l'absence de dispositions expresses de la loi dérogeant, en cas de délivrance d'un mandat de justice, à l'application des conditions de forme prévues par l'art. 576, le pourvoi formé par le mandataire du prévenu en fuite est recevable. • Crim. 30 juin 1999, n° 98-80.923 P : *RSC 1999. 839, obs. Commaret* ; *Dr. pénal 1999. Comm. 156, obs. Maron.* ♦ *Contra*, en cas de refus se mettre en état : • Crim. 6 avr. 1922 : *Bull. crim. n° 144* • 1er déc. 1966, n° 66-93.235 P : *D. 1967. 23, rapp. Costa* • 26 juin 1978, n° 77-92.833 P : *JCP 1980. II. 19437, note Mayer* • 10 déc. 1986 : *D. 1987. 165, note Mayer* • 7 nov. 1989, n° 89-85.339 P. ♦ *Contra*, de même, en cas de refus de se soumettre aux obligations du contrôle judiciaire : • Crim. 8 mars 1995, n° 94-85.990 P : *D. 1996. Somm. 256, obs. Pradel* . ♦ ... Mais, faute de s'être mis en état et d'avoir obtenu dispense de se soumettre à cette obligation, le prévenu, conformément à l'art. 583, est déchu de son pourvoi. • Crim. 30 juin 1999 *préc.*

14. Avoué. Un avoué n'est pas dispensé de la production du pouvoir spécial prévu par l'art. 576 dès lors que la décision attaquée n'émane pas de la juridiction auprès de laquelle il est établi, ce qui est le cas lorsque le pourvoi est fait contre une ordonnance du président du TGI. • Crim. 7 mai 2002, n° 01-82.204 P • 22 févr. 2006, n° 04-86.241 P. ♦ *Contra* : l'avoué qui a représenté son client devant le tribunal de simple police n'a pas à justifier d'un tel pouvoir. • Crim. 28 avr. 1944 : *D. 1945. 84.*

15. Est irrecevable le pourvoi formé par un avoué qui déclare tenir son mandat de l'avocat du prévenu. • Crim. 4 oct. 1989, n° 89-84.904 P : *RSC 1990. 595, obs. Braunschweig* • 5 oct. 1992, n° 91-86.141 P.

16. Un avoué de cour d'appel ne saurait donner pouvoir à un particulier de former un pourvoi en cassation au nom de son client. • Crim. 13 mars 1989, n° 88-82.483 P.

17. Satisfait aux exigences de l'art. 576 la déclaration de pourvoi formée par l'avoué de la personne morale, sans mention de l'organe qui la représente. • Crim. 22 oct. 1998, n° 97-84.511 P : *Dr. pénal 1999. Chron. 21, par Marsat.* ♦ *Contra*, déclarant le pourvoi irrecevable : • Crim. 30 mai 1995, n° 94-82.634 P • 10 févr. 1998, n° 97-81.984 P.

18. Fondé de pouvoir spécial. Un pouvoir délivré à l'avance pour une décision de justice non encore prononcée ne saurait constituer un pouvoir spécial. • Crim. 20 févr. 1992, n° 88-84.933 P. ♦ Le pouvoir, lorsqu'il est nécessaire, doit comporter des mentions qui établissent l'intention non équivoque du demandeur de former un pourvoi en cassation, après qu'il a pris connaissance de la décision ; un pouvoir ne peut être établi antérieurement à la décision que lorsque des circonstances particulières font obstacle à ce que le demandeur puisse prendre connaissance de celle-ci dans le délai du pourvoi. • Crim. 29 mars 2017, n° 17-80.020 P. ♦ Une lettre visant une décision de justice non encore prononcée, partant indéterminée, ne saurait constituer un pouvoir spécial au sens de l'art. 576. • Crim. 14 mai 2002, n° 02-81.070 P • 6 oct. 2004, n° 03-86.381 P.

19. A défaut de pouvoir exprès, est irrecevable le pourvoi formé par un mandataire muni du pouvoir général d'ester en justice, assigner et défendre devant les tribunaux et cours compétents. • Crim. 16 avr. 1991, n° 90-84.437 P. ♦ ... Ou le pourvoi assorti d'une lettre visant une décision de justice non identifiée avec précision. • Civ. 1re, 24 mars 1993 : *Dr. pénal avr. 1993, n° 176, obs. Maron.* ♦ ... Ou un mandat délivré à d'autres fins (habilitation pour suppléer une personne à une audience). • Crim. 9 févr. 2005 : *Dr. pénal 2005. Comm. 101, obs. Maron.*

20. Lorsque le pourvoi est formé par un fondé de pouvoir spécial, la preuve du mandat doit résulter du document annexé à la déclaration de pourvoi. Répond à cette exigence le pouvoir transmis par télécopie qui comporte la signature de celui dont il émane. • Crim. 9 oct. 1989, n° 88-87.237 P : *RSC 1990. 595, obs. Braunschweig.* ♦ Et, *a contrario*, pour un pouvoir annexé à la déclaration de pourvoi, adressé par télécopie au mandataire le lendemain du jour où il a formé le recours : • Crim. 10 juin 1992, n° 91-80.175 P. ♦ Ne répond pas aux exigences de l'art. 576 le document courriel annexé à l'acte qui ne comporte pas la signature de la demanderesse. • Crim. 16 mars 2011, n° 10-83.202 P : *D. 2011. Actu. 1142.*

21. Le pouvoir spécial doit comporter la désignation nominative du mandataire chargé de former pourvoi au nom du demandeur. • Crim. 30 nov. 1994, n° 94-80.482 P : *RSC 1995. 367, obs. Dintilhac ; Dr. pénal 1995. Comm. 51, obs. Maron.*

22. La déclaration de pourvoi faite par un huissier qui n'était ni accompagné de la partie condamnée ni porteur d'un pouvoir spécial, est irrecevable. • Crim. 26 oct. 1894 : *DP 1897. 1. 332.* ♦ V. aussi : • Crim. 30 juin 1911 : *DP 1912. 1. 110.*

23. Avocat et pouvoir spécial. Un avocat ne peut signer la déclaration de pourvoi sans un pouvoir spécial dès lors que la représentation devant la cour d'appel est assurée par un avoué. • Crim. 12 déc. 1974 : *Gaz. Pal. 1975. 1. 156* • 22 févr. 1977, n° 76-92.006 P • 16 mars 1987, n° 86-96.848 P • 14 déc. 1994, n° 94-80.864 P. ♦ Les termes du pouvoir prévu par l'art. 576 doivent établir que le demandeur a personnellement décidé de se pourvoir en cassation et qu'il a spécialement chargé un mandataire d'exercer ce recours en son nom. Ne répond pas à cette exigence le pouvoir donnant mandat à un avocat de « faire toutes suites nécessaires, suite à l'arrêt rendu par la cour d'appel ». • Crim. 25 févr. 1998, n° 97-80.801 P : *Dr. pénal 1998, n° 107, obs. Maron.* ♦ Un mandataire, fût-il avocat, ne saurait exercer un tel recours sans justifier personnellement d'un pouvoir spécial comme l'exige l'art. 576. Dès lors que ni les termes de la déclaration de pourvoi ni ceux du pouvoir qui y est annexé ne font apparaître l'appartenance de l'avocat qui a formé le pourvoi à la société civile professionnelle désignée par la demanderesse, le pourvoi est irrecevable. • Crim. 8 déc. 2009, n° 09-83.410. ♦ Doit de même être déclaré irrecevable le pourvoi formé par déclaration d'un avocat substituant son confrère dès lors que ni les termes de la déclaration de pourvoi, ni ceux du mandat délivré au premier avocat, ne font apparaître l'appartenance desdits avocats à la même société civile professionnelle. • Crim. 24 nov. 2009, n° 09-81.734. ♦ S'agissant d'un pouvoir spécial délivré par le demandeur à un avocat nommément désigné ainsi qu'à « tout avocat porteur de ce pouvoir », invitant ledit avocat « à se rapprocher de tout avocat au Conseil afin de former un pourvoi en cassation », doit être déclaré irrecevable le pourvoi formé par un avocat autre que celui désigné nominativement, dès lors que ni les termes de la déclaration de pourvoi, ni ceux du mandat, qui ne comportent pas la désignation nominative du mandataire qui s'est effectivement pourvu, ne font apparaître l'appartenance des deux avocats à la même société civile professionnelle, et qu'en outre, le mandat, qui ne donne pas instruction à ces avocats de se pourvoir personnellement, les invite exclusivement à se rapprocher d'un avocat au Conseil afin d'accomplir cette formalité. • Crim. 3 juin 2009, n° 08-87.150. ♦ Aux termes de l'art. 576, la déclaration de pourvoi doit être signée par le demandeur lui-même ou par un avoué près la juridiction qui a statué ou par un fondé de pouvoir spécial. Cette qualité ne peut résulter que de la désignation nominative du mandataire. Dès lors qu'à la déclaration de pourvoi formée, au nom de chaque demandeur, par un avocat, est annexé un document qui n'établit pas que ces derniers aient spécialement chargé ce mandataire d'exercer un tel recours en leur nom, lesdits pourvois, qui n'ont pas été formés conformément aux prescriptions de l'art. 576, ne sont pas recevables. • Crim. 20 janv. 2009, n° 08-83.710 P : *RSC 2009. 925, obs. Renucci ; D. 2009. 997, note Detraz ; AJ pénal 2009. 180, obs. Lasserre Capdeville.* ♦ Il en va de même du document annexé à la déclaration de pourvoi qui n'établit pas que les demandeurs aient spécialement chargé l'avocat ayant formé le pourvoi d'exercer un tel recours en leur nom. • Crim. 25 mars 2009, n° 09-80.073. ♦ Est irrecevable le pourvoi formé dans le délai de recours par l'avocat du demandeur lorsque celui-ci n'a obtenu le pouvoir spécial que postérieurement à l'expiration dudit délai. • Crim. 31 mars 1987, n° 87-80.552 P • 10 juin 1992, n° 91-80.715 P.

24. Avocat exerçant près la juridiction qui a statué. Il résulte de l'art. 576, al. 2, dans sa rédaction issue de la L. du 25 janv. 2011 portant réforme de la représentation devant les cours d'appel, que l'avocat formant le pourvoi doit exercer auprès de la juridiction qui a statué ; est en conséquence irrecevable le pourvoi formé sans pouvoir spécial par un avocat inscrit au barreau de Paris contre un jugement rendu par la juridiction de proximité d'une autre juridiction. • Crim. 5 nov. 2013, n° 12-88.376 P. ♦ Doit être déclaré irrecevable le pourvoi formé par un avocat qui n'exerce pas près la juridiction qui a statué et qui n'était pas muni d'un pouvoir spécial à cette fin. • Crim. 6 mai 2014, n° 13-86.824 P : *AJ pénal 2014. 424, obs. Royer* ; *Dr. pénal 2014. 112, note Maron et Haas.* ♦ Mais l'avocat inscrit au barreau de la juridiction qui a statué en première instance est dispensé de pouvoir spécial. • Crim. 5 juin 2013, n° 12-86.022 P. ♦ V. aussi : • Crim. 25 févr. 2014, n° 13-85.386 P.

25. Substitution d'avocat. La déclaration de pourvoi n'est pas valable lorsqu'elle émane d'un avocat postulant qui déclare tenir son mandat de l'avocat du prévenu. • Crim. 25 nov. 1997, n° 97-82.082 P. ♦ ... Ou d'un avocat qui déclare se substituer en sa qualité de collaborateur à l'avocat auquel a été remis un pouvoir spécial. • Crim. 2 oct. 1986 : *D. 1987. Somm. 77, obs. Pradel* • 20 juin 1995, n° 93-80.821 P • 5 juin 1997, n° 96-83.302 P. ♦ ... Ou qui, n'appartenant pas à la même société civile professionnelle, mais seulement à une société civile de moyens, remplace l'avocat ayant reçu le pouvoir spécial. • Crim. 13 mai 1996, n° 95-83.460 P. ♦ ... Même dans le cas où la substitution a été expressément prévue par le pouvoir spécial établi par le demandeur au pourvoi. • Crim. 23 mai 1995, n° 94-82.502 P. ♦ ... Et d'autant plus lorsque les deux avocats sont du même barreau mais qu'il n'apparaît pas qu'ils appartiennent à la même société civile professionnelle. • Crim. 24 janv. 2001 : *Dr. pénal 2001. Comm. 121, obs. Maron* • 3 mars 2004 : *Dr. pénal 2004. Comm. 136, obs. Maron.* ♦ *Contra* : Recevabilité du pourvoi formé par un avocat substituant l'un de ses confrères (Solution implicite). • Crim. 29 nov. 2017, n° 16-85.490 P. ♦ Il se déduit de l'art. 576, al. 2, que tout avocat inscrit à l'un des barreaux d'une cour d'appel a qualité pour former un pourvoi en cassation dans l'ensemble du ressort de cette cour. • Crim. 11 avr. 2018, n° 16-87.622 P : *Dr. pénal 2018, n° 114, obs. Maron et Haas.*

26. Signature du pouvoir. Le pourvoi, formé au nom d'une société par un avocat porteur d'un pouvoir spécial établi au nom du représentant légal de cette société, mais signé par un tiers agissant « par ordre », est irrecevable. • Crim. 14 mars 1991, n° 90-83.594 P.

27. Ne satisfont pas aux exigences de l'art. 576 les pouvoirs spéciaux non signés des demandeurs. • Crim. 20 mai 2009, n° 08-83.214.

Art. 577 *(L. n° 85-1407 du 30 déc. 1985)* **Lorsque le demandeur en cassation est détenu, le pourvoi peut être formé au moyen d'une déclaration auprès du chef de l'établissement pénitentiaire.**

Cette déclaration est constatée, datée et signée par le chef de l'établissement pénitentiaire. Elle est également signée par le demandeur ; si celui-ci ne peut signer, il en est fait mention par le chef de l'établissement.

Ce document est adressé sans délai, en original ou en copie, au greffe de la juridiction qui a rendu la décision attaquée ; il est transcrit sur le registre prévu par le troisième alinéa de l'article 576 et annexé à l'acte dressé par le greffier. — *Pr. pén. C. 715.*

1. Selon les art. 576 et 577, le pourvoi doit être formé par déclaration au greffier de la juridiction qui a rendu la décision attaquée ou, lorsque le demandeur en cassation est détenu, il peut être formé au moyen d'une déclaration auprès du chef de l'établissement pénitentiaire : il s'agit là de formes substantielles auxquelles il ne peut être dérogé, sauf impossibilité absolue ; ainsi, le pourvoi formé par lettre transcrite sur les registres du greffe de la cour d'appel n'est pas recevable. • Crim. 7 nov. 1989, n° 89-85.723 P.

2. La déclaration de pourvoi faite par lettre adressée au greffier du tribunal de police ne répond pas aux conditions exigées par les art. 576 et 577. • Crim. 2 déc. 2009, n° 09-84.025.

Art. 578 **Le demandeur en cassation doit notifier son recours au ministère public et aux autres parties par lettre recommandée avec demande d'avis de réception, dans un délai de trois jours.** — *Pr. pén. C. 716.*

Art. 579 *(Ord. n° 60-529 du 4 juin 1960)* **La partie qui n'a pas reçu la notification prévue à l'article 578 a le droit de former opposition à l'arrêt rendu par la Cour de**

cassation, par déclaration au greffe de la juridiction qui a rendu la décision, dans les cinq jours de la *(L. n° 2004-204 du 9 mars 2004, art. 127-III)* **« notification** *[ancienne rédaction : signification]* **» prévue à l'article 614.** — *Pr. pén. C. 716.*

TOM : 857 s.

1. Règles générales. La personne mise en cause dans une plainte et qui n'a pas été inculpée ne peut former opposition. • Crim. 8 oct. 1985, n° 84-93.761 P. ♦ Il résulte des art. 578 et 579 que la voie de l'opposition à un arrêt de la Cour de cassation n'est ouverte qu'à la partie en défense à laquelle le demandeur a omis de notifier son recours. • Crim. 7 avr. 2009, n° 08-85.432.

2. Il résulte des dispositions combinées des art. 579 et 614 que la partie défenderesse au pourvoi, qui n'a pas reçu la notification prévue à l'art. 578, n'a le droit de former opposition à un arrêt rendu par la chambre criminelle que lorsque celui-ci est un arrêt de cassation, seule une telle décision étant susceptible de faire grief à ses intérêts. • Crim. 19 déc. 1994, n° 92-86.781 P.

3. En dehors des cas prévus par les art. 579 et 589, l'opposition aux arrêts rendus par la chambre criminelle de la Cour de cassation est irrecevable. • Crim. 4 avr. 2001, n° 00-87.886 P.

4. Opposition irrecevable. L'opposition contre un arrêt de la Cour de cassation est irrecevable lorsque l'intéressé s'est vu notifier le recours et le mémoire du demandeur au pourvoi par courriers recommandés avec avis de réception qu'il n'a pas réclamés. • Crim. 29 mai 2001, n° 00-86.752 P.

5. Point de départ du délai. La citation devant la cour d'appel de renvoi implique que l'intéressé a alors légalement connaissance de l'arrêt de cassation, par conséquent, le point de départ du délai de cinq jours pour faire opposition court à compter de cette citation. • Crim. 5 déc. 2001, n° 01-80.749 P.

Art. 580 à 582 *Abrogés par L. n° 81-759 du 6 août 1981.*

Art. 583 *(Abrogé par L. n° 2000-516 du 15 juin 2000, art. 121)* ***Sont déclarés déchus de leur pourvoi les condamnés à une peine emportant privation de liberté pour une durée*** *(L. n° 99-515 du 23 juin 1999)* ***« de plus d'un an », qui ne sont pas en état ou qui n'ont pas obtenu, de la juridiction qui a prononcé, dispense, avec ou sans caution, de se mettre en état.***

L'acte de leur écrou ou l'arrêt leur accordant la dispense est produit devant la Cour de cassation, au plus tard au moment où l'affaire y est appelée.

Pour que son recours soit recevable, il suffit au demandeur de justifier qu'il s'est constitué dans une maison d'arrêt, soit du lieu où siège la Cour de cassation, soit du lieu où a été prononcée la condamnation ; le surveillant chef de cette maison l'y reçoit sur l'ordre du procureur général près la Cour de cassation ou du chef du parquet de la juridiction du jugement. — *Pr. pén. C. 718.*

BIBL. ▶ TEISSIER, *D. 2000. 602.*

Art. 583-1 *(Abrogé par L. n° 2000-516 du 15 juin 2000, art. 121) (L. n° 99-515 du 23 juin 1999)* ***Les dispositions de l'article 583 ne sont pas applicables lorsque la juridiction a condamné une personne en son absence, après avoir refusé de faire application des dispositions des articles 410 ou 411. En ce cas, le pourvoi en cassation ne peut porter que sur la légalité de la décision par laquelle la juridiction n'a pas reconnu valable l'excuse fournie par l'intéressé en application de l'article 410 ou a refusé de le juger en son absence conformément à l'article 411.***

Art. 584 **Le demandeur en cassation, soit en faisant sa déclaration, soit dans les dix jours suivants, peut déposer, au greffe de la juridiction qui a rendu la décision attaquée, un mémoire, signé par lui, contenant ses moyens de cassation. Le greffier lui en délivre reçu.** — *Pr. pén. C. 719.*

V. art. 590-1 et 590-2.

TOM : 858 s.

BIBL. ▶ MARON, *Dr. pénal déc. 1993, p. 1 ; ibid. janv. 1994, p. 1* (mémoires et conclusions).

1. Forme du mémoire. Il appartient à la Cour de cassation de refuser à un demandeur l'autorisation de comparaître devant elle pour y soutenir son pourvoi. • Crim. 28 juill. 1900 : *DP 1900. 1. 614.*

2. Le mémoire joint aux pièces du dossier de la partie civile qui ne porte aucune signature ne saisit pas la Cour de cassation des moyens qui y sont invoqués. • Crim. 24 mars 1939 : *DH 1939. 357.* ♦ Ne répond pas aux exigences de l'art. 584 et ne saisit pas la cour des moyens qu'il pourrait contenir le mémoire personnel qui émane d'un demandeur non condamné pénalement par la décision attaquée et n'a pas été déposé au greffe de la juridiction qui a statué mais transmis directement à la Cour de cassation, sans le ministère d'un avocat en ladite Cour. • Crim. 2 sept. 2009 : *AJ pénal 2009. 498, obs. Herzog-Evans* • 29 janv. 2014, n° 13-84.832 P : *D. 2014. Actu. 374*.

3. Il en est de même, en matière correctionnelle, du mémoire écrit sur papier non timbré. • Crim. 11 sept. 1935 : *DH 1935. 447* • 21 avr. 1944 : *D. 1945. 85* • 20 juin 1946 : *D. 1946. 359.* ♦ V. conf., pour la requête : • Crim. 24 mars 1944 : *DA 1944. 108.* ♦ ... Du document, signé par le demandeur, mais qui n'est pas rédigé en langue française. • Crim. 4 mars 1986, n° 85-96.523 P : *D. 1987. Somm. 78, obs. Pradel ; Gaz. Pal. 1986. 2. 598.*

4. Le mémoire doit être signé par le demandeur ; la signature de son avoué ne saisit pas la Cour de cassation des moyens invoqués. • Crim. 19 janv. 1961 : *Bull. crim. n° 37* • 9 nov. 1961 : *ibid. n° 453* • 13 mai 1969 : *D. 1969. Somm. 79* • 2 mars 2005, n° 04-82.900 P : *JCP 2005. IV. 1903 ; Dr. pénal 2005. Comm. 83, obs. Maron* • 22 mai 2007, n° 07-80.622 P : *AJ pénal 2007. 333*. ♦ ... Pas plus que celle de son avocat. • Crim. 3 nov. 1965, n° 65-91.988 P • 23 mai 1973 : *Bull. crim. n° 234* • 4 oct. 2000, n° 99-86.285 P • Crim. 12 mars 2014, n° 13-81.273 P. ♦ ... Fût-il muni d'un pouvoir spécial. • Crim. 2 déc. 1991, n° 91-82.905 P • 8 janv. 1997, n° 96-84.698 P • 23 févr. 2005, n° 04-83.569 P : *JCP 2005. IV. 1775.* ♦ ... Pas plus que la signature figurant sur un mémoire personnel produit à l'appui du pourvoi formé par une société, sans indication du nom du représentant qualifié de cette personne morale. • Crim. 11 mars 1991, n° 89-80.205 P. ♦ Au surplus la signature du demandeur doit être originale et une reproduction de signature rend le mémoire irrecevable. • Crim. 20 déc. 2006, n° 06-84.314 P : *AJ pénal 2007. 92* ; *Dr. pénal 2007. 93, obs. Maron.* ♦ Est irrecevable, en application de l'art. 584, le mémoire transmis au nom du demandeur par son avocat inscrit au barreau d'une juridiction du fond, nonobstant l'envoi, *après le délai imparti* par le texte et le dépôt du rapport du conseiller rapporteur, d'un nouveau mémoire signé par la partie elle-même. • Crim. 9 avr. 2014, n° 13-87.086 P : *Dr. pénal 2014. 97, note Maron et Haas.*

5. A peine de déchéance, la signature doit être apposée sur le mémoire lui-même, non sur une feuille dactylographiée distincte. • Crim. 22 août 2017, n° 17-85.031 P. ♦ Le mémoire personnel, qui comporte la reproduction d'une signature numérisée n'est pas recevable. • Crim. 9 avr. 2019, n° 18-82.315 P : *Dr. pénal 2019, n° 117, obs. Maron et Haas.*

6. Les art. 570 et 571 ne dérogent pas aux art. 584 et 585. • Crim. 2 juin 1981, n° 81-91.637 P • 23 juin 2004, n° 02-83.638 P : *D. 2004. IR 2689* ; *JCP 2004. IV. 2780 ; AJ pénal 2004. 370*. ♦ V. aussi ss. art. 570.

7. En cas de concours d'une infraction de presse avec une infraction de droit commun, le mémoire de la partie civile transmis directement à la Cour de cassation sans le ministère d'un avocat est recevable en ce qu'il vient au soutien du pourvoi concernant l'infraction de presse et irrecevable en ce qui concerne les autres dispositions de l'arrêt. • Crim. 17 nov. 1992, n° 92-82.990 P.

8. En sollicitant la communication personnelle de son dossier, un demandeur en cassation n'exerce aucun droit spécialement accordé soit par les art. 422 s., C. instr. crim. (art. 584 s.), soit par toute autre disposition de loi ; et il y a lieu de refuser cette communication au demandeur alors que l'intérêt de sa défense ne justifie pas cette mesure. • Crim. 2 mai 1903 : *DP 1905. 1. 23* • 30 janv. 1908 : *DP 1909. 1. 298.*

9. Lorsqu'une QPC est soulevée à l'occasion d'un pourvoi par un mémoire personnel, celui-ci doit être déposé dans la forme et les délais prévus par les art. 584 s. • Crim. 11 sept. 2012, n° 12-84.172 P • Crim. 11 juin 2013 : *Dr. pénal 2013. 163, obs. Maron et Haas.*

10. Délai pour déposer le mémoire. Le délai de dix jours n'est pas un délai franc. • Crim. 9 juill. 1982, n° 82-90.302 P.

11. Passé le délai de dix jours prévu par l'art. 422 C. instr. crim. (art. 584), la partie civile ne peut plus déposer sa requête et ses moyens au greffe de la juridiction qui a rendu la décision attaquée ; elle doit procéder conformément à l'art. 424 (art. 585). • Crim. 13 mai 1954 : *D. 1954. 752, note A.-L. P.* • 4 janv. 1957 : *D. 1957. Somm. 63* • 13 mai 1986, n° 85-91.170 P.

12. Modalités de dépôt du mémoire. Pour saisir valablement la cour, le mémoire qui émane d'un demandeur non condamné pénalement doit être déposé au greffe de la juridiction qui a statué. • Crim. 30 oct. 2000, n° 00-83.010 P : *Dr. pénal 2001, n° 24, obs. Maron* • 18 déc. 2013, n° 13-80.918 P. ♦ V. aussi note 2.

13. Il ne peut être dérogé aux règles relatives au dépôt du mémoire que dans le cas où le demandeur, non condamné pénalement, justifie s'être trouvé en raison d'une circonstance indépendante de sa volonté dans l'impossibilité absolue de s'y conformer. En l'espèce, en raison de son hospitalisation psychiatrique en soins complets, la lettre qu'il a adressée au JLD doit être regardée comme un mémoire personnel recevable en la forme. • Crim. 30 oct. 2018, n° 17-87.537 P : *Dr. pénal 2018, n° 215, note Maron et Haas.*

Art. 585 **Après l'expiration de ce délai, le demandeur condamné pénalement peut transmettre son mémoire directement au greffe de la Cour de cassation ; les autres parties ne peuvent user du bénéfice de la présente disposition sans le ministère d'un avocat à la Cour de cassation.**

Dans tous les cas, le mémoire doit être accompagné d'autant de copies qu'il y a de parties en cause.

1. QPC. La possibilité offerte, par les art. 585, 585-1 et 585-2, au seul demandeur condamné pénalement, ainsi qu'au ministère public, de transmettre directement leur mémoire en demande au greffe de la Cour de cassation, dans le délai d'un mois du pourvoi, se justifie par des raisons d'intérêt général tenant à une différence objective de situation (non-renvoi). • Crim., QPC, 15 janv. 2014, n° 13-87.328 P. ♦ V. cep. note 4.

2. Champ d'application. L'art. 585 n'est pas applicable aux requêtes déposées par le ministère public à l'appui de ses pourvois. • Crim. 8 déc. 1965, n° 65-91.719 P. ♦ ... De même que l'art. 584 car le ministère public est chargé de veiller à l'application de la loi. • Crim. 23 janv. 2001, n° 00-84.439 P.

3. Il ne s'applique pas non plus au pourvoi d'un demandeur, dont la condamnation pénale est devenue définitive, lorsque la cour d'appel s'est bornée à statuer sur la restitution d'objets saisis. • Crim. 25 mai 1987, n° 83-94.329 P.

4. Il résulte des art. préliminaire, 6, § 1, Conv. EDH et 58, al. 2, de la L. du 29 juill. 1881 sur la liberté de la presse, que le prévenu non condamné pénalement peut, comme la partie civile, quand il est demandeur au pourvoi, user du bénéfice de l'art. 585 ; le mémoire personnel déposé dans le mois du pourvoi au greffe de la Cour de cassation sans le ministère d'un avocat à la Cour de cassation est, en conséquence, recevable. • Crim. 13 déc. 2016, n° 16-80.812 P : *AJ pénal 2017. 192, obs. Girault*. ♦ *Contra* : Transmis directement à la Cour de cassation, sans le ministère d'un avocat en cette cour, par un demandeur non condamné pénalement par l'arrêt attaqué le mémoire est irrecevable en application de l'art. 585 et ne saisit pas la Cour de cassation des moyens qu'il pourrait contenir. • Crim. 10 juill. 1996, n° 95-85.629 P • 7 juill. 2010, n° 10-82.989 P : *AJ pénal 2010. 559* • 26 oct. 2010, n° 10-85.963 P : *D. actu. 1er déc. 2010, obs. Lavric ; AJ pénal 2010. 559* ; *Procédures 2011, n° 29, obs. Chavent-Leclère.*

5. Si le demandeur condamné pénalement est recevable à transmettre directement à la chambre criminelle un mémoire signé par lui, dans les conditions prévues par les art. 585 et 585-1, cette faculté n'est pas accordée à l'avocat qui l'a représenté devant les juges du fond et qui n'a pas qualité pour l'assister devant la Cour de cassation. • Crim. 14 févr. 1996, n° 95-81.887 P.

6. Délais. Le mémoire, transmis directement à la Cour de cassation, après l'expiration du délai de 10 jours suivant la déclaration de pourvoi, par le demandeur contre lequel l'arrêt attaqué a prononcé des sanctions fiscales, est recevable en application des art. 584 et 585, dès lors qu'en matière de contributions directes, les pénalités ont un caractère mixte, répressif et indemnitaire. • Crim. 19 janv. 2000, n° 99-81.634 P.

7. Fax. La transmission par télécopie du mémoire personnel d'un demandeur pénalement condamné, n'étant pas prévue par l'art. 585, ne saisit pas la Cour de cassation des moyens qu'il contient. • Crim. 7 déc. 2010, n° 10-80.451 P : *Dr. pénal 2011. 55, obs. Maron et Haas.*

Art. 585-1 *(L. n° 93-1013 du 24 août 1993)* **Sauf dérogation accordée par le président de la chambre criminelle, le mémoire du demandeur condamné pénalement doit parvenir au greffe de la Cour de cassation un mois au plus tard après la date du pourvoi.**

Il en est de même pour la déclaration de l'avocat qui se constitue au nom d'un demandeur au pourvoi.

BIBL. ► MARON, *Dr. pénal 1994, n° 274.*

1. Le demandeur condamné pénalement, qui n'a pas déposé dans le délai de dix jours à compter de la date du pourvoi un mémoire au greffe de la juridiction, doit le faire parvenir au greffe de la Cour de cassation dans un délai d'un mois, sauf dérogation accordée par le président de la chambre criminelle. A défaut d'une telle dérogation, le mémoire personnel doit être déclaré irrecevable. • Crim. 11 mai 2017, n° 16-83.327 P : *Dr. pénal 2017, n° 115, note Maron et Haas.*

2. Un arrêt de rejet du pourvoi ayant été rendu, conformément à l'art. 604, faute de moyen produit ou pouvant être relevé d'office, est dès lors sans objet la demande de dérogation présentée par un avocat qui déclare se constituer, au nom du demandeur en cassation après l'expiration du délai de un mois prévu par l'art. 585-1, résultant de la loi du 24 août 1993. • Crim., ord. prés., 28 févr. 1994, n° 93-85.478 P.

3. La dérogation prévue par l'art. 585-1 n'est pas applicable au détenu qui n'a pas été condamné pénalement. • Crim. 5 janv. 2009, n° 09-82.265. ♦ Faute de dérogation accordée par le président de la chambre criminelle, le mémoire parvenu au greffe plus d'un mois après la date du pourvoi n'est pas recevable au regard de l'art. 585-1. • Crim. 28 oct. 2009, ⚖ n° 09-81.057.

4. Un prévenu ne saurait se faire un grief de l'inobservation du délai de trois jours, fixé par l'art. 486, al. 2, pour le dépôt au greffe de la minute de l'arrêt, dès lors que ces dispositions ne sont pas prescrites à peine de nullité. Il lui appartenait, s'il n'était pas en mesure de faire valoir ses moyens de défense dans le délai d'un mois à compter de la date du pourvoi, de solliciter du président de la chambre criminelle la dérogation prévue par l'article 585-1. • Crim. 16 sept. 2009, ⚖ n° 09-81.120.

Art. 585-2 *(L. n° 2007-291 du 5 mars 2007, art. 24)* **Sauf dérogation accordée par le président de la chambre criminelle, le mémoire du ministère public, lorsque ce dernier se pourvoit en cassation, doit parvenir au greffe de la Cour de cassation au plus tard un mois après la date du pourvoi.**

1. A défaut de dérogation accordée par le président de la chambre criminelle, le mémoire parvenu au greffe de la Cour de cassation plus d'un mois après la date du pourvoi n'est pas recevable au regard de l'art. 585-2, issu de la L. n° 2007-291 du 5 mars 2007. • Crim. 22 janv. 2008, ⚖ n° 07-86.458 P : *D. 2008. AJ 617* ; *AJ pénal 2008. 142, obs. Royer* . ♦ Doit être déclaré irrecevable le mémoire en demande déposé par le procureur général au greffe de la juridiction qui a statué. • Crim. 23 janv. 2008, ⚖ n° 07-85.900 P : *AJ pénal 2008. 196* ; *Dr. pénal 2008. Comm. 78, obs. Maron et Haas ; Procédures 2008. Comm. 186, obs. Buisson.*

2. Le mémoire parvenu au greffe de la Cour de cassation plus d'un mois après la date du pourvoi ne répond pas aux exigences de l'art. 585-2 et ne saisit pas la Cour de cassation des moyens qu'il pourrait contenir dès lors qu'aucune dérogation n'a été accordée par le président de la chambre criminelle. • Crim. 12 nov. 2009, ⚖ n° 09-84.675 • 6 nov. 2012, ⚖ n° 12-82.353 P : *Dr. pénal 2013, n° 16, obs. Maron et Haas.*

3. Le service pénal du parquet général est distinct du greffe de la Cour de cassation en ce qu'il est placé sous la direction du secrétaire en chef du parquet, en application de l'art. R. 123-3 du COJ ; il s'en déduit que la date d'arrivée du mémoire portée par ce service ne peut valoir date à laquelle il parvient au greffe de la Cour de cassation, au sens de l'art. 585-2. • Crim. 13 mars 2018, ⚖ n° 17-82.964 P : *D. actu. 26 mars 2018, obs. Goetz.*

Art. 586 *(Abrogé par L. n° 2004-204 du 9 mars 2004, art. 158-I)* ***« Sous peine d'une amende civile de 7,5 € prononcée par la Cour de cassation, »*** **Le greffier, dans le délai maximum de vingt jours à dater de la déclaration de pourvoi, cote et paraphe les pièces du dossier, auquel il joint une expédition de la décision attaquée, une expédition de l'acte de pourvoi et, s'il y a lieu, le mémoire du demandeur. Du tout, il dresse inventaire.** — *Pr. pén. C. 720.*

Art. 587 **Lorsque le dossier est ainsi en état, le greffier le remet au magistrat du ministère public, qui l'adresse immédiatement au procureur général près la Cour de cassation ; celui-ci le transmet, à son tour, au greffe de la chambre criminelle.**

(Abrogé par L. n° 2021-401 du 8 avr. 2021, art. 11) « Le président de cette chambre commet un conseiller pour faire le rapport. »

1. Pièces soumises au contrôle de la Cour de cassation. Dès lors que toutes les pièces soumises au contrôle de la Cour de cassation ont été régulièrement transmises au greffe de la chambre criminelle, le moyen, qui revient à remettre en cause l'état de la procédure antérieure à l'arrêt de renvoi, ne saurait être accueilli. • Crim. 23 juin 1999, ⚖ n° 98-80.561 P.

2. Destruction du dossier. En cas de destruction du dossier au cours de sa transmission à la Cour de cassation, l'absence de pièces essentielles aux droits de la défense entraîne l'annulation de l'arrêt de la chambre d'accusation et de l'arrêt de condamnation. • Crim. 6 févr. 1947 : *D. 1947. 187.*

Art. 588 **Si un ou plusieurs avocats se sont constitués, le** *(L. n° 2021-401 du 8 avr. 2021, art. 11)* **« président de la chambre » fixe un délai pour le dépôt des mémoires entre les mains du greffier de la chambre criminelle.**

(L. n° 2021-401 du 8 avr. 2021, art. 11) **« Le président de cette chambre commet un conseiller pour le rapport après le dépôt des mémoires. »**

Sur le délai spécifique en matière de mémoire en réponse à un mémoire soulevant une QPC, V. art. R. 49-31.*

Art. 589 *(Ord. nº 60-529 du 4 juin 1960)* **La partie intéressée au pourvoi qui n'aurait pas reçu copie des mémoires produits à l'appui du pourvoi pourra former opposition à l'arrêt rendu par la Cour de cassation, par déclaration au greffe de la juridiction qui a rendu la décision, dans les cinq jours** *(L. nº 2004-204 du 9 mars 2004, art. 127-IV)* **« de la notification » prévue à l'article 614.** — *Pr. pén. C. 722.*

TOM : 859.

1. Forme. Les formes de l'opposition étant d'ordre public, il ne peut y être suppléé par l'envoi d'une lettre recommandée. • Crim. 24 juin 1987, nº 87-80.880 P : *D. 1988. Somm. 189, obs. Pradel.*

2. Opposition irrecevable. En dehors des cas prévus par les art. 579 et 589, l'opposition aux arrêts rendus par la chambre criminelle de la Cour de cassation est irrecevable. • Crim. 4 avr. 2001, nº 00-87.856 P.

3. L'opposition contre un arrêt de la Cour de cassation est irrecevable lorsque l'intéressé s'est vu notifier le recours et le mémoire du demandeur au pourvoi par courriers recommandés avec avis de réception qu'il n'a pas réclamés. • Crim. 29 mai 2001, nº 00-86.752 P.

4. Recevabilité de l'opposition. Est recevable l'opposition du prévenu dès lors qu'il ne résulte d'aucune pièce de la procédure qu'il ait reçu une copie du mémoire du procureur général à l'appui de son pourvoi. • Crim. 14 nov. 2001, nº 00-88.017 P.

5. L'opposition, formée dans les conditions prévues à l'art. 589, est recevable, dès lors qu'il ne résulte d'aucune pièce de la procédure que l'intéressé ait reçu copie du mémoire déposé par le condamné à l'appui de son pourvoi. • Crim. 1er sept. 2009, nº 09-82.785.

Art. 590 **Les mémoires contiennent les moyens de cassation et visent les textes de loi dont la violation est invoquée.**

Ils sont rédigés sur timbre, sauf si le demandeur est un condamné à une peine criminelle.

(Ord. nº 60-529 du 4 juin 1960) **« Ils doivent être déposés dans le délai imparti. Aucun mémoire additionnel n'y peut être joint, postérieurement au dépôt de son rapport par le conseiller commis. Le dépôt tardif d'un mémoire proposant des moyens additionnels peut entraîner son irrecevabilité. »** — *Pr. pén. C. 719 et C. 723.*

Les dispositions de l'al. 2 de l'art. 590 ont été implicitement abrogées par la L. nº 77-1468 du 30 déc. 1977 (JO 31 déc.) qui a dispensé de timbre les actes de procédure en matière judiciaire et administrative.

1. L'art. 590 vise exclusivement les timbres fiscaux définis par les art. 860 et 861 CGI, et non les timbres-poste. • Crim. 13 mai 1969, nº 68-91.315 P : *D. 1969. 546.*

2. Le mémoire qui ne vise aucun texte de loi et n'offre à juger aucun moyen de droit ne remplit pas les conditions exigées par l'art. 590 et est, dès lors, irrecevable. • Crim. 2 sept. 2009, nº 09-81.172.

3. Le mémoire ampliatif, produit après le dépôt du rapport du conseiller rapporteur, est irrecevable en application de l'art. 590, nonobstant la demande d'admission à l'aide juridictionnelle formée elle-même après le dépôt du rapport. • Crim. 11 avr. 2012, nº 11-88.815 P : *Dr. pénal 2012, nº 95, obs. Maron et Haas.*

4. Est irrecevable, en application de l'art. 590, le mémoire déposé par un avocat aux conseils après le délai qui lui avait été imparti pour le faire, dès lors qu'aucune prorogation de délai ne lui avait été accordée conformément à l'art. 588. • Crim. 1er avr. 2014, nº 13-82.159 P : *Dr. pénal 2014. 98, note Maron et Haas.*

5. Est irrecevable le mémoire additionnel qui, bien que parvenu à la Cour de cassation avant le dépôt de son rapport par le conseiller rapporteur, fait suite à un mémoire personnel lui-même irrecevable pour non-respect du délai fixé à l'art. 585-1. • Crim. 7 mars 2018, nº 17-87.169 P : *D. actu. 4 avr. 2018, obs. Goetz.*

6. Dépôt d'une QPC. Lorsqu'une question prioritaire de constitutionnalité est soulevée à l'occasion d'un pourvoi, le mémoire qui la présente doit être déposé dans le délai d'instruction du pourvoi, aucun mémoire additionnel ne pouvant être joint, postérieurement au dépôt de son rapport par le conseiller commis. Il en va de même du mémoire distinct et motivé prévu par l'art. 23-5 de l'Ord. 7 nov. 1958 mod., y compris lorsqu'un arrêt de la Cour a ordonné la réouverture des débats, dès lors que le mémoire ne contient aucun élément dont la méconnaissance aurait mis les intéressés dans l'impossibilité de soulever ladite question dans les délais ci-dessus visés. • Crim. 4 sept. 2018, nº 17-85.871 P : *RSC 2018. 927, note Cordier.* ♦ Lorsqu'une question prioritaire de constitutionnalité est présentée, à la suite d'une précédente question prioritaire de constitutionnalité, par le même demandeur, postérieurement au dépôt du rapport par le conseiller commis sur cette première question, le mémoire, qui ne contient aucun élément dont la méconnaissance aurait mis l'intéressé dans l'impossibilité de soulever la nouvelle question antérieurement, est irrecevable. • Crim. 30 oct. 2018, nº 18-83.360 P.

Art. 590-1 *(L. n° 2016-731 du 3 juin 2016, art. 96)* **Le demandeur en cassation qui n'a pas constitué avocat et n'a pas déposé son mémoire dans le délai prévu à l'article 584 est déchu de son pourvoi.**

Il en est de même, sauf dérogation accordée par le président de la chambre criminelle, du demandeur condamné pénalement n'ayant pas constitué avocat et du ministère public qui n'ont pas fait parvenir leur mémoire au greffe de la Cour de cassation dans les délais prévus, respectivement, au premier alinéa de l'article 585-1 et à l'article 585-2.

Le demandeur condamné à une peine non prévue par la loi ne peut toutefois être déchu de son pourvoi.

Art. 590-2 *(L. n° 2016-731 du 3 juin 2016, art. 96)* **La déchéance du pourvoi, dans les cas et conditions prévus aux articles 567-2, 574-1, 574-2 et 590-1, est prononcée par ordonnance du président de la chambre criminelle ou du conseiller par lui désigné.**

CHAPITRE III DES OUVERTURES À CASSATION

RÉP. PÉN. v° *Cassation (Pourvoi en)*, par J. Boré et L. Boré.

Art. 591 **Les arrêts de la chambre de l'instruction ainsi que les arrêts et jugements rendus en dernier ressort par les juridictions de jugement, lorsqu'ils sont revêtus des formes prescrites par la loi, ne peuvent être cassés que pour violation de la loi.** — *Pr. pén. C. 724.*

Art. 592 **Ces décisions sont déclarées nulles lorsqu'elles ne sont pas rendues par le nombre de juges prescrit ou qu'elles ont été rendues par des juges qui n'ont pas assisté à toutes les audiences de la cause. Lorsque plusieurs audiences ont été consacrées à la même affaire, les juges qui ont concouru à la décision sont présumés avoir assisté à toutes ces audiences.**

Ces décisions sont également déclarées nulles lorsqu'elles ont été rendues sans que le ministère public ait été entendu.

(L. n° 72-1226 du 29 déc. 1972) **« Sont, en outre, déclarées nulles les décisions qui, sous réserve des exceptions prévues par la loi, n'ont pas été rendues ou dont les débats n'ont pas eu lieu en audience publique. »**

BIBL. ► J. Robert, *RSC 1973. 915.*

1. Généralités. Tout jugement ou arrêt doit établir la régularité de la composition de la juridiction qui l'a rendu. • Crim. 4 oct. 1989, n° 89-87.435 P.

2. La disposition de l'art. 592, suivant laquelle sont déclarés nuls les arrêts rendus par les juges qui n'ont pas assisté à toutes les audiences de la cause, ne s'applique qu'aux audiences au cours desquelles la cause a été instruite, plaidée ou jugée, et non à celles où l'affaire a été seulement appelée et renvoyée à une audience ultérieure. • Crim. 30 oct. 1962 : *D. 1963. Somm. 34* • 30 oct. 1963, n° 62-91.916 P • 1er févr. 1972, n° 71-91.328 P. ♦ ... Ni à celles au cours desquelles a été ordonné, avant dire droit, un complément d'information. • Crim. 20 janv. 1992, n° 91-81.939 P.

3. La présomption prévue par l'art. 592 ne s'appliquant pas lorsqu'un des juges a été remplacé à l'une des audiences par suite d'un empêchement, la composition différente de la cour d'appel aux deux audiences d'une cause entraîne la nullité de l'arrêt lorsqu'il ne résulte pas de ses mentions qu'à la seconde audience les débats, après un nouveau rapport, ont été entièrement recommencés devant la nouvelle formation chargée d'en délibérer. • Crim. 26 sept. 2006, n° 05-87.568 P : *AJ pénal 2006. 458.*

4. Dès lors qu'il ressort du procès-verbal des débats que par un arrêt incident, non contesté, l'un des jurés a été excusé et remplacé par un autre, peu importe que l'arrêt de condamnation ne comporte pas le nom du juré excusé car aucun texte de loi ne prescrit à peine de nullité que les noms des jurés figurent dans l'arrêt et la Cour de cassation est en mesure de s'assurer des jurés participants au jugement au vu des mentions du procès-verbal des débats. • Crim. 6 févr. 2002, n° 01-84.566 P. ♦ *Contra* : est nul l'arrêt de la cour d'assises dont les énonciations relatives à la composition du jury sont contradictoires avec celles du procès-verbal des débats. • Crim. 1er déc. 1999, n° 99-83.464 P.

5. Doit être cassé l'arrêt d'une cour d'appel qui constate qu'il a été rendu par un seul magistrat. ♦ ... Ainsi que l'arrêt rendu alors que l'un des conseillers ne faisait plus partie de la cour au moment de la prorogation du délibéré. • Crim. 23 janv. 2019, n° 18-82.047 P : *D. actu. 15 févr. 2019, obs. Diaz ; Dr. pénal 2019, n° 55, note Maron et Haas ; Procédures 2019, n° 135, obs. Chavent-Leclère* • Crim. 12 juin 1956 : *Bull. crim.*

n° 457. ♦ ... De même que l'arrêt qui énonce qu'il a été lu par un conseiller, alors que ce magistrat n'entrait pas dans la composition de la cour à cette audience. • Crim. 4 oct. 1989 : *préc. note 1.* ♦ ... Ceci d'autant plus si l'arrêt est lu et signé par un magistrat qui n'a participé ni aux débats ni au délibéré. • 20 déc. 2000, n° 00-86.219 P. ♦ Mais une erreur matérielle ne donne pas ouverture à cassation, dès lors qu'une rectification est possible par application des dispositions des art. 710 et 711. • Crim. 28 nov. 1988 : *Bull. crim. n° 395.*

6. *Ministère public.* Si les art. 32, 486 et 510 exigent que le ministère public, partie nécessaire au procès pénal, soit présent à chaque audience des juridictions de jugement, il résulte de l'art. 592 qu'à l'instar des magistrats composant la juridiction, il est présumé avoir assisté à toutes les audiences de la cause, dès lors qu'il a été entendu en ses réquisitions à celle des débats. • Crim. 26 mars 1996, n° 93-84.306 P • 4 sept. 1996, n° 93-83.764 P : *Procédures 1997. Comm. 16, obs. Buisson* • 25 avr. 2017, n° 16-81.793 P. ♦ Il n'importe pas que la minute ne mentionne pas la présence du ministère public au prononcé. • Mêmes arrêts. ♦ *Contra* : • Crim. 18 janv. 1995, n° 94-81.296 P.

7. *Publicité.* Dès lors que le procès-verbal des débats constate la publicité de la première audience, il y a présomption, à défaut de constatation contraire, que la publicité s'est prolongée pendant toute la durée de l'affaire. • Crim. 14 déc. 1988, n° 88-81.236 P.

8. Si, par dérogations aux dispositions de son al. 1er, l'art. 199, dans sa rédaction issue de l'art. 12 de la L. n° 2007-291 du 5 mars 2007, prévoit la publicité en matière de détention provisoire pour les personnes mises en examen majeures, l'inobservation de cette dernière formalité ne saurait donner ouverture à cassation que s'il en résulte une atteinte aux intérêts de la partie concernée. • Crim. 25 juill. 2007, n° 07-83.550 P : *RSC 2008. 933, obs. Finielz ; D. 2007. 2307, obs. Girault ; AJ pénal 2007. 484, obs. Royer.*

9. *Audience sur les intérêts civils.* Il résulte des art. 510 et 592 que la chambre des appels correctionnels est composée, même lorsqu'elle statue sur les seuls intérêts civils, d'un président et de deux conseillers, qui doivent assister à toutes les audiences au cours desquelles la cause est instruite, plaidée ou jugée ; ces règles sont d'ordre public, les parties ne pouvant y renoncer. Doit être cassé l'arrêt qui mentionne qu'un conseiller rapporteur a entendu seul les plaidoiries, les avocats ne s'y étant pas opposés, et qu'il en a rendu compte à la cour d'appel dans son délibéré. • Crim. 1er févr. 2000, n° 99-80.533 P : *Dr. pénal 2000. Comm. 92, obs. Maron.* ♦ Est inopérant le moyen de cassation pris de ce qu'il ne résulterait pas des mentions de l'arrêt attaqué que les prévenus ou leurs avocats ont eu la parole en dernier dès lors que le pourvoi est limité aux dispositions civiles de l'arrêt. • Crim. 25 juin 2014, n° 13-84.450 P : *Dr. pénal 2014, n° 131, note Maron et Haas.*

Art. 593 **Les arrêts de la chambre de l'instruction ainsi que les arrêts et jugements en dernier ressort sont déclarés nuls s'ils ne contiennent pas de motifs ou si leurs motifs sont insuffisants et ne permettent pas à la Cour de cassation d'exercer son contrôle et de reconnaître si la loi a été respectée dans le dispositif.**

Il en est de même lorsqu'il a été omis ou refusé de prononcer soit sur une ou plusieurs demandes des parties, soit sur une ou plusieurs réquisitions du ministère public.

BIBL. ▸ Sévely-Fournié, *RSC 2009. 793* (répression et motivation. Réflexions sur la motivation des arrêts et jugements des juridictions répressives).

I. NORMES NATIONALES

A. MOTIVATION DES DÉCISIONS

1° MOTIVATION SUR LE FOND

1. *Généralités.* La Cour de cassation n'est pas un troisième degré de juridiction ; l'appréciation souveraine par les juges du fond des faits et circonstances de la cause échappe à son contrôle. • Crim. 21 mars 1990, n° 88-84.011 P.

2. *Appréciation souveraine des juges du fond.* Les chambres d'accusation apprécient souverainement les pièces annexées à un réquisitoire introductif. • Crim. 16 mai 2000, n° 00-80.905 P. ♦ La loi, en abandonnant à la conscience des juges correctionnels le soin d'apprécier souverainement la valeur des preuves apportées à l'appui de la poursuite ou au soutien de la défense, exige toutefois d'eux, en cas de condamnation, qu'après avoir déclaré l'existence du délit et constaté ses éléments, ils affirment en termes non équivoques la culpabilité du prévenu. • Crim. 1er juin 1934 : *DH 1934. 399.* ♦ Quant à l'appréciation, par le juge, des circonstances qui peuvent dépouiller de tout caractère de criminalité les faits imputés, elle n'est souveraine qu'autant qu'elle n'est pas en contradiction avec les faits constatés par la décision elle-même. • Crim. 6 juin 1946 : D. 1946. 306, *rapp. Pépy* • 20 juill. 1955 : *D. 1955. 699.* ♦ Ne peut être admis, en l'absence d'insuffisance et de contradiction des motifs de l'arrêt de la Cour de justice de la République prononçant relaxe des fins de la poursuite pour complicité d'abus de biens sociaux et complicité de recel, le moyen qui ne tend qu'à remettre en cause l'appréciation souveraine par les juges du fond, des faits et des circonstances de la cause. • Cass., ass. plén., 23 juill. 2010, n° 10-85.505 P.

3. Chambre de l'instruction. Les chambres d'accusation apprécient souverainement, en fait, les éléments constitutifs des crimes et des délits, notamment les questions d'intention, à la condition que leur appréciation soit motivée et qu'elle ne soit entachée ni de contradiction ni d'illégalité. • Crim. 1er avr. 1965 : *Bull. crim. n° 103.* ♦ Ne justifie pas sa décision la chambre de l'instruction qui renvoie la personne mise en examen devant la cour d'assises pour assassinat, sans caractériser la circonstance de préméditation exigée par ce crime. • Crim. 18 oct. 2016, n° 16-84.863 P : *D. actu. 8 nov. 2016, obs. Benelli-de Bénazé.* ♦ En se fondant sur l'absence du dirigeant sur le chantier au moment des faits et sans mieux expliquer en quoi la faute de la victime aurait été la cause exclusive de l'accident, la cour d'appel n'a pas justifié l'ordonnance de non-lieu prononcée dans le cadre d'un homicide involontaire. • Crim. 7 mai 2019, n° 18-80.418 P : *D. actu. 31 mai 2019, obs. Recotillet.* ♦ Les juridictions d'instruction apprécient souverainement si les faits retenus à la charge de la personne mise en examen constituent une infraction, la Cour de cassation n'ayant d'autre pouvoir que de vérifier si, à supposer ces faits établis, la qualification justifie la saisine de la juridiction de jugement. • Crim. 19 mai 2021, n° 21-80.849 P : *D. actu. 7 juin 2021, obs. Charlent ; AJ pénal 2021. 376, obs. Clément.*

4. Ni l'art. 6, § 1, Conv. EDH, ni aucune disposition de la loi ne font obstacle à ce que la chambre de l'instruction, après avoir exposé les faits et la requête en annulation, reprenne les motifs contenus dans les réquisitions du parquet général pour conforter en droit et en fait le rejet de la requête, dès lors qu'elle a répondu aux moyens soutenus dans sa requête par le demandeur, excluant par la même tout défaut d'impartialité. • Crim. 13 déc. 2017, n° 17-82.990 P : *D. actu. 17 janv. 2018, obs. Diaz ; AJ pénal 2018. 102, obs. Luciani-Mien.*

5. Portée d'une nullité. Pour rejeter l'exception tendant à ce que soient annulés les procès-verbaux subséquents aux actes de géolocalisation de véhicules lesquels, selon le mémoire déposé, étaient leur support nécessaire, une chambre de l'instruction ne peut se borner à retenir que les autres éléments du dossier ne sont pas susceptibles d'annulation, sans autrement démontrer que les actes annulés n'étaient pas le support nécessaire et exclusif des autres actes de la procédure. • Crim. 9 mai 2018, n° 17-86.638 P : *D. actu. 8 juin 2018, obs. Morgante ; AJ pénal 2018. 359, note Fucini ; Dr. pénal 2018, n° 136, note Maron et Haas.*

6. Constat obligatoire des éléments constitutifs de l'infraction. Un jugement de condamnation doit à peine de nullité constater tous les éléments constitutifs de l'infraction qui a motivé la condamnation. • Crim. 30 oct. 1924 : *DH 1924. 653* • 15 mars 1955 : *D. 1955. 420* • 9 juill. 1980, n° 79-94.650 P • Cass., ch. mixte, 28 févr. 1986, n° 84-93.287 P • Crim. 6 déc. 1989, n° 89-81.414 P • 15 oct. 1991, n° 91-80.920 P • 17 mars 1999, n° 98-83.799 P • 13 déc. 2000, n° 99-84.855 P • 23 janv. 2001, n° 00-80.562 P ♦ Sur la « description du délit » par le juge, V. note Mimin, *DP 1937. 1. 53.* ♦ Pour un exemple en matière de mise en danger d'autrui : • Crim. 3 avr. 2001, n° 00-85.546 P : *D. 2001. IR 1996.*

7. Condamnation et intime conviction. L'ensemble des réponses, reprises dans l'arrêt de condamnation, qu'en leur intime conviction, magistrats et jurés ont données aux questions posées conformément à l'arrêt de renvoi, tient lieu de motifs aux arrêts de la cour d'assises statuant sur l'action publique. • Crim. 30 avr. 1996, n° 95-85.638 P. – V. désormais art. 365-1. ♦ Si la conviction des juges relève exclusivement de leur conscience et échappe de ce fait au contrôle de la Cour de cassation, il en est autrement si leur décision n'énonce aucun motif de nature à étayer cette conviction. • Crim. 3 janv. 1978, n° 77-91.496 P. ♦ Si les juges apprécient souverainement le préjudice résultant d'une infraction, ils ne peuvent pas pour autant déduire leur appréciation de motifs insuffisants, contradictoires ou erronés. • Crim. 25 oct. 2000, n° 00-80.433 P. ♦ Ainsi, l'insuffisance ou la contradiction des motifs équivaut à leur absence ; pour un exemple en matière de rejet du moyen soulevant la prescription de l'action publique en matière d'abus de biens sociaux : • Crim. 27 juin 2001, n° 00-87.414 P. ♦ La contradiction entre les motifs et le dispositif équivaut à un défaut de motifs : doit être cassé l'arrêt qui énonce, dans ses motifs, que le prévenu a reconnu avoir fumé du cannabis, tout en le renvoyant, dans son dispositif, des fins de la poursuite du chef d'usage illicite de stupéfiants. • Crim. 3 oct. 2012, n° 12-82.498 P. ♦ Si les juges apprécient librement la valeur des éléments de preuve qui leur sont soumis et se décident d'après leur intime conviction, ils ne sauraient, sans se contredire ou mieux s'en expliquer, après avoir reconnu la réunion de charges lourdes de culpabilité, se borner, pour prononcer la relaxe, à affirmer l'existence d'un doute. • Crim. 3 févr. 1992, n° 91-81.426 P.

8. Pouvoirs de la Cour de cassation. La Cour de cassation n'a d'autre pouvoir que de vérifier si la qualification donnée aux faits par la chambre d'accusation justifie le renvoi devant la cour d'assises ; il ne lui appartient pas d'apprécier la valeur des charges dont la chambre d'accusation a affirmé l'existence à l'encontre de l'accusé. • Crim. 5 avr. 1965, n° 64-93.684 P • 10 juin 1970, n° 70-91.024 P : *D. 1970. 533* • 5 août 1972, n° 72-91.364 P. ♦ Mais la Cour de cassation peut substituer un motif de pur droit à un motif erroné ou inopérant de l'arrêt attaqué et rejeter le moyen dirigé contre ce dernier motif. • Crim. 16 nov. 1971, n° 71-90.611 P.

9. Jugements irréguliers. Doit être cassé le jugement d'un tribunal de police, appelé « collectif », qui regroupe des procédures n'ayant entre elles aucun lien de connexité et qui contient des motifs insuffisants et hypothétiques communs à tous les prévenus. • Crim. 19 mars 1986, n° 85-93.713 P : *D. 1987. Somm. 85, obs. Pradel* • 7 mai 1986, n° 85-92.848 P. ♦ ... Ainsi que le jugement rédigé sur un imprimé ne portant aucune référence au procès-verbal de constatation. • Crim. 9 déc. 1992, n° 92-80.721 P. ♦ Mais l'art. 489, al. 1er n'interdit pas à la juridiction appelée à statuer sur l'opposition du prévenu comparant, de s'approprier explicitement, pour justifier sa décision de condamnation, les motifs de son précédent arrêt, aux termes desquels elle avait caractérisé en tous ses éléments le délit reproché. • Crim. 26 févr. 1997, n° 96-82.754 P.

10. Doit être annulé pour contradiction entre les motifs et le dispositif, équivalant à un défaut de motifs, l'arrêt qui alloue des dommages-intérêts à la partie civile, après avoir déclaré que le dommage n'est qu'éventuel, qu'il n'y a pas lieu de l'évaluer et que réparation pourra en être demandée le cas échéant. • Crim. 3 juin 1935 : *DP 1938. 1. 118.* ♦ L'appréciation du préjudice n'est souveraine que lorsqu'elle est justifiée par la constatation du fait exposé et par des motifs non contradictoires. • Crim. 16 mai 1974 : *D. 1974. 593, rapp. Dauvergne.*

11. Erreur de qualification. Une erreur de qualification commise par une cour d'appel (qualification de harcèlement sexuel au lieu d'agression sexuelle) n'entraîne pas la censure de l'arrêt si la peine prononcée entre dans la prévision des deux textes de répression. • Crim. 15 juin 2000, n° 99-84.171 P.

12. Motivation de la peine. En matière correctionnelle, selon les dispositions combinées des art. 132-19 et 132-24 C. pén., le choix d'une peine d'emprisonnement sans sursis doit être spécialement motivé en fonction des circonstances de l'infraction et de la personnalité de son auteur. • Crim. 6 févr. 1995, n° 94-82.731 P. ♦ Ne répond pas aux exigences de la motivation spéciale imposée par l'art. 132-19 C. pén. et encourt dès lors la cassation l'arrêt qui prononce une peine d'emprisonnement en se bornant à invoquer la gravité de la qualification des faits poursuivis. • Crim. 27 nov. 1996, n° 96-80.087 P. ♦ Les juges du fond, pour refuser d'aménager *ab initio* une peine de cinq mois d'emprisonnement ferme, ne peuvent se borner à se déclarer dans l'impossibilité matérielle d'ordonner un tel aménagement en l'absence d'élément précis sur la situation professionnelle de l'intéressé, notamment quant à ses horaires de travail et lieux d'exercice de sa profession, alors qu'il était présent à l'audience et pouvait répondre à leurs questions. • Crim. 9 avr. 2019, n° 18-83.874 P.

13. Pour prononcer une peine complémentaire d'interdiction du territoire français qui n'a pas été ordonnée par les juges du premier degré, la cour d'appel doit spécialement motiver sa décision en vérifiant au préalable que le prévenu n'entre pas dans l'une des catégories de personnes visées aux art. 131-30-1 et 131-30-2 C. pén. • Crim. 15 mars 2006, n° 05.86.648 P.

14. Confiscation. Hormis le cas où la confiscation, qu'elle soit en nature ou en valeur, porte sur un bien qui, dans sa totalité, constitue le produit de l'infraction, le juge, en ordonnant une telle mesure, doit apprécier le caractère proportionné de l'atteinte portée au droit de propriété de l'intéressé lorsqu'une telle garantie est invoquée ou procéder à cet examen d'office lorsqu'il s'agit d'une confiscation de tout ou partie du patrimoine. • Crim. 16 janv. 2019, n° 17-86.581 P : *AJ pénal 2019. 218, obs. Hennebois* .

15. Sur la motivation de toute peine correctionnelle ou contraventionnelle, V. notes ss. art. 485. Pour les arrêts des cours d'assises, V. notes ss. art. 365-1.

16. Note en délibéré. Aucune disposition légale ou conventionnelle n'impose aux juges de faire mention dans leur décision de l'existence d'une note en délibéré produite après l'audience, dès lors qu'ils ne fondent pas leur conviction sur ce document. • Crim. 16 déc. 2009, n° 09-81.136 P : *D. 2010. Chron. 1653, obs. Chaumont* ; *ibid. 1923, note Lapousterle* • 9 mars 2016, n° 13-85.943 P : *D. actu. 4 avr. 2016, obs. Gallois.* ♦ Mais il en va différemment dans le cas où, au cours de l'audience, ils ont expressément accepté de recevoir une note en délibéré, celle-ci devant alors être examinée au même titre que des conclusions régulièrement déposées. En s'abstenant de répondre aux exceptions de nullité invoquées par l'avocat du requérant dans sa note, une cour d'appel a dès lors méconnu l'art. 593. • Crim. 29 janv. 2014, n° 13-80.093 P : *D. actu. 10 mars 2014, obs. Priou-Alibert* ; *D. 2014. Actu. 374* ; *AJ pénal 2014. 191, obs. de Combles de Nayves* ; *Procédures 2014. 81, note Chavent-Leclère* ; *Dr. pénal 2014. 48, note Maron et Haas.*

2° MOTIVATION SUR LA FORME

17. Légalité d'une garde à vue. Doit être cassé l'arrêt qui ne précise pas le cadre juridique de retenue d'une personne au commissariat alors qu'il ressort des pièces du dossier que cette personne n'a, à aucun moment, été placée en garde à vue. • Crim. 11 janv. 2001, n° 00-82.024 P : *Dr. pénal 2001. Comm. 107, obs. Maron.*

18. Régularité d'une commission rogatoire. Ne justifie pas sa décision la cour qui pour annuler le procès-verbal d'une perquisition incidente se fonde sur l'absence au dossier de la commission rogatoire initiale ; en effet, cette juridiction n'a pas à se prononcer sur la régularité d'une commission rogatoire étrangère au dossier qui lui est soumis et dont l'existence n'est pas contestée. • Crim. 18 avr. 2000, n° 99-88.086 P. ♦ Rappr. : • Crim. 16 mai 2000, n° 00-80.905 P : *D. 2000. IR 198*.

19. Audition de témoin. Le rejet de demande d'audition de témoin régulièrement requis par un prévenu doit être motivé par la juridiction. • Crim. 27 juin 2001, n° 00-87.414 P.

20. Exception de chose jugée. Pour apprécier le bien-fondé d'une exception de chose jugée, les juges doivent rechercher par un examen de la procédure soumise à la juridiction précédente si les faits déjà jugés sont ceux-là mêmes dont ils sont saisis et vérifier si les jugements invoqués au soutien de l'exception sont définitifs. • Crim. 2 juin 1992, n° 90-85.696 P.

21. Mandat d'arrêt européen. Encourt la censure l'arrêt de la chambre de l'instruction dont les énonciations insuffisantes sur la faculté pour la personne recherchée de former opposition au jugement rendu en son absence ne permettent pas à la Cour de cassation de s'assurer du caractère définitif ou non du jugement pour l'exécution duquel la personne est réclamée. • Crim. 26 oct. 2005, n° 05.85.847 P : *D. 2005. IR 2971 ; AJ pénal 2005. 459 obs. Roussel.*

22. Demande de renvoi. V. notes 103 s. ss. art. préliminaire.

B. EXCÈS DE POUVOIR ET ARRÊTS DE RÈGLEMENT

23. Commet un excès de pouvoir l'arrêt qui condamne une partie au paiement d'une indemnité provisionnelle au profit d'une partie civile, alors que ce paiement n'était pas demandé par ladite partie civile qui n'avait pas interjeté appel. • Crim. 24 mai 1960, n° 59-92.222 P.

24. Commet un excès de pouvoir la cour d'appel qui, après avoir condamné le prévenu à payer une indemnité à la partie civile, ordonne l'attribution à celle-ci d'une somme placée sous main de justice, pour assurer le paiement partiel de cette indemnité, alors qu'il n'appartient pas au juge correctionnel d'assurer l'exécution des condamnations civiles. • Crim. 28 mai 1970, n° 68-93.364 P : *D. 1971. 20, note Vray.*

25. Viole l'art. 5 C. civ. l'arrêt qui, pour restreindre la latitude accordée aux juges relativement à la fixation de la peine, se fonde sur une règle générale édictée par la cour d'appel en dehors des prescriptions de la loi. • Crim. 25 mai 1971, n° 70-92.570 P.

26. Doit être cassé l'arrêt qui se borne à se référer à ses précédentes décisions ou à des arrêts de la Cour de cassation. • Crim. 18 juill. 1991, n° 90-82.208 P.

C. NON-RÉPONSE À CONCLUSIONS

27. Les juges devant statuer sur tous les chefs de conclusions dont ils sont saisis, l'arrêt qui laisse sans réponse des conclusions constituant un système de défense doit être cassé. • Crim. 19 oct. 1934 : *DH 1934. 543* • 26 déc. 1960, n° 60-94.183 P • Crim. 15 mai 2019, n° 19-81.531 : *D. actu. 28 mai 2019, obs. Goetz* • Crim. 15 mai 2019, n° 18-80.121 : *D. actu. 28 mai 2019, obs. Goetz.* ♦ ... Ainsi est cassé l'arrêt qui ne répond pas à l'articulation essentielle d'un mémoire. • Crim. 3 oct. 2000, n° 00-80.739 P • 15 sept. 2010 : *AJ pénal 2011, obs. Girault* (demande d'extradition) • Crim. 12 sept. 2018, n° 17-81.189 P (procès-verbal de visite domiciliaire) : *Dr. pénal 2018, n° 213, note Robert* • Crim. 12 juin. 2019, n° 19-82.557 P : *D. actu. 15 juill. 2019, obs. Goetz* (demande de mise en liberté). ♦ Mais les juges ne sont pas tenus de répondre à tous les arguments invoqués à l'appui de ces conclusions. • Crim. 13 juill. 1951 : *D. 1951. 658.* ♦ Comp. : • Crim. 3 nov. 1955 : *D. 1956. 117.* ♦ Ils n'ont l'obligation de répondre qu'aux moyens péremptoires qui sont de nature à influer sur la solution du litige. • Crim. 9 mai 1994, n° 94-81.196 P • Crim. 20 juin 2000, n° 99-81.235 P. ♦ Par ailleurs, n'est pas recevable, en l'absence de pourvoi des parties civiles, le moyen pris d'un défaut de réponse aux conclusions d'appel des parties civiles, proposé par le ministère public, alors que celui-ci n'avait pas pris de réquisitions écrites devant la cour d'appel en application de l'art. 458. • Crim. 15 nov. 2005, n° 04.87.813 P.

28. Le juge correctionnel n'est tenu de répondre à des conclusions que s'il est juridiquement constaté, par leur contenu ou par les mentions de l'arrêt attaqué, auxquelles ne sauraient à cet égard suppléer les énonciations des notes d'audience, qu'il a été mis en demeure de le faire. • Crim. 10 juin 1992, n° 91-82.872 P.

29. L'adoption des motifs d'un jugement suffit à justifier la décision rendue sur appel lorsque les conclusions prises devant la cour se trouvaient déjà implicitement rejetées par les motifs du jugement. • Crim. 4 janv. 1939 : *DH 1939. 212.* ♦ Doit être cassé l'arrêt qui confirme un jugement en adoptant ses motifs faisant état du défaut de production de pièces à l'appui de la demande de dommages intérêts alors qu'en appel, la partie a déposé des conclusions faisant état de diverses pièces versées aux débats. • Crim. 19 déc. 2000, n° 00-80.479 P.

30. Par application de l'art. 593, al. 2, est nul l'arrêt qui confirme l'ordonnance d'un juge d'instruction plaçant l'inculpé en détention provisoire, sans répondre aux articulations du mémoire régulièrement déposé par ce dernier, fût-ce pour les déclarer mal fondées ou irrecevables. • Crim. 22 mars 1983, n° 83-90.478 P : *JCP 1984. II. 20251, note Chambon.* ♦ En omettant de répondre aux conclusions par lesquelles l'appelant faisait valoir, en se fondant sur des éléments propres à sa situation personnelle, que ses conditions de détention étaient susceptibles de mettre sa santé en danger et constituaient ainsi un traitement inhumain ou dégradant, une chambre de l'instruction n'a pas justifié sa décision. • Crim. 28 sept. 2016, n° 16-84.384 P : *D. actu. 12 oct. 2016, obs. Goetz ; Procédures 2016, n° 375, note Chavent-Leclère.*

31. Encourt la censure l'arrêt de la chambre de l'instruction qui refuse d'examiner la régularité d'une enquête effectuée en application des dispositions de l'ordonnance du 1er déc. 1986 et révélant des infractions de droit commun, seules poursuivies, au motif que cette enquête ne figurerait au dossier qu'à titre de simple renseignement et ne constituerait ni une enquête économique ni une enquête préliminaire. Il appartenait en effet à la chambre de l'instruction de répondre au mémoire qui excipait d'un détournement de procédure ayant consisté à ne recourir aux dispositions de l'ordonnance du 1er déc. 1986 qu'à seule fin de mettre à jour des délits de droit commun en s'affranchissant des règles de procédure relatives aux enquêtes préliminaires. De même, elle ne pouvait se dispenser d'examiner si, comme il était allégué, des actes avaient été accomplis par des fonctionnaires incompétents territorialement. • Crim. 31 janv. 2006, n° 05.80.640 P : *AJ pénal 2006. 177, obs. Girault ; RSC 2006. 876, obs. Renucci ; JCP. 2006. IV. 1396 ; ibid 2006. I. 159, note Maron ; Dr. pénal 2006. Comm. 93.*

32. La chambre d'accusation, si elle apprécie souverainement l'existence de charges, ne peut cependant omettre d'examiner ou refuser de se prononcer sur les réquisitions du ministère public. • Crim. 27 sept. 2000, n° 00-84.635 P : *D. 2000. IR 275* .

33. Doit être cassé l'arrêt de la chambre de l'instruction qui, saisie d'une procédure engagée du chef d'homicide involontaire à la suite de la mort d'un pilote d'aéronef, retient, pour confirmer l'ordonnance de non-lieu entreprise, que la cause immédiate de l'accident résulte d'une utilisation défectueuse du carburant imputable au pilote, sans répondre au mémoire des ayants droit de la victime qui invoquaient en particulier, comme étant à l'origine du décès, l'existence de manquements graves de sécurité. • Crim. 8 nov. 2005, n° 05.81.653 P.

34. Tout jugement ou arrêt doit, en matière d'urbanisme, répondre, en fonction des impératifs d'intérêt général poursuivis par cette législation, aux chefs péremptoires des conclusions des parties, selon lesquels une mesure de remise en état porterait une atteinte disproportionnée au droit au respect de la vie familiale. • Crim. 31 janv. 2017, n° 16-82.945 P.

35. Mandat d'arrêt européen. Encourt la censure l'arrêt qui se borne à énoncer que la chambre de l'instruction n'est pas tenue de rechercher si la peine d'emprisonnement pour l'exécution de laquelle le mandat d'arrêt européen a été émis peut être exécutée en France, sans répondre à l'argumentation de la personne réclamée qui, par mémoire régulièrement déposé, invoquait sa situation familiale au soutien de sa demande d'exécution de peine sur le territoire national. • Crim. 26 oct. 2005, n° 05.85.847 P : *D. 2005. IR 2971 ; AJ pénal 2005. 459* .

II. NORMES EUROPÉENNES

36. Dispositions de la Convention européenne des droits de l'homme. Encourt la censure l'arrêt de la chambre d'accusation qui ordonne la prolongation de la détention sans répondre au mémoire de la personne mise en examen qui invoquait la violation de l'art. 5, § 3, Conv. EDH consacrant le droit d'être jugé dans un délai raisonnable. • Crim. 14 mai 1996, n° 96-81.045 P. ♦ ... L'arrêt de la chambre d'accusation qui, sur l'appel du ministère public, prescrit la réincarcération de la personne mise en examen sans répondre à l'articulation essentielle du mémoire de celle-ci qui invoquait, après une première détention provisoire de 17 mois, le dépassement du délai raisonnable prévu par les art. 5-3 et 6, § 1, Conv. EDH. • Crim. 23 avr. 1997, n° 97-80.720 P.

37. Ne fait pas grief l'absence de réponse de la chambre d'accusation [désormais chambre de l'instruction] à une argumentation développée par l'intéressé quant à la violation d'un article de la Conv. EDH dès lors que la Cour de cassation est en mesure de s'assurer que les dispositions de ce texte n'ont pas été méconnues. • Crim. 16 janv. 2001, n° 00-86.789 P.

38. Il appartient à la chambre de l'instruction, saisie d'un moyen d'annulation invoquant la violation de l'art. 8 Conv. EDH, relativement au versement, dans la procédure dans laquelle le requérant est mis en examen, de transcription de conversations téléphoniques issues d'une procédure distincte, de procéder, par motifs propres, à l'examen de la régularité des actes litigieux dans chacune des procédures au regard tant des art. 100 s., que des principes résultant de l'art. 8 Conv. EDH précitée. • Crim. 19 déc. 2007, n° 07-86.885 P : *AJ pénal 2008. 144, note Lavric* .

39. Motivation des arrêts d'assises. Satisfait aux exigences des art. 6, § 1, Conv. EDH et 593, l'arrêt de condamnation prononcé par la cour d'assises d'appel reprenant les réponses qu'en leur intime conviction, magistrats et jurés, statuant dans la continuité des débats, à vote secret et à la majorité qualifiée des deux tiers, ont donné aux questions sur la culpabilité, dès lors qu'ont été assurés l'information préalable sur les charges fondant la mise en accusation, le libre exercice des droits de la défense ainsi que le caractère public et contradictoire des débats. • Crim. 14 oct. 2009, n° 08-86.480 P : *D. 2009. 2545, note Gachi ; ibid. 2778, note Pradel ; ibid. 2010. Chron. C. cass. 39, obs. Leprieur, Chaumont et Degorce ; AJ pénal 2009. 495, note Lasserre Capdeville ; Dr. pénal 2009, n° 143, obs. Maron et Haas ; Procédures 2009, n° 423, obs. Buisson ; Gaz. Pal. 8-10 nov. 2009, p. 8, note Renucci.* – V. désormais art. 365-1.

Art. 594 *(Abrogé par L. n° 2000-516 du 15 juin 2000, art. 136-XVI, à compter du 1er janv. 2001)* ***En matière criminelle, l'arrêt de renvoi de la chambre d'accusation, devenu définitif, fixe la compétence de la cour d'assises et couvre, s'il en existe, les vices de la procédure antérieure.***

Il résulte des art. 231 et 594 que la cour d'assises ne peut connaître d'aucune autre accusation que celle résultant de l'arrêt de mise en accusation qui, devenu définitif, fixe sa compétence. Doit être cassé l'arrêt incident de la cour d'assises qui, après la lecture de l'arrêt de renvoi, modifie les termes de l'accusation, quand bien même l'accusé aurait accepté cette rectification. • Crim. 21 févr. 1996, n° 95-82.085 P. ♦ V. aussi • Crim. 25 oct. 2000, n° 99-85.208 P : *D. 2001. IR 41*.

Art. 595 *(Ord. n° 60-529 du 4 juin 1960)* **Lorsque la chambre de l'instruction statue sur le règlement d'une procédure** *(Abrogé par L. n° 93-2 du 4 janv. 1993) « dans un cas autre que celui visé à l'article précédent »*, **tous moyens pris de nullités de l'information doivent lui être proposés, faute de quoi** *(L. n° 93-2 du 4 janv. 1993)* **« les parties » ne sont plus recevables à en faire état, sauf le cas où** *(L. n° 93-2 du 4 janv. 1993)* **« elles » n'auraient pu les connaître, et sans préjudice du droit qui appartient à la Cour de cassation de relever tous moyens d'office.** – *Pr. pén. C. 724.*

BIBL. ▶ MARON, *Dr. pénal 1993, n° 249.*

Il résulte de l'art. 595, tel que modifié par la L. du 4 janv. 1993, que même en matière criminelle, lorsque la chambre d'accusation statue sur le règlement d'une procédure, la partie, qui n'a pas soulevé devant cette juridiction la nullité d'un acte d'instruction, ne saurait l'invoquer pour la première fois devant la Cour de cassation. • Crim. 19 juill. 1993, n° 93-82.258 P : *Dr. pénal 1993, n° 230, obs. Maron* • 27 nov. 1996, n° 96-83.920 P.

Art. 596 **En matière criminelle et dans le cas où l'accusé a été condamné, si l'arrêt a prononcé une peine autre que celle appliquée par la loi à la nature du crime, l'annulation de l'arrêt pourra être poursuivie tant par le ministère public que par la partie condamnée.**

1. L'art. 410 C. instr. crim. (art. 596) autorise le ministère public à poursuivre l'annulation des peines autres que celles édictées par la loi, mais non à se pourvoir contre la disposition d'une condamnation relative à une réparation civile. • Crim. 26 mars 1931 : *DH 1931. 318.*

2. ... Spécialement contre une condamnation à payer le prix d'un permis de chasse. • Crim. 26 mars 1931 : *préc.*

3. Aux termes des art. 572, 620 et 621 combinés, les arrêts d'acquittement de la cour d'assises ne peuvent faire l'objet d'un pourvoi que dans l'intérêt de la loi, sans préjudicier à la partie acquittée, et à la seule initiative du procureur général près la Cour de cassation. Par ailleurs, il résulte des dispositions de l'art. 596 que le ministère public ne peut se pourvoir contre une décision de condamnation de cour d'assises que si l'arrêt a prononcé une peine autre que celle appliquée par la loi à la nature du crime. En conséquence, le procureur général près une cour d'appel qui n'invoque à l'appui de son recours que des griefs concernant les énonciations de la feuille de questions et, plus spécialement, l'absence de constatations formelles des acquittements partiels consécutifs aux réponses négatives de la cour à des questions relatives à certains chefs d'accusation, est sans qualité pour se pourvoir. • Crim. 21 févr. 2007, n° 06-81.713 P : *D. 2007. AJ 1080 ; AJ pénal. 2007. 184, obs. Royer ; Dr. pénal 2007. Comm. 78 (3e esp.), obs. Maron.*

Art. 597 **La même action appartient au ministère public contre les arrêts d'acquittement mentionnés à l'article 363 si la décision a été prononcée sur la base de la non-existence d'une loi pénale qui pourtant aurait existé.**

Art. 598 **Lorsque la peine prononcée est la même que celle portée par la loi qui s'applique à l'infraction, nul ne peut demander l'annulation de l'arrêt sous le prétexte qu'il y aurait erreur dans la citation du texte de la loi.**

BIBL. ▸ Audier, *RSC 1978. 553.* – Boré, *D. 2011. 251* (feu la peine justifiée ?). – Fenaux, *notes D. 1985. 380 ; ibid. 1993. 219.*

1. QPC. N'est pas nouvelle et est dénuée de caractère sérieux, car invoquant une théorie et non les dispositions de l'article lui-même, la QPC qui soutient que les dispositions de l'art. 598, qui fondent la théorie de la peine justifiée, portent atteinte aux droits de la défense tels qu'ils sont garantis par les PFRLR et l'art. 16 DDH du 26 août 1789, ainsi qu'au principe d'individualisation des peines qui découle de l'art. 8 de ladite déclaration. • Cass., QPC, 19 mai 2010 : *D. 2010. Actu. 1351* ; *RSC 2011. Chron. 185, obs. De Lamy* .

2. Application de la peine justifiée. L'erreur dans la citation de la loi sur laquelle est fondée une condamnation pénale n'est pas une cause de nullité, si la loi qui aurait dû être appliquée prononce la même peine que celle qui a été appliquée. • Crim. 25 sept. 1890 : *Bull. crim. n° 196* • 30 oct. 1925 : *DH 1926. 6* • 7 nov. 1931 : *DH 1931. 559.* ♦ L'erreur dans la qualification ne peut donner ouverture à cassation lorsque la peine prononcée est celle fixée par le texte qui devait être appliqué. • Crim. 25 mars 1927 : *DH 1927. 287.* ♦ Ainsi, l'arrêt portant condamnation pour fausse déclaration de dommages de guerre échappe à la cassation bien que les faits poursuivis ne réunissent pas les éléments de ce délit, s'ils constituent le délit d'escroquerie et que la peine prononcée se trouve justifiée par l'art. 405 C. pén. • Même arrêt. ♦ Et lorsqu'une peine accessoire, notamment l'insertion de la condamnation dans divers journaux, n'est pas prévue pour le délit retenu, il y a lieu de prononcer la cassation par voie seulement de retranchement des dispositions de l'arrêt qui l'a ordonnée. • Même arrêt.

3. Lorsque les agissements d'un syndic de faillite, qui a commis de graves irrégularités, ne constituent pas le délit de malversation pour lequel il a été condamné, mais présentent tous les caractères légaux du délit d'escroquerie, cela suffit pour justifier légalement la peine prononcée. • Crim. 9 oct. 1940 : *DA 1941. 12.* ♦ V. d'autres cas de non-ouverture à cassation pour erreur de qualification dès lors que la peine est justifiée : • Crim. 21 déc. 1960 : *JCP 1961. II. 12415, note Level* • 29 janv. 1965, n° 64-91.731 P : *D. 1965. 288, note Combaldieu* • 21 janv. 1981, n° 80-90.845 P • 1er oct. 1984, n° 83-93.550 P : *D. 1985. 380, note Fenaux* • 20 oct. 1986, n° 86-90.224 P. ♦ Une telle erreur ne peut donner lieu qu'à un pourvoi dans l'intérêt de la loi réservé par l'art. 621 au seul procureur général près la Cour de cassation. • Crim. 20 janv. 1993, n° 92-80.011 P.

4. Lorsqu'un arrêt a déclaré à tort coupable d'escroquerie l'auteur d'une tentative de ce même délit, l'erreur relevée par la Cour de cassation ne saurait donner ouverture à cassation, la peine étant justifiée. • Crim. 9 mars 1983, n° 82-91.981 P.

5. Lorsqu'un arrêt a déclaré à tort coauteur d'une contravention à la réglementation sur la coordination des transports un individu qui n'en était que complice et dont la complicité était expressément réprimée, l'erreur relevée par la Cour de cassation ne saurait donner ouverture à cassation, la peine et les réparations civiles étant justifiées. • Crim. 30 janv. 1979, n° 78-90.287 P : *D. 1979. IR 301.* ♦ Dans le même sens : • Crim. 16 déc. 1991, n° 90-82.822 P.

6. Un même fait poursuivi à tort sous la double qualification de diffamation publique envers un citoyen chargé d'un mandat public et de diffamation publique envers un particulier ne peut donner lieu à une double déclaration de culpabilité de ces chefs. Il appartient à la Cour de cassation de restituer aux faits leur seul et unique caractère délictueux, et de déclarer, s'il échet, la peine et les réparations civiles justifiées, en application de l'art. 598. • Crim. 21 avr. 1980, n° 79-92.567 P. ♦ Il en va de même pour les faits poursuivis à tort du chef de violences volontaires avec préméditation alors qu'ils constituaient le délit d'administration de substances nuisibles à la santé puni des mêmes peines. • Crim. 14 juin 1995, n° 94-83.025 P.

7. Non-application de la peine justifiée. La théorie de la peine justifiée ne s'applique pas aux dommages-intérêts. • Crim. 17 juin 1926 : *DH 1926. 518* • 8 janv. 1942 : *DC 1942. 64* • 4 déc. 1947 : *D. 1948. 73.*

8. Par suite, lorsque l'un des deux délits retenus par le juge est écarté par la Cour de cassation comme n'étant pas suffisamment établi dans ses éléments constitutifs, il y a lieu à cassation de l'arrêt qui accorde des dommages-intérêts en réparation des deux délits, en bloc, sans faire de répartition, alors même que la peine principale est maintenue comme étant justifiée par le second délit. • Crim. 6 avr. 1895 : *DP 1899. 1. 577* • 9 mars 1912 : *DP 1913. 1. 75.*

9. En matière de récidive, les principes qu'énonce l'art. 598 sont sans application. • Crim. 25 mars 1909 : *Bull. crim. n° 188* • 5 janv. 1965, n° 64-91.898 P • 23 mars 1982, n° 82-90.306 P.

Art. 599 **En matière correctionnelle, le prévenu n'est pas recevable à présenter comme moyen de cassation les nullités commises en première instance s'il ne les a pas opposées devant la cour d'appel, à l'exception de la nullité pour cause d'incompétence lorsqu'il y a eu appel du ministère public.**

(L. n° 85-1407 du 30 déc. 1985) **« En matière criminelle, l'accusé n'est pas recevable à présenter comme moyen de cassation les nullités qu'il n'a pas soulevées devant la cour d'assises** *(L. n° 2000-516 du 15 juin 2000, art. 136-XVII, en vigueur le 1er janv. 2001)* **« statuant en appel » conformément aux prescriptions de l'article 305-1. »**

BIBL. ▶ DE NERVO, *JCP 1994. I. 3752.*

I. PRÉSENTATION DE MOYENS NOUVEAUX

1. *Irrecevabilité des moyens nouveaux.* En matière correctionnelle, le prévenu n'est pas recevable à présenter comme moyen de cassation les nullités commises en première instance, s'il ne les a pas opposées devant la cour d'appel, à l'exception de la nullité pour cause d'incompétence, lorsqu'il y a eu appel du ministère public. • Crim. 1er déc. 1971, n° 71-91.937 P • 24 nov. 1977, n° 75-92.339 P : *D. 1978. IR 62.* ♦ ... Alors même que l'intéressé n'a pas comparu devant cette juridiction. • Crim. 5 déc. 1991, n° 87-85.502 P.

2. *Prévenu absent.* Dès lors qu'il ne résulte ni de l'arrêt ni des conclusions déposées que le demandeur, qui n'avait pas comparu devant le tribunal correctionnel, ait soulevé devant la cour d'appel, avant toute défense au fond, l'exception de nullité du jugement pour inobservation des règles relatives à la manière de procéder à l'égard du prévenu absent, le moyen, qui invoque pour la première fois cette exception devant la Cour de cassation est irrecevable par application de l'art. 599. • Crim. 30 sept. 2009, n° 08-86.579.

3. *Moyen mélangé de fait et de droit.* Ne peuvent être proposés pour la première fois devant la Cour de cassation : un moyen mélangé de fait et de droit. • Crim. 20 juin 1924 : *DH 1924. 532* • 22 janv. 1975, n° 74-91.347 P • 23 juin 1983, n° 77-93.166 P. ♦ Est irrecevable comme nouveau le moyen pris d'une exception d'incompétence territoriale qui n'a jamais été alléguée devant les juges du fond et dont l'appréciation impose l'examen d'éléments de fait qui ne résultent ni du jugement ni de l'arrêt. • Crim. 3 juill. 1985, n° 84-92.118 P. ♦ Faute d'avoir été invoqué devant la chambre de l'instruction elle-même, le moyen tiré du dépassement du délai qui lui est imparti pour statuer sur l'appel de l'ordonnance du juge des libertés et de la détention ayant rejeté la demande de mise en liberté, présenté pour la première fois devant la Cour de cassation, est nouveau, mélangé de fait et comme tel irrecevable. • Crim. 29 avr. 2014, n° 14-80.980 P : *D. actu. 6 juin 2014, obs. Fonteix.*

4. *Una via electa.* Les exceptions tirées de la maxime *Una via electa*, quand le débat ne porte que sur les intérêts civils, du moins lorsque ces exceptions n'ont pas été soumises aux juges du fond, ne sont pas recevables pour la première fois devant la Cour de cassation. • Crim. 18 mai 1931 : *DH 1931. 381.*

5. *Recevabilité de l'action civile.* Constitue un moyen nouveau le moyen pris de ce que la partie civile n'avait pas qualité pour agir à ce titre alors que la recevabilité de l'action civile n'a été à aucun moment contestée devant les juges de l'instruction dont la décision sur ce point ne lie d'ailleurs pas la juridiction de renvoi. • Crim. 15 mars 1983, n° 82-92.590 P.

6. *Moyen de preuve.* Le prévenu est irrecevable à contester pour la première fois devant la Cour de cassation l'admission, comme moyen de preuve, de l'enregistrement d'une communication téléphonique auquel il n'a pas consenti. • Crim. 28 janv. 2015 : *D. actu. 10 févr. 2015, obs. Fucini ; Dr. pénal 2015, n° 43, note Maron et Haas.*

7. *Cour de sûreté de l'État.* Ne saurait être invoqué pour la première fois devant la Cour de cassation le moyen pris d'une irrégularité d'un arrêt avant dire droit ordonnant une expertise, prononcé par la Cour de sûreté de l'État, lorsque cette irrégularité n'a pas été soulevée devant ladite cour avant le débat sur le fond. • Crim. 24 mai 1976, n° 74-CS150 P : *Gaz. Pal. 1976. 2. 744, note Y. M.*

8. Dès lors qu'une cour d'appel, saisie sur renvoi après cassation, s'est bornée à statuer en conformité de l'arrêt de cassation qui l'avait saisie, le moyen qui appelle la Cour de cassation à revenir sur la doctrine affirmée par son précédent arrêt, alors que la juridiction de renvoi s'y est conformée, est irrecevable. • Crim. 16 mars 1981, n° 78-93.826 P.

9. *Moyen contraire à la position du demandeur devant les juridictions du fond.* Est irrecevable un moyen de cassation contraire à la position prise par le demandeur devant les juges du fond. • Crim. 4 mars 1986, n° 84-93.726 P.

10. *Nullités de l'art. 305-1.* Aucune disposition légale ou conventionnelle ne fait obligation au président de rappeler aux parties, avant l'ouverture des débats, les prescriptions des art. 305-1 et 599, al. 2. • Crim. 8 janv. 1997, n° 96-81.854 P. ♦ Il résulte des art. 305-1 et 599, al. 2 que l'accusé n'est pas recevable à présenter comme moyen de cassation une nullité entachant la procédure qui précède l'ouverture des débats, qu'il n'a pas soulevée devant la cour d'assises dès la constitution définitive du jury de jugement. • Crim. 20 août 1997, n° 96-85.549 P : *Gaz. Pal. 1997. 2. 245 ; Procédures 1998. Comm. 68, obs. Buisson* • 31 mai 2007 : *D. 2007. AJ 1874*. ♦ S'il ne résulte d'aucune pièce de procédure que l'accusé ou son avocat, qui pouvaient obtenir communication des pièces relatives à la composition de la cour, aient soulevé, avant l'ouverture des débats, une exception prise de l'irrégularité de cette composition, le demandeur n'est pas recevable, en application des art. 305-1 et 599, à présenter comme moyen de cassation une nullité qu'il n'a pas invoquée devant la cour d'assises conformément au premier de ces textes. • Crim. 25 sept. 2002, ☎ n° 02-80.766 P : *JCP 2002. IV. 2877 ; Dr. pénal 2002. Comm. 142, obs. Maron et Haas* • 25 sept. 2002, ☎ n° 01-88.024 P : *JCP 2002. IV. 2878 ; Dr. pénal 2002. Comm. 142, obs. Maron et Haas* • 2 sept. 2005, ☎ n° 04-84.776 P : *JCP 2005. IV. 3186 ; AJ pénal 2006. 41, obs. Girault* ✐. ♦ En application des art. 305-1 et 599, al. 2, les demandeurs ne sont pas recevables à présenter comme moyen de cassation une prétendue nullité qu'ils n'ont pas invoquée, conformément au premier de ces textes, devant la cour d'assises statuant en appel. • Crim. 23 oct. 2002 : ☎ *inédit.*

11. Recevabilité des moyens nouveaux d'ordre public. Les juridictions, en matière criminelle, étant d'ordre public, le moyen tiré de l'incompétence est recevable pour la première fois devant la Cour de cassation. • Crim. 22 nov. 1934 : *DH 1935. 21* • 28 oct. 1981, ☎ n° 81-90.228 P • 2 mai 1983, ☎ n° 80-93.395 P • 26 sept. 1989, ☎ n° 89-80.281 P • 22 mai 1996, ☎ n° 95-84.899 P. • 15 févr. 2000, ☎ n° 99-81.685 P. ♦ ... Sauf s'il est mélangé de fait et de droit, V. note 3.

12. Il en est ainsi, notamment, au cas où le tribunal correctionnel, saisi d'un vol simple, a prononcé pour ce fait une condamnation, et où la cour d'appel a statué de même sur la poursuite, s'il résulte des faits reconnus constants par l'arrêt qu'il s'agissait en réalité d'un vol qualifié. • Crim. 14 avr. 1934 : *DH 1935. Somm. 10.*

13. Mais c'est à la condition que la cour d'appel se soit trouvée saisie par le ministère public d'un appel *a minima*, auquel cas, ayant à connaître de la cause entière, elle était tenue de vérifier, même d'office, sa propre compétence ; sinon le condamné ne peut se prévaloir devant la Cour de cassation du moyen d'incompétence qu'il n'a pas proposé devant la cour d'appel. • Crim. 20 janv. 1921 : *DP 1921. 1. 171* • 4 avr. 1935 : *DH 1935. 318.*

14. Le moyen tiré de la prescription est, en matière criminelle, d'ordre public et peut être invoqué pour la première fois devant la Cour de cassation. • Crim. 17 juin 1926 : *DH 1926. 518* • 10 nov. 1937 : *DH 1938. 56* • 6 juill. 1939 : *DH 1939. 480.* ♦ ... A condition toutefois que se trouvent, dans les constatations des juges du fond, les éléments nécessaires pour en apprécier la valeur. • Crim. 3 mai 1990, ☎ n° 89-81.370 P. ♦ Il en est de même du moyen tiré de l'amnistie. • Crim. 16 juin 1999, ☎ n° 98-81.925 P. ♦ ... Et de celui tiré de la chose jugée. • Crim. 15 févr. 1931 : *DH 1931. 165.*

15. Jugé cependant que n'est pas d'ordre public et ne peut être proposée pour la première fois devant la Cour de cassation l'exception de chose jugée, si la chose jugée, même par une juridiction répressive, ne concernait que les intérêts civils des parties. • Crim. 19 mars 1926 : *DH 1926. 301.*

16. Lorsque, à l'occasion de poursuites pour abus de confiance, l'existence du contrat civil en vertu duquel le bien détourné aurait été remis a été déniée devant les juges du fond, le moyen pris de la violation du principe posé par l'art. 1341 C. civ. ne saurait lorsqu'il est proposé devant la Cour de cassation être écarté comme nouveau (sol. impl.). • Crim. 3 janv. 1985, ☎ n° 83-93.527 P.

II. RESPECT DES DROITS FONDAMENTAUX

17. Exigences de la Convention européenne des droits de l'homme : le droit à un procès équitable. Est irrecevable, comme mélangé de fait et de droit, le moyen proposé par un demandeur qui allègue, pour la première fois devant la Cour de cassation, une violation de l'art. 6 Conv. EDH, prise de ce qu'il n'aurait pas été jugé dans un délai raisonnable. • Crim. 19 nov. 1987, ☎ n° 86-91.592 P. ♦ ... Ainsi qu'une violation prétendue de l'art. 5, § 3, Conv. EDH. • Crim. 13 déc. 1995, ☎ n° 95-85.057 P. ♦ Même solution pour une violation prétendue de l'art. 9 Conv. EDH. • Crim. 16 avr. 2013 : *Gaz. Pal. 21 juill. 2013, p. 24, note Dreyer.*

18. Caractère inopérant d'un moyen fondé sur un arrêt de la Cour européenne des droits de l'homme. Le moyen, qui se fonde sur un arrêt de la CEDH, est inopérant. En effet, les décisions rendues par ladite cour, dans les conditions précisées aux art. 19 et 50 à 54 Conv. EDH, n'ont aucune incidence directe en droit interne sur les décisions des juridictions nationales. • Crim. 4 mai 1994, ☎ n° 93-84.547 P : *Gaz. Pal. 1994. 2. 558 ; D. 1995. Somm. 139, obs. Pradel* ✐. ♦ V. désormais art. 622-1 s.

Art. 600 **Nul ne peut, en aucun cas, se prévaloir contre la partie poursuivie de la violation ou omission des règles établies pour assurer la défense de celle-ci.**

CHAPITRE IV DE L'INSTRUCTION DES RECOURS ET DES AUDIENCES

RÉP. PÉN. v° *Cassation (Pourvoi en)*, par J. Boré et L. Boré.

Art. 601 **Les règles concernant la publicité, la police et la discipline des audiences doivent être observées devant la Cour de cassation.** – *Pr. pén. C. 725.*

Art. 602 **Les rapports sont faits à l'audience. Les avocats des parties sont entendus dans leurs observations après le rapport, s'il y a lieu. Le ministère public présente ses réquisitions.** — *Pr. pén. C. 725.*

1. QPC. Les particularités du recours en cassation justifient que seuls les avocats spécialistes de cette technique soient admis à présenter des observations orales à l'audience (non-renvoi). • Crim., QPC, 15 janv. 2014, n° 13-87.328 P.

2. Réquisitions de l'avocat général. Les réquisitions de l'avocat général, dont le rôle, devant la chambre criminelle, n'est pas de soutenir l'accusation, au sens de l'art. 6, § 1, Conv. EDH, mais de veiller, en toute indépendance, à l'exacte application de la loi pénale, ne sont, selon l'art. 602, présentées qu'oralement à l'audience, après les observations des avocats à la Cour de cassation représentant les parties, lorsqu'ils ont demandé à être entendus. Ceux-ci sont ensuite invités par le président, pour satisfaire aux exigences du débat contradictoire, à reprendre la parole après l'intervention de l'avocat général. • Crim. 18 déc. 1996, n° 96-82.746 P : *Dr. pénal 1997. Comm. 86, obs. Maron ; Gaz. Pal. 1997. 1. Chron. 93, note Doucet* • 1er oct. 1997 : *Procédures 1997. Comm. 44, obs. Buisson* • 5 nov. 1997, n° 96-86.380 P : *D. 1998. Somm. 176, obs. Pradel* . ♦ Ces réquisitions ne peuvent être communiquées préalablement aux parties. • Mêmes arrêts. ♦ V. cep. la jurisprudence européenne, notamment les arrêts « *Reinhardt et Slimane-Kaïd* », « *Slimane Kaïd* » et « *Voisine* » : ss. l'art. 6 Conv. EDH. ♦ V. aussi les mêmes arrêts plus généralement sur la situation de l'avocat général au regard des dispositions de l'art. 6.

3. Les demandes relatives aux réquisitions et à la présence du ministère public sont dépourvues d'objet, dès lors que l'avocat général, dont le rôle, devant la Cour de cassation, n'est pas de soutenir l'accusation contre le prévenu mais de veiller à l'exacte application de la loi pénale, ne présente ses réquisitions qu'oralement à l'audience, avant les délibérations de la Cour, comme le prévoient les art. 602 et 603. • Crim. 6 févr. 2002, n° 01-85.459. ♦ Dans le même sens, V. aussi • Crim. 28 nov. 2001, n° 00-87.448 • 23 janv. 2002, n° 01-80.582. ♦ La requête du demandeur en cassation tendant à ce qu'en application des dispositions de l'art. 6, § 1, Conv. EDH, il lui soit donné connaissance, avant l'audience, des réquisitions écrites du ministère public est sans objet et il ne saurait lui être donné suite. En effet, l'avocat général, dont le rôle, devant la chambre criminelle, n'est pas de soutenir l'accusation contre le prévenu, mais de s'assurer qu'il a été jugé conformément à la loi, ne présente ses réquisitions qu'oralement à l'audience, comme le prévoient les art. 602 et 603. • Crim. 15 mai 2001, n° 00-88.071.

4. Rapport du conseiller rapporteur. Aucune disposition légale n'impose au conseiller rapporteur de communiquer à quiconque son projet de rapport ni son projet d'arrêt et en tout état de cause cette absence de communication ne peut fonder une demande de récusation de ce magistrat. • Crim. 6 mars 2001, n° 00-87.321 P : *D. 2001. IR 1515* ; *JCP 2001. IV. 1953.* ♦ Selon l'art. 602, les rapports sont faits à l'audience, où les avocats des parties sont, le cas échéant, entendus en leurs observations et où le ministère public, dont le rôle, devant la Cour de cassation, est seulement de s'assurer qu'il a été jugé conformément à la loi, présente ses réquisitions. Aucune disposition légale n'impose au conseiller rapporteur de communiquer à quiconque son projet de rapport. • Crim. 6 mars 2001, n° 00-87.321 P • 16 oct. 2001, n° 01-81.635.

5. L'avocat qui a représenté une partie devant les juges du fond n'a pas qualité pour l'assister ou la représenter devant la Cour de cassation. Il ne peut, dès lors, ni produire un mémoire signé par lui, ni demander communication des réquisitions du ministère public présentées à l'audience, en application de l'art. 602. • Crim. 14 févr. 1996, n° 95-81.887 P.

Art. 603 **Dans les délibérations de la cour, les opinions sont recueillies par le président, suivant l'ordre des nominations, en commençant par le conseiller le plus ancien.**

Le rapporteur opine toujours le premier et le président le dernier. — *Pr. pén. C. 725.*

Art. 603-1 *(L. n° 67-523 du 3 juill. 1967)* **Les arrêts de la Cour de cassation rendus en matière pénale mentionnent les noms du président, du rapporteur, des autres magistrats qui les ont rendus, de l'avocat général ainsi que des avocats qui ont postulé dans l'instance et, en outre, les nom, prénoms, profession, domicile des parties et les moyens produits.**

Art. 604 *(L. n° 2011-525 du 17 mai 2011, art. 156-5°)* **La Cour de cassation, en toute affaire criminelle, correctionnelle ou de police, peut statuer sur le pourvoi aussitôt après l'expiration d'un délai de dix jours à compter de la réception du dossier.**

Elle doit statuer d'urgence et par priorité et, en tout cas, avant l'expiration d'un délai de trois mois à compter de la réception du dossier lorsque le pourvoi est formé contre

un arrêt de renvoi en cour d'assises. Toutefois, dans les cas prévus à l'article 571, ce délai est réduit à deux mois.

CHAPITRE V DES ARRÊTS RENDUS PAR LA COUR DE CASSATION

RÉP. PÉN. v° *Cassation (Pourvoi en)*, par J. BORÉ et L. BORÉ.

Art. 605 La Cour de cassation, avant de statuer au fond, recherche si le pourvoi a été régulièrement formé. Si elle estime que les conditions légales ne sont pas remplies, elle rend, suivant les cas, un arrêt d'irrecevabilité, ou un arrêt de déchéance. – *Pr. pén. C. 726.*

Le demandeur qui s'est borné, devant la chambre de l'instruction, à se prévaloir de la méconnaissance des dispositions de l'art. 63-4 n'est plus recevable à invoquer devant la Cour de cassation des moyens de nullité de la garde à vue fondés sur l'art. 6 Conv. EDH. • Crim. 9 nov. 2011, n° 05-87.745 P : *D. actu. 6 déc. 2011, obs. Léna ; D. 2012. 2118, obs. Pradel ; AJ pénal 2012. 166, obs. Lavric ; Dr. pénal 2012, n° 13, obs. Maron et Haas ; ibid. Chron. 7, obs. Lesclous.* ♦ Est irrecevable le moyen invoquant, pour la première fois devant la Cour de cassation, la nullité d'une garde à vue, prise de la violation de l'art. 6, Conv. EDH, en raison du défaut d'assistance de la personne placée en garde à vue par un avocat. • Crim. 30 mai 2012, n° 11-84.992 P. ♦ Doit être écarté, étant nouveau, mélangé de droit et de fait, le moyen qui reproche à une cour d'appel d'avoir fondé une déclaration de culpabilité sur les déclarations d'un prévenu enregistrées au cours d'une garde à vue, sans avoir constaté que l'intéressé avait été informé, dès le début de la mesure, de son droit de se taire et de pouvoir bénéficier de l'assistance d'un d'avocat, dès lors que la méconnaissance des dispositions de l'art. 6, § 3, Conv. EDH n'avait pas été invoquée devant elle. • Crim. 23 mai 2012, n° 11-85.768 P. ♦ Doit être écarté le moyen qui reproche à une cour d'appel d'avoir fondé une déclaration de culpabilité sur les déclarations d'un prévenu enregistrées au cours d'une garde à vue et ensuite rétractées, sans avoir constaté que l'intéressé avait été informé, dès le début de la mesure, de son droit de se taire et de pouvoir bénéficier de l'assistance d'un avocat, dès lors que la méconnaissance des dispositions de l'art. 6, § 3, Conv. EDH n'avait pas été invoquée devant elle. • Crim. 10 mai 2012, n° 11-85.397 P.

Art. 606 La Cour de cassation rend un arrêt de non-lieu à statuer si le pourvoi est devenu sans objet.

1. Pourvoi sans objet. Le pourvoi formé contre un arrêt de la chambre d'accusation rejetant la demande de mise en liberté d'un inculpé détenu en vertu d'un mandat de dépôt du juge d'instruction devient sans objet lorsque l'arrêt de mise en accusation de cet inculpé acquiert un caractère définitif. En effet, l'accusé est alors détenu en exécution de l'ordonnance de prise de corps comprise dans l'arrêt de mise en accusation. • Crim. 1er mars 1990, n° 89-86.802 P.

2. En application de l'art. 179, l'ordonnance de règlement ayant rendu caduc le titre initial de détention, le pourvoi formé contre l'arrêt confirmant une ordonnance du juge d'instruction rejetant une demande de mise en liberté devient sans objet. • Crim. 15 mars 1994, n° 93-85.906 P.

3. En l'absence de pourvoi contre l'arrêt de la cour d'assises qui prononce définitivement sur les intérêts civils, deviennent sans objet les pourvois antérieurement formés par l'assureur de l'accusé contre les arrêts qui avaient statué tant sur l'action publique que, avant dire droit, sur l'action civile. • Crim. 21 oct. 1992, n° 89-84.135 P.

4. Le pourvoi contre l'arrêt de la chambre de l'instruction maintenant en détention un prévenu est devenu sans objet dès lors que celui-ci a été condamné et que la juridiction de jugement a ordonné son maintien en détention. • Crim. 31 mai 2012, n° 12-81.803 P • 20 juill. 2011, n° 11-83.099 P.

5. Est devenu sans objet le pourvoi en cassation formé contre l'arrêt d'une cour d'appel ayant statué sur une demande de permission de sortie formée par une personne détenue, dont la date est dépassée. • Crim. 29 janv. 2014 (deux arrêts) : *AJ pénal 2015. 56, obs. Herzog-Evans.*

6. Amnistie. Lorsque des condamnations sont amnistiées, il n'y a pas lieu de statuer sur le pourvoi formé contre l'arrêt ayant rejeté la demande de dispense de révocation du sursis dont était assortie la première de ces décisions. • Crim. 27 févr. 1996, n° 94-84.542 P.

Art. 607 Lorsque le pourvoi est recevable, la Cour de cassation, si elle le juge mal fondé, rend un arrêt de rejet.

En cas de survenance d'une loi pénale plus douce pendant l'instance de cassation, le prévenu doit en bénéficier, malgré le rejet du pourvoi ; la chambre criminelle, sans annuler la décision de condamnation légalement rendue, renvoie l'affaire devant la juridiction qui a statué, pour être fait, s'il y a lieu, application de la loi nouvelle. • Crim. 31 juill. 1952 : *D. 1953. Somm. 57.*

Art. 608 *Al. 1er abrogé parL. n° 93-2 du 4 janv. 1993.*

(L. n° 81-759 du 6 août 1981) **Sauf décision contraire de la Cour de cassation, l'arrêt donnant acte du désistement d'une partie est enregistré gratis.**

Art. 609 **Lorsque la Cour de cassation annule un arrêt ou un jugement rendu en matière correctionnelle ou de police, elle renvoie le procès et les parties devant une juridiction de même ordre et degré que celle qui a rendu la décision annulée.**

BIBL. ▶ BAUER-VIOLAS, *Dr. pénal 2017. Étude 5* (le dispositif des arrêts de cassation totale avec renvoi de la chambre criminelle). – HOUIN, *RSC 1941. 120.*

1. Renvoi après annulation. L'indivisibilité des décisions rendues en matière correctionnelle, où le juge statue par une même disposition sur la culpabilité et sur la peine, s'oppose à ce que la déclaration de culpabilité soit maintenue lorsque la peine est annulée. • Crim. 15 janv. 1931 : *DH 1931. 85* • 9 juill. 1980, n° 79-94.650 P.

2. Lorsque, en matière correctionnelle, l'affaire est renvoyée, après la cassation prononcée, devant une cour d'appel, celle-ci, saisie dans les conditions où la cause se présentait devant la première cour, statue non seulement sur l'appel du prévenu, mais aussi, le cas échéant, sur celui du ministère public, et, dès lors, elle peut aggraver la peine prononcée par la première cour, bien que la cassation soit intervenue sur le pourvoi du seul condamné. • Crim. 2 avr. 1914 : *DP 1919. 1. 84* • 25 févr. 1986, n° 84-95.822 P • Crim. 8 juill. 2015, n° 14-84.084 : *Dr. pénal 2015, n° 148, obs. Maron et Haas.*

3. La juridiction de renvoi après cassation est saisie du même procès avec les mêmes parties, c'est-à-dire du procès tel qu'il a été présenté devant les premiers juges, avec les seules parties qui ont figuré dans l'instance ; dès lors, une partie qui n'a pas figuré dans l'instance ayant donné lieu au jugement cassé n'est pas recevable à se constituer pour la première fois partie civile devant le juge de renvoi. • Crim. 30 juin 1933 : *DP 1934. 1. 21, note H. G.*

4. La cassation d'un arrêt criminel seul frappé de pourvoi n'entraînant pas celle de l'arrêt statuant sur les intérêts civils, qui a acquis l'autorité de la chose jugée, la victime ou ses ayants droit, n'étant plus partie au procès, sont irrecevables à intervenir en qualité de partie civile devant la cour de renvoi. • Crim. 12 mars 1986, n° 85-93.365 P.

5. La cour de renvoi, saisie de la connaissance entière de l'affaire, doit apprécier toute la prévention du double point de vue du droit et du fait ; tenue de statuer tant sur le fond de l'affaire que sur les exceptions proposées, elle ne saurait refuser d'examiner la valeur d'un moyen de défense au motif qu'il n'aurait pas été invoqué devant la cour précédemment saisie. • Crim. 3 mai 1906 : *DP 1909. 1. 302* • 3 févr. 1949 : *D. 1949. 208.*

6. La juridiction de renvoi après cassation qui doit statuer tant en droit qu'en fait sur l'affaire dont elle est saisie, peut fonder sa conviction sur les témoignages recueillis lors des précédents débats dès lors que la cassation a été prononcée pour insuffisance ou défaut de motifs. • Crim. 8 févr. 2000, n° 99-86.820 P : *Dr. pénal 2000. Comm. 64, obs. Maron.*

7. Lorsque la chambre criminelle, sur pourvoi contre un arrêt portant condamnation pour plusieurs délits, annule la décision quant aux intérêts civils pour constatation insuffisante des éléments d'un des délits, mais rejette le pourvoi en ce qui concerne l'action publique, en raison de ce que la peine prononcée est justifiée par la déclaration de culpabilité visant les autres infractions, le renvoi qu'elle prononce pour être statué sur les intérêts civils saisit la cour de renvoi de l'ensemble desdits intérêts. • Crim. 11 déc. 1931 : *DP 1932. 1. 85, note J. D.* ♦ Par suite, cette juridiction dénature les termes et le sens de l'arrêt de renvoi en déclarant que l'une des infractions ayant été écartée par lui, le préjudice qu'elle avait causé a entièrement disparu. • Même arrêt.

8. A défaut de pourvoi du ministère public contre un arrêt relaxant un des prévenus, l'action publique se trouvant éteinte à l'égard de celui-ci, un autre prévenu ne saurait par son seul recours remettre en question la décision de relaxe applicable à son coprévenu, et définitivement acquise à celui-ci, sans porter atteinte au principe de la chose jugée. • Crim. 7 janv. 1941 : *DA 1941. 70.* ♦ Sauf dans les cas prévus à l'art. 612-1, la juridiction pénale saisie sur renvoi après cassation ne peut statuer qu'à l'égard des seuls condamnés qui se sont pourvus contre la décision censurée. • Crim. 7 juin 1995, n° 94-85.153 P.

9. Mais en cas de cassation, sur le seul pourvoi de la partie civile, d'un arrêt qui a admis à tort, et sans examen du fond, une exception de compétence, ou de prescription, il y a lieu à renvoi pour être statué non seulement sur l'action civile, mais aussi sur l'action publique non éteinte. • Crim. 20 déc. 1930 : *DP 1931. 1. 133, note A. S.* • 1er juill. 1953 : *D. 1953. 574, rapp. Patin.*

10. Lorsqu'une décision de relaxe est annulée

sur le seul pourvoi de la partie civile, la juridiction de renvoi ne peut prononcer une peine, la décision ayant acquis force de chose jugée en ce qui concerne l'action publique. • Crim. 7 janv. 2003, n° 01-88.702 P : *JCP 2003. IV. 1606.* ♦ Si le pourvoi a pour effet de déférer à la Cour de cassation la décision attaquée dans son intégralité, cet effet est limité par la qualité du demandeur, par sa volonté ou par son intérêt à agir, et après cassation l'affaire est dévolue à la cour d'appel de renvoi dans les limites fixées par l'acte de pourvoi et dans celles de la cassation intervenue ; dès lors, en statuant sur l'action pénale, alors que la cour d'appel de renvoi n'était saisie que des seuls intérêts civils, la relaxe de la prévenue ayant acquis l'autorité de chose jugée, les juges d'appel ont méconnu les principes ci-dessus rappelés. • Crim. 24 févr. 2015, n° 14-82.350 : *D. actu. 1er avr. 2015, obs. Priou-Alibert ; AJ pénal 2015. 376, obs. Perrier*.

11. La juridiction de renvoi, qui a été saisie par un arrêt de cassation ayant censuré une décision annulant les poursuites sur le seul pourvoi du procureur général, doit statuer tant sur l'action publique que sur l'action civile. • Crim. 19 sept. 2007, n° 06-84.763 P : *RSC 2008. 354, obs. Finielz ; AJ pénal 2007. 538*.

12. Les prescriptions réglementaires de l'art. L 212-5, al. 1er, COJ, modifiées par le décret du 14 mai 1979, et aux termes desquelles les renvois après cassation sont portés aux audiences solennelles, concernent seulement les affaires civiles. En matière pénale, l'art. L. 212-5, al. 1er, COJ prévoyant l'audience solennelle n'est pas applicable. • Crim. 23 oct. 1980, n° 80-90.036 P.

13. Après cassation l'affaire est dévolue à la cour d'appel de renvoi dans les limites fixées par l'acte de pourvoi. Saisie des seules actions publique et civile du chef d'abus de confiance, c'est à tort que la cour d'appel de renvoi après cassation a statué sur la prévention de vol et est entrée en voie de condamnation de ce chef alors que la relaxe du chef de vol avait acquis autorité de chose jugée suite à un jugement confirmé en appel. • Crim. 6 mars 2007, n° 06-84.160 P : *D. 2007. AJ 1273 ; AJ pénal 2007. 283, obs. Saas ; Dr. pénal 2007. Comm. 90, obs. Maron.* ♦ Dans le même sens : • Crim. 8 juill. 2015, n° 14-84.084 : *préc. note 2.* ♦ L'effet dévolutif du pourvoi est nécessairement limité par la qualité de la partie qui le forme et le pourvoi formé par la partie civile n'a d'effet qu'à l'égard des intérêts civils qui la concernent. Doit être cassé l'arrêt qui, sur renvoi après cassation rendu après pourvoi d'une association partie civile, confirme toutes les dispositions civiles du jugement, alors qu'elle n'était plus saisie de l'action civile s'appliquant à une seconde association, laquelle ne s'était pas pourvue en cassation et n'avait donc pas vu la décision annulée en ses dispositions civiles à son égard. • Crim. 5 déc. 2006 : *Dr. pénal 2007. Comm. 43, obs. Maron.*

14. Peines. Lorsque la Cour de cassation casse un arrêt sans réserve en ce qui concerne la peine, la cour d'appel de renvoi doit statuer sur l'ensemble des peines prononcées ; ainsi, la cour de renvoi est saisie non seulement de la peine d'emprisonnement, mais également de l'amende douanière. • Crim. 7 avr. 2004, n° 03-83.985 P : *JCP 2004. IV. 2215.*

15. Composition de la juridiction et exigence d'impartialité. Les dispositions de l'art. L. 131-4 COJ combinées avec celles de l'art. 610 permettent à la Cour de cassation de renvoyer l'affaire, après cassation, devant la même juridiction autrement composée. • Crim. 7 mai 1985, n° 85-91.288 P.

16. Une juridiction devant laquelle une affaire a été renvoyée après cassation est irrégulièrement composée si elle comprend l'un des magistrats ayant fait partie de la chambre de la cour d'appel dont l'arrêt a été cassé. • Crim. 20 oct. 1999, n° 99-81.809 P : *Dr. pénal 2000. Comm. 38, obs. Maron.* ♦ Seul le ministère public peut être représenté par le même magistrat. • Crim. 7 mai 1985, n° 85-91.288 P. ♦ La chambre de l'instruction, saisie d'un appel après annulation d'une ordonnance présidentielle déclarant un précédent appel non admis, est irrégulièrement composée si elle est présidée par le magistrat ayant rendu l'ordonnance annulée. • Crim. 27 juin 2007, n° 07-82.824 P : *D. 2007. AJ 2240 ; AJ pénal 2007. 441, obs. Lavric ; Procédures 2007, n° 262, obs. Buisson.*

17. Cassation par voie de conséquence. Encourt la cassation par voie de conséquence un arrêt antérieur, non frappé de pourvoi, dès lors qu'il se rattache par un lien de dépendance nécessaire avec l'arrêt annulé. • Crim. 31 mars 2010, n° 09-85.376 P : *AJ pénal 2010. 400, note Duparc*.

18. La cassation d'un arrêt remet la cause et les parties au même état où elles étaient avant la décision annulée. Ainsi, doit être considéré comme annulé tout ce qui a été la suite ou l'exécution des dispositions censurées. • Crim. 6 juill. 2011, n° 11-82.370 P : *D. actu. 9 sept. 2011, obs. Priou-Alibert ;* AJ pénal 2012. 39, obs. Las*serre Capdeville*.

Art. 609-1 *(L. n° 93-1013 du 24 août 1993)* **Lorsque la Cour de cassation annule un arrêt d'une chambre de l'instruction statuant sur un appel d'une ordonnance de règlement** *(Abrogé par L. n° 2000-1354 du 30 déc. 2000, art. 18)* ***« ou de transmission de pièces »*****, elle renvoie le procès et les parties devant une autre chambre de l'instruction qui devient compétente pour la poursuite de l'ensemble de la procédure.**

Lorsque la Cour de cassation annule un arrêt de chambre de l'instruction autre que ceux visés à l'alinéa précédent, la compétence de la chambre de l'instruction de renvoi est limitée, sauf si la Cour de cassation en décide autrement, à la solution du contentieux qui a motivé sa saisine et, après décision définitive, sous la réserve des dispositions du premier alinéa de l'article 207, il est fait retour du dossier à la chambre de l'instruction primitivement saisie, aux fins prévues, s'il y a lieu, par le deuxième alinéa dudit article ou par le troisième alinéa de l'article 206.

1. Lorsque au cours d'une information un arrêt de la chambre d'accusation ayant statué sur la détention provisoire est cassé, cette cassation n'entraîne le dessaisissement de la chambre d'accusation qu'en ce qui concerne l'instance particulière qui lui était soumise et ne lui interdit pas, serait-ce dans la même composition, de se prononcer dans les autres instances relatives à cette information. • Crim. 28 juin 1995, n° 95-82.120 P.

2. L'exception de nullité tirée du caractère tardif de la notification des droits de l'art. 63-1 n'est pas recevable si elle est soulevée pour la première fois devant la chambre d'accusation statuant comme cour de renvoi après cassation. • Crim. 24 mai 2000, n° 99-87.839 P : *Dr. pénal 2000. Comm. 133, obs. Maron.* ♦ En effet, devant la chambre de l'instruction statuant sur un renvoi après cassation, seuls peuvent être invoqués, dans les limites de la cassation prononcée, les moyens de nullité qui avaient été soulevés devant la chambre de l'instruction dont l'arrêt a été cassé. • Crim. 11 juin 2002, n° 02-82.093 P.

3. La chambre de l'instruction statuant sur renvoi après cassation partielle n'est saisie que dans la limite de la cassation prononcée et ne saurait en conséquence statuer au-delà de cette limite sans excéder ses pouvoirs. • Crim. 19 mars 2002, n° 01-88.240 P.

4. Il résulte des art. 609-1 et 174, al. 2, que la chambre de l'instruction de renvoi qui, prononçant sur la requête en nullité initialement soumise à la juridiction primitivement saisie, annule une pièce de procédure, doit procéder également aux annulations de conséquence qui s'imposent, peu important que les pièces concernées n'aient pas été, le cas échéant, versées au dossier soumis à la précédente juridiction, puisqu'il lui appartient d'examiner le dossier dans l'état où il est mis à disposition des avocats des parties en application des dispositions de l'art. 197, al. 3. • Crim. 19 mai 2020, n° 19-83.339 P : *Dr. pénal 2020, n° 144, obs. Robert..*

5. Limite à l'al. 2. Mais la chambre de l'instruction statuant sur renvoi après cassation dans le cadre d'une procédure d'exécution d'un mandat d'arrêt européen doit statuer tant sur les exceptions soulevées par la personne recherchée pour la première fois devant elle que sur les conditions légales d'exécution dudit mandat, en application de l'art. 695-31. • Crim. 23 avr. 2013 : *D. actu. 22 mai 2013, obs. Bombled.*

6. Les principes généraux régissant l'organisation judiciaire et la compétence des juridictions sont d'ordre public, et tout juge est tenu, même d'office et en tout état de la procédure, de vérifier sa compétence. Lorsque, après cassation d'un arrêt confirmant une ordonnance de non-lieu, la nouvelle chambre de l'instruction qui a été choisie comme juridiction de renvoi par la Cour de cassation en application de l'art. 609-1 pour la poursuite de l'ensemble de la procédure infirme ladite ordonnance et fait irrégulièrement retour du dossier au magistrat instructeur initialement saisi, hors du ressort de sa propre juridiction, la chambre de l'instruction se trouvant appelée à statuer sur l'appel formé contre la seconde ordonnance de non-lieu rendue a l'obligation de constater l'incompétence du magistrat instructeur désigné et, par voie de conséquence, de se déclarer elle-même incompétente. Encourt la cassation l'arrêt de la chambre de l'instruction qui méconnaît ces principes. • Crim. 23 juin 2009, n° 07-84.531 P : *AJ pénal 2009. 412, obs. Duparc* ; *Dr. pénal 2010. Chron. 1, obs. Guérin.*

Art. 610 En matière criminelle, la Cour de cassation prononce le renvoi du procès, savoir :

— devant une chambre de l'instruction autre que celle qui a prononcé la mise en accusation, si l'arrêt annulé émane d'une chambre de l'instruction ;

— devant une cour d'assises autre que celle qui a rendu l'arrêt, si l'arrêt est annulé pour cause de nullité commise à la cour d'assises ;

— *(L. n° 2000-1354 du 30 déc. 2000, art. 19 et 37, en vigueur le 1er janv. 2001)* **« devant une cour d'appel autre que celle dans le ressort de laquelle siège la cour d'assises qui a rendu l'arrêt », si l'arrêt est annulé seulement du chef des intérêts civils.**

Sur la cassation sans renvoi, V. COJ, art. L. 411-3. — ***C. pr. civ.***

1. Cassation avec renvoi. Une cour d'assises devant laquelle une affaire a été renvoyée après cassation est illégalement composée, si elle est présidée par un magistrat ayant fait partie de la cour d'assises dont l'arrêt a été cassé. • Crim. 17 juill. 1913 : *DP 1915. 1. 134.*

2. Il y a lieu à renvoi devant la juridiction civile, en cas de condamnation de l'accusé sur le chef principal, si la cassation ne porte que sur le chef des intérêts civils. • Crim. 22 déc. 1892 : *DP 1893. 1. 102.*

3. La cassation doit avoir lieu avec renvoi quand elle est prononcée pour octroi illégal du sursis à l'exécution de la peine. • Crim. 5 juill. 1917 : *Bull. crim. n° 161* • 17 déc. 1943 : *DC 1943. 13.*

4. Le dernier al. de l'art. 610, relatif au renvoi du procès devant un tribunal civil lorsqu'un arrêt rendu en matière criminelle est annulé seulement du chef des intérêts civils, n'est pas impératif en ce qu'il dispose que ce renvoi est prononcé devant un tribunal autre que celui où s'est faite l'instruction. • Crim. 17 déc. 1959 : *D. 1960. 170.*

5. *Loi du 15 juin 2000 et détention après cassation.* L'accusé qui s'était constitué prisonnier la veille de l'audience d'assises et qui est demeuré en détention alors que l'arrêt de cour d'assises le condamnant a été cassé par la Cour de cassation doit être immédiatement libéré dans les conditions de son contrôle judiciaire avant l'exécution de la prise de corps. • Nancy, 18 janv. 2001 : *BICC 2001. 785.*

6. *Étendue de la saisine de la juridiction de renvoi.* Lorsqu'un arrêt est annulé par la Cour de cassation, la juridiction de renvoi se trouve saisie de la cause dans l'état qui était le sien quand elle a été soumise aux juges dont la décision a été cassée. • Crim. 3 avr. 2002, n° 01-85.318 P : *JCP 2002. IV. 1891.*

7. Après une cassation totale, la cour d'appel dispose du pouvoir d'apprécier la validité d'une ordonnance de renvoi devant le tribunal correctionnel. • Cass., ass. plén., 24 oct. 2003, n° 97-85.763 P.

8. *Cassation sans renvoi.* La cassation d'un jugement ou d'un arrêt doit avoir lieu sans renvoi, quand, après la cassation, il ne reste plus rien à juger. • Crim. 27 avr. 1928 : *DP 1929. 1. 52* • 6 déc. 1928 : *DP 1930. 1. 140.*

9. Il en est ainsi lorsque la cassation d'une condamnation est prononcée par le motif que l'action publique se trouvait éteinte par la prescription. • Crim. 15 juin 1893 : *DP 1893. 1. 607* • 21 janv. 1980, n° 78-92.167 P. ♦ ... Ou lorsque l'action publique est éteinte par une amnistie. • Crim. 21 juill. 1932 : *DH 1932. 462* • 30 juin 1933 : *DP 1934. 1. 20.* ♦ ... Ou en cas de cassation du chef d'un arrêt qui prononce la contrainte par corps dans un cas non prévu par la loi. • Crim. 21 févr. 1896 : *Bull. crim. n° 69* • 28 mars 1896 : *ibid. n° 126* • 10 nov. 1932 : *DH 1932. 574.* ♦ ... Ou, en raison de l'absence d'indivisibilité entre la peine principale et la peine complémentaire, en cas de cassation des dispositions d'un arrêt prononçant l'interdiction de séjour alors qu'elle n'est pas prévue par la loi. • Crim. 5 févr. 1990, n° 89-80.102 P.

10. Lorsqu'un arrêt est annulé parce que le fait qui a motivé la condamnation n'est pas, selon la Cour de cassation, un délit qualifié tel par la loi, il n'y a lieu à renvoi s'il n'y a pas de partie civile en cause. • Crim. 26 mars 1886 : *DP 1887. 1. 144* • 26 juin 1995, n° 93-81.646 P.

11. Il y a lieu à cassation d'un arrêt ordonnant la confiscation des instruments ayant servi à commettre un délit, et par simple voie de retranchement de la disposition relative à la confiscation, lorsque aucune disposition de loi ne prescrit ou n'autorise ladite confiscation. • Crim. 30 août 1900 : *DP 1901. 1. 142* • 4 nov. 1900 : *ibid.*

12. La cassation peut encore être prononcée par voie de retranchement et sans renvoi lorsque la juridiction qui a statué était irrégulièrement saisie. • Crim. 16 mars 1934 : *DH 1934. 222.*

13. ... Lorsqu'une condamnation a été prononcée pour contravention à un arrêté municipal dont l'illégalité est reconnue. • Crim. 26 déc. 1935 : *DH 1936. 70* • 3 avr. 1936 : *DH 1936. 370.*

14. En vertu de l'art. L. 131-5 COJ, il peut être mis fin au litige en faisant application de la règle de droit méconnue par l'arrêt attaqué et cassé sans renvoi en déclarant irrecevable une constitution de partie civile illégalement accueillie. • Crim. 27 oct. 1992, n° 92-84.511 P. ♦ ... Ou en ramenant à trois ans la durée de mise à l'épreuve assortissant une condamnation avec sursis que les juges du fond avaient fixée à cinq ans en méconnaissance de l'art. 138, al. 2 en sa rédaction issue de la loi du 6 juill. 1989. • Crim. 20 nov. 1991, n° 90-83.466 P.

Art. 611 **Lorsque le renvoi aura été fait à une chambre de l'instruction, celle-ci désigne, s'il échet, dans son ressort, la juridiction de jugement. Toutefois, la Cour de cassation peut désigner par avance, même dans un autre ressort, la juridiction criminelle devant laquelle doit, le cas échéant, être renvoyé l'accusé.**

Il résulte de l'art. 611 qu'une chambre de l'instruction saisie, comme cour de renvoi, après cassation, ne peut renvoyer l'affaire que devant une juridiction de jugement de son ressort, lorsque la Cour de cassation n'a pas réglé de juges par avance. Méconnaît cette règle de compétence et encourt la censure l'arrêt, qui, statuant sur renvoi après cassation, renvoie un accusé devant une cour d'assises extérieure à son ressort sans que celle-ci ait été désignée au titre d'un règlement de juges. • Crim. 27 juin 2012, n° 12-82.660 P.

Art. 612 **En matière correctionnelle ou de police, si l'arrêt et la procédure sont annulés pour cause d'incompétence, la Cour de cassation renvoie le procès devant les juges qui doivent en connaître et les désigne.**

La Cour de cassation peut n'annuler qu'une partie de la décision lorsque la nullité ne vicie qu'une ou quelques-unes de ces dispositions.

Il résulte des art. 611 et 612 que, lorsque l'arrêt de la Cour de cassation qui l'a saisie comme cour de renvoi n'a pas réglé de juges par avance, la chambre d'accusation ne peut renvoyer l'affaire que devant une juridiction de jugement de son ressort. • Crim. 25 juin 1991, n° 91-82.315 P.

Art. 612-1 *(L. n° 93-1013 du 24 août 1993)* **En toute matière, lorsque l'intérêt de l'ordre public ou d'une bonne administration de la justice le commande, la Cour de cassation peut ordonner que l'annulation qu'elle prononce aura effet à l'égard des parties à la procédure qui ne se sont pas pourvues.**

(L. n° 2004-204 du 9 mars 2004, art. 158-II) **« Le condamné qui ne s'est pas pourvu et au profit duquel l'annulation de la condamnation a été étendue en application des dispositions du premier alinéa ne peut être condamné à une peine supérieure à celle prononcée par la juridiction dont la décision a été annulée. »**

1. La partie qui ne s'est pas pourvue ne saurait déposer un mémoire demandant l'extension de la cassation à son profit. • Crim. 20 juin 1996, n° 93-82.187 P : *Dr. pénal 1996. Comm. 278, obs. Maron.* ♦ Comp. : • Crim. 5 juin 1996, n° 93-82.187 P : *Dr. pénal 1996. Comm. 224, obs. J.-H. Robert, et Comm. 279, obs. Maron.*

2. L'intérêt d'une bonne administration de la justice peut commander l'extension d'une cassation ne concernant que les intérêts civils à une partie qui ne s'est pas pourvue. • Crim. 12 févr. 1997, n° 96-80.879 P : *Dr. pénal 1997. Comm. 117, obs. Maron.*

3. L'application de l'art. 612-1 ne peut conduire à aggraver la peine prononcée contre un condamné qui ne s'est pas pourvu. • Crim. 29 févr. 2000, n° 97-86.706 P : *Dr. pénal 2000. Comm. 107, obs. Maron.*

4. La juridiction de renvoi, qui a été saisie par un arrêt de cassation ayant censuré une décision annulant les poursuites sur le seul pourvoi du procureur général, doit statuer tant sur l'action publique que sur l'action civile. • Crim. 19 sept. 2007, n° 06-84.763 P : *RSC 2008. 354, obs. Finielz ; AJ pénal 2007. 538.*

5. En application de l'art. 612-1, et dans l'intérêt d'une bonne administration de la justice, la cassation aura effet tant entre l'agent judiciaire du Trésor, demandeur au pourvoi, et la victime, qu'entre le prévenu, son assureur et cette victime. • Crim. 17 nov. 2009 : *AJ pénal 2010. 80.*

Art. 613 **Dans tous les cas où la Cour de cassation est autorisée à choisir une cour ou un tribunal pour le jugement d'une affaire renvoyée, ce choix ne peut résulter que d'une délibération spéciale prise immédiatement en la chambre du conseil ; il en est fait mention expresse dans l'arrêt.**

1. La disposition d'un arrêt de cassation qui désigne la cour ou le tribunal de renvoi n'est qu'un acte d'administration judiciaire que la Cour de cassation peut toujours modifier. • Crim. 7 juill. 1900 : *DP 1900. 1. 480* • 16 déc. 1954 : *D. 1955. Somm. 41.*

2. La cassation d'un arrêt de la chambre d'accusation et le renvoi de la cause devant la chambre d'accusation de la même cour d'appel, autrement composée, n'entraîne le dessaisissement que des magistrats qui ont rendu la décision annulée. Le dessaisissement ne saurait être étendu aux magistrats qui ont ordonné des actes préparatoires. • Crim. 18 déc. 1986, n° 85-93.254 P.

Art. 614 **Une expédition de l'arrêt qui a admis la demande en cassation et ordonné le renvoi devant une nouvelle juridiction est délivrée au procureur général près la Cour de cassation dans les trois jours. Cette expédition est adressée, avec le dossier de la procédure, au magistrat chargé du ministère public près la cour ou le tribunal de renvoi.**

L'arrêt de la Cour de cassation est *(L. n° 2004-204 du 9 mars 2004, art. 127-II)* **« notifié » aux parties, à la diligence de ce magistrat.**

Une expédition est également adressée par le procureur général près la Cour de cassation au magistrat chargé du ministère public près la cour ou le tribunal qui a rendu l'arrêt ou le jugement annulé. — *Pr. pén. C. 727.*

1. La signification aux parties des arrêts admettant une demande en cassation n'est pas prescrite à peine de nullité. • Crim. 12 janv. 1966, n° 65-92.226 P • 10 janv. 1989, n° 87-84.973 P. ♦ La citation délivrée à une partie en vue de comparaître à l'audience de la cour de renvoi vaut signification de l'arrêt de cassation. Le délai de cinq jours imparti par les art. 579 et 589 pour former opposition à cet arrêt court à compter de la date de la citation. • Crim. 10 janv. 1989 : *préc.*

2. La signification à l'inculpé d'un arrêt admettant sa demande en cassation, telle que prévue à l'art. 614, n'est pas une condition préalable à la reprise de la procédure suivie en matière de détention devant la chambre d'accusation de renvoi. • Crim. 8 déc. 1992, nº 92-85.265 P.

3. Aucune nullité n'est encourue dès lors que même si l'arrêt incident n'en fait pas mention, la Cour de cassation est en mesure de s'assurer que la décision de la chambre criminelle désignant une cour d'assises pour statuer en appel a été régulièrement notifiée à l'accusé. • Crim. 9 janv. 2019, nº 17-87.070 P : *AJ pénal 2019. 213, obs. Lasserre Capdeville*.

Art. 615 **Lorsqu'un arrêt ou un jugement est annulé pour violation des formes substantielles prescrites par la loi, une expédition de la décision est transmise au ministre de la justice.** — *Pr. pén. C. 728.*

Art. 616 *Abrogé par L. nº 81-759 du 6 août 1981.*

Art. 617 **L'arrêt qui a rejeté la demande en cassation, ou a prononcé la cassation sans renvoi, est délivré, dans les trois jours, au procureur général près la Cour de cassation, par extrait signé du greffier, lequel extrait est adressé au magistrat chargé du ministère public près la cour ou le tribunal qui a rendu l'arrêt ou le jugement attaqué.**

Il est notifié aux parties, à la diligence de ce magistrat, par lettre recommandée avec demande d'avis de réception. — *Pr. pén. C. 729.*

1. La notification d'un arrêt de déchéance dans les formes de l'art. 617 n'est pas prescrite à peine de nullité et n'a pas le caractère d'une formalité substantielle de la procédure préalable à la comparution d'un accusé devant la cour d'assises de renvoi. • Crim. 17 mars 1993, nº 92-83.816 P.

2. Le non-respect de la formalité de notification ou de signification, prévue à l'art. 617, de l'arrêt de rejet du pourvoi contre un arrêt ayant condamné les prévenus à la mise en conformité, sous peine d'astreinte, d'un bâtiment illégalement transformé, empêche l'astreinte de commencer à courir ; en revanche, l'arrêt de la cour d'appel acquiert un caractère exécutoire au jour où les prévenus ont connaissance de ce rejet par tout moyen certain, notamment par la mention qui en est faite dans une autre décision de justice contradictoire. • Crim. 8 nov. 2016, nº 15-86.889 P : *AJ pénal 2017. 40, obs. Léost ; D. actu. 13 déc. 2016, obs. Lesergent.*

Art. 618 **Lorsqu'une demande en cassation a été rejetée, la partie qui l'avait formée ne peut plus se pourvoir en cassation contre le même arrêt ou jugement, sous quelque prétexte et par quelque moyen que ce soit.**

RÉP. PÉN. vº *Chose jugée*, par DANET.

1. Lorsque la Cour de cassation se trouve saisie simultanément de deux pourvois formés contre un même arrêt, le premier avant, le second après la signification, le second pourvoi doit être déclaré irrecevable par application de l'art. 618, le demandeur ayant épuisé le droit de se pourvoir par l'exercice qu'il en avait fait précédemment. • Crim. 26 déc. 1935 : *Bull. crim. nº 146* • 23 déc. 1943 : *ibid. nº 165* • 25 janv. 1984, nº 83-94.499 P.

2. Le demandeur qui a formé un pourvoi à 15 h 02 contre l'arrêt pénal a épuisé le droit de se pourvoir contre cet arrêt et est irrecevable à se pourvoir à nouveau contre l'arrêt pénal et l'arrêt civil à 15 h 48, seul le pourvoi contre l'arrêt civil est recevable. • Crim. 2 févr. 2005 : *Dr. pénal 2005. Comm. 65, obs. Maron.*

3. Si la partie qui avait formé une demande en cassation d'un arrêt l'ayant déclarée déchue de son pourvoi ne peut plus, conformément aux dispositions de l'art. 618, présenter de nouvelle demande aux mêmes fins lorsque la précédente a été rejetée par la chambre criminelle, le président de celle-ci tient de l'art. 567-1 le pouvoir de ne pas ordonner l'examen immédiat de l'opposition formée par ce demandeur à l'encontre de l'arrêt de rejet, une telle opposition n'étant ouverte qu'au seul défendeur, dans les conditions prévues par les art. 579 et 589. • Crim. 11 déc. 1997, nº 97-85.789 P.

4. Rétractation ou rabat d'arrêt. A défaut d'être présentée par le procureur général, la requête tendant à la rétractation d'un arrêt de la chambre criminelle qui n'est pas signée par un avocat aux conseils n'est pas recevable. • Crim. 1er févr. 1994, nº 92-84.255 P • 22 août 2012, nº 11-88.860 P. ♦ V. aussi, sur les rabats d'arrêts : • Cass., ass. plén., 30 juin 1995 : *JCP 1995. II. 22478, concl. Jéol, note Perdriau ; Dr. pénal 1995.* Comm. 209, obs. Maron. ♦ Il résulte des art. 489 s. et 567 s. que les arrêts rendus par les cours d'appel ne peuvent être annulés que par la voie de l'opposition ou du pourvoi en cassation ; par conséquent, une cour d'appel ne peut rétracter l'arrêt qu'elle a rendu. • Crim. 27 sept. 2016, nº 16-80.642 P : *D. actu. 20 oct. 2016, obs. Priou-Alibert ; Dr. pénal 2016, nº 163, note Maron et Haas ; Procédures 2016, nº 382, note Chavent-Leclère.*

Art. 618-1 *(L. n° 2011-1862 du 13 déc. 2011, art. 65-II)* **Lorsqu'une demande en cassation formée par la personne poursuivie ou par la partie civile a été rejetée, la cour peut condamner le demandeur à payer à l'autre partie la somme qu'elle détermine, au titre des frais non payés par l'État et exposés par celle-ci.** *(L. n° 2021-1729 du 22 déc. 2021, art. 48)* **« Les parties peuvent produire les justificatifs des sommes qu'elles demandent et » la cour tient compte de l'équité ou de la situation économique du demandeur pour décider du prononcé de cette condamnation et en fixer le montant.**

1. Lorsque la partie civile ou la personne poursuivie se désiste de son pourvoi, il n'y a pas lieu de statuer sur sa demande sur le fondement de l'art. 618-1. En revanche, il convient de statuer sur celle présentée par le défendeur au pourvoi, y compris lorsqu'il s'agit d'un témoin assisté admis à intervenir devant la Cour de cassation. En effet, tout défendeur au pourvoi a la qualité de partie à l'instance de cassation au sens du texte susvisé. • Crim. 20 nov. 2012, n° 11-84.580 P : *D. actu. 21 déc. 2012, obs. Martineau* • 17 déc. 2013, n° 12-87.133 P.

2. La condamnation du requérant, relaxé en première instance, après que la partie civile a eu seule interjeté appel sur ses intérêts civils, prononcée par la Cour de cassation, au paiement de la somme relativement élevée de 2 000 euros à la partie civile pour sa défense dans le cadre du pourvoi, a eu pour effet de lui imposer une restriction à son droit d'accès à un tribunal disproportionnée au but légitime poursuivi. • CEDH 24 mars 2022, n° 48045/15.

Ancien art. 618-1 *(Abrogé par Cons. const. n° 2011-112 QPC du 1er avr. 2011 à compter du 1er janv. 2012) (L. n° 2000-516 du 15 juin 2000, art. 113)* ***La cour condamne l'auteur de l'infraction à payer à la partie civile la somme qu'elle détermine, au titre des frais non payés par l'État et exposés par celle-ci. La cour tient compte de l'équité ou de la situation économique de la partie condamnée. Elle peut, même d'office, pour des raisons tirées des mêmes considérations, dire qu'il n'y a pas lieu à cette condamnation.***

1. QPC. L'article 618-1 est contraire à la Constitution en ce qu'il réserve à la seule partie civile, à l'exclusion de la personne dont la relaxe ou l'acquittement a acquis un caractère définitif, la possibilité d'obtenir le remboursement des frais engagés à l'occasion d'un pourvoi. • Cons. const. 1er avr. 2011, n° 2011-112 QPC : *D. actu. 21 avr. 2011, obs. Bombled ; AJ pénal 2011. 310, obs. Perrier*. ♦ V. aussi : • Cass., QPC, 12 janv. 2011, n° 10-84.429.

2. Partie intervenante. Seule la partie civile peut faire une demande sur le fondement de l'art. 618-1, la demande de la CPAM à ce titre est irrecevable. • Crim. 29 mai 2001, n° 00-86.752 P. ♦ La demande faite par l'assureur qui a la qualité de partie intervenante est également irrecevable. • Crim. 15 oct. 2002 : *Dr. pénal 2003. Comm. 26, obs. Maron et Haas.*

3. La condamnation prévue par l'art. 618-1 ne peut être prononcée que contre l'auteur de l'infraction et au profit de la seule partie civile ; la demande faite par le prévenu relaxé et son assureur à ce titre contre la partie civile est donc irrecevable. • Crim. 21 janv. 2003, n° 02-82.169 P : *JCP 2003. IV. 1524.* ♦ Est irrecevable la demande faite sur ce fondement par les prévenus et les sociétés civilement responsables contre la partie civile. • Crim. 13 mai 2003, n° 02-84.028 P.

4. Il y a lieu à condamnation au profit de la partie civile, sur le fondement de l'art. 618-1, des demandeurs au pourvoi sur le recours desquels l'arrêt les condamnant est cassé sans renvoi en ce qui concerne l'action publique éteinte par amnistie mais non en ce qui concerne les dispositions civiles. • Crim. 6 oct. 2009 : *Dr. pénal 2009, n° 155, obs. Maron et Haas.*

Art. 619 *(L. n° 67-523 du 3 juill. 1967)* **Lorsque, après cassation d'un premier arrêt ou jugement rendu en dernier ressort, le deuxième arrêt ou jugement rendu dans la même affaire, entre les mêmes parties, procédant en la même qualité, est attaqué par les mêmes moyens,** *(L. n° 79-9 du 3 janv. 1979, art. 6)* **« l'affaire est portée devant l'assemblée plénière dans les formes prévues par les articles** *(L. n° 2021-401 du 8 avr. 2021, art. 11)* **« L. 431-6 à L. 431-10 » du code de l'organisation judiciaire ».** — *V. ces art.,* ***C. pr. civ.***

1. Les chambres réunies [l'assemblée plénière] de la Cour de cassation ne sont appelées à statuer sur un pourvoi qu'autant que, dans la même affaire, la juridiction de renvoi a opposé une résistance sur une même thèse de droit à l'autorité de la Cour de cassation qui l'a saisie. • Crim. 24 juill. 1931 : *DP 1934. 1. 53* • 14 avr. 1972, n° 70-91.881 P • 6 juin 1985, n° 84-93.366 P.

2. Il faut qu'après cassation d'un premier arrêt ou jugement, le second arrêt ou jugement rendu dans la même affaire et entre les mêmes parties procédant en la même qualité soit attaqué par le même moyen que le premier. • Crim. 24 août 1916 : *DP 1916. 1. 275* • 13 avr. 1916 : *DP 1917. 1. 41* • 5 janv. 1917 : *ibid.* • 21 janv. 1927 : *DH 1927. 98.*

3. Il n'en est pas ainsi, et dès lors la chambre criminelle est compétente pour statuer, lorsque, après cassation d'un jugement de simple police relaxant un prévenu poursuivi pour contravention un pourvoi est formé contre la décision par laquelle le tribunal de renvoi, relevant dans ses constatations de fait nouvelles les éléments d'un délit, se déclare incompétent. • Crim. 24 juill. 1931 : *préc. note 1.*

4. Lorsque après une première cassation prononcée par la chambre criminelle il est formé contre l'arrêt de la cour de renvoi un pourvoi fondé sur le même moyen que le premier et sur d'autres moyens qui sont nouveaux, il y a lieu pour la chambre criminelle de surseoir à l'égard de ces autres moyens, et les chambres réunies [l'assemblée plénière] doivent d'abord statuer sur le premier moyen s'il est préalable aux autres. • Cass., ch. réun., 9 mars 1927 : *DP 1927. 1. 81.*

5. Le moyen reprochant à la cour de renvoi d'avoir statué dans le même sens que l'arrêt de cassation est irrecevable. • Cass., ch. mixte, 30 avr. 1971 : *JCP 1971. II. 16800, concl. Lindon* • 16 févr. 1982, n° 81-92.079 P.

6. Il résulte de la combinaison des art. 619 et L. 131-3 COJ que l'arrêt par lequel la chambre criminelle ordonne le renvoi d'une affaire devant l'assemblée plénière n'est pas motivé. • Crim. 27 sept. 1989, n° 89-84.439 P.

CHAPITRE VI DU POURVOI DANS L'INTÉRÊT DE LA LOI

RÉP. PÉN. v° *Cassation (Pourvoi en)*, par J. BORÉ et L. BORÉ.

Art. 620 Lorsque, sur l'ordre formel à lui donné par le ministre de la justice, le procureur général près la Cour de cassation dénonce à la chambre criminelle des actes judiciaires, arrêts ou jugements contraires à la loi, ces actes, arrêts ou jugements peuvent être annulés. — *Pr. pén. C. 730.*

BIBL. ▸ MARON, *Dr. pénal 1997, n° 90.*

1. L'attribution conférée à la Cour de cassation par l'art. 441 C. instr. crim. (art. 620) est une attribution extraordinaire qui ne peut être exercée que dans les cas et dans les conditions prévus audit article. • Crim. 20 oct. 1936 : *DH 1936. 589.*

2. La cassation prononcée en vertu de l'art. 620 doit l'être dans l'intérêt de la loi et avec renvoi, lorsque le cours de la justice est interrompu. • Crim. 25 nov. 1959 : *Bull. crim. n° 509* • 19 oct. 1960, n° 60-93.184 P • Cass., ch. réun., 14 avr. 1961 : *Bull. crim. n° 195.*

3. S'il est conforme aux principes généraux du droit criminel que l'annulation d'une décision qui serait reconnue n'être que le résultat d'une application erronée de la loi pénale profite au condamné, le recours ouvert au garde des sceaux dans un intérêt d'ordre public et de bonne administration de la justice répressive ne saurait s'étendre aux intérêts purement privés et d'ordre civil des parties. • Crim. 20 oct. 1936 : *DH 1936. 589.* ♦ Il ne saurait donc préjudicier aux intérêts de la partie civile. • Crim. 30 oct. 1962 : *Bull. crim. n° 296* • 28 oct. 1975, n° 75-91.3796 P • 1er oct. 1980, n° 79-92.092 P.

4. L'annulation prononcée par application de l'art. 441 C. instr. crim. (art. 620) ne peut préjudicier au condamné. • Crim. 28 juill. 1950 : *D. 1950. 646* • 12 juin 1976, n° 76-90.908 P • 14 déc. 1994, n° 94-84.202 P. ♦ ... Qui conserve dès lors le bénéfice du sursis illégalement accordé. • Crim. 31 mars 1999, n° 98-84.460 P. ♦ ... Ni à la partie civile, à l'égard de laquelle le jugement subsiste et conserve l'autorité de la chose jugée. • Crim. 18 janv. 1913 : *DP 1916. 1. 180* • 23 févr. 1988, n° 87-90.532 P.

5. Rejet antérieur du pourvoi du condamné. Est irrecevable le pourvoi formé sur des irrégularités entachant un arrêt d'assises qui a déjà fait l'objet d'un pourvoi par le condamné et dont le rejet a été prononcé, dès lors que les griefs allégués ne reposent sur aucun élément dont la Cour de cassation n'ait déjà eu connaissance et qu'elle n'avait pas à relever d'office. • Crim. 9 oct. 1986, n° 85-92.520 P.

6. Le pourvoi est irrecevable lorsque, par un arrêt de rejet, antérieurement rendu dans la même affaire, la Cour de cassation a déjà statué sur le moyen invoqué au soutien de ce nouveau pourvoi. • Crim. 13 nov. 1996, n° 96-82.434 P.

7. Cassation sans renvoi. L'arrêt condamnant l'accusé à vingt-cinq ans de réclusion criminelle pour des infractions considérées comme commises en état de récidive doit, sur le pourvoi formé sur ordre du garde des Sceaux, être cassé dans l'intérêt de la loi et du condamné, sans renvoi, la Cour de cassation étant en mesure de mettre fin au litige en fixant à vingt ans la peine privative de liberté devant être subie, la récidive n'étant pas légalement caractérisée. • Crim. 6 nov. 2013, n° 13-83.798 P.

Art. 621 Lorsqu'il a été rendu par une cour d'appel ou d'assises ou par un tribunal correctionnel ou de police, un arrêt ou jugement en dernier ressort, sujet à cassation, et contre lequel néanmoins aucune des parties ne s'est pourvue dans le délai déterminé, le procureur général près la Cour de cassation peut d'office et nonobstant

l'expiration du délai se pourvoir, mais dans le seul intérêt de la loi, contre ledit jugement ou arrêt. La cour se prononce sur la recevabilité et le bien-fondé de ce pourvoi. Si le pourvoi est accueilli, la cassation est prononcée, sans que les parties puissent s'en prévaloir et s'opposer à l'exécution de la décision annulée. — *Pr. pén. C. 730.*

I. POURVOI DU PROCUREUR GÉNÉRAL PRÈS LA COUR DE CASSATION

1. Auteur du pourvoi dans l'intérêt de la loi. Le droit de se pourvoir en cassation dans l'intérêt de la loi n'appartient, sauf les exceptions prévues par la loi elle-même – art. 409 C. instr. crim. (devenu art. 572) – qu'au procureur général près la Cour de cassation. • Crim. 25 nov. 1892 : *DP 1894. 1. 87* • 13 févr. 1942 : *Bull. crim. n° 10 ; DA 1942. 110* • 20 nov. 1985, n° 85-91.622 P. ♦ ... C'est-à-dire aussi, en son nom, à l'avocat général à l'audience de la chambre criminelle. • Crim. 20 janv. 1993, n° 92-80.011 P.

2. Ne peut en revanche exercer ce droit un procureur général près une cour d'appel. • Crim. 25 nov. 1892 : *Bull. crim. n° 293* • 13 févr. 1942 : *préc. note 1* • 1er juill. 1949 : *Bull. crim. n° 223* • 20 janv. 1993 : *préc. note 1.* ♦ ... Ni un procureur de la République. • Crim. 29 avr. 1910 : *Bull. crim. n° 230.* ♦ ... Ni le ministère public près le tribunal de (simple) police. • Crim. 21 févr. 1890 : *Bull. crim. n° 39* • 18 avr. 1913 : *Bull. crim. n° 198.*

3. L'annulation d'un arrêt ne peut être prononcée que dans l'intérêt de la loi lorsque des prévenus ont été condamnés, sur réquisitions du ministère public, à une peine qui est celle appliquée par la loi à la nature de l'infraction dont ils ont été reconnus coupables ; en application des art. 620 et 621, le droit de se pourvoir dans l'intérêt de la loi n'appartenant qu'au procureur général près la Cour de cassation, le procureur de la République près le tribunal de grande instance de Strasbourg, qui n'invoque, à l'appui de son recours, que des irrégularités susceptibles d'affecter la position des questions, est sans qualité pour se pourvoir contre l'arrêt attaqué. • Crim. 7 juin 2001, n° 00-87.157 P.

4. Formes du pourvoi dans l'intérêt de la loi. Le pourvoi peut être formé par voie de requête. • Crim. 4 nov. 1959 : *Bull. crim. n° 464.* ♦ ... Ou encore à l'audience. • Crim. 11 juill. 1990, n° 89-86.483 P • 20 janv. 1993 : *préc. note 1.* ♦ ... Même oralement. • Crim. 30 avr. 1996, n° 95-82.500 P • 2 déc. 1998, n° 97-84.937 P : *Dr. pénal 1999. Comm. 89, obs. Maron.*

II. POURVOI DES PARTIES

A. ABSENCE DE POURVOI DES PARTIES

5. Irrecevabilité de l'intervention des parties. La voie de recours instituée par l'art. 442 C. instr. crim. (art. 621), ne pouvant ni profiter ni nuire aux parties, celles-ci ne sont pas recevables à intervenir dans le débat. • Crim. 14 mars 1940 : *DH 1940. 132* • 1er févr. 1951 : *Bull. crim. n° 39.*

6. Amnistie. Le procureur général près la Cour de cassation peut se pourvoir dans l'intérêt de la loi, même quand les infractions visées par la décision attaquée sont amnistiées. • Crim. 4 nov. 1959 : *Bull. crim. n° 464.*

B. CAS D'UN POURVOI DES PARTIES

7. Irrecevabilité du pourvoi. Le procureur général près la Cour de cassation peut se pourvoir dans l'intérêt de la loi lorsque le pourvoi de la partie est déclaré irrecevable. • Crim. 22 sept. 1930 : *Bull. crim. n° 241* • 2 déc. 1932 : *Bull. crim. n° 251* • 20 janv. 1993 : *préc. note 1* • 30 avr. 1996 : *préc. note 4.* ♦ ... Et soulever le même moyen que celui que la partie était irrecevable à soulever elle-même. • Crim. 22 sept. 1930 : *Bull. crim. n° 241* • 11 juill. 1990 : *préc. note 4* • 20 janv. 1993 : *préc. note 1.*

8. Déchéance du pourvoi. ... Ou lorsque la partie est déclarée déchue de son pourvoi. • Crim. 3 avr. 1978, n° 77.92.723 P.

III. ILLUSTRATION

9. Est irrecevable le pourvoi formé contre un arrêt de la chambre de l'instruction statuant en matière de taxe, formé par le procureur général près la cour d'appel, au soutien duquel est proposé un moyen pris d'une fausse application du tarif en ce que les juges du second degré ont accordé à un médecin requis de pratiquer l'examen d'une victime, une taxe égale à celle demandée par l'auteur du recours, alors que ce dernier aurait pu prétendre à des honoraires d'un montant plus élevé selon la cotation applicable en la circonstance. En effet, le demandeur se prévaut d'une erreur qui ne pourrait être soumise à la censure de la Cour de cassation que dans l'intérêt de la loi et par le pourvoi du procureur général de cette cour. • Crim. 20 nov. 2007, n° 07-82.884 P.

TITRE DEUXIÈME **DES DEMANDES EN RÉVISION ET EN RÉEXAMEN**

(L. n° 2014-640 du 20 juin 2014, art. 3, en vigueur le 1er oct. 2014)

Les art. 622 à 626-1 sont applicables aux condamnations prononcées par une cour d'assises sous l'empire du code d'instruction criminelle après des aveux recueillis à la suite de violences exercées par les enquêteurs. La commission d'instruction de la cour de révision et de réexamen est alors compétente pour procéder à l'annulation des pièces du dossier faisant état de déclarations de personnes entendues comme suspect ou comme témoin dont il apparaît qu'elles ont été recueillies à la suite de violences exercées par les enquêteurs (L. n° 2021-1729 du 22 déc. 2021, art. 6-II).

RÉP. PÉN. v° *Révision*, par DAURES.

BIBL. ▸ FOURNIÉ, *JCP 2014, n° 777* (réviser la révision). – RIBEYRE, *Dr. pénal 2014. Étude 17* (comment mieux corriger l'erreur judiciaire ?).

CHAPITRE PREMIER DES DEMANDES EN RÉVISION ET EN RÉEXAMEN

Art. 622 **La révision d'une décision pénale définitive peut être demandée au bénéfice de toute personne reconnue coupable d'un crime ou d'un délit lorsque, après une condamnation, vient à se produire un fait nouveau ou à se révéler un élément inconnu de la juridiction au jour du procès de nature à établir l'innocence du condamné ou à faire naître un doute sur sa culpabilité.**

1. Dès lors que les éléments portant sur la personnalité du coaccusé, recueillis au cours d'une nouvelle procédure, étaient déjà connus lors de la condamnation, le nouveau témoignage à charge contre ce dernier n'est pas de nature à faire naître un doute sur la culpabilité du condamné. • Crim., révis., 24 sept. 2015, n° 11REV101 : *D. actu. 6 oct. 2015, obs. Fucini.*

2. Presse. La disparition de l'infraction de complicité de diffamation pour l'auteur des propos, du fait de la relaxe de celui-ci, constitue une cause de révision de la condamnation du journaliste, complice, et du directeur de publication, auteur. • Crim., révis., 5 juill. 2018 : *AJ pénal 2018. 568, note Thierry.*

3. Sur l'annulation de la condamnation pour complicité de tentative de destruction d'habitations et provocation, détention d'armes et de munitions sans autorisation et complicité par fourniture de moyens, d'un homme politique polynésien, appuyée sur des faits nouveaux et éléments inconnus de la juridiction lors du procès de nature à créer un doute sur la culpabilité (not. : pressions et violences lors de gardes à vue attestées par des témoignages de gendarmes) : • Cour de révision, 25 oct. 2018, n° 14RE1087 : *D. actu. 27 févr. 2019, obs. Goetz ; AJ pénal 2019. 80, obs. Léna.*

Art. 622-1 **Le réexamen d'une décision pénale définitive peut être demandé au bénéfice de toute personne reconnue coupable d'une infraction lorsqu'il résulte d'un arrêt rendu par la Cour européenne des droits de l'homme que la condamnation a été prononcée en violation de la Convention européenne de sauvegarde des droits de l'homme et des libertés fondamentales ou de ses protocoles additionnels, dès lors que, par sa nature et sa gravité, la violation constatée entraîne, pour le condamné, des conséquences dommageables auxquelles la satisfaction équitable accordée en application de l'article 41 de la convention précitée ne pourrait mettre un terme. Le réexamen peut être demandé dans un délai d'un an à compter de la décision de la Cour européenne des droits de l'homme. Le réexamen d'un pourvoi en cassation peut être demandé dans les mêmes conditions.**

1. Application. Entre dans les prévisions de l'art. 622-1 la demande de réexamen d'un pourvoi en cassation, formée par une personne condamnée pour diffamation publique envers des fonctionnaires publics, fondée sur une décision de la CEDH ayant constaté une violation de l'art. 6 Conv. EDH en raison d'un manque d'impartialité objective de la formation de jugement de la chambre criminelle ayant rejeté son pourvoi et d'une violation de l'art. 10 de ladite Convention. • Crim., révis., 14 avr. 2016, n° 15REV135 P.

2. Subsidiarité du réexamen. L'absence de réexamen d'une décision pénale, à la suite du constat de violation de la Conv. EDH opéré par la Cour, ne viole pas l'art. 6, § 1, de la Conv. EDH dès lors que les décisions ne sont pas inconciliables. • CEDH, gr. ch., 11 juill. 2017, *Moreira Ferreira c/ Portugal (n° 2)*, n° 19867/12 : *RSC 2017. 621, note Marguénaud.*

Art. 622-2 **La révision et le réexamen peuvent être demandés :**

1° Par le ministre de la justice ;

2° Par le procureur général près la Cour de cassation ;

3° Par le condamné ou, en cas d'incapacité, par son représentant légal ;

4° Après la mort ou l'absence déclarée du condamné, par son conjoint, le partenaire lié par un pacte civil de solidarité, son concubin, ses enfants, ses parents, ses petits-enfants ou arrière-petits-enfants, ou ses légataires universels ou à titre universel.

La révision peut, en outre, être demandée par les procureurs généraux près les cours d'appel.

CHAPITRE II DE LA COUR DE RÉVISION ET DE RÉEXAMEN

Art. 623 La demande en révision ou la demande en réexamen est adressée à la cour de révision et de réexamen. Celle-ci est composée de dix-huit magistrats de la Cour de cassation, dont le président de la chambre criminelle, qui préside la cour de révision et de réexamen. Les dix-sept autres magistrats sont désignés, par l'assemblée générale de la Cour de cassation, pour une durée de trois ans, renouvelable une fois.

Chacune des chambres de la Cour de cassation y est représentée par trois de ses membres.

Dix-sept magistrats suppléants sont désignés dans les mêmes conditions. Le conseiller de la chambre criminelle dont le rang est le plus élevé est désigné suppléant du président de la chambre criminelle.

Art. 623-1 La cour de révision et de réexamen désigne en son sein, pour une durée de trois ans, renouvelable une fois, cinq magistrats titulaires et cinq magistrats suppléants composant la commission d'instruction des demandes en révision et en réexamen. Cette dernière désigne en son sein un président. Les magistrats qui siègent au sein de la commission d'instruction et leurs suppléants ne peuvent siéger au sein de la formation de jugement de la cour de révision et de réexamen.

Les treize autres magistrats composent la formation de jugement de la cour de révision et de réexamen, qui statue en révision ou en réexamen. La formation de jugement est présidée par le président de la chambre criminelle.

Le parquet général près la Cour de cassation assure les fonctions du ministère public devant la commission d'instruction et la formation de jugement.

Ne peuvent siéger au sein de la commission d'instruction et de la formation de jugement ou y exercer les fonctions du ministère public les magistrats qui, dans l'affaire soumise à la cour de révision et de réexamen, ont, au sein d'autres juridictions, soit fait un acte de poursuite ou d'instruction, soit participé à une décision sur le fond relative à la culpabilité du requérant.

CHAPITRE III DE LA PROCÉDURE SUIVIE DEVANT LA COUR DE RÉVISION ET DE RÉEXAMEN

Art. 624 La demande en révision ou la demande en réexamen est adressée à la commission d'instruction des demandes en révision et en réexamen, qui se prononce sur sa recevabilité.

Lorsque la demande est manifestement irrecevable, le président de la commission ou son délégué peut la rejeter par une ordonnance motivée non susceptible de recours.

La commission peut ordonner l'exécution d'un supplément d'information confié à l'un ou à plusieurs de ses membres aux fins de procéder, directement ou par commission rogatoire, dans les formes prévues au présent code, à tout acte d'information utile à l'instruction de la demande, à l'exception de l'audition de toute personne à l'égard de laquelle il existe des raisons plausibles de soupçonner qu'elle a commis ou tenté de commettre une infraction.

Après avoir recueilli les observations écrites ou orales du requérant ou de son avocat, celles du ministère public ainsi que, si elle intervient à l'instance, après en avoir été dûment avisée, celles de la partie civile constituée au procès dont la révision ou le réexamen est demandé ou de son avocat, le requérant ou son avocat ayant la parole le dernier, la commission saisit la formation de jugement de la cour de révision et de réexamen si la demande lui paraît recevable.

La commission statue par une décision motivée non susceptible de recours. Cette décision, sur demande du requérant ou de son avocat, est rendue en séance publique.

Art. 624-1 Lorsque la commission d'instruction des demandes en révision et en réexamen est saisie d'une demande en réexamen, son président statue par ordonnance. Il saisit la formation de jugement de la cour de révision et de réexamen des demandes formées dans le délai mentionné à l'article 622-1 pour lesquelles il constate l'existence d'un arrêt de la Cour européenne des droits de l'homme établissant une violation de la convention applicable au condamné.

Art. 624-2 Lorsque la commission d'instruction des demandes en révision et en réexamen est saisie d'une demande en révision en application de l'article 622, elle prend en compte l'ensemble des faits nouveaux ou des éléments inconnus sur lesquels ont pu s'appuyer une ou des requêtes précédemment présentées et saisit la formation de jugement de la cour de révision et de réexamen des demandes pour lesquelles elle estime qu'un fait nouveau s'est produit ou qu'un élément inconnu au jour du procès s'est révélé.

Lorsque les éléments nouveaux laissent apparaître qu'un tiers pourrait être impliqué dans la commission des faits, la commission en avise sans délai le procureur de la République compétent, qui effectue les investigations nécessaires et peut ouvrir une information judiciaire, laquelle ne peut être confiée à un magistrat ayant déjà connu de l'affaire. Le procureur de la République ou le juge d'instruction ne peut saisir un service ou un officier de police judiciaire ayant participé à l'enquête à l'origine de la condamnation du demandeur.

Art. 624-3 Si la formation de jugement de la cour de révision et de réexamen estime que l'affaire n'est pas en l'état, elle ordonne l'exécution d'un supplément d'information confié à l'un ou à plusieurs de ses membres aux fins de procéder, directement ou par commission rogatoire, dans les formes prévues au présent code, à tout acte d'information utile à l'instruction de la demande, à l'exception de l'audition de toute personne à l'égard de laquelle il existe des raisons plausibles de soupçonner qu'elle a commis ou tenté de commettre une infraction.

Lorsque l'affaire est en état, la formation de jugement de la cour l'examine au fond et statue, par un arrêt motivé non susceptible de recours, à l'issue d'une audience publique au cours de laquelle sont recueillies les observations orales ou écrites du requérant ou de son avocat, celles du ministère public ainsi que, si elle intervient à l'instance, après en avoir été dûment avisée, celles de la partie civile constituée au procès dont la révision ou le réexamen est demandé ou de son avocat. Le requérant ou son avocat a la parole le dernier.

Le président de la cour peut, au cours des débats, demander l'audition par la formation de jugement de toute personne utile à l'examen de la demande.

Art. 624-4 Pour l'application du présent titre, le requérant est représenté dans la procédure et assisté au cours des débats par un avocat choisi par lui ou, à sa demande, commis d'office. Si la demande en révision ou en réexamen n'a pas été déclarée manifestement irrecevable en application du deuxième alinéa de l'article 624 et que le requérant n'a pas d'avocat, le président de la commission d'instruction lui en désigne un d'office. La victime peut être représentée dans la procédure et assistée au cours des débats par un avocat choisi par elle ou, à sa demande, commis d'office.

Art. 624-5 Le requérant peut, au cours de l'instruction de sa demande, saisir la commission d'instruction des demandes en révision et en réexamen d'une demande écrite et motivée tendant à ce qu'il soit procédé à tous actes qui lui paraissent nécessaires pour l'instruction de sa requête. La commission statue sur la demande, par une décision motivée et non susceptible de recours, dans le délai de trois mois à compter de la réception de la demande.

Art. 624-6 Le requérant et la partie civile peuvent se faire délivrer copie de tout ou partie des pièces et actes du dossier. Si le dossier a fait l'objet d'une numérisation, cette copie est remise sous forme numérisée, le cas échéant par un moyen de télécommunication selon les modalités prévues à l'article 803-1. La délivrance de la première copie de chaque pièce ou acte du dossier est gratuite. La délivrance de cette copie doit intervenir dans le mois qui suit la demande de délivrance de cette dernière.

CHAPITRE IV DE LA DÉCISION DE LA COUR DE RÉVISION ET DE RÉEXAMEN

Art. 624-7 La formation de jugement de la cour de révision et de réexamen rejette la demande si elle l'estime mal fondée. Si elle estime la demande fondée, elle annule la

condamnation prononcée, sauf lorsqu'il est fait droit à une demande en réexamen du pourvoi du condamné.

S'il est possible de procéder à de nouveaux débats contradictoires, la formation de jugement de la cour de révision et de réexamen renvoie le requérant devant une juridiction de même ordre et de même degré, mais autre que celle dont émane la décision annulée. Toutefois, en cas de demande en réexamen et si le réexamen du pourvoi du condamné, dans des conditions conformes à la Convention européenne de sauvegarde des droits de l'homme et des libertés fondamentales, est de nature à remédier à la violation constatée par la Cour européenne des droits de l'homme, elle renvoie le requérant devant l'assemblée plénière de la Cour de cassation.

S'il y a impossibilité de procéder à de nouveaux débats, notamment en cas d'amnistie, de décès, de contumace ou de défaut d'un ou de plusieurs condamnés, d'irresponsabilité pénale, en cas de prescription de l'action ou de la peine, la formation de jugement de la cour de révision et de réexamen, après l'avoir expressément constatée, statue au fond en présence des parties civiles, s'il y en a au procès, et des curateurs nommés par elle à la mémoire de chacun des morts ; dans ce cas, elle annule seulement celles des condamnations qui lui paraissent non justifiées et décharge, s'il y a lieu, la mémoire des morts.

Si l'impossibilité de procéder à de nouveaux débats ne se révèle qu'après l'arrêt de la cour de révision et de réexamen annulant l'arrêt ou le jugement de condamnation et prononçant le renvoi, la cour, sur la réquisition du ministère public, rapporte la désignation par elle faite de la juridiction de renvoi et statue comme il est dit au troisième alinéa.

Si l'annulation de la décision à l'égard d'un condamné vivant ne laisse rien subsister à sa charge qui puisse être pénalement qualifié, aucun renvoi n'est prononcé.

L'annulation de la condamnation entraîne la suppression de la fiche du casier judiciaire. La cour de révision et de réexamen peut également ordonner la suppression des mentions figurant dans les fichiers de police judiciaire, dans le fichier automatisé des empreintes digitales, dans le fichier national automatisé des empreintes génétiques et dans le fichier judiciaire national automatisé des auteurs d'infractions sexuelles ou violentes si, compte tenu de la finalité de ces fichiers, la conservation de ces données n'apparaît plus nécessaire. Dans le cas prévu à l'avant-dernier alinéa, la suppression de ces mentions est obligatoirement ordonnée.

CHAPITRE V DES DEMANDES DE SUSPENSION DE L'EXÉCUTION DE LA CONDAMNATION

Art. 625 **La commission d'instruction et la formation de jugement peuvent saisir la chambre criminelle d'une demande de suspension de l'exécution de la condamnation. Le condamné peut également demander la suspension de l'exécution de sa condamnation à la commission d'instruction et à la formation de jugement, qui transmettent sa demande à la chambre criminelle. Les membres de la chambre criminelle qui siègent au sein de la cour de révision et de réexamen ne prennent pas part aux débats ni à la décision.**

La chambre criminelle, lorsqu'elle ordonne la suspension de l'exécution de la condamnation, peut décider que cette suspension est assortie de l'obligation de respecter tout ou partie des conditions d'une libération conditionnelle prévues aux articles 731 et 731-1, y compris, le cas échéant, celles résultant d'un placement sous surveillance électronique mobile.

Elle précise dans sa décision les obligations et interdictions auxquelles est soumis le condamné, en désignant le juge de l'application des peines sous le contrôle duquel celui-ci est placé. Le juge de l'application des peines peut modifier les obligations et interdictions auxquelles est soumis le condamné, dans les conditions prévues à l'article 712-6.

Ces obligations et interdictions s'appliquent pendant une durée d'un an, qui peut être prolongée, pour la même durée, par la chambre criminelle.

En cas de violation par le condamné des obligations et interdictions auxquelles il est soumis, le juge de l'application des peines peut saisir la chambre criminelle pour qu'il soit mis fin à la suspension de l'exécution de la condamnation. Il peut décerner les

mandats prévus à l'article 712-17 et ordonner l'incarcération provisoire du condamné en application de l'article 712-19. La chambre criminelle doit alors se prononcer dans un délai d'un mois. Si elle ne met pas fin à la suspension de l'exécution de la condamnation, elle peut modifier les obligations et interdictions auxquelles le condamné est soumis.

Si la formation de jugement de la cour, statuant en réexamen, annule la condamnation sans ordonner la suspension de son exécution, la personne qui exécute une peine privative de liberté demeure détenue, sans que cette détention puisse excéder la durée de la peine prononcée, jusqu'à la décision, selon le cas, de la Cour de cassation statuant en assemblée plénière ou de la juridiction du fond. Cette décision doit intervenir dans le délai d'un an à compter de la décision d'annulation de la cour de révision et de réexamen. Faute de décision de la Cour de cassation ou de la juridiction du fond dans ce délai, la personne est mise en liberté, à moins qu'elle ne soit détenue pour une autre cause. Pendant ce même délai, la personne est considérée comme placée en détention provisoire et peut former des demandes de mise en liberté dans les conditions prévues aux articles 148-6 et 148-7. Ces demandes sont examinées dans les conditions prévues aux articles 148-1 et 148-2. Toutefois, lorsque la formation de jugement de la cour de révision et de réexamen a renvoyé l'affaire devant l'assemblée plénière de la Cour de cassation, les demandes de mise en liberté sont examinées par la chambre de l'instruction de la cour d'appel dans le ressort de laquelle siège la juridiction ayant condamné l'intéressé.

CHAPITRE VI DES DEMANDES D'ACTES PRÉALABLES

Art. 626 La personne reconnue coupable d'un crime ou d'un délit par une décision pénale définitive ou, en cas d'incapacité, son représentant légal ou, en cas de décès ou d'absence déclarée, les personnes mentionnées au 4° de l'article 622-2 qui envisagent de saisir la cour de révision et de réexamen d'une demande en révision peuvent saisir le procureur de la République d'une demande écrite et motivée tendant à ce qu'il soit procédé à tous actes qui leur paraissent nécessaires à la production d'un fait nouveau ou à la révélation d'un élément inconnu au jour du procès. La demande doit porter sur des actes déterminés et, lorsqu'elle concerne une audition, préciser l'identité de la personne dont l'audition est souhaitée.

Le procureur statue sur la demande, par une décision motivée, dans un délai de deux mois à compter de la réception de la demande. En cas de refus, le demandeur peut former un recours auprès du procureur général, qui se prononce dans un délai d'un mois.

CHAPITRE VII DE LA RÉPARATION À RAISON D'UNE CONDAMNATION

BIBL. ▶ REVIRON, *AJ pénal 2017. 387* (l'incontournable unification de l'indemnisation des victimes d'erreurs judiciaires).

Art. 626-1 Sans préjudice du chapitre unique du titre IV du livre Ier du code de l'organisation judiciaire, un condamné reconnu innocent à la suite d'une révision ou d'un réexamen accordé en application du présent titre a droit à réparation intégrale du préjudice matériel et moral que lui a causé la condamnation. Toutefois, aucune réparation n'est due lorsque la personne a été condamnée pour des faits dont elle s'est librement et volontairement accusée ou laissée accuser à tort en vue de faire échapper l'auteur des faits aux poursuites.

Peut également demander une réparation, dans les mêmes conditions, toute personne justifiant du préjudice que lui a causé la condamnation.

A la demande de l'intéressé, le préjudice est évalué par expertise contradictoire réalisée dans les conditions mentionnées à la section IX du chapitre Ier du titre III du livre Ier du présent code.

La réparation est allouée par le premier président de la cour d'appel dans le ressort de laquelle réside l'intéressé et suivant la procédure prévue aux articles 149-2 à 149-4. Si la personne en fait la demande, la réparation peut également être allouée par la décision d'où résulte son innocence. Devant la cour d'assises, la réparation est allouée par la cour statuant, comme en matière civile, sans l'assistance des jurés.

Cette réparation est à la charge de l'État, sauf recours contre la partie civile, le dénonciateur ou le faux témoin par la faute desquels la condamnation a été prononcée. Elle est payée comme frais de justice criminelle, correctionnelle et de police.

Si le demandeur le requiert, l'arrêt ou le jugement d'où résulte l'innocence du condamné est affiché dans la ville où a été prononcée la condamnation, dans la commune du lieu où le crime ou le délit a été commis, dans celle du domicile du demandeur, dans celles du lieu de naissance et du dernier domicile du condamné, s'il est décédé ou déclaré absent ; dans les mêmes conditions, il est ordonné qu'il soit inséré au *Journal officiel* et publié par extraits dans cinq journaux au choix de la juridiction qui a prononcé la décision.

Les frais de la publicité mentionnée à l'avant-dernier alinéa sont à la charge du Trésor.

Loi n° 53-681 du 6 août 1953, *portant amnistie.* **Art. 43** L'amnistie ne peut en aucun cas mettre obstacle à l'action en révision devant toute juridiction compétente en vue de faire établir l'innocence du condamné. — *V., en termes identiques, lois d'amnistie antérieures : L. n° 47-1504 du 16 août 1947, art. 35 ; L. n° 51-18 du 5 janv. 1951, art. 19 ; et lois d'amnistie postérieures : L. n° 59-940 du 31 juill. 1959, art. 22 ; L. n° 64-1269 du 23 déc. 1964, art. 9 ; L. n° 66-396 du 17 juin 1966, art. 14 ; L. n° 66-409 du 18 juin 1966, art. 24 ; L. n° 69-700 du 30 juin 1969, art. 21 ; L. n° 72-1127 du 21 déc. 1972, art. 4 ; L. n° 74-643 du 16 juill. 1974, art. 20 ; L. n° 81-736 du 4 août 1981, art. 24 ; L. n° 82-214 du 2 mars 1982, art. 50, al. 2 ; L. n° 85-1467 du 31 déc. 1985, art. 2 ; L. n° 88-828 du 20 juill. 1988, art. 25. — V.* **C. pén.**

Loi n° 46-2064 du 25 septembre 1946,

Ouvrant un recours en révision contre les condamnations prononcées pour outrages aux bonnes mœurs commis par la voie du livre.

Art. unique La révision d'une condamnation prononcée pour outrages aux bonnes mœurs commis par la voie du livre pourra être demandée vingt ans après que le jugement sera devenu définitif.

Le droit de demander la révision appartiendra exclusivement à la Société des gens de lettres de France, agissant soit d'office, soit à la requête de la personne condamnée, et, si cette dernière est décédée, à la requête de son conjoint, de l'un de ses descendants ou, à leur défaut, du parent le plus rapproché en ligne collatérale.

La Cour de cassation, chambre criminelle, sera saisie de cette demande par son procureur général, en vertu de l'ordre exprès que le ministre de la justice lui aura donné. Elle statuera définitivement sur le fond, comme juridiction de jugement investie d'un pouvoir souverain d'appréciation.

V., en application de cette loi : • Crim. 31 mai 1949 : *D. 1949. 342 ; JCP 1949. II. 4940, rapp. Falco, note Gruffy,* révisant et annulant la condamnation prononcée en 1857 contre Baudelaire pour la publication des *Fleurs du Mal.* ♦ **BIBL.** – Hamelin, *D. 1949. Chron. 187.*

TITRE DEUXIÈME *[ANCIEN]* DES DEMANDES EN RÉVISION

(Abrogé par L. n° 2014-640 du 20 juin 2014, art. 3, à compter du 1er oct. 2014)

RÉP. PÉN. v° *Révision*, par Daures.

BIBL. ▶ Angevin, *JCP 1989. I. 3416 ; ibid. 1991. I. 3542.* – Couvrat, *RSC 1989. 782.* – Damour, *JCP 1959. I. 1494.* – Fournié, *AJ pénal 2011. 326* (libres propos relatifs à la procédure de révision des condamnations pénales). – Garcin, *Gaz. Pal. 1991. 1. Doctr. 36.* – Gendrel, *ALD 1990. 79.* – Lemercier, *RSC 1947. 41.* – Romerio, *RSC 1970. 623.* – Toulemon, *Gaz. Pal. 1976. Doctr. 692.*

Ancien art. 622 *(L. n° 89-431 du 23 juin 1989)* ***La révision d'une décision pénale définitive peut être demandée au bénéfice de toute personne reconnue coupable d'un crime ou d'un délit lorsque :***

1° Après une condamnation pour homicide, sont représentées des pièces propres à faire naître de suffisants indices sur l'existence de la prétendue victime de l'homicide ;

2° Après une condamnation pour crime ou délit, un nouvel arrêt ou jugement a condamné pour le même fait un autre accusé ou prévenu et que, les deux condamnations ne pouvant se concilier, leur contradiction est la preuve de l'innocence de l'un ou de l'autre condamné ;

3° Un des témoins entendus a été, postérieurement à la condamnation, poursuivi et condamné pour faux témoignage contre l'accusé ou le prévenu ; le témoin ainsi condamné ne peut pas être entendu dans les nouveaux débats ;

4° Après une condamnation, vient à se produire ou à se révéler un fait nouveau ou un élément inconnu de la juridiction au jour du procès, de nature à faire naître un doute sur la culpabilité du condamné.

1. QPC. Les règles de recevabilité de la requête édictées à l'art. 622, requête qui tend à la révision d'une condamnation pénale définitive après épuisement des voies de recours ordinaires, ne portent pas atteinte au droit à un recours effectif (non-renvoi). • Comm. révis. 4 juill. 2013, ♔ n° 13REV078 P.

I. DÉCISIONS SUSCEPTIBLES DE RÉVISION

A. CAS HORS CHAMP D'APPLICATION

2. Le recours en révision n'est pas ouvert s'il existe un autre moyen légal de faire disparaître l'erreur, comme la rectification de casier judiciaire. • Crim. 21 juill. 1966, ♔ n° 65-93.983 P : *Gaz. Pal. 1966. 2. 210 ; RSC 1967. 190, obs. Robert* • Comm. révis. 11 avr. 2005, n° 04REV003 P • 29 sept. 2008, n° 08REV037 P.

3. Doit être rejetée, comme n'entrant pas dans les prévisions de l'art. 622 (4°), la demande qui invoque, d'une part, des éléments connus de la juridiction de condamnation et, d'autre part, des faits nouveaux mais qui ne sont pas de nature à faire naître un doute sur la culpabilité du condamné. • Crim. 17 juin 1996, ♔ n° 00-90.154 P • 28 juin 1996, ♔ n° 00-89.001 P. ♦ Doit être déclarée irrecevable, comme n'entrant pas dans les prévisions de l'art. 622, 4°, la demande invoquant des éléments connus de la juridiction de condamnation. • Comm. révis. 16 déc. 2002, ♔ n° 01-99.154 P.

4. La demande en révision n'est recevable que si elle concerne une décision portant déclaration de culpabilité d'un crime ou d'un délit. Tel n'est pas le cas d'une demande qui concerne un arrêt ayant, en application de l'art. 472, condamné le requérant à des dommages-intérêts pour abus de constitution de partie civile. • Crim. 4 nov. 1996, ♔ n° 95-00.077 P.

5. Ne constitue pas une condamnation pénale, au sens de l'art. 622, la décision qui statue sur une révocation de sursis. La requête en révision d'une telle décision est donc irrecevable. • Comm. révis. 17 mai 2010, n° 09REV102 P.

6. La demande en révision d'une condamnation pour contravention n'entre pas dans les prévisions de l'art. 622. • Crim. 5 mai 1899 : *S. 1901. 1. 297, note Roux* • 5 mai 1994, ♔ n° 94-00.013 P. ♦ Mais la demande en révision formée contre une contravention est recevable dès lors que cette contravention est indivisible avec des crimes ou délits eux-mêmes soumis à révision. • Crim. 5 nov. 1987, ♔ n° 87-80.662 P • Comm. révis. 12 juin 2006, n° 05REV071 P (contravention de défaut de maîtrise et délit d'homicide involontaire).

7. La demande en révision d'un arrêt de la chambre criminelle de la Cour de cassation n'entre pas dans les prévisions de l'art. 622 et n'est donc pas recevable. • Crim. 5 mai 1994, ♔ n° 94-00.002 P • Comm. révis. 16 nov. 2009, n° 09REV011 P.

8. La requête en révision d'un jugement de condamnation pour diffamation publique envers des particuliers, par laquelle le condamné offre de rapporter la preuve de la vérité des faits diffamatoires est irrecevable, dès lors que, n'ayant pas usé, devant la juridiction répressive, des dispositions de l'art. 55 de la loi du 29 juill. 1881, l'intéressé s'est trouvé déchu d'administrer une telle preuve. • Crim. 3 juin 1996, ♔ n° 00-96.016 P.

9. Les art. 622 s. ne donnent pas compétence à la Cour de révision pour prononcer l'annulation d'une condamnation pénale, au motif que celle-ci serait contraire à des dispositions légales et conventionnelles entrées en vigueur postérieurement. • Comm. révis. 19 mars 2007, n° 05REV084 P.

10. La difficulté relevant du contentieux de l'exécution ne constitue pas une cause de révision, le litige portant sur l'étendue d'une condamnation à la remise en l'état antérieur de constructions sur lesquelles avaient été effectués des travaux ayant pour effet d'en changer la destination. • Comm. révis. 27 avr. 2009, n° 06REV049 P.

11. N'entre pas dans les prévisions de l'art. 622 le motif de pur droit invoqué, selon lequel la cour d'appel, saisie sur renvoi après cassation d'un arrêt de relaxe, sur le seul pourvoi de l'administration des douanes, aurait excédé l'étendue de sa saisine en prononçant une condamnation. • Comm. révis. 16 nov. 2009 : *préc. note 7.*

B. CAS ENTRANT DANS LE CHAMP DE LA RÉVISION

12. Décision définitive. La révision ne peut être demandée que contre une décision irrévocable, non susceptible d'opposition. • Crim. 8 avr. 1967 : *Gaz. Pal. 1967. 2. 40.* ♦ Toutefois, il suffit que l'opposition ne soit plus possible au jour où la commission statue et non au jour du dépôt de la requête. • Comm. révis. 24 sept. 2001, n° 01-99.046 P. ♦ Ou lorsque l'action publique est éteinte en première instance par l'effet de l'amnistie, dont l'appel sur l'action civile est en cours. • Crim. 17 nov. 1997, n° 97-96.128 P.

13. Décision d'amnistie. En application de l'art. 17 de la L. 6 août 2002, l'amnistie ne met pas obstacle à l'action en révision devant toute juridiction compétente tendant à faire établir l'innocence du condamné. • Comm. révis. 12 juin 2006, n° 04-REV138 P.

14. Condamnation aux intérêts civils. La révision est possible lorsqu'il s'agit d'une condamnation à des intérêts civils, la juridiction répressive n'ayant pas condamné pénalement l'auteur du délit. • Crim. 27 avr. 1989, n° 88-83.707 P.

15. Trouble psychique. La demande de révision peut concerner un non-lieu pour cause de trouble psychique récapitulant les charges pesant sur la personne mise en examen et lui imputant les éléments matériels d'un crime (jurisprudence antérieure à la L. n° 2008-174 du 25 févr. 2008). • Comm. révis. 8 févr. 2010, n° 05REV071 P.

II. CAS DE RÉVISION

A. CAS DÉTERMINÉS DE RÉVISION

1° DÉCISIONS INCONCILIABLES

16. Il y a lieu à révision lorsque, postérieurement à un jugement de condamnation, il a été établi, notamment par un jugement de reconnaissance d'identité, que le condamné était innocent du fait à raison duquel une peine a été prononcée contre lui, bien que par des déclarations inexactes il ait égaré la justice et qu'il soit en réalité l'auteur de l'erreur qui a été commise. • Crim. 2 déc. 1937 : *DH 1939. Somm. 20.* ♦ V. aussi : • Crim. 22 janv. 1898 : *DP 1900. 1. 137.*

17. Il y a lieu à révision lorsque, postérieurement au jugement de condamnation, deux individus ayant reconnu spontanément les faits ont été condamnés pour ces mêmes faits et qu'il résulte du dossier que la contradiction entre les deux condamnations induit l'innocence de l'intéressé. Il importe peu que ce dernier ait initialement avoué les faits. • Comm. révis. 14 mai 2002, n° 01-83.862 P : *JCP 2002. IV. 2010 ; Dr. pénal 2002. Comm. 117, obs. Maron.* ♦ En application de l'art. 622, 2°, il y a lieu à révision du jugement devenu définitif portant condamnation d'un prévenu lorsque, par une décision ultérieure également définitive, inconciliable avec cette condamnation, une autre personne a été déclarée coupable pour les mêmes faits dans des conditions telles que de la contradiction existant entre ces décisions résulte la preuve de l'innocence de ce prévenu. • Comm. révis. 6 nov. 2002, n° 02-83.705 P. ♦ V. également : • Comm. révis. 14 mai 2002, n° 01-83.862 P • Crim. 20 juill. 2011, n° 10-87.326 P : *AJ pénal 2011. 474, obs. Pronier ; RSC 2012. 199, obs. Danet .*

18. Il y a lieu à révision quand deux individus ont été, à raison d'un même fait, condamnés par deux décisions successives passées en force de chose jugée et que, les deux condamnations ne pouvant se concilier, leur contradiction est la preuve de l'innocence de l'un ou de l'autre condamné. • Crim. 5 mars 1931 : *Bull. crim. n° 65* • 28 avr. 1975, n° 75-90.044 P : *D. 1975. IR 121* • 5 nov. 1987, n° 87-80.662 P • 8 févr. 1989, n° 88-83.706 P.

19. Dans une affaire où deux individus ont été condamnés comme auteurs d'un vol commis « par deux ou plusieurs personnes », la condamnation ultérieure d'un troisième individu comme coauteur du même vol ne donne pas ouverture à révision du procès au profit de l'un des condamnés précédents. • Cass., ch. réun., 15 janv. 1902 : *DP 1902. 1. 113, concl. Baudouin.*

20. Il y a lieu à révision, à raison de l'inconciliabilité de deux décisions, lorsque, un crime unique ayant été commis par trois individus, deux arrêts sont intervenus successivement, l'un condamnant trois majeurs et l'autre prononçant pour le même fait l'envoi en colonie pénitentiaire contre un mineur de 13 à 18 ans ; la révision peut atteindre la décision qui concerne le mineur. • Crim. 7 févr. 1919 : *DP 1922. 1. 105, note Degois.*

2° FAUX TÉMOIGNAGE

21. Révision possible. Il y a lieu à révision lorsqu'une condamnation a été prononcée essentiellement sur un témoignage qui, postérieurement, a été reconnu faux. • Crim. 27 avr. 1989, n° 88-83.707 P.

22. Révision impossible. Il n'y a pas lieu à révision dès lors que les poursuites pour faux témoignage ont abouti à une décision de relaxe. • Crim. 26 janv. 1994, n° 91-81.552 P.

B. CAS INDÉTERMINÉ DE RÉVISION : LE FAIT NOUVEAU

1° EXISTENCE D'UN FAIT NOUVEAU

23. Admission du fait nouveau. Il y a, au sens de l'art. 443, § 4, C. instr. crim. (art. 622-4°), un fait nouveau de nature à établir l'innocence du condamné, et par suite il y a lieu à révision : lorsque, après une condamnation pour abus de confiance, des décisions judiciaires ont constaté que les objets dont le prétendu détournement frauduleux avait entraîné la condamnation, avaient été en temps utile spontanément restitués par le condamné, et ont établi à la charge des dénonciateurs l'existence d'un faux témoignage. • Crim. 20 févr. 1896 : *DP 1900. 1. 137.*

♦ ... Ou lorsque, après une condamnation notamment pour délit de détention d'un chien de première catégorie non stérilisé, le condamné a fait examiner son chien par un vétérinaire qui a indiqué que l'animal ne relevait d'aucune des deux catégories de chiens dangereux définies par l'art. L. 211-1 C. rur. et par l'arrêté ministériel du 27 avr. 1999, ce qui a été confirmé par l'expert désigné par la commission de révision. • Crim. 8 févr. 2005, n° 04-85.708 P : *D. 2005. IR 738* ; *JCP 2005. IV. 1645*.

24. ... Lorsque, après une condamnation pour infraction à un arrêté d'expulsion, on a découvert que le condamné était de nationalité française. • Crim. 22 avr. 1898 : *DP 1900. 1. 137*. ♦ V. aussi : • Crim. 31 juill. 1913 : *DP 1915. 1. 135* • 28 déc. 1929 : *DH 1930. 133*. ♦ ... Ou lorsque l'intéressé, condamné pour insoumission, avait en réalité perdu la nationalité française. • Crim. 26 juin 1991, n° 90-85.924 P. ♦ ... Ou lorsqu'un militaire, condamné pour désertion en temps de guerre, était prisonnier de l'ennemi, circonstance inconnue des juges au jour du procès. • Crim. 25 nov. 1991, n° 91-80.278 P. ♦ ... Ou lorsqu'un individu produit des documents établissant que dans un temps très voisin de celui de l'incendie pour lequel il a été condamné il se trouvait à près de 80 km de là, au domicile de ses parents, où il avait reçu la visite d'un médecin. • Crim. 15 nov. 2006, n° 06-85.104 P : *AJ pénal 2007. 91, obs. Girault*.

25. ... Lorsque, après un jugement de condamnation, il est constaté que le condamné était atteint de paralysie générale au moment de l'infraction. • Crim. 26 oct. 1911 : *DP 1912. 1. 421*. ♦ ... Ou de démence. • Crim. 3 mai 1994, n° 93-85.663 P : *D. 1995. Somm. 144, obs. Pradel* • 27 mai 1997, n° 96-85.081 P.

26. ... Lorsque, après une condamnation pour outrage public à la pudeur, les témoignages concordants de proches de la plaignante, corroborés par des constatations de fait, selon lesquels elle aurait dénoncé un délit imaginaire reproduisant le mode opératoire dont l'une de ses sœurs avait été précédemment victime, à seule fin d'obtenir des dommages-intérêts. • Crim. 9 mai 1994, n° 93-84.852 P.

27. ... Lorsque la personne qui avait témoigné sur les circonstances d'un accident reconnaît postérieurement à la condamnation qu'elle n'était pas sur les lieux lors des faits auxquels elle n'avait même pas assisté. • Comm. révis. 12 juin 2006 : *préc. note 6* • 19 déc. 2006, n° 06-85.841 P.

28. ... Lorsque, à la date des faits, l'intéressé était hospitalisé en un lieu éloigné du lieu de l'infraction et que son état civil a été usurpé par un tiers non identifié. • Crim. 28 juin 1994, n° 92-84.510 P.

29. ... Lorsque, après que deux personnes ont été condamnées pour vol de voiture et vol avec effraction, il est révélé par une décision de relaxe prononcée postérieurement pour des faits similaires que les délits auraient été commis, sans que les condamnés en soient informés, à l'instigation de gendarmes qui, par l'intermédiaire d'un indicateur, auraient fourni les renseignements nécessaires à la commission du vol avec effraction et procuré le véhicule prétendument volé. • Crim. 5 juin 1996, n° 95-85.561 P.

30. ... Lorsque, après une condamnation pour empoisonnement par l'arsenic, une découverte scientifique fait apparaître que la quantité d'arsenic trouvée dans le cadavre de la victime ne pouvait pas être retenue comme constituant un indice d'une intoxication arsenicale. • Crim. 28 déc. 1923 : *DP 1924. 1. 66*. ♦ ... Et quand la découverte récente d'une maladie, classée sous la dénomination d'« insuffisance surrénale aiguë », qui se manifeste, dans certains cas, par des symptômes simulant un empoisonnement, permet de présumer que la victime était atteinte de cette affection. • Même arrêt.

31. De même, il y a fait nouveau, de nature à établir l'innocence du condamné, et, par suite, il y a lieu à révision : lorsque, postérieurement à la condamnation, se révèle la communication aux juges d'un document, désormais reconnu inapplicable au condamné, et qui a pu produire sur leur esprit une impression décisive. • Cass., ch. réun., 3 juin 1899 : *DP 1900. 1. 180, rapp. Ballot-Beaupré*. ♦ ... Et aussi lorsque, l'enquête sur la demande en révision ayant révélé l'existence de lettres écrites par une autre personne que le condamné, une comparaison d'écritures entre ces lettres et la pièce ayant servi de base à l'accusation, puis les conclusions qui en ont été tirées, contradictoirement à celles d'une expertise antérieure à la condamnation, tendent à démontrer que la pièce susvisée n'aurait pas été écrite par le condamné. • Même arrêt. ♦ On ne saurait écarter ces faits nouveaux en invoquant d'autres faits, également postérieurs à la condamnation, alors qu'on ne saurait voir dans ces faits, consistant en propos et en déclarations, un aveu de culpabilité ou la preuve d'un pareil aveu. • Même arrêt.

32. Il y a fait nouveau de nature à établir l'innocence du condamné : lorsque la condamnation est intervenue sur l'unique déposition d'un témoin contredite par un ensemble de témoignages reçus postérieurement au jugement. • Crim. 12 nov. 1914 : *DP 1916. 1. 123*. ♦ ... Lorsque interviennent des aveux inconnus des juges et corroborés par les constatations de fait d'une tierce personne qui s'accuse d'être l'auteur d'un crime dont le condamné a été déclaré coupable. • Crim. 9 nov. 1955 : *Bull. crim. n° 474* • 24 févr. 1982, n° 81-93.864 P • Comm. révis. 29 juin 2009, n° 08REV036 P. ♦ ... Lorsqu'un individu s'accuse d'un crime, réitérant ses aveux, lesquels sont corroborés par divers éléments de l'enquête. • Crim. 13 avr. 2010, n° 09-84.531 P : *AJ pénal 2010. 349, obs. Girault*.

33. Constituent, pris ensemble, des faits nouveaux, le revirement d'un témoin relayé par la presse puis réentendu par les policiers, une expertise génétique mettant en évidence la présence, sur les lieux du crime, de trois profils inconnus, deux des personnes ainsi identifiées reconnaissant cette présence tout en se rejetant mutuellement la responsabilité des coups portés. • Crim. 15 mai 2013 : *D. actu. 23 mai 2013, obs. Priou-Alibert ; RSC 2013. 601, obs. Danet ; Procédures 2013, n° 219, obs. Chavent-Leclère.*

34. Un jugement postérieur à une décision de condamnation sanctionnant la subornation d'un coaccusé est un fait nouveau au sens de l'art. 622-4°. • Crim. 29 mars 1984, n° 83-94.105 P. ♦ Constitue un fait nouveau, ouvrant droit à révision des condamnations pénales et civiles prononcées pour dénonciation calomnieuse, en application de l'art. 622, 4°, la condamnation ultérieure, pour viol sur mineurs, de la personne mise en cause par cette dénonciation, établissant que les faits d'agressions sexuelles dénoncés n'étaient pas mensongers. • Crim. 16 sept. 2003, n° 02-87.887 P : *JCP 2003. IV. 2898.*

35. Constitue, au sens de l'art. 622 (4°), un fait nouveau de nature à exclure la culpabilité d'une personne, condamnée pour complicité d'un délit par une décision passée en force de chose jugée, la relaxe de l'auteur principal intervenue devant une autre juridiction, quel que soit le motif de cette décision. • Comm. révis. 16 nov. 1998, n° 98-98.038 P.

36. L'infraction d'aide au séjour irrégulier d'un étranger en France, réprimée par l'art. 21 de l'ordonnance du 2 nov. 1945, étant subordonnée à la commission par cet étranger de l'infraction principale, prévue par l'art. 19, al. 1er et 2, de la même ordonnance, la décision de relaxe prononcée de ce chef en faveur de l'étranger constitue un fait nouveau, au sens de l'art. 622 (4°), de nature à retirer aux faits imputés leur caractère délictueux. • Crim. 17 juin 1998, n° 97-85.568 P • 17 janv. 2007, n° 06-87.833 P.

37. Lorsque seul l'auteur principal d'un délit s'est pourvu en cassation, l'arrêt de relaxe de la cour de renvoi en sa faveur constitue un fait nouveau de nature à établir l'innocence de celui qui avait été condamné pour complicité. • Crim. 14 nov. 1985, n° 83-94.411 P : *RSC 1986. 647, obs. Braunschweig* • 26 juin 1991, n° 90-83.185 P • 20 juin 1994, n° 93-85.665 P. ♦ *Adde* : • Crim. 29 mars 1995, n° 94-84.944 P. ♦ Toutefois, la relaxe d'un dirigeant de société, poursuivi pour abus de biens sociaux, ne constitue pas un fait nouveau justifiant la révision de la condamnation prononcée antérieurement, pour complicité et recel de ce délit, à l'encontre d'un employé de la même société, la commission de l'infraction principale par un autre dirigeant de droit ou de fait n'étant pas exclue. • Crim. 16 févr. 2000, n° 98-87.514 P.

38. La rectification d'une décision de justice servant de base à des poursuites pénales peut constituer un fait nouveau dès lors que les condamnations prononcées perdent leur fondement juridique. Tel est le cas de l'arrêt rectificatif qui, supprimant d'une décision l'interdiction définitive du territoire français prononcée contre un étranger, justifie la révision de deux jugements ayant condamné celui-ci pour s'être soustrait à cette mesure d'interdiction. • Crim. 22 juin 1994, n° 93-85.664 P. ♦ Tel est également le cas lorsqu'un jugement rectificatif fait apparaître que la décision ayant ordonné le versement d'une pension alimentaire, à l'origine d'une condamnation pour abandon de famille, a en réalité été rendue à une date postérieure à la période visée dans la prévention. • Comm. révis. 24 sept. 2001, n° 01-99.046 P.

39. Il y a fait nouveau lorsqu'une personne, autre que le condamné, a déclaré à divers témoins, dont rien n'autorise à suspecter la sincérité, être l'auteur du délit, a avoué, au cours d'une enquête poursuivie par la gendarmerie, avoir, le jour du délit, coupé ses favoris afin de ne pas être reconnue, que cette personne a été vue revenant de la direction du lieu du délit et marchant à une allure rapide. • Crim. 6 nov. 1914 : *DP 1916. 1. 123.* ♦ Il y a fait nouveau lorsqu'il apparaît que le jour du crime une personne autre que le condamné était présente sur les lieux et que cette personne, qui a varié dans ses témoignages sur son emploi du temps de cette journée-là, a déjà été condamnée pour deux meurtres présentant des analogies avec celui reproché au condamné. • Crim. 3 avr. 2001, n° 99-84.584 P : *D. 2001. 2227, note Defferrard*.

40. ... Lorsqu'il est prouvé que le condamné pour abus de confiance n'est jamais allé au lieu où s'est produit le détournement de l'objet, que le délit a été commis par un individu dont l'identité ni la retraite n'ont pu être découvertes et qui, pendant son séjour dans le lieu où le détournement s'est produit, a constamment usurpé l'état civil du condamné, avec lequel il s'était rencontré dans la région où celui-ci avait perdu son livret militaire. • Crim. 10 déc. 1915 : *DP 1916. 1. 123.*

41. ... Lorsqu'un militaire ayant été condamné pour n'avoir pas représenté des effets d'armement et d'équipement militaires par lui emportés en s'absentant illégalement, il est démontré que ces effets avaient été découverts et représentés à l'autorité militaire antérieurement à la plainte et à l'ordre d'informer. • Crim. 6 janv. 1916 (8e esp.) : *DP 1916. 1. 123.*

42. L'élément essentiel du délit de désertion étant la légalité et le caractère obligatoire de l'incorporation, il y a lieu à cassation sans renvoi du jugement d'un conseil de guerre condamnant un individu pour désertion, si, après le jugement, l'autorité militaire a déclaré nul l'engagement volontaire du condamné. • Crim. 2 déc. 1922 : *DP 1923. 5. 6* • 20 déc. 1960 : *Bull. crim. n° 620.*

43. Il y a également fait nouveau de nature à établir l'innocence du condamné lorsqu'il est révélé après la condamnation qu'un individu, en déposant chez lui des objets dont la possession avait été jugée constituer un recel, n'avait fait qu'obéir aux ordres à lui donnés par le maire de la commune dans l'intérêt de la conservation de ces objets et en vue de leur restitution ultérieure à l'autorité militaire. • Crim. 3 févr. 1916 : *DP 1916. 1. 123.*

44. Constitue un élément nouveau au sens de l'art. 622, 4° la révélation, après la condamnation d'une personne pour conduite sans permis à la suite de l'annulation de son permis consécutive à la perte de tous les points l'affectant, qu'il n'avait été constaté la perte de l'intégralité des points qu'en raison d'une erreur administrative. • Comm. révis. 29 sept. 2008, n° 08REV031 P.

45. Rétractation de la partie civile. Les nouvelles déclarations de la partie civile, seule accusatrice, mettant hors de cause le condamné, les éléments nouveaux recueillis selon lesquels la victime a mis en cause d'autres personnes avant de se rétracter, la simulation d'une agression quelque temps avant la tenue de l'audience devant la cour d'assises, la persistance des troubles présentés par cette dernière, toujours hospitalisée depuis les faits, constituent des éléments nouveaux, justifiant la saisine de la cour de révision. • Comm. révis. 14 déc. 2009, n° 08REV085 P. ♦ L'envoi d'un courrier de la partie civile au procureur de la République, rétractant ses déclarations ayant abouti à la condamnation de l'auteur pour viol, et les conclusions de l'expert psychiatre désigné par la Commission de révision selon lesquelles l'enfant « présentait des troubles de la personnalité conduisant à relativiser son degré de crédibilité » constituent des faits nouveaux de nature à faire naître un doute sur la culpabilité du condamné. • Crim. 18 févr. 2014 : *D. actu. 19 févr. 2014, obs. Babonneau ; ibid. 4 mars 2014, obs. Fonteix.*

46. Les nouvelles déclarations d'un témoin à charge n'excluant pas sa participation aux faits, la révélation d'un alibi possible concernant le condamné, la découverte d'un couteau susceptible d'être en relation avec la commission des crimes, des relations privilégiées entre différents acteurs du dossier constituent des faits nouveaux justifiant la saisine de la cour de révision. • Comm. révis. 1er juill. 2010, n° 05REV145 P. ♦ Pour qu'il y ait matière à révision, au sens de l'art. 622, 4°, il est nécessaire que les faits nouveaux ou les éléments inconnus de la juridiction au jour du procès soient de nature à faire naître un doute sur la culpabilité du condamné. • Crim. 6 avr. 2011, n° 10-85.247 P : *D. 2011. Actu. 1082, obs. Bombled ; D. actu. 13 avr. 2011, obs. Bombled.*

47. Constituent, pris ensemble, des faits nouveaux, le revirement d'un témoin relayé par la presse puis réentendu par les policiers, une expertise génétique mettant en évidence la présence, sur les lieux du crime, de trois profils inconnus, deux des personnes ainsi identifiées reconnaissant cette présence tout en se rejetant mutuellement la responsabilité des coups portés. • Crim. 15 mai 2013 : *D. actu. 23 mai 2013, obs. Priou-Alibert.*

2° ABSENCE DE FAIT NOUVEAU

48. Il n'y a pas fait nouveau de nature à établir l'innocence du condamné et, par suite, il n'y a pas lieu à révision lorsque, loin de faire naître les doutes les plus sérieux sur la culpabilité, les déclarations des coaccusés relatives à la prétendue innocence des condamnés se présentent dans les conditions les plus suspectes, et qu'elles sont même contradictoires. • Cass., ch. réun., 15 janv. 1902 : *DP 1903. 1. 113, concl. Baudouin.*

49. Pour qu'il y ait matière à révision, il est nécessaire que l'élément inconnu de la juridiction au jour du procès puisse faire naître un doute sur la culpabilité de la personne condamnée. Tel n'est pas le cas de nouvelles déclarations d'un témoin, dont la déposition initiale ne constituait pas la principale charge à l'encontre du condamné. • Crim. 26 janv. 1994 : *préc. note 17.* ♦ ... Tel n'est pas le cas de la rectification d'une erreur matérielle concernant la date du jugement de divorce lorsque la décision de condamnation pour abandon de famille dont la révision est demandée vise ledit jugement, qui maintient la prestation alimentaire fixée par l'ordonnance de non-conciliation suivie de l'assignation en divorce, et qu'ainsi l'existence de l'obligation alimentaire durant la période visée par la prévention laisse subsister l'infraction. • Crim. 15 janv. 2003, n° 01-86.774 P : *D. 2003. IR 741 ; JCP 2003. IV. 1471.* ♦ Tel n'est pas non plus le cas de la lettre adressée par l'expert à l'avocate du demandeur, dans laquelle il déclare : « si on m'avait expliqué la teneur réelle de l'enjeu de l'estimation de l'heure du décès, j'aurais sans nul doute récusé la possibilité de la survenue du décès dans la nuit du samedi 10 au dimanche 11 août 1991 », dès lors que la question de l'heure de la mort de la victime a été débattue devant la cour d'assises, devant laquelle l'expert a été entendu et invité à s'expliquer sur la contradiction entre ses conclusions résultant de l'autopsie et celles résultant de l'analyse de l'humeur vitrée. • Comm. révis. 11 sept. 2006, n° 05-REV043 P.

50. Le délit de corruption suppose, par sa nature, deux faits dont l'un n'est pas l'accessoire de l'autre. Le délit de corruption passive, prévu à l'art. 432-11 C. pén., est distinct du délit de corruption active prévu à l'art. 433-1 du même code. Dès lors, une décision de relaxe du délit de corruption passive, prononcée par une juridiction, ne constitue pas un élément nouveau, au sens de l'art. 622, 4°, de nature à faire naître un doute sur la culpabilité de la personne, condamnée par une autre juridiction, pour délit de corruption active, s'agissant de délits distincts susceptibles, dans leurs éléments constitutifs, d'appréciation différente par chacune des juridictions qui en ont connu. • Comm. révis. 6 juin 2011, n° 10REV097 P.

51. Annulation d'un acte administratif. L'interprétation nouvelle donnée à une question juridique ne constitue pas le fait nouveau de nature à établir l'innocence du condamné ; dès lors, il n'y a pas lieu à révision d'un jugement qui a condamné un prêtre à l'amende pour avoir, dans un sermon, exhorté les fidèles à contrevenir à un arrêté du maire interdisant les processions, bien que cet arrêté ait été annulé dans la suite par le Conseil d'État. • Crim. 5 août 1915 : *DP 1916. 1. 123.* ♦ Ne constitue pas un fait nouveau l'interprétation nouvelle donnée par la juridiction administrative à des circonstances purement matérielles. • Crim. 4 juin 1970, n° 69-93.414 P : *D. 1971. Somm. 31.* ♦ ... Ni l'annulation d'un arrêté d'expulsion par la juridiction administrative qui était exécutoire et dont l'illégalité n'a pas été invoquée devant les juges du fond. • Crim. 28 avr. 1997, n° 96-81.192 P : *Gaz. Pal. 1998. 2. 330, note S. Petit.* ♦ ... Ni la décision déclarative de la qualité de réfugié postérieure à une condamnation pour séjour irrégulier. • Crim. 28 avr. 1997, n° 96-81.428 P. ♦ ... Ni l'annulation pour excès de pouvoir d'un arrêté préfectoral qui était exécutoire et dont l'illégalité n'a pas été invoquée devant les juges du fond. • Crim. 28 avr. 1997, n° 96-82.768 P : *JCP 1997. IV. 1791* • 30 oct. 2000, n° 00-80.828 P : *D. 2001. IR 358*. ♦ ... De même si un jugement administratif annule un arrêté d'expulsion dont l'illégalité n'a pas été invoquée devant la juridiction correctionnelle. • Crim. 20 déc. 2000, n° 00-84.615 P. ♦ ... De même lorsqu'un permis de conduire est invalidé en raison d'une erreur administrative. En effet, le retrait par l'autorité administrative, en raison de son illégalité de l'acte administratif ayant fondé les poursuites ne peut avoir d'effet sur une condamnation passée en force de chose jugée, le juge répressif étant compétent pour apprécier la légalité des actes administratifs lorsque de cet examen dépend la solution du procès pénal. • Crim. 18 févr. 2009, n° 08-86.953 P : *AJ pénal 2009. 319, obs. Demarchi*. ♦ Il n'y a pas lieu à révision d'une condamnation pénale pour refus de se soumettre à une décision préfectorale (restitution du permis de conduire) qui était exécutoire au moment des faits car l'annulation ultérieure de la décision préfectorale par la juridiction administrative ne constitue pas un fait nouveau au sens de l'art. 622, le juge répressif étant compétent pour apprécier la légalité de l'acte administratif dont dépend la solution du procès pénal. • Crim. 12 déc. 2002, n° 01-88.255 P : *D. 2003. IR 401* ; *Dr. pénal 2003. Comm. 36, obs. J.-H. Robert ; Jurispr. auto 2003. 68.* ♦ Si l'annulation d'un acte par la juridiction administrative prive de base légale la poursuite engagée pour violation de cet acte, elle ne peut avoir d'effet sur une condamnation passée en force de chose jugée, le juge répressif étant compétent pour apprécier la légalité des actes administratifs lorsque de cet examen dépend la solution du procès pénal. • Comm. révis. 13 oct. 2008, n° 08REV043 P.

52. Absence de doute sur la culpabilité. Pour qu'il y ait matière à révision, il est nécessaire que le fait nouveau ou l'élément inconnu de la juridiction lors du procès puisse faire naître un doute sur la culpabilité de la personne condamnée. • Crim. 20 nov. 2002, n° 01-85.386 P • 14 déc. 2006, n° 05-82.943 P (aff. Seznec). ♦ Doit donc être rejetée la demande qui invoque des faits nouveaux mais ne présentant pas une force probante suffisante pour permettre à la Cour de cassation de les considérer comme établissant l'innocence du condamné. • Crim. 21 oct. 1976, n° 76-91.263 P : *JCP 1977. II. 18563, note X.* • 13 janv. 1981, n° 80-93.944 P. ♦ ... En particulier lorsque le condamné n'a pas fait appel et que la demande est fondée sur des révélations tardives, contradictoires et invérifiables. • Crim. 21 mars 1994, n° 93-84.853 P.

53. Aucun fait nouveau ou élément inconnu de la Cour, au sens de l'art. 622, 4° n'étant produit par le demandeur de nature à faire naître un doute sur sa culpabilité, la requête en révision doit être rejetée. • Crim. 25 mars 2009, n° 08-87.030.

54. Un élément nouveau n'est pas forcément de nature à faire naître un doute sur la culpabilité de la personne condamnée. Le lien de filiation entre le mineur et la victime n'étant pas un élément constitutif du délit prévu par l'article 227-7 du code pénal, la disparition de ce lien est sans incidence sur l'existence de l'infraction. • Comm. révis. 11 mars 2002, n° 01-99.158 P.

55. Ne constitue pas un élément de nature à faire naître un doute sur la culpabilité du condamné, le décès de celui-ci, inconnu de la cour d'assises au jour du procès, dans les heures qui ont suivi la commission du crime dont il a été reconnu coupable. • Crim. 17 juin 1996, n° 00-90.154 P.

56. Les déclarations nouvelles, particulièrement tardives, d'une partie civile ne présentent pas, en l'absence d'autres éléments objectifs, et dès lors que les juges du fond ont nécessairement apprécié la sincérité des accusations de la plaignante, une force probante suffisante pour permettre à la Cour de cassation de les considérer comme de nature à faire naître un doute sur la culpabilité du condamné au sens de l'art. 622, al. 4. • Crim. 26 janv. 2000, n° 99-82.100 P : *D. 2000. IR 109*.

57. Doit être déclarée irrecevable, comme n'entrant pas dans les prévisions de l'art. 622, al. 4, la demande qui invoque des éléments connus de la juridiction de condamnation. • Comm. révis. 16 déc. 2002, n° 01-99.154 P.

58. Ne sauraient constituer un élément nouveau les allégations d'une « possible sinon certaine culpabilité » d'une tierce personne décédée depuis plus de trente ans, qui ne reposent que sur de simples rumeurs, et qui ne sont étayées d'aucune preuve matérielle ni d'aucun mobile. • Comm. révis. 19 mars 2007 : *préc. note 9.*

59. Ne constitue pas, au sens de l'article 622, 4°, un fait nouveau ou élément inconnu de la juridiction au jour du procès de nature à faire naître un doute sur la culpabilité d'une personne condamnée pour dénonciation calomnieuse la relaxe en appel d'une autre personne condamnée pour les mêmes faits, aux motifs que l'infraction n'était pas constituée en ses éléments matériels et que, pour partie, leurs auteurs bénéficiaient d'une immunité, les mêmes faits ayant été soumis à l'examen du tribunal correctionnel puis de la cour d'appel et chacune de ces juridictions les ayant différemment appréciés au regard des éléments constitutifs de l'infraction poursuivie. • Crim. 22 mai 2008, n° 07-83.761 P : *D. 2008. AJ 1768 ; ibid. 2008. 1725, obs. Ménotti ; AJ pénal 2008. 426, obs. Saas* • 22 mai 2008, n° 06-80.525 P : *AJ pénal 2008. 426, obs. Saas* • 29 juin 2011, n° 10-88.322 P : *D. actu. 22 juill. 2011, obs. Priou-Alibert.* ♦ *Contra* : constitue un fait nouveau pour le complice condamné qui n'a pas interjeté appel de sa condamnation l'acquittement de l'auteur principal de l'infraction, condamné par la même décision et pour les mêmes faits, la cour d'assises d'appel ayant répondu négativement à la question posée sur le caractère constant desdits faits. • Crim. 24 mai 2006, n° 05-86.081 P : *AJ pénal 2006. 316, obs. Girault et 369, obs. Royer.*

60. La condamnation d'un officier ministériel qui avait préalablement dénoncé une association de défense et sa présidente au procureur de la République pour des faits de non-déclaration ou non-autorisation préalable de traitement automatisé sur site internet, ne constitue pas un fait ou un élément de nature à faire naître un doute sur les éléments constitutifs des infractions retenues, à savoir, d'une part, le défaut de déclaration à la CNIL par l'association ou sa présidente d'un site internet qui permettait par recherche sur un mot ou un nom un véritable traitement automatisé d'informations nominatives, d'autre part, l'absence de toute autorisation par cette autorité, pour ceux de ces traitements prévus par la loi comme devant être préalablement autorisés. • Crim. 21 sept. 2009, n° 09REV031 P.

61. Une appréciation différente des mêmes éléments de faits par deux juridictions ne constitue pas un élément nouveau au sens de l'art. 622. En conséquence, un arrêt de condamnation déclarant le prévenu majeur ne peut être révisé au motif qu'un arrêt postérieur, statuant en matière d'assistance éducative, l'a déclaré mineur, dès lors qu'il ressort des deux décisions qu'ont été examinés, pour déterminer l'âge de l'intéressé, les mêmes éléments de preuve, sans qu'aucun élément nouveau n'ait été produit devant la juridiction civile. • Crim. 11 janv. 2010, n° 09REV055 P.

62. De nouveaux avis d'experts médicaux, qui procèdent d'une nouvelle analyse de données déjà connues des premiers experts, ne faisant pas apparaître d'éléments de nature à faire naître un doute sur la culpabilité du condamné, l'intention homicide ayant, par ailleurs, été appréciée par la cour d'assises au regard de l'ensemble des éléments du dossier, la requête en révision doit être rejetée. • Crim. 23 oct. 2013, n° 12-86.325 P : *D. actu. 12 nov. 2013, obs. Léna.*

Ancien art. 623 *(L. n° 89-431 du 23 juin 1989)* ***La révision peut être demandée :***

1° Par le ministre de la justice ;

2° Par le condamné ou, en cas d'incapacité, par son représentant légal ;

3° Après la mort ou l'absence déclarée du condamné, par son conjoint, ses enfants, ses parents, ses légataires universels ou à titre universel ou par ceux qui en ont reçu de lui la mission expresse.

La demande en révision est adressée à une commission composée de cinq magistrats de la Cour de cassation, désignés par l'assemblée générale de cette juridiction et dont l'un, choisi parmi les membres de la chambre criminelle, en assure la présidence. Cinq magistrats suppléants sont désignés selon les mêmes formes. Les fonctions du ministère public sont exercées par le parquet général de la Cour de cassation.

Après avoir procédé, directement ou par commission rogatoire, à toutes recherches, auditions, confrontations et vérifications utiles et recueilli les observations écrites ou orales du requérant ou de son *(L. n° 93-2 du 4 janv. 1993)* ***« avocat » et celles du ministère public, cette commission saisit la chambre criminelle, qui statue comme cour de révision, des demandes qui lui paraissent pouvoir être admises. La commission statue par une décision motivée qui n'est susceptible d'aucun recours ; cette décision, sur demande du requérant ou de son*** *(L. n° 93-2 du 4 janv. 1993)* ***« avocat », est rendue en séance publique.***

La commission prend en compte, dans le cas où la requête est fondée sur le dernier alinéa (4°) de l'article 622, l'ensemble des faits nouveaux ou éléments inconnus sur lesquels ont pu s'appuyer une ou des requêtes précédemment rejetées. – Entrée en vigueur le 1er oct. 1989.

(L. nº 2011-525 du 17 mai 2011, art. 156-6°) *« Lorsque la demande en révision est manifestement irrecevable, le président de la commission de révision ou son délégué peut la rejeter par ordonnance motivée. »*

1. Qualité du demandeur. La demande en révision, présentée par le petit-fils d'un condamné décédé n'entre pas dans les prévisions de l'art. 623, al. 1er, 3°. • Crim. 24 mars 1994, nº 93-00.069 P.

2. Décès du condamné. Il n'y a pas lieu de statuer sur la requête d'un condamné décédé, en l'absence de reprise de la demande par une personne visée à l'art. 623. • Crim. 10 janv. 2000, nº 00-99.047 P.

3. Appréciation de la commission de révision. La commission de révision a plénitude de juridiction pour estimer que les requêtes en révision ne remplissent pas les conditions légales et les rejeter mais lorsque les demandes lui semblent « pouvoir être admises », elle doit saisir la cour de révision qui est seule habilitée pour apprécier s'il y a doute au sens de la loi. • Comm. révis. 25 juin 2001, nº 01-99.012 P : *D. 2001. IR 2878* • 11 avr. 2005, nº 01REV065 P.

4. La chambre criminelle, cour de révision. Il appartient à la chambre criminelle, statuant comme cour de révision, si elle estime que l'affaire n'est pas en état, d'ordonner un supplément d'instruction sur la demande de révision dont elle est saisie. • Crim. 26 févr. 1997, nº 96-85.082 P.

Ancien art. 624 (L. nº 89-431 du 23 juin 1989) *La commission saisie d'une demande de révision peut, à tout moment, ordonner la suspension de l'exécution de la condamnation.*

Il en est de même pour la cour de révision lorsqu'elle est saisie. – Entrée en vigueur le 1er oct. 1989.

(L. nº 2010-242 du 10 mars 2010, art. 15-I) *« La commission ou la cour de révision qui ordonne la suspension de l'exécution de la condamnation peut décider que cette suspension est assortie de l'obligation de respecter tout ou partie des conditions d'une libération conditionnelle prévues par les articles 731 et 731-1, y compris, le cas échéant, celles résultant d'un placement sous surveillance électronique mobile.*

« Elle précise dans sa décision les obligations et interdictions auxquelles est soumis le condamné, en désignant le juge de l'application des peines sous le contrôle duquel celui-ci sera placé. Le juge de l'application des peines peut modifier les obligations et interdictions auxquelles est soumis le condamné, dans les conditions prévues par l'article 712-6.

« Ces obligations et interdictions s'appliquent pendant une durée d'un an, qui peut être prolongée, pour la même durée, par la commission ou la cour de révision.

« En cas de violation par le condamné des obligations et interdictions auxquelles il est soumis, le juge de l'application des peines peut saisir la commission ou la cour de révision pour qu'elle mette fin à la suspension de l'exécution de la condamnation. Il peut décerner les mandats prévus par l'article 712-17 et ordonner l'incarcération provisoire du condamné conformément à l'article 712-19. La commission ou la cour doit alors se prononcer dans un délai d'un mois. Si elle ne met pas fin à la suspension de l'exécution de la condamnation, la commission ou la cour de révision peut modifier les obligations et interdictions auxquelles le condamné est soumis. »

1. La circonstance que la chambre criminelle, *statuant* comme cour de révision, décide de procéder à un supplément d'*information*, sur la réalité du fait nouveau allégué, ne fait pas obstacle à ce que, par le même arrêt, elle ordonne, en application de l'art. 624, al. 2, la suspension de l'exécution de la condamnation. • Crim. 26 févr. 1997, nº 96-85.082 P.

2. Lorsque la demande en révision est déclarée irrecevable, il n'y a pas lieu de statuer sur la requête en suspension d'exécution de peine présentée par le condamné en application de l'art. 624, al. 2. • Crim. 12 juill. 1988, nº 88-82.929 P.

3. La suspension de l'exécution de la condamnation prévue par l'art. 624 ne pourrait être fondée que sur la constatation en l'état de la suffisante probabilité d'une admission de la demande de révision, toutes autres considérations demeurant à cet égard sans influence sur la décision de la Cour de cassation. • Crim. 11 mai 1976, nº 76-91.263 P : *Gaz. Pal. 1976. 2. J. 701* ♦ Comp. : le nombre et la concordance des faits mis en évidence par la procédure de révision, qui étaient inconnus de la juridiction au jour du procès et qui sont de nature à remettre en cause des preuves retenues et à faire naître un doute sur la culpabilité, justifient la suspension de l'exécution de la condamnation. • Comm. révis. 1er juill. 2010, nº 05REV145 P.

Ancien art. 625 *(L. nº 89-431 du 23 juin 1989) Si la cour de révision estime que l'affaire n'est pas en état, elle procède comme il est dit* (L. nº 2011-525 du 17 mai 2011, art. 156-7º) *« au sixième » alinéa de l'article 623.*

Lorsque l'affaire est en état, la cour l'examine au fond et statue, par arrêt motivé non susceptible de voie de recours, à l'issue d'une audience publique au cours de laquelle sont recueillies les observations orales ou écrites du requérant ou de son (L. nº 93-2 du 4 janv. 1993, art. 224) *« avocat », celles du ministère public ainsi que, si elle intervient à l'instance, après en avoir été dûment avisée, celles de la partie civile constituée au procès dont la révision est demandée ou de son* (L. nº 93-2 du 4 janv. 1993, art. 224) *« avocat ». Elle rejette la demande si elle l'estime mal fondée. Si, au contraire, elle l'estime fondée, elle annule la condamnation prononcée. Elle apprécie s'il est possible de procéder à de nouveaux débats contradictoires. Dans l'affirmative, elle renvoie les accusés ou prévenus devant une juridiction de même ordre et de même degré, mais autre que celle dont émane la décision annulée.*

S'il y a impossibilité de procéder à de nouveaux débats, notamment en cas d'amnistie, de décès, de démence, de contumace ou de défaut d'un ou plusieurs condamnés, d'irresponsabilité pénale ou d'excusabilité, en cas de prescription de l'action ou de la peine, la cour de révision, après l'avoir expressément constatée, statue au fond en présence des parties civiles, s'il y en a au procès, et des curateurs nommés par elle à la mémoire de chacun des morts ; en ce cas, elle annule seulement celles des condamnations qui lui paraissent non justifiées et décharge, s'il y a lieu, la mémoire des morts.

Si l'impossibilité de procéder à de nouveaux débats ne se révèle qu'après l'arrêt de la cour de révision annulant l'arrêt ou le jugement de condamnation et prononçant le renvoi, la cour, sur la réquisition du ministère public, rapporte la désignation par elle faite de la juridiction de renvoi et statue comme il est dit à l'alinéa précédent.

Si l'annulation du jugement ou de l'arrêt à l'égard d'un condamné vivant ne laisse rien subsister à sa charge qui puisse être qualifié crime ou délit, aucun renvoi n'est prononcé.

L'annulation de la condamnation entraîne la suppression de la fiche du casier judiciaire.

1. *Annulation avec renvoi.* Décidé : que la condamnation postérieure, pour faux témoignage contre l'accusé, d'un des témoins à charge, n'impliquant pas nécessairement l'innocence de l'accusé, il y a lieu pour la Cour de cassation, alors qu'il peut être procédé de nouveau à des débats oraux, de prononcer le renvoi de l'accusé devant une cour d'assises autre que celle qui a primitivement connu de l'affaire. • Crim. 23 avr. 1896 : *DP 1897. 1. 53.*

2. ... Que, lorsqu'il résulte de l'instruction ordonnée par la chambre criminelle, rapprochée de toutes les autres pièces du procès, un doute sur la culpabilité du condamné qui a formé une demande en révision, il y a lieu de casser l'arrêt de condamnation, mais avec renvoi, pour être statué sur les questions posées, s'il s'agit d'un crime, d'après le précédent arrêt de renvoi en cour d'assises. • Crim. 26 juin 1896 : *DP 1897. 1. 54.*

3. ... Qu'il y a lieu à cassation avec renvoi, bien que l'auteur signalé de l'infraction pour laquelle le demandeur en révision a été condamné ne puisse plus être poursuivi parce qu'il a été acquitté par des décisions dans les motifs desquelles la Cour de cassation trouve le fait nouveau de *nature à établir l'innocence* du *condamné*. • Crim. 18 juin 1898 : *DP 1900. 1. 137, réquis. Manau.*

4. ... Que, lorsque des faits nouveaux pouvant être de nature à établir l'innocence du condamné résultent des constatations de l'enquête ordonnée sur la demande en révision, et du rapprochement de cette enquête avec toutes les autres pièces du procès, il y a lieu de casser l'arrêt de condamnation, mais avec renvoi pour être statué après de nouveaux débats oraux possibles contre l'individu soupçonné d'être le vrai coupable, et qui a été acquitté. • Cass., ch. réun., 3 juin 1899 : *DP 1900. 1. 180, rapp. Ballot-Beaupré.*

5. Lorsque, à la suite d'un arrêt ayant annulé, sur une demande de révision, un jugement de condamnation et déclaré qu'il serait procédé à de nouveaux débats oraux devant une juridiction de renvoi, l'accusé est tombé dans un état de démence inguérissable, il y a lieu de rapporter la désignation de la juridiction de renvoi et de statuer au fond. • Crim. 28 févr. 1918 : *DP 1920. 1. 182, rapp. Petitier.*

6. *Annulation sans renvoi.* Il y a lieu à cassation sans renvoi lorsqu'un individu condamné pour infraction à un arrêté d'expulsion a pu démontrer dans la suite qu'il était de nationalité française. • Crim. 28 déc. 1929 : *DH 1930. 133.* ♦ V. cep. : • Crim. 22 avr. 1898 : *DP 1900. 1. 187.*

7. ... Quand l'action publique est prescrite. • Crim. 19 mai 1893 : *DP 1895. 1. 405* • 28 déc. 1923 : *DP 1924. 1. 66.*

8. ... Lorsqu'un individu s'est laissé condamner pour un autre, l'annulation de la condamnation ne laissant rien subsister qui puisse être qualifié crime ou délit. • Crim. 22 janv. 1898, (4e esp.) : *DP 1900. 1. 137.* ♦ L'annulation de la décision portant condamnation pour vol simple et pour incendies doit être prononcée pour le tout, dès lors que la révision est ordonnée pour les faits d'incendies et que la peine prononcée par la cour d'appel ne peut être justifiée par la seule déclaration de culpabilité de l'intéressé pour le vol simple. • Crim. 27 mai 1997, n° 96-85.081 P.

9. ... Lorsqu'un individu est condamné pour dénonciation calomnieuse alors qu'ultérieurement un jugement établit que la dénonciation était fondée. • Crim. 16 sept. 2003, n° 02-87.887 P : *JCP 2003. IV. 2898.*

10. ... Et, d'une façon générale, toutes les fois que l'innocence du condamné est reconnue, bien que, par ses déclarations erronées, il ait été lui-même l'auteur de l'erreur. • Crim. 2 déc. 1937 : *DH 1939. Somm. 20.*

11. Lorsque la révision est fondée sur le fait constaté que le prévenu était irresponsable à l'époque où l'infraction a été commise, l'annulation doit encore être prononcée sans renvoi. • Crim. 3 déc. 1937 : *DH 1939. Somm. 16.*

12. La disposition finale de l'art. 445 C. instr. crim. (art. 625, al. 5), portant que « si l'annulation de l'arrêt à l'égard d'un condamné vivant ne laisse rien subsister qui puisse être qualifié crime ou délit, aucun renvoi ne sera prononcé », doit être interprétée en ce sens qu'il n'y a pas lieu à renvoi si l'arrêt de la Cour de cassation, examinant tous les éléments de l'accusation, établit que rien ne subsiste qui puisse être qualifié crime ou délit à la charge du condamné ; peu importe que la matérialité du crime ou du délit demeure à l'égard d'une autre personne. • Cass., ch. réun., 12 juill. 1906 : *DP 1908. 1. 153* • Crim. 5 févr. 1914 : *DP 1916. 1. 102* • 18 mars 1915 : *DP 1916. 1. 123* • 25 mars 1915 : *ibid.* • 10 déc. 1915 : *ibid.* • 6 janv. 1916 : *ibid.* • 28 janv. 1916 : *ibid.* • 3 févr. 1916 : *ibid.*

13. Restitutions. Dans l'hypothèse où la condamnation civile était exclusivement fondée sur la déclaration de la culpabilité, le montant des amendes payées injustement est remboursé à l'intéressé, de même que celui des dommages-intérêts qu'il aurait dû verser. • Civ. 2e, 1er juill. 1954 : *D. 1955. 45, concl. Lemoine.*

Ancien art. 625-1 *(L. n° 89-431 du 23 juin 1989) Pour l'application des articles 623 et 625, le requérant peut être représenté ou assisté par un avocat au Conseil d'État et à la Cour de cassation ou par un avocat régulièrement inscrit à un barreau.*

Ancien art. 626 *(L. n° 2000-1354 du 30 déc. 2000) « Sans préjudice des dispositions des deuxième et troisième alinéas de l'article L. 781-1 du code de l'organisation judiciaire, un condamné reconnu innocent en application du présent titre a droit à réparation intégrale du préjudice matériel et moral que lui a causé la condamnation. Toutefois, aucune réparation n'est due lorsque la personne a été condamnée pour des faits dont elle s'est librement et volontairement accusée ou laissé accuser à tort en vue de faire échapper l'auteur des faits aux poursuites.*

« Peut également demander une réparation, dans les mêmes conditions, toute personne justifiant du préjudice que lui a causé la condamnation.

« A la demande de l'intéressé, le préjudice est évalué par expertise contradictoire réalisée dans les conditions des articles 156 et suivants.

« La réparation est allouée par le premier président de la cour d'appel dans le ressort de laquelle réside l'intéressé et suivant la procédure prévue par les articles 149-2 à 149-4. Si la personne en fait la demande, la réparation peut également être allouée par la décision d'où résulte son innocence. Devant la cour d'assises, la réparation est allouée par la cour statuant, comme en matière civile, sans l'assistance des jurés.

« Cette réparation est à la charge » (L. n° 89-431 du 23 juin 1989) de l'État, sauf son recours contre la partie civile, le dénonciateur ou le faux témoin par la faute desquels la condamnation a été prononcée. Elle est payée comme frais de justice criminelle, correctionnelle et de police.

Si le demandeur le requiert, l'arrêt ou le jugement de révision d'où résulte l'innocence du condamné est affiché dans la ville où a été prononcée la condamnation, dans la commune du lieu où le crime ou le délit a été commis, dans celle du domicile des demandeurs en révision, dans celles du lieu de naissance et du dernier domicile de la victime de l'erreur judiciaire, si elle est décédée ; dans les mêmes conditions, il est ordonné qu'il soit inséré au Journal officiel et publié par extraits dans cinq journaux au choix de la juridiction qui a prononcé la décision.

Les frais de la publicité ci-dessus prévue sont à la charge du Trésor.

1. L'annulation, par la chambre criminelle de la Cour de cassation, sur requête en révision, d'une décision de condamnation d'une juridiction répressive, a pour résultat d'anéantir rétroactivement tous les effets passés de cette condamnation ; et lorsque l'innocence des prévenus ou accusés est déclarée par la juridiction de renvoi, l'erreur judiciaire définitivement reconnue donne ouverture à leur profit à une double réparation morale et pécuniaire ; par voie de conséquence, toute condamnation à des dommages-intérêts exclusivement fondée sur la culpabilité de ces prévenus ou accusés est effacée de plein droit. • Civ. 2e, 1er juill. 1954 : *D. 1955. 45, concl. Lemoine.*

2. Le principe de la responsabilité de l'État à l'égard de ceux qui ont souffert d'une erreur judiciaire doit recevoir son application devant toutes les juridictions ; ainsi, un conseil de guerre qui, sur renvoi, après révision ordonnée par la Cour de cassation, prononce l'acquittement du condamné, est compétent pour connaître de la demande tendant à l'allocation d'une indemnité et à la publication du jugement dans les journaux. • Crim. 20 févr. 1903 : *DP 1904. 1. 445* • 13 juill. 1922 : *DP 1922. 1. 228.*

3. Les dommages-intérêts auxquels peut prétendre un condamné dont le procès est révisé ne peuvent être alloués que par l'arrêt ou le jugement même qui prononce la révision ; toute demande ultérieure est non recevable comme tardive. • Crim. 20 oct. 1904 : *DP 1906. 1. 55.*

4. Est irrecevable devant la cour de révision la demande d'indemnisation présentée par le requérant, cette demande relevant, aux termes de l'art. 626, al. 3, de la compétence exclusive de la commission prévue par l'art. 149-1. • Crim. 26 juin 1991, n° 90-85.925 P.

5. Le condamné qui a relevé appel de sa condamnation, hors du délai légal, a commis une faute ayant contribué à son propre dommage autorisant ainsi un partage de responsabilité en ce qui concerne la fixation des dommages-intérêts. • Crim. 24 juin 1980, n° 79-94.035 P : *D. 1981. IR 157, note Puech ; RSC 1981. 642, obs. J. Robert.*

6. Procédure d'indemnisation. La réparation du préjudice subi par un condamné reconnu ultérieurement innocent peut être accordée suivant la procédure prévue aux art. 149-2 s. • CNR détentions, 11 juin 2004, n° 03CRD075 P.

7. Préjudice réparable. Un condamné reconnu innocent a droit, sur le fondement de l'art. 626, à la réparation du préjudice résultant de la dégradation de son état de santé en relation avec l'épreuve qu'il a traversée pendant les années séparant les poursuites dont il a fait l'objet et l'arrêt de la Cour de révision annulant sa condamnation. • CNR détentions, 5 déc. 2005, n° 05CRD026 P. ♦ Doit être réparé le préjudice matériel résultant des frais d'avocat engagés par le demandeur devant le tribunal qui a prononcé sa condamnation pour dénonciation calomnieuse, devant la Cour de révision qui a annulé le jugement et devant la cour d'assises qui a jugé les faits qu'il avait dénoncés à bon droit. • Même décision. ♦ Doit également être réparé le préjudice matériel résultant du paiement des dommages et intérêts que le demandeur a dû verser à la partie civile en exécution du jugement de condamnation, ainsi que des intérêts échus, en indemnisation de la privation de jouissance de cette somme. • Même décision.

TITRE TROISIÈME *[ANCIEN]* DU RÉEXAMEN D'UNE DÉCISION PÉNALE CONSÉCUTIF AU PRONONCÉ D'UN ARRÊT DE LA COUR EUROPÉENNE DES DROITS DE L'HOMME

(Abrogé par L. n° 2014-640 du 20 juin 2014, art. 3, à compter du 1er oct. 2014)

La L. n° 2014-640 du 20 juin 2014 entre en vigueur le 1er oct. 2014. Les actes, formalités et décisions intervenus antérieurement à son entrée en vigueur demeurent valables. Les demandes en révision dont sont saisies la commission de révision des condamnations pénales ou la chambre criminelle statuant comme cour de révision et sur lesquelles il n'a pas encore été statué à cette date sont transmises, respectivement, à la commission d'instruction des demandes en révision et en réexamen et à la formation de jugement de la cour de révision et de réexamen. Les demandes en réexamen dont est saisie la commission de réexamen et sur lesquelles il n'a pas encore été statué sont transmises à la commission d'instruction des demandes en révision et en réexamen (L. préc., art. 9).

RÉP. PÉN. v° *Réexamen d'une décision pénale suite au prononcé d'un arrêt de la CEDH*, par BONFILS.

BIBL. ► COHEN-JONATHAN, *Mél. Lambert, p. 138.* – MASSIAS, *RSC 2001. 123.* – LAMBERT-ABDELGAWAD, *RTDH 2001. 123.* – LEFEBVRE, *JCP 2001. II. 10642.* – RENUCCI, *D. 2000. Chron. 655.* – RINALDI, *LPA 2001, n° 138.* – ROUJOU DE BOUBÉE et LAMY, *D. 2000. Point de vue 10.* – DREYER, *D. 2008. Chron. 1705* (à quoi sert le réexamen des décisions pénales après condamnation à Strasbourg ?).

Ancien art. 626-1 ***Le réexamen d'une décision pénale définitive peut être demandé au bénéfice de toute personne reconnue coupable d'une infraction lorsqu'il résulte d'un arrêt rendu par la Cour européenne des droits de l'homme que la condamnation a été prononcée en violation des dispositions de la Convention de sauvegarde des droits de l'homme et des libertés fondamentales ou de ses protocoles additionnels, dès lors que, par sa nature et sa gravité, la violation constatée entraîne pour le condamné des conséquences dommageables auxquelles la « satisfaction équitable » allouée sur le fondement de l'article 41 de la Convention ne pourrait mettre un terme.***

A titre transitoire, les demandes de réexamen présentées en application des art. 626-1 s. C. pr. pén. et motivées par une décision rendue par la Cour européenne des droits de l'homme rendue avant la publication de la présente loi au Journal officiel de la République française peuvent être formées dans un délai d'un an à compter de cette publication. Pour l'application des dispositions de ces articles, les décisions du Comité des ministres du Conseil de l'Europe rendues, après une décision de la Commission européenne des droits de l'homme, en application de l'art. 32 (ancien) Conv. EDH ou de l'art. 5 (paragraphe 6) de son protocole n° 11, sont assimilés aux décisions de la CEDH (L. n° 2000-516 du 15 juin 2000, art. 89-II).

BIBL. ▶ COMMARET, *RSC 2002. 348* (la procédure de réexamen). – DOROY, *Dr. pénal 2003. Chron. 18* (questions juridiques et problèmes pratiques).

1. Conditions du réexamen. La demande de réexamen doit être rejetée lorsqu'elle porte sur des violations alléguées qui n'ont pas été constatées par la CEDH et que l'arrêt de la cour met un terme aux conséquences dommageables entraînées par la violation constatée ; il en est ainsi lorsque le pourvoi d'un condamné a été rejeté pour défaut de production de son mémoire personnel au greffe dans le délai de l'art. 585-1 et que la CEDH a constaté la violation de l'art. 6, § 1, Conv. EDH en raison de l'absence de communication des conclusions de l'avocat général au demandeur au pourvoi. • CRD pén. 15 févr. 2001: *D. 2001. IR 983 ; JCP 2001. II. 10642, note Lefebvre.*

2. Le prononcé d'une peine à l'encontre de la personne condamnée n'est pas une condition de recevabilité de la demande en réexamen d'une décision pénale consécutif au prononcé d'une arrêt de la Cour EDH ; en conséquence, la dispense de peine n'exclut pas la saisine de la commission de réexamen. • CRD pén. 5 juill. 2012, n° 12RDH001 P.

3. Le réexamen de l'affaire est justifié lorsque la nature et la gravité de la violation entraînent des conséquences dommageables pour le prévenu ; c'est le cas lorsque la CEDH a constaté une violation de l'art. 6, § 1, Conv. EDH pour défaut d'établissement de l'impartialité de la juridiction qui a condamné l'intéressé. • CRD pén. 6 déc. 2001, n° 01-00.002 P : *D. 2002. IR 457 ; Dr. pénal 2002. Chron. 16, obs. Barbérot.* ♦ C'est également le cas lorsque la CEDH constate qu'il y a violation des art. 6, § 1 et 6, § 3, Conv. EDH en raison de la privation de l'assistance d'un défenseur au prévenu non comparant et non excusé devant la cour d'appel ainsi que de l'irrecevabilité de son recours devant la Cour de cassation. • CRD pén. 24 janv. 2002, n° 01-99.006 P : *Dr. pénal 2002. Chron. 16, obs. Barbérot.* ♦ De même, pour une violation de l'art. 6, § 1, Conv. EDH en raison de l'irrecevabilité du recours devant la Cour de cassation pour défaut de mise en état en application de l'art. 583 alors applicable ce qui constitue une entrave excessive au droit à un procès équitable et justifie un renvoi pour réexamen devant la Cour de cassation. • CRD pén. 14 mars 2002, n° 01-99.007 P : *Dr. pénal 2002. Chron. 16, obs. Barbérot* • CRD pén. 26 févr. 2004, n° 03RDH005 P. ♦ La CEDH a retenu que la violation de l'art. 6, § 1, de la Convention résultait en la communication au seul avocat général de l'intégralité du rapport du conseiller rapporteur et de l'absence de communication au condamné des conclusions de l'avocat général. Cette violation, par sa nature et sa gravité, entraîne pour le condamné des conséquences dommageables auxquelles seul le réexamen du pourvoi par la Cour de cassation, statuant en assemblée plénière, peut mettre un terme. • CRD pén. 30 mai 2002, n° 01-99.010 P : *RSC 2003. 357 s., note Commaret.* ♦ Doit être accueillie favorablement la demande de réexamen fondée sur une décision de la CEDH ayant constaté que les conditions dans lesquelles s'étaient déroulés les débats (durée excessive des débats devant la cour d'assises et état de fatigue susceptible d'en résulter tant pour l'accusé ou son conseil que pour les juges et les jurés) ne pouvaient répondre aux exigences d'un procès équitable et notamment de respect des droits de la défense et d'égalité des armes (violation des art. 6, § 1, et 6, § 3, Conv. EDH). • CRD pén. 24 nov. 2005, n° 05 RDH 003 P. ♦ Dans le même sens, pour une violation des art. 6, § 1, et 6, § 3, Conv. EDH, la CEDH ayant relevé que la réalité des relations sexuelles imputées au prévenu n'ayant pas été contestée, toute l'affaire tournait autour du consentement du plaignant, et qu'à la lumière des circonstances de l'espèce le requérant n'avait pas eu une occasion suffisante et adéquate de contester les déclarations de la victime sur lesquelles sa condamnation était fondée et qu'en conséquence il n'avait pas bénéficié d'un procès équitable. • CRD pén. 24 nov. 2005, n° 05 RDH 004 P.

4. Entre dans les prévisions de l'art. 626-1 la demande de réexamen formée par une personne condamnée par une cour d'assises à une peine de réclusion criminelle, fondée sur une décision de la CEDH ayant constaté que, eu égard aux circonstances particulières de l'espèce (placement d'office du requérant pendant le cours du délai d'appel dans un centre psychothérapeutique), l'application qui avait été faite par la Cour de cassation des règles de droit interne, et notamment des art. 380-1 s., constituait une application particulièrement rigoureuse d'une règle procédurale, ayant porté atteinte dans son essence même au droit d'accès du requérant à un tribunal, bien que cette personne n'ait pas demandé à la CEDH de lui accorder une « satisfaction équitable » en application de l'art. 41 Conv. EDH. • CRD pén. 1er mars 2007 : *Bull. crim. (CRD pén.) n° 1.*

5. Entre dans les prévisions de l'art. 626-1 la demande de réexamen, formée par une personne condamnée pour complicité de violences aggravées, fondée sur une décision de la Cour EDH ayant jugé que l'absence de notification du droit de se taire et le défaut d'assistance d'un avocat lors de l'interrogatoire au cours duquel il avait fait des déclarations qui avaient été utilisées par les juridictions pénales pour établir sa culpabilité, avaient porté atteinte à l'art. 6 Conv. EDH. • CRD pén. 14 mars 2012, n° 11RDH001 P.

6. Entre dans les prévisions de l'art. 626-1 la demande de réexamen, formée par un avocat déclaré coupable de violation du secret professionnel à l'occasion de certaines déclarations faites à la presse, fondée sur une décision de la Cour EDH ayant constaté que l'absence d'aménagement d'un juste équilibre entre le respect de la liberté d'expression, la nécessité de préserver le secret de l'instruction et les droits de la personne mise en cause ainsi que la nécessité de garantir l'autorité et l'impartialité du pouvoir judiciaire qui avaient porté atteinte à l'art. 10 Conv. EDH. • CRD pén. 5 juill. 2012, n° 12RDH001 P.

7. Entre dans les prévisions de l'art. 626-1 la demande de réexamen, formée par une personne condamnée par une cour d'assises d'appel à trente ans de réclusion criminelle après avoir été acquittée en première instance, fondée sur la décision de la CEDH ayant jugé que l'intéressé n'avait pas bénéficié d'un procès équitable, dès lors qu'en l'absence de motivation, il n'avait pas été mis en mesure de comprendre le verdict de condamnation. • CRD pén. 25 avr. 2013, n° 13RDH002 P.

8. Entre dans les prévisions de l'art. 626-1 la demande de réexamen présentée par une personne condamnée pour diffamation publique, fondée sur une condamnation de la France par la CEDH pour violation de l'art. 10 Conv. EDH, la Cour estimant qu'un juste équilibre n'avait pas été ménagé entre la nécessité de protéger le droit du requérant à la liberté d'expression et celle de protéger les droits et la réputation du plaignant. • CDR, 25 sept. 2014, n° 14RDH001 P.

9. Irrecevabilité. La saisine de la commission de réexamen des décisions pénales est irrecevable lorsque la Cour européenne des droits de l'homme a déclaré irrecevable la requête du condamné l'ayant saisie. • CRD pén. 4 oct. 2001, n° 01-00.001 P. ♦ ... Ou lorsque aucune décision n'émane de la CEDH. • CRD pén. 4 oct. 2001, n° 01-00.005 P. ♦ De même, est irrecevable la saisine fondée sur une décision de la commission européenne des droits de l'homme constatant un accord intervenu entre le gouvernement français et le requérant étant précisé que cet accord valait règlement amiable de l'affaire au sens de la convention. • CRD pén. 4 oct. 2001, n° 01-00.004 P. ♦ ... Ou, lorsqu'une décision définitive du Comité des ministres du Conseil de l'Europe condamne la France à verser des dommages-intérêts à l'intéressé et constate une violation de l'art. 8 Conv. EDH mais ne relève pas le lien de causalité entre cette violation et la condamnation pénale. • CRD pén. 8 nov. 2001, n° 01-00.009 P : *D. 2002. IR 373 ; Dr. pénal 2002. Chron. 8, note Barbérot.*

10. Il résulte de l'art. 626-1 que seul le réexamen d'une décision pénale peut être demandé ; la demande de réexamen d'un pourvoi contre un arrêt qui statue sur l'action civile n'est pas recevable. • CRD pén. 30 mai 2002 : *préc. note 3.*

11. Est irrecevable la demande de réexamen formée par une personne qui avait la qualité de partie civile. • CRD pén. 18 avr. 2013, n° 13RDH003 P.

12. Limites du réexamen. La commission de réexamen ne tient pas de la loi le pouvoir d'annuler des décisions pénales, seules décisions dont elle peut ordonner le réexamen ; ainsi, est irrecevable la requête qui, sous couvert d'une demande d'interprétation d'une précédente décision de la commission, vise à faire censurer l'arrêt pénal rendu par la cour d'assises de renvoi par ailleurs frappé d'appel. • CRD pén. 5 févr. 2004, n° 03RDH004 P.

Ancien art. 626-2 *Le réexamen peut être demandé par :*
— le ministre de la justice ;
— le procureur général près la Cour de cassation ;
— le condamné ou, en cas d'incapacité, son représentant légal ;
— les ayants droit du condamné, en cas de décès de ce dernier.

Ancien art. 626-3 *La demande en réexamen est adressée à une commission composée de sept magistrats de la Cour de cassation, désignés par l'assemblée générale de cette juridiction ; chacune des chambres est représentée par un de ses membres, à l'exception de la chambre criminelle qui est représentée par deux magistrats, l'un d'entre eux assurant la présidence de la commission.* (L. n° 2002-307 du 4 mars 2002) *« Sept magistrats suppléants sont désignés dans les mêmes conditions. » Les fonctions du ministère public sont exercées par le parquet général de la Cour de cassation.*

La demande en réexamen doit être formée dans un délai d'un an à compter de la décision de la Cour européenne des droits de l'homme.

La décision de la commission est prononcée à l'issue d'une audience publique au cours de laquelle sont recueillies les observations orales ou écrites du requérant ou de son avocat, ainsi que celles du ministère public ; cette décision n'est pas susceptible de recours.

1. Lorsqu'elle est saisie en application des art. 626-3 et 626-4, aux fins de réexamen d'un pourvoi, la Cour de cassation statue en l'état des seuls mémoires déposés lors de l'examen initial de ce pourvoi. • Cass., ass. plén., 4 oct. 2002, n° 93-81.533 P : *D. 2002. IR 2850 ; Dr. pénal 2003. Comm. 15, obs. Maron et Barbérot* • 8 juill. 2005, n° 99-83.846 P : *D. 2005. IR 2242 ; AJ pénal 2005. 374, obs. Girault.*

2. Le délai de un an de l'art. 626-3, al. 2 court

non pas de la date du prononcé de l'arrêt mais de la date à laquelle cet arrêt devient définitif dans les conditions prévues par l'art. 44 Conv. EDH. • CRD pén. 20 déc. 2012, n° 12RDH002 P.

Ancien art. 626-4 *Si elle estime la demande justifiée, la commission procède conformément aux dispositions ci-après :*

— Si le réexamen du pourvoi du condamné, dans des conditions conformes aux dispositions de la convention, est de nature à remédier à la violation constatée par la Cour européenne des droits de l'homme, la commission renvoie l'affaire devant la Cour de cassation qui statue en assemblée plénière ;

— Dans les autres cas, la commission renvoie l'affaire devant une juridiction de même ordre et de même degré que celle qui a rendu la décision litigieuse, sous réserve de l'application des dispositions des troisième et quatrième alinéas de l'article 625.

1. Juridiction de renvoi. La constatation de la violation de l'art. 6, § 1, Conv. EDH pour défaut d'établissement de l'impartialité de la cour d'assises qui a condamné l'intéressé nécessite un renvoi pour réexamen devant une autre cour d'assises. • CRD pén. 6 déc. 2001, n° 01-00.002 P : *D. 2002. IR 457 ; Dr. pénal 2002. Chron. 16, obs. Barbérot.* ♦ Lorsque la CEDH constate qu'il y a violation des art. 6, § 1 et 6, § 3, Conv. EDH en raison de la privation de l'assistance d'un défenseur au prévenu non comparant et non excusé devant la cour d'appel ainsi que de l'irrecevabilité de son recours devant la Cour de cassation, seul le réexamen par une autre cour d'appel peut mettre un terme aux conséquences dommageables subies par le prévenu en raison de cette violation de l'art. 6 Conv. EDH. • CRD pén. 24 janv. 2002, n° 01-99.006 P : *Dr. pénal 2002. Chron. 16, obs. Barbérot.* ♦ Lorsqu'il y a une violation de l'art. 6, § 1, Conv. EDH en raison de l'irrecevabilité du recours devant la Cour de cassation, le renvoi pour réexamen est porté devant la Cour de cassation en formation plénière. • CRD pén. 14 mars 2002 : *Bull. crim. n° 2 ; Dr. pénal 2002. Chron. 16, obs. Barbérot.*

2. Mémoires. Lorsqu'elle est saisie, en application des art. 626-3 et 626-4, aux fins de réexamen d'un pourvoi, la Cour de cassation statue en l'état des seuls mémoires déposés lors de l'examen initial de ce pourvoi. • Cass., ass. plén., 4 oct. 2002, n° 93-81.533 P : *D. 2002. IR 2850 ; Dr. pénal 2003. Comm. 15, obs. Maron* • 22 nov. 2002, n° 92-82.460 P : *Dr. pénal 2003. Comm. 37, obs. J.-H. Robert.*

3. Intervention des parties civiles. En vertu des principes posés par l'article préliminaire du code de procédure pénale, les parties civiles qui en font la demande peuvent présenter des observations orales ou écrites en audience publique devant la Commission de réexamen. • CRD pén. 16 oct. 2003, n° 03RDH005 P. ♦ Si la partie civile, qui s'est vu accorder l'indemnisation de son préjudice par une précédente décision devenue définitive, ne peut former, à ce titre, une nouvelle demande devant la cour d'assises appelée à réexaminer l'affaire, elle est, néanmoins, recevable à intervenir devant cette juridiction au soutien de l'action publique et elle peut demander la condamnation de l'auteur des faits à lui payer les frais exposés par elle dans cette nouvelle instance. • Crim. 7 déc. 2005, n° 05.80.988 P : *D. 2006. IR 99 ; AJ pénal 2006.87, obs. Girault.*

4. Aggravation du sort de l'accusé. Aucune disposition légale ou conventionnelle n'interdit d'aggraver le sort de l'accusé lors du réexamen d'une décision pénale, la cour d'assises disposant, comme au cas de renvoi après cassation, de la plénitude de juridiction pour juger à nouveau l'accusé. • Crim. 7 déc. 2005 : *préc. note 3.*

5. Si la commission de réexamen ne tient pas de la loi le pouvoir d'annuler les décisions pénales, la poursuite de la procédure relève, en cas de renvoi aux fins de réexamen, des juridictions qui en sont saisies, lesquelles statuent selon les règles applicables devant elles. Si l'accusé reste détenu pour d'autres affaires en cours, et tant que l'ensemble des condamnations prononcées n'ont pas acquis un caractère définitif, sa demande de libération conditionnelle doit être déclarée irrecevable, faute de pouvoir satisfaire aux exigences de l'art. 729 C. • Crim. 6 sept. 2006, n° 05-85.373 P : *AJ pénal 2006. 454, obs. Herzog-Evans.* ♦ En l'état de la cassation d'un arrêt d'une cour d'assises et du renvoi devant une autre cour d'assises prononcés par l'assemblée plénière de la Cour de cassation dans le cadre de la procédure de réexamen d'une décision pénale, l'arrêt de condamnation perd son caractère définitif et la procédure demeure toujours en cours, ce qui rend irrecevable la demande de l'accusé tendant à l'effacement des informations figurant au fichier judiciaire automatisé des auteurs d'infractions sexuelles sur le fondement de l'art. 706-53-10. • Crim. 20 sept. 2006, n° 06-80.733 P : *AJ pénal 2006. 454, obs. Herzog-Evans.*

Ancien art. 626-5 *La suspension de l'exécution de la condamnation peut être prononcée à tout moment de la procédure de réexamen par la commission ou la Cour de cassation.*

(L. n° 2004-204 du 9 mars 2004, art. 158-III) « Hors le cas prévu au premier alinéa, si la commission, estimant la demande justifiée, procède conformément aux dispositions de l'article 626-4, la personne qui exécutait une peine privative de liberté demeure détenue, sans que cette

détention puisse excéder la durée de la peine prononcée, jusqu'à la décision, selon le cas, de la Cour de cassation statuant en assemblée plénière ou de la juridiction du fond. Cette décision doit intervenir dans un délai d'un an à compter de la décision de la commission ; faute de décision dans ce délai, la personne est mise en liberté, à moins qu'elle soit détenue pour une autre cause. Pendant ce délai, la personne est considérée comme placée en détention provisoire, et peut former des demandes de mise en liberté dans les conditions prévues aux articles 148-6 et 148-7. Ces demandes sont examinées conformément aux articles 148-1 et 148-2. Toutefois, lorsque la commission a renvoyé l'affaire devant l'assemblée plénière de la Cour de cassation, la demande de mise en liberté est examinée par la chambre de l'instruction de la cour d'appel dans le ressort de laquelle siège la juridiction ayant condamné l'intéressé. »

(L. n° 2010-242 du 10 mars 2010, art. 15-II) ***« Les troisième à sixième alinéas de l'article 624 sont applicables aux suspensions ordonnées par la commission ou la Cour de cassation. »***

1. Seule l'exécution de la peine prononcée en violation des dispositions de la Conv. EDH peut être suspendue par la commission de réexamen. • CRD pén. 30 nov. 2000 : *D. 2001. IR 182 ; JCP 2001. II. 10642, note Lefebvre ; Dr. pénal 2002. Chron. 16, obs. Barbérot.*

2. Lorsque la Commission de réexamen ordonne la suspension de l'exécution d'une condamnation prononcée par une cour d'assises en même temps que le renvoi de l'affaire devant une autre juridiction de même ordre et de même degré, cette décision est sans effet sur la mise à exécution de l'ordonnance de prise de corps qui peut résulter de la condamnation prononcée par la cour d'assises devant laquelle l'affaire est renvoyée. • Crim. 29 sept. 2004, n° 04-84.506 P : *D. 2004. IR 2973 ; JCP 2004. IV. 3273 ; AJ pénal 2004. 452, obs. Coste.*

Ancien art. 626-6 ***Pour l'application des dispositions du présent titre, le requérant peut être représenté ou assisté par un avocat au Conseil d'État ou à la Cour de cassation ou par un avocat régulièrement inscrit à un barreau.***

Ancien art. 626-7 ***Si, à l'issue de la procédure, le condamné est reconnu innocent, les dispositions de l'article 626 sont applicables.***

LIVRE QUATRIÈME DE QUELQUES PROCÉDURES PARTICULIÈRES

(Ord. n° 58-1296 du 23 déc. 1958)

BIBL. ▶ RUBI-CAVAGNA, *RSC 2008. Doctr. 23* (extension des procédures dérogatoires).

TITRE PREMIER DES RÈGLES DE PROCÉDURE APPLICABLES AUX CRIMES CONTRE L'HUMANITÉ ET AUX CRIMES DE GUERRE *(L. n° 2011-1862 du 13 déc. 2011, art. 22-1°).*

(L. n° 2002-268 du 26 févr. 2002)

La Convention portant statut de la Cour pénale internationale a été publiée par le Décr. n° 2002-925 du 6 juin 2002 (JO 11 juin).

RÉP. PÉN. v° *Justice internationale pénale (Procédure)*, par LEMASSON.

BIBL. ▶ BITTI, *RSC 2016. 609* (chronique internationale). – DELMAS-MARTY, *RSC 2005. 473* (la CPI et les interactions entre droit international pénal et droit pénal interne à la phase d'ouverture du procès pénal). – ZOMER, *RSC 2016. 685* (à propos de trois arrêts récents de la CPI).

▶ **Dossiers :** *AJ pénal 2007. 253 s.* (Cour pénale internationale : quelques éléments d'appréciation) ; *ibid. 2013. 247 s.* (justice internationale pénale : bilan et perspectives).

Art. 627 Pour l'application du statut de la Cour pénale internationale signé le 18 juillet 1998, la France participe à la répression des infractions et coopère avec cette juridiction dans les conditions fixées par le présent titre.

Les dispositions qui suivent sont applicables à toute personne poursuivie devant la Cour pénale internationale ou condamnée par celle-ci à raison des actes qui constituent, au sens des articles 6 à 8 et 25 du statut, un génocide, des crimes contre l'humanité ou des crimes de guerre.

L'ancien art. 627 est devenu l'art. 627-21 (L. n° 2002-268 du 26 févr. 2002, art. 1er).

SOUS-TITRE PREMIER DE LA COOPÉRATION AVEC LA COUR PÉNALE INTERNATIONALE *(L. n° 2011-1862 du 13 déc. 2011, art. 22-2°).*

CHAPITRE PREMIER DE LA COOPÉRATION JUDICIAIRE

SECTION PREMIÈRE DE L'ENTRAIDE JUDICIAIRE

Art. 627-1 Les demandes d'entraide émanant de la Cour pénale internationale sont adressées aux autorités compétentes en vertu de l'article 87 du statut en original ou en copie certifiée conforme accompagnées de toutes pièces justificatives.

Ces documents sont transmis au procureur de la République *(L. n° 2020-1672 du 24 déc. 2020, art. 10)* « antiterroriste » qui leur donne toutes suites utiles.

En cas d'urgence, ces documents peuvent être transmis directement et par tout moyen à ce magistrat. Ils sont ensuite transmis dans les formes prévues aux alinéas précédents.

Art. 627-2 Les demandes d'entraide sont exécutées, selon les cas, par le procureur de la République *(L. n° 2020-1672 du 24 déc. 2020, art. 10)* « antiterroriste » ou par le juge d'instruction de Paris qui agissent sur l'ensemble du territoire national en présence, le cas échéant, du procureur près la Cour pénale internationale ou de son représentant, ou de toute autre personne mentionnée dans la demande de la Cour pénale internationale.

Les procès-verbaux établis en exécution de ces demandes sont adressés à la Cour pénale internationale par les autorités compétentes en vertu de l'article 87 du statut.

En cas d'urgence, les copies certifiées conformes des procès-verbaux peuvent être adressées directement et par tout moyen à la Cour pénale internationale. Les procès-verbaux sont ensuite transmis dans les formes prévues aux alinéas précédents.

Art. 627-3 L'exécution sur le territoire français des mesures conservatoires mentionnées au *k* du paragraphe 1 de l'article 93 du statut est ordonnée, aux frais avancés du

Trésor et selon les modalités prévues par le *(L. nº 2010-768 du 9 juill. 2010, art. 12)* « présent code », par le procureur de la République *(L. nº 2020-1672 du 24 déc. 2020, art. 10)* « antiterroriste ». La durée maximale de ces mesures est limitée à deux ans. Elles peuvent être renouvelées dans les mêmes conditions avant l'expiration de ce délai à la demande de la Cour pénale internationale.

Le procureur de la République *(L. nº 2020-1672 du 24 déc. 2020, art. 10)* « antiterroriste » transmet aux autorités compétentes, en vertu de l'article 87 du statut, toute difficulté relative à l'exécution de ces mesures, afin que soient menées les consultations prévues aux articles 93, paragraphe 3, et 97 du statut.

SECTION II DE L'ARRESTATION ET DE LA REMISE

Art. 627-4 Les demandes d'arrestation aux fins de remise délivrées par la Cour pénale internationale sont adressées, en original et accompagnées de toutes pièces justificatives, aux autorités compétentes en vertu de l'article 87 du statut qui, après s'être assurées de leur régularité formelle, les transmettent au procureur général près la cour d'appel de Paris et, dans le même temps, les mettent à exécution dans toute l'étendue du territoire de la République.

En cas d'urgence, ces demandes peuvent aussi être adressées directement et par tout moyen au procureur de la République territorialement compétent. Elles sont ensuite transmises dans les formes prévues à l'alinéa précédent.

Art. 627-5 Toute personne appréhendée en vertu d'une demande d'arrestation aux fins de remise doit être déférée dans les vingt-quatre heures au procureur de la République territorialement compétent. Dans ce délai, les dispositions des articles 63-1 à *(L. nº 2011-392 du 14 avr. 2011, en vigueur le 1er juin 2011)* « 63-7 » du présent code lui sont applicables.

Après avoir vérifié l'identité de cette personne, ce magistrat l'informe, dans une langue qu'elle comprend, qu'elle fait l'objet d'une demande d'arrestation aux fins de remise et qu'elle comparaîtra, dans un délai maximum de cinq jours, devant le procureur général près la cour d'appel de Paris. Le procureur de la République l'informe également qu'elle pourra être assistée par un avocat de son choix ou, à défaut, par un avocat commis d'office par le bâtonnier de l'ordre des avocats, informé sans délai et par tout moyen. Il l'avise de même qu'elle pourra s'entretenir immédiatement avec l'avocat désigné.

Mention de ces informations est faite au procès-verbal, qui est aussitôt transmis au procureur général près la cour d'appel de Paris.

(L. nº 2011-392 du 14 avr. 2011, en vigueur le 1er juin 2011) « S'il décide de ne pas laisser en liberté la personne réclamée, le procureur de la République la présente au juge des libertés et de la détention qui ordonne son incarcération à la maison d'arrêt. Toutefois, s'il estime que sa représentation à tous les actes de la procédure est suffisamment garantie au regard des principes édictés à l'article 59 de la convention portant statut de la Cour pénale internationale signée à Rome le 18 juillet 1998, le juge des libertés et de la détention peut soumettre la personne réclamée, jusqu'à sa comparution devant la chambre de l'instruction, à une ou plusieurs des mesures prévues aux articles 138 et 142-5. L'article 696-21 est applicable. »

Art. 627-6 La personne réclamée est transférée, s'il y a lieu, et écrouée à la maison d'arrêt du ressort de la cour d'appel de Paris. Le transfèrement doit avoir lieu dans un délai maximum de cinq jours à compter de sa présentation au procureur de la République, faute de quoi la personne réclamée est immédiatement libérée sur décision du président de la chambre de l'instruction de la cour d'appel de Paris, à moins que le transfèrement ait été retardé par des circonstances insurmontables.

Le procureur général près cette même cour lui notifie, dans une langue qu'elle comprend, la demande d'arrestation aux fins de remise ainsi que les chefs d'accusation portés contre elle.

Lorsque la personne réclamée a déjà demandé l'assistance d'un avocat et que celui-ci a été dûment convoqué, le procureur général reçoit ses déclarations.

Dans les autres cas, ce magistrat lui rappelle son droit de choisir un avocat ou de demander qu'il lui en soit désigné un d'office. L'avocat choisi ou, dans le cas d'une demande de commission d'office, le bâtonnier de l'ordre des avocats en est informé

par tout moyen et sans délai. L'avocat peut consulter sur-le-champ le dossier et communiquer librement avec la personne réclamée. Le procureur général reçoit les déclarations de cette dernière après l'avoir avertie qu'elle est libre de ne pas en faire. Mention de cet avertissement est faite au procès-verbal.

Art. 627-7 La chambre de l'instruction est immédiatement saisie de la procédure. La personne réclamée comparaît devant elle dans un délai de huit jours à compter de sa présentation au procureur général. Sur la demande de ce dernier ou de la personne réclamée, un délai supplémentaire de huit jours peut être accordé avant les débats. Il est ensuite procédé à un interrogatoire, dont il est dressé procès-verbal.

Les débats se déroulent et l'arrêt est rendu en audience publique, sauf si la publicité est de nature à nuire au bon déroulement de la procédure en cours, aux intérêts d'un tiers ou à la dignité de la personne. Dans ce cas, la chambre de l'instruction, à la demande du ministère public, de la personne réclamée ou d'office, statue par un arrêt rendu en chambre du conseil qui n'est susceptible de pourvoi en cassation qu'en même temps que l'arrêt portant sur la remise prévue à l'article 627-8.

Le ministère public et la personne réclamée sont entendus, cette dernière assistée, le cas échéant, de son avocat et, s'il y a lieu, en présence d'un interprète.

Art. 627-8 Lorsque la chambre de l'instruction constate qu'il n'y a pas d'erreur évidente, elle ordonne la remise de la personne réclamée et, si celle-ci est libre, son incarcération à cette fin. Toute autre question soumise à la chambre de l'instruction est renvoyée à la CPI qui lui donne les suites utiles.

La chambre de l'instruction statue dans les quinze jours de la comparution devant elle de la personne réclamée. En cas de pourvoi, la chambre criminelle de la Cour de cassation statue dans un délai de deux mois suivant la réception du dossier à la Cour de cassation.

La remise d'un individu à la CPI n'est subordonnée par l'art. 627-8 qu'au seul constat qu'il n'y a pas d'erreur évidente sur celle-ci. Partant, la chambre de l'instruction ne doit contrôler que la régularité de la remise et non son opportunité. • Crim. 4 janv. 2011, n° 10-87.760 P : *D. 2011. 716, obs. Gréciano ; D. actu. 28 janv. 2011, obs. Bombled.*

Art. 627-9 La mise en liberté *(L. n° 2011-392 du 14 avr. 2011, en vigueur le 1er juin 2011)* **« ou la mainlevée ou la modification du contrôle judiciaire ou de l'assignation à résidence sous surveillance électronique » peut être demandée à tout moment à la chambre de l'instruction de la cour d'appel de Paris qui procède conformément à l'article 59 du statut et à la procédure prévue aux articles 148-1 et suivants du présent code.**

La chambre de l'instruction statue par un arrêt rendu en audience publique et motivé par référence aux dispositions du paragraphe 4 de l'article 59 susvisé.

La Cour de cassation constate qu'il ressort de l'art. 627-9 que l'arrêt statuant sur une demande de mise en liberté formée par un ressortissant rwandais ayant fait l'objet d'un mandat d'arrêt délivré par la chambre préliminaire de la Cour pénale internationale doit être motivé par référence aux dispositions du § 4 de l'art. 59 du statut et non par référence à celles de l'art. 144. • Crim. 4 janv. 2011, n° 10-87.759 P : *D. actu. 28 janv. 2011, obs. Bombled.*

Art. 627-10 L'arrêt rendu par la chambre de l'instruction et, le cas échéant, le lieu et la date de la remise de la personne réclamée, ainsi que la durée de la détention subie en vue de cette remise, sont portés à la connaissance de la Cour pénale internationale, par tout moyen, par les autorités compétentes en vertu de l'article 87 du statut.

La personne réclamée est remise dans un délai d'un mois à compter du jour où cette décision est devenue définitive, faute de quoi elle est immédiatement libérée sur décision du président de la chambre de l'instruction, à moins que sa remise ait été retardée par des circonstances insurmontables.

Art. 627-11 Les dispositions des articles 627-4 à 627-10 sont également applicables si la personne réclamée est poursuivie ou condamnée en France pour d'autres chefs que ceux visés par la demande de la Cour pénale internationale. Toutefois, la personne détenue dans ces conditions ne peut bénéficier d'une mise en liberté au titre des articles 627-6, 627-9 et du second alinéa de l'article 627-10.

La procédure suivie devant la Cour pénale internationale suspend, à l'égard de cette personne, la prescription de l'action publique et de la peine.

Art. 627-12 Le transit sur le territoire français est autorisé conformément à l'article 89 du statut par les autorités compétentes en vertu de l'article 87 du statut.

Art. 627-13 Lorsque la cour sollicite l'extension des conditions de la remise accordée par les autorités françaises, la demande est transmise aux autorités compétentes en vertu de l'article 87 du statut, qui la communiquent, avec toutes les pièces justificatives ainsi que les observations éventuelles de l'intéressé, à la chambre de l'instruction de la cour d'appel de Paris.

Si, au vu des pièces considérées et, le cas échéant, des explications de l'avocat de la personne concernée, la chambre de l'instruction constate qu'il n'y a pas d'erreur évidente, elle autorise l'extension sollicitée.

Art. 627-14 La personne qui a fait l'objet d'une arrestation provisoire dans les conditions prévues à l'article 92 du statut peut, si elle y consent, être remise à la Cour pénale internationale avant que les autorités compétentes en vertu de l'article 87 du statut aient été saisies d'une demande formelle de remise de la part de la juridiction internationale.

La décision de remise est prise par la chambre de l'instruction de la cour d'appel de Paris après que celle-ci a informé la personne concernée de son droit à une procédure formelle de remise et a recueilli son consentement.

Au cours de son audition par la chambre de l'instruction, la personne concernée peut se faire assister par un avocat de son choix ou, à défaut, par un avocat commis d'office par le bâtonnier et, s'il y a lieu, par un interprète.

La personne qui a fait l'objet d'une arrestation provisoire dans les conditions prévues à l'article 92 du statut et qui n'a pas consenti à être remise à la cour peut être libérée si les autorités compétentes en vertu de l'article 87 du statut ne reçoivent pas de demande formelle de remise dans le délai prescrit par le règlement de procédure et de preuve de cette juridiction internationale.

La libération est décidée par la chambre de l'instruction sur requête présentée par l'intéressé. La chambre de l'instruction statue dans les huit jours de la comparution devant elle de la personne arrêtée.

Art. 627-15 Toute personne détenue sur le territoire de la République peut, si elle y consent, être transférée à la Cour pénale internationale à des fins d'identification ou d'audition ou pour l'accomplissement de tout autre acte d'instruction. Le transfert est autorisé par le ministre de la justice.

CHAPITRE II DE L'EXÉCUTION DES PEINES ET DES MESURES DE RÉPARATION PRONONCÉES PAR LA COUR PÉNALE INTERNATIONALE

SECTION PREMIÈRE DE L'EXÉCUTION DES PEINES D'AMENDE ET DE CONFISCATION AINSI QUE DES MESURES DE RÉPARATION EN FAVEUR DES VICTIMES

Art. 627-16 Lorsque la Cour pénale internationale en fait la demande, l'exécution des peines d'amende et de confiscation ou des décisions concernant les réparations prononcées par celle-ci est autorisée par le tribunal correctionnel de Paris saisi, à cette fin, par le procureur de la République. La procédure suivie devant le tribunal correctionnel obéit aux règles du présent code.

Le tribunal est lié par la décision de la Cour pénale internationale, y compris en ce qui concerne les dispositions relatives aux droits des tiers. Toutefois, dans le cas d'exécution d'une ordonnance de confiscation, il peut ordonner toutes les mesures destinées à permettre de récupérer la valeur du produit, des biens ou des avoirs dont la cour a ordonné la confiscation, lorsqu'il apparaît que l'ordonnance de confiscation ne peut pas être exécutée. Le tribunal entend le condamné ainsi que toute personne ayant des droits sur les biens, au besoin par commission rogatoire. Ces personnes peuvent se faire représenter par un avocat.

Lorsque le tribunal constate que l'exécution d'une ordonnance de confiscation ou de réparation aurait pour effet de porter préjudice à un tiers de bonne foi qui ne peut relever appel de ladite ordonnance, il en informe le procureur de la République aux fins de renvoi de la question à la Cour pénale internationale qui lui donne toutes suites utiles.

Art. 627-17 L'autorisation d'exécution rendue par le tribunal correctionnel en vertu de l'article précédent entraîne, selon la décision de la Cour pénale internationale, transfert du produit des amendes et des biens confisqués ou du produit de leur vente à la cour ou au fonds en faveur des victimes. Ces biens ou sommes peuvent également être attribués aux victimes, si la cour en a décidé et a procédé à leur désignation.

Toute contestation relative à l'affectation du produit des amendes, des biens ou du produit de leur vente est renvoyée à la Cour pénale internationale qui lui donne les suites utiles.

SECTION II DE L'EXÉCUTION DES PEINES D'EMPRISONNEMENT

Art. 627-18 Lorsque, en application de l'article 103 du statut, le Gouvernement a accepté de recevoir une personne condamnée par la Cour pénale internationale sur le territoire de la République afin que celle-ci y purge sa peine d'emprisonnement, la condamnation prononcée est directement et immédiatement exécutoire dès le transfert de cette personne sur le sol national, pour la partie de peine restant à subir.

Sous réserve des dispositions du statut et de la présente section, l'exécution et l'application de la peine sont régies par les dispositions du présent code, à l'exception des articles *(L. n° 2004-204 du 9 mars 2004, art. 162-II, en vigueur le 1er janv. 2005)* « 728-2 à 728-8 ».

Art. 627-19 Dès son arrivée sur le territoire de la République, la personne transférée est présentée au procureur de la République du lieu d'arrivée, qui procède à son interrogatoire d'identité et en dresse procès-verbal. Toutefois, si l'interrogatoire ne peut être immédiatement effectué, la personne est conduite à la maison d'arrêt où elle ne peut être détenue plus de vingt-quatre heures. A l'expiration de ce délai, elle est conduite d'office devant le procureur de la République par les soins du chef d'établissement.

Au vu des pièces constatant l'accord entre le Gouvernement français et la Cour pénale internationale concernant le transfert de l'intéressé, d'une copie certifiée conforme du jugement de condamnation et d'une notification par la cour de la date de début d'exécution de la peine et de la durée restant à accomplir, le procureur de la République ordonne l'incarcération immédiate de la personne condamnée.

Art. 627-20 Si la personne condamnée dépose une demande de placement à l'extérieur, de semi-liberté, de réduction de peine, de fractionnement ou de suspension de peine, de détention à domicile sous surveillance électronique ou de libération conditionnelle, sa requête est adressée au procureur général près la cour d'appel dans le ressort de laquelle elle est incarcérée qui la transmet au ministre de la justice.

Celui-ci communique la requête à la Cour pénale internationale dans les meilleurs délais, avec tous les documents pertinents.

La Cour pénale internationale décide si la personne condamnée peut ou non bénéficier de la mesure considérée. Lorsque la décision de la cour est négative, le Gouvernement indique à la cour s'il accepte de garder la personne condamnée sur le territoire de la République ou s'il entend demander son transfert dans un autre État qu'elle aura désigné.

SOUS-TITRE II DES JURIDICTIONS COMPÉTENTES POUR LA POURSUITE, L'INSTRUCTION ET LE JUGEMENT DES CRIMES CONTRE L'HUMANITÉ ET DES CRIMES ET DÉLITS DE GUERRE

(L. n° 2011-1862 du 13 déc. 2011, art. 22-3°)

Les dispositions du sous-titre II du titre Ier du livre IV résultant de la L. n° 2019-222 du 23 mars 2019 sont applicables aux faits pouvant être qualifiés de crimes contre l'humanité et de crimes ou délits de guerre commis avant l'entrée en vigueur de ces dispositions et qui peuvent être réprimés sous une autre qualification pénale en vigueur au moment où ils ont été commis (L. préc., art. 109-XVIII).

Les dispositions de l'art. 69 de la L. n° 2019-222 du 23 mars 2019 sont entrées en vigueur le 1er juill. 2019 (Décr. n° 2019-628 du 24 juin 2019 portant entrée en vigueur des dispositions relatives au parquet antiterroriste).

Art. 628 Les crimes contre l'humanité et les crimes et délits de guerre *(L. n° 2019-222 du 23 mars 2019, art. 69 et 109-XVIII, en vigueur le 1er juillet 2019* « , ainsi que les infractions qui leur sont connexes, » sont poursuivis, instruits et jugés selon les règles du présent code sous réserve des dispositions du présent sous-titre.

Art. 628-1 Pour la poursuite, l'instruction et le jugement des infractions entrant dans le champ d'application de l'article 628, le procureur de la République *(L. n° 2019-222 du 23 mars 2019, art. 69 et 109-XVIII, en vigueur le 1er juillet 2019* « antiterroriste », le juge d'instruction et la cour d'assises de Paris exercent une compétence concurrente à celle qui résulte de l'application des articles 43 et 52.

En ce qui concerne les mineurs, le procureur de la République *(L. n° 2019-222 du 23 mars 2019, art. 69 et 109-XVIII, en vigueur le 1er juillet 2019)* « antiterroriste », le juge d'instruction, le tribunal pour enfants et la cour d'assises des mineurs de Paris exercent une compétence concurrente à celle qui résulte de l'application de l'ordonnance n° 45-174 du 2 février 1945 relative à l'enfance délinquante.

Lorsqu'ils sont compétents pour la poursuite et l'instruction des infractions entrant dans le champ d'application de l'article 628, le procureur de la République *(L. n° 2019-222 du 23 mars 2019, art. 69 et 109-XVIII, en vigueur le 1er juillet 2019* « antiterroriste » et le juge d'instruction de Paris exercent leurs attributions sur toute l'étendue du territoire national.

(L. n° 2020-1672 du 24 déc. 2020, art. 10) « Par dérogation à l'article 34, le ministère public près la cour d'assises statuant en première instance est représenté, lorsqu'il exerce sa compétence pour la poursuite des infractions entrant dans le champ d'application de l'article 628, par le procureur de la République antiterroriste en personne ou par ses substituts. En appel, le procureur général peut se faire représenter par le procureur de la République antiterroriste ou l'un de ses substituts. »

(L. n° 2016-731 du 3 juin 2016, art. 97) « Par dérogation au second alinéa de l'article 380-1, en cas d'appel d'un arrêt de la cour d'assises de Paris compétente en application du présent article, le premier président de la cour d'appel de Paris ou la chambre criminelle de la Cour de cassation peut désigner cette même cour d'assises, autrement composée, pour connaître de l'appel. »

Art. 628-2 Le procureur de la République près un tribunal judiciaire autre que celui de Paris peut, pour les infractions entrant dans le champ d'application de l'article 628, requérir le juge d'instruction de se dessaisir au profit de la juridiction d'instruction de Paris. Les parties sont préalablement avisées et invitées à faire connaître leurs observations par le juge d'instruction ; l'ordonnance est rendue huit jours au plus tôt et un mois au plus tard à compter de cet avis.

L'ordonnance par laquelle le juge d'instruction se dessaisit ne prend effet qu'à compter du délai de cinq jours prévu à l'article 628-6 ; lorsqu'un recours est exercé en application de ce même article, le juge d'instruction demeure saisi jusqu'à ce que l'arrêt de la chambre criminelle de la Cour de cassation soit porté à sa connaissance.

Dès que l'ordonnance est devenue définitive, le procureur de la République adresse le dossier de la procédure au procureur de la République *(L. n° 2019-222 du 23 mars 2019, art. 69 et 109-XVIII, en vigueur le 1er juillet 2019* « antiterroriste *[ancienne rédaction : de Paris]* ».

Le présent article est applicable devant la chambre de l'instruction.

Art. 628-3 Lorsqu'il apparaît au juge d'instruction de Paris que les faits dont il a été saisi ne constituent pas une des infractions entrant dans le champ d'application de l'article 628 et ne relèvent pas de sa compétence à un autre titre, ce magistrat se déclare incompétent soit sur requête du procureur de la République *(L. n° 2019-222 du 23 mars 2019, art. 69 et 109-XVIII, en vigueur le 1er juillet 2019* « antiterroriste », soit, après avis de ce dernier, d'office ou sur requête des parties. Celles des parties qui

n'ont pas présenté une requête sont préalablement avisées et invitées à faire connaître leurs observations ; l'ordonnance est rendue au plus tôt huit jours après cet avis.

Le deuxième alinéa de l'article 628-2 est applicable à l'ordonnance par laquelle le juge d'instruction de Paris se déclare incompétent.

Dès que l'ordonnance est devenue définitive, le procureur de la République *(L. n° 2019-222 du 23 mars 2019, art. 69 et 109-XVIII, en vigueur le 1er juillet 2019* **« antiterroriste »** *[ancienne rédaction : de Paris]* **» adresse le dossier de la procédure au procureur de la République territorialement compétent.**

Le présent article est applicable lorsque la chambre de l'instruction de la cour d'appel de Paris statue sur sa compétence.

Art. 628-4 **Lorsque le tribunal correctionnel ou le tribunal pour enfants de Paris se déclare incompétent pour les motifs prévus à l'article 628-3, il renvoie le ministère public à se pourvoir ainsi qu'il avisera ; il peut, le ministère public entendu, décerner, par la même décision, mandat de dépôt ou d'arrêt contre le prévenu.**

Art. 628-5 **Dans les cas prévus aux articles 628-2 à 628-4, le mandat de dépôt ou d'arrêt conserve sa force exécutoire ; les actes de poursuite ou d'instruction et les formalités intervenus avant que la décision de dessaisissement ou d'incompétence soit devenue définitive n'ont pas à être renouvelés.**

Art. 628-6 **Toute ordonnance rendue sur le fondement des articles 628-2 ou 628-3 par laquelle un juge d'instruction statue sur son dessaisissement ou le juge d'instruction de Paris statue sur sa compétence peut, à l'exclusion de toute autre voie de recours, être déférée dans les cinq jours de sa notification, à la requête du ministère public ou des parties, à la chambre criminelle de la Cour de cassation qui désigne, dans les huit jours suivant la date de réception du dossier, la juridiction chargée de poursuivre l'information. Le ministère public peut également saisir directement la chambre criminelle de la Cour de cassation lorsque le juge d'instruction n'a pas rendu son ordonnance dans le délai d'un mois prévu au premier alinéa de l'article 628-2.**

La chambre criminelle qui constate que le juge d'instruction du tribunal judiciaire de Paris n'est pas compétent peut néanmoins, dans l'intérêt d'une bonne administration de la justice, décider que l'information est poursuivie à ce tribunal.

L'arrêt de la chambre criminelle est porté à la connaissance du juge d'instruction ainsi qu'à celle du ministère public et signifié aux parties.

Le présent article est applicable à l'arrêt rendu sur le fondement du dernier alinéa des articles 628-2 et 628-3 par lequel une chambre de l'instruction statue sur son dessaisissement ou sa compétence.

Art. 628-7 **Par dérogation à l'article 712-10, sont seuls compétents le juge de l'application des peines du tribunal judiciaire de Paris, le tribunal de l'application des peines de Paris et la chambre de l'application des peines de la cour d'appel de Paris pour prendre les décisions concernant les personnes condamnées pour une infraction entrant dans le champ d'application de l'article 628, quel que soit le lieu de détention ou de résidence du condamné.**

Ces décisions sont prises après avis du juge de l'application des peines compétent en *application de l'article 712-10.*

Pour l'exercice de leurs attributions, les magistrats des juridictions mentionnées au premier alinéa du présent article peuvent se déplacer sur l'ensemble du territoire national, sans préjudice de l'application de l'article 706-71 sur l'utilisation de moyens de télécommunication.

(L. n° 2020-1672 du 24 déc. 2020, art. 10) **« Le ministère public auprès des juridictions du premier degré de Paris compétentes en application du présent article est représenté par le procureur de la République antiterroriste en personne ou par ses substituts. »**

Art. 628-8 **Le chapitre II du titre XXV du présent livre IV, à l'exception des articles 706-88-1 et 706-88-2, est applicable à l'enquête, la poursuite et l'instruction des crimes entrant dans le champ d'application de l'article 628.**

Pour l'application du sixième alinéa de l'article 706-88, l'intervention de l'avocat peut être différée pendant une durée maximale de soixante-douze heures.

Art. 628-9 Peuvent exercer les fonctions d'assistant spécialisé auprès des juridictions et magistrats mentionnés à l'article 628-1 les fonctionnaires de catégories A et B ainsi que les personnes titulaires, dans des matières définies par décret, d'un diplôme national sanctionnant une formation d'une durée au moins égale à quatre années d'études supérieures après le baccalauréat qui remplissent les conditions d'accès à la fonction publique et justifient d'une expérience professionnelle minimale de quatre années.

Les assistants spécialisés suivent une formation obligatoire préalable à leur entrée en fonction.

Les assistants spécialisés participent aux procédures sous la responsabilité des magistrats, sans pouvoir toutefois recevoir délégation de signature, sauf pour les réquisitions prévues aux articles 60-1, 60-2, 77-1-2, 99-3 et 99-4.

Ils accomplissent toutes les tâches qui leur sont confiées par les magistrats et peuvent notamment :

1° Assister les juges d'instruction dans tous les actes d'information ;

2° Assister les magistrats du ministère public dans l'exercice de l'action publique ;

3° Assister les officiers de police judiciaire agissant sur délégation des magistrats ;

4° Remettre aux magistrats des documents de synthèse ou d'analyse qui peuvent être versés au dossier de la procédure ;

5° Mettre en œuvre le droit de communication reconnu aux magistrats en application de l'article 132-22 du code pénal.

Le procureur général peut leur demander d'assister le ministère public devant la juridiction d'appel.

Ils ont accès au dossier de la procédure pour l'exécution des tâches qui leur sont confiées et sont soumis au secret professionnel sous les peines prévues à l'article 226-13 du même code.

Un décret en Conseil d'État précise les modalités d'application du présent article, notamment la durée pour laquelle les assistants spécialisés sont nommés et les modalités selon lesquelles ils prêtent serment.

Art. 628-10 *(L. n° 2019-222 du 23 mars 2019, art. 69 et 109-XVIII, en vigueur le 1er juill. 2019)* Le présent sous-titre est également applicable, lorsque la loi pénale française est applicable, aux crimes de torture au sens de l'article 1er de la convention contre la torture et autres peines ou traitements cruels, inhumains ou dégradants adoptée à New York le 10 décembre 1984 ainsi qu'aux crimes de disparition forcée.

Ancien art. 628-10 *Le présent sous-titre est également applicable aux crimes de torture pour lesquels les juridictions françaises sont compétentes en application de l'article 689-2.*

TITRE PREMIER *BIS* DE LA QUESTION PRIORITAIRE DE CONSTITUTIONNALITÉ

(L. org. n° 2009-1523 du 10 déc. 2009, art. 2-III, en vigueur le 1er mars 2010)

Art. L.O. 630 Les conditions dans lesquelles le moyen tiré de ce qu'une disposition législative porte atteinte aux droits et libertés garantis par la Constitution peut être soulevé dans une instance pénale, ainsi que les conditions dans lesquelles le Conseil constitutionnel peut être saisi par la Cour de cassation de la question prioritaire de constitutionnalité, obéissent aux règles définies par les articles 23-1 à 23-7 de l'ordonnance n° 58-1067 du 7 novembre 1958 portant loi organique sur le Conseil constitutionnel.

BIBL. ▶ Akandji-Kombé, *D. 2010. Chron. 1725* (le juge (du fond), les parties et la question prioritaire de constitutionnalité). – Benetti, *AJDA 2010. 74* (genèse de la réforme). – Cassia et Saulnier-Cassia, *D. 2010. Chron. 1234* (imbroglio autour de la question prioritaire de constitutionnalité (QPC)) ; *ibid. 1636* (la QPC peut-elle être prioritaire ?). – Croze, Procédures 2010. *Étude 2* (la question prioritaire de constitutionnalité : aspects procéduraux). – de Lamy, *RSC 2010. 201* (question prioritaire de constitutionnalité : une nouveauté... lourde et inachevée). – Dreyer, *JCP 2011. 1614* (le Conseil constitutionnel et la « matière » pénale. La QPC et les attentes déçues...). – Fombeur, *D. 2010. Chron. 1229* (question prioritaire de constitutionnalité, droit constitutionnel et droit de l'Union européenne). – Lavric, *D. 2010. 564* (question prioritaire de constitutionnalité : procédure devant les juridictions judiciaires). – Le Prado, *D. 2010. 1272* (les avocats aux conseils et la QPC). – Levade, *D. 2010. 1254* (renvoi préjudiciel *versus* question prioritaire de constitutionnalité : la Cour de cassation cherche le conflit !). – MARON et HAAS, *Dr. pénal 2010, n° 87* (la procédure pénale est-elle soluble dans la Constitution ?). – PERRIER, *AJ pénal 2010. 122* (l'avocat face à la question prioritaire de la constitutionnalité) ; *RSC 2010. 454* (loi organique n° 2009-1523 du 10 décembre 2009 relative à l'application de l'article 61-1 de la Constitution) ; *ibid. 387* (précisions sur les conditions de recevabilité de la QPC). – SARGOS, *D. 2010. 1336* (QPC, la parole à la Cour de cassation). – J.-H. ROBERT, *Dr. pénal 2010, n° 108* (cavalier législatif très cavalier). – WAQUET, *D. 2010. Point de vue 1951* (questions pertinentes sur la convenance de la QPC).

▸ **Dossiers :** Un an de QPC en matière pénale, *AJ pénal 2011. 273* *s.* ; Dix ans de QPC en matière pénale, *ibid. 2018. 387* *s.*

1. Art. 61-1 de la Constitution. Instance en cours. Lorsque, à l'occasion d'une instance en cours devant une juridiction, il est soutenu qu'une disposition législative porte atteinte aux droits et libertés que la Constitution garantit, le Conseil constitutionnel peut être saisi de cette question sur renvoi du Conseil d'État ou de la Cour de cassation qui se prononce dans un délai déterminé. Tel n'est pas le cas lorsque la question est posée après que le président de la chambre criminelle eut rendu l'ordonnance rejetant la demande d'examen immédiat du pourvoi, de sorte qu'il n'existe plus alors d'instance en cours devant la Cour de cassation. • Cass., QPC, 4 juin 2010, n° 10-80.489.

2. Conformité à la Constitution. Est irrecevable la question qui invoque la non-conformité de dispositions législatives à la Convention européenne des droits de l'homme et non une atteinte portée aux droits et libertés garantis par la Constitution. • Cass., QPC, 4 juin 2010, n° 10-90.029 • 4 juin 2010, n° 10-90.033.

3. Conflit de priorité entre QPC et renvoi préjudiciel. L'art. 267 TFUE s'oppose à une législation d'un État membre qui instaure une procédure incidente de contrôle de constitutionnalité des lois nationales, pour autant que le caractère prioritaire de cette procédure a pour conséquence d'empêcher, tant avant la transmission d'une question de constitutionnalité à la juridiction nationale chargée d'exercer le contrôle de constitutionnalité des lois que, le cas échéant, après la décision de cette juridiction sur ladite question, toutes les autres juridictions nationales d'exercer leur faculté ou de satisfaire à leur obligation de saisir la Cour de questions préjudicielles. En revanche, l'art. 267 TFUE ne s'oppose pas à une telle législation nationale pour autant que les autres juridictions nationales restent libres : de saisir, à tout moment de la procédure qu'elles jugent approprié, et même à l'issue de la procédure de contrôle de constitutionnalité, la Cour de toute question préjudicielle qu'elles jugent nécessaire ; d'adopter toute mesure nécessaire afin d'assurer la protection juridictionnelle provisoire des droits conférés par l'ordre juridique de l'Union ; et de laisser inappliquée, à l'issue d'une telle procédure incidente, la disposition législative nationale en cause si elles la jugent contraire au droit de l'Union. Il appartient à la juridiction de renvoi de vérifier si la législation nationale en cause peut être interprétée conformément à ces exigences du droit de l'Union. • CJUE, gr. ch., 22 juin 2010, n^os^ C-188/10 et C-189/10 : *D. 2010. Chron. 1640, note Domont ; ibid. Actu 1719, obs. Lavric ; RSC 2010. Chron. 709, obs. Idot* ; *AJ pénal 2010. 343, note Perrier.* ♦ Sur la décision de la Cour de cassation, ayant transmis avant dire droit à la CJUE une question préjudicielle demandant en substance si l'art. 267 TFUE s'oppose à une législation d'un État membre qui instaure une procédure incidente de contrôle de constitutionnalité des lois nationales imposant aux juridictions dudit État membre de se prononcer par priorité sur la transmission, à la juridiction nationale chargée d'exercer le contrôle de constitutionnalité des lois, d'une question relative à la conformité d'une disposition de droit interne avec la Constitution lorsqu'est en cause, concomitamment, la contrariété de celle-ci avec le droit de l'Union, V. • Crim. 16 avr. 2010 : *D. 2010. 1254, note Levade ; ibid. 1336, note Sargos ; AJDA 2010. 1023, note Manin ; RSC 2011. Chron. 466, note B. Aubert* ; *Dr. pénal 2010, n° 77, note Maron et Haas.* ♦ Sur la position du Conseil constitutionnel, V. • Cons. const. 12 mai 2010, Décis. n° 2010-605 DC : *RSC 2010. Chron. 709, obs. Idot* ; *AJDA 2010. 1048, note Brondel* .

Ordonnance n° 58-1067 du 7 novembre 1958,

Portant loi organique sur le Conseil constitutionnel.

CHAPITRE II *BIS. DE LA QUESTION PRIORITAIRE DE CONSTITUTIONNALITÉ (L. org. n° 2009-1523 du 10 déc. 2009)*

SECTION Ire. *Dispositions applicables devant les juridictions relevant du Conseil d'État ou de la Cour de cassation*

Art. 23-1 Devant les juridictions relevant du Conseil d'État ou de la Cour de cassation, le moyen tiré de ce qu'une disposition législative porte atteinte aux droits et libertés garantis par la Constitution est, à peine d'irrecevabilité, présenté dans un écrit distinct et motivé. Un tel moyen peut être soulevé pour la première fois en cause d'appel. Il ne peut être relevé d'office.

Devant une juridiction relevant de la Cour de cassation, lorsque le ministère public n'est pas partie à l'instance, l'affaire lui est communiquée dès que le moyen est soulevé afin qu'il puisse faire connaître son avis.

Si le moyen est soulevé au cours de l'instruction pénale, la juridiction d'instruction du second degré en est saisie.

Le moyen ne peut être soulevé devant la cour d'assises. En cas d'appel d'un arrêt rendu par la cour d'assises en premier ressort, il peut être soulevé dans un écrit accompagnant la déclaration d'appel. Cet écrit est immédiatement transmis à la Cour de cassation.

Art. 23-2 La juridiction statue sans délai par une décision motivée sur la transmission de la question prioritaire de constitutionnalité au Conseil d'État ou à la Cour de cassation. Il est procédé à cette transmission si les conditions suivantes sont remplies :

1° La disposition contestée est applicable au litige ou à la procédure, ou constitue le fondement des poursuites ;

2° Elle n'a pas déjà été déclarée conforme à la Constitution dans les motifs et le dispositif d'une décision du Conseil constitutionnel, sauf changement des circonstances ;

3° La question n'est pas dépourvue de caractère sérieux.

En tout état de cause, la juridiction doit, lorsqu'elle est saisie de moyens contestant la conformité d'une disposition législative, d'une part, aux droits et libertés garantis par la Constitution et, d'autre part, aux engagements internationaux de la France, se prononcer par priorité sur la transmission de la question de constitutionnalité au Conseil d'État ou à la Cour de cassation.

La décision de transmettre la question est adressée au Conseil d'État ou à la Cour de cassation dans les huit jours de son prononcé avec les mémoires ou les conclusions des parties. Elle n'est susceptible d'aucun recours. Le refus de transmettre la question ne peut être contesté qu'à l'occasion d'un recours contre la décision réglant tout ou partie du litige.

1. Il résulte de la combinaison des art. 23-2, al. 6, et 23-5, al. 1er, de l'ordonnance de 1958 modifiée que le refus de transmettre une question prioritaire de constitutionnalité ne peut faire l'objet que d'une contestation, laquelle doit être présentée devant la juridiction saisie de tout ou partie du litige, sous forme d'un écrit distinct et motivé posant de nouveau la question. • Cass., ass. plén., 23 juill. 2010, n° 10-85.505 P. ♦ Il résulte de l'art. 23-2, al. 6, de l'Ord. n° 58-1067 du 7 nov. 1958 relative au Conseil constitutionnel que la contestation du refus de transmettre une QPC doit être présentée à l'occasion du pourvoi contre la décision réglant tout ou partie du litige. Il s'ensuit que le pourvoi, distinct de celui formé au fond et dirigé contre la seule décision de non-transmission, est irrecevable. • Crim. 7 juin 2011, n° 11-81.826 P. ♦ Par ailleurs, lorsque la QPC est soulevée à l'occasion d'un pourvoi par un mémoire personnel, celui-ci doit être déposé dans la forme et les délais prévus par les art. 584 s. • Crim. 11 sept. 2012, n° 12-84.172 P.

2. Encourt la cassation l'arrêt de la chambre de l'instruction qui statue sur la détention sans examiner la QPC, pour statuer sur ladite question par arrêt postérieur, alors qu'il lui appartenait de statuer sur la transmission de la question et sur le fond dans les délais impartis par la loi en matière de détention. • Crim. 2 sept. 2010, n° 10-84.027 P : *D. 2010, n° 131, obs. Leprieur ; Dr. pénal 2012. Chron. 1, obs. Georget.* ♦ Selon les art. 23-2 de l'Ord. du 7 nov. 1958 résultant de la loi organique n° 2009-1523 du 10 déc. 2009 et R. 49-25, la juridiction statue par priorité et sans délai sur la transmission de la question de constitutionnalité à la Cour de cassation. Encourt, dès lors, la cassation l'arrêt de la chambre de l'instruction qui statue sur la détention sans examiner la QPC en renvoyant son examen à une audience ultérieure, alors qu'il lui appartenait de statuer sur la transmission de la question par priorité et sans délai. • Crim. 16 juin 2011, n° 11-81.628 P. ♦ Si c'est à tort que la cour d'appel n'a pas statué par priorité sur la transmission de la question de constitutionnalité à la Cour de cassation, conformément à l'art. 23-2 de l'Ord. du 7 nov. 1958 tel qu'il résulte de la L. org. n° 2009-1523 du 10 déc. 2009, l'arrêt n'encourt pas pour autant la censure dès lors que la question de constitutionnalité, portant sur une disposition procédurale relative aux exceptions de nullité, aurait dû être présentée dans les conditions d'une telle exception, avant toute défense au fond. • Crim. 15 févr. 2012 : *D. 2012. Actu. 817*.

Art. 23-3 Lorsque la question est transmise, la juridiction sursoit à statuer jusqu'à réception de la décision du Conseil d'État ou de la Cour de cassation ou, s'il a été saisi, du

Conseil constitutionnel. Le cours de l'instruction n'est pas suspendu et la juridiction peut prendre les mesures provisoires ou conservatoires nécessaires.

Toutefois, il n'est sursis à statuer ni lorsqu'une personne est privée de liberté à raison de l'instance ni lorsque l'instance a pour objet de mettre fin à une mesure privative de liberté.

La juridiction peut également statuer sans attendre la décision relative à la question prioritaire de constitutionnalité si la loi ou le règlement prévoit qu'elle statue dans un délai déterminé ou en urgence. Si la juridiction de première instance statue sans attendre et s'il est formé appel de sa décision, la juridiction d'appel sursoit à statuer. Elle peut toutefois ne pas surseoir si elle est elle-même tenue de se prononcer dans un délai déterminé ou en urgence.

En outre, lorsque le sursis à statuer risquerait d'entraîner des conséquences irrémédiables ou manifestement excessives pour les droits d'une partie, la juridiction qui décide de transmettre la question peut statuer sur les points qui doivent être immédiatement tranchés.

Si un pourvoi en cassation a été introduit alors que les juges du fond se sont prononcés sans attendre la décision du Conseil d'État ou de la Cour de cassation ou, s'il a été saisi, celle du Conseil constitutionnel, il est sursis à toute décision sur le pourvoi tant qu'il n'a pas été statué sur la question prioritaire de constitutionnalité. Il en va autrement quand l'intéressé est privé de liberté à raison de l'instance et que la loi prévoit que la Cour de cassation statue dans un délai déterminé.

SECTION II. *Dispositions applicables devant le Conseil d'État et la Cour de cassation*

Art. 23-4 Dans un délai de trois mois à compter de la réception de la transmission prévue à l'article 23-2 ou au dernier alinéa de l'article 23-1, le Conseil d'État ou la Cour de cassation se prononce sur le renvoi de la question prioritaire de constitutionnalité au Conseil constitutionnel. Il est procédé à ce renvoi dès lors que les conditions prévues aux 1° et 2° de l'article 23-2 sont remplies et que la question est nouvelle ou présente un caractère sérieux.

Art. 23-5 Le moyen tiré de ce qu'une disposition législative porte atteinte aux droits et libertés garantis par la Constitution peut être soulevé, y compris pour la première fois en cassation, à l'occasion d'une instance devant le Conseil d'État ou la Cour de cassation. Le moyen est présenté, à peine d'irrecevabilité, dans un mémoire distinct et motivé. Il ne peut être relevé d'office.

En tout état de cause, le Conseil d'État ou la Cour de cassation doit, lorsqu'il est saisi de moyens contestant la conformité d'une disposition législative, d'une part, aux droits et libertés garantis par la Constitution et, d'autre part, aux engagements internationaux de la France, se prononcer par priorité sur le renvoi de la question de constitutionnalité au Conseil constitutionnel.

Le Conseil d'État ou la Cour de cassation dispose d'un délai de trois mois à compter de la présentation du moyen pour rendre sa décision. Le Conseil constitutionnel est saisi de la question prioritaire de constitutionnalité dès lors que les conditions prévues aux 1° et 2° de l'article 23-2 sont remplies et que la question est nouvelle ou présente un caractère sérieux.

Lorsque le Conseil constitutionnel a été saisi, le Conseil d'État ou la Cour de cassation sursoit à statuer jusqu'à ce qu'il se soit prononcé. Il en va autrement quand l'intéressé est privé de liberté à raison de l'instance et que la loi prévoit que la Cour de cassation statue dans un délai déterminé. Si le Conseil d'État ou la Cour de cassation est tenu de se prononcer en urgence, *il* peut n'être pas sursis à statuer.

A la suite d'un arrêt de la chambre rendu, le même jour, renvoyant au Conseil constitutionnel la QPC soulevée par le requérant et portant sur les art. 146 et 186, il y a lieu, en application de l'art. 23-5, al. 4, de l'Ord. n° 58-1067 du 7 nov. 1958 relative au Conseil constitutionnel, de ne pas surseoir à statuer et d'examiner le pourvoi de l'intéressé, placé en détention, sans attendre la réponse du Conseil constitutionnel. • Crim. 21 juin 2011, n° 11-81.827 P.

Art. 23-6 *(Abrogé par L. org. n° 2010-830 du 22 juill. 2010, art. 12) Le premier président de la Cour de cassation est destinataire des transmissions à la Cour de cassation prévues à l'article 23-2 et au dernier alinéa de l'article 23-1. Le mémoire mentionné à l'article 23-5, présenté dans le cadre d'une instance devant la Cour de cassation, lui est également transmis. Le premier président avise immédiatement le procureur général.*

L'arrêt de la Cour de cassation est rendu par une formation présidée par le premier président et composée des présidents des chambres et de deux conseillers appartenant à chaque chambre spécialement concernée.

Toutefois, le premier président peut, si la solution lui paraît s'imposer, renvoyer la question devant une formation présidée par lui-même et composée du président de la chambre spécialement concernée et d'un conseiller de cette chambre.

Pour l'application des deux précédents alinéas, le premier président peut être suppléé par un délégué qu'il désigne parmi les présidents de chambre de la Cour de cassation. Les présidents des chambres peuvent être suppléés par des délégués qu'ils désignent parmi les conseillers de la chambre.

Art. 23-7 La décision motivée du Conseil d'État ou de la Cour de cassation de saisir le Conseil constitutionnel lui est transmise avec les mémoires ou les conclusions des parties. Le Conseil constitutionnel reçoit une copie de la décision motivée par laquelle le Conseil d'État ou la Cour de cassation décide de ne pas le saisir d'une question prioritaire de constitutionnalité. Si le Conseil d'État ou la Cour de cassation ne s'est pas prononcé dans les délais prévus aux articles 23-4 et 23-5, la question est transmise au Conseil constitutionnel.

La décision du Conseil d'État ou de la Cour de cassation est communiquée à la juridiction qui a transmis la question prioritaire de constitutionnalité et notifiée aux parties dans les huit jours de son prononcé.

Code de l'organisation judiciaire

TITRE VI. QUESTION PRIORITAIRE DE CONSTITUTIONNALITÉ

Art. R.* 461-1 *(Décr. n° 2010-1216 du 15 oct. 2010)* Dès réception d'une question prioritaire de constitutionnalité transmise par une juridiction, l'affaire est distribuée à la chambre qui connaît des pourvois dans la matière considérée.

La question peut être examinée par la formation prévue au premier alinéa de l'article L. 431-1 du présent code ou à l'article 567-1-1 du code de procédure pénale lorsque la solution paraît s'imposer.

TITRE DEUXIÈME DU FAUX

RÉP. PÉN. v° *Faux*, par MALABAT.

Art. 642 Lorsqu'il est porté à la connaissance du procureur de la République qu'une pièce arguée de faux figure dans un dépôt public ou a été établie dans un dépôt public, le procureur de la République peut se transporter dans ce dépôt pour procéder à tous examens et vérifications nécessaires.

Le procureur de la République ne peut déléguer les pouvoirs ci-dessus à un officier de police judiciaire.

Le procureur de la République peut, en cas d'urgence, ordonner le transport au greffe des documents suspectés. — *Pr. pén. C. 749 et C. 750.*

Le pouvoir attribué au procureur de la République, par l'art. 642, d'accomplir personnellement certains actes lorsque lui est révélée la présence dans un dépôt public de pièces arguées de faux, n'affecte d'aucune manière la plénitude des pouvoirs par ailleurs conférés à ce magistrat par l'art. 41 de faire procéder par des officiers et agents de police judiciaire de son ressort à tous actes nécessaires à la recherche et à la poursuite d'infractions à la loi pénale. • Crim. 9 mai 1990 : *Gaz. Pal. 1990. 2. 632.*

Art. 643 Dans toute information pour faux en écritures, le juge d'instruction, aussitôt que la pièce arguée de faux a été produite devant lui ou a été placée sous main de justice, en ordonne le dépôt au greffe. Il la revêt de sa signature, ainsi que le greffier qui dresse du dépôt un acte décrivant l'état de la pièce.

Toutefois, avant le dépôt au greffe, le juge d'instruction peut ordonner que la pièce soit reproduite par photographie ou par tout autre moyen. — *Pr. pén. C. 751.*

Art. 644 Le juge d'instruction peut se faire remettre par qui il appartiendra et saisir toutes pièces de comparaison. Celles-ci sont revêtues de sa signature et de celle du greffier qui en fait un acte descriptif comme il est dit à l'article précédent. — *Pr. pén. C. 752.*

Art. 645 **Tout dépositaire public de pièces arguées de faux, ou ayant servi à établir des faux, est tenu, sur ordonnance du juge d'instruction, de les lui remettre et de fournir, le cas échéant, les pièces de comparaison qui sont en sa possession.**

Si les pièces ainsi remises par un officier public ou saisies entre ses mains ont le caractère d'actes authentiques, il peut demander à ce qu'il lui en soit laissé une copie, certifiée conforme par le greffier, ou une reproduction par photographie ou par tout autre moyen.

Ladite copie ou reproduction est mise au rang des minutes de l'office jusqu'à restitution de la pièce originale. — *Pr. pén. C. 753.*

Art. 646 **Si au cours d'une audience d'un tribunal ou d'une cour une pièce de la procédure, ou une pièce produite, est arguée de faux, la juridiction décide, après avoir recueilli les observations du ministère public et des parties, s'il y a lieu ou non de surseoir jusqu'à ce qu'il ait été prononcé sur le faux par la juridiction compétente.**

Si l'action publique est éteinte ou ne peut être exercée du chef de faux, et s'il n'apparaît pas que celui qui a produit la pièce ait fait sciemment usage d'un faux, le tribunal ou la cour saisi de l'action principale statue incidemment sur le caractère de la pièce prétendue entachée de faux. — *Pr. pén. C. 754.*

RÉP. PÉN. v° *Faux incident*, par REDON.

1. L'inscription de faux a le caractère d'un incident auquel il ne peut être donné suite qu'autant qu'il se rattache à une instance principale et qu'il est de nature à exercer une influence sur la solution de cette instance. • Crim. 16 mars 1883 : *Bull. crim. n° 78* • 27 févr. 1908 : *Bull. crim. n° 79* • 28 mars 1930 : *Bull. crim. n° 95* • 12 févr. 1948 : *Bull. crim. n° 49* • 26 déc. 1960 : *D. 1961. Somm. 39* • 15 juin 1976, n° 75-90.299 P.

2. L'inscription de faux s'analyse en une exception de nullité. Ainsi, est irrecevable la demande en inscription de faux formée par un prévenu renvoyé devant le tribunal correctionnel par une décision d'une juridiction d'instruction, si cette exception ne fait pas état de motifs de nullité apparus après le renvoi devant la juridiction de jugement. • Crim. 16 déc. 1997, n° 96-82.509 P. • Crim. 30 sept. 2009, n° 08-84.921. ♦ *Contra* : la procédure d'inscription de faux incident n'étant pas applicable devant les juridictions d'instruction, les dispositions des art. 179 et 181 ne font pas obstacle à ce que ladite procédure soit mise en œuvre devant la juridiction de jugement, lorsque celle-ci est saisie par une décision de renvoi d'une juridiction d'instruction. • Crim. 18 nov. 2015, n° 15-83.400 P : *D. actu. 7 déc. 2015, obs. Fucini ; Dr. pénal 2016. 15, obs. Maron et Haas ; AJ pénal 2016. 215, obs. Renaud-Duparc*.

3. L'art. 646 ne dispense pas celui qui argue une pièce de faux de formaliser une inscription de faux conformément à l'art. 218 C. pr. civ. • Crim. 31 mai 1961 : *Bull. crim. n° 282.*

4. La procédure d'inscription de faux n'est prévue que devant les juridictions de jugement ; une chambre d'accusation doit déclarer irrecevable une exception de faux contre les déclarations d'un témoin au cours de l'enquête préliminaire et de l'information. • Crim. 10 nov. 1987, n° 87-82.758 P. ♦ De même pour une requête en annulation du réquisitoire introductif. • Crim. 3 févr. 2004, n° 03-87.053 P : *JCP 2004. IV. 1781.*

5. L'argument de faux doit être présenté à l'audience de la juridiction de jugement, ce qui exclut qu'il fasse l'objet d'une note en délibéré. • Crim. 21 janv. 1991, n° 90-80.261 P.

6. La motivation par laquelle une cour d'assises se prononce sur une demande d'inscription de faux relève de son appréciation souveraine. • Crim. 9 déc. 1998, n° 97-84.375 P.

Art. 647 *(L. n° 67-523 du 3 juill. 1967)* **La demande en inscription de faux contre une pièce produite devant la Cour de cassation est adressée au premier président. Elle est déposée au greffe. Elle est signée par le demandeur ou par un avocat au Conseil d'État et à la Cour de cassation ou par un fondé de pouvoir spécial. Dans ce dernier cas, le pouvoir est annexé à l'acte dressé par le greffier. Si la personne qui dépose la demande ne peut signer, le greffier en fait mention.** — *Pr. pén. C. 755 à C. 758.*

BIBL. ▶ MARON, *Dr. pénal 1995, n° 192.*

1. Le premier président de la Cour de cassation ayant rejeté la requête prévue par l'art. 647 qui sollicitait l'autorisation de s'inscrire en faux contre la date à laquelle a été établi le procès-verbal des débats de la cour d'assises, il ne peut être opposé aucune contradiction sur ce point. • Crim. 9 févr. 1994, n° 93-81.620 P.

2. Il résulte des art. 647 s. que lorsque, l'autorisation de s'inscrire en faux ayant été accordée par le Premier président de la Cour de cassation et les significations prévues à l'art. 647-2 ayant été effectuées, le ministère public n'a pas manifesté l'intention de soutenir l'exactitude des énonciations contestées, celles-ci doivent être considérées comme inexactes. • Crim. 29 nov. 2016, n° 15-81.287 P : *D. actu. 4 janv. 2017, obs. Goetz.*

3. Application. Pour un exemple d'ordonnance du président de la Cour de cassation permettant au demandeur de s'inscrire en faux contre une ordonnance de placement en détention provisoire indiquant avoir statué « en audience publique », alors que celle-ci s'était tenue à deux heures du matin tandis que le palais de justice était fermé pour des raisons de sécurité, V. • Cass., prés., 6 juin 2019, n° 70506.

Art. 647-1 *(L. n° 67-523 du 3 juill. 1967)* **Le premier président statue dans le mois du dépôt de la requête au greffe, après avis du procureur général.**

Il rend une ordonnance de rejet ou une ordonnance portant permission de s'inscrire en faux.

En cas de rejet et sauf s'il en est expressément dispensé, le demandeur est condamné au paiement d'une amende dont le taux est fixé par décret. — *V. C. pr. pén., art. D. 47-1.*

Art. 647-2 *(L. n° 67-523 du 3 juill. 1967)* **L'ordonnance portant permission de s'inscrire en faux est signifiée au défendeur dans le délai de quinze jours, avec sommation de déclarer s'il entend se servir de la pièce arguée de faux.**

A cette sommation doit être jointe une copie de la requête et de l'ordonnance portant permission de s'inscrire en faux.

Art. 647-3 *(L. n° 67-523 du 3 juill. 1967)* **Le défendeur doit répondre, dans un délai de quinze jours, s'il entend ou n'entend pas se servir de la pièce arguée de faux.**

Cette déclaration est signifiée au demandeur.

Après notification aux parties de l'ordonnance du premier président portant autorisation de s'inscrire en faux, les parties, lorsqu'elles n'ont pas manifesté, au sens de l'art. 647-3, leur intention d'utiliser la pièce arguée de faux, ne peuvent valablement invoquer les énonciations contestées, celles-ci étant alors réputées inexactes. • Crim. 8 mars 1979, n° 77-90.094 P • 12 oct. 1993, n° 91-82.122 P : *Dr. pénal déc. 1993, p. 16, obs. Maron* • 2 juin 1999, n° 97-81.863 P : *Dr. pénal 2000. Comm. 24 et 25, obs. Maron.*

Art. 647-4 *(L. n° 67-523 du 3 juill. 1967)* **Dans le cas où le défendeur entend se servir de la pièce arguée de faux, le premier président doit renvoyer les parties à se pourvoir devant telle juridiction qu'il désignera pour y être procédé, suivant la loi, au jugement de l'inscription de faux incident.**

RÉP. PÉN. v° *Faux incident*, par REDON.

Dès lors que l'autorisation de s'inscrire en faux a été accordée par le premier président de la Cour de cassation, que les significations prévues à l'art. 647-2 ont été notifiées, et que ni le ministère public ni les autres parties n'ont manifesté l'intention de soutenir l'exactitude des énonciations contestées, les énonciations arguées de faux doivent être considérées comme inexactes. • Crim. 2 déc. 2009, n° 08-86.790 P : *AJ pénal 2010. 87 ; Procédures 2010, n° 96, obs. Buisson.* • Crim. 24 mai 2011, n° 10-81.054 P : *D. actu. 22 juin 2011, obs. Girault.*

TITRE TROISIÈME DE LA MANIÈRE DE PROCÉDER EN CAS DE DISPARITION DES PIÈCES D'UNE PROCÉDURE

RÉP. PÉN. v° *Cassation (Pourvoi en)*, par J. BORÉ et L. BORÉ.

Art. 648 **Lorsque, par suite d'une cause extraordinaire, des minutes d'arrêts ou de jugements rendus en matière criminelle, correctionnelle ou de police, et non encore exécutés, ou des procédures en cours et leurs copies établies conformément à l'article 81 ont été détruites, enlevées ou se trouvent égarées et qu'il n'a pas été possible de les rétablir, il est procédé ainsi qu'il suit.**

1. La cour d'appel qui constate la disparition, dans le dossier qui lui est soumis, des pièces de l'information préparatoire dont l'existence ou la régularité n'ont pas été contestées dans les conditions prévues par l'art. 385 doit, en vertu de l'effet dévolutif de l'appel, non pas renvoyer le ministère public à reconstituer le dossier mais, si elle ne s'estime pas en mesure de juger l'affaire, ordonner un supplément d'information confié à l'un de ses membres. • Crim. 6 avr. 1993, n° 90-80.511 P.

2. Les dispositions de l'art. 648 ne sauraient recevoir application lorsque les conclusions écrites auxquelles l'arrêt d'une cour d'appel porte référence n'existent pas dans le dossier et ne peuvent être représentées. • Crim. 15 juin 1994, n° 93-82.455 P.

3. La disparition d'une pièce à conviction après sa saisie n'entache pas la régularité de l'acte, au demeurant non contestée par le requérant, il n'y a donc pas lieu à annulation du procès-verbal de saisies et des pièces subséquentes de l'information. • Crim. 15 oct. 2002, n° 02-85.530.

4. Les art. 648 et 651 qui imposent, en cas de disparition des pièces d'une procédure, que l'instruction soit recommencée à partir du point où les pièces se trouvent manquer, impliquent nécessairement la suspension de l'accomplissement de la prescription. • Crim. 26 sept. 2000, n° 99-86.348 P.

5. Il résulte des dispositions des art. 648 à 651 que, lorsque, par suite d'une cause extraordinaire, la minute d'un arrêt rendu en matière correctionnelle et non exécuté a été détruite et qu'il n'existe pas d'expédition ou de copie authentique pouvant y suppléer, la procédure est recommencée à partir du point où les pièces se trouvent manquer. Méconnaît ses obligations la cour d'appel qui, saisie à nouveau des poursuites contre un prévenu, par suite de la destruction ou de la disparition de la minute de l'arrêt frappé de pourvoi qu'elle a antérieurement rendu, oppose aux parties poursuivantes l'autorité de la chose jugée ou la prescription, alors au demeurant que l'existence d'un pourvoi et la mise en œuvre d'une procédure de reconstitution suspendent la prescription. • Crim. 29 mai 1997, n° 96-80.261 P.

Art. 649 **S'il existe une expédition ou copie authentique du jugement ou de l'arrêt, elle est considérée comme minute et en conséquence remise par tout officier public ou tout dépositaire au greffe de la juridiction qui a rendu la décision, sur l'ordre qui lui en est donné par le président de cette juridiction.**

Cet ordre lui sert de décharge.

Art. 650 **Lorsqu'il n'existe plus en matière criminelle d'expédition ni de copie authentique de l'arrêt, mais s'il existe encore la déclaration de la cour et du jury mentionnée sur la feuille de questions, comme il est dit à l'article 364, il est procédé, d'après cette déclaration, au prononcé d'un nouvel arrêt.**

Art. 651 **Lorsque la déclaration de la cour et du jury ne peut plus être représentée ou lorsque l'affaire a été jugée par contumace et qu'il n'en existe aucun acte par écrit, l'instruction est recommencée, à partir du point où les pièces se trouvent manquer.**

Il en est de même en toute autre matière, lorsqu'il n'existe plus d'expédition ni de copie authentique de la décision.

1. L'absence de pièces essentielles de la procédure, détruites par bombardement au cours de la transmission du dossier à la Cour de cassation, entraîne l'annulation de l'arrêt de la chambre des mises en accusation et de l'arrêt de condamnation. • Crim. 6 févr. 1947 : *D. 1947. 187.*

2. Lorsque le feuillet de la feuille de questions sur lequel doit figurer la déclaration de la cour et du jury concernant l'application de la peine n'existe pas dans le dossier, il y a lieu à annulation de l'arrêt de la cour d'assises, de la déclaration de la cour et du jury et des débats qui l'ont précédée. • Crim. 4 mai 1994, n° 93-83.674 P.

3. Il résulte des dispositions des art. 648 à 651 que, lorsque, par suite d'une cause extraordinaire, la minute d'un arrêt rendu en matière correctionnelle et non exécuté a été détruite et qu'il n'existe pas d'expédition ou de copie authentique pouvant y suppléer, la procédure est recommencée à partir du point où les pièces se trouvent manquer. • Crim. 29 mai 1997, n° 96-80.361 P : *Procédures 1997, n° 242, obs. Buisson.* ♦ Méconnaît ses obligations la cour d'appel qui, saisie à nouveau des poursuites contre un prévenu, par suite de la destruction ou de la disparition de la minute de l'arrêt – frappé de pourvoi – qu'elle a antérieurement rendu, oppose aux parties poursuivantes l'autorité de la chose jugée ou la prescription, alors au demeurant que l'existence d'un pourvoi et la mise en œuvre d'une procédure de reconstitution suspendent la prescription. • Même arrêt.

4. L'art. 651 ne saurait recevoir application lorsque les conclusions écrites auxquelles l'arrêt d'une cour d'appel porte référence n'existent pas dans le dossier et ne peuvent être représentées. • Crim. 15 juin 1994, n° 93-82.455 P.

5. Prescription. Les art. 648 et 651 qui imposent que l'instruction soit recommencée à partir du point où les pièces disparues manquent impliquent nécessairement la suspension de la prescription. • Crim. 26 sept. 2000, n° 99-86.348 P : *D. 2000. IR 263 ; D. 2001. Somm. 521, obs. Pradel.*

TITRE QUATRIÈME DE LA MANIÈRE DONT SONT REÇUES LES DÉPOSITIONS DES MEMBRES DU GOUVERNEMENT ET CELLES DES REPRÉSENTANTS DES PUISSANCES ÉTRANGÈRES

RÉP. PÉN. v° *Témoin*, par GIACOPELLI et JOSEPH-RATINEAU.

Art. 652 Le premier ministre et les autres membres du Gouvernement ne peuvent comparaître comme témoins qu'après autorisation du conseil des ministres, sur le rapport du garde des sceaux, ministre de la justice.

Cette autorisation est donnée par décret. — *Pr. pén. C. 762.*

(L. n° 2000-516 du 15 juin 2000, art. 35, en vigueur le 1er janv. 2001) « Les dispositions de cet article ne s'appliquent pas aux membres du Gouvernement entendus comme témoin assisté. »

Art. 653 Lorsque la comparution a lieu en vertu de l'autorisation prévue à l'article précédent, la déposition est reçue dans les formes ordinaires.

Art. 654 Lorsque la comparution n'a pas été demandée ou n'a pas été autorisée, la déposition est reçue par écrit dans la demeure du témoin, par le premier président de la cour d'appel ou, si le témoin réside hors du chef-lieu de la cour, par le président du tribunal judiciaire de sa résidence.

Il sera, à cet effet, adressé par la juridiction saisie de l'affaire, au magistrat ci-dessus désigné, un exposé des faits, ainsi qu'une liste des demandes et questions sur lesquels le témoignage est requis.

Une cour d'appel ne fait qu'user de son droit souverain d'appréciation en rejetant une demande tendant à la réception par écrit de la déposition d'un membre du gouvernement cité comme témoin et pour lequel le gouvernement n'a pas donné l'autorisation de comparaître. • Crim. 12 juin 1978, n° 77-93.679 P : *RSC 1979. 323, obs. Vitu.*

Art. 655 La déposition ainsi reçue est immédiatement remise au greffe ou envoyée, close et cachetée, à celui de la juridiction requérante et communiquée, sans délai, au ministère public ainsi qu'aux parties intéressées.

A la cour d'assises, elle est lue publiquement et soumise aux débats.

Art. 656 La déposition écrite d'un représentant d'une puissance étrangère est demandée par l'entremise du ministre des affaires étrangères. Si la demande est agréée, cette déposition est reçue par le premier président de la cour d'appel ou par le magistrat qu'il aura délégué.

Il est alors procédé dans les formes prévues aux articles 654, alinéa 2, et 655.

V. Décr. n° 71-284 du 29 mars 1971 (D. et BLD 1971. 175) portant publication de la Convention de Vienne sur les relations diplomatiques. — V. Décr. n° 71-288 du 29 mars 1971 (D. et BLD 1971. 180) portant publication de la Convention de Vienne sur les relations consulaires.

TITRE QUATRIÈME *BIS* DE LA MANIÈRE DONT SONT REÇUES LES DÉPOSITIONS DES PERSONNELS DE CERTAINS SERVICES OU UNITÉS SPÉCIALISÉS *(L. n° 2016-483 du 20 avr. 2016, art. 23).*

(L. n° 2011-267 du 14 mars 2011, art. 27-III)

Art. 656-1 Lorsque le témoignage d'un agent *(L. n° 2015-912 du 24 juill. 2015, art. 21-III)* « d'un service mentionné à l'article L. 811-2 du code de la sécurité intérieure ou d'un service désigné par le décret en Conseil d'État prévu à l'article L. 811-4 du même code » *(L. n° 2016-483 du 20 avr. 2016, art. 23)* « ou d'une personne mentionnée à l'article 413-14 du code pénal » est requis au cours d'une procédure judiciaire sur des faits dont il aurait eu connaissance lors d'une mission intéressant la défense et la sécurité nationale, son identité réelle ne doit jamais apparaître au cours de la procédure judiciaire.

Le cas échéant, son appartenance à l'un de ces services et la réalité de sa mission sont attestées par son autorité hiérarchique.

Les questions posées ne doivent avoir ni pour objet ni pour effet de révéler, directement ou indirectement, la véritable identité de cet agent. Les auditions sont reçues dans des conditions permettant la garantie de son anonymat.

(L. nº 2013-1168 du 18 déc. 2013, art. 14) « S'il est indiqué par l'autorité hiérarchique que l'audition requise, même effectuée dans les conditions d'anonymat indiquées aux premier et troisième alinéas, comporte des risques pour l'agent, ses proches ou son service, cette audition est faite dans un lieu assurant l'anonymat et la confidentialité. Ce lieu est choisi par le chef du service et peut être le lieu de service d'affectation de l'agent. »

Si une confrontation doit être réalisée entre une personne mise en examen ou comparaissant devant la juridiction de jugement et un agent mentionné au premier alinéa en raison des éléments de preuve à charge résultant de constatations personnellement effectuées par cet agent, cette confrontation est réalisée dans les conditions prévues par l'article 706-61.

Aucune condamnation ne peut être prononcée sur le seul fondement des déclarations recueillies dans les conditions prévues par le présent article.

(L. nº 2021-1729 du 22 déc. 2021, art. 14) « Le présent article est applicable au témoignage des agents étrangers affectés dans des services de police judiciaire spécialement chargés de la lutte contre le terrorisme sur des faits dont ils auraient eu connaissance à l'occasion de l'exercice de leurs fonctions. »

Art. 656-2 *(L. nº 2021-1729 du 22 déc. 2021, art. 14)* L'autorité judiciaire peut recueillir le témoignage d'experts d'organisations internationales ou utiliser un rapport qu'ils ont rédigé comme faisceau d'indices permettant d'établir l'élément matériel de l'infraction ou comme éléments permettant de contribuer à la manifestation de la vérité. La demande de témoignage est transmise par le ministre des affaires étrangères.

TITRE CINQUIÈME DES RÈGLEMENTS DE JUGES

RÉP. PÉN. v^is *Conflit*, par REDON ; *Règlement de juges*, par PERRIER.

BIBL. ▶ BONET, *JCP 1970. I. 2319*. – GUYÉNOT, *RSC 1963. 279*.

Art. 657 *(L. nº 85-1407 du 30 déc. 1985)* Lorsque deux juges d'instruction, appartenant à un même tribunal ou à des tribunaux différents, se trouvent simultanément saisis de la même infraction, le ministère public peut, dans l'intérêt d'une bonne administration de la justice, requérir l'un des juges de se dessaisir au profit de l'autre. Le dessaisissement n'a lieu que si les deux juges en sont d'accord. Si le conflit de compétence subsiste, il est procédé, selon les cas, conformément aux dispositions des articles 84, 658 ou 659.

1. L'hypothèse de l'art. 657 n'est pas réalisée lorsque, au moment de l'ordonnance de dessaisissement rendue par un juge d'instruction au profit d'un autre, ce dernier n'est pas encore saisi des infractions que concerne l'information ouverte dans le ressort du précédent, ni d'infractions connexes. • Crim. 16 janv. 1979, ⚖ nº 78-92.225 P : *D. 1979. IR 301 ; JCP 1980. II. 19380, note Remplon.*

2. En l'absence de décisions définitives contradictoires entre elles de juridictions d'instruction concurremment saisies, il n'existe pas de conflit positif rendant nécessaire la procédure de règlement de juges. • Crim. 18 mai 1966, ⚖ nº 66-90.952 P. ♦ En l'absence de décisions définitives contradictoires entre elles d'une juridiction de jugement et d'une juridiction d'instruction concurremment saisies, il n'existe pas de conflit positif rendant nécessaire la procédure de règlement de juges. • Crim. 14 déc. 2011, ⚖ nº 11-87.302 P.

3. Il n'existe aucun conflit négatif de juridiction lorsque la juridiction de jugement n'a pas été saisie par une ordonnance du juge d'instruction avec laquelle elle se trouverait en contradiction. • Crim. 16 juill. 1999, ⚖ nº 99-84.519 P.

Art. 658 Lorsque deux tribunaux correctionnels, deux juges d'instruction *(L. nº 2005-47 du 26 janv. 2005, art. 9-XXVIII, en vigueur le 1er avr. 2005)* « ou deux tribunaux de police » appartenant au même ressort de cour d'appel se trouvent saisis simultanément de la même infraction, il est réglé de juges par la chambre de l'instruction qui statue sur requête présentée par le ministère public *(L. nº 93-2 du 4 janv. 1993)* « ou les parties ». Cette décision est susceptible d'un recours en cassation. — *Pr. pén. C. 766.*

A compter du 1er juill. 2017, à la 1re phrase de l'art. 658 C. pr. pén., les mots : ", deux tribunaux de police ou deux juridictions de proximité" sont remplacés par les mots : "ou deux tribunaux de police" (L. n° 2011-1862 du 13 déc. 2011, art. 2-XIX et 70-I, mod. par L. n° 2012-1441 du 24 déc. 2012, L. n° 2014-1654 du 29 déc. 2014, art. 99 et L. n° 2016-1547 du 18 nov. 2016, art. 15).

V. aussi note au-dessus de l'art. 521.

Il n'y a lieu à règlement de juges que lorsqu'il existe un conflit de juridictions par suite duquel le cours de la justice se trouve interrompu ; ainsi, en l'absence de décision juridictionnelle des deux tribunaux correctionnels se déclarant saisis de la même infraction, il n'y a pas de conflit de compétence et la requête en règlement de juges est sans objet. • Crim. 6 avr. 2004, n° 03-86.415 P : *D. 2004. IR 1501 ; JCP 2004. IV. 2116.*

Art. 659 *(Ord. n° 60-529 du 4 juin 1960)* **Tous autres conflits de compétence sont portés devant la chambre criminelle de la Cour de cassation, laquelle est saisie par requête du ministère public** *(L. n° 93-2 du 4 janv. 1993)* **« ou des parties ». La Cour de cassation peut aussi, à l'occasion d'un pourvoi dont elle est saisie, régler de juges d'office et même par avance. Elle peut statuer sur tous actes faits par la juridiction qu'elle dessaisit.** — *Pr. pén. C. 767 à C. 770.*

1. La requête en règlement de juges est recevable même si l'une des deux décisions a été rendue par défaut, à condition qu'elle ait été régulièrement signifiée et qu'aucune opposition ou autre voie de recours n'étant intervenues dans le délai légal, elle ait acquis un caractère définitif. • Crim. 18 janv. 1930 : *Bull. crim. n° 25* • 19 mai 1950 : *Bull. crim. n° 168* • 16 nov. 1960 : *Bull. crim. n° 525.* ♦ V., dans le cas où l'une des décisions est frappée de pourvoi : • Crim. 20 déc. 1960 : *Bull. crim. n° 598.*

2. Il y a conflit négatif de juridiction nécessitant un règlement de juges lorsque la juridiction correctionnelle devant laquelle une ordonnance du juge d'instruction a renvoyé le prévenu s'est déclarée incompétente par le motif que celui-ci était domicilié et que les faits avaient été commis dans un autre arrondissement. • Crim. 18 nov. 1948 : *Bull. crim. n° 263.*

3. Lorsqu'une cour d'appel, après avoir annulé certains actes d'information, ne se déclare pas incompétente pour statuer sur le fond, il n'existe aucun conflit négatif de juridiction ; il n'y a donc pas lieu à règlement de juges. • Crim. 6 mars 1990, n° 89-84.508 P.

4. Il résulte de la combinaison des art. 658 et 659 que la Cour de cassation est seule compétente pour régler de juges en cas de conflit négatif, même si ce conflit a été créé par deux juridictions appartenant au même ressort de cour d'appel. • Crim. 13 déc. 1994, n° 94-82.281 P.

5. Il y a lieu à règlement de juges par avance lorsque, par l'effet de la cassation partielle d'un arrêt de la chambre d'accusation, deux tribunaux correctionnels peuvent se trouver saisis de la connaissance des faits délictueux indivisibles ou étroitement connexes. • Crim. 31 mai 1994, n° 93-82.380 P.

6. Il n'apparaît aucun conflit négatif de compétence lorsque, le juge de l'application des peines ayant saisi le tribunal correctionnel d'une requête en révocation de sursis avec mise à l'épreuve et le ministère public ayant fait citer le condamné devant ce tribunal siégeant à juge unique, ce dernier renvoie l'affaire devant la formation collégiale conformément à l'art. 398-2. • Crim. 3 juill. 1996, n° 96-82.725 P.

7. Faute d'avoir engagé devant la chambre criminelle de la Cour de cassation la procédure de règlement de juges prévue par l'art. 659, la personne mise en examen devant un juge d'instruction ne peut arguer de nullité la citation délivrée contre elle par le ministère public devant le tribunal correctionnel appartenant à un ressort différent, au motif qu'il s'agissait des mêmes faits. • Crim. 27 mars 1997, n° 96-82.890 P.

8. Si la cour d'assises se déclare incompétente pour juger un accusé au motif qu'il était mineur au moment des faits, elle ne peut renvoyer de sa seule autorité l'affaire devant la cour d'assises des mineurs mais doit saisir la chambre criminelle de la Cour de cassation en règlement de juges. • Crim. 15 mars 2006, n° 06.81.028 P : *D. 2006. 1185 ; AJ pénal 2006. 224.*

9. En application des dispositions de l'art. 181, si l'accusé est placé en détention provisoire à la date de l'arrêt de mise en accusation, le mandat de dépôt décerné contre lui conserve sa force exécutoire jusqu'à son jugement par la cour d'assises, quand bien même cet arrêt de mise en accusation serait considéré comme non avenu par suite d'une décision d'incompétence de la cour d'assises résultant d'un règlement de juges. • Crim. 8 oct. 2013, n° 13-85.014 P : *D. actu. 23 oct. 2013, obs. Bombled ; AJ pénal 2014. 43, obs. Perrier.* ♦ En effet, l'arrêt de règlement de juges n'a annulé l'arrêt de mise en accusation qu'en ce qu'il a renvoyé l'accusé devant une juridiction incompétente pour juger des faits dont elle était saisie. • Crim. 5 nov. 2013, nos 13-85.816 et 13-85.517.

Art. 660 *(Ord. n° 60-529 du 4 juin 1960)* **La chambre criminelle peut, avant de régler de juges, ordonner la communication de la requête aux parties. Dans ce cas, les pièces**

de la procédure lui sont transmises, dans le délai par elle fixé, avec les observations des intéressés, et le cours de la procédure est suspendu. – *Pr. pén. C. 771.*

1. Quand la Cour de cassation annule un arrêt de cour d'appel pour incompétence de la juridiction correctionnelle, il lui appartient, en renvoyant la cause et le prévenu devant une autre cour d'appel, de régler de juges d'ores et déjà pour le cas où la cour de renvoi déclarerait, elle aussi, la juridiction correctionnelle incompétente, l'ordonnance du juge d'instruction et l'arrêt rendu sur renvoi créant alors un conflit de juridictions qu'il importe de faire cesser par avance. • Crim. 2 août 1929 : *DP 1929. 1. 158.*

2. Le renvoi doit être ordonné devant la chambre des mises en accusation de la cour qui a prononcé l'arrêt annulé, laquelle, au vu de l'instruction déjà faite, et, s'il y a lieu, de tout supplément d'information, statuera tant sur la compétence que sur la prévention. • Même arrêt. ♦ V. aussi : • Crim. 14 janv. 1943 : *DC 1943. 77, note Mimin.*

3. La chambre d'accusation ne peut donc, attribuant inexactement à l'arrêt de règlement de juges un caractère définitif, refuser de statuer sur le déclinatoire de compétence proposé par le procureur général. • Crim. 13 juill. 1950 : *D. 1950. 648.*

4. Il n'y a lieu à règlement de juges que lorsqu'il existe un conflit de juridictions par suite duquel le cours de la justice se trouve interrompu ; spécialement, lorsque la juridiction correctionnelle, saisie par voie de citation directe, se déclare incompétente par le motif que le fait poursuivi aurait le caractère d'un crime, il n'y a pas lieu à règlement de juges mais à renvoi devant le juge d'instruction. • Crim. 23 mai 1925 : *DH 1925. 408* • 11 janv. 1977, n° 76-93.325 P • 16 juill. 1999, n° 99-84.519 P. ♦ Il n'y a pas davantage conflit donnant lieu à règlement de juges lorsqu'une cour statuant sur l'appel d'un tribunal correctionnel s'est déclarée incompétente au motif que les faits constitueraient un crime. • Crim. 11 févr. 1977 : *D. 1977. IR 114.*

5. Mais il y a conflit négatif de juridiction nécessitant un règlement de juges lorsque la juridiction correctionnelle devant laquelle une ordonnance du juge d'instruction a renvoyé le prévenu s'est déclarée incompétente au motif que les faits, à les supposer établis, constitueraient un crime, l'ordonnance et l'arrêt étant passés en force de chose jugée. • Crim. 27 avr. 1988, n° 88-82.312 P.

6. Sur le règlement de juge en cas d'une infraction commise en plusieurs lieux : • Crim. 26 févr. 1969, n° 68-90.002 P : *D. 1969. 324.* ♦ ... En cas de conflit entre un tribunal correctionnel et un tribunal maritime commercial : • Crim. 6 févr. 1980, n° 79-92.350 P : *RSC 1980. 1005, obs. J. Robert.* ♦ ... En cas de conflit entre un juge d'instruction et une chambre d'accusation : • Crim. 3 oct. 1975, n° 75-92.590 P.

7. Il résulte de l'ord. du 10 sept. 1817 et de l'art. 4 de la loi du 31 déc. 1971, portant réforme de certaines professions judiciaires et juridiques, que seuls les avocats au Conseil d'État et à la Cour de cassation peuvent représenter et assister les parties devant la Cour de cassation. En application de ces textes, les parties qui souhaitent présenter leurs observations, en application de l'art. 660, devant la Cour de cassation saisie d'une procédure de règlement de juges ne peuvent le faire que par le ministère d'un avocat à la Cour de cassation et au Conseil d'État. • Crim. 26 oct. 2011, n° 11-87.302 P.

Art. 661 *(Ord. n° 60-529 du 4 juin 1960)* **L'arrêt portant règlement de juges est signifié aux parties intéressées. Celles-ci peuvent, hors le cas où la communication de la requête a été ordonnée, former opposition à cet arrêt, par acte reçu au greffe du lieu où siège l'une des juridictions en conflit, dans les formes et délais du pourvoi en cassation.**

L'opposition emporte effet suspensif si la chambre criminelle en décide ainsi.

L'opposition est jugée **dans les quinze jours de l'arrivée des pièces au greffe de la Cour de cassation. Si l'opposition est rejetée, la chambre criminelle peut condamner le demandeur à une amende civile de 15 €.** – *Pr. pén. C. 772.*

1. Il résulte de la combinaison des art. 661 et 679 que l'arrêt de la chambre criminelle portant désignation de juridiction n'a pas à être signifié à la personne qui, simplement susceptible d'être inculpée, n'est ni accusée, ni partie au procès, et n'a donc pas la qualité de partie intéressée. • Crim. 27 juin 1989, n° 88-87.092 P. ♦ V. cep. : • Crim. 5 févr. 1985, n° 83-94.970 P.

2. Est irrecevable l'opposition à un arrêt de la Cour de cassation statuant sur une requête présentée conformément aux dispositions des art. 679 s., cas dans lequel il n'y a pas de conflit de compétence entre deux juridictions. • Crim. 7 oct. 1991, n° 91-83.148 P.

3. Lorsqu'un conflit négatif de compétence entre un tribunal de police et un tribunal correctionnel a été réglé par la Cour de cassation au profit du tribunal correctionnel, cette décision, justifiée au regard des dispositions de l'art. 466, ne peut être contestée par voie d'opposition formée en application de l'art. 661. • Crim. 21 oct. 1998, n° 98-80.775 P.

TITRE SIXIÈME DES RENVOIS D'UN TRIBUNAL À UN AUTRE

RÉP. PÉN. v° *Renvoi*, par AGOSTINI.

BIBL. ▶ KOERING-JOULIN, *Justices 1998, n° 10, p. 1.* – MARON, *Dr. pénal 1995. Chron. 34, 39 et 44.*

Art. 662 **En matière criminelle, correctionnelle ou de police, la chambre criminelle de la Cour de cassation peut dessaisir toute juridiction d'instruction ou de jugement et renvoyer la connaissance de l'affaire à une autre juridiction du même ordre** *(Abrogé par L. n° 93-2 du 4 janv. 1993)* ***« , soit si la juridiction normalement compétente ne peut être légalement composée, ou si le cours de la justice se trouve autrement interrompu, soit »*** **pour cause de suspicion légitime.**

La requête aux fins de renvoi peut être présentée soit par le procureur général près la Cour de cassation, soit par le ministère public établi près la juridiction saisie, *(L. n° 93-2 du 4 janv. 1993)* **« soit par les parties ».**

La requête doit être signifiée à toutes les parties intéressées qui ont un délai de dix jours pour déposer un mémoire au greffe de la Cour de cassation.

La présentation de la requête n'a point d'effet suspensif à moins qu'il n'en soit autrement ordonné par la Cour de cassation.

(Abrogé par L. n° 93-2 du 4 janv. 1993) (Ord. n° 60-529 du 4 juin 1960) ***« Le procureur général près la Cour de cassation peut aussi et dans les mêmes formes demander à la chambre criminelle le renvoi d'une affaire d'une juridiction à une autre dans l'intérêt d'une bonne administration de la justice. »*** *— Pr. pén. C. 773 à C. 775.*

(Abrogé par L. n° 89-461 du 6 juill. 1989) (Ord. n° 60-529 du 4 juin 1960) ***« En cas de rejet d'une demande de renvoi pour cause de suspicion légitime, la chambre criminelle peut ordonner le renvoi dans le même intérêt d'une bonne administration de la justice. »***

TOM : 861.

1. Formalités. Les témoins assistés sont des parties intéressées au sens de l'art. 662. A peine d'irrecevabilité, la requête en renvoi pour cause de suspicion légitime doit donc leur être signifiée. • Crim. 30 mai 2012, n° 12-83.749 P.

2. Procédure. La désignation d'une juridiction d'instruction par la Cour de cassation, en application de l'art. 662, entraîne la compétence de la juridiction de jugement. • Crim. 5 avr. 1960 : *Bull. crim. n° 208* • 24 avr. 1975, n° 74-93.423 P.

3. Le renvoi d'une juridiction à une autre juridiction ne peut avoir pour effet de rendre inexistants les actes de procédure valablement faits antérieurement à l'arrêt de dessaisissement de la Cour de cassation. • Crim. 26 mars 1985, n° 83-94.510 P.

4. La requête en suspicion légitime doit viser une juridiction et non un magistrat nommément désigné. • Crim. 29 janv. 1948 : *Bull. crim. n° 40* • 25 nov. 1976, n° 76-92.090 P : *RSC 1977. 603, obs. J. Robert.* ♦ ... Une juridiction actuellement saisie et non les juridictions susceptibles d'intervenir postérieurement. • Crim. 19 mai 1967, n° 66-93.370 P. ♦ Sur les notions de récusation ou de suspicion légitime, V. ss. art. 668.

5. Les requêtes en suspicion légitime ne sont pas recevables contre les militaires de la gendarmerie et le ministère public. • Crim. 7 avr. 1976, n° 75-92.601 P : *RSC 1976. 991, obs. J. Robert* • 27 janv. 1993, n° 92-85.300 P.

6. N'est pas recevable la requête aux fins de dessaisissement et de renvoi pour cause de suspicion légitime présentée par le conseil de l'inculpé. • Crim. 5 sept. 1988, n° 88-84.081 P. ♦ ... Ni celle aux fins de dessaisissement et de renvoi pour cause de suspicion légitime présentée par le conseil du requérant s'il n'est pas avocat aux Conseils. • Crim. 14 nov. 2012, n° 12-86.954 P : *D. 2013. Pan. 1993, obs. Pradel.*

7. Est irrecevable le moyen de cassation qui reproche à une chambre d'accusation d'avoir refusé d'annuler l'ordonnance de dessaisissement d'un juge d'instruction au profit de celui d'un autre tribunal saisi de faits connexes, en raison du manque d'impartialité du second, dès lors que le dessaisissement pour un tel motif ne peut intervenir que suivant la procédure spéciale instituée par la loi à cet effet. • Crim. 3 mai 2000, n° 99-83.350 P.

8. La procédure particulière aux requêtes en dessaisissement pour cause de suspicion légitime commande que les débats, qui sont, par leur nature, susceptibles de porter atteinte à l'ordre public ou aux intérêts de la justice, aient lieu en chambre du conseil. • Crim. 20 sept. 1989, n° 89-83.954 P : *RSC 1990. 113, obs. Braunschweig.*

9. La délivrance d'un mandat d'arrêt par le juge d'instruction, au cours de l'information et avant tout interrogatoire, ne confère pas à celui qui en est l'objet la qualité de personne mise en examen et, par voie de conséquence, celle de partie au sens de l'art. 662. Est, dès lors, irrecevable la requête aux fins de renvoi pour cause de suspicion légitime présentée par une personne faisant l'objet d'un mandat d'arrêt, au cours d'une information. • Crim. 28 avr. 2011, n° 10-87.750 P : *D. actu. 10 juin 2011, obs. Bombled ; D. 2011. Actu. 1563 ; ibid. Pan. 2237, obs. Pradel .*

10. Notion de suspicion légitime. La connexité existant entre deux affaires, dont l'une a fait l'objet d'un renvoi à une autre juridiction pour cause de suspicion légitime, justifie à elle seule le renvoi de la seconde devant cette même juridiction. • Crim. 3 nov. 1994, n° 94-84.753 P.

11. Si deux chambres civiles d'une cour d'appel ont, en application de l'art. R. 212-5 COJ *[V. art. R. 312-9 nouv.]*, statué à l'égard d'un avocat dans une instance disciplinaire, cette circonstance n'est pas de nature à faire naître un doute, tant au regard de l'art. 662 que de l'art. 6, § 1, Conv. EDH, sur l'impartialité d'une autre chambre de la même cour d'appel qui doit le juger en matière pénale pour les mêmes faits, dès lors que cette juridiction sera composée de magistrats qui n'ont pas connu de la procédure disciplinaire. • Crim. 24 janv. 1996, n° 96-80.266 P.

12. Constitue un motif suffisant de suspicion légitime l'hostilité manifestée publiquement par un juge d'instruction à l'égard d'un inculpé. • Crim. 21 août 1990, n° 90-84.352 P : *RSC 1991. 375, obs. Braunschweig* . ♦ ... Ou un refus d'informer injustifié. • Crim. 4 mars 1998, n° 97-86.544 P : *Dr. pénal 1998. Comm. 150, obs. Maron* • Crim. 5 janv. 2005, n° 04-86.947 P : *AJ pénal 2005. 162, obs. Leblois-Happe* . ♦ Une chambre d'accusation ne peut confirmer l'ordonnance de refus d'informer d'un juge d'instruction mis en cause dans une plainte avec constitution de partie civile en se basant sur l'absence de dépôt de requête en suspicion légitime auprès de la Cour de cassation car un magistrat visé dans une telle plainte ne saurait statuer sur celle-ci sans faire naître un doute sur son impartialité en violation de l'art. 6 Conv. EDH. • Crim. 16 mai 2000, n° 99-85.444 P : *D. 2000. IR 198* .

13. A les supposer établis, des faits étrangers à la conduite de l'action pénale concernant la procédure en cours, en l'espèce les conditions déloyales dans lesquelles l'action pénale aurait été exercée contre le demandeur, au cours d'une précédente poursuite devant la même juridiction, ne constituent pas un motif de dessaisissement pour cause de suspicion légitime. • Crim. 20 mars 1996, n° 96-81.215 P.

14. Il n'existe pas de motifs de renvoi pour cause de suspicion légitime lorsqu'un juge d'instruction, qui envisage la mise en examen d'une personne bénéficiant de l'immunité parlementaire, rend, pour obtenir la levée de cette immunité, une ordonnance dans laquelle il relève des indices graves et concordants laissant penser que la personne poursuivie a participé aux faits dont il est régulièrement saisi. • Crim. 10 juill. 1996, n° 96-82.640 P.

15. Exigences du procès équitable. Est objectivement de nature à faire naître un doute sur l'impartialité de la juridiction, selon l'art. 6 Conv. EDH, et constitue, dès lors, un motif de dessaisissement pour cause de suspicion légitime, au sens de l'art. 662, la circonstance que l'assemblée générale des magistrats d'un tribunal a adopté une motion de soutien à l'un de ses membres, constitué partie civile dans une procédure pendante devant ce tribunal. • Crim. 3 nov. 1994, n° 94-84.752 P : *Dr. pénal 1995, n° 27, obs. Maron.* ♦ Il en est de même, lorsqu'un juge d'instruction a à instruire sur les faits dénoncés par la partie civile après avoir opposé à celle-ci un refus d'informer injustifié. • Crim. 4 mars 1998, n° 97-86.544 P. ♦ ... Ou lorsque le magistrat instructeur, contre lequel une plainte avec constitution de partie civile a été déposée, a rendu une ordonnance de refus d'informer. • Crim. 16 mai 2000, n° 99-85.444 P.

16. Les circonstances de l'espèce dans lesquelles ont été exercées des poursuites, sur la dénonciation d'un magistrat du Parquet se présentant comme victime des faits, sont de nature, non à faire douter de l'indépendance des membres du tribunal, mais à faire craindre que la juridiction ayant à décider du bien-fondé de l'accusation n'offre pas les garanties suffisantes d'impartialité, selon l'art. 6 Conv. EDH et constituent dès lors, un motif de dessaisissement pour cause de suspicion légitime, au sens de l'art. 662. • Crim. 30 nov. 1994, n° 94-85.539 P : *Dr. pénal 1995, n° 56, obs. Maron ; D. 1995. Somm. 323, obs. Pradel* .

17. La seule circonstance qu'un juge d'instruction soit le conjoint d'un magistrat du ministère public exerçant ses fonctions près le même tribunal n'est pas de nature à faire naître un doute objectivement justifié quant à son impartialité dès lors qu'il n'est pas établi que son conjoint soit intervenu directement ou indirectement dans le déroulement de l'information. • Crim. 14 janv. 2003, n° 02-87.062 P.

18. Le demandeur ne saurait mettre en cause devant la Cour de cassation l'impartialité des juges composant le tribunal correctionnel et la chambre des appels correctionnels, dès lors qu'il n'a pas usé de la possibilité d'en obtenir le respect en présentant une requête en suspicion légitime sur le fondement de l'art. 662. • Crim. 9 sept. 2009, n° 08-87.312 • Crim. 5 avr. 2018, n° 17-83.166 P.

19. Le demandeur ne saurait se faire un grief de ce que la chambre de l'instruction n'a pas répondu à son mémoire excipant de la nullité de l'ordonnance de refus d'informer et d'irrecevabilité de constitution de partie civile, en raison du défaut d'impartialité du juge d'instruction, dès lors qu'il résulte des pièces de la procédure que les griefs sont allégués, à l'encontre de « tous magistrats du siège et du parquet de la cour d'appel de Colmar, instruction comprise » et qu'ils ne pouvaient, dès lors, en l'absence d'articulation de faits précis, s'analyser en une mise en cause personnelle du magistrat instructeur, de nature à faire naître un doute justifié sur son impartialité. • Crim. 1er juill. 2009, n° 08-87.080.

Art. 663 *(L. n° 85-1407 du 30 déc. 1985)* **Lorsque deux juges d'instruction, appartenant à un même tribunal ou à des tribunaux différents, se trouvent simultanément saisis d'infractions connexes ou d'infractions différentes** *(L. n° 93-2 du 4 janv. 1993)* **« en raison desquelles une même personne ou les mêmes personnes sont mises en examen », le ministère public peut, dans l'intérêt d'une bonne administration de la justice et nonobstant les dispositions des articles 43, 52 et 382, requérir l'un des juges de se dessaisir au profit de l'autre. Le dessaisissement a lieu si les deux juges en sont d'accord. En cas de désaccord, il est fait application, s'il y a lieu, des dispositions de l'article 664.**

Dernier al. abrogé par L. n° 2004-204 du 9 mars 2004.

1. La juridiction d'instruction n'est pas compétente pour mettre en œuvre la procédure de dessaisissement prévue par l'art. 663, dont l'initiative est réservée au seul ministère public. Encourt la cassation l'arrêt de la chambre de l'instruction qui énonce notamment que, si l'art. 663 a pour objet d'autoriser, de manière exceptionnelle, le ministère public à requérir le dessaisissement d'un juge d'instruction, cette disposition n'exclut pas que le juge d'instruction puisse prendre l'initiative de ce dessaisissement ou y procède malgré des réquisitions contraires. • Crim. 31 mars 2009, n° 08-88.226 P : *RSC 2009. 857, obs. Finielz ; D. 2009. AJ 1280, note Léna ; AJ pénal 2009. 272, obs. Ascensi ; Dr. pénal 2009, n° 87, obs. Maron et Haas ; ibid. 2010. Chron. 1, obs. Guérin ; Procédures 2009, n° 249, obs. Buisson.* ♦ ... La seule absence d'opposition manifestée par le procureur de la République ne pouvant s'analyser en des réquisitions de dessaisissement. • Crim. 21 sept. 2016, n° 16-82.635 P : *D. actu. 10 oct. 2016, obs. Fucini.*

2. La chambre d'accusation, saisie de l'appel interjeté par le ministère public contre une ordonnance du juge d'instruction qui a refusé de faire droit à des réquisitions fondées sur l'art. 663, est compétente pour se prononcer sur le bien-fondé de cette décision et, dans le cas où elle l'infirme, pour ordonner elle-même le dessaisissement ; faute d'accord, il y aura lieu, le cas échéant, à l'utilisation de la procédure prévue par l'art. 664. • Crim. 4 oct. 1988, n° 88-83.389 P. ♦ V. aussi notes ss. art. 706-78.

3. L'art. 663 ne subordonne pas le dessaisissement à l'inculpation préalable des personnes soupçonnées ; il est applicable à une procédure suivie contre personne non dénommée. • Crim. 12 juin 1990, n° 90-81.775 P.

4. *Il existe un conflit négatif* de compétence, qu'il appartient à la chambre criminelle de la Cour de cassation de faire cesser en réglant de juges, entre, d'une part, l'ordonnance de dessaisissement, rendue par application de l'art. 663 au profit d'un juge d'instruction déjà saisi d'infractions connexes ou d'infractions différentes mais imputées aux mêmes inculpés et, d'autre part, l'arrêt de la chambre d'accusation, lui aussi définitif, qui déclare ce magistrat incompétent pour connaître des faits, objet de l'ordonnance de dessaisissement, au motif que cette décision aurait été suivie de réquisitions supplétives entachées de nullité. • Crim. 5 févr. 1992, n° 91-85.387 P. ♦ L'ordonnance de dessaisissement, prévue par l'art. 663, lorsqu'elle est devenue définitive, est de plein droit attributive de compétence au profit du juge d'instruction qui a accepté d'être saisi, sans qu'il y ait lieu à réquisitions supplétives de la part du procureur de la République du siège de ce magistrat ; la nullité de telles réquisitions, si elles ont été prises, est dès lors sans incidence sur la régularité des actes d'information accomplis postérieurement. • Même arrêt.

5. Le dessaisissement d'un juge d'instruction, requis par le procureur de la République de son siège, a lieu de plein droit en cas d'accord entre ce magistrat et l'autre juge d'instruction déjà saisi des mêmes faits ou de faits connexes, sans que de nouvelles réquisitions du ministère public soient nécessaires. • Crim. 27 févr. 1995, n° 94-82.099 P.

6. N'encourt pas la cassation la chambre d'accusation, qui, pour se dessaisir d'une information en cours au profit d'un juge d'instruction, relève que celui-ci est saisi des mêmes faits ou de faits connexes, sans constater que ce sont les mêmes personnes qui sont mises en examen dans les deux procédures. • Crim. 9 déc. 1997, n° 96-86.607 P. ♦ C'est à bon droit que la chambre d'accusation a confirmé le dessaisissement d'un juge d'instruction au profit d'un autre dès lors qu'elle constate que les deux juges étaient saisis d'infractions connexes comme ayant été réputées commises aux différents stades d'une même procédure. • Crim. 3 mai 2000, n° 99-83.350 P.

7. Une commission rogatoire délivrée par un juge d'instruction dans une procédure dont il a été saisi en application de l'art. 663 est régulière dès lors qu'il a donné son accord à sa saisine. • Crim. 6 févr. 1996, n° 95-85.710 P. ♦ De même, le JLD du tribunal du juge d'instruction saisi en application de l'art. 663 est compétent pour statuer sur la prolongation de la détention provisoire du mis en examen dès lors que le dessaisissement du juge d'instruction n'a été remis en cause ni par l'arrêt de la chambre d'instruction saisie de l'appel de l'ordonnance de dessaisissement ni par la décision de la Cour de cassation. • Crim. 8 juin 2005, n° 05-82.070 P : *JCP 2005. IV. 2690.*

8. Sont simultanément saisis d'infractions connexes justifiant le dessaisissement de l'un au profit de l'autre en application de l'art. 663 deux juges d'instruction chargés d'informer sur des infractions qui auraient été commises, les unes lors de l'enquête, d'autres au cours de l'instruction, d'autres à l'occasion du jugement d'une même procédure. • Crim. 3 mai 2000, n° 99-83.350 P. ♦ Est irrecevable le moyen de cassation qui reproche à une chambre d'accusation d'avoir refusé d'annuler l'ordonnance de dessaisissement d'un juge d'instruction au profit de celui d'un autre tribunal saisi de faits connexes, en raison du manque d'impartialité du second, dès lors que le dessaisissement pour un tel motif ne peut intervenir que suivant la procédure spéciale instituée par la loi à cet effet. • Même arrêt.

Art. 664 *(L. n° 93-2 du 4 janv. 1993)* **« Lorsqu'une personne mise en examen ou un prévenu est détenu provisoirement en vertu d'une décision prescrivant la détention »** *(L. n° 85-1407 du 30 déc. 1985)* **ou en exécution d'une condamnation, le ministère public peut, dans l'intérêt d'une bonne administration de la justice, notamment pour éviter le transfèrement du détenu, requérir le renvoi de la procédure de la juridiction d'instruction ou de jugement saisie à celle du lieu de détention. Il est procédé comme en matière de règlement de juges.**

Une demande de renvoi de la connaissance d'une affaire à la juridiction proche du lieu de détention n'est recevable qu'à condition qu'une juridiction se trouve effectivement saisie. • Crim. 4 sept. 1991, n° 91-84.509 P.

Art. 665 *(L. n° 93-2 du 4 janv. 1993)* **« Le renvoi d'une affaire d'une juridiction à une autre peut être ordonné » pour cause de sûreté publique par la chambre criminelle, mais seulement à la requête du procureur général près la Cour de cassation.** — *Pr. pén. C. 780.*

(L. n° 93-2 du 4 janv. 1993) **« Le renvoi peut également être ordonné, dans l'intérêt d'une bonne administration de la justice, par la chambre criminelle, soit sur requête du procureur général près la Cour de cassation, soit sur requête du procureur général près la cour d'appel dans le ressort de laquelle la juridiction saisie a son siège, agissant d'initiative ou sur demande des parties.**

(L. n° 2011-1862 du 13 déc. 2011, art. 66) **« La requête mentionnée au deuxième alinéa doit être signifiée à toutes les parties intéressées, qui ont un délai** *(L. n° 2016-731 du 3 juin 2016, art. 98)* **« d'un mois » pour déposer un mémoire au greffe de la Cour de cassation. »**

« Dans les dix jours de la réception de la demande et s'il n'y donne pas suite, le procureur général près la cour d'appel informe le demandeur des motifs de sa décision. Ce dernier peut alors former un recours devant le procureur général près la Cour de cassation qui, s'il ne saisit pas la chambre criminelle l'informe des motifs de sa décision.

« La chambre criminelle statue dans les huit jours de la requête. »

1. En matière répressive, la compétence des juridictions est d'ordre public ; il résulte de l'article 665, al. 2, qu'une juridiction ne peut être valablement saisie dans l'intérêt d'une bonne administration de la justice que par la chambre criminelle de la Cour de cassation. • Crim. 9 déc. 2014 : *D. actu. 21 janv. 2015, obs. Priou-Alibert.*

2. En application de l'art. 23-5 de l'Ord. n° 58-1067 du 7 nov. 1958, la question prioritaire de constitutionnalité ne peut être posée devant la Cour de cassation qu'à l'occasion d'un pourvoi ; dès lors, est irrecevable une telle question posée à l'occasion d'une requête en renvoi dans l'intérêt d'une bonne administration de la justice. • Crim. 16 déc. 2014, n° 14-88.038 P : *Dr. pénal 2015, n° 59, note Maron et Haas.*

3. Dès lors qu'aucune juridiction de son ressort n'est saisie d'une affaire, un procureur général ne saurait invoquer les dispositions de l'art. 665, al. 2, prévoyant le dessaisissement dans l'intérêt d'une bonne administration de la justice. • Crim. 17 mars 1993, n° 93-81.040 P. ♦ V., dans le même sens : • Crim. 24 févr. 1993, n° 93-80.462 P : *RSC 1994. 125, obs. Braunschweig.* ♦ N'encourt pas la censure l'arrêt d'une cour d'appel qui rejette la demande de sursis à statuer présentée lors des débats par un prévenu, au motif que le procureur général près la même cour n'avait pas encore répondu à la demande qu'il avait formulée dans l'intérêt d'une bonne administration de la justice aux fins de renvoi de la procédure devant une autre juridiction, dès lors qu'aucune décision de renvoi effective n'était intervenue. • Crim. 2 oct. 2012, n° 12-80.419 P.

4. Est irrecevable la requête du procureur général près d'une cour d'appel qui, dans l'intérêt d'une bonne administration de la justice, demande le renvoi d'une procédure devant une cour d'assises autre que celle qui a été désignée par l'arrêt de mise en accusation, dès lors que cet arrêt, en raison des pourvois en cassation dont il fait l'objet, n'est pas définitif et que son annulation éventuelle pourrait être étendue, par application de l'art. 612-1, aux parties qui ne se sont pas pourvues. • Crim. 10 mai 1995, n° 95-82.472 P. ♦ La chambre criminelle doit surseoir à statuer jusqu'à ce que soit rendue sa décision sur les pourvois dont elle est par ailleurs saisie. • Même arrêt.

5. Doit être rejetée la requête présentée à la demande de parties civiles qui sollicitent le renvoi de l'affaire devant une juridiction de leur choix, dans l'intérêt d'une bonne administration de la justice, sans invoquer aucun motif pouvant justifier le dessaisissement de la juridiction régulièrement saisie. • Crim. 3 nov. 1993, n° 93-84.934 P.

6. La mise en cause d'un magistrat dans une plainte avec constitution de partie civile n'est pas à elle seule de nature à justifier le dessaisissement, dans l'intérêt d'une bonne administration de la justice, de la juridiction d'instruction régulièrement saisie de la procédure. • Crim. 21 sept. 1993, n° 93-84.156 P.

7. Ne constitue pas à elle seule une cause de dessaisissement de la juridiction saisie et de renvoi à une autre juridiction, dans l'intérêt d'une bonne administration de la justice, la circonstance que l'inculpé réside en métropole alors que l'information est suivie dans un territoire d'outre-mer où les faits ont été commis et où est situé le domicile de la partie civile, le magistrat instructeur pouvant agir par commission rogatoire. • Crim. 6 oct. 1993, n° 93-82.506 P : *Dr. pénal déc. 1993, n° 273, obs. Maron.*

8. La désignation d'une juridiction d'instruction par la Cour de cassation emporte, pour le jugement de l'affaire, la compétence de la cour d'assises du département où l'instruction a été faite. • Crim. 8 janv. 1997, n° 96-84.882 P. ♦ Eu égard à sa désignation par arrêt de la chambre criminelle de la Cour de cassation et au rejet de la requête en renvoi dans l'intérêt d'une bonne administration de la justice, fondée sur la partialité supposée du président, devant une autre juridiction décidé par le procureur général de la cour d'appel, confirmé par le procureur général près la Cour de cassation, la cour d'assises est compétente pour connaître des faits reprochés à l'accusé. • Crim. 24 juin 2015, n° 14-84.221 P : *D. actu. 9 juill. 2015, obs. Fucini ; Dr. pénal 2015, n° 116, note Maron et Haas.*

9. N'est pas recevable l'opposition d'un arrêt de la Cour de cassation ayant dessaisi une cour d'assises au profit d'une autre, dans l'intérêt d'une bonne administration de la justice, conformément aux dispositions de l'art. 665. • Crim. 8 janv. 1998, n° 97-85.557 P.

10. La requête tendant au renvoi d'une affaire dans l'intérêt d'une bonne administration de la justice doit être notifiée à chacune des parties, celles-ci devant être informées de leur droit de déposer un mémoire au greffe de la Cour de cassation dans le délai de huit jours suivant la notification. • Crim. 2 sept. 2010, n° 10-86.257 P. ♦ La requête du procureur général, tendant au renvoi d'une information devant une autre juridiction dans l'intérêt d'une bonne administration de la justice, doit être signifiée à la personne, qui a été nommément visée dans le réquisitoire introductif. • Crim. 17 mai 2011, n° 11-83.617 P.

Art. 665-1 *(L. n° 93-2 du 4 janv. 1993)* **Le renvoi peut encore être ordonné par la chambre criminelle si la juridiction normalement compétente ne peut être légalement composée ou si le cours de la justice se trouve autrement interrompu.**

La requête aux fins de renvoi peut être présentée, soit par le procureur général près la Cour de cassation, soit par le ministère public établi près la juridiction saisie.

La requête doit être signifiée à toutes les parties intéressées qui ont un délai de dix jours pour déposer un mémoire au greffe de la Cour de cassation.

La chambre criminelle statue dans les quinze jours de la requête.

Selon les art. 5 et 321, 4°, CJM, lorsqu'un tribunal aux armées a cessé de fonctionner, les affaires de la compétence de ce tribunal sont renvoyées, suivant les règles prévues à l'art. 665-1, à une *juridiction* de même degré ; c'est ainsi qu'une demande en rectification d'une erreur matérielle, présentée par une personne résidant à l'étranger, concernant une décision rendue par une juridiction militaire supprimée ayant siégé en Algérie, est renvoyée devant le tribunal des forces armées de Paris. • Crim. 1er déc. 1993, n° 93-93.230 P.

Art. 666 **Tout arrêt qui a statué sur une demande en renvoi pour l'une des causes précitées sera signifié aux parties intéressées à la diligence du procureur général près la Cour de cassation.**

Art. 667 *(L. n° 93-2 du 4 janv. 1993)* **L'arrêt qui a rejeté une demande en renvoi pour sûreté publique, pour les motifs énoncés au premier alinéa de l'article 665-1,**

pour suspicion légitime ou dans l'intérêt d'une bonne administration de la justice n'exclut pas une nouvelle demande en renvoi fondée sur des faits survenus depuis.

1. Jurisprudence antérieure à la loi du 4 janv. 1993. L'impossibilité pour un tribunal de se constituer par suite de la récusation de tous ses membres doit être assimilée, au point de vue des pouvoirs de la Cour de cassation, au cas de conflit négatif pour suspicion légitime. • Crim. 4 mai 1907 : *DP 1910. 1. 383.* ♦ Comp. : • Civ. 2 juill. 1934 : *DH 1934. 474.* ♦ Mais lorsque ces récusations n'ont eu pour but que de soustraire le prévenu à la juridiction légalement compétente, il appartient à la Cour de cassation de le renvoyer, non devant un autre tribunal, mais devant celui-là même qui avait été antérieurement saisi. • Mêmes arrêts.

2. Les art. 368 s. C. pr. civ. relatifs aux demandes en renvoi pour parenté ou alliance, ne sont pas applicables en matière correctionnelle ; ces demandes doivent être portées devant la Cour de cassation et instruites et jugées conformément aux art. 542 s. C. instr. crim. (art. 662 s.). • Crim. 12 janv. 1884 : *DP 1885. 1. 426.*

3. La requête en récusation de tous les magistrats d'une chambre de la Cour de cassation ayant siégé dans une affaire antérieure, constitue en réalité une demande de renvoi pour cause de suspicion légitime ; et aucune disposition légale ne permet d'appliquer cette procédure à la Cour de cassation. • Crim. 15 juin 1934 : *DH 1934. 415.* ♦ Mais la requête par laquelle un inculpé reproche à un membre de la chambre d'accusation des manifestations faisant suspecter son impartialité constitue, non une requête en suspicion légitime, mais une requête en récusation qui doit être présentée au premier président de la cour d'appel. • Crim. 25 nov. 1976, n° 76-96.090 P.

Art. 667-1 *(L. n° 99-515 du 23 juin 1999)* **Si la juridiction normalement compétente ne peut être composée en raison de l'existence des incompatibilités prévues par la loi, le premier président de la cour d'appel peut ordonner le renvoi devant la juridiction limitrophe située dans le ressort de cette cour et désignée par l'ordonnance prévue au dernier alinéa du présent article.**

La requête aux fins de renvoi est présentée par le procureur de la République de la juridiction saisie.

Elle est signifiée à toutes les parties intéressées, qui ont un délai de dix jours pour présenter leurs observations auprès du premier président.

Celui-ci statue dans les quinze jours de la requête. Sa décision constitue une mesure d'administration judiciaire qui n'est pas susceptible de recours.

Après avis des présidents des tribunaux judiciaires concernés et du procureur général, le premier président prend chaque année une ordonnance indiquant, pour chacune des juridictions de son ressort, la juridiction devant laquelle des procédures sont susceptibles d'être renvoyées en application des dispositions du présent article. Cette ordonnance ne peut être modifiée en cours d'année.

TITRE SEPTIÈME DE LA RÉCUSATION

RÉP. PÉN. v° *Récusation*, par CARBONNIER.

BIBL. ▶ COMMARET, *RSC 2000. 852* (impartialité du juge). – DE BAETS, *AJ pénal 2011. 291* (récusation : crime de lèse-magistrat ?).

Art. 668 **Tout juge ou conseiller peut être récusé pour les causes ci-après :**

1° Si le juge ou son conjoint *(L. n° 2004-204 du 9 mars 2004, art. 88)* **« ou son partenaire lié par un pacte civil de solidarité ou son concubin » sont parents ou alliés de l'une des parties ou de son conjoint** *(L. n° 2004-204 du 9 mars 2004, art. 88)* **« , de son partenaire lié par un pacte civil de solidarité ou de son concubin » jusqu'au degré de cousin issu de germain inclusivement.**

La récusation peut être exercée contre le juge, même au cas de divorce ou de décès de son conjoint *(L. n° 2004-204 du 9 mars 2004, art. 88)* **« , de son partenaire lié par un pacte civil de solidarité ou de son concubin », s'il a été allié d'une des parties jusqu'au deuxième degré inclusivement ;**

2° Si le juge ou son conjoint *(L. n° 2004-204 du 9 mars 2004, art. 88)* **« ou son partenaire lié par un pacte civil de solidarité ou son concubin », si les personnes dont il est tuteur, subrogé tuteur, curateur ou conseil judiciaire, si les sociétés ou associations à l'administration ou à la surveillance desquelles il participe ont intérêt dans la contestation ;**

3° Si le juge ou son conjoint *(L. n° 2004-204 du 9 mars 2004, art. 88)* **« ou son partenaire lié par un pacte civil de solidarité ou son concubin » est parent ou allié,**

jusqu'au degré indiqué ci-dessus, du tuteur, subrogé tuteur, curateur ou conseil judiciaire d'une des parties ou d'un administrateur, directeur ou gérant d'une société, partie en cause ;

4° Si le juge ou son conjoint *(L. n° 2004-204 du 9 mars 2004, art. 88)* **« ou son partenaire lié par un pacte civil de solidarité ou son concubin » se trouve dans une situation de dépendance vis-à-vis d'une des parties ;**

5° Si le juge a connu du procès comme magistrat, arbitre ou conseil, ou s'il a déposé comme témoin sur les faits du procès ;

6° S'il y a eu procès entre le juge, son conjoint *(L. n° 2004-204 du 9 mars 2004, art. 88)* **« , son partenaire lié par un pacte civil de solidarité ou son concubin », leurs parents ou alliés en ligne directe, et l'une des parties, son conjoint ou ses parents ou alliés dans la même ligne ;**

7° Si le juge ou son conjoint *(L. n° 2004-204 du 9 mars 2004, art. 88)* **« ou son partenaire lié par un pacte civil de solidarité ou son concubin » ont un procès devant un tribunal où l'une des parties est juge ;**

8° Si le juge ou son conjoint *(L. n° 2004-204 du 9 mars 2004, art. 88)* **« ou son partenaire lié par un pacte civil de solidarité ou son concubin », leurs parents ou alliés en ligne directe ont un différend sur pareille question que celle débattue entre les parties ;**

9° S'il y a eu entre le juge ou son conjoint *(L. n° 2004-204 du 9 mars 2004, art. 88)* **« ou son partenaire lié par un pacte civil de solidarité ou son concubin » et une des parties toutes manifestations assez graves pour faire suspecter son impartialité.**

BIBL. ▶ Nakic, *AJ pénal 2021. 351* (impartialité du juge des libertés et de la détention).

1. Exigences du procès équitable. Le droit d'avoir sa cause entendue par un tribunal impartial, en application de l'art. 6, § 1, Conv. EDH, doit s'apprécier objectivement ; ainsi, doit être récusé le magistrat qui préside le tribunal saisi de faits contre les dirigeants d'une société lorsque ce magistrat était assesseur lors du jugement de faits mettant en cause indirectement ladite société et qu'à cette occasion le tribunal avait émis une opinion sur la régularité des activités de la société. • Paris, 26 oct. 2000 : *D. 2001. 1646, note Marguénaud*. ♦ Les soupçons de partialité qui peuvent peser sur un juge ne sauraient s'étendre à un autre par le seul fait qu'ils siègent habituellement ensemble. • Crim. 18 déc. 2001, n° 01-84.170 P.

2. La seule circonstance qu'un juge d'instruction soit le conjoint d'un magistrat du ministère public exerçant ses fonctions près le même tribunal n'est pas de nature à faire naître un doute objectivement justifié quant à son impartialité dès lors qu'il n'est pas établi que son conjoint soit intervenu directement ou indirectement dans le déroulement de l'information. • Crim. 14 janv. 2003, n° 02-87.062 P. ♦ La participation des magistrats de la chambre des appels correctionnels, dans une composition identique, à des débats successifs, relatifs à des poursuites portant sur les mêmes faits mais dirigées contre des prévenus différents, n'est pas contraire à l'exigence d'impartialité énoncée par l'art. 6 Conv. EDH. • Crim. 2 déc. 2009, n° 09-81.856.

3. Aucune disposition légale n'interdit à un juge ayant rendu une décision civile concernant la garde d'un mineur de faire ensuite partie de la juridiction correctionnelle qui sanctionne l'infraction constituée par l'inobservation des dispositions prévues par ladite décision. • Crim. 19 avr. 1983, n° 80-93.436 P. ♦ La circonstance que l'un des magistrats composant la juridiction correctionnelle ait précédemment statué en qualité de juge des référés dans le litige civil opposant le prévenu aux parties civiles n'est pas contraire à l'exigence d'impartialité énoncée par l'art. 6, al. 1er, Conv. EDH. • Crim. 16 juin 1988, n° 87-82.682 P.

4. La spécificité du rôle de la Cour de cassation et la nature du contrôle qu'elle exerce sur la légalité des décisions, ainsi que son contrôle juridique de l'appréciation des faits par les juges du fond, ne font pas obstacle à ce que les mêmes magistrats composent la chambre criminelle lors de l'examen de pourvois successifs formés au cours de la même procédure. • Crim. 22 nov. 2005, n° 05-86.631 P : *D. 2006. Pan. 619, obs. Pradel* ; *AJ pénal 2006. 180*.

5. Situation du conseiller rapporteur. Ne constitue pas, au regard de l'art. 668, une cause de récusation du conseiller rapporteur le défaut de communication, à l'une des parties, du projet de rapport et du projet d'arrêt qu'il a établis, pièces qu'aucune disposition légale n'impose à ce magistrat de communiquer à quiconque. • Crim. 6 mars 2001, n° 00-87.321 P.

6. La qualité de membre de l'ordre de la Légion d'honneur, conférée à des magistrats, ne saurait, à elle seule, avoir pour effet de les faire participer, avec l'ensemble des personnes également distinguées dans le même ordre, à une communauté de vues et d'esprit, de sorte qu'il pourrait en résulter un soupçon de partialité à leur encontre lorsqu'est en cause, dans l'affaire qu'ils ont à juger, un acte accompli au nom de la France et dans l'exercice de ses fonctions, par un agent de l'État bénéficiaire de la même distinction. • Crim. 20 juin 2017, n° 16-80.935 P : *D.*

actu. 18 juill. 2017, obs. Fucini.

7. Commission de révision. Aucune disposition légale ou conventionnelle ne fait obstacle à ce qu'un même magistrat puisse faire partie de la commission appelée à connaître de requêtes successives tendant à la révision d'une même condamnation. • Crim. 15 févr. 2005, n° 05-80.732 P : *D. 2005. IR 856 ; D. 2006. Pan. 618, obs. Pradel ; JCP 2005. IV. 1691.*

8. Renonciation. La remise en cause de l'impartialité d'un président de cour d'assises sur le fondement de l'art. 6, § 1, Conv. EDH devant la Cour de cassation n'est pas recevable dès lors que l'accusé n'a pas fait usage de la faculté de récusation qu'il détenait de l'art. 668 et qu'il a renoncé sans équivoque à s'en prévaloir puisqu'il s'est abstenu de le faire avant la clôture des débats. • Cass., ass. plén., 11 juin 2004 : *Bull. Ass. plén. n° 1 ; D. 2004. IR 2010* • Crim. 29 sept. 2004, n° 04-80.079 P : *D. 2004. IR 2834 ; JCP 2004. IV. 3190.* ♦ V. également • Crim. 22 févr. 2005, n° 04-84.040 P : *JCP 2005. IV. 1774.*

9. Récusation et mise en cause postérieure de l'impartialité. Le demandeur ne saurait mettre en cause devant la Cour de cassation l'impartialité des juges composant le tribunal correctionnel et la chambre des appels correctionnels, dès lors qu'il n'a pas usé de la possibilité d'en obtenir le respect en récusant ces magistrats en application de l'art. 668. • Crim. 9 sept. 2009, n° 08-87.312 • Crim. 5 avr. 2018, n° 17-83.166 P • Crim. 2 mars 2011, n° 10-83.257 P : *D. actu. 8 avr. 2011, obs. Léna ; AJ pénal 2011. 533, obs. Herzog-Evans ; Dr. pénal 2012. Chron. 2, obs. Garçon et Peltier* (responsable d'une association de réinsertion désigné pour siéger dans une CHAP) • 17 déc. 2013, n°s 12-84.297 et 13-86.565 : *D. actu. 7 janv. 2014, obs. Bombled* (conseiller de la chambre de l'instruction ayant déjà eu à connaître d'une précédente demande d'annulation de la même garde à vue). ♦ De même, le demandeur n'est pas recevable à mettre en cause, devant la Cour de cassation, les magistrats de la cour d'appel, en invoquant l'art. 6 Conv. EDH, dès qu'il n'a pas usé de la faculté qu'il avait d'en demander la récusation en application de l'art. 668. • Crim. 12 mars 2014, n° 13-81.273 P. ♦ ... Ou l'impartialité d'un des juges d'instruction. • Crim. 28 mars 2017, n° 17-80.041 P. ♦ Un requérant ne peut faire grief à l'arrêt d'une chambre de l'instruction d'avoir rejeté son moyen de nullité du débat contradictoire et de l'ordonnance de prolongation de sa détention provisoire, pris du défaut d'impartialité du juge des libertés et de la détention, dès lors que l'intéressé n'a pas usé, comme l'y autorisaient les art. 668 s., de sa possibilité de récuser ce magistrat dans les formes prévues par ces textes. • Crim. 25 sept. 2018, n° 18-84.067 P : *D. actu. 19 oct. 2018, obs. Goetz ; JCP 2018. 1275, note Botton ; Dr. pénal 2018, n° 202, note Maron et Haas ; RSC 2019. Chron. 132, note Delage .*

10. Récusation ou suspicion légitime. La requête dirigée contre la présidente d'un tribunal correctionnel mettant en cause son impartialité ne constitue pas une requête en suspicion légitime visant une juridiction, mais une requête en récusation, devant être présentée à peine de nullité au premier président de la cour d'appel. • Crim. 17 avr. 2013 : *D. actu. 24 avr. 2013, obs. Léna.* ♦ Lorsqu'il est allégué dans la requête qu'un collège de l'instruction ne présenterait pas toutes les garanties d'impartialité pour avoir désigné un expert dans des conditions irrégulières et avoir tenu, personnellement ou par avocat, des propos polémiques, il s'agit, non pas d'une requête en suspicion légitime visant une juridiction, mais d'une requête en récusation entrant dans les prévisions de l'art. 668-9°. • Crim. 20 juin 2013 : *D. 2013. Pan. 1993, obs. Pradel .* ♦ Une requête par laquelle un inculpé reproche à un membre de la chambre d'accusation des manifestations assez graves pour faire suspecter son impartialité constitue non pas une requête en suspicion légitime mais une requête en récusation et doit, dès lors, être présentée, à peine de nullité, au premier président de la cour d'appel. La chambre criminelle de la Cour de cassation est incompétente pour statuer sur une telle requête. • Crim. 25 nov. 1976, n° 76-92.090 P.

Art. 669 *(L. n° 93-2 du 4 janv. 1993)* **« La personne mise en examen », le prévenu, l'accusé et toute partie à l'instance qui veut récuser un juge d'instruction, un juge de police, un, plusieurs ou l'ensemble des juges du tribunal correctionnel, des conseillers de la cour d'appel ou de la cour d'assises doit, à peine de nullité, présenter requête au premier président de la cour d'appel.**

Les magistrats du ministère public ne peuvent être récusés.

La requête doit désigner nommément le ou les magistrats récusés et contenir l'exposé des moyens invoqués avec toutes les justifications utiles à l'appui de la demande.

La partie qui aura procédé volontairement devant une cour, un tribunal ou un juge d'instruction ne sera reçue à demander la récusation qu'à raison des circonstances survenues depuis, lorsqu'elles seront de nature à constituer une cause de récusation. — *Pr. pén. C. 785.*

Art. 670 Le premier président notifie en la forme administrative la requête dont il a été saisi au président de la juridiction à laquelle appartient le magistrat récusé.

La requête en récusation ne dessaisit pas le magistrat dont la récusation est proposée. Toutefois, le premier président peut, après avis du procureur général, ordonner qu'il sera sursis soit à la continuation de l'information ou des débats, soit au prononcé du jugement. — *Pr. pén. C. 786.*

Art. 671 Le premier président reçoit le mémoire complémentaire du demandeur, s'il y a lieu, et celui du magistrat dont la récusation est proposée ; il prend l'avis du procureur général et statue sur la requête.

L'ordonnance statuant sur la récusation n'est susceptible d'aucune voie de recours. Elle produit effet de plein droit. — *Pr. pén. C. 786.*

Aucune voie de recours n'est possible contre l'ordonnance statuant sur la récusation, pas même un pourvoi en cassation. • Crim. 14 mars 2001, ☎ n° 01-81.700 P.

Art. 672 Toute demande de récusation visant le premier président de la cour d'appel doit faire l'objet d'une requête adressée au premier président de la Cour de cassation qui, après avis du procureur général près ladite cour, statue par une ordonnance, laquelle n'est susceptible d'aucune voie de recours. Les dispositions de l'article 670 sont applicables. — *Pr. pén. C. 786.*

Art. 673 Toute ordonnance rejetant une demande de récusation prononce la condamnation du demandeur à une amende civile de 75 € à 750 €. — *Pr. pén. C. 787.*

Art. 674 Aucun des juges ou conseillers visés à l'article 668 ne peut se récuser d'office sans l'autorisation du premier président de la cour d'appel dont la décision, rendue après avis du procureur général, n'est susceptible d'aucune voie de recours. — *Pr. pén. C. 788.*

Art. 674-1 *(L. n° 67-523 du 3 juill. 1967)* La demande en récusation d'un magistrat de la Cour de cassation, saisie en matière pénale, doit être motivée ; elle est déposée au greffe. Le ministère d'un avocat n'est pas obligatoire.

Art. 674-2 *(L. n° 67-523 du 3 juill. 1967)* La chambre compétente statue dans le mois du dépôt de la requête au greffe, après observations du magistrat récusé.

Pour le surplus, les dispositions du livre II, titre XX, du code de procédure civile seront observées *[C. pr. civ., livre Ier, titre X, chapitre II]*.

TITRE HUITIÈME DU JUGEMENT DES INFRACTIONS COMMISES À L'AUDIENCE DES COURS ET TRIBUNAUX

RÉP. PÉN. v° *Délit d'audience*, par SAINT-PIERRE.
BIBL. ▶ MICOU, *ALD 1994. 85.*

Art. 675 Sous réserve des dispositions *(L. n° 93-2 du 4 janv. 1993)* « des articles 342 et 457 », les infractions commises à l'audience sont jugées, d'office ou sur les réquisitions du ministère public, suivant les dispositions ci-après, nonobstant toutes règles spéciales de compétence ou de procédure. — *Pr. pén. C. 789.*

1. Les prescriptions de la loi du 20 mai 1863 sur les flagrants délits sont inapplicables en matière de délits correctionnels commis à l'audience ; il y a lieu de suivre la procédure de l'art. 181 C. instr. crim. (art. 676 s.). • Crim. 5 juin 1930 : *DH 1930. 451.*

2. Lorsqu'une personne commet à l'audience de la chambre d'accusation un délit et est jugée sur-le-champ, elle doit être entendue par la Cour ainsi, éventuellement, que son conseil, avant que soit prononcée une condamnation à son égard. • Crim. 14 sept. 1988, ☎ n° 88-84.390 P.

Art. 676 S'il se commet une contravention de police pendant la durée de l'audience, le tribunal ou la cour dresse procès-verbal du fait, entend le prévenu, les témoins, le ministère public, et, éventuellement, le défenseur, et applique sans désemparer les peines portées par la loi. — *Pr. pén. C. 790.*

Art. 677 Si le fait commis pendant la durée de l'audience d'un tribunal correctionnel ou d'une cour est un délit, il peut être procédé comme il est dit à l'article précédent. Dans ce cas, si la peine prononcée est supérieure à un mois d'emprisonnement, un mandat de dépôt peut être décerné.

Si le fait, qualifié délit, a été commis à l'audience d'un tribunal de police *(Abrogé par L. n° 2011-1862 du 13 déc. 2011, art. 2-XIII et 70-I, à compter du 1er juill. 2017) (L. n° 2005-47 du 26 janv. 2005, art. 9-XXIX, en vigueur le 1er avr. 2005)* **« ou d'une juridiction de proximité », le président en dresse procès-verbal, qu'il transmet au procureur de la République ; il peut, si la peine encourue est supérieure à six mois d'emprisonnement, ordonner l'arrestation de l'auteur, et sa conduite immédiate devant le procureur de la République.**

(L. n° 93-2 du 4 janv. 1993) **« Par dérogation aux dispositions qui précèdent, lorsqu'il a été commis pendant la durée d'une audience** *(Abrogé par L. n° 2011-1862 du 13 déc. 2011, art. 2-XIII et 70-I, à compter du 1er juill. 2017) (L. n° 2005-47 du 26 janv. 2005, art. 9-XXIX, en vigueur le 1er avr. 2005)* **« d'une juridiction de proximité, » d'un tribunal de police, d'un tribunal correctionnel » ou d'une cour** *(L. n° 94-89 du 1er févr. 1994)* **« le délit d'outrage prévu par l'article 434-24 » du code pénal, le président en dresse procès-verbal qu'il transmet au procureur de la République. Les magistrats ayant participé à l'audience lors de la commission du délit ne peuvent composer la juridiction saisie des poursuites. »**

V. note au-dessus de l'art. 521.

Il résulte de la combinaison des art. 675, 676 et 677 que, lorsqu'une personne commet à l'audience de la chambre d'accusation un délit et est jugée sur-le-champ, elle doit être entendue par la cour ainsi, éventuellement, que son conseil, avant que soit prononcée une condamnation à son égard. • Crim. 14 sept. 1988, n° 88-84.390 P.

Art. 678 Si le fait commis est un crime, la cour *(L. n° 2005-47 du 26 janv. 2005, art. 9-XXX, en vigueur le 1er avr. 2005) (L. n° 2011-1862 du 13 déc. 2011, en vigueur le 1er juill. 2017)* **« ou le tribunal », après avoir fait arrêter l'auteur, l'interroge et dresse procès-verbal des faits ; cette juridiction transmet les pièces et ordonne la conduite immédiate de l'auteur devant le procureur de la République compétent qui requiert l'ouverture d'une information.** – *Pr. pén. C. 791.*

A compter du 1er juill. 2017, à l'art. 678 C. pr. pén., les mots : ", le tribunal de police, le tribunal correctionnel ou la juridiction de proximité" sont remplacés par les mots : "ou le tribunal," (L. n° 2011-1862 du 13 déc. 2011, art. 2-XIX et 70-I, mod. par L. n° 2012-1441 du 24 déc. 2012, L. n° 2014-1654 du 29 déc. 2014, art. 99 et L. n° 2016-1547 du 18 nov. 2016, art. 15).

V. aussi note au-dessus de l'art. 521.

TITRE NEUVIÈME DES INFRACTIONS COMMISES HORS DU TERRITOIRE DE LA RÉPUBLIQUE

(L. n° 92-1336 du 16 déc. 1992)

CHAPITRE PREMIER DE LA COMPÉTENCE DES JURIDICTIONS FRANÇAISES

BIBL. ▶ BRACH-THIEL, *AJ pénal 2019. 195* s. (toujours pas de vraie compétence universelle en matière de crimes contre l'humanité !). – DELMAS-MARTY et TIEDMANN, *JCP 1979. I. 2935.* – FOURNIER, *Rev. crit. DIP 1981. 31.* – GAUTIER, *Rev. crit. DIP 1989. 669.* – HUET, *Clunet 1982, n° 3.* – JEANJÈNE VILMER, *RSC 2016. 701* (la compétence universelle à l'épreuve des crises diplomatiques). – KOERING-JOULIN, *RSC 1984. 263.* – LOMBOIS, *RSC 1995. 399* . – MASSÉ, *RSC 1995. 856* . – POISSONNIER, *D. 2018. 2246* (cas des djihadistes français). – PRALUS, *RSC 1996. 551* . – TOUILLIER, *Dr. pénal 2009. Étude 23* (l'interprétation conventionnelle de la légalité criminelle au secours de la compétence universelle des juridictions répressives françaises. Brèves considérations de droit pénal à propos de la décision rendue le 17 mars 2009 par la Cour européenne des droits de l'homme dans l'affaire *Ould Dah c/ France*).

▶ **Dossier :** La loi du 5 août 2013 : *AJ pénal 2013. 535* s.

Art. 689 Les auteurs ou complices d'infractions commises hors du territoire de la République peuvent être poursuivis et jugés par les juridictions françaises soit lorsque, conformément aux dispositions du livre Ier du code pénal ou d'un autre texte législatif, la loi française est applicable, soit lorsqu'une Convention internationale *(L. n° 2009-1503 du 8 déc. 2009, art. 36-II)* **« ou un acte pris en application du traité instituant les**

Communautés européennes » donne compétence aux juridictions françaises pour connaître de l'infraction.

BIBL. ► GIUDICELLI, *RSC 2021. 541* (extension du champ de la complicité punissable).

1. QPC. Victimes par ricochet. Les règles de compétence extra-territoriale de la loi pénale française permettant aux victimes directes, de nationalité française, d'obtenir en France la poursuite des auteurs d'une infraction commise à l'étranger et l'indemnisation du préjudice résultant éventuellement de ladite infraction, s'expliquent par le principe selon lequel l'État français est tenu d'assurer la protection de ses ressortissants et n'imposent pas que cette protection soit étendue aux victimes par ricochet (refus de renvoi). • Crim. 12 juin 2018, n° 17-86.640 P : *D. actu. 9 juill. 2018, obs. Recotillet ; AJ pénal 2018. 421, obs. Lacroix* .

2. Incompétence des juridictions françaises. Les juridictions françaises ne sont pas compétentes pour juger d'un crime commis à l'étranger sur une personne de nationalité étrangère quand bien même la femme et les enfants de cette victime directe auraient quant à eux la nationalité française. • Crim. 31 janv. 2001, n° 00-82.984 P : *D. 2001. IR 1361* . ♦ Le délit de diffamation n'est pas commis sur le territoire français du fait de l'unique circonstance que les propos diffamatoires, diffusés sur internet, sont accessibles depuis la France. • Crim. 12 juill. 2016, n° 15-86.645 P : *Gaz. Pal. 2016, 4 oct. 2016, p. 45, note Detraz ; AJ pénal 2016. 533, obs. Brach-Thiel* ; *RSC 2016. 535, note Francillon* .

3. Seule la qualité de victime directe de nationalité française de l'infraction commise à l'étranger attribue compétence aux lois et juridictions françaises sur le fondement des art. 113-7 C. pén. et 689. • Crim. 31 janv. 2001, n° 00-82.984 P • 8 nov. 2016, n° 16-84.115 P : *D. actu. 24 nov. 2016, obs. Priou-Alibert ; Gaz. Pal. 24 janv. 2017, p. 42, note Detraz ; Dr. pénal 2017, n° 16, note Conte.*

4. Compétence des juridictions françaises. **BIBL.** Beauvallet, *Dr. pénal 2009. Étude 7* (l'univers intérieur. A propos de Cass. crim., 21 janv. 2009). L'exercice par une juridiction française de la compétence universelle emporte la compétence de la loi française, même en présence d'une loi étrangère portant amnistie. En conséquence, justifie sa décision la chambre de l'instruction qui, par application des art. 689-1 et 689-2, renvoie devant une cour d'assises, sous l'accusation de tortures ou actes de barbarie, la personne, de nationalité mauritanienne, découverte en France et poursuivie pour avoir commis de tels actes, en 1990 et 1991, en Mauritanie, sur des victimes mauritaniennes. • Crim. 23 oct. 2002, n° 02-85.379 P. ♦ Pour l'application de la compétence de la juridiction française au titre de la compétence universelle, la juridiction d'instruction doit rechercher des éléments de présence en France, des auteurs des faits incriminés au moment de l'engagement des poursuites. Selon l'art. 689, les auteurs ou complices d'infractions commises hors du territoire de la République peuvent être poursuivis et jugés par les juridictions françaises soit lorsque, conformément aux dispositions du livre Ier C. pén. ou d'un autre texte législatif, la loi française est applicable, soit lorsqu'une Convention internationale donne compétence aux juridictions françaises pour en connaître. En vertu des dispositions de l'art. 689-2, peut être poursuivie ou jugée par les juridictions françaises toute personne, auteur ou complice, national ou étranger qui s'est rendue coupable hors du territoire de la République de faits entrant dans le champ d'application de la Convention de New York du 10 déc. 1984. Encourt la cassation l'arrêt de la chambre de l'instruction qui après avoir constaté que les faits incriminés étaient susceptibles de recevoir la qualification d'actes de torture au sens de ladite Convention exclut la compétence de la juridiction française sur le fondement des règles fixées par le livre 1er C. pén. • Crim. 21 janv. 2009, n° 07-88.330 P : *D. 2009. AJ 634* ; *AJ pénal 2009. 184, obs. Lasserre Capdeville* ; *RSC 2009. 829, obs. Mayaud* ; *Dr. pénal 2010. Chron. 1, obs. Guérin ; ibid. Chron. 2, obs. Peltier ; JCP 2009. IV. 1337.*

5. La chambre d'instruction ne peut se déclarer incompétente, par le seul examen abstrait d'une plainte de Français détenus à Guantanamo, sans rechercher, par une information préalable, si l'arrestation et les conditions de détention des plaignants, qu'elle devait analyser au regard, notamment, de la troisième Conv. de Genève du 12 août 1949 et du Pacte international relatif aux droits civils et politiques du 19 déc. 1966, n'entraient pas dans les prévisions de l'art. 224-1 C. pén. et, comme telles, en raison de la nationalité française desdits plaignants, ne relevaient pas de la compétence des lois et juridictions françaises, en application des art. 113-7 C. pén. et 689. • Crim. 5 janv. 2005, n° 03-84.652 P : *D. 2005. Pan. 1524, obs. Gozzi* ; *AJ pénal 2005. 158, obs. Roussel* .

6. En application des Conv. des Nations unies, du 10 déc. 1982, sur le droit de la mer, et du 20 déc. 1988, contre le trafic illicite de stupéfiants (Conv. de Vienne), un navire transportant des substances vénéneuses et battant pavillon de l'État cambodgien a pu, après accord exprès et sans restriction de cet État, être arraisonné, en haute mer, par les autorités françaises. Des mesures appropriées telles que prévues par l'art. 17 de la Conv. de Vienne précitée, ont pu être régulièrement prises à l'égard des membres de l'équipage, qui, dès leur débarquement sur le territoire français, ont été placés en garde à vue. • Crim. 15 janv. 2003, n° 02-86.936 P :

D. 2003. IR 806. ♦ Justifie sa décision l'arrêt qui, pour déclarer régulier l'arraisonnement en haute mer, par les autorités françaises, d'un voilier immatriculé à Gibraltar, énonce qu'en application de l'art. 17 de la Conv. des Nations unies contre le trafic illicite de stupéfiants et de produits psychotropes, adoptée à Vienne le 19 déc. 1988, et ouverte à la signature le 20 déc. 1988, les autorités britanniques étaient compétentes pour donner auxdites autorités françaises l'autorisation de procéder au contrôle du navire, immatriculé dans un territoire dépendant du Royaume-Uni et battant pavillon britannique, et leur ont abandonné toute compétence sur ce navire. • Crim. 8 août 2007, n° 07-84.252 P : *D. 2007. AJ 2307 ; AJ pénal 2007. 436*. ♦ Justifie sa décision la chambre de l'instruction qui, pour écarter le moyen pris de la nullité de l'arraisonnement en haute mer, de la visite et des mesures subséquentes, effectués par les autorités de l'État d'interception ou requérant (la France) à l'encontre d'un navire battant pavillon panaméen soupçonné de se livrer à un trafic illicite de stupéfiants en mer, en application de l'art. 17 de la Conv. des Nations unies contre le trafic illicite de stupéfiants et de substances psychotropes, en date du 20 déc. 1988, ratifiée par la France et le Panama, ainsi que des art. L. 1521-2 s. C. défense, dans leur rédaction issue de la loi du 22 avr. 2005, relève que lesdites mesures sont intervenues après que les autorités de l'État du pavillon (le Panama) eussent transmis leur autorisation à leurs homologues français, une fois achevée l'enquête de pavillon destinée à vérifier la véracité de ce dernier. • Crim. 29 avr. 2009, n° 09-80.157 P : *RSC 2009. 853, obs. Finielz ; AJ pénal 2009. 273, obs. Royer ; Dr. pénal 2009. Chron. 8, obs. Lesclous*. ♦ Justifie sa décision la chambre de l'instruction qui, pour écarter le moyen pris de l'incompétence des juridictions françaises pour connaître des infractions de trafic illicite de stupéfiants, au sens de l'art. 3 de la Conv. précitée, commises en haute mer, sur un navire étranger, par des personnes de nationalité étrangère, relève que l'État du pavillon a donné à l'État d'interception ou requérant, par la voie diplomatique, son « assentiment », au sens de l'art. 15 de la loi du 15 juill. 1994, dans sa rédaction issue de la loi du 22 avr. 2005, à l'exercice, par les juridictions de ce dernier, de leur compétence pour poursuivre et juger les auteurs et complices dudit trafic. • Même arrêt.

7. Compatibilité avec le droit européen. Les stipulations des art. 6 et 14 Conv. EDH ne sauraient s'interpréter comme étant de nature à remettre en cause les règles relatives à la compétence internationale des lois et juridictions pénales françaises. • Crim. 31 janv. 2001 : *préc. note 3* • 8 nov. 2016 : *préc. note 3.*

Art. 689-1 **En application des conventions internationales visées aux articles suivants, peut être poursuivie et jugée par les juridictions françaises, si elle se trouve en France, toute personne qui s'est rendue coupable hors du territoire de la République de l'une des infractions énumérées par ces articles. Les dispositions du présent article sont applicables à la tentative de ces infractions, chaque fois que celle-ci est punissable.** — *Entrée en vigueur le 1er mars 1994.*

BIBL. ▶ BRACH-THIEL, *AJ pénal 2013. 597* (les « disparus du Beach »).

La présence en France de victimes de telles infractions ne saurait à elle seule justifier la mise en mouvement de l'action publique, dès lors que les auteurs ou complices de ces infractions n'ont pas été découverts sur le territoire français, conformément aux art. 1er et 2 de la L. du 2 janv. 1995 portant adaptation de la législation française à la résolution 827 des Nations unies instituant un tribunal international pour l'ex-Yougoslavie, applicables aux instances en cours. • Crim. 26 mars 1996, n° 95-81.527 P : *RSC 1996. 684, obs. Dintilhac*.

Art. 689-2 **Pour l'application de la Convention contre la torture et autres peines ou traitements cruels, inhumains ou dégradants, adoptée à New York le 10 décembre 1984, peut être poursuivie et jugée dans les conditions prévues à l'article 689-1 toute personne coupable de tortures au sens de l'article 1er de la convention.** — *Entrée en vigueur le 1er mars 1994.*

1. La juridiction française est compétente pour connaître de faits de séquestration et d'assassinats de passagers clandestins étrangers commis à la fois en haute mer et dans ses eaux territoriales à bord d'un navire étranger. Par ailleurs, l'art. 689-2 issu de la loi du 16 déc. 1992 donne compétence aux juridictions françaises, pour poursuivre et juger, s'il est trouvé en France, quiconque, hors du territoire de la République, s'est rendu coupable de faits qualifiés crime ou délit qui constituent des tortures et autres peines ou traitements cruels inhumains ou dégradants au sens de l'art. 1er de la Conv. de New York du 10 déc. 1984. • Crim. 3 mai 1995, n° 95-80.725 P : *RSC 1995. 836, obs. Dintilhac*.

2. Doit être cassé, pour violation de l'art. 689-2, ensemble les art. 112-2 (1°) C. pén. et 1er et 2 de la L. n° 96-432 du 22 mai 1996, l'arrêt qui, pour déclarer le juge d'instruction incompétent pour connaître des faits reprochés à un prêtre rwandais qui aurait collaboré à l'extermination de l'ethnie tutsie entreprise par des miliciens hutus et certains éléments des forces militaires rwandaises, et contre qui une information a été ouverte pour génocide, crimes contre l'humanité et participation à un groupement formé ou à une entente établie en vue de la préparation de ces crimes, sur le fondement des art. 211-1, 212-1 et 212-3 C. pén., 689, 689-1 et 689-2 et de l'art. 1er de la Conv. de New York du 10 déc. 1984 contre la torture – le juge d'instruction s'étant déclaré incompétent pour instruire sur le fondement des art. 211-1 s. C. pén., de la Conv. pour la prévention du crime de génocide du 9 déc. 1948, des quatre conventions de Genève du 12 août 1949 et de la Conv. europ. pour la répression du terrorisme du 27 janv. 1977, mais compétent pour connaître des faits sur le seul fondement de l'art. 1er de la Conv. du 10 déc. 1984 –, après avoir décidé que les faits poursuivis doivent être envisagés sous leur plus haute acception pénale, retient qu'ils constituent les crimes de génocide et de complicité de génocide, prévus par l'art. 211 C. pén., et que les éléments constitutifs de ces crimes ne sont pas compris dans la définition des actes de torture visés à l'art. 1er de la Conv. du 10 déc. 1984, affirmant ainsi que seule la qualification de génocide était applicable en l'espèce. • Crim. 6 janv. 1998, n° 96-82.491 P : *D. 2000. Somm. 25, obs. Mayaud ; RSC 1998. 837, obs. Massé ; JCP 1998. II. 10158, note Roulot ; RGDI publ. 1998. 825, note Alland et Ferrand ; Dr. pénal 1998. Comm. 70, obs. J.-H. Robert.* ♦ Cassation de : • Nîmes, 20 mars 1996 : *RSC 1997. 893, obs. Massé*.

3. La qualification définitive des faits n'étant acquise qu'au moment du jugement, il suffit que les faits poursuivis puissent être appréhendés sous une qualification conférant une compétence à la France pour permettre aux juridictions d'instruire sur le fondement des art. 689-1 s. Dès lors, sont annulés à tort les pièces visées dans la requête du ministère public, le réquisitoire introductif et l'ensemble de la procédure subséquente, au motif que le réquisitoire introductif visait non seulement des faits de torture pour la définition desquels l'art. 689-2 fait renvoi à la Conv. de New York du 10 déc. 1984, mais également des crimes contre l'humanité, qui ne sont compris dans aucune des conventions énumérées (Conv. de New York et Conv. EDH). • Crim. 10 janv. 2007, n° 04-87.245 P : *D. 2007. 305, obs. Girault ; RSC 2007. 566, obs. Giudicelli ; AJ pénal 2007. 188*.

4. BIBL. Beauvallet, *Dr. pénal 2009. Étude 7* (l'univers intérieur. A propos de Cass. crim., 21 janv. 2009). • Crim. 21 janv. 2009, n° 07-88.330 P : *RSC 2009. 829, obs. Mayaud ; D. 2009. AJ 634 ; AJ pénal 2009. 184, obs. Lasserre Capdeville ; Dr. pénal 2009. Étude 7, Beauvallet ; ibid. 2010. Chron. 1, obs. Guérin ; ibid. Chron. 2, obs. Peltier ; JCP 2009. IV. 1337.* ♦ La chambre de l'instruction qui exclut la compétence de la juridiction française sur le fondement des règles fixées par le livre Ier C. pén. méconnaît les art. 689, 689-1 et 689-2 dès lors que, les faits étant susceptibles de revêtir la qualification d'actes de torture, seules les dispositions de l'art. 689-2 étaient applicables. • Crim. 21 janv. 2009, n° 07-88.330 P : *RSC 2009. 829, obs. Mayaud ; D. 2009. AJ 634 ; AJ pénal 2009. 184, obs. Lasserre Capdeville ; Dr. pénal 2010. Chron. 1, obs. Guérin ; ibid. Chron. 2, obs. Peltier ; JCP 2009. IV. 1337.*

5. La compétence universelle, subordonnée à la seule présence de l'auteur sur le territoire français, ne fait pas obstacle à la liberté du procureur de la République de délivrer, conformément aux dispositions de l'art. 80, un réquisitoire contre personne dénommée ou non dans la mesure où les personnes soupçonnées sont nommément désignées dans la plainte déposée et où l'enquête préliminaire – dont les procès-verbaux sont joints en annexe – fait apparaître des éléments suffisants de la présence en France desdits suspects. • Crim. 10 janv. 2007 : *préc. note 3.*

Art. 689-3 **Pour l'application de la Convention européenne pour la répression du terrorisme, signée à Strasbourg le 27 janvier 1977, et de l'accord entre les États membres des Communautés européennes concernant l'application de la Convention européenne pour la répression du terrorisme, fait à Dublin le 4 décembre 1979, peut être poursuivie et jugée dans les conditions prévues à l'article 689-1 toute personne coupable de l'une des infractions suivantes :**

1° Atteinte volontaire à la vie, tortures et actes de barbarie, violences ayant entraîné la mort, une mutilation ou une infirmité permanente ou, si la victime est mineure, une incapacité totale de travail supérieure à huit jours, enlèvement et séquestration réprimés par le livre II du code pénal ainsi que les menaces définies aux articles 222-17, alinéa 2, et 222-18 de ce code, lorsque l'infraction est commise contre une personne ayant droit à une protection internationale, y compris les agents diplomatiques ;

2° Atteintes à la liberté d'aller et venir définies à l'article 421-1 du code pénal ou tout autre crime ou délit comportant l'utilisation de bombes, de grenades, de fusées, d'armes à feu automatiques, de lettres ou de colis piégés, dans la mesure où cette utilisation présente un danger pour les personnes, lorsque ce crime ou délit est en relation avec une entreprise individuelle ou collective ayant pour but de troubler gravement l'ordre public par l'intimidation ou la terreur.

1. La coutume internationale s'oppose à ce que les chefs d'État étrangers en exercice puissent, en l'absence de dispositions internationales contraires s'imposant aux parties concernées, faire l'objet de poursuites devant les juridictions pénales d'un État étranger : la plainte avec constitution de partie civile de familles de victimes d'un attentat contre un avion, visant un chef d'État en exercice comme complice est irrecevable. • Crim. 13 mars 2001, n° 00-87.215 P : *D. 2001. IR 1248 ; D. 2001. Somm. 2355, obs. Gozzi ; D. 2001. 2631, note Roulot*. ♦ La nature criminelle d'un acte de terrorisme ne permet pas, à elle seule, d'écarter une prérogative de souveraineté, en l'espèce l'immunité de juridiction. • Civ. 1re, 9 mars 2011 : *D. actu. 25 mars 2011, obs. Lavric.*

2. La coutume internationale qui s'oppose à la poursuite des États devant les juridictions pénales d'un État étranger s'étend aux organes et entités qui constituent l'émanation de l'État ainsi qu'à leurs agents en raison d'actes qui relèvent de la souveraineté de l'État concerné (en l'espèce, délivrance de certificats d'immatriculation et de navigabilité) ; • Crim. 23 nov. 2004, n° 04-84.265 P : *D. 2005. Pan. 1523, obs. Roujou de Boubée ; JCP 2005. IV. 1132* • 19 janv. 2010, n° 09-84.818 P : *AJ pénal 2010. 252 ; RSC 2010. 131, obs. Mayaud*.

3. La coutume internationale ne s'oppose pas à la poursuite d'une personne, d'une part, dont les fonctions ne sont pas celles de chef d'État, de chef du gouvernement ou de ministre des Affaires étrangères, d'autre part, alors que l'ensemble des infractions qui lui sont reprochées (le blanchiment de leur produit ayant été opéré en France), à les supposer établies, ont été commises à des fins personnelles avant son entrée dans ses fonctions actuelles, à l'époque où il exerçait les fonctions de ministre de l'Agriculture et des Forêts. • Crim. 15 déc. 2015, n° 15-83.156 P : *D. actu. 11 janv. 2016, obs. Fonteix.*

Art. 689-4 **Pour l'application de la Convention sur la protection physique des matières nucléaires, ouverte à la signature à Vienne et New York le 3 mars 1980, peut être poursuivie et jugée dans les conditions prévues à l'article 689-1 toute personne coupable de l'une des infractions suivantes :**

1° Délit prévu à *(Ord. n° 2004-1374 du 20 déc. 2004)* **« l'article L. 1333-11 du code de la défense » ;**

2° Délit d'appropriation indue prévue par *(Ord. n° 2004-1374 du 20 déc. 2004)* **« l'article L. 1333-9 du code précité », atteinte volontaire à la vie ou à l'intégrité de la personne, vol, extorsion, chantage, escroquerie, abus de confiance, recel, destruction, dégradation ou détérioration ou menace d'une atteinte aux personnes ou aux biens définis par les livres II et III du code pénal, dès lors que l'infraction a été commise au moyen des matières nucléaires entrant dans le champ d'application des articles 1er et 2 de la Convention ou qu'elle a porté sur ces dernières.** – *Entrée en vigueur le 1er mars 1994.*

Art. 689-5 *(L. n° 2018-607 du 13 juill. 2018, art. 40)* **« Pour l'application de la Convention pour la répression d'actes illicites contre la sécurité de la navigation maritime et du protocole pour la répression d'actes illicites contre la sécurité des plateformes fixes situées sur le plateau continental, faits à Rome le 10 mars 1988 et révisés à Londres le 14 octobre 2005, peut être poursuivie et jugée dans les conditions prévues à l'article 689-1 toute personne coupable de l'une des infractions suivantes : »**

1° Crime défini aux articles 224-6 et 224-7 du code pénal ;

2° Atteinte volontaire à la vie ou à l'intégrité physique, destruction, dégradation ou détérioration, menace d'une atteinte aux personnes ou aux biens réprimées par les livres II et III du code pénal ou délits définis par l'article 224-8 de ce code et par l'article *(L. n° 2018-607 du 13 juill. 2018, art. 40)* **« L. 5242-23 »** *(Ord. n° 2010-1307 du 28 oct. 2010, art. 3)* **« du code des transports », si l'infraction compromet ou est de nature à compromettre la sécurité de la navigation maritime ou d'une plate-forme fixe située sur le plateau continental ;**

(L. n° 2018-607 du 13 juill. 2018, art. 40) **« 2°** ***bis*** **Infractions prévues au titre II du livre IV du code pénal ;**

« 2° ***ter*** **Infractions prévues aux articles L. 1333-9 à L. 1333-13-11, L. 2341-3 à L. 2341-7, L. 2342-57 à L. 2342-81 et L. 2353-4 à L. 2353-14 du code de la défense, ainsi qu'à l'article 414 du code des douanes lorsque la marchandise prohibée est constituée par les armes mentionnées dans la convention et le protocole mentionnés au premier alinéa du présent article ; »**

3° Atteinte volontaire à la vie, tortures et actes de barbarie ou violences réprimés par le livre II du code pénal, si l'infraction est connexe soit à *(L. n° 2018-607 du 13 juill. 2018, art. 40)* **« l'une des infractions définies aux 1°, 2°** ***bis*** **et 2°** ***ter*** **», soit à**

une ou plusieurs infractions de nature à compromettre la sécurité de la navigation maritime ou d'une plate-forme visées au 2° ;

(L. nº 2018-607 du 13 juill. 2018, art. 40) « 4° Délit de participation à une association de malfaiteurs prévu à l'article 450-1 du code pénal, lorsqu'il a pour objet un crime ou un délit mentionné aux 1°, 2° et 2° *ter* du présent article ;

« 5° Délit prévu à l'article 434-6 du code pénal. »

Art. 689-6 Pour l'application de la Convention *(L. nº 2018-607 du 13 juill. 2018, art. 40)* « pour » la répression de la capture illicite d'aéronefs, signée à La Haye le 16 décembre 1970, *(L. nº 2018-607 du 13 juill. 2018, art. 40)* « du protocole complémentaire à la convention pour la répression de la capture illicite d'aéronefs, fait à Pékin le 10 septembre 2010, » de la Convention pour la répression d'actes illicites dirigés contre la sécurité de l'aviation civile, signée à Montréal le 23 septembre 1971 *(L. nº 2018-607 du 13 juill. 2018, art. 40)* « et de la convention sur la répression des actes illicites dirigés contre l'aviation civile internationale, faite à Pékin le 10 septembre 2010, » peut être poursuivie et jugée dans les conditions prévues à l'article 689-1 toute personne coupable de l'une des infractions suivantes :

(L. nº 2018-607 du 13 juill. 2018, art. 40) « 1° Toute infraction concernant un aéronef non immatriculé en France et figurant parmi celles énumérées à l'article 1er de la convention pour la répression de la capture illicite d'aéronefs précitée et tout autre acte de violence dirigé contre les passagers ou l'équipage et commis par l'auteur présumé de ces infractions, en relation directe avec celles-ci ; »

2° Toute infraction concernant un aéronef non immatriculé en France et figurant parmi celles énumérées aux *a*, *b* et *c* du 1° de l'article 1er de la Convention pour la répression d'actes illicites dirigés contre la sécurité de l'aviation civile précitée ; — *Entrée en vigueur le 1er mars 1994.*

(L. nº 2018-607 du 13 juill. 2018, art. 40) « 3° Toute infraction figurant parmi celles énumérées à l'article 1er de la convention sur la répression des actes illicites dirigés contre l'aviation civile internationale précitée. »

Art. 689-7 Pour l'application du protocole pour la répression des actes illicites de violence dans les aéroports servant à l'aviation civile internationale, fait à Montréal le 24 février 1988, complémentaire à la Convention pour la répression d'actes illicites dirigés contre la sécurité de l'aviation civile, faite à Montréal le 23 septembre 1971, peut être poursuivie et jugée dans les conditions prévues à l'article 689-1 toute personne qui s'est rendue coupable, à l'aide d'un dispositif matériel, d'une substance ou d'une arme :

1° De l'une des infractions suivantes si cette infraction porte atteinte ou est de nature à porter atteinte à la sécurité dans un aérodrome affecté à l'aviation civile internationale :

a) Atteintes volontaires à la vie, tortures et actes de barbarie, violences ayant entraîné la mort, une mutilation ou une infirmité permanente ou, si la victime est mineure, une incapacité totale de travail pendant plus de huit jours, réprimés par le livre II du code pénal, lorsque l'infraction a été commise dans un aérodrome affecté à l'aviation civile internationale ;

b) Destructions, dégradations et détériorations réprimées par le livre III du code pénal, lorsque l'infraction a été commise à l'encontre des installations d'un aérodrome affecté à l'aviation civile internationale ou d'un aéronef stationné dans l'aérodrome et qui n'est pas en service ;

c) Délit prévu au quatrième alinéa (3°) de l'article L. 282-1 du code de l'aviation civile, lorsque l'infraction a été commise à l'encontre des installations d'un aérodrome affecté à l'aviation civile internationale ou d'un aéronef dans l'aérodrome et qui n'est pas en service ;

2° De l'infraction définie au sixième alinéa (5°) de l'article L. 282-1 du code de l'aviation civile, lorsqu'elle a été commise à l'encontre des services d'un aérodrome affecté à l'aviation civile internationale. — *Entrée en vigueur le 1er mars 1994. — C. aviat., art. L. 282-4-1.*

Art. 689-8 *(L. nº 2000-595 du 30 juin 2000)* Pour l'application *(Ord. nº 2019-963 du 18 sept. 2019, art. 1er)* « de la directive (UE) 2017/1371 du Parlement européen et du Conseil du 5 juillet 2017 relative à la lutte contre la fraude portant atteinte aux intérêts financiers de l'Union au moyen du droit pénal » et de la Convention relative à la lutte contre la corruption impliquant des fonctionnaires des Communautés euro-

péennes ou des fonctionnaires des États membres de l'Union européenne faite à Bruxelles le 26 mai 1997, peut être poursuivi et jugé dans les conditions prévues à l'article 689-1 :

1° Tout fonctionnaire communautaire au service d'une institution des Communautés européennes ou d'un organisme créé conformément aux traités instituant les Communautés européennes et ayant son siège en France, coupable du délit prévu *(L. n° 2007-1598 du 13 nov. 2007)* **« aux articles 435-1 et 435-7 » du code pénal ou d'une infraction portant atteinte aux intérêts financiers** *(Ord. n° 2019-963 du 18 sept. 2019, art. 1er)* **« de l'Union européenne au sens de la directive (UE) 2017/1371 du Parlement européen et du Conseil du 5 juillet 2017 relative à la lutte contre la fraude portant atteinte aux intérêts financiers de l'Union au moyen du droit pénal » ;**

2° Tout Français ou toute personne appartenant à la fonction publique française coupable d'un des délits prévus aux articles *(L. n° 2007-1598 du 13 nov. 2007)* **« 435-1, 435-3, 435-7 et 435-9 » du code pénal ou d'une infraction portant atteinte aux intérêts financiers** *(Ord. n° 2019-963 du 18 sept. 2019, art. 1er)* **« de l'Union européenne au sens de la directive (UE) 2017/1371 du Parlement européen et du Conseil du 5 juillet 2017 relative à la lutte contre la fraude portant atteinte aux intérêts financiers de l'Union au moyen du droit pénal » ;**

3° Toute personne coupable du délit prévu *(L. n° 2007-1598 du 13 nov. 2007)* **« aux articles 435-3 et 435-9 » du code pénal ou d'une infraction portant atteinte aux intérêts financiers** *(Ord. n° 2019-963 du 18 sept. 2019, art. 1er)* **« de l'Union européenne au sens de la directive (UE) 2017/1371 du Parlement européen et du Conseil du 5 juillet 2017 relative à la lutte contre la fraude portant atteinte aux intérêts financiers de l'Union au moyen du droit pénal », lorsque ces infractions sont commises à l'encontre d'un ressortissant français.**

L'Ord. n° 2019-963 du 18 sept. 2019 a été ratifiée par la L. n° 2020-1672 du 24 déc. 2020, art. 30.

V. Dir. (UE) 2017/1371 du Parlement européen et du Conseil du 5 juill. 2017 relative à la lutte contre la fraude portant atteinte aux intérêts financiers de l'Union au moyen du droit pénal, App., v° Coopération internationale.

Art. 689-9 *(L. n° 2000-516 du 15 juin 2000, art. 138)* **Pour l'application de la Convention internationale pour la répression des attentats terroristes, ouverte à la signature à New York le 12 janvier 1998, peut être poursuivie et jugé** *[jugée]* **dans les conditions prévues à l'article 689-1 toute personne coupable d'un crime ou d'un délit d'acte de terrorisme défini par les articles 421-1 et 421-2 du code pénal ou du délit d'association terroriste prévu par l'article 421-2-1 du même code lorsque l'infraction a été commise en employant un engin explosif ou un autre engin meurtrier défini à l'article 1er de ladite convention.**

Art. 689-10 *(L. n° 2001-1062 du 15 nov. 2001 ; L. n° 2003-239 du 18 mars 2003, art. 31)* **Pour l'application de la Convention internationale pour la répression du financement du terrorisme, ouverte à la signature à New York le 10 janvier 2000, peut être poursuivie et jugée dans les conditions prévues à l'article 689-1 toute personne coupable d'un crime ou d'un délit défini par les articles 421-1 à 421-2-2 du code pénal lorsque cette infraction constitue un financement d'actes de terrorisme au sens de l'article 2 de ladite convention.** — *Dispositions applicables en Nouvelle-Calédonie, dans les îles Wallis-et-Futuna et en Polynésie française.*

La Convention de New York du 10 juill. 2000 a été publiée par le Décr. n° 2002-935 du 14 juin 2002 (JO 16 juin).

En ce qui concerne la compétence des juridictions françaises à raison des infractions au droit international humanitaire commises sur le territoire de l'ex-Yougoslavie depuis 1991, V. L. n° 95-1 du 2 janv. 1995, App., v° Crimes de guerre et contre l'humanité ; … au Rwanda en 1994, V. L. n° 96-432 du 22 mai 1996, ibid.

Art. 689-11 *(L. n° 2019-222 du 23 mars 2019, art. 63-IV)* **Hors les cas prévus au sous-titre Ier du titre Ier du livre IV pour l'application de la convention portant statut de la Cour pénale internationale, ouverte à la signature à Rome le 18 juillet 1998, peut être poursuivie et jugée par les juridictions françaises, si elle réside habituelle-**

ment sur le territoire de la République, toute personne soupçonnée d'avoir commis à l'étranger l'une des infractions suivantes :

1° Le crime de génocide défini au chapitre Ier du sous-titre Ier du titre Ier du livre II du code pénal ;

2° Les autres crimes contre l'humanité définis au chapitre II du même sous-titre Ier, si les faits sont punis par la législation de l'État où ils ont été commis ou si cet État ou l'État dont la personne soupçonnée a la nationalité est partie à la convention précitée ;

3° Les crimes et les délits de guerre définis aux articles 461-1 à 461-31 du même code, si les faits sont punis par la législation de l'État où ils ont été commis ou si cet État ou l'État dont la personne soupçonnée a la nationalité est partie à la convention précitée.

(L. n° 2019-222 du 23 mars 2019, art. 63-V, en vigueur le 1er janv. 2020) **« La poursuite de ces crimes ne peut être exercée qu'à la requête du procureur de la République antiterroriste et si aucune juridiction internationale ou nationale ne demande la remise ou l'extradition de la personne. A cette fin, le ministère public s'assure de l'absence de poursuite diligentée par la Cour pénale internationale et vérifie qu'aucune autre juridiction internationale compétente pour juger la personne n'a demandé sa remise et qu'aucun autre État n'a demandé son extradition. Lorsque, en application de l'article 40-3 du présent code, le procureur général près la cour d'appel de Paris est saisi d'un recours contre une décision de classement sans suite prise par le procureur de la République antiterroriste, il entend la personne qui a dénoncé les faits si celle-ci en fait la demande. S'il estime le recours infondé, il en informe l'intéressé par une décision écrite motivée. »**

BIBL. ▸ Baroudy, *RSC 2011. Chron. 228* (la compétence universelle en mutation...). – Le Gall, *AJ pénal 2014. 148* (de la cour d'assises de Paris à l'Assemblée nationale : retour sur la compétence universelle...). – Mariat, *AJ pénal 2022. 80* (la compétence universelle peut attendre).

L'exigence posée par l'art. 689-11, selon laquelle les faits doivent être punis par la législation de l'État où ils ont été commis, inclut nécessairement l'existence dans cette législation d'une infraction comportant un élément constitutif relatif à une attaque lancée contre une population civile en exécution d'un plan concerté, ce qui n'est pas le cas de la Syrie qui ne réprime pas les crimes contre l'humanité de façon autonome, ni aucune autre infraction comportant ces éléments constitutifs. • Crim. 24 nov. 2021, n° 21-81.344 B : *AJ pénal 2022. 80, obs. Mariat*.

Art. 689-12 *(L. n° 2009-1503 du 8 déc. 2009, art. 36-III)* **Pour l'application du règlement (CE) n° 561/2006 du Parlement européen et du Conseil du 15 mars 2006 relatif à l'harmonisation de certaines dispositions de la législation sociale dans le domaine des transports par route, peut être poursuivie et jugée dans les conditions prévues à l'article 689-1 toute personne coupable d'infractions à la réglementation du temps de conduite et de repos au sens du chapitre II du même règlement commises dans un État de l'Union européenne.**

L'art. 19, § 2, du Règl. CE n° 561/2006 du 15 mars 2006 doit être interprété en ce sens qu'il s'oppose à ce que les autorités compétentes d'un État membre puissent imposer une sanction au conducteur d'un véhicule ou à une entreprise de transport, pour une infraction au Règl. (CEE) n° 3821/85, tel que modifié par le Règl. (CE) n° 561/2006, commise sur le territoire d'un autre État membre ou d'un pays tiers, mais constatée sur son territoire et n'ayant pas déjà donné lieu à sanction. • CJUE 9 sept. 2021, n° C-906/19. ◆ Il en résulte que les infractions poursuivies, à savoir le fait de se livrer à un transport routier avec une carte de conducteur non conforme ou n'appartenant pas au conducteur l'utilisant, ou sans carte insérée dans le chronotachygraphe du véhicule, qui ont pour fondement l'art. 15, § 2, du Règl. (CEE) n° 3821/85, pour l'application duquel l'art. L. 3315-5, al. 1er, C. transp. a été promulgué, ne relèvent pas du champ d'application de l'art. 689-12 et ne peuvent être poursuivies lorsque les faits ont été commis à l'étranger par une personne de nationalité étrangère. • Crim. 1er févr. 2022, n° 18-83.384 P : *D. actu. 1er févr. 2022, obs. Goetz.*

Art. 689-13 *(L. n° 2013-711 du 5 août 2013, art. 16)* **Pour l'application de la Convention internationale pour la protection de toutes les personnes contre les disparitions forcées, adoptée à New York, le 20 décembre 2006, peut être poursuivie et jugée dans les conditions prévues à l'article 689-1 du présent code toute personne coupable ou complice d'un crime défini au 9° de l'article 212-1 ou à l'article 221-12 du code pénal**

lorsque cette infraction constitue une disparition forcée au sens de l'article 2 de la convention précitée.

Art. 689-14 *(L. n° 2018-607 du 13 juill. 2018, art. 40)* **Pour l'application de la Convention pour la protection des biens culturels en cas de conflit armé, faite à La Haye le 14 mai 1954, et du deuxième protocole relatif à la convention de La Haye de 1954 pour la protection des biens culturels en cas de conflit armé, fait à La Haye le 26 mars 1999, peut être poursuivie et jugée dans les conditions prévues à l'article 689-1 toute personne qui réside habituellement sur le territoire de la République et qui s'est rendue coupable des infractions d'atteinte aux biens culturels mentionnés aux *a* à *c* du 1 de l'article 15 du protocole précité. La poursuite de ces infractions ne peut être exercée qu'à la requête du ministère public.**

CHAPITRE II DE L'EXERCICE DES POURSUITES ET DE LA JURIDICTION TERRITORIALEMENT COMPÉTENTE

Art. 692 **Dans les cas prévus au chapitre précédent, aucune poursuite ne peut être exercée contre une personne justifiant qu'elle a été jugée définitivement à l'étranger pour les mêmes faits et, en cas de condamnation, que la peine a été subie ou prescrite.**
— Entrée en vigueur le 1er mars 1994.

RÉP. PÉN. v° *Chose jugée*, par DANET.

BIBL. ▶ BRACH-THIEL, *AJ pénal 2013. 597* (les « disparus du Beach »).

1. Compétence personnelle et compétence territoriale. Il résulte de l'art. 692 que les décisions rendues par des juridictions étrangères n'ont l'autorité de la chose jugée que lorsqu'elles concernent des faits commis en dehors du territoire de la République. • Crim. 3 déc. 1998, n° 97-82.424 P • Crim. 17 janv. 2018, n° 16-86.491 : *D. 2018. 1243, note Haeri et Munoz-Pons*. ♦ L'exception de la chose jugée à l'étranger prévue aux art. 113-9 C. pén. et 692 ne saurait faire obstacle à l'exercice de poursuites exercées sur le fondement de la compétence territoriale française. • Crim. 8 juin 2005, n° 05-81.800 P : *D. 2005. IR 1959 ; JCP 2005. IV. 2693 ; AJ pénal 2005. 368*. ♦ ... Sous réserve de la déduction, lors de l'exécution de la peine, de la détention subie à l'étranger de la peine qui pourrait être ensuite prononcée par la juridiction nationale. • Crim. 23 oct. 2013, n° 13-83.499 P : *D. 2013. 2950, note Rebut ; ibid. 2014. 314, obs. Laurent ; AJ pénal 2014. 127, obs. Herran ; RSC 2013. 857, note Boccon-Gibod* • 15 avr. 2015, n° 15-90.001 : *Dr. pénal 2015, n° 119, note Bonis-Garçon.*

2. Il n'y a pas lieu de renvoyer au Conseil constitutionnel la QPC portant sur la conformité des dispositions de l'art. 716-4, qui énumèrent les mesures privatives de liberté ouvrant droit à déduction sur la durée de la peine prononcée sans viser l'incarcération subie à l'étranger à titre provisoire à raison de faits ultérieurement jugés par une juridiction nationale saisie sur dénonciation officielle, aux droits et libertés garantis par les art. 1er, 7 et 8 DDH et par l'art. 66 de la Constitution. En effet, bien que les dispositions législatives contestées soient applicables à la procédure et n'aient pas déjà été déclarées conformes à la Constitution dans les motifs et le dispositif d'une décision du Conseil constitutionnel, la question, ne portant pas sur l'interprétation d'une disposition constitutionnelle dont le Conseil constitutionnel n'aurait pas encore eu l'occasion de faire application, n'est pas nouvelle. En outre, la question posée ne présente pas un caractère sérieux dès lors que l'art. 716-4 n'exclut pas de son domaine d'application la détention provisoire subie à l'étranger pour des faits jugés en France, mais prévoit au contraire, en termes généraux, que quand il y a eu détention provisoire à quelque stade que ce soit de la procédure, cette détention est intégralement déduite de la durée de la peine prononcée, ce qui inclut l'hypothèse visée par la question. • Crim. 5 oct. 2011 : *D. 2011. Actu. 2477 ; ibid. 2811, note Maziau ; AJ pénal 2012. 356, obs. Herzog-Evans*. ♦ *Contra* : aucune disposition légale ou conventionnelle ne permet d'imputer sur l'exécution d'une peine privative de liberté prononcée par une juridiction nationale, saisie sur dénonciation officielle des faits, pour un crime ou un délit commis par un citoyen français sur le territoire d'un État étranger, la durée de l'incarcération subie dans ce pays en exécution d'une condamnation infligée, pour les même faits, par une juridiction dudit État, dès lors que le condamné ne justifie, ni qu'il a intégralement subi sa peine, ni qu'il l'a prescrite ou qu'il a obtenu sa grâce. • Crim. 26 oct. 1993, n° 93-83.808 P • 21 oct. 1997, n° 97-81.099 P.

3. Classement sans suite. Une décision des juridictions allemandes refusant la mise en mouvement de l'action publique et le refus d'exécution des juridictions autrichiennes d'un mandat d'arrêt européen émis par la France ne s'opposent pas au jugement par les juridictions françaises de l'auteur des faits. • Crim. 2 avr. 2014, n° 13-80.474 P : *D. actu. 8 avr. 2014, obs.*

Fucini ; D. 2014. 1128, note Brach-Thiel ; ibid. Pan. 1737, obs. Pradel ; AJ pénal 2014. 365, obs. Lelieur . ♦ En effet, il ressort des art. 113-9 C. pén. et 692 qu'un étranger ayant commis hors du territoire de la République un crime ou un délit puni d'emprisonnement contre une victime de nationalité française ne peut échapper à toute poursuite en France que s'il justifie avoir été définitivement jugé à l'étranger pour les mêmes faits (concernant le décision d'un procureur général irlandais équivalent à un classement sans suite). • Crim. 2 mai 2018, n° 18-80.860 P : *D. actu. 12 juin 2018, obs. Fonteix.*

4. Condamnation définitive. L'exception de la chose jugée à l'étranger ne peut être invoquée pour écarter la compétence personnelle de la loi pénale française dès lors que la décision de relaxe prononcée par la juridiction étrangère, frappée d'un pourvoi formé devant la Cour de cassation de cet État, n'est pas devenue définitive ; par ailleurs, la juridiction française saisie des poursuites n'est pas tenue de surseoir à statuer jusqu'à ce que cette décision étrangère soit devenue définitive. • Crim. 10 sept. 2014, n° 14-84.186 P : *D. actu. 9 oct. 2014, obs. Fucini ; AJ pénal 2014. 534, obs. Brach-Thiel .*

Art. 693 **La juridiction compétente est celle du lieu où réside le prévenu, celle de sa dernière résidence connue, celle du lieu où il est trouvé, celle de la résidence de la victime ou, si l'infraction a été commise à bord ou à l'encontre d'un aéronef,** *(L. n° 2011-525 du 17 mai 2011, art. 87-I)* **« ou que les victimes de l'infraction ont été les personnes se trouvant à bord d'un aéronef, celle du lieu de décollage, de destination ou d'atterrissage » de celui-ci. Ces dispositions ne sont pas exclusives de l'application éventuelle des règles particulières de compétence prévues par les articles** *(L. n° 2011-1862 du 13 déc. 2011, art. 25)* **« 628-1, 697-3,** *(L. n° 2013-1117 du 6 déc. 2013, art. 67, en vigueur au plus tard le 1er févr. 2014)* **« 704-1, 705 », 706-17, 706-75, 706-107, 706-108 et 706-176.**

« La juridiction de Paris exerce une compétence concurrente à celle qui résulte de la première phrase du premier alinéa. Lorsque le procureur de la République près un tribunal judiciaire autre que celui de Paris requiert le juge d'instruction saisi d'une infraction entrant dans le champ d'application du chapitre Ier du présent titre de se dessaisir au profit de la juridiction d'instruction de Paris, les articles 628-2 et 628-6 sont applicables. »

TITRE DIXIÈME DE L'ENTRAIDE JUDICIAIRE INTERNATIONALE

(L. n° 2004-204 du 9 mars 2004, art. 17)

BIBL. ► MASSÉ, *RSC 2004. 470 ; ibid. 2005. 406* (l'entraide judiciaire internationale, version française). – SAINT-PAU, *Dr. pénal 2004. Chron. 9* (l'entraide judiciaire internationale et européenne).

► **Dossier :** La coopération judiciaire à l'heure du terrorisme, *AJ pénal 2017. 107 s.*

CHAPITRE PREMIER DISPOSITIONS GÉNÉRALES

SECTION PREMIÈRE TRANSMISSION ET EXÉCUTION DES DEMANDES D'ENTRAIDE

Art. 694 **En l'absence de Convention internationale en stipulant autrement :**

1° Les demandes d'entraide émanant des autorités judiciaires françaises et destinées aux autorités judiciaires étrangères sont transmises par l'intermédiaire du ministère de la justice. Les pièces d'exécution sont renvoyées aux autorités de l'État requérant par la même voie ;

2° Les demandes d'entraide émanant des autorités judiciaires étrangères et destinées aux autorités judiciaires françaises sont transmises par la voie diplomatique. Les pièces d'exécution sont renvoyées aux autorités de l'État requérant par la même voie.

En cas d'urgence, les demandes d'entraide sollicitées par les autorités françaises ou étrangères peuvent être transmises directement aux autorités de l'État requis compétentes pour les exécuter. Le renvoi des pièces d'exécution aux autorités compétentes de l'État requérant est effectué selon les mêmes modalités. Toutefois, sauf Convention internationale en stipulant autrement, les demandes d'entraide émanant des autorités judiciaires étrangères et destinées aux autorités judiciaires françaises doivent faire l'objet d'un avis donné par la voie diplomatique par le gouvernement étranger intéressé.

En ce qui concerne l'entraide judiciaire internationale en matière de répression des attentats terroristes à l'explosif, V. Décr. n° 2002-668 du 24 avr. 2002 (JO 2 mai) portant publication de la Convention de New York du 12 janv. 1998.

BIBL. ▶ GHICA-LEMARCHAND, *RSC 2003. 33* (la commission rogatoire internationale en droit pénal).

1. *Contrôle de régularité.* Si, en application de l'art. 173, la chambre de l'instruction peut être saisie d'une requête en annulation de pièces d'exécution en France d'une commission rogatoire délivrée par une autorité judiciaire étrangère, c'est à la condition que ces pièces puissent être mises à la disposition de la juridiction compétente pour en assurer le contrôle ; tel n'est pas le cas lorsque la chambre de l'instruction ne disposait que des seules copies produites par le requérant, les pièces d'exécution de la commission rogatoire ayant été transmises à l'État étranger, et la requête en nullité doit dès lors être déclarée irrecevable. • Crim. 3 juin 2003, n° 02-87.484 P : *JCP 2003. IV. 2366.* ♦ La chambre de l'instruction est incompétente pour statuer, d'une part, sur la validité d'une autorisation écrite accordée par le procureur général de l'État requis à un juge d'instruction français de se transporter dans cet État et de procéder lui-même aux auditions de témoins, demandées par commission rogatoire internationale, d'autre part, sur la régularité des actes accomplis par ce magistrat, dans les formes définies, en l'absence de convention d'entraide judiciaire, par l'autorité judiciaire de l'État requis et relevant de la souveraineté de celui-ci. • Crim. 20 juin 2012, n° 12-81.024 P : *D. 2012. Actu. 1890 ; RSC 2012. 624, obs. Danet ; AJ pénal 2013. 53, obs. Poissonnier.*

2. Si la chambre de l'instruction est compétente pour apprécier la régularité des actes d'exécution d'une commission rogatoire internationale adressée par un magistrat étranger, elle est sans pouvoir pour se prononcer sur d'éventuelles irrégularités commises dans le cadre de la procédure étrangère en l'absence de toute intervention d'un juge national. • Crim. 27 juin 2018, n° 17-85.101 P : *Gaz. Pal. 6 nov. 2018, p. 62, note Fourment.*

3. *Office du juge et traités internationaux.* Il est de l'office du juge d'interpréter les traités internationaux invoqués dans la cause soumise à son examen et, par ailleurs, les autorités judiciaires françaises, lorsqu'elles utilisent les informations qui leur ont été communiquées dans le cadre d'une convention d'entraide judiciaire en matière pénale, sont tenues de respecter les règles fixées par cette convention, à laquelle s'incorporent les réserves et déclarations formulées, qui obligent les États parties dans leurs rapports réciproques. • Crim. 15 janv. 2014, n° 13-84.778 P : *D. actu. 31 janv. 2014, obs. Winckelmuller ; AJ pénal 2014. 243, obs. de Combles de Nayves ; RSC 2014. 127, obs. Danet.*

Art. 694-1 En cas d'urgence, les demandes d'entraide émanant des autorités judiciaires étrangères sont transmises, selon les distinctions prévues à l'article 694-2, au procureur de la République ou au juge d'instruction du tribunal judiciaire territorialement compétent. Elles peuvent également être adressées à ces magistrats par l'intermédiaire du procureur général.

Si le procureur de la République reçoit directement d'une autorité étrangère une demande d'entraide qui ne peut être exécutée que par le juge d'instruction, il la transmet pour exécution à ce dernier ou saisit le procureur général dans le cas prévu à l'article 694-4.

Avant de procéder à l'exécution d'une demande d'entraide dont il a été directement saisi, le juge d'instruction la communique immédiatement pour avis au procureur de la République.

Art. 694-2 Les demandes d'entraide émanant des autorités judiciaires étrangères sont exécutées par le procureur de la République ou par les officiers ou agents de police judiciaire requis à cette fin par ce magistrat.

Elles sont exécutées par le juge d'instruction ou par des officiers de police judiciaire agissant sur commission rogatoire de ce magistrat lorsqu'elles nécessitent certains actes de procédure qui ne peuvent être ordonnés ou exécutés qu'au cours d'une instruction préparatoire.

Art. 694-3 Les demandes d'entraide émanant des autorités judiciaires étrangères sont exécutées selon les règles de procédure prévues par le présent code.

Toutefois, si la demande d'entraide le précise, elle est exécutée selon les règles de procédure expressément indiquées par les autorités compétentes de l'État requérant, à condition, sous peine de nullité, que ces règles ne réduisent pas les droits des parties ou les garanties procédurales prévus par le présent code. Lorsque la demande d'entraide ne peut être exécutée conformément aux exigences de l'État requérant, les

autorités compétentes françaises en informent sans délai les autorités de l'État requérant et indiquent dans quelles conditions la demande pourrait être exécutée. Les autorités françaises compétentes et celles de l'État requérant peuvent ultérieurement s'accorder sur la suite à réserver à la demande, le cas échéant, en la subordonnant au respect desdites conditions.

L'irrégularité de la transmission de la demande d'entraide ne peut constituer une cause de nullité des actes accomplis en exécution de cette demande.

1. Ne porte atteinte ni aux droits de la défense ni au droit de propriété la saisie de comptes bancaires, ordonnée par un juge d'instruction, en exécution d'une commission rogatoire internationale délivrée par les autorités du Guatemala, sur le fondement de la Convention des Nations unies contre la corruption, dès lors que cette mesure, exécutée en application de l'art. 694-3, conformément à l'art. 97 et destinée à empêcher les requérantes d'user de leurs biens, poursuivait un objectif d'intérêt général résidant dans l'exécution par l'État français de ses obligations résultant de la Convention des Nations unies contre la corruption. • Crim. 11 juin 2008, n° 07-87.319 P : *RSC 2008. 932, obs. Finielz ; D. 2008. AJ 2082, obs. Lavric ; AJ pénal 2008. 422, obs. Royer*.

2. Il ne saurait se déduire de l'art. 694-3, dont il résulte que les commissions rogatoires internationales adressées à la France sont exécutées selon les règles prévues par le C. pr. pén., que sont applicables à l'exécution des actes délégués celles édictées par l'art. 52-1, relatives à la compétence exclusive du pôle de l'instruction en matière de crime, qui ne concernent que la désignation du magistrat en charge d'une information. • Crim. 12 mars 2014, n° 13-87.254 P : *D. actu. 2 avr. 2014, obs. Winckelmuller ; D. 2014. 727 ; AJ pénal 2014. 363, obs. Ascensi* (validité de l'exécution d'une commission rogatoire internationale relative à un crime par un juge d'instruction n'appartenant pas à un pôle).

Art. 694-4 **Si l'exécution d'une demande d'entraide émanant d'une autorité judiciaire étrangère est de nature à porter atteinte à l'ordre public ou aux intérêts essentiels de la Nation, le procureur de la République saisi de cette demande ou avisé de cette demande en application du troisième alinéa de l'article 694-1 la transmet au procureur général qui détermine, s'il y a lieu, d'en saisir le ministre de la justice et donne, le cas échéant, avis de cette transmission au juge d'instruction.**

S'il est saisi, le ministre de la justice informe l'autorité requérante, le cas échéant, de ce qu'il ne peut être donné suite, totalement ou partiellement, à sa demande. Cette information est notifiée à l'autorité judiciaire concernée et fait obstacle à l'exécution de la demande d'entraide ou au retour des pièces d'exécution.

Art. 694-4-1 *(L. n° 2015-912 du 24 juill. 2015, art. 9)* **Si une demande d'entraide émanant d'une autorité judiciaire étrangère concerne des faits commis hors du territoire national susceptibles d'être en lien avec les missions réalisées, aux fins de la défense et de la promotion des intérêts fondamentaux de la Nation prévus à l'article L. 811-3 du code de la sécurité intérieure, par un service spécialisé de renseignement prévu à l'article L. 811-2 du même code, le procureur de la République saisi de cette demande, ou avisé en application de l'article 694-1 du présent code, la transmet au procureur général qui en saisit le ministre de la justice, et informe, le cas échéant, le juge d'instruction de cette transmission.**

Le ministre de la justice en informe le ministre dont relève le service spécialisé de renseignement concerné et recueille son avis.

Dans le délai d'un mois, ce dernier fait connaître au ministre de la justice si l'exécution de la demande d'entraide est de nature à porter atteinte aux intérêts fondamentaux de la Nation.

Le ministre de la justice informe, s'il y a lieu, l'autorité requérante de ce qu'il ne peut être donné suite, totalement ou partiellement, à sa demande. Cette décision est notifiée à l'autorité judiciaire initialement saisie et fait obstacle à l'exécution de la demande d'entraide ou au retour des pièces d'exécution.

SECTION II **DE L'ENTRAIDE AUX FINS D'AUDITION, DE SURVEILLANCE OU D'INFILTRATION** *(L. n° 2010-768 du 9 juill. 2010, art. 15).*

Art. 694-5 **Les dispositions de l'article 706-71 sont applicables pour l'exécution simultanée, sur le territoire de la République et à l'étranger, de demandes d'entraide émanant des autorités judiciaires étrangères ou d'actes d'entraide réalisés à la demande des autorités judiciaires françaises.**

Les interrogatoires, les auditions ou les confrontations réalisés à l'étranger à la demande des autorités judiciaires françaises sont exécutés conformément aux dispositions du présent code, sauf si une Convention internationale y fait obstacle.

L'interrogatoire ou la confrontation d'une personne poursuivie ne peut être effectué qu'avec son consentement.

Les dispositions des articles 434-13 et 434-15-1 du code pénal sont applicables aux témoins entendus sur le territoire de la République à la demande des autorités judiciaires de l'État requérant dans les conditions prévues par le présent article.

Domaine d'application. Al. 2. Les dispositions de l'art. 694-5, al. 2 ne sont applicables qu'aux auditions, interrogatoires et confrontations réalisés dans les conditions prévues à l'art. 706-71. • Crim. 9 déc. 2015, n° 15-83.204 P : *D. actu. 5 janv. 2016, obs. Fucini ; AJ pénal 2016. 137, note Boursier*.

Art. 694-6 **Lorsque la surveillance prévue à l'article 706-80 doit être poursuivie dans un État étranger, elle est autorisée, dans les conditions prévues par les conventions internationales, par le procureur de la République chargé de l'enquête.**

Les procès-verbaux d'exécution des opérations de surveillance ou rapports y afférents ainsi que l'autorisation d'en poursuivre l'exécution sur le territoire d'un État étranger sont versés au dossier de la procédure.

Art. 694-7 **Avec l'accord préalable du ministre de la justice saisi d'une demande d'entraide judiciaire à cette fin, des agents de police étrangers peuvent poursuivre sur le territoire de la République, sous la direction d'officiers de police judiciaire français, des opérations d'infiltration conformément aux dispositions des articles 706-81 à 706-87. L'accord du ministre de la justice peut être assorti de conditions. L'opération doit ensuite être autorisée par le procureur de la République près le tribunal judiciaire de Paris ou le juge d'instruction du même ressort dans les conditions prévues par l'article 706-81.**

Le ministre de la justice ne peut donner son accord que si les agents étrangers sont affectés dans leur pays à un service spécialisé et exercent des missions de police similaires à celles des agents nationaux spécialement habilités mentionnés à l'article 706-81.

V. art. D. 15-1-4.

Art. 694-8 **Avec l'accord des autorités judiciaires étrangères, les agents de police étrangers mentionnés au deuxième alinéa de l'article 694-7 peuvent également, dans les conditions fixées par les articles 706-81 à 706-87, participer sous la direction d'officiers de police judiciaire français à des opérations d'infiltration conduites sur le territoire de la République dans le cadre d'une procédure judiciaire nationale.**

Art. 694-9 **Lorsque, conformément aux stipulations prévues par les conventions internationales, le procureur de la République ou le juge d'instruction communique à des autorités judiciaires étrangères des informations issues d'une procédure pénale en cours, il peut soumettre l'utilisation de ces informations aux conditions qu'il détermine.**

Principe de spécialité. Le demandeur ne saurait se faire un grief de ce que la chambre de l'instruction a rejeté sa demande tendant à voir prononcer la nullité, fondée sur la violation du principe de spécialité, du versement à la procédure de pièces issues de l'exécution en France d'une commission rogatoire internationale allemande portant sur des interceptions téléphoniques, dès lors qu'en application de l'art. 23, § 6, de la Conv. du 29 mai 2000 relative à l'entraide judiciaire en matière pénale entre les États membres de l'Union européenne aucun consentement préalable des autorités compétentes de l'État allemand requérant n'était exigé s'agissant de données obtenues, en application de ladite Conv., par les autorités compétentes de l'État français requis et provenant de cet État. • Crim. 9 déc. 2015, n° 15-83.204 P : *D. actu. 5 janv. 2016, obs. Fucini ; AJ pénal 2016. 137, note Boursier*.

SECTION III **DE L'ENTRAIDE AUX FINS DE SAISIE DES PRODUITS D'UNE INFRACTION EN VUE DE LEUR CONFISCATION ULTÉRIEURE**

(L. n° 2010-768 du 9 juill. 2010, art. 15)

V. Circ. du 22 déc. 2010 relative à la présentation des dispositions spécifiques de la L. n° 2010-768 du 9 juill. 2010 visant à permettre l'exécution transfrontalière des confiscations en matière pénale (BOMJ 2011, n° 1).

BIBL. ▸ CUTAJAR, *D. 2010. Chron. 2305* (commentaire des dispositions de droit interne de la loi du 9 juillet 2010 visant à faciliter la saisie et la confiscation en matière pénale).

Art. 694-10 **En l'absence de convention internationale en stipulant autrement, les articles 694-11 à 694-13 sont applicables aux demandes d'entraide émanant des autorités étrangères compétentes, tendant à la saisie, en vue de leur confiscation ultérieure, des biens meubles ou immeubles, quelle qu'en soit la nature,** *(L. n° 2013-1117 du 6 déc. 2013, art. 27)* **« ayant servi ou qui étaient destinés à commettre l'infraction ou » qui paraissent être le produit direct ou indirect de l'infraction ainsi que de tout bien dont la valeur correspond au produit de cette infraction.**

Art. 694-11 **Sans préjudice de l'application de l'article 694-4, la demande présentée en application de l'article 694-10 est rejetée si l'un des motifs de refus mentionnés à l'article 713-37 apparaît d'ores et déjà constitué.**

Art. 694-12 **L'exécution sur le territoire de la République de** *(L. n° 2013-1117 du 6 déc. 2013, art. 27)* **« saisies » faisant l'objet d'une demande présentée par une autorité judiciaire étrangère, en application d'une convention internationale, est ordonnée, aux frais avancés du Trésor et selon les modalités du présent code, par le juge d'instruction sur** *(L. n° 2013-1117 du 6 déc. 2013, art. 27)* **« requête ou après avis » du procureur de la République** *(Abrogé par L. n° 2013-1117 du 6 déc. 2013, art. 27)* **« ,** ***dès lors que le propriétaire des biens ne pouvait en ignorer l'origine ou l'utilisation frauduleuse*** **».**

Art. 694-13 **Le refus d'autoriser l'exécution de la décision de confiscation prononcée par la juridiction étrangère emporte de plein droit, aux frais du Trésor, mainlevée des saisies ordonnées. Il en est de même lorsque les poursuites engagées à l'étranger ont pris fin.**

CHAPITRE II **DISPOSITIONS PROPRES À L'ENTRAIDE ENTRE LA FRANCE ET LES AUTRES ÉTATS MEMBRES DE L'UNION EUROPÉENNE**

BIBL. ▸ LE COZ, *AJ pénal 2013. 523* (l'entraide pénale dans l'Union européenne).

Art. 694-14 **Les dispositions du présent chapitre sont applicables aux demandes d'entraide entre la France et les autres États membres de l'Union européenne.**

Depuis le 22 mai 2017, l'art. 695 est devenu l'art. 694-14 (Ord. n° 2016-1636 du 1er déc. 2016, art. 1er).

SECTION PREMIÈRE **DES DÉCISIONS D'ENQUÊTE EUROPÉENNE PRÉVUES PAR LA DIRECTIVE 2014/41/UE DU 3 AVRIL 2014**

(Ord. n° 2016-1636 du 1er déc. 2016, art. 1er et 5, en vigueur le 22 mai 2017)

Les dispositions de l'ordonnance n° 2016-1636 du 1er déc. 2016 sont entrées en vigueur le 22 mai 2017. Les demandes d'entraide reçues avant le 22 mai 2017 demeurent régies par les instruments antérieurs relatifs à l'entraide en matière pénale et par les dispositions du code de procédure pénale dans leur rédaction applicable antérieurement à l'entrée en vigueur de l'ordonnance.

Les décisions de gel d'éléments de preuve prises en vertu de la décision-cadre 2003/577/JAI et reçues avant le 22 mai 2017 sont également régies par cette décision-cadre et par les dispositions du code de procédure pénale dans leur rédaction applicable antérieurement à l'entrée en vigueur de l'ordonnance.

A compter du 22 mai 2017, les demandes d'entraide sont adressées aux États membres selon le formalisme prévu pour les décisions d'enquête européenne, même aux États n'ayant pas à cette date transposé la directive 2014/41/UE du 3 avril 2014 concernant la décision d'enquête européenne en matière pénale. Les demandes d'entraide émanant de ces États sont assimilées à des demandes effectuées sur le fondement des dispositions de la directive et examinées conformément aux dispositions du code de procédure pénale résultant de l'ordonnance (Ord. préc., art. 5).

Art. 694-15 **Sauf lorsqu'il en est disposé autrement par le présent code, les demandes d'entraide judiciaire en matière pénale entre la France et les autres États membres de l'Union européenne se font par l'intermédiaire des décisions d'enquête européenne, conformément aux dispositions de la présente section.**

Art. 694-16 **Une décision d'enquête européenne est une décision judiciaire émise par un État membre, appelé État d'émission, demandant à un autre État membre, appelé État d'exécution, en utilisant des formulaires communs à l'ensemble des États, de réaliser dans un certain délai sur son territoire des investigations tendant à l'obtention d'éléments de preuve relatifs à une infraction pénale ou à la communication d'éléments de preuve déjà en sa possession.**

La décision d'enquête peut également avoir pour objet d'empêcher provisoirement sur le territoire de l'État d'exécution toute opération de destruction, de transformation, de déplacement, de transfert ou d'aliénation d'éléments susceptibles d'être utilisés comme preuve.

Elle peut aussi avoir pour objet le transfèrement temporaire dans l'État d'émission d'une personne détenue dans l'État d'exécution, afin de permettre la réalisation dans l'État d'émission d'actes de procédure exigeant la présence de cette personne, ou le transfèrement temporaire dans l'État d'exécution d'une personne détenue dans l'État d'émission aux fins de participer sur ce territoire aux investigations demandées.

Les preuves mentionnées aux deux premiers alinéas peuvent également porter sur la violation par une personne des obligations résultant d'une condamnation pénale, même si cette violation ne constitue pas une infraction.

Art. 694-17 **Les États membres reconnaissent sans aucune formalité une décision d'enquête européenne et ils l'exécutent de la même manière et selon les mêmes modalités que si la demande émanait d'une autorité judiciaire nationale, sauf si est applicable un motif valable prévu par la présente section de non-reconnaissance, de non-exécution ou de report de la décision, et sous réserve de l'application des formalités expressément demandées par l'autorité d'émission non contraires aux principes fondamentaux du droit de l'État d'exécution.**

Les décisions de l'État d'exécution visant à la reconnaissance et à l'exécution d'une décision d'enquête européenne ne sont pas des décisions à caractère juridictionnel. En conséquence, l'organe en charge d'une telle décision ne saurait être considéré comme chargé de rendre un jugement et ne peut transmettre une question préjudicielle. • CJUE 2 sept. 2021, n° C-66/20 : *D. actu. 17 sept. 2021, obs. Nicaud.*

Art. 694-18 **Il n'y a pas lieu à émission d'une décision d'enquête européenne :**

1° Lorsqu'est mise en place une équipe commune d'enquête en application des articles 695-2 et 695-3 ; toutefois, lorsqu'une autorité compétente participant à une équipe commune d'enquête requiert l'assistance d'un État membre autre que ceux qui y participent, une décision d'enquête européenne peut être émise à cette fin ;

***2° Lorsqu'il est fait* application des articles 695-9-1 à 695-9-30 sur le gel de biens susceptibles de confiscation, dès lors que la demande de saisie de ces biens n'est pas également demandée parce qu'ils sont susceptibles de constituer des éléments de preuve ;**

3° Lorsqu'est demandée une observation transfrontalière en application de l'article 40 de la convention d'application des accords de Schengen du 19 juin 1990.

Art. 694-19 **Les modalités d'application de la présente section sont précisées par décret.** — *V. art. D. 47-1-1 s.*

SOUS-SECTION 1 DISPOSITIONS RELATIVES À L'ÉMISSION D'UNE DÉCISION D'ENQUÊTE EUROPÉENNE PAR LES AUTORITÉS JUDICIAIRES FRANÇAISES

§ 1er DISPOSITIONS GÉNÉRALES

Art. 694-20 **Le procureur de la République, le juge d'instruction, la chambre de l'instruction et son président ainsi que les juridictions de jugement ou d'application des**

peines et leurs présidents peuvent, à l'occasion des procédures dont ils sont saisis et dans l'exercice de leurs attributions, émettre une décision d'enquête européenne dès lors qu'elle apparaît nécessaire à la constatation, à la poursuite ou au jugement d'une infraction ou à l'exécution d'une peine et proportionnée au regard des droits de la personne suspecte, poursuivie ou condamnée et que les mesures demandées peuvent être réalisées en application des dispositions du présent code.

Cette émission peut intervenir d'office ou, conformément aux dispositions des articles 77-2, 82-1, 315, 388-5 et 459, sur demande de la personne suspecte ou poursuivie, de la victime ou de la partie civile.

Les autorités judiciaires mentionnées au premier alinéa ne peuvent émettre une décision d'enquête que pour l'exécution de mesures qu'elles sont elles-mêmes habilitées à ordonner ou exécuter conformément aux dispositions du présent code. *(L. n° 2020-1672 du 24 déc. 2020, art. 2, en vigueur le 1er mars 2021)* « Si la décision d'enquête concerne un acte exigeant l'autorisation préalable du juge des libertés et de la détention, elle ne peut être émise qu'après l'autorisation de ce dernier. Les autorisations du juge des libertés et de la détention prévues aux articles 76, 230-33, 230-34 et 706-92 peuvent ne pas mentionner l'adresse du lieu privé dans lequel une perquisition pourra intervenir ou dans lequel un dispositif de géolocalisation pourra être installé ou retiré, si cette adresse n'est pas connue lors de la délivrance de la décision d'enquête, à condition de mentionner l'identité de la personne chez laquelle ces opérations pourront intervenir. La première décision du juge des libertés et de la détention prévue au 1° de l'article 230-33 permettant la poursuite pour un mois de la géolocalisation décidée pour quinze jours ou huit jours par le procureur de la République peut être délivrée avant l'émission de la décision d'enquête. »

Lorsqu'à l'occasion de l'exécution d'une décision d'enquête européenne, le magistrat se transporte sur le territoire de l'État d'exécution en application du cinquième alinéa de l'article 41 ou de l'article 93-1, il peut émettre une décision d'enquête en complément de la précédente décision.

L'art. 2 de la L. n° 2020-1672 entre en vigueur le premier jour du troisième mois suivant la publication de la loi et est applicable aux décisions d'enquête européenne émises à compter de cette entrée en vigueur (L. préc., art. 2, II).

Art. 694-21 Toute décision d'enquête européenne est rédigée en utilisant un formulaire complété, signé, et dont le contenu est certifié comme étant exact et correct par l'autorité judiciaire d'émission, qui comporte notamment les informations suivantes :

1° L'identité et la qualité du magistrat ou de la juridiction qui l'émet ;

2° L'objet et les motifs de la décision ;

3° Les informations nécessaires disponibles sur la ou les personnes concernées ;

4° Une description de l'infraction faisant l'objet de l'enquête ou de la poursuite, et les dispositions de droit pénal applicables ;

5° Une description de la ou des mesures d'enquête demandées et des preuves à obtenir, ainsi que le cas échéant des formalités à respecter en application des dispositions prévues par le présent code, notamment l'autorisation préalable d'un juge de l'État d'exécution dans les conditions prévues à l'article 694-20 ;

6° Le cas échéant, les références d'une décision d'enquête européenne antérieure que complète la nouvelle décision ;

7° Le cas échéant, le délai dans lequel doit être exécutée la demande, notamment si ce délai est inférieur à quatre mois, en raison de délais de procédure, de la gravité de l'infraction ou d'autres circonstances particulièrement urgentes, ou la date spécifique à laquelle la mesure d'enquête doit être exécutée, ou le fait que la mesure d'enquête doit être réalisée en temps réel, de manière continue et au cours d'une période déterminée.

Art. 694-22 La décision d'enquête européenne fait l'objet d'une traduction dans une langue officielle de l'État d'exécution ou dans l'une des langues officielles des institutions de l'Union européenne acceptées par cet État.

Art. 694-23 La décision d'enquête européenne est transmise directement aux autorités compétentes de l'État d'exécution par tout moyen permettant de laisser une trace écrite et d'en établir l'authenticité.

Toute autre communication officielle est effectuée directement entre le magistrat mandant et l'autorité d'exécution.

Art. 694-24 Le fait que la mesure d'enquête réalisée dans l'État d'exécution ait été contestée avec succès devant les autorités de cet État et conformément au droit de cet État n'entraîne pas par lui-même la nullité des éléments de preuve adressés aux autorités judiciaires françaises, mais ces éléments ne peuvent servir de seul fondement à la condamnation de la personne.

Le non-respect des délais d'exécution de la demande d'enquête européenne ne peut constituer une cause de nullité des actes accomplis.

§ 2 DISPOSITIONS PARTICULIÈRES À CERTAINES MESURES D'ENQUÊTE

Art. 694-25 Une personne détenue sur le territoire national ne peut être transférée dans un autre État pour les nécessités de l'exécution d'une décision d'enquête européenne que si elle y consent préalablement et que si son transfèrement n'est pas susceptible de prolonger sa détention.

Art. 694-26 Lorsqu'une personne détenue sur le territoire d'un État membre est transférée sur le territoire national en exécution d'une décision d'enquête européenne émise par une autorité judiciaire française, sa mise en liberté ne peut être ordonnée que sur demande de l'État d'exécution.

Elle ne peut être soumise à aucune poursuite ni aucune mesure restrictive ou privative de liberté pour des faits commis ou des condamnations prononcées avant son départ du territoire de l'État d'exécution et qui ne sont pas mentionnés dans la décision d'enquête européenne.

Les dispositions de l'alinéa précédent ne sont toutefois pas applicables lorsque la personne a été libérée et qu'elle est demeurée ou revenue sur le territoire national pendant au moins quinze jours après que sa présence a été requise.

Art. 694-27 Lorsqu'une décision d'enquête est émise en vue de déterminer si une personne physique ou morale détient ou contrôle un ou plusieurs comptes auprès d'un établissement bancaire ou financier ou d'obtenir des renseignements concernant des comptes bancaires déterminés et des opérations bancaires qui ont été réalisées pendant une période déterminée, le magistrat indique dans sa demande les raisons pour lesquelles il considère que les informations demandées sont susceptibles d'être utiles à la manifestation de la vérité et les raisons qui l'amènent à supposer que des banques situées dans l'État d'exécution détiennent le compte ainsi que, le cas échéant, les banques qui pourraient être concernées.

Art. 694-28 Lorsqu'il émet une décision d'enquête afin d'obtenir l'assistance technique d'un État membre aux fins de mise en place d'une interception de télécommunications, le magistrat précise dans sa demande les informations nécessaires à l'identification de la personne visée par la demande d'interception, la durée souhaitée de l'interception et toutes les données techniques nécessaires à la mise en place de la mesure.

SOUS-SECTION 2 DISPOSITIONS RELATIVES À LA RECONNAISSANCE ET L'EXÉCUTION PAR LES AUTORITÉS JUDICIAIRES FRANÇAISES D'UNE DÉCISION D'ENQUÊTE EUROPÉENNE ÉMANANT D'UN AUTRE ÉTAT MEMBRE

Art. 694-29 Toute décision d'enquête européenne transmise aux autorités françaises doit être émise ou validée par une autorité judiciaire. Cette décision peut concerner, dans l'État d'émission, soit des procédures pénales, soit des procédures qui ne sont pas relatives à des infractions pénales mais qui sont engagées contre des personnes physiques ou morales par des autorités administratives ou judiciaires pour des faits punissables dans l'État d'émission au titre d'infractions aux règles de droit et par une décision pouvant donner lieu à un recours devant une juridiction compétente, notamment en matière pénale.

Art. 694-30 La décision d'enquête européenne destinée aux autorités françaises est adressée, selon les distinctions prévues aux deuxième et troisième alinéas, au procureur de la République ou au juge d'instruction du tribunal judiciaire territorialement compétent pour exécuter la mesure demandée.

Lorsque la décision d'enquête porte sur des actes qui ne peuvent être ordonnés ou exécutés qu'au cours d'une instruction préparatoire, ou qui ne peuvent être exécutés au cours d'une enquête qu'avec l'autorisation du juge des libertés et de la détention, la décision d'enquête est reconnue par le juge d'instruction, et elle est exécutée par ce magistrat ou par des officiers ou agents de police judiciaire agissant sur commission rogatoire de celui-ci.

Dans les autres cas, la décision d'enquête est reconnue par le procureur de la République et elle est exécutée par ce magistrat ou par les officiers ou agents de police judiciaire requis par lui à cette fin.

Si le magistrat saisi n'est pas compétent, il transmet sans délai la décision d'enquête au procureur de la République ou au juge d'instruction compétent et en informe immédiatement l'État d'émission.

§ 1er RECONNAISSANCE DES DÉCISIONS D'ENQUÊTE EUROPÉENNE

Art. 694-31 Le magistrat saisi refuse de reconnaître ou d'exécuter une décision d'enquête européenne dans l'un des cas suivants :

1° Si un privilège ou une immunité fait obstacle à son exécution ; lorsque ce privilège ou cette immunité est susceptible d'être levé par une autorité française, la reconnaissance et l'exécution de la décision ne sont refusées qu'après que le magistrat saisi a adressé sans délai à l'autorité compétente une demande de levée de ce privilège ou de cette immunité et que celui-ci n'a pas été levé ; si les autorités françaises ne sont pas compétentes, la demande de levée est laissée au soin de l'État d'émission ;

2° Si la demande d'enquête est contraire aux dispositions relatives à l'établissement de la responsabilité pénale en matière d'infraction de presse de la loi du 29 juillet 1881 sur la liberté de la presse et de la loi n° 82-652 du 29 juillet 1982 sur la communication audiovisuelle ;

3° Si la décision porte sur la transmission d'informations ayant fait l'objet d'une classification en application des dispositions de l'article 413-9 du code pénal ; en ce cas, la reconnaissance et l'exécution de la décision ne sont refusées qu'après que le magistrat saisi a adressé sans délai à l'autorité administrative compétente une demande tendant à la déclassification et à la communication des informations en application de l'article L. 2312-4 du code de la défense et que cette demande n'a pas été acceptée ; si la demande de déclassification est partiellement acceptée, la reconnaissance et l'exécution de la décision d'enquête européenne ne peuvent porter que sur les informations déclassifiées ;

4° Si la demande *(L. n° 2019-222 du 23 mars 2019, art. 70)* « concerne une procédure mentionnée à l'article 694-29 du présent code et qui n'est pas relative à une infraction pénale », lorsque la mesure demandée ne serait pas autorisée par la loi française dans le cadre d'une procédure nationale similaire ;

5° Si l'exécution de la décision d'enquête ou les éléments de preuve susceptibles d'être transférés à la suite de son exécution pourraient conduire à poursuivre ou punir à nouveau une personne qui a déjà été jugée définitivement, pour les faits faisant l'objet de la décision, par les autorités judiciaires françaises ou celles d'un autre État membre de l'Union européenne lorsque, en cas de condamnation, la peine a été exécutée, est en cours d'exécution ou ne peut plus être ramenée à exécution selon les lois de l'État de condamnation ;

6° Si les faits motivant la décision d'enquête européenne ne constituent pas une infraction pénale selon la loi française alors qu'ils ont été commis en tout ou en partie sur le territoire national et qu'il existe des raisons sérieuses de penser qu'ils n'ont pas été commis sur le territoire de l'État d'émission ;

7° S'il existe des raisons sérieuses de croire que l'exécution de la mesure d'enquête serait incompatible avec le respect par la France des droits et libertés garantis par la Convention européenne de sauvegarde des droits de l'homme et des libertés fondamentales et la charte des droits fondamentaux de l'Union européenne ;

8° Si les faits motivant la décision d'enquête ne constituent pas une infraction pénale selon la loi française, sauf s'ils concernent une catégorie d'infractions mentionnée à l'article 694-32 et sanctionnée dans l'État d'émission d'une peine ou une mesure de sûreté privative de liberté d'une durée d'au moins trois ans, ou sauf si la mesure demandée est l'une de celles mentionnées par l'article 694-33 ;

9° Si la mesure demandée n'est pas autorisée par le présent code pour l'infraction motivant la décision d'enquête, sauf s'il s'agit d'une des mesures mentionnées à l'article 694-33.

Dans les cas mentionnés aux 1°, 2°, 5°, 6° et 7° ci-dessus, avant de décider de ne pas reconnaître ou exécuter, en tout ou partie, une décision d'enquête européenne, le magistrat saisi consulte l'autorité d'émission par tout moyen approprié et, le cas échéant, demande à cette autorité de lui fournir sans tarder toute information nécessaire.

Le magistrat saisi informe l'autorité d'émission, sans délai et par tout moyen permettant de laisser une trace écrite, de toute décision prise en application du présent article.

Art. 694-32 Les catégories d'infractions pour lesquelles une décision d'enquête ne peut être refusée en application du 8° de l'article 694-31 sont les suivantes :

1° Participation à une organisation criminelle ;

2° Terrorisme ;

3° Traite des êtres humains ;

4° Exploitation sexuelle des enfants et pédopornographie ;

5° Trafic de stupéfiants et de substances psychotropes ;

6° Trafic d'armes, de munitions et d'explosifs ;

7° Corruption ;

8° Fraude, y compris la fraude portant atteinte aux intérêts financiers des Communautés européennes au sens de la convention du 26 juillet 1995 relative à la protection des intérêts financiers des Communautés européennes ;

9° Blanchiment des produits du crime ;

10° Faux-monnayage et contrefaçon de monnaie, y compris de l'euro ;

11° Cybercriminalité ;

12° Crimes et délits contre l'environnement, y compris le trafic d'espèces animales menacées et le trafic d'espèces et d'essences végétales menacées ;

13° Aide à l'entrée et au séjour irréguliers ;

14° Homicide volontaire, coups et blessures graves ;

15° Trafic d'organes et de tissus humains ;

16° Enlèvement, séquestration et prise d'otage ;

17° Racisme et xénophobie ;

18° Vol organisé ou vol à main armée ;

19° Trafic illicite de biens culturels, y compris d'antiquités et d'œuvres d'art ;

20° Escroquerie ;

21° Extorsion ;

22° Contrefaçon et piratage de produits ;

23° Falsification de documents administratifs et trafic de faux ;

24° Falsification de moyens de paiement ;

25° Trafic illicite de substances hormonales et d'autres facteurs de croissance ;

26° Trafic illicite de matières nucléaires et radioactives ;

27° Trafic de véhicules volés ;

28° Viol ;

29° Incendie volontaire ;

30° Crimes et délits relevant de la Cour pénale internationale ;

31° Détournement illicite d'aéronefs ou de navires ;

32° Sabotage.

Art. 694-33 Les mesures pour lesquelles une décision d'enquête ne peut être refusée en application des 8° et 9° de l'article 694-31 sont les suivantes :

1° L'obtention d'informations ou d'éléments de preuve qui sont déjà en possession des autorités françaises et qui auraient pu être obtenus, en application du droit national, dans le cadre d'une procédure pénale ou aux fins de la décision d'enquête européenne ;

2° L'obtention d'informations contenues dans des traitements automatisés de données à caractère personnel mis en œuvre par les services de la police nationale et de la gendarmerie nationale ou les autorités judiciaires directement accessibles dans le cadre d'une procédure pénale ;

3° L'audition d'un témoin, d'un expert, d'une victime, d'un suspect, d'une personne poursuivie ou d'un tiers ;

4° L'identification d'abonnés titulaires d'un numéro de téléphone spécifique ou de personnes détentrices d'une adresse de protocole internet spécifique ;

5° Toute autre mesure d'enquête non intrusive qui ne porte pas atteinte aux droits ou libertés individuels.

Art. 694-34 Si l'exécution de la décision d'enquête européenne risque de nuire à des intérêts nationaux essentiels en matière de sécurité, de mettre en danger la source d'information ou de comporter l'utilisation d'informations ayant fait l'objet d'une classification en application des dispositions de l'article 413-9 du code pénal et se rapportant à des activités de renseignement, les dispositions des articles 694-4 et 694-4-1 du présent code sont applicables, et la reconnaissance ou l'exécution de la décision d'enquête européenne peuvent être refusées par le ministre de la justice.

Avant de prendre sa décision, le ministre de la justice consulte l'autorité d'émission par tout moyen approprié et, le cas échéant, lui demande de lui fournir sans tarder toute information nécessaire.

Si le ministre de la justice décide de ne pas refuser la reconnaissance ou l'exécution de la décision d'enquête européenne et qu'il s'agit d'informations classifiées en application des dispositions de l'article 413-9 du code pénal, les dispositions du 3° de l'article 694-31 du présent code sont applicables.

Art. 694-35 Le magistrat saisi prend la décision relative à la reconnaissance ou à l'exécution de la décision d'enquête européenne avec la même célérité et priorité que dans le cadre d'une procédure nationale similaire et au plus tard trente jours après la réception de la décision d'enquête européenne.

S'il n'est pas possible, dans un cas spécifique, de respecter ce délai, il en informe sans tarder l'autorité compétente de l'État d'émission par tout moyen disponible, en indiquant les raisons du retard et une estimation du temps nécessaire pour prendre une décision. Dans ce cas, ce délai peut être prorogé de trente jours maximum.

§ 2 EXÉCUTION DE LA DÉCISION D'ENQUÊTE

Art. 694-36 La décision d'enquête est exécutée conformément aux formalités et procédures expressément indiquées par l'autorité d'émission, sauf si la loi en dispose autrement et sous réserve, à peine de nullité, que ces règles ne réduisent pas les droits des parties et les garanties procédurales appliquant les principes fondamentaux prévus à l'article préliminaire du présent code.

Art. 694-37 La décision d'enquête est exécutée dans les meilleurs délais et au plus tard dans les quatre-vingt-dix jours suivant la date de la décision prévue par l'article 694-35. Si des circonstances particulières justifient une prolongation de ce délai, l'autorité d'émission en est immédiatement informée, ainsi que des raisons qui la motivent et de la date prévisible d'exécution de la décision d'enquête.

Le magistrat saisi peut décider de reporter l'exécution de la décision d'enquête si elle risque de nuire à une enquête ou à des poursuites en cours ou si les objets, documents ou données concernés sont déjà utilisés dans le cadre d'une autre procédure. La décision d'enquête est mise à exécution sans délai dès lors que les raisons ayant justifié le report ont cessé. L'autorité d'émission en est immédiatement informée.

Art. 694-38 Lorsque la mesure d'enquête demandée n'est pas prévue par le présent code ou qu'elle ne pourrait être exécutée dans le cadre d'une procédure nationale similaire, le magistrat saisi a recours, chaque fois que cela s'avère possible, à toute autre mesure d'investigation permettant d'obtenir les éléments demandés par l'autorité d'émission.

Toutefois, sous réserve des dispositions de l'article 694-31 et de l'article 694-34, il doit toujours faire droit aux demandes prévues à l'article 694-33.

Le magistrat saisi peut également ordonner une autre mesure d'enquête que celle demandée si elle permet d'obtenir le même résultat de façon moins intrusive.

Il informe sans délai l'autorité d'émission des décisions prises en application du présent article, y compris lorsqu'aucune mesure ne peut être substituée à la mesure demandée.

Art. 694-39 Le magistrat saisi ne peut refuser l'assistance des autorités de l'État d'émission à l'exécution de la décision d'enquête sur le territoire national que si elle apparaît de nature à réduire les droits des parties et les garanties procédurales appliquant les principes fondamentaux prévus à l'article préliminaire ou de nature à nuire aux intérêts fondamentaux de la Nation.

Art. 694-40 Si, en cours d'exécution de la décision d'enquête, le magistrat saisi juge opportun de diligenter des mesures d'enquête non prévues initialement ou qui n'avaient pas pu être spécifiées au moment de l'émission de la décision d'enquête européenne, il en informe sans délai l'autorité d'émission afin qu'elle puisse le cas échéant demander de nouvelles mesures.

Art. 694-41 Lorsque des mesures exécutées sur le territoire national en application d'une décision d'enquête européenne auraient pu, si elles avaient été exécutées dans le cadre d'une procédure nationale, faire l'objet d'une contestation, d'une demande de nullité ou de toute autre forme de recours en application des dispositions du présent code, ces recours peuvent, dans les mêmes conditions et selon les mêmes modalités, être formés contre ces mesures par les personnes intéressés. Ces personnes sont informées de leur possibilité d'exercer ces recours lorsque cette information est prévue par les dispositions du présent code.

Ces recours ne suspendent pas l'exécution de la mesure d'enquête, sauf si cette suspension est prévue par les dispositions du présent code.

Ne peuvent être invoqués à l'appui de ces recours les motifs de fond à l'origine de la décision d'enquête européenne, qui ne peuvent être contestés que par une action intentée dans l'État d'émission.

Le non-respect des délais d'exécution de la demande d'enquête européenne ne peut constituer une cause de nullité des actes accomplis.

Art. 694-42 Les procès-verbaux, objets saisis et tous autres éléments de preuve recueillis en exécution de la décision d'enquête sont remis dans les meilleurs délais à l'autorité d'émission.

Le magistrat saisi peut décider de suspendre cette remise dans l'attente d'une décision relative au recours formé contre un acte d'exécution de la décision d'enquête, sauf si cette dernière fait état de motifs suffisants pour considérer qu'une remise immédiate est indispensable au bon déroulement de l'enquête ou à la préservation de droits individuels. Toutefois, la remise des éléments de preuve est dans tous les cas suspendue si elle est de nature à causer un préjudice grave et irréversible à la personne concernée.

Le magistrat saisi peut ordonner la remise temporaire à l'autorité d'émission des procès-verbaux, objets saisis et autres éléments de preuve recueillis en exécution de la décision d'enquête, à charge pour cette autorité de les restituer dès qu'ils ne lui sont plus nécessaires, notamment lorsqu'ils sont utiles à une procédure en cours en France.

§ 3 DISPOSITIONS PARTICULIÈRES À CERTAINES MESURES D'ENQUÊTE

Art. 694-43 Lorsque la décision d'enquête européenne concerne une infraction en matière de taxes ou d'impôts, de douane et de change, sa reconnaissance ne peut être refusée au motif que la loi française n'impose pas le même type de taxe ou de droits ou prévoit des dispositions différentes en matière de taxes, d'impôts, de douane ou de change.

Art. 694-44 Les dispositions de l'article 694-26 sont applicables au transfèrement d'une personne détenue dans l'État d'émission aux fins d'exécution d'une décision d'enquête émise par un État membre et nécessitant sa présence sur le territoire national.

Art. 694-45 Lorsque l'État d'émission sollicite, au titre d'une décision d'enquête européenne, le transfèrement temporaire d'une personne détenue en France, le magistrat saisi peut, sans préjudice des dispositions de l'article 694-31, refuser l'exécution de la demande si la personne concernée s'y oppose ou si son transfèrement est susceptible de prolonger la durée de sa détention.

Si la demande concerne un mineur ou un majeur bénéficiant d'une mesure de protection en application des dispositions du titre XI du livre Ier du code civil, son représentant légal, son tuteur ou son curateur est préalablement invité à donner son avis.

S'il fait droit à la demande, le magistrat saisi fixe le délai dans lequel la personne détenue doit être renvoyée en France et précise, le cas échéant, les modalités particulières de prise en charge devant être observées afin de garantir le respect de ses droits et la sécurité du transfèrement.

La période de détention subie par la personne en dehors du territoire national est intégralement prise en compte pour le calcul de sa durée totale de détention.

Le dépassement du délai fixé pour le retour en France d'une personne détenue, transférée temporairement au titre d'une décision d'enquête européenne, n'est pas sanctionné par la mise en liberté de l'intéressée. D'autre part, le confinement ordonné en France le 16 mars 2020 en raison de l'épidémie de covid-19 constitue une circonstance insurmontable et imprévisible, extérieure au service de la justice, qui a fait obstacle au retour de celle-ci en France, son conseil pouvant, s'il estimait n'être pas en mesure d'assurer la défense de la personne mise en examen, solliciter un renvoi de l'audience de la chambre de l'instruction, afin de permettre l'organisation d'une communication audiovisuelle ou téléphonique. • Crim. 13 oct. 2020, n° 20-82.376 P: *D. actu. 2 nov. 2020, obs. Goudjil.*

Art. 694-46 **Lorsqu'il est saisi d'une décision d'enquête visant à empêcher provisoirement toute opération de destruction, de transformation, de déplacement, de transfert ou d'aliénation d'éléments susceptibles d'être utilisés comme preuve, le magistrat rend sa décision dans les meilleurs délais et, si possible, dans les vingt-quatre heures suivant sa réception.**

Lorsque l'autorité d'émission demande, dans la décision, que les éléments saisis en application du premier alinéa soient transférés vers l'État d'émission, les dispositions de l'article 694-42 sont applicables.

Lorsque l'autorité d'émission demande, dans la décision, que les éléments saisis en application du premier alinéa soient conservés sur le territoire national jusqu'à une date qu'elle fixe, le magistrat saisi peut déterminer à quelles conditions ces éléments sont conservés. Si, conformément à ces conditions, il envisage de lever la mesure provisoire, il en informe l'autorité d'émission afin qu'elle puisse formuler des observations.

Art. 694-47 **Lorsque l'État d'émission sollicite, au titre d'une décision d'enquête européenne, la mise en place d'une mesure d'infiltration sur le territoire national, les modalités de la mesure portant sur la durée de l'infiltration, ses modalités précises ou le statut juridique des agents infiltrés sont fixées d'un commun accord par le magistrat saisi et l'autorité compétente de l'État d'émission.**

A défaut d'accord, le magistrat saisi peut, sans préjudice des dispositions de l'article 694-31, refuser l'exécution de la demande.

Art. 694-48 **Lorsque l'État d'émission sollicite, au titre d'une décision d'enquête européenne, l'audition d'une personne par un moyen de communication audiovisuelle selon les modalités prévues par l'article 706-71, le magistrat saisi peut, sans préjudice des dispositions de l'article 694-31, refuser l'exécution de la demande s'il s'agit de l'audition d'une personne suspecte ou poursuivie et si celle-ci s'y oppose.**

S'il s'agit de l'audition d'un témoin, les dispositions du présent code réprimant le refus de déposer ou de prêter serment, et celles des articles 434-13, 434-14 et 434-15-1 du code pénal réprimant le faux témoignage sont applicables.

Art. 694-49 **Lorsque l'État d'émission sollicite, au titre d'une décision d'enquête européenne, l'exécution d'une mesure d'investigation qui requiert l'obtention de preuve en temps réel, de manière continue et au cours d'une période déterminée, les modalités pratiques de la mesure sont fixées d'un commun accord par le magistrat saisi et l'autorité compétente de l'État d'émission.**

Les dispositions du premier alinéa sont notamment applicables au suivi d'opérations bancaires ou d'autres opérations financières qui sont réalisées sur un ou plusieurs comptes spécifiques et aux opérations de surveillance de l'acheminement ou du transport des objets, biens ou produits tirés de la commission d'une infraction ou servant à la commettre.

A défaut d'accord, le magistrat saisi peut, sans préjudice des dispositions de l'article 694-31, refuser l'exécution de la demande.

SOUS-SECTION 3 COÛTS D'EXÉCUTION

Art. 694-50 Les frais d'exécution des demandes d'entraide européenne sont à la charge de l'État d'exécution, sauf, lorsqu'ils peuvent être considérés comme exceptionnellement élevés, à être partagés avec l'État d'émission en cas d'accord entre les autorités compétentes ou, à défaut, à être supportés par l'État d'émission.

Sont toutefois toujours à la charge de l'État d'émission les frais occasionnés par une décision d'enquête européenne concernant :

1° Le transfèrement de la personne vers l'État d'émission et depuis celui-ci ;

2° La transcription, le décodage et le déchiffrement de communications interceptées.

SECTION PREMIÈRE *[ANCIENNE]* TRANSMISSION ET EXÉCUTION DES DEMANDES D'ENTRAIDE

A compter du 22 mai 2017, la présente section a été remplacée par les dispositions des articles 694-15 à 694-50 relatives aux décisions d'enquête européenne. La nouvelle section est précédée d'un art. 694-14, issu de la renumérotation de l'art. 695.

Ancien art. 695-1 ***Sauf si une Convention internationale en stipule autrement et sous réserve des dispositions de l'article 694-4, les demandes d'entraide sont transmises et les pièces d'exécution retournées directement entre les autorités judiciaires territorialement compétentes pour les délivrer et les exécuter, conformément aux dispositions des articles 694-1 à 694-3.***

SECTION II DES ÉQUIPES COMMUNES D'ENQUÊTE

BIBL. ▸ SIMON, *RSC 2007. 267* (dernières nouvelles des équipes communes d'enquête : entre partage et souveraineté...).

Art. 695-2 Avec l'accord préalable du ministre de la justice et le consentement du ou des autres États membres concernés, l'autorité judiciaire compétente peut créer une équipe commune d'enquête, soit lorsqu'il y a lieu d'effectuer, dans le cadre d'une procédure française, des enquêtes complexes impliquant la mobilisation d'importants moyens et qui concernent d'autres États membres, soit lorsque plusieurs États membres effectuent des enquêtes relatives à des infractions exigeant une action coordonnée et concertée entre les États membres concernés.

Les agents étrangers détachés par un autre État membre auprès d'une équipe commune d'enquête, dans la limite des attributions attachées à leur statut, peuvent, sous la direction de l'autorité judiciaire compétente, avoir pour mission, le cas échéant, sur toute l'étendue du territoire national :

1° De constater tous crimes, délits ou contraventions et d'en dresser procès-verbal, au besoin dans les formes prévues par le droit de leur État ;

2° De recevoir par procès-verbal les déclarations qui leur sont faites par toute personne susceptible de fournir des renseignements sur les faits en cause, au besoin dans les formes prévues par le droit de leur État ;

3° De seconder les officiers de police judiciaire français dans l'exercice de leurs fonctions ;

4° De procéder à des surveillances et, s'ils sont spécialement habilités à cette fin, à *des infiltrations, dans les conditions* prévues aux articles 706-81 et suivants et sans qu'il soit nécessaire de faire application des dispositions des articles 694-7 et 694-8.

Les agents étrangers détachés auprès d'une équipe commune d'enquête peuvent exercer ces missions, sous réserve du consentement de l'État membre ayant procédé à leur détachement.

Ces agents n'interviennent que dans les opérations pour lesquelles ils ont été désignés. Aucun des pouvoirs propres de l'officier de police judiciaire français, responsable de l'équipe, ne peut leur être délégué.

Un original des procès-verbaux qu'ils ont établis et qui doit être rédigé ou traduit en langue française est versé à la procédure française.

V. art. D. 15-1-4.

Aux termes de l'art. 13 de la Conv. de Bruxelles du 29 mai 2000 relative à l'entraide judiciaire en matière pénale entre les États membres de l'UE et de l'art. 1er de la décision-cadre 2002/465/JAI du Conseil du 13 juin 2002 relative aux équipes communes d'enquête, qui a fait l'objet d'une transposition en droit interne par la L. du 9 mars 2004, créant les art. 695-2 et 695-3 C. pr. pén., les autorités compétentes de deux États membres au moins peuvent, d'un commun accord, créer une équipe commune d'enquête, avec un objectif précis et pour une durée limitée pouvant être prolongée avec l'accord de toutes les parties, aucun texte ne prévoyant que doivent être expressément indiquées les dates de début et de fin de l'équipe commune d'enquête. • Crim. 30 juin 2021, n° 20-84.449 B.

Art. 695-3 **Dans le cadre de l'équipe commune d'enquête, les officiers et agents de police judiciaire français détachés auprès d'une équipe commune d'enquête peuvent procéder aux opérations prescrites par le responsable d'équipe, sur toute l'étendue du territoire de l'État où ils interviennent, dans la limite des pouvoirs qui leur sont reconnus par le présent code.**

Leurs missions sont définies par l'autorité de l'État membre compétente pour diriger l'équipe commune d'enquête sur le territoire duquel l'équipe intervient.

Ils peuvent recevoir les déclarations et constater les infractions dans les formes prévues par le présent code, sous réserve de l'accord de l'État sur le territoire duquel ils interviennent.

SECTION III **DE L'AGENCE EUROJUST** *(L. n° 2021-1729 du 22 déc. 2021, art. 52).*

Art. 695-4 *(Abrogé par L. n° 2021-1729 du 22 déc. 2021, art. 52) « Conformément à la décision du Conseil du 28 février 2002 instituant Eurojust afin de renforcer la lutte contre les formes graves de criminalité, »* **L'** *(L. n° 2021-1729 du 22 déc. 2021, art. 52)* **« agence » Eurojust, organe de l'Union européenne doté de la personnalité juridique agissant en tant que collège ou par l'intermédiaire** *(L. n° 2013-711 du 5 août 2013, art. 9)* **« du membre » national, est chargée de promouvoir et d'améliorer la coordination et la coopération entre les autorités compétentes des États membres de l'Union européenne dans toutes les enquêtes et poursuites relevant de sa compétence.**

(L. n° 2013-711 du 5 août 2013, art. 9) **« L'** *(L. n° 2021-1729 du 22 déc. 2021, art. 52)* **« agence » « Eurojust peut également, avec l'accord des États membres concernés :**

« 1° Coordonner l'exécution des demandes d'entraide judiciaire émises par un État non membre de l'Union européenne lorsque ces demandes se rattachent à des investigations portant sur les mêmes faits et doivent être exécutées dans deux États membres au moins ;

« 2° Faciliter l'exécution des demandes d'entraide judiciaire devant être exécutées dans un État non membre de l'Union européenne lorsqu'elles se rattachent à des investigations portant sur les mêmes faits et émanent d'au moins deux États membres. »

Art. 695-5 **L'** *(L. n° 2021-1729 du 22 déc. 2021, art. 52)* **« agence » Eurojust, agissant par l'intermédiaire** *(L. n° 2013-711 du 5 août 2013, art. 9)* **« du membre national » ou en tant que collège, peut :**

1° Informer le procureur général des infractions dont elle a connaissance et lui demander de faire procéder à une enquête ou de faire engager des poursuites ;

2° Demander au procureur général de dénoncer ou de faire dénoncer des infractions aux autorités compétentes d'un autre État membre de l'Union européenne ;

3° Demander au procureur général de faire mettre en place une équipe commune d'enquête ;

4° Demander au procureur général ou au juge d'instruction de lui communiquer les informations issues de procédures judiciaires qui sont nécessaires à l'accomplissement de ses tâches.

(L. n° 2013-711 du 5 août 2013, art. 9) **« L'** *(L. n° 2021-1729 du 22 déc. 2021, art. 52)* **« agence » « Eurojust agissant par l'intermédiaire du membre national peut, en outre, demander au procureur général de faire prendre toute mesure d'investigation particulière ou toute autre mesure justifiée par les investigations ou les poursuites. »**

Art. 695-5-1 *(L. n° 2013-711 du 5 août 2013, art. 9)* **L'** *(L. n° 2021-1729 du 22 déc. 2021, art. 52)* **« agence » Eurojust, agissant en tant que collège, peut adresser au procureur général ou au juge d'instruction un avis écrit et motivé sur la manière de résoudre un conflit de compétences ou sur des difficultés ou refus récurrents rencontrés dans l'exécution de demandes présentées ou de décisions prises en matière de**

coopération judiciaire en application, notamment, d'instruments fondés sur le principe de reconnaissance mutuelle.

Le procureur général ou le juge d'instruction peuvent faire état auprès du collège d'Eurojust des difficultés ou refus mentionnés au premier alinéa et solliciter de celui-ci qu'il rende un avis écrit et motivé à ce sujet.

Art. 695-6 Lorsque le procureur général ou le juge d'instruction saisi ne donne pas suite à une demande *(L. nº 2013-711 du 5 août 2013, art. 9)* « ou à un avis » de l' *(L. nº 2021-1729 du 22 déc. 2021, art. 52)* « agence » Eurojust, il l'informe *(L. nº 2021-1729 du 22 déc. 2021, art. 52)* « sans retard injustifié » de la décision intervenue et de ses motifs.

(L. nº 2013-711 du 5 août 2013, art. 9) « Toutefois, cette motivation n'est pas obligatoire lorsqu'elle peut porter atteinte à *(L. nº 2021-1729 du 22 déc. 2021, art. 52)* « des intérêts nationaux essentiels en matière de sécurité ou compromettre le succès d'une enquête en cours ou la sécurité d'une personne physique ». »

Art. 695-7 Lorsqu'une demande *(L. nº 2013-711 du 5 août 2013, art. 9)* « présentée ou une décision prise en matière de coopération judiciaire en application, notamment, d'un instrument mettant en œuvre le principe de reconnaissance mutuelle » nécessite, en vue d'une exécution coordonnée, l'intervention de l' *(L. nº 2021-1729 du 22 déc. 2021, art. 52)* « agence » Eurojust, celle-ci peut en assurer la transmission aux autorités requises par l'intermédiaire du *(L. nº 2013-711 du 5 août 2013, art. 9)* « membre » national intéressé.

(L. nº 2013-711 du 5 août 2013, art. 9) « En cas d'urgence, la demande de coopération peut être adressée au dispositif permanent de coordination d'Eurojust. »

SECTION IV **DU MEMBRE NATIONAL D'EUROJUST** *(L. nº 2013-711 du 5 août 2013, art. 10).*

Art. 695-8 Le *(L. nº 2013-711 du 5 août 2013, art. 10)* « membre » national est un magistrat hors hiérarchie mis à disposition de l' *(L. nº 2021-1729 du 22 déc. 2021, art. 52)* « agence » Eurojust pour une durée de *(L. nº 2021-1729 du 22 déc. 2021, art. 52)* « cinq ans, renouvelable une fois », par arrêté du ministre de la justice.

Le ministre de la justice peut lui adresser des instructions dans les conditions fixées par l'article 30.

Art. 695-8-1 *(L. nº 2013-711 du 5 août 2013, art. 10)* Pour les nécessités liées à l'accomplissement de sa mission, le membre national de l' *(L. nº 2021-1729 du 22 déc. 2021, art. 52)* « agence » Eurojust a accès, dans les mêmes conditions que les magistrats du ministère public, aux données contenues dans tout traitement automatisé de données à caractère personnel.

Art. 695-8-2 *(L. nº 2013-711 du 5 août 2013, art. 10)* I. — Le membre national est informé par le procureur général, le procureur de la République ou le juge d'instruction des investigations ou procédures en cours ainsi que des condamnations relatives à des affaires susceptibles d'entrer dans le champ de compétence d'Eurojust lorsqu'elles ont donné lieu ou sont de nature à donner lieu à la transmission à au moins deux *États membres* de demandes ou de décisions en matière de coopération judiciaire en application, notamment, d'instruments fondés sur le principe de reconnaissance mutuelle et lorsque l'une des conditions suivantes est remplie :

1º Ces investigations, procédures ou condamnations portent sur une infraction punissable, dans l'un au moins des États membres concernés, d'une peine ou d'une mesure de sûreté privative de liberté égale ou supérieure à cinq ans et qui entre dans l'une des catégories suivantes :

a) Traite des êtres humains ;

(L. nº 2021-1729 du 22 déc. 2021, art. 52) « *b)* Abus sexuels ou exploitation sexuelle, y compris pédopornographie et sollicitation d'enfants à des fins sexuelles ; »

c) Trafic de drogue ;

d) Trafic d'armes à feu, de leurs éléments et munitions ;

e) Corruption ;

f) *(L. nº 2021-1729 du 22 déc. 2021, art. 52)* « Infractions » portant atteinte aux intérêts financiers de l'Union européenne ;

(L. n° 2021-1729 du 22 déc. 2021, art. 52) « *g)* Faux-monnayage ou falsification de moyens de paiement ; »

h) Blanchiment de capitaux ;

i) Attaques visant les systèmes d'information ;

2° Les éléments du dossier font apparaître l'implication d'une organisation criminelle ;

3° Les éléments du dossier font apparaître que, par leur ampleur ou leur incidence transfrontalière, les faits sont susceptibles d'affecter gravement l'Union européenne ou de concerner des États membres autres que ceux directement impliqués.

Le membre national est, en outre, informé par le procureur général, le procureur de la République ou le juge d'instruction des investigations, des procédures et des condamnations relatives aux infractions terroristes qui intéressent, ou sont susceptibles d'intéresser, au moins un autre État membre.

II. — Le membre national est également informé par le procureur général, le procureur de la République ou le juge d'instruction :

1° De la mise en place des équipes communes d'enquête et des résultats de leurs travaux ;

2° De la mise en œuvre d'une mesure de surveillance de l'acheminement ou du transport des objets, biens ou produits tirés de la commission d'une ou plusieurs infractions ou servant à les commettre lorsque la mesure concerne au moins trois États, dont au moins deux États membres ;

3° Des conflits de compétences avec un autre État membre et des difficultés ou refus récurrents d'exécution de demandes présentées ou de décisions prises en matière de coopération judiciaire en application, notamment, d'instruments fondés sur le principe de reconnaissance mutuelle.

III. — Le procureur général, le procureur de la République ou le juge d'instruction n'est pas tenu de communiquer à l' *(L. n° 2021-1729 du 22 déc. 2021, art. 52)* « agence » Eurojust les informations mentionnées aux I et II lorsque cette communication serait de nature à porter atteinte à la sécurité de la Nation ou à compromettre la sécurité d'une personne.

Art. 695-8-3 *(L. n° 2013-711 du 5 août 2013, art. 10)* Le membre national est compétent pour recevoir et transmettre au procureur général compétent des informations relatives aux enquêtes de l'Office européen de lutte antifraude dont il est destinataire.

Art. 695-8-4 *(L. n° 2013-711 du 5 août 2013, art. 10)* En qualité d'autorité nationale compétente, le membre national peut recevoir et transmettre, selon le cas, aux autorités compétentes des autres États membres ou aux autorités judiciaires françaises toutes demandes présentées ou toutes décisions prises par les unes ou les autres en matière de coopération judiciaire en application, notamment, d'instruments fondés sur le principe de reconnaissance mutuelle. Il peut assurer le suivi de ces demandes et décisions et en faciliter l'exécution. Lorsqu'il fait usage de ces prérogatives, le membre national en avise dans les plus brefs délais l'autorité judiciaire compétente.

Lorsqu'une demande ou une décision en matière de coopération judiciaire a fait l'objet, de la part des autorités judiciaires françaises, d'une exécution partielle ou insuffisante, le membre national peut demander à ces autorités l'accomplissement des mesures complémentaires qui lui paraissent nécessaires.

Art. 695-8-5 *(L. n° 2013-711 du 5 août 2013, art. 10)* I. — Le membre national peut, en qualité d'autorité nationale *(Abrogé par L. n° 2021-1729 du 22 déc. 2021, art. 52)* « *, à la demande ou* » avec l'autorisation de l'autorité judiciaire compétente, présenter des demandes ou prendre des décisions en matière de coopération judiciaire en application, notamment, d'instruments fondés sur le principe de reconnaissance mutuelle.

(Abrogé par L. n° 2021-1729 du 22 déc. 2021, art. 52) « *La demande ou l'autorisation de l'autorité judiciaire compétente prévue au premier alinéa du présent I est écrite et ne peut porter que sur un ou plusieurs actes déterminés.* » Dès l'exécution de l'acte mentionné dans *(Abrogé par L. n° 2021-1729 du 22 déc. 2021, art. 52)* « *la demande ou* » l'autorisation, le membre national en informe cette autorité et lui adresse les pièces d'exécution, en original ou en copie selon la décision de celle-ci.

(Abrogé par L. n° 2021-1729 du 22 déc. 2021, art. 52) « *A tout moment, l'exécution de l'acte peut être interrompue par l'autorité judiciaire l'ayant demandé ou autorisé.* »

II. — Le membre national peut proposer au procureur général ou au procureur de la République de procéder aux actes suivants ou de requérir qu'il y soit procédé :

1° Actes nécessaires à l'exécution des demandes présentées ou des décisions prises en matière de coopération judiciaire par un autre État membre en application, notamment, d'instruments fondés sur le principe de reconnaissance mutuelle ;

2° Actes d'investigation qui ont été considérés, à l'issue d'une réunion de coordination organisée par l' *(L. n° 2021-1729 du 22 déc. 2021, art. 52)* **« agence » Eurojust, comme nécessaires pour l'efficacité d'investigations conduites sur le territoire de plusieurs États membres ;**

3° Opérations de surveillance de l'acheminement ou du transport des objets, biens ou produits tirés de la commission d'une ou plusieurs infractions ou servant à les commettre.

Le représentant du ministère public fait connaître, dans les meilleurs délais, au membre national la suite qu'il entend donner à sa proposition.

Art. 695-9 *(L. n° 2013-711 du 5 août 2013, art. 10) (Abrogé par L. n° 2021-1729 du 22 déc. 2021, art. 52)* ***« Avec l'accord de l'autorité judiciaire compétente, »*** **Le membre national peut participer, en tant que représentant d'Eurojust, à la mise en place et au fonctionnement des équipes communes d'enquête.** *(Abrogé par L. n° 2021-1729 du 22 déc. 2021, art. 52)* ***« Il est invité à y participer lorsque l'équipe commune d'enquête bénéficie d'un financement de l'Union européenne. »***

SECTION V DE L'ÉMISSION ET DE L'EXÉCUTION DES DÉCISIONS DE GEL DE BIENS *(Ord. n° 2016-1636 du 1er déc. 2016, art. 3 et 5, en vigueur le 22 mai 2017).*

(L. n° 2005-750 du 4 juill. 2005)

Sur l'empêchement provisoire sur le territoire d'un État membre de toute opération de destruction, de transformation, de déplacement, de transfert ou d'aliénation d'éléments susceptibles d'être utilisés comme preuve, V. désormais les décisions d'enquête européenne, art. 694-15 s.

§ 1er DISPOSITIONS GÉNÉRALES

Art. 695-9-1 Une décision de gel de biens *(Abrogé par Ord. n° 2016-1636 du 1er déc. 2016, art. 3 et 5, à compter du 22 mai 2017)* ***« ou d'éléments de preuve »*** **est une décision prise par une autorité judiciaire d'un État membre de l'Union européenne, appelé État d'émission, afin d'empêcher la destruction, la transformation, le déplacement, le transfert ou l'aliénation d'un bien susceptible de faire l'objet d'une confiscation** *(Abrogé par Ord. n° 2016-1636 du 1er déc. 2016, art. 3 et 5, à compter du 22 mai 2017)* ***« ou de constituer un élément de preuve »*** **et se trouvant sur le territoire d'un autre État membre, appelé État d'exécution.**

L'autorité judiciaire est compétente, selon les règles et dans les conditions déterminées par la présente section, pour prendre et transmettre aux autorités judiciaires des autres États membres de l'Union européenne ou pour exécuter, sur leur demande, une décision de gel de biens *(Abrogé par Ord. n° 2016-1636 du 1er déc. 2016, art. 3 et 5, à compter du 22 mai 2017)* ***« ou d'éléments de preuve ».***

La décision de gel de biens *(Abrogé par Ord. n° 2016-1636 du 1er déc. 2016, art. 3 et 5, à compter du 22 mai 2017)* ***« ou d'éléments de preuve »*** **est soumise aux mêmes règles et entraîne les mêmes effets juridiques que la saisie.**

V. Circ. CRIM. 05-20/CAB du 10 août 2005 présentant les dispositions du code de procédure pénale relatives au gel de biens ou d'éléments de preuve (BOMJ 2005, n° 99, p. 137 s.).

BIBL. ► Beziz-Ayache, *AJ pénal 2005. 410* (la nouvelle procédure de gel de biens ou d'éléments de preuve). – Massé, *RSC 2006. 463 s.* (l'évolution en matière de gel et de confiscation).

Le juge français qui a pour mission d'exécuter une mesure de gel décidée par une juridiction étrangère en vertu des dispositions des art. 695-9-1 s., ne dispose pas des pouvoirs à lui dévolus par les art. 706-144 et 706-146 lorsqu'il ordonne lui-même une mesure de saisie. • Crim. 1er avr. 2020, n° 19-81.760 P : *D. actu. 28 mai 2020, obs. Fonteix.*

Art. 695-9-2 *(Ord. nº 2016-1636 du 1er déc. 2016, art. 3 et 5, en vigueur le 22 mai 2017)* **Peut faire l'objet d'une décision de gel tout bien meuble ou immeuble, corporel ou incorporel, ainsi que tout acte juridique ou document attestant d'un titre ou d'un droit sur ce bien, dont l'autorité judiciaire de l'État d'émission estime qu'il est le produit d'une infraction ou correspond en tout ou partie à la valeur de ce produit, ou constitue l'instrument ou l'objet d'une infraction.**

Les dispositions de la présente section ne sont pas applicables aux demandes tendant à empêcher la destruction, la transformation, le déplacement, le transfert ou l'aliénation d'un objet, document ou donnée, susceptible de servir de pièce à conviction, même s'il s'agit du produit d'une infraction ou qu'il constitue l'instrument ou l'objet d'une infraction, ces demandes devant faire l'objet d'une décision d'enquête européenne conformément aux dispositions de la section I du présent chapitre.

Art. 695-9-3 Toute décision de gel de biens *(Abrogé par Ord. nº 2016-1636 du 1er déc. 2016, art. 3 et 5, à compter du 22 mai 2017) « ou d'éléments de preuve »* est accompagnée d'un certificat décerné par l'autorité judiciaire ayant ordonné la mesure et comprenant les mentions suivantes :

1º L'identification de l'autorité judiciaire qui a pris, validé ou confirmé la décision de gel et de l'autorité compétente pour exécuter ladite décision dans l'État d'émission, si celle-ci est différente de l'autorité d'émission ;

(Abrogé par Ord. nº 2016-1636 du 1er déc. 2016, art. 3 et 5, à compter du 22 mai 2017) ***« 2º L'identification de l'autorité centrale compétente pour la transmission et la réception des décisions de gel, lorsqu'une telle autorité a été désignée ; »***

3º La date et l'objet de la décision de gel *(Abrogé par Ord. nº 2016-1636 du 1er déc. 2016, art. 3 et 5, à compter du 22 mai 2017)* ***« ainsi que, s'il y a lieu, les formalités procédurales à respecter pour l'exécution d'une décision de gel concernant des éléments de preuve »*** ;

4º Les données permettant d'identifier les biens ou éléments de preuve faisant l'objet de la décision de gel, notamment la description précise de ces biens ou éléments, leur localisation dans l'État d'exécution et la désignation de leur propriétaire ou de leur gardien ;

5º L'identité de la ou des personnes physiques ou morales soupçonnées d'avoir commis l'infraction ou qui ont été condamnées et qui sont visées par la décision de gel ;

6º Les motifs de la décision de gel, le résumé des faits connus de l'autorité judiciaire qui en est l'auteur, la nature et la qualification juridique de l'infraction qui la justifie y compris, s'il y a lieu, l'indication que ladite infraction entre, en vertu de la loi de l'État d'émission, dans l'une des catégories d'infractions mentionnées *(Ord. nº 2016-1636 du 1er déc. 2016, art. 3 et 5, en vigueur le 22 mai 2017)* « à l'article 694-32 » et y est punie d'une peine privative de liberté d'une durée égale ou supérieure à trois ans d'emprisonnement ;

7º La description complète de l'infraction lorsque celle-ci n'entre pas dans l'une des catégories d'infractions visées au 6º ;

8º Les voies de recours contre la décision de gel pour les personnes concernées, y compris les tiers de bonne foi, ouvertes dans l'État d'émission, la désignation de la juridiction devant laquelle ledit recours peut être introduit et le délai dans lequel celui-ci peut être formé ;

9º Le cas échéant, les autres circonstances pertinentes de l'espèce ;

10º La signature de l'autorité judiciaire d'émission ou celle de son représentant attestant l'exactitude des informations contenues dans le certificat.

Art. 695-9-4 *(L. nº 2005-750 du 4 juill. 2005) (Ord. nº 2016-1636 du 1er déc. 2016, art. 3 et 5, en vigueur le 22 mai 2017)* « La décision de gel de biens est accompagnée d'une demande d'exécution d'une décision de confiscation du bien. »

A défaut, le certificat contient l'instruction de conserver le bien *(Abrogé par Ord. nº 2016-1636 du 1er déc. 2016, art. 3 et 5, à compter du 22 mai 2017)* ***« ou l'élément de preuve »*** dans l'État d'exécution jusqu'à la réception *(Ord. nº 2016-1636 du 1er déc. 2016, art. 3 et 5, en vigueur le 22 mai 2017)* « de la demande visée à l'alinéa précédent » et mentionne la date probable à laquelle une telle demande sera présentée.

(Ord. nº 2016-1636 du 1er déc. 2016, art. 3 et 5, en vigueur le 22 mai 2017) « La demande est transmise par l'État d'émission et traitée » par l'État d'exécution confor-

mément aux règles applicables à l'entraide judiciaire en matière pénale et à la coopération internationale en matière de confiscation.

Art. 695-9-5 Le certificat doit être traduit dans la langue officielle ou dans une des langues officielles de l'État d'exécution ou dans l'une des langues officielles des institutions des Communautés européennes acceptées par cet État.

Art. 695-9-6 La décision de gel et le certificat sont, sous réserve des dispositions du deuxième alinéa, transmis directement par l'autorité judiciaire de l'État d'émission à l'autorité judiciaire de l'État d'exécution, par tout moyen laissant une trace écrite et dans des conditions permettant à cette dernière autorité, d'en vérifier l'authenticité.

Lorsqu'un État membre de l'Union européenne a fait une déclaration à cet effet, la décision de gel et le certificat sont expédiés par l'intermédiaire d'une ou plusieurs autorités centrales désignées par ledit État.

§ 2 DISPOSITIONS RELATIVES AUX DÉCISIONS DE GEL DE BIENS PRISES PAR LES AUTORITÉS JUDICIAIRES FRANÇAISES *(Ord. n° 2016-1636 du 1er déc. 2016, art. 3 et 5, en vigueur le 22 mai 2017).*

Les mots « ou d'éléments de preuve » de l'intitulé du § 2 sont abrogés par l'Ord. n° 2016-1636 du 1er déc. 2016, art. 3 et 5, à compter du 22 mai 2017.

Art. 695-9-7 Le procureur de la République, les juridictions d'instruction, le juge des libertés et de la détention et les juridictions de jugement compétents, en vertu des dispositions du présent code, pour ordonner une saisie de biens *(Abrogé par Ord. n° 2016-1636 du 1er déc. 2016, art. 3 et 5, à compter du 22 mai 2017)* ***« ou d'éléments de preuve »***, sont compétents pour prendre, dans les mêmes cas et conditions, des décisions de gel visant des biens ou des éléments de preuve situés sur le territoire d'un autre État membre de l'Union européenne et pour établir les certificats afférents à ces décisions.

(Abrogé par Ord. n° 2016-1636 du 1er déc. 2016, art. 3 et 5, à compter du 22 mai 2017) ***« Le certificat peut préciser que la demande de gel visant des éléments de preuve devra être exécutée dans l'État d'exécution selon les règles du présent code. »***

Art. 695-9-8 La décision de gel prise par un juge d'instruction est transmise par celui-ci, avec son certificat, à l'autorité judiciaire de l'État d'exécution, selon les modalités prévues à l'article 695-9-6. Dans les autres cas, la décision et le certificat sont transmis par le ministère public près la juridiction qui en est l'auteur.

Art. 695-9-9 Les décisions qui emportent mainlevée de la décision de gel sont transmises sans délai, selon les modalités prévues à l'article 695-9-8, à l'autorité judiciaire de l'État d'exécution.

§ 3 DISPOSITIONS RELATIVES À L'EXÉCUTION DES DÉCISIONS DE GEL DE BIENS PRISES PAR LES AUTORITÉS ÉTRANGÈRES *(Ord. n° 2016-1636 du 1er déc. 2016, art. 3 et 5, en vigueur le 22 mai 2017).*

Les mots « ou d'éléments de preuve » de l'intitulé du § 3 sont abrogés par l'Ord. n° 2016-1636 du 1er déc. 2016, art. 3 et 5, à compter du 22 mai 2017.

Art. 695-9-10 Le juge d'instruction est compétent pour statuer sur les demandes de gel *(L. n° 2010-768 du 9 juill. 2010, art. 12)* « de biens » *(Abrogé par Ord. n° 2016-1636 du 1er déc. 2016, art. 3 et 5, à compter du 22 mai 2017)* ***« et d'éléments de preuve »*** ainsi que pour les exécuter.

(Abrogé par L. n° 2010-768 du 9 juill. 2010, art. 12) ***« Le juge des libertés et de la détention est compétent pour statuer sur les demandes de gel de biens en vue de leur confiscation ultérieure. Le procureur de la République est compétent pour procéder à l'exécution des mesures ordonnées par ce juge. »***

Art. 695-9-11 La décision de gel et le certificat émanant de l'autorité judiciaire de l'État d'émission sont transmis, selon les modalités prévues à l'article 695-9-6, au juge d'instruction *(Abrogé par L. n° 2010-768 du 9 juill. 2010, art. 12)* ***« ou au juge des libertés et de la détention »*** territorialement compétent, le cas échéant par l'intermédiaire du procureur de la République ou du procureur général.

Le juge d'instruction *(Abrogé par L. n° 2010-768 du 9 juill. 2010, art. 12)* ***« ou au juge des libertés et de la détention »*** territorialement compétent est celui du lieu où se situe l'un quelconque des biens *(Abrogé par Ord. n° 2016-1636 du 1er déc. 2016, art. 3 et 5, à compter du 22 mai 2017)* ***« ou des éléments de preuve »*** faisant l'objet de la demande de gel ou, si ce lieu n'est pas précisé, le juge d'instruction *(Abrogé par L. n° 2010-768 du 9 juill. 2010, art. 12)* ***« ou au juge des libertés et de la détention »*** de Paris.

Si l'autorité judiciaire à laquelle la demande de gel a été transmise n'est pas compétente pour y donner suite, elle la transmet sans délai à l'autorité judiciaire compétente et en informe l'autorité judiciaire de l'État d'émission.

Art. 695-9-12 Avant d'y statuer, le juge d'instruction *(Abrogé par L. n° 2010-768 du 9 juill. 2010, art. 12)* ***« ou au juge des libertés et de la détention »*** saisi directement d'une demande de gel la communique pour avis au procureur de la République.

Le procureur de la République qui reçoit directement une demande de gel la transmet pour exécution, avec son avis, au juge d'instruction *(Abrogé par L. n° 2010-768 du 9 juill. 2010, art. 12)* ***« ou au juge des libertés et de la détention, suivant l'objet de la demande. »***

Dans le cas prévu à l'article 694-4, le procureur de la République saisit le procureur général.

Art. 695-9-13 Après s'être assuré de la régularité de la demande, le juge d'instruction *(Abrogé par L. n° 2010-768 du 9 juill. 2010, art. 12)* ***« ou au juge des libertés et de la détention »*** se prononce sur l'exécution de la décision de gel dans les meilleurs délais et, si possible, dans les vingt-quatre heures suivant la réception de ladite décision.

Il exécute ou fait exécuter immédiatement la décision de gel.

Il informe sans délai l'autorité judiciaire de l'État d'émission de l'exécution de la décision de gel par tout moyen laissant une trace écrite.

Art. 695-9-14 *(Abrogé par Ord. n° 2016-1636 du 1er déc. 2016, art. 3 et 5, à compter du 22 mai 2017)* ***Les décisions de gel d'éléments de preuve sont exécutées selon les règles de procédure prévues par le présent code.***

Toutefois, si la demande ou le certificat le précise, les décisions de gel sont exécutées selon les modalités prévues au deuxième alinéa de l'article 694-3.

Art. 695-9-15 Les décisions de gel de biens ordonnées à des fins de confiscation ultérieure sont exécutées, aux frais avancés du Trésor, selon les modalités prévues par *(L. n° 2010-768 du 9 juill. 2010, art. 12)* « le présent code ».

Le juge d'instruction peut mettre à exécution une décision de gel sous la forme d'une ordonnance de saisie prévue par l'art. 706-150, une telle mesure étant, en application de l'art. 695-9-15, soumise aux mêmes modalités que celles des saisies spéciales immobilières. • Crim. 5 avr. 2018, n° 16-87.169 P : *RSC 2018. 465, note Cordier*.

Art. 695-9-16 L'exécution d'une décision de gel peut être refusée si le certificat n'est pas produit, s'il est établi de manière incomplète ou s'il ne correspond manifestement pas à la décision de gel. Toutefois, le juge d'instruction *(Abrogé par L. n° 2010-768 du 9 juill. 2010, art. 12)* ***« ou au juge des libertés et de la détention »*** peut impartir un délai à l'auteur de la décision pour que le certificat soit produit, complété ou rectifié, accepter un document équivalent ou, s'il s'estime suffisamment éclairé, dispenser l'autorité judiciaire de l'État d'émission de toute production complémentaire.

Art. 695-9-17 Sans préjudice de l'application de l'article 694-4, l'exécution d'une décision de gel est refusée dans l'un des cas suivants :

1° Si une immunité y fait obstacle ou si le bien ou l'élément de preuve est insaisissable selon la loi française ;

2° S'il ressort du certificat que la décision de gel se fonde sur des infractions pour lesquelles la personne visée dans ladite décision a déjà été jugée définitivement par les autorités judiciaires françaises ou par celles d'un État autre que l'État d'émission, à condition, en cas de condamnation, que la peine ait été exécutée, soit en cours d'exécution ou ne puisse plus être ramenée à exécution selon les lois de l'État de condamnation ;

3° S'il est établi que la décision de gel a été prise dans le but de poursuivre ou de condamner une personne en raison de son sexe, de sa race, de sa religion, de son origine ethnique, de sa nationalité, de sa langue, de ses opinions politiques ou de son orientation *(L. nº 2017-86 du 27 janv. 2017, art. 207)* « sexuelle ou identité de genre », ou que l'exécution de ladite décision peut porter atteinte à la situation de cette personne pour l'une de ces raisons ;

4° Si la décision de gel a été prise à des fins de confiscation ultérieure d'un bien et que les faits qui la justifient ne constituent pas une infraction permettant, selon la loi française, d'ordonner *(L. nº 2010-768 du 9 juill. 2010, art. 12)* « la saisie de ce bien *[ancienne rédaction : une mesure conservatoire]* ».

Toutefois, le motif de refus prévu au 4° n'est pas opposable lorsque la décision de gel concerne une infraction qui, en vertu de la loi de l'État d'émission, entre dans l'une des catégories d'infractions mentionnées *(Ord. nº 2016-1636 du 1er déc. 2016, art. 3 et 5, en vigueur le 22 mai 2017)* « à l'article 694-32 *[ancienne rédaction : aux troisième à trente-quatrième alinéas de l'article 695-23]* » et y est punie d'une peine privative de liberté d'une durée égale ou supérieure à trois ans d'emprisonnement.

Art. 695-9-18 Nonobstant les dispositions du 4° de l'article 695-9-17, l'exécution de la décision de gel ne peut, en matière de taxes ou d'impôts, de douanes et de change, être refusée au motif que la loi française ne prévoit pas le même type de taxes ou d'impôts ou le même type de réglementation en matière de taxes ou d'impôts, de douane et de change que la loi de l'État d'émission.

Art. 695-9-19 Le refus d'exécuter une décision de gel de biens ou d'éléments de preuve est motivé. Il est notifié sans délai à l'autorité judiciaire de l'État d'émission par tout moyen laissant une trace écrite.

Lorsqu'il est impossible d'exécuter la décision de gel parce que le bien *(Abrogé par Ord. nº 2016-1636 du 1er déc. 2016, art. 3 et 5, à compter du 22 mai 2017) « ou d'éléments de preuve »* a disparu, a été détruit, n'a pas été retrouvé à l'endroit indiqué dans le certificat ou qu'il n'a pas été possible de le localiser, même après consultation de l'autorité judiciaire de l'État d'émission, le juge d'instruction *(Abrogé par L. nº 2010-768 du 9 juill. 2010, art. 12) « ou le juge des libertés et de la détention »* en informe sans délai l'autorité judiciaire dudit État par tout moyen laissant une trace écrite.

Art. 695-9-20 L'exécution d'une décision de gel de biens *(Abrogé par Ord. nº 2016-1636 du 1er déc. 2016, art. 3 et 5, à compter du 22 mai 2017) « ou d'éléments de preuve »* peut être différée :

1° Lorsqu'elle risque de nuire à une enquête pénale en cours ;

2° Lorsque l'un quelconque des biens *(Abrogé par Ord. nº 2016-1636 du 1er déc. 2016, art. 3 et 5, à compter du 22 mai 2017) « ou éléments de preuve »* en cause a déjà fait l'objet d'une mesure de gel ou de saisie dans le cadre d'une procédure pénale ;

3° Lorsque la décision de gel est prise en vue de la confiscation ultérieure d'un bien et que celui-ci fait déjà l'objet d'une décision de gel ou de saisie dans le cadre d'une procédure non pénale en France ;

4° Lorsque l'un quelconque des biens *(Abrogé par Ord. nº 2016-1636 du 1er déc. 2016, art. 3 et 5, à compter du 22 mai 2017) « ou éléments de preuve »* en cause est un document ou un support protégé au titre de la défense nationale, tant que la décision de le déclassifier n'a pas été notifiée par l'autorité administrative compétente au juge d'instruction *(Abrogé par L. nº 2010-768 du 9 juill. 2010, art. 12) « ou au juge des libertés et de la détention »* en charge de l'exécution de la décision de gel.

Le juge d'instruction *(Abrogé par L. nº 2010-768 du 9 juill. 2010, art. 12) « ou au juge des libertés et de la détention »* qui décide de différer l'exécution de la décision de gel en informe sans délai l'autorité judiciaire de l'État d'émission par tout moyen laissant une trace écrite, en lui précisant le motif du report et, si possible, sa durée prévisible.

Art. 695-9-21 Dès que le motif de report n'existe plus, le juge d'instruction *(Abrogé par L. nº 2010-768 du 9 juill. 2010, art. 12) « ou au juge des libertés et de la détention »* procède à l'exécution de la décision de gel, dans les conditions prévues à l'article 695-9-13.

Art. 695-9-22 *(L. nº 2010-768 du 9 juill. 2010, art. 12)* « Celui qui détient *(Abrogé par Ord. nº 2016-1636 du 1er déc. 2016, art. 3 et 5, à compter du 22 mai 2017) « l'élément de preuve ou »* le bien objet de la décision de gel ou toute autre personne qui prétend avoir un droit sur ledit bien *(Abrogé par Ord. nº 2016-1636 du 1er déc. 2016, art. 3 et 5, à compter du 22 mai 2017) « ou élément »* peut, par voie de requête remise au

greffe de la chambre de l'instruction de la cour d'appel territorialement compétente dans les dix jours à compter de la date de mise à exécution de la décision considérée, former un recours à l'encontre de cette dernière. Les dispositions de l'article 173 sont alors applicables.

Le recours n'est pas suspensif et ne permet pas de contester les motifs de fond de la décision de gel.

La chambre de l'instruction peut, par une décision qui n'est susceptible d'aucun recours, autoriser l'État d'émission à intervenir à l'audience par l'intermédiaire d'une personne habilitée par ledit État à cet effet ou, le cas échéant, directement par l'intermédiaire des moyens de télécommunications prévus à l'article 706-71. Lorsque l'État d'émission est autorisé à intervenir, il ne devient pas partie à la procédure.

Il résulte des dispositions de l'art. 695-9-22 que toute personne qui prétend avoir un droit sur un bien gelé peut former un recours dans les formes prévues par l'art. 173 par voie de requête remise au greffe de la chambre de l'instruction dans les dix jours à compter de la date de mise à exécution de la décision considérée. • Crim. 13 févr. 2013 : *D. actu. 18 mars 2013, obs. Fucini ; D. 2013. Actu. 642 ; AJ pénal 2013. 357, obs. Ascensi ; Dr. pénal 2013. n° 64, obs. Maron et Haas.*

Art. 695-9-23 *Abrogé par L. n° 2010-768 du 9 juill. 2010, art. 12.*

Art. 695-9-24 La personne intéressée par la décision de gel peut également s'informer, auprès du greffe du juge d'instruction *(Abrogé par L. n° 2010-768 du 9 juill. 2010, art. 12)* ***« ou de celui du juge des libertés et de la détention »*, des voies de recours contre la décision de gel ouvertes dans l'État d'émission et mentionnées dans le certificat.**

Art. 695-9-25 Le procureur général *(Abrogé par L. n° 2010-768 du 9 juill. 2010, art. 12)* ***« ou, s'il a été fait application de l'article 695-9-23, le procureur de la République »* informe l'autorité judiciaire de l'État d'émission du recours éventuellement exercé et des moyens soulevés, afin que cette autorité puisse produire ses observations, le cas échéant par l'intermédiaire des moyens de télécommunications prévus à l'article 706-71. Il l'avise des résultats de cette action.**

Art. 695-9-26 *(Abrogé par Ord. n° 2016-1636 du 1er déc. 2016, art. 3 et 5, à compter du 22 mai 2017)* ***Lorsque l'autorité judiciaire de l'État d'émission a demandé le transfert d'un élément de preuve et que la décision d'exécution de la décision de gel revêt un caractère définitif, le juge d'instruction prend les mesures nécessaires au transfert, dans les meilleurs délais, de cet élément de preuve à ladite autorité judiciaire, selon les règles applicables à l'entraide judiciaire en matière pénale.***

Art. 695-9-27 Lorsque *(Abrogé par Ord. n° 2016-1636 du 1er déc. 2016, art. 3 et 5, à compter du 22 mai 2017)* ***« l'autorité judiciaire de l'État d'émission n'a pas demandé le transfert de l'élément de preuve faisant l'objet de la décision de gel ou lorsque »*** *(L. n° 2010-768 du 9 juill. 2010, art. 12)* **« la demande a été émise en vue de la confiscation ultérieure du bien », celui-ci est conservé sur le territoire français selon les règles du présent code.**

Si le juge d'instruction, en application de ces règles, envisage de ne pas conserver *(Abrogé par Ord. n° 2016-1636 du 1er déc. 2016, art. 3 et 5, à compter du 22 mai 2017)* ***« l'élément de preuve ou »*** *(L. n° 2010-768 du 9 juill. 2010, art. 12)* **« le bien », il en avise l'autorité judiciaire de l'État d'émission et la met à même de produire ses observations avant de prendre sa décision.**

Art. 695-9-28 *(Abrogé par L. n° 2010-768 du 9 juill. 2010, art. 12)* ***Lorsque l'autorité judiciaire de l'État d'émission a demandé le gel d'un bien en vue de sa confiscation ultérieure, celui-ci est conservé selon les modalités prévues à l'article 695-9-15.***

Les sûretés ordonnées peuvent être renouvelées avant l'expiration du délai légal de conservation. Si le juge des libertés et de la détention n'envisage pas de renouveler ces sûretés, il en avise l'autorité judiciaire de l'État d'émission et la met à même de produire ses observations avant l'expiration de ce délai.

Art. 695-9-29 Le juge d'instruction *(Abrogé par L. n° 2010-768 du 9 juill. 2010, art. 12)* ***« ou le juge des libertés et de la détention »* informe l'autorité judiciaire de l'État d'émission de toute autre mesure de gel ou saisie dont le bien** *(Abrogé par Ord. n° 2016-*

1636 du 1er déc. 2016, art. 3 et 5, à compter du 22 mai 2017) « ou l'élément de preuve » **concerné par la décision de gel fait l'objet.**

Art. 695-9-30 La mainlevée totale ou partielle de la mesure de gel peut être demandée par toute personne intéressée.

Lorsque le juge d'instruction *(Abrogé par L. nº 2010-768 du 9 juill. 2010, art. 12) « ou le juge des libertés et de la détention »* **envisage, d'office ou à la demande de toute personne intéressée, de donner mainlevée de la mesure de gel, il en avise l'autorité judiciaire de l'État d'émission et la met à même de produire ses observations.**

La mainlevée de la décision de gel prononcée par l'autorité judiciaire de l'État d'émission emporte de plein droit, aux frais avancés du Trésor, mainlevée des mesures d'exécution prises à la demande de cette autorité.

Règlement (UE) 2018/1805 du Parlement européen et du Conseil du 14 novembre 2018,

Concernant la reconnaissance mutuelle des décisions de gel et des décisions de confiscation (en vigueur le 19 déc. 2020, toutefois, l'art. 24 est applicable à partir du 18 déc. 2018).

LE PARLEMENT EUROPÉEN ET LE CONSEIL DE L'UNION EUROPÉENNE,

vu le traité sur le fonctionnement de l'Union européenne, et notamment son article 82, paragraphe 1, point a),

vu la proposition de la Commission européenne,

après transmission du projet d'acte législatif aux parlements nationaux,

statuant conformément à la procédure législative ordinaire *[Position du Parlement européen du 4 octobre 2018 (non encore parue au Journal officiel) et décision du Conseil du 6 novembre 2018],*

considérant ce qui suit :

(1) L'Union s'est donné pour objectif de maintenir et de développer un espace de liberté, de sécurité et de justice.

(2) La coopération judiciaire en matière pénale dans l'Union est fondée sur le principe de reconnaissance mutuelle des jugements et des décisions judiciaires, communément considéré comme la pierre angulaire de la coopération judiciaire en matière pénale dans l'Union depuis le Conseil européen de Tampere des 15 et 16 octobre 1999.

(3) Le gel et la confiscation des instruments et des produits du crime figurent parmi les moyens les plus efficaces de lutte contre la criminalité. L'Union est résolue à assurer une identification, une confiscation et une remise en circulation plus efficaces des avoirs d'origine criminelle, conformément au "programme de Stockholm – une Europe ouverte et sûre qui sert et protège les citoyens" *[JO C 115 du 4.5.2010, p. 1].*

(4) La criminalité étant souvent de nature transnationale, l'efficacité de la coopération transfrontalière est essentielle en vue de geler et de confisquer les instruments et les produits du crime.

(5) Le cadre juridique actuel de l'Union en ce qui concerne la reconnaissance mutuelle des décisions de gel et des décisions de confiscation est constitué des décisions-cadres 2003/577/JAI *Décision-cadre 2003/577/JAI du Conseil du 22 juillet 2003 relative à l'exécution dans l'Union européenne des décisions de gel de biens ou d'éléments de preuve (JO L 196 du 2.8.2003, p. 45).* et 2006/783/JAI *[Décision-cadre 2006/783/JAI du Conseil du 6 octobre 2006 relative à l'application du principe de reconnaissance mutuelle aux décisions de confiscation (JO L 328 du 24.11.2006, p. 59)]* du Conseil.

(6) Les rapports de mise en œuvre établis par la Commission sur les décisions-cadres 2003/577/JAI et 2006/783/JAI montrent que le régime existant en matière de reconnaissance mutuelle des décisions de gel et des décisions de confiscation n'est pas pleinement efficace. Ces décisions-cadres n'ont pas été mises en œuvre ni appliquées de manière uniforme dans les États membres, ce qui a conduit à une reconnaissance mutuelle insuffisante et à une coopération transfrontalière non optimale.

(7) Le cadre juridique de l'Union en matière de reconnaissance mutuelle des décisions de gel et des décisions de confiscation n'a pas suivi les évolutions récentes de la législa-

tion au niveau national et au niveau de l'Union. En particulier, la directive 2014/42/UE du Parlement européen et du Conseil *[Directive 2014/42/UE du Parlement européen et du Conseil du 3 avril 2014 concernant le gel et la confiscation des instruments et des produits du crime dans l'Union européenne (JO L 127 du 29.4.2014, p. 39)]* établit des règles minimales relatives au gel et à la confiscation de biens. Ces règles minimales concernent la confiscation des instruments et des produits du crime, notamment en cas de maladie ou de fuite du suspect ou de la personne poursuivie, lorsqu'une procédure pénale a déjà été engagée concernant une infraction pénale, la confiscation élargie et la confiscation des avoirs de tiers. Ces règles minimales concernent également le gel de biens en vue de leur éventuelle confiscation ultérieure. Les types de décisions de gel et de décisions de confiscation relevant de ladite directive devraient également faire partie du cadre juridique en matière de reconnaissance mutuelle.

(8) Lors de l'adoption de la directive 2014/42/UE, le Parlement européen et le Conseil ont affirmé dans une déclaration qu'un système efficace de gel et de confiscation dans l'Union est intrinsèquement lié au bon fonctionnement de la reconnaissance mutuelle des décisions de gel et des décisions de confiscation. Compte tenu de la nécessité de mettre en place un système global pour le gel et la confiscation des instruments et des produits du crime dans l'Union, le Parlement européen et le Conseil ont invité la Commission à présenter une proposition législative relative à la reconnaissance mutuelle des décisions de gel et des décisions de confiscation.

(9) Dans sa communication du 28 avril 2015 intitulée "Le programme européen en matière de sécurité", la Commission a estimé que la coopération judiciaire en matière pénale s'appuie sur des instruments transfrontières efficaces et que la reconnaissance mutuelle des jugements et décisions judiciaires est un élément clé du cadre en matière de sécurité. Elle a également rappelé la nécessité d'améliorer la reconnaissance mutuelle des décisions de gel et des décisions de confiscation.

(10) Dans sa communication du 2 février 2016 relative à un plan d'action destiné à renforcer la lutte contre le financement du terrorisme, la Commission a souligné la nécessité de veiller à ce que les criminels qui financent le terrorisme soient privés de leurs avoirs. La Commission a déclaré qu'afin de porter un coup d'arrêt aux activités relevant de la criminalité organisée qui financent le terrorisme, il est essentiel de priver les criminels en question des produits du crime. A cette fin, la Commission a indiqué qu'il est nécessaire de faire en sorte que tous les types de décisions de gel et de décisions de confiscation soient exécutés dans toute la mesure du possible dans l'ensemble de l'Union, grâce à l'application du principe de reconnaissance mutuelle.

(11) Pour garantir la reconnaissance mutuelle effective des décisions de gel et des décisions de confiscation, il convient de mettre en place les règles sur la reconnaissance et l'exécution de ces décisions au moyen d'un acte de l'Union qui soit juridiquement contraignant et directement applicable.

(12) Il importe de faciliter la reconnaissance mutuelle et l'exécution des décisions de gel et des décisions de confiscation en établissant des règles qui obligent un État membre à reconnaître, sans autre formalité, les décisions de gel et les décisions de confiscation émises par un autre État membre dans le cadre de procédures en matière pénale et à exécuter ces décisions sur son territoire.

(13) Le présent règlement devrait s'appliquer à toutes les décisions de gel et à toutes les décisions de confiscation émises dans le cadre de procédures en matière pénale. Le concept de "procédures en matière pénale" est une notion autonome du droit de l'Union interprétée par la Cour de justice de l'Union européenne, nonobstant la jurisprudence de la Cour européenne des droits de l'homme. Ce terme couvre dès lors tous les types de décisions de gel et de décisions de confiscation émises à l'issue d'une procédure en lien avec une infraction pénale, et pas uniquement les décisions relevant de la directive 2014/42/UE. Il couvre également d'autres types de décisions rendues sans condamnation définitive. Même si le système juridique d'un État membre ne prévoit pas ce type de décisions, l'État membre concerné devrait être en mesure de reconnaître et d'exécuter une telle décision émise par un autre État membre. Les procédures en matière pénale pourraient également comprendre les enquêtes pénales effectuées par la police ou d'autres autorités répressives. Les décisions de gel et les décisions de confiscation qui sont

émises dans le cadre de procédures en matière civile ou administrative devraient être exclues du champ d'application du présent règlement.

(14) Le présent règlement devrait couvrir les décisions de gel et les décisions de confiscation liées aux infractions pénales relevant de la directive 2014/42/UE, ainsi que les décisions de gel et les décisions de confiscation liées à d'autres infractions pénales. Les infractions pénales relevant du présent règlement ne devraient donc pas être limitées aux formes particulièrement graves de criminalité revêtant une dimension transfrontière, car l'article 82 du traité sur le fonctionnement de l'Union européenne n'exige pas une telle limitation pour les mesures visant à établir des règles et des procédures pour assurer la reconnaissance mutuelle des décisions en matière pénale.

(15) La coopération entre les États membres, qui est fondée sur le principe de la reconnaissance mutuelle et sur l'exécution immédiate des décisions judiciaires, repose sur la certitude que les décisions à reconnaître et à exécuter sont toujours rendues dans le respect des principes de légalité, de subsidiarité et de proportionnalité. Cette coopération présuppose également que les droits des personnes concernées par une décision de gel ou une décision de confiscation devraient être préservés. Parmi les personnes concernées, qui peuvent être des personnes physiques ou des personnes morales, devraient notamment figurer la personne à l'encontre de laquelle une décision de gel ou une décision de confiscation a été émise ou la personne propriétaire des biens faisant l'objet de ladite décision, ainsi que tout tiers, y compris les tiers de bonne foi, dont les droits afférents à ces biens sont directement lésés par la décision en question. C'est le droit de l'État d'exécution qui devrait déterminer si une décision de gel ou une décision de confiscation porte directement atteinte à ces tiers.

(16) Le présent règlement n'a pas pour effet de modifier l'obligation de respecter les droits fondamentaux et les principes juridiques consacrés par l'article 6 du traité sur l'Union européenne.

(17) Le présent règlement respecte les droits fondamentaux et observe les principes reconnus par la Charte des droits fondamentaux de l'Union européenne (ci-après dénommée "Charte") et la convention européenne de sauvegarde des droits de l'homme et des libertés fondamentales (CEDH). Cela comprend le principe d'interdiction de toute discrimination, fondée notamment sur le sexe, la race ou l'origine ethnique, la religion, l'orientation sexuelle, la nationalité, la langue, les opinions politiques ou le handicap. Il y a lieu d'appliquer le présent règlement conformément à ces droits et principes.

(18) Les droits procéduraux énoncés dans les directives 2010/64/UE *[Directive 2010/64/UE du Parlement européen et du Conseil du 20 octobre 2010 relative au droit à l'interprétation et à la traduction dans le cadre des procédures pénales (JO L 280 du 26.10.2010, p. 1)]* , 2012/13/UE *[Directive 2012/13/UE du Parlement européen et du Conseil du 22 mai 2012 relative au droit à l'information dans le cadre des procédures pénales (JO L 142 du 1.6.2012, p. 1)]*, 2013/48/UE *[Directive 2013/48/UE du Parlement européen et du Conseil du 22 octobre 2013 relative au droit d'accès à un avocat dans le cadre des procédures pénales et des procédures relatives au mandat d'arrêt européen, au droit d'informer un tiers dès la privation de liberté et au droit des personnes privées de liberté de communiquer avec des tiers et avec les autorités consulaires (JO L 294 du 6.11.2013, p. 1)]*, (UE) 2016/343 *[Directive (UE) 2016/343 du Parlement européen et du Conseil du 9 mars 2016 portant renforcement de certains aspects de la présomption d'innocence et du droit d'assister à son procès dans le cadre des procédures pénales (JO L 65 du 11.3.2016, p. 1)]*, (UE) 2016/800 *[Directive (UE) 2016/800 du Parlement européen et du Conseil du 11 mai 2016 relative à la mise en place de garanties procédurales en faveur des enfants qui sont des suspects ou des personnes poursuivies dans le cadre des procédures pénales (JO L 132 du 21.5.2016, p. 1)]* et (UE) 2016/1919 *[Directive (UE) 2016/1919 du Parlement européen et du Conseil du 26 octobre 2016 concernant l'aide juridictionnelle pour les suspects et les personnes poursuivies dans le cadre des procédures pénales et pour les personnes dont la remise est demandée dans le cadre des procédures relatives au mandat d'arrêt européen (JO L 297 du 4.11.2016, p. 1)]* du Parlement européen et du Conseil devraient s'appliquer, dans les limites du champ d'application de ces directives, aux procédures pénales relevant du présent règlement en ce qui concerne les États membres liés par ces directives. En tout état de cause, les garanties prévues par la Charte devraient s'appliquer à toutes les procédures relevant du présent règlement. En particulier, les garanties essentielles en matière de procédure pénale qui figurent dans la Charte

devraient s'appliquer aux procédures en matière pénale qui ne sont pas des procédures pénales mais qui relèvent du présent règlement.

(19) S'il est vrai que les règles applicables à la transmission, à la reconnaissance et à l'exécution des décisions de gel et des décisions de confiscation devraient garantir l'efficience du processus de recouvrement des avoirs d'origine criminelle, les droits fondamentaux doivent être respectés.

(20) Lors de l'appréciation de la double incrimination, l'autorité compétente de l'État d'exécution devrait vérifier si les éléments factuels à la base de l'infraction pénale concernée, tels que reflétés dans le certificat de gel ou dans le certificat de confiscation soumis par l'autorité compétente de l'État d'émission, seraient également, en tant que tels, passibles d'une sanction pénale sur le territoire de l'État d'exécution dans l'hypothèse où ils se seraient produits dans cet État au moment de la décision relative à la reconnaissance de la décision de gel ou de la décision de confiscation.

(21) Il convient que l'autorité d'émission veille, lorsqu'elle émet une décision de gel ou une décision de confiscation, au respect des principes de nécessité et de proportionnalité. En application du présent règlement, une décision de gel ou une décision de confiscation ne devrait être émise et transmise à l'autorité d'exécution d'un autre État membre que lorsqu'elle aurait pu être émise et utilisée dans le cadre d'une procédure purement nationale. L'autorité d'émission devrait être chargée d'évaluer au cas par cas la nécessité et la proportionnalité de ces décisions étant donné que la reconnaissance et l'exécution des décisions de gel et des décisions de confiscation ne devraient pas être refusées pour des motifs autres que ceux prévus par le présent règlement.

(22) Dans certains cas, une décision de gel peut être émise par une autorité, désignée par l'État d'émission, qui est compétente en matière pénale pour émettre ou exécuter la décision de gel conformément au droit national et qui n'est pas un juge, une juridiction ou un procureur. En pareils cas, la décision de gel devrait être validée par un juge, une juridiction ou un procureur, avant d'être transmise à l'autorité d'exécution.

(23) Les États membres devraient pouvoir faire une déclaration indiquant que, lorsqu'un certificat de gel ou un certificat de confiscation leur est transmis à des fins de reconnaissance et d'exécution d'une décision de gel ou d'une décision de confiscation, l'autorité d'émission devrait transmettre la décision de gel ou la décision de confiscation originale ou une copie certifiée conforme de celle-ci avec le certificat de gel ou le certificat de confiscation. Il convient que les États membres informent la Commission lorsqu'ils font ou retirent une telle déclaration. La Commission devrait mettre ces informations à la disposition de tous les États membres et du Réseau judiciaire européen (RJE) prévu par la décision 2008/976/JAI du Conseil *[Décision 2008/976/JAI du Conseil du 16 décembre 2008 concernant le Réseau judiciaire européen (JO L 348 du 24.12.2008, p. 130)]*. Le RJE devrait rendre ces informations disponibles sur le site internet visé dans ladite décision.

(24) L'autorité d'émission devrait transmettre un certificat de gel ou un certificat de confiscation accompagnant, le cas échéant, la décision de gel ou la décision de confiscation, soit directement à l'autorité d'exécution, soit à l'autorité centrale de l'État d'exécution, selon le cas, par tout moyen permettant de laisser une trace écrite et dans des conditions qui permettent à l'autorité d'exécution d'établir l'authenticité du certificat ou de la décision, tels que le courrier recommandé ou le courrier électronique sécurisé. L'autorité d'émission devrait pouvoir recourir à tous les canaux ou moyens de transmission appropriés, y compris le système de télécommunications sécurisé du RJE, Eurojust, ou d'autres canaux utilisés par les autorités judiciaires.

(25) Lorsque l'autorité d'émission a des motifs raisonnables de croire que la personne à l'encontre de laquelle une décision de gel ou une décision de confiscation concernant *une somme d'argent* a été émise possède des biens ou des revenus dans un État membre, elle devrait transmettre le certificat de gel ou le certificat de confiscation qui est lié à la décision audit État membre. Sur cette base, le certificat pourrait, par exemple, être transmis à l'État membre dans lequel la personne physique à l'encontre de laquelle la décision a été émise a sa résidence ou, si cette personne n'a pas d'adresse permanente, à l'État membre dans lequel elle réside habituellement. Lorsque la décision a été émise à l'encontre d'une personne morale, le certificat pourrait être transmis à l'État membre dans lequel la personne morale est domiciliée.

(26) En vue de la transmission et de la réception administratives des certificats relatifs aux décisions de gel et aux décisions de confiscation, les États membres devraient pouvoir désigner une ou plusieurs autorités centrales si cela est nécessaire en raison de la structure de leurs systèmes juridiques internes. Ces autorités centrales pourraient également fournir un soutien administratif, jouer un rôle de coordination et aider à recueillir des statistiques, et ainsi faciliter et favoriser la reconnaissance mutuelle des décisions de gel et des décisions de confiscation.

(27) Lorsqu'un certificat de confiscation qui est lié à une décision de confiscation concernant une somme d'argent est transmis à plus d'un État d'exécution, l'État d'émission devrait s'efforcer d'éviter une situation dans laquelle la confiscation porte sur plus de biens qu'il n'est nécessaire et le montant global résultant de l'exécution de la décision dépasserait le montant maximal qui est précisé dans cette décision. A cette fin, l'autorité d'émission devrait, entre autres, indiquer dans le certificat de confiscation la valeur des avoirs, si elle est connue, dans chaque État d'exécution, de manière que les autorités d'exécution puissent en tenir compte, maintenir les contacts et le dialogue nécessaires avec les autorités d'exécution en ce qui concerne les biens à confisquer, et informer immédiatement l'autorité ou les autorités d'exécution compétentes si elle estime qu'il pourrait y avoir un risque que la confiscation porte sur un montant supérieur au montant maximal. S'il y a lieu, Eurojust pourrait jouer un rôle de coordination dans les limites de ses compétences afin d'éviter toute confiscation excessive.

(28) Il convient d'encourager les États membres à faire une déclaration indiquant que, en tant qu'États d'exécution, ils accepteraient les certificats de gel ou les certificats de confiscation, ou les deux, établis dans une ou plusieurs langues officielles de l'Union autres que les leurs.

(29) L'autorité d'exécution devrait reconnaître les décisions de gel ou les décisions de confiscation et prendre les mesures nécessaires à leur exécution. La décision relative à la reconnaissance et à l'exécution de la décision de gel ou de la décision de confiscation devrait être prise et le gel ou la confiscation devrait avoir lieu avec la même rapidité et le même degré de priorité que dans des cas similaires au niveau national. Des délais, qu'il convient de calculer conformément au règlement (CEE, Euratom) n° 1182/71 du Conseil *[Règlement (CEE, Euratom) n° 1182/71 du Conseil du 3 juin 1971 portant détermination des règles applicables aux délais, aux dates et aux termes (JO L 124 du 8.6.1971, p. 1)]*, devraient être fixés afin de garantir la rapidité et l'efficacité de la décision sur la reconnaissance de la décision de gel ou de la décision de confiscation et une exécution rapide et efficace de cette décision. En ce qui concerne les décisions de gel, l'autorité d'exécution devrait, au plus tard 48 heures après la décision relative à la reconnaissance et à l'exécution de ces décisions, commencer à prendre les mesures concrètes nécessaires à l'exécution de celles-ci.

(30) Lors de l'exécution d'une décision de gel, il convient que l'autorité d'émission et l'autorité d'exécution tiennent dûment compte du caractère confidentiel de l'enquête. En particulier, l'autorité d'exécution devrait garantir le caractère confidentiel des faits et du contenu de la décision de gel. Cela s'entend sans préjudice de l'obligation d'informer les personnes concernées de l'exécution d'une décision de gel conformément au présent règlement.

(31) La reconnaissance et l'exécution d'une décision de gel ou d'une décision de confiscation ne devraient pas être refusées pour des motifs autres que ceux prévus par le présent règlement. Le présent règlement devrait permettre aux autorités d'exécution de ne pas reconnaître ou de ne pas exécuter des décisions de confiscation sur le fondement du principe *non bis in idem*, des droits des personnes concernées ou du droit d'assister à son procès.

(32) Le présent règlement devrait permettre aux autorités d'exécution de ne pas reconnaître ou de ne pas exécuter des décisions de confiscation lorsque la personne à l'encontre de laquelle la décision de confiscation a été émise n'a pas comparu en personne au procès qui a abouti à la décision de confiscation liée à une condamnation définitive. Ceci ne devrait constituer un motif de non-reconnaissance ou de non-exécution que lorsque des procès aboutissent à des décisions de confiscation liées à une condamnation définitive, et non lorsque les procédures aboutissent à des décisions de confiscation non fon-

dées sur des condamnations. Toutefois, pour qu'il soit possible de faire valoir un tel motif, une ou plusieurs audiences devraient se tenir. Si les règles de procédure nationales en la matière ne prévoient pas d'audience, le motif ne devrait pas pouvoir être invoqué. Ces règles de procédure nationales devraient respecter la Charte et la CEDH, notamment en ce qui concerne le droit à un procès équitable. Tel est le cas, par exemple, lorsqu'il s'agit d'une procédure simplifiée consistant, uniquement ou en partie, en une procédure écrite ou une procédure dans le cadre de laquelle aucune audience n'est prévue.

(33) Il devrait être possible, dans des circonstances exceptionnelles, de ne pas reconnaître ou de ne pas exécuter une décision de gel ou une décision de confiscation lorsque cette reconnaissance ou exécution empêcherait l'État d'exécution d'appliquer ses règles constitutionnelles relatives à la liberté de la presse ou à la liberté d'expression dans d'autres médias.

(34) La création d'un espace de liberté, de sécurité et de justice dans l'Union est fondée sur la confiance mutuelle et la présomption que les autres États membres respectent le droit de l'Union et, en particulier, les droits fondamentaux. Toutefois, dans des situations exceptionnelles, lorsqu'il existe des motifs sérieux de croire, sur la base d'éléments de preuve précis et objectifs, que l'exécution d'une décision de gel ou d'une décision de confiscation entraînerait, dans les circonstances particulières de l'espèce, une violation manifeste d'un droit fondamental pertinent énoncé dans la Charte, l'autorité d'exécution devrait pouvoir décider de ne pas reconnaître ou de ne pas exécuter la décision concernée. Les droits fondamentaux qui devraient être pertinents à cet égard sont, en particulier, le droit à un recours effectif, le droit d'accéder à un tribunal impartial et les droits de la défense. Le droit de propriété ne devrait en principe pas être pertinent, étant donné que le gel et la confiscation d'avoirs impliquent nécessairement une ingérence dans le droit de propriété d'une personne et que les garanties nécessaires à cet égard sont déjà prévues par le droit de l'Union, y compris par le présent règlement.

(35) Avant de décider de ne pas reconnaître ou de ne pas exécuter une décision de gel ou une décision de confiscation sur la base de quelque motif de non-reconnaissance ou de non-exécution que ce soit, il convient que l'autorité d'exécution consulte l'autorité d'émission afin d'obtenir toute information supplémentaire nécessaire.

(36) Lorsqu'elle examine une demande émanant de l'autorité d'exécution visant à limiter la période durant laquelle les biens devraient être gelés, l'autorité d'émission devrait tenir compte de toutes les circonstances de l'espèce, en particulier du fait que la prorogation de la décision de gel est susceptible ou non de provoquer des dommages injustifiés dans l'État d'exécution. L'autorité d'exécution est encouragée à consulter l'autorité d'émission sur ce point avant d'adresser une demande formelle.

(37) L'autorité d'émission devrait informer l'autorité d'exécution lorsqu'une autorité de l'État d'émission reçoit une somme d'argent qui a été versée au titre de la décision de confiscation, étant entendu que l'État d'exécution ne devrait être informé que si le montant versé au titre de la décision a une incidence sur le montant restant dû qui doit être confisqué au titre de la décision.

(38) L'autorité d'exécution devrait avoir la faculté de surseoir à l'exécution d'une décision de gel ou d'une décision de confiscation, en particulier lorsque son exécution risque de nuire à une enquête pénale en cours. Dès que les motifs de sursis ont cessé d'exister, l'autorité d'exécution devrait prendre les mesures nécessaires à l'exécution de la décision.

(39) Après l'exécution d'une décision de gel, et à la suite de la décision de reconnaître et d'exécuter une décision de confiscation, l'autorité d'exécution devrait, dans la mesure du possible, informer de l'exécution ou de la décision en question les personnes concernées dont elle a connaissance. À cette fin, l'autorité d'exécution devrait faire tout ce qui est raisonnablement en son pouvoir pour identifier les personnes concernées, vérifier comment elles peuvent être jointes et les informer de l'exécution de la décision de gel ou de la décision de reconnaître et d'exécuter la décision de confiscation. En s'acquittant de cette obligation, l'autorité d'exécution pourrait solliciter le soutien de l'autorité d'émission, par exemple lorsqu'il s'avère que les personnes concernées résident dans l'État d'émission. L'obligation qui incombe à l'autorité d'exécution, au titre du présent règlement, de fournir des informations aux personnes concernées s'entend sans préjudice de toute obligation incombant à l'autorité d'émission de fournir des informations aux per-

sonnes au titre du droit de l'État d'émission, par exemple en ce qui concerne l'émission d'une décision de gel ou l'existence de voies de recours dans le droit de l'État d'émission.

(40) Lorsqu'il est impossible d'exécuter une décision de gel ou une décision de confiscation, l'autorité d'émission devrait en être informée sans tarder. Cette impossibilité pourrait résulter du fait que les biens ont déjà été confisqués, ont disparu, ont été détruits, ou ne peuvent être trouvés au lieu indiqué par l'autorité d'émission, ou que le lieu où se trouvent les biens n'a pas été indiqué de manière suffisamment précise en dépit des consultations entre l'autorité d'exécution et l'autorité d'émission. Dans ces conditions, l'autorité d'exécution ne devrait plus être obligée d'exécuter la décision. Toutefois, si l'autorité d'exécution obtient par la suite des informations lui permettant de localiser les biens, elle devrait pouvoir exécuter la décision sans qu'il soit nécessaire de transmettre un nouveau certificat conformément au présent règlement.

(41) Lorsque le droit de l'État d'exécution rend l'exécution d'une décision de gel ou d'une décision de confiscation impossible d'un point de vue juridique, l'autorité d'exécution devrait contacter l'autorité d'émission afin d'examiner la situation et de trouver une solution. Cette solution pourrait consister dans le retrait de la décision concernée par l'autorité d'émission.

(42) Dès que l'exécution d'une décision de confiscation est réalisée, l'autorité d'exécution devrait informer l'autorité d'émission des résultats de cette exécution. Lorsque cela est possible en pratique, l'autorité d'exécution devrait également, à ce moment-là, informer l'autorité d'émission des biens ou de la somme d'argent qui ont été confisqués ainsi que d'autres détails qu'elle juge pertinents.

(43) L'exécution d'une décision de gel ou d'une décision de confiscation devrait être régie par le droit de l'État d'exécution, et seules les autorités de cet État devraient être compétentes pour décider des procédures d'exécution. S'il y a lieu, l'autorité d'émission et l'autorité d'exécution devraient pouvoir inviter Eurojust ou le RJE à fournir une assistance, dans les limites de leurs compétences, concernant des questions liées à l'exécution de décisions de gel et de décisions de confiscation.

(44) Un fonctionnement satisfaisant du présent règlement présuppose une communication étroite entre les autorités nationales compétentes concernées, en particulier dans les cas d'exécution simultanée d'une décision de confiscation dans plusieurs États membres. Les autorités nationales compétentes devraient dès lors se consulter chaque fois que cela est nécessaire, soit directement soit, s'il y a lieu, via Eurojust ou le RJE.

(45) Il ne devrait pas être porté atteinte, dans les affaires transfrontalières, au droit des victimes à réparation et à restitution. Les règles concernant la disposition de biens gelés ou confisqués devraient accorder la priorité à l'indemnisation et à la restitution des biens aux victimes. La notion de "victime" doit être interprétée conformément au droit de l'État d'émission, qui devrait également pouvoir prévoir qu'une personne morale peut être une victime aux fins du présent règlement. Le présent règlement devrait être sans préjudice des règles en matière d'indemnisation et de restitution des biens à la victime dans le cadre de procédures nationales.

(46) Lorsque l'autorité d'exécution est informée d'une décision émise par l'autorité d'émission ou par une autre autorité compétente de l'État d'émission, visant à restituer des biens gelés à la victime, elle devrait prendre les mesures nécessaires pour garantir que les biens concernés sont gelés et restitués à la victime dans les plus brefs délais. L'autorité d'exécution devrait pouvoir transférer les biens à l'État d'émission, pour que ce dernier puisse les restituer à la victime, ou les transférer directement à celle-ci, sous réserve du consentement de l'État d'émission. L'obligation de restituer des biens gelés à la victime devrait être soumise aux conditions suivantes : le titre de la victime sur ces biens ne devrait pas être contesté, en ce sens qu'il est admis que la victime est le propriétaire légitime des biens et qu'il n'y a pas de réclamation sérieuse remettant ce fait en cause ; les biens ne devraient pas être requis comme éléments de preuve dans le cadre d'une procédure pénale dans l'État d'exécution ; et il ne devrait pas être porté atteinte aux droits des personnes concernées, en particulier aux droits des tiers de bonne foi. L'autorité d'exécution ne devrait restituer les biens gelés à la victime que si ces conditions sont remplies. Lorsque l'autorité d'exécution estime que ces conditions ne sont

pas réunies, elle devrait consulter l'autorité d'émission, par exemple pour lui demander toute information supplémentaire ou pour examiner la situation, afin de trouver une solution. Si aucune solution ne peut être trouvée, l'autorité d'exécution devrait pouvoir décider de ne pas restituer les biens gelés à la victime.

(47) Chaque État membre devrait envisager la création d'un bureau national centralisé responsable de la gestion des biens gelés en vue de leur éventuelle confiscation ultérieure ainsi que de la gestion des biens confisqués. Les biens gelés et les biens confisqués pourraient être en priorité affectés à des projets en matière de répression et de prévention de la criminalité organisée ainsi qu'à d'autres projets d'intérêt général et d'utilité sociale.

(48) Chaque État membre devrait envisager la création d'un fonds national destiné à garantir une réparation appropriée aux victimes d'un crime, telles que les familles d'officiers de police et d'autres fonctionnaires tués ou handicapés à vie dans l'exercice de leurs fonctions. Les États membres pourraient affecter une partie des avoirs confisqués à cette fin.

(49) Les États membres ne devraient pas pouvoir réclamer l'un à l'autre la compensation des frais résultant de l'application du présent règlement. Toutefois, lorsque l'État d'exécution a dû supporter des frais élevés ou exceptionnels, notamment parce que les biens ont été gelés pendant une longue période, toute proposition de partage des frais formulée par l'autorité d'exécution devrait être prise en considération par l'autorité d'émission.

(50) Afin d'être en mesure de traiter le plus rapidement possible les problèmes recensés à l'avenir en ce qui concerne le contenu des certificats figurant dans les annexes du présent règlement, il convient de déléguer à la Commission le pouvoir d'adopter des actes conformément à l'article 290 du traité sur le fonctionnement de l'Union européenne en ce qui concerne les modifications à apporter à ces certificats. Il importe particulièrement que la Commission procède aux consultations appropriées durant son travail préparatoire, y compris au niveau des experts, et que ces consultations soient menées conformément aux principes définis dans l'accord interinstitutionnel du 13 avril 2016 "Mieux légiférer" *[JO L 123 du 12.5.2016, p. 1]*. En particulier, pour assurer leur égale participation à la préparation des actes délégués, le Parlement européen et le Conseil reçoivent tous les documents au même moment que les experts des États membres, et leurs experts peuvent systématiquement assister aux réunions des groupes d'experts de la Commission traitant de la préparation des actes délégués.

(51) Étant donné que l'objectif du présent règlement, à savoir la reconnaissance mutuelle et l'exécution des décisions de gel et des décisions de confiscation, ne peut pas être atteint de manière suffisante par les États membres mais peut, en raison de ses dimensions et de ses effets, l'être mieux au niveau de l'Union, celle-ci peut prendre des mesures, conformément au principe de subsidiarité consacré à l'article 5 du traité sur l'Union européenne. Conformément au principe de proportionnalité tel qu'énoncé audit article, le présent règlement n'excède pas ce qui est nécessaire pour atteindre cet objectif.

(52) Les dispositions de la décision-cadre 2003/577/JAI ont déjà été remplacées par la directive 2014/41/UE du Parlement européen et du Conseil *[Directive 2014/41/UE du Parlement européen et du Conseil du 3 avril 2014 concernant la décision d'enquête européenne en matière pénale (JO L 130 du 1.5.2014, p. 1)]* en ce qui concerne le gel d'éléments de preuve pour les États membres liés par cette directive. Les dispositions de la décision-cadre 2003/577/JAI concernant le gel des biens devraient être remplacées par le présent règlement entre les États membres liés par celle-ci. Le présent règlement devrait également remplacer la décision-cadre 2006/783/JAI entre les États membres liés par celle-ci. Les dispositions de la décision-cadre 2003/577/JAI concernant le gel des biens ainsi que les dispositions de la décision-cadre 2006/783/JAI devraient dès lors continuer de s'appliquer non seulement entre les États membres qui ne sont pas liés par le présent règlement, mais également entre tout État membre qui n'est pas lié par le présent règlement et tout État membre qui est lié par le présent règlement.

(53) La forme juridique du présent acte ne devrait pas constituer un précédent pour de futurs actes juridiques de l'Union dans le domaine de la reconnaissance mutuelle de juge-

ments et de décisions judiciaires en matière pénale. Le choix de la forme juridique de futurs actes juridiques de l'Union devrait être évalué soigneusement, au cas par cas, en tenant compte, entre autres facteurs, de l'efficacité de l'acte juridique et des principes de proportionnalité et de subsidiarité.

(54) Les États membres devraient veiller à ce que, conformément à la décision 2007/845/JAI du Conseil *[Décision 2007/845/JAI du Conseil du 6 décembre 2007 relative à la coopération entre les bureaux de recouvrement des avoirs des États membres en matière de dépistage et d'identification des produits du crime ou des autres biens en rapport avec le crime (JO L 332 du 18.12.2007, p. 103)]*, leurs bureaux de recouvrement des avoirs coopèrent les uns avec les autres afin de faciliter le dépistage et l'identification des produits du crime et des autres biens en rapport avec le crime qui sont susceptibles de faire l'objet d'une décision de gel ou d'une décision de confiscation.

(55) Conformément à l'article 3 et à l'article 4 *bis*, paragraphe 1, du protocole n° 21 sur la position du Royaume-Uni et de l'Irlande à l'égard de l'espace de liberté, de sécurité et de justice, annexé au traité sur l'Union européenne et au traité sur le fonctionnement de l'Union européenne, le Royaume-Uni a notifié son souhait de participer à l'adoption et à l'application du présent règlement.

(56) Conformément aux articles 1er et 2 ainsi qu'à l'article 4 *bis*, paragraphe 1, du protocole n° 21, et sans préjudice de l'article 4 dudit protocole, l'Irlande ne participe pas à l'adoption du présent règlement et n'est pas liée par celui-ci ni soumise à son application.

(57) Conformément aux articles 1er et 2 du protocole n° 22 sur la position du Danemark annexé au traité sur l'Union européenne et au traité sur le fonctionnement de l'Union européenne, le Danemark ne participe pas à l'adoption du présent règlement et n'est pas lié par celui-ci ni soumis à son application,

ONT ADOPTÉ LE PRÉSENT RÈGLEMENT :

CHAPITRE Ier. *OBJET, DÉFINITIONS ET CHAMP D'APPLICATION*

Art. 1er *Objet.* 1. Le présent règlement fixe les règles selon lesquelles un État membre reconnaît et exécute sur son territoire des décisions de gel et des décisions de confiscation émises par un autre État membre dans le cadre de procédures en matière pénale.

2. Le présent règlement n'a pas pour effet de modifier l'obligation de respecter les droits fondamentaux et principes juridiques inscrits à l'article 6 du traité sur l'Union européenne.

3. Lorsqu'elle émet des décisions de gel ou des décisions de confiscation, l'autorité d'émission veille au respect des principes de nécessité et de proportionnalité.

4. Le présent règlement ne s'applique pas aux décisions de gel ou aux décisions de confiscation émises dans le cadre de procédures en matière civile ou administrative.

Art. 2 *Définitions.* Aux fins du présent règlement, on entend par :

1. "décision de gel", une décision émise ou validée par une autorité d'émission dans le but d'empêcher la destruction, la transformation, le déplacement, le transfert ou la disposition de biens en vue de permettre leur confiscation ;

2. "décision de confiscation", une peine ou une mesure définitive ordonnée par une juridiction à la suite d'une procédure en lien avec une infraction pénale, aboutissant à priver de biens une *personne* physique ou morale de façon définitive ;

3. "bien", un bien de toute nature, qu'il soit corporel ou incorporel, meuble ou immeuble, ainsi que les actes juridiques ou documents attestant d'un titre ou d'un droit sur ce bien, dont l'autorité d'émission estime :

a) qu'il constitue le produit d'une infraction pénale ou son équivalent, que ce soit le montant total de la valeur de ce produit ou seulement une partie de cette valeur ;

b) qu'il constitue l'instrument d'une infraction pénale ou la valeur de cet instrument ;

c) qu'il est passible de confiscation par l'application, dans l'État d'émission, de l'un des pouvoirs de confiscation prévus par la directive 2014/42/UE ; ou

d) qu'il est passible de confiscation en application de toute autre disposition relative aux pouvoirs de confiscation, y compris de confiscation sans condamnation définitive, au titre du droit de l'État d'émission à la suite d'une procédure en lien avec une infraction pénale ;

4. "produit", tout avantage économique tiré, directement ou indirectement, d'une infraction pénale, qui peut consister en tout type de bien et qui comprend tout réinvestissement ou toute transformation ultérieurs des produits directs et tout autre gain de valeur ;

5. "instrument", tout bien employé ou destiné à être employé, de quelque façon que ce soit, en tout ou en partie, pour commettre une infraction pénale ;

6. "État d'émission", l'État membre dans lequel une décision de gel ou une décision de confiscation est émise ;

7. "État d'exécution", l'État membre auquel une décision de gel ou une décision de confiscation est transmise aux fins de sa reconnaissance et de son exécution ;

8. "autorité d'émission" :

a) dans le cas d'une décision de gel :

i) un juge, une juridiction ou un procureur compétent dans l'affaire concernée ; ou

ii) une autre autorité compétente qui est désignée en tant que telle par l'État d'émission et qui est compétente en matière pénale pour ordonner le gel de biens ou l'exécution d'une décision de gel conformément au droit national. En outre, avant d'être transmise à l'autorité d'exécution, la décision de gel est validée par un juge, une juridiction ou un procureur de l'État d'émission après examen de sa conformité avec les conditions d'émission d'une telle décision prévues par le présent règlement. Lorsque la décision a été validée par un juge, une juridiction ou un procureur, cette autre autorité compétente peut également être considérée comme une autorité d'émission aux fins de la transmission de la décision ;

b) dans le cas d'une décision de confiscation, une autorité qui est désignée en tant que telle par l'État d'émission et qui est compétente en matière pénale pour exécuter une décision de confiscation émise par une juridiction conformément au droit national ;

9. "autorité d'exécution", une autorité qui est compétente pour reconnaître une décision de gel ou une décision de confiscation et pour en assurer l'exécution conformément au présent règlement et aux procédures applicables dans le droit national au gel et à la confiscation des biens ; lorsque ces procédures exigent qu'une juridiction enregistre la décision et en autorise l'exécution, l'autorité d'exécution comprend l'autorité compétente pour demander cet enregistrement et cette autorisation ;

10. "personne concernée", la personne physique ou morale à l'encontre de laquelle une décision de gel ou une décision de confiscation est émise, ou la personne physique ou morale propriétaire des biens faisant l'objet de ladite décision, ainsi que tout tiers dont les droits afférents à ces biens sont directement lésés par ladite décision conformément au droit de l'État d'exécution.

Pour connaître les autorités compétentes visées aux 8 et 9 de l'art. 2, V. art. 695-9-30-1.

Art. 3 *Infractions pénales.* 1. Les décisions de gel ou les décisions de confiscation sont exécutées sans contrôle de la double incrimination des faits ayant donné lieu à de telles décisions si ces faits sont passibles dans l'État d'émission d'une peine privative de liberté d'une durée maximale d'au moins trois ans et constituent une ou plusieurs des infractions pénales ci-après, telles qu'elles sont définies par le droit de l'État d'émission :

1. participation à une organisation criminelle ;
2. terrorisme ;
3. traite des êtres humains ;
4. exploitation sexuelle des enfants et pédopornographie ;
5. trafic de stupéfiants et de substances psychotropes ;
6. trafic d'armes, de munitions et d'explosifs ;
7. corruption ;
8. fraude, y compris la fraude et les autres infractions pénales portant atteinte aux intérêts financiers de l'Union définies dans la directive (UE) 2017/1371 du Parlement européen et du Conseil *[Directive (UE) 2017/1371 du Parlement européen et du Conseil du 5 juillet 2017 relative à la lutte contre la fraude portant atteinte aux intérêts financiers de l'Union au moyen du droit pénal (JO L 198 du 28.7.2017, p. 29)]* ;
9. blanchiment des produits du crime ;
10. faux monnayage et contrefaçon de monnaie, y compris de l'euro ;
11. cybercriminalité ;
12. *crimes contre l'environnement*, y compris le trafic d'espèces animales menacées et le trafic d'espèces et d'essences végétales menacées ;
13. aide à l'entrée et au séjour irréguliers ;
14. homicide volontaire ou coups et blessures graves ;
15. trafic d'organes et de tissus humains ;
16. enlèvement, séquestration ou prise d'otage ;
17. racisme et xénophobie ;
18. vol organisé ou vol à main armée ;

19. trafic de biens culturels, y compris d'antiquités et d'œuvres d'art ;
20. escroquerie ;
21. racket et extorsion de fonds ;
22. contrefaçon et piratage de produits ;
23. falsification de documents administratifs et trafic de faux ;
24. falsification de moyens de paiement ;
25. trafic de substances hormonales et d'autres facteurs de croissance ;
26. trafic de matières nucléaires et radioactives ;
27. trafic de véhicules volés ;
28. viol ;
29. incendie volontaire ;
30. crimes relevant de la compétence de la Cour pénale internationale ;
31. détournement d'aéronefs ou de navires ;
32. sabotage.

2. Pour les infractions pénales autres que celles visées au paragraphe 1, l'État d'exécution peut subordonner la reconnaissance et l'exécution d'une décision de gel ou d'une décision de confiscation à la condition que les faits donnant lieu à la décision de gel ou à la décision de confiscation constituent une infraction pénale dans le droit de l'État d'exécution, quels que soient les éléments constitutifs ou la qualification de celle-ci dans le droit de l'État d'émission.

CHAPITRE II. *TRANSMISSION, RECONNAISSANCE ET EXÉCUTION DES DÉCISIONS DE GEL*

Art. 4 *Transmission des décisions de gel.* 1. Une décision de gel est transmise au moyen d'un certificat de gel. L'autorité d'émission transmet le certificat de gel prévu à l'article 6 directement à l'autorité d'exécution ou, s'il y a lieu, à l'autorité centrale visée à l'article 24, paragraphe 2, par tout moyen permettant de laisser une trace écrite et dans des conditions qui permettent à l'autorité d'exécution d'établir l'authenticité du certificat de gel.

2. Les États membres peuvent faire une déclaration indiquant que, lorsqu'un certificat de gel leur est transmis à des fins de reconnaissance et d'exécution d'une décision de gel, l'autorité d'émission doit transmettre la décision de gel originale ou une copie certifiée conforme de celle-ci, avec le certificat de gel. Toutefois, seul le certificat de gel doit être traduit, conformément à l'article 6, paragraphe 2.

3. Les États membres peuvent faire la déclaration visée au paragraphe 2 avant la date d'application du présent règlement ou à une date ultérieure. Ils peuvent retirer cette déclaration à tout moment. Les États membres informent la Commission lorsqu'ils font ou retirent une telle déclaration. La Commission met ces informations à la disposition de tous les États membres et du RJE.

4. Dans le cas d'une décision de gel concernant une somme d'argent, lorsque l'autorité d'émission a des motifs raisonnables de croire que la personne à l'encontre de laquelle la décision de gel a été émise a des biens ou des revenus dans un État membre, elle transmet le certificat de gel à cet État membre.

5. Dans le cas d'une décision de gel concernant des biens spécifiques, lorsque l'autorité d'émission a des motifs raisonnables de croire que ces biens sont situés dans un État membre, elle transmet le certificat de gel à cet État membre.

6. Le certificat de gel :

a) est accompagné d'un certificat de confiscation transmis conformément à l'article 14 ; ou

b) contient une instruction indiquant que les biens doivent rester gelés dans l'État d'exécution dans l'attente de la transmission et de l'exécution de la décision de confiscation conformément à l'article 14, auquel cas l'autorité d'émission indique la date estimée de cette transmission dans le certificat de gel.

7. L'autorité d'émission informe l'autorité d'exécution dès lors qu'elle a connaissance de l'existence de personnes concernées. L'autorité d'émission communique, en outre, à l'autorité d'exécution, à la demande de celle-ci, toute information concernant toute réclamation que les personnes concernées peuvent vouloir formuler à l'égard des biens, y compris des informations permettant d'identifier ces personnes.

8. Lorsque, malgré les informations mises à disposition conformément à l'article 24, paragraphe 3, l'autorité d'exécution compétente est inconnue de l'autorité d'émission, l'autorité d'émission effectue toutes les recherches nécessaires, y compris par l'intermédiaire des points de contact du RJE, en vue de déterminer quelle est l'autorité compétente pour la reconnaissance et l'exécution de la décision de gel.

9. Lorsque l'autorité de l'État d'exécution qui reçoit un certificat de gel n'est pas compétente pour reconnaître la décision de gel ou pour prendre les mesures nécessaires à son exécution, elle transmet immédiatement le certificat de gel à l'autorité d'exécution compétente dans son État membre et en informe l'autorité d'émission.

Art. 5 *Transmission d'une décision de gel à un ou plusieurs États d'exécution.* 1. Un certificat de gel n'est transmis en vertu de l'article 4 qu'à un seul État d'exécution à la fois, sauf si le paragraphe 2 ou 3 du présent article s'applique.

2. Lorsqu'une décision de gel concerne des biens spécifiques, le certificat de gel peut être transmis simultanément à plusieurs États d'exécution lorsque :

a) l'autorité d'émission a des motifs raisonnables de croire que différents biens faisant l'objet de la décision de gel sont situés dans différents États d'exécution ; ou

b) le gel d'un bien spécifique faisant l'objet de la décision de gel nécessiterait d'agir dans plusieurs États d'exécution.

3. Lorsqu'une décision de gel concerne une somme d'argent, le certificat de gel peut être transmis simultanément à plusieurs États d'exécution lorsque l'autorité d'émission estime nécessaire de le faire pour une raison particulière, notamment lorsque la valeur estimée des biens qui peuvent être gelés dans l'État d'émission et dans un seul État d'exécution risque de ne pas être suffisante pour geler le montant total visé par la décision de gel.

Art. 6 *Certificat de gel standard.* 1. En vue de transmettre une décision de gel, l'autorité d'émission remplit le certificat de gel figurant à l'annexe I, le signe et certifie son contenu comme étant exact et correct.

2. L'autorité d'émission fournit à l'autorité d'exécution une traduction du certificat de gel dans une langue officielle de l'État d'exécution ou dans toute autre langue que l'État d'exécution acceptera conformément au paragraphe 3.

3. Tout État membre peut, à tout moment, indiquer dans une déclaration déposée auprès de la Commission qu'il acceptera des traductions de certificats de gel dans une ou plusieurs langues officielles de l'Union autres que la ou les langues officielles de cet État membre. La Commission met les déclarations à la disposition de tous les États membres et du RJE.

Art. 7 *Reconnaissance et exécution des décisions de gel.* 1. L'autorité d'exécution reconnaît toute décision de gel transmise conformément à l'article 4 et prend les mesures nécessaires à son exécution de la même manière que pour une décision de gel émise au niveau national par une autorité de l'État d'exécution, à moins que l'autorité d'exécution ne se prévale de l'un des motifs de non-reconnaissance et de non-exécution prévus à l'article 8 ou de l'un des motifs de sursis prévus à l'article 10.

2. L'autorité d'exécution fait rapport à l'autorité d'émission sur l'exécution de la décision de gel, notamment en fournissant une description des biens gelés et, si celle-ci est disponible, une estimation de leur valeur. Il est fait rapport par tout moyen permettant de laisser une trace écrite, sans retard indu dès que l'autorité d'exécution a été informée de l'exécution de la décision de gel.

Art. 8 *Motifs de non-reconnaissance et de non-exécution des décisions de gel.* 1. L'autorité d'exécution peut décider de ne pas reconnaître ou de ne pas exécuter une décision de gel uniquement dans les cas suivants :

a) l'exécution de la décision de gel serait contraire au principe *non bis in idem* ;

b) le droit de l'État d'exécution prévoit un privilège ou une immunité qui empêcherait le gel des biens concernés, ou il existe des règles de détermination ou de limitation de la responsabilité pénale ayant trait à la liberté de la presse ou à la liberté d'expression dans d'autres médias qui empêchent d'exécuter la décision de gel ;

c) le certificat de gel est incomplet ou manifestement incorrect et n'a pas été complété après la consultation visée au paragraphe 2 ;

d) la décision de gel concerne une infraction pénale commise, en tout ou en partie, en dehors du territoire de l'État d'émission et, en tout ou en partie, sur le territoire de l'État d'exécution, et les faits pour lesquels la décision de gel a été émise ne constituent pas une infraction pénale au titre du droit de l'État d'exécution ;

e) dans un cas relevant de l'article 3, paragraphe 2, les faits pour lesquels la décision de gel a été émise ne constituent pas une infraction pénale au titre du droit de l'État d'exécution ; toutefois, dans les cas où sont concernées des réglementations en matière de taxes et d'impôts, ou de douane et de change, la reconnaissance ou l'exécution de la décision de gel ne peut être refusée au motif que le droit de l'État d'exécution n'impose pas le même type de taxes ou d'impôts ou ne prévoit pas le même type de réglementation en matière de taxes et d'impôts ou de douane et de change que le droit de l'État d'émission ;

f) dans des situations exceptionnelles, il existe des motifs sérieux de croire, sur la base d'éléments précis et objectifs, que l'exécution de la décision de gel entraînerait, dans les circonstances particulières de l'espèce, une violation manifeste d'un droit fondamental pertinent énoncé dans la Charte, en particulier le droit à un recours effectif, le droit à accéder à un tribunal impartial et les droits de la défense.

2. Dans l'un quelconque des cas visés au paragraphe 1, avant de décider de ne pas reconnaître ou de ne pas exécuter, en tout ou en partie, la décision de gel, l'autorité d'exécution consulte l'autorité d'émission par tout moyen approprié et, s'il y a lieu, lui demande de fournir sans tarder toute information nécessaire.

3. Toute décision de refus de reconnaissance ou de refus d'exécution de la décision de gel est prise sans tarder et notifiée immédiatement à l'autorité d'émission par tout moyen permettant de laisser une trace écrite.

4. Lorsque l'autorité d'exécution a reconnu une décision de gel, mais se rend compte, au cours de son exécution, que l'un des motifs de non-reconnaissance ou de non-exécution s'applique, elle prend immédiatement contact avec l'autorité d'émission par tout moyen approprié afin de discuter des mesures adéquates à prendre. Sur cette base, l'autorité d'émission peut décider de retirer la décision de gel. Si, à l'issue de ces discussions, aucune solution n'a pu être trouvée, l'autorité d'exécution peut décider de mettre fin à l'exécution de la décision de gel.

Art. 9 *Délais pour la reconnaissance et l'exécution des décisions de gel.* 1. L'autorité d'exécution prend la décision relative à la reconnaissance et à l'exécution de la décision de gel et exécute cette décision sans tarder et avec la même rapidité et le même degré de priorité que dans un cas similaire au niveau national après avoir reçu le certificat de gel.

2. Lorsque l'autorité d'émission a indiqué dans le certificat de gel que l'exécution de la décision de gel devait avoir lieu à une date précise, l'autorité d'exécution en tient compte dans toute la mesure du possible. Lorsque l'autorité d'émission a indiqué qu'une coordination est nécessaire entre les États membres concernés, l'autorité d'exécution et l'autorité d'émission se coordonnent afin de convenir de la date d'exécution de la décision de gel. Lorsque aucun accord ne peut être trouvé, l'autorité d'exécution décide de la date d'exécution de la décision de gel, en tenant compte dans toute la mesure du possible des intérêts de l'autorité d'émission.

3. Sans préjudice du paragraphe 5, lorsque l'autorité d'émission a indiqué dans le certificat de gel qu'un gel immédiat est nécessaire dans la mesure où il existe des motifs légitimes de croire que les biens en question sont sur le point d'être déplacés ou détruits, ou lorsque cela est nécessaire aux fins d'une enquête ou d'une procédure dans l'État d'émission, l'autorité d'exécution se prononce sur la reconnaissance de la décision de gel au plus tard 48 heures après l'avoir reçue. L'autorité d'exécution prend les mesures concrètes nécessaires à l'exécution de la décision au plus tard 48 heures après que l'autorité d'exécution s'est prononcée.

4. L'autorité d'exécution communique sa décision concernant la reconnaissance et l'exécution de la décision de gel à l'autorité d'émission, sans tarder et par tout moyen permettant de laisser une trace écrite.

5. S'il s'avère impossible, dans un cas spécifique, de respecter les délais énoncés au paragraphe 3, l'autorité d'exécution en informe immédiatement l'autorité d'émission, par tout *moyen*, en indiquant les raisons pour lesquelles ce délai n'a pas pu être respecté, et elle consulte l'autorité d'émission aux fins de fixer une date appropriée pour la reconnaissance et l'exécution de la décision de gel.

6. L'expiration des délais énoncés au paragraphe 3 ne dispense pas l'autorité d'exécution de son obligation d'adopter une décision concernant la reconnaissance et l'exécution de la décision de gel et d'exécuter cette décision, et ce sans tarder.

Art. 10 *Sursis à l'exécution des décisions de gel.* 1. L'autorité d'exécution peut surseoir à l'exécution d'une décision de gel transmise conformément à l'article 4 lorsque :

a) son exécution risque de nuire à une enquête pénale en cours, auquel cas il peut être sursis à l'exécution de la décision de gel jusqu'au moment où l'autorité d'exécution le juge raisonnable ;

b) les biens font déjà l'objet d'une décision de gel existante, auquel cas il peut être sursis à l'exécution de la décision de gel jusqu'à ce que cette décision ait été retirée ; ou

c) les biens font déjà l'objet d'une décision existante émise dans le cadre d'une autre procédure dans l'État d'exécution, auquel cas il peut être sursis à l'exécution de la décision de gel jusqu'à ce que la décision existante ait été retirée ; toutefois, le présent point ne s'applique que si la décision existante est prioritaire, en vertu du droit national, par rapport à des décisions de gel nationales ultérieures en matière pénale.

2. L'autorité d'exécution fait immédiatement rapport à l'autorité d'émission, par tout moyen permettant de laisser une trace écrite, sur le sursis à l'exécution de la décision de gel, en précisant les motifs du sursis et, si possible, la durée escomptée du sursis.

3. Dès que les motifs de sursis à l'exécution ont cessé d'exister, l'autorité d'exécution prend immédiatement les mesures nécessaires à l'exécution de la décision de gel et en informe l'autorité d'émission par tout moyen permettant de laisser une trace écrite.

Art. 11 *Confidentialité.* 1. Pendant l'exécution d'une décision de gel, l'autorité d'émission et l'autorité d'exécution tiennent dûment compte du caractère confidentiel de l'enquête dans le cadre de laquelle la décision de gel a été émise.

2. Sauf dans la mesure nécessaire à l'exécution de la décision de gel, l'autorité d'exécution garantit la confidentialité des faits et du contenu de la décision de gel, conformément à son droit national. Sans préjudice du paragraphe 3 du présent article, dès que la décision de gel a été exécutée, l'autorité d'exécution en informe les personnes concernées conformément à l'article 32.

3. En vue de préserver des enquêtes en cours, l'autorité d'émission peut demander à l'autorité d'exécution de retarder le moment auquel elle informera les personnes concernées de l'exécution de la décision de gel conformément à l'article 32. Dès qu'il n'est plus nécessaire de retarder le moment d'informer les personnes concernées en vue de protéger des enquêtes en cours, l'autorité d'émission en informe l'autorité d'exécution de façon que l'autorité d'exécution puisse informer les personnes concernées de l'exécution de la décision de gel conformément à l'article 32.

4. Si l'autorité d'exécution ne peut pas respecter les obligations de confidentialité prévues au présent article, elle en informe immédiatement l'autorité d'émission et ce, si possible, avant l'exécution de la décision de gel.

Art. 12 *Durée des décisions de gel.* 1. Les biens qui font l'objet d'une décision de gel restent gelés dans l'État d'exécution jusqu'à ce que l'autorité compétente de cet État ait apporté une réponse définitive à une décision de confiscation transmise conformément à l'article 14 ou jusqu'à ce que l'autorité d'émission ait informé l'autorité d'exécution de toute décision ou mesure ayant pour effet de faire perdre à la décision son caractère exécutoire ou de faire retirer la décision, conformément à l'article 27, paragraphe 1.

2. L'autorité d'exécution peut, en tenant compte des circonstances de l'espèce, présenter à l'autorité d'émission une demande motivée visant à limiter la durée pendant laquelle le gel des biens est maintenu. Cette demande, y compris toute information utile à l'appui de celle-ci, est transmise par tout moyen permettant de laisser une trace écrite et dans des conditions qui permettent à l'autorité d'émission d'établir l'authenticité de la demande. Lorsqu'elle examine une telle demande, l'autorité d'émission prend en compte tous les intérêts, y compris ceux de l'autorité d'exécution. L'autorité d'émission répond à la demande dans les plus brefs délais. Si l'autorité d'émission n'est pas d'accord avec la limitation, elle en donne les raisons à l'autorité d'exécution. Dans ce cas, le gel des biens est maintenu conformément au paragraphe 1. Si l'autorité d'émission ne répond pas dans les six semaines qui suivent la réception de la demande, l'autorité d'exécution n'est plus tenue d'exécuter la décision de gel.

Art. 13 *Impossibilité d'exécuter une décision de gel.* 1. Lorsque l'autorité d'exécution estime qu'il est impossible d'exécuter une décision de gel, elle le notifie sans tarder à l'autorité d'émission.

2. Avant d'adresser une notification à l'autorité d'émission conformément au paragraphe 1, l'autorité d'exécution consulte, le cas échéant, l'autorité d'émission.

3. La non-exécution d'une décision de gel au titre du présent article ne peut être justifiée que si les biens :

a) ont déjà été confisqués ;

b) ont disparu ;

c) ont été détruits ;

d) ne peuvent être trouvés à l'endroit indiqué sur le certificat de gel ; ou

e) ne peuvent être trouvés parce que l'endroit où ils se trouvent n'a pas été indiqué de manière suffisamment précise, malgré les consultations visées au paragraphe 2.

4. En ce qui concerne les situations mentionnées au paragraphe 3, points b), d) et e), lorsque l'autorité d'exécution obtient par la suite des informations lui permettant de localiser les

biens, elle peut exécuter la décision de gel sans qu'il soit nécessaire de transmettre un nouveau certificat de gel, à condition d'avoir, préalablement à l'exécution de la décision de gel, vérifié auprès de l'autorité d'émission que la décision de gel est encore valable.

5. Nonobstant le paragraphe 3, lorsque l'autorité d'émission a indiqué que des biens d'une valeur équivalente pouvaient être gelés, l'autorité d'exécution n'est pas tenue d'exécuter la décision de gel si l'on se trouve dans l'une des situations énoncées au paragraphe 3 et s'il n'existe aucun bien de valeur équivalente susceptible d'être gelé.

CHAPITRE III. *TRANSMISSION, RECONNAISSANCE ET EXÉCUTION DES DÉCISIONS DE CONFISCATION*

Art. 14 *Transmission des décisions de confiscation.* 1. Une décision de confiscation est transmise au moyen d'un certificat de confiscation. L'autorité d'émission transmet le certificat de confiscation prévu à l'article 17 directement à l'autorité d'exécution ou, s'il y a lieu, à l'autorité centrale visée à l'article 24, paragraphe 2, par tout moyen permettant de laisser une trace écrite et dans des conditions qui permettent à l'autorité d'exécution d'établir l'authenticité du certificat de confiscation.

2. Les États membres peuvent faire une déclaration indiquant que, lorsqu'un certificat de confiscation leur est transmis à des fins de reconnaissance et d'exécution d'une décision de confiscation, l'autorité d'émission doit transmettre la décision de confiscation originale ou une copie certifiée conforme de celle-ci avec le certificat de confiscation. Toutefois, seul le certificat de confiscation doit être traduit, conformément à l'article 17, paragraphe 2.

3. Les États membres peuvent faire la déclaration visée au paragraphe 2 avant la date d'application du présent règlement ou à une date ultérieure. Ils peuvent retirer une telle déclaration à tout moment. Les États membres informent la Commission lorsqu'ils font ou retirent une telle déclaration. La Commission met ces informations à la disposition de tous les États membres et du RJE.

4. Dans le cas d'une décision de confiscation concernant une somme d'argent, lorsque l'autorité d'émission a des motifs raisonnables de croire que la personne à l'encontre de laquelle la décision de confiscation a été émise a des biens ou des revenus dans un État membre, elle transmet le certificat de confiscation à cet État membre.

5. Dans le cas d'une décision de confiscation concernant des biens spécifiques, lorsque l'autorité d'émission a des motifs raisonnables de croire que ces biens sont situés dans un État membre, elle transmet le certificat de confiscation à cet État membre.

6. L'autorité d'émission informe l'autorité d'exécution dès lors qu'elle a connaissance de l'existence de personnes concernées. L'autorité d'émission communique en outre à l'autorité d'exécution, à la demande de celle-ci, toute information concernant toute réclamation que les personnes concernées peuvent vouloir formuler à l'égard des biens, y compris des informations permettant d'identifier ces personnes.

7. Lorsque, malgré les informations mises à disposition conformément à l'article 24, paragraphe 3, l'autorité d'exécution compétente est inconnue de l'autorité d'émission, l'autorité d'émission effectue toutes les recherches nécessaires, y compris par l'intermédiaire des points de contact du RJE, en vue de déterminer quelle est l'autorité compétente pour la reconnaissance et l'exécution de la décision de confiscation.

8. Lorsque l'autorité de l'État d'exécution qui reçoit un certificat de confiscation n'est pas compétente pour reconnaître la décision de confiscation ou pour prendre les mesures nécessaires à son exécution, elle transmet immédiatement le certificat de confiscation à l'autorité d'exécution compétente dans son État membre et en informe l'autorité d'émission.

Art. 15 *Transmission d'une décision de confiscation à un ou plusieurs États d'exécution.* 1. Un certificat de confiscation n'est transmis, en vertu de l'article 14, qu'à un seul État d'exécution à la fois, sauf si le paragraphe 2 ou 3 du présent article s'applique.

2. Lorsqu'une décision de confiscation concerne des biens spécifiques, le certificat de confiscation peut être transmis simultanément à plusieurs États d'exécution lorsque:

a) l'autorité d'émission a des motifs raisonnables de croire que différents biens faisant l'objet de la décision de confiscation sont situés dans différents États d'exécution; ou

b) la confiscation d'un bien spécifique faisant l'objet de la décision de confiscation nécessiterait d'agir dans plusieurs États d'exécution.

3. Lorsqu'une décision de confiscation concerne une somme d'argent, le certificat de confiscation peut être transmis simultanément à plusieurs États d'exécution lorsque l'autorité d'émission estime nécessaire de le faire pour une raison particulière, notamment lorsque:

a) les biens concernés n'ont pas été gelés en vertu du présent règlement; ou

b) la valeur estimée des biens qui peuvent être confisqués dans l'État d'émission et dans un seul État d'exécution risque de ne pas être suffisante pour parvenir à confisquer la totalité du montant visé par la décision de confiscation.

Art. 16 *Conséquences de la transmission des décisions de confiscation.* 1. La transmission d'une décision de confiscation conformément aux articles 14 et 15 ne limite pas le droit de l'État d'émission d'exécuter la décision.

2. Le montant total provenant de l'exécution d'une décision de confiscation concernant une somme d'argent ne peut pas dépasser le montant maximal précisé dans la décision, que cette décision ait été transmise à un ou à plusieurs États d'exécution.

3. L'autorité d'émission informe immédiatement l'autorité d'exécution par tout moyen permettant de laisser une trace écrite, lorsque :

a) elle estime qu'il existe un risque que la confiscation dépasse le montant maximal, en particulier sur la base d'informations fournies par l'autorité d'exécution en application de l'article 21, paragraphe 1, point b) ;

b) tout ou partie de la décision de confiscation a été exécutée dans l'État d'émission ou dans un État d'exécution différent, auquel cas elle précise le montant pour lequel la décision de confiscation n'a pas encore été exécutée ; ou

c) après la transmission d'un certificat de confiscation conformément à l'article 14, une autorité de l'État d'émission reçoit une somme d'argent qui a été versée au titre de la décision de confiscation.

Lorsque le point a) du premier alinéa s'applique, l'autorité d'émission informe l'autorité d'exécution dans les plus brefs délais quand le risque visé audit point cesse d'exister.

Art. 17 *Certificat de confiscation standard.* 1. En vue de transmettre une décision de confiscation, l'autorité d'émission remplit le certificat de confiscation figurant à l'annexe II, le signe et certifie son contenu comme étant exact et correct.

2. L'autorité d'émission fournit à l'autorité d'exécution une traduction du certificat de confiscation dans une langue officielle de l'État d'exécution ou dans toute autre langue que l'État d'exécution acceptera conformément au paragraphe 3.

3. Tout État membre peut, à tout moment, indiquer dans une déclaration déposée auprès de la Commission qu'il acceptera des traductions de certificats de confiscation dans une ou plusieurs langues officielles de l'Union autres que la ou les langues officielles de cet État membre. La Commission met les déclarations à la disposition de tous les États membres et du RJE.

Art. 18 *Reconnaissance et exécution des décisions de confiscation.* 1. L'autorité d'exécution reconnaît toute décision de confiscation transmise conformément à l'article 14 et prend les mesures nécessaires à son exécution, de la même manière que pour une décision de confiscation émise au niveau national par une autorité de l'État d'exécution, à moins que l'autorité d'exécution ne se prévale de l'un des motifs de non-reconnaissance et de non-exécution prévus à l'article 19 ou de l'un des motifs de sursis prévus à l'article 21.

2. Lorsqu'une décision de confiscation concerne un bien spécifique, l'autorité d'émission et l'autorité d'exécution peuvent, lorsque le droit de l'État d'émission le prévoit, convenir que la confiscation dans l'État d'exécution peut s'effectuer par la confiscation d'une somme d'argent correspondant à la valeur du bien qui devait être confisqué.

3. Lorsqu'une décision de confiscation concerne une somme d'argent et que l'autorité d'exécution est dans l'impossibilité d'obtenir le paiement de cette somme, elle exécute ladite décision conformément au paragraphe 1 en confisquant tout bien qui est disponible à cette fin. Au besoin, l'autorité d'exécution convertit le montant à confisquer dans la monnaie de l'État d'exécution au taux de change journalier de l'euro tel qu'il est publié au Journal officiel de l'Union européenne, série C, à la date à laquelle la décision de confiscation a été émise.

4. Toute partie du montant recouvré en application de la décision de confiscation dans tout État autre que l'État d'exécution est intégralement déduite du montant qui doit être confisqué dans l'État d'exécution.

5. Lorsque l'autorité d'émission a émis une décision de confiscation mais n'a pas émis de décision de gel, l'autorité d'exécution peut, parmi les mesures prévues au paragraphe 1, décider d'office du gel des biens concernés conformément à son droit national, en vue d'une exécution ultérieure de la décision de confiscation. En pareil cas, l'autorité d'exécution informe l'autorité d'émission sans tarder et, si possible, avant de procéder au gel des biens concernés.

6. Dès que l'exécution de la décision de confiscation est réalisée, l'autorité d'exécution informe l'autorité d'émission des résultats de cette exécution, par tout moyen permettant de laisser une trace écrite.

Art. 19 *Motifs de non-reconnaissance et de non-exécution des décisions de confiscation.* 1. L'autorité d'exécution peut décider de ne pas reconnaître et de ne pas exécuter une décision de confiscation uniquement dans les cas suivants :

a) l'exécution de la décision de confiscation serait contraire au principe non bis in idem ;

b) le droit de l'État d'exécution prévoit un privilège ou une immunité qui empêcherait la confiscation des biens concernés, ou il existe des règles de détermination ou de limitation de la responsabilité pénale ayant trait à la liberté de la presse ou à la liberté d'expression dans d'autres médias qui empêchent d'exécuter la décision de confiscation ;

c) le certificat de confiscation est incomplet ou manifestement incorrect et n'a pas été complété après la consultation visée au paragraphe 2 ;

d) la décision de confiscation concerne une infraction pénale commise, en tout ou en partie, en dehors du territoire de l'État d'émission et, en tout ou en partie, sur le territoire de l'État d'exécution, et les faits pour lesquels la décision de confiscation a été émise ne constituent pas une infraction pénale dans le droit de l'État d'exécution ;

e) les droits des personnes concernées rendraient l'exécution de la décision de confiscation impossible en vertu du droit de l'État d'exécution, y compris lorsque cette impossibilité découle de l'utilisation de voies de recours conformément à l'article 33 ;

f) dans un cas relevant de l'article 3, paragraphe 2, les faits pour lesquels la décision de confiscation a été émise ne constituent pas une infraction pénale dans le droit de l'État d'exécution ; toutefois, dans les cas où sont concernées des réglementations en matière de taxes et d'impôts, ou de douane et de change, la reconnaissance ou l'exécution de la décision de confiscation ne peut être refusée au motif que le droit de l'État d'exécution n'impose pas le même type de taxes ou d'impôts ou ne prévoit pas le même type de réglementation en matière de taxes et d'impôts ou de douane et de change que le droit de l'État d'émission ;

g) selon le certificat de confiscation, la personne à l'encontre de laquelle la décision de confiscation a été émise n'a pas comparu en personne au procès qui a abouti à la décision de confiscation liée à une condamnation définitive, à moins que le certificat de confiscation n'indique que, conformément à d'autres exigences procédurales définies dans le droit de l'État d'émission, l'intéressé :

i) a été cité à comparaître en personne en temps utile et a ainsi été informé de la date et du lieu fixés pour le procès qui a abouti à la décision de confiscation, ou a été informé officiellement et effectivement par d'autres moyens de la date et du lieu fixés pour ce procès, de telle sorte qu'il a été établi de manière non équivoque que l'intéressé a eu connaissance du procès prévu et a été informé en temps utile qu'une décision de confiscation pourrait être émise en cas de non-comparution ;

ii) ayant eu connaissance du procès prévu, a donné mandat à un avocat, qui a été désigné soit par l'intéressé soit par l'État, pour le défendre au procès, et a été effectivement défendu par cet avocat pendant le procès ; ou

iii) après s'être vu signifier la décision de confiscation et avoir été expressément informé de son droit à une nouvelle procédure de jugement ou à une procédure d'appel à laquelle il aurait le droit de participer et qui permettrait de réexaminer l'affaire sur le fond, en tenant notamment compte de nouveaux éléments de preuve, et qui pourrait aboutir à une infirmation de la décision initiale, a indiqué expressément qu'il ne contestait pas la décision de confiscation, ou n'a pas demandé une nouvelle procédure de jugement ou une procédure d'appel dans les délais impartis ;

h) dans des situations exceptionnelles, il existe des motifs sérieux de croire, sur la base d'éléments précis et objectifs, que l'exécution de la décision de confiscation entraînerait, dans les circonstances particulières de l'espèce, une violation manifeste d'un droit fondamental pertinent énoncé dans la Charte, en particulier le droit à un recours effectif, le droit à accéder à un tribunal impartial et les droits de la défense.

2. Dans l'un quelconque des cas mentionnés au paragraphe 1, avant de décider de ne pas reconnaître ou de ne pas exécuter, en tout ou en partie, une décision de confiscation, l'autorité d'exécution consulte l'autorité d'émission par tout moyen approprié et, s'il y a lieu, lui demande de fournir sans tarder toute information nécessaire.

3. Toute décision de refus de reconnaissance ou de refus d'exécution de la décision de confiscation est prise sans tarder et notifiée immédiatement à l'autorité d'émission par tout moyen permettant de laisser une trace écrite.

Art. 20 *Délais pour la reconnaissance et l'exécution des décisions de confiscation.* 1. L'autorité d'exécution prend la décision relative à la reconnaissance et à l'exécution de la décision de confiscation sans tarder et, sans préjudice du paragraphe 4, au plus tard 45 jours après avoir reçu le certificat de confiscation.

2. L'autorité d'exécution communique, sans tarder et par tout moyen permettant de laisser une trace écrite, à l'autorité d'émission sa décision concernant la reconnaissance et l'exécution de la décision de confiscation.

3. Sauf s'il existe des motifs de sursis en vertu de l'article 21, l'autorité d'exécution prend les mesures concrètes qui sont nécessaires pour exécuter la décision de confiscation sans tarder et, au minimum, avec la même rapidité et le même degré de priorité que pour une décision de confiscation similaire prise au niveau national.

4. S'il s'avère impossible, dans un cas spécifique, de respecter le délai énoncé au paragraphe 1, l'autorité d'exécution en informe sans tarder l'autorité d'émission, par tout moyen, en indiquant les raisons pour lesquelles le délai n'a pas pu être respecté, et elle consulte l'autorité d'émission aux fins de fixer une date appropriée pour la reconnaissance et l'exécution de la décision de confiscation.

5. L'expiration du délai énoncé au paragraphe 1 ne dispense pas l'autorité d'exécution de son obligation d'adopter une décision concernant la reconnaissance et l'exécution de la décision de confiscation et d'exécuter cette décision, et ce sans tarder.

Art. 21 *Sursis à l'exécution des décisions de confiscation.* 1. L'autorité d'exécution peut surseoir à la reconnaissance ou à l'exécution d'une décision de confiscation transmise conformément à l'article 14 lorsque :

a) son exécution risque de nuire à une enquête pénale en cours, auquel cas il peut être sursis à l'exécution de la décision de confiscation jusqu'au moment où l'autorité d'exécution le juge raisonnable ;

b) elle estime, lorsque la décision de confiscation concerne une somme d'argent, qu'il existe un risque que le montant total provenant de l'exécution de cette décision de confiscation dépasse de manière considérable le montant précisé dans la décision de confiscation en raison de l'exécution simultanée de la décision de confiscation dans plusieurs États membres ;

c) les biens font déjà l'objet d'une procédure de confiscation en cours dans l'État d'exécution ; ou

d) une voie de recours telle qu'elle est visée à l'article 33 a été exercée.

2. Nonobstant l'article 18, paragraphe 5, l'autorité compétente de l'État d'exécution prend, aussi longtemps que dure le sursis à l'exécution de la décision de confiscation, toutes les mesures qu'elle prendrait dans un cas similaire au niveau national pour éviter que le bien ne soit plus disponible aux fins de l'exécution de la décision de confiscation.

3. L'autorité d'exécution fait rapport à l'autorité d'émission, sans tarder et par tout moyen permettant de laisser une trace écrite, sur le sursis à l'exécution de la décision de confiscation, en précisant les motifs du sursis et, si possible, sur la durée escomptée du sursis.

4. Dès que les motifs de sursis ont cessé d'exister, l'autorité d'exécution prend sans tarder les mesures nécessaires à l'exécution de la décision de confiscation et en informe l'autorité d'émission par tout moyen permettant de laisser une trace écrite.

Art. 22 *Impossibilité d'exécuter une décision de confiscation.* 1. Lorsque l'autorité d'exécution estime qu'il est impossible d'exécuter une décision de confiscation, elle le notifie sans tarder à l'autorité d'émission.

2. Avant d'adresser une notification à l'autorité d'émission conformément au paragraphe 1, *l'autorité d'exécution* consulte, le cas échéant, l'autorité d'émission, en tenant également compte des possibilités prévues à l'article 18, paragraphe 2 ou 3.

3. La non-exécution d'une décision de confiscation au titre du présent article ne peut être justifiée que si les biens :

a) ont déjà été confisqués ;

b) ont disparu ;

c) ont été détruits ;

d) ne peuvent être trouvés à l'endroit indiqué sur le certificat de confiscation ; ou

e) ne peuvent être trouvés parce que l'endroit où ils sont situés n'a pas été indiqué de manière suffisamment précise, malgré les consultations visées au paragraphe 2.

4. En ce qui concerne les situations mentionnées au paragraphe 3, points b), d) et e), lorsque l'autorité d'exécution obtient par la suite des informations lui permettant de localiser les biens, elle peut exécuter la décision de confiscation sans qu'il soit nécessaire de transmettre un nouveau certificat de confiscation, à condition d'avoir, préalablement à l'exécution de la décision de confiscation, vérifié auprès de l'autorité d'émission que la décision de confiscation est encore valable.

5. Nonobstant le paragraphe 3, lorsque l'autorité d'émission a indiqué que des biens de valeur équivalente pouvaient être confisqués, l'autorité d'exécution n'est pas tenue d'exécuter la décision de confiscation si l'on se trouve dans l'une des situations énoncées au paragraphe 3 et s'il n'y a aucun bien de valeur équivalente susceptible d'être confisqué.

CHAPITRE IV. *DISPOSITIONS GÉNÉRALES*

Art. 23 *Droit régissant l'exécution.* 1. L'exécution des décisions de gel et des décisions de confiscation est régie par le droit de l'État d'exécution, et ses autorités sont seules compétentes pour décider des modalités d'exécution de ces décisions et déterminer toutes les mesures y afférentes.

2. Une décision de gel ou une décision de confiscation émise à l'encontre d'une personne morale est exécutée même si l'État d'exécution ne reconnaît pas le principe de la responsabilité pénale des personnes morales.

3. Nonobstant l'article 18, paragraphes 2 et 3, l'État d'exécution ne peut, sans le consentement de l'État d'émission, imposer des mesures qui se substitueraient à la décision de gel transmise en vertu de l'article 4 ou à la décision de confiscation transmise en vertu de l'article 14.

Art. 24 *Notification relative aux autorités.* 1. Au plus tard le 19 décembre 2020, chaque État membre communique à la Commission le nom de l'autorité ou des autorités telles qu'elles sont définies à l'article 2, points 8) et 9), qui sont compétentes en vertu de son droit, dans les cas où ledit État membre est, respectivement, l'État d'émission ou l'État d'exécution.

2. Chaque État membre peut désigner, si cela est nécessaire en raison de la structure de son système juridique interne, une ou plusieurs autorités centrales qui seront chargées d'assurer la transmission et la réception administratives des certificats de gel et des certificats de confiscation et d'assister ses autorités compétentes. Chaque État membre communique à la Commission le nom de toute autorité qu'elle désigne à ce titre.

3. La Commission met les informations reçues en vertu du présent article à la disposition de tous les États membres et du RJE.

Art. 25 *Communication.* 1. Si nécessaire, l'autorité d'émission et l'autorité d'exécution se consultent sans tarder et par tout moyen de communication approprié, pour garantir l'application efficiente du présent règlement.

2. Toutes les communications, y compris celles visant à traiter de difficultés concernant la transmission ou l'authentification de tout document nécessaire à l'exécution d'une décision de gel ou d'une décision de confiscation, sont effectuées directement entre l'autorité d'émission et l'autorité d'exécution et, lorsqu'un État membre a désigné une autorité centrale conformément à l'article 24, paragraphe 2, elles sont effectuées, s'il y a lieu, en y associant cette autorité centrale.

Art. 26 *Décisions multiples.* 1. Si l'autorité d'exécution reçoit deux ou plusieurs décisions de gel ou décisions de confiscation émises par des États membres différents à l'encontre de la même personne et si cette personne n'a pas suffisamment de biens dans l'État d'exécution pour satisfaire à l'ensemble de ces décisions, ou si l'autorité d'exécution reçoit plusieurs décisions de gel ou décisions de confiscation relatives au même bien spécifique, l'autorité d'exécution décide laquelle de ces décisions sera exécutée conformément au droit de l'État d'exécution, sans préjudice de la possibilité de surseoir à l'exécution d'une décision de confiscation conformément à l'article 21.

2. Lorsqu'elle prend sa décision, l'autorité d'exécution tient compte en priorité, dans la mesure du possible, de l'intérêt des victimes. Elle prend également en considération toutes les autres circonstances pertinentes, notamment les suivantes :

a) le fait que les avoirs soient déjà gelés ou non ;

b) les dates des différentes décisions et leurs dates de transmission ;

c) la gravité de l'infraction pénale concernée ; et

d) le lieu où l'infraction pénale a été commise.

Art. 27 *Cessation de l'exécution d'une décision de gel ou d'une décision de confiscation.* 1. Lorsque la décision de gel ou la décision de confiscation ne peut plus faire l'objet d'une exécution ou n'est plus valable, l'autorité d'émission procède sans tarder au retrait de la décision de gel ou de la décision de confiscation.

2. L'autorité d'émission informe immédiatement l'autorité d'exécution, par tout moyen permettant de laisser une trace écrite, du retrait d'une décision de gel ou d'une décision de confiscation, et de toute décision ou mesure entraînant le retrait d'une décision de gel ou d'une décision de confiscation.

3. L'autorité d'exécution met fin à l'exécution de la décision de gel ou de la décision de confiscation, dans la mesure où l'exécution n'a pas encore été réalisée, dès qu'elle a été informée par l'autorité d'émission conformément au paragraphe 2. L'autorité d'exécution envoie à l'État d'émission une confirmation de la cessation, sans retard indu et par tout moyen permettant de laisser une trace écrite.

Art. 28 *Gestion et disposition des biens gelés et confisqués.* 1. La gestion des biens gelés et confisqués est régie par le droit de l'État d'exécution.

2. L'État d'exécution gère les biens gelés ou confisqués de manière à prévenir leur dépréciation. A cet effet, il peut, eu égard à l'article 10 de la directive 2014/42/UE, vendre ou transférer les biens gelés.

3. Les biens gelés et les sommes d'argent obtenues à la suite de la vente de tels biens conformément au paragraphe 2 restent dans l'État d'exécution jusqu'à ce qu'un certificat de confiscation ait été transmis et que la décision de confiscation ait été exécutée, sans préjudice de la possibilité de restituer les biens prévue à l'article 29.

4. L'État d'exécution n'est pas tenu de vendre ou de restituer des biens spécifiques faisant l'objet d'une décision de confiscation lorsque ces biens constituent des biens culturels au sens de l'article 2, point 1), de la directive 2014/60/UE du Parlement européen et du Conseil *[Directive 2014/60/UE du Parlement européen et du Conseil du 15 mai 2014 relative à la restitution de biens culturels ayant quitté illicitement le territoire d'un État membre et modifiant le règlement (UE) nº 1024/2012 (JO L 159 du 28.5.2014, p. 1)]*. Le présent règlement est sans incidence sur l'obligation de restituer les biens culturels en vertu de cette directive.

Art. 29 *Restitution de biens gelés à la victime.* 1. Lorsque l'autorité d'émission ou une autre autorité compétente de l'État d'émission a émis, conformément à son droit national, une décision de restitution des biens gelés à la victime, l'autorité d'émission inscrit les informations relatives à cette décision dans le certificat de gel ou communique les informations relatives à cette décision à l'autorité d'exécution à un stade ultérieur.

2. Lorsque l'autorité d'exécution a été informée d'une décision de restitution de biens gelés à la victime conformément au paragraphe 1, elle prend les mesures nécessaires pour garantir que, lorsque les biens concernés ont été gelés, ils soient restitués à la victime dans les plus brefs délais, selon les règles de procédure de l'État d'exécution, au besoin par l'intermédiaire de l'État d'émission, à condition :

a) que le titre de la victime sur ces biens ne soit pas contesté ;

b) que les biens ne soient pas requis comme éléments de preuve dans le cadre d'une procédure pénale dans l'État d'exécution ; et

c) qu'il ne soit pas porté atteinte aux droits des personnes concernées.

L'autorité d'exécution informe l'autorité d'émission lorsque les biens sont transférés directement à la victime.

3. Lorsque l'autorité d'exécution n'a pas acquis la conviction que les conditions énoncées au paragraphe 2 sont réunies, elle consulte l'autorité d'émission sans tarder et par tout moyen approprié, afin de trouver une solution. Si aucune solution ne peut être trouvée, l'autorité d'exécution peut décider de ne pas restituer les biens gelés à la victime.

Art. 30 *Disposition des biens confisqués ou des sommes d'argent obtenues par la vente de tels biens.* 1. Lorsque l'autorité d'émission ou une autre autorité compétente de l'État d'émission a émis, conformément à son droit national, une décision de restitution à la victime des biens confisqués ou une décision d'indemnisation de la victime, l'autorité d'émission inscrit les informations relatives à cette décision dans le certificat de confiscation ou communique, à un stade ultérieur, les informations relatives à cette décision à l'autorité d'exécution.

2. Lorsque l'autorité d'exécution a été informée d'une décision de restitution à la victime des biens confisqués conformément au paragraphe 1, elle prend les mesures nécessaires pour garantir que, lorsque les biens concernés ont été confisqués, ils soient restitués à la victime dans les plus brefs délais, au besoin par l'intermédiaire de l'État d'émission. L'autorité d'exécution informe l'autorité d'émission lorsque les biens sont transférés directement à la victime.

3. Lorsqu'il s'avère impossible pour l'autorité d'exécution de restituer les biens à la victime conformément au paragraphe 2, mais qu'une somme d'argent a été obtenue du fait de l'exécution d'une décision de confiscation concernant ces biens, le montant correspondant est transféré à la victime aux fins de la restitution, au besoin par l'intermédiaire de l'État d'émission. L'autorité d'exécution informe l'autorité d'émission lorsque la somme d'argent est transférée directement à la victime. Il est disposé de tout bien restant conformément au paragraphe 7.

4. Lorsque l'autorité d'exécution a été informée d'une décision d'indemnisation de la victime conformément au paragraphe 1, et qu'une somme d'argent a été obtenue du fait de l'exécution d'une décision de confiscation, le montant correspondant, dans la mesure où il n'excède pas celui indiqué dans le certificat, est transféré à la victime aux fins de son indemnisation, au besoin par l'intermédiaire de l'État d'émission. L'autorité d'exécution informe l'autorité d'émission lorsque la somme d'argent est transférée directement à la victime. Il est disposé de tout bien restant conformément au paragraphe 7.

5. Lorsqu'une procédure de restitution des biens à la victime ou d'indemnisation de la victime est en cours dans l'État d'émission, l'autorité d'émission en informe l'autorité d'exécution. L'État d'exécution s'abstient de disposer des biens confisqués jusqu'à ce que les informations relatives à la décision de restitution des biens à la victime ou à la décision d'indemnisation de la victime soient communiquées à l'autorité d'exécution, même lorsque la décision de confiscation a déjà été exécutée.

6. Sans préjudice des paragraphes 1 à 5, il est disposé des biens, autres que les sommes d'argent obtenues du fait de l'exécution de la décision de confiscation, conformément aux règles suivantes :

a) les biens peuvent être vendus, auquel cas il est disposé du produit de la vente conformément au paragraphe 7 ;

b) les biens peuvent être transférés à l'État d'émission pour autant que, lorsque la décision de confiscation concerne une somme d'argent, l'autorité d'émission ait consenti au transfert des biens à l'État d'émission ;

c) sous réserve du point d), s'il s'avère impossible d'appliquer le point a) ou b), il peut être disposé des biens d'une autre manière conformément au droit de l'État d'exécution ; ou

d) les biens peuvent être utilisés pour des objectifs sociaux ou d'intérêt général dans l'État d'exécution conformément à son droit, sous réserve du consentement de l'État d'émission.

7. A moins que la décision de confiscation ne soit accompagnée d'une décision de restitution des biens à la victime ou d'une décision d'indemnisation de la victime conformément aux paragraphes 1 à 5, ou que les États membres concernés n'en aient décidé autrement, l'État d'exécution dispose de la somme d'argent obtenue du fait de l'exécution d'une décision de confiscation de la manière suivante :

a) si le montant provenant de l'exécution de la décision de confiscation n'excède pas 10 000 EUR, il revient à l'État d'exécution ; ou

b) si le montant provenant de l'exécution de la décision de confiscation excède 10 000 EUR, 50 % de ce montant sont transférés par l'État d'exécution à l'État d'émission.

Art. 31 *Coûts.* 1. Chaque État membre supporte les frais résultant de l'application du présent règlement, sans préjudice des dispositions relatives à la disposition des biens confisqués énoncés à l'article 28.

2. L'autorité d'exécution peut soumettre à l'autorité d'émission une proposition de partage des coûts lorsqu'il apparaît, soit antérieurement soit postérieurement à l'exécution d'une décision de gel ou d'une décision de confiscation, que l'exécution de cette décision engendrerait des frais élevés ou exceptionnels.

Une telle proposition est accompagnée d'une ventilation détaillée des coûts encourus par l'autorité d'exécution. A la suite d'une telle proposition, l'autorité d'émission et l'autorité d'exécution se consultent. S'il y a lieu, Eurojust peut faciliter ces consultations.

Les consultations, ou du moins le résultat de celles-ci, sont enregistrées par tout moyen permettant de laisser une trace écrite.

Art. 32 *Obligation d'informer les personnes concernées.* 1. Sans préjudice de l'article 11, à la suite de l'exécution d'une décision de gel ou à la suite de la décision de reconnaître et d'exécuter une décision de confiscation, l'autorité d'exécution informe sans tarder, dans la mesure du possible, de cette exécution et de cette décision les personnes concernées dont elle a connaissance, conformément aux procédures prévues par son droit national.

2. Les informations à fournir conformément au paragraphe 1 précisent le nom de l'autorité d'émission et les voies de recours disponibles en vertu du droit de l'État d'exécution. Ces informations précisent également, au moins brièvement, les raisons justifiant la décision.

3. S'il y a lieu, l'autorité d'exécution peut demander à l'autorité d'émission son assistance pour accomplir les tâches visées au paragraphe 1.

Art. 33 *Voies de recours dans l'État d'exécution contre la reconnaissance et l'exécution d'une décision de gel ou d'une décision de confiscation.* 1. Les personnes concernées ont droit à des voies de recours effectives dans l'État d'exécution contre la décision relative à la reconnaissance et à l'exécution de décisions de gel en vertu de l'article 7 et de décisions de confiscation en vertu de l'article 18. Le droit à une voie de recours est invoqué devant une juridiction de l'État d'exécution conformément à son droit. En ce qui concerne les décisions de confiscation, l'exercice d'une voie de recours peut avoir un effet suspensif si le droit de l'État d'exécution le prévoit.

2. Les raisons de fond qui ont conduit à l'émission de la décision de gel ou de la décision de confiscation ne peuvent être contestées devant une juridiction de l'État d'exécution.

3. L'autorité compétente de l'État d'émission est informée de toute voie de recours exercée conformément au paragraphe 1.

4. Le présent article s'entend sans préjudice de l'application, dans l'État d'émission, de garanties et de recours conformément à l'article 8 de la directive 2014/42/UE.

Pour connaître la procédure applicable, V. art. 695-9-30-2 et 713-35-2.

Art. 34 *Remboursement.* 1. Lorsque l'État d'exécution est responsable, en vertu de son droit, du préjudice causé à une personne concernée résultant de l'exécution d'une décision de gel qui lui a été transmise en vertu de l'article 4 ou d'une décision de confiscation qui lui a été transmise en vertu de l'article 14, l'État d'émission rembourse à l'État d'exécution tous les dommages et intérêts versés à la personne concernée. Toutefois, lorsque l'État d'émission peut démontrer à l'État d'exécution que le préjudice, ou une partie du préjudice, était exclusivement imputable au comportement de l'État d'exécution, l'État d'émission et l'État d'exécution conviennent entre eux de la somme à rembourser.

2. Le paragraphe 1 s'entend sans préjudice du droit des États membres applicable aux demandes de réparation des personnes physiques ou morales.

CHAPITRE V. *DISPOSITIONS FINALES*

Art. 35 *Statistiques.* 1. Les États membres collectent régulièrement des statistiques complètes auprès des autorités concernées. Ils tiennent ces statistiques à jour et les envoient chaque année à la Commission. Ces statistiques comprennent, outre les informations visées à l'article 11, paragraphe 2, de la directive 2014/42/UE, le nombre de décisions de gel et de décisions de confiscation qu'un État membre a reçues d'autres États membres qui ont été reconnues et exécutées, et le nombre de ces décisions dont la reconnaissance et l'exécution ont été refusées.

2. Chaque année, les États membres communiquent également à la Commission les statistiques ci-après, lorsqu'elles sont disponibles à un niveau central dans l'État membre concerné :

a) le nombre de cas dans lesquels une victime a bénéficié d'une indemnisation ou s'est vu accorder la restitution du bien obtenu par l'exécution d'une décision de confiscation en vertu du présent règlement ; et

b) la durée moyenne nécessaire pour l'exécution des décisions de gel et des décisions de confiscation effectuée au titre du présent règlement.

Art. 36 *Modifications du certificat et du formulaire.* La Commission est habilitée à adopter des actes délégués conformément à l'article 37 en ce qui concerne toute modification des certificats figurant aux annexes I et II. Ces modifications doivent être conformes au présent règlement et ne peuvent pas porter atteinte à celui-ci.

Art. 37 *Exercice de la délégation.* 1. Le pouvoir d'adopter des actes délégués conféré à la Commission est soumis aux conditions fixées au présent article.

2. Le pouvoir d'adopter des actes délégués visé à l'article 36 est conféré à la Commission pour une durée indéterminée à compter du 19 décembre 2020.

3. La délégation de pouvoir visée à l'article 36 peut être révoquée à tout moment par le Parlement européen ou le Conseil. La décision de révocation met fin à la délégation de pouvoir qui y est précisée. La révocation prend effet le jour suivant celui de la publication de

ladite décision au *Journal officiel de l'Union européenne* ou à une date ultérieure qui est précisée dans ladite décision. Elle ne porte pas atteinte à la validité des actes délégués déjà en vigueur.

4. Avant l'adoption d'un acte délégué, la Commission consulte les experts désignés par chaque État membre, conformément aux principes définis dans l'accord interinstitutionnel du 13 avril 2016 "Mieux légiférer".

5. Aussitôt qu'elle adopte un acte délégué, la Commission le notifie au Parlement européen et au Conseil simultanément.

6. Un acte délégué adopté en vertu de l'article 36 n'entre en vigueur que si le Parlement européen ou le Conseil n'a pas exprimé d'objections dans un délai de deux mois à compter de la notification de cet acte au Parlement européen et au Conseil ou si, avant l'expiration de ce délai, le Parlement européen et le Conseil ont tous deux informé la Commission de leur intention de ne pas exprimer d'objections. Ce délai est prolongé de deux mois à l'initiative du Parlement européen ou du Conseil.

Art. 38 *Rapports et réexamen.* Au plus tard le 20 décembre 2025, et tous les cinq ans par la suite, la Commission présente au Parlement européen, au Conseil et au Comité économique et social européen un rapport relatif à l'application du présent règlement, y compris en ce qui concerne :

a) la possibilité pour les États membres de faire et de retirer des déclarations au titre de l'article 4, paragraphe 2, et de l'article 14, paragraphe 2 ;

b) l'interaction entre le respect des droits fondamentaux et la reconnaissance mutuelle des décisions de gel et des décisions de confiscation ;

c) l'application des articles 28, 29 et 30 en ce qui concerne la gestion et la disposition des biens gelés et des biens confisqués, ainsi que la restitution des biens aux victimes et leur indemnisation.

Art. 39 *Remplacement.* Le présent règlement remplace les dispositions de la décision-cadre 2003/577/JAI en ce qui concerne le gel des biens entre les États membres liés par le présent règlement à compter du 19 décembre 2020.

Le présent règlement remplace la décision-cadre 2006/783/JAI entre les États membres liés par le présent règlement à compter du 19 décembre 2020.

A l'égard des États membres liés par le présent règlement, les références à la décision-cadre 2003/577/JAI en ce qui concerne le gel des biens et les références à la décision-cadre 2006/783/JAI s'entendent comme des références faites au présent règlement.

Art. 40 *Dispositions transitoires.* 1. Le présent règlement s'applique aux certificats de gel et aux certificats de confiscation transmis le 19 décembre 2020 ou après cette date.

2. Les certificats de gel et les certificats de confiscation transmis avant le 19 décembre 2020 continuent d'être régis par les décisions-cadres 2003/577/JAI et 2006/783/JAI, entre les États membres liés par le présent règlement, et ce jusqu'à l'exécution définitive de la décision de gel ou de la décision de confiscation.

Art. 41 *Entrée en vigueur.* Le présent règlement entre en vigueur le vingtième jour suivant celui de sa publication au *Journal officiel de l'Union européenne*.

Il est applicable à partir du 19 décembre 2020.

Toutefois, l'article 24 est applicable à partir du 18 décembre 2018.

SECTION V *BIS* DE LA TRANSMISSION ET DE L'EXÉCUTION DES DÉCISIONS DE GEL EN APPLICATION DU RÈGLEMENT (UE) 2018/1805 DU PARLEMENT EUROPÉEN ET DU CONSEIL DU 14 NOVEMBRE 2018 CONCERNANT LA RECONNAISSANCE MUTUELLE DES DÉCISIONS DE GEL ET DES DÉCISIONS DE CONFISCATION

(L. n° 2021-1729 du 22 déc. 2021, art. 51)

V. Règl. (UE) 2018/1805 du Parlement européen et du Conseil du 14 nov. 2018 concernant la reconnaissance mutuelle des décisions de gel et des décisions de confiscation, ss. art. 695-9-30.

Art. 695-9-30-1 **Pour l'application du règlement (UE) 2018/1805 du Parlement européen et du Conseil du 14 novembre 2018 concernant la reconnaissance mutuelle des décisions de gel et des décisions de confiscation, les autorités compétentes mentionnées aux 8 et 9 de l'article 2 du même règlement sont les suivantes :**

1° Les autorités d'émission des décisions de gel sont le procureur de la République, les juridictions d'instruction, le juge des libertés et de la détention et les juridictions de jugement compétents en application du présent code ;

2° L'autorité d'exécution des décisions de gel prises par les juridictions d'un autre État membre de l'Union européenne est le juge d'instruction territorialement compétent, le cas échéant par l'intermédiaire du procureur de la République ou du procureur général. Le juge d'instruction territorialement compétent est celui du lieu où se situe l'un des biens gelés ou, à défaut, le juge d'instruction de Paris.

Art. 695-9-30-2 Il est procédé dans les conditions prévues aux articles 695-9-22 et 695-9-24 du présent code pour l'application de l'article 33 du règlement (UE) 2018/1805 du Parlement européen et du Conseil du 14 novembre 2018 concernant la reconnaissance mutuelle des décisions de gel et des décisions de confiscation.

SECTION VI DE L'ÉCHANGE SIMPLIFIÉ D'INFORMATIONS ENTRE SERVICES EN APPLICATION DE LA DÉCISION-CADRE DU CONSEIL DE L'UNION EUROPÉENNE DU 18 DÉCEMBRE 2006

(Ord. n° 2011-1069 du 8 sept. 2011)

§ 1er DISPOSITIONS GÉNÉRALES

Art. 695-9-31 Pour l'application de la décision-cadre 2006/960/ JAI du Conseil du 18 décembre 2006, les services ou unités de la police nationale, de la gendarmerie nationale *(L. n° 2018-898 du 23 oct. 2018, art. 2)* « , de la direction générale des douanes et droits indirects et de la direction générale des finances publiques » désignés par arrêté du ministre de la justice et, selon le cas, du ministre de l'intérieur ou du ministre chargé du budget peuvent, dans les conditions prévues à la présente section, aux fins de prévenir une infraction, d'en rassembler les preuves ou d'en rechercher les auteurs, échanger avec les services compétents d'un autre État membre de l'Union européenne des informations qui sont à leur disposition, soit qu'ils les détiennent, soit qu'ils puissent y accéder, notamment par consultation d'un traitement automatisé de données, sans qu'il soit nécessaire de prendre ou solliciter une réquisition ou toute autre mesure coercitive. — *V. art. R. 49-40.*

En application de l'Arr. du 27 sept. 2012 fixant les services d'enquête compétents pour échanger des informations avec d'autres services des États membres de l'Union européenne (JO 2 oct.), l'ensemble des services et unités de la police et de la gendarmerie nationales exerçant des missions de police judiciaire sont autorisés à échanger des informations avec d'autres services des États membres de l'Union européenne.

Un traitement automatisé de données à caractère personnel dénommé « Gestion électronique des courriers internationaux » (GECI), ayant pour finalités le référencement, le suivi et le recoupement des demandes et des réponses de coopération internationale en matière de police judiciaire émises et reçues par les services français compétents de la police et de la gendarmerie nationales et de la douane judiciaire ainsi que l'établissement de statistiques relatives à l'usage des outils de coopération internationale de police judiciaire a été mis en œuvre (Arr. du 21 sept. 2017, JO 5 oct.).

Art. 695-9-32 Sans préjudice des dispositions de l'article 11 relatives au secret de l'enquête et de l'instruction, les informations ou données échangées sont confidentielles. Les modalités de leur transmission et de leur conservation garantissent le respect de ce principe.

§ 2 DISPOSITIONS APPLICABLES AUX DEMANDES D'INFORMATIONS ÉMISES PAR LES SERVICES FRANÇAIS

Art. 695-9-33 S'il existe des raisons de supposer qu'un État membre détient des informations entrant dans les prévisions de l'article 695-9-31 utiles à la prévention d'une infraction ou aux investigations tendant à en établir la preuve ou à en rechercher les auteurs, les services et unités mentionnés au même article peuvent en solliciter la transmission auprès des services compétents de cet État.

La demande de transmission expose les raisons laissant supposer que les informations sont détenues par ces services. Elle précise à quelles fins les informations sont demandées et, lorsque les informations sont relatives à une personne déterminée, le lien entre cette personne et les fins de la demande.

Art. 695-9-34 Les informations obtenues ne peuvent être utilisées à titre de preuve qu'avec l'accord de l'État membre qui les a transmises.

Art. 695-9-35 Les informations obtenues ne peuvent être utilisées à d'autres fins que celles pour lesquelles elles ont été communiquées qu'avec l'accord de l'État membre qui les a transmises.

Toutefois, même en l'absence d'accord, elles peuvent être utilisées pour prévenir un danger grave et immédiat pour la sécurité publique.

En outre, les dispositions du premier alinéa ne font pas obstacle à l'exercice, par les autorités judiciaires, du pouvoir qu'elles tiennent des articles 12 et 13. Elles ne font pas davantage obstacle à l'exercice de leur mission par les autorités chargées par la loi de contrôler les modalités de traitement et de conservation des informations transmises.

Art. 695-9-36 A la demande de l'État membre qui a transmis l'information, le service ou l'unité qui l'a obtenue informe le service compétent de cet État de l'utilisation qui en a été faite.

§ 3 DISPOSITIONS APPLICABLES AUX DEMANDES D'INFORMATIONS REÇUES PAR LES SERVICES FRANÇAIS

Art. 695-9-37 Les services et unités mentionnés à l'article 695-9-31 transmettent, à leur demande, aux services compétents des États membres les informations, mentionnées au même article, utiles à la prévention d'une infraction ou aux investigations tendant à en établir la preuve ou à en rechercher les auteurs.

Art. 695-9-38 Si des faits permettent de penser que des informations mentionnées à l'article 695-9-31 pourraient être utiles à un autre État membre soit pour prévenir une infraction entrant dans l'une des catégories énumérées à l'article *(Ord. n° 2016-1636 du 1er déc. 2016, art. 4 et 5, en vigueur le 22 mai 2017)* « 694-32 *[ancienne rédaction : 695-23]* » et punie en France d'une peine privative de liberté d'une durée égale ou supérieure à trois ans d'emprisonnement, soit pour conduire les investigations tendant à établir la preuve ou à rechercher les auteurs d'une telle infraction, le service ou l'unité qui détient ces informations les transmet, sans demande préalable, aux services compétents de cet État.

L'art. 7 de la décision-cadre du 18 déc. 2006 relative à la simplification de l'échange d'informations et de renseignements entre les services répressifs des États-membres de l'Union, transposé en droit interne à l'art. 695-9-38, permet la remise au juge d'instruction par un policier allemand d'un CD-Rom contenant des écoutes téléphoniques judiciaires pouvant contribuer à l'identification de l'auteur d'un meurtre, en dehors de toute demande officielle d'entraide. • Crim. 19 oct. 2016, n° 16-81.920 P : *D. actu. 3 nov. 2016, obs. Fucini ; AJ pénal 2016. 595, obs. Thierry ; RSC 2017. 87, note Giudicelli*.

Art. 695-9-39 Lorsque les informations détenues par les services et unités mentionnés à l'article 695-9-31 leur ont été transmises par un État membre sur le fondement des dispositions de la décision-cadre 2006/960/JAI, elles ne peuvent être transmises à un autre État membre qu'avec l'accord de l'État qui les avait transmises et dans les conditions fixées par lui.

Lorsque les informations détenues par ces mêmes services ou unités avaient été transmises à la France par un État membre sur un autre fondement que la décision-cadre 2006/960/JAI ou par un État tiers, elles ne peuvent être transmises à un autre État membre qu'avec l'accord de l'État qui les avait transmises et dans les conditions fixées par lui chaque fois que la France y est tenue par ses engagements internationaux.

Art. 695-9-40 Les informations ne peuvent être transmises aux services compétents de l'État membre qui les a demandées qu'avec l'autorisation préalable d'un magistrat chaque fois que cette autorisation est requise en France pour accéder à ces mêmes informations ou les transmettre à un service ou à une unité de police judiciaire.

Lorsque cette autorisation est nécessaire, le service ou l'unité à laquelle les informations sont demandées la sollicite auprès du magistrat compétent.

Les pièces d'une procédure pénale en cours ne peuvent être transmises, selon le cas, qu'avec l'accord de la juridiction d'instruction ou, lorsqu'une enquête est en cours ou que la juridiction de jugement est saisie, du ministère public.

Art. 695-9-41 Les services et unités mentionnés à l'article 695-9-31 ne peuvent refuser de communiquer les informations demandées par un État membre que s'il existe des motifs laissant supposer que leur communication :

1° Porterait atteinte aux intérêts fondamentaux de l'État en matière de sécurité nationale ;

2° Nuirait au déroulement d'investigations en matière pénale ou compromettrait la sécurité des personnes ;

3° Ou serait manifestement disproportionnée ou sans objet au regard des finalités pour lesquelles elle a été demandée.

Art. 695-9-42 Les services et unités mentionnés à l'article 695-9-31 peuvent refuser de transmettre les informations demandées lorsqu'elles se rapportent à une infraction punie en France d'une peine d'emprisonnement inférieure ou égale à un an et qu'elles ne leur paraissent pas présenter un intérêt suffisant pour justifier les contraintes attachées à leur transmission.

Art. 695-9-43 Lors de la transmission de l'information, le service ou l'unité mentionnée à l'article 695-9-31 indique au service destinataire les conditions d'utilisation de celle-ci.

Chaque fois qu'il l'estime utile, il peut demander au service destinataire de l'informer de l'utilisation qui a été faite de l'information transmise.

Art. 695-9-44 Lorsqu'une information a été transmise par un service ou une unité mentionné à l'article 695-9-31 au service compétent d'un État membre et que celui-ci envisage de la communiquer à un autre État ou d'en faire une utilisation différente de celle pour laquelle la transmission avait été décidée, le service ou l'unité qui avait procédé à la transmission initiale est compétent pour apprécier s'il y a lieu d'autoriser, à la demande de l'État destinataire, la retransmission ou la nouvelle utilisation de l'information et, le cas échéant, pour fixer les conditions de celle-ci.

Art. 695-9-45 Les informations transmises par les services et unités mentionnés à l'article 695-9-31 peuvent être utilisées par le service destinataire à titre de preuve, sauf mention contraire lors de leur transmission.

Art. 695-9-46 Les informations transmises par les services ou unités mentionnés à l'article 695-9-31 aux services compétents d'un État membre sont également transmises *(L. n° 2021-1729 du 22 déc. 2021, art. 52)* « à l'agence Eurojust et à l'unité » EUROPOL dans la mesure où elles portent sur une infraction relevant de leur mandat.

Art. 695-9-47 Un arrêté du ministre de la justice, du ministre de l'intérieur et du ministre chargé du budget désigne les points de contact auxquels les demandes de transmission d'informations peuvent être adressées par les services compétents des États membres. — *V. Arr. du 27 sept. 2012 désignant les points de contact habilités à recevoir les demandes d'informations provenant de services d'enquête des États membres de l'Union européenne (JO 2 oct.).*

Art. 695-9-47-1 *(Ord. n° 2021-958 du 19 juill. 2021, art. 3)* Les personnes mentionnées à l'article L. 135 ZC du livre des procédures fiscales répondent par l'intermédiaire de l'unité nationale d'Europol mentionnée au paragraphe 2 de l'article 7 du règlement *[(UE)]* 2016/794 du 11 mai 2016 relatif à l'Agence de l'Union européenne pour la coopération des services répressif (Europol) aux demandes dûment justifiées d'informations relatives aux comptes bancaires présentées au cas par cas par Europol dans les limites de ses responsabilités et pour l'accomplissement de ses missions.

Les dispositions de l'alinéa précédent s'appliquent sans préjudice des dispositions des paragraphes 6 et 7 de l'article 7 précité du règlement *[(UE)]* 2016/794.

§ 4 APPLICATION À CERTAINS ÉTATS NON MEMBRES DE L'UNION EUROPÉENNE

Art. 695-9-48 Les dispositions de la présente section sont applicables à l'échange des informations mentionnées à l'article 695-9-31 entre les services ou unités mentionnés au même article et les services compétents des États non membres de l'Union européenne associés à la mise en œuvre, à l'application et au développement de l'acquis de Schengen.

Art. 695-9-49 Les modalités d'application des dispositions de la présente section sont déterminées par décret en Conseil d'État. Ce décret fixe, notamment, les modalités et délais dans lesquels les informations sont transmises aux services qui les ont sollicitées.

SECTION VII DE LA COOPÉRATION ENTRE LES BUREAUX DE RECOUVREMENT DES AVOIRS DES ÉTATS MEMBRES EN MATIÈRE DE DÉPISTAGE ET D'IDENTIFICATION DES PRODUITS DU CRIME OU DES AUTRES BIENS EN RAPPORT AVEC LE CRIME EN APPLICATION DE LA DÉCISION 2007/845/JAI DU CONSEIL DU 6 DÉCEMBRE 2007

(L. n° 2013-1117 du 6 déc. 2013, art. 28)

Art. 695-9-50 Pour l'application de la décision 2007/845/JAI du Conseil du 6 décembre 2007, relative à la coopération entre les bureaux du recouvrement des avoirs des États membres en matière de dépistage et d'identification des produits du crime ou des autres biens en rapport avec le crime, et en l'absence de convention internationale en stipulant autrement, les services désignés comme bureau de recouvrement des avoirs français peuvent, dans les conditions prévues à la présente section, aux fins de dépistage et d'identification des biens meubles ou immeubles susceptibles de faire l'objet d'un gel, d'une saisie ou d'une confiscation ordonnés par une autorité judiciaire compétente, ou de servir au recouvrement d'une telle confiscation, échanger avec les autorités étrangères compétentes des informations qui sont à leur disposition, soit qu'ils les détiennent, soit qu'ils peuvent les obtenir, notamment par la consultation d'un traitement automatisé de données, sans qu'il soit nécessaire de prendre ou de solliciter une réquisition ou toute autre mesure coercitive.

Art. 695-9-51 Dans ce cadre, ces services peuvent obtenir toutes informations utiles auprès de toute personne physique ou morale, publique ou privée, sans que le secret professionnel leur soit opposable, sous réserve des dispositions de l'article 66-5 de la loi n° 71-1130 du 31 décembre 1971 portant réforme de certaines professions judiciaires et juridiques.

Art. 695-9-52 Les deux premiers alinéas de l'article 695-9-40 sont applicables aux demandes d'information reçues par les bureaux de recouvrement des avoirs français.

Art. 695-9-53 La présente section est applicable à l'échange des informations mentionnées à l'article 695-9-51 entre les bureaux de recouvrement des avoirs français et les autorités compétentes des États parties à toute convention contenant des dispositions relatives au dépistage, à la saisie et à la confiscation des produits du crime.

SECTION VIII DE LA PRÉVENTION ET DU RÈGLEMENT DES CONFLITS EN MATIÈRE D'EXERCICE DE LA COMPÉTENCE EN APPLICATION DE LA DÉCISION-CADRE DU CONSEIL DE L'UNION EUROPÉENNE DU 30 NOVEMBRE 2009

(L. n° 2015-993 du 17 août 2015, art. 1er, en vigueur le 1er oct. 2015)

V. art. D. 47-1-1 s.

BIBL. ▶ Theillier de Poncheville, *AJ pénal 2016. 528* (la transposition manquée de la décision-cadre 2009/948/JAI).

Art. 695-9-54 Pour l'application de la décision-cadre 2009/948/JAI du Conseil, du 30 novembre 2009, relative à la prévention et au règlement des conflits en matière d'exercice de la compétence dans le cadre des procédures pénales, lorsque des procédures pénales parallèles, conduites dans plusieurs États membres, et ayant pour objet les mêmes personnes pour les mêmes faits, sont susceptibles de donner lieu à des jugements définitifs, les autorités compétentes des États membres concernés communiquent entre elles des informations relatives aux procédures pénales et examinent ensemble de quelle manière elles peuvent limiter les conséquences négatives de la coexistence de telles procédures parallèles.

Art. 695-9-55 Pour l'application de l'article 695-9-54, les dispositions de l'article 11 relatives au secret de l'enquête et de l'instruction ne font pas obstacle à la communication par l'autorité judiciaire compétente en application du présent code, et sous réserve de confidentialité, d'informations, issues de procédures pénales, relatives aux faits, aux circonstances, à l'identité des personnes mises en cause ou poursuivies et, le cas échéant, à leur détention provisoire ou à leur garde à vue, à l'identité des victimes et à l'état d'avancement de ces procédures.

Lorsque des consultations ont été engagées avec les autorités compétentes des États membres concernés, toute autre information pertinente relative à la procédure peut leur être aussi communiquée, à leur demande, sous la même réserve de confidentialité, à la condition que cette communication ne nuise pas au bon déroulement de l'enquête ou de l'instruction.

Art. 695-9-56 Les informations demandées par l'autorité requérante de nature à nuire aux intérêts fondamentaux de l'État en matière de sécurité nationale ou à compromettre la sécurité d'une personne ne sont pas communiquées.

Art. 695-9-57 L'autorité judiciaire qui décide, sur la base des informations qu'elle a recueillies conformément à l'article 695-9-54 et après consultation avec les autorités compétentes des autres États membres concernés, de s'abstenir de tout nouvel acte dans l'attente des résultats d'une procédure pénale parallèle à celle qu'elle conduit en avertit les parties.

CHAPITRE III DISPOSITIONS PROPRES À L'ENTRAIDE ENTRE LA FRANCE ET CERTAINS ÉTATS

Art. 695-10 Les dispositions des sections I et II du chapitre II sont applicables aux demandes d'entraide entre la France et les autres États parties à toute Convention comportant des stipulations similaires à celles de la Convention du 29 mai 2000 relative à l'entraide judiciaire en matière pénale entre les États membres de l'Union européenne.

CHAPITRE IV DU MANDAT D'ARRÊT EUROPÉEN, DES PROCÉDURES DE REMISE ENTRE ÉTATS MEMBRES DE L'UNION EUROPÉENNE, RÉSULTANT DE LA DÉCISION-CADRE DU CONSEIL DE L'UNION EUROPÉENNE DU 13 JUIN 2002 ET DES PROCÉDURES DE REMISE RÉSULTANT D'ACCORDS CONCLUS PAR L'UNION EUROPÉENNE AVEC D'AUTRES ÉTATS *(L. nº 2013-711 du 5 août 2013, art. 17)*.

Sur les dispositions transitoires et les modalités d'application de ce chap., V. L. nº 2013-711 du 5 août 2013, art. 27, ss. art. 695-11, et L. nº 2004-204 du 9 mars 2004, art. 215.

RÉP. PÉN. vº *Mandat d'arrêt européen,* par Lelieur.

BIBL. ▶ Aubert, *RSC 2008. 429* (le mandat d'arrêt européen devant la chambre criminelle) ; *RSC 2011. Chron. 469* (mandat d'arrêt européen). – Commaret, *RSC 2005. 326.* – De Gentili-Picard, *JCP 2004. I. 168.* – Laine, *AJ pénal 2006. 9*. – Fournié, *D. 2009. Chron. 1984* (difficultés d'exécution d'un mandat d'arrêt européen. Entre droit et politique). – Malabat, *Dr. pénal 2004. Chron. 17.* – Pradel, *D. 2004. Chron. 1392 et 1462*. – Massé, *RSC 2005. 952.* – Krolikowski et Znojek, *RSC 2006. 551* (l'argument de la souveraineté en contestation du mandat d'arrêt européen). – Lemoine, *RSC 2009. 297* (la coopération judiciaire entre États. L'exemple de l'extradition et du mandat d'arrêt européen à travers la jurisprudence de la chambre criminelle).

▶ **Dossier :** *AJ pénal 2006. 9 s.* (mandat d'arrêt européen).

SECTION PREMIÈRE DISPOSITIONS GÉNÉRALES

En application de l'art. 215-II de la loi du 9 mars 2004, les dispositions des art. 695-11 à 695-51 sont applicables à la demande adressée par la France en exécution d'un mandat d'arrêt européen, quelle qu'ait été la date de commission de l'infraction, lorsque le gouvernement de l'État membre d'exécution n'a pas effectué de déclaration conformément à l'art. 32 de la décision-cadre du Conseil du 13 juin 2002. • Crim. 13 mai 2009, n° 08-88.008 P : *AJ pénal 2009. 370*.

Art. 695-11 **Le mandat d'arrêt européen est une décision judiciaire émise par un État membre de l'Union européenne, appelé État membre d'émission, en vue de l'arrestation et de la remise par un autre État membre, appelé État membre d'exécution, d'une personne recherchée pour l'exercice de poursuites pénales ou pour l'exécution d'une peine ou d'une mesure de sûreté privative de liberté.**

L'autorité judiciaire est compétente, selon les règles et sous les conditions déterminées par le présent chapitre, pour adresser aux autorités judiciaires des autres États membres de l'Union européenne ou pour exécuter sur leur demande un mandat d'arrêt européen.

BIBL. ▶ PRADEL, *D. 2020. 442* (indépendance fonctionnelle du parquet français face aux interprétations divergentes des deux cours européennes). – REBUT, *JCP 2019. 1284* (le ministère public français inapte à émettre des mandats d'arrêts européens ?).

Dossier : *Dr. pénal 2021. Dossier 3* (l'autorité judiciaire à l'épreuve de la coopération pénale au sein de l'Union européenne).

1. Application dans le temps. Les dispositions relatives au mandat d'arrêt européen ne constituent pas des lois relatives au régime d'exécution et d'application des peines au sens de l'article 112-2-3 C. pén. et s'appliquent aux faits commis à compter du 1er nov. 1993. • Crim. 5 août 2004, n° 04-84.529 P : • 23 nov. 2004, n° 04-86.131 P : *D. 2005. IR 245* ; *AJ pénal 2005. 77, obs. Enderlin* ; *JCP 2005. IV. 1133* ; *RSC 2005. 295, obs. Vermelle*. ♦ Un mandat d'arrêt européen peut recevoir exécution lorsque la demande de remise pour l'exécution d'une peine privative de liberté concerne au moins un fait commis après le 1er nov. 1993 justifiant la peine prononcée. • Crim. 21 sept. 2004, n° 04-84.575 P : *D. 2004. IR 2692* ; *JCP 2004. IV. 3202*.

2. Aucune disposition légale ou conventionnelle n'interdit d'accorder aux autorités judiciaires d'un État membre de l'Union européenne la remise d'une personne, réclamée en exécution d'un mandat d'arrêt européen décerné à raison de faits pour lesquels une procédure d'extradition engagée par cet État, avant le 12 mars 2004, date d'entrée en vigueur des textes relatifs au mandat d'arrêt européen, n'a pas encore été menée à son terme. • Crim. 15 mars 2005, n° 05-81.107 P : *D. 2005. IR 917* ; *JCP 2005. IV. 1908* ; *AJ pénal 2005. 245, obs. Enderlin*.

3. Notion d'autorité judiciaire d'émission. La notion d'« autorité judiciaire d'émission », au sens de l'art. 6, § 1, de la décision-cadre 2002/584/JAI doit être interprétée en ce sens qu'elle ne vise pas le parquet d'un État membre qui est exposé au risque d'être soumis, directement ou indirectement, à des ordres ou à des instructions individuels de la part du pouvoir exécutif, tel qu'un ministre de la Justice, dans le cadre de l'adoption d'une décision relative à l'émission d'un mandat d'arrêt européen (au sujet du parquet allemand). • CJUE, gr. ch., 27 mai 2019, *OG et PI*, nos C-508/18 et C-82/19 PPU : *D. 2019. Pan. 1626, obs. Pradel* ; *AJ pénal 2019. 453, obs. Herran* ; *RSC 2019. 901, note Ambos*. ♦ ... Mais satisfont à la décision-cadre les mandats d'arrêt européen émis par des parquets d'États membres, même soumis à des instructions individuelles, dès lors que ces mandats font l'objet d'une homologation par un tribunal indépendant. • CJUE 9 oct. 2019, n° C-489/19. ♦ Relèvent de la notion d'autorité judiciaire d'émission les magistrats du parquet français, dès lors que leur statut leur confère une garantie d'indépendance, notamment par rapport au pouvoir exécutif. • CJUE 12 déc. 2019, n° C-566/19 : *D. 2020. 1219, note Rubi-Cavagna* ; *AJ pénal 2020. 125, note Nicaud* • 12 déc. 2019, n° C-625/19 : *AJ pénal 2020. 125, note Nicaud* • 12 déc. 2019, n° C-626/19 • 12 déc. 2019, n° C-627/19 • 21 janv. 2020, n° C-813/19.

4. Objet de la remise. C'est à bon droit qu'une chambre de l'instruction autorise la remise aux autorités judiciaires de Belgique d'une personne arrêtée en exécution d'un mandat d'arrêt européen dès lors que la remise n'est pas demandée pour l'exécution d'une peine prononcée par une cour d'assises mais pour l'exercice de poursuites pénales : en effet, l'arrêt de cour d'assises qui avait condamné l'intéressé par contumace à la réclusion perpétuelle s'est trouvé anéanti de plein droit par l'arrestation du demandeur (en application de l'art. 476 du code d'instruction criminelle belge). • Crim. 26 mai 2004, n° 04-82.795 P : *D. 2004. IR 1865* ; *JCP 2004. IV. 2436* ; *AJ pénal 2004. 291* ; *RSC 2004. 963, obs. Renucci*. ♦ La chambre de l'instruction n'est pas tenue de rechercher si la peine aurait pu être exécutée sur le territoire national. • Crim. 5 août 2004, n° 04-84.511 P • 23 nov. 2004 : *préc. note 1*. ♦ Un mandat d'arrêt européen peut être émis par un État membre pour l'exécution du jugement rendu par un État tiers, reconnu et exécuté par l'État d'émission. L'État d'exécution ne peut alors s'y opposer en invoquant le fait que l'infraction a été commise hors du territoire de l'État d'émission. • CJUE 17 mars

2021, n° C-488/19 P : *D. actu. 2 avr. 2021, obs. Besse.*

5. Internement psychiatrique. C'est à bon droit qu'une chambre de l'instruction autorise la remise d'un ressortissant étranger sollicitée sur la base d'un mandat d'arrêt européen, même s'il a été condamné à une peine d'internement psychiatrique pour des faits de violences dès lors que cette mesure de sûreté était supérieure à quatre mois de privation de liberté. • Crim. 25 mai 2005, n° 05-82.525 P : *JCP 2005. IV. 2559 ; AJ pénal 2005. 375* .

6. Internement éducatif. Une mesure éducative s'exerçant dans le cadre d'un enfermement destiné à s'assurer de la personne de l'intéressé pour éviter qu'il ne prenne la fuite constitue une mesure de sûreté privative de liberté, qui entre dans le cadre d'application de l'art. 695-11. • Crim. 10 févr. 2016, n° 16-80.510 P : *D. actu. 18 mars 2016, obs. Goetz ; Aj pénal 2016. 336, obs. Brach-Thiel* .

7. Absence de confusion avec le mandat d'arrêt interne. Le mandat d'arrêt européen, qui ne constitue qu'une modalité de coopération internationale, ne se confond pas avec le mandat d'arrêt interne pour l'exécution duquel il a été décerné. Il peut être sursis à la notification d'un mandat d'arrêt lorsque la personne concernée est détenue pour autre cause. Encourt la censure l'arrêt de la chambre de l'instruction qui annule l'ordonnance de placement en détention provisoire aux motifs que la notification à la personne concernée de la décision des autorités étrangères accordant l'extension de la remise pour l'exécution dudit mandat devait entraîner, si un placement en détention provisoire était envisagé, la mise en œuvre immédiate des dispositions de l'art. 135-2, al. 5, relatives à la présentation au procureur de la République puis au JLD. • Crim. 7 nov. 2007, n° 07-85.200 P : *D. 2008. AJ 21* .

8. Mandats successifs. La remise d'une personne, sur le fondement d'un mandat d'arrêt européen délivré postérieurement à un précédent mandat en vertu duquel elle avait été appréhendée et incarcérée provisoirement, est régulière dès lors que, d'une part, les deux titres avaient été émis pour l'exécution de la même peine et que, d'autre part, l'intéressé a comparu devant la chambre de l'instruction dans le délai de cinq jours ouvrables, prévu par l'art. 695-29, à compter de la date de sa présentation au procureur général pour la notification du premier d'entre eux. • Crim. 18 déc. 2007, n° 07-87.836 P : *D. 2008. AJ 417, note Léna* .

9. Union européenne. Justifie sa décision la chambre de l'instruction qui, pour écarter l'argumentation fondée sur l'absence de la mention de la peine encourue dans le mandat d'arrêt européen délivré à l'encontre du prévenu, énonce que cette information résulte du signalement dans le système Schengen et des informations transmises ultérieurement par l'autorité judiciaire d'émission. • Crim. 19 oct. 2009, n° 09-85.171.

10. Conséquences du « Brexit ». En application de l'art. 50, § 3, TFUE, le Royaume-Uni a dénoncé au Conseil européen son intention de se retirer de l'Union le 29 mars 2017 avec effet au 29 mars 2019 ; les traités cessant d'être applicables à l'État concerné à partir de la date d'entrée en vigueur de l'accord de retrait ou, à défaut, deux ans après la notification sauf si le Conseil européen, en accord avec l'État membre concerné, décide à l'unanimité de proroger ce délai, une cour d'appel a appliqué à bon droit la décision-cadre du 13 juin 2002 en vigueur au jour de sa décision et les dispositions des art. 695-11 s. • Crim. 2 mai 2018, n° 18-82.167 P : *D. actu. 28 mai 2018, obs. Goetz ; AJ pénal 2018. 374, obs. Nicaud* . ♦ V. aussi : • CJUE 19 sept. 2019, n° C-327/18 PPU : *D. 2018. 2343, note Rubi-Cavagna* . ♦ En application de l'art. 62 de l'accord du 12 nov. 2019 relatif au retrait du Royaume-Uni de Grande-Bretagne et d'Irlande du Nord de l'Union européenne et de la Communauté européenne de l'énergie atomique du 17 oct. 2019, lorsque la personne recherchée a été arrêtée avant la fin de la période de transition, soit le 31 déc. 2020 à minuit, aux fins de l'exécution d'un mandat d'arrêt européen émis par les autorités judiciaires britanniques, l'exécution de ce mandat reste régie par les règles de la décision-cadre 2002/584/JAI du Conseil, peu important qu'une contestation soit encore pendante devant les juridictions de l'État d'exécution postérieurement à la date précitée. • Crim. 26 janv. 2021, n° 21-80.329 P.

Loi n° 2013-711 du 5 août 2013,

Portant diverses dispositions d'adaptation dans le domaine de la justice en application du droit de l'Union européenne et des engagements internationaux.

Art. 27 I. — Les articles 695-11 à 695-58 du code de procédure pénale ne sont pas applicables aux demandes de remise adressées à la France par un État non membre de l'Union européenne et lié par un accord conclu par l'Union européenne et instituant un mécanisme de remise sur la base d'un mandat d'arrêt lorsque ces demandes concernent des faits commis avant la date indiquée dans la déclaration faite par le Gouvernement français au titre des dispositions transitoires.

II. — Les mêmes articles 695-11 à 695-58 ne sont pas applicables aux demandes de remise adressées par la France à un État lié par un accord conclu par l'Union européenne et instituant un mécanisme de remise sur la base d'un mandat d'arrêt lorsque ces demandes concernent des faits commis avant la date indiquée dans la déclaration faite par cet État au titre des dispositions transitoires.

III. — Dans les cas mentionnés aux I et II ou lorsqu'un mandat d'arrêt tel que prévu par un accord conclu par l'Union européenne avec un État non membre de l'Union européenne instituant un mécanisme de remise sur la base d'un mandat d'arrêt ne peut être adressé ou reçu, pour quelque motif que ce soit, les articles 696 à 696-47 du code de procédure pénale sont applicables.

IV. — Sous réserve des dispositions du I, lorsqu'une personne recherchée a été arrêtée sur la base d'une demande d'arrestation provisoire émanant d'un État non membre de l'Union européenne et lié par un accord conclu par l'Union européenne et instituant un mécanisme de remise sur la base d'un mandat d'arrêt et que la demande d'extradition y afférente n'est pas parvenue à la France avant la date d'entrée en vigueur de cet accord, la procédure applicable est celle prévue aux articles 696 à 696-47 du code de procédure pénale, sauf si un mandat d'arrêt, au sens dudit accord, en original ou en copie certifiée conforme, est reçu par le procureur général dans le délai prévu par la convention applicable avec l'État concerné à compter de l'arrestation provisoire de la personne recherchée. Dans ce cas, la procédure applicable est celle prévue aux articles 695-22 à 695-58 du même code et les délais mentionnés auxdits articles commencent à courir à compter de la réception du mandat d'arrêt.

Art. 695-12 **Les faits qui peuvent donner lieu à l'émission d'un mandat d'arrêt européen sont, aux termes de la loi de l'État membre d'émission, les suivants :**

1° Les faits punis d'une peine privative de liberté d'une durée égale ou supérieure à un an ou, lorsqu'une condamnation à une peine est intervenue, quand la peine prononcée est égale ou supérieure à quatre mois d'emprisonnement ;

2° Les faits punis d'une mesure de sûreté privative de liberté d'une durée égale ou supérieure à un an ou, lorsqu'une mesure de sûreté a été infligée, quand la durée à subir est égale ou supérieure à quatre mois *(L. n° 2009-526 du 12 mai 2009, art. 130-1°)* **« de privation de liberté ».**

Justifie sa décision la chambre de l'instruction qui exerce son contrôle sur les conditions posées par l'art. 695-12 eu égard à la gravité des infractions pouvant donner lieu à mandat d'arrêt européen, aux termes de la loi de l'État d'émission. • Crim. 7 mars 2007 n° 07-80.899 P : *D. 2007. AJ 1080 ; AJ pénal 2007. 187, obs. Royer* . ♦ En revanche, méconnaît les dispositions de l'art. 695-12 la chambre de l'instruction qui, pour refuser la remise d'une personne réclamée, énonce que le mandat d'arrêt est assorti d'une mesure de sûreté dont la durée est insuffisante (détention préventive de trois mois) alors que les faits poursuivis sont punissables, au regard du droit étranger, d'une peine privative de liberté de cinq ans. • Crim. 7 mars 2007 : *préc.*

Art. 695-13 **Tout mandat d'arrêt européen contient les renseignements suivants :**

— l'identité et la nationalité de la personne recherchée ;

— la désignation précise et les coordonnées complètes de l'autorité judiciaire dont il émane ;

— l'indication de l'existence d'un jugement exécutoire, d'un mandat d'arrêt ou de toute autre décision judiciaire ayant la même force selon la législation de l'État membre d'émission et entrant dans le champ d'application des articles 695-12 et *(Ord. n° 2016-1636 du 1er déc. 2016, art. 4 et 5, en vigueur le 22 mai 2017)* **« 694-32** *[ancienne rédaction : 695-23]* **» ;**

— la nature et la qualification juridique de l'infraction, notamment au regard de l'article *(Ord. n° 2016-1636 du 1er déc. 2016, art. 4 et 5, en vigueur le 22 mai 2017)* **« 694-32** *[ancienne rédaction : 695-23]* **» ;**

— la date, le lieu et les circonstances dans lesquels l'infraction a été commise ainsi que le degré de participation à celle-ci de la personne recherchée ;

— la peine prononcée, s'il s'agit d'un jugement définitif, ou les peines prévues pour l'infraction par la loi de l'État membre d'émission ainsi que, dans la mesure du possible, les autres conséquences de l'infraction.

1. Le caractère exécutoire du jugement peut résulter d'une dépêche transmise par télécopie par le magistrat de liaison. • Crim. 24 nov. 2004, n° 04-86.314 P : *AJ pénal 2005. 77, obs. Enderlin*.

2. Formalisme. Peu importe que les informations relatives à la date et à l'autorité de la décision judiciaire à l'origine du mandat d'arrêt européen figurent dans un document annexe produit aux débats et non dans le mandat d'arrêt européen dès lors qu'il n'existe aucune incertitude sur l'existence de cette décision judiciaire. • Crim. 30 mars 2005, n° 05-81.221 P • Crim. 27 mai 2015, n° 15-82.503 : *D. actu. 6 juill. 2015, obs. Fucini.* ... De même, peu importe que la date, le lieu et les circonstances de l'infraction ainsi que le degré de participation de l'intéressé soient précisés dans un document annexé ultérieurement au mandat d'arrêt européen par le juge mandant. • Crim. 31 mars 2005, n° 05-81.260 P • 8 juin 2005, n° 05-82.800 P : *JCP 2005. IV. 2694 ; AJ pénal 2005. 289, obs. Enderlin*.

3. La chambre de l'instruction n'a pas à apprécier le bien-fondé de la poursuite exercée par les autorités judiciaires de l'État membre d'émission. • Crim. 5 avr. 2006, n° 06-81.835 P.

Art. 695-14 **Le mandat d'arrêt européen adressé à l'autorité compétente d'un autre État membre doit être traduit dans la langue officielle ou dans une des langues officielles de l'État membre d'exécution ou dans l'une des langues officielles des institutions** *(L. n° 2013-711 du 5 août 2013, art. 17)* **« de l'Union européenne » acceptées par cet État.**

Art. 695-15 **Lorsque la personne recherchée se trouve en un lieu connu sur le territoire d'un autre État membre, le mandat d'arrêt européen peut être adressé directement à l'autorité judiciaire d'exécution, par tout moyen laissant une trace écrite, dans des conditions permettant à cette autorité d'en vérifier l'authenticité.**

Dans les autres cas, la transmission d'un mandat d'arrêt européen peut s'effectuer soit par la voie du Système d'information Schengen, soit par le biais du système de télécommunication sécurisé du Réseau judiciaire européen, soit, s'il n'est pas possible de recourir au Système d'information Schengen, par la voie de l'Organisation internationale de police criminelle (Interpol) ou par tout autre moyen laissant une trace écrite et dans des conditions permettant à l'autorité judiciaire d'exécution d'en vérifier l'authenticité.

Un signalement dans le Système d'information Schengen, accompagné des informations prévues à l'article 695-13, vaut mandat d'arrêt européen.

A titre transitoire, jusqu'au moment où le Système d'information Schengen aura la capacité de transmettre toutes les informations visées à l'article 695-13, le signalement vaut mandat d'arrêt européen en attendant l'envoi de l'original.

V. titre IV de la convention de Schengen du 19 juin 1990, App., v° Coopération internationale.

1. Sur le signalement dans le système d'information Schengen, V. • Crim. 5 oct. 2004, n° 04-85.385 P : *D. 2004. IR 3116 ; JCP 2004. IV. 3200.*

2. Le signalement dans le système d'information Schengen d'un mandat d'arrêt, accompagné des informations prévues à l'article 695-13 et notifié à la personne concernée, vaut mandat d'arrêt européen. • Crim. 1er févr. 2005, n° 04-87.787 P : *AJ pénal 2005. 203, obs. C. S. E. ; JCP 2005. IV. 1643* • 19 avr. 2005, n° 05-81.677 P : *JCP 2005. IV. 2357.*

SECTION II DISPOSITIONS RELATIVES À L'ÉMISSION D'UN MANDAT D'ARRÊT EUROPÉEN PAR LES JURIDICTIONS FRANÇAISES

§ 1er CONDITIONS D'ÉMISSION DU MANDAT D'ARRÊT EUROPÉEN

Art. 695-16 **Le ministère public près la juridiction d'instruction, de jugement ou d'application des peines ayant décerné un mandat d'arrêt met celui-ci à exécution sous la forme d'un mandat d'arrêt européen soit à la demande de la juridiction, soit d'office, selon les règles et sous les conditions déterminées par les articles 695-12 à 695-15.**

(L. n° 2009-526 du 12 mai 2009, art. 130-2°) **« En l'absence de renonciation au bénéfice du principe de spécialité, lorsque la personne recherchée a déjà été remise à la France pour un fait quelconque autre que celui pour lequel elle est de nouveau recherchée, le ministère public près la juridiction de jugement, d'instruction ou d'application des peines ayant décerné un mandat d'amener met celui-ci à exécution sous la forme d'un mandat d'arrêt européen. »**

Le ministère public est également compétent, s'il l'estime nécessaire, pour assurer, sous la forme d'un mandat d'arrêt européen, l'exécution des peines privatives de liberté d'une durée supérieure ou égale à quatre mois prononcées par les juridictions de jugement, selon les règles et sous les conditions déterminées par les articles 695-12 à 695-15.

1. En l'absence de renonciation au bénéfice du principe de spécialité, lorsque la personne a déjà été remise à la France pour un fait quelconque autre que celui pour lequel elle est de nouveau recherchée, le ministère public près la juridiction de jugement, d'instruction ou d'application des peines ayant décerné un mandat d'amener, met celui-ci à exécution sous la forme d'un mandat d'arrêt européen : application dans une espèce où un premier mandat d'arrêt avait été annulé, avant qu'un second ne soit émis, sans que la demande d'extension de ce dernier ne soit précédée d'un mandat d'amener. • Crim. 10 janv. 2018, n° 17-83.974 P : *D. actu. 30 janv. 2018, obs. Recotillet.*

2. La remise temporaire de la personne recherchée, par les autorités judiciaires d'un pays membre, aux autorités judiciaires françaises ne met pas fin aux effets du mandat d'arrêt, délivré par le juge d'instruction français, complété par un mandat d'arrêt européen du procureur compétent, conformément aux dispositions des art. 695-16 s., le mandat initial ayant pour objet la remise définitive de la personne aux autorités françaises. • Crim. 4 janv. 2017, n° 16-86.333 P : *D. actu. 21 févr. 2017, obs. Fucini.*

Art. 695-17 **Lorsque le ministère public a été informé de l'arrestation de la personne recherchée, il adresse sans délai au ministre de la justice une copie du mandat d'arrêt transmis à l'autorité judiciaire de l'État membre d'exécution.**

(L. n° 2013-711 du 5 août 2013, art. 7) **« Lorsque la personne arrêtée est recherchée aux fins d'exécution d'une peine ou d'une mesure de sûreté privative de liberté et que, ayant été condamnée en son absence, elle demande que lui soit communiquée la décision de condamnation, le ministère public, dès qu'il est informé de cette demande, transmet une copie de la décision à l'autorité judiciaire de l'État membre d'exécution pour qu'elle la remette à l'intéressé. »**

Justifie sa décision la chambre de l'instruction, qui déclare compatible avec l'exigence de promptitude résultant de l'art. 5, § 3, Conv. EDH un délai inférieur à quatre jours séparant la remise, par les autorités allemandes, de la personne visée par un mandat d'arrêt européen au procureur de la République du tribunal frontalier et sa présentation ensuite au juge d'instruction mandant, distant de plusieurs centaines de kilomètres, dès lors qu'elle motive sa décision sur les contraintes expliquant ce délai de transfèrement (régime antérieur à la L. du 14 avr. 2011). • Crim. 10 mai 2012, n° 11-87.328 P : *Dr. pénal 2012. Chron. 7, obs. Lesclous.*

Art. 695-17-1 *(L. n° 2016-731 du 3 juin 2016, art. 63, en vigueur le 15 nov. 2016)* **Si le ministère public est informé par l'autorité judiciaire de l'État membre d'exécution d'une demande de la personne arrêtée tendant à la désignation d'un avocat sur le territoire national, il transmet à cette personne les informations utiles lui permettant de faire le choix d'un avocat ou, à la demande de la personne, fait procéder à la désignation d'office d'un avocat par le bâtonnier.**

§ 2 EFFETS DU MANDAT D'ARRÊT EUROPÉEN

Art. 695-18 **Lorsque le ministère public qui a émis le mandat d'arrêt européen a obtenu la remise de la personne recherchée, celle-ci ne peut être poursuivie, condamnée ou détenue en vue de l'exécution d'une peine privative de liberté pour un fait quelconque antérieur à la remise et autre que celui qui a motivé cette mesure, sauf dans l'un des cas suivants :**

1° Lorsque la personne a renoncé expressément, en même temps qu'elle a consenti à sa remise, au bénéfice de la règle de la spécialité dans les conditions prévues par la loi de l'État membre d'exécution ;

2° Lorsque la personne renonce expressément, après sa remise, au bénéfice de la règle de la spécialité dans les conditions prévues à l'article 695-19 ;

3° Lorsque l'autorité judiciaire de l'État membre d'exécution, qui a remis la personne, y consent expressément ;

4° Lorsque, ayant eu la possibilité de le faire, la personne recherchée n'a pas quitté le territoire national dans les quarante-cinq jours suivant sa libération définitive, ou si elle y est retournée volontairement après l'avoir quitté ;

5° Lorsque l'infraction n'est pas punie d'une peine privative de liberté.

1. Saisie de l'appel formé par une personne condamnée contre la décision – antérieure à sa remise à la France mais notifiée postérieurement – d'un juge de l'application des peines révoquant un sursis précédemment accordé dans une autre affaire, une chambre de l'application des peines ne peut se déclarer incompétente mais doit au contraire statuer sur l'exception prise de la violation du principe de spécialité soulevée devant elle, le mandat d'arrêt européen ayant été émis en vue de l'exercice de poursuites et non pour la mise à exécution d'une peine. • Crim. 17 juin 2020, n° 19-84.791 P : *D. actu. 23 juill. 2020, obs. Fonteix.*

2. Une personne remise à la France en exécution d'un mandat d'arrêt européen et qui n'a pas renoncé au principe de spécialité ne peut faire l'objet d'une mesure de détention provisoire pour une infraction autre que celle qui a motivé sa remise, avant que son consentement ait été obtenu, sauf si cette mesure privative de liberté est légalement justifiée par les autres chefs d'accusation figurant dans le mandat d'arrêt européen ; dès lors, en cas de contestation soulevée devant elle sur ce point, il appartient à la chambre de l'instruction de s'assurer du respect du principe de spécialité et, dans le cas où le demandeur fait valoir que ne figure pas en procédure la décision de remise des autorités judiciaires requises, d'en demander le versement au dossier. • Crim. 5 oct. 2021, n° 21-84.194 B : *D. actu. 18 oct. 2021, obs. Dominati.*

Art. 695-19 Pour le cas visé au 2° de l'article 695-18, la renonciation est donnée devant la juridiction d'instruction, de jugement ou d'application des peines dont la personne relève après sa remise et a un caractère irrévocable.

Lors de la comparution de la personne remise, la juridiction compétente constate l'identité et recueille les déclarations de cette personne. Il en est dressé procès-verbal. L'intéressé, assisté le cas échéant de son avocat et, s'il y a lieu, d'un interprète, est informé des conséquences juridiques de sa renonciation à la règle de la spécialité sur sa situation pénale et du caractère irrévocable de la renonciation donnée.

Si, lors de sa comparution, la personne remise déclare renoncer à la règle de la spécialité, la juridiction compétente, après avoir entendu le ministère public et l'avocat de la personne, en donne acte à celle-ci. La décision précise les faits pour lesquels la renonciation est intervenue.

Art. 695-20 Pour les cas visés au 3° des articles 695-18 et 695-21, la demande de consentement est adressée par le ministère public à l'autorité judiciaire de l'État membre d'exécution. Elle doit contenir, dans les conditions prévues à l'article 695-14, les renseignements énumérés à l'article 695-13.

Pour le cas mentionné au 3° de l'article 695-18, elle est accompagnée d'un procès-verbal consignant les déclarations faites par la personne remise concernant l'infraction pour laquelle le consentement de l'autorité judiciaire de l'État membre d'exécution est demandé.

La méconnaissance des conditions de forme indiquées par l'art. 695-20, al. 2 pour écarter le principe de spécialité qui limite les effets d'un mandat d'arrêt européen constitue une nullité substantielle qui porte atteinte aux intérêts de la personne concernée. • Crim. 3 nov. 2011, n° 11-83.578 P : *D. actu. 17 nov. 2011, obs. Girault* • 6 nov. 2013, n° 13-84.718 P : *D. actu. 20 nov. 2013, obs. Winckelmuller ; D. 2013. Actu. 2647* .

Art. 695-21 I. — Lorsque le ministère public qui a émis le mandat d'arrêt européen a obtenu la remise de la personne recherchée, celle-ci ne peut, sans le consentement de l'État membre d'exécution, être remise à un autre État membre en vue *(L. n° 2011-525 du 17 mai 2011, art. 156-14°)* « de l'exercice de poursuites, » de l'exécution d'une peine ou d'une mesure de sûreté privatives de liberté pour un fait quelconque antérieur à la remise et différent de l'infraction qui a motivé cette mesure, sauf dans l'un des cas suivants :

1° Lorsque la personne ne bénéficie pas de la règle de la spécialité conformément aux 1° à 4° de l'article 695-18 ;

2° Lorsque la personne accepte expressément, après sa remise, d'être livrée à un autre État membre dans les conditions prévues à l'article 695-19 ;

3° Lorsque l'autorité judiciaire de l'État membre d'exécution, qui a remis la personne, y consent expressément.

II. — Lorsque le ministère public qui a délivré un mandat d'arrêt européen a obtenu la remise de la personne recherchée, celle-ci ne peut être extradée vers un État non

membre de l'Union européenne sans le consentement de l'autorité compétente de l'État membre qui l'a remise.

BIBL. ▶ AUBERT, *RSC 2021. 531* (mandat d'arrêt européen : demande d'extradition consécutive à un mandat d'arrêt européen). – MARIAT, *AJ pénal 2021. 189* (le principe de spécialité du mandat d'arrêt européen dans la jurisprudence de la chambre criminelle).

1. Compétence. La chambre de l'instruction qui a procédé à la remise d'une personne en exécution d'un mandat d'arrêt européen est également compétente pour consentir à une mesure d'extradition vers un État non membre de l'Union européenne. • Crim. 19 oct. 2010, nº 10-85.582 P : *D. actu. 8 déc. 2010, obs. Girault ; D. 2010. Actu. 2842 ; AJ pénal 2011. 86, obs. Lasserre Capdeville*.

2. Réextradition. Le consentement de l'État étranger à l'extradition de la personne remise en vertu d'un mandat d'arrêt européen vers un État non membre de l'Union européenne, en application de l'art. 695-21, II, n'entre pas dans les conditions légales visées par l'art. 696-15, qui permet à la chambre de l'instruction de donner un avis défavorable à l'extradition si elle estime que les conditions légales ne sont pas remplies ou qu'il y a une erreur évidente. • Crim. 2 déc. 2020, nº 19-87.428 P : *AJ pénal 2021. 94, obs. Aubert*.

SECTION III DISPOSITIONS RELATIVES À L'EXÉCUTION D'UN MANDAT D'ARRÊT EUROPÉEN DÉCERNÉ PAR LES JURIDICTIONS ÉTRANGÈRES

§ 1er CONDITIONS D'EXÉCUTION

Art. 695-22 **L'exécution d'un mandat d'arrêt européen est refusée dans les cas suivants :**

1º Si les faits pour lesquels il a été émis pouvaient être poursuivis et jugés par les juridictions françaises et que l'action publique est éteinte par l'amnistie ;

2º Si la personne recherchée a fait l'objet, par les autorités judiciaires françaises ou par celles d'un autre État membre que l'État d'émission *(Abrogé par L. nº 2021-1729 du 22 déc. 2021, art. 52)* ***« ou par celles d'un État tiers »*****, d'une décision définitive pour les mêmes faits que ceux faisant l'objet du mandat d'arrêt européen à condition, en cas de condamnation, que la peine ait été exécutée ou soit en cours d'exécution ou ne puisse plus être ramenée à exécution selon les lois de l'État de condamnation ;**

3º Si la personne recherchée était âgée de moins de treize ans au moment des faits faisant l'objet du mandat d'arrêt européen ;

(Abrogé par L. nº 2021-1729 du 22 déc. 2021, art. 52) ***« 4º Si les faits pour lesquels il a été émis pouvaient être poursuivis et jugés par les juridictions françaises et que la prescription de l'action publique ou de la peine se trouve acquise ; »***

5º S'il est établi que ledit mandat d'arrêt a été émis dans le but de poursuivre ou de condamner une personne en raison de son sexe, de sa race, de sa religion, de son origine ethnique, de sa nationalité, de sa langue, de ses opinions politiques ou de son orientation *(L. nº 2017-86 du 27 janv. 2017, art. 207)* **« sexuelle ou identité de genre », ou qu'il peut être porté atteinte à la situation de cette personne pour l'une de ces raisons.**

1. Règles générales. Les dispositions de l'art. 695-22, 4º sont applicables à la seule condition que les juridictions françaises aient été compétentes *en application* de l'art. 689. • Crim. 27 mai 2009, nº 09-83.085.

2. Confiance mutuelle. Si c'est à tort qu'une cour d'appel énonce qu'elle n'est pas tenue d'examiner la procédure britannique, l'arrêt n'encourt pas pour autant la censure, dès lors que si l'exécution d'un mandat d'arrêt européen peut être refusée en cas de non-respect des droits fondamentaux garantis par l'art. 1er, § 3, de la décision-cadre du 13 juin 2002, le principe de confiance mutuelle entre États adhérents interdit que le refus de la remise repose sur la contestation de principe du système judiciaire d'un État membre, en l'espèce l'existence d'une procédure de plaider coupable. • Crim. 2 mai 2018, nº 18-82.167 P : *D. actu. 28 mai 2018, obs. Goetz ; AJ pénal 2018. 374, obs. Nicaud*. ♦ Il y a lieu de considérer, sauf dans des circonstances exceptionnelles, que tous les États membres respectent le droit de l'Union et, tout particulièrement, les droits fondamentaux reconnus par ce dernier ; en l'espèce rien ne permettait de présupposer que les autorités italiennes s'affranchiraient dans l'avenir de l'obligation de respecter l'art. 3 de la Conv. EDH, et la chambre de l'instruction n'avait pas à interroger les autorités judiciaires italiennes sur ce respect. • Crim. 21 nov. 2018, nº 18-86.101 P : *D. actu. 10 déc. 2018, obs. Fucini ; AJ pénal 2019. 103, obs. Chassang*. ♦ Justifie sa décision d'ordonner la remise de la personne la chambre de l'instruction qui retient que n'était pas démontrée l'existence de défaillances systémiques ou généralisées, touchant soit certains groupes de personnes, soit certains centres de détention en ce qui concerne les conditions de détention dans l'État membre d'émission, de nature à faire exception au régime général d'automaticité des remises du mandat d'arrêt européen en raison d'une insuffisance de la protection des droits fondamentaux dans ce dernier, de sorte qu'elle n'avait pas à procéder à des recherches que ses constatations rendaient inopérantes ; en effet, pour refuser la remise, en exécution d'un mandat d'arrêt européen, au motif d'un risque d'atteinte aux droits fondamentaux au sens de l'art. 3 Conv. EDH, la juridiction doit constater l'existence d'une base factuelle suffisante à l'appui d'un tel motif. • Crim. 24 juill. 2019, n° 19-84.167 P.

3. Refus de remise. Seuls les cas prévus par les art. 695-22, 695-23 et 695-24 peuvent justifier le refus d'exécution d'un mandat d'arrêt européen ; la chambre de l'instruction n'a donc pas à examiner le grief qui consiste à contester les conditions dans lesquelles les éléments fondant les charges retenues à son encontre ont été recueillis. • Crim. 5 avr. 2006, n° 06-81.835 P. ♦ Elle ne peut se fonder sur une violation des prescriptions de l'art. 5, § 3, Conv. EDH. • Crim. 8 août 2007, n° 07-84.621 P (arrêt n° 1) : *D. 2007. AJ 2308* ; *AJ pénal 2007. 541, obs. Lelieur* • 8 août 2007, n° 07-84.620 P (arrêt n° 2). ♦ L'exécution d'un mandat d'arrêt européen ne peut être refusée au motif que les éléments d'imputation réunis à l'encontre de la personne dont la remise est sollicitée auraient été obtenus au moyen de la torture ou d'un traitement inhumain ou dégradant, dès lors que n'a pas été objectivé un risque réel, demeuré à l'état de simple allégation. • Crim. 7 août 2013 : *D. actu. 24 sept. 2013, obs. Bombled* • 20 mai 2014, n° 14-83.138 P : *D. actu. 27 juin 2014, obs. Winckelmuller.* ♦ Sous réserve du respect, garanti par l'art. 1er, § 3, de la décision-cadre du 13 juin 2002, des droits fondamentaux de la personne recherchée et des principes juridiques fondamentaux consacrés par l'art. 6 TUE, l'exécution d'un mandat d'arrêt européen ne saurait être refusée pour des motifs autres que ceux que prévoient la décision-cadre et les textes pris pour son application. • Crim. 28 févr. 2012, n° 12-80.744 P : *D. actu. 28 mars 2012, obs. Girault* ; *AJ pénal 2012. 425, obs. Lasserre Capdeville*. ♦ Les autorités judiciaires ne peuvent pas refuser d'exécuter un mandat d'arrêt européen émis aux fins de l'exercice de poursuites pénales au motif que la personne recherchée *n'a pas été entendue dans l'État* membre d'émission avant la délivrance de ce mandat d'arrêt. • CJUE 29 janv. 2013 : *D. actu. 28 févr. 2013, obs. Bombled* ; *D. 2013. Actu. 437*. ♦ La décision-cadre doit être interprétée en ce sens qu'elle s'oppose à ce que l'autorité judiciaire d'exécution subordonne l'exécution d'un mandat d'arrêt européen délivré aux fins de l'exécution d'une peine à la condition que la condamnation prononcée par défaut puisse être révisée dans l'État d'émission. • CJUE, gr. ch., 26 févr. 2013, n° C-399/11 : *D. actu. 22 mars 2013, obs. Devouèze* ; *D. 2013. Actu. 711* ; *AJ pénal 2013. 351, obs. Lelieur*. ♦ En cas de circonstances exceptionnelles, il peut être dérogé au principe de confiance mutuelle résultant de la Charte des droits fondamentaux ; ainsi, lorsque l'autorité judiciaire de l'État membre d'exécution d'un mandat d'arrêt européen dispose d'éléments attestant d'un risque réel de traitement inhumain ou dégradant des personnes détenues dans l'État membre d'émission, elle est tenue d'apprécier l'existence de ce risque avant de statuer sur la remise. • CJUE, gr. ch., 5 avr. 2016, *Aranyosi et Căldăraru*, nos C-404/15 et C-659/15 PPU : *AJ pénal 2016. 395, obs. M.-E. Boursier* ; *RTD eur. 2016. 793, obs. M. Benlolo Carabot*. ♦ Pour procéder à cette appréciation, l'autorité judiciaire d'exécution doit solliciter de l'autorité d'émission les informations qu'elle juge nécessaires sans pouvoir écarter le risque d'un traitement inhumain et dégradant du seul fait de l'existence, dans l'État membre d'émission, d'une voie de recours permettant de mettre en cause les conditions de détention. • CJUE 15 oct. 2019, *Dorobantu*, n° C-128/18.

4. Proportionnalité de l'atteinte à la vie privée. L'exécution d'un mandat d'arrêt européen peut être refusée si la remise constitue une atteinte disproportionnée au droit au respect de la vie privée et familiale garanti par l'art. 8 Conv. EDH. • Crim. 5 mai 2015, n° 15-82.108 : *AJ pénal 2015. 611, obs. Herran* ; *RSC 2015. 906, obs. Cordier*. ♦ Les juges doivent apprécier la proportionnalité de l'atteinte portée au droit au respect de la vie privée et familiale de la personne recherchée par l'exécution du mandat d'arrêt européen, et non par sa délivrance. • Crim. 20 oct. 2021, n° 21-85.583 B : *D. actu. 25 nov. 2021, obs. Fucini* ; *AJ pénal 2021. 594, obs. Chetard*. ♦ Si une mesure de mandat d'arrêt européen est susceptible de porter atteinte au respect de la vie privée et familiale, cette atteinte trouve sa justification dans la nature même de la procédure du mandat d'arrêt européen, qui est de permettre, dans le principe de confiance mutuelle des États membres de l'Union européenne comme dans l'intérêt de l'ordre public et sous les conditions fixées par les dispositions qui la régissent, notamment l'exécution de poursuites pénales ; aussi, bien que la personne réclamée dispose de solides attaches familiales en France, les agissements pour lesquels elle est poursuivie sont de ceux qui troublent gravement l'ordre public d'un État de droit, par l'insécurité qu'ils génèrent sur un plan économique, les juges en en déduisent à bon droit la proportionnalité de l'ingérence au but légitime recherché. • Crim. 26 mars 2019, n° 19-81.731 P : *D. actu. 26 avr. 2019, obs. Recotillet* ; *D. 2019. Pan. 1626, obs. Pradel*.

5. Motivation de la décision de refus. La chambre de l'instruction qui refuse la remise de la personne en se fondant sur les dispositions de l'art. 695-22, 4°, doit constater dans sa décision que la prescription de l'action publique était bien acquise au regard de la législation française. • Crim. 26 avr. 2006, n° 06-82.164 P : *D. 2006. IR 1637*. ♦ Par ailleurs, la chambre de l'instruction ne peut se contenter de motiver son refus d'extrader en indiquant que l'intéressé avait déjà eu deux condamnations en France pour des faits de même nature sans préciser si les faits à l'origine de ces condamnations étaient bien les mêmes que ceux visés dans le mandat d'arrêt. • Même arrêt. ♦ Lorsque la personne recherchée, même si elle ne vise pas l'art. 8 Conv. EDH, fait valoir qu'elle souhaite exécuter sa peine en France, compte tenu de ses attaches familiales et professionnelles dans ce pays, la chambre de l'instruction doit vérifier que la remise sollicitée ne porte pas une atteinte disproportionnée au droit au respect de la vie privée et familiale. • Crim. 12 avr. 2016, n° 16-82.175 P : *D. actu. 2 mai 2016, obs. Goetz.*

6. Prescription. Il résulte des dispositions de l'art. 695-22, 4°, que l'exécution d'un mandat d'arrêt européen est refusée, lorsque la prescription de l'action publique ou de la peine se trouve acquise au regard de la loi française, à la seule condition que les juridictions françaises aient été compétentes en application de l'art. 689. • Crim. 29 nov. 2006, n° 06-88.142 P : *D. 2007. AJ 19 ; AJ pénal 2007. 143, obs. Royer*. ♦ Il résulte de l'art. 695-22, 4° que l'exécution d'un mandant d'arrêt européen est refusée si les faits pour lesquels il a été émis relèvent de la compétence des juridictions françaises et si la prescription de l'action publique ou de la peine est acquise au regard de la législation nationale. La remise d'un Français poursuivi ou condamné pour un délit commis à l'étranger, auquel la loi française est applicable sur le fondement de l'art. 113-6, al. 2, C. pén., est donc subordonnée à la vérification, par le juge français, de l'absence de prescription. • Crim. 8 août 2012 : *D. 2012. Actu. 2027 ; Procédures 2012, n° 333, obs. Buisson.*

7. Ne bis in idem. Pour écarter l'application de l'art. 695-22, 2°, la chambre de l'instruction énonce que le mandat d'arrêt européen vise des faits de participation à une organisation terroriste qui, selon les pièces judiciaires fournies par les autorités espagnoles, auraient été commis en Espagne, alors que par jugement définitif de 2007, le tribunal correctionnel de Paris a condamné la demanderesse du chef de participation à une association de malfaiteurs à caractère terroriste pour des faits commis en France ; il s'en déduit que la personne recherchée n'a pas été condamnée en France pour les mêmes faits ; la chambre de l'instruction a, dès lors, justifié sa décision. • Crim. 18 déc. 2013, n° 13-87.755 P : *D. actu. 17 janv. 2014, obs. Winckelmuller.*

8. Statut de réfugié. L'octroi du statut de réfugié au sens de la Conv. de Genève du 28 juill. 1951 ainsi que du Protocole du 31 janv. 1967, par un État membre de l'Union européenne, au bénéfice d'un ressortissant d'un État devenu membre de l'Union européenne entre la date d'octroi dudit statut et la date de délivrance du mandat d'arrêt européen dont l'exécution est sollicitée, ne constitue pas, en tant que tel, un obstacle à l'exécution de ce dernier. • Crim. 12 juill. 2016, n° 16-84.000 P : *D. actu. 30 août 2016, obs. Fucini.* ♦ Si le justiciable visé par un mandat d'arrêt européen présente des éléments précis et sérieux quant au risque de traitement inhumain et dégradant en cas de remise du fait des conditions de détention dans l'État d'émission, il appartient à l'autorité judiciaire requise de procéder à un examen approfondi de la situation pour écarter l'existence d'un tel risque. Le statut de réfugié ne fait pas *de facto* obstacle à l'exécution d'un mandat d'arrêt européen, dès lors que n'est pas rapportée la preuve de l'existence d'un risque réel et actuel de traitement inhumain et dégradant en cas de remise. • CEDH 25 mars 2021, n° 40324/16 : *AJ pénal 2021. 272, obs. Ascione-Le Dréau*. ♦ V. aussi note 5 ss. art. 695-33.

9. Mineurs. L'art. 3, pt 3, de la décision-cadre 2002/584, mod. par décision-cadre 2009/299 doit être interprété en ce sens que, pour décider de la remise d'une personne mineure aux moments des faits faisant l'objet d'un mandat d'arrêt européen, l'autorité judiciaire de l'État d'exécution doit seulement vérifier si la personne a atteint l'âge minimal pour être pénalement responsable dans son propre droit, sans devoir tenir compte d'éventuelles conditions supplémentaires qui y seraient posées. • CJUE 23 janv. 2018, n° C-367/16 : *AJ pénal 2018. 260, obs. Brach-Thiel*.

Art. 695-22-1 *(L. n° 2013-711 du 5 août 2013, art. 7)* **Lorsque le mandat d'arrêt européen est émis aux fins d'exécution d'une peine ou d'une mesure de sûreté privative de liberté, son exécution** *(L. n° 2021-1729 du 22 déc. 2021, art. 52)* **« peut être » refusée dans le cas où l'intéressé n'a pas comparu en personne lors du procès à l'issue duquel la peine ou la mesure de sûreté a été prononcée sauf si, selon les indications portées par l'État membre d'émission dans le mandat d'arrêt européen, il se trouve dans l'un des cas suivants :**

1° Il a été informé dans les formes légales et effectivement, de manière non équivoque, en temps utile, par voie de citation ou par tout autre moyen, de la date et du lieu fixés pour le procès et de la possibilité qu'une décision puisse être rendue à son encontre en cas de non-comparution ;

2° Ayant eu connaissance de la date et du lieu du procès, il a été défendu pendant celui-ci par un conseil, désigné soit par lui-même, soit à la demande de l'autorité publique, auquel il avait donné mandat à cet effet ;

3° Ayant reçu signification de la décision et ayant été expressément informé de son droit d'exercer à l'encontre de celle-ci un recours permettant d'obtenir un nouvel examen de l'affaire au fond, en sa présence, par une juridiction ayant le pouvoir de prendre une décision annulant la décision initiale ou se substituant à celle-ci, il a indiqué expressément qu'il ne contestait pas la décision initiale ou n'a pas exercé dans le délai imparti le recours qui lui était ouvert ;

4° La décision dont il n'a pas reçu signification doit lui être signifiée dès sa remise lors de laquelle il est en outre informé de la possibilité d'exercer le recours prévu au 3° ainsi que du délai imparti pour l'exercer.

Les conditions exigées par l'art. 695-22-1, 4° pour autoriser la remise d'une personne n'ayant pas comparu lors du procès à l'issue duquel la peine a été prononcée sont remplies lorsque le demandeur dispose de la faculté de demander au juge, en vertu de la loi italienne, la réouverture du délai lui permettant d'exercer un recours contre la décision rendue par défaut. • Crim. 15 oct. 2013, n° 13-86.329 P : *AJ pénal 2014. 193, obs. Lelieur*.

Art. 695-23 L'exécution d'un mandat d'arrêt européen *(L. n° 2021-1729 du 22 déc. 2021, art. 52)* « peut également être » refusée si le fait faisant l'objet dudit mandat d'arrêt ne constitue pas une infraction au regard de la loi française.

Par dérogation au premier alinéa, un mandat d'arrêt européen est exécuté sans contrôle de la double incrimination des faits reprochés lorsque les agissements considérés sont, aux termes de la loi de l'État membre d'émission, punis d'une peine privative de liberté d'une durée égale ou supérieure à trois ans d'emprisonnement ou d'une mesure de sûreté privative de liberté d'une durée similaire et entrent dans l'une des catégories *(Ord. n° 2016-1636 du 1er déc. 2016, art. 4 et 5, en vigueur le 22 mai 2017)* « d'infractions prévues par l'article 694-32. »

Lorsque les dispositions *(Ord. n° 2016-1636 du 1er déc. 2016, art. 4 et 5, en vigueur le 22 mai 2017)* « de l'alinéa précédent *[ancienne rédaction : des deuxième à trente-quatrième alinéas]* » sont applicables, la qualification juridique des faits et la détermination de la peine encourue relèvent de l'appréciation exclusive de l'autorité judiciaire de l'État membre d'émission.

En matière de taxes et d'impôts, de douane et de change, l'exécution d'un mandat d'arrêt européen ne pourra être refusée au motif que la loi française n'impose pas le même type de taxes ou d'impôts ou ne contient pas le même type de réglementation en matière de taxes, d'impôts, de douane et de change que la loi de l'État membre d'émission.

1. Infraction au regard de la loi française. Le mandat d'arrêt européen ne peut être exécuté si les faits, objets du mandat, ne constituent pas des infractions au regard de la loi française. • Crim. 5 août 2004, n° 04-84.511 P (remise autorisée pour des faits qui ne sont susceptibles d'aucune qualification pénale en France ou dont les éléments constitutifs sont différents). ♦ La chambre de l'instruction doit se prononcer sur l'ensemble des infractions faisant l'objet du mandat d'arrêt. • Crim. 14 sept. 2005, n° 05-84.999 P : *D. 2005. IR 2549* ; *AJ pénal 2005. 457*. ♦ Le contrôle de la condition de double incrimination s'opère par la recherche d'une qualification juridique connue de la loi française applicable aux faits poursuivis par l'État membre d'émission et non par comparaison de l'identité des éléments constitutifs des infractions dans les deux législations • Crim. 7 janv. 2020, n° 19-87.741 P : *D. actu. 10 mars 2020, obs. Recotillet.* ♦ La chambre de l'instruction n'a pas à apprécier le bien-fondé de la poursuite exercée par les autorités judiciaires de l'État membre d'émission du mandat d'arrêt européen. • Crim. 19 avr. 2005, n° 05-81.677 P : *JCP 2005. IV. 2357.*

2. Pluralité d'infractions. La remise d'une personne recherchée en vertu d'un mandat d'arrêt européen peut être accordée lorsque la condamnation à une peine unique a été prononcée pour l'une au moins des infractions répondant aux conditions prévues par les art. 695-12 et 695-23 et qu'elle n'excède pas le maximum de la peine encourue pour les infractions pouvant donner lieu à la remise. • Crim. 29 nov. 2006, n° 06-87.993 P : *D. 2007. AJ 20* ; AJ pénal 2007. 92.

3. Exception. La chambre de l'instruction peut autoriser la remise de l'intéressé qui fait l'objet de poursuites pénales en France, après avoir retenu que les faits visés par le mandat d'arrêt européen entrent dans les prévisions de l'article 695-23, al. 2, et qu'aucun motif de refus obligatoire prévu par les art. 695-22 et 695-23, al. 1er, ne s'oppose à l'exécution de ce mandat aucune référence n'étant faite à l'un des cas prévus à l'article 695-24. • Crim. 19 août 2004, n° 04-84.978 P. ♦ Lorsque les faits reprochés par l'État d'émission du mandat d'arrêt relèvent de l'une des 32 catégories énumérées à l'art. 695-23 et sont punis par cet État d'une peine privative de 3 ans d'emprisonnement maximum, la chambre de l'instruction n'a pas à contrôler la double incrimination : doit être censuré l'arrêt qui refuse la remise de la personne réclamée au motif que la peine de un à trois ans réprimant le trafic illicite de haschich n'entre pas dans les prévisions de l'art. 695-23. • Crim. 26 avr. 2006, n° 06-82.164 P : *D. 2006. IR 1637* ; *AJ pénal 2006. 315, obs. Girault*. ♦ Sauf inadéquation manifeste entre les faits et la qualification retenue par l'autorité judiciaire de l'État d'émission, encourt la cassation l'arrêt de la chambre de l'instruction qui refuse la remise de la personne réclamée après avoir procédé à l'appréciation du bien-fondé de la qualification donnée par l'État d'émission. • Crim. 21 nov. 2007, n° 07-87.540 P : *D. 2008. AJ 22* ; *AJ pénal 2008. 195, note Lelieur* ; *Dr. pénal 2008. Comm. 26, obs. Maron.*

4. Troube psychique ou neuropsychique. Aux termes des dispositions de l'art. 695-23, les juges doivent seulement s'assurer que les faits à l'origine du mandat d'arrêt constituent une infraction au regard de la loi pénale française ; la chambre de l'instruction n'a donc pas à rechercher si le requérant n'était pas atteint d'un trouble psychique ou neuropsychique ayant aboli son discernement ou le contrôle de ses actes, et s'il n'était pas en conséquence pénalement irresponsable au regard du droit français. • Crim. 11 août 2021, n° 21-84.361 B : *D. actu. 14 sept. 2021, obs. Recotillet* ; *AJ pénal 2021. 487, obs. Thierry*.

Art. 695-24 L'exécution d'un mandat d'arrêt européen peut être refusée :

1° Si, pour les faits faisant l'objet du mandat d'arrêt, la personne recherchée fait l'objet de poursuites devant les juridictions françaises ou si celles-ci ont décidé de ne pas engager les poursuites ou d'y mettre fin ;

2° Si la personne recherchée pour l'exécution d'une peine ou d'une mesure de sûreté privatives de liberté est de nationalité française *(L. n° 2021-1729 du 22 déc. 2021, art. 52)* **« , a établi sa résidence sur le territoire national ou demeure sur ce territoire et si »** *(L. n° 2013-711 du 5 août 2013, art. 17)* **« la décision de condamnation est exécutoire sur le territoire français en application de l'article 728-31 ; »**

3° Si les faits pour lesquels il a été émis ont été commis, en tout ou en partie, sur le territoire français ;

4° Si l'infraction a été commise hors du territoire de l'État membre d'émission et que la loi française n'autorise pas la poursuite de l'infraction lorsqu'elle est commise hors du territoire national ;

(L. n° 2021-1729 du 22 déc. 2021, art. 52) **« 5° Si la personne recherchée a fait l'objet, par les autorités judiciaires d'un État tiers, d'une décision définitive pour les mêmes faits que ceux faisant l'objet du mandat d'arrêt européen, à condition, en cas de condamnation, que la peine ait été exécutée ou soit en cours d'exécution ou ne puisse plus être ramenée à exécution selon les lois de l'État de condamnation ;**

« 6° Si les faits pour lesquels le mandat d'arrêt européen a été émis pouvaient être poursuivis et jugés par les juridictions françaises et si la prescription de l'action publique ou de la peine se trouve acquise. »

1. Art. 695-24, 2°. L'art. 4, point 6, de la décision-cadre (…) et l'art. 18 TFUE doivent être interprétés en ce sens que, si un État membre peut, dans le cadre de la transposition dudit art. 4, point 6, décider de limiter les situations dans lesquelles l'autorité judiciaire d'exécution nationale peut refuser de remettre une personne relevant du champ d'application de cette disposition, il ne saurait exclure de manière absolue et automatique de ce champ d'application les ressortissants d'autres États membres qui demeurent ou résident sur son territoire, quels que soient les liens de rattachement que ceux-ci présentent avec ce dernier. • CJUE 5 sept. 2012, n° C-42/11 : *AJ pénal 2013. 111, obs. Lelieur*. ♦ Le refus de faire bénéficier la personne recherchée des dispositions du 2° de l'art. 695-24 relève de l'appréciation souveraine des juges du fond. • Crim. 23 sept. 2014 : *D. actu. 17 oct. 2014, obs. Fonteix.*

2. Il résulte de l'art. 695-24, 2° que la remise peut être refusée pour l'exécution d'une peine privative de liberté si la personne recherchée est de nationalité française ou réside régulièrement de façon ininterrompue depuis au moins cinq ans sur le territoire national et que la décision de condamnation est exécutoire sur le territoire français. • Crim. 5 nov. 2014 : *D. actu. 2 déc. 2014, obs. Fucini* ; *AJ pénal 2015. 154, obs. Lelieur* • Crim. 5 sept. 2018, n° 18-84.762 P : *D. actu. 2 oct. 2018, obs. Recotillet.*

3. Il se déduit de l'art. 695-24 que, lorsque la personne recherchée sur mandat d'arrêt européen pour l'exécution d'une peine privative de liberté justifie qu'elle est de nationalité française ou réside régulièrement de façon ininterrompue depuis au moins cinq ans sur le territoire national et fait valoir, pour s'opposer à sa remise, que la décision est exécutoire sur le territoire français en application de l'art. 728-31, la chambre de l'instruction doit vérifier si l'État requérant envisage de formuler une demande aux fins de reconnaissance et d'exécution de la condamnation sur le territoire français ou si le procureur de la République entend susciter une telle demande en application de l'art. 728-34. • Crim. 10 août 2016, n° 16-84.723 P : *D. actu. 13 sept. 2016, obs. Fonteix.*

4. Le refus de remise facultatif prévu par l'art. 695-24, 2°, est soumis à l'accord et aux diligences de l'État de condamnation. • Crim. 21 mars 2017, n° 17-81.194 P : *D. actu. 1er déc. 2017, obs. Morgante.*

5. *Absence de réponse de l'état requérant.* Ne justifie pas sa décision la chambre de l'instruction qui, pour écarter l'argumentation de la personne recherchée tendant à l'exécution de sa peine en France, énonce que les autorités espagnoles, sollicitées sur ce point par un supplément d'information précédemment ordonné, n'ont pas précisé, dans leur réponse, si elles acceptaient qu'elle exécutât en France la peine qui lui avait été infligée. • Crim. 11 juill. 2017, n° 17-83.796 P : *D. actu. 25 sept. 2017, obs. Fucini.*

6. *Art. 695-24, 3°.* La chambre de l'instruction peut refuser l'exécution d'un mandat d'arrêt européen, pour des faits commis pour partie sur le territoire français. • Crim. 8 juill. 2004, n° 04-83.662 P : *JCP 2004. IV. 2781 ; Dr. pénal 2004. Comm.169, obs. Maron ; AJ pénal 2004. 372, obs. Enderlin.*

Art. 695-25 Tout refus d'exécuter un mandat d'arrêt européen doit être motivé.

§ 2 PROCÉDURE D'EXÉCUTION

Art. 695-26 Dans le cas où la personne recherchée se trouve en un lieu connu sur le territoire national, le mandat d'arrêt émanant d'un État membre de l'Union européenne *(L. n° 2013-711 du 5 août 2013, art. 17)* « ou d'un État lié à l'Union européenne par un accord mentionné à la section V du présent chapitre » peut être adressé directement, en original ou en copie certifiée conforme, par tout moyen laissant une trace écrite, au procureur général territorialement compétent qui l'exécute après s'être assuré de la régularité de la requête. Dans les autres cas, le mandat d'arrêt européen est exécuté au vu de la transmission effectuée dans les conditions prévues au deuxième alinéa de l'article 695-15.

(L. n° 2009-526 du 12 mai 2009, art. 130-3° ; L. n° 2019-222 du 23 mars 2019, art. 70) « Les articles 74-2 et 230-33 sont applicables à la recherche d'une personne faisant l'objet d'un mandat d'arrêt européen. Les attributions du procureur de la République et du juge des libertés et de la détention sont alors respectivement exercées par le procureur général et le président de la chambre de l'instruction ou le conseiller par lui désigné. »

Si le procureur général auquel un mandat d'arrêt européen a été adressé estime qu'il n'est pas territorialement compétent pour y donner suite, il le transmet au procureur général territorialement compétent et en informe l'autorité judiciaire de l'État membre d'émission.

L'original mentionné au dernier alinéa de l'article 695-15 ou la copie certifiée conforme doit parvenir au plus tard six jours ouvrables après la date de l'arrestation de la personne recherchée.

Dans le cas où la personne recherchée bénéficie d'un privilège ou d'une immunité en France, le procureur général territorialement compétent en demande sans délai la levée aux autorités françaises compétentes. Si les autorités françaises ne sont pas compétentes, la demande de levée est laissée aux soins de l'autorité judiciaire de l'État membre d'émission.

Dans le cas où la personne recherchée a déjà été remise à la France à titre extraditionnel par un autre État sous la protection conférée par le principe de spécialité, le procureur général territorialement compétent prend toutes les mesures nécessaires pour s'assurer du consentement de cet État.

1. Le délai de 6 jours ouvrables, exigé pour la réception de la copie certifiée conforme du mandat d'arrêt, à compter de la date d'arrestation de la personne recherchée, n'est pas prévu à peine de nullité. • Crim. 1er sept. 2004, n° 04-84.987 P : *D. 2004. IR 2413 ; JCP 2004. IV. 3012.*

2. Justifie sa décision d'autoriser la remise l'arrêt qui énonce que le mandat d'arrêt européen est parvenu au greffe par télécopie dans le délai de six jours ouvrables après la date de l'arrestation, accompagné d'une lettre du ministère de la justice italien attestant que cette pièce est conforme à l'original adressé, dans le même temps, par courrier. • Crim. 25 janv. 2006, n° 05.87.718 P : *D. 2006. IR 469 ; AJ pénal 2006. 180 ; Dr. pénal 2007. Étude 1, obs. Fohrer-Dedeurwaerder.*

Art. 695-27 **Toute personne appréhendée en exécution d'un mandat d'arrêt européen doit être conduite dans les quarante-huit heures devant le procureur général territorialement compétent. Pendant ce délai, les dispositions des articles 63-1 à** *(L. n° 2011-392 du 14 avr. 2011, en vigueur le 1er juin 2011)* **« 63-7 » sont applicables.**

Après avoir vérifié l'identité de cette personne, le procureur général l'informe, dans une langue qu'elle comprend, de l'existence et du contenu du mandat d'arrêt européen dont elle fait l'objet. Il l'avise également qu'elle peut être assistée par un avocat de son choix ou, à défaut, par un avocat commis d'office par le bâtonnier de l'ordre des avocats, informé sans délai et par tout moyen. Il l'avise de même qu'elle peut s'entretenir immédiatement avec l'avocat désigné.

(L. n° 2016-731 du 3 juin 2016, art. 63, en vigueur le 15 nov. 2016) **« Le procureur général informe également la personne qu'elle peut demander à être assistée dans l'État membre d'émission du mandat par un avocat de son choix ou par un avocat commis d'office ; si la personne en fait la demande, celle-ci est aussitôt transmise à l'autorité judiciaire compétente de l'État membre d'émission. »**

Mention de ces informations est faite, à peine de nullité de la procédure, au procès-verbal.

L'avocat *(L. n° 2016-731 du 3 juin 2016, art. 63, en vigueur le 15 nov. 2016)* **« désigné en application du deuxième alinéa » peut consulter sur-le-champ le dossier et communiquer librement avec la personne recherchée.**

Le procureur général informe ensuite la personne recherchée de sa faculté de consentir ou de s'opposer à sa remise à l'autorité judiciaire de l'État membre d'émission et des conséquences juridiques résultant de ce consentement. Il l'informe également qu'elle peut renoncer à la règle de la spécialité et des conséquences juridiques de cette renonciation.

(L. n° 2013-711 du 5 août 2013, art. 7) **« Lorsque le mandat d'arrêt européen a été émis aux fins d'exécution d'une peine ou d'une mesure de sûreté privative de liberté et que la personne se trouve dans le cas prévu au 4° de l'article 695-22-1 et n'a pas été informée dans les formes légales de l'existence des poursuites pénales ayant abouti à la décision de condamnation, elle peut demander à recevoir copie de celle-ci avant la remise. Le procureur général informe de cette demande l'autorité compétente de l'État membre d'émission. Dès que cette autorité lui a adressé copie de la décision, le procureur général la communique à l'intéressé. Cette communication est faite pour information. Elle ne vaut pas signification de la décision et ne fait courir aucun délai de recours. »**

Ecqc les mineurs suspectés ou poursuivis, V. CJPM, art. R. 332-2.

Sur les modalités d'exercice du droit à l'assistance d'un interprète et à la traduction de certaines pièces, V. art. préliminaire, 803-5 et D. 594 s.

1. QPC. Tend à contester non la constitutionnalité de l'art. 695-27, mais l'interprétation qu'en ont donné les juridictions judiciaires, s'agissant du cumul de la durée de la garde à vue dans une procédure de droit commun et de celle de la rétention subséquente au titre de la mise à exécution d'un mandat d'arrêt européen, la question qui argue de la contrariété dudit article à l'art. 16 DDH et au principe du respect des droits de la défense en ce qu'il prévoit une rétention d'une durée de 48 heures de la personne recherchée, déjà placée en garde à vue pour une autre cause, avant sa conduite devant le procureur général. • Cass., QPC,11 juin 2010 : *D. 2010. Actu. 1714.*

2. La validité de la procédure d'exécution d'un mandat d'arrêt européen ne peut être affectée par l'éventuelle annulation des procès-verbaux établis au cours de la rétention judiciaire de l'intéressé pour non-respect de l'obligation d'information de son droit au silence. • Crim. 23 sept. 2014, n° 14-86.162 P : *D. actu. 17 oct. 2014, obs. Fonteix ; AJ pénal 2015. 214, obs. Lasserre Capdeville.*

3. Le grief pris de l'inobservation du délai de 48 heures qui n'a pas été allégué devant la chambre de l'instruction ne peut être invoqué pour la première fois devant la Cour de cassation. • Crim. 19 août 2004, n° 04-84.978 P • 24 nov. 2004, n° 04-86.314 P : *D. 2005. IR 316 ; JCP 2005. IV. 1131.* ♦ La rétention pendant 48 h de la personne recherchée avant sa conduite devant le procureur général ne saurait être considérée comme une mesure de garde à vue. • Crim. 1er mars 2006, n° 06.80.503 P : *AJ pénal 2006. 223, obs. Enderlin*. ♦ *Rappr.* : • Crim. 8 déc. 2010, n° 10-87.818 P : *D. actu. 14 janv. 2010, obs. Girault.*

4. Droits de la défense. Il se déduit des art. préliminaire, 695-27 et 695-29, ainsi que de l'art. 5 Conv. EDH, qu'une personne recherchée aux fins d'exécution d'un mandat d'arrêt européen doit disposer du temps et des facilités nécessaires à la préparation de sa défense devant la chambre de l'instruction. Tel n'est pas le cas de l'individu qui n'était pas assisté d'un avocat au moment de son interrogatoire par le procureur général et qui a comparu devant la chambre de l'instruction dans un délai n'ayant pas permis à l'avocat commis d'office, désigné la veille, d'être en mesure de déposer en temps utile un mémoire. • Crim. 12 mars 2008 : *RSC 2008. 923, obs. Finielz*.

5. En matière de mandat d'arrêt européen, lorsque la personne recherchée et son avocat n'ont pas été avisés de la date d'audience dans les formes et délai prévus par l'art. 197, ils sont admis à déposer leur mémoire, y compris le jour de l'audience, sans que les conditions de forme prévues à l'art. 198 puissent leur être opposées. • Crim. 22 juill. 2009, n° 09-84.775 P : *D. 2009. AJ 2111, note Lavric* ; *AJ pénal 2009. 417, obs. Roussel* ; *Dr. pénal 2009, n° 130, obs. Maron et Haas* ; *Procédures 2009, n° 328, obs. Buisson.* ♦ En matière de mandat d'arrêt européen, le mémoire peut être déposé le jour de l'audience lorsque la personne recherchée et son avocat n'ont pas été, l'un et l'autre, avisés de la date d'audience dans le délai prévu par l'art. 197. • Crim. 15 nov. 2011, n° 11-87.442 P.

6. La garde à vue et la rétention judiciaire résultant de l'exécution d'un mandat d'arrêt européen sont des mesures de nature distincte qui n'ont pas le même objet, même si l'art. 695-27 prévoit que, pendant le délai de rétention, les dispositions des art. 63-1 à 63-5 ont vocation à s'appliquer. • Crim. 13 avr. 2010, n° 10-81.810 P : *D. 2010. Actu. 1214, note Girault* ; *AJ pénal 2010. 404, note Royer*.

7. Il se déduit de l'art. 695-27, al. 3, que lorsque la personne appréhendée en exécution d'un mandat d'arrêt européen demande l'assistance d'un avocat dans l'État d'émission, cette demande doit être transmise aussitôt par l'autorité judiciaire de l'État d'exécution, l'omission de cette transmission portant nécessairement atteinte aux droits de la défense. • Crim. 24 mai 2017, n° 17-82.655 P. ♦ *Comp.* : L'art. 695-27 ne sanctionne pas de nullité le retard apporté à la transmission d'une demande de désignation d'avocat dans l'État d'émission du mandat d'arrêt et le retard à lui seul n'implique pas une atteinte aux droits de la défense. • Crim. 26 févr. 2020, n° 20-80.813 P : *D. actu. 17 mars 2020, obs. Roques.*

8. Le droit d'être entendu par l'autorité d'exécution peut être mis en œuvre dans l'État d'émission sans la participation directe de l'autorité judiciaire d'exécution. • CJUE 26 oct. 2021, n° C-428/21 : *D. actu. 18 nov. 2021, obs. Nicaud* • CJUE 26 oct. 2021, n° C-429/21 : *D. actu. 18 nov. 2021, obs. Nicaud.*

Art. 695-28 *(L. n° 2011-392 du 14 avr. 2011)* **« A la suite de la notification du mandat d'arrêt européen, s'il décide de ne pas laisser en liberté la personne recherchée, le procureur général la présente au premier président de la cour d'appel ou au magistrat du siège désigné par lui.**

« Le premier président de la cour d'appel ou le magistrat du siège désigné par lui » ordonne l'incarcération de la personne recherchée à la maison d'arrêt du siège de la cour d'appel dans le ressort de laquelle elle a été appréhendée, à moins qu'il n'estime que sa représentation à tous les actes de la procédure est suffisamment garantie.

(L. n° 2009-526 du 12 mai 2009, art. 130-4°) **« Dans ce dernier cas,** *(L. n° 2011-392 du 14 avr. 2011)* **« le premier président de la cour d'appel ou le magistrat du siège désigné par lui » peut soumettre la personne recherchée, jusqu'à sa comparution devant la chambre de l'instruction, à une ou plusieurs des mesures prévues** *(L. n° 2011-392 du 14 avr. 2011)* **« aux articles 138 et 142-5 ». Cette décision est notifiée verbalement à la personne et mentionnée au procès-verbal dont une copie lui est remise sur-le-champ. Elle est susceptible de recours devant la chambre de l'instruction, qui doit statuer au plus tard lors de la comparution de la personne devant elle en application de l'article 695-29.**

« L'article 695-36 est applicable à la personne recherchée laissée en liberté ou placée sous contrôle judiciaire *(L. n° 2011-392 du 14 avr. 2011)* **« ou sous assignation à résidence sous surveillance électronique » si elle se soustrait volontairement ou ne respecte pas les obligations du contrôle judiciaire »** *(L. n° 2011-392 du 14 avr. 2011)* **« ou de l'assignation à résidence sous surveillance électronique.**

« Le procureur général » en avise sans délai le ministre de la justice et lui adresse une copie du mandat d'arrêt.

Les dispositions de la L. n° 2011-392 du 14 avr. 2011 sont entrées en vigueur le 1er juin 2011.

Une personne détenue en vue de l'exécution d'un mandat d'arrêt européen ne peut être considérée comme étant détenue en vue d'être conduite devant l'autorité judiciaire compétente compte tenu de l'existence de raisons plausibles de la soupçonner d'avoir commis une infraction, au sens de l'art. 5, § 1, c) Conv. EDH, mais relève de l'article 5, § 1, f) de Conv. EDH ; dès lors, la chambre de l'instruction n'a pas à contrôler l'existence d'indices grave ou concordants que la personne ait commis les faits pour lesquels elle est réclamée. • Crim. 30 mars 2021, n° 21-81.554 P : *D. actu. 16 avr. 2021, obs. Fucini.*

Art. 695-28-1 *(L. n° 2014-1353 du 13 nov. 2014, art. 10)* **Pour l'examen des demandes d'exécution d'un mandat d'arrêt européen concernant les auteurs d'actes de terrorisme, le procureur général près la cour d'appel de Paris, le premier président de la cour d'appel de Paris ainsi que la chambre de l'instruction de la cour d'appel de Paris et son président exercent une compétence concurrente à celle qui résulte de l'application des articles 695-26 et 695-27.**

§ 3 COMPARUTION DEVANT LA CHAMBRE DE L'INSTRUCTION

Art. 695-29 La chambre de l'instruction est immédiatement saisie de la procédure. La personne recherchée comparaît devant elle dans un délai de cinq jours ouvrables à compter de la date de sa présentation au procureur général.

1. Computation du délai. Lorsqu'un délai est exprimé en jours ouvrables, chacun des jours qui y est inclus doit répondre à cette définition, de sorte que sont à décompter, à l'intérieur dudit délai, les jours fériés ou chômés, ainsi que les dimanches et samedis (en l'espèce délai de l'art. 695-29). • Crim. 25 juin 2013 : *D. actu. 1er oct. 2013, obs. Bombled.*

2. Comparution. Il se déduit des art. 695-29, 695-30 et 695-31 que la personne recherchée doit comparaître devant la chambre de l'instruction, afin qu'elle lui demande si elle consent à sa remise aux autorités requérantes et si elle renonce à la règle de spécialité ; lorsque l'intéressé est détenu et que, sans motif légitime, il refuse son extraction, il est réputé avoir comparu, avoir refusé de consentir à sa remise aux autorités requérantes et ne pas avoir renoncé à la règle de spécialité. • Crim. 1er juin 2021, n° 21-82.663 P : *D. actu. 17 juin 2021, obs. Recotillet.*

3. Les dispositions de l'art. 197, al. 2, prévoyant le délai minimum de cinq jours entre la date de convocation et celle de l'audience devant la chambre de l'instruction ne sont pas applicables lorsque la juridiction statue en matière de mandat d'arrêt européen. • Crim. 14 sept. 2005, n° 05-84.551 P : *D. 2005. IR 2549 ; JCP 2005. IV. 3191 ; AJ pénal 2005. 417.*

4. Il se déduit des art. préliminaire, 695-27 et 695-29, ainsi que de l'art. 5 Conv. EDH, qu'une personne recherchée aux fins d'exécution d'un mandat d'arrêt européen doit disposer du temps et des facilités nécessaires à la préparation de sa défense devant la chambre de l'instruction. Tel n'est pas le cas de l'individu qui n'était pas assisté d'un avocat au moment de son interrogatoire par le procureur général et qui a comparu devant la chambre de l'instruction dans un délai n'ayant pas permis à l'avocat commis d'office, désigné la veille, d'être en mesure de déposer en temps utile un mémoire. • Crim. 12 mars 2008 : *RSC 2008. 923, obs. Finielz.*

5. Difficulté d'exécution. La décision de remise étant définitive, il n'y avait pas lieu pour la chambre de l'instruction, statuant sur un incident d'exécution sur le fondement des art. 710 et 711, de procéder aux formalités prévues par les autres dispositions du code de procédure pénale relatives au mandat d'arrêt européen. • Crim. 14 mai 2019, n° 19-82.833 P : *D. actu. 17 juin 2019, obs. Recotillet.*

Art. 695-30 Lors de la comparution de la personne recherchée, la chambre de l'instruction constate son identité et recueille ses déclarations, dont il est dressé procès-verbal.

L'audience est publique, sauf si la publicité est de nature à nuire au bon déroulement de la procédure en cours, aux intérêts d'un tiers ou à la dignité de la personne. Dans ce cas, la chambre de l'instruction, à la demande du ministère public, de la personne recherchée ou d'office, statue par un arrêt rendu en chambre du conseil qui n'est susceptible de pourvoi en cassation qu'en même temps que l'arrêt autorise la remise prévue par le quatrième alinéa de l'article 695-31.

Le ministère public et la personne recherchée sont entendus, cette dernière assistée, le cas échéant, de son avocat et, s'il y a lieu, en présence d'un interprète.

La chambre de l'instruction peut, par une décision qui n'est susceptible d'aucun recours, autoriser l'État membre d'émission à intervenir à l'audience par l'intermé-

diaire d'une personne habilitée par ledit État à cet effet. Lorsque l'État membre d'émission est autorisé à intervenir, il ne devient pas partie à la procédure.

1. Droit de se taire (QPC). La procédure d'exécution d'un mandat d'arrêt européen ne conduit pas les juridictions françaises compétentes à recueillir des éléments d'accusation à l'égard de la personne concernée, ainsi, l'absence de notification du droit de se taire dans cette phase de la procédure n'est pas contraire aux droits de la défense, et notamment au droit de la personne de ne pas contribuer à sa propre incrimination, ni au principe d'égalité. • Crim. 6 janv. 2015, n° 14-87.893 P : *D. actu. 4 févr. 2015, obs. Fonteix.* ♦ V., plus récemment, note 6 ss. art. 695-46.

2. Publicité. L'audience de la chambre de l'instruction saisie de la procédure d'exécution d'un mandat d'arrêt européen est publique, sauf si la publicité est de nature à nuire au bon déroulement de la procédure en cours, aux intérêts d'un tiers ou à la dignité de la personne. Le principe de la publicité de l'audience s'applique au prononcé de la décision comme aux débats. • Crim. 19 déc. 2006, n° 06-88.419 P : *Dr. pénal 2007. Comm. 62, obs. Maron.*

3. Pluralité d'audiences. Le demandeur ne saurait se faire un grief de l'absence de procès-verbal d'interrogatoire lors de l'audience devant la chambre de l'instruction, dès lors que figure au dossier un procès-verbal établissant que cette formalité a été accomplie lors d'une audience précédente, tenue avant exécution d'un complément d'information, la chambre de l'instruction étant composée des mêmes magistrats. • Crim. 18 déc. 2013, n° 13-87.755 P, n° 13-87.755 P. ♦ Devant la chambre de l'instruction saisie de l'exécution d'un mandat d'arrêt européen, les débats s'ouvrent par un interrogatoire de la personne recherchée, dont il est dressé procès-verbal ; cet interrogatoire étant indivisible des débats, il doit y être procédé par les mêmes juges qui participent à l'audience au fond et au prononcé de la décision. • Crim. 15 oct. 2014, n° 14-86.215 P : *D. actu. 31 oct. 2014, obs. Fonteix ; AJ pénal 2015. 101, obs. Ascensi.*

Art. 695-31 **Si, lors de sa comparution, la personne recherchée déclare consentir à sa remise, la chambre de l'instruction l'informe des conséquences juridiques de son consentement et de son caractère irrévocable.**

Lorsque la personne recherchée maintient son consentement à la remise, la chambre de l'instruction lui demande si elle entend renoncer à la règle de la spécialité, après l'avoir informée des conséquences juridiques d'une telle renonciation et de son caractère irrévocable.

Si la chambre de l'instruction constate que les conditions légales d'exécution du mandat d'arrêt européen sont remplies, elle rend un arrêt par lequel elle donne acte à la personne recherchée de son consentement à être remise ainsi que, le cas échéant, de sa renonciation à la règle de la spécialité et accorde la remise. La chambre de l'instruction statue, sauf si un complément d'information a été ordonné dans les conditions énoncées à l'article 695-33, dans les sept jours de la comparution devant elle de la personne recherchée. Cette décision n'est pas susceptible de recours.

Si la personne recherchée déclare ne pas consentir à sa remise, la chambre de l'instruction statue par une décision dans le délai de vingt jours à compter de la date de sa comparution, sauf si un complément d'information a été ordonné dans les conditions énoncées à l'article 695-33. Cette décision peut faire l'objet d'un pourvoi en cassation, par le procureur général ou par la personne recherchée, dans les conditions énoncées aux articles 568-1 et 574-2.

Lorsque la personne recherchée bénéficie d'un privilège ou d'une immunité en France, les délais mentionnés aux troisième et quatrième alinéas ne commencent à courir qu'à compter du jour où la chambre de l'instruction a été informée de sa levée.

Lorsque le consentement d'un autre État s'avère nécessaire, conformément au dernier alinéa de l'article 695-26, ces délais ne commencent à courir qu'à compter du jour où la chambre de l'instruction a été informée de la décision de cet État.

Lorsqu'elle revêt un caractère définitif, la décision de la chambre de l'instruction est notifiée par tout moyen et sans délai à l'autorité judiciaire de l'État membre d'émission par les soins du procureur général.

1. La chambre de l'instruction qui se prononce sur la remise d'une personne recherchée doit vérifier, si le mémoire de l'intéressée l'y invite, si la remise ne porte pas une atteinte disproportionnée au droit au respect de sa vie privée et familiale garanti par l'art. 8 Conv. EDH, s'agissant d'une mère de famille de cinq enfants scolarisés qu'elle élève, titulaire d'un titre de séjour. • Crim. 12 mai 2010, n° 10-82.746 P : *AJ pénal 2010. 408, note Lasserre Capdeville.*

2. La chambre de l'instruction, statuant sur renvoi après cassation dans le cadre d'une procédure d'exécution d'un mandat d'arrêt européen, doit statuer tant sur les exceptions soulevées par la personne recherchée pour la première fois devant elle que sur les conditions légales d'exécution dudit mandat, en application de l'art. 695-31. • Crim. 23 avr. 2013 : *D. actu. 22 mai 2013, obs. Bombled.*

3. Majeur protégé. Un majeur protégé placé sous le régime de la tutelle ne pouvant donner son consentement à sa remise en exécution d'un mandat d'arrêt européen, la situation de la personne recherchée doit être examinée selon les dispositions de l'art. 695-31, al. 4. • Crim. 17 févr. 2016, n° 16-80.653 P : *D. actu. 17 mars 2016, obs. Goetz.*

Art. 695-32 *(L. n° 2013-711 du 5 août 2013, art. 17)* **Lorsque la personne recherchée est de nationalité française ou réside régulièrement sur le territoire national de façon ininterrompue depuis au moins cinq ans, l'exécution du mandat d'arrêt européen peut être subordonnée à la vérification qu'elle peut être renvoyée en France pour y effectuer la peine qui sera éventuellement prononcée par l'autorité judiciaire de l'État d'émission pour les faits faisant l'objet du mandat.**

1. En application de l'art. 695-32, 1°, lorsque la personne recherchée pour l'exécution d'une peine en vertu d'un mandat d'arrêt européen a été jugée en son absence, la chambre de l'instruction doit s'assurer que l'intéressé peut faire opposition ou qu'il a été cité à personne et a été informé de la date et du lieu de l'audience. • Crim. 8 févr. 2011, n° 11-80.261 P. ♦ Lorsqu'il résulte, sans ambiguïté, des informations complémentaires fournies par l'autorité requérante, conformément à l'art. 695-33, qu'il a été convoqué personnellement à l'audience, l'intéressé doit être remis, aucun texte n'exigeant la production de la décision de condamnation. • Même arrêt. ♦ Encourt la censure l'arrêt de la chambre de l'instruction dont les énonciations insuffisantes sur la faculté pour la personne recherchée de former opposition au jugement rendu en son absence ne permettent pas à la Cour de cassation de s'assurer du caractère définitif ou non du jugement pour l'exécution duquel la personne est réclamée. • Crim. 26 oct. 2005, n° 05.85.847 P : *D. 2005. IR 2971 ; AJ pénal 2005. 459*. ♦ L'exécution d'un mandat d'arrêt européen requiert que la condamnation pour l'exécution de laquelle il est décerné soit exécutoire sans être nécessairement définitive. Il en est ainsi lorsque la chambre de l'instruction a pu s'assurer auprès des autorités judiciaires de l'État d'émission que l'intéressé n'avait pas été jugé par défaut, c'est-à-dire qu'il avait bien été cité personnellement ou informé de la date et du lieu de l'audience. • Crim. 8 févr. 2011 : *D. actu. 10 mars 2011, obs. Girault ; AJ pénal 2011. 200*.

2. Encourt la censure l'arrêt qui se borne à énoncer que la chambre de l'instruction n'est pas tenue de rechercher si la peine d'emprisonnement pour l'exécution de laquelle le mandat d'arrêt européen a été émis peut être exécutée en France, sans répondre à l'argumentation de la personne réclamée qui, par mémoire régulièrement déposé, invoquait sa situation familiale au soutien de sa demande d'exécution de peine sur le territoire national. • Même arrêt.

3. L'art. 695-32, 1° n'exige pas que la décision de condamnation ait un caractère définitif. Dès lors, la chambre de l'instruction qui a pris soin de s'informer auprès de l'État émetteur du mandat pour vérifier que la décision de condamnation était bien exécutoire a fait une exacte application des textes et n'avait pas à réclamer la copie du jugement de condamnation qui, en tout état de cause, ne fait pas partie des pièces nécessaires au mandat en vertu des dispositions de l'art. 695-13. • Même arrêt.

Art. 695-33 **Si la chambre de l'instruction estime que les informations communiquées par l'État membre d'émission dans le mandat d'arrêt européen sont insuffisantes pour lui permettre de statuer sur la remise, elle demande à l'autorité judiciaire dudit État la fourniture, dans le délai maximum de dix jours pour leur réception, des informations complémentaires nécessaires.**

1. Formalisme. Le demandeur ne saurait se faire un grief de ce que les informations complémentaires demandées aux autorités judiciaires belges aient été transmises par courrier électronique, dès lors que l'art. 695-33 n'impose aucun formalisme pour l'envoi de ces éléments. • Crim. 25 juin 2013 : *D. actu. 1er oct. 2013, obs. Bombled.*

2. Doit être cassé l'arrêt de la chambre de l'instruction qui, pour répondre à l'argumentation d'un ressortissant iranien qui, s'opposant à sa remise aux autorités judiciaires portugaises en application d'un mandat d'arrêt européen délivré aux fins d'exécution d'une décision judiciaire le condamnant à une peine de 8 ans d'emprisonnement du chef d'infraction à la législation sur les stupéfiants, faisait valoir dans son mémoire qu'il craignait d'être renvoyé en Iran après avoir exécuté sa peine au Portugal, se borne à rappeler que ce ressortissant iranien bénéficiait en France du statut de réfugié. La chambre de l'instruction aurait en effet dû demander à l'État d'émission les informations complémentaires nécessaires sur le sort qui serait réservé à l'intéressé à l'issue de sa peine au regard notamment des dispositions tant de l'art. 3 Conv. EDH (interdiction de la torture) que de la Conv. de Genève du 28 juill. 1951 (statut des réfugiés et apatrides) auxquels la France et le Portugal sont parties. • Crim. 7 févr. 2007, n° 07-80.162 P : *D. 2007. AJ 799, obs. Girault ; AJ pénal 2007. 188, obs. Royer .*

3. Doit être cassé l'arrêt de la chambre de l'instruction qui, pour refuser la remise d'un détenu, énonce que le mandat d'arrêt délivré par les autorités belges ne révèle aucun indice concernant les faits commis en Belgique, éventuellement imputables à la personne réclamée, alors qu'il lui appartenait de demander aux autorités judiciaires belges les informations complémentaires qu'elle jugeait nécessaires au regard des exigences de l'art. 695-13. • Crim. 27 juin 2007, n° 07-83.957 P : *D. 2007. AJ 2104 ; AJ pénal 2008. 445, obs Royer .*

4. Une chambre de l'instruction ne peut écarter les moyens de la personne réclamée tirés du risque de violation de ses droits fondamentaux en raison notamment des conditions de détention dans les prisons slovènes, sans analyser les éléments produits par la personne réclamée, afin d'évaluer si ces informations, objectives et fiables, étaient précises et dûment actualisées, et si elle devait, le cas échéant, solliciter des informations supplémentaires des autorités de l'État d'émission. • Crim. 26 mars 2019, n° 19-81.731 P : *D. actu. 26 avr. 2019, obs. Recotillet ; D. 2019. Pan. 1626, obs. Pradel .*

5. Réfugié politique. Le statut de réfugié politique accordé à une personne en raison des risques qu'elle pourrait courir dans l'État dont elle est ressortissante ne saurait l'exonérer de poursuites pénales mises en œuvre par un État tiers dès lors qu'aucun fait établi ne laisse supposer le caractère politique de la demande au sens de l'art. 695-22, 5°. Encourt la cassation l'arrêt qui refuse l'exécution d'un mandat d'arrêt européen alors que les juges pouvaient faire application des dispositions de l'art. 695-33 pour demander, le cas échéant, les informations nécessaires sur le sort qui serait réservé à l'intéressé à l'issue de la procédure suivie dans cet État, au regard de l'art. 3 Conv. EDH, et de la Convention de Genève du 28 juill. 1951. • Crim. 26 sept. 2007, n° 07-86.699 P : *D. 2007. AJ 2608 ; AJ pénal 2007. 541, obs. Lelieur .* ♦ Lorsque les informations contenues dans le mandat d'arrêt européen sont insuffisantes pour permettre à la chambre de l'instruction de statuer sur la remise de la personne recherchée dans le respect de ses droits fondamentaux, cette juridiction est tenue de les solliciter auprès des autorités de l'État d'émission. Encourt la censure l'arrêt de la chambre de l'instruction qui, statuant sur la remise d'une personne de nationalité turque et d'origine kurde, ayant le statut de réfugié politique en France, considère qu'il n'y a pas lieu de rechercher si cette personne encourt le risque d'être éloignée vers la Turquie à l'issue des poursuites menées contre elle par les autorités allemandes, l'art. 695-22-II imposant de recevoir, préalablement à cette extradition, le consentement des autorités françaises, alors que ledit texte ne trouve à s'appliquer que lorsque la France est l'État d'émission du mandat d'arrêt européen et non, comme en l'espèce, l'État d'exécution. • Crim. 21 nov. 2007, n° 07-87.499 P : *D. 2008. 20, note Girault .* ♦ Encourt également la censure l'arrêt de la chambre de l'instruction, qui énonce que la cour peut statuer sans ordonner de mesures complémentaires, les droits fondamentaux de l'intéressé étant préservés dès lors que l'État d'émission est partie à la Convention de Genève, dont l'art. 33 exclut l'expulsion des réfugiés dans des pays où leur vie et leur liberté seraient menacées, dès lors qu'en se prononçant ainsi, sans s'assurer que, dans le respect des art. 33 de la Convention de Genève du 28 juillet 1951 et 3 Conv. EDH, les autorités allemandes ne remettraient pas la personne recherchée aux autorités turques, la chambre de l'instruction n'a pas justifié sa décision. • Crim. 9 juin 2015, n° 15-82.750 P : *D. actu. 6 juill. 2015, obs. Fucini ; AJ pénal 2016. 92, obs. Lelieur .* ♦ V. aussi note 8 ss. art. 695-22.

Art. 695-34 **La mise en liberté peut être demandée à tout moment à la chambre de l'instruction selon les formes prévues aux articles 148-6 et 148-7.**

L'avocat de la personne recherchée est convoqué, par lettre recommandée avec demande d'avis de réception, quarante-huit heures au moins avant la date de l'audience. La chambre de l'instruction statue après avoir entendu le ministère public ainsi que la personne recherchée ou son avocat, dans les plus brefs délais et au plus tard dans les quinze jours de la réception de la demande, par un arrêt rendu dans les conditions prévues à l'article 199. Toutefois, lorsque la personne recherchée n'a pas encore comparu devant la chambre de l'instruction, les délais précités ne commencent à courir qu'à compter de la première comparution devant cette juridiction.

La chambre de l'instruction peut également, lorsqu'elle ordonne la mise en liberté de la personne recherchée et à titre de mesure de sûreté, astreindre l'intéressé à se soumettre à une ou plusieurs des obligations énumérées *(L. n° 2011-392 du 14 avr. 2011)* **« aux articles 138 et 142-5 ».**

Préalablement à sa mise en liberté, la personne recherchée doit signaler à la chambre de l'instruction ou au chef de l'établissement pénitentiaire son adresse.

Elle est avisée qu'elle doit signaler à la chambre de l'instruction, par nouvelle déclaration ou par lettre recommandée avec demande d'avis de réception, tout changement de l'adresse déclarée.

Elle est également avisée que toute notification ou signification faite à la dernière adresse déclarée sera réputée faite à sa personne.

Mention de cet avis, ainsi que de la déclaration d'adresse, est portée soit au procès-verbal, soit dans le document qui est adressé sans délai, en original ou en copie, par le chef d'établissement pénitentiaire à la chambre de l'instruction.

1. Fait l'exacte application de l'art. 695-34, la chambre de l'instruction qui déclare irrecevable la demande de mise en liberté formée oralement à l'audience par une personne incarcérée pour l'exécution d'un mandat d'arrêt européen. • Crim. 24 juin 2008, n° 08-83.877 P : *Dr. pénal 2008. 382 ; AJ pénal 2008. 428*.

2. Il se déduit des art. 695-28, 695-31, 695-34, 695-37 et 695-39, que l'ordre d'incarcération donné par le premier président de la cour d'appel, en vertu duquel la personne recherchée a comparu détenue devant la chambre de l'instruction qui a autorisé sa remise, voit ses effets prolongés, même si la remise est différée, tant que ladite chambre, saisie par l'intéressé, n'a pas ordonné sa mise en liberté. • Crim. 27 juill. 2016, n° 16-82.830 P.

Art. 695-35 **La mainlevée ou la modification du contrôle judiciaire** *(L. n° 2011-392 du 14 avr. 2011, en vigueur le 1er juin 2011)* **« ou de l'assignation à résidence sous surveillance électronique » peut être ordonnée à tout moment par la chambre de l'instruction dans les conditions prévues à l'article 199, soit d'office, soit sur les réquisitions du procureur général, soit à la demande de la personne recherchée après avis du procureur général.**

La chambre de l'instruction statue dans les quinze jours de sa saisine.

Art. 695-36 **Si la personne recherchée se soustrait volontairement aux obligations du contrôle judiciaire** *(L. n° 2011-392 du 14 avr. 2011)* **« ou de l'assignation à résidence sous surveillance électronique » ou si, après avoir bénéficié d'une mise en liberté non assortie du contrôle judiciaire** *(L. n° 2011-392 du 14 avr. 2011)* **« ou de l'assignation à résidence sous surveillance électronique », il apparaît qu'elle entend manifestement se dérober à l'exécution d'un mandat d'arrêt européen, la chambre de l'instruction peut, sur les réquisitions du ministère public, décerner mandat d'arrêt à son encontre.**

(L. n° 2005-1549 du 12 déc. 2005, art. 39) **« Les dispositions de l'article 74-2 sont alors applicables, les attributions du procureur de la République et du juge des libertés et de la détention prévues par cet article étant respectivement confiées au procureur général et au président de la chambre de l'instruction ou un conseiller par lui désigné. »**

Lorsque l'intéressé a été appréhendé, l'affaire doit être examinée par la chambre de l'instruction dans les plus brefs délais et au plus tard dans les dix jours de sa mise sous écrou.

La chambre de l'instruction confirme, s'il y a lieu, la révocation du contrôle judiciaire *(L. n° 2011-392 du 14 avr. 2011)* **« ou de l'assignation à résidence sous surveillance électronique » et ordonne l'incarcération de l'intéressé.**

Le ministère public et la personne recherchée sont entendus, cette dernière assistée, *le cas échéant*, de son avocat et, s'il y a lieu, en présence d'un interprète.

Le dépassement du délai mentionné au deuxième alinéa entraîne la mise en liberté d'office de l'intéressé.

Les dispositions de la L. n° 2011-392 du 14 avr. 2011 sont entrées en vigueur le 1er juin 2011.

§ 4 REMISE DE LA PERSONNE RECHERCHÉE

Art. 695-37 **Le procureur général prend les mesures nécessaires afin que la personne recherchée soit remise à l'autorité judiciaire de l'État d'émission au plus tard dans les dix jours suivant la date de la décision définitive de la chambre de l'instruction.**

Si la personne recherchée est en liberté lorsque la décision de la chambre de l'instruction autorisant la remise est prononcée, le procureur général peut ordonner l'arrestation de l'intéressé et son placement sous écrou. *(L. n° 2009-526 du 12 mai 2009, art. 130-5° et 6°)* **« L'article 74-2 est alors applicable. Les attributions du procureur de la République et du juge des libertés et de la détention sont alors respectivement exer-**

cées par le procureur général et le président de la chambre de l'instruction ou le conseiller par lui désigné. Lorsque la personne recherchée a été appréhendée », le procureur général donne avis de cette arrestation, sans délai, à l'autorité judiciaire de l'État d'émission.

Si la personne recherchée ne peut être remise dans le délai de dix jours pour un cas de force majeure, le procureur général en informe immédiatement l'autorité judiciaire de l'État d'émission et convient avec elle d'une nouvelle date de remise. La personne recherchée est alors remise au plus tard dans les dix jours suivant la nouvelle date ainsi convenue.

A l'expiration des délais visés au premier alinéa ou dans la deuxième phrase du troisième alinéa, si la personne recherchée se trouve toujours en détention, elle est, sauf application du premier alinéa de l'article 695-39, remise d'office en liberté.

La pluralité de mandats d'arrêt européens délivrés contre une seule personne constitue un cas de force majeure susceptible de différer la remise de la personne recherchée. • Crim. 20 mars 2012, n° 12-81.284 P : *D. actu. 12 avr. 2012, obs. Girault ; D. 2012. Actu. 948*.

Art. 695-38 **Les dispositions de l'article 695-37 ne font pas obstacle à ce que la chambre de l'instruction, après avoir statué sur l'exécution du mandat d'arrêt européen, puisse surseoir temporairement à la remise pour des raisons humanitaires sérieuses, en particulier si la remise de la personne recherchée est susceptible d'avoir pour elle des conséquences graves en raison notamment de son âge ou de son état de santé.**

Le procureur général en informe alors immédiatement l'autorité judiciaire d'émission et convient avec elle d'une nouvelle date de remise. La personne recherchée est alors remise au plus tard dans les dix jours suivant la nouvelle date convenue.

A l'expiration de ce délai, si la personne recherchée se trouve toujours en détention, elle est, sauf application du premier alinéa de l'article 695-39, remise d'office en liberté.

BIBL. ► ROETS, *Dr. pénal 2010. Étude 15* (des raisons humanitaires sérieuses justifiant un sursis temporaire à l'exécution de la remise d'une personne objet d'un mandat d'arrêt européen).

1. Date de remise de la personne. Il se déduit de l'art. 695-38 qu'après avoir statué sur l'exécution du mandat d'arrêt européen, la chambre de l'instruction, qui ordonne qu'il soit sursis à son exécution pour des raisons humanitaires sérieuses, a seule compétence pour fixer le délai dans lequel le mandat ne pourra être exécuté ; ce n'est qu'à l'issue de ce délai que le procureur pourra convenir d'une date de remise de la personne avec l'autorité judiciaire d'émission du mandat. • Crim. 29 nov. 2006, n° 06-88.142 P : *D. 2007. AJ 19 ; AJ pénal 2007. 141, obs. Royer* ♦ Ne fait qu'user du pouvoir qu'elle tient de l'art. 695-38 la chambre de l'instruction qui, après avoir, par arrêt devenu définitif, autorisé l'exécution du mandat d'arrêt européen mais sursis à la remise de la personne intéressée en raison de son état de santé, décide, au vu d'un rapport d'expertise médicale, qu'il n'existe plus de raisons humanitaires sérieuses justifiant qu'il soit temporairement sursis à la remise. • Crim. 28 nov. 2006, n° 06-87.917 P : *AJ pénal 2007. 141, obs. Royer*.

2. Il résulte de l'art. 695-38 que la chambre de l'instruction, après avoir statué sur l'exécution du mandat d'arrêt européen, peut surseoir temporairement à la remise pour des raisons humanitaires sérieuses. • Crim. 25 nov. 2009 : *Procédures 2010, n° 153, obs. Buisson.*

Art. 695-39 **Lorsque la personne recherchée est poursuivie en France ou y a déjà été condamnée et doit y purger une peine en raison d'un fait autre que celui visé par le mandat d'arrêt européen, la chambre de l'instruction peut, après avoir statué sur l'exécution du mandat d'arrêt, différer la remise de l'intéressé. Le procureur général en avise alors immédiatement l'autorité judiciaire d'émission.**

La chambre de l'instruction peut également décider la remise temporaire de la personne recherchée. Le procureur général en informe immédiatement l'autorité judiciaire d'émission et convient avec elle, par écrit, des conditions et des délais de la remise.

1. La remise temporaire de la personne recherchée et poursuivie en France n'est pas soumise à l'absence de mesure de sûreté la concernant. • Crim. 14 déc. 2004, n° 04-86.955 P : *JCP 2005.IV. 1313.*

2. Les juges n'ont pas à rendre compte de l'usage de la faculté offerte par l'article 695-39. • Crim. 19 avr. 2005, n° 05-81.692 P : *D. 2005. IR 1450 ; JCP 2005. IV. 2358.*

3. La remise temporaire constitue une modalité d'exécution du mandat d'arrêt européen qui, par suite de cette exécution, se trouve privé d'effet et ne peut justifier une nouvelle détention. • Crim. 6 mai 2020, n° 20-81.183 P : *D. actu. 15 juin 2020, obs. Recotillet.*

Art. 695-40 **Lors de la remise, le procureur général mentionne la durée de la détention subie sur le territoire national du fait de l'exécution d'un mandat d'arrêt européen.**

§ 5 CAS PARTICULIERS

Art. 695-41 **Lors de l'arrestation de la personne recherchée, il est procédé, à la demande de l'autorité judiciaire de l'État membre d'émission** *(L. n° 2009-526 du 12 mai 2009, art. 130-11°)* **« ou à l'initiative de l'autorité judiciaire d'exécution », à la saisie, dans les formes prévues par l'article 56, par les deux premiers alinéas de l'article 56-1, par les articles 56-2, 56-3** *(L. n° 2016-731 du 3 juin 2016, art. 58, en vigueur le 1er oct. 2016)* **« , 56-5 » et 57 et par le premier alinéa de l'article 59, des objets :**

1° Qui peuvent servir de pièces à conviction, ou

2° Qui ont été acquis par la personne recherchée du fait de l'infraction.

Lorsqu'elle statue sur la remise de la personne recherchée, la chambre de l'instruction ordonne la remise des objets saisis en application des 1° et 2°, le cas échéant, après avoir statué sur une contestation formulée en vertu des dispositions du deuxième alinéa de l'article 56-1.

Cette remise peut avoir lieu même si le mandat d'arrêt européen ne peut être exécuté par suite de l'évasion ou du décès de la personne recherchée.

La chambre de l'instruction peut, si elle le juge nécessaire pour une procédure pénale suivie sur le territoire national, retenir temporairement ces objets ou les remettre sous condition de restitution.

Sont toutefois réservés les droits que l'État français ou des tiers auraient acquis sur ces objets. Si de tels droits existent, ces objets sont rendus le plus tôt possible et sans frais à l'État français à la fin des poursuites exercées sur le territoire de l'État d'émission.

Art. 695-42 **Lorsque plusieurs États membres ont émis un mandat d'arrêt européen à l'encontre de la même personne, que ce soit pour le même fait ou pour des faits différents, le choix du mandat d'arrêt européen à exécuter est opéré par la chambre de l'instruction, le cas échéant, après consultation de l'** *(L. n° 2021-1729 du 22 déc. 2021, art. 52)* **« agence » Eurojust, compte tenu de toutes les circonstances et notamment du degré de gravité et du lieu de commission des infractions, des dates respectives des mandats d'arrêt européens, ainsi que du fait que le mandat d'arrêt a été émis pour la poursuite ou pour l'exécution d'une peine ou d'une mesure de sûreté privative de liberté.**

En cas de conflit entre un mandat d'arrêt européen et une demande d'extradition présentée par un État tiers, la chambre de l'instruction peut surseoir à statuer dans l'attente de la réception des pièces. Elle décide de la priorité à donner au mandat d'arrêt européen ou à la demande d'extradition compte tenu de toutes les circonstances, notamment celles visées au premier alinéa et celles figurant dans la convention ou dans l'accord applicable.

Lorsque plusieurs États membres de l'Union européenne ont émis un mandat d'arrêt européen à l'encontre de la même personne, la chambre de l'instruction peut uniquement choisir celui des mandats à exécuter. Encourt en conséquence la cassation l'arrêt qui ordonne la remise d'une personne en exécution d'un mandat d'arrêt européen à l'autorité judiciaire italienne sous réserve qu'elle soit remise à l'autorité judiciaire allemande qui a également émis un mandat d'arrêt à son encontre, lorsque sa présence sur le sol italien ne sera plus nécessaire. • Crim. 24 août 2012, n° 12-85.244 P : *D. 2012. Actu. 2027 ; RSC 2012. 929, obs. Renucci ; Dr. pénal 2012, n° 135, obs. Maron et Haas ; Procédures 2012, n° 304, obs. Buisson.*

Art. 695-43 **Lorsque, dans des cas spécifiques et en particulier si, consécutivement à un pourvoi en cassation, la décision définitive sur l'exécution du mandat d'arrêt européen ne peut être rendue par les autorités judiciaires compétentes dans le délai de soixante jours à compter de l'arrestation de la personne recherchée, le procureur général territorialement compétent en informe immédiatement l'autorité judiciaire de**

l'État membre d'émission en lui indiquant les raisons du retard. Ce délai est alors prolongé de trente jours supplémentaires.

Lorsque, dans des circonstances exceptionnelles, notamment après un arrêt de cassation avec renvoi, la décision définitive sur l'exécution du mandat d'arrêt européen n'a pas été prise dans le délai de quatre-vingt-dix jours à compter de la date de l'arrestation de la personne recherchée, le procureur général territorialement compétent en informe le ministre de la justice qui, à son tour, en avise Eurojust, en précisant les raisons du retard.

Après un arrêt de cassation avec renvoi, la chambre de l'instruction à laquelle la cause est renvoyée statue dans les vingt jours à compter du prononcé de l'arrêt de la Cour de cassation. Cette chambre connaît des éventuelles demandes de mise en liberté formées par la personne réclamée.

L'inobservation des délais fixés par l'art. 695-43 pour la remise de la personne recherchée en exécution d'un mandat d'arrêt européen n'est assortie d'aucune sanction. • Crim. 14 sept. 2005, n° 05-84.551 P : *D. 2005. IR 2549* ; *JCP 2005. IV. 3191* ; *AJ pénal 2005. 417*.

Art. 695-44 Lorsque le mandat d'arrêt européen a été émis pour l'exercice de poursuites pénales, la chambre de l'instruction accède à toute demande d'audition de la personne recherchée présentée par l'autorité judiciaire de l'État membre d'émission.

La personne recherchée ne peut être entendue ou interrogée, à moins qu'elle n'y renonce expressément, qu'en présence de son avocat ou ce dernier dûment appelé.

L'avocat de la personne recherchée est convoqué au plus tard cinq jours ouvrables avant la date de l'audience, par lettre recommandée avec demande d'avis de réception, télécopie avec récépissé ou verbalement avec émargement au dossier de la procédure.

L'audition de l'intéressé est conduite, en présence s'il y a lieu d'un interprète, par le président de la chambre de l'instruction, assisté d'une personne habilitée à cet effet par l'autorité judiciaire de l'État membre d'émission.

Le procès-verbal de l'audience, qui mentionne ces formalités, est aussitôt transmis à l'autorité judiciaire de l'État membre d'émission.

Art. 695-45 La chambre de l'instruction peut également, lorsque cela est possible et que la personne recherchée y consent, accepter le transfèrement temporaire de cette dernière selon les formes prévues aux articles 695-28 et 695-29, aux premier à troisième alinéas de l'article 695-30, et au dernier alinéa de l'article 695-31, à charge pour l'autorité judiciaire de l'État membre d'émission de la renvoyer pour assister aux audiences la concernant.

La décision est rendue à l'audience. Elle est immédiatement exécutoire.

Art. 695-46 *(L. n° 2009-526 du 12 mai 2009, art. 130-7°-a)* « La chambre de l'instruction devant laquelle la personne recherchée a comparu est saisie de toute demande émanant des autorités compétentes de l'État membre d'émission en vue de consentir à des poursuites ou à la mise à exécution d'une peine ou d'une mesure de sûreté prononcées pour d'autres infractions que celles ayant motivé la remise et commises antérieurement à celle-ci. »

La chambre de l'instruction est également compétente pour statuer, après la remise de la personne recherchée, sur toute demande des autorités compétentes de l'État membre d'émission en vue de consentir à la remise de la personne recherchée à un autre État membre en vue *(L. n° 2009-526 du 12 mai 2009, art. 130-7°-b)* « de l'exercice de poursuites ou » de l'exécution d'une peine ou d'une mesure de sûreté privatives de liberté pour un fait quelconque antérieur à la remise et différent de l'infraction qui a motivé cette mesure.

Dans les deux cas, un procès-verbal consignant les déclarations faites par la personne remise est également transmis par les autorités compétentes de l'État membre d'émission et soumis à la chambre de l'instruction. Ces déclarations peuvent, le cas échéant, être complétées par les observations faites par un avocat de son choix ou, à défaut, commis d'office par le bâtonnier de l'ordre des avocats.

La chambre de l'instruction statue *(Abrogé par Cons. const. n° 2013-314 QPC du 14 juin 2013)* *« sans recours »* après s'être assurée que la demande comporte aussi les renseignements prévus à l'article 695-13 et avoir, le cas échéant, obtenu des garanties au regard des dispositions de l'article 695-32, dans le délai de trente jours à compter

de la réception de la demande. *(L. n° 2013-711 du 5 août 2013, art. 18)* **« Cette décision peut faire l'objet d'un pourvoi en cassation, par le procureur général ou par la personne recherchée, dans les conditions énoncées aux articles 568-1 et 574-2. »**

Le consentement est donné lorsque les agissements pour lesquels il est demandé constituent l'une des infractions visées à l'article *(Ord. n° 2016-1636 du 1er déc. 2016, art. 4 et 5, en vigueur le 22 mai 2017)* **« 694-32** *[ancienne rédaction : 695-23]* **», et entrent dans le champ d'application de l'article 695-12.**

Le consentement est refusé pour l'un des motifs visés aux articles 695-22 et *(L. n° 2021-1729 du 22 déc. 2021, art. 52)* **« 695-23 » et peut l'être pour l'un de ceux mentionnés à l'article 695-24.**

1. QPC et question préjudicielle. Afin d'être en mesure d'exercer son contrôle de conformité à la Constitution de l'art. 695-46, al. 4, le Conseil constitutionnel a saisi la CJUE de la question de savoir si les art. 27 et 28 de la décision-cadre du 13 juin 2002 relative au mandat d'arrêt européen doivent être interprétés comme s'opposant à ce que les États membres prévoient un recours contre la décision de l'autorité judiciaire qui statue, dans un délai de trente jours à compter de la réception de la demande, sur une demande d'extension du mandat d'arrêt européen initial. • Cons. const. 4 avr. 2013, n° 2013-314 QPC. ♦ Les art. 27 et 28 de la décision-cadre doivent être interprétés en ce sens qu'ils ne s'opposent pas à ce que les États membres prévoient un recours suspendant l'exécution de la décision de l'autorité judiciaire qui statue, dans un délai de trente jours à compter de la réception de la demande, afin de donner son consentement soit pour qu'une personne soit poursuivie, condamnée ou détenue en vue de l'exécution d'une peine ou d'une mesure de sûreté privative de liberté, pour une infraction commise avant sa remise en exécution d'un mandat d'arrêt européen, autre que celle qui a motivé cette remise, soit pour la remise d'une personne à un État membre autre que l'État membre d'exécution, en vertu d'un mandat d'arrêt européen émis pour une infraction commise avant ladite remise, pour autant que la décision définitive est adoptée dans les délais visés à l'art. 17 de la même décision-cadre (dix jours suivant le consentement à la remise de la personne recherchée ou soixante jours suivant son arrestation en l'absence de consentement à la remise). • CJUE 30 mai 2013, n° C-168/13 PPU : *D. actu. 10 juin 2013, obs. Bombled ; Constitutions 2013. 189, obs. Levade ; Procédures 2013. Repère 6, obs. Nourissat ; JCP 2013, n° 851, note Mauro.*

2. QPC. En privant les parties de la possibilité de former un pourvoi en cassation contre l'arrêt de la chambre de l'instruction statuant sur une demande d'extension des effets du mandat d'arrêt européen, les dispositions de l'al. 4 de l'art. 695-46 apportent une restriction injustifiée au droit à exercer un recours juridictionnel effectif. Par conséquent, les mots « sans recours » figurant au 4è alinéa du texte sont déclarés contraires à la Constitution. • Cons. const. 14 juin 2013, n° 2013-314 (JO 16 juin) : *D. 2013. 1805, note Bonichot ; AJ pénal 2014. 44, obs. Lelieur ; JCP 2013, n° 842, note Levade ; Procédures 2013, n° 265, note Buisson.*

3. Lorsque la chambre de l'instruction est saisie d'une demande tendant à ce que soient autorisées des poursuites pour d'autres infractions que celles ayant motivé la remise, et commises antérieurement à celle-ci, elle statue sans recours. • Crim. 13 oct. 2004, n° 04-85.701 P : *D. 2004. IR 2893 ; JCP 2004. IV. 3271* • 14 déc. 2004, n° 04-86.778 P : *JCP 2005. IV. 1314* • 27 mai 2009, n° 09-82.993.

4. La chambre de l'instruction qui a procédé à la remise d'une personne en exécution d'un mandat d'arrêt européen est également compétente pour consentir à une mesure d'extradition vers un État non-membre de l'Union européenne. • Crim. 19 oct. 2010, n° 10-85.582 P : *D. actu. 8 déc. 2010, obs.Girault ; D. 2010. Actu. 2842 ; AJ pénal 2011. 86, obs. Lasserre Capdeville .*

5. L'art. 197, qui impose la notification de la date d'audience devant la chambre de l'instruction à la personne mise en cause et à son avocat, est applicable en matière de mandat d'arrêt européen. • Crim. 20 mai 2015, n° 15-82.469 P : *D. actu. 10 juin 2015, obs. Gallois.*

6. Droit de se taire. L'audition devant la chambre de l'instruction de la personne recherchée ne visant qu'à constater son identité, à recevoir ses observations sur le déroulement de la procédure dont elle fait l'objet, et à lui permettre de consentir ou non à sa remise, et non à la soumettre à un interrogatoire sur les faits objet du mandat d'arrêt, l'absence de notification du droit de se taire par la chambre de l'instruction qui statue sur l'exécution d'un mandat d'arrêt européen n'est pas contraire aux droits de la défense, et notamment au droit de la personne de ne pas contribuer à sa propre incrimination. • Crim. 24 mars 2021, n° 21-81.361 P.

Circulaire CRIM 04-2 du 11 mars 2004, *présentant les dispositions de la loi n° 2004-204 du 9 mars 2004 portant adaptation de la justice aux évolutions de la criminalité concernant le mandat d'arrêt européen et l'extradition (BOMJ 2004, n° 93, p. 48) [...].*

1.1. *PRÉSENTATION GÉNÉRALE DU MANDAT D'ARRÊT EUROPÉEN*

Le mandat d'arrêt européen constitue la première concrétisation du principe de reconnaissance mutuelle des décisions pénales, dont le Conseil européen de Tempere des 15 et 16 octobre 1999 a décidé de faire la « pierre angulaire » de la coopération judiciaire entre les États membres de l'Union européenne. Pour les États membres ayant transposé la décision-cadre, il se substitue, dans la majorité des cas, à la procédure d'extradition.

1.1.1. *Définition du mandat d'arrêt européen*

Le mandat d'arrêt européen est défini, aux termes de l'article 695-11 du code de procédure pénale, comme une décision judiciaire émise par une autorité judiciaire compétente d'un État membre de l'Union européenne, appelé État membre d'émission, en vue de l'arrestation et de la remise par décision de l'autorité judiciaire d'un autre État membre, appelé État membre d'exécution, d'une personne recherchée pour l'exercice de poursuites pénales ou pour l'exécution d'une peine ou d'une mesure de sûreté privative de liberté.

1.1.2. *Les principes fondamentaux régissant cette nouvelle procédure*

— Contrairement aux mécanismes du droit de l'extradition, il s'agit désormais d'une procédure purement judiciaire. Il n'y a plus de phase administrative. La signature par le Premier ministre d'un décret d'extradition n'est plus nécessaire.

— A la suite de la décision de l'autorité judiciaire nationale compétente, le mandat d'arrêt européen permettra, comme indiqué à l'article 695-12 du code de procédure pénale, la remise des personnes recherchées dans l'État membre d'émission pour des faits punis d'une peine ou d'une mesure de sûreté privative de liberté égale ou supérieure à un an d'emprisonnement, ou pour l'exécution d'une condamnation à une peine ou une mesure de sûreté égale ou supérieure à quatre mois d'emprisonnement.

— La procédure du mandat d'arrêt impose que des délais brefs soient respectés. Ainsi, la décision définitive autorisant ou refusant la remise de la personne recherchée doit, sauf circonstances particulières, être prise dans un délai maximum de trois mois après son arrestation.

— Il n'est plus permis, pour une liste de trente-deux catégories d'infractions visées à l'article 695-23 du code de procédure pénale, de contrôler la double incrimination des faits reprochés à la personne recherchée pour mettre à exécution un mandat d'arrêt européen.

— Contrairement au droit actuel de l'extradition, la nationalité française de la personne réclamée ne constitue plus un motif systématique de refus de la remise.

— Contrairement au droit actuel de l'extradition, la prescription en France n'est plus un motif de refus de la remise, sauf si la personne réclamée pouvait être poursuivie et jugée en France.

1.1.3. *Application du mandat d'arrêt européen dans l'espace et dans le temps*

Le mandat d'arrêt européen s'applique dans tous les États membres de l'Union Européenne sous réserve d'une part, de la transposition de la décision-cadre dans leur droit national et d'autre part, des déclarations éventuellement effectuées par ces États au titre de l'article 32 de ladite décision-cadre. — *[A la date de la présente circulaire les États membres suivants ont transposé le mandat d'arrêt européen : Belgique, Danemark, Espagne, Finlande, Irlande, Portugal, Royaume-Uni, Suède. Toutefois, nonobstant l'adoption par le Royaume-Uni d'une loi de transposition, la mise en œuvre effective du mandat d'arrêt européen implique, pour cet État membre, un acte législatif étendant expressément cette procédure à chacun des États membres en mesure de délivrer et d'exécuter des mandats d'arrêt européens. Ce mécanisme implique, pour les autorités britanniques, la mise en œuvre d'une procédure parlementaire spécifique nécessitant un délai pouvant atteindre plusieurs mois. Dès lors, il conviendra, avant toute diffusion d'un mandat d'arrêt européen vers le Royaume-Uni, de s'assurer de l'applicabilité de la présente procédure]*.

Les autres États membres de l'Union européenne *[En l'espèce, à la date de la présente circulaire, Allemagne, Autriche, Grèce, Italie, Luxembourg et Pays-Bas]* qui n'ont pas encore transposé la décision-cadre du 13 juin 2002 dans leur législation interne, devront attendre de l'avoir fait avant de pouvoir émettre des mandats d'arrêt européens et de les exécuter en tant que tels.

Les dix États qui rejoindront l'Union européenne, à compter du 1er mai 2004, ont également vocation, à compter de la date considérée, à recevoir et à émettre des mandats d'arrêt européens. Il conviendra toutefois de s'assurer préalablement que les États considérés ont transposé la décision-cadre dans leur droit interne avant de leur adresser un mandat d'arrêt européen.

Le mandat d'arrêt européen est applicable quelle que soit la date de commission des faits. Cependant il convient de noter que deux États membres ont, à l'instar de la France, fait une déclaration, sur le fondement de l'article 32 de la décision-cadre, selon laquelle ils continueront de traiter selon les règles de l'extradition les demandes relatives à des faits commis avant la date par eux indiquée. Tel est le cas de l'Italie et de l'Autriche pour tous les faits commis avant la date d'entrée en vigueur de ladite décision-cadre, soit le 7 août 2002. En conséquence, lorsque la personne est interpellée dans l'un de ces États membres, il conviendra d'adresser une demande d'extradition dont le mandat d'arrêt européen pourra être l'une des pièces du dossier.

1.2. *DISPOSITIONS RELATIVES À L'ÉMISSION D'UN MANDAT D'ARRÊT EUROPÉEN PAR LES JURIDICTIONS FRANÇAISES*

1.2.1. *Émission d'un mandat d'arrêt européen*

1.2.1.1. *Autorité compétente pour émettre un mandat d'arrêt européen*

Selon l'article 695-16 du code de procédure pénale, le ministère public près de la juridiction d'instruction, de jugement ou d'application des peines, ayant décerné un mandat d'arrêt est compétent, soit à la demande de la juridiction, soit d'office, pour émettre un mandat d'arrêt européen.

Il est également compétent, s'il l'estime nécessaire, pour assurer, sous la forme d'un mandat d'arrêt européen, l'exécution des peines privatives de liberté d'une durée supérieure ou égale à quatre mois prononcées par les juridictions de jugement.

Il résulte de ces dispositions que le ministère public devra émettre un mandat d'arrêt européen dès lors qu'une juridiction d'instruction, de jugement ou d'application des peines aura elle-même émis un mandat d'arrêt, dont elle souhaite la diffusion dans l'espace judiciaire européen.

En revanche, pour l'exécution d'une peine privative de liberté d'une durée égale ou supérieure à quatre mois prononcée par une juridiction de jugement sans émission d'un mandat d'arrêt, le ministère public a un pouvoir d'appréciation quant à l'émission d'un mandat d'arrêt européen. Toutefois, il est souhaitable de diffuser systématiquement sous forme d'un mandat d'arrêt européen les condamnations d'une certaine gravité (par exemple, les condamnations à une peine supérieure à un an d'emprisonnement) et d'apprécier au cas par cas pour les autres décisions de condamnation.

1.2.1.2. *Conditions d'émission d'un mandat d'arrêt européen*

Le ministère public ne pourra émettre un mandat d'arrêt européen que sur la base d'un titre exécutoire préexistant qui pourra donc être soit un mandat d'arrêt décerné par une juridiction d'instruction (juge d'instruction ou chambre de l'instruction), soit un mandat *d'arrêt délivré* par une juridiction de jugement ou d'application des peines, soit enfin une décision de condamnation exécutoire.

Dans le cadre de poursuites pénales, le mandat d'arrêt européen ne pourra ainsi être émis que si la peine encourue est égale ou supérieure à un an d'emprisonnement. De même, pour l'exécution d'une peine, il ne pourra être émis que si la peine prononcée est égale ou supérieure à quatre mois d'emprisonnement.

Un mandat d'arrêt européen peut également être émis pour des mesures de sûreté privatives de liberté. Notre ordre juridique ne connaissant pas de telles mesures, l'article 695-12 du code de procédure pénale ne sera applicable que pour l'exécution de mandats d'arrêt émis par les autorités judiciaires étrangères qui connaissent ce type de mesure.

1.2.1.3. *Établissement d'un mandat d'arrêt européen*

Seul doit être utilisé et ne peut être modifié le formulaire-type, figurant en annexe, ainsi que sur le site intranet de la direction des affaires criminelles et des grâces, dans la page de l'entraide pénale internationale.

Comme il constituera le seul fondement à l'arrestation puis à la remise de la personne recherchée, il devra être complété avec une attention particulière.

Il conviendra de veiller notamment au choix de la qualification juridique des faits puisque la juridiction qui exécutera le mandat d'arrêt européen ne devra pas exercer de contrôle sur la double incrimination des faits pour les infractions entrant dans la liste des trente-deux catégories d'infractions visées à l'article 695-23 du code de procédure pénale.

Cette liste, reprise de l'article 2, paragraphe 2, de la décision-cadre, repose en partie sur des catégories d'infractions pour lesquelles des textes d'harmonisation ont été adoptés au sein de l'Union européenne, ou sont en voie de l'être. La plupart de ces catégories correspondent à des infractions aisément identifiables en droit interne et n'appellent donc pas de développement particulier. Cette liste ne doit donc pas être interprétée comme faisant référence à des infractions précises mais à des catégories d'infractions relevant de la nature décrite par la liste.

Pour l'émission des mandats d'arrêt européens, les crimes et délits ci-dessous pourront, sous réserve du quantum de peine prévu, être considérés comme relevant des catégories suivantes d'infractions :

— infractions en matière d'exploitation sexuelle des enfants et de pornographie infantile : les crimes et délits qualifiés de proxénétisme, viol, agressions sexuelles, atteintes sexuelles, corruption de mineurs, production, *[...]* de matériel pornographique, prévus et réprimés notamment par les articles 225-5, 222-22 à 222-31, 227-22 à 227-24, 227-26 (1°, 2° et 4°) et 227-27 du code pénal, pour autant que les faits auront été commis à l'encontre de mineurs ;

— cybercriminalité : infractions prévues par le chapitre III du titre II du livre III du code pénal ("des atteintes aux systèmes de traitement automatisé de données") ;

— fraude : délits d'escroquerie (articles 313-1 à 313-3 du code pénal), faux et usage de faux (articles 441-1 et suivants du code pénal) et obtention indue de documents administratifs (article 441-6 du code pénal) y compris la fraude portant atteinte aux intérêts financiers des communautés européennes au sens de la Convention du 26 juillet 1995 relative à la protection des intérêts financiers des Communautés européennes.

Enfin, conformément à la déclaration n° 94/02 du Conseil adoptée en juin 2002, pourra rentrer dans la catégorie de « sabotage » la destruction intentionnelle massive d'une installation gouvernementale, d'une installation publique, d'un système de transport public ou d'une infrastructure, lorsque ces destructions entraînent ou risquent d'entraîner des pertes économiques considérables.

Un descriptif sommaire devra figurer au paragraphe E (première case) dans tous les cas. Lorsque la double incrimination des faits pourra être contrôlée, l'exposé des faits devra être complété au paragraphe E II pour permettre à l'État membre d'exécution d'exercer ce contrôle.

Il est indispensable de préciser, en cas de jugement par défaut, que l'intéressé pourra bénéficier en France d'un nouveau procès.

Il est également hautement souhaitable d'indiquer l'existence des photographies et des empreintes de la personne recherchée, lorsque celles-ci sont disponibles.

Les coordonnées du rédacteur et le numéro du téléphone portable de la permanence devront toujours être précisés de manière à pouvoir être prévenu immédiatement lors de la découverte de la personne recherchée.

Par ailleurs, le mandat d'arrêt européen adressé devra, conformément à l'article 695-14 du code de procédure pénale, être traduit dans la langue ou dans l'une des langues officielles de l'État membre d'exécution, ou dans l'une des langues officielles des institutions des Communautés européennes acceptée par ledit État.

Un tableau, disponible sur le site intranet de la direction des affaires criminelles et des grâces, dans la page de l'entraide pénale internationale, regroupera les informations disponibles sur les langues acceptées par les États membres.

Eu égard aux délais brefs prévisibles pour l'exécution d'un mandat d'arrêt européen, il serait particulièrement opportun, si la localisation à l'étranger de la personne recherchée est connue, d'anticiper la traduction dudit mandat d'arrêt dans la langue du pays où il est susceptible de se trouver.

Dans les autres cas, il conviendra de procéder en urgence à la traduction dans l'une des langues acceptées par l'État membre dans lequel la personne aura été arrêtée, dans les délais impartis par l'autorité requise.

1.2.2. *Diffusion et transmission du mandat d'arrêt européen*

Les règles de diffusion et de transmission des mandats d'arrêt européens sont fixées par l'article 695-15 du code de procédure pénale.

1.2.2.1. *Diffusion par les canaux SCHENGEN et INTERPOL*

Quand la personne recherchée n'est pas localisée précisément, la diffusion du mandat d'arrêt européen devra être réalisée par la voie du Système d'Information Schengen ou, s'il n'est pas possible d'y recourir, par la voie de l'Organisation internationale de police criminelle (Interpol).

Le ministère public émetteur devra s'assurer que le titre exécutoire est bien inscrit au Fichier des personnes recherchées avec la mention « Schengen oui » et l'une des conduites à tenir selon la nomenclature du fichier des personnes recherchées *[...]*.

Il est important de souligner qu'un mandat d'arrêt européen peut être émis en l'absence de mandat d'arrêt national, notamment pour l'exécution des condamnations contradictoires ou réputées contradictoires remplissant les conditions de quantum de peines.

Il est possible de décerner un mandat d'arrêt européen lorsqu'une condamnation par défaut a été prononcée sans mandat d'arrêt national *[La conduite à tenir relative aux condamnations par défaut susceptibles d'être diffusées via le système Schengen sera définie ultérieurement]*. Toutefois, lorsque la personne interpellée à l'étranger déclarera faire opposition en application du nouvel article 803-4 du code de procédure pénale, l'autorité émettrice indiquera immédiatement une date d'audience à l'autorité étrangère en invitant celle-ci à remettre l'intéressé en liberté s'il n'est pas détenu pour autre cause. Il conviendra alors de retirer le mandat d'arrêt européen et de supprimer les signalements Schengen et Interpol y afférents.

Le ministère public devra solliciter la diffusion du mandat d'arrêt européen, au moyen des bordereaux joints à la présente circulaire *[...]* :

* à la DACG (Mission justice), exclusivement par télécopie *[...]*, pour une demande de diffusion dans le SIS pour les États suivants : Allemagne, Autriche, Belgique, Danemark, Finlande, Grèce, Italie, Luxembourg, Pays-Bas, Portugal, Suède et, à compter du 1er novembre 2004 l'Irlande et le Royaume-Uni ;

* et au Bureau central national Interpol, exclusivement par télécopie *[...]*, pour une demande de diffusion via le canal Interpol pour l'Irlande et le Royaume-Uni jusqu'au 31 octobre 2004 et pour Chypre, l'Estonie, la Hongrie, la Lettonie, la Lituanie, Malte, la Pologne, la Slovaquie, la Slovénie et la République Tchèque à compter du 1er mai 2004 et jusqu'à la mise en service du Système d'Information Schengen dans ces pays.

1.2.2.2. *Transmission du mandat d'arrêt européen*

En cas de découverte de la personne recherchée dans un État membre à la suite d'une diffusion d'un mandat d'arrêt réalisée par la voie du système d'Information Schengen ou par la voie du canal Interpol, la Mission justice ou le Bureau Central National Interpol avisera de cette découverte le ministère public émetteur en précisant les coordonnées de l'autorité judiciaire d'exécution et le délai dans lequel le mandat traduit devra être transmis. — *A cette occasion le parquet émetteur pourra utilement aviser les autres juridictions françaises qui n'auraient pas émis de mandat d'arrêt européen malgré des poursuites ou une condamnation à faire exécuter afin que cette juridiction puisse solliciter également la remise de cette personne ou les aviser d'une éventuelle renonciation au principe de spécialité.*

Le parquet fera traduire le mandat d'arrêt européen dans l'une des langues acceptées par cet État.

La transmission devra être effectuée par tout moyen laissant une trace écrite permettant à l'autorité judiciaire d'exécution de s'assurer de l'authenticité du document transmis. Selon la législation en vigueur dans l'État requis, il pourra s'agir d'une transmission notamment par courrier, par télécopie ou par messagerie électronique de documents numérisés. *[...]*

1.2.2.3. *Cas particulier où la personne est localisée*

Lorsque la personne est d'ores et déjà localisée sur le territoire d'un autre État membre de l'Union européenne, il n'apparaît pas nécessaire de procéder à la diffusion et il est préférable de procéder à la transmission directe par le parquet émetteur du mandat d'arrêt européen accompagné de sa traduction, selon les modalités précisées précédemment.

En cas d'envoi direct, le réseau judiciaire européen peut être utilement sollicité pour identifier cette autorité.

1.2.3. *Remise de l'intéressé aux autorités judiciaires françaises*

La remise doit, sauf cas de force majeure ou motif légal de surseoir à celle-ci, intervenir dans le délai de dix jours suivant la date de la décision définitive de l'autorité judiciaire étrangère l'autorisant, le dépassement de ce délai pouvant conduire à la remise en liberté de la personne réclamée.

Il convient de rappeler que, sauf si la personne a renoncé au principe de spécialité, cette remise n'autorise que les poursuites ou l'exécution de la peine ou des peines pour lesquelles l'autorité judiciaire étrangère a accordé la remise.

Si les autorités d'exécution entendent différer la remise au motif que la personne fait l'objet de poursuites ou doit exécuter une peine dans l'État d'exécution, il est possible de solliciter auprès de la juridiction étrangère compétente la remise temporaire ou l'audition de l'intéressé.

Au plan pratique, lorsque l'autorité judiciaire ayant décerné le mandat d'arrêt européen est avisée de l'accord pour la remise définitive ou temporaire de la personne recherchée et de la possibilité de mettre à exécution le transfèrement, il appartient au ministère public de prendre attache avec le service des transfèrements de la direction de l'administration pénitentiaire/ État major de sécurité/ sous-direction des personnes placées sous main de justice/ bureau de la gestion de la détention sans délai en transmettant si possible copie de la décision de l'autorité judiciaire étrangère.

L'autorité judiciaire prendra soin, au cas où cette information n'aurait pas déjà été transmise, d'obtenir communication de la durée de détention effectuée à l'étranger imputable à la mise en œuvre du mandat d'arrêt européen dans l'État d'exécution.

La diffusion dans les systèmes nationaux (FPR) et internationaux (Interpol) doit faire l'objet d'une cessation lorsque la personne est remise aux autorités françaises. La radiation du signalement FPR entraîne automatiquement la radiation du signalement Schengen.

1.3. *DISPOSITIONS RELATIVES À L'EXÉCUTION D'UN MANDAT D'ARRÊT EUROPÉEN DÉCERNÉ PAR L'AUTORITÉ JUDICIAIRE D'UN ÉTAT MEMBRE DE L'UNION EUROPÉENNE*

La procédure d'extradition entre les États membres de l'Union européenne est, sous réserve des situations particulières visées au sous-paragraphe 1.3.8. ci-après, remplacée par celle du mandat d'arrêt européen.

Les autorités compétentes pour exécuter les mandats d'arrêt européens décernés par les autorités judiciaires sont le parquet général et la chambre de l'instruction.

1.3.1. *Réception du mandat d'arrêt européen*

Lorsque l'autorité judiciaire étrangère connaît l'endroit où la personne recherchée se trouve sur le territoire français, elle peut adresser directement le mandat d'arrêt européen, en original ou en copie certifiée conforme, par tout moyen sûr laissant une trace écrite, au procureur général territorialement compétent qui l'exécute après s'être assuré de la régularité de la requête. Cette transmission directe n'est toutefois pas une obligation, et l'autorité judiciaire de l'État membre d'émission peut préférer procéder à sa diffusion.

Lorsque l'autorité judiciaire étrangère ne connaît pas l'endroit où la personne recherchée faisant l'objet d'un mandat d'arrêt européen se trouve, elle procédera à sa diffusion.

Il n'est pas douteux que, dans l'esprit des concepteurs de la décision-cadre du 13 juin 2002, le Système d'information Schengen devrait constituer, à terme, le vecteur privilégié de transmission des mandats d'arrêt européens, lorsque l'ensemble des informations de ce titre pourront être *transmises* via ce système.

Toutefois, à titre transitoire, dans l'attente de l'adaptation du Système d'information Schengen, l'article 9 de la décision-cadre prévoit *"in fine"* qu'un signalement dans le Système d'information Schengen "vaut mandat d'arrêt européen en attendant la réception de l'original en bonne et due forme par l'autorité judiciaire d'exécution".

Durant cette période transitoire, l'original ou la copie certifiée conforme du mandat d'arrêt européen doit parvenir au procureur général au plus tard dans un délai de six jours ouvrables après la date de l'arrestation de la personne recherchée. Ce délai a pour seule finalité d'inciter l'État membre concerné à transmettre rapidement le mandat d'arrêt européen aux autorités judiciaires françaises. Contrairement aux stipulations de l'article 16 de la Convention européenne d'extradition du 13 décembre 1957, le non-respect de ce délai n'est assorti d'aucune sanction.

Par ailleurs, la loi ne précise pas les modalités de la transmission et de la certification conforme du mandat d'arrêt européen. Il semble donc, sous réserve de l'appréciation souveraine des juridictions, que celles-ci puissent intervenir sous toute forme permettant de s'assurer de son authenticité, notamment par l'intermédiaire de dispositifs de télécopie sécurisés entre les bureaux SIRENE.

Au surplus, dans la mesure où la France n'a pas fait de déclaration au titre de l'article 8, paragraphe 2, de la décision-cadre, le mandat d'arrêt européen adressé aux autorités judiciaires françaises devra être accompagné d'une traduction en langue française effectuée par l'autorité qui l'a décerné.

Si le procureur général auquel un mandat d'arrêt européen a été adressé estime qu'il n'est pas territorialement compétent pour y donner suite, il lui appartient de le transmettre sans délai au procureur général territorialement compétent et d'en informer l'autorité judiciaire de l'État membre d'émission.

1.3.2. *Diligences à effectuer par le procureur général après l'arrestation en France de la personne recherchée*

La personne appréhendée en exécution d'un mandat d'arrêt européen doit être conduite dans les quarante-huit heures de son arrestation devant le procureur général territorialement compétent.

Pendant ce délai, l'intéressé, y compris lorsqu'il est mineur, bénéficie des droits des articles 63-1 à 63-5 du code de procédure pénale relatifs à la garde à vue, soit notamment du droit d'être informé par un officier de police judiciaire de la nature de l'infraction qui lui est reprochée, de faire prévenir un membre de sa famille, d'être examiné par un médecin et de s'entretenir avec un avocat dès son arrestation. Durant cette période, il appartient au procureur général de veiller au bon déroulement de cette mesure.

Le procureur général, après avoir vérifié l'identité de la personne recherchée, l'informe dans une langue qu'elle comprend, de l'existence et du contenu du mandat d'arrêt européen dont elle fait l'objet au vu des informations dont il dispose, soit sur le fondement du mandat d'arrêt européen reçu, soit sur celui du signalement Schengen (formulaires SIRENE) ou des formulaires Interpol.

Le procureur général l'avise également qu'elle peut être assistée par un avocat de son choix ou, à défaut, commis d'office par le bâtonnier de l'ordre des avocats et s'entretenir immédiatement avec l'avocat désigné. Ce dernier pourra alors faire part de toute observation utile au procureur général.

Il appartient ensuite au procureur général d'informer la personne recherchée de sa faculté de consentir ou de s'opposer à sa remise ainsi que des conséquences juridiques résultant de ce consentement. Il l'informe également qu'elle peut renoncer à la règle de la spécialité et des conséquences juridiques de cette renonciation.

Le procureur général ordonne l'incarcération de la personne recherchée à la maison d'arrêt du siège de la cour d'appel dans le ressort de laquelle elle a été appréhendée, à moins qu'il n'estime que la représentation de l'intéressé est suffisamment garantie à tous les stades de la procédure française.

Si le procureur général ne place pas la personne sous écrou, il doit en aviser immédiatement la direction des affaires criminelles et des grâces (...) afin que la personne ne soit pas de nouveau arrêtée sur la base des signalements qui ont motivé son arrestation.

Il va également de soi, bien que la loi ne le précise pas, qu'à partir du moment où un motif de refus obligatoire s'impose à l'évidence, le procureur général n'a pas l'obligation de placer la personne recherchée en détention. Il devra toutefois saisir la chambre de l'instruction de la procédure pour qu'une décision au fond puisse intervenir.

Le procureur général avise sans délai la direction des affaires criminelles et des grâces/ sous-direction de la législation pénale et spécialisée/ bureau de l'entraide pénale internationale, du placement sous écrou ou de la remise en liberté de la personne recherchée et lui adresse une copie du mandat d'arrêt européen.

Il saisit immédiatement la chambre de l'instruction de la procédure et avise sans délai et par tout moyen la personne réclamée et son avocat de la date d'audience. Les délais prévus par l'article 197 du code de procédure pénale ne sont pas applicables.

1.3.3. *La procédure devant la chambre de l'instruction*

Les articles 695-29 à 695-36 du code de procédure pénale précisent les conditions du déroulement de l'audience devant la chambre de l'instruction.

Cette audience doit avoir lieu dans un délai de cinq jours ouvrables à compter de la date de présentation de l'intéressé devant le procureur général. L'audience est publique, sauf décision contraire de la chambre de l'instruction.

La chambre de l'instruction peut, par une décision qui n'est susceptible d'aucun recours, autoriser l'État membre d'émission à intervenir à l'audience par l'intermédiaire d'une personne habilitée par lui à cette fin. Lorsque l'État membre d'émission est autorisé à intervenir, il ne devient pas partie à la procédure.

Deux situations sont à considérer selon que, lors de sa comparution devant la chambre de l'instruction, la personne recherchée déclare consentir ou non à sa remise :

— la personne recherchée déclare consentir à sa remise :

Elle est alors informée par la chambre de l'instruction des conséquences juridiques de son consentement et de son caractère irrévocable. La cour lui demande également si elle entend renoncer à la règle de la spécialité et l'informe des conséquences juridiques d'une telle renonciation et de son caractère irrévocable.

Si la chambre de l'instruction constate que les conditions légales d'exécution du mandat d'arrêt européen sont remplies, elle rend un arrêt par lequel d'une part, elle donne acte à la personne recherchée de son consentement à être remise ainsi que, le cas échéant, de sa renonciation à la règle de la spécialité et d'autre part, accorde la remise. La chambre de l'instruction statue, sauf si un complément d'information a été ordonné dans les conditions énoncées à l'article 695-33 du code de procédure pénale, dans les sept jours de la comparution devant elle de la personne recherchée.

— la personne recherchée déclare ne pas consentir à sa remise :

La chambre de l'instruction statue alors, sauf si un complément d'information a été ordonné, dans les vingt jours à compter de la comparution devant elle de l'intéressé.

Dans les deux cas, un tel complément d'information pourra être ordonné en cas d'erreur manifeste dans la rédaction du mandat d'arrêt européen ou lorsque se poseront des questions d'immunité, de concurrence entre plusieurs mandats d'arrêt européens, ou entre un mandat d'arrêt européen et une demande d'extradition.

L'article 695-34 du code de procédure pénale précise que l'intéressé peut demander à tout moment sa mise en liberté à la chambre de l'instruction selon les formes prévues aux articles 148-6 et 148-7 du code de procédure pénale. Celle-ci peut, lorsqu'elle ordonne la mise en liberté de la personne recherchée, astreindre l'intéressé à se soumettre à une ou plusieurs obligations du contrôle judiciaire.

En cas de remise en liberté, le procureur général doit en aviser immédiatement la mission justice du bureau de l'entraide pénale internationale en adressant copie de la décision de la chambre de l'instruction afin que la personne ne soit pas de nouveau arrêtée sur la base des signalements qui ont motivé son arrestation.

La chambre de l'instruction peut ordonner la mainlevée ou la modification des obligations du contrôle judiciaire de la personne recherchée ainsi que, lorsque l'intéressé se soustrait aux-dites obligations, décerner mandat d'arrêt à son encontre.

1.3.4. *Le contrôle exercé par la chambre de l'instruction*

Le contrôle exercé par la chambre de l'instruction sur l'exécution d'un mandat d'arrêt européen est profondément différent de celui effectué par cette juridiction en matière d'extradition :

— le contrôle de la double incrimination est supprimé dans de nombreux cas

Lorsque l'autorité judiciaire étrangère a retenu une qualification juridique qui relève de l'une des trente-deux catégories d'infractions visées à l'article 695-23 du code de procédure pénale et que les agissements considérés sont, aux termes de la loi de l'État membre d'émission, punis d'une peine privative de liberté d'une durée égale ou supérieure à trois ans d'emprisonnement *[Il en est ainsi qu'il s'agisse d'un mandat d'arrêt européen que le mandat d'arrêt européen ait été émis aux fins de poursuites pénales ou afin d'exécuter une peine]* ou d'une mesure de sûreté privative de liberté d'une durée similaire, la chambre de l'instruction n'a pas le pouvoir d'apprécier cette qualification ni de contrôler la double incrimination.

En revanche, lorsque les faits reprochés à la personne réclamée ne relèvent pas de cette liste ou que la peine encourue est inférieure à trois ans, la chambre de l'instruction apprécie s'ils sont incriminés ou non en droit français.

— les quanta de peine sont contrôlés exclusivement au regard de la loi de l'État membre d'émission

Lorsque les faits relèvent de la liste précitée des trente-deux catégories d'infractions, la chambre de l'instruction vérifie que les faits reprochés sont punis d'une peine ou d'une mesure de sûreté privatives de liberté égale ou supérieure à trois ans par la législation de l'État membre d'émission.

Dans les autres cas, les faits doivent respecter les quanta de peine visés à l'article 695-12 du code de procédure pénale au regard de la législation de l'État membre d'émission.

Dans les deux cas, il n'y a plus aucune condition de peine encourue ou prononcée en droit français.

— la prescription en droit français n'est plus un motif de refus de la remise, sauf cas particuliers

Contrairement au droit actuel de l'extradition, la remise de la personne réclamée ne pourra pas être refusée, au motif de la prescription de l'action publique ou de la peine en France, sauf si les faits pour lesquels le mandat d'arrêt européen a été émis pouvaient être poursuivis et jugés par les juridictions françaises.

— la nationalité française de la personne réclamée ne constitue plus un motif systématique de refus de la remise

Contrairement au droit actuel de l'extradition, la remise de la personne réclamée ne pourra pas être refusée au seul motif de la nationalité française de la personne réclamée, sous réserve des observations ci-après.

Lorsque le mandat d'arrêt européen a été émis aux fins de poursuites pénales, la chambre de l'instruction peut subordonner la remise à la condition que l'intéressé soit renvoyé en France pour y exécuter la peine éventuellement prononcée à son encontre.

Lorsque le mandat d'arrêt européen a été émis aux fins d'exécution d'une peine, deux cas sont à considérer :

— si la peine prononcée est compatible avec la législation française et que les autorités françaises compétentes s'engagent à faire procéder à l'exécution de cette peine, la chambre de l'instruction peut alors refuser la remise. L'exécution de la peine pourra être effectuée dans les conditions fixées par les articles 713-3 à 713-8 du code de procédure pénale avec l'accord de l'État d'émission. *— Dans le silence de la loi, il semble opportun avant de statuer sur la remise de l'intéressé de recueillir l'accord de celui-ci sur l'exécution de sa peine en France.*

— si tel n'est pas le cas la remise ne peut être refusée.

— les motifs de refus de la remise revêtent un caractère soit obligatoire soit facultatif

La procédure d'exécution du mandat d'arrêt européen se différencie également de celle de l'extradition en ce que les motifs de refus de la remise de la personne réclamée revêtent un caractère soit obligatoire soit facultatif.

Les motifs de refus obligatoires sont les suivants :

— les faits pour lesquels le mandat d'arrêt européen a été émis pouvaient être poursuivis et jugés par les juridictions françaises et l'action publique est éteinte par l'amnistie ;

— la personne recherchée a fait l'objet d'une décision définitive en France ou dans un État membre autre que l'État d'émission ou dans un État tiers, pour les mêmes faits que ceux faisant l'objet du mandat d'arrêt européen à condition, en cas de condamnation, que la peine ait été exécutée ou soit en cours d'exécution ou ne puisse plus être ramenée à exécution selon les lois de l'État de condamnation ;

— la personne recherchée était âgée de moins de treize ans au moment des faits faisant l'objet du mandat d'arrêt européen ;

— les faits pour lesquels le mandat d'arrêt européen a été émis pouvaient être poursuivis et jugés par les juridictions françaises et la prescription de l'action publique ou de la peine se trouve acquise ;

— le mandat d'arrêt a été émis dans le but de poursuivre ou de condamner une personne en raison de son sexe, de sa race, de sa religion, de son origine ethnique, de sa nationalité, de sa langue, de ses opinions politiques ou de son orientation sexuelle, ou il peut être porté atteinte à la situation de cette personne pour l'une de ces raisons ;

— les faits, lorsqu'ils ne relèvent pas de l'une des trente-deux catégories d'infractions énoncées à l'article 695-23, ne constituent pas une infraction en droit français.

Les motifs de refus facultatifs sont les suivants :

— pour les faits faisant l'objet du mandat d'arrêt européen, la personne recherchée fait l'objet de poursuites devant les juridictions françaises ou celles-ci ont décidé de ne pas engager les poursuites ou d'y mettre fin ;

— la personne recherchée pour l'exécution d'une peine ou d'une mesure de sûreté privative de liberté est de nationalité française et les autorités françaises s'engagent à faire procéder à cette exécution ;

— les faits pour lesquels le mandat d'arrêt européen a été émis ont été commis, en tout ou en partie, sur le territoire français ;

— l'infraction a été commise hors du territoire de l'État membre d'émission et la loi française n'autorise pas la poursuite de l'infraction lorsqu'elle est commise hors du territoire français.

1.3.5. *La décision de la chambre de l'instruction*

La chambre de l'instruction statue par arrêt motivé. La décision de la chambre de l'instruction sera soit une décision de remise, soit un refus de remise, soit une remise sous condition(s).

L'arrêt de la chambre de l'instruction sera notifié, selon les formes du droit commun, à la personne réclamée. Si elle a été remise en liberté, la notification faite à la dernière adresse déclarée par elle est réputée faite à sa personne.

Lorsque la décision est définitive, cet arrêt sera notifié par le procureur général par tout moyen et sans délai à l'autorité étrangère.

1.3.6. *Les voies de recours à l'encontre de la décision de la chambre de l'instruction*

La situation diffère selon que la personne recherchée a consenti ou non à sa remise.

Lorsque la personne recherchée a consenti à sa remise, la décision rendue par la chambre de l'instruction n'est susceptible d'aucun recours. Le législateur a, en effet, estimé que les garanties procédurales qui entourent le recueil du consentement de l'intéressé devant la chambre de l'instruction et le caractère irrévocable du consentement donné, ne justifiaient pas l'instauration d'une voie de recours à l'encontre de la décision de la chambre de l'instruction.

En revanche, lorsque la personne recherchée n'a pas consenti à sa remise, la décision de la chambre de l'instruction peut faire l'objet d'un pourvoi en cassation. Le respect de l'article 17, paragraphes 3 et 4, de la décision-cadre oblige toutefois à encadrer l'exercice de cette voie de recours dans des délais courts.

Les articles 568-1 et 574-1 du code de procédure pénale, insérés par l'article 18 de la loi, disposent, à cet effet, que la chambre criminelle de la Cour de cassation doit statuer dans un délai de quarante jours à compter de la date du pourvoi, lequel doit avoir été formé dans le délai de trois jours francs à compter du prononcé de l'arrêt de la chambre de l'instruction lorsque la personne recherchée est présente ou de sa notification dans le cas contraire.

Dans le même souci de célérité, l'article 568-1 du code de procédure pénale prévoit que le dossier de la procédure est transmis, par tout moyen permettant d'en conserver une trace écrite, au greffe de la chambre criminelle dans les quarante-huit heures de la déclaration de pourvoi.

1.3.7. *La remise de la personne recherchée aux autorités judiciaires de l'État membre d'émission*

Les conditions de la remise sont définies aux articles 695-37 à 695-40 du code de procédure pénale.

Après décision définitive de la chambre de l'instruction accordant la remise de la personne recherchée, le procureur général prend les mesures nécessaires pour organiser celle-ci en prenant attache avec le service compétent de la direction de l'administration pénitentiaire *[...]*.

Cette remise doit intervenir dans le délai de dix jours suivant la date de la décision définitive de la chambre de l'instruction, sauf motif légal de surseoir à celle-ci. A défaut de diligences des autorités étrangères pour organiser la remise, l'intéressé devra être remis en liberté. En cas de force majeure, une nouvelle date peut être fixée avec l'autorité judiciaire étrangère et la personne arrêtée est alors remise au plus tard dans les dix jours suivant cette nouvelle date, faute de quoi elle est remise en liberté, à moins qu'elle ne soit détenue pour autre cause.

Si la personne réclamée est en liberté au moment où la décision autorisant la remise est prononcée, elle peut être arrêtée et placée sous écrou à l'initiative du procureur général qui en avise l'autorité judiciaire de l'État d'émission.

La remise pourra être différée pour des raisons humanitaires sérieuses ou si la personne recherchée est poursuivie en France ou doit y purger une peine en raison d'un fait autre que celui visé par le mandat d'arrêt européen. Dans ce dernier cas, la chambre de l'instruction peut toutefois accorder à l'autorité judiciaire de l'État membre d'émission la remise temporaire de la personne recherchée.

1.3.8. *Situations particulières*

1.3.8.1. Demandes de remise et d'extradition concurrentes

L'article 695-42 du code de procédure pénale prévoit la procédure applicable soit lorsque plusieurs États membres ont émis un mandat d'arrêt européen à l'encontre de la même personne, y compris pour des faits différents, soit en cas de conflit entre un mandat d'arrêt européen et une demande d'extradition.

Dans le premier cas, le choix du mandat européen à exécuter est opéré par la chambre de l'instruction, le cas échéant, après consultation de l'unité Eurojust, compte tenu de toutes les circonstances de l'espèce et notamment du degré de gravité et du lieu de commission des infractions.

Dans le second cas, la chambre de l'instruction peut surseoir à statuer dans l'attente de la réception des pièces. Elle décide de la priorité à donner au mandat d'arrêt européen ou à la demande d'extradition compte tenu de toutes les circonstances, notamment celles figurant dans la Convention ou l'accord applicable.

Dans tous les cas, la consultation de la direction des affaires criminelles et des grâces par le procureur général s'imposera avant la prise de réquisitions à l'audience.

1.3.8.2. Dispositions particulières

Elles sont prévues à l'article 215, paragraphes I à V, de la loi.

— **Dispositions relatives à l'application dans le temps de la procédure du mandat d'arrêt européen**

En principe, un mandat d'arrêt européen peut être émis et diffusé pour tout fait répondant aux conditions de l'article 695-12, quelle que soit la date à laquelle il a été commis.

Toutefois, l'article 32 de la décision-cadre autorise les États membres à effectuer, lors de l'adoption de l'instrument, une déclaration indiquant que, en tant qu'États membres d'exécution, ils continueront à traiter selon la procédure de l'extradition les demandes relatives à des faits commis avant une date qu'ils déterminent.

A l'instar de la France, deux autres États membres, l'Italie et l'Autriche, ont effectué une telle déclaration. Les paragraphes I et II de l'article 215 de la loi en tirent les conséquences.

Le premier paragraphe indique que le régime du mandat d'arrêt européen n'est pas applicable aux demandes de remise reçues par la France concernant des faits commis avant la date indiqué par notre pays lors de sa déclaration, soit le 1er novembre 1993. Il en résulte que les demandes adressées à la France et visant des faits commis avant cette date seront régies par les règles de l'extradition.

Le second paragraphe précise que le régime du mandat d'arrêt européen n'est pas non plus applicable aux demandes de remise adressées par la France à un autre État membre ayant effectué une déclaration au titre de l'article 32 précité. Pour leur part, l'Italie et l'Autriche, ont souhaité exclure la mise en œuvre de la procédure du mandat d'arrêt européen pour les faits antérieurs à la date d'entrée en vigueur de la décision-cadre (soit le 7 août 2002). En conséquence, la procédure du mandat d'arrêt européen ne pourra être mise en œuvre, avec ces deux pays, que pour des faits commis à partir du 7 août 2002. Il en résulte que les demandes adressées par la France à ces deux États membres et visant des faits commis avant cette date seront régies par les règles de l'extradition.

— **Application éventuelle du principe de réciprocité**

Certains États membres ont prévu ou pourraient prévoir d'invoquer le principe de réciprocité (par exemple, la Belgique) pour exclure de la procédure du mandat d'arrêt européen l'exécution des mandats émis par un autre État membre dans les cas où cet État refuserait lui-même d'appliquer cette procédure. Il en résulte que les demandes adressées par la France à ces États membres et visant des faits commis avant le 1er novembre 1993 seront toujours régies par les règles de l'extradition.

1.3.8.3. Dispositions de droit transitoire

— Signalements introduits dans le système Schengen avant l'entrée en vigueur de la loi

En raison du remplacement de l'article 95 de la Convention d'application de l'accord de Schengen par les dispositions de la décision-cadre, la question de la valeur des signalements précédemment introduits dans le système d'information Schengen se pose.

En ce qui concerne les signalements diffusés par la France, la majorité des États membres ont indiqué qu'ils continueront à les considérer comme valant demandes d'arrestation provisoire. Toutefois certains États membres, estimant que la date du mandat d'arrêt européen ne saurait être postérieure à la date de l'arrestation de la personne réclamée, pourraient ne pas leur reconnaître cette valeur.

En conséquence, il est préconisé d'établir, dans les meilleurs délais, les mandats d'arrêt européens correspondant aux signalements déjà introduits dans le système d'information Schengen et de les transmettre à la Mission justice de la direction des affaires criminelles et des grâces. Cette dernière vous adressera prochainement la liste de ces signalements.

En ce qui concerne les signalements diffusés par les autres États membres de l'Union européenne, il a été indiqué à ces États que les signalements introduits dans le système Schengen avant l'entrée en vigueur dans chaque État des dispositions de transposition de la décision-cadre seront considérés valant titre d'arrestation sous réserve de la transmission ultérieure de l'original ou de la copie certifiée conforme d'un mandat d'arrêt européen.

— Personnes arrêtées au titre d'une demande d'arrestation provisoire lorsque la demande d'extradition n'est encore parvenue avant l'entrée en vigueur de la procédure du mandat d'arrêt européen

Le quatrième paragraphe de l'article 215 de la loi énonce les règles procédurales devant être appliquées lorsqu'une personne recherchée a été arrêtée sur la base d'une demande d'arrestation provisoire émanant d'un État membre de l'Union européenne lorsque la demande formelle d'extradition y afférente n'est pas parvenue à la France avant le 12 mars 2004, date d'entrée en vigueur de la loi à Paris.

En pareil cas, la procédure applicable est celle de l'extradition, sauf si un mandat d'arrêt européen en original ou en copie certifiée conforme est reçu par le procureur général dans le délai de quarante jours à compter de l'arrestation provisoire de la personne recherchée. Le paragraphe V de ce même article étend les mêmes dispositions à la situation résultant de l'adhésion, le 1er mai 2004, des dix nouveaux États membres.

La procédure du mandat d'arrêt européen ne s'applique pas aux procédures d'extradition déjà engagées.

— Dispositions transitoires liées à l'absence de transposition de la décision-cadre par certains États membres

La procédure du mandat d'arrêt européen n'étant applicable qu'à compter de la transposition de la décision-cadre par les États membres, la loi prévoit les conséquences d'une mise en œuvre de l'instrument échelonnée dans le temps.

Afin de tenir compte de situations particulières, notamment dans les cas visés aux paragraphes précédents ou lorsqu'un mandat d'arrêt européen ne peut être adressé ou reçu, pour quelque motif que ce soit, la loi prévoit que la procédure d'extradition demeure applicable.

Au moment où ces États transposeront la décision-cadre, ils pourront adresser un mandat d'arrêt européen pour les personnes arrêtées au titre d'une demande d'arrestation provisoire, dès lors que la demande formelle d'extradition n'est pas encore parvenue à la date de cette transposition.

SECTION IV TRANSIT

Art. 695-47 Le ministre de la justice autorise le transit à travers le territoire français d'une personne recherchée en vertu d'un mandat d'arrêt européen.

Lorsque la personne recherchée est de nationalité française *(L. nº 2013-711 du 5 août 2013, art. 17)* « ou réside régulièrement de façon ininterrompue depuis au moins cinq ans sur le territoire national », l'autorisation peut être subordonnée à la condition qu'elle soit, après avoir été entendue, renvoyée sur le territoire national pour y subir la peine privative de liberté qui sera éventuellement prononcée à son encontre par l'autorité judiciaire de l'État membre d'émission pour les faits faisant l'objet du mandat d'arrêt.

Lorsque la personne recherchée est de nationalité française *(L. n° 2013-711 du 5 août 2013, art. 17)* « ou réside régulièrement de façon ininterrompue depuis au moins cinq ans sur le territoire national » et que le mandat d'arrêt européen a été émis pour l'exécution d'une peine ou d'une mesure de sûreté privatives de liberté, le transit est refusé.

Art. 695-48 La demande d'autorisation de transit est accompagnée des renseignements suivants :
— l'identité et la nationalité de la personne recherchée ;
— l'indication de l'existence d'un mandat d'arrêt européen ;
— la nature et la qualification juridique de l'infraction ;
— la date, le lieu et les circonstances dans lesquels l'infraction a été commise ainsi que le degré de participation à celle-ci de la personne recherchée.

Art. 695-49 La demande d'autorisation de transit ainsi que les renseignements prévus à l'article 695-48 sont transmis au ministre de la justice par tout moyen permettant d'en conserver une trace écrite. Celui-ci fait connaître sa décision par le même procédé.

Art. 695-50 En cas d'atterrissage fortuit sur le territoire national, l'État membre d'émission fournit au ministre de la justice les renseignements prévus à l'article 695-48.

Art. 695-51 Les dispositions des articles 695-47 à 695-50 sont applicables aux demandes de transit présentées par un État membre de l'Union européenne *(L. n° 2013-711 du 5 août 2013, art. 17)* « ou par un État lié à l'Union européenne par un accord mentionné à la section V du présent chapitre » pour l'extradition vers son territoire d'une personne en provenance d'un État non membre de l'Union européenne.

SECTION V DES PROCÉDURES DE REMISE RÉSULTANT D'ACCORDS CONCLUS PAR L'UNION EUROPÉENNE AVEC D'AUTRES ÉTATS

(L. n° 2013-711 du 5 août 2013, art. 17)

Art. 695-52 En l'absence de stipulation contraire de l'accord concerné, le présent chapitre s'applique aux demandes de remise entre la France et un État non membre de l'Union européenne dès l'entrée en vigueur d'un accord conclu par l'Union européenne avec cet État et instituant un mécanisme de remise sur la base d'un mandat d'arrêt.

Pour l'application de la présente section, les mots "mandat d'arrêt" sont entendus au sens de l'accord mentionné au premier alinéa.

Art. 695-53 La remise d'une personne qui a la nationalité française ou qui avait cette nationalité au moment des faits visés par le mandat d'arrêt émis par un État non membre de l'Union européenne est refusée.

Art. 695-54 Le transit d'une personne qui a la nationalité française ou qui avait cette nationalité au moment des faits visés par le mandat d'arrêt émis par un État non membre de l'Union européenne est refusé. Les deux derniers alinéas de l'article 695-47 ne sont pas applicables aux procédures de remise résultant d'accords conclus par l'Union européenne avec d'autres États.

Art. 695-55 Les deuxième à dernier alinéas de l'article 695-23 ne sont pas applicables aux procédures de remise mentionnées à la présente section.

Par dérogation au premier alinéa du même article 695-23, la remise d'une personne est exécutée sans contrôle de la double incrimination des faits reprochés lorsque les agissements considérés sont, aux termes de la loi de l'État non membre de l'Union européenne, punis d'une peine privative de liberté d'une durée égale ou supérieure à douze mois d'emprisonnement ou d'une mesure de sûreté privative de liberté d'une durée similaire et entrent dans l'une des catégories d'infractions suivantes :

1° Participation à un groupe de personnes agissant dans un but commun aux fins de commettre une ou plusieurs infractions relevant d'activités de terrorisme visées aux articles 1er et 2 de la Convention européenne pour la répression du terrorisme, signée à Strasbourg le 27 janvier 1977, ainsi qu'aux articles 1er à 4 de la décision-cadre du 13 juin 2002 relative à la lutte contre le terrorisme (2002/475/JAI) ;

2° Trafic illicite de stupéfiants ou de substances psychotropes ;
3° Homicide volontaire ;
4° Coups et blessures graves ;
5° Enlèvement, séquestration ou prise d'otage ;
6° Viol.

Art. 695-56 Pour la mise en œuvre du 2° de l'article 695-24 dans le cadre des procédures de remise prévues à la présente section, l'exécution du mandat d'arrêt peut être refusée si la personne recherchée pour l'exécution d'une peine ou d'une mesure de sûreté privative de liberté n'est pas de nationalité française mais réside régulièrement de façon ininterrompue depuis au moins cinq ans sur le territoire national et que le procureur général s'engage à faire procéder à cette exécution sur le fondement d'une convention de transfèrement ou d'un accord international spécifique.

Art. 695-57 La remise n'est pas accordée à un État non membre de l'Union européenne si l'infraction à raison de laquelle elle est demandée a un caractère politique, sauf s'il s'agit d'une infraction mentionnée aux articles 1er et 2 de la Convention européenne pour la répression du terrorisme, signée à Strasbourg le 27 janvier 1977, de l'infraction d'association de malfaiteurs en vue de la commission de ces infractions, ou des infractions mentionnées aux articles 1er à 4 de la décision-cadre du 13 juin 2002 précitée.

Art. 695-58 Pour l'application de l'article 695-46, dans le cadre des procédures de remise prévues à la présente section, le consentement est refusé à un État non membre de l'Union européenne si l'infraction à raison de laquelle elle est demandée a un caractère politique, sauf s'il s'agit d'une infraction mentionnée aux articles 1er et 2 de la Convention européenne pour la répression du terrorisme, signée à Strasbourg le 27 janvier 1977, de l'infraction d'association de malfaiteurs en vue de la commission de ces infractions, ou des infractions mentionnées aux articles 1er à 4 de la décision-cadre du 13 juin 2002 précitée.

CHAPITRE V DE L'EXTRADITION

Pour les conditions d'application de ce chapitre, V. L. n° 2004-204 du 9 mars 2004, art. 214-III. — V. aussi L. n° 2013-711 du 5 août 2013, art. 27, ss. art. 695-11.

RÉP. PÉN. v° *Extradition*, par BRACH-THIEL.

BIBL. ▶ LEMOINE, *RSC 2009. 297* (la coopération judiciaire entre États. L'exemple de l'extradition et du mandat d'arrêt européen à travers la jurisprudence de la chambre criminelle).

Art. 696 En l'absence de convention internationale en stipulant autrement, les conditions, la procédure et les effets de l'extradition sont déterminés par les dispositions du présent chapitre. Ces dispositions s'appliquent également aux points qui n'auraient pas été réglementés par les conventions internationales. — *[V. L. 10 mars 1927, art. 1er].*

V. Décr. n° 2005-770 du 8 juill. 2005 publiant la Convention du 27 sept. 1996 relative à l'extradition entre les États membres de l'Union européenne (JO 10 juill.).

V. aussi Décr. n° 2018-376 du 22 mai 2018 portant création d'un traitement de données à caractère personnel dénommé « Gestion électronique des demandes d'arrestation provisoire en vue d'extradition - Interpol » (GERRPOL) (JO 23 mai).

BIBL. ▶ AYMOND, *Rev. pénit. 1980. 7.* – BONICHOT, *Ann. fr. dr. int. 1984. 190.* – BORRICAND, *RSC 1980. 661* (extradition des terroristes) ; *JCP 1983. I. 302.* – BROCHERIEUX, *RSC 1965. 479.* – CHASSIN, *LPA 2001, n° 41* (le contrôle juridictionnel du Conseil d'État sur le refus d'extradition). – HUGO, *Gaz. Pal. 1973. 2. Doctr. 589.* – JEANDIDIER, *RSC 1979. 239 ; D. 1981. Chron. 181.* – JULIEN-LAFERRIÈRE, *D. 1985. Chron. 137.* – KOERING-JOULIN, *JCP 1982. I. 3066* (infractions politiques) ; *D. 1987. Chron. 18 ; JCP 1982. I. 3066.* – LABAYLE, *JCP 1990. I. 3452 ; RFDA 1994. 21* ; *ibid. 1995. 109*. – LEMOULAND, *RSC 1988. 16.* – LEVASSEUR, *RFDA 1985. 145.* – MASSÉ, *RSC 1994. 798.* *ibid. RSC 2004. 978* (l'entraide judiciaire internationale version française). – MASSIAS, *RFDA 2001. 1028* (l'expulsion d'un étranger peut-elle constituer une extradition déguisée ?). – MAYER, *D. 2000. Point de vue n° 11.* – PLANTEY, *RSC 1983. 379.* – PRALUS, *RSC 1996. 551.* – RENAUT, *JCP 2002. I. 173* (de la nécessité de revitaliser le droit extraditionnel). – RICHARD, *JCP 1996. I. 3917 ; JCP 1997. I. 3988.* – RODRIGUEZ, *RSC 1979. 471 ; D. 1984. Chron. 223.* – ROLIN, *RSC 1994. 491* ; *ibid. 1999. 537* (le contrôle du Conseil d'État sur les décrets d'extradition). – SAMPER, *RSC 1998. 723* (extradition des délinquants économiques). – SCHULTZ, *RID pén. 1974. 499*. – VOUIN, *Rev. crim. et pol. techn. 1950. 174*.

Encourt la censure l'arrêt de la chambre de l'instruction qui, pour examiner si les conditions de forme et de fond d'une demande d'extradition adressée par le gouvernement des Émirats arabes unis sont remplies, se réfère, non pas aux dispositions du code de procédure pénale, mais à la Conv. europ. d'extradition du 13 déc. 1957 à laquelle l'État requérant n'est pas partie. • Crim. 29 oct. 2008, n° 08-85.713 P : *AJ pénal 2009. 79, obs. Demarchi*.

SECTION PREMIÈRE DES CONDITIONS DE L'EXTRADITION

Art. 696-1 Aucune remise ne pourra être faite à un gouvernement étranger de personnes n'ayant pas été l'objet de poursuites ou d'une condamnation pour une infraction prévue par la présente section.

Art. 696-2 Le gouvernement français peut remettre, sur leur demande, aux gouvernements étrangers, toute personne n'ayant pas la nationalité française qui, étant l'objet d'une poursuite intentée au nom de l'État requérant ou d'une condamnation prononcée par ses tribunaux, est trouvée sur le territoire de la République.

Néanmoins, l'extradition n'est accordée que si l'infraction cause de la demande a été commise :

— soit sur le territoire de l'État requérant par un ressortissant de cet État ou par un étranger ;

— soit en dehors de son territoire par un ressortissant de cet État ;

— soit en dehors de son territoire par une personne étrangère à cet État, quand l'infraction est au nombre de celles dont la loi française autorise la poursuite en France, alors même qu'elles ont été commises par un étranger à l'étranger.

1. La non-extradition des nationaux. L'extradition d'un individu qui n'avait pas la nationalité française à la date des faits reprochés n'est contraire ni aux dispositions de l'art. 5 de la L. du 10 mars 1927 ni, par voie de conséquence, aux stipulations de l'art. 6-1 de la Convention européenne d'extradition du 13 déc. 1957 qui permettent à un État de refuser l'extradition d'un de ses nationaux. • CE 7 déc. 1990 : *AJDA 1991. 403, note Julien-Laferrière*.

2. Lorsque à l'occasion de l'examen par la chambre d'accusation d'une demande d'extradition, la personne réclamée qui justifie être en France invoque qu'elle aurait acquis la nationalité française à sa majorité en application de l'art. 44 du code de la nationalité, il s'agit d'une question préjudicielle sur laquelle, en vertu de l'art. 124 dudit code, cette chambre d'accusation ne saurait se prononcer elle-même et a l'obligation de surseoir à statuer. • Crim. 2 oct. 1987, n° 87-84.290 P. ♦ *La chambre d'accusation peut* refuser de surseoir à statuer sur l'exception de nationalité soulevée par l'intéressé lorsqu'elle constate qu'elle ne repose sur aucune argumentation sérieuse en relevant notamment que l'intéressé fait l'objet d'une peine d'interdiction définitive du territoire français, qu'il est né, avant le 1er janv. 1963, de parents de statut civil de droit local originaires d'Algérie n'ayant pas souscrit de déclaration de reconnaissance de la nationalité française, qu'aucune mention n'est portée en marge de son acte de naissance et qu'il n'a pas bénéficié d'un décret de réintégration ; la chambre d'accusation n'a pas excédé ses pouvoirs dès lors que l'intéressé s'était borné à soutenir devant elle qu'il avait toujours vécu en France sans invoquer, notamment, les dispositions de l'art. 1er, al. 3, de la loi du 20 déc. 1966. • Crim. 26 juill. 2000, n° 00-83.306.

3. Apatrides. N'étant pas des nationaux, les apatrides peuvent être extradés. • Paris, 29 juin 1961 : *JCP 1963. II. 13126, note Aymond*.

4. Gouvernement étranger. Est privé de l'une des conditions essentielles de son existence légale l'avis de la chambre de l'instruction rendu sur une demande d'extradition n'émanant pas d'un État souverain au sens des art. 696-1, 696-2 et 696-15, en l'occurrence la région administrative spéciale de Hong-Kong de la République populaire de Chine. • Crim. 14 févr. 2012, n° 11-87.679 P : n° 11-87.679 P : *D. actu. 28 févr. 2012, obs. Bombled ; D. 2012. Actu. 554 ; ibid. 931, note Benillouche*.

Art. 696-3 Les faits qui peuvent donner lieu à l'extradition, qu'il s'agisse de la demander ou de l'accorder, sont les suivants :

1° Tous les faits punis de peines criminelles par la loi de l'État requérant ;

2° Les faits punis de peines correctionnelles par la loi de l'État requérant, quand le maximum de la peine d'emprisonnement encourue, aux termes de cette loi, est égal ou supérieur à deux ans, ou, s'il s'agit d'un condamné, quand la peine prononcée par la juridiction de l'État requérant est égale ou supérieure à deux mois d'emprisonnement.

En aucun cas l'extradition n'est accordée par le gouvernement français si le fait n'est pas puni par la loi française d'une peine criminelle ou correctionnelle.

Les faits constitutifs de tentative ou de complicité sont soumis aux règles précédentes, à condition qu'ils soient punissables d'après la loi de l'État requérant et d'après celle de l'État requis.

Si la demande a pour objet plusieurs infractions commises par la personne réclamée et qui n'ont pas encore été jugées, l'extradition n'est accordée que si le maximum de la peine encourue, d'après la loi de l'État requérant, pour l'ensemble de ces infractions, est égal ou supérieur à deux ans d'emprisonnement.

1. Le principe de la double incrimination. La chambre des mises en accusation de la cour d'appel de Bruxelles, ayant, pour ordonner l'internement de l'intéressé constaté, conformément à l'art. 7 de la loi belge du 1er juill. 1964 de défense sociale, qu'il se trouvait, au moment du meurtre commis par lui, « dans un état grave de déséquilibre mental » et non en état de « démence », également prévu par l'art. 1er de la même loi, celui-ci n'est, dès lors, pas fondé à soutenir que les dispositions de l'art. 64 du code pénal français, en vertu desquelles il n'y a ni crime ni délit lorsque le prévenu était en état de démence au moment de l'action, faisaient légalement obstacle au décret attaqué du 9 août 1990 accordant son extradition aux autorités belges. • CE 22 mai 1992 : *D. 1992. 415, note Abraham*.

2. Il n'y a pas double incrimination lorsque les faits n'étaient pas, à l'époque de leur commission, incriminés en France, car en vertu du principe d'ordre public de non-rétroactivité de la loi pénale, ces faits n'étaient pas susceptibles de sanction pénale en droit français. • Aix-en-Provence, 24 nov. 1999 : *D. 2000. 245, note Renucci*.

3. Indifférence de qualifications différentes. Peuvent être extradés vers la République fédérale d'Allemagne les individus condamnés dans ce pays à une peine d'au moins trois mois d'emprisonnement pour des faits punis par la loi pénale française, sans qu'il soit besoin que les qualifications de ces infractions soient formulées de façon identique dans les législations des deux pays. • CE 27 juill. 1979 : *Gaz. Pal. 1979. 2. 686, note Julien-Laferrière ; Rev. crit. DIP 1980. 547, obs. Lagarde.* ♦ V. aussi • CE 13 févr. 1985 : *Lebon 49.*

4. Non-rétroactivité. Encourt la cassation l'arrêt de la chambre de l'instruction émettant un avis favorable à une demande d'extradition émise par le Rwanda sans rechercher concrètement si les faits justifiant l'extradition étaient punis par une loi *rwandaise antérieure à la date à laquelle ils* auraient été commis. • Crim. 24 avr. 2013, n° 13-81.061. ♦ V. aussi : • Douai, ch. instr., 12 sept. 2013 : *D. 2013. 2570, note Roets*. ♦ En l'absence, à la date des faits, d'une définition précise et accessible des éléments constitutifs des infractions de génocide et de crimes contre l'humanité ainsi que de la prévision d'une peine par la loi rwandaise, le principe de légalité criminelle fait obstacle à ce que lesdits faits soient considérés comme punis par la loi de l'État requérant, au sens de l'article 696-3, 1°. • Crim. 26 févr. 2014 (3 esp.), nos 13-86.631, 13-87.888, 13-87.846 P : *D. actu. 12 mars 2014, obs. Fonteix ; D. 2014. 610 ; ibid. 702, note Roets ; JCP 2014, n° 538, note Herran.*

5. Rôle des juridictions françaises. Sauf erreur évidente, il n'appartient pas aux autorités françaises, lorsqu'elles se prononcent sur une demande d'extradition, de connaître de la réalité des charges pesant sur la personne réclamée ou ayant entraîné sa condamnation. • CE 15 févr. 1980, *Winter : D. 1980. 449. concl. Labetoulle.* ♦ V. aussi • CE 8 juin 1994 : *Gaz. Pal. 1995. 1. 137, concl. Abraham.* ♦ Il appartient aux juridictions françaises de rechercher si les faits visés dans la demande d'extradition sont punis par la loi française d'une peine criminelle ou correctionnelle, indépendamment de la qualification donnée par l'État requérant ; dès lors ne justifie pas sa décision l'arrêt qui, pour émettre un avis défavorable à l'extradition, énonce que l'émission de chèques sans provision n'est pas incriminée par le droit français, alors qu'il résultait de ses propres constatations qu'ils pouvaient constituer, en droit interne, le délit d'escroquerie. • Crim. 21 mars 2017, n° 16-87.722 P : *AJ pénal 2017. 296, obs. Brach-Thiel*. ♦ S'il appartient aux juridictions françaises, lorsqu'elles se prononcent sur une demande d'extradition, de vérifier si les faits pour lesquels l'extradition est demandée étaient incriminés par l'État requérant au moment de leur commission, il ne leur appartient pas de vérifier si ces faits ont reçu, de la part des autorités de cet État, une exacte qualification juridique au regard de la loi pénale de ce dernier. • Crim. 24 mai 2018, n° 17-86.340 P : D. actu. *18 juin 2018, obs. Diaz ; AJ pénal 2018. 472, obs. Otéro*.

Art. 696-4 **L'extradition n'est pas accordée :**

1° Lorsque la personne réclamée a la nationalité française, cette dernière étant appréciée à l'époque de l'infraction pour laquelle l'extradition est requise ;

2° Lorsque le crime ou le délit a un caractère politique ou lorsqu'il résulte des circonstances que l'extradition est demandée dans un but politique ;

3° Lorsque les crimes ou délits ont été commis sur le territoire de la République ;

4° Lorsque les crimes ou délits, quoique commis hors du territoire de la République, y ont été poursuivis et jugés définitivement ;

5° Lorsque, d'après la loi de l'État requérant ou la loi française, la prescription de l'action s'est trouvée acquise antérieurement à la demande d'extradition, ou la prescription de la peine antérieurement à l'arrestation de la personne réclamée et d'une façon générale toutes les fois que l'action publique de l'État requérant est éteinte ;

6° Lorsque le fait à raison duquel l'extradition a été demandée est puni par la législation de l'État requérant d'une peine ou d'une mesure de sûreté contraire à l'ordre public français ;

7° Lorsque la personne réclamée serait jugée dans l'État requérant par un tribunal n'assurant pas les garanties fondamentales de procédure et de protection des droits de la défense ;

8° Lorsque le crime ou le délit constitue une infraction militaire prévue par le livre III du code de justice militaire.

Sous réserve des accords internationaux applicables et des conditions de l'art. 696-4, les stipulations de la convention entre les États parties au traité de l'Atlantique Nord sur le statut de leurs forces, signée à Londres le 19 juin 1951, s'appliquent aux membres militaires et civils, à leurs personnes à charge et aux biens d'un État membre de l'Organisation du traité de l'Atlantique Nord ou du partenariat pour la paix dans le cadre des activités de coopération dans le domaine de la défense ou de la sécurité civile et de la gestion de crise conduites sur le territoire national ou à bord des aéronefs d'État, au sens de l'art. 3 de la convention relative à l'aviation civile internationale, signée à Chicago le 7 déc. 1944, ou des navires d'État, au sens de l'art. 96 de la Convention des Nations unies sur le droit de la mer, signée à Montego Bay le 10 déc. 1982 (L. n° 2018-607 du 13 juill. 2018, art. 50).

I. NATIONALITÉ

1. QPC. Le principe d'égalité ne s'oppose ni à ce que le législateur règle de façon différente des situations différentes, ni à ce qu'il déroge à l'égalité pour des raisons d'intérêt général, pourvu que, dans l'un et l'autre cas, la différence qui en résulte soit en rapport direct avec l'objet de la loi qui l'établit ; par conséquent, les dispositions de l'art. 696-4, 1° sont conformes à la Constitution. • Cons. const. 14 nov. 2014 : *AJ pénal 2015. 86, obs. Chassang* ✎.

II. NATURE DES FAITS

2. Exception de l'infraction politique. Dans l'appréciation que l'État requis porte sur le caractère politique de l'infraction pour laquelle l'extradition est demandée, cet État n'est pas lié par la définition de l'infraction dans le droit de l'État requérant. Application à l'infraction de droit italien de *participation* à bande armée, qui s'analyse en droit français en association de malfaiteurs, infraction dépourvue de caractère politique. • CE 24 févr. 1995 : ⚖ *JCP 1995. IV. 1433.*

3. Sont politiques les infractions qui portent atteinte à l'ordre politique, qui sont dirigées contre la constitution du gouvernement et contre la souveraineté, qui troublent l'ordre établi par les lois fondamentales de l'État et la distribution des pouvoirs. • Grenoble, 13 févr. 1947 : *JCP 1947. II. 3664 note Magnol.* ♦ Quels que soient les mobiles ayant animé son auteur, le délit prévu et réprimé par un art. 413-10 C. pén. qui réprime au titre des atteintes aux intérêts fondamentaux de la Nation, la divulgation d'une information ayant un caractère de secret de la défense nationale, constitue une infraction politique au sens des art. 3, § 1, de la Convention européenne d'extradition du 13 déc. 1957 et 5, § 2, de la loi du 10 mars 1927 relative à l'extradition ; il y avait donc bien lieu d'émettre un avis défavorable à la demande d'extradition. • Crim. 3 nov. 1999, ⚖ n° 99-80.329.

4. Sur l'infraction politique et l'extradition, V. aussi notamment : • Crim. 21 sept. 1984, ⚖ n° 84-93.943 P • Paris, 3 juill. 1967 : *JCP 1967. II. 15274, note A. P.* • Paris, 4 déc. 1967 : *JCP 1968. II. 15387, note A. P.* • Douai, 29 nov. 1983 : *JCP 1985. II. 20353, note Chambon* • CE 14 déc. 1987 : *RFDA 1989. 54, concl. Schrameck.* ♦ BIBL. Koering-Joulin, *JCP 1982. I. 3066 ; D. 1987. Chron. 18.* – Lemouland, *RSC 1988. 16.*

5. Violence terroriste. S'il est reproché à l'intéressé d'avoir fourni des moyens de correspondance à des détenus qui étaient poursuivis pour s'être associés dans le but de commettre des crimes contre les personnes et pour avoir effectivement commis plusieurs crimes de cette nature, peu importe que la circonstance que ces crimes, qui ne sont pas politiques par leur objet, auraient eu pour but, selon le mandat d'arrêt « de renverser l'ordre établi en République fédérale d'Allemagne », cela ne suffit pas, compte tenu de leur gravité, à les faire regarder comme ayant un caractère politique. Par ailleurs, si l'intéressé prétend qu'en ce qui le concerne il a agi dans le but de faire respecter les droits de la défense, ce mobile, à le supposer établi, n'est pas de nature à donner un caractère politique aux infractions qui lui sont reprochées et qui consistent dans une aide apportée à des détenus dont il était l'avocat en vue de leur permettre non pas d'assurer leur défense, mais de poursuivre leurs activités criminelles. • CE 7 juill. 1978, *Croissant : Rec. 292 ; Gaz. Pal. 1979. 1. 34, note Derouin.*

6. But politique de la demande. L'extradition n'est pas accordée lorsque le crime ou le délit a un caractère politique ou lorsqu'il résulte des circonstances que l'extradition est demandée dans un but politique. Il ressort de l'ensemble des circonstances de la cause que l'extradition du requérant a été demandée, en 1973, dans un but politique. Ainsi, cette extradition ne pouvait être légalement accordée. Dès lors, le requérant est fondé à demander l'annulation du décret par lequel le premier ministre accorde son extradition. • CE 24 juin 1977, *Astudillo Colleja : D. 1977. 695, concl. Genevois ; Gaz. Pal. 1977. 2. 640, note Ladhari ; JDI 1978. 71, note Ruzié.*

7. Le refus de l'extradition, lorsqu'elle est demandée dans un but politique, est un principe fondamental reconnu par les lois de la République. • CE 3 juill. 1996 : *D. 1996. 509, note Julien-Laferrière ; RFDA 1997. 870, concl. Delarue, notes Favoreu, Gaïa, Labayle et Delvolvé ; JCP 1996. II. 22720, note Prétot.*

III. FAITS COMMIS EN FRANCE

8. Si, au regard du droit français, la juridiction française est incompétente pour connaître de faits commis à l'étranger par un étranger, il en va autrement lorsque ces faits forment un tout indivisible avec des infractions dont ladite juridiction est légalement saisie. • CE 5 juill. 1993 : *JCP 1993. IV. 2075.* ♦ V. aussi, • Paris, 18 févr. 1964 : *JCP 1965. II. 14009, note A.P.*

9. En l'absence dans la Convention d'extradition conclue le 12 mai 1870 entre la France et l'Italie d'une stipulation relative à l'extradition de l'auteur présumé d'une infraction commise sur le territoire de l'État requis, les dispositions de la L. du 10 mars 1927, qui complète la Convention sur les points qui n'y sont pas réglés [RJ1], font obligation au gouvernement français de refuser l'extradition demandée « lorsque les crimes ou délits ont été commis en France ». Les faits retenus à l'encontre de l'intéressé sont constitutifs, s'ils sont établis, d'un recel commis en France et relèvent, même si le vol a été commis à l'étranger, de la compétence des juridictions françaises. L'intéressé n'étant inculpé ni du vol commis en Italie ni de complicité de vol, il y a lieu à annulation du décret d'extradition. • CE 30 avr. 1982 : *D. 1982. 580, note Mayer et Julien-Laferrière.* ♦ Aux termes de l'art. 5-3°, de la L. du 10 mars 1927, qui complète, sur ce point, les stipulations de la Convention du 12 mai 1870 : « L'extradition n'est pas accordée ... 3° Lorsque les crimes ou les délits ont été commis en France ... » ; dès lors qu'il ressort des pièces du dossier que le délit de recel de faux papiers pour lequel l'intéressé est recherché par la justice italienne a commencé en Italie et s'est poursuivi en France, en vertu de l'art. 693 et du fait que le délit de recel est constitué tant que dure la détention de la chose, les faits reprochés sont constitutifs d'une infraction commise en France et le Gouvernement français ne pouvait, sans violer l'art. 5-3° de la L. du 10 mars 1927, accorder l'extradition pour ce chef de poursuites. • CE 9 déc. 1983 : *JCP 1984. II. 20193, concl. Genevois.*

IV. EXTINCTION DE L'ACTION

10. Non bis in idem. Il résulte des art. 1er et 9 de la Convention européenne d'extradition du 13 déc. 1957 et des art. 5-4° et 16 de la loi du 10 mars 1927 que la chambre d'accusation n'est autorisée à refuser l'extradition sur le fondement de la règle *non bis in idem* que lorsque, pour les faits à raison desquels cette mesure est demandée, la personne réclamée a été définitivement jugée en France ou lorsque, pour ces faits, les autorités françaises ont décidé de ne pas engager de poursuites ou de mettre fin aux poursuites qu'elles ont exercées. Méconnaît ces dispositions la chambre d'accusation qui refuse l'extradition au seul motif que la personne réclamée a déjà été jugée, pour les mêmes faits, par les juridictions d'un État tiers. • Crim. 8 juill. 1997, n° 96-86.258 P : *RG proc. 1998. 108, obs. Rebut.*

11. Prescription de l'action publique. Amnistie. L'art. 10 de la Convention européenne d'extradition ne précisant pas la date à laquelle il y a lieu de se placer pour apprécier la prescription de l'action ou de la peine, les dispositions applicables sur ce point sont celles de l'art. 5-5° de la L. du 10 mars 1927, selon lesquelles la prescription de l'action s'apprécie à la date de la demande d'extradition et la prescription de la peine à la date de l'arrestation de la personne réclamée. En vertu des principes généraux qui régissent le droit de l'extradition, il n'est pas possible d'accorder l'extradition d'un individu poursuivi pour des faits amnistiés dans l'État requérant. • CE 29 sept. 1989 : *D. 1989. IR 270.*

12. Encourt la censure l'arrêt de la chambre de l'instruction qui, saisie d'une demande d'extradition présentée sur le fondement de la Convention relative à l'extradition entre les États membres de l'Union européenne du 27 sept. 1996 (Convention de Dublin), omet de vérifier, au regard du droit étranger (droit de l'État requérant), si la prescription de l'action publique était acquise ou si elle avait été régulièrement interrompue. • Crim. 4 janv. 2006, n° 05-86.258 P : *D. 2006. IR 395.*

13. En vertu de l'art. 10 de la Conv. européenne d'extradition, l'extradition n'est pas accordée si la prescription de l'infraction ou de la peine est acquise d'après la législation soit de la partie requérante, soit de la partie requise. Application au cas d'une personne condamnée en Italie à une peine de dix ans de réclusion pour vol à main armée, port et détention illégale d'armes et vol aggravé. D'une part, cette peine n'était pas prescrite au regard de la loi italienne. D'autre part, les infractions commises constituent des infractions criminelles au regard du droit français et les peines réprimant de telles infractions se prescrivent par vingt années en vertu de l'art. 763 C. A la date du décret d'extradition attaqué, la peine n'était pas prescrite en droit français, donc le décret était légal. • CE 9 déc. 1994 : *Lebon 543*. ♦ L'extradition n'étant pas accordée si la prescription de l'action ou de la peine est acquise d'après la législation soit de la Partie requérante, soit de la Partie requise, il appartient à la chambre de l'instruction de vérifier, au besoin d'office, si, à la date de la demande d'extradition, la prescription ne s'était pas trouvée acquise au regard de la législation française. • Crim. 7 août 2019, n° 18-84.182 P : *Dr. pénal 2019, n° 174, note Maron et Haas.* ♦ Il entre dans les pouvoirs de la chambre de l'instruction de rechercher si des actes accomplis par les autorités judiciaires de l'État requérant constituent des actes interruptifs au regard de la loi française. • Crim. 7 août 2019, n° 18-86.297 P. ♦ Encourt la censure l'arrêt de la chambre de l'instruction qui, saisie d'une demande d'extradition présentée sur le fondement de la Convention relative à l'extradition entre les États membres de l'Union européenne du 27 sept. 1996 (Conv. de Dublin), omet de vérifier, au regard du droit étranger (droit de l'État requérant), si la prescription de l'action publique était acquise ou si elle avait été régulièrement interrompue. • Crim. 4 janv. 2006, n° 05-86.258 P : *D. 2006. IR 395*.

14. Les stipulations de l'art. 10 de la Conv. européenne d'extradition prévoyant que l'extradition ne sera pas accordée si la prescription de l'action ou de la peine est acquise d'après la législation soit de la partie requérante, soit de la partie requise, ont été complétées, pour leur application entre les États parties à la Conv. de Schengen, par les stipulations de l'art. 62-1 de cette dernière convention, aux termes desquelles en ce qui concerne l'interruption de la prescription, seules sont applicables les dispositions de la partie requérante. La Conv. de Schengen étant entrée en vigueur à la date du décret d'extradition, seules les dispositions de la partie requérante devaient être prises en compte pour apprécier si l'action publique était prescrite à la date de la demande alors même que cette demande était antérieure à l'entrée en vigueur de ladite convention. • CE 22 sept. 1997 : *D. 1997. IR 216*.

15. Encourt la censure l'arrêt de la chambre de l'instruction qui, saisie d'une demande d'extradition présentée sur le fondement de la Convention relative à l'extradition entre les États membres de l'Union européenne du 27 sept. 1996 (Convention de Dublin), omet de vérifier, au regard du droit étranger (droit de l'État requérant), si la prescription de l'action publique était acquise ou si elle avait été régulièrement interrompue. • Crim. 4 janv. 2006, n° 05-86.258 P : *D. 2006. IR 395.* ♦ La chambre de l'instruction saisie en matière d'extradition doit vérifier si la prescription de l'action publique ou de la peine est acquise d'après la législation de l'État requérant et de l'État requis. • Crim. 23 sept. 2015, n° 15-83.991 P : *D. actu. 25 oct. 2015, obs. Fucini ; AJ pénal 2016. 41, obs. Brach-Thiel*.

16. En se déterminant par des motifs hypothétiques, sans mieux s'expliquer sur la prolongation de la séquestration de la victime (qui avait été enlevée et n'avait jamais été retrouvée) jusqu'à une date permettant d'écarter la prescription prévue par l'art. 7, une chambre de l'instruction n'a pas donné de base légale à sa décision. • Crim. 18 févr. 2015 : *D. actu. 12 mars 2015, obs. Fucini ; AJ pénal 2015. 257, obs. Chassang*.

V. GRAVITÉ DES PEINES ENCOURUES

17. Risque de mauvais traitements. V. ss. art. 3, Conv. EDH, la jurisprudence européenne précisant que l'extradition peut constituer une violation de l'art. 3 en cas de risques de mauvais traitements dans l'État requérant.

18. Cas particulier de la peine de mort. Le requérant est fondé à soutenir que le décret accordant l'extradition est entaché d'excès de pouvoir dès lors que si, selon ce décret, le gouvernement français n'a accordé l'extradition que « sous réserve que les faits motivant la demande d'extradition conservent les qualifications visées selon lesquelles ils ne sont pas punissables de la peine capitale », cette réserve, en l'absence de Convention entre la France et la Turquie, n'a pas pour effet de lier les juridictions turques en ce qui concerne la qualification des faits pour la poursuite desquels l'extradition est accordée ; en outre, le gouvernement français n'a pas obtenu des autorités turques l'assurance que la peine de mort ne serait pas exécutée au cas où elle serait prononcée. • CE 27 févr. 1987, *Fidan : D. 1987. 305, concl. Bonichot ; D. 1988. Somm. 134, obs. Waquet et Julien-Laferrière.*

19. L'intéressée n'est pas fondée à soutenir que le décret accordant son extradition ne serait pas assorti de garanties suffisantes et que son extradition serait contraire à l'ordre public français dès lors que, par le décret attaqué, le gouvernement français accorde l'extradition de la requérante aux autorités américaines « sous réserve, si l'intéressée est condamnée à la peine capitale par l'État du Texas, que la sentence ne soit pas exécutée », qu'en outre il ressort des notes des 27 sept. 1991 et 1er avr. 1992 que l'ambassade des États-Unis a fait connaître l'assurance donnée au gouvernement français par le gouvernement américain que si la peine capitale devait être prononcée par l'État du Texas, la sentence ne serait pas appliquée et que les autorités américaines ont transmis aux autorités françaises l'engagement pris au nom de l'État du Texas par le procureur du comté de Dallas où la requérante serait appelée à être jugée que le ministère public compétent ne requerrait pas la peine capitale contre l'intéressée alors qu'en vertu de la section 1 de l'art. 37-071 du code texan de procédure criminelle une telle peine ne peut être prononcée si elle n'est pas demandée par le ministère public. • CE 15 oct. 1993, *Aylor : JDI 1994. 413, note Chappez ; JCP 1994. II. 22257, note Espuglas ; AJDA 1993. 848, obs. Maugüé et Touvet ; RFDA 1993. 1116, concl. Vigouroux*. ♦ V. aussi • CE 8 avr. 1998 : *RFDA 1998. 879, note Ruzié*. ♦ Ne méconnaît pas les dispositions de la Conv. EDH le décret qui accorde l'extradition d'un individu passible de la peine de mort selon le droit pénal local applicable dès lors que le gouvernement français a obtenu du gouvernement étranger l'assurance que la peine de mort ne serait pas prononcée ni infligée et du procureur local que cette peine ne serait pas requise. • CE 6 nov. 2000, *Nivette : D. 2001. IR 178 ; JCP 2001. IV. 2514, obs. Rouault ; RFDA 2001. 1037, concl. de Silva*.

20. Encourt la censure l'arrêt de la chambre de l'instruction qui, en réponse à une articulation essentielle du mémoire arguant du risque pour la personne réclamée de subir une peine, prévue par la charia, contraire à l'ordre public français, se borne à énoncer qu'au vu des pièces produites par l'État requérant, rien ne permet de retenir que l'exécution de la demande d'extradition contreviendrait à l'ordre public français. • Crim. 29 oct. 2008, n° 08-85.713 P : *AJ pénal 2009. 79, obs. Demarchi*.

21. Peine et mesure de sûreté. Une mesure de sûreté consistant en un internement administratif n'est pas une peine et ne peut donc motiver une extradition. • Crim. 2 juill. 1954 : *JCP 1954. II. 8359, note Brouchot.*

VI. JUGEMENT PAR UN TRIBUNAL N'ASSURANT PAS LES GARANTIES FONDAMENTALES DE PROCÉDURE

22. Une chambre de l'instruction ne peut refuser l'extradition sur le fondement de l'art. 696-4, 7°, en s'appuyant notamment sur des rapports du Conseil de l'Europe relatifs à l'Albanie, État requérant, sans ordonner un complément d'information aux fins de rechercher si, en l'espèce, la personne réclamée bénéficiera des garanties fondamentales de procédure et de protection des droits de la défense. • Crim. 21 oct. 2014, n° 14-85.257 P : *D. 2014. Actu. 2176 ; AJ pénal 2015. 52, obs. Brach-Thiel ; RSC 2014. 798, note Boccon-Gibod*.

Art. 696-5 **Si, pour une infraction unique, l'extradition est demandée concurremment par plusieurs États, elle est accordée de préférence à l'État contre les intérêts duquel l'infraction était dirigée, ou à celui sur le territoire duquel elle a été commise.**

Si les demandes concurrentes ont pour cause des infractions différentes, il est tenu compte, pour décider de la priorité, de toutes circonstances de fait, et, notamment, de la gravité relative et du lieu des infractions, de la date respective des demandes, de l'engagement qui serait pris par l'un des États requérants de procéder à la réextradition.

Si le déroulement d'une procédure d'extradition justifie une privation de liberté, c'est à la condition que cette procédure soit menée avec la diligence requise ; par suite, une chambre de l'instruction, en fondant le rejet de la demande de mise en liberté sur les seules diligences accomplies dans une procédure d'extradition distincte, a méconnu le sens et la portée de l'article 5, § 1, f, Conv. EDH. • Crim. 5 oct. 2016, n° 16-84.669 P : *D. actu. 27 oct. 2016, obs. Fucini.*

Art. 696-6 **Sous réserve des exceptions prévues à l'article 696-34, l'extradition n'est accordée qu'à la condition que la personne extradée ne sera ni poursuivie, ni condamnée pour une infraction autre que celle ayant motivé l'extradition et antérieure à la remise.**

1. Respect du principe de la spécialité de l'extradition. En vertu du principe de spécialité, l'individu livré ne peut être poursuivi ou jugé contradictoirement pour aucune infraction autre que celle ayant motivé l'extradition. • Crim. 12 juill. 1994, n° 92-82.657 P.

2. La cour d'appel a justifié sa décision en écartant le moyen du prévenu qui soutenait que le principe de spécialité de l'extradition n'avait pas été respecté, lorsqu'elle énonce que, sans qu'il y ait lieu à surseoir à statuer, les conventions en matière d'extradition étant claires et les voies de recours n'étant pas épuisées, il convenait de relever que l'intéressé avait expressément renoncé à ce principe en signant l'acte de renonciation du 16 oct. 1997 en application de l'art. 66.1 de la Convention de Schengen du 19 juin 1990, et qu'il résultait des pièces de la procédure que les autorités luxembourgeoises avaient entendu poursuivre une procédure d'extradition « simplifiée » que les autorités françaises n'ont pas compétence pour contrôler. • Crim. 27 nov. 2002, n° 02-80.911.

Art. 696-7 **Dans le cas où une personne réclamée est poursuivie ou a été condamnée en France, et où son extradition est demandée au gouvernement français à raison**

d'une infraction différente, la remise n'est effectuée qu'après que la poursuite est terminée, et, en cas de condamnation, après que la peine a été exécutée.

Toutefois, cette disposition ne fait pas obstacle à ce que la personne réclamée puisse être envoyée temporairement pour comparaître devant les tribunaux de l'État requérant, sous la condition expresse qu'elle sera renvoyée dès que la justice étrangère aura statué.

Est régi par les dispositions du présent article le cas où la personne réclamée est soumise à la contrainte judiciaire par application des dispositions du titre VI du livre V du présent code.

V. C. pr. pén., art. 749 à 762 relatifs à la contrainte judiciaire.

SECTION II DE LA PROCÉDURE D'EXTRADITION DE DROIT COMMUN

Art. 696-8 **Sous réserve des dispositions du quatrième alinéa, toute demande d'extradition est adressée au gouvernement français par voie diplomatique et accompagnée soit d'un jugement ou d'un arrêt de condamnation, même par défaut, soit d'un acte de procédure pénale décrétant formellement ou opérant de plein droit le renvoi de la personne poursuivie devant la juridiction répressive, soit d'un mandat d'arrêt ou de tout autre acte ayant la même force et décerné par l'autorité judiciaire, pourvu que ces derniers actes renferment l'indication précise du fait pour lequel ils sont délivrés et la date de ce fait.**

Les pièces ci-dessus mentionnées doivent être produites en original ou en copie certifiée conforme.

Le gouvernement requérant doit produire en même temps la copie des textes de loi applicables au fait incriminé. Il peut joindre un exposé des faits de la cause.

Lorsqu'elle émane d'un État membre de l'Union européenne, la demande d'extradition est adressée directement par les autorités compétentes de cet État au ministre de la justice, qui procède comme il est dit à l'article 696-9.

1. Aucune disposition de la loi du 10 mars 1927 n'impose la traduction des pièces de justice jointes à une demande d'extradition, ni ne fixe les conditions de forme d'une éventuelle traduction. • Crim. 21 sept. 1984, n° 84-93.943 P. ♦ Dans le cadre de la Convention européenne d'extradition, seule la partie requise a la faculté de demander la traduction à la partie requérante, l'étranger étant sans droit pour la réclamer. • Crim. 26 janv. 1988, n° 87-90.669 P.

2. La transmission des pièces par la voie diplomatique suffit à authentifier la demande. • Crim. 19 janv. 1982, n° 80-94.835 P. ♦ Mais si un mandat est suivi d'une condamnation définitive l'État requérant doit présenter une nouvelle demande. • CE 24 févr. 1987 : *Lebon 82* • 8 avr. 1987 : *ibid. 136.*

Art. 696-9 **La demande d'extradition est, après vérification des pièces, transmise, avec le dossier, par le ministre des affaires étrangères au ministre de la justice qui, après s'être assuré de la régularité de la requête, l'adresse au procureur général territorialement compétent.** *(Abrogé par L. n° 2009-526 du 12 mai 2009, art. 130-12°)* ***« Celui-ci la transmet, pour exécution, au procureur de la République territorialement compétent. »***

Pièces exigées. Encourt la cassation l'arrêt de la chambre d'accusation qui, saisie d'une demande de mise en liberté fondée sur l'irrégularité prétendue du titre de détention, conformément aux dispositions de l'article 14 de la loi du 10 mars 1927, fait droit à celle-ci alors qu'il appert des pièces de la procédure que le procureur de la République qui a ordonné l'arrestation provisoire de la personne réclamée, a été saisi directement par les autorités judiciaires du pays requérant par un avis ayant laissé une trace écrite et qu'un avis régulier a été transmis en même temps par voie diplomatique au ministère des relations extérieures de l'existence d'une des pièces indiquées par l'article 9 de la loi précitée, méconnaissant ainsi le sens et la portée de l'article 19 de ladite loi. • Crim. 23 juill. 1984, n° 84-92.460 P.

Art. 696-9-1 *(L. n° 2009-526 du 12 mai 2009, art. 130-13°)* **Pour la recherche d'une personne faisant l'objet d'une demande d'extradition ou d'arrestation provisoire aux fins d'extradition,** *(L. n° 2019-222 du 23 mars 2019, art. 70)* **« les articles 74-2 et 230-33 sont applicables ». Les attributions du procureur de la République et du juge des libertés et de la détention prévues par cet article sont respectivement exercées par**

le procureur général et le président de la chambre de l'instruction ou le conseiller par lui désigné.

Art. 696-10 *(L. nº 2009-526 du 12 mai 2009, art. 130-14º)* **Toute personne appréhendée à la suite d'une demande d'extradition doit être conduite dans les quarante-huit heures devant le procureur général territorialement compétent. Les articles 63-1 à** *(L. nº 2011-392 du 14 avr. 2011, en vigueur le 1er juin 2011)* **« 63-7 » sont applicables durant ce délai.**

Après avoir vérifié l'identité de la personne réclamée, le procureur général l'informe, dans une langue qu'elle comprend, de l'existence et du contenu de la demande d'extradition dont elle fait l'objet et l'avise qu'elle peut être assistée par un avocat de son choix ou, à défaut, par un avocat commis d'office par le bâtonnier de l'ordre des avocats, qui sera alors informé sans délai et par tout moyen. Il l'avise qu'elle peut s'entretenir immédiatement avec l'avocat désigné. Mention de ces informations est faite, à peine de nullité de la procédure, au procès-verbal.

L'avocat peut consulter sur-le-champ le dossier et communiquer librement avec la personne recherchée.

Le procureur général fait connaître également à la personne réclamée qu'elle a la faculté de consentir ou de s'opposer à son extradition et lui indique les conséquences juridiques si elle y consent. Il l'informe qu'elle a la faculté de renoncer à la règle de la spécialité et lui indique les conséquences juridiques de cette renonciation.

Le procureur général reçoit les déclarations de la personne réclamée et, s'il y a lieu, de son conseil, dont il est dressé procès-verbal.

Le délai de 48 heures prévu par l'art. 696-10, dans sa rédaction issue de la L. nº 2009-526 du 12 mai 2009, n'est pas applicable lorsque la personne réclamée a fait l'objet d'une arrestation provisoire, conformément aux dispositions de l'art. 696-23. • Crim. 12 mai 2010, nº 10-81.249 P: *D. 2010. Actu 1562.*

Ancien art. 696-10 *Toute personne appréhendée à la suite d'une demande d'extradition doit être déférée dans les vingt-quatre heures au procureur de la République territorialement compétent. Dans ce délai, elle bénéficie des droits garantis par les articles 63-1 à 63-5.*

Après avoir vérifié l'identité de cette personne, ce magistrat l'informe, dans une langue qu'elle comprend, qu'elle fait l'objet d'une demande d'extradition et qu'elle comparaîtra, dans un délai de sept jours à compter de sa présentation au procureur de la République, devant le procureur général territorialement compétent.

Le procureur de la République l'avise également qu'elle pourra être assistée par un avocat de son choix ou, à défaut, par un avocat commis d'office par le bâtonnier de l'ordre des avocats, informé sans délai et par tout moyen. Il l'avise de même qu'elle pourra s'entretenir immédiatement avec l'avocat désigné.

Mention de ces informations est faite, à peine de nullité de la procédure, au procès-verbal, qui est aussitôt transmis au procureur général.

Le procureur de la République ordonne l'incarcération de la personne réclamée, à moins qu'il n'estime que sa représentation à tous les actes de la procédure est suffisamment garantie.

1. Lorsqu'un étranger, détenu pour une autre cause, est l'objet d'une demande d'extradition, c'est au lieu de détention que le procureur de la République procède à l'interrogatoire prévu par l'art. 11 de la loi du 10 mars 1927. • Crim. 12 déc. 1989, nº 89-85.585 P: *RSC 1990. 808, obs. Braunschweig.* ♦ Lorsqu'un étranger est détenu pour une autre cause, c'est la chambre d'accusation du ressort du lieu de la détention qui est *compétente pour émettre l'*avis sur la demande. • Même arrêt.

2. Pour que la demande d'arrestation provisoire soit régulière au regard de l'article 16.2 de la Convention européenne d'extradition, il suffit qu'elle indique l'existence d'une des pièces prévues par l'article 12.2 de ladite convention, sans que soit exigée la présence matérielle de cette pièce. • Crim. 3 mai 1994, nº 94-80.921 P. ♦ Lors de l'examen de la demande d'extradition, l'étranger ne saurait critiquer les conditions de son arrestation provisoire, celle-ci étant sans incidence sur la validité de la procédure d'extradition. • Crim. 14 nov. 1996, nº 94-80.921 P.

3. Les dispositions de l'art. 696-10 ne s'appliquent pas à une personne faisant l'objet d'une arrestation provisoire, en cas d'urgence, aux fins d'extradition (art. 696-23), dès lors que la personne concernée a eu connaissance, dans le plus court délai, des raisons de son arrestation. • Crim. 15 sept. 2004, nº 04-83.882 P: *D. 2004. IR 2691; JCP 2004. IV. 3197.* ♦ Le délai de sept jours prévu par l'art. 696-10 n'est pas applicable lorsque la personne réclamée a fait l'objet d'une arrestation provisoire, conformément aux dispositions de l'art. 696-23. • Crim. 24 oct. 2007, n° 07-85.056 P : *D. 2007. AJ 3070* ; *AJ pénal 2008. 42* . ♦ Elles ne s'appliquent pas non plus à la personne arrêtée au vue d'une fiche de recherche diffusée par Interpol et prescrivant son arrestation sur la base d'un mandat d'arrêt délivré par les autorités judiciaires roumaines aux fins d'exécution de peine. • Crim. 28 sept. 2005, n° 05-84.377 P.

Art. 696-11 *(L. n° 2011-392 du 14 avr. 2011)* **« A la suite de la notification de la demande d'extradition, s'il décide de ne pas laisser en liberté la personne réclamée, le procureur général la présente au premier président de la cour d'appel ou au magistrat du siège désigné par lui. »**

(L. n° 2009-526 du 12 mai 2009, art. 130-15°) (L. n° 2011-392 du 14 avr. 2011) **« Le premier président de la cour d'appel ou le magistrat du siège désigné par lui » ordonne l'incarcération et le placement sous écrou extraditionnel de la personne réclamée à la maison d'arrêt du siège de la cour d'appel.**

Toutefois, s'il estime que sa représentation à tous les actes de la procédure est suffisamment garantie, *(L. n° 2011-392 du 14 avr. 2011)* **« le premier président de la cour d'appel ou le magistrat du siège désigné par lui » peut soumettre la personne réclamée, jusqu'à sa comparution devant la chambre de l'instruction, à une ou plusieurs des mesures prévues** *(L. n° 2011-392 du 14 avr. 2011)* **« aux articles 138 et 142-5 ». Cette décision est notifiée verbalement et mentionnée au procès-verbal dont copie lui est remise sur-le-champ. Elle est susceptible de recours devant la chambre de l'instruction qui doit statuer dans un délai de cinq jours.**

L'article 696-21 est applicable à la personne recherchée laissée en liberté ou placée sous contrôle judiciaire *(L. n° 2011-392 du 14 avr. 2011)* **« ou sous assignation à résidence sous surveillance électronique » si elle se soustrait volontairement ou ne respecte pas les obligations du contrôle judiciaire** *(L. n° 2011-392 du 14 avr. 2011)* **« ou de l'assignation à résidence sous surveillance électronique ».**

Les dispositions de la L. n° 2011-392 du 14 avr. 2011 sont entrées en vigueur le 1er juin 2011.

1. QPC. Les art. 696-11 et 696-19 sont conformes à la Constitution ; toutefois, les dispositions contestées ne sauraient, sans méconnaître la liberté individuelle ni porter une atteinte disproportionnée à la liberté d'aller et venir, être interprétées comme excluant la possibilité pour le magistrat du siège, saisi aux fins d'incarcération dans le cadre d'une procédure d'extradition, de laisser en liberté, sans mesure de contrôle, la personne réclamée dès lors qu'elle présente des garanties suffisantes de représentation. La personne doit, de plus, pouvoir être assitée d'un avocat à l'audience statuant sur l'écrou extraditionnel, et avoir le cas échéant connaissance des réquisitions du procureur général. Enfin, la durée de cette détention ne saurait excéder un délai raisonnable. • Cons. const. 9 sept. 2016, n° 2016-561/562 QPC : *D. 2016. Actu. 1757* ; *AJ pénal 2016. 596, obs. Brach-Thiel* .

2. N'encourt pas la censure l'arrêt de la chambre de l'instruction qui, ayant examiné la diligence avec laquelle la procédure a été conduite par les autorités françaises, en conclut que la durée de la privation de liberté de la personne placée sous écrou extraditionnel n'est pas excessive et dont les énonciations de l'arrêt mettent la Cour de cassation en mesure de s'assurer qu'elle s'est déterminée par référence aux garanties offertes par l'intéressé en vue de satisfaire à la demande d'extradition. • Crim. 28 janv. 2020, n° 19-86.833 P : *D. actu. 26 févr. 2020, obs Diaz.*

3. La notion de comparution du 3e al. de l'art. 696-11 renvoie aux hypothèses prévues aux art. 696-13 à 696-15, la comparution étant celle à l'issue de laquelle la chambre de l'instruction rend son avis sur la demande d'extradition. • Crim. 19 janv. 2022, n° 21-86.314 P. ♦ La mesure de contrôle judiciaire est maintenue de plein droit en cas d'avis favorable donné à la demande d'extradition, la personne dont l'extradition est réclamée pouvant à tout moment, tant au cours de la phase judiciaire que de la phase administrative, solliciter devant la chambre de l'instruction, la mainlevée ou la modification de cette mesure. • Même arrêt.

Art. 696-12 *(Abrogé par L. n° 2009-526 du 12 mai 2009, art. 130-16°)* ***Les pièces produites à l'appui de la demande d'extradition sont transmises par le procureur de la République au procureur général. Dans le délai de sept jours mentionné au deuxième alinéa de l'article 696-10, le procureur général notifie à la personne réclamée, dans une langue qu'elle comprend, le titre en vertu duquel l'arrestation a eu lieu et l'informe de sa faculté de consentir ou de s'opposer à son extradition ainsi que des conséquences juridiques résultant d'un consentement à l'extradition.***

Lorsque la personne réclamée a déjà demandé l'assistance d'un avocat et que celui-ci a été dûment convoqué, le procureur général reçoit les déclarations de celle-ci et de son conseil, dont il est dressé procès-verbal.

Dans les autres cas, ce magistrat rappelle à la personne réclamée son droit de choisir un avocat ou de demander qu'il lui en soit désigné un d'office. L'avocat choisi ou, dans le cas d'une demande de commission d'office, le bâtonnier de l'ordre des avocats est informé de ce choix par tout moyen et sans délai. L'avocat peut consulter sur-le-champ le dossier et communiquer librement avec la personne réclamée. Le procureur général reçoit les déclarations de l'intéressé et de son conseil, dont il est dressé procès-verbal.

1. Le moyen pris d'une prétendue violation des art. 13 de la loi du 10 mars 1927 et 5-2 Conv. EDH, lors de la notification par le procureur général du titre d'arrestation, qui n'a pas été alléguée devant la chambre d'accusation, ne peut être invoqué pour la première fois devant la Cour de cassation. • Crim. 16 sept. 1992, n° 92-83.532 P. ♦ V. également la jurisprudence européenne, notamment les affaires « *Sanchez-Reisse* » et « *Bozano* » : ss. art. 5 Conv. EDH.

2. Droit à un procès équitable (art. 6). La notification effectuée en vertu de l'art. 13 n'est pas incompatible avec les dispositions de l'art. 6, § 3 *a)*, Conv. EDH. • Crim. 2 déc. 1986, n° 86-95.400 P • 17 mars 1987 : *D. 1988. Somm. 135, obs. Waquet et Julien-Laferrière.* ♦ Loin d'être incompatible avec les dispositions de l'art. 6, § 3 *a)*, Conv. EDH, la notification effectuée en vertu de l'art. 13 L. 1927 permet au contraire à la personne visée par la demande d'extradition d'être informée dans les plus brefs délais, dans une langue qu'elle comprend et d'une manière détaillée, de la nature et de la cause de l'accusation portée contre elle. • Crim. 2 déc. 1986 : *préc.*

Art. 696-13 **Lorsque la personne réclamée a déclaré au procureur général consentir à son extradition, la chambre de l'instruction est immédiatement saisie de la procédure. La personne réclamée comparaît devant elle dans un délai de cinq jours ouvrables à compter de la date de sa présentation au procureur général.**

Lors de la comparution de la personne réclamée, la chambre de l'instruction constate son identité et recueille ses déclarations. Il en est dressé procès-verbal.

L'audience est publique, sauf si la publicité de l'audience est de nature à nuire au bon déroulement de la procédure en cours, aux intérêts d'un tiers ou à la dignité de la personne. Dans ce cas, la chambre de l'instruction, à la demande du ministère public, de la personne réclamée ou d'office, statue par un arrêt rendu en chambre du conseil.

Le ministère public et la personne réclamée sont entendus, cette dernière assistée, le cas échéant, de son avocat et, s'il y a lieu, en présence d'un interprète.

1. Portée du contradictoire. La procédure est contradictoire ; il y aurait nullité si la chambre d'accusation statuait sans entendre l'intéressé. • Crim. 8 nov. 1956, n° 56-280 P • 19 oct. 1971, n° 71-92.277 P • 31 mai 1988, n° 88-81.966 P. ♦ Si l'individu laissé en liberté ne comparaît pas, la procédure ne peut pas se dérouler et il y a lieu de surseoir à statuer jusqu'à l'arrestation de l'intéressé par la remise en vigueur, après révocation de la liberté, de l'ordre d'écrou extraditionnel. • Crim. 8 nov. 1956 : *Gaz. Pal. 1957. 1. 194 ; RSC 1957. 391, obs. Patin* • 11 juin 1985, n° 85-91.766 P • 7 avr. 1987, n° 87-80.848 P • 20 déc. 1994, n° 94-81.836 P. ♦ Bibl. Jeandidier, *D. 1981. 181.*

2. Le caractère contradictoire de la procédure d'extradition est respecté, dès lors que la personne réclamée, qui était en liberté, a été présente aux débats et a été informée par le président du jour où l'arrêt serait prononcé et il n'importe qu'à cette dernière date, elle n'ait pas comparu. • Crim. 12 avr. 1988, n° 87-91.571 P. ♦ Il importe peu qu'au moment où il a été prononcé, l'arrêt ne fasse pas mention de la présence de la personne réclamée, dès lors que celle-ci a comparu à l'audience à laquelle l'avis a été émis. • Crim. 15 mars 1988, n° 87-91.517 P. ♦ Ainsi, l'absence de l'intéressé lors du prononcé de l'arrêt a pour seul effet de reporter le point de départ du délai de pourvoi en cassation au jour où ledit arrêt est régulièrement signifié. • Crim. 11 déc. 2001, n° 01-86.426 P : *D. 2002. IR 372 ; ibid. 455.* ♦ Mais l'omission de l'interrogatoire dont il doit être dressé procès-verbal aux termes de l'art. 14 entraîne la cassation. • Crim. 31 mai 1988, n° 88-80.713 P : *D. 1989. Somm. 139, obs. Waquet et Julien-Laferrière.*

3. L'interrogatoire prévu par l'art. 14 de la L. du 10 mars 1927 étant indivisible des débats, le procès-verbal qui le constate doit, conformément aux art. 32 et 216, mentionner la présence du ministère public ainsi que le nom des juges, ceux-ci devant d'ailleurs être les mêmes que ceux qui participent aux débats et au prononcé de l'arrêt. ♦ En matière d'extradition, les débats devant la chambre de l'instruction s'ouvrent par un interrogatoire de la personne réclamée dont il est dressé procès-verbal ; cet interrogatoire étant indivisible des débats, il doit y être procédé par les mêmes juges qui participent à l'audience au fond et au prononcé de la décision ; dès lors, en statuant sur la demande d'extradition, sans procéder à nouveau à la formalité de l'interrogatoire, rendue nécessaire par le changement intervenu dans la composition de la formation, la chambre de l'instruction a méconnu les art. 696-13 et 696-15 et le principe susvisé. • Crim. 9 avr. 2014, ♔ n° 14-80.436 P : *D. actu. 7 mai 2014, obs. Bombled* • 22 mars 1988, ♔ n° 87-91.711 P. ♦ La formalité du procès-verbal doit être renouvelée en cas de complément d'information, même si la composition de la chambre d'accusation n'a pas été modifiée. • Crim. 8 nov. 1988, ♔ n° 88-84.111 P : *D. 1988. IR 293* • 26 juin 1990, ♔ n° 90-82.244 P • 17 janv. 1995, ♔ n° 94-85.053 P • 19 mars 2002, ♔ n° 01-88.843 P.

4. La chambre d'accusation, quand elle statue sur une demande d'extradition, doit appliquer les règles de procédure prévues par les art. 197 s., dans la mesure où celles-ci ne sont pas en contradiction avec les dispositions spéciales prévues par la L. du 10 mars 1927. • Crim. 17 mai 1984, ♔ n° 83-92.068 P : *D. 1984. 536, note Jeandidier ; JCP 1985. II. 20332, note Borricand ; Gaz. Pal. 1984. 2. 779, rapp. Cruvellié.* ♦ V., dans le même sens : • CE 7 juill. 1978 : *Gaz. Pal. 1979. 1. 34, note Derouin ; AJDA 1978. 559, Chron. Dutheillet de Lamothe et Robineau* • 27 juill. 1979 : *Gaz. Pal. 1979. 2. 686, note Julien-Laferrière* • 16 sept. 1983 : *AJDA 1983. 692, note Chapuisat.* ♦ Mais les prescriptions de l'art. 14 sont inconciliables avec celles de l'art. 197, qui ne sauraient dès lors être observées en matière d'extradition. • Crim. 16 déc. 1986, ♔ n° 86-90.892 P • 17 mars 1987 : *D. 1988. Somm. 135, obs. Waquet et Julien-Laferrière.* ♦ BIBL. Julien-Laferrière, *D. 1984. Chron. 35.* ♦ En revanche, les dispositions de l'art. 198 selon lesquelles les mémoires doivent être remis au greffe de la chambre d'accusation au plus tard la veille de l'audience s'appliquent en matière d'extradition. • Crim. 26 févr. 1985, ♔ n° 84-95.806 P • 12 mars 1991, ♔ n° 90-86.710 P.

5. Il se déduit des dispositions de l'art. 199 et des principes généraux du droit que, dans tous débats se terminant par un jugement ou un arrêt, le prévenu ou son conseil doivent toujours avoir la parole les derniers et il doit en être de même lorsque la chambre d'accusation statue en matière d'extradition. • Crim. 17 mai 1984 : ♔ *préc. note 4.* ♦ De même la mention de l'audition d'un conseiller dans son rapport doit être faite dans l'arrêt à peine de nullité de la décision. • Même arrêt. ♦ *Adde :* • CE 16 sept. 1983 : *préc. note 4.* ♦ Mais il est satisfait aux prescriptions de l'art. 199, al. 2, applicables en matière d'extradition, lorsque, à l'audience où l'étranger a comparu une première fois, il a été procédé à la formalité du rapport et qu'ensuite l'affaire a été renvoyée en continuation à une audience ultérieure, au cours de laquelle les mêmes juges ont statué sur la demande d'extradition. • Crim. 11 févr. 1992, ♔ n° 91-86.392 P.

6. Lorsque la chambre d'accusation est saisie d'une demande d'extradition en vue d'émettre son avis, elle doit, aux termes de l'art. 14 de la loi du 10 mars 1927, statuer en audience publique à moins qu'il en soit autrement décidé sur la demande du parquet ou du comparant. • Crim. 20 août 1986, ♔ n° 86-93.245 P. ♦ Doit donc être cassé l'arrêt dont les mentions contradictoires ne permettent pas à la Cour de cassation de s'assurer que l'avis a été rendu en audience publique. • Crim. 12 févr. 1991, ♔ n° 90-86.958 P • 30 mai 1995, ♔ n° 95-81.414 P • 24 nov. 2004, ♔ n° 04-85.365 P. ♦ La règle de publicité de l'audience s'applique nécessairement aux incidents relatifs à la détention de l'étranger en instance d'extradition, notamment aux décisions rendues sur les demandes de mise en liberté quel que soit leur fondement. • Crim. 12 juin 1987, ♔ n° 87-81.545 P : *RSC 1988. 116, obs. Braunschweig* • 6 mars 1990, ♔ n° 89-86.798 P.

7. Avocat. Il appartient à la chambre de l'instruction de s'assurer de l'effectivité de la défense du mis en cause. Elle ne peut dès lors, sans violer l'article 6, § 3, Conv. EDH, statuer dans le cadre d'une procédure d'extradition, sans que la personne sous le coup de cette procédure ait pu bénéficier de l'assistance d'un avocat. • Crim. 8 janv. 2013 : ♔ *D. actu. 12 févr. 2013, obs. Priou-Alibert.*

8. Interprète. Le comparant doit être assisté d'un interprète dans l'hypothèse où il ne comprend pas la langue française. • Crim. 2 déc. 1986, ♔ n° 86-95.400 P. ♦ Lorsque l'extradable a comparu assisté d'un interprète inscrit sur la liste de la cour, ces seules énonciations ne mettent pas la Cour de cassation en mesure de s'assurer si l'interprète ainsi requis, en application de l'art. 14 de la loi du 10 mars 1927, avant d'apporter son concours devant la chambre d'accusation, avait prêté serment comme tel. • Crim. 28 oct. 1986, ♔ n° 86-94.481 P • 19 mai 1987 : *D. 1988. Somm. 135, obs. Waquet et Julien-Laferrière.*

Art. 696-14 **Si, lors de sa comparution, la personne réclamée déclare consentir à être extradée et que les conditions légales de l'extradition sont remplies, la chambre de l'instruction, après avoir informé cette personne des conséquences juridiques de son consentement, lui en donne acte dans les sept jours à compter de la date de sa comparution, sauf si un complément d'information a été ordonné.**

L'arrêt de la chambre de l'instruction n'est pas susceptible de recours.

1. L'arrêt de donné acte du consentement est insusceptible de recours. • Crim. 11 oct. 1988, ♔ n° 88-85.373 P • 15 déc. 1993, ♔ n° 93-85.393 P. ♦ Mais le pourvoi dans l'intérêt de la loi demeure dans tous les cas possible. • Crim. 14 janv. 1986, n° 85-93.830 P.

2. Après un arrêt donnant acte à l'extradable de son consentement, rien n'interdit, si la remise de l'étranger n'a pas eu lieu, la reprise de la procédure sur le fondement d'un autre titre exécutoire. • Crim. 20 mars 1990, n° 89-87.153 P.

Art. 696-15 **Lorsque la personne réclamée a déclaré au procureur général ne pas consentir à son extradition, la chambre de l'instruction est saisie, sans délai, de la procédure. La personne réclamée comparaît devant elle dans un délai de dix jours ouvrables à compter de la date de sa présentation au procureur général.**

Les dispositions des deuxième, troisième et quatrième alinéas de l'article 696-13 sont applicables.

Si, lors de sa comparution, la personne réclamée déclare ne pas consentir à être extradée, la chambre de l'instruction donne son avis motivé sur la demande d'extradition. Elle rend son avis, sauf si un complément d'information a été ordonné, dans le délai d'un mois à compter de la comparution devant elle de la personne réclamée.

Cet avis est défavorable si la cour estime que les conditions légales ne sont pas remplies ou qu'il y a une erreur évidente.

Le pourvoi formé contre un avis de la chambre de l'instruction ne peut être fondé que sur des vices de forme de nature à priver cet avis des conditions essentielles de son existence légale.

1. Pour le déroulement des débats, V. jurisprudence ss. art. 696-13.

2. Lorsque conformément à l'art. 16 de la loi du 10 mars 1927, la chambre d'accusation donne un avis motivé sur une demande d'extradition, cette chambre exerce alors une attribution administrative. • CE 7 juill. 1978 : *Gaz. Pal. 1979. 1. 34, note Derouin ; AJDA 1978. 559, Chron. Dutheillet de Lamothe et Robineau.* ♦ L'art. 124 C. nationalité qui n'impose de surseoir à statuer qu'aux seules juridictions n'est pas applicable à la chambre d'accusation appelée à donner un avis sur une demande d'extradition. • CE 27 juill. 1979 : *Gaz. Pal. 1979. 2. 686, note Julien-Laferrière.* ♦ *Contra :* l'art. 124 C. nationalité est applicable aux débats contentieux suivis devant la chambre d'accusation lorsque celle-ci est appelée à donner son avis sur une extradition. • Crim. 10 oct. 1950 : *JCP 1950. II. 5897, note Aymond* • 3 juin 1959 : *JCP 1959. II. 11242, note Aymond* • 2 oct. 1987, n° 87-84.290 P : *D. 1989. Somm. 140, obs. Waquet et Julien-Laferrière.* ♦ Comp. : l'arrêt selon lequel le législateur a entendu confier à la chambre d'accusation des attributions qui, n'étant pas de la nature de celles appartenant à un organisme consultatif d'ordre administratif, se rattachent au rôle dévolu à l'autorité judiciaire. • CE 30 mai 1952 : *JCP 1952. II. 7238 ; S. 1953. 3. 33, note Bouzat.*

3. Délai pour statuer. L'inobservation du délai d'un mois prévu par l'art. 695-15, al. 3, pour statuer n'est assortie d'aucune sanction. • Crim. 11 mai 2005, n° 05-81.111 P : *D. 2005. IR 1731 ; JCP 2005. IV. 2431 ; AJ pénal 2005. 333, obs. Roussel* • Crim. 18 févr. 2015 : *D. actu. 12 mars 2015, obs. Fucini.*

4. Pouvoir d'appréciation de la chambre de l'instruction. D'après l'art. 16 de la loi du 10 mars 1927, la chambre d'accusation saisie d'une demande d'extradition ne peut donner un avis défavorable que si elle estime que les conditions légales ne sont pas remplies ou s'il y a erreur évidente. • Crim. 7 janv. 1955 : *Bull. crim. n° 5.* ♦ ... Son contrôle ne pouvant porter sur le bien-fondé des poursuites ou de la condamnation. • Crim. 13 nov. 1952 : *Bull. crim. n° 252.* ♦ ... Il y a lieu d'écarter comme circonstance pouvant justifier le refus d'extrader, la conduite irréprochable de l'intéressé. • Crim. 10 juill. 1952 : *Bull. crim. n° 183.* ♦ ... Ou la conduite exemplaire pendant la guerre de l'intéressé à qui il est reproché une escroquerie. • Crim. 9 févr. 1954 : *Bull. crim. n° 62.*

5. Lors de l'examen de la demande d'extradition, l'étranger est irrecevable à critiquer les conditions de son arrestation provisoire, celle-ci étant sans incidence sur la validité de la procédure d'extradition. • Crim. 24 oct. 2007, n° 07-85.056 P : *D. 2007. AJ 3070 ; AJ pénal 2008. 42.*

6. Il n'appartient pas à la chambre de l'instruction de vérifier si les faits ont reçu, de la part des autorités de l'État requérant, une exacte qualification juridique au regard de la loi pénale de ce dernier. • Crim. 7 août 2019, n° 18-86.297 P.

7. Prescription de l'action publique. V. notes 11 s. ss. art. 696-4.

8. Pour donner un avis favorable à une extradition, la chambre de l'instruction n'a pas à se prononcer sur l'urgence en vertu de laquelle les autorités étrangères ont demandé l'arrestation provisoire. • Crim. 12 mai 2010, n° 10-81.249 P : *D. 2010. Actu. 1562.*

9. Réciprocité d'incrimination. Une chambre de l'instruction ne peut émettre un avis favorable à l'extradition pour un fait qui ne constitue pas une infraction en droit français, tel étant le cas de faits d'omission, par une personne en liberté, de se conformer à la condition d'une promesse ou d'un engagement contracté devant un juge, infraction punie par la loi canadienne d'une peine de deux ans d'emprisonnement, quand bien même la violation des obligations du contrôle judiciaire, à laquelle correspond en droit français un tel comportement, est susceptible de conduire à la révocation du contrôle judiciaire et à une incarcération, alors que cette violation n'est pas érigée en délit autonome par le code pénal. • Crim. 19 juin 2019, n° 19-80.182 P : *D. actu. 31 juill. 2019, obs. Charlent ; AJ pénal 2019. 452, obs. Costes*.

10. Interprétation. L'interprétation d'un traité d'extradition ne peut être faite que par le ministre des affaires étrangères. • Crim. 27 févr. 1964 : *Bull. crim. n° 75* • 19 janv. 1982, n° 80-94.835 P ♦ *Adde* : • Crim. 20 déc. 1951 : *JCP 1952. II. 7014, note Blin* • CE 3 févr. 1956 : *JCP 1956. II. 9184, note Vitu* • Crim. 10 mai 1988, n° 88-81.980 P. ♦ V. cependant : • Crim. 1er déc. 1966 : *D. 1967. 23, rapp. Costa.*

11. Il n'appartient pas aux tribunaux judiciaires d'interpréter l'acte d'extradition qui a la nature d'un traité international particulier. • Crim. 9 août 1923 : *Bull. crim. n° 315 ; JDI 1923. 847 et 1924. 396.* ♦ L'extradé ou les tribunaux judiciaires ne peuvent réclamer communication de l'acte d'extradition. • Crim. 17 févr. 1970 : *JCP 1972. II. 17023, note A. P.* ♦ Rien n'empêche que les tribunaux modifient la qualification de l'infraction extraditionnelle. • Crim. 22 déc. 1975, n° 75-91.465 P. ♦ ... Ou retiennent des circonstances aggravantes non visées dans l'acte extraditionnel mais ressortant des débats. • Crim. 28 avr. 1933 : *S. 1934. 1. 400.* ♦ ... Ou statuent par défaut sur d'autres faits. • Crim. 10 mars 1987, n° 86-96.684 P • 2 juin 1987, n° 87-80.161 P.

12. Motivation de l'arrêt de la chambre de l'instruction. Ne satisfait pas aux conditions essentielles de son existence légale l'arrêt de la chambre de l'instruction qui donnant un avis favorable à une demande d'extradition, pour fixer le point de départ de la prescription des faits et pour écarter l'argumentation du demandeur, se borne à se référer aux motifs de l'arrêt ayant statué sur la première demande d'extradition. • Crim. 18 juin 2003, n° 03-82.131 P : *JCP 2003. IV. 2494 ; AJ pénal 2003. 30*.

13. Risques encourus dans le pays d'origine. Il résulte des art. 3 Conv. EDH, 696-15 C. pr. pén., et L. 712-1 CESEDA que la chambre de l'instruction qui constate que la personne réclamée encourt, en cas d'extradition vers son pays d'origine, le risque d'être soumise à un traitement inhumain et dégradant, doit donner un avis défavorable. • Crim. 13 janv. 2021, n° 20-81.359 P : *D. actu. 12 févr. 2021, obs. Dominati.*

14. L'arrêt de la cour d'appel qui se borne à énoncer qu'au vu des principes fondamentaux inscrits dans le code de procédure pénale rwandais, la personne réclamée y jouira de conditions de détention convenables et y sera jugée dans le respect des garanties attachées à un procès équitable sans rechercher si, dans les faits, la personne recherchée bénéficiera des garanties fondamentales de procédure et de protection des droits de la défense, ne satisfait pas, en la forme, aux conditions essentielles de son existence légale. • Crim. 9 juill. 2008 : *D. 2008. 2640, note Gréciano*.

15. Ne satisfait pas, en la forme, aux conditions essentielles de son existence légale un arrêt de la chambre de l'instruction statuant dans une procédure d'extradition qui, pour écarter l'argumentation invoquant la situation de « réfugié géorgien » de la personne réclamée, retient que cette dernière n'a pas lieu de craindre la rigueur des institutions de son pays d'origine puisque l'extradition est requise par l'État russe et non par l'État géorgien dont elle a la nationalité, alors qu'il lui appartenait de rechercher si, en cas de remise aux autorités russes, la situation de l'intéressé ne risquait pas d'être aggravée pour des considérations de race, de religion, de nationalité ou d'opinions politiques. • Crim. 16 sept. 2009, n° 09-83.267 P : *AJ pénal 2010. 84, obs. Lelieur*. ♦ Ne satisfait pas aux conditions essentielles de son existence légale l'arrêt de la chambre de l'instruction qui donne un avis favorable à une demande d'extradition sans répondre à l'ensemble des articulations essentielles du mémoire pour lequel l'intéressé soutenait notamment que l'extradition serait contraire à l'ordre public français et international. • Crim. 15 sept. 2010 : *AJ pénal 2011. 141, obs. Girault*.

16. Réfugiés. La saisine de la commission de recours des réfugiés n'a d'effet suspensif que dans les cas prévus à l'al. 2 B de l'art. 5 de la loi du 25 juill. 1952. • Crim. 21 sept. 1984 : *JCP 1985. II. 20346, note Jeandidier ; Gaz. Pal. 1984. 2. 786.* ♦ La Convention de Genève sur le statut des réfugiés ne s'applique pas en matière d'extradition et, au surplus, l'attribution de la qualité de réfugié ayant un caractère recognitif, le réfugié est celui qui entre dans l'application de l'art. 1 A2 de la Convention de Genève et de l'art. 1er, § 2, du prot. du 31 janv. 1967 et non celui qui est titulaire d'un certificat délivré par l'OFPRA. • Même arrêt. ♦ *Adde :* • Paris, 29 nov. 1961 : *JCP 1963. II. 13126, note Aymond.* ♦ *Contra :* • CE 1er avr. 1988 : *D. 1988. 413, note Labayle ; Gaz. Pal. 1988. 2. 549, note Julien-Laferrière ; AJDA 1988. 322, note Azibert et de Boisdeffre.* ♦ **Bibl.** Clerget, *RFDA 1985. 176.* ♦ V. aussi notes ss. art. 695-22 et 695-33.

17. Réextradition. Le consentement de l'État étranger à l'extradition de la personne remise en vertu d'un mandat d'arrêt européen vers un État non membre de l'Union européenne, en application de l'art. 695-21, II, n'entre pas dans les conditions légales visées par l'art. 696-15. • Crim. 2 déc. 2020, n° 19-87.428 P.

18. Après avis favorable de la chambre de

l'instruction. En vertu de l'art. 16 de la L. du 10 mars 1927, l'avis de la chambre d'accusation est défavorable si la cour estime que les conditions légales ne sont pas remplies : la chambre d'accusation de la cour d'appel d'Aix-en-Provence n'a, en émettant le 3 juill. 1991 un avis favorable à l'extradition de l'intéressée sous réserve que la peine de mort ne serait pas exécutée si elle était prononcée, ni méconnu les prescriptions de l'art. 16 précité ni entaché son avis de contradiction, dès lors qu'il ressort du dossier que le gouvernement français a pris sa décision en prenant toutes les garanties nécessaires pour que la peine de mort ne soit pas prononcée et exécutée. • CE 15 oct. 1993 : *Lebon 268, concl. Vigouroux* ; *D. 1994. 108, note Julien-Laferrière*. ♦ Comp. avec application de la Convention européenne d'extradition : le gouvernement a rejeté une demande d'extradition présentée par la Suisse à l'encontre de deux ressortissants iraniens, alors que l'ensemble des conditions auxquelles la Convention européenne d'extradition subordonne l'obligation d'extrader prévue par son article 1er se trouvaient remplies et que cette extradition avait d'ailleurs été préalablement accordée. Si le gouvernement a soutenu qu'à la date à laquelle il a retiré les précédents décrets d'extradition, des circonstances postérieures à leur signature en rendaient l'exécution illégale, il n'a fourni en tout état de cause aucune précision sur la nature de ces circonstances. Il y a lieu à annulation pour violation de la Convention européenne d'extradition. • CE 14 déc. 1994 : *AJDA 1995. 56 concl. Vigouroux* ; *JDI 1995. 369 obs. Julien-Laferrière.*

19. Écrou extraditionnel. Lorsque la chambre de l'instruction a donné un avis favorable à l'extradition, la personne réclamée placée sous écrou extraditionnel demeure détenue, sauf s'il en est décidé autrement par cette juridiction en application de l'art. 14 de la loi du 10 mars 1927, d'office ou sur la demande de l'intéressé. • Crim. 19 mars 2002, n° 02-80.130 P.

20. Lorsque la chambre d'accusation a donné un avis favorable sur une demande d'extradition et que cette décision est devenue définitive, l'extradé qui se trouve en liberté ne peut plus, pour la même demande, être remis sous écrou extraditionnel ; il en est ainsi, notamment, lors de la mise à exécution du décret d'extradition concernant un étranger en liberté : seules peuvent, alors, être prises les mesures administratives nécessaires pour assurer la remise de l'extradé aux autorités de l'État requérant. • Crim. 18 janv. 1994, n° 93-85.326 P.

21. Recours. Si, aux termes de l'art. 16 de la L. du 10 mars 1927, l'avis motivé de la chambre d'accusation sur la demande d'extradition est rendu sans recours, il résulte des principes généraux du droit que cette disposition n'exclut pas le pourvoi en cassation lorsque celui-ci est fondé sur une violation de la loi qui, à la supposer établie, serait de nature à priver la décision rendue des conditions essentielles de son existence légale. • Crim. 17 mai 1984 : *D. 1984. 536, note Jeandidier* ; *JCP 1985. II. 20332, note Borricand* ; *Gaz. Pal. 1984. II. 779, rapp. Cruvellié* • Crim. 17 sept. 1984, n° 84-92.930 P • 7 oct. 1986, n° 86-94.107 P • 5 nov. 1986 : *D. 1987. Somm. 223, obs. Waquet et Julien-Laferrière* • 2 oct. 1987, n° 87-84.290 P. ♦ Comp. : • CE 26 sept. 1984 : *JCP 1985. II. 20346, concl. Genevois, note Jeandidier* (selon lequel la loi du 10 mars 1927 n'exclut pas un recours en cassation ouvert contre l'avis et fondé uniquement sur les vices de forme ou de procédure dont il serait entaché, de sorte que tout moyen de forme ou de procédure échappe au Conseil d'État saisi d'un recours contre le décret d'extradition ; en revanche, il doit se prononcer, outre sur les vices propres du décret d'extradition, sur la légalité interne de la mesure d'extradition au regard des lois et conventions internationales afin de vérifier si notamment, d'après l'examen de l'affaire par la chambre d'accusation, le gouvernement a pu légalement décider que les conditions de l'extradition pour celles des infractions qu'ils retiennent étaient réunies). ♦ Bibl. Braunschweig, *RSC 1987. 733.* – Koering-Joulin, *RFDA 1985. 165.* – Errera, *ibid. 158.* – Labayle, *ibid. 183.* – Lombois, *RSC 1984. 807.*

22. Il n'appartient pas à la Cour de cassation d'examiner le moyen qui revient à critiquer les motifs de l'arrêt se rattachant directement et servant de support à l'avis de la chambre d'accusation sur la suite à donner à la demande d'extradition. • Crim. 2 déc. 1986, n° 86-95.400 P • 17 mars 1987, n° 86-96.812 P.

23. Portée du recours. Tout pourvoi, sans distinction et par le seul fait de son existence, sauf si la loi en décide autrement, met obstacle à ce que, jusqu'au jour où la Cour de cassation, seul arbitre de la validité et de la recevabilité de ce pourvoi, a rendu son arrêt, il soit donné cours aux effets légaux de la décision attaquée. • Crim. 26 janv. 1967, n° 66-93.512 P. ♦ Comp. : l'arrêt selon lequel le pourvoi comme le simple délai sont suspensifs de sorte que le décret d'extradition ne peut être pris avant l'expiration du délai et, s'il y a pourvoi, avant le rejet de celui-ci. • CE 7 févr. 1986 : *Lebon 35.* ♦ ... Le délai de pourvoi courant du jour du prononcé de l'arrêt rendu en présence de l'intéressé. • Crim. 12 juin 1987, n° 87-81.547 P.

24. Respect des droits fondamentaux. Toute personne arrêtée ou détenue en vue de son extradition peut saisir la chambre d'accusation d'un recours par le biais d'une demande de mise en liberté si elle estime sa détention illégale. Par suite de l'existence de ce recours qui aboutit à une décision contre laquelle l'intéressé peut se pourvoir en cassation, l'art. 16 de la loi du 10 mars 1927 qui énonce que la chambre d'accusation statue sans recours ne se trouve pas en opposition avec l'art. 5 Conv. EDH. • Crim. 26 avr. 1983, nº 83-91-142 P.

25. C'est à bon droit que la chambre d'accusation déclare inapplicables devant elle les dispositions de l'art. 6, § 1, Conv. EDH relatives à l'exigence d'un procès équitable ; en effet, ce texte ne concerne que les juridictions de jugement et ne saurait donc être invoqué devant la chambre d'accusation appelée à donner un avis sur une demande d'extradition présentée par le gouvernement d'un État étranger. • Crim. 26 oct. 1993, nº 93-83.748 P : *Gaz. Pal. 1994. 1. 26.*

26. Respect de la vie privée et familiale. Une décision d'extradition ne méconnaît pas les dispositions de l'art. 8 Conv. EDH car cette atteinte trouve sa justification dans la nature même de la procédure d'extradition. • CE 15 juin 2001 : *D. 2001. IR 2803*. ♦ ... Mais en se déterminant par ces seuls motifs, alors qu'il appartenait aux juges de répondre à l'argument du requérant qui faisait valoir l'existence de liens familiaux stables en France, étant marié et père d'un enfant, en sorte que l'extradition était de nature à porter une atteinte disproportionnée à son droit au respect de sa vie privée et familiale garanti par l'art. 8 de la Conv. EDH, l'arrêt ne satisfait pas aux conditions essentielles de son existence légale. • Crim. 15 nov. 2016, nº 16-85.335 P : *D. actu. 19 déc. 2016, obs. Goetz.*

Art. 696-16 **La chambre de l'instruction peut, par une décision qui n'est susceptible d'aucun recours, autoriser l'État requérant à intervenir à l'audience au cours de laquelle la demande d'extradition est examinée, par l'intermédiaire d'une personne habilitée par ledit État à cet effet. Lorsque l'État requérant est autorisé à intervenir, il ne devient pas partie à la procédure.**

Si, aux termes de l'art. 696-16, en matière d'extradition, l'État requérant peut être autorisé par la chambre de l'instruction à intervenir à l'audience, il n'en devient pas pour autant partie à la procédure et, en application de l'art. 198, ne dispose donc pas de la faculté de déposer un mémoire. • Crim. 9 avr. 2014, nº 14-80.436 P : *D. actu. 7 mai 2013, obs. Bombled.*

Art. 696-17 **Si l'avis motivé de la chambre de l'instruction repousse la demande d'extradition et que cet avis est définitif, l'extradition ne peut être accordée.**

La personne réclamée, si elle n'est pas détenue pour une autre cause, est alors mise d'office en liberté.

Nouvelle demande d'extradition. Un avis défavorable émis à une première demande d'extradition ne fait pas obstacle à ce qu'une autre demande soit formée par les mêmes autorités, contre la même personne, pour les mêmes faits, dès lors que la seconde trouve son fondement dans de nouveaux accords internationaux, qui modifient les conditions de droit initiales. • Crim. 9 juill. 1987, nº 87-81.542 P : *Gaz. Pal. 1988. 1. 34, note Doucet.* • 15 juin 2011, nº 11-81.912 P : *D. actu. 31 août 2011, obs. Bombled.* ♦ De même lorsque la nouvelle demande est fondée sur un élément nouveau qui modifie les conditions de droit initiales. • Crim. 20 déc. 1988, nº 88-84.728 P. ♦ Constitue un fait *nouveau* autorisant une nouvelle saisine de la chambre de l'instruction un échange de lettres survenu antérieurement à un premier avis de cette chambre mais révélé postérieurement aux autorités judiciaires françaises. • Crim. 5 janv. 2005, nº 04-86.071 P : *AJ pénal 2005. 118, obs. Enderlin* ; *JCP 2005. IV. 1506.* ♦ Une décision de refus de remise ne fait pas obstacle à une nouvelle saisine de la chambre de l'instruction pour les mêmes faits contre la même personne, fondée sur des éléments, survenus ou révélés depuis une précédente demande, permettant une appréciation différente des conditions légales de l'exécution d'un mandat d'arrêt européen. Doit être approuvée la chambre de l'instruction qui, pour autoriser la remise de la personne recherchée sur le fondement d'un nouveau mandat d'arrêt européen après avoir refusé la remise en raison de l'imprécision de la date des faits visés dans un précédent mandat, énonce, dans une nouvelle décision, que les autorités judiciaires requérantes apportent des éléments nouveaux quant à la date des faits reprochés, aux circonstances de leur commission et au degré d'implication de l'intéressé. • Crim. 15 mai 2012, nº 12-82.775 P : *D. 2012. Actu. 1483* .

Art. 696-18 **Dans les cas autres que celui prévu à l'article 696-17, l'extradition est autorisée par décret du Premier ministre pris sur le rapport du ministre de la justice. Si, dans le délai d'un mois à compter de la notification de ce décret à l'État requérant, la personne réclamée n'a pas été reçue par les agents de cet État, l'intéressé est, sauf cas de force majeure, mis d'office en liberté et ne peut plus être réclamé pour la même cause.**

Le recours pour excès de pouvoir contre le décret mentionné à l'alinéa précédent doit, à peine de forclusion, être formé dans le délai d'un mois. L'exercice d'un recours gracieux contre ce décret n'interrompt pas le délai de recours contentieux.

Selon l'art. 18-4 de la Convention européenne d'extradition, seul applicable dans les relations entre la France et l'Italie, lorsque l'extradition a été accordée par l'État requis, le délai de 30 jours à l'expiration duquel la personne réclamée doit être mise en liberté faute d'avoir été reçue par l'État requérant court à compter de la date qui avait été prévue pour sa remise en application du § 3 dudit article. Doit dès lors être annulé l'arrêt de la chambre d'accusation qui, faisant application, de manière au demeurant erronée, de l'art. 18 de la loi du 10 mars 1927 relative à l'extradition des étrangers, énonce, pour ordonner la mise en liberté d'une personne placée sous écrou extraditionnel à la demande du gouvernement italien, que le décret d'extradition ayant été notifié à l'intéressé depuis plus de un mois, le délai fixé pour sa remise à l'État requérant est expiré. • Crim. 12 juill. 2000, ♖ nº 00-83.559 P.

Art. 696-19 **La mise en liberté peut être demandée à tout moment à la chambre de l'instruction selon les formes prévues aux articles 148-6 et 148-7.**

L'avocat de la personne réclamée est convoqué, par lettre recommandée avec demande d'avis de réception, quarante-huit heures au moins avant la date de l'audience. La chambre de l'instruction statue après avoir entendu le ministère public ainsi que la personne réclamée ou son avocat, dans les plus brefs délais et au plus tard dans les vingt jours de la réception de la demande, par un arrêt rendu dans les conditions prévues à l'article 199. Si la demande de mise en liberté a été formée par la personne réclamée dans les quarante-huit heures de la mise sous écrou extraditionnel, le délai imparti à la chambre de l'instruction pour statuer est réduit à quinze jours.

La chambre de l'instruction peut également, lorsqu'elle ordonne la mise en liberté de la personne réclamée et à titre de mesure de sûreté, astreindre l'intéressé à se soumettre à une ou plusieurs des obligations énumérées *(L. nº 2011-392 du 14 avr. 2011)* **« aux articles 138 et 142-5 ».**

Préalablement à sa mise en liberté, la personne réclamée doit signaler à la chambre de l'instruction ou au chef de l'établissement pénitentiaire son adresse. Elle est avisée qu'elle doit signaler à la chambre de l'instruction, par nouvelle déclaration ou par lettre recommandée avec demande d'avis de réception, tout changement de l'adresse déclarée. Elle est également avisée que toute notification ou signification faite à la dernière adresse déclarée sera réputée faite à sa personne.

Mention de cet avis, ainsi que de la déclaration d'adresse, est portée soit au procès-verbal, soit dans le document qui est adressé sans délai, en original ou en copie par le chef de l'établissement pénitentiaire à la chambre de l'instruction.

1. QPC. V. note ss. art. 696-11.

2. Compétence de la chambre de l'instruction. La compétence de la chambre d'accusation s'étend aux demandes de mise en liberté présentées par une personne placée sous écrou extraditionnel avant que la chambre n'ait été saisie. • Crim. 26 avr. 1983, nº 83-90.853 P. ♦ ... Ainsi qu'après que la chambre a donné son avis, que le gouvernement ait ou non pris un décret d'extradition. • Crim. 3 févr. 1983, ♖ nº 82-93.956 P • 25 oct. 1983, ♖ nº 83-93.705 P • 25 avr. 1984, nº 84-91.148 P. ♦ Les pourvois formés contre les décisions prises sur le fondement de l'art. 14 sont recevables quoique non susceptibles de faire obstacle à l'exécution des arrêts portant avis. • Crim. 3 févr. 1983 : *préc.*

3. Les juridictions de l'ordre judiciaire sont seules *compétentes pour tout ce qui* concerne la mise sous écrou extraditionnel de l'étranger et sa mise en liberté. • T. confl. 14 mai 1984 : *Gaz. Pal. 1984. 2. 778.*

4. Forme des demandes de mise en liberté. Les demandes de mise en liberté présentées par mémoire devant la chambre de l'instruction saisie d'une demande d'extradition sont recevables. • Crim. 5 févr. 2002, ♖ nº 01-87.980 P.

5. Portée de la demande de mise en liberté. La procédure d'extradition s'achève par la réception de l'extradé par les agents de la puissance requérante ou par sa mise en liberté à l'expiration du délai prévu par l'art. 18 de la loi du 10 mars 1927 mais, ni une demande de mise en liberté, ni une décision prise sur cette demande ne sauraient faire obstacle à l'exécution de l'arrêt portant avis sur l'extradition, ni à celle du décret qui l'accorde. • Crim. 7 févr. 1984, ♖ nº 84-90.013 P.

6. Convocation. Lorsque la notification de la date d'audience lui a été faite par lettre recommandée adressée au directeur de la maison d'arrêt, l'étranger détenu ne peut se prévaloir de l'absence au dossier du récépissé de cette notification, dès lors qu'il a comparu à l'audience, que son avocat a déposé un mémoire et que lui-même a eu la parole le dernier. • Crim. 19 mai 1992, ♖ nº 92-81.283 P. ♦ Comp. cep. : • Crim. 23 avr. 1991, ♖ nº 91-80.890 P.

7. Publicité de l'audience. L'art. 14 de la loi du 10 mars 1927, aux termes duquel l'audience de la chambre d'accusation, lorsqu'elle statue en matière d'extradition, est publique, s'applique nécessairement aux décisions rendues sur les demandes de mise en liberté quel qu'en soit le fondement. Il se déduit des termes de l'art. 696-19 qui renvoie aux dispositions de l'art. 199 que, si la personne placée sous écrou extraditionnel qui sollicite sa mise en liberté est majeure, les débats se déroulent et l'arrêt est rendu en audience publique, sauf décision contraire de la chambre de l'instruction rendue sur opposition du ministère public, de la personne ou de son avocat. • Crim. 28 janv. 2020, n° 19-86.833 P : *D. actu. 26 févr. 2020, obs Diaz.*

8. Lorsque la chambre d'accusation se prononce sur une demande de mise en liberté formée dans le cadre d'une procédure d'extradition, elle ne peut statuer qu'en présence de l'étranger. • Crim. 31 mai 1988, n° 88-81.966 P. ♦ Elle ne doit se référer qu'aux garanties offertes par l'intéressé en vue de satisfaire à la demande de l'État requérant. • Crim. 26 mai 1994, n° 94-81.276 P : *D. 1995. Somm. 188, obs. Julien-Laferrière* . ♦ ... Le trouble apporté à l'ordre public de nature à justifier le maintien en détention ne s'entendant pas exclusivement de celui causé en France. • Crim. 15 oct. 1985, n° 85-94.474 P.

9. Durée de la détention. Saisie d'une demande de mise en liberté dans le cadre d'une procédure d'extradition, la chambre d'accusation ne tient pas sa compétence de l'art. 148-1 mais de l'art. 14 de la L. du 10 mars 1927, et n'est pas dans l'obligation de statuer dans les délais prévus à l'art. 148-2. • Crim. 29 mai 1984, n° 84-91.583 P • 19 mars 2002, n° 01-80.130 P. ♦ De même les dispositions du code de procédure pénale en matière de détention provisoire ne s'appliquent pas, la durée de la détention extraditionnelle est régie par la loi de 1927 ou la Convention internationale applicable et la chambre de l'instruction doit statuer sur une demande de mise en liberté en évaluant les garanties offertes par l'intéressé en vue de satisfaire à la demande de l'État requérant. • Crim. 27 mars 2001, n° 01-80.332 P. ♦ Par contre, les dispositions de l'art. 142-2 sont applicables aux personnes placées sous contrôle judiciaire au cours d'une procédure d'extradition ; ainsi, la personne qui ne respecte pas son contrôle judiciaire ne peut prétendre à la restitution de la partie de sa caution réservée à la garantie de représentation. • Crim. 22 janv. 2002, n° 01-84.824 P.

10. Inapplicabilité des dispositions relatives à la détention provisoire. Les dispositions de la loi interne, relatives à la durée de la détention provisoire et à son éventuel renouvellement, ne s'appliquent pas à l'écrou de l'étranger faisant l'objet d'une demande d'extradition conformément à l'art. 12 de la L. du 10 mars 1927. Les seules limites de la durée de la détention extraditionnelle sont celles prévues par ladite loi ou par la Convention internationale applicable ; l'art. 5 Conv. EDH prévoit la possibilité de privation de liberté d'une personne contre laquelle une procédure d'extradition est en cours. • Crim. 7 sept. 1993, n° 93-82.751 P : *D. 1993. IR 233.* ♦ L'art. 696-19, qui s'applique à la demande de mise en liberté présentée par une personne détenue sous écrou provisoire dans l'attente d'une décision d'extradition, ne renvoie pas aux art. 137-3 et 144 et la chambre de l'instruction n'a donc pas à constater que l'éventuelle remise ne peut être garantie par le placement de l'intéressée sous contrôle judiciaire ou l'assignation à résidence avec surveillance électronique. • Crim. 30 mars 2021, n° 21-80.339 P : *D. actu. 3 mai 2021, obs. Dominati.* ♦ L'art. 18 de l'Ord. n° 2020-303 du 25 mars 2020, qui a augmenté d'un mois les délais impartis à la chambre de l'instruction pour statuer sur les recours en matière de détention provisoire en raison de la crise sanitaire, n'est pas applicable lorsque la chambre de l'instruction statue en matière d'écrou extraditionnel. • Crim. 19 août 2020, n° 20-82.858 P : *D. actu. 1er oct. 2020, obs. Dominati.*

11. La chambre de l'instruction, qui y était invitée par la personne réclamée dans ses conclusions, devait rechercher si les autorités françaises conduisaient la procédure d'extradition avec une diligence suffisante, de sorte que la durée de la privation de liberté n'excédait pas le délai raisonnable nécessaire pour atteindre le but visé par l'article 5, § 1, f, Conv. EDH. • Crim. 8 juin 2016, n° 16-81.912 P : *D. 2016. Actu. 1313* .

12. Étendue du contrôle de la chambre de l'instruction. C'est seulement lors de l'examen de la demande d'extradition que la chambre d'accusation doit apprécier si les conditions de forme requises pour la validité de cette demande sont remplies. Est donc irrecevable l'exception d'illégalité du mandat d'arrêt international, invoquée par l'étranger au soutien d'une demande de mise en liberté. • Crim. 7 avr. 1994, n° 94-80.199 P.

13. Encourt la cassation l'arrêt de la chambre d'accusation qui, pour faire droit à une demande de mise en liberté fondée sur l'art. 16-4 de la Convention européenne d'extradition, ne s'assure pas de la date à laquelle la France, partie requise, a reçu la demande d'extradition transmise par la voie diplomatique au regard du délai de quarante jours prévu par la convention. • Crim. 24 mars 1987, n° 86-95.720 P. ♦ Mais il suffit que la demande d'extradition indique l'existence de l'une des pièces prévues à l'art. 12 de la convention, sans que soit exigée la présence matérielle de la pièce. • Crim. 3 mai 1994, n° 94-80.921 P.

14. Conditions de détention et office du juge. Le principe selon lequel le juge judiciaire a l'obligation de garantir à la personne placée dans des conditions indignes de détention un recours préventif et effectif permettant de mettre un terme à la violation de l'art. 3 de la Conv. EDH, et qu'il incombe à ce juge, en tant que gardien de la liberté individuelle, de veiller à ce que la détention provisoire soit, en toutes circonstances, mise en œuvre dans des conditions respectant la dignité des personnes et de s'assurer que cette privation de liberté est exempte de tout traitement inhumain et dégradant, s'applique aux personnes placées sous le régime de l'écrou extraditionnel. • Crim. 30 mars 2021, n° 21-80.421 P.

15. Remise en liberté de droit. Aux termes de l'art. 20 de la loi du 10 mars 1927, la chambre d'accusation statue sans recours lorsqu'elle est saisie d'une requête de mise en liberté qui peut être présentée par la personne réclamée dans le cas où, dans le délai de vingt jours, les pièces ne parviennent pas aux autorités françaises ; mais il en irait autrement si la chambre d'accusation avait été irrégulièrement composée ou si était établie une violation de la loi de nature à priver la décision rendue des conditions essentielles en la forme de son existence légale. • Crim. 26 avr. 1983, n° 83-91.142 P • 26 nov. 1985, n° 85-94.898 P : *D. 1987. Somm. 224, obs. Waquet et Julien-Laferrière.*

16. Lorsqu'une convention d'extradition prévoit qu'à l'expiration d'un certain délai, l'étranger arrêté provisoirement pourra ou devra être mis en liberté, ce délai ne commence à courir que le lendemain du jour de l'arrestation. • Crim. 28 juin 1994, n° 94-81.878 P.

Art. 696-20 **La mainlevée du contrôle judiciaire** *(L. n° 2011-392 du 14 avr. 2011, en vigueur le 1er juin 2011)* **« , de l'assignation à résidence sous surveillance électronique ou la modification de ceux-ci » peut être ordonnée à tout moment par la chambre de l'instruction dans les conditions prévues à l'article 199, soit d'office, soit sur les réquisitions du procureur général, soit à la demande de la personne réclamée après avis du procureur général.**

La chambre de l'instruction statue dans les vingt jours de sa saisine.

Art. 696-21 **Si la personne réclamée se soustrait volontairement aux obligations du contrôle judiciaire** *(L. n° 2011-392 du 14 avr. 2011)* **« ou de l'assignation à résidence sous surveillance électronique » ou si, après avoir bénéficié d'une mise en liberté non assortie du contrôle judiciaire** *(L. n° 2011-392 du 14 avr. 2011)* **« ou de l'assignation à résidence sous surveillance électronique », il apparaît qu'elle entend manifestement se dérober à la demande d'extradition, la chambre de l'instruction peut, sur les réquisitions du ministère public, décerner mandat d'arrêt à son encontre.**

(L. n° 2005-1549 du 12 déc. 2005, art. 39) **« Les dispositions de l'article 74-2 sont alors applicables, les attributions du procureur de la République et du juge des libertés et de la détention prévues par cet article étant respectivement confiées au procureur général et au président de la chambre de l'instruction ou un conseiller par lui désigné. »**

Lorsque l'intéressé a été appréhendé, l'affaire doit venir à la première audience publique ou au plus tard dans les dix jours de sa mise sous écrou.

La chambre de l'instruction confirme, s'il y a lieu, la révocation du contrôle judiciaire *(L. n° 2011-392 du 14 avr. 2011)* **« ou de l'assignation à résidence sous surveillance électronique » ou de la mise en liberté de l'intéressé.**

Le ministère public et la personne réclamée sont entendus, cette dernière assistée, le cas échéant, de son avocat et, s'il y a lieu, en présence d'un interprète.

Le dépassement du délai mentionné au deuxième alinéa entraîne la mise en liberté d'office de l'intéressé.

Les dispositions de la L. n° 2011-392 du 14 avr. 2011 sont entrées en vigueur le 1er juin 2011.

Art. 696-22 **Si la personne réclamée est en liberté lorsque la décision du gouvernement ayant autorisé l'extradition n'est plus susceptible de recours, le procureur général peut ordonner la recherche et l'arrestation de l'intéressé** *(L. n° 2021-1729 du 22 déc. 2021, art. 52)* **« , y compris en faisant application de l'article 74-2, » et son placement sous écrou extraditionnel. Lorsque celui-ci a été appréhendé, le procureur général donne avis de cette arrestation, sans délai, au ministre de la justice.**

La remise à l'État requérant de la personne réclamée s'effectue dans les sept jours suivant la date de l'arrestation, faute de quoi elle est mise d'office en liberté.

Art. 696-23 **En cas d'urgence et sur la demande directe des autorités compétentes de l'État requérant, le** *(L. n° 2009-526 du 12 mai 2009, art. 130-17°)* **« procureur général » territorialement compétent peut ordonner l'arrestation provisoire d'une personne**

réclamée aux fins d'extradition par ledit État *(Abrogé par L. n° 2011-392 du 14 avr. 2011, à compter du 1er juin 2011)* **« *et son placement sous écrou extraditionnel* ».**

(L. n° 2011-392 du 14 avr. 2011, en vigueur le 1er juin 2011) **« Après avoir vérifié son identité, le procureur général informe la personne réclamée, dans une langue qu'elle comprend, de l'existence et du contenu de la demande d'arrestation provisoire. S'il décide de ne pas la laisser en liberté, le procureur général la présente au premier président de la cour d'appel ou au magistrat désigné par lui, qui statue conformément à l'article 696-11. »**

La demande d'arrestation provisoire, transmise par tout moyen permettant d'en conserver une trace écrite, indique l'existence d'une des pièces mentionnées à l'article 696-8 et fait part de l'intention de l'État requérant d'envoyer une demande d'extradition. Elle comporte un bref exposé des faits mis à la charge de la personne réclamée et mentionne, en outre, son identité et sa nationalité, l'infraction pour laquelle l'extradition sera demandée, la date et le lieu où elle a été commise, ainsi que, selon le cas, le quantum de la peine encourue ou de la peine prononcée et, le cas échéant, celui de la peine restant à purger et, s'il y a lieu, la nature et la date des actes interruptifs de prescription. Une copie de cette demande est adressée par l'État requérant au ministre des affaires étrangères.

(L. n° 2009-526 du 12 mai 2009, art. 130-17°) **« Le procureur général avise sans délai le ministre de la justice de cette arrestation. »**

Lorsqu'une convention d'extradition autorise l'État requérant à solliciter l'arrestation provisoire et immédiate d'une personne en fuite, le procureur de la République territorialement compétent est, en application de l'art. 696-23, dont les dispositions sont exclusives de celles des art. 696-10 s., seul compétent pour ordonner l'arrestation provisoire et le placement sous écrou extraditionnel de la personne recherchée. En conséquence, la chambre de l'instruction n'est pas compétente pour donner son avis sur une telle demande. • Crim. 7 avr. 2009, n° 09-80.703 P : *AJ pénal 2009. 316, obs. Lasserre Capdeville* • Crim. 30 mars 2021, n° 21-80.421 P : *D. actu. 26 avr. 2021, obs. Diaz.*

Ancien art. 696-23 ***En cas d'urgence et sur la demande directe des autorités compétentes de l'État requérant, le procureur de la République territorialement compétent peut ordonner l'arrestation provisoire d'une personne réclamée aux fins d'extradition par ledit État et son placement sous écrou extraditionnel.***

Le procureur de la République donne avis de cette arrestation, sans délai, au ministre de la justice et au procureur général.

1. En cas d'urgence, la personne recherchée en vue d'une extradition peut, sur la demande des autorités compétentes de la partie requérante, faire l'objet d'une arrestation provisoire laquelle, selon la Convention européenne d'extradition, ne doit en aucun cas excéder quarante jours, le point de départ du délai étant le lendemain du jour de l'arrestation et son terme le jour de la réception des pièces par le ministre des affaires étrangères. • Crim. 10 mars 1987, n° 86-96.814 P • 28 avr. 1987, n° 87-80.903 P.

2. Un message transmis par téléscripteur suffit à établir, conformément aux prescriptions de l'art. 19 de la loi du 10 mars 1927, l'existence d'un mandat d'arrêt délivré contre un étranger par une autorité judiciaire étrangère, et permet au procureur de la République de faire procéder à l'arrestation provisoire de cet étranger. • Crim. 23 juill. 1984, n° 84-92.460 P. ♦ La formalité de transmission par le pays requérant d'un avis de demande d'arrestation provisoire au ministère des affaires étrangères, prévue à l'art. 19, al. 2, n'est pas prescrite à peine de nullité. • Crim. 22 mai 2001, n° 01-81.786 P : *D. 2001. IR 2560*.

3. Les dispositions de l'art. 696-23, al. 1er, sont exclusives de celles de l'article 696-10, applicables seulement à la personne interpellée au titre d'une demande d'extradition, dès lors que la personne concernée a eu connaissance, dans le plus court délai, des raisons de son arrestation. • Crim. 15 sept. 2004, n° 04-83.882 P : *D. 2004. IR 2691* ; *JCP 2004. IV. 3197* • 24 oct. 2007, n° 07-85.056 P : *D. 2007. AJ 3070*.

Art. 696-24 **La personne arrêtée provisoirement dans les conditions prévues à l'article 696-23 est mise en liberté si, dans un délai de trente jours à dater de son arrestation, lorsque celle-ci aura été opérée à la demande des autorités compétentes de l'État requérant, le gouvernement français ne reçoit pas l'un des documents mentionnés à l'article 696-8.**

Si, ultérieurement, les pièces susvisées parviennent au gouvernement français, la procédure est reprise, conformément aux articles 696-9 et suivants.

1. Demande de mise en liberté. En matière d'extradition, la chambre d'accusation statue sans recours lorsqu'elle donne son avis sur la requête de mise en liberté formée dans le cas où les pièces ne parviennent pas aux autorités françaises dans les délais légaux (art. 20 de la L. du 10 mars 1927). Il n'en irait autrement que si la chambre d'accusation avait été irrégulièrement composée ou qu'une violation de la loi eût été de nature à priver la décision rendue des conditions essentielles en la forme de son existence légale. • Crim. 26 nov. 1985, n° 85-94.898 P.

2. L'arrestation provisoire est réglementée par l'art. 16 de la Convention européenne d'extradition ; dès lors, les dispositions de l'art. 20 de la L. du 10 mars 1927, qui concernent le même point, ne peuvent, en vertu de l'art. 1er de ladite loi, recevoir application. • Crim. 26 mai 1994, n° 94-81.276 P. ♦ De même, les dispositions de l'art. 18-4 de la Convention européenne d'extradition doivent s'appliquer et l'art. 18 de la L.du 10 mars 1927 n'a pas à recevoir application. • Crim. 12 juill. 2000, n° 00-83.559 P : *D. 2000. IR 280*.

Art. 696-24-1 *(L. n° 2014-1353 du 13 nov. 2014, art. 10)* **Pour l'examen des demandes d'extradition concernant les auteurs d'actes de terrorisme, le procureur général près la cour d'appel de Paris, le premier président de la cour d'appel de Paris ainsi que la chambre de l'instruction de la cour d'appel de Paris et son président exercent une compétence concurrente à celle qui résulte de l'application des articles 696-9, 696-10 et 696-23.**

SECTION III DE LA PROCÉDURE SIMPLIFIÉE D'EXTRADITION *(L. n° 2021-1729 du 22 déc. 2021, art. 52).*

Art. 696-25 Hors les cas où s'appliquent les dispositions du présent titre relatives au mandat d'arrêt européen, lorsqu'une demande d'arrestation provisoire aux fins d'extradition émane d'un État partie à la Convention du 10 mars 1995 relative à la procédure simplifiée d'extradition entre les États membres de l'Union européenne, il est procédé conformément aux dispositions des articles 696-10 et 696-11.

(L. n° 2009-526 du 12 mai 2009, art. 130-18°) **« La personne réclamée est en outre informée qu'elle peut consentir à son extradition selon la procédure simplifiée prévue à la présente section.**

« La présente section est applicable aux demandes d'arrestation provisoire aux fins d'extradition adressées à la France par la Confédération suisse en application de l'accord entre la République française et le Conseil fédéral suisse relatif à la procédure simplifiée d'extradition et complétant la Convention européenne d'extradition du 13 décembre 1957. »

(L. n° 2021-1729 du 22 déc. 2021, art. 52) **« La présente section est également applicable aux demandes d'arrestation provisoire aux fins d'extradition adressées à la France par un État partie au troisième protocole additionnel du 10 novembre 2010 à la Convention européenne d'extradition du 13 décembre 1957. »**

V. Décr. n° 2005-771 du 8 juill. 2005 publiant la Convention du 10 mars 1995 relative à la procédure simplifiée d'extradition entre les États membres de l'Union européenne (JO 10 juill.).

V. Circ. CRIM. 2005-17 G5 du 18 juill. 2005 relative à l'applicabilité à la France de la Convention du 10 mars 1995 relative à la procédure simplifiée d'extradition entre les États membres de l'Union européenne et de la Convention du 27 sept. 1996 relative à l'extradition entre ces mêmes États (BOMJ 2005, n° 99, p. 85 s.).

La procédure d'extradition simplifiée n'est pas applicable à l'extradition d'un individu vers un État qui n'était pas membre de l'Union européenne lors de l'émission de sa demande d'arrestation provisoire. Peu importe à cet égard la date à laquelle la chambre de l'instruction émet son avis sur l'extradition. • Crim. 26 sept. 2007, n° 07-84.617 P : *AJ pénal 2007. 493*.

Art. 696-26 *(L. n° 2011-525 du 17 mai 2011, art. 156-15°)* **« Dans un délai de deux jours à compter de l'arrestation de la personne réclamée, le procureur général notifie à cette dernière, dans une langue qu'elle comprend, les pièces en vertu desquelles elle a été appréhendée. » Il l'avise qu'elle peut consentir à son extradition devant la chambre de l'instruction selon la procédure simplifiée. Il l'informe également qu'elle peut renoncer à la règle de la spécialité. Mention de ces informations est faite au procès-verbal, à peine de nullité de la procédure.**

L'intéressé a droit à l'assistance d'un avocat dans les conditions prévues aux deuxième et troisième alinéas de l'article *(L. n° 2009-526 du 12 mai 2009, art. 130-19°)* **« 696-10 ».**

Art. 696-27 **Lorsque la personne réclamée déclare au procureur général consentir à son extradition, elle comparaît devant la chambre de l'instruction dans un délai de cinq jours ouvrables à compter de la date à laquelle elle a été présentée au procureur général.**

Lorsque la personne réclamée déclare audit magistrat ne pas consentir à son extradition, il est procédé comme il est dit aux articles 696-15 et suivants si une demande d'extradition est parvenue aux autorités françaises.

Lorsque la personne réclamée, qui comparaît devant la chambre de l'instruction selon la procédure d'extradition simplifiée, déclare ne plus consentir à son extradition, la procédure se poursuit selon les règles de la procédure d'extradition de droit commun si une demande d'extradition est parvenue aux autorités françaises. Encourt la cassation l'arrêt qui donne un avis favorable à l'extradition de l'intéressé dans de telles conditions sans constater qu'une demande d'extradition est parvenue aux autorités françaises. • Crim. 7 juin 2016, n° 16-81.994 P.

Art. 696-28 **Lorsque la personne réclamée comparaît devant la chambre de l'instruction en application du premier alinéa de l'article 696-27, le président de la chambre constate son identité et recueille ses déclarations, dont il est dressé procès-verbal.**

Le président demande ensuite à la personne réclamée, après l'avoir informée des conséquences juridiques de son consentement, si elle entend toujours consentir à son extradition.

Lorsque la personne réclamée déclare ne plus consentir à son extradition, les dispositions du deuxième alinéa de l'article 696-27 sont applicables.

Lorsque la personne réclamée maintient son consentement à l'extradition, la chambre de l'instruction lui demande également si elle entend renoncer à la règle de la spécialité, après l'avoir informée des conséquences juridiques d'une telle renonciation.

Le consentement de la personne réclamée à être extradée et, le cas échéant, sa renonciation à la règle de la spécialité sont recueillis par procès-verbal établi lors de l'audience. La personne réclamée y appose sa signature.

L'audience est publique, sauf si la publicité est de nature à nuire au bon déroulement de la procédure en cours, aux intérêts d'un tiers ou à la dignité de la personne. Dans ce cas, la chambre de l'instruction, à la demande du ministère public, de la personne réclamée ou d'office, statue par un arrêt rendu en chambre du conseil.

Le ministère public et la personne réclamée sont entendus, cette dernière assistée, le cas échéant, de son avocat et, s'il y a lieu, en présence d'un interprète.

Art. 696-29 **Si la chambre de l'instruction constate que les conditions légales de l'extradition sont remplies, elle rend un arrêt par lequel elle donne acte à la personne réclamée de son consentement formel à être extradée ainsi que, le cas échéant, de sa renonciation à la règle de la spécialité et accorde l'extradition.**

La chambre de l'instruction statue dans les sept jours à compter de la date de la comparution devant elle de la personne réclamée.

Art. 696-30 **Si la personne réclamée forme, dans le délai légal, un pourvoi en cassation contre l'arrêt de la chambre de l'instruction accordant son extradition, le président de la chambre criminelle de la Cour de cassation ou le conseiller délégué par lui rend, dans un délai de quinze jours à compter de l'introduction du pourvoi, une ordonnance par laquelle il constate que la personne réclamée a ainsi entendu retirer son consentement à l'extradition et, le cas échéant, qu'elle a renoncé à la règle de la spécialité. Cette ordonnance n'est pas susceptible de recours.**

Si la personne réclamée a fait l'objet d'une demande d'extradition, il est alors procédé ainsi qu'il est dit aux articles 696-15 et suivants.

Art. 696-31 **Lorsque l'arrêt de la chambre de l'instruction accorde l'extradition de la personne réclamée et que cet arrêt est définitif, le procureur général en avise le ministre de la justice, qui informe les autorités compétentes de l'État requérant de la décision intervenue.**

Le ministre de la justice prend les mesures nécessaires afin que l'intéressé soit remis aux autorités de l'État requérant au plus tard dans les vingt jours suivant la date à laquelle la décision d'extradition leur a été notifiée.

Si la personne extradée ne peut être remise dans le délai de vingt jours pour un cas de force majeure, le ministre de la justice en informe immédiatement les autorités compétentes de l'État requérant et convient avec elles d'une nouvelle date de remise. La personne extradée est alors remise au plus tard dans les vingt jours suivant la date ainsi convenue.

La mise en liberté est ordonnée si, à l'expiration de ce délai de vingt jours, la personne extradée se trouve encore sur le territoire de la République.

Les dispositions de l'alinéa précédent ne sont pas applicables en cas de force majeure ou si la personne extradée est poursuivie en France ou y a déjà été condamnée et doit y purger une peine en raison d'un fait autre que celui visé par la demande d'extradition.

Art. 696-32 La mise en liberté *(L. n° 2011-392 du 14 avr. 2011, en vigueur le 1er juin 2011)* « ou la mainlevée ou la modification du contrôle judiciaire ou de l'assignation à résidence sous surveillance électronique » peut être demandée à tout moment à la chambre de l'instruction selon les formes prévues aux articles 148-6 et 148-7. Les dispositions des articles 696-19 et 696-20 sont alors applicables.

Art. 696-33 Les dispositions des articles 696-26 à 696-32 sont applicables si la personne dont l'arrestation provisoire a été demandée fait l'objet d'une demande d'extradition et consent à être extradée plus de dix jours après son arrestation et au plus tard le jour de sa première comparution devant la chambre de l'instruction, saisie dans les conditions énoncées à la section II du présent chapitre, ou si la personne dont l'extradition est demandée consent à être extradée au plus tard le jour de sa première comparution devant la chambre de l'instruction, saisie dans les mêmes conditions.

SECTION IV DES EFFETS DE L'EXTRADITION

Art. 696-34 Par dérogation aux dispositions de l'article 696-6, la règle de la spécialité ne s'applique pas lorsque la personne réclamée y renonce dans les conditions prévues aux articles 696-28 et 696-40 ou lorsque le gouvernement français donne son consentement dans les conditions prévues à l'article 696-35.

Ce consentement peut être donné par le gouvernement français, même au cas où le fait, cause de la demande, ne serait pas l'une des infractions déterminées par l'article 696-3.

Art. 696-35 Dans le cas où le gouvernement requérant demande, pour une infraction antérieure à l'extradition, l'autorisation de poursuivre ou de mettre à exécution une condamnation concernant l'individu déjà remis, l'avis de la chambre de l'instruction devant laquelle la personne réclamée avait comparu peut être formulé sur la seule production des pièces transmises à l'appui de la nouvelle demande.

Sont également transmises par le gouvernement étranger et soumises à la chambre de l'instruction les pièces contenant les observations de l'individu remis ou la déclaration qu'il entend n'en présenter aucune. Ces explications peuvent être complétées par un avocat choisi par lui, ou qui est désigné ou commis d'office.

(L. n° 2021-1729 du 22 déc. 2021, art. 52) « Lorsque la personne réclamée déclare consentir à l'extension de son extradition, la procédure prévue à la section III du présent chapitre est applicable. »

Selon l'art. 22 de la loi du 10 mars 1927, dans le cas où l'État requérant demande l'autorisation de poursuivre un individu déjà remis aux autorités étrangères, pour une infraction antérieure à l'extradition, l'avis de la chambre d'accusation est donné au vu des observations de l'étranger et des explications d'un avocat choisi par lui ou commis d'office. Il s'en déduit que la procédure d'extension d'extradition est contradictoire et que le délai de 5 jours francs pour se pourvoir contre l'avis commence à courir le lendemain du jour où l'arrêt a été prononcé.
• Crim. 30 nov. 1999, n° 99-82.003 P.

Art. 696-36 L'extradition obtenue par le gouvernement français est nulle si elle est intervenue en dehors des conditions prévues par le présent chapitre.

Aussitôt après l'incarcération de la personne extradée, le procureur de la République l'avise qu'elle a le droit de demander que soit prononcée la nullité de l'extradition dans les conditions de forme et de délai prévues au présent article et qu'elle a le droit de choisir un avocat ou de demander qu'il lui en soit désigné un d'office.

La nullité est prononcée, même d'office, par la juridiction de jugement dont la personne extradée relève après sa remise ou, si elle ne relève d'aucune juridiction de jugement, par la chambre de l'instruction. La chambre de l'instruction compétente est, lorsque l'extradition a été accordée pour l'exécution d'un mandat d'arrêt délivré dans une information en cours, celle dans le ressort de laquelle a eu lieu la remise.

La requête en nullité présentée par la personne extradée doit, à peine d'irrecevabilité, être motivée et faire l'objet d'une déclaration au greffe de la juridiction compétente dans un délai de dix jours à compter de l'avis prévu au deuxième alinéa.

La déclaration fait l'objet d'un procès-verbal signé par le greffier et par le demandeur ou son avocat. Si le demandeur ne peut signer, il en est fait mention par le greffier.

Lorsque le demandeur ou son avocat ne réside pas dans le ressort de la juridiction compétente, la déclaration au greffe peut être faite au moyen d'une lettre recommandée avec demande d'avis de réception.

Lorsque le demandeur est détenu, la requête peut également être faite au moyen d'une déclaration auprès du chef de l'établissement pénitentiaire. Cette déclaration fait l'objet d'un procès-verbal signé par le chef de l'établissement pénitentiaire et par le demandeur. Si celui-ci ne peut signer, il en est fait mention par le chef de l'établissement. Le procès-verbal est adressé sans délai, en original ou en copie et par tout moyen, au greffe de la juridiction saisie.

1. Nullité de l'extradition. L'extradition n'est nulle que si elle est intervenue en dehors des cas prévus par la L. du 10 mars 1927. • Crim. 15 juill. 1937 : *Bull. crim. n° 150.* ♦ ... Ou s'il y a eu une volonté d'éluder les règles extraditionnelles. • Crim. 6 oct. 1983, n° 83-93.194 P • 22 déc. 1987, n° 87-90.304 P. ♦ L'extradé ne peut arguer de nullités entachant la procédure suivie sur le territoire de l'État requis. • Crim. 20 mars 1908 : *Bull. crim. n° 121* • 12 avr. 1924 : *ibid. n° 173* • 25 mars 1954 : *ibid. n° 122* • 4 juin 1964 : *JCP 1964. II. 13806, rapp. Comte.* ♦ Ni la demande présentée par la France, ni son instruction dans l'État requis ne peuvent constituer des causes de nullité de l'extradition. • Crim. 21 mai 1996, n° 96-81.112 P. ♦ Les juridictions françaises sont incompétentes pour connaître des conditions dans lesquelles sont intervenues, à l'étranger, l'arrestation et l'expulsion d'une personne par les seules autorités locales agissant dans la plénitude de leur souveraineté. • Crim. 24 sept. 1997, n° 97-83.787 P.

2. Nécessité de motiver la requête. La requête en nullité présentée par la personne extradée doit, à peine d'irrecevabilité, être motivée, le défaut de motivation ne pouvant être suppléé, postérieurement audit délai, par le dépôt au greffe de la chambre de l'instruction d'un mémoire précisant les nullités qui vicieraient l'extradition dont le mis en examen a fait l'objet. • Crim. 22 janv. 2019, n° 18-82.633 P.

3. Procès équitable. Les exigences de délai et de motivation imposées par l'art. 696-36 à la personne concernée pour soumettre à la juridiction saisie d'éventuelles nullités de la procédure d'extradition sont compensées par l'office du juge, tel qu'il est énoncé par ce même texte, de vérifier, même d'office, que l'extradition est survenue dans les conditions prévues par le chapitre V du titre X du code de procédure pénale, de sorte qu'il n'a pas été en l'espèce porté atteinte au droit du demandeur à un procès équitable. • Crim. 22 janv. 2019 : *préc. note 2.*

Art. 696-37 **Les juridictions mentionnées à l'article 696-36 sont juges de la qualification donnée aux faits qui ont motivé la demande d'extradition.**

Art. 696-38 **Dans le cas où l'extradition est annulée, l'extradé, s'il n'est pas réclamé par le gouvernement requis, est mis en liberté et ne peut être repris, soit à raison des faits qui ont motivé son extradition, soit à raison des faits antérieurs, que si, dans les trente jours qui suivent la mise en liberté, il est arrêté sur le territoire français.**

Art. 696-39 **Est considérée comme soumise sans réserve à l'application des lois de l'État requérant, à raison d'un fait quelconque antérieur à l'extradition et différent de l'infraction qui a motivé cette mesure, la personne remise qui a eu, pendant trente jours à compter de sa libération définitive, la possibilité de quitter le territoire de cet État.**

Un individu, extradé pour certains faits, et auteur d'autres faits pour lesquels l'extradition a été refusée, peut être poursuivi pour ces derniers, dès lors que la procédure n'est pas contradictoire et qu'aucune contrainte n'est exercée contre lui à raison de ces faits ; cet individu étant réputé absent par suite du refus de l'extradition pour ces faits, l'arrêt de renvoi devant la cour d'assises, rendu au terme d'une procédure non contradictoire, n'a pas à lui être signifié tant que n'est pas expiré le délai prévu à l'art. 26 de la loi du 10 mars 1927, une signification faite à sa personne avant cette expiration étant nulle ; il en résulte que le pourvoi formé, à la suite d'une telle signification, contre l'arrêt renvoyant l'intéressé devant la cour d'assises, n'est pas recevable en l'état. • Crim. 15 oct. 1991, ☎ n° 91-84.405 P.

Art. 696-40 Lorsque le gouvernement français a obtenu l'extradition d'une personne en application de la Convention du 27 septembre 1996 relative à l'extradition entre les États membres de l'Union européenne, la personne ainsi extradée peut être poursuivie ou condamnée pour une infraction antérieure à la remise, autre que celle ayant motivé l'extradition, si elle renonce expressément, après sa remise, au bénéfice de la règle de la spécialité dans les conditions ci-après.

La renonciation doit porter sur des faits précis antérieurs à la remise. Elle a un caractère irrévocable. Elle est donnée devant la chambre de l'instruction de la cour d'appel dans le ressort de laquelle l'intéressé est incarcéré ou a sa résidence.

Lors de la comparution de la personne extradée, qui donne lieu à une audience publique, la chambre de l'instruction constate l'identité et recueille les déclarations de cette personne. Il en est dressé procès-verbal. L'intéressé, assisté le cas échéant de son avocat et, s'il y a lieu, d'un interprète, est informé par la chambre de l'instruction des conséquences juridiques de sa renonciation à la règle de la spécialité sur sa situation pénale et du caractère irrévocable de la renonciation donnée.

Si, lors de sa comparution, la personne extradée déclare renoncer à la règle de la spécialité, la chambre de l'instruction, après avoir entendu le ministère public et l'avocat de la personne, en donne acte à celle-ci. L'arrêt de la chambre de l'instruction précise les faits pour lesquels la renonciation est intervenue.

Pour les conditions d'entrée en vigueur de l'art. 696-40, V. L. n° 2004-204 du 9 mars 2004, art. 214-II.

Art. 696-41 Dans le cas où, l'extradition d'un étranger ayant été obtenue par le gouvernement français, le gouvernement d'un pays tiers sollicite à son tour du gouvernement français l'extradition du même individu à raison d'un fait antérieur à l'extradition, autre que celui jugé en France, et non connexe à ce fait, le Gouvernement ne défère, s'il y a lieu, à cette requête qu'après s'être assuré du consentement du pays par lequel l'extradition a été accordée.

Toutefois, cette réserve n'a pas lieu d'être appliquée lorsque l'individu extradé a eu, pendant le délai fixé à l'article 696-39, la faculté de quitter le territoire français.

SECTION V DISPOSITIONS DIVERSES

Art. 696-42 L'extradition, par voie de transit sur le territoire français ou par les bâtiments des services maritimes français, d'une personne n'ayant pas la nationalité française, remise par un autre gouvernement est autorisée par le ministre de la justice, sur simple demande par voie diplomatique, appuyée des pièces nécessaires pour établir qu'il ne s'agit pas d'un délit politique ou purement militaire.

Cette autorisation ne peut être donnée qu'aux États qui accordent, sur leur territoire, la même faculté au gouvernement français.

Le transport s'effectue sous la conduite d'agents français et aux frais du gouvernement requérant.

Art. 696-43 La chambre de l'instruction qui a statué sur la demande d'extradition décide s'il y a lieu ou non de transmettre, en tout ou en partie, les titres, valeurs, argent ou autres objets saisis au gouvernement requérant.

Cette remise peut avoir lieu, même si l'extradition ne peut s'accomplir, par suite de l'évasion ou de la mort de l'individu réclamé.

La chambre de l'instruction ordonne la restitution des papiers et autres objets énumérés ci-dessus qui ne se rapportent pas au fait imputé à la personne réclamée. Elle statue, le cas échéant, sur les réclamations des tiers détenteurs et autres ayants droit.

Art. 696-44 Au cas de poursuites répressives exercées à l'étranger, lorsqu'un gouvernement étranger juge nécessaire la notification d'un acte de procédure ou d'un jugement à un individu résidant sur le territoire français, la pièce est transmise suivant les formes prévues aux articles 696-8 et 696-9, accompagnée, le cas échéant, d'une traduction française. La signification est faite à personne, à la requête du ministère public. L'original constatant la notification est renvoyé par la même voie au gouvernement requérant.

Art. 696-45 Lorsque, dans une cause pénale instruite à l'étranger, le gouvernement étranger juge nécessaire la communication de pièces à conviction ou de documents se trouvant entre les mains des autorités françaises, la demande est transmise suivant les formes prévues aux articles 696-8 et 696-9. Il y est donné suite, à moins que des considérations particulières ne s'y opposent, et sous l'obligation de renvoyer les pièces et documents dans le plus bref délai.

Art. 696-46 Lorsque l'audition d'un témoin résidant en France est jugée nécessaire par un gouvernement étranger, le gouvernement français, saisi d'une demande transmise dans les formes prévues aux articles 696-8 et 696-9, l'engage à se rendre à la convocation qui lui est adressée.

Néanmoins, la citation n'est reçue et signifiée qu'à la condition que le témoin ne pourra être poursuivi ou détenu pour des faits ou condamnations antérieurs à son audition.

Art. 696-47 L'envoi des individus détenus, en vue d'une confrontation, doit être demandé dans les formes prévues aux articles 696-8 et 696-9. Il est donné suite à la demande, à moins que des considérations particulières ne s'y opposent, et sous la condition de renvoyer lesdits détenus dans le plus bref délai.

EXTRADITION ET RÉPRESSION INTERNATIONALE DU TERRORISME

Convention européenne d'extradition,

Faite à Paris le 13 décembre 1957 ; entrée en vigueur le 11 mai 1986. — Publiée par Décr. n° 86-736 du 14 mai 1986 (D. et ALD 1986. 369 ; JO 15 mai).

Sans préjudice de leur application dans les relations entre États membres et États tiers, la décision-cadre n° 2002/584/JAI du 13 juin 2002 remplace, à compter du 1er janv. 2004, les dispositions de la présente Convention dans les relations entre les États membres.

Art. 1er *Obligation d'extrader.* Les Parties contractantes s'engagent à se livrer réciproquement, selon les règles et sous les conditions déterminées par les articles suivants, les individus qui sont poursuivis pour une infraction ou recherchés aux fins d'exécution d'une peine ou d'une mesure de sûreté par les autorités judiciaires de la Partie requérante.

Art. 2 *Faits donnant lieu à extradition.* 1. Donneront lieu à extradition les faits punis par les lois de la Partie requérante et de la Partie requise d'une peine privative de liberté ou d'une mesure de sûreté privative de liberté d'un maximum d'au moins un an ou d'une peine plus sévère. Lorsqu'une condamnation à une peine est intervenue ou qu'une mesure de sûreté a été infligée sur le territoire de la Partie requérante, la sanction prononcée devra être d'une durée d'au moins quatre mois.

2. Si la demande d'extradition vise plusieurs faits distincts punis chacun par la loi de la Partie requérante et de la Partie requise d'une peine privative de liberté ou d'une mesure de sûreté privative de liberté, mais dont certains ne remplissent pas la condition relative au taux de la peine, la Partie requise aura la faculté d'accorder également l'extradition pour ces derniers.

3. Toute Partie contractante dont la législation n'autorise pas l'extradition pour certaines infractions visées au paragraphe 1 du présent article pourra, en ce qui la concerne, exclure ces infractions du champ d'application de la Convention.

4. Toute Partie contractante qui voudra se prévaloir de la faculté prévue au paragraphe 3 du présent article notifiera au Secrétaire Général du Conseil de l'Europe, au moment du dépôt de son instrument de ratification ou d'adhésion, soit une liste des infractions pour lesquelles l'extradition est autorisée, soit une liste des infractions pour lesquelles l'extradition est exclue, en indiquant les dispositions légales autorisant ou excluant l'extradition. Le Secrétaire Général du Conseil communiquera ces listes aux autres signataires.

5. Si, par la suite, d'autres infractions viennent à être exclues de l'extradition par la législation d'une Partie contractante, celle-ci notifiera cette exclusion au Secrétaire Général du Conseil qui en informera les autres signataires. Cette notification ne prendra effet qu'à l'expiration d'un délai de trois mois à compter de la date de sa réception par le Secrétaire Général.

6. Toute Partie qui aura fait usage de la faculté prévue aux paragraphes 4 et 5 du présent article pourra à tout moment soumettre à l'application de la présente Convention des infractions qui en ont été exclues. Elle notifiera ces modifications au Secrétaire Général du Conseil qui les communiquera aux autres signataires.

7. Toute Partie pourra appliquer la règle de la réciprocité en ce qui concerne les infractions exclues du champ d'application de la Convention en vertu du présent article.

1. Durée minimale de la condamnation. La durée pendant laquelle l'extradé a été placé en France sous écrou extraditionnel n'a pas à être déduite de la durée de quatre mois prévue à l'art. 2 (1) Conv. europ. d'extradition. De même, eu égard à cette disposition qui se réfère exclusivement à la durée de la sanction prononcée, l'intervention d'une mesure de grâce est sans influence sur la légalité du décret d'extradition. • CE 30 déc. 1996 : *D. 1998. Somm. 22, obs. Julien-Laferrière*.

2. Dès lors que le mandat d'arrêt délivré par le juge de l'application des peines suspend la mesure de libération conditionnelle et que l'intéressé avait été condamné à une peine de réclusion criminelle à perpétuité, les dispositions de l'art. 2 Conv. europ. d'extradition en vertu desquelles la peine à exécuter est supérieure à quatre mois d'emprisonnement sont bien respectées. • Crim. 23 juill. 2003, n° 03-82.790 P : *JCP. 2003. IV. 2664 ; AJ pénal 2003. 108*.

3. Double incrimination. Un individu ne peut être extradé dans la mesure où à l'époque de la condamnation fondement de la demande d'extradition, l'incrimination n'existait pas en droit français. • Aix-en-Provence, 24 nov. 1999 : *D. 2000. 245, note Renucci*.

4. V. aussi notes ss. art. 696-15.

Art. 3 *Infractions politiques.* 1. L'extradition ne sera pas accordée si l'infraction pour laquelle elle est demandée est considérée par la Partie requise comme une infraction politique ou comme un fait connexe à une telle infraction.

2. La même règle s'appliquera si la Partie requise a des raisons sérieuses de croire que la demande d'extradition motivée par une infraction de droit commun a été présentée aux fins de poursuivre ou de punir un individu pour des considérations de race, de religion, de nationalité ou d'opinions politiques ou que la situation de cet individu risque d'être aggravée pour l'une ou l'autre de ces raisons.

3. Pour l'application de la présente Convention, l'attentat à la vie d'un chef d'État ou d'un membre de sa famille ne sera pas considéré comme infraction politique.

4. L'application du présent article n'affectera pas les obligations que les Parties auront assumées ou assumeront aux termes de toute autre Convention internationale de caractère multilatéral.

Art. 4 *Infractions militaires.* L'extradition à raison d'infractions militaires qui ne constituent pas des infractions de droit commun est exclue du champ d'application de la présente Convention.

Art. 5 *Infractions fiscales.* En matière de taxes et impôts, de douane, de change, l'extradition sera accordée, dans les conditions prévues par la présente Convention, seulement s'il en a été ainsi décidé entre Parties contractantes pour chaque infraction ou catégorie d'infractions.

Art. 6 *Extradition des nationaux.* 1. *a*) Toute Partie contractante aura la faculté de refuser l'extradition de ses ressortissants.

b) Chaque Partie contractante pourra, par une déclaration faite au moment de la signature ou du dépôt de son instrument de ratification ou d'adhésion, définir, en ce qui la concerne, le terme « ressortissants » au sens de la présente Convention.

c) La qualité de ressortissant sera appréciée au moment de la décision sur l'extradition. Toutefois, si cette qualité n'est reconnue qu'entre l'époque de la décision et la date envisagée pour la remise, la Partie requise pourra également se prévaloir de la disposition de l'alinéa *a* du présent paragraphe.

2. Si la Partie requise n'extrade pas son ressortissant, elle devra, sur la demande de la Partie requérante, soumettre l'affaire aux autorités compétentes afin que des poursuites judiciaires puissent être exercées s'il y a lieu. A cet effet, les dossiers, informations et objets relatifs à l'infraction seront adressés gratuitement par la voie prévue au paragraphe 1 de

l'article 12. La Partie requérante sera informée de la suite qui aura été donnée à sa demande.

Acquisition de la nationalité française. Un individu qui a acquis la nationalité française peut faire l'objet d'une extradition dès lors qu'au moment des faits qui lui sont reprochés il n'avait pas cette nationalité en application de l'art. 6 des réserves du gouvernement français. • Crim. 27 mars 2001, n° 01-80.275 P.

Art. 7 *Lieu de perpétration.* 1. La Partie requise pourra refuser d'extrader l'individu réclamé à raison d'une infraction qui, selon sa législation, a été commise en tout ou en partie sur son territoire ou en un lieu assimilé à son territoire.

2. Lorsque l'infraction motivant la demande d'extradition aura été commise hors du territoire de la Partie requérante, l'extradition ne pourra être refusée que si la législation de la Partie requise n'autorise pas la poursuite d'une infraction du même genre commise hors de son territoire ou n'autorise pas l'extradition pour l'infraction faisant l'objet de la demande.

Art. 8 *Poursuites en cours pour les mêmes faits.* Une Partie requise pourra refuser d'extrader un individu réclamé si cet individu fait l'objet de sa part de poursuites pour le ou les faits à raison desquels l'extradition est demandée.

Art. 9 *Non bis in idem.* L'extradition ne sera pas accordée lorsque l'individu réclamé a été définitivement jugé par les autorités compétentes de la Partie requise, pour le ou les faits à raison desquels l'extradition est demandée. L'extradition pourra être refusée si les autorités compétentes de la Partie requise ont décidé de ne pas engager de poursuites ou de mettre fin aux poursuites qu'elles ont exercées pour le ou les mêmes faits.

Art. 10 *Prescription.* L'extradition ne sera pas accordée si la prescription de l'action ou de la peine est acquise d'après la législation soit de la Partie requérante, soit de la Partie requise.

V. notes 11 s. ss. C. pr. pén., art. 696-4.

Art. 11 *Peine capitale.* Si le fait à raison duquel l'extradition est demandée, est puni de la peine capitale par la loi de la Partie requérante et que, dans ce cas, cette peine n'est pas prévue par la législation de la Partie requise, ou n'y est généralement pas exécutée, l'extradition pourra n'être accordée qu'à la condition que la Partie requérante donne des assurances jugées suffisantes par la Partie requise, que la peine capitale ne sera pas exécutée.

Art. 12 *Requête et pièces à l'appui.* 1. La requête sera formulée par écrit et présentée par la voie diplomatique. Une autre voie pourra être convenue par arrangement direct entre deux ou plusieurs Parties.

2. Il sera produit à l'appui de la requête :

a) L'original ou l'expédition authentique soit d'une décision de condamnation exécutoire, soit d'un mandat d'arrêt ou de tout autre acte ayant la même force, délivré dans les formes prescrites par la loi de la Partie requérante ;

b) Un exposé des faits pour lesquels l'extradition est demandée. Le temps et le lieu de leur perpétration, leur qualification légale et les références aux dispositions légales qui leur sont applicables seront indiqués le plus exactement possible ; et

c) Une copie des dispositions légales applicables ou, si cela n'est pas possible, une déclaration sur le droit applicable, ainsi que le signalement aussi précis que possible de l'individu réclamé et tous autres renseignements de nature à déterminer son identité et sa nationalité.

Art. 13 *Complément d'informations.* Si les informations communiquées par la Partie requérante se révèlent insuffisantes pour permettre à la Partie requise de prendre une décision en application de la présente Convention, cette dernière Partie demandera le complément d'informations nécessaire et pourra fixer un délai pour l'obtention de ces informations.

Art. 14 *Règle de la spécialité.* 1. L'individu qui aura été livré ne sera ni poursuivi, ni jugé, ni détenu en vue de l'exécution d'une peine ou d'une mesure de sûreté, ni soumis à toute autre restriction de sa liberté individuelle, pour un fait quelconque antérieur à la remise, autre que celui ayant motivé l'extradition, sauf dans les cas suivants :

a) Lorsque la Partie qui l'a livré y consent. Une demande sera présentée à cet effet, accompagnée des pièces prévues à l'article 12 et d'un procès-verbal judiciaire consignant les déclarations de l'extradé. Ce consentement sera donné lorsque l'infraction pour laquelle il est demandé entraîne elle-même l'obligation d'extrader aux termes de la présente Convention ;

b) Lorsque, ayant eu la possibilité de le faire, l'individu extradé n'a pas quitté dans les quarante-cinq jours qui suivent son élargissement définitif, le territoire de la Partie à laquelle il a été livré ou s'il y est retourné après l'avoir quitté.

2. Toutefois, la Partie requérante pourra prendre les mesures nécessaires en vue, d'une part, d'un renvoi éventuel du territoire, d'autre part, d'une interruption de la prescription conformément à sa législation, y compris le recours à une procédure par défaut.

3. Lorsque la qualification donnée au fait incriminé sera modifiée au cours de la procédure, l'individu extradé ne sera poursuivi ou jugé que dans la mesure où les éléments constitutifs de l'infraction nouvellement qualifiée permettraient l'extradition.

1. Portée de la règle. La règle de la spécialité de l'extradition n'interdit pas aux juridictions de l'État requérant de restituer leur exacte qualification aux faits à raison desquels l'extradition a été consentie par l'État requis, dès lors que cette décision n'a pas pour conséquence d'étendre leur saisine à des faits nouveaux, antérieurs à la remise de la personne extradée et constitutifs d'une infraction distincte. Tel est le cas lorsque ces juridictions se bornent à retenir une circonstance aggravante nouvelle. • Crim. 24 nov. 1998, n° 98-83.385 P : *Procédures 1999, n° 104, obs. Buisson* • 22 juin 1999, n° 98-82.046 P. ♦ ... Ou à requalifier le mode de participation de cette personne à l'infraction dénoncée. • Crim. 22 sept. 1998, n° 98-83.600 P. ♦ La modification de la localisation de l'infraction, effectuée en considérant les éléments révélés par l'information, ne saurait constituer davantage une atteinte à la règle invoquée. • Même arrêt.

2. Renonciation à la règle. La renonciation expresse à la règle de la spécialité de l'extradition, en application de l'art. 66 (2.) de la Convention de Schengen du 19 juin 1990, est valable dès lors que l'État requis a fait connaître que l'extradition avait été effectuée sans procédure formelle, conformément à l'art. 66 (1.) de cette convention, dont il n'appartient pas aux juridictions françaises de contrôler l'application à l'étranger. • Crim. 22 juin 1999, n° 99-82.192 P.

Art. 15 *Réextradition à un État tiers.* Sauf dans le cas prévu au paragraphe 1, alinéa *b*) de l'article 14, l'assentiment de la Partie requise sera nécessaire pour permettre à la Partie requérante de livrer à une autre Partie ou à un État tiers l'individu qui lui aura été remis et qui serait recherché par l'autre Partie ou par l'État tiers pour des infractions antérieures à la remise. La Partie requise pourra exiger la production des pièces prévues au paragraphe 2 de l'article 12.

Art. 16 *Arrestation provisoire.* 1. En cas d'urgence, les autorités compétentes de la Partie requérante pourront demander l'arrestation provisoire de l'individu recherché ; les autorités compétentes de la Partie requise statueront sur cette demande conformément à la loi de cette Partie.

2. La demande d'arrestation provisoire indiquera l'existence d'une des pièces prévues au paragraphe 2, alinéa *a*) de l'article 12 et fera part de l'intention d'envoyer une demande d'extradition ; elle mentionnera l'infraction pour laquelle l'extradition sera demandée, le temps et le lieu où elle a été commise ainsi que, dans la mesure du possible, le signalement de l'individu recherché.

3. La demande d'arrestation provisoire sera transmise aux autorités compétentes de la Partie requise soit par la voie diplomatique, soit directement par la voie postale ou télégraphique, soit par l'Organisation internationale de Police criminelle (Interpol), soit par tout autre moyen laissant une trace écrite ou admis par la Partie requise. L'autorité requérante sera informée sans délai de la suite donnée à sa demande.

4. L'arrestation provisoire pourra prendre fin si, dans le délai de dix-huit jours après l'arrestation, la Partie requise n'a pas été saisie de la demande d'extradition et des pièces mentionnées à l'article 12 ; elle ne devra, en aucun cas, excéder quarante jours après l'arrestation. Toutefois, la mise en liberté provisoire est possible à tout moment, sauf pour la Partie requise à prendre toute mesure qu'elle estimera nécessaire en vue d'éviter la fuite de l'individu réclamé.

5. La mise en liberté ne s'opposera pas à une nouvelle arrestation et à l'extradition si la demande d'extradition parvient ultérieurement.

1. Pour que la demande d'arrestation provisoire soit régulière au regard de l'art. 16-2 Conv. europ. extradition, il suffit qu'elle indique l'existence d'une des pièces prévues par l'art. 12-2 de ladite convention, sans que soit exigée la présence effective de cette pièce. • Crim. 3 mai 1994, n° 94-80.921 P.

2. Les pièces dont la réception marque, selon l'art. 16-4 Conv. europ. extradition, le terme de l'arrestation provisoire, doivent s'entendre des seules pièces qui concernent la personne réclamée. • Crim. 26 mai 1994, n° 94-81.276 P.

3. Les dispositions de l'art. 16 ne sont pas applicables lorsque la personne réclamée est arrêtée après que la demande d'extradition et les pièces y afférentes sont parvenues aux autorités de l'État requis. • Crim. 21 mars 2000, n° 00-80.044 P.

4. La mise en liberté à l'expiration du délai de 40 jours à compter de l'arrestation n'est de droit que si la partie requise n'a pas été saisie de la demande d'extradition et des pièces mentionnées à l'art. 12 de la convention. • Crim. 3 avr. 2002, n° 02-80.697 P : *JCP 2002. IV. 1892.*

Art. 17 *Concours de requêtes.* Si l'extradition est demandée concurremment par plusieurs États, soit pour le même fait, soit pour des faits différents, la Partie requise statuera compte tenu de toutes circonstances, et notamment de la gravité relative et du lieu des infractions, des dates respectives des demandes, de la nationalité de l'individu réclamé et de la possibilité d'une extradition ultérieure à un autre État.

Art. 18 *Remise de l'extradé.* 1. La Partie requise fera connaître à la Partie requérante, par la voie prévue au paragraphe 1 de l'article 12, sa décision sur l'extradition.

2. Tout rejet complet ou partiel sera motivé.

3. En cas d'acceptation, la Partie requérante sera informée du lieu et de la date de remise, ainsi que de la durée de la détention subie en vue de l'extradition par l'individu réclamé.

4. Sous réserve du cas prévu au paragraphe 5 du présent article, si l'individu réclamé n'a pas été reçu à la date fixée, il pourra être mis en liberté à l'expiration d'un délai de quinze jours à compter de cette date et il sera en tout cas mis en liberté à l'expiration d'un délai de trente jours ; la Partie requise pourra refuser de l'extrader pour le même fait.

5. En cas de force majeure empêchant la remise ou la réception de l'individu à extrader, la Partie intéressée en informera l'autre Partie ; les deux Parties se mettront d'accord sur une nouvelle date de remise et les dispositions du paragraphe 4 du présent article seront applicables.

Art. 19 *Remise ajournée ou conditionnelle.* 1. La Partie requise pourra, après avoir statué sur la demande d'extradition, ajourner la remise de l'individu réclamé pour qu'il puisse être poursuivi par elle ou, s'il a déjà été condamné, pour qu'il puisse purger, sur son territoire, une peine encourue à raison d'un fait autre que celui pour lequel l'extradition est demandée.

2. Au lieu d'ajourner la remise, la Partie requise pourra remettre temporairement à la Partie requérante l'individu réclamé dans des conditions à déterminer d'un commun accord entre les Parties.

Il se déduit de l'art. 19 de la Conv. européenne d'extradition que les modalités de la remise de la personne extradée, qui procèdent d'un accord entre les États parties à l'extradition, ne relèvent pas de la compétence de la chambre de l'instruction ; celle-ci ne peut dès lors, après avoir émis un avis favorable sur une demande d'extradition, limiter à une durée de huit mois la remise, qualifiée de « temporaire », motif pris de l'exécution par la personne réclamée de peines criminelles et correctionnelles sur le territoire français. • Crim. 10 juill. 2013, n° 13-83.025 P : *D. actu. 2 sept. 2013, note Bombled ; AJ pénal 2014. 41, note Ascensi*

Art. 20 *Remise d'objets.* 1. A la demande de la Partie requérante, la Partie requise saisira et remettra, dans la mesure permise par sa législation, les objets :

a) Qui peuvent servir de pièces à conviction, ou

b) Qui, provenant de l'infraction, auraient été trouvés au moment de l'arrestation en la possession de l'individu réclamé ou seraient découverts ultérieurement.

2. La remise des objets visés au paragraphe 1 du présent article sera effectuée même dans le cas où l'extradition déjà accordée ne pourrait avoir lieu par suite de la mort ou de l'évasion de l'individu réclamé.

3. Lorsque lesdits objets seront susceptibles de saisie ou de confiscation sur le territoire de la Partie requise, cette dernière pourra, aux fins d'une procédure pénale en cours, les garder temporairement ou les remettre sous condition de restitution.

4. Sont toutefois réservés les droits que la Partie requise ou des tiers auraient acquis sur ces objets. Si de tels droits existent, les objets seront, le procès terminé, restitués le plus tôt possible et sans frais à la Partie requise.

Art. 21 *Transit.* 1. Le transit à travers le territoire de l'une des Parties contractantes sera accordé sur demande adressée par la voie prévue au paragraphe 1 de l'article 12 à la condition qu'il ne s'agisse pas d'une infraction considérée par la Partie requise du transit comme revêtant un caractère politique ou purement militaire compte tenu des articles 3 et 4 de la présente Convention.

2. Le transit d'un ressortissant, au sens de l'article 6, du pays requis du transit, pourra être refusé.

3. Sous réserve des dispositions du paragraphe 4 du présent article, la production des pièces prévues au paragraphe 2 de l'article 12 sera nécessaire.

4. Dans le cas où la voie aérienne sera utilisée, il sera fait application des dispositions suivantes :

a) Lorsque aucun atterrissage ne sera prévu, la Partie requérante avertira la Partie dont le territoire sera survolé, et attestera l'existence d'une des pièces prévues au paragraphe 2, alinéa *a*) de l'article 12. Dans le cas d'atterrissage fortuit, cette notification produira les effets de la demande d'arrestation provisoire visée à l'article 16 et la Partie requérante adressera une demande régulière de transit ;

b) Lorsqu'un atterrissage sera prévu, la Partie requérante adressera une demande régulière de transit.

5. Toutefois, une Partie pourra déclarer, au moment de la signature de la présente Convention ou du dépôt de son instrument de ratification ou d'adhésion, qu'elle n'accordera le transit d'un individu qu'aux mêmes conditions que celles de l'extradition ou à certaines d'entre elles. Dans ces cas, la règle de la réciprocité pourra être appliquée.

6. Le transit de l'individu extradé ne sera pas effectué à travers un territoire où il y aurait lieu de croire que sa vie ou sa liberté pourraient être menacées en raison de sa race, de sa religion, de sa nationalité ou de ses opinions politiques.

Art. 22 *Procédure.* Sauf disposition contraire de la présente Convention, la loi de la Partie requise est seule applicable à la procédure de l'extradition ainsi qu'à celle de l'arrestation provisoire.

Art. 23 *Langues à employer.* Les pièces à produire seront rédigées soit dans la langue de la Partie requérante, soit dans celle de la Partie requise. Cette dernière pourra réclamer une traduction dans la langue officielle du Conseil de l'Europe qu'elle choisira.

Art. 24 *Frais.* 1. Les frais occasionnés par l'extradition sur le territoire de la Partie requise seront à la charge de cette Partie.

2. Les frais occasionnés par le transit à travers le territoire de la Partie requise du transit seront à la charge de la Partie requérante.

3. Dans le cas d'extradition en provenance d'un territoire non métropolitain de la Partie requise, les frais occasionnés par le transport entre ce territoire et le territoire métropolitain de la Partie requérante seront à la charge de cette dernière. Il en sera de même des frais occasionnés par le transport entre le territoire non métropolitain de la Partie requise et le territoire métropolitain de celle-ci.

Art. 25 *Définition des « mesures de sûreté ».* Au sens de la présente Convention, l'expression « mesures de sûreté » désigne toutes mesures privatives de liberté qui ont été ordonnées en complément ou en substitution d'une peine, par sentence d'une juridiction pénale.

....

Art. 27 *Champ d'application territorial.* 1. La présente Convention s'appliquera aux territoires métropolitains des Parties contractantes.

2. Elle s'appliquera également, en ce qui concerne la France, *à l'Algérie et* aux départements d'outre-mer, et en ce qui concerne le Royaume-Uni de Grande-Bretagne et d'Irlande du Nord, aux îles Anglo-Normandes et à l'île de Man.

3. La République fédérale d'Allemagne pourra étendre l'application de la présente Convention au *Land* Berlin par une déclaration adressée au Secrétaire général du Conseil de l'Europe. Celui-ci notifiera cette déclaration aux autres Parties.

4. Par arrangement direct entre deux ou plusieurs Parties contractantes, le champ d'application de la présente Convention pourra être étendu aux conditions qui sont stipulées dans cet arrangement à tout territoire d'une de ces Parties autre que ceux visés aux paragraphes 1, 2 et 3 du présent article, et dont une des Parties assure les relations internationales. — *Sur l'extension de la Convention aux territoires d'outre-mer de Polynésie française, de Nouvelle-Calédonie et de Wallis-et-Futuna ainsi qu'à Mayotte et Saint-Pierre-et-Miquelon, V. Décr. n° 91-816 du 22 août 1991 (JO 27 août) ; Décr. n°s 91-1090 et 91-1092 du 16 oct. 1991 (JO 22 oct.) ; Décr. n° 92-121*

du 3 févr. 1992 (JO 7 févr.) ; Décr. n° 93-918 du 12 juill. 1993 (JO 20 juill.) ; Décr. n° 93-1196 du 22 oct. 1993 (JO 30 oct.) ; Décr. n° 97-485 du 12 mai 1997 (JO 17 mai).

....

En vertu de l'art. 60 de la Convention d'application de l'accord de Schengen, signée notamment par la Belgique et la France et entrée en vigueur, pour ces deux États, le 26 mars 1995, les dispositions de la Convention européenne d'extradition régissent, depuis cette date, les relations extraditionnelles entre la France et la Belgique. • Crim. 5 août 1997, n° 97-82.719 P • 22 juin 1999, n° 98-82.046 P.

RÉSERVES ET DÉCLARATIONS DU GOUVERNEMENT DE LA RÉPUBLIQUE FRANÇAISE

1. L'extradition ne sera pas accordée lorsque la personne réclamée serait jugée dans l'État requérant par un tribunal n'assurant pas les garanties fondamentales de procédure et de protection des droits de la défense ou par un tribunal institué pour son cas particulier, ou lorsque l'extradition est demandée pour l'exécution d'une peine ou d'une mesure de sûreté infligée par un tel tribunal.

L'extradition pourra être refusée si la remise est susceptible d'avoir des conséquences d'une gravité exceptionnelle pour la personne réclamée, notamment en raison de son âge ou de son état de santé.

En application de cette réserve de l'État français, doit être annulé le décret accordant l'extradition d'un individu aux autorités russes car l'intéressé est atteint d'une affection nécessitant une surveillance médicale et un traitement permanent (diabète) et les conditions de détention en Russie peuvent avoir pour le malade, compte tenu de son état de santé, des conséquences d'une gravité exceptionnelle. • CE 13 oct. 2000, *Kozirev : RFDA 2001. 1042, concl. de Silva ; JCP 2001. IV. 2332, note Rouault.*

2, paragr. 1 S'agissant des personnes poursuivies, l'extradition ne sera accordée que pour les faits punis par la loi française et par la loi de l'État requérant d'une peine ou mesure de sûreté privative de liberté d'un maximum d'au moins deux ans.

S'agissant des peines plus sévères que les peines ou mesures de sûreté privatives de liberté, l'extradition pourra être refusée si ces peines ou mesures de sûreté ne sont pas prévues dans l'échelle des peines applicables en France.

3, paragr. 3 La France se réserve le droit d'apprécier, en fonction des circonstances particulières de chaque affaire, si l'attentat à la vie d'un chef d'État ou d'un membre de sa famille revêt ou non un caractère politique.

5. La France déclare qu'en matière de taxes, d'impôts, de douane et de change, l'extradition sera accordée à l'État requérant s'il en a été ainsi décidé par simple échange de lettres dans chaque cas particulier.

6. L'extradition sera refusée lorsque la personne réclamée avait la nationalité française au moment des faits.

En application des dispositions de l'art. 6 des réserves émises par la France à l'application de la Convention européenne d'extradition, qui sont des dispositions impératives qui lient les États parties et auxquelles les personnes réclamées ne sauraient renoncer, encourt la cassation l'arrêt qui donne un avis favorable à l'extradition d'un ressortissant français au motif que celui-ci a renoncé à se prévaloir de sa nationalité française. • Crim. 17 juin 2003, n° 03-81.864 P : *D. 2003. IR 2052 ; JCP 2003. IV. 2493 ; Dr. pénal 2003. Comm. 152, obs. Maron.*

14, paragr. 3 La France exigera que l'infraction nouvellement qualifiée vise les mêmes faits que ceux en raison desquels l'extradition a été accordée et que cette nouvelle qualification n'emporte pas l'application d'une peine pour laquelle l'extradition pourrait être refusée.

16, paragr. 2 En cas de demande d'arrestation provisoire, la France exigera également un bref exposé des faits mis à la charge de la personne réclamée.

21. La France se réserve la faculté de n'accorder le transit qu'aux mêmes conditions que celles de l'extradition.

23. La France déclare qu'elle demandera une traduction des requêtes aux fins d'extradition et des pièces annexes dans l'une des langues officielles du Conseil de l'Europe et qu'elle choisit le français.

27, paragr. 1 et 2 Le Gouvernement de la République française déclare qu'en ce qui concerne la France, la Convention s'applique aux départements européens et d'outre-mer de la République.

Convention européenne pour la répression du terrorisme,

Faite à Strasbourg le 27 janvier 1977 ; entrée en vigueur le 22 décembre 1987. — Publiée par Décr. n° 87-1024 du 21 déc. 1987 (D. et ALD 1988. 26 ; JO 22 déc. 1987). — V. aussi L. n° 87-543 du 16 juill. 1987 (JO 18 juill.) autorisant la ratification d'un accord entre les États membres des Communautés européennes concernant l'application de cette convention.

Sans préjudice de leur application dans les relations entre États membres et États tiers, la décision-cadre n° 2002/584/JAI du 13 juin 2002 remplace, à compter du 1er janv. 2004, les dispositions de la présente Convention dans les relations entre les États membres pour autant qu'elle concerne l'extradition.

BIBL. ► BOULOC, *RSC 1988. 337.*

Art. 1er Pour les besoins de l'extradition entre États contractants, aucune des infractions mentionnées ci-après ne sera considérée comme une infraction politique, comme une infraction connexe à une infraction politique ou comme une infraction inspirée par des mobiles politiques :

a) Les infractions comprises dans le champ d'application de la Convention pour la répression de la capture illicite d'aéronefs, signée à La Haye le 16 décembre 1970 ;

b) Les infractions comprises dans le champ d'application de la Convention pour la répression d'actes illicites dirigés contre la sécurité de l'aviation civile, signée à Montréal le 23 septembre 1971 ;

c) Les infractions graves constituées par une attaque contre la vie, l'intégrité corporelle ou la liberté des personnes ayant droit à une protection internationale, y compris les agents diplomatiques ;

d) Les infractions comportant l'enlèvement, la prise d'otage ou la séquestration arbitraire ;

e) Les infractions comportant l'utilisation de bombes, grenades, fusées, armes à feu automatiques ou de lettres ou colis piégés dans la mesure où cette utilisation présente un danger pour des personnes ;

f) La tentative de commettre une des infractions précitées ou la participation en tant que coauteur ou complice d'une personne qui commet ou tente de commettre une telle infraction.

Art. 2 1. Pour les besoins de l'extradition entre États contractants, un État contractant peut ne pas considérer comme infraction politique, comme infraction connexe à une telle infraction ou comme infraction inspirée par des mobiles politiques tout acte grave de violence qui n'est pas visé à l'article 1er et qui est dirigé contre la vie, l'intégrité corporelle ou la liberté des personnes.

2. Il en sera de même en ce qui concerne tout acte grave contre les biens, autres que ceux visés à l'article 1er, lorsqu'il a créé un danger collectif pour des personnes.

3. Il en sera de même en ce qui concerne la tentative de commettre une des infractions précitées ou la participation en tant que coauteur ou complice d'une personne qui commet ou tente de commettre une telle infraction.

Art. 3 Les dispositions de tous traités et accords d'extradition applicables entre les États contractants, y compris la Convention européenne d'extradition, sont en ce qui concerne les relations entre États contractants modifiées dans la mesure où elles sont incompatibles avec la présente Convention.

Art. 4 Pour les besoins de la présente Convention et pour autant qu'une des infractions visées aux articles 1er ou 2 ne figure pas sur la liste de cas d'extradition dans un traité ou une convention d'extradition en vigueur entre les États contractants, elle est considérée comme y étant comprise.

Art. 5 Aucune disposition de la présente Convention ne doit être interprétée comme impliquant une obligation d'extrader si l'État requis a des raisons sérieuses de croire que la demande d'extradition motivée par une infraction visée à l'articles 1er ou 2 a été présentée aux fins de poursuivre ou de punir une personne pour des considérations de race, de religion, de nationalité ou d'opinions politiques ou que la situation de cette personne risque d'être aggravée pour l'une ou l'autre de ces raisons.

Art. 6 1. Tout État contractant prend les mesures nécessaires pour établir sa compétence aux fins de connaître d'une infraction visée à l'article 1er dans le cas où l'auteur soupçonné de l'infraction se trouve sur son territoire et où l'État ne l'extrade pas après avoir reçu une demande d'extradition d'un État contractant dont la compétence de poursuivre est fondée sur une règle de compétence existant également dans la législation de l'État requis.

2. La présente Convention n'exclut aucune compétence pénale exercée conformément aux lois nationales.

Art. 7 Un État contractant sur le territoire duquel l'auteur soupçonné d'une infraction visée à l'article 1er est découvert et qui a reçu une demande d'extradition dans les conditions mentionnées au paragraphe 1er de l'article 6 soumet, s'il n'extrade pas l'auteur soupçonné de l'infraction, l'affaire sans aucune exception et sans retard injustifié à ses autorités compétentes pour l'exercice de l'action pénale. Ces autorités prennent leur décision dans les mêmes conditions que pour toute infraction de caractère grave conformément aux lois de cet État.

Art. 8 1. Les États contractants s'accordent l'entraide judiciaire la plus large possible en matière pénale dans toute procédure relative aux infractions visées aux articles 1er ou 2. Dans tous les cas, la loi applicable en ce qui concerne l'assistance mutuelle en matière pénale est celle de l'État requis. Toutefois, l'entraide judiciaire ne pourra pas être refusée pour le seul motif qu'elle concerne une infraction politique ou une infraction connexe à une telle infraction ou une infraction inspirée par des mobiles politiques.

2. Aucune disposition de la présente Convention ne doit être interprétée comme impliquant une obligation d'accorder l'entraide judiciaire si l'État requis a des raisons sérieuses de croire que la demande d'entraide motivée par une infraction visée aux articles 1er ou 2 a été présentée aux fins de poursuivre ou de punir une personne pour des considérations de race, de religion, de nationalité ou d'opinions politiques ou que la situation de cette personne risque d'être aggravée pour l'une ou l'autre de ces raisons.

3. Les dispositions de tous traités et accords d'entraide judiciaire en matière pénale applicables entre les États contractants, y compris la Convention européenne d'entraide judiciaire en matière pénale, sont en ce qui concerne les relations entre États contractants modifiées dans la mesure où elles sont incompatibles avec la présente Convention.

....

Réserve et Déclarations de la France

Réserve

Le Gouvernement de la République française déclare qu'il se réserve le droit de refuser l'extradition en conformité avec les dispositions de l'article 13, paragraphe 1, de la Convention.

Déclarations

1. La France entend rappeler, conformément à la déclaration qu'elle avait faite lors de la signature de la Convention, le 27 janvier 1977, que la lutte à mener contre le terrorisme doit se concilier avec le respect des principes fondamentaux de notre droit pénal et de notre Constitution, laquelle proclame dans son préambule que « tout homme persécuté en raison de son action en faveur de la liberté a droit d'asile sur les territoires de la République » et que l'application de la Convention européenne pour la répression du terrorisme ne saurait avoir pour résultat de porter atteinte au droit d'asile.

2. Le Gouvernement de la République française déclare qu'il n'appliquera la Convention européenne pour la répression du terrorisme qu'aux infractions commises postérieurement à la date de son entrée en vigueur.

3. Conformément à l'article 12-1 de la Convention, le Gouvernement de la République française déclare que la Convention européenne pour la répression du terrorisme s'applique aux départements européens et d'outre-mer de la République française.

Art. 696-47-1 *(L. n° 2019-222 du 23 mars 2019, art. 70)* **Lorsqu'à la suite d'une demande d'extradition émanant du Gouvernement français la personne a déjà été remise et que, en l'absence de renonciation au principe de spécialité par la personne ou par le Gouvernement étranger, il est demandé l'autorisation d'étendre les poursuites à d'autres infractions commises avant l'arrivée de la personne sur le territoire national, cette demande est accompagnée d'un mandat d'arrêt si un tel mandat avait déjà été délivré et, dans le cas contraire, d'un mandat d'amener.**

CHAPITRE VI DE L'EXÉCUTION DES DÉCISIONS DE CONTRÔLE JUDICIAIRE AU SEIN DES ÉTATS MEMBRES DE L'UNION EUROPÉENNE EN APPLICATION DE LA DÉCISION-CADRE DU CONSEIL DE L'UNION EUROPÉENNE DU 23 OCTOBRE 2009

(L. nº 2015-993 du 17 août 2015, art. 2, en vigueur le 1er oct. 2015)

SECTION PREMIÈRE DISPOSITIONS GÉNÉRALES

Art. 696-48 Le présent chapitre détermine les règles applicables, en vue de garantir la comparution en justice et de promouvoir, le cas échéant, le recours à des mesures alternatives à la détention provisoire pour la personne ne résidant pas dans l'État membre de la procédure pénale qui la concerne, à la reconnaissance et au suivi, dans un État membre de l'Union européenne, des décisions de placement sous contrôle judiciaire prononcées par une autorité judiciaire française, ainsi qu'à la reconnaissance et à l'exécution en France de décisions équivalentes prononcées par les autorités compétentes d'un autre État membre de l'Union européenne.

L'État sur le territoire duquel a été prononcé le placement d'une personne sous contrôle judiciaire est appelé État d'émission. L'État auquel sont demandés la reconnaissance et le contrôle sur son territoire des mesures ordonnées est appelé État d'exécution.

Art. 696-49 Pour la préparation et au cours de l'exécution des décisions prises en application du présent chapitre, les autorités compétentes de l'État d'émission et de l'État d'exécution, sauf impossibilité pratique, se consultent notamment pour déterminer si l'État d'exécution consent à la transmission d'une décision de placement sous contrôle judiciaire en application du 2° de l'article 696-52.

Art. 696-50 Les obligations auxquelles une personne peut être astreinte à se soumettre dans l'État d'exécution sont les suivantes :

1° L'obligation pour la personne d'informer une autorité spécifique de tout changement de résidence ;

2° L'interdiction de se rendre dans certains lieux ou dans certaines zones définies de l'État d'émission ou de l'État d'exécution ;

3° L'obligation de rester en un lieu déterminé, le cas échéant durant des périodes déterminées ;

4° Les restrictions quant à la possibilité de quitter le territoire de l'État d'exécution ;

5° L'obligation de se présenter à des heures précises devant une autorité spécifique ;

6° L'obligation d'éviter tout contact avec certaines personnes ayant un lien avec l'infraction ou les infractions qui auraient été commises ;

7° Le cas échéant, les autres obligations, notifiées au secrétariat général du Conseil de l'Union européenne, que l'État d'exécution est disposé à contrôler.

Art. 696-51 En application du 7° de l'article 696-50, peuvent également être suivies en France, dans les mêmes conditions, les obligations énumérées à l'article 138.

Art. 696-52 Une décision de placement sous contrôle judiciaire peut donner lieu à une transmission à l'autorité compétente d'un autre État membre de l'Union européenne lorsque :

1° La personne concernée réside de manière habituelle, dans des conditions régulières, sur le territoire de l'État d'exécution et, ayant été informée des mesures concernées, consent à y retourner ;

2° La personne concernée demande que la décision de placement sous contrôle judiciaire s'exécute dans un autre État membre que celui dans lequel elle réside de manière habituelle, dans des conditions régulières, et l'autorité compétente de cet État consent à la transmission de la décision de placement sous contrôle judiciaire la concernant.

Art. 696-53 Toute décision de placement sous contrôle judiciaire prise en application du présent chapitre aux fins de reconnaissance et de contrôle sur le territoire de la République ou sur celui d'un autre État membre est accompagnée d'un certificat précisant notamment :

1° La désignation de l'État d'émission et de l'État d'exécution ;

2° La désignation de l'autorité compétente ayant ordonné le placement sous contrôle judiciaire ;

3° La désignation de l'autorité compétente dans l'État d'émission pour le suivi de ces mesures de contrôle judiciaire ;

4° L'identité de la personne placée sous contrôle judiciaire, l'adresse de son ou de ses derniers domiciles connus dans l'État d'émission, dans l'État d'exécution ou dans un autre État ;

5° Les motifs de la transmission de la décision de placement sous contrôle judiciaire au regard de l'article 696-52 ;

6° Les langues que comprend la personne placée sous contrôle judiciaire ;

7° La date, le lieu et les circonstances dans lesquels les infractions auraient été commises ainsi que la nature et la qualification juridique des faits ;

8° La date de la décision de placement sous contrôle judiciaire, celle à laquelle elle est devenue exécutoire, ainsi que, le cas échéant, l'existence d'un recours engagé contre cette décision à la date à laquelle est transmis le certificat ;

9° Les obligations auxquelles est soumise la personne faisant l'objet de la décision de placement sous contrôle judiciaire, ainsi que, le cas échéant, la durée d'application et l'existence d'une possible prorogation de cette décision ;

10° Le cas échéant, la durée probable pendant laquelle ces mesures de contrôle devraient être nécessaires eu égard aux circonstances de l'affaire connues au moment de la transmission de la décision de placement sous contrôle judiciaire ;

11° Le cas échéant, les motifs spécifiques des obligations prévues par la décision de placement sous contrôle judiciaire.

Le certificat est signé par l'autorité compétente de l'État d'émission qui atteste l'exactitude des informations y étant contenues.

Art. 696-54 Le retrait du certificat vaut retrait de la demande de reconnaissance et d'exécution et fait obstacle à la mise à exécution de la décision de placement sous contrôle judiciaire en application du présent chapitre.

Art. 696-55 La transmission de la copie certifiée conforme de la décision de placement sous contrôle judiciaire, du certificat ainsi que de toutes les correspondances et pièces les concernant s'effectue directement entre les autorités compétentes de l'État d'émission et celles de l'État d'exécution, par tout moyen laissant une trace écrite et dans des conditions permettant au destinataire d'en vérifier l'authenticité.

Lorsqu'un État a désigné une ou plusieurs autorités centrales pour assurer la réception de ces transmissions, des copies de la décision de placement sous contrôle judiciaire, du certificat ainsi que de toutes les correspondances et pièces les concernant sont également adressées, si l'État le demande, à l'autorité ou aux autorités centrales désignées.

SECTION II DISPOSITIONS RELATIVES À LA TRANSMISSION PAR LES AUTORITÉS JUDICIAIRES FRANÇAISES DES DÉCISIONS RELATIVES AU CONTRÔLE JUDICIAIRE AUX AUTORITÉS COMPÉTENTES D'UN AUTRE ÉTAT MEMBRE DE L'UNION EUROPÉENNE

Art. 696-56 Les autorités judiciaires compétentes pour décider du placement sous contrôle judiciaire en application des dispositions du présent code sont également compétentes pour placer une personne sous contrôle judiciaire dans un autre État membre de l'Union européenne et transmettre cette décision aux fins de reconnaissance et d'exécution dans cet État, conformément au présent chapitre.

Art. 696-57 La consultation de l'autorité compétente de l'État d'exécution, prévue à l'article 696-49, est effectuée par les autorités judiciaires compétentes pour demander ou ordonner le placement sous contrôle judiciaire.

Art. 696-58 L'autorité judiciaire ayant ordonné le placement sous contrôle judiciaire ou le ministère public transmet une copie certifiée conforme de la décision de placement sous contrôle judiciaire, le certificat prévu à l'article 696-53, ainsi qu'une traduction de ce certificat, soit dans l'une des langues officielles de l'État d'exécution, soit dans l'une de celles des institutions de l'Union européenne acceptées par cet État.

Art. 696-59 L'autorité qui a ordonné le placement sous contrôle judiciaire reste compétente pour assurer le suivi des mesures ordonnées tant qu'elle n'a pas été informée de la reconnaissance de cette décision par l'autorité compétente de l'État d'exécution.

Elle reste également compétente si elle est informée que la personne concernée ne peut être retrouvée sur le territoire de l'État d'exécution.

Art. 696-60 Pour autant que le suivi n'a pas commencé dans l'État d'exécution, l'autorité qui a ordonné le placement sous contrôle judiciaire peut décider de retirer le certificat lorsqu'elle estime, au vu de l'adaptation qui serait apportée par l'État d'exécution aux obligations prévues par la décision de placement sous contrôle judiciaire ou de la durée maximale de suivi des obligations dans cet État, ne pas devoir maintenir la demande aux fins de reconnaissance et d'exécution. Ce retrait intervient dans le délai de dix jours suivant la réception des informations relatives à cette adaptation ou à cette durée maximale du contrôle judiciaire.

Art. 696-61 Pour autant que le suivi n'a pas commencé dans l'État d'exécution, l'autorité judiciaire qui a ordonné le placement sous contrôle judiciaire peut décider de retirer le certificat lorsqu'elle est informée par l'autorité compétente de l'État d'exécution qu'en cas de délivrance d'un mandat d'arrêt européen par suite de l'inobservation dans l'État d'exécution des mesures de contrôle ordonnées, la remise de la personne concernée devrait être refusée.

Si elle décide de procéder au retrait du certificat, l'autorité judiciaire en informe l'autorité compétente de l'État d'exécution dans les meilleurs délais, au plus tard dans les dix jours suivant la réception de l'information ayant motivé ce retrait.

Art. 696-62 Lorsqu'elle a informé l'autorité judiciaire qu'elle reconnaît la décision de placement sous contrôle judiciaire, l'autorité compétente de l'État d'exécution devient seule compétente pour assurer le suivi sur son territoire des obligations ordonnées par cette décision.

Art. 696-63 L'autorité qui a ordonné le placement sous contrôle judiciaire redevient compétente pour assurer l'exécution de cette décision dans les cas suivants :

1° Lorsque la personne concernée établit sa résidence régulière habituelle dans un autre État que l'État d'exécution ;

2° Lorsque, après avoir été informée de l'adaptation, en application de la législation de l'État d'exécution, d'une ou plusieurs obligations de la décision de placement sous contrôle judiciaire qu'elle a ordonnée, l'autorité judiciaire a notifié à l'autorité compétente de l'État d'exécution sa décision de retirer le certificat ;

3° Lorsque la décision de placement sous contrôle judiciaire a été modifiée par l'autorité judiciaire et que l'autorité compétente de l'État d'exécution refuse d'assurer le suivi des obligations ainsi modifiées ;

4° Lorsque la législation de l'État d'exécution prévoit une durée maximale d'exécution de la décision de placement sous contrôle judiciaire et que l'autorité judiciaire qui a ordonné le placement sous contrôle judiciaire, avisée de cette durée maximale, a décidé de retirer le certificat et a notifié ce retrait à l'autorité compétente de l'État d'exécution ou lorsque, n'ayant pas retiré le certificat, ce délai a expiré ;

5° Lorsque l'autorité compétente de l'État d'exécution a informé l'autorité judiciaire compétente de sa décision de mettre un terme au suivi des mesures ordonnées au motif que les avis qui lui avaient été adressés sur l'éventuelle nécessité d'une prolongation du contrôle judiciaire ou sur les manquements aux obligations de la personne concernée sont restés sans réponse de la part de l'autorité judiciaire compétente.

Lorsqu'un transfert de compétence du suivi des mesures ordonnées est susceptible d'intervenir en application du présent article, les autorités judiciaires compétentes et celles de l'État d'exécution se consultent mutuellement afin d'éviter, dans toute la mesure possible, toute interruption dans le suivi de ces mesures.

Art. 696-64 L'autorité judiciaire qui a ordonné le placement sous contrôle judiciaire peut, avant l'expiration de la durée d'exécution du contrôle judiciaire prévue par la législation de l'État d'exécution, d'office ou à la demande de l'autorité compétente de cet État, aviser cette autorité qu'elle n'a pas donné mainlevée de la décision de placement sous contrôle judiciaire et qu'il est nécessaire de prolonger le suivi des mesures de contrôle initialement ordonnées.

L'autorité judiciaire qui a ordonné le placement sous contrôle judiciaire répond dans les meilleurs délais à toute demande d'information de l'autorité compétente de l'État d'exécution sur la nécessité du maintien des mesures ordonnées.

Dans les cas mentionnés aux deux premiers alinéas, elle précise également la durée pendant laquelle le suivi des mesures ordonnées sera probablement encore nécessaire.

Art. 696-65 Les autorités judiciaires françaises restent compétentes pour prendre toute décision ultérieure au placement sous contrôle judiciaire, notamment pour ordonner toute modification ou mainlevée des obligations ou pour révoquer la mesure.

Lorsqu'elles modifient ou ordonnent la mainlevée des obligations ou en cas de recours contre toute décision de placement sous contrôle judiciaire, elles en avisent sans délai l'autorité compétente de l'État d'exécution et peuvent faire application des dispositions prévues aux articles 696-60 et 696-63 en cas d'adaptation des mesures modifiées ou de refus de suivi des mesures de contrôle modifiées par l'autorité compétente de l'État d'exécution.

SECTION III DISPOSITIONS RELATIVES À LA RECONNAISSANCE ET AU SUIVI SUR LE TERRITOIRE DE LA RÉPUBLIQUE DES DÉCISIONS DE CONTRÔLE JUDICIAIRE ORDONNÉES PAR LES AUTORITÉS COMPÉTENTES DES AUTRES ÉTATS MEMBRES DE L'UNION EUROPÉENNE

SOUS-SECTION 1 RÉCEPTION DES DEMANDES RELATIVES AUX DÉCISIONS DE CONTRÔLE JUDICIAIRE

Art. 696-66 Le procureur de la République reçoit les demandes tendant à la reconnaissance et à l'exécution sur le territoire de la République des décisions de placement sous contrôle judiciaire ordonnées par les autorités compétentes des autres États membres, ainsi que toutes les décisions de prorogation, de modification ou de mainlevée, afférentes aux mesures déjà ordonnées et reconnues.

Il peut procéder ou faire procéder à tout complément d'information qu'il estime utile. Lorsque le certificat mentionné à l'article 696-53 est incomplet ou ne correspond manifestement pas à une demande de placement sous contrôle judiciaire, il impartit un délai maximal de dix jours à l'autorité compétente de l'État d'émission pour compléter ou rectifier le certificat.

Art. 696-67 Le procureur de la République compétent est celui dans le ressort duquel se situe la résidence habituelle et régulière de la personne placée sous contrôle judiciaire ou celle où la personne demande à résider. A défaut, le procureur de la République près le tribunal judiciaire de Paris est compétent.

Si le procureur de la République auquel la demande a été adressée par l'État d'émission n'est pas compétent, il la transmet sans délai au procureur de la République compétent. L'autorité compétente de l'État d'émission est informée de la transmission.

Art. 696-68 Lorsque, avant de transmettre la décision de placement sous contrôle judiciaire et le certificat, l'autorité compétente de l'État d'émission consulte le procureur de la République dans le cas où, en application du 2° de l'article 696-52, la reconnaissance de la décision est subordonnée au consentement de l'État d'exécution, le procureur consent à la transmission de la décision de placement sous contrôle judiciaire si la personne concernée a la nationalité française. Dans les autres cas, il saisit sans délai le ministre de la justice. Le ministre peut consentir à la transmission de la décision si la personne concernée a la nationalité d'un État membre de l'Union européenne autre que la France et s'il existe des motifs exceptionnels justifiant l'exécution de la décision en France. Il tient compte notamment de l'intérêt de sa décision pour la bonne administration de la justice, de l'existence de liens personnels et familiaux en France et de l'absence de risque de troubles à l'ordre public.

Le procureur de la République informe l'autorité compétente de l'État d'émission de la décision de consentir ou non à la transmission de la demande de reconnaissance de la décision de placement sous contrôle judiciaire.

Art. 696-69 Dans les trois jours ouvrables à compter de la réception de la demande et des décisions prévues à l'article 696-66, le procureur de la République saisit le juge des libertés et de la détention territorialement compétent de la demande, accompagnée de ses réquisitions.

SOUS-SECTION 2 RECONNAISSANCE DES DÉCISIONS DE CONTRÔLE JUDICIAIRE

Art. 696-70 Le juge des libertés et de la détention est compétent, dans les conditions prévues au présent chapitre, pour statuer sur les demandes de reconnaissance des décisions de placement sous contrôle judiciaire ordonnées par les autorités compétentes des autres États membres. Il est compétent, en cas de décision ultérieure de prorogation ou de modification des mesures de contrôle judiciaire, pour adapter ces mesures conformément à l'article 696-75 ou pour refuser de suivre les mesures qui ne font pas partie de celles mentionnées aux articles 696-50 et 696-51.

Il est également compétent pour la mise à exécution et le suivi des mesures reconnues et pour faire cesser l'exécution et le suivi des mesures dont la mainlevée a été ordonnée par l'autorité compétente de l'État d'émission.

Si le juge des libertés et de la détention estime nécessaire d'entendre la personne placée sous contrôle judiciaire, il peut utiliser les moyens de télécommunication mentionnés à l'article 706-71, qu'elle demeure sur le territoire de la République ou à l'étranger.

Art. 696-71 La reconnaissance et le suivi d'une décision de placement sous contrôle judiciaire ordonnée par l'autorité compétente d'un autre État ne peuvent être refusés que dans les cas prévus aux articles 696-73 et 696-74.

En l'absence de l'un des motifs de refus prévus aux mêmes articles 696-73 et 696-74, le juge des libertés et de la détention reconnaît la décision de placement sous contrôle judiciaire comme étant exécutoire sur le territoire de la République et prend sans délai les mesures nécessaires à son exécution, sous réserve du respect du délai pendant lequel l'État d'émission peut retirer le certificat.

Art. 696-72 Lorsqu'il envisage d'opposer l'un des motifs de refus prévus aux 1° à 3° de l'article 696-73 ou au 2° de l'article 696-74, le juge des libertés et de la détention en informe l'autorité compétente de l'État d'émission si le procureur de la République ne l'a pas déjà fait et lui impartit un délai maximal de dix jours afin de lui permettre de fournir, le cas échéant, toutes informations supplémentaires.

Art. 696-73 La reconnaissance et l'exécution de la décision de placement sous contrôle judiciaire sont refusées dans les cas suivants :

1° Le certificat n'est pas produit, est incomplet ou ne correspond manifestement pas à une décision de placement sous contrôle judiciaire et n'a pas été complété ou corrigé dans le délai fixé ;

2° Les conditions prévues aux articles 696-50 à 696-52 ne sont pas remplies, notamment lorsque, en application du 2° de l'article 696-52, la reconnaissance de la décision est subordonnée au consentement de la France et que ce consentement n'a pas été sollicité ou a été refusé ;

3° La décision de placement sous contrôle judiciaire est fondée sur des infractions pour lesquelles la personne placée sous contrôle judiciaire a déjà été jugée définitivement par les juridictions françaises ou par celles d'un État de l'Union européenne autre que l'État d'émission, à condition que la peine ait été exécutée, soit en cours d'exécution ou ne puisse plus être mise à exécution selon la loi de l'État ayant prononcé cette condamnation ;

4° La décision est fondée sur des faits qui ne constituent pas des infractions au regard de la loi française.

Toutefois, ce motif de refus n'est pas opposable :

a) Lorsque la décision de placement sous contrôle judiciaire concerne une infraction qui, en vertu de la loi de l'État d'émission, entre dans l'une des catégories d'infractions mentionnées *(L. n° 2019-222 du 23 mars 2019, art. 70)* « à l'article 694-32 » et y est punie d'une peine ou d'une mesure de sûreté privative de liberté d'une durée égale ou supérieure à trois ans d'emprisonnement ;

b) Lorsque la décision de placement sous contrôle judiciaire concerne une infraction en matière de taxes et d'impôts, de douane et de change, en raison de ce que le droit français n'impose pas le même type de taxes ou d'impôts ou ne contient pas le même type de réglementation en matière de taxes, d'impôts, de douane et de change que le droit de l'État d'émission ;

5° Les faits pouvaient être jugés par les juridictions françaises et la prescription de l'action publique est acquise selon la loi française à la date de la réception du certificat ;

6° La personne placée sous contrôle judiciaire bénéficie en France d'une immunité faisant obstacle à l'exécution de la décision ;

7° La décision a été prononcée à l'encontre d'un mineur de treize ans à la date des faits.

Art. 696-74 La reconnaissance et le suivi de la décision de placement sous contrôle judiciaire peuvent être refusés dans les cas suivants :

1° Lorsque la remise de la personne concernée ne pourrait être ordonnée en cas de délivrance à l'encontre de cette personne d'un mandat d'arrêt européen en raison du non-respect des mesures ordonnées dans le cadre du contrôle judiciaire ;

2° Lorsque la décision de placement sous contrôle judiciaire est fondée sur des infractions pour lesquelles la personne placée sous contrôle judiciaire a déjà été jugée définitivement par la juridiction d'un État non membre de l'Union européenne, à condition que la peine ait été exécutée, soit en cours d'exécution ou ne puisse plus être mise à exécution selon la législation de cet État.

Art. 696-75 Le juge des libertés et de la détention apprécie s'il y a lieu de procéder à l'adaptation des mesures de contrôle judiciaire ordonnées par l'autorité compétente de l'État d'émission.

Lorsque la nature de la mesure ordonnée par l'autorité compétente de l'État d'émission ne correspond pas aux mesures prévues par la législation française, le juge des libertés et de la détention remplace la mesure ordonnée par la mesure qui correspond le mieux à celle ordonnée et qui aurait pu être légalement prononcée par une autorité judiciaire française pour les mêmes faits.

La mesure de contrôle judiciaire ainsi adaptée ne peut être plus sévère que celle initialement prononcée.

Art. 696-76 Lorsque le juge des libertés et de la détention estime que la personne concernée ne pourrait pas être remise sur la base d'un mandat d'arrêt européen mais qu'il est possible de reconnaître néanmoins ladite décision et de prendre les mesures nécessaires au suivi des mesures ordonnées, il en informe sans délai l'autorité compétente de l'État d'émission.

Art. 696-77 Sous réserve de la suspension du délai résultant de l'avis donné à l'autorité compétente de l'État d'émission en application de l'article 696-72, le juge des libertés et de la détention décide s'il y a lieu de reconnaître la décision de placement sous contrôle judiciaire comme étant exécutoire sur le territoire de la République dans le délai maximal de sept jours ouvrables à compter de sa saisine par le procureur de la République.

La décision d'adaptation des mesures de contrôle judiciaire ordonnées par l'autorité compétente de l'État d'émission est motivée par référence à la législation française.

La décision de refus est motivée par référence aux articles 696-73 et 696-74.

Art. 696-78 La décision du juge des libertés et de la détention prise en application du premier alinéa de l'article 696-70 est notifiée sans délai à la personne placée sous contrôle judiciaire. Celle-ci est informée par une mention portée dans l'acte de notification que, si elle n'accepte pas cette décision, elle dispose d'un délai de cinq jours pour saisir la chambre de l'instruction d'une requête précisant, à peine d'irrecevabilité, les motifs de droit ou de fait de sa contestation et qu'elle a la possibilité de se faire représenter devant cette juridiction par un avocat de son choix ou, à défaut, par un avocat commis d'office par le bâtonnier de l'ordre des avocats.

Lorsque le juge des libertés et de la détention a procédé à l'adaptation des mesures de contrôle judiciaire ordonnées par l'autorité compétente de l'État d'émission, sa décision est portée sans délai à la connaissance de ces autorités par tout moyen laissant une trace écrite.

Art. 696-79 La décision du juge des libertés et de la détention prise en application du premier alinéa de l'article 696-70 est susceptible d'appel selon les modalités prévues aux articles 185 et 186.

Le recours ne permet pas de contester le principe du placement sous contrôle judiciaire, ni la nature des mesures ordonnées par l'État d'émission.

Art. 696-80 Sauf si un complément d'information a été ordonné, la chambre de l'instruction statue au plus tard dans les vingt jours ouvrables à compter de la déclaration d'appel, par une ordonnance motivée rendue en chambre du conseil.

Si la chambre de l'instruction estime nécessaire d'entendre la personne placée sous contrôle judiciaire, elle peut utiliser les moyens de télécommunication mentionnés à l'article 706-71, que la personne en cause demeure sur le territoire de la République ou à l'étranger.

La chambre de l'instruction peut, par une mesure d'administration judiciaire, autoriser l'État d'émission à intervenir à l'audience par l'intermédiaire d'une personne habilitée par ce même État à cet effet. Lorsque l'État d'émission est autorisé à intervenir, il ne devient pas partie à la procédure.

Lorsque la chambre de l'instruction envisage d'opposer l'un des motifs de refus prévus aux 1° à 3° de l'article 696-73 ou au 2° de l'article 696-74, il n'y a pas lieu d'informer l'autorité compétente de l'État d'émission s'il a déjà été procédé à cette information par le procureur de la République ou par le juge des libertés et de la détention en application de l'article 696-72.

Art. 696-81 La décision de la chambre de l'instruction est notifiée sans délai à la personne placée sous contrôle judiciaire. Celle-ci est informée par une mention portée dans l'acte de notification des voies et délais de recours.

Cette décision peut faire l'objet d'un pourvoi en cassation, par le procureur général ou par la personne concernée, dans les conditions énoncées aux articles 568-1 et 574-2.

Art. 696-82 Lorsque la décision relative à la reconnaissance de la décision de placement sous contrôle judiciaire et au suivi des mesures ordonnées ne peut être prise par le juge des libertés et de la détention dans les vingt jours ouvrables qui suivent la réception de la décision et du certificat, ou par la chambre de l'instruction dans les vingt jours ouvrables à compter de la déclaration d'appel, le procureur de la République en informe sans délai l'autorité compétente de l'État d'émission en lui indiquant les raisons du retard et le délai supplémentaire estimé nécessaire pour que soit prise la décision.

Dans le cas où le ministère public, le juge des libertés et de la détention ou la chambre de l'instruction a demandé à l'autorité compétente de l'État d'émission de compléter ou de corriger le certificat, le cours du délai prévu au premier alinéa du présent article est suspendu à compter de la demande jusqu'à la transmission par l'État d'émission des pièces demandées et au plus tard jusqu'à l'expiration du délai imparti en application de l'article 696-72.

Art. 696-83 Le ministère public informe sans délai l'autorité compétente de l'État d'émission des décisions définitives prises en application du premier alinéa de l'article 696-70.

Lorsque la décision consiste en un refus de reconnaissance et d'exécution des mesures ordonnées, ou comporte une adaptation des mesures ordonnées, le procureur de la République informe également l'autorité compétente de l'État d'émission des motifs de la décision.

SOUS-SECTION 3 SUIVI DES DÉCISIONS DE CONTRÔLE JUDICIAIRE

Art. 696-84 Le suivi des mesures de contrôle judiciaire ordonnées est régi par le présent code.

Dès que la décision de placement sous contrôle judiciaire est reconnue comme exécutoire en France, le juge des libertés et de la détention prend les mesures nécessaires au suivi des mesures ordonnées, le cas échéant telles qu'elles ont été adaptées.

Lorsque la reconnaissance de la décision comprend une adaptation des mesures ou que l'autorité compétente de l'État d'émission a été informée par l'autorité judiciaire que la personne concernée ne pourra être remise en application d'un mandat d'arrêt européen, le suivi des mesures ordonnées ne peut débuter qu'à l'expiration d'un délai de dix jours à compter de la notification de cette décision ou de la transmission de cette information.

Art. 696-85 Si la personne placée sous contrôle judiciaire ne peut être retrouvée sur le territoire de la République, le juge des libertés et de la détention informe l'autorité compétente de l'État d'émission de l'impossibilité de surveiller les mesures ordonnées.

Art. 696-86 Au cours du suivi des mesures de contrôle, le juge des libertés et de la détention peut à tout moment inviter l'autorité compétente de l'État d'émission à fournir des informations pour indiquer si le suivi des mesures est toujours nécessaire.

Le juge des libertés et de la détention informe sans délai l'autorité compétente de l'État d'émission de tout manquement à une mesure et de toute autre constatation pouvant entraîner le réexamen, le retrait, la modification des mesures de contrôle judiciaire ordonnées ou l'émission d'un mandat d'arrêt ou de toute autre décision ayant le même effet.

Le juge des libertés et de la détention informe également l'autorité compétente de l'État d'émission, par tout moyen laissant une trace écrite, de tout changement de résidence de la personne concernée.

Art. 696-87 Lorsque le juge des libertés et de la détention a transmis plusieurs avis en application du deuxième alinéa de l'article 696-86 concernant la même personne à l'autorité compétente de l'État d'émission sans que celle-ci ait pris de décision de réexamen, de retrait, de modification des mesures de contrôle judiciaire ordonnées et sans qu'un mandat d'arrêt ou toute autre décision ayant le même effet ait été ordonné, il peut inviter l'autorité compétente de l'État d'émission à rendre une telle décision, en lui accordant un délai raisonnable pour le faire.

Art. 696-88 Si l'autorité compétente de l'État d'émission ne statue pas dans le délai précisé par le juge des libertés et de la détention, celui-ci peut décider de mettre un terme au suivi des mesures ordonnées.

Art. 696-89 Lorsque le juge des libertés et de la détention est avisé que la personne concernée établit sa résidence régulière et habituelle dans un autre État, il en informe sans délai et par tout moyen laissant une trace écrite les autorités compétentes de l'État d'émission. Dans ce cas, le juge des libertés et de la détention est dessaisi du suivi des mesures ordonnées.

CHAPITRE VII DE L'EXÉCUTION DES DÉCISIONS DE PROTECTION EUROPÉENNE AU SEIN DES ÉTATS MEMBRES DE L'UNION EUROPÉENNE EN APPLICATION DE LA DIRECTIVE 2011/99/UE DU PARLEMENT EUROPÉEN ET DU CONSEIL, DU 13 DÉCEMBRE 2011, RELATIVE À LA DÉCISION DE PROTECTION EUROPÉENNE

(L. n° 2015-993 du 17 août 2015, art. 6, en vigueur le 1er oct. 2015)

Art. 696-90 Une décision de protection européenne peut être émise par l'autorité compétente d'un État membre, appelé État d'émission, aux fins d'étendre sur le territoire d'un autre État membre, appelé État d'exécution, une mesure de protection adoptée dans l'État d'émission, imposant à une personne suspectée, poursuivie ou condamnée et pouvant être à l'origine d'un danger encouru par la victime de l'infraction, une ou plusieurs des interdictions suivantes :

1° Une interdiction de se rendre dans certains lieux, dans certains endroits ou dans certaines zones définies dans lesquelles la victime se trouve ou qu'elle fréquente ;

2° Une interdiction ou une réglementation des contacts avec la victime ;

3° Une interdiction d'approcher la victime à moins d'une certaine distance, ou dans certaines conditions.

SECTION PREMIÈRE DISPOSITIONS RELATIVES À L'ÉMISSION D'UNE DÉCISION DE PROTECTION EUROPÉENNE PAR LES AUTORITÉS FRANÇAISES

Art. 696-91 Une décision de protection européenne peut être émise par le procureur de la République, sur demande de la victime ou de son représentant légal. La victime est informée de ce droit lorsqu'est prise à son bénéfice une des interdictions mentionnées à l'article 696-90.

Le procureur de la République compétent est celui près le tribunal judiciaire dans le ressort duquel se trouve l'autorité compétente qui a ordonné l'interdiction sur le fondement de laquelle peut être émise une décision de protection européenne.

Si le procureur de la République auquel la demande a été adressée n'est pas compétent, il la transmet sans délai au procureur de la République compétent et en avise la victime.

Art. 696-92 Le procureur de la République vérifie si la décision fondant la mesure de protection a été adoptée selon une procédure contradictoire.

Si tel n'est pas le cas, le procureur de la République notifie à l'auteur de l'infraction la décision ou le jugement contenant les mesures de protection dont il entend étendre les effets, avant de prendre la décision de protection européenne.

Art. 696-93 Lorsqu'il est saisi d'une demande d'émission d'une décision de protection européenne, le procureur de la République apprécie la nécessité d'y faire droit en tenant compte notamment de la durée du séjour envisagé par la victime dans l'État d'exécution.

Il peut procéder ou faire procéder à tout complément d'enquête qu'il estime utile.

Art. 696-94 Les mesures de protection qui se fondent sur une décision, une ordonnance, un jugement ou un arrêt qui a été transmis pour exécution à un autre État membre en application des articles 696-48 à 696-65 ou des articles 764-1 à 764-17 ne peuvent donner lieu à l'émission en France d'une décision de protection européenne.

Art. 696-95 Le procureur de la République transmet la décision de protection européenne à l'autorité compétente de l'État d'exécution par tout moyen laissant une trace écrite et dans des conditions permettant au destinataire d'en vérifier l'authenticité, accompagnée de sa traduction soit dans l'une des langues officielles de l'État d'exécution, soit dans l'une de celles des institutions de l'Union européenne acceptées par cet État.

Le procureur de la République transmet une copie de la décision de protection européenne à l'autorité judiciaire française qui a décidé la mesure de protection sur le fondement de laquelle a été émise la décision de protection européenne.

Art. 696-96 L'autorité judiciaire qui a prononcé la décision sur le fondement de laquelle le procureur de la République a émis une décision de protection européenne informe celui-ci :

1° De toute modification ou révocation de cette mesure ;

2° Du transfèrement de l'exécution de cette mesure à un autre État membre, appelé État de surveillance, en application des articles 696-48 à 696-65 ou des articles 764-1 à 764-17, lorsque ce transfert a donné lieu à l'adoption de mesures sur le territoire de l'État de surveillance.

Le procureur de la République modifie ou révoque en conséquence la décision de protection européenne, et en informe sans délai l'autorité compétente de l'État d'exécution de la décision de protection européenne.

SECTION II DISPOSITIONS RELATIVES À LA RECONNAISSANCE ET À L'EXÉCUTION PAR LES AUTORITÉS FRANÇAISES D'UNE DÉCISION DE PROTECTION EUROPÉENNE

Art. 696-97 Le procureur de la République reçoit les demandes tendant à la reconnaissance et à l'exécution sur le territoire de la République des décisions de protection européennes émises par les autorités compétentes des autres États membres.

Le procureur de la République compétent est celui dans le ressort duquel la victime projette de séjourner ou de résider. A défaut, le procureur de la République près le tribunal judiciaire de Paris est compétent.

Si le procureur de la République auquel la décision de protection européenne a été transmise par l'État membre d'émission n'est pas compétent pour y donner suite, il la transmet sans délai au procureur de la République compétent et en informe l'autorité compétente de l'État d'émission.

Art. 696-98 Le procureur de la République peut procéder ou faire procéder à tout complément d'enquête qu'il estime utile.

S'il estime que les informations accompagnant la décision de protection européenne sont incomplètes, il en informe sans délai l'autorité compétente de l'État d'émission et lui impartit un délai maximal de dix jours pour lui communiquer les informations demandées.

Art. 696-99 Dans les sept jours ouvrables à compter de la réception de la décision de protection européenne ou des informations complémentaires demandées en application de l'article 696-98, le procureur de la République saisit le juge des libertés et de la détention de la demande de reconnaissance et de mise à exécution de la décision de protection européenne, accompagnée de ses réquisitions.

Le juge des libertés et de la détention statue sur les demandes de reconnaissance des décisions de protection européenne dans un délai de dix jours à compter de la saisine du procureur de la République.

Art. 696-100 La reconnaissance de la décision de protection européenne est refusée dans les cas suivants :

1° La décision de protection européenne est incomplète ou n'a pas été complétée dans le délai fixé par l'autorité compétente de l'État d'exécution ;

2° Les conditions énoncées à l'article 696-90 ne sont pas remplies ;

3° La mesure de protection a été prononcée sur le fondement d'un comportement qui ne constitue pas une infraction selon la loi française ;

4° La décision de protection européenne est fondée sur l'exécution d'une mesure ou d'une sanction concernant un comportement qui relève de la compétence des juridictions françaises et qui a donné lieu à une amnistie conformément à la législation française ;

5° L'auteur de l'infraction bénéficie en France d'une immunité qui fait obstacle à l'exécution en France de la décision de protection européenne ;

6° La décision de protection européenne est fondée sur des faits qui pouvaient être jugés par les juridictions françaises et la prescription de l'action publique est acquise selon la loi française ;

7° La décision de protection européenne est fondée sur des infractions pour lesquelles la personne soupçonnée, poursuivie ou condamnée a déjà été jugée définitivement par les juridictions françaises ou par celles d'un État membre autre que l'État d'émission, à condition que la peine ait été exécutée, soit en cours d'exécution ou ne puisse plus être mise à exécution selon la loi de l'État membre ayant prononcé cette condamnation ;

8° L'auteur de l'infraction était âgé de moins de treize ans à la date des faits.

Art. 696-101 La reconnaissance de la décision de protection européenne peut être refusée si cette décision est fondée :

1° Sur des infractions commises en totalité, en majeure partie ou pour l'essentiel sur le territoire de la République ou en un lieu assimilé ;

2° Sur des infractions pour lesquelles la personne soupçonnée, poursuivie ou condamnée a déjà été jugée définitivement par les juridictions d'un autre État qui n'est pas membre de l'Union européenne, à condition que la peine ait été exécutée, soit en cours d'exécution ou ne puisse plus être mise à exécution selon la loi de l'État ayant prononcé cette condamnation.

Art. 696-102 Lorsqu'il décide de reconnaître la décision de protection européenne, le juge des libertés et de la détention détermine les mesures de protection prévues par la législation française pour assurer la protection de la victime. La mesure adoptée correspond, dans la mesure la plus large possible, à celle adoptée dans l'État d'émission.

Il statue par ordonnance précisant la mesure à respecter sur le territoire de la République et rappelant les dispositions de l'article 434-42-1 du code pénal.

Art. 696-103 L'ordonnance du juge des libertés et de la détention prise en application de l'article 696-102 est notifiée sans délai à l'auteur de l'infraction.

L'auteur de l'infraction est, en outre, informé par une mention portée dans l'acte de notification qu'il dispose d'un délai de cinq jours pour saisir la chambre de l'instruction d'une requête précisant, à peine d'irrecevabilité, les motifs de droit ou de fait de sa contestation.

Le juge des libertés et de la détention informe l'autorité compétente de l'État d'émission, par tout moyen laissant une trace écrite, de la mesure de protection adoptée et des conséquences encourues en cas de violation de cette mesure.

V. C. pén., art. 434-42.

Art. 696-104 Le juge des libertés et de la détention informe l'autorité compétente de l'État d'émission, par tout moyen laissant une trace écrite, ainsi que la victime, de toute décision de refus et en précise les motifs dans les dix jours à compter de sa décision.

A cette occasion, il informe la victime qu'elle dispose d'un délai de cinq jours pour saisir la chambre de l'instruction aux fins de contester ce refus.

Art. 696-105 Le procureur de la République informe sans délai l'autorité compétente de l'État d'émission, par tout moyen laissant une trace écrite, de tout manquement aux mesures exécutoires sur le territoire de la République.

Art. 696-106 Lorsque le juge des libertés et de la détention a été informé par l'autorité compétente de l'État d'émission d'une modification des mesures fondant la décision de protection européenne, il modifie en conséquence les mesures reconnues et mises à exécution. Si ces mesures ne relèvent plus de celles mentionnées à l'article 696-90, il donne mainlevée de la mesure exécutoire en France.

Art. 696-107 Le juge des libertés et de la détention met fin à l'exécution de la décision de protection dès qu'il est informé par l'autorité compétente de l'État d'émission de sa révocation.

Il peut également mettre fin à ces mesures :

1° Lorsqu'il existe des éléments permettant d'établir que la victime ne réside pas ou ne séjourne pas sur le territoire de la République, ou qu'elle l'a quitté ;

2° Lorsque, à la suite de la modification par l'État d'émission de la décision de protection européenne, les conditions prévues à l'article 696-90 ne sont plus remplies, ou les informations transmises par cet État sont insuffisantes pour lui permettre de modifier en conséquence les mesures prises en application de la décision de protection européenne ;

3° Lorsque la condamnation ou la décision fondant la décision de protection européenne a été transmise pour exécution aux autorités françaises conformément aux articles 696-66 et 764-18, postérieurement à la reconnaissance sur le territoire de la République de la décision de protection européenne.

Le juge des libertés et de la détention en informe sans délai la victime. Il en informe également l'autorité compétente de l'État membre d'émission, par tout moyen laissant une trace écrite et permettant au destinataire d'en vérifier l'authenticité.

TITRE DIXIÈME *BIS* DU PARQUET EUROPÉEN

(L. n° 2020-1672 du 24 déc. 2020, art. 1er)

Les dispositions du présent titre sont en vigueur depuis la date fixée par la Commission européenne en application de l'art. 120 du Règl. (UE) 2017/1939 du Conseil du 12 oct. 2017 mettant en œuvre une coopération renforcée concernant la création du Parquet européen, soit le 1er juin 2021.

BIBL. ▶ Christodoulou et Schneider, *RSC 2021. 593* (la réception du règlement portant création du Parquet européen par le législateur). – Lagoutte, *Dr. pénal 2021. Étude 5* (Parquet européen). – Leblois-Happe, *D. 2021. 1341* (Parquet européen). – Letouzey, *Dr. pénal 2021. Étude 6* (intégration du Parquet européen). – Vergès, *RSC 2021. 143* (la procédure conduite par le Parquet européen délégué) ;

▸ **Dossiers :** Parquet européen, c'est parti !, *AJ pénal 2018. 275* ✎ s. – La loi Parquet européen et justice pénale spécialisée, *AJ pénal 2021. 63* ✎ s. - *Dr. pénal 2021. Dossier 1 (la coopération pénale dans l'Union européenne et le nouveau Parquet européen). - Dr. pénal 2021. Dossier 4 (le Parquet européen, une coopération judiciaire renforcée).*

CHAPITRE PREMIER COMPÉTENCE ET ATTRIBUTIONS DES PROCUREURS EUROPÉENS DÉLÉGUÉS

Art. 696-108 **Les procureurs européens délégués sont compétents sur l'ensemble du territoire national pour rechercher, poursuivre et renvoyer en jugement les auteurs et complices des infractions pénales portant atteinte aux intérêts financiers de l'Union européenne mentionnées aux articles 4, 22, 23 et 25 du règlement (UE) 2017/1939 du Conseil du 12 octobre 2017 mettant en œuvre une coopération renforcée concernant la création du Parquet européen, qui sont commises après le 20 novembre 2017.**

Art. 696-109 **Pour les infractions relevant de leur compétence, les procureurs européens délégués exercent, en application des articles 4 et 13 du règlement (UE) 2017/1939 du Conseil du 12 octobre 2017 précité, les attributions du procureur de la République et du procureur général près la cour d'appel, y compris pour l'application des articles 12, 12-1, 225 et 229-1 du présent code et pour l'exercice des voies de recours.**

L'article 30, la première phrase de l'article 33, les quatre premiers alinéas de l'article 35, les articles 36, 37, 39-1, 39-2 et 40-3, le troisième alinéa de l'article 41 et l'article 44 ne sont pas applicables. Pour l'application de l'article 695-2, le procureur européen délégué peut constituer une équipe commune d'enquête avec le consentement du ou des autres États membres concernés, après en avoir informé le ministre de la justice.

Art. 696-110 **Les procédures dont sont saisis les procureurs européens délégués relèvent de la compétence des juridictions de jugement de Paris, tant en première instance qu'en appel.**

Par dérogation aux articles 206, 207, 207-1, 221-1 à 221-3, la chambre de l'instruction de la cour d'appel de Paris ne peut pas évoquer ces procédures.

CHAPITRE II PROCÉDURE

SECTION PREMIÈRE SAISINE DU PARQUET EUROPÉEN

Art. 696-111 *(L. nº 2021-1729 du 22 déc. 2021, art. 52)* **Les signalements prévus aux 1 à 3 et au 5 de l'article 24 du règlement (UE) 2017/1939 du Conseil du 12 octobre 2017 mettant en œuvre une coopération renforcée concernant la création du Parquet européen sont directement adressés au procureur européen délégué par les autorités nationales compétentes mentionnées à l'article 19, au second alinéa de l'article 40 et à l'article 80 du présent code, qui en informent alors simultanément le procureur de la République spécialisé compétent. Ces signalements peuvent aussi être adressés au procureur européen délégué par le procureur de la République spécialisé compétent, lorsque celui-ci a été informé par les autorités nationales compétentes mentionnées au présent article.**

Art. 696-112 **Lorsque le Parquet européen décide d'exercer sa compétence, le procureur de la République ou le juge d'instruction saisi d'une enquête ou d'une information portant sur des faits relevant de l'article 696-108 est tenu de se dessaisir de la procédure au profit du Parquet européen en application du 1 de l'article 25 et du 5 de l'article 27 du règlement (UE) 2017/1939 du Conseil du 12 octobre 2017 précité.**

Le procureur de la République requiert le juge d'instruction initialement saisi de se dessaisir au profit du Parquet européen. Le juge d'instruction notifie son ordonnance de dessaisissement aux parties.

SECTION II CADRES PROCÉDURAUX

Art. 696-113 Dans les procédures relevant de sa compétence, le procureur européen délégué conduit les investigations conformément aux dispositions applicables à l'enquête de flagrance ou à l'enquête préliminaire et aux dispositions du code des douanes.

Art. 696-114 Toutefois, lorsqu'il est nécessaire soit de mettre en examen une personne ou de la placer sous le statut de témoin assisté, soit de recourir à des actes d'investigation qui ne peuvent être ordonnés qu'au cours d'une instruction, en raison de leur durée ou de leur nature, le procureur européen délégué conduit les investigations conformément aux dispositions applicables à l'instruction, sous réserve des dispositions de la section 3 du présent chapitre.

(L. n° 2021-1729 du 22 déc. 2021, art. 2) « Lorsqu'il poursuit les investigations après l'expiration des délais d'enquête prévus à l'article 75-3, le procureur européen délégué est également tenu de procéder conformément aux dispositions applicables à l'instruction. »

Art. 696-115 Lorsque le procureur de la République se dessaisit au profit du Parquet européen, les investigations se poursuivent dans le cadre de l'article 696-113 ou, s'il y a lieu, de l'article 696-114.

Lorsque le juge d'instruction rend une ordonnance de dessaisissement au profit du Parquet européen, les investigations se poursuivent dans le cadre du même article 696-114.

SECTION III DISPOSITIONS SPÉCIFIQUES À LA PROCÉDURE PRÉVUE À L'ARTICLE 696-114

Art. 696-116 La présente section précise les dispositions spécifiques à la procédure prévue à l'article 696-114, qui s'applique dès lors que le procureur européen délégué conduit les investigations conformément au même article 696-114.

Dans le cadre de cette procédure, ne sont pas applicables les dispositions de l'article 80 relatives au réquisitoire introductif et aux réquisitoires supplétifs ainsi que les autres dispositions du présent code prévoyant que le ministère public adresse des réquisitions ou des avis au juge d'instruction.

Art. 696-117 Dans le cadre de la procédure prévue à l'article 696-114, les actes et décisions mentionnés à la présente section sont pris, selon les distinctions prévues aux sous-sections 1 à 3 :

1° Soit par le procureur européen délégué ;

2° Soit par le juge des libertés et de la détention saisi par réquisitions écrites et motivées du procureur européen délégué.

SOUS-SECTION 1 ACTES ET DÉCISIONS RELEVANT DE LA PROCÉDURE PRÉVUE À L'ARTICLE 696-114

Art. 696-118 Au cours de la procédure prévue à l'article 696-114, le procureur européen délégué accomplit les actes et prend les décisions en matière :

1° De mise en examen ;

2° D'interrogatoire et de confrontation ;

3° D'audition de témoins, y compris du témoin assisté ;

4° De recevabilité de la constitution de partie civile et d'audition de la partie civile ;

5° De transport ;

6° De commission rogatoire ;

7° D'expertise ;

8° *De* mandat de recherche, de comparution ou d'amener.

Art. 696-119 Les décisions en matière de placement, de maintien et de modification du contrôle judiciaire sont prises par le procureur européen délégué. Ces décisions peuvent être prises tant dans le cadre de la procédure prévue à l'article 696-114 que dans le cadre des procédures de convocation par procès-verbal ou de comparution à délai différé prévues aux articles 394 et 397-1-1.

La personne placée sous contrôle judiciaire par le procureur européen délégué peut immédiatement contester cette décision devant le juge des libertés et de la détention,

qui statue dans un délai maximal de soixante-douze heures sur cette contestation lors d'un débat contradictoire. Si le juge confirme le placement sous contrôle judiciaire, la personne peut faire appel de cette décision devant la chambre de l'instruction.

Art. 696-120 **Les décisions en matière de placement, de prolongation et de modification de l'assignation à résidence avec surveillance électronique sont prises par le juge des libertés et de la détention, saisi par réquisitions écrites et motivées du procureur européen délégué et après, le cas échéant, un débat contradictoire organisé conformément aux articles 142-6 et 142-7.**

Art. 696-121 **Les décisions en matière de placement et de prolongation de la détention provisoire sont prises par le juge des libertés et de la détention qui, après avoir été saisi par réquisitions écrites et motivées du procureur européen délégué, statue à l'issue d'un débat contradictoire organisé conformément aux dispositions de l'article 145.**

Art. 696-122 **Toutefois, le procureur européen délégué est compétent pour ordonner les mesures suivantes, d'office ou à la demande de la personne mise en examen :**

1° Supprimer tout ou partie des obligations comprises dans l'assignation à résidence avec surveillance électronique ou accorder une dispense occasionnelle ou temporaire de les observer ;

2° Ordonner la mainlevée de l'assignation à résidence avec surveillance électronique ;

3° Modifier ou autoriser, en application de l'article 142-9, le chef d'établissement pénitentiaire ou le directeur du service pénitentiaire d'insertion et de probation à modifier les horaires de présence de la personne mise en examen au domicile ou dans les lieux d'assignation lorsqu'il s'agit de modifications favorables à cette dernière ne touchant pas à l'équilibre de la mesure de contrôle ;

4° Ordonner la mise en liberté, le cas échéant assortie d'un contrôle judiciaire, d'une personne placée en détention provisoire.

Si le procureur européen délégué ne fait pas droit à la demande de la personne dans les cinq jours, il transmet le dossier, assorti de son avis motivé, au juge des libertés et de la détention, qui statue dans les trois jours ouvrables à compter de cette transmission, selon les modalités prévues aux articles 140 et 148.

Art. 696-123 **Le procureur européen délégué est également compétent pour prendre les décisions relatives aux modalités d'exécution d'une détention provisoire ou à l'exercice de ses droits par une personne placée en détention provisoire en application des articles 145-4 à 145-4-2 et 148-5 du présent code et** *(Ord. nº 2022-478 du 30 mars 2022, art. 6, en vigueur le 1er mai 2022)* **« des articles L. 341-1 à L. 341-5, L. 341-7, L. 341-8 et L. 345-1 à L. 345-6 du code pénitentiaire ».**

Art. 696-124 **La décision de décerner un mandat d'arrêt est prise par le juge des libertés et de la détention, saisi par réquisitions écrites et motivées du procureur européen délégué.**

Art. 696-125 **Le procureur européen délégué met le mandat d'arrêt à exécution sous la forme d'un mandat d'arrêt européen conformément à l'article 695-16.**

Art. 696-126 **Les perquisitions, visites domiciliaires et saisies doivent, en l'absence de flagrance ou d'assentiment exprès de la personne chez laquelle elles ont lieu, être effectuées avec l'autorisation du juge des libertés et de la détention saisi par réquisitions écrites et motivées du procureur européen délégué dans les conditions prévues à l'article 76.**

Art. 696-127 **Les décisions ordonnant une interception de correspondance émise par la voie des télécommunications, une géolocalisation, une enquête sous pseudonyme ou une technique spéciale d'enquête prévue à la section 6 du chapitre II du titre XXV du présent livre sont prises par le juge des libertés et de la détention, saisi par réquisitions écrites et motivées du procureur européen délégué, sauf si ces mesures sont ordonnées dans des conditions d'utilisation et de durée permettant au procureur de la République d'y recourir dans le cadre de l'enquête de flagrance ou de l'enquête préliminaire.**

Art. 696-128 **Les décisions ordonnant les saisies spéciales prévues au titre XXIX du présent livre et les mesures conservatoires prévues à l'article 706-166 sont prises par**

le juge des libertés et de la détention, saisi par réquisitions écrites et motivées du procureur européen délégué, sous réserve des pouvoirs propres du procureur prévus au premier alinéa de l'article 706-154.

SOUS-SECTION 2 DES DROITS DES PARTIES

Art. 696-129 Dans le cadre de la procédure prévue à l'article 696-114, les personnes mises en examen, témoins assistés ou parties civiles exercent l'intégralité des droits qui leur sont reconnus par le présent code au cours de l'instruction, en particulier le droit d'être assisté par un avocat et d'avoir accès au contenu de la procédure, de formuler une demande d'acte auprès du procureur européen délégué, de présenter une requête en annulation ou de former un recours devant la chambre de l'instruction.

Art. 696-130 Dès lors que le procureur européen délégué a procédé à la mise en examen d'une personne ou l'a placée sous le statut de témoin assisté, ou dès lors que le juge des libertés et de la détention a autorisé l'un des actes prévus aux articles 696-124 ou 696-127 dans des conditions ne permettant pas d'y recourir dans le cadre de l'enquête de flagrance ou de l'enquête préliminaire, le procureur européen délégué :

1° Applique les dispositions de l'article 105 à l'ensemble des personnes à l'encontre desquelles il existe des indices graves et concordants d'avoir participé aux faits ;

2° Avise la victime de l'infraction de son droit de se constituer partie civile dans les conditions prévues à l'article 80-3.

Art. 696-131 La victime ne peut se constituer partie civile conformément aux articles 87 et 89 que lorsqu'il a été procédé à un des actes mentionnés au premier alinéa de l'article 696-130.

La partie civile dispose des droits prévus à l'article 89-1.

SOUS-SECTION 3 DE LA CLÔTURE DE LA PROCÉDURE

Art. 696-132 Aussitôt que la procédure prévue à l'article 696-114 lui paraît terminée, le procureur européen délégué en avise les parties et leurs avocats conformément au I de l'article 175.

Si les parties en ont fait la demande conformément au III du même article 175, elles disposent d'un délai d'un mois, si une personne mise en examen est détenue, ou de trois mois, dans les autres cas, pour lui adresser des observations selon les modalités prévues à l'avant-dernier alinéa de l'article 81 ou pour formuler des demandes ou présenter des requêtes sur le fondement du neuvième alinéa du même article 81, des articles 82-1 et 82-3, du premier alinéa de l'article 156 et du troisième alinéa de l'article 173, sous réserve que ces demandes ou requêtes ne soient pas irrecevables en application des articles 82-3 et 173-1. A l'expiration de ce délai, les parties ne peuvent plus adresser de telles observations ni formuler ou présenter de telles demandes ou requêtes.

A l'issue du délai, le procureur européen délégué procède alors au règlement du dossier au vu des observations éventuelles des parties. Il rend son ordonnance conformément aux articles 176 à 184, sous réserve de la compétence du juge des libertés et de la détention pour, sur réquisitions écrites et motivées du procureur européen délégué, ordonner le maintien de la personne sous assignation à résidence avec surveillance électronique ou en détention provisoire.

En matière correctionnelle, s'il ne renvoie pas la personne mise en examen devant le tribunal correctionnel et si les conditions prévues à l'article 180-1 sont réunies, le procureur européen délégué peut lui proposer de faire application de la procédure de comparution sur reconnaissance préalable de culpabilité, dont il prononce la mise en œuvre par ordonnance.

Si les conditions prévues à l'article 180-2 sont réunies, le procureur européen délégué peut prononcer, par ordonnance, la mise en œuvre de la procédure prévue à l'article 41-1-2. Dans les cas mentionnés au dernier alinéa de l'article 180-2, la procédure prévue à l'article 696-114 est reprise à l'égard de la personne morale.

Les dispositions des deux premiers alinéas du présent article sont également applicables au témoin assisté.

CHAPITRE III DE L'ARTICULATION DES COMPÉTENCES ENTRE LE PROCUREUR EUROPÉEN, LES PROCUREURS EUROPÉENS DÉLÉGUÉS ET L'AUTORITÉ JUDICIAIRE FRANÇAISE

Art. 696-133 Lorsque le procureur européen conduit personnellement l'enquête en application du 4 de l'article 28 du règlement (UE) 2017/1939 du Conseil du 12 octobre 2017 mettant en œuvre une coopération renforcée concernant la création du Parquet européen, il exerce les attributions du procureur européen délégué.

Art. 696-134 Lorsque le Parquet européen décide de ne pas exercer sa compétence, le procureur de la République saisi de l'enquête ou le juge d'instruction saisi de l'information demeurent compétents, y compris dans les cas mentionnés au 6 de l'article 25 du règlement (UE) 2017/1939 du Conseil du 12 octobre 2017 précité.

Tant que le Parquet européen n'a pas statué sur l'exercice de sa compétence, il n'y a pas lieu d'examiner la recevabilité d'une plainte avec constitution de partie civile déposée devant le juge d'instruction pour des faits susceptibles de relever de l'article 696-108 du présent code. La prescription de l'action publique est suspendue jusqu'à la réponse du Parquet européen.

Art. 696-135 Lorsque, dans les cas mentionnés au 6 de l'article 25 du règlement (UE) 2017/1939 du Conseil du 12 octobre 2017 précité, le procureur de la République saisi de l'enquête refuse de se dessaisir au profit du Parquet européen, le procureur général compétent désigne le magistrat compétent pour poursuivre les investigations.

Art. 696-136 Lorsque, dans les cas mentionnés au 6 de l'article 25 du règlement (UE) 2017/1939 du Conseil du 12 octobre 2017 précité, le juge d'instruction saisi de l'information refuse de se dessaisir au profit du Parquet européen, il invite les parties à faire connaître leurs observations dans un délai de cinq jours.

A l'issue de ce délai, le juge d'instruction rend une ordonnance de refus de dessaisissement qui est notifiée au procureur de la République et aux parties.

Dans les cinq jours de sa notification, cette ordonnance peut être déférée, à la requête du Parquet européen, du procureur de la République ou des parties, à la chambre criminelle de la Cour de cassation.

La chambre criminelle de la Cour de cassation désigne, dans les huit jours suivant la date de réception du dossier, le magistrat compétent pour poursuivre les investigations. L'arrêt de la chambre criminelle est porté à la connaissance du Parquet européen, du juge d'instruction et du ministère public et notifié aux parties. Le juge d'instruction demeure saisi jusqu'à ce que cet arrêt soit porté à sa connaissance.

Art. 696-137 Lorsque le Parquet européen décide de renvoyer l'affaire aux autorités nationales en application de l'article 34 du règlement (UE) 2017/1939 du Conseil du 12 octobre 2017 précité, le procureur européen délégué en informe :

1° Le procureur de la République compétent dans les cas mentionnés aux 1 à 3 du même article 34 ;

2° Le procureur général compétent dans le cas mentionné au 6 dudit article 34.

Le procureur de la République doit alors indiquer, dans les cas mentionnés aux 2 et 3 du même article 34, s'il accepte ou non de se charger de l'affaire dans un délai maximal de trente jours à compter de la réception de l'information.

Lorsque le Parquet européen se dessaisit dans le cadre de la procédure prévue à l'article 696-113 du présent code, les investigations se poursuivent dans le cadre de l'enquête de flagrance ou de l'enquête préliminaire.

Lorsque le Parquet européen se dessaisit dans le cadre de la procédure prévue à l'article 696-114, les investigations se poursuivent dans le cadre d'une information judiciaire.

Code de l'organisation judiciaire

Art. L. 211-19 *(L. n° 2020-1672 du 24 déc. 2020, art. 3)* Le tribunal judiciaire de Paris connaît des infractions pénales portant atteinte aux intérêts financiers de l'Union européenne et relevant de la compétence du procureur européen conformément au règlement (UE) 2017/1939 du Conseil du 12 octobre 2017 mettant en œuvre une coopération renforcée concernant la création du Parquet européen, dans les cas et conditions prévus par le code de procédure pénale.

....

Art. L. 212-6-1 *(L. n° 2020-1672 du 24 déc. 2020, art. 3)* Nonobstant les articles L. 122-2 et L. 212-6, le ministère public près le tribunal judiciaire de Paris est exercé par le procureur européen ou ses délégués pour les affaires relevant de ses attributions.

....

Art. L. 213-13 *(L. n° 2020-1672 du 24 déc. 2020, art. 3)* Le code de procédure pénale fixe les règles relatives à la compétence, à l'organisation et au fonctionnement du tribunal judiciaire de Paris pour la poursuite des infractions portant atteinte aux intérêts financiers de l'Union européenne conformément au règlement (UE) 2017/1939 du Conseil du 12 octobre 2017 mettant en œuvre une coopération renforcée concernant la création du Parquet européen.

....

Art. L. 312-8 *(L. n° 2020-1672 du 24 déc. 2020, art. 3)* Nonobstant les articles L. 122-3 et L. 312-7, le ministère public près la cour d'appel de Paris est exercé par le procureur européen ou ses délégués pour les affaires relevant de ses attributions.

TITRE ONZIÈME DES INFRACTIONS EN MATIÈRE MILITAIRE ET DES CRIMES ET DÉLITS CONTRE LES INTÉRÊTS FONDAMENTAUX DE LA NATION *(L. n° 92-1336 du 16 déc. 1992 ; L. n° 2011-1862 du 13 déc. 2011, art. 32-I et 70-II, en vigueur le 1er janv. 2012).*

BIBL. ▶ GIANVITTI, *RSC 1969. 47.*

CHAPITRE PREMIER DE LA POURSUITE, DE L'INSTRUCTION ET DU JUGEMENT DES INFRACTIONS EN MATIÈRE MILITAIRE EN TEMPS DE PAIX *(L. n° 2011-1862 du 13 déc. 2011, art. 32-I et 70-II, en vigueur le 1er janv. 2012).*

SECTION PREMIÈRE COMPÉTENCE

Art. 697 *(L. n° 82-621 du 21 juill. 1982)* **Dans le ressort** *(L. n° 2013-1168 du 18 déc. 2013, art. 33)* **« d'une ou de plusieurs cours » d'appel, un tribunal judiciaire est compétent pour l'instruction et, s'il s'agit de délits, le jugement des infractions mentionnées à l'article 697-1.**

Des magistrats sont affectés, après avis de l'assemblée générale, aux formations de jugement, spécialisées en matière militaire, de ce tribunal.

Dans le même ressort, une cour d'assises est compétente pour le jugement des crimes mentionnés à l'article 697-1.

Un décret pris sur le rapport conjoint du garde des sceaux, ministre de la justice, et du ministre chargé de la défense fixe la liste de ces juridictions.

Ecqc les policiers auxiliaires, V. C. serv. nat., art. L. 149-2.

BIBL. ▶ GIANVITTI, *RSC 1969. 47.*

1. Selon *l'art. 697, al. 2, il* appartient au président du tribunal de grande instance compétent, en application de l'art. 697-1, d'affecter des magistrats, après avis de l'assemblée générale, aux formations spécialisées de jugement ; lorsque le tribunal a été irrégulièrement composé, la cour d'appel doit annuler la décision déférée et renvoyer le ministère public à se pourvoir. • Crim. 29 avr. 1987, n° 85-96.334 P.

2. L'art. 698-1, qui subordonne les poursuites exercées contre les militaires pour les infractions visées à l'art. 697-2 soit à la dénonciation, soit à l'avis préalable des autorités militaires, ne régit que la mise en mouvement de l'action publique par le procureur de la République. Cette formalité ne s'impose pas au juge d'instruction qui, s'il est habilité conformément à l'art. 697, a le pouvoir de mettre en examen, dans les conditions du droit commun, un militaire ayant pris part aux faits dont il est saisi. • Crim. 16 juill. 1997, n° 96-83.705 P : *Procédures 1998, n° 16, obs. Buisson* • 9 juill. 2003, n° 03-81.944 P : *JCP 2003. IV. 2672* • 3 sept. 2003, n° 03-83.074 P : *JCP 2003. IV. 2795 ; AJ pénal 2004. 34*.

3. Est régulière la procédure menée par des juridictions de droit commun dès lors que l'ouverture de l'information a été faite contre personne non dénommée et que la mise en cause d'un militaire n'est apparue qu'au moment du placement sous le statut de témoin assisté par le juge d'instruction désigné dans le cadre du supplément d'information ordonné par la chambre de l'instruction. • Crim. 7 sept. 2010, n° 09-87.625 P.

Décret n° 2014-1443 du 3 décembre 2014,

Fixant la liste et le ressort des juridictions compétentes pour connaître des infractions en matière militaire et de sûreté de l'État.

Le texte est entré en vigueur le 1er janv. 2015.

ANNEXE

LISTE ET RESSORT DES JURIDICTIONS COMPÉTENTES POUR CONNAÎTRE DES INFRACTIONS ENTRANT DANS LES CATÉGORIES MENTIONNÉES AUX ARTICLES 697-1 ET 702 (ALINÉA 2) DU CODE DE PROCÉDURE PÉNALE

TRIBUNAUX judiciaires compétents	COURS D'ASSISES COMPÉTENTES	COMPÉTENCE TERRITORIALE s'étendant au ressort des cours d'appel ou du tribunal supérieur d'appel de :
Bordeaux	Cour d'assises de la Gironde	Bordeaux, Limoges, Pau.
Lille	Cour d'assises du Nord	Amiens, Douai, Reims, Rouen.
Lyon	Cour d'assises du Rhône	Chambéry, Grenoble, Lyon, Riom.
Marseille	Cour d'assises des Bouches-du-Rhône	Aix-en-Provence, Bastia, Nîmes.
Metz	Cour d'assises de la Moselle	Besançon, Colmar, Dijon, Metz, Nancy.
Paris	Cour d'assises de Paris	Bourges, Paris, Orléans, Versailles, Nouméa, Papeete, Saint-Denis, Saint-Pierre.
Rennes	Cour d'assises d'Ille-et-Vilaine	Angers, Caen, Poitiers, Rennes.
Cayenne	Cour d'assises de la Guyane	Basse-Terre, Cayenne, Fort-de-France.
Toulouse	Cour d'assises de la Haute-Garonne	Toulouse, Montpellier, Agen.

Art. 697-1 *(L. n° 2011-1862 du 13 déc. 2011, art. 32-I et 70-II, en vigueur le 1er janv. 2012)* **« Les juridictions mentionnées à l'article 697 connaissent des crimes et des délits commis sur le territoire de la République par les militaires dans l'exercice du service. »**

Ces juridictions sont compétentes à l'égard de toutes personnes majeures, auteurs ou complices, ayant pris part à l'infraction.

Par dérogation aux dispositions du premier alinéa ci-dessus, ces juridictions ne peuvent connaître des infractions de droit commun commises par les militaires de la gendarmerie dans l'exercice de leurs fonctions relatives à la police judiciaire ou à la police administrative ; elles restent néanmoins compétentes à leur égard pour les infractions commises dans le service du maintien de l'ordre.

Si le tribunal correctionnel mentionné à l'article 697 se déclare incompétent pour connaître des faits dont il a été saisi, il renvoie le ministère public à se pourvoir ainsi

qu'il avisera ; il peut, le ministère public entendu, décerner par la même décision mandat de dépôt ou d'arrêt contre le prévenu.

1. QPC. Maintien de l'ordre. Les dispositions de l'art. 697-1 établissent une différence de traitement entre les justiciables selon la qualité de militaire de la gendarmerie ou de membre de la police nationale de l'auteur de l'infraction commise dans l'exercice de missions de maintien de l'ordre. Néanmoins, les règles d'organisation et de composition des juridictions spécialisées en matière militaire présentent, pour les justiciables, des garanties égales à celles des juridictions pénales de droit commun et les militaires de la gendarmerie demeurent soumis à ces règles spéciales dans leur activité de maintien de l'ordre, de sorte que le législateur n'a pas instauré de discrimination injustifiée entre les justiciables. Les mots : « elles restent néanmoins compétentes à leur égard pour les infractions commises dans le service du maintien de l'ordre » figurant au 3e al. de l'art. 697-1, dans sa rédaction résultant de la L. n° 2011-1862 du 13 déc. 2011 relative à la répartition des contentieux et à l'allégement de certaines procédures juridictionnelles, sont conformes à la Constitution. • Cons. const. 17 janv. 2019, n° 2018-756 QPC : *D. actu. 24 janv. 2019, obs. Goetz.*

2. Notion d'exercice du service. Fait l'exacte application de l'art. 697-1 la cour d'appel qui rejette l'exception d'incompétence de la juridiction de droit commun soulevée par le prévenu, gendarme, dès lors que n'est pas commis dans l'exercice du service, le fait, pour un militaire, de révéler, dans un cadre privé, une information obtenue à l'occasion de ses fonctions, fût-ce par l'utilisation des moyens mis à sa disposition pour l'exercice de ses fonctions, en l'espèce la consultation de la procédure. • Crim. 10 déc. 2019, n° 19-80.479 P.

Ancien art. 697-1, al. 1er *(L. n° 82-621 du 21 juill. 1982)* ***Les juridictions mentionnées à l'article 697 connaissent des infractions militaires prévues par le livre III du code de justice militaire ; elles connaissent également des crimes et délits de droit commun commis dans l'exécution du service par les militaires, tels que ceux-ci sont définis par les articles 61 à 63 du code de justice militaire.***

1. Ne constituent des crimes et délits de droit commun commis dans l'exécution du service, au sens de l'art. 697-1, que les infractions commises par un militaire dans le cadre de la mission de service qui lui est confiée ; les juridictions visées à l'art. 697 ne sont pas compétentes pour connaître des infractions de droit commun commises, même à l'intérieur de l'établissement militaire, par des militaires qui ne sont affectés à aucune tâche et n'accomplissent aucun devoir attaché à leurs fonctions, et ainsi n'exécutent aucun service. • Crim. 2 oct. 1987, n° 87-80.858 P : *RSC 1988. 334, obs. Braunschweig* • 17 nov. 1993, n° 93-83.320 P : *D. 1994. IR 30.*

2. Les objecteurs de conscience sont, en application de l'art. L. 116-4 C. serv. nat., assimilés aux assujettis du service de défense ; ils relèvent donc, en temps de paix, pour l'application du livre III CJM, de la compétence des tribunaux de droit commun dans les conditions prévues par les art. 697 à 698-8. • Crim. 3 oct. 1986, n° 85-93.115 P : *D. 1987. 82, note Azibert ; RSC 1987. 464, obs. Braunschweig* • 18 févr. 1987, n° 86-93.241 P.

3. Estime à bon droit que, s'agissant d'une faute de service, elle n'est pas compétente pour statuer sur les demandes formulées, la cour d'appel devant laquelle, pour obtenir réparation du dommage causé par une infraction commise dans une enceinte militaire, des parties civiles invoquent les dispositions de l'art. 697-1, dans sa rédaction issue de la loi du 21 juill. 1982, qui permettent de porter devant la juridiction pénale, devenue compétente, l'action civile exercée. • Crim. 29 nov. 1988, n° 86-96.056 P. ♦ En revanche, constituent des fautes détachables du service les fautes personnelles commises par un militaire dans l'enceinte militaire hors le cadre de la mission de service qui lui est confiée. • Crim. 1er févr. 1989, n° 88-85.618 P.

4. Les dispositions des art. 697, 697-1 et 698-1 ne s'appliquent qu'aux juridictions de droit commun, statuant en matière militaire en temps de paix ; elles ne sauraient être étendues aux tribunaux aux armées qui connaissent, en exécution de l'art. 59 CJM, des infractions de toute nature commises par des membres des forces armées hors du territoire de la République. • Crim. 22 janv. 1992, n° 91-82.776 P.

Art. 697-2 *(L. n° 2011-1862 du 13 déc. 2011, art. 33)* **Les juridictions spécialisées en matière militaire mentionnées à l'article 697, dans le ressort desquelles est situé soit le port d'attache d'un navire de la marine nationale, soit l'aérodrome de rattachement d'un aéronef militaire, sont compétentes pour connaître de toute infraction commise à bord ou à l'encontre de ce navire ou de cet aéronef, en quelque lieu qu'il se trouve.**

Art. 697-3 *(L. n° 82-621 du 21 juill. 1982)* **La compétence territoriale des juridictions mentionnées à l'article 697 est déterminée conformément aux articles 43, 52, 382 et**

663. Sont également compétentes les juridictions du lieu de l'affectation ou du débarquement. En outre, la juridiction territorialement compétente à l'égard des personnels des navires convoyés est celle à laquelle seraient déférés les personnels du navire convoyeur.

Art. 697-4 *(L. nº 2011-1862 du 13 déc. 2011, art. 32-I et 70-II, en vigueur le 1er janv. 2012)* Les juridictions mentionnées à l'article 697 ayant leur siège à Paris sont également compétentes pour connaître des crimes et des délits commis hors du territoire de la République par les membres des forces armées françaises ou à l'encontre de celles-ci dans les cas prévus au chapitre Ier du titre II du livre Ier du code de justice militaire. En outre, un ou plusieurs magistrats affectés aux formations du tribunal correctionnel de Paris spécialisées en matière militaire sont chargés, par ordonnance du président du tribunal judiciaire, du jugement des contraventions commises dans ces circonstances.

Le président du tribunal judiciaire de Paris et le procureur de la République près ce tribunal désignent, respectivement, un ou plusieurs juges d'instruction et magistrats du parquet chargés spécialement de l'enquête, de la poursuite et de l'instruction des infractions mentionnées au premier alinéa.

Art. 697-5 *(L. nº 2011-1862 du 13 déc. 2011, art. 32-I et 70-II, en vigueur le 1er janv. 2012)* Pour le jugement des délits et des contraventions mentionnés à l'article 697-4, une chambre détachée du tribunal judiciaire de Paris spécialisée en matière militaire peut être instituée à titre temporaire hors du territoire de la République par décret en Conseil d'État dans les conditions prévues par les traités et accords internationaux.

SECTION II PROCÉDURE

V. Circ. du 6 déc. 1982 (BOMJ nº 8, p. 118) ; Circ. du 27 déc. 1982 (BOMJ nº 8, p. 171).

Art. 698 *(L. nº 2011-1862 du 13 déc. 2011, art. 32-I et 70-II, en vigueur le 1er janv. 2012)* « Les infractions relevant de la compétence des juridictions mentionnées aux articles 697 et 697-4 sont poursuivies, instruites et jugées selon les règles du présent code, sous réserve des dispositions particulières des articles 698-1 à 698-9 et, s'agissant des infractions commises hors du territoire de la République, des dispositions particulières du code de justice militaire. »

Toutefois, le procureur de la République compétent en application de l'article 43 a qualité pour accomplir ou faire accomplir les actes nécessités par l'urgence et requérir à cet effet le juge d'instruction de son siège. Les dispositions des articles 698-1 à 698-5 sont alors applicables.

1. Il résulte des art. 1er, al. 1er, de la L. du 21 juill. 1982 et 698 que les infractions mentionnées à l'art. 697-1 sont instruites et jugées par les juridictions de droit commun selon les règles du même code ; si des dispositions particulières ont été édictées par les art. 698-1 à 698-8, celles-ci ne *font pas* obstacle à la mise en œuvre de la procédure de saisine directe. • Crim. 4 déc. 1985, nº 85-91.060 P. ♦ ... Ni à la mise en œuvre de la procédure de comparution immédiate. • Crim. 26 juin 1991, nº 90-87.469 P : *RSC 1992. 346, obs. Braunschweig*.

2. L'art. 465 qui donne au tribunal la faculté de décerner mandat de dépôt ou d'arrêt spécifie qu'il doit s'agir d'un délit de droit commun, et n'est donc pas applicable à une infraction militaire. • Crim. 25 avr. 1990, nº 89-86.494 P.

3. Il résulte des art. 738 [*C. pén., art. 132-41*] et 698-5 que le sursis avec mise à l'épreuve ne peut être prononcé par les juridictions de droit commun saisies d'infractions militaires. • Crim. 30 sept. 1992, nº 92-82.620 P.

Art. 698-1 *(L. nº 82-621 du 21 juill. 1982)* Sans préjudice de l'application de l'article 36, l'action publique est mise en mouvement par le procureur de la République territorialement compétent, qui apprécie la suite à donner aux faits portés à sa connaissance, notamment par la dénonciation du ministre chargé de la défense ou de l'autorité militaire habilitée par lui. A défaut de cette dénonciation, le procureur de la République doit demander préalablement à tout acte de poursuite, *(L. nº 2011-1862 du 13 déc. 2011, art. 34)* « y compris en cas de réquisitoire contre personne non dénommée, de réquisitoire supplétif ou de réquisitions faisant suite à une plainte avec constitution de partie civile, » sauf en cas de crime ou de délit flagrant, l'avis du ministre

chargé de la défense ou de l'autorité militaire habilitée par lui. Hormis le cas d'urgence, cet avis est donné dans le délai d'un mois. L'avis est demandé par tout moyen dont il est fait mention au dossier de la procédure.

La dénonciation ou l'avis figure au dossier de la procédure, à peine de nullité, sauf si cet avis n'a pas été formulé dans le délai précité ou en cas d'urgence.

L'autorité militaire visée au premier alinéa du présent article est habilitée par arrêté du ministre chargé de la défense.

1. Un avis du ministère des affaires sociales et de la solidarité nationale ne saurait suppléer la dénonciation ou l'avis du ministère de la défense ou de l'autorité militaire habilitée par lui, exigé par l'art. 698-1 à peine de nullité. • Paris, 1er juill. 1987 : *Gaz. Pal. 1988. 1. 115, note J. P.*

2. L'exception fondée sur une cause de nullité ayant trait au défaut de dénonciation ou d'avis par le ministre chargé de la défense ou de l'autorité militaire habilitée par lui peut être présentée pour la première fois en cause d'appel. • Crim. 22 juin 1988, n° 87-91.621 P.

3. L'art. 698-1, qui subordonne les poursuites exercées pour les infractions visées à l'art. 697-2 soit à la dénonciation, soit à l'avis préalable des autorités militaires, ne régit que la mise en mouvement de l'action publique à l'encontre des militaires par le procureur de la République ; le juge d'instruction, habilité en matière militaire conformément à l'art. 697, a le pouvoir de mettre en examen, dans les conditions du droit commun, toute personne ayant pris part aux faits dont il est saisi. • Crim. 16 juill. 1997, n° 96-83.705 P : *Procédures 1998, n° 16, obs. Buisson* • 9 juill. 2003, n° 03-81.944 P : *JCP 2003. IV. 2672* • 3 sept. 2003, n° 03-83.074 P : *JCP 2003. IV. 2795 ; AJ pénal 2004. 34*. ♦ Les dispositions de l'art. 698-1 ne s'appliquent pas aux infractions définies par les art. 411-1 à 411-11 et 413-1 à 413-12 C. pén. concernant les atteintes à la défense nationale. • Crim. 20 févr. 2002, n° 01-82.246 P.

4. Le juge correctionnel qui n'est pas lié par la qualification donnée à la prévention, principe auquel ne dérogent pas les dispositions de l'art. 698-1, ne peut prononcer une décision de relaxe qu'autant qu'il a vérifié que les faits dont il est saisi ne sont constitutifs d'aucune infraction, et ce, quelle que soit la qualification visée par l'autorité militaire dans son avis. • Crim. 13 oct. 1993, n° 93-82.527 P.

Art. 698-2 *(L. n° 82-621 du 21 juill. 1982)* **L'action civile en réparation du dommage causé par l'une des infractions mentionnées au premier alinéa** *(L. n° 2013-1168 du 18 déc. 2013, art. 30-II)* **« des articles 697-1 ou 697-4 » appartient à ceux qui ont personnellement souffert du dommage directement causé par l'infraction.** *(L. n° 99-929 du 10 nov. 1999, art. 59, en vigueur le 1er janv. 2002)* **« L'action publique peut être mise en mouvement par la partie lésée dans les conditions déterminées aux articles 85 et suivants. »**

(L. n° 2013-1168 du 18 déc. 2013, art. 30-II) **« Toutefois, l'action publique ne peut être mise en mouvement que par le procureur de la République lorsqu'il s'agit de faits commis dans l'accomplissement de sa mission par un militaire engagé dans le cadre d'une opération mobilisant des capacités militaires, se déroulant à l'extérieur du territoire français ou des eaux territoriales françaises, quels que soient son objet, sa durée ou son ampleur, y compris la libération d'otages, l'évacuation de ressortissants ou la police en haute mer. »**

1. QPC. Le monopole reconnu au parquet en matière de déclenchement de l'action publique pour les infractions commises par des militaires lors d'une opération extérieure est conforme à la Constitution, la victime pouvant obtenir réparation devant les juridictions civile ou administrative. • Cons. const., 27 sept. 2019, n° 2019-803 QPC : *AJ pénal 2019. 610, obs. K. Mariat ; AJDA 2020. 171, note J.-C. Videlin ; RSC 2020. 110, note Delage ; Procédures 2019. Comm. 302, obs. J. Buisson.*

2. En vertu des dispositions de l'art. 6, § 1, Conv. EDH, la plainte avec constitution de partie civile d'un gendarme, pour dénonciations calomnieuses contre des militaires est recevable malgré les dispositions de l'art. 698-2 lorsque le parquet refuse d'engager des poursuites car cette constitution de partie civile est déterminante pour permettre au plaignant d'agir en réparation des dommages causés par cette infraction. • Crim. 19 juin 2001, n° 00-82.357 P : *Dr. pénal 2001. Chron. 48, obs. Marsat.*

3. En vertu des art. L. 121-1 et L. 121-7 CJM, le tribunal aux armées de Paris (devenu juridiction spécialisée de Paris depuis l'entrée en vigueur de la L. du 13 déc. 2011) a compétence, sans aucune restriction, pour connaître des infractions commises hors du territoire de la République par des militaires des forces françaises ou à leur encontre. Aucune fin de non-recevoir ne peut être opposée à la partie lésée, autre que celles prévues par les art. 85 s., seuls textes auxquels renvoie l'art. 698-2, dès lors qu'il a été satisfait aux exigences prévues par l'art. 698-1. • Crim. 10 mai

2012 : *D. 2012. Actu. 1337 ; ibid. 2145, concl. Poissonnier ; AJ pénal 2012. 550, obs. Lasserre Gauthier ; ibid. 2151, note Baillet et Capdeville ; RSC 2012. 353, note P.-J. Delage.*

Art. 698-3 *(L. nº 82-621 du 21 juill. 1982)* **Lorsque le procureur de la République, le juge d'instruction et les officiers de police judiciaire sont amenés, soit à constater des infractions dans les établissements militaires, soit à rechercher, en ces mêmes lieux, des personnes ou des objets relatifs à ces infractions, ils doivent adresser à l'autorité militaire des réquisitions tendant à obtenir l'entrée dans ces établissements.**

Les réquisitions doivent, sauf nécessité, préciser la nature et les motifs des investigations jugées nécessaires. L'autorité militaire est tenue de s'y soumettre et se fait représenter aux opérations.

Le procureur de la République, le juge d'instruction et les officiers de police judiciaire veillent, en liaison avec le représentant qualifié de l'autorité militaire, au respect des prescriptions relatives au secret militaire. Le représentant de l'autorité militaire est tenu au respect du secret de l'enquête et de l'instruction.

Art. 698-4 *(L. nº 82-621 du 21 juill. 1982)* **Les supérieurs hiérarchiques doivent satisfaire à la demande des officiers de police judiciaire tendant à mettre à leur disposition un militaire en activité de service, lorsque soit les nécessités de l'enquête, soit l'exécution d'une commission rogatoire ou d'un mandat de justice exigent cette mesure.**

Art. 698-5 *(L. nº 2011-1862 du 13 déc. 2011, art. 32-I et 70-II, en vigueur le 1er janv. 2012)* **Les articles L. 123-1 à L. 123-5, L. 211-12, L. 211-13, L. 211-22** *(L. nº 2013-1168 du 18 déc. 2013, art. 32-II)* **« , L. 211-24 », L. 221-3, L. 261-6, L. 262-2, L. 264-3, L. 264-5, L. 265-1, L. 265-3, L. 266-2, L. 267-1, L. 267-2, L. 268-2 et le deuxième alinéa de l'article L. 311-2 du code de justice militaire sont applicables. Conformément à l'article L. 211-21 du même code, la personne mise en examen, le prévenu ou le condamné militaire doit être détenu dans des locaux séparés.**

L'art. 698-5 ne prescrit l'application de l'art. 137 CJM que devant les juridictions statuant en vertu des art. 697 et 697-1, de sorte que, lorsqu'un militaire est poursuivi devant une juridiction de droit commun, il peut se voir appliquer une mesure de contrôle judiciaire. • Crim. 4 janv. 1984, nº 83-92.704 P.

Art. 698-6 *(L. nº 82-621 du 21 juill. 1982)* **Par dérogation aux dispositions du titre Ier du livre II, notamment aux articles 240 et 248, premier alinéa, et sous réserve des dispositions de l'article 698-7, la cour d'assises prévue par** *(L. nº 2011-1862 du 13 déc. 2011, art. 32-I et 70-II, en vigueur le 1er janv. 2012)* **« les articles 697 et 697-4 »** *(L. nº 2000-516 du 15 juin 2000, art. 136-XVIII, en vigueur le 1er janv. 2001)* **« est composée d'un président et, lorsqu'elle statue en premier ressort, de** *(L. nº 2017-258 du 28 févr. 2017, art. 16)* **« quatre » assesseurs, ou lorsqu'elle statue en appel, de** *(L. nº 2017-258 du 28 févr. 2017, art. 16)* **« six » assesseurs. Ces assesseurs sont » désignés comme il est dit aux alinéas 2 et 3 de l'article 248 et aux articles 249 à 253.** *(L. nº 2021-1729 du 22 déc. 2021, art. 14)* **« Le premier président de la cour d'appel peut désigner, lorsque la cour d'assises statue en premier ressort, deux assesseurs au plus, parmi les magistrats exerçant à titre temporaire ou les magistrats honoraires exerçant des fonctions juridictionnelles dans les conditions prévues à la section II du chapitre V *bis* de l'ordonnance nº 58-1270 du 22 décembre 1958 portant loi organique relative au statut de la magistrature. Lorsqu'elle statue en appel, il peut désigner trois assesseurs au plus, parmi les magistrats honoraires exerçant des fonctions juridictionnelles dans les conditions prévues à la même section II. »**

La cour ainsi composée applique les dispositions du titre Ier du livre II sous les réserves suivantes :

1º Il n'est pas tenu compte des dispositions qui font mention du jury ou des jurés ;

2º Les dispositions des articles 254 à 267, 282, 288 à 292, 293, alinéas 2 et 3, 295 à 305 ne sont pas applicables ;

3º Pour l'application des articles *(L. nº 92-1336 du 16 déc. 1992)* **« 359, 360 et 362 », les décisions sont prises à la majorité.**

(L. nº 2019-222 du 23 mars 2019, art. 63-I et 109-XIII, en vigueur le 1er juin 2019) **« Les deux derniers alinéas de l'article 347 ne sont pas applicables et la cour d'assises peut délibérer en étant en possession de l'entier dossier de la procédure. »**

(L. n° 2000-1354 du 30 déc. 2000, art. 20 et 37, en vigueur le 1er janv. 2001) **« Par dérogation aux dispositions du deuxième alinéa de l'article 380-1, en cas d'appel d'une décision d'une cour d'assises composée comme il est dit au présent article, la chambre criminelle de la Cour de cassation peut désigner la même cour d'assises, autrement composée, pour connaître de l'appel. »**

BIBL. ▶ MIGUEL PEREIRA, *RSC 2017. 215* s. (juger le terrorisme, avec ou sans jury ?).

1. QPC. N'est pas nouvelle en ce qu'elle ne porte pas sur l'interprétation d'une disposition constitutionnelle dont le Conseil constitutionnel n'aurait pas encore eu l'occasion de faire application la QPC qui soutient que l'art. 698-6, selon lequel l'accusé d'un acte de terrorisme, à la différence de tout accusé d'un crime de droit commun, se voit refuser le droit que les réponses défavorables données aux questions soient acquises à une majorité qualifiée, porte atteinte aux droits et libertés garantis par la Constitution par les art. 6 et 9 DDH, qui garantissent respectivement l'égalité devant la loi et le respect de la présomption d'innocence. En effet, en déclarant conforme à la Constitution, par sa Décis. n° 86-813 DC du 3 sept. 1986, l'art. 706-25, qui renvoie, pour le jugement des accusés majeurs en matière de terrorisme, aux règles fixées par les dispositions contestées de l'art. 698-6, le Conseil constitutionnel a nécessairement validé ces dernières dispositions au regard de leur constitutionnalité, et la QPC ne revêt pas un caractère sérieux. • Cass., QPC, 19 mai 2010 : *D. 2010. Actu. 1352*.

2. Principe d'égalité. Les dispositions de l'art. 698-6 3°, qui prévoient que les décisions de la cour d'assises composée selon ce texte sont prises à la majorité des voix, ne portent pas atteinte au principe d'égalité reconnu par l'art. 14 Conv. EDH, dès lors que les mêmes règles de compétence et de procédure s'appliquent à tous les auteurs d'infractions entrant dans le champ d'application de la même loi pénale sans aucune distinction, et que les droits de la défense peuvent s'exercer sans discrimination. • Crim. 11 juill. 2012, n° 11-85.220 P.

3. Compétence. C'est à bon droit que la chambre d'accusation statue sur une demande de mise en liberté dès lors qu'elle constate que la cour d'assises composée conformément à l'art. 698-6, seule compétente pour juger des infractions entrant dans les prévisions de l'art. 706-16, n'est pas en session, alors même que se trouverait en session la cour d'assises composée conformément aux art. 240 s., cette dernière n'étant pas la juridiction saisie au sens de l'art. 148-1. • Crim. 2 mars 1988, n° 87-91.594 P.

4. Composition. Il n'importe que la chambre d'accusation ait, à tort, déclaré irrecevable le moyen pris de ce que la composition de la cour d'assises instituée par l'art. 698-6 ne satisferait pas aux exigences d'indépendance et d'impartialité prévues par l'art. 6, § 1, Conv. EDH dès lors que, cette juridiction étant composée de magistrats désignés par le premier président de la cour d'appel selon les règles prévues par les art. 248 à 253, une telle argumentation est sans fondement. • Crim. 22 sept. 1998, n° 98-83.555 P.

5. C'est à bon droit que la cour d'assises spécialement composée conformément à l'art. 698-6 refuse de donner acte des réserves concernant sa composition et le mode de désignation de ses membres dès lors que, bénéficiant de la plénitude de juridiction, elle n'est tenue de donner acte que des faits survenus à l'audience, constatés à cette occasion et susceptibles de porter atteinte aux intérêts de la défense. • Crim. 26 juill. 1993, n° 92-86.470 P.

6. Feuille de questions. Aucune disposition légale n'exige que, lorsque la cour d'assises est spécialement composée, conformément à l'art. 698-6, d'un président et de six assesseurs, l'un de ces derniers signe, avec le président, la feuille de questions. • Crim. 5 juin 1996, n° 95-84.066 P.

7. Prononcé de la peine. Si, selon l'art. 362, al. 2 lorsque la peine de trente ans de réclusion criminelle n'a pas été prononcée, le maximum légal de la réclusion criminelle est fixé à vingt ans, ces dispositions ne sont pas applicables devant la cour d'assises spécialement composée. Il s'ensuit que le maximum légal de la peine prononcée par une cour d'assises spécialement composée pour des faits d'importation de produits stupéfiants en bande organisée prévus et réprimés par l'art. 222-36 C. pén. est à bon droit fixé à trente ans. • Crim. 21 mai 2008, n° 07-84.112 P : *AJ pénal 2008. 334, obs. Herzog-Evans*. ♦ Ne sont pas applicables devant la cour d'assises spécialement composée les dispositions de l'art. 362, al. 2, relatives aux majorités qualifiées prévues devant la cour d'assises avec jury pour le prononcé de peines supérieures à vingt ans de réclusion criminelle lorsque celle encourue est de trente ans. • Crim. 21 mai 2003, n° 02-85.294 P : *D. 2003. IR 1944* ; *JCP 2003. IV. 2319* • 23 janv. 2013 : *Dr. pénal 2013, n° 67, obs. Peltier.*

Art. 698-7 *(L. n° 82-621 du 21 juill. 1982)* **Les dispositions de l'article 698-6 ne sont applicables, pour le jugement des crimes de droit commun commis dans l'exécution du service par les militaires, que s'il existe un risque de divulgation d'un secret de la défense nationale.**

Lorsque la mise en accusation est prononcée en application de l'article 214, premier alinéa, la chambre de l'instruction constate dans son arrêt, s'il y a lieu, qu'il existe un risque de divulgation d'un secret de la défense nationale et ordonne que la cour d'assises saisie soit composée conformément aux dispositions de l'article 698-6.

Art. 698-8 *(L. n° 82-621 du 21 juill. 1982)* **Les juridictions compétentes pour juger les infractions prévues par le livre III du code de justice militaire peuvent également prononcer les peines militaires de la destitution et de la perte du grade.**

Art. 698-9 *(L. n° 99-929 du 10 nov. 1999)* **Les juridictions de jugement mentionnées** *(L. n° 2011-1862 du 13 déc. 2011, art. 32-I et 70-II, en vigueur le 1er janv. 2012)* **« aux articles 697 et 697-5 » peuvent, en constatant dans leur décision que la publicité risque d'entraîner la divulgation d'un secret de la défense nationale, ordonner, par décision rendue en audience publique, que les débats auront lieu à huis clos. Lorsque le huis clos a été ordonné, celui-ci s'applique au prononcé des jugements séparés qui peuvent intervenir sur des incidents ou exceptions.**

La décision au fond est toujours prononcée en audience publique.

CHAPITRE II DES JURIDICTIONS COMPÉTENTES EN CAS DE GUERRE, DE MOBILISATION, D'ÉTAT DE SIÈGE OU D'ÉTAT D'URGENCE

Art. 699 *(L. n° 82-621 du 21 juill. 1982)* **En temps de guerre, les tribunaux des forces armées sont immédiatement établis.**

Jusqu'à leur mise en place effective, les affaires de leur compétence sont portées devant les juridictions mentionnées à l'article 697. Celles-ci se dessaisissent des affaires au profit des tribunaux des forces armées dès que ceux-ci les revendiquent.

Art. 699-1 *(L. n° 82-621 du 21 juill. 1982)* **Lorsque le Gouvernement décide l'application des mesures de mobilisation ou de mise en garde dans les conditions prévues par l'ordonnance n° 59-147 du 7 janvier 1959 portant organisation générale de la défense, les dispositions du code de justice militaire relatives au temps de guerre peuvent être rendues applicables par décret en conseil des ministres pris sur le rapport du garde des sceaux, ministre de la justice, et du ministre chargé de la défense.**

Art. 700 *(L. n° 82-621 du 21 juill. 1982)* **En cas d'état de siège ou d'état d'urgence déclaré, un décret en conseil des ministres, pris sur le rapport du garde des sceaux, ministre de la justice, et du ministre chargé de la défense, peut établir des tribunaux territoriaux des forces armées dans les conditions prévues par le code de justice militaire.**

La compétence de ces tribunaux résulte des dispositions du code de justice militaire pour le temps de guerre et des dispositions particulières des lois sur l'état de siège ou l'état d'urgence.

En ce qu'elles concernent la procédure, les lois sur l'état de siège et l'état d'urgence ne sont applicables que si elles sont compatibles avec les dispositions de procédure pénale militaire relatives au temps de guerre.

RÉP. PÉN. v^is *État de siège ; État d'urgence*, par ZAVOCI.

L'état de siège est un fait préexistant à la déclaration qui le constate ; la juridiction substituée à la juridiction ordinaire, à raison et par suite des circonstances, régit d'une manière indivisible tous les faits qui s'y rattachent. • Crim. 12 oct. 1848 : *DP 1848. 1. 215, concl. Dupin.* ♦ Mais elle n'est plus compétente après la levée de l'état de siège pour connaître du crime d'intelligences avec l'ennemi imputé à un non-militaire, alors même que l'infraction aurait été commise durant l'état de siège. • Crim. 15 janv. 1920 : *D. 1920. 1. 33, note M. N.*

CHAPITRE III DES CRIMES ET DÉLITS CONTRE LES INTÉRÊTS FONDAMENTAUX DE LA NATION *(L. n° 92-1336 du 16 déc. 1992)*.

Art. 701 *(L. n° 82-621 du 21 juill. 1982)* **En temps de guerre, les crimes et délits contre** *(L. n° 92-1336 du 16 déc. 1992)* **« les intérêts fondamentaux de la nation » et les infractions qui leur sont connexes sont instruits et jugés par les juridictions des forces armées ainsi qu'il est dit au code de justice militaire.** — *Les dispositions de la loi n° 92-1336 du 16 déc. 1992 sont entrées en vigueur le 1er mars 1994.*

Toutefois, le procureur de la République a qualité pour accomplir ou faire accomplir les actes nécessités par l'urgence et requérir à cet effet le juge d'instruction de son siège. Les dispositions des articles 698-1 à 698-5 sont alors applicables.

Il doit se dessaisir ou requérir le dessaisissement du juge d'instruction dès que l'urgence a cessé.

Art. 702 *(L. nº 82-621 du 21 juill. 1982)* **En temps de paix, les crimes et délits contre** *(L. nº 92-1336 du 16 déc. 1992)* **« les intérêts fondamentaux de la nation » sont instruits et jugés par les juridictions de droit commun et selon les règles du présent code.**

Lorsque les faits poursuivis constituent un crime ou un délit prévu et réprimé *(L. nº 92-1336 du 16 déc. 1992)* **« par les articles 411-1 à 411-11 et 413-1 à 413-12 du code pénal » ou une infraction connexe, la compétence est dévolue aux juridictions prévues et organisées par les articles 697 et 698-6.** *(L. nº 2019-222 du 23 mars 2019, art. 69 et 109-XVIII, en vigueur à compter d'une date fixée par décret et au plus tard le 1er janv. 2020)* **« Sont également compétents sur toute l'étendue du territoire national le procureur de la République, le tribunal judiciaire et la cour d'assises de Paris selon les modalités déterminées aux articles 628-1 à 628-6 et 698-6. »**

Si le tribunal correctionnel mentionné à l'article 697 se déclare incompétent pour connaître des faits dont il a été saisi, il renvoie le ministère public à se pourvoir ainsi qu'il avisera ; il peut, le ministère public entendu, décerner par la même décision mandat de dépôt ou d'arrêt contre le prévenu.

BIBL. ▶ APELBAUM, DURAND-POINCLOUX et PEISSEL, *Dr. pénal 2021. Étude 13* (condamnation pénale d'un opérateur économique).

1. L'art. 698-1, qui impose au procureur de la République d'obtenir soit une dénonciation, soit un avis du ministre de la défense ou de l'autorité militaire habilitée par lui pour exercer l'action publique devant les juridictions en question, ne saurait être invoqué en matière d'atteinte à la défense nationale. • Crim. 1er août 1987, nº 87-83.014 P : *RSC 1988. 117, obs. Braunschweig, et 368, obs. Lombois.*

2. L'al. 2 de l'art. 702 ne rend pas applicables les dispositions de l'art. 698-5 qui étendent les prescriptions de l'art. 137 CJM aux militaires qui font l'objet de poursuites pour infractions militaires ou de droit commun commises dans l'exercice du service, de sorte que l'inculpé militaire, poursuivi pour infraction à l'art. 78 C. pén., peut être placé sous contrôle judiciaire. • Crim. 16 juill. 1986, nº 86-90.401 P.

3. Compétence. Les juridictions pénales statuant en matière militaire sont compétentes à l'égard des personnes civiles impliquées dans une procédure connexe à une infraction visée par les dispositions de l'art. 702, al. 2. • Crim. 31 mars 2004, nº 01-87.493 P : *JCP 2004. IV. 2114.*

Loi nº 81-737 du 4 août 1981, *portant suppression de la Cour de sûreté de l'État.*

Art. 3 La loi nº 63-23 du 15 janvier 1963 fixant la composition, les règles de fonctionnement et la procédure de la Cour de sûreté de l'État instituée par l'article 698 du code de procédure pénale est abrogée.

Art. 4 Toute référence faite, dans les textes en vigueur, à la Cour de sûreté de l'État est supprimée ou, le cas échéant, remplacée par la mention : « la juridiction compétente ».

TITRE DOUZIÈME DES DEMANDES PRÉSENTÉES EN VUE D'ÊTRE RELEVÉ DES INTERDICTIONS, DÉCHÉANCES OU INCAPACITÉS OU MESURES DE PUBLICATION

(L. nº 72-1226 du 29 déc. 1972 ; L. nº 75-624 du 11 juill. 1975)

RÉP. PÉN. vº *Interdiction et incapacité professionnelle,* par BOULOC.

BIBL. ▶ GASSIN, *RSC 1996. 443.* – THOMAS, *JCP 1973. I. 2581.*

Art. 702-1 *(L. nº 92-1336 du 16 déc. 1992)* **Toute personne frappée d'une interdiction, déchéance ou incapacité ou d'une mesure de publication quelconque résultant de plein droit d'une condamnation pénale ou prononcée dans le jugement de condamnation à titre de peine complémentaire peut demander à la juridiction qui a prononcé la condamnation ou, en cas de pluralité de condamnations, à la dernière juridiction qui a statué, de la relever, en tout ou partie, y compris en ce qui concerne la durée, de cette interdiction, déchéance ou incapacité. Si la condamnation a été prononcée par une**

cour d'assises, la juridiction compétente pour statuer sur la demande est la chambre de l'instruction dans le ressort de laquelle la cour d'assises a son siège.

Lorsque la demande est relative à une déchéance, interdiction ou incapacité prononcée en application de l'article L. 654-6 du code de commerce, la juridiction ne peut accorder le relèvement que si l'intéressé a apporté une contribution suffisante au paiement du passif du débiteur. *(L. n° 94-475 du 10 juin 1994)* « La juridiction peut accorder, dans les mêmes conditions, le relèvement des interdictions, déchéances et incapacités résultant des condamnations pour banqueroute prononcées en application des articles 126 à 149 de la loi n° 67-563 du 13 juillet 1967 sur le règlement judiciaire, la liquidation des biens, la faillite personnelle et les banqueroutes. »

Sauf lorsqu'il s'agit d'une mesure résultant de plein droit d'une condamnation pénale, la demande ne peut être portée devant la juridiction compétente qu'à l'issue d'un délai de six mois après la décision initiale de condamnation. En cas de refus opposé à cette première demande, une autre demande ne peut être présentée que six mois après cette décision de refus. Il en est de même, éventuellement, des demandes ultérieures. *(L. n° 2003-1119 du 26 nov. 2003, art. 82)* « En cas d'interdiction du territoire prononcée à titre de peine complémentaire à une peine d'emprisonnement, la première demande peut toutefois être portée devant la juridiction compétente avant l'expiration du délai de six mois en cas de remise en liberté. La demande doit être déposée au cours de l'exécution de la peine. »

Les dispositions du deuxième alinéa (1°) de l'article 131-6 du code pénal permettant de limiter la suspension du permis de conduire à la conduite en dehors de l'activité professionnelle sont applicables lorsque la demande de relèvement d'interdiction ou d'incapacité est relative à la peine de suspension du permis de conduire. — *Entrée en vigueur le 1er mars 1994.*

(L. n° 2009-1436 du 24 nov. 2009, art. 94-III) « Pour l'application du présent article, le tribunal correctionnel est composé d'un seul magistrat exerçant les pouvoirs du président. Il en est de même de la chambre des appels correctionnels ou de la chambre de l'instruction, qui est composée de son seul président, siégeant à juge unique. Ce magistrat peut toutefois, si la complexité du dossier le justifie, décider d'office ou à la demande du condamné ou du ministère public de renvoyer le jugement du dossier devant la formation collégiale de la juridiction. Le magistrat ayant ordonné ce renvoi fait alors partie de la composition de cette juridiction. La décision de renvoi constitue une mesure d'administration judiciaire qui n'est pas susceptible de recours. »

Ecqc certaines interdictions résultant de plein droit d'une condamnation pénale prononcée en dernier ressort avant le 1er mars 1994, V. L. n° 92-1336 du 16 déc. 1992, art. 370.

I. RÈGLES NATIONALES

1. Selon l'art. 55-1 anc. C. pén., devenu l'art. 702-1 C. pén., le relèvement des interdictions, déchéances ou incapacités ne s'applique pas aux peines de substitution à l'emprisonnement prononcées à titre de peines principales. • Crim. 31 mai 1994, n° 93-83.486 P : *RSC 1995. 100, obs. Bouloc.*

2. L'art. 702-1 permet à toute personne condamnée à la peine complémentaire de l'interdiction de séjour d'en solliciter le relèvement auprès de la juridiction qui l'a prononcée depuis l'abrogation, intervenue le 1er mars 1994, de l'art. 44-2 anc. C. pén. • Crim. 5 sept. 1994, n° 94-83.525 P : *RSC 1995. 344, obs. Bouloc ; ibid. 1995. 124, obs. Dintilhac.* ♦ Lorsque l'interdiction du territoire français est prononcée par la chambre des appels correctionnels, la chambre de l'application des peines est incompétente pour statuer sur une requête en relèvement et doit d'office relever son incompétence. • Crim. 6 nov. 2013, n° 12-83.529 P.

3. *Saisine de la formation collégiale.* Les dispositions de l'art. 702-1, dernier al. n'exigent pas que cette décision, qui constitue une mesure d'administration judiciaire, soit formalisée par écrit. • Crim. 4 juin 2014 : *AJ pénal 2015. 162, obs. Herzog-Evans.*

4. *Simple faculté.* L'exclusion de la mention d'une condamnation au casier judiciaire relevant de l'exercice d'une simple faculté que les juges tiennent de la loi, le requérant ne saurait se faire grief des motifs retenus par ceux-ci au soutien de leur décision. • Crim. 4 juin 2014 : *préc. note 3.*

5. *Délai de six mois.* L'accomplissement du délai de six mois après la décision initiale de condamnation, prévu par l'art. 702-1, al. 3 doit être apprécié non pas au jour de la demande présentée au procureur de la République ou au procureur général, mais au jour où celui-ci a saisi la juridiction compétente. • Crim. 9 juin 1999, n° 98-83.947 P. ♦ Le délai de six mois, à l'issue duquel la demande en relèvement des interdictions, déchéances ou incapacités ou mesures de publication, prononcées à titre de peine complémentaire, qui constitue un incident d'exécution, peut être portée devant la juridiction compétente, a pour point de départ le jour où la décision ayant prononcé cette peine est devenue définitive. • Crim. 13 janv. 2016, n° 14-86.337 P : *Dr. pénal 2016, n° 53, obs. Bonis-Garçon.* ♦ Lorsqu'une demande en relèvement d'une mesure résultant de plein droit d'une condamnation pénale a été présentée devant la juridiction ayant condamné l'intéressé et que celle-ci l'a rejetée (en l'espèce, dispense d'inscription sur le bulletin n° 2 de son casier judiciaire), une nouvelle demande aux mêmes fins ne peut être portée devant la juridiction compétente qu'à l'issue d'un délai de 6 mois après cette décision. • Crim. 31 oct. 2017, n° 17-80.710 P : *AJ pénal 2017. 558, obs. Falxa.*

6. Permis de conduire. Conformément à l'art. 702-1, dernier al., la juridiction statuant sur une demande de relèvement de la suspension du permis de conduire a désormais, en toute hypothèse, qu'il s'agisse d'une peine complémentaire ou d'une peine alternative, la faculté de limiter cette mesure à la conduite en dehors de l'activité professionnelle, dans les conditions prévues par les dispositions de l'art. 131-6 (1°) C. pén. • Crim. 26 juill. 1994, n° 93-85.407 P. ♦ La L. du 10 juill. 1989 instituant le permis de conduire n'est pas incompatible avec l'art. 702-1, dès lors que l'art. L. 11-4 C. route exclut expressément l'application de cet article. • Crim. 16 nov. 1999, n° 98-87.635 P.

7. Interdiction des droits civils, civiques et de famille des condamnés. La question portant sur la constitutionnalité de l'art. 370 de la L. n° 92-1336, qui prévoit que le droit antérieur (notamment, la privation perpétuelle des droits civiques pour les condamnés à une peine criminelle) à l'entrée en vigueur du nouveau code pénal continue à s'appliquer, ne présente pas un caractère sérieux dès lors que l'art. 702-1 permet à toute personne frappée d'une interdiction, déchéance ou incapacité d'en demander le relèvement. • Crim. 14 nov. 2012 : *AJ pénal 2013. 359, obs. Herzog-Evans.*

8. Interprète. Les dispositions de l'art. 407 sont applicables au requérant agissant dans le cadre de l'art. 702-1, lorsque celui-ci ne parle pas suffisamment la langue française. • Crim. 6 mars 1997, n° 96-80.953 P : *Dr. pénal 1997. Comm. 103, obs. Maron.*

II. RÈGLES EUROPÉENNES

9. Exigences du procès équitable. Selon l'art. 55-1 C. pén., dont les dispositions sont reprises par l'art. 702-1, les demandes en relèvement des interdictions, déchéances ou incapacités doivent être présentées à la juridiction qui a prononcé la condamnation, cette juridiction étant éventuellement composée des mêmes magistrats. De telles dispositions ne sont pas incompatibles avec l'exigence d'impartialité prévue par l'art. 6 Conv. EDH. • Crim. 15 juin 1994, n° 93-93.847 P : *D. 1995. 94, note Renucci.* ♦ ... En effet, il s'agit de trancher un incident d'exécution et non de décider du bien-fondé d'une accusation en matière pénale. • Crim. 9 janv. 2002, n° 01-80.397 P : *D. 2002. IR 941.*

10. Il résulte de l'art. L. 11-4 modifié C. route, excluant l'application des art. 702-1 et 133-16 C. pén. à la perte de points affectant le permis de conduire, que cette mesure ne présente pas le caractère d'une sanction pénale, accessoire à une condamnation, et qu'en conséquence ni son incompatibilité alléguée avec l'art. 6, § 1, Conv. EDH, ni son fondement légal ne ressortissent au juge répressif. • Crim. 11 juill. 1994, n° 93-85.801 P.

11. Interdiction du territoire français. La mesure d'interdiction du territoire constitue une mesure de prévention spécifique en matière de police des étrangers par conséquent l'art. 6, § 1, Conv. EDH ne s'applique pas à la procédure en relèvement de cette interdiction. • CEDH 5 oct. 2000, *Maaouia c/ France : D. 2001. Somm. 2346, obs. Lamy ; JCP 2001. I. 291, note Sudre.* ♦ En vertu des dispositions de l'art. 8 Conv. EDH, la juridiction amenée à statuer sur une demande de relèvement d'interdiction définitive du territoire prononcée à titre complémentaire doit rechercher si le maintien de la mesure respecte un juste équilibre entre, d'une part, les impératifs de sûreté publique, de prévention des infractions pénales et de protection de la santé publique et, d'autre part, le droit au respect de la vie privée et familiale. • Crim. 25 mai 2005, n° 04-85.180 P : *JCP 2005. IV. 2550* • 30 mars 2011, n° 09-86.641 P : *D. 2011. Actu. 1221, obs. Bombled ; AJ pénal 2011. 262* • 3 juin 2015, n° 14-86.507 P : *D. actu. 19 juin 2015, obs. Benelli-de Bénazé ; AJ pénal 2015. 487, obs. Chetard ; Procédures 2015, n° 275, note Chavent-Leclère.*

Art. 703 *(L. n° 72-1226 du 29 déc. 1972)* **Toute demande présentée par un condamné en vue d'être** ***relevé d'une interdiction*****, d'une déchéance ou d'une incapacité** *(L. n° 75-624 du 11 juill. 1975)* **« ou d'une mesure de publication », formée en application des dispositions** *(L. n° 92-1336 du 16 déc. 1992)* **« du premier alinéa de l'article 702-1 » précise la date de la condamnation ainsi que les lieux où a résidé le requérant depuis sa condamnation ou sa libération.**

Elle est adressée, selon le cas, au procureur de la République ou au procureur général qui s'entoure de tous les renseignements utiles, prend, s'il y a lieu, l'avis du juge de l'application des peines et saisit la juridiction compétente.

La juridiction saisie statue en chambre du conseil sur les conclusions du ministère public, le requérant ou son conseil entendus ou dûment convoqués. S'il paraît nécessaire d'entendre un condamné qui se trouve détenu, il peut être procédé conformément aux dispositions de l'article 712 du présent code.

La décision est signifiée à la requête du ministère public lorsqu'elle est rendue hors de la présence du requérant ou de son conseil. Elle peut être, selon le cas, frappée d'appel ou déférée à la Cour de cassation.

(Abrogé par L. nº 93-2 du 4 janv. 1993) ***« En cas de rejet de la demande, le requérant est tenu au paiement des frais. La juridiction peut toutefois, par décision spéciale et motivée, l'en décharger en tout ou en partie. »***

Mention de la décision par laquelle un condamné est relevé totalement ou partiellement d'une interdiction, déchéance ou incapacité *(L. nº 75-624 du 11 juill. 1975)* **« ou d'une mesure de publication » est faite en marge du jugement ou de l'arrêt de condamnation et au casier judiciaire.** — *V. art. 763-6.*

Ecqc le relèvement des peines d'interdiction du territoire, V. Circ. CRIM. 99-13 E1 du 17 nov. 1999 ; ... et sur la procédure à suivre pour des requêtes en relèvement de cette interdiction, V. Circ. du 22 nov. 1993 (BOMJ nº 52, p. 135).

1. Règles générales. Il résulte des art. 702-1 et 703, ainsi que des principes généraux du droit, que devant la juridiction saisie d'une demande en relèvement d'interdiction, le requérant ou son avocat doit avoir la parole le dernier. • Crim. 16 janv. 1996, nº 95-80.404 P • 15 oct. 2003 : *ibid. nº 192 ; JCP 2003. IV. 2980.* ♦ Il se déduit des dispositions combinées des art. 460, 513 et 703, ainsi que des principes généraux du droit, que l'avocat de la partie requérante doit avoir la parole le dernier ; il en est de même de la partie elle-même si elle est présente. • Crim. 31 janv. 1996, nº 94-85.326 P : *Dr. pénal 1997. Chron. 11, notes Lesclous et Marsat ; D. 1996. Somm. 260, obs. Pradel.*

2. Nécessité de statuer en chambre du conseil. V. • Crim. 27 nov. 1974, nº 73-93.378 P • 4 févr. 1985, nº 84-92.030 P • 24 févr. 1988, nº 87-84.719 P • 10 janv. 1995, nº 94-81.779 P. ♦ Si c'est à tort qu'une requête en relèvement a été jugée en audience publique, l'irrégularité commise ne doit pas entraîner l'annulation de la décision, dès lors qu'il n'est pas établi, ni même allégué, qu'elle a eu pour effet de porter atteinte aux intérêts de la personne condamnée. • Crim. 20 févr. 2013 : *Procédures 2013, nº 163, obs. Chavent-Leclère.* ♦ Et s'il est vrai que les mentions contradictoires de l'arrêt attaqué ne permettent pas de savoir si la décision a été rendue en chambre du conseil ou en audience publique, l'irrégularité commise ne saurait pour autant entraîner la cassation, dès lors qu'il n'est ni justifié, ni même allégué que, à la supposer établie, la lecture publique de la décision ait porté atteinte aux intérêts de la personne concernée. • Crim. 13 avr. 1999, nº 98-81.744 P : *Dr. pénal 1999. Comm. 108, obs. Maron.*

3. Motivation de la décision. Le juge saisi d'une requête en relèvement d'interdiction est tenu de motiver sa décision et de répondre aux chefs péremptoires de l'argumentation du requérant. • Crim. 28 févr. 2001, nº 99-87.963 P : *RSC 2001. 839, obs. Commaret.* ♦ La décision doit être motivée au regard de la situation de l'intéressé au jour de la demande en relèvement d'interdiction du territoire français et non au jour de la condamnation. • Crim. 15 oct. 2003, nº 02-86.505 P : *D. 2003. IR 2868 ; JCP 2003. IV. 2978.*

4. Droit européen. Cette obligation n'est pas incompatible avec l'exigence de publicité édictée par l'art. 6 Conv. EDH, qui ne concerne que les procédures portant sur le bien-fondé de toute accusation en matière pénale et non celles portant sur des incidents d'exécution. • Crim. 15 juin 1994, nº 93-83.847 P : *D. 1995. 94, note Renucci.* ♦ Le jugement en chambre du conseil d'une requête en relevé d'interdiction du territoire est compatible avec l'art. 6, § 1, Conv. EDH car quand bien même le droit pour un étranger de demeurer sur le territoire de son choix affecterait indirectement le respect de sa vie privée et familiale, il ne s'agit pas d'un droit de caractère civil au sens de l'art. 6, § 1. • Crim. 4 mai 2000, nº 99-84.001 P. ♦ Justifie sa décision la cour d'appel qui, pour justifier le maintien de la mesure, énonce qu'elle respecte un juste équilibre entre, d'une part, le droit au respect de la vie privée et familiale du requérant et, d'autre part, les impératifs de sûreté publique, de prévention des infractions pénales et de protection de la santé publique prévus par l'art. 8 Conv. EDH. • Crim. 12 mars 2008 : *Dr. pénal 2009. Chron. 3, obs. Peltier.*

TITRE TREIZIÈME DE LA PROCÉDURE APPLICABLE AUX INFRACTIONS EN MATIÈRE ÉCONOMIQUE ET FINANCIÈRE *(L. n° 2004-204 du 9 mars 2004, art. 21-I, en vigueur le 1er oct. 2004).*

(L. n° 75-701 du 6 août 1975)

BIBL. ▸ COUVRAT, *D. 1976. Chron. 43.* – DULIN, *AJ pénal 2019. 15* (rôle du parquet dans le choix de la sanction des infractions économiques et financières). – J. ROBERT, *JCP 1975. I. 2729.*

▸ **Dossier :** *AJ pénal 2010. 105 s.* (JIRS – Premier bilan).

CHAPITRE PREMIER DES COMPÉTENCES DES JURIDICTIONS INTERRÉGIONALES SPÉCIALISÉES EN MATIÈRE ÉCONOMIQUE ET FINANCIÈRE *(L. n° 2013-1117 du 6 déc. 2013, art. 62 et 73, en vigueur le 1er févr. 2014).*

En application des dispositions de l'art. 73 de la L. n° 2013-1117 du 6 déc. 2013, le Décr. n° 2014-64 du 29 janv. 2014 a fixé la date d'entrée en vigueur du titre V de ladite loi au 1er févr. 2014 (Décr. préc., art. 4).

Art. 704 *(L. n° 2013-1117 du 6 déc. 2013, art. 63, en vigueur le 1er févr. 2014)* **« Dans les affaires qui sont ou apparaîtraient d'une grande complexité, en raison notamment du grand nombre d'auteurs, de complices ou de victimes ou du ressort géographique sur lequel elles s'étendent, la compétence territoriale d'un tribunal judiciaire peut être étendue au ressort de plusieurs cours d'appel pour l'enquête, la poursuite, l'instruction et, s'il s'agit de délits, le jugement des infractions suivantes : »**

(L. n° 2004-204 du 9 mars 2004, art. 21-II) **« 1° Délits prévus par les articles 222-38, 223-15-2, 313-1 et 313-2, 313-6, 314-1 et 314-2, 323-1 à** *(L. n° 2014-1353 du 13 nov. 2014, art. 17)* **« 323-4-1 », 324-1 et 324-2, 432-10 à 432-15, 433-1 et 433-2, 434-9,** *(L. n° 2013-1117 du 6 déc. 2013, art. 63, en vigueur le 1er févr. 2014)* **« 434-9-1, »** *(Abrogé par L. n° 2007-1598 du 13 nov. 2007)* **« 435-1 et 435-2, » 442-1 à 442-8 et** *(L. n° 2006-64 du 23 janv. 2006, art. 24)* **« 321-6-1 » du code pénal ;**

« 2° Délits prévus par le code de commerce ;

« 3° Délits prévus par le code monétaire et financier ; »

4° Délits prévus par le code de la construction et de l'habitation ;

5° Délits prévus par le code de la propriété intellectuelle ;

6° Délits prévus par les articles 1741 à 1753 *bis* A du code général des impôts ;

7° Délits prévus par le code des douanes ;

8° Délits prévus par le code de l'urbanisme ;

9° Délits prévus par le code de la consommation ;

(L. n° 2013-1117 du 6 déc. 2013, art. 63, en vigueur le 1er févr. 2014) **« 10° Délits prévus aux articles L. 106 à L. 109 du code électoral ; »**

11° Abrogé par L. n° 2003-706 du 1er août 2003, art. 15 ;

12° Délits prévus par *(Ord. n° 2019-1015 du 2 oct. 2019, art. 34, en vigueur le 1er janv. 2020)* **« les articles L. 324-3, L. 324-4, L. 324-13 et L. 324-14 du code de la sécurité intérieure** *[ancienne rédaction : la loi n° 83-628 du 12 juillet 1983 relative aux jeux de hasard]* **» ;** *— V. C. pén., App., v° Jeux.* **— C. pén.**

13° Délits prévus par la loi du 28 mars 1885 sur les marchés à terme ;

14° Abrogé par L. n° 2004-204 du 9 mars 2004, art. 21-II ;

15° Délits prévus par la loi n° 86-897 du 1er août 1986 portant réforme du régime juridique de la presse ; *— V. C. pén., App., v° Presse et communication.* **— C. pén.**

16° Abrogé par L. n° 2004-204 du 9 mars 2004, art. 21-II ;

(Abrogé par L. n° 2013-1117 du 6 déc. 2013, art. 63, en vigueur le 1er févr. 2014) (L. n° 2004-204 du 9 mars 2004, art. 21-II) ***« La compétence territoriale d'un tribunal de grande instance peut également être étendue au ressort de plusieurs cours d'appel pour l'enquête, la poursuite, l'instruction et, s'il s'agit de délits, le jugement de ces infractions, dans les affaires qui sont ou apparaîtraient d'une très grande complexité, en raison notamment du grand nombre d'auteurs, de complices ou de victimes où*** *[ou]* ***du ressort géographique sur lequel elles s'étendent. »***

(L. nº 2004-204 du 9 mars 2004, art. 21-II) **« La compétence des juridictions mentionnées au premier alinéa** *(Abrogé par L. nº 2013-1117 du 6 déc. 2013, art. 63, à compter du 1er févr. 2014)* ***« et à l'alinéa qui précède »*** **s'étend aux infractions connexes.**

« Un décret fixe la liste et le ressort de ces juridictions, qui comprennent une section du parquet et des formations d'instruction et de jugement spécialisées pour connaître de ces infractions. »

(L. nº 2013-1117 du 6 déc. 2013, art. 63, en vigueur le 1er févr. 2014) **« Au sein de chaque tribunal judiciaire dont la compétence territoriale est étendue au ressort d'une ou plusieurs cours d'appel, le premier président, après avis du président du tribunal judiciaire donné après consultation de la commission restreinte de l'assemblée des magistrats du siège, désigne un ou plusieurs juges d'instruction et magistrats du siège chargés spécialement de l'instruction et, s'il s'agit de délits, du jugement des infractions entrant dans le champ d'application du présent article.** *(L. nº 2021-1729 du 22 déc. 2021, art. 14)* **« Pour siéger au sein du tribunal correctionnel, peuvent être désignés des magistrats honoraires exerçant des fonctions juridictionnelles dans les conditions prévues à la section II du chapitre V *bis* de l'ordonnance nº 58-1270 du 22 décembre 1958 portant loi organique relative au statut de la magistrature. » Le procureur général, après avis du procureur de la République, désigne un ou plusieurs magistrats du parquet chargés de l'enquête et de la poursuite des infractions entrant dans le champ d'application du présent article.**

« Au sein de chaque cour d'appel dont la compétence territoriale est étendue au ressort d'une ou plusieurs cours d'appel, le premier président, après consultation de la commission restreinte de l'assemblée des magistrats du siège, et le procureur général désignent, respectivement, des magistrats du siège et du parquet général chargés spécialement du jugement des délits et du traitement des affaires entrant dans le champ d'application du présent article. *(L. nº 2021-1729 du 22 déc. 2021, art. 14)* **« Pour siéger au sein de la chambre des appels correctionnels, peuvent être désignés des magistrats honoraires exerçant des fonctions juridictionnelles dans les conditions prévues à la section II du chapitre V *bis* de l'ordonnance nº 58-1270 du 22 décembre 1958 précitée. »**

« Dans le ressort de certaines cours d'appel, dont la liste est fixée par décret, un tribunal judiciaire est compétent pour l'enquête, la poursuite, l'instruction et, s'il s'agit de délits, le jugement de ces infractions, dans les affaires qui sont ou apparaîtraient d'une grande complexité.

« La compétence de ces juridictions s'étend aux infractions connexes.

« Un décret fixe la liste de ces juridictions, qui comprennent une section du parquet et des formations d'instruction et de jugement spécialisées pour connaître de ces infractions. »

Les dispositions de la L. nº 2004-204 du 9 mars 2004 sont entrées en vigueur le 1er oct. 2004.

V. art. D. 47-2 et D. 47-3 qui fixent, respectivement, la liste et le ressort des tribunaux spécialisés et des juridictions interrégionales spécialisées.

V. Circ. CRIM 2004-11 G3 du 2 sept. 2004, relative aux dispositions économiques et financières de la loi nº 2004-204 du 9 mars 2004 portant adaptation de la justice aux évolutions de la criminalité (BOMJ 2004, nº 95, p. 159).

Les juridictions mentionnées au premier al. de l'art. 704, dans sa rédaction antérieure à la L. nº 2013-1117 du 6 déc. 2013, demeurent compétentes pour poursuivre l'instruction et le jugement des affaires en cours, sans préjudice de la possibilité d'un dessaisissement au profit des juridictions mentionnées aux art. 704 et 705, dans leur rédaction issue de ladite loi (L. préc., art. 70).

1. Est irrecevable la contestation par les parties de la mise en œuvre des règles de compétence des juridictions spécialisées en matière économique et financière prévues par l'art. 704 lorsque l'affaire revêt une complexité apparente. • Crim. 26 juin 2001, nº 00-86.526 P : *RSC 2002. 630, obs. Giudicelli*. ♦ V. désormais art. 704-3.

2. Une personne n'est pas autorisée à se constituer partie civile directement devant une juridiction spécialisée en invoquant la complexité de l'affaire ; la mise en œuvre des règles d'attribution prévues par les dispositions susvisées relève de la seule autorité judiciaire. • Crim. 12 janv. 2005, nº 04-81.139 P : *D. 2005. IR 797 ; JCP 2005. IV. 1507.*

3. Dessaisissement du juge territorialement compétent. Lorsque le juge d'instruction territorialement compétent se dessaisit en faveur du juge d'instruction spécialisé sur réquisition du procureur, ce dessaisissement a lieu immédiatement et de plein droit sans que des réquisitions nouvelles ou supplétives soient nécessaires. • Crim. 23 janv. 2002, n° 01-87.620 P : *RSC 2002. 629, obs. Giudicelli*.

Art. 704-1 *(L. n° 94-89 du 1er févr. 1994)* **Pour la poursuite, l'instruction et, s'il s'agit de délits, le jugement des infractions prévues à l'article 704 et des infractions connexes, le procureur de la République, le juge d'instruction et la formation correctionnelle spécialisée du tribunal judiciaire visé au même article exercent une compétence concurrente à celle qui résulte de l'application des articles 43, 52, 382** *(Abrogé par L. n° 2004-204 du 9 mars 2004, art. 112-I)* **« , 663 (second alinéa) » et 706-42.**

Lorsqu'ils sont compétents pour la poursuite et l'instruction des infractions entrant dans le champ d'application de l'article 704, le procureur de la République et le juge d'instruction exercent leurs attributions sur toute l'étendue du ressort fixé en application de l'article 704.

La juridiction saisie reste compétente quelles que soient les incriminations retenues lors du règlement ou du jugement de l'affaire sous réserve de l'application des dispositions des articles 181 et 469. Si les faits constituent une contravention, le juge d'instruction prononce le renvoi de l'affaire devant le tribunal de police compétent en application de l'article 522 *(Abrogé par L. n° 2011-1862 du 13 déc. 2011, art. 2-XIV et 70-I, à compter du 1er juill. 2017) (L. n° 2005-47 du 26 janv. 2005, art. 9-XXXI, en vigueur le 1er avr. 2005)* ***« ou devant la juridiction de proximité compétente en application de l'article 522-1 ».*** — *Anc. art. 705.*

V. note au-dessus de l'art. 521.

Les faits dénoncés comme étant susceptibles de constituer des infractions électorales *[non visées par l'art. 704 dans sa rédaction alors en vigueur]* laissaient objectivement supposer la commission de délits de nature économique et financière ; dès lors, selon l'art. 705, devenu l'art. 704-1, le procureur de la République de la juridiction interrégionale spécialisée exerçait, pour la poursuite des infractions prévues à l'art. 704 et des infractions connexes, une compétence concurrente à celle qui résulte de l'application de l'art. 43. • Crim. 15 mars 2016, n° 15-85.362 P : *D. actu. 31 mars 2016, obs. Fucini.*

Art. 704-2 *(L. n° 2004-204 du 9 mars 2004, art. 21-III, en vigueur le 1er oct. 2004)* **Le procureur de la République près un tribunal judiciaire autre que ceux visés à l'article 704 peut, pour les infractions énumérées dans cet article, requérir le juge d'instruction de se dessaisir au profit de la ou de l'une des juridictions d'instruction compétentes en application de cet article. Les parties sont préalablement avisées et invitées à faire connaître leurs observations par le juge d'instruction ; l'ordonnance est rendue huit jours au plus tôt et un mois au plus tard à compter de cet avis.**

Lorsque le juge d'instruction décide de se dessaisir, son ordonnance ne prend effet qu'à compter du délai de cinq jours prévu par l'article *(L. n° 2013-1117 du 6 déc. 2013, art. 64)* **« 704-3 » ; lorsqu'un recours est exercé en application de cet article, le juge d'instruction demeure saisi jusqu'à ce que soit porté à sa connaissance l'arrêt de la chambre de l'instruction, passé en force de chose jugée ou celui de la chambre criminelle de la Cour de cassation.**

Dès que l'ordonnance est passée en force de chose jugée, le procureur de la République adresse le dossier de la procédure au procureur de la République du tribunal judiciaire désormais compétent.

Les dispositions du présent article sont applicables devant la chambre de l'instruction. — *Anc. art. 705-1.*

L'art. 705-1 [*devenu 704-2*] réserve au seul ministère public l'initiative de la procédure de dessaisissement de la juridiction de droit commun au profit de la juridiction spécialisée. Il n'appartient pas au juge d'instruction de mettre en œuvre ladite procédure de dessaisissement. Ainsi doit être annulée l'ordonnance du juge d'instruction qui, après avoir communiqué au procureur de la République le dossier de l'information ouverte à son cabinet aux fins de recueillir ses réquisitions sur un éventuel dessaisissement au profit d'une autre juridiction et après avoir respecté à l'égard des parties civiles les formalités prescrites par l'article précité, s'est dessaisi au profit de la juridiction interrégionale spécialisée aux motifs que « l'affaire apparaît d'une particulière complexité en raison de sa technicité, mise en relief par les rapports d'expertise et le grand nombre de victimes ». • Crim. 28 mars 2007, n° 07-82.215 P : *D. 2007. AJ 1598* ; *AJ pénal 2007. 330, obs. Royer*.

Art. 704-3 *(L. n° 2004-204 du 9 mars 2004, art. 21-III, en vigueur le 1er oct. 2004)* **L'ordonnance rendue en application de l'article** *(L. n° 2013-1117 du 6 déc. 2013, art. 64, en vigueur le 1er févr. 2014)* **« 704-2 » peut, à l'exclusion de toute autre voie de recours, être déférée dans les cinq jours de sa notification, à la requête du ministère public ou des parties, soit à la chambre de l'instruction si la juridiction spécialisée au profit de laquelle le dessaisissement a été ordonné ou refusé se trouve dans le ressort de la même cour d'appel que la juridiction initialement saisie, soit, dans le cas contraire, à la chambre criminelle de la Cour de cassation. La chambre de l'instruction ou la chambre criminelle désigne, dans les huit jours suivant la date de réception du dossier, le juge d'instruction chargé de poursuivre l'information. Le ministère public peut également saisir directement la chambre de l'instruction ou la chambre criminelle de la Cour de cassation lorsque le juge d'instruction n'a pas rendu son ordonnance dans le délai d'un mois prévu au premier alinéa de l'article** *(L. n° 2013-1117 du 6 déc. 2013, art. 64, en vigueur le 1er févr. 2014)* **« 704-2 ».**

L'arrêt de la chambre de l'instruction ou de la chambre criminelle est porté à la connaissance du juge d'instruction ainsi qu'au ministère public et notifié aux parties.

Les dispositions du présent article sont applicables à l'arrêt de la chambre de l'instruction rendu sur le fondement du dernier alinéa de l'article *(L. n° 2013-1117 du 6 déc. 2013, art. 64, en vigueur le 1er févr. 2014)* **« 704-2 », le recours étant alors porté devant la chambre criminelle.** — *Anc. art. 705-2.*

Art. 704-4 *(L. n° 2004-204 du 9 mars 2004, art. 22, en vigueur le 1er oct. 2004)* **Le procureur général près la cour d'appel, dans le ressort de laquelle se trouve une juridiction compétente en application de l'article 704, anime et coordonne, en concertation avec les autres procureurs généraux du ressort interrégional, la conduite de la politique d'action publique pour l'application de cet article.** — *Anc. art. 706-1-1.*

CHAPITRE II DES COMPÉTENCES PARTICULIÈRES DU TRIBUNAL JUDICIAIRE DE PARIS ET DU PROCUREUR DE LA RÉPUBLIQUE FINANCIER

(L. n° 2013-1117 du 6 déc. 2013, art. 65, en vigueur le 1er févr. 2014)

Les dispositions du titre V de la L. n° 2013-1117 du 6 déc. 2013 sont entrées en vigueur le 1er févr. 2014 en application du Décr. n° 2014-64 du 29 janv. 2014.

Art. 705 **Le procureur de la République financier, le juge d'instruction et le tribunal correctionnel de Paris exercent une compétence concurrente à celle qui résulte de l'application des articles 43, 52, 704 et 706-42 pour la poursuite, l'instruction et le jugement des infractions suivantes :**

1° Délits prévus aux articles 432-10 à 432-15, 433-1 et 433-2, 434-9, 434-9-1, 445-1 à 445-2-1 du code pénal, dans les affaires qui sont ou apparaîtraient d'une grande complexité, en raison notamment du grand nombre d'auteurs, de complices ou de victimes ou du ressort géographique sur lequel elles s'étendent ;

2° Délits prévus aux articles L. 106 à L. 109 du code électoral, dans les affaires qui sont ou apparaîtraient d'une grande complexité, en raison notamment du grand nombre d'auteurs, de complices ou de victimes ou du ressort géographique sur lequel elles s'étendent ;

3° Délits prévus aux articles 313-1 et 313-2 du code pénal, lorsqu'ils portent sur la taxe sur la valeur ajoutée, dans les affaires qui sont ou apparaîtraient d'une grande complexité, en raison notamment du grand nombre d'auteurs, de complices ou de victimes ou du ressort géographique sur lequel elles s'étendent ;

4° Délits prévus aux articles 435-1 à 435-10 du code pénal ;

5° Délits prévus aux articles 1741 et 1743 du code général des impôts, lorsqu'ils sont commis en bande organisée ou lorsqu'il existe des présomptions caractérisées que les infractions prévues à ces mêmes articles résultent d'un des comportements mentionnés aux 1° à 5° *(L. n° 2018-898 du 23 oct. 2018, art. 36)* **« du II » de l'article L. 228 du livre des procédures fiscales ;**

6° Blanchiment des délits mentionnés aux 1° à 5° du présent article et infractions connexes ;

(L. n° 2016-731 du 3 juin 2016, art. 42) **« 7° Délits d'association de malfaiteurs prévus à l'article 450-1 du code pénal, lorsqu'ils ont pour objet la préparation de l'une des infractions mentionnées aux 1° à 6° du présent article punie d'au moins cinq ans d'emprisonnement ; »**

(L. n° 2016-1691 du 9 déc. 2016, art. 18) **« 8° Délits prévus à l'article 434-43-1 du code pénal ; »**

(L. n° 2020-1672 du 24 déc. 2020, art. 13) **« 9° Délits prévus à l'article L. 420-6 du code de commerce. »**

Lorsqu'ils sont compétents pour la poursuite ou l'instruction des infractions entrant dans le champ d'application du présent article, le procureur de la République financier et le juge d'instruction de Paris exercent leurs attributions sur toute l'étendue du territoire national.

Au sein du tribunal judiciaire de Paris, le premier président, après avis du président du tribunal judiciaire donné après consultation de la commission restreinte de l'assemblée des magistrats du siège, désigne un ou plusieurs juges d'instruction et magistrats du siège chargés spécialement de l'instruction et, s'il s'agit de délits, du jugement des infractions entrant dans le champ d'application du présent article.

Au sein de la cour d'appel de Paris, le premier président, après consultation de la commission restreinte de l'assemblée des magistrats du siège, et le procureur général désignent, respectivement, des magistrats du siège et du parquet général chargés spécialement du jugement des délits et du traitement des affaires entrant dans le champ d'application du présent article.

1. Motivation du dessaisissement. Attendu qu'il résulte des dispositions des art. 705, 3°, et 705-2 que le juge d'instruction saisi de faits d'escroquerie à la TVA peut se dessaisir au profit de son collègue de Paris dans les affaires qui sont ou apparaîtraient d'une grande complexité, en raison notamment du grand nombre d'auteurs, de complices ou de victimes ou du ressort géographique sur lequel elles s'étendent ; en se bornant à énoncer, pour dire y avoir lieu à dessaisissement, que l'instruction efficace de tels dossiers « passe par une concentration des affaires entre les mains d'une seule et même juridiction et qu'il convient, dans l'intérêt d'une bonne administration de la justice », de se dessaisir, le juge, procédant de considérations générales, n'a pas mis la Cour de cassation en mesure d'exercer, en l'espèce, son contrôle sur le bien-fondé du dessaisissement ordonné. • Crim. 8 oct. 2014, n° 14-86.646 P : *D. actu. 28 oct. 2014, obs. Fucini ; D. 2015. Pan. 1506, obs. Mascala ; AJ pénal 2015. 212, obs. Lasserre Capdeville.* ♦ Mais la Cour est en mesure de s'assurer que les infractions poursuivies entrent dans les prévisions de l'art. 705, 3° et 6°, C. p r. pén., lorsque le juge d'instruction énonce que « les faits d'escroquerie, d'une grande complexité, portent sur la taxe sur la valeur ajoutée du marché spécifique des "droits carbone", revêtent une dimension internationale et qu'il ajoute que le parquet national financier est saisi d'une vingtaine de dossiers concernant des délits similaires qui mettent en cause les mêmes équipes, utilisant les mêmes réseaux pour commettre les escroqueries et procéder au blanchiment de leurs produits ». • Crim. 28 janv. 2015, n° 15-80.382 P : *D. actu. 2 mars 2015, obs. Fucini ; D. 2015. Pan. 1506, obs. Mascala ; AJ pénal 2015. 326, obs. Ascensi.*

2. Le procureur de la République financier est compétent, en application du 6° de l'art. 705, pour la poursuite du délit de blanchiment des infractions citées, notamment, aux 1° à 5° du même art. ; par ailleurs, les textes qui définissent le délit de blanchiment, qui est une infraction générale, distincte et autonome, n'imposent ni que l'infraction ayant permis d'obtenir les sommes blanchies ait eu lieu sur le territoire national ni que les juridictions françaises soient compétentes pour la poursuivre. • Crim. 1er avr. 2020, n° 19-80.875 P : *D. actu. 22 juin 2020, obs. Fonteix ; D. 2020. 1564, note Daïeff et Poissonnier ; Dr. pénal 2020, n° 135, obs. Conte ; RSC 2020. 950, obs. Matsopoulou.*

3. Autorité de chose jugée. Aucune autorité de la chose jugée ne s'attache à un arrêt annulant, pour insuffisance de motifs, une précédente ordonnance de dessaisissement ; rien ne s'oppose donc à ce que le juge d'instruction prenne une nouvelle ordonnance de dessaisissement. • Crim. 28 janv. 2015 : *préc. note 1.*

Art. 705-1 Le procureur de la République financier et les juridictions d'instruction et de jugement de Paris ont seuls compétence pour la poursuite, l'instruction et le jugement des délits prévus aux articles L. 465-1 *(L. n° 2016-819 du 21 juin 2016, art. 1er, en vigueur le 3 juill. 2016)* « à L. 465-3-3 » du code monétaire et financier. Cette compétence s'étend aux infractions connexes.

Le procureur de la République financier et le juge d'instruction de Paris exercent leurs attributions sur toute l'étendue du territoire national.

Art. 705-2 Le procureur de la République près un tribunal judiciaire autre que celui de Paris peut, pour les infractions mentionnées à l'article 705, requérir le juge d'instruction initialement saisi de se dessaisir au profit de la juridiction d'instruction de Paris. Les parties sont préalablement avisées et invitées à faire connaître leurs observations par le juge d'instruction. L'ordonnance est rendue huit jours au plus tôt et un mois au plus tard à compter de cet avis.

Lorsque le juge d'instruction décide de se dessaisir, son ordonnance ne prend effet qu'à compter du délai de cinq jours prévu à l'article 705-3 ; lorsqu'un recours est exercé en application de ce même article, le juge d'instruction demeure saisi jusqu'à ce que soit porté à sa connaissance l'arrêt de la chambre criminelle de la Cour de cassation.

Dès que l'ordonnance est passée en force de chose jugée, le procureur de la République territorialement compétent adresse le dossier de la procédure au procureur de la République financier.

Art. 705-3 L'ordonnance rendue en application de l'article 705-2 peut, à l'exclusion de toute autre voie de recours, être déférée dans les cinq jours de sa notification, à la requête du procureur de la République ou des parties, à la chambre criminelle de la Cour de cassation. La chambre criminelle désigne, dans les huit jours suivant la date de réception du dossier, le juge d'instruction chargé de poursuivre l'information. Le procureur de la République peut également saisir directement la chambre criminelle de la Cour de cassation lorsque le juge d'instruction n'a pas rendu son ordonnance dans le délai d'un mois prévu au premier alinéa de l'article 705-2.

L'arrêt de la chambre criminelle est porté à la connaissance du juge d'instruction et du ministère public et notifié aux parties.

Art. 705-4 Le procureur général près la cour d'appel de Paris anime et coordonne, en concertation avec les autres procureurs généraux, la conduite de la politique d'action publique pour l'application de l'article 705.

Art. 705-5 *(L. n° 2016-731 du 3 juin 2016, art. 43)* La juridiction saisie en application du présent chapitre reste compétente quelles que soient les incriminations retenues lors du règlement ou du jugement de l'affaire, sous réserve de l'application des articles 181 et 469. Si les faits constituent une contravention, le juge d'instruction prononce le renvoi de l'affaire devant le tribunal de police compétent en application de l'article 522.

CHAPITRE III ***DISPOSITIONS DIVERSES***

(L. n° 2013-1117 du 6 déc. 2013, art. 66, en vigueur le 1er févr. 2014)

Les dispositions du titre V de la L. n° 2013-1117 du 6 déc. 2013 sont entrées en vigueur le 1er févr. 2014 en application du Décr. n° 2014-64 du 29 janv. 2014.

Art. 706 *(L. n° 2004-204 du 9 mars 2004, art. 21-IV, en vigueur le 1er oct. 2004)* « Peuvent exercer des fonctions d'assistant spécialisé auprès *(L. n° 2013-1117 du 6 déc. 2013, art. 66, en vigueur le 1er févr. 2014)* « d'un pôle de l'instruction mentionné à l'article 52-1 ou d'un tribunal judiciaire mentionné aux articles 704 ou 705 » les fonctionnaires de catégorie A ou B ainsi que les personnes titulaires, dans des matières définies par décret, d'un diplôme national sanctionnant une formation d'une durée au moins égale à quatre années d'études supérieures après le baccalauréat qui remplissent les conditions d'accès à la fonction publique et justifient d'une expérience professionnelle minimale de quatre années.

« Les assistants spécialisés suivent une formation obligatoire préalable à leur entrée en fonction.

« Les assistants spécialisés participent aux procédures sous la responsabilité des magistrats, sans pouvoir toutefois recevoir délégation de signature, sauf pour les réquisitions prévues par les articles 60-1, 60-2, 77-1-1, 77-1-2, 99-3 et 99-4.

« Ils accomplissent toutes les tâches qui leur sont confiées par les magistrats et peuvent notamment :

« 1° Assister les juges d'instruction dans tous les actes d'information ;

« 2° Assister les magistrats du ministère public dans l'exercice de l'action publique ;

« 3° Assister les officiers de police judiciaire agissant sur délégation des magistrats ;

« 4° Remettre aux magistrats des documents de synthèse ou d'analyse qui peuvent être versés au dossier de la procédure ;

« 5° Mettre en œuvre le droit de communication reconnu aux magistrats en application de l'article 132-22 du code pénal.

« Le procureur général peut leur demander d'assister le ministère public devant la juridiction d'appel. »

(L. n° 98-546 du 2 juill. 1998) **« Ils ont accès au dossier de la procédure pour l'exécution des tâches qui leur sont confiées et sont soumis au secret professionnel sous les peines prévues à l'article 226-13 du code pénal.**

« Un décret en Conseil d'État précise les modalités d'application du présent article, notamment la durée pour laquelle les assistants spécialisés sont nommés et les modalités selon lesquelles ils prêtent serment. »

V. art. R. 50 bis s., D. 47-4.

Droit d'accès aux fichiers relatifs aux contrats de capitalisation des assistants spécialisés détachés ou mis à disposition par l'administration fiscale : LPF, art. L. 135 ZJ ; droit d'accès des assistants spécialisés détachés ou mis à disposition par l'administration des douanes et droits indirects aux fichiers relatifs aux obligations de déclaration de transfert de capitaux ainsi qu'aux données relatives au droit annuel de francisation et de navigation : C. douanes, art. 59 terdecies.

BIBL. ► GALLOIS, *Procédures 2009. Focus 58* (des personnages méconnus du procès pénal : les assistants spécialisés).

Dès lors qu'une affaire est complexe, le juge d'instruction peut prendre la décision, de gestion, d'avoir recours à un assistant spécialisé en vertu des dispositions de l'art. 706 ; le versement au dossier de la note de cet assistant en application de l'art. 81 répond aux exigences du principe du contradictoire. • Paris, ch. instr., 27 avr. 2001 : *RSC 2002. 631, obs. Giudicelli*.

Art. 706-1 *(L. n° 2007-1544 du 29 oct. 2007, art. 46)* **Les articles 706-80 à 706-87 sont applicables à l'enquête relative aux délits prévus par les articles L. 335-2, L. 335-3, L. 335-4, L. 343-4, L. 521-10, L. 615-14, L. 716-9 et L. 716-10 du code de la propriété intellectuelle lorsqu'ils sont commis en bande organisée.** — *Anc. art. 706-1-2.*

Art. 706-1-1 *(L. n° 2013-1117 du 6 déc. 2013, art. 66, en vigueur le 1er févr. 2014)* **Les articles 706-80 à 706-87, 706-95 à 706-103, 706-105 et 706-106 sont applicables à l'enquête, à la poursuite, l'instruction et au jugement des délits prévus :**

1° Aux articles 432-11, *(L. n° 2016-1691 du 9 déc. 2016, art. 24)* **« 432-15, » 433-1, 433-2, 434-9, 434-9-1, 435-1 à 435-4 et 435-7 à 435-10 du code pénal ;**

2° Aux articles 1741 et 1743 du code général des impôts, lorsqu'ils sont commis en bande organisée ou lorsqu'il existe des présomptions caractérisées que ces infractions résultent d'un des comportements mentionnés aux 1° à 5° *(L. n° 2018-898 du 23 oct. 2018, art. 36)* **« du II » de l'article L. 228 du livre des procédures fiscales ;**

3° Au dernier alinéa de l'article 414 et à l'article 415 du code des douanes, lorsqu'ils sont punis d'une peine d'emprisonnement d'une durée supérieure à cinq ans ;

(L. n° 2016-819 du 21 juin 2016, art. 1er, en vigueur le 3 juill. 2016) **« 4° Aux articles L. 465-1 à L. 465-3-3 du code monétaire et financier lorsqu'ils sont commis en bande organisée. »**

Les articles mentionnés au premier alinéa du présent article sont également applicables à l'enquête, à la poursuite, à l'instruction et au jugement du blanchiment des délits mentionnés aux 1° à 3°.

Art. 706-1-2 *(L. nº 2013-1117 du 6 déc. 2013, art. 66, en vigueur le 1er févr. 2014)* **Les articles 706-80 à 706-87, 706-95 à 706-103,** *(L. nº 2014-535 du 27 mai 2014, art. 8, en vigueur le 2 juin 2014)* **« et 706-105 » sont applicables à l'enquête, à la poursuite, à l'instruction et au jugement des délits prévus au dernier alinéa des articles L. 241-3 et L. 242-6 du code de commerce.**

Art. 706-1-3 *Abrogé par L. nº 2013-1117 du 6 déc. 2013, art. 66, à compter du 1er févr. 2014.*

TITRE TREIZIÈME *BIS* DE LA PROCÉDURE APPLICABLE AUX INFRACTIONS EN MATIÈRE SANITAIRE ET ENVIRONNEMENTALE *(L. nº 2004-204 du 9 mars 2004, art. 25-I, en vigueur le 1er oct. 2004 ; L. nº 2016-1087 du 8 août 2016, art. 130).*

(L. nº 2002-303 du 4 mars 2002)

► **Dossier :** Droit pénal sanitaire, *AJ pénal 2014. 392 s.*

CHAPITRE PREMIER DES PÔLES INTERREGIONAUX SPECIALISÉS EN MATIÈRE D'ATTEINTES À L'ENVIRONNEMENT ET À LA SANTÉ PUBLIQUE *(L. nº 2020-1672 du 24 déc. 2020, art. 15).*

Art. 706-2 **I. — La compétence territoriale d'un tribunal judiciaire peut être étendue au ressort d'une ou de plusieurs cours d'appel pour** *(L. nº 2004-204 du 9 mars 2004, art. 25-II)* **« l'enquête, » la poursuite, l'instruction et, s'il s'agit de délits, le jugement des infractions définies ci-après dans les affaires relatives à un produit de santé tel que défini par l'article L. 5311-1 du code de la santé publique ou** *(L. nº 2004-204 du 9 mars 2004, art. 25-II)* **« à un produit destiné à l'alimentation de l'homme ou de l'animal ou à un produit ou une substance** *(L. nº 2016-1547 du 18 nov. 2016, art. 26)* **« ou aux pratiques et prestations de service, médicales, paramédicales ou esthétiques » qui sont réglementés en raison de leurs effets ou de leur dangerosité, qui sont ou apparaîtraient d'une grande complexité : »**

— atteintes à la personne humaine, au sens du titre II du livre II du code pénal ;

— infractions prévues par le code de la santé publique ;

— infractions prévues par le code rural et de la pêche maritime ou le code de la consommation ;

(L. nº 2004-204 du 9 mars 2004, art. 25-II) **« — infractions prévues par le code de l'environnement et le code du travail ;**

(L. nº 2016-1547 du 18 nov. 2016, art. 26) **« — infractions prévues par le code du sport. »**

« Cette compétence s'étend aux infractions connexes.

« Un décret fixe la liste et le ressort de ces juridictions, qui comprennent une section du parquet et des formations d'instruction et de jugement spécialisées pour connaître de ces infractions.

« Le procureur de la République, le juge d'instruction et la formation correctionnelle ***spécialisée de ces tribunaux*** **exercent, dans les conditions et selon les modalités prévues par l'article** *(L. nº 2013-1117 du 6 déc. 2013, art. 67, en vigueur le 1er févr. 2014)* **« 704-1 », une compétence concurrente à celle qui résulte de l'application des articles 43, 52, 382 et 706-42.**

« Le procureur de la République près un tribunal judiciaire autre que ceux visés au présent article peut, pour les infractions énumérées ci-dessus, requérir le juge d'instruction, dans les conditions et selon les modalités prévues par les articles *(L. nº 2013-1117 du 6 déc. 2013, art. 67, en vigueur le 1er févr. 2014)* **« 704-2 et 704-3 », de se dessaisir au profit de la juridiction d'instruction du tribunal judiciaire à compétence territoriale étendue par application du présent article.**

« II. — Dans les conditions et selon les modalités prévues aux deuxième à dixième alinéas de l'article 706, peuvent exercer des fonctions d'assistant spécialisé en matière sanitaire *(L. nº 2020-1672 du 24 déc. 2020, art. 20)* **« ou environnementale » les fonctionnaires de catégorie A ou B relevant des ministres chargés de la santé, de la recherche** *(L. nº 2020-1672 du 24 déc. 2020, art. 20)* **« , de l'agriculture et de**

l'environnement » ainsi que les personnes titulaires, dans des matières définies par décret, d'un diplôme national sanctionnant une formation d'une durée au moins égale à quatre années d'études supérieures après le baccalauréat qui remplissent les conditions d'accès à la fonction publique et justifient d'une expérience professionnelle minimale de quatre années. » — *Les dispositions de la L. n° 2004-204 du 9 mars 2004 sont entrées en vigueur le 1er oct. 2004 (L. préc., art. 207-I).* — *V. art. D. 47-6 qui fixe les conditions de formation et d'expérience professionnelle des assistants spécialisés.*

Pour connaître le ressort étendu des tribunaux judiciaires de Paris et Marseille, compétents pour les infractions en matière sanitaire, V. art. D. 47-5.

Pour un exemple de dessaisissement du juge d'instruction au profit de la juridiction spécialisée en matière sanitaire : • Crim. 21 juill. 2005, n° 05-84.530 P : *D. 2005. IR 2408* ; *JCP 2005. IV. 3139.*

Art. 706-2-1 *(L. n° 2004-204 du 9 mars 2004, art. 26, en vigueur le 1er oct. 2004)* **Le procureur général près la cour d'appel, dans le ressort de laquelle se trouve une juridiction compétente en application de l'article 706-2, anime et coordonne, en concertation avec les autres procureurs généraux du ressort interrégional, la conduite de la politique d'action publique pour l'application de cet article.**

Art. 706-2-2 *(L. n° 2019-222 du 23 mars 2019, art. 46-VI et 109-XIII, en vigueur le 1er juin 2019)* **Les articles 706-80 à 706-87 et** *(L. n° 2020-1672 du 24 déc. 2020, art. 21)* **« 706-95 » à 706-103 sont applicables à l'enquête, à la poursuite, à l'instruction et au jugement :**

1° Des délits prévus aux articles L. 5421-2, L. 5421-13, L. 5426-1, L. 5432-1, L. 5432-2, L. 5432-3, L. 5438-4, L. 5438-6, L. 5439-1, L. 5439-2, L. 5442-10, L. 5442-14, L. 5461-3 et L. 5462-3 du code de la santé publique, lorsqu'ils sont punis d'une peine d'emprisonnement d'une durée supérieure à cinq ans ;

2° Des délits prévus aux articles L. 451-2 et L. 454-3 du code de la consommation.

Les articles 706-80 à 706-87 et *(L. n° 2020-1672 du 24 déc. 2020, art. 21)* **« 706-95 » à 706-103 du présent code sont également applicables à l'enquête, à la poursuite, à l'instruction et au jugement du blanchiment des délits mentionnés aux 1° et 2° du présent article.**

Art. 706-2-3 *(Abrogé par L. n° 2019-222 du 23 mars 2019, art. 45 et 109-XIII, à compter du 1er juin 2019) (L. n° 2016-1087 du 8 août 2016, art. 130)* ***Dans le but de constater les infractions mentionnées à l'article L. 415-3 du code de l'environnement, ainsi qu'à l'article L. 441-1 du code de la consommation lorsque l'infraction porte sur tout ou partie d'animaux ou de végétaux mentionnés aux mêmes articles, lorsque celles-ci sont commises par un moyen de communication électronique, d'en rassembler les preuves et d'en rechercher les auteurs, les officiers ou agents de police judiciaire agissant au cours de l'enquête ou sur commission rogatoire peuvent, s'ils sont affectés dans un service spécialisé et spécialement habilités à cette fin dans des conditions précisées par arrêté, procéder aux actes suivants sans en être pénalement responsables :***

1° Participer sous un pseudonyme aux échanges électroniques ;

2° Être en contact par ce moyen avec les personnes susceptibles d'être les auteurs de ces infractions ;

3° Extraire, acquérir ou conserver par ce moyen les données ou contenus, produits, substances, prélèvements ou services et, plus généralement, les éléments de preuve ou les données sur les personnes susceptibles d'être les auteurs ou les complices de ces infractions.

A peine de nullité, ces actes ne peuvent constituer une incitation à commettre ces infractions.

V. désormais art. 230-46.

CHAPITRE II DES PÔLES RÉGIONAUX SPÉCIALISÉS EN MATIÈRE D'ATTEINTES À L'ENVIRONNEMENT

(L. n° 2020-1672 du 24 déc. 2020, art. 15)

Art. 706-2-3 **I. — Dans le ressort de chaque cour d'appel, la compétence territoriale d'un tribunal judiciaire est étendue au ressort de la cour d'appel pour l'enquête, la**

poursuite, l'instruction et le jugement des délits, à l'exclusion de ceux mentionnés aux articles 706-75 et 706-107 du présent code, prévus par le code de l'environnement, par le code forestier, au titre V du livre II du code rural et de la pêche maritime, aux 1° et 2° du I de l'article L. 512-1 et à l'article L. 512-2 du code minier ainsi qu'à l'article 76 de la loi n° 2014-1170 du 13 octobre 2014 d'avenir pour l'agriculture, l'alimentation et la forêt, dans les affaires qui sont ou apparaîtraient complexes, en raison notamment de leur technicité, de l'importance du préjudice ou du ressort géographique sur lequel elles s'étendent.

Cette compétence s'étend aux infractions connexes.

Un décret fixe la liste de ces juridictions qui comprennent une section du parquet et des formations d'instruction et de jugement spécialisées pour connaître de ces infractions.

Le procureur de la République, le juge d'instruction et la formation correctionnelle de ces tribunaux exercent une compétence concurrente à celle qui résulte de l'application des articles 43, 52, 382, 706-2 et 706-42 du présent code.

Lorsqu'ils sont compétents pour la poursuite et l'instruction des infractions entrant dans le champ d'application du présent article, le procureur de la République et le juge d'instruction exercent leurs attributions sur toute l'étendue du ressort de la cour d'appel.

La juridiction saisie reste compétente quelles que soient les incriminations retenues lors du règlement ou du jugement de l'affaire sous réserve de l'application des dispositions des articles 181 et 469. Si les faits constituent une contravention, le juge d'instruction prononce le renvoi de l'affaire devant le tribunal de police compétent en application de l'article 522.

Le procureur de la République près un tribunal judiciaire autre que ceux mentionnés au présent article peut, pour les infractions entrant dans le champ du présent article, requérir le juge d'instruction, dans les conditions et selon les modalités prévues aux articles 704-2 et 704-3, de se dessaisir au profit de la juridiction d'instruction du tribunal judiciaire à compétence territoriale étendue par application du présent article.

II. – Dans les conditions et selon les modalités prévues aux deuxième à dernier alinéas de l'article 706, peuvent exercer des fonctions d'assistant spécialisé en matière environnementale les fonctionnaires de catégorie A ou B relevant des ministres chargés de l'environnement, de l'agriculture et de l'économie ainsi que les personnes titulaires, dans des matières définies par décret, d'un diplôme national sanctionnant une formation d'une durée au moins égale à quatre années d'études supérieures après le baccalauréat qui remplissent les conditions d'accès à la fonction publique et justifient d'une expérience professionnelle minimale de quatre années.

TITRE QUATORZIÈME DU RECOURS EN INDEMNITÉ OUVERT À CERTAINES VICTIMES DE DOMMAGES RÉSULTANT D'UNE INFRACTION

(L. n° 77-5 du 3 janv. 1977 ; L. n° 81-82 du 2 févr. 1981)

RÉP. PÉN. v[is] *Indemnisation des victimes d'infractions,* par LUCIANI-MIEN ; *Victimes d'infraction,* par CARIO et RUIZ-VERA.

BIBL. ▶ ANCEL, *RSC 1978. 179.* – CARIO, *AJ pénal 2013. 264* (indemnisation des victimes d'actes de terrorisme). – CHARTIER, *Gaz. Pal. 1985. 1. Doctr. 346.* – COUVRAT, *RSC 1983. 577 ; ALD 1990. 143.* – CRUT, *La Vie judiciaire 22 août 1983, n° 1950, p. 1.* – DECOCQ, *RSC 1977. 618.* – D'HAUTEVILLE, *JCP 1984. I. 3139 ; RSC 1991. 149.* – DEGHILAGE, *JCP 1977. I. 2854.* – DOLL, *Gaz. Pal. 1977. 1. Doctr. 120.* – FAVARD et GUTH, *JCP 1990. I. 3466.* – GROUTEL, *RCA 1988. Chron. 6 ; ibid. 1989. Chron. 11 ; ibid. 1992. Chron. 11 ; ibid. 1994. Chron. 9, 10, 15 et 16 ; ibid. 1995. Chron. 10, 15 et 24 ; ibid. 1997. Chron. 1, 7 et 21 ; ibid. 1998. Chron. 3 et 13 ; ibid. 1999. Chron. 1.* – GUTH et MARON, *Dr. pén. mai 1991, p. 1.* – KEROMNES, *Gaz. Pal. 2000. Doctr. 252* (l'indemnisation des victimes d'infractions : un palliatif aux conséquences dommageables de la criminalité de masse). – LIENHARD, *D. 1993. 208.* – LOMBARD, *RSC 1984. 277.* – LOUVEL, *Gaz. Pal. 1993. 1. Doctr. 547.* – MAESTRE, *D. 1977. Chron. 145.* – MELIN, *JCP 1999. I. 127.* – PENAUD, *Dr. pénal 1999. Chron. 22 ; Gaz. Pal. 2000. Doctr. 1366* (l'inégalité des victimes devant la CIVI). – PRADEL, *D. 1983. Chron. 241.* – PRIOU-ALIBERT, *AJ pénal 2016. 18 s.* (procédure devant la CIVI : guide pratique). – RENAUT, *Gaz. Pal. 1998. 2. Doctr. 1028.* – ROUJOU DE BOUBÉE,

ALD 1984. 49. – SCHNEIDER, *D. 2003. Chron. 1185* (la faute de la victime devant la CIVI). – VINEY, *JCP 1994. I. 3809.*

Art. 706-3 *(L. nº 90-589 du 6 juill. 1990)* **Toute personne** *(L. nº 2019-222 du 23 mars 2019, art. 64, en vigueur le 1er avr. 2019)* **« , y compris tout agent public ou tout militaire, » ayant subi un préjudice résultant de faits volontaires ou non qui présentent le caractère matériel d'une infraction peut obtenir la réparation intégrale des dommages qui résultent des atteintes à la personne, lorsque sont réunies les conditions suivantes :**

(L. nº 2000-1257 du 23 déc. 2000) **« 1º Ces atteintes n'entrent pas dans le champ d'application de l'article 53 de la loi de financement de la sécurité sociale pour 2001 (nº 2000-1257 du 23 décembre 2000) ni de l'article L. 126-1 » du code des assurances ni du chapitre Ier de la loi nº 85-677 du 5 juillet 1985 tendant à l'amélioration de la situation des victimes d'accidents de la circulation et à l'accélération des procédures d'indemnisation et n'ont pas pour origine un acte de chasse ou de destruction des animaux** *(L. nº 2016-1087 du 8 août 2016, art. 157)* **« susceptibles d'occasionner des dégâts » ;**

2º Ces faits :

– soit ont entraîné la mort, une incapacité permanente ou une incapacité totale de travail personnel égale ou supérieure à un mois ;

– soit sont prévus et réprimés *(L. nº 92-1336 du 16 déc. 1992)* **« par les articles 222-22 à 222-30,** *(L. nº 2013-711 du 5 août 2013, art. 2)* **« 224-1 A à 224-1 C »** *(L. nº 2004-204 du 9 mars 2004, art. 169, en vigueur le 1er janv. 2005)* **« , 225-4-1 à 225-4-5 »** *(L. nº 2016-444 du 13 avr. 2016, art. 12)* **« , 225-5 à 225-10 »,** *(L. nº 2013-711 du 5 août 2013, art. 2)* **« 225-14-1 et 225-14-2, » et 227-25 à 227-27 du code pénal » ;** – *Les dispositions de la L. nº 92-1336 du 16 déc. 1992 sont entrées en vigueur le 1er mars 1994.*

3º La personne lésée est de nationalité française *(L. nº 2013-711 du 5 août 2013, art. 20)* **« ou les faits ont été commis sur le territoire national. »** *(Abrogé par L. nº 2013-711 du 5 août 2013, art. 20)* ***« Dans le cas contraire, les faits ont été commis sur le territoire national et la personne lésée est :***

« – soit ressortissante d'un État membre de la Communauté économique européenne ;

« – soit, sous réserve des traités et accords internationaux, en séjour régulier au jour des faits ou de la demande. »

La réparation peut être refusée ou son montant réduit à raison de la faute de la victime.

V. art. R. 50-1 à R. 50-28 et R. 92, 15º.

A compter de la publication du décret relatif au fonds d'indemnisation des victimes de l'amiante (Décr. nº 2001-963 du 23 oct. 2001, JO 24 oct.) :

– les demandes d'indemnisation des préjudices causés par l'exposition à l'amiante qui sont en cours d'instruction devant les commissions de l'art. 706-4 C. pr. pén. sont transmises au fonds d'indemnisation des victimes de l'amiante qui a été créé par la L. nº 2000-1257 du 23 déc. 2000 ;

– la compétence juridictionnelle pour connaître en appel ou en cassation des décisions rendues avant la publication de ce décret n'est pas remise en cause ;

– les provisions allouées en application du dernier alinéa de l'art. 706-6 C. pr. pén. sont remboursées par le fonds d'indemnisation des victimes de l'amiante au fonds de garantie des actes de terrorisme et d'autres infractions.

S'agissant de faits commis à l'étranger, V. art. 706-14-2.

BIBL. ▶ LASBORDES-DE VIRVILLE, *Cah. just. 2020. 277* (indemnisation des victimes d'esclavage). – SCHULTZ, *AJ pénal 2021. 297* (l'indemnisation des victimes par la garantie collective : les fonds de garantie).

I. CONDITIONS GÉNÉRALES D'INDEMNISATION DES VICTIMES

1. Autonomie du régime de la réparation. L'art. 706-3 institue en faveur des victimes d'infractions un mode de réparation autonome répondant à des règles qui lui sont propres. • Civ. 2e, 18 juin 1986, nº 84-17.283 P • 1er juill. 1992, nº 91-12.662 P : *Dr. pénal oct. 1992, obs. Maron ; RCA 1992. Comm. 407.*

2. Viole les art. 112-1, 121-3 dans sa rédaction issue de la loi du 10 juill. 2000 du C. pén., et 706-3 C. pr. pén., la cour d'appel qui pour déclarer recevable la requête d'une victime, en présence d'une loi nouvelle qui abroge l'incrimination sur laquelle la saisine de la commission d'indemnisation des victimes d'infraction (CIVI) était fondée, énonce que l'art. 706-3 C. pr. pén. institue en faveur des victimes d'infractions un mode de réparation autonome répondant à des règles qui lui sont propres et que le caractère matériel de l'infraction doit s'apprécier au jour de la commission du fait dommageable, peu important qu'une loi postérieure ait modifié l'incrimination. • Civ. 2e, 13 janv. 2005, n° 03-17.594 P : *D. 2005. IR 316*.

3. Le fonds de garantie des victimes des actes de terrorisme et d'autres infractions, qui n'a de rapport avec la victime qu'à l'occasion de cette procédure, ne peut être appelé à intervenir à l'expertise *in futurum* organisée à la demande de la victime, entre elle et l'auteur de l'infraction. • Civ. 2e, 14 déc. 2017, n° 16-24.169 P : *D. actu. 5 janv. 2018, obs. Kebir.*

4. Définition de l'incapacité totale de travail personnel. Selon l'art. 706-3, toute personne ayant subi un préjudice résultant de faits volontaires ou non qui présentent le caractère matériel d'une infraction peut obtenir réparation intégrale des dommages qui résultent des atteintes à la personne, lorsque, notamment, ces faits ont entraîné une incapacité totale de travail personnel égale ou supérieure à un mois ; cette incapacité ne se confond pas avec le déficit fonctionnel temporaire au regard duquel est évalué le montant de l'indemnisation. • Civ. 2e, 19 nov. 2015, n° 14-25.519 P : *D. actu. 16 déc. 2015, obs. Benelli-de Bénazé.*

5. Détermination de l'infraction. Use de son pouvoir une cour d'appel qui recherche si les faits qui lui sont soumis présentent le caractère matériel d'une infraction. Cassation d'une décision qui n'a pas mis en évidence les circonstances caractérisant l'intervention d'un tiers, élément matériel de l'infraction. • Civ. 2e, 11 févr. 1998, n° 95-20.382 P : *RCA 1998. Comm. 159.* ♦ Ne donne pas de base légale à sa décision la cour d'appel qui, pour retenir la compétence de la CIVI, se contente d'affirmer que les manquements constatés présentent le caractère matériel d'une infraction, sans préciser ni la nature, ni les éléments matériels de l'infraction qu'elle retient. • Civ. 2e, 5 avr. 2007, n° 06-11.933 P. ♦ Inversement, les décisions pénales ayant au civil autorité absolue à l'égard de tous en ce qui concerne ce qui a été jugé quant à l'existence du fait incriminé et la culpabilité de celui auquel le fait est imputé, de la seule constatation de faits présentant le caractère matériel d'une infraction ayant abouti à la condamnation pénale de leur auteur résulte nécessairement l'existence d'un préjudice pour la victime. • Civ. 2e, 17 déc. 1998, n° 96-22.614 P. ♦ Sur l'autorité de la chose jugée au pénal sur la CIVI, V. par ex. : • Civ. 2e, 17 janv. 2019, n° 18-10.350 P : *JCP 2019. 304, note Ambroise-Castérot.*

6. Une décision de classement sans suite n'ayant qu'un caractère provisoire, le président d'une commission d'indemnisation doit rechercher si les faits qui lui étaient soumis présentaient le caractère matériel d'une infraction. • Civ. 2e, 1er juill. 1992, n° 91-12.662 P : *RCA 1992. Comm. 402.* ♦ Le seul constat de l'ouverture d'une information est insuffisant. • Civ. 2e, 7 oct. 1992, n° 91-20.881 P : *RCA 1992. Comm. 444.*

7. Dès lors qu'elle relève, à la suite d'une ordonnance de non-lieu rendue en l'absence de charges suffisantes contre quiconque, que la cause d'une explosion est inconnue, une cour d'appel peut en déduire qu'il n'est pas démontré que le préjudice subi par une victime résulte de faits présentant le caractère matériel d'une infraction. • Civ. 2e, 20 avr. 2000, n° 98-17.579 P.

8. Viole l'art. 706-3 la commission d'indemnisation qui déclare irrecevable la requête présentée par une femme dont le mari avait été tué d'un coup de revolver, motif pris de ce que, poursuivi du chef d'homicide volontaire, l'auteur du coup de feu avait été acquitté, alors qu'elle constatait les éléments matériels de l'homicide involontaire. • Civ. 2e, 11 juill. 1988, n° 87-15.061 P : *RCA 1988. Comm. 39.* ♦ Comp. : les décisions pénales ont, au civil, autorité absolue relativement à ce qui a été jugé quant à l'existence de l'infraction et à la culpabilité de la personne poursuivie ; dès lors, une cour d'appel ne pouvait estimer rapportée la preuve de faits présentant le caractère matériel d'un viol, alors qu'il résultait de ses propres constatations que la seule personne mise en cause avait été acquittée par la décision définitive d'une cour d'assises. • Civ. 2e, 21 mai 2015, n° 14-18.339 P : *D. actu. 9 juin 2015, obs. Mélin ; RSC 2015. 679, obs. Giudicelli*.

9. Ayant retenu l'infraction de coups et blessures volontaires avec arme, en l'occurrence une automobile, une commission d'indemnisation en a justement déduit que la victime n'avait pas subi un accident de la circulation et que, son dommage ne pouvant être pris en charge par le fonds de garantie, sa demande d'indemnisation devait être accueillie. • Civ. 2e, 6 déc. 1991, n° 88-19.990 P : *RCA 1992. Comm. 90.*

10. L'existence d'une infraction ne saurait se déduire de la seule absence de réussite d'un acte chirurgical et de l'apparition d'un préjudice, lequel peut être en relation avec l'acte médical pratiqué sans l'être pour autant avec une faute pénale. • Civ. 2e, 8 juill. 1999 : *RCA 1999. Comm. 328.*

11. L'art. 706-3 permet la réparation des dommages résultant des atteintes à la personne lorsque les faits qui les ont causés sont prévus et réprimés par les art. 222-22 à 222-30 et 227-27 C. pén. ; or, cette énumération est limitative et la qualification retenue par le juge pénal s'impose au juge de l'indemnisation ; ainsi, c'est à bon droit que la cour d'appel a décidé que la CIVI ne pouvait, face à la qualification de proxénétisme aggravé retenue par le tribunal correctionnel, en application des art. 225-5 et 225-7, al. 1er, 1 et 5, requalifier les faits en agressions sexuelles pour faire droit à la demande d'indemnisation. • Civ. 2e, 27 mars 2003, n° 02-10.479 P : *RCA 2003. Comm. 201.*

12. La tentative d'agression sexuelle qui, selon les art. 222-22, 222-27 et 222-31 C. pén., est assimilable à l'infraction consommée, entre dans les prévisions de l'art. 706-3. • Civ. 2e, 29 mars 2006, n° 04-18.483 P : *D. 2006. IR 1130* • 15 mars 2007 : *D. 2007. AJ 1014.*

13. Faits antérieurs à la loi du 3 janv. 1977. En l'absence de régime d'indemnisation antérieur à la L. n° 77-5 du 3 janv. 1977 pour des faits commis avant le 1er janv. 1976, est légalement justifié l'arrêt qui indique que des faits de coups et blessures volontaires survenus en 1975 ne sont pas susceptibles d'être indemnisés ni même l'aggravation de l'état de santé de la victime survenue en 1993. • Civ. 2e, 27 sept. 2001, n° 99-12.039 P : *D. 2002. 1173, note Mikalef-Toudic ; RCA 2001. Comm. 365.*

14. Les dispositions des art. 706-3 et 706-9 n'imposent pas à la victime d'une infraction de tenter d'obtenir l'indemnisation de son préjudice de la part des personnes responsables du dommage causé par l'infraction ou tenues à un titre quelconque d'en assurer la réparation, préalablement à la saisine d'une commission d'indemnisation. • Civ. 2e, 23 juin 1993, n° 91-19.791 P : *RCA 1993. Comm. 312* • 6 nov. 1996, n° 94-17.970 P : *RCA 1997. Comm. 22 et Chron. 1, note Groutel* • 7 oct. 1999 : *RCA 1999. Comm. 360* • 13 déc. 2001, n° 00-12.105 P : *D. 2002. IR 258 ; RCA 2002. Comm. 97 ; Dr. pénal 2002. Comm. 91, obs. Maron.* ♦ Mais aucune disposition de la loi du 6 juill. 1990 n'interdit à la victime d'agir devant une commission même si elle a perçu une provision du débiteur qui lui a fait une offre d'indemnisation. • Civ. 2e, 19 févr. 1997, n° 95-10.159 P : *JCP 1997. I. 4031, Chron. Maron ; Dr. pénal 1997. Comm. 88, obs. Maron ; RCA 1997. Comm. 94 et Chron. 7, note Groutel.*

15. Cause de non-imputabilité. Il est indifférent que l'auteur de l'infraction ne puisse être poursuivi en raison d'une cause de non-imputabilité dès lors qu'il est établi que le préjudice est dû à un fait présentant le caractère matériel d'une infraction pénale. • Civ. 2e, 30 nov. 2000, n° 99-19.848 P : *RCA 2001, n° 42, note Groutel.*

16. Fait justificatif. Ne présentent pas le caractère matériel d'une infraction, au sens de l'art. 706-3, les faits pour lesquels leur auteur bénéficie du fait justificatif tiré de l'ordre de la loi. Dès lors, la demande en réparation du préjudice formulée sur le fondement de cet article ne peut aboutir. • Civ. 2e, 26 mars 2015, n° 13-17.257 : *D. actu. 14 avr. 2015, obs. Priou-Alibert.*

17. Crime contre l'humanité. L'art. 18, al. 2, de la L. du 6 juill. 1990, en prévoyant que les dispositions de cette loi s'appliquent aux faits qui n'ont pas donné lieu à une décision irrévocablement passée en force de chose jugée, limite ainsi son champ d'application aux faits qui étaient déjà susceptibles d'être indemnisés sur le fondement des art. 706-3 s. à d'autres conditions sous le régime antérieur ; ce régime n'étant pas applicable à des faits commis avant le 1er janv. 1976, les dommages subis découlant d'infractions commises de 1942 à 1944 ne sont pas susceptibles d'être indemnisés par la CIVI. • Civ. 2e, 13 mars 2003, n° 02-10.830 P : *RSC 2003. 588, note Giudicelli ; RCA 2003. Comm. 178.*

18. Accidents du travail. Il résulte des art. L. 451-1 et L. 452-5 CSS et 706-3, que les dispositions propres à l'indemnisation des victimes d'infractions sont applicables aux victimes d'un accident du travail imputable à la faute intentionnelle de l'employeur, telle que des violences volontaires commises par le gérant d'une société sur un salarié. • Civ. 2e, 4 févr. 2010, n° 09-13.332 P : *D. 2010. Actu. 507, note Lavric.* ♦ ... Ou de l'un de ses préposés. • Civ. 2e, 7 mai 2009, n° 08-16.738 P : *D. 2009. AJ 1487, note Lavric ; RSC 2009. 847, obs. Cerf-Hollender.* ♦ ... Et même à une personne autre que l'employeur ou l'un de ses préposés. • Civ. 2e, 29 avr. 2004, n° 02-13.050 P. ♦ L'article 706-3 n'interdit pas aux victimes d'accidents du travail de présenter une demande d'indemnisation du préjudice résultant de faits présentant le caractère matériel d'une infraction. • Civ. 2e, 24 juin 1999 : *RCA 1999. Comm. 293, obs. Groutel* • 18 juin 1997, n° 95-10.159 P : *RCA 1997. Comm. 266, et Chron. 21, par Groutel.* ♦ Voir cep. en sens contraire : Les dispositions propres à l'indemnisation des victimes d'infractions ne sont pas applicables aux victimes d'un accident du travail imputable à l'employeur ou à ses préposés même en cas de faute intentionnelle de l'employeur ou du préposé. Par suite, viole les art. L. 451-1 et L. 452-5 CSS et 706-3, une cour d'appel qui, pour indemniser la victime d'un accident du travail blessée par les coups et blessures volontaires de l'un de ses collègues de travail, énonce que, si l'accident est dû à la faute intentionnelle de l'employeur ou de l'un de ses préposés, la victime conserve le droit de demander la réparation du préjudice conformément aux règles du droit commun dans la mesure où ce préjudice n'est pas réparé par application des autres dispositions du code de la sécurité sociale. • Civ. 2e, 7 févr. 2008, n° 07-10.838 P : *D. 2008. AJ 620* • 21 déc. 2006, n° 05-20.344 P : *RSC 2007. 827, obs. Cerf-Hollender ; JCP S 2007. 1112, note Vachet* • 3 mai 2006, n° 04-19.380 P : *D. 2006. IR 1403.* ♦ Les dispositions légales d'ordre public sur la réparation des accidents de service excluent les dispositions propres à l'indemnisation des victimes d'infraction. • Civ. 2e, 30 juin 2005, n° 03-19.207 P : *D. 2005. IR 2039* ; *AJDA 2005. IR 1861* • 7 mai 2003, n° 01-00.815 P : *D. 2004. IR 1476* • 23 oct. 2003, n° 02-16.580 P : *D. 2004. 834, note Saint-Jour.*

19. Selon les dispositions de l'art. 706-3, peuvent être indemnisées les victimes exclues du bénéfice de la législation sociale, applicable aux accidents du travail. Par suite, c'est à bon droit qu'une cour d'appel décide que le préjudice moral, subi par la tante d'une victime mortellement blessée dans un accident du travail résultant d'une infraction d'homicide involontaire, pouvait être réparé ; la demanderesse n'ayant pas la qualité d'ayant droit au sens de la législation sociale. • Civ. 2e, 7 mai 2009, n° 07-19.365 P : *D. 2009. AJ 1487, note Lavric* ; *RSC 2009. 847, obs. Cerf-Hollender* .

20. Attroupements ou manifestations. L'art. 706-3 n'exclut pas les dommages subis lors d'attroupements ou de manifestations sur la voie publique. • Paris, 2 juill. 1999 : *RCA 2000. Comm. 7.*

21. Compétition sportive. Les dispositions relatives à l'indemnisation des victimes d'une infraction ne sont applicables entre concurrents d'une compétition sportive qu'en cas de violation des règles du sport pratiqué constitutives d'un délit : pour prononcer une condamnation, les juges doivent relever une faute caractérisée par une violation des règles de la conduite sportive. • Civ. 2e, 4 nov. 2004 : *D. 2004. IR 3117* • 29 mars 2018, n° 17-16.873 P : *D. actu. 11 avr. 2018, obs. Hacène.*

22. Abstention volontaire d'empêcher un crime ou un délit contre l'intégrité des personnes. Doit être déclarée irrecevable la requête de la victime ayant trait à une demande en réparation du préjudice moral résultant d'une infraction d'abstention volontaire d'empêcher un crime ou un délit contre l'intégrité d'une personne dès lors que la victime n'établit pas avoir subi une incapacité temporaire totale de travail supérieure à un mois ou être en état d'incapacité permanente partielle résultant de l'infraction d'abstention volontaire d'empêcher un crime ou un délit contre l'intégrité d'une personne. • *Civ. 2e, 16 mai 2013 : D. actu. 11 juin 2013, obs. Marrocchella.*

23. Accidents de la circulation. L'art. 706-3 est applicable aux Français victimes d'un accident de la circulation survenu à l'étranger pour lequel l'application de la loi du 5 juill. 1985 est exclue. • Civ. 2e, 2 nov. 1994, n° 92-17.181 P : *RCA 1994. Comm. 406* • 11 févr. 1999 : *RCA 1999. Comm. 139, obs. Groutel.* ♦ L'indemnisation de la victime d'une infraction commise à l'occasion d'un accident de la circulation survenu à l'étranger entre dans le champ d'application de l'art. 706-3 dès lors que la L. du 5 juill. 1985 n'est pas rendue applicable par la convention de La Haye du 4 mai 1971. • Civ. 2e, 8 déc. 1999, n° 97-20.120 P : *D. 2000. Somm. 472, obs. Delebecque* ; *RCA 2000. Comm. 82, obs. Groutel.* ♦ Par contre, si l'accident de la circulation est survenu en France et entre dans le champ d'application de la L. n° 85-677 du 5 juill. 1985, les dispositions des art. 706-3 et suivants ne s'appliquent pas. • Civ. 2e, 7 mai 2002, n° 00-20.442 P : *Resp. civ. et assur. 2002. Comm. 260, obs. Groutel.* ♦ Selon l'art. 706-3, 1°, une personne ayant subi un préjudice résultant de faits volontaires ou non qui présentent le caractère matériel d'une infraction ne peut obtenir la réparation intégrale des dommages qui résultent des atteintes à la personne que lorsque ces atteintes n'entrent pas, notamment, dans le champ d'application du chap. Ier de la L. du 5 juill. 1985 tendant à l'amélioration de la situation des victimes d'accident de la circulation et à l'accélération des procédures d'indemnisation. • Civ 2e, 7 févr. 2008, n° 07-13.397 P : *D. 2008. AJ 614* .

24. Les dommages garantis par le Fonds de garantie des assurances obligatoires de dommages en application des art. L. 421-1, al. 3, dans sa rédaction issue de la L. n° 2003-1311 du 30 déc. 2003, et R. 421-2 C. assur., sont exclus de la compétence de la CIVI telle qu'elle résulte de l'art. 706-3. • Civ. 2e, 8 janv. 2009, n° 07-21.828 P.

25. Abus frauduleux de l'état d'ignorance ou de la situation de faiblesse. Les faits qui présentent le caractère matériel de l'infraction d'abus frauduleux de l'état d'ignorance ou de la situation de faiblesse, prévue et réprimée par l'art. 223-15-2 C. pén., constituent une atteinte à la personne relevant de l'application de l'art. 706-3, relatif à l'indemnisation de certaines victimes d'infractions par le Fonds d'indemnisation des victimes des actes de terrorisme et d'autres infractions. Toutefois, n'entre pas dans la prévision de ce dernier texte la réparation du préjudice financier constitué par la perte des sommes remises par la victime des faits. • Civ. 2e, 8 mars 2012 : *D. 2012. Pan. 2057, obs. Adida-Canac et Bouvier* .

26. Ayants droit. L'art. 706-3 consacre pour la victime un droit à réparation intégrale des dommages résultant des atteintes à sa personne, et, en conséquence, ses ayants droit, agissant en qualité d'héritiers, peuvent demander réparation conformément au droit commun. • Cass., avis, 29 sept. 1998, n° 09-80.008 P : *RCA 1999. Comm. 39* • Civ. 2e, 6 janv. 2000, n° 98-13.023 P : *RCA 2000. Comm. 83, obs. Groutel.*

27. Les ayants droit de la victime directe d'une infraction peuvent obtenir la réparation intégrale de leur propre préjudice selon les règles du droit commun. • Civ. 2e, 5 nov. 1998, n° 96-20.657 P : *RCA 1998. Comm. 387, note Groutel.* ♦ L'art. 706-3 (2°) n'exclut pas, lorsque la victime d'une infraction a survécu, l'indemnisation du préjudice personnel de ses parents selon les règles du droit commun. • Civ. 2e, 14 janv. 1998, n° 96-11.328 P : *RCA 1998. Comm. 92 ; Dr. pénal 1998. Comm. 45, obs. Maron* • 14 janv. 1999, n° 96-19.289 P : *RCA 1999. Comm. 69 et 138.* ♦ L'indemnisation des ayants droit peut comprendre les frais de déplacement pour se rendre auprès de la victime hospitalisée si les suites de l'accident rendaient nécessaire l'exposition de ces frais par les parents de la victime. • Civ. 2e, 20 oct. 2005, n° 04-13.633 P : *D. 2005. IR 2771*. ♦ Les proches de la victime d'une infraction peuvent être indemnisés de leurs préjudices personnels sous réserve que les faits visés aient entraîné une incapacité permanente ou une incapacité totale de travail égale ou supérieure à un mois. • Civ. 2e, 6 mars 2014 : *D. actu. 19 mars 2014, obs. Kilgus.*

28. A la suite du décès de sa mère qui assurait son entretien et son éducation, une cour d'appel peut accorder à un enfant la réparation de son préjudice économique sans avoir à constater que le père aurait été dans l'incapacité de s'acquitter de son obligation d'entretien. • Civ. 2e, 15 avr. 1999 : *RCA 1999. Comm. 219 (2e esp.), obs. Groutel.*

29. Qualité de victime. Les enfants de l'auteur d'une infraction ne peuvent prétendre à une indemnisation de leur préjudice économique résultant de l'incarcération de leur père dans la mesure où l'incarcération de l'auteur d'une infraction n'est pas une conséquence dommageable de l'infraction ouvrant droit à réparation. • Civ. 2e, 29 mars 2001, n° 99-15.602 P : *D. 2001. IR 1218 ; RCA 2001. Comm. 187, obs. Groutel.* ♦ Par contre, l'enfant né du viol de sa mère a la qualité de victime dont le préjudice moral résultant du caractère nécessairement douloureux que prendra l'évocation de sa conception et de sa naissance est personnel, certain et en lien avec les faits ce qui justifie l'allocation d'une indemnisation. • Caen, 7 nov. 2000 : *JCP 2002. II. 10001, note Sériaux.*

30. Détermination de l'indemnité. L'art. 706-3 instituant en faveur des victimes d'infractions un mode de réparation autonome répondant à des règles qui lui sont propres, la commission d'indemnisation des victimes d'infraction fixe en fonction des éléments de la cause le montant de l'indemnité allouée sans être tenue par l'évaluation de la juridiction saisie. • Civ. 2e, 9 juin 1993, n° 91-18.677 P : *RCA 1993. Comm. 337.*

31. Le préjudice économique né de la diminution des revenus professionnels depuis l'infraction peut être inclus dans le calcul de l'indemnité allouée. • Civ. 2e, 2 mars 1994, n° 92-14.906 P : *RCA 1994. Comm. 209.* ♦ L'art. 706-3 ne subordonne l'indemnisation à aucune condition de ressources. • Civ. 2e, 6 janv. 1993, n° 91-14.476 P : *RCA 1993. Comm. 80.*

32. L'art. 706-3 ne prévoit la réparation que des seuls dommages résultant des atteintes à la personne. • Civ. 2e, 22 avr. 1992, n° 91-21.306 P : *RCA 1992. Comm. 403 (2e esp.)* • 18 juin 1997, n° 95-11.192 P : *RCA 1997. Comm. 269.* ♦ ... A l'exclusion des dommages vestimentaires. • Civ. 2e, 22 avr. 1992 : *préc.* ♦ V. *Dr. pénal avr. 1993, p. 18 et mars 1994, p. 16, obs. Maron.* ♦ ... De la rémunération de l'expert désigné par la juridiction répressive. • Civ. 2e, 9 juin 2016, n° 15-20.456 P : *D. actu. 22 juin 2016, obs. Kilgus.* ♦ ... Des frais irrépétibles engagés devant la juridiction pénale. • Civ. 2e, 1er juill. 1992, n° 91-13.702 P : *RCA 1992. Comm. 403 (1re esp.).* ♦ Mais les CIVI peuvent allouer des sommes pour les frais irrépétibles engagés par les victimes devant elles. • Civ. 2e, 5 janv. 1994, n° 92-12.264 P : *RCA 1994. Comm. 131 (1re esp.), et Chron. 10, par Groutel.* ♦ BIBL. *Dr. pénal 1998. Chron. 20.*

33. Étendue du préjudice moral. Les sujétions inhérentes à la comparution en justice n'entrent pas dans les prévisions de l'art. 706-3 ; ainsi, le préjudice moral résultant de l'évocation pour la seconde fois en justice des faits subis par la victime en raison de l'appel effectué par l'auteur des faits n'a pas à être indemnisé par la CIVI. • Civ. 2e, 8 mars 2006, n° 04-18.023 P : *D. 2006. IR 812*.

34. Il peut être alloué aux ayants droit de la victime, décédée en cours de procédure d'indemnisation, une somme correspondant à l'indemnisation de « l'IPP avec incidence professionnelle » pour le préjudice subi entre la consolidation et le décès que la cour d'appel apprécie souverainement. • Civ. 2e, 11 avr. 2002, n° 00-20.624 P.

35. Le juge tranche le litige conformément aux règles de droit qui lui sont applicables et ne peut se borner à une simple référence à l'équité. • Civ. 2e, 22 avr. 1992, n° 91-21.298 P : *RCA 1992. Comm. 408.* ♦ Le droit à réparation du préjudice corporel de la victime d'une infraction ne devant pas être réduit en raison d'une prédisposition pathologique de cette victime, dès lors que l'affection qui en est issue n'a été révélée ou provoquée que du fait de l'infraction elle-même, c'est dans l'exercice de son pouvoir souverain d'appréciation que la commission a fixé le taux d'IPP de la victime. • Civ. 2e, 2 nov. 1994 : *Dr. pénal 1995. Comm. 82, obs. Maron.* ♦ Il ne saurait pas davantage être réduit en cas d'assistance familiale. • Civ. 2e, 12 déc. 1994 : *Dr. pénal 1995. Comm. 137, obs. Maron.*

36. Doit être expressément soulevée l'inopposabilité d'une expertise médicale ordonnée par une juridiction pénale pour évaluer le préjudice de la victime dès lors que cette expertise n'a pas été contradictoire à l'égard du fonds de garantie qui n'était pas partie à ce stade de la procédure et n'avait donc été ni appelé ni représenté. • Civ. 2e, 11 déc. 2003, n° 02-15.912 P.

37. Les prestations versées aux victimes par les caisses de sécurité sociale à raison des faits prévus par les art. 706-3, 706-9 et R. 50-9 doivent être déduites de l'indemnité mise à la charge du fonds de garantie pour réparer les atteintes à l'intégrité physique. • Civ. 2e, 1er juill. 1992, n° 91-19.448 P : *RCA 1992. Comm. 409* • 7 juill. 1993, n° 92-11.321 P.

38. Les sommes allouées en matière d'indemnisation des victimes d'infraction sont des condamnations au sens de l'art. 1153-1 C. civ., et, en décidant que les sommes allouées en réparation du préjudice de la victime porteront intérêt à compter de la décision de première instance, une cour d'appel n'a fait qu'user des pouvoirs qu'elle tient de cet art. • Civ. 2e, 11 févr. 1998, n° 95-13.995 P : *RCA 1998. Comm. 93.*

II. CONDITIONS PARTICULIÈRES D'INDEMNISATION DES VICTIMES

39. Comportement de la victime. C'est dans l'exercice de son pouvoir souverain d'appréciation qu'une commission estime s'il y a lieu de réduire l'indemnité allouée à la victime en raison du comportement de celle-ci. • Civ. 2e, 1er avr. 1987, n° 85-16.086 P : *JCP 1988. II. 21029, note Chambon* • 1er juill. 1992, n° 91-20.570 P : *RCA 1992. Comm. 448.*

40. Doit être cassée pour modification des termes du litige la décision de la commission d'indemnisation qui, pour débouter une victime de sa demande, se fonde sur son comportement lors de l'infraction, alors que l'agent judiciaire du Trésor avait conclu à l'allocation d'une indemnité. • Civ. 2e, 11 janv. 1989, n° 87-17.372 P.

41. Que le comportement de la victime puisse avoir une incidence sur l'indemnisation du préjudice matériel est une disposition d'ordre général applicable à toutes les victimes. • Civ. 2e, 18 oct. 1989, n° 88-10.196 P : *RCA 1989. Comm. 411.*

42. Doit être cassée la décision d'une commission d'indemnisation qui déboute, en raison de son comportement, la victime d'une infraction dont l'auteur s'est révélé insolvable, en relevant qu'elle a pris une part active dans les faits et que la commission avait déjà rejeté les requêtes d'autres personnes qui avaient participé de concert avec elle au déroulement des faits, sans rechercher en quoi le comportement de la victime avait eu une influence sur son dommage. • Civ. 2e, 16 mai 1990, n° 89-11.527 P. ♦ Rappr. : • Civ. 2e, 22 juin 1994, n° 92-10.643 P : *RCA 1994. Comm. 328.*

43. Une personne sous l'empire de l'alcool ayant été agressée par un inconnu rencontré en bas de son immeuble qu'elle avait conduit à son appartement, est justifiée la décision de la commission d'indemnisation qui, pour accueillir intégralement la demande d'indemnisation de la victime retient qu'il n'existait aucun lien direct entre l'agression et l'état dépressif de la victime l'ayant conduite à abuser de l'alcool et à commettre l'imprudence de laisser entrer un inconnu dans son logement et en déduit que ce comportement ne peut être qualifié de faute de nature à limiter l'indemnisation. • Civ. 2e, 16 févr. 1994, n° 91-20.218 P : *RCA 1994. Comm. 177.* ♦ Rappr., pour une péripatéticienne : • TGI Strasbourg, 14 oct. 1997 : *D. 1998. 384, note Schneider*. ♦ A l'inverse, peut être réduite de moitié l'indemnisation d'une personne ayant absorbé beaucoup d'alcool, et dont l'ivresse a été à l'origine d'une chute dans l'escalier, ce comportement fautif ayant directement concouru au dommage résultant de l'infraction de non-assistance à personne en danger, les personnes auprès d'elle l'ayant cru endormie et ayant tardé à appeler les secours. • Civ. 2e, 10 juin 2004, n° 03-12.133 P.

44. Faute de la victime. La cour d'appel, qui relève que la victime et l'auteur de son assassinat étaient en relation pour le commerce de stupéfiants et énonce que le crime résulte d'un contentieux existant entre eux à propos de la disposition d'une somme d'argent, a pu décider qu'il existait un lien de causalité direct entre la faute de la victime et l'atteinte à son intégrité physique. • Civ. 2e, 18 juin 1997, n° 95-19.618 P : *RCA 1997. Comm. 268.* ♦ Dans le même sens : • Civ. 2e, 9 déc. 1999 : *RCA 2000. Comm. 84.* ♦ De même, pour un règlement de compte entre proxénètes : • Civ. 2e, 20 avr. 2000, n° 98-12.215 P : *RCA 2000. Comm. 232 ; Dr. pénal 2000. Comm. 121, obs. Maron.* ♦ Ou un règlement de compte entre trafiquants d'objets volés : • Civ. 2e, 13 déc. 2001, n° 00-11.805 P : *RCA 2002. Comm. 99.* ♦ Inversement, une commission d'indemnisation, relevant que la victime, venue dans un foyer de la Sonacotra pour se procurer de la drogue, avait été blessée par un coup de feu tiré par un autre toxicomane mais destiné au « dealer » de celui-ci et qu'elle avait été atteinte par erreur, n'ayant pas été mêlée à la transaction se déroulant entre l'auteur du coup de feu et son « dealer », et retenant que si la victime se trouvait bien dans une situation illégale puisqu'elle négociait l'achat de stupéfiants, cette seule circonstance ne pouvait lui être opposée dès lors que sa présence n'avait pas influé sur le déclenchement des faits délictueux, a pu en déduire qu'il n'y avait pas de lien de causalité entre la faute de la victime et la réalisation de l'infraction pénale. • Civ. 2e, 2 févr. 1994, n° 91-14.005 P : *RCA 1994. Comm. 176.* ♦ De même, un arrêt, qui retient qu'il n'y a pas de lien causal entre l'activité d'une consommatrice de stupéfiants ayant consisté à se rendre sur les lieux de l'infraction pour se procurer de la drogue et le viol dont elle a été victime, peut en déduire que son comportement n'était pas de nature à supprimer ou à réduire l'indemnisation de son préjudice. • Civ. 2e, 15 avr. 1999, n° 97-18.287 P : *RCA 1999. Comm. 221 ; Dr. pénal 1999. Comm. 106, obs. Maron.*

45. La réparation des dommages causés à la victime d'une infraction peut être refusée ou son montant réduit en raison de la faute de cette victime ; ainsi, doit être réduit le montant de l'indemnisation de l'homme qui a été blessé par des coups de feu de sa concubine alors que deux heures auparavant il l'avait menacée avec un couteau et avait tenté de l'étrangler. • Civ. 2e, 11 avr. 2002, n° 00-17.774 P : *D. 2002. IR 1884* ; *JCP 2002. I. 155, obs. Maron* ; *Dr. pénal 2002. Comm. 91, obs. Maron.* ♦ De même, doit être réduite l'indemnisation de la victime qui, après l'échange d'injures avec la famille de l'agresseur et dans un climat très tendu, a donné rendez-vous à celui-ci dans un café en étant accompagnée de plusieurs personnes armées ce qui indique qu'elle avait conscience des risques de violences. • Civ. 2e, 4 juill. 2002, n° 01-03.420 P : *D. 2002. IR 2718* ; *Dr. pénal 2002. Comm. 115, obs. Maron.* ♦ Il n'y a pas lieu à indemnisation des ayants droit de la victime qui était un ancien repris de justice, fréquentait le « milieu marseillais », avait intimé à son agresseur de ne plus paraître dans son bar en le menaçant d'une arme à feu et le soir de son assassinat se trouvait en possession d'une voiture et de documents d'identité étrangers volés. • Civ. 2e, 11 déc. 2003, n° 01-03.632 P : *RCA 2004. Comm. 66.*

46. L'art. 706-3 institue en faveur des victimes d'infraction un mode de réparation répondant à des règles qui lui sont propres ; aussi une commission d'indemnisation des victimes d'infraction doit-elle elle-même apprécier si une faute pouvait être retenue à l'encontre de la victime sans s'estimer liée par la décision qui a statué sur l'action civile de celle-ci. • Civ. 2e, 8 déc. 1993, n° 91-21.299 P. ♦ Viole l'art. 706-3 une commission d'indemnisation qui, s'estimant liée par la décision ayant statué sur l'action civile d'une victime, énonce que l'évaluation du préjudice par la juridiction pénale constitue le montant du préjudice corporel et qu'aucun partage de responsabilité n'ayant été effectué par cette juridiction dont la décision définitive a autorité de chose jugée, il n'y a pas lieu à réduction de l'indemnité en raison du prétendu comportement fautif de la victime. • Civ. 2e, 18 juin 1986, n° 84-17.283 P.

47. Une personne s'étant rendue chez un ami qui a pratiqué sur elle une injection d'héroïne ayant entraîné des lésions neurologiques irréversibles, est justifiée la décision de la commission d'indemnisation qui rejette cette demande en retenant que la victime et son ami avaient l'habitude, depuis plusieurs années, de se droguer et de se faire mutuellement des piqûres et que la victime ne pouvait ignorer le risque majeur qu'elle encourait, et en en déduisant qu'elle avait commis une faute entraînant le refus de toute indemnisation. • Civ. 2e, 16 mars 1994, n° 92-16.003 P : *RCA 1994. Comm. 211.* ♦ Est également justifiée la décision qui rejette la demande de la victime en retenant qu'après la diffusion d'un film pornographique la victime et l'auteur, qu'elle venait de rencontrer, ont entrepris de reproduire des scènes à caractère sadomasochiste, et que, par son comportement, elle a participé délibérément à la réalisation de son propre préjudice. • Civ. 2e, 19 oct. 1994 : *Dr. pénal 1995. Comm. 28, obs. Maron.*

48. Ne commet pas de faute la personne qui a été frappée accidentellement dans le dos alors qu'elle conversait avec d'autres personnes que l'auteur du coup fatal qui n'était pas la conséquence d'une attitude agressive, provocante ou menaçante de la victime. • Civ. 2e, 12 nov. 1997, n° 95-17.426 P : *Dr. pénal 1998. Comm. 28, obs. Maron.* ♦ En revanche, le comportement violent et agressif de la victime envers l'auteur de l'infraction exclut toute indemnisation. • Civ. 2e, 17 déc. 1997, n° 96-15.970 P : *Dr. pénal 1998. Comm. 44, obs. Maron* ; *RCA 1998. Comm. 91.*

49. Le refus de la victime de révéler le nom de ses agresseurs, intervenu postérieurement à l'infraction, ne peut avoir concouru à la réalisation de son dommage. • Civ. 2e, 1er avr. 1999, n° 97-18.324 P : *RCA 1999. Comm. 222.*

50. En énonçant que la faute de la victime doit s'apprécier au moment de la commission de l'infraction, une cour d'appel ajoute à la loi une condition qu'elle ne comporte pas. • Civ. 2e, 18 juin 1997, n° 94-20.563 P : *RCA 1997. Comm. 267.* ♦ La faute de la victime susceptible de limiter ou d'exclure le droit à indemnisation qu'elle tient de l'art. 706-3 n'a pas à être concomitante de la commission de l'infraction dès lors qu'elle a contribué à causer le préjudice. • Civ. 2e, 11 juin 2009, n° 08-14.975 P.

51. Ne tire pas les conséquences légales de ses constatations la cour d'appel qui apprécie le droit à indemnisation d'une victime par ricochet sans tenir compte de la faute de la victime directe qu'elle relevait. • Civ. 2e, 18 déc. 1996, n° 94-21.006 P : *RCA 1997. Comm. 96, et Chron. 7, note Groutel* ; *RGDA 1997. 251, note d'Hauteville.*

52. Nationalité de la victime (jur. antérieure à la loi du 5 août 2013). Encourt la cassation l'arrêt qui, pour accueillir la demande d'une personne de nationalité allemande victime de violences commises en Allemagne par des militaires stationnés dans ce pays, retient que les règles de fonctionnement du tribunal aux armées des forces françaises en Allemagne entraînent l'applicabilité de la loi française à la zone de stationnement de ces forces et, par une fiction, l'adjonction au territoire national du ressort du tribunal. • Civ. 2e, 27 nov. 1996, n° 94-17.823 P : *RCA 1997, n° 55.*

53. Ne satisfont pas aux conditions de l'art. 706-3 des ressortissants marocains, qui sollicitent l'indemnisation de leur propre préjudice du chef de l'homicide d'un parent, alors qu'ils ne se trouvaient pas en situation régulière en France, soit au moment des faits, soit à la date du dépôt de la requête : • Civ. 2e, 21 juill. 1992, n° 91-20.622 P : *D. 1992. IR 245.* ♦ Mais le ressortissant marocain, en séjour régulier en France, peut obtenir réparation de son préjudice subi à la suite du viol et du meurtre de son épouse, dépourvue de titre de séjour, dès lors qu'il agit en tant que personne lésée par l'infraction : • Civ. 2e, 2 mars 1994, n° 92-12.462 P : *Dr. pénal 1994. Comm. 21, obs. Maron.*

54. Il résulte des dispositions de l'art. 706-3, 3° que seules les victimes de nationalité française au jour des faits sont susceptibles d'être indemnisées des conséquences des infractions commises à l'étranger. Par suite, fait une exacte application de ce texte la cour d'appel qui rejette la demande d'indemnisation faite devant la CIVI par une personne de nationalité marocaine, résidant en France, victime, le 1er août 2002, d'un accident de la circulation survenu au Maroc et qui a déposé une demande de naturalisation dans la nationalité française le 28 avr. 2003. • Civ. 2e, 12 févr. 2009, n° 08-12.987 P.

55. *Application dans le temps.* L'existence du droit à indemnisation de la victime par le Fonds de garantie des victimes des actes de terrorisme et d'autres infractions (FGTI), qui ne naît pas à la date du fait dommageable, doit être appréciée au jour de la demande, de sorte que le ressortissant étranger qui ne justifiait pas d'un séjour régulier sur le territoire au moment des faits, antérieurs à la loi de 2013, avait droit à une indemnisation, cette condition ayant été supprimée par le texte. • Civ. 2e, 12 janv. 2017, n° 16-10.069 P : *D. actu. 27 janv. 2017, obs. Kilgus.*

56. *Infraction commise à l'étranger.* La législation française concernant l'indemnisation des victimes d'infraction par la CIVI institue un droit à réparation du dommage résultant d'une infraction commise à l'étranger ; cette loi est destinée à assurer une indemnisation fondée sur la solidarité nationale, au moyen d'un système de garantie du risque social de la délinquance, confié à une juridiction civile spécialisée, avec une dérogation à la règle d'application de la loi du lieu du délit : il s'agit d'une loi d'application nécessaire excluant toute référence à un droit étranger. • Civ. 2e, 3 juin 2004, n° 02-12.989 P : *D. 2005. 1198, note Courbe et Chanteloup* • Civ. 2e, 25 janv. 2007, n° 06-10.514 P : *D. 2007. AJ 578 ; AJ pénal 2007. 145* .

57. *Conformité au droit communautaire.* Le droit communautaire s'oppose à la législation d'un État membre qui exclut les ressortissants des autres États membres, qui résident et travaillent sur son territoire, du bénéfice d'une indemnisation destinée à réparer les dommages qui résultent des atteintes à la personne causées par une infraction qui n'a pas été commise sur le territoire de cet État, au seul motif de sa nationalité. • CJCE, 2e ch., 5 juin 2008, *James Wood c/ Fonds de garantie des victimes des actes de terrorisme et d'autres infractions : D. 2008. AJ 1767* .

III. DROITS FONDAMENTAUX

58. Le fait que le préjudice du requérant ait été indemnisé par la CIVI ne fait pas obstacle à ce qu'il demande, devant la CEDH, la réparation de son préjudice au titre de la satisfaction équitable, à la suite du constat d'une violation de la Conv. EDH. • CEDH 25 juin 2013, n° 30812/07, *Trevalec c/ Belgique : D. 2013. 2139, note Sabard* .

Art. 706-4 *(L. n° 83-608 du 8 juill. 1983)* **L'indemnité est allouée par une commission instituée dans le ressort de chaque tribunal judiciaire. Cette commission a le caractère d'une juridiction civile qui se prononce en premier** *(Abrogé par L. n° 92-665 du 16 juill. 1992)* **« et dernier »** **ressort.** — *Le fonds de garantie peut interjeter appel des décisions rendues par la commission instituée par l'art. 706-4 C. pr. pén. (C. assur., art. L. 422-5, ajouté par L. n° 92-665 du 16 juill. 1992, art. 36).*

La commission est composée de deux magistrats du siège du tribunal judiciaire et d'une personne majeure, de nationalité française et jouissant de ses droits civiques, s'étant signalée par l'intérêt qu'elle porte aux problèmes des victimes. Elle est présidée par l'un des magistrats.

Les membres de la commission et leurs suppléants sont désignés pour une durée de trois ans par l'assemblée générale des magistrats du siège du tribunal.

Les fonctions du ministère public sont exercées par le procureur de la République ou l'un de ses substituts.

Un décret en Conseil d'État détermine les modalités d'application du présent article. — *V. note ss. art. 706-15.*

Wallis-et-Futuna : 862. — Mayotte : 898. — Saint-Pierre-et-Miquelon : 933.

BIBL. ► JAQUET, *Gaz. Pal. 1999. 1. Doctr. 96.*

1. La commission d'indemnisation doit être échevinale. Doit être cassée la décision mentionnant qu'elle a été rendue par une commission composée de trois juges. • Civ. 2e, 15 avr. 1991, n° 90-13.643 P : *RCA 1991. Comm. 245.*

2. Aucun texte n'impose de mentionner la qualité des assesseurs des commissions instituées par l'art. 706-4. • Civ. 2e, 18 févr. 1987, n° 85-14.910 P.

3. La commission d'indemnisation a le caractère d'une juridiction civile qui se prononce en premier ressort. • Civ. 2e, 27 mai 1998, n° 95-

20.912 P : *RCA 1998. Comm. 193 (1re esp.), et Chron. 13, par Groutel.* ♦ L'art. 706-4 n'institue aucune limitation au droit d'appel, et les dispositions de l'art. R. 311-2 COJ *[V. art. R. 211-4 nouv.]* ne sont pas applicables aux affaires dont les commissions ont à connaître. • Civ. 2e, 1er avr. 1998, n° 96-12.612 P : *RCA 1998. Comm. 193 (2e esp.), et Chron. 13, par Groutel.*

4. Il ne résulte pas de l'art. R. 50-24 que les décisions rendues par les CIVI soient exécutoires par provision. En conséquence, la demande du paiement de la condamnation formulée sans réserve par la victime vaut acquiescement et rend irrecevable son appel ultérieur. • Civ. 2e, 15 févr. 2007, n° 05-22.089 P : *D. 2007. AJ 727.*

Art. 706-5 *(L. n° 77-5 du 3 janv. 1977)* **A peine de forclusion, la demande d'indemnité doit être présentée** *(L. n° 90-589 du 6 juill. 1990)* **« dans le délai de trois ans » à compter de la date de l'infraction ; lorsque des poursuites pénales sont exercées, ce délai est prorogé et n'expire qu'un an après la décision de la juridiction qui a statué définitivement sur l'action publique** *(L. n° 81-82 du 2 févr. 1981)* **« ou sur l'action civile engagée devant la juridiction répressive »** *(Abrogé par L. n° 2020-833 du 2 juill. 2020) (L. n° 2000-516 du 15 juin 2000, art. 117, en vigueur le 1er janv. 2001)* « ***; lorsque l'auteur d'une infraction mentionnée aux articles 706-3 et 706-14 est condamné à verser des dommages-intérêts, le délai d'un an court à compter de l'avis donné par la juridiction en application de l'article 706-15*** ». **Toutefois, la commission relève le requérant de la forclusion** *(L. n° 2020-833 du 2 juill. 2020)* **« lorsque l'information prévue à l'article 706-15 n'a pas été donnée, lorsque le requérant »** *(L. n° 83-608 du 8 juill. 1983)* **« n'a pas été en mesure de faire valoir ses droits dans les délais requis ou lorsqu'il a subi une aggravation de son préjudice ou pour tout autre motif légitime ».** – *V. notes ss. art. 706-15.*

(L. n° 2008-644 du 1er juill. 2008, art. 1er) **« Lorsqu'une décision d'une juridiction répressive a alloué des dommages et intérêts à la victime et que la demande est jugée irrecevable, le délai prévu au deuxième alinéa de l'article 706-15-2 ne court qu'à compter de la notification de la décision de la commission. »**

1. Justifie légalement sa décision la commission qui, pour déclarer irrecevable comme tardive une demande présentée plus d'un an après l'infraction, relève que la plainte déposée par la victime a donné lieu à un classement sans suite, qui ne constitue pas une décision juridictionnelle. • Civ. 2e, 30 sept. 1981, n° 81-13.015 P.

2. Excède ses pouvoirs le président d'une commission qui se substitue à celle-ci pour statuer sur la forclusion encourue par la victime pour n'avoir pas présenté sa demande dans le délai légal. • Civ. 2e, 11 mars 1987, n° 85-16.088 P • 23 nov. 1988, n° 87-18.951 P : *RCA 1989. Comm. 52* • 11 févr. 1999, n° 95-21.534 P.

3. Le délai de trois ans prévu à l'art. 706-5, mod. par la L. du 6 juill. 1990, pour la présentation d'une demande d'indemnité par la victime d'une infraction s'applique aux faits commis antérieurement au 1er janv. 1991 qui n'ont pas donné lieu à une décision d'indemnisation passée en force de chose jugée. • Civ. 2e, 5 janv. 1994, n° 92-14.847 P.

4. En application de l'art. 706-5, la demande d'indemnité doit être présentée, à peine de forclusion, dans les délais requis, sans distinction entre la demande initiale et la demande d'indemnité complémentaire présentée au titre de l'aggravation du préjudice. Dans ce cas, le requérant ne bénéficie pas d'un nouveau délai pour agir mais peut seulement solliciter un relevé de forclusion. • Civ. 2e, 30 juin 2016, n° 15-21.360 P : *D. actu. 8 juill. 2016, obs. Kilgus ; AJ pénal 2016. 537, obs. Luciani-Mien.*

5. L'arrêt de contumace ne devenant irrévocable qu'avec la prescription de la peine prononcée ne constitue pas une décision définitive et ne peut donc servir de point de départ du délai d'un an prévu par l'art. 706-5. • Civ. 2e, 28 févr. 1996, n° 92-16.521 P : *RCA 1996. Comm. 128 ; RGDA 1996. 747, note D'Hauteville.* ♦ Le délai de forclusion ne commence pas à courir tant que la juridiction pénale n'a pas encore statué sur l'action civile dont elle a été saisie et qui est toujours pendante. • Civ. 2e, 11 juin 1998, n° 96-10.292 P : *RCA 1998. Comm. 312.*

6. Lorsqu'il entend opposer au demandeur une forclusion tirée de l'intervention d'une décision de la juridiction répressive statuant sur les intérêts civils, le fonds de garantie doit apporter la preuve de cette décision. • Civ. 2e, 19 oct. 2006, n° 05-11.880 P : *D. 2006. IR 1755.*

7. Avis erroné. La mention erronée figurant dans l'avis délivré en application de l'art. 706-15, selon laquelle le point de départ du délai de saisine CIVI prévu par l'art. 706-5 est la date à laquelle le jugement contenant l'avis devient définitif et non pas celle de cet avis, empêche ce délai de courir. • Civ. 2e, 29 mars 2018, n° 17-14.980 P : *D. actu. 2 mai 2018, obs. Hacene.*

8. Relevé de forclusion. Une cour d'appel ne peut relever la victime de la forclusion tout en retenant qu'elle avait pu faire valoir ses droits lors d'une précédente instance quand bien même sa requête avait été déclarée irrecevable. • Civ. 2e, 9 juill. 1997, n° 94-17.500 P : *RCA 1997. Comm. 336.*

9. C'est dans l'exercice de son pouvoir souverain d'appréciation que la cour d'appel a décidé que l'inaction de la victime, assistée d'un conseil pendant tout le cours de la procédure, ne constituait pas un motif légitime de nature à la relever de la forclusion encourue. • Civ. 2e, 12 oct. 2000 : *RCA 2000. Comm. 366, obs. Groutel.*

10. Aggravation du préjudice. En application de l'art. 706-5, le préjudice nouveau subi par la victime par ricochet du fait du décès de la victime directe, survenu après l'expiration du délai de forclusion, étant indissociable de son préjudice initial, le relevé de forclusion prévu par ce texte à son profit, lorsqu'elle n'a pas agi dans le délai initial requis, lui permet de faire valoir ses droits à indemnisation pour l'ensemble de son préjudice, dès lors que l'aggravation du préjudice que constitue ce décès est en relation de causalité directe et certaine avec les faits ayant causé le dommage initial. • Civ. 2e, 28 juin 2012 : *D. 2012. Pan. 2057, obs. Adida-Canac et Bouvier.*

11. Il résulte de l'art. 706-5 que la commission est tenue de relever le requérant de la forclusion lorsqu'il a subi une aggravation de son préjudice. • Civ. 2e, 30 juin 2016, no 15-21.360 P : *préc. note 4.*

12. Mineurs. Aucun texte n'écarte l'application de la suspension de la prescription au profit des mineurs au délai édicté par l'art. 706-5. • Civ. 2e, 18 mars 1998, no 97-10.555 P : *RSC 1999. 349, obs. Giudicelli ; RCA 1998. Comm. 194, et Chron. 13, par Groutel.* ♦ Dans le même sens : • 20 avr. 2000, no 98-17.711 P : *RCA 2000. Comm. 297* • 26 sept. 2002, no 00-18.149 P : *RCA 2002. Comm. 362.*

13. Le Fonds de garantie des victimes des actes de terrorisme est une partie au sens de l'article 386 du nouveau code de procédure civile [devenu C. pr. civ.] et il peut à ce titre adresser toutes les observations qu'il estime utiles à l'instruction de la demande d'indemnité, et notamment soulever une exception de péremption. • Civ. 2e, 13 mai 2004, no 02-19.416 P.

Art. 706-5-1 *(L. no 2004-204 du 9 mars 2004, art. 170, en vigueur le 1er janv. 2005)* **La demande d'indemnité, accompagnée des pièces justificatives, est transmise sans délai par le greffe de la commission d'indemnisation au fonds de garantie des victimes des actes de terrorisme et autres infractions.**

Celui-ci est tenu, dans un délai de deux mois à compter de la réception, de présenter à la victime une offre d'indemnisation. Le refus d'offre d'indemnisation par le fonds de garantie doit être motivé. Ces dispositions sont également applicables en cas d'aggravation du préjudice.

En cas d'acceptation par la victime de l'offre d'indemnisation, le fonds de garantie transmet le constat d'accord au président de la commission d'indemnisation aux fins d'homologation.

En cas de refus motivé du fonds de garantie, ou de désaccord de la victime sur l'offre qui lui est faite, l'instruction de l'affaire par le président de la commission ou le magistrat assesseur se poursuit.

(L. no 2008-644 du 1er juill. 2008, art. 1er) **« Lorsque le préjudice n'est pas en état d'être liquidé et que le fonds de garantie ne conteste pas le droit à indemnisation, il peut, en tout état de la procédure, verser une provision à la victime. Le fonds de garantie tient le président de la commission d'indemnisation immédiatement informé. »**

Les modalités d'application du présent article sont fixées par décret en Conseil d'État. *— V. art. R. 50-12-1 s.*

L'acceptation de l'offre d'indemnisation proposée par le Fonds de garantie des victimes des actes de terrorisme et d'autres infractions (FGTI) emporte, pour l'acceptant victime, renonciation à un droit. Partant, et hors le cas de tutelle avec conseil de famille, les représentants légaux d'un mineur doivent recueillir l'autorisation du juge des tutelles des mineurs préalablement à l'acceptation d'une telle offre. • Cass., avis, 25 mars 2013 : *D. actu. 25 avr. 2013, obs. Gayet.*

Art. 706-6 *(L. no 83-608 du 8 juill. 1983)* **La commission ou son président peut procéder ou faire procéder à toutes auditions et investigations utiles, sans que puisse leur être opposé le secret professionnel. Ils peuvent notamment se faire communiquer copie des procès-verbaux constatant l'infraction ou de toutes les pièces de la procédure pénale, même en cours. Ils peuvent également requérir :**

1o De toute personne ou administration, la communication de renseignements sur la situation professionnelle, financière, fiscale ou sociale des personnes ayant à répondre du dommage causé par l'infraction ou du requérant ;

2o De tout service de l'État, collectivité publique, organisme de sécurité sociale, organisme assurant la gestion des prestations sociales ou compagnies d'assurance suscep-

tibles de réparer tout ou partie du préjudice, la communication des renseignements relatifs à l'exécution de leurs obligations éventuelles.

Les renseignements ainsi recueillis ne peuvent être utilisés à d'autres fins que l'instruction de la demande d'indemnité et leur divulgation est interdite.

(L. nº 90-589 du 6 juill. 1990) **« Le président de la commission peut accorder une ou plusieurs provisions en tout état de la procédure ; il est statué dans le délai d'un mois à compter de la demande de provision. »** – *V. note ss. art. 706-15.*

Le président de la CIVI, qui refuse d'allouer une provision à une personne blessée lors d'une rixe en relevant qu'il résulte des procès-verbaux que l'intéressé a proféré des insultes à l'égard de la communauté « punk », qu'il s'est donc livré à une provocation et qu'il a contribué par sa faute à déclencher l'agression qu'il a subie, n'a fait qu'user des pouvoirs qu'il tient de l'art. 706-6 sans violer le principe de la contradiction, quand bien même le président de la commission aurait soulevé ce moyen d'office. • Civ. 2e, 25 mai 1994, nº 92-16.650 P.

Art. 706-7 *(L. nº 77-5 du 3 janv. 1977)* **Lorsque des poursuites pénales ont été engagées, la décision de la commission peut intervenir avant qu'il ait été statué sur l'action publique.**

(L. nº 90-589 du 6 juill. 1990) **« La commission peut, pour l'application du dernier alinéa de l'article 706-3, surseoir à statuer jusqu'à décision définitive de la juridiction répressive. Dans tous les cas, elle doit surseoir à statuer à la demande de la victime. »** – *V. note ss. art. 706-15.*

Les débats ont lieu et la décision est rendue en chambre du conseil.

1. Viole les art. 706-3, dernier al., et 706-7, al. 1er et 2, la commission qui, pour allouer à une victime le maximum de l'indemnité, énonce qu'elle ne peut, sans méconnaître l'art. 4, apprécier les responsabilités respectives avant la décision définitive sur l'action publique, alors que, n'usant pas de la possibilité de surseoir à statuer, la commission doit, dès lors qu'elle y est conviée par les conclusions de l'agent judiciaire du Trésor, apprécier si le comportement de la victime est de nature à faire écarter toute indemnisation ou à en réduire le montant. • Civ. 2e, 1er avr. 1987, nº 85-16.076 P : *JCP 1988. II. 21029, note Chambon.*

2. Sursis à statuer et demande de provision. Le principe selon lequel « le pénal tient le civil en l'état » n'est pas applicable aux demandes de provision formées devant une commission d'indemnisation des victimes d'infraction. • Civ. 2e, 15 nov. 2001, nº 00-12.506 P : *D. 2001. IR 3586 ; Dr. pénal 2002. Comm. 64, obs. Maron.*

3. Le moyen tiré de la non-publicité des débats ne peut être invoqué pour la première fois devant la Cour de cassation. • Civ. 2e, 1er juill. 1992, nº 91-13.661 P.

Art. 706-8 *(L. nº 77-5 du 3 janv. 1977)* **Lorsque la juridiction statuant sur les intérêts civils a alloué des dommages-intérêts d'un montant supérieur à l'indemnité accordée par la commission, la victime peut demander un complément d'indemnité** *(Abrogé par L. nº 90-589 du 6 juill. 1990, à compter du 1er janv. 1991)* ***« dans la limite des maxima visés à l'article 706-9 »*****. Elle doit présenter sa demande dans le délai d'un an après que la décision statuant sur les intérêts civils est devenue définitive.** – *V. note ss. art. 706-15.*

1. La commission d'indemnisation peut, lorsqu'elle est saisie postérieurement à la décision de la juridiction répressive, accorder une indemnité supérieure à celle fixée par celle-ci. • Civ. 2e, 15 déc. 1980, nº 79-10.168 P. ♦ Est déclarée irrecevable une demande de complément d'indemnités, l'arrêt de la cour d'appel allouant des dommages-intérêts étant devenu définitif. Ainsi, la victime aurait dû se prévaloir de l'arrêt de la cour d'appel durant le cours de l'instance devant la CIVI. • Civ. 2e, 12 mai 2011 : *D. actu. 15 juin 2011, obs. Priou-Alibert.*

2. La commission apprécie souverainement le montant de l'indemnité complémentaire sans être tenue par l'évaluation du préjudice par la juridiction répressive. • Civ. 2e, 25 mai 1987, nº 86-10.674 P.

3. Les dispositions autorisant la victime à demander un complément d'indemnité concernent aussi bien les réparations allouées par la juridiction répressive que par la juridiction civile. • Civ. 2e, 9 déc. 2004 : *D. 2005. IR 114* .

Art. 706-9 *(L. nº 90-589 du 6 juill. 1990)* **La commission tient compte, dans le montant des sommes allouées à la victime au titre de la réparation de son préjudice :**

– des prestations versées par les organismes, établissements et services gérant un régime obligatoire de sécurité sociale et par ceux qui sont mentionnés aux arti-

cles 1106-9 *[L. 731-30 et L. 731-32]*, **1234-8** *[L. 752-13]* **et 1234-20** *[L. 752-28]* **du code rural et de la pêche maritime ;**

— des prestations énumérées au II de l'article 1er de l'ordonnance n° 59-76 du 7 janvier 1959 relative aux actions en réparation civile de l'État et de certaines autres personnes publiques ;

— des sommes versées en remboursement des frais de traitement médical et de rééducation ;

— des salaires et des accessoires du salaire maintenus par l'employeur pendant la période d'inactivité consécutive à l'événement qui a occasionné le dommage ;

— des indemnités journalières de maladie et des prestations d'invalidité versées par les groupements mutualistes régis par le code de la mutualité.

Elle tient compte également des indemnités de toute nature reçues ou à recevoir d'autres débiteurs au titre du même préjudice.

Les sommes allouées sont versées par le fonds de garantie des victimes des actes de terrorisme et d'autres infractions. — *V. note ss. art. 706-15.*

TOM : 863. — Mayotte : 899.

1. Les dispositions de l'art. 706-9 n'imposent pas à la victime d'une infraction de tenter d'obtenir l'indemnisation de son préjudice des personnes responsables du dommage causé par l'infraction, ou de leur assureur, préalablement à la saisine du président de la commission. • Civ. 2e, 13 déc. 2001, n° 00-12.105 P : *D. 2002. IR 258 ; RCA 2002. Comm. 97.*

2. L'indemnité doit être calculée suivant les règles du droit commun de la responsabilité. • Civ. 2e, 7 oct. 1992, n° 91-19.705 P • 23 juin 1993, n° 91-19.703 P • 8 oct. 1997 : *RCA 1997. Comm. 360* • 18 mai 2000 : *RCA 2000. Comm. 264 et Chron. 19, par Groutel* • Civ. 2e, 5 févr. 2004, n° 02-14.181 P : *RCA 2004. Comm. 139.*

3. Seule est de nature à diminuer le montant de la réparation du préjudice une circonstance qui est la conséquence nécessaire du fait dommageable. • Civ. 2e, 1er avr. 1999 : *RCA 1999. Comm. 219 (1re esp.).*

4. Sommes déduites de l'indemnité. Seuls doivent être imputés sur l'indemnité réparant le dommage résultant d'une atteinte à la personne les sommes versées à titre indemnitaire et les salaires et accessoires du salaire maintenus par l'employeur. • Civ. 2e, 6 nov. 1996 : *RCA 1997. Chron. 109, par Groutel.* ♦... Ainsi que les prestations mentionnées à l'art. 706-9. • Civ. 2e, 25 nov. 1999, n° 98-13.088 P : *RCA 2000. Comm. 50.* ♦ Dans la mesure où la commission d'indemnisation prend en compte les prestations d'invalidité versées par les groupements mutualistes régis par le code de la mutualité, la cour d'appel qui entend déduire des sommes allouées à une victime le capital versé par un groupement mutualiste doit rechercher s'il s'agit d'un versement à caractère indemnitaire ou de l'exécution d'un contrat d'assurance de personne non compris dans l'énumération de l'art. 706-9. • Civ. 2e, 13 déc. 2001, n° 00-14.494 P : *RCA 2002. Comm. 98.*

5. Viole l'art. 706-9 la cour d'appel qui déduit de la réparation du préjudice subi par la victime une somme versée au titre d'une garantie accident corporel souscrite auprès d'une société d'assurances alors qu'il résulte du contrat d'assurances que la somme versée à la victime était indépendante dans ses modalités de calcul et d'attribution de celles de la réparation du préjudice selon le droit commun et revêtait donc nécessairement un caractère forfaitaire. • Civ. 2e, 20 oct. 2005, n° 04-13.633 P : *D. 2005. IR 2771* ♦ En revanche, le capital-décès servi par une caisse de sécurité sociale dépendant, selon l'art. L. 361-1 CSS, du montant des revenus du défunt indemnise la perte de revenus. • Civ. 2e, 17 mars 2011 : *D. 2011. Actu. 1013 ; D. actu. 31 mars 2011, obs. Fleuriot.*

6. Seules peuvent être imputées sur l'indemnité réparant le dommage résultant d'une atteinte à la personne les sommes versées à titre indemnitaire ainsi que les prestations mentionnées à l'art. 706-9 ; l'allocation complémentaire de l'indemnité d'insertion, versée dans le cadre du devoir de solidarité nationale, n'a aucun caractère indemnitaire et doit être exclue du calcul de l'indemnité allouée par la CIVI. • Civ. 2e, 24 mai 2006, n° 04-19.210 P. ♦... De même pour l'allocation compensatrice attribuée au titre de la tierce personne, servie en exécution d'une obligation nationale destinée à garantir un minimum de ressources aux personnes handicapées, et dont le montant est fixé par le président du conseil général du département de résidence de l'intéressé compte tenu, notamment, de ses ressources. • Civ. 2e, 5 juill. 2006, n° 05-16.122 P : *D. 2006. IR 2276* .

7. Ne donne pas de base légale à sa décision la cour d'appel qui, pour refuser de déduire de l'indemnisation versée aux ayants droit d'une victime d'infraction les prestations versées en exécution d'un régime complémentaire, énonce que ces prestations n'entrent pas dans les prévisions de l'art. 706-9, sans rechercher si elles relèvent d'un régime obligatoire de sécurité sociale. • Civ. 2e, 2 déc. 1998, n° 97-13.338 P : *RCA 1999. Comm. 40.*

8. Les indemnités allouées par le Fonds de

garantie des victimes des actes de terrorisme et d'autres infractions ne sont pas subsidiaires à la prestation de compensation du handicap à laquelle peut prétendre une victime sans qu'elle soit obligée de la demander ; dès lors, si elle n'a pas été sollicitée, cette prestation ne saurait être considérée comme une indemnité à recevoir au sens de l'art. 706-9. • Civ. 2e, 4 févr. 2016, n° 14-29.255 P : *D. actu. 22 févr. 2016, obs. Kilgus ; AJ pénal 2016. 399, obs. Grégoire*.

9. Il appartient à la juridiction saisie de fixer le montant du préjudice global soumis à recours à la date de sa décision, d'en déduire les arrérages échus et le capital représentatif de la rente des arrérages à échoir. • Civ. 2e, 24 févr. 2000, n° 98-15.222 P : *RCA 2000. Comm. 155, obs. Groutel.*

10. La victime d'une infraction n'ayant pas informé une Commission d'indemnisation des victimes d'infraction (CIVI), malgré l'obligation qui lui était faite par l'art. R. 50-9, de ce qu'antérieurement à la décision de cette Commission de l'indemniser elle avait perçu une pension d'invalidité, fait l'exacte application des art. 706-9 et 706-10 et du principe selon lequel la réparation du préjudice doit être intégrale une cour d'appel qui retient que le remboursement des arrérages perçus et du capital représentatif devait venir en déduction de la somme allouée par le fonds de garantie au titre de l'incapacité permanente partielle. • Civ. 2e, 14 nov. 2002, n° 01-02.049 P.

11. En application de l'art. 706-9 et du principe de la réparation intégrale, le montant des indemnités journalières servies par l'organisme social, qui inclut la CSG et la CRDS, doit être imputé non sur le montant net du salaire mais sur un montant comprenant celui de ces deux prélèvements. • Civ. 2e, 25 juin 2009, n° 08-17.912 P.

12. Les dispositions de l'art. 31 de la L. du 5 juill. 1985, modifié par l'art. 25-IV de la L. du 21 déc. 2006, selon lequel le recours des tiers payeurs s'exerce poste par poste sur les seules indemnités qui réparent les préjudices qu'ils ont pris en charge, s'appliquent lorsque l'accident relève de la législation sur les accidents du travail. Il s'ensuit que, conformément à l'art. 706-9, la CIVI doit tenir compte, pour l'indemnisation du préjudice subi par la victime d'un accident du travail présentant le caractère d'une infraction commise par une personne autre que l'employeur et ses préposés, des prestations énumérées à l'art. 29 de la L. n° 85-677 du 5 juill. 1985 pour le montant qui résulte, poste par poste, de l'application de l'art. 31. • Civ. 2e, 22 janv. 2009, n° 07-16.974 P.

13. Le poste de préjudice de déficit fonctionnel temporaire, qui répare la perte de qualité de vie de la victime et des joies usuelles de la vie courante pendant la maladie traumatique, intègre le préjudice sexuel subi pendant cette période. • Civ. 2e, 11 déc. 2014 : *D. 2015. 469, note Guégan-Lécuyer*.

Art. 706-10 *(L. n° 90-589 du 6 juill. 1990)* **« Lorsque la victime, postérieurement au paiement de l'indemnité, obtient, du chef du même préjudice, une des prestations ou indemnités visées à l'article 706-9, le fonds peut demander »** *(L. n° 77-5 du 3 janv. 1977)* **à la commission qui l'avait accordée d'ordonner le remboursement total ou partiel de l'indemnité** *(L. n° 83-608 du 8 juill. 1983)* **« ou de la provision ».** – *V. note ss. art. 706-15.*

Art. 706-11 *(L. n° 90-589 du 6 juill. 1990)* **« Le fonds »** *(L. n° 83-608 du 8 juill. 1983)* **est subrogé dans les droits de la victime pour obtenir des personnes responsables du dommage causé par l'infraction ou tenues à un titre quelconque d'en assurer la réparation totale ou partielle le remboursement de l'indemnité ou de la provision versée par lui, dans la limite du montant des réparations à la charge desdites personnes.** *(L. n° 2016-731 du 3 juin 2016, art. 84)* **« Le recours du fonds ne peut s'exercer contre l'Agence de gestion et de recouvrement des avoirs saisis et confisqués. »**

(L. n° 90-589 du 6 juill. 1990) **« Le fonds » peut exercer ses droits par toutes voies utiles, y compris par voie de constitution de partie civile devant la juridiction répressive et ce, même pour la première fois, en cause d'appel.** *(L. n° 90-589 du 6 juill. 1990)* **« Lorsqu'il se constitue partie civile par lettre recommandée, le fonds peut demander le remboursement des sommes mises à sa charge sans limitation de plafond** *(Abrogé par L. n° 2008-644 du 1er juill. 2008, art. 1er)* ***« nonobstant les dispositions de l'article 420-1 »*.**

(L. n° 2008-644 du 1er juill. 2008, art. 1er) **« Les administrations ou services de l'État et des collectivités publiques, les organismes de sécurité sociale, les organismes qui assurent la gestion des prestations sociales, les établissements financiers et les entreprises d'assurance sont tenus de réunir et de communiquer au fonds les renseignements dont ils disposent ou peuvent disposer et qui sont utiles à la mise en œuvre de son action récursoire. Les renseignements ainsi recueillis ne peuvent être utilisés à d'autres fins que celles prévues au présent article ou à l'article L. 422-8 du code des assurances. Leur divulgation est interdite.**

« Lorsque l'auteur de l'infraction a fait l'objet d'une obligation d'indemnisation de la victime dans le cadre d'une peine de sanction-réparation, d'un sursis probatoire ou d'une décision d'aménagement de peine ou de libération conditionnelle et que la victime a été indemnisée par le fonds, soit en application du présent titre, soit du titre XIV *bis*, cette obligation doit alors être exécutée au bénéfice du fonds de garantie dans l'exercice de son recours subrogatoire et de son mandat de recouvrement au profit de la victime. »

BIBL. ▶ SCHULTZ, *AJ pénal 2021. 297* (l'indemnisation des victimes par la garantie collective : les fonds de garantie).

1. Il résulte des dispositions combinées des art. L. 422-1 C. assur. et 706-11 que, si le Fonds de garantie des victimes des actes de terrorisme et d'autres infractions est subrogé dans les droits des victimes, il ne peut exercer son recours que dans la limite des réparations mises à la charge des personnes responsables du dommage causé par l'infraction ou tenues, à un titre quelconque, d'en assurer la réparation totale ou partielle ; il s'ensuit que c'est à bon droit que la cour d'appel déclare irrecevable, en l'état, la demande de Fonds de garantie tendant à être remboursé des sommes versées en application de la transaction intervenue avec les victimes, alors que des expertises sont en cours et que le préjudice des victimes n'est pas déterminé par la juridiction de jugement. • Crim. 13 mars 1996, n° 95-81.995 P : *Dr. pénal 1996. Comm. 275, note J.-H. Robert.* ♦ ... Et il résulte des mêmes articles qu'il ne peut exercer son recours que s'il justifie que les personnes dans les droits desquelles il est subrogé ont subi un préjudice découlant de l'infraction. • Crim. 24 nov. 2004, n° 04-80.226 P.

2. Une cour d'appel ne peut condamner l'accusé à payer au fonds de garantie des victimes d'infraction une somme supérieure à celle qui a été allouée en première instance aux différentes parties civiles constituées, lesquelles n'ont pas interjeté appel de cette décision. • Crim. 9 janv. 2019, n° 17-87.070 P : *AJ pénal 2019. 213, obs. Lasserre Capdeville* .

3. Il résulte de l'art. 706-11 que, dans l'instance sur recours subrogatoire du FGTI, l'auteur d'une infraction est en droit d'opposer à ce dernier les exceptions qu'il aurait été en mesure d'opposer à la victime subrogeante et *notamment de discuter* l'existence et le montant des indemnités allouées en réparation des préjudices subis. • Civ. 2e, 3 nov. 2011 : *D. 2011. 2867* ; *RCA 2012, n° 11, obs. Groutel.* ♦ Dans le cadre du recours subrogatoire du fonds de garantie des victimes, le défendeur est en droit d'opposer au fonds les moyens de défense qu'il aurait été en mesure d'opposer à la victime subrogeante. • Civ. 2e, 7 févr. 2013 : *D. actu. 5 mars 2013, obs. De Ravel d'Esclapon ; D. 2013. Actu. 432* .

4. Seule l'infraction ayant ouvert droit à indemnisation de la victime par la CIVI peut fonder le recours subrogatoire du fonds de garantie : ne peut être recevable l'action du fonds contre l'agent judiciaire du Trésor pour la faute lourde des services de police qui, s'ils sont restés inactifs, n'en ont pas pour autant participé à l'infraction ayant ouvert droit à l'indemnisation par la CIVI. • Civ. 2e, 5 juill. 2006, n° 05-13.606 P.

5. Le caractère autonome de la détermination de l'indemnité fait obstacle à l'exercice du recours subrogatoire prévu par l'art. 706-11 sur le fondement du jugement rendu par la juridiction répressive. • Civ. 2e, 5 févr. 2004, n° 02-14.324 P : *RCA 2004. Comm. 141.*

6. Lorsque la juridiction pénale a statué sur le préjudice résultant du choc émotionnel provoqué par l'infraction mais que la CIVI, qui a été ultérieurement saisie par la victime, a fixé un autre montant pour l'indemnisation du préjudice résultant de l'aggravation de l'état de la victime, le fonds de garantie est en droit de solliciter la condamnation de l'auteur des faits à lui rembourser le montant des préjudices n'ayant pas été indemnisés par la juridiction pénale. • Civ. 2e, 14 juin 2006, n° 04-17.751 P.

7. Investi par le législateur d'une mission d'intérêt général de protection des victimes, le FGTI peut se prévaloir, en application de l'art. 706-11, de l'exclusion, prévue pour les réparations pécuniaires allouées aux victimes dans le cadre d'une condamnantion pénale, de toute mesure d'effacement de dette le concernant. • Civ. 2e, 12 mai 2016, n° 15-13.742 P : *D. 2016. Actu. 1080* .

8. A défaut de dérogations édictées par la loi, l'impossibilité d'appliquer en matière pénale les art. 554 et 555 C. pr. civ. s'oppose à toute demande des groupements mutualistes pour la première fois en cause d'appel. • Crim. 5 oct. 2010, n° 09-85.156 P : *Procédures 2011, n° 35, obs. Buisson.*

9. Constitution de partie civile du fonds. Le fonds de garantie peut se constituer partie civile même pour des personnes qui ne se sont pas constituées parties civiles à titre personnel. • Crim. 31 mai 2000, n° 99-84.507 P • 12 sept. 2007 : *Dr. pénal 2007. Comm. 165, obs. Maron* • Civ. 2e, 23 mai 2002, n° 00-19.830 P : *RCA 2002. Comm. 261, obs. Groutel.*

10. La constitution de partie civile du fonds de garantie des victimes d'actes de terrorisme et d'autres infractions (FGTI) a uniquement pour objet d'obtenir des personnes responsables le remboursement de l'indemnité ou de la provision qu'il a versée, dans la limite du montant des réparations mises à leur charge. Son recours subrogatoire ne peut donc s'exercer que devant les juridictions de jugement et doit être déclarée irrecevable la constitution de partie civile du FGTI devant une chambre de l'instruction. • Crim. 5 oct. 2010, n° 09-82.862 P : *D. 2010. Actu. 2582*.

11. L'art. 706-11, autorisant le Fonds de garantie à se constituer partie civile devant la juridiction répressive, et ce, même pour la première fois, en cause d'appel, la demanderesse n'est pas fondée à se faire un grief du fait que la constitution dudit fonds ait été admise en cause d'appel. • Crim. 29 oct. 2002, n° 01-82.109 P : *Dr. pénal 2003. Comm. 26, obs. Maron* • 17 mars 2004, n° 03-84.448 P : *D. 2004. IR 1286 ; JCP 2004. IV. 1959 ; RSC 2004. 672, obs. Giudicelli* • 12 sept. 2007 : *préc. note 9.*

12. La constitution de partie civile du Fonds de garantie devant la juridiction pénale n'implique pas son acquiescement à la décision de la CIVI assortie de l'exécution provisoire. • Civ. 2e, 6 juin 2002, n° 01-01.609 P.

13. Régime de la prescription. Au regard de la prescription, le régime du recours du fonds de garantie est celui applicable à l'action de la victime. • Civ. 1re, 17 nov. 1999 : *RCA 2000. Comm. 51, obs. Groutel.*

Art. 706-12 *(L. n° 77-5 du 3 janv. 1977)* **Si la victime ou ses ayants droit se constituent partie civile devant la juridiction répressive ou engagent une action contre les personnes responsables du dommage, ils doivent indiquer, en tout état de la procédure, s'ils ont saisi la commission instituée par l'article 706-4 et si, le cas échéant, celle-ci leur a accordé une indemnité.**

A défaut de cette indication, la nullité du jugement en ce qui concerne ses dispositions civiles pourra être demandée par toute personne intéressée pendant deux ans à compter de la date à partir de laquelle ledit jugement est devenu définitif.

Si l'art. 706-12 impose à la victime ou à ses ayants droit d'indiquer, en tout état de la procédure, s'ils ont saisi la commission instituée par l'art. 706-4 et si, le cas échéant, celle-ci leur a accordé une indemnité, la nullité, pour défaut de cette indication, du jugement ou de l'arrêt en ce qui concerne ses dispositions civiles, ne peut être soulevée, pendant 2 ans, qu'à compter de la date à partir de laquelle ledit jugement ou ledit arrêt est devenu définitif. • Crim. 22 sept. 1999, n° 99-80.594 P.

Art. 706-13 *Abrogé par L. n° 90-589 du 6 juill. 1990, à compter du 1er janv. 1991.*

Art. 706-14 *(L. n° 90-589 du 6 juill. 1990)* **Toute personne qui, victime d'un vol, d'une escroquerie** *(L. n° 2000-516 du 15 juin 2000, art. 118)* **« , d'un abus de confiance, d'une extorsion de fonds ou d'une destruction, d'une dégradation ou d'une détérioration d'un bien lui appartenant, » ne peut obtenir à un titre quelconque une réparation ou une indemnisation effective et suffisante de son préjudice, et se trouve de ce fait dans une situation matérielle** *(L. n° 2000-516 du 15 juin 2000, art. 118)* **« ou psychologique » grave, peut obtenir une indemnité dans les conditions prévues par les articles 706-3 (3° et dernier alinéa) à 706-12, lorsque ses ressources sont inférieures** *(L. n° 91-647 du 10 juill. 1991)* **« au plafond prévu par l'article 4 de la loi n° 91-647 du 10 juillet 1991 relative à l'aide juridique pour bénéficier de l'aide juridictionnelle partielle », compte tenu, le cas échéant, de ses charges de famille.**

L'indemnité est au maximum égale au triple du montant mensuel de ce plafond de ressources.

Ces dispositions sont aussi applicables aux personnes mentionnées à l'article 706-3 qui, victimes d'une atteinte à la personne prévue par cet article, ne peuvent à ce titre prétendre à la réparation intégrale de leur préjudice, les faits générateurs de celui-ci ayant entraîné une incapacité totale de travail inférieure à un mois. — *V. note ss. art. 706-15.*

TOM : 864. — Mayotte : 900.

1. Caractère limitatif de l'énumération légale. *L'énumération de vol,* escroquerie et abus de confiance est limitative. Doit être cassée la décision du président d'une commission d'indemnisation qui, pour allouer une provision à une victime, relève que la falsification de chèque et l'usage de chèque falsifié reposent sur le même mécanisme que l'escroquerie et sont punis des mêmes peines. • Civ. 2e, 30 nov. 1988, n° 87-13.772 P. ♦ Conf. : • Civ. 2e, 6 nov. 1991, n° 90-16.040 P : *RCA 1992. Comm. 54.* ♦ ... Ou que le bris de la vitre d'un appartement pouvait être assimilé à une tentative de vol et que les conséquences de cette tentative peuvent faire l'objet d'une indemnisation par l'État. • Civ. 2e, 3 mai 1990, n° 88-12.099 P : *RCA 1990. Comm. 241.* ♦ ... Ou que l'extorsion de fonds n'exclut pas la qualification de vol. • Civ. 2e, 29 janv. 1992, n° 89-20.997 P : *RCA 1992. Comm. 132 (2e esp.).* ♦ De même doit être cassée la décision du président qui déclare recevable la demande d'indemnisation d'une victime d'abus de faiblesse au motif que cette infraction est voisine de l'escroquerie. • Civ. 2e, 6 juin 2002, n° 00-21.219 P : *RCA 2002. Comm. 293* • 26 sept. 2002, n° 01-02.767 P : *Resp. civ. et assur. 2002. Comm. 359.*

2. Gravité de la situation matérielle. Doit être cassée la décision de la commission d'indemnisation qui a alloué à la victime d'une escroquerie une indemnité sans constater qu'elle se trouvait dans une situation matérielle grave. • Civ. 2e, 30 nov. 1988, n° 87-17.990 P.

3. La victime doit être indemnisée, dès lors que l'infraction a contribué, fût-ce pour partie, à la placer dans une situation matérielle grave. • Civ. 2e, 11 juin 1998, n° 96-12.291 P : *RCA 1998. Comm. 311.*

4. Appréciation de la situation matérielle. Les juges du fond doivent préciser en quoi les circonstances de l'espèce, qu'ils apprécient souverainement, rendent grave la situation matérielle de la victime. • Civ. 2e, 9 déc. 1999 : *RCA 2000. Comm. 81.*

5. Appréciation du préjudice psychologique grave. Dans la mesure où toute loi nouvelle s'applique immédiatement aux effets à venir des situations juridiques non contractuelles en cours au moment où elle entre en vigueur, même lorsque la situation en question fait l'objet d'une instance judiciaire, les dispositions relatives à l'indemnisation du préjudice psychologique grave issues de la loi du 15 juin 2000 étaient immédiatement applicables y compris pour une demande d'indemnisation présentée en 1998 puisque la cour a statué le 23 juin 2000. • Civ. 2e, 7 mai 2003, n° 01-16.554 P : *D. 2004. IR 1482* .

6. Mineur. La situation matérielle grave du fait de l'absence d'indemnisation, au sens de l'art. 706-14, s'apprécie en la personne de la victime, fût-elle mineure. • Civ. 2e, 14 janv. 1999, n° 97-13.103 P : *RCA 1999. Comm. 102.*

7. C'est dans l'exercice de son pouvoir souverain d'appréciation des éléments de fait et de preuve qui lui étaient soumis, et se plaçant à la date de la demande, qu'une cour d'appel a estimé qu'un enfant mis en complète dépendance de l'aide de la collectivité publique et privé de tout support économique de son milieu familial se voit imposer, en raison de l'infraction dont il a été victime de la part de son père et de l'impossibilité d'obtenir une indemnisation, un cadre de vie précaire, de sorte que sa situation constitue une situation matérielle grave au sens de l'art. 706-14. • Civ. 2e, 15 avr. 1999, n° 97-19.508 P : *RCA 1999. Comm. 220.* ♦ ... Sous la condition de l'ITT exigée par l'art. 706-14, dernier al. • Civ. 2e, 10 juin 1999 : *RCA 1999. Comm. 294.*

8. Exclusion des personnes morales. L'art. 706-14 lie indissociablement la possibilité d'obtenir l'indemnité sollicitée à des conditions de ressources. Cette condition, qui est sans signification s'agissant de personnes morales, a pour effet d'exclure celles-ci du bénéfice des dispositions dudit article. La référence que celui-ci fait à la loi relative à l'aide juridique, qui accorde l'aide juridictionnelle aux seules personnes physiques, renforce cette analyse. • Paris, 8 avr. 1998 : *D. 1998. IR 129.* ♦ Dans le même sens, s'agissant d'une association bénéficiant de l'aide juridictionnelle totale et qui avait vu, à tort, sa requête déclarée recevable. • Civ. 2e, 30 mai 2007 : *D. 2007. AJ 1728* .

9. Évaluation des ressources. Les ressources à prendre en compte pour apprécier le droit d'une victime à obtenir une indemnité en réparation dans le cadre de l'art. 706-14 s'entendent des seules ressources propres à la victime majeure, quand bien même celle-ci vivrait habituellement au domicile d'une personne dont les ressources seraient supérieures au plafond. • Civ. 2e, 15 mars 2001, n° 99-17.007 P : *D. 2001. IR 1218* ; *RCA 2001. Comm. 188.* ♦ Pour apprécier l'applicabilité de l'art. 706-14 à une victime, il faut prendre en compte ses ressources et non son revenu imposable. • Civ. 2e, 29 mars 2001, n° 99-17.584 P : *D. 2001. IR 1218* ; *RCA 2001. Comm. 188.*

10. Pour l'application des dispositions de l'art. 706-14, il convient de prendre en considération, non le revenu imposable de la victime, mais ses ressources. • Civ. 2e, 29 mars 2001, n° 99-17.584 P. ♦ En application de l'art. 706-14, les charges de famille sont prises en compte pour la seule détermination des ressources ouvrant droit à indemnisation et non pour la fixation du montant maximum de l'indemnité allouée à la victime. • Civ. 2e, 10 oct. 2002, n° 01-12.253 P.

11. Art. 706-14, al. 3. Ayant constaté que les faits pour lesquels le père d'une victime mineure avait été condamné n'avaient pas entraîné une incapacité totale de travail pour l'enfant, au sens de l'art. 706-14, dernier al., une cour d'appel en a exactement déduit que les conditions d'une indemnisation par le Fonds des préjudices résultant éventuellement des atteintes à la personne de la mineure n'étaient pas remplies. • Civ. 2e, 9 déc. 2010, n° 09-71.202 P. ♦ Si l'art. 706-14, al. 3 prévoit que les dispositions des deux alinéas précédents sont applicables aux personnes victimes d'un dommage corporel n'ayant pas entraîné une incapacité totale de travail au moins égale à un mois, le droit à indemnisation ne leur demeure cependant ouvert qu'aux conditions prévues par ces dispositions ; ainsi, conformément à l'al. 1er, ce droit est ouvert à la victime lorsque, d'une part, elle ne peut pas obtenir une indemnisation effective et suffisante de son préjudice à un titre quelconque et se trouve de ce fait dans une situation matérielle ou psychologique grave et, d'autre part, lorsque ses ressources sont inférieures au plafond prévu pour l'attribution de l'aide juridictionnelle partielle, compte tenu, le cas échéant, de ses charges de famille. • Civ. 2e, 16 avr. 2015, ☎ n° 13-23.436 P : *D. actu. 7 mai 2015, obs. Priou-Alibert.*

Art. 706-14-1 *(L. n° 2008-644 du 1er juill. 2008, art. 3)* **L'article 706-14 est applicable à toute personne victime de la destruction par incendie d'un véhicule terrestre à moteur lui appartenant qui justifie au moment des faits avoir satisfait aux dispositions du code de la route relatives au certificat d'immatriculation et au contrôle technique ainsi qu'aux obligations prévues à l'article L. 211-1 du code des assurances, sans qu'elle ait à établir qu'elle se trouve dans une situation matérielle ou psychologique grave ; elle peut alors bénéficier d'une indemnité lorsque ses ressources ne dépassent pas 1,5 fois le plafond prévu par le premier alinéa de l'article 706-14.**

Le présent article s'applique dès lors que le fait a été commis sur le territoire national.

Le droit à indemnisation que la victime tient de l'art. 706-14-1 ne se limite pas à l'indemnisation au seul préjudice matériel subi du fait de la perte du véhicule mais concerne tous les préjudices causés par la destruction du véhicule, dans la limite du plafond légal d'indemnisation. • Civ. 2e, 23 févr. 2012 : ☎ *D. 2012. Pan. 2057, obs. Adida-Canac et Bouvier* ✐. ♦ Pour l'application de l'art. 706-14-1, le caractère suffisant de l'indemnité reçue de l'assureur doit être apprécié, non par rapport aux ressources de la victime, mais par rapport au montant du préjudice subi. • Même arrêt.

Art. 706-14-2 *(L. n° 2020-1672 du 24 déc. 2020, art. 8)* **Toute personne physique ayant subi un préjudice résultant de faits volontaires ou non, commis à l'étranger, susceptibles de relever de la compétence d'une juridiction pénale disposant, en application des dispositions du présent code, d'une compétence territoriale concurrente et spécialisée s'étendant sur le ressort de plusieurs tribunaux judiciaires ou sur l'ensemble du territoire peut, lorsque ces faits présentent le caractère matériel d'une infraction et répondent aux conditions prévues à l'article 706-3 du présent code ou à l'article L. 126-1 du code des assurances, obtenir du fonds de garantie des victimes des actes de terrorisme et d'autres infractions une aide financière au titre des frais de voyage, de l'indemnité de comparution et de l'indemnité journalière de séjour pour répondre à une convocation à l'audience de jugement d'un procès pénal tenu à l'étranger, selon des modalités et conditions prévues par voie réglementaire.**

Art. 706-15 *(L. n° 2000-516 du 15 juin 2000, art. 116, en vigueur le 1er janv. 2001)* **Lorsqu'une juridiction condamne l'auteur d'une infraction mentionnée aux articles 706-3 et 706-14 à verser des dommages-intérêts à la partie civile, elle informe cette dernière de la possibilité de saisir la commission d'indemnisation des victimes d'infraction** *(L. n° 2016-731 du 3 juin 2016, art. 61)* **« d'une demande d'indemnité ou de saisir le fonds de garantie des victimes des actes de terrorisme et d'autres infractions d'une demande d'aide au recouvrement ».**

Ecqc le recours en indemnité ouvert aux victimes d'actes de terrorisme, V. C. assur. art. L. 126-1 s., L. 422-1 s., R. 126-2 s. et R. 422-1 s. — ***C. assur.***

Lorsqu'une juridiction alloue à la victime des dommages et intérêts susceptibles d'être indemnisés par la CIVI, elle l'informe de cette possibilité, conformément à l'art. 706-15, et le délai d'un an pour saisir la commission court à compter de cet avis. • Civ. 2e, 28 mars 2013 : ☎ *D. actu. 12 avr. 2013, obs. Kilgus.*

Convention européenne relative au dédommagement des victimes d'infractions violentes,

Faite à Strasbourg le 24 nov. 1983 ; entrée en vigueur le 1er juin 1990. — Publiée par Décr. n° 90-447 du 29 mai 1990 (D. et ALD 1990. 249).

TITRE Ier. PRINCIPES FONDAMENTAUX

Art. 1er Les Parties s'engagent à prendre les dispositions nécessaires pour donner effet aux principes énoncés au titre Ier de la présente Convention.

Art. 2 — 1. Lorsque la réparation ne peut être entièrement assurée par d'autres sources, l'État doit contribuer au dédommagement :

a) De ceux qui ont subi de graves atteintes au corps ou à la santé résultant directement d'une infraction intentionnelle de violence ;

b) De ceux qui étaient à la charge de la personne décédée à la suite d'une telle infraction.

2. Le dédommagement prévu à l'alinéa précédent sera accordé même si l'auteur ne peut pas être poursuivi ou puni.

Art. 3 L'indemnité sera accordée par l'État sur le territoire duquel l'infraction a été commise :

a) Aux ressortissants des États parties à la présente convention ;

b) Aux ressortissants de tous les États membres du Conseil de l'Europe qui résident en permanence dans l'État sur le territoire duquel l'infraction a été commise.

Art. 4 Le dédommagement couvrira au moins, selon le cas, les éléments suivants du préjudice : perte de revenus, frais médicaux et d'hospitalisation, frais funéraires et, en ce qui concerne les personnes à charge, perte d'aliments.

Art. 5 Le régime de dédommagement peut fixer au besoin, pour l'ensemble ou pour les éléments de l'indemnité, une limite supérieure au-dessus de laquelle et un seuil minimum au-dessous duquel aucun dédommagement ne sera versé.

Art. 6 Le régime de dédommagement peut fixer un délai dans lequel les requêtes en dédommagement doivent être introduites.

Art. 7 Le dédommagement peut être réduit ou supprimé compte tenu de la situation financière du requérant.

Art. 8 1. Le dédommagement peut être réduit ou supprimé en raison du comportement de la victime ou du requérant avant, pendant ou après l'infraction, ou en relation avec le dommage causé.

2. Le dédommagement peut aussi être réduit ou supprimé si la victime ou le requérant est impliqué dans la criminalité organisée ou appartient à une organisation qui se livre à des infractions de violence.

3. Le dédommagement peut également être réduit ou supprimé dans le cas où une réparation, totale ou partielle, serait contraire au sens de la justice ou à l'ordre public.

Art. 9 Afin d'éviter un double dédommagement, l'État ou l'autorité compétente peut imputer sur le dédommagement accordé ou réclamer à la personne indemnisée toute somme, relative au préjudice, reçue du délinquant, de la sécurité sociale, d'une assurance ou provenant de toute autre source.

Art. 10 L'État ou l'autorité compétente peut être subrogé dans les droits de la personne indemnisée à concurrence du montant versé.

Art. 11 Les parties s'engagent à prendre les mesures appropriées afin que des informations concernant le régime de dédommagement soient à la disposition des requérants potentiels.

....

DÉCLARATIONS

Pour l'application de l'article 3, le Gouvernement de la République française déclare :

— en ce qui concerne les ressortissants des États membres des Communautés européennes, qu'ils sont assimilés aux ressortissants français ;

— en ce qui concerne les ressortissants des États non membres des Communautés européennes, qu'ils sont considérés comme résidant en permanence en France, aux termes du paragraphe *b,* lorsqu'ils sont titulaires d'une carte de résident.

Conformément à l'article 12, le Gouvernement de la République française désigne le bureau de la protection des victimes et de la prévention du ministère de la justice, 13, place Vendôme, 75042 Paris Cedex 01, en tant qu'autorité centrale chargée de recevoir et de traiter les demandes d'assistance.

Les demandes d'indemnité présentées en application de la présente convention seront examinées par la commission prévue à l'article 706-4 du code français de procédure pénale, conformément aux dispositions des articles 706-3 à 706-12 dudit code.

TITRE QUATORZIÈME *BIS* DE L'AIDE AU RECOUVREMENT DES DOMMAGES ET INTÉRÊTS POUR LES VICTIMES D'INFRACTIONS

(L. nº 2008-644 du 1er juill. 2008, art. 1er et 14-II, applicable à toutes les décisions juridictionnelles rendues à compter du 1er oct. 2008)

Art. 706-15-1 Toute personne physique qui, s'étant constituée partie civile, a bénéficié d'une décision définitive lui accordant des dommages et intérêts en réparation du préjudice qu'elle a subi du fait d'une infraction pénale, mais qui ne peut pas obtenir une indemnisation en application des articles 706-3 ou 706-14, peut solliciter une aide au recouvrement de ces dommages et intérêts ainsi que des sommes allouées en application des articles 375 ou 475-1.

Cette aide peut être sollicitée y compris si l'auteur de l'infraction fait l'objet d'une obligation d'indemnisation de la victime dans le cadre d'une peine de sanction-réparation, d'un sursis probatoire ou d'une décision d'aménagement de peine ou de libération conditionnelle.

Art. 706-15-2 En l'absence de paiement volontaire des dommages et intérêts ainsi que des sommes allouées en application des articles 375 ou 475-1 par la personne condamnée dans un délai de deux mois suivant le jour où la décision concernant les dommages et intérêts est devenue définitive, la partie civile peut saisir le fonds de garantie des victimes des actes de terrorisme et d'autres infractions d'une demande d'aide au recouvrement.

A peine de forclusion, la demande d'aide au recouvrement doit être présentée dans le délai d'un an à compter du jour où la décision est devenue définitive. Toutefois, le fonds de garantie peut relever la victime de la forclusion pour tout motif légitime. En cas de refus opposé par le fonds, la victime peut être relevée de la forclusion par le président du tribunal judiciaire statuant par ordonnance sur requête. A peine d'irrecevabilité, la requête est présentée dans le mois suivant la décision de refus.

La victime est tenue de communiquer au fonds tout renseignement de nature à faciliter le recouvrement de créance.

Agissant seule ou conjointement avec le débiteur, la victime peut renoncer à l'assistance au recouvrement. Toutefois, les frais de gestion et les frais de recouvrement exposés par le fonds demeurent exigibles.

TITRE QUATORZIÈME *QUATER [TER]* DU BUREAU D'AIDE AUX VICTIMES

(L. nº 2014-896 du 15 août 2014, art. 26, en vigueur le 1er oct. 2014)

Art. 706-15-4 Dans chaque tribunal judiciaire, il est institué un bureau d'aide aux victimes, dont la composition, les missions et les modalités de fonctionnement sont précisées par décret. — *V. art. D. 47-6-15.*

TITRE QUINZIÈME DE LA POURSUITE DE L'INSTRUCTION ET DU JUGEMENT DES ACTES DE TERRORISME *(L. nº 92-1336 du 16 déc. 1992).*

(L. nº 86-1020 du 9 sept. 1986)

RÉP. PÉN. vº *Terrorisme*, par MAYAUD.

BIBL. ▸ BOULOC, *RSC 1987. 247.* – KOERING-JOULIN, JCP 1982. I. 3066 ; RSC 1987. 621. – MARGUÉNAUD, *RSC 1990. 1.* – OTTENHOF, *RSC 1987. 836.* – PRADEL, *D. 1987. Chron. 39.* – SOULIER, *RSC 1987. 663.*

▸ **Dossiers :** Lutte contre le terrorisme : nouveaux moyens, *AJ pénal 2013. 441* s. : AUBERT (mandat d'arrêt européen). – BARANGER, BONELLI et PICHAUD (mineurs). – BENDAVID, *AJ pénal 2019. 192* (procureur national antiterroriste). – BÉNICHOU (accès à un compte de données personnelles à l'insu de son titulaire). – CAPPELLO (interdiction de sortie du territoire). – CUTAJAR (gel des avoirs terroristes) ; Les nouvelles dispositions de lutte contre le terrorisme (L. nº 2014-1353 du 13 nov. 2014), *AJ pénal 2014. 555* s. – GODEBERGE et DAOUD (provocation et apologie). –

MAYAUD (politique d'incrimination du terrorisme à la lumière de la législation récente). – MEGIE et PAWELLA (procès correctionnels des filières djihadistes). – MOLINS (coopération judiciaire). – QUÉMENEUR (terrorisme face au cyberespace). – ROUIDI (évolutions) ; La coopération judiciaire à l'heure du terrorisme, *AJ pénal 2017. 107* ✎ *s.* – ROUX-DEMARE (décision d'enquête européenne). – RIVAUX et GONTRAN (rôle du magistrat de liaison) ; A l'épreuve du terrorisme, *Cah. just. 2017. 207 s.* : LE MONNIER DE GOUVILLE (politique criminelle). – RUDETZKI (entretien). – DE PAS (entretien). – ODINET (état d'urgence). – SLAMA et HENNETTE VAUCHEZ (Harry Potter au Palais royal ?).

Art. 706-16 *(L. nº 96-647 du 22 juill. 1996)* **« Les actes de terrorisme incriminés par les articles 421-1 à** *(L. nº 2006-64 du 23 janv. 2006, art. 11)* **« 421-6 » du code pénal »** *(L. nº 92-1336 du 16 déc. 1992)* **ainsi que les infractions connexes sont poursuivis, instruits et jugés selon les règles du présent code sous réserve des dispositions du présent titre.**

(L. nº 96-647 du 22 juill. 1996) **« Ces dispositions sont également applicables à la poursuite, à l'instruction et au jugement des actes de terrorisme commis à l'étranger lorsque la loi française est applicable en vertu des dispositions de la section II du chapitre III du titre Ier du livre Ier du code pénal. »**

(L. nº 2011-1862 du 13 déc. 2011, art. 32-I et 70-II, en vigueur le 1er janv. 2012) **« Elles sont également applicables à la poursuite, à l'instruction et au jugement des actes de terrorisme commis hors du territoire de la République par les membres des forces armées françaises ou à l'encontre de celles-ci dans les cas prévus au chapitre Ier du titre II du livre Ier du code de justice militaire. »**

(L. nº 2015-912 du 24 juill. 2015, art. 19) **« Ces dispositions sont également applicables à la poursuite, à l'instruction et au jugement des infractions prévues à l'article 706-25-7 du présent code. »**

(L. nº 2014-1353 du 13 nov. 2014, art. 9) **« La section I du présent titre est également applicable à la poursuite, à l'instruction et au jugement des infractions commises en détention par une personne détenue, prévenue, condamnée, recherchée dans le cadre d'un mandat d'arrêt européen ou réclamée dans le cadre d'une extradition pour des actes de terrorisme incriminés par les articles 421-1 à 421-6 du code pénal.**

« Ces dispositions sont également applicables à la poursuite, à l'instruction et au jugement des infractions d'évasion incriminées par les articles 434-27 à 434-37 du même code, des infractions d'association de malfaiteurs prévues à l'article 450-1 dudit code lorsqu'elles ont pour objet la préparation de l'une des infractions d'évasion précitées, *(Ord. nº 2020-1733 du 16 déc. 2020, art. 11, en vigueur le 1er mai 2021)* **« des infractions prévues aux articles L. 824-4 à L. 824-7 du code de l'entrée et du séjour des étrangers et du droit d'asile » ainsi que des infractions prévues à l'article L. 224-1 du code de** *[la]* **sécurité intérieure, lorsqu'elles sont commises par une personne détenue, prévenue, condamnée, recherchée dans le cadre d'un mandat d'arrêt européen ou réclamée dans le cadre d'une extradition pour des actes de terrorisme incriminés par les articles 421-1 à 421-6 du code pénal. »**

Ecqc l'entraide judiciaire internationale en matière de répression des attentats terroristes à l'explosif, V. Décr. nº 2002-668 du 24 avr. 2002 (JO 2 mai) portant publication de la convention de New York du 12 janv. 1998.

Sur l'entrée en vigueur de l'art. 19 de la L. nº 2015-912 du 24 juill. 2015, V. note au-dessus de l'art. 706-25-3.

1. Application dans le temps. Sauf lorsque la loi en dispose autrement, les art. 706-16 s. sont applicables aux faits commis avant le 1er mars 1994, dès lors que ces faits entrent dans les prévisions tant de l'art. 706-16 anc. que des art. 421-1 à 421-5 nouv. C. pén. • Crim. 22 sept. 1998, ⚖ nº 98-83.555 P.

2. L'art. 706-16 n'institue pas de nouvelles incriminations mais désigne les infractions qui, lorsqu'il est constaté qu'elles sont en relation avec une entreprise individuelle ou collective ayant pour but de troubler gravement l'ordre public par l'intimidation ou la terreur, seront poursuivies, instruites et jugées selon les dispositions du titre quinzième de ce code. • Crim. 7 mai 1987, ⚖ nº 87-80.822 P. ♦ Sauf dispositions contraires expresses, toute loi de procédure et de compétence est d'effet immédiat. Ainsi, lorsque le législateur, après avoir restreint l'application d'une loi de procédure aux faits commis postérieurement à son entrée en vigueur, décide que certains articles seront applicables aux procédures en cours, ces articles s'appliquent aux faits commis avant la promulgation de ladite loi. • Même arrêt.

Code de la sécurité intérieure

(Ord. n° 2012-351 du 12 mars 2012)

TITRE II. LUTTE CONTRE LE TERRORISME ET LES ATTEINTES AUX INTÉRÊTS FONDAMENTAUX DE LA NATION

CHAPITRE II. *ACCÈS À DES TRAITEMENTS ADMINISTRATIFS AUTOMATISÉS ET À DES DONNÉES DÉTENUES PAR DES OPÉRATEURS PRIVÉS (L. n° 2013-1168 du 18 déc. 2013, art. 15, en vigueur au plus tard le 30 juin 2014).*

Art. L. 222-1 *(L. n° 2013-1168 du 18 déc. 2013, art. 15)* « I. — » Pour les besoins de la prévention et de la répression des atteintes *(L. n° 2013-1168 du 18 déc. 2013, art. 15)* « aux intérêts fondamentaux de la Nation » et des actes de terrorisme, les agents individuellement désignés et dûment habilités des services de police et de gendarmerie nationales spécialement chargés de ces missions peuvent, dans les conditions fixées par la loi n° 78-17 du 6 janvier 1978 relative à l'informatique, aux fichiers et aux libertés, avoir accès aux traitements automatisés suivants :

1° Le fichier national des immatriculations ;

2° Le système national de gestion des permis de conduire ;

3° Le système de gestion des cartes nationales d'identité ;

4° Le système de gestion des passeports ;

5° Le système informatisé de gestion des dossiers des ressortissants étrangers en France ;

6° Les données à caractère personnel, mentionnées *(Ord. n° 2020-1733 du 16 déc. 2020, art. 13, en vigueur le 1er mai 2021)* « aux 2° à 4° de l'article L. 142-1 et à l'article L. 142-2 » du code de l'entrée et du séjour des étrangers et du droit d'asile, relatives aux ressortissants étrangers qui, ayant été contrôlés à l'occasion du franchissement de la frontière, ne remplissent pas les conditions d'entrée requises ;

7° Les données à caractère personnel mentionnées *(Ord. n° 2020-1733 du 16 déc. 2020, art. 13, en vigueur le 1er mai 2021)* « au 1° de l'article L. 142-1 » du même code.

(L. n° 2013-1168 du 18 déc. 2013, art. 15) « II. — Pour les seuls besoins de la prévention des atteintes et des actes mentionnés au premier alinéa du I, les agents individuellement désignés et dûment habilités des services spécialisés de renseignement mentionnés *(L. n° 2015-912 du 24 juill. 2015, art. 21)* « à l'article L. 811-2 du présent code » sont également » les agents des services de renseignement du ministère de la défense individuellement désignés et dûment habilités sont également autorisés, dans les conditions fixées par la loi n° 78-17 du 6 janvier 1978 précitée, à accéder aux traitements automatisés mentionnés ci-dessus.

(L. n° 2013-1168 du 18 déc. 2013, art. 15) « Un décret en Conseil d'État détermine les services de renseignement mentionnés au premier alinéa du présent II et les modalités de leur accès aux traitements automatisés mentionnés au présent article. »

Les dispositions du présent article sont applicables jusqu'au 31 décembre *(L. n° 2012-1432 du 21 déc. 2012, art. 1er)* « 2015 ». – *[L. n° 2006-64 du 23 janv. 2006, art. 9 et 32.]*

Les dispositions issues de la L. n° 2013-1168 du 18 déc. 2013 sont entrées en vigueur le 30 juin 2014.

Décret n° 2021-1314 du 8 octobre 2021,

Portant création d'un traitement automatisé de données à caractère personnel dénommé « Recensement des affaires terroristes » (RECAT).

Art. 1er Le ministre de la justice (direction des affaires criminelles et des grâces) est autorisé à mettre en œuvre un traitement automatisé de données à caractère personnel dénommé "Recensement des affaires terroristes" (RECAT).

Ce traitement a pour finalité le suivi des procédures relevant de l'article 706-16 du code de procédure pénale par le parquet national antiterroriste et le parquet général de Paris, et d'assurer le recoupement des informations nécessaire à la direction des enquêtes menées dans le cadre de ces procédures.

Le traitement ne permet pas d'établir des recoupements sur la base de liens ou de comportements au sens des fichiers d'analyse sérielle tels que prévus par l'article 230-12 du code de procédure pénale.

Art. 2 I. — Les catégories de données à caractère personnel et informations enregistrées dans le traitement mentionné à l'article 1er sont les suivantes :

1° S'agissant des personnes mises en cause, mises en examen, placées sous le statut de témoin assisté et poursuivies, que la procédure les concernant fasse par la suite l'objet d'un classement sans suite ou d'une décision de non-lieu ou, sous réserve du 3e alinéa de l'article 3, que ces personnes soient ensuite condamnées, relaxées ou acquittées :

a) Données d'identification : nom, prénom, alias, sexe, date et lieu de naissance, région et département d'origine, date de décès, nationalité, minorité ou majorité ;

b) Informations relatives aux enquêtes, infractions, condamnations ou mesures de sûreté ;

c) Décisions administratives en relation avec les finalités du traitement prises à l'encontre de l'intéressé au motif d'une menace pour la sécurité ou l'ordre public ;

d) Mention de ce que la personne a déjà été mise en cause, mise en examen, placée sous le statut de témoin assisté, poursuivie ou condamnée pour une infraction visée aux articles 421-1 à 421-6 du code pénal ;

2° S'agissant des victimes, dès lors que ces informations sont nécessaires à l'identification de l'affaire : données d'identification (nom, prénom) ;

3° S'agissant des magistrats en charge des affaires : nom, prénom, qualité.

II. — A l'exception des données génétiques et biométriques et de celles concernant la vie sexuelle ou l'orientation sexuelle d'une personne physique, la collecte, la conservation et le traitement des données mentionnées à l'article 6 de la loi *[nº 78-17]* du 6 janvier 1978 sont possibles en cas de nécessité absolue pour les seules fins et dans le strict respect des conditions définies au présent décret, dans les limites des nécessités de la mission au titre de laquelle elles sont collectées.

Art. 3 La durée de conservation des informations et des données à caractère personnel enregistrées dans le traitement est de dix ans à compter de la dernière actualisation de l'état de la procédure judiciaire.

Cette durée est portée à dix ans après une condamnation définitive en matière délictuelle et à quinze ans après une condamnation définitive en matière criminelle ou, si cette durée est plus tardive, à dix ans après la date de fin effective de l'exécution de la peine.

En cas de décision de relaxe ou d'acquittement devenue définitive, les données sont effacées.

Art. 4 I. — Peuvent avoir accès à tout ou partie des données à caractère personnel et informations visées au I de l'article 2, à raison de leurs attributions et dans la limite du besoin d'en connaître :

1° Le procureur national antiterroriste ainsi que les magistrats, greffiers, fonctionnaires de greffe, assistants spécialisés individuellement désignés et dûment habilités par lui ;

2° Le procureur général près la cour d'appel de Paris ainsi que les magistrats, greffiers, fonctionnaires de greffe, assistants spécialisés individuellement désignés et dûment habilités par lui ;

3° Le directeur des affaires criminelles et des grâces ainsi que les magistrats, fonctionnaires et agents individuellement désignés et dûment habilités par lui ;

4° Pour les seules personnes suivies en milieu ouvert ou sous écrou, le directeur de l'administration pénitentiaire, ainsi que les magistrats, fonctionnaires et agents individuellement désignés et dûment habilités par lui ;

5° Pour les seules personnes mineures au moment des faits, le directeur de la protection judiciaire de la jeunesse ainsi que son adjoint ;

6° Le représentant national auprès d'Eurojust, ainsi que les magistrats et agents individuellement désignés et dûment habilités par lui.

II. — Peuvent également avoir accès à tout ou partie des données à caractère personnel et informations visées au II de l'article 2, à raison de leurs attributions et dans la limite du besoin d'en connaître :

1° Le procureur national antiterroriste ainsi que les magistrats, greffiers, fonctionnaires de greffe, assistants spécialisés individuellement désignés et dûment habilités par lui ;

2° Le procureur général près la cour d'appel de Paris ainsi que les magistrats, greffiers, fonctionnaires de greffe, assistants spécialisés individuellement désignés et dûment habilités par lui ;

3° Pour les seules personnes suivies en milieu ouvert ou sous écrou, le directeur de l'administration pénitentiaire, ainsi que les magistrats, fonctionnaires et agents individuellement désignés et dûment habilités par lui.

Art. 5 Conformément aux dispositions de l'article 111 de la loi du 6 janvier 1978, l'accès aux données visées aux *a*, *b* et *d* du 1° et au 2° du II de l'article 2 et les conditions de leur rectification ou de leur effacement sont régis par les dispositions relatives à l'accès au dossier de la procédure pénale figurant dans le code de procédure pénale.

Les droits d'accès, de rectification, d'effacement et de limitation relatifs aux données visées au *c* du 1° du II de l'article 2 s'exercent de manière directe auprès de la direction des affaires criminelles et des grâces du ministère de la justice. Toutefois, pour les motifs mentionnés aux 1° et 2° du I de l'article 107 de la loi du 6 janvier 1978, ces droits peuvent faire l'objet des restrictions prévues au *[aux]* 2° et 3° du II et du III du même article. La personne concernée par ces restrictions exerce ses droits auprès de la Commission nationale de l'informatique et des libertés dans les conditions prévues aux articles 108 et 118 de la même loi.

Les droits d'accès et de rectification relatifs aux données visées au 3° du II de l'article 2 s'exercent directement auprès du procureur de la République antiterroriste.

Art. 6 Le droit d'opposition prévu au premier alinéa de l'article 110 de la loi du 6 janvier 1978 ne s'applique pas au présent traitement.

Art. 7 Les consultations, créations, modifications ou suppressions de données font l'objet d'un enregistrement comprenant l'identifiant et la fonction de leur auteur ainsi que la date, l'heure et l'objet de l'opération. Ces informations sont conservées pendant un délai d'un an.

Art. 8 Les dispositions du présent décret sont applicables sur tout le territoire de la République.

Art. 706-16-1 *(L. n° 2019-222 du 23 mars 2019, art. 64, en vigueur le 1er avr. 2019)* **Lorsqu'elle est exercée devant les juridictions répressives, l'action civile portant sur une infraction qui constitue un acte de terrorisme ne peut avoir pour objet que de mettre en mouvement l'action publique ou de soutenir cette action. Elle ne peut tendre à la réparation du dommage causé par cette infraction.**

L'action civile en réparation de ce dommage ne peut être exercée que devant une juridiction civile, séparément de l'action publique. L'article 5 n'est alors pas applicable.

Lorsque la juridiction répressive est saisie d'une demande tendant à la réparation du dommage causé par cette infraction, elle renvoie l'affaire, par une décision non susceptible de recours, devant la juridiction civile compétente en application de l'article L. 217-6 du code de l'organisation judiciaire qui l'examine d'urgence selon une procédure simplifiée déterminée par décret en Conseil d'État.

Au 1er avr. 2019, les procédures en cours devant les juridictions civiles sont transférées en l'état au tribunal judiciaire de Paris. Les affaires peuvent être renvoyées par la juridiction initialement saisie avant cette date pour une audience postérieure à cette date devant le tribunal judiciaire de Paris. Il n'y a pas lieu de renouveler les actes, formalités et jugements régulièrement intervenus avant le transfert des procédures. Les parties sont informées par la juridiction antérieurement compétente qu'il leur appartient d'accomplir les actes de la procédure devant le tribunal judiciaire de Paris. Les archives et les minutes du secrétariat de la juridiction antérieurement compétente sont transférées au greffe du tribunal judiciaire de Paris (L. n° 2019-222 du 23 mars 2019, art. 64-VIII).

Art. 706-16-2 *(L. n° 2019-222 du 23 mars 2019, art. 64, en vigueur le 1er avr. 2019)* **La juridiction civile compétente en application de l'article L. 217-6 du code de l'organisation judiciaire peut procéder ou faire procéder à toutes auditions et investigations utiles, sans que puisse lui être opposé le secret professionnel. Elle peut notamment se faire communiquer, par le procureur de la République ou le juge d'instruction, copie des procès-verbaux constatant l'infraction ou de toute autre pièce de la procédure pénale, même en cours.**

Elle peut également requérir :

1° De toute personne ou administration la communication de renseignements sur la situation professionnelle, financière, fiscale ou sociale des personnes ayant à répondre du dommage causé par l'infraction ou du requérant ;

2° De toute administration ou tout service de l'État, collectivité publique, organisme de sécurité sociale, organisme assurant la gestion des prestations sociales ou entreprise d'assurance susceptible de réparer tout ou partie du préjudice la communication des renseignements relatifs à l'exécution de ses obligations éventuelles.

Les renseignements ainsi recueillis ne peuvent être utilisés à d'autres fins que l'instruction de la demande d'indemnité et leur divulgation est interdite.

V. note ss. art. 706-16-1.

SECTION PREMIÈRE COMPÉTENCE

Les dispositions de l'art. 69 de la L. nº 2019-222 du 23 mars 2019 sont entrées en vigueur le 1er juill. 2019 (Décr. nº 2019-628 du 24 juin 2019 portant entrée en vigueur des dispositions relatives au parquet antiterroriste).

Art. 706-17 *(L. nº 86-1020 du 9 sept. 1986)* **Pour la poursuite, l'instruction et le jugement des infractions entrant dans le champ d'application de l'article 706-16, le procureur de la République** *(L. nº 2019-222 du 23 mars 2019, art. 69 et 109-XVIII, en vigueur le 1er juill. 2019)* **« antiterroriste », le juge d'instruction, le tribunal correctionnel et la cour d'assises de Paris exercent une compétence concurrente à celle qui résulte de l'application des articles 43, 52** *(L. nº 2004-204 du 9 mars 2004, art. 112-III)* **« et 382 ».**

En ce qui concerne les mineurs, le procureur de la République *(L. nº 2019-222 du 23 mars 2019, art. 69 et 109-XVIII, en vigueur le 1er juill. 2019)* **« antiterroriste », le juge d'instruction, le juge des enfants, le tribunal pour enfants et la cour d'assises des mineurs de Paris exercent une compétence concurrente à celle qui résulte de l'application des dispositions de l'ordonnance nº 45-174 du 2 février 1945 relative à l'enfance délinquante.**

Lorsqu'ils sont compétents pour la poursuite et l'instruction des infractions entrant dans le champ d'application de l'article 706-16, le procureur de la République *(L. nº 2019-222 du 23 mars 2019, art. 69 et 109-XVIII, en vigueur le 1er juill. 2019)* **« antiterroriste » et le juge d'instruction de Paris exercent leurs attributions sur toute l'étendue du territoire national.**

(L. nº 2001-1062 du 15 nov. 2001, art. 33-V ; L. nº 2003-239 du 18 mars 2003, art. 31) **« L'instruction des actes de terrorisme définis aux 5º à 7º de l'article 421-1 du code pénal** *(L. nº 2004-204 du 9 mars 2004, art. 10)* **« et aux articles 421-2-2 et 421-2-3 » du même code peut être confiée, le cas échéant dans les conditions prévues à l'article 83-1, à un magistrat du tribunal judiciaire de Paris affecté aux formations d'instruction spécialisées en matière économique et financière en application des dispositions du** *(L. nº 2013-1117 du 6 déc. 2013, art. 63, en vigueur le 1er févr. 2014)* **« vingt et unième » alinéa de l'article 704. »**

Art. 706-17-1 *(L. nº 2019-222 du 23 mars 2019, art. 69 et 109-XVIII, en vigueur le 1er juill. 2019)* **Sans préjudice des dispositions du troisième alinéa de l'article 41, lorsqu'il exerce sa compétence en application de la présente section, le procureur de la République antiterroriste peut requérir par délégation judiciaire tout procureur de la République de procéder ou faire procéder aux actes nécessaires à la recherche et à la poursuite des infractions entrant dans le champ d'application de l'article 706-16 dans les lieux où ce dernier est territorialement compétent.**

La délégation judiciaire mentionne les actes d'enquête confiés au procureur de la République ainsi requis. Elle ne peut prescrire que des actes se rattachant directement à l'enquête pour laquelle elle a été délivrée.

Elle indique la nature de l'infraction*[,]* **objet de l'enquête. Elle est datée et signée par le procureur de la République antiterroriste et revêtue de son sceau.**

Le procureur de la République antiterroriste fixe le délai dans lequel la délégation doit lui être retournée accompagnée des procès-verbaux relatant son exécution. A défaut d'un délai fixé par la délégation, la délégation judiciaire et les procès-verbaux doivent lui être transmis dans les huit jours de la fin des opérations exécutées en vertu de cette délégation.

Les magistrats commis pour son exécution exercent, dans les limites de la délégation judiciaire, tous les pouvoirs du procureur de la République antiterroriste prévus par la présente section.

Art. 706-17-2 *(L. nº 97-1273 du 29 déc. 1997)* **Pour le jugement des délits et des crimes entrant dans le champ d'application de l'article 706-16, le premier président de la cour d'appel de Paris peut, sur les réquisitions du procureur général, après avis des**

chefs des tribunaux judiciaires intéressés, du bâtonnier de Paris et, le cas échéant, du président de la cour d'assises de Paris, décider que l'audience du tribunal correctionnel, de la chambre des appels correctionnels de Paris ou de la cour d'assises de Paris se tiendra, à titre exceptionnel et pour des motifs de sécurité, dans tout autre lieu du ressort de la cour d'appel que celui où ces juridictions tiennent habituellement leurs audiences.

L'ordonnance prise en application du précédent alinéa est portée à la connaissance des tribunaux intéressés par les soins du procureur général. Elle constitue une mesure d'administration judiciaire qui n'est pas susceptible de recours.

A compter du 1er juill. 2019, l'art. 706-17-1 a été renuméroté et est devenu l'art. 706-17-2 (L. nº 2019-222 du 23 mars 2019, art. 69 et 109-XVIII et Décr. nº 2019-628 du 24 juin 2019).

Art. 706-18 *(L. nº 86-1020 du 9 sept. 1986)* **Le procureur de la République près un tribunal judiciaire autre que celui de Paris peut, pour les infractions entrant dans le champ d'application de l'article 706-16, requérir le juge d'instruction de se dessaisir au profit de la juridiction d'instruction de Paris.** *(L. nº 93-2 du 4 janv. 1993)* **« Les parties sont préalablement avisées et invitées » à faire connaître leurs observations** *(L. nº 2004-204 du 9 mars 2004, art. 28-I)* **« par le juge d'instruction » ; l'ordonnance est rendue** *(L. nº 2004-204 du 9 mars 2004, art. 28-I)* **« huit jours au plus tôt et un mois au plus tard à compter de cet avis ».**

L'ordonnance par laquelle le juge d'instruction se dessaisit ne prend effet qu'à compter du délai de cinq jours prévu par l'article 706-22 ; lorsqu'un recours est exercé en application de cet article, le juge d'instruction demeure saisi jusqu'à ce que l'arrêt de la chambre criminelle de la Cour de cassation soit porté à sa connaissance.

Dès que l'ordonnance est devenue définitive, le procureur de la République adresse le dossier de la procédure au procureur de la République *(L. nº 2019-222 du 23 mars 2019, art. 69 et 109-XVIII, en vigueur le 1er juill. 2019)* **« antiterroriste** *[ancienne rédaction : de Paris]* **».**

Les dispositions du présent article sont applicables devant la chambre de l'instruction.

L'ordonnance rendue sur le fondement de l'art. 706-18, par laquelle un juge d'instruction statue sur son dessaisissement, pouvant, à l'exclusion de toute autre voie de recours être déférée, à la requête du ministère public, de l'inculpé ou de la partie civile, à la chambre criminelle de la Cour de cassation, doit être notifiée à l'inculpé et à son conseil et, selon les prescriptions de l'art. 183, al. 2, une copie de ladite ordonnance doit être remise tant à l'inculpé qu'à son conseil. • Crim. 3 juin 1987, ☎ nº 87-82.998 P.

Art. 706-19 *(L. nº 2020-1672 du 24 déc. 2020, art. 10)* **La juridiction saisie en application de la présente section reste compétente quelles que soient les incriminations retenues lors du règlement ou du jugement de l'affaire, sous réserve de l'application des articles 181 et 469. Si les faits constituent une contravention, le juge d'instruction prononce le renvoi de l'affaire devant le tribunal de police compétent en application de l'article 522.**

Ancien art. 706-19 *(L. nº 86-1020 du 9 sept. 1986)* ***Lorsqu'il apparaît au juge d'instruction de Paris que les faits dont il a été saisi ne constituent pas une des infractions entrant dans le champ d'application de l'article 706-16 et ne relèvent pas de sa compétence à un autre titre, ce magistrat se déclare incompétent, soit sur requête du procureur de la République*** *(L. nº 2019-222 du 23 mars 2019, art. 69 et 109-XVIII, en vigueur le 1er juill. 2019)* ***« antiterroriste », soit après avis de ce dernier, d'office ou sur requête*** *(L. nº 93-2 du 4 janv. 1993)* ***« des parties. Celles des parties » qui n'ont pas présenté requête sont préalablement avisées et invitées à faire connaître leurs observations ; l'ordonnance est rendue au plus tôt huit jours après cet avis.***

Les dispositions du deuxième alinéa de l'article 706-18 sont applicables à l'ordonnance par laquelle le juge d'instruction de Paris se déclare incompétent.

Dès que l'ordonnance est devenue définitive, le procureur de la République *(L. nº 2019-222 du 23 mars 2019, art. 69 et 109-XVIII, en vigueur le 1er juill. 2019)* ***« antiterroriste*** *[ancienne rédaction : de Paris]* ***» adresse le dossier de la procédure au procureur de la République territorialement compétent.***

Les dispositions du présent article sont applicables lorsque la chambre de l'instruction de la cour d'appel de Paris statue sur sa compétence.

Art. 706-20 *(Abrogé par L. nº 2020-1672 du 24 déc. 2020, art. 10) (L. nº 86-1020 du 9 sept. 1986)* ***Lorsque le tribunal correctionnel ou le tribunal pour enfants de Paris se déclare incompétent pour les motifs prévus par l'article 706-19, il renvoie le ministère public à se pourvoir ainsi qu'il avisera ; il peut, le ministère public entendu décerner, par la même décision, mandat de dépôt ou d'arrêt contre le prévenu.***

En matière répressive la compétence des juridictions étant d'ordre public, il appartient aux juges correctionnels de vérifier cette compétence. Lorsque le tribunal correctionnel de Paris, saisi de faits en application de l'art. 706-17, constate que ces faits ne constituent pas des actes de terrorisme et ne relèvent pas de sa compétence à un autre titre, il est tenu de se déclarer incompétent et de renvoyer le ministère public à se pourvoir ainsi qu'il avisera. • Crim. 15 nov. 2006, nº 06-85.275 P : *D. 2006. IR 3014* ; *AJ pénal 2007. 35, obs. Royer*. ♦ Il en est de même pour la cour d'appel de Paris. • Crim. 18 nov. 2015, nº 15-80.900 P : *D. actu. 14 déc. 2015, obs. Gallois ; AJ pénal 2016. 150, obs. Royer*.

Art. 706-21 *(L. nº 86-1020 du 9 sept. 1986)* **Dans les cas prévus** *(L. nº 2020-1672 du 24 déc. 2020, art. 10)* **« à l'article 706-18 », le mandat de dépôt ou d'arrêt conserve sa force exécutoire ; les actes de poursuite ou d'instruction et les formalités intervenus avant que la décision de dessaisissement ou d'incompétence soit devenue définitive n'ont pas à être renouvelés.**

Art. 706-22 *(L. nº 86-1020 du 9 sept. 1986)* **Toute ordonnance rendue sur le fondement de l'article 706-18** *(Abrogé par L. nº 2020-1672 du 24 déc. 2020, art. 10)* ***« ou de l'article 706-19 »*** **par laquelle un juge d'instruction statue sur son dessaisissement** *(Abrogé par L. nº 2020-1672 du 24 déc. 2020, art. 10)* ***« ou le juge d'instruction de Paris statue sur sa compétence »*** **peut, à l'exclusion de toute autre voie de recours, être déférée dans les cinq jours de sa notification, à la requête du ministère public,** *(L. nº 93-2 du 4 janv. 1993)* **« des parties », à la chambre criminelle de la Cour de cassation qui désigne, dans les huit jours suivant la date de réception du dossier, le juge d'instruction chargé de poursuivre l'information.** *(L. nº 2004-204 du 9 mars 2004, art. 28-II)* **« Le ministère public peut également saisir directement la chambre criminelle de la Cour de cassation lorsque le juge d'instruction n'a pas rendu son ordonnance dans le délai d'un mois prévu au premier alinéa de l'article 706-18. »**

(Abrogé par L. nº 2020-1672 du 24 déc. 2020, art. 10) ***« La chambre criminelle qui constate que le juge du tribunal judiciaire de Paris n'est pas compétent peut néanmoins, dans l'intérêt d'une bonne administration de la justice, décider que l'information sera poursuivie à ce tribunal. »***

L'arrêt de la chambre criminelle est porté à la connaissance du juge d'instruction ainsi qu'au ministère public et signifié *(L. nº 93-2 du 4 janv. 1993)* **« aux parties ».**

Les dispositions du présent article sont applicables à l'arrêt rendu sur le fondement du dernier alinéa *(L. nº 2020-1672 du 24 déc. 2020, art. 10)* **« de l'article 706-18 » par lequel une chambre de l'instruction statue sur son dessaisissement** *(Abrogé par L. nº 2020-1672 du 24 déc. 2020, art. 10)* ***« ou sa compétence ».***

1. L'art. 706-22 reçoit application, dès lors que, d'une part, les infractions dont les intéressés sont inculpés entrent dans les prévisions de l'art. 706-16 et que, d'autre part, l'ordonnance du juge d'instruction expose les circonstances de fait d'où il résulte que ces infractions, à les supposer établies, seraient en relation avec une entreprise ayant pour but de troubler gravement l'ordre public par l'intimidation et la terreur. • Crim. 3 juin 1987, nº 87-82.998 P.

2. La désignation, en application de l'art. 706-22, al. 1er, du juge d'instruction du tribunal de grande instance de Paris, pour poursuivre l'information, suppose que celle-ci ait été ouverte pour actes de terrorisme. • Crim. 29 mai 1996, nº 96-82.409 P. ♦ *Adde* : • Crim. 5 juill. 1994, nº 94-83.425 P • 29 mai 1996, nº 96-82.411 P. ♦ Saisie, en vertu de l'art. 706-22, al. 1er, d'un recours contre l'ordonnance d'un juge d'instruction statuant sur son dessaisissement, la chambre criminelle de la Cour de cassation, qui constate que le juge d'instruction du tribunal de grande instance de Paris ne possède pas de compétence concurrente pour connaître de l'information, faute pour celle-ci d'avoir été ouverte pour actes de terrorisme, peut néanmoins, en application de l'al. 2 du même texte, décider que cette information sera poursuivie par ce magistrat, dans l'intérêt d'une bonne administration de la justice. • Crim. 29 mai 1996, nº 96-82.411 P.

3. Détournement de procédure. Un prévenu ne saurait, sous couvert d'un recours visant l'art. 706-22, solliciter le renvoi de son affaire dans l'intérêt d'une bonne administration de la justice, lequel est prévu par l'art. 665 qui réserve cette possibilité de requête aux seuls procureurs généraux près la Cour de cassation ou près une cour d'appel. • Crim. 28 févr. 2018, n° 18-81.079 P.

Art. 706-22-1 *(L. n° 2006-64 du 23 janv. 2006, art. 14, en vigueur le 1er mai 2006)* **Par dérogation aux dispositions de l'article 712-10, sont seuls compétents le juge de l'application des peines du tribunal judiciaire de Paris, le tribunal de l'application des peines de Paris et la chambre de l'application des peines de la cour d'appel de Paris pour prendre les décisions concernant les personnes condamnées** *(L. n° 2016-731 du 3 juin 2016, art. 9)* **« par le tribunal correctionnel, la cour d'assises, le juge des enfants, le tribunal pour enfants ou la cour d'assises des mineurs de Paris statuant en application de l'article 706-17 », quel que soit le lieu de détention ou de résidence du condamné.**

(L. n° 2016-731 du 3 juin 2016, art. 9) **« Pour prendre les décisions concernant les personnes condamnées pour une infraction entrant dans le champ d'application de l'article 706-16 pour laquelle n'a pas été exercée la compétence prévue à l'article 706-17, le juge de l'application des peines du tribunal judiciaire de Paris, le tribunal de l'application des peines de Paris et la chambre de l'application des peines de la cour d'appel de Paris exercent une compétence concurrente à celle qui résulte de l'application de l'article 712-10. »**

Ces décisions sont prises après avis du juge de l'application des peines compétent en application de l'article 712-10.

Pour l'exercice de leurs attributions, les magistrats des juridictions mentionnées *(L. n° 2016-731 du 3 juin 2016, art. 9)* **« aux premier et deuxième alinéas » peuvent se déplacer sur l'ensemble du territoire national, sans préjudice de l'application des dispositions de l'article 706-71 sur l'utilisation de moyens de télécommunication.**

(L. n° 2019-222 du 23 mars 2019, art. 69 et 109-XVIII, en vigueur le 1er juill. 2019) **« Le ministère public auprès des juridictions du premier degré de Paris compétentes en application du présent article est représenté par le procureur de la République antiterroriste en personne ou par ses substituts. »**

V. art. D. 49-75 s.

SECTION II PROCÉDURE

Art. 706-23 *(L. n° 2014-1353 du 13 nov. 2014, art. 8)* **L'arrêt d'un service de communication au public en ligne peut être prononcé par le juge des référés pour les faits prévus à l'article 421-2-5 du code pénal lorsqu'ils constituent un trouble manifestement illicite, à la demande du ministère public ou de toute personne physique ou morale ayant un intérêt à agir.**

Art. 706-24 *(L. n° 2006-64 du 23 janv. 2006, art. 12)* **Les officiers et agents de police judiciaire, affectés dans les services de police judiciaire spécialement chargés de la lutte contre le terrorisme, peuvent être nominativement autorisés par le procureur général près la cour d'appel de Paris à procéder aux investigations relatives aux infractions entrant dans le champ d'application de l'article 706-16, en s'identifiant par leur numéro d'immatriculation administrative. Ils peuvent être autorisés à déposer ou à comparaître comme témoins sous ce même numéro.**

L'état civil des officiers et agents de police judiciaire visés au premier alinéa ne peut être communiqué que sur décision du procureur général près la cour d'appel de Paris. Il est également communiqué, à sa demande, au président de la juridiction de jugement saisie des faits.

Les dispositions de l'article 706-84 sont applicables en cas de révélation de l'identité de ces officiers ou agents de police judiciaire, hors les cas prévus à l'alinéa précédent.

Aucune condamnation ne peut être prononcée sur le seul fondement d'actes de procédure effectués par des enquêteurs ayant bénéficié des dispositions du présent article et dont l'état civil n'aurait pas été communiqué, à sa demande, au président de la juridiction saisie des faits.

Les modalités d'application du présent article sont, en tant que de besoin, précisées par décret en Conseil d'État.

La liste des services et unités de police et de gendarmerie spécialement chargés de la prévention et de la répression des actes de terrorisme est fixée par l'Arr. du 7 mai 2012 (JO 10 mai), mod.

Art. 706-24-1 *(L. nº 2014-1353 du 13 nov. 2014, art. 8)* **Les articles 706-88 à 706-94 du présent code ne sont pas applicables aux délits prévus** *(L. nº 2016-731 du 3 juin 2016, art. 18)* **« aux articles 421-2-5 à 421-2-5-2 » du code pénal.**

Art. 706-24-2 *(Abrogé par L. nº 2019-222 du 23 mars 2019, art. 53) (L. nº 2016-731 du 3 juin 2016, art. 6)* ***Pour les investigations relatives aux infractions entrant dans le champ d'application de l'article 706-16, les officiers et agents de police judiciaire affectés dans les services de police judiciaire spécialement chargés de la lutte contre le terrorisme peuvent être autorisés, par une décision*** *(L. nº 2017-1510 du 30 oct. 2017, art. 7)* ***« spéciale et » motivée du procureur de la République, à poursuivre les opérations prévues aux articles*** *(L. nº 2017-1510 du 30 oct. 2017, art. 7)* ***« 230-32 à 230-35, » 706-80, 706-81, 706-95, 706-95-1, 706-95-4, 706-96 et 706-102-1 pendant une durée ne pouvant excéder quarante-huit heures à compter de la délivrance d'un réquisitoire introductif.***

(L. nº 2017-1510 du 30 oct. 2017, art. 7) ***« Si les nécessités de l'instruction l'exigent, le juge d'instruction peut décider de ne pas faire figurer au dossier la décision mentionnée au premier alinéa du présent article, pour le temps du déroulement des opérations dont la prolongation a été autorisée en application du présent article. »***

Le juge d'instruction peut y mettre un terme à tout moment.

V. désormais art. 80-5.

Art. 706-24-3 *(L. nº 2016-731 du 3 juin 2016, art. 7)* **Par dérogation à l'article 145-1 du présent code, la durée de détention provisoire ne peut excéder six mois pour l'instruction des délits prévus aux articles 421-1 à 421-6 du code pénal.**

A titre exceptionnel, le juge des libertés et de la détention peut décider de prolonger la détention provisoire, pour une durée qui ne peut excéder six mois, par une ordonnance motivée conformément à l'article 137-3 du présent code et rendue après un débat contradictoire organisé conformément au sixième alinéa de l'article 145, l'avocat ayant été convoqué selon les modalités prévues au deuxième alinéa de l'article 114. Cette décision peut être renouvelée selon la même procédure, sous réserve de l'article 145-3, la durée totale de la détention ne pouvant excéder deux ans. Cette durée est portée à trois ans pour l'instruction du délit mentionné à l'article 421-2-1 du code pénal.

Le dernier alinéa de l'article 145-1 du présent code est applicable.

Pour l'application du présent article, le délai de huit mois prévu au premier alinéa de l'article 145-3 est porté à un an.

Art. 706-24-4 *(Abrogé par Ord. nº 2019-950 du 11 sept. 2019, art. 4 et 9, à compter du 30 sept. 2021) (L. nº 2016-987 du 21 juill. 2016, art. 12)* ***La durée totale de détention provisoire mentionnée au douzième alinéa de l'article 11 de l'ordonnance nº 45-174 du 2 février 1945 relative à l'enfance délinquante est portée à deux ans pour l'instruction du délit mentionné à l'article 421-2-1 du code pénal.***

La durée totale de détention provisoire mentionnée au quatorzième alinéa de l'article 11 de l'ordonnance nº 45-174 du 2 février 1945 précitée est portée à trois ans pour l'instruction des crimes prévus au 1º de l'article 421-1 et aux articles 421-5 et 421-6 du code pénal.

L'entrée en vigueur de l'Ord. nº 2019-950 du 11 sept. 2019 a été repoussée au 30 sept. 2021 par la L. nº 2021-218 du 26 févr. 2021, art. 2.

Art. 706-25 *(L. nº 92-1336 du 16 déc. 1992)* **« Pour le jugement des accusés majeurs, les règles relatives à la composition et au fonctionnement de la cour d'assises sont fixées par les dispositions de l'article 698-6. »** *(L. nº 2006-64 du 23 janv. 2006, art. 15 ; L. nº 2007-1198 du 10 août 2007)* **« Pour le jugement des accusés mineurs âgés de seize ans au moins, les règles relatives à la composition et au fonctionnement de la cour d'assises des mineurs sont également fixées par ces dispositions, deux des assesseurs étant pris parmi les juges des enfants du ressort de la cour d'appel,** *(Ord. nº 2019-950 du 11 sept. 2019, art. 4 et 9, en vigueur le 30 sept. 2021)* **« conformément aux dispositions de l'article L. 231-10 du code de la justice pénale des mineurs. Les articles L. 513-2, L. 513-4 et L. 522-1 de ce code sont également applicables ». »**

(L. nº 2000-516 du 15 juin 2000, art. 136-XIX, en vigueur le 1er janv. 2001) **« Pour l'application de l'alinéa précédent, le juge d'instruction ou la chambre de l'instruction qui prononce la mise en accusation constate que les faits entrent dans le champ d'application de l'article 706-16. »**

(L. n° 2019-222 du 23 mars 2019, art. 69 et 109-XVIII, en vigueur le 1er juill. 2019) **« Par dérogation à l'article 34, le ministère public près la cour d'assises statuant en première instance est représenté par le procureur de la République antiterroriste en personne ou par ses substituts. En appel, le procureur général peut se faire représenter par le procureur de la République antiterroriste ou l'un de ses substituts. »**

L'entrée en vigueur de l'Ord. n° 2019-950 du 11 sept. 2019 a été repoussée au 30 sept. 2021 par la L. n° 2021-218 du 26 févr. 2021, art. 2.

Les règles fixées par l'art. 706-25 répondent, au regard du principe de l'égalité, aux exigences des art. 6 et 14 de la Conv. européenne des droits de l'homme, dès lors que, d'une part, l'attribution de compétence qui en résulte embrasse toutes les infractions entrant dans le champ d'application de l'art. 706-16 préc. et tous les accusés tombant sous le coup de ce texte, sans aucune distinction, et que, d'autre part, les droits de la défense peuvent s'exercer sans discrimination. • Crim. 24 nov. 2004, n° 03-87.855 P : *JCP 2005. IV. 1303.*

Art. 706-25-1 *(Abrogé par L. n° 2017-242 du 27 févr. 2017, art. 3) (L. n° 95-125 du 8 févr. 1995)* ***L'action publique des crimes mentionnés à l'article 706-16 se prescrit par trente ans. La peine prononcée en cas de condamnation pour l'un de ces crimes se prescrit par trente ans à compter de la date à laquelle la condamnation est devenue définitive.***

L'action publique relative *(L. n° 2004-204 du 9 mars 2004, art. 9)* ***« aux délits mentionnés » à l'article 706-16 se prescrit par vingt ans. La peine prononcée en cas de condamnation pour*** *(L. n° 2004-204 du 9 mars 2004, art. 9)* ***« ces délits » se prescrit par vingt ans à compter de la date à laquelle la condamnation est devenue définitive.***

(L. n° 2014-1353 du 13 nov. 2014, art. 8) ***« Le présent article n'est pas applicable aux délits prévus*** *(L. n° 2016-731 du 3 juin 2016, art. 18)* ***« aux articles 421-2-5 à 421-2-5-2 » du code pénal. »***

V. désormais C. pén., art. 133-3.

Art. 706-25-2 *(L. n° 2020-1672 du 24 déc. 2020, art. 10)* **« Par dérogation à l'article 11, »** *(L. n° 2017-258 du 28 févr. 2017, art. 14)* **« le procureur de la République** *(L. n° 2020-1672 du 24 déc. 2020, art. 10)* **« antiterroriste », pour les procédures d'enquête** *(L. n° 2020-1672 du 24 déc. 2020, art. 10)* **« ou d'instruction » ouvertes sur le fondement d'une ou de plusieurs infractions entrant dans le champ d'application de l'article 706-16** *(Abrogé par L. n° 2020-1672 du 24 déc. 2020, art. 10)* ***« dont il s'est saisi »*****, peut communiquer aux services spécialisés de renseignement mentionnés à l'article L. 811-2 du code de la sécurité intérieure, de sa propre initiative ou à la demande de ces services,** *(Abrogé par L. n° 2020-1672 du 24 déc. 2020, art. 10)* ***« copie »*** **des éléments de toute nature figurant dans ces procédures et nécessaires à l'exercice des missions de ces services en matière de prévention du terrorisme.** *(L. n° 2020-1672 du 24 déc. 2020, art. 10)* **« Si la procédure fait l'objet d'une information, cette communication ne peut intervenir qu'avec l'avis favorable du juge d'instruction. Le juge d'instruction peut également procéder à cette communication pour les procédures d'information dont il est saisi après avoir recueilli l'avis du procureur de la République antiterroriste.**

« Cette communication peut également être réalisée, selon les mêmes modalités et pour les mêmes finalités, à destination des autorités et services compétents pour la prévention du terrorisme, notamment des services spécialisés de renseignement mentionnés aux articles L. 811-2 et L. 811-4 du même code, par tout procureur de la République pour des procédures ouvertes pour un crime ou un délit puni d'une peine d'emprisonnement, lorsque ces procédures font apparaître des éléments concernant une personne dont le comportement constitue une menace d'une particulière gravité pour la sécurité et l'ordre publics et qui soit entre en relation de manière habituelle avec des personnes ou des organisations incitant, facilitant ou participant à des actes de terrorisme, soit soutient, diffuse, lorsque cette diffusion s'accompagne d'une manifestation d'adhésion à l'idéologie exprimée, ou adhère à des thèses incitant à la commission d'actes de terrorisme ou faisant l'apologie de tels actes.

« Les informations communiquées en application du présent article ne peuvent être transmises par les services qui en ont été destinataires qu'à d'autres autorités ou services chargés de la prévention du terrorisme et pour les mêmes finalités que celles mentionnées au premier alinéa. Elles ne peuvent faire l'objet d'un échange avec des

services étrangers ou avec des organismes internationaux compétents dans le domaine du renseignement.

« Sauf si l'information porte sur une condamnation prononcée publiquement, et sous réserve du troisième alinéa du présent article, toute personne qui en est destinataire est tenue au » secret professionnel, dans les conditions et sous les peines prévues aux articles 226-13 et 226-14 du code pénal.

Art. 706-25-2-1 *(L. nº 2020-1672 du 24 déc. 2020, art. 10)* **Les juridictions et magistrats mentionnés à l'article 706-17 peuvent demander à des assistants spécialisés, désignés dans les conditions prévues à l'article 706, de participer, selon les modalités prévues au même article 706, aux procédures concernant les crimes et délits entrant dans le champ d'application de l'article 706-16.**

SECTION III DU FICHIER JUDICIAIRE NATIONAL AUTOMATISÉ DES AUTEURS D'INFRACTIONS TERRORISTES

(L. nº 2015-912 du 24 juill. 2015, art. 19)

Les art. 706-25-3 à 706-25-14 C. pr. pén. relatifs au fichier judiciaire national automatisé des auteurs d'infractions terroristes sont applicables aux auteurs d'infractions commises avant la date d'entrée en vigueur de la L. nº 2015-912 du 24 juill. 2015, mais ayant fait l'objet, après cette date, d'une des décisions prévues à l'art. 706-25-4 du même code. Ils sont également applicables aux personnes exécutant, à la date d'entrée en vigueur de la loi susvisée, une peine privative de liberté, sur décision du procureur de la République (L. préc., art. 19-II-A).

BIBL. ► THOMAS-TAILLANDIER, *AJ pénal 2016. 523* (le nouveau fichier national des auteurs d'infractions terroristes).

Art. 706-25-3 **Le fichier judiciaire national automatisé des auteurs d'infractions terroristes constitue une application automatisée d'informations nominatives tenue par le service du casier judiciaire national sous l'autorité du ministre de la justice et le contrôle d'un magistrat. Afin de prévenir le renouvellement des infractions mentionnées à l'article 706-25-4 et de faciliter l'identification de leurs auteurs, ce traitement reçoit, conserve et communique aux personnes habilitées les informations prévues au même article 706-25-4, selon les modalités prévues à la présente section.**

Art. 706-25-4 **Lorsqu'elles concernent une ou plusieurs des infractions mentionnées aux articles 421-1 à 421-6 du code pénal** *(Abrogé par L. nº 2021-1109 du 24 août 2021, art. 8)* **« , *à l'exclusion de celles mentionnées* »** *(L. nº 2016-731 du 3 juin 2016, art. 18)* ***« aux articles 421-2-5 à 421-2-5-2 » du même code,* » ainsi que les infractions mentionnées** *(L. nº 2017-258 du 28 févr. 2017, art. 15)* **« aux articles L. 224-1 et L. 225-7 » du code de la sécurité intérieure, sont enregistrées dans le fichier les informations relatives à l'identité ainsi que l'adresse ou les adresses successives du domicile et, le cas échéant, des résidences des personnes ayant fait l'objet :**

1º D'une condamnation, même non encore définitive, y compris d'une condamnation par défaut ou d'une déclaration de culpabilité assortie d'une dispense ou d'un ajournement de la peine ;

2º *(Ord. nº 2019-950 du 11 sept. 2019, art. 4 et 9, en vigueur le 30 sept. 2021)* **« 2º *D'une décision même non encore* définitive prononçant à l'égard d'un mineur une mesure éducative, une dispense de mesure éducative ou une déclaration de réussite éducative en application du titre Ier du livre Ier du code de la justice pénale des mineurs ; »**

3º D'une décision d'irresponsabilité pénale pour cause de trouble mental ;

4º D'une décision de même nature que celles mentionnées aux 1º à 3º prononcées par les juridictions ou les autorités judiciaires étrangères qui, en application d'une convention internationale ou d'un accord international, ont fait l'objet d'un avis aux autorités françaises ou ont été exécutées en France à la suite du transfèrement des personnes condamnées ;

5º D'une mise en examen *(Abrogé par L. nº 2021-1109 du 24 août 2021, art. 8)* ***« lorsque le juge d'instruction a ordonné l'inscription de la décision dans le fichier ».***

Le fichier comprend aussi les informations relatives à la décision judiciaire ayant justifié l'inscription et la nature de l'infraction. Les décisions mentionnées aux 1º *(L. nº 2021-1109 du 24 août 2021, art. 8)* **« à 3º » sont enregistrées dès leur prononcé.**

(L. n° 2021-1109 du 24 août 2021, art. 8) **« Les décisions mentionnées aux 1°, 3° et 5° sont enregistrées de plein droit dans le fichier, sauf décision contraire et spécialement motivée de la juridiction compétente. Les décisions mentionnées au 4° sont également inscrites de plein droit dans le fichier, sauf décision contraire et spécialement motivée du procureur de la République. »**

Les décisions concernant des mineurs de moins de treize ans ne sont pas inscrites dans le fichier. Les décisions concernant des mineurs de treize à dix-huit ans ne sont pas inscrites dans le fichier, sauf si cette inscription est ordonnée par décision expresse de la juridiction ou, dans les cas prévus aux mêmes 3° et 4°, du procureur de la République.

L'entrée en vigueur de l'Ord. n° 2019-950 du 11 sept. 2019 a été repoussée au 30 sept. 2021 par la L. n° 2021-218 du 26 févr. 2021, art. 2.

Art. 706-25-5 **Le procureur de la République compétent fait procéder sans délai à l'enregistrement des informations devant figurer dans le fichier par l'intermédiaire d'un moyen de communications électroniques sécurisé. Ces informations ne sont toutefois accessibles, en cas de consultation du fichier, qu'après vérification, lorsqu'elle est possible, de l'identité de la personne concernée, faite par le service gestionnaire du fichier au vu du répertoire national d'identification.**

Lorsqu'ils ont connaissance de la nouvelle adresse d'une personne dont l'identité est enregistrée dans le fichier, lorsqu'ils reçoivent la justification de l'adresse d'une telle personne, ainsi que lorsqu'ils sont informés d'un déplacement à l'étranger, les officiers de police judiciaire, les services du ministre des affaires étrangères ou le service gestionnaire, selon les hypothèses prévues à l'article 706-25-7, enregistrent sans délai cette information dans le fichier par l'intermédiaire d'un moyen de communications électroniques sécurisé.

Les mentions figurant au casier judiciaire à la date d'entrée en vigueur de la L. n° 2015-912 du 24 juill. 2015 et concernant des personnes condamnées pour des faits de nature terroriste relevant de l'art. 706-25-4 C. pr. pén. peuvent être inscrites dans le fichier sur décision du procureur de la République si les délais fixés à l'art. 706-25-6 du même code ne sont pas écoulés.

Il est procédé, par les services de la police ou de la gendarmerie nationales, à la demande du procureur de la République, aux recherches nécessaires pour déterminer l'adresse de ces personnes. Ces recherches peuvent se faire par des traitements automatisés rapprochant l'identité de ces personnes avec les informations figurant dans les fichiers prévues à l'art. L. 115-2 CSS, à l'art. 1649 A CGI et aux art. 230-6 et 230-19 C. pr. pén. Ces traitements ne sont autorisés que pendant une période de trente-six mois à compter de l'entrée en vigueur de la loi n° 2015-912 du 24 juill. 2015. La divulgation de l'identité des personnes dont l'adresse est recherchée est punie des peines prévues à l'art. 226-22 C. pén.

Toute personne inscrite au fichier en application de ces dispositions peut saisir le juge des libertés et de la détention aux fins d'effacement des informations la concernant dans un délai de dix jours suivant la notification de son inscription. En cas de rejet de sa demande ou en l'absence de réponse dans un délai fixé par décret, elle peut saisir le président de la chambre de l'instruction (L. n° 2015-912 du 24 juill. 2015, art. 19-II-B).

Art. 706-25-6 **Sans préjudice de l'application des articles 706-25-11 et 706-25-12, les informations mentionnées à l'article 706-25-4 concernant une même personne sont retirées du fichier au décès de l'intéressé ou à l'expiration, à compter du prononcé de la décision prévue au même article 706-25-4, d'un délai de :**

1° Vingt ans s'il s'agit d'un majeur ;

2° Dix ans s'il s'agit d'un mineur.

Lorsqu'elles concernent une infraction mentionnée *(L. n° 2017-258 du 28 févr. 2017, art. 15)* **« aux articles** *(L. n° 2021-1109 du 24 août 2021, art. 8)* **« 421-2-5 et 421-2-5-1 du code pénal et aux articles » L. 224-1 ou L. 225-7 » du code de la sécurité intérieure, les informations mentionnées à l'article 706-25-4 du présent code concernant une même personne sont retirées du fichier au décès de l'intéressé ou à l'expiration, à compter du prononcé de la décision, d'un délai de :**

a) Cinq ans s'il s'agit d'un majeur ;

b) Trois ans s'il s'agit d'un mineur.

Lorsque la personne *(L. n° 2016-731 du 3 juin 2016, art. 79, en vigueur le 1er juin 2017)* **« exécute une peine privative de liberté sans sursis en application** *[ancienne rédac-*

tion : fait l'objet d'un mandat de dépôt ou d'un maintien en détention dans le cadre] » de la condamnation entraînant l'inscription, ces délais ne commencent à courir qu'à compter de sa libération.

L'amnistie ou la réhabilitation ainsi que les règles propres à l'effacement des condamnations figurant au casier judiciaire n'entraînent pas l'effacement de ces informations.

Ces informations ne peuvent, à elles seules, servir de preuve à la constatation de l'état de récidive.

Les mentions prévues aux 1°, 2° et 5° de l'article 706-25-4 sont retirées du fichier en cas de décision définitive de non-lieu, de relaxe ou d'acquittement.

Les mentions prévues au même 5° peuvent également être retirées sur décision *(L. n° 2021-1109 du 24 août 2021, art. 8)* « spécialement motivée de la juridiction ».

Art. 706-25-7 Toute personne dont l'identité est enregistrée dans le fichier est astreinte, à titre de mesure de sûreté, aux obligations prévues au présent article.

La personne est tenue :

1° De justifier de son adresse, une première fois après avoir reçu l'information des mesures et des obligations mentionnée au deuxième alinéa de l'article 706-25-8, puis tous les trois mois ;

2° De déclarer ses changements d'adresse, dans un délai de quinze jours au plus tard après ce changement ;

3° De déclarer tout déplacement à l'étranger quinze jours au plus tard avant ledit déplacement ;

4° Si la personne réside à l'étranger, de déclarer tout déplacement en France quinze jours au plus tard avant ledit déplacement.

Si la personne réside en France, elle doit se présenter personnellement au commissariat de police ou à la brigade de gendarmerie dont dépend son domicile.

Si une personne de nationalité française réside à l'étranger, elle doit se présenter personnellement au consulat de France ou à la section consulaire de l'ambassade de France le plus proche de son domicile.

Si une personne de nationalité étrangère réside à l'étranger, elle doit adresser ses justificatifs par lettre recommandée avec demande d'avis de réception auprès du service gestionnaire.

Les obligations de justification et de présentation prévues au présent article cessent de s'appliquer pendant le temps où la personne est incarcérée sur le territoire national.

Toute personne inscrite au fichier judiciaire national automatisé des auteurs d'infractions terroristes est enregistrée au fichier des personnes recherchées pendant toute la durée de ses obligations.

La personne est astreinte aux obligations de justification et de présentation prévues au présent article, à compter du prononcé de la décision prévue à l'article 706-25-4, pendant un délai de :

a) Dix ans s'il s'agit d'un majeur ;

b) Cinq ans s'il s'agit d'un mineur.

(Abrogé par L. n° 2021-1109 du 24 août 2021, art. 8) « ***La personne condamnée pour une infraction mentionnée*** *(L. n° 2017-258 du 28 févr. 2017, art. 15)* « ***aux articles L. 224-1 ou L. 225-7*** » ***du code de la sécurité intérieure est astreinte aux obligations de justification et de présentation prévues au présent article, à compter du prononcé de la décision prévue à l'article 706-25-4 du présent code, pendant un délai de :***

« ***— cinq ans s'il s'agit d'un majeur ;***

« ***— trois ans s'il s'agit d'un mineur.*** »

Lorsque la personne *(L. n° 2016-731 du 3 juin 2016, art. 79, en vigueur le 1er juin 2017)* « exécute une peine privative de liberté sans sursis en application *[ancienne rédaction : fait l'objet d'un mandat de dépôt ou d'un maintien en détention dans le cadre]* » de la condamnation entraînant l'inscription, ces délais ne commencent à courir qu'à compter de sa libération.

Le fait pour les personnes tenues aux obligations prévues au présent article de ne pas respecter ces obligations est puni de deux ans d'emprisonnement et de 30 000 € d'amende.

La tentative de déplacement à l'étranger sans avoir procédé à la déclaration prévue au 3° du présent article est punie des mêmes peines.

Le non-respect, par les personnes résidant à l'étranger, des obligations prévues au présent article est puni des mêmes peines.

(L. n° 2021-1109 du 24 août 2021, art. 8) « Le présent article n'est pas applicable aux personnes inscrites dans le fichier lorsque les décisions ayant conduit à cette inscription concernent des infractions mentionnées aux articles 421-2-5 et 421-2-5-1 du code pénal et aux articles L. 224-1 et L. 225-7 du code de la sécurité intérieure. »

Art. 706-25-8 Toute personne dont l'identité est enregistrée dans le fichier en est informée par l'autorité judiciaire soit par notification à personne, soit par lettre recommandée avec demande d'avis de réception adressée à la dernière adresse déclarée, soit, à défaut, par le recours à la force publique par l'officier de police judiciaire, avec l'autorisation préalable du procureur de la République.

Elle est alors informée des mesures et des obligations auxquelles elle est astreinte en application de l'article 706-25-7 et des peines encourues en cas de non-respect de ces obligations.

Lorsque la personne est détenue au titre de la condamnation justifiant son inscription au fichier et qu'elle n'a pas encore reçu l'information mentionnée au premier alinéa du présent article, les informations prévues au même article lui sont données au moment de sa libération définitive ou préalablement à la première mesure d'aménagement de sa peine.

Art. 706-25-9 Les informations contenues dans le fichier sont directement accessibles, par l'intermédiaire d'un système de communications électroniques sécurisé :

1° Aux autorités judiciaires ;

2° Aux officiers de police judiciaire, dans le cadre de procédures concernant une des infractions prévues aux articles 421-1 à 421-6 du code pénal ou *(L. n° 2017-258 du 28 févr. 2017, art. 15)* « aux articles L. 224-1 et L. 225-7 » du code de la sécurité intérieure, et pour l'exercice des diligences prévues aux articles 706-25-7, 706-25-8 et 706-25-10 du présent code. Les officiers de police judiciaire peuvent également, sur instruction du procureur de la République ou du juge d'instruction ou avec l'autorisation de l'un de ces magistrats, consulter le fichier dans le cadre d'une enquête de flagrance ou d'une enquête préliminaire ou en exécution d'une commission rogatoire ;

3° Aux représentants de l'État dans le département et aux administrations de l'État dont la liste est fixée par le décret prévu à l'article 706-25-14, pour les décisions administratives de recrutement, d'affectation, d'autorisation, d'agrément ou d'habilitation ;

4° Aux agents des greffes pénitentiaires habilités par les chefs d'établissement, pour vérifier que la personne a fait l'objet de l'information mentionnée à l'article 706-25-8 et pour enregistrer les dates de mise sous écrou et de libération ainsi que l'adresse du domicile déclaré par la personne libérée, ainsi qu'aux agents individuellement désignés et habilités du bureau du renseignement pénitentiaire de la direction de l'administration pénitentiaire ;

5° Aux agents individuellement désignés et habilités des services mentionnés à l'article L. 811-2 du code de la sécurité intérieure et des services désignés par le décret en Conseil d'État prévu à l'article L. 811-4 du même code pour la seule finalité de prévention du terrorisme ;

6° Aux agents du ministère des affaires étrangères habilités pour l'exercice des diligences de l'article 706-25-7 du présent code.

Les autorités et personnes mentionnées aux 1° et 2° et 4° à 6° du présent article peuvent interroger le fichier à partir d'un ou de plusieurs critères fixés par le décret prévu à l'article 706-25-14, et notamment à partir de l'identité d'une personne, de ses adresses successives ou de la nature des infractions.

Les personnes mentionnées au 3° du présent article ne peuvent consulter le fichier qu'à partir de l'identité de la personne concernée par la décision administrative.

Les maires et les présidents des collectivités territoriales et des groupements de collectivités territoriales sont également destinataires, par l'intermédiaire des représentants de l'État dans le département, des informations contenues dans le fichier pour les décisions administratives mentionnées au même 3°.

A l'issue des délais prévus à l'article 706-25-7, les informations contenues dans le fichier sont uniquement consultables par le service gestionnaire du fichier, les autorités judiciaires, les officiers de police judiciaire mentionnés au 2° du présent article et les agents individuellement désignés et habilités des services mentionnés au 5°.

Art. 706-25-10 Selon des modalités précisées par le décret prévu à l'article 706-25-14, le gestionnaire du fichier avise directement le ministère de l'intérieur, qui transmet sans délai l'information aux services compétents, en cas de nouvelle inscription, de modification d'adresse concernant une inscription, d'information sur un départ à l'étranger, d'un déplacement en France ou lorsque la personne n'a pas apporté la justification de son adresse dans les délais requis. Il avise directement le service gestionnaire du fichier des personnes recherchées des effacements auxquels il a procédé en application des articles 706-25-6 et 706-25-12.

Le procureur de la République peut également procéder d'office.

S'il apparaît que la personne ne se trouve plus à l'adresse indiquée, l'officier de police judiciaire en informe le procureur de la République, qui l'inscrit sans délai au fichier des personnes recherchées.

Les services de police ou de gendarmerie peuvent procéder à toutes vérifications utiles et toutes réquisitions auprès des administrations publiques pour vérifier ou retrouver l'adresse de la personne.

Art. 706-25-11 Toute personne justifiant de son identité obtient, sur demande adressée au procureur de la République près le tribunal judiciaire dans le ressort duquel elle réside, communication de l'intégralité des informations la concernant figurant dans le fichier.

Les troisième à avant-dernier alinéas de l'article 777-2 sont alors applicables.

Art. 706-25-12 Toute personne dont l'identité est inscrite dans le fichier peut demander au procureur de la République de rectifier ou d'ordonner l'effacement des informations la concernant si les informations ne sont pas exactes ou si leur conservation n'apparaît plus nécessaire compte tenu de la finalité du fichier, au regard de la nature de l'infraction, de l'âge de la personne lors de sa commission, du temps écoulé depuis lors et de la personnalité actuelle de l'intéressé.

La même demande peut être faite au juge d'instruction lorsque l'inscription a été prise sur le fondement du 5° de l'article 706-25-4.

La demande d'effacement est irrecevable tant que les mentions sont relatives à une procédure judiciaire en cours, sauf dans l'hypothèse d'une inscription sur le fondement du même 5°.

Si le procureur de la République ou le juge d'instruction n'ordonne pas la rectification ou l'effacement, la personne peut *(L. n° 2020-1672 du 24 déc. 2020, art. 26)* « exercer un recours » devant le président de la chambre de l'instruction.

Avant de statuer sur la demande de rectification ou d'effacement, le procureur de la République *(Abrogé par L. n° 2020-1672 du 24 déc. 2020, art. 26)* « ***, le juge des libertés et de la détention*** », le juge d'instruction et le président de la chambre de l'instruction peuvent faire procéder à toutes les vérifications qu'ils estiment nécessaires.

Art. 706-25-13 Aucun rapprochement ni aucune interconnexion, au sens de l'article *(Ord. n° 2018-1125 du 12 déc. 2018, art. 16 et 29, en vigueur le 1er juin 2019)* « 33 » de la loi n° 78-17 du 6 janvier 1978 relative à l'informatique, aux fichiers et aux libertés, ne peuvent être effectués entre le fichier prévu à la présente section et tout autre fichier ou recueil de données nominatives détenu par une personne quelconque ou par un service de l'État ne dépendant pas du ministère de la justice, à l'exception du fichier des personnes recherchées pour l'exercice des diligences prévues à la présente section.

Aucun fichier ou recueil de données nominatives détenu par une personne quelconque ou par un service de l'État ne dépendant pas du ministère de la justice ne peut mentionner, hors les cas et dans les conditions prévus par la loi, les informations figurant dans le fichier.

Toute infraction aux deux premiers alinéas du présent article est punie des peines encourues pour le délit prévu à l'article 226-21 du code pénal.

Les dispositions de l'Ord. n° 2018-1125 du 12 déc. 2018 sont entrées en vigueur en même temps que le Décr. n° 2019-536 du 29 mai 2019 pris pour l'application de la L. n° 78-17 du 6 janv.1978 relative à l'informatique, aux fichiers et aux libertés, soit le 1er juin 2019.

Art. 706-25-14 Les modalités d'application de la présente section sont déterminées par décret en Conseil d'État, pris après avis de la Commission nationale de l'informatique et des libertés. Ce décret précise les conditions dans lesquelles le fichier conserve la trace des interrogations et des consultations dont il fait l'objet. — *V. art. R. 50-30 s.*

SECTION IV DE LA PRÉVENTION DES ACTES DE TERRORISME

(L. n° 2020-1672 du 24 déc. 2020, art. 10)

Art. 706-25-15 Peuvent exercer des fonctions d'assistant spécialisé pour la prévention des actes de terrorisme auprès du ministère public les fonctionnaires de catégorie A ou B ainsi que les personnes titulaires, dans des matières définies par décret, d'un diplôme national sanctionnant une formation d'une durée au moins égale à quatre années d'études supérieures après le baccalauréat qui remplissent les conditions d'accès à la fonction publique et justifient d'une expérience professionnelle minimale de quatre années.

Les assistants spécialisés pour la prévention des actes de terrorisme suivent une formation obligatoire préalable à leur entrée en fonction.

Ils participent aux procédures sous la responsabilité des magistrats du ministère public, sans pouvoir toutefois recevoir délégation de signature, sauf pour les réquisitions prévues aux articles 60-1, 60-2, 77-1-1 et 77-1-2.

Ils accomplissent toutes les tâches qui leur sont confiées par ces magistrats et peuvent notamment :

1° Les assister dans l'exercice de l'action publique et dans les missions de prévention que la loi leur confie ;

2° Remettre aux magistrats des documents de synthèse ou d'analyse qui peuvent être versés au dossier de la procédure ;

3° Mettre en œuvre le droit de communication reconnu aux magistrats en application de l'article 132-22 du code pénal.

Le procureur général peut leur demander d'assister le ministère public devant la juridiction d'appel.

Ils ont accès au dossier de la procédure pour l'exécution des tâches qui leur sont confiées et sont soumis au secret professionnel sous les peines prévues à l'article 226-13 du même code.

Les modalités d'application du présent article sont celles prises en application du dernier alinéa de l'article 706 du présent code.

SECTION V DE LA MESURE JUDICIAIRE DE PRÉVENTION DE LA RÉCIDIVE TERRORISTE ET DE RÉINSERTION

(L. n° 2021-998 du 30 juill. 2021, art. 6)

Art. 706-25-16 I. — Lorsqu'une personne a été condamnée à une peine privative de liberté, non assortie du sursis, d'une durée supérieure ou égale à cinq ans pour une ou plusieurs des infractions mentionnées aux articles 421-1 à 421-6 du code pénal, à l'exclusion de celles définies aux articles 421-2-5 et 421-2-5-1 du même code, ou d'une durée supérieure ou égale à trois ans lorsque l'infraction a été commise en état de récidive légale, et qu'il est établi, à l'issue d'un réexamen de sa situation intervenant à la fin de l'exécution de sa peine, que cette personne présente une particulière dangerosité caractérisée par une probabilité très élevée de récidive et par une adhésion persistante à une idéologie ou à des thèses incitant à la commission d'actes de terrorisme, faisant ainsi obstacle à sa réinsertion, le tribunal de l'application des peines de Paris peut, sur réquisitions du procureur de la République antiterroriste, ordonner, aux seules fins de prévenir la récidive et d'assurer la réinsertion, une mesure judiciaire de prévention de la récidive terroriste et de réinsertion.

La décision définit les conditions d'une prise en charge sanitaire, sociale, éducative, psychologique ou psychiatrique destinée à permettre la réinsertion de la personne concernée et l'acquisition des valeurs de la citoyenneté. Cette prise en charge peut, le cas échéant, intervenir au sein d'un établissement d'accueil adapté.

La décision peut imposer à la personne concernée d'exercer une activité professionnelle ou de suivre un enseignement ou une formation professionnelle ; elle peut également lui interdire de se livrer à l'activité dans l'exercice ou à l'occasion de laquelle l'infraction a été commise.

La décision précise les conditions dans lesquelles la personne concernée doit communiquer au service pénitentiaire d'insertion et de probation les renseignements ou documents de nature à permettre le contrôle de ses moyens d'existence et de l'exécution de ses obligations et répondre aux convocations du juge de l'application des peines ou du service pénitentiaire d'insertion et de probation. Elle peut aussi l'astreindre à établir sa résidence en un lieu déterminé.

Les obligations auxquelles la personne concernée est astreinte sont mises en œuvre par le juge de l'application des peines du tribunal judiciaire de Paris, assisté du service pénitentiaire d'insertion et de probation, le cas échéant avec le concours des organismes habilités à cet effet.

II. — Le tribunal de l'application des peines de Paris ne peut prononcer la mesure judiciaire de prévention de la récidive terroriste et de réinsertion qu'après s'être assuré que la personne condamnée a été mise en mesure de bénéficier, pendant l'exécution de sa peine, de mesures de nature à favoriser sa réinsertion.

III. — La mesure judiciaire de prévention de la récidive terroriste et de réinsertion prévue au I peut être ordonnée pour une durée maximale d'un an. A l'issue de cette durée, la mesure peut être renouvelée sur réquisitions du procureur de la République antiterroriste par le tribunal de l'application des peines de Paris, après avis de la commission pluridisciplinaire des mesures de sûreté prévue à l'article 763-10, pour au plus la même durée, périodes de suspension comprises, dans la limite de cinq ans ou, lorsque le condamné est mineur, dans la limite de trois ans. Chaque renouvellement est subordonné à l'existence d'éléments nouveaux ou complémentaires qui le justifient précisément.

IV. — La mesure prévue au I ne peut être ordonnée que si elle apparaît strictement nécessaire pour prévenir la récidive et assurer la réinsertion de la personne concernée. Elle n'est pas applicable si la personne a été condamnée à un suivi socio-judiciaire en application de l'article 421-8 du code pénal ou si elle fait l'objet d'une mesure de surveillance judiciaire prévue à l'article 723-29 du présent code, d'une mesure de surveillance de sûreté prévue à l'article 706-53-19 ou d'une rétention de sûreté prévue à l'article 706-53-13.

BIBL. ▶ DREYER, *D. 2021. 1973* (le droit pénal sécuritaire). – F. ROUSSEAU et P. ROUSSEAU, *Dr. pénal 2021. Étude 18* (loi du 30 juillet 2021 : prévention d'actes de terrorisme et renseignement).

Art. 706-25-17 La situation des personnes détenues susceptibles de faire l'objet de la mesure prévue à l'article 706-25-16 est examinée, sur réquisitions du procureur de la République antiterroriste, au moins trois mois avant la date prévue pour leur libération, par la commission pluridisciplinaire des mesures de sûreté prévue à l'article 763-10, afin d'évaluer leur dangerosité et leur capacité à se réinsérer.

A cette fin, la commission pluridisciplinaire mentionnée au premier alinéa du présent article demande le placement de la personne concernée, pour une durée d'au moins six semaines, dans un service spécialisé chargé de l'observation des personnes détenues, aux fins notamment d'une évaluation pluridisciplinaire de dangerosité.

A l'issue de cette période, la commission adresse au tribunal de l'application des peines de Paris et à la personne concernée un avis motivé sur l'opportunité de prononcer la mesure mentionnée à l'article 706-25-16 au regard des critères définis au I du même article 706-25-16.

Art. 706-25-18 La décision prévue à l'article 706-25-16 est prise, avant la date prévue pour la libération du condamné, par un jugement rendu après un débat contradictoire et, si le condamné le demande, public, au cours duquel le condamné est assisté par un avocat choisi ou commis d'office. Elle doit être spécialement motivée au regard des conclusions de l'évaluation et de l'avis mentionnés à l'article 706-25-17 ainsi que des conditions prévues aux II et IV de l'article 706-25-16.

Le jugement précise les obligations auxquelles le condamné est tenu ainsi que la durée de celles-ci.

La décision est exécutoire immédiatement à compter de la libération du condamné.

Le tribunal de l'application des peines de Paris peut, sur réquisitions du procureur de la République antiterroriste ou à la demande de la personne concernée, selon les

modalités prévues à l'article 706-53-17 et, le cas échéant, après avis du procureur de la République antiterroriste, modifier la mesure ou ordonner sa mainlevée. Cette compétence s'exerce sans préjudice de la possibilité, pour le juge de l'application des peines, d'adapter à tout moment les obligations auxquelles le condamné est tenu.

Art. 706-25-19 Les décisions du tribunal de l'application des peines de Paris prévues à la présente section peuvent faire l'objet du recours prévu au second alinéa de l'article 712-1.

Art. 706-25-20 Les obligations prévues à l'article 706-25-16 sont suspendues si la personne concernée est détenue au cours de leur exécution.

Si la détention excède une durée de six mois, la reprise d'une ou de plusieurs des obligations prévues au même article 706-25-16 doit être confirmée par le tribunal de l'application des peines de Paris dans un délai de trois mois à compter de la cessation de la détention, à défaut de quoi il est mis fin d'office à la mesure.

Art. 706-25-21 Le fait pour la personne soumise à une mesure prise en application de l'article 706-25-16 de ne pas respecter les obligations auxquelles elle est astreinte est puni de trois ans d'emprisonnement et de 45 000 euros d'amende.

Art. 706-25-22 Un décret en Conseil d'État précise les conditions et les modalités d'application de la présente section. – *V. art. R. 50-70 s. et D. 47-6-16 s.*

TITRE SEIZIÈME DE LA POURSUITE, DE L'INSTRUCTION ET DU JUGEMENT DES INFRACTIONS EN MATIÈRE DE TRAFIC DE STUPÉFIANTS

(L. n° 92-1336 du 16 déc. 1992)

Art. 706-26 Les infractions prévues par les articles 222-34 à *(L. n° 2004-204 du 9 mars 2004, art. 14-IV, en vigueur le 1er oct. 2004)* **« 222-40 » du code pénal, ainsi que le délit de participation à une association de malfaiteurs prévu par l'article 450-1 du même code lorsqu'il a pour objet de préparer l'une de ces infractions, sont poursuivies, instruites et jugées selon les règles du présent code, sous réserve des dispositions du présent titre.**

V. Circ. CRIM. 2005-21 G1 du 1er oct. 2005 relative à la loi n° 2004-204 du 9 mars 2004 portant adaptation de la justice aux évolutions de la criminalité (BOMJ 2005, n° 100, p. 230 s.).

BIBL. ▸ BESACIER, *AJ pénal 2006. 251* (trafic de stupéfiants : une approche scientifique). – VLAMYNCK, *AJ pénal 2004. 187* (le trafic de produits stupéfiants et les procédures policières afférentes).

Art. 706-27 Dans le ressort de chaque cour d'appel, une ou plusieurs cours d'assises dont la liste est fixée par décret sont compétentes pour le jugement des crimes visés à l'article 706-26 et des infractions qui leur sont connexes. Pour le jugement des accusés majeurs, les règles relatives à la composition et au fonctionnement de la cour d'assises sont fixées par les dispositions de l'article 698-6.

Pour l'application de l'alinéa précédent, la chambre de l'instruction, lorsqu'elle prononce la mise en accusation conformément au premier alinéa de l'article 214, constate que les faits entrent dans le champ d'application de l'article 706-26.

V. art. D. 47-7.

Art. 706-28 Pour la recherche et la constatation des infractions visées à l'article 706-26, les visites, perquisitions et saisies prévues par l'article 59 peuvent être opérées en dehors des heures prévues par cet article à l'intérieur des locaux où l'on use en société de stupéfiants ou dans lesquels sont fabriqués, transformés ou entreposés illicitement des stupéfiants *(L. n° 2004-204 du 9 mars 2004, art. 14-V, en vigueur le 1er oct. 2004)* **« lorsqu'il ne s'agit pas de locaux d'habitation ».**

Al. 2 Abrogé par L. n° 2004-204 du 9 mars 2004, art. 14-V.

Les actes prévus au présent article ne peuvent, à peine de nullité, avoir un autre objet que la recherche et la constatation des infractions visées à l'article 706-26.

La chambre d'accusation n'encourt pas le grief allégué dès lors qu'elle a souverainement constaté que la perquisition litigieuse avait eu lieu dans l'appartement pour lequel l'autorisation avait été accordée. L'ordonnance critiquée n'entre pas dans les décisions dont la personne mise en examen peut relever appel en application de l'art. 186 et aucun autre texte ne prévoit la possibilité d'un appel contre les autorisations rendues en application des dispositions de l'art. 706-28. • Crim. 31 mai 1995 : *Dr. pénal 1996. Comm. 18, obs. Maron.*

Art. 706-29 *(Abrogé par L. n° 2004-204 du 9 mars 2004, art. 14-VII, à compter du 1er oct. 2004)* ***Pour l'application des articles 63, 77 et 154, si les nécessités de l'enquête ou de l'instruction relative à l'une des infractions visées par l'article 706-26 l'exigent, la garde à vue d'une personne peut faire l'objet d'une prolongation supplémentaire de quarante-huit heures.***

Cette prolongation est autorisée soit, à la requête du procureur de la République, par *(L. n° 2000-516 du 15 juin 2000, art. 49-V)* ***« le juge des libertés et de la détention », soit, dans les cas prévus par les articles 72 et 154, par le juge d'instruction.***

La personne gardée à vue doit être présentée à l'autorité qui statue sur la prolongation préalablement à cette décision. A titre exceptionnel, la prolongation peut être accordée par décision écrite et motivée sans présentation préalable.

Dès le début de la garde à vue, le procureur de la République ou le juge d'instruction doit désigner un médecin expert qui examine toutes les vingt-quatre heures la personne gardée à vue et délivre après chaque examen un certificat médical motivé qui est versé au dossier. La personne retenue est avisée par l'officier de police judiciaire du droit de demander d'autres examens médicaux. Ces examens médicaux sont de droit. Mention de cet avis est portée au procès-verbal et émargée par la personne intéressée, en cas de refus d'émargement, il en est fait mention.

TOM : 865 s.

I. RÈGLES NATIONALES

1. Entretien avec un avocat. L'art. 63-4, dernier al., qui porte de 20 heures à 72 heures le délai à l'expiration duquel la personne gardée à vue peut demander à s'entretenir avec un avocat, s'applique en cas de prolongation supplémentaire de la garde à vue de 48 heures en vertu de l'art. 706-29. • Crim. 3 avr. 1996, n° 96-80.876 P : *JCP 1997. I. 3998, Chron. Maron ; Dr. pénal 1996. Comm. 201 et 205, note Maron* • 8 juin 1999, n° 99-81.291 P.

2. Examens médicaux. L'inobservation de la formalité prévue par l'art. 706-29, selon lequel la personne retenue est avisée de son droit de demander d'autres examens médicaux, ne saurait entraîner la nullité de la procédure, dès lors que l'intéressé a été immédiatement informé de son droit de demander un examen médical en application de l'art. 63-3, qu'il a déclaré ne pas souhaiter un tel examen, et qu'il a été examiné toutes les vingt-quatre heures par un médecin expert désigné conformément à l'art. 706-29. • Crim. 2 déc. 1998 : *Dr. pénal 1999. Comm. 136, obs. Maron.*

II. RÈGLES EUROPÉENNES

3. Droit à la liberté et à la sûreté au sens de la Conv. EDH. La prolongation de la mesure de garde à vue pour répondre aux nécessités de l'enquête ne constitue pas une violation de l'art. 5, § 1 *c)*, Conv. EDH, d'autant plus qu'il ressort des pièces que la prolongation a été autorisée par le juge d'instruction après présentation de l'intéressé et sans observations de sa part. • Crim. 14 juin 2000, n° 00-81.386 P.

Art. 706-30 *Abrogé par L. n° 2004-204 du 9 mars 2004, art. 14-VII, à compter du 1er oct. 2004.*

Art. 706-30-1 *(L. n° 99-515 du 23 juin 1999)* **Lorsqu'il est fait application des dispositions du** *(L. n° 2011-267 du 14 mars 2011, art. 98-2°)* **« quatrième » alinéa de l'article 99-2 à des substances stupéfiantes saisies au cours de la procédure, le juge d'instruction doit conserver un échantillon de ces produits afin de permettre, le cas échéant, qu'ils fassent l'objet d'une expertise. Cet échantillon est placé sous scellés.**

Il doit être procédé par le juge d'instruction ou par un officier de police judiciaire agissant sur commission rogatoire à la pesée des substances saisies avant leur destruction. Cette pesée doit être réalisée en présence de la personne qui détenait les substances, ou, à défaut, en présence de deux témoins requis par le juge d'instruction ou l'officier de police judiciaire et choisis en dehors des personnes relevant de leur autorité. La pesée peut également être réalisée, dans les mêmes conditions, au cours de

l'enquête de flagrance ou de l'enquête préliminaire, par un officier de police judiciaire, ou, au cours de l'enquête douanière, par un agent des douanes de catégorie A ou B.

Le procès-verbal des opérations de pesée est signé par les personnes mentionnées ci-dessus. En cas de refus, il en est fait mention au procès-verbal.

1. Champ d'application. Les dispositions de l'al. 1er de l'art. 706-30-1 ne sont applicables qu'à l'instruction préparatoire, lorsque le juge d'instruction veut faire procéder à la destruction du produit, et ne sont pas applicables à l'enquête de flagrance. • Crim. 11 déc. 2019, n° 18-84.912 P : *AJ pénal 2020. 143, obs. Clément*. ♦ Les prescriptions de l'art. 706-30-1 ne sont applicables que dans le cas de pesée des substances saisies avant leur destruction. • Crim. 11 déc. 2019, n° 19-82.454 P : *D. actu. 15 janv. 2020, obs. Goetz.*

2. Méconnaît les dispositions de l'art. 706-30-1 la chambre de l'instruction qui, refusant de faire droit à une demande d'annulation partielle de procès-verbaux de pesée constatant la destruction de cocaïne aux motifs qu'en méconnaissance du texte précité, la pesée avait été effectuée hors la présence du prévenu et sans que deux témoins aient été requis par l'OPJ pour y assister, énonce que, si le poids du bloc ne peut être opposé à la personne mise en examen, il ressort cependant de la procédure des charges établissant que le prévenu avait détenu au moins 4,4 grammes, poids de l'échantillon prélevé en sa présence, sans observation de sa part, et extrait du bloc photographié, dont il appartiendra à la juridiction de jugement, au vu des éléments de la procédure, d'apprécier l'importance. • Crim. 24 janv. 2007, n° 06-88.351 P : *D. 2007. AJ 729 ; RSC 2008. 645, obs. Buisson ; AJ pénal 2007. 143, obs. Roussel ; Procédures 2007, n° 148, obs. Buisson.*

3. La pesée de produits stupéfiants ne peut être réalisée, au cours de l'enquête de flagrance ou de l'enquête préliminaire, qu'en présence de la personne qui détenait les substances ou, à défaut, en présence de deux témoins ; en cas de non-respect de ces prescriptions, le grief de ladite personne résulte nécessairement de la destruction des substances stupéfiantes. • Crim. 31 oct. 2017, n° 17-80.872 P : *D. actu. 16 nov. 2017, obs. Azoulay ; AJ pénal 2018. 95, obs. Roux-Demare*.

4. La violation des dispositions de l'art. 706-30-1, qui ont pour objet de garantir le caractère contradictoire du déroulement de ces opérations et ainsi d'authentifier le poids des produits saisis, peut être invoquée par toute partie qui y a intérêt, et ce texte impose la réalisation de la pesée des produits stupéfiants en présence de la seule personne qui détenait les substances, ce qui doit s'entendre comme celle entre les mains de laquelle elles ont été saisies. • Crim. 9 nov. 2021, n° 21-83.095 B : *AJ pénal 2022. 44, obs. Patouillard*.

5. L'art. 706-30-1 ne requiert pas, pour la réalisation de l'opération de pesée au cours d'une enquête, la rédaction d'un procès-verbal distinct et spécifique, ni la présence de l'avocat de la personne concernée. • Crim. 5 sept. 2018, n° 18-80.334 P : *Dr. pénal 2018, n° 203, note Maron et Haas.*

Art. 706-31 *(Abrogé par L. n° 2017-242 du 27 févr. 2017, art. 3) (L. n° 95-125 du 8 févr. 1995)* ***« L'action publique des crimes mentionnés à l'article 706-26 se prescrit par trente ans. La peine prononcée en cas de condamnation pour l'un de ces crimes se prescrit par trente ans à compter de la date à laquelle la condamnation est devenue définitive.***

« L'action publique relative aux délits mentionnés à l'article 706-26 se prescrit par vingt ans. La peine prononcée en cas de condamnation pour l'un de ces délits se prescrit par vingt ans à compter de la date à laquelle la condamnation est devenue définitive. »

Par dérogation aux dispositions de l'article 750, *(L. n° 2004-204 du 9 mars 2004, art. 198-I, en vigueur le 1er janv. 2005)* **« le maximum de la durée de la contrainte judiciaire est fixé à un an » lorsque l'amende et les condamnations pécuniaires prononcées pour l'une des infractions mentionnées à** *(L. n° 2011-525 du 17 mai 2011, art. 156-8°)* **« l'article 706-26 » ou pour les infractions douanières connexes excèdent** *(L. n° 2004-204 du 9 mars 2004, art. 198-I, en vigueur le 1er janv. 2005)* **« 100 000 € ».**

Sur la prescription des crimes et délits mentionnés à l'art. 706-26, V. desormais C. pén., art. 133-2 et 133-3.

1. Prescription. Aux termes, tant de l'art. L. 627-6 CSP dans sa rédaction issue de la loi du 31 déc. 1987, que de l'art. 706-31 dans sa rédaction résultant de la L. du 16 déc. 1992 applicable depuis le 1er mars 1994, les peines prononcées pour infractions à la législation sur les stupéfiants se prescrivent par 20 ans à compter de la date à laquelle la décision de condamnation devient définitive. • Crim. 11 mai 1995, n° 94-84.883 P. ♦ Ainsi, pour des infractions commises en 1985 et 1986, et réprimées par une condamnation devenue définitive en 1988, la durée de la prescription de la peine est de 20 ans, la loi applicable étant celle en vigueur à la date où la condamnation devient définitive, et non celle en vigueur à la date des faits qui prévoyait une prescription de 5 ans. • Même arrêt.

2. Contrainte par corps et connexité des infractions. Il n'y a connexité des infractions au sens de l'art. 706-31, al. 3, que lorsque le prévenu a été déclaré coupable de l'infraction douanière et de l'infraction à la législation sur les stupéfiants, ce qui n'est pas le cas lorsque l'intéressé n'a été poursuivi que pour une infraction douanière. • Crim. 19 déc. 2001, n° 01-82.212 P : *D. 2002. IR 864*.

Art. 706-32 *(L. n° 2007-297 du 5 mars 2007, art. 52)* **Sans préjudice des dispositions des articles 706-81 à 706-87 du présent code, et aux seules fins de constater les infractions d'acquisition, d'offre ou de cession de produits stupéfiants visées aux articles 222-37 et 222-39 du code pénal, d'en identifier les auteurs et complices et d'effectuer les saisies prévues au présent code, les officiers de police judiciaire et, sous leur autorité, les agents de police judiciaire peuvent, avec l'autorisation du procureur de la République ou du juge d'instruction saisi des faits qui en avise préalablement le parquet, et sans être pénalement responsables de ces actes :**

1° Acquérir des produits stupéfiants ;

2° En vue de l'acquisition de produits stupéfiants, mettre à la disposition des personnes se livrant à ces infractions des moyens de caractère juridique ou financier ainsi que des moyens de transport, de dépôt, d'hébergement, de conservation et de télécommunication.

A peine de nullité, l'autorisation du procureur de la République ou du juge d'instruction, qui peut être donnée par tout moyen, est mentionnée ou versée au dossier de la procédure et les actes autorisés ne peuvent constituer une incitation à commettre une infraction.

1. Définition de la livraison contrôlée. Le fait de se porter acquéreur de « crack » auprès d'un revendeur identifié par un consommateur ne constitue pas une « livraison surveillée » soumise à autorisation préalable du procureur de la République. • Crim. 5 juin 1997, n° 96-84.014 P : *RSC 1998. 118, obs. J.-P. Delmas Saint-Hilaire ; Dr. pénal 1997. Comm. 142, obs. Véron ; D. 1998. Somm. 173, obs. Pradel ; Procédures 1997, n° 219, obs. Buisson.*

2. Nature juridique de l'autorisation. L'autorisation judiciaire visée par l'art. 706-32 n'est prévue par la loi que pour exempter les fonctionnaires de police de leur responsabilité à raison de leur participation à des infractions à la législation sur les stupéfiants et n'a pas d'incidence sur la validité de la procédure. • Crim. 30 avr. 1998, n° 97-85.747 P : *RSC 1999. 110, obs. J.-P. Delmas Saint-Hilaire ; Procédures 1998, n° 229, obs. Buisson ; Dr. pénal 1998. Comm. 124, obs. Maron ; Gaz. Pal. 1998. 2. Chron. 138, note Doucet* • 24 févr. 1999 : *D. 1999. 460, note J. Coulon*. ♦ Il en est de même de l'autorisation prévue par l'art. 67 *bis* C. douanes pour les livraisons de stupéfiants contrôlées par les agents des douanes : • Crim. 1er avr. 1998, n° 97-84.372 P : *D. 1998. 430, note Pradel ; RSC 1998. 582, obs. Dintilhac ; RSC 1999. 110, obs. J.-P. Delmas Saint-Hilaire ; RG proc. 1998. 465, Chron. Rebut ; Procédures 1998, n° 126, obs. Buisson ; Dr. pénal 1998. Comm. 92, obs. Maron ; JCP 1998. I. 153, Chron. Maron.* ♦ *Contra :* • Crim. 26 sept. 1995, n° 95-83.071 P : *RSC 1996. 139, obs. Dintilhac ; ibid. 666, obs. J.-P. Delmas Saint-Hilaire ; RG proc. 1998. 331, Chron. Rebut ; Dr. pénal 1996. Chron. 1, rapp. Massiac, et Comm. 11, obs. J.-H. Robert* (excès de pouvoir sanctionné par la nullité de la procédure) • 19 déc. 1996, n° 96-84.251 P : *RG proc. 1998. 333, Chron. Rebut ; Gaz. Pal. 1997. 1. Chron. 86, note Doucet ; Procédures 1997, n° 99, obs. Buisson* (cassation de • Paris, 2 août 1996 : *D. 1997. 42, note Fortin*) • 13 nov. 1997, n° 97-83.652 P : *RSC 1998. 555, obs. J.-P. Delmas Saint-Hilaire ; RG proc. 1998. 332, Chron. Rebut ; Dr. pénal 1998. Comm. 77, obs. Maron ; Gaz. Pal. 1998. 1. Chron. 42, note Doucet ; Procédures 1998, n° 70, obs. Buisson.*

3. Provocation à la commission des infractions. L'autorisation de procéder à une livraison contrôlée de stupéfiants ne crée pas de présomption de régularité de la procédure. La provocation à l'infraction par un agent de l'autorité publique exonère le prévenu de sa responsabilité pénale lorsqu'elle procède de manœuvres de nature à déterminer les agissements délictueux portant ainsi atteinte au principe de la loyauté des preuves. • Crim. 5 mai 1999, n° 97-83.117 P : *D. 1999. Somm. 325, obs. Pradel ; Dr. pénal 1999. Comm. 123, obs. Maron* (arrêt rendu sur le fondement de l'art. 67 *bis* C. douanes).

Art. 706-33 **En cas de poursuite pour l'une des infractions visées à l'article 706-26, le juge d'instruction peut ordonner à titre provisoire, pour une durée de six mois au plus, la fermeture de tout hôtel, maison meublée, pension, débit de boissons, restaurant, club, cercle, dancing, lieu de spectacle ou leurs annexes ou lieu quelconque ouvert au public ou utilisé par le public, où ont été commises ces infractions par l'exploitant ou avec sa complicité.**

Cette fermeture peut, quelle qu'en ait été la durée, faire l'objet de renouvellements dans les mêmes formes pour une durée de trois mois au plus chacun.

Les décisions prévues aux alinéas précédents et celles statuant sur les demandes de mainlevées peuvent faire l'objet d'un recours devant la chambre de l'instruction dans les vingt-quatre heures de leur exécution ou de la notification faite aux parties intéressées.

Lorsqu'une juridiction de jugement est saisie, la mainlevée de la mesure de fermeture en cours ou son renouvellement, pour une durée de trois mois au plus chaque fois, est prononcée selon les règles fixées par les deuxième à quatrième alinéas de l'article 148-1.

1. La loi ne prévoit pas que la chambre de l'instruction puisse être saisie directement d'un recours lorsque le juge d'instruction n'a pas statué sur une demande de main-levée de fermeture d'un restaurant dans le cadre de l'art. 706-33. • Crim. 22 juin 2004, n° 04-82.923 P : *D. 2004. IR 2271 ; JCP 2004. IV. 2850 ; AJ pénal 2004. 371*.

2. Point de départ du délai de recours. Conformément au droit à un recours juridictionnel effectif garanti par l'art. 6 Conv. EDH, et par dérogation à la règle selon laquelle le point de départ du délai est la date d'envoi de la lettre recommandée, l'art. 706-33, en ce qu'il prévoit un délai très bref de vingt-quatre heures ouvert à la personne concernée pour former un recours à compter de la date de la notification qui lui est faite de la décision, ne peut être interprété, lorsque la notification a lieu par la voie postale, que comme faisant courir le délai à compter de la date de présentation de la lettre à l'adresse du destinataire. • Crim. 11 déc. 2018, n° 18-83.383 P : *D. actu. 17 janv. 2019, obs. Goetz ; Dr. pénal 2019, n° 37, note Maron et Haas.*

TITRE DIX-SEPTIÈME DE LA POURSUITE, DE L'INSTRUCTION ET DU JUGEMENT DES INFRACTIONS EN MATIÈRE DE TRAITE DES ÊTRES HUMAINS, DE PROXÉNÉTISME OU DE RECOURS À LA PROSTITUTION DES MINEURS *(L. n° 2007-297 du 5 mars 2007, art. 35).*

(L. n° 92-1336 du 16 déc. 1992)

RÉP. PÉN. v° *Cybercriminalité*, par CHOPIN.

Art. 706-34 Les infractions prévues par les articles 225-5 à *(L. n° 2002-305 du 4 mars 2002)* « 225-12-4 » du code pénal, ainsi que le délit de participation à une association de malfaiteurs prévu par l'article 450-1 du même code lorsqu'il a pour objet de préparer l'une de ces infractions, sont poursuivies, instruites et jugées selon les règles du présent code, sous réserve des dispositions du présent titre.

Art. 706-35 Pour la recherche et la constatation des infractions visées à l'article 706-34, les visites, perquisitions et saisies prévues par l'article 59 peuvent être opérées à toute heure du jour et de la nuit, à l'intérieur de tout hôtel, maison meublée, pension, débit de boissons, club, cercle, dancing, lieu de spectacle et leurs annexes et en tout autre lieu ouvert au public ou utilisé par le public lorsqu'il est constaté que des personnes se livrant à la prostitution y sont reçues habituellement.

Les actes prévus au présent article ne peuvent, à peine de nullité, être effectués pour un autre objet que la recherche et la constatation des infractions visées à l'article 706-34.

Art. 706-35-1 *(Abrogé par L. n° 2019-222 du 23 mars 2019, art. 45 et 109-XIII, à compter du 1er juin 2019) (L. n° 2007-297 du 5 mars 2007, art. 35)* ***Dans le but de constater les infractions mentionnées aux articles*** *(L. n° 2014-1353 du 13 nov. 2014, art. 20)* ***« 225-4-1, 225-4-8, 225-4-9, 225-5, 225-6 » et 225-12-1 à 225-12-4 du code pénal et, lorsque celles-ci sont commises par un moyen de communication électronique, d'en rassembler les preuves et d'en rechercher les auteurs, les officiers ou agents de police judiciaire agissant au cours de l'enquête ou sur commission rogatoire peuvent, s'ils sont affectés dans un service spécialisé et spécialement habilités à cette fin, dans des conditions précisées par arrêté, procéder aux actes suivants sans en être pénalement responsables :*** *— V. Arr. du 21 oct. 2015, ss. l'art. 706-2-2.*

1° Participer sous un pseudonyme aux échanges électroniques ;

2° Être en contact par ce moyen avec les personnes susceptibles d'être les auteurs de ces infractions ;

(L. n° 2014-1353 du 13 nov. 2014, art. 20) ***« 2° bis Extraire, acquérir ou conserver par ce moyen les éléments de preuve et les données sur les personnes susceptibles d'être les auteurs de ces infractions ; »***

3° Extraire, transmettre en réponse à une demande expresse, acquérir ou conserver des contenus illicites dans des conditions fixées par décret.

A peine de nullité, ces actes ne peuvent constituer une incitation à commettre ces infractions.

V. désormais art. 230-46.

V. aussi Circ. CRIM-2010-7/E6 du 22 mars 2010 relative aux investigations sous pseudonyme sur internet et au rôle du Centre national d'analyse des images de pédopornographie, BOMJ n° 2010-02 ; V. aussi art. D. 47-8 et D. 47-9.

Art. 706-36 **En cas de poursuite pour l'une des infractions visées à l'article 706-34, le juge d'instruction peut ordonner à titre provisoire, pour une durée de trois mois au plus, la fermeture totale ou partielle :**

1° D'un établissement visé aux 1° et 2° de l'article 225-10 du code pénal dont le détenteur, le gérant ou le préposé est poursuivi ;

2° De tout hôtel, maison meublée, pension, débit de boissons, restaurant, club, cercle, dancing, lieu de spectacle ou leurs annexes ou lieu quelconque ouvert au public ou utilisé par le public, dans lequel une personne poursuivie aura trouvé au cours des poursuites, auprès de la direction ou du personnel, un concours sciemment donné pour détruire des preuves, exercer des pressions sur des témoins ou favoriser la continuation de son activité délictueuse.

Cette fermeture peut, quelle qu'en ait été la durée, faire l'objet de renouvellements dans les mêmes formes pour une durée de trois mois au plus chacun.

Les décisions prévues aux alinéas précédents et celles statuant sur les demandes de mainlevées peuvent faire l'objet d'un recours devant la chambre de l'instruction dans les vingt-quatre heures de leur exécution ou de la notification faite aux parties intéressées.

Lorsqu'une juridiction de jugement est saisie, la mainlevée de la mesure de fermeture en cours ou son renouvellement, pour une durée de trois mois au plus chaque fois, est prononcée selon les règles fixées par les deuxième à quatrième alinéas de l'article 148-1.

Art. 706-36-1 *Abrogé par L. n° 2004-204 du 9 mars 2004, art. 14-VII, à compter du 1er oct. 2004.*

Art. 706-37 **Le ministère public fait connaître au propriétaire de l'immeuble, au bailleur et au propriétaire du fonds où est exploité un établissement dans lequel sont constatés les faits visés au 2° de l'article 225-10 du code pénal et fait mentionner au registre du commerce et aux registres sur lesquels sont inscrites les sûretés l'engagement des poursuites et la décision intervenue. Les modalités d'application du présent article sont déterminées par décret en Conseil d'État.**

V. C. pr. pén., art. R. 51 s.

Art. 706-38 **Lorsque la personne titulaire de la licence de débit de boissons ou de restaurant ou propriétaire du fonds de commerce dans lequel est exploité l'un des établissements visés au 2° de l'article 225-10 du code pénal n'est pas poursuivie, les peines complémentaires prévues par l'article 225-22 du code pénal ne peuvent être prononcées, par décision spéciale et motivée, que s'il est établi que cette personne a été citée à la diligence du ministère public avec indication de la nature des poursuites exercées et de la possibilité pour le tribunal de prononcer ces peines.**

La personne visée à l'alinéa précédent peut présenter ou faire présenter par un avocat ses observations à l'audience. Si elle use de cette faculté, elle peut interjeter appel de la décision prononçant l'une des peines prévues par l'article 225-22 du code pénal.

Citation. L'art. 706-38 prévoit la citation de la personne propriétaire du fonds de commerce dont la fermeture va être sollicitée à titre de peine complémentaire ; peu importe que le prévenu personne physique soit également le P-DG de la personne morale propriétaire du fonds de commerce : cette personne morale doit recevoir une citation distincte répondant aux conditions de forme de l'art. 706-38. • Crim. 6 sept. 2006, n° 06-80.093 P : *D. 2006. IR 2627* ; *D. 2007. Pan. 399, obs. Roujou de Boubée*.

Art. 706-39 **La décision qui, en application de l'article 225-22 du code pénal, prononce la confiscation du fonds de commerce ordonne l'expulsion de toute personne qui, directement ou par personne interposée, détient, gère, exploite, dirige, fait fonctionner, finance ou contribue à financer l'établissement.**

Cette même décision entraîne le transfert à l'État de la propriété du fonds confisqué et emporte subrogation de l'État dans tous les droits du propriétaire du fonds.

Art. 706-40 **En cas d'infraction prévue par le 3° de l'article 225-10 du code pénal, l'occupant et la personne se livrant à la prostitution sont solidairement responsables des dommages-intérêts pouvant être alloués pour trouble du voisinage. Lorsque les faits visés par cet article sont pratiqués de façon habituelle, la résiliation du bail et l'expulsion du locataire, sous-locataire ou occupant qui se livre à la prostitution ou la tolère sont prononcées par le juge des référés, à la demande du ministère public, du propriétaire, du locataire principal ou des occupants ou voisins de l'immeuble. Les propriétaires ou bailleurs de ces locaux sont informés, à la diligence du ministère public, que ceux-ci servent de lieux de prostitution.**

Art. 706-40-1 *(L. n° 2016-444 du 13 avr. 2016, art. 3)* **Les personnes victimes de l'une des infractions prévues aux articles 225-4-1 à 225-4-6 et 225-5 à 225-10 du code pénal, ayant contribué par leur témoignage à la manifestation de la vérité et dont la vie ou l'intégrité physique est gravement mise en danger sur le territoire national, peuvent faire l'objet en tant que de besoin de la protection destinée à assurer leur sécurité prévue à l'article 706-63-1 du présent code.**

Le premier alinéa du présent article est également applicable aux membres de la famille et aux proches des personnes ainsi protégées.

Lorsqu'il est fait application à ces personnes des dispositions de l'article 706-57 relatives à la déclaration de domicile, elles peuvent également déclarer comme domicile l'adresse de leur avocat ou d'une association mentionnée à l'article 2-22.

Sans préjudice du présent article, l'article 62 est applicable aux personnes mentionnées au premier alinéa du présent article.

Deux ans après la promulgation de la L. n° 2016-444 du 13 avr. 2016, le Gouvernement remettra au Parlement un rapport présentant notamment le bilan du dispositif de l'art. 706-40-1 (L. préc., art. 22).

TITRE DIX-HUITIÈME DE LA POURSUITE, DE L'INSTRUCTION ET DU JUGEMENT DES INFRACTIONS COMMISES PAR LES PERSONNES MORALES

(L. n° 92-1336 du 16 déc. 1992)

Art. 706-41 **Les dispositions du présent code sont applicables à la poursuite, à l'instruction et au jugement des infractions commises par les personnes morales, sous réserve des dispositions du présent titre.**

1. Il résulte de l'art. 706-41, al. 1er que, dès lors qu'à l'occasion de poursuites exercées contre une personne morale l'action publique est également mise en mouvement, pour les mêmes faits ou pour des faits connexes, contre le représentant légal de celle-ci, la désignation d'un mandataire de justice pour représenter la personne morale au cours des poursuites est obligatoire selon les modalités prévues par le dernier alinéa du même art. • Crim. 12 janv. 2000, n° 98-86.441 P.

2. Droit de se taire. Les dispositions de l'art. 406, dans sa réd. issue de la L. n° 2014-535 du 27 mai 2014, qui imposent que le prévenu soit informé de son droit, au cours des débats, de faire des déclarations, de répondre aux questions qui lui sont posées ou de se taire, n'opèrent pas de distinction entre les personnes morales et les personnes physiques. • Crim. 24 mai 2016, n° 15-82.516 P.

Art. 706-42 **Sans préjudice des règles de compétence applicables lorsqu'une personne physique est également soupçonnée ou poursuivie, sont compétents :**

1° Le procureur de la République et les juridictions du lieu de l'infraction ;

2° Le procureur de la République et les juridictions du lieu où la personne morale a son siège.

Ces dispositions ne sont pas exclusives de l'application éventuelle des règles particulières de compétence prévues par les articles *(L. n° 2013-1117 du 6 déc. 2013, art. 67, en vigueur le 1er févr. 2014)* **« 704-1, 705 » et 706-17 relatifs aux infractions économiques et financières et aux actes de terrorisme.**

Art. 706-43 **L'action publique est exercée à l'encontre de la personne morale prise en la personne de son représentant légal à l'époque des poursuites. Ce dernier représente la personne morale à tous les actes de la procédure.** *(L. n° 2000-647 du 10 juill. 2000)* **« Toutefois, lorsque des poursuites pour des mêmes faits ou des faits connexes sont engagées à l'encontre du représentant légal, celui-ci peut saisir par requête le président du tribunal judiciaire aux fins de désignation d'un mandataire de justice pour représenter la personne morale. »**

La personne morale peut également être représentée par toute personne bénéficiant, conformément à la loi ou à ses statuts, d'une délégation de pouvoir à cet effet.

La personne chargée de représenter la personne morale en application du deuxième alinéa doit faire connaître son identité à la juridiction saisie, par lettre recommandée avec demande d'avis de réception.

Il en est de même en cas de changement du représentant légal en cours de procédure.

En l'absence de toute personne habilitée à représenter la personne morale dans les conditions prévues au présent article, le président du tribunal judiciaire désigne, à la requête du ministère public, du juge d'instruction ou de la partie civile, un mandataire de justice pour la représenter.

1. Dès lors qu'une personne morale étrangère a mentionné au registre du commerce et des sociétés l'identité de son représentant légal en France, celui-ci la représente lors des poursuites pénales dirigées contre elle, peu important son statut et ses pouvoirs. • Crim. 24 sept. 2014, n° 14-82.684 P : *D. actu. 15 oct. 2014, obs. Anane.*

2. Il résulte de l'art. 706-43, al. 1er que, lorsque des poursuites sont exercées contre une personne morale, et que l'action publique est également mise en mouvement, pour les mêmes faits ou pour des faits connexes, contre le représentant légal de celle-ci, la désignation d'un mandataire de justice pour représenter la personne morale au cours des poursuites est facultative et laissée à l'initiative de son représentant légal. • Crim. 15 févr. 2005, n° 04-87.191 P : *D. 2005. IR 917 ; JCP 2005. IV. 1793 ; RSC 2005. 862, note Cerf-Hollender ; ibid. 2006, note Buisson.* ♦ *Contra*, pour une désignation obligatoire : • Crim. 9 déc. 1997, n° 97-83.079 P : *D. 1998. 296, note Bouloc ; RSC 1998. 353, obs. Dintilhac ; Dr. pénal 1998. Comm. 60, obs. Maron ; LPA 1998, n° 19, p. 10, note Ducouloux-Favard ; JCP 1998. I. 153, Chron. Maron ; JCP 1999. I. 112, Chron. Véron ; JCP 1999. I. 123, étude Maron et J.-H. Robert.* ♦ Dans le même sens : • Crim. 12 janv. 2000, n° 98-86.441 P. ♦ Toutefois, lorsqu'un préposé, également poursuivi, a été désigné par le représentant légal pour représenter la personne morale devant le tribunal correctionnel, celle-ci ne peut se faire un grief de ce qu'un mandataire de justice n'ait pas été désigné par le président du tribunal, conformément aux dispositions de l'art. 706-43, dernier al., une telle désignation n'étant obligatoire que lorsque la personne morale est poursuivie pour les mêmes faits ou pour des faits connexes, en même temps que son représentant légal. • Crim. 3 nov. 1999, n° 98-85.665 P.

3. Dès lors qu'un mandataire de justice a été désigné pour représenter la personne morale, son représentant légal n'a plus qualité pour la représenter dans la procédure. La déclaration de pourvoi, postérieurement à la désignation de ce mandataire, faite au nom de la société représentée par le président du conseil d'administration est irrecevable. • Crim. 5 janv. 2000, n° 99-84.613 P.

4. La relaxe définitive du représentant légal d'une personne morale attrait devant la juridiction correctionnelle en son nom personnel ne fait pas obstacle à ce qu'il soit appelé à représenter ultérieurement cette personne morale dans les poursuites engagées contre elle à raison des mêmes faits. • Crim. 30 mai 2000, n° 99-84.212 P. ♦ Mais est inopérante la circonstance qu'une personne physique a valablement représenté la société au cours de la procédure, au sens de l'art. 706-43 (en sa qualité de cogérant acquise postérieurement à l'accident en cause), pour en déduire que cette personne représentait la personne morale au sens de l'art. 121-2 C. pén. • Crim. 17 oct. 2017, n° 16-87.249 P.

5. En application de l'art. L. 622-9 C. com., le liquidateur judiciaire désigné par le tribunal de commerce lors du placement en liquidation judiciaire de la personne morale ne représente le débiteur que pour les actions à caractère patrimonial. Il résulte par ailleurs de l'art. 706-43 que, lorsque l'action publique est exercée à l'encontre de la personne morale en liquidation judiciaire, il doit lui être désigné aussi un mandataire de justice pour la représenter. Doit être cassé l'arrêt qui, pour écarter le moyen pris de l'irrecevabilité des poursuites pénales à l'encontre d'une société en ce qu'elle est représentée par le liquidateur judiciaire, retient que celui-ci a qualité pour représenter la personne morale. • Crim. 10 févr. 2010, n° 08-87.357 : *D. 2010. AJ 651* ; *AJ pénal 2010. 243, obs. Royer* ; *Procédures 2010, n° 154, obs. Buisson.*

Art. 706-44 **Le représentant de la personne morale poursuivie ne peut, en cette qualité, faire l'objet d'aucune mesure de contrainte autre que celle applicable au témoin.**

Art. 706-45 **Le juge d'instruction peut placer la personne morale sous contrôle judiciaire dans les conditions prévues aux articles 139 et 140 en la soumettant à une ou plusieurs des obligations suivantes :**

1° Dépôt d'un cautionnement dont le montant et les délais de versement, en une ou plusieurs fois, sont fixés par le juge d'instruction ;

2° Constitution, dans un délai, pour une période et un montant déterminés par le juge d'instruction, des sûretés personnelles ou réelles destinées à garantir les droits de la victime ;

3° Interdiction d'émettre des chèques autres que ceux qui permettent le retrait de fonds par le tireur auprès du tiré ou ceux qui sont certifiés ou d'utiliser des cartes de paiement ;

4° Interdiction d'exercer certaines activités professionnelles ou sociales lorsque l'infraction a été commise dans l'exercice ou à l'occasion de l'exercice de ces activités et lorsqu'il est à redouter qu'une nouvelle infraction soit commise ;

(L. n° 2001-504 du 12 juin 2001) **« 5° Placement sous contrôle d'un mandataire de justice désigné par le juge d'instruction pour une durée de six mois renouvelable, en ce qui concerne l'activité dans l'exercice ou à l'occasion de laquelle l'infraction a été commise ».**

(L. n° 2004-204 du 9 mars 2004, art. 55-II) **« Pour les obligations prévues aux 1° et 2°, les dispositions des articles 142 à 142-3 sont applicables. »**

Les interdictions prévues aux 3° et 4° ne peuvent être ordonnées par le juge d'instruction que dans la mesure où elles sont encourues à titre de peine par la personne morale poursuivie. *(L. n° 2001-504 du 12 juin 2001)* **« La mesure prévue au 5° ne peut être ordonnée par le juge d'instruction si la personne morale ne peut être condamnée à la peine prévue par le 3° de l'article 131-39 du code pénal. »**

En cas de violation du contrôle judiciaire, les articles 434-43 et 434-47 du code pénal sont, le cas échéant, applicables.

1. En application des art. 139, 140 et 706-45, une personne morale peut être placée sous contrôle judiciaire et notamment soumise à l'obligation de verser un cautionnement, et à l'interdiction d'exercer certaines activités professionnelles. • Crim. 19 mars 2002, n° 01-88.829 P.

2. Une chambre de l'instruction, qui s'est expliquée, au regard des circonstances de l'espèce, sur la nécessité et la proportionnalité du cautionnement, n'est pas tenue de préciser les raisons de l'affectation d'une part des sommes à la garantie de représentation de la personne morale mise en examen. • Crim. 11 mars 2015, n° 14-88.147 P : *D. actu. 8 avr. 2015, obs. Anane* ; *AJ pénal 2015. 500, obs. Luciani-Mien* .

Art. 706-46 **Les dispositions particulières applicables à la signification des actes aux personnes morales sont fixées au titre IV du livre II.**

TITRE DIX-NEUVIÈME DE LA PROCÉDURE APPLICABLE AUX INFRACTIONS DE NATURE SEXUELLE ET DE LA PROTECTION DES MINEURS VICTIMES

(L. n° 98-468 du 17 juin 1998)

BIBL. ▸ Courtin, *Dr. pénal 2008. Étude 11* (surveillance post-carcérale des personnes dangereuses et application de la loi pénale dans le temps). – La Vielle, *RSC 1999. 35* (commentaire de la loi du 17 juin 1998).

▸ **Dossiers :** *AJ pénal 2014. 9 s.* (protection pénale de l'enfant) ; *Cah. just. 2018. 11 s.* (maltraitances infantiles).

Art. 706-47 *(L. nº 2016-457 du 14 avr. 2016, art. 1er)* **Le présent titre est applicable aux procédures concernant les infractions suivantes :**

1° Crimes de meurtre ou d'assassinat prévus aux articles 221-1 à 221-4 du code pénal, lorsqu'ils sont commis sur un mineur *(Abrogé par L. nº 2018-703 du 3 août 2018, art. 1er)* « *, précédés ou accompagnés d'un viol, de tortures ou d'actes de barbarie,* » **ou lorsqu'ils sont commis en état de récidive légale ;**

2° Crimes de tortures ou d'actes de barbarie prévus aux articles 222-1 à 222-6 du même code *(L. nº 2018-703 du 3 août 2018, art. 1er)* **« et crimes de violences sur un mineur de quinze ans ayant entraîné une mutilation ou une infirmité permanente prévus à l'article 222-10 dudit code » ;**

3° Crimes de viol prévus aux articles 222-23 à 222-26 *(L. nº 2018-703 du 3 août 2018, art. 1er)* **« du même » code** *(L. nº 2020-1672 du 24 déc. 2020, art. 26)* **« et délit prévu à l'article 222-26-1 du même code » ;**

4° Délits d'agressions sexuelles prévus aux articles 222-27 à *(L. nº 2021-478 du 21 avr. 2021, art. 11)* **« 222-33 » du même code ;**

5° Délits et crimes de traite des êtres humains à l'égard d'un mineur prévus aux articles 225-4-1 à 225-4-4 du même code ;

6° Délit et crime de proxénétisme à l'égard d'un mineur prévus au 1° de l'article 225-7 et à l'article 225-7-1 du même code ;

7° Délits de recours à la prostitution *(Abrogé par L. nº 2021-478 du 21 avr. 2021, art. 11) « d'un mineur »* **prévus aux articles 225-12-1 et 225-12-2 du même code ;**

8° Délit de corruption de mineur prévu à l'article 227-22 du même code ;

9° Délit de proposition sexuelle faite par un majeur à un mineur de quinze ans ou à une personne se présentant comme telle en utilisant un moyen de communication électronique, prévu à l'article 227-22-1 du même code ;

10° Délits de captation, d'enregistrement, de transmission, d'offre, de mise à disposition, de diffusion, d'importation ou d'exportation, d'acquisition ou de détention d'image ou de représentation pornographique d'un mineur ainsi que le délit de consultation habituelle ou en contrepartie d'un paiement d'un service de communication au public en ligne mettant à disposition une telle image ou représentation, prévus à l'article 227-23 du même code ;

11° Délits de fabrication, de transport, de diffusion ou de commerce de message violent ou pornographique susceptible d'être vu ou perçu par un mineur, prévus à l'article 227-24 du même code ;

12° Délit d'incitation d'un mineur à se soumettre à une mutilation sexuelle ou à commettre cette mutilation, prévu à l'article 227-24-1 du même code ;

13° Délits d'atteintes sexuelles *(L. nº 2021-478 du 21 avr. 2021, art. 11)* **« et de tentatives d'atteinte sexuelle » prévus aux articles 227-25 à** *(L. nº 2021-478 du 21 avr. 2021, art. 11)* **« 227-27-2 » du même code ;**

(L. nº 2021-478 du 21 avr. 2021, art. 11) **« 14° Délit d'incitation à commettre un crime ou un délit à l'encontre d'un mineur, prévu à l'article 227-28-3 du même code ; »**

(L. nº 2021-1539 du 30 nov. 2021, art. 45) **« 15° Délits prévus au premier alinéa de l'article 521-1-1 du même code. »**

L'ancien art. 706-47 est devenu l'art. 706-47-1 (L. nº 2004-204 du 9 mars 2004, art. 47).

BIBL. ▶ LÉONHARD, *AJ pénal 2021. 301* (la loi du 21 avril 2021 : entre illusions et désillusions).

CHAPITRE PREMIER DISPOSITIONS GÉNÉRALES *(L. nº 2004-204 du 9 mars 2004, art. 47).*

Art. 706-47-1 *(L. nº 2010-242 du 10 mars 2010, art. 10-I)* **« Les personnes condamnées pour l'une des infractions mentionnées à l'article 706-47 peuvent être soumises à une injonction de soins prononcée soit lors de leur condamnation, dans le cadre d'un suivi socio-judiciaire, conformément à l'article 131-36-4 du code pénal, soit postérieurement à celle-ci, dans le cadre de ce suivi, d'une libération conditionnelle, d'une surveillance judiciaire ou d'une surveillance de sûreté, conformément aux articles 706-53-19, 723-30, 723-37, 731-1, 763-3 et 763-8 du présent code, dans les cas et conditions prévus par ces articles.**

« Lorsqu'une injonction de soins est ordonnée, le médecin traitant peut prescrire un traitement inhibiteur de libido conformément à l'article L. 3711-3 du code de la santé publique.

« Les personnes poursuivies pour l'une des infractions mentionnées à l'article 706-47 du présent code doivent être soumises, avant tout jugement au fond, à une expertise médicale. L'expert est interrogé sur l'opportunité d'une injonction de soins. »

Cette expertise peut être ordonnée dès le stade de l'enquête par le procureur de la République.

Cette expertise est communiquée à l'administration pénitentiaire en cas de condamnation à une peine privative de liberté, afin de faciliter le suivi médical et psychologique en détention prévu par l'article *(L. n° 2004-204 du 9 mars 2004, art. 168-II, en vigueur le 1er janv. 2005)* **« 717-1 ».** *— Anc. art. 706-47. — Pr. pén. 721-1.*

Les anciens art. 706-47 et 706-47-1 sont respectivement devenus les art. 706-47-1 et 706-47-2 (L. n° 2004-204 du 9 mars 2004, art. 47).

Les dispositions du C. pr. pén. relatives à la surveillance judiciaire et à la surveillance de sûreté dans leur rédaction résultant des chapitres Ier, II et III de la présente loi sont immédiatement applicables après la publication de la présente loi. Il en est de même de celles précisant les modalités d'exécution de la peine de suivi socio-judiciaire ou d'une libération conditionnelle (L. n° 2010-242 du 10 mars 2010, art. 20, publiée au JO du 11 mars).

BIBL. ► J.-H. ROBERT, *Dr. pénal 2010. Étude 8* (récidive législative. Commentaire de la loi n° 2010-242 du 10 mars 2010 tendant à amoindrir le risque de récidive criminelle et portant diverses dispositions de procédure pénale). – COCHE, *RSC 2011. 21* (faut-il supprimer les expertises de dangerosité ?).

1. Il se déduit des dispositions des art. 706-47 et 706-47-1 qu'avant toute condamnation pour agression sexuelle le prévenu doit être soumis à une expertise médicale. • Crim. 23 sept. 2015, n° 14-84.842 P : *D. 2015. Actu. 1953 ; D. actu. 13 oct. 2015, obs. Benelli-de Bénazé ; D. 2016. Pan. 1727, obs. Pradel.*

2. Fuite du prévenu. Les juges du fond ne peuvent déclarer un prévenu coupable d'agressions sexuelles aggravées sans avoir ordonné d'expertise médicale, alors que l'état de fuite du prévenu, qui pouvait faire obstacle à l'accomplissement d'une telle mesure, avait cessé du fait de sa comparution à l'audience. • Crim. 15 mai 2018, n° 17-82.866 P : *D. actu. 7 juin 2018, obs. Recotillet.*

Art. 706-47-2 *(L. n° 2003-239 du 18 mars 2003, art. 28)* **L'officier de police judiciaire, agissant au cours de l'enquête ou sur commission rogatoire, peut faire procéder sur toute personne contre laquelle il existe des indices graves ou concordants d'avoir commis un viol, une agression sexuelle ou une atteinte sexuelle prévus par les articles 222-23 à 222-26 et 227-25 à 227-27 du code pénal, à un examen médical et à une prise de sang afin de déterminer si cette personne n'est pas atteinte d'une maladie sexuellement transmissible.**

Le médecin, l'infirmier ou la personne habilitée par les dispositions du code de la santé publique à effectuer les actes réservés à ces professionnels, qui est requis à cette fin par l'officier de police judiciaire, doit s'efforcer d'obtenir le consentement de l'intéressé.

A la demande de la victime ou lorsque son intérêt le justifie, cette opération peut être effectuée sans le consentement de l'intéressé sur instructions écrites du procureur de la République ou du juge d'instruction qui sont versées au dossier de la procédure.

Le résultat du dépistage est porté, dans les meilleurs délais et par l'intermédiaire d'un médecin, à la connaissance de la victime ou, si celle-ci est mineure, de ses représentants légaux ou de l'administrateur *ad hoc* nommé en application des dispositions de l'article 706-50.

Le fait de refuser de se soumettre au dépistage prévu au présent article est puni d'un an d'emprisonnement et de 15 000 € d'amende. Nonobstant les dispositions des articles 132-2 à 132-5 du code pénal, ces peines se cumulent, sans possibilité de confusion, avec celles susceptibles d'être prononcées pour le crime ou le délit ayant fait l'objet de la procédure. *— Anc. art. 706-47-1.*

L'ancien art. 706-47-1 est devenu un art. 706-47-2 (L. n° 2004-204 du 9 mars 2004, art. 47).

Art. 706-47-3 *(Abrogé par L. n° 2019-222 du 23 mars 2019, art. 45 et 109-XIII, à compter du 1er juin 2019) (L. n° 2007-297 du 5 mars 2007, art. 35)* ***Dans le but de constater***

les infractions mentionnées aux articles 227-18 à 227-24 du code pénal et, lorsque celles-ci sont commises par un moyen de communication électronique, d'en rassembler les preuves et d'en rechercher les auteurs, les officiers ou agents de police judiciaire agissant au cours de l'enquête ou sur commission rogatoire peuvent, s'ils sont affectés dans un service spécialisé et spécialement habilités à cette fin, dans des conditions précisées par arrêté, procéder aux actes suivants sans en être pénalement responsables : *— V. Arr. du 21 oct. 2015, reproduit ss. art. 706-2-2.*

1° Participer sous un pseudonyme aux échanges électroniques ;

2° Être en contact par ce moyen avec les personnes susceptibles d'être les auteurs de ces infractions ;

(L. n° 2014-1353 du 13 nov. 2014, art. 20) ***« 2° bis Extraire, acquérir ou conserver par ce moyen les éléments de preuve et les données sur les personnes susceptibles d'être les auteurs de ces infractions ; »***

3° Extraire, transmettre en réponse à une demande expresse, acquérir ou conserver des contenus illicites dans des conditions fixées par décret.

A peine de nullité, ces actes ne peuvent constituer une incitation à commettre ces infractions.

V. désormais art. 230-46.

V. Circ. CRIM-2010-7/E6 du 22 mars 2010 relative aux investigations sous pseudonyme sur internet et au rôle du Centre national d'analyse des images de pédopornographie, BOMJ n° 2010-02.

V. aussi art. D. 47-8 et D. 47-9.

BIBL. ▶ DUMENIL, *Dr. pénal 2018. Étude 22* (nécessité d'encadrement procédural).

Loyauté des preuves (rappel). Porte atteinte au principe de la loyauté des preuves et au droit à un procès équitable la provocation à la commission d'une infraction par un agent de l'autorité publique ou par son intermédiaire : la déloyauté d'un tel procédé rend irrecevables en justice les éléments de preuve ainsi obtenus. • Crim. 11 mai 2006, n° 05-84.837 P : *D. 2006. IR 1772 ; AJ pénal 2006. 354, note Verges ; RSC 2006. 848, note Finielz ; ibid. 2006. 879, obs. Renucci ; RPDP 2006. 859, obs. Maistre du Chambon.* • 9 août 2006 : *Bull. crim. n° 202 ; D. 2006. IR 2348 ; D. 2007. 402, obs. Roujou de Boubée ; RSC 2006. 848, obs. Finielz ; ibid. 2007. 614, obs. Buisson ; AJ pénal 2006. 510, note Saas.* ♦ Il en va ainsi quand bien même les preuves auraient pour support un stratagème commis à l'étranger, par des agents étrangers (mise en examen d'un Français "piégé" par sa connexion à un site de pornographie infantile créé et exploité par la police de New York). • Crim. 7 févr. 2007, n° 06-87.753 P : *D. 2007. AJ 1079 ; ibid. 2007. 2012, note Demarchi ; RSC 2008. 663, obs. Buisson ; AJ pénal 2007. 233 ; RSC 2007. 331, obs. Finielz ; ibid. 2007. 560, obs. Francillon ; Dr. pénal 2007. Chron. 29, obs. Lepage ; Procédures 2007, n° 147, obs. Buisson* • 4 juin 2008, n° 08-81.045 P : *D. 2008. AJ 1766, note Lavric ; ibid. Pan. 2716, obs. Bretzner ; RSC 2008. 621, obs. Francillon ; AJ pénal 2008. 425, obs. Lavric ; Dr. pénal 2008. Chron. 10, obs. Lepage ; ibid. 2009. Chron. 1, obs. Guérin.* ♦ V. aussi notes ss. art. préliminaire et notes ss. art. 427.

Art. 706-47-4 *(L. n° 2016-457 du 14 avr. 2016, art. 1er)* **I. — Par dérogation au I de l'article 11-2, le ministère public informe par écrit l'administration d'une condamnation, même non définitive, pour une ou plusieurs des infractions mentionnées au II du présent article, prononcée à l'encontre d'une personne dont il a été établi au cours de l'enquête ou de l'*instruction qu'elle* exerce une activité professionnelle ou sociale impliquant un contact habituel avec des mineurs et dont l'exercice est contrôlé, directement ou indirectement, par l'administration.**

Il informe également par écrit l'administration, dans les mêmes circonstances, lorsqu'une personne est placée sous contrôle judiciaire et qu'elle est soumise à l'obligation prévue au 12° *bis* de l'article 138.

Les II à IV de l'article 11-2 sont applicables aux modalités de transmission et de conservation des informations mentionnées au présent article.

II. — Les infractions qui donnent lieu à l'information de l'administration dans les conditions prévues au I du présent article sont :

1° Les crimes et les délits mentionnés à l'article 706-47 du présent code ;

2° Les crimes prévus aux articles 221-1 à 221-5, 222-7, 222-8, 222-10 et 222-14 du code pénal et, lorsqu'ils sont commis sur un mineur de quinze ans, les délits prévus aux articles 222-11, 222-12 et 222-14 du même code ;

3° Les délits prévus à l'article 222-33 du même code ;
4° Les délits prévus au deuxième alinéa de l'article 222-39, aux articles 227-18 à 227-21 et 227-28-3 du même code ;
5° Les crimes et les délits prévus aux articles 421-1 à 421-6 du même code.
III. — Les modalités d'application du présent article sont déterminées par décret. Ce décret précise :
1° Les formes de la transmission de l'information par le ministère public ;
2° Les professions et activités ou catégories de professions et d'activités concernées ;
3° Les autorités administratives destinataires de l'information.

V. art. D. 47-9-1.

Art. 706-48 Les mineurs victimes de l'une des infractions mentionnées à l'article 706-47 peuvent faire l'objet d'une expertise médico-psychologique destinée à apprécier la nature et l'importance du préjudice subi et à établir si celui-ci rend nécessaires des traitements ou des soins appropriés.

Une telle expertise peut être ordonnée dès le stade de l'enquête par le procureur de la République.

Art. 706-49 Le procureur de la République ou le juge d'instruction informe sans délai le juge des enfants de l'existence d'une procédure concernant un mineur victime de l'une des infractions mentionnées à l'article 706-47 et lui en communique toutes pièces utiles, dès lors qu'une procédure d'assistance éducative a été ouverte à l'égard du mineur victime de cette infraction.

Art. 706-50 Le procureur de la République ou le juge d'instruction, saisi de faits commis volontairement à l'encontre d'un mineur, désigne un administrateur *ad hoc* lorsque la protection des intérêts de celui-ci n'est pas complètement assurée par ses représentants légaux ou par l'un d'entre eux. *(Abrogé par L. n° 2013-711 du 5 août 2013, art. 6) (L. n° 2010-121 du 8 févr. 2010, art. 5)* « ***Lorsque les faits sont qualifiés d'incestueux au sens des articles 222-31-1 ou 227-27-2 du code pénal, la désignation de l'administrateur ad hoc est obligatoire, sauf décision spécialement motivée du procureur de la République ou du juge d'instruction.*** » L'administrateur *ad hoc* assure la protection des intérêts du mineur et exerce, s'il y a lieu, au nom de celui-ci les droits reconnus à la partie civile. En cas de constitution de partie civile, le juge fait désigner un avocat d'office pour le mineur s'il n'en a pas déjà été choisi un.

Les dispositions qui précèdent sont applicables devant la juridiction de jugement.

BIBL. ▶ A. et Ch. GUÉRY, *Gaz. Pal. 1998. 2. Doctr. 1073.* – PORCHY, *D. 2004. Chron. 2732* (l'administrateur *ad hoc* en matière pénale).

1. La désignation d'un administrateur *ad hoc* pour assurer la protection des intérêts d'un mineur et éventuellement exercer en son nom les droits de la partie civile ne peut intervenir que pour un mineur vivant. • Crim. 15 juin 2000, n° 99-87.322 P : *D. 2000. IR 233 ; Procédures 2001, n° 12, obs. Buisson.*

2. La désignation d'un administrateur *ad hoc* fait obstacle à ce que le représentant légal du mineur puisse également intervenir afin d'exercer au nom du mineur les droits reconnus à la partie civile. • Crim. 12 sept. 2000, n° 00-81.971 P : *D. 2000. IR 275 ; Procédures 2001, n° 46, obs. Buisson.*

3. Appel de l'ordonnance de désignation d'un administrateur ad hoc. Il résulte des dispositions de l'art. R. 53-7 que l'ordonnance de désignation d'un administrateur *ad hoc* est notifiée aux représentants légaux du mineur qui peuvent la contester par la voie de l'appel ; s'agissant de dispositions particulières prévoyant l'appel, c'est à tort que le président de la chambre de l'instruction a déclaré l'appel irrecevable au motif qu'il n'entrait pas dans les prévisions de l'art. 186. • Crim. 16 mars 2005, n° 04-83.300 P : *D. 2005. IR 1250 ; AJ pénal 2005. 288, obs. Girault .*

Art. 706-51 *L'administrateur* ad hoc nommé en application de l'article précédent est désigné par le magistrat compétent, soit parmi les proches de l'enfant, soit sur une liste de personnalités dont les modalités de constitution sont fixées par décret en Conseil d'État. Ce décret précise également les conditions de leur indemnisation.

Art. 706-51-1 *(L. n° 2007-291 du 5 mars 2007, art. 26, en vigueur le 1er juill. 2007)* Tout mineur victime d'une des infractions mentionnées à l'article 706-47 est assisté par un avocat lorsqu'il est entendu par le juge d'instruction. A défaut de désignation d'un avocat par les représentants légaux du mineur ou par l'administrateur *ad hoc*, le juge avise immédiatement le bâtonnier afin qu'il commette un avocat d'office. Les dispositions de l'article 114 sont applicables à cet avocat en cas d'auditions ultérieures.

BIBL. ▸ **Dossier :** *Dr. pénal 2021. Dossier 8* (l'avocat des mineurs).

Art. 706-52 Au cours de l'enquête et de l'information, l'audition d'un mineur victime de l'une des infractions mentionnées à l'article 706-47 fait *(Abrogé par L. n° 2007-291 du 5 mars 2007, art. 27, à compter du 1er juill. 2007)* « , ***avec son consentement ou, s'il n'est pas en état de le donner, celui de son représentant légal,*** » l'objet d'un enregistrement audiovisuel. *(L. n° 2022-299 du 2 mars 2022, art. 14)* « Dans les mêmes conditions, l'audition d'un mineur victime de l'une des infractions prévues aux articles 222-33-2-2 et 222-33-2-3 du code pénal peut faire l'objet d'un enregistrement audiovisuel. »

L'enregistrement prévu à l'alinéa précédent peut être exclusivement sonore *(L. n° 2007-291 du 5 mars 2007, art. 27, en vigueur le 1er juill. 2007)* « sur décision du procureur de la République ou du juge d'instruction, si l'intérêt du mineur le justifie ».

(Abrogé par L. n° 2007-291 du 5 mars 2007, art. 27, à compter du 1er juill. 2007) ***« Lorsque le procureur de la République ou le juge d'instruction décide de ne pas procéder à cet enregistrement, cette décision doit être motivée. »***

Le procureur de la République, le juge d'instruction ou l'officier de police judiciaire chargé de l'enquête ou agissant sur commission rogatoire peut requérir toute personne qualifiée pour procéder à cet enregistrement. Les dispositions de l'article 60 *(L. n° 2022-299 du 2 mars 2022, art. 14)* « du présent code » sont applicables à cette personne, qui est tenue au secret professionnel dans les conditions de l'article 11.

Il est par ailleurs établi une copie de l'enregistrement aux fins d'en faciliter la consultation ultérieure au cours de la procédure. Cette copie est versée au dossier. L'enregistrement original est placé sous scellés fermés.

Sur décision du juge d'instruction, l'enregistrement peut être visionné ou écouté au cours de la procédure. La copie de ce dernier peut toutefois être visionnée ou écoutée par les parties, les avocats ou les experts, en présence du juge d'instruction ou d'un greffier.

Les huit derniers alinéas de l'article 114 du code de procédure pénale ne sont pas applicables à l'enregistrement. La copie de ce dernier peut toutefois être visionnée par les avocats des parties au palais de justice dans des conditions qui garantissent la confidentialité de cette consultation.

(L. n° 2007-291 du 5 mars 2007, art. 27, en vigueur le 1er juill. 2007) « Lorsque l'enregistrement ne peut être effectué en raison d'une impossibilité technique, il en est fait mention dans le procès-verbal d'audition qui précise la nature de cette impossibilité. Si l'audition intervient au cours de l'enquête ou sur commission rogatoire, le procureur de la République ou le juge d'instruction en est immédiatement avisé. »

Le fait, pour toute personne, de diffuser un enregistrement ou une copie réalisée en application du présent article est puni d'un an d'emprisonnement et de 15 000 € d'amende.

A l'expiration d'un délai de cinq ans à compter de la date de l'extinction de l'action publique, l'enregistrement et sa copie sont détruits dans le délai d'un mois. — *V. art. D. 47-11-2.*

V. Circ. CRIM 99-4 F1 du 20 avr. 1999, relative à l'enregistrement audiovisuel ou sonore de l'audition des mineurs victimes d'infractions sexuelles (BOMJ, n° 74).

1. En fondant leur conviction sur l'examen, au cours du délibéré, de l'enregistrement audiovisuel réalisé en application des dispositions de l'art. 706-52, de l'audition d'une mineure victime d'agressions sexuelles, les juges n'ont pas méconnu le principe du contradictoire, dès lors qu'une copie de cet enregistrement était jointe au dossier, laquelle pouvait être visionnée par les avocats des parties dans les conditions fixées par l'al. 7 de ce texte. • Crim. 12 sept. 2007, n° 06-87.498 P : *RSC 2007. 837, obs. Finielz*.

2. Si c'est à tort qu'une cour d'appel retient que les dispositions de l'art. 706-52 ont été adoptées dans le seul intérêt de la victime, alors que l'enregistrement est également prévu dans l'intérêt de la personne mise en cause, l'arrêt n'encourt pas pour autant la censure dès lors qu'il ressort de ses constatations qu'en l'espèce, la personne mise en cause n'a pu justifier d'un grief résultant de l'irrégularité invoquée. • Crim. 24 mai 2016, n° 16-80.564 P : *D. 2016. Pan. 1597, obs. Ascensi*.

Art. 706-53 *(L. n° 2013-711 du 5 août 2013, art. 2)* **« A tous les stades de la procédure, le mineur victime d'un crime ou d'un délit peut, à sa demande, être accompagné par son représentant légal et, le cas échéant, par la personne majeure de son choix, sauf s'il a été fait application de l'article 706-50 ou sauf décision contraire motivée prise par l'autorité judiciaire compétente. »** *(L. n° 2018-703 du 3 août 2018, art. 2)* **« Il peut être accompagné, dans les mêmes conditions, par un représentant d'une association conventionnée d'aide aux victimes. »**

Au cours de l'enquête ou de l'information, les auditions ou confrontations d'un mineur victime de l'une des infractions mentionnées à l'article 706-47 sont réalisées sur décision du procureur de la République ou du juge d'instruction, le cas échéant à la demande du mineur ou de son représentant légal, en présence d'un psychologue ou d'un médecin spécialistes de l'enfance ou d'un membre de la famille du mineur ou de l'administrateur *ad hoc* désigné en application de l'article 706-50 ou encore d'une personne chargée d'un mandat du juge des enfants.

BIBL. ▶ CATHALA et REDON, *D. 2000. Chron. 534.*

Il n'y a pas lieu d'annuler l'audition d'un mineur effectuée en présence d'un psychothérapeute qui n'a pas la qualité de psychologue dès lors que cette personne n'intervient pas dans le déroulement de cet acte de procédure. • Crim. 3 oct. 2001, n° 01-84.910 P : *D. 2002. 1099, note Redon*.

CHAPITRE II DU FICHIER JUDICIAIRE NATIONAL AUTOMATISÉ DES AUTEURS D'INFRACTIONS SEXUELLES OU VIOLENTES *(L. n° 2005-1549 du 12 déc. 2005, art. 28).*

(L. n° 2004-204 du 9 mars 2004, art. 48)

RÉP. PÉN. v° *Fichiers de police,* par GAUTRON.

BIBL. ▶ **Dossier :** GAUTRON, *AJ pénal 2007. 57* (fichiers de police : concilier sécurité et liberté).

Art. 706-53-1 **Le fichier judiciaire national automatisé des auteurs d'infractions sexuelles** *(L. n° 2005-1549 du 12 déc. 2005, art. 28)* **« ou violentes » constitue une application automatisée d'informations nominatives tenue par le service du casier judiciaire sous l'autorité du ministre de la justice et le contrôle d'un magistrat. Afin de prévenir le renouvellement des infractions mentionnées à l'article 706-47 et de faciliter l'identification de leurs auteurs, ce traitement reçoit, conserve et communique aux personnes habilitées les informations prévues à l'article 706-53-2 selon les modalités prévues par le présent chapitre.** — *V. art. R. 53-8-1 s.*

Pour l'application des articles 706-53-1 s. aux auteurs d'infractions commises avant le 10 mars 2004, V. L. n° 2004-204 du 9 mars 2004, art. 216.

V. Circ. CRIM. 2005-15 Q du 1er juill. 2005 relative à la mise en place du FIJAIS (BOMJ 2005, n° 99, p. 65 s.).

1. Justifie sa décision au regard des art. 706-53-1 et 7, §1, Conv. EDH (légalité des délits et des peines) la cour d'appel qui constate l'inscription au fichier judiciaire national automatisé des auteurs d'infractions sexuelles ou violentes de la condamnation du prévenu pour des agressions sexuelles aggravées commises antérieurement à la publication de la L. du 9 mars 2004 dès lors que ladite inscription constitue non une peine au sens du texte conventionnel précité mais une mesure ayant pour seul objet de prévenir le renouvellement des infractions sexuelles et de faciliter l'identification de leurs auteurs. • Crim. 31 oct. 2006, n° 05-87.153 P : *D. 2006. IR 2945*.

2. La juridiction de jugement, qui prononce une condamnation pour une infraction mentionnée à l'art. 706-47 et punie d'une peine supérieure à cinq ans d'emprisonnement, ne peut dispenser le condamné de son inscription au fichier judiciaire national automatisé des auteurs d'infractions sexuelles ou violentes (FIJAIS). • Crim. 17 févr. 2010, n° 09-87.570 P : *D. 2010. AJ 831, note Priou-Alibert* ; AJ pénal 2010. 291, obs. *Royer*.

Art. 706-53-2 **Lorsqu'elles concernent, sous réserve des dispositions du dernier alinéa du présent article, une ou plusieurs des infractions mentionnées à l'article 706-47, sont enregistrées dans le fichier les informations relatives à l'identité ainsi que l'adresse ou les adresses successives du domicile et, le cas échéant, des résidences, des personnes ayant fait l'objet :**

1° D'une condamnation, même non encore définitive, y compris d'une condamnation par défaut ou d'une déclaration de culpabilité assortie d'une dispense ou d'un ajournement de la peine ;

(Ord. n° 2019-950 du 11 sept. 2019, art. 4 et 9, en vigueur le 30 sept. 2021) **« 2° D'une décision même non encore définitive prononçant à l'égard d'un mineur une mesure éducative, une dispense de mesure éducative ou une déclaration de réussite éducative en application du titre Ier du livre Ier du code de la justice pénale des mineurs ; »**

3° D'une composition pénale prévue par l'article 41-2 du présent code dont l'exécution a été constatée par le procureur de la République ;

4° *(L. n° 2008-174 du 25 févr. 2008, art. 4-VI)* **« D'une décision d'irresponsabilité pénale pour cause de trouble mental ; »**

(L. n° 2020-936 du 30 juill. 2020, art. 21) **« 5° D'une mise en examen, lorsque le juge d'instruction a ordonné l'inscription de la décision dans le fichier ; en matière criminelle, l'inscription dans le fichier est de droit, sauf décision motivée du juge d'instruction ; »**

6° D'une décision de même nature que celles visées ci-dessus prononcées par les juridictions ou autorités judiciaires étrangères qui, en application d'une convention ou d'un accord internationaux, ont fait l'objet d'un avis aux autorités françaises ou ont été exécutées en France à la suite du transfèrement des personnes condamnées.

Le fichier comprend aussi les informations relatives à la décision judiciaire ayant justifié l'inscription et la nature de l'infraction. Les décisions mentionnées aux 1° et 2° sont enregistrées dès leur prononcé.

(L. n° 2011-939 du 10 août 2011, art. 18-I et III, en vigueur le 11 févr. 2012) **« Les décisions concernant les délits prévus à l'article 706-47 et punis d'une peine d'emprisonnement égale à cinq ans sont inscrites dans le fichier, sauf décision contraire spécialement motivée de la juridiction ou, dans les cas prévus aux 3° et 4° du présent article, du procureur de la République.**

« Les décisions concernant les délits prévus au même article 706-47 et punis d'une peine d'emprisonnement inférieure à cinq ans ne sont pas inscrites dans le fichier, sauf si cette inscription est ordonnée par décision expresse de la juridiction ou, dans les cas prévus aux 3° et 4° du présent article, du procureur de la République. »

(L. n° 2021-478 du 21 avr. 2021, art. 13) **« Par dérogation au dixième alinéa, les décisions sont inscrites dans le fichier, quelle que soit la durée de la peine, si la victime des délits prévus à l'article 706-47 est mineure. Toutefois, s'il s'agit d'un délit puni d'une peine d'emprisonnement inférieure à cinq ans, la juridiction ou, dans les cas prévus aux 3° et 4° du présent article, le procureur de la République peut, par décision spécialement motivée, dire que la décision ne sera pas inscrite au fichier. »**

(L. n° 2011-939 du 10 août 2011, art. 18-I) **« Les décisions concernant des mineurs de moins de treize ans ne sont pas inscrites dans le fichier. Les décisions concernant des mineurs de treize à dix-huit ans, lorsqu'elles sont relatives à des délits prévus au même article 706-47, ne sont pas inscrites dans le fichier, sauf si cette inscription est ordonnée par décision expresse de la juridiction ou, dans les cas prévus aux 3° et 4° du présent article, du procureur de la République. »**

L'entrée en vigueur de l'Ord. n° 2019-950 du 11 sept. 2019 a été repoussée au 30 sept. 2021 par la L. n° 2021-218 du 26 févr. 2021, art. 2.

Toute personne condamnée non seulement en qualité d'auteur mais également de complice, pour l'une des infractions mentionnées à l'art. 706-47, peut être inscrite au fichier judiciaire national automatisé des auteurs d'infractions sexuelles. • Crim. 10 oct. 2007, n° 07-80.971 P : *D. 2007. AJ 3008 ; ibid. 2008. Pan. 1859, obs. Bonfils ; AJ pénal 2008. 40, obs. Roussel*. ♦ La juridiction de jugement qui prononce une condamnation pour une infraction mentionnée à l'art. 706-47 et punie d'une peine supérieure à cinq ans d'emprisonnement ne peut dispenser le condamné de son inscription au fichier judiciaire national automatisé des auteurs d'infractions sexuelles. • Crim. 16 janv. 2008, n° 07-82.115 P : *D. 2008. Pan. 2764, obs. Pradel ; AJ pénal 2008. 145, note Roussel*. ♦ Mais lorsque la peine encourue est égale à cinq ans d'emprisonnement, les juges du fond ont l'obligation d'examiner la demande de dispense formulée par le condamné, en vertu des dispositions de l'art. 706-53-2, al. 3, introduites par la L. n° 2011-939 du 10 août 2011, qui sont d'application immédiate. • Crim. 17 sept. 2014, n° 14-80.541 P : *AJ pénal 2015. 97, obs. Roussel ; Dr. pénal 2014. 152, obs. Peltier ; Procédures 2014, n° 306, note Chavent-Leclère.*

Art. 706-53-3 Le procureur de la République ou le juge d'instruction compétent fait procéder sans délai à l'enregistrement des informations devant figurer dans le fichier par l'intermédiaire d'un moyen de télécommunication sécurisé. Ces informations ne sont toutefois accessibles en cas de consultation du fichier qu'après vérification, lorsqu'elle est possible, de l'identité de la personne concernée, faite par le service gestionnaire du fichier au vu du répertoire national d'identification.

Lorsqu'ils ont connaissance de la nouvelle adresse d'une personne dont l'identité est enregistrée dans le fichier ainsi que lorsqu'ils reçoivent la justification de l'adresse d'une telle personne, les officiers de police judiciaire enregistrent sans délai cette information dans le fichier par l'intermédiaire d'un moyen de télécommunication sécurisé.

Art. 706-53-4 Sans préjudice de l'application des dispositions des articles 706-53-9 et 706-53-10, les informations mentionnées à l'article 706-53-2 concernant une même personne sont retirées du fichier au décès de l'intéressé ou à l'expiration, à compter *(L. n° 2016-731 du 3 juin 2016, art. 79, en vigueur le 1er juin 2017)* « du prononcé de la décision prévue au même article 706-53-2 *[ancienne rédaction : du jour où l'ensemble des décisions enregistrées ont cessé de produire tout effet]* », d'un délai de :

1° Trente ans s'il s'agit d'un crime ou d'un délit puni de dix ans d'emprisonnement ;

2° Vingt ans dans les autres cas.

(L. n° 2016-731 du 3 juin 2016, art. 79, en vigueur le 1er juin 2017) « Toutefois, ce délai est de dix ans s'il s'agit d'un mineur.

« Lorsque la personne exécute une peine privative de liberté sans sursis en application de la condamnation entraînant l'inscription, ces délais ne commencent à courir qu'à compter de sa libération. »

L'amnistie ou la réhabilitation ainsi que les règles propres à l'effacement des condamnations figurant au casier judiciaire n'entraînent pas l'effacement de ces informations.

Ces informations ne peuvent, à elles seules, servir de preuve à la constatation de l'état de récidive.

Les mentions prévues aux 1°, 2° et 5° de l'article 706-53-2 sont retirées du fichier en cas de décision définitive de non-lieu, de relaxe ou d'acquittement. *(L. n° 2020-1672 du 24 déc. 2020, art. 26)* « Les mentions prévues au 5° du même article 706-53-2 peuvent également être retirées sur décision du juge d'instruction. »

Art. 706-53-5 Toute personne dont l'identité est enregistrée dans le fichier est astreinte, à titre de mesure de sûreté, aux obligations prévues par le présent article.

La personne est tenue, soit *(L. n° 2010-242 du 10 mars 2010, art. 12-I)* « , si elle réside à l'étranger, » auprès du gestionnaire du fichier, par lettre recommandée avec demande d'avis de réception, soit auprès du commissariat de police ou de la gendarmerie de son domicile, par lettre recommandée avec demande d'avis de réception ou en se présentant au service :

1° *(L. n° 2010-242 du 10 mars 2010, art. 12-I)* « De justifier de son adresse, une première fois après avoir reçu l'information des mesures et des obligations mentionnées au deuxième alinéa de l'article 706-53-6, puis tous les ans ; »

2° De déclarer ses changements d'adresse, dans un délai de quinze jours au plus tard après ce changement.

Si la personne a été *(Abrogé par L. n° 2010-242 du 10 mars 2010, art. 12-I) « définitivement »* condamnée pour un crime ou pour un délit puni de dix ans d'emprisonnement, elle doit justifier de son adresse une fois tous les six mois en se présentant à cette fin *(L. n° 2005-1549 du 12 déc. 2005, art. 28)* « soit auprès du commissariat ou de l'unité de gendarmerie de son domicile, soit » auprès du groupement de gendarmerie départemental ou de la direction départementale de la sécurité publique de son domicile ou auprès de tout autre service désigné par la préfecture. *(L. n° 2007-297 du 5 mars 2007, art. 42)* « Si la dangerosité de la personne le justifie, la juridiction de jugement ou, selon les modalités prévues par l'article 712-6, le juge de l'application des peines peut ordonner que cette présentation interviendra tous les mois. » *(L. n° 2012-409 du 27 mars 2012, art. 15)* « Lorsque la personne est en état de récidive légale, le régime de présentation mensuelle s'applique de plein droit. » *(L. n° 2011-939 du 10 août 2011, art. 18-II)* « Le présent alinéa n'est applicable aux mineurs de treize à dix-huit ans qu'en cas de condamnation pour un crime puni d'au moins vingt ans de réclusion. »

(L. nº 2010-242 du 10 mars 2010, art. 12-I) « Les obligations de justification et de présentation prévues par le présent article cessent de s'appliquer pendant le temps où la personne est incarcérée. »

Le fait, pour les personnes tenues aux obligations prévues par le présent article, de ne pas respecter ces obligations est puni de deux ans d'emprisonnement et de 30 000 € d'amende.

Délai de justification. La personne dont l'identité est enregistrée dans le FIJAISV, lorsque les mesures ou obligations auxquelles elle est astreinte lui ont été notifiées, doit justifier une première fois de son adresse dans les quinze jours suivant la date de cette notification. • Crim. 1er avr. 2015, nº 13-85.957 P : *AJ pénal 2015. 424, obs. Andrei*.

Art. 706-53-6 Toute personne dont l'identité est enregistrée dans le fichier en est informée par l'autorité judiciaire, soit par notification à personne, soit par lettre recommandée adressée à la dernière adresse déclarée *(L. nº 2010-242 du 10 mars 2010, art. 12-I)* « , soit, à défaut, par le recours à la force publique par l'officier de police judiciaire, avec l'autorisation préalable du procureur de la République ».

Elle est alors informée des mesures et des obligations auxquelles elle est astreinte en application des dispositions de l'article 706-53-5 et des peines encourues en cas de non-respect de ces obligations.

Lorsque la personne est détenue *(L. nº 2010-242 du 10 mars 2010, art. 12-I)* « au titre de la condamnation justifiant son inscription au fichier et qu'elle n'a pas encore reçu l'information mentionnée au premier alinéa », les informations prévues par le présent article lui sont données au moment de sa libération définitive ou préalablement à la première mesure d'aménagement de sa peine.

Art. 706-53-7 Les informations contenues dans le fichier sont directement accessibles, par l'intermédiaire d'un système de télécommunication sécurisé :

1° Aux autorités judiciaires ;

2° Aux officiers de police judiciaire, dans le cadre de procédures concernant un crime d'atteinte volontaire à la vie, d'enlèvement ou de séquestration, ou une infraction mentionnée à l'article 706-47 et pour l'exercice des diligences prévues aux articles 706-53-5 et 706-53-8 ;

3° Aux préfets et aux administrations de l'État dont la liste est fixée par le décret prévu à l'article 706-53-12, *(L. nº 2008-174 du 25 févr. 2008, art. 15)* « pour les décisions administratives de recrutement, d'affectation, d'autorisation, d'agrément ou d'habilitation » concernant des activités ou professions impliquant un contact avec des mineurs *(L. nº 2005-1549 du 12 déc. 2005, art. 28)* « ainsi que pour le contrôle de l'exercice de ces activités ou professions » ;

(L. nº 2010-242 du 10 mars 2010, art. 12-I) « 4° Aux agents des greffes spécialement habilités par les chefs d'établissement pénitentiaire, à partir de l'identité de la personne incarcérée, *(L. nº 2016-731 du 3 juin 2016, art. 78)* « de données nominatives la concernant ou du numéro de dossier, » pour vérifier qu'elle a fait l'objet de l'information mentionnée à l'article 706-53-6 et pour enregistrer les dates de mise sous écrou et de libération ainsi que l'adresse du domicile déclaré par la personne libérée. »

Les autorités et personnes mentionnées aux 1° et 2° du présent article peuvent interroger le fichier à partir de plusieurs critères fixés par le décret prévu à l'article 706-53-12, et notamment à partir de l'un ou plusieurs des critères suivants : identité de la personne, adresses successives, nature des infractions.

Les personnes mentionnées au 3° du présent article ne peuvent consulter le fichier qu'à partir de l'identité de la personne concernée par la *(L. nº 2008-174 du 25 févr. 2008, art. 15)* « décision administrative ».

(L. nº 2005-1549 du 12 déc. 2005, art. 28) « Les officiers de police judiciaire peuvent également, sur instruction du procureur de la République ou du juge d'instruction ou avec l'autorisation de ce magistrat, consulter le fichier *(Abrogé par L. nº 2010-242 du 10 mars 2010, art. 12-I) « à partir de l'identité d'une personne gardée à vue »* dans le cadre d'une enquête de flagrance ou d'une enquête préliminaire ou en exécution d'une

commission rogatoire, même si cette procédure ne concerne pas une des infractions mentionnées au 2° du présent article. »

(L. n° 2008-174 du 25 févr. 2008, art. 15) « Les maires *(L. n° 2018-703 du 3 août 2018, art. 6)* « , les présidents d'établissements publics de coopération intercommunale », les présidents de conseil général et les présidents de conseil régional sont également destinataires, par l'intermédiaire des préfets, des informations contenues dans le fichier, pour les décisions administratives mentionnées au 3° concernant des activités ou professions impliquant un contact avec des mineurs ainsi que pour le contrôle de l'exercice de ces activités ou professions. »

Art. 706-53-8 Selon des modalités précisées par le décret prévu à l'article 706-53-12, le gestionnaire du fichier avise directement le ministère de l'intérieur, qui transmet sans délai l'information aux services de police ou de gendarmerie compétents, en cas de nouvelle inscription ou de modification d'adresse concernant une inscription ou lorsque la personne n'a pas apporté la justification de son adresse dans les délais requis. *(L. n° 2010-242 du 10 mars 2010, art. 12-I)* « Il avise directement le service gestionnaire du fichier des personnes recherchées des effacements auxquels il a procédé en application des articles 706-53-4 et 706-53-10.

« S'il apparaît que la personne ne se trouve plus à l'adresse indiquée, l'officier de police judiciaire en informe le procureur de la République qui la fait inscrire sans délai au fichier des personnes recherchées. »

Les services de police ou de gendarmerie peuvent procéder à toutes vérifications utiles et toutes réquisitions auprès des administrations publiques pour vérifier ou retrouver l'adresse de la personne.

(Abrogé par L. n° 2010-242 du 10 mars 2010, art. 12-I) ***« S'il apparaît que la personne ne se trouve plus à l'adresse indiquée, le procureur de la République la fait inscrire au fichier des personnes recherchées. »***

Art. 706-53-9 Toute personne justifiant de son identité obtient, sur demande adressée au procureur de la République près le tribunal judiciaire dans le ressort duquel elle réside, communication de l'intégralité des informations la concernant figurant dans le fichier.

Les dispositions des troisième à cinquième alinéas de l'article 777-2 sont alors applicables.

Art. 706-53-10 Toute personne dont l'identité est inscrite dans le fichier peut demander au procureur de la République de rectifier ou d'ordonner l'effacement des informations la concernant si les informations ne sont pas exactes ou si leur conservation n'apparaît plus nécessaire compte tenu de la finalité du fichier, au regard de la nature de l'infraction, de l'âge de la personne lors de sa commission, du temps écoulé depuis lors et de la personnalité actuelle de l'intéressé.

(L. n° 2020-1672 du 24 déc. 2020, art. 26) « La même demande peut être faite au juge d'instruction lorsque l'inscription a été effectuée sur le fondement du 5° de l'article 706-53-2. »

La demande d'effacement est irrecevable tant que les mentions concernées *(Abrogé par L. n° 2007-297 du 5 mars 2007, art. 43, à compter du 7 mars 2008)* ***« subsistent au bulletin n° 1 du casier judiciaire de l'intéressé ou »*** sont relatives à une procédure judiciaire qui est toujours en cours *(L. n° 2020-1672 du 24 déc. 2020, art. 26)* « , sauf dans l'hypothèse d'une inscription sur le fondement du même 5° » *(L. n° 2007-297 du 5 mars 2007, art. 43, en vigueur le 7 mars 2008)* « , tant que la personne n'a pas été réhabilitée ou que la mesure à l'origine de l'inscription n'a pas été effacée du bulletin n° 1 ».

Si le procureur de la République *(L. n° 2020-1672 du 24 déc. 2020, art. 26)* « ou le juge d'instruction » n'ordonne pas la rectification ou l'effacement, la personne peut *(L. n° 2019-222 du 23 mars 2019, art. 85)* « exercer un recours » devant le président de la chambre de l'instruction.

Avant de statuer sur la demande de rectification ou d'effacement, le procureur de la République *(Abrogé par L. n° 2020-1672 du 24 déc. 2020, art. 26)* « , ***le juge des libertés et de la détention*** » et le président de la chambre de l'instruction peuvent faire procéder à toutes les vérifications qu'ils estiment nécessaires et notamment ordonner une expertise médicale de la personne. S'il s'agit d'une mention concernant soit un crime,

soit un délit puni de dix ans d'emprisonnement et commis contre un mineur, la décision d'effacement du fichier ne peut intervenir en l'absence d'une telle expertise.

Dans le cas prévu *(L. nº 2010-242 du 10 mars 2010, art. 12-I)* **« au cinquième » alinéa de l'article 706-53-5, le procureur de la République** *(Abrogé par L. nº 2020-1672 du 24 déc. 2020, art. 26)* **« ,** ***le juge des libertés et de la détention*** **» et le président de la chambre de l'instruction, saisis en application des dispositions du présent article, peuvent également ordonner, à la demande de la personne, qu'elle ne sera tenue de se présenter auprès des services de police ou de gendarmerie pour justifier de son adresse qu'une fois par an** *(L. nº 2007-297 du 5 mars 2007, art. 42)* **« ou, lorsqu'elle devait se présenter une fois par mois, qu'une fois tous les six mois ».**

En l'état de la cassation d'un arrêt d'une cour d'assises et du renvoi devant une autre cour d'assises prononcés par l'assemblée plénière de la Cour de cassation dans le cadre de la procédure de réexamen d'une décision pénale, l'arrêt de condamnation perd son caractère définitif et la procédure demeure toujours en cours, ce qui rend irrecevable la demande de l'accusé tendant à l'effacement des informations figurant au fichier judiciaire automatisé des auteurs d'infractions sexuelles sur le fondement de l'art. 706-53-10. • Crim. 20 sept. 2006, nº 06-80.733 P : *AJ pénal 2006. 454, obs. Herzog-Evans*.

Art. 706-53-11 **Aucun rapprochement ni aucune connexion au sens de l'article** *(Ord. nº 2018-1125 du 12 déc. 2018, art. 16 et 29, en vigueur le 1er juin 2019)* **« 33 » de la loi nº 78-17 du 6 janvier 1978 relative à l'informatique, aux fichiers et aux libertés** *[V. désormais art. 9 L. nº 78-17]* **ne peuvent être effectués entre le fichier prévu par le présent chapitre et tout autre fichier ou recueil de données nominatives détenus par une personne quelconque ou par un service de l'État ne dépendant pas du ministère de la justice** *(L. nº 2010-242 du 10 mars 2010, art. 12-I)* **« , à l'exception du fichier des personnes recherchées pour l'exercice des diligences prévues au présent chapitre ».**

Aucun fichier ou recueil de données nominatives détenu par une personne quelconque ou par un service de l'État ne dépendant pas du ministère de la justice ne peut mentionner, hors les cas et dans les conditions prévues par la loi, les informations figurant dans le fichier.

Toute infraction aux dispositions qui précèdent est punie des peines encourues pour le délit prévu à l'article 226-21 du code pénal.

Les dispositions de l'Ord. nº 2018-1125 du 12 déc. 2018 sont entrées en vigueur en même temps que le Décr. nº 2019-536 du 29 mai 2019 pris pour l'application de la L. nº 78-17 du 6 janv.1978 relative à l'informatique, aux fichiers et aux libertés, soit le 1er juin 2019.

Sur la consultation du fichier des personnes recherchées par les services gestionnaires du fichier national automatisé des auteurs d'infractions sexuelles ou violentes, V. Décr. nº 2010-569 du 28 mai 2010, ss. art. 230-19.

Décret nº 2005-627 du 30 mai 2005, *relatif au fichier judiciaire national automatisé des auteurs d'infractions sexuelles et au casier judiciaire.* **Art. 11** I. — Le service gestionnaire du fichier judiciaire national automatisé des auteurs d'infractions sexuelles est autorisé à obtenir du fichier national des personnes incarcérées la liste des personnes visées à *l'alinéa 2 du I de l'article* 216 de la loi susvisée du 9 mars 2004.

La liste visée à l'alinéa précédent précise pour chacune des personnes intéressées le nom du dernier établissement où elle a été ou est détenue, la date prévisible de sa libération, l'adresse déclarée à sa libération ainsi que les références de la décision au titre de laquelle elle a été détenue.

Après avoir retiré les personnes inscrites au titre du II de l'article 216 de la loi précitée ainsi que les personnes décédées, le service gestionnaire adresse au procureur de la République de chacun des lieux de condamnation la liste des personnes intéressées.

Préalablement aux opérations de vérification d'adresse et de notification qu'ils ordonnent, les procureurs de la République procèdent à l'inscription dans le fichier des personnes qui remplissent les conditions de l'alinéa 2 du I de l'article 216 de la loi précitée.

……………………………………………………………………………………

Art. 706-53-12 **Les modalités et conditions d'application des dispositions du présent chapitre sont déterminées par décret en Conseil d'État pris après avis de la Commission nationale de l'informatique et des libertés.**

Ce décret précise notamment les conditions dans lesquelles le fichier conserve la trace des interrogations et consultations dont il fait l'objet. – *V. art. R. 53-8-1 s.*

CHAPITRE III DE LA RÉTENTION DE SÛRETÉ ET DE LA SURVEILLANCE DE SÛRETÉ

(L. nº 2008-174 du 25 févr. 2008, art. 1er-I)

Les dispositions du C. pr. pén. relatives à la surveillance judiciaire et à la surveillance de sûreté dans leur rédaction résultant des chapitres Ier, II et III de la présente loi sont immédiatement applicables après la publication de la L. nº 2010-242 du 10 mars 2010 (L. préc., art. 20).

BIBL. ▸ BONFILS, *RSC 2008. Chron. 392* (loi nº 2008-174 du 25 févr. 2008 relative à la rétention de sûreté et à la déclaration d'irresponsabilité pénale pour cause de trouble mental). – CORDIER, *RSC 2020. 525* (interprétation de la loi nº 2008-174 relative à la rétention de sûreté). – COURTIN, *Dr. pénal 2008. Étude 11* (surveillance post-carcérale des personnes dangereuses et application de la loi pénale dans le temps). – KUPFERBERG, *Dr. pénal 2008. Étude 8* (*Sicherungsverwahrung* ou la rétention de sûreté allemande). – LAZERGES, *RSC 2008. Chron. 731* (rétention de sûreté : le malaise du Conseil constitutionnel). – PRADEL, *D. 2008. Chron. 1000* (double révolution en droit pénal français avec la loi du 25 févr. 2008 sur les criminels dangereux). – J.-H. ROBERT, *Dr. pénal 2010. Étude 8* (récidive législative. Commentaire de la loi nº 2010-242 du 10 mars 2010 tendant à amoindrir le risque de récidive criminelle et portant diverses dispositions de procédure pénale). – ROETS, *D. 2008. Chron. 1840* (rétention de sûreté à l'aune du droit européen des droits de l'homme). – SÉVELY-FOURNIÉ, *AJ pénal 2011. 334* (rétention de sûreté à l'origine d'un nouveau risque d'erreur judiciaire ?).

▸ **Dossiers :** *AJ pénal 2008. 161 et 209* (nouvelle rétention de sûreté, quelles perspectives ?) ; *ibid. 2008. 397* (nouveau contexte de l'application des peines) ; *ibid. 2014. 105* (premiers placements sous surveillance de sûreté).

Art. 706-53-13 **A titre exceptionnel, les personnes dont il est établi, à l'issue d'un réexamen de leur situation intervenant à la fin de l'exécution de leur peine, qu'elles présentent une particulière dangerosité caractérisée par une probabilité très élevée de récidive parce qu'elles souffrent d'un trouble grave de la personnalité, peuvent faire l'objet à l'issue de cette peine d'une rétention de sûreté selon les modalités prévues par le présent chapitre, à la condition qu'elles aient été condamnées à une peine de réclusion criminelle d'une durée égale ou supérieure à quinze ans pour les crimes, commis sur une victime mineure, d'assassinat ou de meurtre, de torture ou actes de barbarie, de viol, d'enlèvement ou de séquestration.**

Il en est de même pour les crimes, commis sur une victime majeure, d'assassinat ou de meurtre aggravé, de torture ou actes de barbarie aggravés, de viol aggravé, d'enlèvement ou de séquestration aggravé, prévus par les articles 221-2, 221-3, 221-4, 222-2, 222-3, 222-4, 222-5, 222-6, 222-24, 222-25, 222-26, 224-2, 224-3 et 224-5-2 du code pénal *(L. nº 2010-242 du 10 mars 2010, art. 1er)* **« ou, lorsqu'ils sont commis en récidive, de meurtre, de torture ou d'actes de barbarie, de viol, d'enlèvement ou de séquestration ».**

La rétention de sûreté ne peut toutefois être prononcée que si la cour d'assises a expressément prévu dans sa décision de condamnation que la personne pourra faire l'objet à la fin de sa peine d'un réexamen de sa situation en vue d'une éventuelle rétention de sûreté.

La rétention de sûreté consiste dans le placement de la personne intéressée en centre socio-médico-judiciaire de sûreté dans lequel lui est proposée, de façon permanente, une prise en charge médicale, sociale et psychologique destinée à permettre la fin de cette mesure.

Les personnes exécutant, à la date du 1er sept. 2008, une peine de réclusion criminelle d'une durée égale ou supérieure à quinze ans à la suite, soit de plusieurs condamnations, dont la dernière à une telle peine, pour les crimes mentionnés à l'art. 706-53-13 C. pr. pén., soit d'une condamnation unique à une telle peine pour plusieurs de ces crimes commis sur des victimes différentes, peuvent être soumises, dans le cadre d'une surveillance judiciaire, d'un suivi socio-judiciaire ou d'une surveillance de sûreté, à une obligation d'assignation à domicile sous le régime du placement sous surveillance électronique mobile (L. nº 2008-174 du 25 févr. 2008, art. 13-I).

BIBL. ▶ Bonis et Derasse, *AJ pénal 2021. 250* (pour une révision des aménagements des longues peines). - Dreyer, *D. 2021. 1973* (droit pénal sécuritaire). - Larrieu, *AJ pénal 2011. 231* (réception des neurosciences par le droit).

Sur la jurisprudence européenne, qui considère que la détention de sûreté allemande (*Sicherungsverwahrung*) est une peine au sens de l'art. 7, § 1, Conv. EDH, V. ● CEDH, 5e sect., 17 déc. 2009, *M. c/ Allemagne* ● 5e sect., 24 nov. 2011, *Schönbrod c/ Allemagne* ● 5e sect., 24 nov. 2011, *O. H. c/ Allemagne : ss. Conv. EDH, art. 5 et 7, App., v° Droits de l'homme.*

Art. 706-53-14 **La situation des personnes mentionnées à l'article 706-53-13 est examinée, au moins un an avant la date prévue pour leur libération, par la commission pluridisciplinaire des mesures de sûreté prévue par l'article 763-10, afin d'évaluer leur dangerosité.**

A cette fin, la commission demande le placement de la personne, pour une durée d'au moins six semaines, dans un service spécialisé chargé de l'observation des personnes détenues aux fins d'une évaluation pluridisciplinaire de dangerosité assortie d'une expertise médicale réalisée par deux experts.

Si la commission conclut à la particulière dangerosité du condamné, elle peut proposer, par un avis motivé, que celui-ci fasse l'objet d'une rétention de sûreté dans le cas où :

1° Les obligations résultant de l'inscription dans le fichier judiciaire national automatisé des auteurs d'infractions sexuelles ou violentes, ainsi que les obligations résultant d'une injonction de soins ou d'un placement sous surveillance électronique mobile, susceptibles d'être prononcés dans le cadre d'un suivi socio-judiciaire ou d'une surveillance judiciaire, apparaissent insuffisantes pour prévenir la commission des crimes mentionnés à l'article 706-53-13 ;

2° Et si cette rétention constitue ainsi l'unique moyen de prévenir la commission, dont la probabilité est très élevée, de ces infractions.

(L. n° 2010-242 du 10 mars 2010, art. 2-I) **« La commission vérifie également que la personne condamnée a effectivement été mise en mesure de bénéficier, pendant l'exécution de sa peine, d'une prise en charge médicale, sociale et psychologique adaptée au trouble de la personnalité dont elle souffre. »**

Si la commission estime que les conditions de la rétention de sûreté ne sont pas remplies mais que le condamné paraît néanmoins dangereux, elle renvoie le dossier au juge de l'application des peines pour qu'il apprécie l'éventualité d'un placement sous surveillance judiciaire.

BIBL. ▶ Coche, *RSC 2011. 21* (faut-il supprimer les expertises de dangerosité ?).

Art. 706-53-15 **La décision de rétention de sûreté est prise par la juridiction régionale de la rétention de sûreté territorialement compétente. Cette juridiction est composée d'un président de chambre et de deux conseillers de la cour d'appel, désignés par le premier président de cette cour pour une durée de trois ans.**

Cette juridiction est saisie à cette fin par le procureur général, sur proposition de la commission pluridisciplinaire des mesures de sûreté prévue par l'article 763-10, au moins trois mois avant la date prévue pour la libération du condamné. Elle statue après un débat contradictoire *et, si le condamné le demande,* **public, au cours duquel le condamné est assisté par un avocat choisi ou commis d'office. La contre-expertise sollicitée par le condamné est de droit.**

(L. n° 2010-242 du 10 mars 2010, art. 2-II) **« La juridiction régionale de la rétention de sûreté ne peut prononcer une rétention de sûreté qu'après avoir vérifié que la personne condamnée a effectivement été mise en mesure de bénéficier, pendant l'exécution de sa peine, d'une prise en charge médicale, sociale et psychologique adaptée au trouble de la personnalité dont elle souffre. »**

La décision de rétention de sûreté doit être spécialement motivée au regard des dispositions de l'article 706-53-14 *(L. n° 2010-242 du 10 mars 2010, art. 2-II)* **« et du troisième alinéa du présent article ».**

Cette décision est exécutoire immédiatement à l'issue de la peine du condamné.

Elle peut faire l'objet d'un recours devant la Juridiction nationale de la rétention de sûreté, composée de trois conseillers à la Cour de cassation désignés pour une durée de trois ans par le premier président de cette cour.

La juridiction nationale statue par une décision motivée, susceptible d'un pourvoi en cassation.

BIBL. ▶ Sévely-Fournié, *RSC 2009. 793* (répression et motivation. Réflexions sur la motivation des arrêts et jugements des juridictions répressives).

1. Les art. 706-53-15 et R. 53-8-43 ne dérogent pas aux conditions de recevabilité du pourvoi en cassation fixées par les art. 576 et 577, dès lors est irrecevable le pourvoi en cassation formé contre la décision d'une juridiction nationale de la rétention de sûreté. • Crim. 12 déc. 2012, nº 12-83.240 P.

2. La juridiction régionale de la rétention de sûreté ne peut prononcer une mesure de rétention de sûreté qu'après avoir vérifié que la personne condamnée a effectivement été mise en mesure de bénéficier, pendant l'exécution de sa peine, d'une prise en charge médicale, sociale, et psychologique adaptée au trouble de la personnalité dont elle souffre, y compris lorsque la question de la réalité de la prise en charge et des soins adaptés au trouble de la personnalité durant le temps de sa réclusion criminelle n'a pas été soulevée en première instance, ni lors du placement sous surveillance judiciaire ou sous surveillance de sûreté. • Crim. 28 mars 2018, nº 17-86.938 P : *D. actu. 6 avr. 2018, obs. Goetz ; AJ pénal 2018. 327, obs. Grégoire ; Dr. pénal 2018, nº 118, obs. Peltier ; RSC 2018. 468, note Cordier*.

Art. 706-53-16 **La décision de rétention de sûreté est valable pour une durée d'un an.**

La rétention de sûreté peut être renouvelée, après avis favorable de la commission pluridisciplinaire des mesures de sûreté, selon les modalités prévues par l'article 706-53-15 et pour la même durée, dès lors que les conditions prévues par l'article 706-53-14 sont toujours remplies.

Art. 706-53-17 **Après un délai de trois mois à compter de la décision définitive de rétention de sûreté, la personne placée en rétention de sûreté peut demander à la juridiction régionale de la rétention de sûreté qu'il soit mis fin à cette mesure. Il est mis fin d'office à la rétention si cette juridiction n'a pas statué dans un délai de trois mois à compter de la réception de la demande. En cas de rejet de la demande, aucune autre demande ne peut être déposée avant l'expiration d'un délai de trois mois.**

La décision de cette juridiction peut faire l'objet des recours prévus à l'article 706-53-15.

Art. 706-53-18 **La juridiction régionale de la rétention de sûreté ordonne d'office qu'il soit immédiatement mis fin à la rétention de sûreté dès lors que les conditions prévues par l'article 706-53-14 ne sont plus remplies.**

Art. 706-53-19 *(L. nº 2008-174 du 25 févr. 2008, art. 1er-I)* **Si la rétention de sûreté n'est pas prolongée ou s'il y est mis fin en application des articles 706-53-17 ou 706-53-18 et si la personne présente des risques de commettre les infractions mentionnées à l'article 706-53-13, la juridiction régionale de la rétention de sûreté peut, par la même décision et après débat contradictoire au cours duquel la personne est assistée par un avocat choisi ou commis d'office, placer celle-ci sous surveillance de sûreté pendant une durée** *(L. nº 2010-242 du 10 mars 2010, art. 3)* **« de deux ans** *[ancienne rédaction : d'un an]* **». La surveillance de sûreté comprend des obligations identiques à celles prévues dans le cadre de la surveillance judiciaire mentionnée à l'article 723-30, en particulier une injonction de soins prévue par les articles L. 3711-1 à L. 3711-5 du code de la santé publique et** *(L. nº 2011-1862 du 13 déc. 2011, art. 61-3º)* **« , après vérification de la faisabilité technique de la mesure, » le placement sous surveillance électronique mobile dans les conditions prévues par les articles 763-12 et 763-13 du présent code. Le placement sous surveillance de sûreté peut faire l'objet des recours prévus à l'article 706-53-15.** *(L. nº 2010-242 du 10 mars 2010, art. 3)* **« La mainlevée de la surveillance de sûreté peut être demandée selon les modalités prévues à l'article 706-53-17. »**

A l'issue *(L. nº 2010-242 du 10 mars 2010, art. 3)* **« du délai mentionné à la première phrase de l'alinéa précédent », la surveillance de sûreté peut être renouvelée dans les mêmes conditions et pour la même durée.**

Si la méconnaissance par la personne des obligations qui lui sont imposées fait apparaître que celle-ci présente à nouveau une particulière dangerosité caractérisée par une probabilité très élevée de commettre à nouveau l'une des infractions mentionnées à l'article 706-53-13, le président de la juridiction régionale peut ordonner en urgence son placement provisoire dans un centre socio-médico-judiciaire de sûreté. Ce place-

ment doit être confirmé dans un délai maximal de trois mois par la juridiction régionale statuant conformément à l'article 706-53-15, après avis favorable de la commission pluridisciplinaire des mesures de sûreté, à défaut de quoi il est mis fin d'office à la rétention. La décision de confirmation peut faire l'objet des recours prévus par l'article 706-53-15.

(L. nº 2010-242 du 10 mars 2010, art. 4, 5, 10-I et 11-II) **« Le placement en centre socio-médico-judiciaire de sûreté prévu à l'alinéa précédent ne peut être ordonné qu'à la condition qu'un renforcement des obligations de la surveillance de sûreté apparaisse insuffisant pour prévenir la commission des infractions mentionnées à l'article 706-53-13.**

« Le président de la juridiction régionale de la rétention de sûreté avertit la personne placée sous surveillance de sûreté que le placement sous surveillance électronique mobile ne pourra être mis en œuvre sans son consentement mais que, à défaut ou si elle manque à ses obligations, le placement dans un centre socio-médico-judiciaire de sûreté pourra être ordonné dans les conditions prévues par les deux alinéas précédents.

« Constitue une méconnaissance par la personne sous surveillance de sûreté des obligations qui lui sont imposées susceptible de justifier son placement en rétention de sûreté, dans les conditions prévues par le troisième alinéa, le fait pour celle-ci de refuser de commencer ou de poursuivre le traitement prescrit par le médecin traitant et qui lui a été proposé dans le cadre d'une injonction de soins. En cas de violation de ses obligations par la personne placée sous surveillance de sûreté, l'article *(L. nº 2014-896 du 15 août 2014, art. 34, en vigueur le 1er oct. 2014)* **« 709-1-1** *[ancienne rédaction : 712-16-3]* **» est applicable ; le juge de l'application des peines ou, en cas d'urgence et d'empêchement de celui-ci ou du magistrat du siège qui le remplace, le procureur de la République peut décerner mandat d'arrêt ou d'amener contre la personne, conformément à l'article 712-17, pour permettre le cas échéant sa présentation devant le président de la juridiction régionale de la rétention de sûreté ; en cas de décision de placement en rétention prise par ce président, la personne peut être retenue le temps strictement nécessaire à sa conduite dans le centre socio-médico-judiciaire de sûreté. »**

BIBL. ▶ COLLET, *RSC 2019. 549* (l'insaisissable notion de surveillance en droit pénal).

Dès lors qu'il résulte des conclusions des expertises que le condamné est difficilement curable et réadaptable, que sa personnalité est perturbée, que son vécu est persécutif, avec une perte de tout repère d'insertion sociale et qu'il y a absence d'une quelconque évolution sur le plan de la dangerosité et du passage à l'acte, l'intéressé, dont la détention a été émaillée d'incidents disciplinaires, doit être placé sous mesure de surveillance de sûreté à sa sortie d'hospitalisation ; cette mesure constituant l'unique moyen de prévenir la commission, dont la probabilité est très élevée, des infractions mentionnées à l'art. 706-53-13, eu égard à la réticence des services psychiatriques de Guadeloupe qui auraient pu ou dû accepter de le prendre en charge, lequel, complètement isolé en métropole, souhaite retrouver ses racines en Guadeloupe. • JRRS Paris, 6 avr. 2009 : *D. 2009. 2146, note Herzog-Evans ; AJ pénal 2009. 324, obs. Herzog-Evans*. ♦ Mais la JNRS infirme le jugement de la JRRS car le placement sous surveillance de sûreté n'apparaît pas nécessaire, le condamné étant hospitalisé sous le régime du placement d'office. • JNRS 1er juill. 2010 : *AJ pénal 2010. 559, obs. Herzog-Evans*.

Art. 706-53-20 **Les dispositions du présent chapitre ne sont pas applicables à la personne qui bénéficie d'une libération conditionnelle, sauf si cette mesure a fait l'objet d'une révocation.**

Lorsque la rétention de sûreté est ordonnée à l'égard d'une personne ayant été condamnée à un suivi socio-judiciaire, celui-ci s'applique, pour la durée fixée par la décision de condamnation, à compter du jour où la rétention prend fin.

Art. 706-53-21 *(L. nº 2010-242 du 10 mars 2010, art. 6)* **La rétention de sûreté et la surveillance de sûreté sont suspendues par toute détention intervenue au cours de leur exécution.**

Si la détention excède une durée de six mois, la reprise de la rétention de sûreté ou de la surveillance de sûreté doit être confirmée par la juridiction régionale de la rétention de sûreté au plus tard dans un délai de trois mois après la cessation de la détention, à défaut de quoi il est mis fin d'office à la mesure.

Art. 706-53-22 **Un décret en Conseil d'État précise les conditions et les modalités d'application du présent chapitre.**

Ce décret précise les conditions dans lesquelles s'exercent les droits des personnes retenues dans un centre socio-médico-judiciaire de sûreté, y compris en matière d'emploi, d'éducation et de formation, de visites, de correspondances, d'exercice du culte et de permissions de sortie sous escorte ou sous surveillance électronique mobile. Il ne peut apporter à l'exercice de ces droits que les restrictions strictement nécessaires aux exigences de l'ordre public.

La liste des cours d'appel dans lesquelles siègent les juridictions régionales prévues au premier alinéa de l'article 706-53-15 et le ressort de leur compétence territoriale sont fixés par arrêté du garde des sceaux.

L'art. 706-53-21 est devenu 706-53-22 en application des dispositions de la L. n° 2010-242 du 10 mars 2010, art. 6.

V. art. R. 53-8-40 s.

La QPC portant sur l'art. 706-53-21 issu de la L. n° 2008-174 du 25 févr. 2008 n'est pas nouvelle. En effet, cet article a déjà été déclaré conforme à la Constitution dans les motifs et le dispositif de sa Décis. n° 2008-562 DC du 26 févr. 2008. Sa constitutionnalité, sauf changement de circonstances, ne peut donc être contestée. Il n'y a donc pas lieu de statuer sur la saisine du Conseil d'État. • Cons. const. 2 juill. 2010, n° 2010-9 QPC : *D. 2010. Actu. 1714* ; *D. 2011. Pan. 1307, obs. Péchillon* ; *Constitutions 2010. 541, obs. Disant*.

TITRE VINGTIÈME **DU FICHIER NATIONAL AUTOMATISÉ DES EMPREINTES GÉNÉTIQUES** *(L. n° 2001-1062 du 15 nov. 2001).*

L'ancien titre XX a été recodifié en titre XXII et les art. 706-55 à 706-61 relatifs à la procédure de saisine pour avis de la Cour de cassation sont devenus les art. 706-64 à 706-70 (L. n° 2001-1062 du 15 nov. 2001, art. 55).

Sur la procédure extrajudiciaire d'identification des personnes décédées, V. Décr. n° 2012-125 du 30 janv. 2012 (JO 31 janv.).

RÉP. PÉN. v° *Fichiers de police,* par GAUTRON.

BIBL. ▶ BONFILS, *RSC 2011. Chron. 442* (loi d'orientation et de programmation pour la performance de la sécurité intérieure [loi n° 2011-267 du 14 mars 2011]). – CHAVANNE, *AJ pénal 2021. 181* (L'ADN, « reine des preuves », une place à redéfinir). – GAUTRON, *AJ pénal 2007. 57* (fichiers de police : concilier sécurité et liberté). – GIRAULT, *AJ pénal 2010. 225* (identification et identité génétiques). – SONTAG KOENIG, *Dr. pénal 2015. Étude 11* (ADN, vraie gêne et faux gènes). – SCHWENDENER, *AJ pénal 2003. 21* (les principaux fichiers de la police). – SUPIOT, *RSC 2015. 827* (empreintes génétiques et droit pénal).

▶ **Dossiers :** La preuve génétique, *AJ pénal 2018. 59 s.* ; Le portrait-robot génétique, *Dr. pénal 2018, nos 4 s.*

Art. 706-54 *(L. n° 2003-239 du 18 mars 2003, art. 29)* **Le fichier national automatisé des empreintes génétiques, placé sous le contrôle d'un magistrat, est destiné à centraliser les empreintes génétiques issues des traces biologiques ainsi que les empreintes génétiques des personnes** *(L. n° 2010-242 du 10 mars 2010, art. 19)* **« déclarées coupables de » l'une des infractions mentionnées à l'article 706-55 en vue de faciliter l'identification et la recherche des auteurs de ces infractions.** *(L. n° 2010-242 du 10 mars 2010, art. 19)* **« Sont conservées dans les mêmes conditions les empreintes génétiques des personnes poursuivies pour l'une des infractions mentionnées à l'article 706-55 ayant fait l'objet d'une décision d'irresponsabilité pénale en application des articles 706-120, 706-125, 706-129, 706-133 ou 706-134. »**

Les empreintes génétiques des personnes à l'encontre desquelles il existe des indices graves ou concordants rendant vraisemblable qu'elles aient commis l'une des infractions mentionnées à l'article 706-55 sont également conservées dans ce fichier sur décision d'un officier de police judiciaire agissant soit d'office, soit à la demande du procureur de la République ou du juge d'instruction ; il est fait mention de cette décision au dossier de la procédure. *(Abrogé par L. n° 2019-222 du 23 mars 2019, art. 85)* ***« Ces empreintes sont effacées sur instruction du procureur de la République agissant soit d'office, soit à la demande de l'intéressé, lorsque leur conservation n'apparaît plus nécessaire compte tenu de la finalité du fichier. Lorsqu'il est saisi par l'intéressé, le procureur de la République informe celui-ci de la suite qui a été réservée à sa demande ; s'il n'a pas ordonné l'effacement, cette personne peut saisir à cette fin le juge des libertés et de la détention, dont***

la décision peut être contestée devant le président de la chambre de l'instruction. » — V. désormais art. 706-54-1.

(L. n° 2011-267 du 14 mars 2011, art. 9) « Les officiers de police judiciaire peuvent également, d'office ou à la demande du procureur de la République ou du juge d'instruction, faire procéder à un rapprochement de l'empreinte de toute personne à l'encontre de laquelle il existe une ou plusieurs raisons plausibles de soupçonner qu'elle a commis l'une des infractions mentionnées à l'article 706-55 avec les données incluses au fichier, sans toutefois que cette empreinte puisse y être conservée.

« Le fichier prévu par le présent article contient également les empreintes génétiques recueillies à l'occasion :

« 1° Des procédures de recherche des causes de la mort ou de recherche des causes d'une disparition prévues par les articles 74, 74-1 et 80-4 ;

« 2° Des recherches aux fins d'identification, prévues par l'article 16-11 du code civil, de personnes décédées dont l'identité n'a pu être établie, à l'exception des militaires décédés à l'occasion d'une opération conduite par les forces armées ou les formations rattachées. Toutefois, les empreintes génétiques recueillies dans ce cadre font l'objet d'un enregistrement distinct de celui des autres empreintes génétiques conservées dans le fichier. Elles sont effacées sur instruction du procureur de la République, agissant soit d'office, soit à la demande des intéressés, lorsqu'il est mis fin aux recherches d'identification qui ont justifié leur recueil. Les empreintes génétiques des ascendants, descendants et collatéraux des personnes dont l'identification est recherchée ne peuvent être conservées dans le fichier que sous réserve du consentement éclairé, exprès et écrit des intéressés. »

(L. n° 2021-1729 du 22 déc. 2021, art. 8) « Le fichier contient également, sur décision du procureur de la République ou du juge d'instruction, pour une durée et un régime d'effacement similaires à ceux des traces dans les dossiers criminels, les empreintes génétiques des victimes d'un crime mentionné à l'article 706-106-1 du présent code, ainsi que, lorsque l'empreinte génétique de la victime n'a pu être recueillie ou qu'il est nécessaire de confirmer son identification, les empreintes génétiques des ascendants, descendants et collatéraux de ces victimes, sous réserve de leur consentement éclairé, exprès et écrit, et de leur possibilité de demander à tout moment au procureur de la République d'effacer leur empreinte du fichier. »

Les empreintes génétiques conservées dans ce fichier ne peuvent être réalisées qu'à partir de segments d'acide désoxyribonucléique non codants, à l'exception du segment correspondant au marqueur du sexe.

Un décret en Conseil d'État pris après avis de la Commission nationale de l'informatique et des libertés détermine les modalités d'application du présent article. Ce décret précise notamment la durée de conservation des informations enregistrées. — *V. art. R. 53-9 s.*

1. QPC. Les art. 706-55 (dans sa rédaction actuelle), 706-54 et 706-56 (dans leur rédaction antérieure à la L. n° 2010-242 du 10 mars 2010) sont, sous deux réserves, conformes à la Constitution. En premier lieu, du fait du principe de *proportionnalité, le prélèvement d'empreintes* génétiques aux fins de rapprochement avec les données du fichier ne doit être possible que pour les crimes ou délits mentionnés par l'art. 706-55, et seulement en cas de condamnation, ou en cas d'« indices graves ou concordants rendant vraisemblable » que l'intéressé ait commis ces infractions. En second lieu, la durée de conservation des empreintes au fichier devra être fixée par un décret en Conseil d'État et devra être proportionnée à la nature ou à la gravité des infractions tout en adaptant ces modalités aux spécificités de la délinquance des mineurs. • Cons. const. 16 sept. 2010, n° 2010-25 QPC : *D. actu. 28 sept. 2010, obs. Léna ; D. 2010. Actu. 2160 ; AJ pénal 2010. 545, obs. Danet.*

2. Vie privée. Grâce à la possibilité concrète dont dispose l'intéressé de solliciter l'effacement des données enregistrées, les durées de conservation des empreintes génétiques sont proportionnées à la nature des infractions et aux buts des restrictions apportées au droit au respect de la vie privée garanti par l'art. 8 Conv. EDH. • Crim. 15 janv. 2019, n° 17-87.185 P : *AJ pénal 2019. 163, obs. Reviron.* ♦ V. aussi notes ss. art. 706-56.

3. Une mesure de protection judiciaire, prononcée à l'égard d'un mineur par le tribunal pour enfant, ne constitue pas une condamnation pénale permettant, en application des dispositions de l'art. 706-54, al. 1er, l'inscription au fichier national informatisé des empreintes génétiques. • Crim. 12 sept. 2007, n° 06-85.687 P : *D. 2007. AJ 2470, obs. Léna ; ibid. 2007. 2981, note Detraz ; ibid. 2008. Pan. 1440, note Gaumont-Prat ; ibid. 2008. Pan. 1858, obs.*

Bonfils ; *AJ pénal 2007. 489, obs. Royer* ; *RSC 2007. 848, obs. Finielz*. ♦ La dispense de peine ne constitue pas une condamnation permettant en application des dispositions de l'art. 706-54, al. 1er l'inscription au fichier national automatisé des empreintes génétiques. • Crim. 9 avr. 2008, n° 07-85.972 P : *D. 2008. AJ 1484, obs. Léna* ; *ibid. 2008. 1722, obs. Caron* ; *ibid. 2009. Pan. 126, obs. Roujou de Boubée* ; *AJ pénal 2008. 329, obs. Lasserre Capdeville* ; *Dr. pénal 2008. Comm. 118, obs. Maron et Haas.*

4. Portrait-robot génétique. Est ordonnée à bon droit par le magistrat instructeur sur le fondement de l'art. 81 l'expertise consistant exclusivement à révéler les caractères morphologiques apparents de l'auteur inconnu d'un crime à partir de l'ADN que celui-ci avait laissé sur les lieux, à seule fin de faciliter son identification. • Crim. 25 juin 2014, n° 13-87.493 P : *D. actu. 16 juill. 2014, obs. Fonteix* ; *AJ pénal 2014. 487, obs. Girault* ; *RSC 2014. 595, note Danet* ; *Procédures 2014. 251, note Chavent-Leclère.*

5. Recherche en parentèle. Les art. 81 et 706-54 s. permettent au juge d'instruction d'ordonner une expertise ayant pour objet l'identification et la recherche des auteurs des crimes et délits mentionnés par l'art. 706-55 en sélectionnant, par une comparaison avec le profil génétique identifié comme étant celui de l'auteur de l'infraction, parmi les personnes enregistrées dans la base de données, celles qui sont susceptibles de lui être apparentées en ligne directe, la liste proposée pouvant exceptionnellement comporter des collatéraux de l'auteur recherché, du fait que leurs profils génétiques auraient des caractéristiques analogues à celles d'ascendants ou de descendants. • Crim. 28 juin 2017, n° 17-80.055 P : *D. actu. 17 juill. 2017, obs. Fucini* ; *AJ pénal 2017. 451, obs. Thomas-Taillandier*. ♦ V. art. 706-56-1-1.

Ancien art. 706-54 ***Il est créé un fichier national automatisé destiné à centraliser les traces génétiques ainsi que les empreintes génétiques des personnes condamnées pour l'une*** *(L. n° 2001-1062 du 15 nov. 2001)* ***« des infractions visées à l'article 706-55 en vue de faciliter l'identification et la recherche des auteurs de ces infractions ».***

Ce fichier est placé sous le contrôle d'un magistrat.

Les modalités d'application du présent article, y compris la durée de conservation des informations enregistrées, sont déterminées par décret en Conseil d'État après avis de la Commission nationale de l'informatique et des libertés.

Les empreintes génétiques des personnes à l'encontre desquelles il existe des indices *(L. n° 2001-1062 du 15 nov. 2001)* ***« graves ou concordants » de nature à motiver leur mise en examen pour l'une des infractions visées*** *(L. n° 2001-1062 du 15 nov. 2001)* ***« à l'article 706-55 » peuvent faire l'objet, à la demande du juge d'instruction ou du procureur de la République, d'un rapprochement avec les données incluses au fichier. Elles ne peuvent toutefois y être conservées.***

1. Sur le fondement de l'art. 16-11 C. civ. qui dispose que l'identification d'une personne par ses empreintes génétiques ne peut être recherchée que dans le cadre de mesures d'enquête ou d'instruction diligentées lors d'une procédure judiciaire, une chambre d'accusation peut ordonner une expertise génétique systématique de tous les hommes âgés de quinze à trente-cinq ans habitant un village mais « avec leur consentement », et préciser que les renseignements obtenus ne seront pas utilisés à d'autres fins que celles d'identification d'un meurtrier. • Rennes, 14 août 1997 : *D. 1998. Somm. 160, obs. Gaumont-Prat*.

2. Champ d'application. Le fichier national automatisé des empreintes génétiques ne concerne que les personnes définitivement condamnées et seuls le procureur de la République ou le juge d'instruction sont compétents pour ordonner les examens nécessaires. • Grenoble, 7 mai 1999 : *JCP 2000. IV. 1572.*

3. Analyse ADN et consentement. N'a pas à être annulé le procès-verbal de saisi d'un mégot de cigarette lors de l'audition d'un témoin lorsque cette saisie a été faite avec l'accord de l'intéressé, quand bien même celui-ci n'était pas informé que cette saisie était destinée à une analyse d'ADN qui devait par la suite permettre de le confondre. • Crim. 30 avr. 1998 : *RSC 2001. 607, obs. Giudicelli*.

Art. 706-54-1 *(L. n° 2019-222 du 23 mars 2019, art. 85)* **Les empreintes génétiques des personnes mentionnées au premier alinéa de l'article 706-54 peuvent être effacées sur instruction du procureur de la République, agissant à la demande de l'intéressé. A peine d'irrecevabilité, la personne ne peut former sa demande d'effacement qu'à l'issue d'un délai fixé par le décret prévu au dernier alinéa de l'article 706-54.**

Les empreintes génétiques des personnes mentionnées au deuxième alinéa de l'article 706-54 sont effacées sur instruction du procureur de la République agissant soit d'office, soit à la demande de l'intéressé.

L'effacement des empreintes est prononcé lorsque leur conservation n'apparaît plus nécessaire compte tenu de la finalité du fichier. Lorsqu'il est saisi par l'intéressé, le procureur de la République informe celui-ci de la suite qui a été réservée à sa

demande ; si le procureur de la République n'a pas ordonné l'effacement, l'intéressé peut exercer un recours devant le président de la chambre de l'instruction.

La conformité à la Conv. EDH du dispositif interne de conservation des empreintes génétiques à la date du 27 déc. 2017, à laquelle l'intéressé a refusé de se soumettre au prélèvement biologique, ne pouvait être appréciée en prenant en considération un texte ultérieur, ce dispositif interne n'étant par ailleurs devenu conforme à cette Convention qu'avec l'entrée en vigueur du Décr. n° 2021-1402 du 29 oct. 2021, qui fixe le délai à l'expiration duquel les personnes condamnées peuvent solliciter l'effacement de leurs empreintes génétiques. • Crim. 8 déc. 2021, n° 20-84.201 P : *AJ pénal 2022. 42, obs. Chapelle*.

Art. 706-55 *(L. n° 2003-239 du 18 mars 2003, art. 29)* **Le fichier national automatisé des empreintes génétiques centralise les traces et empreintes génétiques concernant les infractions suivantes :**

1° Les infractions de nature sexuelle visées à l'article 706-47 *(L. n° 2004-204 du 9 mars 2004, art. 47)* **« du présent code ainsi que le délit prévu par l'article 222-32 du code pénal »** *(L. n° 2022-52 du 24 janv. 2022, art. 5)* **« et les infractions prévues aux articles 222-26-2, 227-22-2 et 227-23-1 du même code » ;**

2° Les crimes contre l'humanité et les crimes et délits d'atteintes volontaires à la vie de la personne, de torture et actes de barbarie, de violences volontaires, de menaces d'atteintes aux personnes, de trafic de stupéfiants, d'atteintes aux libertés de la personne, de traite des êtres humains, de proxénétisme, d'exploitation de la mendicité et de mise en péril des mineurs, prévus par les articles 221-1 à 221-5, 222-1 à 222-18, 222-34 à 222-40, 224-1 à 224-8, 225-4-1 à 225-4-4, 225-5 à 225-10, 225-12-1 à 225-12-3, 225-12-5 à 225-12-7 et 227-18 à » *(L. n° 2022-52 du 24 janv. 2022, art. 5)* **« 227-24 » du code pénal** *(L. n° 2022-52 du 24 janv. 2022, art. 5)* **« ainsi que les infractions prévues aux articles 221-5-6 et 222-18-4 du même code » ;**

3° Les crimes et délits de vols, d'extorsions, d'escroqueries, de destructions, de dégradations, de détériorations et de menaces d'atteintes aux biens prévus par les articles 311-1 à 311-13, 312-1 à 312-9, 313-2 et 322-1 à 322-14 du code pénal ;

4° Les atteintes aux intérêts fondamentaux de la nation, les actes de terrorisme, la fausse monnaie *(L. n° 2013-711 du 5 août 2013, art. 23)* **« , l'association de malfaiteurs et les crimes et délits de guerre » prévus par les articles 410-1 à 413-12, 421-1 à** *(L. n° 2016-731 du 3 juin 2016, art. 24)* **« 421-6 », 442-1 à 442-5** *(L. n° 2013-711 du 5 août 2013, art. 23)* **« , 450-1 et 461-1 à 461-31 » du code pénal ;**

(L. n° 2016-731 du 3 juin 2016, art. 24) **« 5° Les délits prévus aux articles 222-52 à 222-59 du code pénal, aux articles L. 2339-2, L. 2339-3, L. 2339-4, L. 2339-4-1, L. 2339-10 à L. 2339-11-2, L. 2353-4 et L. 2353-13 du code de la défense et aux articles L. 317-1-1 à L. 317-9 du code de la sécurité intérieure ; »** — *V. ces art. du C. défense in C. pén., App., v° Armes et explosifs.* — ***C. pén.*** — *V. les art. préc. du CSI au* **CSI.**

6° Les infractions de recel ou de blanchiment du produit de l'une des infractions mentionnées aux 1° à 5°, prévues par les articles 321-1 à 321-7 et 324-1 à 324-6 du code pénal.

1. QPC. Les art. 706-55, (dans sa rédaction actuelle), 706-54 et 706-56 (dans leur rédaction *antérieure à la L. n° 2010-242 du 10 mars 2010*), sont, sous deux réserves, conformes à la Constitution. En premier lieu, du fait du principe de proportionnalité, le prélèvement d'empreintes génétiques aux fins de rapprochement avec les données du fichier ne doit être possible que pour les crimes ou délits mentionnés par l'art. 706-55, et seulement en cas de condamnation, ou en cas « d'indices graves ou concordants rendant vraisemblable » que l'intéressé ait commis ces infractions. En second lieu, la durée de conservation des empreintes au fichier devra être fixée par un décret en Conseil d'État et devra être proportionnée à la nature ou à la gravité des infractions tout en adaptant ces modalités aux spécificités de la délinquance des mineurs. • Cons. const. 16 sept. 2010, n° 2010-25 QPC : *D. 2010. Actu. 2160, AJ pénal 2010. 545, obs. Danet*.

2. Usage de stupéfiants. Les dispositions d'une loi nouvelle s'appliquant aux infractions commises avant son entrée en vigueur et n'ayant pas donné lieu à condamnation passée en force de chose jugée lorsqu'elles sont moins sévères que les dispositions anciennes, doit être censurée la cour d'appel qui avait condamné un prévenu pour usage de stupéfiants et refus de se soumettre à un prélèvement biologique, alors que le prélèvement n'était plus autorisé pour ce délit depuis la loi du 14 mars 2011. • Crim. 20 janv. 2015 : *Procédures 2015, n° 99, obs. Buisson.*

Art. 706-56 *(L. n° 2003-239 du 18 mars 2003, art. 29)* I. — L'officier de police judiciaire peut procéder ou faire procéder sous son contrôle, à l'égard des personnes mentionnées au premier, au deuxième ou au troisième alinéa de l'article 706-54, à un prélèvement biologique destiné à permettre l'analyse d'identification de leur empreinte génétique. Préalablement à cette opération, il peut vérifier ou faire vérifier par un agent de police judiciaire placé sous son contrôle *(L. n° 2010-242 du 10 mars 2010, art. 19)* « ou par un agent spécialisé, technicien ou ingénieur de police technique et scientifique placé sous son contrôle, » que l'empreinte génétique de la personne concernée n'est pas déjà enregistrée, au vu de son seul état civil, dans le fichier national automatisé des empreintes génétiques.

Pour qu'il soit procédé à cette analyse, l'officier de police judiciaire peut requérir toute personne habilitée dans les conditions fixées par l'article 16-12 du code civil, sans qu'il soit toutefois nécessaire que cette personne soit inscrite sur une liste d'experts judiciaires ; dans ce cas, la personne prête alors par écrit le serment prévu au deuxième alinéa de l'article 60 du présent code. *(L. n° 2007-297 du 5 mars 2007, art. 42)* « Les réquisitions prévues par le présent alinéa peuvent également être faites par le procureur de la République ou le juge d'instruction. »

Les personnes requises conformément à l'alinéa précédent peuvent procéder, par tous moyens y compris télématiques, à la demande de l'officier de police judiciaire, du procureur de la République ou du juge d'instruction, aux opérations permettant l'enregistrement des empreintes dans le fichier national automatisé des empreintes génétiques.

(L. n° 2004-204 du 9 mars 2004, art. 49) « Lorsqu'il n'est pas possible de procéder à un prélèvement biologique sur une personne mentionnée au premier alinéa, l'identification de son empreinte génétique peut être réalisée à partir de matériel biologique qui se serait naturellement détaché du corps de l'intéressé.

« Lorsqu'il s'agit d'une personne condamnée pour crime ou *(L. n° 2010-242 du 10 mars 2010, art. 19)* « déclarée coupable d'un » délit puni de dix ans d'emprisonnement, le prélèvement peut être effectué sans l'accord de l'intéressé sur réquisitions écrites du procureur de la République. » *(L. n° 2010-242 du 10 mars 2010, art. 19)* « Il en va de même pour les personnes poursuivies pour un crime ou un délit puni de dix ans d'emprisonnement ayant fait l'objet d'une décision d'irresponsabilité pénale en application des articles 706-120, 706-125, 706-129, 706-133 ou 706-134. »

II. — Le fait de refuser de se soumettre au prélèvement biologique prévu au premier alinéa du I est puni d'un an d'emprisonnement et de 15 000 € d'amende.

Lorsque ces faits sont commis par une personne condamnée pour crime, la peine est de deux ans d'emprisonnement et de 30 000 € d'amende.

Nonobstant les dispositions des articles 132-2 à 132-5 du code pénal, les peines prononcées pour les délits prévus au présent article se cumulent, sans possibilité de confusion, avec celles que la personne subissait ou celles prononcées pour l'infraction ayant fait l'objet de la procédure à l'occasion de laquelle les prélèvements devaient être effectués.

(L. n° 2004-204 du 9 mars 2004, art. 49) « Le fait, pour une personne faisant l'objet d'un prélèvement, de commettre ou de tenter de commettre des manœuvres destinées à substituer à son propre matériel biologique le matériel biologique d'une tierce personne, avec ou sans son accord, est puni de trois ans d'emprisonnement et de 45 000 € d'amende.

« *(Abrogé par L. n° 2021-1729 du 22 déc. 2021, art. 11)* « ***III. — Lorsque les infractions prévues par le présent article sont commises par une personne condamnée, elles entraînent de plein droit le retrait*** » *(L. n° 2019-222 du 23 mars 2019, art. 85 et 109-XX, en vigueur le 1er juin 2019)* « ***des crédits de réductions de peine dont cette personne a pu bénéficier au titre de la condamnation prononcée pour ces infractions et de la condamnation en vertu de laquelle le prélèvement doit être effectué*** *[ancienne rédaction : de toutes les réductions de peine dont cette personne a pu bénéficier et interdisent l'octroi de nouvelles réductions de peine].* » »

V. art. R. 53-9 s., D. 15-5-1 et D. 117-4.

BIBL. ► LEBRETON, *D. 2021. 1637* (la recherche de l'identité des individus).

1. QPC. Les art. 706-55 (dans sa rédaction actuelle), 706-54 et 706-56 (dans leur rédaction antérieure à la L. n° 2010-242 du 10 mars 2010) sont, sous deux réserves, conformes à la Constitution. En premier lieu, du fait du principe de proportionnalité, le prélèvement d'empreintes génétiques aux fins de rapprochement avec les données du fichier, ne doit être possible que pour les crimes ou délits mentionnés par l'art. 706-55, et seulement en cas de condamnation, ou en cas « d'indices graves ou concordants rendant vraisemblable » que l'intéressé ait commis ces infractions. En second lieu, la durée de conservation des empreintes au fichier devra être fixée par un décret en Conseil d'État et devra être proportionnée à la nature ou à la gravité des infractions tout en adaptant ces modalités aux spécificités de la délinquance des mineurs. • Cons. const., 16 sept. 2010, n° 2010-25 QPC : *D. 2010. Actu. 2160 ; AJ pénal 2010. 545, obs. Danet*. ♦ Il y a lieu de renvoyer devant le Conseil constitutionnel la question portant sur la conformité à la Constitution des dispositions des art. 706-54, al. 2 et 3, 706-55 et 706-56-II, al. 1er ainsi que de l'art. 29 de la L. n° 2003-239 du 18 mars 2003. • Cass. QPC, 11 juin 2010, n° 09-88.083.

2. Il n'y a pas lieu à statuer sur la QPC, considérant que l'art. 706-56 a déjà été déclaré conforme à la Constitution dans la Décis. n° 2010-25 du 16 sept. 2010. • Cons. const. 12 nov. 2010, n° 2010-61 QPC : *D. actu. 14 avr. 2011, obs. Léna*. ♦ Il y a lieu de renvoyer devant le Conseil constitutionnel la question portant sur la conformité des dispositions de l'art. 706-56, III, relatives au retrait et à l'octroi de réductions de peine en cas de condamnation pour refus par personne condamnée de se soumettre au prélèvement biologique destiné à l'identification de son empreinte génétique, à l'art. 66 de la Constitution (privation de liberté sans l'intervention de l'autorité judiciaire) et aux art. 8 et 16 DDH (principe de non-rétroactivité de la loi pénale, principe de nécessité des peines, principe du droit au recours à un juge). • Cass., QPC, 14 sept. 2010.

3. Retrait automatique (706-56, III). Au regard de la disparité entre la législation nationale et la Conv. EDH telle qu'interprétée par la Cour EDH, le juge se doit d'appliquer les principes dégagés par cette Cour. Il s'ensuit que les dispositions de l'art. 706-56, III, sont contraires à la Conv. EDH. Il convient en conséquence d'en écarter l'application au requérant (dispositions ayant impliqué la perte de plein droit de toutes les réductions de peine et l'absence d'octroi de nouvelles réductions de peine). • Pau, 31 mars 2011 : *AJ pénal 2011. 250, obs. De Combes de Nayves ; RPDP 2011. 411, obs. Céré ; Dr. pénal 2012. Chron. 2, obs. Garçon*. ♦ En application de l'art. D. 117-4, la cour d'appel peut écarter les dispositions de l'art. 706-56, § III, et relever le condamné de son retrait de réductions de peines. • Crim. 18 janv. 2012 : *Dr. pénal 2013. Chron. 3, obs. Bonis-Garçon.*

4. Application dans le temps. Les dispositions de la loi du 15 nov. 2001 réprimant le refus, par une personne définitivement condamnée pour une des infractions visées à l'art. 706-55, de se soumettre à un prélèvement biologique destiné à permettre l'analyse d'identification de son empreinte génétique s'appliquent également aux personnes dont la condamnation est antérieure à cette loi de 2001. • Crim. 22 juin 2004, n° 03-87.943 P : *D. 2005. Pan. 538, obs. Gaumont-Prat ; ibid. 2005. Pan. 1522, obs. Roujou de Boubée ; JCP 2004. IV. 2786 ; AJ pénal 2004. 329 ; Dr. pénal 2004. Comm. 152, obs. Maron.*

5. L'art. 706-56 était immédiatement applicable, le décret d'application prévu par l'art. 706-54 ne concernant que ce seul art. 706-54. • Crim. 28 sept. 2005, n° 04-87.295 P : *D. 2006. 1200, note Galloux et Gaumont-Prat ; AJ pénal 2005. 457, obs. Saas*.

6. Champ d'application. Une mesure de protection judiciaire, prononcée à l'égard d'un mineur par le tribunal pour enfant, ne constitue pas une condamnation pénale permettant, en application des dispositions de l'art. 706-54, al. 1er, l'inscription au fichier national informatisé des empreintes génétiques. • Crim. 12 sept. 2007, n° 06-85.687 P : *D. 2007. AJ 2470, obs. Léna ; ibid. 2007. 2981, note Detraz ; ibid. 2008. Pan. 1440, note Gaumont-Prat ; ibid. 2008. Pan. 1858, obs. Bonfils ; AJ pénal 2007. 489, obs. Royer ; RSC 2007. 848, obs. Finielz*.

7. Refus de se soumettre au prélèvement. La décision ayant déclaré un détenu coupable du délit de refus de se soumettre à un prélèvement biologique destiné à l'identification de son empreinte génétique tout en ajournant le prononcé de la peine, n'ayant fait l'objet d'aucun recours dans les délais, est devenue définitive quant à la culpabilité et n'est plus susceptible de pourvoi. • Crim. 7 févr. 2007, n° 06-84.427 P : *D. 2007. AJ 1017 ; AJ pénal 2007. 186, obs. Girault*. ♦ Justifie sa décision la cour d'appel qui relaxe un prévenu poursuivi pour refus de se soumettre au prélèvement biologique destiné à l'identification de son empreinte génétique, sur le fondement de l'art. 706-56, en retenant que son refus de se soumettre au prélèvement, qui n'avait pas été requis dans le délai d'un an à compter de l'exécution de la peine prévu par l'art. R. 53-21, n'était pas punissable. • Crim. 10 juin 2009, n° 08-87.615 P : *AJ pénal 2009. 369*. ♦ Le prononcé d'une condamnation à une peine ferme de deux mois d'emprisonnement pour refus de se soumettre au prélèvement biologique suppose que les juges motivent leur décision sur la peine conformément aux prescriptions de l'art. 132-24 C. pén. • Crim. 17 avr. 2013 : *Dr. pénal 2013, n° 118, note Bonis-Garçon*. ♦ Sur le délai dans lequel le prélèvement peut être effectué sur une personne définitivement condamnée, V. art. R. 53-21.

8. Proportionnalité. Une cour d'appel peut, sans se contredire, énoncer, d'une part, que les art. 706-54 à 706-56 et R. 53-9 s., dans leur rédaction en vigueur à la date des faits (2 mars 2019), n'étaient pas contraires en eux-mêmes à l'art. 8 Conv. EDH, et retenir, d'autre part, dans le cadre de l'exercice de son contrôle de proportionnalité, une disproportion entre les faits de vol reprochés aux prévenus et l'atteinte au respect de leur vie privée résultant de l'enregistrement de leur empreinte génétique au FNAEG. • Crim. 22 sept. 2021, n° 20-80.489 B : *D. actu. 8 oct. 2021, obs. Recotillet ; AJ pénal 2021. 533, obs. Chetard*.

9. Vie privée. Le simple fait de mémoriser des données relatives à la vie privée d'un individu constitue une ingérence au sens de l'art. 8. Or, en ne faisant notamment aucune distinction, s'agissant de la conservation de l'ADN au FNAEG, entre les auteurs des crimes les plus graves et des infractions mineures, le droit français n'a pas assuré la proportionnalité de l'atteinte à la vie privée à l'objectif légitime poursuivi. • CEDH 22 juin 2017, *Aycaguer c/ France*, n° 8806/12 : *D. actu. 27 juin 2017, obs. de Montecler ; AJ pénal 2017. 391, note Gautron*. ♦ En décidant d'appliquer la jurisprudence de la Cour EDH et de constater que la condamnation du prévenu pour l'infraction visée à l'art. 706-56, II, serait contraire à l'art. 8 de la Conv. EDH, alors que le refus de prélèvement a en l'espèce été opposé par une personne qui n'était pas condamnée mais à l'encontre de laquelle il existait des indices graves ou concordants rendant vraisemblable qu'elle ait commis l'une des infractions mentionnées à l'art. 706-55, de sorte qu'elle avait alors la possibilité concrète, en cas d'enregistrement de son empreinte génétique au fichier, d'en demander l'effacement, la cour d'appel a méconnu le sens et la portée des art. 706-54 s. • Crim. 15 janv. 2019, n° 17-87.185 P : *AJ pénal 2019. 163, obs. Reviron*. ♦ La relaxe prononcée par la suite pour l'infraction visée n'anéantit pas l'existence, au début de l'enquête, d'indices graves et concordants d'y avoir participé, ce qui justifiait le prélèvement biologique destiné à l'identification des empreintes génétiques de la demanderesse, dont le refus est pénalement réprimé, la faculté ouverte à la prévenue d'obtenir l'effacement des données la concernant, enregistrées au fichier des empreintes génétiques, excluant la violation invoquée de l'art. 8 Conv. EDH. • Crim. 28 oct. 2020, n° 19-85.812 P. ♦ V. aussi notes ss. art. 706-54.

10. Cumul de peines. Si, aux termes des art. 434-23, al. 2, C. pén, et 706-56-II, al. 3, les peines prononcées pour le délit de prise du nom d'un tiers ou pour celui de refus de prélèvement biologique se cumulent, sans possibilité de confusion, avec les peines prononcées pour l'infraction à l'occasion de laquelle l'usurpation a été commise ou à l'occasion de laquelle les prélèvements devaient être effectués, elles ne se cumulent pas entre elles. Encourt la censure l'arrêt de la cour d'appel qui, après avoir déclaré une personne coupable de vol en récidive et prise du nom d'un tiers en récidive (les faits ayant été commis le 31 mai 2006) et refus de se soumettre tant à des relevés signalétiques qu'à des prélèvements biologiques (les faits ayant eu lieu le lendemain lors de l'exécution d'une mesure de garde à vue), la condamne à six mois d'emprisonnement pour le vol en récidive et le refus de se soumettre à des relevés signalétiques, à dix mois d'emprisonnement pour la prise du nom d'un tiers en récidive et à deux mois d'emprisonnement pour le refus de se soumettre à des prélèvements biologiques, alors qu'une seule peine devait être prononcée pour ces deux dernières infractions, le délit de prise du nom d'un tiers n'entrant pas dans la liste des infractions énumérées par l'art. 706-55. • Crim. 13 juin 2007, n° 06-88.144 P : *D. 2007. AJ 2105 ; AJ pénal 2007. 434, obs. Saas*.

11. Justifie sa décision la cour d'appel qui relaxe un prévenu poursuivi pour refus de se soumettre au prélèvement biologique destiné à l'identification de son empreinte génétique, sur le fondement de l'art. 706-56, en retenant que son refus de se soumettre au prélèvement, qui n'avait pas été requis dans le délai d'un an à compter de l'exécution de la peine prévu par l'art. R. 53-21, n'était pas punissable. • Crim. 10 juin 2009, n° 08-87.615 P.

Art. 706-56-1 *(L. n° 2006-399 du 4 avr. 2006, art. 17)* **Sur instruction du procureur de la République du lieu de résidence ou de détention de l'intéressé, sont inscrites, dans le fichier prévu par le présent titre, les empreintes génétiques des personnes de nationalité française, ou de nationalité étrangère résidant de façon habituelle sur le territoire national, et qui ont été condamnées par une juridiction pénale étrangère pour une infraction de même nature que celles mentionnées aux 1° et 2° de l'article *706-55*, lorsque ces condamnations, en application d'une convention ou d'un accord international, ont fait l'objet d'un avis aux autorités françaises ou ont été exécutées en France à la suite du transfèrement des personnes condamnées. Les dispositions de l'article 706-56 sont applicables à ces personnes.**

Art. 706-56-1-1 *(L. n° 2016-731 du 3 juin 2016, art. 80)* **Lorsque les nécessités d'une enquête ou d'une information concernant l'un des crimes prévus à l'article 706-55 l'exigent, le procureur de la République ou, après avis de ce magistrat, le juge d'instruction, peut requérir le service gestionnaire du fichier afin qu'il procède à une com-**

paraison entre l'empreinte génétique enregistrée au fichier établie à partir d'une trace biologique issue d'une personne inconnue et les empreintes génétiques des personnes mentionnées aux premier et deuxième alinéas de l'article 706-54 aux fins de recherche de personnes pouvant être apparentées en ligne directe à cette personne inconnue.

Le nombre et la nature des segments d'ADN non codants nécessaires pour qu'il soit procédé à cette comparaison sont fixés par arrêté du ministre de la justice et du ministre de l'intérieur. — *V. Arr. du 6 juill. 2016 (JO 1er oct.).*

Pour l'application de l'art. 706-56-1-1, l'empreinte génétique soumise à la recherche en parentalité dans le fichier national automatisé des empreintes génétiques doit correspondre à celle d'un contributeur unique (Arr. du 6 juill. 2016, NOR : JUSD1618384A, JO 1er oct.).

Recherche en parentèle avant l'entrée en vigueur de la loi nº 2016-731 du 3 juin 2016. Les art. 81 et 706-54 s. permettaient au juge d'instruction d'ordonner une expertise ayant pour objet l'identification et la recherche des auteurs des crimes et délits mentionnés par l'art. 706-55 en sélectionnant, par une comparaison avec le profil génétique identifié comme étant celui de l'auteur de l'infraction, parmi les personnes enregistrées dans la base de données, celles qui sont susceptibles de lui être apparentées en ligne directe, la liste proposée pouvant exceptionnellement comporter des collatéraux de l'auteur recherché, du fait que leurs profils génétiques auraient des caractéristiques analogues à celles d'ascendants ou de descendants. • Crim. 28 juin 2017, nº 17-80.055 P : *D. actu. 17 juill. 2017, obs. Fucini ; AJ pénal 2017. 451, obs. Thomas-Taillandier.*

TITRE VINGTIÈME *BIS* DU RÉPERTOIRE DES DONNÉES À CARACTÈRE PERSONNEL COLLECTÉES DANS LE CADRE DES PROCÉDURES JUDICIAIRES

(L. nº 2010-242 du 10 mars 2010, art. 9)

BIBL. ▸ J.-H. Robert, *Dr. pénal 2010. Étude 8* (récidive législative. Commentaire de la loi nº 2010-242 du 10 mars 2010 tendant à amoindrir le risque de récidive criminelle et portant diverses dispositions de procédure pénale).

Art. 706-56-2 **Le répertoire des données à caractère personnel collectées dans le cadre des procédures judiciaires, tenu par le service du casier judiciaire sous l'autorité du ministre de la justice et placé sous le contrôle d'un magistrat, est destiné à faciliter et à fiabiliser la connaissance de la personnalité et l'évaluation de la dangerosité des personnes poursuivies ou condamnées pour l'une des infractions pour lesquelles le suivi socio-judiciaire est encouru, et à prévenir le renouvellement de ces infractions.**

Le répertoire centralise *(L. nº 2022-52 du 24 janv. 2022, art. 6)* **« l'ensemble des » expertises, évaluations et examens psychiatriques, médico-psychologiques, psychologiques et pluridisciplinaires des personnes mentionnées au premier alinéa qui ont été réalisés :**

1º Au cours de l'enquête ;

2º Au cours de l'instruction ;

3º A l'occasion du jugement ;

4º Au cours de l'exécution de la peine ;

5º Préalablement au prononcé ou durant le déroulement d'une mesure de surveillance ou de rétention de sûreté ;

6º En application des articles 706-136 ou 706-137 ;

7º Durant le déroulement d'une *(L. nº 2011-803 du 5 juill. 2011, art. 10-1º, en vigueur le 1er août 2011)* **« mesure de soins psychiatriques** *[ancienne rédaction : hospitalisation d'office]* **» ordonnée en application de l'article 706-135 du présent code ou de l'article L. 3213-7 du code de la santé publique.**

En cas de décision de classement sans suite, hormis les cas où cette décision est fondée sur le premier alinéa de l'article 122-1 du code pénal, ou de décision définitive de non-lieu, de relaxe ou d'acquittement, les données concernant la personne poursuivie sont immédiatement effacées.

La conservation des données concernant les personnes poursuivies ou condamnées pour l'une des infractions pour lesquelles le suivi socio-judiciaire est encouru ne peut excéder une période de trente ans.

Les informations contenues dans le répertoire sont directement accessibles, par l'intermédiaire d'un système sécurisé de télécommunication, aux seules autorités judicaires.

Les membres de la commission pluridisciplinaire des mesures de sûreté, les experts et les personnes chargées par l'autorité judiciaire ou l'administration pénitentiaire d'une évaluation pluridisciplinaire de dangerosité peuvent également être destinataires, par l'intermédiaire de l'autorité judiciaire et pour l'exercice de leurs missions, des informations contenues dans le répertoire.

Les modalités et conditions de fonctionnement du répertoire sont déterminées par décret en Conseil d'État pris après avis de la Commission nationale de l'informatique et des libertés.

Ce décret précise les conditions dans lesquelles le répertoire conserve la trace des interrogations et consultations dont il a fait l'objet, ainsi que la durée de conservation des données inscrites et les modalités de leur effacement. — *V. art. R. 53-21-1 s.*

TITRE VINGT ET UNIÈME DE LA PROTECTION DES TÉMOINS

(L. nº 2001-1062 du 15 nov. 2001)

RÉP. PÉN. vº *Témoin*, par GIACOPELLI et JOSEPH-RATINEAU.

BIBL. ▶ LE CALVEZ, *D. 2002. Chron. 3024* (les dangers du « x » en procédure pénale : opinion contre le témoin anonyme). – PERRIER, *D. 2019. Chron. 1061* (les (r)évolutions de la procédure pénale).

Art. 706-57 Les personnes à l'encontre desquelles il n'existe *(L. nº 2002-307 du 4 mars 2002)* « aucune raison plausible de soupçonner » qu'elles ont commis ou tenté de commettre une infraction et qui sont susceptibles d'apporter des éléments de preuve intéressant la procédure peuvent, sur autorisation du procureur de la République ou du juge d'instruction, déclarer comme domicile l'adresse du commissariat ou de la brigade de gendarmerie. *(L. nº 2009-526 du 12 mai 2009, art. 126-1º)* « Si la personne a été convoquée en raison de sa profession, l'adresse déclarée peut être son adresse professionnelle. » *(L. nº 2019-222 du 23 mars 2019, art. 42-XI)* « L'autorisation du procureur de la République n'est pas nécessaire lorsque le témoignage est apporté par une personne dépositaire de l'autorité publique ou chargée d'une mission de service public pour des faits qu'elle a connu*[s]* en raison de ses fonctions ou de sa mission et que l'adresse déclarée est son adresse professionnelle. »

L'adresse *(L. nº 2009-526 du 12 mai 2009, art. 126-2º)* « personnelle » de ces personnes est alors inscrite sur un registre *(L. nº 2019-222 du 23 mars 2019, art. 50)* « , ouvert à cet effet et tenu sous format papier ou numérique. »

V. art. R. 53-22 s.

Un procès-verbal qui rapporte les informations obtenues par un policier d'un témoin désirant garder l'anonymat ne constitue pas un procès-verbal d'audition de témoin au sens de l'art. 706-57 mais un procès-verbal de renseignements destinés à guider d'éventuelles investigations qui n'a pas valeur de preuve. • Crim. 9 juill. 2003, nº 03-82.119 P : *D. 2003. IR 2285* ; *JCP 2003. IV. 2667* ; *AJ pénal 2003. 73*.

Art. 706-58 En cas de procédure portant sur un crime ou sur un délit puni d'au moins *(L. nº 2002-1138 du 9 sept. 2002, art. 39)* « trois ans » d'emprisonnement, lorsque l'audition d'une personne visée à l'article 706-57 est susceptible de mettre gravement en danger la vie ou l'intégrité physique de cette personne, des membres de sa famille ou de ses proches, le juge des libertés et de la détention, saisi par requête motivée du procureur de la République ou du juge d'instruction, peut, par décision motivée, autoriser que les déclarations de cette personne soient recueillies sans que son identité apparaisse dans le dossier de la procédure. Cette décision n'est pas susceptible de recours, sous réserve des dispositions du deuxième alinéa de l'article 706-60. Le juge des libertés et de la détention peut décider de procéder lui-même à l'audition du témoin. — *V. art. R. 53-27.*

La décision du juge des libertés et de la détention, qui ne fait pas apparaître l'identité de la personne, est jointe au procès-verbal d'audition du témoin, sur lequel ne figure pas la signature de l'intéressé. L'identité et l'adresse de la personne sont inscrites dans

un autre procès-verbal signé par l'intéressé, qui est versé dans un dossier distinct du dossier de la procédure, dans lequel figure également la requête prévue à l'alinéa précédent. L'identité et l'adresse de la personne sont inscrites sur un registre coté et paraphé, qui est ouvert à cet effet au tribunal judiciaire. — *V. art. R. 53-28 s.*

1. Un procès-verbal d'audition de témoin qui ne révèle pas l'identité de celui-ci ne peut être tenu pour régulier au seul motif qu'il aurait été établi avant l'entrée en vigueur des art. 706-58 et 706-62 dès lors que ces textes ont eu pour objet d'autoriser, sous les conditions qu'ils prévoient, l'établissement d'un tel procès-verbal. • Crim. 9 juill. 2003, nº 03-82.119 P : *D. 2003. IR 2285 ; JCP 2003. IV. 2667 ; AJ pénal 2003. 73.*

2. Seules sont exclues du champ de la protection prévue par l'art. 706-58 les personnes à l'encontre desquelles il existe une raison plausible de soupçonner qu'elles ont commis ou tenté de commettre l'une des infractions sur lesquelles porte l'information en cause. • Crim. 8 juill. 2015, nº 15-82.383 P : *D. actu. 17 sept. 2015, obs. Priou-Alibert ; AJ pénal 2015. 554, obs. Brach-Thiel ; Dr. pénal 2015, nº 130, note Maron et Haas.*

3. Une condamnation fondée uniquement sur les dépositions d'un témoin à charge que l'accusé ou son conseil n'ont pu interroger à aucun stade de la procédure est contraire aux dispositions de l'art. 6 Conv. EDH sauf si le défaut de confrontation est dû à l'impossibilité de localiser le témoin alors qu'il a été activement recherché par les autorités et à condition que le témoignage litigieux ne constitue pas le seul élément sur lequel repose la condamnation. • CEDH 13 nov. 2003, *Rachdad c/ France : D. 2004. Somm. 988, obs. Renucci ; AJ pénal 2004. 76, obs. Leblois-Happe.*

4. La décision du JLD autorisant un témoin à faire des déclarations sans que son identité apparaisse dans le dossier de la procédure, en application des dispositions de l'art. 706-58, doit, conformément à ce texte, être jointe au procès-verbal d'audition dudit témoin. N'encourt cependant pas la censure l'arrêt de la chambre de l'instruction refusant de faire droit à la demande de nullité présentée par la personne mise en examen du fait du non-respect de cette prescription, dès lors qu'à réception de cette demande, le juge d'instruction a versé au dossier de la procédure l'ordonnance qui avait été classée dans une cote du dossier et qu'une copie de cette décision a été obtenue auprès du greffe du JLD, l'irrégularité commise n'ayant pas porté atteinte aux intérêts de celui qui l'a invoquée. • Crim. 27 sept. 2011, nº 11-83.621 P.

5. Un procès-verbal dressé par un officier de police avant tout acte d'enquête, qui se borne à consigner les déclarations spontanées d'une personne souhaitant garder l'anonymat sans l'interroger s'analyse, non pas en une audition de témoin, au sens de l'art. 706-58, mais en un recueil de renseignements destinés à guider d'éventuelles investigations, dépourvu de valeur probante, et n'entre pas dès lors dans les prévisions de l'art. préc. • Crim. 28 mai 2014, nº 13-83.197 P : *D. actu. 17 juin 2014, obs. Bombled ; AJ pénal 2014. 542, obs. Ascensi.* ♦ Dans le même sens : n'entrent pas dans les prévisions des art. 706-57 s. les procès-verbaux dépourvus de force probante qui se bornent à consigner des déclarations d'une personne fournissant spontanément aux enquêteurs des renseignements destinés à permettre des investigations ultérieures ou à en faciliter l'exécution en cours. • Crim. 6 oct. 2015, nº 15-82.247 P : *D. actu. 28 oct. 2015, obs. Gallois ; D. 2016. Pan. 1727, obs. Pradel.* ♦ V. aussi ss. art. 706-57.

6. Visioconférence et témoin anonyme. V. note 18 ss. art. 706-71.

Art. 706-59 En aucune circonstance, l'identité ou l'adresse d'un témoin ayant bénéficié des dispositions des articles 706-57 ou 706-58 ne peut être révélée, hors le cas prévu par le dernier alinéa de l'article 706-60.

La révélation de l'identité ou de l'adresse d'un témoin ayant bénéficié des dispositions des articles 706-57 ou 706-58 est punie de cinq ans d'emprisonnement et 75 000 € d'amende.

Est justifiée la décision de la juridiction d'instruction de rendre une ordonnance de non-lieu dans une instruction ouverte sur plainte avec constitution de partie civile contre personne non dénommée du chef de faux témoignage sous serment, le témoin ayant déposé sous couvert d'anonymat et la révélation de son identité étant interdite par l'art. 706-59, dès lors que, d'une part, l'impossibilité de déposer plainte contre le témoin anonyme pour faux témoignage est compensée par la portée limitée conférée à son audition, aucune condamnation ne pouvant être prononcée sur le seul fondement de ces déclarations, d'autre part, la personne mise en cause dispose du droit de solliciter l'annulation dudit témoignage dans les conditions prévues par l'art. 706-60. • Crim. 7 déc. 2016, nº 15-87.290 P : *D. actu. 9 janv. 2017, obs. Lavric ; D. 2017. Pan. 1676, obs. Pradel.*

Art. 706-60 Les dispositions de l'article 706-58 ne sont pas applicables si, au regard des circonstances dans lesquelles l'infraction a été commise ou de la personnalité du

témoin, la connaissance de l'identité de la personne est indispensable à l'exercice des droits de la défense.

La personne mise en examen peut, dans les dix jours à compter de la date à laquelle il lui a été donné connaissance du contenu d'une audition réalisée dans les conditions de l'article 706-58, contester, devant le président de la chambre de l'instruction, le recours à la procédure prévue par cet article. Le président de la chambre de l'instruction statue par décision motivée qui n'est pas susceptible de recours au vu des pièces de la procédure et de celles figurant dans le dossier mentionné au deuxième alinéa de l'article 706-58. S'il estime la contestation justifiée, il ordonne l'annulation de l'audition. Il peut également ordonner que l'identité du témoin soit révélée à la condition que ce dernier fasse expressément connaître qu'il accepte la levée de son anonymat.

1. Épuisement du recours. Les raisons invoquées au soutien d'une contestation fondée sur les dispositions de l'art. 706-60, al. 2, ne peuvent être à nouveau présentées devant la chambre de l'instruction saisie sur le fondement de l'art. 173 d'une requête en nullité de procès-verbal d'audition. • Crim. 12 juill. 2006, n° 06-82.931 P : *D. 2006. IR 2348 ; AJ pénal 2006. 511, obs. Royer*. ♦ Le recours à la procédure de recueil d'un témoignage anonyme ne peut être contesté que dans les conditions prévues par l'art. 706-60, les dispositions de l'art. 173, relatives à l'annulation des pièces d'une procédure d'instruction, étant inapplicables. • Crim. 13 déc. 2017, n° 17-82.990 P : *D. actu. 17 janv. 2018, obs. Diaz ; AJ pénal 2018. 102, obs. Luciani-Mien*.

2. Réquisitions du ministère public. Le président de la chambre de l'instruction, statuant sur le recours formé, en application de l'art. 706-60, par la personne mise en examen contre l'ordonnance du JLD ayant autorisé l'audition d'un témoin dans les conditions prévues par l'art. 706-58, ne peut déclarer irrecevables les réquisitions du procureur général, lequel selon les art. L. 122-3 COJ et 31 fait partie intégrante de cette juridiction, et, étant chargé d'assurer le respect de la loi, est habilité en toutes matières à requérir son application. • Crim. 21 mars 2007, n° 07-80.363 P : *AJ pénal 2007. 288*.

3. Excès de pouvoir. La décision du président d'une chambre de l'instruction prise en application de l'art. 706-60 peut faire l'objet d'un pourvoi pour excès de pouvoir formé par une partie à la procédure. • Crim. 8 juill. 2015, n° 15-82.383 : *D. actu. 17 sept. 2015, obs. Priou-Alibert.*

Art. 706-61 **La personne mise en examen ou renvoyée devant la juridiction de jugement peut demander à être confrontée avec un témoin entendu en application des dispositions de l'article 706-58 par l'intermédiaire d'un dispositif technique permettant l'audition du témoin à distance ou à faire interroger ce témoin par son avocat par ce même moyen. La voix du témoin est alors rendue non identifiable par des procédés techniques appropriés.**

(L. n° 2004-204 du 9 mars 2004, art. 141) **« Si la juridiction ordonne un supplément d'information aux fins d'audition du témoin, ce dernier est entendu soit par un juge d'instruction désigné pour exécuter ce supplément d'information, soit, si l'un des membres de la juridiction a été désigné pour exécuter cette audition, en utilisant le dispositif technique prévu par l'alinéa précédent. »**

1. Ne méconnaît pas les dispositions de l'art. 6, § 3 *d)*, Conv. EDH la chambre correctionnelle qui, après avoir écarté des débats les déclarations d'un témoin protégé dont la confrontation dans les formes prévues par l'art. 706-61 n'a pu avoir lieu, retient, pour condamner le prévenu, la preuve résultant d'un enregistrement audiovisuel remis par un autre témoin protégé, dès lors que cet enregistrement a été soumis au débat contradictoire. • Crim. 18 mai 2010, n° 09-83.156 P : *D. 2010. Pan. 2258, note Pradel.*

2. Ecqc la possibilité pour le président d'une cour d'assises de s'opposer à une question posée au témoin anonyme sur ses liens avec l'accusé ou la partie civile, V. note 9 ss. art. 331.

Art. 706-62 **Aucune condamnation ne peut être prononcée sur le seul fondement de déclarations recueillies dans les conditions prévues par les articles 706-58 et 706-61.**

Art. 706-62-1 *(L. n° 2016-731 du 3 juin 2016, art. 22)* **En cas de procédure portant sur un crime ou sur un délit puni d'au moins trois ans d'emprisonnement, lorsque la révélation de l'identité d'un témoin est susceptible de mettre gravement en danger sa vie ou son intégrité physique ou celles de ses proches, le juge d'instruction ou le président de la juridiction de jugement statuant en chambre du conseil peut ordonner soit d'office, soit à la demande du procureur de la République ou des parties, que cette identité ne soit pas mentionnée au cours des audiences publiques et ne figure pas dans**

les ordonnances, jugements ou arrêts de la juridiction d'instruction ou de jugement qui sont susceptibles d'être rendus publics.

Le juge d'instruction adresse sans délai copie de la décision prise en application du premier alinéa au procureur de la République et aux parties.

La décision ordonnant la confidentialité de l'identité du témoin n'est pas susceptible de recours.

Le témoin est alors désigné au cours des audiences ou dans les ordonnances, jugements ou arrêts par un numéro que lui attribue le juge d'instruction ou le président de la juridiction de jugement.

Le fait de révéler l'identité d'un témoin ayant bénéficié des dispositions du présent article ou de diffuser des informations permettant son identification ou sa localisation est puni de cinq ans d'emprisonnement et de 75 000 € d'amende.

Art. 706-62-2 *(L. n° 2016-731 du 3 juin 2016, art. 22)* **Sans préjudice de l'application de l'article 706-58, en cas de procédure portant sur un crime ou un délit mentionné aux articles 628, 706-73 et 706-73-1, lorsque l'audition d'une personne mentionnée à l'article 706-57 est susceptible de mettre gravement en danger la vie ou l'intégrité physique de cette personne ou de ses proches, cette personne fait l'objet, en tant que de besoin, de mesures de protection destinées à assurer sa sécurité.**

En cas de nécessité, elle peut être autorisée, par ordonnance motivée rendue par le président du tribunal judiciaire, à faire usage d'une identité d'emprunt.

Toutefois, il ne peut pas être fait usage de cette identité d'emprunt pour une audition au cours de la procédure mentionnée au premier alinéa.

Le fait de révéler qu'une personne fait usage d'une identité d'emprunt en application du présent article ou de révéler tout élément permettant son identification ou sa localisation est puni de cinq ans d'emprisonnement et de 75 000 € d'amende. Lorsque cette révélation a eu pour conséquence, directe ou indirecte, des violences à l'encontre de cette personne ou de son conjoint, de ses enfants ou de ses ascendants directs, les peines sont portées à sept ans d'emprisonnement et à 100 000 € d'amende.

Les peines sont portées à dix ans d'emprisonnement et à 150 000 € d'amende lorsque cette révélation a eu pour conséquence, directe ou indirecte, la mort de cette personne ou de son conjoint, de ses enfants ou de ses ascendants directs.

Les mesures de protection mentionnées au premier alinéa du présent article sont définies, sur réquisitions du procureur de la République, par la commission nationale prévue à l'article 706-63-1. Cette commission assure le suivi des mesures de protection, qu'elle peut modifier ou auxquelles elle peut mettre fin à tout moment. En cas d'urgence, les services compétents prennent les mesures nécessaires et en informent sans délai la commission nationale.

Les membres de la famille et les proches de la personne mentionnée au premier alinéa du présent article peuvent également faire l'objet de mesures de protection et être autorisés à faire usage d'une identité d'emprunt, dans les conditions prévues au présent article.

Un décret en Conseil d'État fixe les conditions d'application du présent article.

V. Décr. n° 2014-346 du 17 mars 2014, mod. par Décr. n° 2016-1674 du 5 déc. 2016, ss. art. 706-63-1.

Art. 706-63 **Un décret en Conseil d'État précise, en tant que de besoin, les conditions d'application des dispositions du présent titre.**

L'art. 706-63 n'implique pas la suspension de l'entrée en vigueur du titre XXI issu de la loi n° 2001-1062 du 15 novembre 2001à l'existence du décret en Conseil d'État annoncé. • Crim. 9 juill. 2003, n° 03-82.119 P: *D. 2003. IR 2285*; *JCP 2003. IV. 2667*; *AJ pénal 2003. 73*.

TITRE VINGT ET UNIÈME *BIS* PROTECTION DES PERSONNES BÉNÉFICIANT D'EXEMPTIONS OU DE RÉDUCTIONS DE PEINES POUR AVOIR PERMIS D'ÉVITER LA RÉALISATION D'INFRACTIONS, DE FAIRE CESSER OU D'ATTÉNUER LE DOMMAGE CAUSÉ PAR UNE INFRACTION, OU D'IDENTIFIER LES AUTEURS OU COMPLICES D'INFRACTIONS

(L. nº 2004-204 du 9 mars 2004, art. 12-III)

Art. 706-63-1 Les personnes mentionnées à l'article 132-78 du code pénal font l'objet, en tant que de besoin, d'une protection destinée à assurer leur sécurité. Elles peuvent également bénéficier de mesures destinées à assurer leur réinsertion.

En cas de nécessité, ces personnes peuvent être autorisées, par ordonnance motivée rendue par le président du tribunal judiciaire, à faire usage d'une identité d'emprunt.

Le fait de révéler *(L. nº 2017-1510 du 30 oct. 2017, art. 8)* « qu'une personne fait usage d'une identité d'emprunt en application du présent article ou de révéler tout élément permettant son identification ou sa localisation » est puni de cinq ans d'emprisonnement et de 75 000 € d'amende. Lorsque cette révélation a *(L. nº 2017-1510 du 30 oct. 2017, art. 8)* « eu pour conséquence, directe ou indirecte, des violences à l'encontre de cette personne ou de son conjoint, de ses enfants ou de ses » ascendants directs, les peines sont portées à sept ans d'emprisonnement et à 100 000 € d'amende. Les peines sont portées à dix ans d'emprisonnement et à 150 000 € d'amende lorsque cette révélation a *(L. nº 2017-1510 du 30 oct. 2017, art. 8)* « eu pour conséquence, directe ou indirecte, la mort de cette personne ou de son conjoint, de ses enfants ou de ses » ascendants directs.

Les mesures de protection et de réinsertion sont définies, sur réquisitions du procureur de la République, par une commission nationale dont la composition et les modalités de fonctionnement sont définies par décret en Conseil d'État. Cette commission fixe les obligations que doit respecter la personne et assure le suivi des mesures de protection et de réinsertion, qu'elle peut modifier ou auxquelles elle peut mettre fin à tout moment. En cas d'urgence, les services compétents prennent les mesures nécessaires et en informent sans délai la commission nationale.

Les dispositions du présent article sont également applicables aux membres de la famille et aux proches des personnes mentionnées à l'article 132-78 du code pénal.

Circulaire CRIM 04-13 G1 du 2 septembre 2004,

Présentant les dispositions relatives à la criminalité organisée de la loi nº 2004-204 du 9 mars 2004 portant adaptation de la justice aux évolutions de la criminalité [...].

A. CONDITIONS PRÉALABLES

Pour bénéficier de cette protection, le collaborateur de justice doit avoir au préalable bénéficié des dispositions de l'article 132-78 du code pénal. Cette protection ne saurait donc être accordée au collaborateur de justice ayant bénéficié des dispositions de l'article 721-3 du code de procédure pénale.

B. TYPES DE PROTECTION

Deux types de protection sont prévus :

— l'identité d'emprunt : les collaborateurs de justice peuvent être autorisés, par ordonnance motivée rendue par le président du tribunal judiciaire, à faire usage d'une identité d'emprunt. Cette autorisation peut également être donnée aux membres de la famille et aux proches du collaborateur de justice.

— des mesures de protection et de réinsertion : ces mesures, qui peuvent également bénéficier aux membres de la famille et aux proches du collaborateur de justice, sont définies par une commission nationale dont la composition et les modalités de fonctionnement seront fixées par décret en Conseil d'État.

C. INITIATIVE DU BÉNÉFICE DE CES DISPOSITIONS

Le procureur de la République peut prendre d'office les réquisitions aux fins de faire bénéficier le collaborateur de justice des mesures de protection et de réinsertion. Les différentes mesures peuvent également être sollicitées par l'intéressé ou son avocat qui saisira à cette fin, selon le cas, le président du tribunal judiciaire, ou demander *[demandera]* au procureur de la République de saisir la commission.

Dans le cas de saisine du président du tribunal judiciaire, celui-ci devra nécessairement solliciter les réquisitions du procureur de la République. Ce magistrat est en effet, aux termes de l'article 53 du code civil, le gardien de l'état civil. Le procureur de la République est par ailleurs le seul à être en mesure de communiquer les éléments permettant d'apprécier le caractère impérieux de l'autorisation sollicitée. *[...]*

Décret nº 2014-346 du 17 mars 2014,

Relatif à la protection des personnes mentionnées aux articles 706-62-2 et 706-63-1 du code de procédure pénale (Décr. nº 2016-1674 du 5 déc. 2016).

CHAPITRE Ier. *DE LA COMMISSION NATIONALE DE PROTECTION ET DE RÉINSERTION*

SECTION I. *Composition*

Art. 1er La Commission nationale de protection et de réinsertion prévue à l'article 706-63-1 du code de procédure pénale est placée auprès du ministre de l'intérieur. Elle est composée :

— d'un magistrat hors hiérarchie, en activité ou honoraire, président, désigné par le ministre de la justice ;

— *(Décr. nº 2016-1674 du 5 déc. 2016)* « de deux magistrats » exerçant ou ayant exercé au sein d'une juridiction interrégionale spécialisée, *(Décr. nº 2016-1674 du 5 déc. 2016)* « désignés par le garde des sceaux, ministre de la justice » ;

— d'un magistrat représentant de la direction des affaires criminelles et des grâces ;

— d'un représentant de la direction générale de la police nationale ;

(Décr. nº 2016-1674 du 5 déc. 2016) « — d'un représentant de la direction générale de la sécurité intérieure ; »

— d'un représentant de la direction générale de la gendarmerie nationale ;

— d'un représentant du ministre chargé des douanes.

Elle comprend, en outre, avec voix consultative, un représentant du service interministériel d'assistance technique au ministère de l'intérieur.

Les membres de la commission, ainsi que leurs suppléants, sont nommés pour une durée de trois ans renouvelable une fois, par arrêté conjoint du garde des sceaux, ministre de la justice, du ministre de l'intérieur et du ministre chargé des douanes. – *V. Arr. du 7 sept. 2017 (JO 27 sept.).*

Art. 2 Sur proposition de son président, la commission établit son règlement intérieur.

Art. 3 Les membres de la commission, ainsi que toute personne concourant à ses missions, sont soumis au secret professionnel dans les conditions et sous les peines prévues aux articles 226-13 et 226-14 du code pénal.

Art. 4 Les membres de la commission exercent leurs fonctions à titre gratuit.

Art. 5 Le service interministériel d'assistance technique assure le secrétariat permanent de la commission.

SECTION II. *Saisine et instruction des dossiers*

Art. 6 La commission est saisie par le procureur de la République chargé du dossier, ou, le cas échéant, par le juge d'instruction qui en avise le procureur. Copie de la demande ainsi que des pièces qui l'accompagnent sont versées dans un dossier distinct du dossier de la procédure. Ce dossier est conservé par le procureur.

Art. 7 Dès réception de la demande, le président de la commission sollicite le service interministériel d'assistance technique aux fins d'instruction.

A cette fin :

— les personnes concernées par les mesures peuvent être entendues à tout moment ;

— toutes personnes utiles à la mission de la commission peuvent être requises et tous justificatifs utiles peuvent être demandés ;

— le procureur de la République ou le magistrat instructeur demandeurs peuvent être sollicités pour des précisions complémentaires.

Art. 8 Le service interministériel d'assistance technique rend compte de son instruction au président de la commission.

Celui-ci rejette les demandes qui ne remplissent pas les conditions tenant au champ d'application de la loi.

Art. 9 En cas d'urgence, le service interministériel d'assistance technique prend les mesures nécessaires et en informe sans délai le président de la commission.

SECTION III. *Examen des dossiers par la commission*

Art. 10 La commission se réunit chaque fois qu'il est utile et au moins une fois par semestre pour évaluer l'ensemble des mesures en cours.

Elle se réunit sur convocation de son président, qui fixe l'ordre du jour.

Les séances de la commission ne sont pas publiques.

Art. 11 Si les mesures prises en urgence par le service interministériel d'assistance technique en application de l'article 9 revêtent un caractère substantiel, la commission se réunit dans les meilleurs délais, et au plus tard dans les quinze jours, pour statuer sur leur maintien ou leur modification.

Elle est informée des autres mesures lors de la prochaine séance.

Art. 12 Le service interministériel d'assistance technique expose les faits et formule un avis sur la pertinence des mesures de protection demandées.

Avant de délibérer, la commission peut entendre les personnes concernées par les mesures.

Art. 13 La commission délibère valablement si au moins *(Décr. n° 2016-1674 du 5 déc. 2016)* « cinq » de ses membres sont présents. Si le quorum n'est pas atteint, la commission est à nouveau convoquée avec le même ordre du jour dans les meilleurs délais, et au plus tard dans les quinze jours. Le quorum s'apprécie à l'ouverture de chaque séance.

La commission se prononce à la majorité des membres présents. En cas de partage égal des voix, la voix du président est prépondérante.

Art. 14 La commission peut décider de toutes mesures proportionnées qu'elle définit, notamment de protection physique et de domiciliation, destinées à assurer la protection des personnes mentionnées *(Décr. n° 2016-1674 du 5 déc. 2016)* « aux articles 706-62-2 et » 706-63-1 du code de procédure pénale.

Elle définit également, s'il y a lieu, les mesures de réinsertion, eu égard notamment à la situation matérielle et sociale de la personne concernée et, le cas échéant, de sa famille et de ses proches.

Le cas échéant, elle propose la mise en œuvre de la procédure relative à l'identité d'emprunt prévue aux articles 18 à 25.

Art. 15 La commission peut modifier ou mettre fin aux mesures de protection et de réinsertion accordées.

Art. 16 Les décisions de la commission s'imposent aux administrations et aux organismes chargés d'une mission de service public.

Art. 17 Le service interministériel d'assistance technique met en œuvre les décisions de la commission.

CHAPITRE II. *DE L'IDENTITÉ D'EMPRUNT*

SECTION I. *Procédure relative au principe du recours à une identité d'emprunt*

Art. 18 Le président du tribunal judiciaire de Paris est compétent pour statuer sur les demandes aux fins d'autorisation d'usage et de retrait d'autorisation d'une identité d'emprunt prévus *(Décr. n° 2016-1674 du 5 déc. 2016)* « aux articles 706-62-2 et » 706-63-1 du code de procédure pénale.

Art. 19 Le président du tribunal est saisi par requête du président de la commission, à laquelle est *[sont]* jointe *[jointes]* la demande écrite de l'intéressé ainsi que les pièces invoquées à l'appui de cette dernière. Le ministère d'avocat n'est pas obligatoire.

La requête est présentée en double exemplaire. Elle *[est]* communiquée pour avis au ministère public.

Art. 20 Le président du tribunal peut décider d'entendre la personne ayant demandé à bénéficier d'une identité d'emprunt. Cette audition n'est pas publique. Elle ne donne pas lieu à l'établissement d'un procès-verbal.

L'ordonnance, rendue non publiquement, est exécutoire au seul vu de la minute. Elle est notifiée au président de la commission et à l'intéressé par tout moyen.

Le double de l'ordonnance est conservé au greffe.

Art. 21 S'il n'est pas fait droit à la requête, appel peut être interjeté devant le premier président de la cour d'appel par le président de la commission, *[par]* le ministère public ou par la personne ayant demandé à bénéficier d'une identité d'emprunt. Le délai d'appel est de quinze jours.

Le ministère d'avocat n'est pas obligatoire.

Art. 22 L'appel est formé, instruit et jugé dans les conditions prévues aux articles 950 et 952 du code de procédure civile ainsi qu'au dernier alinéa de l'article 19 et à l'article 20 du présent décret.

Art. 23 Le retrait de l'autorisation est prononcé, sur requête du président de la commission ou de l'intéressé, lorsque cette mesure n'apparaît plus nécessaire, notamment lorsque la commission met fin aux mesures de protection et de réinsertion précédemment accordées ou lorsque la personne bénéficiant de l'autorisation d'user d'une identité d'emprunt ne le souhaite plus.

Le retrait peut aussi être prononcé lorsque la personne qui bénéficie de l'autorisation adopte un comportement incompatible avec la mise en œuvre ou le bon déroulement de cette mesure.

La demande est formée, instruite et jugée dans les conditions prévues aux articles 19 à 22. Dans le cas mentionné au deuxième alinéa, la personne est entendue par le président, dans les conditions prévues à l'article 20.

SECTION II. *Conséquences du recours à une identité d'emprunt*

Art. 24 Seul le service interministériel d'assistance technique est habilité à créer les identités d'emprunt, à conserver l'ensemble des identités d'emprunt attribuées et à faire le rapprochement entre les identités d'emprunt et les identités réelles.

Art. 25 En cas de poursuite pénale à l'encontre d'une personne bénéficiant d'une identité d'emprunt, celle-ci est condamnée sous son identité d'emprunt. La condamnation est inscrite au casier judiciaire sous l'identité d'emprunt.

En cas de retrait de l'autorisation d'usage d'une identité d'emprunt, la personne est condamnée sous son identité réelle dès lors que le retrait intervient avant la décision de condamnation. Si la personne a fait précédemment l'objet de condamnations sous son identité d'emprunt, le procureur de la République près le tribunal judiciaire de Paris requiert le casier judiciaire d'inscrire ces condamnations sous l'identité réelle et de supprimer toute référence à l'identité d'emprunt.

[…]

Art. 706-63-2 *(L. nº 2017-1510 du 30 oct. 2017, art. 8)* **Lorsque cette comparution est susceptible de mettre gravement en danger leur vie ou leur intégrité physique ou celle de leurs proches, la juridiction de jugement peut, d'office ou à la demande des personnes faisant usage d'une identité d'emprunt en application du deuxième alinéa de l'article 706-63-1, ordonner le huis clos ou leur comparution dans des conditions de nature à préserver l'anonymat de leur apparence physique, y compris en bénéficiant d'un dispositif technique mentionné à l'article 706-61. La juridiction de jugement statue à huis clos sur cette demande.**

TITRE VINGT-DEUXIÈME SAISINE POUR AVIS DE LA COUR DE CASSATION

(L. org. nº 2001-539 du 25 juin 2001, art. 26, en vigueur le 1er janv. 2002 ; L. nº 2001-1062 du 15 nov. 2001)

Art. 706-64 **Les juridictions pénales, à l'exception des juridictions d'instruction et de la cour d'assises, peuvent solliciter l'avis de la Cour de cassation en application de l'article L. 151-1** *[L. 441-1]* **du code de l'organisation judiciaire. Toutefois, aucune demande d'avis ne peut être présentée lorsque, dans l'affaire concernée, une personne est placée en détention provisoire** *(L. nº 2009-1436 du 24 nov. 2009, art. 93-XIX)* **« , sous assignation à résidence avec surveillance électronique » ou sous contrôle judiciaire.**

1. Lorsque la Cour de cassation a déjà statué sur la question de droit sur laquelle son avis est sollicité, il n'y a pas lieu à avis. • Cass., avis, 26 sept. 2006, nº 06-00.010 P • 23 avr. 2007, nº 07-00.008 P.

2. Les juridictions de l'ordre judiciaire peuvent demander l'avis de la Cour de cassation sur une question de droit nouvelle, présentant une difficulté sérieuse, et se posant dans de nombreux litiges à condition que la question posée commande l'issue du procès. • Cass., avis, 23 avr. 2007 : *préc. note 1.*

3. Lorsque la Cour de cassation a déjà rendu un avis sur la question de droit sur laquelle son avis est sollicité, il n'y a pas lieu à avis. • Cass., avis, 6 oct. 2008, nº 08-00.010 P : *D. 2008. AJ 2602*.

Art. 706-65 **Lorsque le juge envisage de solliciter l'avis de la Cour de cassation en application de l'article L. 151-1** *[L. 441-1]* **du code de l'organisation judiciaire, il en avise les parties et le ministère public. Il recueille les observations écrites éventuelles des parties et les conclusions du ministère public dans le délai qu'il fixe, à moins que ces observations ou conclusions n'aient déjà été communiquées.**

Dès réception des observations et conclusions ou à l'expiration du délai, le juge peut, par une décision non susceptible de recours, solliciter l'avis de la Cour de cassation en formulant la question de droit qu'il lui soumet. Il surseoit à statuer jusqu'à la réception de l'avis ou jusqu'à l'expiration du délai mentionné à l'article 706-67.

Selon l'art. 706-65, lorsque le juge envisage de solliciter l'avis de la Cour de cassation en application de l'art. L. 151-1 COJ, il en avise les parties et le ministère public. Il recueille les observations écrites éventuelles des parties et les conclusions du ministère public dans le délai qu'il fixe, à moins que ces observations ou conclusions n'aient déjà été communiquées. Il résulte des énonciations de l'arrêt que les parties et le ministère public n'ont été avisés et invités à présenter leurs observations qu'après la décision de la cour d'appel sollicitant l'avis de la Cour de cassation. En conséquence, dit n'y avoir lieu à avis. • Crim. 16 déc. 2002 (avis), nº 02-00.007 P.

Art. 706-66 **La décision sollicitant l'avis est adressée, avec les conclusions et les observations écrites éventuelles, par le greffier de la juridiction au greffe de la Cour de cassation.**

Elle est notifiée, ainsi que la date de transmission du dossier, aux parties par lettre recommandée avec demande d'avis de réception.

Le ministère public auprès de la juridiction est avisé ainsi que le premier président de la cour d'appel et le procureur général lorsque la demande d'avis n'émane pas de la cour.

Lorsqu'une juridiction a pris la décision de solliciter l'avis de la Cour de cassation, la preuve doit être apportée de ce que la date de transmission du dossier au greffe de la Cour de cassation a été notifiée aux parties. A défaut, il n'y a pas lieu à avis, la demande devant être déclarée irrecevable. • Cass., avis, 16 oct. 2019, nº 40004.

Art. 706-67 **La Cour de cassation rend son avis dans les trois mois de la réception du dossier.**

Art. 706-68 **L'affaire est communiquée au procureur général près la Cour de cassation. Celui-ci est informé de la date de séance.**

Art. 706-69 **L'avis peut mentionner qu'il sera publié au *Journal officiel* de la République française.**

Art. 706-70 **L'avis est adressé à la juridiction qui l'a demandé, au ministère public auprès de cette juridiction, au premier président de la cour d'appel et au procureur général lorsque la demande n'émane pas de la cour.**

Il est notifié aux parties par le greffe de la Cour de cassation.

TITRE VINGT-TROISIÈME DE L'UTILISATION DE MOYENS DE TÉLÉCOMMUNICATIONS AU COURS DE LA PROCÉDURE

(L. n° 2001-1062 du 15 nov. 2001 art. 32 ; L. n° 2003-239 du 18 mars 2003, art. 31)

▸ **Dossiers :** *AJ pénal 2007. 460* (nouvelles technologies au service de la procédure pénale) ; *ibid. 2019. 239* (visioconférence en droit et [surtout] en fait).

Art. 706-71 *(L. n° 2019-222 du 23 mars 2019, art. 54-X et 109-XIII, en vigueur le 1er juin 2019)* **« Aux fins d'une bonne administration de la justice, il peut être recouru au cours de la procédure pénale, si le magistrat en charge de la procédure ou le président de la juridiction saisie l'estime justifié, dans les cas et selon les modalités prévus au présent article, à un moyen de télécommunication audiovisuelle. »**

Lorsque les nécessités de l'enquête ou de l'instruction le justifient, l'audition ou l'interrogatoire d'une personne ainsi que la confrontation entre plusieurs personnes peuvent être effectués en plusieurs points du territoire de la République *(Ord. n° 2016-1636 du 1er déc. 2016, art. 4 et 5, en vigueur le 22 mai 2017)* **« ou entre le territoire de la République et celui d'un État membre de l'Union européenne dans le cadre de l'exécution d'une décision d'enquête européenne et » se trouvant reliés par des moyens de télécommunications garantissant la confidentialité de la transmission.** *(L. n° 2002-1138 du 9 sept. 2002, art. 35)* **« Dans les mêmes conditions, la présentation aux fins de prolongation de la garde à vue ou de la retenue judiciaire peut être réalisée par l'utilisation de moyens de télécommunication audiovisuelle. » Il est alors dressé, dans chacun des lieux, un procès-verbal des opérations qui y ont été effectuées. Ces opérations peuvent faire l'objet d'un enregistrement audiovisuel ou sonore, les dispositions des** *(L. n° 2007-291 du 5 mars 2007, art. 28, en vigueur le 1er juill. 2007)* **« troisième à huitième » alinéas de l'article 706-52 sont alors applicables.**

(L. n° 2004-204 du 9 mars 2004, art. 143) **« Les dispositions de l'alinéa précédent prévoyant l'utilisation d'un moyen de télécommunication audiovisuelle sont applicables devant la juridiction de jugement pour l'audition des témoins, des parties civiles et des experts.** *(L. n° 2011-267 du 14 mars 2011, art. 100-1°)* **« Elles sont également applicables, avec l'accord du procureur de la République et de l'ensemble des parties, pour la comparution du prévenu devant le tribunal correctionnel si celui-ci est détenu. »**

« Ces dispositions sont également applicables à l'audition ou à l'interrogatoire par un juge d'instruction d'une personne détenue, au débat contradictoire préalable au placement en détention provisoire d'une personne détenue pour une autre cause, au débat contradictoire prévu pour la prolongation de la détention provisoire *(L. n° 2019-222 du 23 mars 2019, art. 54-X et 109-XIII, en vigueur le 1er juin 2019)* **« , y compris l'audience prévue à l'avant-dernier alinéa de l'article 179 »,** *(L. n° 2007-297 du 5 mars 2007, art. 70)* **« aux audiences relatives au contentieux de la détention provisoire devant »** *(Abrogé par Cons. const. n° 2020-836 du 30 avr. 2020, à compter du 31 oct. 2020) « la chambre de l'instruction »* *(L. n° 2020-1672 du 24 déc. 2020, art. 27)* **« la chambre de l'instruction » ou la juridiction de jugement,** *(L. n° 2009-1436 du 24 nov. 2009, art. 93-XX)* **« à l'interrogatoire de l'accusé par le président de la cour d'assises en application de l'article 272, à la comparution d'une personne à l'audience au cours de laquelle est rendu un jugement ou un arrêt qui avait été mis en délibéré ou au cours de laquelle il est statué sur les seuls intérêts civils, à l'interrogatoire par le procureur ou le procureur général d'une personne arrêtée en vertu d'un mandat d'amener, d'un mandat d'arrêt, »** *(L. n° 2011-392 du 14 avr. 2011, en vigueur le 1er juin 2011)* **« d'un mandat d'arrêt européen, d'une demande d'arrestation provisoire, d'une demande d'extradition ou d'une demande d'arrestation aux fins de remise, à la présentation au juge des libertés et de la détention, au premier président de la cour d'appel ou au magistrat désigné par lui en application des articles 627-5, 695-28, 696-11 et 696-23 si la personne est détenue pour une autre cause » ou à l'interrogatoire du prévenu devant le tribunal de police** *(Abrogé par L. n° 2011-1862 du 13 déc. 2011, art. 2-V et 70-I, à compter du 1er juill. 2017) (L. n° 2005-47 du 26 janv. 2005, art. 9-XXXII, en* *vigueur 1er avr. 2005)* **« *ou devant la juridiction de proximité* » si celui-ci est détenu pour une autre cause.** *(L. n° 2011-267 du 14 mars 2011, art. 100-2°)* **« Lorsqu'il s'agit d'une audience au cours de laquelle il doit être statué sur le placement en détention provisoire ou la prolongation de la détention provisoire, la personne détenue peut** *(L. n° 2016-731 du 3 juin 2016, art. 86)* **« , lorsqu'elle est informée de la date de l'audience et du fait que le recours à ce moyen est envisagé, » refuser l'utilisation d'un moyen de télécommunication audiovisuelle, sauf si son transport paraît devoir être évité en raison des risques graves de trouble à l'ordre public ou d'évasion »** *(L. n° 2020-1672 du 24 déc. 2020, art. 27)* **« ; il en est de même lorsqu'il doit être statué sur l'appel portant sur une décision de refus de mise en liberté ou sur la saisine directe de la chambre de l'instruction en application du dernier alinéa de l'article 148 ou de l'article 148-4 par une personne détenue en matière criminelle depuis plus de six mois dont la détention n'a pas déjà fait l'objet d'une décision de prolongation et n'ayant pas personnellement comparu, sans recourir à un moyen de communication audiovisuelle, devant la chambre de l'instruction depuis au moins six mois ».**

(L. n° 2009-1436 du 24 nov. 2009, art. 93-XX) **« Elles sont de même applicables devant la commission d'indemnisation des victimes d'infractions, devant le premier président de la cour d'appel statuant sur les demandes de réparation d'une détention provisoire, devant la Commission nationale de réparation des détentions, devant la commission** *(L. n° 2014-640 du 20 juin 2014, art. 4, en vigueur le 1er oct. 2014)* **« d'instruction des demandes en révision et en réexamen et devant la cour de révision et de réexamen ».**

« Pour l'application des dispositions des *(Abrogé par L. n° 2019-222 du 23 mars 2019, art. 54-X et 109-XIII, à compter du 1er juin 2019)* **« *trois* » alinéas précédents, si la personne est assistée par un avocat,** *(L. n° 2019-222 du 23 mars 2019, art. 54-X et 109-XIII, en vigueur le 1er juin 2019)* **« ou par un interprète, ceux-ci peuvent » se trouver auprès** *(L. n° 2009-1436 du 24 nov. 2009, art. 93-XX)* **« du magistrat, de la juridiction ou de la commission compétents » ou auprès de l'intéressé. Dans le premier cas,** *(L. n° 2019-222 du 23 mars 2019, art. 54-X et 109-XIII, en vigueur le 1er juin 2019)* **« l'avocat » doit pouvoir s'entretenir avec ce dernier, de façon confidentielle, en utilisant le moyen de télécommunication audiovisuelle. Dans le second cas, une copie de l'intégralité du dossier doit être mise à sa disposition dans les locaux de détention »** *(L. n° 2009-1436 du 24 nov. 2009, art. 93-XX)* **« [,] sauf si une copie de ce dossier »** *(L. n° 2019-222 du 23 mars 2019, art. 54-X et 109-XIII, en vigueur le 1er juin 2019)* **« lui a déjà été remise. Si ces dispositions s'appliquent au cours d'une audience, celle-ci doit se tenir dans des conditions qui garantissent le droit de la personne à présenter elle-même ses observations. »**

(L. n° 2011-267 du 14 mars 2011, art. 100-3°) **« Lorsqu'une personne est détenue, la notification d'une expertise par une juridiction doit se faire par l'utilisation d'un moyen de télécommunication audiovisuelle, sauf décision contraire motivée ou s'il doit être procédé concomitamment à un autre acte. »**

En cas de nécessité, résultant de l'impossibilité pour un interprète de se déplacer, l'assistance de l'interprète au cours d'une audition, d'un interrogatoire ou d'une confrontation peut également se faire par l'intermédiaire de moyens de télécommunications.

Al. abrogé par L. n° 2004-204 du 9 mars 2004, art. 17-II.

Un décret en Conseil d'État précise, en tant que de besoin, les modalités d'application du présent article. — *V. art. R. 53-33 s.*

Sur les modalités d'exercice du droit à l'assistance d'un interprète et à la traduction de certaines pièces, V. art. préliminaire, 803-5 et D. 594 s.

Sur la décision d'enquête européenne, V. art. 694-15 s.

S'agissant des dispositions d'urgence mises en place pour faire face à l'épidémie de covid-19, V. App., v° État d'urgence sanitaire.

BIBL. ► AMADO et TAVEAU, *RSC 2020. 269* (demandes d'asile et détention provisoire). — BELFANTI, *AJ pénal 2014. 165* (la visioconférence en matière pénale : entre utilité et controverses). – BOSSAN, *RSC 2011. 801* (la visioconférence dans le procès pénal : un outil à maîtriser) ; *RSC 2019. 567* (la visioconférence en procédure pénale après la loi du 23 mars 2019). – DUMOULIN, *Dr. pénal 2018. Entretien 5* (solution pragmatique devenue vecteur d'une politique managériale).

1. QPC. En matière criminelle, en application de l'art. 145-2, une personne placée en détention provisoire pourrait se voir privée, pendant une année entière, de la possibilité de comparaître physiquement devant le juge appelé à statuer sur la détention provisoire. Pour ce motif, eu égard à l'importance de la garantie qui s'attache à la présentation physique de l'intéressé devant la juridiction compétente pour connaître de la détention provisoire et en l'état des conditions dans lesquelles s'exerce le recours à ces moyens de télécommunication, les dispositions contestées, à savoir les mots « la chambre de l'instruction » figurant à la première phrase du 3e al. de l'art. 706-71 dans sa rédaction résultant de l'Ord. n° 2016-1636 du 1er déc. 2016, portent une atteinte excessive aux droits de la défense. Toutefois, ces dispositions ne sont plus en vigueur et la remise en cause de décisions prises sur leur fondement aurait des conséquences manifestement excessives, de sorte que ces mesures ne peuvent être contestées sur le fondement de cette inconstitutionnalité. • Cons. const. 20 sept. 2019, n° 2019-802 QPC : *D. actu. 25 sept. 2019, obs. Goetz ; AJ pénal 2019. 600, note Perrier ; JCP 2019. 1157, note Giacopelli.*

2. Pour les mêmes motifs que ceux énoncés aux paragraphes 7 à 13 de la décision du 20 sept. 2019, les dispositions de l'art. 706-71 fixant les conditions dans lesquelles il peut être recouru à un moyen de télécommunication audiovisuelle pour les audiences de la chambre de l'instruction relatives au contentieux de la détention provisoire portent une atteinte excessive aux droits de la défense et doivent être déclarées contraires à la Constitution. Par conséquent, les mots « la chambre de l'instruction » figurant à la première phrase du 4e al. de l'art. 706-71 dans sa rédaction résultant de la loi du 23 mars 2019, sont déclarés contraires à la Constitution (abrogation reportée au 31 oct. 2020). • Cons. const. 30 avr. 2020, n° 2020-836 QPC : *D. actu. 18 mai 2020, obs. Goetz ; AJ pénal 2020. 373, obs. Perrier.*

3. Champ d'application. Les dispositions de l'art. 706-71 autorisant le recours à la visioconférence pour la comparution du prévenu détenu devant le tribunal *correctionnel s'étendent* à la cour d'appel, en application de l'art. 512. • Crim. 25 mai 2016, n° 16-81.217 P : *Procédures 2016, n° 268, note Chavent-Leclère.*

4. Saisie de l'appel d'une ordonnance de prolongation de détention d'une personne ayant demandé à comparaître et dont l'audition a été prévue sous forme de visioconférence, la chambre de l'instruction ne peut statuer en se bornant à constater que l'appelant a été admis, deux jours avant l'audience, dans un établissement hospitalier. Il appartient aux juges de constater que cette circonstance, imprévisible, constitue un obstacle à l'audition de l'intéressé qui ne peut être surmonté fût-ce en différant l'examen de l'appel dans les limites du délai légal. • Crim. 17 mars 2009, n° 08-88.460 P : *D. 2009. AJ 1091 ; AJ pénal 2009. 233, obs. Lasserre Capdeville ; Dr. pénal 2010. Chron. 1, obs. Guérin.*

5. Lorsque la chambre de l'instruction ordonne la comparution personnelle des parties en application de l'art. 199, al. 4, elle peut recourir à la visioconférence, qui n'est qu'une modalité de cette comparution. • Crim. 27 févr. 2018, n° 17-87.133 P : *D. actu. 22 mars 2018, obs. Azoulay ; AJ pénal 2018. 259, obs. Aubert ; Dr. pénal 2018, n° 89, obs. Maron et Haas.*

6. Le juge d'instruction, à qui il revient d'apprécier la nécessité de recourir à un moyen de télécommunication audiovisuelle, peut procéder à la première comparution d'une personne détenue pour autre cause, par un tel moyen, comme le permet l'art. 706-71, al. 3. • Crim. 16 oct. 2018, n° 18-81.881 P : *D. actu. 6 nov. 2018, obs. Fucini ; AJ pénal 2018. 586, obs. Miranda ; RSC 2018. 927, note Cordier.*

7. Mise en délibéré. Si l'art. 706-71 prévoit l'accord de la personne poursuivie et détenue lors de sa comparution, par le moyen de la visioconférence, à l'occasion des débats devant la juridiction, un tel accord n'est pas requis lors du prononcé, par le même moyen, de la décision mise en délibéré, à l'occasion duquel aucune déclaration ou explication n'est immédiatement requise de la part du condamné. • Crim. 20 févr. 2019, n° 18-80.777 P : *D. actu. 7 mars 2019, obs. Diaz.*

8. Procès-verbaux. L'absence de procès-verbal des opérations de visioconférence à l'occasion d'une audience de demande de mise en liberté ne fait pas grief au prévenu dès lors que le PV dressé par le greffier de la chambre de l'instruction et les pièces de la procédure mettent la Cour de cassation en mesure de s'assurer que les conditions légales de déroulement de l'audience ont été respectées. • Crim. 6 oct. 2010, n° 10-85.237 P : *AJ pénal 2011. 41* • 16 mars 2016, n° 15-87.644 P : *D. actu. 30 mars 2016, obs. Benelli-de Bénazé.* ♦ S'il ne résulte pas des pièces de la procédure d'assises que des procès-verbaux de constatation des opérations techniques aient été établis, la cassation n'est cependant pas encourue dès lors que l'absence de demande de donné-acte fait présumer qu'aucun incident technique de nature à porter atteinte aux droits de la défense ne s'est produit au cours de ces liaisons. • Crim. 18 nov. 2015, n° 14-86.475 P : *D. actu. 9 déc. 2015, obs. Goetz.*

9. Le recours à la visioconférence, qui n'a pas à être motivé, n'est nullement subordonné à l'impossibilité de faire conduire le détenu dans le prétoire. • Crim. 2 mars 2010 : *RSC 2011. 419, obs. Danet.* ♦ L'art. 706-71 n'exige pas que soit motivée la décision ordonnant la comparution personnelle du mis en examen devant la chambre de l'instruction par l'utilisation de moyens de télécommunications. • Crim. 7 déc.

2010 : *RSC 2011. 419, obs. Danet*.

10. Sur l'audition d'un expert non par visioconférence mais par téléphone, V. note 14 ss. art. 168.

11. Détention provisoire. Aux termes de l'art. 706-71, dans sa rédaction issue de la L. n° 2011-267 du 14 mars 2011, lorsqu'il s'agit d'une audience au cours de laquelle il doit être statué sur le placement en détention provisoire ou la prolongation de la détention provisoire, la personne détenue peut refuser l'utilisation d'un moyen de télécommunication audiovisuelle, sauf si son transport paraît devoir être évité en raison des risques graves de trouble à l'ordre public ou d'évasion. • Crim. 11 oct. 2011, n° 11-85.602 P : *D. 2011. Actu. 2732, obs. Léna* ; *RSC 2012. 197, obs. Danet*. ♦ Elle ne peut néanmoins le faire qu'au moment où elle est informée de la date de l'audience et du fait que le recours à la visioconférence est envisagé. • Crim. 19 avr. 2017, n° 17-80.571 P : *D. actu. 27 nov. 2017, obs. Goetz.* ♦ Et l'utilisation de la visioconférence n'est pas subordonnée à l'accord de l'intéressé quand il s'agit d'une demande de mise en liberté. • Crim. 20 sept. 2016, n° 16-84.386 : *D. 2017. Pan. 1683, note Pradel* ; *RSC 2016. 806, obs. Cordier*. ♦ En cas de refus de la personne de procéder au débat contradictoire par visioconférence, l'absence de moyen mobilisable de l'ARPEJ ou de la gendarmerie pour procéder à l'extraction judiciaire de la maison d'arrêt n'est pas susceptible de caractériser l'existence de circonstances imprévisibles et insurmontables extérieures au service de la justice justifiant que le débat soit tenu en l'absence de la personne en application de l'art. 145, al. 8. • Crim. 5 oct. 2016, n° 16-84.629 P : *D. actu. 28 oct. 2016, obs. Benelli-de Bénazé* ; *AJ pénal 2016. 592, obs. Pitti* ; *D. 2017. Pan. 1676, obs. Pradel*.

12. La personne détenue peut, lorsqu'elle est informée de la date de l'audience et du fait que le recours à ce moyen est envisagé, refuser l'utilisation d'un moyen de télécommunication audiovisuelle, mais il se déduit de l'art. 706-71, qui trouve son fondement dans le souci d'une bonne administration de la justice, que l'intéressé ne peut plus revenir sur ce choix ultérieurement. • Crim. 29 nov. 2017, n° 17-85.300 P : *D. actu. 21 déc. 2017, obs. Diaz.*

13. Encourt la cassation le jugement d'une juridiction de proximité qui, sans répondre à une demande de renvoi adressée par courrier reçu avant l'audience, statue par décision contradictoire à signifier à l'encontre du prévenu. • Crim. 11 avr. 2012, n° 12-81.804 P.

14. Accès au dossier. Il se déduit de l'art. 706-71 que le mis en examen ne saurait se faire un grief de ce qu'une copie intégrale du dossier n'a pas été mise à la disposition de son avocat dans les locaux de détention, lorsque ce dernier, informé de la tenue du débat contradictoire avec utilisation d'un moyen de communication audiovisuelle, n'a pas averti en temps utile le JLD de son choix de se trouver auprès de la personne détenue à la maison d'arrêt. • Crim. 6 déc. 2017, n° 17-85.716 P : *Dr. pénal 2018, n° 36, obs. Maron et Haas.* ♦ ... Mais, dès lors que, d'une part, l'avocat, qui avait averti en temps utile le JLD de son choix de se trouver auprès de la personne mineure détenue à la maison d'arrêt, n'avait pu obtenir, depuis plusieurs mois, une copie actualisée de l'entier dossier de la procédure et que, d'autre part, l'intégralité du dossier n'avait pas été mis à sa disposition dans les locaux de détention, la chambre de l'instruction justifie sa décision d'infirmer l'ordonnance de prolongation de la détention provisoire prise par le JLD. • Crim. 16 oct. 2019, n° 19-84.773 P : *RSC 2019. 854, note Valat*.

15. Interprète. V. note ss. art. D. 594-6.

16. Comparution devant la juridiction de jugement. La personne prévenue qui a donné son accord pour comparaître par visioconférence n'a pas qualité pour soulever le défaut d'accord des autres parties. • Crim. 20 juin 2018, n° 17-84.128 P.

17. Visioconférence et publicité de l'audience. La publicité, prévue, sauf décision contraire, par l'art. 199, al. 2, des audiences au cours desquelles il est statué sur la détention provisoire d'une personne majeure, concerne uniquement l'accès à la salle d'audience où siège la chambre de l'instruction et ne s'étend pas aux locaux pénitentiaires depuis lesquels la personne détenue comparaît par visioconférence. • Crim. 16 mars 2016, n° 15-87.644 P : *préc. note 8.*

18. Visioconférence et témoin anonyme. Il appartient au président de la cour d'assises, en vertu de son pouvoir discrétionnaire, de prendre toutes mesures propres à faire établir, si une contestation apparaît à l'audience sur ce point, qu'un témoin déposant à l'audience de la cour d'assises, sans que son identité soit révélée, par visioconférence, son visage étant dissimulé et sa voix pouvant être déformée, a bien reçu l'autorisation prévue par l'art. 706-58. Il peut aussi, sans révéler l'identité du témoin, prendre les mesures permettant de vérifier qu'elle correspond à celle versée au dossier distinct prévu par ce texte, le cas échéant, en le faisant établir par le procureur de la République, le juge d'instruction ou un officier de police judiciaire. • Crim. 11 déc. 2019, n° 19-83.475 P.

Art. 706-71-1 *(L. n° 2019-222 du 23 mars 2019, art. 54-XI et 109-XIII, en vigueur le 1er juin 2019)* **Lorsque le recours à un moyen de télécommunication audiovisuelle n'est possible qu'avec l'accord de la personne, cette dernière fait connaître son accord dans**

les cinq jours suivant le moment où elle est informée de la date de l'audience et du fait que le recours à ce moyen est envisagé.

Lorsque le recours à un tel moyen n'est pas possible parce que la personne le refuse, cette dernière doit faire connaître son refus au moment où elle est informée de la date de l'audience et du fait que le recours à ce moyen est envisagé.

La personne qui a accepté le recours à un moyen de télécommunication audiovisuelle conformément aux dispositions du premier alinéa ou qui ne s'y est pas opposée dans les cas prévus au deuxième alinéa ne peut pas ensuite le refuser.

TITRE VINGT-QUATRIÈME DE LA PROCÉDURE APPLICABLE AUX ATTEINTES AUX SYSTÈMES DE TRAITEMENT AUTOMATISÉ DE DONNÉES

(L. n° 2014-1353 du 13 nov. 2014, art. 18)

Art. 706-72 *(L. n° 2016-731 du 3 juin 2016, art. 28)* Les infractions mentionnées aux articles 323-1 à 323-4-1 et 411-9 du code pénal, lorsqu'elles sont commises sur un système de traitement automatisé d'informations, sont poursuivies, instruites et jugées selon les règles du présent code sous réserve du présent titre.

Les articles 706-80 à *(L. n° 2019-222 du 23 mars 2019, art. 45-II et 109-XIII, en vigueur le 1er juin 2019)* « 706-87 », 706-95 à 706-103 et 706-105 du présent code sont applicables à l'enquête, à la poursuite, à l'instruction et au jugement des délits prévus à l'article 323-4-1 du code pénal.

Les mêmes articles 706-80 à *(L. n° 2019-222 du 23 mars 2019, art. 45-II et 109-XIII, en vigueur le 1er juin 2019)* « 706-87 », 706-95 à 706-103 et 706-105 sont également applicables à l'enquête, à la poursuite, à l'instruction et au jugement du blanchiment des mêmes délits ainsi qu'à l'association de malfaiteurs lorsqu'elle a pour objet la préparation de l'un desdits délits.

Art. 706-72-1 *(L. n° 2016-731 du 3 juin 2016, art. 28)* Pour la poursuite, l'instruction et le jugement des infractions entrant dans le champ d'application de l'article 706-72, le procureur de la République, le pôle de l'instruction, le tribunal correctionnel et la cour d'assises de Paris exercent une compétence concurrente à celle qui résulte de l'application des articles 43, 52 et 382.

En ce qui concerne les mineurs, le procureur de la République, le pôle de l'instruction, le juge des enfants, le tribunal pour enfants et la cour d'assises des mineurs de Paris exercent une compétence concurrente à celle qui résulte de l'application de l'ordonnance n° 45-174 du 2 février 1945 relative à l'enfance délinquante.

Lorsqu'ils sont compétents pour la poursuite et l'instruction des infractions entrant dans le champ d'application de l'article 706-72, le procureur de la République et le pôle de l'instruction de Paris exercent leurs attributions sur toute l'étendue du territoire national.

La compétence nationale concurrente du tribunal de grande instance de Paris pour les infractions relatives au système de traitement automatisé de données relève de la seule prérogative du procureur de la République, de sorte qu'elle ne peut résulter d'une constitution de partie civile devant le doyen des juges d'instruction du TGI de Paris. • Crim. 20 août 2018, n° 18-84.728 P : *D. actu. 12 oct. 2018, obs. Goetz ; AJ pénal 2018. 583, obs. Martini*.

Art. 706-72-2 *(L. n° 2016-731 du 3 juin 2016, art. 28)* Le procureur de la République près un tribunal judiciaire autre que celui de Paris peut, pour les infractions entrant dans le champ d'application de l'article 706-72, requérir le juge d'instruction de se dessaisir au profit de la juridiction d'instruction de Paris. Les parties sont préalablement avisées et invitées à faire connaître leurs observations par le juge d'instruction ; l'ordonnance est rendue huit jours, au plus tôt, et un mois, au plus tard, à compter de cet avis.

L'ordonnance par laquelle le juge d'instruction se dessaisit ne prend effet qu'à l'expiration d'un délai de cinq jours ; lorsqu'un recours est exercé en application de l'article 706-72, le juge d'instruction demeure saisi jusqu'à ce que l'arrêt de la chambre criminelle de la Cour de cassation soit porté à sa connaissance.

Dès que l'ordonnance est devenue définitive, le procureur de la République adresse le dossier de la procédure au procureur de la République de Paris.

Le présent article est applicable devant la chambre de l'instruction.

Art. 706-72-3 *(L. nº 2016-731 du 3 juin 2016, art. 28)* Lorsqu'il apparaît au juge d'instruction du tribunal judiciaire de Paris que les faits dont il a été saisi ne constituent pas une des infractions entrant dans le champ d'application de l'article 706-72 et ne relèvent pas de sa compétence à un autre titre, ce juge se déclare incompétent soit à la requête du procureur de la République, soit, après avis de ce dernier, d'office ou à la requête des parties. Celles des parties qui n'ont pas présenté une requête sont préalablement avisées et invitées à faire connaître leurs observations ; l'ordonnance est rendue au plus tôt huit jours après cet avis.

Le deuxième alinéa de l'article 706-72-2 est applicable à l'ordonnance par laquelle le juge d'instruction du tribunal judiciaire de Paris se déclare incompétent.

Dès que l'ordonnance est devenue définitive, le procureur de la République de Paris adresse le dossier de la procédure au procureur de la République territorialement compétent.

Le présent article est applicable lorsque la chambre de l'instruction de la cour d'appel de Paris statue sur sa compétence.

Art. 706-72-4 *(L. nº 2016-731 du 3 juin 2016, art. 28)* Lorsque le tribunal correctionnel ou le tribunal pour enfants de Paris se déclare incompétent pour les motifs prévus à l'article 706-72-3, il renvoie le ministère public à se pourvoir ainsi qu'il avisera ; il peut, le ministère public entendu, décerner, par la même décision, mandat de dépôt ou d'arrêt contre le prévenu.

Art. 706-72-5 *(L. nº 2016-731 du 3 juin 2016, art. 28)* Dans les cas prévus aux articles 706-72-2 à 706-72-4, le mandat de dépôt ou d'arrêt conserve sa force exécutoire ; les actes de poursuite ou d'instruction et les formalités intervenus avant que la décision de dessaisissement ou d'incompétence soit devenue définitive n'ont pas à être renouvelés.

Art. 706-72-6 *(L. nº 2016-731 du 3 juin 2016, art. 28)* Toute ordonnance rendue sur le fondement des articles 706-72-2 ou 706-72-3 par laquelle un juge d'instruction statue sur son dessaisissement ou par laquelle le juge d'instruction du tribunal judiciaire de Paris statue sur sa compétence peut, à l'exclusion de toute autre voie de recours, être déférée dans les cinq jours de sa notification, à la requête du ministère public ou de l'une des parties, à la chambre criminelle de la Cour de cassation qui désigne, dans les huit jours suivant la date de réception du dossier, la juridiction chargée de poursuivre l'information. Le ministère public peut également saisir directement la chambre criminelle de la Cour de cassation lorsque le juge d'instruction n'a pas rendu son ordonnance dans le délai d'un mois prévu au premier alinéa de l'article 706-72-2.

La chambre criminelle qui constate que le juge d'instruction du tribunal judiciaire de Paris n'est pas compétent peut néanmoins, dans l'intérêt d'une bonne administration de la justice, décider que l'information sera poursuivie à ce tribunal.

L'arrêt de la chambre criminelle est porté à la connaissance du juge d'instruction ainsi qu'à celle du ministère public et signifié aux parties.

Le présent article est applicable à l'arrêt rendu sur le fondement du dernier alinéa des articles 706-72-2 et 706-72-3 par lequel une chambre de l'instruction statue sur son dessaisissement ou sa compétence.

TITRE VINGT-CINQUIÈME DE LA PROCÉDURE APPLICABLE À LA CRIMINALITÉ ET À LA DÉLINQUANCE ORGANISÉES ET AUX CRIMES *(L. nº 2019-222 du 23 mars 2019, art. 46-II et 109-XIII, en vigueur le 1er juin 2019).*

(L. nº 2004-204 du 9 mars 2004, art. 1er et 2, en vigueur le 1er oct. 2004)

RÉP. PÉN. vº *Criminalité et délinquance organisées*, par JEANDIDIER.

BIBL. ▸ **Dossiers :** *AJ pénal 2004. 177* (criminalité organisée : une justice adaptée ?) ; *ibid., 2010. 105 s.* (JIRS : premier bilan). – *Gaz. Pal. 15 août 2014, p. 3 s.* (les 10 ans de la loi du 9 mars 2004). – PERRIER, *D. 2019. Chron. 1061* (les (r)évolutions de la procédure pénale).

Art. 706-73 La procédure applicable à l'enquête, la poursuite, l'instruction et le jugement des crimes et des délits suivants est celle prévue par le présent code, sous réserve des dispositions du présent titre :

1° Crime de meurtre commis en bande organisée prévu par le 8° de l'article 221-4 du code pénal ;

2° Crime de tortures et d'actes de barbarie commis en bande organisée prévu par l'article 222-4 du code pénal ;

3° Crimes et délits de trafic de stupéfiants prévus par les articles 222-34 à 222-40 du code pénal ;

4° Crimes et délits d'enlèvement et de séquestration commis en bande organisée prévus par l'article 224-5-2 du code pénal ;

5° Crimes et délits aggravés de traite des êtres humains prévus par les articles 225-4-2 à 225-4-7 du code pénal ;

6° Crimes et délits aggravés de proxénétisme prévus par les articles 225-7 à 225-12 du code pénal ;

7° Crime de vol commis en bande organisée prévu par l'article 311-9 du code pénal ;

8° Crimes aggravés d'extorsion prévus par les articles 312-6 et 312-7 du code pénal ;

(Abrogé par L. n° 2015-993 du 17 août 2015, art. 11) (L. n° 2011-525 du 17 mai 2011, art. 157-1°) « 8° bis Délit d'escroquerie en bande organisée prévu par le dernier alinéa de l'article 313-2 du code pénal ; » — L'art. 706-73, 8° bis, a été abrogé par la L. n° 2007-1598 du 13 nov. 2007 puis rétabli. Il a été déclaré inconstitutionnel (Cons. const. 9 oct. 2014, n° 2014-420/421 QPC) ; sur l'application dans le temps de cette déclaration d'inconstitutionnalité, V. J 1.

9° Crime de destruction, dégradation et détérioration d'un bien commis en bande organisée prévu par l'article 322-8 du code pénal ;

10° Crimes en matière de fausse monnaie prévus par les articles 442-1 et 442-2 du code pénal ;

11° Crimes et délits constituant des actes de terrorisme prévus par les articles 421-1 à *(L. n° 2006-64 du 23 janv. 2006, art. 11)* « 421-6 » du code pénal ;

(L. n° 2017-1510 du 30 oct. 2017, art. 9) « 11° *bis* Crimes portant atteinte aux intérêts fondamentaux de la nation prévus au titre Ier du livre IV du code pénal ; »

(L. n° 2016-731 du 3 juin 2016, art. 25) « 12° Délits en matière d'armes et de produits explosifs prévus aux articles 222-52 à 222-54, 222-56 à 222-59, 322-6-1 et 322-11-1 du code pénal, aux articles L. 2339-2, L. 2339-3, L. 2339-10, L. 2341-4, L. 2353-4 et L. 2353-5 du code de la défense ainsi qu'aux articles L. 317-2 et L. 317-7 du code de la sécurité intérieure ; » — *V. les art. du C. défense in C. pén., App., v° Armes et explosifs. —* ***C. pén.*** *— V. les art. du CSI au* ***CSI****.*

13° Délits d'aide à l'entrée, à la circulation et au séjour irréguliers d'un étranger en France commis en bande organisée prévus *(Ord. n° 2020-1733 du 16 déc. 2020, art. 11, en vigueur le 1er mai 2021)* « par les articles L. 823-1 et L. 823-2 du code de l'entrée et du séjour des étrangers et du droit d'asile » ;

14° Délits de blanchiment prévus par les articles 324-1 et 324-2 du code pénal, ou de recel prévus par les articles 321-1 et 321-2 du même code, du produit, des revenus, des choses provenant des infractions mentionnées aux 1° à 13° ;

15° *Délits d'association* de malfaiteurs prévus par l'article 450-1 du code pénal, lorsqu'ils ont pour objet la préparation de l'une des infractions mentionnées aux 1° à 14° *(L. n° 2011-13 du 5 janv. 2011, art. 5-1°)* « et 17° » ;

(L. n° 2006-64 du 23 janv. 2006, art. 24) « 16° Délit de non-justification de ressources correspondant au train de vie, prévu par l'article 321-6-1 du code pénal, lorsqu'il est en relation avec l'une des infractions mentionnées aux 1° à 15° » *(L. n° 2011-13 du 5 janv. 2011 art. 5-1°)* « et 17° » ;

(L. n° 2011-13 du 5 janv. 2011, art. 5-2°) « 17° Crime de détournement d'aéronef, de navire ou de tout autre moyen de transport commis en bande organisée prévu par l'article 224-6-1 du code pénal » ;

(L. n° 2011-266 du 14 mars 2011, art. 17-2°) « 18° Crimes et délits punis de dix ans d'emprisonnement, contribuant à la prolifération des armes de destruction massive et de leurs vecteurs entrant dans le champ d'application de l'article 706-167. »

Pour les infractions visées aux 3°, 6° et 11°, sont applicables, sauf précision contraire, les dispositions du présent titre ainsi que celles des titres XV, XVI et XVII ;

(L. n° 2013-1029 du 15 nov. 2013, art. 32) **« 19° Délit d'exploitation d'une mine ou de disposition d'une substance concessible sans titre d'exploitation ou autorisation, accompagné d'atteintes à l'environnement, commis en bande organisée, prévu à l'article L. 512-2 du code minier, lorsqu'il est connexe avec l'une des infractions mentionnées aux 1° à 17° du présent article. »**

(Abrogé par L. n° 2015-993 du 17 août 2015, art. 11) (L. n° 2014-790 du 10 juill. 2014, art. 13) ***« 20° Délits de dissimulation d'activités ou de salariés, de recours aux services d'une personne exerçant un travail dissimulé, de marchandage de main-d'œuvre, de prêt illicite de main-d'œuvre, d'emploi d'étrangers sans titre de travail prévus aux 1° et 3° de l'article L. 8221-1 et aux articles L. 8221-3, L. 8221-5, L. 8224-1, L. 8224-2, L. 8231-1, L. 8234-1, L. 8234-2, L. 8241-1, L. 8243-1, L. 8243-2, L. 8251-1 et L. 8256-2 du code du travail. »***

BIBL. ▶ BOTTON, *D. 2014. 2278* (inconstitutionnalité du régime dérogatoire de garde à vue en matière d'escroquerie en bande organisée). – RECIO, *Dr. pénal 2011. Étude 5* (la France à l'abordage de la piraterie : la loi n° 2011-13 du 5 janvier 2011 relative à la lutte contre la piraterie et à l'exercice des pouvoirs de police de l'État en mer ou le renforcement de l'arsenal répressif).

1. QPC (escroquerie en bande organisée). Le 8 *bis* de l'art. 706-73 est contraire à la Constitution car le délit d'escroquerie, même commis en bande organisée, n'est pas susceptible de porter atteinte en lui-même à la sécurité, à la dignité ou à la vie des personnes ; néanmoins son abrogation immédiate aurait des conséquences manifestement excessives. Aussi, il y a lieu de juger que ses dispositions ne sauraient être interprétées comme permettant, à compter de la publication de la décision, pour des faits d'escroquerie en bande organisée, le recours à la garde à vue prévue par l'art. 706-88 ; mais les mesures de garde à vue prises avant la publication de la présente décision et les autres mesures prises avant le 1er sept. 2015 en application des dispositions déclarées contraires à la Constitution ne peuvent être contestées sur le fondement de cette inconstitutionnalité. • Cons. const. 9 oct. 2014 : *D. actu. 15 oct. 2014, obs. Léna ; AJ pénal 2014. 574, obs. Perrier ; Dr. pénal 2014. 142, obs. Maron et Haas.* ♦ Une mesure de garde à vue relative à une infraction d'escroquerie en bande organisée, mise en œuvre avant la publication de la décision du Conseil constitutionnel, a pu valablement, en application de l'art. 706-88, être prolongée au-delà de quarante-huit heures. • Crim. 9 avr. 2015, n° 14-87.660 P : *D. actu. 5 mai 2015, obs. Fucini ; AJ pénal 2015. 382, obs. Brach-Thiel.* ♦ La référence au 8° *bis* de l'art. 706-73 par les 14° et 15° du même art. était contraire à la Constitution avant le 19 août 2015, mais les mesures prises avant cette date en application de cette référence ne peuvent être contestées sur le fondement de cette inconstitutionnalité. • Cons. const. 11 déc. 2015, n° 2015-508 QPC : *AJ pénal 2016. 77, obs. Perrier.*

2. QPC (garde à vue). Les art. 62, 63, 63-1 et 77 et l'art. 63-4, al. 1er à 6, sont contraires à la Constitution. Le Conseil constitutionnel ne dispose pas d'un pouvoir général d'appréciation de même nature que celui du Parlement et il ne lui appartient pas d'indiquer les modifications des règles de procédure pénale qui doivent être choisies pour qu'il soit remédié à l'inconstitutionnalité constatée. Par ailleurs, si, en principe, une déclaration d'inconstitutionnalité doit bénéficier à la partie qui a présenté la QPC, l'abrogation immédiate des dispositions contestées méconnaîtrait les objectifs de prévention des atteintes à l'ordre public et de recherche des auteurs d'infractions et entraînerait des conséquences manifestement excessives. Il y a lieu, dès lors, de reporter au 1er juill. 2011 la date de cette abrogation afin de permettre au législateur de remédier à cette inconstitutionnalité. Les mesures prises avant cette date en application des dispositions déclarées contraires à la Constitution ne peuvent être contestées sur le fondement de cette inconstitutionnalité. Il n'y a pas lieu, pour le Conseil constitutionnel, de statuer sur l'art. 706-73 du code de procédure pénale et le septième alinéa de son art. 63-4. • Cons. const. 30 juill. 2010 : *D. 2010. Entretien 1928, obs. Charrière-Bournazel ; ibid. Actu. 1876 ; ibid. 1949, obs. Cassia ; ibid. Pan. 2259, obs. Pradel ; ibid. Entretien 2696, obs. Mayaud ; ibid. Chron. 2783, obs. Pradel ; AJ pénal 2010. 470, obs. Perrier ; RSC 2011. Chron. 139, obs. Giudicelli ; ibid. 165, obs. De Lamy ; Dr. pénal 2010, n° 113, obs. Maron et Haas ; ibid. 2011. Chron. 7, obs. Lesclous ; Constitutions 2010. 571, obs. Daoud et Mercinier ; ibid. 2011. 58, obs. De La Rosa ; RTD civ. 2010. 513, obs. Puig ; ibid. 517, obs. Puig.* ♦ Doit être transmise au Conseil constitutionnel, en ce qu'elle est applicable à la procédure en cours, n'a jamais été déclarée conforme à la Constitution dans les motifs et le dispositif d'une décision du Conseil constitutionnel, et revêt un caractère sérieux la QPC qui soutient que les dispositions des art. 62, 63, 63-1, 63-4, 77 et 706-73, relatives à la garde à vue, sont contraires aux droits de la défense, au droit à une procédure juste et équitable, au droit à la liberté individuelle, au droit de ne pas faire l'objet d'arrestations d'une rigueur non nécessaire, au droit à l'égalité devant la loi et devant la justice, droits garantis par les PFRLR, par les art. 1er, 2, 4, 6, 7, 9 et 16 DDH ainsi que par les art. 1er, 34 et 66 Const. : • Cass., QPC, 31 mai

2010 : *D. 2010. Actu. 1356*.

3. Si le Conseil constitutionnel, en réponse à une QPC, a, en application du principe d'égalité, étendu aux personnes mises en examen pour l'un des crimes prévus à l'art. 706-73 l'enregistrement audiovisuel de leurs interrogatoires par le juge d'instruction, le défaut d'enregistrement, antérieur à cette décision, d'un interrogatoire n'encourt pas l'annulation, dès lors que la personne en examen a été mise en mesure d'être assistée d'un avocat qui a pu vérifier la transcription sur les procès-verbaux, authentifiés par un greffier, des questions et des réponses, demander des rectifications et contester, à tous les stades de la procédure, la teneur et la portée des propos, tels qu'ils ont été transcrits. • Crim. 10 mai 2012, n° 11-87.328 P : *D. 2012. Actu. 1485*.

4. Droit à l'assistance d'un avocat. Sauf exceptions justifiées par des raisons impérieuses tenant aux circonstances particulières de l'espèce, et non à la seule nature du crime ou délit reproché, toute personne soupçonnée d'avoir commis une infraction doit, dès le début de la garde à vue, être informée de son droit de se taire et bénéficier, sauf renonciation non équivoque, de l'assistance d'un défenseur. Toutefois, ces règles ne prendront effet que lors de l'entrée en vigueur de la loi devant, conformément à la décision du Conseil constitutionnel du 30 juillet 2010, modifier le régime juridique de la garde à vue, ou, au plus tard, le 1er juillet 2011. • Crim. 19 oct. 2010 (3 arrêts) : *D. 2010. Entretien obs. Mayaud ; ibid. Actu. 2434 ; ibid. Chron. 2783, note Pradel ; ibid. 2809, note Dreyer ; ibid. 2011. 134, obs. Degorce ; AJ pénal 2010. 479, obs. Allain ; RSC 2010. Chron. 879, obs. Gindre ; Dr. pénal 2011. Chron. 7, obs. Lesclous ; Dr. pénal 2012. Chron. 1, obs. Georget.*

5. Contrôle effectif de l'autorité judiciaire. Si le législateur peut prévoir des mesures d'investigation spéciales en vue de constater des crimes et délits d'une gravité et d'une complexité particulières, d'en rassembler les preuves et d'en rechercher les auteurs, c'est sous réserve que ces mesures soient conduites dans le respect des prérogatives de l'autorité judiciaire, gardienne de la liberté individuelle, et que les restrictions qu'elles apportent aux droits constitutionnellement garantis soient nécessaires à la manifestation de la vérité, proportionnées à la gravité et à la complexité des infractions commises et n'introduisent pas de discriminations injustifiées. Ainsi, il appartient à l'autorité judiciaire de veiller au respect de ces principes, rappelés à l'article préliminaire du code de procédure pénale, dans l'application des règles de procédure pénale spéciales instituées par la loi n° 2004-204 du 9 mars 2004 au titre XXV du code de procédure pénale. • Cons. const. 2 mars 2004, n° 2004-492 DC : *JO 10 mars, p. 4637.*

6. Détournement de procédure. L'existence d'un détournement de procédure s'entend du fait, pour des agents publics, de se placer faussement et à dessein dans le champ d'application des art. 706-73 et 706-73-1, à seule fin de mettre en œuvre les pouvoirs conférés par les art. 706-96 et 706-96-1, dont ils n'auraient pu disposer autrement. • Crim. 18 juin 2019, n° 19-80.015 P : *D. actu. 9 juill. 2019, obs. Goetz ; D. 2019. Pan. 1626, obs. Pradel ; AJ pénal 2019. 450, obs. Clément ; Dr. pénal 2019, n° 156, note Fourment.* ♦ Ne suffisent pas à constituer un détournement de procédure, ni l'absence d'implication effective des personnes concernées dans les faits objet de la mesure de sonorisation, une telle implication n'étant pas exigée par la loi, ni le fait que ces personnes aient ultérieurement été mises en examen à raison de faits distincts, révélés par les opérations précitées. • Même arrêt.

7. Vol en bande organisée. Parmi les infractions ne portant pas nécessairement atteinte aux personnes, énumérées dans l'art. 706-73, figure le vol lorsqu'il est qualifié de crime : toutefois, si le vol commis en bande organisée trouve sa place dans cette liste, il ne saurait en être ainsi que s'il présente des éléments de gravité suffisants pour justifier les mesures dérogatoires prévues au titre XXV sinon ces procédures spéciales imposeraient une rigueur non nécessaire au sens de l'art. 9 de la Déclaration de 1789 ; ainsi, il appartiendra à l'autorité judiciaire d'apprécier l'existence de tels éléments de gravité dans le cadre de l'application de ces textes. • Cons. const. 2 mars 2004, n° 2004-492 DC : *préc. note 5.*

8. Une chambre de l'instruction, saisie d'une demande de mainlevée d'une inscription provisoire d'hypothèque ordonnée par un JLD, qui relève que cette inscription n'était pas excessive au regard des amendes encourues, retient à bon droit que la réserve d'interprétation formulée par le Conseil constitutionnel dans sa décision du 2 mars 2004, confiant à l'autorité judiciaire le soin d'apprécier l'existence d'éléments de gravité justifiant le recours à une procédure exceptionnelle, ne s'applique qu'à l'infraction de vol en bande organisée et non à l'ensemble des infractions visées à l'art. 706-73. • Cass., ch. mixte, 11 déc. 2009, n° 08-86.304 P.

9. Aide au séjour irrégulier. Il ressort des termes mêmes de l'art. 706-73 nouveau que le délit d'aide au séjour irrégulier d'un étranger en France commis en bande organisée ne saurait concerner les organismes humanitaires d'aide aux étrangers ; de plus, le principe énoncé à l'art. 121-3 C. pén., selon lequel il n'y a point de délit sans intention de le commettre, s'applique à cette infraction. • Cons. const. 2 mars 2004, n° 2004-492 DC : *préc. note 5.*

10. Notion de bande organisée. La bande organisée suppose la préméditation des infractions et, à la différence de l'association de malfaiteurs, une organisation structurée entre ses membres. • Crim. 8 juill. 2015, n° 14-88.329 P : *D. 2015. Actu. 1600*. ♦ ... Peu important que les diverses fonctions nécessaires à la mise en œuvre du mode opératoire ainsi conçu n'aient pas été exercées par les mêmes personnes pendant toute la période de commission des faits poursuivis, les faits étant commis par plusieurs équipes qui n'étaient pas toujours composées de la même manière. • Crim. 16 mai 2018, n° 17-81.151 P : *D. actu. 28 mai 2018, obs. Goetz.* ♦ Par ailleurs, des faits qui procèdent de manière indissociable d'une action unique caractérisée par une seule intention coupable ne pouvant être retenus comme élément constitutif d'une infraction et circonstance aggravante d'une autre infraction, une cour d'appel ne peut retenir des faits constitutifs d'association de malfaiteurs indissociables de ceux caractérisant la bande organisée comme circonstance aggravante de l'infraction d'escroquerie dont elle a déclaré le prévenu coupable. • Même arrêt.

Art. 706-73-1 *(L. n° 2015-993 du 17 août 2015, art. 11)* **Le présent titre, à l'exception de l'article 706-88, est également applicable à l'enquête, à la poursuite, à l'instruction et au jugement des délits suivants :**

1° Délit d'escroquerie en bande organisée, prévu au dernier alinéa de l'article 313-2 du code pénal *(L. n° 2016-731 du 3 juin 2016, art. 28)* **« , délit d'atteinte aux systèmes de traitement automatisé de données à caractère personnel mis en œuvre par l'État commis en bande organisée, prévu à l'article 323-4-1 du même code et délit d'évasion commis en bande organisée prévu au second alinéa de l'article 434-30 dudit code » ;**

2° Délits de dissimulation d'activités ou de salariés, de recours aux services d'une personne exerçant un travail dissimulé, de marchandage de main-d'œuvre, de prêt illicite de main-d'œuvre ou d'emploi d'étranger sans titre de travail, commis en bande organisée, prévus aux 1° et 3° de l'article L. 8221-1 et aux articles L. 8221-3, L. 8221-5, L. 8224-1, L. 8224-2, L. 8231-1, L. 8234-1, L. 8234-2, L. 8241-1, L. 8243-1, L. 8243-2, L. 8251-1 et L. 8256-2 du code du travail ;

3° Délits de blanchiment, prévus *(L. n° 2016-731 du 3 juin 2016, art. 30)* **« à l'article 324-1 » du code pénal, ou de recel, prévus aux articles 321-1 et 321-2 du même code, du produit, des revenus ou des choses provenant des infractions mentionnées aux 1° et 2° du présent article ;**

(L. n° 2016-731 du 3 juin 2016, art. 30) **« 3°** ***bis*** **Délits de blanchiment prévus à l'article 324-2 du code pénal, à l'exception de ceux mentionnés au 14° de l'article 706-73 du présent code ; »**

4° Délits d'association de malfaiteurs, prévus à l'article 450-1 du code pénal, lorsqu'ils ont pour objet la préparation de l'une des infractions mentionnées aux 1° à 3° du présent article ;

5° Délit de non-justification de ressources correspondant au train de vie, prévu à l'article 321-6-1 du code pénal, lorsqu'il est en relation avec l'une des infractions mentionnées aux 1° à 4° du présent article ;

(L. n° 2016-731 du 3 juin 2016, art. 29) **« 6° Délits d'importation, d'exportation, de transit, de transport, de détention, de vente, d'acquisition ou d'échange d'un bien culturel prévus à l'article 322-3-2 du code pénal » ;**

(L. n° 2016-1087 du 8 août 2016, art. 164) **« 7° Délits d'atteintes au patrimoine naturel commis en bande organisée, prévus à l'article L. 415-6 du code de l'environnement ;**

« 8° Délits de trafic de produits phytopharmaceutiques commis en bande organisée, prévus au 3° de l'article L. 253-17-1, au II des articles L. 253-15 et L. 253-16 et au III de l'article L. 254-12 du code rural et de la pêche maritime ;

« 9° Délits relatifs aux déchets mentionnés au I de l'article L. 541-46 du code de l'environnement commis en bande organisée, prévus au VII du même article » ;

(L. n° 2017-257 du 28 févr. 2017, art. 34) **« 10° Délit de participation à la tenue d'une maison de jeux** *(Ord. n° 2019-1015 du 2 oct. 2019, art. 34, en vigueur le 1er janv. 2020)* **« d'argent et de hasard » commis en bande organisée, prévu au premier alinéa de l'article L. 324-1 du code de la sécurité intérieure et délits d'importation, de fabrication, de détention, de mise à disposition de tiers, d'installation et d'exploitation d'appareil de jeux** *(Ord. n° 2019-1015 du 2 oct. 2019, art. 34, en vigueur le 1er janv. 2020)* **« d'argent et de hasard » ou d'adresse commis en bande organisée, prévu** *[prévus]* **au premier alinéa de l'article** *(Ord. n° 2019-1015 du 2 oct. 2019, art. 34, en vigueur le 1er janv. 2020)* **« L. 324-4 » du même code » ;**

(L. n° 2017-1510 du 30 oct. 2017, art. 9) **« 11° Délits portant atteinte aux intérêts fondamentaux de la nation prévus aux articles 411-5, 411-7 et 411-8, aux deux pre-**

miers alinéas de l'article 412-2, à l'article 413-1 et au troisième alinéa de l'article 413-13 du code pénal. »

Art. 706-74 **Lorsque la loi le prévoit, les dispositions du présent titre sont également applicables :**

1° Aux crimes et délits commis en bande organisée, autres que ceux relevant *(L. nº 2015-993 du 17 août 2015, art. 11)* **« des articles 706-73 et 706-73-1 » ;**

2° Aux délits d'association de malfaiteurs prévus par le deuxième alinéa de l'article 450-1 du code pénal autres que ceux relevant du 15° de l'article 706-73 *(L. nº 2015-993 du 17 août 2015, art. 11)* **« ou du 4° de l'article 706-73-1 » du présent code.**

Circulaire CRIM 04-13 G1 du 2 septembre 2004,

Présentant les dispositions relatives à la criminalité organisée de la loi nº 2004-204 du 9 mars 2004 portant adaptation de la justice aux évolutions de la criminalité [...].

Outre les faits relevant de la grande délinquance organisée, l'article 706-74 du code de procédure pénale dispose que les juridictions interrégionales spécialisées sont également compétentes pour les crimes et délits commis en bande organisée, autres que ceux relevant de l'article 706-73 du code de procédure pénale, et pour les délits d'association de malfaiteurs prévus par le deuxième alinéa de l'article 450-1 du code pénal autres que ceux relevant du 15° de l'article 706-73.

A titre liminaire, il convient de noter que l'article 706-74 est essentiellement une disposition de compétence territoriale des juridictions interrégionales spécialisées, contrairement à l'article 706-73 qui, outre la compétence, fixe la liste des infractions pour lesquelles peuvent être utilisés des moyens d'enquête dérogatoires. En effet, à l'exception de la surveillance effectuée sur l'ensemble du territoire national et de la saisie conservatoire des avoirs qui peuvent être mis en œuvre pour les infractions relevant de l'article 706-74, aucune autre technique spéciale d'investigation ne peut être employée pour enquêter sur ces dernières. L'objectif poursuivi par ces dispositions est de permettre, par souci d'efficacité, aux juridictions interrégionales spécialisées de traiter l'ensemble des ramifications d'un réseau de délinquance, ce qui nécessite une compétence pour les faits relevant de la grande criminalité organisée et pour des faits de moindre envergure, connexes aux premiers ou commis par la même organisation de malfaiteurs. Le respect du principe de la rigueur nécessaire énoncé par l'article 9 de la Déclaration de 1789 imposait en revanche qu'au regard de la moindre gravité de ces infractions en comparaison de celles listées précédemment, les seuls moyens de droit commun soient applicables aux investigations.

— Les infractions commises avec la circonstance aggravante de bande organisée :

Les infractions commises avec la circonstance aggravante de bande organisée relèveront ainsi de l'article 706-73 ou de l'article 706-74 du code de procédure pénale selon la nomenclature suivante :

INFRACTIONS COMMISES EN BANDE ORGANISÉE	Article 706-73 CPP	Article 706-74 CPP
Meurtre - art. 221-4 8° du C. pén.	X	
Tortures et actes de barbarie - art. 222-4 al. 1 du C. pén.	X	
Production ou fabrication illicite de stupéfiants - art. 222-35 al. 2 du C. pén.	X	
Importation ou exportation illicite de stupéfiants - art. 222-36 al. 2 du C. pén.	X	
Enlèvement et séquestration - *art. 224-5-2 du C. pén.*	X	
Traite des êtres humains - art. 225-4-3 du C. pén.	X	

INFRACTIONS COMMISES EN BANDE ORGANISÉE		Article 706-73 CPP	Article 706-74 CPP
Proxénétisme - art. 225-8 du C. pén.		X	
Exploitation de la mendicité - art. 225-12-7 du C. pén.			X
Corruption de mineur - art. 227-22 al. 3 du C. pén.			X
Enregistrement ou transmission de l'image pornographique d'un mineur - art. 227-23 al. 5 du C. pén.			X
Vol - art. 311-9 du C. pén.		X	
Extorsion - art. 312-6 du C. pén.		X	
Escroquerie *- art. 313-2 du C. pén.*			X
Destruction, dégradation et détérioration d'un bien - art. 322-8 du C. pén.		X	
Transport, détention, mise en circulation de signes monétaires contrefaits ou falsifiés *- art. 442-2 du C. pén.*		X	
Évasion - art. 434-30 du C. pén.			X
Recel - art. 321-2 du C. pén.	du produit des revenus ou des choses des infractions visées par l'article 706-73	X	
	de toute autre infraction		X
Blanchiment - art. 324-2 du C. pén.	du produit des revenus ou des choses des infractions visées par l'article 706-73	X	
	de toute autre infraction		X
Délits en matière d'armes - art. 3 de la loi du 19 juin 1871, art. 24, 26 et 31 du décret du 18 avril 1939, art. 6 de la loi du 3 juillet 1970, et 4 de la loi du 9 juin 1972		X	
Délits d'aide à l'entrée, à la circulation et au séjour irréguliers d'un étranger en France - art. 21-I al. 4 de l'ord. du 2 novembre 1945		X	
Paris clandestins sur les courses de chevaux - art. 4 de la loi du 2 juin 1891			X
Organisation de jeux de hasard - art. 1er de la loi du 12 juillet 1983			X
Importation, fabrication, mise à disposition de jeux de hasard - art. 2 de la loi du 12 juillet 1983			X
Contrebande, importation ou exportation de marchandises dangereuses pour la santé, la moralité ou la sécurité publique - art. 414 du C. douanes			X

(Les infractions mentionnées en italique sont celles pour lesquelles la circonstance aggravante de la bande organisée a été ajoutée par la loi du 9 mars 2004.)

— Les délits d'association de malfaiteurs

La compétence des juridictions interrégionales spécialisées au titre de l'article 706-74 du code de procédure pénale est étendue au délit d'association de malfaiteurs prévu par l'alinéa 2 de l'article 450-1 du code pénal, c'est-à-dire la préparation des crimes et des délits punis de dix ans d'emprisonnement.

Dans les cas où l'association de malfaiteurs consiste en la préparation de l'une des infractions visées par l'article 706-73, c'est au titre du 15° de cet article que les juridictions interrégionales spécialisées sont compétentes. La distinction est particulièrement importante et doit retenir l'attention non seulement au regard de la compétence mais aussi à celui des moyens d'investigations qui peuvent être mis en œuvre. Lorsque l'association de malfaiteurs porte sur l'une des infractions de l'article 706-73 du code de procédure pénale, ce sont en effet les techniques d'enquête prévues pour lutter contre celles-ci qui sont susceptibles d'être utilisées, ce qui n'est pas le cas lorsque l'association de malfaiteurs est celle visée à l'article 706-74.

— Le blanchiment

Les infractions de blanchiment soulèvent un problème particulier dans la mesure où elles relèvent de deux compétences spécialisées étant visées non seulement dans les dispositions relatives à la criminalité organisée comme cela a été indiqué ci-dessus, mais aussi dans l'article 704 du code de procédure pénale relatif à la compétence des juridictions compétentes en matière financière.

Aussi, lorsqu'une procédure relative à des faits de blanchiment apparaît d'une complexité suffisante pour relever d'une juridiction spécialisée, conviendra-t-il de faire la distinction suivante :

— soit le blanchiment porte sur des fonds issus de l'une des infractions visées à l'article 706-73 ou sur des fonds dont l'origine est liée à des faits semblant relever de la criminalité organisée : dans ce cas la procédure sera de la compétence des juridictions interrégionales spécialisées en matière de criminalité organisée ;

— soit le blanchiment porte sur des fonds issus d'une des infractions visées à l'article 704 ou sur des fonds non liés à des infractions relevant de la criminalité organisée : dans ce cas la procédure sera de la compétence des juridictions interrégionales spécialisées dans la matière économique et financière.

Lorsque les investigations relatives à des faits de blanchiment de fonds issus de la criminalité organisée sont d'une grande complexité sur un plan financier, il sera alors nécessaire de voir travailler de concert des magistrats compétents dans les deux domaines, *ce qui implique un impératif de co-désignation dans le cadre de l'information judiciaire.*

A l'instar de ce qui a été indiqué dans le paragraphe relatif à la grande délinquance organisée, la compétence des juridictions interrégionales spécialisées s'étend aux infractions connexes de celles visées à l'article 706-74 du code de procédure pénale (article 706-75, alinéa 2, du même code). *[...]*

Code de la sécurité intérieure

Art. L. 811-3 *(L. n° 2015-912 du 24 juill. 2015, art. 2)* Pour le seul exercice de leurs missions respectives, les services spécialisés de renseignement peuvent recourir aux techniques mentionnées au titre V du présent livre pour le recueil des renseignements relatifs à la défense et à la promotion des intérêts fondamentaux de la Nation suivants :

1° L'indépendance nationale, l'intégrité du territoire et la défense nationale ;

2° Les intérêts majeurs de la politique étrangère, l'exécution des engagements européens et internationaux de la France et la prévention de toute forme d'ingérence étrangère ;

3° Les intérêts économiques, industriels et scientifiques majeurs de la France ;

4° La prévention du terrorisme ;

5° *La prévention :*

a) Des atteintes à la forme républicaine des institutions ;

b) Des actions tendant au maintien ou à la reconstitution de groupements dissous en application de l'article L. 212-1 ;

c) Des violences collectives de nature à porter gravement atteinte à la paix publique ;

6° La prévention de la criminalité et de la délinquance organisées ;

7° La prévention de la prolifération des armes de destruction massive.

*V. CSI, livre VIII, titre V, art. L. 851-1 s. — **CSI**.*

CHAPITRE PREMIER COMPÉTENCE DES JURIDICTIONS SPÉCIALISÉES

Art. 706-75 La compétence territoriale d'un tribunal judiciaire et d'une cour d'assises peut être étendue au ressort d'une ou plusieurs cours d'appel pour l'enquête, la poursuite, l'instruction et le jugement des crimes et délits entrant dans le champ d'applica-

tion des articles 706-73, à l'exception du 11° *(L. nº 2017-1510 du 30 oct. 2017, art. 9)* **« , du 11° *bis* »** *(L. nº 2011-266 du 14 mars 2011, art. 17-3°)* **« et du 18° »,** *(L. nº 2015-993 du 17 août 2015, art. 11)* **« 706-73-1 »** *(L. nº 2017-1510 du 30 oct. 2017, art. 9)* **« , à l'exclusion du 11°, » ou 706-74, dans les affaires qui sont ou apparaîtraient d'une grande complexité.**

Cette compétence s'étend aux infractions connexes.

Un décret fixe la liste et le ressort de ces juridictions, qui comprennent une section du parquet et des formations d'instruction et de jugement spécialisées pour connaître de ces infractions.

(L. nº 2019-222 du 23 mars 2019, art. 68) **« Toutefois, le tribunal judiciaire et la cour d'assises de Paris exercent une compétence concurrente sur l'ensemble du territoire national pour l'enquête, la poursuite, l'instruction et le jugement des crimes et délits mentionnés au premier alinéa du présent article, dans les affaires qui sont ou apparaîtraient d'une très grande complexité, en raison notamment du ressort géographique sur lequel elles s'étendent. »** — *V. art. D. 47-13.*

1. Ne peut être accueilli un recours contre une ordonnance de dessaisissement au profit d'une juridiction interrégionale spécialisée pour les faits poursuivis, qui, à les supposer établis, apparaissent d'une grande complexité, les formalités prescrites par l'art. 706-77 ayant été observées et les infractions pour lesquelles les requérants sont mis en examen entrant dans les prévisions des art. 706-73 et 706-74. • Crim. 2 févr. 2005, nº 05-80.623 P : *D. 2005. IR 737 ; JCP 2005. IV. 1637 ; AJ pénal 2005. 202.*

2. Les conditions de fond et de forme relatives au dessaisissement des juridictions de droit commun au profit des juridictions spécialisées en matière de criminalité organisée sont applicables en cas d'infraction connexe à une infraction relevant des art. 706-73 et 706-74. En l'espèce, les faits d'escroquerie pouvaient ressortir de la compétence des magistrats spécialisés dès lors qu'ils avaient été commis en relation avec un trafic international de véhicules volés, hypothèse relevant de l'art. 706-73, 7°. • Crim. 15 déc. 2010, nº 10-88.298 P : *D. actu. 20 janv. 2011, obs. Girault.*

3. Critère de complexité. Après avoir retenu que les faits sont d'une complicité certaine, liée notamment à leur nature, leur gravité, leur caractère répété, l'implication de co-auteurs étrangers, la Cour retient que cette complexité n'est pas telle, en l'espèce, qu'elle justifie la saisine de la juridiction interrégionale spécialisée. • Crim. 26 mai 2020, nº 20-82.255 P : *AJ pénal 2020. 366, obs. Lemoine.*

Art. 706-75-1 *(Ord. nº 2006-673 du 8 juin 2006, art. 8)* **Au sein de chaque tribunal judiciaire dont la compétence territoriale est étendue au ressort d'une ou plusieurs cours d'appel, le procureur général et le premier président, après avis du procureur de la République et du président du tribunal judiciaire, désignent respectivement un ou plusieurs magistrats du parquet, juges d'instruction et magistrats du siège chargés spécialement de l'enquête, la poursuite, l'instruction et, s'il s'agit de délits, du jugement des infractions entrant dans le champ d'application des articles 706-73, à l'exception du 11°** *(L. nº 2011-266 du 14 mars 2011, art. 17-3°)* **« et du 18° »,** *(L. nº 2015-993 du 17 août 2015, art. 11)* **« 706-73-1 » ou 706-74.** *(L. nº 2021-1729 du 22 déc. 2021, art. 14)* **« Pour siéger au sein du tribunal correctionnel, peuvent être désignés des magistrats honoraires exerçant des fonctions juridictionnelles dans les conditions prévues à la section II du chapitre V *bis* de l'ordonnance nº 58-1270 du 22 décembre 1958 portant loi organique relative au statut de la magistrature. »**

Au sein de chaque cour d'assises dont la compétence territoriale est étendue au ressort d'une ou plusieurs cours d'appel, le premier président désigne des magistrats du siège, conformément aux dispositions des articles 244 à 253, chargés spécialement du jugement des crimes entrant dans le champ d'application de ces infractions. *(L. nº 2021-1729 du 22 déc. 2021, art. 14)* **« Peuvent être désignés des magistrats honoraires exerçant des fonctions juridictionnelles dans les conditions prévues au second alinéa de l'article 249. »**

Au sein de chaque cour d'appel dont la compétence territoriale est étendue au ressort d'une ou plusieurs cours d'appel, le premier président et le procureur général désignent respectivement des magistrats du siège et du parquet général chargés spécialement du jugement des délits et du traitement des affaires entrant dans le champ d'application des articles 706-73, à l'exception du 11° *(L. nº 2011-266 du 14 mars 2011, art. 17-3°)* **« et du 18° »,** *(L. nº 2015-993 du 17 août 2015, art. 11)* **« 706-73-1 » ou 706-74.** *(L. nº 2021-1729 du 22 déc. 2021, art. 14)* **« Pour siéger au sein de**

la chambre des appels correctionnels, peuvent être désignés des magistrats honoraires exerçant des fonctions juridictionnelles dans les conditions prévues à la section II du chapitre V *bis* de l'ordonnance n° 58-1270 du 22 décembre 1958 précitée. »

La désignation du président et des assesseurs composant la cour d'assises, à l'occasion du jugement des infractions relevant de la criminalité et de la délinquance organisées, n'est régie par l'art. 706-75-1 qu'à l'occasion du jugement sur l'action publique, mais non lorsque, après l'arrêt de condamnation, la cour d'assises n'est plus saisie que des intérêts civils. • Crim. 11 déc. 2019, n° 19-80.059 P.

Art. 706-75-2 *(L. n° 2011-267 du 14 mars 2011, art. 123-I)* **Par dérogation aux dispositions du deuxième alinéa de l'article 380-1, en cas d'appel d'une décision d'une cour d'assises dont la compétence territoriale est étendue au ressort d'une ou plusieurs cours d'appel pour le jugement des crimes entrant dans le champ d'application des articles 706-73, à l'exception du 11°,** *(L. n° 2015-993 du 17 août 2015, art. 11)* **« 706-73-1 » ou 706-74, dans les affaires qui sont ou apparaîtraient d'une grande complexité, la chambre criminelle de la Cour de cassation peut désigner la même cour d'assises, autrement composée, pour connaître de l'appel.**

Art. 706-76 Le procureur de la République, le juge d'instruction, la formation correctionnelle spécialisée du tribunal judiciaire et la cour d'assises visés à l'article 706-75 exercent, sur toute l'étendue du ressort fixé en application de cet article, une compétence concurrente à celle qui résulte de l'application des articles 43, 52, 382 et 706-42.

La juridiction saisie demeure compétente, quelles que soient les incriminations retenues lors du règlement ou du jugement de l'affaire. Toutefois, si les faits constituent une contravention, le juge d'instruction prononce le renvoi de l'affaire devant le tribunal de police compétent en application de l'article 522 *(Abrogé par L. n° 2020-1672 du 24 déc. 2020, art. 12)* ***« ou devant la juridiction de proximité compétente en application de l'article 522-1 ».***

V. note au-dessus de l'art. 521.

Les juridictions de proximité ont été supprimées à compter du 1er juill. 2017 (L. 2011-1862 du 13 déc. 2011).

Art. 706-77 Le procureur de la République près un tribunal judiciaire *(Abrogé par L. n° 2019-222 du 23 mars 2019, art. 68)* ***« autre que ceux visés à l'article 706-75 »*** **peut, pour les infractions entrant dans le champ d'application des articles 706-73, à l'exception du 11°** *(L. n° 2011-266 du 14 mars 2011, art. 17-3°)* **« et du 18° »,** *(L. n° 2015-993 du 17 août 2015, art. 11)* **« 706-73-1 » et 706-74, requérir le juge d'instruction de se dessaisir au profit de la juridiction d'instruction compétente en application de l'article 706-75. Les parties sont préalablement avisées et invitées à faire connaître leurs observations par le juge d'instruction. L'ordonnance est rendue huit jours au plus tôt et un mois au plus tard à compter de cet avis.**

Lorsque le juge d'instruction décide de se dessaisir, son ordonnance ne prend effet qu'à compter du délai de cinq jours prévu par l'article 706-78 ; lorsqu'un recours est exercé en application de cet article, le juge d'instruction demeure saisi jusqu'à ce que soit porté à sa connaissance l'arrêt de la chambre de l'instruction passé en force de *chose jugée ou celui* de la chambre criminelle de la Cour de cassation.

Dès que l'ordonnance est passée en force de chose jugée, le procureur de la République adresse le dossier de la procédure au procureur de la République près le tribunal judiciaire compétent en application de l'article 706-76.

Les dispositions du présent article sont applicables devant la chambre de l'instruction.

1. Seul le ministère public peut prendre l'initiative de la mise en œuvre de la procédure de dessaisissement de la juridiction d'instruction de droit commun au profit de la juridiction spécialisée ; la chambre de l'instruction n'est pas compétente pour l'enjoindre de procéder à ce dessaisissement. • Crim. 11 mai 2006, n° 06-81.699 P : *D. 2006. IR 1705 ; AJ pénal 2006. 366, obs. Roussel.*

2. Les dispositions de l'art. 706-77 viennent compléter celles de l'art. 663 sans se substituer à celles-ci ou les exclure. • Crim. 3 sept. 2019, n° 19-80.388 P : *D. actu. 24 sept. 2019, obs. Diaz ; RSC 2019. 845, note Valat ; Dr. pénal 2019, n° 175, note Maron et Haas.*

3. La seule absence d'opposition manifestée par le procureur de la République ne peut s'analyser en des réquisitions engageant la procédure de dessaisissement. • Crim. 12 nov. 2015, n° 15-82.832 P : *D. actu. 4 déc. 2015, obs. Priou-Alibert.*

Circulaire CRIM 04-13 G1 du 2 septembre 2004,

Présentant les dispositions relatives à la criminalité organisée de la loi n° 2004-204 du 9 mars 2004 portant adaptation de la justice aux évolutions de la criminalité [...].

La loi réserve l'initiative du dessaisissement au seul procureur de la République que ce soit au stade de l'enquête ou de l'information : ni la personne mise en examen, ni la partie civile ne peuvent le solliciter, et le juge d'instruction ne peut se dessaisir que sur réquisitions conformes du parquet. *[...]*

L'initiative du procureur de la République de la juridiction de droit commun ne saurait être menée sans qu'il prenne préalablement attache avec le procureur de la République de la juridiction interrégionale spécialisée compétente. Il informera préalablement son procureur général, lequel sera à même d'apprécier si ce dessaisissement correspond aux critères définis dans le cadre de la mission de coordination du procureur général de la cour interrégionale.

Bien que le texte ne le prévoit pas, il est envisageable que le juge d'instruction d'une juridiction de droit commun, prenant conscience de la complexité des faits dont il est saisi, considère comme opportun de voir saisie une juridiction interrégionale spécialisée. Il conviendra dans ce cas que le juge d'instruction communique le dossier au procureur de la République aux fins d'appeler l'attention de ce dernier sur ce point. Ce magistrat procédera alors conformément à ce qui a été précisé au paragraphe précédent lorsqu'il est à l'origine de la procédure de dessaisissement. Cependant, à défaut de réquisition en ce sens prise par le procureur de la République, le juge d'instruction ne pourra en aucun cas mettre plus avant en œuvre la procédure de dessaisissement.

Lorsque le juge d'instruction est saisi par le procureur de la République de réquisitions aux fins de se dessaisir au profit d'une juridiction interrégionale spécialisée, il doit en aviser les parties afin que celles-ci puissent faire valoir leurs observations. La loi n'impose aucune forme pour cet avis, ni de délai pour l'adresser. Il est cependant évident qu'il appartiendra au juge d'instruction de faire preuve de célérité, cet acte lui étant imposé par la loi.

Une fois saisi par le procureur de la République de réquisitions aux fins de dessaisissement, le juge d'instruction ne peut rendre son ordonnance que huit jours au plus tôt et un mois au plus tard à compter de l'avis précité. Ce délai s'entend en jours francs.

Bien que le texte soit muet sur le délai offert aux parties pour faire connaître leurs observations, il y a lieu de considérer que celles-ci disposent d'un délai de huit jours pour le faire, le juge d'instruction pouvant rendre son ordonnance une fois ce délai écoulé. Bien évidemment, rien n'interdirait au juge d'instruction de faire connaître aux parties la date à laquelle il envisage de répondre au parquet (par exemple quinze jours) pour leur permettre de bénéficier d'un délai supplémentaire.

En tout état de cause, le délai maximum imparti par la loi est d'un mois et le juge ne saurait exciper de l'absence de réponse des parties pour ne pas rendre son ordonnance.

Dans les cas où il n'y a pas de partie, si le juge d'instruction n'a pas l'intention de se dessaisir, il est, conformément aux dispositions de l'article 82 du code de procédure pénale, tenu de répondre dans les cinq jours.

Lorsque le juge d'instruction est d'accord pour se dessaisir, il rend une ordonnance en ce sens. Celle-ci est notifiée aux parties, notification qui leur ouvre un délai de recours (art. 706-78 du code de procédure pénale). Bien que la loi n'en dispose pas, la notification doit être faite soit verbalement avec émargement au dossier de la procédure, soit par lettre recommandée, conformément à la procédure prévue dans les autres cas de notification d'ordonnance.

Passé le délai de cinq jours francs à compter de la notification de l'ordonnance aux parties, à défaut de recours, celle-ci passe en force de chose jugée. Le juge d'instruction communique alors le dossier de la procédure au procureur de la République qui la transmet au procureur de la République de la juridiction interrégionale spécialisée compétente. *[...]*

Art. 706-78 L'ordonnance rendue en application de l'article 706-77 peut, à l'exclusion de toute autre voie de recours, être déférée dans les cinq jours de sa notification, à la requête du ministère public ou des parties, soit à la chambre de l'instruction si la juridiction spécialisée au profit de laquelle le dessaisissement a été ordonné ou refusé se trouve dans le ressort de la cour d'appel dans lequel se situe la juridiction initialement saisie, soit, dans le cas contraire, à la chambre criminelle de la Cour de cassa-

tion. La chambre de l'instruction ou la chambre criminelle désigne, dans les huit jours suivant la date de réception du dossier, le juge d'instruction chargé de poursuivre l'information. Le ministère public peut également saisir directement la chambre de l'instruction ou la chambre criminelle de la Cour de cassation lorsque le juge d'instruction n'a pas rendu son ordonnance dans le délai d'un mois prévu au premier alinéa de l'article 706-77.

L'arrêt de la chambre de l'instruction ou de la chambre criminelle est porté à la connaissance du juge d'instruction ainsi qu'au ministère public et notifié aux parties.

Les dispositions du présent article sont applicables à l'arrêt de la chambre de l'instruction rendu sur le fondement du quatrième alinéa de l'article 706-77, le recours étant alors porté devant la chambre criminelle.

1. L'ordonnance de dessaisissement rendue par le juge d'instruction sur le fondement de l'art. 706-77 peut seulement être déférée, à la requête du ministère public ou des parties, soit à la chambre de l'instruction si la juridiction spécialisée au profit de laquelle le dessaisissement a été ordonné ou refusé se trouve dans le ressort de la cour d'appel dans lequel se situe la juridiction initialement saisie, soit, dans le cas contraire, à la chambre criminelle de la Cour de cassation, à l'exclusion de toute autre voie de recours ; ceci exclut donc la possibilité de se pourvoir contre un arrêt de chambre de l'instruction statuant en cette matière. • Crim. 19 janv. 2005, n° 05-80.112 P : *AJ pénal 2005. 160, obs. Girault ; JCP 2005. IV. 1511.*

2. L'art. 706-78 exclut la possibilité de se pourvoir contre un arrêt de chambre de l'instruction statuant en matière de dessaisissement au profit de la juridiction interrégionale spécialisée. • Crim. 16 févr. 2005, n° 05-81.000 P : *D. 2005. IR 798 ; AJ pénal 2005. 202, obs. G. R. ; Dr. pénal 2005. Comm. 68, obs. Maron ; JCP 2005. IV. 1634* • 14 sept. 2005, n° 05-85.222 P.

3. Doit être déclaré irrecevable comme tardif le recours formé en application de l'art. 706-78, plus de cinq jours après la notification de l'ordonnance d'un juge d'instruction se dessaisissant au profit d'une juridiction interrégionale spécialisée. • Crim. 7 sept. 2011, n° 11-86.559 P.

4. Lorsque le juge d'instruction s'est dessaisi sur le fondement de la connexité d'informations judiciaires, au visa de l'art. 663 et non dans le cadre des dispositions de l'art. 706-77, c'est à bon droit que la chambre de l'instruction a retenu que le recours prévu à l'art. 706-78 n'est pas recevable. • Crim. 3 sept. 2019, n° 19-80.388 P : *D. actu. 24 sept. 2019, obs. Diaz ; RSC 2019. 845, note Valat ; Dr. pénal 2019, n° 175, note Maron et Haas.*

5. En l'absence de partie à la procédure, les formalités de notification prévues à l'art. 706-78 ne s'appliquent pas. • Crim. 11 mai 2016, n° 15-87.595 P : *D. actu. 31 mai 2016, obs. Goetz.*

Art. 706-79 **Les magistrats mentionnés à l'article 706-76 ainsi que le procureur général près la cour d'appel compétente peuvent demander à des assistants spécialisés, désignés dans les conditions prévues par les dispositions de l'article 706, de participer, selon les modalités prévues par cet article, aux procédures concernant les crimes et délits entrant dans le champ d'application des articles 706-73** *(L. n° 2015-993 du 17 août 2015, art. 11)* **« , 706-73-1 » ou 706-74.**

Art. 706-79-1 **Le procureur général près la cour d'appel, dans le ressort de laquelle se trouve une juridiction compétente en application de l'article 706-75, anime et coordonne, en concertation avec les autres procureurs généraux du ressort interrégional, la conduite de la politique d'action publique pour l'application de cet article.**

CHAPITRE II PROCÉDURE

SECTION PREMIÈRE DE LA SURVEILLANCE

Art. 706-80 **Les officiers de police judiciaire et, sous leur autorité, les agents de police judiciaire, après en avoir informé le procureur de la République et sauf opposition de ce magistrat, peuvent étendre à l'ensemble du territoire national la surveillance de personnes contre lesquelles il existe une ou plusieurs raisons plausibles de les soupçonner d'avoir commis l'un des crimes et délits entrant dans le champ d'application des articles 706-73** *(L. n° 2015-993 du 17 août 2015, art. 11)* **« , 706-73-1 » ou 706-74 ou la surveillance de l'acheminement ou du transport des objets, biens ou produits tirés de la commission de ces infractions ou servant à les commettre.**

L'information préalable à l'extension de compétence prévue par le premier alinéa doit être donnée, par tout moyen, *(L. n° 2019-222 du 23 mars 2019, art. 68)* **« au procureur de la République déjà saisi et » au procureur de la République près le tribunal**

judiciaire dans le ressort duquel les opérations de surveillance sont susceptibles de débuter *(Abrogé par L. nº 2019-222 du 23 mars 2019, art. 68)* ***« ou, le cas échéant, au procureur de la République saisi en application des dispositions de l'article 706-76 ».***

La détermination du lieu où est susceptible de débuter la surveillance de personnes contre lesquelles il existe une ou plusieurs raisons plausibles de les soupçonner d'avoir commis l'un des crimes et délits entrant dans le champ d'application des art. 706-73 et 706-74 ou de l'acheminement ou du transport des objets, biens ou produits tirés de la commission de ces infractions ou servant à les commettre est une question de pur fait échappant au contrôle de la Cour de cassation. • Crim. 23 mai 2017, ☎ nº 16-87.323 P : *D. actu. 14 juin 2017, obs. Fucini.*

Art. 706-80-1 *(L. nº 2019-222 du 23 mars 2019, art. 68)* **Lorsqu'il existe une ou plusieurs raisons plausibles de soupçonner des personnes d'avoir commis l'une des infractions entrant dans le champ d'application des articles 706-73, 706-73-1 ou 706-74, dans le cadre d'une opération de surveillance, et lorsque les nécessités de l'enquête ou de l'instruction l'exigent, les officiers de police judiciaire et, sous leur autorité, les agents de police judiciaire en charge des investigations peuvent, avec l'autorisation du procureur de la République chargé de l'enquête ou du juge d'instruction saisi, qui en avise préalablement le parquet, demander à tout fonctionnaire ou agent public de ne pas procéder au contrôle et à l'interpellation de ces personnes afin de ne pas compromettre la poursuite des investigations.**

Dans le cadre d'une opération de surveillance de l'acheminement ou du transport des objets, biens ou produits tirés de la commission de l'une des infractions entrant dans le champ d'application des mêmes articles 706-73, 706-73-1 ou 706-74 ou servant à les commettre, et lorsque les nécessités de l'enquête ou de l'instruction l'exigent, les officiers de police judiciaire et, sous leur autorité, les agents de police judiciaire en charge des investigations peuvent, avec l'autorisation du procureur de la République chargé de l'enquête ou du juge d'instruction saisi, qui en avise préalablement le parquet, demander à tout fonctionnaire ou agent public de ne pas procéder au contrôle et à la saisie de ces objets, biens ou produits afin de ne pas compromettre la poursuite des investigations.

L'autorisation du procureur de la République ou du juge d'instruction, qui peut être donnée par tout moyen, est mentionnée ou versée au dossier de la procédure. Le procureur de la République informe sans délai le procureur de la République près le tribunal judiciaire de Paris de la délivrance de cette autorisation.

Art. 706-80-2 *(L. nº 2019-222 du 23 mars 2019, art. 68)* **Dans le cadre d'une opération de surveillance de l'acheminement ou du transport des objets, biens ou produits tirés de la commission de l'une des infractions entrant dans le champ d'application des articles 706-73, 706-73-1 ou 706-74 ou servant à les commettre, et lorsque les nécessités de l'enquête ou de l'instruction l'exigent, les officiers de police judiciaire et, sous leur autorité, les agents de police judiciaire en charge des investigations peuvent, avec l'autorisation du procureur de la République ou du juge d'instruction saisi des faits, qui en avise préalablement le parquet, livrer ou délivrer à la place des prestataires de services postaux et des opérateurs de fret ces objets, biens ou produits, sans être pénalement responsables.**

A peine de nullité, l'autorisation du procureur de la République ou du juge d'instruction est écrite et motivée. Cette autorisation est versée au dossier de la procédure et les actes autorisés ne peuvent constituer une incitation à commettre une infraction.

SECTION II **DE L'INFILTRATION**

Art. 706-81 **Lorsque les nécessités de l'enquête ou de l'instruction concernant l'un des crimes ou délits entrant dans le champ d'application** *(L. nº 2015-993 du 17 août 2015, art. 11)* **« des articles 706-73 et 706-73-1 » le justifient, le procureur de la République ou, après avis de ce magistrat, le juge d'instruction saisi peuvent autoriser qu'il soit procédé, sous leur contrôle respectif, à une opération d'infiltration dans les conditions prévues par la présente section.**

L'infiltration consiste, pour un officier ou un agent de police judiciaire spécialement habilité dans des conditions fixées par décret et agissant sous la responsabilité d'un officier de police judiciaire chargé de coordonner l'opération, à surveiller des per-

sonnes suspectées de commettre un crime ou un délit en se faisant passer, auprès de ces personnes, comme un de leurs coauteurs, complices ou receleurs. L'officier ou l'agent de police judiciaire est à cette fin autorisé à faire usage d'une identité d'emprunt et à commettre si nécessaire les actes mentionnés à l'article 706-82. A peine de nullité, ces actes ne peuvent constituer une incitation à commettre des infractions.

L'infiltration fait l'objet d'un rapport rédigé par l'officier de police judiciaire ayant coordonné l'opération, qui comprend les éléments strictement nécessaires à la constatation des infractions et ne mettant pas en danger la sécurité de l'agent infiltré et des personnes requises au sens de l'article 706-82.

V. art. D. 15-1-1 s.

Écarte à bon droit l'argumentation du prévenu, qui soutenait que l'infiltration autorisée par le procureur de la République avait été précédée d'une « infiltration sauvage », la chambre de l'instruction qui retient que, une équipe de trafiquants de cocaïne opérant depuis le Pérou et étant à la recherche d'un bagagiste pour faire sortir le produit de l'aéroport, l'agent infiltré a simplement répondu à la demande formulée, dès lors que ni l'informateur ni l'agent infiltré n'ont provoqué à la commission de l'infraction. • Crim. 9 mai 2018, n° 17-86.558 P: *D. actu. 29 mai 2018, obs. Fucini ; Dr. pénal 2018, n° 136, note Maron et Haas.*

Art. 706-82 **Les officiers ou agents de police judiciaire autorisés à procéder à une opération d'infiltration peuvent, sur l'ensemble du territoire national, sans être pénalement responsables de ces actes :**

1° Acquérir, détenir, transporter, livrer ou délivrer des substances, biens, produits, documents ou informations tirés de la commission des infractions ou servant à la commission de ces infractions ;

2° Utiliser ou mettre à disposition des personnes se livrant à ces infractions des moyens de caractère juridique ou financier ainsi que des moyens de transport, de dépôt, d'hébergement, de conservation et de télécommunication.

L'exonération de responsabilité prévue au premier alinéa est également applicable, pour les actes commis à seule fin de procéder à l'opération d'infiltration, aux personnes requises par les officiers ou agents de police judiciaire pour permettre la réalisation de cette opération.

Art. 706-83 **A peine de nullité, l'autorisation donnée en application de l'article 706-81 est délivrée par écrit et doit être spécialement motivée.**

Elle mentionne la ou les infractions qui justifient le recours à cette procédure et l'identité de l'officier de police judiciaire sous la responsabilité duquel se déroule l'opération.

Cette autorisation fixe la durée de l'opération d'infiltration, qui ne peut pas excéder quatre mois. L'opération peut être renouvelée dans les mêmes conditions de forme et de durée. Le magistrat qui a autorisé l'opération peut, à tout moment, ordonner son interruption avant l'expiration de la durée fixée.

L'autorisation est versée au dossier de la procédure après achèvement de l'opération d'infiltration.

Art. 706-84 **L'identité réelle des officiers ou agents de police judiciaire ayant effectué l'infiltration sous une identité d'emprunt ne doit apparaître à aucun stade de la procédure.**

La révélation de l'identité de ces officiers ou agents de police judiciaire est punie de cinq ans d'emprisonnement et de 75 000 € d'amende.

Lorsque cette révélation a causé des violences, coups et blessures à l'encontre de ces personnes ou de leurs conjoints, enfants et ascendants directs, les peines sont portées à sept ans d'emprisonnement et à 100 000 € d'amende.

Lorsque cette révélation a causé la mort de ces personnes ou de leurs conjoints, enfants et ascendants directs, les peines sont portées à dix ans d'emprisonnement et à 150 000 € d'amende, sans préjudice, le cas échéant, de l'application des dispositions du chapitre Ier du titre II du livre II du code pénal.

BIBL. ▶ DETRAZ, *RSC 2006. 49* (un aspect de la protection des infiltrés et des repentis : le délit de révélation d'identité).

Circulaire CRIM 04-13 G1 du 2 septembre 2004,

Présentant les dispositions relatives à la criminalité organisée de la loi n° 2004-204 du 9 mars 2004 portant adaptation de la justice aux évolutions de la criminalité [...].

La révélation de l'identité réelle de l'agent infiltré est punie de cinq ans d'emprisonnement et de 75 000 euros d'amende.

La loi prévoit une aggravation des sanctions encourues lorsque la révélation de cette identité a eu des conséquences sur l'agent lui-même ou sur ses proches.

Ainsi, « lorsque cette révélation a causé des violences, coups et blessures à l'encontre [des agents infiltrés] ou de leurs conjoints, enfants et ascendants directs, les peines sont portées à sept ans d'emprisonnement et 100 000 euros d'amende ». Lorsque cette révélation a causé la mort de ces mêmes personnes, les peines sont portées à dix ans d'emprisonnement et 150 000 euros d'amende, sans préjudice, le cas échéant, de l'application des dispositions du chapitre Ier du titre II du livre II du code pénal (articles 221-1 à 221-11 de ce code relatifs aux atteintes à la vie).

Le délit de révélation de l'identité de l'agent infiltré doit, pour être punissable, être intentionnel, conformément aux dispositions de l'article 122-1, alinéa 1, du code pénal.

Il conviendra cependant, pour déterminer le chef de poursuite, d'être vigilant sur l'intention exacte qui était recherchée :

— si l'intention est seulement de révéler l'identité de l'agent infiltré sans poursuivre d'autre objectif, l'auteur sera poursuivi sur le fondement des infractions précitées de l'article 706-84 du code de procédure pénale,

— si la révélation est faite dans le but de permettre un acte de vengeance à l'encontre de l'agent, cette révélation doit alors être analysée comme un acte de complicité des violences volontaires ou de l'homicide volontaire, et l'auteur sera poursuivi de ces chefs.

Dans le cas où la révélation est commise par inattention, son auteur ne pourra être poursuivi que si celle-ci a eu pour conséquence d'entraîner des violences, coups et blessures ou mort de l'agent infiltré ou de ses proches. En effet, le caractère intentionnel de l'infraction de la seule révélation telle qu'elle est prévue au deuxième alinéa de l'article 706-84 du code de procédure pénale ne permet pas de poursuivre le « révélant » de ce chef si cette révélation résulte d'une mégarde.

En revanche, lorsque cette révélation a eu pour conséquence d'entraîner la mort de l'agent infiltré ou de l'un de ses proches, le « révélant » pourra être poursuivi des chefs d'homicide involontaire. Cela résulte, outre des termes mêmes de l'article 221-6 du code pénal, de la dernière partie du quatrième alinéa de l'article 706-84 du code de procédure pénale qui dispose expressément que les dispositions précédentes s'appliquent sans préjudice des articles du chapitre Ier du titre II du livre II du code pénal dans lequel se trouvent les dispositions relatives à l'homicide involontaire.

Bien que le troisième alinéa de l'article 706-84 du code de procédure pénale n'y renvoie pas, rien ne s'oppose à ce que le « révélant » soit de même poursuivi pour blessures involontaires lorsque la révélation a causé des violences, coups et blessures pour l'agent ou ses proches sur le fondement des articles 222-19 (si les blessures ont entraîné une I.T.T. de plus de trois mois), R. 622-1, ou R. 625-2 (si les blessures ont entraîné une I.T.T. égale ou inférieure à trois mois, ou aucune I.T.T.) du code pénal.

Dans ces deux derniers cas (révélation involontaire ayant eu des conséquences), le révélant et l'auteur des atteintes à l'intégrité de l'agent ou de ses proches feront l'objet de poursuites distinctes : le premier pour l'infraction involontaire, le second du chef de l'infraction volontaire. La chambre criminelle de la Cour de cassation considère en effet qu'un même fait répréhensible est susceptible de revêtir à la fois les caractères d'un acte intentionnel et d'une faute d'imprudence (Crim. 22 juill. 1971 : *Bull. crim. n° 238*). [...]

Art. 706-85 **En cas de décision d'interruption de l'opération ou à l'issue du délai fixé par la décision autorisant l'infiltration et en l'absence de prolongation, l'agent infiltré peut poursuivre les activités mentionnées à l'article 706-82, sans en être pénalement responsable, le temps strictement nécessaire pour lui permettre de cesser sa surveillance dans des conditions assurant sa sécurité sans que cette durée puisse excéder quatre mois. Le magistrat ayant délivré l'autorisation prévue à l'article 706-81 en est informé dans les meilleurs délais. Si, à l'issue du délai de quatre mois, l'agent infiltré**

ne peut cesser son opération dans des conditions assurant sa sécurité, ce magistrat en autorise la prolongation pour une durée de quatre mois au plus.

Art. 706-86 **L'officier de police judiciaire sous la responsabilité duquel se déroule l'opération d'infiltration peut seul être entendu en qualité de témoin sur l'opération.**

Toutefois, s'il ressort du rapport mentionné au troisième alinéa de l'article 706-81 que la personne mise en examen ou comparaissant devant la juridiction de jugement est directement mise en cause par des constatations effectuées par un agent ayant personnellement réalisé les opérations d'infiltration, cette personne peut demander à être confrontée avec cet agent dans les conditions prévues par l'article 706-61. Les questions posées à l'agent infiltré à l'occasion de cette confrontation ne doivent pas avoir pour objet ni pour effet de révéler, directement ou indirectement, sa véritable identité.

Art. 706-87 **Aucune condamnation ne peut être prononcée sur le seul fondement des déclarations faites par les officiers ou agents de police judiciaire ayant procédé à une opération d'infiltration.**

Les dispositions du présent article ne sont cependant pas applicables lorsque les officiers ou agents de police judiciaire déposent sous leur véritable identité.

SECTION II *BIS [ABROGÉE]* DE L'ENQUÊTE SOUS PSEUDONYME

(Abrogée par L. n° 2019-222 du 23 mars 2019, art. 45 et 109-XIII, à compter du 1er juin 2019) (L. n° 2014-1353 du 13 nov. 2014, art. 19)

Dossier : Les techniques d'enquête numériques judiciaires, *AJ pénal 2017. 311* s.

Art. 706-87-1 ***Dans le but de constater les infractions mentionnées aux articles 706-72*** *(L. n° 2015-993 du 17 août 2015, art. 11)* ***« 706-73 et 706-73-1 » et, lorsque celles-ci sont commises par un moyen de communication électronique, d'en rassembler les preuves et d'en rechercher les auteurs, les officiers ou agents de police judiciaire agissant au cours de l'enquête ou sur commission rogatoire peuvent, s'ils sont affectés dans un service spécialisé désigné par arrêté du ministre de l'intérieur et spécialement habilités à cette fin, procéder aux actes suivants sans en être pénalement responsables :*** *— V. Arr. du 21 oct. 2015, reproduit ss. art. 706-2-2.*

1° Participer sous un pseudonyme aux échanges électroniques ;

2° Être en contact par le moyen mentionné au 1° avec les personnes susceptibles d'être les auteurs de ces infractions ;

3° Extraire, acquérir ou conserver par ce moyen les éléments de preuve et les données sur les personnes susceptibles d'être les auteurs de ces infractions ;

4° Extraire, transmettre en réponse à une demande expresse, acquérir ou conserver des contenus illicites, dans des conditions fixées par décret.

A peine de nullité, ces actes ne peuvent constituer une incitation à commettre ces infractions.

V. désormais art. 230-46.

V. Circ. CRIM-2010-7/E6 du 22 mars 2010 relative aux investigations sous pseudonyme sur internet et au rôle du Centre national d'analyse des images de pédopornographie, BOMJ n° 2010-02.

V. aussi art. D. 47-8 et D. 47-9.

SECTION III DE LA GARDE À VUE

Art. 706-88 **Pour l'application des articles 63, 77 et 154, si les nécessités de l'enquête ou de l'instruction relatives à l'une des infractions entrant dans le champ d'application de l'article 706-73 l'exigent, la garde à vue d'une personne peut, à titre exceptionnel, faire l'objet de deux prolongations supplémentaires de vingt-quatre heures chacune.**

Ces prolongations sont autorisées, par décision écrite et motivée, soit, à la requête du procureur de la République, par le juge des libertés et de la détention, soit par le juge d'instruction.

La personne gardée à vue doit être présentée au magistrat qui statue sur la prolongation préalablement à cette décision. La seconde prolongation peut toutefois, à titre exceptionnel, être autorisée sans présentation préalable de la personne en raison des nécessités des investigations en cours ou à effectuer.

Lorsque la première prolongation est décidée, la personne gardée à vue est examinée par un médecin désigné par le procureur de la République, le juge d'instruction ou l'officier de police judiciaire. Le médecin délivre un certificat médical par lequel il doit notamment se prononcer sur l'aptitude au maintien en garde à vue, qui est versé au dossier. La personne est avisée par l'officier de police judiciaire du droit de demander un nouvel examen médical. Ces examens médicaux sont de droit. Mention de cet avis est portée au procès-verbal et émargée par la personne intéressée ; en cas de refus d'émargement, il en est fait mention.

Par dérogation aux dispositions du premier alinéa, si la durée prévisible des investigations restant à réaliser à l'issue des premières quarante-huit heures de garde à vue le justifie, le juge des libertés et de la détention ou le juge d'instruction peuvent décider, selon les modalités prévues au deuxième alinéa, que la garde à vue fera l'objet d'une seule prolongation supplémentaire de quarante-huit heures.

(L. nº 2011-392 du 14 avr. 2011, en vigueur le 1er juin 2011) **« Par dérogation aux dispositions des articles 63-4 à 63-4-2, lorsque la personne est gardée à vue pour une infraction entrant dans le champ d'application de l'article 706-73, l'intervention de l'avocat peut être différée, en considération de raisons impérieuses tenant aux circonstances particulières de l'enquête ou de l'instruction, soit pour permettre le recueil ou la conservation des preuves, soit pour prévenir une atteinte** *(L. nº 2016-731 du 3 juin 2016, art. 63)* **« grave à la vie, à la liberté ou à l'intégrité physique d'une personne », pendant une durée maximale de quarante-huit heures ou, s'il s'agit d'une infraction mentionnée aux 3° ou 11° du même article 706-73, pendant une durée maximale de soixante-douze heures.**

« Le report de l'intervention de l'avocat jusqu'à la fin de la vingt-quatrième heure est décidé par le procureur de la République, d'office ou à la demande de l'officier de police judiciaire. Le report de l'intervention de l'avocat au-delà de la vingt-quatrième heure est décidé, dans les limites fixées au sixième alinéa, par le juge des libertés et de la détention statuant à la requête du procureur de la République. Lorsque la garde à vue intervient au cours d'une commission rogatoire, le report est décidé par le juge d'instruction. Dans tous les cas, la décision du magistrat, écrite et motivée, précise la durée pour laquelle l'intervention de l'avocat est différée.

« Lorsqu'il est fait application des sixième et septième alinéas du présent article, l'avocat dispose, à partir du moment où il est autorisé à intervenir en garde à vue, des droits prévus aux articles 63-4 et 63-4-1, au premier alinéa de l'article 63-4-2 et à l'article 63-4-3. »

(Abrogé par L. nº 2015-993 du 17 août 2015, art. 11) (L. nº 2014-535 du 27 mai 2014, art. 4, en vigueur le 2 juin 2014) ***« Le présent article n'est pas applicable au délit prévu au 8° bis de l'article 706-73 ou, lorsqu'elles concernent ce délit, aux infractions mentionnées aux 14° à 16° du même article. Toutefois, à titre exceptionnel, il peut être appliqué si les faits ont été commis dans des conditions portant atteinte à la sécurité, à la dignité ou à la vie des personnes ou aux intérêts fondamentaux de la nation définis à l'article 410-1 du code pénal ou si l'un des faits constitutifs de l'infraction a été commis hors du territoire national, dès lors que la poursuite ou la réalisation des investigations nécessaires à la manifestation de la vérité rend indispensable, en raison de leur complexité, la prolongation de la garde à vue. Les ordonnances prolongeant la garde à vue sont prises par le juge des libertés et de la détention, sur requête du procureur de la République ou du juge d'instruction. Elles sont spécialement motivées et font référence aux éléments de fait justifiant que les conditions prévues au présent alinéa sont réunies. Les sixième et septième alinéas du présent article ne sont pas applicables. »***

(L. nº 2014-790 du 10 juill. 2014, art. 13) ***« Le présent article n'est pas applicable aux délits mentionnés au 20° de l'article 706-73. »***

Les quatre derniers alinéas alors en vigueur de l'art. 706-88 C. pr. pén. sont devenus l'art. 706-88-1 C. pr. pén. en vertu de la loi nº 2011-392 du 14 avr. 2011, en vigueur le 1er juin 2011.

S'agissant des dispositions d'urgence mises en place pour faire face à l'épidémie de covid-19, V. App., vº État d'urgence sanitaire.

BIBL. ▶ MATSOPOULOU, *JCP 2011. 542* (une réforme inachevée, aperçu rapide à propos de la loi du 14 avril 2011). – PELLÉ, *AJ pénal 2011. 235* (réforme de la garde à vue : problèmes de droit transitoire). – PRADEL, *JCP 2011. 665* (un regard perplexe sur la nouvelle garde à vue). –

Rassat, *JCP 2011. 632* (à remettre sur le métier, des insuffisances de la réforme de la garde à vue). – Roujou de Boubée, *D. 2011. Chron. 1570* (la réforme de la garde à vue : commentaire de la loi n° 2011-392 du 14 avril 2011).

1. QPC. Par sa décision n° 2010-14/22 QPC du 30 juill. 2010, le Conseil constitutionnel a déclaré les art. 63-1, 63-4, al. 1er à 6, et 77 contraires à la Constitution et dit n'y avoir lieu à statuer sur l'art. 63-4, al. 7. Par suite, il n'y a pas lieu d'examiner la QPC portant sur ces articles. S'agissant en revanche de l'art. 706-88, le Conseil rappelle que les six premiers alinéas de cet article ont pour origine l'art. 1er de la L. n° 2004-204 du 9 mars 2004. Or, dans sa décision n° 2004-492 DC du 2 mars 2004, le Conseil constitutionnel a spécialement examiné l'art. 706-88 inséré dans le code de procédure pénale par l'art. 1er de la loi n° 2004-204 du 9 mars 2004 et a jugé que ces dispositions ne portaient pas une atteinte excessive à la liberté individuelle. L'art. 2 du dispositif de cette décision a par ailleurs déclaré ces dispositions conformes à la Constitution. Par conséquent, les six premiers alinéas de l'art. 706-88 ont déjà été déclarés conformes à la Constitution dans les motifs et le dispositif d'une décision du Conseil constitutionnel et en l'absence de changement des circonstances, depuis la décision du 2 mars 2004 susvisée, en matière de lutte contre la délinquance et la criminalité organisées, il n'y a pas lieu, pour le Conseil constitutionnel, de procéder à un nouvel examen de ces dispositions. Le Conseil rappelle en revanche que les quatre derniers alinéas de l'art. 706-88 ont été ajoutés par l'art. 17 de la L. n° 2006-64 du 23 janv. 2006. Or, dans sa décision n° 2005-532 DC du 19 janv. 2006, le Conseil constitutionnel n'a pas examiné les al. 7 à 10 de l'art. 706-88 qui permettent que, par une prolongation supplémentaire de vingt-quatre heures renouvelable une fois, la durée totale de la garde à vue puisse être portée à six jours pour des crimes ou délits constituant des actes de terrorisme. Néanmoins, il ressort des travaux parlementaires qu'une telle dérogation ne peut être autorisée que pour permettre d'empêcher la réalisation d'une action terroriste en France ou à l'étranger dont l'imminence a été établie soit grâce aux éléments recueillis dans le cadre de l'enquête ou de la garde à vue elle-même, soit dans le cadre de la coopération internationale. Ainsi, elle ne peut être mise en œuvre qu'à titre exceptionnel pour protéger la sécurité des personnes et des biens contre une menace terroriste imminente et précisément identifiée. Elle est décidée par le juge des libertés à qui il appartient de vérifier que les circonstances précises fixées par ces dispositions sont réunies. Dans ces conditions et compte tenu des garanties fixées par le législateur, ces dispositions respectent le principe, découlant de l'art. 9 DDH de 1789, selon lequel la liberté individuelle ne saurait être entravée par une rigueur qui ne soit nécessaire, et de l'art. 66 de la Constitution qui confie à l'autorité judiciaire la protection de la liberté individuelle. Ces dispositions ne portent en conséquence atteinte à aucun autre droit ou liberté que la Constitution garantit. • Cons. const. 22 sept. 2010 : *D. 2010. Actu. 2162, note Priou-Alibert ; RSC 2011. Chron. 139, obs. Giudicelli ; ibid. 165, obs. De Lamy ; Dr. pénal 2011. Chron. 7, obs. Lesclous ; ibid. 2012. Chron. 1, obs. Georget.* ♦ Les questions relatives à la contrariété des art. 63-1, 63-4, 77 et 706-88 aux art. 34 et 66 Const., aux art. 2, 9 et 16 DDH ainsi qu'aux principes fondamentaux reconnus par les lois de la République, « en particulier les droits de la défense et la liberté individuelle », portent sur des dispositions qui n'ont pas déjà été déclarées, dans leur intégralité, conformes à la Constitution dans les motifs et le dispositif d'une décision du Conseil constitutionnel, et présentent un caractère sérieux, de sorte qu'elles doivent être renvoyées devant le Conseil constitutionnel. • Cass., QPC, 25 juin 2010 : *D. 2010. Actu. 1717*.

2. QPC. Report de l'intervention de l'avocat. Le respect des droits de la défense n'interdit pas qu'en raison de la particulière gravité ou de la complexité de certaines infractions commises par des personnes agissant en groupe ou réseau l'assistance de l'avocat de la personne gardée à vue puisse être reportée par le procureur de la République, le juge d'instruction ou le juge des libertés et de la détention, lorsqu'un tel report apparaît nécessaire pour permettre le recueil ou la conservation des preuves ou prévenir une atteinte aux personnes ; en elles-mêmes, les dispositions des al. 6 à 8 de l'art. 706-88 ne portent pas une atteinte disproportionnée aux droits de la défense. • Cons. const. 21 nov. 2014 : *AJ pénal 2015. 100, obs. Perrier*.

3. Justifie sa décision la chambre d'instruction qui refuse d'annuler le procès-verbal de prolongation de garde à vue autorisée par le juge des libertés et de la détention en application des dispositions de l'art. 311-9 C. pén. et des art. 706-73 et 706-88, dès lors qu'il résulte de la procédure que les intéressés, avant d'être déférés devant ce magistrat, se sont entretenus avec leurs avocats qui avaient été préalablement informés de la nature de l'infraction et qui n'ont pas formulé d'observations. • Crim. 7 juin 2006, n° 06-82.405 P : *Dr. pénal 2007. Chron. 42 et 43, obs. Lesclous.*

4. Moment de l'application de l'art. 706-88. L'application des dispositions de l'art. 706-88 peut être décidée, en cours de garde à vue, en fonction de l'évolution d'une enquête ou d'une instruction sur l'une des infractions mentionnées à l'art. 706-73 dès lors que le demandeur a été régulièrement informé, lors de son placement sous le régime de la garde à vue, de la nature de l'infraction qu'il était soupçonné d'avoir commise, de la durée alors prévisible de la mesure et, à chaque stade de celle-ci, de ses droits. • Crim. 11 févr. 2014, n° 13-86.878 P : *D. actu. 4 mars 2014, obs. Bombled ; AJ pénal 2014. 369, obs. Royer*.

5. Sur la compétence concurrente du procureur de la République sous la direction duquel l'enquête est menée et celui du lieu d'exécution de la mesure pour saisir le JLD, V. note ss. art. 63-9.

6. Motivation de l'ordonnance. L'ordonnance du JLD, qui se borne à se référer à la requête présentée par le procureur de la République aux fins de prolongation de la garde à vue, en application de l'art. 706-88, al. 2, n'est pas conforme aux exigences de ce texte. • Crim. 23 nov. 2016, n° 16-81.904 P : *D. actu. 21 déc. 2016, obs. Fucini ; AJ pénal 2017. 76, note Thierry ; Dr. pénal 2017, n° 13, note Maron et Haas ; Procédures 2017, n° 16, note Chavent-Leclère.*

Art. 706-88-1 *(L. n° 2006-64 du 23 janv. 2006, art. 17)* **S'il ressort des premiers éléments de l'enquête ou de la garde à vue elle-même qu'il existe un risque sérieux de l'imminence d'une action terroriste en France ou à l'étranger ou que les nécessités de la coopération internationale le requièrent impérativement, le juge des libertés peut, à titre exceptionnel et selon les modalités prévues au deuxième alinéa** *(L. n° 2011-392 du 14 avr. 2011, en vigueur le 1er juin 2011)* **« de l'article 706-88 », décider que la garde à vue en cours d'une personne, se fondant sur l'une des infractions visées au 11° de l'article 706-73, fera l'objet d'une prolongation supplémentaire de vingt-quatre heures, renouvelable une fois.**

A l'expiration de la quatre-vingt-seizième heure et de la cent-vingtième heure, la personne dont la prolongation de la garde à vue est ainsi décidée peut demander à s'entretenir avec un avocat, selon les modalités prévues par l'article 63-4. La personne gardée à vue est avisée de ce droit dès la notification de la prolongation prévue au présent article.

Outre la possibilité d'examen médical effectué à l'initiative du gardé à vue, dès le début de chacune des deux prolongations supplémentaires, il est obligatoirement examiné par un médecin désigné par le procureur de la République, le juge d'instruction ou l'officier de police judiciaire. Le médecin requis devra se prononcer sur la compatibilité de la prolongation de la mesure avec l'état de santé de l'intéressé.

S'il n'a pas été fait droit à la demande de la personne gardée à vue de faire prévenir, par téléphone, une personne avec laquelle elle vit habituellement ou l'un de ses parents en ligne directe, l'un de ses frères et sœurs ou son employeur, de la mesure dont elle est l'objet, dans les conditions prévues aux articles 63-1 et 63-2, elle peut réitérer cette demande à compter de la quatre-vingt-seizième heure.

Les quatre derniers alinéas de l'art. 706-88 C. pr. pén. deviennent l'art. 706-88-1 C. pr. pén. en vertu de la loi n° 2011-392 du 14 avr. 2011, en vigueur le 1er juin 2011.

BIBL. ▶ SCHWENDENER, *AJ pénal 2006. 164* (la nouvelle garde à vue « terrorisme » issue de la loi du 23 janvier 2006).

Art. 706-88-2 *(Abrogé par Cons. const. n° 2011-223 QPC du 17 févr. 2012) (L. n° 2011-392 du 14 avr. 2011, en vigueur le 1er juin 2011)* ***Si la personne est gardée à vue pour une infraction mentionnée au 11° de l'article 706-73, le juge des libertés et de la détention, saisi par le procureur de la République à la demande de l'officier de police judiciaire, ou le juge d'instruction lorsque la garde à vue intervient au cours d'une instruction, peut décider que la personne sera assistée par un avocat désigné par le bâtonnier sur une liste d'avocats habilités, établie par le bureau du Conseil national des barreaux sur propositions des conseils de l'ordre de chaque barreau.***

Les modalités d'application du premier alinéa sont définies par décret en Conseil d'État.

Si la liberté, pour la personne soupçonnée, de choisir son avocat peut, à titre exceptionnel, être différée pendant la durée de sa garde à vue afin de ne pas compromettre la recherche des auteurs de crimes et délits en matière de terrorisme ou de garantir la sécurité des personnes, il incombe au législateur de définir les conditions et les modalités selon lesquelles une telle atteinte aux conditions d'exercice des droits de la défense peut être mise en œuvre. Or, les dispositions contestées se bornent à prévoir, pour une catégorie d'infractions, que le juge peut décider que la personne gardée à vue sera assistée par un avocat choisi par le bâtonnier de l'odre des avocats sur une liste d'avocats habilités établie par le bureau du Conseil national des barreaux sur propositions des conseils de l'ordre de chaque barreau et n'obligent pas à motiver la décision ni ne définissent les circonstances particulières de l'enquête ou de l'instruction et les raisons per-

mettant d'imposer une telle restriction aux droits de la défense. En adoptant ces dispositions sans encadrer le pouvoir donné aux juges de priver la personne gardée à vue du libre choix de son avocat, le législateur a méconnu l'étendue de sa compétence dans des conditions qui portent atteinte aux droits de la défense. L'art. 706-88-2 doit être déclaré contraire à la Constitution. • Cons. const., QPC, 17 févr. 2012 : *D. 2012. Actu. 504 ; AJ pénal 2012. 342, obs. Perrier ; RSC 2013. 441, obs. de Lamy ; Dr. pénal 2012, n° 62, obs. Maron et Haas ; ibid. Chron. 7, obs. Lesclous ; Procédures 2012, n° 126, obs. Chavent-Leclère.*

SECTION IV DES PERQUISITIONS

RÉP. PÉN. v° *Perquisition-saisie-visite domiciliaire*, par RAYNE.
BIBL. ▸ CAHN, *AJ pénal 2016. 408* (réflexions désabusées sur la loi n° 2016-731 du 3 juin 2016).

Art. 706-89 **Si les nécessités de l'enquête de flagrance relative à l'une des infractions entrant dans le champ d'application** *(L. n° 2015-993 du 17 août 2015, art. 11)* **« des articles 706-73 et 706-73-1 » l'exigent, le juge des libertés et de la détention du tribunal judiciaire peut, à la requête du procureur de la République, autoriser** *(Abrogé par L. n° 2016-731 du 3 juin 2016, art. 1er)* **« , *selon les modalités prévues par l'article 706-92,* » que les perquisitions, visites domiciliaires et saisies de pièces à conviction soient opérées en dehors des heures prévues par l'article 59.**

Art. 706-90 **Si les nécessités de l'enquête préliminaire relative à l'une des infractions entrant dans le champ d'application** *(L. n° 2015-993 du 17 août 2015, art. 11)* **« des articles 706-73 et 706-73-1 » l'exigent, le juge des libertés et de la détention du tribunal judiciaire peut, à la requête du procureur de la République, décider** *(Abrogé par L. n° 2016-731 du 3 juin 2016, art. 1er)* **« , *selon les modalités prévues par l'article 706-92,* » que les perquisitions, visites domiciliaires et saisies de pièces à conviction pourront être effectuées en dehors des heures prévues à l'article 59, lorsque ces opérations ne concernent pas des locaux d'habitation.**

(L. n° 2016-731 du 3 juin 2016, art. 1er) **« En cas d'urgence et pour les enquêtes préliminaires concernant une ou plusieurs infractions mentionnées au 11° de l'article 706-73, ces opérations peuvent toutefois concerner des locaux d'habitation en dehors des heures prévues à l'article 59 lorsque leur réalisation est nécessaire afin de prévenir un risque d'atteinte à la vie ou à l'intégrité physique. »**

Art. 706-91 **Si les nécessités de** *(L. n° 2016-731 du 3 juin 2016, art. 1er)* **« l'information » relative à l'une des infractions entrant dans le champ d'application** *(L. n° 2015-993 du 17 août 2015, art. 11)* **« des articles 706-73 et 706-73-1 » l'exigent, le juge d'instruction peut** *(Abrogé par L. n° 2016-731 du 3 juin 2016, art. 1er)* **« , *selon les modalités prévues par l'article 706-92,* » autoriser les officiers de police judiciaire agissant sur commission rogatoire à procéder à des perquisitions, visites domiciliaires et saisies de pièces à conviction en dehors des heures prévues à l'article 59, lorsque ces opérations ne concernent pas des locaux d'habitation.**

En cas d'urgence, le juge d'instruction peut également autoriser les officiers de police judiciaire à procéder à ces opérations dans les locaux d'habitation :

1° Lorsqu'il s'agit d'un crime ou d'un délit flagrant ;

2° Lorsqu'il existe un risque immédiat de disparition des preuves ou des indices matériels ;

3° Lorsqu'il existe une ou plusieurs raisons plausibles de soupçonner qu'une ou plusieurs personnes se trouvant dans les locaux où la perquisition doit avoir lieu sont en train de commettre des crimes ou des délits entrant dans le champ d'application *(L. n° 2015-993 du 17 août 2015, art. 11)* **« des articles 706-73 et 706-73-1 » ;**

(L. n° 2016-731 du 3 juin 2016, art. 1er) **« 4° Lorsque leur réalisation, dans le cadre d'une information relative à une ou plusieurs infractions mentionnées au 11° de l'article 706-73, est nécessaire afin de prévenir un risque d'atteinte à la vie ou à l'intégrité physique. »**

1. Dans la mesure où la notion de « risque immédiat de disparition des preuves ou des indices matériels » s'entend comme ne permettant au juge d'instruction d'autoriser une perquisition de nuit que si celle-ci ne peut être réalisée dans d'autres circonstances de temps, les dispositions de l'art. 706-91 ne portent pas une atteinte excessive au principe de l'inviolabilité du domicile.

• Cons. const. 2 mars 2004, n° 2004-492DC : *JO 10 mars, p. 4637.*

2. Il résulte des art. 706-91 et 706-92 que l'ordonnance autorisant des perquisitions dans des locaux d'habitation en dehors des heures prévues à l'art. 59 du code de procédure pénale doit être spécialement motivée, en droit et en fait, au vu de l'urgence et au regard des conditions prévues aux 1° à 3° de l'art. 706-91 ; l'absence d'une telle motivation de cette atteinte à la vie privée, qui interdit tout contrôle réel et effectif de la mesure, fait nécessairement grief aux intérêts de la personne concernée. • Crim. 8 juill. 2015, n° 15-81.731 P : *D. actu. 24 juill. 2015, obs. Fucini.*

3. Portée de la nullité. L'annulation d'une perquisition nocturne pour défaut de motivation suffisante entraîne la nullité de l'interpellation et du placement en garde à vue de l'intéressé, réalisés au domicile de celui-ci sur le fondement de cet acte, mais elle ne constitue pas le support nécessaire du déferrement de la personne mise en cause, de sa présentation au juge d'instruction, ni de son interrogatoire de première comparution ou de sa mise en examen, en présence d'indices graves ou concordants dont dispose par ailleurs le juge d'instruction. • Crim. 21 juin 2016, n° 16-80.126 P : *D. actu. 22 juill. 2016, obs. Fonteix ; AJ pénal 2016. 541, obs. Andrei.*

Art. 706-92 **A peine de nullité, les autorisations prévues par les articles 706-89 à 706-91 sont données pour des perquisitions déterminées et font l'objet d'une ordonnance écrite, précisant la qualification de l'infraction dont la preuve est recherchée ainsi que l'adresse des lieux dans lesquels les visites, perquisitions et saisies peuvent être faites ; cette ordonnance, qui n'est pas susceptible d'appel, est motivée par référence aux éléments de fait et de droit justifiant que ces opérations sont nécessaires** *(L. n° 2016-731 du 3 juin 2016, art. 1er)* **« et qu'elles ne peuvent être réalisées pendant les heures prévues à l'article 59 ». Les opérations sont faites sous le contrôle du magistrat qui les a autorisées, et qui peut se déplacer sur les lieux pour veiller au respect des dispositions légales.** *(L. n° 2016-731 du 3 juin 2016, art. 1er)* **« Le magistrat qui les a autorisées est informé dans les meilleurs délais par le procureur de la République ou l'officier de police judiciaire des actes accomplis en application des articles 706-89 à 706-91. »**

Dans les cas prévus *(L. n° 2016-731 du 3 juin 2016, art. 1er)* **« au second alinéa de l'article 706-90 et aux 1° à 4° » de l'article 706-91, l'ordonnance comporte également l'énoncé des considérations de droit et de fait qui constituent le fondement de cette décision par référence aux seules conditions prévues par ces alinéas.**

(L. n° 2005-1549 du 12 déc. 2005, art. 39) **« Pour l'application des dispositions des articles 706-89 et 706-90, est compétent le juge des libertés et de la détention du tribunal judiciaire dont le procureur de la République dirige l'enquête, quelle que soit la juridiction dans le ressort de laquelle la perquisition doit avoir lieu. Le juge des libertés et de la détention peut alors se déplacer sur les lieux quelle que soit leur localisation sur l'ensemble du territoire national. Le procureur de la République peut également saisir le juge des libertés et de la détention du tribunal judiciaire dans le ressort duquel la perquisition doit avoir lieu, par l'intermédiaire du procureur de la République de cette juridiction. »**

Il résulte des art. 706-91 et 706-92 que l'ordonnance autorisant des perquisitions dans des locaux d'habitation en dehors des heures prévues à l'art. 59 doit être spécialement motivée, en droit et en fait, au vu de l'urgence et au regard des conditions prévues aux 1° à 3° de l'art. 706-91 ; l'absence d'une telle motivation de cette atteinte à la vie privée, qui interdit tout contrôle réel et effectif de la mesure, fait nécessairement grief aux intérêts de la personne concernée. • Crim. 8 juill. 2015, n° 15-81.731 P : *D. actu. 24 juill. 2015, obs. Fucini.*

Art. 706-93 **Les opérations prévues aux articles 706-89 à 706-91 ne peuvent, à peine de nullité, avoir un autre objet que la recherche et la constatation des infractions visées dans la décision du juge des libertés et de la détention ou du juge d'instruction.**

Le fait que ces opérations révèlent des infractions autres que celles visées dans la décision du juge des libertés et de la détention ou du juge d'instruction ne constitue pas une cause de nullité des procédures incidentes.

Art. 706-94 **Lorsque, au cours d'une enquête de flagrance ou d'une instruction relative à l'une des infractions entrant dans le champ d'application** *(L. n° 2015-993 du 17 août 2015, art. 11)* **« des articles 706-73 et 706-73-1 », la personne au domicile de laquelle est faite une perquisition est en garde à vue ou détenue en un autre lieu et**

que son transport sur place paraît devoir être évité en raison des risques graves soit de troubles à l'ordre public ou d'évasion, soit de disparition des preuves pendant le temps nécessaire au transport, la perquisition peut être faite, avec l'accord préalable du procureur de la République ou du juge d'instruction, en présence de deux témoins requis dans les conditions prévues au deuxième alinéa de l'article 57, ou d'un représentant désigné par celui dont le domicile est en cause.

Les dispositions du présent article sont également applicables aux enquêtes préliminaires, lorsque la perquisition est faite sans l'assentiment de la personne dans les conditions prévues aux articles 76 et 706-90. L'accord est alors donné par le juge des libertés et de la détention.

Circulaire CRIM 04-13 G1 du 2 septembre 2004,

Présentant les dispositions relatives à la criminalité organisée de la loi n° 2004-204 du 9 mars 2004 portant adaptation de la justice aux évolutions de la criminalité [...].

Prenant en considération les dangers pouvant résulter du transport d'une personne détenue ou en garde à vue dans le cadre d'investigations relatives à l'une des infractions visées par l'article 706-73 du code de procédure pénale, le législateur a prévu dans l'article 706-94 du code de procédure pénale que la perquisition au domicile de cette dernière puisse être effectuée hors sa présence. Dans ce cas, elle aura lieu soit en présence de deux témoins requis conformément aux dispositions de l'article 57 du code de procédure pénale, soit d'un représentant désigné par celui dont le domicile est en cause. Il pourra ainsi notamment désigner soit un proche, soit un avocat par exemple.

Le second alinéa de l'article 706-94 prévoit en outre que cette perquisition hors la présence de l'occupant des lieux peut être effectuée, dans le cadre de l'enquête préliminaire dans les cas où l'opération a lieu sans assentiment de celui-ci lorsqu'il est recouru aux dispositions des articles 76 et 706-90 du code de procédure pénale. Dans ce cas, l'accord est délivré par le juge des libertés et de la détention. Le procureur de la République le saisissant devra préciser dans la requête faite dans le cadre des deux articles précités qu'il souhaiterait que soit également mise en œuvre la procédure de l'article 706-94.

Le recours à ces dispositions devra rester exceptionnel, le droit d'un individu à assister à une perquisition effectuée à son domicile et dans lequel peuvent être trouvés des éléments qui seront versés à sa charge devant nécessairement prévaloir. Dès lors, bien que la loi n'impose pas que l'accord délivré par le magistrat soit motivé, celui-ci devra être établi par écrit, les textes précités étant visés, et les éléments rendant leur application indispensable mentionnés. L'accord sera versé par les enquêteurs à la procédure. Il ne pourra ainsi être recouru à cette procédure que lorsqu'il n'apparaîtra pas possible au regard des éléments précités de procéder différemment.

Le texte étant d'interprétation stricte, il va de soi que celui-ci n'ouvre pas un droit à une personne au domicile de laquelle a lieu une perquisition de désigner un tiers, notamment un avocat, pour l'assister pendant cette opération. De même, ces dispositions n'ouvrent pas un droit à l'intéressé de ne pas assister à la perquisition s'il préfère qu'un tiers y assiste à sa place. Ce n'est qu'à la seule initiative des enquêteurs ou directement du magistrat dirigeant les investigations que la mise en œuvre de cette procédure peut être décidée. [...]

SECTION V **DE L'ACCÈS À DISTANCE AUX CORRESPONDANCES STOCKÉES PAR LA VOIE DES COMMUNICATIONS ÉLECTRONIQUES ACCESSIBLES AU MOYEN D'UN IDENTIFIANT INFORMATIQUE** *(L. n° 2019-222 du 23 mars 2019, art. 46-II et 109-XIII, en vigueur le 1er juin 2019).*

A compter du 1er juin 2019, l'ancien intitulé de cette section « Des interceptions de correspondances émises par la voie des communications électroniques et du recueil des données techniques de connexion » a été remplacé par l'intitulé actuel (L. n° 2019-222 du 23 mars 2019, art. 46-II et 109-XIII).

L'Agence nationale des techniques d'enquêtes numériques judiciaires, chargée de mettre en œuvre la plate-forme nationale des interceptions judiciaires, peut également être sollicitée pour l'emploi des techniques mentionnées aux art. 706-95-1 et 706-95-2 C. pr. pén. (Décr. n° 2017-614 du 24 avr. 2017, JO 25 avr.).

Dossier : Les techniques d'enquête numériques judiciaires, *AJ pénal 2017. 311* ✎ *s.*

Art. 706-95 **Si les nécessités de l'enquête de flagrance ou de l'enquête préliminaire relative à l'une des infractions entrant dans le champ d'application** *(L. nº 2015-993 du 17 août 2015, art. 11)* **« des articles 706-73 et 706-73-1 » l'exigent, le juge des libertés et de la détention du tribunal judiciaire peut, à la requête du procureur de la République, autoriser l'interception, l'enregistrement et la transcription de correspondances émises par la voie des** *(L. nº 2016-731 du 3 juin 2016, art. 3)* **« communications électroniques » selon les modalités prévues** *(L. nº 2021-1729 du 22 déc. 2021, art. 3, en vigueur le 1er mars 2022)* **« aux deuxième et dernier alinéas de l'article 100 ainsi qu'aux articles** *[ancienne rédaction : par les articles 100, deuxième alinéa,]* **» 100-1 et 100-3 à 100-7, pour une durée maximum** *(L. nº 2011-267 du 14 mars 2011, art. 35-1º)* **« d'un mois », renouvelable une fois dans les mêmes conditions de forme et de durée. Ces opérations sont faites sous le contrôle du juge des libertés et de la détention.**

(Ord. nº 2016-1636 du 1er déc. 2016, art. 2 et 5, en vigueur le 22 mai 2017) **« Les dispositions de l'article 100-8 sont applicables aux interceptions ordonnées en application du présent article. »**

Pour l'application des dispositions des articles 100-3 à 100-5 *(Ord. nº 2016-1636 du 1er déc. 2016, art. 2 et 5, en vigueur le 22 mai 2017)* **« et 100-8 », les attributions confiées au juge d'instruction ou à l'officier de police judiciaire commis par lui sont exercées par le procureur de la République ou l'officier de police judiciaire requis par ce magistrat.**

Le juge des libertés et de la détention qui a autorisé l'interception est informé sans délai par le procureur de la République des actes accomplis en application de l'alinéa précédent *(L. nº 2011-267 du 14 mars 2011, art. 35-2º)* **« , notamment des procès-verbaux dressés en exécution de son autorisation, par application des articles 100-4 et 100-5 ».**

Sur la plateforme nationale des interceptions judiciaires, V. art. R. 40-42 s.

S'agissant des interceptions de sécurité réalisées par les services de renseignement, V. CSI, art. L. 852-1 s. — **CSI.**

1. Point de départ de la mesure. La mesure d'interception des correspondances téléphoniques ordonnée par le juge d'instruction a pour point de départ le jour de la mise en place effective du dispositif d'écoute. • Crim. 10 mai 2012, nº 11-87.328 P : *Dr. pénal 2012. Chron. 7, obs. Lesclous.*

2. Durée et lignes téléphoniques successives. Il résulte des art. 100-1 et 100-2 que la durée d'une écoute doit s'apprécier au regard de la ligne téléphonique interceptée et non de la personne qui en est titulaire. • Crim. 8 juill. 2015, nº 15-81.731 P : *D. actu. 24 juill. 2015, obs. Fucini.*

3. Motivation. L'art. 706-95 et les art. 100 s. auxquels il renvoie ne prévoient pas la nécessité d'une motivation et ces dispositions ne sont pas contraires à l'art. 8 de la Conv. EDH, en ce que l'interception est autorisée par un juge tenu informé de son exécution et répond à des exigences précises qu'il détaille. • Crim. 11 déc. 2018, nº 18-82.365 P : *D. actu. 18 janv. 2019, obs. Fucini ; Procédures 2019, nº 93, note Chavent-Leclère ; RSC 2019. 417, note Cordier.*

4. Contrôle du JLD. L'art. 706-95 n'exige pas que le JLD exerce un contrôle immédiat sur le déroulement de l'écoute, mais seulement qu'il soit informé sans délai par le ministère public, à l'issue des opérations d'interception, d'enregistrement et de transcription prévues par les art. 100-3 à 100-5 : répond à ces exigences le procureur qui transmet le lundi 16 mai au JLD des procès-verbaux reçus le vendredi 13 mai. • Crim. 23 mai 2006, nº 06-83.241 P : *D. 2006. 2836, note Pradel ; AJ pénal 2006. 367, obs. Girault ; RSC 2006. 853, note Finielz.* ♦ Les informations données par le procureur de la République au JLD, en application de l'art. 706-95, al. 3, portent sur les diligences effectuées et non sur leur contenu. • Crim. 26 mars 2008, nº 07-88.281 P : *RSC 2008. 929, obs. Finielz ; D. 2008. AJ 1148 ; AJ pénal 2008. 380, obs. Leblois-Happe ; Dr. pénal 2008. Comm. 74, obs. Maron et Haas ; ibid. 2009. Chron. 1, obs. Guérin.*

5. Si la décision écrite par laquelle le JLD autorise, en application des art. 100 et 706-95, l'interception de correspondances émises par la voie des télécommunications, doit intervenir avant que la réquisition ne soit délivrée à l'opérateur téléphonique, il n'est pas exigé que l'autorisation ait été transmise préalablement à l'officier de police judiciaire. • Crim. 26 mars 2008 : *préc. note 4.*

6. Prolongation (erreur matérielle). Dès lors que la Cour de cassation, qui a le contrôle des pièces de la procédure, est en mesure de s'assurer, au vu de la teneur de l'ordonnance en cause, que le JLD a prolongé pour une durée d'un mois l'autorisation précédemment accordée, il importe peu que la case prévue à cet effet à la fin de l'ordonnance n'ait pas été cochée. • Crim. 9 janv. 2018, nº 17-82.946 P : *D. actu. 30 janv. 2018, obs. Diaz ; AJ pénal 2018. 158, obs. Frinchaboy.*

7. Nullités. La méconnaissance des formalités

substantielles prévues par l'art. 706-95, al. 3 n'est constitutive d'une nullité que si l'irrégularité constatée a eu pour effet de porter atteinte aux intérêts de la partie qu'elle concerne. • Crim. 26 juin 2007, n° 07-82.401 P : *D. 2007. AJ 2239 ; RSC 2008. 362, obs. Finielz ; AJ pénal 2007. 487, obs. Lavric*. ♦ L'absence au dossier de la requête du procureur de la République ne saurait constituer une cause de nullité des écoutes téléphoniques, réalisées durant une enquête en matière de criminalité organisée, si les mentions portées sur d'autres actes établissent son existence et en reproduisent la teneur. • Crim. 5 mars 2013 : *D. actu. 24 avr. 2013, obs. Fucini ; D. 2013. Pan. 1993, obs. Pradel ; AJ pénal 2013. 479, obs. Perrier*. ♦ Mais la mention, dans la décision, de la durée pour laquelle la mesure est autorisée constitue une garantie essentielle contre le risque d'une atteinte disproportionnée au droit au respect de la vie privée des personnes concernées, aux intérêts desquelles son absence porte nécessairement atteinte. • Crim. 9 janv. 2018, n° 17-82.946 : *préc. note 6.*

Art. 706-95-1 *(L. n° 2016-731 du 3 juin 2016, art. 2)* **Si les nécessités de l'enquête relative** *(L. n° 2019-222 du 23 mars 2019, art. 46-II et 109-XIII, en vigueur le 1er juin 2019)* **« à un crime ou » à l'une des infractions entrant dans le champ d'application des articles 706-73 et 706-73-1 l'exigent, le juge des libertés et de la détention peut, à la requête du procureur de la République, autoriser par ordonnance motivée l'accès, à distance et à l'insu de la personne visée, aux correspondances stockées par la voie des communications électroniques accessibles au moyen d'un identifiant informatique. Les données auxquelles il a été permis d'accéder peuvent être saisies et enregistrées ou copiées sur tout support.**

Art. 706-95-2 *(L. n° 2016-731 du 3 juin 2016, art. 2)* **Si les nécessités de l'information relative** *(L. n° 2019-222 du 23 mars 2019, art. 46-II et 109-XIII, en vigueur le 1er juin 2019)* **« à un crime ou » à l'une des infractions entrant dans le champ d'application des articles 706-73 et 706-73-1 l'exigent, le juge d'instruction peut autoriser par ordonnance motivée l'accès, à distance et à l'insu de la personne visée, aux correspondances stockées par la voie des communications électroniques accessibles au moyen d'un identifiant informatique. Les données auxquelles il a été permis d'accéder peuvent être saisies et enregistrées ou copiées sur tout support.**

Art. 706-95-3 *(L. n° 2016-731 du 3 juin 2016, art. 2)* **Les opérations mentionnées aux articles 706-95-1 et 706-95-2 sont effectuées sous l'autorité et le contrôle du magistrat qui les a autorisées et ne peuvent, à peine de nullité, avoir un autre objet que la recherche et la constatation des infractions visées dans la décision de ce magistrat.**

Le magistrat ou l'officier de police judiciaire commis par lui peut requérir tout agent qualifié d'un service ou d'un organisme placé sous l'autorité ou la tutelle du ministre chargé des communications électroniques ou tout agent qualifié d'un exploitant de réseau ou fournisseur de services de communications électroniques autorisé, en vue de procéder aux opérations mentionnées aux mêmes articles 706-95-1 et 706-95-2.

Le fait que ces opérations révèlent des infractions autres que celles visées dans la décision du magistrat qui les a autorisées ne constitue pas une cause de nullité des procédures incidentes.

Lorsque l'identifiant informatique est associé au compte d'un avocat, d'un magistrat, d'un *sénateur* ou d'un député, l'article 100-7 est applicable.

Art. 706-95-4 *A compter du 1er juin 2019, l'art. 706-95-4 a été renuméroté et est devenu l'art. 706-95-20 (L. n° 2019-222 du 23 mars 2019, art. 46-III et 109-XIII).*

Art. 706-95-5 *(Abrogé par L. n° 2019-222 du 23 mars 2019, art. 44-VII et 109-XIII, à compter du 1er juin 2019) (L. n° 2016-731 du 3 juin 2016, art. 3)* ***I. — Si les nécessités de l'information relative à l'une des infractions entrant dans le champ d'application des articles 706-73 et 706-73-1 du présent code l'exigent, le juge d'instruction peut, après avis du procureur de la République, autoriser les officiers de police judiciaire à utiliser un appareil ou un dispositif technique mentionné au 1° de l'article 226-3 du code pénal afin de recueillir les données techniques de connexion permettant l'identification d'un équipement terminal ou du numéro d'abonnement de son utilisateur, ainsi que les données relatives à la localisation d'un équipement terminal utilisé. L'autorisation est délivrée pour une durée maximale de deux mois, renouvelable dans les mêmes conditions, sans que la durée totale des opérations ne puisse excéder six mois.***

II. — Le juge d'instruction peut également, dans les mêmes conditions, autoriser l'utilisation de cet appareil ou de ce dispositif afin d'intercepter des correspondances émises ou reçues par un équipement terminal. Les modalités prévues aux articles 100-4 à 100-7 du présent code sont alors applicables. L'autorisation est délivrée pour une durée maximale de quarante-huit heures, renouvelable une fois dans les mêmes conditions.

Art. 706-95-6 *(Abrogé par L. nº 2019-222 du 23 mars 2019, art. 44-VII et 109-XIII, à compter du 1er juin 2019) (L. nº 2016-731 du 3 juin 2016, art. 3)* ***Les autorisations mentionnées aux articles 706-95-4 et 706-95-5 font l'objet d'une ordonnance écrite et motivée. Cette ordonnance n'a pas de caractère juridictionnel et n'est susceptible d'aucun recours.***

Art. 706-95-7 *(Abrogé par L. nº 2019-222 du 23 mars 2019, art. 44-VII et 109-XIII, à compter du 1er juin 2019) (L. nº 2016-731 du 3 juin 2016, art. 3)* ***Les opérations mentionnées aux articles 706-95-4 et 706-95-5 sont effectuées sous l'autorité et le contrôle du magistrat qui les a autorisées et ne peuvent, à peine de nullité, avoir un autre objet que la recherche et la constatation des infractions visées dans la décision de ce magistrat.***

Le fait que ces opérations révèlent des infractions autres que celles visées dans la décision du magistrat qui les a autorisées ne constitue pas une cause de nullité des procédures incidentes.

Art. 706-95-8 *(Abrogé par L. nº 2019-222 du 23 mars 2019, art. 44-VII et 109-XIII, à compter du 1er juin 2019) (L. nº 2016-731 du 3 juin 2016, art. 3)* ***Le procureur de la République, le juge d'instruction ou l'officier de police judiciaire peut requérir tout agent qualifié d'un service, d'une unité ou d'un organisme placé sous l'autorité du ministre de l'intérieur et dont la liste est fixée par décret, en vue de procéder à l'utilisation de l'appareil ou du dispositif technique mentionné aux articles 706-95-4 et 706-95-5.***

V. art. D. 15-1-5-1.

Art. 706-95-9 *(Abrogé par L. nº 2019-222 du 23 mars 2019, art. 44-VII et 109-XIII, à compter du 1er juin 2019) (L. nº 2016-731 du 3 juin 2016, art. 3)* ***L'officier de police judiciaire dresse un procès-verbal des opérations effectuées en application du I des articles 706-95-4 et 706-95-5. Ce procès-verbal mentionne la date et l'heure auxquelles chacune des opérations nécessaires a commencé et celles auxquelles elle s'est terminée.***

L'officier de police judiciaire joint au procès-verbal les données recueillies qui sont utiles à la manifestation de la vérité.

Art. 706-95-10 *(Abrogé par L. nº 2019-222 du 23 mars 2019, art. 44-VII et 109-XIII, à compter du 1er juin 2019) (L. nº 2016-731 du 3 juin 2016, art. 3)* ***Les données recueillies en application du I des articles 706-95-4 et 706-95-5 sont détruites, à la diligence du procureur de la République ou du procureur général, à l'expiration du délai de prescription de l'action publique ou lorsqu'une décision définitive a été rendue au fond. Il est dressé procès-verbal de l'opération de destruction.***

Les correspondances interceptées en application du II des mêmes articles 706-95-4 et 706-95-5 ne peuvent concerner que la personne ou la liaison visée par l'autorisation d'interception.

SECTION VI **DES AUTRES TECHNIQUES SPÉCIALES D'ENQUÊTE** *(L. nº 2019-222 du 23 mars 2019, art. 46-III et 109-XIII, en vigueur le 1er juin 2019).*

A compter du 1er juin 2019, l'ancien intitulé de cette section « Des sonorisations et des fixations d'images de certains lieux ou véhicules » a été remplacé par l'intitulé actuel (L. nº 2019-222 du 23 mars 2019, art. 46-III et 109-XIII).

L'Agence nationale des techniques d'enquêtes numériques judiciaires, chargée de mettre en œuvre la plate-forme nationale des interceptions judiciaires, peut également être sollicitée pour l'emploi des techniques mentionnées aux art. 706-96 et 706-96-1 C. pr. pén. (Décr. nº 2017-614 du 24 avr. 2017, JO 25 avr.).

§ 1er DISPOSITIONS COMMUNES

(L. nº 2019-222 du 23 mars 2019, art. 46-III et 109-XIII, en vigueur le 1er juin 2019)

Art. 706-95-11 **Les dispositions du présent paragraphe sont applicables aux techniques spéciales d'enquête mentionnées à la présente section.**

Ces techniques spéciales d'enquête peuvent être mises en œuvre si les nécessités de l'enquête ou de l'information judiciaire relatives à l'une des infractions entrant dans le champ d'application des articles 706-73 et 706-73-1 l'exigent.

Art. 706-95-12 Les techniques spéciales d'enquête sont autorisées :

1° Au cours de l'enquête, par le juge des libertés et de la détention à la requête du procureur de la République ;

2° Au cours de l'information, par le juge d'instruction, après avis du procureur de la République.

Art. 706-95-13 L'autorisation mentionnée à l'article 706-95-12 fait l'objet d'une ordonnance écrite et motivée par référence aux éléments de fait et de droit justifiant que ces opérations sont nécessaires. Elle n'a pas de caractère juridictionnel et n'est pas susceptible de recours.

(L. n° 2020-1672 du 24 déc. 2020, art. 12) « En cas d'urgence résultant d'un risque imminent de dépérissement des preuves ou d'atteinte grave aux personnes ou aux biens, l'autorisation du juge d'instruction mentionnée au 2° du même article 706-95-12 peut être délivrée sans avis préalable du procureur de la République. Elle comporte alors l'énoncé des circonstances de fait établissant l'existence du risque imminent. »

Art. 706-95-14 Ces techniques spéciales d'enquête se déroulent sous l'autorité et le contrôle du magistrat qui les a autorisées. Ce magistrat peut ordonner à tout moment leur interruption.

Le juge des libertés et de la détention est informé sans délai par le procureur de la République des actes accomplis. Les procès-verbaux dressés en exécution de la décision du juge des libertés et de la détention lui sont communiqués.

Si le juge des libertés et de la détention estime que les opérations n'ont pas été réalisées conformément à son autorisation ou que les dispositions applicables du présent code n'ont pas été respectées, il ordonne la destruction des procès-verbaux et des enregistrements effectués. Il statue par une ordonnance motivée qu'il notifie au procureur de la République. Ce dernier peut former appel devant le président de la chambre de l'instruction dans un délai de dix jours à compter de la notification.

Les opérations ne peuvent, à peine de nullité, avoir un autre objet que la recherche et la constatation des infractions visées dans les décisions du magistrat. Le fait que ces opérations révèlent des infractions autres que celles visées dans l'autorisation du magistrat ne constitue pas une cause de nullité des procédures incidentes. *Al. issu du rect. JO L. n° 2019-222, publié le 13 avr. 2019.*

Art. 706-95-15 *(Abrogé par L. n° 2020-1672 du 24 déc. 2020, art. 12)* ***En cas d'urgence résultant d'un risque imminent de dépérissement des preuves ou d'atteinte grave aux personnes ou aux biens, l'autorisation mentionnée à l'article 706-95-12 peut être délivrée selon les modalités suivantes :***

1° *[Dispositions déclarées non conformes à la Constitution par la Décis. du Cons. const. n° 2019-778 DC du 21 mars 2019.]*

2° Au cours de l'information, par le juge d'instruction, sans avis préalable du procureur de la République.

L'autorisation doit être écrite et motivée. Elle comporte l'énoncé des circonstances de fait établissant l'existence du risque imminent mentionné au premier alinéa du présent article.

V. désormais art. 706-95-13.

Art. 706-95-16 L'autorisation mentionnée au 1° de l'article 706-95-12 est délivrée pour une durée maximale d'un mois, renouvelable une fois dans les mêmes conditions de forme et de durée.

L'autorisation mentionnée au 2° du même article 706-95-12 est délivrée pour une durée maximale de quatre mois, renouvelable dans les mêmes conditions de forme et de durée, sans que la durée totale des opérations ne puisse excéder deux ans.

Art. 706-95-17 Les techniques spéciales d'enquête mentionnées à la présente section sont mises en place par l'officier de police judiciaire commis par le juge d'instruction ou requis par le procureur de la République ou, sous sa responsabilité, par l'agent de police judiciaire.

En vue de procéder à l'installation, à l'utilisation et au retrait des dispositifs techniques mentionnés à la présente section, le procureur de la République, le juge d'instruction ou l'officier de police judiciaire peut requérir tout agent qualifié d'un service, d'une unité ou d'un organisme placé sous l'autorité ou la tutelle du ministre de l'intérieur ou du ministre de la défense et dont la liste est fixée par décret. — *V. art. D. 15-1-5.*

Art. 706-95-18 Le procureur de la République, le juge d'instruction ou l'officier de police judiciaire commis par lui ou requis par le procureur de la République, ou l'agent de police judiciaire agissant sous sa responsabilité, dresse procès-verbal de la mise en place des dispositifs techniques et des opérations effectuées en application de la présente section. Ce procès-verbal mentionne la date et l'heure auxquelles l'opération a commencé et celles auxquelles elle s'est terminée.

Les enregistrements sont placés sous scellés fermés.

L'officier de police judiciaire ou l'agent de police judiciaire agissant sous sa responsabilité décrit ou transcrit, dans un procès-verbal qui est versé au dossier, les données enregistrées qui sont utiles à la manifestation de la vérité. Aucune séquence relative à la vie privée étrangère aux infractions visées dans les ordonnances autorisant la mesure ne peut être conservée dans le dossier de la procédure.

Les conversations et données en langue étrangère sont transcrites en français avec l'assistance d'un interprète requis à cette fin.

Art. 706-95-19 Les enregistrements et données recueillies *[recueillis]* lors des opérations effectuées en application de la présente section sont détruits, à la diligence du procureur de la République ou du procureur général, à l'expiration du délai de prescription de l'action publique. Il est dressé procès-verbal de l'opération de destruction.

§ 2 DU RECUEIL DES DONNÉES TECHNIQUES DE CONNEXION ET DES INTERCEPTIONS DE CORRESPONDANCES ÉMISES PAR LA VOIE DES COMMUNICATIONS ÉLECTRONIQUES

(L. n° 2019-222 du 23 mars 2019, art. 46-III et 109-XIII, en vigueur le 1er juin 2019)

Art. 706-95-20 *(L. n° 2016-731 du 3 juin 2016, art. 3)* I. — *(L. n° 2019-222 du 23 mars 2019, art. 46-III et 109-XIII, en vigueur le 1er juin 2019)* « Il peut être recouru à la mise en place et à l'utilisation d'un appareil ou d'un dispositif » technique mentionné au 1° de l'article 226-3 du code pénal afin de recueillir les données techniques de connexion permettant l'identification d'un équipement terminal ou du numéro d'abonnement de son utilisateur, ainsi que les données relatives à la localisation d'un équipement terminal utilisé. *(Abrogé par L. n° 2019-222 du 23 mars 2019, art. 46-III et 109-XIII, à compter du 1er juin 2019)* ***« L'autorisation est délivrée pour une durée maximale d'un mois, renouvelable une fois dans les mêmes conditions. »***

II. — *(L. n° 2019-222 du 23 mars 2019, art. 46-III et 109-XIII, en vigueur le 1er juin 2019)* « Il peut être recouru à la mise en place ou à l'utilisation » de cet appareil ou de ce dispositif afin d'intercepter des correspondances émises ou reçues par un équipement terminal. Les modalités prévues aux articles *(L. n° 2019-222 du 23 mars 2019, art. 46-III et 109-XIII, en vigueur le 1er juin 2019)* « 100-3 » à 100-7 du présent code sont alors applicables et *(L. n° 2019-222 du 23 mars 2019, art. 46-III et 109-XIII, en vigueur le 1er juin 2019)* « , lorsque ces interceptions sont autorisées par le juge des libertés et de la détention à la requête du procureur de la République, » les attributions confiées au juge d'instruction ou à l'officier de police judiciaire commis par lui sont exercées par le procureur de la République ou l'officier de police judiciaire requis par ce magistrat. *(L. n° 2019-222 du 23 mars 2019, art. 46-III et 109-XIII, en vigueur le 1er juin 2019)* « Les correspondances interceptées en application du présent II ne peuvent concerner que la personne ou la liaison visée par l'autorisation d'interception. Par dérogation à l'article 706-95-16, les durées maximales d'autorisation de l'interception des correspondances prévue au présent II sont de quarante-huit heures renouvelables une fois. »

(Abrogé par L. n° 2019-222 du 23 mars 2019, art. 46-III et 109-XIII, à compter du 1er juin 2019) ***« III. — En cas d'urgence résultant d'un risque imminent de dépérissement des preuves ou d'atteinte grave aux personnes ou aux biens, l'autorisation mentionnée aux I et II peut être délivrée par le procureur de la République. Elle comporte l'énoncé des circonstances***

de fait établissant l'existence du risque imminent. L'autorisation doit alors être confirmée par le juge des libertés et de la détention dans un délai maximal de vingt-quatre heures. A défaut, il est mis fin à l'opération, les données ou correspondances recueillies sont placées sous scellés fermés et elles ne peuvent pas être exploitées ou utilisées dans la procédure. »

Le juge des libertés et de la détention qui a délivré ou confirmé l'autorisation est informé dans les meilleurs délais par le procureur de la République des actes accomplis en application du présent article et des procès-verbaux dressés en exécution de son autorisation.

Cet art. est issu de la renumérotation opérée par l'art. 46-III de la L. n° 2019-222 du 23 mars 2019, en vigueur le 1er juin 2019. Il s'agissait auparavant de l'art. 706-95-4.

V. aussi Arr. du 22 mai 2018 portant création de traitements de données à caractère personnel concernant les mesures de géolocalisation autorisées dans un cadre judiciaire (JO 24 mai).

§ 3 DES SONORISATIONS ET DES FIXATIONS D'IMAGES DE CERTAINS LIEUX OU VÉHICULES

(L. n° 2019-222 du 23 mars 2019, art. 46-III et 109-XIII, en vigueur le 1er juin 2019)

Art. 706-96 **Il peut être recouru à la mise en place d'un dispositif technique ayant pour objet, sans le consentement des intéressés, la captation, la fixation, la transmission et l'enregistrement de paroles prononcFées par une ou plusieurs personnes à titre privé ou confidentiel, dans des lieux ou véhicules privés ou publics, ou de l'image d'une ou de plusieurs personnes se trouvant dans un lieu privé.**

Sur la plateforme nationale des interceptions judiciaires, V. art. R. 40-42 s.

Sur la sonorisation et la captation d'images et de données informatiques réalisées par les services de renseignement, V. CSI, art. L. 853-1 s. — **CSI.**

BIBL. ▶ COLLET, *RSC 2021. 29* (le renforcement des garanties applicables à la géolocalisation et à la sonorisation).

Aucune disposition conventionnelle ou légale n'interdit au juge d'instruction, agissant en application de l'art. 81, d'exploiter dans le cadre d'une procédure pénale une mesure de sonorisation ordonnée dans le cadre d'une autre procédure... • Crim. 11 mai 2021, n° 20-86.182 P : *D. actu. 7 juin 2021, obs. Fucini.* ♦ ... Mais les officiers de police judiciaire ne peuvent détenir une copie de ces enregistrements que pour les besoins et dans le temps de l'exécution de la mission confiée par le juge d'instruction, en application de l'art. 706-96. • Même arrêt.

Ancien art. 706-96 *(L. n° 2016-731 du 3 juin 2016, art. 4)* ***Si les nécessités de l'enquête relative à l'une des infractions entrant dans le champ d'application des articles 706-73 et 706-73-1 l'exigent, le juge des libertés et de la détention peut, à la requête du procureur de la République, autoriser les officiers et agents de police judiciaire à mettre en place un dispositif technique ayant pour objet, sans le consentement des intéressés, la captation, la fixation, la transmission et l'enregistrement de paroles prononcées par une ou plusieurs personnes à titre privé ou confidentiel, dans des lieux ou véhicules privés ou publics, ou de l'image d'une ou de plusieurs personnes se trouvant dans un lieu privé.***

En vue de mettre en place le dispositif technique mentionné au premier alinéa du présent article, le juge des libertés et de la détention peut autoriser l'introduction dans un véhicule ou un lieu privé, y compris hors des heures prévues à l'article 59, à l'insu ou sans le consentement du propriétaire ou du possesseur du véhicule ou de l'occupant des lieux ou de toute personne titulaire d'un droit sur ceux-ci. Ces opérations, qui ne peuvent avoir d'autre fin que la mise en place du dispositif technique, sont effectuées sous son contrôle. Le présent alinéa s'applique également aux opérations ayant pour objet la désinstallation du dispositif technique ayant été mis en place.

La mise en place du dispositif technique mentionné au premier alinéa du présent article ne peut concerner les lieux mentionnés aux articles 56-1, 56-2 *(L. n° 2016-731 du 3 juin 2016, art. 58, en vigueur le 1er oct. 2016)* ***« , 56-3 et 56-5 » ni être mise en œuvre dans le véhicule, le bureau ou le domicile des personnes mentionnées à l'article 100-7.***

Art. 706-96-1 **Au cours de l'enquête, en vue de mettre en place le dispositif technique mentionné à l'article 706-96, le juge des libertés et de la détention peut autoriser l'introduction dans un véhicule ou un lieu privé, y compris hors des heures prévues à l'article 59, à l'insu ou sans le consentement du propriétaire ou du possesseur du véhicule ou de l'occupant des lieux ou de toute personne titulaire d'un droit**

sur ceux-ci. Ces opérations, qui ne peuvent avoir d'autre fin que la mise en place du dispositif technique, sont effectuées sous son contrôle. Le présent alinéa s'applique également aux opérations ayant pour objet la désinstallation du dispositif technique ayant été mis en place.

Au cours de l'information, en vue de mettre en place le dispositif technique mentionné à l'article 706-96, le juge d'instruction peut autoriser l'introduction dans un véhicule ou un lieu privé, y compris hors des heures prévues à l'article 59, à l'insu ou sans le consentement du propriétaire ou du possesseur du véhicule ou de l'occupant des lieux ou de toute personne titulaire d'un droit sur ceux-ci. S'il s'agit d'un lieu d'habitation et que l'opération doit intervenir hors des heures prévues au même article 59, cette autorisation est délivrée par le juge des libertés et de la détention saisi à cette fin par le juge d'instruction. Ces opérations, qui ne peuvent avoir d'autre fin que la mise en place du dispositif technique, sont effectuées sous l'autorité et le contrôle du juge d'instruction. Le présent alinéa est également applicable aux opérations ayant pour objet la désinstallation du dispositif technique ayant été mis en place.

La mise en place du dispositif technique mentionné à l'article 706-96 ne peut concerner les lieux mentionnés aux articles 56-1, 56-2, 56-3 et 56-5 ni être mise en œuvre dans le véhicule, le bureau ou le domicile des personnes mentionnées à l'article 100-7.

1. Il ressort de l'art. 706-96, devenu les art. 706-96-1 et 706-97, que seule l'ordonnance, par laquelle le juge d'instruction autorise les OPJ agissant sur commission rogatoire à mettre en place un dispositif technique de captation et d'enregistrement des paroles prononcées à titre privé ou confidentiel, doit être motivée au regard des éléments précis et circonstanciés résultant de la procédure ; n'encourt donc pas la nullité l'ordonnance rendue en ce sens après simple avis favorable manuscrit du procureur de la République. • Crim. 20 mars 2019, n° 18-87-250 P : *D. actu. 11 juin 2019, obs. Gallois ; Dr. pénal 2019, n° 97, obs. Maron et Haas ; Procédures 2019, n° 266, obs. Buisson* • Crim. 20 mars 2019, n° 18-86-319 P : *AJ pénal 2019. 338, obs. Clément* ✎.

2. Lieu d'habitation. Ni les espaces de circulation, ni les emplacements de stationnement, ni les boxes fermés du parking souterrain d'un immeuble collectif d'habitation ne constituent des lieux d'habitation au sens des art. 230-34 et 706-96-1. • Crim. 18 juin 2019, ⌂ n° 18-86.421 P : *D. actu. 9 juill. 2019, obs. Goetz ; Gaz. Pal. 19 nov. 2019, p. 56, note Fourment ; Dr. pénal 2019, n° 158, note Maron et Haas ; D. 2019. Pan. 1568, obs. de Lamarzelle* ✎ *; JCP 2019, n° 947, obs. Jeanne.*

3. Parloir. L'écoute et l'enregistrement des conversations tenues par la personne mise en examen au parloir de la maison d'arrêt peuvent être prescrits par le juge d'instruction pourvu qu'il contrôle la mesure et qu'il n'y ait pas atteinte aux droits de la défense. • Crim. 12 déc. 2000, ⌂ n° 00-93.952 P. ♦ Justifie sa décision, au regard de l'art. 8 Conv. EDH, la chambre de l'instruction qui, après avoir contrôlé que l'interception des conversations échangées au parloir de la maison d'arrêt entre une personne mise en examen et ses visiteurs a répondu exigences des art. 706-96 s., relève que les opérations, ordonnées par un juge d'instruction, pour une durée limitée, ont été placées en permanence sous son autorité et son contrôle et qu'elles étaient nécessaires à la recherche de la manifestation de la vérité, relativement à des infractions portant gravement atteinte à l'ordre public. • Crim., 1er mars 2006, n° 05-87.251, *Procédures 2006, n°. 142, obs. Buisson.*

4. Le procureur de la République tient des art. 39-3 et 41 le pouvoir de faire procéder, sous son contrôle effectif et selon les modalités qu'il autorise s'agissant de sa durée et de son périmètre, à une vidéosurveillance sur la voie publique, aux fins de rechercher la preuve des infractions à la loi pénale ; la mise en œuvre d'un dispositif de captation d'images ne nécessite pas l'autorisation du juge des libertés et de la détention lorsque, placé dans un lieu privé, il ne vise qu'à capter, fixer, transmettre ou enregistrer l'image d'une ou de plusieurs personnes se situant sur la voie publique, cette mise en œuvre nécessitant cependant l'accord du propriétaire du lieu dans lequel se trouve le dispositif. • Crim. 18 mai 2021, ⌂ n° 20-86.266 P : *RSC 2021. 670, obs. Delage* ✎ *; AJ pénal 2021. 326, obs. Mesa* ✎.

Ancien art. 706-96-1 *(L. n° 2016-731 du 3 juin 2016, art. 4)* ***Si les nécessités de l'information relative à l'une des infractions entrant dans le champ d'application des articles 706-73 et 706-73-1 l'exigent, le juge d'instruction peut, après avis du procureur de la République, autoriser les officiers et agents de police judiciaire à mettre en place un dispositif technique ayant pour objet, sans le consentement des intéressés, la captation, la fixation, la transmission et l'enregistrement de paroles prononcées par une ou plusieurs personnes à titre privé ou confidentiel, dans des lieux ou véhicules privés ou publics, ou de l'image d'une ou de plusieurs personnes se trouvant dans un lieu privé.***

En vue de mettre en place le dispositif technique mentionné au premier alinéa du présent article, le juge d'instruction peut autoriser l'introduction dans un véhicule ou un lieu privé, y compris hors des heures prévues à l'article 59, à l'insu ou sans le consentement du propriétaire ou du possesseur du véhicule ou de l'occupant des lieux ou de toute personne titulaire d'un droit sur ceux-ci. S'il s'agit d'un lieu d'habitation et que l'opération doit intervenir hors des heures prévues à l'article 59, cette autorisation est délivrée par le juge des libertés et de la détention saisi à cette fin par le juge d'instruction. Ces opérations, qui ne peuvent avoir d'autre fin que la mise en place du dispositif technique, sont effectuées sous l'autorité et le contrôle du juge d'instruction. Le présent alinéa est également applicable aux opérations ayant pour objet la désinstallation du dispositif technique ayant été mis en place.

La mise en place du dispositif technique mentionné au premier alinéa du présent article ne peut concerner les lieux mentionnés aux articles 56-1, 56-2 *(L. n° 2016-731 du 3 juin 2016, art. 58, en vigueur le 1er oct. 2016)* ***« , 56-3 et 56-5 » ni être mise en œuvre dans le véhicule, le bureau ou le domicile des personnes mentionnées à l'article 100-7.***

Art. 706-97 *(L. n° 2019-222 du 23 mars 2019, art. 46-III et 109-XIII, en vigueur le 1er juin 2019)* **« La décision autorisant le recours au dispositif mentionné à l'article 706-96 comporte »** *(L. n° 2016-731 du 3 juin 2016, art. 4)* **« tous les éléments permettant d'identifier les véhicules ou les lieux privés ou publics visés, l'infraction qui motive le recours à ces mesures ainsi que la durée de celles-ci. »** *(Abrogé par L. n° 2019-222 du 23 mars 2019, art. 46-III et 109-XIII, à compter du 1er juin 2019)* ***« Cette ordonnance n'a pas de caractère juridictionnel et n'est susceptible d'aucun recours. »***

1. Il résulte de l'art. 706-97, qui ne distingue pas selon le lieu de stationnement du véhicule, que le juge d'instruction qui envisage la captation, la fixation, la transmission et l'enregistrement de paroles prononcées par une ou plusieurs personnes à titre privé ou confidentiel, ou de l'image d'une ou plusieurs personnes se trouvant dans ce véhicule, est tenu de délivrer une seule ordonnance écrite et motivée comportant tous les éléments permettant d'identifier ledit véhicule. Aucune disposition de la loi n'impose au juge d'instruction de délivrer en outre aux enquêteurs une autorisation spécifique de pénétrer dans des parkings souterrains collectifs. • Crim. 10 avr. 2018, n° 17-85.301 P : *D. actu. 7 mai 2018, obs. Goetz ; RSC 2018. 725, note Delage.*

2. Pour un exemple de motivation d'une ordonnance de prolongation d'une mesure de sonorisation tenant à la prudence du suspect au téléphone : • Crim. 20 mars 2019, n° 18-87-250 P • Crim. 20 mars 2019, n° 18-86.319 P : *D. actu. 11 juin 2019, obs. Gallois ; Dr. pénal 2019, n° 97, obs. Maron et Haas ; AJ pénal 2019, 338, obs. Clément.*

Art. 706-98 *(L. n° 2016-731 du 3 juin 2016, art. 4) (Abrogé par L. n° 2019-222 du 23 mars 2019, art. 46-III et 109-XIII, à compter du 1er juin 2019)* ***« Le procureur de la République, le juge d'instruction ou l'officier de police judiciaire requis en application des articles 706-96 et 706-96-1 » peut requérir tout agent qualifié d'un service, d'une unité ou d'un organisme placé sous l'autorité ou la tutelle du ministre de l'intérieur*** *(Abrogé par L. n° 2009-971 du 3 août 2009, art. 15-2°)* ***« ou du ministre de la défense » et dont la liste est fixée par décret, en vue de procéder à l'installation des dispositifs techniques mentionnés*** *(L. n° 2016-731 du 3 juin 2016, art. 4)* ***« aux mêmes articles 706-96 et 706-96-1 ».***

Les officiers ou agents de police judiciaire ou les agents qualifiés *(Abrogé par L. n° 2019-222 du 23 mars 2019, art. 46-III et 109-XIII, à compter du 1er juin 2019)* ***« mentionnés au premier alinéa du présent article »*** **chargés de procéder aux opérations prévues** *(L. n° 2019-222 du 23 mars 2019, art. 46-III et 109-XIII, en vigueur le 1er juin 2019)* **« à l'article 706-96** *[ancienne rédaction : auxdits articles 706-96 et 706-96-1]* **» sont autorisés à détenir à cette fin des appareils relevant des dispositions de l'article 226-3 du code pénal.**

V. art. D. 15-1-5.

L'art. 706-99 a été renuméroté et est devenu l'art. 706-98 (L. n° 2019-222 du 23 mars 2019, art. 46-III et 109-XIII, en vigueur le 1er juin 2019).

Art. 706-98-1 *(Abrogé par L. n° 2019-222 du 23 mars 2019, art. 46-III et 109-XIII, à compter du 1er juin 2019) (L. n° 2016-731 du 3 juin 2016, art. 4)* ***Les opérations mentionnées aux articles 706-96 et 706-96-1 sont effectuées sous l'autorité et le contrôle du magistrat qui les a autorisées.***

Le fait que ces opérations révèlent des infractions autres que celles visées dans la décision de ce magistrat ne constitue pas une cause de nullité des procédures incidentes.

V. désormais art. 706-95-14.

Art. 706-100 *(Abrogé par L. n° 2019-222 du 23 mars 2019, art. 46-III et 109-XIII, à compter du 1er juin 2019) (L. n° 2016-731 du 3 juin 2016, art. 4) « **Le procureur de la République, le juge d'instruction ou l'officier de police judiciaire requis en application des articles 706-96 et 706-96-1** » **dresse procès-verbal de chacune des opérations de mise en place du dispositif technique et des opérations de captation, de fixation et d'enregistrement sonore ou audiovisuel. Ce procès-verbal mentionne la date et l'heure auxquelles l'opération a commencé et celles auxquelles elle s'est terminée.***

Les enregistrements sont placés sous scellés fermés.

V. désormais art. 706-95-18 s.

Si le fait pour les enquêteurs d'avoir conservé une copie de travail et de s'y rapporter après l'exécution de leur mission de sonorisation donnée par commission rogatoire est irrégulier, cette irrégularité n'est pas de nature à affecter par elle-même la régularité des opérations de sonorisation ainsi que la mise sous scellés fermés des enregistrements des conversations retranscrites et de l'ensemble de la sonorisation, lesquels au surplus n'ont pas été ouverts, en raison précisément de la copie de travail. • Crim. 21 juin 2016, n° 16-80.126 P : *D. actu. 22 juill. 2016, obs. Fonteix ; AJ pénal 2016. 541, obs. Andrei* ♦. Les OPJ ne peuvent détenir une copie de ces enregistrements que pour les besoins et dans le temps de l'exécution de la mission confiée par le juge d'instruction, en application de l'art. 706-96. • Crim. 11 mai 2021, n° 20-86.182 : *D. actu. 7 juin 2021, obs. Fucini.*

Art. 706-101 *(Abrogé par L. n° 2019-222 du 23 mars 2019, art. 46-III et 109-XIII, à compter du 1er juin 2019) (L. n° 2016-731 du 3 juin 2016, art. 4) « **Le procureur de la République, le juge d'instruction ou l'officier de police judiciaire requis en application des articles 706-96 et 706-96-1 décrit ou transcrit, dans un procès-verbal qui est versé au dossier, les images ou les conversations enregistrées qui sont utiles à la manifestation de la vérité. Aucune séquence relative à la vie privée étrangère aux infractions visées dans les décisions autorisant la mesure ne peut être conservée dans le dossier de la procédure.** »*

Les conversations en langue étrangère sont transcrites en français avec l'assistance d'un interprète requis à cette fin.

L'art. 706-101 limite aux seuls enregistrements utiles à la manifestation de la vérité le contenu du procès-verbal, établi par le juge d'instruction ou l'officier de police judiciaire commis par lui, qui décrit ou transcrit les images ou les sons enregistrés ; dès lors, le législateur a nécessairement entendu que les séquences de la vie privée étrangères aux infractions en cause ne puissent en aucun cas être conservées dans le dossier de la procédure *(Décis. ant. L. n° 2016-731 du 3 juin 2016)*. • Cons. const. 2 mars 2004, n° 2004-492 DC : *JO 10 mars, p. 4637.*

Art. 706-101-1 *(Abrogé par L. n° 2019-222 du 23 mars 2019, art. 46-III et 109-XIII, à compter du 1er juin 2019) (L. n° 2016-731 du 3 juin 2016, art. 4) **Le juge des libertés et de la détention qui a autorisé l'opération mentionnée à l'article 706-96 est informé dans les meilleurs délais par le procureur de la République des actes accomplis en application du même article 706-96 et des procès-verbaux dressés en application des articles 706-100 et 706-101.***

Circulaire CRIM 04-13 G1 du 2 septembre 2004,

Présentant les dispositions relatives à la criminalité organisée de la loi n° 2004-204 du 9 mars 2004 portant adaptation de la justice aux évolutions de la criminalité [...].

Les dispositions relatives à la transcription des éléments utiles à la manifestation de la vérité et à la destruction des enregistrements reprennent celles en vigueur pour les écoutes téléphoniques.

Ainsi, le juge d'instruction ou l'officier de police judiciaire dresse un procès-verbal de chacune des opérations de mise en place du dispositif technique et des opérations de captation, de fixation et d'enregistrement sonore et audiovisuel mentionnant les heures de début et de fin de chacune d'elles.

Enfin, le juge d'instruction ou l'officier de police judiciaire ne décrit ou ne transcrit dans un procès-verbal que les images ou les conversations qui apparaissent utiles à la manifestation de la vérité.

Le Conseil constitutionnel a insisté sur ce point en rappelant que « les séquences de la vie privée étrangères aux infractions en cause ne [peuvent] en aucun cas être conservées dans le dossier de la procédure ».

Cette précision du Conseil constitutionnel doit toutefois être lue comme proscrivant la retranscription des éléments de vie privée non utiles à la manifestation de la vérité, mais non comme une obligation de canceller ces derniers des enregistrements avant le terme de la procédure judiciaire. En effet, une telle cancellation pourrait s'avérer préjudiciable aux investigations, dans la mesure où une scène de la vie privée qui peut sembler dénuée d'intérêt pour l'enquête à un certain moment, peut apparaître au contraire décisive ultérieurement. La présence d'un individu à son domicile peut par exemple constituer un alibi pour des faits se déroulant ailleurs pendant le même moment mais dont les enquêteurs n'auront connaissance que par la suite.

Lorsque les conversations captées ont lieu en langue étrangère, elles sont retranscrites en français avec l'assistance d'un interprète requis à cette fin. Un fonctionnaire de police polyglotte ne peut donc faire la traduction de lui-même.

Les disques supportant ces enregistrements sont placés sous scellés fermés. Il apparaît toutefois opportun qu'à l'instar de ce qui est fréquemment pratiqué pour les écoutes téléphoniques, il soit créé une copie des enregistrements, qui elle ne sera pas placée sous scellés. Celle-ci, remise au juge d'instruction, lui permet de consulter directement les enregistrements, voire de les laisser consulter par les avocats des mis en cause si ceux-ci envisagent de faire des contestations, afin de leur permettre d'en vérifier le bien-fondé sans qu'il soit nécessaire de procéder par la voie plus lourde du bris de scellé en présence des mis en examen. *[...]*

Art. 706-102 *(Abrogé par L. n° 2019-222 du 23 mars 2019, art. 46-III et 109-XIII, à compter du 1er juin 2019)* ***Les enregistrements sonores ou audiovisuels sont détruits, à la diligence du procureur de la République ou du procureur général, à l'expiration du délai de prescription de l'action publique.***

Il est dressé procès-verbal de l'opération de destruction.

§ 4 DE LA CAPTATION DES DONNÉES INFORMATIQUES *(L. n° 2019-222 du 23 mars 2019, art. 46-III et 109-XIII, en vigueur le 1er juin 2019).*

L'anc. sect. VI bis « Captation des données informatiques » est devenue le § 4 de la sect. VI.

L'Agence nationale des techniques d'enquêtes numériques judiciaires, chargée de mettre en œuvre la plate-forme nationale des interceptions judiciaires, peut également être sollicitée pour l'emploi des techniques mentionnées aux art. 706-102-1, 706-102-2 et 706-102-5 C. pr. pén. (Décr. n° 2017-614 du 24 avr. 2017, JO 25 avr.).

RÉP. PÉN. v° *Cybercriminalité,* par CHOPIN.

BIBL. ▶ HENNEQUIN, *D. 2011. Point de vue 1358* *(quid de la captation de données informatiques ?).*

▶ **Dossier :** Les techniques d'enquête numériques judiciaires, *AJ pénal 2017. 311* *s.*

Art. 706-102-1 *(L. n° 2016-731 du 3 juin 2016, art. 5) (L. n° 2019-222 du 23 mars 2019, art. 46-III et 109-XIII, en vigueur le 1er juin 2019)* **« Il peut être recouru à la mise en place d' » un dispositif technique ayant pour objet, sans le consentement des intéressés, d'accéder, en tous lieux, à des données informatiques, de les enregistrer, de les conserver et de les transmettre, telles qu'elles sont stockées dans un système informatique, telles qu'elles s'affichent sur un écran pour l'utilisateur d'un système de traitement automatisé de données, telles qu'il les y introduit par saisie de caractères ou telles qu'elles sont reçues et émises par des périphériques** *(Abrogé par L. n° 2019-222 du 23 mars 2019, art. 46-III et 109-XIII, à compter du 1er juin 2019)* ***« audiovisuels ».***

Le procureur de la République *(L. n° 2019-222 du 23 mars 2019, art. 46-III et 109-XIII, en vigueur le 1er juin 2019)* **« ou le juge d'instruction » peut désigner toute personne physique ou morale habilitée et inscrite sur l'une des listes prévues à l'article 157, en vue d'effectuer les opérations techniques permettant la réalisation du dispositif technique mentionné au premier alinéa du présent article. Le procureur de la République** *(L. n° 2019-222 du 23 mars 2019, art. 46-III et 109-XIII, en vigueur le 1er juin*

2019) **« ou le juge d'instruction » peut également prescrire le recours aux moyens de l'État soumis au secret de la défense nationale selon les formes prévues au chapitre Ier du titre IV du livre Ier.**

Un service technique national de captation judiciaire est chargé de la conception, de la centralisation et de la mise en œuvre des dispositifs techniques mentionnés aux art. 706-102-1 et 706-102-2 C. pr. pén. (Arr. du 9 mai 2018 portant création du service à compétence nationale dénommé « service technique national de captation judiciaire », JO 10 mai). V. aussi art. D. 15-1-6.

Décret nº 2015-1700 du 18 décembre 2015,

Relatif à la mise en œuvre de traitements de données informatiques captées en application de l'article 706-102-1 du code de procédure pénale.

Art. 1er En application des articles *(Décr. nº 2019-1602 du 31 déc. 2019, art. 1er)* « 706-95-11 à 706-95-19 et 706-102-1 à 706-102-5 » du code de procédure pénale et afin de permettre la constatation des crimes et délits entrant dans le champ d'application des articles 706-73 et 706-73-1 de ce code, le rassemblement des preuves de ces infractions et l'identification de leurs auteurs, le ministre de l'intérieur (direction générale de la police nationale, direction générale de la gendarmerie nationale, direction générale de la sécurité intérieure et préfecture de police) et le *(Décr. nº 2019-1602 du 31 déc. 2019, art. 1er)* « ministre chargé du budget » (direction générale des douanes et droits indirects) sont autorisés à mettre en œuvre des traitements de données informatiques à caractère personnel permettant, sous l'autorité et le contrôle *(Décr. nº 2019-1602 du 31 déc. 2019, art. 1er)* « du juge des libertés et de la détention ou » du juge d'instruction, la collecte, l'enregistrement et la conservation de données informatiques captées *(Abrogé par Décr. nº 2019-1602 du 31 déc. 2019, art. 1er)* « *selon les modalités fixées à l'article 706-102-1 du code de procédure pénale* ».

Art. 2 Peuvent être enregistrées en application de l'article 706-102-1 du code de procédure pénale l'ensemble des données captées *(Décr. nº 2019-1602 du 31 déc. 2019, art. 2)* « telles qu'elles sont stockées dans un système informatique, » telles qu'elles s'affichent sur un écran pour l'utilisateur d'un système de traitement automatisé de données, telles qu'il les y introduit par saisie de caractères ou telles qu'elles sont reçues et émises par des périphériques *(Abrogé par Décr. nº 2019-1602 du 31 déc. 2019, art. 2)* « *audiovisuels* ».

Ces enregistrements peuvent contenir des données de la nature de celles mentionnées au I de l'article *(Décr. nº 2019-1602 du 31 déc. 2019, art. 2)* « 6 » de la loi nº 78-17 du 6 janvier 1978.

Art. 3 *(Décr. nº 2019-1602 du 31 déc. 2019, art. 3)* Les données à caractère personnel et informations exploitées par les traitements mentionnés à l'article 1er ne peuvent provenir que de dispositifs techniques autorisés conformément à l'article R. 226-3 du code pénal et mis en place dans le cadre :

1º D'investigations conduites en flagrance ou en préliminaire, sur ordonnance écrite et motivée du juge des libertés et de la détention, à la requête du procureur de la République ;

2º D'information judiciaire, sur ordonnance écrite et motivée du juge d'instruction, après avis du procureur de la République, sauf en cas d'urgence résultant d'un risque imminent de dépérissement des preuves ou d'atteinte grave aux personnes ou aux biens.

Art. 4 I. — Les magistrats *(Abrogé par Décr. nº 2019-1602 du 31 déc. 2019, art. 4)* « *instructeurs* » accèdent à l'ensemble des données à caractère personnel et informations enregistrées dans le traitement en application de l'article 706-102-1 du code de procédure pénale, dans le cadre des procédures dont ils sont saisis.

II. — Ont accès aux données à caractère personnel et aux informations mentionnées à l'article 2, pour les besoins exclusifs *(Décr. nº 2019-1602 du 31 déc. 2019, art. 4)* « de la procédure dans le cadre de laquelle l'opération de captation a été autorisée » :

1º *(Décr. nº 2019-1602 du 31 déc. 2019, art. 4)* « Les agents et officiers » de police judiciaire de la police et de la gendarmerie nationales ;

2º Les agents des douanes habilités à effectuer des missions de police judiciaire en application de l'article 28-1 du code de procédure pénale ;

(Décr. nº 2019-1602 du 31 déc. 2019, art. 4) « 3º Les agents des services fiscaux habilités à effectuer des enquêtes judiciaires en application de l'article 28-2 du code de procédure pénale. »

III. — Peuvent être destinataires des seules données et informations nécessaires à l'exécution de leur mission, après accord du magistrat *(Abrogé par Décr. n° 2019-1602 du 31 déc. 2019, art. 4)* « *instructeur* » ayant autorisé la mise en place du dispositif, les organismes de coopération internationale en matière de police judiciaire et les services de police étrangers, dans les conditions prévues à l'article L. 235-1 du code de la sécurité intérieure.

(Décr. n° 2019-1602 du 31 déc. 2019, art. 4) « IV. — Peuvent être destinataires des seules informations mentionnées à l'article 6, les personnalités qualifiées chargées du contrôle des travaux de conception et des opérations de mise en œuvre des dispositifs techniques mentionnés à l'article 3. »

Art. 5 Les données enregistrées sont conservées dans le traitement jusqu'à la date de clôture des investigations. A cette date, elles sont placées sous scellés fermés et effacées. La transcription des enregistrements effectuée par *(Décr. n° 2019-1602 du 31 déc. 2019, art. 5)* « les personnes mentionnées au II de l'article 4 », dans les conditions prévues à l'article *(Décr. n° 2019-1602 du 31 déc. 2019, art. 5)* « 706-95-18 » du code de procédure pénale, est transmise à l'autorité judiciaire pour être versée au dossier de la procédure. Les scellés fermés lui sont également adressés.

Art. 6 *(Décr. n° 2019-1602 du 31 déc. 2019, art. 6)* Toute opération de collecte, de modification, de consultation, de transfert et de suppression des données à caractère personnel et informations fait l'objet d'un enregistrement comprenant l'identification de l'auteur, la date, l'heure et la nature de l'opération.

Ces informations sont conservées pendant une durée de six ans.

Art. 7 *(Décr. n° 2019-1602 du 31 déc. 2019, art. 7)* I. — Le droit d'opposition prévu à l'article 110 de la loi du 6 janvier 1978 susvisée ne s'applique pas aux présents traitements.

II. — Conformément aux articles 104 à 106 de la même loi, les droits d'information, d'accès, de rectification, d'effacement et à la limitation s'exercent directement auprès du responsable du traitement.

Afin d'éviter de gêner des enquêtes, des recherches ou des procédures judiciaires ou d'éviter de nuire à la prévention ou à la détection d'infractions pénales, aux enquêtes ou aux poursuites en la matière ou à l'exécution de sanctions pénales, de protéger la sécurité publique ou de protéger la sécurité nationale, les droits mentionnés à l'alinéa précédent peuvent faire l'objet de restrictions en application des II et III de l'article 107 de la même loi.

La personne concernée par ces restrictions exerce ses droits auprès de la Commission nationale de l'informatique et des libertés dans les conditions prévues à l'article 108 de la même loi.

Art. 8 La mise en œuvre des traitements mentionnés à l'article 1er par le directeur général de la police nationale, le directeur général de la gendarmerie nationale, le directeur général de la sécurité intérieure, le préfet de police et *(Décr. n° 2019-1602 du 31 déc. 2019, art. 8)* « le directeur général » des douanes et des droits indirects s'accompagne de l'envoi à la Commission nationale de l'informatique et des libertés d'un engagement de conformité faisant référence au présent décret accompagné d'un dossier technique de présentation du traitement.

……………………………………………………………………………………………………

Art. 706-102-2 *(Abrogé par L. n° 2019-222 du 23 mars 2019, art. 46-III et 109-XIII, à compter du 1er juin 2019) (L. n° 2016-731 du 3 juin 2016, art. 5)* ***Si les nécessités de l'information relative à l'une des infractions entrant dans le champ d'application des articles 706-73 et 706-73-1 l'exigent, le juge d'instruction peut, après avis du procureur de la République, autoriser par ordonnance motivée les officiers et agents de police judiciaire commis sur commission rogatoire à mettre en place un dispositif technique ayant pour objet, sans le consentement des intéressés, d'accéder, en tous lieux, à des données informatiques, de les enregistrer, de les conserver et de les transmettre, telles qu'elles sont stockées dans un système informatique, telles qu'elles s'affichent sur un écran pour l'utilisateur d'un système de traitement automatisé de données, telles qu'il les y introduit par saisie de caractères ou telles qu'elles sont reçues et émises par des périphériques audiovisuels.***

Le juge d'instruction peut désigner toute personne physique ou morale habilitée et inscrite sur l'une des listes prévues à l'article 157, en vue d'effectuer les opérations techniques permettant la réalisation du dispositif technique mentionné au premier alinéa du présent article.

Le juge d'instruction peut également prescrire le recours aux moyens de l'État soumis au secret de la défense nationale selon les formes prévues au chapitre Ier du titre IV du livre Ier.

Art. 706-102-3 *(L. nº 2016-731 du 3 juin 2016, art. 5)* **A peine de nullité, la décision** *(L. nº 2019-222 du 23 mars 2019, art. 46-III et 109-XIII, en vigueur le 1er juin 2019)* **« autorisant le recours au dispositif mentionné à l'article 706-102-1 » précise l'infraction qui motive le recours à ces opérations, la localisation exacte ou la description détaillée des systèmes de traitement automatisé de données ainsi que la durée des opérations.**

(Abrogé par L. nº 2019-222 du 23 mars 2019, art. 46-III et 109-XIII, à compter du 1er juin 2019) ***« L'autorisation prise en application de l'article 706-102-1 est délivrée pour une durée maximale d'un mois, renouvelable une fois dans les mêmes conditions. L'autorisation prise en application de l'article 706-102-2 est délivrée pour une durée maximale de quatre mois, renouvelable dans les mêmes conditions, sans que la durée totale des opérations ne puisse excéder deux ans. »*** *— V. désormais art. 706-95-15 et 706-95-16.*

Art. 706-102-4 *(Abrogé par L. nº 2019-222 du 23 mars 2019, art. 46-III et 109-XIII, à compter du 1er juin 2019) (L. nº 2016-731 du 3 juin 2016, art. 5)* ***« Les opérations prévues à la présente section sont effectuées sous l'autorité et le contrôle du magistrat qui les a autorisées, qui peut ordonner à tout moment leur interruption, et ne peuvent, à peine de nullité, avoir un autre objet que la recherche et la constatation des infractions visées dans les décisions de ce magistrat. »***

(L. nº 2011-267 du 14 mars 2011, art. 36-I) ***« Le fait que ces opérations révèlent des infractions autres que celles visées dans ces décisions ne constitue pas une cause de nullité des procédures incidentes. »***

Art. 706-102-5 **En vue de mettre en place le dispositif technique mentionné** *(L. nº 2019-222 du 23 mars 2019, art. 46-III et 109-XIII, en vigueur le 1er juin 2019)* **« à l'article 706-102-1 »** *(L. nº 2016-731 du 3 juin 2016, art. 5)* **« le juge des libertés et de la détention, à la requête du procureur de la République, ou » le juge d'instruction peut autoriser l'introduction dans un véhicule ou dans un lieu privé, y compris hors des heures prévues à l'article 59, à l'insu ou sans le consentement du propriétaire ou du possesseur du véhicule ou de l'occupant des lieux ou de toute personne titulaire d'un droit sur celui-ci. S'il s'agit d'un lieu d'habitation et que l'opération doit intervenir hors des heures prévues à l'article 59, cette autorisation est délivrée par le juge des libertés et de la détention saisi à cette fin** *(L. nº 2016-731 du 3 juin 2016, art. 5)* **« par le procureur de la République ou » par le juge d'instruction. Ces opérations, qui ne peuvent avoir d'autre fin que la mise en place du dispositif technique, sont effectuées sous l'autorité et le contrôle** *(L. nº 2016-731 du 3 juin 2016, art. 5)* **« du juge des libertés et de la détention ou » du juge d'instruction. Le présent alinéa est également applicable aux opérations ayant pour objet la désinstallation du dispositif technique ayant été mis en place.**

En vue de mettre en place le dispositif technique mentionné *(L. nº 2019-222 du 23 mars 2019, art. 46-III et 109-XIII, en vigueur le 1er juin 2019)* **« à l'article 706-102-1 »** *(L. nº 2016-731 du 3 juin 2016, art. 5)* **« , le juge des libertés et de la détention, à la requête du procureur de la République, ou » le juge d'instruction peut également autoriser la transmission par un réseau de communications électroniques de ce dispositif. Ces opérations sont effectuées sous l'autorité et le contrôle** *(L. nº 2016-731 du 3 juin 2016, art. 5)* **« du juge des libertés et de la détention ou » du juge d'instruction. Le présent alinéa est également applicable aux opérations ayant pour objet la désinstallation du dispositif technique ayant été mis en place.**

La mise en place du dispositif technique mentionné à l'article 706-102-1 ne peut concerner les systèmes automatisés de traitement des données se trouvant dans les lieux visés aux articles 56-1, 56-2 *(L. nº 2016-731 du 3 juin 2016, art. 58, en vigueur le 1er oct. 2016)* **« , 56-3 et 56-5 » ni être réalisée dans le véhicule, le bureau ou le domicile des personnes visées à l'article 100-7.**

Art. 706-102-6 *(Abrogé par L. nº 2019-222 du 23 mars 2019, art. 46-III et 109-XIII, à compter du 1er juin 2019)* ***Le juge d'instruction ou l'officier de police judiciaire commis par lui*** *(L. nº 2016-731 du 3 juin 2016, art. 5)* ***« ou requis par le procureur de la République » peut requérir tout agent qualifié d'un service, d'une unité ou d'un organisme placé sous***

l'autorité ou la tutelle du ministre de l'intérieur ou du ministre de la défense et dont la liste est fixée par décret en vue de procéder à l'installation des dispositifs techniques mentionnés *(L. n° 2016-731 du 3 juin 2016, art. 5)* ***« aux articles 706-102-1 et 706-102-2 ».***

V. désormais art. 706-95-18 s.

Art. 706-102-7 *(Abrogé par L. n° 2019-222 du 23 mars 2019, art. 46-III et 109-XIII, à compter du 1er juin 2019)* ***Le juge d'instruction ou l'officier de police judiciaire commis par lui*** *(L. n° 2016-731 du 3 juin 2016, art. 5)* ***« ou requis par le procureur de la République » dresse procès-verbal de chacune des opérations de mise en place du dispositif technique mentionné*** *(L. n° 2016-731 du 3 juin 2016, art. 5)* ***« aux articles 706-102-1 et 706-102-2 » et des opérations de captation des données informatiques. Ce procès-verbal mentionne la date et l'heure auxquelles l'opération a commencé et celles auxquelles elle s'est terminée.***

Les enregistrements des données informatiques sont placés sous scellés fermés.

Art. 706-102-8 *(Abrogé par L. n° 2019-222 du 23 mars 2019, art. 46-III et 109-XIII, à compter du 1er juin 2019)* ***Le juge d'instruction ou l'officier de police judiciaire commis par lui*** *(L. n° 2016-731 du 3 juin 2016, art. 5)* ***« ou requis par le procureur de la République » décrit ou transcrit, dans un procès-verbal qui est versé au dossier, les données qui sont utiles à la manifestation de la vérité. Aucune séquence relative à la vie privée étrangère aux infractions visées dans les décisions autorisant la mesure ne peut être conservée dans le dossier de la procédure.***

Les données en langue étrangère sont transcrites en français avec l'assistance d'un interprète requis à cette fin.

Art. 706-102-9 *(Abrogé par L. n° 2019-222 du 23 mars 2019, art. 46-III et 109-XIII, à compter du 1er juin 2019)* ***Les enregistrements des données informatiques sont détruits, à la diligence du procureur de la République ou du procureur général, à l'expiration du délai de prescription de l'action publique.***

Il est dressé procès-verbal de l'opération de destruction.

SECTION VII **DES MESURES CONSERVATOIRES**

BIBL. ▸ DUPUIS, *Procédures 2014. Étude 6* (les saisies en matière pénale).

Art. 706-103 **En cas d'information ouverte pour l'une des infractions entrant dans le champ d'application des articles 706-73** *(L. n° 2015-993 du 17 août 2015, art. 11)* **« , 706-73-1 » et 706-74 et afin de garantir le paiement des amendes encourues ainsi que, le cas échéant, l'indemnisation des victimes** *(Abrogé par L. n° 2010-768 du 9 juill. 2010, art. 2)* ***« et l'exécution de la confiscation »*****, le juge des libertés et de la détention, sur requête du procureur de la République, peut ordonner, aux frais avancés du Trésor et selon les modalités prévues par les procédures civiles d'exécution, des mesures conservatoires sur les biens, meubles ou immeubles, divis ou indivis, de la personne mise en examen.**

La condamnation vaut validation des *(L. n° 2010-768 du 9 juill. 2010, art. 2)* **« mesures** *[ancienne rédaction : saisies]* **» conservatoires et permet l'inscription définitive des sûretés.**

La décision de non-lieu, de relaxe ou d'acquittement emporte de plein droit, aux frais du Trésor, mainlevée des mesures ordonnées. Il en est de même en cas d'extinction de l'action publique et de l'action civile.

Pour l'application des dispositions du présent article, le juge des libertés et de la détention est compétent sur l'ensemble du territoire national.

(L. n° 2010-768 du 9 juill. 2010, art. 2) **« Le présent article s'applique sans préjudice des dispositions du titre XXIX du présent livre. »**

1. QPC. N'est pas nouvelle la question portant sur la contrariété de l'art. 706-103 à la Constitution au regard des art. 2, 9, 16 et 17 DDH ainsi qu'aux principes du droit à une procédure juste et équitable, d'égalité devant la loi, de la présomption d'innocence et des droits de la défense, en ce qu'il autorise, en cas d'information ouverte pour l'une des infractions prévues aux art. 706-73 et 706-74, la prise de mesures conservatoires sur les biens d'une personne qui n'a pas fait l'objet d'une déclaration de culpabilité et ce, à l'issue d'une procédure non contradictoire pendant laquelle cette dernière ne peut faire valoir ses droits et sans prévoir aucune garantie de proportionnalité de la mesure à l'atteinte au droit de propriété. Elle ne présente pas en outre un caractère sérieux dès lors, d'une part, que l'art. 706-103 prévoit des mesures conservatoires pour des infractions graves et complexes, comme le délit de blanchiment en bande organisée, entrant dans le champ d'application des art. 706-73 et 706-74 et justifiant des règles spécifiques de procédure pénale, et, d'autre part, que de telles mesures, ne constituant pas des sanctions, sont ordonnées par le JLD selon les modalités prévues par les procédures civiles d'exécution, qui assurent la sauvegarde des droits de la personne concernée. • Cass., QPC, 18 juin 2010 : *D. 2010. Actu. 1712 ; RSC 2011. Chron. 186, obs. De Lamy*.

2. *Mesures conservatoires.* Les mesures conservatoires ne peuvent être prises que sur un bien dont le mis en examen est propriétaire, et non lorsqu'il a seulement la qualité de bénéficiaire économique de l'activité de la personne morale propriétaire du bien en cause. • Crim. 26 mai 2010, nº 10-81.163 P : *D. 2010. Actu. 1792, obs. Priou-Alibert ; ibid. 2558, note Pradel ; AJ pénal 2010. 409*.

3. A défaut de disposition dérogatoire contraire, la chambre de l'instruction est compétente pour connaître de l'appel d'une décision du JLD ordonnant, en application de l'art. 706-103, une mesure conservatoire sur les biens, meubles ou immeubles, divis ou indivis, dont la personne, mise en examen pour l'une des infractions entrant dans le champ d'application des art. 706-73 et 706-74, est propriétaire. Si c'est à tort qu'une chambre de l'instruction a déclaré irrecevable un tel appel, l'arrêt n'encourt cependant pas la censure dès lors que les juges ont exactement retenu que la mesure de nantissement prise à titre conservatoire sur les parts sociales d'une SCI dont la personne, mise en examen des chefs d'escroqueries en bande organisée et association de malfaiteurs aggravée, est propriétaire n'était disproportionnée ni au regard de la gravité des infractions reprochées ni au regard des amendes encourues. • Crim. 15 mars 2011, nº 10-80.181 P.

SECTION VIII **DISPOSITIONS COMMUNES**

Art. 706-104 *[Dispositions déclarées non conformes à la Constitution par décision du Conseil constitutionnel nº 2004-492 DC du 2 mars 2004.]*

L'art. 706-104 doit être déclaré contraire à la Constitution car, si le législateur pouvait exonérer de nullité les actes d'enquête ou d'instruction dès lors que la circonstance aggravante de bande organisée paraissait caractérisée à la date où ils ont été autorisés, il ne pouvait exonérer, de façon générale, des actes qui auraient été autorisés en méconnaissance des exigences de protection des libertés individuelles, de l'inviolabilité du domicile et du secret de la vie privée en dehors de la recherche d'infractions particulièrement graves et complexes. • Cons. const. 2 mars 2004, nº 2004-492 DC : *JO 10 mars, p. 4637*.

Art. 706-105 **Lorsque, au cours de l'enquête, il a été fait application des dispositions des articles 706-80 à 706-95, la personne ayant été placée en garde à vue six mois auparavant et qui n'a pas fait l'objet de poursuites peut interroger le procureur de la République dans le ressort duquel la garde à vue s'est déroulée sur la suite donnée ou susceptible d'être donnée à l'enquête. Cette demande est adressée par lettre recommandée avec demande d'avis de réception.**

Lorsque le procureur de la République décide de poursuivre l'enquête préliminaire et qu'il envisage de procéder à une nouvelle audition ou à un nouvel interrogatoire de la personne au cours de cette enquête, cette personne est informée, dans les deux mois suivant la réception de sa demande, qu'elle peut demander qu'un avocat désigné par elle ou commis d'office à sa demande par le bâtonnier puisse consulter le dossier de la procédure. Le dossier est alors mis à la disposition de l'avocat au plus tard dans un délai de quinze jours à compter de la demande et avant, le cas échéant, toute nouvelle audition ou tout nouvel interrogatoire de la personne.

Lorsque le procureur de la République a décidé de classer l'affaire en ce qui concerne la personne, il l'informe dans les deux mois suivant la réception de sa demande.

Dans les autres cas, le procureur de la République n'est pas tenu de répondre à la personne. Il en est de même lorsqu'il n'a pas été fait application des dispositions des articles 706-80 à 706-95 au cours de l'enquête.

Lorsque l'enquête n'a pas été menée sous la direction du procureur de la République du tribunal judiciaire dans le ressort duquel la garde à vue a été réalisée, celui-ci adresse sans délai la demande au procureur qui dirige l'enquête.

Art. 706-105-1 *(L. nº 2021-998 du 30 juill. 2021, art. 20)* **I. — Par dérogation à l'article 11, le procureur de la République de Paris peut, pour les procédures d'enquête ou d'instruction entrant dans le champ d'application de l'article 706-72-1, communiquer**

aux services de l'État mentionnés au second alinéa de l'article L. 2321-2 du code de la défense, de sa propre initiative ou à la demande de ces services, des éléments de toute nature figurant dans ces procédures et nécessaires à l'exercice de leur mission en matière de sécurité et de défense des systèmes d'information. Si la procédure fait l'objet d'une information, cette communication ne peut intervenir que sur avis favorable du juge d'instruction.

Le juge d'instruction peut également procéder à cette communication, dans les mêmes conditions et pour les mêmes finalités que celles mentionnées au premier alinéa du présent I, pour les procédures d'information dont il est saisi, après avoir recueilli l'avis du procureur de la République de Paris.

II. — Par dérogation à l'article 11, le procureur de la République de Paris peut, pour les procédures d'enquête ou d'instruction relevant de la compétence des juridictions mentionnées au dernier alinéa de l'article 706-75 et portant sur les infractions mentionnées aux 3°, 5°, 12° et 13° de l'article 706-73 ainsi que sur le blanchiment de ces infractions, communiquer aux services spécialisés de renseignement mentionnés à l'article L. 811-2 du code de la sécurité intérieure ainsi qu'aux services mentionnés à l'article L. 811-4 du même code désignés, au regard de leurs missions, par décret en Conseil d'État, de sa propre initiative ou à la demande de ces services, des éléments de toute nature figurant dans ces procédures et nécessaires à l'exercice des missions de ces services au titre de la prévention de la criminalité et de la délinquance organisées. Si la procédure fait l'objet d'une information, cette communication ne peut intervenir que sur avis favorable du juge d'instruction. — *Services spécialisés de renseignement concernés, V. CSI, art. R. 811-3.*

Le juge d'instruction peut également procéder à cette communication, dans les mêmes conditions et pour les mêmes finalités que celles mentionnées au premier alinéa du présent II, pour les procédures d'information dont il est saisi, après avoir recueilli l'avis du procureur de la République de Paris.

III. — Les informations communiquées en application du présent article ne peuvent faire l'objet d'un échange avec des services de renseignement étrangers ou avec des organismes internationaux compétents dans le domaine du renseignement.

Sauf si l'information porte sur une condamnation prononcée publiquement, les personnes qui en sont destinataires sont tenues au secret professionnel, dans les conditions et sous les peines prévues aux articles 226-13 et 226-14 du code pénal.

SECTION IX **DISPOSITIONS SPÉCIFIQUES À CERTAINES INFRACTIONS**

(L. nº 2016-731 du 3 juin 2016, art. 25)

Art. 706-106 Sans préjudice des articles 706-81 à 706-87 et aux seules fins de constater les infractions mentionnées au 12° de l'article 706-73, d'en identifier les auteurs et les complices et d'effectuer les saisies prévues au présent code, les officiers de police judiciaire et les agents de police judiciaire placés sous leur autorité peuvent, avec l'autorisation du procureur de la République ou du juge d'instruction saisi des faits qui en avise préalablement le parquet, sans être pénalement responsables de ces actes :

1° Acquérir des armes ou leurs éléments, des munitions ou des explosifs ;

2° En vue de l'acquisition d'armes ou de leurs éléments, de munitions ou d'explosifs, mettre à la disposition des personnes se livrant à ces infractions des moyens de caractère juridique ou financier ainsi que des moyens de transport, de dépôt, d'hébergement, de conservation et de télécommunication.

A peine de nullité, l'autorisation du procureur de la République ou du juge d'instruction, qui peut être donnée par tout moyen, est mentionnée ou versée au dossier de la procédure et les actes autorisés ne peuvent constituer une incitation à commettre une infraction.

TITRE VINGT-CINQUIÈME *BIS* DE LA PROCÉDURE APPLICABLE AUX CRIMES SÉRIELS OU NON ÉLUCIDÉS

(L. nº 2021-1729 du 22 déc. 2021, art. 8)

Art. 706-106-1 Un ou plusieurs tribunaux judiciaires désignés par décret exercent une compétence concurrente à celle qui résulte de l'application des articles 43, 52 et

382 du présent code pour l'enquête, la poursuite, l'instruction et le jugement des crimes prévus aux articles 221-1 à 221-5, 222-1, 222-3 à 222-6, 222-23 à 222-26 et 224-1 à 224-3 du code pénal et de tous les délits connexes à ces crimes, lorsque l'une au moins des deux conditions ci-après est remplie et que les investigations les concernant présentent une particulière complexité :

1° Ces crimes ont été commis ou sont susceptibles d'avoir été commis de manière répétée à des dates différentes par une même personne à l'encontre de différentes victimes ;

2° Leur auteur n'a pas pu être identifié plus de dix-huit mois après leur commission.

Lorsqu'ils sont compétents pour la poursuite ou l'instruction des infractions mentionnées au présent article, le procureur de la République et le juge d'instruction des juridictions désignées exercent leurs attributions sur toute l'étendue du ressort territorial précisé par le décret prévu au premier alinéa du présent article. Si une seule juridiction spécialisée est désignée, cette compétence s'étend à l'ensemble du territoire national.

La juridiction saisie demeure compétente, quelles que soient les incriminations retenues lors du règlement ou du jugement de l'affaire. Toutefois, si les faits constituent une contravention, le juge d'instruction prononce le renvoi de l'affaire devant le tribunal de police compétent en application de l'article 522.

Sur la compétence du tribunal judiciaire de Nanterre, V. art. D. 47-12-8.

Art. 706-106-2 Au sein de ce ou ces tribunaux judiciaires, le procureur général et le premier président, après avis du procureur de la République et du président du tribunal judiciaire, désignent respectivement un ou plusieurs magistrats du parquet et juges d'instruction chargés spécialement de l'enquête, de la poursuite et de l'instruction des infractions entrant dans le champ d'application de l'article 706-106-1.

Les magistrats du parquet et juges d'instruction désignés ainsi que le procureur général près la cour d'appel compétente peuvent demander à des assistants spécialisés, désignés dans les conditions prévues à l'article 706, de participer, selon les modalités prévues au même article 706, aux procédures concernant les crimes et délits entrant dans le champ d'application de l'article 706-106-1.

Art. 706-106-3 Le procureur de la République près un tribunal judiciaire autre que celui ou ceux mentionnés à l'article 706-106-1 peut, pour les infractions relevant du même article 706-106-1, d'office, sur proposition du juge d'instruction ou à la requête des parties, requérir du juge d'instruction initialement saisi de se dessaisir au profit de la juridiction d'instruction compétente en application dudit article 706-106-1.

Si elles ne sont pas à l'origine de la demande, les parties sont avisées de ces réquisitions et sont invitées par le juge d'instruction à faire connaître leurs observations.

L'ordonnance statuant sur le dessaisissement est rendue huit jours au plus tôt et un mois au plus tard à compter des réquisitions ou de l'avis donné aux parties.

Les trois derniers alinéas de l'article 706-77 et l'article 706-78 sont applicables à cette ordonnance.

Art. 706-106-4 Le procureur de la République peut ordonner une enquête ou saisir le juge d'instruction d'une information ayant pour objet de retracer l'éventuel parcours criminel d'une personne condamnée pour des faits relevant de l'article 706-106-1 ou pour laquelle il existe une ou plusieurs raisons plausibles de soupçonner qu'elle a commis ou tenté de commettre de tels faits. – *V. art. D. 47-12-9.*

Art. 706-106-5 Les modalités d'application du présent titre, notamment les conditions dans lesquelles des officiers de police judiciaire spécialement désignés peuvent assister les magistrats désignés en application de l'article 706-106-2, sont précisées par voie réglementaire.

TITRE VINGT-SIXIÈME DE LA PROCÉDURE APPLICABLE EN CAS DE POLLUTION DES EAUX MARITIMES PAR REJETS DES NAVIRES ET D'ATTEINTE AUX BIENS CULTURELS MARITIMES *(L. nº 2016-1547 du 18 nov. 2016, art. 27).*

(L. nº 2004-204 du 9 mars 2004, art. 29)

RÉP. PÉN. vº *Navigation maritime*, par MONTAS et DECOLLAND.

CHAPITRE PREMIER DE LA POLLUTION DES EAUX MARITIMES PAR REJETS DES NAVIRES *(L. nº 2016-1547 du 18 nov. 2016, art. 27).*

Art. 706-107 **Pour l'enquête, la poursuite, l'instruction et, s'il s'agit de délits, le jugement des infractions en matière de pollution des eaux marines et des voies ouvertes à la navigation maritime prévues et réprimées par** *(L. nº 2020-1672 du 24 déc. 2020, art. 25)* **« le » chapitre VIII du titre Ier du livre II du code de l'environnement, qui sont commises dans les eaux territoriales, les eaux intérieures et les voies navigables, la compétence d'un tribunal judiciaire peut être étendue au ressort d'une ou plusieurs cours d'appel.**

Les dispositions du premier alinéa s'appliquent également lorsque les infractions mentionnées dans cet alinéa *(Abrogé par L. nº 2011-1862 du 13 déc. 2011, art. 24-I)* ***« , à l'exception de celle visée à l'article*** *(L. nº 2008-757 du 1er août 2008, art. 6)* ***« L. 218-19 » du code de l'environnement, »*** **sont commises dans la zone économique exclusive ou dans la zone de protection écologique** *(L. nº 2020-1672 du 24 déc. 2020, art. 25)* **« et sur le plateau continental ».**

(Abrogé par L. nº 2020-1672 du 24 déc. 2020, art. 15) ***« Toutefois, dans les affaires qui sont ou apparaissent d'une grande complexité, le procureur de la République près le tribunal judiciaire mentionné au premier alinéa peut requérir le juge d'instruction, dans les conditions et selon les modalités prévues par les articles 706-110 et 706-111 de se dessaisir au profit du tribunal judiciaire de Paris.***

(L. nº 2008-757 du 1er août 2008, art. 6) ***« Le tribunal judiciaire de Paris peut également connaître des infractions qui sont ou apparaissent d'une grande complexité dès le stade de l'enquête. » »***

Cette compétence s'étend aux infractions connexes.

Un décret fixe la liste et le ressort de ces juridictions du littoral maritime, qui comprennent une section du parquet et des formations d'instruction et de jugement spécialisées pour connaître de ces infractions.

V. Circ. CRIM. nº 2004-17 G4 du 1er oct. 2004 présentant les dispositions du code de l'environnement et du code de procédure pénale modifiées par la loi nº 2004-204 du 9 mars 2004 portant adaptation de la justice aux évolutions de la criminalité en matière de pollutions marines et de politique d'action publique (BOMJ 2004, nº 96, p. 232 s.).

Sur l'application des règles relatives à la compétence des juridictions pénales spécialisées prévues à l'art. 706-107 C. pr. pén. aux infractions commises en matière d'espaces maritimes relevant de la souveraineté ou de la juridiction de la République française, V. Ord. nº 2016-1687 du 8 déc. 2016, art. 54.

Art. 706-108 **Pour l'enquête, la poursuite, l'instruction et le jugement des infractions visées à l'article 706-107 commises hors des espaces maritimes sous juridiction française** *(Abrogé par L. nº 2008-757 du 1er août 2008, art. 6)* ***« à bord d'un navire français »***, **le tribunal judiciaire compétent est le tribunal judiciaire de Paris.**

(Abrogé par L. nº 2011-1862 du 13 déc. 2011, art. 24-II) ***« Le tribunal de grande instance de Paris est également compétent pour l'enquête, la poursuite, l'instruction et le jugement de l'infraction visée à l'article*** *(L. nº 2008-757 du 1er août 2008, art. 6)* ***« L. 218-19 » du code de l'environnement, ainsi que des infractions qui lui sont connexes, lorsque ces infractions sont commises dans la zone économique exclusive ou dans la zone de protection écologique. »***

Art. 706-109 **Le procureur de la République, le juge d'instruction, la formation correctionnelle spécialisée du tribunal judiciaire mentionné à l'article 706-107 exercent,**

sur toute l'étendue du ressort fixé en application de cet article, une compétence concurrente à celle qui résulte de l'application des articles 43, 52, 382 et 706-42.

Ils exercent également, dans les mêmes conditions, une compétence concurrente à celle qui résulte des critères de compétence suivants :

1° Lieu d'immatriculation du navire, engin ou plate-forme ou de son attachement en douanes ;

2° Lieu où le navire, engin ou plate-forme est ou peut être trouvé.

La juridiction spécialisée saisie demeure compétente, quelles que soient les incriminations retenues lors du règlement ou du jugement de l'affaire. Toutefois, si les faits constituent une contravention, le juge d'instruction prononce le renvoi de l'affaire devant le tribunal de police compétent en application de l'article 522 *(Abrogé par L. n° 2011-1862 du 13 déc. 2011, art. 2, à compter du 1er juill. 2017) (L. n° 2005-47 du 26 janv. 2005, art. 9-XXXIII, en vigueur le 1er avr. 2005)* ***« ou devant la juridiction de proximité compétente en application de l'article 522-1 ».***

V. note au-dessus de l'art. 521.

Art. 706-110 Le procureur de la République près un tribunal judiciaire autre que ceux visés à l'article 706-107 peut, pour les infractions entrant dans le champ d'application de cet article, requérir le juge d'instruction de se dessaisir au profit de la juridiction d'instruction compétente en application de cet article. Les parties sont préalablement avisées et invitées à faire connaître leurs observations par le juge d'instruction ; l'ordonnance est rendue huit jours au plus tôt et un mois au plus tard à compter de cet avis.

Lorsque le juge d'instruction décide de se dessaisir, son ordonnance ne prend effet qu'à compter du délai de cinq jours prévu par l'article 706-111 ; lorsqu'un recours est exercé en application de cet article, le juge d'instruction demeure saisi jusqu'à ce que soit porté à sa connaissance l'arrêt de la chambre de l'instruction, passé en force de chose jugée, ou celui de la chambre criminelle de la Cour de cassation.

Dès que l'ordonnance est passée en force de chose jugée, le procureur de la République adresse le dossier de la procédure au procureur de la République près le tribunal compétent en application de l'article 706-109.

Les dispositions du présent article sont applicables devant la chambre de l'instruction.

Art. 706-111 L'ordonnance rendue en application de l'article 706-110 peut, à l'exclusion de toute autre voie de recours, être déférée dans les cinq jours de sa notification, à la requête du ministère public ou des parties, soit à la chambre de l'instruction si la juridiction spécialisée au profit de laquelle le dessaisissement a été ordonné ou refusé se trouve dans le ressort de la cour d'appel dans lequel est située la juridiction initialement saisie, soit, dans le cas contraire, à la chambre criminelle de la Cour de cassation. La chambre de l'instruction ou la chambre criminelle désigne, dans les huit jours suivant la date de réception du dossier, le juge d'instruction chargé de poursuivre l'information. Le ministère public peut également saisir directement la chambre de l'instruction ou la chambre criminelle de la Cour de cassation lorsque le juge d'instruction n'a pas rendu son ordonnance dans le délai d'un mois prévu au premier alinéa de l'article 706-110.

L'arrêt de la chambre de l'instruction ou de la chambre criminelle est porté à la connaissance du juge d'instruction ainsi qu'au ministère public et notifié aux parties.

Les dispositions du présent article sont applicables à l'arrêt de la chambre de l'instruction rendu sur le fondement du dernier alinéa de l'article 706-110, le recours étant alors porté devant la chambre criminelle.

CHAPITRE II DES ATTEINTES AUX BIENS CULTURELS MARITIMES

(L. n° 2016-1547 du 18 nov. 2016, art. 27)

Art. 706-111-1 Pour l'enquête, la poursuite, l'instruction et, s'il s'agit de délits, le jugement des infractions relatives aux atteintes aux biens culturels maritimes prévues à la section II du chapitre IV du titre IV du livre V du code du patrimoine qui sont commises dans les eaux territoriales *(L. n° 2020-1672 du 24 déc. 2020, art. 25)* « et la zone contiguë », la compétence d'un tribunal judiciaire peut être étendue au ressort d'une ou de plusieurs cours d'appel.

Cette compétence s'étend aux infractions connexes.

Un décret fixe la liste et le ressort de ces juridictions du littoral maritime. Ces juridictions comprennent une section du parquet et des formations d'instruction et de jugement spécialisées pour connaître de ces infractions. — *V. art. D. 47-13-2.*

Art. 706-111-2 Les premier et dernier alinéas de l'article 706-109 et les articles 706-110 et 706-111 sont applicables en matière d'atteintes aux biens culturels maritimes.

TITRE VINGT-SEPTIÈME DE LA POURSUITE, DE L'INSTRUCTION ET DU JUGEMENT DES INFRACTIONS COMMISES PAR DES MAJEURS PROTÉGÉS

(L. nº 2007-308 du 5 mars 2007, art. 36)

BIBL. ▶ BOURRAT-GUEGUEN, *Dr. pénal 2015. Étude 4* (aménagement de la procédure pénale). – TELLIER-CAYROL, *D. 2019. Chron. 1241* (l'assistance du majeur placé en garde à vue, encore un effort...).

Art. 706-112 Le présent titre est applicable à toute personne majeure dont il est établi au cours de la procédure qu'elle fait l'objet d'une mesure de protection juridique dans les conditions prévues au titre XI du livre Ier du code civil.

Art. 706-112-1 *(L. nº 2019-222 du 23 mars 2019, art. 48-IV et 109-XIII, en vigueur le 1er juin 2019)* Lorsque les éléments recueillis au cours de la garde à vue d'une personne font apparaître que celle-ci fait l'objet d'une mesure de protection juridique, l'officier ou l'agent de police judiciaire en avise le curateur ou le tuteur. S'il est établi que la personne bénéficie d'une mesure de sauvegarde de justice, l'officier ou l'agent de police judiciaire avise s'il y a lieu le mandataire spécial désigné par le juge des tutelles.

Si la personne n'est pas assistée d'un avocat ou n'a pas fait l'objet d'un examen médical, le curateur, le tuteur ou le mandataire spécial peuvent désigner un avocat ou demander qu'un avocat soit désigné par le bâtonnier, et ils peuvent demander que la personne soit examinée par un médecin.

Sauf en cas de circonstance insurmontable, qui doit être mentionnée au procès-verbal, les diligences incombant aux enquêteurs en application du présent article doivent intervenir au plus tard dans un délai de six heures à compter du moment où est apparue l'existence d'une mesure de protection juridique.

Le procureur de la République *(L. nº 2020-1672 du 24 déc. 2020, art. 26)* « ou le juge d'instruction » peut, à la demande de l'officier de police judiciaire, décider que l'avis prévu au présent article sera différé ou ne sera pas délivré si cette décision est, au regard des circonstances, indispensable afin de permettre le recueil ou la conservation des preuves ou de prévenir une atteinte grave à la vie, à la liberté ou à l'intégrité physique d'une personne.

Art. 706-112-2 *(L. nº 2019-222 du 23 mars 2019, art. 48-IV et 109-XIII, en vigueur le 1er juin 2019)* Lorsque les éléments recueillis au cours d'une procédure concernant un crime ou un délit puni d'une peine d'emprisonnement font apparaître qu'une personne devant être entendue librement en application de l'article 61-1 fait l'objet d'une mesure de protection juridique, l'officier ou l'agent de police judiciaire en avise par tout moyen le curateur ou le tuteur, qui peut désigner un avocat ou demander qu'un avocat soit désigné par le bâtonnier pour assister la personne lors de son audition. Si le tuteur ou le curateur n'a pu être avisé et si la personne entendue n'a pas été assistée par un avocat, les déclarations de cette personne ne peuvent servir de seul fondement à sa condamnation.

Art. 706-112-3 *(L. nº 2021-1729 du 22 déc. 2021, art. 14)* Lorsque les éléments recueillis au cours d'une enquête préliminaire font apparaître qu'une personne chez laquelle il doit être procédé à une perquisition fait l'objet d'une mesure de protection juridique révélant qu'elle n'est pas en mesure d'exercer seule son droit de s'opposer à la réalisation de cette opération, l'officier en avise par tout moyen son curateur ou son tuteur, afin que l'assentiment éventuel de la personne prévu aux deux premiers alinéas de l'article 76 ne soit donné qu'après qu'elle a pu s'entretenir avec lui. A défaut, la

perquisition doit être autorisée par le juge des libertés et de la détention en application de l'avant-dernier alinéa du même article 76.

Art. 706-113 *(L. n° 2021-1729 du 22 déc. 2021, art. 14)* **« Sans préjudice de l'application des articles 706-112-1 à 706-112-3, lorsque la personne fait l'objet de poursuites, le procureur de la République ou le juge d'instruction en avise le curateur ou le tuteur ainsi que le juge des tutelles. Il en est de même si la personne fait l'objet d'une alternative aux poursuites consistant en la réparation du dommage ou en une médiation, d'une composition pénale ou d'une comparution sur reconnaissance préalable de culpabilité ou si elle est entendue comme témoin assisté. »**

Le curateur ou le tuteur peut prendre connaissance des pièces de la procédure dans les mêmes conditions que celles prévues pour la personne poursuivie.

Si la personne est placée en détention provisoire, le curateur ou le tuteur bénéficie de plein droit d'un permis de visite.

Le procureur de la République ou le juge d'instruction avise le curateur ou le tuteur des décisions de non-lieu, de relaxe, d'acquittement *(L. n° 2008-174 du 25 févr. 2008, art. 4-VII)* **« , d'irresponsabilité pénale pour cause de trouble mental, » ou de condamnation dont la personne fait l'objet.**

Le curateur ou le tuteur est avisé de la date d'audience. Lorsqu'il est présent à l'audience, il est entendu par la juridiction en qualité de témoin.

BIBL. ▶ Tellier-Cayrol, *D. 2021. 619* (la perquisition chez un majeur protégé).

1. QPC. Garde à vue. En ne prévoyant pas, lorsque les éléments recueillis au cours de la garde à vue d'une personne font apparaître qu'elle fait l'objet d'une mesure de protection juridique, que l'officier de police judiciaire ou l'autorité judiciaire sous le contrôle de laquelle se déroule la garde à vue soit, en principe, tenu d'avertir son curateur ou son tuteur afin de lui permettre d'être assistée dans l'exercice de ses droits, les dispositions contestées méconnaissent les droits de la défense. Par suite, le premier alinéa de l'art. 706-113 doit être déclaré contraire à la Constitution (report des effets de l'inconstitutionnalité au 1er oct. 2019). • Cons. const. 14 sept. 2018, n° 2018-730 QPC : *AJ pénal 2018. 518, obs. Frinchaboy*.

2. QPC. Perquisition. En ne prévoyant pas que l'officier de police judiciaire ou l'autorité judiciaire sous le contrôle de laquelle est réalisée la perquisition soit, en principe, tenu d'avertir le représentant d'un majeur protégé lorsque les éléments recueillis au cours de l'enquête préliminaire font apparaître que la personne fait l'objet d'une mesure de protection juridique révélant qu'elle n'est pas en mesure d'exercer seule son droit de s'opposer à la réalisation de cette opération, le législateur a méconnu le principe d'inviolabilité du domicile (report des effets de l'inconstitutionnalité au 1er oct. 2021). • Cons. const. 15 janv. 2021, n° 2020-873 QPC : *JO 16 janv.* P : *D. actu. 27 janv. 2021, obs. Goetz ; AJ pénal 2021. 160, obs. Rias*.– V. désormais art. 706-112-3.

3. Il résulte de l'art. 706-113 que le tuteur d'une personne majeure protégée doit être avisé des poursuites et des décisions de condamnation dont cette personne fait l'objet et être en outre avisé de la date d'audience. • Crim. 14 avr. 2010, n° 09-83.503 P : *AJ fam. 2010. 282, note Pécaut-Rivolier ; AJ pénal 2010. 409*. ♦ Le tuteur doit notamment être avisé de la date d'audience de la chambre de l'instruction statuant en matière de détention provisoire. • Crim. 12 juill. 2016, n° 16-82.714 P : *D. actu. 19 sept. 2016, obs. Aubert.* ♦ Mais justifie sa décision la cour d'appel qui, pour rejeter une requête en annulation de l'interrogatoire de première comparution et des actes subséquents faisant valoir que ni le juge des tutelles ni le curateur de la personne protégée n'avaient été avisés des poursuites, retient que le retard apporté à transmettre l'avis au juge des tutelles n'a pas eu pour effet de porter atteinte aux intérêts de la personne mise en examen. • Crim. 28 sept. 2010, n° 10-83.283 P : *AJ pénal 2011. 192*. ♦ Lorsqu'il est établi, au cours de la procédure, qu'une personne majeure fait l'objet d'une mesure de protection juridique, le procureur de la République ou le juge d'instruction doit aviser des poursuites son curateur ou son tuteur. • Crim. 3 mai 2012, n° 11-88.725 P : *D. actu. 21 juin 2012, obs. Girault ; D. 2012. Actu. 1615, obs. Girault ; Dr. pénal 2012. Chron. 7, obs. Lesclous.* ♦ Les obligations d'information prévues par l'art. 706-113 sont cumulatives ; par conséquent, le curateur d'une personne majeure protégée doit être avisé, non seulement de la date d'audience, mais également des poursuites et des décisions de condamnation dont cette personne fait l'objet. • Crim. 27 nov. 2012, n° 11-88.678 P : *D. actu. 19 déc. 2012, obs. Bombled ; AJ pénal 2013. 169, obs.* Perrier • 29 janv. 2013 : *D. actu. 18 févr. 2013, obs. Gayet ; D. 2013. Actu. 366*.

4. Réquisitoire introductif. Si le réquisitoire introductif, lorsqu'il est pris contre personne dénommée, constitue à l'égard des personnes qu'il vise un acte de poursuite au sens de l'art. 706-113, c'est seulement au moment où ledit réquisitoire introductif est porté à la connaissance du majeur protégé, par la mise en examen de celui-ci, que le curateur ou le tuteur de l'intéressé doit être avisé, afin d'être mis en mesure de l'assister dans les choix qu'il devra exercer en application des art. 80-2 et 116. • Crim. 11 mai 2021, n° 20-82.267 P : *RSC 2021. 666, obs. Delage*.

5. Existence d'un doute sur l'existence d'une mesure de protection. Doit être cassé l'arrêt de la cour d'appel qui a statué sur une procédure en méconnaissance des dispositions de l'art. 706-113, alors même qu'il n'est pas établi que les juges aient eu connaissance de la mesure de protection juridique dont bénéficiait le prévenu. • Crim. 10 janv. 2017, n° 15-84.469 P : *D. actu. 16 févr. 2017, obs. Goetz.*

6. Perquisition. N'encourt pas la nullité la perquisition réalisée au domicile d'une personne sous curatelle, sans que sa curatrice ait été informée, dès lors qu'aucun interrogatoire n'a eu lieu lors de cette mesure, que le suspect n'a pas contesté l'authenticité des biens saisis et que, les enquêteurs ignorant la mesure de protection, ils n'ont pas agi de façon déloyale. • Crim. 11 mai 2021 : *préc. note 4.*

7. Il se déduit des art. 706-113 et D. 47-14 que le curateur doit être avisé de la date de toute audience concernant la personne protégée, en ce compris l'interrogatoire de première comparution et que, en cas de doute sur l'existence d'une mesure de protection juridique, le procureur de la République ou le juge d'instruction doit faire procéder aux vérifications nécessaires préalablement à cet acte. • Crim. 19 sept. 2017, n° 17-81.919 P : *D. actu. 18 oct. 2017, obs. Benelli-de Bénazé ; AJ pénal 2017. 504, obs. Lasserre Capdeville ; Dr. pénal 2017, n° 168, obs. Maron et Haas ; RSC 2017. 771, note Cordier*. ♦ Justifie sa décision la cour d'appel qui, pour écarter l'argumentation du mis en examen qui faisait valoir qu'il incombait, à peine de nullité, au procureur de la République ou au juge d'instruction d'aviser son curateur de son interrogatoire de première comparution, relève notamment que si des éléments faisant apparaître un doute sur l'existence d'une mesure de protection devaient conduire le procureur de la République, malgré les dénégations de l'intéressé, à effectuer les vérifications nécessaires afin d'établir l'existence actuelle d'une telle mesure, des circonstances insurmontables ont fait obstacle à la vérification qui s'imposait, en particulier l'inexistence d'un fichier national des mesures de protection juridique consultable par l'autorité judiciaire dans les mêmes conditions que le fichier central du casier judiciaire et l'urgence de la situation qui interdisait au procureur de différer les poursuites. • Crim. 11 déc. 2018, n° 18-80.872 P : *D. actu. 14 janv. 2019, obs. Recotillet ; AJ pénal 2019. 98, obs. Thierry ; Procédures 2019, n° 88, obs. Chavent-Leclère.*

8. Doit être cassé l'arrêt écartant une exception de nullité tirée de l'absence de convocation d'un curateur aux débats au cours desquels une cour devait se prononcer sur le relèvement d'une astreinte, en application de l'art. L. 480-7 C. urb., qui participe de l'exécution du jugement qui en a prescrit le principe, alors que les réquisitions aux fins de relèvement d'astreinte étaient postérieures à l'entrée en vigueur de la loi du 5 mars 2007 et que la mesure de curatelle, ayant été publiée, était nécessairement connue du ministère public. • Crim. 24 juin 2014, n° 13-84.364 P : *D. actu. 8 juill. 2014, obs. Winckelmuller ; RSC 2014. 788, note Robert*.

9. Le curateur ou le tuteur doit être avisé des décisions de condamnation dont la personne protégée fait l'objet, le délai d'appel ouvert au prévenu placé sous une mesure de protection judiciaire ne pouvant commencer à courir lorsque cet avis n'a pas été donné. Il s'ensuit qu'est irrecevable, faute d'épuisement des voies de recours ordinaires, la requête en révision dirigée contre un jugement dont le curateur du condamné n'a pas été avisé. • Cour de révision 18 juin 2015, n° 4-RE1.043 P.

Art. 706-114 **S'il existe des raisons plausibles de présumer que le curateur ou le tuteur est coauteur ou complice de l'infraction, et faute de subrogé curateur ou de subrogé tuteur, le procureur de la République ou le juge d'instruction demande au juge des tutelles la désignation d'un tuteur ou curateur *ad hoc*. Il en est de même si le tuteur ou le curateur est victime de l'infraction. A défaut, le président du tribunal judiciaire désigne un représentant *ad hoc* pour assister la personne au cours de la procédure pénale.**

Art. 706-115 **La personne poursuivie doit être soumise avant tout jugement au fond à une expertise médicale afin d'évaluer sa responsabilité pénale au moment des faits.**

Le défaut de l'expertise visée à l'art. 706-115 porte une atteinte substantielle aux droits de la personne poursuivie bénéficiant d'une mesure de protection juridique à l'époque des faits, en ce qu'il ne lui permet pas d'être jugée conformément à son degré de responsabilité pénale. • Crim. 16 déc. 2020, n° 19-83.619 P : *D. actu. 14 janv. 2020, obs. Dominati.*

Art. 706-116 **La personne poursuivie doit être assistée par un avocat.**

A défaut de choix d'un avocat par la personne poursuivie ou son curateur ou son tuteur, le procureur de la République ou le juge d'instruction fait désigner par le

bâtonnier un avocat, l'intéressé étant informé que les frais seront à sa charge sauf s'il remplit les conditions d'accès à l'aide juridictionnelle.

Art. 706-117 **Le procureur de la République ou le juge d'instruction avise le juge des tutelles des poursuites concernant une personne dont il est établi qu'elle bénéficie d'une mesure de sauvegarde de justice. Le juge des tutelles peut alors désigner un mandataire spécial qui dispose, au cours de la procédure, des prérogatives confiées au curateur ou au tuteur par l'article 706-113.**

Ces prérogatives sont également reconnues au mandataire de protection future.

Art. 706-118 **Un décret fixe, en tant que de besoin, les modalités d'application du présent titre.**

TITRE VINGT-HUITIÈME DE LA PROCÉDURE ET DES DÉCISIONS D'IRRESPONSABILITÉ PÉNALE POUR CAUSE DE TROUBLE MENTAL

(L. nº 2008-174 du 25 févr. 2008, art. 3)

Conformément aux dispositions de l'art. 112-2, 2º, C. pén., les art. 706-119 à 706-140 et D. 47-27 à D. 47-32 C. pr. pén., résultant de la L. nº 2008-174 du 25 févr. 2008 relative à la rétention de sûreté et à la déclaration d'irresponsabilité pénale pour cause de trouble mental et du Décr. nº 2008-361 du 16 avr. 2008, sont immédiatement applicables aux procédures en cours. Celles des art. 706-122 à 706-128, 706-135, 706-136, D. 47-28 et D. 47-29, qui remplacent les dispositions de l'art. 199-1 de ce code abrogé par le III de l'art. 4 de la loi du 25 févr. 2008 précitée, s'appliquent aux audiences de la chambre de l'instruction saisie d'un appel formé contre une ordonnance de non-lieu motivée par les dispositions du premier alinéa de l'art. 122-1 C. pén. Après avoir annulé l'ordonnance de non-lieu du juge d'instruction, la chambre de l'instruction rend l'un des arrêts prévus par les art. 706-123 à 706-125 (Décr. nº 2008-361, art. 5).

BIBL. ▶ Buisson, *Procédures 2008. Étude 4* (déclaration d'irresponsabilité pénale pour cause de trouble mental : loi du 25 février 2008) ; *RSC 2008. Chron. 392* (loi nº 2008-174 du 25 février 2008 relative à la rétention de sûreté et à la déclaration d'irresponsabilité pénale pour cause de trouble mental). – Detraz, *RSC 2008. Doctr. 873* (création d'une nouvelle décision de règlement de l'instruction : décision d'irresponsabilité pénale pour cause de trouble mental). – Matsopoulou, *Dr. pénal 2010. Étude 4* (application des « peines », puis des « mesures de sûreté », aux personnes atteintes de troubles mentaux : l'incohérence jurisprudentielle et ses conséquences [à propos de l'arrêt de la chambre criminelle du 16 décembre 2009]. – Pradel, *D. 2008. Chron. 1000* (double révolution en droit pénal français avec la loi du 25 février 2008 sur les criminels dangereux). – Rousseau, *Dr. pénal 2009. Étude 9* (l'application dans le temps des nouvelles dispositions du 25 février 2008 relatives à l'irresponsabilité pénale pour cause de trouble mental. A propos de l'arrêt de la chambre criminelle du 21 janvier 2009).

▶ **Dossier :** Poursuite et répression des personnes atteintes de troubles psychiques : *AJ pénal 2018. 487 s.*

CHAPITRE PREMIER DISPOSITIONS APPLICABLES DEVANT LE JUGE D'INSTRUCTION ET LA CHAMBRE DE L'INSTRUCTION

Art. 706-119 **Si le juge d'instruction estime, lorsque son information lui paraît terminée, qu'il est susceptible d'appliquer le premier alinéa de l'article 122-1 du code pénal relatif à l'irresponsabilité pénale d'une personne en raison d'un trouble mental, il en informe le procureur de la République lorsqu'il lui communique le dossier ainsi que les parties lorsqu'il les avise, en application du** *(L. nº 2019-222 du 23 mars 2019, art. 56-XI et 109-XIII, en vigueur le 1er juin 2019)* **« I » de l'article 175 du présent code.**

Le procureur de la République, dans ses réquisitions, et les parties, dans leurs observations, indiquent s'ils demandent la saisine de la chambre de l'instruction afin que celle-ci statue sur l'application du premier alinéa de l'article 122-1 du code pénal conformément aux articles 706-122 à 706-127 du présent code.

BIBL. ▶ Ascensi, *AJ pénal 2021. 452* (irresponsabilité pénale pour cause de trouble mental). – Gillet, *Cah. just. 2021. 389* (l'irresponsabilité pénale par défaut de discernement). – Matsopoulou, *Dr. pénal 2010. Étude 4* (application des « peines », puis des « mesures de sûreté », aux personnes atteintes de troubles mentaux : l'incohérence jurisprudentielle et ses conséquences [à propos de l'arrêt de la chambre criminelle du 16 décembre 2009]).

Les dispositions de l'art. 112-1 C. pén. prescrivant que seules peuvent être prononcées les peines légalement applicables à la date de l'infraction, ne s'appliquent pas aux mesures de sûreté prévues, en cas de déclaration d'irresponsabilité pénale pour cause de trouble mental, par les art. 706-135 et 706-136 issus de la L. n° 2008-174 du 25 févr. 2008. L'art. 112-2 dispose par ailleurs que sont applicables immédiatement à la répression des infractions commises avant leur entrée en vigueur les lois fixant les modalités de poursuites et les formes de la procédure. Méconnaît les textes susvisés et les principes ci-dessus rappelés la chambre de l'instruction qui, pour constater que la procédure prévue par les art. 706-119 s. n'était pas applicable, que sa saisine n'était pas régulière et pour ordonner la mise en liberté du mis en examen, énonce que les mesures individuelles prévues par les art. 706-135 et 706-136, qui peuvent être prononcées par la chambre de l'instruction à l'égard d'une personne déclarée irresponsable pénalement, constituent des peines, et ajoute qu'une procédure ayant pour effet de faire encourir de semblables mesures, non applicables à la date de la commission des faits, ne saurait être appliquée immédiatement. • Crim. 16 déc. 2009, n° 09-85.153 P : *D. 2010. 144, note Léna ; ibid. 2010. 471, note Pradel ; AJ pénal 2010. 136, note Duparc ; Dr. pénal 2010. Chron. 1, obs. Guérin ; ibid. Chron. 2, obs. Peltier ; Procédures 2010, n° 93, obs. Buisson.*

Art. 706-120 **Lorsqu'au moment du règlement de son information, le juge d'instruction estime, après avoir constaté qu'il existe contre la personne mise en examen des charges suffisantes d'avoir commis les faits reprochés, qu'il y a des raisons plausibles d'appliquer le premier alinéa de l'article 122-1 du code pénal, il ordonne, si le procureur de la République ou une partie en a formulé la demande, que le dossier de la procédure soit transmis par le procureur de la République au procureur général aux fins de saisine de la chambre de l'instruction. Il peut aussi ordonner d'office cette transmission.**

(L. n° 2022-52 du 24 janv. 2022, art. 1er) **« Lorsque le juge d'instruction, au moment du règlement de son information, estime que l'abolition temporaire du discernement de la personne mise en examen résulte au moins partiellement de son fait et qu'il existe une ou plusieurs expertises concluant que le discernement de la personne était seulement altéré, il renvoie celle-ci devant la juridiction de jugement compétente qui statue à huis clos sur l'application du même article 122-1 ; si la personne n'est pas déclarée pénalement irresponsable, le dossier est renvoyé à une audience ultérieure pour être examiné au fond conformément aux dispositions relatives aux jugements des crimes ou des délits. »**

Dans les autres cas, il rend une ordonnance d'irresponsabilité pénale pour cause de trouble mental qui précise qu'il existe des charges suffisantes établissant que l'intéressé a commis les faits qui lui sont reprochés.

BIBL. ▸ LETURMY, *AJ pénal 2022. 135* (nouveaux liens entre substances psychoactives, perte du discernement et responsabilité pénale).

1. Il résulte des art. 706-120 et 706-125 que les juridictions d'instruction ne peuvent prononcer une décision d'irresponsabilité pénale pour cause de trouble mental qu'à l'égard d'une personne mise en examen et non d'un témoin assisté. • Crim. 3 mars 2010, n° 09-86.405 P : *D. 2010. Actu. 1287, note Léna ; ibid. Pan. 2735 ; RSC 2011. Chron. 149, obs. Danet ; AJ pénal 2010. 348, obs. Ascensi .*

2. L'appréciation, par une chambre de l'instruction, saisie sur le fondement de l'art. 706-120, de l'abolition, pour cause de trouble psychique ou neurologique, du discernement d'une personne mise en examen est souveraine. • Crim. 21 mars 2012, n° 12-80.178 P : *AJ pénal 2012. 416, obs. Gallois .*

3. L'ordonnance de transmission de pièces visées par l'art. 706-120, qui n'est ni définitive ni attributive de compétence, n'est pas susceptible d'appel de la partie civile. • Crim. 14 avr. 2021, n° 20-80.135 P : *RSC 2021. 321, obs. Pin .*

Art. 706-121 **L'ordonnance d'irresponsabilité pénale pour cause de trouble mental met fin à la détention provisoire ou au contrôle judiciaire.**

L'ordonnance de transmission de pièces rendue en application de l'article 706-120 ne met pas fin à la détention provisoire ou au contrôle judiciaire, qui se poursuit jusqu'à l'audience de la chambre de l'instruction, sans préjudice de la possibilité pour le juge d'instruction, par ordonnance distincte, d'ordonner la mise en liberté ou la levée du contrôle judiciaire. S'il n'a pas été mis fin à la détention provisoire, la chambre de l'instruction doit statuer dans un délai de six mois en matière criminelle ou quatre mois en matière correctionnelle à compter de la date de l'ordonnance de transmission de pièces, à défaut de quoi la personne mise en examen est remise en liberté si elle n'est pas détenue pour une autre cause.

Art. 706-122 Lorsque la chambre de l'instruction est saisie en application de l'article 706-120, son président ordonne, soit d'office, soit à la demande de la partie civile, du ministère public ou de la personne mise en examen, la comparution personnelle de cette dernière si son état le permet *(L. nº 2022-52 du 24 janv. 2022, art. 7)* « , après avoir, le cas échéant, ordonné une expertise psychiatrique permettant d'actualiser les expertises figurant au dossier ». Si celle-ci n'est pas assistée d'un avocat, le bâtonnier en désigne un d'office à la demande du président de la juridiction. Cet avocat représente la personne même si celle-ci ne peut comparaître.

Les débats se déroulent et l'arrêt est rendu en audience publique, hors les cas de huis clos prévus par l'article 306.

Le président procède à l'interrogatoire de la personne mise en examen, si elle est présente, conformément *(L. nº 2022-52 du 24 janv. 2022, art. 8)* « aux articles 406 et » 442.

Les experts ayant examiné la personne mise en examen doivent être entendus par la chambre de l'instruction, conformément à l'article 168.

Sur décision de son président, la juridiction peut également entendre au cours des débats, conformément aux articles 436 à 457, les témoins cités par les parties ou le ministère public si leur audition est nécessaire pour établir s'il existe des charges suffisantes contre la personne d'avoir commis les faits qui lui sont reprochés et déterminer si le premier alinéa de l'article 122-1 du code pénal est applicable. *(L. nº 2022-52 du 24 janv. 2022, art. 6)* « Elle entend la partie civile si celle-ci le demande. »

Le procureur général, l'avocat de la personne mise en examen et l'avocat de la partie civile peuvent poser des questions à la personne mise en examen, à la partie civile, aux témoins et aux experts, conformément à l'article 442-1 du présent code.

La personne mise en examen, si elle est présente, et la partie civile peuvent également poser des questions par l'intermédiaire du président.

Une fois l'instruction à l'audience terminée, l'avocat de la partie civile est entendu et le ministère public prend ses réquisitions.

La personne mise en examen, si elle est présente, et son avocat présentent leurs observations.

La réplique est permise à la partie civile et au ministère public, mais la personne mise en examen, si elle est présente, et son avocat auront la parole les derniers.

L'interrogatoire de la personne mise en examen, dans le cadre de la procédure d'irresponsabilité pénale pour cause de trouble mental, constitue une obligation substantielle dont l'arrêt doit porter mention. • Crim. 8 juill. 2020, nº 19-85.954 P : *D. actu. 7 sept. 2015, obs. Recotillet.* ♦ La personne qui comparaît devant la chambre de l'instruction, saisie d'une ordonnance de transmission de pièces pour cause de trouble mental, doit être informée de son droit, au cours des débats, de faire des déclarations, de répondre aux questions qui lui sont posées ou de se taire. • Même arrêt. ♦ Lorsque la chambre de l'instruction est saisie d'un recours contre une ordonnance d'irresponsabilité pénale pour cause de trouble mental, les experts ayant examiné la personne mise en examen doivent être entendus par la chambre de l'instruction. Encourt la censure l'arrêt dont les mentions ne permettent pas à la Cour de cassation de s'assurer que l'un des experts, au moins, a été entendu. • Même arrêt.

Art. 706-123 Si elle estime qu'il n'existe pas de charges suffisantes contre la personne mise en examen d'avoir commis les faits qui lui sont reprochés, la chambre de l'instruction déclare qu'il n'y a lieu à suivre.

Art. 706-124 Si elle estime qu'il existe des charges suffisantes contre la personne mise en examen d'avoir commis les faits qui lui sont reprochés et que le premier alinéa de l'article 122-1 du code pénal n'est pas applicable, la chambre de l'instruction ordonne le renvoi de la personne devant la juridiction de jugement compétente.

Art. 706-125 Dans les autres cas, la chambre de l'instruction rend un arrêt de déclaration d'irresponsabilité pénale pour cause de trouble mental par lequel :

1º Elle déclare qu'il existe des charges suffisantes contre la personne d'avoir commis les faits qui lui sont reprochés ;

2º Elle déclare la personne irresponsable pénalement en raison d'un trouble psychique ou neuropsychique ayant aboli son discernement ou le contrôle de ses actes au moment des faits ;

3° Si la partie civile le demande, elle *(Abrogé par L. n° 2016-731 du 3 juin 2016, art. 87)* **« *renvoie l'affaire devant le tribunal correctionnel compétent pour qu'il* » se prononce sur la responsabilité civile de la personne, conformément à l'article** *(L. n° 2008-174, du 25 févr. 2008, art. 11, en vigueur le 1er janv. 2009)* **« 414-3** *[ancienne rédaction : 489-2]* **» du code civil, et statue sur les demandes de dommages et intérêts ;** *— A compter du 1er janv. 2009, la référence à l'art. 489-2 C. civ. est remplacée par la référence à l'art. 414-3 du même code (L. n° 2008-174, du 25 févr. 2008, art. 11).*

4° Elle prononce, s'il y a lieu, une ou plusieurs des mesures de sûreté prévues au chapitre III du présent titre.

BIBL. ▶ GILLET, *Cah. just. 2021. 389* (l'irresponsabilité pénale par défaut de discernement).

V. • Crim. 3 mars 2010 : *préc. note 1 ss. art. 706-120.*

Art. 706-126 L'arrêt de déclaration d'irresponsabilité pénale pour cause de trouble mental met fin à la détention provisoire ou au contrôle judiciaire.

Il peut faire l'objet d'un pourvoi en cassation.

Art. 706-127 Les articles 211 à 218 sont applicables aux décisions prévues aux articles 706-123 à 706-125.

Art. 706-128 Les articles 706-122 à 706-127 sont applicables devant la chambre de l'instruction en cas d'appel d'une ordonnance d'irresponsabilité pénale pour cause de trouble mental ou en cas d'appel d'une ordonnance de renvoi lorsque cet appel est formé par une personne mise en examen qui invoque l'application du premier alinéa de l'article 122-1 du code pén.

La personne mise en examen peut, à l'appui de son appel d'une ordonnance de mise en accusation, invoquer les dispositions de l'art. 122-1 C. pén., sans que l'art. 706-128 impose que l'art. 122-1 du code précité soit expressément cité dans son acte d'appel. • Crim. 14 oct. 2020, n° 20-84.517 P : *D. actu. 17 nov. 2020, obs. Goetz.*

CHAPITRE II DISPOSITIONS APPLICABLES DEVANT LE TRIBUNAL CORRECTIONNEL OU LA COUR D'ASSISES

SECTION PREMIÈRE DISPOSITIONS APPLICABLES DEVANT LA COUR D'ASSISES

Art. 706-129 Lorsqu'en application des articles 349-1 et 361-1, la cour d'assises a, au cours du délibéré, répondu positivement à la première question relative à la commission des faits et positivement à la seconde question portant sur l'application du premier alinéa de l'article 122-1 du code pénal, elle déclare l'irresponsabilité pénale de l'accusé pour cause de trouble mental.

Art. 706-130 Lorsque la cour d'assises rentre dans la salle d'audience en application de l'article 366, le président prononce un arrêt portant déclaration d'irresponsabilité pénale pour cause de trouble mental.

Cet arrêt met fin à la détention provisoire ou au contrôle judiciaire.

Art. 706-131 En application de l'article 371 du présent code et conformément à l'article *(L. n° 2008-174, du 25 févr. 2008, art. 11, en vigueur le 1er janv. 2009)* **« 414-3** *[ancienne rédaction : 489-2]* **» du code civil, la cour, sans l'assistance du jury, statue alors sur les demandes de dommages et intérêts formées par la partie civile.**

Elle prononce s'il y a lieu une ou plusieurs des mesures de sûreté prévues au chapitre III du présent titre.

Art. 706-132 Le procureur général peut faire appel des arrêts portant déclaration d'irresponsabilité pénale pour cause de trouble mental. La cour d'assises statuant en appel est alors désignée conformément aux articles 380-14 et 380-15.

L'accusé et la partie civile peuvent faire appel de la décision sur l'action civile. L'appel est alors porté devant la chambre des appels correctionnels, conformément à l'article 380-5.

SECTION II DISPOSITIONS APPLICABLES DEVANT LE TRIBUNAL CORRECTIONNEL

Art. 706-133 S'il estime que les dispositions du premier alinéa de l'article 122-1 du code pénal sont applicables, le tribunal correctionnel rend un jugement de déclaration d'irresponsabilité pénale pour cause de trouble mental par lequel :

1° Il déclare que la personne a commis les faits qui lui étaient reprochés ;

2° Il déclare la personne irresponsable pénalement en raison d'un trouble psychique ou neuropsychique ayant aboli son discernement ou le contrôle de ses actes au moment des faits ;

3° Il se prononce sur la responsabilité civile de la personne auteur des faits, conformément à l'article *(L. n° 2008-174, du 25 févr. 2008, art. 11, en vigueur le 1er janv. 2009)* « 414-3 *[ancienne rédaction : 489-2]* » du code civil, et statue, s'il y a lieu, sur les demandes de dommages et intérêts formées par la partie civile ;

4° Il prononce, s'il y a lieu, une ou plusieurs des mesures de sûreté prévues au chapitre III du présent titre.

Le jugement de déclaration d'irresponsabilité pénale pour cause de trouble mental met fin à la détention provisoire ou au contrôle judiciaire.

Art. 706-134 Les dispositions de l'article 706-133 sont applicables devant la chambre des appels correctionnels.

Elles sont également applicables, à l'exception du 4°, devant le tribunal de police *(Abrogé par L. n° 2011-1862 du 13 déc. 2011, art. 2-X et 70-I, à compter du 1er juill. 2017)* ***« ou la juridiction de proximité ».***

V. note au-dessus de l'art. 521.

CHAPITRE III MESURES DE SÛRETÉ POUVANT ÊTRE ORDONNÉES EN CAS DE DÉCLARATION D'IRRESPONSABILITÉ PÉNALE POUR CAUSE DE TROUBLE MENTAL OU EN CAS DE RECONNAISSANCE D'ALTÉRATION DU DISCERNEMENT *(L. n° 2014-896 du 15 août 2014, art. 17, en vigueur le 1er oct. 2014).*

Art. 706-135 Sans préjudice de l'application des articles L. 3213-1 et L. 3213-7 du code de la santé publique, lorsque la chambre de l'instruction ou une juridiction de jugement prononce un arrêt ou un jugement de déclaration d'irresponsabilité pénale pour cause de trouble mental, elle peut ordonner, par décision motivée, *(L. n° 2011-803 du 5 juill. 2011, art. 10-2°, en vigueur le 1er août 2011)* « l'admission en soins psychiatriques de la personne, sous la forme d'une hospitalisation complète » dans un établissement mentionné à l'article L. 3222-1 du même code s'il est établi par une expertise psychiatrique figurant au dossier de la procédure que les troubles mentaux de l'intéressé nécessitent des soins et compromettent la sûreté des personnes ou portent atteinte, de façon grave, à l'ordre public. Le représentant de l'État dans le département ou, à Paris, le préfet de police est immédiatement avisé de cette décision. Le régime de cette hospitalisation est celui prévu pour les *(L. n° 2011-803 du 5 juill. 2011, art. 10-2°, en vigueur le 1er août 2011)* « admissions en soins psychiatriques prononcées » en application de l'article L. 3213-1 du même code *(Abrogé par L. n° 2011-803 du 5 juill. 2011, art. 10-2°, à compter du 1er août 2011)* ***«, dont le deuxième alinéa est applicable. L'article L. 3213-8 du même code est également applicable. »***

1. La décision d'hospitalisation d'office, prise sur le fondement de l'art. 706-135, est susceptible d'appel dès lors qu'aucune disposition légale ne déroge en la matière au principe général énoncé par l'art. 496. • Crim. 3 févr. 2010, n° 09-82.472 P : *D. 2010. Actu. 585, note Léna ; ibid. 942, note Detraz ; ibid. Pan. 2735 ; RSC 2011. Chron. 149, obs. Danet ; AJ pénal 2010. 244, obs. Royer ; Dr. pénal 2010, n° 52, obs. Maron et Haas ; Procédures 2010, n° 151, obs. Buisson.*

2. Nature des mesures. Les dispositions de l'art. 112-1 C. pén. prescrivant que seules peuvent être prononcées les peines légalement applicables à la date de l'infraction, ne s'appliquent pas aux mesures de sûreté prévues, en cas de déclaration d'irresponsabilité pénale pour cause de trouble mental, par les art. 706-135 et 706-136 issus de la L. n° 2008-174 du 25 févr. 2008. L'art. 112-2 dispose par ailleurs que sont applicables immédiatement à la répression des infractions commises avant leur entrée en vigueur les lois fixant les modalités de poursuites et les formes de la procédure. Méconnaît les textes susvisés et les principes ci-dessus rappelés la chambre de l'instruction qui, pour constater que la procédure prévue par les art. 706-119 s. n'était pas applicable, que sa saisine n'était pas régulière et pour ordonner la mise en liberté du mis en examen, énonce que les mesures individuelles prévues par les art. 706-135 et 706-136, qui peuvent être prononcées par la chambre de l'instruction à l'égard d'une personne déclarée irresponsable pénalement, constituent des peines, et ajoute qu'une procédure ayant pour effet de faire encourir de semblables mesures, non applicables à la date de la commission des faits, ne saurait être appliquée immédiatement. • Crim. 16 déc. 2009, n° 09-85.153 P : *D. 2010. 144, note Léna ; ibid. 2010. 471, note Pradel ; AJ pénal 2010. 136, note Duparc ; Dr. pénal 2010. Chron. 1, obs. Guérin ; ibid. Chron. 2, obs. Peltier ; Procédures 2010, n° 93, obs. Buisson.*

3. Il se déduit des dispositions combinées des art. 706-135 et D. 47-29 que la chambre de l'instruction, après avoir constaté l'irresponsabilité pénale de la personne concernée pour cause de trouble mental, peut ordonner son admission en soins sous forme d'une hospitalisation complète, mais ne dispose d'aucun autre pouvoir et n'a pas à rechercher si des mesures alternatives auraient pu être appliquées à l'intéressé. • Crim. 29 nov. 2017, n° 16-85.490 P : *D. actu. 4 janv. 2018, obs. Morgante ; AJ pénal 2018. 87, obs. Thierry ; Dr. pénal 2018, n° 16, obs. Maron et Haas.*

4. Droit européen. Les mesures ordonnées à la suite d'une déclaration d'irresponsabilité pénale pour cause de trouble mental ne sont pas des peines au sens de l'art. 7, § 1, Conv. EDH et le principe de non-rétroactivité n'a donc pas vocation à s'appliquer. • CEDH 3 sept. 2015, *Berland c/ France*, n° 42875/10 : *D. actu. 18 sept. 2015, obs. Autier ; Dr. pénal 2015, n° 134, note Peltier.*

Code de la santé publique

CHAPITRE Ier. *MODALITÉS DE SOINS PSYCHIATRIQUES*

Art. L. 3211-2-1 *(L. n° 2013-869 du 27 sept. 2013, art. 1er)* I. — Une personne faisant l'objet de soins psychiatriques en application des chapitres II et III du présent titre ou de l'article 706-135 du code de procédure pénale est dite en soins psychiatriques sans consentement.

La personne est prise en charge :

1° Soit sous la forme d'une hospitalisation complète dans un établissement mentionné à l'article L. 3222-1 du présent code ;

2° Soit sous toute autre forme, pouvant comporter des soins ambulatoires, des soins à domicile dispensés par un établissement mentionné au même article L. 3222-1 *(Abrogé par Ord. n° 2021-583 du 12 mai 2021, art. 1er) « et, le cas échéant, une hospitalisation à domicile »*, des séjours à temps partiel ou des séjours de courte durée à temps complet effectués dans un établissement mentionné audit article L. 3222-1.

II. — Lorsque les soins prennent la forme prévue au 2° du I, un programme de soins est établi par un psychiatre de l'établissement d'accueil et ne peut être modifié, afin de tenir compte de l'évolution de l'état de santé du patient, que dans les mêmes conditions. Le programme de soins définit les types de soins, leur périodicité et les lieux de leur réalisation, dans des conditions déterminées par décret en Conseil d'État.

Pour l'établissement et la modification du programme de soins, le psychiatre de l'établissement d'accueil recueille l'avis du patient lors d'un entretien au cours duquel il donne au patient l'information prévue à l'article L. 3211-3 et l'avise des dispositions du III du présent article et de celles de l'article L. 3211-11.

III. — Aucune mesure de contrainte ne peut être mise en œuvre à l'égard d'un patient pris en charge sous la forme prévue au 2° du I.

[...]

Art. L. 3211-12 *(L. n° 2011-803 du 5 juill. 2011, art. 1er-I-14°, en vigueur le 1er août 2011)* I. — Le juge des libertés et de la détention dans le ressort duquel se situe l'établissement d'accueil peut être saisi, à tout moment, aux fins d'ordonner, à bref délai, la mainlevée immédiate d'une mesure de soins psychiatriques prononcée en application des chapitres II à IV du présent titre ou de l'article 706-135 du code de procédure pénale, quelle qu'en soit la forme.

(L. n° 2020-1576 du 14 déc. 2020, art. 84) « Il peut également être saisi aux fins de mainlevée d'une mesure d'isolement ou de contention prise en application *(Abrogé par L. n° 2022-46 du 22 janv. 2022, art. 17) « du troisième alinéa du II »* de l'article L. 3222-5-1. » *(L. n° 2022-46*

du 22 janv. 2022, art. 17) « Dans ce cas, il statue dans les délais prévus au II de l'article L. 3222-5-1 ou, à défaut, dans un délai de vingt-quatre heures à compter de sa saisine. »

La saisine peut être formée par :

1° La personne faisant l'objet des soins ;

2° Les titulaires de l'autorité parentale ou le tuteur si la personne est mineure ;

3° La personne chargée *(Ord. n° 2020-232 du 11 mars 2020, art. 22, en vigueur au plus tard le 1er oct. 2020)* « d'une mesure de protection juridique relative à la personne faisant l'objet des soins » ;

4° Son conjoint, son concubin, la personne avec laquelle elle est liée par un pacte civil de solidarité ;

5° La personne qui a formulé la demande de soins ;

6° Un parent ou une personne susceptible d'agir dans l'intérêt de la personne faisant l'objet des soins ;

7° Le procureur de la République.

Le juge des libertés et de la détention peut également se saisir d'office, à tout moment. A cette fin, toute personne intéressée peut porter à sa connaissance les informations qu'elle estime utiles sur la situation d'une personne faisant l'objet d'une *(L. n° 2020-1576 du 14 déc. 2020, art. 84)* « mesure mentionnée au premier alinéa du présent article ou d'une mesure d'isolement ou de contention ».

(L. n° 2013-869 du 27 sept. 2013, art. 4) « II. — Le juge des libertés et de la détention ne peut statuer qu'après avoir recueilli l'avis du collège mentionné à l'article L. 3211-9 du présent code lorsque la personne fait l'objet d'une mesure de soins ordonnée en application de l'article L. 3213-7 du même code ou de l'article 706-135 du code de procédure pénale à la suite d'un classement sans suite, d'une décision d'irresponsabilité pénale ou d'un jugement ou arrêt de déclaration d'irresponsabilité pénale prononcés sur le fondement du premier alinéa de l'article 122-1 du code pénal et concernant des faits punis d'au moins cinq ans d'emprisonnement en cas d'atteinte aux personnes ou d'au moins dix ans d'emprisonnement en cas d'atteinte aux biens.

« Le juge ne peut, en outre, décider la mainlevée de la mesure qu'après avoir recueilli deux expertises établies par les psychiatres inscrits sur les listes mentionnées à l'article L. 3213-5-1 du présent code.

« Le juge fixe les délais dans lesquels l'avis du collège et les deux expertises prévus au présent II doivent être produits, dans une limite maximale fixée par décret en Conseil d'État. Passés *[Passé]* ces délais, il statue immédiatement. »

III. — Le juge des libertés et de la détention ordonne, s'il y a lieu, la mainlevée de la mesure d'hospitalisation complète *(L. n° 2020-1576 du 14 déc. 2020, art. 84)* « , d'isolement ou de contention ».

Lorsqu'il ordonne *(L. n° 2020-1576 du 14 déc. 2020, art. 84)* « la mainlevée de la mesure d'hospitalisation complète », il peut, au vu des éléments du dossier et par décision motivée, décider que la mainlevée prend effet dans un délai maximal de vingt-quatre heures afin qu'un programme de soins puisse, le cas échéant, être établi en application de l'article L. 3211-2-1. Dès l'établissement de ce programme ou à l'issue du délai mentionné à la phrase précédente, la mesure d'hospitalisation complète prend fin.

V. CSP, art. R. 3211-7 s.

L'Ord. n° 2020-232 relative au régime des décisions prises en matière de santé, de prise en charge ou d'accompagnement social ou médico-social à l'égard des personnes majeures faisant l'objet d'une mesure de protection juridique entre en vigueur à une date fixée par décret en Conseil d'État et au plus tard le 1er oct. 2020 (Ord. préc., art. 46).

Art. L. 3211-12-1 *(L. n° 2013-869 du 27 sept. 2013, art. 5)* I. — L'hospitalisation complète d'un patient ne peut se poursuivre sans que le juge des libertés et de la détention, préalablement saisi par le directeur de l'établissement lorsque l'hospitalisation a été prononcée en application du chapitre II du présent titre ou par le représentant de l'État dans le département lorsqu'elle a été prononcée en application du chapitre III du présent titre, de l'article L. 3214-3 du présent code ou de l'article 706-135 du code de procédure pénale, ait statué sur cette mesure :

1° Avant l'expiration d'un délai de douze jours à compter de l'admission prononcée en application des chapitres II ou III du présent titre ou de l'article L. 3214-3 du même code. Le juge des libertés et de la détention est alors saisi dans un délai de huit jours à compter de cette admission ;

2° Avant l'expiration d'un délai de douze jours à compter de la décision modifiant la forme de la prise en charge du patient et procédant à son hospitalisation complète en application, respectivement, du dernier alinéa de l'article L. 3212-4 ou du III de l'article L. 3213-3. Le juge des libertés et de la détention est alors saisi dans un délai de huit jours à compter de cette décision ;

3° Avant l'expiration d'un délai de six mois à compter soit de toute décision judiciaire prononçant l'hospitalisation en application de l'article 706-135 du code de procédure pénale, soit de toute décision prise par le juge des libertés et de la détention en application du présent I ou des articles L. 3211-12 *(L. n° 2016-41 du 26 janv. 2016, art. 70)* « , L. 3213-3, L. 3213-8 » ou L. 3213-9-1 du présent code, lorsque le patient a été maintenu en hospitalisation complète de manière continue depuis cette décision. Toute décision du juge des libertés et de la détention prise avant l'expiration de ce délai en application du 2° du présent I ou de l'un des mêmes articles L. 3211-12 *(L. n° 2016-41 du 26 janv. 2016, art. 70)* « , L. 3213-3, L. 3213-8 » ou L. 3213-9-1, ou toute nouvelle décision judiciaire prononçant l'hospitalisation en application de l'article 706-135 du code de procédure pénale fait courir à nouveau ce délai. Le juge des libertés et de la détention est alors saisi quinze jours au moins avant l'expiration du délai de six mois prévu au présent 3°.

Toutefois, lorsque le juge des libertés et de la détention a ordonné, avant l'expiration de l'un des délais mentionnés aux 1° à 3° du présent I, une expertise soit en application du III du présent article, soit, à titre exceptionnel, en considération de l'avis mentionné au II, ce délai est prolongé d'une durée qui ne peut excéder quatorze jours à compter de la date de cette ordonnance. L'hospitalisation complète du patient est alors maintenue jusqu'à la décision du juge, sauf s'il y est mis fin en application des chapitres II ou III du présent titre. L'ordonnance mentionnée au présent alinéa peut être prise sans audience préalable.

Le juge fixe les délais dans lesquels l'expertise mentionnée à l'avant-dernier alinéa du présent I doit être produite, dans une limite maximale fixée par décret en Conseil d'État. Passés *[Passé]* ces délais, il statue immédiatement.

II. — La saisine mentionnée au I du présent article est accompagnée de l'avis motivé d'un psychiatre de l'établissement d'accueil se prononçant sur la nécessité de poursuivre l'hospitalisation complète.

Lorsque le patient relève de l'un des cas mentionnés au II de l'article L. 3211-12, l'avis prévu au premier alinéa du présent II est rendu par le collège mentionné à l'article L. 3211-9.

III. — Le juge des libertés et de la détention ordonne, s'il y a lieu, la mainlevée de la mesure d'hospitalisation complète.

Lorsqu'il ordonne cette mainlevée, il peut, au vu des éléments du dossier et par décision motivée, décider que la mainlevée prend effet dans un délai maximal de vingt-quatre heures, afin qu'un programme de soins puisse, le cas échéant, être établi en application du II de l'article L. 3211-2-1. Dès l'établissement de ce programme ou à l'issue du délai mentionné à la première phrase du présent alinéa, la mesure d'hospitalisation complète prend fin.

Toutefois, lorsque le patient relève de l'un des cas mentionnés au II de l'article L. 3211-12, le juge ne peut décider la mainlevée de la mesure qu'après avoir recueilli deux expertises établies par les psychiatres inscrits sur les listes mentionnées à l'article L. 3213-5-1.

(L. n° 2020-1576 du 14 déc. 2020, art. 84) « IV. — Lorsque le juge des libertés et de la détention n'ordonne pas la mainlevée de la mesure d'hospitalisation complète, il statue, le cas échéant, y compris d'office, sur le maintien de la mesure d'isolement ou de contention.

« V. » — Lorsque le juge des libertés et de la détention n'a pas statué avant l'expiration du délai de douze jours prévu aux 1° et 2° du I ou du délai de six mois prévu au 3° du même I, la mainlevée de la mesure d'hospitalisation complète est acquise à l'issue de chacun de ces délais.

Si le juge des libertés et de la détention est saisi après l'expiration du délai de huit jours prévu aux 1° et 2° du I ou du délai de quinze jours prévu au 3° du même I, il constate sans débat que la mainlevée de l'hospitalisation complète est acquise, à moins qu'il ne soit justifié de circonstances exceptionnelles à l'origine de la saisine tardive et que le débat puisse avoir lieu dans le respect des droits de la défense.

Les dispositions des I et V dans leur rédaction issue de l'art. 5 de la L. 2013-869 du 27 sept. 2013 entrent en vigueur à compter du 1er sept. 2014 ; les dispositions des 1° et 2° du I et du IV sont applicables aux décisions d'admission en soins psychiatriques sans consentement et aux décisions de réadmission en hospitalisation complète prononcées à compter du 1er sept. 2014 ; les dispositions du 3° sont applicables aux décisions judiciaires prononçant l'hospitalisation en application de l'article 706-135 C. pr. pén. ainsi qu'aux décisions prises par le juge des libertés et de la détention en application du I de l'article L. 3211-12-1 ou des art. L. 3211-12 ou L. 3213-9-1 à compter du 15 mars 2014. Pour toutes les décisions prononcées entre le 1er et le 15 mars 2014, le JLD est saisi huit jours au moins avant l'expiration du délai de six mois prévu au même 3° (L. préc., art. 14).

Art. L. 3211-12-2 *(L. n° 2013-869 du 27 sept. 2013, art. 6 et 14, en vigueur le 1er sept. 2014)* I. — Lorsqu'il est saisi en application des articles L. 3211-12 ou L. 3211-12-1, le juge, après débat contradictoire, statue publiquement. Il peut décider que les débats ont lieu ou se poursuivent en chambre du conseil s'il doit résulter de leur publicité une atteinte à l'intimité de la vie privée, s'il survient des désordres de nature à troubler la sérénité de la justice ou si l'une des parties le demande. Il est fait droit à cette demande lorsqu'elle émane de la personne faisant l'objet de soins psychiatriques.

A l'audience, la personne faisant l'objet de soins psychiatriques est entendue, assistée ou représentée par un avocat choisi, désigné au titre de l'aide juridictionnelle ou commis d'office. Si, au vu d'un avis médical motivé, des motifs médicaux font obstacle, dans son intérêt, à son audition, la personne est représentée par un avocat dans les conditions prévues au présent alinéa.

Le juge des libertés et de la détention statue dans une salle d'audience attribuée au ministère de la justice, spécialement aménagée sur l'emprise de l'établissement d'accueil ou, en cas de nécessité, sur l'emprise d'un autre établissement de santé situé dans le ressort du tribunal judiciaire, dans les circonstances et selon les modalités prévues par une convention conclue entre le tribunal judiciaire et l'agence régionale de santé. Cette salle doit permettre d'assurer la clarté, la sécurité et la sincérité des débats ainsi que l'accès du public. Lorsque ces conditions ne sont pas satisfaites, le juge, soit d'office, soit sur demande de l'une des parties, statue au siège du tribunal judiciaire. *(L. n° 2016-41 du 26 janv. 2016, art. 71)* « En cas de transfert de la personne faisant l'objet de soins psychiatriques dans un autre établissement de santé, après que la saisine du juge des libertés et de la détention a été effectuée, l'établissement d'accueil est celui dans lequel la prise en charge du patient était assurée au moment de la saisine. »

II. — Lorsque le juge des libertés et de la détention statue dans la salle mentionnée au dernier alinéa du I, le président du tribunal judiciaire peut, en cas de nécessité, autoriser qu'une seconde audience soit tenue le même jour au siège du tribunal judiciaire.

(L. n° 2020-1576 du 14 déc. 2020, art. 84) « III. — Par dérogation au I du présent article, le juge des libertés et de la détention, saisi d'une demande de mainlevée de la mesure d'isolement ou de contention prise en application *(Abrogé par L. n° 2022-46 du 22 janv. 2022, art. 17) « du II »* de l'article L. 3222-5-1 *(L. n° 2022-46 du 22 janv. 2022, art. 17)* « , qui s'en saisit d'office ou qui en a été saisi aux fins de prolongation de la mesure », statue sans audience selon une procédure écrite.

« Le patient ou, le cas échéant, le demandeur peut demander à être entendu par le juge des libertés et de la détention, auquel cas cette audition est de droit et toute demande peut être présentée oralement. Néanmoins, si, au vu d'un avis médical motivé, des motifs médicaux font obstacle, dans son intérêt, à l'audition du patient, celui-ci est représenté par un avocat choisi, désigné au titre de l'aide juridictionnelle ou commis d'office.

« L'audition du patient ou, le cas échéant, du demandeur peut être réalisée par tout moyen de télécommunication audiovisuelle ou, en cas d'impossibilité avérée, par communication téléphonique, à condition qu'il y ait expressément consenti et que ce moyen permette de s'assurer de son identité et de garantir la qualité de la transmission et la confidentialité des échanges. L'audition du patient ne peut être réalisée grâce à ce procédé que si un avis médical atteste que son état mental n'y fait pas obstacle. »

(Abrogé par L. n° 2022-46 du 22 janv. 2022, art. 17) (L. n° 2020-1576 du 14 déc. 2020, art. 84) « Dans ce cas, le juge des libertés et de la détention statue dans les conditions prévues par décret en Conseil d'État. »

(L. n° 2020-1576 du 14 déc. 2020, art. 84) « S'il l'estime nécessaire, le juge des libertés et de la détention peut décider de tenir une audience. Dans cette hypothèse, *(L. n° 2022-46 du 22 janv. 2022, art. 17)* « la procédure est orale et » il est fait application des I et II du présent article. Le dernier alinéa du I n'est pas applicable à la procédure d'appel. »

(L. n° 2022-46 du 22 janv. 2022, art. 17) « Le juge des libertés et de la détention statue dans des conditions prévues par décret en Conseil d'État. »

Art. L. 3211-12-3 *(L. n° 2011-803 du 5 juill. 2011, art. 1er-I-15°)* Le juge des libertés et de la détention saisi en application de l'article L. 3211-12-1 peut, si un recours a été formé sur le fondement de l'article L. 3211-12, statuer par une même décision suivant la procédure prévue au même article L. 3211-12-1.

Art. L. 3211-12-4 *(L. n° 2011-803 du 5 juill. 2011, art. 1er-I-15°)* L'ordonnance du juge des libertés et de la détention prise en application des articles L. 3211-12 *(L. n° 2022-46 du 22 janv. 2022, art. 17)* « , L. 3211-12-1 ou L. 3222-5-1 » est susceptible d'appel devant le premier président de la cour d'appel ou son délégué. Le débat est tenu selon les modalités prévues à l'article L. 3211-12-2 *(L. n° 2013-869 du 27 sept. 2013, art. 7-1°)* « , à l'exception du dernier alinéa du I ».

(L. n° 2020-1576 du 14 déc. 2020, art. 84) « Lorsque le premier président ou son délégué est saisi d'un appel formé à l'encontre d'une ordonnance du juge des libertés et de la détention statuant sur le maintien d'une mesure d'isolement ou de contention prise sur le fondement de l'article L. 3222-5-1, il est fait application des dispositions prévues au III de l'article L. 3211-12-2. Le premier président ou son délégué statue dans les conditions prévues par décret en Conseil d'État. »

L'appel formé à l'encontre de l'ordonnance mentionnée au premier alinéa n'est pas suspensif. Le premier président de la cour d'appel ou son délégué statue alors à bref délai dans des conditions définies par décret en Conseil d'État. *(L. n° 2013-869 du 27 sept. 2013, art. 7-2°)* « Lorsque l'ordonnance mentionnée au même premier alinéa a été prise en application de l'article L. 3211-12-1, un avis rendu par un psychiatre de l'établissement d'accueil de la personne admise en soins psychiatriques sans consentement se prononçant sur la nécessité de poursuivre l'hospitalisation complète est adressé au greffe de la cour d'appel au plus tard quarante-huit heures avant l'audience. »

Toutefois, lorsque le juge des libertés et de la détention ordonne la mainlevée d'une mesure de soins psychiatriques sous la forme d'une hospitalisation complète ou constate la mainlevée de cette mesure, le procureur de la République peut demander au premier président de la cour d'appel ou à son délégué de déclarer le recours suspensif en cas de risque grave d'atteinte à l'intégrité du malade ou d'autrui. Dans ce cas, l'appel, accompagné de la demande faisant état du risque grave d'atteinte à l'intégrité du malade ou d'autrui, est formé dans un délai de six heures à compter de la notification de l'ordonnance à l'auteur de la saisine et transmis au premier président de la cour d'appel ou à son délégué. Celui-ci décide, sans délai, s'il y a lieu de donner à cet appel un effet suspensif en fonction du risque grave d'atteinte à l'intégrité du malade ou d'autrui. Il statue par une ordonnance motivée qui n'est pas susceptible de recours. Le patient est maintenu en hospitalisation complète jusqu'à ce que cette ordonnance soit rendue et, si elle donne un effet suspensif à l'appel, jusqu'à ce qu'il soit statué sur le fond, sauf s'il est mis fin à l'hospitalisation complète en application des chapitres II ou III du présent titre.

Lorsqu'il a été donné un effet suspensif à l'appel, le premier président de la cour d'appel ou son délégué se prononce sur la demande en appel dans un délai de trois jours à compter de la déclaration d'appel. Toutefois, par une ordonnance qui peut être prise sans audience préalable, il peut, avant l'expiration de ce délai, ordonner une expertise. Il se prononce alors dans un délai de quatorze jours à compter de la date de cette ordonnance. En l'absence de décision à l'issue de l'un ou l'autre de ces délais, la mainlevée est acquise.

Art. 706-136 Lorsque la chambre de l'instruction ou une juridiction de jugement prononce un arrêt ou un jugement de déclaration d'irresponsabilité pénale pour cause de trouble mental, elle peut ordonner à l'encontre de la personne les mesures de sûreté suivantes, pendant une durée qu'elle fixe et qui ne peut excéder dix ans en matière correctionnelle et vingt ans si les faits commis constituent un crime ou un délit puni de dix ans d'emprisonnement :

1° Interdiction d'entrer en relation avec la victime de l'infraction ou certaines personnes ou catégories de personnes, et notamment les mineurs, spécialement désignées ;

2° Interdiction de paraître dans tout lieu spécialement désigné ;

3° Interdiction de détenir ou de porter une arme ;

4° Interdiction d'exercer une activité professionnelle ou bénévole spécialement désignée, dans l'exercice de laquelle ou à l'occasion de laquelle l'infraction a été commise ou impliquant un contact habituel avec les mineurs, sans faire préalablement l'objet d'un examen psychiatrique déclarant la personne apte à exercer cette activité ;

5° Suspension du permis de conduire ;

6° Annulation du permis de conduire avec interdiction de solliciter la délivrance d'un nouveau permis.

Ces interdictions, qui ne peuvent être prononcées qu'après une expertise psychiatrique, ne doivent pas constituer un obstacle aux soins dont la personne est susceptible de faire l'objet.

Si la personne est hospitalisée en application des articles L. 3213-1 et L. 3213-7 du code de la santé publique, les interdictions dont elle fait l'objet sont applicables pendant la durée de l'hospitalisation et se poursuivent après la levée de cette hospitalisation, pendant la durée fixée par la décision.

BIBL. ▶ ROUSSEAU, *Dr. pénal 2009. Étude 9* (l'application dans le temps des nouvelles dispositions du 25 février 2008 relatives à l'irresponsabilité pénale pour cause de trouble mental. À propos de l'arrêt de la chambre criminelle du 21 janvier 2009). – GILLET, *Cah. just. 2021. 389* (l'irresponsabilité pénale par défaut de discernement).

L'art. 112-1, al. 2, C. pén. fait obstacle à l'application immédiate d'une procédure qui a pour effet de faire encourir à une personne des peines prévues à l'art. 706-136 que son état mental ne lui faisait pas encourir sous l'empire de la loi ancienne applicable au moment où les faits ont été commis. • Crim. 21 janv. 2009, n° 08-83.492 P : *D. 2009. AJ 374 ; ibid. 1111, note Matsopoulou ; AJ pénal 2009. 178, obs. Lasserre Capdeville ; Dr. pénal 2010. Chron. 1, obs. Guérin.*

Art. 706-136-1 *(L. n° 2014-896 du 15 août 2014, art. 17, en vigueur le 1er oct. 2014)* **Lorsqu'une personne condamnée dans les circonstances mentionnées au second alinéa de l'article 122-1 du code pénal n'a pas été condamnée à un suivi socio-judiciaire, le juge de l'application des peines peut ordonner, à la libération de cette personne, si son état le justifie et après avis médical, une obligation de soins pendant une durée qu'il fixe et qui ne peut excéder cinq ans en matière correctionnelle ou dix ans si les faits commis constituent un crime ou un délit puni de dix ans d'emprisonnement. Le dernier alinéa de l'article 706-136 du présent code est applicable.**

BIBL. ▶ DREYER, *D. 2021. 1973* (le droit pénal sécuritaire).

Art. 706-137 *(L. n° 2008-174 du 25 févr. 2008, art. 3)* **La personne qui fait l'objet** *(L. n° 2014-896 du 15 août 2014, art. 17, en vigueur le 1er oct. 2014)* **« d'une mesure prononcée en application des articles 706-136 ou 706-136-1** *[ancienne rédaction : d'une interdiction prononcée en application de l'article 706-136]* **» peut demander au juge des libertés et de la détention du lieu de la situation de l'établissement hospitalier ou de son domicile d'ordonner sa modification ou sa levée. Celui-ci statue en chambre du conseil sur les conclusions du ministère public, le demandeur ou son avocat entendus ou dûment convoqués. Il peut solliciter l'avis préalable de la victime. La levée de la mesure ne peut être décidée qu'au vu du résultat d'une expertise psychiatrique. En cas de rejet de la demande, aucune demande ne peut être déposée avant l'expiration d'un délai de six mois.**

Art. 706-138 **Lorsque l'interdiction prévue au 1° de l'article 706-136 est prononcée, la partie civile peut demander à être informée par le procureur de la République de la levée de l'hospitalisation** *(Abrogé par L. n° 2011-803 du 5 juill. 2011, art. 10-3°, à compter du 1er août 2011)* **« *d'office* » dont cette personne aura pu faire l'objet en application des articles L. 3213-1 et L. 3213-7 du code de la santé publique.**

La partie civile peut, à tout moment, indiquer au procureur de la République qu'elle renonce à cette demande.

Art. 706-139 *(L. n° 2008-174 du 25 févr. 2008, art. 3)* **La méconnaissance par la personne qui en a fait l'objet des interdictions prévues** *(L. n° 2014-896 du 15 août 2014, art. 17, en vigueur le 1er oct. 2014)* **« à l'article 706-136 ou de l'obligation de soins prévue à l'article 706-136-1** *[ancienne rédaction : par l'article 706-136]* **» est punie, sous réserve des dispositions du premier alinéa de l'article 122-1 du code pénal, de deux ans d'emprisonnement et 30 000 € d'amende.**

CHAPITRE IV **DISPOSITIONS APPLICABLES AUX INFRACTIONS D'ATTEINTES À LA PERSONNE RÉSULTANT D'UNE INTOXICATION VOLONTAIRE** *(L. n° 2022-52 du 24 janv. 2022, art. 4).*

Art. 706-139-1 *(L. n° 2022-52 du 24 janv. 2022, art. 4)* **Lorsque le juge d'instruction est saisi d'une information sur le fondement des articles 221-5-6, 222-18-4 ou 222-**

26-2 du code pénal et décide du renvoi de la personne mise en examen devant la juridiction de jugement du chef de ces incriminations, il est tenu, dans son ordonnance de règlement, de préalablement déclarer, en application du premier alinéa de l'article 122-1 du même code, que celle-ci est pénalement irresponsable des faits commis à la suite de sa consommation volontaire de substances psychoactives.

BIBL. ▸ LETURMY, *AJ pénal 2022. 135* (les nouveaux liens entre substances psychoactives, perte du discernement et responsabilité pénale). – MARÉCHAL, *Dr. pénal 2022. Étude 7* (loi du 24 janvier 2022 relative à la responsabilité pénale et à la sécurité intérieure).

Art. 706-139-2 *(L. n° 2022-52 du 24 janv. 2022, art. 4)* **Lorsque, en application de l'article 351 du présent code, est posée devant la cour d'assises la question de l'application du premier alinéa de l'article 122-1 du code pénal à l'égard d'un accusé mis en accusation pour meurtre, assassinat, tortures ou actes de barbarie, violences ou viol, le président pose la question subsidiaire portant sur les qualifications prévues aux articles 221-5-6, 222-18-4 ou 222-26-2 du même code s'il apparaît que l'abolition du discernement de la personne ou du contrôle de ses actes est susceptible de résulter d'une consommation volontaire de substances psychoactives.**

Art. 706-140 Un décret précise les modalités d'application du présent titre. – *V. art. D. 47-37-1 s.*

TITRE VINGT-NEUVIÈME DES SAISIES SPÉCIALES

(L. n° 2010-768 du 9 juill. 2010, art. 3)

RÉP. PÉN. v° *Saisies spéciales*, par ASCENSI.

BIBL. ▸ CAMOUS, *AJ pénal 2018. 25* (la peine patrimoniale) ; *JCP 2019. 150* (contrôle de proportionnalité des saisies pénales). CHAVENT-LECLÈRE, *AJ pénal 2019. 8* (jurisprudence de la chambre criminelle en matière de confiscations et saisies). – COTELLE, *Dr. pénal 2013. Étude 12* (mise en état patrimoniale des affaires pénales). – COTELLE, *AJ pénal 2016. 463* (confiscation sans condamnation préalable). – CUTAJAR, *D. 2010. Chron. 2305* (commentaire des dispositions de droit interne de la loi du 9 juillet 2010 visant à faciliter la saisie et la confiscation en matière pénale). – DUPUIS, *Procédures 2014. Étude 6* (les saisies en matière pénale).

▸ **Dossiers :** Saisie pénale et confiscation : récentes évolutions : *AJ pénal 2015. 228* s. ; Saisies et confiscations : état des lieux 10 ans après la loi Warsman : *AJ pénal 2020. 439* s.

Art. 706-141 Le présent titre s'applique, afin de garantir l'exécution de la peine complémentaire de confiscation selon les conditions définies à l'article 131-21 du code pénal, aux saisies réalisées en application du présent code lorsqu'elles portent sur tout ou partie des biens d'une personne, sur un bien immobilier, sur un bien ou un droit mobilier incorporel ou une créance ainsi qu'aux saisies qui n'entraînent pas de dépossession du bien.

1. Proportionnalité. Hormis le cas où la confiscation, qu'elle soit en nature ou en valeur, porte sur un bien qui, dans sa totalité, constitue le produit ou l'objet de l'infraction, le juge, en *ordonnant une telle mesure*, doit apprécier le caractère proportionné de l'atteinte portée au droit de propriété de l'intéressé lorsqu'une telle garantie est invoquée ou procéder à cet examen d'office lorsqu'il s'agit d'une confiscation de tout ou partie du patrimoine. • Crim. 24 juin 2020, n° 19-85.074 P : *D. actu. 4 sept. 2020, obs. Goudjil ; Dr. pénal 2020, n° 9, obs. Peltier.* ♦ Si les biens saisis ne constituent pas en totalité, en nature ou en valeur, le produit de l'infraction, les juges du fond doivent s'expliquer sur l'atteinte disproportionnée alléguée au droit au respect des biens par le maintien des saisies pénales. • Crim. 19 déc. 2018, n° 18-85.712 P : *D. actu. 30 janv. 2019, obs. Fonteix.* ♦ Est inopérant le motif retenant la violation du principe de proportionnalité par une mesure de saisie pénale, en nature ou en valeur, lorsque la mesure porte sur l'objet ou le produit direct ou indirect supposé de l'infraction. • Crim. 26 juin 2019, n° 19-80.235 P : *D. actu. 31 juill. 2019, obs. Fonteix.* ♦ Le principe de proportionnalité ne peut s'appliquer à la saisie provisoire aux fins de garantir la confiscation d'un bien qui, dans sa totalité, est le produit ou l'objet des infractions d'escroquerie, de blanchiment et d'abus de biens sociaux objet de la poursuite. • Crim. 15 janv. 2020, n° 19-80.891 P : *D. actu. 11 févr. 2020, obs. Fonteix ; ibid. 13 févr. 2020, obs. Goudjil ; AJ pénal 2020. 145, obs. Hy.*

2. Domaine d'application. Les dispositions des art. 706-141 à 706-158 s'appliquent aux saisies réalisées en application du présent code lorsqu'elles portent sur tout ou partie des biens d'une personne, sur un bien immobilier, sur un bien ou un droit mobilier incorporel ou une créance, ainsi qu'aux saisies qui n'entraînent pas de dépossession du bien mais la saisie en valeur des biens meubles corporels, qui ne sont pas visés à l'art. 706-141, ne peut être effectuée que sur le fondement des art. 94 et 97. • Crim. 7 août 2019, n° 18-87.174 P : *D. actu. 20 sept. 2019, obs. Fonteix ; RSC 2019. 895, note Renucci ; Dr. pénal 2019, n° 174, note Maron et Haas.*

3. Un bien immobilier indivis abritant le domicile familial de la personne mise en examen peut être saisi dès lors qu'en application de l'art. 131-21 C. pén., il est susceptible de confiscation comme appartenant au prévenu, ce dernier n'ayant invoqué devant les juges du fond aucun élément de nature à démontrer que la saisie portait une atteinte excessive à sa vie privée et familiale, étant par ailleurs sans qualité pour invoquer les droits du tiers co-indivisaire. • Crim. 15 mars 2017, n° 16-80.801 P : *D. actu. 3 avr. 2017, obs. Azoulay ; AJ pénal 2017. 299, obs. Violeau* . ♦ Le grief, nouveau et mélangé de fait, qui invoque pour la première fois devant la Cour de cassation le caractère disproportionné de l'atteinte spécifique portée à la protection du domicile et de la vie privée par la mesure de saisie de l'immeuble, en violation de l'art. 8 de la Conv. EDH, est irrecevable. • Crim. 16 janv. 2019, n° 17-83.006 P.

4. Décès d'une partie en cours de procédure. V. note 7 ss. art. 706-148.

5. Mise à disposition des pièces de la procédure. La restriction apportée à la mise à disposition des pièces du dossier ne méconnaît pas les dispositions de l'art. 6 de la Conv. EDH, en ce qu'elle garantit un juste équilibre entre les droits de la personne concernée par la saisie et la nécessité de préserver le secret de l'enquête et de l'instruction, la jurisprudence de la Cour de cassation favorisant le maintien de cet équilibre. • Crim. 15 janv. 2020, n° 19-80.891 P : *D. actu. 11 fév. 2020, obs. Fonteix ; ibid. 13 févr. 2020, obs. Goudjil.* ♦ Il résulte de l'art. 6 Conv. EDH que la chambre de l'instruction saisie d'un recours formé contre une ordonnance de saisie spéciale au sens des art. 706-141 à 706-158, qui, pour justifier d'une telle mesure, s'appuie sur une ou des pièces précisément identifiées de la procédure, est tenue de s'assurer que celles-ci ont été communiquées à la partie appelante. • Crim. 30 janv. 2019, n° 18-82.644 P : *D. actu. 4 mars 2019, obs. Gallois.* ♦ ... En particulier s'il s'agit des déclarations des personnes mises en examen sur lesquelles se fonde la juridiction pour confirmer la saisie spéciale. • Crim. 23 oct. 2019, n° 18-87.097 P. ♦ Aucune disposition légale non plus que réglementaire n'interdit aux juges d'avoir communication des actes de la procédure accomplis postérieurement à l'ordonnance de saisie pénale, à la condition que ces pièces soient mises à la disposition de l'appelant si les juges fondent la décision sur celles-ci précisément identifiées. • Crim. 26 juin 2019, n° 18-85.209 P : *D. actu. 18 nov. 2019, obs. Goetz.* ♦ V. aussi note 7 ss. art. 706-153.

Art. 706-141-1 *(L. n° 2012-409 du 27 mars 2012, art. 16-II)* **La saisie peut également être ordonnée en valeur. Les règles propres à certains types de biens prévues aux chapitres III et IV du présent titre s'appliquent aux biens sur lesquels la saisie en valeur s'exécute.**

1. Application dans le temps. L'art. 706-141-1 est immédiatement applicable aux faits commis avant l'entrée en vigueur de la L. n° 2012-409 du 27 mars 2012. • Crim. 24 sept. 2014, n° 13-88.602 P : *D. actu. 9 oct. 2014, obs. Fonteix ; D. 2014. 2227, note Saenko ; ibid. 2015. 110, obs. Azéma ; AJ pénal 2014. 592, obs. Ascensi* .

2. Montant. Il appartient à la juridiction d'instruction de s'assurer que le montant de la saisie en valeur n'excède pas celui du produit des infractions pour lesquelles la personne qui encourait la peine de confiscation des biens ayant été le produit de l'infraction (C. pén., art. 131-21, al. 3) a été mise en examen. • Crim. 12 nov. 2015, n° 15-83.114 P : *D. actu. 7 déc. 2015, obs. Fucini.* ♦ Lorsque plusieurs auteurs ou complices ont participé à un ensemble de faits, soit à la totalité soit à une partie de ceux-ci, chacun d'eux encourt la confiscation du produit de la seule ou des seules infractions qui lui sont reprochées, avec ou non la circonstance de bande organisée, à la condition que la valeur totale des biens confisqués n'excède pas celle du produit total de cette ou de ces infractions. • Crim. 24 oct. 2018, n° 18-80.834 P : *D. actu. 6 déc. 2018, obs. Fonteix ; AJ pénal 2019. 46, obs. Violeau ; Dr. pénal 2018, n° 217, note Camous ; Procédures 2019, n° 22, obs. Chavent-Leclère ; JCP 2019, n° 18, obs. Robert.* ♦ Mais s'il s'agit de la saisie en valeur de biens ou droits incorporels dont le mis en cause est propriétaire ou, sous réserve des droits du propriétaire de bonne foi, dont il a la libre disposition, dont la valeur représente celle des biens ayant servi à commettre l'infraction ou qui étaient destinés à la commettre (C. pén., art. 131-21, al. 2), le montant peut être supérieur à celui du produit de l'infraction. • Crim. 6 nov. 2019, n° 19-82.683 P : *D. actu. 4 déc. 2019,* obs. Goudjil.

3. Proportionnalité. Le moyen pris de la violation du principe de proportionnalité au regard du droit de propriété est inopérant lorsque la saisie a porté sur la valeur du produit direct ou indirect de l'infraction. • Crim. 5 janv. 2017, n° 16-80.275 P. ♦ Néanmoins, le juge qui ordonne la saisie en valeur d'un bien appartenant ou étant à la libre disposition d'une personne, alors qu'il ne résulte pas des pièces de la procédure de présomptions qu'elle a bénéficié de la totalité du produit de l'infraction, doit apprécier, lorsque cette garantie est invoquée, le caractère proportionné de l'atteinte portée au droit de propriété de l'intéressé s'agissant de la partie du produit de l'infraction dont elle n'aurait pas tiré profit. • Crim. 24 oct. 2018, n° 18-80.834 P : *préc. note 2.*

4. Contrat d'assurance vie. Le souscripteur du contrat d'assurance vie conservant une créance sur l'assureur, la délégation irrévocable de la créance à un bénéficiaire ne fait pas obstacle à la saisie à titre de mesure conservatoire en vertu de l'art. 706-141-1, immédiatement applicable, comme pouvant représenter, en valeur, le produit susceptible de confiscation, de certaines des infractions poursuivies. • Crim. 30 sept. 2015, n° 14-81.744 P : *D. actu. 23 oct. 2015, obs. Fonteix.*

CHAPITRE PREMIER DISPOSITIONS COMMUNES

(L. n° 2010-768 du 9 juill. 2010, art. 3)

Art. 706-142 **Le procureur de la République, le juge d'instruction ou, avec leur autorisation, l'officier de police judiciaire peuvent requérir le concours de toute personne qualifiée pour accomplir les actes nécessaires à la saisie des biens visés au présent titre et à leur conservation.**

Art. 706-143 **Jusqu'à la mainlevée de la saisie ou la confiscation du bien saisi, le propriétaire ou, à défaut, le détenteur du bien est responsable de son entretien et de sa conservation. Il en supporte la charge, à l'exception des frais qui peuvent être à la charge de l'État.**

En cas de défaillance ou d'indisponibilité du propriétaire ou du détenteur du bien, et sous réserve des droits des tiers de bonne foi, le procureur de la République ou le juge d'instruction peuvent autoriser la remise à l'Agence de gestion et de recouvrement des avoirs saisis et confisqués du bien saisi dont la vente par anticipation n'est pas envisagée afin que cette agence réalise, dans la limite du mandat qui lui est confié, tous les actes juridiques et matériels nécessaires à la conservation, l'entretien et la valorisation de ce bien.

Tout acte ayant pour conséquence de transformer, modifier substantiellement le bien ou d'en réduire la valeur est soumis à l'autorisation préalable du juge des libertés et de la détention, sur requête du procureur de la République qui en a ordonné ou autorisé la saisie, du juge d'instruction qui en a ordonné ou autorisé la saisie ou du juge d'instruction en cas d'ouverture d'une information judiciaire postérieurement à la saisie.

Art. 706-144 **Le magistrat qui a ordonné ou autorisé la saisie d'un bien ou le juge d'instruction en cas d'ouverture d'une information judiciaire postérieurement à la saisie sont compétents pour statuer sur toutes les requêtes relatives à l'exécution de la saisie, sans préjudice des dispositions relatives à la destruction et à l'aliénation des biens saisis au cours de l'enquête ou de l'instruction prévues aux articles 41-5 et 99-2.**

Lorsque la décision ne relève pas du procureur de la République, son avis est sollicité préalablement.

Le requérant et le procureur de la République peuvent, dans un délai de dix jours à compter de la notification de cette décision, faire appel de la décision devant la chambre de l'instruction. Cet appel est suspensif.

1. L'arrêt ayant infirmé une ordonnance du juge d'instruction ordonnant une saisie conservatoire présente le caractère d'une décision avant-dire droit à laquelle ne peut s'attacher l'autorité de la chose jugée, et n'empêche pas le juge d'instruction d'ordonner à nouveau la saisie des mêmes biens. • Crim. 12 nov. 2014 : *D. actu. 5 déc. 2014, obs. Fucini.*

2. Le propriétaire d'un bien saisi qui n'a pas la qualité de personne mise en examen ou de témoin assisté, ne saurait, à ce stade de la procédure, être assimilé à ceux-ci et ne saurait se faire un grief de ce que son avocat n'a pas eu la parole en dernier à l'issue des débats devant la chambre de l'instruction. • Crim. 13 juin 2018, n° 17-83.893 P : *AJ pénal 2018. 426, obs. Violeau ; Dr. pénal 2018, n° 164, note Maron et Haas.*

3. Il résulte de l'art. 6 Conv. EDH que la chambre de l'instruction saisie d'un recours formé contre une ordonnance de saisie spéciale au sens des art. 706-141 à 706-158, qui, pour justifier d'une telle mesure, s'appuie sur une ou des pièces précisément identifiées de la procédure, est tenue de s'assurer que celles-ci ont été communiquées à la partie appelante. • Crim. 23 oct. 2019, n° 18-87.097 P : *D. actu. 18 nov. 2019, obs. Goetz.*

4. Le juge français qui a pour mission d'exécuter une mesure de gel décidée par une juridiction étrangère en vertu des dispositions des art. 695-9-1 s., ne dispose pas des pouvoirs à lui dévolus par les art. 706-144 et 706-146 lorsqu'il ordonne lui-même une mesure de saisie. • Crim. 1er avr. 2020, n° 19-81.760 P.

5. Appel. Toute partie intéressée peut déférer devant la chambre de l'instruction toute décision autorisant le propriétaire du bien ou du droit saisi ou son représentant à aliéner ledit bien ou droit, les conditions de recevabilité de l'appel des décisions emportant aliénation avant jugement des biens placés sous main de justice étant plus larges que celles des décisions de saisie pénale spéciale qui ne peuvent être contestées devant la chambre de l'instruction que par le procureur de la République, le propriétaire du bien ou du droit saisi et les tiers ayant des droits sur ce bien ou sur ce droit. • Crim. 15 sept. 2021, n° 20-84.674 B : *D. actu. 14 oct. 2021, obs. Fonteix ; AJ pénal 2021. 547, obs. Hy* .

Art. 706-145 **Nul ne peut valablement disposer des biens saisis dans le cadre d'une procédure pénale hors les cas prévus aux articles 41-5 et 99-2 et au présent chapitre.**

A compter de la date à laquelle elle devient opposable et jusqu'à sa mainlevée ou la confiscation du bien saisi, la saisie pénale suspend ou interdit toute procédure civile d'exécution sur le bien objet de la saisie pénale.

Pour l'application du présent titre, le créancier ayant diligenté une procédure d'exécution antérieurement à la saisie pénale est de plein droit considéré comme titulaire d'une sûreté sur le bien, prenant rang à la date à laquelle cette procédure d'exécution est devenue opposable.

Lorsqu'une saisie pénale a rendu la créance cause de la saisie indisponible en application de l'art. 706-145, une banque ne peut valablement faire délivrer un commandement de saisie immobilière, que l'art. R. 321-1 C. pr. exéc. assimile à un acte de disposition, et qui constitue un acte d'exécution forcée. • Civ. 2e, 18 févr. 2016, n° 14-24.321 P : *D. actu. 9 mars 2016, obs. Avéna-Robardet.*

Art. 706-146 **Si le maintien de la saisie du bien en la forme n'est pas nécessaire, un créancier muni d'un titre exécutoire constatant une créance liquide et exigible peut être autorisé, dans les conditions prévues à l'article 706-144, à engager ou reprendre une procédure civile d'exécution sur le bien, conformément aux règles applicables à ces procédures. Toutefois, il ne peut alors être procédé à la vente amiable du bien et la saisie pénale peut être reportée sur le solde du prix de cession, après désintéressement des créanciers titulaires d'une sûreté ayant pris rang antérieurement à la date à laquelle la saisie pénale est devenue opposable. Le solde du produit de la vente est consigné. En cas de classement sans suite, de non-lieu ou de relaxe, ou lorsque la peine de confiscation n'est pas prononcée, ce produit est restitué au propriétaire du bien s'il en fait la demande.**

En cas de reprise d'une procédure civile d'exécution suspendue par la saisie pénale, les formalités qui ont été régulièrement accomplies n'ont pas à être réitérées.

BIBL. ▶ Segonds, *RSC 2021. 882* (la restitution des biens mal acquis : à propos d'une nouvelle loi mal née).

Art. 706-147 **Les mesures ordonnées en application du présent titre sont applicables y compris lorsqu'elles sont ordonnées après la date de cessation des paiements et nonobstant les dispositions de l'article L. 632-1 du code de commerce.**

1. La saisie pénale d'un bien est possible pendant la période qui suit la mise en liquidation judiciaire puisque que la confiscation, que la saisie pénale tend à garantir, n'est pas une action en paiement. • Crim. 23 oct. 2019, n° 18-85.820 P : *AJ pénal 2019. 613, obs. Hy ; ibid. 2020. 34, obs. Miranda* . ♦ Aucune disposition légale non plus que réglementaire n'interdit au juge des libertés et de la détention, ni au juge d'instruction d'ordonner la saisie pénale d'un immeuble en application de l'art. 706-150, dont le propriétaire bénéficie d'une procédure de sauvegarde, dès lors que cette mesure, que ces magistrats ont le pouvoir d'ordonner dans le cadre des procédures pénales afin de garantir l'exécution de la peine complémentaire de confiscation selon les conditions définies à l'art. 131-21 C. pén., est d'une nature propre et ne s'analyse pas en une procédure d'exécution au sens de l'art. L. 622-21, II, C. com. • Crim. 23 juin 2020, n° 19-85.874 P.

2. Le prononcé d'une mesure de sauvegarde n'interdit pas que soit ordonnée une saisie pénale d'une créance, ni ne limite les effets d'une telle saisie préalablement ordonnée. • Crim., 7 août 2019, n° 19-80.988 • Civ. 2e, 5 déc. 2019, n° 17-23.576 P : *JCP 2020. 197, note Camous.*

CHAPITRE II DES SAISIES DE PATRIMOINE

(L. nº 2010-768 du 9 juill. 2010, art. 3)

Art. 706-148 *(L. nº 2012-409 du 27 mars 2012, art. 17-II)* **« Si l'enquête porte sur une infraction punie d'au moins cinq ans d'emprisonnement, le juge des libertés et de la détention peut, sur requête du procureur de la République,** *(L. nº 2016-731 du 3 juin 2016, art. 84)* **« ordonner par décision » motivée la saisie, aux frais avancés du Trésor, des biens dont la confiscation est prévue en application des cinquième et sixième alinéas de l'article 131-21 du code pénal lorsque la loi qui réprime le crime ou le délit le prévoit ou lorsque l'origine de ces biens ne peut être établie. »** *(L. nº 2010-768 du 9 juill. 2010, art. 3)* **« Le juge d'instruction peut, sur requête du procureur de la République ou d'office après avis du ministère public, ordonner cette saisie dans les mêmes conditions.**

« *(L. nº 2016-731 du 3 juin 2016, art. 84)* **« La décision » prise en application du premier alinéa est notifiée au ministère public, au propriétaire du bien saisi et, s'ils sont connus, aux tiers ayant des droits sur ce bien, qui peuvent la déférer à la chambre de l'instruction par déclaration au greffe du tribunal dans un délai de dix jours à compter de la notification de** *(L. nº 2016-731 du 3 juin 2016, art. 84)* **« la décision ». Cet appel n'est pas suspensif. »** *(L. nº 2013-1117 du 6 déc. 2013, art. 25)* **« L'appelant ne peut prétendre dans ce cadre qu'à la mise à disposition des seules pièces de la procédure se rapportant à la saisie qu'il conteste. S'ils ne sont pas appelants, le propriétaire du bien et les tiers peuvent néanmoins être entendus par la chambre de l'instruction, sans toutefois pouvoir prétendre à la mise à disposition de la procédure. »**

1. QPC. La QPC portant sur les art. 706-143, 706-146, 706-148, 706-153 et 706-155 et 131-21 C. pén. ne revêt ni un caractère nouveau ni un caractère sérieux (non-lieu à renvoi). • Crim., QPC, 24 avr. 2013 : *D. actu. 5 juin 2013, obs. Bombled ; Dr. pénal 2013, nº 117, note Maron et Haas.*

2. Application de la loi dans le temps. Il ressort des dispositions de l'art. 706-148, dans sa rédaction issue de la L. du 27 mars 2012, que la saisie à titre conservatoire des biens de la personne mise en examen, ou, sous réserve des droits du propriétaire de bonne foi, des biens dont celle-ci a la libre disposition, peut être autorisée au cours de l'instruction lorsque la loi qui réprime le crime ou le délit poursuivi prévoit leur confiscation. • Crim. 9 mai 2012, nº 11-85.522 P : *D. 2012. Actu. 1335 ; ibid. 1652, note Cutajar ; AJ pénal 2012. 427, obs. Ascensi ; Dr. pénal 2012, nº 111, obs. Maron et Haas ; Procédures 2012, nº 231, obs. Chavent-Leclère.* ♦ Cette mesure conservatoire étant d'application immédiate au sens de l'art. 122-2, 2º, C. pén., doit être annulé, afin qu'il soit prononcé au vu des nouvelles règles de procédure de la loi précitée, l'arrêt d'une chambre de l'instruction qui a, conformément aux dispositions antérieurement applicables de l'art. 706-148 susvisé, infirmé la décision du juge d'instruction ordonnant la saisie de l'immeuble d'une société civile immobilière, en retenant qu'il ne pouvait être procédé en l'espèce à une saisie, dès lors que le mis en examen ne détenait aucune part dans la société civile immobilière et que cette société, propriétaire du bien, disposait d'un patrimoine propre. • Crim. 9 mai 2012 : *préc.*

3. Avis du procureur. Lorsque des sommes d'argent versées au crédit d'un compte bancaire sont saisies en dehors du cadre d'une confiscation générale, l'avis du procureur n'a pas à être préalablement recueilli. • Crim. 18 sept. 2012, nº 12-80.662 P : *D. actu. 28 oct. 2012, obs. Priou-Alibert ; D. 2012. Actu. 1964* . ♦ Mais il doit l'être si la saisie s'analyse bien en une saisie de patrimoine. • Crim. 11 juill. 2012, nº 12-82.050 P : *AJ pénal 2012. 661, obs. Pronier* • 27 nov. 2012 : *AJ pénal 2013. 171, obs. Ascensi* .

4. Chambre de l'instruction. La chambre de l'instruction, saisie d'un appel formé contre une ordonnance JLD ayant autorisé, sur requête du procureur de la République, la saisie en valeur de biens, peut, en raison de l'effet dévolutif de l'appel, et après débat contradictoire, modifier le fondement légal de la saisie de ces biens dès lors que cette mesure a été précédée d'une requête du ministère public, peu important le fondement visé par celle-ci, et doit, s'il s'agit d'une saisie de patrimoine, l'ordonner elle-même. • Crim. 16 mai 2018, nº 17-83.584 P : *D. actu. 22 juin 2018, obs. Diaz ; D. 2018. Pan. 1711, obs. Ascensi* .

5. La chambre de l'instruction, saisie d'un appel formé à l'encontre d'une ordonnance emportant saisie spéciale de biens rendue au cours d'une enquête ayant ultérieurement fait l'objet d'un classement sans suite, doit ordonner la mainlevée de la saisie, sous réserve de l'application des dispositions du deuxième al. de l'art. 41-4, nonobstant la règle de l'unique objet de l'appel. • Crim. 13 juin 2019, nº 18-83.411 P : *D. 2019. Pan. 1568, obs. Ascensi* .

6. Notion de libre disposition. Est justifiée la saisie conservatoire de l'actif net social résultant de la vente d'un immeuble appartenant à une société civile immobilière, en raison du risque de mise en examen des associés indivisaires du chef de blanchiment dès lors que ceux-ci, qui détiennent 99,5 % des parts de la SCI, ont le pouvoir de décider de l'affectation de cet actif, de sorte qu'ils en ont la libre disposition au sens de l'art. 706-148. • Crim. 23 mai 2013 : *D. actu. 5 juin 2013, obs. Bombled ; D. 2013. Actu. 1352 ; D. 2013. 1780, obs. Labrousse ; AJ pénal 2013. 483, obs. Ascensi ; JCP 2009, n° 804, note Cutajar.* ♦ Un immeuble appartenant à une société civile immobilière dont les intéressés sont les uniques porteurs de part doit être considéré comme étant à leur libre disposition. • Crim. 29 janv. 2014, n° 13-80.062 P : *D. actu. 11 févr. 2014, obs. Fonteix ; AJ pénal 2014. 310, obs. Ascensi .* ♦ Dans le même sens, au sujet d'un fonds de commerce exploité par une société dont une des personnes mise en examen est porteur de parts unique : • Crim. 29 janv. 2014, n° 13-80.063 P : *D. actu. 11 févr. 2014, obs. Fonteix ; AJ pénal 2014. 310, obs. Ascensi .* ♦ Le recours à l'interposition d'une société immobilière entre la personne mise en examen et son patrimoine immobilier ainsi qu'à des prête-noms de l'entourage familial pour exercer les fonctions ou les rôles de dirigeant de droit, d'administrateur et d'associé, joint à une gestion de fait de la société par l'intéressé, tous éléments qui relèvent de l'appréciation souveraine des juges du fond, suffit à caractériser la libre disposition du bien immobilier ou de la créance résultant de son expropriation, propriété de ladite société, de nature à en permettre la saisie. • Crim. 8 nov. 2017, n° 17-82.632 P : *D. actu. 28 nov. 2017, obs. Goetz ; D. 2018. Pan. 196, note Pichon ; AJ pénal 2018. 101, obs. Violeau .*

7. Décès d'une partie en cours de procédure. Il appartient à la chambre de l'instruction saisie d'un appel formé à l'encontre d'une ordonnance emportant saisie spéciale de biens appartenant à une personne mise en cause par une enquête préliminaire, laquelle décède au cours de l'instance, de sorte que l'action publique ne peut plus être mise en mouvement à son encontre, de s'assurer, même d'office, que les conditions légales de la saisie, dont celle du caractère confiscable des biens en application de l'art. 131-21 C. pén., demeurent réunies, en recherchant notamment s'il existe ou non des présomptions de la participation aux faits objet de l'enquête de la personne propriétaire des fonds saisis, ou dont elle a la libre disposition ; à défaut, elle est tenue d'ordonner la mainlevée de la saisie. • Crim. 21 nov. 2018, n° 18-80.089 P : *D. actu. 18 déc. 2018, obs. Fonteix ; Procédures 2019, n° 92, note Chavent-Leclère.*

Art. 706-149 **Les règles propres à certains types de biens prévues par le présent titre, à l'exclusion de celles relatives à la décision de saisie, s'appliquent aux biens compris en tout ou partie dans le patrimoine saisi.**

CHAPITRE III DES SAISIES IMMOBILIÈRES

(L. n° 2010-768 du 9 juill. 2010, art. 3)

Art. 706-150 **Au cours de l'enquête de flagrance ou de l'enquête préliminaire, le juge des libertés et de la détention, saisi par requête du procureur de la République, peut** *(L. n° 2019-222 du 23 mars 2019, art. 52)* **« ordonner par décision » motivée la saisie, aux frais avancés du Trésor, des immeubles dont la confiscation est prévue par l'article 131-21 du code pénal. Le juge d'instruction peut, au cours de l'information, ordonner cette saisie dans les mêmes conditions.**

(L. n° 2019-222 du 23 mars 2019, art. 52) **« La décision » prise en application du premier alinéa est notifiée au ministère public, au propriétaire du bien saisi et, s'ils sont connus, aux tiers ayant des droits sur ce bien, qui peuvent la déférer à la chambre de l'instruction par déclaration au greffe du tribunal dans un délai de dix jours à compter de la notification de** *(L. n° 2019-222 du 23 mars 2019, art. 52)* **« la décision ». Cet appel n'est pas suspensif.** *(L. n° 2013-117 du 6 déc. 2013, art. 25)* **« L'appelant ne peut prétendre dans ce cadre qu'à la mise à disposition des seules pièces de la procédure se rapportant à la saisie qu'il conteste. S'ils ne sont pas appelants, le propriétaire du bien et les tiers peuvent néanmoins être entendus par la chambre de l'instruction, sans toutefois pouvoir prétendre à la mise à disposition de la procédure. »**

BIBL. ► ASCENSI, *AJ pénal 2016. 66* (état des saisies et confiscations immobilières).

1. Compétence du JLD. Dès lors que l'enquête est terminée, le JLD n'est plus compétent pour ordonner les mesures de saisie spéciale immobilière, peu important qu'il ait été saisi par le procureur de la République pendant l'enquête. • Crim. 8 avr. 2021, n° 20-85.474 P : *D. actu. 27 avr. 2021, obs. Fonteix.*

2. La saisie des immeubles dont la confiscation est prévue par l'art. 131-21 C. pén., prescrite par l'art. 706-150, n'est pas limitée aux biens dont les personnes visées par l'enquête sont propriétaires, mais s'étend à tous les biens qui sont l'objet ou le produit direct ou indirect de l'infraction. • Crim. 4 sept. 2012, n° 11-87.143 P : *D.*

actu. 17 oct. 2012, obs. Bombled ; AJ pénal 2013. 56, obs. Lasserre Capdeville ✎.

3. Fait une exacte application de l'art. 706-150 la cour d'appel qui, pour confirmer la saisie d'un immeuble par le juge d'instruction, après avoir constaté que le transfert de propriété invoqué n'était pas effectif et que l'immeuble n'était pas, comme allégué, affecté à une mission diplomatique, relève qu'il est le produit direct de l'infraction de blanchiment poursuivie. • Crim. 5 mars 2014, n° 13-84.977 P.

4. A justifié sa décision la chambre de l'instruction qui, en l'état de ses constatations résultant de son appréciation souveraine, a confirmé la saisie d'un immeuble par le juge d'instruction, dès lors qu'elle ne s'est pas bornée à relever que l'immeuble saisi était le lieu des faits, mais a établi qu'il avait permis la commission des infractions poursuivies, peu important que son usage n'ait pas été déterminant de leur commission. • Crim. 24 oct. 2018, n° 18-82.370 P : *AJ pénal 2019. 46, obs. Violeau* ✎ *; Dr. pénal 2018, n° 216, note Camous.*

5. L'art. 706-150 n'exige pas, pour ordonner une saisie, que soit caractérisé un risque de dissipation de l'immeuble. • Crim. 24 oct. 2018, n° 18-80.834 P : *D. actu. 6 déc. 2018, obs. Fonteix ; AJ pénal 2019. 46, obs. Violeau* ✎ *; Dr. pénal 2018, n° 217, note Camous ; Procédures 2019, n° 22, obs. Chavent-Leclère* • Crim. 26 juin 2019, n° 19-80.235 P : *D. actu. 31 juill. 2019, obs. Fonteix.*

6. Gel. Le juge d'instruction peut mettre à exécution une décision de gel sous la forme d'une ordonnance de saisie prévue par l'art. 706-150, une telle mesure étant, en application de l'art. 695-9-15, soumise aux mêmes modalités que celles des saisies spéciales immobilières. • Crim. 5 avr. 2018, n° 16-87.169 P.

7. Tiers. Les associés et titulaires de parts d'une société civile immobilière, seule propriétaire du bien saisi, ne sont pas des tiers ayant des droits sur ce bien au sens de l'art. 706-150 et n'ont donc pas qualité pour exercer un recours contre l'ordonnance de saisie immobilière ni pour se pourvoir en cassation. • Crim. 3 mai 2018, n° 16-87.534 P • Crim. 16 janv. 2019, n° 17-83.006 P. ♦ L'occupant d'un appartement, objet d'une saisie pénale, est sans intérêt à exercer un recours en son nom personnel contre une telle décision dès lors que la saisie du bien est sans incidence sur son statut et qu'il n'est pas démontré, ni même allégué, que cette mesure serait la cause d'un trouble de jouissance. • Crim. 13 juin 2019, n° 18-84.256. ♦ Doit être déclaré irrecevable l'appel, et par conséquent le pourvoi, formé par l'exploitant d'une propriété viticole saisie, qui ne démontre pas en quoi la saisie, qui ne remet pas en cause son statut et n'a pas interdit l'exploitation dudit bien, aurait causé un trouble de jouissance pour elle. • Crim. 15 janv. 2020, n° 19-80.891 P : *D. actu. 11 févr. 2020, obs. Fonteix ; ibid. 13 févr. 2020, obs. Goudjil ; AJ pénal 2020. 145, obs. Hy* ✎. ♦ Les biens immobiliers appartenant à des tiers ne peuvent être saisis qu'en totalité, sous réserve des droits du propriétaire de bonne foi ; or une société propriétaire dont l'unique associée et le dirigeant sont mis en cause est nécessairement de mauvaise foi ; le tiers propriétaire ne peut invoquer, au titre du principe de proportionnalité, les conséquences de la saisie pénale sur le mis en cause ayant la libre disposition du bien. • Crim. 10 mars 2021, n° 20-84.117 : *AJ pénal 2021. 216, obs. Hy* ✎.

8. Proportionnalité de la saisie. V. notes ss. art. 706-141.

9. Mise à disposition des pièces de la procédure. V. notes ss. art. 706-141.

Art. 706-151 **La saisie pénale d'un immeuble est opposable aux tiers à compter de la publication de la décision ordonnant la saisie au bureau des hypothèques ou, pour les départements du Bas-Rhin, du Haut-Rhin et de la Moselle, au livre foncier du lieu de situation de l'immeuble. Les formalités de cette publication sont réalisées, au nom du procureur de la République ou du juge d'instruction, par l'Agence de gestion et de recouvrement des avoirs saisis et confisqués.**

Jusqu'à la mainlevée **de la saisie pénale de l'immeuble ou la confiscation de celui-ci, la saisie porte sur la valeur totale de l'immeuble, sans préjudice des privilèges et hypothèques préalablement inscrits ou des privilèges visés à l'article 2378 du code civil et nés antérieurement à la date de publication de la décision de saisie pénale immobilière.**

La publication préalable d'un commandement de saisie sur l'immeuble ne fait pas obstacle à la publication de la décision de saisie pénale immobilière.

Art. 706-152 **La cession de l'immeuble conclue avant la publication de la décision de saisie pénale immobilière et publiée après cette publication à la conservation des hypothèques ou au livre foncier pour les départements concernés est inopposable à l'État, sauf mainlevée ultérieure de la saisie. Toutefois, si le maintien de la saisie du bien en la forme n'est pas nécessaire et que la vente n'apparaît pas frauduleuse eu égard à ses conditions et au prix obtenu, le magistrat compétent peut décider le report de la saisie pénale sur le prix de la vente, après désintéressement des créanciers titulaires d'une sûreté ayant pris rang antérieurement à la date à laquelle la saisie pénale est devenue**

opposable. Dans ce cas, la publication de la décision et la consignation du solde du prix de vente rendent la vente opposable à l'État.

(L. nº 2016-731 du 3 juin 2016, art. 84) **« Lorsque les frais de conservation de l'immeuble saisi sont disproportionnés par rapport à sa valeur en l'état, le juge des libertés et de la détention, sur requête du procureur de la République, ou le juge d'instruction, après avis du procureur de la République, peut autoriser l'Agence de gestion et de recouvrement des avoirs saisis et confisqués à l'aliéner par anticipation. Cette décision d'autorisation fait l'objet d'une ordonnance motivée. Elle est notifiée aux parties intéressées ainsi qu'aux tiers ayant des droits sur le bien, qui peuvent la déférer à la chambre de l'instruction dans les conditions prévues aux deux derniers alinéas de l'article 99.**

« Le produit de la vente est consigné. En cas de non-lieu, de relaxe ou d'acquittement ou lorsque la peine de confiscation n'est pas prononcée, ce produit est restitué au propriétaire du bien s'il en fait la demande, sauf si le produit résulte de la vente d'un bien ayant été l'instrument ou le produit, direct ou indirect, d'une infraction. »

CHAPITRE IV DES SAISIES PORTANT SUR CERTAINS BIENS OU DROITS MOBILIERS INCORPORELS

(L. nº 2010-768 du 9 juill. 2010, art. 3)

Art. 706-153 **Au cours de l'enquête de flagrance ou de l'enquête préliminaire, le juge des libertés et de la détention, saisi par requête du procureur de la République, peut** *(L. nº 2019-222 du 23 mars 2019, art. 52)* **« ordonner par décision » motivée la saisie, aux frais avancés du Trésor, des biens ou droits incorporels dont la confiscation est prévue par l'article 131-21 du code pénal. Le juge d'instruction peut, au cours de l'information, ordonner cette saisie dans les mêmes conditions.**

(L. nº 2019-222 du 23 mars 2019, art. 52) **« La décision » prise en application du premier alinéa est notifiée au ministère public, au propriétaire du bien ou du droit saisi et, s'ils sont connus, aux tiers ayant des droits sur ce bien ou sur ce droit, qui peuvent la déférer** *(L. nº 2019-222 du 23 mars 2019, art. 56)* **« au président de la chambre de l'instruction ou » à la chambre de l'instruction par déclaration au greffe du tribunal dans un délai de dix jours à compter de la notification de** *(L. nº 2019-222 du 23 mars 2019, art. 52)* **« la décision ». Cet appel n'est pas suspensif.** *(L. nº 2013-1117 du 6 déc. 2013, art. 25)* **« L'appelant ne peut prétendre dans ce cadre qu'à la mise à disposition des seules pièces de la procédure se rapportant à la saisie qu'il conteste. S'ils ne sont pas appelants, le propriétaire du bien et les tiers peuvent néanmoins être entendus par** *(L. nº 2019-222 du 23 mars 2019, art. 56)* **« le président de la chambre de l'instruction ou » la chambre de l'instruction, sans toutefois pouvoir prétendre à la mise à disposition de la procédure. »**

1. QPC. L'art. 706-153 doit être déclaré conforme à la Constitution, ne portant atteinte ni au droit de propriété, ni au droit à un recours juridictionnel effectif. Si la mesure a pour effet de rendre indisponible le bien ou droit incorporel saisi, elle est ordonnée par un juge du siège, toute personne prétendant avoir un droit sur le bien pouvant en solliciter la restitution, l'ordonnance de saisie pouvant en outre être contestée devant la chambre de l'instruction. Enfin, l'absence d'effet suspensif de ce recours est justifiée par l'intention du législateur d'éviter que la personne mette à profit ce délai pour faire échec à la saisie. • Cons. const. 14 oct. 2016, nº 2016-583/584/585/586 QPC : *JO 16 oct. ; AJ pénal 2016. 602, obs. Violeau.*

2. Application de la loi dans le temps. La procédure de saisie de biens incorporels, immédiatement applicable aux procédures en cours, peut, sans requête préalable du ministère public, être ordonnée par le juge d'instruction pour garantir l'exécution de la peine complémentaire de confiscation d'un bien, dès lors que cette peine était encourue à la date des faits. • Crim. 6 mai 2015, nº 15-80.076 P : *AJ pénal 2015. 508, obs. Ascensi.* ♦ Selon l'art. 706-153, immédiatement applicable aux procédures en cours, la saisie peut être ordonnée par le juge d'instruction pour garantir l'exécution de la peine complémentaire de confiscation d'un bien, meuble ou immeuble, laquelle était et demeure encourue. • Crim. 22 févr. 2017, nº 16-83.257 P : *D. actu. 22 mars 2017, obs. Fucini.* ♦ Comp. : • Crim. 12 nov. 2015, nº 15-83.114 : *D. actu. 7 déc. 2015, obs. S. Fucini.*

3. Une cour d'appel ne peut ordonner la saisie de sommes placées sur des comptes d'assurance sur la vie sur le fondement de l'art. 706-153, qui ne peut qu'entraîner la suspension des facultés de rachat, de renonciation et de nantissement de ce contrat, ainsi que l'interdiction de toute acceptation postérieure du bénéfice dudit contrat (art. 706-155). • Crim. 30 oct. 2012, n° 12-84.961 P. ♦ Seules sont applicables à la saisie de la créance dont dispose le bénéficiaire d'un contrat d'assurance-vie sur l'assureur, les dispositions du premier al. de l'art. 706-155, la consignation de la somme ne devant intervenir, s'agissant des créances conditionnelles ou à terme, que lorsque celles-ci sont exigibles. Les dispositions du second al. de l'art. 706-155 ne régissent quant à elles que les effets de la saisie de la créance que détient, avant son décès, le souscripteur d'un tel contrat sur l'assureur. Toutefois, la saisie de la créance que détient le bénéficiaire d'un contrat d'assurance sur la vie à l'encontre de l'assureur, après le décès du souscripteur, peut être fondée sur l'art. 706-153 qui prévoit la saisie des droits incorporels, catégorie dans laquelle entre nécessairement cette créance. • Crim. 15 déc. 2021, n° 21-82.015 P : *D. actu. 7 févr. 2022, obs. Fonteix.*

4. Tiers ayant des droits sur le bien. Les parties civiles dans l'information au cours de laquelle le JLD a autorisé la saisie en valeur de la créance figurant sur un contrat d'assurance-vie dont est titulaire un des mis en examen, ne sont pas des tiers ayant des droits sur le bien saisi au sens de l'art. 706-153 et n'ont donc pas qualité pour se pourvoir en cassation contre l'arrêt de la chambre de l'instruction confirmant partiellement l'ordonnance de saisie. • Crim. 21 nov. 2018, n° 16-82.315 P : *Procédures 2019, n° 91, note Chavent-Leclère.* ♦ Dans le même sens, au sujet de parties civiles dans une procédure visant une personne morale mise en examen pour blanchiment, recel et complicité d'abus de biens sociaux. • Crim. 26 janv. 2021, n° 21-83.388 P.

5. Montant. V. note 2 ss. art. 706-141-1.

6. Proportionnalité. Est inopérant le moyen pris de la violation du principe de proportionnalité par une mesure de saisie pénale en valeur au regard du droit de propriété dès lors que cette saisie a porté sur la valeur de l'objet ou du produit direct ou indirect supposé de l'infraction. • Crim. 13 juin 2018, n° 17-83.893 P : *Dr. pénal 2018, n° 164, note Maron et Haas.* ♦ En matière de saisie en valeur d'un bien constituant le produit de l'infraction, la chambre de l'instruction ne peut appliquer les principes de nécessité et de proportionnalité pour infirmer la mesure. • Crim. 5 déc. 2018, n° 18-80.059 P : *AJ pénal 2019. 159, obs. Hennebois.*

7. Mise à disposition des pièces de la procédure. Constituent les seules pièces de la procédure se rapportant à la saisie, au sens du second al. de l'art. 706-153, la requête du ministère public, l'ordonnance attaquée et la décision de saisie précisant les éléments sur lesquels se fonde la mesure de saisie. • Crim. 26 juin 2019, n° 18-85.209 P : *D. actu. 31 juill. 2019, obs. Fonteix ; Dr. pénal 2019, n° 157, note Maron et Haas.* ♦ Une chambre de l'instruction ne peut confirmer une saisie spéciale sans s'assurer que le requérant a été destinataire d'une copie de la plainte de l'administration fiscale sur laquelle elle se fonde pour confirmer la saisie contestée. • Crim. 13 juin 2018, n° 17-83.893 P : *préc. note 6.* ♦ En cas d'appel interjeté par le procureur de la République, en application de l'art. 185, à l'encontre de l'ord. du JLD rejetant sa requête aux fins de saisie de bien ou droit incorporel, le propriétaire du bien ou du droit saisi et, s'ils sont connus, les tiers ayant des droits sur ce bien ou sur ce droit, qui doivent être convoqués devant la chambre de l'instruction, peuvent prétendre dans ce cadre à la mise à disposition des pièces de la procédure se rapportant à la saisie. • Crim. 17 févr. 2021, n° 20-81.397 P : *D. actu. 18 mars 2021, obs. Fonteix.* ♦ Pour une solution plus générale, V. note 5 ss. art. 706-141.

8. Rôle de la chambre de l'instruction. La chambre de l'instruction saisie de l'appel contre une ordonnance de saisie d'une somme figurant sur un compte bancaire ne doit s'assurer que de la régularité de cette décision, après avoir vérifié le caractère légalement confiscable des sommes et précisé le fondement de la mesure. • Crim. 5 déc. 2018, n° 18-80.059 P : *D. actu. 11 janv. 2019, obs. Fonteix.*

9. Si la saisie de biens ou droits incorporels n'est pas subordonnée à la mise en examen de leur propriétaire ou titulaire, la chambre de l'instruction saisie de l'appel d'une ordonnance de saisie pénale spéciale doit apprécier l'existence d'indices de commission d'une infraction de nature à justifier la mesure de saisie pénale. • Crim. 4 mars 2020, n° 19-81.371 P. ♦ La chambre de l'instruction est tenue de s'assurer, par des motifs propres, de l'existence d'indices laissant présumer la commission des infractions sur la base desquelles la saisie du solde créditeur d'un compte bancaire a été ordonnée, à la date où elle se prononce sur le maintien de celle-ci. • Crim. 24 juin 2020, n° 19-84.631 P : *D. actu. 15 avr. 2020, obs. Fonteix ; AJ pénal 2020. 421, obs. Hy.*

Art. 706-154 *(L. n° 2011-267 du 14 mars 2011, art. 39)* **« Par dérogation aux dispositions de l'article 706-153, l'officier de police judiciaire peut être autorisé, par tout moyen, par le procureur de la République ou le juge d'instruction à procéder, aux frais avancés du Trésor, à la saisie d'une somme d'argent versée sur un compte ouvert auprès d'un établissement habilité par la loi à tenir des comptes de dépôts. Le juge des libertés et de la détention, saisi par le procureur de la République, ou le juge d'instruc-**

tion se prononce par ordonnance motivée sur le maintien ou la mainlevée de la saisie dans un délai de dix jours à compter de sa réalisation.

« L'ordonnance prise en application du premier alinéa est notifiée au ministère public, au titulaire du compte et, s'ils sont connus, aux tiers ayant des droits sur ce compte, qui peuvent la déférer à la chambre de l'instruction par déclaration au greffe du tribunal dans un délai de dix jours à compter de la notification de l'ordonnance. Cet appel n'est pas suspensif. » *(L. nº 2013-1117 du 6 déc. 2013, art. 25)* **« L'appelant ne peut prétendre dans ce cadre qu'à la mise à disposition des seules pièces de la procédure se rapportant à la saisie qu'il conteste. S'ils ne sont pas appelants, le titulaire du compte et les tiers peuvent néanmoins être entendus par la chambre de l'instruction, sans toutefois pouvoir prétendre à la mise à disposition de la procédure. »**

(L. nº 2010-768 du 9 juill. 2010, art. 3) **« Lorsque la saisie porte sur une somme d'argent versée sur un compte ouvert auprès d'un établissement habilité par la loi à tenir des comptes de dépôts, elle s'applique indifféremment à l'ensemble des sommes inscrites au crédit de ce compte au moment de la saisie et à concurrence, le cas échéant, du montant indiqué dans la décision de saisie. »**

1. Accès limité aux pièces du dossier. Le demandeur ne saurait se faire un grief de n'avoir eu accès qu'aux pièces de la procédure se rapportant à la saisie, conformément à l'al. 2 de l'art. 706-154, dès lors que ce texte ne méconnaît aucune disposition conventionnelle, en ce qu'il garantit un juste équilibre entre les droits de la personne concernée par la saisie et la nécessité de protéger le secret de l'enquête et de l'instruction. • Crim. 25 févr. 2015, nº 14-86.447 P : *D. actu. 19 mars 2015, obs. Fonteix ; AJ pénal 2015. 266, obs. Ascensi ; Procédures 2015, nº 135, note Chavent-Leclère.*

2. Il résulte de l'art. 706-154 que l'appelant d'une ordonnance de saisie spéciale d'une somme d'argent inscrite au crédit d'un compte bancaire peut prétendre, dans le cadre de son recours, à la mise à disposition des pièces de la procédure se rapportant à la saisie qu'il conteste, les requêtes du procureur de la République aux fins d'autorisation de maintien des saisies devant ainsi nécessairement être mises à sa disposition. • Crim. 24 oct. 2018, nº 17-86.199 P. ♦ Dans le même sens : le procès-verbal constatant les opérations de saisie initiale et la requête du ministère public sollicitant le maintien de celle-ci doivent nécessairement lui être communiqués. • Crim. 24 juin 2020, nº 19-84.631 P.

3. Nature de la saisie. Justifie sa décision la chambre de l'instruction qui, pour confirmer l'ordonnance du juge d'instruction prescrivant le maintien de la saisie de sommes inscrites au crédit du compte bancaire d'une personne mise en examen des chefs, notamment, d'escroqueries et captation frauduleuse de programmes télédiffusés cryptés, retient que, d'une part, la confiscation des biens ayant servi à commettre ces infractions ou qui en sont le produit direct ou indirect est encourue à titre de peine complémentaire et que, d'autre part, selon l'art. 706-154, seul applicable en l'espèce, la saisie s'applique indifféremment à l'ensemble des sommes inscrites au crédit du compte au moment de sa saisie et ne nécessite pas l'avis préalable du ministère public, ne constituant pas une saisie de patrimoine au sens de l'art. 706-148. • Crim. 18 sept. 2012, nº 12-80.662 P : *D. actu. 28 oct. 2012, obs. Priou-Alibert.*

4. Encourt la censure l'arrêt d'une chambre de l'instruction qui, pour confirmer l'ordonnance du juge d'instruction prescrivant, au visa de l'art. 706-154, le maintien de la saisie de sommes inscrites au crédit des comptes bancaires d'une personne mise en examen des chefs d'infraction à la législation sur les stupéfiants comme étant le produit direct ou indirect des infractions, et pour écarter son argumentation selon laquelle l'origine des fonds saisis était sans rapport avec ces infractions, retient, en substituant ses motifs à ceux des premiers juges, que la personne en cause encourt, en application de l'art. 131-21, al. 6, C. pén., la confiscation de ses biens quelle qu'en soit l'origine, alors que la mesure litigieuse constituait une saisie de patrimoine, au sens de l'art. 706-148, qui nécessitait l'avis préalable du ministère public. • Crim. 27 nov. 2012, nº 12-85.344 P : *AJ pénal 2013. 171, obs. Ascensi* .

5. Délai de 10 jours. Le délai accordé au magistrat instructeur pour se prononcer, par ordonnance motivée, sur le maintien ou la mainlevée de la saisie dans un délai de 10 jours à compter de sa réalisation est impératif, l'autorisation donnée par le procureur de la République cessant de produire effet à l'expiration de ce délai. • Crim. 7 juin 2017, nº 16-86.898 P : *D. actu. 4 juill. 2017, obs. Fucini.* ♦ ... Le point de départ de ce délai étant fixé à la date de la notification de la décision de saisie par l'officier de police judiciaire à l'établissement tenant le compte objet de la mesure, qui entraîne l'indisponibilité immédiate de la somme d'argent versée sur le compte, peu important la date à laquelle la somme a été consignée auprès de l'Agence de gestion et de recouvrement des avoirs saisis et confisqués. • Crim. 1er avr. 2020, nº 19-85.770 P : *D. actu. 22 mai 2020, obs. Fucini ; Dr. pénal 2020, nº 123, obs. Camous.*

6. Autorisation du procureur. Le fait que l'accord du procureur ne résulte que d'un PV rédigé par l'OPJ ne vicie pas la procédure puisqu'il résulte de l'art. 706-154 que le procureur de la République peut autoriser par tout moyen l'officier de police judiciaire à saisir les sommes versées sur un compte bancaire. • Crim. 17 avr. 2019, n° 18-84.057 P : *D. actu. 14 mai 2019, obs. Goetz.*

7. Recours devant la chambre de l'instruction. Les dispositions des art. 706-153 et D. 43-5, prévoyant que le président de la chambre de l'instruction est compétent pour statuer seul, notamment, sur les demandes ou les recours ou contentieux relatifs à la saisie de biens ou droits incorporels, sauf si l'auteur du recours a précisé qu'il saisit la chambre de l'instruction dans sa formation collégiale, ne concernent pas le recours formé contre l'Ord. prévue par l'art. 706-154. • Crim. 2 juin 2021, n° 20-81.100 P : *D. actu. 29 juin 2021, obs. Charlent.*

Art. 706-155 **Lorsque la saisie porte sur une créance ayant pour objet une somme d'argent, le tiers débiteur doit consigner sans délai la somme due à la Caisse des dépôts et consignations ou auprès de l'Agence de gestion et de recouvrement des avoirs saisis et confisqués lorsqu'elle est saisie. Toutefois, pour les créances conditionnelles ou à terme, les fonds sont consignés lorsque ces créances deviennent exigibles.**

Lorsque la saisie porte sur une créance figurant sur un contrat d'assurance sur la vie, elle entraîne la suspension des facultés de rachat, de renonciation et de nantissement de ce contrat, dans l'attente du jugement définitif au fond. Cette saisie interdit également toute acceptation postérieure du bénéfice du contrat dans l'attente de ce jugement et l'assureur ne peut alors plus consentir d'avances au contractant. Cette saisie est notifiée au souscripteur ainsi qu'à l'assureur ou à l'organisme auprès duquel le contrat a été souscrit.

1. Une cour d'appel ne peut ordonner la saisie de sommes placées sur des comptes d'assurance sur la vie sur le fondement de l'art. 706-153, qui ne peut qu'entraîner la suspension des facultés de rachat, de renonciation et de nantissement de ce contrat, ainsi que l'interdiction de toute acceptation postérieure du bénéfice dudit contrat (art. 706-155). • Crim. 30 oct. 2012, n° 12-84.961 P.

2. Seules sont applicables à la saisie de la créance dont dispose le bénéficiaire d'un contrat d'assurance-vie sur l'assureur, les dispositions du premier al. de l'art. 706-155, la consignation de la somme ne devant intervenir, s'agissant des créances conditionnelles ou à terme, que lorsque celles-ci sont exigibles. Les dispositions du second al. de l'art. 706-155 ne régissent quant à elles que les effets de la saisie de la créance que détient, avant son décès, le souscripteur d'un tel contrat sur l'assureur. Toutefois, la saisie de la créance que détient le bénéficiaire d'un contrat d'assurance sur la vie à l'encontre de l'assureur, après le décès du souscripteur, peut être fondée sur l'art. 706-153 qui prévoit la saisie des droits incorporels, catégorie dans laquelle entre nécessairement cette créance. • Crim. 15 déc. 2021, n° 21-82.015 P : *D. actu. 7 févr. 2022, obs. Fonteix.*

Art. 706-156 **La saisie de parts sociales, valeurs mobilières, instruments financiers ou autres biens ou droits incorporels est notifiée à la personne émettrice.**

Le cas échéant, la saisie est également notifiée à l'intermédiaire financier mentionné aux 2° à 7° de l'article L. 542-1 du code monétaire et financier teneur du compte ainsi qu'à l'intermédiaire inscrit mentionné à l'article L. 228-1 du code de commerce.

Art. 706-157 **La saisie d'un fonds de commerce est opposable aux tiers à compter de son inscription, aux frais avancés du Trésor, sur le registre des nantissements tenu au greffe du tribunal de commerce du lieu de situation du fonds.**

(L. n° 2016-731 du 3 juin 2016, art. 84) **« Les formalités de cette publication sont réalisées, au nom du procureur de la République, du juge d'instruction ou de la juridiction de jugement, par l'Agence de gestion et de recouvrement des avoirs saisis et confisqués. »**

CHAPITRE V DES SAISIES SANS DÉPOSSESSION

(L. n° 2010-768 du 9 juill. 2010, art. 3)

Art. 706-158 **Au cours de l'enquête de flagrance ou de l'enquête préliminaire, le juge des libertés et de la détention, saisi par requête du procureur de la République, peut** *(L. n° 2019-222 du 23 mars 2019, art. 52)* **« ordonner par décision » motivée la saisie, aux frais avancés du Trésor, des biens dont la confiscation est prévue par l'article 131-21 du code pénal sans en dessaisir le propriétaire ou le détenteur. Le juge d'ins-**

truction peut, au cours de l'information, ordonner cette saisie dans les mêmes conditions.

(L. nº 2019-222 du 23 mars 2019, art. 52) **« La décision » prise en application du premier alinéa est notifiée au ministère public, au propriétaire du bien saisi et, s'ils sont connus, aux tiers ayant des droits sur ce bien, qui peuvent la déférer à la chambre de l'instruction par déclaration au greffe du tribunal dans un délai de dix jours à compter de la notification de** *(L. nº 2019-222 du 23 mars 2019, art. 52)* **« la décision ». Cet appel n'est pas suspensif.** *(L. nº 2013-1117 du 6 déc. 2013, art. 25)* **« L'appelant ne peut prétendre dans ce cadre qu'à la mise à disposition des seules pièces de la procédure se rapportant à la saisie qu'il conteste. S'ils ne sont pas appelants, le propriétaire du bien et les tiers peuvent néanmoins être entendus par la chambre de l'instruction, sans toutefois pouvoir prétendre à la mise à disposition de la procédure. »**

Le magistrat qui *(L. nº 2019-222 du 23 mars 2019, art. 52)* **« ordonne » la saisie sans dépossession désigne la personne à laquelle la garde du bien est confiée et qui doit en assurer l'entretien et la conservation, aux frais le cas échéant du propriétaire ou du détenteur du bien qui en est redevable conformément à l'article 706-143 du présent code.**

En dehors des actes d'entretien et de conservation, le gardien du bien saisi ne peut en user que si la décision de saisie le prévoit expressément.

Le choix du gardien désigné dans le cadre d'une saisie sans dépossession en application de l'art. 706-158 relève du pouvoir discrétionnaire du juge et échappe en conséquence au contrôle de la Cour de cassation. • Crim. 15 janv. 2020, nº 18-86.714 P : *D. actu. 24 févr. 2020, obs. Fonteix.*

TITRE TRENTIÈME DE L'AGENCE DE GESTION ET DE RECOUVREMENT DES AVOIRS SAISIS ET CONFISQUÉS

(L. nº 2010-768 du 9 juill. 2010, art. 4, en vigueur le 3 févr. 2011)

V. Circ. CRIM-11-2/G1 du 3 févr. 2011 relative à la présentation de l'Agence de gestion et de recouvrement des avoirs saisis et confisqués (AGRASC) et de ses missions (BOMJ nº 11-02).

V. art. R. 54-1 à R. 54-9.

BIBL. ▶ LE TALLEC, *AJ pénal 2019. 12* (rôle de l'AGRASC dans l'effectivité de la peine de confiscation).

CHAPITRE PREMIER DES MISSIONS DE L'AGENCE

(L. nº 2010-768 du 9 juill. 2010, art. 4, en vigueur le 3 févr. 2011)

Art. 706-159 **L'Agence de gestion et de recouvrement des avoirs saisis et confisqués est un établissement public de l'État à caractère administratif placé sous la tutelle conjointe du ministre de la justice et du ministre chargé du budget.** — *V. Arr. du 11 févr. 2011 (JO 9 mars).*

Art. 706-160 **L'agence est chargée d'assurer, sur l'ensemble du territoire et sur mandat de justice :**

1º La gestion de tous les biens, quelle que soit leur nature, saisis, confisqués ou faisant l'objet d'une mesure conservatoire au cours d'une procédure pénale, qui lui sont confiés et qui nécessitent, pour leur conservation ou leur valorisation, des actes d'administration ;

2º La gestion centralisée de toutes les sommes saisies lors de procédures pénales ;

3º L'aliénation ou la destruction des biens dont elle a été chargée d'assurer la gestion au titre du 1º et qui sont ordonnées, sans préjudice de l'affectation de ces biens dans les conditions prévues *(L. nº 2012-409 du 27 mars 2012, art. 18)* **« aux articles L. 2222-9 du code général de la propriété des personnes publiques et 707-1 du présent code ; »**

4º L'aliénation des biens ordonnée ou autorisée dans les conditions prévues aux articles 41-5 et 99-2 du présent code ;

(L. nº 2020-1721 du 29 déc. 2020, art. 235) **« 5º La gestion des biens affectés à titre gratuit par l'autorité administrative dans les conditions prévues aux mêmes arti-**

cles 41-5 et 99-2 et à l'article L. 2222-9 du code général de la propriété des personnes publiques. »

(L. n° 2016-731 du 3 juin 2016, art. 84) **« Les sommes transférées à l'Agence de gestion et de recouvrement des avoirs saisis et confisqués en application du 2° du présent article et dont l'origine ne peut être déterminée sont transférées à l'État à l'issue d'un délai de quatre ans après leur réception, lors de la clôture des comptes annuels. En cas de décision de restitution postérieure au délai de quatre ans, l'État rembourse à l'agence les sommes dues. »**

L'agence peut, dans les mêmes conditions, assurer la gestion des biens saisis, procéder à l'aliénation ou à la destruction des biens saisis ou confisqués et procéder à la répartition du produit de la vente en exécution de toute demande d'entraide ou de coopération émanant d'une autorité judiciaire étrangère.

(L. n° 2021-401 du 8 avr. 2021, art. 4) **« L'agence peut mettre à disposition, le cas échéant à titre gratuit, un bien immobilier dont la gestion lui est confiée en application du 1° du présent article au bénéfice d'associations dont les activités entrent pour leur ensemble dans le champ du *b* du 1 de l'article 200 du code général des impôts ainsi que d'associations, de fondations reconnues d'utilité publique et d'organismes bénéficiant de l'agrément prévu à l'article L. 365-2 du code de la construction et de l'habitation. Les modalités de cette mise à disposition sont définies par voie réglementaire. »** — *V. Décr. n° 2021-1428 du 2 nov. 2021 pris pour l'application du 9e al. de l'art. 706-160 C. pr. pén. relatif à l'affectation sociale des biens immobiliers confisqués.*

L'ensemble de ses compétences s'exerce pour les biens saisis ou confisqués, y compris ceux qui ne sont pas visés au titre XXIX.

La décision de transfert des biens faisant l'objet d'une saisie pénale à l'Agence de gestion et de recouvrement des avoirs saisis et confisqués est notifiée ou publiée selon les règles applicables à la saisie elle-même.

Dans l'exercice de ses compétences, l'agence peut obtenir le concours ainsi que toutes informations utiles auprès de toute personne physique ou morale, publique ou privée, sans que le secret professionnel lui soit opposable, sous réserve des dispositions de l'article 66-5 de la loi n° 71-1130 du 31 décembre 1971 portant réforme de certaines professions judiciaires et juridiques.

Loi n° 2011-267 du 14 mars 2011,

D'orientation et de programmation pour la performance de la sécurité intérieure.

Art. 99 Le directeur départemental de la sécurité publique ou le commandement de groupement de gendarmerie peut se faire communiquer trimestriellement par les officiers de police judiciaire de son ressort, dans des conditions préservant le secret de l'enquête, la liste des biens saisis dans le cadre d'enquêtes pénales excédant une valeur fixée par décret et dont la confiscation est prévue par la loi.

Il peut demander au procureur de la République de saisir le juge des libertés et de la détention ou, si une information judiciaire a été ouverte, le juge d'instruction, aux fins que ce dernier autorise que ceux de ces biens qui ne sont plus nécessaires à la manifestation de la vérité et dont la conservation entraînerait une charge financière pour l'État soient remis, sous réserve des droits des tiers, à l'Agence de gestion et de recouvrement des avoirs saisis et confisqués en vue de leur aliénation.

Les propriétaires de ces biens qui ne seraient pas condamnés par la justice ou à l'encontre desquels aucune peine de confiscation ne serait prononcée peuvent en demander la restitution, s'ils n'ont pas encore été vendus, ou le versement d'une indemnité équivalente à leur valeur d'usage appréciée au moment de leur aliénation.

V. Décr. n° 2012-594 du 27 avr. 2012 (JO 29 avr.).

Loi n° 2013-1117 du 6 décembre 2013,

Relative à la lutte contre la fraude fiscale et la grande déliquance économique et financière.

Art. 24 Outre les missions définies à l'article 706-160 du code de procédure pénale, l'Agence de gestion et de recouvrement des avoirs saisis et confisqués, mentionnée à l'article 706-159 du même code, est chargée d'assurer, pour le compte de l'État, la gestion des sommes saisies lors de procédures pénales et pour lesquelles l'identification de leur statut, saisi ou confisqué, n'est pas établie à la date d'entrée en vigueur de la présente loi.

A l'issue du troisième mois après la promulgation de la présente loi, l'intégralité des sommes mentionnées au premier alinéa du présent article est transférée depuis les comptes ouverts à la Caisse des dépôts et consignations au nom de chaque directeur de greffe de tribunal judiciaire vers le compte de l'Agence de gestion et de recouvrement des avoirs saisis et confisqués ouvert à la Caisse des dépôts et consignations.

La gestion des sommes ainsi transférées est effectuée par l'agence dans une comptabilité séparée de ses autres opérations.

Dès réception des fonds, l'agence en reverse 80 % au budget général de l'État. Le solde est conservé par l'agence jusqu'au 1er janvier 2016 afin de pouvoir exécuter d'éventuelles décisions de restitution rendues par les tribunaux à propos de ces sommes. En cas d'épuisement de ce solde ou de décision de restitution postérieure au 1er janvier 2016, l'État rembourse à l'agence les sommes dues.

Le produit du placement des sommes versées sur le compte de l'agence à la Caisse des dépôts et consignations en application du présent article est affecté à l'agence.

Art. 706-161 **L'agence fournit aux juridictions pénales** *(L. n° 2016-731 du 3 juin 2016, art. 84)* **« et aux procureurs de la République, à leur demande ou à son initiative, » les orientations ainsi que l'aide juridique et pratique utiles à la réalisation des saisies et confiscations envisagées ou à la gestion des biens saisis et confisqués.**

Elle peut mener toute action d'information ou de formation destinée à faire connaître son action et à promouvoir de bonnes pratiques en matière de saisie et de confiscation.

L'agence veille à l'abondement du fonds de concours recevant les recettes provenant de la confiscation des biens mobiliers ou immobiliers des personnes reconnues coupables d'infraction en matière de trafic de stupéfiants. *(L. n° 2014-1353 du 13 nov. 2014, art. 22)* **« L'agence peut également verser à l'État des contributions destinées au financement de la lutte contre la délinquance et la criminalité »** *(L. n° 2016-1917 du 29 déc. 2016, art. 36)* **« et au financement de la prévention de la prostitution et de l'accompagnement social et professionnel des personnes prostituées ».**

Elle peut informer les services compétents et les victimes, à leur demande ou à son initiative, sur les biens qui sont restitués sur décision de justice, afin d'assurer le paiement de leurs créances, notamment fiscales, douanières, sociales ou de dédommagement.

L'agence met en œuvre un traitement de données à caractère personnel qui centralise les décisions de saisie et de confiscation dont elle est saisie quelle que soit la nature des biens, ainsi que toutes les informations utiles relatives aux biens visés, à leur localisation et à leurs propriétaires ou détenteurs. — *V. Arr. du 20 janv. 2012 portant création d'un traitement automatisé dénommé AGRASC destiné à la gestion et au recouvrement des biens saisis et confisqués par l'Agence de gestion et de recouvrement des avoirs saisis et confisqués (JO 10 févr.), mod.*

(L. n° 2016-731 du 3 juin 2016, art. 84) **« Les magistrats et greffiers affectés au sein de l'Agence de gestion et de recouvrement des avoirs saisis et confisqués peuvent accéder directement aux informations et aux données à caractère personnel enregistrées dans le bureau d'ordre national automatisé des procédures judiciaires dans le cadre des attributions de l'agence, pour le besoin des procédures pour lesquelles sont envisagées ou ont été réalisées des saisies ou des confiscations et dans la mesure du besoin d'en connaître. »** — *V. art. R. 15-33-66-7 s.*

L'agence établit un rapport annuel d'activité, comprenant notamment un bilan statistique, ainsi que toute réflexion et toute proposition visant à l'amélioration du droit et des pratiques en matière de saisie et de confiscation.

CHAPITRE II **DE L'ORGANISATION DE L'AGENCE**

(L. n° 2010-768 du 9 juill. 2010, art. 4, en vigueur le 3 févr. 2011)

Art. 706-162 **L'agence est administrée par un conseil d'administration dont le président est un magistrat de l'ordre judiciaire nommé par décret.**

Art. 706-163 Les ressources de l'agence comportent :

1° Les subventions, avances et autres contributions de l'État et de ses établissements publics, de l'Union européenne, des collectivités territoriales, de leurs groupements et de leurs établissements publics ainsi que de toute autre personne morale publique ou privée ;

2° Les recettes fiscales affectées par la loi ;

3° Une partie, *(L. nº 2016-1917 du 29 déc. 2016, art. 36)* **« à l'exception des recettes mentionnées au présent 4°, »** *(L. nº 2011-1977 du 28 déc. 2011, art. 46-V-C)* **« plafonnée conformément au I de l'article 46 de la loi nº 2011-1977 du 28 décembre 2011 de finances pour 2012 »,** *(L. nº 2012-1509 du 29 déc. 2012, art. 39-VI)* **« des sommes confisquées gérées par l'agence ainsi que » du produit de la vente des biens confisqués lorsque l'agence est intervenue pour leur gestion ou leur vente, sauf lorsque la loi prévoit la restitution intégrale à la personne saisie de ce produit et des intérêts échus le cas échéant, et sous réserve de l'affectation de** *(L. nº 2012-1509 du 29 déc. 2012, art. 39-VI)* **« ces sommes ou de » ce produit au fonds de concours recevant les recettes provenant de la confiscation des biens mobiliers ou immobiliers des personnes reconnues coupables d'infractions en matière de trafic de stupéfiants ;**

(L. nº 2016-1917 du 29 déc. 2016, art. 36) **« 4° Les recettes provenant de la confiscation des biens et produits prévue au 1° de l'article 225-24 du code pénal ;**

« *(Abrogé par L. nº 2021-1900 du 30 déc. 2021, art. 45)* « 5° » ***Le produit du placement des sommes saisies ou acquises par la gestion des avoirs saisis et versées sur son compte à la Caisse des dépôts et consignations, dans les mêmes limites et sous les mêmes réserves que pour les ventes visées au 3° ;*** »

(L. nº 2021-1900 du 30 déc. 2021, art. 45) **« 5° » Le produit des dons et legs.**

CHAPITRE III DU PAIEMENT DES DOMMAGES ET INTÉRÊTS SUR LES BIENS CONFISQUÉS

(L. nº 2010-768 du 9 juill. 2010, art. 4, en vigueur le 3 févr. 2011)

Art. 706-164 Toute personne *(Abrogé par L. nº 2014-1 du 2 janv. 2014, art. 26)* *« physique »* **qui, s'étant constituée partie civile, a bénéficié d'une décision définitive lui accordant des dommages et intérêts en réparation du préjudice qu'elle a subi du fait d'une infraction pénale ainsi que des frais en application des articles 375 ou 475-1 et qui n'a pas obtenu d'indemnisation ou de réparation en application des articles 706-3 ou 706-14, ou une aide au recouvrement en application de l'article 706-15-1, peut obtenir de l'Agence de gestion et de recouvrement des avoirs saisis et confisqués que ces sommes lui soient payées** *(L. nº 2016-731 du 3 juin 2016, art. 84)* **« par prélèvement sur les fonds ou sur la valeur liquidative des biens de son débiteur dont la confiscation a été décidée par une décision définitive et dont l'agence est dépositaire en application des articles 706-160 ou 707-1.**

« Cette demande de paiement doit, à peine de forclusion, être adressée par lettre recommandée à l'agence dans un délai de deux mois à compter du jour où la décision mentionnée au premier alinéa du présent article a acquis un caractère définitif.

« En cas de pluralité de créanciers requérants et d'insuffisance d'actif pour les indemniser totalement, le paiement est réalisé au prix de la course et, en cas de demandes parvenues à même date, au marc l'euro.

« Les dispositions qui précèdent ne sont pas applicables à la garantie des créances de l'État. »

L'État est subrogé, à concurrence des sommes versées, dans les droits de la victime contre l'auteur de l'infraction dans le respect du rang des privilèges et sûretés de droit civil.

(L. nº 2016-731 du 3 juin 2016, art. 84) **« Les dossiers susceptibles d'ouvrir droit à cette action récursoire de l'État sont instruits par l'Agence de gestion et de recouvrement des avoirs saisis et confisqués puis communiqués au ministre chargé des finances qui en assure le recouvrement. »**

BIBL. ► DEZEUZE et HORION, *Gaz. Pal. 6 nov. 2018, p. 69* (la confiscation comme mesure de réparation). – MERCINIER-PANTALACCI, *AJ pénal 2021. 305* (la peine de confiscation prononcée pour indemniser la partie civile).

1. Ajoute une condition que la loi ne prévoit pas la cour d'appel qui, pour déclarer irrecevable la demande d'une victime auprès de l'AGRASC, retient que celle-ci ne justifiait pas d'une saisine préalable et vaine de la CIVI et du SARVI à fins d'indemnisation. • Civ. 2e, 20 oct. 2016, nº 15-22.789 P : *D. actu. 7 nov. 2016, obs. Kilgus.*

2. Justifie sa décision la cour d'appel qui ordonne, à titre de peine complémentaire, la confiscation de la créance de 243 290,56 euros figurant sur le contrat d'assurance-vie saisi par ordonnance du JLD notifiée à la prévenue, et condamne par ailleurs cette dernière à verser à la partie civile une somme comprenant le montant de cette même créance en réparation de son préjudice matériel, la partie civile pouvant le cas échéant, en application de l'art. 706-164, demander que la somme qui lui a été allouée à titre de dommages et intérêts soit prélevée sur les fonds ainsi confisqués. • Crim. 19 avr. 2017, nº 16-80.718 P.

Art. 706-165 Les modalités d'application du présent titre sont fixées par décret en Conseil d'État. — *V. art. R. 54-1 à R. 54-9.*

TITRE TRENTE ET UNIÈME DES MESURES CONSERVATOIRES

(*L. nº 2010-768 du 9 juill. 2010, art. 2*)

RÉP. PÉN. vº *Juge des libertés et de la détention*, par LACROIX.

Art. 706-166 En cas d'information ouverte pour l'une des infractions, punie d'une peine égale ou supérieure à trois ans d'emprisonnement, figurant au sein du titre Ier du livre III du code pénal, le juge des libertés et de la détention, sur requête du procureur de la République, peut, dans les conditions et selon les modalités prévues à l'article 706-103 du présent code, ordonner des mesures conservatoires sur les biens, meubles ou immeubles, divis ou indivis, de la personne mise en examen afin de garantir le paiement des amendes encourues ainsi que, le cas échéant, l'indemnisation des victimes.

La condamnation vaut validation des mesures conservatoires et permet l'inscription définitive des sûretés.

La décision de non-lieu, de relaxe ou d'acquittement emporte de plein droit, aux frais du Trésor, mainlevée des mesures ordonnées. Il en est de même en cas d'extinction de l'action publique et de l'action civile.

Pour l'application du présent article, le juge des libertés et de la détention est compétent sur l'ensemble du territoire national. Le présent article s'applique sans préjudice des dispositions du titre XXIX du présent livre.

TITRE TRENTE-DEUXIÈME DE LA PROCÉDURE APPLICABLE AUX INFRACTIONS RELATIVES À LA PROLIFÉRATION D'ARMES DE DESTRUCTION MASSIVE ET DE LEURS VECTEURS

(*L. nº 2011-266 du 14 mars 2011, art. 16*)

Art. 706-167 La procédure applicable à l'enquête, à la poursuite, à l'instruction et au jugement des crimes et des délits suivants ainsi que des infractions connexes est celle prévue par le présent code, sous réserve des dispositions du présent titre :

1º Les infractions relatives aux matières et aux armes nucléaires et aux biens connexes aux matières nucléaires prévues par les 1º et 2º du I de l'article L. 1333-9 et les articles L. 1333-11, L. 1333-13-1 à L. 1333-13-6 et L. 1333-14 du code de la défense ;

2º Les infractions relatives aux armes biologiques ou à base de toxines prévues par les articles L. 2341-1, L. 2341-2, L. 2341-4 et L. 2341-5 du même code ;

3º Les infractions relatives aux armes et produits chimiques prévues par les articles L. 2342-57 à L. 2342-61 du même code ;

4º Les infractions relatives à la prolifération des vecteurs d'armes de destruction massive prévues par les articles L. 2339-14 à L. 2339-16 du même code ;

5º Les délits de contrebande, d'importation ou d'exportation prévus aux deuxième et dernier alinéas de l'article 414 du code des douanes, lorsqu'ils portent sur des biens à double usage, civil et militaire ;

6º Les infractions de livraison d'informations à une puissance étrangère prévues par les articles 411-6 à 411-8 du code pénal lorsque ces infractions sont en relation avec l'une des infractions mentionnées aux 1º à 5º du présent article ;

7° Le délit de participation à une association de malfaiteurs prévu par l'article 450-1 du code pénal lorsqu'il a pour objet de préparer l'une des infractions susvisées.

Le présent titre est également applicable à la poursuite, à l'instruction et au jugement des infractions susvisées commises à l'étranger lorsque la loi française est applicable en vertu de la section II du chapitre III du titre Ier du livre Ier du code pénal.

SECTION PREMIÈRE COMPÉTENCE

Art. 706-168 Pour la poursuite, l'instruction et le jugement des infractions entrant dans le champ d'application de l'article 706-167, le procureur de la République *(L. n° 2019-222 du 23 mars 2019, art. 69 et 109-XVIII, en vigueur le 1er juill. 2019)* « antiterroriste », le juge d'instruction, le tribunal correctionnel et la cour d'assises de Paris exercent une compétence concurrente à celle qui résulte de l'application des articles 43, 52, 382 et 702.

En ce qui concerne les mineurs, le procureur de la République *(L. n° 2019-222 du 23 mars 2019, art. 69 et 109-XVIII, en vigueur le 1er juill. 2019)* « antiterroriste », le juge d'instruction, le juge des enfants, le tribunal pour enfants et la cour d'assises des mineurs de Paris exercent une compétence concurrente à celle qui résulte de l'application de l'ordonnance n° 45-174 du 2 février 1945 relative à l'enfance délinquante.

Lorsqu'ils sont compétents pour la poursuite et l'instruction des infractions entrant dans le champ d'application de l'article 706-167, le procureur de la République *(L. n° 2019-222 du 23 mars 2019, art. 69 et 109-XVIII, en vigueur le 1er juill. 2019)* « antiterroriste » et le juge d'instruction de Paris exercent leurs attributions sur toute l'étendue du territoire national.

L'instruction des actes de financement de la prolifération des armes de destruction massive et de leurs vecteurs définis par les articles L. 1333-13-5, L. 2339-15, L. 2341-2 et L. 2341-4 et le quatrième alinéa de l'article L. 2342-60 du code de la défense peut être confiée, le cas échéant dans les conditions prévues à l'article 83-1 du présent code, à un magistrat du tribunal judiciaire de Paris affecté aux formations d'instruction spécialisées en matière économique et financière en application du *(L. n° 2013-1117 du 6 déc. 2013, art. 63, en vigueur le 1er févr. 2014)* « vingt et unième » alinéa de l'article 704.

Les dispositions du titre V de la L. n° 2013-1117 du 6 déc. 2013 sont entrées en vigueur le 1er févr. 2014 en application du Décr. n° 2014-64 du 29 janv. 2014.

Art. 706-169 Le procureur de la République près un tribunal judiciaire autre que celui de Paris peut, pour les infractions entrant dans le champ d'application de l'article 706-167, requérir le juge d'instruction de se dessaisir au profit de la juridiction d'instruction de Paris. Les parties sont préalablement avisées et invitées à faire connaître leurs observations par le juge d'instruction ; l'ordonnance est rendue huit jours au plus tôt et un mois au plus tard à compter de cet avis.

L'ordonnance par laquelle le juge d'instruction se dessaisit ne prend effet qu'à compter du délai de cinq jours prévu par l'article 706-173 ; lorsqu'un recours est exercé en application de cet article, le juge d'instruction demeure saisi jusqu'à ce que l'arrêt de la chambre criminelle de la Cour de cassation soit porté à sa connaissance.

Dès que l'ordonnance est devenue définitive, le procureur de la République adresse le dossier de la procédure au procureur de la République *(L. n° 2019-222 du 23 mars 2019, art. 69 et 109-XVIII, en vigueur le 1er juill. 2019)* « antiterroriste *[ancienne rédaction : de Paris]* ».

Le présent article est applicable devant la chambre de l'instruction.

Art. 706-170 Lorsqu'il apparaît au juge d'instruction de Paris que les faits dont il a été saisi ne constituent pas une des infractions entrant dans le champ d'application de l'article 706-167 et ne relèvent pas de sa compétence à un autre titre, ce magistrat se déclare incompétent soit sur requête du procureur de la République *(L. n° 2019-222 du 23 mars 2019, art. 69 et 109-XVIII, en vigueur le 1er juill. 2019)* « antiterroriste », soit, après avis de ce dernier, d'office ou sur requête des parties. Celles des parties qui n'ont pas présenté requête sont préalablement avisées et invitées à faire connaître leurs observations ; l'ordonnance est rendue au plus tôt huit jours après cet avis.

Le deuxième alinéa de l'article 706-169 est applicable à l'ordonnance par laquelle le juge d'instruction de Paris se déclare incompétent.

Dès que l'ordonnance est devenue définitive, le procureur de la République *(L. n° 2019-222 du 23 mars 2019, art. 69 et 109-XVIII, en vigueur le 1er juill. 2019)* « antiterroriste *[ancienne rédaction : de Paris]* » adresse le dossier de la procédure au procureur de la République territorialement compétent.

Le présent article est applicable lorsque la chambre de l'instruction de la cour d'appel de Paris statue sur sa compétence.

Art. 706-171 Lorsque le tribunal correctionnel ou le tribunal pour enfants de Paris se déclare incompétent pour les motifs prévus par l'article 706-170, il renvoie le ministère public à se pourvoir ainsi qu'il avisera ; il peut, le ministère public entendu, décerner, par la même décision, mandat de dépôt ou d'arrêt contre le prévenu.

Art. 706-172 Dans les cas prévus par les articles 706-169 à 706-171, le mandat de dépôt ou d'arrêt conserve sa force exécutoire ; les actes de poursuite ou d'instruction et les formalités intervenus avant que la décision de dessaisissement ou d'incompétence soit devenue définitive n'ont pas à être renouvelés.

Art. 706-173 Toute ordonnance rendue sur le fondement des articles 706-169 ou 706-170 par laquelle un juge d'instruction statue sur son dessaisissement ou le juge d'instruction de Paris statue sur sa compétence peut, à l'exclusion de toute autre voie de recours, être déférée dans les cinq jours de sa notification, à la requête du ministère public ou des parties, à la chambre criminelle de la Cour de cassation qui désigne, dans les huit jours suivant la date de réception du dossier, le juge d'instruction chargé de poursuivre l'information. Le ministère public peut également saisir directement la chambre criminelle de la Cour de cassation lorsque le juge d'instruction n'a pas rendu son ordonnance dans le délai d'un mois prévu au premier alinéa de l'article 706-169.

La chambre criminelle qui constate que le juge d'instruction du tribunal judiciaire de Paris n'est pas compétent peut néanmoins, dans l'intérêt d'une bonne administration de la justice, décider que l'information sera poursuivie à ce tribunal.

L'arrêt de la chambre criminelle est porté à la connaissance du juge d'instruction et du ministère public ; il est signifié aux parties.

Le présent article est applicable à l'arrêt rendu sur le fondement du dernier alinéa des articles 706-169 et 706-170 par lequel une chambre de l'instruction statue sur son dessaisissement ou sa compétence.

SECTION II **PROCÉDURE**

Art. 706-174 Pour le jugement des accusés majeurs, les règles relatives à la composition et au fonctionnement de la cour d'assises sont fixées par l'article 698-6.

Art. 706-175 *(Abrogé par L. n° 2017-242 du 27 févr. 2017, art. 3) L'action publique des crimes mentionnés à l'article 706-167 se prescrit par trente ans. La peine prononcée en cas de condamnation pour l'un de ces crimes se prescrit par trente ans à compter de la date à laquelle la condamnation est devenue définitive.*

L'action publique relative aux délits mentionnés à l'article 706-167, lorsqu'ils sont punis de dix ans d'emprisonnement, se prescrit par vingt ans. La peine prononcée en cas de condamnation pour ces délits se prescrit par vingt ans à compter de la date à laquelle la condamnation est devenue définitive.

V. désormais C. pr. pén., art. 7 et C. pén., art. 133-3.

TITRE TRENTE-TROISIÈME **DE LA PROCÉDURE APPLICABLE EN CAS D'ACCIDENT COLLECTIF**

(L. n° 2011-1862 du 13 déc. 2011, art. 23)

Art. 706-176 La compétence territoriale d'un tribunal judiciaire peut être étendue au ressort d'une ou plusieurs cours d'appel pour l'enquête, la poursuite, l'instruction et le jugement des délits prévus aux articles 221-6, 221-6-1, 222-19, 222-19-1, 222-20 et 222-20-1 du code pénal dans les affaires qui comportent une pluralité de victimes et sont ou apparaîtraient d'une grande complexité.

Cette compétence s'étend aux infractions connexes.

Un décret fixe la liste et le ressort de ces juridictions, qui comprennent une section du parquet et des formations d'instruction et de jugement spécialisées pour connaître de ces infractions. – *V. art. D. 47-38.*

Art. 706-177 Au sein de chaque tribunal judiciaire dont la compétence territoriale est étendue au ressort d'une ou plusieurs cours d'appel, le procureur général et le premier président, après avis du procureur de la République et du président du tribunal judiciaire, désignent respectivement un ou plusieurs magistrats du parquet, juges d'instruction et magistrats du siège chargés spécialement de l'enquête, de la poursuite, de l'instruction et du jugement des infractions entrant dans le champ d'application du même article 706-176.

Au sein de chaque cour d'appel dont la compétence territoriale est étendue au ressort d'une ou plusieurs cours d'appel, le premier président et le procureur général désignent respectivement des magistrats du siège et du parquet général chargés spécialement du jugement des infractions et du traitement des affaires entrant dans le champ d'application du même article 706-176.

Art. 706-178 Le procureur de la République, le juge d'instruction et la formation correctionnelle spécialisée du tribunal judiciaire mentionnés à l'article 706-176 exercent, sur toute l'étendue du ressort fixé en application de ce même article, une compétence concurrente à celle qui résulte de l'application des articles 43, 52, 382 et 706-42.

La juridiction saisie demeure compétente, quelles que soient les incriminations retenues lors du règlement ou du jugement de l'affaire. Toutefois, si les faits constituent une contravention, le juge d'instruction prononce le renvoi de l'affaire devant le tribunal de police compétent en application de l'article 522.

Art. 706-179 Le procureur de la République près un tribunal judiciaire autre que ceux mentionnés à l'article 706-176 peut, pour les infractions entrant dans le champ d'application du même article 706-176, requérir le juge d'instruction de se dessaisir au profit de la juridiction d'instruction compétente en application dudit article. Les parties sont préalablement avisées et invitées à faire connaître leurs observations par le juge d'instruction. L'ordonnance est rendue huit jours au plus tôt et un mois au plus tard à compter de cet avis.

Lorsque le juge d'instruction décide de se dessaisir, son ordonnance ne prend effet qu'à compter du délai de cinq jours prévu à l'article 706-180 ; lorsqu'un recours est exercé en application de cet article, le juge d'instruction demeure saisi jusqu'à ce que soit porté à sa connaissance l'arrêt de la chambre de l'instruction passé en force de chose jugée ou celui de la chambre criminelle de la Cour de cassation.

Dès que l'ordonnance est passée en force de chose jugée, le procureur de la République adresse le dossier de la procédure au procureur de la République près le tribunal judiciaire compétent en application de l'article 706-178.

Le présent article est applicable devant la chambre de l'instruction.

Art. 706-180 L'ordonnance rendue en application de l'article 706-179 peut, à l'exclusion de toute autre voie de recours, être déférée dans les cinq jours de sa notification, à la requête du ministère public ou des parties, soit à la chambre de l'instruction si la juridiction spécialisée au profit de laquelle le dessaisissement a été ordonné ou refusé se trouve dans le ressort de la cour d'appel dans lequel se situe la juridiction initialement saisie, soit, dans le cas contraire, à la chambre criminelle de la Cour de cassation. La chambre de l'instruction ou la chambre criminelle désigne, dans les huit jours suivant la date de réception du dossier, le juge d'instruction chargé de poursuivre l'information. Le ministère public peut également saisir directement la chambre de l'instruction ou la chambre criminelle de la Cour de cassation lorsque le juge d'instruction n'a pas rendu son ordonnance dans le délai d'un mois prévu au premier alinéa de l'article 706-179.

L'arrêt de la chambre de l'instruction ou de la chambre criminelle est porté à la connaissance du juge d'instruction ainsi qu'à celle du ministère public et notifié aux parties.

Le présent article est applicable à l'arrêt de la chambre de l'instruction rendu sur le fondement du dernier alinéa du même article 706-179, le recours étant alors porté devant la chambre criminelle.

Art. 706-181 **Les magistrats mentionnés à l'article 706-178 ainsi que le procureur général près la cour d'appel compétente peuvent demander à des assistants spécialisés, désignés dans les conditions prévues à l'article 706, de participer, selon les modalités prévues à ce même article 706, aux procédures concernant les délits entrant dans le champ d'application de l'article 706-176.**

Art. 706-182 **Le procureur général près la cour d'appel dans le ressort de laquelle se trouve une juridiction compétente en application de l'article 706-176 anime et coordonne, en concertation avec les autres procureurs généraux du ressort interrégional, la conduite de la politique d'action publique pour l'application de ce même article.**

LIVRE CINQUIÈME DES PROCÉDURES D'EXÉCUTION

(Ord. n° 58-1296 du 23 déc. 1958)

RÉP. PÉN. v^is *Jugement*, par LÉNA ; *Peine (exécution)*, par HERZOG-EVANS.

BIBL. ▶ BOUVIER et MONNERY, *AJ pénal 2022. 70* (le volet « exécution des peines » de la loi pour la confiance dans l'institution judiciaire). – CÉRÉ, *RPDP. 2005. 263* (influence du droit européen sur le droit de l'exécution des peines) ; *Dr. pénal 2010. Étude 2* (loi du 24 novembre 2009 : aspects de procédure pénale et de droit pénitentiaire). – COTTE (dir.), Rapp. 18 déc. 2015 (pour une refonte du droit des peines). – COUVRAT, *Dr. pénal 2004. Chron. 8* (dispositions relatives à l'application des peines de la loi Perben II) ; *RSC 2004. 682* (dispositions générales et nouvelle organisation judiciaire de l'application des peines). – DANTRAS-BIOY, *Dr. pénal 2015. Dossier 11* (l'application des peines : à la recherche du sens de la peine prononcée). – GIACOPELLI, *Dr. pénal 2014, Étude 4* (approche critique de la courte peine d'emprisonnement) ; *D. 2004. Chron. 2589* (réforme du droit de l'application des peines). – GOLDSZLAGIER, *AJ pénal 2018. 234 s.* (la révolution des peines n'aura pas lieu). – GRÉCOURT, *RPDP 2013. 813* (l'autorité de la chose jugée et la peine). – GRIFFON-YARZA, *Dr. pénal 2019. Étude 16* (confusion de peines, réduction au maximum légal et peine étrangère). – HERZOG-EVANS, *AJ pénal 2004. 385* (principes directeurs d'une réforme) ; *ibid. 2009. 483* (application des peines : la prétendue « bonne partie » de la loi pénitentiaire) ; *ibid. 2011. 177* (nouveaux enjeux dans l'application des peines. Les leçons du droit et de la criminologie comparée) ; *D. 2007. Chron. 2174* (loi relative à la prévention de la délinquance et exécution des peines) ; *Gaz. Pal. 9-10 janv. 2009. 8* (marginalisation des juridictions de droit commun de l'application des peines) ; *RPDP 2009. 121* (vers une codification de l'exécution des peines) ; *AJ pénal 2013. 633* (exécution des peines, délinquance sexuelle et positionnement quant aux faits). – JANAS, *Dr. pénal 2010. Étude 1* (dispositions relatives au prononcé et à l'application des peines de la loi n° 2009-1436 du 24 novembre 2009 dite loi pénitentiaire). – POINSIGNON, *AJ pénal 2012. 329* (exécution des peines et détention provisoire, la question de la computation du « temps pénitentiaire »). – PONCELA, *RSC 2004. 955* (loi du 9 mars 2004 : réductions de peine, fins de peine et autres aménagements) ; *ibid. 2007. Chron. 883* (finir sa peine : libre ou suivi ?) ; *ibid. 2010. 90* (la loi pénitentiaire du 24 nov. 2010) ; *ibid. 2014. 611* (les peines extensibles de la loi du 15 août 2014). – SENNA, *AJ pénal 2012. 272* (le contrôle général des lieux privatifs de liberté). – TINEL, *Dr. pénal 2011. Étude 23* (réflexions sur les apports d'une codification du droit de l'exécution des peines). – VICENTINI, *Gaz. Pal. 28 janv. 2010* (aménagements de peines dans la loi pénitentiaire).

▶ **Dossiers :** *AJ pénal 2004. 385 s.* (nouveautés du droit de l'application des peines) ; *ibid. 2008. 365 s.* (procès d'exécution des peines : la nouvelle place de la victime) ; *ibid. 397 s.* (nouveau contexte de l'application des peines) ; *ibid. 2010. 365 s.* (désistance, la face criminologique de la réinsertion) ; *ibid. 2011. 387 s.* (emprisonnement : prononcé, incidences) ; *ibid. 2013. 185 s.* (les associations dans le suivi des condamnés) ; *ibid. 2014. 263* (les acteurs méconnus de l'exécution des peines) ; *AJ pénal 2019. 527 s.* (la loi pénitentiaire, 10 ans après).

TITRE PREMIER DE L'EXÉCUTION DES SENTENCES PÉNALES

RÉP. PÉN. v° *Prescription de la peine*, par GRIFFON-YARZA.

CHAPITRE PREMIER DISPOSITIONS GÉNÉRALES *(L. n° 2004-204 du 9 mars 2004, art. 159-II, en vigueur le 1er janv. 2005)*.

BIBL. GÉN. ▶ PRADEL, *D. 2019. Chron. 1002* (dispositions de la loi du 23 mars 2019 sur le renforcement de l'efficacité et du sens de la peine).

Art. 707 *(L. n° 2004-204 du 9 mars 2004, art. 159-II, en vigueur le 1er janv. 2005) (L. n° 2014-896 du 15 août 2014, art. 24, en vigueur le 1er oct. 2014)* « **I. —** » **Sur décision ou sous le contrôle des autorités judiciaires, les peines prononcées par les juridictions pénales sont, sauf circonstances insurmontables, mises à exécution de façon effective et dans les meilleurs délais.**

(L. n° 2014-896 du 15 août 2014, art. 24, en vigueur le 1er oct. 2014) « **II. — Le régime d'exécution des peines privatives et restrictives de liberté vise à préparer l'insertion ou la réinsertion de la personne condamnée afin de lui permettre d'agir en personne responsable, respectueuse des règles et des intérêts de la société et d'éviter la commission de nouvelles infractions.**

« Ce régime est adapté au fur et à mesure de l'exécution de la peine, en fonction de l'évolution de la personnalité et de la situation matérielle, familiale et sociale de la personne condamnée, qui font l'objet d'évaluations régulières.

« III. — Toute personne condamnée incarcérée en exécution d'une peine privative de liberté bénéficie, chaque fois que cela est possible, d'un retour progressif à la liberté en tenant compte des conditions matérielles de détention et du taux d'occupation de l'établissement pénitentiaire, dans le cadre d'une mesure de semi-liberté, de placement à l'extérieur, de détention à domicile sous surveillance électronique, de libération conditionnelle ou d'une libération sous contrainte, afin d'éviter une remise en liberté sans aucune forme de suivi judiciaire. *(L. n° 2021-403 du 8 avr. 2021)* « Le droit de cette personne d'être incarcérée dans des conditions respectant sa dignité est garanti par l'article 803-8. »

« IV. — Au cours de l'exécution de la peine, la victime a le droit :

« 1° De saisir l'autorité judiciaire de toute atteinte à ses intérêts ;

« 2° D'obtenir la réparation de son préjudice, par l'indemnisation de celui-ci ou par tout autre moyen adapté, y compris, s'il y a lieu, en se voyant proposer une mesure de justice restaurative ;

« 3° D'être informée, si elle le souhaite, de la fin de l'exécution d'une peine privative de liberté, dans les cas et conditions prévus au présent code ;

« 4° A la prise en compte, s'il y a lieu, de la nécessité de garantir sa tranquillité et sa sûreté.

« L'autorité judiciaire est tenue de garantir l'intégralité de ces droits tout au long de l'exécution de la peine, quelles qu'en soient les modalités. »

(Abrogé par L. n° 2014-896 du 15 août 2014, art. 24, à compter du 1er oct. 2014) (L. n° 2009-1436 du 24 nov. 2009, art. 72) ***« En cas de délivrance d'un mandat de dépôt ou d'arrêt, les peines privatives de liberté peuvent être immédiatement aménagées, dans les conditions prévues par le présent code, sans attendre que la condamnation soit exécutoire conformément au présent article, sous réserve du droit d'appel suspensif du ministère public prévu par l'article 712-14. »*** *— V. désormais art. 707-5.*

S'agissant des dispositions d'urgence mises en place pour faire face à l'épidémie de covid-19, V. App., v° État d'urgence sanitaire.

BIBL. ▶ SIMON, *RSC 2021. 275* (la dystopie d'un monde sans peine).

QPC. Ni l'art. 707-III ni aucune disposition ne permet à une personne condamnée d'obtenir un aménagement de peine au seul motif qu'elle est détenue dans des conditions indignes ou de saisir le juge judiciaire pour qu'il soit mis fin à cette situation par une autre mesure. Ces dispositions, qui ne sont plus en vigueur (V. L. n° 2021-403 du 8 avr. 2021), sont contraires à la Constitution. • Cons. const. 16 avr. 2021, n° 2021-898 QPC : *D. actu. 28 avr. 2021, obs. Goetz.*

Ancien art. 707 *(L. n° 2004-204 du 9 mars 2004, art. 159-II, en vigueur le 1er janv. 2005)* ***Sur décision ou sous le contrôle des autorités judiciaires, les peines prononcées par les juridictions pénales sont, sauf circonstances insurmontables, mises à exécution de façon effective et dans les meilleurs délais.***

L'exécution des peines favorise, dans le respect des intérêts de la société et des droits des victimes, l'insertion ou la réinsertion des condamnés ainsi que la prévention de la récidive.

(L. n° 2009-1436 du 24 nov. 2009, art. 72) ***« A cette fin, les peines sont aménagées avant leur mise à exécution ou en cours d'exécution si la personnalité et la situation matérielle, familiale et sociale du condamné ou leur évolution le permettent. » L'individualisation des peines doit, chaque fois que cela est possible, permettre le retour progressif du condamné à la liberté et éviter une remise en liberté sans aucune forme de suivi judiciaire.***

(L. n° 2009-1436 du 24 nov. 2009, art. 72) ***« En cas de délivrance d'un mandat de dépôt ou d'arrêt, les peines privatives de liberté peuvent être immédiatement aménagées, dans les conditions prévues par le présent code, sans attendre que la condamnation soit exécutoire conformément au présent article, sous réserve du droit d'appel suspensif du ministère public prévu par l'article 712-14. »***

L'ancien art. 707 est devenu un art. 707-1, à compter du 1er janv. 2005 (L. n° 2004-204 du 9 mars 2004, art. 159-II).

V. Circ. CRIM-05-9-E8 du 11 avr. 2005 relative au prononcé, à l'exécution et à l'application des peines (BOMJ 2005, n° 98), Circ. du 10 nov. 2010, BOMJ n° 2010-09, et Circ. 10 déc. 2010, BOMJ n° 2010-10 (relatives à la présentation des dispositions de la L. n° 2009-1436 du 24 nov. 2009 pénitentiaire).

V. art. D. 48-1 s.

BIBL. ▸ CARIO, *D. 2003. Chron. 145* (place de la victime dans l'exécution des peines). – CLÉMENT et VICENTINI, *RSC 2009.139* (bureaux de l'exécution des peines). – GIACOPELLI, *AJ pénal 2005. 89* (promotion du milieu ouvert) ; *ibid. 350* (incidences de la circonstance aggravante de récidive légale sur l'application des peines) ; *RPDP 2007. 789* (victimes et application des peines). – HERZOG-EVANS, *AJ pénal 2008. 356* (les victimes et l'exécution des peines. En finir avec le déni et l'idéologie). – MICHAUD et TINEL, *RPDP 2011. 9* (emprise de la victime sur l'application des peines). – ROYER, *D. 2007. Chron. 1745* (la victime et la peine. Contribution à la théorie du procès pénal *post sententiam*).

1. Aménagement et condition liée à l'établissement. La juridiction de l'application des peines ne peut ordonner, dans sa décision d'aménagement de peines, le maintien d'un condamné à l'établissement de son lieu d'écrou, dès lors que n'existe, dans cet établissement, ni quartier de semi-liberté ni quartier pour peines aménagées. • Cass., avis, 21 nov. 2005, n° 05-00.010 P : *D. 2006. 900, obs. Senna et Sautel* ; *AJ pénal 2006. 44*.

2. Libération conditionnelle et émotion suscitée par les faits. La Cour de cassation approuve le rejet par la CHAP d'une demande de libération conditionnelle formée par une personne condamnée pour homicide volontaire. Ce rejet peut s'appuyer sur des considérations relatives aux intérêts de la société et des parties civiles (émotion suscitée par les faits dans la région) mais pas sur la gravité de l'infraction. • Crim. 28 avr. 2011, n° 10-87.799 P : *D. actu. 20 mai 2011, obs. Léna ; D. 2011. Actu. 1353, obs. Léna ; ibid. Pan. 2828, obs. Potaszki ; AJ pénal 2012. 107, obs. Herzog-Evans ; Dr. pénal 2012. Chron. 2, obs. Garçon et Peltier.*

Art. 707-1 **Le ministère public et les parties poursuivent l'exécution de la sentence chacun en ce qui le concerne.**

(L. n° 2012-409 du 27 mars 2012, art. 18) **« Néanmoins, les poursuites pour le recouvrement des amendes et l'exécution des confiscations en valeur sont faites au nom du procureur de la République par le comptable public compétent ou, dans les cas où la confiscation en valeur s'exécute sur des biens préalablement saisis, par l'Agence de gestion et de recouvrement des avoirs saisis et confisqués.**

« L'exécution des autres confiscations est réalisée au nom du procureur de la République par l'Agence de gestion et de recouvrement des avoirs saisis et confisqués lorsqu'elles portent sur des biens meubles ou immeubles mentionnés aux 1° et 2° de l'article 706-160, même s'ils ne lui ont pas été préalablement confiés. *(L. n° 2016-731 du 3 juin 2016, art. 84)* **« Sauf cas d'affectation, l'Agence de gestion et de recouvrement des avoirs saisis et confisqués procède à la vente de ces biens, s'il y a lieu, aux formalités de publication et, dans tous les cas, jusqu'à leur vente, aux actes d'administration nécessaires à leur conservation et à leur valorisation. »**

(L. n° 2004-204 du 9 mars 2004, art. 159-III, en vigueur le 1er janv. 2005) **« Le paiement du montant de l'amende doit toujours être recherché. Toutefois, le défaut total ou partiel du paiement de ce montant peut entraîner l'incarcération du condamné selon les conditions prévues par la loi. »**

(L. n° 2012-409 du 27 mars 2012, art. 18) **« La prescription de la peine est interrompue par les actes ou décisions du ministère public, des juridictions de l'application des peines et, pour les peines d'amende ou de confiscation relevant de leur compétence, du Trésor ou de l'Agence de gestion et de recouvrement des avoirs saisis et confisqués, qui tendent à son exécution. »**

(L. n° 2007-297 du 5 mars 2007, art. 22) **« Le procureur de la République poursuit également l'exécution des sanctions pécuniaires prononcées par les autorités compétentes des États membres de l'Union européenne, conformément aux dispositions de la décision-cadre 2005/214/JAI du Conseil, du 24 février 2005, concernant l'application du principe de reconnaissance mutuelle aux sanctions pécuniaires, selon des modalités fixées par décret. Ce décret précise également les modalités d'application à ces sanctions des articles 707-2 et 749 à 762 du présent code, ainsi que les règles applicables à la transmission pour mise à exécution dans un État membre de l'Union européenne des sanctions pécuniaires prononcées par les autorités françaises. »** – *Anc. art. 707.*

V. art. D. 48 s.

TOM : 867.

BIBL. ▶ CAMOUS, *AJ pénal 2018. 25* (la peine patrimoniale). – GARÇON et PELTIER, *Dr. pénal 2012. Étude 11* (commentaire de la loi n° 2012-409 du 27 mars 2012 de programmation relative à l'exécution des peines). – GIACOPELLI, *Rev. pénit. 2012. 779 et 786* (loi n° 2012-409 du 27 mars 2012 de programmation relative à l'exécution des peines). – D'HAUTEVILLE, *RSC 2002. 402* (réflexions sur la remise en cause de la sanction pénale). – LOBE FOUDA, *Procédures 2008. Étude 2* (exécution des sanctions pénales de nature pécuniaire au sein de l'Union européenne). – LOGELIN, *AJ pénal 2014. 264* s. (le ministère public : des pouvoirs à renforcer en matière d'exécution des peines ?).

1. Exécution d'un jugement étranger. Lorsqu'un État étranger, partie à la Convention de Strasbourg du 8 nov. 1990, sollicite l'exécution sur le territoire français d'une décision de confiscation prononcée par l'une de ses juridictions, en vertu de l'art. 12 L. n° 96-392 du 13 mai 1996 relative à la lutte contre le blanchiment et le trafic de stupéfiants et à la coopération internationale en matière de saisie et de confiscation des produits du crime, seul le tribunal correctionnel saisi par le procureur est compétent pour autoriser cette exécution. • Crim. 25 mars 2003, n° 02-82.079 P : *D. 2003. IR 1408 ; JCP 2003. IV. 2010.*

2. Confiscation. La confiscation portant sur la chose qui est le produit de l'infraction, prévue par l'art. 131-21, al. 2, C. pén., constitue une peine complémentaire soumise aux dispositions de l'art. 133-3 dudit code relatives à la prescription des peines. Encourt la censure l'arrêt qui écarte l'exception de prescription de la mesure de confiscation, ordonnée à titre de peine complémentaire par une cour d'appel, portant sur une somme d'argent saisie sur un compte bancaire, sans s'être assurée que la décision avait été transmise, pour exécution, au comptable du Trésor public, dans le délai de cinq ans à compter de la date à laquelle la décision de condamnation est devenue définitive. • Crim. 26 juin 2007 :, n° 06-87.935 P : *D. 2007. AJ 2165 ; Dr. pénal 2008. Chron. 23, obs. Garçon.*

3. Application de la loi dans le temps. L'art. 707-1, dans sa rédaction issue de la loi n° 2012-409 du 27 mars 2012, ne peut s'appliquer qu'aux peines dont la prescription n'est pas acquise à l'entrée en vigueur de ladite loi ; par conséquent, antérieurement à la loi n° 2012-409 du 12 mars 2012, le mandat d'arrêt européen ou la demande d'extradition ne constituaient pas des actes d'exécution de la peine susceptibles d'en interrompre la prescription. • Crim. 26 juin 2013, nos 12-88.265 et 12-81.646 : *D. actu. 11 juill. 2013, obs. Fucini ; D. 2014. 311, obs. Laurent ; AJ pénal 2013. 493, obs. Herzog-Evans ; Procédures 2013, n° 261, obs. Chavent-Leclère ; Droit pénal 2013, n° 150, obs. Bonis-Garçon.* – V. aussi ss. art. D. 48-5. ♦ En l'absence de disposition législative le prévoyant, les actes préparatoires à l'exécution de la peine ne pouvaient, avant l'entrée en vigueur de la L. n° 2012-409 du 27 mars 2012, interrompre la prescription de celle-ci. • Crim. 5 avr. 2018, n° 18-81.596 : *Dr. pénal 2018, n° 119, obs. Eonis.*

Décret-loi du 30 octobre 1935,

Tendant à supprimer le fonds commun des amendes.

Art. 1er A partir du 1er janvier 1936, le produit des amendes et condamnations pécuniaires prononcées par les cours et tribunaux et dont le recouvrement est confié aux percepteurs par application de l'article 25 de la loi du 29 décembre 1873 est encaissé au compte exclusif de l'État, sauf pour celui-ci à verser aux ayants droit le montant des frais de réparation ou de restitution, le montant des dommages-intérêts et à assurer le règlement des frais de perception ainsi que le paiement des gratifications dues aux agents verbalisateurs.

……………………………………………………………………………………………

Art. 3 Le tarif des gratifications dues aux agents verbalisateurs est fixé ainsi qu'il suit.

(L. n° 50-928 du 8 août 1950, art. 37) En matière de chasse, 0,15 € par condamnation à l'amende prononcée et recouvrée, à due concurrence.

En matière de pêche fluviale, et par condamnation à l'amende prononcée et recouvrée, à due concurrence :

0,08 € pour un délit de pêche en temps de frai ;

0,15 € pour un délit de pêche la nuit ;

0,3 € pour un délit de pêche la nuit en temps de frai, pour empoisonnement de rivières, pêche à la dynamite ou autres matières explosives.

En matière de pêche maritime, et par condamnation à l'amende prononcée et recouvrée, à due concurrence :

0,08 € pour les infractions à la police de la pêche constatées à terre de jour et de nuit ;

0,15 € pour les infractions à la police de la pêche constatées à la mer de jour et de nuit ;
0,3 € pour les infractions au règlement sur la pêche à la dynamite à terre ou à la mer, de jour et de nuit.

En matière de fraude dans le commerce de beurre et de margarine, 0,3 € par condamnation à l'amende prononcée et recouvrée, à due concurrence.

Décret n° 64-1333 du 22 décembre 1964,

Relatif au recouvrement des amendes et condamnations pécuniaires par les comptables de la direction générale des finances publiques (Décr. n° 2014-551 du 27 mai 2014, art. 36).

Art. 1er Les condamnations pécuniaires énumérées à *(Décr. n° 2012-1247 du 7 nov. 2012, art. 50)* « l'article 108 du décret n° 2012-1246 du 7 novembre 2012 relatif à la gestion budgétaire et comptable publique », ainsi que les pénalités transactionnelles, les pénalités forfaitaires et les amendes de substitution sont recouvrées par les *(Décr. n° 2014-551 du 27 mai 2014, art. 36)* « comptables de la direction générale des finances publiques » sauf lorsqu'un texte particulier en a confié le recouvrement ou l'encaissement à d'autres comptables.

Le recouvrement est opéré au nom du procureur de la République selon les dispositions de l'*(Décr. n° 2014-551 du 27 mai 2014, art. 36)* « article 707-1 » du code de procédure pénale.

SECTION I. *Recouvrements sur décisions exécutoires*

Art. 2 1° Sont recouvrées par les *(Décr. n° 2014-551 du 27 mai 2014, art. 36)* « comptables de la direction générale des finances publiques » les condamnations prononcées par des décisions judiciaires devenues définitives.

Toutefois, en application de l'article 708 (alinéa 2) du code de procédure pénale, le délai d'appel accordé au procureur général par les articles 505 et 548 dudit code ne fait pas obstacle à l'exécution de la peine.

(Décr. n° 2005-1099 du 2 sept. 2005, art. 6, en vigueur le 1er oct. 2005 pour les condamnations prononcées à compter de cette date) « Le recouvrement peut également résulter du paiement volontaire de l'amende par le condamné conformément aux dispositions des articles R. 55 à R. 55-7 du code de procédure pénale. »

(Décr. n° 86-1044 du 18 sept. 1986) « Les comptables désignés au premier alinéa recouvrent également les amendes forfaitaires majorées prévues par le deuxième alinéa de l'article 529-2 et le deuxième alinéa de l'article 529-5 du code de procédure pénale. »

2° Le recouvrement est effectué au vu d'un extrait de la décision de justice *(Décr. n° 2005-1099 du 2 sept. 2005, art. 6, en vigueur le 1er oct. 2005 pour les condamnations prononcées à compter de cette date)* « hors les cas prévus par les articles R. 55 à R. 55-7 du code de procédure pénale. ».

Les extraits sont établis par le greffier de la juridiction qui a prononcé les condamnations ou par l'agent qui assure les fonctions de greffier.

Les extraits de jugements ou d'arrêts sont établis sur des formules dont le modèle est arrêté par le garde des sceaux, ministre de la justice, et par le ministre des finances.

(Décr. n° 72-629 du 4 juill. 1972) « Les magistrats ou officiers du ministère public vérifient les extraits. » *(Décr. n° 2005-1099 du 2 sept. 2005, art. 6, en vigueur le 1er oct. 2005 pour les condamnations prononcées à compter de cette date)* « Ils vérifient et visent les bordereaux d'envoi à l'appui desquels ces documents sont adressés par le greffier, pour recouvrement, au *(Décr. n° 2014-551 du 27 mai 2014, art. 36)* « comptable de la direction générale des finances publiques » désigné par arrêté conjoint du ministre des finances et du garde des sceaux, ministre de la justice. »

Le délai d'envoi des extraits de jugements ou d'arrêts est fixé à trente-cinq jours à compter soit de la date de la décision, soit de la date de la signification s'il s'agit d'un jugement ou arrêt contradictoire mais devant être signifié pour faire courir les délais de recours, ou d'un jugement ou arrêt par défaut.

Toutefois, dans certains cas particuliers, un délai plus court peut être fixé par le garde des sceaux, ministre de la justice, et par le ministre des finances.

Pour les décisions devenues définitives à la suite du rejet d'un pourvoi en cassation, le délai est porté à quarante-cinq jours à partir de l'arrêt de rejet.

(Décr. n° 72-629 du 4 juill. 1972) « 3° La mise en recouvrement des condamnations prononcées par ordonnances pénales est effectuée dans les conditions et selon les modalités fixées

par les articles » *(Décr. n° 2005-1099 du 2 sept. 2005, art. 6, en vigueur le 1er oct. 2005 pour les condamnations prononcées à compter de cette date)* « R. 41-3 à R. 41-10 et R. 42 à R. 48 » du code de procédure pénale.

« 4° La mise en recouvrement des amendes forfaitaires majorées est effectuée dans les conditions et selon les modalités prévues par les *(Décr. n° 2014-551 du 27 mai 2014, art. 36)* « articles R. 49-5, R. 49-6 et R. 49-6-1 » du code de procédure pénale. »

(Abrogé par Décr. n° 2005-1099 du 2 sept. 2005, art. 6, à compter du 1er oct. 2005 pour les condamnations prononcées à compter de cette date) (Décr. n° 2003-642 du 11 juill. 2003, art. 3-III) « Les amendes forfaitaires émises pour des contraventions constatées en application de l'article L. 130-9 du code de la route, qui n'ont pas été payées et n'ont pas fait l'objet d'une requête en exonération dans le délai prévu à l'article 529-2 du code de procédure pénale, sont majorées. Les titres exécutoires sont signés par l'officier du ministère public du lieu de constatation de l'infraction, et transmis à chaque comptable principal du trésor dont dépend le domicile du contrevenant. »

Art. 3 *(Décr. n° 83-1153 du 23 déc. 1983)* « Sous réserve des dispositions relatives au fractionnement du paiement des amendes, les condamnations pécuniaires sont exigibles dès que la décision les prononçant est devenue exécutoire. Toutefois, le montant global des amendes prononcées sous la forme de jours-amende n'est exigible qu'à l'expiration du délai correspondant au nombre de jours-amende prononcé. »

(Décr. n° 72-629 du 4 juill. 1972) « Dès réception du titre de recouvrement de l'amende *(Décr. n° 2014-551 du 27 mai 2014, art. 36)* « forfaitaire majorée », de l'extrait d'ordonnance pénale, de jugement ou d'arrêt, le *(Décr. n° 2014-551 du 27 mai 2014, art. 36)* « comptable de la direction générale des finances publiques », chargé du recouvrement *(Abrogé par Décr. n° 2014-551 du 27 mai 2014, art. 36) « par le receveur des finances »*, doit adresser au condamné et éventuellement aux autres débiteurs énumérés à l'article 77 du décret susvisé du 29 décembre 1962 des avertissements les invitant à se libérer. »

Art. 3-1 *(Décr. n° 83-1153 du 23 déc. 1983)* Un mois au plus tard après la date d'exigibilité du montant des jours-amende ou après l'envoi de l'avertissement lorsque celui-ci est postérieur, le *(Décr. n° 2014-551 du 27 mai 2014, art. 36)* « comptable de la direction générale des finances publiques » met le débiteur qui ne s'est pas intégralement acquitté de sa dette en demeure de se libérer *(Décr. n° 2021-1221 du 23 sept. 2021, art. 5, en vigueur le 1er janv. 2022)* « conformément aux dispositions de l'article 762 du code de procédure pénale ».

(Abrogé par Décr. n° 2021-1221 du 23 sept. 2021, art. 5, à compter du 1er janv. 2022) « Cette mise en demeure est faite dans les formes prévues pour les commandements. »

Si le paiement total de la dette n'est pas intervenu dans les cinq jours de la mise en demeure *(Décr. n° 2021-1221 du 23 sept. 2021, art. 5, en vigueur le 1er janv. 2022)* « de payer », le *(Décr. n° 2014-551 du 27 mai 2014, art. 36)* « comptable de la direction générale des finances publiques » informe de ses diligences le ministère public du lieu de condamnation en lui adressant toutes pièces justificatives utiles et en précisant, le cas échéant, le montant des paiements partiels.

Art. 4 Le recouvrement des amendes pénales et des frais de justice est garanti, d'une part, par privilège général sur les meubles institué par l'article 2 de la loi du 5 septembre 1807 et l'article 3 du décret du 17 juin 1938 tendant à améliorer le recouvrement des impôts directs, d'autre part, par l'hypothèque légale instituée par l'article 1er de la loi du 5 septembre 1807 et l'article 3 du décret du 17 juin 1938, modifiés par les articles 12 et 18 de l'ordonnance n° 59-71 du 7 janvier 1959.

Le recouvrement des condamnations pécuniaires autres que les amendes pénales et les frais de justice est garanti par l'hypothèque *(Décr. n° 2021-1888 du 29 déc. 2021, art. 5, en vigueur le 1er janv. 2022)* « légale attachée aux jugements de condamnation instituée par l'article 2401 » du code civil.

L'inscription de l'hypothèque légale ou de l'hypothèque judiciaire doit être requise dès réception de l'extrait, pour toutes les condamnations pécuniaires égales ou supérieures à une somme fixée par décision du *(Décr. n° 2014-551 du 27 mai 2014, art. 36)* « directeur départemental ou, le cas échéant, régional des finances publiques ».

L'inscription est prise à la diligence du *(Décr. n° 2014-551 du 27 mai 2014, art. 36)* « comptable de la direction générale des finances publiques » consignataire de l'extrait sur les immeubles du débiteur *(Abrogé par Décr. n° 2014-551 du 27 mai 2014, art. 36) « qui sont situés dans le ressort de ce comptable. Sur les immeubles qui sont situés en dehors de ce ressort, l'inscription est prise à la requête du comptable consignataire de l'extrait par le comptable du lieu de situation ; dans ce cas, il appartient au comptable consignataire de l'extrait de surveiller éventuellement le renouvellement de l'inscription* ».

Le débiteur qui s'est libéré, supporte les frais de radiation de l'inscription, s'il la demande.

Art. 5 Le débiteur qui n'a pas acquitté dès la réception de l'avertissement les condamnations pécuniaires dont il est redevable peut être poursuivi.

Les poursuites sont exercées, soit sur les biens, soit sur la personne, lorsque la loi a prévu l'application de la contrainte judiciaire.

(Décr. nº 72-629 du 4 juill. 1972) « Elles procèdent de la force exécutoire de la sentence de justice ou, en ce qui concerne l'amende *(Décr. nº 2014-551 du 27 mai 2014, art. 36)* « forfaitaire majorée », du titre de recouvrement.

« Elles sont exercées à l'initiative du *(Décr. nº 2014-551 du 27 mai 2014, art. 36)* « comptable de la direction générale des finances publiques », consignataire du titre de recouvrement ou de l'extrait *(Abrogé par Décr. nº 2014-551 du 27 mai 2014, art. 36)* « *, sous la direction du receveur des finances* ».

Elles ont lieu par ministère d'huissier de justice ou sont effectuées par *(Décr. nº 2014-551 du 27 mai 2014, art. 36)* « les agents de la direction générale des finances publiques chargés des fonctions d'huissier ».

Art. 6 Les poursuites sur les biens sont effectuées par voie de commandement *(Décr. nº 2021-1221 du 23 sept. 2021, art. 5, en vigueur le 1er janv. 2022)* « , de mise en demeure de payer prévue à l'article L. 257 du livre des procédures fiscales », de saisie et de vente.

(Abrogé par Décr. nº 2021-1221 du 23 sept. 2021, art. 5, à compter du 1er janv. 2022) « *(Décr. nº 65-1006 du 26 nov. 1965)* « *Les actes sont soumis au point de vue de la forme aux règles du droit commun. (Abrogé par Décr. nº 2014-551 du 27 mai 2014, art. 36)* « *Cependant, en cas de signification d'un commandement, l'envoi de la lettre recommandée avec demande d'avis de réception prévu à l'article 58-3 (2e alinéa) du code de procédure civile [V. C. pr. civ., art. 658, qui prévoit une lettre simple] n'est obligatoire que lorsqu'il y a dépôt de l'acte en mairie ; lorsque la copie de l'acte est remise à un voisin, il est laissé au domicile un avis de passage mentionnant la nature de l'acte et précisant le voisin à qui la copie a été remise* ».

« *Toutefois, les commandements peuvent être notifiés par l'administration des postes conformément à l'article 49 de la loi du 25 février 1901 et au décret modifié du 24 avril 1902 ; ces actes de poursuites échappent alors aux conditions générales de validité des exploits, telles qu'elles sont tracées par le code de procédure civile.* »

La vente mobilière doit être autorisée par le *(Décr. nº 2014-551 du 27 mai 2014, art. 36)* « directeur départemental ou, le cas échéant, régional des finances publiques ».

La saisie immobilière ne peut être effectuée que sur l'autorisation du *(Décr. nº 2014-551 du 27 mai 2014, art. 36)* « directeur départemental ou, le cas échéant, régional des finances publiques ».

(Décr. nº 96-1015 du 20 nov. 1996) « Pour le recouvrement des amendes forfaitaires majorées et par dérogation aux dispositions du premier alinéa de l'article *(Décr. nº 2014-551 du 27 mai 2014, art. 36)* « R. 223-3 du code des procédures civiles d'exécution, le comptable de la direction générale des finances publiques » notifie au débiteur par lettre recommandée avec demande d'avis de réception la copie de la déclaration valant saisie d'un véhicule. »

Art. 6-1 *(Décr. nº 2018-969 du 8 nov. 2018, art. 1er, en vigueur le 1er janv. 2019)* Lorsque le débiteur d'amendes ou de condamnations pécuniaires ne s'est pas acquitté spontanément de sa dette dans le délai fixé par l'avertissement mentionné à l'article 5, ces amendes et condamnations peuvent également être recouvrées, dans les conditions fixées au II de l'article 128 de la loi du 30 décembre 2004 de finances rectificative pour 2004 et à l'article L. 262 du livre des procédures fiscales, par voie de saisie administrative à tiers détenteur adressée aux personnes physiques ou morales dépositaires, détentrices ou débitrices de sommes appartenant ou devant revenir au débiteur.

Art. 7 A l'égard des débiteurs solvables, la réquisition aux fins de contrainte par corps est adressée au ministère public par le *(Décr. nº 2014-551 du 27 mai 2014, art. 36)* « comptable de la direction générale des finances publiques » chargé du recouvrement.

A l'égard des débiteurs insolvables, l'initiative de la contrainte appartient au ministère public.

Dans les deux cas, le ministère public compétent est le procureur de la République établi près le tribunal judiciaire dans le ressort duquel les poursuites ont été engagées, ou celui du domicile du débiteur lorsque ce dernier ne réside pas dans le ressort de cette juridiction.

Art. 8 Les frais des poursuites exercées sont calculés proportionnellement au montant des sommes exigibles, déduction faite des acomptes payés, et conformément aux tarifs en vigueur en matière de contributions directes et de taxes assimilées.

Les frais accessoires aux poursuites sont à la charge des redevables et déterminés comme en matière de contributions directes et de taxes assimilées.

(Abrogé par Décr. n° 2012-1462 du 26 déc. 2012, art. 37) « *Le salaire du conservateur des hypothèques ne lui est acquis qu'autant qu'il a été recouvré sur le débiteur par le comptable direct du Trésor consignataire de l'extrait de jugement ou d'arrêt.* »

Le coût des bordereaux d'inscription est à la charge du débiteur.

Le taux de la prime accordée pour la capture d'un *(Décr. n° 2014-551 du 27 mai 2014, art. 36)* « débiteur qui doit faire l'objet d'une contrainte judiciaire » est égal à celui fixé par l'article R. 191 (1° et 2°) du code de procédure pénale pour la capture ou saisie d'une personne en exécution d'un jugement de police ou d'un jugement ou arrêt correctionnel.

La prime de capture et, le cas échéant, les frais de transport des *(Décr. n° 2014-551 du 27 mai 2014, art. 36)* « débiteurs faisant l'objet d'une contrainte judiciaire », constituent des frais accessoires aux poursuites.

Art. 9 *(Décr. n° 2018-969 du 8 nov. 2018, art. 2, en vigueur le 1er janv. 2019)* Le régime de l'opposition à poursuite, prévue par l'article L. 281 du livre des procédures fiscales, est fixé par les articles R.* 281-1, R.* 281-3-1, R.* 281-4 et R.* 281-5 de ce livre.

Le régime de la revendication d'objets saisis, prévue par l'article L. 283 du livre des procédures fiscales, est fixé par l'article R.* 283-1 de ce livre.

Art. 9-1 *(Décr. n° 83-1153 du 23 déc. 1983)* Les dispositions des articles 4 à 9 ne sont pas applicables au recouvrement des amendes prononcées sous la forme de jours-amende.

Art. 10 Lorsqu'un condamné a formé un recours en grâce, le recouvrement de l'amende est suspendu lorsque l'autorité compétente pour instruire le recours le demande par un avis notifié au *(Décr. n° 2014-551 du 27 mai 2014, art. 36)* « comptable de la direction générale des finances publiques ».

Art. 10-1 *(Décr. n° 76-1030 du 10 nov. 1976)* Les condamnations à réparations, restitutions, dommages-intérêts, frais ayant le caractère de réparations et intérêts moratoires prononcées au profit de l'État par les tribunaux judiciaires répressifs peuvent donner lieu à remises gracieuses. Celles-ci sont accordées, conformément aux dispositions de l'article 91 du décret susvisé du 29 décembre 1962, suivant la procédure et les limites de compétence prévues par *(Décr. n° 2005-802 du 18 juill. 2005, art. 2-II)* « les articles 10 et 11 du décret n° 92-1369 du 29 décembre 1992 ».

Art. 10-2 *(Décr. n° 76-1030 du 10 nov. 1976)* Les frais de justice en matière criminelle, correctionnelle et de police, à l'exclusion des frais afférents aux ordonnances pénales rendues en matière de police, les dépens relatifs aux amendes civiles ainsi que certains frais assimilés aux frais de justice criminelle, correctionnelle et de police par l'article R. 93 du code de procédure pénale peuvent donner lieu à remises gracieuses. Le ministère public auprès de la juridiction qui a prononcé la condamnation est obligatoirement consulté.

Ces remises sont accordées, conformément aux dispositions de l'article 91 du décret susvisé du 29 décembre 1962, suivant la procédure et les limites de compétence prévues par *(Décr. n° 2005-802 du 18 juill. 2005, art. 2-II)* « les articles 10 et 11 du décret n° 92-1369 du 29 décembre 1992 ».

Le ministère public doit faire connaître son avis dans un délai d'un mois à compter de la date de réception de la demande qui lui est adressée par l'administration des finances. Ce délai est prorogé exceptionnellement de quinze jours à compter de son expiration si le ministère public en informe préalablement l'administration des finances en indiquant les motifs de prorogation.

Si le ministère public n'a pas répondu dans le délai prévu ci-dessus ou, en cas de prorogation, à l'expiration de celle-ci, il est réputé avoir donné son avis. La décision ou l'arrêté portant remise de frais de justice doit viser expressément l'avis du parquet.

Art. 11 Le montant des condamnations pécuniaires qui n'a pu être recouvré par les *(Décr. n° 2014-551 du 27 mai 2014, art. 36)* « comptables de la direction générale des finances publiques » est, sous le contrôle de la Cour des comptes, admis en non-valeurs dans les conditions fixées par le ministre des finances.

SECTION II. *Recouvrements exclusifs de mesures d'exécution*

Art. 12 Lorsque l'autorité chargée de la répression décide d'accorder une transaction avant jugement, sa décision est notifiée au *(Décr. nº 2014-551 du 27 mai 2014, art. 36)* « comptable de la direction générale des finances publiques » compétent ; elle indique le délai dans lequel la transaction doit être exécutée pour éviter une instance judiciaire.

Dans les trois jours qui suivent l'expiration de ce délai, le comptable fait connaître à l'autorité intéressée si le délinquant a ou non payé le montant de la transaction.

Art. 13 Lorsque l'autorité chargée de la répression est saisie par le délinquant d'une requête en vue d'une transaction après jugement, elle en avise le *(Décr. nº 2014-551 du 27 mai 2014, art. 36)* « comptable de la direction générale des finances publiques », consignataire de l'extrait de la décision de justice. Elle lui prescrit, si elle le juge opportun, de suspendre l'exécution des condamnations prononcées, sous réserve pour le comptable de prendre les mesures conservatoires nécessaires à la sauvegarde des droits du Trésor.

Le *(Décr. nº 2014-551 du 27 mai 2014, art. 36)* « comptable de la direction générale des finances publiques » fait connaître immédiatement à l'autorité intéressée l'état du recouvrement.

Lorsqu'une décision est intervenue sur la demande de transaction, l'administration compétente notifie cette décision pour application au *(Décr. nº 2014-551 du 27 mai 2014, art. 36)* « comptable de la direction générale des finances publiques ».

Si le montant de la transaction est acquitté par le délinquant dans le délai fixé par l'autorité compétente, le recouvrement des condamnations pécuniaires prononcées par la décision de justice est abandonné, à l'exception des frais de justice s'ils n'ont pas été compris dans la transaction.

Art. 14 *(Décr. nº 72-629 du 4 juill. 1972)* Les *(Décr. nº 2014-551 du 27 mai 2014, art. 36)* « comptables de la direction générale des finances publiques » sont seuls compétents pour encaisser les condamnations pécuniaires prononcées par la voie de l'ordonnance pénale en vertu des articles 524 et suivants et R. 42 et suivants du code de procédure pénale, lorsque ces condamnations font l'objet d'un paiement dans les délais et suivant les modalités prévues aux articles 527 et R. 43 de ce code.

Art. 15 Les sommes encaissées par les agents verbalisateurs au titre des amendes forfaitaires de police de la circulation sont reversées aux *(Décr. nº 2014-551 du 27 mai 2014, art. 36)* « comptables de la direction générale des finances publiques » dans les conditions et selon les modalités fixées par le ministre des finances et des affaires économiques, après avis des autres ministres intéressés.

Art. 16 Les amendes substituées par décision gracieuse à une peine privative de liberté sont recouvrées par les *(Décr. nº 2014-551 du 27 mai 2014, art. 36)* « comptables de la direction générale des finances publiques ». Elles ne sont pas susceptibles d'exécution forcée.

Dispositions communes

Art. 17 Le produit des condamnations pécuniaires prononcées par les cours et tribunaux est, ainsi qu'il est dit à l'article 1er du décret susvisé du 30 octobre 1935, encaissé au profit exclusif de l'État, sauf pour celui-ci à verser aux ayants droit le montant des frais de réparation ou de restitution, le montant des dommages-intérêts et à assurer le règlement des frais de perception ainsi que le paiement des gratifications dues aux agents verbalisateurs.

Art. 18 Les dispositions du présent décret sont applicables au recouvrement des sommes restant dues au titre de condamnations pécuniaires prononcées par des décisions administratives intervenues en vertu des dispositions légales ou réglementaires actuellement abrogées.

Art. 19 Toutes dispositions contraires au présent décret sont abrogées, notamment l'article 32 de la loi nº 47-1465 du 8 août 1947.

Loi nº 86-1317 du 30 décembre 1986, *de finances pour 1987.* **Art. 90** Les comptables du Trésor disposent du droit de communication prévu à l'article L. 81 du Livre des procédures fiscales, pour le recouvrement des amendes et condamnations pécuniaires qui ne sont pas de nature fiscale.

Art. 707-2 *(L. n° 2008-644 du 1er juill. 2008, art. 11)* « En matière correctionnelle ou de police, toute personne condamnée peut s'acquitter du montant du droit fixe de procédure dû en application de l'article 1018 A du code général des impôts ainsi que, le cas échéant, du montant de l'amende à laquelle elle a été condamnée, dans un délai d'un mois à compter de la date à laquelle le jugement a été prononcé.

« Lorsque le condamné règle le montant du droit fixe de procédure ou le montant de l'amende dans les conditions prévues au premier alinéa, ces montants sont diminués de 20 % sans que cette diminution puisse excéder 1 500 €. »

(L. n° 2004-204 du 9 mars 2004, art. 196) Dans le cas où une voie de recours est exercée contre les dispositions pénales de la décision, il est procédé, sur demande de l'intéressé, à la restitution des sommes versées.

Un décret en Conseil d'État détermine les modalités d'application du présent article.

V. art. R. 55 s.

V. Circ. CRIM. 2005-20 E8 du 7 sept. 2005 présentant les dispositions relatives à la diminution de 20 % de l'amende en cas de paiement volontaire dans le délai d'un mois et aux ordonnances pénales (BOMJ 2005, n° 99, p. 167 s.).

En application des art. 707-2 et R. 55, la diminution du montant de l'amende en cas de paiement dans le délai d'un mois n'est pas applicable aux amendes douanières. • Crim. 19 nov. 2014 : *D. actu. 15 déc. 2014, obs. Fonteix ; AJ pénal 2015. 254, obs. Roussel ; Dr. pénal 2015. 10, note Robert.*

Art. 707-3 *(L. n° 2004-204 du 9 mars 2004, art. 196)* Lorsque le tribunal prononce une condamnation à une peine d'amende en matière correctionnelle ou de police, le président avise le condamné que, s'il s'acquitte du montant de cette amende dans un délai d'un mois à compter de la date à laquelle le jugement a été prononcé, ce montant est diminué de 20 % sans que cette diminution puisse excéder 1 500 €.

Le président informe le condamné que le paiement de l'amende ne fait pas obstacle à l'exercice des voies de recours.

(L. n° 2007-297 du 5 mars 2007, art. 22) « Les avis prévus par le présent article peuvent également être délivrés au condamné par le greffier de la juridiction ou le greffier du bureau de l'exécution des peines. »

Art. 707-4 *(L. n° 2004-204 du 9 mars 2004, art. 196)* Les dispositions des articles 707-2 et 707-3 sont également applicables au condamné qui a été autorisé à s'acquitter du paiement du montant de l'amende en plusieurs versements étalés dans le temps, dans des délais et selon des modalités déterminés par les services compétents du Trésor public.

Art. 707-5 *(L. n° 2014-896 du 15 août 2014, art. 24, en vigueur le 1er oct. 2014)* En cas de délivrance d'un mandat de dépôt ou d'arrêt, les peines privatives de liberté peuvent être immédiatement aménagées, dans les conditions prévues au présent code, sans attendre que la condamnation soit exécutoire en application de l'article 707, sous réserve du droit d'appel suspensif du ministère public prévu à l'article 712-14.

Art. 707-6 *(L. n° 2016-731 du 3 juin 2016, art. 82)* Le montant de la majoration des amendes prévue à l'article 132-20 du code pénal est fixé par le juge en fonction des circonstances de l'infraction, de la personnalité de son auteur ainsi que de la situation matérielle, familiale et sociale de celui-ci.

Cette majoration n'est pas applicable lorsque les amendes sont majorées en application des articles L. 211-27 et L. 421-8 du code des assurances.

Art. 708 L'exécution *(L. n° 2004-204 du 9 mars 2004, art. 163, en vigueur le 1er juill. 2005)* « de la ou des peines prononcées » à la requête du ministère public a lieu lorsque la décision est devenue définitive.

Toutefois, le délai d'appel accordé au procureur général par les articles 505 et 548 ne fait point obstacle à l'exécution de la peine *(L. n° 2009-1436 du 24 nov. 2009, art. 73-V)* « , quelle que soit sa nature ». *– Pr. pén. C. 815 à C. 818.*

(L. n° 92-1336 du 16 déc. 1992) « L'exécution d'une peine de police ou d'une peine correctionnelle non privative de liberté peut être suspendue ou fractionnée pour motifs graves d'ordre médical, familial, professionnel ou social. » *(L. n° 75-624 du 11 juill.*

1975) « **La décision est prise soit par le ministère public, soit, sur la proposition du ministère public, par le tribunal correctionnel** *(L. n° 2005-47 du 26 janv. 2005, art. 9-XXXIV, en vigueur le 1er avr. 2005)* « **, par le tribunal de police** *(Abrogé par L. n° 2011-1862 du 13 déc. 2011, art. 2-X et 70-I, à compter du 1er juill. 2017)* « ***ou la juridiction de proximité*** » » **statuant en chambre du conseil, selon que l'exécution de la peine doit être suspendue pendant moins ou plus de trois mois.** » *(L. n° 2003-495 du 12 juin 2003, art. 5)* « **La suspension ou le fractionnement de la peine de suspension de permis de conduire n'est toutefois pas possible en cas de délits ou de contraventions pour lesquels la loi ou le règlement prévoit que cette peine ne peut pas être limitée à la conduite en dehors de l'activité professionnelle.** »

(L. n° 92-1336 du 16 déc. 1992) « **Lorsque l'exécution fractionnée d'une peine d'amende, de jours-amende ou de suspension du permis de conduire a été décidée par la juridiction de jugement en application de l'article 132-28 du code pénal, cette décision peut être modifiée dans les conditions prévues à l'alinéa précédent.** »

V. note au-dessus de l'art. 521.

1. Exécution des sentences pénales. C'est à bon droit qu'en application des dispositions de l'art. 708, al. 1er le tribunal d'instance, qui a constaté le caractère définitif de la condamnation pénale de l'intéressé, par un arrêt d'une cour d'appel du 4 déc. 1997, à la peine de trois années d'interdiction des droits de vote et d'éligibilité énoncés à l'art. 131-26, 1° et 2°, C. pén., dont les dispositions, moins sévères, ont été déclarées applicables au délit commis avant son entrée en vigueur, a mentionné que, conformément aux règles qui régissent l'exécution des sentences pénales, le point de départ de l'interdiction des droits énumérés à l'art. 131-26 C. pén., s'agissant d'une peine qui par nature n'exige aucun acte d'exécution, est nécessairement fixé au jour où la condamnation devient définitive. • Civ. 2e, 18 mai 2000, n° 00-60.099 P.

2. Le bénéfice d'une mesure de semi-liberté accordée *ab initio* par une juridiction correctionnelle ne peut être retiré par le juge de l'application des peines qu'une fois la condamnation à la mesure de semi-liberté devenue exécutoire. • Crim. 18 janv. 2012 : *Dr. pénal 2013. Chron. 3, obs. Bonis-Garçon.*

3. Recouvrement des amendes pénales. Le recouvrement d'une amende pénale relève du seul régime de l'exécution des peines prévu par l'art. 708. Dès lors, le juge du surendettement ne saurait, sans excéder ses pouvoirs et violer le texte précité, procéder au rééchelonnement de telles dettes, ni suspendre les voies d'exécution mises en œuvre pour leur recouvrement. • Civ. 1re, 17 nov. 1998, n° 96-19.821 P : *D. 1999. Somm. 206, obs. Chatain et Ferrière*

4. Fractionnement de la suspension du permis de conduire. La demande de fractionnement de l'exécution d'une peine de suspension du permis de conduire ne peut être soumise à la juridiction saisie de l'action publique, dès lors qu'elle ne peut viser qu'une condamnation définitive, et exige une proposition du ministère public, lorsque celui-ci n'est pas lui-même compétent pour en décider. • Crim. 30 nov. 1977, n° 77-90.680 P.

Art. 708-1 *(L. n° 2014-896 du 15 août 2014, art. 25, en vigueur le 1er oct. 2014)* **Lorsque doit être mise à exécution une condamnation à une peine d'emprisonnement concernant une femme enceinte de plus de douze semaines, le procureur de la République ou le juge de l'application des peines s'efforcent par tout moyen soit de différer cette mise à exécution, soit de faire en sorte que la peine s'exécute en milieu ouvert.**

Art. 709 **Le procureur de la République et le procureur général ont le droit de requérir directement l'assistance de la force publique à l'effet d'assurer cette exécution.** – *Pr. pén. C. 819.*

Art. 709-1 *(L. n° 2014-896 du 15 août 2014, art. 4, en vigueur le 18 août 2015)* **Dans chaque tribunal judiciaire et dans chaque cour d'appel, il est institué un bureau de l'exécution des peines, dont la composition, les missions et les modalités de fonctionnement sont précisées par décret.**

Ce bureau est notamment chargé de remettre à toute personne condamnée présente à l'issue de l'audience du tribunal correctionnel un relevé de condamnation pénale mentionnant les peines qui ont été prononcées.

L'art. 709-1, dans sa rédaction issue de la L. n° 2014-896 du 15 août 2014, est entré en vigueur un an après la promulgation de ladite loi, soit le 18 août 2015 (L. préc., art. 4).

V. art. D. 48-2.

Art. 709-1-1 *(L. nº 2014-896 du 15 août 2014, art. 34, en vigueur le 1er oct. 2014)* Les services de police et les unités de gendarmerie peuvent, d'office ou sur instruction du procureur de la République ou du juge de l'application des peines, appréhender toute personne condamnée pour laquelle il a été fait application du deuxième alinéa de l'article 131-9 ou du second alinéa de l'article 131-11 du code pénal ou placée sous le contrôle du juge de l'application des peines et à l'encontre de laquelle il existe une ou plusieurs raisons plausibles de soupçonner qu'elle n'a pas respecté les obligations qui lui incombent en application de sa condamnation. La personne peut alors, sur décision d'un officier de police judiciaire, être retenue vingt-quatre heures au plus dans un local de police ou de gendarmerie, afin que soit vérifiée sa situation et qu'elle soit entendue sur la violation de ses obligations.

Dès le début de la mesure de retenue, l'officier de police judiciaire informe le procureur de la République ou le juge de l'application des peines.

La personne retenue est immédiatement informée par l'officier de police judiciaire ou, sous le contrôle de celui-ci, par un agent de police judiciaire, dans une langue qu'elle comprend, de la durée maximale de la mesure, de la nature des obligations qu'elle est soupçonnée d'avoir violées et du fait qu'elle bénéficie :

1° Du droit de faire prévenir un proche et son employeur ainsi que, si elle est de nationalité étrangère, les autorités consulaires de l'État dont elle est ressortissante, conformément à l'article 63-2 ;

2° Du droit d'être examinée par un médecin, conformément à l'article 63-3 ;

3° Du droit d'être assistée par un avocat, conformément aux articles 63-3-1 à 63-4-3 ;

4° S'il y a lieu, du droit d'être assistée par un interprète ;

5° Du droit, lors des auditions, après avoir décliné son identité, de faire des déclarations, de répondre aux questions qui lui sont posées ou de se taire.

La retenue s'exécute dans des conditions assurant le respect de la dignité de la personne. Seules peuvent être imposées à la personne retenue les mesures de sécurité strictement nécessaires.

La personne retenue ne peut faire l'objet d'investigations corporelles internes au cours de sa retenue par le service de police ou par l'unité de gendarmerie.

Si la personne est placée sous le contrôle du juge de l'application des peines, les pouvoirs conférés au procureur de la République par les articles 63-2 et 63-3 sont exercés par ce juge ou, en cas d'empêchement de ce juge, par le procureur de la République.

L'article 64 est applicable à la présente mesure de retenue.

A l'issue de la mesure de retenue, le procureur de la République ou le juge de l'application des peines peut ordonner que la personne soit conduite devant le juge de l'application des peines dans les conditions prévues aux articles 803-2 et 803-3, le cas échéant pour ordonner son incarcération provisoire.

Le procureur de la République ou le juge de l'application des peines peut également, chacun pour les mesures dont il est chargé, demander à un officier ou un agent de police judiciaire d'aviser la personne qu'elle est convoquée devant lui à une date ultérieure, puis de mettre fin à la rétention de la personne.

Art. 709-1-2 *(L. nº 2014-896 du 15 août 2014, art. 34, en vigueur le 1er oct. 2014)* Les services de police et les unités de gendarmerie peuvent, selon les modalités prévues aux articles 56 à 58 et pendant les heures prévues à l'article 59, et après avoir recueilli l'accord du procureur de la République ou du juge de l'application des peines ou sur instruction de l'un de ces magistrats, procéder à une perquisition chez une personne condamnée qui, en raison de sa condamnation, est soumise à l'interdiction de détenir une arme, lorsqu'il existe des indices graves ou concordants que des armes se trouvent actuellement à son domicile.

Si des armes sont découvertes, elles sont saisies et placées sous scellés.

Art. 709-1-3 *(L. nº 2014-896 du 15 août 2014, art. 34, en vigueur le 1er oct. 2014)* Lorsqu'il existe une ou plusieurs raisons plausibles de soupçonner que, à l'issue de son incarcération, une personne condamnée n'a pas respecté l'interdiction qui lui est faite, en application de sa condamnation, d'entrer en relation avec certaines personnes ou certaines catégories de personnes, de fréquenter certains condamnés ou de paraître en un lieu, une catégorie de lieux ou une zone spécialement désignés, les services de police et les unités de gendarmerie peuvent, sur instruction du juge de l'application des peines ou, s'il a été fait application du deuxième alinéa de l'article 131-9 ou du second alinéa de l'article 131-11 du code pénal, du juge de l'application des peines, saisi à cette fin par le procureur de la République, procéder, sur l'ensemble du territoire national, si ces mesures sont indispensables pour rapporter la preuve de la violation des interdictions résultant de la condamnation :

1° Pour un crime ou un délit mentionné au premier alinéa de l'article 100 du présent code, à l'interception, à l'enregistrement et à la transcription de correspondances émises par la voie des télécommunications, selon les modalités prévues à la sous-section 2 de la section III du chapitre Ier du titre III du livre Ier ;

2° Pour un crime ou un délit mentionné *(L. n° 2019-222 du 23 mars 2019, art. 44-XIII et 109-XIII, en vigueur le 1er juin 2019)* « au 1° *[ancienne rédaction : aux 1° et 2°]* » de l'article 230-32, à la localisation en temps réel d'une personne, à l'insu de celle-ci, d'un véhicule ou de tout autre objet, sans le consentement de son propriétaire ou de son possesseur, selon les modalités prévues au chapitre V du titre IV du livre Ier.

Art. 709-2 *(L. n° 2004-204 du 9 mars 2004, art. 160, en vigueur le 1er janv. 2005)* Le procureur de la République établit un rapport annuel sur l'état et les délais de l'exécution des peines qui comprend, notamment, un rapport établi par le *(Ord. n° 2010-420 du 27 avr. 2010, art. 115)* « directeur départemental des finances publiques » relatif au recouvrement des amendes dans le ressort du tribunal. Le *(Ord. n° 2010-420 du 27 avr. 2010, art. 115)* « directeur départemental des finances publiques » communique son rapport au procureur de la République *(L. n° 2009-1436 du 24 nov. 2009, art. 95-I)* « au plus tard le premier jour ouvrable du mois de mars ». Le rapport du procureur de la République est rendu public avant le dernier jour ouvrable du mois de juin selon des modalités fixées par un arrêté du ministre de la justice.

Art. 710 Tous incidents contentieux relatifs à l'exécution sont portés devant le tribunal ou la cour qui a prononcé la sentence ; cette juridiction peut également procéder à la rectification des erreurs purement matérielles contenues dans ses décisions. *(Abrogé par L. n° 2021-1729 du 22 déc. 2021, art. 11) (L. n° 92-1336 du 16 déc. 1992, en vigueur le 1er mars 1994) « Elle statue sur les demandes de confusion de peines présentées en application de l'article 132-4 du code pénal. » (L. n° 2014-896 du 15 août 2014, art. 28, en vigueur le 1er oct. 2014)* « Pour l'examen de ces demandes, elle tient compte du comportement de la personne condamnée depuis la condamnation, de sa personnalité, ainsi que de sa situation matérielle, familiale et sociale. » — *V. note 1 ss. art. 710-1.*

(L. n° 92-1336 du 16 déc. 1992, en vigueur le 1er mars 1994) « En matière criminelle », la chambre de l'instruction connaît des rectifications et des incidents d'exécution auxquels peuvent donner lieu les arrêts de la cour d'assises. — *Pr. pén. C. 820.*

(L. n° 2004-204 du 9 mars 2004, art. 188-I, en vigueur le 1er janv. 2005) « Sont également compétents pour connaître des demandes prévues par le présent article, selon les distinctions prévues par les deux alinéas précédents, soit le tribunal ou la cour, soit la chambre de l'instruction dans le ressort duquel le condamné est détenu. Le ministère public de la juridiction destinataire d'une demande *(Abrogé par L. n° 2021-1729 du 22 déc. 2021, art. 11) « de confusion »* déposée par une personne détenue peut adresser cette requête à la juridiction du lieu de détention. »

(L. n° 2009-1436 du 24 nov. 2009, art. 94-IV) « Pour l'application du présent article *(Abrogé par L. n° 2019-222 du 23 mars 2019, art. 85) « , sauf en matière de confusion de peine »*, le tribunal correctionnel est composé d'un seul magistrat exerçant les pouvoirs du président. Il en est de même de la chambre des appels correctionnels ou de la chambre de l'instruction, qui est composée de son seul président, siégeant à juge unique. Ce magistrat peut toutefois, si la complexité du dossier le justifie, décider d'office ou à la demande du condamné ou du ministère public de renvoyer le jugement du dossier devant la formation collégiale de la juridiction. Le magistrat ayant ordonné ce renvoi fait alors partie de la composition de cette juridiction. La décision de renvoi constitue une mesure d'administration judiciaire qui n'est pas susceptible de recours. »

RÉP. PÉN. v° *Incidents contentieux d'exécution des sentences pénales*, par HERZOG-EVANS.

BIBL. ▶ BECHERAOUI, *RSC 2002. 531* (le contentieux de la confusion des peines). - BUISSON, *Procédures 1998. Chron. 7* (erreurs matérielles). - HERZOG-EVANS, *RSC 1995. Chron. 621* ; *AJ pénal 2005. 280* (complexité du régime des grâces collectives) ; *ibid. 2007. 27* (nature, domaine, conditions et effets des confusions de peine : à propos de trois arrêts de la chambre criminelle).

I. RÈGLES GÉNÉRALES

1. *Réparation uniquement d'erreurs matérielles.* L'art. 710, al. 1er, permet seulement au juge de réparer les erreurs matérielles d'un précédent arrêt, sans y rien ajouter. • Crim. 14 mars 1961 : *D. 1961. 30* • 16 mars 1964, n° 64-90.186 P : *JCP 1964. II. 13685, note Larguier* • 23 mai 1967, n° 66-93.857 P : *D. 1967. Somm. 115.* ♦ ... Et à condition qu'elles ne portent pas atteinte aux intérêts du demandeur. • Crim. 7 nov. 1996 : *Procédures 1997, n° 96, obs. Buisson.*

2. *Interruption de la prescription de l'action publique.* Il résulte des art. 8, 710 et 711, ainsi que des art. L. 235 et L. 236 LPF, que la requête par laquelle le ministère public porte devant le tribunal un incident contentieux relatif à l'exécution d'une sentence pénale est un acte de poursuite interruptif du délai de prescription de l'action publique. • Crim. 31 mai 2012 : *D. actu. 2 juill. 2012, obs. Bombled ; D. 2012. 1742.*

3. *Absence de modification de la chose jugée.* Il n'appartient pas à une juridiction saisie en application de l'art. 710 de modifier, sous le couvert d'interprétation ou de rectification, la chose jugée en substituant à la décision initiale des dispositions nouvelles qui ne seraient pas la réparation d'erreurs matérielles. Méconnaît ce principe la cour d'appel qui fait droit à la requête en rectification d'erreur matérielle présentée par le procureur de la République, tendant à substituer une peine de cinq ans d'emprisonnement à celle de cinq mois, seule mentionnée dans un jugement devenu définitif. • Crim. 17 déc. 2002, n° 02-84.134 P • 25 avr. 2006, n° 05-86.341 P : *D. 2006. IR 1563 ; AJ pénal 2006. 314, obs. Herzog-Evans.*

4. Si les juridictions répressives peuvent interpréter leurs décisions lorsque des difficultés s'élèvent sur le sens de celles-ci, il leur est interdit d'en restreindre ou d'en étendre les dispositions et de modifier ainsi la chose jugée. Est dès lors écartée à bon droit comme se heurtant à ce principe la requête présentée sur le fondement de l'art. 710 par le procureur général, tendant à ce que soit rectifiée l'erreur contenue dans un précédent arrêt dont la minute ne comportait pas la signature du greffier. Selon le requérant, l'erreur aurait consisté dans la mention, contenue dans le dispositif, du prononcé d'une peine complémentaire d'un mois de suspension du permis de conduire, alors que les notes d'audience qui, elles, étaient signées du président et du greffier, mentionnaient que la prévenue avait été condamnée à un an de suspension de son permis de conduire. En effet, l'absence de signature du greffier sur la minute affecte la validité de la décision et ne saurait être réparée sous le couvert d'interprétation ou de rectification suivant la procédure prévue par l'art. 710. • Crim. 20 nov. 2007, n° 07-84.166 P : *Procédures 2008, n° 60, obs. Buisson.*

5. Une juridiction correctionnelle saisie en application de l'art. 710 d'un incident contentieux relatif à l'exécution d'une décision n'a pas le pouvoir de restreindre ou d'accroître les droits qu'elle consacre et de modifier ainsi la chose jugée. Une cour d'appel ne saurait en conséquence dire que la condamnation d'un urologue « à l'interdiction d'effectuer pendant deux ans toute opération chirurgicale de quelque nature que ce soit » doit s'entendre comme celle de pratiquer tous les actes spécifiques qui lui seraient permis dans son activité d'urologue et particulièrement les interventions manuelles ou instrumentales de quelque nature que ce soit sur l'organisme et notamment sur les parties internes. • Crim. 24 juin 2008 : *AJ pénal 2009. 141, obs. Herzog-Evans ; Dr. pénal 2008. Comm. 135, obs. Maron et Haas.*

6. Les juges possèdent un pouvoir souverain pour procéder à la rectification des erreurs purement matérielles, pouvoir que limite seule la défense de modifier la chose jugée, de restreindre ou d'accroître les droits consacrés par cette décision. • Crim. 29 juin 1966, n° 65-92.592 P • 7 janv. 1975, n° 72-92.458 P • 21 juin 1977, n° 76-91.411 P : *D. 1977. IR 425, obs. Puech* • 9 mai 1978, n° 76-93.208 P : *D. 1978. IR 346, obs. Roujou de Boubée* • 5 nov. 1981, n° 81-90.832 P • 10 mai 1983, n° 82-90.601 P : *D. 1983. IR 475* • 12 mai 1986, n° 86-91.158 P • 22 juill. 1986, n° 85-90.771 P • 12 avr. 1988, n° 88-80.525 P • 5 déc. 1989, n° 89-81.596 P • 4 juill. 1995 : *Bull. crim. n° 246* • 28 mars 1996, n° 95-81.921 P.

7. L'art. 710 n'autorise pas les juges à porter atteinte à la chose jugée par une décision devenue définitive. Le dispositif d'un jugement fait foi jusqu'à inscription de faux et son autorité ne peut être détruite par les mentions portées sur le « rôle » ou « feuilleton » d'audience. • Crim. 12 juin 2007, n° 07-82.255 P : *D. 2007. AJ 1873 ; Procédures 2007, n° 230, obs. Buisson.*

II. DOMAINES D'APPLICATION

8. *Défaut de concordance entre dispositif et motifs.* Le dispositif d'un arrêt devant être interprété par les motifs auxquels il s'unit et dont il est la conséquence, un défaut de concordance entre le dispositif et les motifs, résultat d'une erreur purement matérielle, peut être réparé selon la procédure des art. 710 et 711. • Crim. 17 févr. 2009, n° 08-87.726 P : *D. 2009. AJ 623, obs. Lavric ; ibid. 1249, note Pradel ; AJ pénal 2009. 188 ; Dr. pénal 2010. Chron. 1, obs. Guérin ; Procédures 2009, n° 173, obs. Buisson.*

♦ Justifie sa décision la cour d'appel qui réduit d'un tiers, au lieu des deux tiers, l'indemnisation d'un conducteur-victime, les motifs de l'arrêt rectifié lui permettant de rendre le dispositif conforme à la volonté des juges. • Crim. 19 mai 2009, n° 08-87.877 P : *AJ pénal 2009. 321 ; Dr. pénal 2009, n° 117, obs. Maron et Haas.*

9. Constitue une erreur matérielle qui nécessite rectification, la mention « dit l'appel mal fondé » dans le dispositif de l'arrêt de la chambre de l'instruction alors que cette dernière, après avoir exposé les motifs pour lesquels elle estimait l'appel contre une ordonnance du juge d'instruction bien fondé, avait infirmé ladite décision et ordonné le renvoi du dossier audit juge pour poursuivre l'information. • Crim. 2 mai 2007, n° 06-88.306 P : *D. 2007. AJ 1597* .

10. Levée des scellés. Lorsque l'apposition de scellés a été une mesure d'exécution de la fermeture d'un hôtel prononcée par le juge répressif, la demande de levée des scellés, formée par les propriétaires de l'immeuble, parties intéressées au sens de l'art. 711, ne peut être portée que devant la juridiction pénale, seule compétente pour statuer sur les incidents relatifs à l'exécution des peines par elle prononcées. • Cass., ch. mixte, 18 févr. 1972, n° 70-10.446 P : *D. 1972. 301, note R. L.*

11. Absence de concordance entre chiffres et lettres. En matière criminelle, la peine mentionnée au dispositif de l'arrêt de condamnation peut faire l'objet d'une rectification d'erreur matérielle, en application de l'art. 710, lorsque ladite peine ne correspond pas à celle figurant en chiffres et en lettres sur la feuille de questions, laquelle, signée du président et du premier juré, authentifie le résultat du délibéré. • Crim. 19 déc. 2007, n° 07-84.836 P : *RSC 2008. 352, obs. Finielz ; Procédures 2008, n° 86, obs. Buisson.*

12. Erreur sur le nom. Lorsqu'une prévenue a été condamnée sous le nom d'une autre personne totalement étrangère par suite d'une erreur purement matérielle, la juridiction ayant statué a qualité pour ordonner la rectification de l'erreur ainsi commise dans les conditions prévues par les art. 710 et 711. • Crim. 27 févr. 1969, n° 68-92.533 P.

13. Erreur de plume. Dès lors que l'intitulé et le dispositif de l'arrêt précisent qu'il a été rendu « en chambre du conseil », en application de l'art. 778, une mention incidente contenant les mots « à l'audience publique de ce jour » ne constitue qu'une erreur de plume manifeste, relevant de la procédure de rectification prévue par l'art. 710. • Crim. 8 oct. 1984 : *Bull. crim. n° 289.*

14. Justifie sa décision la cour d'appel qui, pour faire droit à la requête en rectification d'erreur matérielle affectant une précédente décision sur intérêts civils, énonce que l'emploi, dans le dispositif, de l'adjectif « irrévocable » à la place de « définitif », procède d'une erreur de plume, les motifs employés reprenant quant à eux exactement les termes de l'art. L. 211-13 C. assur., sur lequel se fonde le raisonnement. • Crim. 3 nov. 2009, n° 09-80.991 P : *D. 2010. Chron. C. cass. 42, obs. Chaumont ; AJ pénal 2010. 39, obs. Lasserre Capdeville ; Dr. pénal 2010, n° 13, obs. Maron et Haas.*

15. Liquidation d'une astreinte. Il résulte de l'art. 710 que tous incidents contentieux relatifs à l'exécution sont portés devant le tribunal ou la cour qui a prononcé la sentence et de l'art. L. 480-7 C. urb. que la juridiction qui impartit au bénéficiaire des travaux irréguliers ou de l'utilisation irrégulière du sol un délai pour l'exécution de l'ordre de démolition, de mise en conformité ou de réaffectation peut assortir son injonction d'une astreinte ; la créance d'une commune en liquidation du produit d'une astreinte assortissant l'arrêt de la chambre correctionnelle d'une cour d'appel condamnant un prévenu à une amende pour infraction aux règles de l'urbanisme et lui ordonnant la démolition des ouvrages édifiés irrégulièrement, trouve son fondement dans la condamnation, pénale et civile, prononcée par la juridiction répressive, le contentieux du recouvrement de l'astreinte prononcée ressortissant ainsi aux juridictions répressives. • Crim. 24 mars 2015, n° 14-84.300 P : *D. actu. 17 avr. 2015, obs. Gallois ; AJ pénal 2015. 322, obs. Cholet* . ♦ Saisie sur le fondement de l'art. 710 d'un incident contentieux relatif à l'exécution d'une condamnation sous peine d'astreinte, la juridiction pénale est compétente en vertu de l'art. 111-5 C. pén. pour apprécier, par voie d'exception, la légalité d'un acte administratif, en l'espèce, un arrêté de retrait de permis de construire. • Crim. 21 nov. 2017, n° 17-80.016 P.

16. Omissions. Relèvent du contentieux de l'exécution prévu par les art. 710 et 711 : l'omission, par la cour d'appel, de déterminer les extraits de sa décision dont l'affichage est ordonné. • Crim. 3 avr. 1996, n° 95-81.857 P • 3 déc. 1997, n° 97-81.718 P. ♦ ... L'omission de fixer les caractères typographiques de l'affichage de son arrêt en application de l'art. 7 *[C. consom., art. L. 216-3]* de la L. du 1er août 1905. • Crim. 3 nov. 1993, n° 92-81.014 P. ♦ ... L'omission, par un tribunal, de déterminer les modalités selon lesquelles la publication d'un jugement sera ordonnée ; en précisant ces modalités, le tribunal ne fait que rendre effective la condamnation prononcée et ne porte pas atteinte à l'autorité de la chose jugée. • Crim. 15 sept. 2015, n° 14-82.133 P : *D. actu. 6 oct. 2015, obs. Gallois.* ♦ ... L'omission, par les juges, de fixer le point de départ du délai prévu pour l'exécution de la mesure de démolition d'un ouvrage irrégulièrement édifié, ce délai courant, en vertu de l'art. 569, à compter du jour où la décision est devenue définitive. • Crim. 13 mars

1996, n° 95-84.226 P. ♦ ... L'omission, par les juges, de fixer le point de départ du paiement d'une rente au titre de l'assistance d'une tierce personne, lequel doit être fixé à la date du retour à domicile. • Crim. 18 oct. 2011, n° 11-81.568 P. ♦ ... L'omission de statuer sur une demande d'exclusion de la condamnation du bulletin n° 2 du casier judiciaire. • Crim. 8 déc. 1999, n° 98-87.793 P. ♦ ... Les difficultés relatives à la poursuite de l'ordre de démolition et au recouvrement de l'astreinte après le décès du condamné. • Crim. 23 nov. 1996 : *Bull. crim. n° 375.* ♦ ... L'omission de la fixation de la durée de l'interdiction de séjour dans la décision qui a prononcé cette peine, la durée de l'interdiction de séjour ne constituant que l'une des modalités de cette peine et la fixation de cette durée postérieurement au jugement qui l'avait prononcée ayant pour effet non de modifier la peine elle-même mais d'en régler une difficulté d'exécution. • Crim. 12 sept. 2008 : *AJ pénal 2008. 31, note Herzog-Evans*.

17. Mise à exécution de la peine. Les incidents contentieux relatifs à l'exécution étant, aux termes de l'art. 710, al. 1er, portés devant le tribunal ou la cour qui a prononcé la sentence, le condamné est irrecevable à soutenir, devant la juridiction de l'application des peines, que les peines d'emprisonnement dont il demande la suspension sont prescrites. • Crim. 24 oct. 2007, n° 06-89.405 P. ♦ Le tribunal ou la cour qui a prononcé la sentence est compétent pour constater la prescription de la peine, et la recevabilité de la requête n'est pas soumise à la mise à exécution de la peine. • Crim. 15 févr. 2012, n° 11-84.535 P : *D. actu. 13 mars 2012, obs. Priou-Alibert ; D. 2012. Actu. 613*. ♦ Le principe de l'autorité de la chose jugée, même de façon erronée, s'oppose à ce qu'une décision de justice soit remise en cause ; la révocation d'un sursis assortissant une condamnation définitive n'est dès lors pas subordonnée à la régularité de son prononcé (peine illégale de six ans d'emprisonnement assortie d'un sursis partiel de deux ans). • Crim. 4 avr. 2013 : *D. actu. 18 avr. 2013, obs. Winckelmuller ; D. 2013. 1004 ; RSC 2013.402, note Salvat*.

18. Justifie sa décision la cour d'appel qui pour déclarer recevable une requête en incident d'exécution retient que la contestation formée en l'espèce par le condamné, portant sur la mise à exécution d'une peine, par le ministère public, sur le fondement de l'art. 723-16, alors que le juge de l'application des peines est saisi dans le cadre de l'art. 723-15, constitue un incident, au sens de l'art. 710, en l'absence de disposition particulière prévoyant une procédure spéciale. • Crim. 23 mars 2022, n° 21-83.549 P.

19. Restitution d'objets saisis. Relève de l'art. 710 la difficulté d'exécution résultant du refus par le procureur de la République de restituer à un condamné un objet placé sous la main de la justice, pour un motif autre que ceux prévus par l'art. 41-1, al. 2. • Crim. 9 mai 1994, n° 92-8.092 P. ♦ La juridiction ne peut pas s'estimer compétente pour statuer sur la restitution d'objets saisis s'il n'y a pas au préalable une décision du procureur à ce sujet. • Crim. 5 févr. 2002, n° 01-82.110 P • 20 juin 2006, n° 05-86.839 P : *AJ pénal 2006. 458*. ♦ Lorsque la juridiction est saisie d'un refus de restitution d'objet par le procureur, elle est tenue de trancher la contestation relative à la propriété des objets réclamés, même si elle est sérieuse, si la décision sur la restitution en dépend. • Crim. 5 févr. 2002, n° 01-82.110 P : *D. 2002. IR 1240*. ♦ Aucun texte n'interdit de donner mandat à un tiers – en l'espèce, une association – de présenter une requête en restitution, dès lors que l'existence de ce mandat est prouvée et que le nom du mandant – l'un des membres de l'association – figure dans chaque acte de procédure effectué par le mandataire. • Crim. 20 mai 2015, n° 14-81.147 P : *D. actu. 8 juin 2015, obs. Fucini ; AJ pénal 2015. 607, obs. Girault ; Procédures 2015, n° 237, note Chavent-Leclère.*

20. Confiscation. Doit être examinée, sur le fondement de l'art. 710, la requête de toute personne non condamnée pénalement, copropriétaire d'un bien indivis, qui soulève des incidents contentieux relatifs à l'exécution d'une décision pénale ordonnant la confiscation de ce bien. • Crim. 20 mai 2015, n° 14-81.741 P : *D. actu. 30 juin 2015, obs. Fonteix ; AJ pénal 2015. 441, obs. Ascensi*. ♦ ... Mais la personne non condamnée pénalement qui prétend avoir des droits sur un bien confisqué doit saisir la chambre de l'instruction d'une requête en incident contentieux relatif à l'exécution, sur le fondement de l'art. 131-21 C. pén. • Crim. 10 avr. 2019, n° 18-85.370 P : *D. 2019. Pan. 1626, obs. Pradel ; RSC 2019. 662, note Parizot*.

21. Difficultés d'exécution. Est irrecevable le moyen qui soutient que le délai fixé par les juges du fond pour la remise des lieux dans leur état antérieur ne peut avoir pour point de départ la date du prononcé de l'arrêt dès lors qu'un tel grief se fonde sur une éventuelle difficulté d'exécution de la décision, laquelle relèverait de l'art. 710. • Crim. 17 mai 1993, n° 92-86.071 P.

22. Les incidents contentieux relatifs à la mauvaise exécution ou à l'exécution incomplète d'un arrêt de la chambre de l'instruction statuant en matière de nullité de procédure sont portés devant cette juridiction, à qui il incombe de s'assurer que le retrait et la cancellation de pièces de la procédure annulées ont bien été réalisés conformément aux dispositions de l'art. 174, al. 3, et le cas échéant, de prendre les dispositions nécessaires pour qu'ils le soient. • Crim. 9 mai 2018, n° 17-80.656 P : *AJ pénal 2018. 359, note Fucini*.

23. Douanes. L'art. 388 C. douanes, qui institue une modalité particulière d'exercice de la contrainte par corps, n'exclut pas l'application des art. 710, 752 et 756. • Crim. 26 oct. 1995, n° 94-80.472 P.

24. Pluralité de mandats d'arrêt européens. S'il résulte de l'art. 695-42 que, lorsque plusieurs États membres ont émis un mandat d'arrêt européen à l'encontre de la même personne, le choix du mandat d'arrêt européen à exécuter est opéré par la chambre de l'instruction, en tenant compte, notamment, des distinctions prévues par ce texte, l'arrêt n'encourt pas pour autant la censure, dès lors que ce choix peut être effectué dans le cadre de la procédure prévue aux art. 710 et 711. • Crim. 24 janv. 2012, n° 11-89.177 P : *D. actu. 17 févr. 2012, obs. Girault.*

III. JURIDICTIONS

25. Chambre de l'instruction. Il résulte de l'art. 710 que seuls les incidents d'exécution auxquels peuvent donner lieu, en matière criminelle, les arrêts de la cour d'assises relèvent de la compétence de la chambre de l'instruction. Tel n'est pas le cas d'une contestation relative au calcul du crédit de réduction des peines résultant de trois condamnations prononcées par un tribunal correctionnel. • Crim. 5 déc. 2007, n° 07-85.037 P.

26. Doit être cassé l'arrêt d'une chambre de l'instruction qui a statué sur une requête en rectification d'erreur matérielle alors que les formalités prévues à l'art. 197, al. 2 n'avaient pas été respectées. • Crim. 27 nov. 2012 : *D. actu. 13 déc. 2012, obs. Winckelmuller ; AJ pénal 2013. 167, obs. Girault* .

27. La chambre d'accusation est compétente pour connaître des incidents d'exécution auxquels donnent lieu les arrêts de la cour d'assises, en application de l'art. 710. Encourt en conséquence la cassation l'arrêt de la chambre d'accusation qui, en invoquant l'art. 148-1, dont les dispositions ne sont pas applicables aux peines en cours d'exécution, se déclare incompétente pour statuer sur la demande de mise en liberté d'un condamné à une peine criminelle qui conteste la validité de l'arrêté du ministre de la Justice révoquant sa libération conditionnelle. • Crim. 27 avr. 1994, n° 94-80.651 P. ♦ La cour d'assises n'est pas compétente pour réparer ses erreurs ou omissions, même s'il s'agit d'une erreur commise dans un arrêt civil. • Crim. 27 sept. 2000, n° 99-87.598 P : *D. 2000. IR 280* .

28. Cour de cassation. L'art. 710, relatif aux incidents de procédure, s'applique aux arrêts rendus par la Cour de cassation et cette juridiction a seule qualité pour apprécier la portée des arrêts rendus par elle. • Crim. 13 juin 1984, n° 83-91.902 P.

IV. LIMITES

29. Dispositions nouvelles. Il ne saurait appartenir à une juridiction saisie en application de l'art. 710 d'ajouter, sous couvert d'interprétation ou de rectification, des dispositions nouvelles qui ne seraient pas une réparation d'erreurs purement matérielles. • Crim. 26 juin 1984, n° 83-93.528 P • 9 févr. 1994, n° 93-81.360 P. ♦ Ainsi en est-il lorsque la rectification ordonnée porte, non sur une simple erreur de calcul affectant une opération arithmétique, mais sur une fausse application de la méthode de calcul retenue. • Crim. 26 avr. 1990, n° 89-82.768 P. ♦ Mais encourt la cassation l'arrêt d'une cour d'appel rejetant, au motif du respect de l'autorité de la chose jugée, la requête de la partie civile en rectification d'une précédente décision qui, après avoir, dans ses motifs, évalué les diverses composantes du préjudice corporel personnel, avait commis une erreur manifeste et purement matérielle dans la totalisation du dommage, et reproduit cette erreur dans son dispositif portant condamnation à des dommages-intérêts. • Crim. 25 févr. 1991, n° 89-85.863 P. ♦ Par contre, doit être infirmé le jugement rectificatif par lequel le tribunal correctionnel modifie le nombre de prévenus condamnés au paiement des dommages-intérêts à la partie civile dès lors que le dispositif du jugement fait foi jusqu'à inscription de faux et que son autorité ne peut être détruite par de simples notes d'audience. • Crim. 17 juin 2003, n° 02-82.003 P : *D. 2003. IR 2284 ; JCP 2003. IV. 2451 ; AJ pénal 2003. 27 ; Dr. pénal 2003. Comm. 117, obs. Maron* • 12 juin 2007 : *préc. note 7.*

30. Peines prononcées. Les juridictions sont sans pouvoir pour modifier, en suivant cette procédure, les peines prononcées telles qu'elles sont portées sur la minute, qui, signée du président et du greffier, fait foi jusqu'à inscription de faux. • Crim. 23 oct. 1969, n° 69-92.689 P : *D. 1970. 5, note J.-M. R. ; RSC 1970. 119, obs. Jean Robert* • 12 nov. 1975, n° 75-91.756 P • 29 févr. 1988, n° 88-80.022 P • 6 sept. 1988, n° 88-80.483 P • Reims, 29 oct. 1987 : *JCP 1988. II. 21111, note Jeandidier* • Crim. 30 mars 1989 : *Bull. crim. n° 155* • 3 mai 1990, n° 88-87.397 P. ♦ Comp. : • Crim. 27 févr. 1969, n° 68-92.533 P : *D. 1969. Somm. 123.*

31. Délais. Une juridiction correctionnelle n'a pas le pouvoir de restreindre ou d'accroître les droits qu'elle consacre et de modifier ainsi la chose jugée. Méconnaît ce principe la cour d'appel qui, sous couvert d'une difficulté d'exécution, ajoute à la décision ayant ordonné une mesure de démolition un délai sous astreinte qu'elle ne prévoyait pas. • Crim. 7 févr. 1996, n° 94-8..869 P. ♦ De même lorsque le juge de l'exécution détermine lui-même le point de départ du délai de démolition de l'ouvrage. • Civ. 2e, 12 mars 1997, n° 95-11.807 P.

32. Désistement. Aucun recours n'est ouvert aux parties, devant les juridictions répressives en vue d'obtenir l'annulation ou la rétractation d'une décision qui a définitivement fait droit à leurs conclusions de désistement. • Crim. 21 janv. 1970, n° 68-93.594 P.

33. Intérêts civils. Les dispositions de l'art. 710, al. 2 ne sont applicables qu'aux décisions définitives rendues par une juridiction répressive. Tel n'est pas le cas de la décision d'une cour d'assises prononçant sur les intérêts civils qui déclare l'accusé responsable des dommages causés à la victime et, avant dire droit, ordonne une expertise et le condamne à verser une indemnité provisionnelle à celle-ci. • Crim. 28 juin 1995, n° 94-85.421 P.

34. Immunité diplomatique. Le prévenu qui ne s'est pas prévalu de son immunité diplomatique devant les juges saisis des poursuites et a fait l'objet d'une condamnation définitive ne peut valablement soulever cette exception sous le couvert d'une requête présentée en application de l'art. 710 car cette exception ne relève pas du contentieux de l'exécution. • Crim. 22 juin 2005, n° 40-86.624 P : *JCP 2005. IV. 2831.*

35. Portée de la rectification. Les dispositions des art. 509 et 515 limitant l'effet dévolutif de l'appel ne sont pas applicables en cas de rectification d'erreur matérielle. • Crim. 17 juin 2003 : *préc. note 29.*

36. Dispositions réglementaires. Les règles de procédure pénale étant, aux termes de l'art. 34 Const., du domaine de la loi, les dispositions des art. 461 et 462 NCPC *[devenu C. pr. civ.]*, qui sont de nature réglementaire, ne sauraient trouver à s'appliquer devant la juridiction pénale. • Crim. 13 déc. 2005 : *Bull. crim. n° 330 ; D. 2006. IR 323.*

37. Grâces collectives. Un prévenu ne peut se prévaloir d'aucun droit acquis au bénéfice de grâces collectives irrégulièrement accordées. Dès lors, justifie parfaitement sa décision la chambre de l'instruction qui rejette la demande en restitution du bénéfice de grâces retirées car accordées indûment. • Crim. 31 mai 2007, n° 07-80.928 P : *D. 2007. AJ 2033 ; AJ pénal 2007. 392.*

V. RECOURS

38. Appel possible. Les jugements rendus en vertu de l'art. 710 sont susceptibles d'être attaqués par la voie de l'appel. • Crim. 29 déc. 1964, n° 94-91.912 P.

39. Effets de l'appel. Saisie du seul appel d'une ordonnance du JLD ayant rectifié l'erreur matérielle contenue dans une précédente ordonnance improprement qualifiée d'ordonnance de rejet de demande de mise en liberté alors qu'il s'agissait d'une ordonnance de prolongation de la détention rendue après débat contradictoire régulier, la chambre de l'instruction est bien fondée à refuser d'annuler l'ordonnance rectificative, après cancellation des mentions relatives au délai prévisible d'achèvement de la procédure, omises dans la décision rectifiée. • Crim. 16 sept. 2008, n° 08-84.893 P : *AJ pénal 2008. 472.*

Art. 710-1 *(L. n° 2021-1729 du 22 déc. 2021, art. 11)* **Lorsqu'une personne condamnée demande, en application de l'article 132-4 du code pénal, la confusion de peines prononcées contre elle après que les condamnations sont devenues définitives, sa demande est portée devant le tribunal correctionnel, dont la décision peut faire l'objet d'un appel devant la chambre des appels correctionnels. Sont compétents le ou les tribunaux correctionnels ayant prononcé les peines ou se trouvant au siège d'une des juridictions ayant prononcé les peines. Les deux derniers alinéas de l'article 710 du présent code sont alors applicables. Si l'une ou plusieurs des peines prononcées sont des peines criminelles, le renvoi à la formation collégiale du tribunal ou de la chambre des appels correctionnels est de droit s'il est demandé par le condamné ou le ministère public.**

RÉP. PÉN. v° *Confusion de peine*, par HERZOG-EVANS.

BIBL. ▶ BECHERAOUI, *RSC 2002. 531* (le contentieux de la confusion des peines). – HERZOG-EVANS, *AJ pénal. 2007. 27* (nature, domaine, conditions et effets des confusions de peine : à propos de trois arrêts de la chambre criminelle).

1. QPC (confusion de peines). Les dispositions de l'art. 710 procèdent à une distinction *injustifiée entre les personnes condamnées* qui demandent la confusion de peines après qu'elles sont devenues définitives selon que ces peines ont été prononcées par des cours d'assises ou des juridictions correctionnelles d'appel (la décision étant alors insusceptible d'appel), ou, pour au moins l'une d'entre elles, par une juridiction correctionnelle de premier ressort (la décision étant alors susceptible d'appel) ; elles méconnaissent donc le principe d'égalité devant la justice et, sans qu'il soit besoin d'examiner l'autre grief, doivent être déclarées contraires à la Constitution (report de effets de l'inconstitutionnalité au 31 déc. 2021). • Cons. const. 21 juill. 2021, n° 2021-925 QPC : *JO 22 juill. ; RSC 2021. 892, obs. Botton ; AJ pénal 2021. 491, obs. Falxa.*

2. Confusion de peines. Il résulte de l'art. 710 que seule est compétente, pour ordonner la confusion de plusieurs peines, la juridiction qui a prononcé au moins l'une de celles-ci. • Crim.

2 déc. 1992, n° 92-81.251 P. ♦ Peu importe que la juridiction saisie ne soit pas la dernière à avoir prononcé une peine à l'encontre du requérant. • Crim. 6 juin 2001, n° 01-80.172 P : *D. 2001. IR 2561* ; *Dr. pénal 2001. Comm. 112, obs. Véron* ; *RSC 2002. 99, obs. Bouloc* . ♦ Lorsqu'une juridiction rejette la demande de confusion de peines principales mais ne statue pas immédiatement sur la demande de confusion de peines complémentaires, l'intéressé reste en mesure de saisir la juridiction ayant prononcé l'une des deux condamnations pour solliciter cette confusion des peines complémentaires. • Crim. 6 mars 2002, n° 01-84.857 P. ♦ Il résulte de la combinaison des art. 496, 510 et 710 que l'appel du jugement par lequel le tribunal correctionnel statue sur une requête en confusion de peines est porté devant la chambre des appels correctionnels de la cour d'appel et non devant la chambre de l'application des peines. L'exception d'incompétence est d'ordre public et peut être soulevée pour la première fois devant la Cour de cassation. • Crim. 9 janv. 2013 : *D. 2013. 1309, obs. Herzog-Evans* .

3. L'autorité de la chose jugée s'attache à la décision par laquelle les juges se prononcent sur la confusion des peines. • Crim. 5 nov. 1985, n° 84-95.728 P • 25 juill. 1995, n° 94-85.218 P : *Dr. pénal 1996. Chron. 19* ; *RSC 1996. 368, obs. Bouloc* . • 4 oct. 2006 : *AJ pénal 2007. 27, obs. Herzog-Evans* . ♦ En cas de rejet d'une première requête, un condamné ne peut solliciter à nouveau une confusion de peine, même en se prévalant de nouveaux éléments de mérite, relatifs notamment à l'exécution de sa sentence pénale. • Crim. 9 juin 2010 : *AJ pénal 2011. 145, obs. Herzog-Evans* . ♦ La décision par laquelle se prononcent les juges sur une demande de confusion de peines est revêtue de l'autorité de la chose jugée ; dès lors, porte atteinte aux intérêts du demandeur une telle décision prise par la chambre de l'instruction, qui n'a pas donné acte au requérant de son désistement régulièrement adressé, et alors que les circonstances ayant conduit à une telle omission ne sont pas extérieures au service de la justice. • Crim. 23 sept. 2015, n° 14-84.800 P : *D. actu. 14 oct. 2015, obs. Priou-Alibert*.

4. Lorsqu'une personne détenue dépose une demande de confusion de peines devenues définitives dont l'une a été prononcée par une cour d'assises et l'autre par un tribunal correctionnel, sont également compétents pour statuer sur cette requête la chambre de l'instruction dont dépend la cour d'assises qui a prononcé la condamnation criminelle ou le tribunal correctionnel qui a prononcé la condamnation correctionnelle, ou, depuis le 1er janv. 2005, la chambre de l'instruction ou le tribunal correctionnel du lieu de détention. • Crim. 7 nov. 2007, n° 07-84.303 P : *AJ pénal 2008. 46, note Herzog-Evans* .

5. La Cour de cassation, saisie pour avis d'une question relative à la contestation du refus du ministère public de mettre à exécution une décision définitive ayant ordonné une confusion de peines, juge que la difficulté n'est pas sérieuse et dit n'y avoir lieu à avis tout en précisant que, d'une part, tous les incidents contentieux relatifs à l'exécution des sentences pénales pour lesquels aucune autre procédure n'est prévue par la loi relèvent des art. 710 à 712 et, que d'autre part, le principe de l'autorité qui s'attache à la chose jugée même de manière erronée s'oppose à ce qu'une décision de justice devenue définitive soit remise en cause. • Cass., avis, 7 févr. 2011 : *D. actu. 22 févr. 2011, obs. Priou-Alibert*.

6. Si la juridiction statuant sur une demande de confusion facultative de peines doit motiver sa décision notamment sur le fondement des dispositions de l'art. 710, il appartient au demandeur de produire des éléments de nature à justifier de l'évolution de son comportement, de sa personnalité et de sa situation matérielle, familiale et sociale, pour permettre à la juridiction, au besoin après vérifications ou investigations complémentaires, d'apprécier le mérite de sa demande. • Crim. 11 juill. 2017, n° 16-85.676 P : *D. actu. 18 sept. 2017, obs. Fonteix.* ♦ Par ailleurs, si la juridiction statuant sur une demande de confusion facultative de peines doit motiver sa décision en tenant compte du comportement de la personne condamnée depuis la condamnation, de sa personnalité, ainsi que de sa situation matérielle, familiale et sociale, elle peut également retenir d'autres motifs relevant du pouvoir d'appréciation que lui reconnaît l'art. 132-4 C. pén. • Crim. 10 janv. 2018, n° 16-87.611 P : *D. actu. 23 janv. 2018, obs. Goetz* ; *Dr. pénal 2018, n° 57, obs. Peltier* ; *AJ pénal 2018. 207, obs. H.-Evans* .

7. La réduction, au maximum légal le plus élevé, de plusieurs peines de même nature prononcées pour des poursuites séparées, pour des infractions en concours, n'exclut pas que soit prononcée, par la suite, leur confusion totale ou partielle. • Crim. 11 juill. 2017, n° 15-81.265 P : *D. actu. 18 sept. 2017, obs. Fonteix* ; *Dr. pénal 2017, n° 155, obs. Bonis-Garçon.*

8. Confusion et condamnations européennes. Une juridiction française n'a pas qualité pour ordonner la confusion de condamnations prononcées par des juridictions belges et allemandes avec une condamnation prononcée et déjà exécutée en France. • Crim. 19 nov. 2014 : *D. actu. 7 janv. 2015, obs. Léna* ; *Dr. pénal 2015, n° 28, note Bonis-Garçon.*

Art. 711 **Le tribunal ou la cour, sur requête du ministère public ou de la partie intéressée, statue en chambre du conseil après avoir entendu le ministère public, le conseil**

de la partie s'il le demande et, s'il échet, la partie elle-même, sous réserve des dispositions de l'article 712. *(L. n° 2004-204 du 9 mars 2004, art. 188-II, en vigueur le 1er janv. 2005)* **« Lorsque le requérant est détenu, sa comparution devant la juridiction n'est de droit que s'il en fait la demande expresse dans sa requête. »**

L'exécution de la décision en litige est suspendue si le tribunal ou la cour l'ordonne.

Le jugement sur l'incident est signifié à la requête du ministère public aux parties intéressées.

(L. n° 2019-222 du 23 mars 2019, art. 85) **« En cas d'accord des parties, la décision »** *(L. n° 2016-731 du 3 juin 2016, art. 99)* **« peut être prise, sans audience, par ordonnance** *(Abrogé par L. n° 2020-1672 du 24 déc. 2020, art. 26)* **« *rectificative* » du président de la juridiction. »** — *V. art. D. 48-5-5.*

BIBL. ▶ LESCLOUS et MARSAT, *Dr. pénal sept. 1993, p. 4.* – MARON, *Dr. pénal déc. 1992, n° 305.*

1. Inapplicabilité. La procédure prévue par l'art. 711 n'est pas applicable à la rectification des ordonnances rendues par le JLD. • Crim. 3 juin 2003, n° 03-81.482 P : *JCP 2003. IV. 2367 ; AJ pénal 2003. 71.*

2. Règles générales. Il résulte des art. 710 et 711 et notamment du caractère facultatif de la présence aux débats de la partie et de son conseil que la procédure ne saurait en aucun cas donner lieu à une décision par défaut, comme telle susceptible d'opposition selon les règles du droit commun. • Crim. 31 mars 1965, n° 64-93.192 P : *D. 1965. 563.*

3. Sursis avec mise à l'épreuve. L'instance tendant à faire ordonner l'exécution de la peine qui avait été assortie du sursis avec mise à l'épreuve constitue un incident contentieux relatif à l'exécution de sentences pénales, et doit se dérouler en chambre du conseil. • Crim. 14 févr. 1963, n° 62-93.488 P • 21 févr. 1963, n° 62-92.513 P : *D. 1963. 506, note Schewin.*

4. Confusion de peines. S'il est regrettable que les mentions d'un arrêt statuant sur une demande de confusion de peines ne permettent pas de savoir si l'affaire a été jugée en chambre du conseil, l'irrégularité ne doit pas entraîner l'annulation de la décision, dès lors qu'il n'est pas établi qu'elle ait porté atteinte aux intérêts du demandeur. • Crim. 6 févr. 1991, n° 90-82.930 P.

5. Dès lors qu'en prononçant une condamnation la juridiction de jugement a déjà refusé la confusion de la peine qu'elle infligeait avec une peine antérieure définitive, le condamné ne peut présenter par la suite une requête en confusion de peines en utilisant les dispositions des art. 710 et 711. • Crim. 5 nov. 1985, n° 84-95.728 P.

6. Sur l'autorité de chose jugée de la décision statuant sur une demande de confusion de peine, V. aussi note 3 ss. art. 710.

7. Audition de l'avocat ou du demandeur. Il se déduit des dispositions combinées des art. 460, 513, 710, 711 et 712, ainsi que des principes généraux du droit, que le conseil de la partie doit avoir la parole le dernier, et, s'il échet, la partie elle-même. • Crim. 19 avr. 1988, n° 86-95.841 P • 30 nov. 1993, n° 93-82.912 P. ♦ La juridiction saisie d'un incident contentieux relatif à l'exécution des peines sur requête du ministère public ou de la partie intéressée statue après avoir entendu l'avocat de la partie s'il le demande. Méconnaît ce principe la chambre de l'instruction qui rejette une demande de confusion de peines sans même répondre à la demande de renvoi présentée par l'avocat qui avait demandé à être entendu. • Crim. 20 mai 2003, n° 02-86.008 P : *D. 2003. IR 1945 ; JCP 2003. IV. 2268.* ♦ En application de l'art. 711, la chambre de l'instruction statuant sur la requête d'une partie tendant à la rectification d'une erreur matérielle est tenue d'entendre le requérant s'il en a fait la demande. • Crim. 23 juin 2009, n° 08-84.189 P : *D. 2009. AJ 1901 ; AJ pénal 2009. 419 ; Procédures 2009, n° 372, obs. Buisson.* ♦ La comparution est de droit, en matière de confusion de peines, pour le requérant détenu qui en a fait la demande. • Crim. 30 mars 2011, n° 10-88.016 P : *D. 2011. Actu. 1220, obs. Léna ; AJ pénal 2011. 535, obs. Herzog-Evans.*

8. Art. 6 Conv. EDH. La procédure en chambre du conseil, instituée par les art. 710 et 711, qui ne permet pas aux juges de modifier la chose jugée ni de restreindre ou d'accroître les droits consacrés par la décision qu'il leur est demandé de rectifier, ne saurait entrer dans les prévisions de l'art. 6, § 1, Conv. EDH qui s'applique soit aux contestations sur les droits et obligations de caractère civil, soit aux accusations en matière pénale. • Crim. 11 juin 1991 : *Gaz. Pal. 1992. 1. 35* • 29 mai 1997, n° 96-82.480 P • 16 sept. 1997, n° 96-83.754 P : *Gaz. Pal. 1998. 2. 621* • 21 oct. 1997, n° 97-81.099 P : *Procédures 1998, n° 45, obs. Buisson.* ♦ En effet, l'examen d'une requête portant sur l'exécution d'une peine n'amène pas les juges à décider du bien-fondé d'une accusation en matière pénale au sens de l'art. 6, § 1, Conv. EDH. • Crim. 20 juin 2000, n° 99-85.780 P : *D. 2000. IR 244* • 3 févr. 2004, n° 03-83.873 P : *JCP 2004. IV. 1596 ; AJ pénal 2004. 165.* ♦ La partie pénalement condamnée par décision définitive, qui saisit la juridiction d'une requête en interprétation d'un arrêt prononçant sur les intérêts civils, a perdu la qualité de prévenu, de sorte que les dispositions des art. 513, dernier al., et 710 ne peuvent plus recevoir application lors des débats portant sur ces seuls intérêts. • Crim. 24 juin 1992, n° 91-84.385 P • 11 mai 1995, n° 94-84.883 P.

9. Délai de pourvoi. Le point de départ du délai de pourvoi est fixé au jour de la signification de la décision se prononçant sur un incident contentieux. Est, dès lors, recevable le pourvoi formé alors que cette signification n'a pas été opérée. • Crim. 5 mars 1991, n° 90-82.781 P.

10. Notion de partie intéressée. L'éditeur d'une publication de presse, désignée par la juridiction pénale pour procéder à la diffusion de la condamnation, est une partie intéressée au sens de l'art. 711. Il est recevable à saisir la juridiction répressive d'un incident contentieux relatif à l'exécution de la peine de diffusion prononcée. • Crim. 6 mars 2001, n° 00-82.842 P. ♦ Toute personne visée par une mesure d'exécution d'une décision pénale est recevable à présenter une requête soulevant des incidents relatifs à cette exécution, quand bien même n'aurait-elle pas été partie à l'instance pénale ayant conduit à l'arrêt de condamnation. • Crim. 21 nov. 2006, n° 05-85.985 P : *AJ pénal 2007. 89, obs. Roussel* . ♦ Sur ce qu'il faut entendre par l'expression « partie intéressée » au sens de l'art. 711, concernant le Trésor public : • Crim. 7 nov. 1968, n° 67-92.276 P : *D. 1969. 9.* ♦ ... Une commune : • Crim. 7 févr. 1996, n° 94-83.869 P.

11. Observations des parties. Le tribunal correctionnel ne peut statuer sur un incident contentieux concernant l'exécution d'une précédente décision sans que toutes les parties intéressées aient été mises en demeure de faire connaître leurs observations, y compris les parties civiles s'il s'agit de statuer sur une requête aux fins d'annulation d'un état exécutoire. • Crim. 3 avr. 2001, n° 00-87.294 P.

12. Parties civiles. Ne porte pas atteinte aux intérêts du condamné, demandeur à une requête en interprétation de dispositions pénales d'une précédente décision, l'arrêt rendu après que les parties civiles ont été avisées de la date de l'audience et que leur représentant a été entendu avant le ministère public, l'avocat du requérant ayant eu la parole en dernier. • Crim. 24 juin 2008 : *AJ pénal 2009. 141, obs. Herzog-Evans* ; *Dr. pénal 2008. Comm. 135, obs. Maron et Haas.*

13. Signification aux parties. Lorsque le tribunal correctionnel statue sur un incident relatif à l'exécution des peines, dans les conditions prévues par les art. 710 et 711, son jugement, rendu en chambre du conseil, doit être, à la requête du ministère public, signifié aux parties intéressées pour faire courir, à leur égard, le délai d'appel ; encourt la cassation l'arrêt qui déclare irrecevable l'appel formé plus de 10 jours après le prononcé du jugement, rendu « contradictoirement », sur une requête en confusion de peines, sans rechercher la date de signification de ce jugement. • Crim. 16 sept. 1992, n° 92-84.463 P • 20 févr. 2013 : *D. actu. 5 avr. 2013, obs. Gayet.*

14. Représentation. Il résulte des principes généraux du droit que le condamné qui ne se tient pas à la disposition de la justice et qui se dérobe à l'exécution d'un mandat décerné contre lui n'est pas recevable à se faire représenter devant la cour d'appel, fût-ce pour invoquer la prescription de la peine prononcée par celle-ci. • Crim. 14 avr. 1992, n° 91-83.843 P : *JCP 1993. II. 22099, note Lassalle.*

Art. 712 **Dans toutes les hypothèses où il paraît nécessaire d'entendre un condamné qui se trouve détenu, la juridiction saisie peut donner commission rogatoire au président du tribunal judiciaire le plus proche du lieu de détention.**

Ce magistrat peut déléguer l'un des juges du tribunal qui procède à l'audition du détenu par procès-verbal. — *Pr. pén. C. 822.*

(*L. n° 2004-204 du 9 mars 2004, art. 190, en vigueur le 1er janv. 2005*) « La juridiction peut également décider de faire application des dispositions de l'article 706-71. »

CHAPITRE II DES JURIDICTIONS DE L'APPLICATION DES PEINES

SECTION PREMIÈRE ÉTABLISSEMENT ET COMPOSITION

(*L. n° 2004-204 du 9 mars 2004, art. 161, en vigueur le 1er janv. 2005*)

S'agissant des dispositions d'urgence mises en place pour faire face à l'épidémie de covid-19, V. App., v° État d'urgence sanitaire.

Art. 712-1 **Le juge de l'application des peines et le tribunal de l'application des peines constituent les juridictions de l'application des peines du premier degré qui sont chargées, dans les conditions prévues par la loi, de fixer les principales modalités de l'exécution des peines privatives de liberté ou de certaines peines restrictives de liberté, en orientant et en contrôlant les conditions de leur application.** (*L. n° 2014-896 du 15 août 2014, art. 32, en vigueur le 1er oct. 2014*) **« Ces juridictions sont avisées, par les services d'insertion et de probation, des modalités de prise en charge des personnes condamnées, définies et mises en œuvre par ces services. Elles peuvent faire procéder**

aux modifications qu'elles jugent nécessaires au renforcement du contrôle de l'exécution de la peine. »

Les décisions du juge de l'application des peines et du tribunal de l'application des peines peuvent être attaquées par la voie de l'appel. L'appel est porté, selon les distinctions prévues par le présent chapitre, devant la chambre de l'application des peines de la cour d'appel, composée d'un président de chambre et de deux conseillers, ou devant le président de cette chambre. *(Abrogé par Décr. n° 2011-1877 du 14 déc. 2011, à compter du 1er janv. 2012)* ***« Les appels concernant les décisions du juge ou du tribunal de l'application des peines de la Guyane sont portés devant la chambre détachée de la cour d'appel de Fort-de-France ou son président. »***

V. Circ. CRIM-05-9-E8 du 11 avr. 2005 relative au prononcé, à l'exécution et à l'application des peines (BOMJ 2005, n° 98).

RÉP. PÉN. v° *Juridictions de l'application des peines*, par DE GRAËVE.

BIBL. ▶ BIANCHI, *Gaz. Pal. 17-18 mai 2006. 4* (la loi du 23 janvier 2006 ou l'extension à l'application des peines de la compétence nationale en matière de terrorisme). – CÉRÉ, *RSC 1999. 874* (prospective sur la répartition des compétences en droit de l'exécution des peines). – CARPENTIER, *Dr. pénal 2017, Étude 8* (comparution personnelle). – COUVRAT, *Dr. pénal. 2004. Étude 8* (dispositions relatives à l'application des peines de la loi Perben II) ; *RSC 2004. 682* (dispositions générales et nouvelle organisation judiciaire de l'application des peines). – HERZOG-EVANS, *AJ pénal, 2004. 385* (nouveautés du droit de l'application des peines. Principes directeurs d'une réforme) ; *Gaz. Pal. 9-19 janv. 2009* (marginalisation des juridictions de droit commun de l'application des peines). – GIACOPELLI, *RSC 2015. 799* (pénétration des règles du procès pénal devant les juridictions de l'application des peines) ; *D. 2004. 2589* (réforme du droit de l'application des peines. Dispositions de la loi n° 2004-204 du 9 mars 2004 relatives à l'exécution des peines privatives de liberté). JANAS, *RPDP 2009. 101* (le juge de l'application des peines et la loi pénitentiaire : du juge artisan à l'industrialisation des aménagements de peine ?). – JANAS et MARTIN, *AJ pénal 2007. 173* (une photographie du quotidien de l'application des peines). – PONCELA, *RPDP 2009. 95* (le déploiement des aménagements de peine). – SENNA, *RPDP 2014. 35* (de l'individualisation de la peine au second degré de juridiction post-sentenciel).

1. QPC. Les dispositions des art. 712-5 et 721 relatives au rôle du chef de l'établissement pénitentiaire dans la procédure de retrait des crédits de réduction de peine ne méritent pas d'être soumises au Cons. const. en ce qu'elles ne présentent pas un caractère sérieux. • Crim. 9 janv. 2013 : *Dr. pénal 2013, n° 68, obs. Bonis-Garçon.*

2. Nature des décisions du JAP. L'art. 712-1, qui définit les attributions du JAP, énonce qu'il est chargé de fixer les principales modalités d'exécution des peines privatives ou restrictives de liberté, en orientant et en contrôlant les conditions de leur application. Il en résulte que ses décisions ne peuvent s'analyser en des décisions de condamnation. • Aix-en-Provence, 12 juin 2007, n° 55/0J2007.

3. Effet dévolutif. Il se déduit des art. 712-1 et D. 49-44-1 et du principe de l'effet dévolutif que la chambre de l'application des peines, saisie de l'appel d'un jugement ayant rejeté une demande d'aménagement de peine, est tenue de statuer au vu des éléments dont elle dispose à la date de sa décision (délai d'interdiction de dépôt d'une nouvelle demande échu). • Crim. 10 déc. 2014 : *D. actu. 30 janv. 2015, obs. Fucini ; AJ pénal 2015. 330, obs. Herzog-Evans*.

4. Réduction supplémentaire de peine. Justifie sa décision le président de la CHAP qui, sur le seul appel du condamné ayant bénéficié de trente jours de réduction supplémentaire de peine, réforme la décision déférée et accorde à l'intéressé vingt-cinq jours de réduction supplémentaire de peine, dès lors que l'art. 721-1 laisse à l'entière appréciation du juge saisi le *quantum* de la réduction qu'il peut accorder aux condamnés manifestant des efforts sérieux de réadaptation sociale. • Crim. 7 mars 2007, n° 06-83.981, n° 06-83.981 P.

5. Composition de la chambre de l'application des peines. Lorsqu'elle statue sur l'appel d'un jugement ordonnant un placement sous surveillance judiciaire, la CHAP ne siège pas dans la composition prévue par l'art. 712-13 (formation de trois magistrats et deux responsables d'association – de réinsertion et d'aide aux victimes) mais dans celle prévue par l'art. 712-1, al. 2. (trois magistrats). • Crim. 25 mai 2011, n° 10-86.996 P : *D. actu. 20 juill. 2011, obs. Léna ; Dr. pénal 2012. Chron. 2, obs. Garçon et Peltier* • 19 sept. 2012, n° 11-88.616 P : *D. actu. 31 oct. 2012, obs. Léna.*

6. Répartition des compétences respectives des SPIP et des JAP. Une circulaire ne peut interdire aux juridictions de l'application des peines de déterminer la fréquence des convocations des personnes placées sous main de justice devant le SPIP. • CE 13 févr. 2013, n° 356852 : *Lebon 21 juill. 2014 ; D. actu. 15 mars 2013, obs. Léna ; AJ pénal 2013. 230, obs. Herzog-Evans ; AJDA 2013. 1200*.

7. Conv. EDH, art. 5. L'attribution tardive de remises de peine qui a pour effet d'allonger la durée de la peine contrevient à l'art. 5, § 1, Conv. EDH. • CEDH 24 mars 2015, *Antonio Messina c/ Italie*, n° 39824/07.

Art. 712-2 *(L. n° 2019-222 du 23 mars 2019, art. 95 et 109-XXIII, en vigueur le 1er janv. 2020)* **« Un ou plusieurs magistrats du siège sont chargés des fonctions du juge de l'application des peines dans les tribunaux judiciaires dont la liste est fixée par décret. Il existe au moins un juge d'** *[de l']* **application des peines par département. »**

Ces magistrats sont désignés par décret pris après avis du Conseil supérieur de la magistrature. Il peut être mis fin à leurs fonctions dans les mêmes formes.

Si un juge de l'application des peines est temporairement empêché d'exercer ses fonctions, le président du tribunal judiciaire désigne un autre magistrat pour le remplacer.

(L. n° 2005-1549 du 12 déc. 2005, art. 40) **« Pour le fonctionnement de son cabinet, le juge de l'application des peines est assisté d'un greffier et doté d'un secrétariat-greffe. »**

V. art. R. 57-1 s. et D. 49 s.

Sur l'organisation des modalités du suivi et du contrôle en milieu ouvert de certaines personnes condamnées sortant de détention, désignées par l'autorité judiciaire, par le conseil départemental de prévention de la délinquance et la répartition des compétences en la matière, V. CSI, art. L. 132-10-1 et R. 132-6-1. — **CSI.**

RÉP. PÉN. v° *Juridictions de l'application des peines*, par DE GRAËVE.

BIBL. ▸ CÉRÉ et FAUCHER, *RPDP 2013. 521* (le juge de l'application des peines et le milieu fermé : entre évolutions et contre-révolutions). – DU MESNIL DU BUISSON, *Dr. pénal 1992. Chron. 44* (le greffier du juge de l'application des peines, une impérieuse nécessité) ; *D. 1999. 496* (le juge de l'application des peines entre coupable et victime). – DU MESNIL DU BUISSON et PICQUART, *Gaz. Pal, 1998. 3. 1320* (quel rôle du juge face à la délinquance urbaine. Le JAP et la politique de la ville). – GUGLIELMI, *RSC 1991. 622* (le juge de l'application des peines est-il un chiroptère ?). – HERZOG-EVANS, *RSC 1999. 289* (le juge de l'application des peines, juridiction de premier degré). – JANAS, *AJ pénal 2004. 394* (le nouveau rôle du JAP) ; *ibid. 2005. 96* (le JAP et l'aménagement des peines vers le milieu ouvert) ; *ibid. 347* (le JAP : un acteur essentiel pour lutter contre la récidive). – LAVIELLE, *Gaz. Pal., 8-9 sept. 2000. 31* (le juge de l'application des peines est-il toujours un chiroptère ?). – STAECHELÉ, *RSC 1991. 385* (le juge de l'application des peines, magistrat du siège ou administrateur judiciaire).

Art. 712-3 Dans le ressort de chaque cour d'appel sont établis un ou plusieurs tribunaux de l'application des peines dont la compétence territoriale, correspondant à celle d'un ou plusieurs tribunaux judiciaires du ressort, est fixée par décret. Le tribunal de l'application des peines est composé d'un président et de deux assesseurs désignés par le premier président parmi les juges de l'application des peines du ressort de la cour.

Dans les départements d'outre-mer, un membre au moins du tribunal de l'application des peines est juge de l'application des peines. *(Abrogé par Décr. n° 2011-1877 du 14 déc. 2011, à compter du 1er janv. 2012)* ***« Dans le ressort de la cour d'appel de Fort-de-France, »*** **Un tribunal de l'application des peines est également établi au tribunal judiciaire de Cayenne et est composé d'au moins un juge de l'application des peines. En Nouvelle-Calédonie, en Polynésie française et dans** *(Ord. n° 2011-337 du 29 mars 2011)* **« la collectivité » de Saint-Pierre-et-Miquelon, le tribunal de l'application des peines peut être composé d'un seul membre, juge de l'application des peines.**

Les débats contradictoires auxquels procède cette juridiction ont lieu au siège des différents tribunaux judiciaires du ressort de la cour d'appel ou dans les établissements pénitentiaires de ce ressort.

Les fonctions de ministère public sont exercées par le procureur de la République du tribunal judiciaire où se tient le débat contradictoire ou dans le ressort duquel est situé l'établissement pénitentiaire où se tient ce débat.

S'agissant des dispositions d'urgence mises en place pour faire face à l'épidémie de covid-19, V. App., v° État d'urgence sanitaire.

Il résulte de l'art. 712-3 que, lors de l'examen en appel des jugements mentionnés aux art. 712-6 et 712-7, la chambre de l'application des peines statue après débat contradictoire, le condamné, représenté par son avocat, n'étant pas entendu sauf si celle-ci en décide autrement ;

par conséquent, en l'espèce, en l'absence de l'avocat à l'audience d'appel relative à la libération conditionnelle du condamné, la chambre de l'application des peines devait, pour fonder sa décision sur des éléments de fait et des pièces qui n'avaient pas été contradictoirement discutés devant le premier juge, recueillir les observations du condamné non représenté en procédant à son audition, au besoin après réouverture des débats. • Crim. 17 juin 2020, n° 20-80.240 P : *D. actu. 16 juill. 2020, obs. Dominati ; AJ pénal 2020. 423, obs. H-Evans ; Dr. pénal 2020, n° 9, obs. Bonis.*

SECTION II COMPÉTENCE ET PROCÉDURE DEVANT LES JURIDICTIONS DU PREMIER DEGRÉ

Art. 712-4 **Les mesures relevant de la compétence du juge de l'application des peines sont accordées, modifiées, ajournées, refusées, retirées ou révoquées par ordonnance ou jugement motivé de ce magistrat agissant d'office, sur la demande du condamné ou sur réquisitions du procureur de la République, selon les distinctions prévues aux articles suivants.**

(Abrogé par L. n° 2014-896 du 15 août 2014, art. 46 et 54, à compter du 1er janv. 2015) (L. n° 2009-1436 du 24 nov. 2009, art. 94-V) ***« Si la durée de la peine prononcée ou restant à subir le permet, ces mesures peuvent également être accordées selon les procédures simplifiées prévues par les articles 723-14 à 723-27. »***

S'agissant des dispositions d'urgence mises en place pour faire face à l'épidémie de covid-19, V. App., v° État d'urgence sanitaire.

1. QPC. Le JAP ne saurait, sans méconnaître le principe d'impartialité, prononcer une mesure défavorable dans le cadre d'une saisine d'office sans que la personne condamnée ait été mise en mesure de présenter ses observations. Sous cette réserve, les mots « d'office, », figurant à l'art. 712-4, sont conformes à la Constitution. • Cons. const. 10 nov. 2017, n° 2017-641 QPC : *AJ pénal 2017. 538, note H-Evans ; Dr. pénal 2018, Étude 1, note Carpentier.*

2. Saisine d'office. Si la CHAP a, à tort, fondé la faculté du JAP de se saisir d'office, sur l'application de l'art. 723-17, la censure n'est cependant pas encourue dès lors que, le condamné ayant justifié, selon les constatations du jugement, qu'il n'avait pu se présenter au précédent débat contradictoire en raison d'un motif légitime et la peine n'ayant pas été mise à exécution, le juge tenait cette faculté et celle de statuer à nouveau, de l'application combinée des dispositions de l'art. 712-4. • Crim. 19 janv. 2011 : *AJ pénal 2011. 313, obs. Herzog-Evans ; Dr. pénal 2012. Chron. 2, obs. Garçon et Peltier.*

Art. 712-4-1 *(L. n° 2019-222 du 23 mars 2019, art. 85)* **Lorsque la loi le prévoit, les décisions en matière d'application des peines sont prises après avis de la commission de l'application des peines présidée par le juge de l'application des peines et composée du procureur de la République, du chef d'établissement pénitentiaire** *(L. n° 2021-1729 du 22 déc. 2021, art. 11)* **« , d'un représentant du service pénitentiaire d'insertion et de probation et d'un représentant du corps de commandement ou du corps d'encadrement et d'application du personnel de surveillance ».**

Lorsque la commission donne son avis sur la situation d'un condamné placé sous surveillance électronique ou sous placement extérieur sans surveillance de l'administration pénitentiaire, la présence du chef d'établissement pénitentiaire est facultative.

Un décret détermine les modalités de fonctionnement de cette commission, notamment ses règles de quorum ainsi que les cas et modalités selon lesquels elle peut délibérer par voie dématérialisée.

Art. 712-5 **Sauf en cas d'urgence, les ordonnances concernant les réductions de peine, les autorisations de sorties sous escortes et les permissions de sortir sont prises après avis de la commission de l'application des peines.**

Cette commission est réputée avoir rendu son avis si celui-ci n'est pas intervenu dans le délai d'un mois à compter du jour de sa saisine.

(Abrogé par L. n° 2019-222 du 23 mars 2019, art. 85) ***« La commission de l'application des peines est présidée par le juge de l'application des peines ; le procureur de la République et le chef d'établissement en sont membres de droit.*** *(L. n° 2014-896 du 15 août 2014, art. 40, en vigueur le 1er oct. 2014)* ***« Le service pénitentiaire d'insertion et de probation y est représenté. »***

S'agissant des dispositions d'urgence mises en place pour faire face à l'épidémie de covid-19, V. App., v° État d'urgence sanitaire.

Ne revêt pas un caractère sérieux la question de la conformité de l'art. 712-5 aux principes du procès équitable, du contradictoire, de séparation des pouvoirs et aux droits de la défense, dès lors que le JAP, après avoir, sauf urgence, recueilli l'avis de la commission des peines, organe administratif qu'il préside et auquel participe le procureur de la République chargé de l'exécution des peines, et au vu des arguments du condamné ou de son avocat, statue par une ordonnance motivée sur toute demande de permission de sortie ; en appel, le président de la CHAP, après réception des observations écrites du ministère public et de celles du condamné ou de son avocat, rend une ordonnance motivée susceptible d'un pourvoi en cassation. Partant, il n'y a pas lieu de la renvoyer devant le Conseil constitutionnel. • Cass., QPC, 15 mars 2011 : *D. actu. 12 avr. 2011, obs. Priou-Alibert ; AJ pénal 2013. 484, obs. Herzog-Evans ; Dr. pénal mars 2012. Chron. 2, obs. Garçon* • 28 sept. 2011 : *AJ pénal 2013. 484, obs. Herzog-Evans ; Dr. pénal 2012. Chron. 2, obs. Garçon et Peltier.*

Art. 712-6 Les jugements concernant les mesures de placement à l'extérieur, de semi-liberté, de fractionnement et suspension des peines, de détention à domicile sous surveillance électronique et de libération conditionnelle sont rendus, après avis du représentant de l'administration pénitentiaire, à l'issue d'un débat contradictoire tenu en chambre du conseil, au cours duquel le juge de l'application des peines entend les réquisitions du ministère public et les observations du condamné ainsi que, le cas échéant, celles de son avocat *(L. n° 2020-1672 du 24 déc. 2020, art. 27)* **« , sans préjudice de l'application des dispositions de l'article 712-16-3 ». Si le condamné est détenu, ce débat peut se tenir dans l'établissement pénitentiaire. Il peut être fait application des dispositions de l'article 706-71.**

Le juge de l'application des peines peut, avec l'accord du procureur de la République et celui du condamné ou de son avocat, octroyer l'une de ces mesures sans procéder à un débat contradictoire.

(L. n° 2009-1436 du 24 nov. 2009, art. 74) **« Le juge de l'application des peines peut également, chaque fois qu'il l'estime nécessaire, décider, d'office ou à la demande du condamné ou du ministère public, de renvoyer le jugement de l'affaire devant le tribunal de l'application des peines. Le juge ayant ordonné ce renvoi est membre du tribunal qui statue conformément à l'article 712-7. La décision de renvoi constitue une mesure d'administration judiciaire qui n'est pas susceptible de recours. »**

Les dispositions du présent article sont également applicables, sauf si la loi en dispose autrement, aux décisions du juge de l'application des peines concernant les peines de suivi socio-judiciaire, d'interdiction de séjour, de travail d'intérêt général, d'emprisonnement avec sursis *(L. n° 2020-1672 du 24 déc. 2020, art. 26)* **« probatoire ou les mesures d'ajournement avec probation ».**

S'agissant des dispositions d'urgence mises en place pour faire face à l'épidémie de covid-19, V. App., v° État d'urgence sanitaire.

BIBL. ▶ BONIS, *Dr. pénal 2021. Étude 9* (obligation d'information du mandataire représentant ou assistant le condamné placé sous protection). – GARREAU, *AJ pénal 2004. 397* (les SPIP et le volet application des peines de la loi du 9 mars 2004).

1. QPC. Était contraire à la Constitution le 1er al. de l'art. 712-6, dans sa rédaction résultant de la loi pénitentiaire du 24 nov. 2009, qui ne prévoyait pas par principe l'information du tuteur ou du curateur de la personne condamnée, majeure protégée, en vue de son assistance pour préparer une audience devant le JAP. Mais ces dispositions ne sont plus en vigueur et la remise en cause des mesures d'aménagement de peine ayant été prises sur le fondement des dispositions déclarées contraires à la Constitution aurait des conséquences manifestement excessives ; par suite, ces mesures ne peuvent être contestées sur le fondement de cette inconstitutionnalité. • Cons. const. 12 févr. 2021, n° 2020-884 QPC.

2. Publicité des débats. Le débat en chambre du conseil sur une demande de placement sous surveillance électronique n'est pas contraire aux dispositions de la Conv. EDH dans la mesure où l'art. 6 de cette convention est inapplicable aux procédures qui ne sont pas relatives au bien-fondé d'une accusation en matière pénale. • Crim. 15 févr. 2005, n° 04-81.775 P : *AJ pénal 2005. 205, obs. Herzog-Evans.*

3. Détermination de la nature de la mesure. Il résulte des dispositions des art. 712-6 et D. 49-43 que la CHAP qui décide d'accorder un aménagement de peine est tenue de déterminer la nature de la mesure à appliquer au condamné avant de désigner, le cas échéant, l'un de ses membres ou le JAP compétent pour en préciser les modalités. • Crim. 16 mai 2007 : AJ pénal 2007. 334, obs. Herzog-Evans.

Art. 712-7 Les mesures concernant le relèvement de la période de sûreté, la libération conditionnelle ou la suspension de peine qui ne relèvent pas de la compétence du juge de l'application des peines sont accordées, ajournées, refusées, retirées ou révoquées par jugement motivé du tribunal de l'application des peines saisi sur la demande du condamné, sur réquisitions du procureur de la République ou à l'initiative du juge de l'application des peines dont relève le condamné en application des dispositions de l'article 712-10.

Les jugements du tribunal de l'application des peines sont rendus, après avis du représentant de l'administration pénitentiaire, à l'issue d'un débat contradictoire tenu en chambre du conseil, au cours duquel la juridiction entend les réquisitions du ministère public et les observations du condamné ainsi que, le cas échéant, celles de son avocat. Si le condamné est détenu, ce débat peut se tenir dans l'établissement pénitentiaire. Il peut être fait application des dispositions de l'article 706-71.

(Abrogé par L. n° 2009-1436 du 24 nov. 2009, art. 83-II) (L. n° 2005-1549 du 12 déc. 2005, art. 29) ***« S'il en fait la demande, l'avocat de la partie civile peut assister au débat contradictoire devant le tribunal de l'application des peines pour y faire valoir ses observations, avant les réquisitions du ministère public. »***

S'agissant des dispositions d'urgence mises en place pour faire face à l'épidémie de covid-19, V. App., v° État d'urgence sanitaire.

Art. 712-8 Les décisions modifiant ou refusant de modifier les mesures mentionnées aux premier et *(L. n° 2009-1436 du 24 nov. 2009, art. 75)* « quatrième » alinéas de l'article 712-6 ou les obligations résultant de ces mesures ou des mesures ordonnées par le tribunal de l'application des peines en application de l'article 712-7 sont prises par ordonnance motivée du juge de l'application des peines, sauf si le procureur de la République demande qu'elles fassent l'objet d'un jugement pris après débat contradictoire conformément aux dispositions de l'article 712-6.

(L. n° 2009-1436 du 24 nov. 2009, art. 75) « Toutefois, pour l'exécution d'une mesure de semi-liberté, de placement à l'extérieur ou de détention à domicile sous surveillance électronique ou pour l'exécution de permissions de sortir, le juge de l'application des peines peut, dans sa décision, autoriser le chef d'établissement ou le directeur du service pénitentiaire d'insertion et de probation ou, s'agissant des mineurs, le directeur régional de la protection judiciaire de la jeunesse, à modifier les horaires d'entrée ou de sortie du condamné de l'établissement pénitentiaire, ou de sa présence en un lieu déterminé, lorsqu'il s'agit de modifications favorables au condamné ne touchant pas à l'équilibre de la mesure. Il est informé sans délai des modifications opérées et peut les annuler par ordonnance non susceptible de recours. »

1. Appel contre un refus d'autorisation de déplacement à l'étranger. L'ordonnance par laquelle le JAP a refusé au condamné de se rendre à l'étranger n'est pas au nombre de celles prévues par les art. 712-5 et 712-8. Néanmoins, l'art. 13 Conv. EDH dispose que « toute personne [...] a droit à l'octroi d'un recours effectif ». Comme l'absence de recours contre un refus d'autorisation de déplacement à l'étranger prive le condamné de la possibilité de contester cette atteinte, il convient d'admettre l'appel. • Lyon, 15 juill. 2010 : *AJ pénal 2011. 44, obs. Herzog-Evans*.

2. Compétence du JAP. Il résulte des art. 712-7, 712-8, 712-12 et 712-13 que le JAP est compétent en première instance pour prendre les décisions modifiant ou refusant de modifier les obligations de la libération conditionnelle fixées par le TAP. L'appel de ces décisions doit être porté devant le président de la CHAP de la cour d'appel lorsque le JAP s'est prononcé par une ordonnance motivée, conformément à l'art. 712-12. • Crim. 10 juin 2009 : *Bull. crim. n° 121 ; D. 2009. AJ 1976 ; AJ pénal 2009. 419, note Herzog-Evans ; Dr. pénal 2010. Chron. 2, obs. Garçon.*

Art. 712-9 Si le condamné non détenu, dûment convoqué à l'adresse déclarée au juge de l'application des peines sous le contrôle duquel il est placé, ne se présente pas, sans motif légitime, au débat contradictoire prévu par les articles 712-6 ou 712-7, le juge de l'application des peines ou le tribunal de l'application des peines peuvent statuer en son absence. Le délai d'appel ne court alors à compter de la notification du jugement faite à cette adresse que sous réserve des dispositions de l'alinéa suivant.

S'il n'est pas établi que le condamné a eu connaissance de cette notification et que le jugement a ordonné la révocation ou le retrait de la mesure dont il bénéficiait, l'appel reste recevable jusqu'à l'expiration des délais de prescription de la peine et le délai d'appel court à compter de la date à laquelle le condamné a eu connaissance du jugement. En cas d'appel, l'audition du condamné par la chambre de l'application des peines est alors de droit, le cas échéant selon les modalités prévues par l'article 706-71.

1. Régularité de la convocation. La CHAP énonce que le condamné a été régulièrement convoqué à ce débat (libération conditionnelle) par LRAR adressée à sa dernière adresse déclarée et que son avocat a expressément renoncé à son audition par la CHAP. En l'état de ces motifs, dont il résulte que le condamné ne s'étant pas présenté à ce débat, il a été satisfait, par la CHAP, aux exigences de l'art. 712-9, al. 2. • Crim. 14 oct. 2009 : *D. 2010. 1376, obs. Herzog-Evans*.

2. Absence d'audition devant la chambre de l'application des peines. Si selon l'art. 712-9, lorsque le JAP ou le tribunal ont statué en l'absence du condamné sur la révocation d'une mesure dont il bénéficiait, l'audition du condamné par la CHAP saisie de l'appel est de droit, le demandeur ne saurait se faire un grief de son absence d'audition dès lors qu'il n'a pas informé la cour d'appel du lieu de son incarcération. • Crim. 7 mai 2008, n° 07-86.532. ♦ Encourt en revanche la cassation l'arrêt de la CHAP qui statue sans que le condamné ait été en mesure d'exercer son droit de demander à être entendu (convocation à une ancienne adresse alors que le condamné avait signalé sa nouvelle adresse). • Crim. 18 déc. 2013, n° 13-80.918 P : *D. 2014. Actu. 85* ; *AJ pénal 2014. 197, obs. Herzog-Evans*.

3. Suivi socio-judiciaire. La mise à exécution de l'emprisonnement prononcé en cas d'inobservation des obligations d'un suivi socio-judiciaire doit être assimilée à la mesure de révocation ou au retrait d'une mesure dont le condamné bénéficiait, s'agissant du point de départ du délai d'appel. • Crim. 16 févr. 2022, n° 21-81.126 P.

Art. 712-10 **Est territorialement compétent le juge de l'application des peines de la juridiction dans le ressort de laquelle est situé soit l'établissement pénitentiaire dans lequel le condamné est écroué, soit, si le condamné est libre, la résidence habituelle de celui-ci ou, s'il n'a pas en France de résidence habituelle, le juge de l'application des peines du tribunal dans le ressort duquel a son siège la juridiction qui a statué en première instance.**

Lorsqu'une mesure de placement à l'extérieur ou de semi-liberté doit s'exécuter hors du ressort du juge de l'application des peines qui l'a ordonnée, le condamné est alors inscrit au registre d'écrou de l'établissement pénitentiaire situé à proximité du lieu d'exécution de la mesure ; le juge de l'application des peines compétent pour, le cas échéant, préciser ou modifier les modalités d'exécution de la mesure, prononcer ou proposer son retrait, est celui de la juridiction dans le ressort de laquelle est situé cet établissement pénitentiaire.

Lorsqu'a été accordée une mesure de détention à domicile sous surveillance électronique ou une libération conditionnelle, le juge de l'application des peines territorialement compétent est celui de la juridiction dans le ressort de laquelle se trouve le lieu d'assignation du condamné ou sa résidence habituelle fixée par la décision ayant accordé la mesure.

La compétence territoriale définie dans le présent article s'apprécie au jour de la saisine du juge de l'application des peines ; après la saisine initiale, celui-ci peut se dessaisir d'office, sur la demande du condamné ou sur réquisitions du ministère public, au profit du juge de l'application des peines du nouveau lieu de détention ou de la nouvelle résidence habituelle du condamné lorsqu'il est situé dans un autre ressort. Est territorialement compétent le tribunal de l'application des peines de la cour d'appel dans le ressort de laquelle le condamné réside habituellement, est écroué ou exécute sa peine selon les distinctions du présent article.

1. Dessaisissement facultatif. Selon l'art. 712-10, al. 3, lorsqu'a été accordée une mesure de libération conditionnelle, le JAP territorialement compétent est celui de la juridiction dans le ressort de laquelle se trouve le lieu d'assignation à résidence du condamné ou sa résidence habituelle fixée par la décision ayant accordé la mesure. Si un dessaisissement est possible, en application de l'alinéa 4 de ce texte, après saisine initiale du TAP, en cas de changement de lieu de détention ou de nouvelle résidence du condamné, il ne s'agit que d'une faculté et non d'une règle impérative. • Crim. 7 janv. 2009 : *D. 2009. 1382, obs. Herzog-Evans*.

2. Compétence du JAP du lieu d'écrou. La surveillance électronique de fin de peine dont le condamné bénéficie ne constitue qu'une modalité d'exécution de sa peine et non un aménagement de cette peine. En conséquence, sur le fondement de l'art. 712-10, le JAP compétent pour accorder un aménagement de peine ne peut être que celui de la juridiction dans laquelle se trouve l'établissement où est écroué le condamné • Caen, 20 juill. 2011, n° 11/00956. ♦ Art. 723-28 (SEFIP) a été abrogé par la L. du 15 août 2014. ♦ Le JAP compétent pour statuer sur la demande d'aménagement d'une peine nouvellement inscrite à l'écrou, présentée par un condamné déjà placé sous surveillance électronique pour l'exécution d'autres peines, est celui de la juridiction dans le ressort de laquelle est situé l'établissement pénitentiaire dans lequel le requérant est écroué. • Crim. 18 nov. 2015, n° 14-82.805 P : *D. actu. 16 déc. 2015, obs. Priou-Alibert.*

SECTION III DE LA PROCÉDURE EN CAS D'APPEL

Art. 712-11 **Les décisions du juge de l'application des peines et du tribunal de l'application des peines peuvent être attaquées par la voie de l'appel par le condamné, par le procureur de la République et par le procureur général, à compter de leur notification :**

1° Dans le délai de vingt-quatre heures s'agissant des ordonnances mentionnées aux articles 712-5 *(L. n° 2014-896 du 15 août 2014, art. 39 et 54, en vigueur le 1er janv. 2015)* **« , 712-8, 713-43 et** *(L. n° 2019-222 du 23 mars 2019, art. 82 et 109-XIX, en vigueur le 24 mars 2020)* **« , 713-44 et** *[ancienne rédaction : 713-44, au premier alinéa de l'article 713-47 et à l'article]* **» 720 » ;**

2° Dans le délai de dix jours s'agissant des jugements mentionnés aux articles 712-6 *(L. n° 2019-222 du 23 mars 2019, art. 82 et 109-XIX, en vigueur le 24 mars 2020)* **« et 712-7** *[ancienne rédaction : 712-7 et 713-45 et au deuxième alinéa de l'article 713-47]* **».**

V. art. D. 49-39 s.

V. Circ. CRIM-05-9-E8 du 11 avr. 2005 relative au prononcé, à l'exécution et à l'application des peines (BOMJ 2005, n° 98).

1. Application dans le temps. Le droit d'appel du condamné en matière de retrait de réductions de peine par le juge de l'application des peines n'est entré en vigueur que le 31 déc. 2005 ; est donc irrecevable l'appel du condamné sur un retrait de réduction de peine opéré par le JAP en application des dispositions entrées en vigueur le 1er janv. 2005. • Crim. 1er févr. 2006, n° 05-83.057 P : *D. 2006. IR 885 ; AJ pénal 2006. 180, obs. Herzog-Evans.*

2. Calcul du délai. En application de l'art. 801, le délai de vingt-quatre heures imparti par l'art. 712-11 pour interjeter appel d'une ordonnance concernant les réductions de peine qui expire un dimanche ou un jour férié ou chômé doit être prorogé au premier jour ouvrable suivant. Est ainsi parfaitement recevable l'appel interjeté le lundi suivant une décision notifiée le vendredi. • Crim. 21 févr. 2007, n° 06-85.078 P : *D. 2007. AJ 943 ; AJ pénal 2007. 193, obs. Herzog-Evans ; Dr. pénal 2008. Chron. 27, obs. Garçon.*

3. Obstacle invincible. La CHAP qui doit se prononcer sur la révocation partielle d'un sursis avec mise à l'épreuve a l'obligation de constater l'irrecevabilité de l'appel lorsque le délai légal est dépassé et que le condamné n'a justifié d'aucun obstacle l'ayant empêché de s'y conformer. • Crim. 11 mai 2016, n° 15-86.060 P : *D. actu. 6 juin 2016, obs. André.*

4. Douanes. Si l'art. 343, al. 2, C. douanes, permet à l'administration des douanes d'exercer à titre principal l'action pour l'application des sanctions fiscales, accessoirement à l'action publique, il se déduit des termes de l'art. 712-11 qu'en matière d'application des peines, le droit d'appel d'une ordonnance du JAP relative aux obligations du condamné n'est ouvert qu'à ce dernier et au ministère public. • Crim. 26 avr. 2017, n° 16-83.650 P : *Dr. pénal 2017, n° 111, note Robert ; ibid., n° 116, note Bonis-Garçon.*

5. Prise en compte de la volonté d'interjeter appel. Le condamné détenu peut relever appel des ordonnances rendues par le JAP en matière de réduction de peines, par déclaration au chef de l'établissement pénitentiaire formée au plus tard à minuit le lendemain du jour où l'ordonnance a été notifiée. • Crim. 28 avr. 2011, n° 10-87.675.

6. Il peut être dérogé aux prescriptions de l'art. 712-11, selon lesquelles le condamné dispose d'un délai de vingt-quatre heures pour interjeter appel d'une ordonnance du JAP rendue en matière de réduction de peine, lorsqu'en raison d'un obstacle invincible assimilable à la force majeure, l'appelant s'est trouvé dans l'impossibilité absolue de s'y conformer. Encourt la cassation l'ordonnance du président de la CHAP qui déclare l'appel d'une ordonnance rendue en matière de réduction de peine irrecevable, au motif que cet appel a été interjeté plus de vingt-quatre heures après la date de notification de la décision du JAP, alors que le condamné avait manifesté sa volonté d'interjeter appel par une mention manuscrite portée sur l'acte de notification. • Crim. 12 nov. 2009, n° 09-82.946 P : *D. actu. 6 janv. 2010, obs. Girault ; AJ pénal 2010. 87,* *obs. Herzog-Evans* ; *Procédures 2010, n° 47, obs. Buisson.* ♦ Même solution lorsque le condamné a manifesté sa volonté d'interjeter appel par une lettre adressée au greffe dans le délai légal. • Crim. 18 déc. 2013, n° 12-87.281 P : *D. actu. 13 févr. 2014, obs. Léna* ; *Dr. pénal 2014. 34, obs. Peltier.*

7. Encourt la cassation l'ordonnance du président de la CHAP qui déclare l'appel d'une ordonnance rendue en matière de permission de sortir irrecevable au motif que cet appel a fait l'objet d'une déclaration auprès du chef de l'établissement pénitentiaire plus de vingt-quatre heures après la date de notification, alors que l'intéressé avait manifesté sa volonté d'interjeter appel avant l'expiration du délai d'appel en signant une mention de notification de l'ordonnance précisant qu'il en interjetait appel. • Crim. 1er sept. 2011 : *D. 2012. Pan. 1294, obs. Herzog-Evans* .

8. Ne justifie pas sa décision le président de la CHAP qui, pour déclarer irrecevable comme tardif l'appel d'une ordonnance de refus de réduction de peine supplémentaire, statue en retenant, d'une part, que le détenu a manifesté sa volonté d'interjeter appel le jour même de la notification de l'ordonnance, et, d'autre part, que son appel a été enregistré au greffe de l'établissement pénitentiaire postérieurement à l'expiration du délai d'appel. • Crim. 9 juin 2010, n° 10-81.769 P.

9. Encourt la cassation l'ordonnance du président de la CHAP qui déclare l'appel d'une ordonnance rendue en matière de réduction de peine supplémentaire irrecevable au motif que le délai de vingt-quatre heure était écoulé, sans rechercher si l'intéressé n'avait pas manifesté son intention d'interjeter appel avant l'expiration du délai d'appel alors que l'intéressé a adressé un courrier, daté du jour de la notification, au greffe du centre de détention dans lequel il était détenu pour indiquer qu'il souhaitait relever appel de cette ordonnance. • Crim. 10 déc. 2008, n° 08-85.739.

10. Normes européennes. Il résulte de la combinaison des art. 6 et 13 Conv. EDH que le président de la CHAP, qui statue sur une demande de permission de sortir dont la date prévue initialement est dépassée, a la faculté, si l'objet de la permission l'autorise, de fixer une autre date. • Crim. 28 oct. 2009, n° 09-80.923 P : *D. 2010. Chron. C. cass. 40, obs. Leprieur* ; *AJ pénal 2010. 44, obs. Herzog-Evans* ; *Dr. pénal 2010. Chron. 2, obs. Garçon.*

11. L'appel contre la décision du JAP en matière d'autorisation de se rendre à l'étranger dans le cadre d'un sursis avec mise à l'épreuve doit être déclaré recevable au regard du droit à un recours effectif garanti par l'art. 13 Conv. EDH. • Crim. 16 mars 2011, n° 10-85.885 P : *D. actu. 29 mars 2011, obs. Léna* ; *D. 2011. Actu. 952* ; *AJ pénal 2011. 534, obs. Herzog-Evans* ; *RPDP 2011. 412, obs. Céré.*

Art. 712-12 L'appel des ordonnances mentionnées (*L. n° 2014-896 du 15 août 2014, art. 39 et 54, en vigueur le 1er janv. 2015*) **« au 1° de l'article 712-11** [*ancienne rédaction : aux articles 712-5 et 712-8*] **» est porté devant le président de la chambre de l'application des peines de la cour d'appel, qui statue par ordonnance motivée au vu des observations écrites du ministère public et de celles du condamné ou de son avocat.**

V. art. D. 49-41-1 s.

1. Compétence du président de la CHAP. Il résulte des art. 712-7, 712-8, 712-12 et 712-13 que le JAP est compétent en première instance pour prendre les décisions modifiant ou refusant de modifier les obligations de la libération conditionnelle fixées par le TAP. L'appel de ces décisions doit être porté devant le président de la chambre de l'application des peines de la cour d'appel lorsque le JAP s'est prononcé par une ordonnance motivée, conformément à l'art. 712-12. • Crim. 10 juin 2009, n° 08-87.096 P : *D. 2009. AJ 1976* ; *AJ pénal 2009. 419, note Herzog-Evans* ; *Dr. pénal 2010. Chron. 2, obs. Garçon.*

2. Motivation de l'ordonnance du président de la CHAP. L'ordonnance par laquelle le président de la chambre de l'application des peines de la cour d'appel se prononce sur la possibilité d'accorder ou non une réduction supplémentaire de peine à un condamné doit être motivée, la Cour de cassation contrôlant l'existence de cette motivation. • Crim. 6 sept. 2006, n° 06-81.980 P : *AJ pénal 2006. 418* . ♦ Pour confirmer l'ordonnance retirant au condamné cinquante jours de crédit de réduction de peine, le président de la CHAP se borne à énoncer que le nombre important des incidents disciplinaires relevés par le JAP justifie sa décision. En se déterminant ainsi, sans répondre aux observations écrites du condamné, le président de la CHAP n'a pas justifié sa décision. • Crim. 29 avr. 2009 : *Dr. pénal 2010. Chron. 2, obs. Garçon.*

3. Droits de la défense et appel. En l'état des textes en vigueur au 30 mars 2006, méconnaît les art. 712-12 et D. 49-41, al 2, le président de la chambre de l'application des peines de la cour d'appel qui, statuant en matière de réduction supplémentaire de peine et n'ayant pas reçu les observations écrites du condamné ou de son avocat, n'attend pas l'expiration du délai d'un mois après la date de l'appel pour rendre sa décision. • Crim. 6 sept. 2006, n° 06-82.205 P : *D. 2006. 2549* ; *AJ pénal 2006. 462* • 6 sept. 2006, n° 06-82.297 P : *D. 2006. 2549* ; *AJ pé-*

nal 2006. 462 ; *RSC 2007. 357, obs. Poncela* • 18 juin 2008, nº 07-82.076 P : *AJ pénal 2008. 430* ; *Dr. pénal 2009. Chron. 3, obs. Garçon.* – V. cependant *contra* : • Crim. 15 mai 2013 : *AJ pénal 2014. 93, obs. Herzog-Evans* ; *Dr. pénal 2014, Chron. 3, obs. Bonis-Garçon* • 10 déc. 2014 : *Dr. pénal 2015, Chron. 3, obs. Bonis-Garçon* • 9 avr. 2014 : *Dr. pénal, nº 100, obs. Bonis-Garçon.* ♦ Le président de la CHAP peut statuer sur une demande de réduction de peine supplémentaire sans que le condamné qui en fait la demande ait été mis en mesure de comparaître devant lui ni devant le JAP car, d'une part, cette mesure dont le bénéfice dépend de la manifestation d'efforts sérieux de réadaptation sociale, n'entraîne pour l'intéressé aucune privation de liberté distincte de la peine en cours d'exécution, d'autre part, la procédure écrite prévue par l'art. 712-12 permet au condamné de présenter des observations auxquelles le président de la CHAP doit, sous le contrôle de la Cour de cassation, répondre. • Crim. 28 juin 2017, nº 16-84.087 P : *D. actu. 20 juill. 2017, obs. Benelli-de Bénazé* ; *AJ pénal 2017. 458, obs. H. Evans* .

4. Compatibilité avec la Conv. EDH. Ne sont pas incompatibles avec les dispositions de la Conv. EDH celles de l'art. 712-12 prévoyant que le président de la chambre de l'application des peines statue par ordonnance motivée au vu des observations écrites du ministère public et du condamné lorsqu'il est saisi de l'appel d'une ordonnance du juge de l'application des peines ayant ajouté une obligation nouvelle à celles de la mise à l'épreuve. Cette décision n'a pas à être rendue en présence du ministère public. • Crim. 31 oct. 2006, nº 05-85.374 P : *AJ pénal 2007. 38, obs. Herzog-Evans* . ♦ V. pour un exemple de non-comparution du condamné à l'audience d'appel devant la CHAP en matière d'aménagement de peine : • Crim. 18 oct. 2006 : *AJ pénal. 2007. 42, obs. Herzog-Evans* . ♦ V. pour un exemple de non-comparution du condamné et de son conseil, • Crim. 9 déc. 2009 : *D. 2010. 1383, obs. Herzog-Evans* .

Art. 712-13 **L'appel des jugements mentionnés aux articles 712-6 et 712-7 est porté devant la chambre de l'application des peines de la cour d'appel, qui statue par arrêt motivé après un débat contradictoire au cours duquel sont entendues les réquisitions du ministère public et les observations de l'avocat du condamné. Le condamné n'est pas entendu par la chambre, sauf si celle-ci en décide autrement. Son audition est alors effectuée, en présence de son avocat ou celui-ci régulièrement convoqué, soit selon les modalités prévues par l'article 706-71, soit, par un membre de la juridiction, dans l'établissement pénitentiaire où il se trouve détenu.** — *V. art. D. 49-42.*

Pour l'examen de l'appel des jugements mentionnés *(L. nº 2009-1436 du 24 nov. 2009, art. 83-III)* **« à » l'article 712-7, la chambre de l'application des peines de la cour d'appel est composée, outre le président et les deux conseillers assesseurs, d'un responsable d'une association de réinsertion des condamnés et d'un responsable d'une association d'aide aux victimes. Pour l'application des dispositions du présent alinéa, la compétence d'une cour d'appel peut être étendue au ressort de plusieurs cours d'appel par un décret qui fixe la liste et le ressort de ces juridictions.**

Si elle confirme un jugement ayant refusé d'accorder une des mesures mentionnées aux articles 712-6 ou 712-7, la chambre peut fixer un délai pendant lequel toute nouvelle demande tendant à l'octroi de la même mesure sera irrecevable. Ce délai ne peut excéder ni le tiers du temps de détention restant à subir ni trois années.

(Abrogé par L. nº 2009-1436 du 24 nov. 2009, art. 83-II) (L. nº 2005-1549 du 12 déc. 2005, art. 29) ***« S'il en fait la demande, l'avocat de la partie civile peut assister au débat contradictoire devant la chambre de l'application des peines de la cour d'appel statuant en appel d'un jugement du tribunal de l'application des peines pour y faire valoir ses observations, avant les réquisitions du ministère public. »***

S'agissant des dispositions d'urgence mises en place pour faire face à l'épidémie de covid-19, V. App., vº État d'urgence sanitaire.

1. QPC. Ne revêt pas de caractère sérieux la QPC portant sur la constitutionnalité de l'art. 712-13, al. 1er, dès lors que le rejet d'une demande de libération conditionnelle ne constitue pas une sanction, que la chambre de l'application des peines statue après un débat contradictoire au cours duquel l'avocat du condamné est entendu en ses observations, que, si le condamné n'est pas entendu par cette juridiction, celle-ci peut, le cas échéant à sa demande, décider qu'il sera procédé à son audition par visioconférence ou par un de ses membres dans l'établissement pénitentiaire où il se trouve détenu. • Cass., QPC, 19 janv. 2011, nº 10-85.354. ♦ Dans le même sens : • Crim. QPC, 20 mars 2013 : *AJ pénal 2013. 486, obs. Senna* ; *Dr. pénal 2014, Un an de … nº 3, obs. Bonis-Garçon.*

2. Compétence de la CHAP. En application des art. 762-5, 712-6 et 712-13, l'appel d'un jugement du juge de l'application des peines prononçant la suspension d'une mesure d'interdiction de séjour est porté devant la chambre de l'application des peines de la cour d'appel, qui statue par arrêt motivé après un débat contradictoire au cours duquel sont entendues les réquisitions du ministère public et les observations de l'avocat du condamné. • Crim. 9 nov. 2005, n° 05-82.131 P : *D. 2006. IR 14 ; ibid. 2006. 1084, obs. Herzog-Evans*. ♦ Il résulte des art. 712-7, 712-8, 712-12 et 712-13 que le JAP est compétent en première instance pour prendre les décisions modifiant ou refusant de modifier les obligations de la libération conditionnelle fixées par le TAP. L'appel de ces décisions doit être porté devant la CHAP lorsque le JAP s'est prononcé par un jugement, pris après débat contradictoire conformément aux dispositions de l'art. 712-6. • Crim. 10 juin 2009, n° 08-87.096 P : *D. 2009. AJ 1976 ; AJ pénal 2009. 419, note Herzog-Evans ; Dr. pénal 2010. Chron. 2, obs. Garçon.*

3. Demande d'expertise. Ne donne pas de base légale à sa décision la CHAP de la cour d'appel qui, confirmant le rejet de la demande de placement sous surveillance électronique du prévenu, ne s'en tient qu'aux faits de première instance selon lesquels, retraité et vivant seul, le condamné n'apporte pas la preuve de ce qu'il contribue à la vie de famille et que par ailleurs il serait impossible de lui fixer des horaires précis, alors que ce dernier faisait valoir un élément nouveau tenant à l'aggravation de son état de santé et sollicitait une nouvelle expertise, ce dont la CHAP n'a pas tenu compte. • Crim. 24 janv. 2007, n° 06-82.087 P : *AJ pénal 2007. 190, obs. Herzog-Evans ; RSC 2007. 358, obs. Poncela*.

4. Effet dévolutif. Il résulte des dispositions des art. 712-6 et D. 49-43 que la CHAP qui décide d'accorder un aménagement de peine doit déterminer la nature de la mesure à appliquer au condamné avant de désigner, le cas échéant, l'un de ses membres ou le JAP compétent pour en préciser les modalités. A méconnu ces dispositions la CHAP qui, sur appel du condamné ayant vu sa demande d'aménagement de peine rejetée par le JAP, relève que l'incarcération du requérant, soigné sous le régime de l'hospitalisation de jour en service psychiatrique, est inadaptée à son état de santé et décide d'aménager sa peine et de le renvoyer devant le JAP afin qu'il soit statué sur les modalités de cette mesure, sans avoir déterminé la mesure d'aménagement de peine qui serait appliquée à l'intéressé. • Crim. 16 mai 2007, n° 06-84.303 P : *D. 2007. AJ 1662 ; AJ pénal 2007. 334, obs. Herzog-Evans*. ♦ Il se déduit des art. 712-13, 509, 515 et D. 49-44-1, et du principe de l'effet dévolutif de l'appel, que la CHAP saisie de l'appel d'un jugement ayant rejeté une demande d'aménagement de peine ne peut, après avoir confirmé cette décision, renvoyer le dossier au JAP pour qu'il statue à nouveau sur cette demande. • Crim. 18 déc. 2013, n° 13-83.403 P : *D. 2014. Actu. 84 ; AJ pénal 2014. 196, obs. Herzog-Evans ; Dr. pénal 2014, Chron. 3, obs. Bonis-Garçon.*

5. Pouvoirs de la cour d'appel. Il résulte de la combinaison de l'art. 721-1, des principes de l'effet dévolutif et de la prohibition de l'aggravation du sort de l'appelant sur son seul appel, qu'en cas d'appel d'une ordonnance de réduction supplémentaire de peine, le président de la CHAP ne peut, sur le seul appel du condamné, aggraver le sort de l'appelant. • Crim. 12 févr. 2014, n° 13-81.683 P : *D. actu. 24 févr. 2014, obs. Léna ; Dr. pénal 2014. 83, note Bonis-Garçon.* ♦ Une CHAP ne peut aggraver le sort de l'appelant sur son seul appel, en révoquant en totalité un sursis avec mise à l'épreuve que le JAP n'avait révoqué qu'à hauteur d'un an. • Crim. 11 mai 2016, n° 15-86.060 P : *D. actu. 6 juin 2016, obs. André. V. contra,* précédemment : Le juge apprécie souverainement le quantum de la réduction supplémentaire de peine qu'il accorde au condamné manifestant des efforts sérieux de réadaptation sociale. Est ainsi parfaitement justifiée la décision du président de la CHAP qui, sur appel du condamné, décide de ramener de 30 à 25 jours le quantum de la réduction en raison, notamment, des versements volontaires dérisoires effectués par le condamné aux parties civiles. • Crim. 7 mars 2007, n° 06-83.981 P : *D. 2007. AJ 1340 ; AJ pénal 2007. 289, obs. Herzog-Evans ; Dr. pénal 2008. Chron. 27, obs. Garçon.* ♦ En revanche, le président de la CHAP ne peut, sans se contredire, ramener de trois mois à trente jours les réductions supplémentaires de peine accordées au condamné, en retenant d'une part, que les efforts sérieux de réadaptation sociale manifestés par le condamné s'étaient limités au paiement de l'amende et au suivi d'une formation et, d'autre part, qu'il n'avait pu se livrer à aucune autre activité du fait qu'il était soumis, pour l'exécution de sa peine, au régime de l'isolement. • Crim. 4 mars 2009 : *AJ pénal 2009. 322, obs. Herzog-Evans*.

6. Convocation de l'avocat. Selon l'art. 712-13, l'appel des jugements mentionnés aux art. 712-6 et 712-7 est porté devant la CHAP de la cour d'appel, qui statue par arrêt motivé après débat contradictoire au cours duquel sont entendues les réquisitions du ministère public et les observations de l'avocat du condamné. Aux termes de l'art. D. 49-42, l'avocat du condamné est convoqué par lettre recommandée ou par télécopie au plus tard 15 jours avant le débat contradictoire. Méconnaît ces dispositions l'arrêt de la CHAP qui ne mentionne pas que le condamné ou son défenseur ont été avisés de la date d'audience. • Crim. 31 mai 2007, n° 06-87.914 P : *AJ pénal 2007. 389, note Herzog-Evans ; Dr. pénal 2008. Chron. 26, obs. Garçon.* ♦ V. aussi : • Crim. 23 juin 2010 : *AJ pénal 2011. 93, obs. Herzog-Evans* • Crim. 4 avr. 2013 : *AJ pénal*

2014. 46, note Herzog-Evans • Crim. 26 juin 2013 : *ibid.* • Crim. 5 janv. 2022, n° 21-83.378 P. ♦ V. aussi notes ss. art. D. 49-42.

7. Délai pour une nouvelle demande. Il se déduit de l'art. 712-13 que la CHAP ne peut fixer un délai pendant lequel toute demande d'octroi de l'une des mesures mentionnées aux art. 712-6 et 712-7 sera irrecevable, que si elle confirme un jugement refusant de l'accorder. Méconnaît ce texte et encourt la cassation l'arrêt qui, après avoir infirmé le jugement qui accordait au condamné le bénéfice de la libération conditionnelle, fixe un délai avant l'expiration duquel celui-ci ne pourra présenter de nouvelle demande. • Crim. 7 nov. 2007, n° 07-82.598 P : *D. 2008. AJ 91 ; AJ pénal 2008. 44, note Herzog-Evans* . • Crim. 8 déc. 2010 : *Dr. pénal 2011, n° 43, obs. Maron et Haas.* ♦ Le délai fixé par la CHAP pendant lequel toute nouvelle demande tendant à l'octroi de l'une des mesures fixées aux art. 712-6 et 712-7 sera irrecevable ne peut excéder le tiers du temps de détention restant à subir. • Crim. 14 avr. 2010 : *AJ pénal 2010. 298, obs. Herzog-Evans* .

8. Composition de la CHAP. Encourt la censure l'arrêt d'une CHAP rejetant une demande de libération conditionnelle et dont il résulte des mentions que la juridiction était composée de trois magistrats, en violation des dispositions de l'art. 712-13, al. 2. • Crim. 18 mars 2009, n° 08-85.870 P : *D. 2009. AJ 1209 ; AJ pénal 2009. 275, obs. Herzog-Evans ; Procédures 2009, n° 211, obs. Buisson ; Dr. pénal 2010. Chron. 2, obs. Garçon ; RPDP 2009. 467, obs. Céré.* ♦ Lorsqu'elle est saisie de l'appel d'un jugement ordonnant le placement d'un condamné sous surveillance judiciaire, la CHAP, qui ne siège pas dans la composition prévue par l'art. 712-13, al. 2, mais dans celle prévue par l'art. 712-1, al. 2, est composée d'un président et deux conseillers assesseurs. • Crim. 25 mai 2011, n° 10-86.996 P : *D. actu. 20 juill. 2011, obs. Léna ; Dr. pénal 2012. Chron. 2, obs. Garçon et Peltier.* ♦ Il résulte de la combinaison des art. 712-1, 723-29, 723-32 et 592 que, lorsqu'elle statue sur l'appel d'un jugement ordonnant un placement sous surveillance judiciaire sur le fondement de l'art. 723-29, la CHAP ne siège pas dans la composition prévue par l'art. 712-13, al. 2, mais dans celle prévue par l'art. 712-1, al. 2. • Crim. 19 sept. 2012 : *D. actu. 31 oct. 2012, obs. Léna.* ♦ L'arrêt de la CHAP de la cour d'appel n'a pas à préciser la qualité des assesseurs civils, membres d'associations de réinsertion et de défense des victimes d'infractions, siégeant auprès des magistrats, pour que sa composition soit jugée régulière au regard de l'art. 712-13. • Crim. 30 oct. 2012, n° 11-87.754 P : *D. actu. 11 déc. 2012, obs. Léna ; D. 2013. 1309, obs. Herzog-Evans* .

9. Il résulte de la combinaison des art. 592, 712-1, 723-29, 723-32, que, lorsqu'elle statue sur l'appel d'un jugement ordonnant un placement sous surveillance judiciaire sur le fondement de l'art. 723-29, la CHAP ne siège pas dans la composition élargie prévue par l'art. 712-13, al. 2, mais dans celle limitée à trois magistrats professionnels prévue par l'art. 712-1, al. 2. • Crim. 11 mai 2017, n° 16-85.158 P : *D. actu. 23 mai 2017, obs. Goetz ; AJ pénal 2017. 357, obs. H-Evans ; Dr. pénal 2017, n° 117, note Peltier.* ♦ Il en est de même lorsqu'elle statue sur l'appel d'un jugement d'un tribunal de l'application des peines saisi par le JAP, en application des dispositions de l'art. 712-6, al. 3, d'une demande de libération conditionnelle. • Crim. 11 mai 2017, n° 16-85.159 P : *D. actu. 23 mai 2017, obs. Goetz ; AJ pénal 2017. 357, obs. H-Evans* .

10. Contestation de la partialité de la CHAP. Le demandeur (le procureur général) n'est pas recevable à mettre en cause devant la Cour de cassation l'impartialité d'un responsable d'une association de réinsertion des condamnés désigné pour siéger dans la formation élargie de la CHAP conformément à l'art. 712-13, al. 2, dès lors qu'il n'a pas usé de la possibilité de récuser ce juge par application de l'art. 668. • Crim. 2 mars 2011, n° 10-83.257 P : *AJ pénal 2011. 553, obs. Herzog-Evans ; Dr. pénal 2012. Chron. 2, obs. Garçon.*

11. Applicabilité de la Conv. EDH. L'art. 6 de la Conv. EDH est inapplicable aux procédures de demandes de libération conditionnelle. • Crim. 23 sept. 2015, n° 14-85.708 P : *D. actu. 8 oct. 2015, obs. Goetz.*

Art. 712-14 **Les décisions du juge de l'application des peines et du tribunal de l'application des peines sont exécutoires par provision. Toutefois, lorsque l'appel du ministère public est formé dans les vingt-quatre heures de la notification, il suspend l'exécution de la décision jusqu'à ce que la chambre de l'application des peines de la cour d'appel ou son président ait statué. L'affaire doit être examinée au plus tard dans les deux mois suivant l'appel du parquet, faute de quoi celui-ci est non avenu.**

S'agissant des dispositions d'urgence mises en place pour faire face à l'épidémie de covid-19, V. App., v° État d'urgence sanitaire.

1. Il résulte des dispositions de l'art. 712-14 que le condamné qui voit son sursis avec mise à l'épreuve révoqué par décision du JAP se trouve, à compter de son incarcération, en exécution de la peine afférente au sursis révoqué et non sous le régime de la détention provisoire. Ne s'offre à lui que la voie de l'appel contre cette décision et il ne saurait invoquer les textes relatifs à la détention provisoire. • Crim. 21 févr. 2007, n° 06-86.571 P : *D. actu. 19 mars 2007, obs. Allain ;*

D. 2007. AJ 868 ; *ibid 2007. AJ 1017* ; *AJ pénal 2007. 193, obs. Herzog-Evans* .

2. La mention « pas d'appel » apposée par le ministère public sur une décision de libération conditionnelle ne prive pas le ministère public du droit qui lui est reconnu par la loi d'interjeter appel dans les vingt-quatre heures. • Crim. 27 mai 2009, n° 08-85.419.

3. Les dispositions de l'art. 712-14, qui fixent un délai de deux mois suivant l'appel du parquet – suspensif – dans lequel l'affaire doit être examinée, s'interprètent comme imposant la tenue de l'audience, et non le rendu du délibéré, dans le délai considéré. • Crim. 9 avr. 2014, n° 13-84.290 P : *D. actu. 21 mai 2014, obs. Léna* ; *Dr. pénal 2015, Chron. 3, obs. Bonis-Garçon* ; *AJ pénal 2015. 107, obs. Herzog-Evans* .

4. Le caractère suspensif de l'appel formé par le parquet dans les 24h ne dépend pas d'une mention en ce sens dans la déclaration d'appel ; par ailleurs, une audience tenue en l'absence de l'avocat du condamné, non convoqué, n'interrompt pas le délai de deux mois dans lequel la cour doit examiner l'affaire et au-delà duquel l'appel du parquet est déclaré non avenu. • Crim. 17 mars 2021, n° 20-83.881 P : *D. actu. 17 mars 2021, obs. Dumont Saint-Priest.*

Art. 712-15 Les ordonnances et arrêts mentionnés aux articles 712-12 et 712-13 peuvent faire, dans les cinq jours de leur notification, l'objet d'un pourvoi en cassation qui n'est pas suspensif.

Le délai de cinq jours prévu par l'art. 712-15 est un délai non franc qui court à compter de la notification de la décision réalisée, lorsque le condamné n'est pas détenu, par l'expédition de la lettre recommandée prévue par l'art. D. 49-44. • Crim. 21 oct. 2015, n° 14-87.198 P : *D. 2016. Pan. 153, obs. Laurent* .

SECTION IV DISPOSITIONS COMMUNES

Art. 712-16 *(L. n° 2010-242 du 10 mars 2010, art. 11-II)* **Dans l'exercice de leurs attributions, les juridictions de l'application des peines peuvent procéder ou faire procéder, sur l'ensemble du territoire national, à tous examens, auditions, enquêtes, expertises, réquisitions, y compris celles prévues par l'article 132-22 du code pénal ou toute autre mesure, permettant de rendre une décision d'individualisation de la peine ou de s'assurer qu'un condamné respecte les obligations qui lui incombent à la suite d'une telle décision.**

BIBL. ▶ HERZOG-EVANS, *D. 2010. 1428* (la loi récidive III : extension et aggravation de la probation obligatoire). – J.-H. ROBERT, *Dr. pénal 2010. Étude 8* (récidive législative, Commentaire de la loi n° 2010-242 du 10 mars 2010 tendant à amoindrir le risque de récidive criminelle et portant diverses dispositions de procédure pénale).

Art. 712-16-1 *(L. n° 2010-242 du 10 mars 2010, art. 11-II)* **Préalablement à toute décision entraînant la cessation temporaire ou définitive de l'incarcération d'une personne condamnée à une peine privative de liberté avant la date d'échéance de cette peine, les juridictions de l'application des peines prennent en considération les intérêts de la victime ou de la partie civile au regard des conséquences pour celle-ci de cette décision.**

Les mesures prévues à l'article 712-16 peuvent porter sur les conséquences des décisions d'individualisation de la peine au regard de la situation de la victime ou de la partie civile, et notamment le risque que le condamné puisse se trouver en présence de *celle-ci.*

Si elles l'estiment opportun, les juridictions de l'application des peines peuvent, avant toute décision, informer la victime ou la partie civile, directement ou par l'intermédiaire de son avocat, qu'elle peut présenter ses observations par écrit dans un délai de quinze jours à compter de la notification de cette information.

(L. n° 2011-939 du 10 août 2011, art. 15-II) **« Ces observations peuvent être adressées à la juridiction par la victime ou la partie civile par tout moyen à leur convenance. »**

1. V. jurispr. ss. art. 712-13-1.

2. Prise en compte des intérêts de la victime. L'art. 720, al. 1er (ancien), qui oblige les juridictions de l'application des peines à prendre en considération les intérêts de la victime au regard des conséquences sur elle de toute décision entraînant la cessation temporaire ou définitive de l'incarcération d'une personne condamnée à une peine privative de liberté avant la date d'échéance de cette peine, n'édicte aucune motivation spéciale de motivation. En imposant au condamné, qu'elle admet au bénéfice de la libération conditionnelle, l'obligation prévue par l'art. 132-45, 2°, C. pén., de réparer le préjudice causé aux parties civiles en fonction de ses facultés contributives, la CHAP prend nécessairement en compte les intérêts des victimes. • Crim. 7 nov. 2007 : *Bull. crim. n° 269 ; AJ pénal 2007. 544*. En subordonnant l'octroi et le maintien de la mesure de libération conditionnelle à la réparation des dommages, les juges du fond ont nécessairement pris en considération les intérêts des victimes. • Crim. 26 sept. 2007, n° 07-81.644 P : *RSC 2008. 413, obs. Poncela ; AJ pénal 2007. 544 ; ibid. 2008. 197, note Herzog-Evans*.

3. Intérêt de la société et des parties civiles. La Cour de cassation approuve le rejet par la CHAP d'une demande de libération conditionnelle formée par une personne condamnée pour homicide volontaire. Ce rejet peut s'appuyer sur des considérations relatives aux intérêts de la société et des parties civiles (émotion suscitée par les faits dans la région) mais pas sur la gravité de l'infraction. • Crim. 28 avr. 2011, n° 10-87.799 P : *D. actu. 20 mai 2011, obs. Léna ; D. 2011. Actu. 1353, obs. Léna ; ibid. Pan. 2828, obs. Potaszkin ; AJ pénal 2012. 107, obs. Herzog-Evans ; Dr. pénal 2012. Chron. 2, obs. Garçon et Peltier.* ♦ En se prononçant par des motifs prenant en considération les intérêts de la société, comme l'exige l'art. 707, al. 2, et des parties civiles, comme l'exigent ce texte et l'art. 712-16-1, la CHAP a justifié sa décision (regret mais non compassion envers les victimes, absence de renonciation aux convictions politiques). • Crim. 9 avr. 2014 : *AJ pénal 2015. 107, obs. Herzog-Evans*.

4. Indemnisation de la victime. L'ordonnance de refus de prononcer une permission de sortir doit être infirmée dès lors que les frais de voyage de l'intéressée étaient pris en charge par des tiers, n'obérant pas la capacité de remboursement de la condamnée. • Lyon, CHAP, 15 juill. 2010 : *AJ pénal 2011. 44, obs. Herzog-Evans*.

5. Place de la victime. S'il ressort des textes du code de procédure pénale le droit de la victime à être entendue, dans la mesure de ses intérêts, dans les procédures concernant l'exécution des sentences pénales, rien dans ces dispositions ne confère toutefois à la victime la qualité de partie aux décisions prises, en cette matière, par le JAP. Elle peut faire des observations mais elle est sans qualité pour exercer des voies de recours. • Crim. 15 mars 2006, n° 05-83.684 P : *D. 2006. IR 120 ; AJ pénal 2006. 267, obs. Herzog-Evans ; RSC 2007. 350, obs. Poncela*.

Art. 712-16-2 *(L. n° 2010-242 du 10 mars 2010, art. 11-II)* **S'il existe un risque que le condamné puisse se trouver en présence de la victime ou de la partie civile et qu'au regard de la nature des faits ou de la personnalité de l'intéressé il apparaît qu'une telle rencontre paraît devoir être évitée, les juridictions de l'application des peines assortissent toute décision entraînant la cessation temporaire ou définitive de l'incarcération d'une interdiction d'entrer en relation avec la victime ou la partie civile et, le cas échéant, de paraître à proximité de son domicile et de son lieu de travail.**

Le prononcé de cette interdiction est obligatoire, sauf décision contraire spécialement motivée, lorsque la personne a été condamnée pour l'une des infractions visées à l'article 706-47.

La juridiction adresse à la victime un avis l'informant de cette interdiction ; si la victime est partie civile, cet avis est également adressé à son avocat. Cet avis précise les conséquences susceptibles de résulter pour le condamné du non-respect de cette interdiction.

La juridiction peut toutefois ne pas adresser cet avis lorsque la personnalité de la victime ou de la partie civile le justifie, lorsque la victime ou la partie civile a fait connaître qu'elle ne souhaitait pas être avisée des modalités d'exécution de la peine ou dans le cas d'une cessation provisoire de l'incarcération du condamné d'une durée ne pouvant excéder la durée maximale autorisée pour les permissions de sortie.

Pour l'application du présent article, la victime ou la partie civile peut informer la juridiction de l'application des peines de ses changements de résidence ou de lieu de travail.

(L. n° 2011-939 du 10 août 2011, art. 21, en vigueur le 1er janv. 2012) **« Lorsque la personne a été condamnée pour une infraction visée à l'article 706-47 et si la victime ou la partie civile en a formé la demande, le juge de l'application des peines ou le service pénitentiaire d'insertion et de probation informe cette dernière, directement ou par l'intermédiaire de son avocat, de la libération de la personne lorsque celle-ci intervient à la date d'échéance de la peine. »**

Art. 712-16-3 *(L. n° 2020-1672 du 24 déc. 2020, art. 27)* **Lorsque le condamné est une personne majeure faisant l'objet, conformément à l'article 706-112, d'une mesure de protection juridique, son curateur, son tuteur ou la personne désignée en application des articles 706-114 ou 706-117 est avisé de la date du débat contradictoire**

prévu à l'article 712-6 ou de l'audience prévue à l'article 712-13. Ce curateur, ce tuteur ou cette personne peut faire des observations écrites ou être entendu comme témoin par la juridiction de l'application des peines, sur décision de son président. Le condamné doit être assisté d'un avocat, désigné par lui ou l'une de ces personnes ou, à la demande du juge de l'application des peines, par le bâtonnier, conformément à l'article 706-116.

Art. 712-17 Le juge de l'application des peines peut délivrer un mandat d'amener contre un condamné placé sous son contrôle en cas d'inobservation par ce dernier des obligations qui lui incombent.

Si le condamné est en fuite ou réside à l'étranger, il peut délivrer un mandat d'arrêt. La délivrance du mandat d'arrêt suspend, jusqu'à son exécution, le délai d'exécution de la peine ou des mesures d'aménagement.

(L. n° 2007-297 du 5 mars 2007, art. 71) **« En cas d'urgence et d'empêchement du juge de l'application des peines ainsi que du magistrat du siège qui le remplace, le mandat d'amener peut être délivré par le procureur de la République qui en informe dès que possible le juge de l'application des peines ; lorsqu'il n'a pas déjà été mis à exécution, ce mandat est caduc s'il n'est pas repris, dans le premier jour ouvrable qui suit, par le juge de l'application des peines. »**

Si la personne est découverte, il est procédé conformément aux dispositions ci-après.

Le procureur de la République du lieu de l'arrestation est avisé dès le début de la rétention de la personne par les services de police ou de gendarmerie. Pendant la rétention, qui ne peut durer plus de vingt-quatre heures, il est fait application des dispositions des articles 63-2 et 63-3.

La personne est conduite dans les meilleurs délais, et au plus tard dans les vingt-quatre heures de son arrestation, devant le procureur de la République du tribunal judiciaire dans le ressort duquel siège le juge de l'application des peines compétent. Après avoir vérifié son identité et lui avoir notifié le mandat, ce magistrat la présente devant le juge de l'application des peines qui procède conformément aux dispositions de l'article 712-6.

Si la présentation immédiate devant le juge de l'application des peines n'est pas possible, la personne est présentée devant le juge des libertés et de la détention. Ce juge peut, sur les réquisitions du procureur de la République, ordonner l'incarcération du condamné jusqu'à sa comparution *(L. n° 2014-896 du 15 août 2014, art. 47, en vigueur le 1er oct. 2014)* **« , selon le cas, devant le juge de l'application des peines, qui doit intervenir dans un délai maximal de huit jours, ou devant le tribunal de l'application des peines, qui doit intervenir dans un délai maximal d'un mois ».**

Si la personne est arrêtée à plus de 200 kilomètres du siège du juge de l'application des peines et qu'il n'est pas possible de la conduire dans le délai de vingt-quatre heures devant le procureur de la République compétent en vertu du *(L. n° 2007-297 du 5 mars 2007, art. 71)* **« sixième » alinéa, elle est conduite devant le procureur de la République du lieu de son arrestation, qui vérifie son identité, lui notifie le mandat et reçoit ses éventuelles déclarations après l'avoir avertie qu'elle est libre de ne pas en faire. Ce magistrat met alors le mandat à exécution en faisant conduire la personne à la maison d'arrêt ; il en avise le juge de l'application des peines ayant délivré le mandat. Celui-ci** *ordonne* **le transfèrement de la personne, qui doit comparaître devant lui dans les quatre jours de la notification du mandat ; ce délai est porté à six jours en cas de transfèrement entre un département d'outre-mer et la France métropolitaine ou un autre département d'outre-mer.**

(L. n° 2016-731 du 3 juin 2016, art. 100) **« Les comparutions devant le juge de l'application des peines ou le tribunal de l'application des peines prévues aux septième et avant-dernier alinéas du présent article peuvent être réalisées selon les modalités prévues à l'article 706-71. Il n'y a alors pas lieu d'ordonner le transfèrement de la personne mentionné à l'avant-dernier alinéa du présent article. »**

1. Domaine d'application. La délivrance d'un mandat d'amener ou d'arrêt prévue par l'art. 712-17 est réservée aux manquements à l'une des obligations que comportent les mesures énumérées aux art. 712-18 à712-20, le juge de l'application des peines ayant la faculté, conformément à l'art. D. 49-20, de faire diffuser une note de recherche dans l'hypothèse où une personne condamnée, qui a bénéficié d'une permission de sortir, n'a pas réintégré l'établissement pénitentiaire où elle était incarcérée. • Crim. 1er oct. 2019, n° 19-84.236 P : *D. actu. 4 nov. 2019, obs. F. Charlent ; AJ pénal 2019. 618, obs. H-Evans*. ♦ V. aussi note ss. art. D. 49-20.

2. Effets du mandat d'arrêt. Fait l'exacte application de l'art. 712-17, al. 2, la cour d'appel qui retient que le mandat d'arrêt délivré par le juge de l'application des peines a eu pour effet de suspendre, depuis la date de son émission jusqu'à ce qu'il reçoive exécution, le délai dans lequel le condamné pouvait être soumis aux mesures d'assistance et de contrôle autorisant la libération conditionnelle. • Crim. 31 mai 2007, n° 06-87.085 P : *AJ pénal 2007. 392 ; Dr. pénal 2008. Chron. 26, obs. Garçon.*

Art. 712-18 **En cas d'inobservation des obligations qui incombent au condamné faisant l'objet d'une mesure de semi-liberté, de placement extérieur ou de détention à domicile sous surveillance électronique, le juge de l'application des peines peut, après avis du procureur de la République, ordonner la suspension de la mesure.**

A défaut de la tenue du débat contradictoire prévu par l'article 712-6 dans un délai de quinze jours suivant l'incarcération du condamné qui résulte de cette suspension, la personne est remise en liberté si elle n'est pas détenue pour une autre cause. *(L. n° 2010-242 du 10 mars 2010, art. 21-I)* **« Ce délai est porté à un mois lorsque le débat contradictoire doit se faire devant le tribunal de l'application des peines en application de l'article 712-7. »**

L'ordonnance rendue dans le cadre des dispositions de l'art. 712-18, ordonnance à caractère provisoire prise dans l'attente du débat contradictoire prévu par l'art. 712-6, ne fait pas partie des décisions susceptibles d'appel énumérées à l'art. 712-11. • Limoges, 13 nov. 2007, n° 07/00630.

Art. 712-19 **En cas d'inobservation des obligations qui incombent au condamné faisant l'objet** *(L. n° 2019-1480 du 28 déc. 2019, art. 10)* **« d'une peine de détention à domicile sous surveillance électronique, » d'un sursis probatoire, d'un sursis avec obligation d'accomplir un travail d'intérêt général, d'un suivi socio-judiciaire,** *(L. n° 2009-1436 du 24 nov. 2009, art. 76)* **« d'une surveillance judiciaire, » d'une suspension ou d'un fractionnement de peine ou d'une libération conditionnelle, le juge de l'application des peines peut ordonner, après avis du procureur de la République, l'incarcération provisoire du condamné.** *(L. n° 2021-1729 du 22 déc. 2021, art. 11)* **« Il en est de même lorsque la juridiction de jugement a fixé, en application du deuxième alinéa de l'article 131-9 du code pénal ou du second alinéa de l'article 131-11 du même code, une durée maximale d'emprisonnement dont le juge de l'application des peines peut ordonner la mise à exécution et que le condamné ne respecte pas les obligations ou interdictions résultant de la ou des peines prononcées. »**

L'ordonnance d'incarcération provisoire peut être prise par le juge d'application des peines du lieu où se trouve le condamné.

A défaut de la tenue du débat contradictoire prévu par l'article 712-6 *(L. n° 2021-1729 du 22 déc. 2021, art. 11)* **« du présent code » dans un délai de quinze jours suivant l'incarcération du condamné, celui-ci est remis en liberté s'il n'est pas détenu pour une autre cause. Ce délai est porté à un mois lorsque le débat contradictoire doit se faire devant le tribunal de l'application des peines en application des dispositions de l'article 712-7.**

1. Le demandeur ne saurait se faire un grief ni de ce qu'un tribunal correctionnel a statué sur sa demande de mise en liberté, ni des conditions dans lesquelles il l'a fait, dès lors qu'aucune disposition légale n'autorise une personne dont l'incarcération provisoire résulte de l'exécution d'une peine d'emprisonnement assortie d'un sursis avec mise à l'épreuve dont les obligations n'ont pas été observées à former une telle demande dans l'attente du débat contradictoire. • Crim. 15 janv. 2019, n° 18-86.247 P.

2. L'ordonnance d'incarcération provisoire, mesure privative de liberté, hautement attentatoire aux libertés individuelles en ce qu'elle est insusceptible d'appel, ne saurait être conçue comme une mesure susceptible de perdurer dans le temps sans limitation de durée ; les dispositions de l'art. 712-19 imposent au juge de l'application des peines à la fois d'organiser le débat contradictoire dans les quinze jours de l'incarcération provisoire, mais également de statuer et de notifier la décision dans ce même délai impératif. • Crim. 11 déc. 2019, n° 19-80.272 P : *D. actu. 23 janv. 2020, obs. Diaz ; Dr. pénal 2020. n° 44, obs. Bonis.*

Art. 712-20 **La violation par le condamné des obligations auxquelles il est astreint, commise pendant la durée d'exécution d'une des mesures, y compris** *(L. n° 2019-222 du 23 mars 2019, art. 81 et 109-XIX, en vigueur le 24 mars 2020)* **« du sursis probatoire**

[ancienne rédaction : de sursis avec mise à l'épreuve ou obligation d'accomplir un travail d'intérêt général] **», mentionnées aux articles 712-6 et 712-7 peut donner lieu** *(L. n° 2019-222 du 23 mars 2019, art. 81 et 109-XIX, en vigueur le 24 mars 2020)* **« à la prolongation, » à la révocation ou au retrait de la mesure après la date d'expiration de celle-ci lorsque le juge ou la juridiction de l'application des peines compétent a été saisi ou s'est saisi à cette fin au plus tard dans un délai d'un mois après cette date.**

1. Selon les art. 712-20 et 712-6, la violation, par le condamné, des obligations auxquelles il est astreint, commise pendant la durée d'exécution d'une mesure de libération conditionnelle, peut donner lieu à la révocation de la mesure, après sa date d'expiration, lorsque la juridiction de l'application des peines compétente a été saisie ou s'est saisie à cette fin au plus tard dans le délai d'un mois après cette date. Méconnaît ces textes la CHAP qui, faisant application de l'art. 733, dernier al., dit n'y avoir lieu à révocation, au motif que, si le JAP s'est saisi avant la fin du délai d'épreuve, la révocation n'est intervenue qu'après l'expiration de ce délai. • Crim. 4 juin 2008, n° 08-81.603 P : *AJ pénal 2008. 429, obs. Herzog-Evans ; Dr. pénal 2009. Chron. 3, obs. Garçon.*

2. Ni le rapport d'incident du SPIP ni la convocation du JAP aux fins de recueillir les observations du condamné sur sa situation ne constituent des actes de saisine de la juridiction de l'application des peines au sens de l'art. 712-20. • Crim. 25 nov. 2009 : *AJ pénal 2010. 145, obs. Herzog-Evans*. ♦ De la même façon, l'ordonnance de saisine du juge de l'application des peines ne constitue pas un acte ayant régulièrement saisi la juridiction de l'application des peines, dès lors qu'aucune date n'a été fixée pour le débat contradictoire prévu par la loi. • Crim. 29 mai 2013 : *D. actu. 25 juin 2013, obs. Fucini ; Dr. pénal 2014, Chron. 3, obs. Bonis-Garçon.*

3. Révocation partielle du SME après expiration du délai d'épreuve. V. ss art. 742.

Art. 712-21 **Les mesures mentionnées aux articles 712-5, 712-6 et 712-7, à l'exception des réductions de peines n'entraînant pas de libération immédiate et des autorisations de sortie sous escortes, ne peuvent être accordées sans une expertise psychiatrique préalable à une personne** *(L. n° 2014-896 du 15 août 2014, art. 48, en vigueur le 1er oct. 2014)* **« qui a été condamnée à un suivi socio-judiciaire** *[ancienne rédaction : condamnée pour une infraction pour laquelle le suivi socio-judiciaire est encouru]* **». Cette expertise est réalisée par deux experts lorsque la personne a été condamnée pour le meurtre, l'assassinat ou le viol d'un mineur de quinze ans.**

(L. n° 2007-1198 du 10 août 2007) **« Cette expertise détermine si le condamné est susceptible de faire l'objet d'un traitement. »**

(L. n° 2009-1436 du 24 nov. 2009, art. 77) **« Lorsqu'elles concernent les infractions violentes ou de nature sexuelle mentionnées à l'article 706-47, les expertises psychiatriques ordonnées préalablement aux mesures d'aménagement des peines conformément au présent article doivent se prononcer spécialement sur le risque de récidive du condamné. »**

(L. n° 2010-242 du 10 mars 2010, art. 10-I) **« Constitue pour le condamné une violation des obligations qui lui incombent, pouvant donner lieu, selon les cas, à la délivrance des mandats prévus par l'article 712-17, à la suspension de la mesure d'aménagement prévue par l'article 712-18, à l'incarcération provisoire prévue par l'article 712-19 ou au retrait ou à la révocation de la mesure prévu par l'article 712-20, le fait de refuser de commencer ou de poursuivre le traitement prescrit par le médecin traitant et qui lui a été proposé dans le cadre d'une injonction de soins. »**

Les dispositions ci-dessus de la loi n° 2007-1198 du 10 août 2007 sont immédiatement applicables aux personnes exécutant une peine privative de liberté (L. préc., art. 12).

L'art. 12 de la L. n° 2007-1198 du 10 août 2007 énonce que les dispositions de l'art. 712-21 qui dérogent au principe de non-rétroactivité, sont immédiatement applicables aux personnes exécutant une peine privative de liberté pour une infraction, tel le meurtre, désormais punissable du suivi socio-judiciaire, même si celui-ci n'avait pas d'existence légale à la date de commission des faits. Doit être approuvée la décision de la CHAP qui, pour refuser d'accorder une permission de sortir à un individu condamné à dix-huit ans de réclusion criminelle pour meurtre, énonce que ledit individu n'a pas fait l'objet d'une expertise de prélibération comme le prévoit pourtant l'art. 712-21 pour les infractions pour lesquelles le suivi socio-judiciaire est encouru. • Crim. 2 sept. 2009 : *D. 2009. Pan. 2827, obs. Roujou de Boubée ; AJ pénal 2009. 498, obs. Herzog-Evans* • Crim. 28 avr. 2011 : *D. 2011. Actu. 1284 ; Dr. pénal 2012. Chron. 2, obs. Garçon et Peltier ; ibid. Étude 10, par Griffon ; ibid. Étude 13, par Griffon.* ♦ Pour d'autres applications rétroactives à des faits antérieurs à la loi « suivi socio-judiciaire », avant la modification opérée par la L. du 15 août 2014, V. notes ss. art. 721-1 et 723-29.

Art. 712-22 *(L. n° 2009-1436 du 24 nov. 2009, art. 78)* Lorsqu'elles se prononcent sur l'octroi d'une des mesures prévues aux articles 712-6 et 712-7, les juridictions de l'application des peines peuvent dans le même jugement, sur la demande du condamné, le relever en tout ou partie, y compris en ce qui concerne la durée, d'une interdiction résultant de plein droit d'une condamnation pénale ou prononcée à titre de peine complémentaire, soit d'exercer une fonction publique ou d'exercer une activité professionnelle ou sociale, soit d'exercer une profession commerciale ou industrielle, de diriger, d'administrer, de gérer ou de contrôler à un titre quelconque, directement ou indirectement, pour son propre compte ou pour le compte d'autrui, une entreprise commerciale ou industrielle ou une société commerciale.

Cette décision peut également être prise par le juge de l'application des peines, statuant conformément à l'article 712-6, préalablement à l'octroi d'une mesure d'aménagement de la peine, afin de permettre ultérieurement son prononcé. Elle peut être prise par ordonnance sauf opposition du ministère public.

Dans les mêmes conditions, les juridictions de l'application des peines peuvent également, dans les cas prévus par les deux premiers alinéas, exclure du bulletin n° 2 du casier judiciaire les condamnations qui font obstacle au projet d'aménagement de peines.

Art. 712-22-1 *(L. n° 2012-409 du 27 mars 2012, art. 6-I)* Lorsqu'une personne placée sous le contrôle du juge de l'application des peines a été condamnée pour un crime ou pour une infraction mentionnée à l'article 706-47, ce magistrat peut, d'office ou sur réquisition du ministère public, ordonner qu'une copie de la décision de condamnation ou de la décision d'aménagement de la peine, de libération conditionnelle, de surveillance judiciaire ou de surveillance de sûreté est transmise à la personne chez qui le condamné établit sa résidence si cette transmission apparaît nécessaire pour prévenir la récidive.

Lorsque la personne condamnée pour l'une des infractions mentionnées au premier alinéa du présent article est scolarisée ou a vocation à poursuivre sa scolarité dans un établissement scolaire, public ou privé, copie de la décision est, dans tous les cas, transmise par le juge d'application des peines à l'autorité académique et, le cas échéant, au chef d'établissement concerné ; le juge d'application des peines informe également ces autorités des décisions modifiant les obligations imposées au condamné ayant une incidence sur le lieu ou le mode de scolarisation du condamné.

Les personnes à qui des décisions ont été transmises en application du deuxième alinéa ne peuvent faire état des renseignements ainsi obtenus qu'aux personnels qui sont responsables de la sécurité et de l'ordre dans l'établissement et, le cas échéant, dans les structures chargées de l'hébergement des élèves et aux professionnels, soumis au secret professionnel, qui sont chargés du suivi social et sanitaire des élèves. Le partage de ces informations est strictement limité à ce qui est nécessaire à l'exercice de leurs missions.

Sans préjudice des dispositions de l'article 226-13 du code pénal réprimant la violation du secret professionnel, le fait, pour les personnes à qui des décisions ont été transmises en application du présent article ou qui ont eu connaissance des informations qu'elles contiennent en application de l'avant-dernier alinéa, de communiquer ces décisions ou leur contenu à des tiers non autorisés à partager ces informations est puni d'une amende de 3 750 €.

Art. 712-23 Un décret précise les conditions d'application des dispositions du présent chapitre.

(L. n° 2008-174 du 25 févr. 2008, art. 1er-IV) « Ce décret précise les conditions dans lesquelles l'expertise prévue par l'article 712-21 peut ne pas être ordonnée, avec l'accord du procureur de la République, soit en raison de l'existence dans le dossier du condamné d'une précédente expertise, soit, pour les personnes condamnées pour des infractions dont il fixe la liste, en cas de permission de sortir ou en raison de la personnalité de l'intéressé » *(L. n° 2009-1436 du 24 nov. 2009, art. 79-III)* « , soit en cas de délivrance du certificat médical visé à la seconde phrase du deuxième alinéa de l'article 720-1-1 ».

L'ancien art. 712-22 a été renuméroté 712-23 en application des dispositions de l'art. 78 de la L. n° 2009-1436 du 24 nov. 2009.

CHAPITRE III DE LA COOPÉRATION INTERNATIONALE AUX FINS D'EXÉCUTION DES DÉCISIONS DE CONFISCATION

(L. n° 2010-768 du 9 juill. 2010, art. 14)

V. Circ. du 22 déc. 2010 relative à la présentation des dispositions spécifiques de la L. n° 2010-768 du 9 juill. 2010 visant à permettre l'exécution transfrontalière des confiscations en matière pénale (BOMJ 2011, n° 1).

BIBL. ▶ CUTAJAR, *D. 2010. Chron. 2305* (commentaire des dispositions de droit interne de la loi du 9 juillet 2010 visant à faciliter la saisie et la confiscation en matière pénale).

SECTION PREMIÈRE DE LA TRANSMISSION ET DE L'EXÉCUTION DES DÉCISIONS DE CONFISCATION EN APPLICATION DE LA DÉCISION-CADRE DU CONSEIL DE L'UNION EUROPÉENNE DU 6 OCTOBRE 2006

(L. n° 2010-768 du 9 juill. 2010, art. 14)

§ 1er DISPOSITIONS GÉNÉRALES

Art. 713 Une décision de confiscation est une peine ou une mesure définitive ordonnée par une juridiction d'un État membre de l'Union européenne, appelé État d'émission, à la suite d'une procédure portant sur une ou plusieurs infractions pénales, aboutissant à la privation permanente d'un ou plusieurs biens.

L'autorité judiciaire est compétente, selon les règles et dans les conditions déterminées par la présente section, pour transmettre aux autorités compétentes des autres États membres de l'Union européenne, appelés États d'exécution, ou pour exécuter, sur leur demande, une décision de confiscation de biens.

Art. 713-1 Les décisions de confiscation qui peuvent donner lieu à la transmission ou à l'exécution dans un autre État sont celles qui confisquent des biens, meubles ou immeubles, corporels ou incorporels, ainsi que tout acte juridique ou document attestant d'un titre ou d'un droit sur ce bien, au motif :

1° Qu'ils constituent l'instrument ou l'objet d'une infraction ;

2° Qu'ils constituent le produit d'une infraction ou correspondent en tout ou en partie à la valeur de ce produit ;

3° Qu'ils sont passibles de confiscation en application de toute autre disposition de la législation de l'État d'émission bien qu'ils ne soient pas l'instrument, l'objet ou le produit de l'infraction.

Art. 713-2 Toute décision de confiscation est accompagnée d'un certificat établi par l'autorité compétente de l'État d'émission comprenant les mentions suivantes :

1° L'identification de l'État d'émission ;

2° L'identification de la juridiction de l'État d'émission ayant rendu la décision ;

3° L'identité des personnes physiques ou morales à l'encontre desquelles la décision de confiscation a été rendue ;

4° Les données permettant d'identifier les biens faisant l'objet de la décision de confiscation dans l'État d'exécution, notamment la description précise de ces biens, leur *localisation* et la désignation de leur gardien ou le montant de la somme à confisquer ;

5° Les motifs de la décision de confiscation, la description des faits constitutifs de l'infraction, la nature et la qualification juridique de l'infraction qui la justifie, y compris, le cas échéant, l'indication que ladite infraction entre, en vertu de la loi de l'État d'émission, dans l'une des catégories d'infractions mentionnées *(Ord. n° 2016-1636 du 1er déc. 2016, art. 4 et 5, en vigueur le 22 mai 2017)* « à l'article 694-32 » et y est punie d'une peine privative de liberté d'une durée égale ou supérieure à trois ans d'emprisonnement ;

6° La description complète de l'infraction lorsque celle-ci n'entre pas dans l'une des catégories d'infractions mentionnées au 5° ;

7° La mention que la décision a été rendue à titre définitif et n'est pas prescrite ;

8° La mention que la personne visée par la décision de confiscation s'est vu dûment notifier la procédure engagée à son encontre et les modalités et délais de recours ;

9° L'éventuelle exécution partielle de la décision, y compris l'indication des montants déjà confisqués et des sommes restant à recouvrer ;

10° La possibilité d'appliquer dans l'État d'émission des peines de substitution et, le cas échéant, l'acceptation éventuelle de l'État d'émission pour l'application de telles peines, la nature de ces peines et la sanction maximale prévue pour chacune d'elles ;

11° La signature de l'autorité judiciaire de l'État d'émission ou celle de son représentant attestant l'exactitude des informations contenues dans le certificat.

Art. 713-3 Le certificat doit être traduit dans la langue officielle ou dans une des langues officielles de l'État d'exécution ou dans l'une des langues officielles des institutions des Communautés européennes acceptées par cet État.

Art. 713-4 La décision de confiscation ou la copie certifiée conforme de celle-ci et le certificat sont, sous réserve du deuxième alinéa, transmis par l'autorité compétente de l'État d'émission directement à l'autorité compétente de l'État d'exécution par tout moyen laissant une trace écrite et dans des conditions permettant à cette autorité d'en vérifier l'authenticité.

Lorsqu'un État membre de l'Union européenne a effectué une déclaration à cet effet, la décision de confiscation ou la copie certifiée conforme de celle-ci et le certificat sont expédiés par l'intermédiaire d'une ou plusieurs autorités centrales désignées par ledit État.

Sur demande de l'autorité compétente de l'État d'émission, la copie certifiée conforme de la décision de confiscation et l'original du certificat sont adressés dans les meilleurs délais.

Toutes les communications s'effectuent directement entre les autorités compétentes.

§ 2 DISPOSITIONS RELATIVES AUX DÉCISIONS DE CONFISCATION DE BIENS PRONONCÉES PAR LES JURIDICTIONS FRANÇAISES

Art. 713-5 Le ministère public près la juridiction qui a ordonné la confiscation établit le certificat y afférent et transmet la décision et le certificat, selon les modalités visées à l'article 713-4, à l'autorité compétente du ou des États compétents en application des articles 713-6 à 713-10.

Cette transmission n'empêche pas la poursuite de l'exécution, en tout ou partie sur le territoire de la République, de la confiscation.

Art. 713-6 La décision de confiscation est en principe transmise pour exécution à un seul État.

Si la décision de confiscation concerne des biens déterminés, le ministère public la transmet avec le certificat à l'autorité compétente de l'État d'exécution dans lequel il a des raisons de croire que se trouvent ces biens.

Art. 713-7 Toutefois, si le ministère public a des raisons de croire que la confiscation d'un bien spécifique implique d'agir dans plusieurs États, ou qu'un ou plusieurs biens visés par la décision de confiscation se trouvent dans différents États, il transmet la décision de confiscation et le certificat aux autorités compétentes de ces États.

Art. 713-8 Si la décision de confiscation concerne une somme d'argent, le ministère public la transmet avec le certificat à l'autorité compétente de l'État dans lequel il a des raisons de croire que la personne physique ou morale possède des biens ou des revenus.

Toutefois, il peut adresser la décision de confiscation à plusieurs États lorsqu'il estime, pour des raisons particulières, nécessaire de le faire. Le montant total des sommes recouvrées dans plusieurs États, en exécution de cette décision, ne peut être supérieur au montant spécifié dans la décision de confiscation.

Art. 713-9 S'il n'existe aucun moyen permettant de déterminer l'État dans lequel se trouvent les biens ou les revenus de la personne à l'encontre de laquelle la décision a été rendue, le ministère public transmet la décision de confiscation et le certificat à l'autorité compétente de l'État dans lequel la personne concernée a sa résidence habituelle ou son siège.

Art. 713-10 **Lorsque la décision de confiscation porte sur une somme d'argent et que l'autorité compétente de l'État d'exécution y a substitué la confiscation d'un bien, le consentement au transfert de ce bien est donné par le ministre de la justice.**

Art. 713-11 **Le ministère public près la juridiction qui a ordonné la confiscation d'un bien informe immédiatement l'autorité compétente de l'État d'exécution, par tout moyen laissant une trace écrite, de tout ce qui a pour effet soit de retirer à la décision son caractère exécutoire ou de soustraire son exécution à l'État d'exécution, soit de modifier l'exécution de la décision.**

Lorsque la décision de confiscation a été exécutée en partie, le ministère public précise le montant ou les biens restant à recouvrer.

§ 3 DISPOSITIONS RELATIVES À L'EXÉCUTION DES DÉCISIONS DE CONFISCATION DE BIENS PRONONCÉES PAR LES JURIDICTIONS D'UN AUTRE ÉTAT MEMBRE DE L'UNION EUROPÉENNE

Art. 713-12 **Le tribunal correctionnel, sur requête du procureur de la République, est compétent pour statuer sur l'exécution d'une décision de confiscation émanant d'une juridiction d'un autre État membre.**

La demande d'exécution sur le territoire français d'une décision de confiscation prononcée par une juridiction d'un État membre de l'Union européenne ne peut être examinée selon la procédure prévue par les art. 713-12 à 713-35 que si l'État dont cette demande émane a transposé dans sa loi interne la décision-cadre du Conseil de l'Union européenne du 6 oct. 2006 ; dans le cas contraire, l'examen de cette demande est soumis aux seules règles de procédure définies aux art. 713-36 à 713-41. • Crim. 28 mai 2015, nº 14-83.612 : *D. actu. 26 juin 2015, obs. Fonteix.*

Art. 713-13 **La décision de confiscation et le certificat sont transmis selon les modalités prévues à l'article 713-4 ou adressés au procureur de la République près le tribunal correctionnel territorialement compétent, directement ou par l'intermédiaire du procureur général.**

Le tribunal correctionnel territorialement compétent est celui du lieu où se situe l'un quelconque des biens confisqués ou, à défaut, le tribunal correctionnel de Paris.

Si le procureur de la République auquel la demande a été adressée n'est pas territorialement compétent pour y donner suite, il la transmet sans délai au procureur de la République près le tribunal correctionnel territorialement compétent et en informe l'autorité compétente de l'État d'émission.

Art. 713-14 **Le procureur de la République saisit, avec son avis, le tribunal correctionnel de la demande de reconnaissance et d'exécution de la décision de confiscation.**

Art. 713-15 **Après s'être assuré de la régularité de la demande, le tribunal correctionnel statue sans délai sur l'exécution de la décision de confiscation.**

Art. 713-16 **S'il l'estime utile, le tribunal correctionnel entend, le cas échéant par commission rogatoire, le condamné ainsi que toute personne ayant des droits sur les biens qui ont fait l'objet de la décision de confiscation. Ces personnes peuvent se faire représenter par un avocat.**

Art. 713-17 **Le tribunal correctionnel peut surseoir à statuer lorsqu'il juge nécessaire la traduction de la décision ou lorsque le bien fait déjà l'objet soit d'une mesure de saisie ou de gel, soit d'une décision de confiscation définitive dans le cadre d'une autre procédure.**

Lorsqu'il sursoit à statuer, le tribunal correctionnel peut ordonner des mesures de saisie selon les modalités prévues à l'article 484-1.

En cas de sursis à statuer, le procureur de la République en informe sans délai l'autorité compétente de l'État d'émission par tout moyen laissant une trace écrite, en précisant les motifs et, si possible, la durée du sursis à statuer.

Art. 713-18 **Dès que le motif du sursis à statuer n'existe plus, le tribunal correctionnel statue sur l'exécution de la décision de confiscation. Le procureur de la République en informe l'autorité compétente de l'État d'émission par tout moyen laissant une trace écrite.**

Art. 713-19 Lorsque le tribunal correctionnel envisage de refuser l'exécution d'une décision de confiscation sur le fondement de l'un des motifs visés aux 1°, 3° et 7° de l'article 713-20 ou à l'article 713-22, il en avise, avant de statuer, l'autorité compétente de l'État d'émission et la met à même de produire ses observations.

Art. 713-20 Sans préjudice de l'application de l'article 694-4, l'exécution d'une décision de confiscation est refusée dans l'un des cas suivants :

1° Si le certificat n'est pas produit, s'il est établi de manière incomplète ou s'il ne correspond manifestement pas à la décision de confiscation ;

2° Si une immunité y fait obstacle ou si le bien, par sa nature ou son statut, ne peut faire l'objet d'une confiscation selon la loi française ;

3° Si la décision de confiscation se fonde sur des infractions pour lesquelles la personne à l'encontre de laquelle la décision a été rendue a déjà été jugée définitivement par les autorités judiciaires françaises ou par celles d'un État autre que l'État d'émission, à condition, en cas de condamnation, que la peine ait été exécutée, soit en cours d'exécution ou ne puisse plus être mise à exécution selon les lois de l'État de condamnation ;

4° S'il est établi que la décision de confiscation a été émise dans le but de poursuivre ou de condamner une personne en raison de son sexe, de sa race, de sa religion, de son origine ethnique, de sa nationalité, de sa langue, de ses opinions politiques ou de son orientation *(L. n° 2017-86 du 27 janv. 2017, art. 207)* « sexuelle ou identité de genre » ou que l'exécution de ladite décision peut porter atteinte à la situation de cette personne pour l'une de ces raisons ;

5° Si la confiscation est fondée sur des faits qui ne constituent pas des infractions permettant, selon la loi française, d'ordonner une telle mesure ;

6° Si les droits d'un tiers de bonne foi rendent impossible, selon la loi française, l'exécution de la décision de confiscation ;

(L. n° 2013-711 du 5 août 2013, art. 8) « 7° Si, selon les indications portées dans le certificat, l'intéressé n'a pas comparu en personne lors du procès à l'issue duquel la confiscation a été prononcée sauf si, selon ces indications, il se trouve dans l'un des cas prévus aux 1° à 3° de l'article 695-22-1 ; »

8° Si les faits sur lesquels la décision est fondée relèvent de la compétence des juridictions françaises et que la décision de confiscation est prescrite au regard de la loi française.

Toutefois, le motif de refus prévu au 5° n'est pas opposable lorsque la décision de confiscation concerne une infraction qui, en vertu de la loi de l'État d'émission, entre dans l'une des catégories d'infractions mentionnées *(Ord. n° 2016-1636 du 1er déc. 2016, art. 4 et 5, en vigueur le 22 mai 2017)* « à l'article 694-32 » et y est punie d'une peine privative de liberté d'une durée égale ou supérieure à trois ans d'emprisonnement.

L'exécution d'une décision de confiscation est également refusée, le cas échéant partiellement, si la décision de confiscation se fonde sur le motif visé au 3° de l'article 713-1. Dans ce cas, il est fait application du cinquième alinéa de l'article 713-24.

Art. 713-21 Nonobstant les dispositions du 5° de l'article 713-20, l'exécution de la décision de confiscation ne peut, en matière de taxes ou d'impôts, de douane et de change, être refusée au motif que la loi française ne prévoit pas le même type de taxes ou d'impôts ou le même type de réglementation en matière de taxes ou d'impôts, de douane et de change que la loi de l'État d'émission.

Art. 713-22 L'exécution d'une décision de confiscation peut être refusée dans l'un des cas suivants :

1° Si la décision de confiscation est fondée sur une procédure pénale relative à des infractions commises en tout ou partie sur le territoire de la République ;

2° Si la décision de confiscation est fondée sur une procédure pénale relative à des infractions qui ont été commises hors du territoire de l'État d'émission et que la loi française n'autorise pas la poursuite de ces faits lorsqu'ils sont commis hors du territoire de la République.

Art. 713-23 Lorsque la décision de confiscation porte sur une somme d'argent exprimée en devises, le tribunal correctionnel convertit le montant à confisquer en euros au taux de change en vigueur à la date à laquelle la décision de confiscation a été prononcée.

Art. 713-24 Sous réserve des dispositions des quatre alinéas suivants, le tribunal correctionnel ne peut ni appliquer des mesures qui se substitueraient à la décision de confiscation, ni modifier la nature du bien confisqué ou le montant faisant l'objet de la décision de confiscation.

Lorsque l'intéressé est en mesure de fournir la preuve de la confiscation, totale ou partielle, dans un autre État, le tribunal correctionnel, après consultation de l'autorité compétente de l'État d'émission, déduit intégralement du montant qui doit être confisqué en France toute fraction déjà recouvrée dans cet autre État en application de la décision de confiscation.

Lorsque l'autorité compétente de l'État d'émission y consent, le tribunal correctionnel peut ordonner le paiement d'une somme d'argent correspondant à la valeur du bien en remplacement de la confiscation de celui-ci.

Lorsque la décision de confiscation porte sur une somme d'argent qui ne peut être recouvrée, le tribunal correctionnel peut ordonner la confiscation de tout autre bien disponible dans la limite du montant de cette somme d'argent.

Lorsque la décision de confiscation porte sur des biens qui ne pourraient être confisqués en France relativement aux faits commis, le tribunal correctionnel ordonne qu'elle soit exécutée dans les limites prévues par la loi française pour des faits analogues.

Art. 713-25 Le refus d'exécuter une décision de confiscation de biens est motivé et notifié sans délai à l'autorité compétente de l'État d'émission par tout moyen laissant une trace écrite.

Art. 713-26 Lorsque l'endroit où se trouve le bien n'a pas été indiqué de manière assez précise dans le certificat, le procureur de la République consulte l'autorité compétente de l'État d'émission.

Lorsque le bien mentionné dans la décision de confiscation a déjà été confisqué, a disparu, a été détruit ou ne peut être retrouvé à l'endroit indiqué dans le certificat ou lorsque le montant ne peut être recouvré et que la personne ne dispose d'aucun bien sur le territoire de la République, le procureur de la République informe l'autorité compétente de l'État d'émission de l'impossibilité d'exécuter la décision par tout moyen laissant une trace écrite.

Art. 713-27 Le tribunal correctionnel, sur requête du procureur de la République, peut ordonner, selon les modalités de l'article 484-1, la saisie des biens lorsqu'un recours est formé contre la décision autorisant l'exécution de la confiscation ou lorsque l'exécution d'une décision de confiscation est différée par le ministère public.

Art. 713-28 Si plusieurs décisions de confiscation rendues à l'encontre de la même personne portent soit sur une somme d'argent et que cette personne ne dispose pas en France de biens suffisants pour que toutes les décisions puissent être exécutées, soit sur le même bien spécifique, le tribunal correctionnel détermine la ou les décisions de confiscation à exécuter en tenant compte de toutes les circonstances, dont l'existence éventuelle de mesures de gel concernant ces biens dans l'affaire, la gravité relative et le lieu de commission des infractions, ainsi que les dates auxquelles les différentes décisions ont été rendues et transmises.

Le procureur de la République informe de cette décision les autorités compétentes du ou des États d'émission par tout moyen laissant une trace écrite.

Art. 713-29 Le condamné peut faire appel de la décision autorisant en France l'exécution de la confiscation.

Celui qui détient le bien objet de la décision de confiscation ou toute autre personne qui prétend avoir un droit sur ce bien peut, par voie de requête remise au greffe de la chambre des appels correctionnels territorialement compétente dans les dix jours à compter de la date de mise à exécution de la décision considérée, former un recours à l'encontre de cette dernière.

En cas de recours contre la décision de confiscation, le procureur général informe par tout moyen laissant une trace écrite l'autorité compétente de l'État d'émission du recours formé.

Le recours est suspensif mais ne permet pas de contester les raisons substantielles qui ont conduit au prononcé de la décision de confiscation.

La cour peut, par une décision qui n'est susceptible d'aucun recours, autoriser l'État d'émission à intervenir à l'audience par l'intermédiaire d'une personne habilitée par ledit État à cet effet ou, le cas échéant, directement par l'intermédiaire des moyens de télécommunications prévus à l'article 706-71. Lorsque l'État d'émission est autorisé à intervenir, il ne devient pas partie à la procédure.

Art. 713-30 Le ministère public près la juridiction ayant statué poursuit l'exécution de la décision d'autorisation de confiscation lorsque celle-ci est définitive selon les modalités prévues à l'article 707 et informe l'autorité compétente de l'État d'émission par tout moyen laissant une trace écrite de la mise à exécution de la décision.

Art. 713-31 Le ministère public peut différer l'exécution d'une décision de confiscation dans les cas suivants :

1° Lorsque la décision de confiscation porte sur une somme d'argent et que le montant recouvré risque d'être supérieur au montant spécifié dans la décision de confiscation en raison de l'exécution de celle-ci dans plusieurs États ;

2° Lorsque l'exécution de la décision de confiscation risque de nuire à une enquête ou une procédure pénales en cours.

Le ministère public qui diffère l'exécution de la décision de confiscation en informe sans délai l'autorité compétente de l'État d'émission par tout moyen laissant une trace écrite, en lui précisant les motifs du report et, si possible, sa durée prévisible.

Dès que le motif de report n'existe plus, le ministère public exécute la décision de confiscation et en informe l'autorité compétente de l'État d'émission par tout moyen laissant une trace écrite.

Art. 713-32 Les biens autres que des sommes d'argent, confisqués en application de la décision de confiscation, peuvent être vendus selon les dispositions du code du domaine de l'État.

Les sommes d'argent recouvrées et le produit de la vente des biens confisqués sont dévolus à l'État français lorsque le montant recouvré est inférieur à 10 000 €, et dévolus pour moitié à l'État français et pour moitié à l'État d'émission dans les autres cas.

Les frais d'exécution de la décision de confiscation ne sont pas imputés sur le montant dévolu à l'État d'émission. Toutefois, lorsque des frais élevés ou exceptionnels ont dû être supportés, des indications détaillées sur ces frais peuvent être communiquées à l'État d'émission afin d'en obtenir le partage.

Les biens confisqués qui ne sont pas vendus sont dévolus à l'État français sauf accord contraire avec l'État d'émission.

Art. 713-33 Lorsque la personne à l'encontre de laquelle la décision a été rendue est en mesure de justifier de l'exécution, totale ou partielle, de la confiscation dans un autre État, le ministère public consulte l'autorité compétente de l'État d'émission par tous les moyens appropriés.

Toute partie du montant recouvré en application de la décision de confiscation dans un autre État est déduite intégralement du montant qui doit être recouvré.

Art. 713-34 Le ministère public met fin à l'exécution de la décision de confiscation dès qu'il est informé de toute décision ou mesure qui a pour effet de retirer à la décision son caractère exécutoire ou de soustraire l'exécution de la décision aux autorités judiciaires françaises.

Art. 713-35 Lorsque la décision est amnistiée par la loi française ou fait l'objet d'une grâce accordée en France, le ministère public met fin à l'exécution de la décision de confiscation et en informe dans les meilleurs délais par tout moyen laissant une trace écrite l'autorité compétente de l'État d'émission.

SECTION PREMIÈRE *BIS* DE LA TRANSMISSION ET DE L'EXÉCUTION DES DÉCISIONS DE CONFISCATION EN APPLICATION DU RÈGLEMENT (UE) 2018/1805 DU PARLEMENT EUROPÉEN ET DU CONSEIL DU 14 NOVEMBRE 2018 CONCERNANT LA RECONNAISSANCE MUTUELLE DES DÉCISIONS DE GEL ET DES DÉCISIONS DE CONFISCATION

(L. nº 2021-1729 du 22 déc. 2021, art. 51)

V. Règl. (UE) 2018/1805 du Parlement européen et du Conseil du 14 nov. 2018 concernant la reconnaissance mutuelle des décisions de gel et des décisions de confiscation, ss. art. 695-9-30.

Art. 713-35-1 Pour l'application du règlement (UE) 2018/1805 du Parlement européen et du Conseil du 14 novembre 2018 concernant la reconnaissance mutuelle des décisions de gel et des décisions de confiscation, les autorités compétentes mentionnées aux 8 et 9 de l'article 2 du même règlement sont les suivantes :

1° L'autorité d'émission des décisions de confiscation prononcées par les juridictions françaises est le ministère public près la juridiction qui a ordonné la confiscation ;

2° L'autorité d'exécution des décisions de confiscation prononcées par les juridictions d'un autre État membre de l'Union européenne est le tribunal correctionnel territorialement compétent, saisi sur requête du procureur de la République. Le tribunal correctionnel territorialement compétent est celui du lieu où se situe l'un des biens confisqués ou, à défaut, le tribunal correctionnel de Paris.

Art. 713-35-2 Il est procédé dans les conditions prévues à l'article 713-29 du présent code pour l'application de l'article 33 du règlement (UE) 2018/1805 du Parlement européen et du Conseil du 14 novembre 2018 concernant la reconnaissance mutuelle des décisions de gel et des décisions de confiscation.

SECTION II DE L'EXÉCUTION DES DÉCISIONS DE CONFISCATION PRONONCÉES PAR LES AUTORITÉS JUDICIAIRES ÉTRANGÈRES

(L. nº 2010-768 du 9 juill. 2010, art. 14)

Art. 713-36 En l'absence de convention internationale en disposant autrement, les articles 713-37 à 713-40 sont applicables à l'exécution des décisions de confiscation prononcées par les autorités judiciaires étrangères, tendant à la confiscation des biens meubles ou immeubles, quelle qu'en soit la nature, ayant servi ou qui étaient destinés à commettre l'infraction ou qui paraissent en être le produit direct ou indirect ainsi que de tout bien dont la valeur correspond au produit de cette infraction.

Art. 713-37 Sans préjudice de l'application de l'article 694-4, l'exécution de la confiscation est refusée :

1° Si les faits à l'origine de la demande ne sont pas constitutifs d'une infraction selon la loi française ;

2° Si les biens sur lesquels elle porte ne sont pas susceptibles de faire l'objet d'une confiscation selon la loi française ;

3° Si la décision étrangère a été prononcée dans des conditions n'offrant pas de garanties suffisantes au regard de la protection des libertés individuelles et des droits de la défense ;

4° S'il est établi que la décision étrangère a été émise dans le but de poursuivre ou de condamner une personne en raison de son sexe, de sa race, de sa religion, de son origine ethnique, de sa nationalité, de sa langue, de ses opinions politiques ou de son orientation *(L. nº 2017-86 du 27 janv. 2017, art. 207)* « sexuelle ou identité de genre » ;

5° Si le ministère public français avait décidé de ne pas engager de poursuites pour les faits à raison desquels la confiscation a été prononcée par la juridiction étrangère ou si ces faits ont déjà été jugés définitivement par les autorités judiciaires françaises ou par celles d'un État autre que l'État demandeur, à condition, en cas de condamnation, que la peine ait été exécutée, soit en cours d'exécution ou ne puisse plus être ramenée à exécution selon les lois de l'État de condamnation ;

6° Si elle porte sur une infraction politique.

1. Est justifié l'arrêt attaqué qui constate que les faits, notamment d'usure, d'escroquerie et de blanchiment en relation avec la criminalité organisée reprochés au condamné, entrent dans les prévisions des dispositions de la loi française autorisant une mesure de confiscation. • Crim. 19 oct. 2011, n° 11-80.247.

2. La condition tenant au caractère confiscable, selon le droit français, du bien concerné par la demande d'entraide visant l'application d'un jugement de confiscation prononcé à l'étranger s'apprécie au regard des règles applicables à la date où la juridiction française saisie de la demande statue. • Crim. 5 déc. 2018, n° 17-86.695 P : *D. actu. 24 déc. 2018, obs. Fucini.*

Art. 713-38 **L'exécution de la confiscation ordonnée par une autorité judiciaire étrangère en application de l'article 713-36 est autorisée par le tribunal correctionnel, sur requête du procureur de la République.**

L'exécution est autorisée à la condition que la décision étrangère soit définitive et exécutoire selon la loi de l'État requérant.

L'autorisation d'exécution ne peut avoir pour effet de porter atteinte aux droits licitement constitués au profit des tiers, en application de la loi française, sur les biens dont la confiscation a été prononcée par la décision étrangère. Toutefois, si cette décision contient des dispositions relatives aux droits des tiers, elle s'impose aux juridictions françaises à moins que les tiers n'aient pas été mis à même de faire valoir leurs droits devant la juridiction étrangère dans des conditions analogues à celles prévues par la loi française.

Le refus d'autoriser l'exécution de la décision de confiscation prononcée par la juridiction étrangère emporte de plein droit mainlevée de la saisie. Il en est de même lorsque les poursuites engagées à l'étranger ont pris fin ou n'ont pas conduit à la confiscation des biens saisis.

Art. 713-39 **S'il l'estime utile, le tribunal correctionnel entend, le cas échéant par commission rogatoire, le propriétaire du bien saisi, la personne condamnée ainsi que toute personne ayant des droits sur les biens qui ont fait l'objet de la décision étrangère de confiscation.**

Les personnes mentionnées à l'alinéa précédent peuvent se faire représenter par un avocat.

Le tribunal correctionnel est lié par les constatations de fait de la décision étrangère. Si ces constatations sont insuffisantes, il peut demander par commission rogatoire à l'autorité étrangère ayant rendu la décision, la fourniture, dans un délai qu'il fixe, des informations complémentaires nécessaires.

Art. 713-40 **L'exécution sur le territoire de la République d'une décision de confiscation émanant d'une juridiction étrangère entraîne transfert à l'État français de la propriété des biens confisqués, sauf s'il en est convenu autrement avec l'État requérant.**

Les biens ainsi confisqués peuvent être vendus selon les dispositions du code du domaine de l'État.

(L. n° 2012-409 du 27 mars 2012, art. 19) **« Les frais d'exécution de la décision de confiscation sont imputés sur le total des montants recouvrés.**

« Les sommes d'argent recouvrées et le produit de la vente des biens confisqués, déduction faite des frais d'exécution, sont dévolus à l'État français lorsque ce montant est inférieur à 10 000 € et dévolus pour moitié à l'État français et pour moitié à l'État requérant dans les autres cas. »

Si la décision étrangère prévoit la confiscation en valeur, la décision autorisant son exécution rend l'État français créancier de l'obligation de payer la somme d'argent correspondante. A défaut de paiement, l'État fait recouvrer sa créance sur tout bien disponible à cette fin. *(L. n° 2012-409 du 27 mars 2012, art. 19)* **« Le montant recouvré, déduction faite de tous les frais, est partagé selon les règles prévues au présent article. »**

Art. 713-41 **Pour l'application de la présente section, le tribunal correctionnel compétent est celui du lieu de l'un des biens objet de la demande ou, à défaut, le tribunal correctionnel de Paris.**

TITRE PREMIER *BIS* DE LA PEINE DE DÉTENTION À DOMICILE SOUS SURVEILLANCE ÉLECTRONIQUE

(*L. n° 2019-222 du 23 mars 2019, art. 82 et 109-XIX, en vigueur le 24 mars 2020*)

Les peines de contrainte pénale prononcées avant le 24 mars 2020 s'exécutent jusqu'à leur terme conformément aux dispositions applicables au jour de leur prononcé, sous la réserve que les attributions confiées en application de l'art. 713-47 au président du tribunal judiciaire ou au juge désigné par lui sont exercées par le juge de l'application des peines (L. n° 2019-222 du 23 mars 2019, art. 99-XIX).

BIBL. ▶ ROBERT, *RSC 2020. 577* (la peine de détention à domicile sous surveillance électronique : une fausse bonne idée ?).

Art. 713-42 **La personne condamnée à la peine de détention à domicile sous surveillance électronique est placée sous le contrôle du juge de l'application des peines du tribunal dans le ressort duquel elle est assignée.**

Les dispositions des articles 723-8 à 723-12 sont applicables.

Art. 713-43 **Si le condamné a satisfait aux mesures, obligations et interdictions qui lui étaient imposées pendant une durée au moins égale à la moitié de la peine prononcée, que son reclassement paraît acquis et qu'aucun suivi ne paraît plus nécessaire, le juge de l'application des peines peut, d'office ou sur requête du condamné, décider, par ordonnance rendue selon les modalités prévues à l'article 712-8, sur réquisitions conformes du procureur de la République, de mettre fin de façon anticipée à la peine de détention à domicile sous surveillance électronique. En l'absence d'accord du ministère public, le juge de l'application des peines statue à la suite d'un débat contradictoire** (*Abrogé par L. n° 2021-1729 du 22 déc. 2021, art. 11*) **« public » en application de l'article 712-6.**

Le juge de l'application des peines peut également, tout en mettant fin aux obligations prévues aux deuxième et troisième alinéas de l'article 131-4-1 du code pénal, décider que le condamné restera placé sous son contrôle jusqu'à la date prévue d'expiration de la peine en étant soumis aux obligations prévues à l'article 132-44 du même code et à une ou plusieurs des interdictions ou obligations prévues à l'article 132-45 dudit code.

Art. 713-44 **En cas d'inobservation des interdictions ou obligations qui lui sont imposées, d'inconduite notoire, de nouvelle condamnation ou de refus par le condamné d'une modification nécessaire des conditions d'exécution, le juge de l'application des peines peut soit limiter ses autorisations d'absence, soit ordonner l'emprisonnement de la personne pour la durée de la peine restant à exécuter. La décision est prise conformément aux dispositions de l'article 712-6.**

TITRE PREMIER *BIS [ANCIEN]* DE LA CONTRAINTE PÉNALE

(*L. n° 2014-896 du 15 août 2014, art. 22, en vigueur le 1er oct. 2014*)

Les peines de contrainte pénale prononcées avant le 24 mars 2020 s'exécutent jusqu'à leur terme conformément aux dispositions applicables au jour de leur prononcé, sous la réserve que les attributions confiées en application de l'art. 713-47 au président du tribunal judiciaire ou au juge désigné par lui sont exercées par le juge de l'application des peines (L. n° 2019-222 du 23 mars 2019, art. 99-XIX).

BIBL. ▶ DARBÉDA, *RPDP 2014. 675* (repenser la peine et son exécution. Contrainte pénale et retour progressif à la liberté des condamnés). – DETRAZ, *Gaz. Pal. 19 oct. 2014, p. 21* (régime). – DREYER, *Gaz. Pal. 19 oct. 2014, p. 17* (conditions). – FICARA et KUENTZ, *AJ pénal 2017. 172* (entre constat d'échec et perspectives d'évolution). – GRIFFON-YARZA, *Dr. pénal 2014. Étude 18 (premiers éléments d'analyse)*. – MOUHANNA, *Cah. just. 2018. 557* (l'impossible réforme).

▶ **Dossiers :** *AJ pénal 2014. 447* (La loi du 15 août 2014) ; *ibid. 2013. 121* (Quelle nouvelle peine ?).

Ancien art. 713-42 ***Le service pénitentiaire d'insertion et de probation évalue la personnalité et la situation matérielle, familiale et sociale de la personne condamnée à la contrainte pénale.***

A l'issue de cette évaluation, le service adresse au juge de l'application des peines un rapport comportant des propositions relatives au contenu et aux modalités de mise en œuvre des mesures de contrôle et d'assistance, des obligations et des interdictions mentionnées à l'article 131-4-1 du code pénal.

V. ancien art. D. 49-85.

La contrainte pénale, en tant que peine alternative à l'emprisonnement sans sursis, est applicable aux faits commis avant son entrée en vigueur. • Crim. 14 avr. 2015 (3 esp.), n° 15-80.858 P, 14-84.473 P, 14-84.260 P : *D. 2015. 1307, note Destraz ; ibid. 1395, obs. Barbier ; AJ pénal 2015. 418, obs. Renaud-Duparc ; RSC 2015. 407, obs. Boccon-Gibod ; Dr. pénal 2015. Étude 13, note Bonis-Garçon.*

Ancien art. 713-43 *Au vu du rapport établi par le service pénitentiaire d'insertion et de probation, le juge de l'application des peines, lorsqu'il n'a pas été fait application du neuvième alinéa de l'article 131-4-1 du code pénal, détermine les obligations et interdictions auxquelles est astreint le condamné parmi celles mentionnées aux 1° à 3° de ce même article, ainsi que les mesures d'aide dont il bénéficie. S'il a été fait application du neuvième alinéa dudit article, le juge de l'application des peines peut modifier, supprimer ou compléter les obligations et interdictions décidées par la juridiction ; il détermine les mesures d'aide dont le condamné bénéficie.*

Le juge statue par ordonnance motivée, après réquisitions écrites du procureur de la République et après avoir entendu les observations du condamné ainsi que, le cas échéant, celles de son avocat. S'il envisage d'astreindre le condamné à l'obligation d'effectuer un travail d'intérêt général prévue au 2° du même article 131-4-1, il statue après que le condamné a été informé de son droit de refuser l'accomplissement d'un travail d'intérêt général et après avoir reçu sa réponse. Il lui notifie cette ordonnance et lui donne connaissance des dispositions des articles 713-44, 713-47 et 713-48 du présent code.

La décision du juge de l'application des peines intervient au plus tard dans les quatre mois qui suivent le jugement de condamnation.

V. ancien art. D. 49-86.

Ancien art. 713-44 *La situation matérielle, familiale et sociale de la personne est réévaluée à chaque fois que nécessaire au cours de l'exécution de la peine, et au moins une fois par an, par le service pénitentiaire d'insertion et de probation et le juge de l'application des peines.*

Au vu de chaque nouvelle évaluation, le juge de l'application des peines peut, selon les modalités prévues à l'article 712-8 et après avoir entendu les observations du condamné ainsi que, le cas échéant, celles de son avocat :

1° Modifier ou compléter les obligations et interdictions auxquelles la personne condamnée est astreinte ;

2° Supprimer certaines d'entre elles.

V. ancien art. D. 49-88.

Ancien art. 713-45 *Si le condamné a satisfait aux mesures, obligations et interdictions qui lui étaient imposées pendant au moins un an, que son reclassement paraît acquis et qu'aucun suivi ne paraît plus nécessaire, le juge de l'application des peines peut, par ordonnance rendue selon les modalités prévues à l'article 712-8, sur réquisitions conformes du procureur de la République, décider de mettre fin de façon anticipée à la peine de contrainte pénale.*

En l'absence d'accord du ministère public, le juge de l'application des peines peut saisir à cette fin, par requête motivée, le président du tribunal ou un juge par lui désigné, qui statue à la suite d'un débat contradictoire public en application de l'article 712-6. En cas de refus opposé à cette première demande, une autre demande ne peut être présentée qu'une année après cette décision de refus. Il en est de même, éventuellement, des demandes ultérieures.

V. ancien art. D. 49-89.

Ancien art. 713-46 *Le délai d'exécution de la contrainte pénale peut être suspendu par le juge de l'application des peines en cas d'incarcération du condamné, sauf lorsqu'il est fait application des trois derniers alinéas de l'article 713-47 ou de l'article 713-48.*

V. ancien art. D. 49-84.

Ancien art. 713-47 *En cas d'inobservation par la personne condamnée des mesures de contrôle et d'assistance, des obligations ou des interdictions mentionnées à l'article 131-4-1 du code pénal qui lui sont imposées, le juge de l'application des peines peut, d'office ou sur réquisitions du procureur de la République, selon les modalités prévues à l'article 712-8 du présent code, modifier ou compléter les obligations ou interdictions auxquelles le condamné est astreint. Le juge de l'application des peines peut également procéder à un rappel des mesures, obligations et interdictions auxquelles est astreinte la personne condamnée.*

Si la solution prévue au premier alinéa du présent article est insuffisante pour assurer l'effectivité de la peine, le juge saisit, d'office ou sur réquisitions du procureur de la République, par requête motivée, le président du tribunal judiciaire ou un juge par lui désigné afin que soit mis à exécution contre le condamné tout ou partie de l'emprisonnement fixé par la juridiction en application du dixième alinéa de l'article 131-4-1 du code pénal. Le président du tribunal ou le juge par lui désigné, qui statue à la suite d'un débat contradictoire public conformément aux dispositions de l'article 712-6 du présent code, fixe la durée de l'emprisonnement à exécuter, laquelle ne peut excéder celle fixée par la juridiction. La durée de cet emprisonnement est déterminée en fonction de la personnalité et de la situation matérielle, familiale et sociale du condamné, de la gravité de l'inobservation des mesures, obligations et interdictions, ainsi que du délai pendant lequel la contrainte pénale a été exécutée et des obligations qui ont déjà été respectées ou accomplies. Lorsque les conditions prévues à l'article 723-15 sont remplies, le président du tribunal ou le juge par lui désigné peut décider que cet emprisonnement s'exécutera sous le régime de la semi-liberté, du placement à l'extérieur ou de la surveillance électronique.

Lorsqu'il fait application du deuxième alinéa du présent article, le juge de l'application des peines peut, s'il l'estime nécessaire, ordonner l'incarcération provisoire du condamné en application des deux premiers alinéas de l'article 712-19. A défaut de tenue du débat contradictoire devant le président ou le juge par lui désigné dans un délai de quinze jours suivant l'incarcération du condamné, celui-ci est remis en liberté s'il n'est pas détenu pour une autre cause.

Au cours de l'exécution de la contrainte pénale, le juge de l'application des peines peut faire application à plusieurs reprises du deuxième alinéa du présent article, dès lors que la durée totale des emprisonnements ordonnés ne dépasse pas celle fixée par la juridiction en application du dixième alinéa de l'article 131-4-1 du code pénal. Si la durée de l'emprisonnement ordonné est égale à cette durée ou, compte tenu le cas échéant des précédents emprisonnements ordonnés, atteint cette durée, la décision du président ou du juge par lui désigné met fin à la contrainte pénale.

V. ancien art. D. 49-90 s.

Ancien art. 713-48 *Si le condamné commet, pendant la durée d'exécution de la contrainte pénale, un crime ou un délit de droit commun suivi d'une condamnation à une peine privative de liberté sans sursis, la juridiction de jugement peut, après avis du juge de l'application des peines, ordonner la mise à exécution de tout ou partie de l'emprisonnement fixé par la juridiction en application du dixième alinéa de l'article 131-4-1 du code pénal.*

Ancien art. 713-49 *(L. n° 2016-731 du 3 juin 2016, art. 101) Les décisions prises en application du deuxième alinéa de l'article 713-47 ou de l'article 713-48 mettant à exécution tout ou partie de l'emprisonnement sont exécutoires par provision.*

Lorsque le condamné interjette appel contre ces décisions, son recours est examiné dans un délai de deux mois, à défaut de quoi il est remis en liberté s'il n'est pas détenu pour une autre cause.

TITRE DEUXIÈME DE LA DÉTENTION

RÉP. PÉN. v^is *Prison (organisation générale)*, par Céré ; *Prison (normes européennes)*, par Céré.

BIBL. ▶ Alvarez, *RSC 2006. 653* (unités de vie familiale). – Alvarez et Gourmelon, *RSC 2007. 618* (prise en charge des auteurs d'agressions sexuelles par l'administration pénitentiaire). – Belda, *AJDA 2009. 406* (l'innovante protection des droits des détenus élaborée par le juge européen). – Boesel et Escullié, *AJ pénal 2016. 21* s. (étrangers en détention). – Céré, *RPDP 2006. 415* (les nouvelles règles pénitentiaires européennes. Un pas décisif vers une approche globale des droits des détenus) ; *ibid. 2009. 111* (mise en conformité du droit pénitentiaire français avec les règles pénitentiaires européennes : réalité ou illusion ?) ; *ibid. 369* (la Cour européenne des droits de l'homme et la protection des droits des détenus) ; *ibid. 2010, n° spécial, p. 211* (la défense du détenu) ; *ibid. 2011. 5* (*in limine.* Loi pénitentiaire : lenteur et décadence) ; *AJ pénal 2009. 476* (le nouveau droit pénitentiaire et le respect du droit européen. Esquisse de comparaison) ; *ibid. 2010. 325* (le détenu malade : le traitement du droit européen). – Cholet, *AJ pénal 2014. 567* (les nouvelles prisons : quel bilan ?). – Court, *RSC 2015. 693* (l'usage du numérique en prison). – de Graëve, *RFDA 2009. 947* (le droit à la vie et l'administration pénitentiaire). – Falxa, *AJ pénal 2015. 358* (regards comparés sur le droit au recours effectif en matière pénitentiaire). – Giacopelli, *RPDP 2008. 811* (le détenu citoyen) ; *ibid. 2009. 261* (les contrôles sur les prisons en France). – Griffon-Yarza, *Dr. pénal 2019, Étude 16* (confusion de peines, réduction au maximum légal et peine étrangère). – Groulier, *RPDP 2009. 217* (une nouvelle approche des mesures d'ordre intérieur en prison). – Henry, *AJ pénal 2010. 437* (un suicide qui dérange : le suicide en prison). – Herzog-Evans, *D. 2005. Chron. 679* (réformes du droit pénitentiaire). – Louchouarn, *AJ pénal 2006. 445* (prisons : un meilleur accompagnement professionnel et judiciaire des fins de peine). – Mounaud, *RPDP 2008. 821* (la modernisation du service public pénitentiaire). – Péchillon, *RPDP*

2007, n° spécial, p. 37 (le recours en responsabilité : un terrain d'observation privilégié du droit). – Poncela, *RSC 2007. 126* (harmonisation des normes pénitentiaires européennes). – Raoult et Derbey, *RSC 2018. 255* (justice de classe et faux mystère de l'inflation carcérale). – Robert, *Dr. pénal 2013. Étude 7* (conditions de détention). – Saint-Pierre et Cormier, *RPDP 2010. 103* (l'avocat face à la nouvelle loi pénitentiaire). – Tinel, *RPDP 2009. 569* (rôles respectifs des juges et de l'administration pénitentiaire lors de l'exécution de la peine privative de liberté) ; *ibid. 2012. 117* (le contentieux de l'exécution de la peine privative de liberté). – Vacheret, *RSC 2009. Chron. 973* (création d'organes de consultation des détenus dans les institutions carcérales européennes. « Poudre aux yeux » ou réelle volonté d'implication dans les décisions les concernant ?).

▸ **Dossiers :** Prisons, état des lieux, *AJ pénal 2007. 155 s*. – L'emprisonnement : son prononcé, ses incidences, *AJ pénal 2011. 387 s*. – Les conditions de détention : *Gaz. Pal. 8-9 févr. 2013, n°s 39 à 40, p. 4 s*. – Les longues peines, *AJ pénal 2015. 279 s*. – Les règles Mandela, *AJ pénal 2015. 571* s. – 10 ans de contrôle des lieux de privation de liberté, *AJ pénal 2017. 419* s.

▸ **Dossiers sur la loi pénitentiaire :** *AJ pénal 2009. 473* ; *Gaz. Pal. 28 janv. 2010, n° 28* ; *RFDA 2010. 20* ; *RPDP 2010. 57* ; *AJ pénal 2019. 527* s. (la loi pénitentiaire, 10 ans après).

▸ **Loi n° 2007-1545 du 30 oct. 2007 :** Brahmy, *AJ pénal 2010. 314* (l'accès aux soins dans les établissements pénitentiaires. Le rôle du contrôle général des lieux de privation de liberté). – Céré, *AJ pénal 2007. 525* (l'institution d'un Contrôleur général des lieux de privation de liberté par la loi du 30 octobre 2007 : remarques sur un accouchement difficile). – Danti Juan, *RPDP 2008. 485* (la création d'un contrôle général des lieux de privation de liberté en France). – Darbéda, *RPDP 2007. 699* (Une autorité administrative indépendante : le Contrôleur général des lieux de privation de liberté). – Moliner-Dubost, *AJDA 2008. 84* (le Contrôleur général des lieux de privation de liberté, commentaire de la loi n° 2007-1545 du 30 octobre 2007). – Mortet, *RPDP 2008. 287* (le Contrôleur général des lieux de privation de liberté : un nouveau regard sur les lieux de privation de liberté). – Senna, *AJ pénal 2015. 483* (La succession au GGLPL : l'amorce d'une seconde étape) ; *ibid. 2014. 404* (l'application des droits fondamentaux en captivité : la recherche d'un nouvel équilibre) ; *ibid. 2013. 331* (le contrôle général des lieux de privation de liberté, le temps des réformes et de sa réforme) ; *ibid. 2012. 244* (le Contrôleur général des lieux privatifs de liberté ; immersion dans l'ombre de la République).

▸ **Loi n° 2009-1436 du 24 nov. 2009, dite loi « pénitentiaire » :** Céré, *JCP 2009, n° 50, p. 47* (virage ou mirage pénitentiaire ? A propos de la loi du 24 novembre 2009). – Danti-Juan, *RPDP 2010. 79* (analyse critique du contenu de la loi dite « pénitentiaire »). – Froment, *RDP 2010. 687* (la loi pénitentiaire du 24 novembre 2009 : une amélioration modérée...). – Giacopelli, *RPDP 2009. 769* (*In limine*. La loi pénitentiaire : la grande désillusion) ; *RFDA 2010. 25* (le contenu de la loi pénitentiaire : des avancées encore insuffisantes). – Herzog-Evans, *D. 2010. 31* (la loi pénitentiaire n° 2009-1436 du 24 novembre 2009. – Changement de paradigme pénologique et de toute-puissance administrative). – Péchillon, *AJ pénal 2009. 473* (regard d'un administrativiste sur la loi pénitentiaire). – Poncela, *RSC 2010. 190* (la loi pénitentiaire du 24 nov. 2009). – Saint-Pierre et Cormier, *RPDP 2010. 103* (l'avocat face à la nouvelle loi pénitentiaire). – Simoni, *AJDA 2010. 494* (la loi pénitentiaire du 24 nov. 2009 : vers de nouveaux droits pour les détenus). – Turpin, *JCP Adm. 2010, n° 21111* (la loi pénitentiaire du 24 novembre 2009).

Loi n° 2007-1545 du 30 octobre 2007,

Instituant un Contrôleur général des lieux de privation de liberté (JO 31 oct.).

Art. 1er Le Contrôleur général des lieux de privation de liberté, *(L. n° 2017-55 du 20 janv. 2017, art. 43)* « autorité administrative indépendante », est chargé, sans préjudice des prérogatives que la loi attribue aux autorités judiciaires ou juridictionnelles, de contrôler les conditions de prise en charge et de transfèrement des personnes privées de liberté, afin de s'assurer du respect de leurs droits fondamentaux. *(L. n° 2014-528 du 26 mai 2014, art. 1er)* « Il exerce, aux mêmes fins, le contrôle de l'exécution par l'administration des mesures d'éloignement prononcées à l'encontre des étrangers jusqu'à leur remise aux autorités de l'État de destination. »

(*Abrogé par L. nº 2017-55 du 20 janv. 2017, art. 43*) « *Dans la limite de ses attributions, il ne reçoit instruction d'aucune autorité.* »

....

Art. 6 Toute personne physique, ainsi que toute personne morale s'étant donné pour objet le respect des droits fondamentaux, peuvent porter à la connaissance du contrôleur général des lieux de privation de liberté des faits ou situations susceptibles de relever de sa compétence.

Le Contrôleur général des lieux de privation de liberté est saisi par le Premier ministre, les membres du Gouvernement, les membres du Parlement (*L. nº 2014-528 du 26 mai 2014, art. 2*) « , les représentants au Parlement européen élus en France » (*L. nº 2011-334 du 29 mars 2011, art. 19, en vigueur le 1er mai 2011*) « et le Défenseur des droits ». Il peut aussi se saisir de sa propre initiative.

Art. 6-1 (*L. nº 2014-528 du 26 mai 2014, art. 3*) Lorsqu'une personne physique ou morale porte à la connaissance du Contrôleur général des lieux de privation de liberté des faits ou des situations, elle lui indique, après avoir mentionné ses identité et adresse, les motifs pour lesquels, à ses yeux, une atteinte ou un risque d'atteinte aux droits fondamentaux des personnes privées de liberté est constitué.

Lorsque les faits ou les situations portés à sa connaissance relèvent de ses attributions, le Contrôleur général des lieux de privation de liberté peut procéder à des vérifications, éventuellement sur place.

A l'issue de ces vérifications, et après avoir recueilli les observations de toute personne intéressée, le Contrôleur général des lieux de privation de liberté peut formuler des recommandations relatives aux faits ou aux situations en cause à la personne responsable du lieu de privation de liberté. Ces observations et ces recommandations peuvent être rendues publiques, sans préjudice des dispositions de l'article 5.

....

Art. 8 Le Contrôleur général des lieux de privation de liberté peut visiter à tout moment, sur le territoire de la République, tout lieu où des personnes sont privées de leur liberté par décision d'une autorité publique, ainsi que tout établissement de santé habilité à recevoir des patients hospitalisés sans leur consentement visé à l'article L. 3222-1 du code de la santé publique.

(*Abrogé par L. nº 2014-528 du 26 mai 2014, art. 3*) « *Les autorités responsables du lieu de privation de liberté ne peuvent s'opposer à la visite du Contrôleur général des lieux de privation de liberté que pour des motifs graves et impérieux liés à la défense nationale, à la sécurité publique, à des catastrophes naturelles ou à des troubles sérieux dans le lieu visité, sous réserve de fournir au Contrôleur général des lieux de privation de liberté les justifications de leur opposition. Elles proposent alors son report. [...]* »

Art. 8-1 (*L. nº 2014-528 du 26 mai 2014, art. 3*) Les autorités responsables du lieu de privation de liberté ne peuvent s'opposer aux vérifications sur place prévues à l'article 6-1 ou aux visites prévues à l'article 8 que pour des motifs graves et impérieux liés à la défense nationale, à la sécurité publique, à des catastrophes naturelles ou à des troubles sérieux dans le lieu visité, sous réserve de fournir au Contrôleur général des lieux de privation de liberté les justifications de leur opposition. Elles proposent alors le report de ces vérifications sur place ou de ces visites. Dès que les circonstances exceptionnelles ayant motivé le report ont cessé, elles en informent le Contrôleur général des lieux de privation de liberté.

Le Contrôleur général des lieux de privation de liberté obtient des autorités responsables du lieu de privation de liberté ou de toute personne susceptible de l'éclairer toute information ou pièce utile à l'exercice de sa mission, dans les délais qu'il fixe. Lors des vérifications sur place et des visites, il peut s'entretenir, dans des conditions assurant la confidentialité de leurs échanges, avec toute personne dont le concours lui paraît nécessaire et recueillir toute information qui lui paraît utile.

Le caractère secret des informations et pièces dont le Contrôleur général des lieux de privation de liberté demande communication ne peut lui être opposé, sauf si leur divulgation est susceptible de porter atteinte au secret de la défense nationale, à la sûreté de l'État, au secret de l'enquête et de l'instruction ou au secret professionnel applicable aux relations entre un avocat et son client.

Les procès-verbaux relatifs aux conditions dans lesquelles une personne est ou a été retenue, quel qu'en soit le motif, dans des locaux de police, de gendarmerie ou de douane sont communicables au Contrôleur général des lieux de privation de liberté, sauf lorsqu'ils sont relatifs aux auditions des personnes.

Le Contrôleur général des lieux de privation de liberté peut déléguer aux contrôleurs les pouvoirs mentionnés aux quatre premiers alinéas du présent article.

Les informations couvertes par le secret médical peuvent être communiquées, avec l'accord de la personne concernée, aux contrôleurs ayant la qualité de médecin. Toutefois, les informations couvertes par le secret médical peuvent leur être communiquées sans le consentement de la personne concernée lorsqu'elles sont relatives à des privations, sévices et violences physiques, sexuelles ou psychiques commis sur un mineur ou sur une personne qui n'est pas en mesure de se protéger en raison de son âge ou de son incapacité physique ou psychique.

Art. 8-2 *(L. n° 2014-528 du 26 mai 2014, art. 4)* Aucune sanction ne peut être prononcée et aucun préjudice ne peut résulter du seul fait des liens établis avec le Contrôleur général des lieux de privation de liberté ou des informations ou des pièces qui lui ont été données se rapportant à l'exercice de sa fonction. Cette disposition ne fait pas obstacle à l'application éventuelle de l'article 226-10 du code pénal.

....

Art. 9-1 *(L. n° 2014-528 du 26 mai 2014, art. 8)* Lorsque ses demandes d'informations, de pièces ou d'observations, présentées sur le fondement des articles 6-1, 8-1 et 9, ne sont pas suivies d'effet, le Contrôleur général des lieux de privation de liberté peut mettre en demeure les personnes intéressées de lui répondre dans un délai qu'il fixe.

....

Art. 13-1 *(L. n° 2014-528 du 26 mai 2014, art. 9)* Est puni de 15 000 € d'amende le fait d'entraver la mission du Contrôleur général des lieux de privation de liberté :

1° Soit en s'opposant au déroulement des vérifications sur place prévues à l'article 6-1 et des visites prévues à l'article 8 ;

2° Soit en refusant de lui communiquer les informations ou les pièces nécessaires aux vérifications prévues à l'article 6-1 ou aux visites prévues à l'article 8, en dissimulant ou faisant disparaître lesdites informations ou pièces ou en altérant leur contenu ;

3° Soit en prenant des mesures destinées à faire obstacle, par menace ou voie de fait, aux relations que toute personne peut avoir avec le Contrôleur général des lieux de privation de liberté en application de la présente loi ;

4° Soit en prononçant une sanction à l'encontre d'une personne du seul fait des liens qu'elle a établis avec le Contrôleur général des lieux de privation de liberté ou des informations ou des pièces se rapportant à l'exercice de sa fonction que cette personne lui a données.

V. Décr. n° 2008-246 du 12 mars 2008 (JO 13 mars).

BIBL. ▸ PONCELA, *RSC 2009. Chron. 911* (le temps des Contrôleurs. Premier rapport annuel d'activité du Contrôleur général des lieux de privation de liberté). – SENNA, *AJ pénal 2009. 219* (le Contrôleur général des lieux de privation de liberté : premier bilan d'activité) ; *ibid. 2010. 229* (contrôle général des lieux privatifs de liberté : acte II) ; *ibid. 2011. 404* (état des lieux à mi-mandat du Contrôleur général des lieux privatifs de liberté) ; *ibid. 2016. 371* (septième année au CGLPL).

▸ **Dossier :** 10 ans de Contrôle général des lieux de privation de liberté, *AJ pénal 2017. 419 s.*

Loi n° 2009-1436 du 24 novembre 2009,

Pénitentiaire.

Ndlr : les art. 2 à 59, 62 à 98 et 100 sont abrogés par l'Ord. n° 2022-478 du 30 mars 2022, art. 7, à compter du 1er mai 2022. Ces dispositions sont reprises dans le C. pénit.

V. Décr. n° 2011-740 du 27 juin 2011 fixant les modalités de mise en œuvre de la réserve civile pénitentiaire (JO 28 juin).

TITRE PRÉLIMINAIRE *[ABROGÉ]*. DU SENS DE LA PEINE DE PRIVATION DE LIBERTÉ
(Abrogé par L. n° 2014-896 du 15 août 2014, art. 24, à compter du 1er oct. 2014)

Art. 1er *Le régime d'exécution de la peine de privation de liberté concilie la protection de la société, la sanction du condamné et les intérêts de la victime avec la nécessité de prépa-*

rer l'insertion ou la réinsertion de la personne détenue afin de lui permettre de mener une vie responsable et de prévenir la commission de nouvelles infractions.

V. désormais C. pr. pén., art. 707.

TITRE Ier. DISPOSITIONS RELATIVES AU SERVICE PUBLIC PÉNITENTIAIRE ET À LA CONDITION DE LA PERSONNE DÉTENUE

CHAPITRE Ier. *DISPOSITIONS RELATIVES AUX MISSIONS ET À L'ORGANISATION DU SERVICE PUBLIC PÉNITENTIAIRE*

Art. 2 (*Abrogé par Ord. nº 2022-478 du 30 mars 2022, art. 7, à compter du 1er mai 2022*) *Le service public pénitentiaire participe à l'exécution des décisions pénales. Il contribue à l'insertion ou à la réinsertion des personnes qui lui sont confiées par l'autorité judiciaire, à la prévention de la récidive et à la sécurité publique dans le respect des intérêts de la société, des droits des victimes et des droits des personnes détenues. Il est organisé de manière à assurer l'individualisation et l'aménagement des peines des personnes condamnées.*

Art. 2-1 (*Abrogé par Ord. nº 2022-478 du 30 mars 2022, art. 7, à compter du 1er mai 2022*) (*L. nº 2014-896 du 15 août 2014, art. 30, en vigueur le 1er oct. 2014*) *Le service public pénitentiaire est assuré par l'administration pénitentiaire sous l'autorité du garde des Sceaux, ministre de la justice, avec le concours des autres services de l'État, des collectivités territoriales, des associations et d'autres personnes publiques ou privées.*

Chacune de ces autorités et de ces personnes veille, en ce qui la concerne, à ce que les personnes condamnées accèdent aux droits et dispositifs de droit commun de nature à faciliter leur insertion ou leur réinsertion.

Des conventions entre l'administration pénitentiaire et les autres services de l'État, les collectivités territoriales, les associations et d'autres personnes publiques ou privées définissent les conditions et modalités d'accès des personnes condamnées aux droits et dispositifs mentionnés au deuxième alinéa en détention.

Sont associés à ces conventions des objectifs précis, définis en fonction de la finalité d'intérêt général mentionnée au même deuxième alinéa, ainsi que des résultats attendus, et faisant l'objet d'une évaluation régulière.

....

CHAPITRE II. *DISPOSITIONS RELATIVES AUX PERSONNELS PÉNITENTIAIRES ET À LA RÉSERVE CIVILE PÉNITENTIAIRE*

SECTION I. *Des conditions d'exercice des missions des personnels pénitentiaires*

Art. 11 (*Abrogé par Ord. nº 2022-478 du 30 mars 2022, art. 7, à compter du 1er mai 2022*) *L'administration pénitentiaire comprend des personnels de direction, des personnels de surveillance, des personnels d'insertion et de probation et des personnels administratifs et techniques.*

(L. nº 2021-1109 du 24 août 2021, art. 2) « Préalablement à sa prise de fonctions, tout agent de l'administration pénitentiaire déclare solennellement servir avec dignité et loyauté la République, ses principes de liberté, d'égalité et de fraternité et sa Constitution par une prestation de serment. »

Un code de déontologie du service public pénitentiaire, établi par décret en Conseil d'État, fixe les règles que doivent respecter ces agents ainsi que les agents des personnes de droit public ou privé habilitées en application du second alinéa de l'article 3.

Ce même décret fixe les conditions dans lesquelles les agents de l'administration pénitentiaire prêtent serment ainsi que le contenu de ce serment.

Art. 12 (*Abrogé par Ord. nº 2022-478 du 30 mars 2022, art. 7, à compter du 1er mai 2022*) *Les personnels de surveillance de l'administration pénitentiaire constituent, sous l'autorité des personnels de direction, l'une des forces dont dispose l'État pour assurer la sécurité intérieure.*

Dans le cadre de leur mission de sécurité, ils veillent au respect de l'intégrité physique des personnes privées de liberté et participent à l'individualisation de leur peine ainsi qu'à leur réinsertion.

Ils ne doivent utiliser la force, (*L. nº 2017-258 du 28 févr. 2017, art. 1er*) *« en se limitant à ce qui est strictement nécessaire », qu'en cas de légitime défense, de tentative d'évasion ou de résistance par la violence ou par inertie physique aux ordres donnés.* (*L. nº 2017-258 du 28 févr. 2017, art. 1er*) *« Dans ces cas ainsi que dans ceux prévus aux 1º et 2º de l'article L. 435-1 du code de la sécurité intérieure, ils peuvent faire usage d'une arme à feu en cas d'absolue nécessité et de manière strictement proportionnée. »*

V. Décr. n° 2019-1427 du 23 déc. 2019 relatif aux conditions de l'expérimentation de l'usage des caméras individuelles par les personnels de surveillance de l'administration pénitentiaire dans le cadre de leurs missions pour une durée de trois ans.

Art. 12-1 *(Abrogé par Ord. n° 2022-478 du 30 mars 2022, art. 7, à compter du 1er mai 2022) (L. n° 2017-258 du 28 févr. 2017, art. 29)* *Les personnels de surveillance de l'administration pénitentiaire affectés aux équipes de sécurité pénitentiaire et individuellement désignés par le chef d'établissement ou par le directeur interrégional des services pénitentiaires peuvent procéder, sur l'ensemble (L. n° 2019-222 du 23 mars 2019, art. 91) « du domaine affecté à l'établissement pénitentiaire ou à ses abords immédiats », au contrôle des personnes, autres que les personnes détenues, à l'égard desquelles existe une ou plusieurs raisons sérieuses de penser qu'elles se préparent à commettre une infraction portant atteinte à la sécurité de l'établissement pénitentiaire.*

Dans le cadre de ce contrôle, ils peuvent inviter la personne concernée à justifier, par tout moyen, de son identité, procéder à des palpations de sécurité, à l'inspection visuelle de ses bagages et, avec le consentement de la personne, à leur fouille. La palpation de sécurité doit être faite par une personne de même sexe que la personne qui en fait l'objet.

En cas de refus de la personne de se soumettre au contrôle ou d'impossibilité de justifier de son identité, le personnel mentionné au premier alinéa (L. n° 2019-222 du 23 mars 2019, art. 91) « peut la retenir en utilisant le cas échéant la force strictement nécessaire. Il » en rend compte immédiatement à tout officier de police judiciaire de la police nationale ou de la gendarmerie nationale territorialement compétent, qui peut alors lui ordonner sans délai de lui présenter sur-le-champ la personne ou de la retenir jusqu'à son arrivée ou celle d'un agent de police judiciaire placé sous son contrôle. La personne ne peut être retenue si aucun ordre n'est donné. Lorsque l'officier de police judiciaire décide de procéder à une vérification d'identité en application de l'article 78-3 du code de procédure pénale, le délai prévu au troisième alinéa du même article 78-3 court à compter du début du contrôle. Les opérations de contrôle ayant donné lieu à l'application du présent alinéa font l'objet d'un rapport adressé au procureur de la République territorialement compétent par le personnel mentionné au premier alinéa du présent article.

(Abrogé par L. n° 2019-222 du 23 mars 2019, art. 91) « Un décret précise les conditions de définition de l'emprise foncière et de sa signalisation. »

Art. 13 *Les personnels des services pénitentiaires d'insertion et de probation sont chargés de préparer et d'exécuter les décisions de l'autorité judiciaire relatives à l'insertion et à la probation des personnes placées sous main de justice, prévenues ou condamnées.*

A cette fin, ils mettent en œuvre les politiques d'insertion et de prévention de la récidive, assurent le suivi ou le contrôle des personnes placées sous main de justice et préparent la sortie des personnes détenues.

....

CHAPITRE III. *DISPOSITIONS RELATIVES AUX DROITS ET DEVOIRS DES PERSONNES DÉTENUES*

SECTION I. *Dispositions générales*

Art. 22 *(Abrogé par Ord. n° 2022-478 du 30 mars 2022, art. 7, à compter du 1er mai 2022)* *L'administration pénitentiaire garantit à toute personne détenue le respect de sa dignité et de ses droits. L'exercice de ceux-ci ne peut faire l'objet d'autres restrictions que celles résultant des contraintes inhérentes à la détention, du maintien de la sécurité et du bon ordre des établissements, de la prévention de la récidive et de la protection de l'intérêt des victimes. Ces restrictions tiennent compte de l'âge, de l'état de santé, du handicap (L. n° 2021-1729 du 22 déc. 2021, art. 26) «, de l'identité de genre » et de la personnalité de la personne détenue. — V. C. pr. pén., art. 803-8.*

BIBL. ▶ BELDA, *AJDA 2009. 406* (l'innovante protection des droits des détenus élaborée par le juge européen des droits de l'homme). – FORT, *AJDA 2010. 2249* (la protection de la dignité de la personne détenue). – DOURNEAU-JOSETTE, *Gaz. Pal. 8-9 févr. 2013. 4* (les conditions de détention et la CEDH : les droits fondamentaux à l'assaut des prisons). – JENNEQUIN, *RFDA 2015. 1082* (la dignité de la personne détenue).

I. DROITS PROTÉGÉS

A. CONDITIONS DE DÉTENTION

1. Conditions de détention dégradantes. Condamnation de l'État pour des conditions de détention dégradantes au sens de l'art. 3 Conv. EDH. • TA Fort-de-France, 17 déc. 2015 : *D. actu. 20 janv. 2016, obs. Babonneau.* ♦ Condamnation de l'État nonobstant des travaux de réfection et de rénovation. • CAA Douai, 26 avr. 2012, n° 11DA01130 : *RPDP 2012. 413, obs. Céré.*

2. Conv. EDH, art. 3. Respect de la dignité. L'art. 3 Conv. EDH impose à l'État de s'assurer que tout prisonnier est détenu dans des conditions qui sont compatibles avec le respect de la dignité humaine, que les modalités d'exécution de la mesure ne soumettent pas l'intéressé à une détresse ou à une épreuve d'une intensité qui excède le niveau inévitable de souffrance inhérent à la détention et que, eu égard aux exigences pratiques de l'emprisonnement, la santé et le bien-être du prisonnier sont assurés de manière adéquate, notamment par l'administration des soins médicaux requis. • CEDH, gr. ch., 26 oct. 2000, *Kudla c/ Pologne*, n° 30210/96 : *JCP 2001. I. 291, obs. Sudre ; RTD civ. 2001. 442, obs. Marguénaud ; RFDA 2003. 85, note Andriantsimbazovina ; RFDA 2001. 1250, obs. Labayle et Sudre ; RTDH 2002. 169, obs. Flauss* (non-violation en l'espèce). ♦ Les autorités compétentes n'ont pris aucune mesure pour améliorer les conditions de détention du requérant, que l'on peut qualifier d'inacceptables. Cette attitude dénote un manque de respect pour l'intéressé. La Cour tient particulièrement compte du fait que, pendant deux mois au moins, le requérant a dû passer une grande partie de la journée sur son lit, dans une cellule dépourvue de fenêtre et de système d'aération, où la chaleur devenait quelquefois insupportable. Lui-même et son compagnon de cellule devaient en outre utiliser les toilettes en présence l'un de l'autre. La Cour estime que ces conditions de détention ont porté atteinte à la dignité du requérant et ont provoqué chez lui des sentiments de désespoir et d'infériorité propres à l'humilier et à le rabaisser, voire à briser sa résistance physique et morale. *Ces conditions* de détention constituent un traitement dégradant au sens de l'art. 3 de la Convention. • CEDH 19 avr. 2001, *Peers c/ Grèce, § 75 : JCP 2001. I. 342, obs. Sudre* • 13 janv. 2009, *Aliev c/ Géorgie : Dr. pénal 2009. Chron. 4, obs. Dreyer* (toilettes « partiellement séparées du reste de la cellule et n'offrant pas une intimité réelle au détenu) • 4 févr. 2003, *Lorsé et a. c/ Pays-Bas* • 4 févr. 2003, *Van der Ven c/ Pays-Bas (quartier de haute sécurité) : JCP 2003. I. 160, n° 2, obs. Sudre ; RSC 2004. 441, obs. Massias* • 20 janv. 2011, *Payet c/ France*, n° 19606/08 (quartier disciplinaire) : *D. actu. 27 janv. 2011, obs. Lavric ; D. 2011. Actu. 380, obs. Lavric ; ibid. 643, obs. Céré ; ibid. Pan. 1313, obs. Céré ; AJ pénal 2011. 88, obs. Herzog-Evans ; RSC 2011. 718, obs. Marguénaud ; Dr. pénal 2012. Chron. 3, obs. Dreyer* • 18 déc. 2012, *Čuprakovs c/ Lettonie*, n° 8543/04 (hôpital pénitentiaire) • 22 mai 2012, *Idalov c/ Russie*, n° 5826/03 (conditions de transport) • 26 sept. 2013, *Vitkovskiy c/ Ukraine*, n° 24938/06 (accès à l'eau durant deux heures et demie par jour).

3. Une éventuelle atteinte à la dignité de la personne en raison des conditions de détention, si elle est susceptible d'engager la responsabilité de la puissance publique en raison du mauvais fonctionnement du service public, ne saurait constituer un obstacle légal au placement et maintien en détention provisoire. • Crim. 18 sept. 2019, n° 19-83.950 P : *D. actu. 10 oct. 2019, obs. Azoulay ; AJ pénal 2019. 560, obs. Frinchaboy ; RSC 2019. 808, note Mayaud.* ♦ V. désormais C. pr. pén., art. 803-8.

4. Conv. EDH, art. 3. Surpopulation carcérale. L'effet cumulé de la promiscuité et les manquements relevés aux règles d'hygiène à la maison d'arrêt de Nancy Charles III (fermée en 2009) s'analysent en un traitement dégradant constituant une violation de l'art. 3 Conv. EDH. • CEDH 25 avr. 2013, *Canali c/ France*, n° 40119/09 : *D. 2013. 1138, obs. Léna ; AJ pénal 2013. 403, obs. Céré.* ♦ Les conditions de détention, et particulièrement la surpopulation subie pendant neuf mois, constituent en soi une atteinte à la dignité humaine et un traitement dégradant. • CEDH 20 janv. 2005, *Mayzit c/ Russie : AJ pénal 2005. 165, obs. Herzog-Evans* • 22 oct. 2009, *Orchowski c/ Pologne*, n° 17885/04 • 22 oct. 2009, *Sikorski c/ Pologne : RSC 2010. Chron. 648, obs. Poncela.* ♦ En effet, lorsque la surpopulation carcérale atteint un certain niveau, le manque d'espace dans un établissement pénitentiaire peut constituer l'élément central à prendre en compte dans l'appréciation de la conformité d'une situation donnée au présent article. • CEDH 7 avr. 2005, *Karalevičius c/ Lituanie*, n° 53254/99. ♦ ... Même si rien ne montre l'existence d'une intention positive d'humilier ou d'avilir le requérant, la Cour trouve que les conditions dans lesquelles celui-ci a été détenu pendant plus de neuf mois avant son procès n'ont pu manquer de porter atteinte à sa dignité et de faire naître en lui des sentiments d'humiliation et d'avilissement. Concluant que les conditions de détention subies par le requérant – notamment le surpeuplement des cellules et la durée de sa détention dans de telles conditions – s'analysent en un traitement dégradant, la Cour dit à l'unanimité qu'il y a eu violation de l'art. 3. • CEDH 20 janv. 2005, *Mayzit c/ Russie : préc.* ♦ La Cour rappelle avoir déjà conclu dans de nombreuses affaires à la violation de l'art. 3 Conv. EDH en raison principalement du manque d'espace individuel suffisant. La Cour admet qu'en l'espèce rien n'indique qu'il y ait eu véritablement intention d'humilier ou de rabaisser le requérant. Toutefois, l'absence d'un tel but ne saurait exclure un constat de violation de l'art. 3. La Cour estime que les conditions de détention en cause, que le requérant a dû supporter pendant plusieurs années, n'ont pas manqué de le soumettre à une épreuve d'une intensité qui excède le niveau inévitable de souffrance inhérent à la détention. • CEDH 7 avr. 2009, *Branduse c/ Roumanie*, n° 6586/03 : *RSC 2009. 651, obs. Roets*. ♦ Le fait de détenir un mineur avec des adultes, avec une absence de traitement adéquat, est une violation de l'art. 3. • CEDH 20 janv. 2009, *Güvec c/ Turquie*, n° 70337/01. ♦ En revanche, la Cour estime que, pour la période où le requérant disposait de plus de 3 m^2 d'espace personnel – et où la surpopulation carcérale n'était donc pas importante au point de soulever à elle seule un problème sous l'angle de l'art. 3 –, le traitement dont l'intéressé a fait l'objet n'a pas atteint le niveau minimal de gravité requis pour tomber sous le coup de l'art. 3 de la Convention. • CEDH 16 juill. 2009, *Sulejmanovic c/ Italie*, n° 22635/03 : *RSC 2010. Chron. 645, obs. Poncela*. ♦ La Cour estime qu'il y a violation de l'art. 3, les conditions de détention étant qualifiées d'inhumaines et de dégradantes puisque l'espace personnel de l'intéressé était de 2 m^2 et à certaines occasions 0,5 m^2, obligeant les détenus à dormir par roulement. • CEDH 15 juill. 2010, *Krivonosov c/ Russie : RSC 2010. Chron. 649, obs. Poncela*. ♦ La Cour conclut à la violation de l'art. 3 de la Convention après avoir constaté que le requérant a connu des conditions sanitaires de détention miséreuses et alarmantes, aggravées par une situation de surpeuplement. • CEDH 26 oct. 2010, *Marcu c/ Roumanie : D. actu. 18 nov. 2010, obs. Lavric* • 26 oct. 2010, *Cucolas c/ Roumanie : ibid.* • 26 oct. 2010, *Coman c/ Roumanie : ibid.* ♦ La Cour conclut à une violation de l'art. 3 Conv. EDH, les autorités pénitentiaires n'ayant pas pris en compte le statut du détenu non-fumeur dans leurs critères de répartition des détenus en cellule, tout au moins quand le détenu a des soucis particuliers de santé. En l'espèce, le requérant, souffrant d'hépatite chronique, avait partagé pendant plusieurs mois sa cellule avec des détenus fumeurs et avait développé une fibrose pulmonaire. La Cour considère néanmoins qu'un détenu peut se prévaloir de la protection de l'art. 3 Conv. EDH sans attendre une dégradation de son état de santé. • CEDH 14 sept. 2010, *Florea c/ Roumanie : D. 2011. Pan. 1307, obs. Céré ; Dr. pénal 2011. Chron. 3, obs. Dreyer*. ♦ V. déjà pour une violation de l'art. 3 au sujet du refus d'accéder à la demande de transfert d'une personne souffrant d'asthme dans une cellule pour non-fumeurs. • CEDH 13 sept. 2005, *Ostrovar c/ Moldavie : AJ pénal 2005. 421, obs. Céré*. ♦ S'il existe une forte présomption de traitement inhumain ou dégradant lorsqu'un détenu dispose de moins de trois mètres carrés d'espace personnel, cela peut tout de même être compensé par les aspects cumulés des conditions de détention. • CEDH 12 mars 2015, *Mursic c/ Croatie : AJ pénal 2015. 415, obs. Robert ; D. 2015. 866, obs. Falxa*.

5. Conv. EDH, art. 3. Arrêts pilotes en matière de surpopulation carcérale. Lorsque la situation ne concerne pas exclusivement le cas des requérants mais présente un caractère structurel et systémique, la Cour peut décider d'appliquer la procédure de l'arrêt pilote (Conv. EDH, art. 46) eu égard au nombre croissant de personnes potentiellement concernées, aux arrêts de violation auxquels les requêtes pourraient donner lieu et au besoin urgent d'offrir aux personnes concernées un redressement approprié à l'échelon national. • CEDH 8 janv. 2013, *Torreggiani et a. c/ Italie : D. actu. 24 janv. 2013, obs. Léna ; D. 2013. 1304, obs. Céré ; AJ pénal 2013. 361, obs. Péchillon*. ♦ Dès lors, eu égard au principe de subsidiarité, les ressortissants italiens se plaignant de conditions de détention contraires à l'art. 3 Conv. EDH doivent épuiser les nouveaux recours instaurés par l'Italie à la suite de l'arrêt pilote *Torreggiani et a.*, quand bien même leur requête a été introduite antérieurement. • CEDH 16 sept. 2014, *Stella et a. c/ Italie*, n°s 49169/09 : *D. actu. 10 oct. 2014, obs. Léna* • 10 mars 2015, *Varga et a. c/ Hongrie*, n°s 14097/12, 45135/12, 73712/12, 34001/13, 44055/13 et 64586/13 • 27 janv. 2015, *Neshkov et a. c/ Bulgarie*, n° 36925/10, 21487/12, 72893/12, 73196/12, 77718/12 et 9717/13 • CEDH 10 janv. 2012, *Ananyev et a. c/ Russie*, n° 42525/07 et 60800/08 : *D. 2013. 201, obs. Renucci, Fricero et Strickler*.

6. Conv. EDH, art. 3. Détenus handicapés. Une personne souffrant d'un handicap doit bénéficier de conditions de détention adaptées à ses besoins spécifiques. • CEDH 10 juill. 2001, *Price c/ Royaume-Uni*, n° 33394/96 : *JCP 2002. I. 105, obs. Sudre*. ♦ Mais on ne peut déduire de cet art. une obligation générale de libérer un détenu pour motifs de santé ou de le transférer dans un hôpital civil. • CEDH 14 déc. 2004, *Gelfmann c/ France*, n° 25875/03 : *AJ pénal 2005. 33, obs. Herzog-Evans*. ♦ Violation de l'art. 3 pour des conditions de détention inappropriées au handicap du détenu. • CEDH 12 avr. 2011, *Flaminzeanu c/ Roumanie*, n° 56664/08 (détenu incontinent) • 24 oct. 2006, *Vincent c/ France : D. 2007. Pan. 1230, obs. Céré ; AJ pénal 2006. 500, note Céré* ; RSC 2007. 362, *obs. Poncela* (détenu paraplégique) • 8 nov. 2012, *Z.H. c/ Hongrie*, n° 28973/11 (détenu sourd muet). ♦ L'État ne peut s'exonérer de son obligation d'assurer des conditions de détention devant répondre aux besoins spécifiques des détenus handicapés en transférant la responsabilité de leur surveillance ou de leur assistance à des codétenus, même volontaires. • CEDH 19 févr. 2015, *Helhal* *c/ France*, n° 10401/12 : *Dalloz Actu. 2 mars 2015, obs. Léna ; AJ pénal 2015. 219, obs. Céré ; D. 2015. 1122, obs. Céré ; AJDA 2015. 1732, obs. Burgorgue-Larsen*.

7. Conv. EDH, art. 3. Détenus âgés et/ou malades. Le fait d'attacher un détenu à son lit d'hôpital la veille de son opération alors que cette mesure était disproportionnée en regard des nécessités de sécurité, dans la mesure où deux policiers étaient en faction devant la porte de la chambre et où, compte tenu de l'âge de l'intéressé, de son état de santé et de l'absence d'antécédents faisant sérieusement craindre un risque pour la sécurité, le directeur du centre de détention avait donné des consignes écrites de surveillance normale et non renforcée, est contraire à l'art. 3 Conv. EDH. • CEDH 27 nov. 2003, *Hénaf c/ France : D. 2004. 1196, note Roets ; JCP 2004. II. 10093, note Di Raimondo ; AJ pénal 2004. 78, obs. Céré*. ♦ Le grand âge d'un détenu ne suffit pas à caractériser un traitement inhumain ou dégradant, car il faut prendre en compte les conditions d'incarcération ainsi que les conditions d'accès aux soins médicaux en fonction de l'état de santé de la personne concernée ; si ces conditions sont satisfaisantes, il n'y a pas de violation de l'art. 3. • CEDH 7 juin 2001, *Papon c/ France : D. 2001. 2335, obs. Céré ; LPA 2001, n° 188, obs. Boitard ; D. 2002. Somm. 683, obs. Renucci*. ♦ On ne peut déduire de l'art. 3 Conv. EDH une obligation générale de libérer un détenu pour motifs de santé ou de le transférer dans un hôpital civil, même s'il souffre d'une maladie particulièrement difficile à soigner. • CEDH 14 nov. 2002, *Mouisel c/ France*, n° 67263/01 : *JCP 2003. I. 109, n° 2, obs. Sudre ; D. 2003. Somm. 524, obs. Renucci ; ibid. 303, note Moutouh ; RSC 2003. 144, note Massias ; Dr. pénal 2003, n° 52, obs. Maron et Haas ; RTDH 2003. 999, note Céré*. ♦ Toutefois, cet article impose en tout cas à l'État de s'assurer que tout prisonnier est détenu dans des conditions qui sont compatibles avec le respect de la dignité humaine, que les modalités d'exécution de la mesure ne soumettent pas l'intéressé à une détresse ou une épreuve d'une intensité qui excède le niveau inévitable de souffrance inhérent à la détention et que, eu égard aux exigences pratiques de l'emprisonnement, la santé et le bien-être du prisonnier sont assurés de manière adéquate, notamment par l'administration des soins médicaux requis. • Même arrêt. ♦ V. aussi, pour la compatibilité du maintien en détention avec l'état de santé (non-violation au regard des traitements médicaux reçus). • CEDH 16 juill. 2009, *Prencipe c/ Monaco*, n° 43376/06 • 14 déc. 2004, *Gelfmann c/ France*, n° 25875/03 : *AJ pénal 2005. 33, obs. Herzog-Evans* • 15 janv. 2004, *Matencio c/ France*, n° 58749/00. ♦ Le devoir de soigner une personne malade au cours de sa détention met à la charge des États les obligations particulières de veiller à ce que le détenu soit capable de purger sa peine, de lui administrer les soins médicaux nécessaires et d'adapter, le cas échéant, les conditions générales de détention à la situation particulière de son état de santé. • CEDH 9 sept. 2010, *Xiros c/ Grèce : Dr. pénal 2011. Chron. 3, obs. Dreyer* • 14 nov. 2002, *Mouisel c/ France*, n° 67263/01 (détenu souffrant d'une leucémie) : *préc.* • 21 déc. 2010, *Taddei c/ France : D. actu. 18 janv. 2011, obs. Bachelet ; D. 2011. 793, obs. Renucci ; ibid. Pan. 1312, obs. Céré ; AJ pénal 2011. 129, obs. Céré* (détenue souffrant d'anorexie) • 14 oct. 2011, *A. B. c/ Russie*, n° 1439/06 (détenu atteint du Sida) • 15 févr. 2015, *Helhal c/ France*, n° 10401/12 : *Dalloz Actu. 2 mars 2015, obs. Léna ; AJ pénal 2015. 219, obs. Céré ; D. 2015. 1122, obs. Céré ; AJDA 2015. 1732, obs. Burgorgue-Larsen* (détenu incontinent) • 10 mai 2012, *Liartis c/ Grèce*, n° 16906/10 (détenu dangereux atteint d'une lombalgie). ♦ Il appartient aux autorités de mettre en place des méthodes efficaces de prévention et de dépistages des maladies contagieuses en milieu carcéral. • 14 déc. 2010, *Dobri c/ Roumanie*, n° 25153/04.

8. Conv. EDH, art. 3. Détention des détenus atteints de troubles psychiatriques. Il faut, dans le cas des malades mentaux, tenir compte de leur particulière vulnérabilité et de leur incapacité, dans certains cas, à se plaindre de manière cohérente ou à se plaindre tout court des effets d'un traitement donné sur leur personne. • CEDH 11 juill. 2006, *Rivière c/ France, § 63*, n° 33834/03. ♦ Il n'est donc pas concevable de maintenir des personnes atteintes de troubles psychiatriques dans une structure inadéquate où elle ne peut bénéficier des soins adaptés à son état. • CEDH 10 janv. 2013, *Claes c/ Belgique*, n° 43418/09 (détention dans une annexe psychiatrique d'une prison faute de place dans les hôpitaux psychiatriques) • CEDH 25 févr. 2014, *Gheorge Predescu c/ Roumanie*, n° 19696/10 (absence de transfert dans un hôpital et de protocole médical approprié) • CEDH 23 févr. 2012, *G/ France*, n° 27244/09 : *D. actu. 13 mars 2012, obs. Bachelet ; D. 2012. Actu. 742 ; ibid. Pan. 1294, obs. Céré ; AJ pénal 2012. 357, obs. Céré* (détention en alternance d'un détenu schizophrène entre prison et SMPR). ♦ Les autorités pénitentiaires doivent veiller à un usage proportionné des sanctions disciplinaires, principalement pour la mise à exécution d'une mesure d'isolement disciplinaire. • CEDH 11 juill. 2006, *Rivière c/ France : RTDH 2007, note Céré* • 16 nov. 2008, *Renolde c/ France : AJ pénal 2009, p. 41, obs. Céré*.

9. Conv. EDH, art. 3. Peines perpétuelles. Pour demeurer compatible avec l'art. 3, une peine perpétuelle doit offrir à la fois une possibilité de réexamen et une chance d'élargissement. • CEDH, gr. ch., 9 juill. 2013, *Vinter et a. c/ R.-U.*, n° 66069/09 : *D. 2013. 1748, obs.*

Léna ; *ibid. 2081, note Renucci* ; *ibid. 2014. Pan. 1235, obs. Céré* ; *AJ pénal 2013. 494, obs. Van Zyl Smit* ; *RSC 2013. 625, note Poncela* ; *ibid. 649, obs. Roets* ; *JCP 2013. 918, obs. Sudre* ; *Dr. pénal 2013. 165, obs. Bonis-Garçon.* ♦ La peine de réclusion criminelle à perpétuité ne constitue pas en soi un traitement inhumain et dégradant contraire à l'art. 3 Conv. EDH dès lors que le condamné n'est pas privé de tout espoir d'obtenir un aménagement de peine, ce qui est le cas lorsque l'intéressé a pu introduire des demandes de libération conditionnelle. • CEDH 11 avr. 2006, *Léger c/ France : D. 2006. 1800, note Céré* ; *AJ pénal 2006. 258, obs. Enderlin* ; *RSC 2007. 134, obs. Massias* ; *ibid. 362, obs. Poncela* • 2 sept. 2010, *Iorgov c/ Bulgarie : Dr. pénal 2011. Chron. 3, obs. Dreyer.* ♦ Question de principe non tranchée par la grande chambre (radiation du rôle en raison du décès du requérant). • CEDH, gr. ch., 30 mars 2009, *Léger c/ France : D. 2009. 1453, note Renucci* ; *RSC 2009. 436, obs. Poncella* ; *ibid. 654, obs. Roets* ; *Procédures 2009, n° 153, obs. Fricero.* ♦ V. aussi, sur la question de l'âge en rapport avec la dangerosité. • CEDH 3 nov. 2009, *Meixner c/ Allemagne : RSC 2010. Chron. 654, obs. Poncela* . ♦ La peine de réclusion criminelle à perpétuité ne constitue pas en soi un traitement inhumain et dégradant contraire à l'art. 3 Conv. EDH dès lors que la loi du 9 mars 2004 permet de saisir le TAP, quand le condamné a effectué 30 ans de réclusion, d'une demande tendant à ce qu'il soit mis fin à la période de sûreté ou que sa durée soit réduite ; le condamné peut alors prétendre aux mesures d'aménagement des peines dont la libération conditionnelle. • Crim. 20 janv. 2010, n° 08-88.301 P : *RSC 2010. Chron. 655, obs. Poncela* . ♦ Il n'y a pas violation de l'art. 3 dès lors que les autorités françaises avaient obtenu des assurances de nature à écarter le danger d'une condamnation à une peine d'emprisonnement à vie incompressible. • CEDH, décis., 3 juill. 2001, *Nivette c/ France*, n° 44190/98 : *AJDA 2001. 1060, chron. Flauss* . ♦ V. cependant une solution moins nuancée : « examinant ce projet d'extradition vers les États-Unis, où les requérants seraient jugés pour des chefs d'accusation qui leur feraient encourir une peine perpétuelle sans possibilité de libération conditionnelle, la Cour a estimé que l'extradition n'emporterait pas violation de l'article 3 ». • CEDH 17 janv. 2012, *Harkins et Edwards c/ Royaume-Uni*, n° 66069/09. ♦ La possibilité de réexamen de la réclusion criminelle à perpétuité assortie d'une période de sûreté perpétuelle est suffisante pour considérer que cette peine est compressible et ne contrevient donc pas aux dispositions de l'art. 3 Conv. EDH. • CEDH 13 nov. 2014, *Bodein c/ France : D. actu. 17 nov. 2014, obs. Léna* ; *D. 2014. Actu. 2303* ; *AJ pénal 2015. 105, obs. Céré* ; *Dr. pénal 2015. 15, note Bonis-Garçon* ; *ibid. Chron. 4, obs. Dreyer.* ♦ Non-violation de l'art. 3 Conv. EDH, les peines perpétuelles faisant l'objet, en droit britannique, d'une réelle possibilité de libération soumise au contrôle d'un juge. • CEDH 3 févr. 2015, *Hutchinson c/ Royaume-Uni : D. actu. 17 janv. 2015, obs. Léna* ; *Dr. pénal 2015, n° 61, note Bonis-Garçon.*

B. MESURES DE SÛRETÉ

10. Conv. EDH, art. 3. Transfèrement. La Cour considère que si le transfert d'un détenu vers un autre établissement peut s'avérer nécessaire pour assurer la sécurité dans une prison et empêcher tout risque d'évasion, il n'en demeure pas moins que, en l'espèce, les quatorze transfèrements du requérant sur sept années de détention n'apparaissaient plus au fil du temps justifiés par de tels impératifs. • CEDH 9 juill. 2009, *Khider c/ France : RSC 2010. 225, obs. Marguénaud* ; *ibid. Chron. 651, obs. Poncela* ; *Gaz. Pal. 28 et 29 oct. 2009. 20, note Renucci* ; *D. 2009. 2462, note Herzog-Evans* ; *ibid. Pan. 2828, obs. Roujou de Boubée* ; *ibid. 2010. Pan. 1378, obs. Céré* ; *AJ pénal 2009. 372, obs. Herzog-Evans* ; *Dr. pénal 2009, n° 129, obs. Maron et Haas* ; *ibid. 2010. Chron. 3, obs. Dreyer* ; *Procédures 2009. Étude 11. Touré.* ♦ Comp. : les conséquences des transfèrements que le requérant a subis ainsi que ses conditions de détention à l'isolement, du fait de son inscription au registre des détenus particulièrement signalés, ne sauraient être considérées comme atteignant le seuil minimal de gravité nécessaire pour constituer un traitement dégradant ou inhumain. • CEDH 1er oct. 2013, *Khider c/ France : D. actu. 13 nov. 2013, obs. Sadoun-Jarin.*

11. Conv. EDH, art. 3. Extractions médicales. La Cour relève que le port des menottes ne pose normalement pas de problème au regard de l'art. 3 lorsqu'il est lié à une détention légale et n'entraîne pas l'usage de la force ni l'exposition publique, au delà de ce qui est raisonnablement considéré comme nécessaire. Toutefois, l'usage systématique des entraves pendant les consultations médicales mais également lors des transferts d'un détenu vers un hôpital constitue une violation de l'art. 3. • CEDH 26 mai 2011, *Duval c/ France*, n° 19868/08 : *D. actu. 7 juill. 2011, obs. Priou-Alibert* ; *RSC 2011. 707, obs. Roets* ; *Dr. pénal 2012. Chron. 3, obs. Dreyer* • 27 nov. 2003, *Hénaf c/ France : JCP 2004. II. 10093, note Di Raimondo* ; *D. 2004. 1196, note Roets* ; *AJ pénal 2004. 78, obs. Céré* (détenu de 75 ans attaché la veille de son opération par une entrave à son lit).

12. Conv. EDH, art. 3. Fouilles corporelles. Une fouille à corps pratiquée sur un détenu notamment en présence d'une gardienne est un traitement dégradant. • CEDH 24 juill. 2001, *Valasinas c/ Lituanie : JCP 2002. I. 105, obs. Sudre.* ♦ La fouille intégrale, avec inspection anale, de l'ensemble des détenus, sans justification pour chacun d'entre eux d'un indice particulier, constitue un traitement dégradant au sens de l'art. 3 Conv. EDH. • CEDH 12 juin 2000, *Frérot c/ France : D. 2007. Pan. 2637, obs. Garé ; ibid. 2008. Pan. 1016, obs. Céré ; RSC 2008. 410, obs. Poncela ; AJ pénal 2007. 336, note Herzog-Evans ; JCP 2007. I. 182, n° 3, obs. Sudre ; RFDA 2008. 737, obs Labayle et Sudre ; Dr. pénal 2008. Chron. 3, obs. E. Dreyer ; RTD civ. 2008. 148, obs. Roets.* ♦ Les fouilles répétées, pratiquées sur un détenu qui présentait des signes d'instabilité psychiatrique et de souffrance psychologique, ont été de nature à accentuer son sentiment d'humiliation et d'avilissement à un degré tel qu'on peut les qualifier de traitement dégradant. • CEDH 9 juill. 2009, *Khider c/ France, § 130 : préc. note 10.* ♦ Compte tenu de son statut de détenu particulièrement signalé et de son évasion avec menace d'une arme, le requérant fut soumis, lors de son procès d'assises, à des fouilles quatre à huit fois par jour, pratiquées par des hommes cagoulés et filmées dans les premiers jours du procès. Il devait également accomplir une flexion et en cas de refus le faire au moyen de la force. Les mesures prises ne répondaient pas à un impératif convaincant de sécurité, de défense de l'ordre ou de prévention des infractions pénales. Partant, il y a violation de l'art. 3. • CEDH 20 janv. 2011, *El Shennawy c/ France : D. actu. 14 févr. 2011, obs. Priou-Alibert ; D. 2011. Pan. 1311, obs. Céré ; AJ pénal 2011. 88, obs. Herzog-Evans ; Dr. pénal 2012. Chron. 3, obs. Dreyer.*

13. Conv. EDH, art. 3. Isolement cellulaire. L'isolement cellulaire n'est pas, en soi, contraire à l'art. 3, à moins que les conditions ne soient telles qu'elles puissent aboutir à une destruction de la personnalité. • CEDH 27 janv. 2005, *Ramirez-Sanchez c/ France*, n° 59450/00 (non-violation) : *D. 2005. 1272, obs. Céré ; AJ pénal 2005. 121, obs. Céré ; AJDA 2005. 1388, obs. Costa* • CEDH, gr. ch., 4 juill. 2006, *Ramirez Sanchez c/ France*, n° 59450/00 : *RPDP 2006. 881, obs. Renucci et Bîrsan ; JCP 2007.I.106, n° 2, obs. Sudre ; JDI 2007. 717, obs. Delaplace* • CEDH 25 mai 2000, *Legret c/ France*, n° 425553/98 (non-violation) : *D. 2002, p. 118, obs. Céré.* ♦ Violation en cas d'isolement total de la collectivité carcérale pendant plus de 8 mois d'un détenu *homosexuel pour* le protéger de ses codétenus. • CEDH 9 oct. 2012, *X. c/ Turquie*, n° 24626/09. ♦ La durée particulièrement longue de l'isolement subi réclame un examen rigoureux de sa justification, de sa nécessité, de sa proportionnalité, ainsi que des garanties offertes au détenu. La situation du détenu mis à l'isolement doit être régulièrement réexaminée, la décision de prolongation devant être motivée de manière substantielle et, au fil du temps, de façon de plus en plus approfondie et convaincante. • CEDH, gr. ch., 4 juill. 2006, *Ramirez Sanchez c/ France : RSC 2007. 361, obs. Poncela ; RPDP 2007. 881, obs. Renucci et Birsan ; JCP 2007. I. 106, n° 2, obs. Sudre.* ♦ La mise à l'isolement pour une si longue période, combinée avec la dégradation de l'état de santé psychologique et somatique du requérant, qui, d'après les certificats médicaux, serait imputable aux prolongations répétées de celle-là, entre en ligne de compte pour apprécier si le seuil de gravité requis par l'art. 3 a été atteint. • CEDH 9 juill. 2009, *Khider c/ France, § 122 : préc. note 10.* ♦ Violation en cas d'isolement cellulaire prolongé dans des conditions de détention inadaptées. • CEDH 26 mai 2011, *R. R. c/ Pologne*, n° 27617/04 • CEDH 8 juill. 2014, *Harakchiev et Tolumov, c/ Bulgarie*, n°s 15018/11 et 61199/12.

14. Conv. EDH, art. 14 combiné avec art. 3. Isolement cellulaire. Les autorités pénitentiaires ne peuvent imposer une mesure d'isolement à un détenu homosexuel, dans des conditions particulièrement sévères, sur le fondement de sa seule orientation sexuelle, sous prétexte de préserver son intégrité physique. • CEDH 17 janv. 2013, *Karabet et a. c/ Ukraine*, n°s 38906/07 et 52025/07.

15. Conv. EDH, art. 3. Punition de cellule. La sanction de placement dans une cellule disciplinaire est une simple modification apportée aux conditions de détention légitime. • CEDH 20 janv. 2011, *Payet c/ France*, n° 19606/08 : *D. actu. 27 janv. 2011, obs. Lavric ; D. 2011. Actu. 380, obs. Lavric ; ibid. 643, obs. Céré ; ibid. Pan. 1313, obs. Céré ; AJ pénal 2011. 88, obs. Herzog-Evans ; RSC 2011. 718, obs. Marguénaud .*

16. Conv. EDH, art. 3. Moyens neutralisants. L'immobilisation du détenu sur un lit de contentieux ne peut être utilisée pour punir un détenu mais seulement pour les empêcher d'agir d'une manière dangereuse contre eux-mêmes. • CEDH 13 févr. 2014, *Tali c/ Estonie*, n° 66393/10. ♦ L'utilisation de tels moyens neutralisants dans un cadre de répression d'une émeute peut néanmoins être acceptable mais sous réserve de s'avérer nécessaire et appropriée. Les autorités doivent s'entourer de garanties suffisantes qui passent notamment par un contrôle effectif par les tribunaux internes. • CEDH 26 mai 2015, *Songül İnce et a. c/ Turquie*, n°s 25595/08 et 34252/10 (emploi abusif de gaz lacrymogène).

C. VIOLENCES

17. Conv. EDH, art. 3. Usage de la force. L'absence totale d'explication de la part du Gouvernement et l'impossibilité d'établir les circonstances exactes dans lesquelles le requérant a été blessé, alors qu'il se trouvait sous le contrôle des agents de l'État, ne l'empêche pas de parvenir à un constat de violation matérielle de cet article (traitements inhumains et dégradants pour un détenu ayant une côte cassée qui n'a pas été soignée alors qu'il avait été plaqué fermement au sol par les ERIS car il refusait de sortir de sa cellule). • CEDH 20 oct. 2011, *Alboreo c/ France*, n° 51019/08 : *AJ pénal 2012. 175, obs. Herzog-Evans* ; *AJDA 2012. 143, obs. Burgorgue-Larsen* ; *D. 2012. 1294, obs. Céré* ; *RSC 2012. 263, obs. Marguénaud*. • CEDH 17 janv. 2013, *Karabet et a. c/ Ukraine*, n°s 38906/07 et 52025/07 (usage de la force visant à écraser un mouvement de grève de la faim) • CEDH 3 avr. 2012, *Dimitar Dimitrov c/ Bulgarie*, n° 18059/05 (usage de la force lors d'un transfert).

18. Conv. EDH, art. 3. Violences entre codétenus. Vu la nature du droit protégé par l'art. 3, il suffit à un requérant de montrer que les autorités n'ont pas fait tout ce que l'on pouvait raisonnablement attendre d'elles pour empêcher la matérialisation d'un risque certain et immédiat pour son intégrité physique, dont elles avaient ou auraient dû avoir connaissance. Il s'agit là d'une question dont la réponse dépend de l'ensemble des circonstances de l'affaire en question. Il incombe dès lors à la Cour de déterminer si, dans les circonstances de l'espèce, les autorités auraient dû savoir que le requérant risquait d'être soumis à de mauvais traitements de la part des autres détenus et, dans l'affirmative, si elles ont pris, dans le cadre de leurs pouvoirs, les mesures qui, d'un point de vue raisonnable, auraient évité un tel risque. • CEDH 3 juin 2003, *Pantea c/ Roumanie*, n° 33343/96 • CEDH 17 janv. 2013, *Sizarev c/ Ukraine*, n° 17116/04 (violation de l'art. 3 pour un prévenu ayant reçu des coups d'un codétenu alors que selon le droit interne ce prévenu, compte tenu de son activité antérieure, aurait du être placé à l'isolement). ♦ Les autorités pénitentiaires ne sauraient avoir une obligation de résultat dès lors qu'elles prennent toutes les mesures que l'on peut raisonnablement attendre d'elles pour protéger l'intégrité physique du requérant. • CEDH 20 oct. 2011, *Stasi c/ France*, n° 25001/07 : *AJDA 2012, p. 143, chron. Burgorgue-Larsen* ; *RSC 2012, p. 238, obs. Roets* (non-violation pour un détenu placé à l'isolement à la suite d'un signalement).

II. GARANTIES PROCÉDURALES

19. Compétence du juge des référés. Lorsque la carence de l'administration porte une atteinte grave et manifestement illégale à la liberté fondamentale des détenus de ne pas être soumis à des traitements inhumains ou dégradants, le juge administratif des référés peut prescrire toute mesure utile de nature à faire cesser cette situation. • CE 22 déc. 2012 : *AJDA 2013. 12* ; *D. 2013. 1304, obs. Péchillon* ; *AJ pénal 2013. 232, obs. Péchillon* ; *JCP 2013, n° 87, note Le Bot* ; *JCP Adm. 2013, n° 2017, obs. Koubi* • TA Fort-de-France, 17 oct. 2014 : *D. actu. 29 oct. 2014, obs. Léna* ; *AJDA 2015. 1289, obs. Jacquemet-Gauché et Gauché*.

20. Limites de la compétence du juge des référés. Le juge du référé-liberté peut ordonner à l'autorité compétente de prendre, à titre provisoire, une mesure d'organisation des services placés sous son autorité lorsqu'une telle mesure est nécessaire à la sauvegarde d'une liberté fondamentale ; il ne peut, toutefois, qu'ordonner les mesures d'urgence qui lui apparaissent de nature à sauvegarder, dans un délai de 48 heures, la liberté fondamentale à laquelle il est porté une atteinte grave et manifestement illégale. • CE 30 juill. 2015 : *AJDA 2015.1567* ; *D. actu. 31 juill. 2015, obs. Mucchielli* ; *ibid. 31 août 2015, obs. Poupeau* ; *AJDA 2015. 2216, obs. Le Bot*.

21. Référé-provision. La qualification juridique opérée par le juge des référés lorsqu'il se prononce sur le caractère non sérieusement contestable de l'obligation invoquée devant lui peut être contestée devant le juge de cassation tandis que l'évaluation du montant de la provision correspondant à cette obligation relève, en l'absence de dénaturation, de son appréciation souveraine. • CE 6 déc. 2013 : *D. actu. 10 déc. 2013, obs Pastor* ; *AJDA 2013. 2461* ; *ibid. 2014. 237, concl. Hedary* ; *AJ pénal 2014. 143, obs. Péchillon* ; *RPDP 2013. 944, obs. Péchillon*. ♦ Octroi de provisions pour des conditions de détention s'analysant en un traitement dégradant au sens de l'art. 3 Conv. EDH. • CAA Bordeaux, 17 févr. 2015 : *D. actu. 25 févr. 2015, obs. Fleuriot*.

22. Conv. EDH, art. 3. Charge de la preuve. La Cour ne s'inspire pas de l'idée que la charge de la preuve pèse sur l'un des gouvernements en cause. Dans les affaires dont elle connaît, elle étudie l'ensemble des éléments en sa possession, qu'ils proviennent de la Commission, des parties ou d'autres services, et s'il le faut, elle s'en procure d'office. • CEDH 18 janv. 1978, *Irlande c/ Royaume-Uni* : *Cah. dr. eur. 1979. 121, obs. Cohen-Jonathan* ; *Ann. fr. dr. int. 1978. 379, obs. Pelloux* ; *JDI 1980. 449, obs. Rolland* ; *RGDIP 1979. 104, obs. Martin*.

23. Conv. EDH, art. 3. Absence d'explication plausible sur l'origine des blessures. Lorsqu'un individu est placé en garde à vue alors qu'il est en bonne santé et que l'on constate qu'il est blessé au moment de sa libération, il incombe à l'État de fournir une explication plausible pour l'origine des blessures, à défaut de quoi l'art. 3 Conv. EDH trouve à s'appliquer. • CEDH 27 août 1992, *Tomasi c/ France, Série A n° 241A* : *Ann. fr. dr. int. 1992. 629, obs. Coussirat-Coustère* ; *JDI 1993. 740, obs. Decaux et Tavernier* ; *RSC 1993. 142, obs. Pettiti* ; *RUDH 1993. 1, obs. Sudre et a.* ; *Gaz. Pal. 4/6 oct. 1992. 28, note Vorms* ; *D. 1993. Somm. 383, obs. Renucci*.

24. Conv. EDH, art. 3. Critère de la preuve au-delà de tout doute raisonnable. La prohibition de l'art. 3 intéresse, non seulement les gardés à vue, mais aussi les détenus, quelle que soit la nature de l'infraction qui leur est reprochée. Les allégations de mauvais traitements doivent être étayées devant la Cour par des éléments de preuve appropriés. Pour l'établissement des faits allégués, la Cour se sert du critère de la preuve « au-delà de tout doute raisonnable » ; une telle preuve peut néanmoins résulter d'un faisceau d'indices, ou de présomptions non réfutées, suffisamment graves, précis et concordants. • CEDH 6 avr. 2000, *Labita c/ Italie*, n° 26772/95 : *RSC 2000. 667, obs. Massias*.

25. Conv. EDH, art. 3. Obligation d'enquête officielle. Lorsqu'un individu affirme de manière défendable avoir subi, aux mains de la police ou d'autres services comparables de l'État, de graves sévices illicites et contraires à l'art. 3, cette disposition, combinée avec le devoir général imposé à l'État par l'art. 1er Conv. EDH de « reconnaître à toute personne relevant de sa juridiction, les droits et libertés définis (...) dans la Convention », requiert, par implication, qu'il y ait une enquête officielle effective. • CEDH 28 oct. 1998, *Assenov c/ Bulgarie : Rec. 1998-VIII ; JCP 1999. I. 105, n° 12, obs. Sudre ; D. 1999. Somm. 266, obs. Hennion ; RTDH 1999. 383, obs. Rosenberg.* ♦ Violation de l'art. 3 pour absence d'enquête effective dans une situation de violences de grande ampleur infligées aux détenus et visant à les punir pour leur grève de la faim pacifique. • CEDH 17 janv. 2013, *Karabet et a. c/ Ukraine*, nos 38906/07 et 52025/07 : *RPDP 2013. 395, obs. Céré.* ♦ Pour un détenu ayant reçu des coups de matraque en caoutchouc dans sa cellule car il avait jeté un banc contre la porte de la cellule et s'approchait en hurlant d'un surveillant. • CEDH 10 mai 2011, *Gladovic c/ Croatie*, n° 28847/08. ♦ Pour un détenu ayant un bras arraché lors de la répression d'une émeute en prison. • CEDH 5 juill. 2011, *Sacilik et a. c/ Turquie*, n° 43044/05.

26. Conv. EDH, art. 13. Effectivité du recours. Un recours exclusivement indemnitaire ne saurait être considéré comme suffisant en matière de conditions de détention prétendument contraires à l'art. 3, dans la mesure où, par nature, un tel recours n'a pas un effet préventif – en ce sens qu'il n'est pas à même d'empêcher la continuation de la violation alléguée ou de permettre aux détenus d'obtenir une amélioration de leurs conditions matérielles de détention • CEDH 22 oct. 2009, *Norbert Sikorski c/ Pologne*, n° 175599/05. ♦ Pour qu'un système de protection des droits des détenus garantis par l'art. 3 de la Convention soit effectif, les recours préventifs et indemnitaires doivent coexister de façon complémentaire. • CEDH 10 janv. 2012, *Ananyev et a. c/ Russie*, nos 42525/07 et 60800/08. ♦ Il n'existait pas en 2012, en France, de recours effectif pour les détenus provisoires, incarcérés dans des conditions contraires à l'art. 3 Conv. EDH ; si la Cour relève avec intérêt l'évolution jurisprudentielle ayant conduit les juridictions administratives, y compris le Conseil d'État, à prononcer des injonctions sur le fondement des articles de la Conv. EDH, en vue de faire cesser rapidement des conditions de détention attentatoires à la dignité, elle constate que l'évolution favorable de cette procédure d'urgence est récente et postérieure aux faits de l'espèce. • CEDH 21 mai 2015, *Yengo c/ France*, n° 50494/12 : *D. actu. 26 mai 2015, obs. Léna ; D. 2016. Pan. 1220, obs. Céré ; AJ pénal 2015. 450, obs. Senna*.

Art. 23 *(Abrogé par Ord. n° 2022-478 du 30 mars 2022, art. 7, à compter du 1er mai 2022) Lors de son admission dans un établissement pénitentiaire, la personne détenue est informée oralement, dans une langue compréhensible par elle, et par la remise d'un livret d'accueil, des dispositions relatives à son régime de détention, à ses droits et obligations et aux recours et requêtes qu'elle peut former. Les règles applicables à l'établissement sont également portées à sa connaissance et lui sont rendues accessibles pendant la durée de sa détention.*

Art. 24 *(Abrogé par Ord. n° 2022-478 du 30 mars 2022, art. 7, à compter du 1er mai 2022) Toute personne détenue doit pouvoir connaître ses droits et bénéficier, pour ce faire, d'un dispositif de consultations juridiques gratuites mis en place dans chaque établissement.*

Art. 25 *(Abrogé par Ord. n° 2022-478 du 30 mars 2022, art. 7, à compter du 1er mai 2022) Les personnes détenues communiquent librement avec leurs avocats.*

Art. 26 *(Abrogé par Ord. n° 2022-478 du 30 mars 2022, art. 7, à compter du 1er mai 2022) Les personnes détenues ont droit à la liberté d'opinion, de conscience et de religion. Elles peuvent exercer le culte de leur choix, selon les conditions adaptées à l'organisation des lieux, sans autres limites que celles imposées par la sécurité et le bon ordre de l'établissement.*

V. notes ss. art. R. 57-9-3.

BIBL. ▶ PONCELA, *RSC 2015. 143* (religion et prison, je t'aime moi non plus).

SECTION II. *De l'obligation d'activité*

Art. 27 *(Abrogé par Ord. n° 2022-478 du 30 mars 2022, art. 7, à compter du 1er mai 2022) Toute personne condamnée est tenue d'exercer au moins l'une des activités qui lui est proposée par le chef d'établissement et le directeur du service pénitentiaire d'insertion et de probation dès lors qu'elle a pour finalité la réinsertion de l'intéressé et est adaptée à son âge, à ses capacités, à son handicap et à sa personnalité.*

Lorsque la personne condamnée ne maîtrise pas les enseignements fondamentaux, l'activité consiste par priorité en l'apprentissage de la lecture, de l'écriture et du calcul. Lorsqu'elle ne maîtrise pas la langue française, l'activité consiste par priorité en son apprentissage. L'organisation des apprentissages est aménagée lorsqu'elle exerce une activité de travail.

V. art. 726-2.

Art. 28 *(Abrogé par Ord. n° 2022-478 du 30 mars 2022, art. 7, à compter du 1er mai 2022) Sous réserve du maintien du bon ordre et de la sécurité des établissements et à titre dérogatoire, des activités peuvent être organisées de façon mixte.*

Art. 29 *(Abrogé par Ord. n° 2022-478 du 30 mars 2022, art. 7, à compter du 1er mai 2022) Sous réserve du maintien du bon ordre et de la sécurité de l'établissement, les personnes détenues sont consultées par l'administration pénitentiaire sur les activités qui leur sont proposées.*

SECTION III. *Des droits civiques et sociaux*

Art. 30 *(Abrogé par Ord. n° 2022-478 du 30 mars 2022, art. 7, à compter du 1er mai 2022) Les personnes détenues peuvent élire domicile auprès de l'établissement pénitentiaire :*

1° Pour l'exercice de leurs droits civiques, lorsqu'elles ne disposent pas d'un domicile personnel. Avant chaque scrutin, le chef d'établissement organise avec l'autorité administrative compétente une procédure destinée à assurer l'exercice (L. n° 2019-1461 du 27 déc. 2019, art. 112, en vigueur le 1er janv. 2021) « de leur droit de vote » ;

(L. n° 2014-896 du 15 août 2014, art. 31, en vigueur le 1er oct. 2014) « 2° Pour prétendre au bénéfice des droits mentionnés aux articles L. 121-1 et L. 264-1 du code de l'action sociale et des familles, lorsqu'elles ne disposent pas d'un domicile de secours ou d'un domicile personnel au moment de leur incarcération ou ne peuvent en justifier ; »

3° Pour faciliter leurs démarches administratives.

(L. n° 2014-896 du 15 août 2014, art. 31, en vigueur le 1er oct. 2014) « Pour faciliter leurs démarches de préparation à la sortie, les personnes détenues peuvent également procéder à l'élection de domicile mentionnée à l'article L. 264-1 du même code soit auprès du centre communal ou intercommunal d'action sociale, soit auprès de l'organisme agréé à cet effet, le plus proche du lieu où elles recherchent une activité en vue de leur insertion ou réinsertion ou le plus proche du lieu d'implantation d'un établissement de santé ou médico-social susceptible de les accueillir. »

Conv. EDH, Prot. n° 1, art. 3. Restriction du droit de vote. Une restriction générale et automatique du droit de vote à tous les détenus condamnés viole l'art. 3 du protocole n° 1 de la Conv. EDH. • CEDH, gr. ch., 6 oct. 2005, *Hirst c/ Royaume-Uni*, n° 74025/01 : *AJDA 2006. 466, chron. Flauss ; RSC 2006. 662, chron. Massias* • 23 nov. 2010, *Greens et M.T. c/ Royaume-Uni*, n° 60041/08 et 60054/08 (arrêts pilotes) : *D. 2011. 193, obs. Renucci ; RSC 2011, p. 226, obs. Marguénaud* • 10 févr. 2015, *McHugh et a. c/ Royaume-Uni*, n° 51987/08. ♦ ... Mais lorsque l'interdiction du droit de vote des détenus condamnés ne présente pas les caractères de généralité, d'automaticité et d'application indifférenciée, dans la mesure où le législateur a modulé cette interdiction en fonction des particularités de chaque affaire, compte tenu notamment de la durée de la peine, l'art. 3 du protocole n° 1 n'est pas violé. • CEDH 22 mai 2012, *Scoppola c/ Italie*, n° 126/05 : *AJDA 2012. 1726, chron. Burgorgue-Larsen*.

Art. 31 *(Abrogé par Ord. n° 2022-478 du 30 mars 2022, art. 7, à compter du 1er mai 2022) Les personnes détenues dont les ressources sont inférieures à un montant fixé par voie réglementaire reçoivent de l'État une aide en nature destinée à améliorer leurs conditions matérielles d'existence. Cette aide peut aussi être versée en numéraire dans des conditions prévues par décret.*

....

Art. 33 *(Abrogé par L. n° 2021-1729 du 22 déc. 2021, art. 21, à compter du 1er mai 2022) La participation des personnes détenues aux activités professionnelles organisées dans les établissements pénitentiaires donne lieu à l'établissement d'un acte d'engagement par l'administration pénitentiaire. Cet acte, signé par le chef d'établissement et la personne détenue, énonce les droits et obligations professionnels de celle-ci ainsi que ses conditions de travail et sa rémunération.*

Il précise notamment les modalités selon lesquelles la personne détenue, dans les conditions adaptées à sa situation et nonobstant l'absence de contrat de travail, bénéficie des dispositions relatives à l'insertion par l'activité économique prévues aux articles L. 5132-1 à L. 5132-17 du code du travail.

Dans le cadre de l'application du présent article, le chef d'établissement s'assure que les mesures appropriées sont prises afin de garantir l'égalité de traitement en matière d'accès et de maintien à l'activité professionnelle en faveur des personnes handicapées détenues.

Les actes d'engagement signés avant le 1er mai 2022 demeurent en vigueur, au plus tard jusqu'au 31 déc. 2022, dans les conditions fixées à l'art. 33 de la L. n° 2009-1436 du 24 nov. 2009 pénitentiaire. Durant cette période, toute personne détenue ayant précédemment signé un acte d'engagement se voit proposer la signature d'un contrat d'emploi pénitentiaire, conformément aux art. 719-8 à 719-13. En cas de changement des conditions de travail prévues dans son acte d'engagement, la personne détenue se voit proposer la conclusion d'un contrat d'emploi pénitentiaire. Le refus de signer le contrat d'emploi pénitentiaire met fin à la relation de travail au plus tard le 31 déc. 2022. Les personnes détenues classées au travail avant la publication de la L. n° 2021-1729 du 22 déc. 2021 qui n'ont pas signé d'acte d'engagement dans les conditions prévues à l'art. 33 de la L. n° 2009-1436 du 24 nov. 2009 préc. sont intégrées dans la liste d'attente d'affectation mentionnée à l'art. 719-6 (L. n° 2021-1729 du 22 déc. 2021, art. 59-XII).

*Sur l'insertion par l'activité économique des personnes détenues, V. C. trav., art. L. 5132-1 s. — **C. trav.** et C. pr. pén., art. R. 57-9-1 et R. 57-9-2. — **C. pr. pén.***

QPC. Il est loisible au législateur de modifier les dispositions relatives au travail des personnes incarcérées afin de renforcer la protection de leurs droit ; toutefois, en subordonnant à un acte d'engagement signé par le chef d'établissement et la personne détenue la participation de cette dernière aux activités professionnelles organisées dans les établissements pénitentiaires et en renvoyant à cet acte d'engagement le soin d'énoncer les droits et obligations professionnels du détenu, dans des conditions qui respectent les dispositions de l'art. 22 de la L. du 24 nov. 2009 et sous le contrôle du juge administratif, les dispositions de l'art. 33 de la L. du 24 nov. 2009 ne privent pas de garanties légales les droits et libertés énoncés par les cinquième à huitième alinéas du Préambule de la Constitution de 1946 dont sont susceptibles de bénéficier les détenus dans les limites inhérentes à la détention. • Cons. const. 25 sept. 2015 : *D. actu. 28 sept. 2015, obs. Fleuriot ; D. 2015. 2083, point de vue Céré ; AJ pénal 2016. 100, obs. Falxa.*

SECTION IV. *De la vie privée et familiale et des relations avec l'extérieur*

Art. 34 *(Abrogé par Ord. n° 2022-478 du 30 mars 2022, art. 7, à compter du 1er mai 2022) (L. n° 2019-222 du 23 mars 2019, art. 55) Les prévenus dont l'instruction est achevée et qui attendent leur comparution devant la juridiction de jugement peuvent bénéficier d'un rapprochement familial jusqu'à leur comparution devant la juridiction de jugement, après avis conforme de l'autorité judiciaire susceptible d'être contesté selon les modalités prévues au dernier alinéa de l'article 145-4-2 du code de procédure pénale.*

QPC (décision antérieure à la L. n° 2019-222 du 23 mars 2019). Il n'existe pas de recours juridictionnel effectif contre la décision administrative de refus de rapprochement familial lorsque celle-ci fait suite à l'avis défavorable du magistrat judiciaire. Dès lors, l'art. 34 de la L. n° 2009-14736 du 24 nov. 2009 est contraire à la Constitution (abrogation reportée au 1er sept. 2019 mais les avis défavorables pris sur le fondement des dispositions litigieuses par les magistrats judiciaires après la date de la publication de la décision peuvent être contestés devant le président de la chambre de l'instruction dans les conditions prévues par la deuxième phrase du 4e al. de l'art. 145-4). • Cons. const. 8 févr. 2019, n° 2018-763 QPC : *AJ pénal 2019. 222, obs. Grégoire.*

Art. 35 *(Abrogé par Ord. n° 2022-478 du 30 mars 2022, art. 7, à compter du 1er mai 2022) Le droit des personnes détenues au maintien des relations avec les membres de leur famille s'exerce soit par les visites que ceux-ci leur rendent, soit, pour les condamnés et si leur situation pénale l'autorise, par les permissions de sortir des établissements pénitentiaires. Les prévenus peuvent être visités par les membres de leur famille ou d'autres personnes, au moins trois fois par semaine, et les condamnés au moins une fois par semaine.*

L'autorité administrative ne peut refuser de délivrer un permis de visite aux membres de la famille d'un condamné, suspendre ou retirer ce permis que pour des motifs liés au maintien du bon ordre et de la sécurité ou à la prévention des infractions.

L'autorité administrative peut également, pour les mêmes motifs ou s'il apparaît que les visites font obstacle à la réinsertion du condamné, refuser de délivrer un permis de visite à d'autres personnes que les membres de la famille, suspendre ce permis ou le retirer.

Les permis de visite des prévenus sont délivrés par l'autorité judiciaire.

Les décisions de refus de délivrer un permis de visite sont motivées.

1. Compétence. Il appartient au juge judiciaire de connaître des actes relatifs à la conduite d'une procédure judiciaire qui en sont inséparables. Ainsi, la décision par laquelle le juge d'instruction décide de suspendre ou de supprimer le permis qu'il a accordé à une personne pour qu'elle rende visite à un détenu prévenu, quels qu'en soient les motifs, ne saurait être regardée comme détachable de la conduite de la procédure judiciaire et relever de la compétence de la juridiction administrative. • CE 15 avr. 2011 : *D. 2011. Actu. 1285, obs. Biget ; AJ 2011. 248, obs. Péchillon ; RPDP 2011. 414, obs. Céré.*

2. Conv. EDH, art. 8. Droit de visite. Toute détention régulière au regard de l'art. 5 Conv. EDH entraîne par nature une restriction à la vie privée et familiale de l'intéressé. Il est cependant essentiel au respect de la vie familiale que l'administration pénitentiaire aide le détenu à maintenir un contact avec sa famille proche. En l'espèce, le requérant est soumis à un régime spécial de détention qui entraîne des limitations ultérieures au nombre des visites familiales (pas plus de deux par mois) et impose des mesures de surveillance de ces rencontres (les détenus sont séparés des visiteurs par une paroi vitrée). Pareille ingérence n'enfreint pas la Convention si elle est prévue par la loi, vise un ou des buts légitimes au regard du § 2 de l'art. 8 et peut passer pour une mesure nécessaire dans une société démocratique. La Cour estime que les restrictions au droit du requérant au respect de sa vie familiale ne sont pas allées au-delà de ce qui, dans une société démocratique, est nécessaire à la défense de l'ordre et de la sûreté publique et à la prévention des infractions pénales au sens de l'art. 8, § 2, Conv. EDH. Il n'y a donc pas eu violation de l'art. 8 Conv. EDH. • CEDH 28 sept. 2000, *Messina c/ Italie n° 2*, n° 25498/94 : *JCP 2001. I. 291, obs. Sudre.* ♦ Les restrictions au droit de visites des détenus enfreignent l'art. 8 si elles ne sont pas prévues par la loi, ne visent pas un ou des buts légitimes au regard du § 2 de l'art. 8 et ne peuvent passer pour une mesure nécessaire dans une société démocratique. • CEDH 20 mai 2008, *Gülmez c/ Turquie*, n° 16330/02 (absence de clarté et de précision des dispositions prévoyant des sanctions disciplinaires restreignant le droit de recevoir des visites) • CEDH 28 nov. 2002, *Lavents c/ Lettonie*, n° 58442/00 : *JCP 2003.I.109, obs. Sudre* (interdiction de visite de l'épouse et de la fille du détenu durant 19 mois) • CEDH 23 oct. 2014, *Vintman c/ Ukraine*, n° 28403/05 (établissement situé à 1 000 kilomètres du lieu de résidence de la mère du détenu, âgée et malade).

3. Conv. EDH, art. 8. Fouilles visiteurs. Pour une fouille à corps de la mère d'un détenu et de son demi-frère, atteint de paralysie cérébrale et souffrant d'un retard sévère dans son développement intellectuel et social, ayant constitué une violation non de l'art. 3 Conv. EDH mais des art. 8 et 13 de ladite Convention. Bien que poursuivant un but légitime – la lutte contre le trafic de drogue au sein de l'établissement –, les fouilles étaient disproportionnées et n'étaient donc pas « nécessaires dans une société démocratique ». • CEDH 29 sept. 2006, *Wainwright c/ Royaume-Uni : JCP 2007. I. 106, chron. Sudre ; D. 2007. Pan. 1232, obs. Céré.*

4. Conv. EDH, art. 8. Procréation. Viole l'art. 8 Conv. EDH le refus opposé à un couple, dont l'époux est incarcéré à perpétuité, d'avoir recours à l'insémination artificielle, seule possibilité pour eux d'avoir un enfant. En effet, et conformément à l'arrêt *Hirst c/ Royaume-Uni (n° 2)* relatif au droit de vote, il n'y a pas de place, dans le cadre de la Convention, pour des restrictions automatiques aux libertés des détenus qui seraient fondées exclusivement sur ce que pourrait ressentir l'opinion publique. Or, et bien que l'impossibilité de procréer puisse constituer la conséquence de l'emprisonnement, cela n'est pas inévitable et il n'apparaît pas que l'insémination artificielle poserait des problèmes de sécurité, ni n'imposerait des mesures administratives ou financières pour l'État. Par ailleurs, s'il est admissible de prendre en compte la nécessité de maintenir la confiance du public dans le système pénal, et même si l'effet punitif de l'emprisonnement est l'un des buts de celui-ci, il faut souligner l'évolution des politiques pénales européennes dans le sens de l'importance de la réhabilitation des détenus. Enfin, si le bien-être de l'enfant peut constituer l'un des éléments justifiant, au regard de l'art. 8 Conv. EDH, les restrictions imposées par un État, cela ne peut conduire à interdire totalement de procréer, dans des circonstances comme celles-ci. Il est à noter que plus de la moitié des États contractants autorisent les visites conjugales, lesquelles rendent inutile l'insémination artificielle, même si la Cour n'a pas pour autant « encore » interprété la convention comme donnant l'obligation aux États de prévoir de telles visites. La politique du Royaume-Uni rend impossible la nécessaire balance des intérêts publics et privés en présence et il en allait ainsi de la preuve qu'il faisait peser sur les requérants, de « circonstances exceptionnelles ». En outre l'appréciation de ces intérêts n'a pas été soumise au Parlement. • CEDH, gr. ch., 4 déc. 2007, *Dickson c/ Royaume-Uni : AJ pénal 2008. 47, note Herzog-Evans ; RTDH 2008. 879, note Gallus ; RTD civ. 2008. 160, obs. Marguénaud ; Dr. pénal 2008. Chron. 3, obs. Dreyer ; JCP 2008. I. 110, n° 8, obs. Sudre.*

5. Conv. EDH, art. 8. Permission de sortir. Un refus de permission de sortir ne viole pas l'art. 8 dès lors que les parents du détenu, en dépit de l'état de santé du père, bénéficient d'un droit de visite, exercé régulièrement, alors que de surcroît, la situation du détenu ne motive pas une protection exceptionnelle de ses liens familiaux • CEDH 18 oct. 2005, *Schemkamper c/ France : AJ pénal 2005. 420, obs. Céré ; RSC 2006. 430, obs. Poncela.*

Art. 36 *(Abrogé par Ord. n° 2022-478 du 30 mars 2022, art. 7, à compter du 1er mai 2022) Les unités de vie familiale ou les parloirs familiaux implantés au sein des établissements pénitentiaires peuvent accueillir toute personne détenue.*

Toute personne détenue peut bénéficier à sa demande d'au moins une visite trimestrielle dans une unité de vie familiale ou un parloir familial, dont la durée est fixée en tenant compte de l'éloignement du visiteur. Pour les prévenus, ce droit s'exerce sous réserve de l'accord de l'autorité judiciaire compétente.

....

Art. 38 *(Abrogé par Ord. n° 2022-478 du 30 mars 2022, art. 7, à compter du 1er mai 2022) Une convention entre l'établissement pénitentiaire et le département définit l'accompagnement social proposé aux mères détenues avec leurs enfants et prévoit un dispositif permettant la sortie régulière des enfants à l'extérieur de l'établissement pour permettre leur socialisation.*

Art. 39 *(Abrogé par Ord. n° 2022-478 du 30 mars 2022, art. 7, à compter du 1er mai 2022) Les personnes détenues ont le droit de téléphoner aux membres de leur famille. Elles peuvent être autorisées à téléphoner à d'autres personnes pour préparer leur réinsertion. Dans tous les cas, les prévenus doivent obtenir l'autorisation de l'autorité judiciaire.*

L'accès au téléphone peut être refusé, suspendu ou retiré, pour des motifs liés au maintien du bon ordre et de la sécurité ou à la prévention des infractions (Abrogé par Cons. const. n° 2016-543 QPC du 24 mai 2016, au plus tard à compter du 31 déc. 2016) « et, en ce qui concerne les prévenus, aux nécessités de l'information ».

Le contrôle des communications téléphoniques est effectué conformément à l'article 727-1 du code de procédure pénale.

Le Cons. const. a reporté la déclaration d'inconstitutionnalité des mots « et, en ce qui concerne les prévenus, aux nécessités de l'information » figurant au 2e al. de l'art. 39 de la L. n° 2009-1436 du 24 nov. 2009 jusqu'à l'entrée en vigueur de nouvelles dispositions législatives ou, au plus tard, jusqu'au 31 déc. 2016. Par ailleurs, les décisions prises en vertu de ces dispositions avant cette date ne peuvent être contestées sur le fondement de cette inconstitutionnalité (Cons. const. n° 2016-543 QPC du 24 mai 2016).

1. QPC. L'art. 39 de la L. n° 2009-1436 du 24 nov. 2009, relatif à l'accès au téléphone des détenus, ne prévoit aucune voie de recours à l'encontre des décisions refusant l'accès au téléphone à une personne placée en détention provisoire ; eu égard aux conséquences qu'entraînent ces refus pour une personne placée en détention provisoire, l'absence de voie de droit permettant la remise en cause de la décision du magistrat méconnaît les exigences découlant de l'art. 16 DDH et prive également de garanties légales la protection constitutionnelle du droit au respect de la vie privée et du droit de mener une vie familiale normale. • Cons. const. 24 mai 2016 : *JO 29 mai 2016.* ♦ V. aussi art. 145-4.

2. Si la loi pénitentiaire du 24 nov. 2019 consacre le droit des détenus à téléphoner aux membres de leur famille ou pour préparer leur réinsertion et rappelle par ailleurs le principe de la libre communication entre le détenu et son avocat, ni ce texte ni aucune autre disposition du code de procédure pénale n'organise en l'état la communication téléphonique pour les besoins de la défense entre le détenu et l'avocat. • Crim. 13 avr. 2021, n° 21-80.989 P : *AJ pénal 2021. 343, obs. Chapelle.*

Art. 40 *(Abrogé par Ord. n° 2022-478 du 30 mars 2022, art. 7, à compter du 1er mai 2022) (L. n° 2019-222 du 23 mars 2019, art. 55) « Les personnes condamnées et, sous réserve de l'article 145-4-2 du code de procédure pénale, les personnes prévenues peuvent correspondre par écrit avec toute personne de leur choix. »*

Le courrier adressé ou reçu par les personnes détenues peut être contrôlé et retenu par l'administration pénitentiaire lorsque cette correspondance paraît compromettre gravement leur réinsertion ou le maintien du bon ordre et la sécurité. En outre, le courrier adressé ou reçu par les prévenus est communiqué à l'autorité judiciaire selon les modalités qu'elle détermine.

Ne peuvent être ni contrôlées ni retenues les correspondances échangées entre les personnes détenues et leur défenseur, les autorités administratives et judiciaires françaises et internationales, dont la liste est fixée par décret, et les aumôniers agréés auprès de l'établissement.

Lorsque l'administration pénitentiaire décide de retenir le courrier d'une personne détenue, elle lui notifie sa décision.

QPC (décision antérieure à la L. n° 2019-222 du 23 mars 2019). Au regard des conséquences qu'entraîne ce refus pour une personne placée en détention provisoire, l'absence de voie de droit permettant la remise en cause de la décision du magistrat conduit dès lors à ce que les dispositions contestées méconnaissent les exigences découlant de l'art. 16 de la Déclaration de 1789. Par conséquent, les mots : « sous réserve que l'autorité judiciaire ne s'y oppose pas » figurant au premier al. de l'art. 40 de la L. du 24 nov. 2009 doivent être déclarés contraires à la Constitution. • Cons. const. 22 juin 2018, n° 2018-715 QPC : *D. actu. 26 juin 2018, obs. Goetz ; D. 2018. 2287, note Roujou de Boubée ; AJ pénal 2018. 469, obs. Falxa*.

Art. 41 (*Abrogé par Ord. n° 2022-478 du 30 mars 2022, art. 7, à compter du 1er mai 2022*) *Les personnes détenues doivent consentir par écrit à la diffusion ou à l'utilisation de leur image ou de leur voix lorsque cette diffusion ou cette utilisation est de nature à permettre leur identification.*

L'administration pénitentiaire peut s'opposer à la diffusion ou à l'utilisation de l'image ou de la voix d'une personne condamnée, dès lors que cette diffusion ou cette utilisation est de nature à permettre son identification et que cette restriction s'avère nécessaire à la sauvegarde de l'ordre public, à la prévention des infractions, à la protection des droits des victimes ou de ceux des tiers ainsi qu'à la réinsertion de la personne concernée. Pour les prévenus, la diffusion et l'utilisation de leur image ou de leur voix sont autorisées par l'autorité judiciaire.

1. Particularité du droit à l'image. Sur la particularité du droit à l'image des détenus. • TA Paris, 13 juill. 2012 : *AJ pénal 2013. 57, obs. Herzog-Evans*.

2. Conv. EDH, art. 10. Refus d'interview. La nécessité des restrictions apportées à la liberté d'expression doit être établie de manière convaincante et les motifs invoqués par les autorités nationales pour la justifier doivent apparaître pertinents et suffisants, ce qui n'a pas été le cas en l'espèce compte tenu notamment du raisonnement assez sommaire employé par les instances suisses pour rejeter la demande de reportage en détention. • CEDH 28 juin 2012, *Schweizerische Radio-und Fernsehgesellschaft SRG c/ Suisse*, n° 34124/06 : *D. actu. 23 juill. 2012, obs. Léna*.

Art. 42 (*Abrogé par Ord. n° 2022-478 du 30 mars 2022, art. 7, à compter du 1er mai 2022*) *Toute personne détenue a droit à la confidentialité de ses documents personnels. Ces documents peuvent être confiés au greffe de l'établissement qui les met à la disposition de la personne concernée. Les documents mentionnant le motif d'écrou de la personne détenue sont, dès son arrivée, obligatoirement confiés au greffe.*

SECTION V. *De l'accès à l'information*

Art. 43 (*Abrogé par Ord. n° 2022-478 du 30 mars 2022, art. 7, à compter du 1er mai 2022*) *Les personnes détenues ont accès aux publications écrites et audiovisuelles. Toutefois, l'autorité administrative peut interdire l'accès des personnes détenues aux publications contenant des menaces graves contre la sécurité des personnes et des établissements ou des propos ou signes injurieux ou diffamatoires à l'encontre des agents et collaborateurs du service public pénitentiaire ainsi que des personnes détenues.*

SECTION VI. *De la sécurité*

Art. 44 (*Abrogé par Ord. n° 2022-478 du 30 mars 2022, art. 7, à compter du 1er mai 2022*) *L'administration pénitentiaire doit assurer à chaque personne détenue une protection effective de son intégrité physique en tous lieux collectifs et individuels.*

Même en l'absence de faute, l'État est tenu de réparer le dommage résultant du décès d'une personne détenue causé par des violences commises au sein d'un établissement pénitentiaire par une autre personne détenue.

Toute personne détenue victime d'un acte de violence caractérisé commis par un ou plusieurs codétenus fait l'objet d'une surveillance et d'un régime de détention particuliers. Elle bénéficie prioritairement d'un encellulement individuel.

Lorsqu'une personne détenue s'est donné la mort, l'administration pénitentiaire informe immédiatement sa famille ou ses proches des circonstances dans lesquelles est intervenu le décès et facilite, à leur demande, les démarches qu'ils peuvent être conduits à engager.

BIBL. ▶ Arbousset, *AJ pénal 2010. 277* (violences mortelles entre détenus et responsabilité sans faute de l'État : une avancée législative incomplète). – Courtin, *LPA 12 juill. 2007. 37* (responsabilité de l'État et contentieux de l'exécution des peines). – de Graëve, *RFDA 2009. 947* (le droit à la vie et l'administration pénitentiaire). – Delarue, *AJDA 2014. 119* (le juge et le matelas). – Fouchard, *AJDA 2011. 142* (décès violents de détenus en prison. Les évolutions récentes de la responsabilité de l'État). – Henry, *AJ pénal 2010. 437* (un suicide qui dérange : le suicide en prison). – PÉCHILLON, *AJ pénal 2009. 473* (regard d'un administrativiste sur la loi du 24 novembre 2009).

I. DROIT À LA VIE (ASPECTS MATÉRIELS)

1. Conv. EDH, art. 2. Principes généraux. L'art. 2, § 1, Conv. EDH astreint l'État non seulement à s'abstenir de provoquer la mort de manière volontaire ou irrégulière, mais aussi à prendre les mesures nécessaires à la protection de la vie des personnes relevant de sa juridiction. Cette disposition comporte également dans certaines circonstances définies l'obligation positive pour les États de prendre préventivement des mesures d'ordre pratique pour protéger l'individu dont la vie est menacée. Il en va notamment ainsi s'agissant des personnes détenues, qui par là-même se trouvent dans un rapport de dépendance à l'égard de l'État. • CEDH 25 janv. 2011, *Iorga c/ Roumanie*, n° 26246/05. ♦ Sans perdre de vue les difficultés pour les autorités d'exercer leurs fonctions dans les sociétés contemporaines, ni l'imprévisibilité du comportement humain ni les choix opérationnels à faire en termes de priorités et de ressources, il faut interpréter cette obligation de manière à ne pas imposer aux autorités un fardeau insupportable ou excessif. Dès lors, toute menace présumée contre la vie n'oblige pas les autorités, au regard de la Convention, à prendre des mesures concrètes pour en prévenir la réalisation. Pour que l'on puisse conclure à l'existence d'une obligation positive, il y a lieu d'établir que les autorités savaient ou auraient dû savoir sur le moment qu'un individu déterminé était menacé de manière réelle et immédiate dans sa vie par des actes criminels d'un tiers et qu'elles n'ont pas pris, dans le cadre de leurs pouvoirs, les mesures qui, d'un point de vue raisonnable, pouvaient être considérées comme aptes à pallier ce risque. • CEDH 28 oct. 1998, *Osman c/ Royaume-Uni : Recueil des arrêts et décisions 1998-VIII.*

2. Conv. EDH, art. 2. Violences entre codétenus. L'omission par les institutions concernées (profession médicale, police, autorités de poursuite et tribunal) de communiquer aux autorités carcérales les informations disponibles au sujet d'un détenu dangereux et l'inadéquation de l'examen de filtrage dont ce dernier fit l'objet à son arrivée en prison révèlent un manquement de la part de l'État défendeur à son obligation de protéger la vie du détenu placé dans la même cellule que lui en cas de décès consécutif à des violences exercées par ce détenu dangereux. • CEDH 4 juin 2002, *Edwards c/ Royaume-Uni*, n° 46477/99.

3. Conv. EDH, art. 2. Suicide de détenus. A la lumière des obligations pesant sur l'État, la Cour recherche si les autorités savaient ou auraient dû savoir qu'il y avait un risque réel et immédiat que le détenu se suicide et, dans l'affirmative, si elles ont fait tout ce que l'on pouvait raisonnablement attendre d'elles pour prévenir ce risque. • CEDH 3 avr. 2001, *Keenan c/ Royaume-Uni*, n° 27229/95 : *D. 2002. 118, obs. Céré* (non-violation de l'article pour le suicide d'un détenu souffrant de troubles psychiatriques en cellule disciplinaire) • CEDH 8 oct. 2015, *Sellal c/ France*, n° 32432/13 : *D. actu. 25 oct. 2015, obs. Gaté* (non-violation pour un détenu souffrant de trouble psychiatriques en cellule ordinaire mais dont le risque suicidaire n'était pas connu des autorités). ♦ La Cour réitère que la vulnérabilité des malades mentaux appelle une protection particulière. Il en va d'autant plus ainsi lorsqu'un détenu souffrant de troubles graves est placé, comme en l'espèce, en isolement ou cellule disciplinaire pour une longue durée, ce qui ne peut manquer d'avoir des répercussions sur son état psychique, et qu'il a déjà effectivement tenté de mettre fin à ses jours peu de temps auparavant. Au vu de l'ensemble de ces éléments, la Cour arrive à la conclusion que les autorités ont manqué, en l'espèce, à leur obligation positive de protéger le droit à la vie du détenu, et qu'il y a eu violation de l'art. 2 de la Convention. • CEDH 16 oct. 2008, *Renolde c/ France : RSC 2009. 173, obs. Marguénaud ; ibid. 439, obs. Poncela ; D. 2008 AJ. 2723, obs. Léna ; ibid. 2009. Pan. 123, obs. Roujou de Boubée, Garé et Mirabail ; ibid. 1382, obs. Céré ; AJ pénal 2009. 42, obs. Céré ; Dr. pénal 2009. Chron. 3, obs. Peltier ; ibid. Chron. 4, obs. Dreyer.* ♦ Les États ont le devoir de protéger les détenus en situation de vulnérabilité : violation de l'art. 2 pour le suicide d'un prisonnier atteint de troubles mentaux et qui avait été placé en cellule ordinaire. • CEDH 6 déc. 2011, *De Donder et De Clippel c/ Belgique*, n° 8595/06. ♦ ...Toutefois, les autorités pénitentiaires doivent s'acquitter de leurs tâches de manière compatible avec les droits et libertés de l'individu concerné, des mesures et précautions générales pouvant notamment être prises afin de diminuer les risques d'automutilation sans empiéter sur l'autonomie individuelle. La Cour relève, en l'espèce, une violation de l'art. 2 Conv. EDH car l'obligation d'assurer des soins médicaux appropriés à un détenu garantie par la Convention et confirmée par la jurisprudence serait vidée de tout sens si elle ne devait se limiter qu'à la prescription d'un traitement adéquat, sans s'assurer s'il a été correctement administré et suivi. • CEDH 1er juin 2010, *Jasinska c/ Pologne : Dr. pénal 2011. Chron. 3, obs. Dreyer.* ♦ L'État manque à son obligation positive de protéger la vie d'un détenu qui s'est suicidé dans une cellule disciplinaire alors que les autorités n'ont pas mis en place des mesures spéciales, telle une surveillance appropriée ou encore une fouille régulière qui aurait permis de trouver la ceinture avec laquelle il s'est suicidé • CEDH 19 juill. 2012,

Krebed c/ France, n° 38447/09 : *D. actu. 19 sept. 2012, obs. Léna ; AJ pénal 2012. 609, obs. Céré*. ♦ En l'absence de toute preuve d'un rendez-vous avec le service médical de la prison dans le dossier du détenu, la Cour estime que les autorités ont manqué à leur obligation positive de protéger le droit à la vie du fils du requérant. Elle ne saurait à cet égard retenir, ainsi que l'ont fait les juridictions nationales pour décharger l'administration pénitentiaire de toute responsabilité dans la mort du détenu, le fait que le service médical appelé à intervenir auprès des détenus, n'est pas placé sous l'autorité de l'administration pénitentiaire. En l'espèce, bien que prévu par le droit interne, le dispositif de collaboration entre les services pénitentiaires et médicaux dans la surveillance des détenus et la prévention des suicides n'a pas fonctionné. • CEDH 4 févr. 2016, *Isenc c/ France*, n° 58828/13 : *D. actu. 17 févr. 2016, obs. Devouèze ; AJDA 2016. 232, obs. Genty ; AJ pénal 2016. 158, obs. Céré*.

4. Conv. EDH, art. 2. Soins médicaux. Les autorités n'ont pas fait tout ce qui était raisonnablement possible dans les circonstances, en temps utile, pour tenter de préserver la vie d'un détenu. En particulier, le détenu s'est vu refuser pendant plus de deux semaines l'hospitalisation urgente qu'il avait demandée, il est resté en détention sans aucune justification, alors que son état de santé était critique, et il a été menotté de manière continue, ce qui a encore aggravé son état de santé. • CEDH 14 mars 2013, *Salakhov et Islyamova c/ Ukraine*, n° 28005/08 (détenu finalement libéré mais décédé une quinzaine de jours plus tard).

II. DROIT À LA VIE (ASPECTS PROCÉDURAUX)

5. Conv. EDH, art. 2. Principes généraux. L'obligation de protéger le droit à la vie qu'impose l'art. 2 de la Convention, combinée avec le devoir général incombant à l'État en vertu de l'art. 1er de reconnaître à toute personne relevant de sa juridiction les droits et libertés définis dans la Convention, implique et exige également de mener une forme d'enquête officielle et effective sur les circonstances dans lesquelles le décès s'est produit. Il s'agit essentiellement, au travers d'une telle enquête, d'assurer l'application effective des lois internes qui protègent le droit à la vie et, dans les affaires où des agents ou des organes de l'État sont impliqués, de garantir l'obligation que ceux-ci aient à rendre des comptes au sujet des décès survenus sous leur responsabilité. Les autorités doivent avoir pris toutes les mesures que l'on pouvait raisonnablement attendre d'elles pour rassembler les éléments de preuve concernant le déroulement des faits. Si l'enquête présente des lacunes qui ne lui permettent pas d'établir la cause du décès ou d'identifier les responsables, qu'il s'agisse des auteurs directs du crime ou de ceux qui l'ont commandité ou organisé, elle risque de ne pas répondre à cette norme d'effectivité. Une exigence de célérité et de diligence raisonnable est implicite dans ce contexte, même s'il peut y avoir des obstacles ou des difficultés empêchant l'enquête de progresser dans une situation particulière. • CEDH 3 oct. 2013, *Yuriy Illarionovich Shchokin c/ Ukraine*, n° 4299/03.

III. RESPONSABILITÉ

6. Suicide. En l'espèce, le suicide doit être regardé comme la conséquence directe d'une succession de fautes imputables au service pénitentiaire qui, en premier lieu, a omis de lui notifier l'ordonnance prolongeant sa détention dans les délais les plus brefs conformément aux prescriptions de l'art. 183 dans sa réd. alors en vigueur, ensuite, s'est abstenu de vérifier immédiatement le bien-fondé des affirmations de l'intéressé qui, à défaut de cette notification, pouvait alors légitimement se croire maintenu en détention sans titre, enfin s'est borné à l'informer de ce que cette vérification serait remise à plus tard sans prendre les mesures de surveillance qu'appelaient les véhémentes protestations de l'intéressé. • CE 23 mai 2003, n° 244663 : *Rec. CE, p. 240, concl. Prada Bordenave ; AJDA 2004. 157, note Albert ; Dr. adm. 2003. 44, note Lombard ; JCP, éd. A, 2003. 1718 et 1751, note Moreau.* ♦ La responsabilité de l'État du fait des services pénitentiaires en cas de dommage résultant du suicide d'un détenu, même mineur, peut être recherchée seulement en cas de faute. • CE 9 juill. 2007, n° 281205 : *AJDA 2007. 2094, note Arbousset ; D. 2008. 1015, obs. Péchillon ; RSC 2008. 404, chron. Poncela*.

7. Décès d'origine cardiaque. Le juge administratif, saisi par un détenu ou, en cas de décès, par ses ayants droit, d'un recours indemnitaire dirigé contre l'État et tendant à la réparation d'un dommage imputé à une carence fautive dans le suivi médical de l'intéressé à l'intérieur de l'établissement pénitentiaire, ne peut sans erreur de droit rejeter ces conclusions comme étant mal dirigées. Il appartient à l'État, s'il s'y croit fondé, d'appeler en garantie l'établissement public hospitalier dont relève l'unité de consultations et de soins ambulatoires dont la faute a pu causer le dommage ou y concourir. • CE 4 juin 2014, n° 359244 : *AJDA 2014. 2377, obs. Pouillaude*.

8. Compétence. La compétence pour examiner la responsabilité d'une personne privée intervenant dans un établissement à gestion déléguée en cas de décès d'un détenu relève du juge administratif. • T. confl. 11 juin 2012, n° C3849 : *AJ pénal 2012. 496, obs. Péchillon*.

SECTION VII. *De la santé*

Art. 45 (*Abrogé par Ord. nº 2022-478 du 30 mars 2022, art. 7, à compter du 1er mai 2022*) *L'administration pénitentiaire respecte le droit au secret médical des personnes détenues ainsi que le secret de la consultation, dans le respect des troisième et quatrième alinéas de l'article L. 6141-5 du code de la santé publique.*

Art. 46 (*Abrogé par Ord. nº 2022-478 du 30 mars 2022, art. 7, à compter du 1er mai 2022*) *La prise en charge de la santé des personnes détenues est assurée par* (*Ord. nº 2010-177 du 23 févr. 2010, art. 3*) *« les établissements de santé exerçant la mission de service public définie au 12º de l'article L. 6112-1 du code de la santé publique dans les conditions prévues par ce code ».*

La qualité et la continuité des soins sont garanties aux personnes détenues dans des conditions équivalentes à celles dont bénéficie l'ensemble de la population.

Un protocole signé par le directeur général de l'agence régionale de santé, le directeur interrégional des services pénitentiaires, le chef de l'établissement pénitentiaire et le directeur de l'établissement de santé concerné définit les conditions dans lesquelles est assurée l'intervention des professionnels de santé appelés à intervenir en urgence dans les établissements pénitentiaires, afin de garantir aux personnes détenues un accès aux soins d'urgence dans des conditions équivalentes à celles dont bénéficie l'ensemble de la population. L'état psychologique des personnes détenues est pris en compte lors de leur incarcération et pendant leur détention. L'administration pénitentiaire favorise la coordination des différents intervenants agissant pour la prévention et l'éducation sanitaires.

Elle assure un hébergement, un accès à l'hygiène, une alimentation et une cohabitation propices à la prévention des affections physiologiques ou psychologiques.

Art. 47 (*Abrogé par Ord. nº 2022-478 du 30 mars 2022, art. 7, à compter du 1er mai 2022*) *Une prise en charge sanitaire adaptée à leurs besoins doit être assurée aux femmes détenues, qu'elles soient accueillies dans un quartier pour femmes détenues ou dans un établissement dédié.*

Art. 48 (*Abrogé par Ord. nº 2022-478 du 30 mars 2022, art. 7, à compter du 1er mai 2022*) *Ne peuvent être demandés aux médecins et aux personnels soignants intervenant en milieu carcéral ni un acte dénué de lien avec les soins ou avec la préservation de la santé des personnes détenues, ni une expertise médicale.*

En prévoyant qu'un représentant de l'équipe soignante intervenant dans l'établissement pénitentiaire assiste, en fonction de l'ordre du jour, aux commissions pluridisciplinaires prévues par les art. D. 90 et D. 514, le pouvoir réglementaire n'a pas prévu que pourrait être demandé aux médecins et aux personnels soignants un acte dénué de lien avec les soins ou avec la préservation de la santé des personnes détenues ou une expertise médicale. • CE 22 oct. 2014, *Section française de l'OIP : AJ pénal 2014. 595, obs. Péchillon ; RPDP 2014. 891, obs. Péchillon.*

Art. 49 (*Abrogé par Ord. nº 2022-478 du 30 mars 2022, art. 7, à compter du 1er mai 2022*) *Doivent être titulaires d'un permis de visite les autorisant à s'entretenir avec les personnes détenues, hors de la présence du personnel pénitentiaire :*

1º Les personnes bénévoles intervenant auprès des personnes malades en fin de vie, visées à l'article L. 1110-11 du code de la santé publique ;

2º Les personnes majeures accompagnant les personnes malades mineures, visées à l'article L. 1111-5 du même code ;

3º Les personnes de confiance accompagnant et assistant les personnes malades, visées à l'article L. 1111-6 du même code ;

4º Les personnes présentes lors de la consultation des informations du dossier médical des personnes malades, visées à l'article L. 1111-7 du même code ;

5º Les personnes, visées au troisième alinéa de l'article L. 2212-7 du même code, accompagnant les détenues mineures à l'occasion d'une interruption volontaire de grossesse.

Art. 50 (*Abrogé par Ord. nº 2022-478 du 30 mars 2022, art. 7, à compter du 1er mai 2022*) *Toute personne détenue se trouvant dans la situation de handicap prévue par l'article L. 1111-6-1 du code de la santé publique a le droit de désigner un aidant de son choix. L'administration pénitentiaire peut s'opposer au choix de l'aidant par une décision spécialement motivée.*

Art. 51 (*Abrogé par Ord. nº 2022-478 du 30 mars 2022, art. 7, à compter du 1er mai 2022*) *Il est proposé à la personne détenue, lors de son incarcération, un bilan de santé relatif à sa consommation de produits stupéfiants, d'alcool et de tabac. Ce bilan, effectué à titre préventif, dans un but de santé publique et dans l'intérêt du patient, reste confidentiel.*

Art. 52 *(Abrogé par Ord. n° 2022-478 du 30 mars 2022, art. 7, à compter du 1er mai 2022) Tout accouchement ou examen gynécologique doit se dérouler sans entraves et hors la présence du personnel pénitentiaire, afin de garantir le droit au respect de la dignité des femmes détenues.*

Art. 53 *(Abrogé par Ord. n° 2022-478 du 30 mars 2022, art. 7, à compter du 1er mai 2022) Une visite médicale est proposée à toute personne condamnée dans le mois précédant sa libération.*

Art. 54 *(Abrogé par Ord. n° 2022-478 du 30 mars 2022, art. 7, à compter du 1er mai 2022) Dans un délai de deux ans à compter de la promulgation de la présente loi, un dossier médical électronique unique est constitué pour chaque personne détenue.*

BIBL. ► DJEATSA FOUEMATIO, *RPDP 2013. 93* (les droits du malade incarcéré avant et après la loi pénitentiaire).

....

SECTION VIII. *De la surveillance*

Art. 57 *(Abrogé par Ord. n° 2022-478 du 30 mars 2022, art. 7, à compter du 1er mai 2022) (L. n° 2019-222 du 23 mars 2019, art. 92) « Hors les cas où les personnes détenues accèdent à l'établissement sans être restées sous la surveillance constante de l'administration pénitentiaire ou des forces de police ou de gendarmerie, les fouilles intégrales des personnes détenues doivent être justifiées par la présomption d'une infraction ou par les risques que leur comportement fait courir » à la sécurité des personnes et au maintien du bon ordre dans l'établissement. Leur nature et leur fréquence sont strictement adaptées à ces nécessités et à la personnalité des personnes détenues. (L. n° 2019-222 du 23 mars 2019, art. 92) « Elles peuvent être réalisées de façon systématique lorsque les nécessités de l'ordre public et les contraintes du service public pénitentiaire l'imposent. Dans ce cas, le chef d'établissement doit prendre une décision pour une durée maximale de trois mois renouvelable après un nouvel examen de la situation de la personne détenue. »*

(L. n° 2016-731 du 3 juin 2016, art. 111) « Lorsqu'il existe des raisons sérieuses de soupçonner l'introduction au sein de l'établissement pénitentiaire d'objets ou de substances interdits ou constituant une menace pour la sécurité des personnes ou des biens, le chef d'établissement peut également ordonner des fouilles (L. n° 2019-222 du 23 mars 2019, art. 92) « de personnes détenues dans des lieux et pour une période de temps déterminés, indépendamment de leur personnalité. » Ces fouilles doivent être strictement nécessaires et proportionnées. Elles sont spécialement motivées et font l'objet d'un rapport circonstancié transmis au procureur de la République territorialement compétent et à la direction de l'administration pénitentiaire. »

Les fouilles intégrales ne sont possibles que si les fouilles par palpation ou l'utilisation des moyens de détection électronique sont insuffisantes.

Les investigations corporelles internes sont proscrites, sauf impératif spécialement motivé. Elles ne peuvent alors être réalisées que par un médecin n'exerçant pas au sein de l'établissement pénitentiaire et requis à cet effet par l'autorité judiciaire.

1. La note de service par laquelle un directeur de maison d'arrêt prévoit des fouilles intégrales à l'issue des parloirs doit être modifiée afin d'en permettre la modulation en fonction de la personnalité des détenus. • CE 6 juin 2013, n° 368816 P : *D. actu. 17 juin 2013, obs. Léna ; AJDA 2013. 1191 ; AJ pénal 2013. 497, obs. Péchillon.*

2. L'exigence de proportionnalité des modalités selon lesquelles les fouilles intégrales sont organisées implique qu'elles soient strictement adaptées non seulement aux objectifs qu'elles poursuivent mais aussi à la personnalité des personnes détenues qu'elles concernent ; à cette fin, il appartient au chef d'établissement de tenir compte, dans toute la mesure du possible, du comportement du détenu, de ses agissements antérieurs ainsi que des circonstances de ses contacts avec des tiers. • CE 6 juin 2013, n° 368875 : *D. actu. 17 juin 2013, obs. Léna ; D. 2013. 1478 ; AJDA 2013. 1191 ; AJ pénal 2013. 497, obs. Péchillon.* ♦ Il appartient à l'administration pénitentiaire de veiller, d'une part, à ce que les fouilles corporelles soient, eu égard à leur caractère subsidiaire, nécessaires et proportionnées et, d'autre part, à ce que les conditions dans lesquelles elles sont effectuées ne soient pas, par elles-mêmes, attentatoires à la dignité de la personne. • CE 30 janv. 2019, n° 416999 : *AJ pénal 2019. 221, obs. Otero.*

3. La note de service par laquelle une directrice de centre pénitentiaire prévoit des fouilles intégrales à l'issue des parloirs familles doit être suspendue. • CE 26 sept. 2012, n° 359479 : *D. actu. 5 oct. 2012, obs. Poupeau ; D. 2013. 1305, obs. Péchillon ; AJDA 2012. 1826 ; AJ pénal 2012. 558 ; RPDP 2012. 935, obs. Péchillon.*

4. Est justifiée la décision individuelle de fouille intégrale d'une personne détenue à l'issue d'un parloir, fondée sur une présomption d'entrée en détention de substances prohibées, en l'espèce des stupéfiants, cette mesure, mise en œuvre par le chef d'établissement pour prévenir les risques d'atteinte à la sécurité des personnes et pour le maintien du bon ordre dans l'établissement, étant individualisée, adaptée aux circonstances et réalisée de manière régulière par des agents de l'administration pénitentiaire habilités. • Crim. 3 mai 2018, n° 17-83.225 P : *D. actu. 3 mai 2018, obs. Azoulay ; AJ pénal 2018. 377, obs. H-Evans ; Dr. pénal 2018, n° 115, obs. Maron et Haas.*

5. Si un détenu invoque un régime de fouilles intégrales illégales mais ne peut produire les documents de l'administration pénitentiaire établissant ce régime, le juge administratif doit user de ses pouvoirs inquisitoriaux pour lui demander de les produire. • CE 3 oct. 2018, n° 413989 : *AJ pénal 2018. 533, obs. H.-Evans*

Art. 58 *(Abrogé par Ord. n° 2022-478 du 30 mars 2022, art. 7, à compter du 1er mai 2022) Des caméras de surveillance peuvent être installées dans les espaces collectifs présentant un risque d'atteinte à l'intégrité physique des personnes au sein des établissements pénitentiaires. Cette faculté constitue une obligation pour l'ensemble des établissements pénitentiaires dont l'ouverture est postérieure à l'entrée en vigueur de la présente loi.*

Art. 58-1 *(Abrogé par Ord. n° 2022-478 du 30 mars 2022, art. 7, à compter du 1er mai 2022) (L. n° 2016-987 du 21 juill. 2016, art. 9) La direction de l'administration pénitentiaire peut mettre en œuvre des traitements de données à caractère personnel relatifs aux systèmes de vidéosurveillance de cellules de détention au sein des établissements pénitentiaires.*

Ces traitements ont pour finalité le contrôle sous vidéosurveillance des cellules de détention dans lesquelles sont affectées les personnes placées sous main de justice, faisant l'objet d'une mesure d'isolement, dont l'évasion ou le suicide pourraient avoir un impact important sur l'ordre public eu égard aux circonstances particulières à l'origine de leur incarcération et à l'impact de celles-ci sur l'opinion publique.

Ces traitements garantissent la sécurité au sein de l'établissement en cas de risque d'évasion et celle de la personne placée dans l'éventualité d'un risque de passage à l'acte suicidaire.

Ces traitements ne peuvent concerner que les cellules de détention hébergeant des personnes placées en détention provisoire, faisant l'objet d'un mandat de dépôt criminel. Ils ne peuvent être mis en œuvre qu'à titre exceptionnel.

La personne détenue est informée du projet de la décision de placement sous vidéosurveillance et dispose de la faculté de produire des observations écrites et orales, dans le cadre d'une procédure contradictoire. A cette occasion, la personne détenue peut être assistée d'un avocat.

En cas d'urgence, le garde des sceaux, ministre de la justice, peut décider du placement provisoire sous vidéosurveillance de la personne détenue si la mesure est l'unique moyen d'éviter l'évasion ou le suicide de l'intéressé. Le placement provisoire ne peut excéder cinq jours. Au-delà de cette durée, si aucune décision de placement sous vidéosurveillance, prise dans les conditions ci-dessus décrites, n'est intervenue, il est mis fin à la mesure de vidéosurveillance. La durée du placement provisoire s'impute sur la durée totale de la mesure de vidéosurveillance.

Le placement de la personne détenue sous vidéosurveillance fait l'objet d'une décision spécialement motivée prise par le garde des sceaux, ministre de la justice, pour une durée de trois mois, renouvelable. Cette décision est notifiée à la personne détenue.

L'avis écrit du médecin intervenant dans l'établissement peut être recueilli à tout moment, notamment avant toute décision de renouvellement de la mesure.

Le système de vidéosurveillance permet un contrôle en temps réel de l'intéressé. Un pare-vue fixé dans la cellule garantit l'intimité de la personne tout en permettant la restitution d'images opacifiées. L'emplacement des caméras est visible.

Est enregistré dans ces traitements l'ensemble des séquences vidéo provenant de la vidéosurveillance des cellules concernées.

Il n'y a ni transmission ni enregistrement sonore.

Aucun dispositif biométrique n'est couplé avec ces traitements de vidéosurveillance.

Les images enregistrées faisant l'objet de ces traitements sont conservées sur support numérique pendant un délai d'un mois.

S'il existe des raisons sérieuses de penser que la personne détenue présente des risques de passage à l'acte suicidaire ou d'évasion, le chef d'établissement ou son représentant peut consulter les données de la vidéosurveillance pendant un délai de sept jours à compter de l'enregistrement. Au-delà de ce délai de sept jours, les données ne peuvent être visionnées que dans le cadre d'une enquête judiciaire ou administrative.

Au terme du délai d'un mois, les données qui n'ont pas fait l'objet d'une transmission à l'autorité judiciaire ou d'une enquête administrative sont effacées.

Les personnes ou catégories de personnes qui, à raison de leurs fonctions ou pour les besoins du service, ont accès aux données à caractère personnel susmentionnées sont :

1° Les agents de l'administration pénitentiaire individuellement désignés et dûment habilités par le chef d'établissement pour les données visionnées en temps réel ;

2° Le chef d'établissement ou son représentant pour la consultation, dans le délai de sept jours, des données enregistrées ;

3° Le correspondant local informatique individuellement désigné et dûment habilité par le chef d'établissement.

Le droit d'opposition prévu à l'article 38 de la loi n° 78-17 du 6 janvier 1978 relative à l'informatique, aux fichiers et aux libertés ne s'applique pas aux traitements susmentionnés.

Les droits d'accès et de rectification prévus aux articles 39 et 40 de la loi n° 78-17 du 6 janvier 1978 précitée s'exercent auprès du chef d'établissement de l'administration pénitentiaire où sont mis en œuvre les traitements de vidéosurveillance.

Une affiche apposée à l'entrée de la cellule équipée d'un système de vidéosurveillance informe de l'existence dudit système ainsi que des modalités d'accès et de rectification des données recueillies.

Le traitement fait l'objet d'une journalisation concernant les consultations, les créations et les mises à jour. Ces journalisations sont conservées pour une durée de trois mois. Le traitement fait l'objet d'une journalisation des extractions des séquences vidéo enregistrées. Cette journalisation est conservée pour une durée d'un an.

L'atteinte au droit à la vie privée du requérant résultant de son placement sous vidéosurveillance continue est proportionnée aux buts poursuivis, à savoir l'obligation de l'administration pénitentiaire de prévenir toute tentative d'évasion ou de suicide de l'intéressé. • CE 28 juill. 2016, n° 401800 : *AJ pénal 2016. 502, obs. Aubert ; D. 2017. Pan. 1274, obs. H-Evans*.

SECTION IX. *Des mineurs détenus*

Art. 59 *(Abrogé par Ord. n° 2022-478 du 30 mars 2022, art. 7, à compter du 1er mai 2022) L'administration pénitentiaire garantit aux mineurs détenus le respect des droits fondamentaux reconnus à l'enfant.*

Art. 60 Les mineurs détenus, lorsqu'ils ne sont pas soumis à l'obligation scolaire, sont tenus de suivre une activité à caractère éducatif.

Art. 61 Les modalités d'application du présent chapitre sont fixées par décret en Conseil d'État.

....

CHAPITRE PREMIER DE L'EXÉCUTION DE LA DÉTENTION PROVISOIRE

RÉP. PÉN. v^is *Prison (organisation générale)*, par CÉRÉ ; *Détention provisoire*, par GUÉRY.

Art. 714 *(Ord. n° 2022-478 du 30 mars 2022, art. 6, en vigueur le 1er mai 2022)* **Les personnes mises en examen, prévenues et accusées soumises à la détention provisoire la subissent dans une maison d'arrêt ou un établissement pour peines, dans les conditions prévues par les dispositions des articles L. 112-3, L. 211-1 et L. 211-2 du code pénitentiaire.**

Ancien art. 714 *(L. n° 93-2 du 4 janv. 1993) « Les personnes mises en examen », prévenus et accusés soumis à la détention provisoire la subissent dans une maison d'arrêt.*

Il y a une maison d'arrêt près de chaque tribunal judiciaire, de chaque cour d'appel et de chaque cour d'assises, sauf auprès des tribunaux et des cours qui sont désignés par décret. Dans ce dernier cas, le décret détermine la ou les maisons d'arrêt où sont retenus les prévenus, appelants ou accusés ressortissant à chacune de ces juridictions. » – Pr. pén. C. 827.

(L. n° 2019-222 du 23 mars 2019, art. 88) « A titre exceptionnel, au regard de leur personnalité ou de leur comportement, les personnes mentionnées au premier alinéa peuvent être incarcérées dans un établissement pour peines lorsque cette décision apparaît nécessaire à la prévention des évasions ou au maintien de la sécurité et du bon ordre des établissements pénitentiaires. »

(L. n° 2021-1729 du 22 déc. 2021, art. 17) « A titre exceptionnel, les personnes mentionnées au même premier alinéa ayant interjeté appel ou formé un pourvoi en cassation contre leur condamnation peuvent être incarcérées dans un établissement pour peines lorsque cet établisse-

ment offre des conditions de détention plus satisfaisantes eu égard à la capacité d'accueil de la maison d'arrêt où ces personnes doivent être détenues en application du deuxième alinéa. »

(L. n° 2019-222 du 23 mars 2019, art. 88) ***« Les prévenus peuvent également être affectés dans un établissement pour peines au sein d'un quartier spécifique, dans les conditions prévues à l'article 726-2. »***

TOM : 868.

Art. 715 Le juge d'instruction, le président de la chambre de l'instruction et le président de la cour d'assises, ainsi que le procureur de la République et le procureur général, peuvent donner tous les ordres nécessaires soit pour l'instruction, soit pour le jugement, qui devront être exécutés dans les maisons d'arrêt. — *Pr. pén. C. 827.*

Si le pouvoir réglementaire était compétent pour organiser une mesure d'isolement, y compris dans le cas où celle-ci procède des ordres donnés par l'autorité judiciaire en vertu de l'art. 715, il ne pouvait lui-même en prévoir l'application tant que le législateur n'était pas intervenu préalablement pour organiser, dans son champ de compétence relatif à la procédure pénale, une voie de recours effective, conformément aux stipulations de l'art. 13 Conv. EDH. Par suite, en l'absence de la possibilité d'exercer un tel recours, le pouvoir réglementaire ne pouvait légalement édicter l'al. 4 de l'art. D. 56-1, qui soumet le détenu au régime de l'isolement sur ordre du magistrat saisi du dossier de l'information. • CE 31 oct. 2008 : *RFDA 2009. 73, concl. Guyomar ; AJDA 2008. 2389, note Geffray et Liéber ; AJ pénal 2008. 500, obs. Péchillon ; D. 2009. 134, note Herzog-Evans ; ibid. 1918, obs. Gouttenoire.*

Art. 715-1 *(Ord. n° 2022-478 du 30 mars 2022, art. 6, en vigueur le 1er mai 2022)* **Conformément aux dispositions de l'article L. 313-3 du code pénitentiaire, toutes communications et toutes facilités compatibles avec les exigences de la sécurité de l'établissement pénitentiaire sont accordées aux personnes mises en examen, prévenues et accusées pour l'exercice de leur défense.**

Art. 716 *(Ord. n° 2022-478 du 30 mars 2022, art. 6, en vigueur le 1er mai 2022)* **Conformément aux dispositions de l'article L. 213-2 du code pénitentiaire, les personnes mises en examen, prévenues et accusées soumises à la détention provisoire sont placées en cellule individuelle, sauf dans les cas prévus par les dispositions de l'article L. 213-5 du même code.**

Ancien art. 716 *(L. n° 2009-1436 du 24 nov. 2009, art. 87-II)* ***Les personnes mises en examen, prévenus et accusés soumis à la détention provisoire sont placés en cellule individuelle. Il ne peut être dérogé à ce principe que dans les cas suivants :***

1° Si les intéressés en font la demande ;

2° Si leur personnalité justifie, dans leur intérêt, qu'ils ne soient pas laissés seuls ;

3° S'ils ont été autorisés à travailler ou à suivre une formation professionnelle ou scolaire et que les nécessités d'organisation l'imposent.

Lorsque les personnes mises en examen, prévenus et accusés sont placés en cellule collective, les cellules doivent être adaptées au nombre des personnes détenues qui y sont hébergées. Celles-ci doivent être aptes à cohabiter. Leur sécurité et leur dignité doivent être assurées.

En application des Décr. n°s 2014-1277 et 2014-1279 du 23 oct. 2014 relatifs aux exceptions à l'application du principe « silence vaut acceptation » (L. n° 2000-321 du 12 avr. 2000, art. 21, I et II), le silence gardé pendant deux mois par l'administration vaut décision de rejet pour les demandes relatives à l'encellulement individuel.

BIBL. ▶ PONCELA, *RSC 2008. 972* (la crise du logement pénitentiaire).

1. Validité de la réglementation sur l'encellulement individuel. Les dispositions attaquées se sont bornées à définir des modalités propres à permettre aux détenus concernés de bénéficier d'un encellulement individuel à compter du 13 juin 2008, tout en tenant compte des contraintes résultant de la situation des établissements pénitentiaires. En fait, seule l'adoption de mesures d'adaptation particulières est de nature à rendre le droit au bénéfice de l'encellulement individuel effectif, malgré la diversité des situations dans lesquelles se trouvent les personnes incarcérées et les établissements pénitentiaires eux-mêmes. En outre, le droit reconnu au profit des personnes mentionnées à l'art. 716 à être placées sous le régime de l'encellulement individuel n'a pas un caractère absolu – cet art., qui prévoit au demeurant des cas de dérogation, n'impliquant pas nécessairement qu'il soit satisfait à ce droit dans la maison d'arrêt où se trouve le détenu qui demande à en bénéficier. • CE 29 mars 2010, n° 319043 : *RPDP 2010. 456, obs. Céré.*

2. V. notes ss. art. D. 349.

Art. 716-1 A *(Abrogé par Ord. nº 2022-478 du 30 mars 2022, art. 6, à compter du 1er mai 2022) (L. nº 2016-987 du 21 juill. 2016, art. 9)* ***Les personnes mises en examen, prévenues et accusées soumises à la détention provisoire, faisant l'objet d'un mandat de dépôt criminel et d'une mesure d'isolement, dont l'évasion ou le suicide pourraient avoir un impact important sur l'ordre public eu égard aux circonstances particulières à l'origine de leur incarcération et à l'impact de celles-ci sur l'opinion publique, peuvent faire l'objet des mesures de vidéosurveillance prévues à l'article 58-1 de la loi nº 2009-1436 du 24 novembre 2009 pénitentiaire.***

CHAPITRE II DE L'EXÉCUTION DES PEINES PRIVATIVES DE LIBERTÉ

RÉP. PÉN. vis *Prison (organisation générale)*, par CÉRÉ ; *Prison (normes européennes)*, par CÉRÉ.

BIBL. ▶ CÉRÉ, *RSC 1999. 874* (prospective sur la répartition juridictionnelle des compétences en droit de l'exécution des peines) ; *D. 2001. 2335* (art. 3 Conv. EDH et détention prolongée d'une personne âgée et malade) ; *ibid. 2002. Chron. 3224* (la loi du 9 sept. 2002 et l'amélioration du fonctionnement et de la sécurité des établissements pénitentiaires). – CÉRÉ, HERZOG-EVANS et PÉCHILLON, *D. 2001. Chron. 562.* – CHOLET, *AJ pénal 2014. 567* (nouvelles prisons : quel bilan ?). – HERZOG-EVANS, *LPA 2000, nos 169 et 170* (la loi présomption d'innocence et l'exécution des peines). – MAIL-FOUILLEUL, *Dr. pénal 2001. Chron. 7* (les droits de la défense et le juge de l'application des peines). – PONCELA, *RSC 2000. 887* (quelques remarques sur la loi du 15 juin 2000). – SCHMITZ, *RFDA 2015. 148* (la constitution, la loi, le règlement et l'exécution des peines de détention).

▶ **Dossiers :** *AJ pénal 2011. 387* s. (emprisonnement : prononcé, incidences). – *Gaz. Pal. 8-9 févr. 2013. 4 s.* (les conditions de détention).

SECTION PREMIÈRE DISPOSITIONS GÉNÉRALES *(L. nº 97-1159 du 19 déc. 1997).*

Art. 716-1 *(L. nº 92-1336 du 16 déc. 1992)* **La peine d'un jour d'emprisonnement est de vingt-quatre heures. Celle d'un mois est de trente jours. Celle de plus d'un mois se calcule de quantième en quantième.**

Art. 716-2 *(L. nº 92-1336 du 16 déc. 1992, en vigueur le 1er mars 1994)* **La durée de toute peine privative de liberté est** *(L. nº 2004-204 du 9 mars 2004, art. 164, en vigueur le 1er janv. 2005)* **« comptée » du jour où le condamné est détenu en vertu d'une condamnation définitive.**

Art. 716-3 *(L. nº 92-1336 du 16 déc. 1992)* **Le condamné dont l'incarcération devrait prendre fin un jour de fête légale ou un dimanche sera libéré le jour ouvrable précédent.**

Art. 716-4 *(L. nº 92-1336 du 16 déc. 1992)* **Quand il y a eu détention provisoire à quelque stade que ce soit de la procédure, cette détention est intégralement déduite de la durée de la peine prononcée ou, s'il y a lieu, de la durée totale de la peine à subir après confusion.** *(L. nº 2000-516 du 15 juin 2000, art. 69, en vigueur le 1er janv. 2001)* **« Il en est de même, s'agissant d'une détention provisoire ordonnée dans le cadre d'une procédure suivie pour les mêmes faits que ceux ayant donné lieu à condamnation, si cette procédure a été ultérieurement annulée. »**

Les dispositions de l'alinéa précédent sont également applicables à la privation de liberté subie en exécution d'un mandat d'amener ou d'arrêt, à l'incarcération subie hors de France *(L. nº 2004-204 du 9 mars 2004, art. 18-III)* **« en exécution d'un mandat d'arrêt européen ou » sur la demande d'extradition et à l'incarcération subie en application** *(L. nº 2004-204 du 9 mars 2004, art. 183-XIII, en vigueur le 1er janv. 2005)* **« du** *(L. nº 2007-297 du 5 mars 2007, art. 71)* **« septième » alinéa de l'article 712-17** *(L. nº 2005-1549 du 12 déc. 2005, art. 39)* **« , de l'article 712-19 »** (L. nº 2013-711 du *5 août 2013, art. 24)* **« , de l'article 728-67 » et de l'article 747-3 ».**

(L. nº 2016-731 du 3 juin 2016, art. 12) **« Quand il y a eu détention provisoire à quelque stade que ce soit de la procédure, cette détention est également intégralement déduite de la durée de la période de sûreté dont la peine est, le cas échéant, accompagnée nonobstant l'exécution simultanée d'autres peines d'emprisonnement. »**

1. Extradition. Pour l'application de l'art. 716-4, al. 2, seule doit s'imputer sur la peine prononcée la détention subie hors de France en exécution de la demande d'extradition, à l'exclusion de l'incarcération qui pourrait être subie en vertu d'une condamnation prononcée par les autorités judiciaires étrangères. • Crim. 24 oct. 1995 : *Gaz. Pal. 1996. 2. 48.* ♦ Un individu condamné en Suisse à une peine de 11 ans de réclusion criminelle est remis temporairement à la France, du 10 mai au 20 sept. 1995, pour y être jugé et, durant cette période, incarcéré sur le territoire français pour le compte des autorités helvétiques. Après avoir été condamné en France à une peine de 20 ans de réclusion criminelle, il est remis à la Suisse puis finalement retransféré en France aux fins de purger la peine prononcée à son encontre par les autorités étrangères, en application de la Convention européenne sur le transfèrement des personnes condamnées. L'exécution de la peine suisse ayant suspendu l'exécution de la peine française, l'intéressé ne pouvant purger simultanément les deux peines, il ne pouvait prétendre que la peine de 20 ans de réclusion criminelle prononcée en France avait commencé à s'exécuter le 10 mai 1995, jour de son placement en détention provisoire en vertu de l'ordonnance de prise de corps, alors qu'il purgeait la peine prononcée à son encontre par la Suisse. • Crim. 7 févr. 2007, n° 06-84.852 P : *AJ pénal 2007. 194, obs. Herzog-Evans* ; *Dr. pénal 2008. Chron. 22, obs. Garçon.*

2. Réduction de peine. La période passée à l'étranger sous le régime de l'écrou extraditionnel ouvre droit à réductions de peine. • Agen, 11 janv. 2007, n° 06/00430/E : *AJ pénal 2007. 145, obs. Herzog-Evans* .

3. Détention provisoire subie à l'étranger. L'art. 716-4 n'exclut pas de son domaine d'application la détention provisoire subie à l'étranger pour des faits jugés en France, mais prévoit au contraire, en termes généraux, que quand il y a eu détention provisoire à quelque stade que ce soit de la procédure, cette détention est intégralement déduite de la durée de la peine prononcée. • Crim. 5 oct. 2011 : *D. 2011. 2811, note Maziau* ; *AJ pénal 2012. 356, obs. Herzog-Evans* . ♦ Il se déduit de l'art. 716-4 que la détention provisoire subie à l'étranger pour des faits jugés en France est intégralement déduite de la durée de la peine prononcée. • Crim. 13 mars 2013 : *D. actu. 15 avr. 2013, obs. Fucini* ; *AJ pénal 2013. 425, obs. Lassere Capdeville* ; *Dr. pénal 2013, n° 84, note Peltier.*

4. Mesure assimilable à la détention provisoire. Une mesure de couvre-feu avec surveillance électronique, assortie de plusieurs obligations, exécutée sur le sol britannique en exécution d'un mandat d'arrêt européen émis par la France avant la remise des personnes demandées, peut être assimilée à une assignation à résidence avec surveillance électronique et déduite de la durée de l'incarcération restant à subir en France. • Crim. 17 mars 2021, n° 20-84.365 P : *D. actu. 12 avr. 2021, obs. Recotillet.*

5. Si l'art. 716-4 n'exclut pas de son domaine d'application une détention subie à l'étranger, pourvu qu'elle soit assimilable à une détention provisoire au sens du C. pr. pén., encore faut-il que cette détention ait été ordonnée dans le cadre d'une procédure suivie à l'étranger pour tout ou partie des faits jugés ultérieurement en France ; or l'audition d'un mis en cause par des représentants des autorités françaises lors de sa détention en Afghanistan ne permettait pas de caractériser l'existence, dès ce stade, d'une telle procédure. • Crim. 9 nov. 2021, n° 20-84.394 B : *AJ pénal 2022. 46, obs. Clément* .

6. Exécution simultanée d'une autre peine. Aux termes de l'art. 716-4, la détention provisoire est intégralement déduite de la durée de la peine prononcée, cette déduction ne s'étend pas à la période pendant laquelle le détenu exécutait simultanément une peine d'emprisonnement résultant d'une autre condamnation. • Crim. 14 févr. 2012, n° 11-84.397 P : *D. actu. 20 mars 2012, obs. Léna* ; *D. 2012. Actu. 743* .

7. Exécution simultanée de deux mandats de dépôt. Aux termes de l'art. 716-4, quand il y a eu détention provisoire à quelque stade que ce soit de la procédure, cette détention est intégralement déduite de la durée de la peine prononcée ou, s'il y a lieu, de la durée totale de la peine à subir après confusion ; dès lors, doivent intégralement être déduites de la première peine exécutée les deux périodes de détention provisoire relatives à deux procédures différentes, se chevauchant pour partie, alors même que la seconde instruction est toujours en cours. • Crim. 11 janv. 2017, n° 16-81.133 P : *D. actu. 22 févr. 2017, obs. André* ; *AJ pénal 2017. 193, obs. H.-Evans* ; *Dr. pénal 2017. Étude 14, par Griffon-Yarza.*

Art. 716-5 *(L. n° 2009-1436 du 24 nov. 2009, art. 95-II)* **« Afin d'assurer l'exécution d'une peine d'emprisonnement ou de réclusion, le procureur de la République et le procureur général peuvent autoriser les agents de la force publique à pénétrer au domicile de la personne condamnée afin de se saisir de celle-ci. Cependant, les agents ne peuvent s'introduire au domicile de la personne avant 6 heures et après 21 heures. »**

(L. n° 2004-204 du 9 mars 2004, art. 189, en vigueur le 1er janv. 2005) **Toute personne arrêtée en vertu d'un extrait de jugement ou d'arrêt portant condamnation à une peine d'emprisonnement ou de réclusion peut être retenue vingt-quatre heures dans un local de police ou de gendarmerie, aux fins de vérifications de son identité, de sa situation pénale ou de sa situation personnelle.**

Le procureur de la République *(L. n° 2009-1436 du 24 nov. 2009, art. 95-II)* **« , ou le procureur général, » en est informé dès le début de la mesure.**

La personne arrêtée est immédiatement avisée par l'officier de police judiciaire qu'elle peut exercer les droits prévus par les articles 63-2, 63-3 et 63-4 *(Abrogé par L. n° 2011-392 du 14 avr. 2011, à compter du 1er juin 2011)* ***« (premier et deuxième alinéa) ».***

Lorsque, à l'issue de la mesure, le procureur de la République *(L. n° 2009-1436 du 24 nov. 2009, art. 95-II)* **« , ou le procureur général, » envisage de ramener la peine à exécution, il peut ordonner que la personne soit conduite devant lui. Après avoir recueilli les observations éventuelles de la personne, le procureur de la République lui notifie s'il y a lieu le titre d'écrou.**

Le procureur de la République *(L. n° 2009-1436 du 24 nov. 2009, art. 95-II)* **« , ou le procureur général, » peut également demander à un officier ou un agent de police judiciaire d'aviser la personne qu'elle est convoquée devant le juge de l'application des peines, ou ordonner qu'elle soit conduite devant ce magistrat, lorsque celui-ci doit être saisi pour décider des modalités d'exécution de la peine.**

Sauf texte contraire, les mesures de rétention administrative ne s'imputent pas sur la garde à vue. • Crim. 23 juill. 2008 : *Dr. pénal 2009. Chron. 8, obs. Lesclous.*

Art. 717 *(Abrogé par Ord. n° 2022-478 du 30 mars 2022, art. 6, à compter du 1er mai 2022) (L. n° 2002-1138 du 9 sept. 2002, art. 50)* ***« Les condamnés purgent leur peine dans un établissement pour peines. »***

Les condamnés à l'emprisonnement d'une durée inférieure ou égale à *(L. n° 2009-1436 du 24 nov. 2009, art. 88)* ***« deux ans » peuvent, cependant, à titre exceptionnel, être maintenus en maison d'arrêt et incarcérés, dans ce cas, dans un quartier distinct, lorsque des conditions tenant à la préparation de leur libération, leur situation familiale ou leur personnalité le justifient. Peuvent également, dans les mêmes conditions, être affectés, à titre exceptionnel, en maison d'arrêt, les condamnés auxquels il reste à subir une peine d'une durée inférieure à un an.*** *(L. n° 2009-1436 du 24 nov. 2009, art. 88)* ***« Toute personne condamnée détenue en maison d'arrêt à laquelle il reste à subir une peine d'une durée supérieure à deux ans peut, à sa demande, obtenir son transfèrement dans un établissement pour peines dans un délai de neuf mois à compter du jour où sa condamnation est devenue définitive. Cependant, elle peut être maintenue en maison d'arrêt lorsqu'elle bénéficie d'un aménagement de peine ou est susceptible d'en bénéficier rapidement. »*** *(L. n° 2019-222 du 23 mars 2019, art. 88)* ***« Les condamnés peuvent également être affectés en maison d'arrêt au sein d'un quartier spécifique dans les conditions prévues à l'article 726-2. »***

S'agissant des dispositions d'urgence mises en place pour faire face à l'épidémie de covid-19, V. App., v° État d'urgence sanitaire.

Pour les reliquats de peine inférieurs à un an en centre pour peines aménagées, V. art. D. 72-1.

V. Circ. AP. 2003-03 PMJ4 du 18 avr. 2003, relative à la procédure d'orientation et aux décisions d'affectation des condamnés, BOMJ 2003, n° 90, p. 201 s.

En application des Décr. nos 2014-1277 et 2014-1279 du 23 oct. 2014 relatifs aux exceptions à l'application du principe « silence vaut acceptation » (L. n° 2000-321 du 12 avr. 2000, art. 21, I et II), le silence gardé pendant deux mois par l'administration vaut décision de rejet pour les demandes relatives au maintien en maison d'arrêt émanant d'une personne détenue condamnée et à l'affectation en établissement pour peine.

TOM : 804. — Mayotte : 877.

BIBL. ▶ PONCELA, *RSC 2014. 153* (les transfèrements sur la sellette).

I. TRANSFERT D'UN ÉTABLISSEMENT POUR PEINE VERS UNE MAISON D'ARRÊT

1. Eu égard à sa nature et à l'importance de ses effets sur la situation des détenus, une décision de changement d'affectation d'une maison centrale (établissement pour peines) à une maison d'arrêt constitue un acte administratif susceptible de faire l'objet d'un recours pour excès de pouvoir et non une mesure d'ordre intérieur. Il en va autrement des décisions d'affectation consécutives à une condamnation, des décisions de changement d'affectation d'une maison d'arrêt à un établissement pour peines ainsi que des décisions de changement d'affectation entre établissements de même nature, sous réserve que ne soient pas en cause des libertés et des droits fondamentaux des détenus. • CE, 6e sous-sect., 14 déc. 2007, n° 290730 : *D. 2008. AJ 90* ; *ibid. 2008. 820, note Herzog-Evans* ; *ibid. Pan.*

1017, obs. Céré ; RSC 2008. 404, obs. Poncela ; AJ pénal 2008. 100, obs. Péchillon ; AJDA 2007. 2404 ; ibid. 2008. 128 ; Dr. pénal 2008. Comm. 25, obs. Maron ; Procédures 2008, n° 61, obs. Deygas. • CE 9 avr. 2008 : *AJDA 2008. 1509 et 1827, note Costa ; RSC 2009. 431, chron. Poncela ; Gaz. Pal. 13 déc. 2008. 39, concl. Guyomar.*

2. Transfert provisoire. Si une décision de changement d'affectation d'un établissement pour peine à une maison d'arrêt constitue, en principe, eu égard à sa nature et à l'importance de ses effets sur la situation des détenus, un acte administratif susceptible de faire l'objet d'un recours pour excès de pouvoir, il en va autrement des décisions de transfert d'un établissement pour peine vers une maison d'arrêt qui sont prises à seule fin de permettre l'exécution d'une décision de changement d'affectation vers un autre établissement pour peine, sous réserve que ne soient pas en cause des libertés et des droits fondamentaux des détenus. • CE 13 nov. 2013, n° 355742 : *D. actu. 20 nov. 2013, obs. Poupeau.*

II. TRANSFERT ENTRE DEUX ÉTABLISSEMENTS DE MÊME NATURE

3. Principe : mesure d'ordre intérieur. Considérant que les décisions de changement d'affectation entre établissements de même nature ne constituent pas des mesures susceptibles de faire l'objet d'un recours pour excès de pouvoir, sous réserve que ne soient pas en cause des libertés et des droits fondamentaux des détenus ; que si certaines dispositions du code de procédure pénale s'appliquent distinctement au régime de détention des centres de détention et des maisons centrales, ces établissements pour peine doivent être regardés comme étant de même nature. • CE 3 juin 2009 : *AJDA 2009. 1132 ; AJ pénal 2009. 460 .* ♦ Les décisions de changement d'affectation entre établissements de même nature (centre de détention vers centre de détention) ne constituent pas des actes administratifs susceptibles de faire l'objet d'un recours pour excès de pouvoir, sous réserve que ne soient pas en cause des libertés et des droits fondamentaux des détenus. Les modifications apportées au code de procédure pénale par la loi du 24 novembre 2009 pénitentiaire ne sont pas de nature à remettre en cause ces principes. • CE 15 juill. 2010, n° 340313.

4. Exception : recours pour excès de pouvoir. Une décision de changement d'affectation d'une maison centrale proche du domicile de la famille du détenu à une maison centrale située à plus de 800 km de ce domicile ne constitue pas une mesure d'ordre intérieur dès lors que cette décision, rendant plus difficile l'exercice par le détenu de son droit à conserver une vie familiale en détention, est susceptible de porter atteinte à un droit fondamental de l'intéressé. Le détenu peut donc en demander la suspension au juge des référés. En l'espèce, si la décision n'est pas une mesure d'ordre intérieur, elle ne constitue pas pour autant une atteinte illégale au droit fondamental du détenu à une vie familiale dès lors qu'il ressort des pièces du dossier que son transfèrement a été motivé par la suspicion de son implication dans les préparatifs d'une évasion de la maison centrale où il était incarcéré et que cette décision n'a pas pour effet de rendre impossible toute visite de la famille. • CE 27 mai 2009 : *AJDA 2009. 1076 ; Gaz. Pal. 23 juin 2009. 12, concl. Guyomar.* ♦ Admission du recours pour excès de pouvoir pour un transfert d'un centre de détention vers un autre centre de détention, au nom du droit d'association du détenu. • TA Marseille, 27 janv. 2009, n° 0803333 : *RPDP 2009. 461, obs. Céré.*

5. Droits et libertés fondamentaux des détenus. L'objectif de réinsertion sociale n'est pas au nombre des droits et libertés fondamentaux des détenus (rejet du recours pour excès de pouvoir contre une décision de refus de transfert d'une personne vers un établissement pour peine de son département d'origine). • CE 13 nov. 2013, n° 338720 : *D. actu. 20 nov. 2013, obs. Poupeau ; AJDA 2013. 2287 ; RFDA 2014. 965, note Pollet-Panoussis .* ♦ Le requérant n'établit pas, du seul fait que sa mère, avec laquelle il n'entretenait que des relations épisodiques, réside encore à Mayotte et ne pourrait se déplacer en métropole, que le rejet de sa demande de transfert vers la maison d'arrêt de Majicavo porterait atteinte à son droit au respect de sa vie privée et familiale. • CAA Douai, 5 mars 2015 : *D. 2015. 1123, obs. Péchillon .*

6. Établissement pour peine de Casabianda. Le recours pour excès de pouvoir est recevable lorsque la nouvelle affectation s'accompagne d'une modification du régime de détention entraînant une aggravation des conditions de détention. Il en est ainsi lorsque le centre de détention au sein duquel avait été initialement affecté le détenu était le seul établissement pénitentiaire en France à pratiquer un mode de détention ouvert, ce transfert étant alors de nature à entraîner une aggravation des conditions de détention du requérant. • CE 13 nov. 2013, n° 355742 : *D. actu. 20 nov. 2013, obs. Poupeau.*

III. ROTATIONS DE SÉCURITÉ

7. La décision soumettant un détenu à des « rotations de sécurité », c'est-à-dire à des changements d'affectation fréquents d'un établissement à un autre sur décision de l'administration pénitentiaire afin de prévenir toute tentative d'évasion, revêt le caractère d'une décision administrative susceptible de recours pour excès de pouvoir. • CE, 6e sous-sect., 14 déc. 2007, n° 306432 : *D. 2008. AJ 90 ; ibid. 820, note Herzog-Evans ; ibid. 2008. Pan. 1018, obs.*

Péchillon ; RSC 2008. 404 s., obs. Poncela ; AJ pénal 2008. 100, obs. Péchillon ; AJDA 2007. 2404 ; ibid. 2008. 128 ; Dr. pénal 2008. Comm. 25, obs. Maron ; Procédures 2008, n° 61, obs. Deygas. – Sur l'annulation des « rotations de sécurité » pour incompétence du ministre, V. • CE 29 févr. 2008, n° 308145 : *AJ pénal 2008. 289, obs. Herzog-Evans .*

Art. 717-1 A *(L. n° 2008-174 du 25 févr. 2008, art. 1er-III)* **Dans l'année qui suit sa condamnation définitive, la personne condamnée à une peine de réclusion criminelle d'une durée égale ou supérieure à quinze ans pour l'une des infractions visées à l'article 706-53-13 est placée, pour une durée d'au moins six semaines, dans un service spécialisé permettant de déterminer les modalités de la prise en charge sociale et sanitaire au cours de l'exécution de sa peine. Au vu de cette évaluation, le juge de l'application des peines définit un parcours d'exécution de la peine individualisé. Si la personne souffre de troubles psychiatriques, sur indication médicale, elle fait l'objet d'une prise en charge adaptée à ses besoins, le cas échéant en hospitalisation.**

En application du Décr. n° 2014-1277 du 23 oct. 2014 relatif aux exceptions à l'application du principe « silence vaut acceptation » (L. n° 2000-321 du 12 avr. 2000, art. 21, II), le silence gardé pendant deux mois par l'administration vaut décision de rejet pour les demandes relatives au placement ou à l'admission en centre national d'évaluation.

Art. 717-1 *(Abrogé par Ord. n° 2022-478 du 30 mars 2022, art. 6, à compter du 1er mai 2022) « (L. n° 2009-1436 du 24 nov. 2009, art. 89-I)* ***« Dès leur accueil dans l'établissement pénitentiaire et à l'issue d'une période d'observation pluridisciplinaire, les personnes détenues font l'objet d'un bilan de personnalité. Un parcours d'exécution de la peine est élaboré par le chef d'établissement et le directeur du service pénitentiaire d'insertion et de probation pour les condamnés, en concertation avec ces derniers, dès que leur condamnation est devenue définitive. Le projet initial et ses modifications ultérieures sont portés à la connaissance du juge de l'application des peines. »***

« La répartition des condamnés dans les prisons établies pour peines s'effectue compte tenu de leur catégorie pénale, de leur âge, de leur état de santé et de leur personnalité. *(L. n° 2009-1436 du 24 nov. 2009, art. 89-I)* ***« Leur régime de détention est déterminé en prenant en compte leur personnalité, leur santé, leur dangerosité et leurs efforts en matière de réinsertion sociale. Le placement d'une personne détenue sous un régime de détention plus sévère ne saurait porter atteinte aux droits visés à l'article 22 de la loi n° 2009-1436 du 24 novembre 2009 pénitentiaire. »***

(L. n° 94-89 du 1er févr. 1994) **« Dans des conditions prévues par décret en Conseil d'État, les personnes condamnées** *(L. n° 2005-1549 du 12 déc. 2005, art. 8)* **« pour une infraction pour laquelle le suivi socio-judiciaire est encouru » exécutent leur peine dans des établissements pénitentiaires permettant d'assurer un suivi médical et psychologique adapté. »**

(L. n° 2005-1549 du 12 déc. 2005, art. 8) **« Sans préjudice des dispositions de l'article 763-7, le juge de l'application des peines peut proposer à tout condamné relevant des dispositions de l'alinéa précédent de suivre un traitement pendant la durée de sa détention, si un médecin estime que cette personne est susceptible de faire l'objet d'un tel traitement.** *(L. n° 2010-242 du 10 mars 2010, art. 10-I)* **« Ce traitement peut être celui prévu par le dernier alinéa de l'article L. 3711-3 du code de la santé publique. » »**

(L. n° 2012-409 du 27 mars 2012, art. 7) **« Le médecin traitant du condamné délivre à ce dernier, au moins une fois par trimestre, des attestations indiquant si le patient suit ou non de façon régulière le traitement proposé par le juge de l'application des peines. Le condamné remet ces attestations au juge de l'application des peines, afin que celui-ci puisse se prononcer, en application des articles 721** *(L. n° 2021-1729 du 22 déc. 2021, art. 11, en vigueur le 1er janv. 2023)* **« et 729 du présent code, sur l'octroi ou le retrait de réductions de peine ou l'octroi d'une libération conditionnelle** *[ancienne rédaction : 721-1, et 729 du présent code, sur le retrait des réductions de peine, l'octroi de réductions de peine supplémentaires ou l'octroi d'une libération conditionnelle]*. **»**

« Une copie de la décision de condamnation est adressée par le juge de l'application des peines au médecin traitant du condamné. Les rapports des expertises réalisées pendant la procédure sont également adressés au médecin traitant, à sa demande ou à l'initiative du juge de l'application des peines. Celui-ci peut en outre adresser au médecin traitant toute autre pièce utile du dossier.

« Les *(Ord. n° 2022-478 du 30 mars 2022, art. 6, en vigueur le 1er mai 2022)* **« troisième et quatrième alinéas » sont également applicables au psychologue traitant du condamné. »**

(L. n° 2008-174 du 25 févr. 2008, art. 1er-V) **« Deux ans avant la date prévue pour la libération d'un condamné susceptible de relever des dispositions de l'article 706-53-13, celui-ci est convoqué par le juge de l'application des peines auprès duquel il justifie des suites données au suivi médical et psychologique adapté qui a pu lui être proposé en application des** *(Ord. n° 2022-478 du 30 mars 2022, art. 6, en vigueur le 1er mai 2022)* **« premier et deuxième alinéas » du présent article. Au vu de ce bilan, le juge de l'application des peines lui propose, le cas échéant, de suivre un traitement dans un établissement pénitentiaire spécialisé.**

(Abrogé par Ord. n° 2022-478 du 30 mars 2022, art. 6, à compter du 1er mai 2022) ***« Les agents et collaborateurs du service public pénitentiaire transmettent aux personnels de santé chargés de dispenser des soins aux détenus les informations utiles à la mise en œuvre des mesures de protection des personnes. »***

L'art. 717-1, dans sa rédaction résultant de l'art. 11 de la L. n° 2021-1729 du 22 déc. 2021, est applicable aux personnes placées sous écrou à compter du 1er janv. 2023, quelle que soit la date de commission de l'infraction. Les personnes placées sous écrou avant cette date demeurent soumises au régime défini à l'art. 717-1 dans sa rédaction antérieure (L. préc., art. 59-VI).

En application du Décr. n° 2014-1279 du 23 oct. 2014 relatif aux exceptions à l'application du principe « silence vaut acceptation » (L. n° 2000-321 du 12 avr. 2000, art. 21, I), le silence gardé pendant deux mois par l'administration vaut décision de rejet pour les demandes relatives à l'affectation d'une personne détenue condamnée, à une infraction pour laquelle le suivi socio-judiciaire est encouru, dans un établissement pénitentiaire permettant d'assurer un suivi médical et psychologique adapté.

BIBL. ▶ CÉRÉ, *D. 2002. 3224* (la loi n° 2002-1138 du 9 sept. 2002 et l'amélioration du fonctionnement et de la sécurité des établissements pénitentiaires). – DARBÉDA, *RPDP 2013. 683* (le développement des unités spécialement aménagées). – MONNERY et BOUVIER, *AJ pénal 2022. 70* (loi confiance et exécution des peines). – SCHMITZ, *RFDA 2013. 817* (le juge administratif et les régimes de détention différenciés : entre ouverture du prétoire et limites du contrôle).

▶ **Dossier :** *AJ pénal 2022. 63* s. (loi pour la confiance dans l'institution judiciaire).

Régime différencié. Les personnes détenues dans cet établissement sont placées, après un court séjour dans un secteur dit « arrivants », soit en secteur dit « portes ouvertes », soit en secteur dit « portes fermées ». Les détenus sont affectés en secteur « portes fermées » en raison de leur comportement, pour une durée d'un mois renouvelable et y font l'objet d'une surveillance renforcée. A la différence des autres détenus, ils ne disposent pas des clés de leur cellule, dans laquelle ils doivent prendre leurs repas et où ils sont en principe enfermés seuls. Les activités culturelles et d'enseignement sont accomplies au sein même de l'unité de vie et ils ne peuvent accéder à la bibliothèque que sur un créneau horaire réservé. Ainsi, par sa nature et par ses effets sur ses conditions de détention, notamment au regard de l'objectif de réinsertion sociale, la décision par laquelle un détenu est placé en régime différencié pour être affecté à un secteur dit « portes fermées » alors même qu'elle n'affecte pas ses droits d'accès à une formation professionnelle, à un travail rémunéré, aux activités physiques et sportives et à la promenade, constitue une décision susceptible de faire l'objet d'un recours pour excès de pouvoir. • CE 28 mars 2011 : *AJ pénal 2011. 408, note Cliquennois et Herzog-Evans ; RPDP 2011. 409, obs. Céré ; D. 2012. Pan. 1294, obs. Péchillon* • CE 6 déc. 2012, *Min. de la Justice c/ M. A. : RPDP 2012. 942, obs. Péchillon.* ♦ Par sa nature et par ses effets sur ses conditions de détention, notamment au regard de l'objectif de réinsertion sociale, la décision par laquelle un détenu est placé en « régime différencié » pour être affecté à un secteur dit « portes fermées » constitue une décision susceptible de faire l'objet d'un recours pour excès de pouvoir ; elle peut cependant être prise, ainsi qu'il a été dit plus haut, sans que l'intéressé ait été mis à même de présenter des observations. • CE 24 août 2011, n° 341240 P : *D. 2012. 1295, obs. Péchillon*.

Code de la santé publique

PARTIE : LÉGISLATIVE
(Ord. nº 2000-548 du 15 juin 2000)

TROISIÈME PARTIE. LUTTE CONTRE LES MALADIES ET DÉPENDANCES

LIVRE II. LUTTE CONTRE LES MALADIES MENTALES

TITRE Iᵉʳ. MODALITÉS DE SOINS PSYCHIATRIQUES

CHAPITRE IV. *ADMISSION EN SOINS PSYCHIATRIQUES DES PERSONNES DÉTENUES ATTEINTES DE TROUBLES MENTAUX*

Art. L. 3214-1 *(L. nº 2013-869 du 27 sept. 2013, art. 12)* I. — Les personnes détenues souffrant de troubles mentaux font l'objet de soins psychiatriques avec leur consentement. Lorsque les personnes détenues en soins psychiatriques libres requièrent une hospitalisation à temps complet, celle-ci est réalisée dans un établissement de santé mentionné à l'article L. 3222-1 au sein d'une unité hospitalière spécialement aménagée.

II. — Lorsque leurs troubles mentaux rendent impossible leur consentement, les personnes détenues peuvent faire l'objet de soins psychiatriques sans consentement en application de l'article L. 3214-3. Les personnes détenues admises en soins psychiatriques sans consentement sont uniquement prises en charge sous la forme mentionnée au 1º du *(L. nº 2016-41 du 26 janv. 2016, art. 69-7º)* « I » de l'article L. 3211-2-1. Leur hospitalisation est réalisée dans un établissement de santé mentionné à l'article L. 3222-1 au sein d'une unité hospitalière spécialement aménagée ou, sur la base d'un certificat médical, au sein d'une unité adaptée.

III. — Lorsque leur intérêt le justifie, les personnes mineures détenues peuvent être hospitalisées au sein d'un service adapté dans un établissement mentionné à l'article L. 3222-1 en dehors des unités prévues aux I et II du présent article.

Art. L. 3214-2 *(L. nº 2011-803 du 5 juill. 2011, art. 5-3º, en vigueur le 1ᵉʳ août 2011)* Sous réserve des restrictions rendues nécessaires par leur qualité de détenu ou, s'agissant des personnes faisant l'objet de soins en application de l'article L. 3214-3, par leur état de santé, les articles L. 3211-3, L. 3211-4, L. 3211-6, L. 3211-8, L. 3211-9 *(L. nº 2013-869 du 27 sept. 2013, art. 12)* « , L. 3211-12 à L. 3211-12-4 et L. 3211-12-6 » sont applicables aux détenus hospitalisés en raison de leurs troubles mentaux.

(Abrogé par L. nº 2013-869 du 27 sept. 2013, art. 12) « L'avis conjoint mentionné au II de l'article L. 3211-12-1 est rendu par un psychiatre de l'établissement d'accueil, désigné par le directeur et participant à la prise en charge du patient, ainsi que par un psychiatre, consulté par tout moyen, intervenant dans l'établissement pénitentiaire dans lequel la personne détenue était incarcérée avant son hospitalisation. »

Lorsque le juge des libertés et de la détention ordonne, en application des articles L. 3211-12 ou L. 3211-12-1, la mainlevée de la mesure d'hospitalisation complète d'une personne détenue faisant l'objet de soins en application de l'article L. 3214-3, cette décision est notifiée sans délai à l'établissement pénitentiaire par le procureur de la République. Le retour en détention est organisé dans les conditions prévues par le décret en Conseil d'État mentionné à l'article L. 3214-5 *(L. nº 2013-869 du 27 sept. 2013, art. 12)* « , sauf si la personne détenue est hospitalisée au sein d'une unité hospitalière spécialement aménagée en consentant à ses soins ».

Art. L. 3214-3 *(L. nº 2011-803 du 5 juill. 2011, art. 5-4º, en vigueur le 1ᵉʳ août 2011)* Lorsqu'une personne détenue nécessite des soins immédiats assortis d'une surveillance constante en milieu hospitalier en raison de troubles mentaux rendant impossible son consentement et constituant un danger pour elle-même ou pour autrui, le préfet de police à Paris ou le représentant de l'État dans le département dans lequel se trouve l'établissement pénitentiaire d'affectation du détenu prononce par arrêté, au vu d'un certificat médical circonstancié, son admission en soins psychiatriques sous la forme d'une hospitalisation complète dans les conditions prévues au II de l'article L. 3214-1. Le certificat médical ne peut émaner d'un psychiatre exerçant dans l'établissement d'accueil.

Le régime de cette hospitalisation est celui prévu pour les hospitalisations ordonnées en application de l'article L. 3213-1.

Les arrêtés préfectoraux sont motivés et énoncent avec précision les circonstances qui ont rendu la mesure de soins psychiatriques nécessaire. Ils désignent l'établissement mentionné à l'article L. 3222-1 qui assure la prise en charge de la personne malade et sont inscrits sur le registre mentionné à l'article L. 3212-11.

Art. L. 3214-4 *(Abrogé par L. n° 2011-803 du 5 juill. 2011, art. 5-5°, à compter du 1er août 2011) La prolongation de l'hospitalisation sans son consentement d'une personne détenue atteinte de troubles mentaux est réalisée dans les conditions prévues aux articles L. 3213-3, L. 3213-4 et L. 3213-5.*

Art. L. 3214-5 Les modalités de garde, d'escorte et de transport des détenus hospitalisés en raison de leurs troubles mentaux sont fixées par décret en Conseil d'État.

....

PARTIE : **RÉGLEMENTAIRE**

TROISIÈME PARTIE. LUTTE CONTRE LES MALADIES ET DÉPENDANCES

LIVRE II. LUTTE CONTRE LES MALADIES MENTALES

TITRE Ier. MODALITÉS SOINS PSYCHIATRIQUES *(Décr. n° 2011-847 du 18 juill. 2011, art. 1er).*

CHAPITRE IV. *HOSPITALISATION DES PERSONNES DÉTENUES ATTEINTES DE TROUBLES MENTAUX*

SECTION I. *Principes de fonctionnement des unités d'hospitalisation pour les personnes détenues atteintes de troubles mentaux*

(Décr. n° 2010-507 du 18 mai 2010)

Art. R. 3214-1 L'unité spécialement aménagée au sein d'un établissement de santé mentionnée à l'article L. 3214-1 prend en charge les hospitalisations complètes avec ou sans leur consentement des personnes détenues dans des établissements pénitentiaires se trouvant sur un territoire défini par arrêté conjoint des ministres chargés de la justice, de la santé et de l'intérieur.

Dans le cas d'une hospitalisation avec consentement, l'admission est prononcée par le directeur de l'établissement de santé de l'unité spécialement aménagée de rattachement, après avis du médecin de cette unité.

Dans le cas d'une hospitalisation sans consentement dans les conditions définies par l'article L. 3214-3, le préfet du département dans lequel se trouve l'établissement pénitentiaire d'affectation de la personne détenue décide de son hospitalisation. Lorsque l'unité spécialement aménagée est située dans un autre département que celui de l'établissement pénitentiaire d'origine, le préfet de ce département prend un arrêté portant admission de la personne détenue dans cette unité.

Art. R. 3214-2 Lorsque l'unité spécialement aménagée territorialement compétente n'est pas en mesure de prendre en charge une personne détenue, faute de place disponible, son hospitalisation est recherchée au sein de l'unité spécialement aménagée la plus proche.

Il en est de même lorsque deux personnes détenues ne doivent pas être hospitalisées dans la même unité pour des raisons de sécurité. Dans ce cas, le directeur interrégional des services pénitentiaires en informe le directeur de l'établissement de santé et le médecin à l'origine de la dernière demande d'hospitalisation, afin que ce dernier sollicite le responsable de l'unité la plus proche.

Les hospitalisations sont prononcées selon les modalités mentionnées à l'article précédent, selon qu'elles interviennent avec ou sans consentement.

Art. R. 3214-3 Les modalités d'admission et de séjour des personnes détenues dans les unités spécialement aménagées ainsi que les règles d'organisation et de fonctionnement applicables au sein de l'unité sont précisées par une convention signée par le directeur de l'établissement de santé, le chef de l'établissement pénitentiaire auquel les personnels pénitentiaires affectés à l'unité spécialement aménagée sont rattachés, le directeur général de l'agence régionale de santé, le directeur interrégional des services pénitentiaires et le préfet du département du siège de l'établissement de santé.

Cette convention est établie par référence à une convention type élaborée conjointement par les ministres chargés de la justice, de la santé et de l'intérieur.

Art. R. 3214-4 La répartition, entre l'État et les établissements de santé, des dépenses d'investissement et de fonctionnement des unités spécialement aménagées est déterminée par un arrêté conjoint des ministres chargés de la justice et de la santé.

SECTION II. *Conditions de garde des personnes détenues hospitalisées atteintes de troubles mentaux et de surveillance des unités spécialement aménagées*
(Décr. n° 2010-507 du 18 mai 2010)

SOUS-SECTION 1. *Conditions de surveillance (Décr. n° 2022-479 du 30 mars 2022, art. 9, en vigueur le 1er mai 2022).*

Art. R. 3214-5 *(Décr. n° 2022-479 du 30 mars 2022, art. 9, en vigueur le 1er mai 2022)* Les dispositions relatives à la surveillance et protection des personnes détenues hospitalisées dans l'unité spécialement aménagée, au respect de l'exécution des décisions judiciaires et des exigences de sécurité, ainsi qu'au signalement des incidents sont fixées aux articles R. 322-15 à R. 322-25 du code pénitentiaire.

Ancien art. R. 3214-5 *La garde des personnes détenues hospitalisées atteintes de troubles mentaux incombe à l'administration pénitentiaire. Elle est assurée dans le respect de la confidentialité des soins.*

L'administration pénitentiaire porte à la connaissance de l'établissement de santé les éléments nécessaires à l'appréciation de la dangerosité ou de la vulnérabilité des personnes détenues.

L'établissement de santé assure, par une organisation interne appropriée de l'unité spécialement aménagée, des conditions d'hospitalisation garantissant la protection des personnes détenues hospitalisées.

Art. R. 3214-6 *(Abrogé par Décr. n° 2022-479 du 30 mars 2022, art. 9, à compter du 1er mai 2022) Les décisions de l'autorité judiciaire, notamment en matière d'isolement, de séparation de détenus ou d'interdiction temporaire de communiquer, sont applicables au sein de l'unité spécialement aménagée et sont communiquées par le chef d'établissement pénitentiaire au directeur de l'établissement de santé qui veille à leur exécution.*

Art. R. 3214-7 *(Abrogé par Décr. n° 2022-479 du 30 mars 2022, art. 9, à compter du 1er mai 2022) Aucun agent exerçant dans les unités spécialement aménagées ne peut se charger, pour le compte des personnes détenues hospitalisées, d'un service étranger à sa mission.*

Les personnels intervenant dans l'unité spécialement aménagée ne sont pas autorisés à communiquer aux membres de la famille, aux proches et aux visiteurs les dates d'entrée et de sortie de la personne détenue ainsi que les dates et les heures des examens réalisés hors de l'unité spécialement aménagée. Sous réserve du respect de ces exigences de sécurité et dans le respect des règles déontologiques, le médecin peut communiquer des informations relatives à la santé du patient détenu hospitalisé à sa famille, à ses proches ou à la personne de confiance qu'il a désignée.

Art. R. 3214-8 *(Abrogé par Décr. n° 2022-479 du 30 mars 2022, art. 9, à compter du 1er mai 2022) La surveillance de l'enceinte et des locaux de l'unité spécialement aménagée ainsi que le contrôle des accès à cette unité sont assurés par le personnel pénitentiaire.*

Toutefois, le personnel pénitentiaire n'a accès aux locaux de soins et aux chambres des patients que pour en assurer la fouille et le contrôle des équipements et aménagements spéciaux ou, à la demande du personnel hospitalier, lorsque la sécurité des personnes ou des biens est compromise.

Art. R. 3214-9 *(Abrogé par Décr. n° 2022-479 du 30 mars 2022, art. 9, à compter du 1er mai 2022) Un dispositif de (L. n° 2011-267 du 14 mars 2011, art. 17) « vidéoprotection » est mis en œuvre pour la protection des abords et des locaux de l'unité spécialement aménagée, à l'exception des chambres et des locaux de soins. La demande d'autorisation est présentée par le directeur de l'établissement de santé au vu d'un dossier constitué conjointement avec le chef d'établissement pénitentiaire. La convention mentionnée à l'article R. 3214-3 précise les modalités d'application du premier alinéa de l'article 13 du décret du 17 octobre 1996, lesquelles sont jointes au dossier de la demande d'autorisation.*

Art. R. 3214-10 *(Abrogé par Décr. n° 2022-479 du 30 mars 2022, art. 9, à compter du 1er mai 2022) Toute personne entrant dans une unité spécialement aménagée justifie de son identité et se soumet aux mesures de contrôle définies par la convention mentionnée à l'article R. 3214-3.*

Le personnel pénitentiaire, chargé du contrôle des accès de l'unité, tient un registre sur lequel sont inscrits les noms et qualité de toutes les personnes entrant ou sortant ainsi que les horaires de leur entrée et de leur sortie.

Art. R. 3214-11 *(Abrogé par Décr. n° 2022-479 du 30 mars 2022, art. 9, à compter du 1er mai 2022) Sans faire obstacle au bon déroulement des soins, le personnel pénitentiaire peut procéder aux fouilles des personnes détenues hospitalisées dans les conditions prévues par l'article 57 de la loi du 24 novembre 2009.*

Art. R. 3214-12 *(Abrogé par Décr. nº 2022-479 du 30 mars 2022, art. 9, à compter du 1er mai 2022) La fouille des locaux et le contrôle des équipements et aménagements spéciaux de l'unité spécialement aménagée sont effectués par le personnel pénitentiaire.*

Toute fouille générale ou sectorielle de l'unité spécialement aménagée est décidée avec l'accord du directeur de l'établissement de santé. Elle est réalisée en présence du directeur de l'établissement de santé et du médecin responsable de l'unité ou de leurs représentants.

Art. R. 3214-13 *(Abrogé par Décr. nº 2022-479 du 30 mars 2022, art. 9, à compter du 1er mai 2022) Le personnel hospitalier signale, sans délai, toute absence irrégulière d'une personne détenue au directeur de l'établissement de santé et au personnel pénitentiaire. Le directeur de l'établissement de santé et le chef d'établissement pénitentiaire en informent le préfet et le procureur de la République ainsi que, s'il s'agit d'un prévenu, le magistrat saisi du dossier de l'information et, s'il s'agit d'un condamné, le magistrat chargé de l'application des peines.*

Art. R. 3214-14 *(Abrogé par Décr. nº 2022-479 du 30 mars 2022, art. 9, à compter du 1er mai 2022) Le directeur de l'établissement de santé et le chef d'établissement pénitentiaire portent immédiatement à la connaissance du préfet, du procureur de la République, du directeur interrégional des services pénitentiaires et du directeur général de l'agence régionale de santé tout incident grave touchant à l'ordre ou à la sécurité de l'unité spécialement aménagée.*

Lorsque la gravité ou l'ampleur de l'incident ne permet pas que l'ordre soit rétabli par le seul personnel pénitentiaire présent dans l'unité spécialement aménagée, le préfet, saisi par le directeur de l'établissement de santé, peut décider de faire appel aux forces de l'ordre.

Art. R. 3214-15 *(Abrogé par Décr. nº 2022-479 du 30 mars 2022, art. 9, à compter du 1er mai 2022) Si l'incident concerne un prévenu, le chef d'établissement pénitentiaire informe également le magistrat saisi du dossier de l'information et si l'incident concerne un condamné, le magistrat chargé de l'application des peines.*

Si l'incident concerne une personne détenue appartenant aux forces armées, l'autorité militaire est avisée par le chef d'établissement pénitentiaire.

SOUS-SECTION 2. *Conditions de séjour des personnes détenues hospitalisées atteintes de troubles mentaux*

Art. R. 3214-16 *(Décr. nº 2022-479 du 30 mars 2022, art. 9, en vigueur le 1er mai 2022)* Les dispositions relatives à l'application du régime disciplinaire des établissements pénitentiaires dans l'unité spécialement aménagée sont fixées par les articles R. 322-26 et R. 322-27 du code pénitentiaire.

Ancien art. R. 3214-16 *Les personnes détenues hospitalisées dans l'unité spécialement aménagée continuent à exécuter leur peine ou leur détention provisoire.*

Art. R. 3214-17 *(Décr. nº 2022-479 du 30 mars 2022, art. 9, en vigueur le 1er mai 2022)* Les dispositions organisant le maintien des relations des personnes détenues dans l'unité spécialement aménagée avec l'extérieur sont fixées par les articles R. 322-28, R. 322-29 et R. 322-30 du code pénitentiaire.

Ancien art. R. 3214-17 *Les personnes détenues dans l'unité spécialement aménagée restent soumises au régime disciplinaire des établissements pénitentiaires lorsqu'elles se trouvent sous la surveillance exclusive du personnel pénitentiaire.*

Le chef d'établissement pénitentiaire informe le directeur de l'établissement de santé de tout incident disciplinaire imputable à une personne détenue alors qu'elle se trouvait sous la surveillance exclusive du personnel pénitentiaire.

Aucune sanction disciplinaire ne peut être prononcée par la commission de discipline plus d'un mois après les faits ni pendant l'hospitalisation.

Lorsque le chef d'établissement pénitentiaire envisage d'engager des poursuites disciplinaires à l'encontre de la personne détenue, il en informe le responsable du personnel médical de l'unité de consultation et de soins ambulatoires et, le cas échéant, du service médico-psychologique régional.

Art. R. 3214-18 *(Abrogé par Décr. nº 2022-479 du 30 mars 2022, art. 9, à compter du 1er mai 2022) Les personnes détenues hospitalisées dans une unité spécialement aménagée peuvent recevoir des visites des personnes disposant d'un permis de visite délivré dans les conditions prévues par le code de procédure pénale.*

Les jours et les heures de visite ainsi que leur durée sont fixés par la convention mentionnée à l'article R. 3214-3.

Les visites se déroulent dans un parloir sous la surveillance du personnel pénitentiaire, qui a la possibilité d'écouter les conversations. Les entretiens des avocats et des visiteurs de prison avec les personnes détenues ont lieu en dehors de la présence du personnel pénitentiaire.

Art. R. 3214-19 (*Abrogé par Décr. nº 2022-479 du 30 mars 2022, art. 9, à compter du 1er mai 2022*) *L'accès au téléphone des personnes détenues est autorisé dans les conditions fixées par le code de procédure pénale. Les modalités de cet accès sont fixées par la convention mentionnée à l'article R. 3214-3.*

Art. R. 3214-20 (*Abrogé par Décr. nº 2022-479 du 30 mars 2022, art. 9, à compter du 1er mai 2022*) *Les règles applicables à la correspondance des personnes détenues sont celles définies par le code de procédure pénale.*

La convention prévue à l'article R. 3214-3 prévoit l'organisation de la collecte et de la distribution du courrier au sein de la zone de soins de l'unité spécialement aménagée.

SECTION III. *Transport et escorte des personnes détenues hospitalisées dans les unités spécialement aménagées*

(Décr. nº 2010-507 du 18 mai 2010)

Art. R. 3214-21 (*Décr. nº 2022-479 du 30 mars 2022, art. 9, en vigueur le 1er mai 2022*) Les dispositions relatives aux transports des personnes détenues entre une unité spécialement aménagée et un établissement pénitentiaire ou un lieu de consultation ou d'hospitalisation hors de l'unité pour raisons somatiques sont fixées par les dispositions des articles R. 215-30, R. 215-31 et R. 215-32 du code pénitentiaire.

Ancien art. R. 3214-21 *Le transport de l'établissement pénitentiaire à l'unité spécialement aménagée d'une personne détenue devant être hospitalisée avec son consentement incombe à l'administration pénitentiaire. Si l'état de santé de la personne intéressée l'exige, et sur prescription médicale, celle-ci est accompagnée par le personnel hospitalier de l'établissement de santé siège de l'unité.*

Le transport de l'établissement pénitentiaire à l'unité spécialement aménagée d'une personne détenue devant être hospitalisée sans son consentement incombe à l'établissement de santé siège de l'unité. La personne détenue est accompagnée par le personnel soignant de l'établissement de santé et escortée par le personnel pénitentiaire.

Le transport de l'unité spécialement aménagée à l'établissement pénitentiaire d'une personne détenue, hospitalisée avec ou sans son consentement, incombe à l'administration pénitentiaire. La personne détenue est accompagnée, sur prescription médicale, par le personnel soignant.

En cas de transport d'une personne détenue particulièrement signalée, il est fait appel aux forces de police ou de la gendarmerie afin de renforcer l'escorte pénitentiaire, qu'il s'agisse d'un transport vers l'unité spécialement aménagée ou d'un retour vers un établissement pénitentiaire.

A titre exceptionnel, en cas de transport d'une personne détenue présentant un risque d'atteinte très grave à l'ordre public identifié par les représentants des forces de l'ordre, un appui de l'escorte pénitentiaire peut être décidé conjointement par la direction de l'administration pénitentiaire et les directions nationales de la police et de la gendarmerie.

Art. R. 3214-22 (*Abrogé par Décr. nº 2022-479 du 30 mars 2022, art. 9, à compter du 1er mai 2022*) *Si l'état de santé de la personne détenue hospitalisée dans une unité spécialement aménagée nécessite une consultation ou une hospitalisation hors de l'unité pour raisons somatiques, le transport est assuré sur prescription médicale* (*Abrogé par Décr. nº 2018-1255 du 27 déc. 2018, à compter du 1er janv. 2019*) *« par l'établissement de santé siège de l'unité, » au moyen d'un véhicule sanitaire. La personne détenue est accompagnée par le personnel hospitalier et escortée par le personnel pénitentiaire.*

Le retour à l'unité spécialement aménagée s'effectue dans les mêmes conditions.

En cas de transport d'une personne détenue particulièrement signalée, il est fait appel aux forces de police ou de la gendarmerie pour les consultations ou les hospitalisations pour raisons somatiques des personnes détenues afin de renforcer l'escorte pénitentiaire.

A titre exceptionnel, en cas de transport d'une personne détenue présentant un risque d'atteinte très grave à l'ordre public identifié par les représentants des forces de l'ordre, un appui de l'escorte pénitentiaire peut être décidé conjointement par la direction de l'administration pénitentiaire et les directions nationales de la police et de la gendarmerie.

Les dispositions du code de procédure pénale relatives à la garde des personnes détenues en cas d'hospitalisation somatique s'appliquent.

Art. R. 3214-23 (*Abrogé par Décr. nº 2022-479 du 30 mars 2022, art. 9, à compter du 1er mai 2022*) *Lorsque le transport incombe à l'administration pénitentiaire, le véhicule utilisé pour le transport de la personne hospitalisée dans une unité spécialement aménagée est un véhicule pénitentiaire, sauf prescription médicale prévoyant le recours à un véhicule sanitaire léger ou à une ambulance.*

Art. 717-1-1 *(L. n° 2004-204 du 9 mars 2004, art. 162-V, en vigueur le 1er janv. 2005)* **Le juge de l'application des peines donne son avis, sauf urgence, sur le transfert des condamnés d'un établissement à l'autre.**

S'agissant des dispositions d'urgence mises en place pour faire face à l'épidémie de covid-19, V. App., v° État d'urgence sanitaire.

Art. 717-2 *(Abrogé par Ord. n° 2022-478 du 30 mars 2022, art. 6, à compter du 1er mai 2022) **Les condamnés sont soumis dans les** (L. n° 87-432 du 22 juin 1987) **« maisons d'arrêt » à l'emprisonnement individuel de jour et de nuit, et dans les** (L. n° 87-432 du 22 juin 1987) **« établissements pour peines », à l'isolement de nuit seulement, après avoir subi éventuellement une période d'observation en cellule.***

*(L. n° 2009-1436 du 24 nov. 2009, art. 90) **« Il ne peut être dérogé à ce principe que si les intéressés en font la demande ou si leur personnalité justifie que, dans leur intérêt, ils ne soient pas laissés seuls, ou en raison des nécessités d'organisation du travail. »** — Anc. art. 719.*

Dans la limite de cinq ans à compter de la publication de la L. n° 2009-1436 du 24 nov. 2009 (JO 25 nov. 2009), il peut être dérogé au placement en cellule individuelle dans les maisons d'arrêt au motif tiré de ce que la distribution intérieure des locaux ou le nombre de personnes détenues présentes ne permet pas son application. Cependant, la personne condamnée ou, sous réserve de l'accord du magistrat chargé de l'information, la personne prévenue peut demander son transfert dans la maison d'arrêt la plus proche permettant un placement en cellule individuelle (L. préc., art. 100). Le principe du placement en cellule individuelle en maison d'arrêt a été repoussé au 31 déc. 2019 (L. n° 2014-1655 du 29 déc. 2014, art. 106).

En application des Décr. nos 2014-1277 et 2014-1279 du 23 oct. 2014 relatifs aux exceptions à l'application du principe « silence vaut acceptation » (L. n° 2000-321 du 12 avr. 2000, art. 21, I et II), le silence gardé pendant deux mois par l'administration vaut décision de rejet pour les demandes relatives à l'encellulement individuel.

Art. 717-3 *(L. n° 87-432 du 22 juin 1987)* **« Les activités de travail et de formation professionnelle** *(L. n° 2005-1549 du 12 déc. 2005, art. 9)* **« ou générale » sont prises en compte pour l'appréciation des gages de réinsertion et de bonne conduite des condamnés. »**

(Ord. n° 2022-478 du 30 mars 2022, art. 6, en vigueur le 1er mai 2022) **« Au sein des établissements pénitentiaires, les personnes incarcérées qui en font la demande peuvent exercer une activité professionnelle ou bénéficier d'une formation professionnelle ou générale ou d'une validation des acquis de l'expérience, dans les conditions prévues par les dispositions du code pénitentiaire. »**

Ndlr : La L. n° 2021-1729 du 22 déc. 2021, art. 19, avait créé un nouvel art. 717-3, également en vigueur le 1er mai 2022, qui n'a pas été pris en compte par l'Ord. n° 2022-478 du 30 mars 2022.

Ancien art. 717-3 *(L. n° 87-432 du 22 juin 1987) **« Les activités de travail et de formation professionnelle** (L. n° 2005-1549 du 12 déc. 2005, art. 9) **« ou générale » sont prises en compte pour l'appréciation des gages de réinsertion et de bonne conduite des condamnés. »***

*(L. n° 2005-1549 du 12 déc. 2005, art. 9) **« Au sein des établissements pénitentiaires, toutes dispositions sont prises pour assurer une activité professionnelle, une formation professionnelle ou générale aux personnes incarcérées qui en font la demande. »***

*(L. n° 87-432 du 22 juin 1987) **« Les relations de travail des personnes incarcérées ne font pas l'objet d'un contrat de travail. »** (L. n° 90-9 du 2 janv. 1990) **« Il peut être dérogé à cette règle pour les activités exercées à l'extérieur des établissements pénitentiaires. »***

*(L. n° 75-624 du 11 juill. 1975) **« Les règles relatives à la répartition des produits du travail des détenus sont fixées par décret. »** (L. n° 2002-1138 du 9 sept. 2002, art. 51) **« Le produit du travail des détenus ne peut faire l'objet d'aucun prélèvement pour frais d'entretien en établissement pénitentiaire. »** — Ces dispositions prennent effet au 1er janv. 2003.*

*(L. n° 2009-1436 du 24 nov. 2009, art. 32) **« La rémunération du travail des personnes détenues ne peut être inférieure à un taux horaire fixé par décret et indexé sur le salaire minimum de croissance défini à l'article L. 3231-2 du code du travail. Ce taux peut varier en fonction du régime sous lequel les personnes détenues sont employées. »***

L'art. 720 est renuméroté 717-3 à compter du 1er janv. 2005 (L. n° 2004-204 du 9 mars 2004, art. 168-I).

En application du Décr. n° 2014-1277 du 23 oct. 2014 relatif aux exceptions à l'application du principe « silence vaut acceptation » (L. n° 2000-321 du 12 avr. 2000, art. 21, II), le silence gardé pendant deux mois par l'administration vaut décision de rejet pour les demandes relatives à l'admission aux activités de travail pour une personne détenue âgée d'au moins seize ans, aux activités de formation professionnelle.

BIBL. ▶ AUVERGNON, *RDT. 2013. 309* (droit du travail et prison : le changement maintenant ?). – CÉRÉ, *D. 2015. 2083* (le conseil constitutionnel et le travail en prison : une occasion manquée ?). – CHOPIN, *D. 2013. 1909* (quelles conditions de travail pour les personnes incarcérées). – DANTI-JUAN, *RPDP 2013. 157* (relance du débat sur l'absence du contrat de travail dans l'univers carcéral). – GATÉ, *AJ pénal 2015. 29* (la formation professionnelle des détenus, nouvelle compétence des régions). – LORVELLEC, *RPDP 1997. 207* (travail et peine). – SCHMITZ, *Dr. adm. 2014. Étude 4* (droit du travail en prison : fin ou début de la réflexion sur l'absence d'un régime juridique ?). – SLAMA, *D. 2013. 1221* (les travailleurs détenus, des agents publics ?). – TARDY, *RPDP 1997. 227* (le travail en milieu carcéral : essai d'un bilan). – TUFFERY-ANDRIEU, *RDT. 2013. 239* (contribution à l'étude sur le travail en prison).

1. QPC. Présente un caractère sérieux et doit être renvoyée au Conseil constitutionnel la QPC ainsi rédigée : « L'art. 717-3, en ce qu'il dispose que les relations de travail des personnes incarcérées ne font pas l'objet d'un contrat de travail, porte-t-il atteinte aux droits et libertés garantis par la Constitution ? » • Soc., QPC, 20 mars 2013 : *D. actu. 28 mars 2013, obs. Ines ; D. 2013. Actu. 841 ; Dr. pénal 2013, n° 83, note Maron et Haas.* ♦ Les dispositions de l'art. 717-3 ne portent pas atteinte, en elles-mêmes, au principe d'égalité, ni à aucun autre droit ou liberté que la Constitution garantit. • Cons. const., QPC, 14 juin 2013, n° 2013-320 : *D. 2013. Actu. 1477 ; ibid. Point de vue. 1909, par Chopin ; AJ pénal 2013. 556, obs. Céré.*

2. Compétence de la juridiction administrative. Le travail procuré dans les établissements sous le régime de la concession aux termes d'une convention conclue entre l'administration pénitentiaire et l'entreprise concessionnaire ne fait pas l'objet d'un contrat de travail, s'inscrit dans l'exécution de la peine, et procède de la préparation à la réinsertion des condamnés. Eu égard tant à la nature particulière de la relation de travail, qui se rattache à l'accomplissement de la mission de service public de l'administration pénitentiaire, qu'à ses modalités de mise en œuvre, soumises au régime pénitentiaire des personnes détenues et aux nécessités du bon fonctionnement de l'établissement qui influent sur les conditions d'emploi et la rémunération, les détenus ainsi employés se trouvent, à l'égard de la société concessionnaire, même de droit privé, dans une relation de droit public ; dès lors, le litige opposant les personnes détenues à l'entreprise concessionnaire relève de la juridiction administrative. • T. confl. 14 oct. 2013 : *AJ pénal 2014. 47, note Péchillon ; D. 2014. 1115, obs. Lokiec et Porta ; RPDP 2013. 946, obs. Péchillon ; Dr. soc. 2014. 11, chron. Tournaux ; ibid. 760, chron. Tournaux ; AJDA 2013. 2000 ; ibid. 2321, note Schmitz.*

3. Il résulte de l'art. 720, disposition législative dont il n'appartient pas aux tribunaux judiciaires de contrôler la conformité à la Constitution, et dont l'art. D. 103, inclus dans la partie réglementaire de ce code, n'est que l'application, que les relations de travail des personnes incarcérées ne font pas l'objet d'un contrat de travail ; en conséquence, c'est à juste titre qu'une cour d'appel retient l'incompétence de la juridiction prud'homale, celle-ci ne pouvant, aux termes de l'art. L. 511-1 C. trav. [L. 1411-1 à L. 1411-6, L. 1421-1, L. 1462-1 nouv.], connaître que des différends pouvant s'élever à l'occasion d'un contrat de travail ; la règle de compétence dont la cour d'appel a fait application n'est contraire, ni à l'art. 4 Conv. EDH, ni à aucune disposition de toute autre convention internationale signée par le gouvernement français et ayant en France un effet direct. • Soc. 17 déc. 1996 : *Dr. soc. 1997. 344, Chron. Giudicelli-Delage et Massé.*

4. Seuil minimal de rémunération. La rémunération minimale du travail des personnes détenues, depuis le Décr. n° 2010-1635 du 23 déc. 2010, ne peut être inférieure à différents seuils fixés et indexés par référence au salaire minimum de croissance défini à l'art. L. 3231-2 C. trav., soit 45 % pour les activités de production, 33 % pour le service général classe I, 25 % pour la classe II et 20 % pour la classe III. • TA Limoges, ord., 22 août 2013 : *D. actu. 3 sept. 2013, obs. Léna.* ♦ La rémunération minimale des détenus en vigueur avant le Décr. n° 2010-1635 du 23 déc. 2010 devait être appréciée en minimum collectif moyen et ne constituait pas un minimum individuel pour chaque détenu. • CE 12 mars 2014 : *D. actu. 18 mars 2014, obs. de Montecler ; D. 2014. Pan. 1236, obs. Péchillon ; Gaz. Pal. 26 juin 2014. 19, chron. Guyomar.*

5. Opposabilité des modalités de rémunération. Pour être opposables, les modalités de rémunération des personnes détenues employées par les entreprises sous le régime de la concession de main-d'œuvre pénale doivent être portées à leur connaissance, en même temps que les taux horaires de rémunération, par un affichage suffisant accessible à l'ensemble des détenus ; eu égard à la situation particulière de ces derniers, il doit également être fait référence à ces modalités de rémunération ainsi qu'aux conditions particulières de leur exécution applicables à chaque personne détenue exerçant une activité professionnelle, dans le support de l'engagement au travail ou dans l'acte d'engagement signé avec le directeur de l'établissement pénitentiaire. • CE 7 mars 2016, n° 380540 : *D. actu. 20 avr. 2016, obs. Pastor.*

6. Conv. EDH, art. 4, § 2. L'obligation des personnes détenues de continuer à travailler après avoir atteint l'âge de la retraite, ne constitue pas un travail forcé ou obligatoire au sens de l'art. 4, § 2, de la Convention. • CEDH 9 févr. 2016, *Meier c/ Suisse*, n° 10109/14.

Art. 718 *(Abrogé par L. n° 2021-1729 du 22 déc. 2021, art. 20, à compter du 1er mai 2022) (L. n° 2002-1138 du 9 sept. 2002, art. 52)* ***Les personnes détenues peuvent travailler pour leur propre compte avec l'autorisation du chef d'établissement.***

Aussi souhaitables que puissent être les initiatives de réinsertion professionnelle entreprises au sein des établissements pénitentiaires, la possibilité pour un détenu de travailler pour son propre compte durant le temps de son incarcération, prévue par l'art. 718 précité, qui doit s'apprécier en tenant compte de l'ensemble des contraintes liées à son incarcération, ne constitue pas une liberté fondamentale au sens des dispositions susvisées de l'art. L. 521-2 CJA. • TA Lyon, 27 juin 2006 : *AJDA 2006. 2031* ; *D. 2007. 1229, obs. Péchillon* .

Art. 719 *(L. n° 2000-516 du 15 juin 2000, art. 129)* **Les députés** *(L. n° 2021-1729 du 22 déc. 2021, art. 18)* **« , les sénateurs, les représentants au Parlement européen élus en France, les bâtonniers sur leur ressort ou leur délégué spécialement désigné au sein du conseil de l'ordre sont autorisés à visiter à tout moment les locaux de garde à vue, les locaux des retenues douanières définies à l'article 323-1 du code des douanes, les lieux de rétention administrative, les zones d'attente »,** *(Abrogé par Ord. n° 2020-1733 du 16 déc. 2020, art. 11, à compter du 1er mai 2021) « les (L. n° 2016-274 du 7 mars 2016, art. 44)* ***« lieux de rétention administrative », les zones d'attente, »*** *(L. n° 2015-433 du 17 avr. 2015, art. 18-I)* **« les établissements pénitentiaires et les centres éducatifs fermés mentionnés** *(Ord. n° 2019-950 du 11 sept. 2019, art. 4 et 9, en vigueur le 30 sept. 2021)* **« à l'article L. 113-7 du code de la justice pénale des mineurs ».**

« A l'exception des locaux de garde à vue, les députés, les sénateurs et les représentants au Parlement européen mentionnés au premier alinéa du présent article peuvent être accompagnés par un ou plusieurs journalistes titulaires de la carte d'identité professionnelle mentionnée à l'article L. 7111-6 du code du travail, dans des conditions fixées par décret en Conseil d'État. » — *V. art. R. 57-4-11 s.*

L'entrée en vigueur de l'Ord. n° 2019-950 du 11 sept. 2019 a été repoussée au 30 sept. 2021 par la L. n° 2021-218 du 26 févr. 2021, art. 2.

BIBL. ▶ CABANEL, *D. 2000. Entretien 27* .

L'art. 719, qui reprend le texte de l'art. 720-1 A issu de l'art. 129 de la L. n° 2000-516 du 15 juin 2000 relative à la présomption d'innocence, dispose que « les députés et les sénateurs sont autorisés à visiter à tout moment les locaux de garde à vue, les centres de rétention, les zones d'attente et les établissements pénitentiaires ». Ces dispositions ont pour objet de permettre aux élus de la nation de vérifier que les conditions de détention répondent à l'exigence du respect de la dignité de la personne. Il ne ressort ni de leur libellé, ni d'ailleurs des débats qui ont précédé leur adoption qu'elles conféreraient également aux parlementaires le droit d'exercer dans un établissement pénitentiaire une mission « de représentant du corps électoral ». Si aucune disposition législative ou réglementaire ne prohibe l'organisation dans l'enceinte des établissements pénitentiaires de débats associant, au besoin, des parlementaires, aucun texte non plus qu'aucun principe général n'ouvre droit à l'organisation de tels débats. • CE 27 mai 2005 : *AJDA 2005. 1579, note Rainaud* ; *D. 2006. 1080, obs. Péchillon* .

Loi n° 98-657 du 29 juillet 1998, *d'orientation relative à la lutte contre les exclusions.* **Art. 83** Les personnes condamnées à une peine d'emprisonnement ont droit, pendant l'exécution de leur peine, à une information sur leurs droits sociaux de nature à faciliter leur réinsertion.

Art. 719-1 *(Abrogé par Ord. n° 2022-478 du 30 mars 2022, art. 6, à compter du 1er mai 2022) (L. n° 2010-242 du 10 mars 2010, art. 13)* ***Selon des modalités précisées par décret en Conseil d'État, l'identité et l'adresse des personnes condamnées à une peine d'emprisonnement égale ou supérieure à trois ans sont communiquées par l'administration pénitentiaire***

aux services de police ou aux unités de gendarmerie du lieu de résidence des intéressés lorsque leur incarcération prend fin.

SECTION PREMIÈRE *BIS* A *[ABROGÉE]* DU TRAVAIL DES PERSONNES DÉTENUES

(Abrogée par Ord. n° 2022-478 du 30 mars 2022, art. 6, à compter du 1er mai 2022)
(L. n° 2021-1729 du 22 déc. 2021, art. 20, en vigueur le 1er mai 2022)

V. désormais C. pénit.

SOUS-SECTION 1 *[ABROGÉE]* DISPOSITIONS GÉNÉRALES

Art. 719-2 ***Le travail des personnes détenues participe au parcours d'exécution des peines privatives et restrictives de liberté. Il vise à préparer l'insertion ou la réinsertion professionnelle et sociale de la personne détenue en créant les conditions de son employabilité et concourt à la mission de prévention de la récidive confiée au service public pénitentiaire.***

Le travail est accompli sous le contrôle permanent de l'administration pénitentiaire, qui assure la surveillance des personnes détenues, la discipline et la sécurité sur les lieux de travail. Les conditions d'exercice de l'activité préparent la personne détenue aux relations de travail auxquelles elle pourra participer après sa sortie. Elles sont adaptées à sa personnalité et aux contraintes inhérentes à la détention. En particulier, des motifs disciplinaires ou liés au maintien du bon ordre et de la sécurité des établissements pénitentiaires peuvent conduire, à tout moment, l'administration pénitentiaire, dans les conditions définies à l'article 719-7, à suspendre temporairement l'activité de travail ou à y mettre un terme.

BIBL. ▶ Bonis et Peltier, *Dr. pénal 2022. Étude 5* (loi du 22 décembre 2021 : redonner confiance en l'exécution des peines).

Art. 719-3 ***Le travail des personnes détenues peut être accompli pour un donneur d'ordre qui est :***

1° Au service général, l'administration pénitentiaire ;

2° Dans le cadre d'une activité de production, un concessionnaire, une entreprise délégataire, une structure d'insertion par l'activité économique mentionnée à l'article L. 5132-4 du code du travail, une entreprise adaptée mentionnée à l'article L. 5213-13 du même code ou un service de l'État ayant pour mission de développer le travail et l'insertion professionnelle des personnes placées sous main de justice. Le donneur d'ordre peut également être notamment une personne morale de droit privé mentionnée au 1° du II de l'article 1er de la loi n° 2014-856 du 31 juillet 2014 relative à l'économie sociale et solidaire et poursuivant un but d'utilité sociale au sens de l'article 2 de la même loi, une société commerciale mentionnée au 2° du II de l'article 1er de ladite loi ou une société remplissant les conditions mentionnées à l'article L. 210-10 du code de commerce.

Le travail pour un donneur d'ordre est accompli dans le cadre du contrat d'emploi pénitentiaire régi par la sous-section 3 de la présente section. Les relations entre la personne détenue et le donneur d'ordre sont régies par les dispositions du présent code et par celles du code du travail auxquelles le présent code renvoie expressément.

Art. 719-4 ***Les personnes détenues peuvent travailler pour leur propre compte, après y avoir été autorisées par le chef d'établissement.***

Art. 719-5 ***La présente section est applicable lorsque le lieu de travail de la personne détenue se situe, en tout ou partie, sur le domaine affecté à l'établissement pénitentiaire ou à ses abords immédiats.***

SOUS-SECTION 2 *[ABROGÉE]* CLASSEMENT AU TRAVAIL ET AFFECTATION SUR UN POSTE DE TRAVAIL

Art. 719-6 ***La personne détenue qui souhaite exercer un travail en détention pour un donneur d'ordre mentionné à l'article 719-3 adresse une demande à l'administration pénitentiaire. Cette demande donne lieu à une décision de classement ou de refus de classement au travail prise par le chef d'établissement, après avis de la commission pluridisciplinaire unique. La décision de classement précise les régimes selon lesquels la personne détenue peut être employée : service général, concession, service de l'emploi pénitentiaire, insertion par l'activité***

économique, entreprise adaptée, établissement et service d'aide par le travail. Une liste d'attente d'affectation est constituée dans chaque établissement pénitentiaire. La décision de refus de classement est motivée. Cette décision est susceptible de recours.

Lorsque la personne détenue est classée au travail et en fonction des régimes selon lesquels elle peut être employée, elle peut adresser à l'administration pénitentiaire une demande d'affectation sur un poste de travail. Au vu de l'avis de la commission pluridisciplinaire unique et, le cas échéant, de la demande d'affectation formulée par la personne détenue, l'administration pénitentiaire organise des entretiens professionnels entre celle-ci et le service, l'entreprise ou la structure chargé de l'activité de travail. Au vu des résultats de ces entretiens, au terme desquels le service, l'entreprise ou la structure chargé de l'activité de travail opère un choix, et en tenant compte des possibilités locales d'emploi, le chef d'établissement prend, le cas échéant, une décision d'affectation sur un poste de travail.

Les personnes détenues classées au travail avant la publication de la L. n° 2021-1729 du 22 déc. 2021 qui n'ont pas signé d'acte d'engagement dans les conditions prévues à l'art. 33 de la L. n° 2009-1436 du 24 nov. 2009 précitée sont intégrées dans la liste d'attente d'affectation mentionnée à l'art. 719-6 (L. n° 2021-1729 préc., art. 59-XII).

BIBL. ▶ MONNERY et BOUVIER, *AJ pénal 2022. 70* (loi confiance et exécution des peines).

Art. 719-7 ***I. — En cas de faute disciplinaire, le chef d'établissement peut :***

1° Mettre fin au classement au travail ;

2° Mettre fin à l'affectation sur un poste de travail ;

3° Suspendre le classement au travail, pour une durée qu'il détermine.

Les mesures prévues aux 1° à 3° sont prises à titre de sanction disciplinaire, dans les conditions prévues à l'article 726.

II. — Le chef d'établissement peut suspendre l'affectation sur un poste de travail pour des motifs liés au maintien du bon ordre, à la sécurité de l'établissement pénitentiaire ou à la prévention des infractions. La durée de la mesure doit être strictement proportionnée.

L'affectation peut également être suspendue pendant la durée d'une procédure disciplinaire ou pour des motifs liés à la translation de la personne détenue ou, en ce qui concerne les prévenus, aux nécessités de l'information. Elle peut également être suspendue à la demande de la personne détenue.

III. — L'affectation de la personne détenue sur un poste de travail prend fin lorsqu'il est mis fin au contrat d'emploi pénitentiaire en application du II de l'article 719-11. Elle est suspendue lorsque le contrat est suspendu en application de l'article 719-12.

SOUS-SECTION 3 *[ABROGÉE]* CONTRAT D'EMPLOI PÉNITENTIAIRE

Les actes d'engagement signés avant le 1er mai 2022 demeurent en vigueur, au plus tard jusqu'au 31 déc. 2022, dans les conditions fixées à l'art. 33 de la L. n° 2009-1436 du 24 nov. 2009 pénitentiaire. Durant cette période, toute personne détenue ayant précédemment signé un acte d'engagement se voit proposer la signature d'un contrat d'emploi pénitentiaire, conformément aux art. 719-8 à 719-13. En cas de changement des conditions de travail prévues dans son acte d'engagement, la personne détenue se voit proposer la conclusion d'un contrat d'emploi pénitentiaire. Le refus de signer le contrat d'emploi pénitentiaire met fin à la relation de travail au plus tard le 31 déc. 2022 (L. n° 2021-1729 du 22 déc. 2021, art. 59-XII).

Art. 719-8 ***La personne détenue ne peut conclure un contrat d'emploi pénitentiaire sans avoir été préalablement classée au travail et affectée sur un poste de travail dans les conditions prévues à l'article 719-6.***

Art. 719-9 ***Lorsque le donneur d'ordre est l'administration pénitentiaire, le contrat d'emploi pénitentiaire est conclu entre le chef d'établissement et la personne détenue.***

Lorsque le donneur d'ordre est un de ceux mentionnés au 2° de l'article 719-3, le contrat d'emploi pénitentiaire est conclu entre la personne détenue et le représentant légal du donneur d'ordre. Une convention signée par ces deux personnes et par le chef d'établissement pénitentiaire lui est annexée. Cette convention détermine les obligations respectives de l'établissement, du donneur d'ordre et de la personne détenue et prévoit notamment les modalités de remboursement par le donneur d'ordre des rémunérations et cotisations avancées par l'établissement.

La durée du contrat d'emploi pénitentiaire est fixée en tenant compte de la durée de la mission ou du service confié à la personne détenue. Le contrat mentionne cette durée, qui peut être indéterminée.

Le contrat d'emploi pénitentiaire énonce notamment les droits et obligations professionnels de la personne détenue, ainsi que ses conditions de travail et sa rémunération.

Art. 719-10 *Le contrat d'emploi pénitentiaire prévoit une période d'essai dont la durée ne peut excéder :*

1° Deux semaines, lorsque la durée du contrat est au plus égale à six mois ;

2° Un mois, lorsque la durée du contrat est supérieure à six mois ou indéterminée.

Dans le cas prévu au 2°, la période d'essai peut être prolongée pour une durée maximale de deux mois lorsque la technicité du poste le justifie.

Art. 719-11 *I. — Il est mis fin au contrat d'emploi pénitentiaire :*

1° D'un commun accord entre la personne détenue et le donneur d'ordre ou à l'initiative de la personne détenue ;

2° Lorsque la détention prend fin ;

3° En cas de transfert définitif de la personne détenue dans un autre établissement ;

4° Lorsqu'il est mis fin au classement au travail ou à l'affectation sur un poste de travail dans les conditions prévues au I de l'article 719-7.

Lorsqu'il est mis fin au contrat d'emploi pénitentiaire en application du 2° du présent I, y compris dans le cadre d'un aménagement de peine, et en cas de commun accord entre la personne détenue et le donneur d'ordre, la conclusion d'un contrat de travail entre ces deux parties doit être facilitée. A cet effet, le donneur d'ordre informe la personne détenue des possibilités d'emploi dans son service, son entreprise ou sa structure et examine la possibilité de conclure avec cette personne, à l'issue de sa détention, un contrat de travail lui permettant de continuer à exercer une activité pour ce même donneur d'ordre, selon les dispositions du code du travail.

Lorsqu'il est mis fin au contrat d'emploi pénitentiaire en application du 3° du présent I, la personne transférée conserve le bénéfice du classement au travail préalablement obtenu. Toutes les dispositions sont prises pour l'affecter en priorité sur un poste de nature comparable, compte tenu des possibilités locales d'emploi.

II. — Le donneur d'ordre mentionné à l'article 719-3 peut, après avoir mis la personne détenue en mesure de présenter ses observations, mettre fin au contrat d'emploi pénitentiaire en cas d'inaptitude ou d'insuffisance professionnelle ou, lorsque le donneur d'ordre est une structure d'insertion par l'activité économique ou une entreprise adaptée, en cas de non-respect de l'accompagnement socioprofessionnel proposé.

Le donneur d'ordre peut également mettre fin au contrat d'emploi pénitentiaire en cas de force majeure, pour un motif économique ou, lorsque le donneur d'ordre est l'administration pénitentiaire, pour un motif tenant aux besoins du service.

Art. 719-12 *I. — Le contrat d'emploi pénitentiaire est suspendu de plein droit lorsque le classement au travail de la personne détenue ou son affectation sur le poste de travail est suspendu en application des I ou II de l'article 719-7.*

II. — Le contrat d'emploi pénitentiaire peut être suspendu, dans le cadre du service général, par le chef d'établissement ou, dans le cadre d'une activité de production, par le donneur d'ordre mentionné au 2° de l'article 719-3 :

1° En cas d'incapacité temporaire de travail pour raison médicale ;

2° En cas de baisse temporaire de l'activité.

Art. 719-13 *Tout litige lié au contrat d'emploi pénitentiaire et à la convention mentionnée au deuxième alinéa de l'article 719-9 relève de la compétence de la juridiction administrative.*

SOUS-SECTION 4 *[ABROGÉE]* DURÉE DU TRAVAIL, REPOS, JOURS FÉRIÉS ET RÉMUNÉRATION

Art. 719-14 *Le montant minimal de la rémunération et les règles relatives à la répartition des produits du travail des personnes détenues sont fixés par décret. Le produit du travail des personnes détenues ne peut faire l'objet d'aucun prélèvement pour frais d'entretien en établissement pénitentiaire. La rémunération du travail des personnes détenues ne peut être inférieure à un taux horaire fixé par décret et indexé sur le salaire minimum de croissance défini à l'article L. 3231-2 du code du travail. Ce taux peut varier en fonction du régime sous lequel les personnes détenues sont employées.*

Art. 719-15 *Sont définis par décret en Conseil d'État :*

1° Les durées maximales quotidienne et hebdomadaire de travail effectif de la personne détenue ainsi que les conditions dans lesquelles peut être mis en place un dispositif d'aménagement du temps de travail sur une durée supérieure à la semaine ;

2° La durée du travail effectif à temps complet ;

3° La durée minimale de travail en cas de recours au temps partiel ;

4° Le régime des heures supplémentaires et complémentaires ;

5° Le régime des temps de pause, du repos quotidien, du repos hebdomadaire et des jours fériés dont bénéficient les personnes détenues.

SOUS-SECTION 5 *[ABROGÉE]* DISPOSITIONS DIVERSES ET DISPOSITIONS D'APPLICATION

Art. 719-16 *Dans les conditions et selon les modalités prévues aux articles L. 5135-1 à L. 5135-8 du code du travail, une période de mise en situation en milieu professionnel peut être effectuée par la personne détenue au sein d'une structure d'accueil en milieu libre dans le cadre d'un placement à l'extérieur, d'une permission de sortir ou selon les modalités prévues pour le travail à l'extérieur.*

BIBL. ▶ Monnery et Bouvier, *AJ pénal 2022. 70* (loi confiance et exécution des peines).

Art. 719-17 *Sous réserve de l'article 719-14, les modalités d'application de la présente section sont fixées par décret en Conseil d'État.*

SECTION PREMIÈRE *BIS* DE LA LIBÉRATION SOUS CONTRAINTE

(L. n° 2014-896 du 15 août 2014, art. 39 et 54, en vigueur le 1er janv. 2015)

Art. 720 *(L. n° 2019-222 du 23 mars 2019, art. 83 et 109-XXII, en vigueur le 1er juin 2019)* **« La situation de toute personne condamnée exécutant une ou plusieurs peines privatives de liberté d'une durée totale inférieure ou égale à cinq ans est obligatoirement examinée par le juge de l'application des peines afin que soit prononcée une libération sous contrainte lorsque la durée de la peine accomplie est au moins égale au double de la durée de la peine restant à subir.**

« La libération sous contrainte entraîne l'exécution du reliquat de peine sous le régime de la libération conditionnelle, de la détention à domicile sous surveillance électronique, du placement à l'extérieur ou de la semi-liberté. Les conséquences de l'inobservation de ces mesures sont celles prévues au présent code.

« La libération sous contrainte est décidée par le juge de l'application des peines qui, après avis de la commission d'application des peines, détermine, parmi les mesures prévues au deuxième alinéa, celle qui est la mieux adaptée à la situation du condamné.

« Le juge de l'application ne peut refuser l'octroi de la libération sous contrainte qu'en constatant, par ordonnance spécialement motivée, qu'il est impossible de mettre en œuvre une de ces mesures au regard des exigences de l'article 707. »

S'il n'est pas procédé à l'examen de la situation de la personne condamnée conformément aux dispositions du premier alinéa du présent article, le président de la chambre de l'application des peines de la cour d'appel peut, d'office ou sur saisine de la personne condamnée ou du procureur de la République, prononcer une mesure de libération sous contrainte dans les conditions prévues au *(L. n° 2019-222 du 23 mars 2019, art. 83 et 109-XXII, en vigueur le 1er juin 2019)* **« présent article.**

« Le présent article n'est pas applicable aux condamnés :

« 1° Qui ont préalablement fait connaître leur refus d'une libération sous contrainte ;

« 2° Pour lesquels une requête en aménagement de peine est pendante devant la juridiction de l'application des peines ; dans ce cas, si les conditions d'exécution de la peine prévues au premier alinéa sont remplies, l'aménagement doit être ordonné sauf s'il est impossible à mettre en œuvre au regard des exigences de l'article 707. »

V. art. D. 147-17 s.

Jusqu'au 23 mars 2020, lorsqu'une libération sous contrainte ordonnée en application des art. 720 et D. 147-17 à D. 147-19 donne lieu à une mesure de surveillance électronique, celle-ci s'exécute conformément aux dispositions des art. 723-7 à 723-13-1 et R. 57-11 à R. 57-30-10 relatives au placement sous surveillance électronique.

S'agissant des dispositions d'urgence mises en place pour faire face à l'épidémie de covid-19, V. App., v° État d'urgence sanitaire.

BIBL. ▶ Bonis et Peltier, *Dr. pénal 2022. Étude 5* (loi du 22 décembre 2021 : redonner confiance en l'exécution des peines). – P. Januel (une recherche pour étudier l'échec de la libération sous contrainte, *D. actu. 25 oct. 2017*).

▶ **Dossier :** *AJ pénal 2022. 63* s. (loi pour la confiance dans l'institution judiciaire).

Nouvel art. 720 *(L. n° 2021-1729 du 22 déc. 2021, art. 11, en vigueur le 1er janv. 2023) « I. — » (L. n° 2019-222 du 23 mars 2019, art. 83 et 109-XXII, en vigueur le 1er juin 2019)* ***« La situation de toute personne condamnée exécutant une ou plusieurs peines privatives de liberté d'une durée totale inférieure ou égale à cinq ans est obligatoirement examinée par le juge de l'application des peines afin que soit prononcée une libération sous contrainte lorsque la durée de la peine accomplie est au moins égale au double de la durée de la peine restant à subir.***

« La libération sous contrainte entraîne l'exécution du reliquat de peine sous le régime de la libération conditionnelle, de la détention à domicile sous surveillance électronique, du placement à l'extérieur ou de la semi-liberté. Les conséquences de l'inobservation de ces mesures sont celles prévues au présent code.

« La libération sous contrainte est décidée par le juge de l'application des peines qui, après avis de la commission d'application des peines, détermine, parmi les mesures prévues au deuxième alinéa, celle qui est la mieux adaptée à la situation du condamné.

« Le juge de l'application ne peut refuser l'octroi de la libération sous contrainte qu'en constatant, par ordonnance spécialement motivée, qu'il est impossible de mettre en œuvre une de ces mesures au regard des exigences de l'article 707. »

S'il n'est pas procédé à l'examen de la situation de la personne condamnée conformément aux dispositions du premier alinéa du présent *(L. n° 2021-1729 du 22 déc. 2021, art. 11, en vigueur le 1er janv. 2023) « I »*, ***le président de la chambre de l'application des peines de la cour d'appel peut, d'office ou sur saisine de la personne condamnée ou du procureur de la République, prononcer une mesure de libération sous contrainte dans les conditions prévues au*** *(L. n° 2019-222 du 23 mars 2019, art. 83 et 109-XXII, en vigueur le 1er juin 2019) « présent » (L. n° 2021-1729 du 22 déc. 2021, art. 11, en vigueur le 1er janv. 2023) « I »*

« Le présent *(L. n° 2021-1729 du 22 déc. 2021, art. 11, en vigueur le 1er janv. 2023) « I »* ***n'est pas applicable aux condamnés :***

« 1° Qui ont préalablement fait connaître leur refus d'une libération sous contrainte ;

« 2° Pour lesquels une requête en aménagement de peine est pendante devant la juridiction de l'application des peines ; dans ce cas, si les conditions d'exécution de la peine prévues au premier alinéa sont remplies, l'aménagement doit être ordonné sauf s'il est impossible à mettre en œuvre au regard des exigences de l'article 707. »

(L. n° 2021-1729 du 22 déc. 2021, art. 11, en vigueur le 1er janv. 2023) ***« II. — Lorsqu'il reste au condamné exécutant une ou plusieurs peines privatives de liberté d'une durée totale inférieure ou égale à deux ans un reliquat de peine à exécuter qui est inférieur ou égal à trois mois, la libération sous contrainte s'applique de plein droit, sauf en cas d'impossibilité matérielle résultant de l'absence d'hébergement. Le juge de l'application des peines détermine, après avis de la commission de l'application des peines, la mesure applicable.***

« En cas de non-respect de la mesure et des obligations et interdictions le cas échéant fixées, le juge de l'application des peines peut ordonner, selon les modalités prévues à l'article 712-6, le retrait ou la révocation de la mesure et la réincarcération de la personne pour une durée égale au plus au cumul de la peine qu'il lui restait à exécuter au moment de la décision et des réductions de peine octroyées qui n'avaient pas fait l'objet d'un retrait.

« III. — Le II du présent article n'est pas applicable :

« 1° Aux condamnés incarcérés pour l'exécution d'une ou de plusieurs peines dont l'une au moins a été prononcée pour une infraction qualifiée de crime, pour une infraction prévue aux articles 421-1 à 421-6 du code pénal, pour une infraction prévue au titre II du livre II du même code lorsqu'elle a été commise sur la personne d'un mineur de moins de quinze ans ou sur une personne dépositaire de l'autorité publique ou pour une infraction commise avec la circonstance aggravante définie à l'article 132-80 dudit code ;

« 2° Aux personnes détenues ayant fait l'objet, pendant la durée de leur détention, d'une sanction disciplinaire prononcée pour l'un des faits suivants :

« a) Exercer ou tenter d'exercer des violences physiques à l'encontre d'un membre du personnel de l'établissement ou d'une personne en mission ou en visite dans l'établissement ;

« b) Exercer ou tenter d'exercer des violences physiques à l'encontre d'une personne détenue ;

« c) Opposer une résistance violente aux injonctions des membres du personnel pénitentiaire de l'établissement ;

« *d) Participer ou tenter de participer à toute action collective de nature à compromettre la sécurité de l'établissement ou à en perturber l'ordre.* » ;

L'art. 720, dans sa rédaction résultant de l'art. 11 de la L. n° 2021-1729 du 22 déc. 2021, est applicable à l'ensemble des personnes condamnées exécutant une ou plusieurs peines privatives de liberté à compter du 1er janv. 2023, quelle que soit la date de commission de l'infraction (L. préc., art. 59-VII).

BIBL. ▶ MONNERY et BOUVIER, *AJ pénal 2022. 70* (loi confiance et exécution des peines).

SECTION II DE LA SUSPENSION ET DU FRACTIONNEMENT DES PEINES PRIVATIVES DE LIBERTÉ *(L. n° 97-1159 du 19 déc. 1997).*

Art. 720-1 *(L. n° 92-1336 du 16 déc. 1992)* **En matière correctionnelle, lorsqu'il reste à subir par la personne condamnée une peine d'emprisonnement inférieure ou égale à** *(L. n° 2009-1436 du 24 nov. 2009, art. 79-I)* **« deux ans », cette peine peut, pour motif** *(Abrogé par L. n° 2009-1436 du 24 nov. 2009, art. 79-I) « grave »* **d'ordre médical, familial, professionnel ou social et pendant une période n'excédant pas** *(L. n° 2009-1436 du 24 nov. 2009, art. 79-I)* **« quatre » ans, être suspendue ou exécutée par fractions, aucune de ces fractions ne pouvant être inférieure à deux jours.** *(L. n° 2000-516 du 15 juin 2000, art. 125-I, en vigueur le 1er janv. 2001)* **« La décision est prise par le juge de l'application des peines dans les conditions prévues par l'article »** *(L. n° 2004-204 du 9 mars 2004, art. 162-VI et 168-IV, en vigueur le 1er janv. 2005)* **« 712-6. Ce juge peut décider de soumettre le condamné à une ou plusieurs des obligations ou interdictions prévues par les articles 132-44 et 132-45 du code pénal. »**

Lorsque l'exécution fractionnée de la peine d'emprisonnement a été décidée par la juridiction de jugement en application de l'article 132-27 du code pénal, cette décision peut être modifiée dans les conditions prévues à l'alinéa précédent.

(L. n° 2014-896 du 15 août 2014, art. 25, en vigueur le 1er oct. 2014) **« Le seuil de deux ans prévu au premier alinéa est porté à quatre ans lorsque la suspension pour raison familiale s'applique soit à une personne condamnée exerçant l'autorité parentale sur un enfant de moins de dix ans ayant chez ce parent sa résidence habituelle, soit à une femme enceinte de plus de douze semaines. »**

(L. n° 2016-987 du 21 juill. 2016, art. 8) **« Le présent article n'est pas applicable aux personnes condamnées pour une ou plusieurs des infractions mentionnées aux articles 421-1 à 421-6 du code pénal, à l'exclusion de celles définies aux articles 421-2-5 à 421-2-5-2 du même code. »**

S'agissant des dispositions d'urgence mises en place pour faire face à l'épidémie de covid-19, V. App., v° État d'urgence sanitaire.

1. *Application facultative.* La suspension provisoire de l'exécution de la peine prévue par l'art. 720-1 n'est qu'une simple faculté pour le tribunal, de l'exercice de laquelle il ne doit aucun compte. • Crim. 5 févr. 1979, n° 76-90.683 P • 15 juill. 1981, n° 80-94.266 P. ♦ De même, le refus d'accorder au condamné le bénéfice du fractionnement de peine relève du pouvoir d'appréciation dont les juges disposent en vertu des art. 722 s. • Crim. 28 avr. 2004 : *AJ pénal 2004. 331, obs. Herzog-Evans*.

2. *Contrainte par corps.* Justifie légalement sa décision la cour d'appel qui déclare irrecevable la demande fondée sur l'art. 720-1 formée, pour raison grave d'ordre médical, par une personne exécutant une contrainte par corps, en faisant ressortir que ce débiteur n'est pas placé dans la situation juridique d'un condamné exécutant une peine privative de liberté qui, seul, peut bénéficier d'une mesure de suspension provisoire de la détention. • Com. 13 oct. 1981, n° 80-12.093 P.

3. *Période de sûreté.* Les remises de peine accordées au condamné doivent être prises en compte pour le calcul de la période de sûreté. • JNLC 16 mai 2003 : *Bull. JNLC n° 2.*

4. *Limitation à l'emprisonnement.* L'art. 720-1 ne prévoit le fractionnement ou la suspension que pour la peine d'emprisonnement, et non pour le montant, prévu par le jugement, des versements mensuels dus au titre des dommages-intérêts. • Crim. 18 janv. 2005, n° 04-82.335 P : *D. 2005. IR 796 ; JCP 2005. IV. 1508 ; AJ pénal 2005. 204, obs. Leblois-Happe*.

Art. 720-1-1 *(L. n° 2002-303 du 4 mars 2002 ; L. n° 2005-1549 du 12 déc. 2005, art. 10)* **« Sauf s'il existe un risque grave de renouvellement de l'infraction, » la suspension peut également être ordonnée, quelle que soit la nature de la peine ou la durée de la peine restant à subir, et pour une durée qui n'a pas à être déterminée, pour les condamnés dont il est établi qu'ils sont atteints d'une pathologie engageant le**

pronostic vital ou que leur état de santé *(L. n° 2014-896 du 15 août 2014, art. 51, en vigueur le 1er oct. 2014)* **« physique ou mentale » est durablement incompatible avec le maintien en détention** *(Abrogé par L. n° 2019-222 du 23 mars 2019, art. 86) (L. n° 2014-896 du 15 août 2014, art. 51, en vigueur le 1er oct. 2014)* ***« La suspension ne peut être ordonnée en application du présent article pour les personnes détenues admises en soins psychiatriques sans leur consentement. »***

La suspension ne peut être ordonnée que si *(L. n° 2014-896 du 15 août 2014, art. 51, en vigueur le 1er oct. 2014)* **« une expertise médicale établit** *[ancienne rédaction : deux expertises médicales distinctes établissent de manière concordante]* **» que le condamné se trouve dans l'une des situations énoncées à l'alinéa précédent.** *(L. n° 2009-1436 du 24 nov. 2009, art. 79-II)* **« Toutefois, en cas d'urgence,** *(Abrogé par L. n° 2014-896 du 15 août 2014, art. 51, à compter du 1er oct. 2014)* ***« lorsque le pronostic vital est engagé, »*** **la suspension peut être ordonnée au vu d'un certificat médical établi par le médecin responsable de la structure sanitaire dans laquelle est pris en charge le détenu ou son remplaçant. »**

Lorsque la peine privative de liberté prononcée est d'une durée inférieure ou égale à dix ans ou que, quelle que soit la peine initialement prononcée, *(L. n° 2014-896 du 15 août 2014, art. 51, en vigueur le 1er oct. 2014)* **« en cas d'urgence ou lorsque » la durée de détention restant à subir est inférieure ou égale à trois ans, cette suspension est ordonnée par le juge de l'application des peines selon les modalités prévues par l'article** *(L. n° 2004-204 du 9 mars 2004, art. 192, en vigueur le 1er janv. 2005)* **« 712-6** *[ancienne rédaction : 722]* **».**

(L. n° 2004-204 du 9 mars 2004, art. 192, en vigueur le 1er janv. 2005) **« Dans les autres cas, elle est prononcée par le tribunal de l'application des peines selon les modalités prévues par l'article 712-7.**

(L. n° 2014-896 du 15 août 2014, art. 51, en vigueur le 1er oct. 2014) **« Dans les cas prévus aux troisième et quatrième alinéa** *[alinéas]* **du présent article, le condamné peut être régulièrement représenté par son avocat lorsque son état de santé fait obstacle à son audition ; le débat contradictoire se tient alors au tribunal judiciaire. »**

« La juridiction qui accorde une suspension de la peine en application des dispositions du présent article peut décider de soumettre le condamné à une ou plusieurs des obligations ou interdictions prévues par les articles 132-44 et 132-45 du code pénal. »

Le juge de l'application des peines peut à tout moment ordonner une expertise médicale à l'égard d'un condamné ayant bénéficié d'une mesure de suspension de peine en application du présent article et ordonner qu'il soit mis fin à la suspension si les conditions de celle-ci ne sont plus remplies. *(L. n° 2004-204 du 9 mars 2004, art. 192, en vigueur le 1er janv. 2005)* **« Il en est de même si le condamné ne respecte pas les obligations qui lui ont été imposées en application des dispositions de l'alinéa précédent** *(L. n° 2010-242 du 10 mars 2010, art. 14)* **« ou s'il existe de nouveau un risque grave de renouvellement de l'infraction ». La décision du juge de l'application des peines est prise selon les modalités prévues par l'article 712-6. »**

(L. n° 2005-1549 du 12 déc. 2005, art. 11) **« Si la suspension de peine a été ordonnée pour une condamnation prononcée en matière criminelle, une expertise médicale destinée à vérifier que les conditions de la suspension sont toujours remplies doit intervenir tous les six mois. »** — *Les dispositions de cet alinéa sont applicables aux suspensions en cours à la date d'entrée en vigueur de la L. n° 2005-1549 du 12 déc. 2005 (JO 13 déc.), quelle que soit la date de commission des faits ayant donné lieu à la condamnation.*

Les dispositions de l'article 720-2 ne sont pas applicables lorsqu'il est fait application des dispositions du présent article.

V. art. D. 147-1 s.

S'agissant des dispositions d'urgence mises en place pour faire face à l'épidémie de covid-19, V. App., v° État d'urgence sanitaire.

BIBL. ▶ BARON, *Dr. pénal 2015. Étude 1* (la raison médicale comme motif de mise en liberté). – CÉRÉ, *D. 2002. 3224* (la loi n° 2002-1138 du 9 sept. 2002 et l'amélioration du fonctionnement et de la sécurité des établissements pénitentiaires) ; *AJ pénal. 2010. 325* (le détenu malade. Le traitement du droit européen). – CROUY-CHANEL, NOËL et SANNIER, *AJ pénal 2010. 318* (aménagements de peine pour raison médicale. Approche médico-judiciaire pour une meilleure mise en œuvre). – HERZOG-EVANS, *RPDP 2005. 305* (la suspension médicale de peine et la sécurité publique. État des lieux). – PONSEILLE, *RSC 2014. 729* (prise en considération de l'état de santé de la personne suspectée ou condamnée par la loi n° 2014-896 du 15 août

2014). – Vella et Janas, *RPDP 2003. 471* (difficultés d'application de la suspension de peine médicale).

1. QPC. Même en présence de deux expertises concordantes établissant que le condamné ne se trouve pas dans l'une des situations prévues par l'art. 720-1-1, il entre de manière normalement prévisible dans l'office du juge qui reste saisi d'une demande de suspension de peine, soit d'ordonner une nouvelle expertise, soit de rechercher si le maintien en détention de l'intéressé n'est pas constitutif d'un traitement inhumain ou dégradant, notamment par son incompatibilité avec les garanties qui lui sont dues pour protéger sa santé (non-renvoi). • Crim., QPC, 26 juin 2013 : *AJ pénal 2013. 491, obs. Herzog-Evans ; RSC 2013. 625, obs. Poncela ; ibid. 899, obs. de Lamy ; Dr. pénal 2013. 164, note Peltier.*

2. Risque grave de renouvellement de l'infraction. Justifie souverainement le refus de suspension médicale de peine la CHAP qui relève notamment que l'expert notait que le condamné se retrouvait dans une situation conjugale identique à celle qui précédait le meurtre depuis son remariage et que ce retour à la situation antérieure n'excluait pas la récidive. Les expertises permettent de relever qu'il existe un risque de récidive et qu'eu égard à la personnalité du condamné et à l'absence de toute analyse par lui du contexte de l'assassinat de sa première épouse, il peut être qualifié d'important. • Crim. 2 mars 2011 : *AJ pénal 2011. 531, obs. Herzog-Evans .* ♦ Dans le même sens de l'exclusion d'une suspension médicale de peine en cas de risque de renouvellement de l'infraction, dont l'appréciation relève souverainement des juges du fond : • Crim. 9 janv. 2019, n° 18-81.910 : *Dr. pénal 2019, n° 58, note Peltier.* ♦ Comp., • Crim. 12 févr. 2003, n° 02-86.531 P : *D. 2003. 1065, note Herzog-Evans ; JCP 2003. IV. 1600 ; Dr. pénal 2003. Comm. 52, obs. Maron et Haas :* l'art. 720-1-1, al. 1er, qui prévoit la possibilité de suspendre une peine privative de liberté, quelle qu'en soit la nature ou la durée, et pour une durée qui n'a pas à être déterminée, à l'égard des condamnés dont il est établi qu'ils sont atteints d'une pathologie engageant le pronostic vital ou que leur état de santé est durablement incompatible avec le maintien en détention, ne fixe aucune condition tenant à la nature des infractions sanctionnées ou à l'existence d'un risque de trouble à l'ordre public. • Crim. 12 févr. 2003, n° 02-86.531 P : *D. 2003. 1065, note Herzog-Evans ; JCP 2003. IV. 1600 ; Dr. pénal 2003. Comm. 52, obs. Maron et Haas.* ♦ Les juges ne sont pas tenus de rechercher si la mesure de suspension présentait un risque pour la sécurité et l'ordre public. • Crim. 15 mars 2006, n° 05-83.329 P : *D. 2006. IR 1187 ; AJ pénal 2006. 273, obs. Herzog-Evans ; RSC 2007. 352, obs. Poncela .*

3. Pronostic vital. Pour bénéficier des dispositions de l'art. 720-1-1, le condamné doit nécessairement avoir une pathologie qui engage son pronostic vital à court terme. • Crim. 28 sept. 2005, n° 05-81.010 P : *AJ pénal 2005. 461, obs. Herzog-Evans ; Dr. pénal 2006. Comm. 183, obs. Maron ; RSC 2006. 428, note Poncella .* ♦ *Contra* : l'art. 720-1-1 permet d'ordonner la suspension de peine lorsque la pathologie dont est atteint le condamné rend son état de santé durablement incompatible avec la détention, même si cette pathologie n'engage pas à court terme le pronostic vital. • Crim. 15 mars 2006 : *préc. note 2.*

4. Mission des experts. En matière de suspension de peine pour motif médical, les juridictions de l'application des peines doivent fixer comme mission aux experts de rechercher si les conditions effectives de la détention du détenu malade sont durablement compatibles avec son état de santé (conditions matérielles des déplacements, actes de la vie quotidienne...). • TAP Évreux, 3 mai 2011 : *D. actu. 26 mai 2011, obs. Léna.*

5. Expertises et office du juge. Le refus de suspendre l'exécution d'une peine privative de liberté pour raisons médicales n'implique pas que deux expertises médicales distinctes aient été préalablement ordonnées. • Crim. 23 juin 2004, n° 04-80.439 P : *D. 2004. IR 2196 ; JCP 2004. IV. 2783 ; AJ pénal 2004. 373, obs. Herzog-Evans ; Dr. pénal 2004. Comm. 153, obs. Maron ; RSC 2006. 427, note Poncella* • 24 oct. 2007, n° 06-89.405 P : *AJ pénal 2008. 99, note Enderlin .* ♦ En revanche, pour que la mesure de suspension de peine puisse être accordée, il est nécessaire que deux expertises concordantes établissent l'incompatibilité de l'état de santé du condamné avec la détention. • Crim. 21 févr. 2007, n° 06-85.595 P : *RSC 2008. 414, obs. Poncela ; D. 2007. AJ 868 ; ibid 2007. AJ 1016 ; AJ pénal 2007. 192, obs. Herzog-Evans ; Dr. pénal 2008. Chron. 27, obs. Peltier.* ♦ La cour d'appel qui s'est fondée sur les conclusions de deux expertises médicales établissant que l'état de santé du demandeur n'est pas incompatible avec la détention a parfaitement justifié sa décision. Peu importe à cet égard le contenu de ces rapports d'où pourraient ressortir quelques contradictions avec les conclusions. • Crim. 27 juin 2007 : *AJ pénal 2007. 494, obs. Herzog-Evans .* ♦ *Contra* : Dès lors que deux expertises ont été réalisées, la CHAP ne peut, sans se contredire, énoncer que les deux expertises établissent que le condamné est paraplégique et se déplace en fauteuil roulant, que « son pronostic vital » n'est pas engagé, que son état de santé n'est pas incompatible avec la détention et que les conditions légales d'application de l'art. 720-1-1 ne sont pas remplies sans rechercher s'il ne résulte pas desdites expertises que les conditions effectives de la détention sont durablement incompatibles avec l'état de santé du condamné. • Crim. 7 janv. 2009 : *D. 2009. Pan. 1383, obs. Herzog-Evans ; AJ pénal 2009. 236, obs. Giacopelli ; Dr. pénal 2009, n° 42, obs. Maron et Haas ; ibid. 2010. Chron. 2, obs. Peltier.* ♦ Dans le même sens : Ne justifie pas sa décision la CHAP qui, en présence de deux expertises contradictoires quant à la compatibilité de l'état de santé de la requérante avec la détention, rejette la requête en suspension médicale de peine, sans mieux s'expliquer sur la compatibilité de l'état de santé avec la détention ni répondre aux conclusions de la condamnée qui produisait le rapport d'un troisième expert désigné par le JAP saisi d'une demande d'aménagement, qui avait lui-même conclu que cet état était durablement incompatible avec la détention. • Crim. 14 oct. 2009 : *RSC 2010. Chron. 652, obs. Poncela ; AJ pénal 2010. 42, obs. Herzog-Evans ; Dr. pénal 2010. Chron. 2, obs. Peltier* • Caen, CHAP, 18 avr. 2013 : *AJ pénal 2013. 360, obs. Herzog-Evans*. ♦ V. aussi : • Crim. 26 juin 2013 : *préc. note 1.*

6. Cas d'urgence. La L. du 24 nov. 2009 a créé une possibilité supplémentaire d'octroi de la suspension de peine, dans les cas d'urgence. Cette nouvelle disposition ne se substitue pas à celles préexistantes. En conséquence, dès lors que les expertises concluent de façon concordante comme en l'espèce, que le pronostic vital d'un condamné est engagé ou que son état de santé est incompatible avec la détention ordinaire, la suspension de peine pourra être ordonnée. • Aix-en-Provence 16 févr. 2010 : *AJ pénal 2010. 253, obs. Herzog-Evans*. ♦ Pour une autre application, V. • TAP Melun, 15 sept. 2017, n° 2017/112 : *D. actu. 21 sept. 2017, obs. Goetz ; AJ pénal 2017. 511, obs. Noël*.

7. Report d'exécution. Lorsque le condamné remplit les conditions médicales lui permettant de bénéficier d'une mesure de suspension de peine pour raisons médicales mais qu'il lui manque un lieu d'hébergement adéquat, il convient de l'admettre au bénéfice de la suspension de peine en prévoyant que cette mesure pourra lui être appliquée par simple ordonnance du JAP dès qu'une structure lui assurant les soins nécessaires aura été trouvée, cette décision devant intervenir au plus tard dans le délai d'un an à compter de la date du jugement. • TAP Créteil, 24 oct. 2006 : *AJ pénal 2006. 512, obs. Herzog-Evans ; RSC 2007. 350, obs. Poncela*. ♦ Les art. L. 6112-1 et L. 6112-2 CSP mettent à la charge de l'Assistance publique des hôpitaux de Paris (AP-HP) l'obligation de veiller à la continuité des soins. De ce fait, s'agissant d'un individu de 71 ans, atteint de multiples pathologies incompatibles avec la détention et ayant de ce fait obtenu une suspension médicale de peine sous condition que lui soit trouvé un hébergement dans une structure de soins adaptés, il appartient à l'AP-HP d'orienter le détenu vers une structure adaptée. • TA Paris, 13 juin 2007 : *AJ pénal 2007. 447, note Herzog-Evans*.

8. Retrait de la suspension de peine. Un simple décret ne saurait créer une condition de retrait supplémentaire (à savoir une « mauvaise conduite ») pour combler un soi-disant vide juridique ou une lacune de la loi. Dès lors, faute de disposition législative spéciale, la mesure de suspension de peine accordée au détenu pour raisons médicales ne saurait lui être retirée sur le seul fondement de l'art. D. 49-25 au motif qu'il aurait commis, une fois remis en liberté, plusieurs infractions correctionnelles. Il convient en revanche de vérifier si le condamné remplit toujours les conditions médicales pour être admis à une mesure de suspension de peine. • Paris, CHAP, 22 mars 2007 : *AJ pénal 2007. 235, obs. Herzog-Evans*.

9. Justifie sa décision le juge qui, pour ordonner la cessation d'une mesure de suspension de peine accordée sur le fondement de l'art. 720-1-1, constate le non-respect des obligations prescrites, une telle décision ne préjudiciant pas des modalités de la détention en fonction de l'état de santé de l'intéressé. • Crim. 12 avr. 2012, n° 11-85.673 P : *D. actu. 15 juin 2012, obs. Priou-Alibert ; AJ pénal 2012. 662, obs. Herzog-Evans ; Dr. pénal 2012, n° 98, obs. Véron ; ibid. 2013. Chron. 3, obs. Bonis-Garçon.*

10. Condamné libre. C'est à tort que la cour déclare irrecevable la demande de suspension de peine pour raison médicale présentée en faveur d'un condamné encore libre dès lors qu'il ne résulte pas de la combinaison des art. 720-1 et 720-1-1 que la possibilité de prononcer une telle mesure en l'absence de mise sous écrou soit réservée aux seules personnes condamnées à une peine d'emprisonnement correctionnel inférieure ou égale à un an ou, dans les autres cas, aux seules personnes dont le pronostic vital est engagé. • Crim. 21 févr. 2007 : *préc. note 5.*

11. Transformation en libération conditionnelle. En annulant le jugement révoquant la libération conditionnelle sans constater l' existence d' une violation ou omission non réparée de formes prescrites par la loi à peine de nullité, alors que le condamné avait bénéficié d' une libération conditionnelle qui s'était substituée à la suspension de peine accordée pour raison médicale, et en omettant de prononcer sur la révocation de cette mesure dont elle était saisie par l'effet dévolutif de l'appel, la CHAP a méconnu les textes susvisés et les principes ci-dessus énoncés et a excédé ses pouvoirs. • Crim. 7 mai 2008 : *AJ pénal 2008. 473, obs. Herzog-Evans ; Dr. pénal 2009. Chron. 3, obs. Garçon.*

12. Conv. EDH, art. 5. Le maintien en détention d'un individu souffrant de troubles mentaux pendant plusieurs années est contraire à l'art. 5 Conv. EDH. • CEDH 2 oct. 2012, *L.B. c/ Belgique*, n° 22831/08 : *RDSS 2013. 245, note Margaine*.

SECTION III DE LA PÉRIODE DE SÛRETÉ *(L. 97-1159 du 19 déc. 1997).*

Art. 720-2 *(L. n° 92-1336 du 16 déc. 1992)* **Les dispositions concernant la suspension ou le fractionnement de la peine, le placement à l'extérieur, les permissions de sortir, la semi-liberté et la libération conditionnelle ne sont pas applicables pendant la durée de la période de sûreté prévue à l'article 132-23 du code pénal.**

Sauf s'il en est décidé autrement par le décret de grâce, la commutation ou la remise d'une peine privative de liberté assortie d'une période de sûreté entraîne de plein droit le maintien de cette période pour une durée globale qui correspond à la moitié de la peine résultant de cette commutation ou remise, sans pouvoir toutefois excéder la durée de la période de sûreté attachée à la peine prononcée.

BIBL. ▸ Couvrat, *RSC. 1987. 263* (à propos des périodes de sûreté) ; *ibid. 1994. 359* (de la période de sûreté à la peine incompressible, à propos de la loi du 1er févr. 1994). – Griffon-Yarza, *AJ pénal 2013. 591* (la computation de la période de sûreté) ; *Dr. pénal 2016, Étude 23* (évolutions législatives et jurisprudentielles). – Pedron, *RPDP 2007. 39* (la période de sûreté). – Pradel, *D. 1987. Chron. 5* (vers un retour à une plus grande certitude de la peine avec les lois du 9 septembre 1986). – Seuvic, *RPDP 1996. 311* (la période de sûreté).

1. Nature. La période de sûreté prévue par l'art. 720-2 est une modalité d'exécution des peines privatives de liberté. La durée de cette période doit être fixée, le cas échéant, par décision spéciale de la cour d'assises prise dans les conditions fixées pour l'application de la peine par l'art. 362. • Crim. 16 janv. 1985 : *Bull. crim. n° 29.* ♦ La période de sûreté prévue à l'art. 720-2 n'est pas une mesure distincte de la peine qui en est assortie, mais constitue seulement une modalité d'exécution de celle-ci. Dès lors, en cas de confusion entre deux peines privatives de liberté, la durée de la détention subie antérieurement à cette mesure en exécution de la peine absorbée doit s'imputer sur la période de sûreté attachée à la peine absorbante. • Crim. 9 mars 1993, n° 92-84.480 P.

2. Motivation. Lorsqu'en application de l'art. 132-23 C. pén., la période de sûreté est fixée à la moitié de la peine, aucune délibération spéciale n'est nécessaire pour la fixer à cette durée, celle-ci n'étant exigée que pour la réduire ou la porter aux deux tiers de la peine. • Crim. 22 janv. 2020, n° 19-80.122 P : *Dr. pénal 2020, n° 86, obs. Maron et Haas.* ♦ *Antérieurement* : la décision spéciale prononçant une mesure de sûreté n'a pas à être motivée. • *Crim. 23 oct. 1989 : Bull. crim. n° 370* • 22 mai 1990, n° 89-86.896 P • 5 juill. 1993, n° 92-86.681 P.

3. Majorité. Lorsqu'elle est prononcée par une cour d'assises, la période de sûreté doit faire l'objet d'un vote à la majorité absolue. L'admission des circonstances atténuantes est sans incidence sur la fixation de sa durée. • Crim. 9 mai 1990, n° 89-86.470 P : *Dr. pénal 1990. 242 ; RSC 1991. 603, obs. Braunschweig* • 5 juill. 1993, n° 92-86.681 P. ♦ Il n'y a aucune violation de la loi dès lors que la feuille de questions constate que la cour et le jury ont, à l'issue du vote sur la peine, voté sur la durée de la période de sûreté à la majorité absolue requise par la loi. • Crim. 7 févr. 2007, n° 06-84.845.

4. Calcul de la période de sûreté et commutation. En cas de commutation, la peine à prendre en compte pour le calcul de la période de sûreté, en application de l'art. 720-2, al. 2, correspond à la durée de la détention déjà subie au moment de la commutation, augmentée de la durée de la détention à subir en exécution de cette mesure de grâce. • JNLC 31 mai 2002 : *Bull. JNLC n° 3.*

5. Remises de peine. Les remises de peine accordées au condamné doivent être prises en compte pour le calcul de la période de sûreté. • JNLC 16 mai 2003 : *Bull. JNLC n° 2.* ♦ Si le président de la CHAP n'a pas répondu au moyen selon lequel la période de sûreté aurait du être réduite à hauteur de la moitié des remises de peine accordées, par application de l'art. 720-2, une telle omission ne saurait donner lieu à cassation, dès lors que le condamné n'a pas bénéficié de remises de peine au sens de l'art. précité mais de réductions de peine et que les réductions de peine accordées pendant la période de sûreté ne sont imputées, en vertu de l'art. 132-23, dernier al., C. pén., que sur la partie de la peine excédant cette durée. • Crim. 14 oct. 2009, n° 09-82.267 P : *AJ pénal 2010. 46* ; *ibid. 202, obs. Herzog-Evans*.

6. Pluralité de condamnations. Le point de départ de la période de sûreté assortissant une peine criminelle doit être fixé, en cas de détention provisoire, à la date de la réincarcération du condamné, même si d'autres peines correctionnelles doivent être exécutées avant la peine criminelle assortie de la période de sûreté, dès lors que la computation n'a pas eu pour effet de prolonger, au préjudice du condamné, la date d'expiration de cette période de sûreté. • Crim. 1er févr. 2012, n° 10-84.178 P : *D. actu. 6 mars 2012, obs. Léna ; AJ pénal 2012. 493, obs. Herzog-Evans* ; *Dr. pénal 2013. Chron. 3, obs.*

Bonis-Garçon et Peltier. ♦ Si la condamnation qui emporte ou prononce une période de sûreté a été précédée d'une détention provisoire, l'entier temps de celle-ci doit s'imputer sur la durée de la période de sûreté, sans qu'il y ait lieu de tenir compte, pour diminuer d'autant cette durée, du temps pendant lequel ont été simultanément exécutées une ou plusieurs condamnations à des peines non assorties d'une période de sûreté. • Crim. 25 juin 2014, nº 14-81.793 P : *D. 2014. 1379, obs. Léna ; AJ pénal 2014. 436, obs. Herzog-Evans ; RSC 2014. 589, note Danet ; Dr. pénal 2014. 123, note Bonis-Garçon* • Crim. 10 déc. 2014 : *D. actu. 15 janv. 2015, obs. Anane ; D. 2015. 110, obs. Laurent ; AJ pénal 2015. 332, obs. Herzog-Evans* ♦ Par application combinée des art. 132-2, 132-4, 132-5, al. 3, et 132-23 C. pén., et contrairement à ce qui est préconisé par la Circ. du 19 mars 1998 (V. ss. art. 720-5), la période de sûreté résultant de la réduction au maximum légal encouru de deux peines comportant périodes de sûreté doit être fixée à la moitié, et non aux deux tiers, de la peine à exécuter. • Paris, pôle 7, ch. 6, 11 avr. 2013 : *D. 2013. 2340, obs. Léna*.

Art. 720-3 *(L. nº 2016-731 du 3 juin 2016, art. 12)* **Lorsque la personne condamnée exécute plusieurs peines qui ne sont pas en concours et qui sont toutes assorties d'une période de sûreté, ces périodes de sûreté s'exécutent cumulativement et de manière continue.**

En cas de condamnations en concours comportant toutes des périodes de sûreté, la période totale de sûreté à exécuter est réduite au maximum des deux tiers de ces condamnations après leur réduction au maximum légal. Si une peine de réclusion criminelle à perpétuité a été prononcée, les périodes de sûreté s'exécutent cumulativement dans la limite de 22 ans ou, le cas échéant, dans la limite de la période de sûreté fixée spécialement par la cour d'assises en application du second alinéa de l'article 221-3, du dernier alinéa de l'article 221-4 et de l'article 421-7 du code pénal.

Lorsque la personne condamnée exécute plusieurs peines assorties d'une période de sûreté et qui ont fait l'objet d'une confusion, la durée de la période de sûreté à exécuter est celle de la période de sûreté la plus longue.

Lorsque, à l'occasion de procédures séparées, la personne poursuivie a été reconnue coupable de plusieurs infractions en concours, le principe de l'exécution cumulative dans la limite du maximum légal le plus élevé s'applique, en l'absence de décision de confusion, tant aux peines qu'aux périodes de sûreté. • Crim. 25 mai 2016, nºs 15-86.024 P et 15-81.664 P : *D. actu. 8 juin 2016, obs. Goetz ; D. 2016. Pan. 1597, obs. Laurent ; Dr. pénal 2016, nº 134, note Bonis-Garçon.*

Art. 720-4 *(L. nº 2004-204 du 9 mars 2004, art. 191, en vigueur le 1er janv. 2005)* **Lorsque le condamné manifeste des gages sérieux de réadaptation sociale, le tribunal de l'application des peines peut, à titre exceptionnel et dans les conditions prévues par l'article 712-7, décider qu'il soit mis fin à la période de sûreté prévue par l'article 132-23 du code pénal ou que sa durée soit réduite.**

Toutefois, lorsque la cour d'assises a décidé de porter la période de sûreté à trente ans en application des dispositions du dernier alinéa des articles 221-3 et 221-4 du code pénal, le tribunal de l'application des peines ne peut réduire la durée de la période de sûreté ou y mettre fin qu'après que le condamné a subi une incarcération d'une durée au moins égale à vingt ans.

Dans le cas où la cour d'assises a décidé qu'aucune des mesures énumérées à l'article 132-23 du code pénal ne pourrait être accordée au condamné à la réclusion criminelle à perpétuité, le tribunal de l'application des peines ne peut accorder l'une de ces mesures que si le condamné a subi une incarcération d'une durée au moins égale à trente ans.

Les décisions prévues par l'alinéa précédent ne peuvent être rendues qu'après une expertise ***réalisée*** **par un collège de trois experts médicaux inscrits sur la liste des experts agréés près la Cour de cassation qui se prononcent sur l'état de dangerosité du condamné.**

Par dérogation aux dispositions du troisième alinéa de l'article 732, le tribunal de l'application des peines peut prononcer des mesures d'assistance et de contrôle sans limitation dans le temps.

BIBL. ▶ BONIS et DERASSE, *AJ pénal 2021. 250* (pour une révision des aménagements des longues peines).

1. Ne constitue pas une peine inhumaine ou dégradante au sens de l'art. 3 Conv. EDH la condamnation à la réclusion criminelle assortie d'une interdiction d'accorder au condamné les mesures énumérées à l'art. 132-23 C. pén. dès lors qu'il résulte de l'art. 720-4 que le TAP peut, à l'issue d'une période de trente ans, mettre fin à la mesure si le condamné présente des gages sérieux de réadaptation sociale. • Crim. 20 janv. 2010 : *AJ pénal 2010. 252, obs. Royer.*

*2. **Droit européen.*** Pour demeurer compatible avec l'art. 3 de la Conv. EDH, une peine perpétuelle doit offrir à la fois une possibilité de réexamen et une chance d'élargissement. • CEDH, gr. ch., 9 juill. 2013, *Vinter et a. c/ R.-U.,* n°s 66069/09, 130/10 et 3896/10 : *D. 2013. 1748, obs. Léna ; ibid. Pan. 2081, note Renucci ; ibid. 2014. Pan. 1235, obs. Céré ; AJ pénal 2013. 494, obs. Van Zyl Smit ; RSC 2013. 625, chron. Poncela ; ibid. 649, obs. Roets ; JCP 2013. 918, obs. Sudre ; Dr. pénal 2013. 165, obs. Bonis-Garçon.* ♦ Non-violation de l'art. 3 de la Conv. EDH, les peines perpétuelles faisant l'objet, en droit britannique, d'une réelle possibilité de libération soumise au contrôle d'un juge. • CEDH 3 févr. 2015, *Hutchinson c/ Royaume-Uni : D. actu. 17 janv. 2015, obs. Léna ; Dr. pénal 2015, n° 61, note Bonis-Garçon.* ♦ La possibilité de réexamen de la réclusion criminelle à perpétuité, assortie d'une période de sûreté, elle-même perpétuelle, est suffisante pour considérer que cette peine est compressible et ne contrevient donc pas aux dispositions de l'art. 3 Conv. EDH. • CEDH 13 nov. 2014, *Bodein c/ France : D. actu. 17 nov. 2014, obs. Léna ; D. 2014. Actu. 2303 ; AJ pénal 2015. 105, obs. Céré ; RSC 2015. 158, note Roets ; Dr. pénal 2015. 15, note Bonis-Garçon ; ibid. Chron. 4, obs. Dreyer.*

Art. 720-4-1 *V. art. 720-4-1 sur les portails et les applications mobiles Dalloz.*

Art. 720-5 *(L. n° 2016-731 du 3 juin 2016, art. 11)* **Par dérogation au premier alinéa de l'article 720-4 du présent code, lorsque la cour d'assises a décidé, en application de l'article 421-7 du code pénal, de porter la période de sûreté à trente ans ou qu'aucune des mesures énumérées à l'article 132-23 du même code ne pourrait être accordée au condamné à la réclusion criminelle à perpétuité, le tribunal de l'application des peines, sur l'avis d'une commission composée de cinq magistrats de la Cour de cassation chargée d'évaluer s'il y a lieu de mettre fin à l'application de ladite décision de la cour d'assises, ne peut réduire la durée de la période de sûreté, à titre exceptionnel et dans les conditions prévues à l'article 712-7 du présent code :**

1° Qu'après que le condamné a subi une incarcération d'une durée au moins égale à trente ans ;

2° Que lorsque le condamné manifeste des gages sérieux de réadaptation sociale ;

3° Que lorsque la réduction de la période de sûreté n'est pas susceptible de causer un trouble grave à l'ordre public ;

4° Qu'après avoir recueilli l'avis des victimes ayant la qualité de parties civiles lors de la décision de condamnation ;

5° Qu'après expertise d'un collège de trois experts médicaux inscrits sur la liste des experts agréés près la Cour de cassation, chargé de procéder à une évaluation de la dangerosité du condamné ;

Les membres de la commission mentionnée au premier alinéa du présent article sont désignés par l'assemblée générale de la Cour de cassation ; l'un d'entre eux, choisi parmi les membres de la chambre criminelle, en assure la présidence.

Par dérogation à l'avant-dernier alinéa de l'article 732 du présent code, le tribunal de l'application des peines peut prononcer des mesures d'assistance, de surveillance et de contrôle sans limitation dans le temps.

SECTION IV DES RÉDUCTIONS DE PEINES *(L. n° 97-1159 du 19 déc. 1997).*

Art. 721 *(L. n° 2004-204 du 9 mars 2004, art. 193-I, en vigueur le 1er janv. 2005)* **Chaque condamné bénéficie d'un crédit de réduction de peine calculé sur la durée de la condamnation prononcée à hauteur de trois mois pour la première année, de deux mois pour les années suivantes et** *(L. n° 2005-1549 du 12 déc. 2005, art. 12)* **« , pour une peine de moins d'un an ou pour la partie de peine inférieure à une année pleine, » de sept jours par mois** *(L. n° 2005-1549 du 12 déc. 2005, art. 12)* **« ; pour les peines supérieures à un an, le total de la réduction correspondant aux sept jours par mois ne peut toutefois excéder deux mois. »**

(Abrogé par L. n° 2014-896 du 15 août 2014, art. 13 et 54, à compter du 1er janv. 2015) « Lorsque le condamné est en état de récidive légale, le crédit de réduction de peine est calculé à hauteur de deux mois la première année, d'un mois pour les années suivantes et, pour une

peine de moins d'un an ou pour la partie de peine inférieure à une année pleine, de cinq jours par mois ; pour les peines supérieures à un an, le total de la réduction correspondant aux cinq jours par mois ne peut toutefois excéder un mois. Il n'est cependant pas tenu compte des dispositions du présent alinéa pour déterminer la date à partir de laquelle une libération conditionnelle peut être accordée au condamné, cette date étant fixée par référence à un crédit de réduction de peine qui serait calculé conformément aux dispositions du premier alinéa. »

En cas de mauvaise conduite du condamné en détention, le juge de l'application des peines peut être saisi par le chef d'établissement ou sur réquisitions du procureur de la République aux fins de retrait, à hauteur de trois mois maximum par an et de sept jours par mois, de cette réduction de peine. *(L. n° 2008-174 du 25 févr. 2008, art. 2-I)* **« Il peut également ordonner le retrait lorsque la personne a été condamnée pour les crimes ou délits, commis sur un mineur,** *(L. n° 2019-1480 du 28 déc. 2019, art. 14)* **« ou commis à l'encontre de son conjoint, de son concubin ou du partenaire lié à elle par un pacte civil de solidarité » de meurtre ou assassinat, torture ou actes de barbarie, viol, agression sexuelle ou atteinte sexuelle et qu'elle refuse pendant son incarcération de suivre le traitement qui lui est proposé par le juge de l'application des peines, sur avis médical, en application des articles 717-1 ou 763-7. »** *(L. n° 2012-409 du 27 mars 2012, art. 7)* **« Il en est de même lorsque le juge de l'application des peines est informé, en application de l'article 717-1, que le condamné ne suit pas de façon régulière le traitement qu'il lui a proposé.** *(L. n° 2014-896 du 15 août 2014, art. 17, en vigueur le 1er oct. 2014)* **« Il peut également ordonner, après avis médical, le retrait lorsque la personne condamnée dans les circonstances mentionnées à la première phrase du second alinéa de l'article 122-1 du code pénal refuse les soins qui lui sont proposés. » La décision du juge de l'application des peines est prise dans les conditions prévues à l'article 712-5. »**

(Abrogé par L. n° 2014-896 du 15 août 2014, art. 13 et 54, à compter du 1er janv. 2015) (L. n° 2005-1549 du 12 déc. 2005, art. 12) ***« Lorsque le condamné est en état de récidive légale, le retrait prévu par le troisième alinéa du présent article est alors de deux mois maximum par an et de cinq jours par mois. »***

En cas de nouvelle condamnation à une peine privative de liberté pour un crime ou un délit commis par le condamné après sa libération pendant une période égale à la durée de la réduction résultant des dispositions *(L. n° 2005-1549 du 12 déc. 2005, art. 12)* **« du premier** *(Abrogé par L. n° 2014-896 du 15 août 2014, art. 13 et 54, à compter du 1er janv. 2015)* ***« ou du deuxième »*** **alinéa et, le cas échéant,** *(L. n° 2005-1549 du 12 déc. 2005, art. 12)* **« du** *(L. n° 2014-896 du 15 août 2014, art. 13 et 54, en vigueur le 1er janv. 2015)* **« deuxième » alinéa » du présent article, la juridiction de jugement peut ordonner le retrait de tout ou partie de cette réduction de peine et la mise à exécution de l'emprisonnement correspondant, qui n'est pas confondu avec celui résultant de la nouvelle condamnation.**

Lors de sa mise sous écrou, le condamné est informé par le greffe de la date prévisible de libération compte tenu de la réduction de peine prévue par le premier alinéa, des possibilités de retrait, en cas de mauvaise conduite ou de commission d'une nouvelle infraction après sa libération, de tout ou partie de cette réduction. Cette information lui est à nouveau communiquée au moment de sa libération.

S'agissant des dispositions d'urgence mises en place pour faire face à l'épidémie de covid-19, V. App., v° État d'urgence sanitaire.

BIBL. ► ANTIER, *Dr. pénal 2015. Étude 25* (le CRP : un anachronisme juridique). – BONIS et PELTIER, *Dr. pénal 2022. Étude 5* (loi du 22 décembre 2021 : redonner confiance en l'exécution des peines). – GRIFFON-YARZA, *Dr. pénal 2015. Étude 6* (nouveau régime, une grâce législative accordée aux seuls récidivistes) ; *ibid. 2021. Étude 23* (personnes dépositaires de l'autorité publique victimes d'homicides ou de violences).

1. Procès équitable. En retirant vingt-cinq jours de crédit de réduction de peine pour avoir insulté le personnel et détenu des objets prohibés par la loi en détention, le président de la CHAP a bien caractérisé, au sens de l'art. 721, al. 3, la mauvaise conduite du condamné et justifié sa décision de supprimer un avantage que le condamné ne pouvait espérer conserver malgré son mauvais comportement, et qui n'entraîne, pour celui-ci, aucune privation de liberté distincte de la peine en cours d'exécution, sans méconnaître les art. 6 et 13 Conv. EDH ; en effet, d'une part, le crédit de réduction de peine est inscrit à l'écrou, en début d'exécution de cette peine, à titre précaire, sous condition pour le condamné, qui en est informé, d'observer la bonne conduite nécessaire au fonctionnement normal de l'établissement carcéral, d'autre part, le retrait, total ou partiel, de ce crédit est décidé par un juge, qui n'est pas lié par la décision disciplinaire prise par l'administration pénitentiaire, et dont l'ordonnance est susceptible d'appel, la décision du président de la CHAP pouvant ensuite faire l'objet d'un pourvoi en cassation, de sorte que sont pleinement assurés l'exercice des droits de la défense et l'équité de la procédure. • Crim. 15 avr. 2015, n° 14-80.417 P : *D. actu. 19 mai 2015, obs. Léna ; D. 2015. 1395, obs. Laurent ; AJ pénal 2015. 444, obs. Falxa ; AJ pénal 2015. 562, obs. H.-Evans ; Dr. pénal 2015, Comm. 104, obs. Bonis-Garçon ; RPDP 2015. 375, obs. Céré.* ♦ Eu égard à leurs conséquences pour la durée de l'emprisonnement du condamné, les décisions de retrait de la réduction de peine sur laquelle le détenu était en droit de compter en application de l'art. 721 du code de procédure pénale, que prend le juge de l'application des peines sur le fondement de ces dispositions, doivent être regardées comme relevant de la matière pénale, au sens des stipulations de l'art. 6 de la convention EDH, • CE 24 oct. 2014 : *Leb. 2014 ; AJDA 2015. 1374, note Falxa ; AJ pénal 2015. 39, note Céré.*

2. D'une part, le retrait d'un crédit de réduction de peine et le prononcé d'une sanction disciplinaire (confinement de cellule) n'ont pas la même nature juridique et, d'autre part, ne tendent pas au même but, le premier participant de l'individualisation de la peine, cependant que le second tend à assurer la tranquillité et la sécurité de l'établissement pénitentiaire ; ces deux mesures peuvent donc se cumuler. • Crim. 22 juin 2016, n° 15-87.418 P : *AJ pénal 2016. 500, obs. H.-Evans.*

Nouvel art. 721 *(L. n° 2021-1729 du 22 déc. 2021, art. 11, en vigueur le 1er janv. 2023)* ***Une réduction de peine peut être accordée par le juge de l'application des peines, après avis de la commission de l'application des peines, aux condamnés exécutant une ou plusieurs peines privatives de liberté qui ont donné des preuves suffisantes de bonne conduite et qui ont manifesté des efforts sérieux de réinsertion.***

Cette réduction ne peut excéder six mois par année d'incarcération et quatorze jours par mois pour une durée d'incarcération inférieure à un an.

Les preuves suffisantes de bonne conduite sont appréciées en tenant compte notamment de l'absence d'incidents en détention, du respect du règlement intérieur de l'établissement ou des instructions de service, de l'implication dans la vie quotidienne ou du comportement avec le personnel pénitentiaire ou exerçant à l'établissement, avec les autres personnes détenues et avec les personnes en mission ou en visite.

Les efforts sérieux de réinsertion sont appréciés en tenant compte notamment du suivi avec assiduité d'une formation scolaire, universitaire ou professionnelle ayant pour objet l'acquisition de connaissances nouvelles, des progrès dans le cadre d'un enseignement ou d'une formation, de l'engagement dans l'apprentissage de la lecture, de l'écriture et du calcul, de l'exercice d'une activité de travail, de la participation à des activités culturelles, notamment de lecture, de la participation à des activités sportives encadrées, du suivi d'une thérapie destinée à limiter les risques de récidive, de l'investissement soutenu dans un programme de prise en charge proposé par le service pénitentiaire d'insertion et de probation ou des versements volontaires des sommes dues aux victimes et au Trésor public.

Dès que la condamnation est devenue définitive, le service pénitentiaire d'insertion et de probation travaille avec la personne en vue de la préparation d'une sortie encadrée. Dans le cadre de l'examen des réductions de peine, l'avis remis par le service pénitentiaire d'insertion et de probation au juge de l'application des peines comporte des éléments lui permettant de déterminer les mesures favorisant l'accompagnement des condamnés en fin de peine à travers un aménagement, une libération sous contrainte ou le suivi prévu à l'article 721-2.

Pour l'application du présent article, la situation de chaque condamné est examinée au moins une fois par an.

La réduction de peine est prononcée en une seule fois si l'incarcération est inférieure à une année et par fractions annuelles dans le cas contraire.

Sauf décision contraire du juge de l'application des peines, lorsque la personne condamnée pour une infraction pour laquelle le suivi socio-judiciaire est encouru ne suit pas le traitement qui lui a été proposé en application des articles 717-1 et 763-7, elle ne peut bénéficier de la réduction de peine prévue au présent article qu'à hauteur de trois mois par année d'incarcération et de sept jours par mois pour une durée d'incarcération inférieure à un an. Il en est de même lorsque la personne condamnée dans les circonstances mentionnées au second alinéa de l'article 122-1 du code pénal refuse les soins qui lui sont proposés.

Le présent article s'applique également aux personnes condamnées qui bénéficient d'un aménagement de peine sous écrou.

Dans l'année suivant son octroi, la réduction de peine peut être rapportée en tout ou en partie, après avis de la commission de l'application des peines, en cas de mauvaise conduite du condamné. Le retrait est prononcé par ordonnance motivée du juge de l'application des peines agissant d'office, sur saisine du chef d'établissement ou sur réquisitions du procureur de la République. Le condamné est mis en mesure de faire valoir ses observations, le cas échéant par l'intermédiaire de son avocat.

Lors de sa mise sous écrou, le condamné est informé par le greffe des règles afférentes à la réduction de peine prévue au présent article, des critères d'appréciation et d'attribution de cette réduction ainsi que des possibilités de retrait de tout ou partie de cette réduction.

Les modalités d'application du présent article sont précisées par voie réglementaire.

L'art. 721, dans sa rédaction résultant de l'art. 11 de la L. n° 2021-1729 du 22 déc. 2021, est applicable aux personnes placées sous écrou à compter du 1er janv. 2023, quelle que soit la date de commission de l'infraction. Les personnes placées sous écrou avant cette date demeurent soumises au régime défini à l'art. 721 dans sa rédaction antérieure (L. préc., art. 59-VI).

BIBL. ► MONNERY et BOUVIER, *AJ pénal 2022. 70* (loi confiance et exécution des peines).

Ancien art. 721 *(L. n° 2004-204 du 9 mars 2004, art. 193-I, en vigueur le 1er janv. 2005)* ***Chaque condamné bénéficie d'un crédit de réduction de peine calculé sur la durée de la condamnation prononcée à hauteur de trois mois pour la première année, de deux mois pour les années suivantes et*** *(L. n° 2005-1549 du 12 déc. 2005, art. 12)* ***« , pour une peine de moins d'un an ou pour la partie de peine inférieure à une année pleine, » de sept jours par mois*** *(L. n° 2005-1549 du 12 déc. 2005, art. 12)* ***« ; pour les peines supérieures à un an, le total de la réduction correspondant aux sept jours par mois ne peut toutefois excéder deux mois.***

« Lorsque le condamné est en état de récidive légale, le crédit de réduction de peine est calculé à hauteur de deux mois la première année, d'un mois pour les années suivantes et, pour une peine de moins d'un an ou pour la partie de peine inférieure à une année pleine, de cinq jours par mois ; pour les peines supérieures à un an, le total de la réduction correspondant aux cinq jours par mois ne peut toutefois excéder un mois. Il n'est cependant pas tenu compte des dispositions du présent alinéa pour déterminer la date à partir de laquelle une libération conditionnelle peut être accordée au condamné, cette date étant fixée par référence à un crédit de réduction de peine qui serait calculé conformément aux dispositions du premier alinéa. » *— Quelle que soit la date de commission des faits ayant donné lieu à la condamnation, les dispositions du 2e al. de l'art. 721, issues de la L. n° 2005-1549 du 12 déc. 2005, sont immédiatement applicables pour les condamnations en cours d'exécution après la date d'entrée en vigueur de cette loi publiée au JO du 13 déc. (L. préc., art. 41).*

En cas de mauvaise conduite du condamné en détention, le juge de l'application des peines peut être saisi par le chef d'établissement ou sur réquisitions du procureur de la République aux fins de retrait, à hauteur de trois mois maximum par an et de sept jours par mois, de cette réduction de peine. *(L. n° 2008-174 du 25 févr. 2008, art. 2-I)* ***« Il peut également ordonner le retrait lorsque la personne a été condamnée pour les crimes ou délits, commis sur un mineur, de meurtre ou assassinat, torture ou actes de barbarie, viol, agression sexuelle ou atteinte sexuelle et qu'elle refuse pendant son incarcération de suivre le traitement qui lui est proposé par le juge de l'application des peines, sur avis médical, en application des articles 717-1 ou 763-7. »*** *(L. n° 2012-409 du 27 mars 2012, art. 7)* ***« Il en est de même lorsque le juge de l'application des peines est informé, en application de l'article 717-1, que le condamné ne suit pas de façon régulière le traitement qu'il lui a proposé.*** *(L. n° 2014-896 du 15 août 2014, art. 17, en vigueur le 1er oct. 2014)* ***« Il peut également ordonner, après avis médical, le retrait lorsque la personne condamnée dans les circonstances mentionnées à la première phrase du second alinéa de l'article 122-1 du code pénal refuse les soins qui lui sont proposés. » La décision du juge de l'application des peines est prise dans les conditions prévues à l'article 712-5. »***

(L. n° 2005-1549 du 12 déc. 2005, art. 12) ***« Lorsque le condamné est en état de récidive légale, le retrait prévu par le troisième alinéa du présent article est alors de deux mois maximum par an et de cinq jours par mois. »***

En cas de nouvelle condamnation à une peine privative de liberté pour un crime ou un délit commis par le condamné après sa libération pendant une période égale à la durée de la réduction résultant des dispositions *(L. n° 2005-1549 du 12 déc. 2005, art. 12)* ***« du premier ou du deuxième alinéa » et, le cas échéant,*** *(L. n° 2005-1549 du 12 déc. 2005, art. 12)* ***« du troisième alinéa » du présent article, la juridiction de jugement peut ordonner le retrait de tout ou partie de cette réduction de peine et la mise à exécution de l'emprisonnement correspondant, qui n'est pas confondu avec celui résultant de la nouvelle condamnation.***

Lors de sa mise sous écrou, le condamné est informé par le greffe de la date prévisible de libération compte tenu de la réduction de peine prévue par le premier alinéa, des possibilités de retrait, en cas de mauvaise conduite ou de commission d'une nouvelle infraction après sa libération, de tout ou partie de cette réduction. Cette information lui est à nouveau communiquée au moment de sa libération.

V. art. D. 115 s.

V. Circ. du 7 avr. 2005 relative aux réductions de peine (BOMJ 2005, n° 98, p. 256 s.).

L'art. 2 de la L. n° 2008-174 du 25 févr. 2008 est applicable aux personnes exécutant une peine privative de liberté à la date de sa publication [JO 26 févr.] (L. préc., art. 13-VI).

RÉP. PÉN. v° *Récidive*, par HERZOG-EVANS.

BIBL. ▶ ANTIER, *Dr. pénal 2015. Étude 25* (le crédit de réduction de peine : un anachronisme juridique) ; GIACOPELLI, *RPDP 2007, n° spécial. 153* (réductions de peine). – GRIFFON-YARZA, *Dr. pénal 2015. Étude 6* (nouveau régime, une grâce législative accordée aux seuls récidivistes). – HERZOG-EVANS, *AJ pénal 2005. 448* (quantum du crédit de réduction de peine et « bug » juridique : après l'alinéa 1er de l'article 721… l'alinéa 2 ?) ; *ibid. 2006. 207* (« bug » juridique et crédits de réduction de peine (suite) : les hésitations de la jurisprudence). – LAVIELLE, *AJ pénal 2004. 320* (le nouveau régime des réductions de peine). – POINSIGNON, *AJ pénal 2013. 28* (retrait de crédit de réduction de peines par le JAP : mode(s) d'emploi(s)). – PONCELA, *RSC 2004. 955* (peine et crédit. Loi du 9 mars 2004 : réduction de peine, fins de peine et autres aménagements). – STASIAK, *AJ pénal 2006. 210* (de l'art d'interpréter la loi : l'art. 721, al. 1er).

I. JURISPRUDENCE POSTÉRIEURE À LA LOI DU 9 MARS 2004

1. *Nature juridique. QPC.* Les mesures de réduction de peine ne pouvant être assimilées à une sanction ou à une peine, elles ne sont pas soumises au principe de non-rétroactivité, et la QPC portant sur l'application immédiate de l'al. 2 de l'art. 721, dans sa rédaction issue de la L. n° 2005-1459 du 12 déc. 2005, ne présente pas, dès lors, un caractère sérieux. • Crim., QPC, 12 déc. 2012, n° 12-90.060 : *Dr. pénal 2013, n° 51, obs. Bonis-Garçon.* ♦ Le retrait de réduction de peine en cas de mauvaise conduite du condamné a pour conséquence qu'il exécute totalement ou partiellement la peine telle qu'elle a été prononcée par la juridiction de jugement ; un tel retrait ne constitue donc ni une peine ni une sanction ayant le caractère d'une punition ; par suite, les griefs tirés de la violation de l'art. 8 DDH et de l'art. 34 Const. sont inopérants. La première phrase du troisième al. ainsi que le sixième al. de l'art. 721 sont conformes à la Constitution. • Cons. const. 11 juill. 2014 : *D. actu. 1er août 2014, obs. Margaine ; AJ pénal 2014. 545, obs. Herzog-Evans ; Dr. pénal 2014, n° 134, obs. Bonis-Garçon.*

2. *Principe de légalité.* Les dispositions de l'art. 721, qui constituent le fondement des art. D. 115-7 à D. 115-12, définissent de façon suffisamment claire et précise la mauvaise conduite du détenu, qui est susceptible de justifier le retrait du bénéfice d'un crédit de réduction de peine ; par suite, le moyen tiré de ce que ces dispositions méconnaîtraient le principe de légalité des délits et des peines, garanti par les stipulations du paragraphe I de l'art. 7 de la Conv. EDH, doit, en tout état de cause, être rejeté. • CE 18 févr. 2015, n° 375765 : *D. actu. 11 mars 2015, obs. Léna ; AJ pénal 2015. 195, obs. Herzog-Evans et Péchillon.*

3. *Rôle du chef d'établissement. QPC.* V. note 1 ss. art. 712-1.

4. *Crédit de réduction de peine et délinquant primaire.* La formule « et de sept jours » issue de la L. n° 2004-204, à l'alinéa 1er de l'art. 721, ne peut s'appliquer qu'aux condamnés à une peine de moins d'un an ou, pour les peines supérieures à un an, à la partie de peine inférieure à une année pleine. • Cass., avis, 3 avr. 2006, n° 06-00.001 P. ♦ Le crédit de réduction de peine de sept jours par mois s'applique aux seules peines de moins d'un an ou pour la partie de peine inférieure à une année pleine. • Crim. 21 févr. 2007 : *D. 2008. 1015, obs. Herzog-Evans.* ♦ Il ressort des dispositions de l'art. 721, éclairées par les travaux préparatoires de la L. du 4 mars 2004 dont elles sont issues, que le législateur a entendu appliquer la réduction de sept jours par mois aux peines de moins d'un an ou à la partie de la peine restant à subir inférieure à une année pleine, dans la limite de deux mois par année autre que la première année d'incarcération. • CE 19 déc. 2007 : *AJ pénal 2008. 150, obs. Péchillon.*

5. *Crédit de réduction de peine et récidiviste.* Pour les récidivistes, le temps d'épreuve nécessaire à l'octroi de la libération conditionnelle doit être calculé par référence au crédit de réduction de peine qui serait calculé pour un délinquant primaire. • Crim. 28 avr. 2011, n° 10-88.890 P : *D. actu. 16 juin 2011, obs. Léna ; D. 2011. Actu. 2823 ; AJ pénal 2011. 604, obs. Herzog-Evans.* ♦ Selon l'art. 41 de la loi n° 2005-1549 du 12 déc. 2005, quelle que soit la date de commission des faits ayant donné lieu à condamnation, les dispositions de l'art. 721, al. 2, dans leur rédaction issue de ladite loi, qui fixent le mode de calcul du crédit de réduction de peine applicable au condamné récidiviste, sont immédiatement applicables aux condamnations mises à exécution après le 13 déc. 2005, date de l'entrée en vigueur de cette même loi ; ces dispositions constituent une exception aux prescriptions de l'art. 112-2 3°, C. pén. relatives à l'application dans le temps des lois fixant le régime d'exécution et d'application des peines et celles de l'art. 7, § 1, Conv. EDH, qui énoncent les principes de légalité des délits et des peines et de non-rétroactivité de la loi pénale plus sévère, ne leur sont pas applicables. • Crim. 9 avr. 2008, n° 07-88.159 P : *D. 2008. AJ 1556, note Léna ; ibid. 2008. 1721, obs. Caron ; ibid. 2009. Pan. 125, obs. Roujou de Boubée ; AJ pénal 2008. 284, note Leblois-Happe ; ibid. 2008. 370, note Herzog-Evans .*

6. Compétence. Il résulte de l'art. 721 et de ses modalités d'application (art. D. 115) que le calcul et l'application du crédit de réduction de peine ressortissent exclusivement de la compétence du procureur de la République. La requête d'un détenu auprès du Tribunal de l'application des peines, tendant à contester le décompte de crédit de réduction de peine, doit en conséquence être déclarée irrecevable. La juridiction pénale est seule à même de trancher un contentieux relatif à l'exécution de la peine, conformément à l'art. 710. • Crim. 31 oct. 2006 : *RSC 2007. 357, obs. Poncela .*

7. Retrait de réduction de peine et mauvaise conduite persistante. Est parfaitement justifiée la décision de retirer 80 jours de crédit de réduction de peine à un condamné au motif que l'intéressé a été plusieurs fois sanctionné par la commission de discipline, ce qui atteste d'une mauvaise conduite persistante. • Crim. 24 janv. 2007 : *AJ pénal 2007. 290 .*

8. Retrait de réduction de peine et nouvelle condamnation. Le retrait de crédit de réduction de peine faisant suite à une nouvelle condamnation de l'intéressé n'est pas contraire au principe *non bis in idem*. • CE 25 mars 2015, n° 374401 : *D. actu. 1er avr. 2015, obs. Léna ; AJDA 2015. 662 ; Gaz. Pal. 22 juill. 2015. 19, obs. Roussel.*

9. Responsabilité de la puissance publique. S'il n'appartient qu'à la juridiction judiciaire de connaître d'actions mettant en cause la responsabilité pour faute de l'État du fait du fonctionnement du service public de la justice judiciaire, il appartient à la juridiction administrative, sauf dispositions législatives contraires, de connaître des actions fondées sur la responsabilité sans faute de l'État. Ni les décrets de grâce collective pris par le Président de la République ni les mesures de réduction de peine accordées par le JAP en application des dispositions de l'art. 721, dans sa rédaction applicable en l'espèce, ne créent pour les tiers un risque spécial susceptible d'engager, en l'absence de faute, la responsabilité de l'État. • CE 15 févr. 2006 : *RFDA 2006. 615, concl. Guyomar ; ibid. 619, note Lemaire ; AJ pénal 2006. 226, obs. Péchillon ; RSC 2007. 350, obs. Poncela .*

10. Conv. EDH, art. 5, § 1. L'application d'un revirement jurisprudentiel qui conduit à un report de près de neuf ans de la date de remise en liberté de l'intéressée, revient à purger une peine d'emprisonnement d'une durée supérieure à celle qui était la sanction que la requérante aurait dû subir selon le système juridique national en vigueur lors de sa condamnation, compte tenu des remises de peine qui lui avaient déjà été accordées conformément à la loi. En conséquence, la Cour conclut que, depuis le 3 juill. 2008, la requérante fait l'objet d'une détention non « régulière ». • CEDH, gr. ch., 21 oct. 2013, *Del Rio Prada c/ Espagne*, n° 42750/09 : *Dr. pénal 2014. Chron. 2, Peltier ; D. 2013. 2775, obs. Falxa ; RSC 2014. 174, obs. Roets* • CEDH 12 juill. 2012, *Del Rio Prada c/ Espagne*, n° 42750/09 : *D. 2012. 2917, obs. Roujou de Boubée ; AJ pénal 2012. 494, obs. M. Herzog-Evans ; RSC 2012. 698, obs. Roets ; Dr. pénal 2013. Comm. 179, obs. Peltier.*

11. Conv. EDH, art. 7. Pour ce qui est du fait que, le droit pénitentiaire ayant été modifié, le requérant, condamné à la réclusion à perpétuité, ne peut plus prétendre à une remise de peine, la Cour relève que cette question se rapporte à l'exécution de la peine et non à la « peine » imposée à l'intéressé, laquelle demeure celle de l'emprisonnement à vie. Même si le changement apporté à la législation pénitentiaire et aux conditions de libération a pu rendre l'emprisonnement du requérant en effet plus rigoureux, on ne peut y voir une mesure imposant une « peine » plus forte que celle infligée par la juridiction de jugement. La Cour rappelle à ce propos que les questions relatives à l'existence, aux modalités d'exécution ainsi qu'aux justifications d'un régime de libération relèvent du pouvoir qu'ont les États membres de décider de leur politique criminelle. Partant, il n'y a pas eu violation de l'art. 7 Conv. EDH à cet égard. • CEDH, gr. ch., 12 févr. 2008, *Kafkaris c/ Chypre, § 151 : RDP 2009. 901, obs. Sudre ; JCP 2008. I. 167, n° 12, obs. Sudre ; RSC 2009. 437, obs. Poncela ; ibid. 700, obs. Roets ; Dr. pénal 2009. Chron. 3, obs. Garçon.* ♦ Comp. : Les nouvelles modalités d'imputation des remises de peine issues d'un revirement de jurisprudence ne sauraient passer pour une mesure se rattachant exclusivement à l'exécution de la peine et relèvent en conséquence de l'art. 7 Conv. EDH. • CEDH, gr. ch., 21 oct. 2013, *Del Rio Prada c/ Espagne*, n° 42750/09 : *préc. note 10.*

II. JURISPRUDENCE ANTÉRIEURE À LA LOI DU 9 MARS 2004

12. S'il résulte de l'art. 721, al. 1er, que le juge de l'application des peines apprécie souverainement l'opportunité d'accorder des réductions de peine aux condamnés, sa décision ne peut être prise qu'en considération de la conduite en détention. • Reims, 28 avr. 1983 : *D. 1984. IR 75, obs. J.-M. R.* ♦ Par suite est nulle l'ordonnance du juge de l'application des peines motivée par des considérations étrangères à la conduite en détention. • Même arrêt.

13. Le refus par le condamné de bénéficier d'une mesure de réduction de peine ne constitue pas un motif permettant au juge de l'application des peines de rapporter une précédente décision accordant cette réduction. • Crim. 24 janv. 1989, n° 88-83.169 P : *RSC 1989. 552, Chron. Couvrat ; D. 1989. Somm. 173, obs. Pradel.*

14. Les périodes de détention inférieures à un mois ne peuvent être prises en compte pour l'octroi d'une réduction de peine pour bonne conduite. • Crim. 1er févr. 1990, n° 89-82.807 P.

15. Excède ses pouvoirs la cour d'appel qui, étant saisie d'un recours contre un jugement ayant refusé l'octroi d'une mesure de libération conditionnelle, prend en compte d'éventuelles réductions de peine sur lesquelles le juge de l'application des peines ne s'est pas encore prononcé. • Crim. 4 févr. 2004, n° 03-84.556 P : *D. 2004. IR 735 ; JCP 2004. IV. 1597 ; AJ pénal 2004. 162, obs. Remillieux .*

16. Il n'appartient pas à la juridiction administrative de connaître des litiges relatifs à la nature et aux limites d'une peine infligée par une juridiction judiciaire et dont l'exécution est poursuivie à la diligence du ministère public ; la décision par laquelle le juge de l'application des peines accorde la réduction d'une peine privative de liberté n'est pas une simple modalité du traitement pénitentiaire, mais constitue une mesure modifiant les limites de la peine ; elle ne ressortit pas à la compétence du tribunal administratif. • CE 9 nov. 1990 : *D. 1991. 390, note Plouvin ; RFDA 1991. 671, note Pradel ; AJDA 1991. 546, note Belloubet-Frier* • 18 mars 1998 : *LPA 1999, n° 111, p. 13, note Céré.*

♦ ... Mais il résulte de l'art. 721 que l'incidence de la sanction disciplinaire sur le régime des réductions de peine est un élément déterminant. • CE 17 févr. 1995, *Marie : JCP 1995. II. 22426, note Lascombe et Bernard.*

17. Détention à l'étranger. Il résulte des art. 721 et 721-1 que le juge de l'application des peines ne peut accorder de réductions de peine que pour la période de détention subie en France, incluant, lorsque la condamnation est prononcée à l'étranger, les délais de transfèrement de l'intéressé sur le territoire national. • Crim. 18 déc. 1996, n° 93-80.864 P.

18. Contrainte par corps. La contrainte par corps constituant une mesure d'exécution forcée des peines pécuniaires, au sens de l'art. 112-2 (3°) C. pén., sa durée ne saurait être réduite en application des dispositions des art. 721 et 721-1 relatives aux seules peines d'emprisonnement. • Crim. 24 sept. 1996, n° 96-81.317 P. ♦ Si la contrainte par corps, mesure d'exécution forcée des sanctions pécuniaires, présente à certains égards les caractères d'une peine, sa durée ne saurait, néanmoins, être réduite en application des dispositions des art. 721 et 721-1. • Crim. 29 janv. 2003, n° 02-81.988 P : *D. 2003. IR 807 ; JCP 2003. IV. 1597.*

19. Voie de recours. Le procureur de la République est recevable à déférer au tribunal correctionnel, pour violation de la loi, les décisions du juge de l'application des peines concernant les réductions de peine. Encourt dès lors la cassation le jugement qui déclare irrecevable la requête du procureur de la République, déférant devant le tribunal correctionnel une ordonnance du juge de l'application des peines rapportant une réduction de peine, en vue de son annulation pour violation de la loi. • Crim. 2 déc. 1997, n° 96-85.874 P : *Dr. pénal 1998. Comm. 76, obs. Maron.*

Art. 721-1 *(L. n° 86-1021 du 9 sept. 1986) (Abrogé par L. n° 2004-204 du 9 mars 2004, art. 193-II)* **« Après un an de détention, » Une réduction supplémentaire de la peine peut être accordée aux condamnés qui manifestent des efforts sérieux de réadaptation sociale, notamment en passant avec succès un examen scolaire, universitaire ou professionnel traduisant l'acquisition de connaissances nouvelles** *(L. n° 2000-516 du 15 juin 2000, art. 119)* **« , en justifiant de progrès réels dans le cadre d'un enseignement ou d'une formation,** *(L. n° 2014-896 du 15 août 2014, art. 14, en vigueur le 1er oct. 2014)* **« en s'investissant dans l'apprentissage de la lecture, de l'écriture et du calcul, ou en participant à des activités culturelles, et notamment de lecture, »** *(L. n° 2005-1549 du 12 déc. 2005, art. 8)* **« en suivant une thérapie destinée à limiter les risques de récidive » ou en s'efforçant d'indemniser leurs victimes ».** *(L. n° 2007-1198 du 10 août 2007)* **« Sauf décision contraire du juge de l'application des peines, aucune réduction supplémentaire de la peine ne peut être accordée à une personne condamnée pour un crime ou un délit pour lequel le suivi socio-judiciaire est encouru, qui refuse pendant son incarcération de suivre le traitement qui lui est proposé par le juge de l'application des peines en application des articles 717-1 et 763-7. »** *(L. n° 2012-409 du 27 mars 2012, art. 7)* **« Il en est de même lorsque le juge de l'application des peines est informé, en application de l'article 717-1, que le condamné ne suit pas de façon régulière le traitement qu'il lui a proposé. »** *(L. n° 2014-896 du 15 août 2014, art. 17, en vigueur le 1er oct. 2014)* **« De même, après avis médical et sauf décision contraire du juge de l'application des peines, aucune réduction supplémentaire de**

peine ne peut être accordée à une personne condamnée dans les circonstances mentionnées à la première phrase du second alinéa de l'article 122-1 du code pénal qui refuse les soins qui lui sont proposés. »

Cette réduction, accordée par le juge de l'application des peines après avis de la commission de l'application des peines, ne peut excéder *(L. nº 2014-896 du 15 août 2014, art. 13 et 54, en vigueur le 1er janv. 2015)* **« trois mois par année d'incarcération ou sept jours par mois lorsque la durée d'incarcération restant à subir est inférieure à une année. »** *(Abrogé par L. nº 2014-896 du 15 août 2014, art. 13 et 54, à compter du 1er janv. 2015)* ***« Si le condamné n'est pas en état de récidive légale, ces limites sont respectivement portées à trois mois et à sept jours. »*** *(Abrogé par L. nº 2004-204 du 9 mars 2004, art. 193-II)* ***« Les dispositions du troisième alinéa de l'article 721 sont applicables. »*** *(L. nº 2008-174 du 25 févr. 2008, art. 2-II)* **« Lorsque la personne a été condamnée pour les crimes ou délits, commis sur un mineur, de meurtre ou assassinat, torture ou actes de barbarie, viol, agression sexuelle ou atteinte sexuelle, la réduction ne peut excéder deux mois par an ou quatre jours par mois** *(Abrogé par L. nº 2014-896 du 15 août 2014, art. 13 et 54, à compter du 1er janv. 2015)* ***« ou, si elle est en état de récidive légale, un mois par an ou deux jours par mois »*, dès lors qu'elle refuse les soins qui lui ont été proposés. »**

(L. nº 2004-204 du 9 mars 2004, art. 193-II) **« Elle est prononcée en une seule fois si l'incarcération est inférieure à une année et par fraction annuelle dans le cas contraire. »**

(L. nº 98-468 du 17 juin 1998) **« Sauf décision du juge de l'application des peines, prise après avis de la commission de l'application des peines, les dispositions du présent article ne sont pas applicables aux personnes condamnées pour l'une des infractions mentionnées à l'article 706-47 si, lorsque leur condamnation est devenue définitive, le casier judiciaire faisait mention d'une telle condamnation. »**

(L. nº 2013-711 du 5 août 2013, art. 24) **« En cas d'exécution sur le territoire de la République d'une peine prononcée à l'étranger, les réductions de peines accordées antérieurement à la mise à exécution de la peine en France restent acquises à la personne condamnée en tant qu'elles ont été accordées à raison de la durée de détention subie à l'étranger. La personne condamnée bénéficie d'un crédit de réduction de peine en application du présent article, calculé sur la durée de détention restant à subir en France à compter de son arrivée sur le territoire national, déduction faite des réductions de peine déjà accordées à l'étranger pour la période qui restait à exécuter. »** – *V. nouv. art. 721-1, en vigueur à compter du 1er janv. 2023 ci-dessous.*

En cas de décision sur les réductions de peine supplémentaires prise au bénéfice d'une personne condamnée en état de récidive légale avant le 1er janv. 2015 et visant une période d'emprisonnement ou de réclusion débutant avant cette date et prenant fin après cette date, le juge de l'application des peines peut, pour la période courant à compter de cette date, réexaminer la situation du condamné au regard du quantum maximal résultant de l'art. 721-1 dans sa rédaction issue de la L. nº 2014-896 du 15 août 2014 (Décr. nº 2014-1582 du 23 déc. 2014, art. 38).

BIBL. ▶ GASSIN, *RSC 1996. 155* ; *ibid. 443* (fondements juridiques de la réinsertion des délinquants en droit positif français). – PRADEL, *D. 1987. Chron. 5.*

1. Application dans le temps. En raison de l'abrogation par la L. du 15 août 2014, applicable à compter du 1er janv. 2015, des dispositions de l'art. 721-1 plus sévères à l'encontre des condamnés récidivistes et de l'absence de dispositions transitoires, prévues par le législateur, dérogeant aux prescriptions de l'art. 112-2, 3º, C. pén., les réductions supplémentaires de peine relatives aux périodes d'incarcération subies par les condamnés en état de récidive, examinées postérieurement à cette dernière date, doivent être calculées exclusivement selon les modalités plus favorables prévues par le dispositif légal en vigueur. • Crim. 16 déc. 2015, nº 15-81.264 P : *D. actu. 1er févr. 2016, obs. Goetz ; Dr. pénal 2016. 39, obs. Peltier.*

2. Règles générales. Une décision admettant un condamné à la libération conditionnelle ne peut faire obstacle à l'application des art. 721-1 s. relatifs aux réductions supplémentaires de peines. • Crim. 4 nov. 2015, nº 14-87.726 P : *D. actu. 26 nov. 2015, obs. Benelli-de Bénazé ; AJ pénal 2016. 96, obs. H.-Evans.*

3. Consentement du condamné. L'art. 721-1 ne subordonne pas l'octroi d'une réduction supplémentaire de peine à la demande du condamné, ni même à son acceptation. • Crim. 8 juin 2016, nº 15-84.205 P : *D. actu. 27 juin 2016, obs. André ; D. 2017. Pan. 1274, obs. H-Evans ; Dr. pénal 2016, nº 149, obs. Bonis-Garçon.*

4. Le condamné ayant à exécuter une peine unique, par suite de l'absorption, en application de l'art. 5 C. pén. alors en vigueur, d'une peine correctionnelle par une peine criminelle en concours, doit être considéré comme récidiviste pour l'octroi des réductions supplémentaires de peine prévues par l'art. 721-1, s'il était en état de récidive légale lors de l'une des condamnations confondues prononcées contre lui. • Crim. 10 avr. 1996, n° 95-84.680 P : *LPA 1997, n° 23, note Herzog-Evans ; RSC 1997. 376, obs. Bouloc*.

5. Contrainte par corps. Si la contrainte par corps, mesure d'exécution forcée des sanctions pécuniaires, présente à certains égards les caractères d'une peine, sa durée ne saurait, néanmoins, être réduite en application des dispositions des art. 721 et 721-1. • Crim. 29 janv. 2003, n° 02-81.988 P : *D. 2003. IR 807 ; JCP 2003. IV. 1597.*

6. Condamnations prononcées à l'étranger. Il résulte des art. 721 et 721-1 que le juge de l'application des peines ne peut accorder de réductions de peine que pour la période de détention subie en France, incluant, lorsque la condamnation est prononcée à l'étranger, les délais de transfèrement de l'intéressé sur le territoire national. • Crim. 18 déc. 1996, n° 93-80.864 P : *Dr. pénal 1997. Comm. 6, obs. Maron ; RSC 1997. 830, obs. Bouloc ; ibid. 884, obs. Couvrat*.

7. Contrôle de la motivation. L'ordonnance par laquelle le président de la chambre de l'application des peines de la cour d'appel se prononce sur la possibilité d'accorder ou non une réduction supplémentaire de peine à un condamné doit être motivée, la Cour de cassation contrôlant l'existence de cette motivation. • Crim. 6 sept. 2006, n° 06-81.980 P : *AJ pénal 2006. 418*. ♦ Toutefois la simple mention de l'absence d'efforts de réadaptation sociale est suffisante. • Crim. 18 oct. 2006 : *AJ pénal 2007. 94, obs. Herzog-Evans*. ♦ La limitation à quatre mois de la réduction supplémentaire est justifiée dès lors que l'ordonnance attaquée énonce que les efforts de réadaptation sociale que le condamné a consentis sont réels, mais insuffisants pour octroyer une réduction plus importante. • Crim. 22 juin 2011 : *D. 2012. Pan. 1294, obs. Herzog-Evans*. ♦ En retenant, dans l'ordonnance attaquée, qu'il n'est pas établi, *après recherches*, que le condamné ait fait, au cours de cette période examinée, des efforts particuliers justifiant la réduction supplémentaire demandée, le président de la CHAP, qui a procédé aux recherches qu'il estimait nécessaires, a, dans l'exercice du pouvoir d'appréciation que lui reconnaît l'art. 721-1, justifié sa décision. • Crim. 28 juin 2017, n° 16-84.087 P : *D. actu. 20 juill. 2017, obs. Benelli-de Bénazé ; AJ pénal 2017. 458, obs. H. Evans*.

8. Exclusions. Selon l'art. 721-1, al. 4, sauf décision du JAP prise après avis de la commission de l'application des peines, les personnes condamnées pour l'une des infractions énumérées à l'art. 706-47, parmi lesquelles figure le crime de viol commis sans circonstance aggravante, ne peuvent bénéficier de réductions supplémentaires de peine si, lorsque leur condamnation est définitive, le casier faisait mention d'une telle condamnation. • Crim. 21 nov. 2007, n° 07-81.787 P : *D. 2008. AJ 355 ; AJ pénal 2008. 149, obs. Herzog-Evans*.

9. Récidiviste. Il résulte de la combinaison des art. 721-1 et D. 150-2 que le condamné ayant à subir plusieurs peines privatives de liberté dont l'une au moins a été prononcée pour un crime ou un délit commis en récidive ne peut bénéficier d'une réduction supplémentaire de peine excédant deux mois par an. Encourt la cassation l'ordonnance du président de la CHAP qui accorde une réduction supplémentaire de peine de trois mois à un condamné qui doit encore exécuter une condamnation prononcée pour des faits commis en récidive. • Crim. 28 oct. 2009, n° 09-84.135 P : *AJ pénal 2010. 41, obs. Herzog-Evans ; Dr. pénal 2010. Chron. 2, obs. Garçon.* ♦ Les règles spécifiques à l'état de récidive relatives aux conditions d'octroi des réductions supplémentaires de peine sont applicables à l'ensemble des peines exécutées au cours de la période de détention prise en compte, à la seule condition que l'une d'elles ait été prononcée en retenant cette circonstance aggravante, indépendamment de la date à laquelle le JAP statue. • Crim. 23 nov. 2011, n° 11-81.088 P : *D. actu. 12 déc. 2011, obs. Léna ; D. 2011. Actu. 2936 ; ibid. 2012. Chron. 171, obs. Roth, Leprieur et Divialle ; Dr. pénal 2012. Chron. 2, obs. Garçon et Peltier.*

10. Pouvoirs de la cour d'appel. Il résulte de la combinaison de l'art. 721-1, des principes de l'effet dévolutif et de la prohibition de l'aggravation du sort de l'appelant sur son seul appel, qu'en cas d'appel d'une ordonnance de réduction supplémentaire de peine, le président de la CHAP ne peut, sur le seul appel du condamné, aggraver le sort de l'appelant. • Crim. 12 févr. 2014, n° 13-81.683 P : *D. actu. 24 févr. 2014, obs. Léna ; Dr. pénal 2014. 83, note Bonis-Garçon.* ♦ *V. contra*, précédemment : Le juge apprécie souverainement le quantum de la réduction supplémentaire de peine qu'il accorde au condamné manifestant des efforts sérieux de réadaptation sociale. Est ainsi parfaitement justifiée la décision du président de la CHAP qui, sur appel du condamné, décide de ramener de 30 à 25 jours le quantum de la réduction en raison, notamment, des versements volontaires dérisoires effectués par le condamné aux parties civiles. • Crim. 7 mars 2007, n° 06-83.981 P : *D. 2007. AJ 1340 ; AJ pénal 2007. 289, obs. Herzog-Evans ; Dr. pénal 2008. Chron. 27, obs. Garçon.* ♦ En revanche, le président de la CHAP ne peut sans se contredire, ramener de trois mois à trente jours les réductions supplémentaires de peine accordées au condamné, en retenant d'une part, que les efforts sérieux de réadaptation sociale manifestés par le condamné s'étaient limités au paiement de l'amende et au suivi d'une formation et, d'autre part, qu'il n'avait pu se livrer à aucune autre activité du fait qu'il était soumis, pour l'exécution de sa peine, au régime de l'isolement. • Crim. 4 mars 2009 : *AJ pénal 2009. 322, obs. Herzog-Evans*.

11. Suivi socio-judiciaire encouru. Ne donne pas de base légale à sa décision la CHAP qui refuse l'octroi de réductions supplémentaires de peine au condamné n'ayant pas accepté de suivre le traitement qui lui avait été proposé durant sa détention, alors que la peine de suivi socio-judiciaire n'était pas encourue à la date de commission des faits reprochés. • Crim. 27 juin 2007 : *AJ pénal 2007. 532, obs. Herzog-Evans ; D. 2008. Pan. 1020, obs. Herzog-Evans*. ♦ Comp., • Crim. 21 janv. 2009, nº 08-83.372 P : *RSC 2009. 438, obs. Poncela ; D. 2009. AJ 566, obs. Léna ; ibid. 1326, note Roujou de Boubée ; ibid. Pan. 1382, obs. Herzog-Evans ; ibid. Pan. 2827, obs. Roujou de Boubée ; AJ pénal 2009. 124, étude Herzog-Evans ; Dr. pénal 2010. Chron. 2, obs. Peltier* : selon l'art. 723-29, le placement sous surveillance judiciaire peut être ordonné à l'encontre d'une personne condamnée à une peine privative de liberté d'une durée égale ou supérieure à dix ans pour un crime ou un délit pour lequel le suivi socio-judiciaire est encouru. Il en est ainsi alors même que le crime ou le délit aurait été commis avant l'entrée en vigueur des dispositions ayant instauré le suivi socio-judiciaire (cassation de • Versailles, 1er avr. 2008 : *AJ pénal 2008. 323, obs. Herzog-Evans* : l'individu condamné pour des faits commis à une date où la peine de suivi socio-judiciaire n'était pas encourue ne pouvait faire l'objet d'un placement sous surveillance judiciaire). ♦ Comp. également, • Crim. 1er avr. 2009 : *AJ pénal 2009. 321, obs. Herzog-Evans ; Dr. pénal 2009, nº 103, obs. Maron et Haas ; ibid. 2010. Chron. 2, obs. Peltier* : les art. 723-29, 1º, 2º et 3º, 723-31 à 723-36 et 723-39 régissant la surveillance judiciaire sont immédiatement applicables aux condamnés dont le risque de récidive est constaté après la date de leur entrée en vigueur. Ces modalités d'application de la surveillance judiciaire sont compatibles avec l'art. 7 Conv. EDH dès lors que cette mesure de sûreté, limitée à la durée des réductions de peine, constitue une modalité d'exécution de celles-ci. ♦ Comp., enfin, • Crim. 2 sept. 2009 : *D. 2009. Pan. 2827, obs. Roujou de Boubée ; AJ pénal 2009. 498, obs. Herzog-Evans* : l'art. 12 de la L. nº 2007-1198 du 10 août 2007 énonce que les dispositions de l'art. 712-21 qui dérogent au principe de non-rétroactivité, sont immédiatement applicables aux personnes exécutant une peine privative de liberté pour une infraction, tel le meurtre, désormais punissable du suivi socio-judiciaire, même si celui-ci n'avait pas d'existence légale à la date de commission des faits. Doit être approuvée la décision de la CHAP qui, pour refuser d'accorder une permission de sortir à un individu condamné à dix-huit ans de réclusion criminelle pour meurtre, énonce que ledit individu n'a pas fait l'objet d'une expertise de pré-libération comme le prévoit pourtant l'art. 712-21 pour les infractions pour lesquelles le suivi socio-judiciaire est encouru.

12. Règles européennes. L'art. 5 de la Conv. EDH ne trouve pas à s'appliquer dès lors que la saisine du président de la CHAP n'a pas pour objet de vérifier la régularité d'une détention après condamnation mais seulement d'examiner certaines modalités d'individualisation de la peine. • Crim. 21 sept. 2016, nº 15-83.955 P : *AJ pénal 2017. 49, obs. H.-Evans*.

Nouvel art. 721-1 *Al. 1er à 4 abrogés par L. nº 2021-1729 du 22 déc. 2021, art. 11.*

(L. nº 2013-711 du 5 août 2013, art. 24) ***« En cas d'exécution sur le territoire de la République d'une peine prononcée à l'étranger, les réductions de peines accordées antérieurement à la mise à exécution de la peine en France restent acquises à la personne condamnée en tant qu'elles ont été accordées à raison de la durée de détention subie à l'étranger.*** *(Abrogé par L. nº 2021-1729 du 22 déc. 2021, art. 11)* ***« La personne condamnée bénéficie d'un crédit de réduction de peine en application du présent article, calculé sur la durée de détention restant à subir en France à compter de son arrivée sur le territoire national, déduction faite des réductions de peine déjà accordées à l'étranger pour la période qui restait à exécuter. » »***

L'art. 721-1, dans sa rédaction résultant de l'art. 11 de la L. nº 2021-1729 du 22 déc. 2021, est applicable aux personnes placées sous écrou à compter du 1er janv. 2023, quelle que soit la date de commission de l'infraction. Les personnes placées sous écrou avant cette date demeurent soumises au régime défini à l'art. 721-1 dans sa rédaction antérieure (L. préc., art. 59).

Art. 721-1-1 *(L. nº 2016-987 du 21 juill. 2016, art. 8)* **Les personnes condamnées à une peine privative de liberté pour une ou plusieurs des infractions mentionnées aux articles 421-1 à 421-6 du code pénal, à l'exclusion de celles définies aux articles 421-2-5 à 421-2-5-2 du même code, ne bénéficient pas des crédits de réduction de peine mentionnés à l'article 721 du présent code. Elles peuvent toutefois bénéficier d'une réduction de peine dans les conditions définies à l'article 721-1.**

Nouvel art. 721-1-1 *(L. nº 2016-987 du 21 juill. 2016, art. 8) **Les personnes condamnées à une peine privative de liberté pour une ou plusieurs des infractions mentionnées aux articles 421-1 à 421-6 du code pénal, à l'exclusion de celles définies aux articles 421-2-5 à 421-2-5-2 du même code, ne** (L. nº 2021-1729 du 22 déc. 2021, art. 11) **« peuvent bénéficier des réductions de peine mentionnées à l'article 721 du présent code qu'à hauteur de trois mois par année d'incarcération et de sept jours par mois pour une durée d'incarcération inférieure à un an ».***

L'art. 721-1-1, dans sa rédaction résultant de l'art. 11 de la L. nº 2021-1729 du 22 déc. 2021, est applicable aux personnes placées sous écrou à compter du 1er janv. 2023, quelle que soit la date de commission de l'infraction. Les personnes placées sous écrou avant cette date demeurent soumises au régime défini à l'art. 721-1-1 dans sa rédaction antérieure (L. préc., art. 59-VI).

Art. 721-1-2 *(L. nº 2021-1729 du 22 déc. 2021, art. 11) (L. nº 2022-52 du 24 janv. 2022, art. 10)* **« Les personnes condamnées à une peine privative de liberté pour une ou plusieurs infractions mentionnées aux articles 221-3, 221-4, 222-3, 222-8, 222-10, 222-12, 222-14-1, 222-14-5 et 222-15-1 du code pénal » au préjudice d'une personne investie d'un mandat électif public, d'un magistrat, d'un militaire de la gendarmerie nationale, d'un militaire déployé sur le territoire national dans le cadre des réquisitions prévues à l'article L. 1321-1 du code de la défense, d'un fonctionnaire de la police nationale, des douanes ou de l'administration pénitentiaire, d'un agent de police municipale, d'un sapeur-pompier professionnel ou volontaire ou de toute autre personne dépositaire de l'autorité publique ne peuvent bénéficier des réductions de peine mentionnées à l'article 721 du présent code qu'à hauteur, s'il s'agit d'un crime, de trois mois par année d'incarcération et sept jours par mois pour une durée d'incarcération inférieure à un an ou, s'il s'agit d'un délit, de quatre mois par année d'incarcération et neuf jours par mois pour une durée d'incarcération inférieure à un an.**

BIBL. ▶ ROBERT, *Dr. pénal 2021. Étude 15* (loi du 25 mai 2021 pour une sécurité globale préservant les libertés).

Art. 721-1-3 *(L. nº 2021-646 du 25 mai 2021, art. 50)* **Lorsque plusieurs peines privatives de liberté sont confondues et qu'elles sont soumises à plus d'un des régimes de réduction de peine prévus aux articles 721, 721-1-1 et 721-1-2, le régime qui s'applique est celui de la plus longue peine encourue ou, en cas de peines encourues égales, le régime le plus strict.** *(Abrogé par L. nº 2021-1729 du 22 déc. 2021, art. 11) **« Les crédits de réduction de peine qui correspondaient à chacune des peines confondues sont caducs. »***

Nouvel art. 721-2 *(L. nº 2014-896 du 15 août 2014, art. 44 en vigueur le 1er oct. 2014) **I. — Lorsqu'une personne condamnée exécutant une ou plusieurs peines privatives de liberté n'a pu bénéficier d'une mesure de libération sous contrainte ou d'une libération conditionnelle dans les conditions prévues aux articles 720 et 730-3, le juge de l'application des peines peut, aux seules fins de favoriser l'insertion ou la réinsertion de la personne condamnée et de prévenir la commission de nouvelles infractions, ordonner que le condamné ayant bénéficié** (L. nº 2021-1729 du 22 déc. 2021, art. 11) **« de réductions de peine prévues à l'article 721 » soit soumis, après sa libération et pendant une durée qui ne peut excéder le total des réductions de peines dont il a bénéficié, à une ou plusieurs :***

1º Des mesures de contrôle prévues à l'article 132-44 du code pénal ;

2º Des interdictions prévues aux 2º et 7º à 14º de l'article 132-45 du même code.

La personne condamnée peut également bénéficier, pendant cette durée, des mesures d'aide prévues à l'article 132-46 dudit code.

Cette décision est prise, selon les modalités prévues à l'article 712-6 du présent code, préalablement à la libération du condamné, le cas échéant en même temps que lui est accordée la dernière réduction de peine.

En cas d'inobservation par la personne condamnée des mesures de contrôle et interdictions qui lui ont été imposées, le juge de l'application des peines peut, selon les modalités prévues au même article 712-6, retirer tout ou partie de la durée des réductions de peines dont elle a bénéficié et ordonner sa réincarcération.** (L. nº 2021-1729 du 22 déc. 2021, art. 11) **« Les articles 712-17 et 712-19 sont applicables. »

*(Abrogé par L. nº 2021-1729 du 22 déc. 2021, art. 11) **« Le présent I n'est pas applicable aux condamnés mentionnés à l'article 723-29. »***

II. — Dans tous les cas, le juge de l'application des peines peut, selon les modalités prévues à l'article 712-6, ordonner que le condamné ayant bénéficié (L. nº 2021-1729 du 22 déc. 2021, art. 11) « de réductions de peine prévues à l'article 721 » soit soumis après sa libération à l'interdiction de recevoir la partie civile ou la victime, de la rencontrer ou d'entrer en relation avec elle de quelque façon que ce soit, pendant une durée qui ne peut excéder le total des réductions de peines dont il a bénéficié. Cette décision est prise préalablement à la libération du condamné, le cas échéant en même temps que lui est accordée la dernière réduction de peine.

L'interdiction mentionnée au premier alinéa du présent II peut être accompagnée de l'obligation d'indemniser la partie civile.

En cas d'inobservation par la personne condamnée des obligations et interdictions qui lui ont été imposées, le juge de l'application des peines peut, selon les modalités prévues à l'article 712-6, retirer tout ou partie de la durée des réductions de peines dont elle a bénéficié et ordonner sa réincarcération. (L. nº 2021-1729 du 22 déc. 2021, art. 11) « Les articles 712-17 et 712-19 sont applicables. »

V. art. D. 147-45 s.

L'art. 721-2, dans sa rédaction résultant de l'art. 11 de la L. nº 2021-1729 du 22 déc. 2021, est applicable aux personnes placées sous écrou à compter du 1er janv. 2023, quelle que soit la date de commission de l'infraction. Les personnes placées sous écrou avant cette date demeurent soumises au régime défini à l'art. 721-2 dans sa rédaction antérieure (L. préc., art. 59).

Art. 721-2 *(L. nº 2014-896 du 15 août 2014, art. 44 en vigueur le 1er oct. 2014)* **I. — Lorsqu'une personne condamnée exécutant une ou plusieurs peines privatives de liberté n'a pu bénéficier d'une mesure de libération sous contrainte ou d'une libération conditionnelle dans les conditions prévues aux articles 720 et 730-3, le juge de l'application des peines peut, aux seules fins de favoriser l'insertion ou la réinsertion de la personne condamnée et de prévenir la commission de nouvelles infractions, ordonner que le condamné ayant bénéficié d'une ou plusieurs des réductions de peines prévues aux articles 721 et 721-1 soit soumis, après sa libération et pendant une durée qui ne peut excéder le total des réductions de peines dont il a bénéficié, à une ou plusieurs :**

1º Des mesures de contrôle prévues à l'article 132-44 du code pénal ;

2º Des interdictions prévues aux 2º et 7º à 14º de l'article 132-45 du même code.

La personne condamnée peut également bénéficier, pendant cette durée, des mesures d'aide prévues à l'article 132-46 dudit code.

Cette décision est prise, selon les modalités prévues à l'article 712-6 du présent code, préalablement à la libération du condamné, le cas échéant en même temps que lui est accordée la dernière réduction de peine.

En cas d'inobservation par la personne condamnée des mesures de contrôle et interdictions qui lui ont été imposées, le juge de l'application des peines peut, selon les modalités prévues au même article 712-6, retirer tout ou partie de la durée des réductions de peines dont elle a bénéficié et ordonner sa réincarcération. L'article 712-17 est applicable.

Le présent I n'est pas applicable aux condamnés mentionnés à l'article 723-29.

II. — Dans tous les cas, le juge de l'application des peines peut, selon les modalités prévues à l'article 712-6, ordonner que le condamné ayant bénéficié d'une ou plusieurs des réductions de peines prévues aux articles 721 et 721-1 soit soumis après sa libération à l'interdiction de recevoir la partie civile ou la victime, de la rencontrer ou d'entrer en relation avec elle de quelque façon que ce soit, pendant une durée qui ne peut excéder le total des réductions de peines dont il a bénéficié. Cette décision est prise préalablement à la libération du condamné, le cas échéant en même temps que lui est accordée la dernière réduction de peine.

L'interdiction mentionnée au premier alinéa du présent II peut être accompagnée de l'obligation d'indemniser la partie civile.

En cas d'inobservation par la personne condamnée des obligations et interdictions qui lui ont été imposées, le juge de l'application des peines peut, selon les modalités prévues à l'article 712-6, retirer tout ou partie de la durée des réductions de peines dont elle a bénéficié et ordonner sa réincarcération. L'article 712-17 est applicable.

V. art. D. 147-45 s.

Art. 721-3 *(L. nº 2004-204 du 9 mars 2004, art. 187, en vigueur le 1er janv. 2005 ; L. nº 2007-1198 du 10 août 2007)* **Une réduction de peine exceptionnelle, dont le quantum peut aller jusqu'au tiers de la peine prononcée, peut être accordée aux condamnés dont les déclarations faites à l'autorité administrative ou judiciaire antérieurement ou postérieurement à leur condamnation ont permis de faire cesser ou d'éviter la commission d'une infraction mentionnée aux articles 706-73** *(L. nº 2015-993 du 17 août 2015, art. 11)* **« , 706-73-1 » et 706-74. Lorsque ces déclarations ont été faites par des condamnés à la réclusion criminelle à perpétuité, une réduction exceptionnelle du temps d'épreuve prévu** *(L. nº 2009-1436 du 24 nov. 2009, art. 94-VI)* **« au neuvième » alinéa de l'article 729, pouvant aller jusqu'à cinq années, peut leur être accordée.**

Ces réductions exceptionnelles sont accordées par le tribunal de l'application des peines selon les modalités prévues à l'article *(L. nº 2005-1549 du 12 déc. 2005, art. 39)* **« 712-7 ».**

La demande de remise de peine exceptionnelle doit être rejetée lorsque les faits dénoncés n'entrent pas dans les prévisions des art. 706-73 et 706-74 (en l'espèce le condamné dénonçait des faits de viols, atteintes sexuelles aggravées et corruption de mineurs de quinze ans sans mise en évidence d'un réseau organisé). • Crim. 24 mai 2006, nº 05-86.772 P : *AJ pénal 2006. 368, obs. Girault ; RPDP 2007. 204, obs. Bouloc.*

Circulaire CRIM 04-13 G1 du 2 septembre 2004,

Présentant les dispositions relatives à la criminalité organisée de la loi nº 2004-204 du 9 mars 2004 portant adaptation de la justice aux évolutions de la criminalité.

B. *INITIATIVE DU BÉNÉFICE DE CES DISPOSITIONS*

Le bénéfice de ces dispositions peut être soit :

— relevé d'office par le parquet qui saisira le juge de l'application des peines ;

— demandé par l'intéressé ou son avocat qui saisira à cette fin le juge de l'application des peines. Ce dernier devra alors se faire transmettre les pièces par le parquet ayant diligenté les vérifications afin de pouvoir prendre sa décision.

C. *LES MODALITÉS DE MISE EN ŒUVRE*

Le juge de l'application des peines conserve toute latitude pour accorder une réduction de peine sur le fondement de l'article 721-3 du code de procédure pénale et pour en apprécier le quantum.

A cette fin, il devra se fonder sur la pertinence des déclarations faites par le collaborateur de justice, sur leur efficacité, et bien sûr sur l'importance de l'infraction à laquelle il a été mis un terme ou qui a été empêchée grâce à ces déclarations. Il pourra à cette fin se faire transmettre toute pièce utile et entendre les enquêteurs qui auront procédé à la vérification des déclarations du collaborateur de justice.

La réduction de peine accordée peut aller jusqu'au tiers de la peine prononcée pour les condamnés à temps. Pour les condamnés à la réclusion criminelle à la perpétuité, le juge de l'application des peines peut accorder au collaborateur de justice une réduction pouvant aller *jusqu'à cinq* ans du temps d'épreuve de quinze années prévu au dernier alinéa de l'article 729 pour accorder le bénéfice de la libération conditionnelle à l'intéressé.

Les conséquences de cette réduction de peine sont identiques à celles des autres réductions de peine qui peuvent être accordées à des détenus, notamment quant au bénéfice de la libération conditionnelle. *[...]*

Art. 721-4 *(L. nº 2021-1729 du 22 déc. 2021, art. 11)* **Une réduction de peine exceptionnelle, dont le quantum peut aller jusqu'au tiers de la peine prononcée, peut être accordée aux condamnés ayant permis, au cours de leur détention, y compris provisoire, d'éviter ou de mettre fin à toute action individuelle ou collective de nature à perturber gravement le maintien du bon ordre et la sécurité de l'établissement ou à porter atteinte à la vie ou à l'intégrité physique ou psychique des membres du personnel pénitentiaire ou des détenus de l'établissement. Dans le cas des condamnés à la réclusion criminelle à perpétuité, une réduction exceptionnelle du temps d'épreuve**

prévu au neuvième alinéa de l'article 729, dont le quantum peut aller jusqu'à cinq années, peut être accordée.

Pour les condamnés exécutant une ou plusieurs peines privatives de liberté d'une durée totale supérieure à sept ans, ces réductions exceptionnelles sont accordées par le tribunal de l'application des peines, sur demande du condamné, sur saisine du chef d'établissement, sur réquisitions du procureur de la République ou à l'initiative du juge de l'application des peines dont relève le condamné en application de l'article 712-10, selon les modalités prévues à l'article 712-7.

Pour les condamnés exécutant une ou plusieurs peines privatives de liberté d'une durée totale inférieure ou égale à sept ans, ces réductions exceptionnelles sont accordées, après avis de la commission de l'application des peines, par ordonnance motivée du juge de l'application des peines, agissant d'office, sur demande du condamné, sur saisine du chef d'établissement ou sur réquisitions du procureur de la République, selon les modalités prévues à l'article 712-4-1.

SECTION V *[ABROGÉE]* DES ATTRIBUTIONS DU JUGE DE L'APPLICATION DES PEINES, DES JURIDICTIONS DE LA LIBÉRATION CONDITIONNELLE ET DE LA COMMISSION DE L'APPLICATION DES PEINES *(L. n° 2000-516 du 15 juin 2000, art. 125-II ; abrogée à compter du 1er janv. 2005 par L. n° 2004-204 du 9 mars 2004, art. 162-XV).*

Art. 722 à 722-2 *Abrogés par L. n° 2004-204 du 9 mars 2004, art. 162-XIV, à compter du 1er janv. 2005.*

SECTION V DU PLACEMENT À L'EXTÉRIEUR, DE LA SEMI-LIBERTÉ, DES PERMISSIONS DE SORTIR ET DES AUTORISATIONS DE SORTIE SOUS ESCORTE *(L. n° 97-1159 du 19 déc. 1997 ; L. n° 2004-204 du 9 mars 2004, art. 162-XV).*

BIBL. ▸ PONCELA ET MEDICI, *RSC 2011. Chron. 153* (contours d'une sanction pénale multiforme et détour par le quartier de semi-liberté de Versailles).

Art. 723 *(L. n° 2009-1436 du 24 nov. 2009, art. 81-I)* **« Le condamné admis au bénéfice du placement à l'extérieur est astreint, sous le contrôle de l'administration, à exercer des activités en dehors de l'établissement pénitentiaire. »**

(L. n° 92-1336 du 16 déc. 1992) **« Le régime de semi-liberté est défini par l'article 132-26 du code pénal. »**

Al. abrogé par L. n° 78-1097 du 22 nov. 1978.

Un décret détermine les conditions auxquelles ces diverses mesures sont accordées et appliquées.

V. art. D. 118 s.

BIBL. ▸ CANNAT, *RSC 1953. 328.* – LIOTARD, *ibid. 1962. 591.* – MORICE, *Rev. pénit. 1967. 152.* – VIALATTE, *RSC 1966. 363.*

1. Avis du chef d'établissement. Il résulte des dispositions des art. 723 et D. 119, sous peine de nullité de la décision rendue, que, même en cas d'urgence, le juge de l'application des peines doit, avant d'admettre un condamné au régime de semi-liberté, recueillir l'avis du chef de l'établissement pénitentiaire. • Crim. 12 mai 1993, n° 92-86.780 P : *RSC 1994. 324, obs. Bouloc*.

2. Conditions de vie des condamnés. La CHAP a justifié sa décision en refusant au condamné pour conduite en état alcoolique le régime de la semi-liberté (et le placement sous surveillance électronique), aux motifs que ces mesures d'aménagement de peine n'offraient pas de garanties suffisantes de contrôle sur sa personne et seraient privées de sens dans la mesure où d'une part, l'intéressé travaillait dans le cadre d'horaires de profession libérale donc d'horaires à la fois larges et flous, et où d'autre part, son incarcération étant le fait de la révocation d'un sursis avec mise à l'épreuve pour conduite en état alcoolique, les risques de réitération de l'infraction n'étaient pas minces. • Crim. 18 oct. 2006 : *AJ pénal 2007. 42, obs. Herzog-Evans*.

Art. 723-1 *(L. n° 2009-1436 du 24 nov. 2009, art. 81-II)* **Le juge de l'application des peines peut prévoir que la peine s'exécutera sous le régime de la semi-liberté ou du placement à l'extérieur soit en cas de condamnation à une ou plusieurs peines priva-**

tives de liberté dont la durée totale n'excède pas deux ans, soit lorsqu'il reste à subir par le condamné une ou plusieurs peines privatives de liberté dont la durée totale n'excède pas deux ans. *(Abrogé par L. nº 2019-222 du 23 mars 2019, art. 85)* « *Les durées de deux ans prévues par le présent alinéa sont réduites à un an si le condamné est en état de récidive légale.* »

Le juge de l'application des peines peut également subordonner la libération conditionnelle du condamné à l'exécution, à titre probatoire, d'une mesure de semi-liberté ou de placement à l'extérieur, pour une durée n'excédant pas un an. La mesure de semi-liberté ou de placement à l'extérieur peut être exécutée un an avant la fin du temps d'épreuve prévu à l'article 729 *(L. nº 2014-896 du 15 août 2014, art. 25, en vigueur le 1er oct. 2014)* « ou un an avant la date à laquelle est possible la libération conditionnelle prévue à l'article 729-3 ».

(L. nº 2016-987 du 21 juill. 2016, art. 8) « Le présent article n'est pas applicable aux personnes condamnées pour une ou plusieurs des infractions mentionnées aux articles 421-1 à 421-6 du code pénal, à l'exclusion de celles définies aux articles 421-2-5 à 421-2-5-2 du même code. »

V. art. D. 119.

Mesures sous écrou probatoires et réductions de peine. La date d'un placement en libération conditionnelle n'étant pas irrévocable, elle peut être modifiée par l'octroi de réductions supplémentaires de peine. • Crim. 4 nov. 2015, nº 14-87.726 P : *D. actu. 26 nov. 2015, obs. Benelli-de-Bénazé ; AJ pénal 2016. 96, obs. H.-Evans.*

Art. 723-2 *(L. nº 2004-204 du 9 mars 2004, art. 185-I, en vigueur le 1er janv. 2005)* Lorsqu'il a été fait application des dispositions de l'article 132-25 du code pénal, le juge de l'application des peines fixe les modalités d'exécution de la semi-liberté *(L. nº 2005-1549 du 12 déc. 2005, art. 39)* « ou du placement à l'extérieur » par ordonnance non susceptible de recours, dans un délai maximum de quatre mois à compter de la date à laquelle la condamnation est exécutoire *(L. nº 2011-525 du 17 mai 2011, art. 156-16º)* « et dans un délai de cinq jours ouvrables lorsque la juridiction de jugement a ordonné le placement ou le maintien en détention du condamné et déclaré sa décision exécutoire par provision ». Si les conditions qui ont permis au tribunal de décider que la peine serait subie sous le régime de la semi-liberté ou du placement à l'extérieur ne sont plus remplies, si le condamné ne satisfait pas aux obligations qui lui sont imposées ou s'il fait preuve de mauvaise conduite, le bénéfice de la mesure peut être retiré par le juge de l'application des peines par une décision prise conformément aux dispositions de l'article 712-6. Si la personnalité du condamné ou les moyens disponibles le justifient, le juge de l'application des peines peut également, selon les mêmes modalités, substituer la mesure de semi-liberté à la mesure de placement à l'extérieur et inversement, ou substituer à l'une de ces mesures celle de détention à domicile sous surveillance électronique.

1. Le juge du jugement, s'il doit renvoyer au JAP les modalités d'exécution de la semi-liberté, du placement à l'extérieur ou du placement sous surveillance électronique, doit, sur le fondement de l'art. 132-19 C. pén. (sauf s'il est dérogé au *principe de l'amé*nagement de la peine d'emprisonnement ferme inférieure ou égale à deux ans, fût-elle assortie d'un sursis partiel, qu'il ordonne) prononcer sur la nature même de cet aménagement. • Crim. 20 avr. 2017, nº 16-80.091 P : *D. actu. 16 mai 2017, obs. Fonteix ; Dr. pénal 2017, nº 100, note Bonis-Garçon.*

2. Les dispositions légales critiquées ont pour effet de permettre au JAP qui constate que les conditions qui ont permis le placement du condamné sous le régime de la semi-liberté ne sont plus remplies, ou que l'intéressé ne satisfait pas aux obligations qui lui ont été imposées, ou qu'il fait preuve de mauvaise conduite, de procéder, après avoir recueilli l'avis du représentant de l'administration pénitentiaire, à un débat contradictoire en application de l'art. 712-6, au cours duquel il entend les réquisitions du ministère public et les observations du condamné et, le cas échéant, celles de son avocat. La décision de procéder à ce débat ne préjuge pas de la révocation de la semi-liberté et n'affecte donc pas l'impartialité du juge ; d'où il suit qu'il n'y a pas lieu de renvoyer la question au Cons. const. • Crim. 1er sept. 2011 : *Dr. pénal 2012. Chron. 2, obs. Garçon et Peltier.*

3. Le bénéfice d'une mesure de semi-liberté accordée *ab initio* par une juridiction correctionnelle ne peut être retiré par le juge de l'application des peines qu'une fois la condamnation à la mesure de semi-liberté devenue exécutoire. • Crim. 18 janv. 2012 : *Dr. pénal 2013. Chron. 3, obs. Bonis-Garçon.*

Art. 723-3 *(L. nº 78-1097 du 22 nov. 1978)* **La permission de sortir autorise un condamné à s'absenter d'un établissement pénitentiaire pendant une période de temps déterminée qui s'impute sur la durée de la peine en cours d'exécution.**

Elle a pour objet de préparer la réinsertion professionnelle ou sociale du condamné, de maintenir ses liens familiaux ou de lui permettre d'accomplir une obligation exigeant sa présence.

(L. nº 2019-222 du 23 mars 2019, art. 85) **« Lorsqu'une première permission de sortir a été accordée à un condamné majeur par le juge de l'application des peines en application de l'article 712-5, les permissions de sortir ultérieures peuvent, sauf décision contraire de ce magistrat, être accordées par le chef d'établissement pénitentiaire, selon des modalités déterminées par décret. En cas de refus d'octroi de la permission de sortir par le chef d'établissement pénitentiaire, celle-ci peut être demandée à nouveau au juge de l'application des peines, qui statue conformément au même article 712-5. »** — *V. art. D. 142-3-1.*

BIBL. ▶ Jouve, *Gaz. Pal. 1987. 1. 320* (interdiction du territoire et permission de sortir).

1. Attitude générale du détenu. Est régulière l'ordonnance qui retient que le refus opposé par le JAP est justifié au motif que l'attitude générale du condamné ne peut que rendre aléatoire le déroulement d'une mesure telle qu'une permission de sortir. • Crim. 4 mars 2009, nº 08-85.311.

2. Écart entre deux permissions de sortir. En considération de l'effectif de l'établissement pénitentiaire, l'administration peut déterminer justement un rythme de présentation des demandes afin de respecter une égalité entre les condamnés (espacement de trois mois). • Agen, 6 avr. 2006, nº 06/00774-M : *AJ pénal 2006. 271, obs. Herzog-Evans*.

3. Recours pendants. Dès lors qu'une juridiction de jugement a statué sur la culpabilité d'une personne et prononcé à son encontre une peine d'emprisonnement, la détention effectuée au titre de cette condamnation, soit en simple exécution de la décision de la juridiction, soit au titre de l'intervention d'un JAP, n'est pas une détention provisoire, même si la décision du JAP, exécutoire par provision, est frappée d'un recours. Le condamné peut ainsi, dans ces conditions, solliciter une permission de sortir. • Angers, CHAP, 5 sept. 2017, nº 17/00141 : *AJ pénal 2017. 510, obs. H-Evans*.

4. Centre de détention. Il résulte de l'art. D. 146 que seuls les condamnés incarcérés dans les centres de détention peuvent bénéficier des permissions de sortir prévues à l'art. D. 145, lorsqu'ils ont exécuté le tiers de leur peine ; en l'espèce, la maison d'arrêt où le condamné a été maintenu par l'administration pénitentiaire ne figurant pas sur la liste des centres de détention fixée par l'art. A. 39, la double condition d'être incarcéré dans un centre de détention et d'avoir exécuté le tiers de sa peine n'était, dès lors, pas remplie par le condamné. • Crim. 8 mars 1990 : *JCP 1991. II. 21647, note Syr* • 1er avr. 1998, nº 97-86.672 P : *RSC 1999. 97, obs. Bouloc*.

5. Régime propre de chaque type de permissions de sortir. Le régime des permissions de sortir susceptibles d'être accordées, pour la présentation aux épreuves d'un examen, à un condamné à une peine privative de liberté obéit aux seules règles fixées par l'art. D. 143. Ce texte ne prévoit l'octroi d'une telle permission à une personne condamnée à une peine privative de liberté supérieure à 5 ans que lorsque la moitié de la peine a été exécutée. Dès lors, justifie sa décision la cour d'appel qui infirme l'ordonnance du JAP accordant une permission de sortir d'une journée en vue de la présentation aux épreuves d'un examen à un condamné à une peine privative de liberté supérieure à 5 ans qui a exécuté plus du tiers mais moins de la moitié de sa peine, au motif que les art. D. 145 et D. 146 permettent aux condamnés incarcérés dans un centre de détention ayant exécuté le tiers de leur peine d'obtenir des permissions de sortir, notamment en vue de la préparation de leur réinsertion sociale. • Crim. 27 févr. 2001, nº 00-84.253 P : *RSC 2001. 801, obs. Bouloc*.

6. Réclusion criminelle à perpétuité. Il résulte de la combinaison des art. 723-3, 729 et D. 142 à D. 147 qu'aucune disposition légale n'interdit de faire bénéficier d'une permission de sortir un condamné à la réclusion criminelle à perpétuité à qui une libération conditionnelle a été accordée. • Crim. 13 déc. 1988, nº 88-84.561 P : *RSC 1989. 539, obs. Braunschweig ; D. 1989. IR 38.*

7. Assignation à résidence. Le JAP n'a pas la possibilité d'accorder, à l'étranger qui fait l'objet d'un arrêté d'assignation à résidence en cours d'exécution lors de son incarcération, une permission de sortir pour se rendre dans un lieu du territoire national où il n'est pas autorisé à résider. • Crim. 30 avr. 1980, nº 79-93.235 P : *Gaz. Pal. 1980. 2. 670*, note *P. L. G.*

8. Interdiction du territoire. Est irrégulière la décision du JAP accordant une permission de sortir à une détenue condamnée à une peine de quatre ans d'emprisonnement assortie de l'interdiction définitive du territoire français, cette peine complémentaire impliquant l'interdiction de séjourner en France durant l'exécution de la peine ailleurs qu'en établissement pénitentiaire.

• Crim. 25 mars 1987, n° 86-96.595 P : *Gaz. Pal. 1987. 398, note X. ; RSC 1987. 913, obs. Braunschweig.* ♦ Le refus d'une permission de sortir, opposé à un étranger condamné, pour trafic de stupéfiants, à l'interdiction du territoire français, constitue une mesure qui est nécessaire à la sûreté publique, à la protection de la santé et à la prévention des infractions pénales conformément à l'art. 8, § 2, Conv. EDH. • Crim. 21 nov. 1991, n° 91-83.085 P : *D. 1992. IR 53 ; RSC 1992. 780, obs. Braunschweig.*

9. Recours. La décision par laquelle le juge de l'application des peines accorde ou refuse une permission de sortir n'est pas une simple modalité du traitement pénitentiaire, mais constitue une mesure modifiant les limites de la peine ; le tribunal administratif n'est pas compétent pour connaître d'un litige dans ce domaine. • CE 9 févr. 2001 : *D. 2001. IR 1437 ; LPA 2001, n° 154, obs. Seban ; RFDA 2002. 598, note Céré et Péchillon.*

10. Responsabilité de l'État. Sur la responsabilité de l'État en raison du risque spécial pour les tiers créé par la mise en œuvre du régime des permissions de sortie : • TA Grenoble, 15 mars 1978 : *Gaz. Pal. 1979. 1. 102, note Moderne* • CE 2 déc. 1981 : *D. 1982. 550, note Tedeschi ; JCP 1982. II. 19905, note Pacteau* • 29 avr. 1987 : *RFDA 1987. 831, concl. Vigouroux ; D. 1988. Somm. 60, obs. Moderne.* ♦ ... Cette responsabilité sans faute de l'État pour le délit ou le crime commis au cours d'une permission de sortir relève de la compétence des juridictions administratives. • T. confl. 3 juill. 2000 : *JCP 2000. II. 10444.*

11. Conv. EDH, art. 6. Congé pénal. Bien que la cour ait reconnu le but légitime d'une politique de réinsertion sociale progressive des personnes condamnées à des peines d'emprisonnement, ni la Convention ni ses Protocoles ne prévoient expressément un droit à un congé pénal. Le droit à un congé pénal n'est pas davantage reconnu, en tant que tel, au titre d'un éventuel principe de droit international. En définitive, il n'existe aucun consensus au sein des États membres sur le statut et les modalités d'octroi du congé pénal : dans certains d'entre eux, l'autorité investie du pouvoir de décision est tenue d'accorder une permission de sortie lorsque les conditions légales sont remplies alors que, dans d'autres, elle dispose au contraire d'un pouvoir entièrement discrétionnaire en la matière ; de même, tous les États n'offrent pas un recours contre le refus de permission de sortie. • CEDH 3 avr. 2012, *Boulois c/ Luxembourg, n° 37575/04 : AJ pénal 2012. 352, obs. Herzog-Evans.*

Art. 723-4 *(L. n° 2004-204 du 9 mars 2004, art. 168-VI, en vigueur le 1er janv. 2005)* **Le juge de l'application des peines peut subordonner l'octroi au condamné du placement à l'extérieur, de la semi-liberté ou de la permission de sortir au respect d'une ou plusieurs obligations ou interdictions prévues par les articles 132-44 et 132-45 du code pénal.** *(L. n° 2014-896 du 15 août 2014, art. 41, en vigueur le 1er oct. 2014)* **« Le condamné peut également bénéficier des mesures d'aide prévues à l'article 132-46 du même code. »**

Art. 723-5 *(L. n° 78-1097 du 22 nov. 1978)* **Sans préjudice de l'application** *(L. n° 92-1336 du 16 déc. 1992)* **« de l'article 434-29 du code pénal », en cas de condamnation pour un crime ou un délit volontaire commis à l'occasion d'une permission de sortir, la juridiction peut décider que le condamné perdra le bénéfice des réductions de peine qui lui ont été accordées antérieurement.**

Art. 723-6 *(L. n° 78-1097 du 22 nov. 1978)* **Tout condamné peut, dans les conditions de l'article** *(L. n° 2004-204 du 9 mars 2004, art. 162-XXIII, en vigueur le 1er janv. 2005)* **« 712-5** *[ancienne rédaction : 722]* **», obtenir, à titre exceptionnel, une autorisation de sortie sous escorte.**

1. Absence de personnel éducatif. Aucun texte n'interdit que l'escorte prévue pour accompagner un détenu auquel a été accordée une autorisation de sortie en application de l'art. 723-6 soit assurée par un membre du personnel éducatif de l'administration pénitentiaire. • Crim. 24 oct. 1989, n° 88-87.191 P.

2. Non-violation de l'art. 3 Conv. EDH. Le fait d'accorder une autorisation de sortie sous escorte, avec port de menottes et d'entraves pour un DPS, ne constitue pas en soi un traitement inhumain et dégradant au sens de l'art. 3 Conv. EDH. • Crim. 17 mars 2010 : *AJ pénal 2010. 409, obs. Herzog-Evans.* ♦ Le fait de refuser une sortie sous escorte ne constitue pas une atteinte disproportionnée au droit au respect à la vie privée et familiale dès lors que cette décision est prévue par la loi, qu'elle repose sur des motifs légitimes et que le but poursuivi est de prévenir les risques d'évasion et de troubles à l'ordre public. • CEDH 11 avr. 2019, *Guimon c/ France, n° 48798/14 : Dr. pénal 2019, n° 137, obs. Maron et Haas ; AJ pénal 2019. 340, obs. H-Evans.*

Art. 723-6-1 *(Abrogé par Ord. n° 2022-478 du 30 mars 2022, art. 6, à compter du 1er mai 2022) (L. n° 2019-222 du 23 mars 2019, art. 84)* ***Les structures qui accueillent et accompagnent des personnes sous main de justice faisant l'objet d'une mesure de placement à l'extérieur dans les conditions prévues aux articles 723 à 723-2 et 723-4 sont agréées par l'État.***

Une convention peut être conclue entre l'État et ces structures pour une durée de trois ans renouvelable. Elle définit la nature du projet de réinsertion proposé par la structure, les conditions d'accueil et d'accompagnement au sein de la structure des personnes mentionnées au premier alinéa, les droits et obligations de ces personnes ainsi que les modalités de financement de la mesure de placement.

Un décret en Conseil d'État définit les conditions d'application du présent article.

SECTION VI **DE LA DÉTENTION À DOMICILE SOUS SURVEILLANCE ÉLECTRONIQUE** *(L. n° 2019-222 du 23 mars 2019, art. 74-X et 109-XIX, en vigueur le 24 mars 2020).*

(L. n° 97-1159 du 19 déc. 1997)

A compter du 24 mars 2020, dans le code pénal, le code de procédure pénale et tous les textes de nature législative, les références au placement sous surveillance électronique sont remplacées par des références à la détention à domicile sous surveillance électronique, sauf lorsqu'il est fait mention du placement sous surveillance électronique mobile (L. n° 2019-222 du 23 mars 2019, art. 74-X et 109-XIX).

RÉP. PÉN. v° *Placement sous surveillance électronique fixe ou mobile*, par ENDERLIN.

BIBL. GÉN. ▶ BONFILS, *RPDP 2009. 389* (modèles de surveillance extra pénitentiaire des délinquants en France). – CARDET, *D. 2003. Chron. 1782* (mise en œuvre du placement sous surveillance électronique). – COUVRAT, *RSC 1998. 374* (première approche de la loi du 19 décembre 1997 relative au placement sous surveillance électronique). – EL HAGE, *Dr. pénal 1998. Chron. 13* (introduction de la surveillance électronique à distance). – KUHN et MADIGNIER, *RSC 1998. 671* (surveillance électronique : la France dans une perspective internationale). – LAVIELLE, *Gaz. Pal. 20 juill. 2010* (l'assignation à résidence sous surveillance électronique, ou la difficulté d'être son propre gardien de prison). – LAZERGES, *RSC 2006. 183* (l'électronique au service de la politique criminelle : du placement sous surveillance électronique statique (PSE) au placement sous surveillance électronique mobile (PSEM)). – LEVY, *AJ pénal 2005. 151* (placement sous surveillance électronique : mieux évaluer avant d'aller plus loin). – MBANZOULOU, *AJ pénal 2008. 171* (la dangerosité des détenus. Un concept flou aux conséquences bien visibles : le PSEM et la rétention de sûreté). – PAPATHEODOROU, *RPDP 1999. 111* (le placement sous surveillance électronique en droit pénal comparé). – PERETTI, *AJ pénal 2007. 468* (bracelet électronique : « boulet moderne » ou outil d'insertion ?). – PRADEL, *RPDP 1998. 15* (la « prison à domicile » sous surveillance électronique).

Art. 723-7 *(L. n° 2009-1436 du 24 nov. 2009, art. 81-III)* **« Le juge de l'application des peines peut prévoir que la peine s'exécutera sous le régime de la détention à domicile sous surveillance électronique défini par l'article** *(L. n° 2019-222 du 23 mars 2019, art. 74 et 109-XIX, en vigueur le 24 mars 2020)* **« 132-26** *[ancienne rédaction : 132-26-1]* **» du code pénal soit en cas de condamnation à une ou plusieurs peines privatives de liberté dont la durée totale n'excède pas deux ans, soit lorsqu'il reste à subir par le condamné une ou plusieurs peines privatives de liberté dont la durée totale n'excède pas deux ans.** *(Abrogé par L. n° 2019-222 du 23 mars 2019, art. 85)* ***« Les durées de deux ans prévues par le présent alinéa sont réduites à un an si le condamné est en état de récidive légale. »***

« Le juge de l'application des peines peut également subordonner la libération conditionnelle du condamné à l'exécution, à titre probatoire, d'une mesure de détention à domicile sous surveillance électronique, pour une durée n'excédant pas un an. La mesure de détention à domicile sous surveillance électronique peut être exécutée un an avant la fin du temps d'épreuve prévu à l'article 729 » *(L. n° 2014-896 du 15 août 2014, art. 25, en vigueur le 1er oct. 2014)* **« ou un an avant la date à laquelle est possible la libération conditionnelle prévue à l'article 729-3 ».**

(L. n° 2004-204 du 9 mars 2004, art. 185-VII, en vigueur le 1er janv. 2005) **« Lorsque le lieu désigné par le juge de l'application des peines n'est pas le domicile du condamné, la décision de détention à domicile sous surveillance électronique ne peut être prise qu'avec l'accord du maître des lieux, sauf s'il s'agit d'un lieu public. »**

V. art. D. 119.

Pour le placement des mineurs sous surveillance électronique, CJPM art. L. 611-2, App., v° Mineurs délinquants .

BIBL. ► CARPENTIER, *RSC 2019. 585* (réponse à celui qui s'interrogeait sur « le bracelet électronique : « boulet moderne » ou « outil de réinsertion » ?). – COLLET, *RSC 2019. 549* (l'insaisissable notion de surveillance en droit pénal).

1. La date d'un placement en libération conditionnelle n'étant pas irrévocable, elle peut être modifiée par l'octroi de réductions supplémentaires de peine quand bien même le condamné aurait été précédemment admis à une mesure de placement sous surveillance électronique à titre probatoire. • Crim. 4 nov. 2015, n° 14-87.726 P : *D. actu. 26 nov. 2015, obs. Benelli-de Bénazé ; AJ pénal 2016. 96, obs. H.-Evans* .

2. Confusion de peines avec sursis partiel. Lorsque deux condamnations à l'emprisonnement assorties ou non d'un sursis partiel ont été prononcées et que la confusion totale a été accordée, seule doit être exécutée la partie d'emprisonnement sans sursis la plus longue. • Crim. 12 avr. 2012, n° 12-90.004 P : *D. 2012. 2917 ; AJ pénal 2012. 354, obs. Dufourd ; Dr. pénal 2012. Étude 15, par Aubertin* • 10 mai 2012, n° 11-87.301 P : *D. 2012. Actu. 1482* . ♦ Revirement par rapport à : • Crim. 24 janv. 2007 : *D. 2007. AJ 728 ; AJ pénal 2007. 146, obs. Herzog-Evans ; Dr. pénal 2008. Chron. 24, obs. Peltier* (aux termes de l'art. 132-5, dernier al., C. pén., le bénéfice du sursis attaché en tout ou en partie à l'une des peines prononcées pour des infractions en concours ne met pas obstacle à l'exécution des peines de même nature non assorties du sursis, et en particulier des peines d'emprisonnement, dans la limite de la durée totale de la peine absorbante. En conséquence, le prévenu condamné d'une part à la peine de 36 mois d'emprisonnement dont 16 mois avec sursis et d'autre part à la peine de 24 mois d'emprisonnement dont 12 avec sursis, peines dont la confusion a été ordonnée, reste tenu d'exécuter une peine de 32 mois fermes et ne saurait solliciter l'octroi d'un placement sous surveillance électronique alors qu'il n'a exécuté que 17 mois de détention, la durée totale de la peine restant à exécuter étant supérieure à un an).

3. Conditions de vie des condamnés. La CHAP a justifié sa décision en refusant au condamné pour conduite en état alcoolique le placement sous surveillance électronique (et le régime de la semi-liberté), aux motifs que ces mesures d'aménagement de peine n'offraient pas de garanties suffisantes de contrôle sur sa personne et seraient privées de sens dans la mesure où d'une part, l'intéressé travaillait dans le cadre d'horaires de profession libérale donc d'horaires à la fois larges et flous, et où d'autre part, son incarcération étant le fait de la révocation d'un sursis avec mise à l'épreuve pour conduite en état alcoolique, les risques de réitération de l'infraction n'étaient pas minces. • Crim. 18 oct. 2006 : *AJ pénal 2007. 42, obs. Herzog-Evans* .

4. Absence de gages sérieux d'insertion. Les juges ont, sans insuffisance ni contradiction, justifié leur décision dès lors qu'il appartient aux juridictions de l'application des peines d'apprécier souverainement, au vu des éléments soumis à leur examen, si le demandeur peut bénéficier d'un placement sous surveillance électronique. • Crim. 4 févr. 2009 : *AJ pénal 2009. 277, obs. Herzog-Evans* .

5. Accord de la famille. La mesure de placement sous surveillance électronique sollicitée est rendue impossible par le condamné lui-même, qui n'a pas même informé son épouse de sa condamnation, alors que l'aménagement de la peine en cause suppose l'accord de tous les membres du foyer. • Crim. 15 févr. 2005, n° 04-81.775 P : *AJ pénal 2005. 205, obs. Herzog-Evans* .

6. Modification de la date du placement sous libération conditionnelle. La date d'un placement en libération conditionnelle n'étant pas irrévocable, elle peut être modifiée par l'octroi de réductions supplémentaires de peine. • Crim. 4 nov. 2015 : *D. actu. 26 nov. 2015, obs. Benelli-de-Bénazé ; AJ pénal 2016. 96, obs. H.-Evans* .

7. Articulation avec la procédure simplifiée. Il résulte de l'art. 723-15, dans sa rédaction issue de la L. n° 2014-896 du 15 août 2014, qu'un aménagement de peine ne peut être accordé aux condamnés libres en état de récidive légale que lorsque l'emprisonnement prononcé ou le reliquat de peine à subir est égal ou inférieur à un an, les procédures des art. 723-7 et 729 étant alors exclues. • Crim. 16 oct. 2019, n° 18-83.619 P : *AJ pénal 2019. 622, obs. H-Evans ; Dr. pénal 2019. n° 213, obs. Bonis.*

Art. 723-7-1 *(L. n° 2004-204 du 9 mars 2004, art. 185-VII, en vigueur le 1er janv. 2005)* **Lorsqu'il a été fait application des dispositions de l'article** *(L. n° 2019-222 du*

23 mars 2019, art. 74 et 109-XIX, en vigueur le 24 mars 2020) « 132-26 *[ancienne rédaction : 132-26-1]* » du code pénal, le juge de l'application des peines fixe les modalités d'exécution de la détention à domicile sous surveillance électronique par une ordonnance non susceptible de recours dans un délai maximum de quatre mois à compter de la date à laquelle la condamnation est exécutoire *(L. nº 2011-525 du 17 mai 2011, art. 156-16º)* « et dans un délai de cinq jours ouvrables lorsque la juridiction de jugement a ordonné le placement ou le maintien en détention du condamné et déclaré sa décision exécutoire par provision ». Si les conditions qui ont permis au tribunal de décider que la peine serait subie sous le régime de la détention à domicile sous surveillance électronique ne sont plus remplies, si le condamné ne satisfait pas aux interdictions ou obligations qui lui sont imposées, s'il fait preuve de mauvaise conduite, s'il refuse une modification nécessaire des conditions d'exécution ou s'il en fait la demande, le bénéfice de la détention à domicile sous surveillance électronique peut être retiré par le juge de l'application des peines par une décision prise conformément aux dispositions de l'article 712-6. Si la personnalité du condamné ou les moyens disponibles le justifient, le juge de l'application des peines peut également, selon les mêmes modalités, substituer à la mesure de détention à domicile sous surveillance électronique une mesure de semi-liberté ou de placement à l'extérieur.

V. note 1 ss. art. 723-2.

Art. 723-8 Le contrôle de l'exécution de la mesure est assuré au moyen d'un procédé permettant de détecter à distance la présence ou l'absence du condamné dans le seul lieu désigné par le juge de l'application des peines pour chaque période fixée. La mise en œuvre de ce procédé peut conduire à imposer à la personne assignée le port, pendant toute la durée de la détention à domicile sous surveillance électronique, d'un dispositif intégrant un émetteur.

Le procédé utilisé est homologué à cet effet par le ministre de la justice. La mise en œuvre doit garantir le respect de la dignité, de l'intégrité et de la vie privée de la personne.

(L. nº 2019-222 du 23 mars 2019, art. 82 et 109-XIX, en vigueur le 24 mars 2020) « Le condamné est avisé que l'installation sur sa personne du dispositif prévu au premier alinéa ne peut être réalisée sans son consentement, mais que le fait de refuser cette installation constitue une violation des obligations qui lui incombent et peut donner lieu à la mise à exécution de l'emprisonnement prévue à l'article 713-44 ou au retrait de la mesure d'aménagement prévu à l'article 723-13. »

V. art. R. 57-10 s.

Art. 723-9 La personne sous surveillance électronique est placée sous le contrôle du juge de l'application des peines dans le ressort duquel elle est assignée.

Le contrôle à distance de la détention à domicile sous surveillance électronique est assuré par des fonctionnaires de l'administration pénitentiaire qui sont autorisés, pour l'exécution de cette mission, à mettre en œuvre un traitement automatisé de données nominatives.

(L. nº 2002-1138 du 9 sept. 2002, art. 49) « La mise en œuvre du dispositif technique permettant le contrôle à distance peut être confiée à une personne de droit privé habilitée dans des conditions fixées par décret en Conseil d'État.

« Dans la limite des périodes fixées dans la décision de détention à domicile sous surveillance électronique, les agents de l'administration pénitentiaire chargés du contrôle peuvent se rendre sur le lieu de l'assignation pour demander à rencontrer le condamné. Ils ne peuvent toutefois pénétrer au domicile de la personne chez qui le contrôle est pratiqué sans l'accord de celle-ci. Ces agents font aussitôt rapport au juge de l'application des peines de leurs diligences. »

Les services de police ou de gendarmerie peuvent toujours constater l'absence irrégulière du condamné et en faire rapport au juge de l'application des peines.

Art. 723-10 Le juge de l'application des peines peut également soumettre la personne placée sous surveillance électronique aux mesures prévues par les articles 132-43 à 132-46 du code pénal.

(L. nº 2004-204 du 9 mars 2004, art. 168-VII, en vigueur le 1er janv. 2005) **« Il peut en particulier soumettre le condamné à l'une ou plusieurs des mesures de contrôle ou obligations mentionnées aux articles 132-44 et 132-45 du code pénal. »**

Art. 723-11 **Le juge de l'application des peines peut, d'office ou à la demande du condamné, et après avis du procureur de la République, modifier les conditions d'exécution de la détention à domicile sous surveillance électronique** *(Abrogé par L. nº 2009-1436 du 24 nov. 2009, art. 81-IV)* ***« prévues au troisième alinéa de l'article 723-7 »*** **ainsi que les mesures prévues à l'article 723-10.**

Art. 723-12 **Le juge de l'application des peines peut à tout moment désigner un médecin afin que celui-ci vérifie que la mise en œuvre du procédé mentionné au premier alinéa de l'article 723-8 ne présente pas d'inconvénient pour la santé du condamné. Cette désignation est de droit à la demande du condamné. Le certificat médical est versé au dossier.**

Art. 723-13 *(L. nº 2004-204 du 9 mars 2004, art. 185-VIII, en vigueur le 1er janv. 2005)* **« Le juge de l'application des peines peut retirer la décision de détention à domicile sous surveillance électronique soit en cas d'inobservation des interdictions ou obligations prévues** *(L. nº 2019-222 du 23 mars 2019, art. 74 et 109-XIX, en vigueur le 24 mars 2020)* **« à l'article 132-26** *[ancienne rédaction : aux articles 132-26-2 et 132-26-3]* **» du code pénal, d'inconduite notoire, d'inobservation des mesures prononcées en application de l'article 723-10 du présent code, de nouvelle condamnation ou de refus par le condamné d'une modification nécessaire des conditions d'exécution, soit à la demande du condamné. La décision est prise conformément aux dispositions de l'article 712-6. »**

En cas de retrait de la décision de détention à domicile sous surveillance électronique, le condamné subit, selon les dispositions de la décision de retrait, tout ou partie de la durée de la peine qui lui restait à accomplir au jour de son placement sous surveillance électronique. Le temps pendant lequel il a été placé sous surveillance électronique compte toutefois pour l'exécution de sa peine.

Art. 723-13-1 **Un décret en Conseil d'État détermine les conditions d'application de la présente section.** – *Anc. art. 723-14.*

V. art. R. 57-10 s.

V. ss. art. 733, la Convention européenne pour la surveillance des personnes condamnées ou libérées sous condition, faite à Strasbourg le 30 nov. 1964.

SECTION VII DES PROCÉDURES SIMPLIFIÉES D'AMÉNAGEMENT DES PEINES

(L. nº 2009-1436 du 24 nov. 2009, art. 84-I).

(L. nº 2004-204 du 9 mars 2004, art. 186-II, en vigueur le 1er janv. 2005)

Art. 723-14 *(Abrogé par L. nº 2014-896 du 15 août 2014, art. 46 et 54, à compter du 1er janv. 2015) (L. nº 2009-1436 du 24 nov. 2009, art. 84-I)* ***Les personnes condamnées à de courtes peines d'emprisonnement, qu'elles soient libres ou incarcérées, peuvent bénéficier de procédures simplifiées d'aménagement de ces peines dans les conditions et suivant les modalités prévues aux articles 723-15 à 723-27.***

Ces procédures ne sont pas exclusives de l'application des articles 712-4 et 712-6.

Un décret détermine en tant que de besoin les modalités et les conditions d'application de la présente section.

BIBL. ► DANTI-JUAN, *RPDP 2010. 79* (analyse critique du contenu de la loi dite « pénitentiaire »). – GARREAU, *AJ pénal 2004. 397* (les SPIP et le volet application des peines de la loi du 9 mars 2004 : l'écueil de l'ambiguïté – l'impératif de crédibilité). – GIACOPELLI, *AJ pénal 2005. 89* (la promotion du milieu ouvert par l'aménagement des peines). – HERZOG-EVANS, *AJ pénal 2009. 483* (application des peines : la prétendue « bonne partie » de la loi pénitentiaire). – JANAS, *AJ pénal 2005. 101* (le JAP et l'aménagement des peines vers le milieu ouvert) ; *Dr. pénal 2010. Étude 7* (dispositions relatives au prononcé et à l'application des peines de la loi nº 2009-1436 du 24 nov. 2009 dite « loi pénitentiaire »). – KENSEY-BOUDADI, *AJ pénal 2005. 107* (réalité des aménagements de peine). – PONCELA, *RSC 2010. 190* (la loi pénitentiaire du 24 nov. 2009). – POUPART, *RPDP 2012. 43* (le psychologue en milieu pénitentiaire et l'amélioration du fonctionnement des SPIP). – VICENTINI, *Gaz. Pal. 28 janv. 2010* (aménagements de peine dans la loi pénitentiaire).

▸ **Dossier :** *Gaz. Pal. 21 juill. 2013, p. 4* (la courte peine d'emprisonnement ferme).

§ 1er DISPOSITIONS APPLICABLES AUX CONDAMNÉS LIBRES *(L. nº 2009-1436 du 24 nov. 2009, art. 84-I).*

V. Circ. du 10 nov. 2010, BOMJ nº 2010-09 et Circ. du 3 déc. 2010, BOMJ nº 2010-10 (relatives à la présentation des dispositions de la L. nº 2009-1436 du 24 nov. 2009 pénitentiaire).

Art. 723-15 *(L. nº 2009-1436 du 24 nov. 2009, art. 84-I) (L. nº 2019-222 du 23 mars 2019, art. 74 et 109-XIX, en vigueur le 24 mars 2020)* **« Si le tribunal n'a pas prononcé un mandat de dépôt à effet différé en application du 3º du I de l'article 464-2, » les personnes non incarcérées** *(L. nº 2014-896 du 15 août 2014, art. 12, en vigueur le 1er oct. 2014)* **« ou exécutant une peine sous le régime de la semi-liberté, du placement à l'extérieur ou de la détention à domicile sous surveillance électronique », condamnées à une peine inférieure ou égale à** *(L. nº 2019-222 du 23 mars 2019, art. 74 et 109-XIX, en vigueur le 24 mars 2020)* **« un an** *[ancienne rédaction : deux ans]* **» d'emprisonnement ou pour lesquelles la durée de la détention restant à subir est inférieure ou égale à** *(L. nº 2019-222 du 23 mars 2019, art. 74 et 109-XIX, en vigueur le 24 mars 2020)* **« un an** *[ancienne rédaction : deux ans]* **», ou pour lesquelles, en cas de cumul de condamnations, le total des peines d'emprisonnement prononcées ou restant à subir est inférieur ou égal à** *(L. nº 2019-222 du 23 mars 2019, art. 74 et 109-XIX, en vigueur le 24 mars 2020)* **« un an** *[ancienne rédaction : deux ans]* **» bénéficient, dans la mesure du possible et si leur personnalité et leur situation le permettent, suivant la procédure prévue au présent paragraphe, d'une semi-liberté, d'un placement à l'extérieur, d'une détention à domicile sous surveillance électronique, d'un fractionnement ou d'une suspension de peines, d'une libération conditionnelle ou de la conversion prévue à l'article** *(L. nº 2019-222 du 23 mars 2019, art. 74 et 109-XIX, en vigueur le 24 mars 2020)* **« 747-1** *[ancienne rédaction : 132-57 du code pénal]* **».** *(L. nº 2019-222 du 23 mars 2019, art. 74 et 109-XIX, en vigueur le 24 mars 2020)* **« Lorsque la peine ferme prononcée ou restant à subir est inférieure ou égale à six mois, elle doit faire l'objet d'une détention à domicile sous surveillance électronique, d'une semi-liberté ou d'un placement à l'extérieur, sauf si la personnalité ou la situation du condamné rendent ces mesures impossibles, sans préjudice de la possibilité de libération conditionnelle ou de conversion, fractionnement ou suspension de la peine** *[ancienne rédaction : Les durées de deux ans prévues par le présent alinéa sont réduites à un an si le condamné est en état de récidive légale]*. **»**

Préalablement à la mise à exécution de la ou des condamnations, le ministère public informe le juge de l'application des peines de cette ou de ces décisions en lui adressant toutes les pièces utiles, parmi lesquelles une copie de la ou des décisions et le bulletin nº 1 du casier judiciaire de l'intéressé.

Sauf s'il a déjà été avisé de ces convocations à l'issue de l'audience de jugement en application de l'article 474 du présent code, le condamné est alors, sauf décision contraire du juge de l'application des peines, convoqué en premier lieu devant le juge de l'application des peines, puis devant le service pénitentiaire d'insertion et de probation, dans des délais qui ne sauraient être respectivement supérieurs à trente et à quarante-cinq jours à compter de leur information par le ministère public, afin de déterminer les modalités d'exécution de sa peine les mieux adaptées à sa personnalité et à sa situation matérielle, familiale et sociale.

V. Circ. CRIM nº 11-11/E3 du 12 mai 2011 (BOMJ, nº 2011-05).

Conformément au deuxième al. de l'art. 723-15, la copie des condamnations à des peines d'emprisonnement d'une durée inférieure ou égale à deux ans, ou, pour les récidivistes, à un an, prononcées, sans mandat de dépôt ou d'arrêt, avant le 24 mars 2020 et pour lesquelles le condamné n'a pas été convoqué à l'issue de l'audience devant le juge de l'application des peines en application de l'art. 474, est transmise par le procureur de la République au juge de l'application des peines, sauf dans les cas prévus par l'art. 723-16 de ce même code (Décr. nº 2020-81 du 3 févr. 2020, art. 7, en vigueur le 24 mars 2020).

BIBL. ▶ Delbano, *Dr. pénal 1996. Chron. 25* (le juge de l'application des peines et les courtes peines d'emprisonnement). – Faucher, *Gaz. Pal. 21 juill. 2013, p. 8* (la procédure simplifiée d'aménagement des peines applicables aux condamnés libres, dite du « 723-15 » : contribution à l'artisanat judiciaire). – Giacopelli, *AJ pénal 2005. 89* (la promotion du milieu ouvert par l'aménagement des peines). – Herzog-Evans, *LPA 24 nov. 2000. 4* (qu'est-ce qu'une longue peine ?) ; *AJ pénal 2008. 274* (les art. 474 et 723-15 ou le sens retrouvé des courtes peines d'emprisonnement. Plaidoyer pour un artisanat judiciaire). – Pradel, *RPDP 2007. 257* (quelques observations sur la courte peine d'emprisonnement).

1. Conversion. Aux termes des dispositions de l'art. 132-57 C. pén., les condamnations pour un délit de droit commun comportant une peine d'emprisonnement ferme de six mois au plus peuvent, seules, faire l'objet d'une conversion en sursis avec obligation d'accomplir un travail d'intérêt général ou en jours-amende. Fait l'exacte application de ce texte la CHAP qui rejette une demande de conversion présentée en application des dispositions de l'art. 723-15, dans sa rédaction issue de la L. du 24 nov. 2009, d'une peine de dix mois d'emprisonnement devant être exécutée à la suite de la révocation d'un sursis avec mise à l'épreuve. • Crim. 26 oct. 2011, n° 10-88.030 P. ♦ Il résulte de l'art. 723-15, des principes de l'effet dévolutif de l'appel et de la prohibition de l'aggravation du sort de l'appelant sur son seul appel que saisie par le seul appel du condamné, d'un jugement prononçant sur une requête en aménagement de peines, CHAP ne peut aggraver le sort de l'appelant. Dès lors, elle ne peut déclarer irrecevable une demande de conversion, motif pris de la durée des peines cumulée supérieure à six mois d'emprisonnement, alors que le juge de l'application des peines l'avait partiellement admise. • Crim. 15 oct. 2014 : *AJ pénal 2015. 268, obs. Herzog-Evans* ; *Dr. pénal 2015, chron. « Un an de », n° 3, obs. Bonis-Garçon et Peltier.* ♦ Comp. : il se déduit de la combinaison des art. 132-57 C. pén. et 723-15 que peuvent prétendre au bénéfice d'une conversion les personnes condamnées à une ou plusieurs peines d'emprisonnement dont la durée totale restant à subir, après déduction de la durée de la détention provisoire et du crédit de réduction de peine, n'excède pas six mois. • Crim. 5 sept. 2018, n° 17-87.303 P.

2. Peines distinctes. Lorsque plusieurs peines d'emprisonnement ferme ont été prononcées, pour des délits de droit commun, leur conversion en sursis avec obligation d'accomplir un travail d'intérêt général ou en jours-amendes n'est possible que si leur durée totale n'excède pas six mois. • Crim. 3 sept. 2014, n° 13-80.045 P : *D. actu. 11 sept. 2014, obs. Léna ; D. 2014. 2160, note Dantras-Bioy ; AJ pénal 2014. 594, obs. Herzog-Evans*. ♦ En cas de cumul de condamnations à des peines d'emprisonnement dont la durée totale n'excède pas six mois, la juridiction de l'application des peines qui prononce la conversion desdites peines doit statuer distinctement sur chacune d'elles. • Crim. 10 févr. 2016, n° 15-82.431 P : *D. actu. 8 mars 2016, obs. Goetz ; Dr. pénal 2016, n° 71, note Bonis-Garçon.*

3. Pour apprécier la durée totale des peines d'emprisonnement prononcées ou restant à subir au sens de l'art. 723-15, la juridiction de l'application des peines se détermine en tenant compte de la situation du condamné à la date à laquelle elle statue ; encourt ainsi la cassation l'arrêt d'une CHAP qui, saisie de l'aménagement d'une peine de huit mois d'emprisonnement, déclare la requête en aménagement recevable, alors que, à la date à laquelle elle statuait, le condamné, par l'effet d'une autre peine de six mois d'emprisonnement, devenue définitive, ne remplissait pas les conditions pour bénéficier d'un aménagement de la peine concernée par l'appel. • Crim. 16 févr. 2022, n° 21-84.992 P.

4. Peines supérieures à deux ans. Les dispositions de l'art. 723-15 ne sont pas applicables lorsque, en cas de cumul de condamnations, le total des peines d'emprisonnement prononcées ou restant à subir est supérieur à deux ans. • Crim. 26 oct. 2011, n° 10-88.462 P : *D. actu. 23 nov. 2011, obs. Léna ; AJ pénal 2013. 553, obs. Herzog-Evans*. – V. néanmoins art. D. 147-12 s.

5. Peines supérieures à un an. Il résulte de l'art. 723-15, dans sa rédaction issue de la L. n° 2014-896 du 15 août 2014, qu'un aménagement de peine ne peut être accordé aux condamnés libres en état de récidive légale que lorsque l'emprisonnement prononcé ou le reliquat de peine à subir est égal ou inférieur à un an. • Crim. 16 oct. 2019, n° 18-83.619 P : *AJ pénal 2019. 622, obs. H-Evans ; Dr. pénal 2019. Comm. 213, obs. Bonis.*

6. Invocation de l'art. 3 Conv. EDH. La CHAP saisie d'une demande d'aménagement de peine d'un condamné en liberté qui invoque, à l'appui de sa demande, l'art. 3 Conv. EDH, en soutenant que le handicap dont il est atteint est incompatible avec son incarcération, est tenue, en application de ce texte, de rechercher si les conditions effectives de détention ne l'exposeraient pas à une détresse ou à une épreuve excédant le niveau inévitable de souffrance inhérent à la détention. Ne justifie pas sa décision, au regard de ce texte, la CHAP qui, après avoir retenu que le handicap dont le condamné est atteint nécessite une assistance pour les besoins de la vie quotidienne, se borne à énoncer, par des motifs contradictoires et insuffisants, d'une part que, selon les experts désignés, cet état ne nécessite aucun traitement médical et, d'autre part, que, selon ces mêmes experts, cet état n'est pas incompatible avec une incarcération à l'établissement public de santé de Fresnes, et en déduit qu'il n'est pas démontré que les conditions d'exécution des peines dans cet établissement pénitentiaire aient pour effet de soumettre cette personne à des traitements inhumains ou dégradants en provoquant, notamment, de graves souffrances mentales. • Crim. 25 nov. 2009 : *RSC 2010. Chron. 653, obs. Poncela ; AJ pénal 2010. 90, obs. Herzog-Evans*.

7. Application immédiate. Il résulte des dispositions immédiatement applicables de l'art. 723-15, modifié par la L. n° 2009-1436 du 24 nov. 2009, que les personnes non incarcérées qui ne sont pas en état de récidive légale et pour lesquelles, en cas de cumul de condamnations, le total des peines d'emprisonnement prononcées ou restant à subir est inférieur ou égal à deux ans, bénéficient, dans la mesure du possible, d'un aménagement de peine. • Crim. 9 juin 2010 : *AJ pénal 2011. 255, obs. Herzog-Evans*. ♦ Et, s'agissant de l'application dans le temps de la L. du 23 mars 2019, V. note ss. art. 464-2.

8. Sursis à statuer. Lorsqu'une personne condamnée a présenté une requête en dispense de révocation du sursis assortissant l'une des peines à prendre en compte et susceptible de porter la durée totale des peines au-delà du seuil d'aménagement de l'art. 723-15, le juge de l'application des peines doit surseoir à statuer jusqu'à ce qu'il ait été prononcé sur cette demande. • Crim. 23 juin 2015, n° 14-84.056 P : *D. actu. 30 juill. 2015, obs. Léna.*

9. Risque de récidive. Pour un exemple d'absence de garanties réelles et sérieuses de volonté de prévenir tout risque de récidive, V. • Crim. 16 mars 2011 : *AJ pénal 2011. 534, obs. Herzog-Evans*.

10. Consentement. Une mesure d'aménagement de peine, même si elle paraît davantage adaptée à la personnalité de l'individu – en l'espèce une semi-liberté –, ne peut être envisagée par la cour sans l'assentiment de l'intéressé. • Montpellier, 12 févr. 2014 : *AJ pénal 2015. 104, obs. Herzog-Evans*.

11. Personnalité et situation du condamné. Il appartient aux juridictions de l'application des peines d'apprécier souverainement, au vu des éléments soumis à leur examen, si la personnalité et la situation du condamné lui permettent de bénéficier d'un placement sous surveillance électronique. • Crim. 5 janv. 2011 : *AJ pénal 2011. 536, obs. Herzog-Evans*.

12. Condamné comparaissant libre. Fait une exacte application des art. 474, 723-15 et D. 147-12 le président de la chambre de l'application des peines qui retient qu'une personne condamnée est susceptible de bénéficier d'un aménagement de peines après avoir relevé que la juridiction de jugement avait saisi directement le juge de l'application des peines en s'étant assurée que le condamné, comparaissant libre après avoir été écroué en détention provisoire, bénéficiait de plein droit, pour le calcul de la détention restant à subir, du crédit de réduction de peine prévu par la loi, lequel, cumulé avec la durée de la détention provisoire, faisait ainsi apparaître que le quantum de la peine restant à mettre à exécution était inférieur à deux ans d'emprisonnement. • Crim. 18 mars 2015 : *D. actu. 6 mai 2015, obs. Léna ; Dr. pénal 2015, n° 80, obs. Bonis-Garçon.*

Art. 723-15-1 *(L. n° 2009-1436 du 24 nov. 2009, art. 84-I)* **Si, à l'issue de la convocation, une mesure d'aménagement ou la conversion de la peine lui paraît possible et si l'intéressé en est d'accord, le juge de l'application des peines ordonne cette mesure ou cette conversion selon les modalités prévues aux premier ou deuxième alinéas de l'article 712-6. Si le juge ne dispose pas des éléments d'information suffisants pour ordonner immédiatement cette mesure ou cette conversion, il peut charger le service pénitentiaire d'insertion et de probation d'examiner les modalités d'exécution de la décision qu'il envisage de prendre et, le cas échéant, de lui présenter une autre proposition d'aménagement ou de conversion, dans un délai de deux mois à compter de cette saisine. Au vu du rapport motivé du service pénitentiaire d'insertion et de probation, il peut ordonner l'aménagement ou la conversion de la peine du condamné selon les modalités prévues aux premier ou deuxième alinéas de l'article 712-6.**

Art. 723-15-2 *(L. n° 2009-1436 du 24 nov. 2009, art. 84-I)* **Si le condamné ne souhaite pas bénéficier d'un aménagement ou d'une conversion de sa peine ou si, au vu du rapport motivé du service pénitentiaire d'insertion et de probation, un tel aménagement ou une telle conversion ne lui paraît pas possible, le juge de l'application des peines peut fixer la date d'incarcération.**

A défaut de décision du juge de l'application des peines dans les *(L. n° 2016-731 du 3 juin 2016, art. 66)* **« six » mois suivant la communication de la copie de la décision, ainsi que dans les cas prévus par l'article 723-16, le ministère public peut ramener la peine à exécution.**

Si, sauf motif légitime ou exercice des voies de recours, la personne ne se présente pas aux convocations, le juge de l'application des peines en informe le ministère public qui ramène la peine à exécution.

Délai de quatre mois. L'inobservation du délai de quatre mois prévu à l'art. 723-15 (ancien) n'affecte pas la validité de la décision prise par le JAP sur les modalités d'exécution de la peine. • Crim. 1er mars 2006, n° 05-85.230 P : *AJ pénal 2006. 224, obs. Herzog-Evans ; RPDP 2007. 202, obs. Bouloc.*

Art. 723-16 Par dérogation aux dispositions de l'article 723-15, en cas d'urgence motivée soit par un risque de danger pour les personnes ou les biens établi par la survenance d'un fait nouveau, soit par l'incarcération de la personne dans le cadre d'une autre procédure, *(L. n° 2009-1436 du 24 nov. 2009, art. 84-II)* **« soit d'un risque avéré de fuite du condamné, » le ministère public peut mettre la peine à exécution en établissement pénitentiaire.**

(L. n° 2009-1436 du 24 nov. 2009, art. 84-II) **« Il en informe immédiatement le juge de l'application des peines si celui-ci a été saisi en application du deuxième alinéa de l'article 723-15. »**

BIBL. ▶ Ortin, *AJ pénal 2022. 26* (inconstitutionnalité et inconventionnalité).

Art. 723-17 Lorsqu'une condamnation mentionnée à l'article 723-15 n'a pas été mise à exécution dans le délai d'un an à compter de la date à laquelle la condamnation est devenue définitive, le condamné peut saisir le juge de l'application des peines en vue de faire l'objet d'une des mesures prévues par le premier alinéa de l'article 712-6, même s'il s'est vu opposer un refus antérieur, et cette saisine suspend la possibilité pour le parquet de mettre la peine à exécution sous réserve des dispositions de l'article 723-16. Il est alors statué sur la demande selon les dispositions de l'article 712-6.

Saisine d'office. Si la CHAP a, à tort, fondé la faculté du JAP de se saisir d'office, sur l'application de l'art. 723-17, la censure n'est cependant pas encourue dès lors que, le condamné ayant justifié, selon les constatations du jugement, qu'il n'avait pu se présenter au précédent débat contradictoire en raison d'un motif légitime et la peine n'ayant pas été mise à exécution, le juge tenait cette faculté et celle de statuer à nouveau, de l'application combinée des dispositions de l'art. 712-4. • Crim. 19 janv. 2011 : *AJ pénal 2011. 313, obs. Herzog-Evans ; Dr. pénal 2012. Chron. 2, obs. Garçon et Peltier.*

Art. 723-17-1 *(L. n° 2014-896 du 15 août 2014, art. 16, en vigueur le 1er oct. 2014)* **Lorsqu'une condamnation mentionnée à l'article 723-15 n'a pas été mise à exécution dans le délai de trois ans à compter de la date à laquelle elle est devenue définitive, le condamné est convoqué devant le juge de l'application des peines, préalablement à la mise à exécution de la condamnation, afin de déterminer les modalités d'exécution de sa peine les mieux adaptées aux circonstances, à sa personnalité et à sa situation matérielle, familiale et sociale. Cette convocation suspend la possibilité pour le parquet de mettre la peine à exécution.**

Il peut être dérogé au présent article dans les cas prévus à l'article 723-16.

Art. 723-18 Lorsque le condamné doit exécuter un reliquat de peine inférieur ou égal aux réductions de peine susceptibles d'être octroyées, le juge de l'application des peines peut accorder cette mesure sans qu'il soit nécessaire que la personne soit à nouveau écrouée.

§ 2 *[ABROGÉ]* ~~DISPOSITIONS APPLICABLES AUX CONDAMNÉS INCARCÉRÉS (L. n° 2009-1436 du 24 nov. 2009, art. 84-III).~~

(Abrogé par L. n° 2014-896 du 15 août 2014, art. 46 et 54, à compter du 1er janv. 2015)

V. Circ. du 10 nov. 2010, BOMJ n° 2010-09 et Circ. du 10 déc. 2010, BOMJ n° 2010-10 (relatives à la présentation des dispositions de la loi n° 2009-1436 du 24 nov. 2009 pénitentiaire).

Art. 723-19 *(L. n° 2009-1436 du 24 nov. 2009, art. 84-III)* ***Les personnes détenues condamnées à une ou des peines d'emprisonnement dont le cumul est inférieur ou égal à deux ans ou condamnées à une ou des peines d'emprisonnement dont le cumul est inférieur ou égal à cinq ans et dont le reliquat de peine est inférieur ou égal à deux ans bénéficient, sauf impossibilité matérielle et si leur personnalité et leur situation le permettent, d'une semi-liberté, d'un placement à l'extérieur, d'un placement sous surveillance électronique ou d'une libération conditionnelle, conformément à la procédure prévue par le présent paragraphe. Les***

durées de deux ans prévues par le présent article sont réduites à un an si le condamné est en état de récidive légale.

La division « Section VIII. Dispositions applicables aux condamnés en fin de peine » a été supprimée par la L. n° 2009-1436, art. 84-III.

Art. 723-20 *(L. n° 2009-1436 du 24 nov. 2009, art. 84-III)* ***Le directeur du service pénitentiaire d'insertion et de probation examine en temps utile le dossier de chacun des condamnés relevant de l'article 723-19, afin de déterminer, après avis du chef d'établissement pénitentiaire, la mesure d'aménagement de la peine la mieux adaptée à sa personnalité et à sa situation matérielle, familiale et sociale.***

Sauf en cas d'absence de projet sérieux d'insertion ou de réinsertion ou d'impossibilité matérielle de mettre en place une mesure d'aménagement, le directeur, après avoir obtenu l'accord du condamné à la mesure qui lui est proposée, adresse au procureur de la République, en vue de la saisine du juge de l'application des peines, une proposition d'aménagement comprenant, le cas échéant, une ou plusieurs des obligations et interdictions énumérées à l'article 132-45 du code pénal. A défaut, il lui adresse, ainsi qu'au juge de l'application des peines, un rapport motivé expliquant les raisons pour lesquelles un aménagement de peine ne peut être proposé et en informe le condamné.

S'il estime la proposition justifiée, le procureur de la République transmet celle-ci pour homologation au juge de l'application des peines. Celui-ci dispose alors d'un délai de trois semaines à compter de la réception de la requête le saisissant pour décider par ordonnance d'homologuer ou de refuser d'homologuer la proposition.

S'il n'estime pas la proposition justifiée, le procureur de la République en informe le juge de l'application des peines en lui transmettant cette proposition. Il avise également le condamné de sa position. Le juge de l'application des peines peut alors ordonner un aménagement de peine, d'office ou à la demande du condamné, à la suite d'un débat contradictoire conformément à l'article 712-6 du présent code. Il peut également le faire après avoir reçu le rapport prévu au deuxième alinéa du présent article.

Art. 723-21 *(Abrogé par L. n° 2009-1436 du 24 nov. 2009, art. 84-IV)* ***Le directeur du service pénitentiaire d'insertion et de probation fait examiner en temps utile par ses services le dossier de chacun des condamnés relevant des dispositions de l'article 723-20, afin de déterminer, après avis du chef d'établissement, la mesure d'aménagement de la peine la mieux adaptée à leur personnalité.***

Sauf en cas de mauvaise conduite du condamné en détention, d'absence de projet sérieux de réinsertion, d'impossibilité matérielle de mettre en place une mesure d'aménagement ou de refus par le condamné de bénéficier de la mesure qui lui est proposée, le directeur saisit par requête le juge de l'application des peines d'une proposition d'aménagement, comprenant le cas échéant une ou plusieurs des obligations et interdictions énumérées à l'article 132-45 du code pénal. S'il ne saisit pas le juge de l'application des peines, il en informe le condamné.

Le juge de l'application des peines dispose alors d'un délai de trois semaines à compter de la réception de la requête le saisissant pour, après avis du procureur de la République, décider par ordonnance d'homologuer ou de refuser d'homologuer la proposition. Le juge de l'application des peines communique immédiatement la proposition au procureur de la République qui doit faire connaître son avis au plus tard le deuxième jour ouvrable suivant, à défaut de quoi le juge de l'application des peines statue en l'absence de cet avis.

Art. 723-22 ***Si le juge de l'application des peines refuse d'homologuer la proposition, il doit rendre une ordonnance motivée qui est susceptible de recours par le condamné et par le procureur de la République devant le président de la chambre de l'application des peines de la cour d'appel selon les modalités prévues par le 1° de l'article 712-11*** *[722 jusqu'au 1er janv. 2005]*.

Art. 723-23 *(Abrogé par L. n° 2009-1436 du 24 nov. 2009, art. 84-V)* ***Si le juge de l'application des peines décide d'homologuer la proposition, son ordonnance peut faire l'objet d'un appel suspensif de la part du procureur de la République devant le président de la chambre de l'application des peines de la cour d'appel selon les modalités prévues par le 1° de l'article 712-11*** *[722 jusqu'au 1er janv. 2005]*. ***Cet appel est considéré comme non avenu si l'affaire n'est pas examinée dans un délai de trois semaines.***

Art. 723-24 *(L. n° 2009-1436 du 24 nov. 2009, art. 84-VI)* ***A défaut de réponse du juge de l'application des peines dans le délai de trois semaines, le directeur du service pénitentiaire***

d'insertion et de probation peut, sur instruction du procureur de la République, ramener à exécution la mesure d'aménagement. Cette décision constitue une mesure d'administration judiciaire qui n'est pas susceptible de recours. Elle est préalablement notifiée au juge de l'application des peines.

Art. 723-25 *Le juge de l'application des peines ou le président de la chambre de l'application des peines de la cour d'appel saisis en application des dispositions de l'article* (L. nº 2009-1436 du 24 nov. 2009, art. 84-VII) *« 723-20 ou de l'article 723-22 » peuvent substituer à la mesure d'aménagement proposée une des autres mesures prévues par l'article* (L. nº 2009-1436 du 24 nov. 2009, art. 84-VII) *« 723-19 ». Ils peuvent de même modifier ou compléter les obligations et interdictions énumérées à l'article 132-45 du code pénal et accompagnant la mesure. La mesure est alors octroyée, sans débat contradictoire, par ordonnance motivée.*

Lorsqu'elle est rendue par le juge de l'application des peines, cette ordonnance peut faire l'objet d'un appel de la part du condamné ou du procureur de la République selon les modalités prévues par le 1º de l'article 712-11 [722 jusqu'au 1er janv. 2005]*.*

Art. 723-26 *Lorsque la proposition d'aménagement de la peine est homologuée ou qu'il est fait application des dispositions de l'article 723-24, l'exécution de la mesure d'aménagement est directement mise en œuvre dans les meilleurs délais par le service pénitentiaire d'insertion et de probation. En cas d'inobservation par le condamné de ses obligations, le directeur du service saisit le juge de l'application des peines aux fins de révocation de la mesure conformément aux dispositions de l'article 712-6* [722 jusqu'au 1er janv. 2005]*. Le juge peut également se saisir d'office à cette fin, ou être saisi par le procureur de la République.*

Art. 723-27 (L. nº 2009-1436 du 24 nov. 2009, art. 84-VIII) *Pour les condamnés mentionnés à l'article 723-19 et afin de préparer une mesure de semi-liberté, de placement à l'extérieur, de placement sous surveillance électronique ou de libération conditionnelle selon les modalités prévues par le présent paragraphe, le directeur du service pénitentiaire d'insertion et de probation peut adresser au procureur de la République, aux fins de saisine du juge de l'application des peines, une proposition de permission de sortir, selon les modalités prévues par les articles 723-19 à 723-24.*

SECTION VIII *[ABROGÉE]* MODALITÉS D'EXÉCUTION DES FINS DE PEINES D'EMPRISONNEMENT EN L'ABSENCE DE TOUT AMÉNAGEMENT DE PEINE

(Abrogée par L. nº 2014-896 du 15 août 2014, art. 46 et 54, à compter du 1er janv. 2015)

Art. 723-28 (L. nº 2009-1436 du 24 nov. 2009, art. 84-IX) *Pour les peines d'emprisonnement d'une durée inférieure ou égale à cinq ans, lorsqu'aucune mesure d'aménagement n'a été ordonnée six mois avant la date d'expiration de la peine, toute personne condamnée à laquelle il reste quatre mois d'emprisonnement à subir ou, pour les peines inférieures ou égales à six mois, à laquelle il reste les deux tiers de la peine à subir, exécute le reliquat de sa peine selon les modalités du placement sous surveillance électronique sauf en cas d'impossibilité matérielle, de refus de l'intéressé, d'incompatibilité entre sa personnalité et la nature de la mesure ou de risque de récidive.*

Le placement est mis en œuvre par le directeur du service pénitentiaire d'insertion et de probation sous l'autorité du procureur de la République qui peut fixer les mesures de contrôle et les obligations énumérées aux articles 132-44 et 132-45 du code pénal auxquelles la personne condamnée devra se soumettre.

En l'absence de décision de placement, la personne condamnée peut saisir le juge de l'application des peines pour qu'il statue par jugement après débat contradictoire conformément à l'article 712-6.

Un décret précise les modalités d'application du présent article.

V. Circ. du 3 déc. 2010 relative à la présentation des dispositions de l'art. 723-28 de la loi pénitentiaire nº 2009-1436 du 24 nov. 2009 (BOMJ nº 2010-10), Circ. du 10 mai 2011 relative au premier bilan de l'application des dispositions de l'art. 723-28 du code de procédure pénale relatives à la surveillance électronique de fin de peine (BOMJ nº 2011-05).

SECTION IX DISPOSITIONS RELATIVES À LA SURVEILLANCE JUDICIAIRE DE PERSONNES DANGEREUSES CONDAMNÉES POUR CRIME OU DÉLIT

(L. n° 2005-1549 du 12 déc. 2005, art. 13)

Les dispositions du code de procédure pénale relatives à la surveillance judiciaire et à la surveillance de sûreté dans leur rédaction résultant des chapitres Ier, II et III de la présente loi sont immédiatement applicables après la publication de la présente loi (L. n° 2010-242 du 10 mars 2010, art. 20, publiée au JO du 11 mars).

Art. 723-29 **Lorsqu'une personne a été condamnée à une peine privative de liberté d'une durée égale ou supérieure à** *(L. n° 2010-242 du 10 mars 2010, art. 10-I)* **« sept** *[ancienne rédaction : dix]* **» ans pour un crime ou un délit pour lequel le suivi socio-judiciaire est encouru** *(L. n° 2011-267 du 14 mars 2011, art. 40-I)* **« ou d'une durée supérieure ou égale à cinq ans pour un crime ou un délit commis une nouvelle fois en état de récidive légale », le** *(L. n° 2009-1436 du 24 nov. 2009, art. 85)* **« tribunal » de l'application des peines peut, sur réquisitions du procureur de la République, ordonner à titre de mesure de sûreté et aux seules fins de prévenir une récidive dont le risque paraît avéré, qu'elle sera placée sous surveillance judiciaire dès sa libération et pendant une durée qui ne peut excéder celle correspondant** *(L. n° 2021-1729 du 22 déc. 2021, art. 11)* **« aux réductions de peines » dont elle a bénéficié et qui n'ont pas fait l'objet d'une décision de retrait.**

Les dispositions de l'art. 723-29, des 1°, 2° et 3° de l'art. 723-30, et des art. 723-31 à 723-37 C. pr. pén. relatives à la surveillance judiciaire sont immédiatement applicables aux condamnés dont le risque de récidive est constaté après la date d'entrée en vigueur de la L. n° 2005-1549 du 12 déc. 2005 (publiée au JO du 13 déc.).

Toutefois, s'il s'agit de personnes condamnées pour des faits commis avant cette date, les compétences confiées au juge de l'application des peines par les art. 723-29 et 723-31 sont exercées par le tribunal de l'application des peines. Si le condamné demande que l'expertise prévue par l'art. 723-31 fasse l'objet d'une contre-expertise, celle-ci est de droit.

Pour l'application des dispositions de l'art. 723-29 aux personnes dont la condamnation a été mise à exécution avant le 1er janvier 2005, il est tenu compte des réductions de peine dont le condamné a bénéficié conformément aux dispositions de l'art. 721 C. pr. pén. dans sa rédaction antérieure à la L. n° 2004-204 du 9 mars 2004 portant adaptation de la justice aux évolutions de la criminalité.

Pour l'application des dispositions de l'art. 723-29 aux personnes condamnées avant le 1er mars 1994, il est tenu compte de la nature des faits pour lesquels elles ont été condamnées sous l'empire des dispositions du code pénal applicables avant cette date, au regard des qualifications prévues par les dispositions du code pénal applicables à compter de cette date (L. n° 2005-1549 du 12 déc. 2005, art. 42).

V. art. D. 147-31 s.

BIBL. ► Bonfils, *RPDP 2009. 389* (modèles de surveillance extrapénitentiaire des délinquants en France). – Collet, *RSC 2019. 549* (l'insaisissable notion de surveillance en droit pénal). – Dreyer, *D. 2021. 1973* (le droit pénal sécuritaire). – Herzog-Evans, *D. 2005. 182* (dispositions relatives à la récidive des infractions pénales) ; *ibid. 2010. 1428* (loi « récidive III » : extension et aggravation de la « probation » obligatoire). – J.-H. Robert, *Dr. pénal. 2006. Étude 2* (les murailles de silicium. Commentaire de la loi n° 2005-1549 du 12 décembre 2005 relative au traitement de la récidive des infractions pénales) ; *ibid. 2010. Étude 8* (récidive législative. Commentaire de la loi n° 2010-242 du 10 mars 2010 tendant à amoindrir le risque de récidive criminelle et portant diverses dispositions de procédure pénale).

1. Selon l'art. 723-29, le placement sous surveillance judiciaire peut être ordonné à l'encontre d'une personne condamnée à une peine privative de liberté d'une durée égale ou supérieure à dix ans pour un crime ou un délit pour lequel le suivi socio-judiciaire est encouru. Il en est ainsi alors même que le crime ou le délit aurait été commis avant l'entrée en vigueur des dispositions ayant instauré le suivi socio-judiciaire. • Crim. 21 janv. 2009, n° 08-83.372 P : *RSC 2009. 438, obs. Poncela ; D. 2009. AJ 566, note Léna ; ibid. 1326, note Roujou de Boubée ; ibid. Pan. 1382, obs. Herzog-Evans ; ibid. Pan. 2827, obs. Roujou de Boubée ; AJ pénal 2009. 124, note Herzog-Evans ; Dr. pénal 2010. Chron. 2, obs. Peltier* (cassation de • Versailles, 1er avr. 2008 : *AJ pénal 2008. 323, obs. Herzog-Evans*, l'individu condamné pour des faits commis à une date où la peine de suivi socio-judiciaire n'était pas encourue ne pouvait faire l'objet d'un placement sous surveillance judiciaire). • 29 avr. 2009 : *RSC 2010. 127, obs. Fortis*.

2. Les art. 723-29, 1°, 2° et 3°, 723-31 à 723-36 et 723-39 régissant la surveillance judiciaire sont immédiatement applicables aux condamnés dont le risque de récidive est constaté après la date de leur entrée en vigueur. Ces modalités d'application de la surveillance judiciaire sont compatibles avec l'art. 7 Conv. EDH dès lors que cette mesure de sûreté, limitée à la durée des réductions de peine, constitue une modalité d'exécution de celles-ci. Les motifs par lesquels une CHAP caractérise l'existence d'un risque avéré de récidive procèdent de son pouvoir d'appréciation souveraine. • Crim. 1er avr. 2009 : *AJ pénal 2009. 321, obs. Herzog-Evans ; Dr. pénal 2009, n° 103, obs. Maron et Haas ; ibid. 2010. Chron. 2, obs. Peltier.* ♦ Comp. en matière d'octroi de réduction de peines, • Crim. 27 juin 2007 : *AJ pénal 2007. 532, obs. Herzog-Evans ; D. 2008. Pan. 1020, obs. Herzog-Evans* (ne donne pas de base légale à sa décision la CHAP qui refuse l'octroi de réductions supplémentaires de peine au condamné n'ayant pas accepté de suivre le traitement qui lui avait été proposé durant sa détention, alors que la peine de suivi socio-judiciaire n'était pas encourue à la date de commission des faits reprochés). ♦ Comp. également, s'agissant de l'expertise de pré-libération prévue à l'art. 712-21. • Crim. 2 sept. 2009 : *D. 2009. Pan. 2827, obs. Roujou de Boubée ; AJ pénal 2009. 498, obs. Herzog-Evans* (l'art. 12 de la L. n° 2007-1198 du 10 août 2007 énonce que les dispositions de l'art. 712-21, qui dérogent au principe de non-rétroactivité, sont immédiatement applicables aux personnes exécutant une peine privative de liberté pour une infraction, tel le meurtre, désormais punissable du suivi socio-judiciaire, même si celui-ci n'avait pas d'existence légale à la date de commission des faits. Doit être approuvée la décision de la CHAP qui, pour refuser d'accorder une permission de sortir à un individu condamné à dix-huit ans de réclusion criminelle pour meurtre, énonce que ledit individu n'a pas fait l'objet d'une expertise de pré-libération comme le prévoit pourtant l'art. 712-21 pour les infractions pour lesquelles le suivi socio-judiciaire est encouru).

3. *Pluralité de peines.* Une mesure de surveillance judiciaire s'attache à une peine privative de liberté précise, d'une durée égale ou supérieure à sept ans pour un crime ou un délit pour lequel le suivi socio-judiciaire est encouru ou d'une durée supérieure ou égale à cinq ans pour un crime ou un délit commis une nouvelle fois en état de récidive légale, sous réserve que le condamné ait bénéficié effectivement, pour cette peine, de crédit de réduction de peine ou de réduction de peine supplémentaire. • Crim. 10 nov. 2021, n° 21-80.704 B : *AJ pénal 2022. 50, obs. Carpentier*.

4. *Composition de la CHAP.* Il résulte de la combinaison des art. 592, 712-1, 723-29 et 723-32, que, lorsqu'elle statue sur l'appel d'un jugement ordonnant un placement sous surveillance judiciaire sur le fondement de l'art. 723-29, la CHAP ne siège pas dans la composition élargie prévue par l'art. 712-13, al. 2, mais dans celle limitée à trois magistrats professionnels prévue par l'art. 712-1, al. 2. • Crim. 11 mai 2017, n° 16-85.158 P : *D. actu. 23 mai 2017, obs. Goetz ; Dr. pénal 2017, n° 117, note Peltier.*

Art. 723-30 **La surveillance judiciaire peut comporter les obligations suivantes :**

(L. n° 2010-242 du 10 mars 2010, art. 11-II) **« 1° Obligations prévues par les articles 132-44 et 132-45 du code pénal ;**

« 2° » *(L. n° 2011-1862 du 13 déc. 2011, art. 61-4°)* **« Après vérification de la faisabilité technique de la mesure, obligation » prévue par l'article 131-36-12 du même code ;**

(L. n° 2008-174 du 25 févr. 2008, art. 14 ; L. n° 2010-242 du 10 mars 2010, art. 11-II) **« 3° Si la personne a été condamnée à une peine de réclusion criminelle d'une durée égale ou supérieure à quinze ans pour l'un des crimes mentionnés à l'article 706-53-13 du présent code, obligation d'assignation à domicile, emportant pour l'intéressé l'interdiction de s'absenter de son domicile ou de tout autre lieu désigné par le juge en *dehors des périodes* fixées par celui-ci. Les périodes et les lieux sont fixés en tenant compte : de l'exercice d'une activité professionnelle par le condamné ; du fait qu'il suit un enseignement ou une formation, effectue un stage ou occupe un emploi temporaire en vue de son insertion sociale ; de sa participation à la vie de famille ; de la prescription d'un traitement médical. »**

(L. n° 2007-1198 du 10 août 2007) **« Sauf décision contraire du juge de l'application des peines, le condamné placé sous surveillance judiciaire est soumis à une injonction de soins, dans les conditions prévues aux articles L. 3711-1 et suivants du code de la santé publique, lorsqu'il est établi, après expertise médicale prévue à l'article 723-31, qu'il est susceptible de faire l'objet d'un traitement. »**

Les dispositions des 1°, 2° et 3° de l'art. 723-30 C. pr. pén. relatives à la surveillance judiciaire sont immédiatement applicables aux condamnés dont le risque de récidive est constaté après la date d'entrée en vigueur de la L. n° 2005-1549 du 12 déc. 2005, publiée au JO du 13 déc. (L. préc., art. 42).

Les dispositions de la loi n° 2007-1198 du 10 août 2007 sont immédiatement applicables aux personnes exécutant une peine privative de liberté (L. préc., art. 12).

Art. 723-31 **Le risque de récidive mentionné à l'article 723-29 doit être constaté par une expertise médicale ordonnée par le juge de l'application des peines conformément aux dispositions de l'article 712-16, et dont la conclusion fait apparaître la dangerosité du condamné** *(L. n° 2007-1198 du 10 août 2007)* **« et détermine si le condamné est susceptible de faire l'objet d'un traitement ». Cette expertise peut être également ordonnée par le procureur de la République.**

Les dispositions de l'art. 723-31 C. pr. pén. relatives à la surveillance judiciaire sont immédiatement applicables aux condamnés dont le risque de récidive est constaté après la date d'entrée en vigueur de la L. n° 2005-1549 du 12 déc. 2005, publiée au JO du 13 déc. Toutefois, s'il s'agit de personnes condamnées pour des faits commis avant cette date, les compétences confiées au juge de l'application des peines par les art. 723-29 et 723-31 sont exercées par le tribunal de l'application des peines. Si le condamné demande que l'expertise prévue par l'art. 723-31 fasse l'objet d'une contre-expertise, celle-ci est de droit (L. préc., art. 42).

Les dispositions ci-dessus de la loi n° 2007-1198 du 10 août 2007 sont immédiatement applicables aux personnes exécutant une peine privative de liberté (L. préc., art. 12).

Risque de récidive avéré. Dès lors qu'il ressort sans conteste de l'ensemble des expertises effectuées que le condamné présente une fragilité personnelle liée à son histoire qui le rend particulièrement labile aux passages à l'acte les plus éclectiques et qu'il pourrait tirer profit d'un travail thérapeutique mais que, pour autant, les experts s'accordent sur l'absence de dangerosité psychiatrique de l'individu, soulignant même, pour l'un d'entre eux, sa meilleure capacité d'intégration sociale, la condition visée à l'art. 723-31 concernant la dangerosité du condamné permettant d'établir un risque de récidive avéré, n'est pas constituée. En conséquence, la requête en surveillance judiciaire présentée par le procureur de la République à l'encontre de cet individu, condamné à quatorze ans de réclusion criminelle pour agression sexuelle sur mineur de quinze ans, doit être rejetée. • TAP Agen, 8 juin 2009, n° 200700102961 : *AJ pénal 2009. 421, obs. Herzog-Evans*.

Art. 723-31-1 *(L. n° 2010-242 du 10 mars 2010, art. 10-I)* **La situation de tous les condamnés susceptibles de faire l'objet d'une surveillance judiciaire conformément à l'article 723-29 doit être examinée avant la date prévue pour leur libération.**

Le juge de l'application des peines ou le procureur de la République peut, à cette fin, demander le placement du condamné, pour une durée comprise entre deux et six semaines, dans un service spécialisé chargé de l'observation des personnes détenues aux fins d'une évaluation pluridisciplinaire de dangerosité et saisir la commission pluridisciplinaire des mesures de sûreté.

Le juge de l'application des peines ou le procureur de la République peut également ordonner que l'expertise prévue par l'article 723-31 soit réalisée par deux experts.

Art. 723-32 **La décision prévue à l'article 723-29 est prise, avant la date prévue pour la libération du condamné, par un jugement rendu conformément aux dispositions de l'article 712-6.** *(Abrogé par L. n° 2010-242 du 10 mars 2010, art. 10-I)* ***« Lorsqu'est prévue l'obligation mentionnée au 3° de l'article 723-30, la décision intervient après avis de la commission pluridisciplinaire des mesures de sûreté. »*** **Lors du débat contradictoire prévu par l'article 712-6, le condamné est obligatoirement assisté par un avocat choisi par lui, ou, à sa demande, désigné par le bâtonnier.**

Le jugement précise les obligations auxquelles le condamné est tenu, ainsi que la durée de celles-ci.

Les dispositions de l'art. 723-32 relatives à la surveillance judiciaire sont immédiatement applicables aux condamnés dont le risque de récidive est constaté après la date d'entrée en vigueur de la L. n° 2005-1549 du 12 déc. 2005 (L. préc., art. 42, JO 13 déc.).

1. Il résulte de l'art. 723-32, applicable en cause d'appel, que le placement sous surveillance judiciaire doit être ordonné avant la date prévue pour la libération du condamné. • Crim. 11 mai 2017, n° 16-84.383 P : *D. actu. 23 mai 2017, obs. Goetz ; Dr. pénal 2017, n° 117, note Peltier.*

2. Il résulte des dispositions combinées des art. 712-14 et 723-32 que, lorsque la juridiction de l'application des peines du premier degré place le condamné sous surveillance judiciaire avant la date prévue pour sa libération, cette décision s'applique dès son prononcé, même en cas d'appel, ce recours pouvant être jugé après la date de libération du condamné. En revanche, si la juridiction de l'application des peines ne prononce pas la surveillance judiciaire du condamné avant la date prévue pour sa libération, la chambre de l'application des peines ne peut prononcer cette mesure après cette même date. • Crim. 16 févr. 2022, n° 20-85.608 P.

Art. 723-33 **Le condamné placé sous surveillance judiciaire fait également l'objet de mesures d'assistance et de contrôle destinées à faciliter et à vérifier sa réinsertion.**

Ces mesures et les obligations auxquelles le condamné est astreint sont mises en œuvre par le juge de l'application des peines assisté du service pénitentiaire d'insertion et de probation, et, le cas échéant, avec le concours des organismes habilités à cet effet.

Art. 723-34 **Le juge de l'application des peines peut modifier les obligations auxquelles le condamné est astreint, par ordonnance rendue selon les modalités prévues par l'article 712-8.**

Si la réinsertion du condamné paraît acquise, il peut, par jugement rendu selon les modalités prévues par l'article 712-6, mettre fin à ces obligations.

Si le comportement ou la personnalité du condamné le justifie, il peut, par jugement rendu selon les modalités prévues par la dernière phrase du premier alinéa de l'article 723-32, décider de prolonger la durée de ces obligations, sans que la durée totale de celles-ci ne dépasse celle prévue à l'article 723-29.

Aucun texte ne prévoyant d'exception au caractère non suspensif du pourvoi en matière d'exécution des peines (art. 712-15), aucune prolongation du délai de surveillance judiciaire ne saurait être ordonnée. • Agen, CHAP, 2 sept. 2010, n° 10/00198-J : *AJ pénal 2011. 256, obs. Herzog-Evans*.

Art. 723-35 **En cas d'inobservation par le condamné des obligations et interdictions qui lui ont été imposées, le juge de l'application des peines peut, selon les modalités prévues par l'article 712-6, retirer tout ou partie de la durée des réductions de peine dont il a bénéficié et ordonner sa réincarcération. Les dispositions de l'article 712-17 sont applicables.**

Le juge de l'application des peines avertit le condamné que les mesures prévues aux articles 131-36-4 et 131-36-12 du code pénal ne pourront être mises en œuvre sans son consentement, mais que, à défaut, tout ou partie de la durée des réductions de peine dont il a bénéficié pourra, en application du premier alinéa, lui être retiré.

(L. n° 2010-242 du 10 mars 2010, art. 10-I) **« La décision prévue au premier alinéa peut également être prise, après avis du juge de l'application des peines, par la juridiction de jugement en cas de condamnation de la personne placée sous surveillance judiciaire pour un crime ou un délit pour lequel le suivi socio-judiciaire est encouru.**

« Constitue pour le condamné une violation des obligations qui lui ont été imposées le fait de refuser de commencer ou de poursuivre le traitement prescrit par le médecin traitant et qui lui a été proposé dans le cadre d'une injonction de soins. »

Art. 723-36 **Les dispositions de la présente section ne sont pas applicables si la personne a été condamnée à un suivi socio-judiciaire ou si elle fait l'objet d'une libération conditionnelle.**

Les dispositions de l'art. 723-36 C. pr. pén. relatives à la surveillance judiciaire sont immédiatement applicables aux condamnés dont le risque de récidive est constaté après la date d'entrée en vigueur de la L. n° 2005-1549 du 12 déc. 2005, publiée au JO du 13 déc. Toutefois, les dispositions de cet article qui interdisent le recours à la surveillance judiciaire lorsque la personne a été condamnée à un suivi socio-judiciaire ne sont pas applicables aux condamnations prononcées pour des faits commis avant l'entrée en vigueur de cette loi (L. préc., art. 41 et 42).

Art. 723-37 *(L. n° 2008-174 du 25 févr. 2008, art. 1er-VI)* **Lorsque le placement sous surveillance judiciaire a été prononcé à l'encontre d'une personne condamnée à une réclusion criminelle d'une durée égale ou supérieure à quinze ans pour l'une des infractions visées à l'article 706-53-13, la juridiction régionale mentionnée à l'article 706-53-15 peut, selon les modalités prévues par cet article, décider de prolonger tout ou partie des obligations auxquelles est astreinte la personne, au-delà de la limite prévue à l'article 723-29, en la plaçant sous surveillance de sûreté pour une durée** *(L. n° 2010-242 du 10 mars 2010, art. 3)* **« de deux ans** *[ancienne rédaction : d'un an]* **».**

La juridiction régionale de la rétention de sûreté est saisie par le juge de l'application des peines ou le procureur de la République six mois avant la fin de la mesure.

Le placement sous surveillance de sûreté ne peut être ordonné, après expertise médicale constatant la persistance de la dangerosité, que dans le cas où :

1° Les obligations résultant de l'inscription dans le fichier judiciaire national automatisé des auteurs d'infractions sexuelles ou violentes apparaissent insuffisantes pour prévenir la commission des crimes mentionnés à l'article 706-53-13 ;

2° Et si cette mesure constitue l'unique moyen de prévenir la commission, dont la probabilité est très élevée, de ces infractions.

La surveillance de sûreté peut être prolongée selon les mêmes modalités et pour la même durée si les conditions prévues par le présent article demeurent remplies.

Les dispositions *(L. n° 2010-242 du 10 mars 2010, art. 4-II)* **« des quatre derniers alinéas » de l'article 706-53-19 sont applicables.**

(L. n° 2010-242 du 10 mars 2010, art. 7) **« La juridiction régionale de la rétention de sûreté peut également, selon les modalités prévues à l'article 706-53-15, ordonner une surveillance de sûreté à l'égard d'une personne placée sous surveillance judiciaire à laquelle toutes les réductions de peine ont été retirées, en application du premier alinéa de l'article 723-35, à la suite d'une violation des obligations auxquelles elle était soumise dans des conditions qui font apparaître des risques qu'elle commette à nouveau l'une des infractions mentionnées à l'article 706-53-13. La surveillance de sûreté s'applique dès la libération de la personne. »**

La surveillance de sûreté instaurée par l'art. 1er-VI et VII de la L. n° 2008-174 du 25 févr. 2008 est immédiatement applicable après sa publication [JO 26 févr.]. Si la méconnaissance par la personne des obligations qui lui sont imposées fait apparaître que celle-ci présente à nouveau une particulière dangerosité caractérisée par la probabilité très élevée de commettre à nouveau l'une des infractions mentionnées à l'article 706-53-13 C. pr. pén., la personne peut être placée jusqu'au 1er sept. 2008, dans les conditions prévues l'art. 706-53-19, dernier al., du même code, dans un établissement mentionné à l'art. L. 6141-5, al. 1er, CSP (L. préc., art. 13-III).

Les dispositions du C. pr. pén. relatives à la surveillance judiciaire et à la surveillance de sûreté dans leur rédaction résultant des chapitres Ier, II et III de la présente loi sont immédiatement applicables après la publication de la présente loi. Il en est de même de celles précisant les modalités d'exécution de la peine de suivi socio-judiciaire ou d'une libération conditionnelle (L. n° 2010-242 du 10 mars 2010, art. 20 [JO 11 mars]).

1. Surveillance de sûreté et placement d'office. Dès lors qu'il résulte des conclusions des expertises que le condamné est difficilement curable et réadaptable, que sa personnalité est perturbée, que son vécu est persécutif, avec une perte de tout repère d'insertion sociale et qu'il y a absence d'une quelconque évolution sur le plan de la dangerosité et du passage à l'acte, l'intéressé, dont la détention a été émaillée d'incidents disciplinaires, doit être placé sous mesure de surveillance de sûreté à sa sortie d'hospitalisation ; cette mesure constituant l'unique moyen de prévenir la commission, dont la probabilité est très élevée, des infractions mentionnées à l'art. 706-53-13, eu égard à la réticence des services psychiatriques de Guadeloupe qui auraient pu ou dû accepter de le prendre en charge, lequel, complètement isolé en métropole, souhaite retrouver ses racines en Guadeloupe. • JRRS Paris 6 avr. 2009 : *D. 2009. 2146, note Herzog-Evans ; AJ pénal 2009. 325, obs. Herzog-Evans*. ♦ Mais la JNRS infirme le jugement de la JRRS car le placement sous surveillance de sûreté n'apparaît pas nécessaire, le condamné étant hospitalisé sous le régime du placement d'office. • JNRS 1er juill. 2010 : *AJ pénal 2010. 559, obs. Herzog-Evans*.

2. Surveillance de sûreté et surveillance judiciaire. La surveillance de sûreté qui, selon l'art. 723-37, peut intervenir à l'issue du placement sous surveillance judiciaire prononcé à l'encontre d'une personne condamnée dans les conditions précisées par l'art. 706-53-13, doit être prononcée avant la fin de l'exécution de cette mesure. • Crim. 31 janv. 2012, n° 11-84.985 P : *D. actu. 17 févr. 2012, obs. Léna ; D. 2012. Actu. 502 ; AJ pénal 2012. 664, obs. Herzog-Evans ; RSC 2012. 406, obs. Salvat ; Dr. pénal 2013. Chron. 3, obs. Peltier.*

3. Une surveillance de sûreté ne peut intervenir à l'issue d'une surveillance judiciaire qu'à l'encontre d'une personne condamnée à une réclusion criminelle d'une durée égale ou supérieure à quinze ans. • Crim. 24 juin 2015, n° 14-87.790 P : *AJ pénal 2016. 101, obs. H.-Evans*.

Art. 723-38 *(L. nº 2008-174 du 25 févr. 2008, art. 1er-VI)* **Lorsque le placement sous surveillance électronique mobile a été prononcé dans le cadre d'une surveillance judiciaire à l'encontre d'une personne condamnée à une réclusion criminelle d'une durée égale ou supérieure à quinze ans pour l'une des infractions visées à l'article 706-53-13, il peut être renouvelé tant que la personne fait l'objet d'une surveillance judiciaire ou d'une surveillance de sûreté.**

Art. 723-38-1 *(L. nº 2010-242 du 10 mars 2010, art. 10-I)* **La surveillance judiciaire est suspendue par toute détention intervenant au cours de son exécution et ne découlant pas d'un retrait de tout ou partie de la durée des réductions de peine décidé en application de l'article 723-35, et elle reprend, pour la durée restant à courir, à l'issue de cette suspension.**

Art. 723-39 **Un décret détermine en tant que de besoin les modalités et les conditions d'application des dispositions de la présente section.** — *Anc. art. 723-37.*

Les dispositions de l'art. 723-37 C. pr. pén. relatives à la surveillance judiciaire sont immédiatement applicables aux condamnés dont le risque de récidive est constaté après la date d'entrée en vigueur de la L. nº 2005-1549 du 12 déc. 2005, publiée au JO du 13 déc. (L. préc., art. 42).

CHAPITRE III DES DISPOSITIONS COMMUNES AUX DIFFÉRENTS ÉTABLISSEMENTS PÉNITENTIAIRES

RÉP. PÉN. vº *Prison (organisation générale)*, par CÉRÉ.

BIBL. ► MBANZOULOU, *AJ pénal 2008. 400* (quelles incidences possibles de la loi de rétention de sûreté sur les pratiques professionnelles pénitentiaires ?).

Art. 724 *(Ord. nº 2022-478 du 30 mars 2022, art. 6, en vigueur le 1er mai 2022)* **Les personnes placées en détention provisoire ou condamnées à une peine privative de liberté sont écrouées et détenues dans les établissements pénitentiaires dans les conditions prévues par les dispositions du code pénitentiaire.**

Ancien art. 724 *(L. nº 70-643 du 17 juill. 1970)* ***Les établissements pénitentiaires reçoivent les personnes en détention provisoire ou condamnées à une peine privative de liberté.***

Un acte d'écrou est dressé pour toute personne qui est conduite dans un établissement pénitentiaire ou qui s'y présente librement.

Les conditions d'application du présent article sont fixées par décret.

Art. 724-1 *(Abrogé par Ord. nº 2022-478 du 30 mars 2022, art. 6, à compter du 1er mai 2022) (L. nº 98-349 du 11 mai 1998)* ***Les services pénitentiaires constituent et tiennent à jour pour chaque personne incarcérée un dossier individuel comprenant des informations de nature pénale et pénitentiaire.***

Les services pénitentiaires communiquent aux autorités administratives compétentes pour en connaître des informations relatives à l'identité du détenu, à son lieu d'incarcération, à sa situation pénale et à sa date de libération, dès lors que ces informations sont nécessaires à l'exercice des attributions desdites autorités.

Ils communiquent notamment aux services centraux ou déconcentrés du ministère de l'intérieur les informations de cette nature relatives aux étrangers détenus faisant ou devant faire l'objet d'une mesure d'éloignement du territoire.

Art. 725 *(Abrogé par Ord. nº 2022-478 du 30 mars 2022, art. 6, à compter du 1er mai 2022) (L. nº 70-643 du 17 juill. 1970)* ***Nul agent de l'administration pénitentiaire ne peut, à peine d'être poursuivi et puni comme coupable de détention arbitraire, recevoir ni retenir aucune personne qu'en vertu d'un arrêt ou jugement de condamnation,*** *(Abrogé par L. nº 2004-204 du 9 mars 2004, art. 100-VII, à compter du 1er oct. 2004)* ***« d'une ordonnance de prise de corps, » d'un mandat de dépôt ou d'arrêt, d'un mandat d'amener lorsque ce mandat doit être suivi d'incarcération provisoire, ou d'un ordre d'arrestation établi conformément à la loi, et sans qu'ait été donné l'acte d'écrou prévu à l'article 724.***

V. C. pén., art. 432-6.

Art. 726 *(L. nº 2009-1436 du 24 nov. 2009, art. 91) (Abrogé par Ord. nº 2022-478 du 30 mars 2022, art. 6, à compter du 1er mai 2022)* ***« Le régime disciplinaire des personnes***

détenues placées en détention provisoire ou exécutant une peine privative de liberté est déterminé par un décret en Conseil d'État.

« Ce décret précise notamment :

« 1° Le contenu des fautes disciplinaires, qui sont classées selon leur nature et leur gravité ;

« 2° Les différentes sanctions disciplinaires encourues selon le degré de gravité des fautes commises. Le placement en cellule disciplinaire ou le confinement en cellule individuelle ordinaire ne peuvent excéder vingt jours, cette durée pouvant toutefois être portée à trente jours pour tout acte de violence physique contre les personnes ;

« 3° La composition de la commission disciplinaire, qui doit comprendre au moins un membre extérieur à l'administration pénitentiaire ;

« 4° La procédure disciplinaire applicable, au cours de laquelle la personne peut être assistée par un avocat choisi ou commis d'office, en bénéficiant le cas échéant de l'aide de l'État pour l'intervention de cet avocat. *(L. n° 2014-535 du 27 mai 2014, art. 11, en vigueur le 2 juin 2014)* ***« Ce décret détermine les conditions dans lesquelles le dossier de la procédure disciplinaire est mis à sa disposition et celles dans lesquelles l'avocat, ou l'intéressé s'il n'est pas assisté d'un avocat, peut prendre connaissance de tout élément utile à l'exercice des droits de la défense, sous réserve d'un risque d'atteinte à la sécurité publique ou à celle des personnes ; »***

« 5° Les conditions dans lesquelles la personne placée en cellule disciplinaire ou en confinement dans une cellule individuelle exerce son droit à un parloir hebdomadaire ;

« 6° Les conditions dans lesquelles le maintien d'une mesure de placement en cellule disciplinaire ou en confinement dans une cellule individuelle est incompatible avec l'état de santé de la personne détenue. »

Le placement, à titre exceptionnel, des détenus mineurs de plus de seize ans en cellule disciplinaire ne peut excéder sept jours.

En cas d'urgence, *(Abrogé par Ord. n° 2022-478 du 30 mars 2022, art. 6, à compter du 1er mai 2022)* ***« les détenus majeurs et »*** **les détenus mineurs de plus de seize ans peuvent faire l'objet, à titre préventif, d'un placement en cellule disciplinaire ou d'un confinement en cellule individuelle. Cette mesure ne peut excéder deux jours ouvrables.**

(Abrogé par Ord. n° 2022-478 du 30 mars 2022, art. 6, à compter du 1er mai 2022) ***« Lorsqu'une personne détenue est placée en quartier disciplinaire, ou en confinement, elle peut saisir le juge des référés en application de l'article L. 521-2 du code de justice administrative. »***

V. art. D. 249 et R. 57-7 s.

RÉP. PÉN. v° *Prison (sanctions disciplinaires)*, par CÉRÉ.

BIBL. ▶ CARDET, *RSC 2006. 863* (les procédures disciplinaires en prison : entre spécialisation des fonctions et spécificité des « juridictions ») ; *RPDP 2004. 533* (les violences en prison saisies par le droit disciplinaire). – FÉVRIER, *RPDP 2009. 383* (le droit répressif pénitentiaire) ; *RPDP 2005. 145* (la discipline en prison). – CÉRÉ, *JCP 2001. I. 316* (l'art. 6 de la Convention européenne des droits de l'homme et le procès disciplinaire en prison) ; *AJ pénal 2005. 393* ; (le droit disciplinaire pénitentiaire entre jurisprudence interne et droit européen) ; *AJ pénal 2011. 172* (Feu le nouveau droit disciplinaire pénitentiaire) ; *AJ pénal 2012. 533* (la procédure disciplinaire pénitentiaire à l'épreuve de la jurisprudence de la Cour européenne des droits de l'homme) ; *D. 2017. 1720* (le procès disciplinaire pénitentiaire sous le prisme de la Conv. EDH). – DANTI-JUAN, *RPDP 2011. 181* (quelques remarques sur les modifications apportées par le décret n° 2010-634 du 23 décembre 2010 au droit disciplinaire pénitentiaire). – HERZOG-EVANS, *AJ pénal 2013. 660* (aspects pratiques de la procédure disciplinaire pénitentiaire) ; *LPA 2001, nos 56 et 57* (la réécriture de la loi par voie de circulaires). – HERZOG-EVANS et PÉCHILLON, *D. 2000. Chron. 481* (l'entrée des avocats en prison et autres conséquences induites par la loi n° 2000-321 du 12 avr. 2000). – MOLINER-DUBOST, *AJDA 2013. 1380* (à propos d'une autre « jurisprudence immobile ». Le contentieux des sanctions disciplinaires infligées aux détenus). – PONCELA, *RSC 2012. 208* (discipline pénitentiaire. Un droit en mouvement). – PROUVEZ, *Procédures 2001. Chron. 5* (l'avocat au prétoire : une réforme incidente et toujours inachevée du régime disciplinaire des détenus). – ROBERT, *RSC 2013. 982* (la discipline carcérale. Un processus de production de la justice ordinaire).

I. Sanctions disciplinaires

1. Définition par la loi des sanctions disciplinaires. Le régime disciplinaire des personnes détenues ne relève pas en lui-même des matières que la Constitution range dans le domaine de la loi. Il appartient cependant au législateur de garantir les droits et libertés dont ces personnes continuent de bénéficier dans les limites inhérentes aux contraintes de la détention. Cela implique qu'il appartiendra aux auteurs du décret de ne pas définir des sanctions portant atteinte aux droits et libertés dont ces personnes bénéficient dans les limites inhérentes aux contraintes de la détention. Sous cette réserve, le renvoi au décret en Conseil d'État pour définir les sanctions encourues autres que le placement en cellule disciplinaire et le confinement en cellule individuelle ordinaire ne méconnaît pas la compétence du législateur. • Cons. const. 19 nov. 2009, n° 2009-593-DC : *AJDA 2009. 2425, obs Wachsmann ; D. 2009. 2797, obs. Lavric ; ibid. 2010. 1508, obs. Bernaud ; RSC 2010. 217, obs. De Lamy ; RFDA 2010. 34 ; RPDP 2009. 873, note Péchillon.*

2. Mesures de bon ordre. Les mesures de bon ordre applicables aux personnes détenues mineures, dont l'objet est d'apporter des réponses immédiates aux actes transgressifs de faible gravité pour lesquels le seul entretien visant au rappel au bon ordre apparaît insuffisant, n'ont pas le caractère de sanction et ne relèvent donc pas d'un décret en Conseil d'État. • CE 24 sept. 2014, n° 362472 P : *AJDA 2015. 19 ; Gaz. Pal. 30 oct. 2014. 14, obs. Roussel.*

3. Cumul des peines. La sanction disciplinaire de mise en cellule prévue par l'art. 726 et le refus de réduction de peine dont elle peut être accompagnée en application de l'art. 721 ne sauraient s'analyser comme des condamnations supplémentaires pour la même infraction, mais seulement comme des modalités d'exécution d'un emprisonnement antérieurement prononcé pour d'autres faits. Elles se cumulent donc nécessairement, sans qu'il soit porté atteinte aux dispositions des art. 6 Conv. EDH et 14 (7°) du Pacte international relatif aux droits civils et politiques. • Crim. 27 mars 1997, n° 96-82.669 P : *D. 1998. Somm. 172, obs. Pradel.* ♦ La règle *non bis in idem* consacrée par l'art. 4 du protocole n° 7 additionnel à la Conv. EDH ne trouve à s'appliquer, selon les réserves faites par la France, que pour les infractions relevant en droit français de la compétence des tribunaux statuant en matière pénale et *n'interdit pas le prononcé de* sanctions disciplinaires parallèlement aux sanctions infligées par le juge répressif. • Même arrêt.

4. Conv. EDH, art. 6. Matière pénale. La perte de remise de peine (prononcée à titre disciplinaire) que M. Campbell risquait de subir et celle qu'il a effectivement subie impliquaient de si lourdes conséquences pour la durée de son emprisonnement qu'il faut les considérer comme pénales aux fins de la Convention. En prolongeant la détention bien au-delà de ce qui eût été le cas sans elle, la sanction s'est apparentée à une privation de liberté même si juridiquement elle n'en constituait pas une ; l'objet et le but de la Convention exigent d'entourer des garanties de l'art. 6 le recours à une mesure aussi sévère. • CEDH 28 juin 1984, *Campbell et Fell c/ Royaume-Uni : Série A, n° 80 ; Cah. dr. eur. 1986, 213, obs. Cohen-Jonathan ; JDI 1986. 1058, obs. Rolland et Tavernier* • 9 oct. 2003, *Ezeh et Connors*, n°s 39665/98 et 40086/98 : *Dr. pénal 2014, n° 6, obs. Vergès ; AJ pénal 2014. 36, obs. Céré* • 12 avr. 2005, *Whitfield c/ Royaume-Uni*, n° 46387/99.

5. Conv. EDH, art. 6. Droits et obligations de caractère civil. Toute restriction touchant les droits de caractère civil de l'individu doit pouvoir être contestée dans le cadre d'une procédure judiciaire, et ce en raison de la nature des limitations [...] ainsi que des répercussions qu'elles peuvent entraîner [...]. C'est par cette voie que peut se réaliser le juste équilibre entre, d'une part, la prise en compte des contraintes du monde carcéral auxquelles doit faire face l'État et, d'autre part, la protection des droits du détenu. Ainsi, il peut concerner le placement sous un régime plus sévère dès lors que les mesures ou les sanctions appliquées portent sur des droits de caractère civil. • CEDH, gr. ch., 17 sept. 2009, *Enea c/ Italie*, n° 74912/01.

II. Recours

6. Nature du recours juridictionnel. Il appartient au juge de l'excès de pouvoir, saisi de moyens en ce sens, de rechercher si les faits reprochés à un détenu ayant fait l'objet d'une sanction disciplinaire constituent des fautes de nature à justifier une sanction et si la sanction retenue est proportionnée à la gravité de ces fautes. • CE 1er juin 2015, n° 380449 P : *D. actu. 9 juin 2015, obs. de Montecler ; D. 2016. Pan. 1220, obs. Céré ; AJ pénal 2015. 447, obs. Péchillon ; AJDA 2015. 1071 ; ibid. 2015. 1596, concl. Bretonneau.* ♦ Les sanctions infligées aux détenus relèvent du recours pour excès de pouvoir et non du plein contentieux. • CE 4 févr. 2013, n° 344266 : *D. actu. 16 févr. 2013, obs. de Montecler ; D. 2013. 1304, obs. Herzog-Evans ; AJDA 2013. 321.* ♦ Eu égard à la nature et à la gravité de cette mesure, la punition de cellule constitue une décision faisant grief susceptible d'être déférée au juge de l'excès de pouvoir. • CE 17 févr. 1995, *Marie*, n° 97754 : *JCP 1995. II. 22426, note Lascombe et Bernard ; JCP 1996. I. 3906, note Maron ; RFDA 1995. 353, concl. Frydman ; ibid. 822, note Moderne et Céré ; RSC 1995. 381, obs. Couvrat ; AJDA 1995. 379, chron. Touvet et Stahl ; D. 1995. 381, note Belloubet-Frier.* ♦ *Contra* : les sanctions disciplinaires sont des mesures d'ordre intérieur destinées à assurer la discipline dans les établissements pénitentiaires et ne sont pas relatives au régime des peines, au sens de l'art. 34 de la Constitution. • CE 4 mai 1979 : *D. 1980. 433, note Drapier ; JCP 1979. II. 19242, concl. Franc.*

7. Référés (absence d'urgence). La modification temporaire du régime de détention qui résulte pour l'intéressé de son placement en cellule disciplinaire, définie par l'art. D. 251-3 (ancien), ne peut, en l'absence de circonstances particulières, être regardée par elle même comme constitutive d'une situation d'urgence. Ces circonstances particulières ne peuvent résulter du seul fait que l'intéressé a fait l'objet de plusieurs mesures successives de placement en cellule disciplinaire. • CE 22 avr. 2010, n° 338662 : *RPDP 2010. 931, obs. Péchillon ; AJDA 2010. 929 ; AJ pénal 2010. 299, obs. Péchillon ; RSC 2010. 645, obs. Poncela ; D. 2011. 1308, obs. Péchillon*. ♦ *Contra* : la gravité de la sanction prononcée, sanction la plus sévère susceptible d'être infligée à un détenu, pour la durée maximale d'ores et déjà applicable en vertu des dispositions de l'art. 726, dans sa rédaction issue de la loi susvisée du 24 nov. 2009, et alors que les faits reprochés sont exempts de toute violence physique, tout autant que les effets du maintien de cette décision, après que l'intéressé eut tenté de mettre fin à ses jours, sont de nature à caractériser suffisamment une situation d'urgence au sens des dispositions de l'art. L. 521-2 CJA. • TA Grenoble, 16 déc. 2009, n° 09.05-563 : *D. 2010. 1376, obs. Péchillon ; AJ pénal 2010. 93, obs. Péchillon*.

8. Doit être rejeté pour défaut d'urgence le référé-suspension de la décision rejetant implicitement la demande d'édiction des textes règlementaires d'application de l'art. 726 formé par une association ; néanmoins, un refus au motif de principe tiré de ce que le visionnage des enregistrements de vidéo surveillance serait susceptible en toute circonstance de porter atteinte à la sécurité de l'établissement ne saurait être opposé à l'avocat de la personne détenue disciplinairement poursuivie qui les demande. • CE 25 juill. 2016, n° 4000777 P : *AJ pénal 2016. 549, obs. H.-Evans*.

9. Référés (demande par télécopie). Même en l'absence d'obligation légale ou réglementaire, le refus de l'administration pénitentiaire de transmettre la demande de référé d'un détenu par télécopie constitue une entrave directe à l'exercice par ce dernier de son droit à un recours effectif lorsque l'inaction de l'administration le prive de tout recours utile dans les temps. • CAA Lyon, 29 janv. 2015 : *AJ pénal 2015. 163, obs. Falxa*.

10. Recours administratif préalable (respect du droit à un recours effectif). L'obligation faite à la personne détenue qui entend contester la sanction prononcée à son encontre par la commission de discipline d'effectuer un recours administratif préalable auprès du directeur interrégional des services pénitentiaires ne fait pas obstacle au recours par cette personne aux procédures de référé. L'ensemble des voies de recours ainsi offertes à la personne détenue lui garantit le droit d'exercer un recours effectif au sens de l'art. 13 Conv. EDH, susceptible de permettre l'intervention du juge en temps utile, alors même que son exercice est par lui-même dépourvu de caractère suspensif. • CE 28 déc. 2012, n° 357494 : *AJDA 2013. 958 ; D. 2013. 1304, obs. Céré*.

11. Indemnisation d'un détenu illégalement sanctionné. Considérant que lorsqu'une personne sollicite le versement d'une indemnité en réparation du préjudice subi du fait de l'illégalité, pour un vice de procédure, de la décision lui infligeant une sanction, il appartient au juge de plein contentieux, saisi de moyens en ce sens, de déterminer, en premier lieu, la nature de cette irrégularité procédurale puis, en second lieu, de rechercher, en forgeant sa conviction au vu de l'ensemble des éléments produits par les parties, si, compte tenu de la nature et de la gravité de cette irrégularité procédurale, la même décision aurait pu être légalement prise, s'agissant tant du principe même de la sanction que de son quantum, dans le cadre d'une procédure régulière. • CE 18 nov. 2015, n° 380461 P : *AJDA 2015. 2236 ; D. actu. 26 nov. 2015, obs. Pastor.*

12. Conv. EDH, art. 13. Absence de recours effectif. S'agissant du placement en quartier disciplinaire, la Cour estime que le requérant, dont la sanction avait pris fin avant qu'un juge ait pu statuer sur sa demande, n'a pas eu à sa disposition un recours effectif lui permettant de contester la forme et le fond de la mesure de placement, indispensable compte tenu de l'importance des répercussions d'une détention en cellule disciplinaire. La Cour constate que celui prévu par le droit français n'est pas suspensif, et que le tribunal ne peut être saisi qu'après la saisine préalable du directeur interrégional des services pénitentiaires, qui dispose d'un mois pour statuer. Il y a donc violation de l'art. 13 de la Convention. • CEDH 20 janv. 2011, *Payet c/ France*, n° 19606/08 (quartier disciplinaire) : *D. actu. 27 janv. 2011, obs. Lavric ; D. 2011. Actu. 380, obs. Lavric ; ibid. 643, obs. Céré ; ibid. Pan. 1313, obs. Céré ; AJ pénal 2011. 88, obs. Herzog-Evans ; RSC 2011. 718, obs. Marguénaud*.

13. Sur la violation par la France de l'art. 13 Conv. EDH, du fait de l'impossibilité pour le requérant de contester les atteintes portées à la dignité humaine dans le cadre d'une sanction disciplinaire qui lui a été infligée avant que celle-ci ne soit exécutée : • CEDH 3 nov. 2011, *Cocaign c/ France : D. actu. 17 nov. 2011, obs. Léna ; D. 2012. Pan. 1294, obs. Céré, Herzog-Evans et Péchillon ; AJ pénal 2011. 605, obs. Céré ; RSC 2012. Chron. 263, obs. Marguénaud* • CEDH 10 nov. 2011, *Plathey c/ France : D. actu. 17 nov. 2011, obs. Léna ; D. 2012. Pan. 1294, obs. Céré, Herzog-Evans et Péchillon ; AJ pénal 2011. 605, obs. Céré ; RSC 2012. Chron. 263, obs. Marguénaud ; Dr. pénal 2012. Chron. 3, obs. Dreyer.*

Art. 726-1 *(Abrogé par Ord. nº 2022-478 du 30 mars 2022, art. 6, à compter du 1er mai 2022) (L. nº 2009-1436 du 24 nov. 2009, art. 92)* ***Toute personne détenue, sauf si elle est mineure, peut être placée par l'autorité administrative, pour une durée maximale de trois mois, à l'isolement par mesure de protection ou de sécurité soit à sa demande, soit d'office. Cette mesure ne peut être renouvelée pour la même durée qu'après un débat contradictoire, au cours duquel la personne concernée, qui peut être assistée de son avocat, présente ses observations orales ou écrites. L'isolement ne peut être prolongé au-delà d'un an qu'après avis de l'autorité judiciaire.***

Le placement à l'isolement n'affecte pas l'exercice des droits visés à l'article 22 de la loi nº 2009-1436 du 24 novembre 2009 pénitentiaire, sous réserve des aménagements qu'impose la sécurité.

Lorsqu'une personne détenue est placée à l'isolement, elle peut saisir le juge des référés en application de l'article L. 521-2 du code de justice administrative.

Un décret en Conseil d'État détermine les conditions d'application du présent article.

En application du Décr. nº 2014-1277 du 23 oct. 2014 relatif aux exceptions à l'application du principe « silence vaut acceptation » (L. nº 2000-321 du 12 avr. 2000, art. 21, II), le silence gardé pendant deux mois par l'administration vaut décision de rejet pour les demandes relatives au placement à l'isolement d'une personne détenue majeure.

BIBL. ▸ CÉRÉ, *RI crim. et pol. techn., 2006. 475* (les diverses formes d'isolement en prison : le faux-semblant du contrôle du juge). – GOURDOU, *RPDP 2007, nº spécial. 23* (les évolutions récentes relatives à la mise à l'isolement du détenu). – PONCELA, *RSC 2005. 390* (l'isolement carcéral sous le contrôle des juridictions administratives et de la Cour européenne des droits de l'homme).

1. Admission du recours pour excès de pouvoir. Le placement à l'isolement d'un détenu contre son gré constitue, eu égard à l'importance de ses effets sur les conditions de détention, une décision susceptible de faire l'objet d'un recours pour excès de pouvoir. • CE 30 juill. 2003, nº 252712 : *AJDA 2003. 2090, note D. Costa ; D. 2003. 2331, note Herzog-Evans ; AJ pénal 2003. 74, obs. Remillieux ; Dr. pénal 2004, Comm. 43, obs. Maron.* ♦ Les décisions de placer, soit en urgence et de manière provisoire, soit à titre préventif, un détenu à l'isolement sont contrôlées par le juge de l'excès de pouvoir. Elles ne peuvent intervenir que si elles sont strictement nécessaires pour assurer la sécurité de l'établissement pénitentiaire ou des personnes. • CE 17 déc. 2008, nº 293786 : *AJ pénal 2009. 87, obs. Céré ; AJDA 2008. 2364, obs. Montecler ; D. 2009. 1376, obs. Péchillon .*

2. Référé (appréciation in concreto de la condition d'urgence). Pour regarder remplie la condition d'urgence mentionnée à l'art. L. 521-1 CJA, le juge des référés s'est fondé sur ce qu'en principe et par sa nature même la prolongation d'une mesure d'isolement pour une durée de trois mois au-delà du délai d'un an était de nature à faire regarder la condition d'urgence comme satisfaite. En statuant comme il l'a fait, sans apprécier concrètement et au regard des circonstances de la demande qui lui était présentée, compte tenu des justifications apportées par le requérant, si les effets de cette décision étaient de nature à caractériser une situation d'urgence au sens de ces dispositions, le juge des référés a commis une erreur de droit. • CE 29 déc. 2004, nº 268826 : *AJDA 2005. 511 ; AJ pénal 2005. 164, obs. Céré ; RSC 2006. 423, obs. Poncela .* ♦ Il appartient au juge des référés d'apprécier objectivement et concrètement, compte tenu des justifications fournies par le requérant et de l'ensemble des circonstances de chaque espèce, si les effets de l'acte litigieux sont de nature à caractériser une urgence. • CE 1er févr. 2012, nº 350899 : *AJ pénal 2012. 237, obs. Céré .* ♦ Il appartient au juge des référés d'apprécier l'urgence au vu des circonstances de l'espèce et compte tenu des justifications apportées par le requérant et par l'administration. • CE 23 avr. 2014, nº 378085 P : *RPDP 2014. 393, obs. Céré.*

3. Prolongation de l'isolement. Il ressort des pièces du dossier qu'il s'est écoulé plus d'un an entre la décision de placement à l'isolement litigieuse et celle qui l'a précédée et a été levée. Ainsi, compte tenu de la durée d'interruption de ce régime de détention, la décision doit être regardée, non comme une décision de prolongation au-delà d'un an de la mise à l'isolement mais comme une décision de placement à l'isolement initial qui pouvait être prise par le chef d'établissement. • CAA Bordeaux, 22 mars 2011, nº 10BX01761 : *AJ pénal 2011. 474, obs. Herzog-Evans .* ♦ Chaque décision de placement à l'isolement, la première comme les décisions ultérieures maintenant le détenu sous ce régime de détention, est fondée sur une appréciation des circonstances de fait existantes à la date à laquelle elle est prise et ne dépend pas des décisions précédentes, y compris en ce qui concerne la détermination de l'autorité compétente pour la prendre. • CE 26 juill. 2011, *Garde des Sceaux, Min. de la Justice c/ S : D. actu. 7 sept. 2011, obs. Grand* • 26 juill. 2011,

Garde des Sceaux, Min. de la Justice c/ A : ibid.

4. *Droits de la défense.* La mesure d'isolement a été prononcée sans que l'appelant ait été mis à même de demander la communication de son dossier et ait disposé d'un délai suffisant pour présenter sa défense ; il n'est pas allégué que l'urgence imposait qu'il ne fût pas procédé à cette formalité. En conséquence, la décision a été prise à l'issue d'une procédure irrégulière. • CAA Marseille, 15 janv. 2004, n° 99MA02435 : *AJ pénal 2004. 164, obs. Céré*.

5. *Mesure de police administrative.* La décision de placer une personne détenue à l'isolement ou de prolonger une telle mesure ne constitue pas une sanction disciplinaire, mais une mesure de police administrative tendant à assurer le maintien de l'ordre public et de la sécurité au sein de l'établissement pénitentiaire ou, le cas échéant, la prévention des infractions ; par suite, les stipulations de l'art. 6 Conv. EDH ne peuvent être utilement invoquées à l'encontre de telles décisions, ni des dispositions législatives et réglementaires organisant leur prononcé. • Douai, 12 mai 2015 : *inédit.*

6. *Isolement et conditions de détention provisoire.* Si le juge judiciaire a l'obligation de garantir à la personne placée dans des conditions indignes de détention un recours préventif et effectif permettant d'empêcher la continuation de la violation de l'art. 3 Conv. EDH (Crim. 8 juill. 2020, n° 20-81.739), la personne détenue provisoirement placée à l'isolement dispose d'un tel recours devant le juge administratif (CE 7 juin 2019, n° 426772) de sorte qu'elle n'est pas fondée à se prévaloir de l'incidence d'une mesure d'isolement sur ses conditions d'incarcération à l'occasion d'une demande ayant trait à la détention provisoire. • Crim. 16 sept. 2020, n° 20-82.389 P : *D. actu. 9 oct. 2020, obs. Engel ; AJ pénal 2020. 535, obs. Céré ; Dr. pénal 2020, n° 194, obs. Maron et Haas.*

Art. 726-2 *(Abrogé par Ord. n° 2022-478 du 30 mars 2022, art. 6, à compter du 1er mai 2022) (L. n° 2019-222 du 23 mars 2019, art. 88)* ***Lorsqu'il apparaît que leur comportement porte ou est susceptible de porter atteinte au maintien du bon ordre de l'établissement ou à la sécurité publique, les personnes détenues majeures peuvent, sur décision de l'autorité administrative, être affectées au sein de quartiers spécifiques pour bénéficier d'un programme adapté de prise en charge et soumises à un régime de détention impliquant notamment des mesures de sécurité renforcée.***

La décision d'affectation dans ces quartiers spécifiques doit être motivée et ne peut intervenir qu'après une procédure contradictoire au cours de laquelle la personne concernée, qui peut être assistée de son avocat, présente ses observations orales ou écrites. Cette décision fait l'objet d'un nouvel examen régulier.

Cette décision n'affecte pas l'exercice des droits mentionnés à l'article 22 de la loi n° 2009-1436 du 24 novembre 2009 pénitentiaire, sous réserve des aménagements qu'imposent les impératifs de sécurité.

L'exercice des activités mentionnées à l'article 27 de la loi n° 2009-1436 du 24 novembre 2009 précitée par les personnes détenues affectées au sein de ces quartiers peut s'effectuer à l'écart des autres personnes détenues et sous réserve des aménagements qu'imposent les impératifs de sécurité.

Un décret en Conseil d'État détermine les conditions d'application du présent article. — *V. art. R. 57-7-84-1 s.*

BIBL. ▶ HABOUZIT, *RSC 2017. 587* ; *ibid. 2018. 541* (usage de la notion de radicalisation dans le champ pénitentiaire).

Art. 727 *Abrogé par L. n° 2009-1436 du 24 nov. 2009, art. 95.*

Art. 727-1 *(Ord. n° 2022-478 du 30 mars 2022, art. 6, en vigueur le 1er mai 2022)* **Conformément aux dispositions de l'article L. 223-2 du code pénitentiaire, le procureur de la République est immédiatement avisé de la découverte, au sein d'un établissement pénitentiaire ou d'un établissement de santé destiné à recevoir des personnes détenues, de tout équipement terminal, système informatique ou support de données informatiques dont la détention est illicite.**

Dans les conditions prévues par les dispositions du même article, le procureur de la République peut autoriser l'administration pénitentiaire à conserver ces matériels.

Ancien art. 727-1 *(L. n° 2017-258 du 28 févr. 2017, art. 35)* ***I. — Aux fins de prévenir les évasions et d'assurer la sécurité et le bon ordre au sein des établissements pénitentiaires ou des établissements de santé destinés à recevoir des personnes détenues, le ministre de la justice peut autoriser les agents individuellement désignés et habilités de l'administration pénitentiaire à :***

1° Intercepter, enregistrer, transcrire ou interrompre les correspondances de personnes détenues émises par la voie des communications électroniques et autorisées en détention, à l'exception de celles avec leur avocat, et conserver les données de connexion y afférentes ;

2° Accéder aux données stockées dans un équipement terminal ou un système informatique qu'utilise une personne détenue et dont l'utilisation est autorisée en détention, les enregistrer, les conserver et les transmettre.

Les personnes détenues ainsi que leurs correspondants sont informés au préalable des dispositions du présent article.

L'autorisation est délivrée pour une durée maximale d'un an, renouvelable.

II. — Le procureur de la République est immédiatement avisé de la découverte, dans un établissement mentionné au I, de tout équipement terminal, système informatique ou support de données informatiques dont la détention est illicite.

Sous réserve d'une éventuelle saisie de ces matériels par l'autorité judiciaire ouvrant à la personne détenue les voies de recours prévues à l'article 41-5, le procureur de la République peut autoriser, par tout moyen, l'administration pénitentiaire à les conserver, s'il estime que ceux-ci ne sont pas utiles à la manifestation de la vérité.

Dans ce cas et pour les finalités mentionnées au I du présent article, le ministre de la justice peut autoriser les agents individuellement désignés et habilités de l'administration pénitentiaire à mettre en œuvre les techniques mentionnées au 2° du I du présent article. L'autorisation est délivrée pour une durée maximale d'un an, renouvelable.

La personne concernée, lorsqu'elle est identifiée, est alors informée de la décision de l'administration pénitentiaire de mettre en œuvre ces techniques. Elle est également informée que les matériels seront détruits à l'issue du délai prévu à l'avant-dernier alinéa du présent II, sauf si l'exploitation de ces données conduit à l'ouverture d'une procédure judiciaire au dossier de laquelle ils sont alors versés.

III. — Chaque mise en œuvre d'une technique (Abrogé par L. n° 2019-222 du 23 mars 2019, art. 89) *« de recueil de renseignement » prévue aux I ou II donne lieu à l'établissement d'un relevé qui mentionne les dates de début et de fin de cette mise en œuvre ainsi que la nature des renseignements collectés. Ce relevé est tenu à la disposition du procureur de la République, qui peut y accéder de manière permanente, complète et directe, quel que soit son degré d'achèvement.*

La décision de mettre en œuvre les techniques prévues aux mêmes I et II est consignée dans un registre tenu par la direction de l'administration pénitentiaire. Cette décision peut faire l'objet d'un recours devant le juge administratif dans les conditions prévues par le code de justice administrative.

Les données ou les enregistrements qui ne font l'objet d'aucune transmission à l'autorité judiciaire en application du présent code sont détruits à l'issue d'une durée de quatre-vingt-dix jours à compter de leur recueil.

Les transcriptions ou les extractions sont détruites dès que leur conservation n'est plus indispensable à la poursuite des finalités mentionnées au I.

Lorsque les données ou enregistrements servent de support à une procédure disciplinaire, le délai mentionné au troisième alinéa du présent III est suspendu jusqu'à l'extinction des voies de recours.

Il est dressé un procès-verbal rendant compte des opérations de destruction.

Les données, enregistrements, transcriptions, extractions et procès-verbaux mentionnés au présent III sont mis à la disposition du procureur de la République, qui peut y accéder à tout instant.

IV. — Les modalités d'application du présent article sont fixées par décret en Conseil d'État. — V. art. R. 57-8-24 s.

Concernant les services habilités à utiliser des techniques de renseignement, V. CSI, art. L. 851-1 s. — **CSI.**

Confidentialité des conversations téléphoniques des détenus avec leurs avocats. Les dispositions de l'art. 727-1, telles qu'issues de la L. n° 2007-297 du 5 mars 2007, prévoient que, par dérogation au droit commun, les conversations téléphoniques des détenus avec leurs avocats ne peuvent être écoutées, enregistrées ou interrompues par l'administration pénitentiaire ; les personnes détenues ont le droit de s'entretenir par téléphone avec leurs avocats, de façon confidentielle tant vis-à-vis de l'administration pénitentiaire que des autres personnes détenues. • CE 23 juill. 2014, n° 379875 : *AJDA 2014. 1587*.

Arrêté du 29 mai 2019,

Portant création et organisation d'un service à compétence nationale dénommé « Service national du renseignement pénitentiaire ».

Art. 1 Il est créé un service à compétence nationale dénommé "Service national du renseignement pénitentiaire" rattaché au directeur de l'administration pénitentiaire.

Art. 2 Le Service national du renseignement pénitentiaire a pour mission de rechercher, collecter, exploiter, analyser et diffuser les informations et renseignements susceptibles de révéler des risques d'atteinte aux intérêts fondamentaux de la Nation, à la sécurité des établissements pénitentiaires, des établissements de santé destinés à recevoir des personnes détenues et des services pénitentiaires.

Art. 3 Le chef du Service national du renseignement pénitentiaire est assisté d'un adjoint nommé par arrêté du garde des sceaux, ministre de la justice, sur proposition du directeur de l'administration pénitentiaire.

Art. 4 Pour l'exercice de ses missions, le Service national du renseignement pénitentiaire comprend :

1° Un échelon central *(Abrogé par Arr. du 30 déc. 2019)* *« composé de trois bureaux :*

« — un bureau de l'administration ;

« — un bureau des opérations ;

« — un bureau des investigations et de l'analyse ; »

(Arr. du 30 déc. 2019) « 2° Sous l'autorité de l'échelon central, des cellules interrégionales dont le ressort territorial est déterminé conformément à celui prévu pour les directions interrégionales des services pénitentiaires et pour la mission des services pénitentiaires de l'outre-mer » ;

3° Sous l'autorité de la cellule interrégionale territorialement compétente, des délégations locales, au sein des établissements pénitentiaires et des établissements de santé destinés à recevoir des personnes détenues.

Art. 5 Les agents affectés au Service national du renseignement pénitentiaire ou travaillant sous l'autorité de ce service sont, le cas échéant, habilités conformément à la réglementation en vigueur relative à la protection du secret de la défense nationale.

(Arr. du 30 déc. 2019) « Le Service national du renseignement pénitentiaire » veille à la mise en œuvre des actions nécessaires à la protection des agents affectés à ce service ou travaillant sous l'autorité de ce service et notamment de leur anonymat dans les conditions prévues par les dispositions de l'article L. 861-1 du code de la sécurité intérieure.

Art. 728 *(Abrogé par Ord. n° 2022-478 du 30 mars 2022, art. 6, à compter du 1er mai 2022) (L. n° 2009-1436 du 24 nov. 2009, art. 86)* ***Des règlements intérieurs types, prévus par décret en Conseil d'État, déterminent les dispositions prises pour le fonctionnement de chacune des catégories d'établissements pénitentiaires.***

Sur l'administration des établissements pénitentiaires, la discipline et la sécurité des prisons, les mouvements de détenus, la gestion des biens et l'entretien des détenus, l'hygiène et le service sanitaire, les relations des détenus avec l'extérieur, l'assistance apportée aux détenus, les différentes catégories de détenus, V. C. pr. pén., art. D. 188 à D. 519.

Le règlement intérieur type [abrogé] issu du Décr. n° 2013-368 du 30 avr. 2013 est annexé à l'art. R. 57-6-18 (V. ss. art. R. 57-6-20).

Il appartient au législateur de fixer les règles concernant les garanties fondamentales accordées aux personnes détenues, celles-ci bénéficiant des droits et libertés constitutionnellement garantis dans les limites inhérentes à la détention. L'art. 728, dans sa rédaction postérieure à la L. du 22 juin 1987 mais antérieure à celle du 24 nov. 2009, est par conséquent déclaré contraire à la Constitution. • Cons. const., QPC, 25 avr. 2014 : *D. 2014. Pan. 1235, obs. Péchillon* ; *RFDA 2015. 148, obs. Schmitz*. ♦ En application d'une déclaration d'inconstitutionnalité, l'art. D. 276-1, pris en application de l'art. 728, a été privé de base légale, ainsi que, par voie de conséquence, les décisions prises sur leur fondement. Est ainsi illégale la décision de maintien d'un détenu au répertoire des détenus particulièrement signalés. • CAA Marseille, 5 mai 2015, n° 14MA04852 : *AJDA 2015. 1477, obs. Revert*.

Loi nº 87-432 du 22 juin 1987, *[Abrogée]*

Relative au service public pénitentiaire.

(Abrogée par Ord. nº 2022-478 du 30 mars 2022, art. 7, à compter du 1er mai 2022)
V. désormais C. pénit.

Art. 1er *(Abrogé par L. nº 2009-1436 du 24 nov. 2009, art. 63) Le service public pénitentiaire participe à l'exécution des décisions et sentences pénales et au maintien de la sécurité publique. Il favorise la réinsertion sociale des personnes qui lui sont confiées par l'autorité judiciaire.*

Il est organisé de manière à assurer l'individualisation des peines.

Art. 2 *(Ord. nº 2015-899 du 23 juill. 2015, art. 101-IV) Dans les établissements pénitentiaires, les fonctions autres que celles de direction, de greffe et de surveillance peuvent être confiées à des personnes de droit public ou de droit privé habilitées, dans des conditions définies par un décret en Conseil d'État. Ces personnes peuvent être choisies dans le cadre d'un marché public prévu au 5º de l'article 35 de l'ordonnance nº 2015-899 du 23 juillet 2015 relative aux marchés publics.*

Art. 3 *Les établissements pénitentiaires peuvent être érigés en établissements publics administratifs nationaux dénommés établissements publics pénitentiaires, placés sous la tutelle de l'État.*

Dotés de la personnalité morale et de l'autonomie financière, les établissements publics pénitentiaires sont administrés par un conseil d'administration comprenant des représentants de l'État, majoritaires, des assemblées parlementaires et des assemblées locales, du personnel, ainsi que des personnes morales, des associations et des personnalités choisies en raison de leur compétence dans le domaine de l'exécution des peines et de la réinsertion sociale. Le garde des sceaux, ministre de la justice, désigne le président du conseil d'administration parmi les représentants de l'État.

Le garde des sceaux, ministre de la justice, affecte aux établissements publics pénitentiaires les personnels de direction, du greffe et de surveillance. Ces personnels qui relèvent de l'administration pénitentiaire demeurent soumis à leur statut spécial.

A la demande du conseil d'administration de l'établissement ou non, le garde des sceaux peut également y affecter des personnels administratifs, socio-éducatifs et techniques relevant de l'administration pénitentiaire et demeurant soumis à leur statut spécial.

Les établissements publics pénitentiaires disposent des équipements et crédits qui leur sont attribués par l'État. Ils bénéficient des prélèvements effectués sur le pécule des détenus au titre de leur entretien et de la réparation des dommages matériels qu'ils ont causés dans l'établissement. Ils peuvent également recevoir, notamment, des dons et legs et le produit des emprunts.

Le conseil d'administration délibère sur les questions relatives à la gestion et à l'équipement de l'établissement pénitentiaire. Ces délibérations ne peuvent pas porter sur les questions relatives au personnel affecté par l'État, au régime disciplinaire et à l'ordre public, qui sont de la seule responsabilité du chef d'établissement, sous l'autorité du garde des sceaux. Le conseil d'administration vote le budget et approuve le compte financier.

Les établissements publics pénitentiaires sont soumis à l'ensemble des dispositions du code de procédure pénale relatives aux établissements pénitentiaires.

Les conditions d'application du présent article sont fixées par un décret en Conseil d'État.

....

Art. 5 *V. C. pr. pén., art. 122, 123, 125, 132, 135, 713-2, 717, 719, 720 et 728.*

Art. 6 *(Abrogé par L. nº 2011-525 du 17 mai 2011, art. 118-5º) Des groupements d'intérêt public peuvent être constitués, dans les conditions prévues à l'article 21 de la loi nº 82-610 du 15 juillet 1982 d'orientation et de programmation pour la recherche et le développement technologique de la France, entre établissements pénitentiaires, entre l'un ou plusieurs d'entre eux et une ou plusieurs personnes morales de droit public ou de droit privé, pour aider les établissements pénitentiaires concernés à organiser le travail et la formation des détenus.*

Les dispositions abrogées par l'art. 118 de la L. nº 2011-525 du 17 mai 2011 continuent de régir les groupements créés sur leur fondement jusqu'à la mise en conformité de la convention constitutive de ces groupements avec les dispositions du présent chapitre. Cette mise en conformité doit intervenir dans les deux ans suivant la promulgation de ladite loi (L. préc., art. 120).

Art. 7 *(Ord. n° 2003-918 du 26 sept. 2003, art. 7) I. — La présente loi est applicable en Nouvelle-Calédonie, à l'exception des III et IV de l'article 5 et sous réserve de l'adaptation mentionnée au II du présent article.*

II. — L'article 2 est applicable en Nouvelle-Calédonie, en Polynésie française, dans les îles Wallis-et-Futuna et à Mayotte dans la rédaction suivante :

L'État peut confier à une personne ou à un groupement de personnes, de droit public ou de droit privé, une mission portant à la fois sur la conception, la construction et l'aménagement d'établissements pénitentiaires.

L'exécution de cette mission résulte d'un marché passé entre l'État et la personne ou le groupement de personnes selon les procédures prévues par la réglementation relative aux marchés publics applicable localement. Si le marché est alloti, les offres portant simultanément sur plusieurs lots peuvent faire l'objet d'un jugement global.

Les marchés passés par l'État pour l'exécution de cette mission ne peuvent comporter de stipulations relevant des conventions mentionnées aux articles L. 34-3-1 et L. 34-7-1 du code du domaine de l'État [désormais CGPPP, art. L. 2122-15 et L. 2122-16].

Dans les établissements pénitentiaires, les fonctions autres que celles de direction, de greffe et de surveillance peuvent être confiées à des personnes de droit public ou de droit privé habilitées, dans des conditions définies par décret en Conseil d'État. Ces personnes peuvent être choisies dans le cadre des marchés prévus au deuxième alinéa.

BIBL. ▶ BOULOC, *RSC 920.* – COUVRAT, *RSC 1987. 925.* – LAZERGES, *ibid. 1998. 180* ✎. – SYR, *ALD 1987. 135.*

Décret n° 87-604 du 31 juillet 1987, *relatif à l'habilitation des personnes auxquelles peuvent être confiées certaines fonctions dans les établissements pénitentiaires et complétant l'article R. 79 du code de procédure pénale.*

TITRE Ier

Art. 1er L'habilitation des personnes auxquelles peuvent être confiées par contrat des fonctions autres que celles de direction, du greffe et de surveillance dans les établissements pénitentiaires est accordée par *(Décr. n° 2020-958 du 31 juill. 2020, art. 4)* « décision du directeur interrégional des services pénitentiaires territorialement compétent. »

Art. 2 Peuvent seules être habilitées :

1° Les personnes physiques possédant la nationalité française ou celle de l'un des États membres de *(Décr. n° 2020-958 du 31 juill. 2020, art. 4)* « l'Union européenne » ;

2° Les personnes morales de droit français dont les dirigeants, de droit ou de fait, possèdent la nationalité française ou celle de l'un des États membres de *(Décr. n° 2020-958 du 31 juill. 2020, art. 4)* « l'Union européenne ».

Art. 3 L'habilitation est accordée pour une durée de cinq ans renouvelable en fonction des compétences techniques, des garanties financières et des références qu'offrent ces personnes appréciées au regard de la nature, de l'étendue et du coût des prestations faisant l'objet du contrat prévu à l'article 1er.

Art. 4 L'habilitation ne peut être accordée aux personnes physiques qui ont fait l'objet d'une condamnation justifiant l'inscription au bulletin n° 2 du casier judiciaire pour des agissements contraires à l'honneur, à la probité ou aux bonnes mœurs, ou d'une mesure de révocation de la fonction publique, civile ou militaire, ou qui ont été frappées de l'interdiction prévue *(Décr. n° 94-965 du 2 nov. 1994)* « par l'article 131-27 du code pénal ».

L'habilitation ne peut être accordée aux personnes morales dont un ou plusieurs dirigeants de fait ou de droit se trouvent dans la même situation.

Art. 5 L'habilitation peut être retirée par *(Décr. n° 2020-958 du 31 juill. 2020, art. 4)* « décision du directeur interrégional des services pénitentiaires territorialement compétent, » en cas de modification substantielle de la situation des personnes au regard des dispositions des articles 2, 3 et 4 du présent titre.

TITRE II

Art. 6 *(Décr. n° 94-965 du 2 nov. 1994)* Les agents recrutés par les personnes mentionnées au titre Ier ou par leurs sous-traitants pour remplir les fonctions qui leur sont confiées par contrat bénéficient d'une habilitation individuelle préalable en vue de leur permettre d'accéder de manière régulière à un ou plusieurs établissements pénitentiaires.

Cette habilitation individuelle préalable est accordée par le directeur interrégional des services pénitentiaires territorialement compétent.

(Abrogé par Décr. n° 2020-958 du 31 juill. 2020, art. 4) « Dans les cas où la possibilité d'accès concerne des établissements pénitentiaires situés dans le ressort de services régionaux différents, l'habilitation est accordée par le garde des sceaux, ministre de la justice. »

Art. 7 Pour l'obtention de l'habilitation prévue à l'article 6, l'agent doit :

1° Posséder la nationalité française ou être ressortissant d'un État membre de *(Décr. n° 2020-958 du 31 juill. 2020, art. 4)* « l'Union européenne » ;

2° Ne pas avoir fait l'objet d'une mesure de révocation de la fonction publique, civile ou militaire ni d'une condamnation justifiant l'inscription au bulletin n° 2 du casier judiciaire, pour des agissements contraires à l'honneur, à la probité ou aux bonnes mœurs ;

3° Être titulaire des diplômes ou attester des qualifications correspondant à la nature des fonctions que l'intéressé est appelé à exercer ;

4° Avoir été jugé apte, après examen médical et psychologique renouvelé tous les cinq ans, pratiqué par un médecin et par un psychologue agréés par l'administration pénitentiaire, à exercer en milieu pénitentiaire les fonctions qui doivent lui être confiées ;

5° Avoir donné son accord écrit au projet de contrat de travail proposé par son employeur et comprenant l'énumération des obligations et sujétions qui lui seraient imposées pour l'exercice de ses fonctions en milieu pénitentiaire.

Art. 8 *(Décr. n° 94-965 du 2 nov. 1994)* « L'habilitation mentionnée à l'article 6 est, dans tous les cas, accordée pour une durée de cinq ans renouvelable. Elle est retirée par l'autorité qui l'a accordée lorsque l'une des conditions prévues à l'article 7 cesse d'être remplie.

« Cette habilitation peut être suspendue par le chef d'établissement en cas de manquements aux dispositions du code de procédure pénale ou de celles du règlement intérieur.

« Le directeur interrégional des services pénitentiaires territorialement compétent *(Abrogé par Décr. n° 2020-958 du 31 juill. 2020, art. 4) « ou, dans les cas prévus à l'alinéa 3 de l'article 6, le garde des sceaux, ministre de la justice, »* décide, dans le mois suivant la suspension, le maintien ou le retrait de l'habilitation, après avoir recueilli les observations de la personne habilitée. »

En cas de suspension ou de retrait de l'habilitation accordée à l'un de ses agents ou en cas de vacance de son service, la personne mentionnée au titre Ier pourvoit à son remplacement dans les conditions prévues au présent titre, de façon à assurer la continuité du service public pénitentiaire.

Art. 9 *V. C. pr. pén., art. R. 79, 22°.*

Décret n° 2010-1711 du 30 décembre 2010, *[Abrogé]*

Portant code de déontologie du service public pénitentiaire.

(Abrogé par Décr. n° 2022-479 du 30 mars 2022, art. 17, à compter du 1er mai 2022)

V. désormais C. pénit.

TITRE Ier *[ABROGÉ]*. DISPOSITIONS GÉNÉRALES

Art. 1er *Le service public pénitentiaire participe à l'exécution des décisions pénales. Il contribue à l'insertion ou à la réinsertion des personnes qui lui sont confiées par l'autorité judiciaire, à la prévention de la récidive et à la sécurité publique dans le respect des intérêts de la société, des droits des victimes et des droits des personnes détenues. Il est organisé de manière à assurer l'individualisation et l'aménagement des peines des personnes condamnées.*

Art. 2 *L'administration pénitentiaire concourt, par sa participation à la garde et à la réinsertion des personnes qui lui sont confiées par l'autorité judiciaire, à la garantie des libertés et à la défense des institutions de la République, au maintien de l'ordre public et de la sécurité intérieure et à la protection des personnes et des biens.*

Art. 3 *L'administration pénitentiaire s'acquitte de ses missions dans le respect de la Déclaration des droits de l'homme et du citoyen, de la Constitution, des conventions internationales, notamment la convention européenne de sauvegarde des droits de l'homme et des libertés fondamentales, et des lois et règlements.*

Les valeurs de l'administration pénitentiaire et de ses membres résident dans la juste et loyale exécution des décisions de justice et du mandat judiciaire confié et dans le respect des personnes et de la règle de droit.

Art. 4 *Le présent code de déontologie s'applique :*

1° Dans les conditions déterminées au titre II, aux personnels, fonctionnaires et agents non titulaires, de l'administration pénitentiaire tels que définis à l'article 11 de la loi susvisée du 24 novembre 2009, dans le respect des règles les régissant ;

2° Dans les mêmes conditions, à l'exclusion des articles 8, 14, 26 et 29, aux membres de la réserve civile pénitentiaire instituée par l'article 17 de la loi précitée du 24 novembre 2009, qui sont assimilés aux personnels pénitentiaires pour ce qui est des règles pénitentiaires auxquels [auxquelles] *ils sont soumis ;*

3° Dans les conditions déterminées au titre III, aux personnes physiques et aux agents des personnes morales de droit public ou privé, concourant au service public pénitentiaire en vertu d'une habilitation ou d'un agrément.

Art. 5 *Le présent code de déontologie est remis individuellement à chacun de ses destinataires par l'administration pénitentiaire, et affiché dans les établissements et services pénitentiaires. Cet affichage est réalisé de telle façon que le code de déontologie soit également porté à la connaissance des personnes placées sous main de justice.*

Art. 6 *Tout manquement aux devoirs définis par le présent code expose son auteur à une sanction disciplinaire ou au retrait, dans les conditions fixées par le code de procédure pénale, du titre en vertu duquel il intervient au sein des services de l'administration pénitentiaire, sans préjudice, le cas échéant, des peines prévues par la loi pénale.*

TITRE II *[ABROGÉ]*. DISPOSITIONS RELATIVES AUX PERSONNELS DE L'ADMINISTRATION PÉNITENTIAIRE

CHAPITRE Ier *[ABROGÉ]*. *DEVOIRS GÉNÉRAUX DU PERSONNEL DE L'ADMINISTRATION PÉNITENTIAIRE*

Art. 7 *Le personnel de l'administration pénitentiaire est loyal envers les institutions républicaines. Il est intègre, impartial et probe. Il ne se départit de sa dignité en aucune circonstance.*

Art. 8 *Le personnel de l'administration pénitentiaire consacre l'intégralité de son activité professionnelle aux tâches qui lui sont confiées, dans les conditions fixées à l'article 25 de la loi du 1er juillet 1983.*

Art. 9 *Le personnel de l'administration pénitentiaire doit s'abstenir de tout acte, de tout propos ou de tout écrit qui serait de nature à porter atteinte à la sécurité et au bon ordre des établissements et services et doit remplir ses fonctions dans des conditions telles que celles-ci ne puissent préjudicier à la bonne exécution des missions dévolues au service public pénitentiaire.*

Art. 10 *Le personnel de l'administration pénitentiaire est astreint au devoir de réserve et au respect de la discrétion et du secret professionnels, dans les conditions prévues par les lois et règlements.*

Art. 11 *Les personnels de l'administration pénitentiaire se doivent mutuellement respect, aide et assistance dans l'exercice de leurs missions.*

Art. 12 *Le personnel de l'administration pénitentiaire ne peut faire un usage de la force que dans les conditions et limites posées par les lois et règlements.*

Art. 13 *Le personnel qui serait témoin d'agissements prohibés par le présent code doit s'efforcer de les faire cesser et les porter à la connaissance de sa hiérarchie. Si ces agissements sont constitutifs d'infractions pénales, il les porte également à la connaissance du procureur de la République.*

Art. 14 *Le personnel de l'administration pénitentiaire prête serment, lors de sa première affectation au sein de l'administration pénitentiaire, en audience publique devant le président du tribunal judiciaire ou de la cour d'appel dans le ressort desquels se trouve son lieu d'affectation.*

Pour les collectivités d'outre-mer et la Nouvelle-Calédonie, le serment est prêté, en audience publique, devant le président du tribunal de première instance.

Les fonctionnaires déjà affectés au sein de l'administration pénitentiaire à la date d'entrée en vigueur du présent code de déontologie peuvent, à leur demande, prêter serment dans les conditions prévues au premier ou au deuxième alinéa.

La formule du serment est annexée au présent code.

CHAPITRE II *[ABROGÉ]*. *DEVOIRS DU PERSONNEL DE L'ADMINISTRATION PÉNITENTIAIRE DANS LES RELATIONS AVEC LES PERSONNES QUI LUI SONT CONFIÉES*

Art. 15 *Le personnel de l'administration pénitentiaire a le respect absolu des personnes qui lui sont confiées par l'autorité judiciaire et de leurs droits. Il s'interdit à leur égard toute*

forme de violence ou d'intimidation. Il ne manifeste aucune discrimination. Il ne doit user ni de dénomination injurieuse, ni de tutoiement, ni de langage grossier ou familier. Il manifeste le même comportement à l'égard de leurs proches.

Art. 16 *Le personnel de l'administration pénitentiaire prend, dans le cadre de sa mission, toute mesure tendant à la sauvegarde de la vie et de la santé des personnes qui lui sont confiées, notamment en faisant appel, en tant que de besoin, au personnel de santé.*

Art. 17 *Le personnel de l'administration pénitentiaire doit en toute circonstance se conduire et accomplir ses missions de telle manière que son exemple ait une influence positive sur les personnes dont il a la charge et suscite leur respect.*

Art. 18 *Outre les informations auxquelles est tenue l'administration pénitentiaire à l'égard des personnes dont elle a la charge, le personnel est tenu de rappeler à ces personnes, en tant que de besoin, leurs droits et leurs devoirs ainsi que les sanctions ou mesures dont elles peuvent faire l'objet dans les conditions prévues par les textes.*

Pendant toute la durée de leur placement, il veille à permettre à ces personnes, dans le respect des lois et règlements, l'exercice de leurs droits.

Art. 19 *Le personnel de l'administration pénitentiaire ne peut occuper les personnes qui lui sont confiées à des fins personnelles, ni accepter d'elles, directement ou indirectement, des dons et avantages de quelque nature que ce soit.*

Il ne peut se charger d'aucun message et d'aucune mission, acheter ou vendre aucun produit ou service pour le compte des personnes qui lui sont confiées.

Il ne peut leur remettre ni recevoir d'elles des sommes d'argent, objets ou substances quelconques en dehors des cas prévus par la loi.

Il ne doit permettre ni faciliter aucune communication non autorisée par les textes entre personnes détenues ou entre les personnes détenues et l'extérieur.

Il ne doit pas agir, que ce soit de façon directe ou indirecte, auprès des personnes qui lui sont confiées pour influer sur leurs moyens de défense ou le choix de leurs défenseurs.

Art. 20 *Le personnel de l'administration pénitentiaire ne peut entretenir sciemment avec des personnes placées ou ayant été placées par décision de justice sous l'autorité ou le contrôle de l'établissement ou du service dont il relève, ainsi qu'avec leurs parents ou amis, de relations qui ne seraient pas justifiées par les nécessités du service*

Lorsqu'il a eu de telles relations avec ces personnes antérieurement à leur prise en charge par le service ou l'établissement dont il relève, il en informe dans les plus brefs délais le responsable du service ou de l'établissement.

CHAPITRE III *[ABROGÉ]. DROITS ET DEVOIRS RESPECTIFS DE LA HIÉRARCHIE ET DES AGENTS PLACÉS SOUS SON AUTORITÉ*

Art. 21 *L'autorité investie du pouvoir hiérarchique exerce les fonctions de commandement et d'encadrement. A ce titre, elle prend les décisions et les fait appliquer ; elle les traduit par des ordres qui doivent être précis et assortis des explications nécessaires à leur bonne exécution.*

Art. 22 *L'autorité investie du pouvoir hiérarchique est responsable des ordres qu'elle donne, de leur exécution et de leurs conséquences. Lorsqu'elle charge un subordonné d'agir en ses lieu et place, sa responsabilité demeure entière et s'étend aux actes que le subordonné accomplit régulièrement dans le cadre de ses fonctions et des ordres reçus.*

L'agent doit exécuter loyalement les ordres qui lui sont donnés par l'autorité investie du pouvoir hiérarchique. Il est responsable de l'exécution des tâches qui lui sont confiées ou des conséquences de leur inexécution.

Art. 23 *L'autorité transmet ses ordres par la voie hiérarchique. Si l'urgence ne permet pas de suivre cette voie, les échelons intermédiaires en sont informés sans délai.*

Hors le cas de réquisition, aucun ordre ne peut être donné à un personnel de l'administration pénitentiaire qui ne relève pas de l'autorité fonctionnelle de son auteur, si ce n'est pour faire appliquer les règles générales de la discipline.

Art. 24 *Tout agent de l'administration pénitentiaire doit se conformer aux instructions de son supérieur hiérarchique, sauf dans le cas où l'ordre est manifestement illégal et de nature à compromettre gravement un intérêt public. Si l'agent croit se trouver en présence d'un tel ordre, il a le devoir de faire part de ses objections à l'autorité qui l'a donné, en indiquant expressément la signification illégale qu'il attache à l'ordre litigieux.*

Si l'ordre est maintenu et que, malgré les explications ou l'interprétation qui en ont été données par le supérieur hiérarchique, l'agent persiste dans sa contestation, il doit être pris acte de son opposition.

Il en est rendu compte à l'autorité supérieure.

Tout refus d'exécuter un ordre qui ne répondrait pas aux conditions ci-dessus engage la responsabilité de l'intéressé.

Art. 25 *Tout personnel de l'administration pénitentiaire a le devoir de rendre compte à l'autorité investie du pouvoir hiérarchique, sans omission ou dissimulation, de son action et de l'exécution des missions qu'il en a reçues, ou, le cas échéant, des raisons qui ont rendu leur exécution impossible.*

Il est veillé à ce que, lors des relèves de service, toutes les informations utiles soient consignées au bénéfice des agents qui reçoivent la charge des personnes qui sont confiées à l'administration pénitentiaire.

Art. 26 *L'administration pénitentiaire fournit à son fonctionnaire les moyens de remplir ses obligations de formation, telles que prévues par l'article 15 de la loi du 24 novembre 2009 susvisée, lors de son recrutement par la formation initiale et durant sa carrière en organisant une formation continue.*

Elle veille notamment à lui assurer, avant sa prise de fonctions, une formation sur les principales règles nationales et internationales relatives à la protection des droits de l'homme et sur la déontologie.

Elle est tenue de dispenser une formation spécifique aux agents susceptibles d'avoir recours à l'usage de la force et des armes.

Le personnel de l'administration pénitentiaire est tenu d'actualiser régulièrement ses connaissances professionnelles, compte tenu notamment de l'évolution des missions, des métiers et des pratiques pénitentiaires.

Art. 27 *L'administration garantit sa protection aux personnels pénitentiaires et à leurs proches dans les conditions fixées par l'article 11 de la loi n° 83-634 susvisée et l'article 16 de la loi du 24 novembre 2009 susvisée.*

Art. 28 *Le personnel de l'administration pénitentiaire jouit du libre exercice du droit syndical.*

Art. 29 *Le personnel de l'administration pénitentiaire exerce ses droits d'expression et de manifestation dans les conditions prévues par son statut.*

TITRE III *[ABROGÉ]*. DISPOSITIONS RELATIVES AUX PERSONNES PHYSIQUES ET AUX AGENTS DES PERSONNES MORALES CONCOURANT AU SERVICE PUBLIC PÉNITENTIAIRE

CHAPITRE Ier *[ABROGÉ]*. *DES DEVOIRS DES PERSONNES PHYSIQUES ET DES AGENTS DES PERSONNES MORALES CONCOURANT AU SERVICE PUBLIC PÉNITENTIAIRE À L'ÉGARD DES PERSONNES PLACÉES SOUS MAIN DE JUSTICE*

Art. 30 *Les personnes physiques et les agents des personnes morales concourant au service public pénitentiaire ont, à l'égard des personnes placées sous main de justice auprès desquelles ils interviennent, un comportement appliquant les principes de respect absolu, de non discrimination et d'exemplarité énoncés aux articles 15 et 17. Ils interviennent dans une stricte impartialité vis-à-vis de ces personnes et dans le respect des règles déontologiques applicables à leur profession.*

Art. 31 *Les personnes physiques et les agents des personnes morales concourant au service public pénitentiaire ne peuvent entretenir vis-à-vis des personnes placées ou ayant été placées par décision de justice sous l'autorité ou le contrôle de l'établissement dans lequel ils interviennent, ainsi qu'avec leurs parents ou amis, de relations qui ne seraient pas justifiées par les nécessités de leur mission.*

Lorsqu'ils ont eu des relations avec ces personnes antérieurement à leur prise en charge par l'établissement dans lequel ils interviennent, ils doivent en informer le responsable de l'établissement.

L'art. 31 du Décr. n° 2010-1711 du 30 déc. 2010 portant code de déontologie du service public pénitentiaire prévoyant une restriction aux relations entre les personnes concourant au service public pénitentiaire et les ex-détenus qui ne seraient pas justifiées par les nécessités de leur mission porte une atteinte excessive au droit au respect de la vie privée et familiale reconnu par l'art. 8 Conv. EDH. Par suite, l'art. 31 du Décr., dont les dispositions sont sur ce point divisibles du reste du décret, doit être annulé en ce qu'il étend le champ de l'interdiction définie par cet art. aux personnes ayant été détenues dans l'établissement où les personnes soumises au code de déontologie du service public pénitentiaire ainsi qu'à leurs parents ou amis. • CE 11 juill. 2012 : *D. actu. 19 juill. 2012, obs. Poupeau ; AJDA 2012. 1429*.

Art. 32 *Les personnes physiques et les agents des personnes morales concourant au service public pénitentiaire ne peuvent occuper les personnes auprès desquelles ils interviennent à des fins personnelles ni accepter d'elles, directement ou indirectement, des dons et avantages de quelque nature que ce soit.*

Ils ne peuvent leur remettre ni recevoir d'elles des sommes d'argent, objets ou substances quelconques en dehors des cas prévus par la loi ou entrant dans le cadre de leur intervention auprès des personnes placées sous main de justice.

Ils ne doivent permettre ni faciliter aucune mission ou aucun message irréguliers entre les personnes détenues ou entre les personnes détenues et l'extérieur.

CHAPITRE II [ABROGÉ]. DES CONDITIONS D'INTERVENTIONS DES PERSONNES PHYSIQUES ET DES AGENTS DES PERSONNES MORALES CONCOURANT AU SERVICE PUBLIC PÉNITENTIAIRE

Art. 33 *Les personnes physiques et les agents des personnes morales concourant au service public pénitentiaire s'abstiennent de toute entrave au fonctionnement régulier des établissements et services déconcentrés de l'administration pénitentiaire.*

Ils se conforment aux consignes imposées par l'administration pour la sécurité des établissements et services et leur propre sécurité.

Art. 34 *Les personnes physiques et les agents des personnes morales concourant au service public pénitentiaire ne divulguent, hors les cas prévus par la loi, aucune information relative à la sécurité des établissements ou services ou à l'état de santé, à la vie privée ou à la situation pénale des personnes auprès desquelles ils interviennent.*

CHAPITRE IV *[ABROGÉ]* DES VALEURS PÉCUNIAIRES DES DÉTENUS

(Abrogé par Ord. nº 2022-478 du 30 mars 2022, art. 6, à compter du 1er mai 2022) (L. nº 90-589 du 6 juill. 1990 en vigueur le 1er janv. 1991)

Art. 728-1 *(L. nº 90-589 du 6 juill. 1990, en vigueur le 1er janv. 1991) (L. nº 2014-896 du 15 août 2014, art. 27, en vigueur le 1er oct. 2014)* ***« I. — » Les valeurs pécuniaires des détenus, inscrites à un compte nominatif ouvert à l'établissement pénitentiaire, sont divisées en trois parts : la première sur laquelle seules les parties civiles et les créanciers d'aliments peuvent faire valoir leurs droits ; la deuxième, affectée au pécule de libération, qui ne peut faire l'objet d'aucune voie d'exécution ; la troisième, laissée à la libre disposition des détenus.***

(L. nº 2016-731 du 3 juin 2016, art. 105) ***« L'administration pénitentiaire a la faculté d'opérer d'office sur la part disponible des détenus des retenues en réparation de dommages matériels causés, sans préjudice de poursuites disciplinaires et pénales, s'il y a lieu. Sont, de même, versées au Trésor les sommes trouvées en possession irrégulière des détenus, à moins qu'elles ne soient saisies par ordre de l'autorité judiciaire.***

(L. nº 2021-1729 du 22 déc. 2021, art. 13) ***« En cas d'évasion du détenu, la part disponible de son compte nominatif est affectée d'office à l'indemnisation des parties civiles. Le reliquat est versé au Trésor, sauf décision de l'administration pénitentiaire qu'il soit rétabli en tout ou partie au profit du détenu lorsque ce dernier a été repris.***

« A l'expiration d'un délai d'un an à compter de l'évasion du détenu et si sa reprise n'a pas été signalée, les objets laissés sont remis à l'administration chargée des domaines et les valeurs pécuniaires sont versées au Trésor.

« Les modalités d'application de ces dispositions sont précisées par décret. » *— V. art. D. 332 et D. 332-1.*

Les sommes destinées à l'indemnisation des parties civiles leur sont versées directement, sous réserve des droits des créanciers d'aliments, à la demande du procureur de la République, par l'établissement pénitentiaire. *(L. nº 2004-204 du 9 mars 2004, art. 171, en vigueur le 1er janv. 2005)* ***« Lorsque le fonds de garantie des victimes des actes de terrorisme et d'autres infractions intervient en application des dispositions de l'article 706-11, il est assimilé à une partie civile et bénéficie des mêmes droits dès lors que le prélèvement au profit des parties civiles a eu lieu. »***

La consistance des valeurs pécuniaires, le montant respectif des parts et les modalités de gestion du compte nominatif sont fixés par décret.

(L. nº 2014-896 du 15 août 2014, art. 27, en vigueur le 1er oct. 2014) ***« II. — Lorsque l'auteur de l'infraction a été condamné au paiement de dommages et intérêts et que la part des valeurs pécuniaires affectée à l'indemnisation des parties civiles en application du premier***

alinéa du I n'a pas été réclamée, ces valeurs sont, lorsqu'elles sont supérieures à un montant fixé par décret et sous réserve des droits des créanciers d'aliments, versées au fonds de garantie des victimes des actes de terrorisme et d'autres infractions à la libération du condamné. »

V. art. D. 319 s.

En application du Décr. nº 2014-1277 du 23 oct. 2014 relatif aux exceptions à l'application du principe « silence vaut acceptation » (L. nº 2000-321 du 12 avr. 2000, art. 21, II), le silence gardé pendant deux mois par l'administration vaut décision de rejet pour les demandes relatives au versement des sommes provenant de la part du compte nominatif de la personne détenue, réservée aux parties civiles et créanciers d'aliments.

Par ailleurs, jusqu'au 7 nov. 2018, les demandes formées par les victimes et les créanciers d'aliments en application de l'art. 728-1 en vue de percevoir des sommes d'argent présentes sur la part réservée aux parties civiles d'une personne détenue ne peuvent l'être par voie électronique, par exception au principe posé par l'Ord. nº 2005-1516 du 8 déc. 2005, mod. par l'Ord. nº 2014-1330 du 6 nov. 2014 (Décr. nº 2015-1411 du 5 nov. 2015, JO 6 nov.).

1. QPC. L'art. 728-1 détermine l'affectation et l'usage des sommes déposées par un détenu sur le compte nominatif qu'il possède. Ces dispositions sont contestées au regard du principe de la présomption d'innocence, consacré à l'art. 9 DDH. Une telle question de constitutionnalité n'est ni nouvelle ni sérieuse, au sens de l'art. 23-5 de l'Ord. nº 58-1067 du 7 nov. 1958. D'une part, le Conseil constitutionnel a eu l'occasion à plusieurs reprises de faire application de l'art. 9 DDH, y compris au regard des limitations pouvant être apportées aux droits des personnes placées en détention. D'autre part, l'article litigieux n'a pas par lui-même pour objet et ne saurait avoir pour effet d'imposer aux personnes prévenues un prélèvement définitif de leurs avoirs au profit des parties civiles et des créanciers d'aliments, cette dernière mesure n'étant que conservatoire. • CE, QPC, 19 mai 2010 : *D. 2011. Pan. 1306, obs. Péchillon ; AJ pénal 2010. 350, obs. Péchillon*.

2. Prélèvements du fonds de garantie. Ayant relevé que la contestation de la régularité de prélèvements effectués par le Fonds de garantie, subrogé aux droits de la victime d'une infraction, sur la pension de retraite versée sur le compte nominatif d'un détenu, avait pour objet des opérations comptables effectuées par un agent de l'administration pénitentiaire en application de l'art. 728-1 et que cette contestation échappait à la compétence des juridictions judiciaires, c'est à bon droit qu'en application de l'art. L. 311-12-1 COJ une cour d'appel décide qu'il n'entre pas dans les pouvoirs du juge de l'exécution de contrôler ces opérations. • Civ. 2e, 13 déc. 2001, nº 00-14.392 P : *Dr. pénal 2002. Comm. 89, obs. Maron.*

3. Versement d'une pension. L'art. 728-1 se borne à poser le principe de la répartition en trois parts, dont il détermine l'affectation, des valeurs pécuniaires qui, étant en possession du détenu à l'intérieur de l'établissement pénitentiaire, sont inscrites sur le compte ouvert à son nom par cet établissement. Au nombre de ces valeurs figurent ainsi, comme le précisent respectivement les art. D. 319, al. 2, D. 422 et D. 111, les sommes dont le détenu est porteur à son entrée dans l'établissement, sous réserve qu'il n'en ait pas demandé l'envoi à un tiers ou la consignation, les subsides en argent que lui versent les personnes titulaires d'un permis permanent de visite ou autorisées par le chef de l'établissement, et la rémunération de son travail. En revanche, le législateur, auquel il appartenait seul de restreindre la faculté pour un détenu de disposer librement de ses biens, n'a, ni par les dispositions de l'art. 728-1, ni par aucune autre disposition, prévu que l'ensemble des revenus de celui-ci devrait être versé sur le compte ouvert à son nom par l'établissement pénitentiaire. En particulier, il n'a introduit aucune restriction à la faculté pour l'intéressé de conserver la libre disposition d'une pension de retraite ou d'une autre allocation versée par un tiers et, notamment, de recevoir ces sommes sur le compte bancaire de son choix. Les dispositions de l'art. D. 319, al. 3 n'ont pas pour objet et ne pourraient d'ailleurs avoir légalement pour effet de lui imposer une telle obligation. • CE 10 déc. 2008, nº 303624 • CAA Marseille, 6 janv. 2011, nº 09MA00009 : *AJ pénal 2011. 425, obs. Herzog-Evans ; D. 2011. 1306, obs. Péchillon*.

4. Illégalité des retenues d'office (jur. antérieure à L. nº 2016-731 du 3 juin 2016). Les dispositions des deux premiers alinéas de l'art. D. 332 permettent à l'administration pénitentiaire, en vue de la réparation de dommages causés par un détenu, de prélever d'office des retenues sur la part disponible de celui-ci et de verser les sommes correspondantes au Trésor. Le pouvoir réglementaire n'est pas compétent pour autoriser ainsi une privation du droit de propriété ; aucune des dispositions de l'art. 728-1 ni aucune autre disposition législative n'habilitent le pouvoir réglementaire à cette fin. Par suite, en refusant d'abroger les dispositions litigieuses, le garde des Sceaux a commis une erreur de droit. • CE 10 févr. 2016, nº 375426 : *D. actu. 18 févr. 2016, obs. Pastor ; AJ pénal 2016. 282* . ♦ Dans le même sens : • CE 19 juill. 2017, nº 397071 : *AJ pénal 2017. 457, obs. Otéro* .

CHAPITRE V DU TRANSFÈREMENT DES PERSONNES CONDAMNÉES

(L. nº 2004-204 du 9 mars 2004, art. 162-I, en vigueur le 1er janv. 2005)

RÉP. PÉN. vº *Transfèrement international des condamnés*, par HERZOG-EVANS.

Art. 728-2 *(L. nº 84-1150 du 21 déc. 1984 ; L. nº 2004-204 du 9 mars 2004, art. 162-I et IV, en vigueur le 1er janv. 2005)* **Lorsque, en application d'une convention ou d'un accord internationaux, une personne détenue en exécution d'une condamnation prononcée par une juridiction étrangère est transférée sur le territoire français pour y accomplir la partie de la peine restant à subir, l'exécution de la peine est poursuivie conformément aux dispositions du présent code, et notamment du présent chapitre.**

(Abrogé par L. nº 2013-711 du 5 août 2013, art. 24) (L. nº 2009-526 du 12 mai 2009, art. 130-8º) ***« Il en est de même pour l'exécution d'une peine ou d'une mesure de sûreté privative de liberté, que la personne soit ou non détenue, lorsque la chambre de l'instruction a fait application du 2º de l'article 695-24. »***

En application du Décr. nº 2014-1279 du 23 oct. 2014 relatif aux exceptions à l'application du principe « silence vaut acceptation » (L. nº 2000-321 du 12 avr. 2000, art. 21, I), le silence gardé pendant deux mois par l'administration vaut décision de rejet pour les demandes relatives au transfèrement international en vue d'exécuter sa peine en France.

BIBL. ▶ CECCALDI, *RSC 2008. 303* (transfèrement international des condamnés et ordre public procédural). – COUVRAT, *RSC 1997. 884* (exécution partielle en France d'une peine privative de liberté prononcée à l'étranger). – HERRAN, *RSC 2013. 735* (l'emprise de la CEDH sur l'entraide répressive internationale). – ROLIN, *RFDA 2000. 808* (contentieux administratif international des personnes condamnées). – SCALIA, *RSC 2011. 761* (légalité et égalité de l'exécution des peines en droit international pénal : un clair-obscur contrasté).

En cas de poursuites successives devant une juridiction étrangère et devant une juridiction française, à défaut de dispositions spéciales, la confusion ne saurait être admise entre la peine prononcée par la juridiction étrangère, même exécutée en France par application de l'art. 713-1, et celle émanant de la juridiction nationale. • Crim. 6 févr. 1996, nº 95-82.408 P.

Art. 728-3 *(L. nº 84-1150 du 21 déc. 1984 ; L. nº 2004-204 du 9 mars 2004, art. 162-I, en vigueur le 1er janv. 2005)* **Dès son arrivée sur le sol français, le condamné détenu est présenté au procureur de la République du lieu d'arrivée, qui procède à son interrogatoire d'identité et en dresse procès-verbal. Toutefois, si l'interrogatoire ne peut être immédiat, le condamné est conduit à la maison d'arrêt où il ne peut être détenu plus de vingt-quatre heures. A l'expiration de ce délai, il est conduit d'office devant le procureur de la République, par les soins du** *(L. nº 87-432 du 22 juin 1987)* **« chef d'établissement ».**

Au vu des pièces constatant l'accord des États sur le transfèrement et le consentement de l'intéressé ainsi que de l'original ou d'une expédition du jugement étranger de condamnation, accompagnés, le cas échéant, d'une traduction officielle, le procureur de la République requiert l'incarcération immédiate du condamné.

(Abrogé par L. nº 2013-711 du 5 août 2013, art. 24) (L. nº 2009-526 du 12 mai 2009, art. 130-9º) ***« L'incarcération peut également être requise au vu de la décision de la chambre de l'instruction refusant l'exécution d'un mandat d'arrêt européen et donnant acte aux autorités françaises compétentes de leur engagement à faire exécuter la peine prononcée par une juridiction étrangère. »***

Art. 728-4 *(L. nº 84-1150 du 21 déc. 1984 ; L. nº 2004-204 du 9 mars 2004, art. 162-I, en vigueur le 1er janv. 2005)* **La peine prononcée à l'étranger est, par l'effet de la convention ou de l'accord internationaux, directement et immédiatement exécutoire sur le territoire national pour la partie qui restait à subir dans l'État étranger.**

Toutefois, lorsque la peine prononcée est, par sa nature ou sa durée, plus rigoureuse que la peine prévue par la loi française pour les mêmes faits, le tribunal correctionnel du lieu de détention, saisi par le procureur de la République ou le condamné, lui substitue la peine qui correspond le plus en droit français ou réduit cette peine au maximum légalement applicable. Il détermine en conséquence, suivant les cas, la nature et, dans la limite de la partie qui restait à subir dans l'État étranger, la durée de la peine à exécuter.

1. Notion de peine restant à subir. La peine restant à subir tient compte de la durée de la détention subie par l'intéressé dans l'État étranger et des réductions de peine. L'exécution sur le territoire français est régie par les règles internes de procédure pénale. • Crim. 18 déc. 1996, n° 93-80.864 P : *RSC 1997. 830, obs. Bouloc* ; *Dr. pénal 1997. Comm. 91, obs. Maron* • 10 mars 1998, n° 97-81.151 P : *RSC 1998. 767, obs. Bouloc* • 21 juin 2006, n° 06-80.107, n° 06-80.107 P : *D. 2006. IR 2054* .

2. Autorité de la décision étrangère. La juridiction française n'a pas à interpréter la décision rendue et doit faire application de la décision étrangère qui a dès lors autorité de chose jugée en France. Elle ne saurait requalifier les faits de meurtre en meurtre aggravé dès lors que la dérogation de l'art. 728-4, al. 2 n'a vocation à s'appliquer que dans l'hypothèse où la loi étrangère prévoit une peine plus rigoureuse dans sa nature ou dans sa durée et non dans le cas inverse. • Paris, 18 févr. 2008 : *AJ. pénal 2008. 384, obs. Herzog-Evans.*

3. Application de la loi dans le temps. Il se déduit de l'art. 728-4 que l'adaptation de la peine prononcée, à l'étranger, à l'encontre du condamné transféré se fait au regard de la loi française en vigueur à la date de son transfèrement. • Crim. 24 juin 2015, n° 13-87.316 P : *D. actu. 22 juill. 2015, obs. Fucini ; AJ pénal 2016. 103, obs. H.-Evans* ; *D. 2016. 151, obs. Laurent* ; *D. 2016. Pan. 153, obs. Laurent* ; *Dr. pénal 2015, n° 133, note Bonis-Garçon.*

4. L'adaptation de peines prononcées dans un État étranger, à l'encontre d'une personne transférée pour leur exécution en France, ne peut avoir pour effet d'aggraver la situation qui aurait été la sienne dans l'État de condamnation ; en l'espèce, l'arrêt énonce que le cumul des trois peines prononcées en Espagne s'élève à trente-huit ans d'emprisonnement et excède le maximum légalement applicable en France. Néanmoins, la cour d'appel aurait dû rechercher, au besoin d'office, notamment auprès des autorités compétentes en matière de transfèrement, si l'application des règles de droit espagnol susceptibles de plafonner l'exécution cumulative, dans cet État, des peines prononcées pour plusieurs infractions n'aurait pas eu pour effet de réduire à moins de trente ans la durée totale de la privation de liberté que l'intéressé aurait subie, s'il avait exécuté ses peines exclusivement en Espagne. D'où il suit que la cassation est encourue. • Crim. 30 nov. 2016, n° 15-83.869 P : *D. actu. 14 déc. 2016, obs. Priou-Alibert.*

5. Convention de Schengen. Les dispositions de l'art. 68 de la Convention signée à Schengen le 19 juin 1990, qui permettent de reprendre en France l'exécution d'une peine prononcée à l'étranger, à l'encontre d'un Français lorsque celui-ci s'est soustrait à l'exécution de la peine en se réfugiant sur le territoire national, n'ont pas pour résultat de rendre plus sévère la peine prononcée par la décision de condamnation et sont donc applicables immédiatement, conformément à l'art. 112-2 (3°) C. pén. ; par ailleurs, il résulte des termes mêmes des art. 67 et 69 de ladite convention que les dispositions précitées visent seulement à compléter la Convention du 21 mars 1983 sur le transfèrement des personnes condamnées qui, en son art. 10, permet à l'État d'exécution d'adapter la peine prononcée à l'étranger lorsque, comme en l'espèce, elle est incompatible avec sa législation (en l'espèce le tribunal correctionnel saisi sur le fondement de l'art. 713-3 a substitué à la peine des travaux forcés celle de la réclusion criminelle de 30 ans). • Crim. 4 nov. 1997, n° 96-86.644 P.

Art. 728-5 *(L. n° 84-1150 du 21 déc. 1984 ; L. n° 2004-204 du 9 mars 2004, art. 162-I, en vigueur le 1er janv. 2005)* **Le tribunal statue en audience publique, après avoir entendu le ministère public, le condamné et, le cas échéant,** *(L. n° 93-2 du 4 janv. 1993)* **« l'avocat » choisi par lui ou commis d'office sur sa demande. Le jugement est immédiatement exécutoire nonobstant appel.**

La juridiction saisie d'une requête en conversion de peine doit statuer en audience publique. • Crim. 31 mars 2005, n° 04-84.625.

Art. 728-6 *(L. n° 84-1150 du 21 déc. 1984 ; L. n° 2004-204 du 9 mars 2004, art. 162-I, en vigueur le 1er janv. 2005)* **Les délais de transfèrement s'imputent intégralement sur la durée de la peine qui est mise à exécution en France.**

Art. 728-7 *(L. n° 84-1150 du 21 déc. 1984 ; L. n° 2004-204 du 9 mars 2004, art. 162-I, en vigueur le 1er janv. 2005)* **Tous incidents contentieux relatifs à l'exécution de la peine privative de liberté restant à subir en France sont portés devant le tribunal correctionnel du lieu de détention.**

Les dispositions de l'article 711 du présent code sont applicables.

Art. 728-8 *(L. n° 84-1150 du 21 déc. 1984 ; L. n° 2004-204 du 9 mars 2004, art. 162-I, en vigueur le 1er janv. 2005)* **L'application de la peine est régie par les dispositions du présent code.**

Art. 728-9 *(L. nº 84-1150 du 21 déc. 1984 ; L. nº 2004-204 du 9 mars 2004, art. 162-I, en vigueur le 1er janv. 2005)* **Aucune poursuite pénale ne peut être exercée ou continuée et aucune condamnation ne peut être exécutée à raison des mêmes faits contre le condamné qui exécute en France, en application d'une convention ou d'un accord internationaux, une peine privative de liberté prononcée par une juridiction étrangère.**

Convention sur le transfèrement des personnes condamnées,

Faite à Strasbourg le 21 mars 1983 ; entrée en vigueur le 1er juill. 1985. — Publiée par Décr. nº 85-1053 du 30 sept. 1985 (D. et ALD 1985. 535 ; JO 2 oct.).

Dans les relations avec les États membres qui n'ont pas transposé la décision-cadre 2008/909/JAI du Conseil du 27 nov. 2008, les dispositions du code de procédure pénale ainsi que les instruments juridiques existants en matière de transfèrement des personnes condamnées en vigueur antérieurement au 5 déc. 2011, notamment la Convention sur le transfèrement des personnes condamnées, signée à Strasbourg le 21 mars 1983, et son protocole additionnel, signé à Strasbourg le 18 déc. 1997, ainsi que les art. 67 et 68 de la convention d'application du 19 juin 1990 de l'accord de Schengen du 14 juin 1985 relatif à la suppression graduelle des contrôles aux frontières communes, restent applicables. — V. L. nº 2013-711 du 5 août 2013, art. 26, et chap. VI, titre II, livre Ier issu de cette même loi.

Dans les relations avec les États membres ayant au contraire transposé la décision-cadre (V. en droit interne : art. 728-10 s. C. pr. pén.) et sans préjudice de leur application entre États membres et États tiers ni de leur application transitoire, la décision-cadre 2008/909/JAI remplace, à partir du 5 déc. 2011, les instruments juridiques existants en matière de transfèrement des personnes condamnéesl les États membres peuvent cependant continuer d'appliquer les accords ou arrangements bilatéraux ou multilatéraux en vigueur après le 27 nov. 2008 dans la mesure où ceux-ci permettent d'aller au-delà des objectifs de la décision-cadre et contribuent à simplifier ou à faciliter davantage les procédures d'exécution des condamnations (Décision-cadre nº 2008/909/JAI, art. 26).

BIBL. ▶ ROLIN, *RFDA 2000. 808* (le contentieux administratif du transfèrement international des personnes condamnées).

Art. 1er *Définitions.* — Aux fins de la présente Convention, l'expression :

a) « Condamnation » désigne toute peine ou mesure privative de liberté prononcée par un juge pour une durée limitée ou indéterminée en raison d'une infraction pénale ;

b) « Jugement » désigne une décision de justice prononçant une condamnation ;

c) « État de condamnation » désigne l'État où a été condamnée la personne qui peut être transférée ou l'a déjà été ;

d) « État d'exécution » désigne l'État vers lequel le condamné peut être transféré ou l'a déjà été, afin d'y subir sa condamnation.

Art. 2 *Principes généraux.* — 1. Les Parties s'engagent à s'accorder mutuellement, dans les conditions prévues par la présente Convention, la coopération la plus large possible en matière de transfèrement des personnes condamnées.

2. Une personne condamnée sur le territoire d'une Partie peut, conformément aux dispositions de la présente Convention, être transférée vers le territoire d'une autre Partie pour y subir la condamnation qui lui a été infligée. A cette fin, elle peut exprimer, soit auprès de l'État de condamnation, soit auprès de l'État d'exécution, le souhait d'être transférée en vertu de la présente Convention.

3. Le transfèrement peut être demandé soit par l'État de condamnation, soit par l'État d'exécution.

Art. 3 *Conditions du transfèrement.* — 1. Un transfèrement ne peut avoir lieu aux termes de la présente Convention qu'aux conditions suivantes :

a) Le condamné doit être ressortissant de l'État d'exécution ;

b) Le jugement doit être définitif ;

c) La durée de condamnation que le condamné a encore à subir doit être au moins de six mois à la date de réception de la demande de transfèrement ou indéterminée ;

d) Le condamné ou, lorsqu'en raison de son âge ou de son état physique ou mental l'un des deux États l'estime nécessaire, son représentant doit consentir au transfèrement ;

e) Les actes ou omissions qui ont donné lieu à la condamnation doivent constituer une infraction pénale au regard du droit de l'État d'exécution ou devraient en constituer une s'ils survenaient sur son territoire, et

f) L'État de condamnation et l'État d'exécution doivent s'être mis d'accord sur ce transfèrement.

2. Dans des cas exceptionnels, des Parties peuvent convenir d'un transfèrement, même si la durée de la condamnation que le condamné a encore à subir est inférieure à celle prévue au paragraphe 1, *c*.

3. Tout État peut, au moment de la signature ou du dépôt de son instrument de ratification, d'acceptation, d'approbation ou d'adhésion, par une déclaration adressée au Secrétaire général du Conseil de l'Europe, indiquer qu'il entend exclure l'application de l'une des procédures prévues à l'article 9, 1, *a* et *b*, dans ses relations avec les autres Parties.

4. Tout État peut, à tout moment, par une déclaration adressée au Secrétaire général du Conseil de l'Europe, définir, en ce qui le concerne, le terme « ressortissant » aux fins de la présente Convention.

Art. 4 *Obligation de fournir des informations.* — 1. Tout condamné auquel la présente Convention peut s'appliquer doit être informé par l'État de condamnation de la teneur de la présente Convention.

2. Si le condamné a exprimé auprès de l'État de condamnation le souhait d'être transféré en vertu de la présente Convention, cet État doit en informer l'État d'exécution le plus tôt possible après que le jugement soit devenu définitif.

3. Les informations doivent comprendre :

a) Le nom, la date et le lieu de naissance du condamné ;

b) Le cas échéant, son adresse dans l'État d'exécution ;

c) Un exposé des faits ayant entraîné la condamnation ;

d) La nature, la durée et la date du début de la condamnation.

4. Si le condamné a exprimé auprès de l'État d'exécution le souhait d'être transféré en vertu de la présente Convention, l'État de condamnation communique à cet État, sur sa demande, les informations visées au paragraphe 3 ci-dessus.

5. Le condamné doit être informé par écrit de toute démarche entreprise par l'État de condamnation ou l'État d'exécution en application des paragraphes précédents, ainsi que de toute décision prise par l'un des deux États au sujet d'une demande de transfèrement.

Art. 5 *Demandes et réponses.* — 1. Les demandes de transfèrement et les réponses doivent être formulées par écrit.

2. Ces demandes doivent être adressées par le Ministère de la justice de l'État requérant au Ministère de la justice de l'État requis. Les réponses doivent être communiquées par les mêmes voies.

3. Toute Partie peut, par une déclaration adressée au Secrétaire général du Conseil de l'Europe, indiquer qu'elle utilisera d'autres voies de communication.

4. L'État requis doit informer l'État requérant, dans les plus brefs délais, de sa décision d'accepter ou de refuser le transfèrement demandé.

Art. 6 *Pièces à l'appui.* — 1. L'État d'exécution doit, sur demande de l'État de condamnation, fournir à ce dernier :

a) Un document ou une déclaration indiquant que le condamné est ressortissant de cet État ;

b) Une copie des dispositions légales de l'État d'exécution desquelles il résulte que les actes ou omissions qui ont donné lieu à la condamnation dans l'État de condamnation constituent une infraction pénale au regard du droit de l'État d'exécution ou en constitueraient une s'ils survenaient sur son territoire ;

c) Une déclaration contenant les renseignements prévus à l'article 9, 2.

2. Si un transfèrement est demandé, l'État de condamnation doit fournir les documents suivants à l'État d'exécution, à moins que l'un ou l'autre des deux États ait déjà indiqué qu'il ne donnerait pas son accord au transfèrement :

a) Une copie certifiée conforme du jugement et des dispositions légales appliquées ;

b) L'indication de la durée de la condamnation déjà subie, y compris des renseignements sur toute détention provisoire, remise de peine ou autre acte concernant l'exécution de la condamnation ;

c) Une déclaration constatant le consentement au transfèrement tel que visé à l'article 3, 1, *d*, et

d) Chaque fois qu'il y aura lieu, tout rapport médical ou social sur le condamné, toute information sur son traitement dans l'État de condamnation et toute recommandation pour la suite de son traitement dans l'État d'exécution.

3. L'État de condamnation et l'État d'exécution peuvent, l'un et l'autre, demander à recevoir l'un quelconque des documents ou déclarations visés aux paragraphes 1 et 2 ci-dessus

avant de faire une demande de transfèrement ou de prendre la décision d'accepter ou de refuser le transfèrement.

Art. 7 *Consentement et vérification.* — 1. L'État de condamnation fera en sorte que la personne qui doit donner son consentement au transfèrement en vertu de l'article 3, 1, *d*, le fasse volontairement et en étant pleinement consciente des conséquences juridiques qui en découlent. La procédure à suivre à ce sujet sera régie par la loi de l'État de condamnation.

2. L'État de condamnation doit donner à l'État d'exécution la possibilité de vérifier, par l'intermédiaire d'un consul ou d'un autre fonctionnaire désigné en accord avec l'État d'exécution, que le consentement a été donné dans les conditions prévues au paragraphe précédent.

Art. 8 *Conséquences du transfèrement pour l'État de condamnation.* — 1. La prise en charge du condamné par les autorités de l'État d'exécution a pour effet de suspendre l'exécution de la condamnation dans l'État de condamnation.

2. L'État de condamnation ne peut plus exécuter la condamnation lorsque l'État d'exécution considère l'exécution de la condamnation comme étant terminée.

Art. 9 *Conséquence du transfèrement pour l'État d'exécution.* — 1. Les autorités compétentes de l'État d'exécution doivent :

a) Soit poursuivre l'exécution de la condamnation immédiatement ou sur la base d'une décision judiciaire ou administrative, dans les conditions énoncées à l'article 10 ;

b) Soit convertir la condamnation, par une procédure judiciaire ou administrative, en une décision de cet État, substituant ainsi à la sanction infligée dans l'État de condamnation une sanction prévue par la législation de l'État d'exécution pour la même infraction, dans les conditions énoncées à l'article 11.

2. L'État d'exécution doit, si la demande lui en est faite, indiquer à l'État de condamnation, avant le transfèrement de la personne condamnée, laquelle de ces procédures il suivra.

3. L'exécution de la condamnation est régie par la loi de l'État d'exécution et cet État est seul compétent pour prendre toutes les décisions appropriées.

4. Tout État dont le droit interne empêche de faire usage de l'une des procédures visées au paragraphe 1 pour exécuter les mesures dont ont fait l'objet sur le territoire d'une autre Partie des personnes qui, compte tenu de leur état mental, ont été déclarées pénalement irresponsables d'une infraction et qui est disposé à prendre en charge ces personnes en vue de la poursuite de leur traitement peut, par une déclaration adressée au Secrétaire général du Conseil de l'Europe, indiquer les procédures qu'il suivra dans ces cas.

Art. 10 *Poursuite de l'exécution.* — 1. En cas de poursuite de l'exécution, l'État d'exécution est lié par la nature juridique et la durée de la sanction telles qu'elles résultent de la condamnation.

2. Toutefois, si la nature ou la durée de cette sanction sont incompatibles avec la législation de l'État d'exécution, ou si la législation de cet État l'exige, l'État d'exécution peut, par décision judiciaire ou administrative, adapter cette sanction à la peine ou mesure prévue par sa propre loi pour des infractions de même nature. Cette peine ou mesure correspond, autant que possible, quant à sa nature, à celle infligée par la condamnation à exécuter. Elle ne peut aggraver par sa nature ou par sa durée la sanction prononcée dans l'État de condamnation ni excéder le maximum prévu par la loi de l'État d'exécution.

Art. 11 *Conversion de la condamnation.* — 1. En cas de conversion de la condamnation, la procédure prévue par la législation de l'État d'exécution s'applique. Lors de la conversion, l'autorité compétente :

a) Sera liée par la constatation des faits dans la mesure où ceux-ci figurent explicitement ou implicitement dans le jugement prononcé dans l'État de condamnation ;

b) Ne peut convertir une sanction privative de liberté en une sanction pécuniaire ;

c) Déduira intégralement la période de privation de liberté subie par le condamné, et

d) N'aggravera pas la situation pénale du condamné, et ne sera liée par la sanction minimale éventuellement prévue par la législation de l'État d'exécution pour la ou les infractions commises.

2. Lorsque la procédure de conversion a lieu après le transfèrement de la personne condamnée, l'État d'exécution gardera cette personne en détention ou prendra d'autres mesures afin d'assurer sa présence dans l'État d'exécution jusqu'à l'issue de cette procédure.

Art. 12 *Grâce, amnistie, commutation.* — Chaque Partie peut accorder la grâce, l'amnistie ou la commutation de la peine conformément à sa Constitution ou à ses autres règles juridiques.

Art. 13 *Révision du jugement.* — L'État de condamnation, seul, a droit de statuer sur tout recours en révision introduit contre le jugement.

Art. 14 *Cessation de l'exécution.* — L'État d'exécution doit mettre fin à l'exécution de la condamnation dès qu'il a été informé par l'État de condamnation de toute décision ou mesure qui a pour effet d'enlever à la condamnation son caractère exécutoire.

Art. 15 *Informations concernant l'exécution.* — L'État d'exécution fournira des informations à l'État de condamnation concernant l'exécution de la condamnation :

a) Lorsqu'il considère terminée l'exécution de la condamnation ;

b) Si le condamné s'évade avant que l'exécution de la condamnation ne soit terminée, ou

c) Si l'État de condamnation lui demande un rapport spécial.

Art. 16 *Transit.* — 1. Une Partie doit, en conformité avec sa législation, accéder à une demande de transit d'un condamné par son territoire si la demande est formulée par une autre Partie qui est elle-même convenue avec une autre Partie ou avec un État tiers du transfèrement du condamné vers ou à partir de son territoire.

2. Une Partie peut refuser d'accorder le transit :

a) Si le condamné est un de ses ressortissants, ou

b) Si l'infraction qui a donné lieu à la condamnation ne constitue pas une infraction au regard de sa législation.

3. Les demandes de transit et les réponses doivent être communiquées par les voies mentionnées aux dispositions de l'article 5, 2 et 3.

4. Une Partie peut accéder à une demande de transit d'un condamné par son territoire, formulée par un État tiers, si celui-ci est convenu avec une autre Partie du transfèrement vers ou à partir de son territoire.

5. La Partie à laquelle est demandé le transit peut garder le condamné en détention pendant la durée strictement nécessaire au transit par son territoire.

6. La Partie requise d'accorder le transit peut être invitée à donner l'assurance que le condamné ne sera ni poursuivi, ni détenu, sous réserve de l'application du paragraphe précédent, ni soumis à aucune autre restriction de sa liberté individuelle sur le territoire de l'État de transit, pour des faits ou condamnations antérieurs à son départ du territoire de l'État de condamnation.

7. Aucune demande de transit n'est nécessaire si la voie aérienne est utilisée au-dessus du territoire d'une Partie et aucun atterrissage n'est prévu. Toutefois, chaque État peut, par une déclaration adressée au Secrétaire général du Conseil de l'Europe au moment de la signature ou du dépôt de son instrument de ratification, d'acceptation, d'approbation ou d'adhésion, exiger que lui soit notifié tout transit au-dessus de son territoire.

Art. 17 *Langues et frais.* — 1. Les informations en vertu de l'article 4, paragraphes 2 à 4, doivent se faire dans la langue de la Partie à laquelle elles sont adressées ou dans l'une des langues officielles du Conseil de l'Europe.

2. Sous réserve du paragraphe 3 ci-dessous, aucune traduction des demandes de transfèrement ou des documents à l'appui n'est nécessaire.

3. Tout État peut, au moment de la signature ou du dépôt de son instrument de ratification, d'acceptation, d'approbation ou d'adhésion, par déclaration adressée au Secrétaire général du Conseil de l'Europe, exiger que les demandes de transfèrement et les pièces à l'appui soient accompagnées d'une traduction dans sa propre langue ou dans l'une des langues officielles du Conseil de l'Europe ou dans celle de ces langues qu'il indiquera. Il peut à cette occasion déclarer qu'il est disposé à accepter des traductions dans toute autre langue en plus de la langue officielle, ou des langues officielles, du Conseil de l'Europe.

4. Sauf l'exception prévue à l'article 6, 2, *a*, les documents transmis en application de la présente Convention n'ont pas besoin d'être certifiés.

5. Les frais occasionnés en appliquant la présente Convention sont à la charge de l'État d'exécution, à l'exception des frais occasionnés exclusivement sur le territoire de l'État de condamnation.

……………………………………………………………………………………………

Art. 21 *Application dans le temps.* — La présente Convention sera applicable à l'exécution des condamnations prononcées soit avant, soit après son entrée en vigueur.

……………………………………………………………………………………………

Déclarations et réserve faites par le Gouvernement de la République française :

Déclarations :

— La France interprète le paragraphe 3 de l'article 9 et le paragraphe 1 de l'article 10 comme signifiant que l'État d'exécution est seul compétent pour prendre à l'égard du condamné détenu les décisions de suspension et de réduction de peine, et pour déterminer toutes les autres modalités d'exécution de la peine, sans que soient remises en cause, dans leur principe, la nature juridique et la durée de la sanction prononcée par la juridiction de l'État de condamnation.

— Par ailleurs la France indique que conformément à l'article 3, 3, de la Convention, elle entend exclure l'application de la procédure prévue à l'article 9, 1, *b*, dans ses relations avec les autres parties.

Réserve :

— A l'article 23, la France émet une réserve sur la compétence d'un comité d'experts, le Comité européen pour les problèmes criminels, pour connaître du règlement amiable des difficultés d'application de la Convention. — *Réserve levée, avec effet au 22 déc. 1999, par lettre du 29 nov. 1999, publiée par Décr. n° 2000-451 du 22 mai 2000 (JO 27 mai).*

V. Circ. n° 1307-7-E du 15 oct. 1985 (BOMJ n° 20, p. 83) ; Circ. du 24 févr. 1986 (BOMJ n° 21, p. 202).

CHAPITRE VI DE L'EXÉCUTION DES DÉCISIONS DE CONDAMNATION À UNE PEINE OU À UNE MESURE DE SÛRETÉ PRIVATIVE DE LIBERTÉ EN APPLICATION DE LA DÉCISION-CADRE 2008/909/JAI DU CONSEIL DU 27 NOVEMBRE 2008 CONCERNANT L'APPLICATION DU PRINCIPE DE RECONNAISSANCE MUTUELLE AUX JUGEMENTS EN MATIÈRE PÉNALE PRONONÇANT DES PEINES OU DES MESURES PRIVATIVES DE LIBERTÉ AUX FINS DE LEUR EXÉCUTION DANS L'UNION EUROPÉENNE

(L. n° 2013-711 du 5 août 2013, art. 11)

Sur les dispositions transitoires et les conditions d'application de ce chap., V. L. n° 2013-711 du 5 août 2013, art. 26, ss. art. 728-76.

▶ **Dossier :** La loi du 5 août 2013 : *AJ pénal 2013. 535* s.

SECTION PREMIÈRE DISPOSITIONS GÉNÉRALES

Art. 728-10 **Le présent chapitre détermine les règles applicables, en vue de faciliter la réinsertion sociale de la personne condamnée, à la reconnaissance et à l'exécution, dans un État membre de l'Union européenne, des condamnations pénales définitives à une peine ou à une mesure de sûreté privative de liberté prononcées par les juridictions françaises ainsi qu'à la reconnaissance et à l'exécution en France de telles condamnations prononcées par les juridictions d'un autre État membre.**

L'État sur le territoire duquel a été prononcée la décision est appelé État de condamnation. L'État auquel est demandée l'exécution de cette décision sur son territoire est appelé État d'exécution.

Un demandeur ne saurait se faire grief de ce que la chambre de l'instruction a autorisé sa remise à l'autorité judiciaire allemande pour l'exécution d'une peine privative de liberté, sans rechercher, ainsi que le commande l'art. 728-10, si l'exécution de sa peine en France ne faciliterait pas sa réinsertion sociale, dès lors que cette disposition, qui concerne la reconnaissance et l'exécution, dans un État membre de l'Union européenne, des condamnations pénales définitives à une peine ou une mesure privative de liberté prononcées dans un autre État membre, est sans application au mandat d'arrêt européen. • Crim. 7 nov. 2013 : *Dr. pénal 2014. 17, note Peltier.*

Art. 728-11 **Une décision de condamnation prononcée par une juridiction française ou une juridiction d'un État membre peut être transmise, selon le cas, par l'autorité française compétente aux fins de reconnaissance et d'exécution dans l'État d'exécution ou à cette autorité aux fins de reconnaissance et d'exécution en France si la personne condamnée se trouve sur le territoire français ou celui de l'autre État membre et dans les cas suivants :**

1° La personne condamnée est un ressortissant de l'État d'exécution et a sa résidence habituelle sur le territoire de cet État ou, lorsque la France est l'État d'exécution, est un ressortissant français *(Abrogé par L. n° 2015-993 du 17 août 2015, art. 14, à compter du 1er oct. 2015) « et a sa résidence habituelle sur le territoire français »* ;

2° La personne condamnée est un ressortissant de l'État d'exécution ou, lorsque la France est l'État d'exécution, un ressortissant français et fait l'objet, en vertu de la décision de condamnation ou de toute autre décision judiciaire ou administrative, d'une mesure d'éloignement vers le territoire de l'État dont elle est ressortissante, applicable à sa libération ;

3° La personne condamnée, quelle que soit sa nationalité, ainsi que l'autorité compétente de l'État d'exécution ou, lorsque la France est État d'exécution, l'autorité compétente française consentent à l'exécution de la décision de la condamnation faisant l'objet de la transmission.

Dans le cas prévu au 3°, le consentement de la personne condamnée n'est pas requis lorsqu'elle s'est réfugiée sur le territoire de l'État d'exécution ou, lorsque la France est État d'exécution, sur le territoire français ou y est retournée en raison de sa condamnation ou des investigations et des poursuites ayant abouti à celle-ci.

Dans le cas prévu au 3° et lorsque la France est État d'exécution, l'autorité compétente ne peut consentir à l'exécution de la peine sur le territoire français que lorsque la personne condamnée y réside régulièrement de façon ininterrompue depuis au moins cinq ans.

Les personnes qui se voient opposer une décision de refus sur le fondement du 3° de l'art. 728-11 ne peuvent pas la contester devant une juridiction ; au regard des conséquences qu'est susceptible d'entraîner pour ces personnes une telle décision, l'absence de voie de droit permettant la remise en cause de cette décision méconnaît les exigences découlant de l'art. 16 DDH. • Cons. const. 7 janv. 2022, n° 2021-959 QPC : *JO 8 janv. ; D. actu. 14 janv. 2022, obs. Goetz.* ♦ V. art. 728-48 et 728-52.

Art. 728-12 Toute décision de condamnation transmise en application du présent chapitre aux fins de reconnaissance et d'exécution sur le territoire français ou sur celui d'un autre État membre ou toute demande de transit est accompagnée d'un certificat précisant notamment :

1° La désignation de l'État de condamnation et de la juridiction ayant rendu la décision de condamnation ;

2° L'identité de la personne à l'encontre de laquelle la décision de condamnation a été rendue, l'adresse de son ou ses derniers domiciles connus et l'indication qu'elle se trouve dans l'État de condamnation ou dans l'État d'exécution ;

3° La date de la décision de condamnation et celle à laquelle cette décision est devenue définitive ;

4° Les motifs de la transmission de la décision de condamnation au regard de l'article 728-11 ;

5° La date, le lieu et les circonstances dans lesquels la ou les infractions ont été commises ainsi que la nature, la qualification juridique et une description complète des faits ;

6° La nature de la peine ou de la mesure de sûreté privative de liberté à exécuter, sa durée totale, la part déjà exécutée et la date prévue de fin d'exécution ;

7° L'indication, le cas échéant, du consentement de la personne condamnée à la transmission de la décision de condamnation ;

8° Les observations éventuelles de la personne condamnée sur la transmission de la décision de condamnation.

Le certificat est signé par l'autorité compétente de l'État de condamnation, qui atteste l'exactitude des informations y étant contenues.

Art. 728-13 Le retrait du certificat vaut retrait de la demande de reconnaissance et d'exécution et fait obstacle à la mise à exécution de la peine ou de la mesure de sûreté privative de liberté en application du présent chapitre.

Art. 728-14 La transmission de la décision de condamnation, de la demande de transit, du certificat et de toutes les pièces relatives à l'exécution de la condamnation ainsi que tout échange relatif à celle-ci s'effectuent directement, selon le cas, avec les autorités compétentes de l'État de condamnation ou celles de l'État d'exécution, par tout moyen laissant une trace écrite et dans des conditions permettant au destinataire de vérifier l'authenticité des pièces transmises.

SECTION II DISPOSITIONS RELATIVES À L'EXÉCUTION, SUR LE TERRITOIRE DES AUTRES ÉTATS MEMBRES DE L'UNION EUROPÉENNE, DES CONDAMNATIONS PRONONCÉES PAR LES JURIDICTIONS FRANÇAISES

§ 1er TRANSMISSION DE LA DEMANDE PAR LE MINISTÈRE PUBLIC

Art. 728-15 Le représentant du ministère public près la juridiction ayant prononcé la décision de condamnation est compétent pour transmettre à l'autorité compétente d'un autre État membre de l'Union européenne, aux fins qu'elle reconnaisse cette décision et la ramène à exécution, une copie de celle-ci et, après l'avoir établi et signé, le certificat prévu à l'article 728-12.

(L. n° 2021-1729 du 22 déc. 2021, art. 11) « Il peut procéder à cette transmission à la demande de l'autorité compétente de l'État d'exécution.

« Sous réserve de l'article 728-22-1, il peut également procéder à cette transmission d'office ou à la demande de la personne concernée. »

Il peut décider la transmission lorsque les conditions prévues à l'article 728-11 sont réunies et qu'il a acquis la certitude que l'exécution de la condamnation sur le territoire de l'autre État membre facilitera la réinsertion sociale de l'intéressé.

Les mots « d'office ou » et « ou de la personne condamnée » figurant au 2e al. de l'art. 728-15, dans sa rédaction issue de la L. n° 2013-711 du 5 août 2013, et le 1er al. de l'art. 728-22, dans la même rédaction, sont contraires à la Const., en ce qu'ils ne permettent pas de contester devant une juridiction tant le refus du représentant du ministère public de saisir un État membre de l'Union européenne d'une demande de reconnaissance et d'exécution que la décision de retirer une telle demande (abrogation reportée au 31 déc. 2021). • Cons. const. 7 mai 2021, n° 2021-905 QPC : *D. actu. 18 mai 2021, obs. Goetz ; AJ pénal 2021. 330, obs. Carpentier* (jurisprudence antérieure à la L. n° 2021-1729 du 22 déc. 2021). – V. désormais art. 728-22-1.

Art. 728-16 Avant de procéder à la transmission de la décision de condamnation et du certificat, le représentant du ministère public peut consulter l'autorité compétente de l'État d'exécution afin de déterminer, notamment, si l'exécution de la condamnation sur le territoire de celui-ci est de nature à faciliter la réinsertion sociale de la personne condamnée. Une telle consultation est obligatoire dans les cas autres que ceux visés aux 1° et 2° de l'article 728-11.

Art. 728-17 Lorsque la personne condamnée se trouve sur le territoire français, le représentant du ministère public procède ou fait procéder à son audition aux fins de recueillir ses observations orales ou écrites sur la transmission envisagée. Il recueille son consentement lorsque celui-ci est requis en application du 3° de l'article 728-11. Si la personne condamnée est mineure ou si elle fait l'objet d'une mesure de protection, il procède ou fait procéder, en outre, à l'audition de la personne chargée de la représenter ou de l'assister. Il est dressé procès-verbal des auditions. Le cas échéant, la personne chargée d'assister ou de représenter le mineur ou la personne faisant l'objet d'une mesure de protection peut faire part de ses observations orales ou écrites, qui sont jointes au dossier.

Lorsque la personne condamnée ou la personne chargée de la représenter ou de l'assister en raison de sa minorité ou d'une mesure de protection se trouve sur le territoire de l'État d'exécution, le ministère public demande à l'autorité compétente de cet État de procéder aux auditions prévues au premier alinéa du présent article.

Art. 728-18 Si le représentant du ministère public décide de transmettre la décision de condamnation et le certificat à l'autorité compétente de l'État d'exécution, il en informe la personne condamnée dans une langue qu'elle comprend. Il l'informe en outre :

1° Que, en cas d'exécution de la condamnation sur le territoire de cet État, l'exécution de la peine sera régie par sa législation *[,]* qui déterminera ainsi, notamment, les conditions d'une libération anticipée ou conditionnelle ;

2° Que la période de privation de liberté déjà subie au titre de la condamnation sera déduite de la peine restant à exécuter ;

3° Que l'autorité compétente de l'État d'exécution peut décider d'adapter la peine ou la mesure de sûreté privative de liberté prononcée si, par sa durée ou sa nature, elle est incompatible avec la législation de cet État ;

4° Que l'adaptation de la peine ou de la mesure de sûreté privative de liberté par l'État d'exécution ne peut avoir pour effet de l'aggraver.

Il est dressé procès-verbal de la formalité prévue au présent article.

Si la personne condamnée se trouve sur le territoire de l'État d'exécution, le représentant du ministère public demande à l'autorité compétente de cet État de procéder à cette formalité.

Art. 728-19 Le représentant du ministère public transmet à l'autorité compétente de l'État d'exécution une copie certifiée conforme de la décision de condamnation ainsi que l'original ou une copie du certificat mentionné à l'article 728-12 et, le cas échéant, une copie du procès-verbal d'audition de la personne condamnée et du procès-verbal d'audition de la personne chargée de la représenter ou de l'assister.

Il transmet, en outre, à cette autorité une traduction du certificat soit dans la langue officielle ou dans une des langues officielles de l'État d'exécution, soit dans l'une des langues officielles des institutions de l'Union européenne acceptées par cet État. Sur demande de l'autorité compétente de l'État d'exécution, il fait établir et transmet la traduction, dans les mêmes conditions, de la décision de condamnation ou des parties essentielles de cette décision.

Sur demande de l'autorité compétente de l'État d'exécution, la copie certifiée conforme de la décision de condamnation et l'original du certificat lui sont adressés dans les meilleurs délais.

Art. 728-20 Lorsque la personne condamnée se trouve sur le territoire de l'État d'exécution, le ministère public peut demander à l'autorité compétente de cet État, lors de la transmission de la décision de condamnation et du certificat, de procéder à l'arrestation provisoire de la personne condamnée ou de prendre toute mesure permettant d'assurer son maintien sur le territoire de cet État dans l'attente de la décision de reconnaissance et d'exécution.

En cas d'urgence, si le représentant du ministère public n'est pas en mesure d'adresser le certificat à l'autorité compétente de l'État d'exécution, il lui transmet les informations mentionnées aux 1° à 6° de l'article 728-12.

Art. 728-21 Lorsque le représentant du ministère public est consulté par l'autorité compétente de l'État d'exécution sur une reconnaissance partielle de la décision de condamnation, il examine, après avoir envisagé en lien avec cette autorité les modalités possibles d'une telle solution, si un accord peut être trouvé.

L'exécution partielle de la décision de condamnation ne peut avoir pour conséquence d'accroître la durée de la peine ou de la mesure de sûreté privative de liberté.

S'il approuve les modalités d'exécution partielle envisagées, le représentant du ministère public donne son accord. Dans le cas contraire, il retire le certificat.

Art. 728-22 *(L. n° 2021-1729 du 22 déc. 2021, art. 11)* « Tant que l'exécution de la peine n'a pas commencé, le représentant du ministère public peut, à tout moment, décider de retirer le certificat, sous réserve de l'article 728-22-1. Il indique à l'autorité compétente de l'État d'exécution le motif de ce retrait. »

Le certificat est retiré, notamment, lorsque :

1° L'autorité compétente de l'État d'exécution ayant émis, postérieurement à la transmission de la décision de condamnation, un avis motivé selon lequel l'exécution de la condamnation ne contribuerait pas à faciliter la réinsertion sociale de la personne condamnée, le représentant du ministère public estime cet avis fondé ;

2° L'autorité compétente de l'État d'exécution l'ayant informé de l'adaptation qui serait apportée à la peine prononcée, le représentant du ministère estime, au vu de cette information, ne pas devoir maintenir la demande aux fins de reconnaissance et d'exécution ;

3° L'autorité compétente de l'État d'exécution ayant communiqué, d'office ou à la demande du représentant du ministère public, les dispositions applicables dans cet État

en matière de libération anticipée ou conditionnelle, celui-ci estime, au vu de cette information, ne pas devoir maintenir la demande aux fins de reconnaissance et d'exécution.

Le 1er al. de l'art. 728-22, dans sa rédaction issue de la L. n° 2013-711 du 5 août 2013, est contraire à la Const., en ce qu'il ne permet pas de contester devant une juridiction tant le refus du représentant du ministère public de saisir un État membre de l'Union européenne d'une demande de reconnaissance et d'exécution que la décision de retirer une telle demande (abrogation reportée au 31 déc. 2021). • Cons. const. 7 mai 2021, n° 2021-905 QPC : *D. actu. 18 mai 2021, obs. Goetz ; AJ pénal 2021. 330, obs. Carpentier* (jurisprudence antérieure à la L. n° 2021-1729 du 22 déc. 2021). – V. désormais art. 728-22-1.

Art. 728-22-1 *(L. n° 2021-1729 du 22 déc. 2021, art. 11)* **La personne condamnée peut contester devant le président de la chambre de l'application des peines de la cour d'appel la décision du représentant du ministère public :**

1° De transmission d'office à l'autorité compétente d'un autre État membre de l'Union européenne d'une décision de condamnation aux fins d'exécution en application du troisième alinéa de l'article 728-15 ;

2° De refus de transmettre une telle décision en application du même troisième alinéa, malgré la demande en ce sens du condamné ;

3° De retrait du certificat pris en application du premier alinéa de l'article 728-22.

Ce recours est suspensif.

Le dossier ou sa copie est alors transmis par le représentant du ministère public au président de la chambre de l'application des peines de la cour d'appel dans le ressort de laquelle se trouve la juridiction ayant prononcé la décision de condamnation.

Le président statue, après avoir recueilli les observations écrites du représentant du ministère public et de la personne condamnée, par une ordonnance motivée qui n'est pas susceptible de recours.

§ 2 TRANSFÈREMENT ET TRANSIT

Art. 728-23 Dès que l'autorité compétente de l'État d'exécution a fait connaître qu'elle accepte de reconnaître la condamnation et de la mettre à exécution sur son territoire, le représentant du ministère public, si la personne condamnée se trouve sur le territoire français, prend les mesures nécessaires afin qu'elle soit transférée sur le territoire de l'État d'exécution.

Le transfèrement, dont la date est arrêtée conjointement par le ministre de la justice et l'autorité compétente de l'État d'exécution, a lieu au plus tard trente jours après la décision d'acceptation de l'État d'exécution. S'il est impossible d'y procéder dans ce délai en raison de circonstances imprévues, le transfèrement intervient dès que ces circonstances n'y font plus obstacle, à une nouvelle date arrêtée conjointement et, au plus tard, dans les dix jours de cette date.

Art. 728-24 Le ministre de la justice transmet une demande de transit accompagnée d'une copie du certificat à l'autorité compétente de chaque État membre traversé à l'occasion du transfèrement. A la demande de cette autorité, il fournit une traduction du certificat dans la langue officielle ou dans une des langues officielles de l'État concerné ou dans l'une des langues officielles des institutions de l'Union européenne acceptées par cet État.

Art. 728-25 Si l'État membre auquel le transit est demandé ne peut garantir que la personne condamnée ne sera pas poursuivie ou soumise à une mesure privative ou restrictive de liberté sur son territoire pour des faits ou condamnations antérieurs à son départ du territoire français, le ministre de la justice retire la demande de transit.

Art. 728-26 Aucune demande de transit n'est requise lorsque le transfèrement s'effectue par un moyen de transport aérien sans escale prévue. Toutefois, en cas d'atterrissage fortuit sur le territoire d'un État membre de l'Union européenne, le ministre de la justice fournit à l'autorité compétente de cet État le certificat mentionné à l'article 728-12 dans un délai de soixante-douze heures.

§ 3 CONSENTEMENT À L'EXERCICE DE POURSUITES OU À L'EXÉCUTION D'UNE CONDAMNATION À RAISON D'UNE AUTRE INFRACTION

Art. 728-27 Lorsque, avant ou après le transfèrement de la personne condamnée, l'autorité compétente de l'État d'exécution demande au représentant du ministère public qu'il soit consenti à ce que celle-ci puisse être poursuivie, condamnée ou privée de liberté dans l'État d'exécution pour une infraction qu'elle aurait commise avant son transfèrement, autre que celle pour laquelle la demande aux fins de reconnaissance et d'exécution a été présentée, la chambre de l'instruction est saisie de cette demande.

Lorsque la demande est présentée après le transfèrement, la chambre de l'instruction compétente est celle dans le ressort de laquelle siège la juridiction ayant prononcé la condamnation dont l'exécution a donné lieu au transfèrement.

La chambre de l'instruction statue sans recours après s'être assurée que la demande comporte les renseignements prévus à l'article 695-13 et avoir, le cas échéant, obtenu des garanties au regard de l'article 695-32, dans le délai de trente jours à compter de la réception de la demande.

Le consentement est donné lorsque les agissements pour lesquels il est demandé constituent l'une des infractions mentionnées à l'article *(Ord. n° 2016-1636 du 1er déc. 2016, art. 4 et 5, en vigueur le 22 mai 2017)* « 694-32 *[ancienne rédaction : 695-23]* » et entrent dans le champ d'application de l'article 695-12.

§ 4 EXÉCUTION DE LA PEINE

Art. 728-28 L'exécution de la peine est régie par le droit de l'État sur le territoire duquel elle est exécutée.

Art. 728-29 Lorsque la condamnation fait l'objet d'une amnistie, d'une grâce, d'une révision ou de toute autre décision ou mesure ayant pour effet de lui retirer, immédiatement ou non, son caractère exécutoire, le représentant du ministère public en informe sans délai l'autorité compétente de l'État d'exécution.

Art. 728-30 Le ministère public recouvre la faculté de faire exécuter la décision de condamnation sur le territoire français dès que l'autorité compétente de l'État d'exécution l'informe de la non-exécution partielle de cette décision en raison de l'évasion de la personne condamnée ou du fait que celle-ci ne peut être trouvée sur le territoire de cet État.

SECTION III DISPOSITIONS RELATIVES À L'EXÉCUTION SUR LE TERRITOIRE FRANÇAIS DES CONDAMNATIONS PRONONCÉES PAR LES JURIDICTIONS DES AUTRES ÉTATS MEMBRES DE L'UNION EUROPÉENNE

§ 1er MOTIFS DU REFUS DE RECONNAISSANCE ET D'EXÉCUTION

Art. 728-31 La reconnaissance et l'exécution sur le territoire français d'une décision de condamnation prononcée par la juridiction d'un autre État membre ne peuvent être refusées que dans les cas prévus aux articles 728-32 et 728-33.

La décision de refus est motivée par référence à ces mêmes articles.

Il se déduit de l'art. 695-24 que, lorsque la personne recherchée sur mandat d'arrêt européen pour l'exécution d'une peine privative de liberté justifie qu'elle est de nationalité française ou réside régulièrement de façon ininterrompue depuis au moins cinq ans sur le territoire national et fait valoir, pour s'opposer à sa remise, que la décision est exécutoire sur le territoire français en application de l'art. 728-31, la chambre de l'instruction doit vérifier si l'État requérant envisage de formuler une demande aux fins de reconnaissance et d'exécution de la condamnation sur le territoire français ou si le procureur de la République entend susciter une telle demande en application de l'art. 728-34. • Crim. 10 août 2016, n° 16-84.723 P : *D. actu. 13 sept. 2016, obs. Fonteix.* ♦ ... Et, lorsqu'une telle demande a été formulée par l'État requérant, la chambre de l'instruction ne peut statuer sur la remise sans avoir invité le procureur de la République compétent à lui faire connaître sans délai sa décision sur ladite demande de l'État requérant ni fait état de sa réponse. • Crim. 19 févr. 2019, n° 19-80.513 P : *D. actu. 15 mars 2019, obs. Recotillet.*

Art. 728-32 L'exécution de la décision de condamnation est refusée dans les cas suivants :

1° Le certificat n'est pas produit, est incomplet ou ne correspond manifestement pas à la décision de condamnation et n'a pas été complété ou corrigé dans le délai fixé ;

2° La personne condamnée ne se trouve ni en France ni dans l'État de condamnation ;

3° Les conditions prévues à l'article 728-11 ne sont pas remplies ;

4° La décision de condamnation porte sur des infractions pour lesquelles la personne condamnée a déjà été jugée définitivement par les juridictions françaises ou par celles d'un État autre que l'État de condamnation, à condition que la peine ait été exécutée, soit en cours d'exécution ou ne puisse plus être mise à exécution selon la loi de l'État de condamnation ;

5° La condamnation est fondée sur des faits qui ne constituent pas des infractions selon la loi française ;

6° La personne condamnée bénéficie en France d'une immunité faisant obstacle à l'exécution de la condamnation ;

7° La personne condamnée n'a pas comparu en personne au procès qui a mené à la décision, sauf dans les cas visés aux 1° à 3° de l'article 695-22-1 ;

8° La prescription de la peine est acquise selon la loi française à la date de la réception du certificat ;

9° La condamnation a été prononcée à l'encontre d'un mineur de treize ans à la date des faits ;

10° La peine prononcée comporte une mesure de soins psychiatriques ou médicaux ou une autre mesure de sûreté privative de liberté qui ne peut être exécutée en application des règles du système juridique ou de santé français ;

11° Il est établi que la personne a été condamnée en raison de son sexe, de sa race, de sa religion, de son origine ethnique, de sa nationalité, de sa langue, de ses opinions politiques ou de son orientation ou identité sexuelle, ou qu'il peut être porté atteinte à la situation de cette personne pour l'une de ces raisons.

Le motif de refus prévu au 5° n'est pas opposable lorsque la décision de condamnation concerne une infraction en matière de taxes et d'impôts, de douane et de change, en raison de ce que le droit français n'impose pas le même type de taxes ou d'impôts ou ne contient pas le même type de réglementation en matière de taxes, d'impôts, de douane et de change que le droit de l'État de condamnation.

Art. 728-33 L'exécution de la décision de condamnation peut être refusée dans les cas suivants :

1° La décision de condamnation est fondée sur des infractions commises en totalité, en majeure partie ou pour l'essentiel sur le territoire français ou en un lieu assimilé ;

2° La durée de la peine restant à exécuter est inférieure à six mois à la date de réception du certificat ;

3° L'État de condamnation a refusé de donner son consentement à ce que la personne condamnée puisse être poursuivie, condamnée ou privée de liberté en France pour une infraction commise avant son transfèrement, autre que celle ayant motivé celui-ci.

§ 2 *RÉCEPTION ET INSTRUCTION PAR LE PROCUREUR DE LA RÉPUBLIQUE DE LA DEMANDE AUX FINS DE RECONNAISSANCE ET D'EXÉCUTION*

Art. 728-34 Le procureur de la République reçoit les demandes tendant à la reconnaissance et à l'exécution sur le territoire français des décisions de condamnation prononcées par les juridictions des autres États membres. Il peut également demander à l'autorité compétente d'un autre État membre de lui transmettre une demande tendant à la reconnaissance et à l'exécution sur le territoire français d'une décision de condamnation prononcée par une juridiction de cet État.

Il peut procéder ou faire procéder à tout complément d'information qu'il estime utile.

V. notes ss. art. 728-31.

Art. 728-35 Le procureur de la République compétent est celui dans le ressort duquel se situe la dernière résidence connue de la personne condamnée, le lieu de détention de celle-ci ou le lieu de l'infraction lorsque les faits ont été commis pour partie sur le territoire français. A défaut, le procureur de la République près le tribunal judiciaire de Paris est compétent.

Si le procureur de la République auquel la demande a été adressée par l'État de condamnation aux fins de reconnaissance et d'exécution n'est pas compétent, il la transmet sans délai au procureur de la République compétent. L'autorité compétente de l'État de condamnation est informée de la transmission.

Art. 728-36 Lorsque, avant de transmettre la décision de condamnation et le certificat, l'autorité compétente de l'État de condamnation consulte le procureur de la République, celui-ci l'informe sans délai, dans le cas où, en application du 3° de l'article 728-11, la reconnaissance de la décision est subordonnée au consentement de l'État d'exécution, de sa décision de consentir ou non à la transmission de la décision de condamnation et du certificat.

Lorsqu'il est consulté par l'autorité compétente de l'État de condamnation avant la transmission de la décision de condamnation et du certificat, le procureur de la République peut indiquer à l'autorité compétente de l'État de condamnation, dans un avis écrit et motivé, si l'exécution en France de la condamnation lui paraît de nature à favoriser la réinsertion sociale de la personne condamnée.

S'il n'a pas été consulté et que, ayant reçu la décision de condamnation et le certificat, il estime que l'exécution de la condamnation en France n'est pas de nature à favoriser la réinsertion sociale de la personne condamnée, le procureur de la République transmet d'office à l'autorité compétente un avis écrit et motivé en ce sens.

Art. 728-37 Lorsque l'autorité compétente de l'État de condamnation lui en fait la demande, le procureur de la République procède à l'audition de la personne condamnée ou de la personne chargée de l'assister ou de la représenter en raison de sa minorité ou d'une mesure de protection, si elle se trouve sur le territoire français, aux fins de recueillir ses observations écrites ou orales. Ces observations sont jointes au dossier. Le cas échéant, il recueille le consentement de la personne condamnée.

Art. 728-38 Lorsqu'il reçoit la demande d'un État membre aux fins de reconnaissance et d'exécution en France d'une décision de condamnation à une peine ou à une mesure de sûreté privative de liberté prononcée par une juridiction de cet État, le procureur de la République s'assure de la transmission, par l'autorité compétente de l'État de condamnation, de la décision de condamnation ou d'une copie certifiée conforme de celle-ci ainsi que du certificat mentionné à l'article 728-12 et de sa traduction en langue française.

Le procureur de la République peut, s'il juge le contenu du certificat insuffisant pour prendre une décision sur la demande de reconnaissance et d'exécution, demander que la décision de condamnation ou les parties essentielles de celle-ci, désignées par lui en concertation avec l'autorité compétente de l'État de condamnation, fassent l'objet d'une traduction en langue française. Il peut également, s'il apparaît que le certificat est incomplet ou inexact, demander à cette autorité qu'il soit complété ou rectifié.

Art. 728-39 Le procureur de la République peut demander à l'autorité compétente de l'État de condamnation si elle consent à ce que la personne condamnée puisse être poursuivie, condamnée ou privée de liberté en France pour une infraction commise avant son transfèrement. La demande doit comporter les renseignements prévus à l'article 695-13 et être traduite selon les modalités prévues à l'article 695-14.

Art. 728-40 Lorsqu'il envisage d'opposer l'un des motifs de refus prévus aux 1° à 4°, 7°, 10° et 11° de l'article 728-32 ou au 1° de l'article 728-33, le procureur de la République en informe l'autorité compétente de l'État de condamnation afin de lui permettre de fournir, le cas échéant, toutes informations supplémentaires.

Art. 728-41 Sur la demande de l'autorité compétente de l'État de condamnation, le procureur de la République lui donne connaissance des dispositions applicables en matière de libération conditionnelle ou anticipée.

§ 3 DÉCISION SUR LA RECONNAISSANCE ET L'EXÉCUTION ET RECOURS

Art. 728-42 Lorsqu'il est en possession des informations nécessaires, le procureur de la République décide, dans un délai maximal de huit jours, s'il y a lieu de reconnaître la décision de condamnation à une peine ou à une mesure de sûreté privative de liberté comme étant exécutoire sur le territoire français.

Art. 728-43 Le procureur de la République reconnaît la décision de condamnation comme étant exécutoire sur le territoire français en l'absence de l'un des motifs de refus prévus aux articles 728-32 et 728-33.

Dans le cas où, en application du 3° de l'article 728-11, le consentement de l'autorité compétente de l'État d'exécution est requis, le procureur de la République apprécie s'il y a lieu de le donner en considérant, notamment, l'intérêt de sa décision pour la réinsertion sociale de la personne condamnée.

Dans le cas où le consentement de la personne condamnée est requis en application du même 3°, le procureur de la République constate expressément, dans la décision reconnaissant la décision de condamnation comme exécutoire, qu'il a été donné.

La décision du procureur de la République refusant de reconnaître la décision de condamnation comme exécutoire sur le territoire français est motivée.

Art. 728-44 Si la décision de condamnation peut être reconnue comme étant exécutoire en France, le procureur de la République apprécie s'il y a lieu de procéder à l'adaptation de la peine ou de la mesure de sûreté privative de liberté prononcée.

Lorsque la durée de la peine ou de la mesure de sûreté privative de liberté prononcée est supérieure à celle qui aurait pu être légalement prononcée par une juridiction française pour les mêmes faits, le procureur de la République propose de la réduire au maximum légal encouru selon la loi française pour l'infraction correspondante. Lorsque la condamnation porte sur plusieurs infractions, il se réfère au maximum légal encouru pour l'infraction correspondante la plus sévèrement sanctionnée.

Lorsque, par sa nature, la peine ou la mesure de sûreté privative de liberté est incompatible avec la loi française, le procureur de la République propose de lui substituer la peine ou la mesure de sûreté privative de liberté encourue selon cette loi, à moins que cette substitution n'ait pour conséquence d'aggraver la condamnation.

Art. 728-45 Lorsque la décision de condamnation est prononcée pour plusieurs infractions et que, pour l'un des motifs prévus aux articles 728-32 ou 728-33, elle ne peut être reconnue et exécutée en tant qu'elle porte sur l'une de ces infractions ou certaines d'entre elles, le procureur de la République consulte l'autorité compétente de l'État de condamnation afin de déterminer si une exécution partielle de la décision, du chef des seules infractions pouvant justifier la reconnaissance et l'exécution, est possible.

L'exécution partielle ne peut être décidée qu'avec l'accord de l'État de condamnation. Elle ne peut avoir pour effet d'accroître la durée de la peine ou de la mesure de sûreté privative de liberté.

Dans le cas prévu au premier alinéa du présent article, si une seule peine ou mesure de sûreté privative de liberté a été prononcée pour l'ensemble des infractions, la durée de la peine mise à exécution ne peut excéder, dans la limite de la durée de la peine prononcée, ni le maximum légalement applicable, selon la loi de l'État de condamnation, à l'infraction pouvant autoriser l'exécution de la décision en France, ni le maximum légalement applicable, selon la loi française, à l'infraction correspondante. *Lorsque plusieurs* des infractions ayant fait l'objet de la condamnation peuvent justifier la reconnaissance et l'exécution, l'infraction la plus sévèrement sanctionnée selon la loi de l'État de condamnation est prise en compte pour la détermination de la durée maximale de la peine susceptible d'être mise à exécution.

Art. 728-46 Lorsque le procureur de la République propose d'adapter la peine en application de l'article 728-44, il saisit sans délai le président du tribunal judiciaire ou le juge délégué par lui aux fins d'homologation de la proposition d'adaptation.

Il communique au président du tribunal judiciaire ou au juge délégué par lui l'ensemble des pièces de la procédure.

Art. 728-47 Dans les cinq jours de sa saisine, le président du tribunal judiciaire ou le juge délégué par lui décide, au vu des pièces qui lui ont été communiquées, s'il y a lieu d'homologuer la proposition d'adaptation formulée par le procureur de la République.

L'ordonnance par laquelle il refuse l'homologation est motivée.

Art. 728-48 La décision du procureur de la République mentionnée à l'article 728-43 et, le cas échéant, l'ordonnance homologuant ou refusant d'homologuer la proposition d'adaptation de la peine ou de la mesure de sûreté privative de liberté mentionnée à l'article 728-47 sont notifiées sans délai à la personne condamnée. Celle-ci est informée par une mention portée dans l'acte de notification que, si elle n'accepte pas cette décision, elle dispose d'un délai de dix jours pour saisir la chambre des appels correctionnels d'une requête précisant, à peine d'irrecevabilité, les motifs de droit ou de fait de sa contestation et qu'elle a la possibilité de se faire représenter devant cette juridiction par un avocat de son choix ou, à défaut, par un avocat commis d'office par le bâtonnier de l'ordre des avocats.

(Abrogé par Cons. const. n° 2021-959 QPC du 7 janv. 2022, à compter du 8 janv. 2022) ***« Toutefois, la personne condamnée n'est pas recevable à saisir la chambre des appels correctionnels en cas de refus d'exécution opposé dans le cas prévu au 3° de l'article 728-11. »***

Les personnes qui se voient opposer une décision de refus sur le fondement du 3° de l'art. 728-11 ne peuvent pas la contester devant une juridiction ; au regard des conséquences qu'est susceptible d'entraîner pour ces personnes une telle décision, l'absence de voie de droit permettant la remise en cause de cette décision méconnaît les exigences découlant de l'art. 16 DDH. • Cons. const. 7 janv. 2022, n° 2021-959 QPC : *JO 8 janv. ; D. actu. 14 janv. 2022, obs. Goetz.*

Art. 728-49 En cas de refus d'homologation de la proposition d'adaptation qu'il a formulée, le procureur de la République peut soit saisir le président du tribunal judiciaire ou le juge délégué par lui d'une nouvelle requête lui soumettant une autre décision ou la même décision autrement motivée ou fondée sur des éléments nouveaux, soit, dans les dix jours de l'ordonnance refusant l'homologation, saisir la chambre des appels correctionnels pour qu'elle statue sur la reconnaissance et l'exécution de la décision de condamnation.

La personne condamnée est aussitôt informée de la saisine de la chambre des appels correctionnels et de son objet. Elle est invitée à faire connaître sans délai si elle entend se faire représenter devant cette juridiction par un avocat de son choix ou, à défaut, par un avocat commis d'office par le bâtonnier de l'ordre des avocats.

L'audience de la chambre des appels correctionnels ne peut se tenir moins de dix jours après que cette information a été fournie.

Art. 728-50 En cas de saisine de la chambre des appels correctionnels, la décision du procureur de la République et l'ordonnance du président du tribunal judiciaire ou du juge délégué par lui sont non avenues.

Art. 728-51 L'audience de la chambre des appels correctionnels est publique, sauf si la personne est mineure ou si la publicité est de nature à nuire au bon déroulement de la procédure en cours, aux intérêts d'un tiers ou à la dignité de la personne. Dans ce cas, la chambre des appels correctionnels, à la demande du ministère public, de l'avocat de la personne condamnée ou d'office, statue par un arrêt rendu en chambre du conseil qui n'est susceptible de pourvoi en cassation qu'en même temps que l'arrêt statuant sur la reconnaissance et l'exécution de la condamnation.

Le ministère public et, s'il en a été désigné, l'avocat de la personne condamnée sont entendus. La chambre des appels correctionnels peut décider d'entendre la personne condamnée ou de la faire entendre par l'autorité compétente de l'État de condamnation.

La chambre des appels correctionnels peut, par une décision qui n'est susceptible d'aucun recours, autoriser l'État de condamnation à intervenir à l'audience par l'intermédiaire d'une personne habilitée par ce même État à cet effet. Lorsque l'État de condamnation est autorisé à intervenir, il ne devient pas partie à la procédure.

Art. 728-52 Lorsqu'elle est en possession des informations nécessaires, la chambre des appels correctionnels décide, dans un délai maximal de quinze jours, s'il y a lieu de reconnaître la décision de condamnation à une peine ou une mesure de sûreté privative de liberté comme étant exécutoire sur le territoire français. Les articles 728-37 à 728-39 et 728-42 à 728-44 sont applicables. Pour l'application de ces mêmes articles, la chambre des appels correctionnels exerce les attributions du procureur de la République.

(Abrogé par Cons. const. nº 2021-959 QPC du 7 janv. 2022, à compter du 8 janv. 2022)
« Si la demande de reconnaissance et d'exécution présentée par l'autorité compétente de l'État de condamnation entre dans les prévisions du 3º de l'article 728-11 et si le procureur général déclare ne pas consentir à l'exécution, la chambre des appels correctionnels lui en donne acte et constate que la peine ou la mesure de sûreté privative de liberté ne peut être mise à exécution en France. »

Lorsque la chambre des appels correctionnels envisage d'opposer l'un des motifs de refus prévus aux 1° à 4°, 7°, 10° et 11° de l'article 728-32 ou au 1° de l'article 728-33, il n'y a pas lieu d'informer l'autorité compétente de l'État de condamnation s'il a déjà été procédé à cette information par le procureur de la République en application de l'article 728-40.

V. note ss. art. 728-48.

Art. 728-53 La décision de la chambre des appels correctionnels peut faire l'objet d'un pourvoi en cassation. L'article 568-1 et le premier alinéa de l'article 567-2 sont applicables.

Art. 728-54 Lorsque, dans des cas exceptionnels, la décision définitive relative à la reconnaissance et à l'exécution de la condamnation ne peut être prise dans les quatre-vingt-dix jours qui suivent la réception de la décision de condamnation et du certificat, le procureur de la République en informe sans délai l'autorité compétente de l'État de condamnation en lui indiquant les raisons du retard et le délai supplémentaire qu'il estime nécessaire pour que soit prise la décision.

Dans le cas où le procureur de la République ou la chambre des appels correctionnels a demandé à l'autorité compétente de l'État de condamnation soit de compléter ou de corriger le certificat, soit de lui adresser une traduction complète ou partielle de la décision de condamnation, le cours du délai prévu au premier alinéa est suspendu à compter de la demande jusqu'à la transmission par l'État de condamnation des pièces demandées.

Art. 728-55 Le procureur de la République informe sans délai l'autorité compétente de l'État de condamnation de la décision définitive prise sur la reconnaissance et l'exécution de la décision de condamnation et, le cas échéant, sur l'adaptation de la peine ou de la mesure de sûreté privative de liberté. Lorsque la décision définitive consiste en un refus de reconnaissance et d'exécution de la décision de condamnation ou comporte une adaptation de la peine ou de la mesure privative de liberté, le procureur de la République informe également l'autorité compétente de l'État de condamnation des motifs de la décision.

Lorsque, après adaptation de la peine ou de la mesure de sûreté privative de liberté et imputation sur la durée de celle-ci de la privation de liberté déjà subie, la décision de condamnation doit être regardée comme intégralement exécutée, le procureur de la République informe l'autorité compétente de l'État de condamnation que la personne condamnée ne pourra pas être écrouée en France en exécution de cette décision et que, en cas de transfèrement, elle sera mise immédiatement en liberté à son arrivée sur le sol français.

§ 4 *EXÉCUTION DE LA PEINE*

Art. 728-56 Dès que la décision de reconnaître la décision de condamnation comme exécutoire en France est devenue définitive, la peine ou la mesure de sûreté privative de liberté peut être ramenée à exécution dans les conditions prévues par la décision, pour la partie qui restait à subir dans l'État de condamnation.

L'exécution de la peine est régie par le présent code.

Art. 728-57 Lorsque la décision de condamnation fait l'objet soit d'une amnistie ou d'une grâce en France ou dans l'État de condamnation, soit d'une suspension ou d'une annulation décidée à la suite de l'engagement d'une procédure de révision dans l'État de condamnation, soit de toute autre décision ou mesure ayant pour effet de lui retirer son caractère exécutoire, le ministère public met fin à son exécution.

La condamnation prononcée à l'étranger ne peut faire l'objet d'une procédure de révision en France.

Art. 728-58 Si la personne condamnée ne peut être retrouvée sur le territoire français, le procureur de la République informe l'autorité compétente de l'État de condamnation de l'impossibilité d'exécuter la décision de condamnation pour ce motif.

Art. 728-59 Le retrait du certificat par l'État de condamnation, pour quelque cause que ce soit, fait obstacle à la mise à exécution de la condamnation s'il intervient avant que la personne condamnée ait été placée sous écrou au titre de cette exécution.

Art. 728-60 Le ministère public informe sans délai l'autorité compétente de l'État de condamnation :

1° Des décisions ou mesures mentionnées à l'article 728-57, autres que celles prises par les autorités de l'État de condamnation, ayant retiré à la décision de condamnation son caractère exécutoire ;

2° De l'évasion de la personne condamnée ;

3° De la libération conditionnelle de la personne condamnée et de la date à laquelle cette mesure a pris fin ;

4° De ce que la peine ou la mesure de sûreté privative de liberté a été exécutée.

§ 5 TRANSFÈREMENT

Art. 728-61 Si la personne condamnée se trouve sur le territoire de l'État de condamnation, elle est transférée sur le territoire français à une date fixée par le ministre de la justice en accord avec l'autorité compétente de cet État, au plus tard trente jours à compter de la date à laquelle la décision de reconnaître la condamnation et d'exécuter la peine ou la mesure de sûreté privative de liberté a acquis un caractère définitif.

Si le transfèrement est impossible dans ce délai en raison de circonstances imprévues, le ministre de la justice et l'autorité compétente de l'État de condamnation conviennent d'une nouvelle date de transfèrement dès que ces circonstances ont cessé. Le transfèrement a lieu, au plus tard, dans les dix jours suivant cette nouvelle date.

Art. 728-62 La personne transférée sur le territoire français pour la mise à exécution d'une condamnation à une peine ou à une mesure de sûreté privative de liberté prononcée par une juridiction d'un État membre ne peut être recherchée, poursuivie, condamnée ou détenue pour un fait quelconque antérieur à son transfèrement, autre que celui qui a motivé celui-ci, sauf si elle se trouve dans l'un des cas suivants :

1° Ayant eu la possibilité de le faire, elle n'a pas quitté le territoire national dans les quarante-cinq jours suivant sa libération définitive, ou y est retournée volontairement après l'avoir quitté ;

2° L'infraction n'est pas punie d'une peine ou d'une mesure de sûreté privative de liberté ;

3° Aucune mesure privative ou restrictive de liberté n'est appliquée durant la procédure suivie du chef de l'infraction reprochée ;

4° La personne condamnée n'est pas passible d'une peine ou d'une mesure privative de liberté en répression de cette infraction ;

5° Elle a consenti au transfèrement ;

6° Elle a renoncé expressément, après son transfèrement, devant le tribunal correctionnel du lieu d'exécution de la peine et dans les conditions prévues aux deux derniers alinéas de l'article 695-19, au bénéfice de la règle de la spécialité prévue au premier alinéa du présent article, sa renonciation étant irrévocable ;

7° L'autorité compétente de l'État de condamnation consent expressément que cette règle soit écartée.

Art. 728-63 La demande de consentement mentionnée au 7° de l'article 728-62 est adressée par le ministère public à l'autorité compétente de l'État de condamnation. Elle doit comporter les renseignements prévus à l'article 695-13 et être traduite selon les modalités prévues à l'article 695-14.

§ 6 ARRESTATION PROVISOIRE

Art. 728-64 Lorsque la personne condamnée se trouve sur le territoire français et que l'autorité compétente de l'État de condamnation demande que, dans l'attente de la décision sur la reconnaissance et l'exécution de la décision de condamnation, la personne condamnée fasse l'objet d'une arrestation provisoire ou de toute autre mesure destinée à garantir son maintien sur le territoire français, le procureur de la République, s'il estime que la personne ne présente pas des garanties de représentation suffisantes, requiert qu'elle soit appréhendée et conduite devant lui dans les vingt-quatre heures. Pendant ce délai, les articles 63-2 et 63-3 sont applicables.

Dans le cas où la demande mentionnée au premier alinéa du présent article a été présentée par l'autorité compétente de l'État de condamnation avant la transmission par celle-ci de la décision de condamnation et du certificat, la personne ne peut être appréhendée en application du même premier alinéa que si l'autorité compétente de l'État de condamnation a fourni au procureur de la République les informations prévues aux 1° à 6° de l'article 728-12.

Art. 728-65 Lorsque la personne lui est présentée, le procureur de la République vérifie son identité et l'informe, dans une langue qu'elle comprend, de la décision de condamnation dont elle fait l'objet et de la demande de l'État de condamnation. Il l'avise qu'il envisage de demander son incarcération, son assignation à résidence avec surveillance électronique ou son placement sous contrôle judiciaire au juge des libertés et de la détention et qu'elle peut être assistée par un avocat de son choix ou, à défaut, par un avocat commis d'office par le bâtonnier de l'ordre des avocats, informé sans délai et par tout moyen. Il l'avise également qu'elle peut s'entretenir immédiatement avec l'avocat désigné.

Art. 728-66 La personne condamnée ne peut être placée en détention ou faire l'objet d'une assignation à résidence avec surveillance électronique en application de l'article 142-5 que si la durée de la peine restant à exécuter est supérieure ou égale à deux ans, sauf dans l'un des cas mentionnés à l'article 723-16.

Art. 728-67 La personne comparaît devant le juge des libertés et de la détention assistée, le cas échéant, de son avocat. L'audience est publique, sauf si la publicité est de nature à nuire au bon déroulement de la procédure en cours, aux intérêts d'un tiers ou à la dignité de la personne. Dans ce cas, le juge des libertés et de la détention, à la demande du ministère public, de l'avocat de la personne ou d'office, statue par une ordonnance rendue en chambre du conseil.

Le juge des libertés et de la détention statue après avoir entendu le ministère public, la personne condamnée et son avocat. Si, saisi de réquisitions aux fins d'incarcération ou d'assignation à résidence avec surveillance électronique, il décide de ne pas y faire droit, il peut soumettre la personne à une ou plusieurs des obligations prévues à l'article 138.

Art. 728-68 A tout moment, la personne peut demander au juge des libertés et de la détention, selon les modalités prévues aux articles 148-6 et 148-7, sa mise en liberté ou la mainlevée du contrôle judiciaire ou de l'assignation à résidence avec surveillance électronique.

Après avoir communiqué la demande mentionnée au premier alinéa du présent article au procureur de la République aux fins de réquisitions, le juge statue dans un délai de huit jours ouvrables par une décision motivée en considérant les garanties de représentation de la personne. Il peut, s'il l'estime utile, ordonner la comparution de la personne, assistée, le cas échéant, de son avocat. Les deux derniers alinéas de l'article 148 sont applicables. Pour l'application du dernier alinéa de ce même article, la chambre des appels correctionnels est compétente.

Dans le cas prévu au second alinéa de l'article 728-64, la personne est mise d'office en liberté si, dans les huit jours suivant son incarcération, l'autorité compétente de l'État de condamnation n'a pas transmis la décision de condamnation et le certificat.

Art. 728-69 Les ordonnances rendues par le juge des libertés et de la détention en application des articles 728-67 et 728-68 peuvent faire l'objet d'un appel devant la chambre des appels correctionnels. Le troisième alinéa de l'article 194 et les *(L. n° 2016-731 du 3 juin 2016, art. 59, en vigueur le 1er août 2016)* « sixième et septième *[ancienne rédaction : deux derniers]* » alinéas de l'article 199 sont applicables devant la chambre des appels correctionnels.

Art. 728-70 La personne est immédiatement mise en liberté et il est mis fin à l'assignation à résidence avec surveillance électronique ou au contrôle judiciaire si la mise à exécution de la décision de condamnation est refusée ou si l'État de condamnation retire le certificat.

SECTION IV DISPOSITIONS RELATIVES AU TRANSIT SUR LE TERRITOIRE FRANÇAIS

Art. 728-71 Le ministre de la justice autorise le transit sur le territoire français des personnes transférées du territoire de l'État de condamnation à celui de l'État d'exécution.

Art. 728-72 La demande de transit est accompagnée du certificat mentionné à l'article 728-12 établi par l'autorité compétente de l'État de condamnation. Le ministre de la justice peut demander la traduction en français du certificat.

Art. 728-73 Lorsque le ministre de la justice ne peut garantir que la personne condamnée ne sera ni poursuivie, ni détenue, ni soumise à aucune autre restriction de sa liberté individuelle sur le territoire français, pour des faits ou condamnations antérieurs à son départ du territoire de l'État de condamnation, il en informe l'autorité qui a demandé le transit.

Art. 728-74 Le ministre de la justice se prononce dans les plus brefs délais et au plus tard une semaine après réception de la demande de transit. Lorsqu'une traduction du certificat est demandée, ce délai ne court qu'à compter de la transmission de cette traduction.

Art. 728-75 La personne condamnée ne peut être maintenue en détention que durant le temps strictement nécessaire au transit sur le territoire français.

Art. 728-76 La présente section est applicable en cas d'atterrissage fortuit sur le territoire national au cours du transfèrement.

V. loi ci-dessous.

Loi n° 2013-711 du 5 août 2013,

Portant diverses dispositions d'adoption dans le domaine de la justice en application du droit de l'Union européenne et des engagements internationaux de la France.

Art. 26 I. — Le chapitre VI du titre II du livre V du code de procédure pénale est applicable aux demandes de reconnaissance et d'exécution de décisions de condamnation reçues ou adressées par la France postérieurement à la date de publication de la présente loi.

II. — Les conventions internationales ou leurs stipulations relatives au transfèrement des personnes condamnées ou à l'exécution des condamnations pénales demeurent applicables dans les relations avec les États membres ayant procédé à la déclaration prévue à l'article 28 de la décision-cadre 2008/909/JAI du Conseil du 27 novembre 2008 concernant l'application du principe de reconnaissance mutuelle aux jugements en matière pénale prononçant des peines ou des mesures privatives de liberté aux fins de leur exécution dans l'Union européenne lorsque la décision de condamnation prononcée, en France ou dans l'autre État, est antérieure à la date fixée dans cette déclaration.

III. — Conformément au 5 de l'article 6 de la décision-cadre 2008/909/JAI du Conseil du 27 novembre 2008 précitée, l'exécution en Pologne des décisions de condamnation prononcées par les juridictions françaises et l'exécution sur le territoire français des décisions de condamnation prononcées par les juridictions polonaises sont subordonnées, lorsque ces décisions ont été prononcées avant le 5 décembre 2016, au consentement de la personne condamnée, y compris dans le cas où cette personne est ressortissante de l'État d'exécution et réside de manière habituelle sur le territoire de cet État.

Toutefois, dans le cas prévu au premier alinéa du présent III, le consentement de la personne condamnée n'est pas requis soit lorsque l'exécution de la condamnation est décidée en application du 2° de l'article 695-24 du code de procédure pénale, dans sa rédaction résultant du 3° de l'article 17 de la présente loi, soit lorsque la personne s'est soustraite à l'exécution de la peine en s'enfuyant vers le pays dont elle est ressortissante.

La dérogation prévue au premier alinéa du présent III cesse d'être applicable à compter de la notification par la Pologne au secrétariat général du Conseil de l'Union européenne, en application du 5 de l'article 6 de la décision-cadre 2008/909/JAI du 27 novembre 2008 précitée, de son intention de ne plus en faire usage.

IV. — Dans les relations avec les États membres qui n'ont pas transposé la décision-cadre 2008/909/JAI du Conseil du 27 novembre 2008 précitée, les dispositions du code de procédure pénale ainsi que les instruments juridiques existants en matière de transfèrement des personnes condamnées en vigueur antérieurement au 5 décembre 2011, notamment la convention sur le transfèrement des personnes condamnées, signée à Strasbourg le 21 mars 1983, et son protocole additionnel, signé à Strasbourg le 18 décembre 1997, ainsi que les articles 67 et 68 de la convention d'application du 19 juin 1990 de l'accord de Schengen du 14 juin 1985 relatif à la suppression graduelle des contrôles aux frontières communes, restent applicables.

TITRE TROISIÈME DE LA LIBÉRATION CONDITIONNELLE

RÉP. PÉN. v° *Libération conditionnelle*, par HERZOG-EVANS.

BIBL. ▶ BOULAY, *AJ pénal 2005. 318* (quelle place de la victime dans le processus de libération conditionnelle ?). – FAUCHER, *RPDP 2007, n° spécial 127* (libération conditionnelle : une mesure sous tensions). – HERZOG-EVANS, *AJ pénal 2005. 96* (la libération conditionnelle après la loi Perben). – LAFLAQUIÈRE, *AJ pénal 2005. 358* (le pari sur l'humain). – LOUCHOUARN, *AJ pénal 2006. 455* (prisons : un meilleur accompagnement professionnel et judiciaire des fins de peine). – POTTIER, *AJ pénal 2005. 105* (nouveaux aménagements de peine, libération conditionnelle et SPIP). – PRADEL, *D. 2019. Chron. 1002* (dispositions de la loi du 23 mars 2019 sur le renforcement de l'efficacité et du sens de la peine).

Art. 729 *(L. n° 2000-516 du 15 juin 2000, art. 126)* **« La libération conditionnelle tend à la réinsertion des condamnés et à la prévention de la récidive. »**

(L. n° 2009-1436 du 24 nov. 2009, art. 82) **« Les condamnés ayant à subir une ou plusieurs peines privatives de liberté peuvent bénéficier d'une libération conditionnelle s'ils manifestent des efforts sérieux de** *(L. n° 2021-1729 du 22 déc. 2021, art. 11)* **« réinsertion » et lorsqu'ils justifient :**

« 1° Soit de l'exercice d'une activité professionnelle, d'un stage ou d'un emploi temporaire ou de leur assiduité à un enseignement ou à une formation professionnelle ;

« 2° Soit de leur participation essentielle à la vie de leur famille ;

« 3° Soit de la nécessité de suivre un traitement médical ;

« 4° Soit de leurs efforts en vue d'indemniser leurs victimes ;

« 5° Soit de leur implication dans tout autre projet sérieux d'insertion ou de réinsertion. »

(L. n° 92-1336 du 16 déc. 1992) **« Sous réserve des dispositions de l'article 132-23 du code pénal, la libération conditionnelle peut être accordée lorsque la durée de la peine accomplie par le condamné est au moins égale à la durée de la peine lui restant à subir.** *(Abrogé par L. n° 2014-896 du 15 août 2014, art. 15 et 54, à compter du 1er janv. 2015)* ***« Toutefois, les condamnés en état de récidive aux termes des articles 132-8, 132-9 ou 132-10 du code pénal ne peuvent bénéficier d'une mesure de libération conditionnelle que si la durée de la peine accomplie est au moins égale au double de la durée de la peine restant à subir. »*** **Dans** *(L. n° 2014-896 du 15 août 2014, art. 15 et 54, en vigueur le 1er janv. 2015)* **« le cas prévu** *[ancienne rédaction : les cas prévus]* **» au présent alinéa, le temps d'épreuve ne peut excéder quinze années »** *(L. n° 2005-1549 du 12 déc. 2005, art. 14)* **« ou, si le condamné est en état de récidive légale, vingt années. »** — *Les dispositions de la loi n° 92-1336 du 16 déc. 1992 sont entrées en vigueur le 1er mars 1994.*

(L. n° 2005-1549 du 12 déc. 2005, art. 14) **« Pour les condamnés à la réclusion à perpétuité, le temps d'épreuve est de dix-huit années ; il est de vingt-deux années si le condamné est en état de récidive légale. »**

(L. n° 2007-1198 du 10 août 2007 immédiatement applicable aux personnes exécutant une peine privative de liberté) **« Lorsque la personne a été condamnée pour un crime ou un délit pour lequel le suivi socio-judiciaire est encouru, une libération conditionnelle ne peut lui être accordée si elle refuse pendant son incarcération de suivre le traitement qui lui est proposé par le juge de l'application des peines en application des articles 717-1 et 763-7.** *(L. n° 2012-409 du 27 mars 2012, art. 7)* **« Il en est de même lorsque le juge de l'application des peines est informé, en application de l'article 717-1, que le condamné ne suit pas de façon régulière le traitement qu'il lui a pro-**

posé. Une libération conditionnelle » ne peut non plus être accordée au condamné qui ne s'engage pas à suivre, après sa libération, le traitement qui lui est proposé en application de l'article 731-1. » *(Abrogé par L. n° 2011-939 du 10 août 2011, art. 16-II, à compter du 1er janv. 2012) (L. n° 2010-242 du 10 mars 2010, art. 10-I)* « ***La personne condamnée à la réclusion criminelle à perpétuité ne peut bénéficier d'une libération conditionnelle qu'après avis de la commission pluridisciplinaire des mesures de sûreté, rendu à la suite d'une évaluation pluridisciplinaire de dangerosité réalisée dans un service spécialisé chargé de l'observation des personnes détenues et assortie d'une expertise médicale ; s'il s'agit d'un crime pour lequel le suivi socio-judiciaire est encouru, cette expertise est réalisée par deux experts et se prononce sur l'opportunité, dans le cadre d'une injonction de soins, du recours à un traitement utilisant des médicaments inhibiteurs de libido, mentionné à l'article L. 3711-3 du code de la santé publique.*** »

(L. n° 2009-1436 du 24 nov. 2009, art. 82) « **Lorsque le condamné est âgé de plus de soixante-dix ans, les durées de peines accomplies prévues par le présent article ne sont pas applicables et la libération conditionnelle peut être accordée dès lors que l'insertion ou la réinsertion du condamné est assurée, en particulier s'il fait l'objet d'une prise en charge adaptée à sa situation à sa sortie de l'établissement pénitentiaire ou s'il justifie d'un hébergement, sauf en cas de risque grave de renouvellement de l'infraction ou si cette libération est susceptible de causer un trouble grave à l'ordre public.** »

(L. n° 2014-896 du 15 août 2014, art. 51, en vigueur le 1er oct. 2014) « **Lorsque le condamné bénéficie d'une mesure de suspension de peine sur le fondement de l'article 720-1-1, la libération conditionnelle peut être accordée sans condition quant à la durée de la peine accomplie si, à l'issue d'un délai** *(L. n° 2019-222 du 23 mars 2019, art. 86)* « **d'un an** » **après l'octroi de la mesure de suspension, une nouvelle expertise établit que son état de santé physique ou mentale est toujours durablement incompatible avec le maintien en détention et si le condamné justifie d'une prise en charge adaptée à sa situation.** »

V. art. D. 522 s.

V. Circ. AP 2001-03 du 28 mai 2001 (BOMJ 2001, n° 83, p. 167 s.).

Les dispositions du C. pr. pén. relatives à la surveillance judiciaire et à la surveillance de sûreté dans leur rédaction résultant des chapitres Ier, II et III de L. n° 2010-242 du 10 mars 2010 sont immédiatement applicables après la publication de la présente loi. Il en est de même de celles précisant les modalités d'exécution de la peine de suivi socio-judiciaire ou d'une libération conditionnelle (L. préc., art. 20, publiée au JO du 11 mars).

1. Incompétence des juridictions administratives. La décision par laquelle le JAP ou le ministre de la Justice accorde à un condamné une libération conditionnelle ou la révoque, totalement ou partiellement, ne se rattache pas au fonctionnement administratif du service pénitentiaire, mais constitue une mesure qui modifie les limites de la peine. Par suite, les demandes du requérant tendant, d'une part, au sursis à l'exécution de l'arrêté par lequel le ministre de la Justice a révoqué sa libération conditionnelle et, d'autre part, à ce que le juge des référés administratif ordonne, notamment au JAP, de lui communiquer les documents relatifs à cette mesure ne relèvent pas de la compétence de la juridiction administrative. • CE 4 nov. 1994, n° 157435 : *JCP 1995. II. 22422, note Lemaire ; Dr. pénal 1995, n° 211, obs. Maron ; LPA 1995, n° 44, p. 18.*

2. Règles générales. Un condamné à une peine de six mois d'emprisonnement, ayant bénéficié d'une remise gracieuse de trois mois, satisfait à la condition de délai prévu par l'art. 729, al. 2, pour sa libération conditionnelle • Crim. 5 juill. 1983, n° 83-91.309 P. – V. pour une solution similaire, s'agissant d'une suspension médicale de peine : • Crim. 7 mai 2008 : *Dr. pénal 2009. Chron. 3, obs. Garçon.*

3. Récidivistes. Le condamné ayant à subir plusieurs peines privatives de liberté, considéré pour l'application de l'art. 729 comme exécutant une peine unique, ne peut être admis au bénéfice de la libération conditionnelle que lorsqu'il a accompli les deux tiers de cette peine s'il était en état de récidive légale lors de l'une des condamnations prononcées contre lui. • Crim. 2 oct. 1987, n° 87-81.705 P. ♦ La personne condamnée à plusieurs peines privatives de liberté en partie pour des faits commis en état de récidive doit avoir exécuté les deux tiers de sa condamnation avant de pouvoir prétendre à une libération conditionnelle tant que la peine prononcée pour les faits commis en récidive n'a pas été intégralement exécutée. • Crim. 15 mai 2013 : *D. actu. 6 juin 2013, obs. Gayet ; AJ pénal 2013. 552, obs. Herzog-Evans ; Dr. pénal 2013, n° 119, note Peltier.*

4. En ne considérant pas comme récidiviste le condamné pour la détermination du temps d'épreuve prévu par l'art. 729, al. 2, dès lors que la peine prononcée pour des faits commis en récidive avait été exécutée, la CHAP a fait l'exacte application des dispositions de l'art. D. 150-2. • Crim. 1er févr. 2012, n° 11-84.180 P : *D. actu. 14 mars 2012, obs. Léna ; D. 2012. 1532, note Griffon ; Dr. pénal 2012. Étude 16, note Aubertin.* ♦ *Contra :* le condamné ayant à exécuter une peine unique, par suite de l'absorption de plein droit, en application de l'art. 5 ancien C. pén., d'une peine correctionnelle par une peine criminelle en concours, doit être considéré comme récidiviste pour la détermination du temps d'épreuve prévu par l'art. 729, al. 2, s'il était en état de récidive légale pour la condamnation correctionnelle prononcée contre lui. Il n'importe que cette peine ait, en l'espèce, reçu exécution avant d'être confondue dès lors que cette circonstance, à la supposer établie, ne saurait faire obstacle aux conséquences attachées à son absorption. Celle-ci implique que les effets de l'état de récidive soient reportés sur la peine absorbante qui s'exécute en ce cas après imputation de la détention subie au titre de la peine confondue. • Crim. 30 sept. 1997, n° 96-93.379 P : *D. 1997. IR 258 ; RSC 1998. 319, obs. Bouloc.*

5. Articulation avec la procédure simplifiée. Il résulte de l'art. 723-15, dans sa rédaction issue de la L. n° 2014-896 du 15 août 2014, qu'un aménagement de peine ne peut être accordé aux condamnés libres en état de récidive légale que lorsque l'emprisonnement prononcé ou le reliquat de peine à subir est égal ou inférieur à un an, les procédures des art. 723-7 et 729 étant alors exclues. • Crim. 16 oct. 2019, n° 18-83.619 P : *AJ pénal 2019. 622, obs. H-Evans ; Dr. pénal 2019. n° 213, obs. Bonis.*

6. Prise en compte des réductions de peine. Excède ses pouvoirs la cour d'appel qui, étant saisie d'un recours contre un jugement ayant refusé l'octroi d'une mesure de libération conditionnelle, prend en compte d'éventuelles réductions de peine sur lesquelles le juge de l'application des peines ne s'est pas encore prononcé. • Crim. 4 févr. 2004, n° 03-84.556 P : *D. 2004. IR 735 ; JCP 2004. IV. 1597 ; AJ pénal 2004. 162, obs. Remillieux.* ♦ Pour le calcul du temps d'épreuve nécessaire à l'octroi de la libération conditionnelle, il est tenu compte des crédits de réduction de peine dont le condamné bénéficie de plein droit ainsi que des réductions de peine spéciales déjà accordées, mais pas des éventuelles RPS que le JAP pourrait octroyer pour l'année en cours. • Crim. 28 avr. 2011 : *D. actu. 16 juin 2011, obs. Léna ; D. 2011. Actu. 2823 ; AJ pénal 2011. 604, obs. Herzog-Evans ; Dr. pénal 2012, Chron. 2, obs. Garçon et Peltier.*

7. Critères d'octroi. Le condamné, qui a manifesté des efforts sérieux de réadaptation sociale, justifie de l'exercice d'une activité professionnelle et d'un domicile, et qui ne présente pas d'état dangereux tel qu'il puisse faire craindre la réitération de comportements criminels ou délictueux est bien fondé à demander sa libération conditionnelle, laquelle sera toutefois subordonnée à la condition d'avoir satisfait à une épreuve de placement à l'extérieur d'une durée de huit mois. • JNLC 26 avr. 2001 : *D. 2002. 837, note Herzog-Evans.* ♦ Doit être approuvée la décision du TAP qui, pour accorder le bénéfice de la libération conditionnelle à un détenu, assortie de strictes obligations protectrices des parties civiles et d'obligations de soins tant médicaux que psychologiques, retient que l'intéressé, dont l'état de santé (cancer du poumon) s'est par ailleurs fortement aggravé ces derniers mois, se rend compte du mal qu'il a fait et en éprouve de la honte, suit une thérapie depuis le début de son incarcération, adopte un bon comportement en détention et, après s'y être refusé, a finalement placé de fortes sommes d'argent sur le compte carpa de son avocat en vue d'indemniser les victimes. • TAP Arras, 21 nov. 2006 : *AJ pénal 2007. 40, obs. Herzog-Evans.* ♦ Compte tenu de la durée et des conditions d'emprisonnement subi, de la volonté manifestée par l'intéressé d'assumer pleinement la responsabilité des faits commis au regard de la peine infligée et de la famille de la victime, de la réalité des efforts de réadaptation sociale et enfin de la nécessité de permettre la reconstruction d'une vie familiale avec ses enfants, la mesure de libération conditionnelle sollicitée se révèle justifiée et méritée. • Toulouse, ch. Conseil, 15 oct. 2007 : *D. 2008. 674, note Giacopelli.* ♦ En prononçant par le seul motif tenant à la prématurité de la demande, alors que le condamné avait accompli la durée de la peine lui permettant de solliciter une libération conditionnelle, et sans s'expliquer autrement sur les arguments invoqués dans ses conclusions par l'avocat du condamné, tendant à démontrer que ce dernier satisfaisait aux conditions posées, notamment, par les art. 707, 729 et 712-16-1, la CHAP n'a pas justifié sa décision. • Crim. 27 janv. 2016, n° 15-84.075 P : *AJ pénal 2016. 257, obs. H.-Evans.*

8. Reconnaissance des faits. En retenant que le demandeur avait un positionnement extrêmement critiquable et qu'il n'avait entrepris aucun travail d'introspection sérieux pour rejeter la demande de libération conditionnelle, les premiers juges ont ajouté au texte de l'art. 729 une condition qu'il ne prévoit pas. • Bourges, CHAP, 29 juin 2016, n° 16/AP/46 : *AJ pénal 2016. 503, obs. H.-Evans.*

9. Critères de refus. Doit être confirmée la décision de la JNLC rejetant la demande de libération conditionnelle du condamné qui présente des propositions d'emploi et d'hébergement remises en cause par la liquidation judiciaire de l'auteur des propositions et qui en outre a des tendances paranoïaques relevées par un expert nécessitant la mise en place d'un suivi psychologique qui n'est pas envisagé par le condamné. • JNLC 23 nov. 2001 : *D. 2002. 837, note*

Herzog-Evans . ♦ La libération conditionnelle ne peut être accordée lorsque le comportement du condamné ou sa personnalité font apparaître des risques de récidive. • JNLC 15 mars 2002, n° 01-99.073 P. ♦ La Cour de cassation approuve le rejet par la CHAP d'une demande de libération conditionnelle formée par une personne condamnée pour homicide volontaire. Ce rejet peut s'appuyer sur des considérations relatives aux intérêts de la société et des parties civiles (émotion suscitée par les faits dans la région) mais pas sur la gravité de l'infraction. • Crim. 28 avr. 2011, n° 10-87.799 P : *D. actu. 20 mai 2011, obs. Léna ; D. 2011. Actu. 1353, obs. Léna ; ibid. Pan. 2828, obs. Potaszki ; AJ pénal 2012. 107, obs. Herzog-Evans ; Dr. pénal 2012. Chron. 2, obs. Garçon et Peltier.* ♦ Rejette à bon droit la demande de liberté conditionnelle formée par un condamné étranger la CHAP qui a apprécié souverainement l'impossibilité de l'exercice d'une activité professionnelle en raison de l'absence de démarches effectuées en vue de l'obtention d'un titre de séjour. • Crim. 28 sept. 2011, n° 11-80.983 P : *D. actu. 26 oct. 2011, obs. Léna ; AJ pénal 2012. 172, obs. Herzog-Evans* .

10. Situation particulière des étrangers. Il résulte des dispositions conjuguées des art. 729-2, D. 523, al. 2, et D. 535, 4° que la situation d'un étranger, qui a été condamné à une peine privative de liberté et dont la libération conditionnelle est subordonnée à l'exécution d'une mesure d'interdiction du territoire français, de reconduite à la frontière, d'expulsion ou d'extradition, n'a pas à être examinée au regard des critères personnels, familiaux et sociaux énoncés à l'art. 729. • Crim. 6 mars 2002, n° 01-85.914 P : *RSC 2012. 812, obs. Bouloc* .

11. Sur les notions d'imminence de la libération d'un détenu étranger, et d'urgence absolue : • CE 23 déc. 1987 : *D. 1988. IR 12.*

12. Réexamen d'une décision pénale. Si la commission de réexamen ne tient pas de la loi le pouvoir d'annuler les décision pénales, la poursuite de la procédure relève, en cas de renvoi aux fins de réexamen, des juridictions qui en sont saisies, lesquelles statuent selon les règles applicables devant elles. Si l'accusé reste détenu pour d'autres affaires en cours, et tant que l'ensemble des condamnations prononcées n'a pas acquis un caractère définitif, sa demande de libération conditionnelle doit être déclarée irrecevable. • Crim. 6 sept. 2006, n° 05-85.373 P : *AJ pénal 2006. 454, obs. Herzog-Evans* .

13. Libération conditionnelle suivant une suspension médicale de peine. Les condamnés admis au bénéfice de la suspension de peine pour raisons de santé peuvent être placés en libération conditionnelle sans que les dispositions de l'art. 730-2-1, prévoyant une évaluation de leur dangerosité sous le régime de l'incarcération, reçoivent application. • Crim. 3 mars 2021, n° 20-81.692 P : *AJ pénal 2021. 222, obs. Hamonet* . ♦ En annulant le jugement révoquant la libération conditionnelle sans constater l'existence d' une violation ou omission non réparée de formes prescrites par la loi à peine de nullité, alors que le condamné avait bénéficié d'une libération conditionnelle qui s'était substituée à la suspension de peines accordée pour raison médicale, et en omettant de prononcer sur la révocation de cette mesure dont elle était saisie par l'effet dévolutif de l'appel, la CHAP a méconnu les textes susvisés et les principes ci-dessus énoncés et a excédé ses pouvoirs. • Crim. 7 mai 2008 : *AJ pénal 2008. 473, obs. Herzog-Evans ; Dr. pénal 2009. Chron. 3, obs. Garçon.*

14. Détenus de plus de 70 ans. Est justifiée la décision de libération conditionnelle d'un condamné âgé de 79 ans, en l'absence de risque grave de renouvellement de l'infraction résultant des expertises qui figurent au dossier, lorsqu'il a commencé à indemniser la partie civile même si sa reconnaissance des faits n'est que partielle et que la mesure de libération conditionnelle est assortie des obligations de réparer les dommages causés par l'infraction et de s'abstenir de tout contact avec la victime, les faits ayant été commis il y a près de huit ans pour les plus récents. • Paris, 1er juin 2010, n° 10/03903 : *AJ pénal 2010. 453, obs. Herzog-Evans* .

15. Les dispositions des art. 729 et 730-2 s'appliquent de façon cumulative en cas de libération conditionnelle d'une personne âgée de plus de 70 ans, condamnée la réclusion criminelle à perpétuité ou lorsqu'elle a été condamnée soit à une peine d'emprisonnement ou de réclusion criminelle égale ou supérieure à 15 ans pour une infraction pour laquelle le suivi socio-judiciaire est encouru, soit à une peine d'emprisonnement ou de réclusion criminelle égale ou supérieure à 10 ans pour une infraction mentionnée à l'art. 706-53-13, la mesure devant alors être assortie d'un placement sous surveillance électronique mobile, et sans qu'elle ait été précédée, à titre probatoire, d'une mesure de semi-liberté, de placement à l'extérieur ou de détention à domicile. • Crim. 14 avr. 2021, n° 20-81.177 P : *AJ pénal 2021. 331, obs. Margaine* .

16. Responsabilité sans faute de l'État. La mise en œuvre du régime de la libération conditionnelle occasionne un risque spécial susceptible d'engager la responsabilité de l'État, en particulier lorsqu'une infraction est commise par un ancien détenu durant toute la période pendant laquelle il bénéficie d'un tel régime, qu'il se soit soustrait ou non aux obligations inhérentes à celui-ci. • CAA Paris, 20 déc. 2013 : *D. 2014. 1237, obs. Péchillon ; AJDA 2014. 578, concl. Ladreyt* .

Art. 729-1 *(L. n° 86-1021 du 9 sept. 1986)* **Des réductions du temps d'épreuve nécessaire à l'octroi de la libération conditionnelle peuvent être accordées aux condamnés à la réclusion criminelle à perpétuité dans les formes et conditions prévues par** *(L. n° 2004-204 du 9 mars 2004, art. 193-III, en vigueur le 1er janv. 2005)* **« l'article »** *(L. n° 2021-1729 du 22 déc. 2021, art. 11)* **« 721** *[ancienne rédaction : 721-1]* **la durée totale de ces réductions ne peut toutefois excéder, par année d'incarcération, vingt jours ou un mois selon que le condamné se trouve ou non en état de récidive légale. Les réductions ne sont, le cas échéant, imputables que sur la partie de la peine excédant la période de sûreté prévue** *(L. n° 92-1336 du 16 déc. 1992)* **« par l'article 132-23 du code pénal ».**

L'art. 729-1, dans sa rédaction résultant de l'art. 11 de la L. n° 2021-1729 du 22 déc. 2021, est applicable aux personnes placées sous écrou à compter du 1er janv. 2023, quelle que soit la date de commission de l'infraction. Les personnes placées sous écrou avant cette date demeurent soumises au régime défini à l'art. 729-1 dans sa rédaction antérieure (L. préc., art. 59).

Art. 729-2 *(L. n° 95-125 du 8 févr. 1995)* **Lorsqu'un étranger condamné à une peine privative de liberté est l'objet d'une mesure d'interdiction du territoire français,** *(L. n° 2014-1353 du 13 nov. 2014, art. 2)* **« d'interdiction administrative du territoire français, »** *(L. n° 2011-672 du 16 juin 2011, art. 71 et 111, en vigueur le 18 juill. 2011)* **« d'obligation de quitter le territoire français, d'interdiction de retour sur le territoire français, »** *(L. n° 2016-274 du 7 mars 2016, art. 57, en vigueur au plus tard le 1er nov. 2016)* **« d'interdiction de circulation sur le territoire français** *[ancienne rédaction : de reconduite à la frontière]* **», d'expulsion** *(L. n° 2009-526 du 12 mai 2009, art. 130-10°)* **« , d'extradition ou de remise sur le fondement d'un mandat d'arrêt européen », sa libération conditionnelle est subordonnée à la condition que cette mesure soit exécutée. Elle peut être décidée sans son consentement.**

(L. n° 2003-1119 du 26 nov. 2003, art. 83) **« Par exception aux dispositions de l'alinéa précédent, le juge de l'application des peines, ou** *(L. n° 2004-204 du 9 mars 2004, art. 162-VIII, en vigueur le 1er janv. 2005)* **« le tribunal de l'application des peines », peut également accorder une libération conditionnelle à un étranger faisant l'objet d'une peine complémentaire d'interdiction du territoire français en ordonnant la suspension de l'exécution de cette peine pendant la durée des mesures d'assistance et de contrôle prévue à l'article 732. A l'issue de cette durée, si la décision de mise en liberté conditionnelle n'a pas été révoquée, l'étranger est relevé de plein droit de la mesure d'interdiction du territoire français. Dans le cas contraire, la mesure redevient exécutoire. »**

BIBL. ▶ BOESEL et ESCUILLIE, *AJ pénal 2016. 22* (exécution et aménagement des peines). – PONCELA, *RSC 2004. 434* (étrangers et droits des sanctions pénales).

1. En vertu de leur pouvoir souverain d'appréciation, les juges peuvent estimer que la libération du demandeur est prématurée compte tenu de la date de la fin de sa peine d'emprisonnement, sans autre motivation, étant précisé que la libération conditionnelle subordonnée à l'exécution d'une mesure d'interdiction du territoire n'a pas à être examinée au regard des critères personnels, familiaux et sociaux du condamné. • Crim. 6 mars 2002, n° 01-85.914 P : *D. 2002. IR 1405*. ♦ Mais, si l'étranger ne fait l'objet d'aucune mesure d'éloignement, sa libération conditionnelle doit répondre aux exigences de fond et de forme de droit commun. • Crim. 4 avr. 2013 : *D. actu. 19 avr. 2013, obs. Bombled ; D. 2013. 1004 ; AJ pénal 2013. 291, note Herzog-Evans ; Dr. pénal 2013, n° 102, note Bonis-Garçon* • Crim. 23 sept. 2015, n° 14-85.708 P : *D. actu. 8 oct. 2015, obs. Goetz ; Dr. pénal 2015. 172, obs. Bonis-Garçon.* ♦ Pour l'application aux libérations conditionnelles des personnes condamnées à de longues peines : V. note 2 ss. art. 730-2. ♦ Les dispositions des art. 729-2 et 730-2 s'appliquent dans les situations qui s'y prêtent. • Crim. 27 mai 2021, n° 20-82.727 P : *D. actu. 8 juin 2021, obs. Dominati ; AJ pénal 2021. 380, obs. Margaine*.

2. Effectivité. La libération conditionnelle d'un étranger en application de l'art. 729-2, al. 2, doit avoir une portée effective ; par conséquent, les juges du fond ne peuvent décider qu'une telle mesure débutera au jour de la libération définitive du condamné. • Crim. 23 sept. 2015, n° 14-85.708 P : *préc. note 1.*

Art. 729-3 *(L. n° 2000-516 du 15 juin 2000, art. 122)* **La libération conditionnelle peut être accordée pour tout condamné à une peine privative de liberté inférieure ou égale à quatre ans, ou pour laquelle la durée de la peine restant à subir est inférieure**

ou égale à quatre ans, lorsque ce condamné exerce l'autorité parentale sur un enfant de moins de dix ans ayant chez ce parent sa résidence habituelle *(L. n° 2014-896 du 15 août 2014, art. 25, en vigueur le 1er oct. 2014)* **« ou lorsqu'il s'agit d'une femme enceinte de plus de douze semaines ».**

Les dispositions du présent article ne sont pas applicables aux personnes condamnées pour un crime ou pour un délit commis sur un mineur *(Abrogé par L. n° 2014-896 du 15 août 2014, art. 15 et 54, à compter du 1er janv. 2015) (L. n° 2005-1549 du 12 déc. 2005, art. 15)* ***« ou pour une infraction commise en état de récidive légale ».***

1. La libération conditionnelle peut être accordée pour tout condamné à une peine privative de liberté inférieure ou égale à quatre ans, même s'il n'est pas sous écrou, s'il remplit les conditions de l'art. 729-3. • Crim. 14 mars 2012 : *AJ pénal 2013. 112, obs. Herzog-Evans ; Dr. pénal 2013. Chron. 3, obs. Bonis-Garçon.*

2. N'a pas justifié sa décision la CHAP qui rejette une demande de libération conditionnelle parentale, alors qu'en l'ayant déclaré recevable, en application des dispositions de l'art. 729-3, elle tenait pour établi que l'enfant mineur de dix ans avait sa résidence habituelle chez sa mère, qu'elle n'a pas dit en quoi la requérante ne justifiait pas d'une participation essentielle à la vie de famille caractérisant des efforts sérieux de réadaptation sociale, et qu'elle s'est déterminée, par ailleurs, par des motifs inopérants tirés de l'absence de reconnaissance des infractions. • Crim. 3 févr. 2010 : *AJ pénal 2010. 334, obs. Herzog-Evans.* ♦ Comp., précédemment : • Crim. 24 janv. 2007 : *D. 2008. Pan. 1023, obs. Herzog-Evans ; AJ pénal 2007. 288, obs. Herzog-Evans* (Rejette à bon droit la demande de libération conditionnelle sollicitée par un détenu qui invoquait les "troubles psychologiques mettant en échec" la scolarité de ses enfants, la CHAP qui constate d'une part, que le demandeur n'est pas en mesure d'assurer, à la différence de leur mère, la présence constante qu'il revendique auprès de ses enfants, d'autre part, qu'il n'offre aucune garantie sérieuse de réinsertion sociale et professionnelle).

3. A méconnu l'art. 729-3 la CHAP qui, pour rejeter la demande de libération conditionnelle, énonce que, si la condition de minorité de 10 ans de l'enfant était remplie à la date de la demande, elle ne l'est plus à celle de la date de l'audience, la condition de minorité s'appréciant à la date de la demande. • Crim. 2 févr. 2011 : *AJ pénal 2012. 48, obs. Herzog-Evans ; Dr. pénal 2012. Chron. 2, obs. Garçon et Peltier.*

4. Est justifié l'arrêt qui énonce que le condamné fonde sa requête essentiellement sur sa vie de famille, qu'il exerce sur un enfant né le 15 mai 2008 et reconnu par lui le 3 novembre 2009, l'autorité parentale conjointe avec sa compagne, qu'il est domicilié chez celle-ci, qu'il manifeste des efforts sérieux de réadaptation sociale et qu'il remplit, en conséquence, les conditions exigées par l'art. 729-3 pour bénéficier de cette mesure. En l'état de ces motifs, la CHAP a fait l'exacte application de ce texte qui permet d'accorder le bénéfice de la libération conditionnelle parentale lorsque la durée de la peine restant à subir est inférieure ou égale à quatre ans. • Crim. 16 févr. 2011 : *Dr. pénal 2012. Chron. 2, obs. Garçon et Peltier.*

5. Pour un exemple de libération conditionnelle d'une mère exerçant l'autorité parentale sur son enfant qui vivait avec elle avant son incarcération : • Paris, 26 janv. 2006 : *AJ pénal 2006. 130, obs. Herzog-Evans*. ♦ ... Exemple de libération conditionnelle dont la date d'exécution est reportée de six mois pour cause de surcharge des services d'insertion et de probation. • Versailles, 18 mars 2010 : *AJ pénal 2011. 43, obs. Herzog-Evans*.

Art. 730 *(L. n° 2000-516 du 15 juin 2000, art. 125-VI, en vigueur le 1er janv. 2001)* **« Lorsque la peine privative de liberté prononcée est d'une durée inférieure ou égale à dix ans, ou que, quelle que soit la peine initialement prononcée, la durée de détention restant à subir est inférieure ou égale à trois ans, la libération conditionnelle est accordée par le juge de l'application des peines selon les modalités prévues** *(L. n° 2004-204 du 9 mars 2004, art. 162-IX, en vigueur le 1er janv. 2005)* **« par l'article 712-6 ».**

« Dans les autres cas, la libération conditionnelle est accordée » *(L. n° 2004-204 du 9 mars 2004, art. 162-IX, en vigueur le 1er janv. 2005)* **« par le tribunal de l'application des peines selon les modalités prévues par l'article 712-7 ».**

(L. n° 72-1226 du 29 déc. 1972) **Pour l'application du présent article** *(L. n° 2014-896 du 15 août 2014, art. 45 et 54, en vigueur le 1er janv. 2015)* **« et sans préjudice des articles 720 et 730-3 », la situation de chaque condamné est examinée au moins une fois par an, lorsque les conditions de délai prévues à l'article 729 sont remplies.**

(L. n° 2009-1436 du 24 nov. 2009, art. 83-I) **« Pour les demandes de libération conditionnelle concernant des personnes condamnées à une peine d'emprisonnement égale ou supérieure à cinq ans ou à une peine de réclusion, l'avocat de la partie civile peut, s'il en fait la demande, assister au débat contradictoire devant le juge de l'application**

des peines, le tribunal de l'application des peines ou la chambre de l'application des peines de la cour d'appel statuant en appel pour y faire valoir ses observations, avant les réquisitions du ministère public. »

Un décret fixe les modalités d'application du présent article.

Art. 730-1 *V. art. 730-1 sur les portails et les applications mobiles Dalloz* .

Art. 730-2 *(L. n° 2011-939 du 10 août 2011, art. 16-I, en vigueur le 1er janv. 2012)* **Lorsque la personne a été condamnée à la réclusion criminelle à perpétuité ou lorsqu'elle a été condamnée soit à une peine d'emprisonnement ou de réclusion criminelle égale ou supérieure à quinze ans pour une infraction pour laquelle le suivi socio-judiciaire est encouru, soit à une peine d'emprisonnement ou de réclusion criminelle égale ou supérieure à dix ans pour une infraction mentionnée à l'article 706-53-13, la libération conditionnelle ne peut alors être accordée :**

1° Que par le tribunal de l'application des peines, quelle que soit la durée de la détention restant à subir ;

2° Qu'après *(Abrogé par L. n° 2019-222 du 23 mars 2019, art. 85)* ***« avis de la commission pluridisciplinaire des mesures de sûreté, rendu à la suite d' »*** **une évaluation pluridisciplinaire de dangerosité réalisée dans un service spécialisé chargé de l'observation des personnes détenues et assortie d'une expertise médicale ; s'il s'agit d'un crime mentionné au même article 706-53-13, cette expertise est réalisée** *(L. n° 2012-409 du 27 mars 2012, art. 8)* **« soit par deux experts médecins psychiatres, soit par un expert médecin psychiatre et par un expert psychologue titulaire d'un diplôme, certificat ou titre sanctionnant une formation universitaire fondamentale et appliquée en psychopathologie. L'expertise » se prononce sur l'opportunité, dans le cadre d'une injonction de soins, du recours à un traitement utilisant des médicaments inhibiteurs de libido, mentionné à l'article L. 3711-3 du code de la santé publique.**

Lorsque la libération conditionnelle n'est pas assortie d'un placement sous surveillance électronique mobile, elle ne peut également être accordée qu'après l'exécution, à titre probatoire, d'une mesure de semi-liberté *(L. n° 2014-896 du 15 août 2014, art. 43, en vigueur le 1er oct. 2014)* **« , de placement à l'extérieur » ou de détention à domicile sous surveillance électronique pendant une période d'un an à trois ans. Cette mesure ne peut être exécutée avant la fin du temps d'épreuve prévu à l'article 729 du présent code.**

Un décret précise les conditions d'application du présent article. — *V. art. D. 527-1.*

RÉP. PÉN. v° *Placement sous surveillance électronique fixe ou mobile*, par ENDERLIN.

► **Dossier :** Les longues peines, *AJ pénal 2015. 280* s.

1. Application dans le temps de l'art. 730-2 (L. n° 2011-939 du 10 août 2011). Justifie sa décision la CHAP qui rejette la demande de libération conditionnelle assortie d'un placement probatoire à l'extérieur formée par un condamné qui a déposé sa requête après la publication de la loi du 10 août 2011, qui exclut un tel placement probatoire à l'extérieur et qui est d'application immédiate. • *Crim. 15 oct. 2014*, n° 13-80.378 : *AJ pénal 2015. 217, obs. Herzog-Evans* . ♦ *Contra* : • TAP Bastia, 18 juill. 2013, n° 174/2013 : *AJ pénal 2013. 622, obs. Herzog-Evans* .

2. La personne de nationalité étrangère, condamnée à la réclusion criminelle à perpétuité et qui n'a pas fait l'objet d'une mesure d'éloignement, ne peut se voir accorder une liberté conditionnelle sans que les conditions posées par l'art. 730-2 aient été respectées, notamment avoir fait l'objet des mesures probatoires prévues par le texte. • Crim. 4 avr. 2013 : *D. actu. 19 avr. 2013, obs. Bombled ; AJ pénal 2013. 291, note Herzog-Evans* • 7 sept. 2016, n° 15-81.679 P : *D. actu. 27 sept. 2016, obs. Fonteix ; AJ pénal 2016. 604, obs. H.-Evans ; Dr. pénal 2016, n° 166, note Bonis-Garçon.*

3. Justifie sa décision de rejeter la demande de libération conditionnelle présentée par le condamné et de fixer à deux ans le délai pendant lequel il ne pourra présenter une nouvelle demande tendant au prononcé de cette mesure, la CHAP qui retient notamment que la synthèse socio-éducative établie par le service pénitentiaire d'insertion et de probation fait état d'une absence d'empathie envers les victimes et d'une cessation des versements aux parties civiles, que la synthèse établie par la commission pluridisciplinaire des mesures de sûreté conclut à un risque de récidive toujours actuel, ainsi que les avis psychiatriques qui ajoutent que compte tenu de son fonctionnement psychique, le condamné n'est pas accessible à un traitement. • Crim. 31 oct. 2018, n° 17-86.660 P : *AJ pénal 2019. 48, obs. Carpentier ; RSC 2019. Chron. 149, note Parizot* .

4. Sur la combinaison des art. 729 et 730-2 en

cas de libération conditionnelle d'une personne âgée de plus de 70 ans condamnée pour une infraction prévue par l'art. 730-2, V. note 14 ss. art. 729.

Art. 730-2-1 *(L. nº 2016-731 du 3 juin 2016, art. 20)* **Lorsque la personne a été condamnée à une peine privative de liberté pour une ou plusieurs infractions mentionnées aux articles 421-1 à 421-6 du code pénal, à l'exclusion de celles définies aux articles 421-2-5 à 421-2-5-2 du même code, la libération conditionnelle ne peut être accordée :**

1º Que par le tribunal de l'application des peines, quelle que soit la durée de la peine de détention restant à exécuter ;

2º Qu'après avis d'une commission chargée de procéder à une évaluation pluridisciplinaire de la dangerosité de la personne condamnée.

Le tribunal de l'application des peines peut s'opposer à la libération conditionnelle si cette libération est susceptible de causer un trouble grave à l'ordre public.

(Abrogé par Cons. const. nº 2019-799/800 du 6 sept. 2019, à compter du 1er juill. 2020) ***« Lorsque la libération conditionnelle n'est pas assortie d'un placement sous surveillance électronique mobile, elle ne peut être accordée qu'après l'exécution, à titre probatoire, d'une mesure de semi-liberté, de placement à l'extérieur ou de placement sous surveillance électronique pendant une période d'un an à trois ans. Cette mesure ne peut être exécutée avant la fin du temps d'épreuve prévu à l'article 729 du présent code. »*** *— V. note ci-dessous.*

Un décret précise les conditions d'application du présent article.

BIBL. ▶ Bonis-Garçon, *Dr. pénal 2016. Étude 26* (création d'un droit pénal spécial des aménagements de peine pour les condamnés en matière de terrorisme). – Bonis et Peltier, *Dr. pénal 2022. Chron. 3* (droit de la peine). – Herzog-Evans, *AJ pénal 2016. 470* (communication, (im)précisions et répression).

1. QPC. L'exécution des peines privatives de liberté en matière correctionnelle et criminelle a été conçue non seulement pour protéger la société et assurer la punition du condamné, mais aussi pour favoriser l'amendement de celui-ci et préparer son éventuelle réinsertion. Or, les dispositions de l'al. 5 de l'art. 730-2-1 font obstacle, pour les condamnés étrangers sous le coup d'une décision d'éloignement du territoire, à toute mesure de libération conditionnelle, dès lors que l'exécution de mesures probatoires est incompatible avec la décision d'éloignement du territoire. De ce fait, elles privent les personnes en cause de toute possibilité d'aménagement de leur peine, en particulier dans le cas où elles ont été condamnées à la réclusion criminelle à perpétuité et sont manifestement contraires au principe de proportionnalité des peines. • Cons. const. 6 sept. 2019, nº 2019-799/800 QPC : *D. actu. 10 sept. 2019, obs. Fucini ; AJ pénal 2019. 620, obs. Chetard ; JCP 2019, nº 116, obs. Peltier.*

2. CPMS et CNE. Pour une personne condamnée à une peine privative de liberté pour une ou plusieurs infractions visées à l'art. 730-2-1, la libération conditionnelle ne peut être accordée par le tribunal de l'application des peines qu'après avis de la commission pluridisciplinaire des mesures de sûreté compétente dans le ressort de la cour d'appel de Paris spécialement composée, chargée de procéder à une évaluation pluridisciplinaire de la dangerosité de la personne condamnée, la saisine du Centre national d'évaluation n'étant qu'une simple faculté pour le président de la commission. • Crim. 9 mars 2022, nº 21-80.600 P.

3. *V. aussi note 13 ss. art. 729.*

Art. 730-3 *(L. nº 2014-896 du 15 août 2014, art. 42 et 54, en vigueur le 1er janv. 2015)* **Lorsque la durée de la peine accomplie est au moins égale au double de la durée de la peine restant à subir, la situation de la personne condamnée exécutant une ou plusieurs peines privatives de liberté d'une durée totale de plus de cinq ans est examinée par le juge ou le tribunal de l'application des peines à l'occasion d'un débat contradictoire tenu selon les modalités prévues aux articles 712-6 ou 712-7, afin qu'il soit statué sur l'octroi d'une libération conditionnelle. Si la personne a été condamnée à la réclusion criminelle à perpétuité, ce débat ne peut intervenir avant le terme du temps d'épreuve ni avant celui de la période de sûreté.**

Le juge ou le tribunal de l'application des peines n'est pas tenu d'examiner la situation de la personne qui a fait préalablement savoir qu'elle refusait toute mesure de libération conditionnelle. Un décret fixe les conditions d'application du présent alinéa.

S'il n'est pas procédé au débat contradictoire dans les conditions prévues au premier alinéa du présent article, la chambre de l'application des peines de la cour d'appel

peut, d'office ou sur saisine de la personne condamnée ou du procureur de la République, tenir ce débat.

L'art. 730-3 C. pr. pén., dans sa rédaction résultant de l'art. 42 de la L. n° 2014-896 du 15 août 2014, est mis en œuvre, dans un délai d'un an, pour les condamnés ayant, au moment de son entrée en vigueur, déjà accompli le double de la durée de la peine restant à subir (L. préc., art. 54).

Art. 731 **Le bénéfice de la libération conditionnelle peut être assorti de conditions particulières ainsi que de mesures d'assistance et de contrôle destinées à faciliter et à vérifier le reclassement du libéré.** *(L. n° 2004-204 du 9 mars 2004, art. 168-VIII, en vigueur le 1er janv. 2005)* **« Celui-ci peut en particulier être soumis à une ou plusieurs des mesures de contrôle ou obligations mentionnées aux articles 132-44 et 132-45 du code pénal. »**

(L. n° 72-1226 du 29 déc. 1972) **« Ces mesures sont mises en œuvre par le juge de l'application des peines assisté** *(L. n° 2000-516 du 15 juin 2000, art. 123-II)* **« du service pénitentiaire d'insertion et de probation » et, le cas échéant, avec le concours des organismes habilités à cet effet.**

« Un décret détermine les modalités d'application des mesures visées au présent article *(Abrogé par L. n° 2000-516 du 15 juin 2000, art. 123-II)* **« , *la composition et les attributions des comités de probation et d'assistance aux libérés* » et les conditions d'habilitation des organismes mentionnés à l'alinéa précédent. Il fixe également les conditions du financement indispensable à l'application de ces mesures et au fonctionnement des comités. »** — *Pr. pén. C. 896 à C. 918.*

1. Compétence du JAP. Selon les dispositions des art. 731, D. 530 et D. 536, il appartient au juge de l'application des peines chargé de mettre en œuvre la décision de libération conditionnelle, alors même que cette décision est prise par un autre magistrat, de définir les obligations particulières auxquelles peut être subordonné le maintien de cette mesure. • Crim. 19 déc. 1991, n° 91-84.233 P.

2. Conv. EDH, art. 10. L'obligation pour un condamné de s'abstenir de diffuser tout ouvrage ou œuvre audiovisuelle dont il serait l'auteur ou le coauteur et qui porterait sur les infractions commises et de s'abstenir de toute intervention publique relative à ces infractions ne viole pas l'art. 10 Conv. EDH dès lors que les juridictions nationales bénéficient d'une marge d'appréciation qui n'est pas dépassée pour des mesures limitées dans le temps et qui ne portent que sur les infractions commises par le condamné. • CEDH 12 nov. 2015, *Bidart c/ France*, n° 52363/11 : *AJDA 2016. 143, obs. Burgogue-Larsen.*

Art. 731-1 *(L. n° 2007-1198 du 10 août 2007)* **« La personne faisant l'objet d'une libération conditionnelle peut être soumise aux obligations prévues pour le suivi socio-judiciaire si elle a été condamnée pour un crime ou un délit pour lequel cette mesure est encourue. Sauf décision contraire du juge de l'application des peines ou du tribunal de l'application des peines, cette personne est soumise à une injonction de soins dans les conditions prévues aux articles L. 3711-1 et suivants du code de la santé publique s'il est établi, après l'expertise prévue à l'article 712-21 du présent code, qu'elle est susceptible de faire l'objet d'un traitement. »**

(L. n° 2011-939 du 10 août 2011, art. 17) **« La personne condamnée à une peine d'au moins** *(L. n° 2019-222 du 23 mars 2019, art. 79)* **« cinq » ans d'emprisonnement pour une infraction pour laquelle le suivi socio-judiciaire est encouru peut être placée *sous surveillance* électronique mobile selon les modalités prévues aux articles 763-12 et 763-13. Le tribunal de l'application des peines ou le juge de l'application des peines, suivant les distinctions des articles 730 et 730-2, détermine la durée pendant laquelle le condamné sera effectivement placé sous surveillance électronique mobile. Cette durée ne peut excéder deux ans, renouvelable une fois en matière délictuelle et deux fois en matière criminelle. »**

Les dispositions ci-dessus de la L. n° 2007-1198 du 10 août 2007 sont immédiatement applicables aux personnes exécutant une peine privative de liberté (L. préc., art. 12).

L'art. 731-1 prévoit qu'une personne faisant l'objet d'une libération conditionnelle peut être placée sous surveillance électronique mobile dans les conditions et selon les modalités prévues par les art. 763-10 à 763-14. Il n'appartient pas à la juridiction administrative de connaître des litiges relatifs à la nature et aux limites d'une peine infligée par une juridiction de l'ordre judiciaire et dont l'exécution est poursuivie à la diligence du ministère public. Il résulte de l'ensemble des dispositions précitées du C. pr. pén. que, si la décision par laquelle le juge chargé de l'application des peines détermine la durée du placement sous surveillance électronique mobile, modifie, complète ou supprime les obligations résultant de ce placement, est relative au contenu et aux limites d'une modalité d'aménagement de la peine, en revanche les mesures prises par les services de l'administration pénitentiaire pour assurer le bon état du dispositif de surveillance se rattachent au fonctionnement du service public de l'administration pénitentiaire. • CE 26 oct. 2011, nº 350081 *RPDP 2011. 920, obs. Péchillon.*

Art. 732 *(L. nº 72-1226 du 29 déc. 1972)* **« La décision de libération conditionnelle fixe les modalités d'exécution et les conditions auxquelles l'octroi ou le maintien de la liberté est subordonné, ainsi que la nature et la durée des mesures d'assistance et de contrôle. Si elle est prise par** *(L. nº 2004-204 du 9 mars 2004, art. 162-X, en vigueur le 1er janv. 2005)* **« le tribunal de l'application des peines, celui-ci » peut prévoir que l'élargissement s'effectuera au jour fixé par le juge de l'application des peines entre deux dates déterminées. »**

Cette durée ne peut être inférieure à la durée de la partie de la peine non subie au moment de la libération s'il s'agit d'une peine temporaire ; elle peut la dépasser pour une période maximum d'un an. *(L. nº 92-1336 du 16 déc. 1992, en vigueur le 1er mars 1994)* **« La durée totale des mesures d'assistance et de contrôle ne peut toutefois excéder dix ans.**

« Lorsque » *(L. nº 70-643 du 17 juill. 1970)* **« la peine en cours d'exécution est une peine perpétuelle, » la durée des mesures d'assistance et de contrôle est fixée pour une période qui ne peut être inférieure à cinq années, ni supérieure à dix années.**

(L. nº 2011-525 du 17 mai 2011, art. 156-17º) **« Pendant toute la durée de la libération conditionnelle, les dispositions de la décision peuvent être modifiées en application de l'article 712-8. »**

Art. 732-1 *(L. nº 2010-242 du 10 mars 2010, art. 10-I)* **Lorsque la personne a été condamnée à la réclusion criminelle à perpétuité pour l'un des crimes visés à l'article 706-53-13 et qu'elle a fait l'objet d'une libération conditionnelle avec injonction de soins, la juridiction régionale de la rétention de sûreté peut, selon les modalités prévues par l'article 706-53-15, décider de prolonger tout ou partie des obligations auxquelles est astreinte la personne, au-delà de la période de libération conditionnelle, en la plaçant sous surveillance de sûreté avec injonction de soins pour une durée de deux ans.**

Le placement sous surveillance de sûreté ne peut être ordonné qu'après expertise médicale constatant que le maintien d'une injonction de soins est indispensable pour prévenir la récidive.

Les deuxième à cinquième alinéas de l'article 723-37 sont applicables, ainsi que l'article 723-38.

Les dispositions du code de procédure pénale relatives à la surveillance judiciaire et à la surveillance de sûreté dans leur rédaction résultant des chapitres Ier, II et III de la présente loi sont immédiatement applicables après la publication de la présente loi. Il en est de même de celles précisant les modalités d'exécution de la peine de suivi socio-judiciaire ou d'une libération conditionnelle (L. nº 2010-242 du 10 mars 2010, art. 20, publiée au JO du 11 mars).

Art. 733 *(L. nº 72-1226 du 29 déc. 1972)* **« En cas de nouvelle condamnation, d'inconduite notoire, d'infraction aux conditions ou d'inobservation des mesures énoncées dans la décision de mise en liberté conditionnelle, cette décision peut être révoquée, suivant les distinctions de l'article 730,** *(L. nº 2004-204 du 9 mars 2004, art. 162-XI et XII, en vigueur le 1er janv. 2005)* **« soit par le juge de l'application des peines, soit par le tribunal de l'application des peines, selon les modalités prévues par les articles 712-6 ou 712-7. Il en est de même lorsque la décision de libération conditionnelle n'a pas encore reçu exécution et que le condamné ne remplit plus les conditions légales pour en bénéficier. »**

(L. nº 2010-242 du 10 mars 2010, art. 10-I) **« Constitue pour le condamné une violation des obligations qui lui ont été imposées le fait de refuser de commencer ou de poursuivre le traitement prescrit par le médecin traitant et qui lui a été proposé dans le cadre d'une injonction de soins, conformément à l'article 731-1. »**

(L. nº 72-1226 du 29 déc. 1972) **« Après révocation, le condamné doit subir, selon les dispositions de la décision de révocation », tout ou partie de la durée de la peine qu'il lui restait à subir au moment de sa mise en liberté conditionnelle, cumulativement, s'il**

y a lieu, avec toute nouvelle peine qu'il aurait encourue ; le temps pendant lequel il a été placé en état d'arrestation provisoire compte toutefois pour l'exécution de sa peine.

Si la révocation n'est pas intervenue avant l'expiration du délai prévu à l'article précédent, la libération est définitive. Dans ce cas, la peine est réputée terminée depuis le jour de la libération conditionnelle. — *Pr. pén. C. 937 à C. 953.*

Les dispositions du C. pr. pén. relatives à la surveillance judiciaire et à la surveillance de sûreté dans leur rédaction résultant des chapitres Ier, II et III de la présente loi sont immédiatement applicables après la publication de la présente loi. Il en est de même de celles précisant les modalités d'exécution de la peine de suivi socio-judiciaire ou d'une libération conditionnelle (L. no 2010-242 du 10 mars 2010, art. 20, publiée au JO du 11 mars).

1. QPC. Notion d'inconduite notoire. Les dispositions de l'art. 733, al. 1er, en ce qu'elles permettent la révocation de la mesure de libération conditionnelle en cas d'inconduite notoire du condamné, qui laissent au juge, dont c'est l'office, le soin de qualifier des comportements que le législateur ne peut énumérer *a priori* de façon exhaustive, est rédigée en des termes suffisamment clairs et précis pour permettre que son interprétation se fasse sans risque d'arbitraire et dans des conditions garantissant le respect des droits de la défense. • Crim. 15 janv. 2014 : *D. 2014. Pan. 1242, obs. Herzog-Evans ; Dr. pénal 2015. Chron. 3, obs. Bonis-Garçon ; Dr. pénal 2014, no 143, obs. Bonis-Garçon.*

2. Suspension du délai de révocation. Le délai au cours duquel la décision de révocation de libération conditionnelle peut être prise est suspendu pendant la durée de l'arrestation provisoire décidée conformément à l'art. 733, al. 2. • Crim. 9 nov. 1961 : *Bull. crim. no 458.* ♦ ... Ainsi que pendant la période d'exécution d'une nouvelle peine privative de liberté, distincte de la première et non confondue avec celle-ci. • Crim. 27 avr. 1994, no 94-80.651 P : *RSC 1995. 98, obs. Bouloc .* ♦ .... Ou pendant une détention provisoire, fût-ce pour une autre cause. • Crim. 18 déc. 2013, no 13-80.554 P : *D. actu. 24 janv. 2014, obs. Léna ; D. 2014. 86 ; D. 2014. 1241, obs. Herzog-Evans ; Dr. pénal 2014. Chron. 3, obs. Bonis-Garçon.*

3. Violation des obligations imposées. Le fait de contrevenir à l'assignation de résidence et de séjourner dans une localité qui n'est pas visée dans l'arrêté d'interdiction de séjour constitue seulement une infraction aux conditions spéciales exprimées *dans le permis de* libération conditionnelle et peut entraîner la révocation de la mise en liberté conditionnelle, à l'exclusion des peines de l'art. 45 C. pén. • Crim. 17 nov. 1953 : *D. 1954. 6.* ♦ En retenant qu'il n'y avait lieu à révocation de la libération conditionnelle du condamné, car, celui-ci niant les faits pour lesquels il avait été mis en examen durant le délai d'épreuve, il aurait été prématuré de caractériser l'inconduite notoire, une cour d'appel ne donne pas de base légale à sa décision faute d'avoir recherché si les faits dont elle était saisi ne constituaient pas une inobservation des obligations de la libération conditionnelle, de nature à entraîner la révocation de la mesure. • Crim. 3 sept. 2014 : *D. actu. 18 sept. 2014, obs. Léna ; Dr. pénal 2014. 143, obs. Bonis-Garçon ; D. 2014. 1235, obs. Herzog-Evans .*

4. Compétence pour la révocation. L'autorité qui a le pouvoir d'accorder une libération conditionnelle tient, de l'art. 733, celui de rapporter cette mesure ; ainsi la JRLC peut révoquer la mesure de libération conditionnelle accordée à la condition préalable d'un placement en semi-liberté avec obligation de suivre une formation professionnelle lorsque l'intéressé ne peut s'inscrire à la formation faute de pouvoir fournir une pièce d'identité. • JNLC 4 avr. 2003 : *Bull. JNLC no 1.*

5. Suspension de la libération conditionnelle. En vertu des art. 722-2 et 733, al. 2 et 3, seule la délivrance d'un mandat ou l'incarcération du condamné est de nature à suspendre la mesure de libération conditionnelle. • Crim. 21 mai 2003, no 02-81.861 P : *D. 2003. IR 2052 ; JCP 2003. IV. 2269 ; AJ pénal 2003. 31 et les obs. ; Dr. pénal 2003. Chron. 31, note Maron.* ♦ Y compris si l'incarcération intervient pour une autre cause. • Crim. 9 nov. 2004, no 04-82.980 P : *AJ pénal 2005. 32, obs. Herzog-Evans ; JCP 2005. IV. 1059.*

6. Comparution personnelle. Il se déduit des art. 6 Conv. EDH, préliminaire, et 733 que le respect des principes du contradictoire et de l'équilibre des droits des parties interdit à la CHAP prononçant sur une demande de révocation de libération conditionnelle de statuer sans que le condamné qui en fait la demande eût été mis en mesure de comparaître à l'audience. • Crim. 15 avr. 2015, no 14-82.622 P : *D. actu. 6 mai 2015, obs. Priou-Alibert ; Dr. pénal 2015, no 91, note Bonis-Garçon ; AJ pénal 2015. 270 et 562, obs. H.-Evans.*

Convention européenne pour la surveillance des personnes condamnées ou libérées sous condition,

Faite à Strasbourg le 30 novembre 1964 ; entrée en vigueur le 22 août 1975.— Publiée par Décr. nº 75-922 du 2 oct. 1975 (D. et BLD 1975. 369 ; JO 11 oct.).

TITRE Ier. PRINCIPES FONDAMENTAUX

Art. 1er — 1. Les Parties contractantes s'engagent à se prêter, conformément aux dispositions suivantes, l'aide mutuelle nécessaire au reclassement social des délinquants visés à l'article 2. Cette aide consiste en une surveillance des délinquants qui s'effectue, d'une part, par les mesures propres à faciliter leur amendement et leur réadaptation à la vie sociale et, d'autre part, par le contrôle de leur conduite en vue de permettre, s'il y a lieu, soit le prononcé de la sanction, soit sa mise à exécution.

2. Les Parties contractantes mettront à exécution, conformément aux dispositions suivantes, la peine ou la mesure de sûreté privatives de liberté prononcées contre le délinquant et dont l'application avait été suspendue.

Art. 2 — 1. Au sens de la présente Convention, l'expression « délinquant » désigne toute personne qui, sur le territoire d'une des Parties contractantes, a fait l'objet :

a) D'une décision judiciaire de culpabilité, assortie d'une suspension conditionnelle du prononcé de la peine ;

b) D'une condamnation emportant privation de liberté, prononcée sous condition ou dont l'exécution a été suspendue conditionnellement, en tout ou en partie, soit au moment de la condamnation, soit ultérieurement.

2. Dans les articles suivants, le terme « condamnation » vise les décisions intervenues tant en vertu de l'alinéa *a*) que de l'alinéa *b*) du paragraphe 1 ci-dessus.

Art. 3 Les décisions visées à l'article 2 doivent être définitives et exécutoires.

Art. 4 L'infraction qui motive une demande visée à l'article 5 doit être réprimée à la fois par la loi de l'État requérant et par celle de l'État requis.

Art. 5 — 1. L'État qui a prononcé la condamnation peut demander à l'État sur le territoire duquel le délinquant établit sa résidence habituelle :

a) D'assurer uniquement la surveillance conformément au titre II ;

b) D'assurer la surveillance et de procéder éventuellement à l'exécution conformément aux titres II et III ;

c) D'assurer l'entière application de la condamnation conformément aux dispositions du titre IV.

2. L'État requis est tenu, dans les conditions prévues par la présente Convention, de donner suite à cette demande.

3. Si l'État requérant a formulé une des demandes visées au paragraphe 1 ci-dessus et si l'État requis estime préférable, dans les cas d'espèce, d'utiliser une des autres possibilités prévues dans ce paragraphe, l'État requis peut refuser d'accéder à cette demande tout en se déclarant prêt à donner suite à une autre demande qu'elle indique.

Art. 6 Sur la demande de l'État qui a prononcé la condamnation, la surveillance, l'exécution ou l'entière application définies à l'article précédent sont assurées par l'État sur le territoire duquel le délinquant établit sa résidence habituelle.

Art. 7 — 1. La surveillance, l'exécution ou l'entière application n'ont pas lieu :

a) Si elles sont considérées par l'État requis comme étant de nature à porter atteinte à sa souveraineté, à sa sécurité, aux principes fondamentaux de son ordre juridique ou à d'autres de ses intérêts essentiels ;

b) Si la condamnation qui motive la demande prévue à l'article 5 est fondée sur des faits qui ont été jugés définitivement dans l'État requis ;

c) Si l'État requis considère les faits qui motivent la condamnation soit comme une infraction politique, soit comme une infraction connexe à une telle infraction, soit encore comme une infraction purement militaire ;

d) Si la prescription de la sanction est acquise d'après la loi de l'État requérant ou d'après celle de l'État requis ;

e) Si l'auteur de l'infraction bénéficie d'une amnistie ou d'une mesure de grâce dans l'État requérant ou dans l'État requis.

2. La surveillance, l'exécution ou l'entière application peuvent être refusées :

a) Si les autorités compétentes de l'État requis ont décidé de ne pas engager de poursuites ou de mettre fin aux poursuites qu'elles ont exercées pour les mêmes faits ;

b) Si les faits qui motivent la condamnation font l'objet de poursuites dans l'État requis ;

c) Si la condamnation qui motive la demande a été prononcée par défaut ;

d) Dans la mesure où l'État requis estime que la condamnation dont il est saisi est incompatible avec les principes qui président à l'application de son droit pénal, notamment si, en raison de son âge, l'auteur de l'infraction n'eût pas pu être condamné dans l'État requis.

3. En matière d'infractions fiscales, la surveillance ou l'exécution ont lieu dans les conditions prévues par la présente Convention seulement s'il en a été ainsi décidé entre Parties contractantes pour chaque infraction ou catégorie d'infractions.

Art. 8 Dans la mesure où cela est nécessaire, l'État requérant et l'État requis se tiennent mutuellement informés de toute circonstance susceptible d'affecter l'accomplissement des mesures de surveillance sur le territoire de l'État ou la mise à exécution de la condamnation dans cet État.

Art. 9 L'État requis informe sans retard l'État requérant de la suite donnée à sa demande.

En cas de refus total ou partiel, il fait connaître les motifs de cette décision.

TITRE II. DE LA SURVEILLANCE

Art. 10 L'État requérant fait connaître à l'État requis les conditions imparties au délinquant et, s'il y a lieu, les mesures de surveillance auxquelles celui-ci est tenu de se conformer pendant la période d'épreuve.

Art. 11 1. L'État requis satisfait à la demande de l'État requérant et, si cela est nécessaire, il adapte selon sa propre législation les mesures de surveillance prescrites.

2. En aucun cas les mesures de surveillance appliquées par l'État requis ne peuvent aggraver par leur nature ou par leur durée celles prescrites par l'État requérant.

Art. 12 Lorsque l'État requis accepte d'assurer la surveillance, *[il]* procède aux devoirs suivants :

1. Il informe sans retard l'État requérant de l'accueil qu'il a réservé à sa demande ;

2. Il s'assure la collaboration des autorités ou des organismes qui, sur son propre territoire, sont habilités à surveiller et à assister les délinquants ;

3. Il informe l'État requérant de toutes mesures prises et de leur mise en application.

Art. 13 Dans le cas où l'intéressé s'expose à une révocation de la décision de suspension conditionnelle visée à l'article 2, soit en raison d'une poursuite ou d'une condamnation pour une nouvelle infraction, soit en manquant aux obligations qui lui ont été imposées, les renseignements nécessaires sont fournis d'office et sans délai par l'État requis à l'État requérant.

Art. 14 Dès l'expiration de la période de surveillance, à la demande de l'État requérant, l'État requis fournit à ce dernier tous les renseignements nécessaires.

Art. 15 L'État requérant a seul compétence pour apprécier, compte tenu des renseignements et avis fournis par l'État requis, si le délinquant a satisfait ou non aux conditions qui lui étaient imposées et pour tirer de ses constatations les conséquences prévues par sa propre législation.

Il informe l'État requis de sa décision.

TITRE III. DE L'EXÉCUTION DES CONDAMNATIONS

Art. 16 Après révocation de la décision de suspension conditionnelle par l'État requérant et sur la demande de cet État, l'État requis a compétence pour exécuter la condamnation.

Art. 17 L'exécution a lieu en application de la loi de l'État requis, après vérification de l'authenticité de la demande d'exécution et de sa conformité aux conditions fixées par la présente Convention.

Art. 18 L'État requis adresse en temps utile à l'État requérant un document certifiant l'exécution de la condamnation.

Art. 19 L'État requis substitue, s'il y a lieu, à la sanction infligée dans l'État requérant, la peine ou la mesure prévue par sa propre loi pour une infraction analogue. Cette peine ou mesure correspond, autant que possible, quant à sa nature, à celle infligée par la décision à exécuter. Elle ne peut ni excéder le maximum prévu par la loi de l'État requis, ni aggraver par sa nature ou par sa durée la sanction prononcée dans l'État requérant.

Art. 20 L'État requérant ne peut plus procéder à aucune des mesures d'exécution demandées à moins qu'un refus ou une impossibilité d'exécution lui aient été notifiés par l'État requis.

Art. 21 L'État requis est compétent en matière de libération conditionnelle. Le droit de grâce peut être exercé par l'État requérant et par l'État requis.

TITRE IV. DU DESSAISISSEMENT EN FAVEUR DE L'ÉTAT REQUIS

Art. 22 L'État requérant fait connaître à l'État requis la condamnation dont il demande l'entière application.

Art. 23 — 1. L'État requis adapte la peine ou la mesure prononcée à sa législation pénale comme si la condamnation avait été prononcée pour la même infraction commise sur son territoire.

2. La sanction imposée dans l'État requis ne peut aggraver la sanction prononcée dans l'État requérant.

Art. 24 L'État requis assure l'entière application de la condamnation ainsi adaptée comme s'il s'agissait d'une condamnation prononcée par sa juridiction.

Art. 25 L'acceptation par l'État requis d'une demande formulée conformément au présent titre éteint le droit d'exécuter la condamnation dans l'État requérant.

TITRE V. DISPOSITIONS COMMUNES

Art. 26 — 1. Toute demande prévue à l'article 5 est formulée par écrit.

Elle indique :

a) L'autorité dont elle émane ;

b) Son objet ;

c) L'identité du délinquant et son lieu de résidence dans l'État requis.

2. La demande de surveillance est accompagnée de l'original ou d'une copie authentique de la décision contenant les raisons qui ont motivé la surveillance et de celle qui prescrit les mesures auxquelles est soumis le délinquant. Elle doit certifier le caractère exécutoire de la décision et des mesures de surveillance qui ont été ordonnées. Elle précise, dans toute la mesure du possible, les circonstances de l'infraction qui a motivé la décision de surveillance, le temps et le lieu où a été commise l'infraction, sa qualification légale et, s'il y a lieu, la durée de la sanction à exécuter. Elle fournit tous renseignements sur la nature et la durée des mesures de surveillance dont l'application est requise. Elle contient les références aux dispositions légales applicables et les renseignements nécessaires sur la personnalité du délinquant et sur sa conduite dans l'État requérant avant et après le prononcé de la décision de surveillance.

3. La demande d'exécution est accompagnée de l'original ou d'une copie authentique de la décision constatant la révocation de la condition suspensive de la condamnation ou de son exécution ainsi que de la décision de condamnation. Le caractère exécutoire de ces deux décisions est certifié dans les formes prescrites par la loi de l'État qui les a prononcées.

Lorsque la décision à exécuter en remplace une autre sans reproduire l'exposé des faits, une copie authentique de la décision contenant cet exposé sera jointe.

4. La demande qui a pour objet l'entière application de la condamnation est accompagnée des documents visés au paragraphe 2 ci-dessus.

Art. 27 — 1. La demande est adressée par le ministère de la Justice de l'État requérant au ministère de la Justice de l'État requis. La réponse est transmise par la même voie.

2. Les communications nécessaires à l'application de la présente Convention sont échangées, soit par la voie indiquée au paragraphe 1 du présent article, soit directement entre les autorités des Parties contractantes.

3. En cas d'urgence, les communications visées au paragraphe 2 du présent article peuvent être transmises par l'intermédiaire de l'Organisation internationale de police criminelle (Interpol).

4. Toute Partie contractante peut, par déclaration adressée au Secrétaire général du Conseil de l'Europe, faire connaître qu'elle entend déroger aux règles de transmission énoncées aux paragraphes 1 et 2 du présent article.

Art. 28 Si l'État requis estime que les renseignements fournis par l'État requérant sont insuffisants pour lui permettre d'appliquer la présente Convention, il demande le complément d'informations nécessaire. Il peut fixer un délai pour l'obtention de ces informations.

Art. 29 — 1. Sous réserve des dispositions du paragraphe 2 du présent article, la traduction des demandes et celle des pièces annexes, ainsi que celle de tous autres documents relatifs à l'application de la présente Convention n'est pas exigée.

2. Toute Partie contractante pourra, au moment de la signature ou du dépôt de son instrument de ratification, d'acceptation ou d'adhésion, par déclaration adressée au Secrétaire général du Conseil de l'Europe, se réserver la faculté d'exiger que les demandes et pièces annexes lui soient adressées accompagnées, soit d'une traduction dans sa propre langue, soit d'une traduction dans l'une quelconque des langues officielles du Conseil de l'Europe ou dans celle de ces langues qu'elle indiquera. Les autres Parties contractantes pourront se prévaloir du défaut de réciprocité.

3. Le présent article ne porte pas atteinte aux dispositions relatives à la traduction des demandes et pièces annexes, contenues dans les accords ou arrangements en vigueur ou à intervenir entre deux ou plusieurs Parties contractantes.

Art. 30 Les pièces et documents transmis en application de la présente Convention sont dispensés de toutes formalités de légalisation.

Art. 31 L'État requis a compétence pour percevoir, sur la demande de l'État requérant, les frais de poursuite et de jugement exposés dans cet État.

S'il procède à cette perception, il n'est tenu de rembourser à l'État requérant que les honoraires d'experts qu'il a perçus.

Art. 32 Les frais de surveillance et d'exécution exposés dans l'État requis ne sont pas remboursés.

TITRE VI. DISPOSITIONS FINALES

Art. 33 La présente Convention ne porte pas atteinte aux dispositions qui régissent la police des étrangers.

....

Déclaration de la France

En déposant l'instrument d'approbation de la Convention européenne pour la surveillance des personnes condamnées ou libérées sous condition, le Gouvernement français a confirmé qu'il fait usage de la réserve prévue par l'article 38, paragraphe 1, de la Convention et son Annexe, permettant de ne pas accepter la totalité du titre III (De l'exécution des condamnations) et du titre IV (Du dessaisissement en faveur de l'État requis).

TITRE TROISIÈME *BIS* DU TRAVAIL D'INTÉRÊT GÉNÉRAL

(L. n° 2004-204 du 9 mars 2004, art. 181, en vigueur le 1er janv. 2005)

RÉP. PÉN. v° *Travail d'intérêt général*, par DELBOS.

Art. 733-1 Le juge de l'application des peines peut, d'office, à la demande de l'intéressé ou sur réquisitions du procureur de la République, ordonner par décision motivée de substituer au travail d'intérêt général une peine de jours-amende. Cette décision est prise à l'issue d'un débat contradictoire, conformément aux dispositions de l'article 712-6.

(L. n° 2009-1436 du 24 nov. 2009, art. 94-VII) **« Cette décision peut également intervenir à la suite de l'exécution partielle du travail d'intérêt général. »**

Art. 733-2 En cas d'inexécution d'un travail d'intérêt général, le juge de l'application des peines peut, d'office ou sur réquisitions du procureur de la République, ordonner par décision motivée la mise à exécution de l'emprisonnement et de l'amende prononcés par la juridiction de jugement *(L. n° 2005-1549 du 12 déc. 2005, art. 39)* **« en application des dispositions du deuxième alinéa des articles 131-9 et 131-11 du code pénal** *[ancienne rédaction : en application du premier alinéa de l'art. 131-22 du code pénal]* **». L'exécution peut porter sur tout ou partie de cette peine.**

Cette décision est prise à l'issue d'un débat contradictoire, conformément aux dispositions de l'article 712-6.

En cas d'inexécution du travail d'intérêt général, les dispositions de l'article 712-17 sont applicables.

Décret n° 2018-1098 du 7 décembre 2018

Portant création d'un service à compétence nationale dénommé « Agence du travail d'intérêt général et de l'insertion professionnelle des personnes placées sous main de justice ».

Entrée en vigueur le 10 déc. 2018

TITRE QUATRIÈME DU SURSIS ET DE L'AJOURNEMENT

(L. n° 92-1336 du 16 déc. 1992)

RÉP. PÉN. v° *Sursis simple,* par GIACOPELLI.

BIBL. GÉN. ► LÉVY et ZAUBERMAN, *Gaz. Pal. 1982. Doctr. 625.*

Art. 734 *(L. n° 92-1336 du 16 déc. 1992)* **Le tribunal ou la cour qui prononce une peine peut, dans les cas et selon les conditions prévus par les articles 132-29 à 132-57 du code pénal, ordonner qu'il sera sursis à son exécution.**

La juridiction peut également ajourner le prononcé de la peine dans les cas et conditions prévus par les articles 132-60 à 132-70 dudit code.

Les modalités de mise en œuvre du sursis et de l'ajournement sont fixées par le présent titre.

1. Infractions concernées. L'art. 734 est applicable au cas de condamnation pour infraction à la loi sur les réquisitions militaires. • Crim. 25 mars 1892 : *DP 1892. 1. 309* • Alger, 16 févr. 1893 : *DP 1893. 2. 261.*

2. Cet article s'applique également aux infractions à la L. du 30 oct. 1886, sur la tenue des écoles primaires. • Limoges, 9 avr. 1892 : *DP 1893. 2. 423.* ♦ ... Aux infractions aux lois sur la pharmacie. • Orléans, 12 févr. 1894 : *DP 1895. 2. 22.* ♦ ... Aux délits de diffamation par la voie de la presse. • Bordeaux, 17 juin 1891 : *DP 1892. 2. 61.*

3. Peines non concernées. L'art. 734 ne s'applique pas à la peine de la réclusion criminelle. • Crim. 10 juill. 1924 : *S. 1925. 1. 288* • 11 juin 1986, n° 86-90.999 P : *RSC 1987. 677, obs. Vitu.* ♦ ... Ainsi qu'aux sanctions disciplinaires. • Crim. 21 nov. 1930 : *Bull. crim. n° 279.* ♦ ... Ainsi qu'à la suspension de permis de conduire infligée par application de l'art. L. 1er C. route. • Crim. 4 juin 1981 : *Bull. crim. n° 190.*

4. L'art. 734 s'applique aux infractions fiscales pour la condamnation à l'emprisonnement, mais il ne s'applique pas à l'amende. • Crim. 19 nov. 1891 : *DP 1892. 1. 109, concl. Baudouin* • 29 déc. 1900 : *DP 1901. 1. 225, note Le Poittevin.* ♦ Il en est de même pour les infractions forestières. • Crim. 28 janv. 1897 : *DP 1897. 1. 87* • 30 juin 1955 : *D. 1955. 686.* ♦ ... Et pour les infractions en matière de pêche fluviale. • Crim. 30 août 1900 : *DP 1901. 1. 147* • 31 mars 1952 : *D. 1952. 437.* ♦ ... Et en matière de chasse. • Bourges, 17 déc. 1891 : *DP 1892. 2. 61.*

5. La suspension de la peine est purement facultative pour le juge qui peut toujours s'abstenir de la prononcer sans avoir à s'en expliquer. • Crim. 6 févr. 1973, n° 72-92.384 P. ♦ Mais les constatations des juges du fond doivent permettre le contrôle de la Cour de cassation sur les conditions légales du sursis à exécution. • Crim. 23 janv. 1969, n° 68-92.208 P • 23 janv. 1969, n° 68-92.409 P : *D. 1969. 167 et 260.*

6. Une condamnation à une peine d'emprisonnement supérieure à deux mois, même assortie du sursis avec mise à l'épreuve, met obstacle à l'octroi du sursis simple à l'exécution d'une nouvelle peine prononcée pour des faits commis pendant le délai d'épreuve. • Crim. 25 oct. 1972 : *D. 1973. 124.*

7. Il ne peut être sursis aux peines complémentaires de publication et d'affichage prévues par l'art. 1741 CGI. • Crim. 7 nov. 1977, n° 77-90.815 P.

8. Il résulte tant des art. 40 anc. C. pén. et 734 anc. que de l'art. 132-31 nouv. C. pén. que le sursis n'est applicable qu'aux condamnations à l'emprisonnement prononcées pour une durée de 5 ans au plus. • Crim. 10 janv. 1996, n° 95-82.084 P : *RSC 1996. 849, obs. Bouloc*.

CHAPITRE PREMIER DU SURSIS SIMPLE

(L. n° 70-643 du 17 juill. 1970)

RÉP. PÉN. v° *Sursis simple,* par GIACOPELLI.

BIBL. ▶ Becheraoui, *RSC 1999. 767* (la confusion des peines assorties du sursis avant et après le nouveau code pénal).

Art. 735 *(L. nº 2014-896 du 15 août 2014, art. 8 et 54, en vigueur le 1er janv. 2015)* **Lorsque la juridiction de jugement n'a pas statué sur la révocation du sursis en application de l'article 132-36 du code pénal parce qu'elle n'avait pas connaissance de la première condamnation, le procureur de la République peut ultérieurement saisir le tribunal correctionnel d'une requête motivée tendant à sa révocation.**

Le tribunal statue en audience publique, après audition de la personne et, s'il y a lieu, de son avocat.

Art. 735-1 *(L. nº 2010-242 du 10 mars 2010, art. 17-II, en vigueur le 1er juill. 2010)* **En cas de condamnation à une peine d'emprisonnement prononcée par la juridiction pénale d'un État membre de l'Union européenne, la révocation du sursis simple ne peut être prononcée que par le tribunal correctionnel statuant sur requête du procureur de la République, selon** *(L. nº 2014-896 du 15 août 2014, art. 8 et 54, en vigueur le 1er janv. 2015)* **« la procédure prévue à l'article 735** *[ancienne rédaction : les modalités prévues à l'article 711]* **».**

Le présent art. est entré en vigueur le 1er juill. 2010. Toutefois, les effets juridiques des condamnations prononcées par les juridictions pénales d'un État membre de l'Union européenne en matière de réhabilitation sont entrés en vigueur le 1er avr. 2012 (L. nº 2010-242 du 10 mars 2010, art. 17-III).

Art. 736 *(L. nº 93-2 du 4 janv. 1993)* **« La suspension de la peine ne s'étend pas au paiement des dommages-intérêts. »**

(L. nº 70-643 du 17 juill. 1970) **Elle ne s'étend pas non plus** *(L. nº 92-1336 du 16 déc. 1992)* **« aux incapacités, interdictions et déchéances résultant de la condamnation. »**

« Toutefois, ces incapacités, interdictions et déchéances cesseront d'avoir effet du jour où, par application des dispositions de l'article 132-35 du code pénal, la condamnation aura été réputée non avenue. » *(L. nº 98-468 du 17 juin 1998)* **« Cette disposition ne s'applique pas au suivi socio-judiciaire prévu à l'article 131-36-1 du code pénal ou à la peine d'interdiction d'exercer une activité professionnelle ou bénévole impliquant un contact habituel avec des mineurs. »** *(L. nº 2012-409 du 27 mars 2012, art. 13-II)* **« Les incapacités, interdictions et déchéances prononcées, comme peine complémentaire, à titre définitif cessent d'avoir effet à l'issue d'un délai de quarante ans à compter du jour où la condamnation a été réputée non avenue. »**

L'art. 13-II de la L. nº 2012-409 du 27 mars 2012 est entré en vigueur, pour les condamnations concernant des faits commis après la publication de ladite loi, le 1er janv. 2015 (L. préc., art. 13-III).

Interdiction du territoire. L'interdiction du territoire français ne figurant pas au nombre des exceptions prévues par l'art. 736, il n'y a pas lieu de rejeter une requête en relèvement de cette interdiction au motif que les effets du non-avenu sont limités à la peine d'emprisonnement avec sursis devenue définitive. • Crim. 29 oct. 2003, nº 02-86.704 P : *D. 2004. IR 324* ; *JCP 2004. IV. 1047.*

CHAPITRE II DU SURSIS PROBATOIRE

(L. nº 70-643 du 17 juill. 1970)

A compter du 24 mars 2020, l'intitulé du chapitre II du titre IV du livre V « Du sursis avec mise à l'épreuve » devient « Du sursis probatoire » (L. nº 2019-222 du 23 mars 2019, art. 81 et 109-XIX ; Décr. nº 2020-81 du 3 févr. 2020, art. 3).

A compter de la même date, dans le code de procédure pénale et dans toutes les autres dispositions de nature législative, les mots : « sursis avec mise à l'épreuve » sont remplacés par les mots : « sursis probatoire » (L. nº 2019-222 du 23 mars 2019, art. 81-VII et 109-XIX).

RÉP. PÉN. vº *Sursis avec mise à l'épreuve*, par Giacopelli.

BIBL. ▶ Herzog-Evans, *D. 2010. 1428* (la loi « récidive III » : extension et aggravation de la « probation obligatoire »). – Lorho, *Dr. pénal 1992. Chron. 58* (le sursis probatoire à l'épreuve du nouveau code pénal). – Salvage, *Dr. pénal 2009. Étude 2* (le sursis d'épreuve avec injonction de soins). – Pradel, *D. 2019, Chron. 1002* (dispositions de la loi du 23 mars 2019 sur le renforcement de l'efficacité et du sens de la peine).

Art. 738 *Abrogé par L. nº 92-1336 du 16 déc. 1992, à compter du 1er mars 1994.*

V. désormais, C. pén., art. 132-41. — ***C. pén.***

1. *Jurisprudence postérieure à l'abrogation de l'art. 738.* Il résulte tant des art. 738 ancien et 40 ancien C. pén. que de l'art. 132-41 nouveau C. pén. que le sursis avec mise à l'épreuve n'est applicable qu'aux condamnations prononcées pour une durée de 5 ans au plus, en raison d'un crime ou d'un délit. Encourt dès lors la cassation l'arrêt d'une cour d'assises qui, après avoir déclaré un accusé coupable de violences avec arme ayant entraîné une mutilation ou une infirmité permanente, l'a condamné, notamment, à six ans d'emprisonnement dont un an assorti du sursis avec mise à l'épreuve pendant 3 ans. • Crim. 10 juill. 1996, nº 95-83.450 P.

2. Lorsqu'une condamnation assortie du sursis avec mise à l'épreuve, ou obligation d'accomplir un travail d'intérêt général est, en application de l'art. 132-41 C. pén., remplaçant l'art. 738 depuis le 1er nov. 1994, déclarée exécutoire par provision, le délai d'épreuve court à compter du jour où cette condamnation est prononcée. • Crim. 8 juin 1999, nº 98-84.516 P.

Art. 739 *(L. nº 2004-204 du 9 mars 2004, art. 162-XVII, en vigueur le 1er janv. 2005)* **« Lorsqu'une condamnation est assortie du sursis probatoire, le condamné est placé sous le contrôle du juge de l'application des peines territorialement compétent selon les modalités prévues par l'article 712-10. »**

(L. nº 92-1336 du 16 déc. 1992, en vigueur le 1er mars 1994) **« Au cours du délai de probation, le condamné doit satisfaire à l'ensemble des mesures de contrôle prévues par l'article 132-44 du code pénal et à celles des obligations particulières prévues par l'article 132-45 du même code qui lui sont spécialement imposées, soit par la décision de condamnation, soit par une décision que peut, à tout moment,** *(L. nº 2011-939 du 10 août 2011, art. 20-3º, en vigueur le 1er janv. 2012)* **« y compris pendant une période d'incarcération du condamné, » prendre le juge de l'application des peines »** *(L. nº 2004-204 du 9 mars 2004, art. 162-XVII, en vigueur le 1er janv. 2005)* **« en application des dispositions de l'article 712-8 ».**

Avant-dern. et dern. al. abrogés par L. nº 2004-204 du 9 mars 2004, art. 162-XVII, à compter du 1er janv. 2005.

V. art. R. 58 s.

1. Aux termes de l'art. 739, al. 3, eules peuvent être soumises à l'examen du tribunal par le condamné les obligations particulières ordonnées par le juge de l'application des peines ; méconnaît dès lors ces dispositions le tribunal correctionnel rapportant l'obligation d'effectuer un travail d'intérêt général dont il avait assorti une peine d'emprisonnement avec sursis. • Crim. 20 janv. 1993, nº 92-85.350 P : *RSC 1993. 797, obs. Braunschweig ; ibid. 1994. 102, obs. Bouloc .*

2. *Délai d'épreuve.* Si le délai d'épreuve imposé au bénéficiaire du sursis ne commence à courir que du jour où la condamnation est devenue définitive, lorsque celle-ci n'a pas été déclarée exécutoire par provision, ce délai est suspendu en cas d'incarcération du condamné, les mesures de surveillance et d'assistance attachées au sursis probatoire ne pouvant s'exécuter cumulativement avec un emprisonnement ferme. • Crim. 14 févr. 1994, nº 93-83.619 P.

3. *Obligation de soins.* Lorsqu'en application de l'art. 132-45, 3º C. pén. la juridiction correctionnelle impose au condamné, à titre d'obligation du sursis avec mise à l'épreuve, de « suivre des soins médicaux », les modalités d'exécution de cette obligation doivent être déterminées par le juge de l'application des peines auquel l'art. 739 donne le pouvoir de mettre en œuvre, aménager ou supprimer les obligations particulières auxquelles la juridiction de jugement a soumis le condamné. • Crim. 13 nov. 2001, nº 00-88.128 P : *Dr. pénal 2002. Chron. 11, obs. Marsat ; RSC 2002. 322, obs. Bouloc .* ♦ De même s'agissant de l'obligation de "se soigner", prévue à l'art. 132-45 C. pén., les modalités d'exécution de cette obligation devant être déterminées par le juge de l'application des peines, en application des art. 739 et 712-8. • Crim. 27 mars 2007 : *AJ pénal 2007. 338, note Herzog-Evans .*

4. *Révocation du sursis.* La juridiction pénale appelée à se prononcer sur la révocation d'un sursis avec mise à l'épreuve ne doit se déterminer qu'au regard des obligations légalement imposées au condamné. • Crim. 31 mars 2005, nº 04-84.455 P : *AJ pénal 2005. 403, obs. Herzog-Evans .*

Art. 740 *(L. nº 70-643 du 17 juill. 1970)* **Au cours du délai de probation, le juge de l'application des peines sous le contrôle de qui le condamné est placé s'assure, soit par lui-même, soit par toute personne qualifiée, de l'exécution des** *(L. nº 92-1336 du*

16 déc. 1992) **« mesures de contrôle et d'aide » et des obligations imposées à ce condamné.**

(Abrogé par L. nº 2004-204 du 9 mars 2004, art. 183-IX, à compter du 1er janv. 2005) ***« Si les actes nécessaires à cette fin doivent être effectués hors des limites de son ressort, il charge d'y procéder ou d'y faire procéder le juge de l'application des peines territorialement compétent. »*** *— Pr. pén. 763-1.*

BIBL. ▶ LASALLE, *AJ pénal 2014. 272* (la réforme pénale peut-elle se passer d'une complémentarité entre le secteur public et le secteur associatif socio-judiciaire ?).

Art. 741 *(L. nº 70-643 du 17 juill. 1970)* **Le condamné est tenu de se présenter, chaque fois qu'il en est requis, devant le juge de l'application des peines sous le contrôle duquel il est placé.**

(L. nº 2004-204 du 9 mars 2004, art. 183-II, en vigueur le 1er janv. 2005) **« En cas d'inobservation des obligations, les dispositions de l'article 712-17 sont applicables. »**

Art. 741-1 *(L. nº 2011-939 du 10 août 2011, art. 20-2º, en vigueur le 1er janv. 2012)* **En cas d'incarcération pour une condamnation à une peine d'emprisonnement assortie pour partie du sursis probatoire, il est remis au condamné avant sa libération un avis de convocation à comparaître devant le service pénitentiaire d'insertion et de probation dans un délai qui ne saurait être supérieur à huit jours à compter de sa libération s'il s'agit d'une personne condamnée ou ayant été condamnée pour une infraction pour laquelle le suivi socio-judiciaire est encouru et qui ne saurait être supérieur à un mois dans les autres cas. Le service pénitentiaire d'insertion et de probation est alors saisi de la mesure de sursis probatoire.**

Art. 741-2 *(L. nº 2019-222 du 23 mars 2019, art. 81 et 109-XIX, en vigueur le 24 mars 2020) (Abrogé par Ord. nº 2022-478 du 30 mars 2022, art. 6, à compter du 1er mai 2022)* ***« Lorsque le tribunal a fait application de l'article 132-41-1 du code pénal et a prononcé un sursis probatoire avec un suivi renforcé, le service pénitentiaire d'insertion et de probation évalue, de façon pluridisciplinaire, la personnalité et la situation matérielle, familiale et sociale de la personne condamnée.***

« A l'issue de cette évaluation, le service adresse au juge de l'application des peines un rapport comportant des propositions relatives au contenu et aux modalités de mise en œuvre des mesures de contrôle et d'assistance, des obligations et des interdictions mentionnées à l'article 132-45 du même code. »

(Ord. nº 2022-478 du 30 mars 2022, art. 6, en vigueur le 1er mai 2022) **« Au vu du rapport établi et remis par le service pénitentiaire d'insertion et de probation en application des dispositions de l'article L. 621-3 du code pénitentiaire, le juge de l'application des peines, lorsqu'il n'a pas été fait application du troisième alinéa de l'article 132-41-1 du code pénal, détermine les obligations et interdictions auxquelles est astreint le condamné ainsi que les mesures d'aide dont il bénéficie. » S'il a été fait application du même troisième alinéa, le juge de l'application des peines peut modifier, supprimer ou compléter les obligations et interdictions décidées par la juridiction ; il détermine les mesures d'aide dont le condamné bénéficie.**

Le juge statue, au plus tard dans les quatre mois qui suivent le jugement de condamnation, par ordonnance motivée, après réquisitions écrites du procureur de la République et après avoir entendu les observations du condamné ainsi que, le cas échéant, celles de son avocat. S'il envisage d'astreindre le condamné à l'obligation d'effectuer un travail d'intérêt général, il statue après que le condamné a été informé de son droit de refuser l'accomplissement d'un travail d'intérêt général et après avoir reçu sa réponse. Il lui notifie cette ordonnance et l'avertit des conséquences qu'entraînerait une condamnation pour une nouvelle infraction commise au cours du délai de probation ou un manquement aux mesures de contrôle et aux obligations particulières qui lui sont imposées.

La situation matérielle, familiale et sociale de la personne est réévaluée à chaque fois que nécessaire au cours de l'exécution de la peine, et au moins une fois par an, par le service pénitentiaire d'insertion et de probation et le juge de l'application des peines.

Au vu de chaque nouvelle évaluation, *(Ord. nº 2022-478 du 30 mars 2022, art. 6, en vigueur le 1er mai 2022)* **« réalisée par le service pénitentiaire d'insertion et de probation dans les conditions prévues par les dispositions de l'article L. 621-3 du code péni-**

tentiaire, » le juge de l'application des peines peut, selon les modalités prévues à l'article 712-8 du présent code et après avoir entendu les observations du condamné ainsi que, le cas échéant, celles de son avocat *[,]* modifier ou compléter les obligations et interdictions auxquelles la personne condamnée est astreinte ou supprimer certaines d'entre elles ; il peut également, s'il estime que la personnalité et la situation matérielle, familiale et sociale du condamné ne le justifient plus, ordonner la fin du suivi renforcé.

Lorsque le tribunal n'a pas fait application de l'article 132-41-1 du code pénal, le juge de l'application des peines peut, s'il estime que la personnalité du condamné le justifie, décider, à tout moment au cours de l'exécution de la probation, de faire application des cinquième et avant-dernier alinéas du présent article en ordonnant un suivi renforcé.

V. art. D. 546-1 s.

Art. 742 *(L. n° 2004-204 du 9 mars 2004, art. 183-IV, en vigueur le 1er janv. 2005)* **Lorsque le condamné ne se soumet pas aux mesures de contrôle ou aux obligations particulières imposées en application de l'article 739, lorsqu'il a commis une infraction suivie d'une condamnation à l'occasion de laquelle la révocation du sursis n'a pas été prononcée, le juge de l'application des peines peut, d'office ou sur réquisitions du parquet, ordonner par** *(L. n° 2005-1549 du 12 déc. 2005, art. 39)* **« jugement motivé » la prolongation du délai de probation. Il peut aussi, dans les conditions prévues aux articles 132-49 à 132-51 du code pénal, révoquer en totalité ou en partie le sursis.**

La décision est prise conformément aux dispositions de l'article 712-6.

Ces dispositions sont applicables même lorsque le délai de probation fixé par la juridiction a expiré, lorsque le motif de la prolongation du délai ou de la révocation s'est produit pendant le délai de probation.

BIBL. ▶ LARGUIER, *RSC 1981. 603.*

1. Lorsque le sursis avec mise à l'épreuve n'a pas été révoqué par la juridiction de jugement prononçant une condamnation pour une infraction commise pendant le délai d'épreuve, la juridiction de l'application des peines peut le révoquer. • Crim. 26 nov. 2014 : *D. actu. 16 déc. 2014, obs. Fucini ; AJ pénal 2015. 251, obs. Lasserre Capdeville.*

2. Les décisions du juge de l'application des peines étant, aux termes de l'art. 712-14, exécutoires par provision, le condamné qui voit son sursis avec mise à l'épreuve révoqué par décision du JAP se trouve, à compter de son incarcération, en exécution de la peine afférente au sursis révoqué et non sous le régime de la détention provisoire. Ne s'offre à lui que la voie de l'appel contre cette décision et il ne saurait invoquer les textes relatifs à la détention provisoire. • Crim. 21 févr. 2007 : *D. 2007. AJ 868 ; ibid 2007. AJ 1017 ; AJ pénal 2007. 193, obs. Herzog-Evans.*

3. Les dispositions de l'art. 132-52 C. pén., qui permettent de prononcer, après l'expiration du délai d'épreuve, la révocation partielle d'un sursis avec mise à l'épreuve plutôt que sa révocation totale, seule possible en l'état antérieur du droit, ne présentent pas un caractère plus sévère, et sont donc immédiatement applicables à la révocation du SME assortissant la peine d'emprisonnement prononcée contre l'auteur d'une infraction commise avant la date de leur entrée en vigueur, le 1er oct. 2014. • Crim. 13 déc. 2017, n° 16-86.128 P : *D. actu. 10 janv. 2018, obs. Goetz.*

4. Prolongation après la fin du délai d'épreuve. Il se déduit de la combinaison des art. 132-52, al. 3, C. pén., et 742, que le caractère non avenu d'une condamnation à une peine d'emprisonnement avec sursis et mise à l'épreuve ne fait pas obstacle à la prolongation du délai d'épreuve, lorsque le motif de cette prolongation s'est produit pendant ledit délai et que le juge s'est saisi à cette fin au plus tard dans le délai d'un mois après cette date. • Crim. 22 mai 2019, n° 18-84.220 P : *D. actu. 25 juin 2019, obs. Recotillet ; D. 2019. Pan. 1568, obs. Carbonaro.*

5. Révocation après la fin du délai d'épreuve (jurispr. ant. à la réd. de l'art. 132-52 C. pén. issue de la L. n° 2014-896 du 15 août 2014). Par application des art. 132-52, al. 2, C. pén. et 742, une condamnation à l'emprisonnement assortie partiellement d'un sursis avec mise à l'épreuve est réputée non avenue dans tous ses éléments à l'échéance du délai d'épreuve et perd ainsi son caractère exécutoire à partir de cette date, à moins qu'elle ne fasse l'objet d'une décision ordonnant la révocation totale du sursis. Fait dès lors l'exacte application de ce texte la CHAP qui constate qu'est devenue sans objet la demande d'aménagement d'une peine d'emprisonnement initialement assortie d'un sursis avec mise à l'épreuve dont la révocation, partielle, a été ordonnée postérieurement à l'expiration du délai d'épreuve. • Crim. 28 avr. 2011, n° 10-87.978 P : *D. actu. 17 mai 2011, obs. Léna ; D. 2011. Pan. 2828, obs. Potaszkin ; Dr.*

pénal 2012. Études 10 et 13, par Griffon ; RPDP 2012. 150, obs. Chevallier. ♦ Fait l'exacte application de l'art. 132-52 C. pén. la CHAP qui constate, après l'échéance du délai d'épreuve, qu'est devenue sans objet la requête du condamné sollicitant une suspension de peine pour raison médicale, le sursis avec mise à l'épreuve n'ayant pas fait l'objet d'une révocation totale. • Crim. 28 avr. 2011, n° 10-87.986 P : *D. 2011. Actu. 1284* ; *ibid. Pan. 2828, obs. Potaszkin* ; *D. actu. 12 mai 2011, obs. Priou-Alibert.* ♦ Il se déduit de l'art. 132-52 C. pén. qu'après expiration du délai d'épreuve, le sursis avec mise à l'épreuve assortissant la condamnation à une peine d'emprisonnement ne peut plus faire l'objet d'une révocation partielle. • Crim. 12 avr. 2012, n° 11-84.684 P : *D. actu. 25 mai 2012, obs. Léna ; D. 2012. Actu. 1335* ; *AJ pénal 2012. 497, obs. Dufourd* . ♦ Il résulte de la combinaison des art. 132-52 C. pén. et 742 qu'une condamnation avec sursis et mise à l'épreuve non avenue perd son caractère exécutoire à partir de cette date à moins qu'elle ne fasse l'objet d'une décision ordonnant la révocation totale du sursis. • Crim. 7 mai 2014, n° 13-86.436 P : *D. actu. 22 mai 2014, obs. Léna ; D. 2014. Pan. 1414, obs. Laurent* ; *Dr. pénal 2014. 116, note Peltier.* ♦ V. *contra* précédemment : justifie sa décision la cour d'appel qui, pour confirmer la décision des premiers juges tendant à faire exécuter la révocation partielle d'un sursis avec mise à l'épreuve, retient qu'il résulte de l'application combinée des art. 712-20 et 742 que la révocation partielle d'un sursis de cette nature assortissant une partie de la peine d'emprisonnement est permise après l'expiration du délai d'épreuve, dès lors que la cause de la révocation est intervenue pendant ce délai et autorise, en conséquence, la mise à exécution de l'emprisonnement ordonnée dans le délai de prescription de la peine. • Crim. 2 sept. 2009, n° 09-80.150 P : *D. 2009. AJ 2283* ; *AJ pénal 2009. 462* ; *Dr. pénal 2010. Chron. 2, obs. Peltier.* ♦ V. aussi, dès lors qu'il résulte de l'application combinée des art. 712-20 et 742 que la violation, par le condamné, des obligations auxquelles il est astreint, commise pendant la durée d'exécution d'une mise à l'épreuve, peut donner lieu à la révocation de la mesure après sa date d'expiration si le JAP compétent a été saisi ou s'est saisi à cette fin au plus tard dans un délai d'un mois après cette date, la cour d'appel a justifié sa décision. • Crim. 5 janv. 2011, n° 10-83.839.

Ancien art. 742 *(L. n° 81-82 du 2 févr. 1981)* ***Le tribunal correctionnel peut prolonger le délai d'épreuve :***

1° Lorsque le condamné ne satisfait pas *(L. n° 92-1336 du 16 déc. 1992)* ***« aux mesures de contrôle et d'aide » ou aux obligations particulières imposées en application de l'article 739 ;***

2° Lorsqu'il a commis une infraction suivie d'une condamnation à l'occasion de laquelle la révocation du sursis n'a pas été prononcée ;

3° Lorsqu'il s'est soustrait volontairement à l'obligation de contribuer aux charges familiales, d'acquitter régulièrement les pensions alimentaires, de remettre ses enfants entre les mains de ceux auxquels leur garde a été confiée par décision de justice, ou encore de réparer les dommages causés par l'infraction.

(L. n° 92-1336 du 16 déc. 1992) ***« Le tribunal peut aussi, dans les conditions prévues aux articles 132-49 à 132-51 du code pénal, révoquer en totalité ou en partie le sursis. »***

BIBL. ► COUVRAT, *RSC 1990. 611,* et *1992. 362.*

1. La cour d'appel qui ordonne l'exécution d'une peine assortie du sursis avec mise à l'épreuve n'est pas tenue, en l'absence de mesure d'incarcération du condamné, de rendre une décision spéciale et motivée, la constatation de l'existence de l'une des conditions de révocation *de l'art. 742 étant suffisante* pour justifier sa décision. • Crim. 30 avr. 1980, n° 79-93.235 P • 21 mars 1991, n° 90-82.492 P • 5 févr. 1992, n° 91-82.738 P.

2. Sont insuffisantes pour caractériser à la charge du condamné l'inobservation de l'une des mesures obligatoires de surveillance et d'assistance limitativement définies par les art. R. 56 et R. 57 les énonciations imprécises d'un arrêt qui concernent le défaut de bonne volonté du condamné et l'influence pernicieuse exercée par lui sur son entourage. • Crim. 7 déc. 1971, n° 71-93.090 P : *D. 1972. 137, note Costa.*

3. La procédure prévue par l'art. 742 constitue un incident contentieux relatif à l'exécution d'une sanction pénale pour lequel il doit être statué en chambre du conseil par application de l'art. 711. • Crim. 21 févr. 1963, n° 62-92.513 P : *D. 1963. 506, note Schewin.*

4. Une cour d'appel ne peut ordonner l'exécution partielle de la peine au seul motif que le condamné avec sursis et mise à l'épreuve pour abandon de famille n'a pas acquitté régulièrement les mensualités de la pension alimentaire dès lors que la précédente décision n'a pas spécialement imposé cette obligation au condamné. • Crim. 21 janv. 1975, n° 73-92.253 P : *JCP 1976. II. 18342, note Fransès-Magre ; RSC 1976. 955, obs. Larguier.*

5. Si le condamné à une peine d'emprisonnement assortie du sursis avec mise à l'épreuve commet une infraction pendant le délai d'épreuve, la révocation du sursis peut être prononcée, soit par la juridiction de jugement prononçant sur l'infraction nouvelle, soit par le tribunal correctionnel statuant comme juridiction de l'application des peines. • Crim. 30 mars 1999, n° 98-83.886 P. ♦ ... Alors même que l'incarcération provisoire n'a pas été ordonnée. • Crim. 27 mai 1999, n° 98-86.515 P.

Art. 742-1 *Abrogé par L. n° 2004-204 du 9 mars 2004, art. 183-VI, à compter du 1er janv. 2005.*

Art. 742-2 à 742-4 *Abrogés par L. n° 92-1336 du 16 déc. 1992, à compter du 1er mars 1994.*

Art. 743 *(L. n° 2004-204 du 9 mars 2004, art. 183-V, en vigueur le 1er janv. 2005)* **Lorsque le juge de l'application des peines prolonge le délai de probation, ce délai ne peut au total être supérieur à trois années.**

Art. 744 *(L. n° 2004-204 du 9 mars 2004, art. 183-V, en vigueur le 1er janv. 2005)* **Si le condamné satisfait aux mesures de contrôle et d'aide et aux obligations particulières imposées en application de l'article 739 et si son reclassement paraît acquis, le juge de l'application des peines peut déclarer non avenue la condamnation prononcée à son encontre. Le juge de l'application des peines ne peut être saisi à cette fin ou se saisir d'office avant l'expiration d'un délai d'un an à compter du jour où la condamnation est devenue définitive.**

La décision est prise conformément aux dispositions de l'article 712-6.

Ancien art. 744 *(L. n° 70-643 du 17 juill. 1970)* ***Le tribunal correctionnel compétent pour statuer dans les cas prévus par les articles 739, troisième alinéa, 741-3, 742 et 743 est celui dans le ressort duquel le condamné a sa résidence habituelle ou, si le condamné n'a pas en France de résidence habituelle, celui dans le ressort duquel la juridiction qui a prononcé la condamnation a son siège. Toutefois, s'il a été fait application des dispositions de l'article 741-2, le tribunal compétent pour prendre les mesures prévues à l'article 742 est celui dans le ressort duquel le condamné a été trouvé.***

Le tribunal correctionnel est saisi soit par le juge de l'application des peines, soit par le procureur de la République. Il peut également être saisi par la requête du condamné demandant le bénéfice des dispositions de l'article 743.

Le condamné est cité à la requête du ministère public dans les conditions prévues par les articles 550 à 566. Il peut également comparaître dans les conditions prévues par l'article 389, premier et troisième alinéa.

Le tribunal statue en chambre du conseil. Lorsque le juge de l'application des peines ne participe pas à la décision, le tribunal statue sur son rapport écrit.

BIBL. ▶ Jambu-Merlin, *Rev. pénit. 1968. 435.* – Pradel, *note D. 1987. 237.* – Rossi, *JCP 1964. I. 1833.*

1. Exigences de la Conv. EDH. La présence du juge de l'application des peines dans la composition du tribunal correctionnel qui statue sur la révocation d'un sursis avec mise à l'épreuve est prévue par l'art. 744 et n'est pas incompatible avec l'art. 6 Conv. EDH dès lors que la juridiction n'est pas appelée à statuer sur le fond de l'affaire. • Crim. 19 oct. 1988, n° 88-80.136 P : *D. 1988. IR 285.* ♦ Les dispositions de l'art. 744 qui prévoient que le tribunal statue en chambre du conseil, sur les requêtes du juge de l'application des peines en révocation de sursis avec mise à l'épreuve, ne sont pas contraires à l'art. 6 Conv. EDH car il ne s'agit pas de statuer sur le bien-fondé d'une accusation en matière pénale. • Crim. 4 avr. 2001 : *Procédures 2001, n° 157, obs. Buisson.*

2. Décision en chambre du conseil. Si les mentions d'un arrêt ne permettent pas de savoir si l'affaire a été jugée en chambre du conseil ou en audience publique, l'irrégularité commise ne doit cependant pas entraîner l'annulation de la décision, dès lors qu'il n'est pas établi qu'elle ait porté atteinte aux intérêts du demandeur. • Crim. 7 mai 1996, n° 95-83.905 P • 2 déc. 1998 : *Dr. pénal 1999. Comm. 137, obs. Maron.* ♦ Il n'y a pas lieu d'annuler la décision de révocation totale du sursis prise en audience publique dès lors qu'il n'y a pas eu d'atteintes aux intérêts du demandeur. • Crim. 2 févr. 2005 : *AJ pénal 2005. 205, obs. Herzog-Evans.*

3. Lorsqu'une juridiction est saisie d'une demande de révocation de sursis avec mise à l'épreuve et que le condamné, cité devant elle en application de l'art. 744, al. 3, ne comparaît pas mais invoque une excuse, elle ne peut statuer contradictoirement sans s'être prononcée sur la validité de cette excuse, alors même que cette excuse ne lui serait parvenue qu'en cours de délibéré. • Crim. 27 févr. 1996, n° 95-83.084 P.

Art. 744-1 *Abrogé par L. n° 2004-204 du 9 mars 2004, art. 183-VI, à compter du 1er janv. 2005.*

Art. 744-2 *Abrogé par L. n° 2002-1138 du 9 sept. 2002, art. 21.*

Art. 744-3 *Abrogé par L. n° 92-1336 du 16 déc. 1992, à compter du 1er mars 1994.*

Art. 745 *(L. n° 2011-939 du 10 août 2011, art. 22, en vigueur le 1er janv. 2012)* **Lorsque le condamné à une peine d'emprisonnement assortie du sursis probatoire doit satisfaire à l'obligation de s'abstenir de paraître dans un lieu ou une zone spécialement désigné, afin d'éviter un contact avec la victime ou la partie civile, ou à l'obligation de s'abstenir d'entrer en relation avec la victime ou la partie civile, prévues aux** *(L. n° 2019-1480 du 28 déc. 2019, art. 10)* **« 9°, 13° et 18°** ***bis*** **» de l'article 132-45 du code pénal, le juge de l'application des peines ou le service pénitentiaire d'insertion et de probation avise la victime ou la partie civile, directement ou par l'intermédiaire de son avocat, de la date de fin de la mise à l'épreuve.**

Cet avis n'est toutefois pas adressé lorsque la victime ou la partie civile a fait connaître qu'elle ne souhaitait pas être avisée des modalités d'exécution de la peine.

Les modalités d'application du présent article sont précisées par décret.

Art. 745-1 *Abrogé par L. n° 92-1336 du 16 déc. 1992, à compter du 1er mars 1994.*

Art. 746 *(L. n° 93-2 du 4 janv. 1993)* **« La suspension de la peine ne s'étend pas au paiement des dommages-intérêts. »**

(L. n° 70-643 du 17 juill. 1970) **Elle ne s'étend pas non plus** *(L. n° 92-1336 du 16 déc. 1992)* **« aux incapacités, interdictions et déchéances résultant de la condamnation.**

« Toutefois, ces incapacités, interdictions et déchéances cesseront d'avoir effet du jour où, par application des dispositions de l'article 743 ou de l'article 132-52 du code pénal, la condamnation aura été déclarée ou réputée non avenue. » *(L. n° 98-468 du 17 juin 1998)* **« Cette disposition ne s'applique pas à la peine d'interdiction d'exercer une activité professionnelle ou bénévole impliquant un contact habituel avec des mineurs. »** *(L. n° 2012-409 du 27 mars 2012, art. 13-II)* **« Les incapacités, interdictions et déchéances prononcées, comme peine complémentaire, à titre définitif cessent d'avoir effet à l'issue d'un délai de quarante ans à compter du jour où la condamnation a été réputée non avenue. »**

L'art. 13-II de la L. n° 2012-409 du 27 mars 2012 est entré en vigueur, pour les condamnations concernant des faits commis après la publication de ladite loi, le 1er janv. 2015 (L. préc., art. 13-III).

Art. 747 *(L. n° 92-1336 du 16 déc. 1992, en vigueur le 1er mars 1994)* **Les dispositions relatives aux effets du sursis probatoire sont fixées par les articles 132-52 et 132-53 du code pénal.**

V. ss. art. 733 C. pr. pén., la Convention européenne pour la surveillance des personnes condamnées ou libérées sous condition.

CHAPITRE III DES CONVERSIONS DE PEINE

(L. n° 2019-222 du 23 mars 2019, art. 85-XIII et 109-XIX, en vigueur le 24 mars 2020)

A compter du 24 mars 2020, l'intitulé du chapitre III du titre IV du livre V devient « Des conversions de peines » (L. n° 2019-222 du 23 mars 2019, art. 85-XIII et XV, et 109-XIX).

Art. 747-1 **En cas de condamnation définitive pour un délit à une peine d'emprisonnement ferme inférieure ou égale à six mois, ou dont la partie ferme est inférieure ou égale à six mois, y compris si cette peine résulte de la révocation d'un sursis, le juge de l'application des peines peut, avant la mise à exécution de l'emprisonnement ou en cours d'exécution de celui-ci, ordonner, d'office ou à la demande du condamné et selon les modalités prévues aux articles 712-6 ou 723-15, la conversion de cette peine en peine de détention à domicile sous surveillance électronique, en peine de travail d'intérêt général, en peine de jours-amende ou en un emprisonnement assorti d'un sursis probatoire renforcé, lorsque cette conversion lui paraît de nature à assurer la réinsertion du condamné et à prévenir sa récidive.**

Lorsque la peine est convertie en détention à domicile sous surveillance électronique, la durée de celle-ci est égale à celle de la peine d'emprisonnement prononcée ou du reliquat de cette peine.

Lorsque la peine est convertie en travail d'intérêt général, la durée de la peine d'emprisonnement prononcée ou son reliquat peut être mis à exécution par le juge en l'absence d'accomplissement du travail par le condamné. La conversion en travail d'intérêt général n'est possible que si, après avoir été informé du droit de refuser l'accomplissement d'un travail d'intérêt général, le condamné a expressément déclaré renoncer à se prévaloir de ce droit.

Lorsque la peine est convertie en peine de jours-amende, le nombre de jours est égal à celui de la peine d'emprisonnement prononcée ou du reliquat de cette peine.

Dès sa saisine, le juge de l'application des peines peut ordonner la suspension de l'exécution de la peine jusqu'à sa décision sur le fond.

S'agissant des dispositions d'urgence mises en place pour faire face à l'épidémie de covid-19, V. App., v° État d'urgence sanitaire.

1. Application dans le temps. Les dispositions nouvelles de l'art. 747-1, qui étendent les mesures qui peuvent être prises par la juridiction de l'application des peines pour convertir une peine d'emprisonnement sans sursis inférieure ou égale à six mois, ne sont pas plus sévères que les dispositions anciennes et s'appliquent immédiatement à la conversion des peines prononcées avant leur entrée en vigueur, en vertu de l'art. 112-2, 3°, C. pén. • Crim. 12 mai 2021, n° 20-84.013 P : *D. actu. 21 mai 2021, obs. Dominati.*

2. Motivation. L'art. 747-1 ouvre, à la juridiction de l'application des peines, une simple faculté d'ordonner la conversion de la peine si elle constate que cette mesure lui paraît de nature à assurer la réinsertion du condamné et à prévenir sa récidive ; il en résulte que, si l'octroi d'une conversion doit être justifié par référence à l'existence de l'une de ces deux conditions, son refus n'est pas soumis à une obligation spéciale de motivation faisant référence à ces critères particuliers, ce refus devant néanmoins, comme toute décision juridictionnelle, être motivé. • Crim. 12 mai 2021 : *préc. note 1.*

Art. 747-1-1 En cas de modification de la situation du condamné depuis la décision de condamnation qui ne permet pas la mise à exécution de la peine prononcée, le juge de l'application des peines peut d'office, à la demande de l'intéressé ou sur réquisitions du procureur de la République ordonner par décision motivée, prise conformément aux dispositions de l'article 712-6 :

1° De convertir la peine de travail d'intérêt général ou la peine de sursis probatoire comportant l'obligation d'accomplir un travail d'intérêt général en une peine de jours-amende ou une peine de détention à domicile sous surveillance électronique ;

2° De convertir une peine de détention à domicile sous surveillance électronique en une peine de travail d'intérêt général ou une peine de jours-amende ;

3° De convertir une peine de jours-amende en une peine de travail d'intérêt général ou une peine de détention à domicile sous surveillance électronique.

La conversion en peine de travail d'intérêt général n'est possible que si, après avoir été informé du droit de refuser l'accomplissement d'un travail d'intérêt général, le condamné a expressément déclaré renoncer à se prévaloir de ce droit. Dans le cas prévu au 3°, la durée de la détention à domicile sous surveillance électronique ne peut excéder celle qui serait résultée de l'inexécution de la peine de jours-amende, fixée en application de la première phrase du second alinéa de l'article 131-25 du code pénal. Par dérogation au même second alinéa, la décision de conversion peut également intervenir en cas de défaut total ou partiel du paiement du montant exigible à l'expiration du délai correspondant au nombre de jours-amende prononcé.

CHAPITRE III *[ANCIEN]* DU SURSIS ASSORTI DE L'OBLIGATION D'ACCOMPLIR UN TRAVAIL D'INTÉRÊT GÉNÉRAL

(L. n° 83-466 du 10 juin 1983)

Sur l'Agence du travail d'intérêt général et de l'insertion professionnelle des personnes placées sous main de justice, V. Décr. n° 2018-1098 du 7 déc. 2018, ss. art. 733-2.

RÉP. PÉN. v° *Sursis simple,* par GIACOPELLI.

BIBL. ► BOYER, *RPDP 1987. 103* (le sursis assorti de l'obligation d'accomplir un travail d'intérêt général n'est-il qu'une simple variante du sursis avec mise à l'épreuve ?) ; *RSC 1990. 310* (ambiguïtés de la nature juridique du sursis assorti de l'obligation d'accomplir un travail d'intérêt général). – LORHO, *Dr. pénal 1993. 1* (chronique du nouveau code pénal : un travail d'utilité collective : la réforme du TIG). – PRADEL, *D. 1984. Chron. 111* (les nouvelles alternatives à l'emprisonnement créées par la loi n° 83-466 du 10 juin 1983).

Ancien art. 747-1 *(L. n° 92-1336 du 16 déc. 1992, en vigueur le 1er mars 1994)* ***Le sursis assorti de l'obligation d'accomplir un travail d'intérêt général suit les mêmes règles que celles qui sont prévues pour le sursis avec mise à l'épreuve, sous réserve des adaptations suivantes :***

1° L'obligation d'accomplir un travail d'intérêt général est assimilée à une obligation particulière ;

2° Les mesures de contrôle sont celles énumérées à l'article 132-55 du code pénal ;

3° Le délai prévu par l'article *(L. n° 2004-204 du 9 mars 2004, art. 183-VII, en vigueur le 1er janv. 2005)* ***« 743*** *[ancienne rédaction : 742-1]* ***» est ramené à dix-huit mois ;***

4° L'article *(L. n° 2004-204 du 9 mars 2004, art. 183-VIII, en vigueur le 1er janv. 2005)* ***« 744*** *[ancienne rédaction : 743]* ***» n'est pas applicable.***

BIBL. ▶ PUECH, *ALD 1983. 105.* – SUQUET, *Rev. pénit. 1989. 187.*

Ancien art. 747-1-1 *(L. n° 2004-204 du 9 mars 2004, art. 184, en vigueur le 1er janv. 2005)* ***Le juge de l'application des peines peut d'office, à la demande de l'intéressé ou sur réquisitions du procureur de la République, ordonner par décision motivée de substituer au sursis assorti de l'obligation d'accomplir un travail d'intérêt général une peine de jours-amende. Cette décision est prise conformément aux dispositions de l'article 712-6.***

Ancien art. 747-1-2 *(L. n° 2014-896 du 15 août 2014, art. 29, en vigueur le 1er oct. 2014)* ***Le juge de l'application des peines peut, d'office, à la demande de l'intéressé ou sur réquisitions du procureur de la République, ordonner par décision motivée de substituer à une peine de jours-amende de*** *[une]* ***peine de sursis assorti de l'obligation d'accomplir un travail d'intérêt général. Cette décision est prise à l'issue d'un débat contradictoire, conformément à l'article 712-6 du présent code. La substitution n'est pas possible si le condamné la refuse ou n'est pas présent à l'audience. Dans le cas prévu au présent alinéa, la durée de l'emprisonnement ne peut excéder celle qui serait résultée de l'inexécution de la peine de jours-amende, fixée en application de la première phrase du second alinéa de l'article 131-25 du code pénal.***

Par dérogation au second alinéa du même article 131-25, la décision de substitution peut également intervenir en cas de défaut total ou partiel du paiement du montant exigible à l'expiration du délai correspondant au nombre de jours-amende prononcé.

Ancien art. 747-2 *(L. n° 2004-204 du 9 mars 2004, art. 179-II, en vigueur le 1er janv. 2005)* ***Dans le cas prévu à l'article 132-57 du code pénal, le juge de l'application des peines est saisi et statue selon les dispositions de l'article 712-6*** *(L. n° 2009-1436 du 24 nov. 2009, art. 94-VIII)* ***« ou de l'article 723-15 ».***

Dès sa saisine, le juge de l'application des peines peut ordonner la suspension de l'exécution de la peine jusqu'à sa décision sur le fond.

Le sursis ne peut être ordonné que si, après avoir été informé du droit de refuser l'accomplissement d'un travail d'intérêt général, le condamné a expressément déclaré renoncer à se prévaloir de ce droit.

BIBL. ▶ LORHO, *RSC 1992. 725.*

1. Il résulte des dispositions de l'art. 747-2 que la décision d'une juridiction saisie d'une *demande de conversion* d'une peine d'emprisonnement ferme de six mois au plus en une peine d'emprisonnement avec sursis et obligation d'effectuer un travail d'intérêt général est seulement susceptible d'un pourvoi en cassation. Encourt, dès lors, la cassation, l'arrêt de la cour d'appel qui reçoit l'appel du condamné contre la décision rendue par le tribunal correctionnel et statue sur cette demande de conversion. • Crim. 21 janv. 1998, n° 96-86.562 P : *RSC 1998. 765, obs. Bouloc* • 10 déc. 2003, n° 03-85.256 P : *JCP 2004. IV. 1239 ; AJ pénal 2004. 79*. ♦ La qualification erronée d'une décision du tribunal correctionnel, « rendue en premier ressort », en méconnaissance des dispositions de l'art. 747-2 ne peut avoir pour effet de porter préjudice à la personne concernée qui, sur la foi de cette qualification, a interjeté appel de ladite décision. En conséquence, le délai de pourvoi ne commence à courir à son égard qu'à compter de la date de notification de l'arrêt de la chambre criminelle qui casse l'arrêt de la cour d'appel rendu sur cet appel. • Même arrêt.

2. Il résulte de l'art. 747-2 que, devant la juridiction saisie, sur le fondement de l'art. 132-57 C. pén., d'une requête en conversion d'une peine d'emprisonnement en peine avec sursis assorti d'un travail d'intérêt général, la présence du condamné n'est pas obligatoire, dès lors que le rapport du juge de l'application des peines mentionne l'adhésion de l'intéressé à cette mesure. • Crim. 10 mars 1998, n° 96-86.544 P : *RSC 1998. 765, obs. Bouloc ; Dr. pénal 1998. Comm. 109, obs. Maron.*

CHAPITRE IV DE L'AJOURNEMENT

(L. n° 92-1336 du 16 déc. 1992)

Art. 747-3 *(Entré en vigueur le 1er mars 1994)* **Lorsque la juridiction de jugement ajourne le prononcé de la peine en application de l'article 132-63 du code pénal, le prévenu est placé sous le contrôle du juge de l'application des peines dans le ressort duquel il a sa résidence. Le juge de l'application des peines s'assure, soit par lui-même, soit par toute personne qualifiée, de l'exécution de la mesure. Les dispositions** *(Abrogé par L. n° 2004-204 du 9 mars 2004, art. 183-XI, à compter du 1er janv. 2005)* *« du deuxième alinéa de l'article 740 et celles »* **de l'article 741 sont applicables au contrôle exercé sur le prévenu.**

(L. n° 2004-204 du 9 mars 2004, art. 183-XI, en vigueur le 1er janv. 2005) **« Le juge de l'application des peines peut aménager, modifier ou supprimer les obligations particulières imposées au prévenu ou en prévoir de nouvelles en application des dispositions de l'article 712-8. »**

Si le prévenu ne se soumet pas aux mesures de contrôle et d'assistance ou aux obligations particulières, le juge de l'application des peines peut saisir le tribunal avant l'expiration du délai d'épreuve afin qu'il soit statué sur la peine.

(L. n° 2004-204 du 9 mars 2004, art. 183-XI, en vigueur le 1er janv. 2005) **« Lorsque le juge de l'application des peines fait application des dispositions de l'article 712-17, il peut décider, par ordonnance motivée, rendue sur réquisitions du procureur de la République, que le condamné sera provisoirement incarcéré dans l'établissement pénitentiaire le plus proche. Le tribunal correctionnel est saisi dans les meilleurs délais afin de statuer sur la peine. L'affaire doit être inscrite à l'audience au plus tard dans les cinq jours de l'écrou du condamné, à défaut de quoi l'intéressé est remis en liberté d'office. »**

Al. abrogés par L. n° 2004-204 du 9 mars 2004, art. 167-II, à compter du 1er janv. 2005.

Art. 747-4 **Lorsque la juridiction de jugement ajourne le prononcé de la peine en application de l'article 132-66 du code pénal, le juge de l'application des peines dans le ressort duquel le prévenu a sa résidence s'assure, soit par lui-même, soit par toute personne qualifiée, de l'exécution des prescriptions énumérées par l'injonction de la juridiction.**

TITRE CINQUIÈME DE LA RECONNAISSANCE DE L'IDENTITÉ DES INDIVIDUS CONDAMNÉS

RÉP. PÉN. v° *Reconnaissance d'identité,* par PASCHOUD et ROYER.

Art. 748 **Lorsque après une évasion suivie de reprise ou dans toute autre circonstance, l'identité d'un condamné fait l'objet d'une contestation, cette contestation est tranchée suivant les règles établies en matière d'incidents d'exécution. Toutefois l'audience est publique.**

Si la contestation s'élève au cours et à l'occasion d'une nouvelle poursuite, elle est tranchée par la cour ou le tribunal saisi de cette poursuite. – *Pr. pén. C. 998.*

TITRE SIXIÈME DE LA CONTRAINTE JUDICIAIRE *(L. n° 2004-204 du 9 mars 2004, art. 198-II, en vigueur le 1er janv. 2005).*

RÉP. PÉN. v° *Contrainte judiciaire,* par DETRAZ.

BIBL. ► DETRAZ, *Dr. pénal 2004. Chron. 14* (rémanence et renaissance d'une institution : de la contrainte par corps à la contrainte judiciaire). – RENAUT, *RSC 2002. 791* (la contrainte par corps : une voie d'exécution civile à coloris pénal).

Art. 749 *(L. n° 2004-204 du 9 mars 2004, art. 198-II, en vigueur le 1er janv. 2005)* **En cas d'inexécution volontaire d'une ou plusieurs condamnations à une peine d'amende prononcées en matière criminelle ou en matière correctionnelle pour un délit puni d'une peine d'emprisonnement, y compris en cas d'inexécution volontaire de condamnations à des amendes fiscales ou douanières, le juge de l'application des peines peut ordonner, dans les**

conditions prévues par le présent titre, une contrainte judiciaire consistant en un emprisonnement dont la durée est fixée par ce magistrat dans la limite d'un maximum fixé par la loi en fonction du montant de l'amende ou de leur montant cumulé.

V. Circ. CRIM-05-5-E8 du 21 mars 2005 relative à la contrainte judiciaire et à la peine de jours-amende (BOMJ 2005, n° 97, p. 94 s.).

1. Application dans le temps. Les art. 198 et 207-II de la loi du 9 mars 2004 relative à la contrainte judiciaire interdisent aux juridictions répressives de prononcer la contrainte par corps postérieurement au 1er janv. 2005, date d'entrée en vigueur de la loi précitée. • Crim. 19 oct. 2005, n° 05.81.799 P. ♦ Les art. 198 et 207-II de la L. du 9 mars 2004 interdisent de recouvrer, par la contrainte par corps, les condamnations prononcées par les juridictions répressives en application des anciens art. 749 et 750, et non définitives au 1er janv. 2005. Doivent être annulées par voie de retranchement les dispositions d'une décision ayant prononcé la contrainte par corps, mais n'ayant pas acquis force de chose jugée avant le 1er janv. 2005. • Cass., ass. plén., 16 nov. 2007, n° 99-82.117 P : *D. 2007. AJ 3006*; *AJ pénal 2008. 87, note Lavric* • Crim. 24 juin 2008 : *D. 2008. AJ 2081*; *AJ pénal 2008. 461, obs. Roussel*.

2. Impôts. L'abrogation par la L. n° 2004-204 du 9 mars 2004 (art. 198, 207 et 211) de l'art. L. 272 LPF interdit que les condamnations prononcées par les juridictions répressives en application des art. 1741 et 1771 à 1778 CGI et non définitives au 1er janv. 2005 soient recouvrées par la contrainte par corps. • Crim. 9 mars 2005, n° 04-81.460 P : *AJ pénal 2005. 285, obs. Rémillieux et Enderlin*.

3. Compétence exclusive du JAP. Selon les art. 749 et 750, seul le JAP est compétent pour ordonner une contrainte judiciaire en cas d'inexécution volontaire d'une condamnation à une peine d'amende prononcée en matière criminelle ou correctionnelle pour un délit puni d'une peine d' emprisonnement. • Crim. 22 sept. 2010, n° 09-82.466. ♦ Il résulte de l'art. 749 que la contrainte judiciaire ne peut être ordonnée par la juridiction de jugement dès lors que ce pouvoir n'appartient qu'au JAP. • Crim. 10 nov. 2010, n° 10-81.114.

Ancien art. 749 *(L. n° 85-1407 du 30 déc. 1985)* ***Lorsqu'une condamnation à l'amende*** *(Abrogé par L. n° 93-2 du 4 janv 1993)* ***« , aux frais de justice » ou à tout autre paiement au profit du Trésor public qui n'a pas le caractère d'une réparation civile est prononcée pour une infraction n'étant pas de nature politique et n'emportant pas peine perpétuelle, la durée de la contrainte par corps est applicable, en cas d'inexécution de la condamnation, dans les limites prévues par l'article 750.***

Cette durée est déterminée, le cas échéant, en fonction du montant cumulé des condamnations qui n'ont pas été exécutées. — *Entrée en vigueur le 1er févr. 1986.*

I. RÈGLES NATIONALES

A. DROIT COMMUN

1. Règles générales. La contrainte par corps ne s'applique pas à une condamnation à des réparations civiles. • Crim. 16 févr. 1960 : *D. 1960. 243, rapp. Damour* • 14 mars 1973, n° 72-90.267 P. ♦ ... Même lorsque la victime d'une escroquerie est le Trésor public. • Crim. 19 juin 1978, n° 73-92.900 P.

2. *La contrainte* par corps ne s'applique pas à la majoration de 50 % perçue au profit du Fonds de garantie automobile en application de l'art. L. 211-8 C. assur. • Crim. 16 déc. 1982, n° 81-94.847 P : *RSC 1983. 683, obs. Robert.*

3. La fermeture définitive d'établissement prononcée à titre de peine complémentaire ne saurait être assimilée aux peines perpétuelles exclusives de la contrainte par corps, auxquelles fait référence l'art. 749. • Crim. 24 janv. 1996, n° 95-81.500 P.

4. Impossibilité de confusion de peines. La contrainte par corps, mesure à caractère pénal prévue par la loi pour garantir l'exécution des condamnations pécuniaires, sanctions fiscales et droits fraudés ne constitue pas une peine subsidiaire d'emprisonnement et n'est pas susceptible, à ce titre, de se confondre avec une peine privative de liberté par application des dispositions des art. 5 anc., 132-3 et 132-4 C. pén. • Crim. 29 mai 1997, n° 96-82.480 P : *Dr. pénal 1997, n° 152, obs. Véron.* ♦ Justifie sa décision la cour d'appel qui, pour rejeter la demande d'un requérant demandant la confusion de la peine d'emprisonnement prononcée à son encontre et de la contrainte par corps mise à exécution, retient que la contrainte par corps présente les caractères légaux, non d'une peine, mais d'une mesure d'exécution forcée dont elle tend à assurer le recouvrement. • Crim. 16 sept. 1997, n° 96-83.754 P : *Gaz. Pal. 1998. 2. 621.*

5. Impossibilité d'une réduction de peine. La contrainte par corps constituant une mesure d'exécution forcée des peines pécuniaires, au sens de l'art. 112-2 (3°) C. pén., sa durée ne saurait être réduite en application des dispositions des art. 721 et 721-1 relatives aux seules peines d'emprisonnement. • Crim. 24 sept. 1996, n° 96-81.317 P • 29 janv. 2003, n° 02-81.988 P : *D. 2003. IR 807*; *JCP 2003. IV. 1597.*

6. Personnes morales. L'arrêt prononçant la condamnation d'une personne morale et indiquant les modalités d'exécution de la contrainte par corps doit être cassé car la contrainte par corps ne peut être prononcée que contre les personnes physiques. • Crim. 23 mai 2000, n° 99-80.008 P.

B. DÉLITS POLITIQUES ET ASSIMILÉS

7. Infractions politiques et contrainte par corps. Selon l'art. 749 la contrainte par corps ne peut jamais être appliquée en matière d'infractions politiques, or, les délits prévus et réprimés par le code électoral entrent dans cette catégorie. • Crim. 2 oct. 2001, n° 01-80.334 P.

8. Atteinte à la sûreté extérieure de l'État. La contrainte par corps, mesure d'exécution des condamnations pécuniaires, ne concerne pas l'application des peines ; par suite, elle ne peut être prononcée contre un condamné pour atteinte à la sûreté extérieure de l'État, bien que cette infraction politique soit considérée comme de droit commun pour l'application de la peine. • Crim. 17 juin 1953 : *D. 1953. 662, note Pageaud.* ♦ Sur la notion d'infraction politique et l'exclusion de la contrainte par corps : • Crim. 28 sept. 1970, n° 70-92.162 P : *D. 1971. 37, note Chabas.* ♦ La contrainte par coprs ne peut jamais être appliquée en matière d'infractions politiques ce qui est le cas des délits prévus et réprimés par le code électoral. • Crim. 2 oct. 2001, n° 01-80.334 P : *Dr. pénal 2002. Chron. 2, obs. Marscot.*

9. Infractions de presse. Les infractions de presse ont le caractère de délits politiques. • Crim. 29 oct. 1953 : *D. 1954. 381* • 17 nov. 1953 : *D. 1954. Somm. 29* • 23 nov. 1954 : *D. 1955. 127* • 21 juill. 1955 : *D. 1955. 749* • 16 mars 1959 : *D. 1959. Somm. 83* • 15 mars 1973, n° 71-93.706 P • 9 janv. 1974, n° 72-93.958 P • 22 nov. 1994, n° 93-82.618 P • 30 mars 2005, n° 04-85.610 P : *JCP 2005. IV. 2133.* ♦ Il en est de même des délits d'organisation d'une réunion interdite et de provocation à attroupement. • Crim. 23 févr. 1954 : *D. 1955. 465* • 23 mai 1955 : *D. 1955. 655.* ♦ ... Et des délits électoraux. • Crim. 15 févr. 1955 : *D. 1955. Somm. 58* • 18 juin 1991, n° 90-85.868 P • 6 août 1996 : *Dr. pénal 1996. Comm. 272, note J.-H. Robert.* ♦ ... Mais non des violences ou voies de fait contre les agents de la force publique. • Crim. 14 janv. 1958 : *D. 1958. Somm. 99.* ♦ ... Ni de l'outrage aux bonnes mœurs, même commis par voie de presse. • Crim. 15 déc. 1980, n° 80-90.141 P.

10. Délit de droit commun et politique. La contrainte par corps ne peut être prononcée lorsque le prévenu a été déclaré coupable à la fois d'un délit de droit commun et d'un délit politique, et que ce dernier est plus sévèrement sanctionné par la loi que le premier. • Crim. 23 mars 1971, n° 70-92.157 P : *D. 1971. Somm. 96.* ♦ En revanche, la contrainte peut être prononcée lorsque le prévenu est coupable d'une infraction de presse et d'une infraction de droit commun plus sévèrement réprimée par la loi. • Crim. 25 oct. 1966, n° 65-92.602 P • 9 oct. 1974, n° 73-93.113 P : *D. 1974. IR 233* • 25 juill. 1979, n° 79-91.843 P : *D. 1980. IR 42.*

C. DROIT FISCAL

11. Impôts directs et taxes assimilées. Il résulte des dispositions combinées des art. L. 232 et L. 272 LPF, 1745 CGI et 749 que la contrainte par corps et la solidarité du prévenu avec le redevable légal de l'impôt fraudé, mesures de caractère pénal, ne peuvent être prononcées qu'en cas de condamnation pénale. • Crim. 29 févr. 1996 (1er arrêt), n° 93-84.616 P : *Dr. pénal 1996. 135, obs. J.-H. Robert* • 29 févr. 1996 (2e arrêt), n° 93-82.692 P.

12. Les contribuables qui ont fait l'objet d'une condamnation définitive pour fraude fiscale, peuvent être tenus solidairement, avec le redevable légal de l'impôt, au paiement des impôts et pénalités exigibles (art. 1745 CGI) et, corrélativement, à la requête de l'Administration, ils peuvent faire l'objet d'une contrainte par corps, en cas d'inexécution des condamnations (LPF, art. L. 272 et art. 749) ; or, à cet égard, la mise en liquidation judiciaire d'un prévenu n'interdit pas à l'Administration de requérir la solidarité et la contrainte par corps. • Crim. 3 oct. 1996, n° 95-84.203 P.

13. Impôts indirects et droit d'enregistrement. Il résulte des dispositions combinées des art. L. 240 LPF et 749 qu'en matière de contributions indirectes il y a lieu à application de la contrainte par corps, lorsque l'Administration le requiert, pour le recouvrement des amendes, confiscations et pénalités fiscales. • Crim. 3 oct. 1994, n° 94-81.305 P. ♦ Bibl. Brandeau, *LPA 1er juin 1998, p. 4.* ♦ ... Ainsi, en matière de tenue irrégulière de billetterie de spectacle, • Crim. 8 juin 1995, n° 94-84.606 P.

14. La contrainte par corps ordonnée par une décision de condamnation du chef de fraude fiscale étant une mesure de caractère pénal, le procureur général est recevable à se pourvoir contre un arrêt précisant qu'il ne saurait y avoir exécution de cette mesure en cas de prescription de la peine. Toutefois, la contrainte par corps, du fait de sa nature, ne peut plus être exécutée lorsque la peine est demeurée non avenue. • Crim. 29 oct. 1996, n° 96-80.577 P : *Gaz. Pal. 1998. 2. 619 ; Dr. fiscal 1997, n° 17, Comm. 481.* ♦ De même, du fait de sa nature pénale, elle ne peut être prononcée hors les cas prévus par la loi, de telle sorte qu'elle n'est pas encourue en cas de condamnation pour omission d'écritures en comptabilité, cette infraction étant définie non par l'art. 1741 CGI, mais par l'art. 1743 du même code. • Crim. 7 nov. 1996, n° 96-80.411 P : *Dr. fisc. 1997, n° 17. 482.*

15. Aucun texte ne permet le prononcé de la contrainte par corps en cas de condamnation pour le délit d'opposition aux fonctions des agents de l'Administration des Impôts, prévu par l'art. 1737 CGI. • Crim. 24 avr. 1996, n° 95-81.156 P.

II. COMPATIBILITÉ AVEC LES RÈGLES EUROPÉENNES

16. Contrainte par corps et art. 7 de la Conv. EDH. La contrainte par corps constitue une peine au sens de l'art. 7 Conv. EDH et, instituée pour assurer le paiement des créances de l'administration des Douanes, elle ne saurait être mise à exécution sans qu'il soit délivré au débiteur, en application de l'art. 754, un commandement de payer 5 jours au moins et un an au plus avant sa mise à exécution, l'art. 388 C. douanes, en instituant une modalité particulière d'exercice de la contrainte par corps, n'ayant pas exclu l'application des art. 752 à 756. • Com. 16 mai 2000, n° 98-15.196 P : *D. 2000. 609, note Djoudi.*

17. Contrainte par corps et art. 5 de la Conv. EDH. Une cour d'appel a, à bon droit, ordonné la mainlevée d'une contrainte par corps exécutée par un condamné pour un délit douanier, après avoir relevé que ni la réquisition ni le commandement de payer ne portait la mention de ce que le condamné avait été informé dans une langue qu'il comprenait de la voie de recours qui lui était ouverte et constaté que ce recours avait été exercé plus d'un mois et demi après la réquisition, ce dont il résultait qu'à défaut d'avoir eu la révélation dans le plus court délai de son droit à recours, l'intéressé n'avait pu s'en prévaloir et que la procédure était irrégulière au regard des art. 5, § 2 et 5, § 4, Conv. EDH. • Com. 18 juin 2002, n° 00-13.774 P : *D. 2002. IR 2170 ; ibid. 2004. 1100, obs. Herzog-Evans.*

Art. 750 *(L. n° 2004-204 du 9 mars 2004, art. 198-II, en vigueur le 1er janv. 2005)* **Le maximum de la durée de la contrainte judiciaire est fixé ainsi qu'il suit :**

1° A vingt jours lorsque l'amende est au moins égale à 2 000 € sans excéder 4 000 € ;

2° A un mois lorsque l'amende est supérieure à 4 000 € sans excéder 8 000 € ;

3° A deux mois lorsque l'amende est supérieure à 8 000 € sans excéder 15 000 € ;

4° A trois mois lorsque l'amende est supérieure à 15 000 €.

1. Nature. La contrainte par corps, n'étant pas une peine, échappe à l'application de l'art. 4 C. pén. ; sa durée doit donc être fixée d'après la loi en vigueur lors du jugement de condamnation, et non d'après la loi, bien que plus favorable au prévenu, en vigueur à la date des faits. • Crim. 8 juill. 1958 : *D. 1958. Somm. 139* • 26 juin 1989, n° 88-85.599 P. ♦ *Contra* : • CEDH 8 juin 1995 : *D. 1996. Somm. 197, obs. Renucci ; JCP 1996. II. 22677, note Bourdeaux ; RSC 1995. 855, obs. Pettiti et 1996. 471, obs. Koering-Joulin.*

2. Seuil. Au-dessous de la somme de mille francs, il ne peut y avoir de contrainte par corps. • Crim. 28 avr. 1987, n° 86-92.637 P. ♦ Notamment l'assujettissement au droit fixe de procédure dont le montant est déterminé par l'art. 1018 A CGI ne peut donner lieu au prononcé de la contrainte par corps prévue par l'art. 749. • Crim. 15 janv. 1997, n° 95-85.752 P • 9 juill. 1997, n° 96-84.663 P.

3. Durée. S'il appartient au juge pénal de prononcer la contrainte par corps lorsque les conditions en sont remplies, il n'a pas à en fixer la durée, laquelle est déterminée de plein droit par les art. 750 et L. 627-6 [L. 5132-7 et L. 5132-8] CSP. La durée effective de la contrainte par corps résulte des seules dispositions de la loi et le contentieux de son exécution ne relève que de l'art. 756. • Crim. 25 juill. 1991 : *JCP 1991. IV. 383.*

Art. 751 *(L. n° 85-1407 du 30 déc. 1985)* **La** *(L. n° 2004-204 du 9 mars 2004, art. 198-V, en vigueur le 1er janv. 2005)* **« contrainte judiciaire** *[ancienne rédaction : contrainte par corps]* **» ne peut être prononcée ni contre les personnes mineures au moment des faits, ni contre les personnes âgées d'au moins soixante-cinq ans au moment de la condamnation.**

1. En vertu des dispositions de l'art. 751, il ne peut être prononcé la contrainte par corps d'un prévenu âgé de 70 ans au moment de sa condamnation. • Crim. 4 déc. 2001 : *Dr. pénal 2002. Comm. 38, obs. Véron.*

2. Il se déduit de l'art. 762 que les dispositions de l'art. 751, selon lesquelles la contrainte judiciaire ne peut être prononcée pour les personnes âgées d'au moins 65 ans au moment de la condamnation, ne sont pas applicables à l'incarcération en cas de non-paiement des jours-amende. • Crim. 28 févr. 2017, n° 16-82.801 P.

Art. 752 *(L. n° 2004-204 du 9 mars 2004, art. 198-III, en vigueur le 1er janv. 2005)* **La contrainte judiciaire ne peut être prononcée contre les condamnés qui, par tout moyen, justifient de leur insolvabilité.**

Ancien art. 752 *(L. n° 85-1407 du 30 déc. 1985)* ***La contrainte par corps ne peut être exécutée contre les condamnés qui justifient de leur insolvabilité en produisant :***

1° Un certificat du percepteur de leur domicile constatant qu'ils ne sont pas imposés ;

2° Un certificat du maire ou du commissaire de police de leur commune.

La preuve que le condamné est en réalité solvable peut être rapportée par tous moyens. *— Pr. pén. C. 1005.*

1. L'art. 752 ne s'oppose qu'à l'exécution de la contrainte par corps contre les condamnés justifiant de leur insolvabilité et non au prononcé de cette mesure. • Crim. 18 déc. 1989, n° 88-82.260 P : *RSC 1990. 807, obs. Braunschweig*.

2. L'art. 388 C. douanes, qui institue seulement une modalité particulière d'exercice de la contrainte par corps, n'exclut pas l'application des art. 752 et 756. • Com. 18 janv. 1994, n° 92-10.464 P. ♦ La contrainte par corps ne peut donc pas être exécutée contre un condamné qui justifie de son insolvabilité et le débiteur, lors de la mise à exécution de la mesure, peut saisir le président du tribunal de grande instance, qui statue en la forme des référés. • Crim. 26 oct. 1995, n° 94-80.472 P.

3. Lorsque l'exercice anticipé de la contrainte par corps a été ordonné, par une décision définitive, en application de l'art. 388 C. douanes, le débiteur peut, à tout moment, demander à être dispensé de l'exécution de cette mesure, sur le fondement des art. 710 et 752. • Crim. 20 janv. 1998, n° 96-84.187 P.

4. Il ne saurait être reproché à une cour d'appel de rejeter une demande de mainlevée de la contrainte par corps formée par un condamné pour infractions en matière de stupéfiants qui invoque son état d'insolvabilité, la cour relevant à bon droit que la production des deux documents visés à l'art. 752 (certificat du percepteur du domicile et certificat du maire ou du commissaire de police de la commune) est une exigence cumulative. • Com. 2 déc. 1997, n° 95-16.445 P : *Gaz. Pal. 1998. 2. 620.*

5. Lorsqu'un condamné justifie de son insolvabilité, en vue de prévenir ou de mettre un terme à l'exécution de la contrainte par corps, en produisant les documents visés à l'art. 752, il appartient à l'administration des Douanes, qui a sollicité l'exercice anticipé de cette mesure, de rapporter la preuve par tous moyens de la solvabilité réelle du condamné, appréciée à la date de la requête. • Crim. 4 juin 1998, n° 97-84.528 P : *RSC 1998. 783, obs. Dintilhac*.

6. Il résulte de l'art. 752 et 388 C. douanes, d'une part, que les avis de non-imposition ne suffisent pas à établir l'insolvabilité du condamné, d'autre part, que doivent être prises en considération toutes les ressources, fussent-elles antérieures et occultes, dont ce dernier a eu la disposition pour lui permettre l'exécution volontaire des condamnations pécuniaires. • Crim. 4 mai 2011, n° 10-84.294 P : *D. 2011. Actu. 1351* ; *AJ pénal 2011. 469, obs. Porteron*.

Art. 753 **Elle ne peut être exercée simultanément contre le mari et la femme, même pour le recouvrement de sommes afférentes à des condamnations différentes.** *— Pr. pén. C. 1005.*

L'art. 753 n'interdit que l'exercice simultané de la contrainte par corps, et non le prononcé de cette sanction à l'encontre des époux, dès lors que l'un et l'autre ont été reconnus pénalement coupables des délits dont ils avaient à répondre. • Crim. 2 févr. 1987, n° 85-96.262 P.

Art. 754 **Elle ne peut être exercée que cinq jours après un commandement fait au condamné à la requête de la partie poursuivante.**

Dans le cas où le jugement de condamnation n'a pas été précédemment signifié au débiteur, le commandement porte en tête un extrait de ce jugement, lequel contient le nom des parties et le dispositif.

(L. n° 2004-204 du 9 mars 2004, art. 198-IV, en vigueur le 1er janv. 2005) **« Au vu de l'exploit de signification du commandement, si ce dernier date de moins d'un an, et sur la demande du Trésor, le procureur de la République peut requérir le juge de l'application des peines de prononcer la contrainte judiciaire dans les conditions prévues par l'article 712-6. Ce magistrat peut à cette fin délivrer les mandats prévus par l'article 712-17. La décision du juge de l'application des peines, qui est exécutoire par provision, peut faire l'objet d'un appel dans les conditions prévues par l'article 712-11. Le juge de l'application des peines peut décider d'accorder des délais de paiement au condamné si la situation personnelle de ce dernier le justifie, en ajournant sa décision pour une durée qui ne saurait excéder six mois. »**

V. Circ. CRIM. n° 86-2 F 1 du 22 janv. 1986 (BOMJ n° 21, p. 87) ; Circ. Crim. n° 86-15 F 1 du 25 juin 1986 (BOMJ n° 22, p. 203).

1. Pourvoi en cassation. La contrainte par corps, n'étant pas une peine, peut être exercée contre le condamné qui s'est pourvu en cassation. • T. civ. Lyon, 1er juin 1955 : *D. 1955. 692, note Pageaud.*

2. Civilement responsable. La personne condamnée comme civilement responsable ne peut être assujettie à la contrainte par corps. • Crim. 10 août 1916 : *DP 1917. 1. 118.*

3. Suspension. La suspension de peine de l'art. 720-1 est inapplicable à la contrainte par corps qui n'est pas une peine. • Com. 13 oct. 1981, n° 80-12.093 P.

4. Évasion. Les règles pénales relatives à l'évasion ne s'appliquent pas à la contrainte par corps. • Crim. 10 nov. 1976, n° 75-93.269 P : *D. 1977. 36, note Mayer ; JCP 1977. II. 18548, note X. ; RSC 1977. 88, obs. Vitu, et 563, obs. Larguier.* ♦ ... Même s'il est observé que le débiteur est soumis au même régime que le condamné, en l'espèce, sous le régime de la semi-liberté. • Même arrêt.

5. Délais. La contrainte par corps ne peut être exercée après l'expiration du délai de prescription de la peine en application des dispositions combinées de l'art. 754, al. 4 et de l'art. 382-5 C. douanes. • Crim. 31 janv. 1983, n° 82-90.356 P. ♦ ... De l'art. 754, al. 4 et de l'art. L. 272 LPF. • Crim. 29 oct. 1996, n° 96-80.577 P : *Gaz. Pal. 1998. 2. 619.* ♦ Toutefois, le délai pendant lequel peut être exercée la contrainte par corps en vertu de l'art. L. 272 LPF est suspendu en cas de réclamation contentieuse jusqu'à la décision du tribunal administratif. • Crim. 29 mars 2000, n° 99-80.941 P.

6. Notification du commandement. La notification du commandement avant la mise à exécution de la contrainte n'est pas une condition préalable au prononcé de la mesure. • Crim. 24 janv. 2001, n° 00-82.260 P. ♦ Rappr. • Com. 16 mai 2000 : *D. 2000. IR 163*.

7. Référé. Si une procédure de contrainte par corps est suspendue par une ordonnance de référé, la reprise de cette procédure par la délivrance d'un second commandement de payer ne nécessite pas la réitération de l'autorisation du trésorier-payeur. • Crim. 7 mars 2001, n° 99-80.675 P : *JCP 2001. IV. 1946.*

Art. 755 à 757 *Abrogés par L. n° 2004-204 du 9 mars 2004, art. 198-VI, à compter du 1er janv. 2005.*

Art. 758 *(Ord. n° 2022-478 du 30 mars 2022, art. 6, en vigueur le 1er mai 2022)* **Conformément aux dispositions de l'article L. 216-1 du code pénitentiaire, la contrainte judiciaire est subie en établissement pénitentiaire, dans le quartier à ce destiné.**

TOM : 871 s. — Mayotte : 901.

Art. 759 **Les individus contre lesquels la contrainte a été prononcée peuvent en prévenir ou en faire cesser les effets soit en payant ou consignant une somme suffisante pour éteindre leur dette, soit en fournissant une caution reconnue bonne et valable.**

La caution est admise par le *(Ord. n° 2010-420 du 27 avr. 2010, art. 115)* **« comptable public compétent ». En cas de contestation, elle est déclarée, s'il y a lieu, bonne et valable par le président du tribunal judiciaire agissant par voie de référé.**

La caution doit se libérer dans le mois, faute de quoi elle peut être poursuivie.

Lorsque le paiement intégral n'a pas été effectué, et sous réserve des dispositions de l'article 760, la *(L. n° 2004-204 du 9 mars 2004, art. 198-V, en vigueur le 1er janv. 2005)* **« contrainte judiciaire** *[ancienne rédaction : contrainte par corps]* **» peut être requise à nouveau pour le montant des sommes restant dues.** — *Pr. pén. C. 1012.*

Art. 760 **Lorsque la** *(L. n° 2004-204 du 9 mars 2004, art. 198-V, en vigueur le 1er janv. 2005)* **« contrainte judiciaire** *[ancienne rédaction : contrainte par corps]* **» a pris fin pour une cause quelconque, elle ne peut plus être exercée ni pour la même dette, ni pour des condamnations antérieures à son exécution, à moins que ces condamnations n'entraînent par leur quotité une contrainte plus longue que celle déjà subie, auquel cas la première incarcération doit toujours être déduite de la nouvelle contrainte.** — *Pr. pén. C. 1013.*

Les termes mêmes de l'art. 760 signifient sans équivoque que ce texte n'est applicable que lorsque l'exécution de la contrainte a pris fin, et non lorsque la procédure elle-même a trouvé son terme avant toute incarcération. • Crim. 11 févr. 1980, n° 79-93.759 P : *RSC 1980. 1006, obs. J. Robert.*

Art. 761 **Le débiteur détenu est soumis au même régime que les condamnés, sans toutefois être astreint au travail.**

Art. 761-1 Le condamné qui a subi une *(L. n° 2004-204 du 9 mars 2004, art. 198-V, en vigueur le 1er janv. 2005)* « contrainte judiciaire *[ancienne rédaction : contrainte par corps]* » n'est pas libéré du montant des condamnations pour lesquelles elle a été exercée. – *Pr. pén. C. 1014.*

BIBL. ▶ Le Gunehec, *JCP 1996. Actu. 47.*

Art. 762 *(L. n° 2005-1549 du 12 déc. 2005, art. 39)* Lorsque le juge de l'application des peines statue en application des dispositions de l'article 754 pour mettre à exécution l'emprisonnement encouru pour défaut de paiement d'un jour-amende, les dispositions de l'article 750 ne sont pas applicables.

Les dispositions des articles 752 et 753 sont applicables. Pour l'application de l'article 754, une mise en demeure de payer, adressée par lettre recommandée avec demande d'avis de réception, a les mêmes effets qu'un commandement de payer.

(L. n° 2016-731 du 3 juin 2016, art. 67) « La personne condamnée à la peine de jours-amende et contre qui la mise à exécution de l'emprisonnement a été prononcée peut prévenir cette mise à exécution ou en faire cesser les effets en payant l'intégralité de l'amende. »

BIBL. ▶ Dantras-Bioy, *Dr. pénal 2014. Étude 19* (exécution du jour-amende en cas d'ignorance par le condamné de sa condamnation) ; *ibid. 2016. Étude 18* (révision progressive du régime d'exécution du jour-amende).

Sont immédiatement applicables à la répression des infractions commises avant leur entrée en vigueur en tant qu'elles fixent les formes de la procédure au sens de l'art. 112-2, 2°, C. pén., les dispositions de la L. n° 2005-1549 du 12 déc. 2005 prévoyant que, lors de la mise à exécution de la contrainte judiciaire consécutive à un défaut de paiement de jours-amende, une mise en demeure de payer, adressée par lettre recommandée avec accusé de réception, produit les mêmes effets qu'un commandement de payer. Encourt la censure l'arrêt de la CHAP qui, pour dire n'y avoir lieu à mise à exécution de la peine de soixante jours-amende prononcée pour conduite sans permis en récidive faute pour le condamné de s'être acquitté des sommes exigibles, énonce que la modification législative introduite à l'art. 762 par la L. du 12 déc. 2005, en ce qu'elle fait produire à la lettre recommandée avec accusé de réception les mêmes effets qu'un commandement de payer, a pour effet de restreindre les garanties d'information et de défense du condamné et que, cette disposition relative au régime de l'exécution des peines rendant ladite peine plus sévère, elle n'est applicable qu'aux condamnations prononcées pour des faits commis postérieurement à son entrée en vigueur. • Crim. 16 janv. 2008, n° 07-84.584 P : *D. 2008. AJ 551* ; *AJ pénal 2008. 187, note Royer*.

TITRE SEPTIÈME DE L'INTERDICTION DE SÉJOUR

(L. n° 92-1336 du 16 déc. 1992)

En ce qui concerne l'interdiction de séjour déjà prononcée au 1er mars 1994, V. L. n° 92-1336 du 16 déc. 1992, art. 337.

BIBL. ▶ Le Gunehec, *JCP 1996, Actualités n° 47.* – Renault, *RSC 2001. 307* (les avatars de l'interdiction de séjour).

Art. 762-1 La personne condamnée à la peine d'interdiction de séjour en application de l'article 131-31 du code pénal peut être soumise par la décision de condamnation à une ou plusieurs des mesures de surveillance suivantes :

1° Se présenter périodiquement aux services ou autorités désignés par la décision de condamnation ;

2° Informer le juge de l'application des peines de tout déplacement au-delà de limites déterminées par la décision de condamnation ;

3° Répondre aux convocations de toute autorité ou de toute personne qualifiée désignée par la décision de condamnation.

V. art. D. 571 s.

Art. 762-2 La personne condamnée à la peine d'interdiction de séjour est tenue d'informer le juge de l'application des peines sous le contrôle duquel elle est placée de tout changement de résidence.

(L. n° 2004-204 du 9 mars 2004, art. 183-XIV, en vigueur le 1er janv. 2005) « L'article 712-17 est applicable » au condamné à l'interdiction de séjour.

Art. 762-3 **Les mesures d'assistance prévues à l'article 131-31 du code pénal ont pour objet de faciliter le reclassement social du condamné.**

Art. 762-4 **Le juge de l'application des peines dans le ressort duquel le condamné a déclaré fixer sa résidence assure la mise en œuvre des mesures d'assistance et veille au respect des mesures de surveillance prévues par la décision de condamnation.**

(L. n° 2004-204 du 9 mars 2004, art. 183-XV, en vigueur le 1er janv. 2005) **« A tout moment de la durée de l'interdiction de séjour, le juge de l'application des peines peut, après audition du condamné et avis du procureur de la République, modifier la liste des lieux interdits et les mesures de surveillance et d'assistance dans les conditions prévues à l'article »** *(L. n° 2005-1549 du 12 déc. 2005, art. 39)* **« 712-8. »**

Art. 762-5 **Le juge de l'application des peines peut également décider de suspendre provisoirement l'exécution de la mesure d'interdiction de séjour** *(L. n° 2004-204 du 9 mars 2004, art. 183-XVI, en vigueur le 1er janv. 2005)* **« selon les modalités prévues à l'article 712-6 ».** *(Abrogé par L. n° 2004-204 du 9 mars 2004, art. 183-XVI, à compter du 1er janv. 2005)* ***« Toutefois, la décision est prise, sur la proposition du juge de l'application des peines, par le tribunal correctionnel statuant en chambre du conseil lorsque l'exécution de la mesure doit être suspendue pour une durée supérieure à trois mois. »***

En cas d'urgence, l'autorisation provisoire de séjourner dans une localité interdite peut être donnée par le procureur de la République de cette localité pour une durée n'excédant pas huit jours. Le procureur de la République informe sans délai de sa décision le juge de l'application des peines territorialement compétent.

Sauf disposition contraire de la décision ordonnant la suspension de la mesure, le temps pendant lequel le condamné a bénéficié de la suspension est compté dans la durée de l'interdiction de séjour.

Il résulte de l'art. 131-32 C. pén. que l'interdiction de séjour s'applique pendant la détention de la personne condamnée simultanément à une peine privative de liberté sans sursis, lorsqu'elle est détenue provisoirement à la date à laquelle la décision devient définitive – ou continue de s'appliquer, lorsque l'incarcération n'intervient qu'ultérieurement – au cas, notamment, où serait accordée une permission de sortir et sous réserve des dispositions des art. 762-1 à 762-5. • Crim. 29 mars 1995, n° 94-83.888 P.

Art. 763 **En cas de prescription d'une peine prononcée en matière criminelle, le condamné est soumis de plein droit et à titre définitif à l'interdiction de séjour dans le département où demeurent la victime du crime ou ses héritiers directs.**

TOM : 873.

TITRE SEPTIÈME *BIS* DU SUIVI SOCIO-JUDICIAIRE

(L. n° 98-468 du 17 juin 1998)

BIBL. ► Commentaire de la loi du 17 juin 1998 : CASTAIGNÈDE, *D. 1999. Chron. 23.* – COUVRAT, *RSC 1999. 376.* – LAVIELLE, *RSC 1999. 35.* – LE GUNEHEC, *JCP 1998. Actu. 27.*

Les dispositions du C. pr. pén. relatives à la surveillance judiciaire et à la surveillance de sûreté dans leur rédaction résultant des chapitres Ier, II et III de la présente loi sont immédiatement applicables après la publication de la présente loi. Il en est de même de celles précisant les modalités d'exécution de la peine de suivi socio-judiciaire ou d'une libération conditionnelle (L. n° 2010-242 du 10 mars 2010, art. 20, publiée au JO du 11 mars).

Art. 763-1 **La personne condamnée à un suivi socio-judiciaire selon les modalités prévues par les articles 131-36-1 à 131-36-8 du code pénal est placée sous le contrôle du juge de l'application des peines dans le ressort duquel elle a sa résidence habituelle ou, si elle n'a pas en France de résidence habituelle, du juge de l'application des peines du tribunal dans le ressort duquel a son siège la juridiction qui a statué en première instance. Le juge de l'application des peines peut désigner** *(L. n° 2000-516 du 15 juin 2000, art. 123-VI)* **« le service pénitentiaire d'insertion et de probation » pour veiller au respect des obligations imposées au condamné. Les dispositions de l'article 740 sont applicables.**

En ce qui concerne l'injonction thérapeutique des toxicomanes, V. CSP, art. L. 3424-1 s. et R. 3413-10 s., in C. pén., App. v° Substances vénéneuses. — ***C. pén.***

En ce qui concerne l'injonction de soins des délinquants sexuels, V. CSP, art. L. 3711-1 s. et R. 3711-1 s., ss. art. 763-9.

Art. 763-2 La personne condamnée à un suivi socio-judiciaire est tenue de justifier, auprès du juge de l'application des peines, de l'accomplissement des obligations qui lui sont imposées.

Art. 763-3 Pendant la durée du suivi socio-judiciaire *(L. nº 2011-939 du 10 août 2011, art. 20-4º, en vigueur le 1er janv. 2012)* « ou pendant l'incarcération lorsque la personne condamnée à un suivi socio-judiciaire doit exécuter cette mesure à la suite d'une peine privative de liberté », le juge de l'application des peines peut, après audition du condamné et avis du procureur de la République, modifier ou compléter les mesures prévues aux articles 131-36-2 et 131-36-3 du code pénal.

(L. nº 2004-204 du 9 mars 2004, art. 162-XVIII, en vigueur le 1er janv. 2005) « Sa décision est exécutoire par provision. Elle peut être attaquée par la voie de l'appel par le condamné, le procureur de la République et le procureur général, à compter de sa notification selon les modalités prévues au 1º de l'article 712-11. »

(L. nº 2007-1198 du 10 août 2007) « Si la personne condamnée à un suivi socio-judiciaire n'a pas été soumise à une injonction de soins, le juge de l'application des peines ordonne en vue de sa libération une expertise médicale afin de déterminer si elle est susceptible de faire l'objet d'un traitement. *(L. nº 2019-222 du 23 mars 2019, art. 78)* « Le juge peut également ordonner cette expertise à tout moment au cours de l'exécution du suivi socio-judiciaire. » S'il est établi à la suite de cette expertise la possibilité d'un traitement, la personne condamnée est soumise à une injonction de soins, sauf décision contraire du juge de l'application des peines. » Le juge de l'application des peines avertit le condamné qu'aucun traitement ne pourra être entrepris sans son consentement, mais que, s'il refuse les soins qui lui seront proposés, l'emprisonnement prononcé en application du troisième alinéa de l'article 131-36-1 du code pénal pourra être mis à exécution. *(L. nº 2007-1198 du 10 août 2007)* « Les dispositions des deux alinéas précédents sont applicables. » — *Les dispositions ci-dessus de la loi nº 2007-1198 du 10 août 2007 sont immédiatement applicables aux personnes exécutant une peine privative de liberté (L. préc., art. 12).*

(L. nº 2005-1549 du 12 déc. 2005, art. 21 ; L. nº 2007-1198 du 10 août 2007) « Le juge de l'application des peines peut également, après avoir procédé à l'examen prévu à l'article 763-10 *(L. nº 2011-1862 du 13 déc. 2011, art. 61-5º)* « et après avoir fait vérifier la faisabilité technique de la mesure », ordonner le placement sous surveillance électronique mobile du condamné. Le juge de l'application des peines avertit le condamné que le placement sous surveillance électronique mobile ne pourra être mis en œuvre sans son consentement mais que, à défaut ou s'il manque à ses obligations, l'emprisonnement prononcé en application du troisième alinéa de l'article 131-36-1 du code pénal pourra être mis à exécution. Les dispositions des deux premiers alinéas du présent article sont applicables. »

(L. nº 2008-174 du 25 févr. 2008, art. 14) « Si la personne a été condamnée à une peine de réclusion criminelle d'une durée égale ou supérieure à quinze ans pour l'un des crimes mentionnés à l'article 706-53-13, le juge de l'application des peines peut également prononcer une obligation d'assignation à domicile prévue par le *(L. nº 2010-242 du 10 mars 2010, art. 11-II)* « 3º » de l'article 723-30. Les dispositions des deux premiers alinéas du présent article sont applicables. »

Fait une exacte application de l'art. 763-3 la CHAP qui assortit d'une obligation de soins le suivi socio-judiciaire auquel l'intéressé avait été précédemment condamné. • Crim. 10 oct. 2007, nº 06-84.709 P : *AJ pénal 2007. 544* .

Art. 763-4 Lorsque la personne condamnée à un suivi socio-judiciaire comprenant une injonction de soins doit exécuter cette mesure à la suite d'une peine privative de liberté, le juge de l'application des peines peut ordonner l'expertise médicale de l'intéressé avant sa libération. Cette expertise est obligatoire si la condamnation a été prononcée plus de deux ans auparavant.

Le juge de l'application des peines peut en outre, à tout moment du suivi socio-judiciaire et sans préjudice des dispositions de l'article 763-6, ordonner, d'office ou sur réquisitions du procureur de la République, les expertises nécessaires pour informer sur l'état médical ou psychologique de la personne condamnée.

Les expertises prévues par le présent article sont réalisées par un seul expert, sauf décision motivée du juge de l'application des peines.

Art. 763-5 En cas d'inobservation des obligations mentionnées aux articles 131-36-2 et 131-36-3 du code pénal ou de l'injonction de soins, le juge de l'application des peines peut, d'office ou sur réquisitions du procureur de la République, ordonner, par décision motivée, la mise à exécution de l'emprisonnement prononcé par la juridiction de jugement en application du troisième alinéa de l'article 131-36-1 du code pénal. L'exécution peut porter sur tout ou partie de cette peine. *(L. n° 2004-204 du 9 mars 2004, art. 162-XVI, en vigueur le 1er janv. 2005)* « Cette décision est prise selon les dispositions prévues à l'article 712-6. – *V. CSP, art. R. 3711-15 et R. 3711-16, ss. art. 763-9.*

« En cas d'inobservation des obligations ou de l'injonction de soins, les dispositions de l'article 712-17 sont applicables. »

(L. n° 2010-242 du 10 mars 2010, art. 10-I) « Constitue pour le condamné une violation des obligations qui lui ont été imposées le fait de refuser de commencer ou de poursuivre le traitement prescrit par le médecin traitant et qui lui a été proposé dans le cadre d'une injonction de soins. »

L'accomplissement de l'emprisonnement pour inobservation des obligations du suivi socio-judiciaire ne dispense pas le condamné de l'exécution du suivi socio-judiciaire. En cas de nouveau manquement par le condamné à ses obligations, le juge de l'application des peines peut de nouveau ordonner la mise à exécution de l'emprisonnement pour une durée qui, cumulée avec la durée de l'emprisonnement exécuté, ne saurait excéder celle fixée par la juridiction de condamnation.

Art. 763-6 Toute personne condamnée à un suivi socio-judiciaire peut demander à la juridiction qui a prononcé la condamnation ou, en cas de pluralité de condamnations, à la dernière juridiction qui a statué de la relever de cette mesure. Si la condamnation a été prononcée par une cour d'assises, la juridiction compétente pour statuer sur la demande est la *(L. n° 2000-516 du 15 juin 2000, art. 83, en vigueur le 1er janv. 2001)* « chambre de l'instruction » dans le ressort de laquelle la cour d'assises a son siège.

La demande ne peut être portée devant la juridiction compétente qu'à l'issue d'un délai d'un an à compter de la décision de condamnation. En cas de refus opposé à cette première demande, une autre demande ne peut être présentée qu'une année après cette décision de refus. Il en est de même, éventuellement, des demandes ultérieures.

La demande de relèvement est adressée au juge de l'application des peines, qui ordonne une expertise médicale et la transmet à la juridiction compétente avec les conclusions de l'expert ainsi que son avis motivé.

L'expertise est réalisée par deux experts en cas de condamnation pour meurtre ou assassinat d'un mineur précédé ou accompagné d'un viol, de tortures ou d'actes de barbarie.

La juridiction statue dans les conditions prévues par les troisième, quatrième et cinquième alinéas de l'article 703.

La juridiction peut décider de relever le condamné d'une partie seulement de ses obligations.

(L. n° 2010-242 du 10 mars 2010, art. 10-I) « Après avis du procureur de la République, le juge de l'application des peines peut, après audition du condamné et avis du médecin coordonnateur, décider selon les modalités prévues par l'article 712-8 de mettre fin de manière anticipée au suivi socio-judiciaire comportant une injonction de soins, sans qu'il soit nécessaire de saisir la juridiction de jugement, dès lors qu'il apparaît que le reclassement du condamné est acquis et qu'un traitement n'est plus nécessaire. Le juge peut également décider de ne relever le condamné que d'une partie de ses obligations parmi lesquelles, le cas échéant, l'injonction de soins. »

Art. 763-7 Lorsqu'une personne condamnée à un suivi socio-judiciaire comprenant une injonction de soins doit subir une peine privative de liberté, elle exécute cette peine dans un établissement pénitentiaire prévu par le *(L. n° 2009-1436 du 24 nov. 2009, art. 89-II)* « troisième » alinéa de l'article *(L. n° 2004-204 du 9 mars 2004,* *art. 168-II, en vigueur le 1er janv. 2005)* « **717-1** » et permettant de lui assurer un suivi médical et psychologique adapté.

Elle est immédiatement informée par le juge de l'application des peines de la possibilité d'entreprendre un traitement. *(L. n° 2010-242 du 10 mars 2010, art. 10-I)* « Si elle ne consent pas à suivre un traitement, cette information est renouvelée au moins une fois tous les ans. »

En cas de suspension ou de fractionnement de la peine, de placement à l'extérieur sans surveillance ou de mesure de semi-liberté, les obligations résultant du suivi socio-judiciaire sont applicables.

TOM : 873-1. – Mayotte : 902.

Art. 763-7-1 *(L. n° 2011-939 du 10 août 2011, art. 20-5°, en vigueur le 1er janv. 2012)* Lorsque la personne condamnée à un suivi socio-judiciaire doit exécuter cette mesure à la suite d'une peine privative de liberté, il lui est remis, avant sa libération, un avis de convocation à comparaître devant le juge de l'application des peines ou devant le service pénitentiaire d'insertion et de probation dans un délai qui ne saurait être supérieur à huit jours, selon des modalités prévues par le décret mentionné à l'article **763-9**. En cas de convocation devant le service pénitentiaire d'insertion et de probation, ce service est alors saisi de la mesure de suivi socio-judiciaire.

Art. 763-8 *(L. n° 2008-174 du 25 févr. 2008, art. 1er-VII)* Lorsqu'un suivi socio-judiciaire a été prononcé à l'encontre d'une personne condamnée à une réclusion criminelle d'une durée égale ou supérieure à quinze ans pour l'une des infractions visées à l'article **706-53-13**, la juridiction régionale de la rétention de sûreté peut, selon les modalités prévues par l'article **706-53-15**, décider de prolonger tout ou partie des obligations auxquelles est astreinte la personne, au-delà de la durée prononcée par la juridiction de jugement et des limites prévues à l'article **131-36-1** du code pénal, en la plaçant sous surveillance de sûreté pour une durée *(L. n° 2010-242 du 10 mars 2010, art. 3)* « de deux ans *[ancienne rédaction : d'un an]* ».

Les dispositions des deuxième à *(L. n° 2010-242 du 10 mars 2010, art. 4-III)* « septième » alinéas de l'article **723-37** du présent code sont applicables, ainsi que celles de l'article **723-38**.

(L. n° 2010-242 du 10 mars 2010, art. 10-I) « Le présent article est applicable y compris si la personne placée sous suivi socio-judiciaire avait fait l'objet d'une libération conditionnelle. »

La surveillance de sûreté instaurée par l'art. 1er-VI et VII de la L. n° 2008-174 est immédiatement applicable après sa publication [JO 26 févr.]. Si la méconnaissance par la personne des obligations qui lui sont imposées fait apparaître que celle-ci présente à nouveau une particulière dangerosité caractérisée par la probabilité très élevée de commettre à nouveau l'une des infractions mentionnées à l'art. 706-53-13 C. pr. pén., la personne peut être placée jusqu'au 1er sept. 2008, dans les conditions prévues l'art. 706-53-19, dernier al., du même code, dans un établissement mentionné à l'art. L. 6141-5, al. 1er, CSP (L. préc., art. 13-III).

Art. 763-9 Un décret en Conseil d'État détermine les modalités d'application des dispositions du présent titre.

V. art. R. 61 s.

Code de la santé publique

PREMIÈRE PARTIE : LÉGISLATIVE

(Ord. n° 2000-548 du 15 juin 2000)

LIVRE VII (de la TROISIÈME PARTIE). PRÉVENTION DE LA DÉLINQUANCE SEXUELLE, INJONCTION DE SOINS ET SUIVI SOCIO-JUDICIAIRE

BIBL. ▶ BOUVET, ABONDO et LE GUEUT, *AJ pénal 2014. 275* (Mission et statut du médecin coordonnateur dans l'injonction de soins : bilan et perspectives quinze ans après la loi du 17 juin 1998). – DARBEDA, *RSC 2001. 625* (l'injonction de soins et le suivi socio-judiciaire).

Art. L. 3711-1 *(L. n° 2008-174 du 25 févr. 2008, art. 6)* « Pour la mise en œuvre de l'injonction de soins prévue par *(L. n° 2010-242 du 10 mars 2010, art. 10-II)* « l'article 131-36-

4 » du code pénal et les articles 723-30 et 731-1 du code de procédure pénale, le juge de l'application des peines désigne, sur une liste de psychiatres ou de médecins ayant suivi une formation appropriée établie par le procureur de la République, un médecin coordonnateur qui est chargé : » — *V. art. R. 3711-1 s.*

1° D'inviter le condamné, au vu des expertises réalisées au cours de la procédure ainsi que, le cas échéant, au cours de l'exécution de la peine privative de liberté, à choisir un médecin traitant. En cas de désaccord persistant sur le choix effectué, le médecin est désigné par le juge de l'application des peines, après avis du médecin coordonnateur ;

2° De conseiller le médecin traitant, si celui-ci en fait la demande ;

3° De transmettre au juge de l'application des peines ou à l'agent de probation les éléments nécessaires au contrôle de l'injonction de soins ;

4° D'informer, en liaison avec le médecin traitant, le condamné dont le suivi socio-judiciaire *(L. n° 2008-174 du 25 févr. 2008, art. 6)* « , le sursis probatoire ou la surveillance judiciaire est arrivé à son terme, ou le condamné qui a bénéficié d'une libération conditionnelle, » de la possibilité de poursuivre son traitement en l'absence de tout contrôle de l'autorité judiciaire et de lui indiquer les modalités et la durée qu'il estime nécessaires et raisonnables, à raison notamment de l'évolution des soins en cours ;

(L. n° 2008-174 du 25 févr. 2008, art. 6) « 5° De coopérer à la réalisation d'évaluations périodiques du dispositif de l'injonction de soins ainsi qu'à des actions de formation et d'étude. »

Art. L. 3711-2 *(L. n° 2012-409 du 27 mars 2012, art. 5-III)* « Le juge de l'application des peines communique au médecin traitant, par l'intermédiaire du médecin coordonnateur, copie de la décision ayant ordonné l'injonction de soins. Le juge communique également au médecin traitant, à la demande de ce dernier ou à son initiative, par l'intermédiaire du médecin coordonnateur, copie des rapports des expertises médicales réalisées pendant l'enquête ou l'instruction, du réquisitoire définitif, de la décision de renvoi devant la juridiction de jugement, de la décision de condamnation ainsi que des rapports des expertises qu'il a ordonnées en cours d'exécution de la peine. Le juge peut, en outre, adresser au médecin traitant toute autre pièce utile du dossier. »

(L. n° 2008-174 du 25 févr. 2008, art. 6) « Sans que leur soient opposables les dispositions de l'article 226-13 du code pénal, les praticiens chargés de dispenser des soins en milieu pénitentiaire communiquent les informations médicales qu'ils détiennent sur le condamné au médecin coordonnateur afin qu'il les transmette au médecin traitant. »

Le médecin traitant délivre des attestations de suivi du traitement à intervalles réguliers, afin de permettre au condamné de justifier auprès du juge de l'application des peines de l'accomplissement de son injonction de soins.

Art. L. 3711-3 Le médecin traitant est habilité, sans que puissent lui être opposées les dispositions de l'article 226-13 du code pénal, à informer le juge de l'application des peines ou l'agent de probation de l'interruption du traitement. Lorsque le médecin traitant informe le juge ou l'agent de probation, il en avise immédiatement le médecin coordonnateur.

(L. n° 2010-242 du 10 mars 2010, art. 10-II) « Lorsque le refus ou l'interruption du traitement intervient contre l'avis du médecin traitant, celui-ci le signale sans délai au médecin coordonnateur qui en informe immédiatement, dans le respect des dispositions relatives au secret médical, le juge de l'application des peines. En cas d'indisponibilité du médecin coordonnateur, le médecin traitant peut informer directement le juge de l'application des peines du refus ou de l'interruption du traitement intervenu contre son avis. »

Le médecin traitant *peut également* informer de toutes difficultés survenues dans l'exécution du traitement le médecin coordonnateur qui est habilité, dans les mêmes conditions qu'à l'alinéa précédent, à prévenir le juge de l'application des peines ou l'agent de probation.

Le médecin traitant peut également proposer au juge de l'application des peines d'ordonner une expertise médicale.

(L. n° 2010-242 du 10 mars 2010, art. 10-II) « Le médecin traitant peut prescrire tout traitement indiqué pour le soin du condamné y compris des médicaments inhibiteurs de libido. »

Art. L. 3711-4 Les agences régionales de santé prennent en charge les dépenses afférentes aux interventions des médecins coordonnateurs.

Art. L. 3711-4-1 *(L. n° 2005-1549 du 12 déc. 2005, art. 26)* Si la personnalité du condamné le justifie, le médecin coordonnateur peut inviter celui-ci à choisir, soit en plus du médecin traitant, soit à la place de ce dernier, un psychologue traitant *(L. n° 2008-174 du 25 févr. 2008, art. 6)* « ayant exercé pendant au moins cinq ans. »

Les dispositions des articles L. 3711-1 à L. 3711-3 applicables au médecin traitant sont applicables à ce psychologue à l'exception de celles prévues au dernier alinéa de l'article L. 3711-3.

Art. L. 3711-5 Les modalités d'application du présent chapitre sont fixées par décret en Conseil d'État.

DEUXIÈME PARTIE : **RÉGLEMENTAIRE**

LIVRE VII (de la TROISIÈME PARTIE). **PRÉVENTION DE LA DÉLINQUANCE SEXUELLE, INJONCTION DE SOINS ET SUIVI SOCIO-JUDICIAIRE**

TITRE UNIQUE

CHAPITRE UNIQUE

SECTION I. *Médecins coordonnateurs*

Art. R. 3711-1 La liste des médecins coordonnateurs prévue à l'article L. 3711-1 est établie tous les trois ans par le procureur de la République après avis du conseil départemental de l'ordre des médecins et du directeur général de l'agence régionale de santé. Elle peut faire l'objet de mises à jour régulières.

Art. R. 3711-2 Un médecin coordonnateur peut être inscrit sur les listes de plusieurs tribunaux judiciaires. Lorsqu'il existe plusieurs tribunaux judiciaires dans le département, il est établi une liste pour chaque tribunal. Une liste commune au département peut être établie conjointement par les procureurs de la République compétents.

Art. R. 3711-3 Peuvent être inscrits sur la liste des médecins coordonnateurs, sur leur demande, les psychiatres :

1° Inscrits à un tableau de l'ordre des médecins ;

(Décr. n° 2008-1129 du 4 nov. 2008, art. 8) « 2° Exerçant en qualité de spécialiste depuis au moins trois ans ou ayant exercé en qualité de spécialiste pendant au moins cinq ans ; »

3° N'ayant pas de condamnation justifiant une inscription au bulletin n° 2 du casier judiciaire pour des agissements contraires à l'honneur, à la probité ou aux bonnes mœurs ;

4° N'ayant fait l'objet ni de sanctions mentionnées à l'article L. 4124-6 et à l'article L. 145-2 du code de la sécurité sociale, pour des agissements contraires à l'honneur, à la probité ou aux bonnes mœurs, ni de suspension au titre de l'article *(Décr. n° 2008-1129 du 4 nov. 2008, art. 8)* « L. 4124-11 ».

Peuvent également être inscrits sur cette liste et sous les mêmes réserves, les médecins ayant suivi une formation, délivrée par une université ou par un organisme agréé de formation médicale continue, répondant aux conditions fixées par arrêté du ministre chargé de la santé.

Pour l'application de l'art. R. 355-35 [R. 3711-3], al. 1er, CSP, et pendant une période transitoire de cinq ans suivant la publication du présent décret, peuvent être également inscrits sur la liste prévue à l'art. L. 355-33 [L. 3711-1] les psychiatres n'exerçant plus d'activité clinique, s'il est établi qu'ils ont auparavant, pendant au moins cinq ans, exercé une telle activité. — Pour l'application de l'art. R. 355-35 [R. 3711-3], dernier al., et pendant une période transitoire de cinq ans suivant la publication du présent décret, peuvent également être inscrits sur la liste prévue à l'art. L. 355-33 [L. 3711-1] les médecins pouvant justifier d'une activité antérieure ou de leur intérêt pour la prise en charge des personnes poursuivies ou condamnées pour infractions sexuelles. — Les dispositions du présent article sont applicables en Nouvelle-Calédonie, dans les territoires d'outre-mer et à Mayotte (Décr. n° 2000-412 du 18 mai 2000, art. 2).

Pour l'application de l'art. R. 3711-3 CSP et pendant une période transitoire de cinq ans suivant la publication du présent décret (JO 5 nov.), peuvent également être inscrits sur la liste mentionnée à l'art. R. 3711-1 du même code les médecins justifiant avoir exercé la fonction de médecin coordonnateur pendant au moins deux ans (Décr. n° 2008-1129 du 4 nov. 2008, art. 13).

Art. R. 3711-4 *(Décr. n° 2008-1129 du 4 nov. 2008, art. 8)* Lorsqu'un praticien hospitalier exerce les fonctions de médecin coordonnateur, celles-ci sont exercées dans le cadre des missions définies au 5° de l'article R. 6152-24.

Art. R. 3711-5 Le praticien qui souhaite exercer les fonctions de médecin coordonnateur adresse une demande au procureur de la République. Cette demande est assortie des renseignements et documents suivants :

1° Nature des activités professionnelles, lieux et dates d'exercice ;

2° Copies des titres et diplômes ;

3° Attestation justifiant d'au moins trois ans d'inscription au tableau de l'ordre des médecins et de l'absence de sanctions disciplinaires mentionnées à l'article R. 3711-3, ainsi que de suspension au titre de l'article L. 4122-3 ;

4° Le cas échéant, attestation de formation.

Art. R. 3711-6 La radiation d'un médecin coordonnateur intervient dès lors que l'une des conditions prévues à l'article R. 3711-3 cesse d'être remplie.

Elle est décidée par le ou les procureurs de la République compétents.

Elle peut en outre faire l'objet d'une demande motivée du juge de l'application des peines, du juge des enfants ou du préfet en cas de manquement du médecin coordonnateur à ses obligations.

Le procureur de la République informe de cette radiation le juge de l'application des peines concerné. Ce dernier en avertit les médecins traitants et les personnes condamnées en relation avec ce médecin coordonnateur.

Le médecin coordonnateur peut exercer un recours devant la première chambre civile de la cour d'appel. Ce recours n'est pas suspensif. Il est formé par simple déclaration au secrétariat-greffe, ou par lettre recommandée avec demande d'avis de réception adressée au secrétaire-greffier, dans le délai d'un mois, qui court à compter du jour de la notification de cette radiation.

Art. R. 3711-7 Un médecin coordonnateur peut se désister de la liste. Il en informe par lettre recommandée avec avis de réception le procureur de la République, le ou les juges de l'application des peines l'ayant désigné, ainsi que les médecins traitants et les personnes *(Abrogé par Décr. nº 2008-1129 du 4 nov. 2008, art. 8)* « *condamnées* » qui sont en relation avec lui.

Son désistement prend effet trois mois après en avoir informé les personnes mentionnées à l'alinéa précédent.

Art. R. 3711-8 Le médecin coordonnateur est désigné par une ordonnance du juge de l'application des peines. *(Décr. nº 2008-1129 du 4 nov. 2008, art. 8)* « Cette désignation intervient dans la mesure du possible avant la libération d'un condamné détenu. Toutefois, lorsque la personne a été condamnée pour un crime mentionné à l'article 706-53-13 du code de procédure pénale, cette désignation doit intervenir avant la libération de l'intéressé ou avant la cessation de sa rétention de sûreté. »

Ne peut être désigné comme médecin coordonnateur par le juge de l'application des peines un praticien qui :

1° Présente un lien familial, d'alliance ou d'intérêt professionnel avec la personne condamnée ;

2° Est son médecin traitant ;

3° A été désigné pour procéder, au cours de la procédure judiciaire, à son expertise.

Le médecin coordonnateur ne peut devenir le médecin traitant de la personne *(Abrogé par Décr. nº 2008-1129 du 4 nov. 2008, art. 8)* « *condamnée* » ou être désigné pour procéder, au cours du suivi socio-judiciaire, à son expertise.

Un arrêté du ministre chargé de la santé fixe *(Décr. nº 2008-1129 du 4 nov. 2008, art. 8)* « le nombre de personnes que peut suivre simultanément » un médecin coordonnateur. — *V. Arr. du 24 janv. 2008 (JO 29 janv.), mod. par Arr. du 8 déc. 2011 (JO 18 janv. 2012).*

Art. R. 3711-9 Lorsque la liste des médecins coordonnateurs n'a pu être établie, ou qu'aucun des médecins figurant sur cette liste ne peut être désigné, le juge de l'application des peines désigne comme médecin coordonnateur, à titre provisoire et pour une durée qui ne peut excéder un an, un médecin remplissant les conditions définies aux articles R. 3711-3 et R. 3711-8 après avoir préalablement recueilli son consentement et celui du procureur de la République.

Dans les cas mentionnés aux articles R. 3711-6 à R. 3711-8, ainsi qu'en cas de force majeure, le juge de l'application des peines désigne, en remplacement du médecin initialement saisi, dans les mêmes conditions, un autre médecin coordonnateur.

Art. R. 3711-10 Le juge de l'application des peines adresse au médecin coordonnateur la copie des pièces de la procédure utiles à l'exercice de sa mission. Le médecin coordonnateur lui restitue ces pièces lorsqu'il cesse de suivre la personne *(Abrogé par Décr. nº 2008-1129 du 4 nov. 2008, art. 8)* « *condamnée* ».

Art. R. 3711-11 Les médecins coordonnateurs perçoivent, pour chaque personne *(Abrogé par Décr. nº 2008-1129 du 4 nov. 2008, art. 8)* « *condamnée* » suivie par eux, une indemnité forfaitaire annuelle, dans des conditions fixées par arrêté des ministres chargés du budget, de la justice et de la santé. — *V. Arr. du 24 janv. 2008 (JO 29 janv.), mod. par Arr. du 8 déc. 2011 (JO 18 janv. 2012).*

SECTION II. *Choix du médecin traitant*

Art. R. 3711-12 Le médecin coordonnateur désigné par le juge de l'application des peines convoque la personne *(Décr. nº 2008-1129 du 4 nov. 2008, art. 8)* « soumise à une injonction de soins » pour un entretien au cours duquel il lui fait part des modalités d'exécution de cette mesure et l'invite à choisir un médecin traitant.

Lorsque la personne *(Abrogé par Décr. nº 2008-1129 du 4 nov. 2008, art. 8)* « *condamnée* » est mineure, le choix du médecin traitant est effectué par les titulaires de l'autorité parentale ou, à défaut, par le juge des tutelles. L'accord du mineur sur ce choix est recherché.

Lorsque la personne *(Abrogé par Décr. nº 2008-1129 du 4 nov. 2008, art. 8)* « *condamnée* » est un majeur *(Décr. nº 2021-684 du 28 mai 2021, art. 10)* « faisant l'objet d'une mesure de protection juridique avec représentation relative à la personne, et n'est pas apte à exprimer sa volonté », ce choix est effectué, dans les mêmes conditions, par *(Décr. nº 2021-684 du 28 mai 2021, art. 10)* « la personne chargée de la mesure, en tenant compte de l'avis du majeur. Sauf urgence, en cas de désaccord entre le majeur protégé et la personne chargée de sa protection, le juge autorise l'un ou l'autre à prendre la décision. »

(Décr. nº 2008-1129 du 4 nov. 2008, art. 8) « Le médecin coordonnateur peut refuser d'avaliser le choix d'un médecin traitant par la personne s'il estime que celui-ci n'est manifestement pas en mesure d'assurer la prise en charge de cette dernière. »

Art. R. 3711-13 En cas de désaccord entre le père et la mère, le juge aux affaires familiales choisit le médecin traitant du mineur dans les conditions de l'article 372-1-1 du code civil.

Art. R. 3711-14 Le médecin coordonnateur informe le médecin traitant désigné dans les conditions de l'article R. 3711-12 et s'assure de son consentement pour prendre en charge la personne *(Abrogé par Décr. nº 2008-1129 du 4 nov. 2008, art. 8)* « *condamnée* ».

Le médecin traitant confirme son accord par écrit, dans un délai de quinze jours, au médecin coordonnateur. En cas de silence gardé à l'expiration de ce délai, ou en cas de réponse négative, le médecin coordonnateur invite la personne *(Abrogé par Décr. nº 2008-1129 du 4 nov. 2008, art. 8)* « *condamnée* » à choisir un autre médecin traitant.

Art. R. 3711-15 Lorsqu'aucun médecin traitant n'a pu être choisi, le médecin coordonnateur en informe le juge de l'application des peines.

Dans le cas mentionné au quatrième alinéa de l'article R. 3711-12, le juge de l'application des peines convoque, en présence du médecin coordonnateur, la personne *(Abrogé par Décr. nº 2008-1129 du 4 nov. 2008, art. 8)* « *condamnée* », et s'il y a lieu, les titulaires de l'autorité parentale à son égard, pour tenter de parvenir à un accord sur le choix du médecin traitant.

Lorsqu'aucun accord n'a pu être obtenu, le juge de l'application des peines désigne comme médecin traitant un médecin pressenti par la personne *(Abrogé par Décr. nº 2008-1129 du 4 nov. 2008, art. 8)* « *condamnée* », après s'être assuré de son consentement et après l'avis du médecin coordonnateur.

Si le juge de l'application des peines estime impossible de procéder à cette désignation, il peut ordonner *(Décr. nº 2008-1129 du 4 nov. 2008, art. 8)* « , selon les cas et conformément aux dispositions du code de procédure pénale, la mise à exécution de l'emprisonnement encouru, la révocation du sursis avec mise à l'épreuve, le retrait ou la révocation de la libération conditionnelle, le retrait des réductions de peines ou le placement en rétention de sûreté ».

Art. R. 3711-16 A l'égard d'un *(Abrogé par Décr. nº 2008-1129 du 4 nov. 2008, art. 8)* « *condamné* » mineur, en cas de carence des titulaires de l'autorité parentale, le juge des enfants, agissant en qualité de juge de l'application des peines, procède à la désignation du médecin traitant, dans les mêmes conditions que celles de l'article R. 3711-15, après avoir recueilli l'avis du mineur.

Art. R. 3711-17 *(Décr. nº 2008-1129 du 4 nov. 2008, art. 8)* Les dispositions de la présente section sont mises en œuvre, dans la mesure du possible, avant la libération d'un condamné détenu.

Toutefois, lorsque la personne a été condamnée pour un crime mentionné à l'article 706-53-13 du code de procédure pénale, la convocation de cette personne par le médecin coordonnateur réalisée conformément aux dispositions de l'article R. 3711-12 du présent code doit intervenir avant sa libération ou la cessation de sa rétention de sûreté. Le choix de médecin traitant, conformément aux dispositions des articles R. 3711-12 à R. 3711-16, intervient avant cette libération ou avant la cessation de la rétention de sûreté.

Pour l'application des dispositions des deux alinéas précédents, la personne peut bénéficier de permissions de sortir ou, le cas échéant, d'autorisations de sortie sous escorte afin de rencontrer le médecin coordonnateur et son médecin traitant.

SECTION III. *Choix du psychologue traitant*
(Décr. n° 2008-1129 du 4 nov. 2008, art. 8)

Art. R. 3711-17-1 Les dispositions des articles R. 3711-12 à R. 3711-17 sont applicables au choix du psychologue traitant.

Le médecin coordonnateur peut notamment refuser d'avaliser le choix d'un psychologue traitant par la personne s'il estime que celui-ci n'est pas en mesure d'assurer la prise en charge de cette dernière.

SECTION IV. *Déroulement de l'injonction de soins*

La section III est devenue section IV en application des dispositions du Décr. n° 2008-1129 du 4 nov. 2008, art. 8-VII.

Art. R. 3711-18 Les relations entre la personne *(Abrogé par Décr. n° 2008-1129 du 4 nov. 2008, art. 8)* « *condamnée* » et le médecin traitant sont régies, sous réserve des dispositions du présent titre, par le code de déontologie médicale.

Le juge de l'application des peines ne peut intervenir dans le déroulement des soins décidés par le médecin traitant.

Art. R. 3711-19 Au cours de l'exécution *(Décr. n° 2008-1129 du 4 nov. 2008, art. 8)* « de l'injonction de soins », la personne *(Abrogé par Décr. n° 2008-1129 du 4 nov. 2008, art. 8)* « *condamnée* » peut demander au médecin coordonnateur de changer de médecin traitant. Le médecin coordonnateur en informe le médecin traitant initialement désigné.

Les dispositions des articles R. 3711-12 à R. 3711-17 sont alors applicables.

Art. R. 3711-20 Au cours de l'exécution *(Décr. n° 2008-1129 du 4 nov. 2008, art. 8)* « de l'injonction de soins », le médecin traitant peut décider d'interrompre le suivi d'une personne *(Abrogé par Décr. n° 2008-1129 du 4 nov. 2008, art. 8)* « *condamnée* ». Il en informe alors sans délai le médecin coordonnateur et la personne condamnée par lettre recommandée avec demande d'avis de réception.

Les dispositions des articles R. 3711-12 à R. 3711-17 sont alors applicables.

Art. R. 3711-21 *(Décr. n° 2008-1129 du 4 nov. 2008, art. 8)* Pour l'exécution de l'injonction de soins, le médecin coordonnateur convoque la personne périodiquement et au moins une fois par trimestre pour réaliser un bilan de sa situation.

Le médecin coordonnateur transmet au juge de l'application des peines au moins une fois par an un rapport comportant tous les éléments nécessaires au contrôle du respect de l'injonction de soins. Lorsque la personne a été condamnée pour un crime mentionné à l'article 706-53-13 du code de procédure pénale, ce rapport est adressé au moins deux fois *par an.*

Ce rapport dresse un bilan précis de la mise en œuvre de l'injonction de soins. Le cas échéant, il comporte des éléments d'appréciation sur l'évolution de la personne au regard de son besoin de soins ainsi que des propositions sur les modalités de poursuite de la mesure.

Art. R. 3711-22 Les pièces de procédure adressées au médecin traitant en application des dispositions de l'article L. 3711-2 lui sont remises par le médecin coordonnateur.

Quand il cesse de suivre la personne *(Abrogé par Décr. n° 2008-1129 du 4 nov. 2008, art. 8)* « *condamnée* », le médecin traitant retourne ces pièces au médecin coordonnateur, qui les transmet au juge de l'application des peines.

Art. R. 3711-23 Les expertises médicales ordonnées par le juge de l'application des peines, soit sur proposition du médecin traitant, soit sur celle du médecin coordonnateur, sont régies par le code de procédure pénale.

Une copie de ces expertises est communiquée au médecin coordonnateur ainsi que, dans les conditions prévues à l'article R. 3711-22, au médecin traitant.

Art. R. 3711-24 Ainsi qu'il est dit à l'article R. 61-5 du code de procédure pénale, lorsque le suivi socio-judiciaire accompagne une peine privative de liberté, la période pendant laquelle le condamné se trouve en permission de sortir, ou est placé sous le régime de semi-liberté ou fait l'objet d'un placement extérieur ou d'un placement sous surveillance électronique ne s'impute pas sur la durée du suivi socio-judiciaire.

Art. R. 3711-25 *(Décr. n° 2008-1129 du 4 nov. 2008, art. 8)* Les dispositions des articles R. 3711-18 à R. 3711-23 sont applicables au psychologue traitant.

TITRE SEPTIÈME *TER* DU PLACEMENT SOUS SURVEILLANCE ÉLECTRONIQUE MOBILE À TITRE DE MESURE DE SÛRETÉ

(L. n° 2005-1549 du 12 déc. 2005, art. 20)

RÉP. PÉN. v° *Placement sous surveillance électronique fixe ou mobile*, par ENDERLIN.

BIBL. ► LAZERGES, *RSC 2006. 183* (l'électronique au service de la politique criminelle : du placement sous surveillance électronique statique (PSE) au placement sous surveillance électronique mobile (PSEM)). – LIENARD, *RPDP 2008. 509* (la surveillance électronique mobile : une réponse à la récidive ?).

Art. 763-10 **Un an au moins avant la date prévue de sa libération, la personne condamnée au placement sous surveillance électronique mobile en application des articles 131-36-9 à 131-36-12 du code pénal fait l'objet d'un examen destiné à évaluer sa dangerosité et à mesurer le risque de commission d'une nouvelle infraction.**

Cet examen est mis en œuvre par le juge de l'application des peines *(L. n° 2010-242 du 10 mars 2010, art. 11-II)* **« ; celui-ci peut solliciter l'avis** *[ancienne rédaction, après avis]* **» de la commission pluridisciplinaire des mesures de sûreté composée selon des modalités déterminées par le décret prévu à l'article 763-14.** *(L. n° 2010-242 du 10 mars 2010, art. 11-II)* **« Les articles 712-16 et 712-16-1 » sont applicables.**

Au vu de cet examen *(L. n° 2011-1862 du 13 déc. 2011, art. 61-5°)* **« et après avoir fait vérifier la faisabilité technique de la mesure », le juge de l'application des peines détermine, selon les modalités prévues par l'article 712-6, la durée pendant laquelle le condamné sera effectivement placé sous surveillance électronique mobile. Cette durée ne peut excéder deux ans, renouvelable une fois en matière délictuelle et deux fois en matière criminelle.**

Le juge de l'application des peines rappelle au condamné que le placement sous surveillance électronique mobile ne pourra être mis en œuvre sans son consentement, mais que, à défaut ou s'il manque à ses obligations, l'emprisonnement prononcé en application du troisième alinéa de l'article 131-36-1 du code pénal pourra être mis à exécution.

Six mois avant l'expiration du délai fixé, le juge de l'application des peines statue, selon les mêmes modalités, sur la prolongation du placement sous surveillance électronique mobile dans la limite prévue au troisième alinéa.

A défaut de prolongation, il est mis fin au placement sous surveillance électronique mobile.

Art. 763-11 **Pendant la durée du placement sous surveillance électronique mobile, le juge de l'application des peines peut d'office, sur réquisitions du procureur de la République ou à la demande du condamné présentée, le cas échéant, par l'intermédiaire de son avocat, modifier, compléter ou supprimer les obligations résultant dudit placement.**

Art. 763-12 **Le condamné placé sous surveillance électronique mobile est astreint au port, pendant toute la durée du placement, d'un dispositif intégrant un émetteur permettant à tout moment de déterminer à distance sa localisation sur l'ensemble du territoire national.**

Ce dispositif est installé sur le condamné au plus tard une semaine avant sa libération.

Le procédé utilisé est homologué à cet effet par le ministre de la justice. Sa mise en œuvre doit garantir le respect de la dignité, de l'intégrité et de la vie privée de la personne et favoriser sa réinsertion sociale.

Art. 763-13 *(Ord. n° 2022-478 du 30 mars 2022, art. 6, en vigueur le 1er mai 2022)* **Dans le cadre des recherches relatives à une procédure concernant un crime ou un**

délit, les officiers de police judiciaire spécialement habilités à cette fin sont autorisés à consulter les données figurant dans le traitement automatisé de données à caractère personnel prévu à l'article L. 544-2 du code pénitentiaire.

Ancien art. 763-13 *Le contrôle à distance de la localisation du condamné fait l'objet d'un traitement automatisé de données à caractère personnel, mis en œuvre conformément aux dispositions de la loi nº 78-17 du 6 janvier 1978 relative à l'informatique, aux fichiers et aux libertés.*

Dans le cadre des recherches relatives à une procédure concernant un crime ou un délit, les officiers de police judiciaire spécialement habilités à cette fin sont autorisés à consulter les données figurant dans ce traitement.

Art. 763-14 *(Ord. nº 2022-478 du 30 mars 2022, art. 6, en vigueur le 1er mai 2022)* Un décret en Conseil d'État détermine les conditions d'application du présent titre. Ce décret précise notamment les conditions dans lesquelles l'évaluation prévue par l'article 763-10 est mise en œuvre.

Ancien art. 763-14 *Un décret en Conseil d'État détermine les conditions d'application du présent titre. Ce décret précise notamment les conditions dans lesquelles l'évaluation prévue par l'article 763-10 est mise en œuvre. Il précise également les conditions d'habilitation des personnes de droit privé auxquelles peuvent être confiées les prestations techniques détachables des fonctions de souveraineté concernant la mise en œuvre du placement sous surveillance électronique mobile et relatives notamment à la conception et à la maintenance du dispositif prévu à l'article 763-12 et du traitement automatisé prévu à l'article 763-13.*

Les dispositions de ce décret relatives au traitement automatisé prévu à l'article 763-13, qui précisent, notamment, la durée de conservation des données enregistrées, sont prises après avis de la Commission nationale de l'informatique et des libertés.

V. art. R. 61-7 s.

TITRE SEPTIÈME *QUATER* DE L'EXÉCUTION DES CONDAMNATIONS ET DES DÉCISIONS DE PROBATION EN APPLICATION DE LA DÉCISION-CADRE DU CONSEIL DE L'UNION EUROPÉENNE DU 27 NOVEMBRE 2008

(L. nº 2015-993 du 17 août 2015, art. 3, en vigueur le 1er oct. 2015)

V. art. D. 574.

CHAPITRE PREMIER DISPOSITIONS GÉNÉRALES

BIBL. ▶ H.-Evans, *AJ pénal 2015. 532* (transposition de la décision-cadre 2009/947/JAI).

Art. 764-1 Afin de faciliter l'insertion ou la réinsertion sociale d'une personne condamnée, d'améliorer la protection des victimes et de la société et de faciliter l'application de peines de substitution aux peines privatives de liberté et de mesures de probation lorsque l'auteur d'une infraction ne vit pas dans l'État de condamnation, le présent titre détermine les règles applicables à la reconnaissance et à l'exécution, dans un État membre de l'Union européenne, des condamnations pénales définitives ou des décisions adoptées sur le fondement de telles condamnations, prononcées par les juridictions françaises et ordonnant des peines de substitution ou des mesures de probation, ainsi qu'à la reconnaissance et à l'exécution en France de telles condamnations et décisions prononcées par les autorités compétentes d'un autre État membre de l'Union européenne.

L'État sur le territoire duquel a été prononcée la condamnation ou la décision de probation est appelé État de condamnation. L'État auquel sont demandés la reconnaissance et le suivi sur son territoire de cette condamnation ou de cette décision de probation est appelé État d'exécution.

Art. 764-2 Les condamnations et les décisions qui peuvent donner lieu à une exécution transfrontalière en application du présent titre sont les suivantes :

1º Les condamnations à des mesures de probation prévoyant en cas de non-respect une peine d'emprisonnement, ou à une peine privative de liberté assortie en tout ou en partie d'un sursis conditionné au respect de mesures de probation ;

2º Les condamnations assorties d'un ajournement du prononcé de la peine et imposant des mesures de probation ;

3° Les condamnations à une peine de substitution à une peine privative de liberté, imposant une obligation ou une injonction, à l'exclusion des sanctions pécuniaires et des confiscations ;

4° Les décisions imposant des mesures de probation, prononcées dans le cadre de l'exécution de condamnations définitives, notamment en cas de libération conditionnelle.

Art. 764-3 Les peines de substitution et les mesures de probation dont le suivi peut être transféré à l'État d'exécution sont celles qui imposent une ou plusieurs des obligations ou injonctions suivantes :

1° L'obligation pour la personne condamnée d'informer une autorité spécifique de tout changement de domicile ou de lieu de travail ;

2° L'interdiction de se rendre dans certains lieux ou dans certaines zones définies de l'État de condamnation ou de l'État d'exécution ;

3° Les restrictions à la possibilité de quitter le territoire de l'État d'exécution ;

4° Les injonctions concernant le comportement, la résidence, la formation ou les loisirs, ou comportant des restrictions ou des modalités relatives à l'exercice d'une activité professionnelle ;

5° L'obligation de se présenter à des heures précises devant une autorité spécifique ;

6° L'obligation d'éviter tout contact avec des personnes spécifiques ;

7° L'interdiction de détenir ou de faire usage d'objets spécifiques qui ont été utilisés par la personne condamnée ou pourraient l'être en vue de commettre un crime ou un délit ;

8° L'obligation de réparer financièrement le préjudice causé par l'infraction ou l'obligation d'apporter la preuve que cette obligation a été respectée ;

9° L'obligation de réaliser des travaux d'intérêt général ;

10° L'obligation de coopérer avec un agent de probation ou avec un représentant d'un service social exerçant des fonctions liées aux personnes condamnées ;

11° L'obligation de se soumettre à des soins médicaux ou à une cure de désintoxication ;

12° Le cas échéant, les autres obligations et injonctions, notifiées au secrétariat général du Conseil de l'Union européenne, dont l'État d'exécution est disposé à assurer le suivi.

Art. 764-4 En application du 12° de l'article 764-3, peuvent également être suivies et surveillées en France les obligations suivantes :

1° L'interdiction d'exercer une activité professionnelle ou bénévole impliquant un contact habituel avec des mineurs ;

2° L'interdiction de conduire un véhicule ;

3° L'interdiction de détenir ou porter une arme soumise à autorisation.

Art. 764-5 Une condamnation ou une décision de probation peut être transmise à l'autorité compétente d'un autre État membre de l'Union européenne lorsque :

1° La personne concernée réside de manière habituelle, dans des conditions régulières, sur le territoire de cet État et y est retournée ou souhaite y retourner ;

2° La personne concernée ne réside pas de manière habituelle, dans des conditions régulières, sur le territoire de cet État, mais demande à y exécuter sa peine ou mesure de probation, à condition que l'autorité compétente de celui-ci consente à la transmission de la décision de condamnation ou de probation la concernant.

Art. 764-6 Toute condamnation ou décision de probation transmise en application du présent titre aux fins de reconnaissance et de suivi sur le territoire de l'État d'exécution est accompagnée d'un certificat précisant notamment :

1° La désignation de l'État de condamnation ;

2° La désignation de l'autorité compétente ayant prononcé la condamnation ou la décision de probation ;

3° La désignation de l'autorité compétente dans l'État de condamnation pour le suivi des peines et mesures ;

4° L'identité de la personne condamnée, l'adresse de son ou ses derniers domiciles connus dans l'État de condamnation, dans l'État d'exécution ou dans un autre État ;

5° Les motifs de la transmission de la décision de condamnation ou de probation au regard de l'article 764-5 ;

6° Les langues que comprend la personne condamnée ;

7° La date, le lieu et les circonstances dans lesquels la ou les infractions ont été commises, ainsi que la nature et la qualification juridique des faits ;

8° La date de la condamnation ou de la décision de probation et celle à laquelle cette décision est devenue définitive ;

9° Les informations relatives à la nature et à la durée de la peine ou des mesures de probation dont la reconnaissance et le suivi sont demandés ;

10° Le cas échéant, la durée de la peine privative de liberté prononcée dont l'exécution a été suspendue sous condition et la durée de la peine privative de liberté à exécuter en cas de révocation du sursis ou de la libération conditionnelle, ou en cas de manquement aux obligations imposées.

Le certificat est signé par l'autorité compétente de l'État de condamnation qui atteste l'exactitude des informations y étant contenues.

Art. 764-7 Le retrait du certificat mentionné à l'article 764-6 vaut retrait de la demande de reconnaissance et de suivi et fait obstacle à la mise à exécution sur le territoire de l'État d'exécution de la peine de substitution ou de la mesure de probation.

Art. 764-8 La transmission de la condamnation ou de la décision de probation, du certificat et de toutes les pièces relatives à l'exécution des mesures ainsi que tout échange relatif à celles-ci s'effectuent directement, par tout moyen laissant une trace écrite et dans des conditions permettant au destinataire d'en vérifier l'authenticité, entre les autorités compétentes de l'État d'émission et celles de l'État d'exécution.

CHAPITRE II DISPOSITIONS RELATIVES À LA RECONNAISSANCE ET AU SUIVI, SUR LE TERRITOIRE DES AUTRES ÉTATS MEMBRES DE L'UNION EUROPÉENNE, DES CONDAMNATIONS ET DES DÉCISIONS DE PROBATION PRONONCÉES PAR LES JURIDICTIONS FRANÇAISES

Art. 764-9 Le ministère public près la juridiction ayant prononcé une condamnation ou rendu une décision de probation comportant des peines de substitution ou des mesures prévues aux articles 764-3 et 764-4 est compétent pour transmettre à l'autorité compétente d'un autre État membre de l'Union européenne, aux fins qu'elle reconnaisse cette condamnation ou cette décision de probation et en assure le suivi, la condamnation ou la décision de probation et, après l'avoir établi et signé, le certificat prévu à l'article 764-6.

Il peut procéder à cette transmission d'office ou à la demande de l'autorité compétente de l'État d'exécution ou de la personne concernée.

Art. 764-10 Avant de procéder à la transmission de la décision de condamnation ou de la décision de probation et du certificat, le ministère public peut consulter l'autorité compétente de l'État d'exécution. Une telle consultation est obligatoire dans les cas mentionnés au 2° de l'article 764-5, afin de déterminer si cette autorité consent à la transmission.

Art. 764-11 Le ministère public transmet à l'autorité compétente de l'État d'exécution une copie certifiée conforme de la décision de condamnation ou de la décision de probation ainsi que l'original ou une copie du certificat mentionné à l'article 764-6.

Il transmet, en outre, à cette autorité une traduction du certificat soit dans la langue officielle ou dans une des langues officielles de l'État d'exécution, soit dans l'une des langues officielles des institutions de l'Union européenne acceptées par cet État.

A l'occasion de cette transmission, il peut demander à l'autorité compétente de l'État d'exécution la durée maximale de la privation de liberté prévue par le droit interne de l'État d'exécution pour l'infraction qui a donné lieu à la condamnation, et qui pourrait être prononcée à l'encontre de la personne condamnée en cas de non-respect des peines de substitution ou des mesures de probation.

Art. 764-12 Le ministère public peut décider de retirer le certificat, pour autant que le suivi n'ait pas commencé dans l'État d'exécution, dans les cas suivants :

1° Lorsqu'il estime que la durée maximale de la privation de liberté prévue par le droit interne de l'État d'exécution susceptible d'être prononcée en cas de non-respect des peines de substitution ou des mesures de probation est insuffisante ;
2° Lorsque la reconnaissance de la condamnation ou de la décision de probation implique une adaptation des peines ou des mesures ou une réduction de la durée de celles-ci qui lui semblent inappropriées.

Lorsqu'il décide de retirer le certificat, le ministère public en informe l'autorité compétente de l'État d'exécution le plus rapidement possible, au plus tard dans les dix jours suivant la réception des informations justifiant sa décision.

En ce cas, les autorités judiciaires françaises restent compétentes pour mettre à exécution la condamnation ou la décision de probation et assurer le suivi de leur exécution.

Art. 764-13 Lorsque l'autorité compétente de l'État d'exécution a informé le ministère public qu'elle reconnaît la condamnation ou la décision de probation, les autorités compétentes de l'État d'exécution deviennent seules compétentes pour assurer le suivi des mesures de probation ou des peines de substitution imposées, ainsi que pour modifier les obligations ou les injonctions, prononcer la révocation du sursis à l'exécution de la condamnation ou de la libération conditionnelle et prendre toute décision en cas de commission d'une nouvelle infraction ou de non-respect d'une peine de substitution ou d'une mesure de probation.

Art. 764-14 Le ministère public informe sans délai les autorités compétentes de l'État d'exécution, par tout moyen laissant une trace écrite, de toute circonstance ou constatation portée à sa connaissance lui paraissant de nature à donner lieu à une modification de la mesure de probation ou de la peine de substitution, à la révocation du sursis à l'exécution de la condamnation ou de la décision de libération conditionnelle, ou au prononcé d'une peine ou d'une mesure privative de liberté en raison du non-respect d'une peine de substitution ou d'une mesure de probation.

Art. 764-15 Les autorités judiciaires françaises redeviennent compétentes, à l'initiative de l'État d'exécution, en cas de non-respect des obligations ou des injonctions mentionnées dans la condamnation ou dans la décision de probation, pour prononcer la révocation du sursis à l'exécution de la condamnation ou de la libération conditionnelle ou prononcer et mettre à exécution une peine privative de liberté dans les cas pour lesquels l'État d'exécution a déclaré au secrétariat général du Conseil de l'Union européenne qu'il refuse d'exercer cette compétence.

Le ministère public informe sans délai l'autorité compétente de l'État d'exécution de toute révocation du sursis à exécution de la condamnation ou de la libération conditionnelle, du prononcé d'une peine ou d'une mesure privative de liberté en raison du non-respect d'une mesure ou d'une peine de substitution, ou de toute décision d'extinction de la mesure ou de la peine de substitution.

Art. 764-16 A l'initiative de l'autorité compétente de l'État d'exécution, les autorités judiciaires françaises redeviennent compétentes pour assurer le suivi des peines de substitution ou des mesures de probation lorsque la personne condamnée a pris la fuite ou ne réside plus de manière habituelle, dans des conditions régulières, sur le territoire de l'État d'exécution.

Lorsque, postérieurement à la reconnaissance d'une condamnation ou d'une décision de probation par les autorités compétentes de l'État d'exécution, une nouvelle procédure pénale est engagée en France à l'encontre de la personne intéressée, le ministère public peut solliciter desdites autorités que le suivi des peines de substitution ou des mesures de probation soit de nouveau assuré par les autorités judiciaires françaises. En cas d'accord, les autorités judiciaires françaises redeviennent compétentes pour assurer le suivi de ces peines et mesures et pour prononcer toute décision ultérieure relative à ces peines et mesures.

Dans les cas mentionnés aux deux premiers alinéas, le ministère public tient compte dans toutes ses réquisitions de la durée pendant laquelle l'intéressé a respecté les obligations ou les injonctions qui lui étaient imposées et de l'ensemble des décisions prises par les autorités compétentes de l'État d'exécution.

Art. 764-17 Lorsque la condamnation fait l'objet d'une amnistie, d'une grâce ou d'une révision ayant pour effet de lui retirer, immédiatement ou non, son caractère exécutoire, le ministère public en informe sans délai l'autorité compétente de l'État d'exécution.

CHAPITRE III DISPOSITIONS RELATIVES À LA RECONNAISSANCE ET AU SUIVI SUR LE TERRITOIRE DE LA RÉPUBLIQUE DES CONDAMNATIONS ET DES DÉCISIONS DE PROBATION PRONONCÉES PAR LES AUTORITÉS COMPÉTENTES DES AUTRES ÉTATS MEMBRES DE L'UNION EUROPÉENNE

SECTION PREMIÈRE RÉCEPTION DES DEMANDES DE RECONNAISSANCE ET DE SUIVI DES CONDAMNATIONS ET DES DÉCISIONS DE PROBATION

Art. 764-18 Le procureur de la République reçoit les demandes tendant à la reconnaissance et à l'exécution sur le territoire de la République des condamnations ou des décisions de probation prononcées par les juridictions des autres États membres. Il peut également demander à l'autorité compétente d'un autre État membre de lui transmettre une demande tendant à la reconnaissance et à l'exécution sur le territoire de la République d'une décision de condamnation prononcée par une juridiction de cet État.

Si l'autorité compétente de l'État de condamnation le lui demande, le procureur de la République informe celle-ci de la durée maximale de la privation de liberté prévue par la législation française pour l'infraction qui a donné lieu à la condamnation, et qui pourrait être prononcée à l'encontre de la personne condamnée en cas de non-respect des peines de substitution ou des mesures de probation.

Il peut procéder ou faire procéder à tout complément d'information qu'il estime utile. Lorsque le certificat mentionné à l'article 764-6 est incomplet ou ne correspond manifestement pas à la condamnation ou, le cas échéant, à la décision de probation, il impartit un délai maximal de dix jours à l'autorité compétente de l'État de condamnation pour compléter ou rectifier le certificat.

Art. 764-19 Le procureur de la République compétent est celui dans le ressort duquel se situe la résidence habituelle régulière de la personne condamnée. A défaut, le procureur de la République près le tribunal judiciaire de Paris est compétent.

Si le procureur de la République auquel la demande a été adressée par l'État de condamnation aux fins de reconnaissance et d'exécution n'est pas compétent, il la transmet sans délai au procureur de la République compétent. L'autorité compétente de l'État d'émission est informée de la transmission.

Art. 764-20 Lorsque, avant de transmettre la condamnation ou la décision de probation et le certificat, l'autorité compétente de l'État de condamnation consulte le procureur de la République dans le cas où, en application du 2° de l'article 764-5, la reconnaissance de la condamnation ou de la décision est subordonnée au consentement de l'État d'exécution, le procureur de la République consent à la transmission de la condamnation ou de la décision de probation si la personne concernée a la nationalité française. Dans les autres cas, il saisit sans délai le ministre de la justice. Le ministre peut consentir à la transmission de la condamnation ou de la décision si la personne concernée a la nationalité d'un État membre de l'Union européenne autre que la France et s'il existe des motifs exceptionnels justifiant l'exécution de la décision en France. Il tient compte notamment de l'intérêt de sa décision pour la bonne administration de la justice, de l'existence de liens personnels et familiaux en France et de l'absence de risque de trouble à l'ordre public.

Le procureur de la République informe l'autorité compétente de l'État de condamnation de la décision de consentir ou non à la transmission de la demande de reconnaissance de la condamnation ou de la décision de probation.

Art. 764-21 Dans les sept jours à compter de la réception de la demande, le procureur de la République saisit le juge de l'application des peines territorialement compétent en application de l'article 712-10 de la demande, accompagnée de ses réquisitions.

SECTION II RECONNAISSANCE DES CONDAMNATIONS ET DES DÉCISIONS DE PROBATION

Art. 764-22 Le juge de l'application des peines est compétent pour statuer sur les demandes de reconnaissance et de suivi des condamnations et des décisions de probation.

S'il estime nécessaire d'entendre la personne condamnée, il peut être fait application de l'article 706-71, que l'intéressé demeure sur le territoire de la République ou à l'étranger.

Art. 764-23 La reconnaissance et le suivi sur le territoire de la République d'une décision de condamnation ou d'une décision de probation prononcée par la juridiction d'un autre État membre ne peuvent être refusés que dans les cas prévus aux articles 764-24 et 764-25.

Lorsqu'il envisage de se fonder sur l'un des motifs de refus prévus aux 1° à 3°, 8° et 9° de l'article 764-24 et à l'article 764-25, le juge de l'application des peines en informe l'autorité compétente de l'État de condamnation si le procureur de la République ne l'a pas déjà fait et lui impartit un délai maximal de dix jours afin de lui permettre de fournir, le cas échéant, toutes informations supplémentaires.

En l'absence de l'un des motifs de refus prévus aux mêmes articles 764-24 et 764-25, le juge de l'application des peines reconnaît la décision de condamnation ou de probation comme étant exécutoire sur le territoire de la République.

Art. 764-24 L'exécution de la condamnation ou de la décision de probation est refusée dans les cas suivants :

1° Le certificat n'est pas produit, est incomplet ou ne correspond manifestement pas à la condamnation ou à la décision et n'a pas été complété ou corrigé dans le délai fixé ;

2° Les conditions prévues aux articles 764-2 à 764-5 ne sont pas remplies, notamment lorsque, en application du 2° de l'article 764-5, la reconnaissance de la condamnation ou de la décision de probation est subordonnée au consentement de la France et que le consentement n'a pas été sollicité ou a été refusé ;

3° La décision de condamnation porte sur des infractions pour lesquelles la personne condamnée a déjà été jugée définitivement par les juridictions françaises ou par celles d'un État de l'Union européenne autre que l'État de condamnation, à condition que la peine ait été exécutée, soit en cours d'exécution ou ne puisse plus être mise à exécution selon la loi de l'État ayant prononcé la condamnation ;

4° La condamnation est fondée sur des faits qui ne constituent pas des infractions selon la loi française ;

5° Les faits pouvaient être jugés par les juridictions françaises et la prescription de la peine est acquise selon la loi française à la date de la réception du certificat ;

6° La personne condamnée bénéficie en France d'une immunité faisant obstacle à l'exécution de la condamnation ou de la décision ;

7° La condamnation ou la décision a été prononcée à l'encontre d'un mineur de treize ans à la date des faits ;

8° La personne condamnée n'a pas comparu en personne au procès qui a mené à la décision, sauf dans les cas mentionnés aux 1° à 3° de l'article 695-22-1 ;

9° La peine prononcée comporte une mesure de soins psychiatriques ou médicaux ou une autre mesure qui ne peut être exécutée en application des règles du système juridique ou de santé français.

Le motif de refus prévu au 4° n'est pas opposable lorsque la décision de condamnation concerne une infraction en matière de taxes et d'impôts, de douane et de change, en raison de ce que le droit français n'impose pas le même type de taxes ou d'impôts ou ne contient pas le même type de réglementation en matière de taxes, d'impôts, de douane et de change que le droit de l'État de condamnation.

Art. 764-25 L'exécution de la décision de condamnation peut être refusée dans les cas suivants :

1° La durée de la peine de substitution ou de la mesure de probation est inférieure à six mois à la date de réception du certificat ;

2° La condamnation ou la décision est fondée sur des infractions commises en totalité, en majeure partie ou pour l'essentiel sur le territoire de la République ou en un lieu assimilé ;

3° La décision de condamnation porte sur des infractions pour lesquelles la personne condamnée a déjà été jugée définitivement par la juridiction d'un État non membre de l'Union européenne, à condition que la peine ait été exécutée, soit en cours d'exécution ou ne puisse plus être mise à exécution selon la législation de cet État.

Art. 764-26 Le juge de l'application des peines apprécie s'il y a lieu de procéder à l'adaptation de la peine ou de la mesure de probation prononcée ou de sa durée.

Lorsque la nature de la mesure de probation ou de la peine de substitution ne correspond pas aux mesures prévues par la législation française, le juge de l'application des peines remplace la mesure de probation ou la peine de substitution par la mesure la plus proche de celle prononcée par l'État de condamnation qui aurait pu être légalement prononcée par une juridiction française pour les mêmes faits.

Lorsque la durée de la peine de substitution ou de la mesure de probation est supérieure à celle qui aurait pu être légalement prononcée par une juridiction française pour les mêmes faits, le juge de l'application des peines réduit cette durée à la durée maximale légalement encourue selon la loi française pour l'infraction correspondante. Lorsque la condamnation porte sur plusieurs infractions, il se réfère au maximum légal encouru pour l'infraction correspondante la plus sévèrement sanctionnée.

La mesure de probation ou la peine de substitution ainsi adaptée n'est pas plus sévère ni plus longue que celle initialement prononcée.

Art. 764-27 Sous réserve de la suspension du délai résultant de l'avis donné à l'autorité compétente de l'État de condamnation en application de l'article 764-23, le juge de l'application des peines statue par ordonnance, selon la procédure prévue à l'article 712-8, sur la demande de reconnaissance de la condamnation ou de la décision de probation dans le délai maximal de dix jours à compter des réquisitions du procureur de la République.

La décision d'adaptation de la nature ou de la durée de la mesure de probation ou de la peine de substitution est motivée par référence à la législation française.

La décision de refus est motivée par référence aux articles 764-24 et 764-25.

Art. 764-28 La décision du juge de l'application des peines est notifiée sans délai à la personne condamnée. Celle-ci est informée par une mention portée dans l'acte de notification que, si elle n'accepte pas cette décision, elle dispose d'un délai de vingt-quatre heures pour saisir la chambre de l'application des peines d'une requête précisant, à peine d'irrecevabilité, les motifs de droit ou de fait de sa contestation et qu'elle a la possibilité de se faire représenter devant cette juridiction par un avocat de son choix ou, à défaut, par un avocat commis d'office par le bâtonnier de l'ordre des avocats.

Lorsque le juge de l'application des peines a procédé à l'adaptation de la peine ou de la mesure de probation prononcée ou qu'il a réduit sa durée, sa décision est portée sans délai à la connaissance des autorités compétentes de l'État membre de condamnation par tout moyen laissant une trace écrite.

Art. 764-29 La décision du juge de l'application des peines relative à la reconnaissance de la condamnation ou de la décision de probation est susceptible de recours selon les modalités prévues au 1° de l'article 712-11.

Le recours ne permet pas de contester la condamnation ou la décision de probation prise par l'État de condamnation.

Art. 764-30 Sauf si un complément d'information a été ordonné, le président de la chambre de l'application des peines statue dans les vingt jours de sa saisine par une ordonnance motivée rendue en chambre du conseil.

Si le président de la chambre de l'application des peines estime nécessaire d'entendre la personne condamnée, il peut être fait application de l'article 706-71, qu'elle demeure sur le territoire de la République ou à l'étranger.

Le président de la chambre de l'application des peines peut, par une mesure d'administration judiciaire, autoriser l'État de condamnation à intervenir à l'audience par l'intermédiaire d'une personne habilitée par ce même État à cet effet. Lorsque l'État de condamnation est autorisé à intervenir, il ne devient pas partie à la procédure.

Lorsque le président de la chambre de l'application des peines envisage d'opposer l'un des motifs de refus prévus aux 1° à 3°, 8° et 9° de l'article 764-24 et à l'article 764-25, il n'y a pas lieu d'informer l'autorité compétente de l'État de condamnation s'il a déjà été procédé à cette information par le juge de l'application des peines en application de l'article 764-23.

Art. 764-31 La décision du président de la chambre de l'application des peines est notifiée sans délai à la personne condamnée. Celle-ci est informée par une mention portée dans l'acte de notification des voies et délais de recours.

Cette décision peut faire l'objet, dans un délai de trois jours, d'un pourvoi en cassation par le procureur général ou par la personne condamnée. Le second alinéa de l'article 568-1 et le premier alinéa de l'article 567-2 sont applicables.

Art. 764-32 Lorsque la décision définitive relative à la reconnaissance et à l'exécution de la condamnation ou de la décision de probation ne peut être prise dans les soixante jours qui suivent la réception de la décision de condamnation et du certificat, le ministère public en informe sans délai l'autorité compétente de l'État de condamnation en lui indiquant les raisons du retard et le délai supplémentaire qu'il estime nécessaire pour que soit prise la décision.

Dans le cas où le ministère public, le juge de l'application des peines ou la chambre de l'application des peines a demandé à l'autorité compétente de l'État de condamnation de compléter ou de corriger le certificat, le cours du délai prévu au premier alinéa du présent article est suspendu à compter de la demande jusqu'à la transmission par l'État de condamnation des pièces demandées et au plus tard à l'expiration du délai imparti en application du dernier alinéa de l'article 764-18.

Art. 764-33 Le ministère public informe sans délai l'autorité compétente de l'État de condamnation de la décision définitive prise sur la reconnaissance de la condamnation ou de la décision de probation.

Lorsque la décision définitive consiste en un refus de reconnaissance et d'exécution de la condamnation ou de la décision de probation, ou comporte une adaptation de la nature de la mesure de probation ou de la peine de substitution ou de sa durée, le procureur de la République informe également l'autorité compétente de l'État de condamnation des motifs de la décision.

SECTION III SUIVI DES MESURES DE PROBATION ET DES PEINES DE SUBSTITUTION ET DÉCISION ULTÉRIEURE EN CAS DE NON-RESPECT

Art. 764-34 L'exécution de la condamnation ou de la décision de probation est régie par le code pénal et par le présent code, y compris l'exécution des décisions ultérieures prises lorsqu'une mesure de probation ou une peine de substitution n'est pas respectée ou lorsque la personne condamnée commet une nouvelle infraction pénale.

Dès que la décision de reconnaître la condamnation ou la décision de probation comme exécutoire en France est devenue définitive, les peines de substitution ou les mesures de probation peuvent être mises à exécution dans les conditions prévues par la décision de reconnaissance.

Toutefois, lorsque la reconnaissance de la condamnation ou de la décision de probation comprend une adaptation de la nature ou de la durée de la mesure de probation ou de la peine de substitution, les peines alternatives ou les mesures et obligations ne peuvent être ramenées à exécution qu'à l'expiration d'un délai supplémentaire de dix jours à compter du caractère définitif de la décision de reconnaissance.

Art. 764-35 Le retrait du certificat par l'État de condamnation, pour quelque cause que ce soit, fait obstacle à la mise à exécution de la condamnation ou de la décision de probation s'il intervient avant que la peine de substitution ou les obligations et mesures de probation aient été mises à exécution.

Art. 764-36 Le juge de l'application des peines est compétent pour assurer, par lui-même ou par toute personne qualifiée désignée, le suivi des mesures de probation et des peines de substitution dont la reconnaissance est définitive.

Le juge de l'application des peines, ou, le cas échéant, lorsque la mesure ne relève pas de lui, le procureur de la République, met à exécution la peine de substitution ou prend sans délai les mesures adaptées au suivi de la mesure de probation.

Art. 764-37 Si la personne condamnée ne peut être retrouvée sur le territoire de la République, le juge de l'application des peines informe l'autorité compétente de l'État de condamnation de l'impossibilité de mettre à exécution la condamnation ou la décision de probation.

Art. 764-38 Le juge de l'application des peines est compétent pour prendre toute mesure ultérieure visant à modifier les obligations ou la durée de la période probatoire dans les conditions prévues au présent code.

Art. 764-39 Le juge de l'application des peines est également compétent pour prononcer par jugement motivé, dans les conditions prévues à l'article 712-6, la révocation de la libération conditionnelle ou du sursis à l'exécution de la condamnation et pour prononcer la peine ou la mesure privative de liberté prévue par la condamnation ou la décision de probation rendue par les autorités de l'État membre de condamnation, en cas de peine de substitution.

Lorsqu'une personne a été condamnée à une peine de substitution et que la condamnation ne comporte pas de peine ou de mesure privative de liberté devant être exécutée en cas de non-respect de cette peine, le juge de l'application des peines avise le procureur de la République en cas de non-respect des obligations ou des injonctions mentionnées dans la peine de substitution pour que celui-ci apprécie la suite à donner au regard des articles 434-38 et suivants du code pénal.

Lorsque ce non-respect de la peine de substitution n'est pas constitutif d'une infraction pénale au regard de la législation française, le procureur de la République informe l'autorité compétente de l'État de condamnation de ces faits et de l'impossibilité pour les autorités judiciaires françaises de statuer sur ce cas.

Art. 764-40 Le juge de l'application des peines informe sans délai les autorités compétentes de l'État de condamnation, par tout moyen laissant une trace écrite, de toute décision prise en application des articles 764-38 et 764-39.

Art. 764-41 Le juge de l'application des peines informe immédiatement et par tout moyen laissant une trace écrite les autorités compétentes de l'État de condamnation dans les cas suivants :

1° Lorsqu'une mesure de grâce ou une amnistie concerne la décision objet du suivi en France ;

2° Lorsque l'intéressé est en fuite ou n'a plus de résidence habituelle, dans des conditions régulières, sur le territoire de la République. Dans ce cas, le juge de l'application des peines peut se dessaisir du suivi de la mesure de probation ou de la peine de substitution au bénéfice des autorités compétentes de l'État de condamnation, ce qui lui enlève toute compétence pour prendre toute décision ultérieure en relation avec cette mesure de probation ou cette peine de substitution.

Art. 764-42 Lorsque la condamnation fait l'objet en France ou dans l'État de condamnation soit d'une amnistie, soit d'une grâce ou lorsque cette condamnation fait l'objet d'une annulation décidée à la suite d'une procédure de révision dans l'État de condamnation, ou de toute autre décision ou mesure ayant pour effet de lui retirer son caractère exécutoire, le juge de l'application des peines met fin à l'exécution de cette condamnation ou de cette décision de probation.

Art. 764-43 Lorsque, par suite d'une nouvelle procédure pénale engagée contre la personne concernée dans l'État de condamnation, l'autorité compétente de cet État demande que la compétence relative au suivi des mesures de probation ou des peines de substitution et à toute décision ultérieure relative à ces mesures ou ces peines lui soit à nouveau transférée, le juge de l'application des peines met fin au suivi de celles-ci et se dessaisit au profit des autorités compétentes de l'État de condamnation.

TITRE SEPTIÈME *QUINQUIES* DE LA PEINE DE PROGRAMME DE MISE EN CONFORMITÉ

(L. nº 2016-1691 du 9 déc. 2016, art. 18)

Art. 764-44 I. — La peine prévue à l'article 131-39-2 du code pénal s'exécute sous le contrôle du procureur de la République.

L'Agence française anticorruption rend compte au procureur de la République, au moins annuellement, de la mise en œuvre de la peine. Elle l'informe de toute difficulté dans l'élaboration ou la mise en œuvre du programme de mise en conformité. Elle lui communique, en outre, un rapport à l'expiration du délai d'exécution de la mesure.

La personne morale condamnée peut informer le procureur de la République de toute difficulté dans la mise en œuvre de la peine.

II. — Lorsque la peine prévue à l'article 131-39-2 du code pénal a été prononcée à l'encontre d'une société mentionnée au I de l'article 17 de la loi nº 2016-1691 du 9 décembre 2016 relative à la transparence, à la lutte contre la corruption et à la modernisation de la vie économique, il est tenu compte, dans l'exécution de la peine, des mesures et procédures déjà mises en œuvre en application du II du même article 17.

III. — Lorsque la peine prononcée en application de l'article 131-39-2 du code pénal a été exécutée pendant au moins un an, qu'il résulte des rapports transmis au procureur de la République que la personne morale condamnée a pris les mesures et procédures appropriées pour prévenir et détecter la commission de faits de corruption ou de trafic d'influence et qu'aucun suivi ne paraît plus nécessaire, le procureur de la République peut saisir le juge d'application des peines de réquisitions tendant à ce qu'il soit mis fin à la peine de façon anticipée, par jugement motivé conformément à l'article 712-6 du présent code.

V. Décr. nº 2017-329 du 14 mars 2017 relatif à l'Agence française anticorruption (JO 15 mars).

TITRE HUITIÈME DU CASIER JUDICIAIRE

V. Arr. du 20 mars 2018 fixant l'organisation du service du casier judiciaire national (JO 23 mars).

RÉP. PÉN. vº *Casier judiciaire,* par GIACOPELLI et GALLARDO.

BIBL. ▶ HERZOG-EVANS, *AJ pénal 2007. 412* (effacement des condamnations : peut-on encore parler de droit à l'oubli ?). – LORHO, *RSC 1993. 511* (les impacts du nouveau code pénal et de la loi nº 92-1336 du 16 décembre 1992 relative à son entrée en vigueur sur la gestion du casier judiciaire national). – SERFASS, *AJ pénal 2007. 423* (l'effacement des condamnations dans l'espace judiciaire européen).

Art. 768 *(L. nº 80-2 du 4 janv. 1980)* « Le casier judiciaire national automatisé, qui peut comporter un ou plusieurs centres de traitement, est tenu sous l'autorité du ministre de la justice. Il reçoit, en ce qui concerne les personnes nées en France et après contrôle de leur identité au moyen du répertoire national d'identification des personnes physiques, le numéro d'identification ne pouvant en aucun cas servir de base à la vérification de l'identité » :

1º *(L. nº 92-1336 du 16 déc. 1992, en vigueur le 1er mars 1994)* « Les condamnations contradictoires *(Abrogé par L. nº 2004-204 du 9 mars 2004, art. 200, à compter du 1er oct. 2004)* *« ou par contumace »* ainsi que les condamnations par défaut, non frappées d'opposition, prononcées pour crime, délit ou contravention de la cinquième classe, ainsi que les déclarations de culpabilité assorties d'une dispense de peine ou d'un ajournement du prononcé de la peine sauf si la mention de la décision au bulletin nº 1 a été expressément exclue en application de l'article 132-59 du code pénal ;

« 2º Les condamnations contradictoires ou par défaut, non frappées d'opposition, pour les contraventions des quatre premières classes dès lors qu'est prise, à titre principal ou complémentaire, une mesure d'interdiction, de déchéance ou d'incapacité » ;

(Ord. nº 2019-950 du 11 sept. 2019, art. 4 et 9, en vigueur le 30 sept. 2021) « 3º Les décisions prononçant à l'égard d'un mineur une mesure éducative, une dispense de mesure éducative ou une déclaration de réussite éducative en application du titre Ier du livre Ier du code de [la] justice pénale des mineurs ; »

4° Les décisions disciplinaires prononcées par l'autorité judiciaire ou par une autorité administrative lorsqu'elles entraînent ou édictent des incapacités ;

5° *(Abrogé par L. n° 94-475 du 10 juin 1994, art. 93 et 99)* « *En matière de redressement judiciaire,* » *(L. n° 85-98 du 25 janv. 1985, art. 219)* « Les jugements prononçant *(Abrogé par L. n° 2019-486 du 22 mai 2019, art. 59)* « *la liquidation judiciaire à l'égard d'une personne physique,* » la faillite personnelle ou l'interdiction prévue par l'article 192 de la loi n° 85-98 du 25 janvier 1985 relative au redressement et à la liquidation judiciaires des entreprises *[C. com., art. L. 653-8]* » ;

6° Tous les jugements prononçant la déchéance de la puissance paternelle *[autorité parentale]* ou le retrait de tout ou partie des droits y attachés ;

7° Les arrêtés d'expulsion pris contre les étrangers ; *— Pr. pén. C. 1019 à C. 1033, C. 1073-1 à C. 1073-3.*

8° *(L. n° 84-1150 du 21 déc. 1984)* « Les condamnations prononcées par les juridictions étrangères qui, en application d'une convention ou d'un accord internationaux, ont fait l'objet d'un avis aux autorités françaises ou ont été exécutées en France à la suite du transfèrement des personnes condamnées ; »

(L. n° 2002-1138 du 9 sept. 2002, art. 36) « 9° Les compositions pénales, dont l'exécution a été constatée par le procureur de la République » ;

(L. n° 2008-174 du 25 févr. 2008, art. 4-VIII ; L. n° 2010-242 du 10 mars 2010, art. 16-I) « 10° Les jugements ou arrêts de déclaration d'irresponsabilité pénale pour cause de trouble mental, lorsqu'une hospitalisation d'office a été ordonnée en application de l'article 706-135 ou lorsqu'une ou plusieurs des mesures de sûreté prévues par l'article 706-136 ont été prononcées ; »

(L. n° 2019-222 du 23 mars 2019, art. 58-V-7° et 109-XVI, en vigueur le 1er juill. 2021) « 11° Les amendes forfaitaires pour les délits et pour les contraventions de la cinquième classe ayant fait l'objet d'un paiement ou à l'expiration des délais mentionnés au second alinéa de l'article 495-19 et au deuxième alinéa de l'article 530. »

Sur les fiches de casier judiciaire, V. art. R. 65 s.

TOM : 874 s.

V. Circ. CRIM. 2005-23 Q1 du 25 oct. 2005 d'application des dispositions du Décr. n° 2005-267 du 30 mai 2005 entrant en vigueur le 1er sept. 2005 (BOMJ 2005, n° 100, p. 264 s.).

L'entrée en vigueur de l'Ord. n° 2019-950 du 11 sept. 2019 a été repoussée au 30 sept. 2021 par la L. n° 2021-218 du 26 févr. 2021, art. 2.

Art. 768-1 *(L. n° 92-1336 du 16 déc. 1992)* Le casier judiciaire national automatisé reçoit, en ce qui concerne les personnes morales et après contrôle de leur identité au moyen du répertoire national des entreprises et des établissements :

1° Les condamnations contradictoires et les condamnations par défaut non frappées d'opposition, prononcées pour crime, délit ou contravention de la cinquième classe par toute juridiction répressive ;

2° Les condamnations contradictoires ou par défaut non frappées d'opposition pour les contraventions des quatre premières classes, dès lors qu'est prise, à titre principal ou complémentaire, une mesure d'interdiction, de déchéance, d'incapacité, ou une mesure restrictive de droit ;

3° Les déclarations de culpabilité assorties d'une dispense de peine ou d'un ajournement, *avec ou sans injonction*, du prononcé de la peine ;

4° Les condamnations prononcées par les juridictions étrangères qui, en application d'une convention ou d'un accord internationaux, ont fait l'objet d'un avis aux autorités françaises ;

(L. n° 2019-222 du 23 mars 2019, art. 58-V-8° et 109-XVI, en vigueur le 1er juill. 2021) « 5° Les amendes forfaitaires pour les délits et pour les contraventions de la cinquième classe ayant fait l'objet d'un paiement ou à l'expiration des délais mentionnés au second alinéa de l'article 495-19 et au deuxième alinéa de l'article 530 ; »

(L. n° 2019-222 du 23 mars 2019, art. 59-I-8° et 109-XVI, en vigueur le 1er juill. 2021) « 6° Les compositions pénales dont l'exécution a été constatée par le procureur de la République. »

Les modalités d'application du présent article sont déterminées par décret en Conseil d'État.

Sur les fiches de casier judiciaire, V. art. R. 65 s.

Art. 769 *(L. n° 84-1150 du 21 déc. 1984)* « Il est fait mention sur les fiches du casier judiciaire des peines ou dispenses de peines prononcées après ajournement du prononcé de la peine, des grâces, commutations ou réductions de peines, des décisions qui suspendent ou qui ordonnent l'exécution d'une première condamnation, des décisions prises en application du deuxième alinéa de l'article *(L. n° 2004-204 du 9 mars 2004, art. 162-III, en vigueur le 1er janv. 2005)* « **728-4** » ou du premier alinéa de l'article *(L. n° 2004-204 du 9 mars 2004, art. 162-III, en vigueur le 1er janv. 2005)* « **728-7** », des décisions de libération conditionnelle et de révocation, *(L. n° 2010-242 du 10 mars 2010, art. 16-II)* « des décisions de surveillance judiciaire et de réincarcération prises en application de l'article **723-35**, des décisions de surveillance de sûreté, des décisions de rétention de sûreté, » des décisions de suspension de peine, *(L. n° 2007-297 du 5 mars 2007, art. 43)* « des réhabilitations, » des décisions qui rapportent ou suspendent les arrêtés d'expulsion, ainsi que la date de l'expiration de la peine *(L. n° 2019-222 du 23 mars 2019, art. 58-V-9° et 109-XVI, en vigueur le 1er juill. 2021)* « , la date du paiement de l'amende et la date d'émission du titre exécutoire de l'amende forfaitaire majorée non susceptible de réclamation. »

(L. n° 2010-242 du 10 mars 2010, art. 16-II) « Il est fait mention, sur les fiches du casier judiciaire relatives à des décisions de rétention de sûreté ou de surveillance de sûreté, des décisions de renouvellement de ces mesures. »

(L. n° 75-624 du 11 juill. 1975) Sont retirées du casier judiciaire les fiches relatives à des condamnations effacées par une amnistie *(Abrogé par L. n° 2007-297 du 5 mars 2007, art. 43)* *« , par la réhabilitation de plein droit ou judiciaire »* ou réformées en conformité d'une décision de rectification du casier judiciaire. Il en est de même, sauf en ce qui concerne les condamnations prononcées pour des faits imprescriptibles *(L. n° 2012-409 du 27 mars 2012, art. 14-II)* « ou par une juridiction étrangère », des fiches relatives à des condamnations *(Abrogé par L. n° 2010-242 du 10 mars 2010, art. 16-II)* *(L. n° 2008-174 du 25 févr. 2008, art. 4-IX)* *« ou des décisions d'irresponsabilité pénale pour cause de trouble mental »* prononcées depuis plus de quarante ans et qui n'ont pas été suivies d'une nouvelle condamnation à une peine criminelle ou correctionnelle.

(L. n° 92-1336 du 16 déc. 1992) « Sont également retirés du casier judiciaire :

« 1° Les jugements prononçant la faillite personnelle ou l'interdiction prévue par l'article 192 de la loi n° 85-98 du 25 janvier 1985 précitée *[C. com., art. L. 653-8]* lorsque ces mesures sont effacées par un jugement de clôture pour extinction du passif, par la réhabilitation ou à l'expiration du délai de cinq ans à compter du jour où ces condamnations sont devenues définitives *(Abrogé par L. n° 2019-486 du 22 mai 2019, art. 59)* *« ainsi que le jugement prononçant la liquidation judiciaire à l'égard d'une personne physique, à l'expiration d'un délai de cinq ans à compter du jour où ce jugement est devenu définitif ou après le prononcé (L. n° 94-475 du 10 juin 1994) « d'un jugement emportant réhabilitation ».*

« Toutefois, si la durée de la faillite personnelle ou de l'interdiction est supérieure à cinq ans, la condamnation relative à ces mesures demeure mentionnée sur les fiches du casier judiciaire pendant la même durée » ;

« 2° Les décisions disciplinaires effacées par la réhabilitation ;

3° Abrogé par L. n° 2007-297 du 5 mars 2007, art. 43.

« 4° Les dispenses de peines, à l'expiration d'un délai de trois ans à compter du jour où la condamnation est devenue définitive ;

« 5° Les condamnations pour contravention, à l'expiration d'un délai de trois ans à compter du jour où ces condamnations sont devenues définitives » *(L. n° 2003-495 du 12 juin 2003, art. 4)* « ; ce délai est porté à quatre ans lorsqu'il s'agit d'une contravention dont la récidive constitue un délit ; »

(L. n° 2002-1138 du 9 sept. 2002, art. 36) « 6° Les mentions relatives à la composition pénale, à l'expiration d'un délai de trois ans à compter du jour où l'exécution de la mesure a été constatée, si la personne n'a pas, pendant ce délai, soit subi de condamnation à une peine criminelle ou correctionnelle, soit exécuté une nouvelle composition pénale ; »

(Ord. n° 2019-950 du 11 sept. 2019, art. 4 et 9, en vigueur le 30 sept. 2021) « 7° Les fiches relatives aux mesures éducatives, aux dispenses de mesure éducative et aux

déclarations de réussite éducative prononcées à l'encontre d'un mineur à l'expiration d'un délai de trois ans à compter du jour où la décision est devenue définitive ; »

(L. n° 2007-297 du 5 mars 2007, art. 43) **« 8° Les condamnations ayant fait l'objet d'une réhabilitation judiciaire, lorsque la juridiction a expressément ordonné la suppression de la condamnation du casier judiciaire conformément au deuxième alinéa de l'article 798 » ;**

(L. n° 2010-242 du 10 mars 2010, art. 16-II) **« 9° Les fiches relatives aux jugements ou arrêts de déclaration d'irresponsabilité pénale pour cause de trouble mental, lorsque l'hospitalisation d'office ordonnée en application de l'article 706-135 a pris fin ou lorsque les mesures de sûreté prévues par l'article 706-136 ont cessé leurs effets » ;**

(L. n° 2012-409 du 27 mars 2012, art. 14-II) **« 10° Les condamnations prononcées par les juridictions étrangères, dès réception d'un avis d'effacement de l'État de condamnation ou d'une décision de retrait de mention ordonnée par une juridiction française. Toutefois, si la condamnation a été prononcée par une juridiction d'un État membre de l'Union européenne, le retrait ordonné par une juridiction française ne fait pas obstacle à sa retransmission aux autres États membres de l'Union européenne ; »**

(L. n° 2019-222 du 23 mars 2019, art. 58-V-9° et 109-XVI, en vigueur le 1er juill. 2021) **« 11° Les fiches relatives aux amendes forfaitaires mentionnées au 11° de l'article 768, à l'expiration d'un délai de trois ans à compter de leur paiement ou à l'expiration du délai mentionné au second alinéa de l'article 495-19, si la personne n'a pas, pendant ce délai, soit subi de condamnation à une peine criminelle ou correctionnelle, soit fait de nouveau l'objet d'une amende forfaitaire délictuelle. »**

Les dispositions ci-dessus de la L. n° 2004-204 du 9 mars 2004 sont entrées en vigueur le 1er janv. 2005.

Les dispositions ci-dessus de la L. n° 2007-297 du 5 mars 2007 sont entrées en vigueur le 7 mars 2008.

Les dispositions résultant de l'art. 14-II de la L. n° 2012-409 du 27 mars 2012 ne sont applicables qu'aux condamnations prononcées par une juridiction étrangère à compter du 27 avr. 2012 (L. préc., art. 14-III).

L'entrée en vigueur de l'Ord. n° 2019-950 du 11 sept. 2019 a été repoussée au 30 sept. 2021 par la L. n° 2021-218 du 26 févr. 2021, art. 2.

BIBL. ▶ Garçon et Peltier, *Dr. pénal 2012. Étude 11* (commentaire de la loi n° 2012-409 du 27 mars 2012 de programmation relative à l'exécution des peines). – Giacopelli, *Rev. pénit. 2012. 779 et 786* (loi n° 2012-409 du 27 mars 2012 de programmation relative à l'exécution des peines). – Lorho, *Dr. pénal mai 1993, p. 1.*

1. Les dispositions de l'art. 769, al. 2, qui déclarent notamment que « sont retirées du casier judiciaire les fiches relatives à des condamnations effacées par une amnistie » ne sont pas édictées à peine de nullité. • Crim. 7 déc. 1960 : *Bull. crim. n° 568* • 14 avr. 1961 : *ibid. n° 196.*

2. Mais, si les dispositions de l'art. 133-11 C. pén. et des art. 768, 769 et 798 effaçant toutes les incapacités et déchéances frappant un condamné dès lors que celui-ci est réhabilité et interdisant le rappel, sous quelque forme que ce soit, d'une telle condamnation, ne prévoient pas la nullité de l'acte contenant la mention prohibée, cette nullité doit cependant être prononcée lorsqu'il résulte des motifs d'une décision que la prise en considération de la condamnation effacée par la réhabilitation a influé sur l'appréciation de la peine sanctionnant la nouvelle infraction poursuivie. • Crim. 8 nov. 1995, n° 95-80.306 P : *Dr. pénal 1996. Comm. 99, obs. Maron.*

3. Il résulte de la combinaison des art. 133-16 et 769 qu'une condamnation réhabilitée, même si elle continue à figurer au casier judiciaire, ne peut être prise en compte, par les autorités judiciaires, sauf les cas prévus par la loi, pour la détermination de la peine. Doit être cassé l'arrêt de la cour d'appel qui, avant de prononcer une peine contre le prévenu, relève qu'il ressort de son casier judiciaire qu'il a fait l'objet de condamnations antérieures, alors que ces condamnations sont réhabilitées de plein droit. • Crim. 10 nov. 2009, n° 09-82.368 P : *AJ pénal 2010. 89, obs. Herzog-Evans.*

4. En application des dispositions combinées des art. 133-16 C. pén. et 769, la réhabilitation de plein droit d'une condamnation n'interdit pas à la juridiction de prendre en compte, lors de l'examen de la culpabilité de l'intéressé, cet élément de personnalité figurant régulièrement au dossier de la procédure par sa mention au casier judiciaire. • Crim. 17 janv. 2018, n° 17-80.402 P : *Dr. pénal 2018, n° 71, obs. Peltier.* ♦ De la même façon, la réhabilitation de plein droit d'une condamnation n'interdit pas à la juridiction de prendre en compte, lors de l'examen d'une demande de restitution d'un bien qui a servi à commettre les infractions, cet élément de personnalité figurant régulièrement au dossier de la procédure par sa mention au casier judiciaire. • Crim. 30 mars 2022, n° 21-82.427 P.

Art. 769-1 *(L. n° 92-1336 du 16 déc. 1992)* **Il est fait mention, sur les fiches du casier judiciaire des personnes morales, des décisions modificatives prévues au premier alinéa de l'article 769.**

Le *(L. n° 2010-242 du 10 mars 2010, art. 16-III)* **« troisième » alinéa de l'article 769 s'applique aux condamnations prononcées à l'encontre des personnes morales.**

Art. 769-2 *Abrogé par L. n° 2004-204 du 9 mars 2004, art. 201-II.*

Art. 770 *(Ord. n° 2019-950 du 11 sept. 2019, art. 4 et 9, en vigueur le 30 sept. 2021)* **« Le retrait du casier judiciaire d'une décision concernant un mineur peut être décidé dans les conditions prévues à l'article L. 631-4 du code de la justice pénale des mineurs.**

« Le retrait du casier judiciaire d'une condamnation prononcée pour des faits commis par une personne âgée de dix-huit à vingt et un ans peut également, si le reclassement du condamné paraît acquis, être prononcé » *(L. n° 70-643 du 17 juill. 1970)* **« à l'expiration d'un délai de trois ans à compter de la condamnation. »** *(Ord. n° 2019-950 du 11 sept. 2019, art. 4 et 9, en vigueur le 30 sept. 2021)* **« Ce retrait » ne peut cependant intervenir qu'après que les peines privatives de liberté ont été subies et que les amendes ont été payées et, si des peines complémentaires ont été prononcées pour une durée déterminée, après l'expiration de cette durée.**

Dans le cas prévu à l'alinéa qui précède, *(Ord. n° 2019-950 du 11 sept. 2019, art. 4 et 9, en vigueur le 30 sept. 2021)* **« le retrait du casier judiciaire de la fiche constatant la condamnation est demandé » par requête, selon les règles de compétence et de procédure fixées par les deuxième et troisième alinéas de l'article 778.**

(Ord. n° 2019-950 du 11 sept. 2019, art. 4 et 9, en vigueur le 30 sept. 2021) **« Lorsque le retrait du casier judiciaire de la décision a été prononcé, la mention de cette décision ne doit plus figurer au bulletin n° 1 du casier judiciaire. »**

L'entrée en vigueur de l'Ord. n° 2019-950 du 11 sept. 2019 a été repoussée au 30 sept. 2021 par la L. n° 2021-218 du 26 févr. 2021, art. 2.

Ancien art. 770 *(L. n° 70-643 du 17 juill. 1970)* ***Lorsque, à la suite d'une décision prise à l'égard d'un mineur de dix-huit ans, la rééducation de ce mineur apparaît comme acquise, le tribunal pour enfants peut, après l'expiration d'un délai de trois ans à compter de ladite décision et même si le mineur a atteint sa majorité, décider, à sa requête, à celle du ministère public ou d'office, la suppression du casier judiciaire de la fiche concernant la décision dont il s'agit.***

Le tribunal pour enfants statue en dernier ressort. Lorsque la suppression de la fiche a été prononcée, la mention de la décision initiale ne doit plus figurer au casier judiciaire du mineur. La fiche afférente à ladite décision est détruite.

Le tribunal de la poursuite initiale, celui du lieu du domicile actuel du mineur et celui du lieu de sa naissance sont compétents pour connaître de la requête.

La suppression de la fiche relative à une condamnation prononcée pour des faits commis par une personne âgée de dix-huit à vingt et un ans peut également, si le reclassement du condamné paraît acquis, être prononcée à l'expiration d'un délai de trois ans à compter de la condamnation. Cette suppression ne peut cependant intervenir qu'après que les peines privatives de liberté ont été subies et que les amendes ont été payées et, si des peines complémentaires ont été prononcées pour une durée déterminée, après l'expiration de cette durée.

Dans le cas prévu à l'alinéa qui précède, la suppression du casier judiciaire de la fiche constatant la condamnation est demandée par requête, selon les règles de compétence et de procédure fixées par les deuxième et troisième alinéas de l'article 778.

Il appartient au tribunal pour enfants, saisi en application de l'art. 770 d'une demande de suppression d'une fiche de casier judiciaire, d' examiner les éléments produits par le requérant au soutien de sa requête faisant valoir qu'au vu de son parcours scolaire et de son insertion professionnelle, sa rééducation apparait acquise. • Crim. 7 janv. 2020, n° 19-80.058 P : *D. actu. 29 janv. 2020, obs. Goetz ; Dr. pénal 2020, n° 61, obs. Maron et Haas.*

Art. 770-1 *(L. n° 2012-409 du 27 mars 2012, art. 14-II)* **Si un ressortissant français a été condamné par une juridiction étrangère et que cette condamnation figure au bulle-**

tin n° 1 de son casier judiciaire, il peut demander le retrait de cette mention au tribunal correctionnel de son domicile, ou de Paris s'il réside à l'étranger.

La requête ne peut être portée devant la juridiction compétente, sous peine d'irrecevabilité, qu'à l'issue des délais prévus à l'article 133-16-1 du code pénal.

La requête est instruite et jugée conformément à l'article 703 du présent code.

Si la condamnation émane d'une juridiction d'un État membre de l'Union européenne, le retrait de sa mention au bulletin n° 1 ne fait pas obstacle à sa retransmission aux autres États membres.

Les dispositions résultant de l'art. 14-II de la L. n° 2012-409 du 27 mars 2012 ne sont applicables qu'aux condamnations prononcées par une juridiction étrangère à compter du 27 avr. 2012 (L. préc., art. 14-III).

Art. 771 *(L. n° 80-2 du 4 janv. 1980)* **Le casier judiciaire national automatisé reçoit également les condamnations, décisions, jugements ou arrêtés visés à l'article 768 du présent code, concernant les personnes nées à l'étranger et les personnes dont l'acte de naissance n'est pas retrouvé ou dont l'identité est douteuse.**

Art. 772 **Il est donné connaissance aux autorités militaires, par l'envoi d'une copie de la fiche du casier judiciaire, des condamnations ou des décisions de nature à modifier les conditions d'incorporation des individus soumis à l'obligation du service militaire.**

Il est donné avis également aux mêmes autorités de toutes modifications apportées à la fiche ou au casier judiciaire en vertu des articles 769 et 770.

Art. 773 *(L. n° 85-699 du 11 juill. 1985, art. 10)* **Le casier judiciaire national automatisé communique à l'Institut national de la statistique et des études économiques l'identité des personnes qui ont fait l'objet d'une décision entraînant la privation de leurs droits électoraux.**

TOM : 876.

Art. 773-1 *(L. n° 80-2 du 4 janv. 1980)* **Une copie de chaque fiche constatant une condamnation à une peine privative de liberté prononcée pour crime ou délit est adressée au sommier de police technique tenu par le ministre de l'intérieur. La consultation de ce fichier est exclusivement réservée aux autorités judiciaires et aux services de police et de gendarmerie.**

Les condamnations effacées par une amnistie ou par la réhabilitation de plein droit ou judiciaire cessent de figurer au sommier de police technique.

Art. 774 **Le relevé intégral des fiches du casier judiciaire applicables à la même personne est porté sur un bulletin appelé bulletin n° 1.**

Le bulletin n° 1 n'est délivré qu'aux autorités judiciaires.

(L. n° 75-624 du 11 juill. 1975) **« Lorsqu'il n'existe pas de fiche au casier judiciaire, le bulletin n° 1 porte la mention "néant". »**

(L. n° 2011-525 du 17 mai 2011, art. 156-18°) **« Le bulletin n° 1 peut également être délivré aux greffes des établissements pénitentiaires afin de »** *(L. n° 2016-731 du 3 juin 2016, art. 78)* **« compléter les dossiers individuels des personnes incarcérées, ainsi qu'aux directeurs des services pénitentiaires d'insertion et de probation, afin de leur permettre d'individualiser les modalités de prise en charge des personnes condamnées, notamment de proposer, pour les personnes incarcérées, un aménagement de peine ou une libération sous contrainte. »**

Art. 774-1 *(L. n° 92-1336 du 16 déc. 1992)* **Le relevé intégral des fiches du casier judiciaire applicables à la même personne morale est porté sur le bulletin n° 1, qui n'est délivré qu'aux autorités judiciaires nationales, sauf accord de réciprocité.**

Lorsqu'il n'existe pas de fiche au casier judiciaire, le bulletin n° 1 porte la mention "néant".

Art. 775 *(L. n° 70-643 du 17 juill. 1970)* **Le bulletin n° 2 est le relevé des fiches du casier judiciaire applicables à la même personne, à l'exclusion de celles concernant les décisions suivantes :**

(Ord. n° 2019-950 du 11 sept. 2019, art. 4 et 9, en vigueur le 30 sept. 2021) **« *[1°]* Les condamnations, les déclarations de culpabilité assorties d'une dispense de peine ou**

d'une dispense de mesure éducative ou d'une déclaration de réussite éducative, les compositions pénales et les mesures éducatives prononcées au stade de la sanction à l'égard d'un mineur ; »

2° *(L. n° 75-624 du 11 juill. 1975)* **« Les condamnations dont la mention au bulletin n° 2 a été expressément exclue en application de l'article 775-1 » ;**

3° Les condamnations prononcées pour contraventions de police ;

4° Les condamnations assorties du bénéfice du sursis, avec ou sans *(L. n° 2020-1672 du 24 déc. 2020, art. 26)* **« probation », lorsqu'elles doivent être considérées comme non avenues ;** *(L. n° 98-468 du 17 juin 1998)* **« toutefois, si a été prononcé le suivi socio-judiciaire prévu par l'article 131-36-1 du code pénal ou la peine d'interdiction d'exercer une activité professionnelle ou bénévole impliquant un contact habituel avec des mineurs, la décision continue de figurer au bulletin n° 2 pendant la durée de la mesure ».** *(L. n° 2012-409 du 27 mars 2012, art. 13-II)* **« Il en va de même des interdictions, incapacités ou déchéances prononcées, comme peine complémentaire, à titre définitif** *(L. n° 2017-1339 du 15 sept. 2017, art. 1)* **« ainsi que de la peine complémentaire d'inéligibilité prévue au 2° de l'article 131-26 et aux articles 131-26-1 et 131-26-2 du même code, pendant la durée de la mesure » ; »** — *L'art. 13-II de la L. n° 2012-409 du 27 mars 2012 est entré en vigueur, pour les condamnations concernant des faits commis après la publication de ladite loi, le 1er janv. 2015 (L. préc., art. 13-III).*

(L. n° 2007-297 du 5 mars 2007, art. 43, en vigueur le 7 mars 2008) **« 5° Les condamnations ayant fait l'objet d'une réhabilitation de plein droit ou judiciaire ; »**

6° Les condamnations auxquelles sont applicables les dispositions de l'article L. 263-4 du code de justice militaire ;

7° et 8° Abrogés par L. n° 92-1336 du 16 déc. 1992.

9° Les dispositions prononçant la déchéance de l'autorité parentale ;

10° Les arrêtés d'expulsion abrogés ou rapportés ;

(L. n° 75-624 du 11 juill. 1975) **« 11° »** *(L. n° 92-1336 du 16 déc. 1992)* **« Les condamnations prononcées sans sursis en application des articles 131-5 à 131-11 du code pénal, à l'expiration d'un délai de cinq ans à compter du jour où elles sont devenues définitives. Le délai est de trois ans s'il s'agit d'une condamnation à une peine de jours-amende. »**

(L. n° 75-624 du 11 juill. 1975) **« Toutefois, si la durée de l'interdiction, déchéance ou incapacité, prononcée en application** *(L. n° 92-1336 du 16 déc. 1992)* **« des articles 131-10 et 131-11 », est supérieure à cinq ans, la condamnation demeure mentionnée au bulletin n° 2 pendant la même durée ;**

« 12° Les déclarations de culpabilité assorties d'une dispense de peine *(L. n° 89-461 du 6 juill. 1989)* **« ou d'un ajournement du prononcé de celle-ci » ;**

« 13° Les condamnations prononcées par des juridictions étrangères *(L. n° 2012-409 du 27 mars 2012, art. 14-II)* **« concernant un mineur ou dont l'utilisation à des fins autres qu'une procédure pénale a été expressément exclue par la juridiction de condamnation » ; »**

(L. n° 2002-1138 du 9 sept. 2002, art. 36) **« 14° Les compositions pénales mentionnées à l'article 768 ; »**

(L. n° 2005-882 du 2 août 2005, art. 43) **« 15° Sauf décision contraire du juge, spécialement motivée, les condamnations prononcées pour les délits prévus au titre IV du livre IV du code de commerce » ;**

(L. n° 2019-222 du 23 mars 2019, art. 58-V-10° et 109-XVI, en vigueur le 1er juill. 2021) **« 16° Les amendes forfaitaires mentionnées au 11° de l'article 768 du présent code. »**

Les bulletins n° 2 fournis en cas de contestation concernant l'inscription sur les listes électorales ne comprennent que les décisions entraînant des incapacités en matière d'exercice du droit de vote.

Lorsqu'il n'existe pas au casier judiciaire de fiches concernant des décisions à relever sur le bulletin n° 2, celui-ci porte la mention "néant".

Les dispositions résultant de l'art. 14-II de la L. n° 2012-409 du 27 mars 2012 ne sont applicables qu'aux condamnations prononcées par une juridiction étrangère à compter du 27 avr. 2012 (L. préc., art. 14-III).

L'entrée en vigueur de l'Ord. n° 2019-950 du 11 sept. 2019 a été repoussée au 30 sept. 2021 par la L. n° 2021-218 du 26 févr. 2021, art. 2.

Art. 775-1 A *(L. nº 92-1336 du 16 juill. 1992)* **Le bulletin nº 2 d'une personne morale est le relevé des fiches qui lui sont applicables, à l'exclusion de celles concernant les décisions suivantes :**

1º Les condamnations dont la mention sur l'extrait de casier a été expressément exclue, en application de l'article 775-1 ;

2º Les condamnations prononcées pour contravention de police et les condamnations à des peines d'amende d'un montant inférieur à 30 000 € ;

3º Les condamnations assorties du bénéfice du sursis lorsqu'elles doivent être considérées comme non avenues ;

4º Les déclarations de culpabilité assorties d'une dispense de peine ou d'un ajournement, avec ou sans injonction, du prononcé de la peine ;

5º Les condamnations prononcées par les juridictions étrangères ;

(L. nº 2019-222 du 23 mars 2019, art. 58-V-11º et 109-XVI, en vigueur le 1er juill. 2021) **« 6º Les amendes forfaitaires mentionnées au 5º de l'article 768-1 ; »**

(L. nº 2019-222 du 23 mars 2019, art. 59-I-9º et 109-XVI, en vigueur le 1er juill. 2021) **« 7º Les compositions pénales mentionnées à l'article 768-1. »**

Lorsqu'il n'existe pas au casier judiciaire de fiches concernant des décisions à relever sur ce bulletin nº 2, il porte la mention "néant".

Art. 775-1 *(L. nº 75-624 du 11 juill. 1975)* **Le tribunal qui prononce une condamnation peut exclure expressément sa mention au bulletin nº 2 soit dans le jugement de condamnation, soit par jugement rendu postérieurement sur la requête du condamné instruite et jugée selon les règles de compétence et procédure fixées** *(L. nº 92-1336 du 16 déc. 1992)* **« par les articles 702-1 et 703 ».** *(L. nº 2009-1436 du 24 nov. 2009, art. 94-IX)* **« Les juridictions compétentes sont alors composées conformément aux dispositions du dernier alinéa de l'article 702-1. »**

L'exclusion de la mention d'une condamnation au bulletin nº 2 emporte relèvement de toutes les interdictions, déchéances ou incapacités de quelque nature qu'elles soient résultant de cette condamnation.

(L. nº 2004-204 du 9 mars 2004, art. 202) **« Les dispositions du présent article ne sont pas applicables aux personnes condamnées pour l'une des infractions mentionnées à l'article 706-47. »**

(L. nº 2010-242 du 10 mars 2010, art. 16-V) **« Le présent article est également applicable aux jugements ou arrêts de déclaration d'irresponsabilité pénale pour cause de trouble mental. »**

(L. nº 2012-409 du 27 mars 2012, art. 14-II) **« Si un ressortissant français a été condamné par une juridiction étrangère, il peut également, selon la même procédure, demander au tribunal correctionnel de son domicile, ou de Paris s'il réside à l'étranger, que la mention soit exclue du bulletin nº 2. »**

Les dispositions résultant de l'art. 14-II de la L. nº 2012-409 du 27 mars 2012 ne sont applicables qu'aux condamnations prononcées par une juridiction étrangère à compter du 27 avr. 2012 (L. préc., art. 14-III).

BIBL. ▶ GASSIN, *RSC 1996. 443* (fondements juridiques de la réinsertion des délinquants en droit positif français).

I. PROCÉDURE DE L'ARTICLE 775-1

1. De la combinaison des art. 775-1 et 55-1 C. pén. il résulte qu'en cas de pluralité de condamnations, l'une prononcée par une cour d'assises, l'autre par un tribunal correctionnel, la dernière juridiction qui a statué, en l'espèce, le tribunal correctionnel, est compétente pour se prononcer sur une demande d'exclusion de la mention de ces condamnations au bulletin nº 2 du casier judiciaire. • Crim. 9 oct. 1978, nº 78-91.831 P • 28 juin 1982, nº 81-90.876 P.

2. Le rejet d'une demande d'exclusion de la mention d'une condamnation au bulletin nº 2 du casier judiciaire ne fait pas obstacle à ce que, la situation du condamné s'étant modifiée, les juges soient saisis d'une nouvelle demande aux mêmes fins. • Crim. 14 nov. 1991, nº 90-84.086 P : *Dr. pénal 1992. 87 ; RSC 1992. 741, obs. Vitu ; ibid. 1993. 91, obs. Bouloc*.

II. RELÈVEMENT D'INTERDICTIONS, DÉCHÉANCES OU INCAPACITÉS

3. L'exclusion de la mention d'une condamnation au bulletin nº 2 du casier judiciaire n'emporte relèvement de toutes les interdictions, déchéances ou incapacités de quelque nature qu'elles soient, que lorsque celles-ci résultent de plein droit de la condamnation. • Crim. 28 janv. 2004, nº 03-81.703 P : *JCP 2004. IV. 1485.*

♦ ... Ou, lorsque celles-ci, résultant de la condamnation, ont le caractère de peines accessoires. • Crim. 19 oct. 1982, n° 81-91.059 P : *RSC 1984. 493, obs. Larguier.* ♦ La destitution prononcée par une juridiction disciplinaire n'entre pas dans les prévisions de l'art. 775-1. • Crim. 4 janv. 1990, n° 89-84.199 P : *RSC 1990. 807, obs. Braunschweig ; JCP 1990. II. 21543, obs. Salvage.*

4. L'administration peut prononcer, à titre de conséquence nécessaire d'une interdiction de fonction publique limitée à cinq ans par le juge pénal, qui a fait application de l'art. 775-1, l'éviction définitive du requérant en procédure disciplinaire. • CE 25 juill. 1980 : *D. 1981. 8, concl. Galabert.*

5. L'annulation de plein droit du permis de conduire, prévue par l'art. L. 15-II C. route, revêt le caractère, non d'une interdiction, d'une déchéance ou d'une incapacité, mais d'une peine complémentaire obligatoire et, comme telle, n'entre pas dans les prévisions de l'art. 775-1, al. 2. • Crim. 30 mai 1991, n° 87-81.210 P.

6. L'exclusion de la mention d'une condamnation au bulletin n° 2 du casier judiciaire, telle que prévue par l'art. 775-1, n'emporte relèvement que des interdictions, déchéances ou incapacités résultant d'une condamnation à une sanction pénale. L'interdiction d'exercer la profession de notaire découlant de la destitution prononcée par une juridiction disciplinaire ne saurait entrer dans les prévisions de ce texte. • Crim. 4 janv. 1990, n° 89-84.199 P : *JCP 1990. II. 21543, note Salvage ; RSC 1990. 559, obs. Vitu ; ibid. 807, obs. Braunschweig.*

7. Sur l'application de l'art. 775-1 en matière militaire : • Crim. 14 juin 1979, n° 78-94.086 P.

8. Sur l'application des art. 775-1 et L. 30 C. élect. : • Civ. 2e, 7 mai 1981, n° 81-60.718 P.

9. *Inéligibilité.* Le refus d'exclure la mention de la condamnation du bulletin n° 2 du casier judiciaire ne conduit pas à méconnaître les dispositions de l'art. 3 du premier protocole additionnel de la Conv. EDH (droit de voter et d'être élu) dès lors que le condamné peut, en application de l'art. 132-21, al. 2, C. pén., solliciter le relèvement de l'incapacité résultant de l'art. L. 7 C. élect. • Crim. 4 mai 2006 : *D. 2006. 1769 ; AJ pénal 317.*

III. CARACTÈRE FACULTATIF DE L'EXCLUSION D'INSCRIPTION

10. L'exclusion de la mention d'une condamnation au bulletin n° 2 constitue pour les juges du fond une simple faculté de l'exercice de laquelle ils ne doivent aucun compte. • Crim. 5 févr. 1990, n° 89-83.652 P. ♦ Ils n'ont pas à motiver spécialement leur refus d'exclure la mention d'une condamnation au bulletin n° 2 du casier judiciaire. • Crim. 4 mai 2006, n° 05-81.151 P : *D. 2006. IR 1769 ; AJ pénal 2006. 317.* ♦ L'exclusion de la mention d'une condamnation au bulletin n° 2 du casier judiciaire relevant de l'exercice d'une simple faculté, la non-inscription de la condamnation était une mesure destinée principalement à favoriser la réinsertion des condamnés. Tel n'était pas le cas du prévenu, employé à l'administration pénitentiaire, à laquelle il appartiendrait de diligenter une procédure disciplinaire, si elle l'estimait nécessaire. • Crim. 4 sept. 2007 : *D. 2008. Pan. 1022, obs. Herzog-Evans.* ♦ Le refus d'exclure la mention d'une condamnation au bulletin n° 2 du casier judiciaire relève de l'exercice d'une faculté que les juges n'ont pas à motiver spécialement, d'autre part, il ne conduit pas à méconnaître l'art. 8 Conv. EDH, dès lors que le condamné peut, en application de l'art. 775-1, solliciter ultérieurement l'exclusion de la condamnation. • Crim. 16 janv. 2018, n° 16-87.168 P : *AJ pénal 2018. 205, obs. Thierry ; RSC 2018. 480, note Mistretta ; ibid. 701, note Dreyer.*

IV. INFRACTIONS DE L'ARTICLE 706-47

11. *QPC.* La QPC interrogeant la constitutionnalité de l'art. 775-1 ne revêt pas un caractère sérieux dès lors que l'inscription au bulletin n° 2 du casier judiciaire ne constitue pas une peine à laquelle s'appliqueraient les principes de nécessité et d'individualisation. • Crim. 8 août 2012 : *Dr. pénal 2013. Chron. 3, obs. Bonis-Garçon et Peltier.*

12. *Application dans le temps de l'alinéa 3.* Le dernier alinéa de l'art. 775-1, introduit par la L. n° 2004-204 qui a pour conséquence d'empêcher le relèvement de toutes les interdictions, déchéances ou incapacités de quelques natures qu'elles soient, rend plus sévère la peine prononcée par la juridiction de condamnation et ces dispositions ne sont donc pas applicables aux faits commis avant l'entrée en vigueur de la loi ; la requête aux fins d'exclusion du B2 du casier judiciaire par la personne condamnée pour viol est recevable. • Crim. 25 avr. 2006, n° 05-86.876 P : *D. 2006. IR 1560 ; D. 2007. Pan. 401, obs. Roujou de Boubée ; AJ pénal 2006. 313, obs. Herzog-Evans ; RSC 2006. 851, note Finielz* • 24 mai 2006, n° 05-84.884 P : *D. 2006. IR 1703 ; AJ pénal 2006. 371* • 24 mai 2006, n° 05-85.971 P : *D. 2006. IR 1702.* ♦ En revanche ces dispositions s'appliquent s'agissant du délit continu de détention d'images pornographiques de mineurs, les CD litigieux ayant été découverts le 4 nov. 2004. • Crim. 20 sept. 2006 : *AJ pénal 2007. 93, obs. Herzog-Evans.*

13. Il résulte des dispositions des art. 775-1, dernier al., et 706-47, dans leur rédaction issue de la L. n° 2004-204 du 9 mars 2004, entrée en vigueur le 11 mars 2004, que les dispositions donnant au tribunal la faculté d'exclure la mention d'une condamnation au bulletin n° 2 du casier judiciaire ne sont pas applicables aux personnes condamnées pour agression sexuelle. Encourt la censure l'arrêt qui, après avoir déclaré le prévenu coupable d'agression sexuelle commise le 1er septembre 2005 et l'avoir condamné à trois mois d'emprisonnement avec sursis, a ordonné la non-inscription de cette condamnation au bulletin n° 2 du casier judiciaire. • Crim. 4 juin 2008, n° 08-80.651 P : *AJ pénal 2008. 428*.

14. Justifie sa décision la cour d'appel qui fait droit à la requête du condamné tendant au retrait de la mention, portée au B2, d'une condamnation pour agression sexuelle aggravée, dès lors qu'en vertu du principe d'autonomie de la chose jugée, fût-ce de manière erronée, la décision de justice, devenue définitive, ayant prononcé cette condamnation et ordonné la non-inscription au B2 ne peut être remise en cause. • Crim. 28 sept. 2010, n° 10-80.530 P : *D. 2011. Pan. 2240, obs. Pradel* ; *Dr. pénal 2010, n° 147, obs. Maron et Haas.*

15. Interdiction de l'exclusion. Les dispositions donnant au tribunal la faculté d'exclure la mention d'une condamnation au bulletin n° 2 du casier judiciaire ne sont pas applicables aux personnes condamnées pour viol ou pour atteinte sexuelle sur mineur de quinze ans en vertu des art. 775-1 et 706-47. • Crim. 28 avr. 2011, n° 10-87.858. ♦ Le délit d'agression sexuelle imposée à un mineur de quinze ans, prévu par l'art. 222-29, 1°, C. pén., fondement de la poursuite, est mentionné dans la liste des infractions figurant à l'art. 706-47, dans sa rédaction issue de la L. du 9 mars 2004, applicable à la date des faits. La cour d'appel a dès lors méconnu les prescriptions des textes susvisés. La cassation prononcée en vertu de l'art. 621 ne peut préjudicier au condamné. Il s'ensuit qu'elle sera prononcée dans le seul intérêt de la loi et sans renvoi, le condamné conservant le bénéfice de la mesure de non-inscription de la condamnation au bulletin n° 2 du casier judiciaire illégalement accordée. • Crim. 10 mai 2011, n° 10-88.561.

Art. 775-2 *(L. n° 88-828 du 20 juill. 1988)* **Les condamnés à une peine ne pouvant donner lieu à réhabilitation de plein droit bénéficient, sur simple requête, de l'exclusion de la mention de leur condamnation au bulletin n° 2, selon les règles de compétence fixées par l'article précédent, à l'expiration d'un délai de vingt années à compter de leur libération définitive ou de leur libération conditionnelle non suivie de révocation, s'ils n'ont pas, depuis cette libération, été condamnés à une peine criminelle ou correctionnelle.**

Lorsque le condamné sollicite l'exclusion de la mention d'une condamnation sur le bulletin n° 2 de son casier judiciaire dans le cadre des dispositions de l'art. 775-2, les magistrats ne peuvent rejeter la requête au motif que les renseignements recueillis sur l'intéressé sont insuffisants dès lors que les conditions de l'art. 775-2 sont remplies. • Crim. 25 mai 2004, n° 03-87.722 P : *D. 2004. IR 2271* ; *JCP 2004. IV. 2520.*

Art. 775-3 *(L. n° 2012-409 du 27 mars 2012, art. 14-II)* **Les informations contenues au bulletin n° 2 du casier judiciaire d'une personne, lorsqu'elles sont relatives à une condamnation prononcée par une juridiction étrangère, sont retirées à l'expiration des délais prévus à l'article 133-16-1 du code pénal.**

Les dispositions résultant de l'art. 14-II de la L. n° 2012-409 du 27 mars 2012 ne sont applicables qu'aux condamnations prononcées par une juridiction étrangère à compter du 27 avr. 2012 (L. préc., art. 14-III).

Art. 776 **Le bulletin n° 2 du casier judiciaire est délivré :**

1° Aux préfets et aux administrations publiques de l'État saisis *(L. n° 2021-1317 du 11 oct. 2021, art. 1er)* **« de candidatures aux fonctions de juge d'un tribunal de commerce, » de demandes d'emplois publics, de propositions relatives à des distinctions honorifiques ou de soumissions pour des adjudications de travaux ou de marchés publics ou en vue de poursuites disciplinaires ou de l'ouverture d'une école privée** *(L. n° 2002-3 du 3 janv. 2002)* **« , ainsi que de demandes d'agrément destinées à permettre la constatation par procès-verbal d'infractions à la loi pénale » ;**

2° *(L. n° 85-98 du 25 janv. 1985, art. 219)* **« Aux autorités militaires pour les appelés des classes et de l'inscription maritime et pour les jeunes qui demandent à contracter un engagement ainsi qu'aux autorités publiques compétentes en cas de contestation sur l'exercice des droits électoraux ou sur l'existence de l'incapacité d'exercer une fonction publique élective prévue par l'article 194 de la loi n° 85-98 du 25 janvier 1985 précitée ; »**

3° Aux administrations et personnes morales dont la liste sera déterminée par le décret en Conseil d'État prévu par l'article 779 *(L. n° 2004-204 du 9 mars 2004, art. 203)* **« , ainsi qu'aux administrations ou organismes chargés par la loi ou le règle-**

ment du contrôle de l'exercice d'une activité professionnelle ou sociale lorsque cet exercice fait l'objet de restrictions expressément fondées sur l'existence de condamnations pénales » *(Ord. n° 2008-507 du 30 mai 2008, art. 2)* « ou de sanctions disciplinaires » ;

4° Aux présidents des tribunaux de commerce pour être joint aux procédures de faillite et de règlement judiciaire, ainsi qu'aux juges commis à la surveillance du registre du commerce à l'occasion des demandes d'inscription audit registre ;

(L. n° 2007-293 du 5 mars 2007, art. 10) « 5° Aux présidents de conseils généraux saisis d'une demande d'agrément en vue d'adoption prévu à l'article L. 225-2 du code de l'action sociale et des familles » ;

(Ord. n° 2008-507 du 30 mai 2008, art. 2) « 6° » *(L. n° 2010-853 du 23 juill. 2010, art. 33, en vigueur le 1er août 2010)* « Aux autorités compétentes désignées par arrêté du ministre de la justice, lorsque celles-ci reçoivent, en application d'une convention internationale ou d'un acte pris sur le fondement du traité sur le fonctionnement de l'Union européenne, une demande de communication des sanctions pénales ou disciplinaires prononcées à l'encontre d'un professionnel, de la part d'une autorité compétente d'un autre État partie à ladite convention, d'un État membre de l'Union européenne ou d'un État partie à l'accord sur l'Espace économique européen chargée d'appliquer des mesures restreignant l'exercice d'une activité, fondées, dans cet État, sur l'existence de sanctions pénales ou disciplinaires prononcées à l'encontre de ce professionnel ; »

(L. n° 2017-1339 du 15 sept. 2017, art. 1er) « 7° Aux autorités compétentes pour recevoir les déclarations de candidatures à une élection afin de vérifier si la peine prévue au 2° de l'article 131-26 et aux articles 131-26-1 et 131-26-2 du code pénal y est mentionnée. »

(L. n° 2004-204 du 9 mars 2004, art. 204) « Les dirigeants de personnes morales de droit public ou privé exerçant auprès des mineurs une activité culturelle, éducative ou sociale au sens de l'article L. 312-1 du code de l'action sociale et des familles peuvent obtenir la délivrance du bulletin n° 2 du casier judiciaire, pour les seules nécessités liées au recrutement d'une personne, lorsque ce bulletin ne porte la mention d'aucune condamnation. La liste de ces personnes morales est déterminée par décret du ministre de la justice et du ou des ministres intéressés. »

(L. n° 2010-853 du 23 juill. 2010, art. 33, en vigueur le 1er août 2010) « Le bulletin n° 2 du casier judiciaire est transmis, en application d'une convention internationale ou d'un acte pris sur le fondement du traité sur le fonctionnement de l'Union européenne, aux autorités compétentes d'un autre État visées au 6° du présent article. »

V. art. R. 62 s.

Art. 776-1 *(L. n° 92-1336 du 16 déc. 1992)* Le bulletin n° 2 du casier judiciaire des personnes morales est délivré :

1° Aux préfets, aux administrations de l'État et aux collectivités locales saisis de propositions ou de soumissions pour des adjudications de travaux ou de marchés publics ;

2° Aux administrations chargées de l'assainissement des professions agricoles, commerciales, industrielles ou artisanales ;

3° Aux présidents des tribunaux de commerce en cas de redressement ou de liquidation judiciaires, ainsi qu'aux juges commis à la surveillance du registre du commerce et des sociétés à l'occasion des demandes d'inscription audit registre ;

4° A l'Autorité des marchés financiers en ce qui concerne les personnes morales *(Ord. n° 2009-80 du 22 janv. 2009, art. 13 et 31, en vigueur le 1er avr. 2009)* « demandant l'admission de leurs titres financiers aux négociations sur un marché réglementé » ;

(L. n° 2010-853 du 23 juill. 2010, en vigueur le 1er août 2010) « 5° Aux autorités compétentes désignées par arrêté du ministre de la justice, lorsque celles-ci reçoivent, en application d'une convention internationale ou d'un acte pris sur le fondement du traité sur le fonctionnement de l'Union européenne, une demande de communication des sanctions pénales ou disciplinaires prononcées à l'encontre d'une personne morale, de la part d'une autorité compétente d'un autre État partie à ladite convention, d'un État membre de l'Union européenne ou d'un État partie à l'accord sur l'Espace économique européen chargée d'appliquer des mesures restreignant l'exercice d'une activité,

fondées, dans cet État, sur l'existence de sanctions pénales ou disciplinaires prononcées à l'encontre de cette personne morale.

« Le bulletin n° 2 du casier judiciaire des personnes morales est transmis, en application d'une convention internationale ou d'un acte pris sur le fondement du traité sur le fonctionnement de l'Union européenne, aux autorités compétentes d'un autre État visées au 5°. »

Art. 777 *(L. nº 75-624 du 11 juill. 1975)* **« Le bulletin n° 3 est le relevé des condamnations suivantes prononcées** *(L. nº 2012-409 du 27 mars 2012, art. 14-II)* **« par une juridiction nationale » pour crime ou délit, lorsqu'elles ne sont pas exclues du bulletin n° 2 :**

« 1° Condamnations à des peines privatives de liberté d'une durée supérieure à deux ans qui ne sont assorties d'aucun sursis ou qui doivent être exécutées en totalité par l'effet de révocation du sursis ;

« 2° Condamnations à des peines privatives de liberté de la nature de celles visées au 1° ci-dessus et d'une durée inférieure ou égale à deux ans, si la juridiction en a ordonné la mention au bulletin n° 3 ;

« 3° Condamnations à des interdictions, déchéances ou incapacités prononcées sans sursis, en application *(L. nº 92-1336 du 16 déc. 1992)* **« des articles 131-6 à 131-11 » du code pénal, pendant la durée des interdictions, déchéances ou incapacités ; »**

(L. nº 98-468 du 17 juin 1998) **« 4° Décisions prononçant le suivi socio-judiciaire prévu par l'article 131-36-1 du code pénal ou la peine d'interdiction d'exercer une activité professionnelle ou bénévole impliquant un contact habituel avec des mineurs, pendant la durée de la mesure. »**

(L. nº 2012-409 du 27 mars 2012, art. 14-II) **« Le bulletin n° 3 contient également les condamnations prononcées par les juridictions étrangères à des peines privatives de liberté d'une durée supérieure à deux ans qui ne sont assorties d'aucun sursis. »**

(L. nº 70-643 du 17 juill. 1970) **Le bulletin n° 3 peut être réclamé par la personne qu'il concerne. Il ne doit, en aucun cas, être délivré à un tiers** *(L. nº 2012-409 du 27 mars 2012, art. 14-II)* **« , sauf s'il s'agit de l'autorité centrale d'un État membre de l'Union européenne, saisie par la personne concernée.**

« Si le demandeur est un étranger ressortissant d'un État membre de l'Union européenne, toute demande de bulletin n° 3 est adressée à l'autorité centrale de cet État, afin que celle-ci communique les mentions qui apparaissent sur le bulletin qui lui est délivré. »

Les dispositions résultant de l'art. 14-II de la L. nº 2012-409 du 27 mars 2012 ne sont applicables qu'aux condamnations prononcées par une juridiction étrangère à compter du 27 avr. 2012 (L. préc., art. 14-III).

Art. 777-1 *(L. nº 75-624 du 11 juill. 1975)* **La mention d'une condamnation au bulletin n° 3 peut être exclue dans les conditions fixées par** *(Abrogé par L. nº 2012-409 du 27 mars 2012, art. 14-II)* ***« l'alinéa 1er de »*** **l'article 775-1.**

Les dispositions résultant de l'art. 14-II de la L. nº 2012-409 du 27 mars 2012 ne sont applicables qu'aux condamnations prononcées par une juridiction étrangère à compter du 27 avr. 2012 (L. préc., art. 14-III).

L'art. 777-1, qui prévoit que la mention d'une condamnation peut être exclue du bulletin n° 3 du casier judiciaire dans les conditions fixées, pour l'exclusion de la mention d'une condamnation du bulletin n° 2, par l'al. 1er de l'art. 775-1, ne contient aucune référence à l'al. 3 de ce dernier article interdisant toute possibilité d'exclusion de cette nature aux personnes condamnées pour l'une des infractions, parmi lesquelles le viol, énumérées à l'art. 706-47. • Crim. 22 juin 2005, nº 05-81.247 P : *D. 2005. IR 2103* ; *JCP 2005. IV.2830* ; *AJ pénal 2005. 376, obs. Herzog-Evans* ; *Dr. pénal 2005. Comm. 164, obs. Maron.*

Art. 777-2 *(L. nº 80-2 du 4 janv. 1980)* **Toute personne justifiant de son identité obtient, sur demande adressée au procureur de la République près le tribunal judiciaire dans le ressort duquel elle réside, communication du relevé intégral des mentions du casier judiciaire la concernant.**

(L. nº 92-1336 du 16 déc. 1992) **« Lorsqu'il s'agit d'une personne morale, la demande est adressée au procureur de la République près le tribunal judiciaire dans le ressort duquel elle a son siège, par son représentant légal justifiant de sa qualité.**

« Si la personne réside ou a son siège à l'étranger, la communication est faite par l'intermédiaire de l'agent diplomatique ou du consul compétent. »

La communication ne vaut pas notification des décisions non définitives et ne fait pas courir les délais de recours.

Aucune copie de ce relevé intégral ne peut être délivrée.

Les dispositions du présent article sont également applicables au sommier de police technique.

Art. 777-3 *(L. nº 2004-801 du 6 août 2004, art. 17-V)* **« Aucune interconnexion au sens du 3º du I de l'article** *(Ord. nº 2018-1125 du 12 déc. 2018, art. 16 et 29, en vigueur le 1er juin 2019)* **« 33 » de la loi nº 78-17 du 6 janvier 1978 relative à l'informatique, aux fichiers et aux libertés ne peut être effectuée entre le casier judiciaire national automatisé et tout autre fichier ou traitement de données à caractère personnel détenus par une personne quelconque ou par un service de l'État ne dépendant pas du ministère de la justice. »** *(L. nº 2019-222 du 23 mars 2019, art. 58)* **« Le casier judiciaire national peut toutefois recevoir les données d'un fichier ou traitement de données à caractère personnel détenu par un service de l'État pour l'exercice des diligences prévues au présent titre. »**

Aucun fichier ou *(L. nº 2004-801 du 6 août 2004, art. 17-V)* **« traitement de données à caractère personnel » détenu par une personne quelconque ou par un service de l'État ne dépendant pas du ministère de la justice ne pourra mentionner, hors les cas et dans les conditions prévus par la loi, des jugements ou arrêts de condamnation.**

Toutefois, une condamnation pénale pourra toujours être invoquée en justice par la victime de l'infraction.

Toute infraction aux dispositions qui précèdent sera punie *(L. nº 92-1336 du 16 déc. 1992)* **« des peines encourues pour le délit prévu à l'article 226-21 du code pénal ».**

Les dispositions de l'Ord. nº 2018-1125 du 12 déc. 2018 sont entrées en vigueur en même temps que le Décr. nº 2019-536 du 29 mai 2019 pris pour l'application de la L. nº 78-17 du 6 janv.1978 relative à l'informatique, aux fichiers et aux libertés, soit le 1er juin 2019.

V. L. nº 78-17 du 6 janv. 1978 relative à l'informatique, aux fichiers et aux libertés, in *C. données personnelles. —* ***C. données personnelles.***

Art. 778 Lorsque au cours d'une procédure quelconque le procureur de la République ou le juge d'instruction constate qu'un individu a été condamné sous une fausse identité ou a usurpé un état civil, il est immédiatement procédé d'office, à la diligence du procureur de la République, aux rectifications nécessaires avant la clôture de la procédure.

La rectification est demandée par requête au président du tribunal ou de la cour qui a rendu la décision. Si la décision a été rendue par une cour d'assises, la requête est soumise *(L. nº 2019-222 du 23 mars 2019, art. 56)* **« au président de la chambre de l'instruction ou » à la chambre de l'instruction.**

Le président communique la requête au ministère public et commet un magistrat pour faire le rapport. Les débats ont lieu et le jugement est rendu en chambre du conseil. Le tribunal ou la cour peut ordonner d'assigner la personne objet de la condamnation.

Si la requête est admise, les frais sont supportés par celui qui a été la cause de l'inscription reconnue erronée s'il a été appelé dans l'instance. Dans le cas contraire ou dans celui de son insolvabilité, ils sont supportés par le Trésor.

Toute personne qui veut faire rectifier une mention portée à son casier judiciaire peut agir dans la même forme. Dans le cas où la requête est rejetée, le requérant est condamné aux frais.

Mention de la décision est faite en marge du jugement ou de l'arrêt visé par la demande en rectification.

La même procédure est applicable au cas de contestation sur la réhabilitation de droit, ou de difficultés soulevées par l'interprétation d'une loi d'amnistie, dans les termes *(L. nº 2010-242 du 10 mars 2010, art. 16-VI)* **« du troisième alinéa de l'article 769 ».**

1. Exclusion de la procédure de révision. Lorsqu'un prévenu a été condamné sous une fausse identité c'est la procédure de l'art. 778 et non celle de l'art. 622, § 4, relatif à la révision, qui doit être utilisée. • Crim. 21 juill. 1966, n° 65-93.983 P : *D. 1966. Somm. 119* • Comm. révis. 11 avr. 2005, n° 04REV003 P. ♦ L'art. 778 organise une procédure spécifique pour réparer les erreurs commises du fait d'une usurpation d'identité. La procédure de révision est une voie de recours extraordinaire qui ne peut être exercée lorsqu'un autre moyen de droit permet de réparer l'erreur commise. • Comm. révis. 29 sept. 2008, n° 8REV037 P.

2. Exclusion de la procédure de référé. Les irrégularités éventuellement commises dans le cadre du service du casier judiciaire national ne peuvent donner lieu à un contentieux sur la voie de fait devant le juge des référés, toute rectification des mentions du casier judiciaire relevant de la compétence exclusive de la décision qui a prononcé la décision litigieuse dans les conditions et suivant les formes prévues par l'art. 778. • TGI Paris, réf., 15 avr. 1994 : *Gaz. Pal. 1994. 1. 367, note Petit.*

3. Autorité de chose jugée. Le principe de l'autorité qui s'attache à la chose jugée, fût-ce de manière erronée, s'oppose à ce qu'une décision de justice devenue définitive soit remise en cause (dispense d'inscription au casier judiciaire d'une infraction qui n'en est pas susceptible). • Crim. 28 sept. 2010, n° 10-80.530 P : *D. 2011. Pan. 2240, obs. Pradel ; Dr. pénal 2010, n° 147, obs. Maron et Haas.*

Art. 779 Un règlement d'administration publique *[décret en Conseil d'État]* **détermine les mesures nécessaires à l'exécution des articles 768 à 778, et notamment les conditions dans lesquelles doivent être demandés, établis et délivrés les bulletins n°s 1, 2 et 3 du casier judiciaire.**

(L. n° 80-2 du 4 janv. 1980) **« Ce règlement détermine également les conditions dans lesquelles les informations enregistrées par le casier judiciaire national automatisé peuvent être utilisées pour l'exécution des sentences pénales. »**

(L. n° 92-1336 du 16 déc. 1992) **« Ce décret organise en outre les modalités de transmission des informations entre le casier judiciaire national automatisé et les personnes ou services qui y ont accès. »**

(L. n° 80-2 du 4 janv. 1980) **« Le règlement d'administration publique** *[décret en Conseil d'État]* **susvisé est pris après avis de la commission nationale de l'informatique et des libertés. »**

Art. 780 *Abrogé par L. n° 92-1336 du 16 déc. 1992, à compter du 1er mars 1994.*

V. C. pén., art. 434-23 qui a repris l'incrimination en l'aggravant. — ***C. pén.***

Art. 781 Quiconque, en prenant un faux nom ou une fausse qualité, s'est fait délivrer un extrait du casier judiciaire d'un tiers est puni *(L. n° 92-1336 du 16 déc. 1992)* **« de 7 500 € d'amende ».**

Est puni des mêmes peines celui qui aura fourni des renseignements d'identité imaginaires qui ont provoqué ou auraient pu provoquer des mentions erronées au casier judiciaire.

(L. n° 80-2 du 4 janv. 1980) **« Est puni des mêmes peines celui qui se sera fait délivrer par l'intéressé tout ou partie des mentions du relevé intégral visé à l'article 777-2 du présent code. »** *— C. route L. 225-8 et L. 330-7.*

BIBL. ▸ SCHWENDENER, *AJ pénal 2003. 21* (les principaux fichiers de la police).

▸ **Dossier :** Identité : la prouver et la défendre, *AJ pénal 2010. 217* s.

Dès lors que la prévention ne porte pas seulement sur le recel d'un faux passeport, mais aussi *sur celui* d'autres faux documents administratifs et de plaques d'immatriculation volées, qui auraient pu faire l'objet d'une condamnation inscrite au casier judiciaire sous une fausse identité, l'arrêt attaqué n'encourt pas les griefs du moyen en disqualifiant en fourniture de renseignements d'identité imaginaires qui auraient pu provoquer des mentions erronées au casier judiciaire, faits poursuivis sous la qualification d'usurpation d'identité. • Crim. 22 mai 1997, n° 96-82.080 P.

Loi n° 47-1504 du 16 août 1947,

Portant amnistie.

Art. 37 Cesseront d'être mentionnées au casier judiciaire les condamnations prononcées contre des personnes de nationalité française par les juridictions étrangères pour infractions de la nature de celles visées par la présente loi (commises avant le 16 janvier 1947) ou les lois d'amnistie antérieures (commises antérieurement aux dates déterminées par lesdites lois), ainsi que les condamnations à des peines n'excédant pas le quantum fixé à l'article 13 de la présente loi, prononcées pour des faits commis antérieurement au 16 janvier 1947.

Art. 38 Il est interdit à tout fonctionnaire de l'ordre judiciaire de rappeler ou de laisser subsister, sous quelque forme que ce soit, dans un dossier judiciaire, les condamnations, les peines disciplinaires et déchéances effacées par l'amnistie.

Seules, les minutes des jugements ou arrêts déposées dans les greffes échappent à cette interdiction.

Il est interdit de rappeler ou de laisser subsister, sous quelque forme que ce soit, dans tout dossier administratif ou autre document quelconque concernant les fonctionnaires, agents, employés ou ouvriers des services publics ou concédés des départements ou des communes, les peines disciplinaires effacées par l'amnistie. — *V. L. n° 53-681 du 6 août 1953, art. 45.*

Loi n° 53-681 du 6 août 1953,

Portant amnistie.

Art. 45 Il est interdit à tout magistrat ou fonctionnaire de l'ordre administratif, et ce, à peine de sanctions disciplinaires pouvant aller jusqu'à la révocation ou la destitution, de rappeler ou de laisser subsister sous quelque forme que ce soit, dans un dossier judiciaire ou de police ou dans tout document quelconque, les condamnations, les peines disciplinaires et déchéances effacées par l'amnistie.

Seules, les minutes des jugements ou arrêts déposés dans les greffes échappent à cette interdiction.

Il est interdit, sous les mêmes peines que ci-dessus, de rappeler ou de laisser subsister, sous quelque forme que ce soit, dans tout dossier administratif ou tout autre document quelconque concernant les fonctionnaires, les agents, employés ou ouvriers des services publics ou concédés des départements ou des communes, les peines disciplinaires effacées par l'amnistie.

L'art. 23 de la loi n° 59-940 du 31 juill. 1959 portant amnistie (D. 1959. 558 ; Rect. 590 ; BLD 1959. 1067 ; Rect. 1156) reprend, dans les mêmes termes, les dispositions de l'art. 45 de la loi du 6 août 1953.

V. aussi, dans des termes différents : l'art. 10 de la loi n° 64-1269 du 23 déc. 1964 (D. 1965. 22 ; BLD 1964. 694) portant amnistie et autorisant la dispense de certaines incapacités et déchéances. — L'art. 15 de la loi n° 66-396 du 17 juin 1966 (D. 1966. 256 ; BLD 1966. 244) portant amnistie d'infractions contre la sûreté de l'État ou commises en relation avec les événements d'Algérie. — L'art. 25 de la loi n° 66-409 du 18 juin 1966 (D. 1966. 258 ; BLD 1966. 249) portant amnistie. — L'art. 22 de la loi n° 69-700 du 30 juin 1969 (D. et BLD 1969. 292) portant amnistie. — L'art. 4 de la loi n° 72-1127 du 21 déc. 1972 (D. et BLD 1973. 14). — L'art. 21 de la loi n° 74-643 du 16 juill. 1974 (D. et BLD 1974. 250). — L'art. 25 de la loi n° 81-736 du 4 août 1981 (D. et BLD 1981. 296). — L'art. 50, al. 2, de la loi n° 82-214 du 2 mars 1982 (D. et BLD 1982. 133). — L'art. 2 de la loi n° 85-1467 du 31 déc. 1985 (D. et ALD 1986. 138). — L'art. 26 de la loi n° 88-828 du 20 juill. 1988 (JO 21 juill.). — V. ***C. pén.***

TITRE NEUVIÈME DE LA RÉHABILITATION DES CONDAMNÉS

RÉP. PÉN. v° *Réhabilitation*, par HERZOG-EVANS.

BIBL. ► HERZOG-EVANS, *AJ pénal 2007. 412* (le sens de l'effacement de la peine).

Art. 782 *(L. n° 70-643 du 17 juill. 1970)* **Toute personne condamnée par un tribunal français à une peine criminelle, correctionnelle ou contraventionnelle, peut être réhabilitée.**

1. La nullité doit être prononcée lorsqu'il résulte des motifs d'une décision qu'une prise en considération de la condamnation effacée par la réhabilitation a influé sur l'appréciation de la peine. • Crim. 8 nov. 1995, n° 95-81.306 P.

2. La destitution d'un notaire résultant d'une sanction disciplinaire ne peut donner lieu à réhabilitation. • Crim. 14 févr. 2012, n° 10-86.832 P : *D. 2013. 1775 ; Dr. pénal 2013. Chron. 3, obs. Bonis-Garçon.*

3. Interdiction définitive du territoire. En déclarant irrecevable la demande de réhabilitation d'une condamnation à une peine principale d'interdiction définitive du territoire français, peine qui, par sa définition même, n'a pas fini d'être exécutée, la chambre de l'instruction a fait une exacte application des art. 782 s., dont les dispositions ne sont pas incompatibles avec les art. 13 et 14 Conv. EDH. • Crim. 28 févr. 2018, n° 16-84.441 P : *D. actu. 12 mars 2018, obs. Goetz ; D. 2018. Pan. 1711, obs. Laurent ; AJ pénal 2018. 210, note Falxa.*

4. V. aussi note 4 ss. art. 769.

Art. 783 *(L. n° 92-1336 du 16 déc. 1992)* **La réhabilitation est soit acquise de plein droit dans les conditions prévues par les articles 133-13 et suivants du code pénal, soit accordée par la chambre de l'instruction dans les conditions prévues au présent titre.**

Dans tous les cas, elle produit les effets prévus à l'article 133-16 du code pénal.

(L. n° 2012-409 du 27 mars 2012, art. 13-II) **« Toutefois, lorsque la réhabilitation est accordée par la chambre de l'instruction, le deuxième alinéa du même article 133-16 n'est pas applicable et la réhabilitation produit immédiatement ses effets pour les condamnations prévues au même alinéa. »** — *L'art. 13-II de la L. n° 2012-409 du 27 mars 2012 est entré en vigueur, pour les condamnations concernant des faits commis après la publication de ladite loi, le 1er janv. 2015 (L. préc., art. 13-III).*

Seules les dispositions relatives à la réhabilitation judiciaire sont applicables aux demandes formées en vertu de l'art. 1er de la L. du 19 mars 1864 qui étend aux notaires, aux greffiers et aux officiers ministériels destitués le bénéfice de la L. du 3 juill. 1852 sur la réhabilitation. C'est donc à juste titre que la chambre d'accusation a dit n'y avoir lieu de constater la réhabilitation légale de plein droit du demandeur, prétendument fondée sur les art. 782, 783 et 784 applicables avant le 1er mars 1994 et sur les dispositions de la L. du 19 mars 1864. • Crim. 3 nov. 1994, n° 93-80.939 P.

CHAPITRE PREMIER DISPOSITIONS APPLICABLES AUX PERSONNES PHYSIQUES

(L. n° 92-1336 du 16 déc. 1992)

Art. 785 **La réhabilitation ne peut être demandée en justice, du vivant du condamné, que par celui-ci, ou, s'il est interdit, par son représentant légal ; en cas de décès et si les conditions légales sont remplies, la demande peut être suivie par son conjoint ou par ses ascendants ou descendants et même formée par eux, mais dans le délai d'une année seulement à dater du décès.**

(L. n° 75-624 du 11 juill. 1975) **« La demande doit porter sur l'ensemble des condamnations prononcées qui n'ont pas été effacées par une réhabilitation antérieure. »**

1. Est irrecevable la demande de réhabilitation formée par un condamné à une interdiction définitive du territoire français, dont il est établi qu'il a depuis plusieurs années sa résidence en France, dès lors qu'une demande de réhabilitation ne saurait contourner les dispositions de l'art. L. 541-2 CESEDA qui subordonne toute demande de relèvement de cette interdiction à une résidence hors de France. • Crim. 14 déc. 2016, n° 14-83.400 P : *D. actu. 10 janv. 2017, obs. Priou-Alibert ; D. 2017. Pan. 1274, obs. H-Evans.*

2. Il appartient à la chambre de l'instruction, *saisie d'une* demande en réhabilitation judiciaire, d'apprécier, au regard de la nature et de la gravité de l'ensemble des condamnations concernées par la demande, si le comportement du requérant pendant le délai d'épreuve, au vu des pièces produites par l'intéressé et des éléments recueillis par le procureur de la République, doit conduire au prononcé de la mesure sollicitée afin de permettre l'effacement de condamnations dont le maintien ne serait plus nécessaire et proportionné. • Crim. 7 janv. 2020, n° 19-80.839 P : *D. actu. 17 janv. 2020, obs. Goetz.*

Art. 786 *(L. n° 75-624 du 11 juill. 1975)* **« La demande en réhabilitation ne peut être formée qu'après un délai de cinq ans pour les condamnés à une peine criminelle, de trois ans pour les condamnés à une peine correctionnelle et d'un an pour les condamnés à une peine contraventionnelle. »**

(L. n° 2011-525 du 17 mai 2011, art. 186-4°) **« Ce délai part, pour les condamnés à une amende, du jour où la condamnation est devenue irrévocable et, pour les condamnés à une peine privative de liberté, du jour de leur libération définitive ou, conformément au dernier alinéa de l'article 733, du jour de leur libération conditionnelle lorsque celle-ci n'a pas été suivie de révocation. »**

(L. n° 75-624 du 11 juill. 1975) **« A l'égard des condamnés à une sanction pénale autre que l'emprisonnement ou l'amende, prononcée à titre principal, ce délai part de l'expiration de la sanction subie. »**

1. QPC. Constitutionnalité de l'impossibilité d'obtenir la réhabilitation judiciaire d'une interdiction définitive du territoire français prononcée à titre principal. • Cons. const. 27 nov. 2015, n° 2015-501 QPC : *AJ pénal 2016. 142, obs. Saas*.

2. Les mots « de cinq ans pour les condamnés à une peine criminelle » figurant au 1er al. de l'art. 786, dans sa rédaction résultant de la L. n° 2011-525 du 17 mai 2011, sont conformes à la Constitution. Toutefois, après l'abolition de la peine de mort par la L. du 9 oct. 1981, le législateur serait fondé à instituer une procédure judiciaire, ouverte aux ayants droit d'une personne condamnée à la peine de mort dont la peine a été exécutée, tendant au rétablissement de son honneur à raison des gages d'amendement qu'elle a pu fournir. • Cons. const. 28 févr. 2020, n° 2019-827 QPC : *D. actu. 6 mars 2020, obs. Recotillet ; Dr. pénal 2020, n° 87, obs. Maron et Haas ; ibid. n° 92, obs. Bonis.*

3. Est irrecevable, faute d'objet, la demande de réhabilitation relative à des condamnations qui, prononcées depuis plus de quarante ans, ne doivent plus être mentionnées au casier judiciaire en application de l'art. 769, al. 2. • Versailles, 14 mars 1990 : *D. 1990. 350, note Azibert*.

4. Sur les délais de la demande de réhabilitation, en cas de grâce conditionnelle : • Crim. 18 janv. 1956 : *D. 1956. 252, note Monteil.* ♦ Conf., du même auteur, note sous l'arrêt cassé : • Limoges, 1er juill. 1955 : *D. 1956. 101.*

5. Lorsqu'une condamnation à l'emprisonnement est assortie du sursis, le délai prévu par l'art. 786 ne court qu'à compter du jour où elle doit être considérée comme non avenue, la personne condamnée n'étant réputée avoir subi sa peine qu'à l'expiration du délai d'épreuve. • Crim. 17 févr. 1998, n° 97-80.334 P : *JCP 1998. II. 10163, note Salvage ; Dr. pénal 1999. Chron. 18, par Lorho* • 9 nov. 1998, n° 98-81.489 P : *Procédures 1999, n° 78, obs. Buisson ; Dr. pénal 1999. Chron. 18, par Lorho.*

6. La réhabilitation ne peut intervenir avant l'expiration du délai prévu au premier alinéa tant qu'il reste une condamnation ne remplissant pas cette condition car en application de l'art. 785, la réhabilitation doit porter sur l'ensemble des condamnations prononcées qui n'ont pas été effacées par une réhabilitation antérieure. • Crim. 16 janv. 2001, n° 00-84.212 P.

Art. 787 **Les condamnés qui sont en état de récidive légale, ceux qui, après avoir obtenu la réhabilitation, ont encouru une nouvelle condamnation, ceux qui, condamnés contradictoirement ou par contumace à une peine criminelle, ont prescrit contre l'exécution de la peine, ne sont admis à demander leur réhabilitation qu'après un délai de dix ans écoulés depuis leur libération ou depuis la prescription.**

Néanmoins, les récidivistes qui n'ont subi aucune peine criminelle et les réhabilités qui n'ont encouru qu'une condamnation à une peine correctionnelle sont admis à demander la réhabilitation après un délai de six années écoulées depuis leur libération.

Sont également admis à demander la réhabilitation, après un délai de six années écoulées depuis la prescription, les condamnés contradictoirement ou par défaut à une peine correctionnelle qui ont prescrit contre l'exécution de la peine.

Les condamnés contradictoirement, les condamnés par contumace ou par défaut, qui ont prescrit contre l'exécution de la peine, sont tenus, outre les conditions qui vont être énoncées, de justifier qu'ils n'ont encouru, pendant les délais de la prescription, aucune condamnation pour faits qualifiés crimes ou délits et qu'ils ont eu une conduite irréprochable.

Art. 788 **Le condamné doit, sauf le cas de prescription, justifier du paiement** *(Abrogé par L. n° 93-2 du 4 janv. 1993) « des frais de justice, »* **de l'amende et des dommages-intérêts ou de la remise qui lui en est faite.**

A défaut de cette justification, il doit établir qu'il a subi le temps de *(L. n° 2004-204 du 9 mars 2004, art. 198-V, en vigueur le 1er janv. 2005)* **« contrainte judiciaire** *[ancienne rédaction : contrainte par corps]* **» déterminé par la loi ou que le Trésor a renoncé à ce moyen d'exécution.**

S'il est condamné pour banqueroute frauduleuse, il doit justifier du paiement du passif de la faillite en capital, intérêts et frais ou de la remise qui lui en est faite.

(Abrogé par L. n° 93-2 du 4 janv. 1993) « Néanmoins, si le condamné justifie qu'il est hors d'état de se libérer des frais de justice, il peut être réhabilité même dans le cas où ces frais n'auraient pas été payés ou ne l'auraient été qu'en partie. »

(L. n° 75-624 du 11 juill. 1975) **« En cas de condamnation solidaire, la cour fixe la part des dommages-intérêts ou du passif qui doit être payée par le demandeur. »**

Si la partie lésée ne peut être retrouvée, ou si elle refuse de recevoir la somme due, celle-ci est versée à la Caisse des dépôts et consignations comme en matière d'offres de paiement et de consignation. Si la partie ne se présente pas dans un délai de cinq

ans pour se faire attribuer la somme consignée, cette somme est restituée au déposant sur sa simple demande.

1. Il résulte de l'art. 624, al. 1er, C. instr. crim. (art. 788, al. 1er), que le condamné à une amende avec sursis est irrecevable, pendant la durée du sursis, à demander sa réhabilitation, puisque, l'amende n'étant et ne pouvant être ni payée ni remise, il ne satisfait pas aux exigences de la loi. • Crim. 28 juill. 1953 : *D. 1953. 718.*

2. Celui qui a été condamné à l'emprisonnement avec sursis ne peut, pendant la durée du sursis, réclamer sa réhabilitation. • Crim. 18 juin 1969, n° 69-90.400 P : *Gaz. Pal. 1969. 2. 127.*

Art. 789 **Si depuis l'infraction le condamné a rendu des services éminents au pays, la demande de réhabilitation n'est soumise à aucune condition de temps ni d'exécution de peine. En ce cas, la cour peut accorder la réhabilitation même si** *(Abrogé par L. nº 93-2 du 4 janv. 1993)* **«** ***les frais,*** **» l'amende et les dommages-intérêts n'ont pas été payés.** – *Pr. pén. C. 1076.*

Art. 790 *(L. nº 75-624 du 11 juill. 1975)* **« Le condamné adresse la demande en réhabilitation au procureur de la République de sa résidence actuelle ou, s'il demeure à l'étranger, au procureur de la République de sa dernière résidence en France ou, à défaut, à celui du lieu de condamnation. »**

Cette demande précise :

1° La date de la condamnation ;

2° Les lieux où le condamné a résidé depuis sa libération.

Art. 791 **Le procureur de la République s'entoure de tous renseignements utiles aux différents lieux où le condamné a pu séjourner.**

Il prend en outre l'avis du juge de l'application des peines. – *Pr. pén. C. 1077.*

Art. 792 **Le procureur de la République se fait délivrer :**

1° Une expédition des jugements de condamnation ;

2° Un extrait du registre des lieux de détention où la peine a été subie constatant quelle a été la conduite du condamné ;

3° Un bulletin nº 1 du casier judiciaire.

Il transmet les pièces avec son avis au procureur général.

Art. 793 **La cour est saisie par le procureur général.**

Le demandeur peut soumettre directement à la cour toutes pièces utiles.

Art. 794 **La cour statue dans les deux mois sur les conclusions du procureur général, la partie ou son** *(L. nº 93-2 du 4 janv. 1993)* **« avocat » entendu ou dûment convoqués.**

1. Conduite du demandeur. L'appréciation de la conduite du demandeur par la chambre d'accusation est une question de fait qui échappe au contrôle de la Cour de cassation. • Crim. 6 nov. 1947 : *D. 1948. Somm. 1* • 21 févr. 1952 : *D. 1952. 302.* ♦ Toutefois, la chambre d'accusation est tenue de s'expliquer sur la conduite du condamné depuis sa condamnation. • Crim. 11 déc. 1952 : *Bull. crim. nº 302* • 12 févr. 1963, *nº 62-90.725 P : D. 1963. 442 ; RSC 1963. 798, obs. Legal* • 20 févr. 1973, nº 72-91.270 P : *D. 1973. Somm. 47.* ♦ Elle peut tenir compte, en même temps que des gages d'amendement, de la gravité des faits commis ainsi que de leurs conséquences et de leur retentissement dans l'opinion publique au lieu où réside le demandeur. • Crim. 20 févr. 1973 : *préc.*

2. Ne justifie pas sa décision l'arrêt d'une chambre d'accusation qui, pour rejeter une demande en réhabilitation judiciaire, se fonde uniquement sur le nombre et la gravité des condamnations prononcées contre le demandeur sans tenir compte de la conduite de ce dernier pendant le délai d'épreuve. • Crim. 10 déc. 1975, nº 74-91.203 P. ♦ Comp. : • Crim. 16 oct. 1974, nº 73-91.238 P.

3. Incapacités de droit. Si la réhabilitation ne saurait être invoquée relativement à une condamnation déjà effacée par l'amnistie, il n'en va pas de même à l'égard des incapacités de droit découlant de cette condamnation et qui, présentant le caractère de mesures de sécurité publique et de police, survivent, malgré l'amnistie, à la décision qui les a entraînées. • Crim. 7 janv. 1972, nº 71-91.342 P : *D. 1972. 502, note Roujou de Boubée.*

4. Effets. La réhabilitation efface la condamnation et fait cesser l'interdiction d'exercice d'une profession, dès lors que la loi n'en dispose pas autrement. • Crim. 14 oct. 1971, nº 71-90.165 P : *D. 1972. 501, note Roujou de Boubée ; JCP 1971. II. 16924, note P. M. B. ; RSC 1972. 102, obs. Legal.*

5. Droits de la défense. En application de l'art. 794, la chambre de l'instruction saisie d'une demande de réhabilitation statue sur les conclusions du procureur général, la partie ou son avocat entendu ou dûment convoqués. Il ressort de l'arrêt attaqué et des pièces de la procédure que, si le condamné a été informé de la date à laquelle l'affaire serait appelée à l'audience, il a été invité, dans l'avis que lui a adressé le procureur général, à ne pas comparaître personnellement et il n'a été ni présent, ni représenté, et il n'a produit aucun mémoire. En procédant ainsi, la chambre de l'instruction, qui n'a pas mis l'intéressé en mesure d'exercer ses droits, a méconnu le texte susvisé et le principe ci-dessus rappelé. • Crim. 29 sept. 2009, n° 09-80.941.

6. *Exclusion de l'art. 6 Conv. EDH.* L'exigence de publicité édictée par l'art. 6, § 1, Conv. EDH ne concerne que les procédures portant sur « le bien-fondé de toute accusation en matière pénale » et ne peut donc être invoquée à l'occasion d'une instance par laquelle il est statué sur une demande en réhabilitation, instance qui peut donc se dérouler en chambre du conseil. • Crim. 6 juill. 1994, n° 93-80.505 P : *Gaz. Pal. 1994. 2. 705.*

7. *Destitution des officiers ministériels.* La réhabilitation judiciaire est inapplicable à la destitution des officiers ministériels, mais les intéressés peuvent être relevés des déchéances et incapacités attachées de plein droit à cette sanction disciplinaire. • Crim. 14 févr. 2012 : *Dr. pénal. 2012, n° 52, obs. Robert ; D. 2012. 562* et *1775, obs. Divialle.*

Art. 795 **L'arrêt de la chambre de l'instruction peut être déféré à la Cour de cassation dans les formes prévues par le présent code.**

Art. 796 **Dans le cas visé par l'article 789, le pourvoi en cassation formé contre l'arrêt rejetant la demande en réhabilitation est instruit et jugé sans amende ni frais. Tous les actes de la procédure sont visés pour timbre et enregistrés gratis.** — *Pr. pén. C. 1078.*

Art. 797 **En cas de rejet de la demande, une nouvelle demande ne peut être formée avant l'expiration d'un délai de deux années, à moins que le rejet de la première ait été motivé par l'insuffisance des délais d'épreuve. En ce cas, la demande peut être renouvelée dès l'expiration de ces délais.** — *Pr. pén. C. 1079.*

Art. 798 *(L. n° 92-1336 du 16 déc. 1992)* **« Mention de l'arrêt prononçant la réhabilitation est faite en marge des jugements de condamnation. »**

(L. n° 2007-297 du 5 mars 2007, art. 43, en vigueur le 7 mars 2008) **« Dans ce cas, les bulletins n° 2 et n° 3 du casier judiciaire ne doivent pas mentionner la condamnation. L'arrêt qui prononce la réhabilitation peut toutefois ordonner que la condamnation soit retirée du casier judiciaire et ne soit pas non plus mentionnée au bulletin n° 1. »**

Le réhabilité peut se faire délivrer sans frais une expédition de l'arrêt de réhabilitation et un extrait de casier judiciaire.

Les dispositions de la L. n° 2007-297 du 5 mars 2007, art. 43, sont immédiatement applicables, au 7 mars 2008, aux condamnations figurant toujours au casier judiciaire, quelle que soit la date de commission de l'infraction ; toutefois, le doublement des délais de réhabilitation en cas de récidive n'est applicable que pour des faits commis postérieurement à la date de publication de la présente loi (L. préc., art. 43-III).

Art. 798-1 *(L. n° 2007-297 du 5 mars 2007, art. 43, en vigueur le 7 mars 2008)* **Toute personne dont la condamnation a fait l'objet d'une réhabilitation légale en application des dispositions du code pénal peut demander, selon la procédure et les modalités prévues par le présent chapitre, que la chambre de l'instruction ordonne que cette condamnation soit retirée du casier judiciaire et ne soit plus mentionnée au bulletin n° 1.**

Les dispositions de la L. n° 2007-297 du 5 mars 2007, art. 43, sont immédiatement applicables, au 7 mars 2008, aux condamnations figurant toujours au casier judiciaire, quelle que soit la date de commission de l'infraction ; toutefois, le doublement des délais de réhabilitation en cas de récidive n'est applicable que pour des faits commis postérieurement à la date de publication de la présente loi (L. préc., art. 43-III).

CHAPITRE II DISPOSITIONS APPLICABLES AUX PERSONNES MORALES

(L. n° 92-1336 du 16 déc. 1992)

Art. 799 **Lorsque la personne condamnée est une personne morale, la demande en réhabilitation est formée par son représentant légal.**

La demande ne peut être formée qu'après un délai de deux ans à compter de l'expiration de la durée de la sanction subie. Elle doit préciser, d'une part, la date de la

condamnation pour laquelle il est demandé la réhabilitation et, d'autre part, tout transfert du siège de la personne morale intervenu depuis la condamnation.

Le représentant légal adresse la demande en réhabilitation au procureur de la République du lieu du siège de la personne morale ou, si la personne morale a son siège à l'étranger, au procureur de la République du lieu de la juridiction qui a prononcé la condamnation.

Le procureur de la République se fait délivrer une expédition des jugements de condamnation de la personne morale et un bulletin n° 1 du casier judiciaire de celle-ci. Il transmet ces pièces avec son avis au procureur général.

Les dispositions de l'article 788, à l'exception de celles des deuxième et quatrième alinéas, et les dispositions des articles 793 à *(L. n° 2007-297 du 5 mars 2007, art. 43)* **« 798-1 » sont applicables en cas de demande en réhabilitation d'une personne morale condamnée. Toutefois, le délai prévu par l'article 797 est ramené à un an.**

Depuis le 7 mars 2008, l'ancien art. 798-1 est devenu l'art. 799, en application des dispositions de la L. n° 2007-297 du 5 mars 2007, art. 43.

Loi du 19 mars 1864, *qui étend aux notaires, aux greffiers et aux officiers ministériels destitués, le bénéfice de la loi du 3 juillet 1852 sur la réhabilitation (DP 1864. 4. 32).* **Art. 1er** Les notaires, les greffiers et les officiers ministériels destitués peuvent être relevés des déchéances et incapacités résultant de leur destitution.

Art. 2 Toutes les dispositions du code d'instruction criminelle *[code de procédure pénale]* relatives à la réhabilitation des condamnés à une peine correctionnelle sont déclarées applicables aux demandes formées en vertu de l'article 1er.

Le délai de trois ans, fixé par le dernier paragraphe de l'article 620 du code d'instruction criminelle *[C. pr. pén., art. 786, al. 1er]*, court du jour de la cessation des fonctions.

En ce qui concerne la réhabilitation des faillis, V. C. com., art. L. 625-10, et Décr. n° 85-1388 du 27 déc. 1985, art. 171. — ***C. com.*** *— V. aussi L. n° 81-736 du 4 août 1981 portant amnistie, art. 29 (D. et BLD 1981. 296). —* ***C. pén.***

TITRE DIXIÈME DES FRAIS DE JUSTICE

RÉP. PÉN. v° *Frais de justice*, par ROYER.

BIBL. ► COUVRAT, *D. 1976. Chron. 43.* – ROBERT, *JCP 1975. I. 2729 ; RSC 1982. 143.*

Art. 800 Un règlement d'administration publique *[décret en Conseil d'État]* **détermine les frais qui doivent être compris sous la dénomination de frais de justice criminelle, correctionnelle et de police ; il en établit le tarif** *(L. n° 2006-64 du 23 janv. 2006, art. 18)* **« ou fixe les modalités selon lesquelles ce tarif est établi », en règle le paiement et le recouvrement, détermine les voies de recours, fixe les conditions que doivent remplir les parties prenantes et, d'une façon générale, règle tout ce qui touche aux frais de justice en matière criminelle, correctionnelle et de police.**

(L. n° 2020-1721 du 29 déc. 2020, art. 236) **« La demande en paiement au titre des** ***frais de justice doit être présentée*** **à l'autorité judiciaire dans le délai d'un an à compter de l'achèvement de la mission.**

« Sauf dérogation expresse, cette demande en paiement est formée par la transmission par voie dématérialisée de l'état et du mémoire de frais au moyen du téléservice désigné par le ministre de la justice. Dans le cas où la demande est présentée par la partie prenante au*[-]***delà de ce délai, le magistrat taxateur constate l'acquisition de la forclusion. La décision est notifiée à la partie prenante dans les formes prévues par l'article R. 228.**

« La partie prenante peut former un recours contre la décision constatant la forclusion dans les délais et selon les conditions fixées par les articles R. 228-1 et R. 230. La chambre de l'instruction peut relever de forclusion la partie prenante, si celle-ci établit que sa défaillance est due à une cause extérieure qui ne peut lui être imputée.

« La décision de la chambre de l'instruction relative au relevé de forclusion est insusceptible de recours. Dans le cas où la chambre de l'instruction fait droit à la demande,

elle évoque le dossier au fond et procède à la taxation du mémoire. » — *Pr. pén. C. 1080 à C. 1262.*

V. art. R. 91 à R. 258.

Art. 800-1 *(L. nº 2011-1977 du 28 déc. 2011, art. 132)* **« Les frais de justice criminelle, correctionnelle et de police sont à la charge de l'État et sans recours contre le condamné ou la partie civile, sous réserve des cas prévus aux deux derniers alinéas du présent article. »**

(L. nº 2007-291 du 5 mars 2007, art. 21-IV, en vigueur le 1er juill. 2007) **« Toutefois, lorsqu'il est fait application des articles 177-2 ou 212-2 à l'encontre de la partie civile dont la constitution a été jugée abusive ou dilatoire, les frais de justice correspondant aux expertises ordonnées à la demande de cette dernière peuvent, selon les modalités prévues par ces articles, être mis à la charge de celle-ci par le juge d'instruction ou la chambre de l'instruction. Le présent alinéa n'est pas applicable en matière criminelle et en matière de délits contre les personnes prévus par le livre II du code pénal ou lorsque la partie civile a obtenu l'aide juridictionnelle. »**

(L. nº 2011-1977 du 28 déc. 2011, art. 132) **« Lorsque la personne condamnée est une personne morale, les frais de justice exposés au cours de la procédure sont mis à sa charge.** *(L. nº 2020-1672 du 24 déc. 2020, art. 14)* **« C'est également le cas lorsque la personne morale a conclu une convention judiciaire d'intérêt public mentionnée aux articles 41-1-2 et 41-1-3 du présent code. » La juridiction peut toutefois déroger à cette règle et décider de la prise en charge de tout ou partie des frais de justice par l'État. »**

BIBL. ▸ RENAUT, *Gaz. Pal. 1998. 2. Doctr. 1105.*

1. L'art. 142 de la loi nº 93-2 du 4 janv. 1993 qui, dérogeant à l'art. 800-1, prescrit que les frais relatifs aux décisions des juridictions répressives rendues avant le 1er mars 1993 restent recouvrés sur les condamnés selon les modalités antérieures, n'exige pas que les décisions soient devenues définitives. • Crim. 6 juill. 1994, ♁ nº 93-83.894 P.

2. Les frais de publication et d'affichage des jugements, qui ne sont pas des frais de justice criminelle, correctionnelle ou de police, au sens des art. 800, R. 91 et R. 92, échappent à l'application de l'art. 800-1. • Crim. 12 oct. 1995, ♁ nº 94-80.186 P.

3. Les émoluments des avoués près les cours d'appel, tels que déterminés en matière correctionnelle par l'art. 19.3º du Décr. du 30 juill. 1980, ne figurent pas dans l'énumération des frais de justice par l'art. R. 92 pris pour l'application de l'art. 800 qui seuls pouvaient être compris dans les frais et dépens mis à la charge du condamné selon l'art. 473 en sa rédaction antérieure à la L. du 4 janv. 1993. Depuis cette loi, ils ne peuvent être compris dans les frais mis à la charge de l'État par l'art. 800-1. • Crim. 11 janv. 1995, ♁ nº 92-84.174 P.

4. S'ils ne s'estiment pas suffisamment informés pour prononcer la restitution ou ordonner la destruction d'objets saisis, il appartient aux juges d'ordonner une expertise aux frais du Trésor public. • Crim. 5 oct. 1995, ♁ nº 93-83.973 P.

5. Les juges ne peuvent mettre les dépens de l'action civile à la charge du condamné. • Crim. 20 oct. 2004, ♁ nº 03-85.238 P • 11 janv. 2005 : ♁ *Jurispr. auto 2005. 348.* ♦ ... Ni le paiement des frais de justice visés à l'art. R. 93. • Crim. 12 juin 2007, ♁ nº 06-88.900 P : *AJ pénal. 2007. 381* ∅.

Code général des impôts

(Décr. nº 50-478 du 6 avr. 1950)

Art. 1018 A *(L. nº 93-2 du 4 janv. 1993, art. 141)* Les décisions des juridictions répressives, à l'exception de celles qui ne statuent que sur les intérêts civils, sont soumises à un droit fixe de procédure dû par chaque condamné.

Ce droit est de :

1º *(L. nº 2014-1654 du 29 déc. 2014, art. 35-I-B, en vigueur le 1er janv. 2015)* « 31 € » pour les ordonnances pénales *(L. nº 2004-204 du 9 mars 2004, art. 135-III)* « en matière contraventionnelle ou correctionnelle » ;

2º *(L. nº 2014-1654 du 29 déc. 2014, art. 35-I-B, en vigueur le 1er janv. 2015)* « 31 € » pour les autres décisions des tribunaux de police *(Abrogé par L. nº 2011-1862 du 13 déc. 2011, art. 2-XVII et 70-I, à compter du 1er juill. 2017) (L. nº 2005-47 du 26 janv. 2005, art. 9-XXXVI) « et des juridictions de proximité »* et celles des juridictions qui ne statuent pas sur le fond ;

3° *(L. n° 2014-1654 du 29 déc. 2014, art. 35-I-B, en vigueur le 1er janv. 2015)* « 127 € » pour les décisions des tribunaux correctionnels. *(L. n° 2008-644 du 1er juill. 2008, art. 4)* « Toutefois, ce droit est porté à *(L. n° 2014-1654 du 29 déc. 2014, art. 35-I-B, en vigueur le 1er janv. 2015)* « 254 € » si le condamné n'a pas comparu personnellement, dès lors que la citation a été délivrée à personne ou qu'il est établi que le prévenu a eu connaissance de la citation, sauf s'il est jugé en son absence dans les conditions prévues par les premier et deuxième alinéas de l'article 411 du code de procédure pénale. Cette majoration ne s'applique pas si le condamné s'acquitte volontairement du montant du droit fixe de procédure dans un délai d'un mois à compter de la date où il a eu connaissance de la décision. » *(Abrogé par L. n° 2011-1862 du 13 déc. 2011, art. 31-IV ; L. n° 2011-267 du 14 mars 2011, art. 86) « Lorsque la personne a été condamnée pour le délit de conduite sous l'influence de produits stupéfiants prévu par l'article* L. 235-1 *du code de la route, le droit fixe de procédure est augmenté d'une somme fixée par décret en Conseil d'État, afin que le montant total du droit fixe soit égal au montant, arrondi à la dizaine inférieure, des indemnités maximales allouées aux personnes effectuant des analyses toxicologiques ; »*

4° *(L. n° 2014-1654 du 29 déc. 2014, art. 35-I-B, en vigueur le 1er janv. 2015)* « 169 € » pour les décisions des cours d'appel statuant en matière correctionnelle et de police ;

5° *(L. n° 2014-1654 du 29 déc. 2014, art. 35-I-B, en vigueur le 1er janv. 2015)* « 527 € » pour les décisions des cours d'assises.

Il est de *(L. n° 2014-1654 du 29 déc. 2014, art. 35-I-B, en vigueur le 1er janv. 2015)* « 211 € » pour les décisions de la Cour de cassation statuant en matière criminelle, correctionnelle ou de police.

(L. n° 2011-1862 du 13 déc. 2011, art. 31-IV) « Lorsque la personne a été condamnée pour conduite sous l'influence de substances ou plantes classées comme stupéfiants en application de l'article L. 235-1 du code de la route ou du 3° des articles 221-6-1, 222-19-1 ou 222-20-1 du code pénal, les droits fixes de procédure prévus au présent article sont augmentés d'une somme, fixée par arrêté du ministre de la justice, égale au montant, arrondi à la dizaine inférieure, des indemnités maximales prévues pour les différentes analyses toxicologiques permettant d'établir la présence de stupéfiants *(Abrogé par L. n° 2016-41 du 26 janv. 2016, art. 45) « dans le sang »*. »

Les décisions rendues sur le fond s'entendent des jugements et arrêts des cours et tribunaux qui statuent sur l'action publique et qui ont pour effet, si aucune voie de recours n'est ouverte ou n'est exercée, de mettre fin à la procédure.

Ce droit n'est pas dû lorsque le condamné est mineur.

Ce droit est recouvré sur chaque condamné comme en matière d'amendes et de condamnations pécuniaires par les comptables *(Ord. n° 2010-420 du 27 avr. 2010, art. 34)* « publics compétents ». Les personnes condamnées pour un même crime ou pour un même délit sont tenues solidairement au paiement des droits fixes de procédure.

Ce droit est aussi recouvré, comme en matière criminelle ou correctionnelle, en cas de décision de non-lieu ou de relaxe sur la partie civile qui a mis en mouvement l'action publique.

(Abrogé par L. n° 2021-1900 du 30 déc. 2021, art. 130) « Le recouvrement du droit fixe de procédure et des amendes pénales est garanti, d'une part, par le privilège général sur les meubles prévu à l'article 1920, d'autre part, par l'hypothèque légale prévue à l'article 1929 ter. »

(Abrogé par L. n° 2015-1785 du 29 déc. 2015, art. 42) (L. n° 2014-1654 du 29 déc. 2014, art. 35-I-B, en vigueur le 1er janv. 2015) « Le produit de ce droit est affecté, dans la limite de 7 millions d'euros par an, au Conseil national des barreaux. »

(L. n° 2014-1654 du 29 déc. 2014, art. 35-I-B, en vigueur le 1er janv. 2015) « Le présent article est applicable sur l'ensemble du territoire national. »

Le prévenu déclaré coupable et dispensé de peine est tenu au paiement du droit fixe de procédure défini à l'art. 1018 A CGI. • Crim. 24 juin 2014, n° 13-84.955 P.

Art. 800-2 *(L. n° 2021-1729 du 22 déc. 2021, art. 14)* **« A la demande de l'intéressé, toute juridiction prononçant un non-lieu, une relaxe, un acquittement ou toute décision autre qu'une condamnation ou une déclaration d'irresponsabilité pénale peut accorder à la personne poursuivie pénalement ou civilement responsable une indemnité qu'elle détermine au titre des frais non payés par l'État et exposés par celle-ci. Il en est de même, pour la personne civilement responsable, en cas de décision la mettant hors de cause. »**

Cette indemnité est à la charge de l'État. La juridiction peut toutefois ordonner qu'elle soit mise à la charge de la partie civile lorsque l'action publique a été mise en mouvement par cette dernière.

(L. n° 2021-1729 du 22 déc. 2021, art. 14) **« Les deuxième et troisième alinéas sont applicables devant la Cour de cassation en cas de rejet d'un pourvoi portant sur une décision mentionnée au deuxième alinéa. »**

Un décret en Conseil d'État détermine les conditions d'application du présent article.

Le 1er al. de l'art. 800-2, dans sa rédaction résultant de la L. n° 2012-1509 du 29 déc. 2012 de finances pour 2013, a été déclaré contraire à la Constitution par le Cons. const., l'abrogation étant reportée au 31 mars 2020. Pour les décisions rendues par les juridictions pénales après la décision du Conseil (Cons. const. n° 2019-773 QPC du 5 avr. 2019) et avant la L. n° 2021-1729 du 22 déc. 2021, ces dispositions doivent être interprétées comme permettant aussi à une juridiction pénale prononçant une condamnation ou une décision de renvoi devant une juridiction de jugement, d'accorder à la personne citée comme civilement responsable, mais mise hors de cause, une indemnité au titre des frais non payés par l'État et exposés par celle-ci (V. note ci-dessous et note 1 ss. art. 543).

QPC. (jurisprudence antérieure à la L. n° 2021-1729 du 22 déc. 2021) L'art. 800-2 permet à la juridiction de jugement prononçant une décision de relaxe ou d'acquittement d'accorder à la personne poursuivie pénalement ou civilement responsable une indemnité, supportée par l'État ou la partie civile, au titre des frais non payés par l'État et exposés par cette personne pour sa défense. En revanche, lorsque la personne poursuivie a été condamnée, ni ces dispositions ni aucune autre ne permettent à la personne citée comme civilement responsable d'obtenir devant la juridiction pénale le remboursement de tels frais, alors même qu'elle a été mise hors de cause. Dans ces conditions, ces dispositions portent atteinte à l'équilibre du droit des parties dans le procès pénal et doivent être déclarées contraires à la Constitution. • Cons. const. 5 avr. 2019, n° 2019-773 QPC : *D. actu. 29 avr. 2019, obs. Fucini ; Dr. pénal 2019, n° 115, obs. Maron et Haas* (concernant les effets de l'abrogation, V. note ci-dessus).

Ancien art. 800-2 *(Abrogé par Décis. n° 2011-190 QPC du 21 oct. 2011, à compter du 1er janv. 2013) (L. n° 2000-516 du 15 juin 2000, art. 88)* ***A la demande de l'intéressé, toute juridiction prononçant un non-lieu, une relaxe ou un acquittement peut accorder à la personne poursuivie une indemnité qu'elle détermine au titre des frais non payés par l'État et exposés par celle-ci.***

Cette indemnité est à la charge de l'État. La juridiction peut toutefois ordonner qu'elle soit mise à la charge de la partie civile lorsque l'action publique a été mise en mouvement par cette dernière.

(L. n° 2011-1862 du 13 déc. 2011, art. 65-III) ***« Ces dispositions sont également applicables devant la Cour de cassation en cas de rejet d'un pourvoi portant sur une décision de non-lieu, de relaxe ou d'acquittement. »***

Un décret en Conseil d'État fixe les conditions d'application du présent article.

V. art. R. 249-2 s.

V. Circ. CRIM. n° 2002-11 E8 du 26 avr. 2002 relative à l'indemnité pouvant être accordée à la suite d'un non-lieu, d'une relaxe ou d'un acquittement, au titre des frais exposés (BOMJ 2002, n° 86, p. 182 s.).

BIBL. ▶ MOUYSSET, *Dr. pénal 2006. Étude 1* (la charge des frais de défense de la personne renvoyée des fins de la poursuite).

1. QPC. Lorsque l'action publique a été mise en mouvement par la partie civile, l'art. 800-2 réserve la possibilité d'obtenir le remboursement des frais exposés pour sa défense à la personne poursuivie qui a fait l'objet d'un non-lieu, d'une relaxe ou d'un acquittement et, par conséquent, prive de la faculté d'obtenir le remboursement de tels frais l'ensemble des parties appelées au procès pénal qui, pour un autre motif, n'ont fait l'objet d'aucune condamnation, d'où il résulte une atteinte à l'équilibre des droits des parties. L'art. 800-2 est donc contraire à la Constitution. • Cons. const. 21 oct. 2011 : *D. actu. 3 nov. 2011, obs. Bombled ; D. 2011. Actu. 2544 ; AJ pénal 2012. 168, obs. Perrier ; Procédures 2011, n° 385, obs. Buisson ; ibid. 2012, n° 19, obs. Chavent-Leclère.*

2. Encourt la cassation le jugement de la juridiction de proximité qui omet de statuer, après relaxe, sur la demande d'indemnisation de ses frais présentée par la personne poursuivie dans des conclusions déposées avant l'audience. • Crim. 31 oct. 2006, n° 05-87.648 P : *Dr. pénal 2007. Comm. 12, obs. Maron.*

3. Il résulte des art. 800-2 et R. 249-3 que la demande d'indemnisation, par la personne poursuivie, des frais exposés par elle et non payés par l'État doit être présentée avant l'expiration du délai de vingt jours prévu par l'art. 175, si elle est formée devant le juge d'instruction ou la chambre de l'instruction. Doit être déclarée irrecevable comme tardive une demande présentée après l'expiration de ce délai. • Crim. 20 nov. 2007, n° 07-80.405 P : *D. 2008. AJ 299.*

DISPOSITIONS GÉNÉRALES

(L. n° 75-701 du 6 août 1975)

BIBL. GÉN. ▶ COUVRAT, *D. 1976. Chron. 43.* – J. ROBERT, *JCP 1975. I. 2729 ; RSC 1982. 143.* SAENKO, *AJ pénal 2017. 156* s. *(de l'art. de compter en procédure pénale).*

▶ **Dossier :** Les délais en procédure pénale, *AJ pénal 2017. 155* s.

Art. 801 **Tout délai** *(L. n° 89-461 du 6 juill. 1989)* **« prévu par une disposition de procédure pénale » pour l'accomplissement d'un acte ou d'une formalité expire le dernier jour à vingt-quatre heures. Le délai qui expirerait normalement un samedi ou un dimanche ou un jour férié ou chômé est prorogé jusqu'au premier jour ouvrable suivant.**

1. Délai exprimé en jours ouvrables. Lorsqu'un délai est exprimé en jours ouvrables, chacun des jours qui y est inclus doit répondre à cette définition, de sorte que sont à décompter, à l'intérieur dudit délai, les jours fériés ou chômés, ainsi que les dimanches et samedis (en l'espèce délai de l'art. 695-29). • Crim. 25 juin 2013 : *D. actu. 1er oct. 2013, obs. Bombled ; Gaz. Pal. 13-15 oct. 2013, p. 46, note Fourment.*

2. Délai exprimé en mois. Lorsqu'un délai est exprimé en mois, il expire le jour du dernier mois qui porte le même quantième que le jour de l'acte, de l'évènement, de la décision ou de la notification qui fait courir le délai, lequel ne peut être prorogé qu'en application des dispositions de l'art. 801. • Crim. 5 févr. 2012, n° 12-83.577 P.

3. La prorogation des délais prévue par l'art. 801 est applicable au délai imparti par l'art. 59 de la L. du 29 juill. 1881 sur la liberté de la presse. Est dès lors recevable le pourvoi formé le surlendemain du dernier jour du délai normal expirant un dimanche suivi d'un jour férié. • Crim. 27 janv. 1992, n° 91-86.458 P. ♦ Le délai prévu par l'art. 59 de la L. du 29 juill. 1881, qui n'est pas franc et ne peut être prorogé qu'en application de l'art. 801 ou en cas de force majeure, a pour point de départ le lendemain du jour du prononcé du jugement, lorsque les parties ont été informées du jour auquel l'arrêt serait rendu, comme le prévoit l'art. 462, al. 2. • Crim. 2 mars 1999, n° 97-86.354 P • 20 janv. 2015, n° 13-86.006 P : *Procédures 2015, n° 98, obs. Buisson.*

4. *Le délai de cinq jours prévu par l'art.* 568 pour se pourvoir contre une décision de la chambre d'accusation statuant en application de l'art. 14 de la L. du 10 mars 1927, commence à courir non de la signification de celle-ci, mais du lendemain du jour où elle a été prononcée, et l'art. 801 est applicable. • Crim. 21 mai 1985, n° 85-91.507 P.

5. En application de l'art. 801, le délai de vingt-quatre heures imparti par l'art. 712-11 pour interjeter appel d'une ordonnance concernant les réductions de peine qui expire un dimanche ou un jour férié ou chômé doit être prorogé au premier jour ouvrable suivant. Est ainsi parfaitement recevable l'appel interjeté le lundi suivant une décision notifiée le vendredi. • Crim. 21 févr. 2007, n° 06-85.078 P : *D. 2007. AJ 943 ; AJ pénal 2007. 193, obs. Herzog-Evans ; Dr. pénal 2008. Chron. 27, obs. Garçon.*

6. Devant la chambre d'accusation, les mémoires des parties doivent être déposés au greffe au plus tard le dernier jour précédant l'audience, avant la fermeture des services du greffe – la date et l'heure du dépôt étant celles indiquées sur le visa du greffe, y compris pour un mémoire expédié par télécopie –, cette date ne pouvant être reportée au titre de l'art. 801, inapplicable en l'espèce. • Crim. 19 sept. 1995, n° 95-83.631 P : *Dr. pénal 1995. Comm. 271, obs. Maron ; Procédures 1996, n° 49, obs. Buisson.*

7. Le délai de quinze jours imparti par l'art. 194, al. 3, pour statuer sur l'appel d'une ordonnance portant refus de mise en liberté, expire le quinzième jour accompli depuis la déclaration d'appel de la personne mise en examen et ce délai est prorogé jusqu'au premier jour ouvrable suivant lorsque le dernier jour est un samedi ou un dimanche ou un jour férié ou chômé. • Crim. 25 oct. 2005, n° 05-84.893 P.

8. L'art. 801 ne s'applique pas lorsque le tribunal fixe, non pas un délai pour consigner, mais une date avant laquelle la consignation doit être déposée. • Crim. 5 oct. 1999, n° 98-84.475 P.

9. Dans le cas visé à l'art. 500, où l'une des parties a interjeté appel pendant le délai de dix jours prévu par l'art. 498, il est imparti, pour faire appel incident, à toutes les parties qui auraient été admises à former un appel principal, un délai global de quinze jours après le prononcé du jugement rendu contradictoirement, ce délai pouvant être prorogé dans les conditions prévues par l'art. 801 s'il expire un samedi, un dimanche, ou un jour férié ou chômé. • Crim. 6 janv. 2009, n° 08-84.141 P : *RSC 2009. 399, obs. Finielz ; AJ pénal 2009. 139 ; Dr. pénal 2009, n° 56, obs. Maron et Haas.*

10. Prescription de l'action publique. Le délai de prescription de l'action publique ne constitue pas un délai prévu pour l'accomplissement d'un acte ou d'une formalité au sens de l'art. 801, par conséquent, le délai qui prend fin un samedi n'est pas prorogé au lundi suivant. • Crim. 30 oct. 2001, n° 00-87.981 P : *D. 2001. IR 3586* .

11. Lundi de Pentecôte. La loi du 30 juin 2004 relative à la solidarité pour l'autonomie des personnes âgées et des personnes handicapées qui institue une journée de solidarité n'ayant pas modifié l'art. L. 222-1 C. trav. *[L. 3133-1 nouv.]* aux termes duquel le lundi de la Pentecôte est un jour férié, encourt la cassation l'arrêt de la chambre de l'instruction qui, pour refuser de proroger au 1er jour ouvrable suivant le délai d'appel venu à expiration ce jour-là, retient que les services du greffe étaient ouverts. • Crim. 10 mai 2006, n° 05-86.744 P : *AJ pénal 2006. 371* .

Art. 801-1 *(L. n° 2019-222 du 23 mars 2019, art. 50)* **I. — Tous les actes mentionnés au présent code, qu'il s'agisse d'actes d'enquête ou d'instruction ou de décisions juridictionnelles ou de toute autre pièce de la procédure, peuvent être établis ou convertis sous format numérique.**

Le dossier de la procédure peut être intégralement conservé sous format numérique, dans des conditions sécurisées, sans nécessité d'un support papier.

Lorsque ces actes sont établis sous format numérique et que les dispositions du présent code exigent qu'ils soient signés, ils font l'objet, quel qu'en soit le nombre de pages et pour chaque signataire, d'une signature unique sous forme numérique, selon des modalités techniques qui garantissent que l'acte ne peut plus ensuite être modifié. Ces actes n'ont pas à être revêtus d'un sceau.

II. — Ne sont pas applicables au dossier de procédure numérique les dispositions du présent code :

1° Procédant à une distinction entre les actes originaux et leurs copies ;

2° Prévoyant la certification conforme des copies ;

3° Relatives au placement sous scellés, y compris sous scellés fermés, des documents, contenus multimédia ou données dès lors qu'ils sont versés au sein de ce dossier.

III. — Les modalités d'application du présent article sont précisées par voie réglementaire. — *V. art. R. 249-9 s., D. 589 s.*

Ndlr : Concernant le « Portail du justiciable », V. ss. art. 803-1.

BIBL. ▶ BOULAKRAS, *Dr. pénal 2020. Étude 9* (procédure pénale numérique). – CASSUTO, *AJ pénal 2017. 490* . – SONTAG-KOENIG, *AJ pénal 2014. 125* .

Art. 802 *(L. n° 93-1013 du 24 août 1993)* **En cas de violation des formes prescrites par la loi à peine de nullité ou d'inobservation des formalités substantielles, toute juridiction, y compris la Cour de cassation, qui est saisie d'une demande d'annulation ou qui relève d'office une telle irrégularité ne peut prononcer la nullité que lorsque celle-ci a eu pour effet de porter atteinte aux intérêts de la partie qu'elle concerne.**

RÉP. PÉN. v° *Nullités de procédure*, par GUERRIN.

BIBL. ▶ CANDELA, *AJ pénal 2021. 527* (recevabilité de l'action en nullité). – CHAMBON, *JCP 1979. II. 19113*. – CLÉMENT, *RSC 1984. 433*. – COUVRAT, *D. 1976. Chron. 49*. – DECOQ, *RSC 1976. 17*. – GUERRIN, *AJ pénal 2008. 181* (principales causes de nullité de l'audience pénale). – GUÉRY, *D. 2014. 1460* (nullité de procédure portant indirectement atteinte aux intérêts du requérant : état des lieux). – JEANDIDIER, *D. 1978. 621 ; ibid. 1981. 177*. – LARONDE-CLÉRAC, *Dr. pénal 2013. Étude 9* (pratique jurisprudentielle des nullités). – MAURICE-HERSANT, *D. 1976. Chron. 117 ; ibid. 1979. Chron. 259*. – PITTI, *AJ pénal 2016. 194* s. (nullités d'intérêt privé).

▶ **Dossier :** *AJ pénal 2005. 133 et 177* (les nullités : un contrôle efficace de la procédure ?).

I. RÈGLES NATIONALES

A. APPLICATION DE L'ARTICLE 802

1° DOMAINE

a. Formalités concernées

1. Formalités prescrites à peine de nullité. Les formalités prévues par le code de procédure pénale en matière de perquisition et de saisie ne sont pas exclues du champ d'application de l'art. 802 et leur inobservation ne saurait entraîner nullité lorsque aucune atteinte n'a été portée aux droits de la défense. • Crim. 17 sept. 1996, n° 96-82.105 P : *D. 1997. Somm. 144, obs. Pradel* ; *RSC 1997. 150, obs. Dintilhac* ; *Dr. pénal 1997. Chron. 9, par Lesclous et Marsat* • 15 juin 2000 : *Bull. crim. n° 229 ; D. 2000. IR 257 ; D. 2001. Somm. 520, obs. Pradel* . ♦ *Contra,* • Crim. 27 sept. 1984 : *Bull. crim. n° 275* • 7 déc. 1993 : *ibid. n° 372*. ♦ Pour la nullité de l'exploit visée à l'art. 565, V. • Crim. 13 mars 1996, n° 95-83.111 P.

2. Formalités non prescrites à peine de nullité. Le fait que l'un des conseillers de la chambre des appels correctionnels n'ait pas été présent à la lecture de l'arrêt importe peu, dès lors que l'un des membres de cette juridiction a pu procéder à celle-ci en application de l'art. 485. • Crim. 26 juill. 1989, n° 88-84.186 P. ♦ L'art. 486, relatif à la rédaction de la minute, exige seulement la constatation de la présence du ministère public à l'audience. L'omission du nom du représentant du ministère public ne constitue pas la violation d'une formalité substantielle. • Crim. 26 févr. 1970, n° 69-92.346 P. ♦ Ne constitue pas une inobservation de l'art. 308, dont les dispositions ne sont, au demeurant, pas prescrites à peine de nullité, l'utilisation durant les débats d'un dispositif destiné à communiquer simultanément aux juges et aux parties, par projection sur les écrans d'un circuit interne de télévision, les plans et photographies des lieux du crime. • Crim. 21 avr. 1982, n° 81-91.472 P. ♦ Il ne résulte d'aucun texte, ni d'aucun principe substantiel de procédure pénale, que le procès-verbal constatant une infraction en matière d'urbanisme doive être signé de la personne mise en cause ni notifié à celle-ci par lettre recommandée afin de lui permettre de présenter ses observations. • Crim. 10 oct. 2006, n° 06-81.841 P : *D. 2006. IR 2755* ; *AJ pénal 2006. 507* ; *Procédures 2007, n° 21, obs. Buisson.*

b. Juridictions concernées

3. Tribunal correctionnel. La présentation tardive des exceptions de nullité de procédure devant le tribunal correctionnel est sanctionnée par l'irrecevabilité. • Crim. 19 sept. 1994, n° 93-87.461 P. ♦ Selon l'art. 385, applicable à la poursuite des infractions à la loi sur la liberté de la presse, et devant la cour d'appel, les exceptions de nullité doivent être présentées avant toute défense au fond. • Crim. 12 mars 1996, n° 95-81.127 P.

4. Cour d'appel. L'exception tirée de l'irrecevabilité, en cause d'appel, d'une demande nouvelle n'est pas d'ordre public. Elle ne peut donc être relevée d'office par les juges d'appel. • Crim. 18 sept. 1996, n° 95-84.134 P.

5. Cour d'assises. L'accusé qui n'a pas soulevé, conformément à l'art. 305-1, dès que le jury de jugement a été définitivement constitué, une exception tirée d'une prétendue nullité résultant d'une irrégularité commise lors de l'exercice de son droit de récusation, n'est plus recevable à le faire postérieurement. • Crim. 18 mai 1989, n° 88-86.363 P.

6. Cour de cassation. Selon l'art. 802, la Cour de cassation, saisie d'une demande d'annulation d'actes de procédure pour violation des formes prescrites par la loi ou inobservation des formalités substantielles, ne peut prononcer la nullité, à moins que celle-ci ait eu pour effet de porter atteinte aux intérêts de la partie qu'elle concerne. Sur ce dernier point, la chambre criminelle exerce son contrôle. • Crim. 18 mars 1976, n° 75-92.918 P : *D. 1976. 548, note Robert* ; *JCP 1976. II. 18478, note Chambon.*

2° CONDITIONS

7. Il résulte des art. 171 et 802 que l'inobservation des formalités substantielles ou prescrites à peine de nullité doit entraîner la nullité de la procédure lorsqu'il en est résulté une atteinte aux intérêts de la partie concernée. Il s'ensuit les principes généraux suivants : hors les cas de nullité d'ordre public, qui touchent à la bonne administration de la justice, la chambre de l'instruction, saisie d'une requête en nullité, doit successivement d'abord rechercher si le requérant a intérêt à demander l'annulation de l'acte, puis, s'il a qualité pour la demander et, enfin, si l'irrégularité alléguée lui a causé un grief. Le requérant a intérêt à agir s'il a un intérêt à obtenir l'annulation de l'acte. Pour déterminer si le requérant a qualité pour agir en nullité, la chambre de l'instruction doit rechercher si la formalité substantielle ou prescrite à peine de nullité, dont la méconnaissance est alléguée, a pour objet de préserver un droit ou un intérêt qui lui est propre. L'existence d'un grief est établie lorsque l'irrégularité elle-même a occasionné un préjudice au requérant, lequel ne peut résulter de la seule mise en cause de celui-ci par l'acte critiqué. • Crim. 7 sept. 2021, n° 20-87.191 B.

8. Intérêt à agir (garde à vue et audition libre). La méconnaissance des formalités substantielles auxquelles est subordonnée la garde à vue ne peut être invoquée à l'appui d'une demande d'annulation d'acte ou pièce de la procédure que par la partie qu'elle concerne. • Crim. 14 févr. 2012, n° 11-84.694 P : *D. actu. 16 févr. 2012, obs. Allain* ; *D. 2012. Actu. 612* ; *ibid. 775, note Boccon-Gibod* ; *ibid. 779, note Matsopoulou* ; *ibid. Pan. 2118, obs. Pradel* ; *AJ pénal 2012. 159, note Guéry* ; *Dr. pénal 2012, n° 61, obs. Maron et Haas* ; *ibid. Chron. 7, obs. Lesclous* ; *Procédures 2012, n° 127, obs. Chavent-Leclère* ; *Gaz. Pal. 19 et 20 juin 2013, p. 5, note Bouloc* • 14 févr. 2012, n° 11-87.757 P : *RSC 2012. 394, obs. Boccon-Gibod* ; *Dr. pénal 2012. Chron. 7, obs. Lesclous* • 13 mars 2012, n° 11-88.737 P : *D. actu. 25 avr. 2012, obs. Léna* ; *D. 2012. Actu. 948* ; *Dr. pénal 2012. Chron. 7, obs. Lesclous* • 10 mai 2012, n° 11-87.328 P : *Dr. pénal 2012. Chron. 7, obs. Lesclous.* ♦ Le moyen pris de l'irrégularité de l'audition de tiers qui auraient dû, selon les demandeurs, être placés en garde à vue est inopérant dès lors que cette irrégularité ne peut être invoquée que par les personnes qu'elle concerne. • Crim. 11 déc. 2013, n° 12-83.296 P : *D. actu. 6 janv. 2014, obs. Le Drévo* ; *Dr. pénal 2014. 31, obs. Maron et Haas.* ♦ La personne mise en examen est sans qualité pour se prévaloir de la méconnaissance de formalités substantielles à l'occasion de l'audition libre d'une autre personne. • Crim. 11 févr. 2014, n° 13-86.878 P : *D. actu. 4 mars 2014, obs. Bombled.* ♦ L'omission de la mention du lieu présumé de commission de l'infraction lors de la notification de la garde à vue ne peut entraîner le prononcé d'une nullité que si elle a eu pour effet de porter atteinte aux intérêts de la partie concernée. • Crim. 27 mai 2015, n° 15-81.142 P : *D. actu. 15 juin 2015, note Benelli-de Bénazé ; AJ pénal 2016. 89, obs. Luciani-Mien ; RSC 2015. 676, obs. Guidicelli.*

9. Intérêt à agir (perquisition). Les moyens, qui invoquent la nullité de la perquisition et des saisies effectuées au domicile d'une personne, aux motifs, d'une part, de l'absence de signature du procès-verbal de perquisition par les témoins requis, d'autre part, de l'irrégularité de l'inventaire de l'argent saisi, sont irrecevables s'ils visent des opérations effectuées dans un local sur lequel les demandeurs ne peuvent se prévaloir d'aucun droit. • Crim. 14 oct. 2015, n° 15-81.765 P : *D. actu. 27 oct. 2015, obs. Fucini ; AJ pénal 2016. 154, obs. Gallois ; RSC 2015. 900, obs. Cordier* • 6 mars 2013 : *AJ pénal 2013. 349, obs. Pronier.* ♦ La méconnaissance des formalités substantielles régissant les perquisitions et les saisies ne peut être invoquée à l'appui d'une demande d'annulation d'actes ou de pièces de procédure que par la partie titulaire d'un droit sur le local dans lequel elles ont été effectuées. • Crim. 6 févr. 2018, n° 17-84.380 P : *Dr. pénal 2018, n° 69, obs. Maron et Haas.* ♦ *Contra* : la jurisprudence, qui réserve au seul titulaire d'un droit sur le local perquisitionné la qualité pour agir en nullité, ne peut être maintenue en cas de violation d'une formalité substantielle dont l'objet est de garantir le caractère contradictoire du déroulement des opérations de perquisition ainsi que la présence effective sur les lieux des objets découverts et saisis ; il s'ensuit que toute partie a qualité pour invoquer la méconnaissance de la formalité prise de l'absence de signature du procès-verbal de perquisition et saisie. • Crim. 7 sept. 2021, n° 21-80.642 P. ♦ La Cour de cassation juge que pour déterminer si le requérant a qualité pour agir en nullité, la chambre de l'instruction doit rechercher si la formalité substantielle ou prescrite à peine de nullité, dont la méconnaissance est alléguée, a pour objet de préserver un droit ou un intérêt qui lui est propre (Crim. 7 sept. 2021, n°s 21.80-642 et 20.97-191) ; les dispositions de l'art. 76, en ce qu'elles exigent l'assentiment de l'occupant des lieux à la perquisition, ayant pour objet la protection de la vie et du domicile privés, est irrecevable le moyen de nullité pris de la violation des prescriptions de ce texte soulevé par une personne se plaignant d'opérations effectuées dans un local sur lequel elle ne peut se prévaloir d'aucun droit. • Crim. 9 nov. 2021, n° 21-83.095 B : *AJ pénal 2022. 44, obs. Patouillard.*

10. Intérêt à agir (sonorisation et captation d'images). Si c'est à tort qu'une chambre de l'instruction a estimé que l'utilisation d'un endoscope n'a pas constitué une opération de captation d'images et de sonorisation, elle a néanmoins justifié sa décision de rejet du moyen de nullité dès lors que les demandeurs, ne revendiquant aucun droit sur le box et le véhicule en cause, ne sauraient se prévaloir d'une prétendue atteinte au droit au respect du domicile ou de la vie privée d'un tiers, dont ils ne démontrent pas en quoi elle aurait porté atteinte à leurs intérêts. • Crim. 23 janv. 2013 : *D. 2013. 1045, note Potaszkin ; AJ pénal 2013. 227, obs. Pronier.* ♦ Comp. : les personnes mises en examen qui ne sont titulaires d'aucun droit ni titre sur l'appartement sonorisé et dont les conversations n'ont pas été captées ne sauraient prétendre avoir subi une atteinte à l'un des droits protégés par l'art. 706-96. • Crim. 26 juin 2013 : *D. actu. 2 oct. 2013, obs. Fucini ; RSC 2013. 591, note Danet.* ♦ Dans le même sens : les demandeurs, qui ne se prévalent d'aucun droit sur le véhicule, objet de la sonorisation, ni sur le parking dans lequel il stationnait, sont irrecevables à invoquer une irrégularité affectant cette mesure, dès lors qu'ils n'établissent pas qu'à cette occasion, il aurait été porté atteinte à un autre intérêt qui leur serait propre. • Crim. 10 avr. 2018, n° 17-85.301 P : *D. actu. 7 mai 2018, obs. Goetz.*

11. Intérêt à agir (procès-verbaux d'interrogatoire). C'est à tort qu'une chambre de l'instruction, pour rejeter la requête du mis en examen tendant à l'annulation d'interrogatoires d'autres mis en examen, énonce que celui-ci est sans qualité pour se prévaloir de la méconnaissance d'un droit appartenant en propre à une autre personne, alors que le demandeur invoquait la déloyauté d'actes accomplis par le juge d'instruction. • Crim. 15 déc. 2015, n° 15-82.013 P : *D. actu. 14 janv. 2016, obs. Goetz.*

12. Géolocalisation. V. notes ss. art. 230-32.

13. Réquisitions à opérateur téléphonique. V. notes ss. art. 77-1-1.

14. Procédures distinctes. La personne mise en examen est recevable à proposer des moyens de nullité visant des actes de l'information se référant à des pièces annulées, fût-ce dans une procédure à l'origine distincte, dès lors qu'il en résulte une atteinte à ses intérêts. • Crim. 21 oct. 2015, n° 15-83.395 P : *D. actu. 4 nov. 2015, obs. Fucini ; D. 2016. 47, note Beaussonie et Cazaldou.* ♦ Si, en application de l'art. préliminaire et de l'art. 6 Conv., le prévenu est recevable à contester la régularité d'une pièce issue d'une procédure distincte, dès lors qu'il invoque l'atteinte qu'elle porte à l'un de ses droits, il est sans qualité pour critiquer les modalités de désignation d'un juge d'instruction chargé d'une information à laquelle il n'est pas partie. • Crim. 15 déc. 2015, n° 15-80.733 P : *D. actu. 27 janv. 2016, obs. Benelli-de Bénazé.* ♦ Le demandeur à la nullité est recevable à proposer des moyens tirés de l'irrégularité d'actes accomplis dans une autre procédure à laquelle il n'était pas partie et qui ont été versés à la procédure suivie contre lui lorsqu'il fait valoir que les pièces versées sont susceptibles d'avoir été illégalement recueillies, l'autorité de la chose jugée de la décision, rejetant la requête en nullité formée par le prévenu dans la procédure initiale, ne pouvant lui être opposée puisqu'il n'était pas partie à cette procédure. • Crim. 20 juin 2018, n° 17-86.657 P : *D. actu. 16 juill. 2018, obs. Goetz.*

15. Intérêt à agir. Jurisprudence antérieure à l'arrêt du 14 févr. 2012 (V. note 8). Il résulte des art. 171 et 802 ainsi que de l'art. 6, § 1, Conv. EDH que le requérant de la nullité peut invoquer l'irrégularité d'un acte de la procédure concernant un tiers si cet acte, illégalement accompli, a porté atteinte à ses intérêts ; ainsi, le requérant pouvait invoquer l'irrégularité du contrôle d'identité de la personne qui l'a dénoncé à la suite de ce contrôle. • Crim. 6 sept. 2006, n° 06-84.869 P : *D. 2006. IR 2483* ; *D. 2007. Pan. 973, obs. Pradel* ; *AJ pénal 2006. 509, note Girault* ; *JCP 2007. II. 10081, note Matsopoulou.* ♦ Rappr. : • Crim. 16 févr. 2011, n° 10-82.865 P : *D. actu. 8 avr. 2011, obs. Girault ; Dr. pénal 2012. Chron. 1, obs. Georget ; ibid. Chron. 7, obs. Lesclous.* ♦ Contra, précédemment : celui qui invoque l'absence ou l'irrégularité d'une formalité protectrice des droits des parties n'a qualité pour le faire que si cette irrégularité le concerne. • Crim. 14 déc. 1999, n° 99-82.369 P : *D. 2000. IR 153* ; *Dr. pénal 2000. Chron. 31, obs. Marsat.* ♦ Ainsi n'est pas recevable l'exception de nullité relative à l'audition d'un coprévenu. • Crim. 18 avr. 2000, n° 99-86.890 P : *D. 2000. IR 205* . ♦ Un accusé ne saurait se prévaloir de ce qu'un témoin régulièrement cité par un coaccusé n'a pas été entendu, cette irrégularité ne faisant pas grief à ses intérêts. • Crim. 27 mai 1981, n° 80-92.907 P : *D. 1983. 63, note Chapar.* ♦ Même solution pour l'audition d'un témoin sans l'assistance d'un officier de police judiciaire territorialement compétent. • Crim. 9 nov. 2004, n° 03-86.990 P : *AJ pénal 2005. 31, obs. Coste* . ♦ La nullité d'un acte ou d'une pièce de la procédure ne peut être prononcée aux termes de l'art. 171, en sa rédaction issue de la L. du 24 août 1993, que lorsque la méconnaissance d'une formalité substantielle a eu pour effet de porter atteinte à la partie qu'elle concerne. • Crim. 11 janv. 1994 : *JCP 1994. IV. 931.*

a. Existence d'un grief

16. Effectivité du grief. Encourt la nullité prévue par l'art. 170 l'interrogatoire de l'inculpé pratiqué en méconnaissance des dispositions de l'art. 118, al. 2 et 3. Toutefois, puisque le conseil était présent et n'a pas protesté, il n'apparaît pas que la nullité ait eu pour effet de porter atteinte aux intérêts de l'inculpé. En application de l'art. 802, il n'y a donc pas lieu de prononcer la nullité. • Crim. 2 sept. 1986, n° 86-93.266 P : *JCP 1987. II. 20766, note Chambon.*

17. Ne portent pas atteinte aux intérêts du demandeur la simple cancellation de procès-verbaux annulés au lieu de leur retrait qui aurait dû être effectué conformément à l'art. 173. • Crim. 18 mars 1976, n° 75-92.918 P : *D. 1976. 549, note J.-M. Robert ; JCP 1976. II. 18478, note Chambon.* ♦ ... La seule circonstance que la renonciation au bénéfice des dispositions de l'art. 164, al. 2 n'a pas fait l'objet de la déclaration écrite exigée par le texte, alors qu'il y a eu renonciation expresse lors d'un interrogatoire. • Crim. 14 juin 1978, n° 77-93.163 P. ♦ ... L'absence de signatures sur la première page du procès-verbal de débat de prolongation de la détention provisoire dès lors que les signatures de la personne mise en examen, du juge et du greffier figurent à la fin du procès-verbal. • Crim. 22 juin 2004, n° 04-82.105 P : *JCP 2004. IV. 2785 ; AJ pénal 2004. 372* ; *Dr. pénal 2004. Comm. 166, note Maron.* ♦ ... Le défaut de mention de la date d'envoi de la lettre recommandée fixant l'audience de la chambre d'accusation alors que le conseil de l'inculpé assistait à l'audience. • Crim. 25 janv. 1977, n° 76-93.227 P. ♦ ... L'absence de date sur le procès-verbal des débats de la cour d'assises. • Crim. 16 déc. 1976 : *D. 1978. 28, note Chapar.* ♦ ... Le retard apporté à l'accomplissement du rapport à l'audience de la cour d'appel. • Crim. 28 nov. 1977, n° 75-92.339 P. ♦ ... Ou un rapport trop succinct. • Crim. 9 janv. 1978, n° 77-92.241 P. ♦ ... La circonstance qu'un agent ou un officier de police judiciaire n'a pas fait connaître sa qualité à l'auteur d'une infraction préalablement à la constatation de celle-ci. • Crim. 2 mars 1999, n° 98-96.465 P : *Procédures 1999, n° 164, obs. Buisson.* ♦ Rappr., pour des gendarmes en tenue civile : • Crim. 21 janv. 1998, n° 97-82.269 P : *RSC 1998. 354, obs. Dintilhac* ; *Procédures 1998, n° 125, obs. Buisson.* ♦ ... La prétendue irrégularité affectant les circonstances de l'interpellation d'un coprévenu. • Crim. 21 oct. 1992, n° 89-84.678 P : *Gaz. Pal. 1993. 1. 155.* ♦ Rappr., conf. : • Crim. 14 déc. 1999, n° 99-82.369 P. ♦ ... L'inobservation des formalités prévues en matière de perquisition et de saisie. • Crim. 17 sept. 1996, n° 96-82.105 P : *D. 1997. Somm. 144, obs. Pradel* ; *RSC 1997. 150, obs. Dintilhac* ; *Dr. pénal 1997. Chron. 9, par Lesclous et Marsat.* ♦ *Contra* : • Crim. 27 sept. 1984, n° 84-93.474 P • 7 déc. 1993, n° 93-84.188 P • 17 sept. 1996, n° 96-825.105 P. ♦ ... L'absence du prévenu ou de son conseil à la réouverture des scellés par l'expert. • Crim. 27 sept. 1989, n° 89-84.244 P. ♦ ... L'interrogatoire de l'inculpé nonobstant les irrégularités commises lors de la convocation de ses conseils dès lors qu'un de ceux-ci a assisté à l'interrogatoire et qu'aucune réserve n'a été formulée. • Crim. 16 janv. 1991, n° 90-82.427 P. ♦ ... La présence de deux avocats étrangers à la cause dans la salle d'audience de la chambre d'accusation. • Crim. 8 févr. 1990, n° 89-86.326 P : *D. 1990. Somm. 224, obs. Pradel* • 24 mars 1992 : *Gaz. Pal. 1992. 1. 366* • 11 oct. 1994, n° 94-83.697 P : *Dr. pénal 1994. Comm. 269, obs. Maron.* ♦ ... Le fait que le juge d'instruction ait annexé en copie, à titre de renseignement, des pièces en provenance d'une autre procédure. • Crim. 15 mai 1990, n° 90-80.827 P. ♦ ... L'irrégularité d'écoutes téléphoniques ou la violation des dispositions de l'art. 105 commises au préjudice d'un coïnculpé. • Crim. 23 avr. 1981, n° 80-93.475 P. ♦ ... L'omission de la formalité de l'audition du ministère public dans une poursuite où les intérêts civils sont seuls en cause. • Crim. 21 nov. 1977, n° 76-91.777 P • 22 févr. 1978, n° 77-91.423 P • 17 janv. 1991, n° 90-82.490 P. ♦ ... L'omission de la formalité du serment à l'audience d'un expert assermenté. • Crim. 28 mars 1991, n° 77-91.423 P : *D. 1991. IR 158.* ♦ ... Ou d'un agent de la Direction de la concurrence, intéressée aux poursuites pour publicité trompeuse, lorsque les juges ne se sont pas fondés sur les déclarations de celui-ci pour asseoir leur conviction sur la culpabilité. • Crim. 3 janv. 1996, n° 94-83.916 P. ♦ ... Lorsque le juge du fond saisi d'une requête en interprétation n'a pas statué en chambre du conseil en violation des dispositions de l'art. 711. • Crim. 9 mai 1978, n° 76-93.208 P. ♦ ... L'ouverture d'un scellé pour présentation de la pièce à un témoin, hors la présence du mis en examen ou de son avocat dès lors qu'ultérieurement l'intéressé a déclaré que cette pièce était semblable à celle saisie. • Crim. 11 oct. 2000, n° 00-82.238 P : *Dr. pénal 2001. Comm. 13, obs. Maron.*

18. Procès-verbaux. La signature de l'intéressé sur un procès-verbal de constatation d'infraction et l'envoi de ce procès-verbal en recommandé pour permettre à l'intéressé de fournir des observations sous huitaine ne sont pas des formalités prévues par un principe substantiel de procédure pénale ; il n'y a donc pas lieu à annuler ce procès-verbal si par ailleurs ces formalités ne sont prévues par aucun texte à peine de nullité. • Crim. 10 oct. 2006 : *D. 2006. IR 2755* .

19. Garde à vue. L'irrégularité, consistant à ne consigner par procès-verbal qu'à l'issue de la garde à vue les diverses formalités relatives à l'exécution de cette mesure, n'a pas pour effet de porter atteinte aux intérêts des personnes concernées dans la mesure où, en l'espèce, celles-ci ont été immédiatement avisées de leurs droits dont elles ont d'ailleurs fait usage en s'entretenant avec un avocat et en étant soumises à un examen médical. • Crim. 6 déc. 1995, n° 95-84.701 P : *D. 1996. IR 61.* ♦ Il n'y a pas d'atteinte aux droits de l'intéressé lorsque aucun certificat médical n'a été délivré à la suite de l'examen médical du gardé à vue dès lors qu'il ressort du dossier que celui-ci avait indiqué ne pas souhaiter faire l'objet d'un tel examen qui a finalement été prescrit d'office par l'OPJ. • Crim. 25 févr. 2003, n° 02-86.144 P : *JCP 2003. IV. 1812 ; Dr. pénal 2003. Comm. 80, obs. Maron et Haas ; RSC 2004. 421, obs. Buisson* . ♦ Fait nécessairement grief à l'intéressé tout retard non justifié par une circonstance insurmontable dans l'information donnée au juge d'instruction du placement en garde à vue. • Crim. 2 févr. 2005, n° 04-86.805 P : *D. 2005. IR 797* ; *AJ pénal 2005. 162, obs. Roussel* ; *JCP 2005. IV. 1644 ; RSC 2006. 416, obs. Buisson* . ♦ Il résulte de la combinaison des art. 174, 385 et 802 que la nullité d'actes accomplis pendant la garde à vue est sans effet sur les actes ultérieurement accomplis dont cette mesure n'est pas le support nécessaire. • Crim. 15 oct. 2003, n° 03-82.683 P : *JCP 2004. IV. 1044.* ♦ La nullité d'une garde à vue n'entraîne l'annulation des actes subséquents qu'à la condition que ces derniers aient eu pour support nécessaire la mesure annulée. Méconnaît ce principe, et l'art. 385, l'arrêt qui, après avoir fait droit à la demande d'annulation d'une mesure de garde à vue, en raison de l'inobservation des dispositions de l'art. 63-4 qui prévoient que le bâtonnier doit être informé sans délai de la demande de la personne concernée de s'entretenir dès le début de la garde à vue avec un avocat commis d'office, annule également la procédure subséquente, y compris le procès-verbal de comparution immédiate saisissant le tribunal correctionnel, alors que la saisine de cette juridiction ne pouvait être affectée par l'annulation de cette mesure, qui n'en était pas le support nécessaire. • Crim. 26 mars 2008, n° 07-83.814 P : *RSC 2008. 926, obs. Finielz* ; *D. 2008. AJ 1063, obs. Léna* ; *AJ pénal 2008. 286, obs. Saas* ; *Dr. pénal 2008. Comm. 92, obs. Maron et Haas ; ibid. 2009. Chron. 8, obs. Lesclous.* ♦ Les conditions irrégulières du placement en garde à vue n'emportent pas annulation d'actes d'interpellation et de dépôt de plainte qui sont antérieurs. • Crim. 4 janv. 2005, n° 04-84.876 P : *D. 2005. 761, note Lennon* ; *ibid. 2006. Pan. 620, obs. Pradel* ; *AJ pénal 2005. 160, obs. Leblois-Happe* ; *Dr. pénal 2005. Comm. 49, obs. Maron ; ibid. 2007. Chron. 39, obs. Lesclous ; JCP 2005. I. 161, obs. Maron ; ibid. II. 10176, note Conte.* ♦ La régularité d'enregistrements réalisés par la partie civile ne peut être affectée par l'annulation des auditions du prévenu en garde à vue, qui lui sont postérieures, bien que ces enregistrement aient été écoutés pendant la mesure. • Crim. 14 mai 2014, n° 12-84.075 P : *D. 2014. Pan. 1142, obs. Pradel* . ♦ Seuls doivent être annulés les actes affectés par la nullité et ceux dont ils sont le support nécessaire : ainsi, l'annulation de la garde à vue pour cause d'avis tardif au procureur n'affecte pas les procès-verbaux d'interpellation, de dépôt de plainte et d'audition de témoin, ni la convocation à comparaître devant le tribunal correctionnel si celle-ci trouvait son support dans d'autres actes régulièrement accomplis. • Crim. 12 avr. 2005, n° 04-

86.780 P : *JCP 2005. IV. 2280.* ♦ La régularité du procès-verbal récapitulatif du déroulement de la garde à vue permettant de vérifier l'heure de la levée de cette mesure n'est pas affectée par l'absence de notification des droits aux personnes gardées à vue ni par la nullité des procès-verbaux d'audition en résultant. • Crim. 27 mai 2014, n° 13-87.095 P : *D. actu. 18 juin 2014, obs. Anane ; D. 2014. Pan. 1742, obs. Pradel* . – V. aussi notes 8 et 47. ♦ Le défaut de notification à la personne gardée à vue de la modification de qualification d'une infraction qu'elle est soupçonnée d'avoir commise ou tenté de commettre, ordonné par le procureur de la République, ne peut entraîner le prononcé d'une nullité que s'il en est résulté pour elle une atteinte effective à ses intérêts, au sens de l'art. 802. • Crim. 15 oct. 2019, n° 19-82.380 P : *D. actu. 23 oct. 2019, obs. Goetz ; Procédures 2019, n° 329, obs. Buisson.*

20. *Commission rogatoire internationale.* Si la chambre d'accusation est compétente, dans certaines conditions, pour contrôler la régularité des actes d'instruction effectués sur le territoire français, en exécution d'une commission rogatoire internationale, elle ne saurait, sans excéder ses pouvoirs, porter une appréciation sur les modalités de délivrance et de transmission d'une telle délégation. • Crim. 4 nov. 1997, n° 97-82.274 P.

21. *Demande d'acte.* V. note 24 ss. art. 81.

22. *Perquisition.* Est entachée de nullité la perquisition effectuée en l'absence du prévenu dans une maison lui appartenant et ayant entraîné sa mise en examen même si ce dernier n'avait pas contesté la présence de stupéfiants dans les lieux. • Crim. 3 avr. 2007, n° 07-80.807 P : *D. 2007. AJ 1422* .

23. *Impartialité.* Si le défaut d'impartialité d'un enquêteur peut constituer une cause de nullité de la procédure, c'est à la condition que ce grief ait eu pour effet de porter atteinte au caractère équitable et contradictoire de la procédure ou de compromettre l'équilibre des droits des parties. • Crim. 14 mai 2008, n° 08-80.483 P : *RSC 2008. 631, obs. Giudicelli ; AJ pénal 2008. 328, obs. Roussel* .

b. Preuve du grief

24. *Preuve apportée par le demandeur (solution implicite).* L'irrégularité commise ne doit pas, en application de l'art. 802, entraîner l'annulation de l'arrêt dès lors qu'il n'est pas établi ni même allégué que l'inobservation de formes ainsi prévues par la loi a pour effet de porter atteinte en la cause aux intérêts du demandeur. • Crim. 9 mai 1978, n° 76-93.208 P. ♦ En application de l'art. 802, l'inobservation de la formalité du serment ne peut entraîner la nullité de la décision dès lors que l'omission n'a pas eu pour effet de porter atteinte aux intérêts du prévenu. • Crim. 3 janv. 1996, n° 94-83.916 P.

25. *Preuve apportée par le demandeur (solution explicite).* Le prévenu ne saurait se faire un grief de ce que les juges du second degré ont reçu l'appel du ministère public relevé à tort, à partir du moment où ne démontre ni n'allègue aucune atteinte portée à ses intérêts. • Crim. 16 janv. 1995, n° 93-85.863 P.

B. EXCLUSION DE L'ARTICLE 802

1° VIOLATION DES RÈGLES D'ORDRE PUBLIC

a. Règles concernant les juridictions

26. *Compétence.* La chambre d'accusation ne pouvait juridiquement recourir à l'art. 802 car la question posée était une question de compétence en matière répressive, donc d'ordre public. • Crim. 5 oct. 1982, n° 82-91.601 P. ♦ En matière répressive la compétence des juridictions est d'ordre public. • Crim. 22 mai 1996, n° 95-84.899 P.

27. En matière répressive, les juridictions sont d'ordre public. Les juridictions correctionnelles sont incompétentes pour connaître des infractions qualifiées crimes par la loi. Il appartient ainsi aux juges du second degré, saisis de la cause entière par l'appel du ministère public, d'examiner, même d'office, leur compétence et de se déclarer incompétents lorsque les faits poursuivis sont du ressort de la juridiction criminelle. Par ces motifs casse et annule. • Crim. 3 févr. 1988, n° 87-82.336 P.

28. Justifie sa décision de refus d'annulation du réquisitoire aux fins d'informer et de la procédure subséquente la chambre de l'instruction qui, pour écarter l'argumentation du requérant prise de l'incompétence territoriale de la juridiction, retient que la saisine du juge d'instruction porte pour l'essentiel sur la confection et l'utilisation, en un lieu restant à déterminer, d'un faux rapport d'expertise qui a été diffusé par la voie électronique, dans des conditions qu'il appartient à l'information de déterminer. En effet, seuls peuvent être annulés les actes accomplis par un juge manifestement incompétent. • Crim. 15 janv. 2008, n° 07-86.944 P : *D. 2008. AJ 419, note Léna ; ibid. 2008. Pan. 2561, note d'Avout ; RSC 2008. 358, obs. Finielz ; AJ pénal 2008. 192, note Royer ; Dr. pénal 2009. Chron. 1, obs. Guérin.*

29. *Organisation et composition.* Aux termes des dispositions combinées des art. 510, al. 1er, et 549, la cour d'appel, statuant en matière correctionnelle ou de police, est composée d'un président et de deux conseillers. Méconnaît cette disposition d'ordre public, et doit être cassé, en application de l'art. 592, l'arrêt d'une cour d'appel qui, statuant sur les dispositions civiles d'un jugement de police, constate qu'il a été rendu à juge unique, faculté que la L. du 8 févr.

1995, qui a modifié les dispositions de l'art. 393, al. 3 relatives au tribunal correctionnel, n'a pas étendue à la cour d'appel. • Crim. 13 mai 1996, n° 95-85.026 P.

30. Excède les limites de sa mission l'expert qui entend la partie civile alors que le juge d'instruction, dans l'ordonnance le commettant, a précisé qu'il ne pouvait procéder à des auditions sans y avoir été préalablement autorisé. Cette irrégularité, consistant en la méconnaissance d'une règle d'ordre public touchant à l'organisation judiciaire (compétence du magistrat instructeur) à laquelle les dispositions de l'art. 802 sont étrangères, entraîne la nullité de l'expertise et des actes qui l'ont pour support nécessaire. • Crim. 17 janv. 2006, n° 05-86.326 P : *D. 2006. IR 531 ; D. 2007. Pan. 973, obs. Pradel ; AJ pénal 2006. 175, obs. Girault*. ♦ Comp. : la chambre de l'instruction peut estimer qu'il n'y a pas lieu à annulation d'une expertise lorsque les experts ont entendu la partie civile alors que ce n'était pas compris dans leur mission, dès lors qu'il n'en est résulté aucune atteinte aux droits des prévenus et que le principe de l'égalité des armes n'exige pas que les experts dressent procès-verbal de l'ensemble des déclarations recueillies dans le cadre de l'exécution de leur mission et qu'ils entendent en présence de leurs avocats les personnes qui ne sont pas parties à la procédure. • Crim. 13 avr. 2005 : *Bull. crim. n° 132 ; D. 2005. IR 1377 ; JCP 2005. IV. 2275.*

31. Le ministère public est représenté auprès de chaque juridiction répressive. Il assiste aux débats et au prononcé des décisions des juridictions de jugement, même lorsque celles-ci ne statuent que sur l'action civile. Par conséquent, l'arrêt qui ne fait aucune mention de sa présence auprès de la juridiction correctionnelle, saisie des seuls intérêts civils, doit être cassé. • Crim. 30 oct. 1995, n° 94-85.320 P. ♦ Si le ministère public, partie nécessaire au procès pénal, doit être présent à chaque audience des juridictions de jugement, il est présumé avoir assisté à toutes les audiences de la cause, dès lors qu'il a été entendu en ses réquisitions à celle des débats. La nullité de la décision n'est encourue qu'à défaut de l'audition du ministère public à l'audience des débats. Il n'importe que la minute ne mentionne pas la présence du ministère public au prononcé. • Crim. 26 mars 1996, n° 93-84.306 P. ♦ V. dans le même sens : • Crim. 4 sept. 1996, n° 93-83.764 P. ♦ Il n'importe que l'arrêt de la chambre d'accusation ne mentionne pas la présence du représentant du ministère public à l'audience à laquelle la décision a été prononcée, dès lors que l'art. 216, propre à cette juridiction d'instruction, n'impose pas cette mention et que, selon l'art. 592, al. 2, la nullité de la décision n'est encourue qu'à défaut d'audition de ce magistrat lors des débats. • Crim. 6 mars 1996, n° 95-86.175 P • 17 févr. 1981, n° 79-91.085 P.

b. Règles concernant la procédure

32. Citations. En matière de presse, la citation doit, à peine de nullité qualifier le fait incriminé et énoncer le texte de loi applicable à la poursuite. L'application de l'art. 802 est exclue en cas de violation des dispositions exceptionnelles et impératives de l'art. 53 de la L. du 29 juill. 1881. • Crim. 17 mars 1981, n° 79-94.121 P. ♦ Dans le même sens : • Crim. 25 févr. 1980, n° 76-93.016 P.

33. Autorisation du procureur. Les dispositions de l'art. 77-1-1 sont édictées dans l'intérêt d'une bonne administration de la justice et leur méconnaissance est constitutive d'une nullité à laquelle les dispositions de l'art. 802 sont étrangères : des réquisitions effectuées par des policiers sans que le procureur les ait autorisées doivent donc être annulées. • Crim. 1er sept. 2005, n° 05-84.061 P : *D. 2005. IR 2549 ; JCP 2005. IV. 3190 ; ibid 2006. I. 113, note Maron ; AJ pénal 2005. 419 ; Dr. pénal 2005. Comm. 184 ; RSC 2006. 399, note Buisson*. ♦ De même, encourt la censure l'arrêt qui retient que l'autorisation du procureur de la République n'est pas prescrite lorsqu'un officier de police judiciaire requiert des opérateurs de téléphonie de lui indiquer si une personne est titulaire d'un abonnement et dans l'affirmative de lui communiquer ses coordonnées. • Crim. 6 déc. 2005, n° 05-85.076 P : *D. 2006. Pan. 617, obs Pradel ; ibid. 1429, note Mathonnet et Ghnassia ; RSC 2007. 599, obs. Buisson*.

34. Débats. Lorsqu'il n'est ni démontré ni même allégué qu'une méconnaissance de la règle prescrivant la tenue en chambre du conseil de l'audience consacrée, devant la chambre d'accusation, au seul examen d'une demande de mise en liberté, ait porté atteinte aux droits de la défense, l'irrégularité ainsi commise ne saurait, en vertu des dispositions de l'art. 802, entraîner la nullité de la décision attaquée. • Crim. 8 févr. 1990, n° 89-86.326 P. ♦ Selon l'art. 199, les débats devant la chambre d'accusation comportent l'audition du procureur général en ses réquisitions. L'art. 216 prescrit de faire mention dans l'arrêt des réquisitions du ministère public. L'inobservation de ces prescriptions légales entraîne la nullité de la décision. • Crim. 4 juin 1985, n° 84-95.418 P.

35. Les audiences de la chambre des appels correctionnels sont publiques. L'observation de cette règle d'ordre public doit, à peine de nullité, être constatée par l'arrêt. • Crim. 12 nov. 1974, n° 74-92.001 P.

36. La nullité sera prononcée et l'application de l'art. 802 est exclue lorsqu'en matière de confusion des peines, l'audience n'a pas été tenue en chambre du conseil, le rappel à l'audience publique des condamnations infligées au requérant étant de nature à porter atteinte à ses intérêts. • Crim. 16 janv. 1978, n° 77-91.751 P.

37. L'application de l'art. 802 est aussi exclue en cas d'absence de désignation du juge d'instruction par le président du tribunal au mépris de l'art. 83. • Crim. 17 avr. 1980, n° 79-94.128 P : *JCP 1981. II. 19632, note Jeandidier.*

38. Rapport. L'omission du rapport oral, formalité destinée à l'information de la juridiction saisie, n'entre pas dans les prévisions de l'art. 802 et doit être sanctionnée par l'annulation de l'arrêt qui ne mentionne pas l'accomplissement de cette formalité. • Crim. 27 oct. 1997, n° 97-84.547 P. ♦ Devant la cour d'appel, le magistrat qui a fait le rapport doit, à peine de nullité, concourir à la délibération et au prononcé de l'arrêt. • Crim. 19 mai 1981, n° 80-94.532 P. ♦ V. cependant des nuances pour certaines irrégularités : un rapport, même succinct, fait par le président à l'audience de la cour d'appel, ne saurait, en vertu de l'art. 802, entraîner la nullité de l'arrêt, dès lors qu'il n'est pas établi ni même allégué que cette irrégularité a eu pour effet de porter atteinte aux intérêts du demandeur. • Crim. 9 janv. 1978, n° 77-92.241 P. ♦ Si la formalité du rapport qui doit être fait selon l'art. 513, à l'audience de la cour d'appel, avant tout débat, portant soit sur le fond, soit sur une nullité ou exception, est une formalité substantielle, le retard apporté à l'accomplissement de cette formalité ne saurait, aux termes de l'art. 802, entraîner l'annulation de l'arrêt, dès lors que, comme en l'espèce, d'une part, le rapport a été fait avant que la cour d'appel ait été appelée à statuer sur les incidents considérés, et avant l'examen de l'affaire au fond, et que, d'autre part, les prévenus ou leurs conseils ont été en mesure, après le rapport et avant le terme des débats, de présenter, relativement auxdits incidents toutes observations qu'ils ont estimé utiles. • Crim. 28 nov. 1977, n° 75-92.339 P.

39. Témoins. Selon l'art. 446, les témoins entendus à l'audience d'une juridiction de répression doivent, avant de commencer leur déposition, prêter le serment de dire toute la vérité, rien que la vérité. Doit être cassé l'arrêt dont les mentions n'établissent pas que les dispositions de l'article précité aient été respectées, alors que la Cour s'est fondée sur le témoignage qu'elle a recueilli. • Crim. 6 nov. 1991, n° 90-86.667 P.

40. Lecture de l'arrêt de renvoi. La lecture *de l'arrêt de renvoi, prescrite par l'art. 327, est* indispensable et l'omission de cette formalité entraîne la nullité de la procédure. • Crim. 6 janv. 1982, n° 81-92.592 P.

41. Voies de recours. Les dispositions des art. 570 et 571 étant d'ordre public, leur inobservation n'entre pas dans les prévisions de l'art. 802. • Crim. 19 mai 1980, n° 79-93.161 P : *D. 1981. 177, note Jeandidier.*

2° VIOLATION DES DROITS DE LA DÉFENSE

a. Règles générales

42. Audition du prévenu ou de son avocat. Aux termes de l'art. 513, le prévenu ou son avocat auront toujours la parole les derniers. L'arrêt attaqué porte que, après l'avocat des parties civiles, l'avocat du prévenu a été entendu en sa plaidoirie, puis le ministère public en ses réquisitions. En procédant ainsi, la cour d'appel n'a pas satisfait aux dispositions du texte ci-dessus rappelé et la méconnaissance de cette formalité substantielle porte nécessairement atteinte aux intérêts du prévenu. • Crim. 29 avr. 1996, n° 95-82.081 P.

43. Encourt la cassation l'arrêt qui porte des mentions d'où il résulte que le ministère public a été entendu le dernier, en violation de l'art. 513. • Crim. 11 oct. 1978, n° 75-91.076 P. ♦ Dans le même sens • Crim. 10 janv. 1983, n° 82-91.220 P.

44. Assistance d'un défenseur. Aux termes de l'art. 417, l'assistance d'un défenseur est obligatoire quand le prévenu encourt la peine de la tutelle pénale. Cette disposition édictant une formalité substantielle, doit être cassé l'arrêt qui ne constate pas qu'un prévenu, passible de la tutelle pénale, ait eu l'assistance d'un défenseur devant la cour d'appel, même si celle-ci s'était abstenue de prononcer cette peine. • Crim. 9 mai 1972, n° 72-90.111 P : *D. 1973. 78, note E.R.D. ; JCP 1973. II. 17444, note Chambon.* ♦ Aux termes du dernier alinéa de l'art. 417, l'assistance d'un défenseur est obligatoire quand le prévenu encourt la peine de la tutelle pénale. L'inobservation de cette prescription constitue une atteinte aux droits de la défense. • Crim. 26 avr. 1977, n° 77-90.284 P.

45. Mentions d'un procès-verbal. La transcription effectuée par un OPJ, contre le gré de l'intéressé, des propos qui lui sont tenus officieusement par une personne suspecte, élude les règles de procédure et compromet les droits de la défense. La rédaction de ce procès-verbal constitue un procédé déloyal et n'a pas justifié sa décision au regard de l'art. 62 la chambre de l'instruction qui, pour refuser d'annuler ce procès-verbal d'investigations énonce d'une part qu'il n'est pas établi que l'OPJ se soit engagé à ne pas retranscrire lesdits propos, et d'autre part que la valeur probante de ce simple procès-verbal de renseignement judiciaire sera soumise à l'appréciation de la juridiction de jugement. • Crim. 3 avr. 2007, n° 07-80.807 P : *D. 2007. AJ 1422 ; ibid. 2007. Chron. 1821, obs. Ménotti ; ibid. 2008. Pan. 2761, obs. Pradel ; AJ pénal 2007. 285, obs. Royer ; Dr. pénal 2008. Chron. 45, obs. Lesclous.*

46. Abandon volontaire de la barre. Dès lors qu'il ne résulte pas du fait de la cour, du président ou du ministère public, le départ d'un avocat, au cours des débats, ne vicie pas la procédure. • Crim. 14 oct. 1976, n° 76-92.137 P.

b. Règles particulières

47. Garde à vue. Toute méconnaissance des prescriptions de l'art. 63-4-1 dont il résulte que l'avocat d'une personne gardée à vue peut, à sa demande, consulter le procès-verbal établi constatant la notification du placement en garde à vue et des droits y étant attachés, le certificat médical résultant de l'examen de la personne gardée à vue par un médecin ainsi que les procès-verbaux d'audition de la personne assistée, porte nécessairement atteinte aux droits de la défense. • Crim. 17 nov. 2015, n° 15-83.437 P : *D. actu. 7 déc. 2015, obs. Fucini.*

48. Juridictions d'instruction. Doit être cassé l'arrêt d'une chambre d'accusation qui, saisie d'une demande de mise en liberté présentée par un détenu faisant l'objet d'un arrêt de mise en accusation et de renvoi devant une cour d'assises, a statué sans procéder à l'audition de l'intéressé ou de son conseil. • Crim. 15 sept. 1986, n° 86-93.535 P.

49. Le but de l'art. 197 est, d'une part de permettre aux parties et à leur conseil de produire leurs mémoires, et d'autre part, pour les conseils, de solliciter l'autorisation de présenter des observations sommaires à l'audience. Les prescriptions de cet article sont essentielles aux droits des parties et doivent être observées à peine de nullité. • Crim. 28 oct. 1991, n° 91-84.789 P.

50. La formalité imposée par l'art. 197 de notifier aux parties et à leurs avocats la date de l'audience où sera appelée une cause soumise à la chambre d'accusation est essentielle aux droits des parties et doit être observée à peine de nullité. • Crim. 15 oct. 1996, n° 96-83.320 P • 14 mars 1989, n° 89-80.189 P. ♦ L'irrégularité résultant de l'inobservation de cette formalité n'est pas couverte par la présence à l'audience du conseil de l'inculpé, qui s'est expressément prévalu de la nullité sans présenter ses observations sur le fond. • Crim. 3 avr. 1984, n° 84-90.723 P. ♦ L'art. 197 impose de notifier à l'inculpé détenu, par les soins du chef de l'établissement pénitentiaire, la date à laquelle l'affaire sera appelée devant la chambre d'accusation. Cette formalité est essentielle aux droits de l'inculpé et doit être observée à peine de nullité. • Crim. 23 avr. 1991, 91-80.890 P.

51. Juridictions de jugement. La disposition de l'art. 469-3 (abrogé, repris art. 132-60, al. 3, C. pén.), prescrivant la présence du prévenu devant la juridiction pour permettre l'ajournement du prononcé de la peine, est d'ordre public. La décision méconnaissant cette disposition est entachée de nullité. • Crim. 25 févr. 1992, n° 91-84.063 P : *Dr. pénal 1992. Comm. 192.*

52. Les juges ne peuvent légalement statuer que sur les faits dont ils sont saisis. Dès lors qu'ils se prononcent sur des faits non visés à la prévention, ils excèdent leurs pouvoirs et la décision rendue dans ces conditions doit être annulée. • Crim. 21 mai 1996, n° 94-85.029 P. ♦ Encourt la cassation l'arrêt qui se fonde sur un élément de conviction parvenu à la connaissance des juges entre la fin de l'audience à laquelle ont eu lieu les débats et le prononcé de la décision et qui, dès lors, n'a pas été soumis à la libre discussion des parties. • Crim. 20 mai 1992, n° 91-84.297 P. ♦ Le juge ne peut fonder sa décision que sur des preuves qui lui sont apportées au cours des débats et contradictoirement discutées devant lui. • Crim. 17 déc. 1970, n° 68-91.412 P : *JCP 1971. II. 16830, note Gaudement.* ♦ Les juges ne peuvent fonder leur conviction sur la connaissance personnelle d'éléments de preuve puisés dans d'autres procédures. • Crim. 3 avr. 1984, n° 83-91.362 P.

II. RÈGLES EUROPÉENNES

A. GARANTIES GÉNÉRALES DE L'ARTICLE 6 CONV. EDH

53. Droit à un tribunal impartial. En demandant à l'accusé, comme le constate le procès-verbal des débats : « Ne pensez-vous pas que vous niez l'évidence et que vous avez une position insoutenable ? », le président de la cour d'assises, qui a ainsi manifesté sans équivoque son opinion sur la culpabilité de l'accusé, a méconnu la disposition précitée et porté atteinte aux droits de la défense. Dès lors, la cassation est encourue. • Crim. 14 juin 1989, n° 88-86.553 P.

54. En communiquant, dès le début de l'instruction à l'audience, aux magistrats de la Cour et aux jurés, un document impliquant nécessairement sa conviction préétablie de la culpabilité de l'accusé, le président de la cour d'assises, qui a par ailleurs méconnu le principe de l'oralité des débats, a manifesté son opinion sur cette culpabilité en violation du texte de loi précité et porté ainsi atteinte aux droits de la défense. Dès lors, la cassation est encourue. • Crim. 9 janv. 1991, n° 90-81.844 P.

55. Le substitut du procureur général près la cour d'appel, qui représentait le ministère public à l'audience où la cause avait été débattue une première fois, a ensuite été nommé conseiller à la même cour d'appel et a participé au jugement de l'affaire après annulation de la première décision et renvoi de la cause devant la même juridiction autrement composée. En cet état la cour d'appel a méconnu le principe ci-dessus rappelé. Dès lors, la cassation est encourue. • Crim. 26 avr. 1990, n° 88-84.586 P : *D. 1990. Somm. 379, obs. Pradel.*

56. Le juge, qui a remplacé le juge d'instruction, ne peut siéger à la cour d'assises, même s'il s'est borné à notifier l'inculpation (annulation de l'arrêt). • Crim. 18 mai 1976, n° 75-90.366 P.

57. Lorsqu'il apparaît que deux magistrats conjoints ont siégé dans une même cause lors du jugement par le tribunal correctionnel, la cour d'appel doit annuler la décision, évoquer l'affaire et statuer sur le fond. • Crim. 30 avr. 1986, n° 85-90.271 P.

58. Droit d'être jugé dans un délai raison-

nable. Un arrêt de la CEDH constatant le non-respect du délai raisonnable au sens de l'art. 6, § 1, Conv. EDH est sans incidence sur la validité des procédures relevant du droit interne. • Crim. 3 févr. 1993, n° 92-83.443 P : *D. 1993. 515, note Renucci* • 4 mai 1994, n° 93-84.547 P : *D. 1995. 80, note Renucci ; D. 1995. Somm. 139, note Pradel ; JCP 1994. II. 22349, note Chambon.*

59. Si, en application de l'art. 6 de la Conv. EDH, toute personne a droit à ce que sa cause soit entendue dans un délai raisonnable, la durée excessive d'une procédure pénale n'en entraîne pas la nullité. Elle permet seulement à celui qui en aurait souffert de saisir éventuellement la juridiction nationale compétente d'une demande de réparation ou, s'il y a lieu, de saisir la Commission européenne des droits de l'homme. • Crim. 7 mars 1989, n° 87-90.500 P • 29 avr. 1996, n° 95-81.948 P : *D. 1997. Somm. 148, obs. Pradel* • Crim. 24 avr. 2013 : *AJ pénal 2013. 423, obs. Belfanti ; Dr. pénal 2013, n° 99, obs. Maron et Haas.*

60. Un accusé ne saurait reprocher à une chambre d'accusation de n'avoir pas examiné le bien-fondé de son argumentation selon laquelle la durée de l'information suivie contre lui aurait excédé le délai raisonnable prévu par l'art. 6, § 1, Conv. EDH dès lors que, à la supposer établie, la méconnaissance de cette exigence conventionnelle ne pouvait entraîner la nullité de la procédure. • Crim. 22 sept. 1998, n° 98-83.555 P : *Procédures 1999, n° 71, obs. Buisson.*

B. GARANTIES SPÉCIALES DE L'ARTICLE 6 CONV. EDH

61. Le temps et les facilités nécessaires à la préparation de la défense. L'appréciation du temps et des facilités nécessaires à la préparation de sa défense, dont tout accusé doit disposer aux termes de l'art. 6, § 3 *b)*, Conv. EDH, est une question de fait qui échappe au contrôle de la Cour de cassation. • Crim. 1er févr. 1988 : *Bull. crim. n° 47.*

62. La nécessité d'assurer la continuité du cours de la justice et celle de permettre le jugement dans un délai raisonnable justifient que, malgré l'absence du défenseur choisi par l'accusé, le renvoi de l'affaire ne soit pas ordonné. Il en est ainsi dans les cas où l'accusé, qui a disposé, avant et pendant les débats, du temps nécessaire à la préparation de sa défense, se livre, dans la partie ultime du procès, avec le concours, délibéré ou non, de son avocat, à des manœuvres destinées à en différer l'échéance. Dans de telles circonstances, en l'absence de l'avocat choisi puis commis d'office qui, au mépris de ses devoirs, a quitté la salle d'audience, il appartient à l'accusé, s'il l'estime utile, ce que n'exclut pas l'art. 6, § 3, Conv. EDH, de se défendre lui-même. • Crim. 20 oct. 1993, n° 92-85.775 P.

63. Droit à l'information. Toute personne contre laquelle un juge a le pouvoir de prononcer une condamnation a le droit d'être informée, d'une manière détaillée, de la nature et de la cause de l'accusation portée contre elle, de disposer du temps et des facilités nécessaires à la préparation de sa défense, et de se défendre elle-même ou avec l'assistance d'un défenseur de son choix, à l'occasion d'un procès public. • Crim. 28 janv. 1992, n° 91-83.732 P. ♦ Le ministère public ne peut refuser de délivrer une copie des pièces de la procédure au prévenu cité devant le tribunal de police, le cas échéant à ses frais, car ceci serait contraire aux dispositions de l'art. 6, § 3, Conv. EDH ; un tel refus entraîne la nullité de la procédure. • Toulouse, 1er avr. 1999 : *JCP 1999. IV. 2811.*

64. Les textes du C. pr. pén. relatifs à la signification et à l'appel des décisions en matière pénale qui mettent le justiciable, grâce à la copie qui lui est remise de ladite décision, en mesure d'en connaître la nature et la voie de recours dont elle est susceptible, satisfont aux exigences de l'art. 6 Conv. EDH. • Crim. 16 déc. 1992, n° 91-86.629 P.

Art. 802-1 *(L. n° 2016-731 du 3 juin 2016, art. 62)* **Lorsque, en application du présent code, le ministère public ou une juridiction est saisi d'une demande à laquelle il doit être répondu par une décision motivée susceptible de recours, en l'absence de réponse dans un délai de deux mois à compter de la demande effectuée par lettre recommandée avec demande d'avis de réception ou par déclaration au greffe contre récépissé, ce recours peut être exercé contre la décision implicite de rejet de la demande.**

Le présent article n'est pas applicable lorsque la loi prévoit un recours spécifique en l'absence de réponse.

En l'absence de délai imposé par l'art. 80-1-1 au juge d'instruction pour répondre à une demande d'octroi du statut de témoin assisté, les dispositions de l'art. 802-1 s'appliquent et la saisine directe de la chambre de l'instruction, intervenue moins de deux mois après la demande présentée au juge d'instruction, doit être déclarée irrecevable. • Crim. 16 juin 2020, n° 19-86.760 P : *D. actu. 9 juill. 2020, obs. Fucini ; AJ pénal 2020. 418, obs. Lasserre Capdeville.*

Art. 802-2 *(L. n° 2019-222 du 23 mars 2019, art. 49-V)* **Toute personne ayant fait l'objet d'une perquisition ou d'une visite domiciliaire en application des dispositions du présent code et qui n'a pas été poursuivie devant une juridiction d'instruction ou de jugement au plus tôt six mois après l'accomplissement de cet acte peut, dans un délai**

d'un an à compter de la date à laquelle elle a eu connaissance de cette mesure, saisir le juge des libertés et de la détention d'une demande tendant à son annulation.

La requête est formée par déclaration au greffe de la juridiction où la procédure a été menée ou, à défaut, de la juridiction dans le ressort de laquelle la mesure a été réalisée. Dans le second cas, elle est transmise sans délai à la juridiction ayant suivi la procédure. Elle n'a aucun effet suspensif sur l'enquête ou l'instruction en cours.

Le juge statue, dans le mois suivant la réception de la requête, après avoir recueilli les observations écrites du procureur de la République, du requérant et, le cas échéant, de son avocat. Si les nécessités de l'enquête le justifient, le procureur de la République peut, par réquisitions écrites, demander au juge des libertés et de la détention de se prononcer dans un délai de huit jours. Le juge statue par une ordonnance motivée susceptible d'appel, dans un délai de dix jours à compter de sa notification, devant le président de la chambre de l'instruction.

Si la perquisition est intervenue à l'occasion d'une procédure pour laquelle des poursuites ont été engagées à l'encontre d'autres personnes que celle ayant formé la demande d'annulation, celle-ci est transmise par le juge des libertés et de la détention soit au président de la chambre de l'instruction lorsqu'une instruction est en cours, soit au président de la juridiction de jugement lorsque celle-ci est saisie.

Dans le cadre des recours examinés conformément aux troisième et avant-dernier alinéas, le requérant ne peut prétendre qu'à la mise à disposition des seules pièces de la procédure se rapportant à la perquisition qu'il conteste.

BIBL. ▶ TRIFKOVIC, *AJ pénal 2021. 192* (l'action en nullité au cours de l'enquête de police judiciaire).

Art. 802-3 *(L. nº 2020-1672 du 24 déc. 2020, art. 9)* **Lorsque l'une au moins des infractions poursuivies entre dans une catégorie d'infractions pour le jugement desquelles la juridiction dispose, en application des dispositions du présent code, d'une compétence territoriale concurrente et spécialisée s'étendant sur le ressort de plusieurs tribunaux judiciaires ou sur l'ensemble du territoire, le premier président de la cour d'appel peut décider, dans l'intérêt de la bonne administration de la justice, en raison de la disproportion entre, d'une part, les capacités d'accueil physique de la juridiction et, d'autre part, le nombre des parties civiles, que le déroulement de l'audience fera l'objet, selon des modalités précisées par arrêté du ministre de la justice, d'une captation sonore permettant sa diffusion en différé, par un moyen de télécommunication garantissant la confidentialité de la transmission, aux parties civiles qui en ont fait la demande. Le président de la juridiction pénale peut toutefois ordonner l'interdiction de la diffusion de tout ou partie des débats afin de garantir leur sérénité ou de prévenir un trouble à l'ordre public.** — *V. art. A. 53-10.*

Le fait d'enregistrer cette captation ou de la diffuser à des tiers est puni d'un an d'emprisonnement et *[de]* **15 000 € d'amende.**

V. Arr. du 25 août 2021 portant création d'un traitement de données dénommé « Webradio » en application de l'art. 802-3 C. pr. pén., ayant pour finalité la captation sonore des audiences et leur diffusion en différé aux parties civiles qui en font la demande sur le fondement de ce texte (JO 1er sept.)

Art. 803 *(L. nº 93-2 du 4 janv. 1993)* **Nul ne peut être soumis au port des menottes ou des entraves que s'il est considéré soit comme dangereux pour autrui ou pour lui-même, soit comme susceptible de tenter de prendre la fuite.**

(L. nº 2000-516 du 15 juin 2000, art. 93) **« Dans ces deux hypothèses, toutes mesures utiles doivent être prises, dans les conditions compatibles avec les exigences de sécurité, pour éviter qu'une personne menottée ou entravée soit photographiée ou fasse l'objet d'un enregistrement audiovisuel. »**

1. Dès lors que le contrôle d'identité d'un individu a eu lieu sans incident dans un car de police, que celui-ci est resté parfaitement calme jusqu'au moment où, à sa sortie du car, il a été menotté, qu'il n'existait, avant cela, aucun motif de le tenir pour dangereux, pour autrui ou pour lui-même, ni comme étant susceptible de prendre la fuite, les conditions requises par l'art. 803 ne sont pas réunies. • Paris, 7 janv. 1997 : *Dr. pénal 1998. Comm. 140, obs. Maron ; RSC 1999. 105, obs. J.-P. Delmas Saint-Hilaire*.

2. Fait une application inexacte des dispositions de l'art. 803, de nature à engager la responsabilité de l'État, l'administration qui accorde à un détenu une permission de sortir sous escorte et justifie le port des menottes qui lui a été imposé au regard de sa situation pénale et de sa condition physique supposée, sans examiner le comportement pénal dudit détenu, sa dangerosité et les craintes d'évasion que sa sortie pouvait, dans son propre contexte, susciter. • TA Nantes, 19 oct. 2011 : *AJ pénal 2012. 49, obs. Céré.*

Art. 803-1 *(L. n° 99-515 du 23 juin 1999) (L. n° 2015-177 du 16 févr. 2015, art. 14)* **« I. — » Dans les cas où, en vertu des dispositions du présent code, il est prévu de procéder aux notifications à un avocat par lettre recommandée ou par lettre recommandée avec demande d'avis de réception, la notification peut aussi être faite sous la forme d'une télécopie avec récépissé** *(L. n° 2007-291 du 5 mars 2007, art. 18-VIII, en vigueur le 1er juill. 2007)* **« ou par un envoi adressé par un moyen de télécommunication à l'adresse électronique de l'avocat et dont il est conservé une trace écrite ».**

(L. n° 2015-177 du 16 févr. 2015, art. 14) **« II. — Lorsque le présent code prévoit que des avis, convocations ou documents sont adressés à une personne par l'autorité judiciaire par tout moyen, par lettre simple, par lettre recommandée ou par lettre recommandée avec demande d'avis de réception, l'envoi peut être effectué par voie électronique, à la condition que la personne y ait préalablement consenti par une déclaration expresse recueillie au cours de la procédure. Cet accord précise le mode de communication électronique accepté par la personne. Il est conservé au dossier une trace écrite de cet envoi.**

« Lorsqu'il est prévu que ces envois sont effectués par lettre recommandée, les procédés techniques utilisés doivent permettre d'établir de manière certaine la date d'envoi. Lorsqu'il est prévu que ces envois sont effectués par lettre recommandée avec demande d'avis de réception, les procédés techniques utilisés doivent également permettre d'établir la date de réception par le destinataire.

« Lorsque sont adressés des documents, ces procédés doivent, selon des modalités prévues par arrêté du ministre de la justice, garantir la fiabilité de l'identification des parties à la communication électronique, l'intégrité des documents adressés, la sécurité et la confidentialité des échanges ainsi que la conservation des transmissions opérées. »

(L. n° 2021-1729 du 22 déc. 2021, art. 14) **« Le présent II est également applicable, selon des modalités précisées par voie réglementaire, lorsque le présent code impose une signification par voie d'huissier de justice à destination du ministère public, des parties civiles, des experts et des témoins ainsi que, lorsque ces personnes ne sont pas détenues, des prévenus ou des condamnés. »**

V. art. D. 590.

L'accord de la personne concernée pour la mise en œuvre de la communication électronique pénale, dans les conditions prévues au II de l'art. 803-1 peut être enregistré dans le logiciel de rédaction des procédures de la police nationale (LRPPN) (Décr. n° 2011-110 du 27 janv. 2011, mod. par Décr. n° 2017-1454 du 9 oct. 2017).

Pour l'application du II, V. aussi Arr. du 24 oct. 2019 autorisant la mise en œuvre d'un traitement automatisé de données personnelles dénommé « PLINE » et « PLEX » et Arr. du même jour relatif aux caractéristiques techniques de la communication par voie électronique via la plateforme sécurisée d'échange de fichiers « PLINE » et « PLEX » (JO 3 nov. 2019).

BIBL. ▶ RODRIGUEZ, *Procédures 2014. Dossier 6* (la communication par voie électronique en matière pénale).

▶ **Dossier :** *AJ pénal 2014. 154 s.* (les nouvelles technologies au service de la justice pénale).

1. *Télécopie.* En vertu des dispositions de l'art. 803-1, la notification de la date d'audience de la chambre de l'instruction à l'avocat est régulière si elle est faite par télécopie avec accusé de réception. • Crim. 29 mai 2002, n° 02-81.751 P : *JCP 2002. IV. 2362 ; Dr. pénal 2002. Comm. 116, obs. Maron.* ♦ Est ainsi irrecevable l'appel formé tardivement, alors que l'ordonnance de non-lieu a bien été notifiée à l'avocat par télécopie. • Crim. 28 sept. 2004, n° 03-87.437 P : *JCP 2004. IV. 3255 ; AJ pénal 2004. 449.*

2. Le rapport de transaction consécutif à l'envoi d'une télécopie constitue le récépissé prévu par l'art. 114, al. 2. • Crim. 2 oct. 2013, n° 13-85.010 P : *D. actu. 17 oct. 2013, obs. Winckelmuller.* ♦ L'art. 803-1, qui permet de procéder aux notifications à un avocat par télécopie, est applicable à la notification faite à la partie civile qui a déclaré son adresse chez son avocat conformément aux dispositions de l'art. 89. • Crim. 31 mars 2020, n° 19-83.695 P : *D. actu. 15 mai 2020, obs. Diaz ; Dr. pénal 2020, n° 119, obs. Maron et Haas.*

3. Courriel. L'art. 803-1, I, qui permet l'envoi de la convocation à un avocat, par envoi adressé par un moyen de télécommunication à son adresse électronique dont il est conservé une trace écrite, n'exige pas dans cette hypothèse que figure au dossier un justificatif de la remise à son destinataire. • Crim. 24 juill. 2019, n° 19-83.412 P : *D. actu. 11 sept. 2019, obs. Priou-Alibert* • Crim. 9 févr. 2022, n° 21-86.769 P. ♦ Constitue une trace écrite d'un envoi par un moyen de télécommunication au sens de l'art. 803-1, I, le document figurant au dossier indiquant qu'un fichier, dont le titre mentionne qu'il s'agit d'un avis d'audience devant la chambre de l'instruction a été déposé sur PLEX pour l'avocat de l'intéressé, ce dernier ayant été averti de ce dépôt par un courriel qu'il indique n'avoir découvert qu'après avoir reçu notification de l'arrêt ; ni l'existence d'un justificatif de réception ni l'accord exprès du destinataire pour qu'il puisse être procédé aux notifications par ce moyen de communication électronique ne sont des conditions requises par le texte. • Crim. 12 janv. 2022, n° 21-86.075 P.

4. L'accord préalable à l'envoi de convocations par voie électronique n'est exigé que par l'art. 803-1, II, qui concerne les notifications destinées aux personnes autres que les avocats. • Crim. 9 févr. 2022, n° 21-86.769 P.

5. Point de départ des délais. Il résulte des art. 175 et 803-1 que, lorsque le juge d'instruction ayant estimé l'information terminée, le ministère public communique ses réquisitions à l'avocat d'une partie après l'expiration du délai d'un mois ou de trois mois qui lui est imparti pour le faire, le délai de dix jours ou d'un mois dont dispose cette partie pour présenter des observations complémentaires a pour point de départ la date de cette communication et est calculé, quel qu'en soit le mode, à compter du lendemain. • Crim. 17 sept. 2008, n° 08-84.928 P : *RSC 2009. 399, obs. Finielz ; AJ pénal 2008. 469, obs. Ascensi ; Dr. pénal 2009, n° 28, obs. Maron et Haas ; Procédures 2009, n° 25, obs. Buisson.*

Arrêté du 21 octobre 2021,

Relatif aux caractéristiques techniques de la communication par voie électronique via le « Portail du justiciable ».

Art. 1er Le "Portail du justiciable" est un service fondé sur une communication par voie électronique des informations relatives à l'état d'avancement des procédures civiles et pénales utilisant le réseau internet.

Il permet la communication par voie électronique au justiciable des avis, convocations et récépissés émis par le greffe du siège d'un tribunal judiciaire ou, le cas échéant, de l'une de ses chambres de proximité, d'un tribunal paritaire des baux ruraux, d'un conseil de prud'hommes, ou d'une cour d'appel dans les conditions fixées par le présent arrêté.

Le "Portail du justiciable" permet également au justiciable de saisir la justice via la requête numérique.

La requête est composée des informations saisies par le justiciable ainsi que des pièces qu'il souhaite joindre à sa demande.

La réception de la requête génère automatiquement un avis électronique de réception à destination du justiciable. Cet avis contient la date de la saisine, le numéro de la saisine ainsi que la juridiction saisie. Il tient lieu de visa par le greffe au sens de l'article 769 du code de procédure civile.

CHAPITRE Ier. *DU SYSTÈME DE COMMUNICATION ÉLECTRONIQUE MIS À DISPOSITION DES JURIDICTIONS*

Art. 2 Le système de communication électronique mis à disposition des agents du ministère de la justice chargés du traitement et de l'exploitation des informations recueillies ou expédiées par la voie électronique depuis les applications civiles et pénales vers le "Portail du justiciable", conformément aux dispositions des articles 748-1 à 748-8 du code de procédure civile et de l'article 803-1 du code de procédure pénale, est un système d'information fondé sur les procédés techniques d'envoi automatisé de données et d'éditions.

Art. 3 Les agents mentionnés à l'article 2 accèdent aux applications civiles et pénales via le réseau privé virtuel justice dont les fonctions sont spécifiées par l'arrêté du 31 juillet 2000 susvisé. Les accès à ces applications sont contrôlés par un procédé d'identification et d'authentification strictement personnel.

CHAPITRE II. *DE LA SÉCURITÉ DES MOYENS D'ACCÈS DES JUSTICIABLES AU SYSTÈME DE COMMUNICATION ÉLECTRONIQUE MIS À DISPOSITION DES JURIDICTIONS*

Art. 4 L'accès des justiciables au système de communication électronique mis à disposition des juridictions se fait via le site sécurisé www.monespace.justice.fr disponible sur le réseau ouvert au public internet.

CHAPITRE III. *DE LA SÉCURITÉ DES MOYENS D'ACCÈS DES JUSTICIABLES AU SYSTÈME DE COMMUNICATION ÉLECTRONIQUE MIS À DISPOSITION DES JURIDICTIONS*

Les chapitres II et III de l' Arr. du 21 oct. 2021 possèdent le même intitulé.

Art. 5 Le justiciable qui adresse sa requête via le "Portail du justiciable" doit accepter les conditions générales d'utilisation.

Afin de consulter son dossier sur son compte www.monespace.justice.fr, le justiciable doit au préalable consentir à la communication électronique auprès de la juridiction ou depuis son espace personnel s'il a adressé sa requête via le "Portail du justiciable" lorsqu'il saisit la justice en ligne. Ce faisant, le justiciable consent à recevoir sur son espace personnel des informations propres à la procédure suivie et renonce à ce que ces documents lui soient adressés par lettre simple, par lettre recommandée sans avis de réception ou par tous moyens par le greffe de la juridiction. Ces éditions sont reçues au format.pdf.

Le consentement est unique pour chaque affaire.

Art. 6 Le justiciable qui souhaite suivre son affaire en ligne et recevoir les avis, convocations et récépissés mentionnés à l'article 748-8 du code de procédure civile et à l'article 803-1 du code de procédure pénale peut consentir à la communication par voie électronique à tout moment de sa procédure par écrit via le formulaire CERFA dédié ou par déclaration formulée par procès-verbal de greffe ou d'un agent assermenté. Le consentement donné est irrévocable.

Art. 7 L'adresse de messagerie du justiciable peut être hébergée par un serveur de messagerie localisé au sein du réseau ouvert au public internet. La structure de l'adresse de messagerie, permettant d'identifier la personne, est libre.

Afin que le consentement soit valide, le justiciable doit nécessairement communiquer à la juridiction un numéro de téléphone portable et une adresse courriel valides. Il lui revient de signaler à la juridiction toute modification ultérieure.

Le justiciable accède à son espace personnel au moyen de "FranceConnect", dispositif créé par l'arrêté du 24 juillet 2015 susvisé permettant de garantir l'identité d'un utilisateur en s'appuyant sur des comptes en ligne existants pour lesquels son identité a déjà été vérifiée.

La visualisation n'est possible que si le justiciable a, au préalable, rattaché son affaire à son compte. Ce rattachement se fait au moyen d'un numéro d'identification (numéro propre au justiciable et unique à chaque affaire) envoyé à son adresse courriel et d'un code temporaire envoyé à son numéro de téléphone portable. L'adresse courriel et le numéro de téléphone portable sont ceux déclarés par le justiciable.

Art. 8 Les courriels adressés via le "Portail du justiciable" sont formatés par l'application et émis au nom du service compétent par les utilisateurs authentifiés. Le justiciable reçoit par courriel les notifications relatives au traitement de sa requête ainsi que les notifications de mise à jour relatives à l'état d'avancement de la procédure le concernant. Il s'agit de messages automatiques dont les contenus sont de portée générique ne comportant pas de données confidentielles.

Art. 9 Les rappels d'audience ou d'auditions sont envoyés au numéro de téléphone portable déclaré par le justiciable.

CHAPITRE IV. *DE LA SÉCURITÉ DES TRANSMISSIONS*

Art. 10 Les dispositifs techniques mis à disposition des juridictions pour créer, envoyer, recevoir, conserver ou traiter de toute autre manière des courriels sont synchronisés sur le serveur de temps du réseau privé virtuel justice, lui-même synchronisé sur plusieurs serveurs de temps reconnus au plan international. La réception ou l'expédition d'un message de données par le système d'information "Portail du justiciable" fait l'objet de l'enregistrement de ses données de transmission dans un journal de l'historique des messages échangés.

Art. 11 Les courriels expédiés par la juridiction, ainsi que le journal de l'historique des échanges, sont enregistrés et conservés pendant un an à compter de la clôture du dossier au moyen de dispositifs de stockage mis à disposition de chaque juridiction.

Art. 12 Le présent arrêté est applicable aux îles de Wallis-et-Futuna.

Ndlr : V. aussi Arr. du 21 oct. 2021 autorisant la mise en œuvre d'un traitement automatisé de données à caractère personnel dénommé « Portail du justiciable » (JO 24 oct.).

Art. 803-2 *(L. nº 2004-204 du 9 mars 2004, art. 83)* **Toute personne ayant fait l'objet d'un défèrement à l'issue de sa garde à vue** *(L. nº 2014-896 du 15 août 2014, art. 34, en vigueur le 1er oct. 2014)* **« ou de sa retenue » à la demande du procureur de la République** *(L. nº 2014-896 du 15 août 2014, art. 34, en vigueur le 1er oct. 2014)* **« ou du juge de l'application des peines » comparaît le jour même devant ce magistrat ou, en cas d'ouverture d'une information, devant le juge d'instruction saisi de la procédure. Il en est de même si la personne est déférée devant le juge d'instruction à l'issue d'une garde à vue au cours d'une commission rogatoire, ou si la personne est conduite devant un magistrat en exécution d'un mandat d'amener ou d'arrêt.**

RÉP. PÉN. vº *Comparution immédiate*, par GUÉRY.

1. QPC. L'art. 803-2 selon lequel toute personne suspecte doit être présentée au parquet le jour même, c'est-à-dire avant minuit le jour où sa garde à vue prend fin, est conforme à la Constitution. Le Conseil constitutionnel rappelle que le défèrement, mesure de contrainte nécessaire à l'exercice des poursuites et à la comparution des personnes poursuivies devant les juridictions, est placé sous le contrôle du procureur de la République qui peut décider du moment de sa comparution et de sa remise en liberté. En cas de comparution immédiate, l'intéressé est placé sous le contrôle de la juridiction de jugement qui dispose des mêmes pouvoirs. • Cons. const., QPC, 6 mai 2011 : *D. actu. 18 mai 2011, obs. Girault ; D. 2011. Actu. 1222 ; ibid. 2012. Pan. 1638, obs. Bernaud et Jacquinot ; AJ pénal 2011. 471, obs. Perrier ; RSC 2011. 415, obs. Danet ; Constitutions 2011. 525, obs. Daoud et Talbot ; Dr. pénal 2011. Chron. 7, obs. Lesclous.*

2. Les dispositions des art. 803-2 et 803-3, relatifs au défèrement après une garde à vue, ne sont pas applicables à la procédure du mandat d'arrêt européen. • Crim. 8 déc. 2010, nº 10-87.818 P : *D. actu. 14 janv. 2010, obs. Girault.*

Art. 803-3 *(L. nº 2004-204 du 9 mars 2004, art. 83)* **En cas de nécessité et par dérogation aux dispositions de l'article 803-2, la personne peut comparaître le jour suivant et peut être retenue à cette fin dans des locaux de la juridiction spécialement aménagés, à la condition que cette comparution intervienne au plus tard dans un délai de vingt heures à compter de l'heure à laquelle la garde à vue** *(L. nº 2014-896 du 15 août 2014, art. 34, en vigueur le 1er oct. 2014)* **« ou la retenue » a été levée, à défaut de quoi l'intéressé est immédiatement remis en liberté.**

(L. nº 2011-392 du 14 avr. 2011) **« Le magistrat devant lequel l'intéressé est appelé à comparaître est informé sans délai de l'arrivée de la personne déférée dans les locaux de la juridiction.**

« Lorsque la garde à vue a été prolongée mais que cette prolongation n'a pas été ordonnée par le juge des libertés et de la détention ou par un juge d'instruction, la personne retenue doit être effectivement présentée à la juridiction saisie ou, à défaut, au juge des libertés et de la détention avant l'expiration du délai de vingt heures. »

Lorsqu'il est fait application des dispositions du présent article, la personne doit avoir la possibilité de s'alimenter et, à sa demande, de faire prévenir par téléphone une des personnes visées à l'article 63-2, d'être examinée par un médecin désigné conformément aux dispositions de l'article 63-3 et de s'entretenir, à tout moment, avec un avocat désigné par elle ou commis d'office à sa demande, selon les modalités prévues par l'article *(L. nº 2011-392 du 14 avr. 2011)* **« 63-3-1. L'avocat peut demander à consulter le dossier de la procédure. »**

L'identité des personnes retenues en application des dispositions du premier alinéa, leurs heures d'arrivée et de conduite devant le magistrat ainsi que l'application des dispositions du *(L. nº 2011-392 du 14 avr. 2011)* **« quatrième » alinéa font l'objet d'une mention dans un registre spécial tenu à cet effet dans le local où ces personnes sont retenues et qui est surveillé, sous le contrôle du procureur de la République, par des fonctionnaires de la police nationale ou des militaires de la gendarmerie nationale.**

Les dispositions du présent article ne sont pas applicables lorsque la personne a fait l'objet, en application des dispositions de l'article 706-88 *(L. n° 2011-392 du 14 avr. 2011)* **« ou de l'article 706-88-1 », d'une garde à vue ayant duré plus de soixante-douze heures.**

Les dispositions de la L. n° 2011-392 du 14 avr. 2011 sont entrées en vigueur le 1er juin 2011. V. Circ. CRIM. du 31 mai 2011 (BOMJ, n° 2011-06).

RÉP. PÉN. v° *Comparution immédiate*, par GUÉRY.

1. QPC. Doit être renvoyée devant le Conseil constitutionnel la question portant sur la conformité de l'art. 803-3 aux libertés et garanties fondamentales protégées par la Constitution, notamment par l'art. 9 DDH, en ce qu'il dérogerait au principe de la présentation immédiate à un magistrat du parquet de la personne dont la garde à vue a été levée, principe posé par l'art. 803-2. • Cass., QPC, 14 sept. 2010. ♦ La privation de liberté, au-delà du temps de garde à vue, prévue par l'art. 803-3 n'est pas, par elle-même, contraire à la Constitution, sous réserve de l'information sans délai du magistrat devant lequel l'intéressé est appelé à comparaître de l'arrivée de la personne déférée dans les locaux de la juridiction et de la présentation à un magistrat du siège avant l'expiration du délai de vingt heures de la personne retenue lorsque la garde à vue a été renouvelée. • Cons. const., QPC, 17 déc. 2010 : *D. actu. 6 janv. 2011, obs. Lavric ; D. 2010. Actu. 17 ; Dr. pénal 2011. Chron. 7, obs. Lesclous ; ibid. 2012. Chron. 1, obs. Georget ; Procédures 2011, n° 73, obs. Buisson.* ♦ V. ss. art. 803-2 : • Cons. const., QPC, 6 mai 2011 : *D. actu. 18 mai 2011, obs. Girault ; D. 2011. Actu. 1222 ; ibid. 2012. Pan. 1638, obs. Bernaud et Jacquinot ; AJ pénal 2011. 471, obs. Perrier ; RSC 2011. 415, obs. Danet ; Constitutions 2011. 525, obs. Daoud et Talbot ; Dr. pénal 2011. Chron. 7, obs. Lesclous.*

2. La personne qui fait l'objet d'un déferement à l'issue de sa garde à vue ne peut être retenue jusqu'au lendemain dans l'attente de sa comparution devant un magistrat qu'en cas de nécessité et il incombe à la juridiction, saisie d'une requête en nullité de la rétention, de s'assurer de l'existence des circonstances ou contraintes matérielles ayant justifié la mise en œuvre de cette mesure. • Crim. 13 juin 2018, n° 17-85.940 P : *AJ pénal 2018. 422, obs. Roussel ; RSC 2018. 927, note Cordier ; Gaz. Pal. 6 nov. 2018. 57, note Fourment.*

3. La mainlevée de la garde à vue, susceptible de mettre en œuvre le délai légal de 20 heures entre la levée de la garde à vue et la comparution devant un magistrat, ne devient effective qu'au moment de la notification de la fin de cette mesure, et non au moment où le procureur de la République a donné les instructions sur l'heure de cette levée. • Crim. 26 oct. 2004, n° 04-84.550 P : *AJ pénal 2005. 31, obs. Coste.*

4. Justifie sa décision la cour d'appel qui, régulièrement saisie de conclusions, après avoir constaté l'impossibilité de s'assurer de la durée de la rétention d'une personne déférée à l'issue de sa garde à vue, faute de connaître l'heure à laquelle elle a comparu devant le procureur de la République, prononce la nullité du procès-verbal de comparution préalable, constate que le tribunal n'a pas été valablement saisi et ordonne la mise en liberté du prévenu. • Crim. 6 déc. 2005, n° 05-82.450 P.

5. Ni l'art. 803-3 ni aucune autre disposition ne prévoit que soient versés à la procédure des procès-verbaux relatant les conditions dans lesquelles les personnes sont déférées puis retenues dans les locaux de la juridiction ; en revanche, l'art. 803-3, al. 5, prévoit la tenue d'un registre permettant d'effectuer des vérifications lorsqu'est alléguée la violation des garanties prévues par l'art. 803-3 susvisé, ce qui n'a pas été le cas en l'espèce, la chambre de l'instruction ayant dès lors justifié sa décision de rejet de la requête en nullité de la procédure de déferement. • Crim. 9 nov. 2021, n° 21-82.606 B : *D. actu. 6 déc. 2021, obs. Delacoure.*

6. La personne mise en examen ne saurait, à l'occasion de son appel en matière de détention provisoire, solliciter la production, avant dire droit, du registre judiciaire, prévu à l'art. 803-3, al. 3, afin qu'il soit statué sur la régularité de sa rétention judiciaire, étrangère à l'unique objet de son appel. • Crim. 23 févr. 2011, n° 10-88.184 P : *D. actu. 11 avr. 2011, obs. Girault ; D. 2011. Actu. 1081 ; ibid. Pan. 2237, obs. Pradel ; Dr. pénal 2012. Chron. 1, obs. Georget ; ibid. Chron. 7, obs. Lesclous.*

7. Les dispositions des art. 803-2 et 803-3, relatifs au déferement après une garde à vue, ne sont pas applicables à la procédure du mandat d'arrêt européen. • Crim. 8 déc. 2010, n° 10-87.818 P : *D. actu. 14 janv. 2010, obs. Girault ; Dr. pénal 2012. Chron. 1, obs. Georget.*

Art. 803-4 *(L. n° 2004-204 du 9 mars 2004, art. 84)* **Lorsqu'une personne poursuivie ou condamnée par les juridictions françaises est arrêtée hors du territoire national en application des dispositions sur le mandat d'arrêt européen ou sur l'extradition ou en**

application d'une convention internationale, elle peut déclarer auprès des autorités étrangères compétentes qu'elle exerce les recours prévus par le présent code, notamment en formant opposition, appel ou pourvoi contre la décision dont elle fait l'objet. Dans tous les cas, y compris en cas d'arrestation d'une personne condamnée par défaut en matière criminelle, les délais de présentation, de détention ou de jugement prévus par le présent code ne commencent toutefois à courir qu'à compter de sa remise ou de son retour sur le territoire national.

Art. 803-5 *(L. n° 2013-711 du 5 août 2013, art. 4)* Pour l'application du droit d'une personne suspectée ou poursuivie, prévu par le III de l'article préliminaire, à un interprète ou à une traduction, il est fait application du présent article.

S'il existe un doute sur la capacité de la personne suspectée ou poursuivie à comprendre la langue française, l'autorité qui procède à son audition ou devant laquelle cette personne comparaît vérifie que la personne parle et comprend cette langue.

A titre exceptionnel, il peut être effectué une traduction orale ou un résumé oral des pièces essentielles qui doivent lui être remises ou notifiées en application du présent code.

(L. n° 2014-535 du 27 mai 2014, art. 9, en vigueur le 2 juin 2014) « Les modalités d'application du présent article sont précisées par décret, qui définit notamment les pièces essentielles devant faire l'objet d'une traduction. »

V. art. D. 594 s.

1. Sur le droit à la traduction des pièces essentielles de la procédure, V. note 89 ss. art. préliminaire.

2. Voie de recours. La notification en langue étrangère comprise par l'accusé, permettant à celui-ci d'exercer une voie de recours et les droits de la défense, reporte la date à laquelle l'ordonnance devient définitive, sauf lorsque la traduction n'a pas été effectuée dans le délai raisonnable prévu par l'art. D. 594-8. • Crim. 15 juin 2021, n° 21-81.843 P : *D. actu. 6 juill. 2021, obs. Diaz.*

Art. 803-6 *(L. n° 2014-535 du 27 mai 2014, art. 5, en vigueur le 2 juin 2014)* Toute personne suspectée ou poursuivie soumise à une mesure privative de liberté en application d'une disposition du présent code se voit remettre, lors de la notification de cette mesure, un document énonçant, dans des termes simples et accessibles et dans une langue qu'elle comprend, les droits suivants, dont elle bénéficie au cours de la procédure en application du présent code :

1° Le droit d'être informée de la qualification, de la date et du lieu de l'infraction qui lui est reprochée ;

2° Le droit, lors des auditions ou interrogatoires, de faire des déclarations, de répondre aux questions qui lui sont posées ou de se taire ;

3° Le droit à l'assistance d'un avocat ;

4° Le droit à l'interprétation et à la traduction ;

5° Le droit d'accès aux pièces du dossier ;

6° Le droit qu'au moins un tiers ainsi que, le cas échéant, les autorités consulaires du pays dont elle est ressortissante soient informés de la mesure privative de liberté dont elle fait l'objet ;

7° Le droit d'être examinée par un médecin ;

8° Le nombre maximal d'heures ou de jours pendant lesquels elle peut être privée de liberté avant de comparaître devant une autorité judiciaire ;

9° Le droit de connaître les modalités de contestation de la légalité de l'arrestation, d'obtenir un réexamen de sa privation de liberté ou de demander sa mise en liberté.

La personne est autorisée à conserver ce document pendant toute la durée de sa privation de liberté.

Si le document n'est pas disponible dans une langue comprise par la personne, celle-ci est informée oralement des droits prévus au présent article dans une langue qu'elle comprend. L'information donnée est mentionnée sur un procès-verbal. Une version du document dans une langue qu'elle comprend est ensuite remise à la personne sans retard.

Ecqc les mineurs suspectés ou poursuivis, V. CJPM, art. L. 12-5, L. 311-1 s., R. 334-1. et D. 423-4.

1. Exigence d'un grief. La nullité du procès-verbal de placement en garde à vue et des actes subséquents n'est pas encourue dès lors que l'intéressé, qui a bénéficié, par le truchement d'un interprète, de l'information de l'intégralité de ses droits mentionnés à l'art. 63-1 aux différentes étapes de sa garde à vue et renoncé de manière non équivoque à l'assistance d'un avocat, ne démontre aucun grief résultant du défaut de remise du document prévu par l'art. 803-6. • Crim. 7 févr. 2017, n° 16-85.187 P : *D. actu. 27 févr. 2017, obs. Priou-Alibert. ; AJ pénal 2017. 241, obs. Roussel*. ♦ V. aussi, pour un étranger placé en garde à vue avant rétention administrative : • Civ. 1re, 8 mars 2017, n° 16-13.533 P : *D. actu. 26 mars 2017, obs. Mésa.*

2. L'art. 803-6 ne prescrit pas la remise du document d'information qu'il prévoit lors de la prolongation de la détention provisoire ; en tout état de cause, le défaut de remise, à la personne mise en examen, de ce document, après le prononcé de son placement en détention provisoire, est sans incidence sur la régularité de cette décision. • Crim. 14 oct. 2014, n° 14-85.555 P : *D. actu. 8 déc. 2014, obs. Fonteix ; AJ pénal 2015. 95, obs. Brach-Thiel*.

Art. 803-7 *(L. n° 2016-731 du 3 juin 2016, art. 75)* **Lorsqu'une juridiction ordonne la mise en liberté immédiate d'une personne dont la détention provisoire est irrégulière en raison du non-respect des délais ou formalités prévus par le présent code, elle peut, dans cette même décision, placer la personne sous contrôle judiciaire si cette mesure est indispensable pour assurer l'un des objectifs énumérés à l'article 144.**

Lorsque, hors les cas prévus au premier alinéa du présent article, le procureur de la République ordonne la libération d'une personne dont la détention provisoire est irrégulière en raison du non-respect des délais ou des formalités prévus par le présent code, il peut saisir sans délai le juge des libertés et de la détention de réquisitions tendant au placement immédiat de la personne concernée sous contrôle judiciaire si cette mesure est indispensable pour assurer l'un des objectifs énumérés à l'article 144.

1. Il résulte de l'al. 2 de l'art. 803-7 que le procureur de la République ne peut saisir le juge des libertés et de la détention de réquisitions tendant au placement sous contrôle judiciaire d'une personne remise en liberté par suite d'une irrégularité de procédure que lorsqu'il a lui-même pris l'initiative de cette remise en liberté. • Crim. 5 août 2020, n° 20-82.087 P : *D. actu. 18 sept. 2020, obs. Goudjil.* ♦ Lorsque cette mise en liberté résulte d'un arrêt de la Cour de cassation, seul le juge d'instruction peut alors ordonner un placement sous contrôle judiciaire en application de l'art. 139. • Même arrêt.

2. Le juge des libertés et de la détention ne peut délivrer à l'encontre d'une personne remise en liberté et placée sous contrôle judiciaire, après que la chambre de l'instruction a constaté l'irrégularité de son placement en détention provisoire pour non-respect des formalités prévues, un nouveau mandat de dépôt à raison des mêmes faits, et dans la même information, que lorsque des circonstances nouvelles entrant dans les prévisions de l'art. 144 justifient la délivrance de ce nouveau titre d'incarcération. • Crim. 6 mai 2020, n° 20-81.136 P : *D. actu. 9 juin 2020, obs. Goetz.*

3. Les dispositions de l'art. 803-7, al. 1er, permettent à la Cour de cassation de placer sous contrôle judiciaire la personne dont la détention provisoire est irrégulière en raison de la méconnaissance des délais prévus au C. pr. pén., dès lors qu'elle trouve dans les pièces de la procédure des éléments d'information pertinents et que la mesure apparaît indispensable pour assurer l'un des objectifs énumérés à l'art. 144. • Crim. 13 oct. 2020, n° 20-82.016 P.

Art. 803-8 *(L. n° 2021-403 du 8 avr. 2021)* **I. — Sans préjudice de sa possibilité de saisir le juge administratif en application des articles L. 521-1, L. 521-2 ou L. 521-3 du code de justice administrative, toute personne détenue dans un établissement pénitentiaire en application du présent code qui considère que ses conditions de détention sont contraires à la dignité de la personne humaine peut saisir le juge des libertés et de la détention, si elle est en détention provisoire, ou le juge de l'application des peines, si elle est condamnée et incarcérée en exécution d'une peine privative de liberté, afin qu'il soit mis fin à ces conditions de détention indignes.**

Si les allégations figurant dans la requête sont circonstanci3ées, personnelles et actuelles, de sorte qu'elles constituent un commencement de preuve que les conditions de détention de la personne ne respectent pas la dignité de la personne, le juge déclare la requête recevable et, le cas échéant, informe par tout moyen le magistrat saisi du

dossier de la procédure du dépôt de la requête. Cette décision doit intervenir dans un délai de dix jours à compter de la réception de la requête.

Toutefois, à peine d'irrecevabilité, aucune nouvelle requête ne peut être formée tant qu'il n'a pas été statué, dans les délais prévus au présent article, sur une précédente requête ou, si celle-ci a été jugée infondée, tant qu'un élément nouveau ne modifie pas les conditions de détention.

Si le juge estime la requête recevable, il procède ou fait procéder aux vérifications nécessaires et recueille les observations de l'administration pénitentiaire dans un délai compris entre trois jours ouvrables et *(L. nº 2021-1729 du 22 déc. 2021, art. 11)* « sept » jours à compter de la décision prévue au deuxième alinéa du présent I.

Si le juge estime la requête fondée, il fait connaître à l'administration pénitentiaire, dans un délai de dix jours à compter de la décision prévue au même deuxième alinéa, les conditions de détention qu'il estime contraires à la dignité de la personne humaine et il fixe un délai compris entre dix jours et un mois pour permettre de mettre fin, par tout moyen, à ces conditions de détention. Avant la fin de ce délai, l'administration pénitentiaire informe le juge des mesures qui ont été prises. Le juge ne peut enjoindre à l'administration pénitentiaire de prendre des mesures déterminées et celle-ci est seule compétente pour apprécier les moyens devant être mis en œuvre. Elle peut, à cette fin, transférer la personne dans un autre établissement pénitentiaire, sous réserve, s'il s'agit d'une personne prévenue, de l'accord du magistrat saisi du dossier de la procédure.

II. — Si, à l'issue du délai fixé en application du dernier alinéa du I, le juge constate, au vu des éléments transmis par l'administration pénitentiaire concernant les mesures prises et de toute vérification qu'il estime utile, qu'il n'a pas été mis fin aux conditions indignes de détention, il rend, dans un délai de dix jours, l'une des décisions suivantes :

1° Soit il ordonne le transfèrement de la personne dans un autre établissement pénitentiaire ;

2° Soit, si la personne est en détention provisoire, il ordonne sa mise en liberté immédiate, le cas échéant sous contrôle judiciaire ou sous assignation à résidence avec surveillance électronique ;

3° Soit, si la personne est définitivement condamnée et si elle est éligible à une telle mesure, il ordonne une des mesures prévues au III de l'article 707.

Le juge peut toutefois refuser de rendre l'une des décisions prévues aux 1° à 3° du présent II au motif que la personne s'est opposée à un transfèrement qui lui a été proposé par l'administration pénitentiaire en application du dernier alinéa du I, sauf s'il s'agit d'un condamné et si ce transfèrement aurait causé, eu égard au lieu de résidence de sa famille, une atteinte excessive au droit au respect de sa vie privée et de sa vie familiale.

III. — Les décisions prévues au présent article sont motivées. Les décisions du juge prévues au dernier alinéa du I et au II sont prises au vu de la requête et des observations de la personne détenue ou, s'il y a lieu, de son avocat, des observations écrites de l'administration pénitentiaire et de l'avis écrit du procureur de la République ainsi que, le cas échéant, si le juge l'estime nécessaire, de l'avis du juge d'instruction. Le requérant peut demander à être entendu par le juge, assisté s'il y a lieu de son avocat. Dans ce cas, le juge doit également entendre le ministère public et le représentant de l'administration pénitentiaire si ceux-ci en font la demande. Ces auditions peuvent être réalisées selon un moyen de télécommunication audiovisuelle en application de l'article 706-71.

Les décisions prévues aux deuxième et dernier alinéas du I et au II du présent article peuvent faire l'objet d'un appel devant le président de la chambre de l'instruction ou devant le président de la chambre de l'application des peines de la cour d'appel. Cet appel est interjeté dans un délai de dix jours à compter de la notification de la décision ; l'affaire doit être examinée dans un délai d'un mois. Lorsqu'il est formé dans le délai de vingt-quatre heures, l'appel du ministère public est suspensif ; l'affaire doit alors être examinée dans un délai de quinze jours, faute de quoi l'appel est non avenu.

A défaut de respect des délais prévus au présent article, la personne détenue peut saisir directement le président de la chambre de l'instruction ou le président de la chambre de l'application des peines.

IV. – Les modalités d'application du présent article sont précisées par décret en Conseil d'État.

Ce décret précise notamment :

1° Les modalités de saisine du juge des libertés et de la détention ou du juge de l'application des peines ;

2° La nature des vérifications que le juge peut ordonner en application de l'avant-dernier alinéa du I, sans préjudice de sa possibilité d'ordonner une expertise ou de se transporter sur les lieux de détention ;

3° Dans quelle mesure, à compter de la décision prévue au dernier alinéa du même I, le juge administratif, s'il a été saisi par la personne condamnée, n'est plus compétent pour ordonner son transfèrement dans un autre établissement pénitentiaire. – *V. art. R. 249-17 s.*

BIBL. ▸ Bonis et Peltier, *Dr. pénal 2021. Étude 11* (loi du 8 avril 2021 tendant à garantir le droit au respect de la dignité en détention). – Falxa, *AJ pénal 2021. 583* (effectivité des recours relatifs aux conditions indignes de détention). – Mayaud, *RSC 2021. 91* (surpopulation carcérale et dignité des détenus). – Perrier, *RSC 2021. 469* (détention et conditions indignes : création d'un recours ineffectif). – Roets, *D. 2022. 107* (conditions de détention indignes). – Senna, *D. 2021. 977* (indignité des conditions de détention).

LIVRE SIXIÈME DISPOSITIONS RELATIVES À L'OUTRE-MER

(Ord. n° 2011-337 du 29 mars 2011, en vigueur le 1er avr. 2011).

(Ord. n° 96-268 du 28 mars 1996 ; ratifiée par L. n° 96-1240 du 30 déc. 1996)

L'Ord. n° 96-268 du 28 mars 1996 est entrée en vigueur le 1er mai 1996.

Sur l'application des lois modificatives du code de procédure pénale dans les territoires d'outre-mer et à Mayotte, V. L. n° 98-468 du 17 juin 1998, art. 51 (JO 18 juin).

RÉP. PÉN. v° *Outre-mer (Départements et régions, territoires, collectivités et pays)*, par REDON.

Dossier : Regards d'outre-mer sur le droit pénal, *AJ pénal 2019. 67*.

TITRE PREMIER DISPOSITIONS APPLICABLES EN POLYNÉSIE FRANÇAISE, DANS LES ÎLES WALLIS-ET-FUTUNA ET EN NOUVELLE-CALÉDONIE *(Ord. n° 2009-536 du 14 mai 2009, art. 25-2°).*

En vertu des dispositions de l'art. 61 de la L. n° 2003-660 du 21 juill. 2003, dans toutes les dispositions législatives et réglementaires antérieures à l'entrée en vigueur de la L. n° 76-664 du 19 juill. 1976 relative à l'organisation de Saint-Pierre-et-Miquelon, la référence aux territoires d'outre-mer est remplacée par la référence à la Polynésie française, à Saint-Pierre-et-Miquelon, aux îles Wallis-et-Futuna et aux Terres australes et antarctiques françaises, et dans toutes les dispositions législatives et réglementaires postérieures à l'entrée en vigueur de la L. n° 76-664 du 19 juill. 1976 précitée, la référence aux territoires d'outre-mer est remplacée par la référence à la Polynésie française, aux îles Wallis-et-Futuna et aux Terres australes et antarctiques françaises.

CHAPITRE PREMIER DISPOSITIONS GÉNÉRALES

Art. 804 *(Ord. n° 2022-478 du 30 mars 2022, art. 9, en vigueur le 1er mai 2022)* **« Le présent code est applicable, dans sa rédaction résultant de l'ordonnance n° 2022-478 du 30 mars 2022 portant partie législative du code pénitentiaire, en Nouvelle-Calédonie, en Polynésie française et dans les îles Wallis-et-Futuna, sous réserve des adaptations prévues au présent titre et aux seules exceptions : »**

1° Pour la Nouvelle-Calédonie et la Polynésie française, du cinquième alinéa de l'article 398 et des articles 529-3 à 529-6 ;

2° Pour les îles Wallis-et-Futuna, des articles 52-1, 83-1 et 83-2, du cinquième alinéa de l'article 398 et des articles 529-3 à 529-6.

Art. 805 *(L. n° 2016-731 du 3 juin 2016, art. 119)* **Pour l'application du présent code dans les collectivités d'outre-mer et en Nouvelle-Calédonie :**

1° Les références au département sont remplacées par la référence à la collectivité ;

2° Les références au préfet et au sous-préfet sont remplacées par la référence au représentant de l'État dans la collectivité.

En l'absence d'adaptation, les références faites, par des dispositions du présent code applicables dans les collectivités d'outre-mer et en Nouvelle-Calédonie, à des dispositions qui n'y sont pas applicables sont remplacées par les références aux dispositions ayant le même objet applicables localement.

Pour l'application du présent code à Saint-Pierre-et-Miquelon, en Nouvelle-Calédonie, en Polynésie française et à Wallis-et-Futuna :

***a)* Les références au** *(Ord. n° 2019-964 du 18 sept. 2019, art. 18, en vigueur le 1er janv. 2020)* **« tribunal judiciaire** *[ancienne rédaction : tribunal de grande instance et au tribunal d'instance]* **» sont remplacées par la référence au tribunal de première instance ou, le cas échéant, à la section détachée du tribunal de première instance ;**

b)* Les références au pôle de l'instruction** *(Abrogé par L. n° 2016-1547 du 18 nov. 2016, art. 112)* ***« et au collège de l'instruction » **sont remplacées par la référence au juge d'instruction.**

Art. 806 *(L. n° 2016-731 du 3 juin 2016, art. 119)* **« En Nouvelle-Calédonie, en Polynésie française et dans les îles Wallis-et-Futuna », les sanctions pécuniaires encourues en vertu du présent code sont prononcées en monnaie locale, compte tenu de la contre-valeur** *(Ord. n° 2000-916 du 19 sept. 2000, art. 16, en vigueur le 1er janv. 2002)* **« de l'euro » dans cette monnaie.**

CHAPITRE II DE L'ACTION PUBLIQUE ET DE L'ACTION CIVILE

Art. 807 *(L. nº 2022-92 du 31 janv. 2022, art. 4)* **Pour l'application de l'article 2-6, les références aux dispositions du code du travail sont remplacées par les références aux dispositions applicables localement en matière de droit du travail.**

Art. 808 **Le deuxième alinéa de l'article 2-8 est rédigé comme suit :**

Art. 2-8, al. 2 Toute association régulièrement déclarée depuis au moins cinq ans à la date des faits ayant, en vertu de ses statuts, vocation à défendre ou à assister les personnes handicapées peut également exercer les droits reconnus à la partie civile en ce qui concerne les infractions aux dispositions législatives ou réglementaires applicables localement relatives à l'accessibilité des locaux d'habitation, des lieux de travail ou des établissements et installations recevant du public.

CHAPITRE III DE LA POLICE JUDICIAIRE

Art. 809 **I. — Les fonctionnaires et agents exerçant dans les territoires d'outre-mer et en Nouvelle-Calédonie des fonctions correspondant à celles des fonctionnaires et agents métropolitains visés aux articles 22 à 29 sont chargés de certaines fonctions de police judiciaire dans les conditions et les limites fixées par ces mêmes articles.**

II. — Les agents assermentés des territoires et, en Nouvelle-Calédonie, des provinces, peuvent constater par procès-verbal des infractions aux réglementations édictées par les territoires ou, en Nouvelle-Calédonie, les provinces, lorsqu'ils appartiennent à une administration chargée de contrôler la mise en œuvre de ces réglementations. Ces agents sont commissionnés par l'autorité administrative compétente après qu'ils ont été agréés par le procureur de la République. Ils prêtent serment devant le tribunal de première instance.

Art. 809-1 *(L. nº 99-515 du 23 juin 1999)* **Pour l'application de l'article 41-2, les références aux articles L. 2339-5 et L. 2339-9 du code de la défense et à l'article L. 1er du code de la route** *[C. route, art. L. 234-1 s.]* **sont remplacées par les références aux dispositions applicables localement qui répriment la détention ou le port d'arme et aux dispositions applicables localement en matière de circulation routière qui répriment la conduite sous l'empire d'un état alcoolique ou en état d'ivresse manifeste.**

Art. 809-2 *(L. nº 2004-193 du 27 févr. 2004, art. 22)* **En Polynésie française, les fonctionnaires et agents mentionnés à l'article 35 de la loi organique nº 2004-192 du 27 février 2004 portant statut d'autonomie de la Polynésie française sont agents de police judiciaire adjoints dans les conditions prévues à l'article 21 du présent code.**

Art. 809-3 *(L. nº 2007-297 du 5 mars 2007, art. 81)* **Pour l'application de l'article 44-1, les références aux dispositions du code général des collectivités territoriales prévues par cet article sont remplacées par les références aux dispositions ayant le même objet du code des communes de la Nouvelle-Calédonie et du code des communes de Polynésie française.**

Art. 810 **Pour l'application du deuxième alinéa de l'article 45, les fonctions du ministère public sont remplies par les fonctionnaires et agents mentionnés au I de l'article 809, à l'exception de ceux exerçant des fonctions de gardes champêtres des communes et des gardes particuliers assermentés.**

Art. 811 **Pour l'application du premier alinéa de l'article 46 et de l'article 48, les fonctions du ministère public peuvent également être exercées par un officier de police judiciaire appartenant à la gendarmerie.**

Pour l'application du deuxième alinéa de l'article 46, les fonctions du ministère public peuvent être également exercées par le chef de la circonscription *(L. nº 96-1240 du 30 déc. 1996)* **« ou de la subdivision » administrative où siège le tribunal de police.**

Loi n° 2004-193 du 27 février 2004, *complétant le statut d'autonomie de la Polynésie française.* **Art. 2** *(Ord. n° 2012-351 du 12 mars 2012, art. 16, en vigueur le 1er mai 2012)* Le haut-commissaire de la République anime et coordonne la politique de prévention de la délinquance et l'ensemble du dispositif de sécurité intérieure dans les conditions prévues à l'article L. 122-1 du code de la sécurité intérieure, dans sa rédaction résultant du 5° de l'article L. 155-2 du même code.

CHAPITRE IV DES ENQUÊTES

Art. 812 Pour l'application *(L. n° 2011-392 du 14 avr. 2011, en vigueur le 1er juin 2011)* « des dispositions relatives à la garde à vue », lorsque les conditions de transport ne permettent pas de conduire devant le magistrat compétent la personne retenue, l'officier de police judiciaire peut prescrire à cette personne de se présenter à lui périodiquement, à charge d'en informer immédiatement le magistrat compétent. Ce dernier décide de la mainlevée de la mesure ou de son maintien pour une durée qu'il fixe et qui ne peut se prolonger au-delà du jour de la première liaison aérienne ou maritime.

Le fait de se soustraire à l'obligation définie au précédent alinéa est puni d'un an de prison et 15 000 € d'amende.

Art. 813 Dans le territoire de la Polynésie française, en l'absence d'un médecin dans l'île où se déroule la garde à vue, l'examen prévu par l'article 63-3 est effectué par un infirmier diplômé ou, à défaut, par un membre du corps des auxiliaires de santé publique.

Art. 814 En Nouvelle-Calédonie, lorsque la garde à vue se déroule en dehors des communes de Nouméa, Mont-Dore, Dumbea et Paita et que le déplacement d'un avocat paraît matériellement impossible, *(L. n° 2011-392 du 14 avr. 2011, en vigueur le 1er juin 2011)* « les attributions dévolues à l'avocat par les articles 63-4 à 63-4-3 peuvent être exercées par » une personne choisie par la personne gardée à vue, qui n'est pas mise en cause pour les mêmes faits ou pour des faits connexes et qui n'a fait l'objet d'aucune condamnation, incapacité ou déchéance mentionnée au bulletin n° 2 du casier judiciaire. Les dispositions *(L. n° 2011-392 du 14 avr. 2011, en vigueur le 1er juin 2011)* « de l'article 63-4-4 » sont applicables à la personne choisie, qui en est informée par l'officier de police judiciaire.

(L. n° 2011-392 du 14 avr. 2011, en vigueur le 1er juin 2011) « Sans préjudice de l'application de l'article 434-7-2 du code pénal, le fait pour une personne, qui a été appelée à intervenir dans les conditions prévues à l'alinéa précédent, de faire état auprès de quiconque de l'entretien, des auditions ou du contenu des procès-verbaux consultés dans le but d'entraver le cours de la justice est puni d'un an d'emprisonnement et de 15 000 € d'amende. »

Les dispositions des alinéas précédents s'appliquent dans le territoire de la Polynésie française, lorsque la garde à vue se déroule dans une île où il n'y a pas d'avocat et que le déplacement d'un avocat paraît matériellement impossible.

Dans les territoires des îles Wallis-et-Futuna, il peut être fait appel pour *(Ord. n° 2012-396 du 23 mars 2012)* « les attributions dévolues à l'avocat par les articles 63-4 à 63-4-3 » à une personne agréée par le président du tribunal de première instance. Lorsque cette personne n'est pas désignée par la personne gardée à vue, elle l'est d'office par le président de cette juridiction. Les dispositions *(L. n° 2011-392 du 14 avr. 2011, en vigueur le 1er juin 2011)* « de l'article 63-4-4 » et celles du deuxième alinéa du présent article sont applicables à la personne choisie, qui en est informée par l'officier de police judiciaire.

(L. n° 2014-535 du 27 mai 2014, art. 14, en vigueur le 1er janv. 2015) « Le présent article est applicable à l'assistance par un avocat prévue au 5° de l'article 61-1. »

Art. 814-1 *(Ord. n° 2009-537 du 14 mai 2009, art. 3-2°)* Pour l'application de l'article 78-2-1 dans les îles Wallis-et-Futuna, en Polynésie française et en Nouvelle-Calédonie, les références aux dispositions du code du travail sont remplacées par les références aux dispositions ayant le même objet dans ces collectivités.

Art. 814-2 *(L. nº 2011-267 du 14 mars 2011, art. 132)* Dans les îles Wallis-et-Futuna, si, lors de l'établissement de l'acte de décès mentionné à l'article 87 du code civil, l'identité du défunt n'a pu être établie, l'autorisation de fermeture du cercueil ne peut être délivrée qu'après exécution, dans un délai compatible avec les délais régissant l'inhumation et la crémation, des réquisitions éventuellement prises par le procureur de la République aux fins de faire procéder aux constatations et opérations nécessaires en vue d'établir l'identité du défunt.

CHAPITRE V DES JURIDICTIONS D'INSTRUCTION

Art. 815 Pour l'application de l'article 88, l'aide juridictionnelle doit s'entendre du régime d'aide ou d'assistance judiciaire applicable localement.

Art. 816 L'obligation pour la partie civile de déclarer une adresse au juge d'instruction prévue par l'article 89 s'entend, pour les territoires d'outre-mer et en Nouvelle-Calédonie, d'une adresse située dans le territoire où se déroule l'information.

Les parties civiles ne sauraient, par application du dernier al. de l'art. 89, opposer le défaut de la notification des actes qui aurait dû leur être faite, dès lors que, toutes deux domiciliées dans un département métropolitain, elles n'ont pas, comme le prescrivent ce texte et l'art. 816, déclaré une adresse dans la communauté d'outre-mer où devait se dérouler l'instruction. • Crim. 27 nov. 2012, nº 11-85.130 P.

Art. 817 Pour l'application du deuxième alinéa de l'article 102, le greffier peut être désigné comme interprète pour l'une des langues en usage dans le territoire. Il est, dans ce cas, dispensé du serment.

Art. 818 L'obligation pour la personne mise en examen de déclarer une adresse au juge d'instruction prévue au *(L. nº 2014-535 du 27 mai 2014, art. 6, en vigueur le 2 juin 2014)* « sixième » alinéa de l'article 116 s'entend d'une adresse située dans le territoire où se déroule l'information.

Art. 819 Le délai prévu à l'article 116-1 est porté à un mois lorsque la personne mise en examen ne réside pas sur l'île où siège le juge d'instruction saisi.

Art. 820 Pour l'application *(L. nº 2004-204 du 9 mars 2004, art. 97-VII, en vigueur le 1er oct. 2004)* « des articles 127, 133 et 135-2 *[ancienne rédaction : des articles 127 et 133]* », si la personne faisant l'objet du mandat est trouvée dans une île où ne siège pas de tribunal, la conduite a lieu dès la première liaison aérienne ou maritime. Le délai nécessaire à la conduite de cette personne devant le magistrat compétent et celui pendant lequel elle a été retenue avant son embarquement sont imputés, s'il y a lieu, sur la durée de la peine.

Art. 821 Les délais prévus à l'article 130 *(L. nº 2004-204 du 9 mars 2004, art. 97-VIII, en vigueur le 1er oct. 2004)* « et au dernier alinéa de l'article 135-2 » sont portés à quinze jours lorsque le transfèrement se fait à partir ou à destination d'un territoire d'outre-mer ou de la Nouvelle-Calédonie.

Art. 822 Pour l'application *(L. nº 2004-204 du 9 mars 2004, art. 97-X, en vigueur le 1er oct. 2004) « de l'article 128 »*, la personne peut être retenue dans un local autre qu'une maison d'arrêt.

Art. 823 *(L. nº 2000-1354 du 30 déc. 2000, art. 32-II et 37, en vigueur le 1er janv. 2001)* « Pour l'application des dispositions de l'article 145 dans le territoire des îles Wallis-et-Futuna, le juge d'instruction peut ordonner l'incarcération provisoire de la personne mise en examen. Celle-ci doit comparaître devant le juge des libertés et de la détention dans les meilleurs délais et, au plus tard, le septième jour ouvrable suivant. »

Le délai prévu au deuxième alinéa de l'article 187-1 est également porté à sept jours ouvrables.

Art. 823-1 *(L. nº 2007-1787 du 20 déc. 2007, art. 25-II)* Les dispositions de l'article 706-71 sont applicables au débat contradictoire préalable au placement en détention provisoire d'une personne libre, tenu par le juge des libertés et de la détention du tribunal de première instance de Nouméa en application des articles 145 et 396.

Art. 824 Pour l'application de l'article 191, la chambre de l'instruction de la cour d'appel de Nouméa et celle de la cour d'appel de Papeete sont composées d'un président de chambre ou d'un conseiller et de deux magistrats du siège du ressort de la cour d'appel.

Ces magistrats sont désignés chaque année par le premier président de la cour d'appel.

En cas d'empêchement d'un membre de la chambre de l'instruction, celui-ci est remplacé par un magistrat du siège désigné par le premier président.

Est régulière, au regard des art. 17 de la L. du 27 juin 1983 et 191 applicables au territoire de la Polynésie française avant l'entrée en vigueur de l'art. 824 issu de l'Ord. du 28 mars 1996, la composition de la chambre d'accusation de la cour d'appel de Papeete comprenant un conseiller, remplaçant le président empêché, le vice-président du tribunal de première instance, remplaçant le président de ce tribunal, et un juge, tous désignés par ordonnance du premier président de la cour d'appel, le fait qu'un magistrat siège en remplacement du titulaire impliquant l'empêchement de ce dernier. • Crim. 25 sept. 1997, n° 96-84.323 P.

CHAPITRE VI DE LA COUR D'ASSISES

Art. 825 *(Abrogé par L. n° 2011-939 du 10 août 2011, art. 13-XIV, à compter du 1er janv. 2012)* ***Par dérogation à l'article 236, la tenue des assises a lieu chaque fois qu'il est nécessaire.***

Art. 826 Pour l'application de l'article 244, et sous réserve de l'application des dispositions de l'article 247, la cour d'assises peut également être présidée par le président du tribunal de première instance ou par le magistrat du siège le plus ancien dans le grade le plus élevé de ce tribunal.

Art. 827 *(Abrogé par L. n° 2011-939 du 10 août 2011, art. 13-XIV, à compter du 1er janv. 2012)* ***Pour l'application des articles 245 et 250, il est procédé annuellement à la désignation du président de la cour d'assises et des assesseurs.***

Art. 828 Le 8° de l'article 256 est rédigé comme suit :

Art. 256 — 8° Les majeurs sous sauvegarde de justice, les majeurs en tutelle, les majeurs en curatelle et ceux qui sont placés dans un établissement accueillant les malades atteints de troubles mentaux en vertu des dispositions applicables localement.

Art. 829 Sans préjudice de l'application de l'article 257, les fonctions de juré sont également incompatibles avec les fonctions suivantes : assesseurs du tribunal du travail ; assesseurs du tribunal mixte de commerce ; assesseurs du tribunal de première instance de Wallis-et-Futuna ; membres du gouvernement de la Polynésie française ; membres des assemblées territoriales ; membres du conseil du territoire des îles Wallis-et-Futuna ; membres des assemblées provinciales de la Nouvelle-Calédonie ; représentants de l'État dans les territoires ; secrétaires généraux des territoires ; chefs de circonscription ou de subdivision administratives.

Art. 830 Le nombre minimum de jurés prévus par le premier alinéa de l'article 260 est fixé à 80 pour le territoire des îles Wallis-et-Futuna.

Art. 831 Dans le territoire des îles Wallis-et-Futuna, la liste préparatoire de la liste annuelle, prévue par les articles 261 et 261-1, est dressée par circonscription territoriale et les attributions du maire sont exercées par le chef de circonscription administrative.

Art. 832 I. — Pour l'application en Nouvelle-Calédonie et dans les territoires de la Polynésie française du deuxième alinéa de l'article 262 fixant la composition de la commission prévue à cet article, les conseillers généraux sont remplacés par *(L. n° 96-1240 du 30 déc. 1996)* « cinq membres désignés chaque année en son sein par le Congrès ou l'assemblée de la Polynésie française ».

II. — Dans le territoire des îles Wallis-et-Futuna, la commission prévue à l'article 262 comprend :

— le président du tribunal de première instance, président ;

— le procureur de la République ou son délégué ;

– un citoyen désigné dans les conditions définies à l'article L. 933-2 du code de l'organisation judiciaire ;

– deux membres de l'assemblée territoriale désignés chaque année par celle-ci.

Art. 833 La liste spéciale de jurés suppléants, prévue à l'article 264, comprend trente noms dans le territoire des îles Wallis-et-Futuna.

Art. 834 Pour l'application de l'article 269, l'accusé peut être transféré dans un établissement pénitentiaire autre qu'une maison d'arrêt.

CHAPITRE VII DU JUGEMENT DES DÉLITS

Art. 835 Pour l'application de l'article 392-1, l'aide juridictionnelle doit s'entendre du régime d'aide ou d'assistance judiciaire en vigueur localement.

Art. 836 En Nouvelle-Calédonie *(L. n° 2016-1547 du 18 nov. 2016, art. 112)* « et dans les îles Wallis-et-Futuna », le tribunal correctionnel statuant en formation collégiale est complété par deux assesseurs dans les conditions prévues au code de l'organisation judiciaire.

(Abrogé par Cons. const. n° 2016-532 QPC du 1er avr. 2016, à compter du 6 avr. 2016) *« Dans le territoire des îles Wallis-et-Futuna, le tribunal correctionnel statuant en formation collégiale est composé d'un magistrat du siège et de deux assesseurs, dans les conditions prévues au code de l'organisation judiciaire. »*

(L. n° 2016-1547 du 18 nov. 2016, art. 112) « Dans les îles Wallis-et-Futuna, l'un ou deux des juges assesseurs du tribunal correctionnel peuvent être des *(L. n° 2017-256 du 28 févr. 2017, art. 110, en vigueur le 1er avr. 2017)* « magistrats du siège du ressort de la cour d'appel » de Nouméa reliés en direct à la salle d'audience par un moyen de communication audiovisuelle, afin de participer aux débats et au délibéré. »

Les dispositions du second al. de l'art. 836, qui permettent la présence d'une majorité de juges non professionnels au sein d'une formation correctionnelle de droit commun compétente pour prononcer des peines privatives de liberté, méconnaissent les exigences découlant de l'art. 66 de la Constitution. • Cons. const. 1er avr. 2016, n° 2016-532 QPC : *JO 6 avr.*

Art. 837 *(L. n° 2019-222 du 23 mars 2019, art. 109-XVII et 110-IV-2°, en vigueur le 1er sept. 2019)* Pour l'application de l'article 398-1 en Polynésie française, en Nouvelle-Calédonie et dans les îles Wallis-et-Futuna :

1° Le 2° est ainsi rédigé :

"2° Les délits prévus par les dispositions applicables localement en matière de circulation routière" ;

2° Le 4° est ainsi rédigé :

"4° Les délits prévus par les dispositions applicables localement en matière de réglementations relatives aux transports terrestres ainsi qu'à la sécurité des navires et de la navigation, à la prévention de la pollution marine et à la sûreté des navires" ;

3° Le 6° est ainsi rédigé :

"6° Les délits prévus par les dispositions applicables localement en matière de chasse, de pêche en eau douce, de pêche maritime, de protection de la faune et de la flore" ;

4° Le 7° est ainsi rédigé :

"7° *Les délits* prévus par les dispositions applicables localement en matière de protection des bois et forêts" ;

5° Le 8° est ainsi rédigé :

"8° Les délits prévus par la réglementation applicable localement en matière de travaux ou aménagement*[s]* immobiliers et en matière d'installations classées" ;

6° Le 9° est ainsi rédigé :

"9° Les délits prévus par la réglementation applicable localement en matière de garde et de circulation des animaux" ;

7° Le 12° est ainsi rédigé :

"12° Les délits prévus par la réglementation applicable localement en matière d'habitat insalubre".

L'infraction de travail illégal prévue par l'art. LP 5611-2 C. trav. de Polynésie française, et réprimée par l'art. LP 5622-1 dudit code, ne fait pas partie des infractions susceptibles d'être jugées, en application de l'art. 837 C. pr. pén., qui adapte l'art. 398-1 du même code à la Polynésie française, à la Nouvelle- Calédonie et aux îles Wallis-et-Futuna, à juge unique par le tribunal correctionnel. • Crim. 15 déc. 2020, n° 20-81.563 P.

Art. 838 **Dans le territoire des îles Wallis-et-Futuna, l'avis prévu par l'article 399 est donné par le procureur de la République.**

Art. 839 **Pour l'application de l'article 407, le greffier peut être désigné comme interprète pour l'une des langues en usage dans le territoire. Il est, dans ce cas, dispensé du serment.**

S'il existe un interprète officiel permanent, celui-ci ne prête serment qu'à l'occasion de son entrée en fonctions.

Art. 840 et 841 *Abrogés par L. n° 2004-204 du 9 mars 2004, art. 133-XII, à compter du 1er oct. 2004.*

Art. 842 **Pour l'application de l'article 416 dans le territoire de la Polynésie française et en Nouvelle-Calédonie, lorsque le déplacement d'un avocat paraît matériellement impossible, le prévenu peut prendre pour conseil une personne qui n'a fait l'objet d'aucune condamnation, incapacité ou déchéance mentionnée au bulletin n° 2 du casier judiciaire. Ne peut être choisie comme conseil une personne qui fait l'objet de poursuites pour les mêmes faits ou pour des faits connexes.**

Dans le territoire des îles Wallis-et-Futuna, le prévenu peut prendre pour conseil une personne agréée dans les conditions prévues *(L. n° 2014-535 du 27 mai 2014, art. 14, en vigueur le 1er janv. 2015)* **« à l'avant-dernier » alinéa de l'article 814.**

Art. 843 *(Abrogé par Ord. n° 2019-964 du 18 sept. 2019, art. 18, à compter du 1er janv. 2020)* ***Pour l'application de l'article 420-1, le montant de la demande ne doit pas excéder le plafond de la compétence de droit commun des tribunaux judiciaires de la métropole en matière civile.***

Art. 844 **Le deuxième alinéa de l'article 470-1 est ainsi rédigé :**

Art. 470-1, al. 2 Toutefois, lorsqu'il apparaît que des tiers responsables doivent être mis en cause, le tribunal renvoie l'affaire, par une décision non susceptible de recours, devant la juridiction civile compétente.

Art. 844-1 *(L. n° 2009-1436 du 24 nov. 2009, art. 96-I)* **Pour l'application de l'article 474 en Nouvelle-Calédonie, lorsque le condamné est mineur, le service chargé de la protection judiciaire de l'enfance exerce les fonctions dévolues au service pénitentiaire d'insertion et de probation.**

Art. 844-2 *(Abrogé par L. n° 2021-1729 du 22 déc. 2021, art. 25, au plus tard à compter du 1er juin 2022) (L. n° 2009-1436 du 24 nov. 2009, art. 96-I)* ***Pour l'application de l'article 474 dans les îles Wallis-et-Futuna, le président du tribunal de première instance exerce les fonctions dévolues au service pénitentiaire d'insertion et de probation.***

L'art. 844-2 est abrogé à compter d'une date fixée par décret, et au plus tard le 1er juin 2022 (L. n° 2021-1729 du 22 déc. 2021, art. 59-XIII).

Art. 845 **Les délais d'opposition prévus à l'article 491 et au premier alinéa de l'article 492 sont de dix jours si le prévenu réside dans l'île où siège le tribunal et d'un mois s'il réside hors de cette île.**

Art. 846 **Le délai supplémentaire prévu à l'article 500 est porté à quinze jours pour les parties qui résident hors de l'île où la juridiction qui a rendu la décision attaquée a son siège.**

Art. 847 **Si l'appelant réside hors de l'île où la juridiction qui a rendu la décision attaquée a son siège, la déclaration d'appel prévue à l'article 502 peut être adressée au greffier de la juridiction par lettre signée de l'appelant. Dès réception de cette lettre, le greffier dresse l'acte d'appel et y annexe la lettre de l'appelant. Dans le délai prévu par les articles 498, 500 et 846, l'appelant est tenu de confirmer son appel à la mairie ou à la gendarmerie la plus proche de sa résidence.**

Formalisme. L'envoi d'une télécopie par l'avocat du prévenu afin d'indiquer que celui-ci fait appel de la décision ne répond pas aux exigences de l'art. 847 et rend donc l'appel irrecevable : peu importe que le prévenu ait confirmé cet appel auprès de la gendarmerie de son domicile. • Crim. 13 sept. 2005, ☎ n° 04-83.143 P.

CHAPITRE VIII DU JUGEMENT DES CONTRAVENTIONS

Art. 848 **A Nouméa, Mata-Utu et Papeete, le tribunal de police est constitué par un juge du tribunal de première instance, un officier du ministère public ainsi qu'il est dit aux articles 45 à 48, 810 et 811, et un greffier.**

Dans les sections du tribunal de première instance et lors des audiences foraines, le tribunal est constitué par le juge chargé du service de la section ou le juge forain, un officier du ministère public ainsi qu'il est dit aux articles 45 à 48, 810 et 811, et un greffier.

Art. 849 **Pour l'application de l'article 527, le délai d'opposition ouvert au prévenu, fixé au troisième alinéa de cet article, est porté à deux mois si le prévenu réside hors de l'île où la juridiction qui a rendu la décision attaquée a son siège.**

Art. 850 **Le premier alinéa de l'article 529 est ainsi rédigé :**

Art. 529, al. 1er Pour les contraventions *(Abrogé par L. n° 2011-1862 du 13 déc. 2011, art. 29-I) « des quatre premières classes »* aux réglementations applicables localement en matière de circulation routière, d'assurances, de chasse, de pêche, de protection de l'environnement, de droit de la consommation, de la sécurité en mer, de réglementation sur les débits de boissons ou l'ivresse publique manifeste et d'écobuage, qui sont punies seulement d'une peine d'amende, l'action publique est éteinte par le paiement d'une amende forfaitaire qui est exclusive de l'application des règles de la récidive.

(L. n° 2004-204 du 9 mars 2004, art. 218-III) **« En Nouvelle-Calédonie, pour les contraventions** *(Abrogé par L. n° 2011-1862 du 13 déc. 2011, art. 29-II)* ***« des quatre premières classes »*** **à la réglementation applicable localement en matière de transport terrestre qui sont seulement punies d'une peine d'amende, l'action publique est éteinte par le paiement d'une amende forfaitaire qui est exclusive de l'application des règles de la récidive. »**

Art. 850-1 *(L. n° 2004-204 du 9 mars 2004, art. 218-III)* **En Nouvelle-Calédonie, les contraventions des quatre premières classes à la police des services de transports publics routiers de personnes, fixées par la réglementation locale, sont constatées par des procès-verbaux dressés concurremment par les agents assermentés de la Nouvelle-Calédonie, des provinces et des communes et des délégataires du service public.**

Ces agents sont commissionnés par l'autorité administrative compétente ou par le délégataire de service public. Après avoir été agréés par le procureur de la République, ils prêtent serment devant le tribunal de première instance.

Ces agents sont habilités à relever l'identité et l'adresse du contrevenant uniquement lorsqu'ils procèdent au contrôle de l'existence et de la validité des titres de transport des voyageurs. Si le contrevenant refuse ou se trouve dans l'impossibilité de justifier de son identité, l'agent du délégataire du service public en rend compte immédiatement à tout officier de police judiciaire de la police nationale ou de la gendarmerie nationale territorialement compétent, qui peut alors lui ordonner sans délai de lui présenter sur-le-champ le contrevenant. A défaut de cet ordre, l'agent du délégataire du service public ne peut retenir le contrevenant.

Art. 850-2 *(Ord. n° 2009-537 du 14 mai 2009, art. 3-8°)* **Pour l'application en Nouvelle-Calédonie** *(L. n° 2016-1547 du 18 nov. 2016, art. 112)* **« , en Polynésie française et dans les îles Wallis-et-Futuna » de l'article 529-7, les mots : "Pour les contraventions au code de la route des deuxième, troisième** *(L. n° 2016-1547 du 18 nov. 2016, art. 112)* **« , quatrième et cinquième » classes dont la liste est fixée par décret en Conseil d'État," sont remplacés par les mots : "Pour les contraventions des deuxième, troisième** *(L. n° 2016-1547 du 18 nov. 2016, art. 112)* **« , quatrième et cinquième » classes à la réglementation applicable localement en matière de circulation routière,".**

Art. 851 Outre les dispositions rendues applicables par les articles 544 et 545, les articles 841 et 845 sont applicables devant le tribunal de police.

Art. 852 Les dispositions du quatrième alinéa de l'article 546 s'appliquent aux affaires poursuivies à la requête des autorités compétentes en matière d'eaux et forêts.

Art. 853 Outre les dispositions rendues applicables par les articles 547 et 549, l'article 846 est applicable aux appels formés contre les jugements de police.

CHAPITRE IX DES CITATIONS ET SIGNIFICATIONS

Art. 854 Le délai prévu par l'article 552 entre le jour où la citation est délivrée et le jour fixé pour la comparution devant la juridiction est d'au moins dix jours si la partie citée réside dans l'île où siège le tribunal. Ce délai est augmenté d'un mois si la partie citée réside dans une autre île de ce territoire ou en tout autre lieu du territoire de la République.

CHAPITRE X DU POURVOI EN CASSATION

Art. 855 Le délai de pourvoi prévu au premier alinéa de l'article 568 est porté à un mois si le demandeur en cassation réside hors de l'île où la juridiction qui a rendu la décision attaquée a son siège.

Art. 856 Si le demandeur en cassation réside hors de l'île où la juridiction qui a rendu la décision attaquée a son siège, la déclaration de pourvoi prévue à l'article 576 peut également être faite par lettre signée du demandeur en cassation et adressée au greffier de la juridiction qui a rendu la décision attaquée. Dès réception de cette lettre, le greffier dresse l'acte de pourvoi et y annexe la lettre du demandeur en cassation. Dans les délais prévus par les articles 568 et 855, le demandeur en cassation est tenu de confirmer son pourvoi à la mairie ou à la gendarmerie la plus proche de sa résidence.

La déclaration de pourvoi, qui a été faite par lettre mais qui n'a pas été confirmée à la mairie ou à la gendarmerie la plus proche de la résidence des demandeurs, située hors de l'île où la juridiction qui a rendu la décision attaquée a son siège, ne répond pas aux exigences de l'art. 856. • Crim. 1er févr. 2005, n° 04-85.238 P : *JCP 2005. IV. 1641.*

Art. 857 Le délai d'opposition à l'arrêt rendu par la Cour de cassation prévu à l'article 579 est porté à un mois si la partie qui forme opposition réside hors de l'île où la juridiction qui a rendu la décision attaquée a son siège.

Dans ce dernier cas, l'opposition peut être également faite dans les formes prévues à l'article 856.

Art. 858 Le délai prévu à l'article 584 est porté à deux mois si le demandeur en cassation réside hors de l'île où la juridiction qui a rendu la décision attaquée a son siège.

Art. 859 Le délai et les formes d'opposition à l'arrêt rendu par la Cour de cassation prévus à l'article 589 sont ceux définis aux articles 855 et 856.

CHAPITRE XI DE QUELQUES PROCÉDURES PARTICULIÈRES

Art. 859-1 *(L. n° 2002-268 du 26 févr. 2002)* Le délai prévu au premier alinéa de l'article 627-6 est porté à quinze jours lorsque le transfèrement se fait à partir de la Nouvelle-Calédonie, de la Polynésie française ou des îles Wallis-et-Futuna.

Art. 860 L'ordonnance mentionnée à l'article 628 et l'extrait de condamnation mentionné à l'article 634 sont insérés dans l'un des journaux du territoire, affichés à la porte du domicile de l'intéressé et, lorsqu'il n'y a pas de mairie, affichés à la diligence du chef de circonscription administrative.

Art. 861 Le délai prévu au troisième alinéa de l'article 662 est de deux mois.

Art. 862 Dans le territoire des îles Wallis-et-Futuna, le président du tribunal de première instance exerce les attributions dévolues à la commission mentionnée à l'article 706-4.

Art. 862-1 *(Ord. nº 2003-166 du 27 févr. 2003, art. 12)* **Pour l'application de l'article 706-2 en Nouvelle-Calédonie, en Polynésie française et à Wallis-et-Futuna, il est ajouté, après les mots : "par l'article L. 5311-1 du code de la santé publique", les mots : "ou par la réglementation applicable localement".**

Art. 863 **L'article 706-9 est rédigé ainsi :**

Art. 706-9 La commission ou, à Wallis-et-Futuna, le président du tribunal de première instance tient compte dans le montant des sommes allouées à la victime au titre de la réparation de son préjudice :

— des prestations énumérées au II de l'article 1er de l'ordonnance nº 59-76 du 7 janvier 1959 relative aux actions en réparation civile de l'État et de certaines autres personnes publiques ;

— des prestations versées par les organismes, établissements et services gérant un régime obligatoire de sécurité sociale ;

— des sommes versées en remboursement d'un traitement médical ou de rééducation ;

— des salaires et des ressources du salarié maintenus par l'employeur pendant la période d'inactivité consécutive à l'événement qui occasionne le dommage.

Il est tenu également compte des indemnités de toutes natures reçues ou à recevoir d'autres débiteurs au titre du même préjudice.

Les sommes allouées sont versées par le fonds de garantie des victimes des actes de terrorisme et d'autres infractions.

Art. 864 **Le premier alinéa de l'article 706-14 est ainsi rédigé :**

Art. 706-14, al. 1er Toute personne qui, victime d'un vol, d'une escroquerie ou d'un abus de confiance, ne peut obtenir à un titre quelconque une réparation ou une indemnisation effective et suffisante de son préjudice, et se trouve de ce fait dans une situation matérielle grave, peut obtenir une indemnité dans les conditions prévues par les articles 706-3 (*(L. nº 2015-1268 du 14 oct. 2015, art. 72)* « 3° » et dernier alinéa) à 706-12, lorsque ses ressources sont inférieures au plafond pour bénéficier de l'aide juridictionnelle partielle, affectée le cas échéant de correctif pour charges de famille, prévu par l'article 3 de l'ordonnance nº 92-1147 du 12 octobre 1992 relative à l'aide juridictionnelle en matière pénale dans les territoires d'outre-mer.

Art. 865 **Dans le territoire de la Polynésie française, les examens prévus** *(L. nº 2011-392 du 14 avr. 2011, en vigueur le 1er juin 2011)* **« aux articles 706-88 et 706-88-1 » peuvent être effectués dans les conditions définies à l'article 813.**

Art. 866 *(L. nº 2004-204 du 9 mars 2004, art. 14-IX, en vigueur le 1er oct. 2004)* **Le premier alinéa de l'article 706-103 est ainsi rédigé :**

Art. 706-103, al. 1er *(L. nº 2010-768 du 9 juill. 2010, art. 2)* En cas d'information ouverte pour l'une des infractions entrant dans le champ d'application des articles 706-73 *(L. nº 2015-993 du 17 août 2015, art. 11)* « , 706-73-1 » et 706-74 et afin de garantir le paiement des amendes encourues ainsi que, le cas échéant, l'indemnisation des victimes, le président du tribunal judiciaire ou un juge délégué par lui, sur requête du procureur de la République, peut ordonner, aux frais avancés du *Trésor et selon* les modalités prévues par les procédures civiles d'exécution, des mesures conservatoires sur les biens, meubles ou immeubles, divis ou indivis, de la personne mise en examen.

Art. 866-1 *(L. nº 2010-768 du 9 juill. 2010, art. 2)* **Le premier alinéa de l'article 706-166 est ainsi rédigé :**

Art. 706-166, al. 1er En cas d'information ouverte pour l'une des infractions, punie d'une peine égale ou supérieure à trois ans d'emprisonnement, figurant au sein du titre Ier du livre III du code pénal, le président du tribunal judiciaire ou un juge délégué par lui, sur requête du procureur de la République, peut, dans les conditions et selon les modalités prévues à l'article 706-103 du présent code, ordonner des mesures conservatoires sur les biens, meubles ou immeubles, divis ou indivis, de la personne mise en examen afin de garantir le paiement des amendes encourues ainsi que, le cas échéant, l'indemnisation des victimes.

Art. 866-2 *(L. nº 2011-266 du 14 mars 2011, art. 20-V-1º)* **Au 5º de l'article 706-167, la référence : "aux deuxième et troisième alinéas de l'article 414 du code des douanes" est remplacée, en Nouvelle-Calédonie, par la référence : "aux deuxième et troisième alinéas de l'article 414 du code des douanes applicable en Nouvelle-Calédonie", en Polynésie française, par la référence : "aux troisième et quatrième alinéas de l'article 414 du code des douanes applicable en Polynésie française", et à Wallis-et-Futuna, par la référence : "aux deuxième et troisième alinéas de l'article 414 du code des douanes applicable à Wallis-et-Futuna".**

CHAPITRE XII DES PROCÉDURES D'EXÉCUTION

Art. 867 **Les attributions dévolues au** *(Ord. nº 2010-420 du 27 avr. 2010, art. 115)* **« comptable public compétent » par l'article 707 sont exercées par l'agent chargé du recouvrement des amendes en vertu de la réglementation applicable dans le territoire.**

Art. 868 **Les personnes visées à l'article 714 peuvent être détenues dans un local autre qu'une maison d'arrêt.**

Art. 868-1 *(L. nº 2004-204 du 9 mars 2004, art. 162-XIX, en vigueur le 1er janv. 2005)* **Par dérogation aux dispositions des deuxième et troisième alinéas de l'article 712-2, le président du tribunal de première instance de Wallis-et-Futuna exerce les fonctions de juge de l'application des peines. Il exerce les attributions dévolues au tribunal de l'application des peines conformément aux dispositions du deuxième alinéa de l'article 712-3.**

Art. 868-2 *(L. nº 2009-1436 du 24 nov. 2009, art. 96-II)* **En Nouvelle-Calédonie, lorsque le condamné est mineur, le service chargé de la protection judiciaire de l'enfance ou son directeur exerce les fonctions dévolues, selon les cas, au service pénitentiaire d'insertion et de probation ou à son directeur.**

Art. 868-3 *(Abrogé par Ord. nº 2022-478 du 30 mars 2022, art. 9, à compter du 1er mai 2022) (L. nº 2009-1436 du 24 nov. 2009, art. 96-III)* ***Pour son application en Polynésie française et en Nouvelle-Calédonie, le dernier alinéa de l'article 713-3*** *[nouvelle rédaction issue de la L. nº 2021-1729 du 22 déc. 2021, art. 20, en vigueur le 1er mai 2022 : « l'article 719-14 »]* ***est ainsi rédigé :***

Art. 713-3, dern. al. La rémunération du travail des personnes détenues ne peut être inférieure à un taux horaire fixé par décret et indexé sur le salaire minimum défini localement par les autorités compétentes de la Polynésie française ou de la Nouvelle-Calédonie. Ce taux peut varier en fonction du régime sous lequel les personnes détenues sont employées.

V. désormais C. pénit.

Art. 868-4 *(Abrogé par Ord. nº 2022-478 du 30 mars 2022, art. 9, à compter du 1er mai 2022) (L. nº 2009-1436 du 24 nov. 2009, art. 96-III)* ***Pour son application dans les îles Wallis-et-Futuna, le dernier alinéa de l'article 713-3*** *[nouvelle rédaction issue de la L. nº 2021-1729 du 22 déc. 2021, art. 20, en vigueur le 1er mai 2022 : « l'article 719-14 »]* ***est ainsi rédigé :***

Art. 713-3, dern. al. La rémunération du travail des personnes détenues ne peut être inférieure à un taux horaire fixé par décret et indexé sur le salaire minimum défini à l'article 95 de la loi nº 52-1322 du 15 décembre 1952 instituant un code du travail dans les territoires et territoires associés relevant des ministères de la France d'outre-mer. Ce taux peut varier en fonction du régime sous lequel les personnes détenues sont employées.

V. désormais C. pénit.

Art. 868-5 *(Abrogé par Ord. nº 2022-478 du 30 mars 2022, art. 9, à compter du 1er mai 2022) (L. nº 2021-1729 du 22 déc. 2021, art. 20, en vigueur le 1er mai 2022)* ***Les références au code du travail figurant à la section Ire bis A du chapitre II du titre II du livre V sont remplacées, en Nouvelle-Calédonie, en Polynésie française et à Wallis-et-Futuna, par les références aux dispositions applicables localement ayant le même objet.***

V. désormais C. pénit.

Art. 869 *(L. nº 2015-433 du 17 avr. 2015, art. 18-II)* **Pour l'application de l'article 719 dans les îles Wallis-et-Futuna, en Polynésie française et en Nouvelle-Calédonie, les journalistes sont soit titulaires de la carte d'identité professionnelle définie par le code du travail, soit reconnus comme journalistes en application des dispositions ayant le même objet dans ces collectivités.**

Art. 870 *Abrogé par L. nº 2004-204 du 9 mars 2004, art. 162-XXV, à compter du 1er janv. 2005.*

Art. 871 *Abrogé par L. nº 2004-204 du 9 mars 2004, art. 199-II.*

Art. 872 **La caution mentionnée à l'article 759 est admise par le** *(Ord. nº 2010-420 du 27 avr. 2010, art. 115)* **« comptable public compétent » ou par l'agent qui exerce les fonctions dévolues à celui-ci par la réglementation applicable au territoire.**

Art. 873 **L'article 763 est ainsi rédigé :**

Art. 763 En cas de prescription d'une peine prononcée en matière criminelle, le condamné est soumis de plein droit et à titre définitif à l'interdiction de séjour, dans la circonscription ou subdivision administrative où demeurent la victime du crime ou ses héritiers directs.

Art. 873-1 *(L. nº 98-468 du 17 juin 1998)* **Le premier alinéa de l'article 763-7 est ainsi rédigé :**

Art. 763-7, al. 1er Lorsqu'une personne condamnée à un suivi socio-judiciaire comprenant une injonction de soins doit subir une peine privative de liberté, elle exécute cette peine dans un établissement pénitentiaire permettant de lui assurer un suivi médical et psychologique adapté.

CHAPITRE XIII DU CASIER JUDICIAIRE

Art. 874 **Pour l'application de l'article 768, les attributions du casier judiciaire national sont exercées par le greffe de chaque tribunal de première instance qui reçoit, en ce qui concerne les personnes nées dans la circonscription du tribunal et après vérification de leur identité aux registres de l'état civil, des fiches constatant les condamnations, jugements et décisions énumérés aux 1° à 8° dudit article.**

Art. 875 **Pour l'application de l'article 768-1, les attributions du casier judiciaire national sont exercées par le greffe du tribunal de première instance qui reçoit, en ce qui concerne les personnes morales dont le siège se situe dans le ressort du tribunal et après contrôle de leur identité au moyen du répertoire territorial des entreprises et établissements, des fiches constatant les condamnations et déclarations mentionnées aux 1° à 4° dudit article.**

Art. 876 **L'article 773 est ainsi rédigé :**

Art. 773 Il est adressé une copie de chaque fiche constatant une décision entraînant la privation des droits électoraux à l'autorité administrative compétente du territoire.

TITRE DEUXIÈME DISPOSITIONS PARTICULIÈRES AU DÉPARTEMENT DE MAYOTTE *(Ord. nº 2011-337 du 29 mars 2011, en vigueur le 1er avr. 2011).*

L'art. 3 de la L. nº 2001-616 du 11 juill. 2001 relative à Mayotte (JO 13 juill.) dispose que les lois, ordonnances et décrets portant notamment sur le droit pénal et la procédure pénale sont applicables de plein droit à Mayotte, étant précisé que selon l'art. 1er de cette loi, Mayotte comprend la Grande-Terre, la Petite-Terre ainsi que les autres îles et îlots situés sur le récif les entourant.

Dans tous les lois et règlements en vigueur, la référence à la collectivité départementale de Mayotte est remplacée par la référence au Département de Mayotte (L. nº 2010-1487 du 7 déc. 2010, art. 36, en vigueur le 31 mars 2011).

CHAPITRE PREMIER DISPOSITIONS GÉNÉRALES

Art. 877 *(Ord. nº 2011-337 du 29 mars 2011, en vigueur le 1er avr. 2011)* **Pour l'application du présent code dans le Département de Mayotte, il est tenu compte des adaptations prévues par le présent titre.**

Les articles *(L. nº 2017-256 du 28 févr. 2017, art. 110, en vigueur le 1er avr. 2017)* **« 258 à 267 et 288 à 292** *[ancienne rédaction : 259 à 267]* **»** *(Abrogé par Cons. const. nº 2016-544 QPC du 3 juin 2016, à compter du 4 juin 2016)* **« , 288 à 303 et 305 » ne sont pas applicables.** — *Sur l'inconstitutionnalité partielle de l'al. 2 de l'art. 877, V. ci-dessous.*

La déclaration d'inconstitutionnalité de la référence à l'art. 288 C. pr. pén., au sein du 2nd al. de l'art. 877 du même code, à pris effet à compter de la date de la publication de la Décis. nº 2016-544 QPC du 3 juin 2016, soit le 4 juin 2016. Elle est applicable aux infractions commises à compter de cette date (Décis. préc., consid. 26).

QPC. L'exclusion de règles de droit commun crée une différence de traitement sans rapport direct avec l'objet de la législation dérogatoire applicable à la cour d'assises de Mayotte, qui vise à tenir compte du nombre restreint de personnes inscrites sur les listes électorales et disposant d'une maîtrise suffisante de la langue et de l'écriture françaises pour exercer les fonctions d'assesseur-juré. Par conséquent, les références aux art. 254 à 258-2, 288 à 303 et 305, au 2nd al. de l'art. 877, pour exclure leur application à Mayotte, sont contraires au principe d'égalité devant la justice, tout comme la référence à l'art. 288. Elles doivent donc être déclarées contraires à la Constitution. • Cons. const. 3 juin 2016, nº 2016-544 QPC : *JO 4 juin.*

Art. 878 *(Ord. nº 2011-337 du 29 mars 2011, en vigueur le 1er avr. 2011)* **Pour l'application du présent code au Département de Mayotte, les mots : "cour d'appel" et les mots : "chambre des appels correctionnels" sont remplacés par les mots : "chambre d'appel de Mamoudzou".**

Les références à des dispositions non applicables dans le Département sont remplacées par les références aux dispositions applicables localement ayant le même objet.

Art. 879 **Les attributions dévolues par le présent code aux avocats et aux conseils des parties peuvent être exercées par des personnes agréées par le président** *(Ord. nº 2011-337 du 29 mars 2011, en vigueur le 1er avr. 2011)* **« de la chambre d'appel de Mamoudzou ». Ces personnes sont dispensées de procuration.**

Art. 879-1 *(Ord. nº 98-728 du 20 août 1998, mod. et ratifiée par L. nº 99-1121 du 28 déc. 1999)* **Pour l'application des articles 16 à 19, les officiers de police du Département de Mayotte mis à la disposition de l'État sont assimilés, selon les dispositions et dans les conditions prévues par ces articles, aux fonctionnaires titulaires du corps de commandement et d'encadrement de la police nationale.**

Pour l'application des articles 20 et 21, les agents de police du Département de Mayotte mis à la disposition de l'État sont assimilés, selon les dispositions et dans les conditions prévues par ces articles, aux agents de la police nationale.

CHAPITRE II DES ENQUÊTES

Art. 880 **Lorsque le déplacement d'un avocat ou d'une personne agréée en application de l'article 879 paraît matériellement impossible,** *(L. nº 2011-392 du 14 avr. 2011, en vigueur le 1er juin 2011)* **« les attributions dévolues à l'avocat par les articles 63-4 à 63-4-3 peuvent être exercées par » une personne choisie par la personne gardée à vue, qui n'est pas mise en cause pour les mêmes faits ou pour des faits connexes et qui n'a fait l'objet d'aucune condamnation, incapacité ou déchéance mentionnée au bulletin nº 2 du casier judiciaire. Les dispositions** *(L. nº 2011-392 du 14 avr. 2011, en vigueur le 1er juin 2011)* **« de l'article 63-4-4 » sont applicables à la personne choisie, qui en est informée par l'officier de police judiciaire.**

(L. nº 2011-392 du 14 avr. 2011, en vigueur le 1er juin 2011) **« Sans préjudice de l'application de l'article 434-7-2 du code pénal, le fait pour une personne, qui a été appelée à intervenir dans les conditions prévues à l'alinéa précédent, de faire état auprès de quiconque de l'entretien, des auditions ou du contenu des procès-verbaux consultés dans le but d'entraver le cours de la justice est puni d'un an d'emprisonnement et de 15 000 € d'amende. »**

(L. n° 2014-535 du 27 mai 2014, art. 14, en vigueur le 1er janv. 2015) **« Le présent article est applicable à l'assistance par un avocat prévue au 5° de l'article 61-1. »**

CHAPITRE III DES JURIDICTIONS D'INSTRUCTION

Art. 881 **L'obligation pour la partie civile de déclarer une adresse au juge d'instruction prévue par l'article 89 s'entend d'une adresse située dans** *(Ord. n° 2011-337 du 29 mars 2011, en vigueur le 1er avr. 2011)* **« le Département ».**

Art. 882 **L'obligation pour la personne mise en examen de déclarer une adresse au juge d'instruction prévue par le** *(L. n° 2014-535 du 27 mai 2014, art. 6, en vigueur le 2 juin 2014)* **« sixième » alinéa de l'article 116 s'entend d'une adresse située dans** *(Ord. n° 2011-337 du 29 mars 2011, en vigueur le 1er avr. 2011)* **« le Département ».**

Art. 883 **Les délais prévus à l'article 130 sont portés à quinze jours lorsque le transfèrement se fait à partir ou à destination** *(Ord. n° 2011-337 du 29 mars 2011, en vigueur le 1er avr. 2011)* **« du Département ».**

Art. 883-1 *(L. n° 2015-1268 du 14 oct. 2015, art. 73)* **Pour toutes les requêtes en nullité transmises à la chambre d'instruction de la cour d'appel de Saint-Denis de La Réunion, la déclaration au greffe peut être faite au moyen d'une lettre recommandée avec demande d'avis de réception lorsque le demandeur ou son avocat réside dans le ressort du tribunal judiciaire de Mamoudzou.**

Art. 883-2 *(L. n° 2020-1672 du 24 déc. 2020, art. 28, en vigueur le 1er mars 2021)* **En matière criminelle, lorsque le juge des libertés et de la détention est saisi par le juge d'instruction d'une demande de mise en liberté et qu'il n'envisage pas d'accepter cette demande, il statue sur celle-ci à l'issue d'un débat contradictoire organisé conformément aux dispositions du sixième alinéa de l'article 145, l'avocat ayant été convoqué selon les dispositions de l'article 114, si la personne mise en examen est détenue depuis plus de six mois, sauf si un tel débat a été auparavant organisé pour statuer sur une précédente demande de mise en liberté.**

V. art. D. 602.

Art. 884 *(Ord. n° 2011-337 du 29 mars 2011, en vigueur le 1er avr. 2011)* **Pour toutes les audiences de la chambre de l'instruction de la cour d'appel de Saint-Denis de La Réunion statuant sur l'appel d'une ordonnance du juge de l'instruction ou du juge des libertés et de la détention du tribunal judiciaire de Mamoudzou** *(L. n° 2011-1862 du 13 déc. 2011, art. 63-2°)* **« ou sur une demande concernant une procédure suivie devant ce tribunal », il peut être recouru à un moyen de télécommunication audiovisuelle garantissant la confidentialité de la transmission. Un procès-verbal est dressé selon les modalités prévues par le** *(L. n° 2019-222 du 23 mars 2019, art. 54-XII et 109-XIII, en vigueur le 1er juin 2019)* **« deuxième » alinéa de l'article 706-71. Les dispositions des** *(L. n° 2019-222 du 23 mars 2019, art. 54-XII et 109-XIII, en vigueur le 1er juin 2019)* **« sixième et huitième » alinéas de ce même article sont alors applicables.**

CHAPITRE IV DE LA COUR D'ASSISES *(Ord. n° 2011-337 du 29 mars 2011, en vigueur le 1er avr. 2011).*

Art. 885 *(Ord. n° 2011-337 du 29 mars 2011, en vigueur le 1er avr. 2011)* **« Le jury de la cour d'assises de Mayotte est composé** *(L. n° 2017-256 du 28 févr. 2017, art. 110, en vigueur le 1er avr. 2017)* **« de trois assesseurs-jurés lorsque la cour d'assises statue en premier ressort et de six assesseurs-jurés lorsqu'elle statue en appel** *[ancienne rédaction : de quatre assesseurs-jurés lorsque la cour d'assises statue en premier ressort et de six assesseurs-jurés lorsqu'elle statue en appel]*. **»**

« Ces assesseurs-jurés sont tirés au sort, pour chaque session, sur une liste arrêtée conjointement par le préfet et le président du tribunal judiciaire, composée de personnes proposées par le procureur de la République ou par les maires *(L. n° 2017-256 du 28 févr. 2017, art. 110, en vigueur le 1er avr. 2017)* **« et remplissant les conditions prévues par les articles 255 à 257.**

« Avant l'ouverture de la session, sont retirés de la liste les noms des conjoints, parents et alliés jusqu'au degré d'oncle ou de neveu inclusivement d'un membre de la cour ou de l'un des assesseurs-jurés inscrits avant lui sur ladite liste.

« Avant le jugement de chaque affaire, sont également retirés de la liste les noms des conjoints, parents et alliés jusqu'au degré d'oncle ou de neveu inclusivement des accusés ou de leurs avocats, ainsi que les noms de ceux qui sont témoins, interprètes, dénonciateurs, experts, plaignants ou parties civiles ou qui ont accompli un acte de police judiciaire ou d'instruction. »

En cas d'empêchement du président, survenant avant ou pendant la session, celui-ci est remplacé par un magistrat du siège *(Ord. n° 2011-337 du 29 mars 2011, en vigueur le 1er avr. 2011)* **« de la chambre d'appel de Mamoudzou ». En cas d'empêchement d'un assesseur, il est pourvu à son remplacement selon les mêmes modalités que pour sa désignation initiale.**

(L. n° 2017-256 du 28 févr. 2017, art. 110, en vigueur le 1er avr. 2017) **« Tout assesseur-juré qui, sans motif légitime, n'a pas déféré à la convocation qu'il a reçue, peut être condamné par la cour à une amende de 3 750 €. L'assesseur-juré peut, dans les dix jours de la signification de cette condamnation faite à sa personne ou à son domicile, former opposition devant le tribunal correctionnel du siège de la cour d'assises. Les peines prévues au présent article sont applicables à tout assesseur-juré qui, même ayant déféré à la convocation, se retire avant l'expiration de ses fonctions, sans une excuse jugée valable par la cour. »**

Les arrêts rendus par la cour d'assises de Mayotte avant le 4 juin 2016 ne peuvent être contestés sur le fondement de la déclaration d'inconstitutionnalité du 3 juin 2016. Pour le reste, la déclaration d'inconstitutionnalité est applicable à toutes les infractions non jugées définitivement au jour de la publication de la Décis. n° 2016-544 QPC du 3 juin 2016, soit le 4 juin (Décis. préc., consid. 25).

QPC. Alors que pour conclure à la culpabilité de l'accusé, en première instance comme en appel, une majorité des deux tiers des membres de la cour d'assises est requise dans le droit commun, il résulte des dispositions contestées que, devant la cour d'assises de Mayotte siégeant en premier ressort, une majorité des cinq septièmes est exigée. La modification de ces conditions de majorité crée une différence de traitement sans rapport avec l'objet de la loi et privant les justiciables de garanties égales. Par conséquent, la condition de majorité applicable à la cour d'assises de Mayotte siégeant en premier ressort est contraire au principe d'égalité devant la justice. • Cons. const. 3 juin 2016, n° 2016-544 QPC : *JO 4 juin.*

Art. 886 *(L. n° 2017-256 du 28 févr. 2017, art. 110, en vigueur le 1er avr. 2017)* **Pour l'application des articles 296, 297 et 298, la défense ne peut récuser plus d'un assesseur-juré en premier ressort et plus de deux en appel. Le ministère public ne peut en récuser aucun. Le nombre d'assesseurs-jurés tirés au sort est de trois en premier ressort et de six en appel et le jury de jugement est formé à l'instant où sont sortis de l'urne les noms, respectivement, des trois ou six assesseurs-jurés non récusés.**

Art. 887 *(Abrogé par Ord. n° 2011-337 du 29 mars 2011, à compter du 1er avr. 2011)* ***Le président de la cour criminelle exerce les attributions dévolues à la cour par les articles 316, 343, 344 et 371 à 375-2.***

Art. 888 *(L. n° 2017-256 du 28 févr. 2017, art. 110, en vigueur le 1er avr. 2017)* **Les majorités de** *(L. n° 2021-1729 du 22 déc. 2021, art. 6-I-13°, en vigueur le 1er mars 2022)* **« sept** *[ancienne rédaction : six]* **» ou huit voix prévues à l'article 359 et au deuxième alinéa de l'article 362 sont remplacées par des majorités de quatre ou six voix.**

Ancien art. 888 *(L. n° 2000-516 du 15 juin 2000, art. 136-XXI, en vigueur le 1er janv. 2001)* ***Les majorités de huit ou dix voix prévues par les articles 359 et 362, deuxième alinéa, sont remplacées par des majorités*** *(Abrogé par Cons. const. n° 2016-544 QPC du 3 juin 2016, à compter du 4 juin 2016)* ***« de cinq ou »*** *(Ord. n° 2011-337 du 29 mars 2011, en vigueur le 1er avr. 2011)* ***« six voix ».***

Les arrêts rendus par la cour d'assises de Mayotte avant le 4 juin 2016 ne peuvent être contestés sur le fondement de la déclaration d'inconstitutionnalité. Pour le reste, la déclaration d'inconstitutionnalité est applicable à toutes les infractions non jugées définitivement au jour de la publication de la Décis. n° 2016-544 QPC du 3 juin 2016, soit le 4 juin.

1. La feuille de questions sur laquelle il est mentionné que la réponse à la question sur la culpabilité est « oui à la majorité des voix » et que la réponse à la question sur les circonstances aggravantes est « oui » ne permet pas à la Cour de cassation d'exercer son contrôle et l'arrêt doit être cassé. • Crim. 22 nov. 2000, n° 00-83.337 P.

2. QPC. Alors que pour conclure à la culpabilité de l'accusé, en première instance comme en appel, une majorité des deux tiers des membres de la cour d'assises est requise dans le droit commun, il résulte des dispositions contestées que, devant la cour d'assises de Mayotte siégeant en premier ressort, une majorité des cinq septièmes est exigée. La modification de ces conditions de majorité crée une différence de traitement sans rapport avec l'objet de la loi et privant les justiciables de garanties égales. Par conséquent, la condition de majorité applicable à la cour d'assises de Mayotte siégeant en premier ressort est contraire au principe d'égalité devant la justice. • Cons. const. 3 juin 2016, n° 2016-544 QPC : *JO 4 juin.*

Art. 888-1 *(L. n° 2021-1729 du 22 déc. 2021, art. 9, en vigueur le 1er janv. 2023)* **Les dispositions relatives à la cour criminelle départementale ne sont pas applicables dans le Département de Mayotte.**

CHAPITRE V DU JUGEMENT DES DÉLITS

Art. 889 et 890 *Abrogés par Ord. n° 2011-337 du 29 mars 2011, à compter du 1er avr. 2011.*

Art. 891 *Abrogé par L. n° 2004-204 du 9 mars 2004, art. 133-XII, à compter du 1er oct. 2004.*

Art. 892 *(Ord. n° 2011-337 du 29 mars 2011, en vigueur le 1er avr. 2011)* **Pour l'application des articles 491 et 492, les délais d'opposition sont de dix jours si le prévenu réside dans le département, et d'un mois s'il réside en dehors de celui-ci.**

Art. 893 *(Ord. n° 2011-337 du 29 mars 2011, en vigueur le 1er avr. 2011)* **Pour l'application de l'article 500, le délai supplémentaire est porté à quinze jours pour les parties qui résident hors du département.**

Art. 894 *Abrogé par Ord. n° 2011-337 du 29 mars 2011, à compter du 1er avr. 2011.*

CHAPITRE VI DU JUGEMENT DES CONTRAVENTIONS

Art. 895 *(Ord. n° 2011-337 du 29 mars 2011, en vigueur le 1er avr. 2011)* **Pour l'application du troisième alinéa de l'article 527, le délai d'opposition est porté à deux mois si le prévenu ne réside pas dans le département.**

Art. 896 **Les articles 892 et 893 sont applicables devant le tribunal de police.**

CHAPITRE VII DES CITATIONS ET SIGNIFICATIONS

Art. 897 **Le délai prévu au premier alinéa de l'article 552 s'applique lorsque la partie citée réside dans** *(Ord. n° 2011-337 du 29 mars 2011, en vigueur le 1er avr. 2011)* **« le Département ». Ce délai est augmenté d'un mois si la partie citée réside en tout autre lieu du territoire de la République.**

CHAPITRE VII *BIS* DU POURVOI EN CASSATION

(L. n° 2016-1547 du 18 nov. 2016, art. 113)

Art. 897-1 A **Le délai de pourvoi prévu au premier alinéa de l'article 568 est porté à un mois si le demandeur en cassation réside hors de l'île où la juridiction qui a rendu *la décision* attaquée a son siège.**

Art. 897-1 B **Si le demandeur en cassation réside hors de l'île où la juridiction qui a rendu la décision attaquée a son siège, la déclaration de pourvoi prévue à l'article 576 peut également être faite par lettre signée du demandeur en cassation et adressée au greffier de la juridiction qui a rendu la décision attaquée. Dès réception de cette lettre, le greffier dresse l'acte de pourvoi et y annexe la lettre du demandeur en cassation. Dans les délais prévus à l'article 568, le demandeur en cassation est tenu de confirmer son pourvoi à la mairie ou à la gendarmerie la plus proche de sa résidence.**

CHAPITRE VIII DE QUELQUES PROCÉDURES PARTICULIÈRES

Art. 897-1 *(L. n° 2002-268 du 26 févr. 2002)* **Le délai prévu au premier alinéa de l'article 627-6 est porté à quinze jours lorsque le transfèrement se fait à partir de Mayotte.**

Art. 898 *Abrogé par L. n° 2009-594 du 27 mai 2009, art. 66-III.*

Art. 899 **L'article 706-9 est rédigé ainsi :**

Art. 706-9 Le président tient compte dans le montant des sommes allouées à la victime au titre de la réparation de son préjudice :

— des prestations énumérées au II de l'article 1er de l'ordonnance n° 59-76 du 7 janvier 1959 relative aux actions en réparation civile de l'État et de certaines autres personnes publiques ;

— des prestations versées par les organismes, établissements et services gérant un régime obligatoire de sécurité sociale ;

— des sommes versées en remboursement d'un traitement médical ou de rééducation ;

— des salaires et des ressources du salarié maintenus par l'employeur pendant la période d'inactivité consécutive à l'événement qui occasionne le dommage.

Il tient également compte des indemnités de toutes natures reçues ou à recevoir d'autres débiteurs au titre du même préjudice.

Les sommes allouées sont versées par le fonds de garantie des victimes des actes de terrorisme et d'autres infractions.

Art. 900 **Le premier alinéa de l'article 706-14 est ainsi rédigé :**

Art. 706-14, al. 1er Toute personne qui, victime d'un vol, d'une escroquerie ou d'un abus de confiance ne peut obtenir à un titre quelconque une réparation ou une indemnisation effective et suffisante de son préjudice, et se trouve de ce fait dans une situation matérielle grave, peut obtenir une indemnité dans les conditions prévues par les articles 706-3 (troisième et dernier alinéa) à 706-12, lorsque ses ressources sont inférieures au plafond pour bénéficier de l'aide juridictionnelle partielle, affectées le cas échéant de correctif pour charges de famille, prévu par l'article 3 de l'ordonnance n° 92-1143 du 12 octobre 1992 relative à l'aide juridictionnelle en matière pénale dans le Département de Mayotte.

Art. 900-1 *(L. n° 2011-266 du 14 mars 2011, art. 20-V-2°)* **Au 5° de l'article 706-167, la référence : "aux deuxième et troisième alinéas de l'article 414 du code des douanes" est remplacée par la référence : "à l'article 282 du code des douanes de Mayotte".**

CHAPITRE IX **DES PROCÉDURES D'EXÉCUTION**

Art. 901 *(Abrogé par Ord. n° 2022-478 du 30 mars 2022, art. 9, à compter du 1er mai 2022)* ***L'article 758 est ainsi rédigé :***

Art. 758 La *(L. n° 2004-204 du 9 mars 2004, art. 198-V, en vigueur le 1er janv. 2005)* « contrainte judiciaire *[ancienne rédaction : contrainte par corps]* » est subie dans un établissement pénitentiaire.

V. désormais C. pénit.

Art. 901-1 *(Abrogé par Ord. n° 2011-337 du 29 mars 2011, à compter du 1er avr. 2011) (L. n° 2004-204 du 9 mars 2004, art. 162-XX, en vigueur le 1er janv. 2005)* ***Par dérogation aux dispositions des deuxième et troisième alinéas de l'article 712-2, le président du tribunal de première instance exerce les fonctions de juge de l'application des peines. Il exerce les attributions dévolues au tribunal de l'application des peines conformément aux dispositions du deuxième alinéa de l'article 712-3.***

Art. 901-2 *(Abrogé par Ord. n° 2017-1491 du 25 oct. 2017, art. 21) (L. n° 2009-1436 du 24 nov. 2009, art. 96-IV)* ***Pour son application à Mayotte, le dernier alinéa de l'article 713-3 est ainsi rédigé :***

Art. 713-3, dern. al. La rémunération du travail des personnes détenues ne peut être inférieure à un taux horaire fixé par décret et indexé sur le salaire minimum interprofessionnel garanti défini à l'article L. 141-2 du code du travail applicable à Mayotte. Ce taux peut varier en fonction du régime sous lequel les personnes détenues sont employées.

Art. 902 *(L. nº 98-468 du 17 juin 1998)* **Le premier alinéa de l'article 763-7 est ainsi rédigé :**

Art. 763-7, al. 1er Lorsqu'une personne condamnée à un suivi socio-judiciaire comprenant une injonction de soins doit subir une peine privative de liberté, elle exécute cette peine dans un établissement pénitentiaire permettant de lui assurer un suivi médical et psychologique adapté.

TITRE TROISIÈME DISPOSITIONS PARTICULIÈRES À LA COLLECTIVITÉ TERRITORIALE DE SAINT-PIERRE-ET-MIQUELON

(Ord. nº 98-729 du 20 août 1998, mod. et ratifiée par L. nº 99-1121 du 28 déc. 1999).

Art. 902-1 **Pour l'application du présent code dans la collectivité territoriale de Saint-Pierre-et-Miquelon, il est tenu compte des adaptations prévues par le présent titre.**

CHAPITRE PREMIER DISPOSITIONS GÉNÉRALES

Art. 903 **Le tribunal supérieur d'appel exerce les compétences attribuées par le présent code à la cour d'appel et à la chambre de l'instruction.**

Art. 904 **Les compétences attribuées par le présent code au tribunal judiciaire, à la cour d'assises, au premier président de la cour d'appel et au juge du tribunal judiciaire sont exercées respectivement par le tribunal de première instance, le tribunal criminel, le président du tribunal supérieur d'appel et par un juge du tribunal de première instance. Les compétences attribuées au procureur de la République et au procureur général près la cour d'appel sont exercées par le procureur de la République près le tribunal supérieur d'appel.**

Art. 905 **Les attributions dévolues par le présent code aux avocats et aux conseils des parties peuvent être exercées par des personnes agréées dans la collectivité territoriale par le président du tribunal supérieur d'appel. Ces personnes sont dispensées de justifier d'un mandat.**

CHAPITRE II DE L'EXERCICE DE L'ACTION PUBLIQUE ET DE L'INSTRUCTION

Art. 905-1 *(L. nº 2007-291 du 5 mars 2007, art. 31-II)* **Pour l'application du présent code, les termes : "pôle de l'instruction"** *(Abrogé par L. nº 2016-1547 du 18 nov. 2016, art. 112) « et "collège de l'instruction" »* **sont remplacés par les termes : "juge d'instruction". Les articles 52-1, 83-1 et 83-2 ne sont pas applicables.**

Art. 906 **Par dérogation à l'article 193, le tribunal supérieur d'appel, en tant que chambre de l'instruction, ne se réunit que sur convocation de son président ou à la demande du procureur de la République, toutes les fois qu'il est nécessaire.**

Art. 907 **Les articles L. 952-11 et L. 952-12 du code de l'organisation judiciaire relatifs au remplacement du président du tribunal supérieur d'appel et des assesseurs et aux modalités particulières d'exercice des fonctions juridictionnelles sont applicables à la chambre de l'instruction et à son président.**

Art. 907-1 *(L. nº 2002-268 du 26 févr. 2002)* **Les délais prévus à l'article 130** *(L. nº 2004-204 du 9 mars 2004, art. 97-IX, en vigueur le 1er oct. 2004)* **« , au dernier alinéa de l'article 135-2 » et au premier alinéa de l'article 627-6 sont portés à quinze jours lorsque le transfèrement se fait à partir de la collectivité territoriale.**

CHAPITRE III DES JURIDICTIONS DE JUGEMENT

SECTION PREMIÈRE DU JUGEMENT DES CRIMES

Art. 908 **Les articles 233, 245, 261 et 261-1 du présent code ne sont pas applicables.**

Art. 909 Pour l'application de l'article 236, le président du tribunal supérieur d'appel convoque, en cas de besoin, le tribunal criminel par ordonnance prise après avis du procureur de la République.

Art. 910 Pour l'application de l'article 240, le tribunal criminel est composé du tribunal proprement dit et du jury.

Art. 911 Pour l'application de l'article 243, le tribunal proprement dit comprend le président et les assesseurs.

Art. 912 Pour l'application de l'article 244, le tribunal criminel est présidé par le président du tribunal supérieur d'appel.

En cas de vacance de poste, d'absence, d'empêchement ou d'incompatibilité légale, les fonctions de président du tribunal supérieur d'appel sont exercées par un magistrat du siège désigné par le premier président de la cour d'appel de Paris sur une liste arrêtée par lui pour chaque année civile.

Art. 913 Pour l'application de l'article 249, les conditions que doivent remplir les assesseurs au tribunal criminel sont celles énoncées à l'article L. 951-2 *[devenu C. pr. civ., art. L. 512-2]* du code de l'organisation judiciaire.

Art. 914 Pour l'application de l'article 250, les assesseurs sont désignés par ordonnance du président du tribunal supérieur d'appel, après avis du procureur de la République.

Art. 915 Pour l'application de l'article 251, en cas d'empêchement survenu avant ou au cours de la session, les assesseurs sont remplacés par ordonnance du président du tribunal supérieur d'appel.

Art. 916 Pour l'application de l'alinéa 1er de l'article 260, le nombre des jurés ne peut être inférieur à trente-quatre.

Art. 917 Pour l'application de l'article 262, la commission comprend :
— le président du tribunal supérieur d'appel, président ;
— le président du tribunal de première instance ;
— le procureur de la République ou son suppléant ;
— une personne agréée dans les conditions définies à l'article 905 et désignée par le président du tribunal supérieur d'appel ;
— trois conseillers *(L. n° 2017-256 du 28 févr. 2017, art. 110, en vigueur le 1er avr. 2017)* « territoriaux » désignés chaque année par le conseil *(L. n° 2017-256 du 28 févr. 2017, art. 110, en vigueur le 1er avr. 2017)* « territorial » ;
— trois conseillers municipaux désignés chaque année par les conseils municipaux, à raison de deux pour la commune de Saint-Pierre et un pour la commune de Miquelon-Langlade.

Art. 918 Pour l'application de l'article 264, une liste spéciale de dix jurés suppléants est formée chaque année, en dehors de la liste annuelle du jury et dans les mêmes conditions que celle-ci.

Art. 919 Pour l'application de l'article 266, seize jurés, dont les noms sont tirés sur la liste annuelle, forment la liste de la session. En outre, les noms de trois jurés suppléants sont tirés sur la liste spéciale.

Si par suite des décès, des incapacités ou des incompatibilités légales survenues depuis l'établissement des listes, le nombre des citoyens parmi lesquels les jurés de la session doivent être tirés au sort est inférieur à trente, la commission chargée de dresser la liste annuelle des jurés est réunie de nouveau pour compléter la liste principale et former une nouvelle liste spéciale de dix citoyens.

Art. 920 Pour l'application du premier alinéa de l'article 289-1, si, à la suite des absences ou des radiations, il reste moins de quatorze jurés sur la liste, ce nombre est complété par les jurés suppléants, suivant l'ordre de leur inscription ; en cas d'insuffisance, par des jurés tirés au sort, en audience publique, parmi les jurés inscrits sur la liste spéciale.

Art. 921 Pour l'application des articles 296 et 297, le jury de jugement est formé de *(L. n° 2017-256 du 28 févr. 2017, art. 110, en vigueur le 1er avr. 2017)* « trois » jurés *(L.*

n° 2000-516 du 15 juin 2000, art. 136-XXII, en vigueur le 1er janv. 2001) « lorsque le tribunal criminel statue en premier ressort et de six jurés lorsqu'il statue en appel. »

Art. 922 Pour l'application de l'article 298, l'accusé et le ministère public ne peuvent récuser chacun plus de *(L. n° 2017-256 du 28 févr. 2017, art. 110, en vigueur le 1er avr. 2017)* « trois jurés en première instance et quatre en appel ».

Art. 923 *(L. n° 2000-516 du 15 juin 2000, art. 136-XXIII, en vigueur le 1er janv. 2001)* Les majorités de *(L. n° 2021-1729 du 22 déc. 2021, art. 6-I-13°, en vigueur le 1er mars 2022)* « sept *[ancienne rédaction : six]* » *(L. n° 2017-256 du 28 févr. 2017, art. 110, en vigueur le 1er avr. 2017)* « ou huit » voix prévues par les articles 359 et 362, deuxième alinéa, sont remplacées par des majorités de quatre ou *(L. n° 2017-256 du 28 févr. 2017, art. 110, en vigueur le 1er avr. 2017)* « six » voix.

SECTION II DU JUGEMENT DES DÉLITS

Art. 924 Pour l'application de l'article 398, le tribunal correctionnel est toujours composé du président ou d'un juge du tribunal de première instance.

Les articles L. 952-6 et L. 952-7 du code de l'organisation judiciaire relatifs au remplacement de ces magistrats et aux modalités particulières d'exercice des fonctions juridictionnelles sont applicables au tribunal correctionnel.

Art. 925 Les articles 398-1 et 398-2 du présent code ne sont pas applicables.

Art. 926 Pour l'application du premier alinéa de l'article 399, le président du tribunal supérieur d'appel, après avis du président du tribunal de première instance et du procureur de la République, fixe par ordonnance, pendant la première quinzaine du mois de décembre, le nombre des audiences correctionnelles pour l'année judiciaire suivante.

Art. 926-1 *(Abrogé par L. n° 2016-731 du 3 juin 2016, art. 120) (L. n° 2009-1436 du 24 nov. 2009, art. 96-V) Pour l'application de l'article 474 à Saint-Pierre-et-Miquelon, le président du tribunal de première instance exerce les fonctions dévolues au service pénitentiaire d'insertion et de probation.*

Art. 927 Pour l'application des articles 491 et 492, les délais d'opposition sont de dix jours si le prévenu réside dans la collectivité territoriale et d'un mois s'il réside en dehors de celle-ci.

Art. 928 Pour l'application de l'article 510, la chambre des appels correctionnels est composée du président du tribunal supérieur d'appel ainsi que de deux assesseurs figurant sur la liste prévue à l'article L. 951-3 du code de l'organisation judiciaire *[devenu C. pr. civ., art. R. 512-2 et R. 512-4]*.

Les articles L. 952-10 et L. 952-11 du code de l'organisation judiciaire relatifs au remplacement du président du tribunal supérieur d'appel et des assesseurs et aux modalités particulières d'exercice des fonctions juridictionnelles sont applicables à la chambre des appels correctionnels.

Art. 928-1 Pour l'application du premier alinéa de l'article 511, le président du tribunal supérieur d'appel, après avis du procureur de la République, fixe par ordonnance, pendant la première quinzaine du mois de décembre, le nombre des audiences correctionnelles pour l'année judiciaire suivante.

Art. 929 Pour l'application de l'article 513, l'appel est jugé sur le rapport oral du président.

SECTION III DU JUGEMENT DES CONTRAVENTIONS

Art. 930 Pour l'application de l'article 523, le procureur de la République occupe le siège du ministère public devant le tribunal de police.

Art. 931 Les articles L. 952-6 et L. 952-7 du code de l'organisation judiciaire relatifs au remplacement des magistrats du tribunal de première instance et aux modalités particulières d'exercice des fonctions juridictionnelles sont applicables au tribunal de police.

BIBL. ▸ Pradel, *D. 2000. Point de vue 26.* – Trabut et Herzog-Evans, *D. 2000, n° 29, interview.* – Rio, *D. 2000, n° 30, interview.* – Le Gunehec, *JCP 2000, actualité n°s 26, 27, 28, 29, 30-34.* – Buisson, *Procédures 2000. Comm. 207.* – Pradel, *D. 2001. Chron. 1039 et 1114.* – Pansier et Charbonneau, *LPA 2000, n°s 129 et 130* (commentaire article par article de la loi sur la présomption d'innocence). – Charbonneau et Pansier, *Gaz. Pal. 2000. Doctr. 1056* (la loi du 15 juin 2000 sur la présomption d'innocence : première approche). – Leclerc, *Gaz. Pal. 2000. Doctr. 1702* (la loi du 15 juin 2000 renforçant la présomption d'innocence et les droits des victimes). – Delmas-Marty, *RSC 2001. 3* (une nouvelle procédure pénale ? étude de la loi du 15 juin 2000). – Buisson, *Procédures 2001. Comm. 15 et 47* (dispositions entrant en vigueur le 1er janvier 2001). – Dufour, *LPA 2001, n° 130* (loi du 15 juin 2000 : une réforme efficace mais qui nécessite l'allocation de moyens nouveaux). – Tamion, *LPA 2001, n° 140* (la loi du 15 juin 2000 sur la présomption d'innocence et le mineur auteur d'infraction).

Loi n° 2004-204 du 9 mars 2004,

Portant adaptation de la justice aux évolutions de la criminalité (JO 10 mars).

V. Circ. CRIM 04-12 E8 du 2 sept. 1994, Circ. 04-13 G1 du 2 sept. 2004, Circ. CRIM 04-16 E8 du 21 sept. 2004, (BOMJ 2004 n° 95).

BIBL. ▸ Bouloc, *RSC 2004. 675*; *ibid. 2005. 599.* – Couvrat, *Dr. pénal 2004. Chron. 8* (les dispositions relatives à l'application des peines de la loi Perben II) ; *RSC 2004. 682* (dispositions générales et nouvelle organisation judiciaire de l'application des peines). – De Lamy, *D. 2004. Chron. 1910 et 1982*. – Detraz, *Dr. pénal 2004. Chron 14* (rémanence et renaissance d'une institution : de la contrainte par corps à la contrainte judiciaire). – Giacopelli, *D. 2004. Chron. 2589* (réforme du droit de l'application des peines). – A. Giudicelli, *AJ pénal 2004. 261* (la garde à vue après la loi n° 2004-204 du 9 mars 2004). – Lazerges, *RSC 2004. 725* (le Conseil constitutionnel acteur de la politique criminelle). – Pradel, *JCP 2004. I. 132 et 134.* – Zarka, *JCP 2004. II. 10048* (décision du Conseil constitutionnel).

Loi n° 2007-291 du 5 mars 2007,

Tendant à renforcer l'équilibre de la procédure pénale (JO 6 mars).

BIBL. ▸ Bouloc, *RSC 2007. Chron. 573* (loi n° 2007-291 tendant à renforcer l'équilibre de la procédure pénale). – Buisson, *Procédures 2007. Étude 5* (équilibre de la procédure pénale) ; *ibid 2007. Comm. 118.* – Flavius, *D. 2007. Point de vue. 738 s.* (l'extravagante). – Guéry, *AJ pénal 2007. 271* (une instruction sans fin) ; *ibid. 2007. 319* (la fin de l'instruction). – Mathias, *Procédures 2007. Étude 6* (action pénale privée : cent ans de sollicitude). – Matsopoulou, *Dr. pénal 2007. Ét. 5* (les innovations dans la conduite de l'information judiciaire : une urgence pour 2010) ; *ibid. Ét. 6* (renforcement du caractère contradictoire, célérité de la procédure pénale et justice des mineurs). – Pradel, *JCP 2007. I. 138* (les suites législatives de l'affaire dite d'Outreau).

▸ **Dossier :** *AJ pénal 2007. 105* « Loi du 5 mars 2007 sur l'équilibre de la procédure pénale : premiers commentaires ».

Loi n° 2014-896 du 15 août 2014,

Relative à l'individualisation des peines et renforçant l'efficacité des sanctions.

Art. 20 Dans les deux ans suivant la promulgation de la présente loi, le Gouvernement remet un rapport au Parlement étudiant la possibilité de sanctionner certains délits d'une contrainte pénale à titre de peine principale, en supprimant la peine d'emprisonnement encourue, et évaluant les effets possibles d'une telle évolution sur les condamnations prononcées ainsi que ses conséquences sur la procédure pénale.

……………………………………………………………………………………

Art. 55 I. — Les articles 1er à 29, les articles 31, 32 et 33, le I de l'article 34, les articles 35, 38 à 48 et les articles 50 à 54 sont applicables aux îles Wallis-et-Futuna, en Polynésie française et en Nouvelle-Calédonie.

II. — L'article 30, le II de l'article 34 et l'article 37 sont applicables en Polynésie française.
III. — Les articles 30 et 37 sont applicables en Nouvelle-Calédonie.

Art. 56 Dans les deux ans suivant la promulgation de la présente loi, le Gouvernement présente au Parlement un rapport sur son évaluation, en particulier sur la mise en œuvre de la contrainte pénale.

....

Loi n° 2016-731 du 3 juin 2016,

Renforçant la lutte contre le crime organisé, le terrorisme et leur financement, et améliorant l'efficacité et les garanties de la procédure pénale.

BIBL. ▸ BUISSON, *Procédures 2016, n° 239* (nouvel arsenal de lutte contre le terrorisme). - DÉCIMA, *D. 2016. 1826* (terreur et métamorphose). - PERRIER, *D. 2016. 2134* (les garanties dans la loi du 3 juin 2016 : entre illusions(s) et désillusion(s)). - RIBEYRE, *Dr. pénal 2016. Étude 17.* - PONCELA, *RSC 2016. 565* (peines et prisons : la régression). - VERGÈS, *RSC 2016. 551* (la procédure pénale à son point d'équilibre).

▸ **Dossiers :** *AJ pénal 2016. 407* s. (lutte contre le terrorisme) ; *ibid. 457* s. (volet procédure pénale).

DEUXIÈME PARTIE : DÉCRETS EN CONSEIL D'ÉTAT (Décr. n° 77-194 du 3 mars 1977).

(Décr. n° 58-358 du 2 avr. 1958)

Dans tous les textes de nature réglementaire, les mots « chambre d'accusation » sont remplacés par les mots « chambre de l'instruction » (Décr. n° 2001-709 du 31 juill. 2001, art. 5).

Dans tous les textes réglementaires, les mots « directeur régional des services pénitentiaires » sont remplacés par les mots « directeur interrégional des services pénitentiaires » (Décr. n° 2007-931 du 15 mai 2007, art. 17, en vigueur le 1er juin 2007).

Dans les dispositions réglementaires du code de procédure pénale, les références « au placement sous surveillance électronique » sont remplacées par des références « à la détention à domicile sous surveillance électronique », sauf lorsqu'il est fait mention du placement sous surveillance électronique mobile (Décr. n° 2020-128 du 18 févr. 2020, art. 5, en vigueur le 24 mars 2020).

TITRE PRÉLIMINAIRE DISPOSITIONS GÉNÉRALES *(Décr. n° 2011-1271 du 12 oct. 2011, art. 1er-II-1°).*

SOUS-TITRE PREMIER DE L'ACTION PUBLIQUE ET DE L'ACTION CIVILE *(Décr. n° 2011-1271 du 12 oct. 2011, art. 1er-II-2°).*

Art. R. 1er *(Décr. n° 2007-1388 du 26 sept. 2007, art. 6)* **I. — Toute association visée au deuxième alinéa de l'article 2-3 peut être inscrite auprès du ministre de la justice, selon les modalités précisées au II du présent article, si elle remplit, à la date de sa demande d'inscription, les deux conditions suivantes :**

_a)_ justifier de l'existence d'au moins cinq années d'activité effective en vue de la défense ou l'assistance de l'enfant en danger et victime de toutes formes de maltraitance ;

_b)_ justifier d'un nombre total d'adhérents supérieur ou égal à mille.

II. — La demande d'inscription, adressée au ministre de la justice, comprend les documents suivants :

_a)_ les statuts de l'association ;

_b)_ un extrait du _Journal officiel_ de la République française attestant de la date de sa déclaration ;

_c)_ un rapport d'activité portant sur les cinq dernières années ;

_d)_ un document justifiant du nombre de ses adhérents.

Lorsque le dossier remis est complet, il en est délivré récépissé.

La décision d'inscription ou de refus d'inscription est notifiée à l'association intéressée dans un délai de deux mois à compter de la date de délivrance du récépissé. Si aucune décision n'est notifiée dans ce délai, l'inscription est réputée acquise. La décision de refus d'inscription est motivée.

Le ministre de la justice établit et tient à jour dans un registre la liste des associations habilitées à se constituer partie civile en application du deuxième alinéa de l'article 2-3.

L'inscription peut être retirée, par décision motivée du ministre de la justice, lorsque l'association ne remplit plus les conditions énoncées au I du présent article. L'association est au préalable mise en demeure de présenter ses observations.

L'association qui entend contester une décision de refus ou de retrait d'inscription doit, préalablement à tout recours contentieux, présenter un recours gracieux auprès du ministre de la justice.

III. — Toute association inscrite adresse chaque année au ministre de la justice son rapport d'activité, qui précise notamment le nombre de ses adhérents.

Art. R. 1er-1 *(Décr. n° 2005-84 du 3 févr. 2005, art. 3)* **I. — Toute fédération d'associations visée au troisième alinéa de l'article 2-15 peut être inscrite auprès du ministre de la justice, selon les modalités précisées au II du présent article, si elle remplit, à la date de sa demande d'inscription, les trois conditions suivantes :**

a) Justifier de l'existence d'au moins cinq années d'activité effective en vue de la défense des intérêts des victimes d'accidents collectifs ;

b) Rassembler au moins dix associations de victimes agréées sur le fondement du premier alinéa de l'article 2-15 ;

c) Justifier d'un nombre total d'adhérents à ces associations, ayant la qualité de victimes d'infraction, supérieur ou égal à 1 000.

II. — La demande d'inscription, adressée au ministre de la justice, comprend les documents suivants :

a) Les statuts de la fédération ;

b) Un extrait du *Journal officiel* de la République française attestant de la date de sa déclaration ;

c) Un rapport d'activité portant sur les cinq dernières années ;

d) Un document justifiant du nombre d'associations agréées affiliées à la fédération et du nombre de leurs adhérents.

Lorsque le dossier remis est complet, il en est délivré récépissé.

La décision d'inscription ou de refus d'inscription est notifiée à la fédération intéressée dans un délai de deux mois à compter de la date de délivrance du récépissé. Si aucune décision n'est notifiée dans ce délai, l'inscription est réputée acquise. La décision de refus d'inscription est motivée.

Le ministre de la justice établit et tient à jour dans un registre la liste des fédérations habilitées à se constituer partie civile en application du troisième alinéa de l'article 2-15.

L'inscription peut être retirée, par décision motivée du ministre de la justice, lorsque la fédération ne remplit plus les conditions énoncées au I du présent article. La fédération est au préalable mise en demeure de présenter ses observations.

La fédération qui entend contester une décision de refus ou de retrait d'inscription doit, préalablement à tout recours contentieux, présenter un recours gracieux auprès du ministre de la justice.

III. — Toute fédération inscrite adresse chaque année au ministre de la justice son rapport d'activité, qui précise notamment le nombre des associations qui la composent et celui de leurs adhérents. — *Anc. art. R. 1er.*

Art. R. 1er-2 *(Décr. nº 2011-574 du 24 mai 2011, art. 4)* Les dispositions relatives à la procédure d'agrément des associations mentionnées au premier alinéa de l'article 2-21 sont fixées par les articles R. 114-6 à R. 114-17 du code du patrimoine.

SOUS-TITRE II *[ANCIEN]* DE LA PARTICIPATION DES CITOYENS AU JUGEMENT DES AFFAIRES PÉNALES

(Décr. nº 2011-1271 du 12 oct. 2011, art. 1er-II-3º)

V. les art. R. 2 à R. 2-14 anciens sur le Code en ligne.

SOUS-TITRE III DES DROITS DES VICTIMES

(Décr. nº 2021-1182 du 13 sept. 2021, art. 1er)

CHAPITRE UNIQUE TRAITEMENT DE DONNÉES À CARACTÈRE PERSONNEL DÉNOMMÉ "SYSTÈME D'INFORMATION INTERMINISTERIEL DES VICTIMES D'ATTENTATS ET DE CATASTROPHES"

Art. R. 2-15 Est autorisée la création, par le ministre de la justice, d'un traitement de données à caractère personnel dénommé "système d'information interministériel des victimes d'attentats et de catastrophes" (SIVAC). Ce traitement a pour finalités de :

1º Centraliser, fiabiliser et partager les données sur les personnes concernées par les accidents, sinistres, catastrophes ou infractions, notamment les actes de terrorisme, susceptibles de provoquer de nombreuses victimes ;

2º Améliorer l'information, l'accompagnement et la prise en charge des personnes mentionnées au 1º et accélérer la mise en œuvre de leurs droits ;

3° Produire des statistiques.

Ce traitement concerne les événements survenant sur le territoire de la République. Il concerne également les événements survenant hors du territoire français impliquant des ressortissants français et des personnes étrangères résidant régulièrement en France.

Art. R. 2-15-1 Les catégories de données à caractère personnel et informations susceptibles d'être enregistrées dans le traitement sont :

1° Concernant les personnes recherchées et les personnes ayant pris attache avec les cellules d'information :

– l'identité ;
– la nationalité ;
– les coordonnées ;
– le rôle et le statut pour l'événement ;
– le lien de proximité ;
– les identifiants attribués ;

2° Concernant les personnes présentes ou déclarées sur les lieux de l'événement et leurs proches :

– l'identité ;
– la nationalité ;
– la langue parlée ;
– les coordonnées ;
– le rôle et le statut pour l'événement ;
– le lien de proximité ;
– la situation sur le lieu de crise ;
– les exigences de confidentialité appliquées à cette personne ;
– les données relatives au type de prise en charge sanitaire, y compris médico-psychologique ;
– la situation judiciaire ;
– les données relatives à l'accompagnement ;
– les identifiants attribués ;

3° Concernant les victimes et leurs proches pouvant bénéficier d'un accompagnement, d'une prise en charge ou de droits spécifiques :

– l'identité ;
– la situation familiale ;
– la nationalité ;
– la langue parlée ;
– les coordonnées ;
– le rôle et le statut pour l'événement ;
– le lien de proximité ;
– la situation sur le lieu de crise ;
– les exigences de confidentialité appliquées à cette personne ;
– les données relatives au type de prise en charge sanitaire, y compris médico-psychologique ;
– la situation judiciaire ;
– les données relatives à l'accompagnement ;
– pour les actes terroristes, les données relatives aux droits dont le numéro d'inscription au répertoire national d'identification des personnes physiques et le numéro d'identification du contribuable ;
– les identifiants attribués ;

4° Concernant les accédants mentionnés aux I à IV de l'article R. 2-15-2 : l'identité, les coordonnées professionnelles, les moyens d'authentification, les profils d'habilitation, les préférences.

Le traitement des données à caractère personnel concernant la santé mentionnées à l'article 6 de la loi n° 78-17 du 6 janvier 1978 relative à l'informatique, aux fichiers et aux libertés n'est possible que pour les personnes mentionnées aux 2° et 3°, à l'exception des proches, et dans la stricte mesure où ces données sont nécessaires à la poursuite des finalités définies à l'article R. 2-15.

Art. R. 2-15-2 I. — Peuvent accéder, à raison de leurs attributions et dans la limite du besoin d'en connaître, à tout ou partie des données à caractère personnel et informations mentionnées aux 1°, 2° et 3° de l'article R. 2-15-1 :

— les magistrats et les greffiers du parquet en charge de l'enquête ;

— les magistrats et les greffiers de l'instruction ;

— les personnels du service d'enquête saisi, nommément désignés et dûment habilités par l'autorité compétente ;

— les personnels intervenant dans le cadre de l'unité d'identification des victimes de catastrophe saisie, nommément désignés et dûment habilités par l'autorité compétente ;

— les personnels du secrétariat général du ministère de la justice en charge de l'aide aux victimes, nommément désignés et dûment habilités par l'autorité compétente ;

— les personnels du ministère des affaires étrangères, nommément désignés et dûment habilités par l'autorité compétente ;

— pour les actes terroristes, les magistrats et les greffiers de la juridiction civile compétente en application de l'article L. 217-6 du code de l'organisation judiciaire.

II. — Peuvent accéder, à raison de leurs attributions et dans la limite du besoin d'en connaître, à tout ou partie des données à caractère personnel et informations mentionnées aux 2° et 3° de l'article R. 2-15-1 :

— les préfets de département et les procureurs de la République des tribunaux judiciaires ou leurs représentants, en leur qualité de co-présidents des comités locaux d'aide aux victimes ;

— les personnels de la délégation interministérielle à l'aide aux victimes, nommément désignés et dûment habilités par l'autorité compétente ;

— les personnels salariés des associations d'aide aux victimes agréées par le ministre de la justice, nommément désignés et dûment habilités par l'autorité compétente ;

— pour les actes terroristes, les personnels du fonds de garantie des victimes des actes de terrorisme et d'autres infractions, nommément désignés et dûment habilités par l'autorité compétente.

III. — Peuvent accéder, à raison de leurs attributions et dans la limite du besoin d'en connaître, pour les actes terroristes, à tout ou partie des données à caractère personnel et informations mentionnées au 3° de l'article R. 2-15-1 :

— les personnels de l'administration centrale de la direction générale des finances publiques chargés du contentieux des impôts des particuliers, nommément désignés et dûment habilités par l'autorité compétente ;

— les personnels de la caisse nationale d'assurance maladie et des autres organismes chargés d'un régime obligatoire d'assurance maladie, nommément désignés et dûment habilités par l'autorité compétente ;

— les personnels de la direction des ressources humaines du ministère de la défense en charge de l'instruction des demandes et de l'attribution des pensions, nommément désignés et dûment habilités par l'autorité compétente ;

— les personnels de l'office national des anciens combattants et des victimes de guerre, nommément désignés et dûment habilités par l'autorité compétente ;

— les personnels de la caisse nationale des allocations familiales, nommément désignés et dûment habilités par l'autorité compétente.

IV. — Peuvent accéder, à raison de leurs attributions et dans la limite du besoin d'en connaître, à tout ou partie des données à caractère personnel et informations mentionnées aux 2° et 3° de l'article R. 2-15-1 pour les agents, blessés ou décédés, ainsi que leurs proches :

— les personnels de la direction générale de la police nationale chargés de l'accompagnement des personnels blessés en service ou des familles des personnels décédés en mission, nommément désignés et dûment habilités par l'autorité compétente ;

— les personnels de la direction générale de la gendarmerie nationale chargés de l'accompagnement des personnels blessés en service ou des familles des personnels décédés en mission, nommément désignés et dûment habilités par l'autorité compétente ;

— les personnels de la direction générale de la sécurité civile et de la gestion des crises en charge de la doctrine et des ressources humaines, nommément désignés et dûment habilités par l'autorité compétente ;

— les personnels en charge de la gestion des ressources humaines au sein des services d'incendie et de secours, nommément désignés et dûment habilités par l'autorité compétente ;

— les personnels de la direction des ressources humaines, de la direction des affaires juridiques et du commissariat des armées du ministère de la défense, nommément désignés et dûment habilités par l'autorité compétente.

V. — Peuvent accéder, à raison de leurs attributions et dans la limite du besoin d'en connaître, à tout ou partie des données à caractère personnel et informations mentionnées au 4° de l'article R. 2-15-1 : les personnes mentionnées aux I à IV du présent article.

VI. — Peuvent être destinataires, à raison de leurs attributions et dans la limite du besoin d'en connaître, de tout ou partie des données à caractère personnel et informations mentionnées :

— au 3° de l'article R. 2-15-1, pour les actes terroristes : les directions départementales de la direction générale des finances publiques ;

— aux 1°, 2° et 3° de l'article R. 2-15-1 : les administrations étrangères assurant les mêmes missions pour leurs ressortissants, y compris celles des pays absents de la liste prévue à l'article 45 du règlement (UE) 2016/679 du Parlement européen et du Conseil du 27 avril 2016, lorsqu'un motif important d'intérêt public le nécessite, conformément au d du 1 de l'article 49 du même règlement.

Art. R. 2-15-3 Les données et informations mentionnées au 1° de l'article R. 2-15-1 sont conservées six mois à compter de la date de l'événement.

Les données et informations mentionnées au 2° du même article sont conservées dix ans à compter de la date de l'événement.

Les données et informations mentionnées au 3° du même article sont conservées dix ans à compter de la date de l'événement ou quinze ans pour les actes terroristes.

Les données d'identité, de nationalité, le rôle et le statut pour l'événement ainsi que l'identifiant, attribué par le traitement, des victimes d'actes terroristes, à l'exclusion de leurs proches, sont conservées trente ans à compter de la date de l'événement. Au-delà du délai de quinze ans, ces données ne sont accessibles qu'aux personnels habilités du ministère de la justice.

Les données mentionnées aux 1°, 2° et 3° de l'article R. 2-15-1 ayant fait l'objet de mesures adéquates de pseudonymisation sont conservées quinze ans à compter de la date de l'événement pour la seule finalité statistique mentionnée au 3° de l'article R. 2-15.

Les données et informations mentionnées au 4° de l'article R. 2-15-1 sont conservées trois ans après la clôture du compte de l'accédant.

Art. R. 2-15-4 Les consultations, créations, modifications ou suppressions de données font l'objet d'un enregistrement comprenant l'identifiant de leur auteur ainsi que la date, l'heure et l'objet de l'opération. Ces informations sont conservées pendant un délai de trois ans. Peuvent y accéder, à raison de leurs attributions et dans la limite du besoin d'en connaître, les personnes mentionnées aux I à IV de l'article R. 2-15-2.

Art. R. 2-15-5 Le droit d'opposition prévu à l'article 21 du règlement mentionné ci-dessus ne s'applique pas au traitement des données à caractère personnel des personnes mentionnées aux 1°, 2° et 3° de l'article R. 2-15-1 par les personnels habilités du ministère de la justice, du service d'enquête et de l'unité d'identification des victimes de catastrophe saisis lorsque cette transmission ou cette consultation a pour objectif de garantir la protection des personnes concernées en application du i du 1 de l'article 23 du même règlement.

Les personnes mentionnées aux 1°, 2° et 3° de l'article R. 2-15-1 peuvent en revanche s'opposer à la transmission ou la consultation de leurs données à caractère personnel aux autres catégories d'accédants et de destinataires.

Les droits d'accès, de rectification, à la limitation et d'opposition prévus aux articles 15, 16, 18 et 21 du même règlement s'exercent auprès du service en charge de l'aide aux victimes du secrétariat général du ministère de la justice.

Ndlr : Le règlement mentionné est le règlement (UE) 2016/679 du Parlement européen et du Conseil du 27 avril 2016, visé à l'art. R. 2-15-2.

LIVRE PREMIER DE L'EXERCICE DE L'ACTION PUBLIQUE ET DE L'INSTRUCTION

(Décr. nº 58-358 du 2 avr. 1958)

TITRE PREMIER DES AUTORITÉS CHARGÉES DE L'ACTION PUBLIQUE ET DE L'INSTRUCTION

CHAPITRE PREMIER DE LA POLICE JUDICIAIRE

(Décr. nº 66-716 du 28 sept. 1966)

[Dispositions prises en application de l'art. 16 C. pr. pén.]

RÉP. PÉN. vº *Police judiciaire*, par ROUSSEL.

SECTION PREMIÈRE DISPOSITIONS GÉNÉRALES

Art. R. 2-16 *(Décr. nº 66-716 du 28 sept. 1966)* **Les officiers de police judiciaire, à l'occasion d'une enquête ou de l'exécution d'une commission rogatoire, ne peuvent** *(Abrogé par Décr. nº 2002-801 du 3 mai 2002)* **«** ***, sous réserve des dispositions de l'article 30,*** **» solliciter ou recevoir des ordres ou instructions que de l'autorité judiciaire dont ils dépendent** *[ancien art. R. 2 (Décr. nº 2011-1271 du 12 oct. 2011, art. 1er)].*

V. art. A. 1er s.

Art. R. 2-17 *(Décr. nº 66-716 du 28 sept. 1966)* **Les officiers de police judiciaire doivent rendre compte de leurs diverses opérations à l'autorité judiciaire dont ils dépendent sans attendre la fin de leur mission** *[ancien art. R. 2-1 (Décr. nº 2011-1271 du 12 oct. 2011, art. 1er)].*

SECTION PREMIÈRE *BIS* DE LA PROTECTION DE L'IDENTITÉ DE CERTAINS AGENTS INTERVENANT DANS LES PROCÉDURES PÉNALES

(Décr. nº 2018-218 du 30 mars 2018)

Art. R. 2-18 L'autorisation mentionnée au deuxième alinéa du I de l'article 15-4 est délivrée par écrit et est valable pendant la durée de l'affectation de l'agent ou de sa mise à disposition temporaire dans le service ou l'unité sous réserve qu'un changement de fonctions au sein de ce service ou de cette unité ne vienne modifier les conditions d'exercice de sa mission ou la nature des faits habituellement constatés.

Art. R. 2-19 L'autorisation mentionnée au 2 du I de l'article 15-4 ne peut être délivrée qu'à l'agent bénéficiant de l'autorisation mentionnée au deuxième alinéa du I du même article.

Elle est délivrée par écrit par un responsable hiérarchique d'un niveau suffisant mentionné au deuxième alinéa du I de l'article 15-4.

En cas d'urgence, elle peut être délivrée par tout moyen par un tel responsable ou par son représentant dans le cadre de l'astreinte du service. Elle doit être confirmée par écrit par un tel responsable hiérarchique dès le premier jour ouvrable suivant sa délivrance.

Sans préjudice des dispositions des articles R. 2-22 à R. 2-24, cette autorisation est valable jusqu'à ce qu'une décision judiciaire mettant fin à la procédure soit devenue définitive.

Art. R. 2-20 Le numéro d'immatriculation administrative par lequel le bénéficiaire des autorisations mentionnées au I de l'article 15-4 s'identifie dans les actes de procédure qu'il établit ou dans lesquels il est cité est défini par arrêté du ministre dont il relève. — *V. Arr. du 30 mars 2018 relatif au numéro d'immatriculation administrative des agents de la police nationale et de la gendarmerie nationale et Arr. du 30 mars 2018 relatif au numéro d'immatriculation administrative des agents des douanes, y compris ceux habilités à effectuer des enquêtes judiciaires, et des agents des services fiscaux habilités à effectuer des enquêtes judiciaires.*

Lorsque la révélation de l'identité de l'agent est susceptible de caractériser l'infraction prévue au IV de l'article 15-4 ou lorsque la révélation intervenue dans les conditions du III du même article est susceptible de mettre en danger sa vie ou son intégrité physique ou celles de ses proches, un nouveau numéro d'immatriculation administrative est délivré à l'agent sur décision du responsable hiérarchique mentionné au deuxième alinéa du I de l'article 15-4.

Art. R. 2-21 La requête prévue au deuxième alinéa du III de l'article 15-4 est adressée par lettre recommandée avec demande d'avis de réception ou par remise au greffe contre récépissé. Lorsque la personne est détenue, la requête est déposée conformément aux dispositions du dixième alinéa de l'article 81. — *V. Arr. du 30 mars 2018 portant création d'un traitement permettant l'identification des agents des douanes dans les actes de procédure, dénommé « IDdouane » et Arr. du 30 mars 2018 portant création d'un traitement permettant l'identification des agents des douanes dans les actes de procédure, dénommé « IDdouane ».*

Art. R. 2-22 Lorsque le bénéficiaire d'une autorisation délivrée en application de l'article 15-4 exerce son action en réparation devant une juridiction civile ou qu'il saisit la commission d'indemnisation des victimes d'infraction d'une demande d'indemnité, il peut s'identifier par son numéro d'immatriculation administrative.

La juridiction ou la commission saisie peut avoir accès aux nom et prénom du bénéficiaire de cette autorisation par l'intermédiaire du procureur de la République compétent.

Dans les décisions judiciaires et tous les actes de la procédure, y compris en cas d'appel ou de pourvoi en cassation, il ne peut être fait état des nom et prénom du bénéficiaire de l'autorisation ; seuls ses numéro d'immatriculation administrative, qualité et service ou unité d'affectation sont mentionnés.

Art. R. 2-23 Dans le cadre de l'aide au recouvrement et dans toutes les procédures de recouvrement de dommages et intérêts obtenus par le bénéficiaire d'une autorisation délivrée conformément à l'article 15-4 au titre de la réparation de son préjudice en sa qualité de partie civile, il ne peut être fait état de ses nom et prénom, et seuls ses numéro d'immatriculation administrative, qualité et service ou unité d'affectation sont mentionnés.

Le recouvrement des dommages et intérêts s'effectue par l'intermédiaire d'un avocat ou d'un huissier de justice mandaté à cette fin ou du fonds de garantie des victimes des actes de terrorisme et d'autres infractions, auxquels le bénéficiaire de l'autorisation transmet la copie de l'autorisation qui lui a été nominativement délivrée par le responsable hiérarchique mentionné au deuxième alinéa du I de l'article 15-4.

Art. R. 2-24 En cas de répétition de l'indu, la restitution des dommages et intérêts est réalisée par l'intermédiaire de l'agent judiciaire de l'État, qui récupère les sommes indûment versées auprès du bénéficiaire de l'autorisation.

SECTION II DES OFFICIERS DE POLICE JUDICIAIRE

§ 1er DÉSIGNATION DES OFFICIERS DE POLICE JUDICIAIRE

(Décr. nº 2016-390 du 30 mars 2016, en vigueur le 1er oct. 2016)

Art. R. 3 La commission prévue à l'article 16 (2° et 4°) du code de procédure pénale, dont l'avis conforme est requis pour la désignation des militaires de la gendarmerie nationale et des fonctionnaires du corps d'encadrement et d'application de la police nationale auxquels est attribuée la qualité d'officier de police judiciaire, est composée comme suit :

1° Le procureur général près la Cour de cassation ou son délégué choisi par lui parmi les premiers avocats généraux et les avocats généraux près la Cour de cassation, président ;

2° Cinq magistrats en activité ou honoraires ;

3° Le directeur général de la police nationale ou son représentant ;

4° Le directeur général de la gendarmerie nationale ou son représentant ;

5° Le directeur, chef de l'inspection générale de la police nationale ou son représentant ;

6° Le *(Décr. nº 2018-322 du 2 mai 2018)* « directeur central du recrutement et de la formation de la police nationale » ou son représentant ;

7° Le chef de l'inspection générale de la gendarmerie nationale ou son représentant ;

8° Le directeur des personnels militaires de la gendarmerie nationale ou son représentant.

En cas de partage des voix, le président de la commission a voix prépondérante.

Les membres de la commission mentionnés au 2° sont nommés par arrêté conjoint du garde des sceaux, ministre de la justice, et du ministre de l'intérieur pour une durée de quatre ans renouvelable une fois et ont chacun un suppléant désigné dans les mêmes conditions. Ils ne peuvent exercer leurs fonctions au sein de la commission pour une durée supérieure à huit ans quelle que soit leur qualité de titulaire ou de suppléant.

V. art. A. 1er-1 s.

Art. R. 4 Le secrétariat de la commission est assuré par la sous-direction des compétences de la gendarmerie nationale et la *(Décr. nº 2018-322 du 2 mai 2018)* « direction centrale du recrutement et de la formation de la police nationale ».

Art. R. 5 La qualité d'officier de police judiciaire peut être attribuée :
— aux sous-officiers de carrière de gendarmerie ayant satisfait aux épreuves d'un examen technique ;
— aux fonctionnaires du corps d'encadrement et d'application de la police nationale ayant satisfait aux épreuves d'un examen technique et comptant au moins trois ans de service dans ce corps.

Les modalités d'organisation et le programme des épreuves de l'examen technique prévu aux deuxième et troisième alinéas sont fixés par arrêté conjoint du garde des sceaux, ministre de la justice, et du ministre de l'intérieur. — *V. art. A. 1er-1 à A. 12.*

Art. R. 6 La commission prévue à l'article R. 3 détermine la date et les sujets des épreuves des examens techniques d'officier de police judiciaire de la police et de la gendarmerie nationales.

Art. R. 7 Le jury de l'examen technique d'officier de police judiciaire de la gendarmerie nationale est composé comme suit :

1º Le procureur général près la Cour de cassation ou son délégué choisi par lui parmi les premiers avocats généraux et les avocats généraux près la Cour de cassation, président ;

2º Le directeur général de la gendarmerie nationale ou son représentant ;

3º Le chef de l'inspection générale de la gendarmerie nationale ou son représentant ;

4º Le directeur des personnels militaires de la gendarmerie nationale ou son représentant ;

5º Des magistrats en activité ou honoraires ;

6º Des officiers supérieurs de la gendarmerie nationale dont la moitié au plus peuvent être en retraite.

Les membres du jury mentionnés aux 1º, 2º, 3º, 4º et 5º peuvent être différents des membres mentionnés aux 1º, 2º, 4º, 7º et 8º de l'article R. 3.

Le nombre total des magistrats prévus aux 1º et 5º est égal au nombre total des membres prévus aux 2º, 3º, 4º et 6º.

Des magistrats et des officiers supérieurs de la gendarmerie nationale sont désignés comme suppléants. Le membre suppléant remplace le membre titulaire avant le début de l'examen et pour toute sa durée.

Le jury établit la liste des candidats ayant satisfait à l'examen technique d'officier de police judiciaire de la gendarmerie nationale.

En cas de partage des voix, le président du jury a voix prépondérante.

Art. R. 8 Le jury de l'examen technique d'officier de police judiciaire de la police nationale est composé comme suit :

1º Le procureur général près la Cour de cassation ou son délégué choisi par lui parmi les premiers avocats généraux et les avocats généraux près la Cour de cassation, président ;

2º Le directeur général de la police nationale ou son représentant ;

3º Le directeur, chef de l'inspection générale de la police nationale ou son représentant ;

4º Le *(Décr. nº 2018-322 du 2 mai 2018)* « directeur central du recrutement et de la formation de la police nationale » ou son représentant ;

5º Des magistrats en activité ou honoraires ;

6º Des fonctionnaires de la police nationale ayant au moins rang de commissaire de police dont la moitié au plus peuvent être en retraite.

Les membres du jury mentionnés aux 1º, 2º, 3º, 4º et 5º peuvent être différents des membres mentionnés aux 1º, 2º, 3º, 5º et 6º de l'article R. 3.

Le nombre total des magistrats prévus aux 1º et 5º est égal au nombre total des membres prévus aux 2º, 3º, 4º et 6º.

Des magistrats et des fonctionnaires de la police nationale ayant au moins rang de commissaire de police sont désignés comme suppléants. Le membre suppléant remplace le membre titulaire avant le début de l'examen et pour toute sa durée.

Le jury établit la liste des candidats ayant satisfait à l'examen technique d'officier de police judiciaire de la police nationale.

En cas de partage des voix, le président du jury a voix prépondérante.

Art. R. 9 **Les membres des jurys de l'examen technique mentionnés aux articles R. 7 et R. 8 sont nommés par arrêté conjoint du garde des sceaux, ministre de la justice, et du ministre de l'intérieur.**

Les membres des jurys mentionnés aux 5° et 6° des articles R. 7 et R. 8 ne peuvent exercer leurs fonctions au sein du jury pour une durée supérieure à huit ans quelle que soit leur qualité de titulaire ou de suppléant.

Art. R. 10 **L'attribution de la qualité d'officier de police judiciaire aux candidats reçus à l'examen technique est prononcée, après avis conforme de la commission prévue à l'article R. 3, par arrêté conjoint du garde des sceaux, ministre de la justice, et du ministre de l'intérieur.**

§ 2 HABILITATION DES MILITAIRES DE LA GENDARMERIE ET DES FONCTIONNAIRES DE LA POLICE NATIONALE, AYANT LA QUALITÉ D'OFFICIER DE POLICE JUDICIAIRE, À EXERCER EFFECTIVEMENT LES ATTRIBUTIONS ATTACHÉES À CETTE QUALITÉ

A *HABILITATION DES OFFICIERS DE POLICE JUDICIAIRE DE LA GENDARMERIE*

Art. R. 13 *(Décr. n° 2004-530 du 10 juin 2004, art. 2)* **Les militaires de la gendarmerie mentionnés à l'article 16 (2°) ne peuvent être habilités à exercer effectivement les attributions attachées à leur qualité d'officier de police judiciaire que lorsqu'ils sont affectés à un emploi comportant l'exercice de ces attributions.**

Art. R. 14 *(Décr. n° 2004-530 du 10 juin 2004, art. 3)* **La demande d'habilitation est adressée au procureur général près la cour d'appel dans le ressort de laquelle** *(Décr. n° 2012-1046 du 12 sept. 2012)* **« l'officier de police judiciaire exerce habituellement ses fonctions d'officier de police judiciaire ». Cette demande est transmise par :**

a) **Le directeur général de la gendarmerie nationale pour les commandants de région, les commandants des formations de gendarmerie directement rattachées à l'administration centrale et les chefs des services et commandants d'unités à compétence nationale ;**

b) **Le commandant de région de gendarmerie pour les commandants** *(Abrogé par Décr. n° 2012-1046 du 12 sept. 2012)* ***« de légion et »*** **de groupement de gendarmerie départementale et les officiers de police judiciaire des services ou unités placés directement sous son autorité ;**

c) **Le commandant de groupement, le commandant de la gendarmerie dans les départements et les collectivités d'outre-mer et en Nouvelle-Calédonie, le commandant d'une formation de gendarmerie directement rattachée à l'administration centrale ou le chef de service ou commandant d'unité à compétence nationale, pour tous les officiers de police judiciaire des unités placées sous leur autorité ;**

d) **Le chef de service dont dépend l'officier de police judiciaire lorsqu'il est affecté *dans un service* de la police nationale.**

Les dispositions du Décr. n° 2012-1046 du 12 sept. 2012 sont sans effet sur la validité des habilitations accordées antérieurement à son entrée en vigueur.

Art. R. 14-1 *(Décr. n° 2004-530 du 10 juin 2004, art. 4)* **La demande précise la nature des fonctions confiées à l'officier de police judiciaire et le service ou l'unité au sein duquel il sera appelé à les exercer habituellement.**

(Décr. n° 2008-290 du 28 mars 2008) **« Elle précise également si, au cours du précédent emploi pour lequel il avait été habilité, l'officier de police judiciaire a été définitivement sanctionné pour des fautes disciplinaires constituant des manquements à l'honneur, à la probité ou des insuffisances professionnelles graves.**

« Le procureur général saisi de la demande est informé, dans les meilleurs délais, des sanctions éventuellement intervenues pour des manquements à l'honneur, à la probité ou des insuffisances professionnelles graves, commis au cours du précédent emploi

pour lequel l'officier de police judiciaire avait été habilité, lorsque, au moment de la demande :

« 1° Une procédure disciplinaire était en cours ;

« 2° La sanction prononcée pour ces fautes n'était pas définitive. »

Art. R. 15 *(Abrogé par Décr. nº 2012-1046 du 12 sept. 2012) (Décr. nº 66-716 du 28 sept. 1966)* ***« Lorsque les limites territoriales dans lesquelles l'officier de police judiciaire est appelé à exercer ses fonctions habituelles excèdent celles de la cour d'appel dans le ressort de laquelle est situé le siège desdites fonctions, le procureur général saisi de la demande d'habilitation statue sur cette demande après avoir pris l'avis du procureur général près chaque cour d'appel dans le ressort de laquelle l'officier de police judiciaire est appelé à exercer ses fonctions habituelles. »***

Lorsque l'officier de police judiciaire est appelé à exercer *(Décr. nº 2012-1046 du 12 sept. 2012)* **« habituellement ses fonctions d'officier de police judiciaire » sur tout le territoire de la République, la demande d'habilitation est adressée au procureur général près la cour d'appel de Paris** *(Abrogé par Décr. nº 2012-1046 du 12 sept. 2012)* ***«, qui statue sans être tenu de procéder à la consultation prévue à l'alinéa qui précède.*** *(Décr. nº 2001-303 du 4 avr. 2001)* ***« Dans le cas prévu au deuxième alinéa de l'article R. 13, la demande d'habilitation est transmise par le responsable de l'office au sein duquel ce militaire exerce ses fonctions ». »***

V. note ss. art. R. 14.

Art. R. 15-1 *(Décr. nº 66-716 du 28 sept. 1966)* **Le procureur général accorde ou refuse par arrêté l'habilitation à exercer effectivement les attributions attachées à la qualité d'officier de police judiciaire.**

L'arrêté d'habilitation indique les fonctions en vue desquelles cette habilitation est accordée et précise qu'elle vaut seulement pour le temps pendant lequel l'officier de police judiciaire exercera lesdites fonctions.

(Décr. nº 75-1338 du 31 déc. 1975) **« Lorsqu'il envisage de refuser l'habilitation, le procureur général en informe l'intéressé, en lui précisant qu'il peut, dans un délai de quinze jours, prendre connaissance de son dossier et être entendu, le cas échéant, avec l'assistance d'un conseil de son choix. »**

Art. R. 15-2 *(Décr. nº 75-1338 du 31 déc. 1975)* **Le procureur général prononce le retrait ou, pour une durée n'excédant pas deux ans, la suspension de l'habilitation à exercer les attributions attachées à la qualité d'officier de police judiciaire, par arrêté pris soit d'office, soit sur la proposition du commandant du groupement ou du commandant régional de la gendarmerie.**

Il entend préalablement l'officier de police judiciaire qui peut prendre connaissance du dossier relatif aux faits qui lui sont reprochés et se faire assister d'un conseil de son choix.

L'officier de police judiciaire dont l'habilitation a été suspendue reprend de plein droit, à l'expiration de la suspension, l'exercice des attributions attachées à sa qualité. Le procureur général peut, à tout moment, abréger la durée de la suspension.

Après un retrait, l'habilitation ne peut être rendue que dans les formes prévues pour son attribution initiale.

V. art. D. 44 s.

La procédure, prévue aux art. R. 15-2 et R. 15-6 et mise en œuvre par le procureur général près la cour d'appel, si elle peut conduire ce magistrat à prononcer une mesure de suspension ou de retrait d'habilitation, constitue une procédure disciplinaire spécifique au cours de laquelle l'intéressé bénéficie de garanties suffisantes de nature à préserver ses droits, conformément à l'art. 6, § 1, Conv. EDH. • Crim. 8 janv. 2019, nº 18-82.353 P : *D. actu. 30 janv. 2019, obs. Recotillet ; AJ pénal 2019. 157, obs. Andrei*.

B *HABILITATION DES OFFICIERS DE POLICE JUDICIAIRE DE LA POLICE NATIONALE*

Art. R. 15-3 *(Décr. nº 66-716 du 28 sept. 1966)* **Les fonctionnaires de la police nationale visés à l'article 16 (3°) ne peuvent être habilités à exercer effectivement les attributions attachées à leur qualité d'officier de police judiciaire que lorsqu'ils sont affectés à un emploi comportant l'exercice desdites attributions.**

Pour chaque fonctionnaire affecté à un tel emploi, une demande d'habilitation est adressée par le chef du service auquel appartient ce fonctionnaire, au procureur général près la cour d'appel dans le ressort de laquelle *(Décr. nº 2012-1046 du 12 sept. 2012)* « l'officier de police judiciaire exerce habituellement ses fonctions d'officier de police judiciaire ».

La demande doit préciser la nature des fonctions confiées à cet officier de police judiciaire et les limites territoriales dans lesquelles il sera appelé à les exercer habituellement.

(Décr. nº 2008-290 du 28 mars 2008) « Elle précise également si, au cours du précédent emploi pour lequel il avait été habilité, l'officier de police judiciaire a été définitivement sanctionné pour des fautes disciplinaires constituant des manquements à l'honneur, à la probité ou des insuffisances professionnelles graves.

« Le procureur général saisi de la demande est informé, dans les meilleurs délais, des sanctions éventuellement intervenues pour des manquements à l'honneur, à la probité ou des insuffisances professionnelles graves, commis au cours du précédent emploi pour lequel l'officier de police judiciaire avait été habilité, lorsque, au moment de la demande :

« 1º Une procédure disciplinaire était en cours ;

« 2º La sanction prononcée pour ces fautes n'était pas définitive. »

(Décr. nº 2004-530 du 10 juin 2004, art. 5) « Si l'officier de police judiciaire est affecté dans une unité de la gendarmerie nationale, la demande d'habilitation est transmise selon les distinctions prévues aux *a*, *b* ou *c* de l'article R. 14. »

Les dispositions du Décr. nº 2012-1046 du 12 sept. 2012 sont sans effet sur la validité des habilitations accordées antérieurement à son entrée en vigueur.

Art. R. 15-4 *(Abrogé par Décr. nº 2012-1046 du 12 sept. 2012) (Décr. nº 66-716 du 28 sept. 1966) « Lorsque les limites territoriales dans lesquelles l'officier de police judiciaire est appelé à exercer ses fonctions habituelles excèdent celles de la cour d'appel dans le ressort de laquelle est situé le siège desdites fonctions, le procureur général saisi de la demande d'habilitation statue sur cette demande après avoir pris l'avis du procureur général près chaque cour d'appel dans le ressort de laquelle l'officier de police judiciaire est appelé à exercer ses fonctions habituelles. »*

Lorsque l'officier de police judiciaire est appelé à exercer *(Décr. nº 2012-1046 du 12 sept. 2012)* « habituellement ses fonctions d'officier de police judiciaire » sur tout le territoire de la République, la demande d'habilitation est adressée au procureur général près la cour d'appel de Paris *(Abrogé par Décr. nº 2012-1046 du 12 sept. 2012) «, qui statue sans être tenu de procéder à la consultation prévue à l'alinéa qui précède ».*

V. note ss. art. R. 15-3.

Art. R. 15-5 *(Décr. nº 66-716 du 28 sept. 1966)* Le procureur général accorde ou refuse par arrêté l'habilitation à exercer effectivement les attributions attachées à la qualité d'officier de police judiciaire.

L'arrêté d'habilitation indique les fonctions en vue desquelles cette habilitation est accordée et précise qu'elle vaut seulement pour le temps pendant lequel l'officier de police judiciaire exercera lesdites fonctions.

(Décr. nº 75-1338 du 31 déc. 1975) « Lorsqu'il envisage de refuser l'habilitation, le procureur général en informe l'intéressé, en lui précisant qu'il peut, dans un délai de quinze jours, prendre connaissance de son dossier et être entendu, le cas échéant, avec l'assistance d'un conseil de son choix. »

Art. R. 15-6 *(Décr. nº 75-1338 du 31 déc. 1975)* Le procureur général prononce le retrait ou, pour une durée n'excédant pas deux ans, la suspension de l'habilitation à exercer les attributions attachées à la qualité d'officier de police judiciaire, par arrêté pris soit d'office, soit sur la proposition du chef de service. Il entend préalablement l'officier de police judiciaire qui peut prendre connaissance du dossier relatif aux faits qui lui sont reprochés et se faire assister d'un conseil de son choix.

L'officier de police judiciaire dont l'habilitation a été suspendue reprend de plein droit, à l'expiration de la suspension, l'exercice des attributions attachées à sa qualité. Le procureur général peut, à tout moment, abréger la durée de la suspension.

Après un retrait, l'habilitation ne peut être rendue que dans les formes prévues pour une attribution initiale.

V. art. D. 44 s.

Conformité de la procédure de l'art. R. 15-6 à la Conv. EDH, V. note ss. art. R. 15-2.

§ 3 FONCTIONNEMENT DE LA COMMISSION PRÉVUE À L'ARTICLE 16-2

(Décr. nº 75-1338 du 31 déc. 1975)

Art. R. 15-7 **Le président de la commission prévue à l'article 16-2 et son suppléant sont désignés annuellement par le bureau de la Cour de cassation parmi les membres de la commission.**

Le secrétaire de la commission est désigné par le premier président de la Cour de cassation parmi les secrétaires-greffiers de cette juridiction.

Art. R. 15-8 **Le recours prévu à l'article 16-2 est formé par voie de requête signée par l'officier de police judiciaire et remise ou adressée au secrétaire de la commission qui en délivre récépissé. Cette requête contient toutes indications utiles sur la décision de suspension ou de retrait de l'habilitation.**

Art. R. 15-9 **Dès réception de la requête, le secrétaire de la commission en transmet copie au procureur général près la Cour de cassation et au procureur général qui a pris la décision de suspension ou de retrait d'habilitation. Le dossier d'officier de police judiciaire du requérant est adressé au secrétariat de la commission avec un rapport motivé du procureur général qui a pris la décision.**

Art. R. 15-10 **Dans les quinze jours qui suivent la réception de la requête, le président charge du rapport un des membres de la commission.**

Art. R. 15-11 **La commission procède ou fait procéder soit par l'un de ses membres, soit par commission rogatoire, à toutes mesures d'instruction utiles, notamment, s'il y a lieu, à l'audition du requérant qui peut se faire assister d'un conseil de son choix. Le procureur général près la Cour de cassation dépose ses conclusions au secrétariat vingt jours au moins avant la date de l'audience.**

Art. R. 15-12 **Le président de la commission fixe la date de l'audience après avis du procureur général près la Cour de cassation. Cette date et les conclusions du procureur général près la Cour de cassation sont notifiées par le secrétaire de la commission au requérant par lettre recommandée, avec demande d'avis de réception. Sauf si le président a ordonné sa comparution personnelle, l'officier de police judiciaire est invité à faire connaître s'il comparaîtra personnellement, s'il se fera assister d'un conseil ou se fera représenter.**

La lettre recommandée prévue à l'alinéa précédent doit être adressée au requérant douze jours au moins avant la date de l'audience.

Art. R. 15-13 **Après l'exposé du rapport par le magistrat qui en est chargé, l'officier de police judiciaire peut faire entendre des témoins dont les noms et adresses doivent avoir été indiqués au secrétariat de la commission cinq jours au moins avant la date de l'audience.**

Le procureur général près la Cour de cassation développe ses conclusions. S'ils sont présents, le requérant et son conseil sont entendus.

Art. R. 15-14 **La commission peut soit annuler la décision ou la confirmer, soit transformer le retrait en suspension ou réduire la durée de la suspension.**

Si le requérant n'est pas présent ou représenté lorsque la décision de la commission est rendue, cette décision lui est notifiée dans les quarante-huit heures de son prononcé par lettre recommandée avec demande d'avis de réception.

Le dossier de l'officier de police judiciaire, complété par une copie de la décision de la commission, est immédiatement renvoyé au procureur général qui a pris la décision frappée de recours.

Art. R. 15-15 **Les frais exposés devant la commission, y compris les frais de déplacement du requérant, sont assimilés aux frais de justice criminelle, correctionnelle et de police. Ils restent à la charge de l'État.**

Art. R. 15-16 **La décision de la commission peut être déférée à la Cour de cassation pour violation de la loi.**

1. Le recours en cassation prévu par l'art. R. 15-16, régi par les dispositions supplétives du NCPC [devenu C. pr. civ.], spécialement l'art. 579 de ce code, n'a pas d'effet suspensif. • Cass., ass. plén., 1er juill. 1994, n° 94-82.593 P : *Gaz. Pal. 1995. 1. 79, concl. Jeol* • Crim. 26 févr. 1997, n° 96-84.960 P.

2. La décision de la commission de retrait de l'habilitation à exercer les fonctions d'OPJ ne s'analysant pas en un arrêt ou jugement, les dispositions de l'art. 569, relatives à l'effet suspensif du pourvoi en cassation, ne trouvent pas application. • Crim. 21 juin 2016, n° 15-84.172 P : *D. actu. 28 juill. 2016, obs. Aubert.*

SECTION III **DES AGENTS DE POLICE JUDICIAIRE**

(Décr. n° 79-115 du 5 févr. 1979)

Art. R. 15-17 *(Décr. n° 2001-411 du 10 mai 2001)* **« La qualité d'agent de police judiciaire est attribuée par arrêté conjoint du garde des sceaux, ministre de la justice, et du ministre de l'intérieur aux gardiens de la paix qui, en application de l'article 20 (4° et 5°), ont satisfait à un examen technique portant sur le droit pénal, la procédure pénale et les libertés publiques, après avoir reçu une formation spécifique. »**

Un arrêté conjoint du garde des sceaux, ministre de la justice, et du ministre de l'intérieur fixe le contenu du programme de la formation et des épreuves de l'examen technique ainsi que les modalités d'organisation de celles-ci et d'établissement de la liste des candidats reçus. — *V. Arr. du 17 oct. 1988 (JO 27 oct.).*

Une ou plusieurs commissions d'examen, dont les membres sont nommés par arrêté conjoint du garde des sceaux, ministre de la justice, et du ministre de l'intérieur, sont instituées dans chaque ressort de cour d'appel comportant au moins un centre interdépartemental ou départemental de stages et de formation de la police nationale. Chaque commission est composée :

1° Du procureur général près la cour d'appel ou de son délégué, président, et du procureur de la République près l'un des tribunaux judiciaires du ressort de la cour d'appel ou de son délégué ;

2° *(Décr. n° 2019-1497 du 28 déc. 2019, art. 1er, en vigueur le 1er janv. 2020)* **« du directeur territorial au recrutement et à la formation de la police nationale, ou du chef du service territorial du recrutement et de la formation de la direction territoriale de la police nationale, » ou de son représentant ayant au moins le grade de commissaire de police et d'un fonctionnaire de police ayant également au moins le même grade.**

(Décr. n° 2001-411 du 10 mai 2001) **« Le secrétariat de chaque commission d'examen est assuré par la direction** *(Décr. n° 2010-973 du 27 août 2010)* **« des ressources et des compétences de la police nationale ». »**

Art. R. 15-17-1 *(Décr. n° 2004-366 du 26 avr. 2004)* **La qualité d'agent de police judiciaire est attribuée, en application de l'article 20-1, à ceux des personnels appelés à servir dans la réserve civile de la police nationale ou dans la réserve opérationnelle de la gendarmerie nationale qui, durant leur activité, ont exercé en tant qu'officier ou agent de police judiciaire pendant une durée au moins égale à cinq ans.**

Pour bénéficier de cette qualité, les fonctionnaires et les militaires, qui auront rompu le lien avec le service depuis plus d'un an, seront soumis à une remise à niveau professionnelle adaptée et périodique.

Ne peuvent prétendre à l'attribution de la qualité d'agent de police judiciaire les personnels qui, postérieurement à la rupture de leur lien avec le service, exercent une fonction publique élective, un emploi d'auxiliaire de justice, d'officier public ou ministériel ou l'une des activités régies par la loi n° 83-629 du 12 juillet 1983 réglementant les activités privées de sécurité.

Il en va de même pour les personnes qui ont été condamnées pour des faits qualifiés par la loi de crimes ou délits ou qui font l'objet de poursuite pour des faits contraires à l'honneur, à la probité ou aux bonnes mœurs.

Ces dispositions ne sont applicables à Mayotte, en Nouvelle-Calédonie, en Polynésie française et dans les îles Wallis-et-Futuna qu'en tant qu'elles attribuent la qualité d'agent de police judiciaire à des personnels de la réserve opérationnelle de la gendarmerie nationale (Décr. nº 2004-366 du 26 avr. 2004, art. 2).

SECTION IV DES SERVICES ET UNITÉS VISÉS À L'ARTICLE 15-1

(Décr. nº 95-661 du 9 mai 1995)

§ 1er DES SERVICES DE LA POLICE NATIONALE

Art. R. 15-18 *(Décr. nº 2008-610 du 27 juin 2008, en vigueur le 1er juill. 2008)* **Les services actifs de la police nationale au sein desquels les officiers et agents de police judiciaire exercent leurs fonctions habituelles et dont la compétence s'exerce sur l'ensemble du territoire national sont les suivants :**

1° La direction centrale de la police judiciaire ;

2° La direction centrale de la police aux frontières ;

(Décr. nº 2014-445 du 30 avr. 2014, art. 10-II et 13, en vigueur le 12 mai 2014) **« 3° L'inspection générale de la police nationale ;**

« 4° La direction générale de la sécurité intérieure ; »

5° Le détachement de la police nationale auprès de la direction nationale des enquêtes douanières ;

(Décr. nº 2020-1777 du 30 déc. 2020, art. 1er, en vigueur le 1er janv. 2021) **« 6° Le service national de police scientifique ».**

Art. R. 15-19 *(Décr. nº 2003-795 du 25 août 2003)* **« Les catégories de services actifs de la police nationale au sein desquels les officiers et agents de police judiciaire exercent leurs fonctions habituelles et dont la compétence s'exerce dans le ressort d'une ou plusieurs zones de défense ou parties de celles-ci sont les suivantes :**

« 1° *(Décr. nº 2020-1776 du 30 déc. 2020, art. 7, en vigueur le 1er janv. 2021)* **« Les directions zonales de la police judiciaire, ainsi que leurs directions territoriales et services de police judiciaire et les directions régionales de la police judiciaire ainsi que leurs services départementaux et services de police judiciaire » ;**

« 2° Au titre de la police aux frontières :

« *a)* Les directions zonales *(Décr. nº 2016-440 du 12 avr. 2016, art. 10)* **« , les directions interdépartementales » ainsi que les brigades des chemins de fer, les brigades mobiles de recherches, les brigades de police aéronautique et les unités d'éloignement, dans la zone de défense où** *(Décr. nº 2016-440 du 12 avr. 2016, art. 10)* **« leur direction a son siège » ; »**

(Décr. nº 2021-481 du 21 avr. 2021, art. 5, en vigueur le 1er mai 2021) **« *b)* La direction des aérodromes parisiens, sur l'emprise des aérodromes de Paris-Charles de Gaulle, du Bourget et de Paris-Orly ; »**

(Décr. nº 2012-869 du 9 juill. 2012) **« 3° Au titre de la direction centrale des compagnies républicaines de sécurité :**

« *a)* Les unités autoroutières des compagnies républicaines de sécurité ;

« *b)* Les unités motocyclistes zonales ;

« *c)* Les formations de montagne. »

(Décr. nº 2008-610 du 27 juin 2008) **« 4° Au titre de la direction centrale de la sécurité publique :**

« *a)* Les circonscriptions de sécurité publique dont la compétence couvre un département ainsi qu'une partie d'un ou plusieurs départements limitrophes ;

« *b)* Les services interdépartementaux de sécurisation des réseaux de transport en commun de voyageurs.

« 5° Au titre de la préfecture de police :

« *a)* Le service chargé de la lutte contre l'immigration irrégulière et le travail illégal des étrangers, dans les départements de Paris, des Hauts-de-Seine, du Val-de-Marne et de la Seine-Saint-Denis ;

(Abrogé par Décr. n° 2013-952 du 23 oct. 2013, art. 1er) « b) L'inspection générale des services, dans les départements de Paris, des Hauts-de-Seine, du Val-de-Marne et de la Seine-Saint-Denis ; »

« *c)* La direction opérationnelle des services techniques et logistiques, dans les départements de Paris, des Hauts-de-Seine, du Val-de-Marne et de la Seine-Saint-Denis ; »

(Décr. n° 2009-898 du 24 juill. 2009, art. 7-1°, en vigueur le 14 sept. 2009) **« *d)* La direction chargée des missions de sécurité et de paix publiques, ainsi que ses sûretés territoriales et ses circonscriptions de sécurité de proximité, dans les départements de Paris, des Hauts-de-Seine, du Val-de-Marne et de la Seine-Saint-Denis** *(Décr. n° 2017-567 du 19 avr. 2017, art. 6)* **« ainsi que sur les emprises des aérodromes de Paris-Charles de Gaulle, du Bourget et de Paris-Orly » ;**

« *e)* La direction chargée du maintien de l'ordre public et de la régulation de la circulation dans les départements de Paris, des Hauts-de-Seine, du Val-de-Marne, et de la Seine-Saint-Denis *(Décr. n° 2017-567 du 19 avr. 2017, art. 6)* **« , sur les emprises des aérodromes de Paris-Charles de Gaulle, du Bourget et de Paris-Orly, » sur les routes de la région Île-de-France dont la liste est fixée par l'autorité administrative, et dans les communes comprises** *(Décr. n° 2014-1725 du 30 déc. 2014, art. 4)* **« dans la zone de compétence du préfet de police définie à l'article L. 2213-33 du code général des collectivités territoriales » ;**

« *f)* Le service de police chargé de la sécurité des personnes et des biens sur les voies navigables des départements d'Île-de-France, dans les départements de cette région. »

Art. R. 15-20 *(Décr. n° 2003-795 du 25 août 2003)* **Les catégories de services actifs de la police nationale au sein desquels les officiers et agents de police judiciaire exercent leurs fonctions habituelles et dont la compétence s'exerce dans le ressort d'un département ou d'une collectivité d'outre-mer ainsi qu'en Nouvelle-Calédonie sont les suivantes :**

(Décr. n° 2012-869 du 9 juill. 2012) **« 1° Les directions départementales de la sécurité publique, les sûretés départementales et les circonscriptions de sécurité publique ; »**

(Décr. n° 2009-898 du 24 juill. 2009, art. 7-2°) **« 2° » Au titre de la police aux frontières :**

_a)_ Les directions départementales ainsi que, sous réserve des dispositions du _a_ du 2° de l'article R. 15-19, les brigades des chemins de fer, les brigades mobiles de recherche et les unités d'éloignement qui leur sont rattachées, dans le département où elles ont leur siège ;

(Décr. n° 2022-70 du 26 janv. 2022, art. 1er) **« *b)* Le service de la police aux frontières de Saint-Pierre-et-Miquelon ; »**

(Décr. n° 2019-1497 du 28 déc. 2019, art. 1er, en vigueur le 1er janv. 2020) **« 3° Les directions territoriales de la police nationale** *(Décr. n° 2022-70 du 26 janv. 2022, art. 1er)* **« ainsi que leurs services territoriaux de police judiciaire ». »**

Art. R. 15-21 La création ou la suppression des services visés aux articles précédents est décidée par décret lorsque leur compétence territoriale excède les limites d'un département. Elle est décidée par arrêté du ministre de l'intérieur lorsque leur compétence territoriale n'excède pas ces limites. — *V. Décr. n° 2012-328 du 6 mars 2012 (JO 8 mars), mod. par Décr. n° 2017-666 du 27 avr. 2017 (JO 29 avr.) et Décr. n° 2020-1051 du 14 août 2020 (JO 15 août).*

Leur compétence territoriale est modifiée selon les mêmes formes.

(Abrogé par Décr. n° 2004-530 du 10 juin 2004, art. 7) « Toutefois, la création des services visés à l'article R. 15-20 (1°) est décidée par décret lorsque ceux-ci sont situés dans un département comportant plusieurs tribunaux de grande instance. »

§ 2 DES UNITÉS DE LA GENDARMERIE NATIONALE

Art. R. 15-22 *(Décr. n° 2009-740 du 19 juin 2009)* **Les services ou unités de la gendarmerie nationale au sein desquelles les officiers et agents de police judiciaire exercent leurs fonctions habituelles et dont la compétence s'étend à l'ensemble du territoire national sont les suivants :**

1° La sous-direction de la police judiciaire de la direction générale de la gendarmerie nationale ;

2° L'inspection *(Décr. n° 2010-773 du 8 juill. 2010)* **« générale » de la gendarmerie nationale ;**

3° *(Décr. n° 2015-1805 du 28 déc. 2015, art. 2)* **« Le service central de renseignement criminel de la gendarmerie nationale » ;**

4° La section de recherches *(Décr. n° 2021-1339 du 14 oct. 2021, art. 2)* **« et la section d'appui judiciaire » de la gendarmerie de l'air ;**

5° La section de recherches *(Décr. n° 2021-1339 du 14 oct. 2021, art. 2)* **« et la section d'appui judiciaire » de la gendarmerie des transports aériens ;**

6° La section de recherches *(Décr. n° 2021-1339 du 14 oct. 2021, art. 2)* **« et la section d'appui judiciaire » de la gendarmerie de l'armement ;**

7° La section de recherches *(Décr. n° 2021-1339 du 14 oct. 2021, art. 2)* **« et la section d'appui judiciaire » de la gendarmerie maritime ;**

(Décr. n° 2012-841 du 29 juin 2012) **« 8° La section de recherches de Paris ; »**

(Décr. n° 2021-1339 du 14 oct. 2021, art. 2) **« 9° La section de recherches et la section d'appui judiciaire de la gendarmerie prévôtale » ;**

(Décr. n° 2013-231 du 19 mars 2013) **« 10° »** *(Décr. n° 2015-1805 du 28 déc. 2015, art. 2)* **« La** *(Décr. n° 2021-1339 du 14 oct. 2021, art. 2)* **« section » de recherches de la gendarmerie des voies navigables » ;**

(Décr. n° 2021-1339 du 14 oct. 2021, art. 2) **« 11° Le commandement de la gendarmerie dans le cyberespace. »**

Art. R. 15-23 *(Décr. n° 2009-740 du 19 juin 2009)* **Les catégories d'unités de la gendarmerie nationale au sein desquelles les officiers et agents de police judiciaire exercent leurs fonctions habituelles et dont la compétence s'étend au ressort d'une ou plusieurs zones de défense** *(Décr. n° 2021-1339 du 14 oct. 2021, art. 3)* **« et de sécurité », ou parties de celles-ci, sont les suivantes :**

1° Les sections de recherches de la gendarmerie départementale ;

2° Les sections d'appui judiciaire *(Décr. n° 2021-1339 du 14 oct. 2021, art. 3)* **« autres que celles mentionnées à l'article R. 15-22 » ;**

(Décr. n° 2021-1339 du 14 oct. 2021, art. 3) **« 3° Les pelotons d'autoroute et les pelotons motorisés de la gendarmerie ; »**

4° Les sections ou détachements des formations aériennes de la gendarmerie ;

5° Les brigades *(Décr. n° 2021-1339 du 14 oct. 2021, art. 3)* **« organisées ou non en communauté de brigades », les brigades de recherches et les pelotons de surveillance et d'intervention de la gendarmerie des transports aériens ;**

6° Les brigades et les brigades motorisées de la gendarmerie de l'air ;

7° Les brigades de recherches, *(Décr. n° 2015-1805 du 28 déc. 2015, art. 3)* **« les brigades de renseignements et d'investigations judiciaires, » les brigades de surveillance du littoral, les unités navigantes de la gendarmerie maritime, les brigades ou postes de la gendarmerie maritime placés auprès des** *(Décr. n° 2021-1339 du 14 oct. 2021, art. 3)* **« services déconcentrés des affaires maritimes », les pelotons de sûreté maritime et portuaire,** *(Décr. n° 2021-1339 du 14 oct. 2021, art. 3)* **« les pelotons de sûreté maritime et portuaire militaires, » le peloton de gendarmerie maritime de Paris ;**

8° Les brigades de la gendarmerie de l'armement *(Abrogé par Décr. n° 2021-1339 du 14 oct. 2021, art. 3) « placées auprès d'établissements relevant de la direction générale de l'armement »* **;**

9° Les pelotons de gendarmerie de montagne ou de haute montagne ;

10° Les brigades fluviales et nautiques de la gendarmerie départementale ;

11° Les pelotons spécialisés de protection de la gendarmerie placés auprès des installations d'importance vitale ;

12° Les unités de la gendarmerie départementale mentionnées à l'article R. 15-24 dont la compétence couvre un département, ainsi qu'une partie d'un ou plusieurs départements limitrophes. — *V. Décr. n° 2019-107 du 15 févr. 2019 portant extension de la compétence territoriale de certaines unités de gendarmerie, mod. par Décr. n° 2021-1223 du 23 sept. 2021.*

L'arrêté du 10 oct. 1997 confiant à la gendarmerie maritime l'exécution des lois et règlements sur le littoral, et l'art. R. 15-23, 6°, dans sa rédaction alors applicable, rangeant les unités navigantes de la gendarmerie maritime parmi les formations de la gendarmerie nationale dont les OPJ et APJ exercent leurs fonctions dans le ressort d'une ou plusieurs cours d'appel ou parties de celles-ci, justifie sa décision la cour d'appel qui écarte l'exception de nullité des procès-verbaux dressés au Havre par des militaires affectés à une unité navigante, en résidence à Cherbourg, en retenant qu'il n'était pas contesté que, conformément à l'art. R. 15, ils avaient été habilités par le procureur général près la cour d'appel de Caen pour exercer les fonctions d'OPJ, notamment dans la commune du Havre. • Crim. 25 janv. 2005, n° 04-85.847 P.

Art. R. 15-24 *(Décr. n° 2009-740 du 19 juin 2009)* **Les catégories d'unités de la gendarmerie nationale au sein desquelles les officiers et agents de police judiciaire exercent leurs fonctions habituelles et dont la compétence s'étend au ressort d'un département, d'une collectivité d'outre-mer ou de la Nouvelle-Calédonie sont les suivantes :**

1° Les brigades de recherches, les brigades territoriales de la gendarmerie départementale organisées ou non en communauté de brigades ;

2° Les brigades départementales de renseignements et d'investigations judiciaires de la gendarmerie nationale *(Abrogé par Décr. n° 2021-1339 du 14 oct. 2021, art. 4)* ***« et les brigades de renseignements et d'investigations judiciaires dans les collectivités d'outre-mer et en Nouvelle-Calédonie »*** **;**

3° Les brigades motorisées de la gendarmerie départementale *(Abrogé par Décr. n° 2012-841 du 29 juin 2012)* ***« et de la gendarmerie mobile »*** **;**

4° Les pelotons de surveillance et d'intervention de la gendarmerie départementale ;

5° Les pelotons et brigades de la gendarmerie maritime autres que ceux mentionnés au 7° de l'article R. 15-23 ;

(Décr. n° 2021-1339 du 14 oct. 2021, art. 4) **« 6° Les maisons de protection des familles. »**

Art. R. 15-25 *(Décr. n° 2021-1339 du 14 oct. 2021, art. 5)* **Afin d'adapter l'organisation de la gendarmerie nationale à l'évolution des enjeux de sécurité, des services, unités ou catégories d'unités au sein desquels les officiers et agents de police judiciaire exercent leurs fonctions habituelles peuvent être créés à titre expérimental selon les modalités prévues à l'article R. 15-26. Le décret ou l'arrêté pris à cet effet fixe la durée de l'expérimentation, qui ne peut excéder dix-huit mois, ainsi que les modalités de son pilotage et de son évaluation.**

Le décret ou l'arrêté détermine la compétence territoriale du service, de l'unité ou de la catégorie d'unités créé à titre expérimental, qui s'étend soit à l'ensemble du territoire national, soit au ressort d'une ou plusieurs zones de défense et de sécurité, ou parties de celles-ci, soit au ressort d'un département, d'une collectivité d'outre-mer ou de la Nouvelle-Calédonie.

Les officiers, les agents de police judiciaire et les agents de police judiciaire adjoints mentionnés au 1° ***bis*** **de l'article 21, mis temporairement à disposition d'un service ou d'une unité expérimental, exercent leur compétence dans les limites territoriales fixées par le décret ou l'arrêté.**

A l'issue du délai de l'expérimentation prévu par le décret ou l'arrêté, le service, l'unité ou la catégorie d'unités est soit inscrit à la présente section par décret en Conseil d'État pris en application des dispositions de l'article 15-1 soit supprimé.

Art. R. 15-26 La création ou la suppression des unités visées aux articles précédents est décidée par décret lorsque leur compétence territoriale excède les limites d'un département. Elle est décidée par arrêté du *(Décr. n° 2010-773 du 8 juill. 2010)* **« ministre de l'intérieur » lorsque leur compétence territoriale n'excède pas ces limites.**

Leur compétence territoriale est modifiée selon les mêmes formes.

(Décr. n° 2009-740 du 19 juin 2009) **« Toutefois, la création des unités de la gendarmerie maritime, de la gendarmerie de l'air,** *(Abrogé par Décr. n° 2010-773 du 8 juill. 2010)* ***« de la gendarmerie des transports aériens, »*** **de la gendarmerie de l'armement** *(Abrogé par Décr. n° 2010-773 du 8 juill. 2010)* ***« et des unités aériennes, autoroutières, fluviales, nautiques ou de montagne de la gendarmerie départementale et des pelotons spécialisés de protection de la gendarmerie placés auprès d'installations d'importance vitale »*** **est décidée par arrêté »** *(Décr. n° 2010-773 du 8 juill. 2010)* **« conjoint du ministre de l'intérieur et du ministre de la défense. La création des unités de la gendarmerie des transports aériens est décidée par arrêté conjoint du ministre de l'intérieur et du ministre chargé des transports. »** *(Décr. n° 2012-841 du 29 juin 2012)* **« La création des unités autoroutières, aériennes, fluviales, nautiques ou de montagne de la gendar-**

merie départementale et des pelotons spécialisés de protection de la gendarmerie placés auprès d'installations d'importance vitale est décidée par arrêté du ministre de l'intérieur. »

§ 3 DES SERVICES COMMUNS DE LA GENDARMERIE ET DE LA POLICE NATIONALES

(Décr. n° 2004-530 du 10 juin 2004, art. 13 et 14)

Art. R. 15-26-1 **Le centre automatisé de constatation des infractions routières constitue un service commun au sein duquel les officiers et agents de police judiciaire de la police et de la gendarmerie nationales exercent leurs fonctions habituelles et dont la compétence s'étend à l'ensemble du territoire national pour les infractions constatées selon les modalités mentionnées au premier alinéa de l'article L. 130-9 du code de la route. Sa création est décidée par un décret qui précise son lieu d'implantation.**

§ 4 DISPOSITIONS COMMUNES

Art. R. 15-27 **La compétence territoriale des directeurs et chefs de services, des commandants d'unités et de leurs adjoints au sein desquels sont regroupés des services ou unités** *(Décr. n° 2004-530 du 10 juin 2004, art. 15)* **« mentionnés à la présente section » couvre l'ensemble du ressort territorial de ces services ou unités.**

Les services et unités de police judiciaire existant à l'entrée en vigueur du décret n° 95-661 du 9 mai 1995 [publié au JO 10 mai] conservent ou acquièrent la compétence territoriale définie par les art. R. 15-18 à R. 15-20 et R. 15-22 à R. 15-25 C. pr. pén. dans leur rédaction résultant de ce décret (Décr. n° 95-661 du 9 mai 1995, art. 3).

SECTION V DES OFFICIERS ET AGENTS DE POLICE JUDICIAIRE EXERÇANT LEUR MISSION DANS DES VÉHICULES AFFECTÉS AU TRANSPORT COLLECTIF DE VOYAGEURS

(Décr. n° 95-661 du 9 mai 1995)

Art. R. 15-28 **Les officiers ou agents de police judiciaire appartenant aux services ou unités désignés aux articles R. 15-29 à R. 15-33 sont compétents, dans les limites définies par ces articles, pour exercer leur mission dans les véhicules affectés au transport collectif de voyageurs, dès lors que ces véhicules, ou le réseau sur lequel ils circulent, traversent tout ou partie de leur circonscription d'affectation.**

§ 1er DES OFFICIERS ET AGENTS DE POLICE JUDICIAIRE DE LA POLICE NATIONALE

Art. R. 15-29 *(Décr. n° 2003-795 du 25 août 2003)* **Par dérogation aux dispositions du 2° de l'article R. 15-19 et du 3° de l'article R. 15-20, les officiers et agents de police judiciaire appartenant aux directions zonales ou départementales de la police aux frontières** *(Décr. n° 2019-1497 du 28 déc. 2019, art. 1er, en vigueur le 1er janv. 2020)* **« ou aux services territoriaux de police aux frontières des directions territoriales de la police nationale » sont compétents pour opérer sur l'ensemble du domaine ferroviaire du ressort de la direction zonale à laquelle ils appartiennent et des directions zonales limitrophes.**

Art. R. 15-30 *(Décr. n° 2005-1664 du 28 déc. 2005)* **Les officiers et agents de police judiciaire appartenant aux sûretés départementales** *(Décr. n° 2019-1497 du 28 déc. 2019, art. 1er, en vigueur le 1er janv. 2020)* **« , aux circonscriptions de sécurité publique, aux services territoriaux de police judiciaire ou aux services territoriaux de sécurité publique des directions territoriales de la police nationale » sont compétents sur l'ensemble des réseaux, lignes, stations, gares, arrêts et couloirs affectés aux transports collectifs de voyageurs dans leur département d'affectation et dans les départements limitrophes.**

Toutefois, ceux affectés dans un service interdépartemental de sécurisation des réseaux de transport en commun de voyageurs sont compétents dans l'ensemble des départements couverts par ce service ainsi que dans les départements limitrophes du département de rattachement de ce dernier.

Les officiers et agents de police judiciaire affectés au service de police intervenant sur les réseaux de transport en commun de voyageurs *(Abrogé par Décr. n° 2018-583 du*

6 juill. 2018, art. 6) **« *par voie ferrée* » de la** *(Décr. n° 2012-732 du 9 mai 2012, art. 2)* **« zone de défense et de sécurité » d'Île-de-France sont compétents sur toute l'étendue de cette** *(Décr. n° 2012-732 du 9 mai 2012, art. 2)* **« zone de défense et de sécurité et, au-delà des limites de cette zone, sur les lignes, stations, gares, arrêts et couloirs prolongeant ces réseaux dont la liste est fixée par arrêté conjoint du ministre de la justice et du ministre de l'intérieur ».**

Art. R. 15-31 *(Décr. n° 2003-795 du 25 août 2003)* **Les officiers et agents de police judiciaire affectés aux directions régionales de la police judiciaire de Paris et de Versailles sont compétents pour exercer leur mission sur l'ensemble des lignes, stations, gares, arrêts et couloirs des transports en commun de la région Île-de-France.**

§ 2 DES OFFICIERS ET AGENTS DE POLICE JUDICIAIRE DE LA GENDARMERIE NATIONALE

Art. R. 15-32 Les officiers et agents de police judiciaire appartenant aux brigades de recherches de la gendarmerie départementale visées à l'article R. 15-24 (1°), sont compétents pour opérer sur l'ensemble des lignes, stations, gares, arrêts et couloirs affectés aux transports collectifs de voyageurs dans le ressort de leur cour d'appel de rattachement.

Art. R. 15-33 *(Décr. n° 2021-1339 du 14 oct. 2021, art. 6)* **Les officiers et agents de police judiciaire appartenant aux brigades de recherches, aux brigades territoriales organisées ou non en communautés de brigades, aux brigades motorisées de la gendarmerie départementale et aux pelotons de surveillance et d'intervention de la gendarmerie départementale visés aux 1°, 3° et 4° de l'article R. 15-24 sont compétents pour opérer sur l'ensemble des lignes, stations, gares, arrêts et couloirs affectés aux transports collectifs de voyageurs dans leur département d'affectation et dans les départements limitrophes.**

SECTION VI DES AGENTS DES DOUANES CHARGÉS DE CERTAINES MISSIONS DE POLICE JUDICIAIRE

(Décr. n° 2000-1072 du 2 nov. 2000)

§ 1er DÉSIGNATION DES AGENTS DES DOUANES CHARGÉS DE CERTAINES MISSIONS DE POLICE JUDICIAIRE

Art. R. 15-33-1 La commission prévue à l'article 28-1 dont l'avis conforme est requis pour la désignation des agents des douanes des catégories A et B habilités à effectuer des enquêtes judiciaires sur réquisition du procureur de la République ou sur commission rogatoire du juge d'instruction est composée comme suit :

1° Le procureur général près la Cour de cassation ou son délégué choisi par lui parmi le premier avocat général ou les avocats généraux à la Cour de cassation, président ;

2° *(Décr. n° 2006-94 du 30 janv. 2006)* **« Deux magistrats du ministère public dont un au plus peut être magistrat honoraire ; »**

3° Le directeur général des douanes et droits indirects ou son représentant ;

4° Le fonctionnaire chargé de la sous-direction du personnel et du budget de la direction générale des douanes et droits indirects ou son représentant ;

5° Le fonctionnaire chargé de la sous-direction des affaires juridiques, contentieuses et de la lutte contre la fraude de la direction générale des douanes et droits indirects ou son représentant ;

6° *(Décr. n° 2006-94 du 30 janv. 2006)* **« Un fonctionnaire de l'administration des douanes et droits indirects ayant au moins le grade d'inspecteur principal ; »**

7° Le magistrat délégué aux missions judiciaires de la douane *(Décr. n° 2019-464 du 17 mai 2019, en vigueur le 1er juill. 2019)* **« et de l'administration fiscale », mentionné au VII de l'article 28-1, ou son représentant.**

Les membres de la commission désignés ci-dessus aux 2° et 6° ont chacun un suppléant.

Le secrétariat de la commission est assuré par la direction générale des douanes et droits indirects.

Art. R. 15-33-2 Les membres de la commission et, le cas échéant, leurs suppléants sont nommés par arrêté conjoint du garde des sceaux, ministre de la justice, et du ministre chargé des douanes.

Art. R. 15-33-3 Pour pouvoir être désignés aux fins d'être chargés de certaines missions de police judiciaire, les agents des douanes doivent justifier *(Décr. nº 2002-1415 du 5 déc. 2002)* « d'au moins deux ans de services effectifs en qualité de titulaire dans un corps de catégorie A ou B de la direction générale des douanes et droits indirects » et avoir satisfait aux épreuves d'un examen technique.

Les modalités d'organisation de cet examen et le programme des épreuves sont fixés par arrêté conjoint du garde des sceaux, ministre de la justice, et du ministre chargé des douanes.

V. art. A. 36 s.

Art. R. 15-33-4 Le jury de l'examen technique est constitué par la commission mentionnée à l'article R. 15-33-1. Lorsqu'un membre suppléant du jury remplace un membre titulaire, il siège pendant toute la durée de l'examen.

Le jury établit la liste des candidats ayant satisfait à l'examen technique.

Art. R. 15-33-5 Les agents des douanes chargés d'effectuer des enquêtes judiciaires en application de l'article 28-1 sont désignés parmi ceux qui ont été reçus à l'examen technique, par arrêté conjoint du garde des sceaux, ministre de la justice, et du ministre chargé des douanes, sur proposition du directeur général des douanes et droits indirects et après avis conforme de la commission mentionnée à l'article R. 15-33-1.

Art. R. 15-33-6 Un arrêté conjoint du garde des sceaux, ministre de la justice, et du ministre chargé des douanes fixe la liste des agents qui, en raison de leurs responsabilités et de leurs compétences, sont dispensés de l'examen technique mentionné à l'article R. 15-33-3.

§ 2 HABILITATION DES AGENTS DES DOUANES CHARGÉS DE CERTAINES MISSIONS DE POLICE JUDICIAIRE

Art. R. 15-33-7 *(Décr. nº 2002-1415 du 5 déc. 2002)* Les agents des douanes ne peuvent être habilités à effectuer des missions de police judiciaire que lorsqu'ils sont affectés au service *(Décr. nº 2019-464 du 17 mai 2019, en vigueur le 1er juill. 2019)* « d'enquêtes judiciaires des finances du ministère du budget ».

Pour chacun de ces agents, une demande d'habilitation est adressée au procureur général près la cour d'appel de Paris par le magistrat délégué aux missions judiciaires de la douane *(Décr. nº 2019-464 du 17 mai 2019, en vigueur le 1er juill. 2019)* « et de l'administration fiscale ».

Art. R. 15-33-8 Le procureur général près la cour d'appel de Paris accorde ou refuse l'habilitation par arrêté. Lorsqu'il envisage de refuser l'habilitation, il en informe l'intéressé en lui précisant qu'il peut, dans un délai de quinze jours, prendre connaissance de son dossier et être entendu, le cas échéant, avec l'assistance d'un conseil de son choix.

Art. R. 15-33-9 Le procureur général près la cour d'appel de Paris prononce le retrait ou la suspension, pour une durée n'excédant pas deux ans, de l'habilitation à effectuer des missions de police judiciaire, par arrêté pris soit d'office, soit sur proposition du magistrat délégué aux missions judiciaires de la douane *(Décr. nº 2019-464 du 17 mai 2019, en vigueur le 1er juill. 2019)* « et de l'administration fiscale ».

Il entend préalablement l'agent des douanes, qui peut prendre connaissance du dossier relatif aux faits qui lui sont reprochés et se faire assister d'un conseil de son choix.

L'agent des douanes dont l'habilitation a été suspendue recouvre de plein droit, à l'expiration de la suspension, la faculté d'exercer des missions de police judiciaire sur réquisition de l'autorité judiciaire. Le procureur général près la cour d'appel de Paris peut, à tout moment, abréger la durée de la suspension.

Après un retrait, l'habilitation ne peut être rétablie que dans les formes prévues pour son attribution initiale.

(Décr. nº 2002-1415 du 5 déc. 2002) « L'affectation en dehors du service national de douane judiciaire entraîne la perte de l'habilitation. »

§ 3 DIRECTION ADMINISTRATIVE DES AGENTS DES DOUANES CHARGÉS DE CERTAINES MISSIONS DE POLICE JUDICIAIRE

Art. R. 15-33-10 Le magistrat délégué aux missions judiciaires de la douane *(Décr. nº 2019-464 du 17 mai 2019, en vigueur le 1er juill. 2019)* « et de l'administration fiscale », mentionné à l'article 28-1, est placé en position de détachement auprès du *(Décr. nº 2019-464 du 17 mai 2019, en vigueur le 1er juill. 2019)* « ministre chargé du budget ».

Art. R. 15-33-11 Le magistrat délégué aux missions judiciaires de la douane *(Décr. nº 2019-464 du 17 mai 2019, en vigueur le 1er juill. 2019)* « et de l'administration fiscale » veille au respect des principes énoncés aux articles R. 15-33-18 et R. 15-33-19.

Il donne aux agents des douanes chargés de missions de police judiciaire des éléments d'information sur le sens de leurs missions et les conditions pratiques de l'exécution de celles-ci.

Il fait des propositions à l'autorité judiciaire sur les types de missions de police judiciaire qui pourraient être confiées aux agents des douanes.

Art. R. 15-33-12 Le magistrat délégué aux missions judiciaires de la douane *(Décr. nº 2019-464 du 17 mai 2019, en vigueur le 1er juill. 2019)* « et de l'administration fiscale » ou, en cas d'empêchement, l'adjoint qu'il délègue à cet effet reçoit les réquisitions aux fins d'enquête du procureur de la République et les commissions rogatoires du juge d'instruction dans les matières mentionnées à l'article 28-1.

Art. R. 15-33-13 Le magistrat délégué aux missions judiciaires de la douane *(Décr. nº 2019-464 du 17 mai 2019, en vigueur le 1er juill. 2019)* « et de l'administration fiscale » veille à l'exécution des opérations de police judiciaire et s'assure de la transmission des procès-verbaux aux autorités judiciaires.

§ 4 NOTATION DES AGENTS DES DOUANES CHARGÉS DE CERTAINES MISSIONS DE POLICE JUDICIAIRE

Art. R. 15-33-14 Il est tenu en permanence au parquet général près la cour d'appel de Paris un dossier individuel concernant l'activité de chaque agent des douanes habilité à exercer des missions de police judiciaire.

Ce dossier comprend notamment :

1° Les demandes d'habilitation et les documents qui y sont joints ;

2° La copie des décisions prononcées par l'autorité judiciaire en application des dispositions des articles 28-1, 224 à 229, R. 15-33-8 et R. 15-33-9, notamment la copie des arrêtés d'habilitation ;

3° La copie de tout document émanant d'un magistrat relatif à l'exercice des activités judiciaires de l'intéressé ;

4° Les notations *(Abrogé par Décr. nº 2009-1692 du 29 déc. 2009) « annuelles »* établies en application des dispositions ci-après.

Le dossier est communiqué à la chambre de l'instruction lorsque celle-ci se trouve saisie dans les conditions fixées à l'article 225.

Art. R. 15-33-15 *(Décr. nº 2009-1692 du 29 déc. 2009)* « Le procureur de la République près le tribunal judiciaire de Paris, après avoir recueilli, le cas échéant, les observations des juges d'instruction et des présidents des chambres correctionnelles, établit, tous les deux ans, une proposition de notation des agents des douanes habilités à exercer des missions de police judiciaire qu'il transmet au procureur général près la cour d'appel de Paris. »

Celui-ci établit la notation après avoir recueilli, le cas échéant, les observations des présidents de la chambre de l'instruction de Paris et des autres procureurs généraux concernés.

Art. R. 15-33-16 *(Décr. nº 2009-1692 du 29 déc. 2009)* Les propositions de notation et les notations prévues à l'article R. 15-33-15 sont établies sur un imprimé conforme au modèle fixé par le ministre de la justice.

Elles comportent une appréciation générale circonstanciée, ainsi qu'une note chiffrée de 0 à 10 et une appréciation sur chacun des éléments suivants lorsqu'ils ont été observés :

1° Relations professionnelles avec l'autorité judiciaire ;

2° Qualité de la coordination de l'activité de police judiciaire du service ou de l'unité ;

3° Qualité des procédures et de la rédaction des rapports et des procès-verbaux ;

4° Qualité des constatations et des investigations techniques ;

5° Valeur des informations données au parquet ;

6° Engagement professionnel ;

7° Capacité à conduire les investigations ;

8° Degré de confiance accordé.

Lorsque l'un de ces éléments n'a pas été observé, la mention : "activité judiciaire non observée" est substituée à la notation chiffrée et à l'appréciation correspondantes.

Art. R. 15-33-17 La notation établie par le procureur général près la cour d'appel de Paris est portée directement à la connaissance de l'agent des douanes habilité qui peut présenter des observations par écrit dans un délai de quinze jours, délai à l'issue duquel la notation définitive est transmise au magistrat délégué aux missions judiciaires de la douane *(Décr. nº 2019-464 du 17 mai 2019, en vigueur le 1er juill. 2019)* « et de l'administration fiscale ». *(Décr. nº 2002-1415 du 5 déc. 2002 ; Décr. nº 2009-1692 du 29 déc. 2009)* « Elle est prise en compte pour la notation administrative de l'agent des douanes intéressé. »

§ 5 MODALITÉS D'EXERCICE DES MISSIONS DE POLICE JUDICIAIRE PAR LES AGENTS DES DOUANES HABILITÉS

Art. R. 15-33-18 Les agents des douanes qui exercent des missions de police judiciaire en application de l'article 28-1 sont dirigés selon les cas soit par le procureur de la République, soit par le juge d'instruction requérant.

A l'occasion d'une enquête judiciaire ou de l'exécution d'une commission rogatoire, ils ne peuvent solliciter ou recevoir des ordres ou instructions que de l'autorité judiciaire qui les a requis.

Art. R. 15-33-19 Les missions de police judiciaire sont, pour ces agents, prioritaires sur toute autre mission dont ils seraient chargés au même moment.

Art. R. 15-33-20 Les agents des douanes habilités doivent énoncer leur nom et leur qualité dans tous les procès-verbaux qu'ils établissent en matière de police judiciaire.

Art. R. 15-33-21 Lorsqu'ils agissent dans le cadre de l'enquête préliminaire, les agents des douanes habilités peuvent relater dans un seul procès-verbal les différentes opérations effectuées au cours de la même enquête.

Si plusieurs de ces agents concourent à une enquête préliminaire, le nom de celui qui a personnellement accompli chacune des opérations doit être précisé.

Art. R. 15-33-22 Lorsqu'ils exécutent une commission rogatoire ou agissent selon la procédure de flagrance, les agents des douanes habilités établissent des procès-verbaux séparés pour chacun des actes qu'ils sont appelés à faire.

Chaque procès-verbal doit mentionner le nom et la qualité de l'agent des douanes habilité qui a opéré personnellement, à l'exclusion de tout autre.

Art. R. 15-33-23 L'agent des douanes désigné pour assurer l'exécution d'une mission de police judiciaire en rend compte immédiatement au procureur de la République ou au juge d'instruction requérant si celui-ci a prescrit cette diligence.

Il l'informe sans délai des difficultés qui viendraient à se présenter et sollicite ses instructions.

Il l'informe régulièrement de son activité.

SECTION VII DES GARDES PARTICULIERS

(Décr. nº 2006-1100 du 30 août 2006, art. 1er)

§ 1er COMMISSIONNEMENT

Art. R. 15-33-24 La commission délivrée en application de l'article 29-1 par le propriétaire ou le titulaire de droits d'usage, ci-après dénommé "le commettant", précise le ou les territoires que le garde particulier est chargé de surveiller, ainsi que la nature des infractions qu'il est chargé de constater en application des dispositions qui l'y autorisent.

Lorsque le commettant retire la commission d'un garde particulier qu'il emploie, il en informe sans délai le préfet qui met fin à l'agrément.

§ 2 AGRÉMENT ET ASSERMENTATION

Art. R. 15-33-25 Le commettant adresse la demande d'agrément au préfet du département où se situe la propriété désignée dans la commission.

Cette demande comprend :

1° L'identité et l'adresse du commettant ;

2° L'identité et l'adresse du garde particulier ;

3° Une pièce justificative de l'identité du garde particulier ;

4° La commission délivrée au garde particulier en application de l'article R. 15-33-24 ;

5° L'arrêté prévu à l'article R. 15-33-26 reconnaissant l'aptitude technique du garde particulier ;

6° Tout document établissant que le demandeur dispose des droits de propriété ou d'usage sur le territoire que le garde particulier sera chargé de surveiller ;

7° Le cas échéant, une copie des agréments délivrés antérieurement au garde particulier.

Lorsque le garde particulier intervient sur les territoires de plusieurs propriétaires ou titulaires de droits d'usage, chacun d'eux dépose une demande dans les conditions fixées ci-dessus. Le préfet peut statuer globalement sur ces demandes et délivrer un agrément unique pour l'ensemble des territoires concernés.

Art. R. 15-33-26 Un arrêté conjoint du ministre de l'intérieur et des ministres chargés de l'environnement et de la forêt définit les éléments que doit comporter la demande de reconnaissance de l'aptitude technique aux fonctions de garde particulier, le contenu et la durée de la formation nécessaire à la reconnaissance de cette aptitude technique, ainsi que les catégories de personnes pour lesquelles une formation n'est pas exigée.

L'aptitude technique de la personne qui souhaite exercer les fonctions de garde particulier est constatée par arrêté du préfet du département où la formation a été suivie ou, lorsque le demandeur appartient à une des catégories de personnes pour lesquelles aucune formation n'est exigée, par arrêté du préfet du département de son domicile ou du département dans lequel elle envisage d'exercer ses fonctions.

S'il estime que les éléments produits justifient de l'aptitude à l'accomplissement des missions de garde particulier, le préfet prend, par arrêté, une décision reconnaissant l'aptitude technique du demandeur à exercer, dans les domaines fixés par l'arrêté, les fonctions de garde particulier. Cet arrêté est valable sur l'ensemble du territoire national.

Art. R. 15-33-27 Le préfet accuse réception du dossier de demande d'agrément. Il fait procéder à une enquête administrative pour s'assurer que le demandeur satisfait aux conditions fixées au 1° de l'article 29-1.

Art. R. 15-33-27-1 Le garde particulier est agréé par arrêté du préfet pour une durée de cinq ans, renouvelable. L'arrêté d'agrément indique la nature des infractions que le garde particulier est chargé de constater, dans les limites des droits dont dispose le commettant et en application des dispositions législatives qui l'y autorisent.

La commission mentionnée à l'article R. 15-33-24 est annexée à l'arrêté.

Le commettant délivre au garde particulier une carte d'agrément qui comporte les mentions prévues par arrêté conjoint du ministre de l'intérieur et des ministres intéressés.

La carte d'agrément est visée par le préfet.

Art. R. 15-33-28 Le préfet se prononce sur la demande de renouvellement d'agrément selon la procédure prévue aux articles R. 15-33-25 à R. 15-33-27-1. Cette demande est accompagnée de l'arrêté mentionné à l'article R. 15-33-26.

En cas de rejet de la demande de renouvellement, le commettant et le garde particulier doivent, préalablement à la décision, avoir été mis à même de présenter, devant le préfet ou le fonctionnaire que celui-ci délègue à cet effet, leurs observations écrites ou, sur leur demande, des observations orales. Ils peuvent se faire assister par un conseil ou représenter par un mandataire de leur choix.

Art. R. 15-33-29 Les gardes particuliers ne peuvent entrer en fonctions qu'après avoir prêté serment devant le tribunal judiciaire dans le ressort duquel se trouvent le territoire à surveiller ou l'un d'entre eux *(Décr. n° 2019-913 du 30 août 2019, art. 21, en vigueur le 1er janv. 2020)* « , au siège de ce tribunal ou, le cas échéant, de l'une de ses chambres de proximité ».

La formule du serment est la suivante : "Je jure et promets de bien et loyalement remplir mes fonctions et d'observer en tout les devoirs qu'elles m'imposent. Je jure également de ne rien révéler ou utiliser de ce qui sera porté à ma connaissance à l'occasion de l'exercice de mes fonctions".

La mention de la prestation de serment est enregistrée sur la carte d'agrément par le greffier du tribunal qui reçoit le serment.

(Abrogé par Décr. n° 2020-128 du 18 févr. 2020, art. 4) ***« La prestation de serment n'est pas requise à la suite du renouvellement d'un agrément, ou d'un nouvel agrément correspondant à une nouvelle commission pour la surveillance de territoires placés dans le ressort du tribunal ayant reçu le serment. »***

Art. R. 15-33-29-1 Dans l'exercice de ses fonctions, le garde particulier est tenu de détenir en permanence sa carte ou sa décision d'agrément et de la présenter à toute personne qui en fait la demande.

Il doit également faire figurer de manière visible sur ses vêtements la mention, selon la mission confiée, de "garde particulier" ou "garde-chasse particulier" ou "garde-pêche particulier" ou "garde des bois particulier", à l'exclusion de toute autre.

Les gardes particuliers ne peuvent porter aucune arme, à l'exception de celles nécessaires à la destruction des animaux nuisibles dans les conditions prévues à l'article R. 427-21 du code de l'environnement.

Le port d'un insigne définissant un grade, d'un emblème tricolore, d'un képi, ainsi que de tout insigne et écusson faisant référence à une appartenance associative, syndicale, politique ou religieuse est interdit.

Art. R. 15-33-29-2 L'agrément peut être retiré à tout moment par le préfet lorsque son titulaire cesse de remplir une ou plusieurs des conditions prévues à l'article 29-1 ou lorsqu'il ne respecte pas les dispositions de l'article R. 15-33-29-1.

Le commettant et le garde particulier doivent, préalablement à la décision, avoir été mis à même de présenter, devant le préfet ou le fonctionnaire que celui-ci délègue à cet effet, leurs observations écrites ou, sur leur demande, des observations orales. Ils peuvent se faire assister par un conseil ou se faire représenter par un mandataire de leur choix.

En cas d'urgence et pour des motifs d'ordre public, le préfet peut suspendre à titre conservatoire l'agrément du garde particulier, pour une durée maximale de trois mois, par décision motivée. Cette mesure de suspension peut être renouvelée une fois.

Le préfet informe le commettant et le président du tribunal judiciaire auprès duquel le garde a prêté serment de la suspension ou du retrait de l'agrément.

Le commettant est tenu d'informer sans délai le préfet lorsque le garde particulier qu'il emploie cesse de remplir une ou plusieurs des conditions prévues à l'article 29-1 ou lorsque celui-ci ne respecte pas les dispositions de l'article R. 15-33-29-1.

SECTION VIII DES AGENTS DE POLICE MUNICIPALE, DES GARDES CHAMPÊTRES, DES AGENTS DE SURVEILLANCE DE PARIS ET DES AGENTS DE LA VILLE DE PARIS CHARGÉS D'UN SERVICE DE POLICE

(Décr. n° 2007-1388 du 26 sept. 2007, art. 7)

RÉP. PÉN. v° *Garde champêtre,* par DREUILLE.

Art. R. 15-33-29-3 Les contraventions prévues par le code pénal que les agents de police municipale, les gardes champêtres, les agents de surveillance de Paris mentionnés à l'article 21 du présent code ainsi que les agents de la ville de Paris chargés d'un service de police peuvent, en application des dispositions des articles L. 2212-5, L. 2213-18, L. 2512-16-1 et L. 2512-16 du code général des collectivités territoriales, constater par procès-verbaux lorsqu'elles sont commises sur le territoire communal, sur le territoire de la commune de Paris ou sur le territoire pour lesquels ils sont assermentés et qu'elles ne nécessitent pas de leur part d'actes d'enquête sont les suivantes :

1° Divagation d'animaux dangereux, prévue par l'article R. 622-2 du code pénal ;

2° Bruits ou tapages injurieux ou nocturnes prévus par l'article R. 623-2 du même code ;

3° Excitation d'animaux dangereux, prévue par l'article R. 623-3 du même code ;

4° Menaces de destruction, prévues par les articles R. 631-1 et R. 634-1 du même code, lorsqu'elles concernent des biens appartenant à la commune ;

5° Abandon d'ordures, déchets, matériaux et autres objets, prévu par les articles *(Décr. n° 2015-337 du 25 mars 2015, art. 2)* « R. 632-1, *(Décr. n° 2020-1573 du 11 déc. 2020, art. 9)* « R. 634-2 », R. 635-8 et R. 644-2 » du même code ;

6° Destructions, dégradations et détériorations légères, prévues par l'article R. 635-1 du même code, lorsqu'elles concernent des biens appartenant à la commune ;

7° Atteintes volontaires ou involontaires à animal et mauvais traitements à animal, prévus par les articles R. 653-1, R. 654-1 et R. 655-1 du même code.

Ces agents et fonctionnaires peuvent également constater par procès-verbaux les contraventions de non-respect des arrêtés de police prévues par l'article R. 610-5 du code pénal, conformément aux dispositions du code général des collectivités territoriales, ainsi que, s'agissant des agents de police municipale, des gardes champêtres et des agents de surveillance de Paris, les contraventions aux dispositions du code de la route dont la liste est fixée par les articles R. 130-1-1 à R. 130-3 *(Décr. n° 2022-452 du 30 mars 2022, art. 2)* « de ce code, les contraventions relatives à l'interdiction de fumer dans les lieux affectés à un usage collectif prévues par les articles R. 3512-1 et R. 3512-2 du code de la santé publique et les contraventions relatives à l'interdiction de l'utilisation sur le domaine public de systèmes de chauffage ou de climatisation prévues à l'article R. 2122-7-1 du code général de la propriété des personnes publiques ».

Art. R. 15-33-29-4 Les agents et fonctionnaires mentionnés à l'article *(Décr. n° 2008-150 du 19 févr. 2008)* « R. 15-33-29-3 » adressent sans délai les procès-verbaux constatant les contraventions prévues par cet article simultanément au maire ou, pour les agents de surveillance de Paris, au préfet de police et, par l'intermédiaire des officiers de police judiciaire territorialement compétents, au procureur de la République.

SECTION IX DES AGENTS DES SERVICES FISCAUX CHARGÉS DE CERTAINES MISSIONS DE POLICE JUDICIAIRE

(Décr. n° 2010-914 du 3 août 2010)

Art. R. 15-33-29-4-1 *(Décr. n° 2019-464 du 17 mai 2019)* Les agents des services fiscaux de catégories A et B mentionnés à l'article 28-2 qui sont habilités à effectuer des enquêtes judiciaires sont affectés dans l'un des services spécialisés dans la répression de la délinquance fiscale suivants :

1° Le service d'enquêtes judiciaires des finances du ministère du budget ;

2° Le service de police judiciaire de la direction centrale de la police judiciaire du ministère de l'intérieur.

Art. R. 15-33-29-4-2 *(Décr. n° 2019-464 du 17 mai 2019)* Les missions confiées par les articles R. 15-33-11 à R. 15-33-13 au magistrat délégué aux missions judiciaires de la douane et de l'administration fiscale à l'égard des agents des douanes sont applicables aux agents des services fiscaux placés sous son autorité.

§ 1er DÉSIGNATION DES AGENTS DES SERVICES FISCAUX CHARGÉS DE CERTAINES MISSIONS DE POLICE JUDICIAIRE

Art. R. 15-33-29-5 La commission prévue à l'article 28-2 dont l'avis conforme est requis pour la désignation des agents des services fiscaux des catégories A et B habilités à effectuer des enquêtes judiciaires sur réquisition du procureur de la République ou sur commission rogatoire du juge d'instruction est composée comme suit :

1° Le procureur général près la Cour de cassation ou son délégué choisi par lui parmi les premiers avocats généraux ou les avocats généraux à la Cour de cassation, président ;

2° Quatre magistrats du ministère public dont deux au plus peuvent être des magistrats honoraires ;

3° Le directeur général des finances publiques ou son représentant ;

(Décr. n° 2019-464 du 17 mai 2019) « 4° Le chef du service du contrôle fiscal à la direction générale des finances publiques ou son représentant ;

« 5° Lorsque les agents sont affectés au sein du ministère du budget, le chef de service des ressources humaines de la direction générale des finances publiques et le magistrat délégué aux missions judiciaires de la douane et de l'administration fiscale ou leurs représentants ;

« 6° Lorsque les agents sont affectés au sein du ministère de l'intérieur, le directeur général de la police nationale et le directeur central de la police judiciaire ou leurs représentants. »

Les membres de la commission mentionnés au 2° ont chacun un suppléant.

Le secrétariat de la commission est assuré *(Décr. n° 2019-464 du 17 mai 2019)* « , selon le ministère d'affectation des agents, par la direction générale des finances publiques ou » par la direction générale de la police nationale.

Art. R. 15-33-29-6 Les membres de la commission mentionnés au 2° de l'article R. 15-33-29-5 et leurs suppléants ainsi que, sur la proposition des membres mentionnés aux 3° à 6° du même article, les représentants de ces derniers sont nommés par arrêté conjoint du garde des sceaux, ministre de la justice, du ministre de l'intérieur et du ministre chargé du budget.

Art. R. 15-33-29-7 Pour pouvoir être désignés aux fins d'être chargés de certaines missions de police judiciaire, les agents des services fiscaux doivent justifier d'au moins deux ans de services effectifs dans leur corps en qualité d'agent titulaire de catégorie A ou B et avoir satisfait aux épreuves d'un examen technique.

Les modalités d'organisation de cet examen et le programme des épreuves sont fixés par arrêté conjoint du garde des sceaux, ministre de la justice, du ministre de l'intérieur et du ministre chargé du budget.

(Décr. n° 2019-464 du 17 mai 2019) « Un arrêté conjoint du garde des sceaux, ministre de la justice, et du ministre chargé du budget fixe la liste des agents qui, en raison de leurs responsabilités et de leurs compétences, sont dispensés de cet examen technique. »

Art. R. 15-33-29-8 Le jury de l'examen technique est constitué par la commission mentionnée à l'article R. 15-33-29-5. Les membres de la commission ou leurs suppléants appelés à composer le jury doivent siéger pendant toute la durée de l'examen.

Le jury établit la liste des candidats ayant satisfait à l'examen technique.

Art. R. 15-33-29-9 Les agents des services fiscaux chargés d'effectuer des enquêtes judiciaires en application de l'article 28-2 sont désignés parmi ceux qui ont été reçus à l'examen technique, par arrêté conjoint du garde des sceaux, ministre de la justice, et du ministre chargé du budget, sur proposition du directeur général des finances publiques et après avis conforme de la commission mentionnée à l'article R. 15-33-29-5.

§ 2 HABILITATION DES AGENTS DES SERVICES FISCAUX CHARGÉS DE CERTAINES MISSIONS DE POLICE JUDICIAIRE

Art. R. 15-33-29-10 Les agents des services fiscaux ne peuvent être habilités à effectuer des missions de police judiciaire que lorsqu'ils sont affectés *(Décr. n° 2019-464 du 17 mai 2019)* « dans un des services mentionnés à l'article R. 15-33-29-4-1 ».

Pour chacun de ces agents, une demande d'habilitation est adressée, sur proposition du *(Décr. n° 2019-464 du 17 mai 2019)* « chef du service » du contrôle fiscal à la direction générale des finances publiques, au procureur général près la cour d'appel de Paris par le chef du service de police judiciaire mentionné au premier alinéa.

(Décr. n° 2019-464 du 17 mai 2019) « L'affectation en dehors de l'un des services mentionnés à l'article R. 15-33-29-4-1 entraîne la caducité de l'habilitation à effectuer des missions de police judiciaire. »

Art. R. 15-33-29-11 Le procureur général près la cour d'appel de Paris accorde ou refuse l'habilitation par arrêté. Lorsqu'il envisage de refuser l'habilitation, il en informe l'intéressé en lui précisant qu'il peut, dans un délai de quinze jours, prendre connaissance de son dossier et être entendu, le cas échéant, avec l'assistance d'un conseil de son choix.

Art. R. 15-33-29-12 Le procureur général près la cour d'appel de Paris prononce le retrait ou la suspension, pour une durée n'excédant pas deux ans, de l'habilitation à effectuer des missions de police judiciaire, par arrêté pris soit d'office, soit sur proposition du chef du service *(Décr. n° 2019-464 du 17 mai 2019)* « au sein duquel l'agent est affecté » ou du *(Décr. n° 2019-464 du 17 mai 2019)* « chef du service » du contrôle fiscal à la direction générale des finances publiques.

Il entend préalablement l'agent des services fiscaux, qui peut prendre connaissance du dossier relatif aux faits qui lui sont reprochés et se faire assister d'un conseil de son choix.

L'agent des services fiscaux dont l'habilitation a été suspendue recouvre de plein droit, à l'expiration de la suspension, la faculté d'exercer des missions de police judiciaire. Le procureur général près la cour d'appel de Paris peut, à tout moment, abréger la durée de la suspension.

Après un retrait, l'habilitation ne peut être rétablie que dans les formes prévues pour son attribution initiale.

(Abrogé par Décr. n° 2019-464 du 17 mai 2019) ***« L'affectation en dehors du service de police judiciaire mentionné à l'article R. 15-33-29-10 entraîne la caducité de l'habilitation. »***

§ 3 NOTATION DES AGENTS DES SERVICES FISCAUX CHARGÉS DE CERTAINES MISSIONS DE POLICE JUDICIAIRE

Art. R. 15-33-29-13 Il est tenu en permanence au parquet général près la cour d'appel de Paris un dossier individuel concernant l'activité de chaque agent des services fiscaux habilité à exercer des missions de police judiciaire.

Ce dossier comprend notamment :

1° Les demandes d'habilitation et les documents qui y sont joints ;

2° La copie des décisions prononcées par l'autorité judiciaire en application des dispositions des articles 28-2, 224 à 230, R. 15-33-29-11 et R. 15-33-29-12, notamment la copie des arrêtés d'habilitation ;

3° La copie de tout document émanant d'un magistrat relatif à l'exercice des activités judiciaires de l'intéressé ;

4° Les notations établies en application des dispositions ci-après.

Le dossier est communiqué à la chambre de l'instruction lorsque celle-ci se trouve saisie dans les conditions fixées à l'article 225.

Art. R. 15-33-29-14 Le procureur de la République près le tribunal judiciaire de Paris, après avoir recueilli, le cas échéant, les observations des juges d'instruction et des présidents des chambres correctionnelles, établit, tous les deux ans, une proposition de notation qu'il transmet au procureur général près la cour d'appel de Paris.

Celui-ci établit la notation après avoir recueilli, le cas échéant, les observations des présidents de la chambre de l'instruction et des autres procureurs généraux concernés.

Art. R. 15-33-29-15 Les propositions de notation et les notations prévues à l'article R. 15-33-29-14 sont établies sur un imprimé conforme au modèle fixé par le ministre de la justice.

Elles comportent une appréciation générale circonstanciée, ainsi qu'une note chiffrée de 0 à 10 et une appréciation sur chacun des éléments suivants lorsqu'ils ont été observés :

1° Relations professionnelles avec l'autorité judiciaire ;

2° Qualité de la coordination de l'activité de police judiciaire du service ou de l'unité ;

3° Qualité des procédures et de la rédaction des rapports et des procès-verbaux ;

4° Qualité des constatations et des investigations techniques ;

5° Valeur des informations données au parquet ;

6° Engagement professionnel ;

7° Capacité à conduire les investigations ;

8° Degré de confiance accordé.

Lorsque l'un de ces éléments n'a pas été observé, la mention : "activité judiciaire non observée" est substituée à la notation chiffrée et à l'appréciation correspondantes.

Art. R. 15-33-29-16 La notation établie par le procureur général près la cour d'appel de Paris est portée directement à la connaissance de l'agent des services fiscaux habilité qui peut présenter des observations par écrit dans un délai de quinze jours, délai à l'issue duquel la notation définitive est transmise immédiatement au chef du service *(Décr. n° 2019-464 du 17 mai 2019)* « au sein duquel l'agent est affecté » et au directeur général des finances publiques. Elle est prise en compte pour la notation administrative de l'agent des services fiscaux intéressé établie par la direction générale des finances publiques.

§ 4 MODALITÉS D'EXERCICE DES MISSIONS DE POLICE JUDICIAIRE PAR LES AGENTS DES SERVICES FISCAUX HABILITÉS

Art. R. 15-33-29-17 Les dispositions des articles R. 15-33-18 et R. 15-33-20 à R. 15-33-23 sont applicables à l'exercice des missions de police judiciaire par les agents des services fiscaux habilités.

CHAPITRE II DU MINISTÈRE PUBLIC

(Décr. n° 2001-71 du 29 janv. 2001)

SECTION PREMIÈRE DES DÉLÉGUÉS ET DES MÉDIATEURS DU PROCUREUR DE LA RÉPUBLIQUE

Art. R. 15-33-30 Les personnes physiques ainsi que les associations régulièrement déclarées qui ont été habilitées comme délégués du procureur de la République dans les conditions prévues par la présente section peuvent être désignées par ce dernier pour être chargées d'une des missions prévues par les 1° à 4° de l'article 41-1 ou pour intervenir lors de la procédure de composition pénale prévue par les articles 41-2 et 41-3.

Les personnes physiques ainsi que les associations régulièrement déclarées qui ont été habilitées comme médiateurs du procureur de la République dans les conditions prévues par la présente section peuvent être désignées par ce dernier pour effectuer une mission de médiation conformément aux dispositions du 5° de l'article 41-1. Elles peuvent également se voir confier les missions mentionnées à l'alinéa précédent.

(Abrogé par Décr. n° 2002-801 du 3 mai 2002, art. 1er) « Lorsqu'une association habilitée est désignée par le procureur de la République pour exercer une mission de délégué ou de médiateur, seules les personnes physiques qui, au sein de cette association, ont été personnellement habilitées peuvent se voir confier cette mission. »

Art. R. 15-33-31 La personne physique ou morale selon qu'elle désire être habilitée dans le ressort du tribunal judiciaire ou dans celui de la cour d'appel en fait la demande au procureur de la République ou au procureur général.

Art. R. 15-33-32 La demande présentée par une association comporte notamment :

1° La copie du *Journal officiel* portant publication de la déclaration de l'association ou, en ce qui concerne les départements du Bas-Rhin, du Haut-Rhin ou de la Moselle, une copie de l'extrait du registre des associations du tribunal judiciaire ;

2° Un exemplaire des statuts et, s'il y a lieu, du règlement intérieur ;

3° La liste des établissements de l'association avec indication de leur siège ;

4° Un exposé indiquant les conditions de fonctionnement de l'association et, le cas échéant, l'organisation et les conditions de fonctionnement des comités locaux ainsi que leurs rapports avec l'association ;

5° La mention des nom, prénoms, date et lieu de naissance, nationalité, profession et domicile des membres du conseil d'administration et du bureau de l'association ainsi que, le cas échéant, ceux de ses représentants locaux ;

6° Les pièces financières qui doivent comprendre les comptes du dernier exercice, le budget de l'exercice courant et un bilan ou état de l'actif mobilier et immobilier et du passif ;

(Décr. nº 2002-801 du 3 mai 2002) « 7° La liste des personnes physiques qui, au sein de l'association, doivent accomplir les missions qui lui sont confiées, avec la mention des nom, prénoms, date et lieu de naissance, nationalité, profession et domicile de chacune d'entre elles. »

Art. R. 15-33-33 Le Médiateur ou le délégué du procureur de la République doit satisfaire aux conditions suivantes :

1°*(Décr. nº 2004-1021 du 27 sept. 2004, art. 2)* « Ne pas exercer de fonctions judiciaires ou participer au fonctionnement du service de la justice ou être investi d'un mandat électif dans le ressort de la cour d'appel » ;

2° Ne pas avoir fait l'objet d'une condamnation, incapacité ou déchéance mentionnée sur le bulletin nº 2 du casier judiciaire ;

3° Présenter des garanties de compétence, d'indépendance et d'impartialité ;

(Décr. nº 2004-1021 du 27 sept. 2004, art. 2) « 4° Ne pas être âgé de plus de 75 ans ;

« 5° Sauf dispense accordée par le garde des sceaux, ministre de la justice, ne pas être conjoint, concubin, parent ou allié jusqu'au degré d'oncle ou de neveu inclusivement d'un magistrat ou d'un fonctionnaire de la juridiction ou lié avec l'un d'entre eux par un pacte civil de solidarité. »

Le Médiateur ou le délégué du procureur de la République appelé à se voir confier des missions concernant des mineurs doit en outre s'être signalé par l'intérêt qu'il porte aux questions de l'enfance.

(Décr. nº 2002-801 du 3 mai 2002) « Lorsqu'une association envisage une modification de la liste mentionnée au 7° de l'article R. 15-33-32 ou de désigner, pour accomplir les missions confiées à l'association, une personne physique n'ayant pas été personnellement habilitée, elle doit en aviser le procureur de la République. Ce dernier lui indique, le cas échéant, les personnes qui, ne remplissant pas les conditions mentionnées aux alinéas précédents, ne peuvent être autorisées à accomplir les missions confiées à l'association. »

Art. R. 15-33-34 Le Médiateur et le délégué du procureur de la République sont tenus à l'obligation du secret dans les conditions fixées par l'article 226-13 du code *pénal*.

Art. R. 15-33-35 *(Décr. nº 2004-1021 du 27 sept. 2004, art. 3)* Après avoir fait procéder à toutes les diligences qu'il juge utiles, le procureur de la République ou, si l'intéressé doit exercer ses fonctions dans le ressort de la cour d'appel, le procureur général décide de l'habilitation de la personne pour une durée probatoire d'un an.

A l'issue de cette période, le procureur de la République ou le procureur général décide de l'habilitation de la personne pour une période de cinq ans, après avis de l'assemblée générale des magistrats du siège et du parquet du tribunal ou de la cour d'appel, ou de la commission restreinte de l'assemblée générale des magistrats du siège et du parquet dans les juridictions où sa constitution est obligatoire.

L'habilitation est renouvelable pour une même durée selon la même procédure.

Les décisions prévues au présent article précisent si la personne est habilitée comme médiateur ou comme délégué du procureur de la République et si elle est habilitée à se voir confier des missions concernant les mineurs.

Art. R. 15-33-35-1 *(Décr. nº 2004-1021 du 27 sept. 2004, art. 3)* **La liste des personnes habilitées par le procureur de la République est adressée au procureur général.**

Art. R. 15-33-36 *(Décr. nº 2004-1021 du 27 sept. 2004, art. 3)* **Dès qu'il est habilité en application des dispositions du premier alinéa de l'article R. 15-33-35, le médiateur ou le délégué du procureur de la République prête devant le tribunal judiciaire ou devant la cour d'appel le serment suivant :**

"Je jure d'exercer mes fonctions avec rigueur, loyauté, impartialité et dignité et de respecter le secret professionnel."

Ce serment est également prêté par les personnes physiques représentant les personnes morales habilitées, mentionnées au 7º de l'article R. 15-33-32.

Art. R. 15-33-36-1 *(Décr. nº 2004-1021 du 27 sept. 2004, art. 3)* **Le médiateur et le délégué du procureur de la République adressent une fois par an un rapport d'activité au procureur de la République ou, s'ils exercent leurs fonctions dans le ressort de la cour d'appel, au procureur général.**

Art. R. 15-33-37 *(Décr. nº 2004-1021 du 27 sept. 2004, art. 3)* **L'habilitation peut être retirée si la personne cesse de satisfaire à l'une des conditions prévues par l'article R. 15-33-33 ou si elle n'exécute pas de façon satisfaisante les missions qui lui sont confiées. Ce retrait est prononcé, après que l'intéressé a été mis à même de présenter ses observations orales, selon la procédure prévue par l'article R. 15-33-35 pour la décision d'habilitation.**

En cas d'urgence, le procureur de la République ou le procureur général peut retirer provisoirement l'habilitation en attendant de pouvoir procéder aux consultations prévues par le deuxième alinéa de l'article R. 15-33-35.

SECTION PREMIÈRE *BIS [ANNULÉE]* DE LA TRANSACTION PROPOSÉE PAR UN OFFICIER DE POLICE JUDICIAIRE

(Annulée par CE nºs 395321 et 395509 du 24 mai 2017) (Décr. nº 2015-1272 du 13 oct. 2015, art. 1er)

Art. R. 15-33-37-1 ***L'officier de police judiciaire qui propose une transaction à une personne morale ou physique en application de l'article 41-1-1 demande l'autorisation au procureur de la République en indiquant le montant de l'amende qu'il propose et, le cas échéant, les modalités de réparation du dommage.***

Le procureur de la République communique sa décision par tous moyens. Son autorisation écrite, datée et signée, est jointe ultérieurement à la procédure.

La procédure de transaction pénale doit reposer sur l'accord libre et non équivoque de l'auteur des faits, qui implique, notamment, la complète connaissance, par l'intéressé, de la nature des faits reprochés et de leur qualification juridique ; toutefois, ni l'art. 41-1-1, ni les dispositions de ce code introduites par le 1º de l'art. 1er du Décr. nº 2015-1272 ne prévoient que la personne à qui est proposée la transaction soit dûment informée de la nature des faits reprochés ainsi que de leur qualification juridique ; il résulte de ce qui précède que le 1º de l'art. 1er du décret méconnaît le droit à un procès équitable garanti par l'art. 6 de la CEDH et doit être annulé. • CE 24 mai 2017, nº 395321 et 395509 P : *D. actu. 2 juin 2017, obs. André ; D. 2017. 1744, note Perrier*.

Art. R. 15-33-37-2 ***La transaction ne peut être proposée à une personne pendant sa garde à vue.***

Art. R. 15-33-37-3 ***I. — La transaction portant sur le délit prévu à l'article 311-1 du code pénal ne peut être mise en œuvre que lorsque la valeur de la chose volée est inférieure ou égale à la somme de 300 euros.***

II. — Le montant mentionné à l'alinéa précédent peut être modifié par décret.

Art. R. 15-33-37-4 ***Si la personne accepte l'amende transactionnelle proposée, l'officier de police judiciaire peut la soumettre, avant l'homologation de la transaction, à l'obligation de consigner une somme d'argent égale au montant de cette amende.***

Art. R. 15-33-37-5 ***Si elle est homologuée par le président du tribunal judiciaire ou le juge par lui désigné, la transaction est exécutée dans les conditions prévues aux articles R. 15-***

33-49 à R. 15-33-51. La consignation est payée selon les modalités prévues à l'article R. 15-33-51.

La consignation vaut paiement de l'amende transactionnelle si la transaction est homologuée. En cas de refus d'homologation, la somme consignée est restituée à la personne selon des modalités prévues par un arrêté conjoint du ministre de la justice et du ministre chargé du budget.

Si le magistrat n'a pas homologué la transaction ou si la personne en cause n'a pas satisfait à son obligation de réparer le dommage, la juridiction de jugement, saisie le cas échéant à raison des faits ayant fait l'objet de la transaction, précise, s'il y a lieu, le montant de l'amende restant dû après déduction du montant de la somme consignée.

Il n'y a pas lieu à restitution de la somme consignée lorsque le montant de l'amende prononcée par la juridiction de jugement, augmenté du droit fixe de procédure prévu à l'article 1018 A du code général des impôts, est au moins égal à celui de la somme consignée. — *V. CGI, art. 1018 A, ss. C. pr. pén., art. 800-1.*

Art. R. 15-33-37-6 *L'exécution de la transaction ne fait pas échec au droit de la partie civile de délivrer citation directe devant le tribunal correctionnel dans les conditions prévues au présent code. Le tribunal, composé d'un seul magistrat exerçant les pouvoirs conférés au président, ne statue alors que sur les seuls intérêts civils, au vu du dossier de la procédure qui est versé au débat. La victime a également la possibilité, au vu de l'ordonnance d'homologation, lorsque l'auteur des faits s'est engagé à lui verser des dommages et intérêts, d'en demander le recouvrement suivant la procédure d'injonction de payer, conformément aux règles prévues par le code de procédure civile.*

SECTION II DE LA COMPOSITION PÉNALE

V. Circ. CRIM 01-14 F1 du 11 juill. 2001 (BOMJ, nº 83).

§ 1er PROPOSITION DES MESURES

Art. R. 15-33-38 Le procureur de la République peut proposer soit directement soit par l'intermédiaire d'un délégué ou d'un Médiateur une composition pénale, en application des dispositions des articles 41-2 et 41-3.

Art. R. 15-33-39 La personne à qui est proposée une composition pénale peut demander à disposer d'un délai de dix jours avant de faire connaître sa décision après s'être, le cas échéant, fait assister par un avocat. Si elle demande à bénéficier de ce délai, il lui est indiqué la date et l'heure auxquelles elle est invitée à recomparaître pour faire connaître sa réponse. Elle est informée que si elle ne se présente pas, elle sera considérée comme ayant refusé la composition pénale.

Art. R. 15-33-40 Le procès-verbal prévu par le *(Décr. nº 2020-128 du 18 févr. 2020, art. 2)* « vingt-sixième » alinéa de l'article 41-2 précise :

— la nature des faits reprochés ainsi que leur qualification juridique ;

— la nature et le quantum de mesures proposées en application des *(Décr. nº 2004-1021 du 27 sept. 2004, art. 5-I ; Décr. nº 2020-128 du 18 févr. 2020, art. 2)* « 1º à 19º » de l'article 41-2, ainsi que les délais dans lesquels elles doivent être exécutées ; *(Décr. nº 2004-1021 du 27 sept. 2004, art. 5-I)* « lorsque l'une des mesures *(Décr. nº 2020-128 du 18 févr. 2020, art. 2)* « proposées consiste dans l'accomplissement d'un stage », il est précisé si le stage donne lieu à engagement de frais mis à la charge de l'auteur des faits ainsi que leur montant maximum ; »

— le cas échéant, le montant ou la nature des réparations proposées en application des dispositions du *(Décr. nº 2020-128 du 18 févr. 2020, art. 2)* « vingt-troisième » alinéa de l'article 41-2.

Ce procès-verbal indique que la personne a été informée de son droit de se faire assister d'un avocat avant de donner son accord aux propositions du procureur de la République et de son droit de demander à bénéficier d'un délai de dix jours avant de faire connaître sa réponse.

Le procès-verbal précise que la personne a été informée que la proposition de composition pénale va être adressée pour validation au président du tribunal *(Décr. nº 2019-913 du 30 août 2019, art. 21, en vigueur le 1er janv. 2020)* « judiciaire *[ancienne rédaction : de grande instance ou du juge d'instance]* ».

Le procès-verbal précise également que la personne sera informée de la décision du président du tribunal *(Décr. nº 2019-913 du 30 août 2019, art. 21, en vigueur le 1er janv. 2020)* « judiciaire *[ancienne rédaction : de grande instance ou du juge d'instance]* », et qu'en cas de validation les délais d'exécution des mesures commenceront à courir à la date de notification de cette décision.

Le procès-verbal est signé par la personne ainsi que par le procureur de la République, son délégué ou son Médiateur. Une copie du procès-verbal est remise à l'auteur des faits.

Art. R. 15-33-40-1 *(Décr. nº 2020-128 du 18 févr. 2020, art. 2)* Lorsqu'il n'y a pas lieu à validation de la proposition de composition pénale parce qu'elle porte sur un délit puni d'une peine d'emprisonnement d'une durée inférieure ou égale à trois ans et qu'elle consiste en une amende de composition n'excédant pas trois mille euros ou dans le dessaisissement d'une chose dont la valeur n'excède pas ce montant, les dispositions des deux avant-derniers alinéas de l'article R. 15-33-40 ne sont pas applicables.

Art. R. 15-33-41 La remise du permis de conduire ou de chasser prévue *(Décr. nº 2004-1021 du 27 sept. 2004, art. 5-II)* « par les 4° et 5° » de l'article 41-2 emporte pour la personne l'engagement de ne pas conduire ou chasser pendant la période de remise de son permis.

Lorsqu'est proposée la remise du permis de conduire, cet engagement peut être limité à la conduite en dehors de l'activité professionnelle, *(Décr. nº 2004-243 du 17 mars 2004, art. 6-II)* « sauf si cette limitation est expressément exclue par la loi ou le règlement qui réprime l'infraction, » ou à la conduite de certains véhicules. Dans ce cas, la proposition comporte les précisions prévues à l'article R. 131-1 ou R. 131-3 du code pénal.

Art. R. 15-33-41-1 *(Décr. nº 2011-1048 du 5 sept. 2011, art. 2)* L'obligation prévue par le 4° *bis* de l'article 41-2 de suivre un programme de réhabilitation et de sensibilisation comportant l'installation à ses frais d'un éthylotest antidémarreur sur son véhicule, pour une période minimale de six mois et maximale de trois ans, emporte pour la personne les deux obligations suivantes :

1° Suivre un stage de sensibilisation à la sécurité routière ;

2° Justifier que son véhicule est équipé par un professionnel agréé ou par construction d'un dispositif d'antidémarrage par éthylotest électronique homologué conformément à l'article L. 234-17 du code de la route. Cette obligation emporte pour la personne l'engagement de ne pas conduire pendant la période fixée d'autres véhicules non équipés de ce dispositif.

Le procureur de la République peut ne proposer à la personne que la mesure prévue au 2° ci-dessus.

Art. R. 15-33-42 L'accomplissement d'un travail non rémunéré prévu par le *(Décr. nº 2004-1021 du 27 sept. 2004, art. 5-III)* « 6° » de l'article 41-2 consiste dans la réalisation d'un travail au profit soit d'une personne morale de droit public, soit *(Décr. nº 2021-1743 du 22 déc. 2021, art. 3)* « d'une personne morale de droit privé chargée *[d']*une mission de service public ou d'une association habilitées » en application des dispositions des articles R. 131-12 à R. 131-16 du code pénal.

Art. R. 15-33-43 Lorsque la composition pénale intervient à la suite d'un délit *(Décr. nº 2004-1021 du 27 sept. 2004, art. 5-IV)* « prévu aux articles 222-19-1 ou 222-20-1 du code pénal ou aux articles L. 234-1 ou L. 234-8 du code de la route ou de tout autre délit donnant lieu au retrait des points du permis de conduire » le procès-verbal mentionné à l'article R. 15-33-40 comporte une mention informant la personne de la perte de points qui résultera de l'exécution de la composition pénale, de l'existence d'un traitement automatisé de ces points et de la possibilité pour elle d'exercer son droit d'accès.

V. C. route, art. L. 234-1 et L. 234-8. ***C. route.***

Art. R. 15-33-44 Lorsque la proposition de composition pénale a été portée à la connaissance de la personne par un officier de police judiciaire en application des dispositions du *(Décr. nº 2004-1021 du 27 sept. 2004, art. 5-V)* « seizième » alinéa de l'article 41-2, la décision écrite du procureur de la République prévue par cet alinéa

est annexée au procès-verbal mentionné à l'article R. 15-33-40 qui est signé par l'officier de police judiciaire.

Art. R. 15-33-45 **Lorsqu'il est fait application des dispositions du** *(Décr. n° 2004-1021 du 27 sept. 2004, art. 5-VI)* **« quinzième » alinéa de l'article 41-2, le procès-verbal mentionné à l'article R. 15-33-40 ou un procès-verbal distinct précise les conditions dans lesquelles l'information de la victime, qui peut se faire par tout moyen, a été effectuée.**

Al. abrogé par Décr. n° 2004-1021 du 27 sept. 2004, art. 5-VI.

La victime est *(Abrogé par Décr. n° 2004-1021 du 27 sept. 2004, art. 5-VI) « également »* **informée de son droit à demander l'assistance d'un avocat.**

§ 2 VALIDATION DES MESURES

Art. R. 15-33-46 **La requête en validation de la composition pénale est datée et signée par le procureur de la République. Y sont joints les procès-verbaux prévus par les articles R. 15-33-40 et R. 15-33-45 ainsi que l'intégralité de la procédure d'enquête.**

Art. R. 15-33-47 **Lorsque le président du tribunal décide** *(Abrogé par Décr. n° 2004-1021 du 27 sept. 2004, art. 5-VII) « , d'office ou à la demande des intéressés, »* **de procéder à l'audition de l'auteur des faits et de la victime, ceux-ci sont convoqués par tout moyen. Le président du tribunal peut procéder à une audition commune ou à des auditions séparées. Ces auditions, qui font l'objet d'un procès-verbal signé du président et des intéressés, ne sont pas publiques. Le procureur de la République est informé de ces auditions et y assiste s'il le souhaite.**

Art. R. 15-33-48 **Le procureur de la République peut informer les services de police ou de gendarmerie ayant participé à l'enquête de la validation de la composition pénale, notamment lorsque celle-ci comporte** *(Décr. n° 2004-1021 du 27 sept. 2004, art. 5-VIII)* **« l'une des mesures prévues aux 4°, 5°, 9°, 10° et 11° » de l'article 41-2 et que la non-exécution de cette mesure est susceptible d'être constatée par ces services.**

Art. R. 15-33-48-1 *(Décr. n° 2020-128 du 18 févr. 2020, art. 2)* **Dans le cas prévu par l'article R. 15-33-40-1, les dispositions du présent paragraphe ne sont pas applicables.**

§ 3 EXÉCUTION DES MESURES

Art. R. 15-33-49 **Lorsque la composition pénale a été validée** *(Décr. n° 2020-128 du 18 févr. 2020, art. 2)* **« ou, dans le cas prévu par l'article R. 15-33-40-1, lorsque les mesures proposées ont été acceptées », le procureur de la République peut désigner un délégué ou un Médiateur aux fins de mettre en œuvre les mesures décidées et de contrôler les conditions de leur exécution.**

(Décr. n° 2021-1743 du 22 déc. 2021, art. 3) **« Lorsque la composition pénale comporte l'accomplissement d'un travail non rémunéré, le service pénitentiaire d'insertion et de probation est seul chargé par le procureur de la République de mettre en œuvre les mesures décidées et de contrôler les conditions de leur exécution pour les personnes majeures. »**

Art. R. 15-33-50 **Le procureur de la République ou la personne par lui désignée adresse ou remet à l'auteur des faits un document l'informant de la validation de la composition pénale, des mesures à accomplir et des conditions dans lesquelles ces mesures doivent être effectuées.**

Ce document comporte une mention indiquant que si la personne n'exécute pas ces mesures, le procureur de la République *(Décr. n° 2004-1021 du 27 sept. 2004, art. 5-IX)* **« décidera, sauf élément nouveau, » d'engager des poursuites à son encontre.**

Ce document est constitué si nécessaire de plusieurs feuillets destinés à permettre le paiement de l'amende de composition et dont le modèle est arrêté par le ministre de l'économie, des finances et de l'industrie et le ministre de la justice.

Art. R. 15-33-51 *(Décr. n° 2015-1272 du 13 oct. 2015, en vigueur le 1er juill. 2016)* **« Lorsque la composition pénale consiste dans le versement d'une amende de composition, le paiement s'effectue auprès d'un comptable de la direction générale des finan-**

ces publiques et exclusivement, par dérogation à l'article 25 du décret n° 2012-1246 du 7 novembre 2012 relatif à la gestion budgétaire et comptable publique, soit par remise d'un chèque certifié dans les conditions prévues à l'article R. 131-2 du code monétaire et financier, soit par versement d'espèces, soit par carte bancaire lorsque ce comptable est doté de l'équipement de lecture de carte.

« Le comptable de la direction générale des finances publiques mentionné à l'alinéa précédent reçoit le paiement accompagné du document prévu par l'article R. 15-33-50. Après émargement du règlement par ce comptable, deux feuillets sont retournés ou remis à l'intéressé, qui doit en transmettre un au procureur de la République ou à la personne par lui désignée. »

Lorsqu'il est prévu que les versements seront échelonnés, il est remis à l'intéressé autant de documents que d'échéances.

Art. R. 15-33-52 Lorsque la composition pénale consiste dans le dessaisissement d'une chose au profit de l'État, la personne doit, dans le délai imparti, remettre cette chose au greffe du tribunal contre récépissé. Si cette chose a fait l'objet d'une saisie et est toujours détenue par le service enquêteur, celui-ci est avisé de la décision de validation et adresse le scellé au greffe du tribunal. Lorsque le greffe est en possession du scellé, il peut sans délai procéder à la destruction de l'objet ou à sa remise au service des domaines *(Décr. n° 2011-134 du 1er févr. 2011)* « ou à l'Agence de gestion et de recouvrement des avoirs saisis et confisqués ».

Art. R. 15-33-52-1 *(Décr. n° 2004-1021 du 27 sept. 2004, art. 6)* Lorsque la composition pénale comporte la remise du véhicule à des fins d'immobilisation prévue par le 3° de l'article 41-2, cette remise est exécutée conformément aux dispositions des articles R. 131-5 à R. 131-11 du code pénal. Les références à la décision de condamnation faites par ces articles sont remplacées par des références à l'ordonnance de validation de la composition pénale.

Art. R. 15-33-53 Lorsque la composition pénale consiste dans la remise du permis de conduire ou du permis de chasser, cette remise est effectuée par l'intéressé, dans le délai imparti, soit au greffe du tribunal judiciaire, soit à la personne désignée par le procureur de la République, à charge pour cette dernière de remettre le document au greffe du tribunal. Il lui est remis, en échange de son permis, un récépissé.

Lorsqu'il a été fait application des dispositions du deuxième alinéa de l'article R. 15-33-41, *(Décr. n° 2011-1048 du 5 sept. 2011, art. 2)* « il est remis à l'intéressé, en échange de son permis, un certificat qui » comporte les mentions prévues aux articles R. 131-2 ou R. 131-4 du code pénal, les références à la décision de la juridiction prévues par ces articles étant remplacées par les références à la décision de validation de la composition pénale.

Lorsque la personne a fait l'objet d'une mesure administrative de rétention ou de suspension de son permis de conduire en application des dispositions des articles *(Décr. n° 2004-1021 du 27 sept. 2004, art. 5-X)* « L. 224-1 et suivants » du code de la route, et que son permis est détenu par l'autorité administrative, elle en apporte le justificatif au greffe du tribunal judiciaire. Dans ce cas, la suspension cesse de recevoir effet à l'expiration du délai fixé en application du *(Décr. n° 2004-1021 du 27 sept. 2004, art. 5-X)* « 4° » de l'article 41-2. S'il est fait application des dispositions du deuxième alinéa de l'article R. 15-33-41, le *(Décr. n° 2011-1048 du 5 sept. 2011, art. 2)* « certificat » prévu par le deuxième alinéa du présent article est remis à l'intéressé.

Les services de police ou les unités de gendarmerie qui constateraient qu'une personne n'a pas respecté son engagement de ne pas conduire ou de ne pas chasser en dressent rapport qui est transmis au procureur de la République dans les meilleurs délais. *(Décr. n° 2004-1021 du 27 sept. 2004, art. 5-X)* « Il en est de même en cas de constatation que la personne n'a pas respecté l'une des mesures d'interdiction prévues aux 9°, 10° et 11° de l'article 41-2. »

Art. R. 15-33-53-1 *(Décr. n° 2011-1048 du 5 sept. 2011, art. 2)* Lorsque la composition pénale consiste dans la mesure prévue par le 4° *bis* de l'article 41-2, l'intéressé remet son permis de conduire, dans le délai imparti, soit au greffe du tribunal judiciaire, soit à la personne désignée par le procureur de la République, à charge pour cette dernière de remettre le document au greffe du tribunal. Il est remis à l'intéressé, en échange de son permis, un certificat établi conformément aux deux premiers alinéas de l'article R. 131-4-1 du code pénal, les références à la décision de la juridiction prévues par l'article R. 131-4 de ce code étant remplacées par les références à la décision de validation de la composition pénale.

(Décr. n° 2020-605 du 18 mai 2020, art. 12) « Lorsque la personne a fait l'objet d'une mesure administrative de restriction du droit de conduire aux seuls véhicules équipés d'un dispositif homologué d'anti-démarrage par éthylotest électronique, en application des dispositions de l'article R. 224-6 du code de la route, et que son permis est détenu par l'autorité administrative, elle en apporte le justificatif au greffe du tribunal de grande instance. Dans ce cas, la restriction cesse de recevoir effet à l'expiration du délai fixé en application du 4° *bis* de l'article 41-2. »

Les dispositions du dernier alinéa de l'article R. 15-33-53 sont applicables.

Les dispositions de l'art. 12 du Décr. n° 2020-605 du 18 mai 2020 s'appliquent à tous les conducteurs faisant l'objet d'une décision limitant le droit de conduire aux seuls véhicules équipés d'un dispositif homologué d'anti-démarrage par éthylotest électronique prononcée à compter du 22 mai 2020 (Décr. préc., art. 14).

Art. R. 15-33-54 Lorsque la composition pénale comporte l'accomplissement d'un travail non rémunéré, ce travail consiste dans l'un des travaux inscrits sur la liste prévue par l'article 131-36 (1°) du code pénal. *(Abrogé par Décr. n° 2021-1743 du 22 déc. 2021, art. 3)* ***« Le procureur de la République peut compléter cette liste en y inscrivant d'autres travaux, dans des conditions identiques à celles prévues par les articles R. 131-17 et R. 131-18 du code pénal, les attributions confiées par ces articles au juge de l'application des peines étant dévolues au procureur de la République. »***

Art. R. 15-33-55 Les dispositions des articles 131-23 et 131-24, 132-55 *(Abrogé par Décr. n° 2002-801 du 3 mai 2002)* ***« (1° à 6°) »*** *(Décr. n° 2022-479 du 30 mars 2022, art. 8, en vigueur le 1er mai 2022)* « du code pénal, R. 623-11 à R. 623-23 du code pénitentiaire *[ancienne rédaction : ; R. 131-23 à R. 131-34 du code pénal]* » *(Décr. n° 2002-801 du 3 mai 2002)* « et L. 412-8 (5°) du code de la sécurité sociale » sont applicables à l'exécution du travail prévu par le *(Décr. n° 2004-1021 du 27 sept. 2004, art. 5-XI)* « 6° » de l'article 41-2 du présent code, les attributions confiées par ces articles au tribunal ou au juge de l'application des peines étant dévolues au procureur de la République *(Abrogé par Décr. n° 2021-1743 du 22 déc. 2021, art. 3)* ***« ou à la personne par lui désignée »***.

(Décr. n° 2021-1743 du 22 déc. 2021, art. 3) « Le service pénitentiaire d'insertion et de probation est chargé par le procureur de la mise en œuvre de la peine prévue par le 6° de l'article 41-2 du présent code pour les personnes majeures. »

Art. R. 15-33-55-1 *(Décr. n° 2004-1021 du 27 sept. 2004, art. 7)* Lorsque la composition pénale comporte le suivi d'un stage ou d'une formation prévu par le 7° de l'article 41-2, la proposition du procureur de la République précise si le stage ou la formation donne lieu à engagement de frais mis à la charge de l'auteur des faits. Si tel est le cas, le montant de ces frais ne peut excéder celui du montant de l'amende prévue pour les contraventions de la troisième classe.

Lorsqu'elle consiste en un stage de sensibilisation à la sécurité routière, la mesure prévue à l'alinéa précédent peut être exécutée conformément aux dispositions *(Abrogé par Décr. n° 2020-128 du 18 févr. 2020, art. 3, à compter du 24 mars 2020)* ***« des deux premiers alinéas »*** de l'article R. 131-11-1 du code pénal.

Dans tous les cas, l'auteur des faits adresse au procureur de la République ou à son délégué une attestation de stage ou de formation, après que celui-ci ou celle-ci a été accompli.

Art. R. 15-33-55-2 *(Décr. n° 2004-1021 du 27 sept. 2004, art. 7)* Lorsque la composition pénale comporte la mesure d'interdiction d'émettre des chèques ou d'utiliser une carte de paiement prévue par le 8° de l'article 41-2, l'auteur des faits remet au greffe du tribunal ou à la personne désignée par le procureur de la République, contre récépissé, les carnets de chèques et les cartes de paiement en sa possession pour la durée de la mesure.

Art. R. 15-33-55-3 *(Décr. n° 2004-1021 du 27 sept. 2004, art. 7)* Lorsque la composition pénale comporte la mesure d'interdiction de rencontrer, de recevoir la victime ou d'entrer en contact avec elle prévue au 10° de l'article 41-2, cette mesure est portée à la connaissance de la victime.

Art. R. 15-33-55-4 *(Décr. n° 2004-1021 du 27 sept. 2004, art. 7)* Lorsque la composition pénale comporte la mesure d'interdiction de sortie du territoire national prévue par le 12° de l'article 41-2, l'auteur des faits remet au greffe du tribunal ou à la personne désignée par le procureur de la République, contre récépissé, son passeport pour la durée de la mesure.

Art. R. 15-33-55-5 *(Décr. n° 2020-128 du 18 févr. 2020, art. 3, en vigueur le 24 mars 2020)* Lorsque la composition pénale comporte l'accomplissement d'un stage, les dispositions des articles R. 131-11-1 et R. 131-35 à R. 131-45 du code pénal sont applicables.

Il en est de même lorsque la mesure est prononcée en application du 2° de l'article 41-1.

Art. R. 15-33-55-6 *(Abrogé par Décr. n° 2020-128 du 18 févr. 2020, art. 3, à compter du 24 mars 2020) (Décr. n° 2007-1388 du 26 sept. 2007, art. 8) Lorsque la composition pénale comporte l'accomplissement du stage de sensibilisation aux dangers de l'usage de produits stupéfiants prévu au 15° de l'article 41-2, les dispositions des articles R. 131-46 et R. 131-47 du code pénal sont applicables.*

Art. R. 15-33-55-7 *(Décr. n° 2007-1388 du 26 sept. 2007, art. 8)* Lorsque la composition pénale comporte la mesure d'activité de jour prévue au 16° de l'article 41-2, celle-ci est exécutée sous le contrôle du délégué du procureur de la République, qui s'assure de son bon déroulement.

Art. R. 15-33-55-8 *(Décr. n° 2007-1388 du 26 sept. 2007, art. 8)* Lorsque la composition pénale comporte l'injonction thérapeutique prévue au 17° de l'article 41-2, celle-ci s'exécute conformément aux dispositions du code de la santé publique, notamment des articles L. 3413-1 à L. 3413-4 de ce code, sous le contrôle du délégué du procureur de la République.

Art. R. 15-33-55-9 *(Abrogé par Décr. n° 2020-128 du 18 févr. 2020, art. 3, à compter du 24 mars 2020) (Décr. n° 2016-1709 du 12 déc. 2016, art. 3) Lorsque la composition pénale comporte l'accomplissement du stage de sensibilisation à la lutte contre l'achat d'actes sexuels ou du stage de responsabilisation pour la prévention et la lutte contre les violences au sein du couple et sexistes prévus aux 17° bis et 18° de l'article 41-2, les dispositions des articles R. 131-51-1 et R. 131-51-2 du code pénal sont applicables.*

Il en est de même lorsque la mesure est prononcée en application du 2° de l'article 41-1.

Art. R. 15-33-56 Lorsqu'il est fait application des dispositions du *(Décr. n° 2004-1021 du 27 sept. 2004, art. 5-XII)* « quinzième » alinéa de l'article 41-2, le procureur de la République s'assure, directement ou par la personne par lui désignée, que l'auteur des faits répare le préjudice subi par la victime dans les délais prescrits.

Art. R. 15-33-57 Lorsque, pour des motifs graves d'ordre médical, familial, professionnel ou social, la personne n'a pas pu exécuter les mesures décidées dans les délais prescrits, et que ces délais sont inférieurs aux délais maxima prévus *(Décr. n° 2004-1021 du 27 sept. 2004, art. 5-XIII)* « par les articles 41-2 et 41-3 », le procureur de la République peut prolonger les délais d'exécution de ces mesures, sans pouvoir toutefois dépasser lesdits délais.

Art. R. 15-33-58 Lorsque la ou les mesures décidées ont été intégralement exécutées, le procureur de la République ou la personne par lui désignée constate l'exécution de la composition pénale.

Le procureur de la République avise l'intéressé et, le cas échéant, la victime de l'extinction de l'action publique.

Art. R. 15-33-59 Lorsque la composition pénale est intervenue à la suite de la commission d'un délit prévu *(Décr. n° 2004-1021 du 27 sept. 2004, art. 5-XIV)* « par les articles 222-19-1 ou 222-20-1 du code pénal ou les articles L. 234-1 ou L. 234-8 du

code de la route ou de tout autre délit ou contravention donnant lieu à retrait des points du permis de conduire », le procureur de la République adresse aux services du ministère de l'intérieur un avis les informant de l'exécution de la composition pénale, afin qu'il puisse être procédé au retrait des points du permis de conduire.

L'avis adressé par le procureur de la République précise la date d'exécution de la composition pénale qui fait courir le délai prévu au premier alinéa de l'article L. 11-6 *[désormais art. L. 223-6]* **du code de la route.**

Art. R. 15-33-60 **Si des poursuites sont engagées dans les cas prévus par le** *(Décr. nº 2004-1021 du 27 sept. 2004, art. 5-XV)* **« vingtième » alinéa de l'article 41-2, le dossier concernant cette procédure et dans lequel sont, le cas échéant, précisées les mesures exécutées en tout ou partie par la personne est communiqué à la juridiction de jugement, afin qu'elle puisse en tenir compte, en cas de condamnation, dans le prononcé de sa décision.**

Pour l'application du présent chapitre au Département de Mayotte, à la Nouvelle-Calédonie, à la Polynésie française et aux îles Wallis-et-Futuna, V. Décr. nº 2001-71 du 29 janv. 2001, art. 7 (JO 30 janv.).

SECTION II *BIS* DE LA CONVENTION JUDICIAIRE D'INTÉRÊT PUBLIC

(Décr. nº 2017-660 du 27 avr. 2017)

BIBL. ▶ CLAUDE, *AJ pénal 2020. 564* (l'enquête interne et la CJIP).

§ 1er PROPOSITION DE LA CONVENTION

Art. R. 15-33-60-1 **Le procureur de la République informe par tout moyen la victime, lorsqu'elle est identifiée, de sa décision de proposer la conclusion d'une convention d'intérêt judiciaire d'intérêt public à la personne morale mise en cause. Il fixe alors le délai dans lequel elle peut lui transmettre tout élément de nature à établir la réalité et l'étendue de son préjudice.**

Art. R. 15-33-60-2 *(Abrogé par Décr. nº 2021-1045 du 4 août 2021, art. 1er) **« La proposition de convention est adressée aux représentants de la personne morale mise en cause par lettre recommandée avec demande d'avis de réception. »***

(Décr. nº 2021-1045 du 4 août 2021, art. 1er) **« Lorsqu'il souhaite proposer la conclusion d'une convention judiciaire d'intérêt public, » le procureur de la République indique à la personne morale** *(Décr. nº 2021-1045 du 4 août 2021, art. 1er)* **« mise en cause » la possibilité de se faire assister par un avocat. Hors le cas où la proposition intervient en application de l'article 180-2, s'il ne l'a pas fait antérieurement, le procureur de la République fait usage de la possibilité prévue au II de l'article 77-2.**

La proposition de convention précise :

1º La dénomination sociale de la personne morale concernée ;

2º Un exposé précis des faits ainsi que la qualification juridique susceptible de leur être appliquée ;

3º La nature et le quantum des obligations proposées en application des 1º et 2º du I de l'article 41-1-2 *(Décr. nº 2021-1045 du 4 août 2021, art. 1er)* **« ou des 1º à 3º de l'article 41-1-3 »,** *(Abrogé par Décr. nº 2021-1045 du 4 août 2021, art. 1er) **« ainsi que »*** **les délais et les modalités dans lesquels elles doivent être exécutées** *(Décr. nº 2021-1045 du 4 août 2021, art. 1er)* **« , ainsi que, le cas échéant, le service chargé du contrôle du programme de mise en conformité ou de la réparation du préjudice résultant des infractions commises » ;**

4º Le cas échéant, le montant maximum des frais exposés pour le contrôle de la mise en œuvre du programme de conformité qui sont supportés par la personne morale mise en cause ;

5º Le cas échéant, le montant et les modalités de la réparation des dommages causés par l'infraction.

(Décr. nº 2021-1045 du 4 août 2021, art. 1er) **« La proposition de convention est signée par le procureur de la République et, si elle l'accepte, par les représentants légaux de la personne morale assistée le cas échéant de son avocat. »**

§ 2 VALIDATION DE LA CONVENTION

Art. R. 15-33-60-3 La requête en validation de la convention mentionnée au huitième alinéa de l'article 41-1-2 est datée et signée par le procureur de la République. Y sont joints la proposition de convention acceptée par la personne morale, *(Abrogé par Décr. nº 2021-1045 du 4 août 2021, art. 1er)* **« *l'acte attestant de l'accord de la personne morale* »** ainsi que la procédure d'enquête ou d'instruction.

La requête mentionnée au premier alinéa est notifiée aux représentants légaux de la personne morale et, le cas échéant, à la victime, par lettre recommandée avec demande d'accusé de réception. Ces personnes sont également informées selon les mêmes modalités de la date, l'heure et l'adresse de l'audience à laquelle elles sont invitées à comparaître en application du neuvième alinéa de l'article 41-1-2, ainsi que la possibilité de se faire assister par un avocat.

Art. R. 15-33-60-4 A l'issue de l'audience mentionnée au neuvième alinéa de l'article 41-1-2, l'ordonnance du président du tribunal est immédiatement notifiée aux représentants légaux de la personne morale et, le cas échéant, à la victime. Une copie leur est remise après émargement.

Si la victime est absente à l'audience, l'ordonnance mentionnée au premier alinéa lui est communiquée par tout moyen.

Art. R. 15-33-60-5 Si le président du tribunal rend une ordonnance de validation, celle-ci précise que la personne morale dispose d'un délai de dix jours pour exercer son droit de rétractation par lettre recommandée avec demande d'avis de réception adressée au procureur de la République.

Il est également remis aux représentants de la personne morale un document l'informant des conditions dans lesquelles doivent être accomplies les obligations prévues. Ce document est accompagné si nécessaire de plusieurs feuillets destinés à permettre le paiement de l'amende d'intérêt public et dont le modèle est arrêté par le ministre chargé du budget et le garde des sceaux, ministre de la justice. Il comporte également une mention indiquant que si la personne morale ne justifie pas de l'exécution intégrale des obligations prévues, le procureur de la République décidera, sauf élément nouveau, d'engager des poursuites à son encontre.

§ 3 EXÉCUTION DES OBLIGATIONS DE LA CONVENTION

Art. R. 15-33-60-6 Lorsque la convention prévoit le versement d'une amende d'intérêt public, le paiement s'effectue auprès d'un comptable de la direction générale des finances publiques *(Abrogé par Décr. nº 2021-1045 du 4 août 2021, art. 1er)* **« *et exclusivement, par dérogation à l'article 25 du décret nº 2012-1246 du 7 novembre 2012 relatif à la gestion budgétaire et comptable publique, par remise d'un chèque certifié dans les conditions prévues à l'article R. 131-2 du code monétaire et financier* »**.

Le comptable de la direction générale des finances publiques mentionné à l'alinéa précédent reçoit le paiement accompagné du document prévu par l'article R. 15-33-60-5. Après émargement du règlement par ce comptable, deux feuillets sont retournés ou remis aux représentants de la personne morale, qui en transmettent un au procureur de la République.

Lorsqu'il est prévu que les paiements seront échelonnés, il est remis autant de documents que d'échéances.

Art. R. 15-33-60-7 Lorsque la convention prévoit la mise en œuvre d'un programme de conformité *(Abrogé par Décr. nº 2021-1045 du 4 août 2021, art. 1er)* **« *sous le contrôle de l'Agence française anticorruption* »**, le procureur de la République *(Abrogé par Décr. nº 2021-1045 du 4 août 2021, art. 1er)* **« *lui* »** communique l'ordonnance de validation ainsi que la convention *(Décr. nº 2021-1045 du 4 août 2021, art. 1er)* **« au service chargé de son contrôle »**.

(Décr. nº 2021-1045 du 4 août 2021, art. 1er) **« Ce service »** rend compte au procureur de la République, à sa demande et au moins annuellement, de la mise en œuvre du programme. Elle l'informe de toute difficulté. Elle lui communique, en outre, un rapport à l'expiration du délai d'exécution de la mesure.

La personne morale peut informer le procureur de la République de toute difficulté qu'elle rencontre dans la mise en œuvre du programme.

Art. R. 15-33-60-8 Lorsque la convention prévoit la réparation du préjudice causé à la victime, la personne morale communique au procureur de la République les éléments permettant de justifier de son exécution dans les délais prescrits.

Art. R. 15-33-60-9 Lorsque la ou les obligations de la convention ont été intégralement exécutées, le procureur de la République avise les représentants de la personne morale et, le cas échéant, la victime de l'extinction de l'action publique.

Si la convention a été conclue dans le cadre d'une information judiciaire, le procureur de la République informe également le juge d'instruction de l'extinction de l'action publique.

Art. R. 15-33-60-10 Lorsque la ou les obligations de la convention ne sont pas intégralement exécutées, l'interruption de l'exécution de la convention mentionnée au dix-septième alinéa de l'article 41-1-2 est constatée par le procureur de la République et notifiée aux représentants de la personne morale par lettre recommandée avec demande d'accusé de réception.

La victime en est avisée par tout moyen.

Si des sommes ont été versées au titre de l'amende d'intérêt public, le procureur de la République communique la lettre mentionnée au premier alinéa au comptable ayant reçu le paiement aux fins de restitution.

Lorsque des poursuites sont engagées à la suite de l'interruption de l'exécution de la convention mentionnée au dix-septième alinéa de l'article 41-1-2, le dossier de la procédure de convention judiciaire d'intérêt public est joint au dossier de la procédure dont est saisie la juridiction, afin qu'il puisse être tenu compte, en cas de condamnation, de l'exécution partielle des obligations mises à la charge de la personne morale.

SECTION III DE LA TRANSACTION PROPOSÉE PAR LE MAIRE ET DE L'HOMOLOGATION PAR LE PROCUREUR DE LA RÉPUBLIQUE

(Décr. n° 2007-1388 du 26 sept. 2007, art. 9)

Art. R. 15-33-61 La proposition de transaction faite par le maire conformément aux dispositions de l'article 44-1 est adressée par lettre recommandée ou remise contre récépissé en double exemplaire au contrevenant dans un délai d'un mois à compter du procès-verbal constatant l'infraction.

Elle précise :

– la nature des faits reprochés, leur qualification juridique ainsi que le montant de l'amende et les peines complémentaires encourus ;

– le montant de la réparation proposée et le délai dans lequel cette réparation devra être versée ;

– s'il y a lieu, le nombre d'heures de travail non rémunéré proposé et le délai dans lequel ce travail devra être exécuté, la nature du travail proposé et son lieu d'exécution ;

– le délai dans lequel le contrevenant devra faire connaître son acceptation ou son refus de la proposition de transaction.

Elle indique que le contrevenant a la possibilité de se faire assister, à ses frais, d'un avocat avant de faire connaître sa décision.

La proposition indique également qu'en cas d'acceptation de sa part elle devra être adressée pour homologation selon les cas au procureur de la République *(Décr. n° 2017-683 du 28 avr. 2017, art. 3, en vigueur le 1er juill. 2017)* « ou au juge du tribunal de police *[ancienne rédaction : , au juge du tribunal de police ou au juge de proximité]* » et que le contrevenant sera alors informé de la décision de l'autorité judiciaire.

Il est mentionné que si le contrevenant ne fait pas connaître sa réponse à la proposition de transaction dans les délais impartis il sera considéré comme ayant refusé la transaction et que le procès-verbal de contravention sera alors transmis au procureur de la République.

L'ancien art. R. 15-33-61 est devenu l'art. R. 15-33-68, en application du Décr. n° 2007-1388 du 26 sept. 2007, art. 9.

Les arrêtés et règlements légalement pris par l'autorité compétente revêtent un caractère de permanence qui les fait survivre aux lois dont ils procèdent, tant qu'ils n'ont pas été rapportés ou tant qu'ils ne sont pas devenus inconciliables avec les règles fixées par la législation postérieure. Il s'ensuit que, jusqu'à l'entrée en vigueur des nouveaux textes réglementaires d'application, issus du Décr. n° 2003-455 du 16 mai 2003, l'art. R. 15-33-61, édicté pour l'application des 1er et 3e al. de l'art. 62-1 ancien abrogés par la L. n° 2001-1062 du 15 nov. 2001, est demeuré applicable pour la mise en œuvre de l'art. 706-57, issu de ladite loi, qui reprend la teneur des dispositions légales abrogées. • Crim. 9 juill. 2003, n° 03-82.119 P.

Art. R. 15-33-62 **Dans les quinze jours à compter de l'envoi ou de la remise de la proposition de transaction, le contrevenant fait connaître au maire son acceptation de payer la somme demandée ou d'exécuter le travail non rémunéré en renvoyant un exemplaire signé de la proposition de transaction.**

Art. R. 15-33-63 **En cas d'acceptation de la proposition par le contrevenant, le maire transmet cette dernière au procureur de la République aux fins d'homologation par l'autorité judiciaire compétente, accompagnée des procès-verbaux de constatation de l'infraction.**

Lorsque la proposition de transaction consiste en l'exécution d'un travail non rémunéré, le procureur de la République transmet ces documents au juge du tribunal de police *(Abrogé par Décr. n° 2017-683 du 28 avr. 2017, art. 3, à compter du 1er juill. 2017)* *« ou au juge de proximité »* **compétent, accompagnés de ses réquisitions sur l'homologation.**

L'autorité judiciaire adresse au maire dans les meilleurs délais sa décision indiquant si elle homologue ou non la transaction.

Art. R. 15-33-64 **Si la proposition de transaction est homologuée, le maire adresse ou remet au contrevenant un document l'informant de cette homologation, en précisant le montant de la réparation à payer ou les modalités d'exécution du travail non rémunéré ainsi que le délai d'exécution de la transaction.**

Dans le cas contraire, le maire communique la décision de l'autorité judiciaire au contrevenant.

Art. R. 15-33-65 **Lorsque la transaction consiste en l'exécution d'un travail non rémunéré, les dispositions des articles 131-23, 131-24** *(Décr. n° 2022-479 du 30 mars 2022, art. 8, en vigueur le 1er mai 2022)* **« du code pénal et des articles R. 623-14, R. 623-16 et R. 623-17 du code pénitentiaire** *[ancienne rédaction : , R. 131-25, R. 131-26 et R. 131-28 du code pénal]* **» sont applicables à l'exécution de ce travail et les attributions confiées par ces articles au juge de l'application des peines** *(Décr. n° 2021-1743 du 22 déc. 2021, art. 3)* **« ou au directeur du service pénitentiaire d'insertion et de probation » sont exercées par le maire.**

Art. R. 15-33-66 **Si le contrevenant refuse la proposition de transaction ou n'y donne aucune réponse dans les délais impartis, ou s'il n'a pas exécuté ses obligations dans les délais impartis, le maire en informe le procureur de la République.**

En cas d'exécution intégrale de la transaction, le maire en informe également le procureur de la République, qui constate alors l'extinction de l'action publique.

SECTION IV DE LA VENTE DES BIENS MEUBLES SAISIS

(Décr. n° 2009-511 du 5 mai 2009)

Art. R. 15-33-66-1 **Il est procédé à la vente des biens meubles placés sous main de justice et, le cas échéant, à la restitution du produit de cette vente, telles que prévues au deuxième alinéa de l'article 41-5, selon les modalités déterminées par les articles suivants.**

Art. R. 15-33-66-2 *(Décr. n° 2011-134 du 1er févr. 2011)* **« Les biens meubles placés sous main de justice sont remis, sur autorisation** *(Décr. n° 2015-1272 du 13 oct. 2015, art. 5)* **« du procureur de la République », à l'Agence de gestion et de recouvrement des avoirs saisis et confisqués qui procède à leur aliénation. »**

Le produit de la vente est consigné à la Caisse des dépôts et consignations. Il en est porté mention dans un registre spécial tenu par le greffe du tribunal judiciaire.

Art. R. 15-33-66-3 **Le procureur de la République qui a dirigé l'enquête ou celui de la juridiction saisie des poursuites informe par tout moyen le propriétaire des biens**

meubles de son droit à restitution du produit de la vente dès qu'il classe sans suite la procédure ou qu'intervient une décision définitive de non-lieu, de relaxe, d'acquittement ou de condamnation sans que la confiscation ait été prononcée.

Le propriétaire des biens meubles doit exercer son droit à restitution dans les deux mois qui suivent la notification prévue à l'alinéa précédent. Le procureur de la République lui délivre alors une attestation au vu de laquelle il peut demander à la Caisse des dépôts et consignations que les sommes déposées lui soient versées sans délai, augmentées, le cas échéant, des intérêts échus.

SECTION V DU BUREAU D'ORDRE NATIONAL AUTOMATISÉ DES PROCÉDURES JUDICIAIRES ET DU TRAITEMENT AUTOMATISÉ DÉNOMMÉ "CASSIOPÉE"

(Décr. n° 2009-528 du 11 mai 2009 ; Décr. n° 2010-671 du 18 juin 2010, art. 7)

Art. R. 15-33-66-4 Le ministère de la justice est autorisé à mettre en œuvre un traitement automatisé de données à caractère personnel dénommé " Cassiopée ", comprenant l'application dite " bureau d'ordre national automatisé des procédures judiciaires " prévue à l'article 48-1.

Ce traitement a pour objet l'enregistrement d'informations et de données à caractère personnel relatives aux procédures judiciaires au sein des tribunaux judiciaires, afin de faciliter la gestion et le suivi de ces procédures par les magistrats, les greffiers et les personnes habilitées qui en ont la charge, de faciliter la connaissance réciproque des procédures entre ces juridictions et d'améliorer ainsi l'harmonisation, la qualité et le délai du traitement des procédures, ainsi que, dans les affaires pénales, l'information des victimes.

Les procédures judiciaires concernées sont les procédures pénales, les procédures d'assistance éducative et les procédures civiles et commerciales enregistrées par les parquets.

Le traitement a également pour objet, avec les mêmes finalités, les procédures autres que pénales relevant du juge des libertés et de la détention.

Il peut enfin avoir pour objet l'exploitation des informations recueillies à des fins de recherches statistiques.

Art. R. 15-33-66-5 Le traitement Cassiopée est placé sous le contrôle d'un magistrat du parquet hors hiérarchie, nommé pour trois ans par arrêté du garde des sceaux, ministre de la justice, et assisté par un comité composé de trois membres nommés dans les mêmes conditions.

Ce magistrat et, à sa demande, les membres du comité disposent d'un accès permanent au traitement et au lieu où se trouve celui-ci.

Ce magistrat peut ordonner toutes mesures nécessaires à l'exercice de son contrôle, telles que saisies ou copies d'informations, ainsi que l'effacement d'enregistrements illicites.

L'autorité gestionnaire du traitement lui adresse un rapport annuel d'activité ainsi que, sur sa demande, toutes informations relatives au traitement.

Art. R. 15-33-66-6 Dans la mesure où elles sont nécessaires à la poursuite des finalités mentionnées à l'article R. 15-33-61-4, peuvent être enregistrées les informations et les données à caractère personnel suivantes :

1° Concernant les personnes :

a) Dans le cadre des procédures pénales et des procédures autres que la procédure pénale relevant du juge des libertés et de la détention, concernant les témoins, les personnes mises en examen ou témoins assistés, les prévenus, les accusés, les personnes faisant l'objet d'une procédure d'extradition ou d'un mandat d'arrêt européen, les victimes et les parties civiles :

– identité : civilité, nom de naissance, nom d'usage, prénoms, alias, sexe, dates de naissance et de décès, commune de naissance, code et nom du pays de naissance, nationalité, numéro et date de délivrance de la pièce d'identité, autorité de délivrance, ville et pays de délivrance à l'étranger ;

– filiation : nom de naissance et prénoms du père et de la mère, et du titulaire de l'autorité parentale concernant les mineurs ;

— situation familiale : situation de famille, nombre d'enfants, nombre de frères et sœurs, rang dans la fratrie ;

— niveau d'étude et de formation, diplômes, distinctions ;

— adresse, adresse déclarée (selon la norme postale française), *(Décr. n° 2015-1839 du 29 déc. 2015, art. 1er)* **« adresse électronique, » téléphone au domicile** *(Décr. n° 2015-1839 du 29 déc. 2015, art. 1er)* **« , téléphone portable » ;**

— vie professionnelle : profession, code de la catégorie socioprofessionnelle, code de la nature d'activité, situation par rapport à l'emploi, raison sociale de l'employeur, téléphone au travail, fonction élective, immunité, pour les militaires de carrière situation militaire ;

— langue, dialecte parlé ;

(Décr. n° 2015-1839 du 29 déc. 2015, art. 1er) **« — accord de la personne concernée pour la mise en œuvre de la communication électronique pénale, dans les conditions prévues au II de l'article 803-1 ; »**

— données bancaires, sauf concernant les témoins : code banque, code guichet, nom de l'agence bancaire, code postal de l'agence du compte, libellé du titulaire du compte, numéro de compte, date d'émission du titre de paiement, libellé du titulaire inscrit sur la carte bancaire ;

b) **Dans le cadre des procédures d'assistance éducative :**

— identité : civilité, nom de naissance, nom d'usage, alias, prénoms, X se disant, sexe, dates de naissance et de décès, commune de naissance, code et nom du pays de naissance, nationalité, numéro et date de délivrance de la pièce d'identité, autorité de délivrance du titre, ville et pays de délivrance à l'étranger ;

— adresse, adresse déclarée (selon la norme postale française), téléphone au domicile ;

— filiation : nom de naissance et prénoms du père et nom de naissance ou d'usage et prénoms de la mère ;

— situation familiale : nombre de frères et sœurs, rang dans la fratrie ;

— âge selon expertise ;

— exercice de l'autorité parentale ;

— absence d'un représentant légal sur le territoire ;

— niveau d'étude et de formation, diplômes, année scolaire, classe, établissement scolaire ;

— adresse, adresse déclarée (selon la norme postale française), téléphone au domicile ;

— actuellement en fugue ;

c) **Dans le cadre des procédures civiles enregistrées par les parquets :**

— identité : nom de naissance, nom d'usage, prénoms, sexe, dates de naissance et de décès, commune de naissance, code et nom du pays de naissance, nationalité, référence de dossier ;

— adresse, adresse déclarée (selon la norme postale française) ;

— en outre, concernant les mineurs, toutes les informations énumérées au *b* ;

d) **Dans le cadre des procédures commerciales enregistrées par les parquets :**

— déclarant : civilité, nom de naissance, prénoms, fonction dans la société ;

— identification : dénomination/raison sociale, situation juridique, enseigne, sigle, numéro SIREN ou SIRET, forme juridique, numéro au registre du commerce et des sociétés, date et lieu de la création de la société ;

— antécédents judiciaires, date de cessation de paiement ;

— siège social ou établissement, adresse, code postal, libellé ville associé au code postal, Cedex, pays ;

e) **Concernant les avocats :**

— nom de naissance ou d'usage et prénoms ;

— numéro d'affiliation à la Caisse nationale des barreaux français ;

— nom du barreau auquel l'avocat est rattaché, adresse postale du cabinet, adresse interne : numéro de toque, référence ou adresse locale dans la juridiction, adresse de messagerie électronique, numéro de téléphone et numéro de télécopie du cabinet ;

f) **Concernant le personnel du ministère de la justice :**

— nom de naissance ou d'usage et prénom ;

— corps et/ou grade, fonction ;

– code position administrative de l'agent, mnémonique du service de l'agent, libellé du service.

2° Concernant les infractions, condamnations ou mesures de sûreté :

– situation judiciaire des personnes au cours de la procédure, antécédents relatifs aux condamnations de l'auteur des faits ;

– situation pénale d'une personne à un instant de la procédure, numéro d'écrou, date de libération prévue ;

– mode de comparution devant la juridiction, nature du jugement ;

– montant demandé pour les dommages-intérêts ou la provision ;

– infractions sur lesquelles porte la procédure : modalités de participation à l'infraction, unité du taux d'alcoolémie, récidive, code de nature d'infraction NATINF et son libellé, code INSEE de la commune lieu de commission de l'infraction, date de début de l'infraction, date de fin de l'infraction ;

– peine prononcée, libellé de la peine et mesure, motifs, obligations.

Les dispositions issues du Décr. n° 2015-1839 du 29 déc. 2015 s'appliquent sur l'ensemble du territoire de la République (Décr. préc., art. 2-I).

Art. R. 15-33-66-7 **I. – Conformément à l'article 48-1, la durée de conservation des informations et des données à caractère personnel enregistrées dans le cadre d'une procédure pénale est de dix ans à compter de leur dernière mise à jour enregistrée ; cette durée est portée à :**

– vingt ans lorsque la personne a été condamnée à une peine criminelle ou lorsque la procédure porte sur une infraction à laquelle s'applique le délai de prescription de l'action publique prévu au troisième alinéa de l'article 7 et au deuxième alinéa des articles 706-25-1 et 706-31 ;

– trente ans lorsque la procédure porte sur une infraction à laquelle s'applique le délai de prescription de l'action publique prévu au premier alinéa des articles 706-25-1 et 706-31.

II. – La durée de conservation des informations et des données à caractère personnel enregistrées dans le cadre des autres procédures, mentionnées à l'article R. 15-33-66-4, est, en application de l'article 3-1 de la loi n° 91-650 du 9 juillet 1991 portant réforme des procédures civiles d'exécution, de dix ans à compter de la date à laquelle la décision a acquis force exécutoire.

Toutefois, cette durée court à compter des vingt et un ans de la personne concernée ou du dernier enfant de sa fratrie lorsque les données sont enregistrées dans le cadre d'une procédure d'assistance éducative ou d'une mesure judiciaire d'aide à la gestion du budget familial. Elle court à compter des vingt et un ans de la personne concernée lorsqu'elles ont été enregistrées dans le cadre d'une mesure de protection judiciaire des jeunes majeurs.

Art. R. 15-33-66-8 *(Décr. n° 2017-897 du 9 mai 2017, art. 4)* **I. – Peuvent directement accéder aux informations et données à caractère personnel enregistrées dans le traitement dans le cadre des procédures pénales :**

1° Les magistrats du ministère public et les magistrats du siège qui exercent des fonctions pénales :

***a)* Dans l'ensemble des tribunaux judiciaires et des cours d'appel, pour les nécessités liées au seul traitement des infractions ou des procédures dont ils sont saisis ;**

***b)* Dans les juridictions mentionnées aux articles 704, 705, 705-1, 706-2, 706-17, 706-75, 706-107 et 706-108, pour le traitement de l'ensemble des procédures susceptibles de relever de leur compétence territoriale élargie ;**

***c)* S'agissant des procureurs généraux, pour l'application des articles 35 et 37 ;**

2° Les agents de greffe et les personnes habilitées, en vertu de l'article R. 123-14 du code de l'organisation judiciaire, *(Décr. n° 2017-1618 du 28 nov. 2017, art. 2)* **« ainsi que, pour le seul accomplissement des missions qui leur sont confiées, les juristes assistants mentionnés à l'article L. 123-4 de ce même code, » qui assistent les magistrats mentionnés au 1° ;**

3° Les agents de greffe affectés dans un service d'accueil unique du justiciable, individuellement désignés et spécialement habilités sur décision écrite du directeur de greffe, sous le contrôle des chefs de juridiction, pour les seules nécessités liées à l'exercice de leurs attributions définies aux articles L. 123-3 et R. 123-28 du même code ;

4° Le représentant national auprès d'Eurojust, ainsi que les magistrats, agents de greffe et personnels habilités pour l'assister ;

5° Les délégués du procureur de la République institués à l'article R. 15-33-30 du présent code, pour l'accomplissement des missions qui leur sont confiées par l'autorité judiciaire au titre des articles 41-1 à 41-2 ;

6° Les éducateurs de la protection judiciaire de la jeunesse affectés dans les unités éducatives auprès des tribunaux, services éducatifs auprès des tribunaux ou unités éducatives de milieu ouvert assurant la permanence éducative auprès des tribunaux pour les informations et données concernant des mineurs suivis par leur unité de permanence, pour les besoins exclusifs liés à l'exercice de leurs missions ;

7° Les magistrats et les greffiers affectés au sein de l'Agence de gestion et de recouvrement des avoirs saisis et confisqués, en application des dispositions de l'article 706-161, pour le besoin des procédures pour lesquelles sont envisagées ou ont été réalisées des saisies ou des confiscations ;

(Décr. n° 2017-1618 du 28 nov. 2017, art. 2) « 8° Les assistants spécialisés mentionnés aux articles 628-9 et 706 du présent code, pour l'exercice des seules missions qui leur sont confiées. »

Le 2° est applicable aux directeurs des services de greffe et greffiers des réserves judiciaires, pour le seul accomplissement des missions qui leur sont confiées, et pendant la durée de chaque mission, dans les conditions fixées par l'article 164 de la loi de finances n° 2010-1657 du 29 décembre 2010 et le décret n° 2011-946 du 10 août 2011 relatif aux réserves judiciaires.

II. – Peuvent directement accéder aux informations et données à caractère personnel enregistrées dans le traitement dans le cadre des procédures autres que les procédures pénales :

1° Les personnes mentionnées aux 1° et 2° du I, pour les seuls dossiers, y compris de nature pénale, dont ils sont saisis ;

2° Les personnes mentionnées au 3° du I, pour les seules nécessités liées à l'exercice de leurs attributions.

Art. R. 15-33-66-9 Sont destinataires, au sens du II de l'article 3 de la loi du 6 janvier 1978 susvisée, de tout ou partie des informations et données à caractère personnel enregistrées dans le traitement :

– les avocats ;

– les personnes concourant à la procédure au sens de l'article 11 ;

– les administrations et les personnes qui, dans le cadre d'une mission confiée par l'autorité judiciaire, participent à l'instruction des dossiers, à la signification, à la notification et à l'exécution des décisions judiciaires ;

(Décr. n° 2012-680 du 7 mai 2012, art. 4) « – les membres des associations d'aide aux victimes mentionnées à l'article 41, ayant prêté serment et ayant signé un engagement écrit de confidentialité, individuellement désignés et spécialement habilités par les chefs de cour d'appel, sous le contrôle de ceux-ci et pour les besoins exclusifs de l'exercice des missions telles que prévues par la convention mentionnée à l'article 41 à l'exclusion des données concernant des procédures en cours couvertes par le secret de l'enquête et de l'instruction. »

Art. R. 15-33-66-10 Les droits d'accès et de rectification prévus aux articles 39 et 40 de la loi n° 78-17 du 6 janvier 1978 relative à l'informatique, aux fichiers et aux libertés s'exercent auprès du procureur de la République.

Art. R. 15-33-66-11 Le droit d'opposition prévu au premier alinéa de l'article 38 de la loi du 6 janvier 1978 relative à l'informatique, aux fichiers et aux libertés ne s'applique pas au traitement prévu par la présente section.

Art. R. 15-33-66-12 *(Décr. n° 2011-1447 du 7 nov. 2011, art. 2)* Le traitement peut faire l'objet d'une mise en relation avec le traitement de données à caractère personnel dénommé APPI créé par l'article R. 57-4-1.

(Décr. n° 2012-680 du 7 mai 2012, art. 5) « Il peut également être mis en relation avec le casier judiciaire national. »

Art. R. 15-33-66-13 *(Décr. n° 2012-680 du 7 mai 2012, art. 6)* Les créations, modifications ou suppressions de données ainsi que les consultations font l'objet d'un enre-

gistrement comprenant l'identifiant de leur auteur ainsi que la date, l'heure et l'objet de l'opération. Ces informations sont conservées pendant un délai de cinq ans.

CHAPITRE III

Néant.

TITRE DEUXIÈME DES ENQUÊTES

(Décr. n° 96-767 du 3 sept. 1996)

CHAPITRE PREMIER DES CRIMES ET DÉLITS FLAGRANTS

SECTION PREMIÈRE DES DEMANDES DE MISE À DISPOSITION DE DONNÉES PAR VOIE ÉLECTRONIQUE

(Décr. n° 2007-1538 du 26 oct. 2007 ; Décr. n° 2008-150 du 19 févr. 2008, art. 1er)

Art. R. 15-33-67 Les conditions d'application des dispositions des premiers alinéas des articles 60-2, 77-1-2 et 99-4 permettant de demander la mise à disposition de données par voie électronique au cours de l'enquête de flagrance, de l'enquête préliminaire ou de l'instruction sont fixées par les dispositions de la présente section.

Article renuméroté par Décr. n° 2008-150 du 19 févr. 2008, art. 1er-IV.

Art. R. 15-33-68 Les catégories d'organismes publics ou de personnes morales de droit privé susceptibles de faire l'objet des demandes mentionnées à l'article R. 15-33-67 sont :

1° Les opérateurs de communications électroniques tels que définis à l'article L. 34-1 du code des postes et communications électroniques, ainsi que les personnes morales prestataires mentionnées par la loi n° 2004-575 du 21 juin 2004 pour la confiance dans l'économie numérique ;

2° Les établissements financiers, bancaires et de crédit ;

3° Le Groupement des Cartes bancaires "CB" ;

4° Les organismes sociaux mentionnés au code de la sécurité sociale ainsi qu'au code rural et de la pêche maritime ;

5° Les entreprises d'assurance ;

6° Les organismes publics ou privés gestionnaires de logements ;

7° Les services des administrations publiques gestionnaires de fichiers administratifs, notamment fiscaux et bancaires ;

8° Les entreprises de transport collectif de voyageurs ;

9° Les opérateurs de distribution de l'énergie.

Article renuméroté par Décr. n° 2008-150 du 19 févr. 2008, art. 1er-IV.

Art. R. 15-33-69 Les demandes mentionnées à l'article R. 15-33-67 adressées aux organismes ou personnes morales relevant de l'une des catégories mentionnées à l'article R. 15-33-68 sont soumises à une procédure fixée par le protocole prévu à l'article R. 15-33-72.

Celui-ci prévoit que les informations sollicitées par l'officier de police judiciaire sont mises à sa disposition soit dans un fichier spécifique, soit par un accès temporaire et limité à la base de données de l'organisme ou de la personne morale sollicitée.

Article renuméroté par Décr. n° 2008-150 du 19 févr. 2008, art. 1er-IV.

Art. R. 15-33-70 Peuvent seuls procéder à ces demandes les officiers de police judiciaire affectés dans un service ou une unité exerçant des missions de police judiciaire et ayant été expressément habilités à cette fin par le responsable du service ou de l'unité.

Article renuméroté par Décr. n° 2008-150 du 19 févr. 2008, art. 1er-IV.

Art. R. 15-33-71 Toute demande de mise à disposition fait l'objet de la part de l'officier de police judiciaire d'un procès-verbal indiquant le destinataire de la demande et la nature des informations demandées.

Dans le cas prévu par l'article 77-1-2, le procès-verbal mentionne l'accord préalable du procureur de la République qui peut être donné par tout moyen.

Article renuméroté par Décr. n° 2008-150 du 19 févr. 2008, art. 1er-IV.

L'édition de la réquisition informatique vaut le procès-verbal exigé par l'art. R. 15-33-71 et la mention du nom du magistrat figurant dans la réquisition informatique établie pour saisir la PNIJ, qui suit le visa des art. qui imposent son autorisation, préalablement donnée, a la même valeur qu'une mention expresse en procédure par procès-verbal de l'enquêteur. • Crim. 30 mars 2021, n° 20-85.556 P : *D. actu. 16 avr. 2021, obs. Recotillet ; AJ pénal 2021. 322, obs. Clément*.

Art. R. 15-33-72 **Les modalités techniques d'interrogation et de transmission des informations sont précisées par un protocole passé par le ministre de la justice et, selon les cas, le ministre de l'intérieur** *(Abrogé par Décr. n° 2010-773 du 8 juill. 2010)* **« , *le ministre de la défense* » ou le ministre chargé du budget avec chaque organisme ou personne morale relevant des dispositions de l'article R. 15-33-68.**

Ce protocole précise notamment :

1° Le ou les systèmes informatiques ou traitements automatisés de données à caractère personnel intéressés ;

2° La nature des données à caractère personnel susceptibles d'être mises à disposition ;

3° Les modalités selon lesquelles l'organisme ou la personne morale permet à l'officier de police judiciaire de consulter les informations demandées et d'en effectuer vers son service le transfert par voie électronique ;

4° Les conditions et modalités de sécurisation de la liaison électronique permettant de garantir, lors de l'acheminement des informations sollicitées vers le service demandeur, l'origine, la destination, l'intégrité et la confidentialité des données ;

5° Les modalités de suivi des demandes et des consultations, incluant l'identification de l'officier de police judiciaire ;

6° Les garanties permettant de limiter la consultation aux seules informations demandées et d'empêcher tout accès à des informations protégées par un secret prévu par la loi, notamment par le secret médical, hors les cas où la loi prévoit que ce secret n'est pas opposable aux autorités judiciaires.

Le protocole est porté à la connaissance de l'ensemble des officiers de police judiciaire des services et unités de police judiciaire ainsi que des agents des douanes relevant de l'article 28-1, qui ont été expressément habilités à procéder à ces demandes.

Article renuméroté par Décr. n° 2008-150 du 19 févr. 2008, art. 1er-IV.

Art. R. 15-33-73 **Copie du protocole est adressée par l'organisme ou la personne morale à la Commission nationale de l'informatique et des libertés à l'occasion de l'accomplissement des formalités prévues par la loi n° 78-17 du 6 janvier 1978 relative à l'informatique, aux fichiers et aux libertés.**

Article renuméroté par Décr. n° 2008-150 du 19 févr. 2008, art. 1er-IV.

Art. R. 15-33-74 **L'officier de police judiciaire constate la réception des informations demandées par procès-verbal et procède soit à leur impression sur un document papier, soit à leur sauvegarde intégrale sur un support numérique conforme aux standards techniques en vigueur au moment de la transmission.**

Ce document ou ce support est annexé au procès-verbal. Si un support numérique est établi, une copie de ce support est placée sous scellés.

Les opérations prévues à l'article R. 15-33-71 et au présent article peuvent faire l'objet d'un procès-verbal unique.

Article renuméroté par Décr. n° 2008-150 du 19 févr. 2008, art. 1er-IV.

Art. R. 15-33-75 **Les données à caractère personnel recueillies en application de la présente section ne peuvent faire l'objet d'aucun traitement automatisé à l'exception de ceux nécessaires à leur exploitation dans le cadre de procédures judiciaires pénales.**

Article renuméroté par Décr. n° 2008-150 du 19 févr. 2008, art. 1er-IV.

SECTION II DE LA CONVOCATION DES OFFICIERS DE POLICE JUDICIAIRE AYANT PROCÉDÉ À UNE DÉCLARATION D'ADRESSE *(Décr. nº 2008-150 du 19 févr. 2008).*

Art. R. 15-33-76 *(Décr. nº 2003-455 du 16 mai 2003)* Les services de police ou les unités de gendarmerie sont tenus, à la demande des seules autorités judiciaires, de délivrer dans les meilleurs délais aux personnes visées aux articles 16 à 29 ayant fait l'objet des dispositions de l'article 62-1 les convocations émanant de ces autorités. Ils doivent de même remettre les citations à comparaître dont peuvent faire l'objet ces personnes.

Lorsqu'elles sont entendues comme témoins devant une juridiction d'instruction ou de jugement, les personnes ayant bénéficié des dispositions de l'article 62-1 sont autorisées à continuer de déclarer comme domicile l'adresse du service de police ou de l'unité de gendarmerie.

Les dispositions du présent article ne sont pas prescrites à peine de nullité.

Article R. 15-33-61 successivement devenu R. 15-33-68 puis R. 15-33-76, en application des décrets nº 2007-1388 du 26 sept. 2007, art. 9, et nº 2008-150 du 19 févr. 2008, art. 1er.

SECTION III DU REGISTRE DES GARDES À VUE DÉMATÉRIALISÉ

(Décr. nº 2016-1447 du 26 oct. 2016, art. 1er)

Art. R. 15-33-77 Le ministre de l'intérieur (direction générale de la police nationale, direction générale de la gendarmerie nationale et préfecture de police) est autorisé à mettre en œuvre un traitement automatisé de données à caractère personnel dénommé "Informatisation de la gestion des gardes à vue".

Le traitement a pour objet l'enregistrement des informations et données à caractère personnel relatives aux mesures de garde à vue afin de :

1° Faciliter la conduite et la gestion du déroulement des gardes à vue dans les services de police et les unités de gendarmerie ;

2° Permettre le suivi des mesures de gardes à vue et le contrôle de leur régularité pendant et après leur mise en œuvre.

Art. R. 15-33-78 Peuvent être enregistrées dans le traitement automatisé les informations et données à caractère personnel suivantes :

1° Concernant la personne faisant l'objet de la mesure de garde à vue :

a) Nom(s), prénom(s), alias éventuels ;

b) Date et lieu de naissance, nationalité ;

c) Domicile ;

d) Photographie ;

e) Antécédents judiciaires justifiant des mesures de sûreté particulières ;

f) Éléments connus relatifs à la santé de la personne ;

2° Concernant les personnels de police et de gendarmerie :

a) Grade, nom, prénom, numéro de matricule des enquêteurs intervenant dans la garde à vue ;

b) Grade, nom, prénom, numéro de matricule des personnels en charge de la surveillance ;

c) Grade, nom, prénom, numéro de matricule, sexe des personnels ayant mis en œuvre des mesures de sûreté ;

d) Grade, nom, prénom, numéro de matricule, sexe des effectifs chargés de la signalisation ;

3° Concernant la mesure de garde à vue :

a) Raisons ayant conduit au placement de la personne en garde à vue, circonstances de l'interpellation ;

b) Date et heure du début de la garde à vue ;

c) Date et heure des prolongations (avec ou sans présentation préalable au magistrat) de la garde à vue ;

d) Date et heure de la fin de la garde à vue ;

e) Numéro de procédure ;

f) Cadre d'enquête ;

g) Dates et heures des auditions, confrontations, perquisitions et parades d'identification ;

h) Dates et heures des fouilles intégrales réalisées par l'officier de police judiciaire ;

i) Date et heures des investigations corporelles réalisées à la demande de l'officier de police judiciaire ;

j) Dates et heures des repos et des repas ;

k) Contre-indications alimentaires ;

l) Surveillance particulière dont fait l'objet la personne ;

m) Identité des magistrats intervenant dans la garde à vue ;

n) Suites de la garde à vue ;

4° Concernant les droits de la personne placée en garde à vue :

a) Droits demandés ou refusés ;

b) Dates et heures de l'avis à l'avocat ;

c) Identité de l'avocat ;

d) Dates, heures et durée du ou des entretiens avec l'avocat ;

e) Avis demandés, dates et heures des avis effectués ;

f) Identité du médecin ;

g) Date et heure de l'examen médical ;

h) Avis du médecin sur la compatibilité ou l'incompatibilité de l'état de santé de la personne avec la mesure ;

i) Suivi d'un traitement médical ;

j) Identité de l'interprète ;

k) Date et heure de la présence de l'interprète ;

l) Identité des personnes prévenues : proche, curateur, tuteur, employeur ;

m) Date et heure d'avis aux autorités consulaires si la personne placée en garde en vue est de nationalité étrangère ;

5° Effets personnels écartés au début de la garde à vue et restitués à l'issue ;

6° Mesures de sûreté pratiquées sur la personne en garde à vue.

Le traitement peut enregistrer celles des données prévues au présent article de la nature de celles mentionnées au I de l'article 8 de la loi du 6 janvier 1978 dans la stricte mesure où cet enregistrement est nécessaire aux finalités assignées audit traitement.

Art. R. 15-33-79 I. – Ont accès à tout ou partie des données à caractère personnel et informations mentionnées à l'article R. 15-33-78, à raison de leurs attributions et dans la limite du besoin d'en connaître :

1° Les agents de la police nationale intervenant dans la mesure de garde à vue, individuellement désignés et spécialement habilités par les chefs des services territoriaux de la police nationale, par les chefs de services actifs de la préfecture de police ou, le cas échéant, le préfet de police, par les chefs des services centraux de la police nationale ou, le cas échéant, le directeur général de la police nationale ;

2° Les militaires de la gendarmerie nationale intervenant dans la mesure de garde à vue, individuellement désignés et spécialement habilités par les commandants de groupement, par les commandants de la gendarmerie dans les départements et collectivités d'outre-mer et en Nouvelle-Calédonie, par les commandants de région, par les commandants des gendarmeries spécialisées, par le sous-directeur de la police judiciaire de la direction des opérations et de l'emploi de la direction générale de la gendarmerie nationale ou, le cas échéant, par le directeur général de la gendarmerie nationale ;

3° Les supérieurs hiérarchiques des personnes mentionnées aux 1° et 2°, les personnels des états-majors des directions des services gérant les gardes à vue, les groupes de commandements des échelons territoriaux et les brigades départementales de renseignements et d'investigations judiciaires ;

4° Les agents et militaires des inspections générales de la police et de la gendarmerie nationales.

II. – Peuvent être destinataires, à raison de leurs attributions et dans la limite du besoin d'en connaître, de tout ou partie des mêmes données et informations :

1° Les magistrats compétents pour le contrôle des mesures de garde à vue ;

2° Le Contrôleur général des lieux de privation de liberté ;

3° Le Défenseur des droits.

Art. R. 15-33-80 Les données à caractère personnel et informations mentionnées à l'article R. 15-33-78 sont conservées pendant une durée de un an à compter de leur enregistrement.

A l'issue de ce délai, les données à caractère personnel et informations mentionnées à l'article R. 15-33-78 sont conservées pendant une durée de neuf ans et uniquement accessibles aux personnes mentionnées aux 3° et 4° du I et au II de l'article R. 15-33-79.

Art. R. 15-33-81 Les créations, mises à jour, suppressions et consultations font l'objet d'un enregistrement comprenant l'identifiant de l'auteur, la date, l'heure et l'objet de la consultation. Les informations relatives à ces consultations sont conservées pendant cinq ans.

Art. R. 15-33-82 I. – Le droit d'opposition prévu à l'article 38 de la loi du 6 janvier 1978 ne s'applique pas au présent traitement.

II. – Le droit d'accès s'exerce de manière indirecte auprès de la Commission nationale de l'informatique et des libertés, dans les conditions prévues à l'article 41 de la loi du 6 janvier 1978.

CHAPITRES II *et* III

Néant.

TITRE TROISIÈME DES JURIDICTIONS D'INSTRUCTION

CHAPITRE PREMIER DU JUGE D'INSTRUCTION : JURIDICTION D'INSTRUCTION DU PREMIER DEGRÉ

SECTION PREMIÈRE DISPOSITIONS GÉNÉRALES

(Décr. n° 83-1164 du 23 déc. 1983)

Art. R. 15-34 *(Décr. n° 83-1164 du 23 déc. 1983)* Lorsqu'il ne procède pas lui-même ou ne fait pas procéder par un officier de police judiciaire à l'enquête de personnalité prévue par l'alinéa 6 de l'article 81, le juge d'instruction saisi de la procédure ou, sur délégation, celui dans le ressort duquel réside *(Décr. n° 2002-801 du 3 mai 2002)* « la personne mise en examen » peut désigner à cette fin toute personne physique ou morale habilitée comme il est dit ci-après ou, à titre exceptionnel, un contrôleur judiciaire.

Art. R. 15-35 *(Décr. n° 83-1164 du 23 déc. 1983)* La personne physique ou morale, selon qu'elle désire être habilitée à procéder à des enquêtes de personnalité dans le ressort du tribunal judiciaire ou dans celui de la cour d'appel, en fait la demande au doyen des juges d'instruction ou au président de la chambre de l'instruction.

La demande présentée par une association comporte notamment :

1° La copie du *Journal officiel* portant publication de la déclaration de l'association ou, en ce qui concerne les départements du Bas-Rhin, du Haut-Rhin ou de la Moselle, une copie de l'extrait du registre des associations du tribunal judiciaire ;

2° Un exemplaire des statuts et, s'il y a lieu, du règlement intérieur ;

3° La liste des établissements de l'association avec indication de leur siège ;

4° Un exposé indiquant les conditions de fonctionnement de l'association et, le cas échéant, l'organisation et les conditions de fonctionnement des comités locaux, ainsi que leurs rapports avec l'association ;

5° La mention des nom, prénoms, date et lieu de naissance, nationalité, profession et domicile des membres du conseil d'administration et du bureau de l'association ainsi que, le cas échéant, ceux de ses représentants locaux ;

6° Les pièces financières qui doivent comprendre les comptes du dernier exercice, le budget de l'exercice courant et un bilan ou un état de l'actif mobilier et immobilier et du passif ;

(Décr. n° 2002-801 du 3 mai 2002) « 7° La liste des personnes physiques qui, au sein de l'association, doivent accomplir les missions qui lui sont confiées, avec la mention des nom, prénoms, date et lieu de naissance, nationalité, profession et domicile de chacune d'entre elles. »

Art. R. 15-36 *(Décr. nº 83-1164 du 23 déc. 1983)* Après avoir procédé à toutes les diligences qu'il juge utiles, le doyen des juges d'instruction ou le président de la chambre de l'instruction communique la demande au président du tribunal ou au premier président.

Art. R. 15-37 *(Décr. nº 83-1164 du 23 déc. 1983)* L'assemblée générale des magistrats du siège et du parquet du tribunal ou de la cour d'appel, sur le rapport du magistrat saisi de la demande, statue sur l'habilitation à la majorité de ses membres présents.

La commission restreinte de l'assemblée générale des magistrats du siège et du parquet, dans les juridictions où sa constitution est obligatoire, exerce les attributions mentionnées à l'alinéa précédent.

(Décr. nº 2004-32 du 9 janv. 2004) « La personne morale habilitée passe, avec le premier président et le procureur général de la cour d'appel dans le ressort de laquelle est situé son siège, une convention déterminant ses conditions d'intervention. »

Art. R. 15-38 *(Décr. nº 83-1164 du 23 déc. 1983)* En cas d'urgence, une habilitation provisoire, valable jusqu'à la décision de la prochaine assemblée générale ou commission restreinte, peut être prise par le doyen des juges d'instruction, sur proposition ou après avis conforme du procureur de la République, ou par le président de la chambre de l'instruction, sur proposition ou après avis conforme du procureur général.

Art. R. 15-39 *(Décr. nº 83-1164 du 23 déc. 1983)* Ne peut être habilitée une personne qui a fait l'objet d'une condamnation, incapacité ou déchéance mentionnée au bulletin nº 2 du casier judiciaire.

(Décr. nº 2002-801 du 3 mai 2002) « Lorsqu'une association envisage une modification de la liste mentionnée au 7º de l'article R. 15-35 ou de désigner, pour accomplir les missions confiées à l'association, une personne physique n'ayant pas été personnellement habilitée, elle doit en aviser le procureur de la République. Ce dernier lui indique, le cas échéant, les personnes qui, suivant les dispositions de l'alinéa précédent, ne peuvent être autorisées à accomplir les missions confiées à l'association. »

Art. R. 15-40 *(Décr. nº 83-1164 du 23 déc. 1983)* L'habilitation peut être retirée selon la procédure prévue par les articles *(Décr. nº 95-661 du 9 mai 1995)* « R. 15-36 et R. 15-37 ».

Le procureur de la République ou le procureur général peut, aux fins de retrait de l'habilitation, saisir, selon le cas, l'assemblée générale des magistrats du siège et du parquet du tribunal, celle de la cour d'appel ou la commission restreinte compétente.

En cas d'urgence, le doyen des juges d'instruction, sur proposition ou avis conforme du procureur de la République, ou le président de la chambre de l'instruction, sur proposition ou avis conforme du procureur général, peut retirer provisoirement l'habilitation jusqu'à la décision de la prochaine assemblée générale ou commission restreinte.

SECTION II DE LA CONSIGNATION DE PARTIE CIVILE

(Décr. nº 93-867 du 28 juin 1993)

Art. R. 15-41 *(Décr. nº 93-867 du 28 juin 1993)* La partie civile est tenue, en application des articles 88 et 88-1, de consigner au greffe sauf dispense, dans le délai imparti par le juge d'instruction, sous peine d'irrecevabilité, une somme en vue de garantir le paiement de l'amende civile pouvant être prononcée à son encontre sur le fondement de l'article 91 du code de procédure pénale.

La somme consignée est remise à la partie civile sur simple récépissé lorsque l'action fondée sur cette disposition est prescrite ou a abouti à une décision devenue définitive constatant que la constitution de partie civile n'était ni abusive ni dilatoire.

En cas de condamnation à une amende civile, la somme consignée est employée au paiement de celle-ci.

SECTION III DES TRANSPORTS, DES PERQUISITIONS, DES SAISIES ET DES INTERCEPTIONS DE CORRESPONDANCES ÉMISES PAR LA VOIE DES TÉLÉCOMMUNICATIONS

(Décr. n° 2003-428 du 5 mai 2003)

SOUS-SECTION 1 DES TRANSPORTS, DES PERQUISITIONS ET DES SAISIES

Art. R. 15-41-1 En application des dispositions du deuxième alinéa de l'article 99-2, il est procédé à la vente des biens meubles placés sous main de justice et à la restitution, lorsqu'elle a lieu, du produit de la vente au propriétaire de ces biens selon des modalités déterminées par la présente sous-section.

Art. R. 15-41-2 *(Décr. n° 2011-134 du 1er févr. 2011)* « Les biens meubles placés sous main de justice sont remis à l'Agence de gestion et de recouvrement des avoirs saisis et confisqués qui procède à leur aliénation. » Le produit de la vente est versé à la Caisse des dépôts et consignations.

Ce versement est mentionné dans un registre spécial tenu par le greffe du tribunal judiciaire.

Art. R. 15-41-3 Dès qu'est devenue définitive une décision de non-lieu, de relaxe ou d'acquittement ou une décision de condamnation n'ayant pas prononcé la peine de confiscation, le procureur de la République de la juridiction devant laquelle s'est déroulée l'instruction informe, par lettre recommandée avec demande d'avis de réception, le propriétaire des biens des modalités de restitution du produit de la vente. Dans les six mois suivant cette notification, la demande de restitution doit être formée auprès du même procureur de la République par déclaration contre récépissé ou par lettre recommandée avec demande d'avis de réception.

Lorsqu'il estime que les conditions prévues par la loi sont remplies, ce magistrat délivre à l'intéressé une attestation au vu de laquelle celui-ci peut demander à la Caisse des dépôts et consignations que les sommes déposées lui soient versées sans délai, augmentées, le cas échéant, des intérêts échus. Dans le cas contraire, la décision du procureur de la République de refuser de délivrer l'attestation mentionnée à l'alinéa précédent peut être contestée dans les conditions prévues par le deuxième alinéa de l'article 41-4.

SOUS-SECTION 2 DES INTERCEPTIONS DE CORRESPONDANCES ÉMISES PAR LA VOIE DES TÉLÉCOMMUNICATIONS

Néant.

SECTION IV

Néant.

SECTION V DE LA REMISE DE LA REPRODUCTION DES PIÈCES D'UNE PROCÉDURE D'INSTRUCTION À UNE PERSONNE DÉTENUE

(Décr. n° 97-180 du 28 févr. 1997)

Art. R. 15-42 *(Décr. n° 2022-479 du 30 mars 2022, art. 8, en vigueur le 1er mai 2022)* Les conditions de remise de la reproduction des pièces d'une procédure d'instruction à une personne détenue et les modalités de consultation de celles-ci sont déterminées par les dispositions des articles R. 311-10, R. 311-11, R. 311-12 et R. 311-13 du code pénitentiaire.

Ancien art. R. 15-42 *Les reproductions des copies de pièces ou actes d'une procédure d'instruction que l'avocat d'une personne détenue transmet à cette dernière en application de l'article 114 doivent être adressées au greffe de l'établissement pénitentiaire par envoi recommandé avec demande d'avis de réception ou par remise directe contre récépissé.*

Art. R. 15-43 *(Abrogé par Décr. n° 2022-479 du 30 mars 2022, art. 8, à compter du 1er mai 2022) Le greffe de l'établissement pénitentiaire doit, dans les trois jours ouvrables qui suivent la réception des documents, les remettre au détenu concerné après lui avoir donné* *connaissance des dispositions du sixième alinéa de l'article 114 et de l'article 114-1. Le détenu atteste par écrit avoir pris connaissance de ces dispositions.*

Cette attestation ainsi que la notification écrite de remise des pièces au détenu sont transmises dans les meilleurs délais au juge d'instruction et à l'avocat du détenu.

Art. R. 15-44 *(Abrogé par Décr. n° 2022-479 du 30 mars 2022, art. 8, à compter du 1er mai 2022)* ***Par dérogation aux dispositions de l'article R. 15-43, le juge d'instruction saisi d'une demande de remise de reproductions à une partie, en application des huitième ou onzième alinéas de l'article 114, peut subordonner l'autorisation de remise à la condition que ces documents soient conservés au greffe de l'établissement pénitentiaire sous réserve du droit du détenu de les consulter selon les modalités fixées par l'article R. 15-45.***

Cette décision est notifiée à l'avocat conformément aux dispositions du neuvième alinéa de l'article 114. Le juge d'instruction en informe sans délai l'établissement pénitentiaire.

En outre, même lorsque le juge d'instruction n'a pas prescrit de conditions particulières de remise des pièces, les documents sont conservés au greffe de l'établissement pénitentiaire lorsque le détenu le demande et après qu'il les a consultés.

Art. R. 15-45 *(Abrogé par Décr. n° 2022-479 du 30 mars 2022, art. 8, à compter du 1er mai 2022)* ***Lorsqu'il a été fait application des dispositions de l'article R. 15-44, le détenu peut à tout moment solliciter la consultation des reproductions des pièces ou actes de la procédure d'instruction auprès du chef d'établissement. Ce dernier organise cette consultation dans les trois jours ouvrables suivant la demande, sous réserve des exigences du bon fonctionnement de l'établissement pénitentiaire.***

La consultation est organisée dans un local permettant d'en garantir la confidentialité. A l'issue de la consultation, les documents sont restitués au greffe de l'établissement.

Ces documents sont remis au détenu à sa libération. Ils lui sont également restitués lorsque l'information est définitivement terminée.

SECTION VI

Néant.

SECTION VII DU CONTRÔLE JUDICIAIRE ET DE LA DÉTENTION PROVISOIRE

(Décr. n° 70-1223 du 23 déc. 1970)

SOUS-SECTION 1 DU CONTRÔLE JUDICIAIRE – *Dispositions prises en application de l'art. 138 C. pr. pén.*

RÉP. PÉN. v° Contrôle judiciaire, par DOURNEAU-JOSETTE et GIRAULT.

BIBL. ▶ CARDET, *RSC 1994. 503* (le contrôle judiciaire socio-éducatif).

§ 1er DES AUTORITÉS OU PERSONNES CONTRIBUANT AU CONTRÔLE JUDICIAIRE

Art. R. 16 *(Décr. n° 83-1164 du 23 déc. 1983)* **Le juge d'instruction saisi de la procédure ou, sur délégation, celui dans le ressort duquel réside** *(Décr. n° 2002-801 du 3 mai 2002)* **« la personne mise en examen », désigne, pour contribuer à l'application du contrôle judiciaire, soit une personne physique ou morale habilitée à cette fin, soit un service de police ou de gendarmerie ou tout service judiciaire ou administratif compétent, soit, à titre exceptionnel, un enquêteur de personnalité.**

Les contrôleurs judiciaires sont habilités sous les conditions et selon les règles de compétence et de procédure définies par les articles *(Décr. n° 2002-801 du 3 mai 2002)* **« R. 15-35 à R. 15-40 ».**

Art. R. 16-1 *(Décr. n° 70-1223 du 23 déc. 1970)* **Les autorités ou personnes chargées de contribuer à l'application du contrôle judiciaire s'assurent que** *(Décr. n° 2002-801 du 3 mai 2002)* **« la personne mise en examen » se soumet aux obligations qui lui sont imposées ; à cet effet, elles peuvent la convoquer et lui rendre visite ; elles effectuent toutes démarches et recherches utiles à l'exécution de leur mission.**

Elles rendent compte au juge d'instruction, dans les conditions qu'il détermine, du comportement de *(Décr. n° 2002-801 du 3 mai 2002)* **« la personne mise en examen » ; si celle-ci se soustrait aux obligations qui lui sont imposées, elles en avisent le juge sans délai.**

Art. R. 16-2 La rétribution et le remboursement des frais de déplacement des enquêteurs de personnalité et des personnes physiques ou représentants des personnes morales désignées en application de l'article 138, alinéa 2 (6°), sont payés comme frais de justice criminelle.

Les dispositions du présent article ne sont pas applicables aux membres en activité des personnels de l'État appartenant soit à un service relevant du ministère de la justice ou à un service de police ou de gendarmerie, soit à un service social ou à tout autre service chargé normalement de l'exécution de décisions judiciaires.

§ 2 DES MODALITÉS D'EXÉCUTION DU CONTRÔLE JUDICIAIRE

(Décr. nº 70-1223 du 23 déc. 1970)

Art. R. 17 L'application du contrôle judiciaire ne doit pas porter atteinte à la liberté d'opinion de ceux qui y sont soumis non plus qu'à leurs convictions religieuses ou politiques, ni faire échec aux droits de la défense.

Art. R. 17-1 Avis est donné aux chefs des services de police ou de gendarmerie du lieu de résidence de *(Décr. nº 2002-801 du 3 mai 2002)* « la personne mise en examen » de toutes ordonnances soumettant ce dernier *[cette dernière]* à l'une des obligations prévues aux *(Décr. nº 2011-2022 du 28 déc. 2011, art. 3)* « 1°, 2°, 3°, 4°, 8°, 9°, 12°, 14° et 17° de l'article 138 », ainsi que de toutes ordonnances portant suppression, modification ou dispense de ces obligations.

Art. R. 17-2 Le service ou autorité auquel *(Décr. nº 2002-801 du 3 mai 2002)* « la personne mise en examen » doit se présenter périodiquement par application du 5° de l'article 138 (alinéa 2) relève les dates auxquelles l'intéressé *[l'intéressée]* s'est présenté *[présentée]* dans les conditions fixées par le juge d'instruction.

Art. R. 17-3 L'autorité ou la personne qualifiée désignée par le juge d'instruction pour contrôler les activités professionnelles de *(Décr. nº 2002-801 du 3 mai 2002)* « la personne mise en examen » ou son assiduité à un enseignement, par application du 6° de l'article 138 (alinéa 2) peut se faire présenter par l'inculpé *[la personne mise en examen]* tous documents ou renseignements concernant son travail ou sa scolarité.

Art. R. 17-4 Le récépissé remis à *(Décr. nº 2002-801 du 3 mai 2002)* « la personne mise en examen » en échange des documents visés *(Décr. nº 2017-198 du 16 févr. 2017, art. 3)* « au 7° de l'article 138 » doit mentionner la nature et les références du document retiré, les nom, prénoms, date de naissance et domicile de l'intéressé ; il doit comporter en outre, *(Abrogé par Décr. nº 2017-198 du 16 févr. 2017, art. 3) « lorsqu'il s'agit d'un des documents visés au 7° de l'article 138 (alinéa 2) »* une photographie récente de *(Décr. nº 2002-801 du 3 mai 2002)* « la personne mise en examen » et indiquer qu'il vaut justification de l'identité.

Le récépissé doit être remis par *(Décr. nº 2002-801 du 3 mai 2002)* « la personne mise en examen » lorsque le document retiré lui est restitué.

Art. R. 17-4-1 *(Décr. nº 2017-198 du 16 févr. 2017, art. 3)* Lorsque le contrôle judiciaire comprend l'obligation prévue au 8° de l'article 138, les dispositions des articles R. 131-3 à R. 131-4-1 du code pénal sont applicables. Le certificat qu'elles mentionnent tient lieu de récépissé.

Art. R. 17-5 Lorsqu'il est soumis à l'obligation prévue au 10° de l'article 138 (alinéa 2) *(Décr. nº 2002-801 du 3 mai 2002)* « la personne mise en examen » choisit le praticien ou l'établissement qui assurera l'examen, le traitement ou les soins. Il présente ou fait parvenir au juge toutes les justifications requises.

Dans le cas où les dispositions des articles L. 355-1 *[L. 3311-1]* et suivants du code de la santé publique sont applicables, le juge d'instruction peut ordonner à *(Décr. nº 2002-801 du 3 mai 2002)* « la personne mise en examen » au titre du contrôle judiciaire, de se soumettre aux mesures de surveillance sanitaire prévues à l'article L. 355-3 *[art. non repris dans la recodification du 15 juin 2000]* dudit code. Avis de l'ordonnance portant placement sous contrôle judiciaire est donné à l'autorité sanitaire.

En ce qui concerne les personnes ayant fait un usage illicite de stupéfiants, mises en examen pour les infractions visées à l'art. L. 3424-1 CSP et soumises à une injonction thérapeutique : V. ce texte in C. pén., App., vº Substances vénéneuses. — ***C. pén.***

Art. R. 18 Lorsque le juge d'instruction fait application des mesures prévues au 12° de l'article 138 (alinéa 2), avis en est donné s'il y a lieu, soit à l'employeur ou à l'autorité hiérarchique dont relève *(Décr. n° 2002-801 du 3 mai 2002)* « la personne mise en examen », soit à l'ordre professionnel auquel il *[elle]* appartient, soit à l'autorité à l'agrément de laquelle est soumis l'exercice de sa profession.

Art. R. 18-1 *(Décr. n° 77-193 du 3 mars 1977)* Lorsque le juge d'instruction fait application des mesures prévues par le 13° de l'article 138 (alinéa 2), avis en est donné à la succursale ou agence bancaire, à la personne, à l'établissement ou au service qui gèrent le ou les comptes de *(Décr. n° 2002-801 du 3 mai 2002)* « la personne mise en examen ».

Art. R. 18-2 *Abrogé par Décr. n° 2010-1634 du 23 déc. 2010, art. 2-1°.*

§ 3 DU CAUTIONNEMENT

Art. R. 19 *(Décr. n° 83-455 du 2 juin 1983)* Le cautionnement prévu au 11° de l'article 138 (alinéa 2) est versé au régisseur de recettes installé auprès du secrétariat-greffe de la juridiction compétente auquel le chef de ce service adresse copie de l'ordonnance rendue par le juge d'instruction.

Art. R. 20 *(Décr. n° 83-455 du 2 juin 1983)* Les récépissés constatant le versement ou les versements partiels du cautionnement sont détachés d'un carnet à souches tenu par le régisseur de recettes.

Art. R. 21 *(Décr. n° 2017-660 du 27 avr. 2017)* « Le montant prévu au dernier alinéa de l'article 142 est fixé à 1 000 €. »

(Décr. n° 70-1223 du 23 déc. 1970) Lorsque le cautionnement est fourni par chèque, celui-ci doit être certifié et établi au nom du *(Décr. n° 83-455 du 2 juin 1983)* « régisseur de recettes » de la juridiction compétente.

Le cautionnement ne peut être versé que par chèque certifié ou en espèces. • Crim. 23 avr. 1991, n° 91-80.808 P.

Art. R. 22 Il est donné avis au juge d'instruction par le greffier des défauts ou retards de versement du cautionnement.

Avis du versement lui-même est donné sans délai au juge d'instruction par le greffier, lorsqu'une mise en liberté assortie du contrôle judiciaire est subordonnée à ce versement dans les conditions prévues par les articles 147 et 148.

Art. R. 23 Les espèces ou valeurs de caisse remises au *(Décr. n° 83-455 du 2 juin 1983)* « régisseur de recettes » pour un cautionnement doivent être versées à la caisse des dépôts et consignations dans le délai de deux jours.

Le greffier est responsable de la conservation de ces espèces ou valeurs avant leur versement à la Caisse des dépôts et consignations.

Art. R. 23-1 *[ancien art. R. 24]* Lorsque le juge d'instruction ordonne que la partie du cautionnement affectée à la garantie des droits de la victime ou du créancier d'une dette alimentaire soit versée à ceux-ci par provision, il leur en est donné avis.

La Caisse des dépôts et consignations, sur les diligences du *(Décr. n° 83-455 du 2 juin 1983)* « régisseur de recettes », crédite le compte de ce dernier de la somme correspondante, aux fins de versement aux ayants droit.

Art. R. 23-2 *[ancien art. R. 25]* Le ministère public, d'office ou à la demande des parties civiles, produit aux *(Décr. n° 2014-551 du 27 mai 2014, art. 24)* « services de la direction générale des finances publiques » qui assurent au titre des produits divers du budget le recouvrement de la fraction du cautionnement acquise à l'État dans le cas prévu par l'article 142-2 (alinéa 2), un certificat du greffe établi en double exemplaire constatant la responsabilité encourue par *(Décr. n° 2002-801 du 3 mai 2002)* « la personne mise en examen » dans ce cas et, éventuellement, un second certificat mentionnant les condamnations prononcées et le numéro de l'extrait du jugement ou d'arrêt dans les cas prévus par les articles 142-3 (alinéa 2) et 372.

La Caisse des dépôts et consignations distribue sans délai, aux ayants droit, les sommes déposées.

Toute contestation relative à l'application du présent article est jugée sur requête, en chambre du conseil, comme incident de l'exécution du jugement ou de l'arrêt.

V. Circ. du 28 déc. 1970 (D. et BLD 1971. 73).

Art. R. 23-3 *(Décr. nº 2004-1021 du 27 sept. 2004, art. 8-II)* En cas de condamnation définitive de la personne poursuivie au paiement de dommages et intérêts, le procureur de la République informe la partie civile de l'existence du cautionnement et lui indique les formalités à accomplir pour obtenir le versement par la Caisse des dépôts et consignations des sommes qui lui sont dues, augmentées, le cas échéant, des intérêts échus.

Art. R. 23-4 *(Décr. nº 2004-1021 du 27 sept. 2004, art. 8-II)* Dans les cas prévus au premier alinéa de l'article 142-2 et au premier alinéa de l'article 142-3, les sommes restituées à la personne poursuivie sont augmentées, le cas échéant, des intérêts échus.

§ 4 DE LA CONSTITUTION DE SÛRETÉS

(Décr. nº 2004-1021 du 27 sept. 2004, art. 8-III)

Art. R. 24 En application du 15º de l'article 138, le juge d'instruction peut ordonner à la personne mise en examen de constituer, dans un délai qu'il détermine, une ou plusieurs sûretés personnelles ou réelles destinées à garantir les droits respectifs des victimes identifiées ou identifiables et du Trésor public.

Le juge fixe la durée pour laquelle la sûreté doit être constituée et le montant de la somme ainsi garantie. En présence de plusieurs victimes identifiées ou identifiables, il peut pour chacune préciser le montant de la somme garantie par la sûreté.

Lorsqu'il s'agit d'une sûreté réelle, le juge désigne, en outre, les biens constituant l'assiette de la sûreté, la nature de cette dernière et il précise, le cas échéant, son rang.

Art. R. 24-1 Si le juge d'instruction a décidé que la ou les sûretés garantiront en totalité les droits d'une ou plusieurs parties civiles, elles sont constituées au bénéfice de celles-ci.

Si le juge d'instruction a décidé que la ou les sûretés garantiront en totalité la représentation de la personne et le paiement des amendes, elles sont constituées au bénéfice du Trésor public.

Si le juge d'instruction a décidé que la ou les sûretés garantiront les droits et objectifs mentionnés aux deux alinéas précédents, elles sont constituées au bénéfice des parties civiles et du Trésor public.

Art. R. 24-2 Lorsque les sûretés garantissent, en partie ou en totalité, les droits d'une ou plusieurs victimes qui ne sont pas encore identifiées ou qui ne se sont pas encore constituées partie civile, elles sont établies au nom d'un bénéficiaire provisoire agissant pour le compte de ces victimes et, le cas échéant, du Trésor public.

Le bénéficiaire provisoire est choisi parmi les personnes exerçant une activité réglementée par l'autorité publique et soumise à une obligation d'assurance professionnelle. Il est proposé par la personne mise en examen et accepté par le juge d'instruction.

Le bénéficiaire provisoire s'engage à transférer la ou les sûretés aux victimes et, le *cas échéant, au Trésor public*, en cas de condamnation à leur profit de la personne mise en examen.

Art. R. 24-3 Dans le délai imparti par le juge d'instruction, la personne mise en examen constitue et, le cas échéant, publie la sûreté demandée, conformément aux lois et règlements applicables à cette sûreté.

Cette personne peut toutefois demander au juge d'instruction à bénéficier d'un délai supplémentaire pour constituer ou publier la sûreté en justifiant des formalités déjà accomplies à cette fin.

Art. R. 24-4 Les actes constitutifs de la sûreté établie au nom d'un bénéficiaire provisoire ainsi que, le cas échéant, les actes assurant sa publicité précisent que le bénéficiaire provisoire agit, soit pour garantir les droits du Trésor public et ceux de la ou des victimes, soit pour garantir les droits de la ou des victimes, selon la décision prise par le juge d'instruction, dont les références sont mentionnées dans ces actes.

Art. R. 24-5 Les documents attestant de la constitution et, le cas échéant, de la publicité de la sûreté sont adressés en triple exemplaire, en original ou en copie, par la personne mise en examen au greffier du juge d'instruction et sont versés au dossier de la procédure.

Art. R. 24-6 Lorsqu'une sûreté réelle est retenue, l'ordonnance de placement sous contrôle judiciaire précise que la personne mise en examen ainsi que, selon les cas, le bénéficiaire provisoire, le Trésor public ou la ou les parties civiles qui sont parties à la constitution de la sûreté sont tenues d'informer le juge d'instruction de l'aliénation du bien grevé ou du versement d'une indemnité résultant de sa destruction. Si l'instruction est terminée, l'information est communiquée au procureur de la République.

L'ordonnance indique, en outre, que les sommes d'argent perçues à ces occasions feront l'objet d'un cautionnement selon les modalités prévues à l'article R. 24-7.

Art. R. 24-7 Lorsque survient un événement mentionné à l'article R. 24-6, le juge d'instruction ou le procureur de la République ordonne le versement des sommes perçues, à titre de cautionnement, au régisseur de recettes dans les conditions définies aux articles R. 19 et R. 21.

En fonction de la décision initiale qui a conduit à la constitution de la sûreté, il est indiqué que ces sommes garantissent soit exclusivement les droits des victimes identifiées, soit, en proportion des montants recouvrés, les intérêts pris en compte par les 1° et 2° de l'article 142. Les sommes sont versées par le régisseur à la Caisse des dépôts et consignations dans les conditions prévues aux articles R. 23-2 et R. 23-3.

A l'issue de la procédure, il est fait application des dispositions des articles R. 23-2 et R. 23-3. Si les conditions prévues par l'article 142-1 sont remplies, le juge d'instruction ou le procureur de la République peut ordonner le versement à la victime de tout ou partie des sommes reçues.

Art. R. 24-8 Lorsqu'une sûreté garantit la représentation de la personne, il ne peut être fait application des dispositions du deuxième alinéa de l'article 142-2 que s'il est constaté, soit dans le jugement de condamnation, soit dans une décision rendue par la juridiction mentionnée à l'article 710, que les conditions prévues par cet alinéa sont remplies. La juridiction ordonne alors qu'il soit procédé par *(Décr. n° 2014-551 du 27 mai 2014, art. 24)* « la direction générale des finances publiques » au recouvrement de la créance garantie par la première partie de la sûreté.

Le procureur de la République adresse une copie des documents attestant de la constitution de la sûreté aux *(Décr. n° 2014-551 du 27 mai 2014, art. 24)* « services de la direction générale des finances publiques » chargés de l'exécution de cette décision.

Lorsque la sûreté a été constituée au nom d'un bénéficiaire provisoire, *(Décr. n° 2014-551 du 27 mai 2014, art. 24)* « la direction générale des finances publiques », bénéficiaire définitif de la sûreté établie à son profit, en informe celui-ci et, le cas échéant, la caution ou le détenteur du bien objet de la sûreté.

Les formalités de publicité modificatives sont accomplies à la diligence *(Décr. n° 2014-551 du 27 mai 2014, art. 24)* « de la direction générale des finances publiques ».

Art. R. 24-9 En cas de condamnation définitive de la personne poursuivie au paiement de dommages et intérêts, le procureur de la République adresse à chacune des parties civiles une copie des documents attestant de la constitution et, le cas échéant, de la publicité des sûretés.

Lorsque les sûretés ont été constituées au nom d'un bénéficiaire provisoire, la ou les parties civiles, bénéficiaires définitives des sûretés établies à leur profit, en informent celui-ci et, le cas échéant, la caution ou le détenteur du bien objet de la sûreté.

Les formalités de publicité modificatives sont accomplies à la diligence des parties civiles.

Art. R. 24-10 En cas de condamnation définitive de la personne poursuivie à une peine d'amende, le procureur de la République adresse au Trésor public une copie des documents attestant de la constitution de la sûreté.

Lorsque la sûreté a été constituée au nom d'un bénéficiaire provisoire, le Trésor public, bénéficiaire définitif de la sûreté établie à son profit, en informe celui-ci et, le cas échéant, la caution ou le détenteur du bien objet de la sûreté.

Les formalités de publicité modificatives sont accomplies à la diligence du Trésor public.

En cas de condamnation définitive de la personne poursuivie au paiement de dommages et intérêts ou, le cas échéant, de la dette alimentaire et à une peine d'amende, le Trésor public informe la ou les parties civiles ou le bénéficiaire provisoire au nom duquel la sûreté a été constituée, ainsi que la caution ou le détenteur du bien objet de la sûreté, du rang prioritaire accordé à la ou aux parties civiles. Les formalités de publicité rectificatives nécessaires accomplies à la diligence du Trésor public font état de ce rang prioritaire.

Art. R. 24-11 Dans les cas et selon les distinctions prévus par le premier alinéa de l'article 142-2 et le troisième alinéa de l'article 142-3, la radiation de la sûreté réelle est obtenue par la personne poursuivie sur présentation de l'une des décisions suivantes ayant acquis un caractère définitif attesté par une copie, délivrée par le greffe de la juridiction qui a rendu la décision, revêtue de la formule exécutoire :

a) Décision de non-lieu, de relaxe ou d'acquittement ;

b) Décision de condamnation dès lors que celle-ci ne prononce pas de peine d'amende ferme ni n'ordonne le versement de dommages et intérêts à la partie civile ;

c) Décision juridictionnelle constatant qu'il n'a pas été fait application des dispositions de l'article R. 24-8.

Lorsqu'une sûreté personnelle a été constituée, la libération de la caution résulte de l'une des décisions définitives mentionnées ci-dessus.

Art. R. 24-12 La rémunération du bénéficiaire provisoire incombe à la personne mise en examen, pour un montant fixé par les parties au contrat constitutif de la sûreté.

Art. R. 24-13 Les dispositions des articles R. 24 à R. 24-12 sont applicables aux sûretés constituées par une personne morale en application des dispositions du 2° de l'article 706-45.

§ 5 DU PLACEMENT SOUS BRACELET ANTI-RAPPROCHEMENT

(Décr. n° 2020-1161 du 23 sept. 2020)

Art. R. 24-14 La décision de placement sous contrôle judiciaire assorti, sur le fondement de l'article 138-3, à l'encontre d'une personne majeure, d'une interdiction de se rapprocher de la victime et du port d'un bracelet anti-rapprochement est prise par ordonnance motivée rendue, selon les cas :

1° Par le juge d'instruction, au vu des réquisitions écrites du procureur de la République dont il est donné lecture à la personne mise en examen, et après avoir entendu les observations de cette personne et celles de son avocat ;

2° Par le juge des libertés et de la détention, qui statue soit au vu des réquisitions écrites du procureur de la République dont il est donné lecture à la personne mise en examen et après avoir entendu les observations de cette personne et celles de son avocat, soit après un débat contradictoire conformément à l'article 145.

Il est donné lecture de la décision à la personne mise en examen.

Elle peut également être décidée, sans débat contradictoire ou recueil préalable des observations de la personne et de son avocat, par ordonnance statuant sur une demande de mise en liberté ou décidant d'une mise en liberté d'office.

La décision fixe les conditions d'exécution de la mesure, et notamment les distances de pré-alerte et d'alerte séparant la victime de la personne placée sous contrôle judiciaire dans les conditions prévues à l'article R. 24-18. Elle est notifiée à la personne ainsi placée sous contrôle judiciaire.

Art. R. 24-15 Le juge ne peut faire application des dispositions de l'article 138-3 que s'il lui apparaît que les interdictions prévues par les 3° et 9° de l'article 138 sont, à elles seules, insuffisantes pour prévenir le renouvellement de l'infraction.

Dans ce cas, l'interdiction de se rapprocher de la victime et l'obligation de porter un bracelet anti-rapprochement ne peuvent être ordonnées que si sont également prononcées, en application des 3° et 9° de l'article 138, l'interdiction de se rendre dans certains lieux déterminés, dans lesquels réside, travaille, ou se trouve habituellement la victime, et l'interdiction de recevoir ou de rencontrer la victime ainsi que d'entrer en relation avec elle, de quelque façon que ce soit.

Art. R. 24-16 Afin d'assurer l'effectivité de l'interdiction prévue au 1° de l'article 138-3, le dispositif anti-rapprochement prévu au 2° du même article assure la géolocalisation de la personne porteuse du bracelet et de la personne protégée à laquelle a été attribué un dispositif de téléprotection, ainsi que la mise en lien de ces deux procédés avec un téléopérateur.

Pour vérifier à distance l'identité de ces personnes, il peut être recouru à d'autres procédés de surveillance électronique permettant une authentification biométrique vocale.

Les procédés mentionnés au présent article sont homologués par arrêté du garde des sceaux, ministre de la justice.

Art. R. 24-17 Le magistrat chargé de la mesure peut à tout moment désigner un médecin afin que celui-ci vérifie que la mise en œuvre du bracelet anti-rapprochement ne présente pas d'inconvénient pour la santé de la personne. Cette désignation est de droit à la demande de la personne ou de son conseil. Le certificat médical est versé au dossier judiciaire.

Art. R. 24-18 La distance d'alerte séparant la victime de la personne placée sous contrôle judiciaire, exprimée en nombre entier de kilomètres, ne peut être inférieure à un kilomètre, ni supérieure à dix kilomètres. La distance de pré-alerte est égale au double de la distance d'alerte.

Pour déterminer la distance d'alerte, le juge concilie la nécessité de protection de la victime avec le respect de la dignité, de l'intégrité et de la vie privée, familiale et professionnelle de la personne porteuse du bracelet. Il veille à ce que la mise en œuvre du dispositif n'entrave pas son insertion sociale, en tenant notamment compte de la localisation respective des domiciles et lieux de travail de cette personne et de la victime, de leurs modes de déplacements, et de la typologie de leur lieu de vie, rural ou urbain.

Afin de garantir le respect des droits et libertés visés à l'alinéa précédent, le juge qui a prononcé la mesure peut préciser dans sa décision que le porteur du bracelet est autorisé à être présent à des heures et dans des lieux qu'il détermine, y compris si ces lieux venaient à être intégrés du fait des déplacements de la personne ou de la victime dans une zone d'alerte ou de pré-alerte.

Art. R. 24-19 La mesure d'interdiction de rapprochement assortie de l'obligation de porter un bracelet électronique anti-rapprochement est ordonnée pour une durée qui ne peut excéder six mois. Elle peut être prolongée pour une même durée selon les modalités prévues aux quatre premiers alinéas de l'article R. 24-14 et si la condition prévue par le premier alinéa de l'article R. 24-15 est toujours remplie, sans que sa durée totale dépasse deux ans.

Lorsque la personne renvoyée devant le tribunal correctionnel ou la cour d'assises est maintenue ou demeure sous contrôle judiciaire conformément aux articles 179 et 181, ou que le placement sous contrôle judiciaire a été ordonné en application des articles 394, 396, 397-1-1 ou 397-3, la durée totale de la mesure, compte tenu s'il y a lieu de celle exécutée au cours de l'instruction, ne peut excéder deux ans, sans qu'il soit nécessaire d'en ordonner la prolongation tous les six mois et sous réserve de la possibilité pour l'intéressé d'en demander la mainlevée.

Art. R. 24-20 La personne placée sous contrôle judiciaire avec interdiction de se rapprocher de la victime et port d'un bracelet anti-rapprochement est avisée des informations suivantes :

1° La pose du bracelet comportant un émetteur prévu à l'article 138-3 ne peut être effectuée sans son consentement, mais le fait de la refuser constitue une violation de ses obligations pouvant donner lieu à la révocation de son contrôle judiciaire et à son placement en détention provisoire ;

2° La méconnaissance de la distance de pré-alerte donne lieu à un contact par les personnes habilitées chargées du contrôle à distance l'avertissant de son rapprochement de la victime et du risque de méconnaissance de la distance d'alerte ; cette méconnaissance ne peut en aucun cas donner lieu à révocation du contrôle judiciaire ;

3° Le fait de se rapprocher volontairement de la victime, ou de provoquer son rapprochement, en méconnaissance de la distance d'alerte constitue une violation de l'interdiction qui lui est faite pouvant donner lieu à la révocation de son contrôle judiciaire et à son placement en détention provisoire ;

4° En cas de nécessité, les personnes habilitées chargées du contrôle à distance du dispositif électronique mobile anti-rapprochement prennent l'attache de la personne protégée pour assurer sa mise en sécurité et, selon le besoin et les procédures établies, alertent les forces de police et de gendarmerie, afin d'assurer sa protection ;

5° Le fait, par la personne porteuse d'un bracelet anti-rapprochement, de ne pas s'assurer du rechargement périodique du dispositif, afin de garantir son fonctionnement à tout moment, constitue une violation des obligations auxquelles elle est astreinte pouvant donner lieu à la révocation de son contrôle judiciaire et à son placement en détention provisoire.

Art. R. 24-21 Les distances mentionnées à l'article R. 24-18 sont portées par tout moyen à la connaissance de la personne protégée, à laquelle est attribué un dispositif de téléprotection. Elle est également avisée qu'en cas de nécessité, les téléopérateurs chargés du contrôle à distance du bracelet anti-rapprochement prennent son attache pour assurer sa mise en sécurité. Elle est avisée qu'elle peut à tout moment contacter directement le téléopérateur.

Les personnes habilitées chargées du contrôle à distance contactent, selon le besoin et les procédures établies, les forces de police et de gendarmerie, ainsi que la personne protégée afin d'assurer sa protection.

Art. R. 24-22 Si l'interdiction de rapprochement imposée à la personne mise en examen conduit, du fait notamment de rapprochements imputables tant à ses déplacements qu'à ceux de la victime, à un nombre important d'alertes portant une atteinte excessive à son droit au respect de sa vie privée et familiale, elle peut, ainsi que la victime, à tout moment de la mesure, demander à ce que les distances d'alerte et de préalerte soient révisées, ou qu'il soit mis fin à l'obligation de port du bracelet. Le juge d'instruction statue alors selon les modalités de l'article 140. Cette décision peut être également prise d'office par le juge d'instruction.

Lorsque la personne a été renvoyée devant la juridiction de jugement, ou que le placement sous contrôle judiciaire a été ordonné en application des articles 394, 396, 397-1-1 ou 397-3, la décision est prise par le juge des libertés et de la détention, qui statue selon les mêmes modalités.

Art. R. 24-23 *(Décr. n° 2022-479 du 30 mars 2022, art. 8, en vigueur le 1er mai 2022)* Le personnel de l'administration pénitentiaire assure la pose et la dépose du bracelet anti-rapprochement dans les conditions prévues par les dispositions des article R. 631-1 et R. 631-3 du code pénitentiaire.

Ancien art. R. 24-23 *Le personnel de l'administration pénitentiaire assure la pose du bracelet anti-rapprochement. Il peut être assisté des personnes habilitées dans les conditions fixées aux articles R. 61-36 à R. 61-42. Lors de la pose du bracelet, il est procédé aux tests de mise en service et à l'information de la personne sur les modalités pratiques de fonctionnement du dispositif.*

Si la personne porte déjà un dispositif anti-rapprochement en application de l'article 515-11-1 du code civil, les dispositions du premier alinéa du présent article ne sont pas applicables. L'information de la personne sur les modalités pratiques de fonctionnement du dispositif peut cependant être renouvelée. Dès que la décision du juge pénal est mise en œuvre, par son enregistrement dans le traitement prévu aux articles R. 61-43 à R. 61-51, la mainlevée de la mesure prononcée en application de l'article 515-11-1 du code civil est acquise de plein droit conformément à l'article 1136-23 du code de procédure civile.

Le personnel de l'administration pénitentiaire assure la dépose du bracelet anti-rapprochement dans les mêmes conditions que celles de sa pose.

Art. R. 24-24 Lorsqu'il est fait application de l'article 138-3 dans le cadre d'une assignation à résidence sous surveillance électronique ou d'une assignation à résidence sous surveillance électronique mobile, les dispositions des articles R. 24-14 à R. 24-23 sont applicables *(Décr. n° 2022-479 du 30 mars 2022, art. 8, en vigueur le 1er mai 2022)* « , ainsi que celles des articles R. 631-1 et R. 631-3 du code pénitentiaire. »

SOUS-SECTION 2 DE LA RÉPARATION À RAISON D'UNE DÉTENTION PROVISOIRE *(Décr. nº 2000-1204 du 12 déc. 2000 ; Décr. nº 2001-709 du 31 juill. 2001 ; Décr. nº 2004-243 du 17 mars 2004).*

(Décr. nº 2000-1204 du 12 déc. 2000)

Cette sous-section était initialement une sous-section 3 et a été renumérotée sous-section 2 en vertu des dispositions du Décr. nº 2004-243 du 17 mars 2004, art. 2, qui a abrogé l'ancienne sous-section 2.

§ 1er DE LA RÉPARATION DEMANDÉE DEVANT LE PREMIER PRÉSIDENT DE LA COUR D'APPEL *(Décr. nº 2000-1204 du 12 déc. 2000 ; Décr. nº 2001-709 du 31 juill. 2001).*

Art. R. 26 **Le premier président de la cour d'appel dans le ressort de laquelle a été prononcée la décision de non-lieu, de relaxe ou d'acquittement est saisi par une requête signée du demandeur ou d'un des mandataires mentionnés au premier alinéa de l'article R. 27 et remise contre récépissé ou adressée par lettre recommandée avec demande d'avis de réception au greffe de la cour d'appel.**

La requête contient l'exposé des faits, le montant de *(Décr. nº 2001-709 du 31 juill. 2001)* **« la réparation » demandée et toutes indications utiles, notamment en ce qui concerne :**

1° La date et la nature de la décision qui a ordonné la détention provisoire ainsi que l'établissement pénitentiaire où cette détention a été subie ;

2° La juridiction qui a prononcé la décision de non-lieu, de relaxe ou d'acquittement ainsi que la date de cette décision ;

3° L'adresse où doivent être faites les notifications au demandeur.

La requête est accompagnée de toutes pièces justificatives, notamment de la copie de la décision de non-lieu, de relaxe ou d'acquittement. *(Abrogé par Décr. nº 2013-1280 du 29 déc. 2013, art. 9-1º, à compter du 1er janv. 2014)* ***« La requête n'est pas assujettie à l'acquittement de la contribution pour l'aide juridique prévue par l'article 1635 bis Q du code général des impôts. »***

Le délai de six mois prévu à l'article 149-2 ne court à compter de la décision de non-lieu, de relaxe ou d'acquittement devenue définitive que si, lors de la notification de cette décision, la personne a été avisée de son droit de demander une *(Décr. nº 2001-709 du 31 juill. 2001)* **« réparation » ainsi que des dispositions** *(Décr. nº 2001-709 du 31 juill. 2001)* **« des articles 149-1, 149-2 et 149-3 (premier alinéa) ».**

Ndlr : le Décr. nº 2001-709 du 31 juill. 2001 a été abrogé par le Décr. nº 221-665 du 26 mai 2021, mais concernant les dispositions relatives à la commission de suivi de la détention provisoire.

Art. R. 27 **Devant le premier président de la cour d'appel, le demandeur et l'** *(Décr. nº 2012-985 du 23 août 2012)* **« agent judiciaire de l'État » peuvent être assistés ou représentés par un avocat** *(Abrogé par Décr. nº 2012-634 du 3 mai 2012, art. 21-7º)* ***« ou représentés par un avoué inscrit auprès de la cour d'appel ».***

Lorsqu'une partie est assistée par un avocat, les notifications par lettre recommandée avec demande d'avis de réception prévues par les articles suivants sont faites au seul avocat et copie en est adressée par lettre simple à la partie. Lorsqu'une partie est représentée par un avocat *(Abrogé par Décr. nº 2012-634 du 3 mai 2012, art. 21-7º)* ***« ou un avoué inscrit auprès de la cour d'appel »*****, ces notifications sont faites dans les mêmes formes au seul avocat** *(Abrogé par Décr. nº 2012-634 du 3 mai 2012, art. 21-7º)* ***« ou avoué ».***

Art. R. 28 **Dès la réception de la requête, le greffe de la cour d'appel demande au greffe de la juridiction qui a rendu la décision de non-lieu, de relaxe ou d'acquittement la communication du dossier de la procédure pénale ou, si cette procédure est toujours en cours en ce qui concerne d'autres personnes que le demandeur, de la copie du dossier.**

Dans un délai de quinze jours à compter de la réception de ce dossier, le greffe de la cour d'appel transmet une copie de la requête au procureur général près la cour d'appel et, par lettre recommandée avec demande d'avis de réception, à l' *(Décr. nº 2012-985 du 23 août 2012)* **« agent judiciaire de l'État ».**

Art. R. 29 Le demandeur peut se faire délivrer sans frais copie des pièces de la procédure pénale. Seul son avocat peut prendre communication du dossier au greffe de la cour d'appel.

Art. R. 30 L'*(Décr. n° 2012-985 du 23 août 2012)* « agent judiciaire de l'État » peut prendre connaissance du dossier de la procédure pénale au greffe de la cour d'appel. Il lui est délivré sans frais, sur sa demande, copie des pièces.

Art. R. 31 L'*(Décr. n° 2012-985 du 23 août 2012)* « agent judiciaire de l'État » dépose ses conclusions au greffe de la cour d'appel dans le délai de deux mois à compter de la réception de la lettre recommandée prévue à l'article R. 28.

Le greffe de la cour d'appel notifie au demandeur par lettre recommandée avec demande d'avis de réception, dans le délai de quinze jours à compter de leur dépôt, les conclusions de l'*(Décr. n° 2012-985 du 23 août 2012)* « agent judiciaire de l'État ».

Art. R. 32 Lorsque l'*(Décr. n° 2012-985 du 23 août 2012)* « agent judiciaire de l'État » a déposé ses conclusions ou à l'expiration du délai prévu à l'article précédent, le greffe de la cour d'appel transmet le dossier au procureur général.

Le procureur général dépose ses conclusions dans les deux mois.

Le greffe de la cour d'appel notifie au demandeur par lettre recommandée avec demande d'avis de réception, dans le délai de quinze jours à compter de leur dépôt, les conclusions du procureur général. Il communique, dans le même délai, ces conclusions à l'*(Décr. n° 2012-985 du 23 août 2012)* « agent judiciaire de l'État ».

Art. R. 33 Dans le délai d'un mois à compter de la notification prévue au dernier alinéa de l'article précédent, le demandeur remet contre récépissé ou adresse par lettre recommandée avec demande d'avis de réception au greffe de la cour d'appel ses observations en réponse qui sont communiquées à l'*(Décr. n° 2012-985 du 23 août 2012)* « agent judiciaire de l'État » et au procureur général dans le délai de quinze jours.

Les conclusions produites ultérieurement par les parties sont communiquées entre elles à la diligence de leur auteur.

Art. R. 34 Le premier président de la cour d'appel procède ou fait procéder à toutes mesures d'instruction utiles. Il peut, s'il l'estime nécessaire, entendre le demandeur, en présence de son avocat ou celui-ci dûment convoqué, et en présence de l'*(Décr. n° 2012-985 du 23 août 2012)* « agent judiciaire de l'État » et du procureur général ou ceux-ci dûment convoqués.

Art. R. 35 Le premier président de la cour d'appel fixe la date de l'audience après avis du procureur général. Cette date est notifiée par le greffe de la cour d'appel, par lettre recommandée avec demande d'avis de réception, au demandeur et à l'*(Décr. n° 2012-985 du 23 août 2012)* « agent judiciaire de l'État » un mois au moins avant l'audience.

Le demandeur est avisé, à l'occasion de cette notification, qu'il peut s'opposer jusqu'à l'ouverture des débats à ce que ceux-ci aient lieu en audience publique.

Art. R. 36 Lorsqu'il apparaît manifestement que le demandeur soit ne remplit pas la condition d'avoir fait l'objet d'une détention provisoire au cours d'une procédure terminée à son égard par une décision de non-lieu, de relaxe ou d'acquittement devenue définitive, soit a formé sa requête après l'expiration du délai de six mois prévu à l'article 149-2, le premier président de la cour d'appel peut, après en avoir avisé le demandeur, l'*(Décr. n° 2012-985 du 23 août 2012)* « agent judiciaire de l'État » et le procureur général, décider qu'il n'y a pas lieu à plus ample instruction ni à l'accomplissement des actes prévus aux articles R. 31 à R. 34.

Il est alors fait application des dispositions de l'article R. 35.

Recours. La décision par laquelle le président de la cour d'appel n'estime pas la requête manifestement irrecevable ou mal fondée n'est pas susceptible d'un recours, quand bien même elle est inséparable de la décision au fond. • CNR détentions, 12 avr. 2002, n° 01-99.006 P.

Art. R. 37 Au jour de l'audience, le demandeur ou son avocat, puis l'*(Décr. n° 2012-985 du 23 août 2012)* « agent judiciaire de l'État » ou son avocat sont entendus en leurs observations.

Le procureur général développe ses conclusions.

Les parties peuvent alors répliquer, le demandeur ou son avocat ayant la parole en dernier.

Art. R. 38 La décision du premier président de la cour d'appel est rendue en audience publique.

Cette décision est notifiée au demandeur et à l'*(Décr. n° 2012-985 du 23 août 2012)* « agent judiciaire de l'État » soit par remise d'une copie contre récépissé, soit par lettre recommandée avec demande d'avis de réception. La notification indique que la décision peut faire l'objet d'un recours devant la *(Décr. n° 2001-709 du 31 juill. 2001)* « Commission nationale de réparation des détentions » dans un délai de dix jours.

Une copie de la décision est remise au procureur général.

(Décr. n° 2001-709 du 31 juill. 2001) « Une copie de la décision est en outre adressée, au ministère de la justice » *(Abrogé par Décr. n° 2021-665 du 26 mai 2021, art. 1er)* « , à la commission de suivi de la détention provisoire. »

Ndlr : le Décr. n° 2001-709 du 31 juill. 2001 a été abrogé par le Décr. n° 2021-665 du 26 mai 2021, concernant les dispositions relatives à la commission de suivi de la détention provisoire.

Selon les art. 149-3 et R. 38, la décision du premier président est notifiée au demandeur et à l'agent judiciaire du Trésor par LRAR et le recours contre ces décisions doit être exercé dans les dix jours de la notification. Il s'ensuit que c'est à compter de la date de notification à la partie elle-même que le délai de recours commence à courir, quelle que soit la date à laquelle la décision a été notifiée, le cas échéant, à l'avocat de celle-ci. • CNR détentions, 18 janv. 2010, n° 09CRD045 P.

Art. R. 39 Le premier président de la cour d'appel peut à tout moment de la procédure accorder en référé une provision au demandeur. Cette décision n'est susceptible d'aucun recours.

Art. R. 40 Les décisions du premier président de la cour d'appel accordant une *(Décr. n° 2001-709 du 31 juill. 2001)* « réparation » sont assorties de plein droit de l'exécution provisoire.

Ndlr : le Décr. n° 2001-709 du 31 juill. 2001 a été abrogé par le Décr. n° 221-665 du 26 mai 2021, mais concernant les dispositions relatives à la commission de suivi de la détention provisoire.

Dès lors que la décision du premier président de la cour d'appel accordant une réparation est assortie de plein droit de l'exécution provisoire, son exécution ne vaut pas acquiescement et ne prive pas l'agent judiciaire du Trésor du droit de former un recours. • CNR détentions, 14 juin 2010, n° 09CRD065 P.

Art. R. 40-1 *(Décr. n° 2016-479 du 18 avr. 2016, art. 9, en vigueur le 1er mai 2016)* Le paiement au demandeur de la réparation ou de la provision est effectué par les services du contrôleur budgétaire et comptable ministériel près du ministère de la justice.

Art. R. 40-2 Si la requête est rejetée, le demandeur est condamné aux dépens, à moins que le premier président de la cour d'appel ne l'en décharge en partie ou en totalité.

La décision du premier président comporte exécution forcée pour le paiement des dépens.

Art. R. 40-3 Lorsque le recours prévu au premier alinéa de l'article 149-3 n'est pas exercé, le dossier de la procédure pénale est renvoyé, avec une copie de la décision, à la juridiction qui a rendu la décision de non-lieu, de relaxe ou d'acquittement.

§ 2 DU RECOURS DEVANT LA COMMISSION NATIONALE DE RÉPARATION DES DÉTENTIONS *(Décr. n° 2000-1204 du 12 déc. 2000 ; Décr. n° 2001-709 du 31 juill. 2001)*.

A DE L'EXERCICE DU RECOURS

Ndlr : le Décr. n° 2001-709 du 31 juill. 2001 a été abrogé par le Décr. n° 221-665 du 26 mai 2021, mais concernant les dispositions relatives à la commission de suivi de la détention provisoire.

Art. R. 40-4 **Les décisions du premier président de la cour d'appel peuvent faire l'objet d'un recours devant la** *(Décr. nº 2001-709 du 31 juill. 2001)* **« Commission nationale de réparation des détentions » de la part :**

1° Du demandeur ;

2° De l'*(Décr. nº 2012-985 du 23 août 2012)* **« agent judiciaire de l'État » ;**

3° Du procureur général près la cour d'appel.

La déclaration de recours est remise au greffe de la cour d'appel en quatre exemplaires.

La remise est constatée par le greffe qui en mentionne la date sur chaque exemplaire, dont l'un est immédiatement restitué, et qui adresse un exemplaire aux personnes énumérées aux 1° à 3° autres que l'auteur du recours.

(Abrogé par Décr. nº 2013-1280 du 29 déc. 2013, art. 9, à compter du 1er janv. 2014) ***« Le recours formé par le demandeur n'est pas assujetti à l'acquittement de la contribution pour l'aide juridique prévue par le code général des impôts. »***

Ndlr : le Décr. nº 2001-709 du 31 juill. 2001 a été abrogé par le Décr. nº 221-665 du 26 mai 2021, mais concernant les dispositions relatives à la commission de suivi de la détention provisoire.

1. Greffe compétent. Est irrecevable le recours contre la décision du premier président de cour d'appel qui a statué sur une demande de réparation du préjudice résultant d'une détention provisoire lorsqu'il est déposé au greffe de la Cour de cassation au lieu du greffe de la cour d'appel, alors, au surplus, que la décision avait été notifiée conformément aux conditions de l'art. R. 38. • CNR détentions, 31 janv. 2003, nº 02-99.067 P.

2. Demandeur détenu. Est régulière la déclaration de recours contre une décision du premier président ayant statué sur une demande de réparation fondée sur l'art. 149 formée au greffe de la maison d'arrêt par le demandeur détenu. • CNR détentions, 20 déc. 2002, nº 02-99.024 P. ♦ Les formalités de recours devant la CNR détentions ne constituent pas une entrave disproportionnée au droit d'accès à un tribunal, même pour une personne détenue qui a, d'une part, la faculté de s'adresser au greffe de l'établissement pénitentiaire pour s'informer et y formaliser son recours, d'autre part de solliciter l'assistance d'un avocat au titre de l'aide juridictionnelle. • CNR détentions, 6 févr. 2004, nº 03CRD022 P.

3. Qualité pour former un recours. Un membre de la famille du demandeur n'a pas qualité pour former un recours contre les décisions du premier président de la cour d'appel. • CNR détentions, 29 juin 2009, nº 09CRD008 P.

4. Forme du recours. Le défaut de remise de la déclaration de recours en quatre exemplaires conformément aux dispositions de l'art. R. 40-4 ne constitue pas une irrégularité susceptible de priver le requérant de son recours ; dans un tel cas, il appartient au greffe de faire compléter le nombre d'exemplaires de la requête dont la production s'impose. • CNR détentions, 20 déc. 2002, nº 02-99.068 P.

5. Les demandes du requérant qui n'a pas saisi la Commission d'un recours personnel dans le délai imposé par l'art. 149-3 et selon les formes prescrites par l'art. R. 40-4, formées dans l'instance introduite par le seul recours de l'agent judiciaire du Trésor, ne sont pas recevables. • CNR détentions, 6 févr. 2004, nº 03CRD053 P.

6. Selon l'art. R. 40-4, le recours devant la Commission nationale de réparation des détentions se fait par déclaration remise au greffe de la cour d'appel. Il s'ensuit que lorsqu'un avocat déclare substituer un confrère pour exercer le recours, c'est l'avocat déclarant, qui effectue la remise au greffe, qui doit signer la déclaration. • CNR détentions, 9 nov. 2009, nº 09CRD034 P.

Art. R. 40-5 **Devant la commission nationale, le demandeur et l'***(Décr. nº 2012-985 du 23 août 2012)* **« agent judiciaire de l'État » peuvent être assistés ou représentés par un avocat au Conseil d'État et à la Cour de cassation ou par un avocat inscrit au barreau d'une cour d'appel ou d'un tribunal judiciaire.**

Les dispositions du second alinéa de l'article R. 27 sont applicables.

Art. R. 40-6 **Le dossier de la procédure** *(Décr. nº 2001-709 du 31 juill. 2001)* **« de réparation », assorti de la déclaration de recours et du dossier de la procédure pénale, est transmis sans délai par le greffe de la cour d'appel au secrétariat de la commission nationale.**

Les fonctions de secrétaire et de greffier de la commission sont remplies par un greffier de la Cour de cassation.

Ndlr : le Décr. nº 2001-709 du 31 juill. 2001 a été abrogé par le Décr. nº 221-665 du 26 mai 2021, mais concernant les dispositions relatives à la commission de suivi de la détention provisoire.

Art. R. 40-7 **Si cela n'a pas déjà été demandé lors de la procédure devant le premier président de la cour d'appel, le demandeur et l'***(Décr. n° 2012-985 du 23 août 2012)* **« agent judiciaire de l'État » peuvent se faire délivrer sans frais copie des pièces de la procédure pénale. Seuls leurs avocats peuvent prendre communication du dossier au secrétariat de la commission.**

B DE LA PROCÉDURE SUIVIE DEVANT LA COMMISSION NATIONALE DE RÉPARATION DES DÉTENTIONS *(Décr. n° 2000-1204 du 12 déc. 2000 ; Décr. n° 2001-709 du 31 juill. 2001).*

a) DES COMMUNICATIONS ET NOTIFICATIONS APPLICABLES LORSQUE L'AUTEUR DU RECOURS EST LE DEMANDEUR OU L'AGENT JUDICIAIRE DE L'ÉTAT

Art. R. 40-8 **Lorsque l'auteur du recours est l'une des personnes énumérées aux 1° et 2° de l'article R. 40-4, le secrétaire de la commission demande à celle-ci, dans un délai de quinze jours à compter de la réception du dossier et par lettre recommandée avec demande d'avis de réception, de lui adresser ses conclusions dans le délai d'un mois.**

Les conclusions, à l'appui de la déclaration de recours qui ne développait aucun moyen, parvenues au secrétariat de la commission nationale de réparation des détentions après le délai de quinze jours prévu par l'art. R. 40-8 sont irrecevables en ce que, notamment, elles méconnaissent le principe de la contradiction. • CNR détentions, 10 janv. 2006, n° 05CRD052 P. ♦ Doivent être écartées des débats les conclusions du requérant en réponse aux écritures de l'agent judiciaire du Trésor et du procureur général adressées au greffe en dehors du délai de l'art. R. 40-8, alors qu'aucune critique contre la décision attaquée n'avait été formulée dans la déclaration de recours, entraînant le rejet de celui-ci, la Commission n'étant de ce fait régulièrement saisie d'aucun moyen ni demande. • CNR détentions, 14 nov. 2005, n° 05 CRD 030 P. ♦ Les prétentions de l'auteur d'un recours contre la décision du premier président, auxquelles le défendeur et le procureur général près la Cour de cassation doivent être en mesure de répondre, doivent être formées dans le délai prévu par l'art. R. 40-8. • CNR détentions, 14 déc. 2005, n° 05 CRD 050 P. ♦ Elles ne sauraient être formées par voie d'écritures en réponse. Doivent donc être écartées les écritures déposées en dehors de ce délai et contenant une demande additionnelle, une telle sanction étant justifiée tant par les dispositions de l'art. R. 40-8 que par le respect du principe de la contradiction et proportionnée à son but. • CNR détentions, 14 déc. 2005, n° 05 CRD 039 P. ♦ Il résulte des dispositions combinées des art. 669, al. 3, et 670-1 C. pr. civ. que, lorsque la lettre recommandée avec demande d'avis de réception adressée au demandeur, en application de l'art. R. 40-8, pour qu'il adresse ses conclusions dans le délai d'un mois, n'a pas été réclamée par son destinataire et que l'agent judiciaire du Trésor n'a pas procédé par voie de signification, les conclusions adressées postérieurement à l'expiration du délai ne sont pas tardives, le délai prescrit n'ayant pas commencé à courir. • CNR détentions, 29 juin 2009, n° 09CRD001 P.

Art. R. 40-9 **Dès réception des conclusions mentionnées à l'article précédent, le secrétaire de la commission en transmet copie au procureur général près la Cour de cassation ainsi que, par lettre recommandée avec demande d'avis de réception, à celle des personnes énumérées aux 1° et 2° de l'article R. 40-4 qui n'est pas l'auteur du recours.**

Cette personne dispose d'un délai de deux mois à compter de la réception de la lettre recommandée prévue à l'alinéa précédent pour déposer ses conclusions au secrétariat de la commission.

Lorsque ces conclusions ont été déposées ou à l'expiration du délai prévu à l'alinéa précédent, le secrétaire de la commission transmet le dossier au procureur général près la Cour de cassation.

Art. R. 40-10 **Le procureur général dépose ses conclusions dans les deux mois.**

Art. R. 40-11 **Le secrétaire de la commission notifie à l'auteur du recours, par lettre recommandée avec demande d'avis de réception, dans le délai de quinze jours à compter de leur dépôt, les conclusions du procureur général près la Cour de cassation et les conclusions de la personne mentionnée à l'article R. 40-9.**

Il communique à cette personne les conclusions du procureur général près la Cour de cassation.

Art. R. 40-12 Dans le délai d'un mois à compter de la dernière des notifications prévues au premier alinéa de l'article précédent, l'auteur du recours remet contre récépissé ou adresse par lettre recommandée avec demande d'avis de réception au secrétariat de la commission ses observations en réponse qui sont communiquées au procureur général près la Cour de cassation et à la personne mentionnée à l'article R. 40-9 dans le délai de quinze jours.

Les dispositions du second alinéa de l'article R. 33 sont applicables.

Les conclusions en réponse adressées tardivement au secrétariat de la Commission et non communiquées aux autres parties doivent être écartées des débats en application des dispositions de l'art. R. 40-12. • CNR détentions, 19 déc. 2003, n° 03CRD012 P.

b) DES COMMUNICATIONS ET NOTIFICATIONS APPLICABLES LORSQUE L'AUTEUR DU RECOURS EST LE PROCUREUR GÉNÉRAL PRÈS LA COUR D'APPEL

Art. R. 40-13 Lorsque l'auteur du recours est le procureur général près la cour d'appel, le secrétaire de la commission demande à celui-ci, dans un délai de quinze jours à compter de la réception du dossier, de lui adresser ses conclusions dans le délai d'un mois.

Dès réception de ces conclusions, il en transmet une copie, d'une part au procureur général près la Cour de cassation, d'autre part, par lettre recommandée avec demande d'avis de réception, à l'*(Décr. n° 2012-985 du 23 août 2012)* « agent judiciaire de l'État » et au demandeur qui disposent d'un délai de deux mois à compter de la réception de cette lettre pour déposer leurs conclusions. Lorsque ces conclusions ont été déposées ou à l'expiration du délai de deux mois, le secrétaire de la commission transmet le dossier au procureur général près la Cour de cassation qui dépose ses conclusions dans les deux mois.

Les conclusions du procureur général sont communiquées, dans un délai de quinze jours, à l'*(Décr. n° 2012-985 du 23 août 2012)* « agent judiciaire de l'État », accompagnées des conclusions du demandeur ; elles sont également, dans le même délai, communiquées au demandeur, accompagnées des conclusions de l'*(Décr. n° 2012-985 du 23 août 2012)* « agent judiciaire de l'État ».

Les dispositions du second alinéa de l'article R. 33 sont applicables.

c) DES AUTRES ACTES DE PROCÉDURE

Art. R. 40-14 Dans le mois qui suit l'expiration du délai de quinze jours prévu à l'article R. 40-12 ou au dernier alinéa de l'article R. 40-13, le président de la commission désigne, parmi les membres de la commission, un rapporteur.

Art. R. 40-15 Le président de la commission et le rapporteur désigné peuvent procéder ou faire procéder à toutes mesures d'instruction complémentaires. Ils peuvent, s'ils l'estiment nécessaire, entendre le demandeur, en présence de son avocat ou celui-ci dûment convoqué, et en présence de l'*(Décr. n° 2012-985 du 23 août 2012)* « agent judiciaire de l'État » et du procureur général près la Cour de cassation ou ceux-ci dûment convoqués.

La demande de précision adressée par le président de la Commission et son rapporteur à l'administration pénitentiaire, sur les conditions matérielles de détention du requérant en vue de vérifier ses demandes fondées sur les circonstances dommageables de l'incarcération, entre dans les prévisions de l'art. R. 40-15. • CNR détentions, 19 déc. 2003, n° 02CRD081 P.

Art. R. 40-16 Le président de la commission fixe la date de l'audience après avis du procureur général près la Cour de cassation. Cette date est notifiée par le secrétariat de la commission, par lettre recommandée avec demande d'avis de réception, au demandeur et à l'*(Décr. n° 2012-985 du 23 août 2012)* « agent judiciaire de l'État » un mois au moins avant l'audience.

Le demandeur est avisé, à l'occasion de cette notification, qu'il peut s'opposer jusqu'à l'ouverture des débats à ce que ceux-ci aient lieu en audience publique.

Art. R. 40-17 Lorsqu'il apparaît manifestement que l'auteur du recours a formé celui-ci après l'expiration du délai de dix jours prévu à l'article 149-3, le président de la commission peut, après en avoir avisé les personnes énumérées aux 1° à 3° de l'article R. 40-4, décider qu'il n'y a pas lieu à plus ample instruction ni à l'accomplissement des actes prévus aux articles R. 40-8 à R. 40-15. Il peut procéder de la même façon lorsque le recours a été formé contre une décision du premier président de la cour d'appel rendue en application des dispositions des articles R. 36 ou R. 39.

Il est alors fait application des dispositions de l'article R. 40-16.

Art. R. 40-18 Au jour de l'audience, après le rapport, le demandeur et l'*(Décr. n° 2012-985 du 23 août 2012)* « agent judiciaire de l'État » ou leurs avocats respectifs sont entendus en leurs observations, celle des personnes énumérées aux 1° et 2° de l'article R. 40-4 qui est l'auteur du recours ou son avocat ayant la parole en premier. Lorsque le recours a été formé par le procureur général près la cour d'appel, le demandeur ou son avocat a la parole en premier.

Le procureur général près la Cour de cassation développe ses conclusions.

Le demandeur et l'*(Décr. n° 2012-985 du 23 août 2012)* « agent judiciaire de l'État » ou leurs avocats respectifs peuvent alors répliquer, le demandeur ou son avocat ayant la parole en dernier.

Art. R. 40-19 La décision de la commission est rendue en audience publique.

Cette décision est notifiée au demandeur et à l'*(Décr. n° 2012-985 du 23 août 2012)* « agent judiciaire de l'État » soit par remise d'une copie contre récépissé, soit par lettre recommandée avec demande d'avis de réception.

Une copie de la décision est remise au procureur général près la Cour de cassation. *(Décr. n° 2001-709 du 31 juill. 2001)* « Une copie de la décision est en outre adressée, au ministère de la justice » *(Abrogé par Décr. n° 2021-665 du 26 mai 2021, art. 1er)* « , à la commission de suivi de la détention provisoire. »

Ndlr : le Décr. n° 2001-709 du 31 juill. 2001 a été abrogé par le Décr. n° 2021-665 du 26 mai 2021, mais concernant les dispositions relatives à la commission de suivi de la détention provisoire.

Art. R. 40-20 Si la commission accorde une provision ou une *(Décr. n° 2001-709 du 31 juill. 2001)* « réparation » d'un montant supérieur à celui fixé par la décision du premier président de la cour d'appel, son paiement au demandeur est, par dérogation aux dispositions de l'article R. 233, effectué par le *(Décr. n° 2014-551 du 27 mai 2014, art. 24)* « directeur régional des finances publiques d'Île-de-France et du département de Paris ».

Ndlr : le Décr. n° 2001-709 du 31 juill. 2001 a été abrogé par le Décr. n° 221-665 du 26 mai 2021, mais concernant les dispositions relatives à la commission de suivi de la détention provisoire.

Art. R. 40-21 Si la requête est rejetée, l'auteur du recours est condamné aux dépens, à moins que la commission ne l'en décharge en partie ou en totalité.

La décision de la commission comporte exécution forcée pour le paiement des dépens.

Les dispositions du présent article ne sont pas applicables lorsque le recours a été formé par le procureur général près la cour d'appel.

Art. R. 40-22 Le dossier de la procédure pénale est renvoyé, avec une copie de la décision, au premier président de la cour d'appel pour transmission à la juridiction qui a rendu la décision de non-lieu, de relaxe ou d'acquittement.

Une copie de la décision est également adressée au procureur général près la cour d'appel.

SECTION VIII

Néant.

SECTION IX *[ABROGÉE]* DE L'EXPERTISE — MODALITÉS D'INSCRIPTION ET DE RADIATION SUR LES LISTES D'EXPERTS

Abrogée par Décr. n° 74-1184 du 31 déc. 1974, art. 40.— V. ***C. pr. civ.***

SECTIONS X à XIII

Néant.

CHAPITRE II

Néant.

TITRE QUATRIÈME DISPOSITIONS COMMUNES

(Décr. n° 2012-652 du 4 mai 2012)

CHAPITRE PREMIER DE LA MISE AU CLAIR DES DONNÉES CHIFFRÉES NÉCESSAIRES À LA MANIFESTATION DE LA VÉRITÉ

Le présent chapitre ne comporte pas de dispositions réglementaires.

CHAPITRE II DES FICHIERS DE POLICE JUDICIAIRE

RÉP. PÉN. v° *Fichiers de police,* par GAUTRON.

SECTION PREMIÈRE DU TRAITEMENT D'ANTÉCÉDENTS JUDICIAIRES

Art. R. 40-23 Le ministre de l'intérieur (direction générale de la police nationale et direction générale de la gendarmerie nationale) est autorisé à mettre en œuvre un traitement automatisé de données à caractère personnel, dénommé "traitement d'antécédents judiciaires", dont les finalités sont celles mentionnées à l'article 230-6.

Le Décr. n° 2001-583 du 5 juill. 2001 portant création du système de traitement des infractions constatées (STIC) a été abrogé au 31 déc. 2015. A compter de cette date, les références faites dans les règlements à ce Décr. sont remplacées par la référence aux art. R. 40-23 à R. 40-34 C. pr. pén. Les données contenues dans le STIC ont été transférées dans le traitement d'antécédents judiciaires mentionné à l'art. R. 40-23 C. pr. pén. (Décr. n° 2012-652 du 4 mai 2012, art. 2, mod. par Décr. n° 2013-1268 du 27 déc. 2013).

Art. R. 40-24 Le traitement est constitué des données recueillies dans le cadre des procédures établies par les services de la police et les unités de la gendarmerie nationales, ou par des agents des douanes habilités à exercer des missions de police judiciaire *(Abrogé par Décr. n° 2017-1217 du 2 août 2017, art. 1er)* ***« lorsqu'un service de police ou une unité de gendarmerie est appelé à en assurer la continuation ou la conduite commune ».***

Il peut contenir des données à caractère personnel de la nature de celles mentionnées au I de l'article 8 de la loi du 6 janvier 1978, dans les seuls cas où ces données résultent de la nature ou des circonstances de l'infraction ou se rapportent à des signes physiques particuliers, objectifs et permanents, en tant qu'éléments de signalement des personnes, dès lors que ces éléments sont nécessaires à la mise en œuvre des finalités mentionnées à l'article 230-6.

En tant que de besoin, et dans le cadre des engagements internationaux en vigueur, le traitement est également constitué des données à caractère personnel issues des traitements gérés par des organismes de coopération internationale en matière de police judiciaire ou des services de police étrangers.

Art. R. 40-25 Les données recueillies dans le cadre de l'article R. 40-24 ne peuvent concerner que les catégories suivantes :

1° Les personnes à l'encontre desquelles sont réunis, lors de l'enquête préliminaire, de l'enquête de flagrance ou sur commission rogatoire, des indices graves ou concordants rendant vraisemblable qu'elles aient pu participer, comme auteurs ou complices, à la commission d'un crime, d'un délit ou d'une contravention de cinquième classe prévue aux articles R. 625-1 à R. 625-3, R. 625-7, R. 625-9, R. 635-1, R. 635-3 à R. 635-5, R. 645-1, R. 645-2 et R. 645-5 à R. 645-15 du code pénal ;

2° Les victimes de ces infractions ;

3° Les personnes faisant l'objet d'une enquête ou d'une instruction pour recherche des causes de la mort, de blessures graves ou d'une disparition au sens des articles 74 et 74-1.

Art. R. 40-26 Peuvent être enregistrées dans le présent traitement les catégories de données à caractère personnel et informations suivantes :

1° Concernant les personnes mises en cause :

a) Personnes physiques :

– identité (nom, nom marital, nom d'emprunt officiel, prénoms, sexe) ;

– surnom, alias ;

– date et lieu de naissance ;
– situation familiale ;
– filiation ;
– nationalité ;
– adresses ;
(Décr. nº 2017-1217 du 2 août 2017, art. 2) « – adresses de messagerie électronique ;
« – numéros de téléphone ; »
– profession ;
– état de la personne ;
– signalement ;
– photographie comportant des caractéristiques techniques permettant de recourir à un dispositif de reconnaissance faciale (photographie du visage de face) ;
– autres photographies ;
b) Personnes morales :
– raison sociale, enseigne commerciale, sigle ;
– forme juridique ;
– numéro d'inscription au registre du commerce et des sociétés ;
– lieu du siège social ;
– numéro SIREN, SIRET ;
– secteur d'activité ;
– adresses ;
(Décr. nº 2017-1217 du 2 août 2017, art. 2) « – adresses de messagerie électronique ;
« – numéros de téléphone ; »
2° Concernant les victimes :
a) Personnes physiques :
– identité (nom, nom marital, nom d'emprunt officiel, prénoms, sexe) ;
– date et lieu de naissance ;
– situation familiale ;
– nationalité ;
– adresses ;
(Décr. nº 2017-1217 du 2 août 2017, art. 2) « – adresses de messagerie électronique ;
« – numéros de téléphone ; »
– profession ;
– état de la personne ;
b) Personnes morales :
– raison sociale, enseigne commerciale, sigle ;
– forme juridique ;
– numéro d'inscription au registre du commerce et des sociétés ;
– secteur d'activité ;
– lieu du siège social ;
– adresses ;
(Décr. nº 2017-1217 du 2 août 2017, art. 2) « – adresses de messagerie électronique ;
« – numéros de téléphone ; »
3° Concernant les personnes faisant l'objet d'une enquête ou d'une instruction pour recherche des causes de la mort ou d'une disparition :
– identité (nom, nom marital, nom d'emprunt officiel, prénoms, sexe) ;
– date et lieu de naissance ;
– situation familiale ;
– nationalité ;
– adresses ;
(Décr. nº 2017-1217 du 2 août 2017, art. 2) « – adresses de messagerie électronique ;
« – numéros de téléphone ; »
– profession ;
– état de la personne ;
– signalement (personnes disparues et corps non identifiés) ;
– photographie comportant les caractéristiques techniques permettant le recours à un dispositif de reconnaissance faciale (photographie du visage de face des personnes disparues et corps non identifiés) ;
– photographies (personnes disparues et corps non identifiés).

Sont également enregistrées les données à caractère non personnel qui concernent les faits, objets de l'enquête, les lieux, dates de l'infraction et modes opératoires ainsi que les données et images relatives aux objets, y compris celles qui permettent indirectement d'identifier les personnes concernées.

Art. R. 40-27 I. – Les données concernant la personne mise en cause majeure sont conservées vingt ans.

Par dérogation, elles sont conservées :

– cinq ans lorsque la personne est mise en cause pour l'un des délits prévus par le code de la route ou aux articles 221-6, 221-6-1, 222-19, 222-19-1, 222-20-1, 225-10-1, 227-3 à 227-11, 311-3, 314-5, 314-6, 431-1, 431-4 et 434-10 du code pénal et L. 3421-1 du code de la santé publique, ainsi que pour les contraventions énumérées à l'article R. 40-25 ;

– quarante ans lorsque la personne est mise en cause pour l'une des infractions figurant au tableau 1 ci-dessous.

(Abrogé par Décr. n° 2021-682 du 27 mai 2021, art. 2, à compter du 30 sept. 2021) « II. – Les données concernant la personne mise en cause mineure sont conservées cinq ans.

« Par dérogation, elles sont conservées :

« – dix ans lorsque la personne est mise en cause pour l'une des infractions figurant au tableau 2 ci-dessous ;

« – vingt ans lorsque la personne est mise en cause pour l'une des infractions figurant au tableau 3 ci-dessous. »

(Décr. n° 2021-682 du 27 mai 2021, art. 2, en vigueur le 30 sept. 2021) « II. – *[ancienne rédaction : III. –]* » En cas de mise en cause pour une ou plusieurs nouvelles infractions avant l'expiration de l'une des durées *(Abrogé par Décr. n° 2021-682 du 27 mai 2021, art. 2, à compter du 30 sept. 2021) « , fixées au I et au II, »* de conservation des données initiales, le délai de conservation restant le plus long s'applique aux données concernant l'ensemble des infractions pour lesquelles la personne a été mise en cause.

(Décr. n° 2021-682 du 27 mai 2021, art. 2, en vigueur le 30 sept. 2021) « III. – *[ancienne rédaction : IV. –]* » La durée de conservation des données à caractère personnel concernant les victimes est au maximum de quinze ans.

(Décr. n° 2021-682 du 27 mai 2021, art. 2, en vigueur le 30 sept. 2021) « IV. – *[ancienne rédaction : V. –]* » Les données à caractère personnel concernant les personnes mentionnées au 3° de l'article R. 40-25 sont effacées lorsque l'enquête a permis de retrouver la personne disparue ou d'écarter toute suspicion de crime ou délit.

Tableau 1. – Liste des infractions permettant de conserver quarante ans les données concernant les personnes mises en cause majeures

Infractions contre les personnes :
– administration de substances nuisibles ;
– détournement de moyen de transport ;
– empoisonnement ;
– enlèvement, séquestration, prise d'otage ;
– exploitation de la mendicité aggravée ou en bande organisée ;
– crime contre l'humanité, génocide ;
– meurtre, assassinat ;
– menace de mort, menace de destruction, dégradation ou détérioration dangereuse pour les personnes ;
– torture, acte de barbarie ;
– violence volontaire ayant entraîné la mort ;
– violence volontaire entraînant une mutilation ou une infirmité permanente ;
– vol avec violences ;
– agression sexuelle ;
– atteinte sexuelle sur mineur de quinze ans, atteinte sexuelle sur mineur de plus de quinze ans aggravée ;

— corruption de mineur ;
— proxénétisme ;
— viol ;
— trafic de stupéfiants ;
— traite des êtres humains.
Infractions contre les biens :
— abus de confiance aggravé ;
— destruction, dégradation et détérioration d'un bien appartenant à autrui par l'effet d'une substance explosive, d'un incendie ou de tout autre moyen de nature à créer un danger pour les personnes ;
— escroquerie aggravée ;
— extorsion ;
— vol en bande organisée ;
— vol avec arme ;
— blanchiment ;
— contrefaçon, falsification de monnaies et moyens de paiement ;
— faux en écritures publiques ;
— abus de biens sociaux ;
— délit d'initié ;
— atteinte aux systèmes de traitement automatisé des données.
Atteintes à la paix publique :
— acte de terrorisme ;
— association de malfaiteurs ;
— évasion ;
— infraction au régime des armes et munitions à l'exception du *(Décr. n° 2017-1217 du 2 août 2017, art. 3)* « port ou transport d'arme de catégorie D » ;
— atteinte aux intérêts fondamentaux de la nation ;
— recel de malfaiteurs ;
— violation de secret (professionnel, de fabrique).

Tableau 2. — Liste des infractions permettant de conserver dix ans les données concernant les personnes mises en cause mineures

Infractions contre les personnes :
— exploitation de la mendicité aggravée ou en bande organisée ;
— vol avec violences ;
— violence volontaire aggravée autres que celles prévues au tableau 3 ;
— transport, détention, offre, cession, acquisition ou emploi illicites de stupéfiants ;
— traite des êtres humains autre que celle prévue au tableau 3 ;
— exhibition sexuelle.
Infractions contre les biens :
— destruction, dégradation et détérioration d'un bien appartenant à autrui par l'effet d'une substance explosive, d'un incendie ou de tout autre moyen de nature à créer un danger pour les personnes ;
— extorsion ;
— atteinte aux systèmes de traitement automatisé de données ;
— blanchiment ;
— contrefaçon, falsification de monnaies ou moyens de paiement.
Atteintes à la paix publique :
Recel de malfaiteurs.

Tableau 3. – Liste des infractions permettant de conserver vingt ans les données concernant les personnes mises en cause mineures

Infractions contre les personnes : **– administration de substances nuisibles ;** **– détournement de moyen de transport ;** **– empoisonnement ;** **– enlèvement, séquestration, prise d'otage ;** **– crime contre l'humanité, génocide ;** **– meurtre, assassinat ;** **– torture, acte de barbarie ;** **– violence volontaire ayant entraîné la mort ;** **– violence volontaire entraînant une mutilation ou une infirmité permanente ;** **– vol avec violences aggravé ;** **– agression sexuelle ;** **– proxénétisme ;** **– viol ;** **– trafic de stupéfiants autres que ceux visés au tableau 2 ;** **– traite des êtres humains en bande organisée ou avec tortures et actes de barbarie.** **Infractions contre les biens :** **– vol en bande organisée ;** **– vol avec arme.** **Atteintes à la paix publique :** **– acte de terrorisme ;** **– association de malfaiteurs ;** **– atteinte aux intérêts fondamentaux de la nation.**

Art. R. 40-28 **I. – Ont accès à la totalité ou, à raison de leurs attributions, à une partie des données mentionnées à l'article R. 40-26 pour les besoins des enquêtes judiciaires :**

1° Les agents des services de la police nationale exerçant des missions de police judiciaire individuellement désignés et spécialement habilités soit par les chefs des services territoriaux de la police nationale, soit par les chefs des services actifs à la préfecture de police ou, le cas échéant, le préfet de police, soit par les chefs des services centraux de la police nationale ou, le cas échéant, le *(Décr. n° 2014-445 du 30 avr. 2014, art. 10-II et 13, en vigueur le 12 mai 2014)* **« directeur général dont ils relèvent ; »**

2° Les militaires des unités de la gendarmerie nationale exerçant des missions de police judiciaire individuellement désignés et spécialement habilités soit par les commandants de groupement, soit par les commandants de la gendarmerie dans les départements et les collectivités outre-mer et en Nouvelle-Calédonie, soit par les *commandants de* **région, soit par les commandants des gendarmeries spécialisées, soit par le sous-directeur de la police judiciaire ou, le cas échéant, par le directeur général de la gendarmerie nationale ;**

3° Les agents du service national de la douane judiciaire, dans le cadre de leurs attributions légales, individuellement désignés et spécialement habilités par le magistrat délégué aux missions judiciaires de la douane ou, le cas échéant, par le directeur général des douanes et droits indirects ;

4° Les magistrats du parquet ;

5° Les agents des services judiciaires, individuellement désignés et spécialement habilités par le procureur de la République, chargés d'indiquer au gestionnaire du traitement les décisions judiciaires et requalifications donnant lieu, dans les conditions définies à l'article R. 40-31, à mise à jour ou effacement des données ;

(Décr. n° 2017-1217 du 2 août 2017, art. 4) **« 6° Le magistrat mentionné à l'article 230-9 ainsi que les agents des services judiciaires individuellement désignés et spé-**

cialement habilités par ce magistrat, chargés de l'instruction des demandes de rectification et d'effacement ;

« 7° Les agents affectés dans les services de la police nationale chargés d'une mission de police judiciaire, individuellement désignés et spécialement habilités soit par les chefs des services territoriaux, soit par les chefs de services actifs à la préfecture de police, ou le cas échéant, le préfet de police, soit par les chefs des services centraux de la police nationale, ou le cas échéant, le directeur général dont ils relèvent, pour les besoins de la collecte, de la vérification, de la mise à jour ou de l'effacement des données enregistrées dans le traitement ;

« 8° Les agents des unités de la gendarmerie nationale exerçant des missions de police judiciaire individuellement désignés et spécialement habilités soit par les commandants de groupement, soit par les commandants de la gendarmerie dans les départements et les collectivités outre-mer et en Nouvelle-Calédonie, soit par les commandants de région, soit par les commandants des gendarmeries spécialisées, soit par le sous-directeur de la police judiciaire ou, le cas échéant, par le directeur général de la gendarmerie nationale, pour les besoins de la collecte, de la vérification, de la mise à jour ou de l'effacement des données enregistrées dans le traitement ».

L'accès par tous moyens techniques mobiles aux données du fichier est ouvert aux seules personnes mentionnées aux 1°, 2° et 3°.

II. — Peuvent être destinataires des mêmes données :

1° Les autres agents de l'État investis par la loi d'attributions de police judiciaire ;

2° Les magistrats instructeurs, pour les recherches relatives aux infractions dont ils sont saisis ;

3° Les organismes de coopération internationale en matière de police judiciaire et les services de police étrangers, dans les conditions énoncées à l'article 24 de la loi du 18 mars 2003 *[CSI, art. L. 235-1]*.

Seules les informations enregistrées dans le traitement relatives à la procédure en cours peuvent être jointes au dossier de la procédure.

Art. R. 40-29 *(Décr. n° 2017-1217 du 2 août 2017, art. 5)* « I. — Dans le cadre des enquêtes prévues à l'article 17-1 de la loi n° 95-73 du 21 janvier 1995, aux articles L. 114-1, L. 114-2, L. 211-11-1, L. 234-1 et L. 234-2 du code de la sécurité intérieure et à l'article L. 4123-9-1 du code de la défense, les données à caractère personnel figurant dans le traitement qui se rapportent à des procédures judiciaires en cours ou closes, à l'exception des cas où sont intervenues des mesures ou décisions de classement sans suite, de non-lieu, de relaxe ou d'acquittement devenues définitives, ainsi que des données relatives aux victimes, peuvent être consultées, sans autorisation du ministère public, par :

« 1° Les personnels de la police et de la gendarmerie habilités selon les modalités prévues au 1° et au 2° du I de l'article R. 40-28 ;

« 2° Les agents individuellement désignés et spécialement habilités des services spécialisés de renseignement mentionnés à l'article R. 234-2 du code de la sécurité intérieure ;

« 3° Les agents du service à compétence nationale dénommé "service national des enquêtes administratives de sécurité", individuellement désignés et spécialement habilités par le directeur général de la police nationale ;

« 4° Les agents du service à compétence nationale dénommé "Commandement spécialisé pour la sécurité nucléaire", individuellement désignés et spécialement habilités par le directeur général de la gendarmerie nationale ;

« 5° Les personnels investis de missions de police administrative individuellement désignés et spécialement habilités par le représentant de l'État. L'habilitation précise limitativement les motifs qui peuvent justifier pour chaque personne les consultations autorisées. Lorsque la consultation révèle que l'identité de la personne concernée a été enregistrée dans le traitement en tant que mise en cause, l'enquête administrative ne peut aboutir à un avis ou une décision défavorables sans la saisine préalable, pour complément d'information, des services de la police nationale ou des unités de la gendarmerie nationale compétents et, aux fins de demandes d'information sur les suites judiciaires, du ou des procureurs de la République compétents. Le procureur de la République adresse aux autorités gestionnaires du traitement un relevé des suites judiciaires devant figurer dans le traitement d'antécédents judiciaires et relatif à la personne concernée. Il indique à l'autorité de police administrative à l'origine de la demande si ces données sont accessibles en application de l'article 230-8 du présent code. »

II. — Dans le cadre des missions ou interventions prévues à l'article L. 234-3 du code de la sécurité intérieure, les données à caractère personnel figurant dans le traitement qui se rapportent à des procédures judiciaires en cours ou closes, à l'exception des cas où sont intervenues des mesures ou décisions de classement sans suite, de non-lieu, de relaxe ou d'acquittement devenues définitives, ainsi que des données relatives aux victimes, peuvent être consultées, sans autorisation du ministère public, par les personnels de la police et de la gendarmerie habilités selon les modalités prévues au 1° et au 2° du I de l'article R. 40-28.

Cette consultation peut également être effectuée, dans les mêmes conditions qu'à l'alinéa précédent, par les agents des services de renseignement désignés par le ministre de la défense, aux seules fins de protection de la sécurité de leurs personnels. Ces agents sont individuellement désignés et spécialement habilités par leurs directeurs respectifs.

(Décr. nº 2016-1859 du 23 déc. 2016) « III. — Peuvent être destinataires des données mentionnées au I, pour l'exercice de leurs missions en matière de police administrative et dans la limite du besoin d'en connaître, les organismes de coopération internationale en matière de police judiciaire et les services de police étrangers dans les conditions énoncées à l'article L. 235-1 du code de la sécurité intérieure. »

Art. R. 40-29-1 *(Décr. nº 2017-1217 du 2 août 2017, art. 6)* Peuvent avoir accès, aux seules fins de consultation, aux données à caractère personnel figurant dans le traitement, à l'exclusion de celles relatives aux personnes enregistrées en qualité de victimes :

1° Les agents des services mentionnés à l'article R. 234-3 du code de la sécurité intérieure, individuellement désignés et habilités par le directeur dont ils relèvent, dans les conditions prévues à l'article L. 234-4 du même code ;

2° Les agents du service mentionné à l'article L. 561-23 du code monétaire et financier, individuellement désignés et habilités par le directeur du service, dans les conditions prévues à l'article L. 561-27 du même code.

Art. R. 40-30 *(Décr. nº 2018-687 du 1er août 2018, art. 28)* « Les opérations de collecte, de modification, de consultation et d'effacement des données à caractère personnel et informations font l'objet d'un enregistrement comprenant l'identifiant de l'auteur, la date et l'heure de l'opération ainsi que sa nature administrative ou judiciaire. » Ces données sont conservées *(Décr. nº 2018-687 du 1er août 2018, art. 28)* « six » ans.

Art. R. 40-31 Le traitement des données à caractère personnel fait l'objet du contrôle et du suivi prévus aux articles 230-8 et 230-9.

Les demandes de rectification ou d'effacement des données émanant des personnes intéressées peuvent être adressées *(Abrogé par Décr. nº 2018-687 du 1er août 2018, art. 28) « soit » directement* au procureur de la République territorialement compétent ou au magistrat mentionné à l'article 230-9 *(Abrogé par Décr. nº 2018-687 du 1er août 2018, art. 28) « soit, par l'intermédiaire de la Commission nationale de l'informatique et des libertés, au responsable du traitement »*. *(Décr. nº 2017-1217 du 2 août 2017, art. 7)* « Toute demande de rectification ou d'effacement adressée au procureur de la République territorialement compétent ou au magistrat mentionné à l'article 230-9 doit, à peine d'irrecevabilité, être adressée par lettre recommandée avec demande d'avis de réception. »

Les personnes morales ne peuvent présenter leur demande que directement auprès du procureur de la République.

Si le procureur de la République *(Abrogé par Décr. nº 2018-687 du 1er août 2018, art. 28) « ou le responsable du traitement »* saisi constate que les données dont il est demandé la mise à jour sont issues de procédures diligentées sur plusieurs ressorts, il adresse la demande au magistrat mentionné à l'article 230-9.

Jurisprudence élaborée sous l'empire du STIC. Si les données nominatives figurant dans le STIC portent sur des informations recueillies au cours d'enquêtes préliminaire ou de flagrance ou d'investigations exécutées sur commission rogatoire et concernant tout crime ou délit ainsi que certaines contraventions de cinquième classe, les décisions en matière d'effacement ou de rectification, qui ont pour objet la tenue à jour de ce fichier et sont détachables d'une procédure judiciaire, constituent des actes de gestion administrative du fichier et peuvent faire l'objet d'un recours pour excès de pouvoir devant le juge administratif. • CE 17 juill. 2013 : *D. actu. 2 sept. 2013, obs. Poupeau.*

Art. R. 40-31-1 *(Décr. nº 2017-1217 du 2 août 2017, art. 8)* **Lorsqu'il est saisi d'une demande de rectification ou d'effacement, le procureur de la République territorialement compétent ou le magistrat mentionné à l'article 230-9 fait connaître sa décision à l'intéressé, par lettre recommandée.**

Si le procureur de la République territorialement compétent ou le magistrat mentionné à l'article 230-9 n'ordonne pas l'effacement ou la rectification, l'intéressé peut, en application du troisième alinéa de l'article 230-8 et du quatrième alinéa de l'article 230-9, saisir respectivement le président de la chambre de l'instruction ou le président de la chambre de l'instruction de la cour d'appel de Paris, dans un délai d'un mois à compter de l'envoi de la décision de refus, par lettre recommandée avec demande d'avis de réception ou par déclaration au greffe de la chambre de l'instruction. A peine d'irrecevabilité, sa contestation doit être motivée.

Si le procureur de la République territorialement compétent ou le magistrat mentionné à l'article 230-9 ne se prononce pas dans un délai de deux mois, l'intéressé peut, dans un délai d'un mois, saisir respectivement le président de la chambre de l'instruction ou le président de la chambre de l'instruction de la cour d'appel de Paris de cette décision implicite de rejet en application de l'article 802-1 du présent code. Le procureur de la République territorialement compétent ou le magistrat mentionné à l'article 230-9 est informé sans délai et par tous moyens de l'exercice de ce recours. Ce recours devient caduc si le procureur de la République territorialement compétent ou le magistrat mentionné à l'article 230-9 fait droit à la demande de l'intéressé.

Le président de la chambre de l'instruction statue, après avoir sollicité les réquisitions écrites du procureur général, par une ordonnance motivée, dans un délai de six mois à compter de la date de réception de la lettre recommandée ou de la déclaration au greffe par le requérant. Cette ordonnance est portée à la connaissance du procureur de la République territorialement compétent ou du magistrat mentionné à l'article 230-9 et notifiée par lettre recommandée à l'intéressé. Elle ne peut faire l'objet d'un pourvoi en cassation que si elle ne satisfait pas, en la forme, aux conditions essentielles de son existence légale.

L'ordonnance de la présidente de la chambre de l'instruction prise au visa de réquisitions du procureur général qui n'ont pas été communiquées au requérant ne satisfait pas en la forme aux conditions essentielles de son existence légale, et le pourvoi contre cette ordonnance est dès lors recevable. • Crim. 30 mars 2021, nº 20-84.116 P : *D. actu. 15 avr. 2021, obs. Morgante.*

Art. R. 40-32 **La mise en œuvre et la mise à jour du traitement sont contrôlées par un magistrat du parquet hors hiérarchie, désigné pour trois ans par arrêté du garde des sceaux, ministre de la justice, et assisté par un comité composé de trois membres nommés dans les mêmes conditions.**

Les autorités gestionnaires du traitement lui adressent, sur sa demande, toutes informations relatives à ce traitement.

Ce magistrat peut ordonner toutes mesures nécessaires à l'exercice de son contrôle.

Il établit un rapport annuel qu'il adresse au ministre de la justice ; il en adresse aussi copie aux autorités gestionnaires du traitement.

Les pouvoirs qui lui sont confiés s'exercent sans préjudice du contrôle exercé par la Commission nationale de l'informatique et des libertés en application des dispositions et selon les modalités prévues par *(Décr. nº 2018-687 du 1er août 2018, art. 28)* **« les articles 44 et 70-22 » de la loi nº 78-17 du 6 janvier 1978.**

Art. R. 40-33 *(Décr. nº 2018-687 du 1er août 2018, art. 28)* **I. — Le droit d'opposition prévu à l'article 38 de la loi nº 78-17 du 6 janvier 1978 relative à l'informatique, aux fichiers et aux libertés ne s'applique pas au présent traitement.**

Toute personne identifiée dans le fichier en qualité de victime peut cependant s'opposer à ce que des données à caractère personnel la concernant soient conservées dans le fichier dès lors que l'auteur des faits a été condamné définitivement. Ces personnes sont informées du droit d'opposition qui leur est ouvert.

II. — Sans préjudice de l'application de l'article R. 40-31, les droits d'information, d'accès, de rectification et d'effacement prévus aux articles 70-18 à 70-20 de la même loi s'exercent directement auprès du responsable du traitement.

III. — Afin d'éviter de gêner des enquêtes, des recherches et des procédures administratives ou judiciaires et de nuire aux enquêtes, aux poursuites ou à l'exécution des sanctions pénales, les droits d'accès, de rectification et d'effacement peuvent faire l'objet de restrictions en application des 2° et 3° du II et du III de l'article 70-21 de la même loi.

La personne concernée par ces restrictions exerce ses droits auprès de la Commission nationale de l'informatique et des libertés dans les conditions prévues à l'article 70-22 de la même loi.

La demande adressée à la Commission nationale de l'informatique et des libertés est traitée dans un délai de six mois. Dès réception de la demande, le responsable du traitement dispose d'un délai d'un mois et demi pour saisir le procureur de la République. Ce délai peut être prorogé d'un mois supplémentaire si le traitement de la demande nécessite des investigations complexes. La commission en est informée par le responsable du traitement. Le procureur de la République dispose d'un délai de trois mois pour se prononcer sur les suites qu'il convient de réserver à la demande. Il communique ses prescriptions au responsable du traitement qui, dans un délai de quinze jours, informe la commission des suites réservées à la demande.

Lorsque les informations contenues dans le traitement font l'objet d'une procédure judiciaire, celles-ci ne peuvent être communiquées que si ladite procédure est close. Toutefois, la Commission peut constater, en accord avec le responsable du traitement, que des données à caractère personnel enregistrées ne mettent pas en cause la sûreté de l'État, la défense ou la sécurité publique et qu'il y a donc lieu de les communiquer à la personne intéressée, après accord du procureur de la République lorsque la procédure n'est pas judiciairement close.

Art. R. 40-34 Sans préjudice de l'application de l'article 44 de la loi n° 78-17 du 6 janvier 1978, le directeur général de la police nationale et le directeur général de la gendarmerie nationale rendent compte conjointement chaque année à la Commission nationale de l'informatique et des libertés des opérations de vérification, de mise à jour et d'effacement des informations enregistrées dans le traitement.

SECTION II DES FICHIERS D'ANALYSE SÉRIELLE

(Décr. n° 2012-689 du 7 mai 2012)

Art. R. 40-35 Les habilitations prévues à l'article 230-16 sont délivrées dans les conditions suivantes :

1° Pour les agents des services de la police nationale exerçant des missions de police judiciaire, soit par les chefs des services territoriaux de la police nationale, soit par les chefs des services actifs à la préfecture de police ou, le cas échéant, le préfet de police, soit par les chefs des services centraux de la police nationale ou, le cas échéant, le *(Décr. n° 2014-445 du 30 avr. 2014, art. 10-II et 13, en vigueur le 12 mai 2014)* « directeur général dont ils relèvent ; »

2° Pour les militaires des unités de la gendarmerie nationale exerçant des missions de police judiciaire, soit par les commandants de groupement, soit par les commandants de la gendarmerie dans les départements et les collectivités d'outre-mer et en Nouvelle-Calédonie, soit par les commandants de région, soit par les commandants des gendarmeries spécialisées, soit par le sous-directeur de la police judiciaire ou, le cas échéant, par le directeur général de la gendarmerie nationale ;

3° Pour les agents du service national de la douane judiciaire, dans le cadre de leurs attributions légales, par le magistrat délégué aux missions judiciaires de la douane ou, le cas échéant, par le directeur général des douanes et droits indirects.

Art. R. 40-36 Les demandes de rectification ou d'effacement des données émanant des personnes concernées peuvent être adressées soit directement au procureur de la

République territorialement compétent ou à un magistrat désigné conformément aux articles 230-9 et 230-14, soit, par l'intermédiaire de la Commission nationale de l'informatique et des libertés, au responsable du traitement.

Les personnes morales ne peuvent présenter leur demande que directement auprès du procureur de la République territorialement compétent.

Si le procureur de la République ou le responsable du traitement saisi constate que les données dont il est demandé la mise à jour sont issues de procédures diligentées sur plusieurs ressorts, il adresse la demande au magistrat mentionné au premier alinéa.

Art. R. 40-37 La mise en œuvre et la mise à jour des traitements sont contrôlées par un magistrat du parquet hors hiérarchie, désigné pour trois ans par arrêté du garde des sceaux, ministre de la justice, et assisté par un comité composé de trois membres nommés dans les mêmes conditions.

Les autorités gestionnaires des traitements lui adressent, sur sa demande, toutes informations relatives à ces traitements.

Ce magistrat peut ordonner toutes mesures nécessaires à l'exercice de son contrôle.

Il établit un rapport annuel qu'il adresse au ministre de la justice ; il en adresse aussi copie aux autorités gestionnaires des traitements.

Les pouvoirs qui lui sont confiés s'exercent sans préjudice du contrôle exercé par la Commission nationale de l'informatique et des libertés en application des dispositions et selon les modalités prévues par les articles 41 et 44 de la loi n° 78-17 du 6 janvier 1978.

SECTION III DU FICHIER DES PERSONNES RECHERCHÉES

(Décr. n° 2012-689 du 7 mai 2012)

Art. R. 40-38 Le fichier des personnes recherchées mentionné à l'article 230-19 est régi par le décret n° 2010-569 du 28 mai 2010.

SECTION IV DU FICHIER AUTOMATISÉ DES EMPREINTES DIGITALES

(Décr. n° 2015-1580 du 2 déc. 2015, art. 14-I)

Art. R. 40-38-1 Le fichier automatisé des empreintes digitales est régi par le décret n° 87-249 du 8 avril 1987 modifié relatif au fichier automatisé des empreintes digitales géré par le ministère de l'intérieur. – *V. ce Décr. ss. art. 78-5.*

CHAPITRE III DES LOGICIELS DE RAPPROCHEMENT JUDICIAIRE

(Décr. n° 2012-689 du 7 mai 2012, art. 2)

Art. R. 40-39 Les habilitations prévues à l'article 230-25 sont délivrées dans les conditions suivantes :

1° Pour les agents des services de la police nationale exerçant des missions de police judiciaire, soit par les chefs des services territoriaux de la police nationale, soit par les chefs des services actifs à la préfecture de police ou, le cas échéant, le préfet de police, soit par les chefs des services centraux de la police nationale ou, le cas échéant, le *(Décr. n° 2014-445 du 30 avr. 2014, art. 10-II et 13, en vigueur le 12 mai 2014)* « directeur général dont ils relèvent ; »

2° Pour les militaires des unités de la gendarmerie nationale exerçant des missions de police judiciaire, soit par les commandants de groupement, soit par les commandants de la gendarmerie dans les départements et les collectivités d'outre-mer et en Nouvelle-Calédonie, soit par les commandants de région, soit par les commandants des gendarmeries spécialisées, soit par le sous-directeur de la police judiciaire ou, le cas échéant, par le directeur général de la gendarmerie nationale.

Art. R. 40-40 La mise en œuvre des logiciels de rapprochement judiciaire mentionnés aux articles 230-20 et suivants est autorisée, pour chaque procédure qu'il contrôle, par le magistrat saisi de l'enquête ou chargé de l'instruction.

En matière d'enquête de flagrance, l'autorisation est réputée acquise sauf décision contraire du procureur de la République.

La mise en œuvre de ces logiciels ainsi que l'autorisation du procureur de la République ou de la juridiction d'instruction compétents font l'objet d'une mention en procédure.

A la clôture de l'enquête, l'exploitation des enquêtes et investigations mentionnées à l'article 230-20 donne lieu à l'établissement d'un rapport joint à la procédure. Une copie informatique de l'ensemble des données et informations exploitées peut être également jointe au rapport, à la demande du magistrat compétent.

Art. R. 40-41 La mise en œuvre et la mise à jour des logiciels mentionnés à l'article 230-20 sont contrôlées par un magistrat du parquet hors hiérarchie, nommé pour trois ans par arrêté du garde des sceaux, ministre de la justice, et assisté par un comité composé de trois membres nommés dans les mêmes conditions.

Les autorités gestionnaires des traitements lui adressent, sur sa demande, toutes informations relatives à ces traitements.

Ce magistrat peut ordonner toutes mesures nécessaires à l'exercice de son contrôle.

Il établit un rapport annuel qu'il adresse au garde des sceaux, ministre de la justice ; il en adresse une copie aux autorités gestionnaires des logiciels.

CHAPITRE III *BIS* DE LA PLATE-FORME NATIONALE DES INTERCEPTIONS JUDICIAIRES

(Décr. n° 2014-1162 du 9 oct. 2014, art. 1er)

Le traitement automatisé de données à caractère personnel dénommé « Système de transmission d'interceptions judiciaires » (Décr. n° 2007-1145 du 30 juill. 2007, JO 31 juill.) est applicable jusqu'au 31 mai 2018 (Décr. n° 2014-1162 du 9 oct. 2014, art. 4, mod. par Décr. n° 2015-1798 du 29 déc. 2015, par Décr. n° 2016-1852 du 23 déc. 2016, puis par Décr. n° 2018-41 du 24 janv. 2018).

BIBL. ▶ Imbert-Quaretta, *AJ pénal 2017. 318* s.

Art. R. 40-42 *(Décr. n° 2021-1469 du 9 nov. 2021)* Le ministre de la justice est autorisé à mettre en œuvre un traitement automatisé de données à caractère personnel dénommé : "plate-forme nationale des interceptions judiciaires (PNIJ)" prévue par l'article 230-45, placé sous la responsabilité du secrétaire général du ministère de la justice.

Art. R. 40-43 *(Décr. n° 2021-1469 du 9 nov. 2021)* Afin de faciliter la constatation des infractions à la loi pénale et des délits douaniers, le rassemblement des preuves de ces infractions et la recherche de leurs auteurs ou d'apporter la preuve de la violation de certaines interdictions résultant d'une condamnation, ce traitement enregistre les informations, données et contenus de communication prévus aux articles R. 40-43-1 et R. 40-43-2 et les met à la disposition :

1° Des magistrats, des officiers et agents de police judiciaire de la gendarmerie et de la police nationales chargés de les seconder ainsi que des agents des douanes et des services fiscaux habilités à effectuer des enquêtes judiciaires ;

2° Des agents des douanes habilités par le ministre chargé des douanes conformément à l'article 67 *bis*-2 du code des douanes.

Art. R. 40-43-1 *(Décr. n° 2021-1469 du 9 nov. 2021)* Sauf impossibilité technique, sont mises à la disposition :

1° Des personnes mentionnées au 1° de l'article R. 40-43 :

a) Le contenu des communications électroniques interceptées sur le fondement des articles 74-2, 80-4, 100 à 100-8 et 706-95 et du 1° de l'article 709-1-3 ;

b) Les données et les informations communiquées en application des articles 60-1, 60-2, 77-1-1, 77-1-2, 99-3, 99-4, 230-32 à 230-44, du 2° de l'article 709-1-3 ;

2° Des personnes mentionnées au 2° de l'article R. 40-43, les données et informations communiquées en application de l'article 67 *bis*-2 du code des douanes.

Art. R. 40-43-2 *(Décr. n° 2021-1469 du 9 nov. 2021)* Peuvent également être mises à la disposition des personnes mentionnées au 1° de l'article R. 40-43, les données et informations obtenues à l'occasion de la captation, fixation, transmission ou enregistrement de paroles effectué*[s]* sur le fondement des articles 706-96 à 706-98.

Art. R. 40-44 *(Décr. n° 2021-1469 du 9 nov. 2021)* L'enregistrement, la conservation et le traitement des données à caractère personnel de la nature de celles mentionnées au I de l'article 6 de la loi n° 78-17 du 6 janvier 1978 relative à l'informatique, aux fichiers et aux libertés sont autorisés pour les seules fins et dans le strict respect des conditions définies au présent décret, dans les limites des nécessités des missions au titre desquelles elles sont collectées, et dans la seule mesure où elles apparaissent dans les informations, données et contenus de communication prévus aux articles R. 40-43-1 et R. 40-43-2.

Art. R. 40-45 *(Décr. nº 2021-1469 du 9 nov. 2021)* Conformément aux dispositions des articles R. 15-33-67 à R. 15-33-75, la plate-forme transmet, à la catégorie d'organismes mentionné au 1° de l'article R. 15-33-68, les réquisitions établies par les magistrats, les officiers et agents de police judiciaire de la gendarmerie et de la police nationales, les agents des douanes et des services fiscaux habilités à effectuer des enquêtes judiciaires, ainsi que par les assistants spécialisés mentionnés à l'article 628-9 et à l'article 706, préalablement authentifiés par leur administration d'origine, reçoit leurs réponses et les met à la disposition des magistrats, officiers, agents et assistants spécialisés.

Pour l'application de l'article 67 *bis*-2 du code des douanes, la plate-forme transmet les réquisitions établies en application de l'article 67 *bis*-2 du code des douanes par les agents des douanes habilités à cet effet par le ministre chargé des douanes, à la catégorie d'organismes mentionnée au 1° de l'article R. 15-33-68, reçoit leurs réponses et les met à la disposition des agents précités.

Art. R. 40-46 *(Décr. nº 2021-1469 du 9 nov. 2021)* Dans la mesure où elles sont nécessaires à la poursuite des finalités définies à l'article R. 40-43, peuvent être conservées dans le traitement automatisé les données à caractère personnel et informations suivantes :

1° Pour les communications électroniques faisant l'objet d'une interception judiciaire mentionnée aux articles 74-2, 80-4, 100 à 100-8 et 706-95 et du 1° de l'article 709-1-3 :

a) L'identité (nom, nom marital, nom d'usage, prénoms) de la personne physique émettrice et destinataire de la communication électronique, surnom, alias, date et lieu de naissance, sexe, filiation, situation familiale, nationalité ;

b) Les dénominations, enseigne commerciale, représentants légaux et dirigeants de la personne morale émettrice ou destinataire de la communication électronique ainsi que les numéros d'inscription au registre du commerce et des sociétés ;

c) L'adresse ou toute autre information permettant d'identifier le domicile, le lieu ou l'établissement ;

d) Les éléments d'identification de la liaison et données relatives aux outils de communications utilisés ;

e) Le numéro de téléphone (fixe et mobile, personnel et professionnel) ;

f) L'adresse de courrier électronique ou données relatives aux services demandés ou utilisés ;

g) Les données à caractère technique relatives à la localisation de la communication et de l'équipement terminal ;

h) Les données relatives au trafic des communications de la liaison interceptée ;

i) Les données permettant d'établir la facturation et le paiement ;

j) Le contenu des communications électroniques interceptées ainsi que les informations qui leurs sont liées, le cas échéant retranscrites conformément à l'article 100-5 ;

k) Tout élément sonore enregistré susceptible de servir à la manifestation de la vérité ;

l) Empreintes vocales (gabarit) créées à partir des interceptions ;

2° Pour les communications électroniques faisant l'objet d'une mesure de géolocalisation en temps réel mentionnée aux articles 230-32 à 230-44 du 2° de l'article 709-1-3 et à l'article 67 *bis*-2 du code des douanes :

a) Les données de signalisation générées par l'usage du terminal de communication, transmises en temps réel ;

b) La mise à jour des données de signalisation du terminal de communication, sur sollicitation du réseau, à la demande, transmise en temps réel ;

3° Pour les données et les informations communiquées en application des articles 60-2, 77-1-2 et 99-4 :

a) L'identité (nom, nom marital, nom d'usage, prénoms) de la personne physique émettrice ou destinataire de la communication électronique, surnom, alias, date et lieu de naissance, sexe, filiation, situation familiale, nationalité ;

b) Les dénominations, enseigne commerciale, représentants légaux et dirigeants de la personne morale émettrice ou destinataire de la communication électronique, ainsi que les numéros d'inscription au registre du commerce et des sociétés ;

c) L'adresse ou toute autre information permettant d'identifier le domicile, le lieu ou l'établissement ;

d) Les éléments d'identification de la liaison et données relatives aux outils de communications utilisés ;

e) Le numéro de téléphone (fixe et mobile, personnel et professionnel) ;

f) L'adresse de courrier électronique ou données relatives aux services demandés ou utilisés ;

g) Les données à caractère technique relatives à la localisation de la communication et de l'équipement terminal ;

h) Les données relatives au trafic de communications ;

i) Les données permettant d'établir la facturation et le paiement ;

4° Pour les données obtenues par la captation, la fixation, la transmission ou l'enregistrement de paroles en application des articles 706-96 à 706-98 :

a) L'identité (nom, nom marital, nom d'usage, prénoms) de la personne physique émettrice ou destinataire des paroles et éléments sonores enregistrés, surnom, alias, date et lieu de naissance, sexe, filiation, situation familiale, nationalité ;

b) Les dénominations, enseigne commerciale, représentants légaux et dirigeants de la personne morale émettrice ou destinataire des paroles et éléments sonores enregistrés ainsi que les numéros d'inscription au registre du commerce et des sociétés ;

c) L'adresse ou toute autre information permettant d'identifier le domicile, le lieu ou l'établissement ;

d) Les éléments d'identification de la liaison et données relatives aux outils de communications utilisés ;

e) Le numéro de téléphone (fixe et mobile, personnel et professionnel) ;

f) Les données à caractère technique relatives à la localisation du dispositif de sonorisation ;

g) Les données relatives au trafic des communications dans les lieux ou véhicules publics ou privés faisant l'objet de la mesure de sonorisation ;

h) Les paroles enregistrées dans les conditions de l'article 706-96 ainsi que les informations qui leurs sont liées, le cas échéant retranscrites conformément à l'article 706-98-15 ;

i) Tout élément sonore enregistré susceptible de servir à la manifestation de la vérité ;

j) empreintes vocales (gabarit) créées à partir des sonorisations ;

5° Pour les données de géolocalisation en temps réel obtenues à l'occasion d'une sonorisation :

a) Les données de signalisation générées par l'usage du terminal de communication, transmises en temps réel ;

b) La mise à jour des données de signalisation du terminal de communication, sur sollicitation du réseau, à la demande, transmise en temps réel ;

6° Pour les données nécessaires à l'utilisation et à la sécurité de la plateforme nationale d'interceptions judicaires :

a) L'identité (nom, nom marital, nom d'usage, prénoms) de la personne physique détentrice des accès à la plateforme nationale d'interception judicaire, ainsi que ses grades, fonctions et le numéro de référentiel des identités et de l'organisation (RIO) ou le matricule fonctionnel ;

b) La désignation du service ou de la juridiction de rattachement de l'utilisateur, et les coordonnées postales associées ;

c) Le numéro de téléphone et de télécopie de la personne physique mentionnée au *a* ;

d) L'adresse de courrier électronique de la personne physique mentionnée au *a*.

Sont également enregistrées les informations relatives aux faits, lieux, dates et qualification des infractions objets de l'enquête.

Outre l'ensemble de ces données, peuvent également être enregistrés dans le traitement les commentaires libres effectués par les personnes mentionnées à l'article R. 40-43 saisies du dossier. Seuls les utilisateurs en charge du dossier mentionnés aux I, II et III de l'article R. 40-47 accèdent aux données ainsi recueillies. Ne peuvent être enregistrées dans les commentaires libres que les données et informations, y compris celles relevant de l'article 6 de la loi n° 78-17 du 6 janvier 1978 relative à l'informatique, aux fichiers et aux libertés, strictement nécessaires, adéquates et non excessives au regard des finalités poursuivies.

Art. R. 40-47 *(Décr. n° 2021-1469 du 9 nov. 2021)* I. — Les magistrats accèdent à l'ensemble des données, informations et contenus de communications enregistrés dans le traitement, pour les besoins des procédures dont ils sont saisis.

II. — Pour les besoins des procédures dont ils sont saisis, les officiers et agents de police judiciaire de la gendarmerie et de la police nationales respectivement mentionnés aux 2° à 4° de l'article 16 et à l'article 20, les agents des douanes et des services fiscaux habilités à effectuer des enquêtes judiciaires, respectivement mentionnés aux articles 28-1 et 28-2, spécialement habilités et individuellement désignés par leur supérieur hiérarchique, accèdent aux données, informations et contenus de communications enregistrés dans le traitement, à l'exception de celles qui sont placées sous scellés, sauf autorisation du magistrat saisi de la procédure.

III. — Pour l'exercice de leurs attributions, les greffiers individuellement désignés par le directeur de greffe, accèdent à l'ensemble des données, informations et contenus de communications figurant dans les procédures dont sont saisis les magistrats qu'ils assistent, et enregistrés dans le traitement.

IV. — Pour l'exécution des tâches qui leur sont confiées, les assistants spécialisés accèdent, sur autorisation du magistrat, à l'ensemble des données, informations et contenus de communications figurant dans les procédures dont sont saisis les magistrats qu'ils assistent, et enregistrés dans le traitement.

V. — Pour les besoins des missions visées à l'article 67 *bis*-2 du code des douanes, les agents des douanes habilités par le ministre chargé des douanes conformément à l'article 67 *bis*-2 du code des douanes, et individuellement désignés par leur supérieur hiérarchique, accèdent aux données enregistrées dans le traitement.

VI. — Pour l'exercice des missions qui leur sont confiées, les interprètes-traducteurs accèdent, pour une durée limitée et sur autorisation du magistrat, de l'officier de police judiciaire, de l'agent des douanes ou des services fiscaux habilités à effectuer des enquêtes judiciaires, aux données, informations et contenus de communications qu'il désigne.

VII. — Pour l'exécution d'une décision d'enquête européenne ou d'une demande formulée au titre de l'article 18 de la Convention du 29 mai 2000 relative à l'entraide judiciaire en matière pénale entre les États membres de l'Union européenne, les enquêteurs de l'État requérant peuvent accéder, sur autorisation du magistrat saisi de la procédure et pour une durée limitée, aux données, informations et contenus de communications qu'il désigne.

VIII. — Pour la mise au clair des données chiffrées, sur autorisation du magistrat saisi de la procédure, le service mentionné à l'article 230-2 accède aux données et contenus de communications chiffrés et, le cas échéant, aux données et informations utiles au déchiffrement que lui désigne l'officier de police judiciaire, l'agent des douanes ou des services fiscaux habilité à effectuer des enquêtes judiciaires.

IX. — Pour l'exercice de leurs attributions, dont la résolution des difficultés techniques rencontrées par les personnes mentionnées aux I, II, III, IV et V, les magistrats, fonctionnaires, militaires de la gendarmerie nationale et agents du ministère de la justice chargés du fonctionnement, de la maintenance et de l'entretien de la plate-forme nationale des interceptions judiciaires, individuellement désignés par le secrétaire général du ministère de la justice, accèdent pour une durée limitée aux données, informations et contenus de communications enregistrés dans le traitement, sur autorisation expresse du magistrat saisi de la procédure.

X. — A des fins de contrôle préalable au paiement des réquisitions adressées via la plate-forme par les personnes mentionnées aux I, II, III, IV et V, les agents de l'Agence nationale des techniques d'enquêtes numériques judiciaires, chargés du suivi des frais de justice et des mémoires de frais, individuellement désignés par le secrétaire général du ministère de la justice, accèdent aux identités et coordonnées des utilisateurs ayant formulé des demandes de prestations depuis la plateforme.

XI. — Les personnes auxquelles peuvent être confiées par contrat les prestations détachables des finalités judiciaires du traitement ne peuvent avoir accès aux données, informations et contenus de communications enregistrés par le traitement, sauf en cas de difficultés techniques exceptionnelles. Dans cette hypothèse, un accès ponctuel, limité à la durée nécessaire à la résolution de ces difficultés, leur est délivré, sur autorisation expresse du directeur de l'Agence nationale des techniques d'enquêtes numériques judiciaires ou d'une personne désignée par lui, après autorisation du magistrat saisi de la procédure.

XII. — En cas d'impossibilité absolue d'identifier le magistrat saisi de la procédure sans accéder aux données, informations et contenus de communications enregistrés dans le traitement, l'autorisation d'accès à l'une des personnes requérantes mentionnées aux I, II et III du présent article est délivrée par le directeur de l'Agence nationale des techniques d'enquêtes numériques judiciaires ou par un magistrat affecté au sein de celle-ci. Le magistrat saisi de la procédure concernée en est ensuite informé sans délai par l'accédant. La personnalité qualifiée mentionnée à l'article R. 40-53 est également informée sans délai par le directeur de l'agence précitée de l'autorisation qu'il a ainsi délivrée.

Art. R. 40-48 Dans le cadre de l'exercice des missions qui leur sont confiées, les données et informations relatives à l'identité et à la qualité des interprètes-traducteurs sont conservées par le traitement.

Art. R. 40-49 *(Décr. n° 2021-1469 du 9 nov. 2021, art. 1er)* Les données et informations mentionnées aux 1°, 2°, 4° et 5° de l'article R. 40-46, à l'issue des investigations mises en œuvre en application des articles R. 40-43-1 et R. 40-43-2, sont placées sous scellés et conservées au sein du traitement jusqu'à expiration du délai de prescription de l'action publique. Elles ne sont accessibles qu'au magistrat en charge de la procédure et aux personnels qu'il a autorisés à y accéder.

Les données mentionnées au 3° du même article ainsi que les informations relatives à la reconnaissance vocale du locuteur sont conservées dans les mêmes conditions lorsqu'elles sont utiles à la manifestation de la vérité. A défaut, elles sont effacées au moment de la clôture des opérations requises.

Art. R. 40-50 Toute opération relative au traitement fait l'objet d'un enregistrement comprenant l'identification de l'utilisateur, la date, l'heure et la nature de l'action. Ces informations sont conservées pendant une durée de *(Décr. n° 2021-1469 du 9 nov. 2021, art. 1er)* « trois » ans.

Art. R. 40-51 *(Décr. n° 2021-1469 du 9 nov. 2021, art. 1er)* La plate-forme nationale des interceptions judiciaires est mise en œuvre par un service à compétence nationale relevant du garde des sceaux, ministre de la justice, dénommé : "Agence nationale des techniques d'enquêtes numériques judiciaires". Ce service dirigé par un magistrat de l'ordre judiciaire est rattaché au secrétaire général du ministère de la justice.

La constitution et la conservation des données et informations placées sous scellés au sein du traitement relèvent de l'Agence nationale des techniques d'enquêtes numériques judiciaires. Les demandes tendant à l'établissement et à la délivrance des reproductions de ces scellés sont transmises par le magistrat ou le greffier au directeur de l'agence ou à la personne désignée par lui.

Art. R. 40-52 Les magistrats, fonctionnaires et agents de ce ministère chargés du fonctionnement, de la maintenance et de l'entretien de la plate-forme nationale des interceptions judiciaires ainsi que les personnes auxquelles peuvent être confiées par contrat les prestations détachables des finalités judiciaires du traitement sont habilités au niveau *(Décr. n° 2019-1271 du 2 déc. 2019, art. 4, en vigueur le 1er juill. 2021)* « Secret *[ancienne rédaction : confidentiel défense]* ». Ils sont soumis au secret professionnel dans les conditions et sous les peines prévues à l'article 226-13 du code pénal.

Art. R. 40-53 La plate-forme nationale des interceptions judiciaires est placée sous le contrôle d'une personnalité qualifiée, désignée pour une durée de cinq ans non renouvelable par arrêté du garde des sceaux, ministre de la justice, et assistée par un comité composé de cinq membres.

(Décr. n° 2021-1469 du 9 nov. 2021, art. 1er) « L'Agence nationale des techniques d'enquêtes numériques judiciaires », lui adresse, sur sa demande, toutes informations relatives au traitement.

Cette personnalité peut ordonner toutes mesures nécessaires à l'exercice de son contrôle. Cette personnalité et les membres du comité de contrôle disposent d'un accès permanent aux lieux où se trouve la plate-forme nationale des interceptions judiciaires.

Elle établit un rapport annuel qu'elle adresse au garde des sceaux, ministre de la justice.

Les pouvoirs qui lui sont confiés s'exercent sans préjudice du contrôle exercé par la Commission nationale de l'informatique et des libertés en application des dispositions et selon les modalités prévues par les articles *(Décr. n° 2021-1469 du 9 nov. 2021, art. 1er)* « 19 et 108 de la loi n° 78-17 du 6 janvier 1978 relative à l'informatique, aux fichiers et aux libertés ».

V. Arr. du 27 nov. 2015 portant nomination de la personnalité qualifiée chargée du contrôle de la plate-forme nationale des interceptions judiciaires (NOR : JUST1528938A, JO 1er déc. 2015). L'Agence nationale des techniques d'enquêtes numériques judiciaires est le correspondant de la personnalité qualifiée et du comité prévus à l'art. R. 40-53 C. pr. pén. Elle s'assure que la personnalité qualifiée et les membres du comité disposent d'un accès effectif à la plate-forme nationale des interceptions judiciaires et leur prête assistance dans la préparation et le suivi de leurs travaux (Décr. n° 2017-614 du 24 avr. 2017, JO 25 avr.).

Art. R. 40-54 Le comité mentionné à l'article précédent comprend :

a) Un sénateur et un député respectivement choisis par le président du Sénat, après chaque renouvellement partiel du Sénat, et par le président de l'Assemblée nationale, pour la durée de la législature, sur proposition de la commission compétente de chaque assemblée ;

b) Un magistrat du siège honoraire de la Cour de cassation, désigné pour une durée de cinq ans non renouvelable par arrêté du garde des sceaux, ministre de la justice ;

c) Une personnalité qualifiée, désignée pour une durée de cinq ans non renouvelable par arrêté du garde des sceaux, ministre de la justice, sur proposition du ministre chargé des communications électroniques ;

d) Une personnalité qualifiée, désignée pour une durée de cinq ans non renouvelable par arrêté du garde des sceaux, ministre de la justice, sur proposition du ministre de l'intérieur.

Art. R. 40-55 *(Décr. n° 2021-1469 du 9 nov. 2021, art. 1er)* Conformément aux dispositions de l'article 111 de la loi n° 78-17 du 6 janvier 1978 modifiée relative à l'informatique, aux fichiers et aux libertés, l'accès aux données mentionnées à l'article R. 40-46 et les conditions de leur rectification ou de leur effacement sont régies par les dispositions relatives à l'accès au dossier de la procédure pénale figurant dans le code de procédure pénale.

S'agissant des personnes mentionnées à l'article R. 40-47, les droits précités s'exercent sans restriction directement auprès du chef de service, directeur de l'Agence nationale des techniques d'enquêtes numériques judiciaires.

Art. R. 40-56 *(Décr. n° 2021-1469 du 9 nov. 2021, art. 1er)* Le droit d'opposition ne s'applique pas au présent traitement.

LIVRE DEUXIÈME DES JURIDICTIONS DE JUGEMENT

(*Décr. n° 59-318 du 23 févr. 1959*)

TITRE PREMIER DE LA COUR D'ASSISES

CHAPITRE PREMIER

Néant.

CHAPITRE II DE LA TENUE DES ASSISES

[Dispositions prises en application de l'art. 232 C. pr. pén.]

Art. R. 41 Le siège des cours d'assises énumérées ci-dessous est exceptionnellement fixé dans une ville autre que le chef-lieu de la cour d'appel s'il en existe une ou dans le cas contraire autre que le chef-lieu du département.

Cour d'assises (*Décr. n° 2011-175 du 14 févr. 2011*)	
DÉPARTEMENTS	SIÈGES
Charente-Maritime	Saintes
(Abrogé par Décr. n° 2014-899 du 18 août 2014, à compter du 1er sept. 2014) « Corrèze	*Brive-la-Gaillarde (à titre temporaire) »*
Manche	Coutances
Pas-de-Calais	Saint-Omer
Saône-et-Loire	Chalon-sur-Saône
Var	Draguignan *(Abrogé par Décr. n° 2022-462 du 31 mars 2022) « (à titre temporaire) »*

CHAPITRE III *[ABROGÉ]* DE LA COMPOSITION DE LA COUR D'ASSISES

Art. R. 41-1-A *Abrogé par Décr. n° 2004-1021 du 27 sept. 2004, art. 14.*

V. art. A. 36-12 qui reprend les dispositions de l'art. R. 41-1-A.

Art. R. 41-1 *Abrogé par Décr. n° 2004-1021 du 27 sept. 2004, art. 14.*

V. art. A. 36-13 qui reprend les dispositions de l'art. R. 41-1.

CHAPITRES IV à VIII

Néant.

TITRE DEUXIÈME DU JUGEMENT DES DÉLITS

(*Décr. n° 83-1155 du 23 déc. 1983*)

CHAPITRE PREMIER DU TRIBUNAL CORRECTIONNEL

(*Décr. n° 83-1155 du 23 déc. 1983*)

SECTIONS PREMIÈRE à IV

Néant.

SECTION V **DU JUGEMENT** *(Décr. n° 2005-1099 du 2 sept. 2005).*

Art. R. 41-2 *(Décr. n° 83-1155 du 23 déc. 1983)* Dans le cas prévu par l'alinéa 2 de l'article 470-1, la décision de renvoi de la juridiction pénale désigne la juridiction civile compétente et précise l'identité des tiers responsables qui paraissent devoir être mis en cause.

Une copie de la décision de renvoi et le dossier de l'affaire sont aussitôt transmis par le secrétariat-greffe à la juridiction désignée. — *Entrée en vigueur le 1er janv. 1984.*

SECTION VI

Néant.

SECTION VII **DE LA PROCÉDURE SIMPLIFIÉE**

(Décr. n° 2005-1099 du 2 sept. 2005, art. 3)

Art. R. 41-3 Dès que le ministère public décide de poursuivre l'exécution de l'ordonnance pénale, le greffier en chef de la juridiction notifie l'ordonnance pénale au prévenu par une lettre recommandée avec demande d'avis de réception qui comporte les mentions prévues à l'article 495-3.

Cette lettre indique les délais et modalités d'opposition fixés aux troisième et cinquième alinéas de l'article 495-3 et à l'article R. 41-8 ainsi que, en cas de condamnation à une peine d'amende, les délais et modalités de paiement de l'amende.

Sauf si ces précisions figurent dans l'ordonnance pénale, cette lettre indique qu'en cas de paiement volontaire de l'amende, du droit fixe de procédure et, s'il y a lieu, de la majoration de l'amende, dans le délai d'un mois à compter de la date d'envoi, le montant des sommes dues sera diminué de vingt pour cent. — *Les dispositions de cet alinéa sont entrées en vigueur le 1er oct. 2005 pour les condamnations prononcées à compter de cette date (Décr. n° 2005-1099 du 2 sept. 2005, art. 7).*

Ces informations sont également communiquées au prévenu lorsque l'ordonnance pénale lui est notifiée par le procureur de la République ou son délégué.

Art. R. 41-3-1 *(Décr. n° 2013-1097 du 2 déc. 2013, art. 2)* En application de l'article 495-3-1, le greffier en chef notifie l'ordonnance pénale à la partie civile par lettre recommandée avec demande d'avis de réception qui précise les délais et modalités d'opposition aux dispositions civiles de l'ordonnance fixés à l'article 495-3-1 et à l'article R. 41-8.

Ces informations sont également communiquées à la partie civile lorsque l'ordonnance pénale est notifiée par le procureur de la République ou son délégué.

Art. R. 41-4 Le délai d'opposition de quarante-cinq jours court à compter de la date d'envoi de la lettre recommandée, sous réserve des dispositions du cinquième alinéa de l'article 495-3.

En cas de notification par le procureur de la République ou son délégué, ce délai court à compter de cette notification.

Art. R. 41-5 Le ministère public vérifie les extraits des ordonnances pénales. *(Décr. n° 2007-1388 du 26 sept. 2007, art. 10-II)* « Lorsqu'une peine d'amende a été prononcée, l'ordonnance fait l'objet d'un relevé de condamnation pénale adressé par le greffier en chef au *(Décr. n° 2014-551 du 27 mai 2014, art. 24)* « comptable de la direction générale des finances publiques » conformément aux dispositions de l'article R. 55-5 ».

Art. R. 41-6 Dans les quarante-cinq jours de la date d'envoi de la lettre recommandée, le prévenu doit acquitter l'amende, le droit fixe de procédure et, s'il y a lieu, la majoration de l'amende, en versant leur montant entre les mains du *(Décr. n° 2014-551 du 27 mai 2014, art. 24)* « comptable de la direction générale des finances publiques », à moins qu'il ne fasse opposition.

En cas de notification par le procureur de la République ou son délégué, ce délai court à compter de cette notification.

Dans tous les cas, le prévenu doit, à l'appui du paiement, indiquer au *(Décr. n° 2014-551 du 27 mai 2014, art. 24)* « comptable de la direction générale des finances publiques » les références portées sur l'ordonnance.

Art. R. 41-7 Si plusieurs délits et contraventions donnent lieu à une seule ordonnance, le prévenu acquitte une seule fois le droit fixe de procédure.

Art. R. 41-8 L'opposition faite par le prévenu, dans le délai prévu soit au troisième soit au cinquième alinéa de l'article 495-3, est formée :

1° Soit par lettre adressée au greffier en chef du tribunal qui a rendu la décision. La lettre doit être expédiée dans le délai prescrit, le cachet de la poste faisant foi ;

2° Soit par une déclaration faite au greffier en chef, enregistrée et signée par celui-ci et par le prévenu lui-même ou par un avocat ou un fondé de pouvoir spécial. Le pouvoir est annexé à l'acte dressé par le greffier en chef.

Dans les deux cas, le prévenu doit, à l'appui de l'opposition, remettre ou adresser la lettre de notification au greffier en chef ou lui faire connaître les références portées sur celle-ci. Les déclarations d'opposition sont inscrites sur un registre.

En cas de notification par le procureur de la République ou son délégué, l'opposition peut être faite devant lui à l'issue de cette notification, par une mention portée sur l'imprimé de notification de l'ordonnance, signée par le procureur ou son délégué et par le prévenu. Le procureur ou son délégué en avise sans délai le greffier en chef.

(Décr. n° 2013-1097 du 2 déc. 2013, art. 2) « Les dispositions du présent article sont également applicables en cas d'opposition formée par la partie civile. »

Art. R. 41-9 A l'expiration du délai d'opposition, le greffier en chef donne avis au *(Décr. n° 2014-551 du 27 mai 2014, art. 24)* « comptable de la direction générale des finances publiques » des oppositions reçues et de l'annulation des extraits correspondants.

En cas d'opposition, le greffier en chef avise sans délai le procureur de la République.

Art. R. 41-10 Le *(Décr. n° 2014-551 du 27 mai 2014, art. 24)* « comptable de la direction générale des finances publiques » procède au recouvrement de l'ordonnance pénale à l'expiration du délai de quarante-cinq jours à compter de la date d'envoi de la lettre recommandée prévue aux articles 495-3 et R. 41-3 ou de la notification par le procureur de la République ou son délégué prévue par ces mêmes articles, à moins qu'il ne soit fait opposition.

SECTION VIII

Néant.

CHAPITRE II

Néant.

TITRE TROISIÈME DU JUGEMENT DES CONTRAVENTIONS

CHAPITRE PREMIER

Art. R. 41-11 *(Décr. n° 2017-683 du 28 avr. 2017, art. 3, en vigueur le 1er juill. 2017)* « En application de l'article 523, le tribunal de police ne peut être constitué par un magistrat exerçant à titre temporaire pour le jugement des contraventions suivantes : »

1° Diffamation non publique prévue par l'article R. 621-1 du code pénal ;

2° Injure non publique prévue par l'article R. 621-2 du code pénal ;

(Abrogé par Décr. n° 2017-1230 du 3 août 2017, art. 2) ***« 3° Diffamation non publique présentant un caractère raciste ou discriminatoire prévue par l'article R. 624-3 du code pénal ;***

« 4° Injure non publique présentant un caractère raciste ou discriminatoire prévue par l'article R. 624-4 du code pénal. »

Ancien art. R. 41-3 inséré par Décr. n° 2005-284 du 25 mars 2005, devenu art. R. 41-11 en application du Décr. n° 2007-1388 du 26 sept. 2007, art. 10-I.

L'art. R. 41-11, dans sa rédaction antérieure au Décr. n° 2017-1230 du 3 août 2017, demeure applicable au jugement des contraventions de diffamation et d'injure non publiques présentant un caractère raciste ou discriminatoire commises avant son entrée en vigueur (Décr. préc., art. 3).

L'art. R. 41-3 inséré par le Décr. n° 2005-284 du 25 mars 2005 dans le livre II, au chapitre Ier du titre III réservé au jugement des contraventions, a attribué compétence au tribunal de police pour statuer en particulier sur la contravention d'injure non publique prévue à l'art. R. 621-2 C. pén. Il n'a pas été abrogé par le Décr. n° 2005-1099 du 2 sept. 2005, et est devenu l'art. R. 41-11, depuis le Décr. n° 2007-1388 du 26 sept. 2007 pris pour l'application de la L. n° 2007-297 du 5 mars 2007 *(JO 28 sept. 2007)*. • Cass., avis, 20 juin 2008, n° 080006P P : *D. 2008. AJ 1902*.

CHAPITRE II **PROCÉDURE SIMPLIFIÉE** *(Décr. n° 72-471 du 12 juin 1972).*

(Décr. n° 95-457 du 26 avr. 1995)

Art. R. 42 A l'expiration du délai d'opposition ouvert au ministère public, le chef du greffe de la juridiction notifie l'ordonnance pénale au prévenu par une lettre recommandée avec demande d'avis de réception qui comporte les mentions prévues à l'article 526 et indique les délais et modalités de paiement et d'opposition fixés aux articles R. 43 à R. 46.

(Décr. n° 2005-1099 du 2 sept. 2005, art. 4, en vigueur le 1er oct. 2005 pour les condamnations prononcées à compter de cette date) « Sauf si ces précisions figurent dans l'ordonnance pénale, cette lettre indique qu'en cas de paiement volontaire de l'amende, du droit fixe de procédure et, s'il y a lieu, de la majoration de l'amende, dans le délai d'un mois à compter de sa date d'envoi, le montant des sommes dues sera diminué de vingt pour cent. »

Les magistrats ou officiers du ministère public vérifient les extraits d'ordonnances pénales. *(Décr. n° 2007-1388 du 26 sept. 2007, art. 10-II)* « Lorsqu'une peine d'amende a été prononcée, l'ordonnance fait l'objet d'un relevé de condamnation pénale adressé par le greffier en chef au *(Décr. n° 2014-551 du 27 mai 2014, art. 24)* « comptable de la direction générale des finances publiques » conformément aux dispositions de l'article R. 55-5 ».

Art. R. 43 Dans les trente jours de la date d'envoi de la lettre recommandée, le prévenu doit acquitter l'amende et le droit fixe de procédure en versant leur montant entre les mains du *(Décr. n° 2014-551 du 27 mai 2014, art. 24)* « comptable de la direction générale des finances publiques », à moins qu'il ne fasse opposition.

Dans tous les cas, le prévenu doit, à l'appui du paiement, indiquer au *(Décr. n° 2014-551 du 27 mai 2014, art. 24)* « comptable de la direction générale des finances publiques » les références portées sur la lettre de notification.

Art. R. 44 Deux contraventions ou plus peuvent donner lieu à une seule ordonnance ; dans ce cas, le prévenu acquitte une seule fois le droit fixe de procédure.

Art. R. 45 L'opposition faite par le prévenu, dans les délais prévus soit au troisième soit au cinquième alinéa de l'article 527, doit être formée :

— soit par lettre adressée au chef du greffe du tribunal qui a rendu la décision attaquée. La lettre doit être expédiée dans le délai prescrit, le cachet de la poste faisant foi ;

— soit par une déclaration verbale faite au chef du greffe, enregistrée et signée par celui-ci et par le prévenu lui-même ou par un avocat ou un fondé de pouvoir spécial. Le pouvoir est annexé à l'acte dressé par le chef du greffe.

Dans les deux cas, le prévenu doit, à l'appui de l'opposition, remettre ou adresser au chef du greffe la lettre de notification ou lui faire connaître les références portées sur celle-ci.

Les déclarations d'opposition sont inscrites sur un registre.

Il se déduit des dispositions des art. 527 et R. 45 que, dans le délai prévu par la loi, le prévenu peut, en personne ou par fondé de pouvoir spécial, former opposition à l'exécution d'une ordonnance pénale, soit par lettre adressée au greffe du tribunal qui a rendu la décision attaquée, soit par déclaration au greffe. • Crim. 5 nov. 2013, n° 12-84.923 P : *D. 2013. Actu. 2646*.

Art. R. 46 En cas d'opposition formée par le prévenu, le chef du greffe avise sans délai le procureur de la République ou l'officier du ministère public, et lui transmet les pièces de la procédure.

Art. R. 47 A l'expiration du délai d'opposition, le chef du greffe donne avis au *(Décr. n° 2014-551 du 27 mai 2014, art. 24)* « comptable de la direction générale des finances publiques » des oppositions reçues et de l'annulation des extraits correspondants.

Art. R. 48 Le *(Décr. nº 2014-551 du 27 mai 2014, art. 24)* « **comptable de la direction générale des finances publiques** » **procède au recouvrement de l'ordonnance pénale à l'expiration du délai de trente jours à compter de la date d'envoi de la lettre recommandée prévue à l'article R. 42, à moins qu'il ne soit fait opposition.**

CHAPITRE II *BIS* AMENDE FORFAITAIRE ET AMENDE FORFAITAIRE MAJORÉE *(Décr. nº 86-1044 du 18 sept. 1986).*

Art. R. 48-1 *(Décr. nº 2020-357 du 28 mars 2020)* « **I. —** » *(Décr. nº 2002-801 du 3 mai 2002)* **Les contraventions des quatre premières classes pour lesquelles l'action publique est éteinte par le paiement d'une amende forfaitaire sont les suivantes :**

1º Contraventions réprimées par le code de la route *(Abrogé par Décr. nº 2003-293 du 31 mars 2003)* ***« punies uniquement d'une peine d'amende, à l'exclusion de toute peine complémentaire, »*** **qu'elles entraînent ou non un retrait des points affectés au permis de conduire sous réserve des dispositions de l'article R. 49-8-5 relatives à l'amende forfaitaire minorée ;** — *V. art. R. 49-8-5.*

(Décr. nº 2016-1550 du 17 nov. 2016, art. 5, en vigueur le 1er janv. 2017) « **2º Contraventions en matière de transport et de circulation réprimées par les première, troisième et quatrième parties du code des transports, à l'exception des articles R. 3315-4 et R. 3315-5, et réprimées par :** »

a) **Les articles R. 211-14 et R. 211-21-5 du code des assurances relatifs à l'assurance obligatoire des véhicules terrestres à moteur et de leurs remorques et semi-remorques ;** — *V. C. route, art. R. 233-3.* — ***C. route.***

(Décr. nº 2016-1550 du 17 nov. 2016, art. 5, en vigueur le 1er janv. 2017) « ***b)*** **Le** *(Décr. nº 2020-1276 du 19 oct. 2020, art. 12)* « **premier alinéa de l'article R. 2241-19 du code des transports** » ; » — *V. Décr. nº 42-730 du 22 mars 1942, art. 80-1 in* ***C. pén.****, App., vº Chemins de fer.*

(Abrogé par Décr. nº 2016-1550 du 17 nov. 2016, art. 5, à compter du 1er janv. 2017) ***« c) L'article 3, alinéa 1, du décret nº 86-1130 du 17 octobre 1986 modifié*** *(Décr. nº 2008-269 du 18 mars 2008)* ***« relatif aux obligations et aux sanctions applicables dans le champ de la réglementation sociale communautaire concernant les transports routiers et de l'accord européen relatif au travail des équipages des véhicules effectuant des transports internationaux par route (AETR) du 1er juillet 1970 » ;***

« d) L'article 22-2 du décret nº 90-200 du 5 mars 1990 modifié relatif à l'exercice de la profession de commissionnaire de transport ;

« e) *(Décr. nº 2010-524 du 20 mai 2010)* ***« Le II de l'article 46 du décret nº 85-891 du 16 août 1985 relatif aux transports urbains de personnes et aux transports routiers non urbains de personnes ; »***

« (Décr. nº 2016-418 du 7 avr. 2016, art. 2, en vigueur le 1er juill. 2016) ***« f) Les articles R. 1331-9 et R. 1331-10 du code des transports. [;] »***

« g) L'article 19-II du décret nº 99-752 du 30 août 1999 modifié relatif aux transports routiers de marchandises ;

« h) *(Décr. nº 2007-1340 du 11 sept. 2007, en vigueur le 10 sept. 2008)* ***« Les articles 22 et 23 du décret nº 2007-1340 du 11 septembre 2007 relatif à la qualification initiale et à la formation continue des conducteurs de certains véhicules affectés aux transports routiers de marchandises ou de voyageurs ; »***

« (Décr. nº 2014-1725 du 30 déc. 2014, art. 4) ***« i) Les articles R. 3124-2, R. 3124-5, R. 3124-6, R. 3124-9, R. 3124-10 et les I, II et III de l'article R. 3124-12 du code des transports relatifs aux transports publics particuliers ; » »***

(Abrogé par Décr. nº 2014-1725 du 30 déc. 2014, art. 4) ***« j) Les articles R. 231-13 (2º) et R. 231-14 (1º et 2º) du code du tourisme ; »***

(Décr. nº 2016-1550 du 17 nov. 2016, art. 5, en vigueur le 1er janv. 2017) « ***c)*** » **L'article 5 du décret nº 2008-1455 du 30 décembre 2008 relatif à la déclaration et à l'identification de certains engins motorisés non autorisés à circuler sur la voie publique ;**

(Décr. nº 2016-1550 du 17 nov. 2016, art. 5, en vigueur le 1er janv. 2017) « ***d)*** » *(Décr. nº 2012-280 du 28 févr. 2012, art. 11, en vigueur le 1er août 2012)* « **L'article 9 du décret nº 2012-280 du 28 février 2012 relatif au label "autopartage" ;** »

(Abrogé par Décr. n° 2016-1550 du 17 nov. 2016, art. 5, à compter le 1er janv. 2017) *(Décr. n° 2013-253 du 25 mars 2013, art. 5, en vigueur le 1er sept. 2014)* « *m)* ***Les livres Ier et II de la quatrième partie du code des transports.*** »

3° Contraventions en matière de protection de l'environnement réprimées par :

a) *(Décr. n° 2007-1388 du 26 sept. 2007, art. 11 ; Décr. n° 2015-337 du 25 mars 2015, art. 2)* « Les articles R. 632-1, *(Décr. n° 2020-1573 du 11 déc. 2020, art. 9)* « R. 634-2 » et R. 644-2 du code pénal relatif à l'abandon d'ordures, déchets, matériaux et autres objets ; »

b) *(Décr. n° 2006-944 du 28 juill. 2006, art. 4)* « Les articles R. 331-63 à R. 331-66 du code de l'environnement relatifs aux cœurs de parcs nationaux » *(Décr. n° 2005-491 du 18 mai 2005, art. 4)* « et les articles R. 242-68 à R. 242-71 *[V. art. R. 332-69 à R. 332-72]* du même code relatifs aux réserves naturelles ; »

c) *(Décr. n° 2012-836 du 29 juin 2012, art. 5)* « L'article R. 163-2 et le second alinéa de l'article R. 163-3 du code forestier relatif à la défense des forêts contre l'incendie ; les articles R. 163-4 et R. 163-5 du même code relatifs aux prélèvements de produits de la forêt sans autorisation du propriétaire, à l'exception du prélèvement d'un volume compris entre 5 et 10 litres lorsqu'il est le fait d'un concessionnaire de pâturage ou de son préposé sur le terrain concédé ; le premier alinéa de l'article R. 163-6 du même code relatif à la circulation de véhicules ou d'animaux sur des voies non autorisées ; l'article R. 261-1 du même code relatif à l'exercice d'activités réglementées en méconnaissance des dispositions de l'arrêté d'aménagement prévu à l'article L. 212-2 ; l'article R. 261-5 du même code relatif à l'enlèvement de bois par un acheteur en dehors des périodes autorisées ; les articles R. 261-10, R. 261-13, R. 261-14, R. 275-11 et R. 275-12 du même code relatifs à l'introduction d'animaux en infraction aux concessions de pâturage ou aux règles d'exercice du droit d'usage ; »

d) L'article 10 (deuxième alinéa) du décret n° 2000-1302 du 26 décembre 2000 relatif aux mesures de protection de l'environnement contre les émissions polluantes des moteurs à allumage par compression destinés à équiper les engins mobiles non routiers ;

(Décr. n° 2003-839 du 29 août 2003, art. 5, en vigueur le 3 sept. 2003) « *e)* L'article L. 322-10-2 du code de l'environnement relatif aux contraventions constatées par la garderie du domaine du Conservatoire de l'espace littoral et des rivages lacustres et les agents visés à l'article *(Décr. n° 2019-1381 du 17 déc. 2019, art. 3)* « L. 332-20 » du même code ; » — *V. **C. envir.***

(Décr. n° 2007-533 du 6 avr. 2007) « *f)* Les dispositions du chapitre VIII et de la section IV du chapitre IX du titre II du livre IV du code de l'environnement (partie réglementaire), relatives au droit de la chasse ; »

(Décr. n° 2007-598 du 24 avr. 2007) « *g)* Le titre Ier du livre II et le titre III du livre IV du code de l'environnement (partie réglementaire), relatifs au droit de l'eau et des milieux aquatiques et de la pêche en eau douce et de la gestion des ressources piscicoles ; »

(Décr. n° 2020-1573 du 11 déc. 2020, art. 9) « *h)* Les articles R. 541-78, R. 541-79 et R. 541-83 du code de l'environnement relatifs à la gestion des déchets. »

(Décr. n° 2018-721 du 3 août 2018, art. 2) « 4° Contraventions réprimées par les dispositions suivantes du code rural et de la pêche maritime :

« *a)* Le 3° du II de l'article R. 201-45 relatif à la prévention, à la surveillance et à la lutte contre les dangers sanitaires concernant les animaux et les végétaux ;

« *b)* Le II de l'article R. 205-6 relatif à la sanction de l'inexécution des injonctions de l'administration ;

« *c)* L'article R. 215-2, les 1° et 5° de l'article R. 215-5, les 1°, 6° et 8° de l'article R. 215-5-1, l'article R. 215-6, l'article R. 215-7, les 7° et 9° du II et le III de l'article R. 215-8, les *c* et *d* du 1° du I, les *a* et *d* du 2° du I et le II de l'article R. 215-10, les *f, h* et *j* du 1° du I de l'article R. 215-11, les 1° et 3° du I de l'article R. 215-12, les 4° et 5° du I et le II de l'article R. 215-13, les 1° à 8° et 10° à 12° du I de l'article R. 215-14 et les 1° à 4° et 7° de l'article R. 215-15 relatifs à la garde et la circulation des animaux et des produits animaux ;

« *d)* Le I, les *a* et *c* du 2° du II et le *a* du 4° du II de l'article R. 228-8 et l'article R. 228-12 relatifs aux mesures de prévention, de surveillance et de lutte contre les dangers zoosanitaires ;

« *e)* Les 1° et 3° de l'article R. 237-3, le 2° de l'article R. 237-5, l'article R. 237-6 et le 2° de l'article R. 237-7 relatifs à la qualité nutritionnelle et à la sécurité sanitaire des aliments ;

« *f)* Le III de l'article R. 253-54-1 relatif à la mise sur le marché et l'utilisation des produits phytopharmaceutiques ;

« *g)* Les 1° à 3° du II de l'article R. 254-30, le II de l'article R. 254-30-1 et le 2° de l'article R. 254-30-2 relatifs à la mise en vente, la vente, la distribution à titre gratuit, l'application et le conseil à l'utilisation des produits phytopharmaceutiques ;

« *h)* Le II de l'article R. 256-32 relatif au contrôle périodique obligatoire des matériels destinés à l'application de produits phytopharmaceutiques ;

« *i)* Le *(Décr. n° 2021-1858 du 28 déc. 2021, art. 10)* « 3° » de l'article R. 257-3 relatif au contrôle de la production primaire des denrées alimentaires et des produits destinés à l'alimentation animale ou des aliments pour animaux d'origine végétale ; »

(Décr. n° 2003-752 du 1er août 2003, art. 2) « 5° Contraventions réprimées par le code des postes et télécommunications *[code des postes et des communications électroniques]* prévues par les articles *(Abrogé par Décr. n° 2014-1109 du 30 sept. 2014, art. 37)* « *R. 10-1,* » R. 10-2, R. 10-4 et R. 10-9 ; »

(Décr. n° 2017-633 du 25 avr. 2017, art. 3, en vigueur le 1er oct. 2017) « 6° Contraventions réprimées par le code de la santé publique prévues aux articles R. 3515-2 à R. 3515-8 ; »

(Décr. n° 2010-465 du 6 mai 2010) « Contraventions en matière d'offre de boissons alcooliques prévues et réprimées par les articles R. 3351-2, R. 3353-5-1 et R. 3353-7 du code de la santé publique ; »

(Décr. n° 2009-718 du 17 juin 2009, art. 2) « Contraventions en matière de collecte et de destruction de médicaments à usage humain non utilisés réprimées par les articles R. 4212-1 et R. 4212-2 du code de la santé publique ; » — *Dispositions du 3e al. du 6° en vigueur le 1er oct. 2009 (Décr. n° 2009-718 du 17 juin 2009, art. 4).*

(Décr. n° 2011-763 du 28 juin 2011, art. 3, en vigueur le 1er nov. 2011) « Contraventions en matière de gestion des déchets d'activités de soins à risques infectieux perforants produits par les patients en autotraitement réprimées par les articles R. 1337-16 et R. 1337-17 du code de la santé publique ; »

(Décr. n° 2017-645 du 26 avr. 2017) « Contraventions en matière de lutte contre les espèces végétales et animales nuisibles à la santé humaine, réprimées par l'article R. 1338-10 du code de la santé publique ; »

(Décr. n° 2021-172 du 17 févr. 2021, art. 2) « Contraventions de la quatrième classe réprimées par la première phrase du troisième alinéa de l'article L. 3136-1 du code de la santé publique. »

(Décr. n° 2018-721 du 3 août 2018, art. 2) « 7° Contraventions réprimées par l'article R. 622-2 du code pénal relatif à la divagation d'animaux dangereux ; »

(Décr. n° 2012-312 du 5 mars 2012, art. 7) « 8° Contraventions réprimées par les articles R. 331-17-2 (3e alinéa) et *(Décr. n° 2017-1279 du 9 août 2017, art. 34)* « R. 331-45 (3e et 4e alinéas) et R. 331-45-1 (2e alinéa) » du code du sport ; »

(Décr. n° 2012-343 du 9 mars 2012) « 9° Contraventions en matière de bruit :

« *a)* Contraventions réprimées par l'article R. 623-2 du code pénal relatif aux bruits ou tapages injurieux ou nocturnes troublant la tranquillité d'autrui ;

« *b)* Contraventions réprimées par les articles R. 1337-7 et R. 1337-9 du code de la santé publique relatifs au fait d'être à l'origine d'un bruit particulier, autre que ceux relevant de l'article R. 1337-6, de nature à porter atteinte à la tranquillité du voisinage ou à la santé de l'homme dans les conditions prévues à l'article R. 1334-31, ou au fait d'en faciliter sciemment, par aide ou assistance, la préparation ou la consommation » ;

(Décr. n° 2013-700 du 30 juill. 2013, art. 184, en vigueur le 6 sept. 2013) « 10° Contraventions en matière d'armes réprimées *(Décr. n° 2014-1253 du 27 oct. 2014, art. 8)* « par le chapitre VII du titre Ier du livre III de la partie réglementaire du code de la sécurité intérieure *(Abrogé par Décr. n° 2017-909 du 9 mai 2017, art. 18)* *« et » par le décret n° 2013-700 du 30 juillet 2013* » ; »

(Décr. n° 2016-34 du 20 janv. 2016, art. 8) « 11° Contraventions réprimées par les articles R. 271-3 à R. 271-6 du code de l'environnement de Saint-Barthélemy ; »

(Décr. n° 2017-1308 du 29 août 2017, art. 3) **« 12° Contraventions en matière de précurseurs d'explosifs réprimées par les articles** *(Décr. n° 2021-1033 du 4 août 2021, art. 1er)* **« R. 2353-20 et R. 2353-21 » du code de la défense ; »**

(Décr. n° 2019-208 du 20 mars 2019) **« 13° Contraventions réprimées par l'article R. 644-4 du code pénal relatif à la participation à une manifestation interdite sur la voie publique ; »**

(Décr. n° 2019-1253 du 28 nov. 2019) **« 14° Contraventions en matière d'aéronefs circulant sans personne à bord réprimées par les articles R. 151-2 et R. 151-3 du code de l'aviation civile ; »**

(Décr. n° 2019-1396 du 18 déc. 2019, art. 2) **« 15° Contraventions réprimées par l'article R. 644-3 du code pénal relatif à l'acquisition de produits du tabac manufacturé vendus à la sauvette ;**

« 16° » *(Décr. n° 2019-1114 du 30 oct. 2019, en vigueur le 1er nov. 2020)* **« Contraventions réprimées par l'article R. 20-29-7 du code des postes et des communications électroniques ».**

(Décr. n° 2020-357 du 28 mars 2020) **« II. — Les contraventions de la cinquième classe pour lesquelles l'action publique est éteinte par le paiement d'une amende forfaitaire sont les suivantes :**

« 1° Contraventions réprimées par *(Décr. n° 2021-172 du 17 févr. 2021, art. 2)* **« les première et dernière phrases » du troisième alinéa de l'article L. 3136-1 du code de la santé publique. »**

L'art. R. 48-1 ne fait que prévoir un mode possible d'extinction de l'action publique ; aucune disposition légale n'interdit au ministère public d'exercer l'action publique dans les conditions du droit commun et de citer la prévenue devant la juridiction de proximité qui a d'ailleurs été créée pour connaître des contraventions des quatre premières classes. • Amiens, 20 mai 2005 : *Jurispr. auto 2005. 645.*

Art. R. 49 *(Décr. n° 86-1044 du 18 sept. 1986)* **Le montant de l'amende forfaitaire prévue par l'article 529 est fixé ainsi qu'il suit :**

1° *(Décr. n° 2001-373 du 27 avr. 2001)* **« 4 € » pour les contraventions aux dispositions du code de la route commises par les piétons** *(Abrogé par Décr. n° 2015-808 du 2 juill. 2015, art. 14, à compter du 1er oct. 2016) (Décr. n° 2011-876 du 25 juill. 2011, en vigueur le 1er août 2011)* ***« et 17 € pour les contraventions en matière d'arrêt et de stationnement prévues par les articles R. 417-1 à R. 417-6 du même code »*** **;**

2° 11 € pour les autres contraventions de la 1re classe ;

3° 35 € pour les contraventions de la 2e classe ;

4° 68 € pour les contraventions de la 3e classe ;

5° 135 € pour les contraventions de la 4e classe ;

(Décr. n° 2020-357 du 28 mars 2020) **« 6° 200 € pour les contraventions de la 5e classe. »**

Les dispositions des art. R. 49 à R. 49-8 C. pr. pén. sont applicables aux amendes forfaitaires et aux amendes forfaitaires majorées prévues à l'art. L. 351-9 C. for. — Dans le cas de contravention prévue à l'art. L. 351-9 C. for. et impliquant un véhicule, l'avis de contravention et la carte de paiement mentionnés à l'art. R. 49-1 C. pr. pén. sont, lorsqu'ils ne peuvent être remis au contrevenant, laissés sur le véhicule ou, en cas d'impossibilité, envoyés au titulaire du certificat d'immatriculation (C. for., art. R. 351-1, ajouté par Décr. n° 88-348 du 7 avr. 1988, art. 5. V. ***C. rur.****). — Les dispositions issues de l'art. 14 du Décr. n° 2015-808 entrent en vigueur à la date prévue au V de l'art. 63 de la L. n° 2014-58 du 27 oct. 2014, soit le 1er oct. 2016, car la L. n° 2015-991 du 7 août 2015 a repoussé l'entrée en vigueur des nouvelles dispositions à cette date (au lieu du 1er janv. 2016 initialement prévu).*

Art. R. 49-1 *(Décr. n° 86-1044 du 18 sept. 1986)* **I. — Un avis de contravention et une carte de paiement, dont le modèle est fixé par arrêté du garde des sceaux, ministre de la justice, sont remis au contrevenant au moment de la constatation de l'infraction. L'avis mentionne le délai et les modalités de la requête prévue par le premier alinéa de l'article 529-2, le montant de l'amende forfaitaire ainsi que celui de l'amende forfaitaire majorée qui sera due à défaut de paiement ou de présentation d'une requête.**

Lorsque les documents mentionnés à l'alinéa 1er ne peuvent être remis au contrevenant, ils sont adressés à son domicile. Toutefois, s'il s'agit d'une contravention au code de la route ou de celle qui est prévue à l'article R. 211-21-5 du code des assurances,

ces documents sont laissés sur le véhicule ou, en cas d'impossibilité, envoyés au titulaire du certificat d'immatriculation.

(Décr. n° 2009-598 du 26 mai 2009) **« Lorsque l'infraction est constatée par l'agent verbalisateur dans des conditions ne permettant pas l'édition immédiate de ces documents, l'avis de contravention et la carte de paiement peuvent également être envoyés au contrevenant ou au titulaire du certificat d'immatriculation.**

« II. – *(Décr. n° 2010-671 du 18 juin 2010)* **« Sans préjudice de l'article R. 249-9, » le procès-verbal peut être dressé au moyen d'un appareil sécurisé dont les caractéristiques sont fixées par arrêté du garde des sceaux, ministre de la justice, permettant le recours à une signature manuscrite conservée sous forme numérique. »**

V. C. pr. pén., art. A. 37 et A. 37-1 s.

Procès-verbal électronique. Aucune disposition légale ou conventionnelle n'impose la notification sur le champ du procès-verbal de constatation d'une infraction, l'art. R. 49-1 prévoyant expressément, selon les formalités qu'il définit, que l'avis de contravention puisse être transmis ultérieurement au contrevenant. • Crim. 23 janv. 2013 : *Dr. pénal 2013. Comm. 57, par Robert.*

♦ Les modalités instituées par l'art. A. 37-10 (devenu art. A. 37-15) dans le cas où la contravention est relevée par procès-verbal dématérialisé, qui ne sont contraires à aucune disposition légale ou conventionnelle, ne privent pas le contrevenant de l'exercice des droits de la défense. • Crim. 5 févr. 2013 : *AJ pénal 2013. 345, obs. Royer.*

Art. R. 49-2 *(Décr. n° 2018-795 du 17 sept. 2018, art. 20, en vigueur le 14 oct. 2018)* **Le montant de l'amende peut être acquitté immédiatement entre les mains de l'agent verbalisateur selon des modalités précisées par arrêté du ministre chargé du budget, du ministre de la justice et du ministre de l'intérieur :**

1° Soit lorsque cet agent est porteur d'un carnet de quittances à souches ; le paiement donne alors lieu à la délivrance immédiate d'une quittance extraite de ce carnet à souches ;

2° Soit lorsque cet agent est muni d'un dispositif permettant d'adresser au contrevenant une quittance dématérialisée ; sauf en cas de paiement en espèces, cette quittance n'est adressée au contrevenant que s'il en fait la demande.

Les dispositions de l'art. R. 49-2 sont entrées en vigueur le lendemain de la publication de l'Arr. du 8 oct. 2018 relatif au paiement immédiat des amendes forfaitaires des contraventions constatées par procès-verbal électronique (Décr. n° 2018-795 du 17 sept. 2018, art. 20).

Art. R. 49-3 *(Décr. n° 2015-1845 du 29 déc. 2015, art. 1er)* **Le paiement de l'amende forfaitaire due pour les avis de contraventions dressés au moyen du formulaire décrit à l'article A. 37-1 et non acquittée immédiatement entre les mains de l'agent verbalisateur est effectué par l'envoi soit au service indiqué sur la carte de paiement jointe à l'avis de contravention, soit au comptable de la direction générale des finances publiques, d'une carte de paiement dûment remplie sur laquelle est apposé un timbre amende dont l'émission, le modèle et les modalités de délivrance sont fixés par arrêté du ministre chargé du budget ou d'un chèque joint à cette carte.** *(Décr. n° 2020-357 du 28 mars 2020)* **« Le paiement par timbre amende n'est pas applicable pour les contraventions de la cinquième classe. »**

Lorsque l'avis de contravention a été constaté à l'aide d'un système de contrôle automatisé ou d'un appareil électronique sécurisé permettant la réalisation d'un procès-verbal dématérialisé, le paiement de l'amende forfaitaire qui n'est pas acquittée immédiatement entre les mains de l'agent verbalisateur est effectué soit par timbre dématérialisé, soit par télépaiement automatisé, soit par envoi au comptable de la direction générale des finances publiques d'un chèque joint à la carte de paiement, soit par virement bancaire international. Un arrêté des ministres de la justice, chargé du budget et de l'intérieur fixe les modalités de ces paiements.

Un arrêté du ministre chargé du budget fixe les conditions dans lesquelles les amendes forfaitaires peuvent être acquittées au moyen d'un chèque libellé à l'ordre du Trésor public.

Art. R. 49-3-1 *(Décr. n° 2008-764 du 30 juill. 2008, art. 3, en vigueur le 1er nov. 2008)* **Le paiement de l'amende forfaitaire ou de l'amende forfaitaire majorée peut également intervenir dans un délai de quinze jours par télépaiement automatisé ou par timbre dématérialisé, à l'issue des délais prévus par les articles 529-1, 529-8, 529-9 et 530.**

Art. R. 49-4 *(Décr. nº 86-1044 du 18 sept. 1986)* **La requête présentée en application de l'article 529-2 est motivée et accompagnée de l'avis de contravention.**

Il se déduit des dispositions de l'art. R. 49-4 que, pour être déclarée recevable, la requête en exonération de l'amende forfaitaire présentée en application de l'art. 529-2 doit être accompagnée de l'original de l'avis de contravention correspondant à l'amende considérée. • Crim. 3 mars 2009, nº 08-84.162 P : *D. 2009. AJ 952 ; AJ pénal 2009. 235*.

Art. R. 49-5 *(Décr. nº 95-457 du 26 avr. 1995)* **La majoration de plein droit des amendes forfaitaires prévue par le deuxième alinéa de l'article 529-2 et le deuxième alinéa de l'article 529-5 est constatée par l'officier du ministère public qui la mentionne sur le titre exécutoire prévu par l'alinéa premier de l'article 530.**

Le titre exécutoire mentionne en annexe, pour chaque amende, l'identité et le domicile du contrevenant, le lieu et la date de la contravention et le montant de l'amende forfaitaire majorée.

Le titre exécutoire, signé par l'officier du ministère public, est transmis au comptable principal du Trésor.

Les dispositions des art. R. 49-5 à R. 49-8, à l'exception de l'art. R. 49-6-1, sont applicables à l'amende forfaitaire majorée prévue par le deuxième al. de l'art. 529-5 (Décr. nº 2016-541 du 3 mai 2016, art. 26).

1. En l'absence de définition par l'art. R. 49-5 des modalités de transmission au comptable direct du Trésor de l'état récapitulatif des amendes forfaitaires majorées, cet état peut être établi et transmis sur une bande magnétique sans qu'en soit affectée la validité du titre exécutoire, constitué par le bordereau d'envoi signé par l'officier du ministère public. • Crim. 5 oct. 1994, nº 94-81.739 P.

2. La procédure spécifique au recouvrement des amendes forfaitaires majorées n'impose pas l'envoi au redevable d'un avertissement préalable d'avoir à payer l'amende. • Civ. 2e, 13 juin 2002, nº 00-17.047 P : *D. 2002. IR 2656*.

Art. R. 49-6 *(Décr. nº 95-457 du 26 avr. 1995)* **Le** *(Décr. nº 2014-551 du 27 mai 2014, art. 24)* **« comptable de la direction générale des finances publiques » adresse au contrevenant un extrait du titre exécutoire le concernant sous forme d'avis l'invitant à s'acquitter du montant de l'amende forfaitaire majorée. Cet avis contient, pour chaque amende, les mentions prévues par le deuxième alinéa de l'article R. 49-5 et indique le délai et les modalités de la réclamation prévue par les deuxième et troisième alinéas de l'article 530.**

(Décr. nº 2008-764 du 30 juill. 2008, art. 4, en vigueur le 1er nov. 2008) **« Il indique qu'en cas de paiement volontaire de l'amende forfaitaire majorée dans le délai d'un mois à compter de sa date d'envoi, le montant des sommes dues sera diminué de 20 %. »**

Art. R. 49-6-1 *(Décr. nº 2007-1388 du 26 sept. 2007, art. 12-II)* **Lorsque l'avis d'amende forfaitaire majorée envoyé par lettre recommandée à l'adresse figurant sur le certificat d'immatriculation du véhicule, conformément aux dispositions du deuxième alinéa de l'article 530, est revenu avec la mention "n'habite plus à l'adresse indiquée" ou "parti sans laisser d'adresse", le** *(Décr. nº 2014-551 du 27 mai 2014, art. 24)* **« comptable de la direction générale des finances publiques » envoie au contrevenant une lettre de rappel s'il découvre sa nouvelle adresse avant l'expiration d'un délai d'un an à compter de la date d'envoi du recommandé.**

Si, avant l'expiration du délai de trois mois courant à compter de l'envoi de la lettre de rappel, le contrevenant déclare son changement d'adresse au service d'immatriculation des véhicules, il bénéficie du délai de quarante-cinq jours prévu par le deuxième alinéa de l'article 530, à partir de la date de sa déclaration, pour payer le montant de l'amende forfaitaire non majorée, conformément aux dispositions de cet alinéa. Si le changement d'adresse a été fait avant l'envoi de la lettre de rappel, le délai de quarante-cinq jours court à compter de cet envoi.

Dans le cas où l'amende forfaitaire n'a pas été payée dans le délai imparti, le comptable engage la phase contentieuse du recouvrement de l'amende forfaitaire majorée.

L'application des dispositions du présent article se fait sans préjudice de celles de l'article R. 322-7 du code de la route réprimant le défaut de déclaration de change-

ment de domicile dans le délai d'un mois auprès du service d'immatriculation des véhicules.

Art. R. 49-7 *(Décr. n° 86-1044 du 18 sept. 1986)* **Le montant de l'amende forfaitaire majorée est fixé ainsi qu'il suit :**

1° *(Décr. n° 2001-373 du 27 avr. 2001)* **« 7 € » pour les contraventions aux dispositions du code de la route commises par les piétons ;**

2° 33 € pour les autres contraventions de la 1re classe ;

3° 75 € pour les contraventions de la 2e classe ;

4° 180 € pour les contraventions de la 3e classe ;

5° *(Décr. n° 89-989 du 29 déc. 1989)* **« 375 € » pour les contraventions de la 4e classe ;**

(Décr. n° 2020-357 du 28 mars 2020) **« 6° 450 € pour les contraventions de la cinquième classe. »**

Art. R. 49-8 *(Décr. n° 95-457 du 26 avr. 1995)* **L'officier du ministère public saisi d'une réclamation recevable informe sans délai le** *(Décr. n° 2014-551 du 27 mai 2014, art. 24)* **« comptable de la direction générale des finances publiques » de l'annulation du titre exécutoire en ce qui concerne l'amende contestée.**

CHAPITRE II *TER* DISPOSITIONS APPLICABLES À CERTAINES INFRACTIONS À LA POLICE DES SERVICES PUBLICS DE TRANSPORTS TERRESTRES

(Décr. n° 2000-1136 du 24 nov. 2000)

Art. R. 49-8-1 **L'exploitant d'un service public de transport terrestre mentionné à l'article 529-3 qui entend faire agréer ses agents pour procéder** *(Décr. n° 2007-1388 du 26 sept. 2007, art. 12-III)* **« aux relevés d'identité prévus » au II de l'article 529-4, doit :**

I. — Assurer une formation de ses agents portant sur :

— les contrôles, vérifications et relevés d'identité ;

— les conditions de leur mise en œuvre ;

— les personnes habilitées à y procéder.

II. — Mettre en place les modalités d'une liaison permanente entre ses agents et les officiers de police judiciaire territorialement compétents, et doter ses agents de moyens de transmission leur permettant une communication immédiate avec ceux-ci.

Art. R. 49-8-2 **I. — L'exploitant d'un service public de transport terrestre soumet au représentant de l'État dans le département dans lequel il a son siège et à Paris, au préfet de police, un dossier décrivant les modalités de la formation et de l'organisation prévues à l'article R. 49-8-1.**

Ce dossier comprend les renseignements suivants :

1° La dénomination de l'organisme ou de la personne dispensant la formation ;

2° Le contenu et la durée de la formation ;

3° La description des modalités de la liaison permanente mentionnée au II de l'article R. 49-8-1 ;

4° L'inventaire et la description des moyens de transmission dont sont dotés les agents.

II. — Le représentant de l'État dans le département et à Paris le préfet de police approuve par arrêté le contenu du dossier mentionné au I ci-dessus s'il estime que les dispositions qu'il prévoit garantissent le bon déroulement des relevés d'identité.

Art. R. 49-8-3 **I. — Le procureur de la République compétent pour délivrer l'agrément mentionné au premier alinéa du II de l'article 529-4 est le procureur près le tribunal judiciaire dans le ressort duquel est situé le siège de l'exploitant.**

II. — Le procureur de la République se prononce au vu du dossier présenté par l'exploitant. Ce dossier comprend les renseignements suivants :

1° L'arrêté mentionné au II de l'article R. 49-8-2 ;

2° L'identité de l'agent concerné ;

3° La justification de la formation suivie par cet agent.

Art. R. 49-8-4 L'agent justifie en cas de besoin de l'agrément mentionné au premier alinéa du II de l'article 529-4.

Art. R. 49-8-4-1 *(Décr. nº 2013-10 du 3 janv. 2013)* I. — Pour l'application de l'article 529-6, un avis de paiement comportant une carte de paiement ainsi qu'une carte de protestation est adressé par l'exploitant au titulaire du certificat d'immatriculation.

(Décr. nº 2020-1494 du 30 nov. 2020, art. 2) « Pour les contraventions constatées à la suite de l'usage d'un dispositif de péage permettant l'identification des véhicules et la perception du montant du péage sans recours à une barrière physique, un seul avis de paiement est adressé pour un même trajet au sens de l'article R. 419-1 ou de l'article R. 419-2 du code de la route, selon le cas.

« II. — Cet avis mentionne :

« 1º La date, l'heure et le lieu de la contravention, les faits constatés, le numéro d'immatriculation et la catégorie du véhicule ainsi que l'identification de l'agent assermenté de l'exploitant ayant constaté l'infraction ;

« 2º Le montant total des sommes dont le versement vaut réalisation de la transaction, en distinguant :

« *a)* Le montant de l'indemnité forfaitaire, qui est fixé à quatre-vingt-dix euros ;

« *b)* Le cas échéant, le montant de l'indemnité forfaitaire minorée, qui est fixé à dix euros ;

« *c)* Le montant de la somme due au titre du péage éludé ;

« *d)* Le cas échéant, le montant de la somme due au titre du droit départemental de passage prévu à l'article L. 321-11 du code de l'environnement.

« Pour les contraventions constatées à la suite de l'usage d'un dispositif de péage permettant l'identification des véhicules et la perception du montant du péage sans recours à une barrière physique, la date et l'heure de la contravention sont la date et l'heure auxquelles expirent les délais de paiement accordés par l'exploitant pour acquitter le montant du péage dû pour le trajet concerné. Le lieu de la contravention est la désignation du ou des dispositifs de péage franchis sur ce trajet et permettant l'identification des véhicules et la perception du montant du péage sans recours à une barrière physique. »

III. — L'avis de paiement reproduit les dispositions de l'article L. 121-2 du code de la route et informe le contrevenant qu'il doit, dans le délai de deux mois à compter de l'envoi de l'avis :

(Décr. nº 2020-1494 du 30 nov. 2020, art. 2) « 1º Soit s'acquitter des sommes mentionnées aux *a*, *c* et *d* du 2º du II, au moyen d'un chèque bancaire compensable en France joint à la carte de paiement et envoyé au service de l'exploitant dont l'adresse figure dans l'avis, ou par tout autre moyen de paiement qui y est mentionné ; »

2º Soit formuler une protestation auprès de l'exploitant en utilisant la carte à cette fin.

(Décr. nº 2020-1494 du 30 nov. 2020, art. 2) « Pour une contravention constatée à la suite de l'usage d'un dispositif de péage permettant l'identification des véhicules et la perception du montant du péage sans recours à une barrière physique, l'avis de paiement informe le contrevenant qu'il peut, dans un délai de quinze jours à compter de l'envoi de l'avis, s'acquitter d'un montant comprenant, outre les sommes mentionnées au *c* et, le cas échéant, au *d* du 2º du II, l'indemnité forfaitaire minorée mentionnée au *b* du même 2º à la place de l'indemnité forfaitaire mentionnée au *a*.

« L'avis de paiement informe le contrevenant des conséquences du défaut de paiement ou de protestation dans le délai de deux mois, mentionnées au dernier alinéa de l'article 529-6 du présent code et à l'article L. 419-1 du code de la route.

« IV. — Le respect des délais de deux mois et de quinze jours s'apprécie au regard de la date de télépaiement automatisé ou de paiement en ligne ou au regard de la date d'envoi du moyen de paiement ou de la protestation attestée par le cachet de l'opérateur postal. »

V. — Un arrêté conjoint du garde des sceaux, ministre de la justice, et du ministre chargé de la voirie routière détermine les mentions du procès-verbal de contravention établi par l'agent assermenté de l'exploitant. Il fixe les modèles du procès-verbal de contravention et de l'avis de paiement. — *V. art. A. 37-30 s.*

La notice du Décr. n° 2020-1494 du 30 nov. 2020 prévoit que ce texte entre en vigueur six mois après sa publication (JO 2 déc.). Cependant, cette indication n'est pas reprise dans les dispositions réglementaires.

CHAPITRE II *QUATER* DISPOSITIONS APPLICABLES À CERTAINES INFRACTIONS AU CODE DE LA ROUTE (*Décr. n° 90-388 du 10 mai 1990 ; Décr. n° 2000-1136 du 24 nov. 2000*).

Art. R. 49-8-5 (*Décr. n° 2002-801 du 3 mai 2002*) **Les dispositions de l'article 529-7 du présent code relatives à l'amende forfaitaire minorée sont applicables aux contraventions des deuxième, troisième et quatrième classes mentionnées à l'article R. 48-1 (1°) à l'exception des contraventions réprimées par les articles R. 417-1 à R. 417-13 et R. 421-7 du code de la route relatives à l'arrêt et au stationnement dangereux, gênant ou abusif.**

V. C. route, art. R. 417-1 à R. 417-13 et R. 421-7 in **C. pén.**, *App., v° Circulation routière.*

Art. R. 49-9 (*Décr. n° 90-388 du 10 mai 1990*) **Le montant de l'amende forfaitaire minorée prévue par l'article 529-7 est fixé ainsi qu'il suit :**

1° 22 € pour les contraventions de la 2e classe ;
2° 45 € pour les contraventions de la 3e classe ;
3° 90 € pour les contraventions de la 4e classe.

Art. R. 49-10 (*Décr. n° 90-388 du 10 mai 1990*) **Un avis de contravention et une carte de paiement, dont le modèle est fixé par arrêté du garde des sceaux, ministre de la justice, sont remis au contrevenant au moment de la constatation de l'une des infractions prévues par l'article** (*Décr. n° 2002-801 du 3 mai 2002*) **« R. 49-8-5 ».**

L'avis mentionne le montant de l'amende forfaitaire minorée, le délai accordé pour la régler, la personne ou le service auprès duquel le paiement doit être effectué.

Il mentionne également la procédure applicable en cas de non-paiement de l'amende forfaitaire minorée, notamment le délai et les modalités de la requête prévue par le premier alinéa de l'article 529-2, le montant de l'amende forfaitaire dont le contrevenant doit s'acquitter ainsi que le montant de l'amende forfaitaire majorée qui sera due par le contrevenant en cas de non-paiement de l'amende forfaitaire ou à défaut de la présentation d'une requête dans les délais.

Lorsque les documents mentionnés aux alinéas précédents ne peuvent être remis au contrevenant, ils sont adressés au titulaire du certificat d'immatriculation.

(*Décr. n° 2009-598 du 26 mai 2009*) **« Les dispositions du troisième alinéa du I et celles du II de l'article R. 49-1 sont applicables. »**

V. C. pr. pén., art. A. 37 s.

Les modalités instituées par l'art. A. 37-10 (devenu art. A. 37-15) dans le cas où la contravention est relevée par procès-verbal dématérialisé, qui ne sont contraires à aucune disposition légale ou conventionnelle, ne privent pas le contrevenant de l'exercice des droits de la défense. • Crim. 5 févr. 2013 : *AJ pénal 2013. 345, obs. Royer*.

Art. R. 49-11 (*Décr. n° 90-388 du 10 mai 1990*) **Le paiement de l'amende forfaitaire minorée est effectué en espèces** (*Décr. n° 2007-1388 du 26 sept. 2007, art. 12-IV*) **« , au moyen d'un chèque ou, si l'agent dispose du matériel à cette fin, par carte bancaire » entre les mains de l'agent verbalisateur. Celui-ci délivre immédiatement au contrevenant une quittance, dont le modèle est fixé par arrêté du ministre chargé du budget.** – *V. Arr. du 15 mai 1990 (D. et ALD 1990. 240).*

(*Décr. n° 2015-1845 du 29 déc. 2015, art. 2*) **« Si le montant de l'amende forfaitaire n'est pas acquitté dans les conditions prévues au premier alinéa, le paiement est effectué, dans les délais prévus à l'article 529-8 et selon des modalités fixées par arrêté des ministres de la justice, chargé du budget et de l'intérieur, soit par timbre dématérialisé, soit par télépaiement automatisé, soit par envoi au comptable de la direction générale des finances publiques d'un chèque joint à la carte de paiement, soit par virement bancaire international. Dans le cas prévu au premier alinéa de l'article R. 49-3, le paiement peut être effectué par l'envoi, dans les mêmes délais, au service indiqué dans l'avis de contravention ou au comptable de la direction générale des finances publi-**

ques, de la carte de paiement dûment remplie sur laquelle est apposé le timbre amende ou d'un chèque joint à cette carte de paiement. »

(Décr. n° 95-457 du 26 avr. 1995) « Un arrêté du ministre du budget fixe les conditions dans lesquelles les amendes forfaitaires minorées peuvent être acquittées au moyen d'un chèque libellé à l'ordre du Trésor public. »

Les amendes forfaitaires et les amendes forfaitaires minorées afférentes aux contraventions du code de la route, à la réglementation des transports par route et au code des assurances concernant les infractions commises dans l'ensemble des départements métropolitains et d'outre-mer peuvent être acquittées au moyen d'un chèque libellé à l'ordre du Trésor public à compter du 1er janv. 2000 (Arr. du 23 déc. 1999).

Art. R. 49-12 *(Décr. n° 90-388 du 10 mai 1990)* Lorsque le contrevenant n'a pas réglé l'amende forfaitaire minorée, il est redevable de l'amende forfaitaire et les dispositions des articles R. 49, R. 49-3 à R. 49-8 lui sont applicables.

Art. R. 49-13 *(Décr. n° 90-388 du 10 mai 1990)* Les contraventions au code de la route prévues par l'article *(Décr. n° 2002-801 du 3 mai 2002)* « R. 48-1 » pour lesquelles l'amende forfaitaire minorée n'est pas applicable sont soumises aux dispositions des articles R. 49 à R. 49-8.

Art. R. 49-14 *(Décr. n° 2003-642 du 11 juill. 2003, art. 3)* L'avis de contravention et la carte de paiement mentionnés à l'article R. 49-1, s'ils sont adressés en application de l'article 529-10, sont accompagnés d'un formulaire de requête en exonération précisant les conditions de recevabilité de la requête prévue par l'article 529-2, les modalités de paiement de la consignation, ainsi que les sanctions prévues par les articles 226-10 et 441-1 du code pénal et R. 49-19 du présent code.

V. art. A. 37-5 s.

Art. R. 49-15 *(Décr. n° 2003-642 du 11 juill. 2003, art. 3)* L'avis d'amende forfaitaire majorée adressé en application de l'article 529-10 précise les conditions de recevabilité de la réclamation prévue par l'article 530, les modalités de paiement de la consignation, ainsi que les sanctions prévues par les articles 226-10 et 441-1 du code pénal et R. 49-19 du présent code.

V. art. A. 37-5 s.

Art. R. 49-16 *(Décr. n° 2003-642 du 11 juill. 2003, art. 3)* Lorsque la requête en exonération ou la réclamation est accompagnée des renseignements prévus au *b* du 1° de l'article 529-10, elle précise les noms, prénoms, sexe, date de naissance et adresse du conducteur présumé, ainsi que le numéro de son permis de conduire.

Art. R. 49-16-1 *(Décr. n° 2021-873 du 29 juin 2021, art. 5)* Lorsque la requête en exonération ou la réclamation est accompagnée du document prévu au *d* du 1° de l'article 529-10, ce dernier contient les informations pertinentes précisées par arrêté conjoint du garde de sceaux, ministre de la justice, et des ministres chargés des transports et de la sécurité routière, issues des données enregistrées par le dispositif d'enregistrement des données d'état de délégation de conduite.

Art. R. 49-17 *(Décr. n° 2003-642 du 11 juill. 2003, art. 3)* La consignation prévue aux articles R. 49-14 et R. 49-15 s'effectue *(Abrogé par Décr. n° 2015-1845 du 29 déc. 2015, art. 3)* « *soit en utilisant le timbre prévu au premier alinéa de l'article R. 49-3,* » soit en espèces, soit par chèque libellé à l'ordre du Trésor public, soit par carte bancaire, soit par un mode de paiement à distance, *(Décr. n° 2013-1097 du 2 déc. 2013, art. 3-III)* « soit par virement bancaire international, » suivant les modalités fixées par arrêté du garde des sceaux, ministre de la justice, du ministre chargé du budget, du ministre chargé de l'intérieur et du ministre de la défense.

Art. R. 49-18 *(Décr. n° 2003-642 du 11 juill. 2003, art. 3)* Lorsqu'une consignation a été acquittée en application des dispositions de l'article 529-10, il est fait application des dispositions suivantes :

Si la consignation n'est pas suivie d'une requête en exonération ou d'une réclamation formulée conformément aux dispositions des articles 529-2, 529-10 et 530, elle est considérée comme valant paiement de l'amende forfaitaire ou de l'amende forfaitaire majorée.

Si l'officier du ministère public classe sans suite la contravention, il notifie sa décision à l'auteur de la requête en exonération en l'informant que la consignation lui sera remboursée *(Abrogé par Décr. nº 2010-671 du 18 juin 2010)* ***« s'il en fait la demande au comptable du Trésor public »***.

(Décr. nº 2013-1097 du 2 déc. 2013, art. 3-IV) « Si l'officier du ministère public considère que la requête en exonération ou que la réclamation est irrecevable, l'avis qu'il est tenu d'adresser à la personne en application du premier alinéa de l'article 530-1 indique les raisons de sa décision. Lorsque la décision d'irrecevabilité est fondée sur l'absence de motivation de la requête en exonération ou de la réclamation, cet avis doit être adressé par lettre recommandée, qui informe la personne qu'elle peut, dans un délai d'un mois courant à compter de son envoi, contester cette décision par lettre recommandée avec demande d'accusé de réception. Si cette contestation ne donne pas lieu au classement sans suite de la contravention, l'officier du ministère public est alors tenu de saisir *(Décr. nº 2017-683 du 28 avr. 2017, art. 3, en vigueur le 1er juill. 2017)* « le tribunal de police *[ancienne rédaction : la juridiction de proximité]* » conformément aux articles 524 à 528-2 ou aux articles 531 et suivants.

« Pour l'application des dispositions du premier alinéa de l'article 530-1 et du quatrième alinéa du présent article, ne sont considérées comme motivées que les requêtes ou réclamations dans lesquelles la personne soit conteste avoir commis la contravention, soit reconnaît avoir commis la contravention tout en fournissant des éléments circonstanciés susceptibles de justifier le classement sans suite pour des raisons juridiques ou d'opportunité. »

En cas de condamnation à une peine d'amende ou lorsque le prévenu est déclaré redevable de l'amende en application de l'article L. 121-3 du code de la route, la juridiction de jugement précise dans sa décision le montant de l'amende restant dû après déduction du montant de la consignation.

En cas de décision de relaxe et s'il n'est pas fait application de l'article L. 121-3 du code de la route, la juridiction ordonne le remboursement de la consignation au prévenu *(Abrogé par Décr. nº 2010-671 du 18 juin 2010)* ***« si celui-ci en fait la demande au comptable du Trésor public »***.

(Décr. nº 2008-764 du 30 juill. 2008, art. 5, en vigueur le 1er nov. 2008) « Dans les cas prévus par les troisième et *(Décr. nº 2013-1097 du 2 déc. 2013, art. 3-IV)* « septième » alinéas, un formulaire spécifique est alors adressé à la personne pour lui permettre d'être remboursée de sa consignation. »

Art. R. 49-19 *(Décr. nº 2003-642 du 11 juill. 2003, art. 3)* Hors les cas prévus par les articles 226-10 et 441-1 du code pénal, le fait, pour l'auteur d'une requête en exonération ou d'une réclamation relevant des dispositions de l'article 529-10 du présent code, de donner, en application du *b* du 1º de cet article, des renseignements inexacts ou erronés est puni de l'amende prévue pour les contraventions de la cinquième classe. *(Abrogé par Décr. nº 2010-671 du 18 juin 2010)* ***« Les personnes morales peuvent être déclarées responsables pénalement, dans les conditions prévues par l'article 121-2 du code pénal, de la contravention prévue par le présent article. »***

CHAPITRE III DE L'INSTRUCTION DÉFINITIVE DEVANT LE TRIBUNAL DE POLICE

(Décr. nº 83-1155 du 23 déc. 1983)

Art. R. 49-20 *(Décr. nº 83-1155 du 23 déc. 1983)* Dans le cas prévu par l'alinéa 2 de l'article 470-1, il est procédé comme il est dit à l'article *(Décr. nº 2002-801 du 3 mai 2002)* « R. 41-2 ».

L'ancien art. R. 50 est devenu R. 49-20 depuis le 1er mars 2010, en application des dispositions de l'art. 4 du Décr. nº 2010-148 du 16 févr. 2010.

CHAPITRES IV *à* VI

Néant.

TITRE QUATRIÈME

Néant.

LIVRE TROISIÈME

Néant.

LIVRE QUATRIÈME DE QUELQUES PROCÉDURES PARTICULIÈRES

(Décr. nº 77-194 du 3 mars 1977)

TITRE PREMIER DES RÈGLES DE PROCÉDURE APPLICABLES AUX CRIMES CONTRE L'HUMANITÉ ET AUX CRIMES DE GUERRE

(Décr. nº 2013-1097 du 2 déc. 2013, art. 4)

SOUS-TITRE PREMIER DE LA COOPÉRATION AVEC LA COUR PÉNALE INTERNATIONALE

Néant.

SOUS-TITRE II DES JURIDICTIONS COMPÉTENTES POUR LA POURSUITE, L'INSTRUCTION ET LE JUGEMENT DES CRIMES CONTRE L'HUMANITÉ ET DES CRIMES ET DÉLITS DE GUERRE

Art. R. 49-20-1 Les modalités de nomination, d'exercice de leurs fonctions et de prestation de serment des assistants spécialisés prévus à l'article 628-9 sont celles fixées par les articles R. 50 *bis* à R. 50 *sexies.*

TITRE PREMIER *BIS* DE LA QUESTION PRIORITAIRE DE CONSTITUTIONNALITÉ

(Décr. nº 2010-148 du 16 févr. 2010, art. 4, en vigueur le 1er mars 2010)

Le Décr. nº 2010-148 est entré en vigueur le 1er mars 2010. Dans les instances en cours, une question prioritaire de constitutionnalité doit, pour être recevable, être présentée sous la forme d'un mémoire distinct et motivé produit postérieurement à cette date. Le cas échéant, la juridiction ordonne la réouverture de l'instruction pour les seuls besoins de l'examen de la question prioritaire de constitutionnalité, si elle l'estime nécessaire (Décr. préc., art. 7).

RÉP. PÉN. vº *Question prioritaire de constitutionnalité*, par CAPPELLO.

BIBL. ▸ CROZE, *Procédures 2010. Focus 17* (question prioritaire de constitutionnalité : les nouveautés apportées par le décret nº 2010-148 du 16 février 2010).

Lorsque la question prioritaire de constitutionnalité est soulevée à l'occasion d'un pourvoi, le mémoire qui la présente doit être déposé dans le délai d'instruction de ce pourvoi. Le mémoire produit hors du délai d'instruction du pourvoi, le rapport du conseiller rapporteur ayant été déposé le 31 déc. 2009, et l'instruction n'ayant pas été rouverte, la question doit être déclarée irrecevable. • Crim. 2 mars 2010, nº 09-81.238 • 19 mars 2010 : *AJ pénal 2010. 199, note Perrier ; Dr. pénal 2010, nº 64, obs. Maron et Haas ; ibid. Chron. 5, obs. Mouysset.*

CHAPITRE PREMIER DISPOSITIONS APPLICABLES DEVANT LES JURIDICTIONS D'INSTRUCTION, DE JUGEMENT, D'APPLICATION DES PEINES ET DE LA RÉTENTION DE SÛRETÉ

Art. R.* 49-21 Conformément aux dispositions de l'article 23-1 de l'ordonnance nº 58-1067 du 7 novembre 1958 portant loi organique sur le Conseil constitutionnel, la partie qui soutient, à l'appui d'une demande déposée en application des règles du présent code devant une juridiction d'instruction, de jugement, d'application des peines ou de la rétention de sûreté, qu'une disposition législative porte atteinte aux droits

et libertés garantis par la Constitution doit, à peine d'irrecevabilité, présenter ce moyen dans un écrit distinct et motivé.

La juridiction doit relever d'office l'irrecevabilité du moyen qui n'est pas présenté dans un écrit distinct et motivé.

Art. R.* 49-22 **Au cours de l'instruction pénale, le moyen tiré de ce qu'une disposition législative porte atteinte aux droits et libertés garantis par la Constitution est présenté, à l'appui d'une demande, dans un écrit distinct et motivé déposé au greffe de la chambre de l'instruction et qui est visé par le greffier avec l'indication du jour du dépôt.**

Cet écrit peut être également déposé au greffe du juge d'instruction, du juge des libertés et de la détention ou du juge des enfants. Le greffier l'adresse alors sans délai à la chambre de l'instruction.

Est irrecevable la question prioritaire de constitutionnalité, formée par une personne présente lors d'une perquisition effectuée au cours d'une instruction, directement transmise par le JLD devant statuer sur la contestation d'une saisie à la Cour de cassation, sans que la chambre de l'instruction en soit saisie. • Crim. 7 mai 2019, n° 19-90.011 P.

Art. R.* 49-23 **Lorsque le moyen tiré de ce qu'une disposition législative porte atteinte aux droits et libertés garantis par la Constitution est présenté par la personne mise en examen devant le président de la chambre de l'instruction saisi conformément aux dispositions de l'article 187-1 à l'occasion de l'appel d'une ordonnance de placement en détention provisoire, il est examiné par ce magistrat. Ce dernier peut toutefois renvoyer cet examen à la chambre de l'instruction lorsque la question le justifie.**

Art. R.* 49-24 **Lorsque le moyen tiré de ce qu'une disposition législative porte atteinte aux droits et libertés garantis par la Constitution est soulevé par une personne détenue, à l'appui d'une demande qui peut être formée par remise au chef de l'établissement pénitentiaire, l'écrit distinct et motivé peut également être remis au chef de l'établissement pénitentiaire. Cet écrit est visé par ce dernier, avec l'indication du jour du dépôt, et il est adressé sans délai, en original ou en copie, au greffe de la juridiction saisie.**

Art. R.* 49-25 **La juridiction statue sans délai, selon les règles de procédure qui lui sont applicables, sur la transmission de la question prioritaire de constitutionnalité, après que le ministère public et les parties, entendues ou appelées, ont présenté leurs observations sur la question prioritaire de constitutionnalité.**

La juridiction peut toutefois statuer sans recueillir les observations du ministère public et des parties s'il apparaît de façon certaine, au vu du mémoire distinct, qu'il n'y a pas lieu de transmettre la question prioritaire de constitutionnalité.

Dès lors qu'elles sont présentées par écrit, les observations du ministère public et des autres parties doivent figurer dans un écrit distinct et motivé. A défaut, elles ne peuvent être jointes à la décision transmettant la question à la Cour de cassation.

1. Encourt la cassation l'arrêt de la chambre de l'instruction qui statue sur la détention sans examiner la QPC, pour statuer sur ladite question par arrêt postérieur, alors qu'il lui *appartenait* de statuer sur la transmission de la question et sur le fond dans les délais impartis par la loi en matière de détention. • Crim. 2 sept. 2010, n° 10-84.027 P : *D. 2010, n° 131, obs. Leprieur ; Dr. pénal 2012. Chron. 1, obs. Georget.*

2. Il résulte de l'art. R. 49-25 que la juridiction qui statue sur la transmission d'une QPC le fait selon les règles de procédure qui lui sont applicables ; doit dès lors être déclarée irrecevable la QPC dont la décision de transmission a été prise au seul visa du président du tribunal correctionnel, sans mention des membres composant ledit tribunal, de l'indication des parties et du ministère public. • Crim. 10 août 2016, n° 16-90.015 : *Dr. pénal 2016, n° 148, note Maron et Haas.*

3. Ni les art. 23-1 à 23-7 de l'Ord. n° 58-1067 du 7 nov. 1958 portant loi organique sur le Conseil constitutionnel, ni les art. R. 49-21 à R. 49-29 C. pr. pén. ne font obligation à une juridiction saisie d'une question prioritaire de constitutionnalité de se prononcer sur sa transmission à la Cour de cassation par une décision nécessairement distincte de celle rendue au fond. • Crim. 5 oct. 2021, n° 20-85.985 B.

Art. R.* 49-26 **La juridiction n'est pas tenue de transmettre une question prioritaire de constitutionnalité mettant en cause, par les mêmes motifs, une disposition législa-**

tive dont la Cour de cassation ou le Conseil constitutionnel est déjà saisi. En cas d'absence de transmission pour ce motif, elle sursoit à statuer sur le fond, jusqu'à ce qu'elle soit informée de la décision de la Cour de cassation ou, le cas échéant, du Conseil constitutionnel.

Art. R.* 49-27 Le refus de transmettre la question dessaisit la juridiction du moyen tiré de la question prioritaire de constitutionnalité.

Toutefois, lorsque ce refus a été exclusivement motivé par la constatation que la disposition législative contestée n'était pas applicable à la procédure en cause ou ne constituait pas le fondement des poursuites, la juridiction peut, si elle entend à l'occasion de l'examen de l'affaire faire application de cette disposition, rétracter ce refus et transmettre la question.

Art. R.* 49-28 Le greffe avise les parties et le ministère public par tout moyen et sans délai de la décision statuant sur la transmission de la question prioritaire de constitutionnalité à la Cour de cassation.

En cas de décision de transmission, l'avis aux parties précise que celle-ci n'est susceptible d'aucun recours et que les parties qui entendent présenter des observations devant la Cour de cassation doivent se conformer aux dispositions de l'article R.* 49-30, qui est reproduit dans l'avis, ainsi que le premier alinéa de l'article R.* 49-32. L'avis est adressé par lettre recommandée avec demande d'avis de réception aux parties qui n'ont pas comparu.

En cas de décision de refus de transmission, l'avis aux parties précise que celle-ci ne peut être contestée qu'à l'occasion d'un recours formé contre une décision ayant statué sur la demande au cours de la procédure.

Art. R.* 49-29 Lorsqu'il est soulevé pour la première fois en cause d'appel, le moyen tiré de ce qu'une disposition législative porte atteinte aux droits et libertés garantis par la Constitution est présenté dans un écrit distinct et motivé.

Lorsque la décision ayant refusé de transmettre la question prioritaire de constitutionnalité est contestée à l'occasion d'un recours contre la décision ayant statué sur la demande au cours de la procédure, le moyen tiré de ce qu'une disposition législative porte atteinte aux droits et libertés garantis par la Constitution est également présenté dans un écrit distinct et motivé.

CHAPITRE II DISPOSITIONS APPLICABLES DEVANT LA COUR DE CASSATION

Art. R.* 49-30 Les parties disposent d'un délai d'un mois à compter de la décision de transmission de la question de constitutionnalité à la Cour de cassation pour faire connaître leurs éventuelles observations devant la Cour. Elles sont signées par un avocat au Conseil d'État et à la Cour de cassation, conformément aux règles prévues par l'article 585, sauf lorsqu'elles émanent de la personne condamnée, de la partie civile en matière d'infraction à la loi sur la presse ou du demandeur en cassation lorsque la chambre criminelle est saisie d'un pourvoi en application des articles 567-2, 574-1 et 574-2.

Art. R.* 49-31 *(Décr. n° 2010-1216 du 15 oct. 2010)* Lorsque la question prioritaire de constitutionnalité est soulevée à l'occasion d'un pourvoi, le mémoire distinct prévu à l'article 23-5 de l'ordonnance n° 58-1067 du 7 novembre 1958 porte la mention : "question prioritaire de constitutionnalité".

Les autres parties au pourvoi disposent d'un délai d'un mois pour remettre un mémoire en réponse sur la question prioritaire de constitutionnalité. Celui-ci est établi, remis et communiqué suivant les règles régissant le pourvoi.

1. Point de départ du délai. Le délai de dépôt du mémoire en réponse court à compter du dépôt du mémoire spécial du demandeur soulevant la QPC. • Crim. 24 sept. 2013 : *Dr. pénal 2013. 163, obs. Maron et Haas.*

2. Irrecevabilité du mémoire. Le mémoire en réponse déposé plus d'un mois après les mémoires spéciaux des demandeurs soulevant la QPC est irrecevable. • Crim., QPC, 10 oct. 2012, n° 12-81.505 P.

Art. R.* 49-32 *(Décr. nº 2010-148 du 16 févr. 2010, art. 4, en vigueur le 1er mars 2010 ; Décr. nº 2010-1216 du 15 oct. 2010)* **Le président de la formation à laquelle l'affaire est distribuée ou son délégué, à la demande d'une des parties ou d'office, peut, en cas d'urgence, réduire le délai prévu aux articles R.* 49-30 et R.* 49-31.**

Il fixe la date de l'audience au cours de laquelle sera examinée la question prioritaire de constitutionnalité.

Le procureur général en est avisé pour lui permettre de faire connaître son avis.

Art. R.* 49-33 *(Décr. nº 2010-1216 du 15 oct. 2010)* **La Cour de cassation n'est pas tenue de renvoyer au Conseil constitutionnel une question prioritaire de constitutionnalité mettant en cause, par les mêmes motifs, une disposition législative dont le Conseil constitutionnel est déjà saisi. En cas d'absence de transmission pour cette raison, elle diffère sa décision jusqu'à l'intervention de la décision du Conseil constitutionnel.**

Art. R.* 49-34 *(Décr. nº 2010-148 du 16 févr. 2010, art. 4, en vigueur le 1er mars 2010)* **Le greffe notifie aux parties la décision prise par** *(Décr. nº 2010-1216 du 15 oct. 2010)* **« le président de la formation » ou son délégué en application du premier alinéa de l'article R.* 49-32, ainsi que la date de l'audience.** — *L'ancien art. R.* 49-33 a été renuméroté R.* 49-34 par le Décr. nº 2010-1216 du 15 oct. 2010 (JO 16 oct.).*

TITRES DEUXIÈME *à* NEUVIÈME

Néant.

TITRE DIXIÈME DE L'ENTRAIDE JUDICIAIRE INTERNATIONALE

(Décr. nº 2012-456 du 5 avr. 2012)

CHAPITRE UNIQUE DISPOSITIONS PROPRES À L'ENTRAIDE ENTRE LA FRANCE ET LES AUTRES ÉTATS MEMBRES DE L'UNION EUROPÉENNE *(Décr. nº 2021-1112 du 23 août 2021, art. 3).*

SECTION PREMIÈRE DE L'ÉCHANGE SIMPLIFIÉ D'INFORMATIONS ENTRE SERVICES EN APPLICATION DE LA DÉCISION-CADRE DU CONSEIL DE L'UNION EUROPÉENNE DU 18 DÉCEMBRE 2006 *(Décr. nº 2021-1112 du 23 août 2021, art. 3).*

SOUS-SECTION 1 DISPOSITIONS APPLICABLES AUX DEMANDES D'INFORMATIONS ÉMISES PAR LES SERVICES FRANÇAIS *(Décr. nº 2021-1112 du 23 août 2021, art. 3).*

Art. R. 49-35 **La demande de transmission établie, en application de l'article 695-9-33, par les services ou unités mentionnés à l'article 695-9-31, comporte les informations énumérées dans le modèle figurant à l'annexe B de la décision-cadre 2006/960/JAI du 18 décembre 2006 et précisant, notamment :**

1º Le délai attendu pour la transmission des informations et, le cas échéant, les motifs du traitement d'urgence demandé ;

2º Les circonstances de la commission de l'infraction ;

3º La nature de l'infraction ;

4º Les fins auxquelles les informations sont demandées ;

5º Le lien entre ces fins et la personne à laquelle ces informations se rapportent ;

6º L'identité de la personne ou des personnes faisant l'objet des investigations justifiant la demande d'informations ;

7º Les raisons laissant supposer que les informations sont détenues par les services de l'État requis ;

8º Les restrictions concernant l'utilisation des informations.

Art. R. 49-36 **Lorsque, d'une part, la demande d'informations se rapporte à une infraction entrant dans l'une des catégories énumérées à l'article 695-23 et punie en France d'une peine privative de liberté d'une durée égale ou supérieure à trois ans d'emprisonnement et que, d'autre part, les informations sollicitées sont directement**

accessibles dans un traitement automatisé de données, les services et unités mentionnés à l'article 685-9-31 peuvent demander au service compétent de l'État requis qu'elles leur soient transmises, en cas d'urgence, dans un délai maximum de huit heures et, en l'absence d'urgence, dans un délai maximum de sept jours.

Dans les autres cas, les services compétents de l'État requis peuvent être invités à transmettre les informations demandées dans un délai maximum de quatorze jours.

SOUS-SECTION 2 Dispositions applicables aux demandes d'informations reçues par les services français *(Décr. nº 2021-1112 du 23 août 2021, art. 3).*

L'ancienne section II du chapitre unique du titre X du livre IV de la partie réglementaire est devenue une sous-section 2 (Décr. nº 2021-1112 du 23 août 2021, art. 3).

Art. R. 49-37 **Sous réserve des dispositions de l'article R. 49-38, lorsque la demande d'informations émanant d'un service compétent de l'un des États membres de l'Union européenne ou de l'un des États non membres mentionnés à l'article 695-9-48 entre dans les prévisions du premier alinéa de l'article R. 49-36, les services et unités mentionnés à l'article 695-9-31 y répondent, en cas d'urgence, dans un délai maximum de huit heures et, en l'absence d'urgence, dans un délai de sept jours.**

Dans les autres cas, la réponse est adressée au service compétent de l'État requérant dans un délai maximum de quatorze jours.

Art. R. 49-38 **Les services et unités mentionnés à l'article 695-9-31 peuvent reporter leur réponse s'ils ne sont pas en mesure de transmettre les informations demandées dans le délai qui leur est imparti en application de l'article R. 49-37. Ils indiquent les raisons de ce report au service compétent de l'État requérant au moyen d'un formulaire établi conformément à l'annexe A de la décision-cadre 2006/960/ JAI du 18 décembre 2006.**

Lorsque les services et unités sollicités reportent leur réponse au motif que le respect du délai de huit heures prévu par le premier alinéa de l'article R. 49-37 leur imposerait une charge disproportionnée, ils en informent immédiatement le service compétent de l'État requérant et lui transmettent les informations demandées au plus tard dans un délai de trois jours.

Art. R. 49-39 **Lorsqu'ils ne sont pas en mesure de répondre à une demande d'informations ou lorsqu'ils refusent de répondre à une telle demande pour l'un des motifs prévus aux articles 695-9-39 à 695-9-42, les services et unités mentionnés à l'article R. 695-9-31 en informent le service compétent de l'État requérant.**

Dans le cas prévu par l'article 695-9-44, ils informent le service compétent de l'État requérant des motifs pour lesquels, le cas échéant, ils s'opposent à la retransmission ou à la nouvelle utilisation de l'information.

SECTION II DE L'ÉCHANGE D'INFORMATIONS ENTRE LES AUTORITÉS COMPÉTENTES DE DIFFÉRENTS ÉTATS MEMBRES EN APPLICATION DE LA DIRECTIVE 2019/1153 DU 20 JUIN 2019

(Décr. nº 2021-1112 du 23 août 2021, art. 3)

Art. R. 49-40 **Lorsque, en application des dispositions des articles 694-14 à 695-9-57, les services et unités mentionnés à l'article 695-9-31 transmettent des informations obtenues du service mentionné à l'article L. 561-23 du code monétaire et financier aux services compétents des autres États membres de l'Union, ils recourent à des moyens de communication électroniques sécurisés spécifiques garantissant un niveau élevé de sécurité des données.**

Art. R. 49-41 **Lorsqu'ils répondent aux demandes d'information mentionnées à l'article 695-9-47-1, les personnes mentionnées au même article recourent à des moyens de communication électronique sécurisés précisés par arrêté conjoint du ministre chargé de l'économie et du ministre de l'intérieur.**

Art. R. 49-42 **Le procureur de la République, le juge d'instruction et les officiers ou agents de police judiciaire mentionnés aux articles 60-1, 77-1-1 et 99-3 tiennent des registres permettant d'assurer la traçabilité des demandes reçues des autorités homo-**

logues étrangères et d'Europol et portant sur la communication d'informations émanant du service mentionné à l'article L. 561-23 du code monétaire et financier ou de déclarations mentionnées à l'article 1649 A du code général des impôts.

Les registres sont conservés pendant cinq ans après leur création.

TITRE TREIZIÈME DE LA POURSUITE, DE L'INSTRUCTION ET DU JUGEMENT DES INFRACTIONS EN MATIÈRE ÉCONOMIQUE ET FINANCIÈRE

(Décr. n° 99-75 du 5 févr. 1999)

Art. R. 50 *bis* Les assistants spécialisés prévus à l'article 706 sont nommés pour une durée de trois ans renouvelable.

Les fonctions d'assistant spécialisé sont exclusives de toute autre activité professionnelle rémunérée, à l'exception de l'enseignement.

Art. R. 50 *ter* Les personnes non fonctionnaires remplissant les conditions prévues au premier alinéa de l'article 706 sont recrutées en qualité d'agent contractuel. Le décret n° 86-83 du 17 janvier 1986 relatif aux dispositions générales applicables aux agents non titulaires de l'État leur est applicable. — *V. ce décret au* ***C. fonct. publ.***

Leur contrat comporte une période d'essai de trois mois.

Art. R. 50 *quater* L'arrêté de mise à disposition ou de détachement des fonctionnaires, ou le contrat des agents contractuels, précise la cour d'appel dans le ressort de laquelle l'assistant spécialisé exerce ses fonctions à titre principal.

Il peut prévoir que l'assistant spécialisé exercera également ses fonctions à titre accessoire dans le ressort d'autres cours d'appel.

Art. R. 50 *quinquies* Sous réserve des règles relatives à la mise à disposition et au détachement des fonctionnaires, l'assistant spécialisé relève de l'autorité des chefs de la cour d'appel visée à l'alinéa premier de l'article précédent.

Il est placé par ceux-ci, le cas échéant, pour une période qu'ils déterminent, auprès des chefs d'un *(Décr. n° 2021-1045 du 4 août 2021, art. 2)* « ou de plusieurs tribunaux judiciaires visés » *(Décr. n° 2014-64 du 29 janv. 2014, art. 3)* « aux articles 52-1, 704, 705 ou 705-1 », qui fixent les conditions d'exercice de ses fonctions.

Dans l'exercice desdites fonctions, l'assistant spécialisé ne peut recevoir ni solliciter d'autres instructions que celles du ou des magistrats sous la direction desquels il est placé.

Art. R. 50 *sexies* Préalablement à l'exercice de son activité, l'assistant spécialisé prête serment en ces termes devant la cour d'appel visée à l'alinéa premier de l'article R. 50 *quater* : "Je jure de conserver le secret des informations sur les affaires judiciaires ainsi que sur les actes du parquet et des juridictions d'instruction et de jugement, dont j'aurai eu connaissance à l'occasion de mes travaux au sein des juridictions".

Il ne peut en aucun cas être relevé de ce serment.

Le Décr. n° 99-75 du 5 févr. 1999 est applicable dans les territoires d'outre-mer, en Nouvelle-Calédonie et à Mayotte (Décr. préc., art. 2).

V. Circ. CRIM 99-02 G 3 du 19 févr. 1999 relative à la mise en place de pôles économiques et financiers dans certaines juridictions spécialisées (BOMJ n° 73).

TITRE QUATORZIÈME DU RECOURS EN INDEMNITÉ OUVERT À CERTAINES VICTIMES DE DOMMAGES RÉSULTANT D'UNE INFRACTION *(Décr. n° 83-1156 du 23 déc. 1983).*

(Décr. n° 77-194 du 3 mars 1977)

RÉP. PÉN. v[is] Indemnisation des victimes d'infractions, par LUCIANO-MIEN ; *Victimes d'infraction*, par CARIO.

Art. R. 50-1 *(Décr. n° 2008-522 du 2 juin 2008)* Les règles relatives à la composition, au siège, au ressort et à la compétence territoriale de la commission d'indemnisation des victimes d'infractions prévue par l'article 706-4 sont fixées par le code de l'organisation judiciaire. — *V. COJ, art. R. 214-1 s.* — ***C. pr. civ.***

Art. R. 50-1-1 à R. 50-6 *Abrogés par Décr. n° 2008-522 du 2 juin 2008. — V. COJ, art. R. 214-3 s.* — ***C. pr. civ.***

Art. R. 50-7 *(Décr. n° 77-194 du 3 mars 1977)* **L'admission au bénéfice de l'aide judiciaire** *[aide juridictionnelle]* **devant la commission peut être accordée par le bureau établi près** *(Décr. n° 83-1156 du 23 déc. 1983)* **« le tribunal judiciaire ».**

La demande d'aide judiciaire *[aide juridictionnelle]* **interrompt les délais prévus aux articles 706-5 et 706-8.**

RÉP. PÉN. v° *Aide juridictionnelle*, par CARBONE.

Art. R. 50-8 *(Décr. n° 77-194 du 3 mars 1977)* **La commission est saisie par une requête signée de la personne lésée, de son représentant légal ou de son conseil et remise, ou adressée par lettre recommandée, au secrétaire de la commission qui en délivre récépissé.**

Art. R. 50-9 *(Décr. n° 90-1211 du 21 déc. 1990)* **La requête contient tous renseignements utiles à l'instruction de la demande d'indemnité, et notamment l'indication :**

1° Des nom, prénoms, date et lieu de naissance et demeure du demandeur ;

2° De la date, du lieu et des circonstances de l'infraction génératrice du dommage ;

3° Des atteintes à la personne du demandeur ou des dommages causés à ses biens ;

4° De la juridiction pénale éventuellement saisie de l'infraction ;

5° Des liens de parenté ou relations de droit ou de fait existant entre le demandeur et celui qui a personnellement souffert du dommage s'il ne s'agit pas de la même personne ;

6° Le cas échéant, des organismes publics ou privés dont relève le demandeur ou auprès desquels il est assuré et qui sont susceptibles de l'indemniser de tout ou partie du préjudice subi ;

7° Des demandes de réparation ou d'indemnité déjà présentées et, en particulier, des actions en dommages-intérêts qui ont été engagées ainsi que des sommes qui ont déjà été versées au demandeur en réparation du préjudice ;

8° Du montant de l'indemnité réclamée devant la commission ;

9° De l'adresse à laquelle les notifications doivent être faites au demandeur.

La requête est accompagnée de toutes pièces justificatives, notamment d'une copie du certificat médical initial et, le cas échéant, de toutes pièces attestant la consolidation, ainsi que de tout document permettant d'apprécier la perte ou la diminution des revenus, l'accroissement des charges ou l'inaptitude à exercer une activité professionnelle qui sont la conséquence du dommage.

Art. R. 50-10 *(Décr. n° 90-1211 du 21 déc. 1990)* **Lorsque la demande d'indemnité est fondée sur l'article 706-14, la requête contient en outre :**

1° L'indication du montant des ressources du demandeur avec les justifications utiles, notamment une copie de la déclaration de ses revenus de l'année précédant l'infraction et de l'année précédant celle où la commission est saisie ou, s'il n'est pas imposable, un certificat de non-imposition et, le cas échéant, la liste de ses biens immobiliers ;

2° Les éléments desquels résulte l'impossibilité d'obtenir auprès des organismes publics ou privés dont relève le demandeur ou de toute autre personne morale ou physique la réparation effective et suffisante de son préjudice ;

3° La description de la situation matérielle grave dans laquelle il se trouve de ce fait.

Pour refuser d'allouer à une personne, en tant que représentant légal d'un mineur dont le père avait été assassiné par des personnes insolvables, l'indemnité qu'elle demandait au nom de ce mineur au titre du préjudice patrimonial, la commission d'indemnisation qui relève que cette personne ne produit pas sa déclaration de revenus relative à l'année précédant les faits, alors que cette disposition ne peut être invoquée que contre le demandeur en indemnité, a violé l'art. R. 50-10. • Civ. 2e, 9 oct. 1991, n° 90-10.225 P.

Art. R. 50-11 *(Décr. nº 77-194 du 3 mars 1977)* S'il s'agit d'une requête en complément d'indemnité fondée sur l'article 706-8, elle doit être accompagnée d'une expédition de la décision, passée en force de chose jugée, qui a statué sur les intérêts civils.

Art. R. 50-12 *(Décr. nº 90-1211 du 21 déc. 1990)* Le secrétaire de la commission transmet sans délai copie de la requête et des pièces annexes au procureur de la République près le tribunal judiciaire et, par lettre simple, au fonds de garantie des victimes des actes de terrorisme et d'autres infractions.

Art. R. 50-12-1 *(Décr. nº 2005-564 du 27 mai 2005)* L'offre d'indemnisation faite à la victime en application de l'article 706-5-1 indique l'évaluation retenue par le fonds de garantie pour chaque chef de préjudice et le montant des indemnités qui reviennent à la victime compte tenu des prestations énumérées à l'article 29 de la loi nº 85-677 du 5 juillet 1985 et des indemnités de toute nature reçues ou à recevoir d'autres débiteurs du chef du même préjudice. Elle est accompagnée, le cas échéant, de la copie des décomptes produits par les personnes ou organismes débiteurs de ces prestations ou indemnités.

Les dispositions du Décr. nº 2005-564 du 27 mai 2005 sont applicables aux demandes d'indemnisation déposées à compter de sa publication (JO 28 mai).

Art. R. 50-12-2 *(Décr. nº 2005-564 du 27 mai 2005)* Le président de la commission est saisi par le fonds d'une requête aux fins d'homologation du constat d'accord. En cas d'homologation, il est conféré force exécutoire au constat. La décision est notifiée sans délai par lettre recommandée avec demande d'avis de réception au demandeur et *(Décr. nº 2020-1452 du 27 nov. 2020, art. 8)* « par lettre simple » au fonds.

Si la victime ne répond pas à l'offre d'indemnisation, son silence est regardé à l'expiration d'un délai de deux mois à compter de sa présentation comme valant désaccord. L'offre mentionne les conséquences attachées au silence de la victime.

Les dispositions du Décr. nº 2005-564 du 27 mai 2005 sont applicables aux demandes d'indemnisation déposées à compter de sa publication (JO 28 mai).

Art. R. 50-13 *(Décr. nº 83-1156 du 23 déc. 1983)* « Le président de la commission ou le magistrat assesseur instruit l'affaire ; il peut procéder ou faire procéder à toutes auditions et investigations utiles. »

(Décr. nº 77-194 du 3 mars 1977) Toutefois, lorsqu'il est manifeste au vu des énonciations de la requête ou des pièces annexes que le demandeur ne remplit pas une des conditions prévues à l'article 706-3, il est procédé immédiatement comme il est dit aux articles R. 50-17 et suivants.

Art. R. 50-14 *(Décr. nº 77-194 du 3 mars 1977)* Le demandeur ainsi que *(Décr. nº 90-1211 du 21 déc. 1990)* « le fonds de garantie » peuvent prendre connaissance du dossier au secrétariat de la commission et adresser toutes observations qu'ils estiment utiles à l'instruction de la demande d'indemnité.

(Décr. nº 90-1211 du 21 déc. 1990) « Le requérant et le fonds de garantie peuvent se faire délivrer, à leurs frais, par le secrétariat, copie des pièces du dossier. » S'il s'agit de procès-verbaux constatant l'infraction ou de pièces de la procédure pénale, la délivrance ou l'envoi des copies est subordonné à l'autorisation du ministère public.

Art. R. 50-15 *(Décr. nº 90-1211 du 21 déc. 1990)* Lorsque le demandeur sollicite l'attribution d'une provision, le président de la commission communique sans délai la requête au procureur de la République et au fonds de garantie et recueille leurs observations. Le président statue dans le délai d'un mois à compter de la demande par une ordonnance portée à la connaissance du procureur de la République. Il est procédé comme il est dit à l'article R. 50-22.

Art. R. 50-16 *(Décr. nº 77-194 du 3 mars 1977)* Lorsque l'affaire est instruite, le président de la commission fixe la date de l'audience.

Art. R. 50-17 *(Décr. nº 77-194 du 3 mars 1977)* Le secrétaire de la commission convoque au moins deux mois à l'avance le demandeur et *(Décr. nº 90-1211 du 21 déc. 1990)* « le fonds de garantie » à l'audience qui a été fixée. Cette convocation est faite par lettre recommandée avec demande d'avis de réception *(Décr. nº 2020-1452 du 27 nov. 2020, art. 8)* « au demandeur et par lettre simple au fonds de garantie ».

Les parties sont informées dans la convocation que leurs observations doivent être adressées à la commission au plus tard quinze jours avant la date de l'audience mais qu'elles peuvent consulter le dossier au secrétariat jusqu'au jour de celle-ci.

1. Encourt la cassation la décision rendue en l'absence de l'agent judiciaire du Trésor convoqué moins de deux mois avant l'audience par lettre recommandée avec accusé de réception et sans qu'il ait déposé d'observations. • Civ. 2e, 21 juill. 1986 : *JCP 1987. II. 20815, note Chambon.* ♦ *Adde :* • Civ. 2e, 4 juill. 1984 : *Bull. civ. II, no 128.*

2. Les dispositions de l'art. R. 50-17, al. 2, qui imposent aux parties le dépôt de leurs observations à la commission au plus tard quinze jours avant la date de l'audience, ne comportent aucune sanction. Est donc recevable le mémoire complémentaire déposé le jour même de l'audience. • Civ. 2e, 16 mai 1984 : *Bull. civ. II, no 85* • 27 juin 1990, no 88-12.680 P.

Art. R. 50-18 *(Décr. no 77-194 du 3 mars 1977)* **Le** *(Décr. no 83-1156 du 23 déc. 1983)* **« procureur de la République » est informé de la date de l'audience et dépose ses conclusions quinze jours au moins avant cette date.**

Art. R. 50-19 *(Décr. no 83-1156 du 23 déc. 1983)* **A l'audience, le magistrat qui a procédé à l'instruction de l'affaire fait son rapport ; le demandeur et** *(Décr. no 90-1211 du 21 déc. 1990)* **« le fonds de garantie », s'ils sont présents ou représentés, sont ensuite entendus.**

Le procureur de la République développe ses conclusions.

1. Le rapport prescrit par l'art. R. 50-19, qui doit être fait à l'audience par le magistrat qui a procédé à l'instruction de l'affaire, est une formalité d'ordre public dont l'omission entraîne la cassation de la décision de la commission d'indemnisation. • Civ. 2e, 17 juill. 1985 : *Bull. civ. II, no 141* • 15 nov. 1989 : *D. 1990. Somm. 225, obs. Pradel* .

2. Aucun texte ne rend applicables les dispositions des art. R. 50-18 et R. 50-19 devant la cour d'appel. • Civ. 2e, 20 mars 1996, no 93-21.020 P : *Resp. civ. et assur. 1996. Comm. 213* • 16 nov. 1994, no 92-18.713 P : *JCP 1995. IV.140.*

Art. R. 50-20 *(Décr. no 77-194 du 3 mars 1977)* **A l'audience, la commission, lorsqu'elle estime qu'il y a lieu de renvoyer l'affaire à une autre audience, fixe immédiatement la date de celle-ci.** *(Décr. no 2020-1452 du 27 nov. 2020, art. 8)* **« Lorsque les parties ne sont ni présentes ni représentées, celles-ci sont informées de ce renvoi par lettre recommandée avec demande d'avis de réception, à l'exception du fonds de garantie qui est informé par lettre simple. »**

Art. R. 50-21 *(Décr. no 77-194 du 3 mars 1977)* **Si la requête est rejetée, le demandeur est condamné aux dépens, à moins que la commission ne l'en décharge en partie ou en totalité.**

Art. R. 50-22 *(Décr. no 90-1211 du 21 déc. 1990)* **La décision de la commission est notifiée sans délai, par lettre recommandée avec demande d'avis de réception, au demandeur et au fonds de garantie.**

Si le demandeur n'a pas eu connaissance de la notification effectuée en application de l'art. R. 50-22, en l'absence de la signification prévue à l'art. 670-1 NCPC [devenu C. pr. civ.] applicable en vertu de l'art. 749, le délai de pourvoi n'a pas couru. • Civ. 2e, 11 févr. 1999, no 95-21.534 P.

Art. R. 50-23 *(Décr. no 83-1156 du 23 déc. 1983)* **Les décisions de la commission et du président de la commission ne peuvent être frappées d'opposition.** *(Décr. no 2002-801 du 3 mai 2002)* **« Elles peuvent être frappées d'appel quel que soit le montant de la demande ».**

Art. R. 50-24 *(Décr. no 90-1211 du 21 déc. 1990)* **Les sommes allouées à la victime en application des articles 706-3 à 706-14 sont versées par le fonds de garantie dans le délai d'un mois à compter de la notification de la décision de la commission** *(Décr. no 2005-564 du 27 mai 2005)* **« ou de l'homologation du constat d'accord » ; avis du paiement est donné sans délai au président de la commission.**

Les dispositions du Décr. no 2005-564 du 27 mai 2005 sont applicables aux demandes d'indemnisation déposées à compter de sa publication (JO 28 mai).

Art. R. 50-25 *(Décr. no 90-1211 du 21 déc. 1990)* **Lorsque le fonds de garantie demande, en application de l'article 706-10, le remboursement total ou partiel de**

l'indemnité qu'il a versée, il saisit par simple requête la commission qui se prononce, les parties entendues ou appelées, dans les conditions prévues aux articles R. 50-17 et suivants.

Art. R. 50-26 *(Décr. nº 77-194 du 3 mars 1977)* Lorsque, postérieurement à l'attribution d'une provision ou d'une indemnité par une commission, des poursuites pénales sont engagées contre l'auteur présumé de l'infraction, le ministère public de la juridiction répressive saisie en informe *(Décr. nº 90-1211 du 21 déc. 1990)* « le fonds de garantie ».

Art. R. 50-27 *(Décr. nº 77-194 du 3 mars 1977)* La déclaration de la victime ou de ses ayants droit faite par application des dispositions de l'article 706-12 est communiquée par le greffier en chef ou le secrétaire-greffier de la juridiction saisie dans le délai de quinze jours, par lettre recommandée avec demande d'avis de réception, *(Décr. nº 90-1211 du 21 déc. 1990)* « au fonds de garantie ». Cette communication est accompagnée des renseignements nécessaires à l'exercice de l'action prévue à l'article 706-11. La date de l'audience au cours de laquelle il sera statué sur les intérêts civils est notifiée au moins un mois à l'avance par le greffier en chef ou le secrétaire-greffier *(Décr. nº 90-1211 du 21 déc. 1990)* « au fonds de garantie » par lettre recommandée avec demande d'avis de réception. En cas de déclaration tardive, l'affaire doit être renvoyée à une audience ultérieure dont *(Décr. nº 90-1211 du 21 déc. 1990)* « le fonds de garantie » est informé dans le délai ci-dessus indiqué.

Art. R. 50-28 *(Décr. nº 77-194 du 3 mars 1977)* Les dispositions des articles 643 à 647 du code de procédure civile s'appliquent aux délais *(Décr. nº 90-1211 du 21 déc. 1990)* « d'un mois et de deux mois » prévus aux articles R. 50-15 *(Décr. nº 2005-564 du 27 mai 2005)* « , R. 50-12-2 » et R. 50-17.

Les dispositions du Décr. nº 2005-564 du 27 mai 2005 sont applicables aux demandes d'indemnisation déposées à compter de sa publication (JO 28 mai).

TITRE QUINZIÈME DE LA POURSUITE, DE L'INSTRUCTION ET DU JUGEMENT DES ACTES DE TERRORISME

(Décr. nº 2007-1388 du 26 sept. 2007, art. 13-II)

L'ancien titre XV intitulé « Diligences incombant au ministère public pour l'application de l'article 706-37 » est devenu un titre XVII intitulé « De la poursuite, de l'instruction et du jugement des infractions en matière de proxénétisme ou de recours à la prostitution des mineurs », en application du Décr. nº 2007-1388 du 26 sept. 2007.

CHAPITRE PREMIER DE LA PROTECTION DES ENQUÊTEURS *(Décr. nº 2015-1840 du 29 déc. 2015, en vigueur le 1er juill. 2016).*

Art. R. 50-29 Pour l'application de l'article 706-24, il est tenu, au parquet général de la cour d'appel de Paris, un registre coté et paraphé dans lequel sont mentionnées les autorisations de s'identifier par leur numéro d'immatriculation administrative délivrées par le procureur général de Paris à des officiers ou agents de police judiciaire affectés dans des services de police judiciaire spécialement chargés de la lutte contre le terrorisme et auquel sont annexées les copies de ces autorisations.

Les numéros d'immatriculation administrative sont donnés par le chef du service. Ils peuvent être différents pour chaque procédure à laquelle participent les officiers ou agents de police judiciaire. Ces numéros sont mentionnés, pour chaque procédure, dans un registre coté et paraphé détenu par le service, registre auquel sont annexées les autorisations. Les autorisations sont valables pendant toute la durée de l'affectation des officiers ou agents de police judiciaire dans le service.

Ces officiers et agents peuvent ne pas signer de leur signature habituelle les procès-verbaux qu'ils établissent, en recourant à une signature reproduisant, le cas échéant, tout ou partie du numéro d'immatriculation et dont ils ont apposé un exemplaire dans le registre prévu au deuxième alinéa du présent article.

CHAPITRE II DU FICHIER JUDICIAIRE NATIONAL AUTOMATISÉ DES AUTEURS D'INFRACTIONS TERRORISTES

(Décr. nº 2015-1840 du 29 déc. 2015, en vigueur le 1er juill. 2016)

Art. R. 50-30 Le fichier judiciaire national automatisé des auteurs d'infractions terroristes est tenu sous le contrôle du magistrat dirigeant le service du casier judiciaire national, qui veille au respect des dispositions du présent chapitre.

SECTION PREMIÈRE INSCRIPTION DANS LE FICHIER

Art. R. 50-31 L'enregistrement dans le fichier des données à caractère personnel prévues aux 1° à 3° de l'article 706-25-4 est réalisé par le procureur de la République.

L'enregistrement des données à caractère personnel prévues au 5° de l'article 706-25-4 est réalisé par le juge d'instruction ou son greffier.

L'enregistrement des données à caractère personnel prévues au 4° de l'article 706-25-4 est réalisé par le procureur de la République de Paris, après transmission par le service gestionnaire du fichier des avis adressés aux autorités françaises, ou par le procureur de la République du lieu de détention où sont exécutées les peines à la suite des transfèrements des personnes condamnées.

Art. R. 50-32 La vérification de l'identité des personnes inscrites au fichier prévu par le premier alinéa de l'article 706-25-5 est effectuée, lorsqu'elle est possible, au vu des informations communiquées au service du casier judiciaire conformément aux dispositions de l'article R. 64.

Art. R. 50-33 Le procureur de la République informe sans délai le gestionnaire du fichier des décisions de relaxe ou d'acquittement intervenues dans les procédures ayant donné lieu à enregistrement au fichier une fois acquis leur caractère définitif.

Le juge d'instruction *[,]* ou son greffier, enregistre les décisions de non-lieu, ou de retrait dans les procédures ayant donné lieu à enregistrement au fichier.

Art. R. 50-34 L'agent du greffe pénitentiaire habilité enregistre sans délai dans le fichier la date de mise sous écrou et de libération, l'adresse du domicile déclaré par la personne libérée, si elle est différente du dernier domicile enregistré et la date de la notification à laquelle il a été procédé.

Art. R. 50-35 Les agents des services de police ou des unités de gendarmerie habilités et les agents habilités des services du ministère des affaires étrangères et du développement international enregistrent dans le fichier les justifications d'adresse ou de changement d'adresse, et les déplacements transfrontaliers dont ils ont eu connaissance en application des dispositions de l'article 706-25-5.

Art. R. 50-36 Pour chaque personne faisant l'objet d'une inscription au fichier, sont enregistrées les données à caractère personnel suivantes :

1° Informations relatives à la personne elle-même :

a) Nom, prénom, sexe, date et lieu de naissance de la personne, la ou les nationalités, ainsi que, le cas échéant, alias, changement de nom et nom d'usage ; sont également enregistrées les informations relatives à la filiation de la personne, si cette personne ne figure pas au répertoire national d'identification des personnes physiques, ces informations ne pouvant toutefois constituer un critère de recherche ;

b) Adresses successives du domicile, ainsi que, le cas échéant, les dates correspondantes ;

c) Le ou les déplacements transfrontaliers de la personne, la destination et l'adresse déclarée *ainsi que, le cas échéant,* les dates correspondantes ;

2° Informations relatives à la ou aux décisions ayant donné lieu à l'enregistrement :

a) Nature et date de la décision ;

b) Juridiction ayant prononcé la décision ;

c) Peines principales ou complémentaires ou mesures prononcées ;

d) Nature de l'infraction ou des infractions pour lesquelles la personne est poursuivie ou condamnée ;

e) Lieu des faits ;

f) Date des faits ;
g) Date de notification des obligations prévues par l'article 706-25-8 et l'article 19-II de la loi n° 2015-912 du 24 juillet 2015 ;
h) Le cas échéant, dates de mise sous écrou et de libération ;
3° Informations diverses :
a) Dates de justification d'adresse ;
b) Périodicité et modalité de l'obligation de justification si elle existe ;
c) Décisions prises en application de l'article 706-25-12 et de l'article 19-II de la loi n° 2015-912 du 24 juillet 2015 ;
d) Date et motif de l'inscription au fichier des personnes recherchées.

Art. R. 50-37 Le gestionnaire du fichier contrôle la validité des informations enregistrées et, selon le cas, refuse ou efface les enregistrements qui ne respectent pas les exigences légales.

SECTION II INFORMATION DE LA PERSONNE INSCRITE DANS LE FICHIER

Art. R. 50-38 L'information des personnes condamnées est faite conformément aux dispositions du présent article.

Lorsque la personne est présente à l'audience, l'information relative à son inscription dans le fichier et la notification de ses obligations sont faites par le président de la juridiction ou le greffier ou l'agent du greffe qu'il désigne. Toutefois, il n'est pas procédé lors de l'audience à la notification de ses obligations à la personne si celle-ci est placée ou maintenue en détention en application de la condamnation justifiant son inscription au fichier.

A défaut, la notification est faite par le procureur de la République, ou par un agent placé sous son autorité ou un délégué du procureur de la République désignés par lui, par lettre recommandée avec demande d'avis de réception. S'il apparaît que l'adresse de la personne est inconnue, le procureur de la République fait inscrire cette personne au fichier des personnes recherchées.

Lorsqu'il résulte de la consultation du fichier effectuée par l'agent du greffe habilité par le chef de l'établissement pénitentiaire conformément au 4° de l'article 706-25-9, que la personne incarcérée n'a pas fait l'objet de l'information mentionnée à l'article 706-25-8, cette information lui est donnée par le greffe de l'établissement pénitentiaire, sur instruction du procureur de la République, soit au moment de sa libération définitive ou préalablement à la première mesure d'aménagement de sa peine entraînant la sortie de l'établissement pénitentiaire, autre qu'une permission de sortir, si elle exécute une peine privative de liberté en application de la condamnation ayant entraîné son inscription au fichier, soit immédiatement, si elle est détenue pour une autre cause.

Dans tous les cas, il lui est remis contre récépissé ou adressé un document récapitulant ses obligations et précisant les conditions selon lesquelles il doit y être satisfait conformément aux dispositions de la section III. Ce document informe la personne inscrite dans le fichier que les administrations de l'État mentionnées à l'article R. 50-52 peuvent directement interroger le fichier en application du 3° de l'article 706-25-9. Le modèle de ce document est établi par le ministre de la justice.

(Abrogé par Décr. n° 2021-682 du 27 mai 2021, art. 2, à compter du 30 sept. 2021) ***« Si la personne est mineure, le procureur de la République avise les titulaires de l'autorité parentale, les personnes auxquelles sa garde a été confiée par décision judiciaire ou ses représentants légaux de la notification faite en application du présent article. »*** Si la personne est un majeur protégé, le procureur de la République avise *(Décr. n° 2021-682 du 27 mai 2021, art. 2, en vigueur le 30 sept. 2021)* « de la notification faite en application du présent article *[ancienne rédaction : de cette notification]* » son représentant légal.

Art. R. 50-39 Dans les cas prévus par le 3° de l'article 706-25-4, la notification est faite par le procureur de la République selon les modalités décrites au troisième alinéa de l'article R. 50-38.

Art. R. 50-40 Dans le cas d'un enregistrement au fichier prévu par le 5° de l'article 706-25-4, l'information de la personne et la remise du document prévu à l'article R. 50-38 sont faites par le juge d'instruction qui ordonne l'inscription au fichier.

Art. R. 50-41 Dans les cas prévus par le 4° de l'article 706-25-4, l'information de la personne et la remise du document prévu par l'article R. 50-38 sont faites, dans les conditions fixées par les troisième et quatrième alinéas de cet article, soit par le greffe de l'établissement pénitentiaire si la personne est détenue en France, soit par le procureur de la République de Paris.

S'il apparaît que l'adresse de la personne est inconnue, le procureur de la République fait inscrire cette personne au fichier des personnes recherchées.

Art. R. 50-42 L'administration pénitentiaire informe sans délai le procureur de la République du lieu de condamnation de la notification des obligations à laquelle elle a procédé conformément au quatrième alinéa de l'article R. 50-38.

Si la personne a été condamnée à l'étranger, l'administration pénitentiaire informe le procureur de la République compétent en application de l'article R. 50-31.

SECTION III OBLIGATIONS INCOMBANT À LA PERSONNE INSCRITE DANS LE FICHIER

Art. R. 50-43 Le procureur de la République qui inscrit la personne au fichier en application des 1° à 4° de l'article 706-25-4, ou le juge d'instruction en application du 5° de l'article 706-25-4, procède dans le même temps à son inscription au fichier des personnes recherchées en application du onzième alinéa de l'article 706-25-7.

Art. R. 50-44 La justification et la déclaration de changement d'adresse prévues par l'article 706-25-7 se font au moyen de tout document de moins de trois mois au nom de l'intéressé établissant la réalité de son domicile, notamment d'une quittance ou d'une facture. Si le justificatif produit se rapporte au domicile d'un tiers, il doit être accompagné d'une attestation d'hébergement établie et signée par celui-ci, ainsi que d'une copie de tout document d'identité en cours de validité du signataire de l'attestation.

La déclaration préalable de déplacement prévue aux 3° et 4° de l'article 706-25-7 précise les dates, la destination du déplacement envisagé et l'adresse où se trouvera la personne pendant ce déplacement.

Art. R. 50-45 Pour l'application des 1° et 2° de l'article 706-25-7, concernant les personnes résidant en France, le justificatif visé à l'article R. 50-44 est remis en personne au commissariat de police ou à la brigade territoriale de gendarmerie dont dépend le domicile de l'intéressé.

Pour l'application des 1° et 2° de l'article 706-25-7, si l'intéressé de nationalité française réside à l'étranger, le justificatif visé à l'article R. 50-44 est remis en personne au consulat de France ou à la section consulaire de l'ambassade de France la plus proche de son domicile.

Si l'intéressé de nationalité étrangère réside à l'étranger, le justificatif visé à l'article R. 50-44 doit être transmis par la voie postale, avec demande d'avis de réception, au gestionnaire du fichier. Dans cette dernière hypothèse, les documents justificatifs doivent être accompagnés ou revêtus d'un visa émanant soit des autorités étrangères soit des postes diplomatiques ou consulaires.

Dans tous les cas, l'obligation de justification doit s'exécuter une première fois dans les quinze jours suivant la date à laquelle la notification des obligations a été faite puis tous les trois mois à compter de cette même date. La personne doit alors justifier de son adresse au plus tard dans les quinze jours suivant l'expiration de ce délai de trois mois.

Cette obligation ne dispense pas la personne de déclarer et de justifier de ses éventuels changements d'adresse dans un délai de quinze jours après un changement.

Pour l'application du 3° de l'article 706-25-7, l'intéressé doit effectuer en personne, au commissariat de police ou à la brigade territoriale de gendarmerie dont dépend son domicile, la déclaration préalable au moins quinze jours avant le déplacement envisagé.

Pour l'application du 4° de l'article 706-25-7, si l'intéressé de nationalité française réside à l'étranger, il doit effectuer en personne au consulat de France ou à la section consulaire de l'ambassade de France la plus proche de son domicile, la déclaration préalable au moins quinze jours avant le déplacement envisagé.

Si l'intéressé de nationalité étrangère réside à l'étranger, il doit effectuer la déclaration préalable au moins quinze jours avant le déplacement par lettre recommandée avec demande d'avis de réception auprès du gestionnaire du fichier.

Art. R. 50-46 A défaut de présentation des justificatifs et déclarations dans les délais et conditions définis à l'article R. 50-45, le service gestionnaire du fichier adresse au ministère de l'intérieur l'avis prévu par les articles 706-25-10 et R. 50-54.

A la suite de l'enregistrement de la déclaration de tout déplacement transfrontalier, le service gestionnaire du fichier adresse au ministère de l'intérieur l'avis prévu par les articles 706-25-10 et R. 50-54.

Le procureur de la République compétent pour la poursuite des violations des obligations de l'article 706-25-7 est celui compétent en application des articles 706-17 et suivants.

Art. R. 50-47 Lorsque la personne exécute une peine privative de liberté en application de la condamnation ayant entraîné son inscription au fichier, son obligation de justification d'adresse et de déclaration de changement d'adresse ne s'impose qu'à compter de sa libération définitive ou de la date d'exécution d'une mesure d'aménagement de sa peine entraînant la sortie de l'établissement pénitentiaire, autre qu'une permission de sortir.

Art. R. 50-48 Lorsque la personne se trouve dans un établissement public ou privé dans lequel elle est placée ou retenue en application d'une décision judiciaire ou administrative, la justification d'adresse peut consister en une attestation délivrée par le responsable de cet établissement et adressée par lui à l'autorité compétente.

Cette attestation est adressée au commissariat de police ou à la brigade territoriale dont dépend le domicile de l'intéressé si celui-ci réside en France.

Si l'intéressé de nationalité française réside à l'étranger, cette attestation est adressée au consulat de France ou à la section consulaire de l'ambassade de France le plus proche de son domicile.

Si l'intéressé de nationalité étrangère réside à l'étranger ou que son domicile n'est pas connu, cette attestation est adressée au service gestionnaire du fichier.

Art. R. 50-49 Lorsque l'intéressé est mineur, la justification d'adresse ou la déclaration de changement d'adresse est effectuée par ses représentants légaux ou les personnes auxquelles sa garde a été confiée selon les modalités décrites dans les articles de la présente section.

Art. R. 50-50 L'intéressé, de nationalité française et résidant à l'étranger, ne pouvant satisfaire aux obligations résultant de l'article 706-25-7 du fait de l'absence de représentation française dans le pays étranger où il réside ou de l'absence de section consulaire dans l'ambassade ou le consulat le plus proche de son domicile, peut solliciter auprès du procureur de la République ou du juge d'instruction ayant procédé à son inscription, l'autorisation de transmettre ses justificatifs par voie postale avec demande d'avis de réception au gestionnaire du fichier.

Le procureur de la République ou le juge d'instruction peuvent aussi en décider d'office.

S'ils font droit à cette demande, ils en informent l'intéressé et le service gestionnaire.

En cas de refus, la personne peut former un recours contre cette décision selon les modalités des articles R. 50-56 et suivants.

Toute demande doit être faite, sous peine d'irrecevabilité, par lettre recommandée avec accusé de réception, ou par déclaration au greffe.

La liste des pays sans représentation française et des postes sans section consulaire est communiquée, et mise à jour en tant que de besoin, par le ministre des affaires étrangères et du développement international au gestionnaire du fichier visé à l'article R. 50-37.

SECTION IV INTERROGATION DU FICHIER ET INFORMATION DIRECTE DU MINISTÈRE DE L'INTÉRIEUR

Art. R. 50-51 Les autorités judiciaires, ainsi que les officiers de police judiciaire habilités, saisis dans le cadre d'une procédure mentionnée au 2° de l'article 706-25-9 ou avisés conformément à l'article R. 50-54, ainsi que les agents mentionnés au 5° de l'article 706-25-9, peuvent interroger le fichier par un système de communication électronique sécurisé à partir des critères suivants, même incomplets :

a) Numéro de dossier ;
b) Données d'identité ;
c) Données d'adresse ou éléments de localisation ;
d) Nature des infractions ;
e) Date des faits ;
f) Lieu de commission des faits ;
g) Nature et date de la décision judiciaire ;
h) Nature de peines principales ou complémentaires et mesures prononcées ;
i) Personnes en défaut de justification.

Les agents des greffes pénitentiaires habilités par les chefs d'établissement, les agents individuellement désignés et habilités du bureau du renseignement pénitentiaire de la direction de l'administration pénitentiaire, et les agents du ministère des affaires étrangères et du développement international habilités peuvent interroger le fichier par un système de communication électronique sécurisé à partir des critères suivants même incomplets :

a) Numéro de dossier ;
b) Données d'identité.

Art. R. 50-52 I. – En application des dispositions du 3° de l'article 706-25-9, les autorités, agents ou services mentionnés au II peuvent directement interroger le fichier, par un système de communication électronique sécurisé, à partir de la seule identité d'une personne :

– pour toute demande de recrutement, d'affectation, d'autorisation, d'agrément, d'habilitation, ou de renouvellement de tout emploi dans la fonction publique, de tout emploi auprès d'un opérateur d'importance vitale, dans une installation classée pour la protection de l'environnement dite SEVESO, ou concernant une activité ou une profession dans le domaine de la sécurité, de l'enseignement de l'éducation, ou des transports ;

– ainsi que pour le contrôle de l'exercice de ces activités et professions.

II. – Les autorités, agents ou services mentionnés au I sont :

1° Les préfets ou les agents des préfectures habilités par eux à cette fin ;

2° Les chefs de services ou agents individuellement désignés et habilités par eux à cette fin des administrations de l'État suivantes :

a) La direction chargée de la gestion des ressources humaines du ministère chargé de l'éducation nationale et de l'enseignement supérieur ;

b) Les rectorats et les directions des services départementaux de l'éducation nationale ;

c) La direction de la protection judiciaire de la jeunesse et ses directions régionales ;

d) La direction de l'administration pénitentiaire et les directions interrégionales des services pénitentiaires ;

e) La direction générale de la gendarmerie nationale et la direction générale de la police nationale dans le cadre des enquêtes administratives dont elles ont la charge ;

f) La direction générale de la sécurité intérieure.

III. – Les personnes mentionnées au II indiquent le motif pour lequel elles interrogent le fichier.

Art. R. 50-53 Lors des interrogations, les identités consultées comportent également le résultat de la vérification effectuée par le service gestionnaire du fichier conformément à l'article 706-25-5 au moyen des informations communiquées au service du casier judiciaire en application de l'article R. 64.

Si l'intéressé est né hors de la France métropolitaine, ou si son lieu de naissance est inconnu, est inscrite la mention : "identité non vérifiable par le service".

Art. R. 50-54 En application de l'article 706-25-10, le gestionnaire du fichier adresse quotidiennement au ministère de l'intérieur les avis relatifs aux nouvelles inscriptions initiales prévues à l'article 706-25-7, aux modifications d'adresse relatives à une inscription, aux défauts de justification d'adresse ou aux déplacements transfrontaliers.

Il avise quotidiennement le service gestionnaire du fichier des personnes recherchées des effacements auxquels il a procédé en application des articles 706-25-6 et 706-25-12.

Établi après consultation automatisée du traitement de données à caractère personnel relatif à la gestion nationale des personnes détenues en établissement pénitentiaire, l'avis visé au premier alinéa précise, s'il y a lieu, le nom de l'établissement où la personne intéressée est détenue, l'adresse déclarée à la sortie et la date prévisible de sa libération.

Le service gestionnaire du fichier est habilité à mettre en œuvre la consultation automatisée du traitement de données à caractère personnel relatif à la gestion nationale des personnes détenues en établissement pénitentiaire pour les besoins du fichier tels que définis aux alinéas précédents.

SECTION V DEMANDE DE RECTIFICATION OU D'EFFACEMENT

Art. R. 50-55 Le procureur de la République compétent, en application des dispositions de l'article 706-25-12, pour ordonner, à la demande de l'intéressé, la rectification ou l'effacement des informations figurant au fichier est celui de la dernière juridiction qui a prononcé une condamnation ayant entraîné l'inscription de l'intéressé au fichier. Dans l'hypothèse où la dernière juridiction est une cour d'appel, le procureur de la République compétent est celui du siège de la cour d'appel.

Si l'inscription résulte de l'application du 4° de l'article 706-25-4, le procureur de la République compétent, au sens de l'alinéa précédent, est celui du tribunal judiciaire de Paris.

Le juge d'instruction compétent, en application des dispositions de l'article 706-25-12, pour ordonner, à la demande de l'intéressé, la rectification ou l'effacement des informations figurant au fichier est celui ayant ordonné son inscription au fichier.

La demande prévue par l'article 706-25-12 est, à peine d'irrecevabilité, adressée par lettre recommandée avec demande d'avis de réception ou effectuée par déclaration au greffe.

Art. R. 50-56 Le magistrat compétent doit faire connaître sa décision à l'intéressé, par lettre recommandée avec demande d'avis de réception dans un délai de trois mois à compter de la réception de la demande.

A défaut de réponse dans ce délai, ou si le magistrat ne fait pas droit à la demande, l'intéressé peut saisir aux mêmes fins le juge des libertés et de la détention dans un délai de dix jours par lettre recommandée avec demande d'avis de réception ou par déclaration au greffe.

Art. R. 50-57 Après avoir sollicité les réquisitions écrites du procureur de la République, le juge des libertés et de la détention statue par ordonnance motivée dans un délai de trois mois. L'ordonnance est notifiée au procureur de la République ou au juge d'instruction et, par lettre recommandée avec demande d'avis de réception, à l'intéressé.

Art. R. 50-58 Faute pour le juge des libertés et de la détention de statuer dans le délai fixé à l'article R. 50-56 ou s'il n'est pas fait droit à sa demande, l'intéressé peut, dans un délai de dix jours, saisir le président de la chambre de l'instruction par lettre *recommandée avec demande* d'avis de réception ou par déclaration au greffe de la cour d'appel. A peine d'irrecevabilité, sa contestation doit être motivée.

Art. R. 50-59 S'il est fait droit à la demande, le procureur de la République peut, dans un délai de dix jours, contester cette décision devant le président de la chambre de l'instruction. Cette contestation suspend l'exécution de la décision.

Art. R. 50-60 Le président de la chambre de l'instruction statue, après avoir sollicité les réquisitions écrites du procureur général, par une ordonnance motivée dans un délai de trois mois. Cette ordonnance est notifiée au procureur de la République ou au juge d'instruction et, par lettre recommandée avec demande d'avis de réception, à l'intéressé. Elle ne peut faire l'objet d'un pourvoi en cassation que si elle ne satisfait pas, en la forme, aux conditions essentielles de son existence légale.

Art. R. 50-61 S'il est fait droit aux demandes prévues par l'article 706-25-12, le procureur de la République informe le service gestionnaire du fichier de la décision, lequel procède sans délai, selon les cas, à l'effacement des données, ou à leur rectification ou à l'enregistrement dans le fichier de la nouvelle modalité de l'obligation de justification.

Art. R. 50-62 Les personnes inscrites au fichier en application du premier alinéa du B du II de l'article 19 de la loi n° 2015-912 du 25 juillet 2015 peuvent saisir le juge des libertés et de la détention aux fins d'effacement des informations les concernant dans un délai de dix jours suivant la notification de son inscription.

Dans cette hypothèse, les délais et règles procédurales de la présente section s'appliquent.

SECTION VI CONSERVATION DE LA TRACE DES INTERROGATIONS ET CONSULTATIONS

Art. R. 50-63 Le fichier conserve pendant une durée de trois ans les informations relatives aux enregistrements et interrogations dont il fait l'objet, en précisant la qualité de la personne ou de l'autorité ayant procédé à l'opération.

Ces informations ne peuvent être consultées que par le magistrat chef du service gestionnaire du fichier ou, avec son autorisation, par les personnes qu'il habilite.

Elles peuvent donner lieu à des exploitations statistiques.

SECTION VII EFFACEMENT DES DONNÉES INSCRITES DANS LE FICHIER

Art. R. 50-64 Le service gestionnaire du fichier procède à l'effacement des données qui y sont inscrites :

a) A l'expiration des délais prévus par l'article 706-25-6 ;

b) Lorsqu'il est informé d'une des décisions mentionnées à l'avant-dernier alinéa de l'article 706-25-6 ;

c) Lorsqu'il est informé du décès de la personne ;

d) Lorsqu'il est informé d'une décision d'effacement prise en application de l'article 706-25-12.

Le service gestionnaire du fichier porte à la connaissance de la personne inscrite au fichier tout retrait ou effacement la concernant.

Art. R. 50-65 Le juge d'instruction, ou son greffier, procède à l'effacement des données inscrites dans le fichier en cas de décision de non-lieu, de cessation ou de mainlevée de l'enregistrement au fichier.

SECTION VIII DISPOSITIONS COMMUNES

Art. R. 50-66 Les magistrats du parquet et tout fonctionnaire du parquet habilité par le procureur de la République exercent les compétences reconnues à ce magistrat pour l'application du présent chapitre.

Il en est de même pour celles reconnues au service gestionnaire du fichier, pour les magistrats placés sous son autorité et les fonctionnaires habilités par lui.

Art. R. 50-67 Pour les décisions rendues par les cours d'appel ou, le cas échéant, par les cours d'assises, les pouvoirs reconnus au présent chapitre au juge d'instruction ou à son greffier sont exercés par le président de la chambre de l'instruction ou le greffier de cette chambre.

Ceux reconnus au procureur de la République le sont par le procureur général, les magistrats du parquet général et tout fonctionnaire du parquet général habilité par le procureur général.

Art. R. 50-68 L'enregistrement des données à caractère personnel dans le fichier est réalisé directement par les personnes autorisées ou habilitées.

L'enregistrement et la consultation du fichier se font par l'intermédiaire de moyens de télécommunication sécurisés. La transmission de données entre le service gestionnaire du fichier et le ministère de l'intérieur se fait par un moyen informatique sécurisé.

CHAPITRE III DES DEMANDES TENDANT À LA RÉPARATION DU DOMMAGE CAUSÉ PAR UN ACTE DE TERRORISME

(Décr. nº 2019-547 du 31 mai 2019, art. 2)

Art. R. 50-69 Lorsque la juridiction d'instruction ou de jugement renvoie l'affaire en application du troisième alinéa de l'article 706-16-1, une copie de la décision de renvoi et, le cas échéant, de la demande tendant à la réparation du dommage causé par un acte de terrorisme ainsi que des pièces de la procédure pénale qui paraissent utiles à l'examen de cette demande, sont aussitôt transmises par le greffe à la juridiction civile compétente en application de l'article L. 217-6 du code de l'organisation judiciaire. — *Anc. art. R. 50-54-1.*

CHAPITRE IV DE LA MESURE JUDICIAIRE DE PRÉVENTION DE LA RÉCIDIVE TERRORISTE ET DE RÉINSERTION

(Décr. nº 2022-358 du 14 mars 2022)

Art. R. 50-70 Afin d'examiner la situation de la personne condamnée à une peine pour laquelle la mesure judiciaire de prévention de la récidive terroriste et de réinsertion est encourue, le procureur de la République antiterroriste demande au chef d'établissement pénitentiaire et au juge de l'application des peines compétent pour prendre les décisions concernant cette personne de lui transmettre les éléments concernant sa situation pénale, personnelle, sociale et familiale. Les décisions et rapports relatifs aux mesures de nature à favoriser la réinsertion dont la personne concernée a pu bénéficier pendant l'exécution de sa peine lui sont aussi adressés.

Art. R. 50-71 Lorsque la situation de la personne mentionnée à l'article R. 50-70 lui paraît susceptible de justifier le prononcé d'une mesure judiciaire de prévention de la récidive terroriste et de réinsertion, le procureur de la République antiterroriste saisit concomitamment la commission pluridisciplinaire des mesures de sûreté mentionnée à l'article 763-10 compétente pour le ressort de la cour d'appel de Paris et le tribunal de l'application des peines de Paris. Il en informe le juge de l'application des peines compétent pour prendre les décisions concernant cette personne.

Le procureur de la République antiterroriste communique au tribunal de l'application des peines de Paris l'ensemble des éléments relatifs aux mesures de nature à favoriser la réinsertion dont a été mis en mesure de bénéficier la personne concernée pendant l'exécution de sa peine.

Art. R. 50-72 La commission pluridisciplinaire des mesures de sûreté mentionnée à l'article R. 50-71 procède à l'évaluation de la dangerosité de la personne concernée et de sa capacité à se réinsérer.

Lorsqu'elle procède à cette évaluation en application du premier alinéa, sa composition est celle prévue par l'article R. 61-8, complétée par :

1° Un fonctionnaire de police ou un militaire de la gendarmerie affecté ou ayant été affecté dans un service de police judiciaire spécialement chargé de la lutte contre le terrorisme désigné, pour une période de cinq ans, par le ministre de l'intérieur ;

2° Un représentant d'une association mentionnée à l'article 2-9 au titre du représentant d'association d'aide aux victimes prévue au 6° de l'article R. 61-8. Ce représentant ne peut toutefois avoir été victime des faits pour lesquels a été condamnée la personne dont la commission est chargée d'évaluer la dangerosité.

Lorsque la commission pluridisciplinaire des mesures de sûreté procède à l'évaluation de la dangerosité d'une personne mineure, le premier président de la cour d'appel désigne un vice-président de la commission choisi parmi les président ou conseillers de la chambre spéciale des mineurs de la cour d'appel dans le ressort de laquelle siège la commission. Dans ce cas, la commission est complétée par le directeur interrégional de la protection judiciaire de la jeunesse compétent dans le ressort de la cour d'appel où siège la commission, ou son représentant.

Art. R. 50-73 Le placement de la personne concernée mentionné au deuxième alinéa de l'article 706-25-17 a lieu au centre national d'évaluation de l'administration pénitentiaire sur demande du président de la commission pluridisciplinaire des mesures de sûreté.

La durée du placement, qui ne peut ni être inférieure à six semaines, ni excéder douze semaines, est déterminée par l'administration pénitentiaire.

A l'issue du placement de la personne concernée, le centre national d'évaluation de l'administration pénitentiaire transmet au président de la commission pluridisciplinaire des mesures de sûreté un rapport d'évaluation pluridisciplinaire de dangerosité. Il communique en même temps ce rapport à la personne concernée.

Art. R. 50-74 Sur décision de son président, qui en assure la mise en œuvre, la commission pluridisciplinaire des mesures de sûreté peut procéder ou faire procéder sur l'ensemble du territoire national à tous examens, auditions, enquêtes administratives, expertises ou autres mesures utiles.

La commission peut demander la comparution de la personne condamnée avant de donner son avis. Cette comparution est de droit si la personne condamnée en fait la demande. Elle peut être assistée de son avocat.

A cette fin, la commission peut également utiliser les moyens de télécommunication audiovisuelle conformément aux dispositions de l'article 706-71.

Cette commission peut consulter les éléments figurant dans le dossier individuel du condamné mentionné à *(Décr. nº 2022-479 du 30 mars 2022, art. 8, en vigueur le 1er mai 2022)* « l'article L. 214-1 du code pénitentiaire *[ancienne rédaction : l'article 724-1]* ».

Art. R. 50-75 Conformément au troisième alinéa de l'article 706-25-17, la commission pluridisciplinaire des mesures de sûreté rend un avis motivé sur l'opportunité de prononcer une mesure judiciaire de prévention de la récidive terroriste et de réinsertion au regard *[de]* la dangerosité de la personne concernée et de sa capacité à se réinsérer. Cet avis est adressé sans délai au tribunal de l'application des peines de Paris.

Art. R. 50-76 Le tribunal de l'application des peines de Paris saisit le service pénitentiaire d'insertion et de probation territorialement compétent au regard du lieu de détention de la personne concernée qui lui communique toute proposition de mesures propres à favoriser la réinsertion de la personne concernée et l'acquisition des valeurs de la citoyenneté.

Art. R. 50-77 La personne concernée ou son avocat peut se faire délivrer copie de tout ou partie des pièces du dossier de la procédure conformément aux dispositions de l'article R. 165. Le dossier de la procédure peut également être consulté au greffe du tribunal de l'application des peines de Paris.

Art. R. 50-78 Lorsque le tribunal d'application des peines ordonne que la prise en charge de la personne soumise à une mesure judiciaire de prévention de la récidive terroriste et de réinsertion aura lieu au sein d'un établissement d'accueil adapté, sa décision désigne l'établissement concerné et fixe la durée de la prise en charge.

Art. R. 50-79 Dans l'exercice des compétences prévues au cinquième alinéa du I de l'article 706-25-16, le juge de l'application des peines du tribunal judiciaire de Paris mandate le service pénitentiaire d'insertion et de probation territorialement compétent au regard du lieu de résidence habituelle de la personne concernée ou, à défaut, celui de Paris, pour veiller au respect des obligations. Ce service rend compte régulièrement à ce magistrat.

Il est tenu par le juge de l'application des peines du tribunal judiciaire de Paris pour chaque personne soumise à une mesure judiciaire de prévention de la récidive terroriste et de réinsertion un dossier relatif au déroulement de la mesure. Ce dossier peut être consulté par la personne concernée et son avocat au greffe du juge de l'application des peines.

Art. R. 50-80 La personne concernée par la mesure judiciaire de prévention de la récidive terroriste et de réinsertion peut à tout moment informer le juge de l'application des peines du tribunal judiciaire de Paris de l'évolution de sa situation.

Le juge de l'application des peines du tribunal judiciaire de Paris peut, chaque fois qu'il l'estime nécessaire, décider d'office par une ordonnance motivée d'adapter les obligations auxquelles la personne est astreinte, afin de faciliter l'exécution de la mesure et de garantir la réalisation des buts poursuivis. Cette ordonnance n'est pas susceptible de recours.

Les ordonnances prévues par le présent article sont notifiées au procureur de la République antiterroriste et à la personne concernée par lettre recommandée. Une copie de l'ordonnance est également adressée par lettre recommandée ou par télécopie à l'avocat de la personne concernée.

Art. R. 50-81 La demande de la personne concernée par la mesure judiciaire de prévention de la récidive terroriste et de réinsertion tendant à la mainlevée ou la modification de la mesure est adressée au tribunal de l'application des peines de Paris.

Conformément à la première phrase du dernier alinéa de l'article 706-25-18, la personne concernée par la mesure judiciaire de prévention de la récidive terroriste et de réinsertion peut demander au tribunal de l'application des peines de Paris la mainlevée de la mesure après un délai de trois mois à compter de la décision définitive l'ayant ordonnée. Il est mis fin d'office à la mesure si le tribunal n'a pas statué dans un délai de trois mois à compter de la réception de la demande. En cas de rejet de la demande, aucune autre demande de mainlevée de la mesure ne peut être déposée avant l'expiration d'un délai de trois mois.

Lorsqu'il est saisi par la personne concernée d'une demande de modification de la mesure judiciaire de prévention de la récidive terroriste ou de réinsertion, le tribunal de l'application des peines de Paris doit statuer dans un délai de trois mois à compter de la réception de la demande. A défaut, la personne concernée peut directement saisir de sa demande, par lettre recommandée, la chambre de l'application des peines de la cour d'appel qui dispose du délai d'un mois pour statuer.

Art. R. 50-82 Lorsque le tribunal de l'application des peines de Paris est saisi aux fins de modification ou de mainlevée de la mesure judiciaire de prévention de la récidive terroriste et de réinsertion en application des dispositions de la première phrase du dernier alinéa de l'article 706-25-18, il statue dans les mêmes conditions que celles prévues lorsqu'il ordonne une mesure judiciaire de prévention de la récidive terroriste et de réinsertion.

Art. R. 50-83 Lorsqu'il estime que les conditions du renouvellement de la mesure judiciaire de prévention de la récidive terroriste et de réinsertion mentionnées au III de l'article 706-25-16 sont réunies, le procureur de la République antiterroriste saisit la commission pluridisciplinaire des mesures de sûreté mentionnée à l'article R. 50-71 et le tribunal de l'application des peines de Paris.

L'article R. 50-74 est applicable. L'avis motivé mentionné à l'article R. 50-75 est rendu trois mois au moins avant la fin de la mesure. Cet avis est porté à la connaissance de la personne concernée par lettre recommandée.

Le tribunal de l'application des peines de Paris se prononce avant l'expiration de la mesure dans les mêmes conditions que celles prévues lorsqu'il ordonne une mesure judiciaire de prévention de la récidive terroriste et de réinsertion.

Art. R. 50-84 En cas de suspension de plus de six mois des obligations de la mesure en raison de la détention de la personne concernée conformément à l'article 706-25-20, le procureur de la République antiterroriste saisit le tribunal de l'application des peines de Paris avant la cessation de la détention, aux fins de confirmation de la reprise d'une ou de plusieurs des obligations de la mesure judiciaire de prévention de la récidive terroriste et de réinsertion.

Le tribunal de l'application des peines de Paris statue dans les mêmes conditions que celles prévues lorsqu'il ordonne une mesure judiciaire de prévention de la récidive terroriste et de réinsertion.

Art. R. 50-85 Les décisions du tribunal de l'application des peines de Paris mentionnées au présent chapitre peuvent être attaquées par la voie de l'appel, conformément à l'article 706-25-19, dans les conditions prévues au 2° de l'article 712-11.

TITRE DIX-SEPTIÈME DE LA POURSUITE, DE L'INSTRUCTION ET DU JUGEMENT DES INFRACTIONS EN MATIÈRE DE PROXÉNÉTISME OU DE RECOURS À LA PROSTITUTION DES MINEURS

(Décr. nº 99-1050 du 14 déc. 1999)

Ancien titre XV devenu titre XVII, en application du Décr. nº 2007-1388 du 26 sept. 2007, art. 13-I.

Art. R. 51 L'information prévue par l'article 706-37 est effectuée par lettre recommandée avec demande d'avis de réception. Lorsqu'il ressort de l'accusé de réception que le destinataire est inconnu à l'adresse indiquée, la notification est effectuée par les services de police ou de gendarmerie.

La copie de la lettre recommandée ou le procès-verbal de police ou de gendarmerie est annexé à la procédure.

Cette information n'est pas effectuée auprès des personnes qui font elles-mêmes l'objet des poursuites.

Art. R. 51-1 Dès l'engagement des poursuites, lorsque celles-ci concernent un établissement dont le propriétaire ou l'exploitant est immatriculé au registre du commerce et des sociétés, le ministère public adresse au greffier du tribunal du commerce dans le ressort duquel est situé l'établissement une réquisition afin que soient portées à ce registre les informations mentionnées à l'article 706-37.

Cette réquisition, établie en double exemplaire, précise :

— l'identité de l'exploitant du fonds de commerce : nom et prénoms pour les personnes physiques ou forme et dénomination sociales pour les personnes morales ;

— l'identité de la personne poursuivie s'il ne s'agit pas de l'exploitant du fonds de commerce, la nature, le fondement et la date des poursuites engagées ;

— l'activité et l'adresse de l'établissement concerné et, le cas échéant, le nom commercial et l'enseigne de celui-ci.

Dès réception de la réquisition, les mentions sont portées par le greffier au registre du commerce et des sociétés et, le cas échéant, aux registres sur lesquels sont inscrits les privilèges et les sûretés. L'un des exemplaires de la réquisition est conservé au greffe en annexe du registre du commerce et des sociétés, l'autre est retourné au ministère public après apposition par le greffier d'une mention certifiant l'accomplissement des formalités requises et la date à laquelle celles-ci ont été effectuées. Le greffier joint à cet envoi un extrait actualisé du registre du commerce et des sociétés et, le cas échéant, un relevé des sûretés inscrites.

Il est procédé dans les mêmes formes lorsqu'intervient la décision judiciaire définitive. En cas de non-lieu ou de relaxe, le ministère public adresse au greffier, selon les modalités définies au deuxième alinéa, une réquisition aux fins de radiation des mentions prévues ci-dessus. Le greffier procède aux radiations requises, annexe au registre du commerce et des sociétés un exemplaire de la réquisition et adresse l'autre exemplaire au ministère public après y avoir apposé une mention certifiant l'accomplissement des formalités requises et la date à laquelle celles-ci ont été effectuées. Il joint à cet envoi un extrait actualisé du registre du commerce et des sociétés et, le cas échéant, un relevé des sûretés inscrites.

TITRE DIX-NEUVIÈME DE LA PROCÉDURE APPLICABLE AUX INFRACTIONS DE NATURE SEXUELLE ET AUX MINEURS VICTIMES

(Décr. nº 99-818 du 16 sept. 1999)

CHAPITRE PREMIER DE L'ADMINISTRATEUR AD HOC (Décr. nº 2002-697 du 30 avr. 2002 ; Décr. nº 2005-627 du 30 mai 2005).

SECTION PREMIÈRE DE LA LISTE DES ADMINISTRATEURS *AD HOC*

Art. R. 53 Il est dressé tous les quatre ans, dans le ressort de chaque cour d'appel, une liste sur laquelle sont inscrits les administrateurs *ad hoc*. Elle peut faire l'objet, en tant que de besoin, de mises à jour annuelles.

La liste des administrateurs *ad hoc* est tenue à la disposition du public dans les locaux du secrétariat-greffe de la cour d'appel et des tribunaux judiciaires. Elle peut également être affichée dans ces locaux.

Art. R. 53-1 Une personne physique ne peut être inscrite sur la liste que si elle réunit les conditions suivantes :

1° Être âgée de trente ans au moins et de soixante-dix ans au plus ;

2° S'être signalée depuis un temps suffisant par l'intérêt qu'elle porte aux questions de l'enfance et par sa compétence ;

3° Avoir sa résidence dans le ressort de la cour d'appel *(Décr. nº 2020-128 du 18 févr. 2020, art. 4)* « ou des cours d'appel limitrophes » ;

4° N'avoir pas été l'auteur de faits ayant donné lieu à condamnation pénale ou à sanction disciplinaire ou administrative pour agissements contraires à l'honneur, à la probité et aux bonnes mœurs ;

5° N'avoir pas été frappée de faillite personnelle ou d'une autre sanction en application du titre VI de la loi nº 85-98 du 25 janvier 1985 relative au redressement et à la liquidation judiciaires des entreprises.

Art. R. 53-2 En vue de l'inscription d'une personne morale sur une liste d'administrateurs *ad hoc*, il doit être justifié :

1° Que les dirigeants de la personne morale remplissent les conditions prévues aux 4° et 5° de l'article précédent ;

2° Que chacune des personnes susceptibles d'exercer pour le compte de la personne morale une mission d'administrateur *ad hoc* remplit les conditions prévues audit article.

Art. R. 53-3 Les demandes d'inscription sont adressées au procureur de la République près le tribunal judiciaire dans le ressort duquel le candidat a sa résidence. Le procureur instruit les demandes. Il recueille l'avis du juge d'instruction, du juge des tutelles et, le cas échéant, du juge des enfants.

Il transmet le dossier, pour avis de l'assemblée générale de la juridiction, au président du tribunal judiciaire.

Le procureur de la République transmet ensuite le dossier avec l'avis de l'assemblée générale du tribunal au procureur général qui en saisit le premier président de la cour d'appel aux fins d'examen par l'assemblée générale de la cour.

L'assemblée générale dresse la liste des administrateurs *ad hoc* après avoir entendu le magistrat chargé du rapport et le ministère public.

Art. R. 53-4 Tous les quatre ans, les administrateurs *ad hoc* figurant sur la liste prévue à l'article R. 53 formulent une nouvelle demande d'inscription qui est instruite conformément aux dispositions de l'article R. 53-3. Ils justifient à cette occasion qu'ils ont respecté les obligations résultant des missions qui leur ont été confiées, et notamment celles qui figurent à l'article R. 53-8.

Art. R. 53-5 La radiation d'un administrateur *ad hoc* peut être prononcée chaque année par l'assemblée générale de la cour d'appel, soit à la demande de l'intéressé, soit à l'initiative du premier président ou du procureur général, après que l'intéressé ait été mis à même de présenter ses observations, dès lors que l'une des conditions prévues aux articles R. 53-1 et R. 53-2 cesse d'être remplie ou que l'administrateur *ad hoc* n'a pas respecté les obligations résultant de sa mission.

En cas d'urgence, et après avoir mis l'intéressé en mesure de présenter ses observations, le premier président peut prononcer, à titre provisoire, la radiation de l'administrateur *ad hoc*.

La décision de radiation ne peut donner lieu qu'à un recours devant la Cour de cassation dans un délai d'un mois.

SECTION II DE LA DÉSIGNATION D'UN ADMINISTRATEUR *AD HOC*

Art. R. 53-6 Lorsque, dans le ressort de la cour d'appel, il n'est pas possible de désigner l'une des personnes figurant sur la liste prévue à l'article R. 53 ou que cette liste n'a pas encore été constituée, et qu'il ne peut être fait appel à l'une des personnes proches de l'enfant, la désignation d'un administrateur *ad hoc* en application de l'article 706-50 est faite, à titre provisoire et jusqu'à l'établissement ou la mise à jour

annuelle de la liste, parmi les personnes physiques ou morales remplissant les conditions définies aux articles R. 53-1 et R. 53-2.

Art. R. 53-7 **La désignation d'un administrateur *ad hoc* en application des dispositions de l'article 706-50 est notifiée aux représentants légaux du mineur et peut être contestée par ces derniers par la voie de l'appel dans un délai de dix jours à compter de la notification. Cet appel n'est pas suspensif. Il est porté devant la chambre de l'instruction ou la chambre des appels correctionnels.**

Appel de l'ordonnance de désignation d'un administrateur ad hoc. Il résulte des dispositions de l'art. R. 53-7 que l'ordonnance de désignation d'un administrateur *ad hoc* est notifiée aux représentants légaux du mineur qui peuvent la contester par la voie de l'appel ; s'agissant de dispositions particulières prévoyant l'appel, c'est à tort que le président de la chambre de l'instruction a déclaré l'appel irrecevable au motif qu'il n'entrait pas dans les prévisions de l'art. 186. • Crim. 16 mars 2005, nº 04-83.300 P : *D. 2005. IR 1250 ; AJ pénal 2005. 288, obs. Girault*.

Art. R. 53-8 **Dans les trois mois de l'achèvement de sa mission, l'administrateur *ad hoc* transmet à l'autorité qui l'a désigné un rapport dans lequel sont détaillées les démarches effectuées pour l'exercice de la mission définie à l'article 706-50, et précisées, le cas échéant, les formalités accomplies en vue du placement des sommes perçues par le mineur à l'occasion de la procédure.**

Pour l'application du présent chapitre à Mayotte, à la Nouvelle-Calédonie, à la Polynésie française et aux îles Wallis-et-Futuna, V. Décr. nº 99-818 du 16 sept. 1999 (JO 19 sept.), art. 8-1, ajouté par Décr. nº 2001-71 du 29 janv. 2001, art. 11 (JO 30 janv.).

CHAPITRE II DU FICHIER JUDICIAIRE NATIONAL AUTOMATISÉ DES AUTEURS D'INFRACTIONS SEXUELLES OU VIOLENTES *(Décr. nº 2008-1023 du 6 oct. 2008).*

(Décr. nº 2005-627 du 30 mai 2005, art. 1er)

Le chapitre II créé par le Décr. nº 2005-627 du 30 mai 2005 est entré en vigueur le 30 juin 2005 (Décr. préc., art. 12).

Art. R. 53-8-1 **Le fichier judiciaire national automatisé des auteurs d'infractions sexuelles *(Décr. nº 2008-1023 du 6 oct. 2008)* « ou violentes » est tenu sous le contrôle du magistrat dirigeant le service du casier judiciaire, qui veille au respect des dispositions du présent chapitre.**

SECTION PREMIÈRE INSCRIPTION DANS LE FICHIER

Art. R. 53-8-2 **L'enregistrement dans le fichier des données à caractère personnel prévues aux 1º à 4º de l'article 706-53-2 est réalisé par le procureur de la République.**

L'enregistrement des données à caractère personnel prévues au 5º de l'article 706-53-2 est réalisé par le juge d'instruction ou son greffier.

L'enregistrement des données à caractère personnel prévues au 6º de l'article 706-53-2 est réalisé par le service gestionnaire du fichier destinataire des avis adressés aux autorités françaises ou par le procureur de la République du lieu de détention où sont exécutées les peines à la suite des transfèrements des personnes condamnées.

Art. R. 53-8-3 **La vérification de l'identité des personnes inscrites au fichier prévu par le premier alinéa de l'article 706-53-2 est effectuée, lorsqu'elle est possible, au vu des informations communiquées au service du casier judiciaire conformément aux dispositions de l'article R. 64.**

Art. R. 53-8-4 **Le procureur de la République informe sans délai le gestionnaire du fichier des décisions de relaxe ou d'acquittement intervenues dans les procédures ayant donné lieu à enregistrement au fichier une fois acquis leur caractère définitif.**

Le juge d'instruction ou son greffier, enregistre les décisions de non-lieu, de cessation ou de mainlevée du contrôle judiciaire dans les procédures ayant donné lieu à enregistrement au fichier.

Art. R. 53-8-5 *(Décr. nº 2011-1729 du 2 déc. 2011, art. 2)* **L'administration pénitentiaire informe sans délai le procureur de la République du lieu de condamnation, ou**

celui de Nantes si la personne a été condamnée à l'étranger, de la notification des obligations à laquelle elle a procédé conformément à l'article R. 53-8-9.

L'agent du greffe pénitentiaire spécialement habilité enregistre sans délai dans le fichier la date de mise sous écrou et de libération, l'adresse du domicile déclaré par la personne libérée, si elle est différente du dernier domicile enregistré et, sur instruction du procureur de la République, la date de la notification à laquelle il a été procédé conformément à l'article R. 53-8-9.

Art. R. 53-8-6 Les agents des services de police ou des unités de gendarmerie spécialement habilités enregistrent dans le fichier les justifications d'adresse ou de changement d'adresse dont ils ont eu connaissance en application des dispositions de l'article 706-53-5 ou du deuxième alinéa de l'article 706-53-8.

Art. R. 53-8-7 Pour chaque personne faisant l'objet d'une inscription au fichier, sont enregistrées les données à caractère personnel suivantes :

1° Informations relatives à la personne elle-même :

— nom, prénom, sexe, date et lieu de naissance de la personne, la ou les nationalités, ainsi que le cas échéant alias, changement de nom et nom d'usage ; sont également enregistrées les informations relatives à la filiation de la personne, si cette personne ne figure pas au répertoire national d'identification des personnes physiques, ces informations ne pouvant toutefois constituer un critère de recherche ;

— adresses successives du domicile et de la ou des résidences de la personne *(Décr. n° 2017-1522 du 2 nov. 2017, art. 6)* « , ou du lieu où elle a fait élection de domicile dans les conditions prévues à l'article L. 264-1 du code de l'action sociale et des familles », ainsi que le cas échéant les dates correspondantes ;

2° Informations relatives à la ou aux décisions ayant donné lieu à l'enregistrement :

— nature et date de la décision ;

— juridiction ayant prononcé la décision ;

— peines principales ou complémentaires ou mesures prononcées ;

— nature de l'infraction ou des infractions pour lesquelles la personne est poursuivie ou condamnée ;

— lieu des faits ;

— date des faits ;

— caractère exprès de l'enregistrement ;

— date de notification des obligations prévues par l'article 706-53-6 et de l'alinéa 2 du II de l'article 216 de la loi n° 2004-204 du 9 mars 2004 ;

— date d'exécution ou de fin d'exécution de la peine ou de la mesure ;

(Décr. n° 2011-1729 du 2 déc. 2011, art. 3) « — le cas échéant, dates de mise sous écrou et de libération ; »

3° Informations diverses :

— dates de justification d'adresse ;

— périodicité de l'obligation de présentation si elle existe ;

— décisions prises en application de l'article 706-53-10 et de l'alinéa 2 du I de l'article 216 de la loi n° 2004-204 du 9 mars 2004.

(Décr. n° 2011-1729 du 2 déc. 2011, art. 3) « — le cas échéant, date et motif de l'inscription au fichier des personnes recherchées. »

Art. R. 53-8-8 Le gestionnaire du fichier contrôle la validité des informations enregistrées et, selon le cas, refuse ou efface les enregistrements qui ne respectent pas les exigences légales.

SECTION II INFORMATION DE LA PERSONNE INSCRITE DANS LE FICHIER

Art. R. 53-8-9 L'information des personnes condamnées est faite conformément aux dispositions du présent article.

(Décr. n° 2011-1729 du 2 déc. 2011, art. 4) « Lorsque la personne est présente à l'audience, l'information relative à son inscription dans le fichier et la notification de ses obligations sont faites par le président de la juridiction ou le greffier ou l'agent du greffe qu'il désigne. Toutefois, il n'est pas procédé lors de l'audience à la notification de ses obligations à la personne placée ou maintenue en détention en application de la condamnation justifiant son inscription au fichier.

« A défaut, la notification est faite par le procureur de la République, ou par un agent placé sous son autorité ou un délégué du procureur de la République désignés par lui, ou par lettre recommandée avec demande d'avis de réception. S'il apparaît que l'adresse de la personne est inconnue, le procureur de la République fait inscrire cette personne au fichier des personnes recherchées.

« Lorsqu'il résulte de la consultation du fichier effectuée par l'agent du greffe spécialement habilité par le chef de l'établissement pénitentiaire conformément au 4° de l'article 706-53-7, que la personne incarcérée n'a pas fait l'objet de l'information mentionnée à l'article 706-53-6, cette information lui est donnée par le greffe de l'établissement pénitentiaire, sur instruction du procureur de la République, soit au moment de sa libération définitive ou préalablement à la première mesure d'aménagement de sa peine entraînant la sortie de l'établissement pénitentiaire, autre qu'une permission de sortir, si elle exécute une peine privative de liberté en application de la condamnation ayant entraîné son inscription au fichier, soit immédiatement, si elle est détenue pour une autre cause. »

Dans tous les cas, il lui est remis contre récépissé ou adressé en annexe du courrier prévu au deuxième alinéa un document récapitulant ses obligations et précisant les conditions selon lesquelles il doit y être satisfait conformément aux dispositions des articles R. 53-8-13 à R. 53-8-15. *(Décr. n° 2008-1023 du 6 oct. 2008)* « Ce document informe la personne inscrite dans le fichier que les administrations de l'État mentionnées à l'article R. 53-8-24 peuvent directement interroger le fichier en application du premier alinéa du 3° de l'article 706-53-7. » Le modèle de ce document est fixé par le ministre de la justice.

(Décr. n° 2011-1729 du 2 déc. 2011, art. 4) « *(Abrogé par Décr. n° 2021-682 du 27 mai 2021, art. 2, à compter du 30 sept. 2021)* ***« Si la personne est mineure, le procureur de la République avise les titulaires de l'autorité parentale, les personnes auxquelles sa garde a été confiée par décision judiciaire ou ses représentants légaux de la notification faite en application du présent article. »*** Si la personne est un majeur protégé, le procureur de la République avise *(Décr. n° 2021-682 du 27 mai 2021, art. 2, en vigueur le 30 sept. 2021)* « de la notification faite en application du présent article *[ancienne rédaction : de cette notification]* » son représentant légal nommé par décision judiciaire. »

Art. R. 53-8-10 En cas de composition pénale prévue par le 3° de l'article 706-53-2, l'information de la personne est faite par le procureur de la République ou le délégué du procureur qui remet le document prévu à l'article R. 53-8-9 à l'intéressé.

Art. R. 53-8-11 Dans les cas prévus par le 4° de l'article 706-53-2, le magistrat ou la juridiction qui rend la décision informe l'intéressé et lui notifie ses obligations soit oralement soit par lettre recommandée avec accusé de réception. *(Abrogé par Décr. n° 2011-1729 du 2 déc. 2011, art. 5)* ***« Le document prévu à l'article R. 53-8-9 est remis ou adressé à l'intéressé. »***

(Décr. n° 2011-1729 du 2 déc. 2011, art. 5) « A défaut, la notification est faite par le procureur de la République selon les modalités décrites au troisième alinéa de l'article R. 53-8-9. Le document prévu à l'avant-dernier alinéa de l'article R. 53-8-9 est remis ou adressé à l'intéressé. »

Art. R. 53-8-12 Dans le cas d'un placement sous contrôle judiciaire prévu par le 5° de l'article 706-53-2, l'information de la personne et la remise du document prévu à l'article R. 53-8-9 sont faites par le juge d'instruction qui ordonne l'inscription au fichier, même si la mesure de contrôle a été ordonnée par le juge des libertés et de la détention.

Art. R. 53-8-12-1 *(Décr. n° 2011-1729 du 2 déc. 2011, art. 6)* Dans les cas prévus par le 6° de l'article 706-53-2, l'information de la personne et la remise du document prévu par l'article R. 53-8-9 sont faites, dans les conditions fixées par les troisième et quatrième alinéas de cet article, soit par le greffe de l'établissement pénitentiaire si la personne est détenue en France, soit par le procureur de la République de Nantes. S'il apparaît que l'adresse de la personne est inconnue, le procureur de la République de Nantes fait inscrire cette personne au fichier des personnes recherchées.

SECTION III OBLIGATIONS INCOMBANT À LA PERSONNE INSCRITE DANS LE FICHIER

Art. R. 53-8-13 La justification et la déclaration de changement d'adresse prévues par l'article 706-53-5 se font au moyen de tout document de moins de trois mois au nom de l'intéressé établissant la réalité de son domicile, notamment d'une quittance ou d'une facture. Si le justificatif produit se rapporte au domicile d'un tiers, il doit être accompagné d'une attestation d'hébergement établie et signée par celui-ci.

(Décr. n° 2017-1522 du 2 nov. 2017, art. 6) « Lorsque la personne a fait élection de domicile dans les conditions prévues à l'article L. 264-1 du code de l'action sociale et des familles, la justification et la déclaration de changement de domicile se font au moyen de l'attestation d'élection de domicile prévue à l'article L. 264-2 du même code, en cours de validité. »

Art. R. 53-8-14 Pour l'application des 1° et 2° de l'article 706-53-5, *(Décr. n° 2017-1522 du 2 nov. 2017, art. 6)* « le justificatif visé au premier alinéa de l'article R. 53-8-13 » est remis ou adressé par lettre recommandée avec demande d'avis de réception au commissariat de police ou à la brigade territoriale de gendarmerie dont dépend le domicile de l'intéressé *(Abrogé par Décr. n° 2011-1729 du 2 déc. 2011, art. 7)* « ***, ou adressé par lettre recommandée avec demande d'avis de réception au service gestionnaire du fichier*** » dans le courant du mois de la date anniversaire de sa naissance. Si l'état civil déclaré par l'intéressé ne permet pas de déterminer ou de connaître le mois de sa naissance, le justificatif est remis ou adressé dans le courant du mois de janvier. *(Décr. n° 2017-1522 du 2 nov. 2017, art. 6)* « Lorsque la personne a fait élection de domicile dans les conditions prévues à l'article L. 264-1 du code de l'action sociale et des familles, le justificatif visé au deuxième alinéa de l'article R. 53-8-13 est soit remis ou adressé par lettre recommandée avec demande d'avis de réception au commissariat de police ou à la brigade territoriale de gendarmerie dont dépend le lieu où il *[elle]* a élu domicile soit remis au commissariat de police ou *[à]* la brigade de gendarmerie le *[les]* plus proche *[proches]* du lieu où se trouve la personne à la date à laquelle cette justification doit intervenir. »

Le justificatif est également remis ou adressé dans les quinze jours suivant la date à laquelle la notification des obligations a été faite ou adressée à la personne, sauf si cette notification intervient moins de deux mois avant le premier jour du mois anniversaire de sa naissance ou sauf si l'intéressé, en raison d'une précédente inscription dans le fichier, est déjà tenu de justifier *(Abrogé par Décr. n° 2011-1729 du 2 déc. 2011, art. 7)* « ***annuellement*** » de son adresse.

Art. R. 53-8-15 Pour satisfaire à l'obligation de présentation visée au cinquième alinéa de l'article 706-53-5, *(Décr. n° 2017-1522 du 2 nov. 2017, art. 6)* « le justificatif visé au premier alinéa de l'article R. 53-8-13 » est remis en personne par l'intéressé *(Décr. n° 2008-1023 du 6 oct. 2008)* « soit au commissariat ou à l'unité de gendarmerie de son domicile, soit » au groupement de gendarmerie départemental ou à la direction départementale de la sécurité publique dont dépend *(Décr. n° 2008-1023 du 6 oct. 2008)* « son domicile » ou au service désigné par la préfecture de police de Paris dans les autres cas, dans les quinze premiers jours du mois de la date anniversaire visée à *l'article R. 53-8-14 et dans les quinze premiers jours du sixième mois suivant*. *(Décr. n° 2017-1522 du 2 nov. 2017, art. 6)* « Lorsque la personne a fait élection de domicile dans les conditions prévues à l'article L. 264-1 du code de l'action sociale et des familles, le justificatif visé au deuxième alinéa de l'article R. 53-8-13 est remis en personne par l'intéressé soit au commissariat ou à l'unité de gendarmerie, soit au groupement de gendarmerie départemental ou à la direction départementale de la sécurité publique dont dépend le lieu où il a élu domicile ou le plus proche du lieu où il se trouve à la date à laquelle doit intervenir cette justification. »

Le justificatif est également remis en personne par l'intéressé dans les quinze jours suivant la date à laquelle la notification des obligations lui a été donnée ou adressée, sauf si cette notification intervient moins de deux mois avant le premier jour du mois anniversaire ou sauf si l'intéressé, en raison d'une précédente inscription dans le fichier, est déjà tenu *(Décr. n° 2011-1729 du 2 déc. 2011, art. 8)* « de justifier de son adresse ».

(Décr. nº 2008-1023 du 6 oct. 2008) « Si le condamné est tenu à une obligation de présentation mensuelle, celle-ci doit intervenir dans les quinze premiers jours de chaque mois, le condamné devant produire le justificatif de son adresse à chaque présentation ; les dispositions du deuxième alinéa ne sont alors pas applicables. »

Art. R. 53-8-16 A défaut de réception du courrier visé au premier alinéa de l'article R. 53-8-14 dans les huit jours des dates définies à l'article R. 53-8-14, le service gestionnaire du fichier adresse au ministère de l'intérieur l'avis prévu par les articles 706-53-8 et *(Décr. nº 2011-1729 du 2 déc. 2011, art. 9)* « R. 53-8-26 ».

A défaut de présentation dans les délais définis à l'article R. 53-8-15, le service gestionnaire du fichier adresse au ministère de l'intérieur l'avis prévu par les articles 706-53-8 et *(Décr. nº 2011-1729 du 2 déc. 2011, art. 9)* « R. 53-8-26 ».

Art. R. 53-8-17 L'obligation de présentation prévue par le cinquième alinéa de l'article 706-53-5 est exécutée, *(Décr. nº 2008-1023 du 6 oct. 2008)* « tous les mois, » tous les six mois ou tous les ans selon les cas, dans les périodes déterminées en application des dispositions qui précèdent.

Cette obligation ne dispense pas la personne de déclarer ses éventuels changements d'adresse.

Art. R. 53-8-18 Lorsque la personne réside à l'étranger, la justification de son adresse se fait par lettre recommandée avec demande d'avis de réception adressée au service gestionnaire du fichier.

Les documents justificatifs doivent alors être accompagnés ou revêtus d'un visa émanant soit des autorités étrangères soit des postes diplomatiques ou consulaires.

Durant le séjour à l'étranger, l'obligation de présentation, si elle existe, est suspendue sans que cette suspension ait d'incidence sur la durée de l'inscription de la personne dans le fichier.

Si la personne établit à nouveau sa résidence sur le territoire national, elle est tenue *(Décr. nº 2011-1729 du 2 déc. 2011, art. 10)* « de signaler son changement d'adresse » dans un délai de quinze jours au plus tard, conformément au 2º de l'article 706-53-5.

Art. R. 53-8-19 Lorsque la personne exécute une peine privative de liberté en application de la condamnation ayant entraîné son inscription au fichier, son obligation de justification d'adresse, de déclaration de changement d'adresse et, le cas échéant, de présentation, ne naît qu'à compter de sa libération définitive ou de la date d'exécution d'une mesure d'aménagement de sa peine entraînant la sortie de l'établissement pénitentiaire, autre qu'une permission de sortir.

Art. R. 53-8-20 Lorsque la personne se trouve dans un établissement public ou privé dans lequel elle est placée, retenue ou détenue en application d'une décision judiciaire ou administrative, la justification d'adresse peut consister en une attestation délivrée par le responsable de cet établissement. Cette attestation est adressée *(Abrogé par Décr. nº 2011-1729 du 2 déc. 2011, art. 11) « au service gestionnaire du fichier »* par ce responsable, qui a été informé de la situation juridique de la personne soit par l'intéressé soit par l'autorité ayant pris la décision *(Décr. nº 2011-1729 du 2 déc. 2011, art. 11)* «, au commissariat de police ou à la brigade territoriale dont dépend le domicile de l'intéressé si celui-ci réside en France, ou, s'il réside à l'étranger ou que son domicile n'est pas connu, au service gestionnaire du fichier ».

Art. R. 53-8-21 *(Abrogé par Décr. nº 2021-682 du 27 mai 2021, art. 2, à compter du 30 sept. 2021) Lorsque l'intéressé est mineur, la justification d'adresse ou la déclaration de changement d'adresse est effectuée par ses représentants légaux ou les personnes auxquelles sa garde a été confiée.*

Art. R. 53-8-22 *(Abrogé par Décr. nº 2017-1522 du 2 nov. 2017, art. 6) Lorsque la personne est titulaire d'un livret ou d'un carnet de circulation, la justification d'adresse est effectuée dans les délais prévus par l'article 706-53-5, indépendamment des obligations qui lui incombent en application de l'article 18 du décret nº 70-708 du 31 juillet 1970.*

La justification d'adresse consiste en la présentation du livret ou du carnet de circulation à jour du dernier visa réglementaire, effectuée au commissariat de police ou à la brigade territoriale de gendarmerie, le plus proche du lieu où se trouve la personne à la date à laquelle cette justification doit intervenir.

L'obligation de déclaration de changement d'adresse consiste dans l'obligation d'informer par lettre recommandée avec demande d'avis de réception le service gestionnaire du fichier en cas de changement de la commune de rattachement ou, le cas échéant, d'établissement d'un domicile en indiquant son adresse selon les mêmes modalités.

SECTION IV INTERROGATION DU FICHIER ET INFORMATION DIRECTE DU MINISTÈRE DE L'INTÉRIEUR

Art. R. 53-8-23 **Des autorités judiciaires, ainsi que les officiers de police judiciaire spécialement habilités, saisis dans le cadre d'une procédure mentionnée au 2° de l'article 706-53-7 ou avisés conformément à l'article** *(Décr. n° 2011-1729 du 2 déc. 2011, art. 12)* **« R. 53-8-26 », peuvent interroger le fichier à partir des critères suivants, même incomplets :**

— numéro de dossier ;
— données d'identité ;
— données d'adresse ou éléments de localisation ;
— nature des infractions ;
— date des faits ;
— lieu de commission des faits ;
— nature et date de la décision judiciaire ;
— nature de peines principales ou complémentaires et mesures prononcées ;
— personnes en défaut de justification.

Art. R. 53-8-24 *(Décr. n° 2010-344 du 31 mars 2010, art. 347)* **I. — En application des dispositions du 3° de l'article 706-53-7, peuvent directement interroger le fichier, par un système de télécommunication sécurisé, à partir de la seule identité d'une personne ayant formé une demande de recrutement, d'affectation, d'autorisation, d'agrément ou d'habilitation concernant une activité ou une profession impliquant un contact avec des mineurs ou dont l'exercice d'une telle activité ou profession doit être contrôlé :**

1° Les préfets ou les agents des préfectures spécialement habilités par eux à cette fin ;

2° Les chefs de services *[service]* **ou agents individuellement désignés et spécialement habilités par eux à cette fin des administrations de l'État suivantes :**

a) **La direction chargée de la gestion des ressources humaines du ministère chargé de l'éducation nationale et de l'enseignement supérieur ;**

b) **Les rectorats et les inspections académiques ;**

c) **La direction de la protection judiciaire de la jeunesse et ses directions régionales ;**

d) **La direction de l'administration pénitentiaire et les directions interrégionales des services pénitentiaires ;**

e) **La direction de la jeunesse et de l'éducation populaire et la direction des sports ;**

f) *(Décr. n° 2020-1545 du 9 déc. 2020, art. 28, en vigueur le 1er avr. 2021)* **« Les directions régionales de l'économie, de l'emploi, du travail et des solidarités, les délégations régionales académiques à la jeunesse, à l'engagement et aux sports », les directions départementales de la cohésion sociale et les directions départementales interministérielles chargées de la cohésion sociale ;**

(Abrogé par Décr. n° 2020-1545 du 9 déc. 2020, art. 28, à compter du 1er avr. 2021) ***« g) Les directions départementales du travail, de l'emploi et de la formation professionnelle. »***

3° Les directeurs généraux des agences régionales de santé.

II. — Les personnes mentionnées au I indiquent le motif pour lequel elles interrogent le fichier.

Les dispositions du Décr. n° 2010-344 du 31 mars 2010, sauf disposition contraire, entrent en vigueur à la date de publication du décret portant création des agences régionales de santé (Décr. préc., art. 371). Le Décr. préc. n° 2010-336 du 31 mars 2010 a été publié au JO du 1er avr.

Art. R. 53-8-25 **Lors des interrogations, les identités consultées comportent également le résultat de la vérification effectuée par le service gestionnaire du fichier conformément à l'article 706-53-3 au moyen des informations communiquées au service du casier judiciaire en application de l'article R. 64.**

Si l'intéressé est né hors de la France métropolitaine, si son lieu de naissance est inconnu ou s'il est âgé de moins de douze ans, est inscrite la mention : "identité non vérifiable par le service".

Art. R. 53-8-26 En application de l'article 706-53-8, le gestionnaire du fichier adresse quotidiennement au ministère de l'intérieur les avis relatifs aux nouvelles inscriptions, aux modifications d'adresse relatives à une inscription ou aux défauts de justification d'adresse.

(Décr. n° 2011-1729 du 2 déc. 2011, art. 13) « Il avise quotidiennement le service gestionnaire du fichier des personnes recherchées des effacements auxquels il a procédé en application des articles 706-53-4 et 706-53-10. »

Établi après consultation automatisée du fichier national des personnes incarcérées, l'avis visé *(Décr. n° 2011-1729 du 2 déc. 2011, art. 13)* « au premier alinéa » précise, s'il y a lieu, le nom de l'établissement où la personne intéressée est détenue, l'adresse déclarée à la sortie et la date prévisible de sa libération.

Le service gestionnaire du fichier est habilité à mettre en œuvre la consultation automatisée du fichier national des personnes incarcérées pour les besoins du fichier tels que définis *(Décr. n° 2011-1729 du 2 déc. 2011, art. 13)* « aux alinéas précédents ».

SECTION V DEMANDE DE RECTIFICATION, D'EFFACEMENT OU DE LIMITATION DE L'OBLIGATION DE PRÉSENTATION

Art. R. 53-8-27 Le procureur de la République compétent, en application des dispositions de l'article 706-53-10, pour ordonner, à la demande de l'intéressé, la rectification ou l'effacement des informations figurant au fichier ou la limitation *(Décr. n° 2008-1023 du 6 oct. 2008)* « à six mois ou » à un an de l'obligation de présentation est *(Décr. n° 2011-1729 du 2 déc. 2011, art. 14)* « celui de la dernière juridiction qui a prononcé une condamnation ayant entraîné l'inscription de l'intéressé au fichier. Dans l'hypothèse où la dernière juridiction est une cour d'appel, le procureur de la République compétent est celui du siège de la cour d'appel. »

Si l'inscription résulte de l'application du 6° de l'article 706-53-2, le procureur de la République compétent, au sens de l'alinéa précédent, est celui du tribunal judiciaire de Nantes.

La demande prévue par l'article 706-53-10 doit, à peine d'irrecevabilité, être adressée par lettre recommandée avec demande d'avis de réception ou effectuée par déclaration au greffe.

Art. R. 53-8-28 Le magistrat compétent doit faire connaître sa décision à l'intéressé, par lettre recommandée *(Décr. n° 2011-1729 du 2 déc. 2011, art. 15)* « avec demande d'avis de réception » dans un délai de deux mois à compter de la réception de la demande. *(Décr. n° 2011-1729 du 2 déc. 2011, art. 15)* « Ce délai est porté à quatre mois si une expertise est ordonnée. »

A défaut de réponse dans ce délai, ou si le magistrat ne fait pas droit à la demande, l'intéressé peut saisir aux mêmes fins le juge des libertés et de la détention dans un délai de dix jours par lettre recommandée avec demande d'avis de réception ou par déclaration au greffe.

Art. R. 53-8-29 Après avoir sollicité les réquisitions écrites du procureur de la République, le juge des libertés et de la détention statue par ordonnance motivée dans un délai de deux mois. *(Décr. n° 2011-1729 du 2 déc. 2011, art. 16)* « Ce délai est porté à quatre mois si une expertise est ordonnée. » L'ordonnance est notifiée au procureur de la République et par lettre recommandée *(Décr. n° 2011-1729 du 2 déc. 2011, art. 16)* « avec demande d'avis de réception » à l'intéressé.

Art. R. 53-8-30 Faute pour le juge des libertés et de la détention de statuer dans le délai *(Décr. n° 2011-1729 du 2 déc. 2011, art. 17)* « fixé à l'article R. 53-8-29 » ou s'il n'est pas fait droit à sa demande, l'intéressé peut, dans un délai de dix jours, saisir le président de la chambre de l'instruction par lettre recommandée avec demande d'avis de réception ou par déclaration au greffe de la cour d'appel. A peine d'irrecevabilité, sa contestation doit être motivée.

Art. R. 53-8-31 S'il est fait droit à la demande, le procureur de la République peut, dans un délai de dix jours, contester cette décision devant le président de la chambre de l'instruction. Cette contestation suspend l'exécution de la décision.

Art. R. 53-8-32 Le président de la chambre de l'instruction statue, après avoir sollicité les réquisitions écrites du procureur général, par une ordonnance motivée dans un délai de deux mois. *(Décr. n° 2011-1729 du 2 déc. 2011, art. 18)* « Ce délai est porté à quatre mois si une expertise est ordonnée. » Cette ordonnance est notifiée au procureur de la République et par lettre recommandée *(Décr. n° 2011-1729 du 2 déc. 2011, art. 18)* « avec demande d'avis de réception » à l'intéressé. Elle ne peut faire l'objet d'un pourvoi en cassation que si elle ne satisfait pas, en la forme, aux conditions essentielles de son existence légale.

Art. R. 53-8-33 S'il est fait droit aux demandes prévues par l'article 706-53-10, le procureur de la République informe le service gestionnaire du fichier de la décision, lequel procède sans délai, selon les cas, à l'effacement des données, à leur rectification ou à l'enregistrement dans le fichier de la nouvelle périodicité de l'obligation de comparution.

SECTION VI CONSERVATION DE LA TRACE DES INTERROGATIONS ET CONSULTATIONS

Art. R. 53-8-34 Le fichier conserve pendant une durée de trois ans les informations relatives aux enregistrements et interrogations dont il fait l'objet, en précisant la qualité de la personne ou autorité ayant procédé à l'opération.

Ces informations ne peuvent être consultées que par le magistrat chef du service gestionnaire du fichier ou, avec son autorisation, par les personnes qu'il habilite spécialement.

Elles peuvent donner lieu à des exploitations statistiques.

SECTION VII EFFACEMENT DES DONNÉES INSCRITES DANS LE FICHIER

Art. R. 53-8-35 Le service gestionnaire du fichier procède à l'effacement des données qui y sont inscrites :

a) A l'expiration des délais prévus par les 1° et 2° de l'article 706-53-4 ;

b) Lorsqu'il est informé d'une des décisions mentionnées au dernier alinéa de l'article 706-53-4 ;

c) Lorsqu'il est informé du décès de la personne ;

d) Lorsqu'il est informé d'une décision d'effacement prise en application de l'article 706-53-10.

Art. R. 53-8-36 Le juge d'instruction, ou son greffier, procède à l'effacement des données inscrites dans le fichier en cas de décision de non-lieu, de cessation ou de mainlevée du contrôle judiciaire.

SECTION VIII DISPOSITIONS COMMUNES

Art. R. 53-8-37 Les magistrats du parquet et tout fonctionnaire du parquet spécialement habilité par le procureur de la République exercent les compétences reconnues à ce magistrat pour l'application du présent chapitre.

Il en est de même pour celles reconnues au service gestionnaire du fichier, pour les magistrats placés sous son autorité et les fonctionnaires spécialement habilités par lui.

Art. R. 53-8-38 Pour les décisions rendues par les cours d'appel ou, le cas échéant, par les cours d'assises, les pouvoirs reconnus au présent chapitre au juge d'instruction ou à son greffier sont exercés par le président de la chambre de l'instruction ou le greffier de cette chambre.

Ceux reconnus au procureur de la République le sont par le procureur général, les magistrats du parquet général et tout fonctionnaire du parquet général spécialement habilité par le procureur général.

Art. R. 53-8-39 L'enregistrement des données à caractère personnel dans le fichier est réalisé directement par les personnes autorisées ou habilitées.

L'enregistrement et la consultation du fichier se font par l'intermédiaire de moyens de télécommunication sécurisés. La transmission de données entre le service gestionnaire du fichier et le ministère de l'intérieur se fait par un moyen informatique sécurisé.

CHAPITRE III DE LA SURVEILLANCE DE SÛRETÉ ET DE LA RÉTENTION DE SÛRETÉ

(*Décr. n° 2008-1129 du 4 nov. 2008, art. 2*)

BIBL ▸ Herzog-Evans, *D. 2008. Chron. 3098* (textes d'application de la loi rétention de sûreté. Enracinement des nouvelles orientations de l'exécution des peines).

SECTION PREMIÈRE DES JURIDICTIONS DE LA RÉTENTION DE SÛRETÉ

Art. R. 53-8-40 Le président de chambre et les deux conseillers de la cour d'appel qui composent la juridiction régionale de la rétention de sûreté appartiennent à la cour d'appel dans le ressort de laquelle siège cette juridiction. Ils sont désignés par le premier président de la cour pour une durée de trois ans après avis de l'assemblée générale des magistrats du siège.

Le premier président désigne pour la même durée et selon les mêmes modalités trois membres suppléants.

Ne peut être désigné comme président de la juridiction régionale le président de la chambre de l'application des peines ou le président de la commission pluridisciplinaire des mesures de sûreté.

Le ministère public près la juridiction régionale de la rétention de sûreté est assuré par le parquet général.

Le greffe de la juridiction régionale de la rétention de sûreté est assuré par le greffe de la cour.

La juridiction régionale de la rétention de sûreté statue après un débat contradictoire au cours duquel sont entendus le procureur général, la personne concernée et son avocat.

Les décisions de la juridiction régionale sont notifiées, selon le cas, par le directeur de l'établissement pénitentiaire ou son délégué si la personne est détenue, par le directeur des services pénitentiaires du centre socio-médico-judiciaire de sûreté ou son délégué si la personne est retenue ou par lettre recommandée avec demande d'avis de réception si la personne est libre.

Le président de la juridiction régionale peut faire procéder, sur l'ensemble du territoire national, à tous examens, auditions, enquêtes, expertises, réquisitions ou vérifications utiles à l'exercice de ses attributions.

Art. R. 53-8-41 Les décisions de la juridiction régionale de la rétention de sûreté peuvent faire l'objet d'un recours devant la juridiction nationale de la rétention de sûreté, qui doit être exercé dans le délai de dix jours à compter de leur notification soit par la personne concernée soit par le ministère public.

Ce recours n'est pas suspensif.

Art. R. 53-8-42 Les trois conseillers à la Cour de cassation qui composent la juridiction nationale de la rétention de sûreté sont désignés par le premier président de cette Cour pour une durée de trois ans après avis de l'assemblée générale des magistrats du siège de la Cour.

Le premier président désigne pour la même durée et selon les mêmes modalités trois membres suppléants.

Le ministère public près cette juridiction est assuré par le parquet général près la Cour de cassation.

Le greffe de cette juridiction est assuré par le greffe de la Cour de cassation.

La juridiction nationale statue au vu des éléments du dossier, après un débat contradictoire au cours duquel sont entendus le ministère public et l'avocat de la personne.

Les décisions de la juridiction nationale sont notifiées selon les mêmes modalités que celles des chambres de l'application des peines de la cour d'appel.

Art. R. 53-8-43 Les pourvois contre les décisions de la juridiction nationale de la rétention de sûreté sont examinés par la chambre criminelle de la Cour de cassation.

Ils doivent être formés dans un délai de cinq jours à compter de la notification de la décision.

Ces pourvois ne sont pas suspensifs.

Les art. 706-53-15 et R. 53-8-43 ne dérogent pas aux conditions de recevabilité du pourvoi en cassation fixées par les art. 576 et 577, dès lors est irrecevable le pourvoi en cassation formé contre la décision d'une juridiction nationale de la rétention de sûreté. • Crim. 12 déc. 2012, nº 12-83.240 P.

SECTION II DE LA SURVEILLANCE DE SÛRETÉ

Art. R. 53-8-44 **Une surveillance de sûreté d'une durée** *(Décr. nº 2010-1634 du 23 déc. 2010)* **« de deux ans** *[ancienne rédaction : d'un an]* **» peut être prononcée et, le cas échéant, renouvelée par la juridiction régionale de la rétention de sûreté, à l'égard des personnes mentionnées à l'article 706-53-13, à la suite d'une surveillance judiciaire, d'un suivi socio-judiciaire ou d'une rétention de sûreté, conformément aux articles 723-37, 763-8 et 706-53-19.**

La juridiction régionale de la rétention de sûreté statue sur proposition de la commission pluridisciplinaire des mesures de sûreté.

Art. R. 53-8-45 **L'avis de la commission pluridisciplinaire des mesures de sûreté proposant le placement sous surveillance de sûreté ou le renouvellement de cette mesure est rendu au vu des éléments figurant dans le dossier individuel de la personne tenu, selon le cas, à l'établissement pénitentiaire ou par le juge de l'application des peines et d'une expertise médicale constatant la persistance de sa dangerosité, sans qu'il soit nécessaire de procéder à l'évaluation pluridisciplinaire dans le service spécialisé prévu par le deuxième alinéa de l'article 706-53-14.**

Art. R. 53-8-46 **Huit mois au moins avant l'expiration de la mesure de surveillance judiciaire ou de suivi socio-judiciaire prononcée à l'encontre d'une personne condamnée à une peine pour laquelle la rétention de sûreté est encourue, le juge de l'application des peines informe le procureur de la République de la situation de l'intéressé et lui fait connaître son avis motivé sur une éventuelle surveillance de sûreté.**

Si la situation de la personne paraît susceptible de justifier une surveillance de sûreté, le juge de l'application des peines, ou à défaut le procureur de la République, fait procéder à l'expertise médicale et saisit la commission pluridisciplinaire des mesures de sûreté.

Si l'expertise constate la persistance de la dangerosité de la personne et si la commission propose son placement sous surveillance de sûreté, le juge de l'application des peines, ou à défaut le procureur de la République, saisit la juridiction régionale de la rétention de sûreté, six mois avant la fin de la surveillance judiciaire ou du suivi socio-judiciaire.

Art. R. 53-8-47 **La décision de placement sous surveillance de sûreté précise les obligations auxquelles la personne est soumise. Lorsque la mesure intervient à la suite d'une surveillance judiciaire ou d'un suivi socio-judiciaire et que la juridiction n'entend pas modifier les obligations auxquelles la personne est astreinte, elle peut indiquer que les obligations qui pèsent sur la personne dans le cadre de la surveillance de sûreté sont les mêmes que celles ordonnées antérieurement.**

Art. R. 53-8-48 **Les obligations de la surveillance de sûreté peuvent être adaptées à tout moment pour tenir compte de l'évolution de la personne qui y est soumise. Elles peuvent être modifiées, complétées ou supprimées par ordonnance motivée du président de la juridiction régionale de la rétention de sûreté soit d'office, soit à la demande de la personne placée sous surveillance, soit sur réquisitions du procureur général près la cour d'appel, soit sur requête du juge de l'application des peines. Le président de la juridiction peut également suspendre ces obligations dans les cas et pour la durée mentionnés à l'article R. 61-31-1.**

Lorsque la personne n'a pas fait ou ne fait plus l'objet d'une injonction de soins ou d'un placement sous surveillance électronique mobile, ces obligations peuvent lui être imposées si son comportement et sa dangerosité le justifient après un débat contradictoire au cours duquel la personne est assistée par un avocat choisi ou commis d'office.

Les décisions prévues par le présent article peuvent, dans les dix jours de leur notification, faire l'objet d'un recours du procureur général près la cour d'appel ou de la personne placée sous surveillance de sûreté devant la juridiction régionale de la rétention de sûreté.

Art. R. 53-8-49 La personne placée sous surveillance de sûreté est placée sous le contrôle du juge de l'application des peines dans le ressort duquel elle a sa résidence habituelle, assisté du service pénitentiaire d'insertion et de probation et, le cas échéant, avec le concours d'organismes habilités à cet effet, selon les modalités prévues par la présente section.

Le juge de l'application des peines rappelle à la personne placée sous surveillance de sûreté les obligations auxquelles elle est astreinte et l'informe des conséquences susceptibles de résulter de leur méconnaissance.

Il est tenu par le juge de l'application des peines pour chaque personne soumise à une surveillance de sûreté un dossier relatif au déroulement de la mesure. Ce dossier peut être consulté par l'avocat de la personne.

Art. R. 53-8-50 Si la surveillance de sûreté intervient à l'issue d'une rétention de sûreté, le juge de l'application des peines territorialement compétent pour contrôler la personne en est avisé avant sa sortie du centre socio-médico-judiciaire de sûreté, afin de permettre une prise en charge immédiate de l'intéressé.

Si la personne fait l'objet d'une injonction de soins, la désignation du médecin coordonnateur et de son médecin traitant intervient avant sa sortie, conformément aux dispositions des articles R. 3711-8 et R. 3711-17 du code de la santé publique.

Si la personne est placée sous surveillance électronique mobile, le dispositif prévu par l'article R. 61-22 est posé avant sa sortie. Si la personne refuse la pose de ce dispositif, le président de la juridiction régionale de la rétention de sûreté en est immédiatement informé, pour faire application, le cas échéant, des dispositions du dernier alinéa de l'article 706-53-19.

Art. R. 53-8-51 Trois mois au moins avant la fin prévue de la surveillance de sûreté, le juge de l'application des peines, ou à défaut le procureur de la République, fait procéder à l'expertise médicale et saisit éventuellement la commission pluridisciplinaire des mesures de sûreté pour avis. Le juge de l'application des peines, ou à défaut le procureur de la République, saisit la juridiction régionale de la rétention de sûreté un mois au moins avant l'expiration de la mesure, accompagné de son avis motivé.

Art. R. 53-8-52 Si la méconnaissance des obligations auxquelles elle est astreinte fait apparaître que la personne présente à nouveau une particulière dangerosité caractérisée par une probabilité très élevée de commettre à nouveau l'une des infractions mentionnées à l'article 706-53-13, le juge de l'application des peines ou le procureur de la République saisit le président de la juridiction régionale afin que ce dernier ordonne, s'il y a lieu, soit la modification des obligations soit le placement provisoire de la personne dans un centre socio-médico-judiciaire de sûreté, conformément aux dispositions de l'article 706-53-19.

Lorsque la personne est en fuite, la décision de placement provisoire du président de la juridiction régionale vaut ordre de recherche.

SECTION III DE LA RÉTENTION DE SÛRETÉ

SOUS-SECTION 1 DE LA PROCÉDURE

Art. R. 53-8-53 La commission pluridisciplinaire des mesures de sûreté est saisie par le juge de l'application des peines, ou à défaut par le procureur de la République, au moins dix-huit mois avant la libération des personnes mentionnées à l'article 706-53-13, afin qu'elle procède à leur examen conformément aux dispositions de l'article 706-53-14.

Si la commission donne un avis favorable à un placement sous rétention de sûreté, la juridiction régionale de la rétention de sûreté est saisie par le procureur général.

Dans le cas contraire, le dossier est transmis au juge de l'application des peines afin qu'il statue sur une éventuelle surveillance judiciaire. La commission fait connaître son avis sur les obligations éventuelles auxquelles peut être astreinte la personne et notamment son placement sous surveillance électronique mobile.

Art. R. 53-8-54 Trois mois avant la fin prévue de la rétention, le juge fait connaître son avis sur le renouvellement de la mesure au procureur général près la cour d'appel. Ce dernier saisit la commission pluridisciplinaire des mesures de sûreté afin qu'elle examine la situation de la personne retenue, au vu des éléments figurant dans son dossier individuel. Les dispositions du deuxième alinéa de l'article 706-53-14 relatives au placement préalable de la personne dans un service spécialisé ne sont pas applicables.

La commission donne son avis, soit sur le renouvellement de la rétention de sûreté ou sur sa mainlevée, soit sur le placement de la personne sous surveillance de sûreté, avec ou sans placement sous surveillance électronique mobile. La juridiction régionale de la rétention de sûreté est saisie par le procureur général et se prononce sur ces mesures avant la fin de la période d'un an.

SOUS-SECTION 2 DE L'ORGANISATION DES CENTRES SOCIO-MÉDICO-JUDICIAIRES DE SÛRETÉ

Art. R. 53-8-55 *(Décr. nº 2022-479 du 30 mars 2022, art. 8, en vigueur le 1er mai 2022)* Les missions et l'organisation des centres médico-socio-judiciaires de sûreté, ainsi que les conditions dans lesquelles les avocats des personnes retenues et l'autorité judiciaire accèdent aux informations relatives à la prise en charge des intéressés et au déroulement des mesures de rétention, sont déterminées par les dispositions de l'article R. 112-17 et des articles R. 541-2 et suivants du code pénitentiaire.

Ancien art. R. 53-8-55 *Les centres socio-médico-judiciaires de sûreté sont des structures placées sous l'autorité conjointe du ministre chargé de la santé et du ministre de la justice, qui accueillent des personnes placées en rétention de sûreté.*

Ils ont pour mission :

1º De proposer à ces personnes, de façon permanente, une prise en charge médicale, psychologique et sociale destinée à réduire leur dangerosité et à permettre la fin de la mesure de rétention ;

2º De retenir dans leurs locaux ces personnes, dans des conditions permettant d'assurer la sécurité et le bon ordre du centre socio-médico-judiciaire et d'éviter que ces personnes ne se soustraient à la mesure prononcée, avec la rigueur strictement nécessaire et dans le respect de leur dignité.

La prise en charge peut notamment comporter, après accord écrit de la personne, un traitement utilisant des médicaments qui entraînent une diminution de la libido.

Art. R. 53-8-56 *(Abrogé par Décr. nº 2022-479 du 30 mars 2022, art. 8, à compter du 1er mai 2022) Les centres sont placés sous la responsabilité conjointe, chacun dans son domaine de compétence, d'un directeur des services pénitentiaires et d'un directeur d'établissement public de santé.*

Le directeur des services pénitentiaires assure les missions de sécurité, de surveillance, de maintien de l'ordre, de greffe, d'hébergement et d'organisation de la vie quotidienne des personnes retenues. Il tient compte des prescriptions ou contre-indications médicales liées à l'état d'une personne retenue ainsi que de tout autre élément de nature à le renseigner sur sa situation. Les personnels placés sous son autorité relèvent de l'administration pénitentiaire et demeurent soumis à leur statut particulier.

Le directeur d'établissement public de santé organise la prise en charge médicale et psychologique des personnes retenues. Il peut passer des conventions avec un ou plusieurs établissements publics de santé afin qu'une prise en charge sanitaire et psychologique permanente soit assurée aux personnes retenues.

Le directeur des services pénitentiaires et le directeur d'établissement public de santé organisent conjointement la prise en charge pluridisciplinaire, dont la prise en charge socio-éducative, des personnes retenues destinée à permettre leur sortie du centre.

Le directeur des services pénitentiaires peut autoriser, sur proposition ou après avis favorable du directeur d'établissement public de santé, des intervenants extérieurs spécialisés à prendre part aux activités proposées ou à assister les personnes retenues dont la situation personnelle justifie une prise en charge spécifique, en particulier dans le domaine médico-social. A ce titre, des travailleurs sociaux peuvent être chargés d'aider les personnes retenues, notamment dans l'exercice de leurs droits sociaux, le maintien de leurs liens familiaux et leurs démarches de réinsertion.

Art. R. 53-8-57 (*Abrogé par Décr. n° 2022-479 du 30 mars 2022, art. 8, à compter du 1er mai 2022*) *Les autorités judiciaires et le personnel relevant de l'administration pénitentiaire ne peuvent intervenir dans le déroulement des traitements décidés et mis en œuvre par le personnel médical ou soignant.*

Les médecins et les psychologues délivrent les attestations permettant aux personnes retenues de justifier auprès du juge de l'application des peines mentionné à l'article R. 53-8-64 du suivi effectif dont elles font l'objet.

Lorsque l'hospitalisation d'une personne retenue est requise, le directeur des services pénitentiaires informe sans délai le juge et le préfet prescrit un dispositif de garde et d'escorte adapté à la dangerosité de la personne retenue.

Art. R. 53-8-58 (*Abrogé par Décr. n° 2022-479 du 30 mars 2022, art. 8, à compter du 1er mai 2022*) *Les centres socio-médico-judiciaires de sûreté comportent un service administratif de greffe au sein duquel est tenu un registre de rétention dans lequel sont mentionnées et mises à jour, pour chaque personne faisant l'objet d'une rétention de sûreté, les informations suivantes :*

1° Les dates d'arrivée ou de retour dans le centre de la personne ;

2° La date prévue pour la fin de la mesure ;

3° La nature des décisions la concernant prises par la juridiction régionale de la rétention de sûreté, la juridiction nationale de la rétention de sûreté et la Cour de cassation et la date de leur notification à l'intéressé ;

4° Les recours et pourvois formés par la personne contre ces décisions et la date à laquelle elle a déclaré ces recours au greffe ;

5° Les demandes formées par la personne en application des dispositions de l'article 706-53-17 et la date de leur déclaration au greffe ;

6° Les décisions judiciaires qui affectent le déroulement de la mesure ;

7° La date et les motifs de sorties effectives du centre de la personne, qu'elles soient provisoires ou définitives.

Le directeur des services pénitentiaires, ou sous son autorité le responsable du service du greffe, veille à la légalité de la privation de liberté des personnes accueillies ainsi qu'à leur libération immédiate dès la fin de la mesure de rétention.

Art. R. 53-8-59 (*Abrogé par Décr. n° 2022-479 du 30 mars 2022, art. 8, à compter du 1er mai 2022*) *Chacune des personnes retenues dans le centre socio-médico-judiciaire de sûreté fait l'objet d'un dossier individuel, destiné à rendre compte de son évolution et du déroulement de la mesure, tenu par le greffe dans lequel figurent, à l'exclusion de tout document couvert par le secret médical :*

1° La décision de placement en rétention de sûreté ;

2° La copie du dossier individuel de la personne établi pendant l'exécution de sa peine et du dossier de suivi des mesures de sûreté dont il a pu faire l'objet ;

3° Les décisions judiciaires et administratives prises pendant la durée de sa rétention et de ses éventuelles détentions antérieures ;

4° Les évaluations et les expertises dont cette personne fait l'objet pendant la durée de sa rétention ;

5° Les attestations de suivi délivrées périodiquement par les médecins ou psychologues qui participent à la prise en charge de la personne retenue ;

6° Tout document utile à la connaissance de la personnalité et au suivi de l'évolution de la personne retenue.

Art. R. 53-8-60 (*Abrogé par Décr. n° 2022-479 du 30 mars 2022, art. 8, à compter du 1er mai 2022*) *Le dossier individuel de la personne retenue est accessible :*

1° Au procureur de la République, au juge de l'application des peines, aux membres de la juridiction régionale de la rétention de sûreté et de la juridiction nationale de la rétention de sûreté ;

2° Aux responsables et, dans cette limite, aux personnels du centre chargés de sa prise en charge ;

3° Aux personnes extérieures dont le concours est requis si cet accès est nécessaire à l'accomplissement de leur mission. La consultation se fait sous le contrôle du directeur des services pénitentiaires qui leur donne communication des seules pièces utiles à la prise en charge ou à l'évaluation de la personne retenue. Le bordereau des pièces communiquées est versé au dossier.

Le dossier peut être consulté par l'avocat de la personne retenue.

Art. R. 53-8-61 *(Abrogé par Décr. n° 2022-479 du 30 mars 2022, art. 8, à compter du 1er mai 2022) Toute personne retenue fait l'objet d'un hébergement individuel pendant la nuit.*

Dans la journée, toute personne retenue peut participer aux activités du centre, sauf décision contraire du directeur des services pénitentiaires ou du directeur d'établissement public de santé motivée par des raisons de sécurité ou médicales.

Il est institué, le cas échéant, un quartier spécifique pour les femmes.

SOUS-SECTION 3 DE LA SURVEILLANCE DES CENTRES SOCIO-MÉDICO-JUDICIAIRES DE SÛRETÉ

Art. R. 53-8-62 Le président de la juridiction nationale de la rétention de sûreté, le directeur de l'administration pénitentiaire du ministère de la justice et le directeur général de l'offre de soins du ministère de la santé, ou leurs représentants, visitent les centres au moins une fois par semestre.

Ils se font communiquer le registre de rétention ainsi que, le cas échéant, les dossiers individuels des personnes retenues.

Ils adressent un rapport annuel conjoint au ministre de la justice et au ministre chargé de la santé sur le fonctionnement des centres.

Art. R. 53-8-63 Le président de la juridiction régionale de la rétention de sûreté peut visiter les centres situés dans son ressort et se faire communiquer le registre de rétention ainsi que les dossiers individuels des personnes retenues. Il en est de même du procureur général et du procureur de la République.

Art. R. 53-8-64 Les personnes retenues dans les centres relèvent de la compétence d'un vice-président chargé de l'application des peines de l'un des tribunaux judiciaires de la cour d'appel, désigné par le premier président de cette cour.

Ce magistrat est chargé de contrôler, pour chaque personne retenue, les principales modalités de mise en œuvre de la rétention de sûreté et le bon déroulement de la mesure.

Il peut faire procéder, sur l'ensemble du territoire national, à tous examens, auditions, enquêtes, expertises, réquisitions ou vérifications utiles à l'exercice de ses attributions.

Il visite les centres relevant de sa compétence au moins une fois par mois et vérifie auprès de chaque personne retenue les conditions dans lesquelles se déroule sa rétention.

Le premier président de la cour d'appel peut désigner un ou plusieurs magistrats suppléants parmi les vice-présidents chargés de l'application des peines des tribunaux judiciaires de son ressort.

Art. R. 53-8-65 L'organisation des soins dispensés dans les centres socio-médico-judiciaires de sûreté fait l'objet des contrôles prévus par les articles L. 6116-1 et L. 6116-2 du code de la santé publique.

SOUS-SECTION 4 DES DROITS DES PERSONNES RETENUES DANS LES CENTRES SOCIO-MÉDICO-JUDICIAIRES DE SÛRETÉ

Art. R. 53-8-66 *(Décr. n° 2022-479 du 30 mars 2022, art. 8, en vigueur le 1er mai 2022)* Les droits des personnes retenues dans un centre socio-médico-judiciaire de sûreté, ainsi que les restrictions dont ils peuvent faire l'objet sont déterminés par les dispositions des articles R. 541-11, R. 541-12 et R. 541-13 du code pénitentiaire.

Ancien art. R. 53-8-66 *L'exercice des droits reconnus aux personnes retenues ne peut faire l'objet d'autres restrictions que celles strictement nécessaires au maintien de l'ordre et de la sécurité dans les centres, à la protection d'autrui, à la prévention des infractions et de toute soustraction des personnes retenues à la mesure dont elles font l'objet.*

Art. R. 53-8-67 *(Abrogé par Décr. nº 2022-479 du 30 mars 2022, art. 8, à compter du 1er mai 2022)* ***Toute personne retenue doit être informée dès le début de sa rétention, dans une langue qu'elle comprend, des droits et obligations liés à sa situation, y compris des recours et requêtes qu'elle peut former, de son droit à être assistée par un avocat de son choix ou commis d'office devant les juridictions de la rétention de sûreté, le juge de l'application des peines et le directeur des services pénitentiaires lors de la procédure mentionnée à l'article R. 53-8-73.*** *(Abrogé par Décr. nº 2020-1717 du 28 déc. 2020, art. 182)* ***« Elle est informée que les frais seront à sa charge sauf si elle remplit les conditions d'accès à l'aide juridictionnelle. »***

(Décr. nº 2020-1717 du 28 déc. 2020, art. 182) ***« Pour la procédure prévue par l'article R. 53-8-73, la rétribution de l'avocat est prise en charge au titre de l'aide juridictionnelle. »***

Lors de son admission, les règles applicables dans le centre sont portées *(Décr. nº 2020-1717 du 28 déc. 2020, art. 182)* ***« à la connaissance de la personne retenue. Elle lui sont également accessibles pendant la durée de sa rétention. »***

Art. R. 53-8-68 *(Abrogé par Décr. nº 2022-479 du 30 mars 2022, art. 8, à compter du 1er mai 2022)* ***Toute personne retenue dans un centre socio-médico-judiciaire de sûreté a droit :***

1º De suivre individuellement ou collectivement des actions d'éducation et de formation, au sein du centre ou par correspondance, sous la direction de professionnels habilités ;

2º D'exercer un emploi compatible avec sa présence au sein du centre soit pour son propre compte soit pour le compte d'employeurs extérieurs. Ces activités s'exercent de façon individuelle ou collective ;

3º De pratiquer, individuellement ou collectivement, des activités religieuses ou philosophiques de son choix, de recevoir les ministres du culte de son choix et de participer aux réunions qu'ils organisent ;

4º De se livrer à des activités culturelles, sportives et de loisir, dont une partie s'effectue obligatoirement en extérieur, organisées par des professionnels habilités ;

5º D'émettre ou de recevoir des correspondances avec toutes personnes de son choix. Les correspondances échangées avec son avocat ou des autorités publiques ne peuvent jamais ni être contrôlées ni être retenues ;

6º De recevoir des visites chaque jour de toute personne de son choix. Sauf décision contraire, ces visites s'effectuent sans dispositif de séparation. Elles peuvent être précédées ou suivies de fouille de la personne retenue ;

7º De téléphoner chaque jour aux personnes de son choix, à ses frais ou aux frais de son correspondant. Les communications téléphoniques échangées avec son avocat ne peuvent jamais être écoutées, enregistrées ou interrompues.

Les restrictions apportées par le directeur des services pénitentiaires à l'exercice de ces droits doivent être dûment justifiées au regard des exigences mentionnées à l'article R. 53-8-66. Sauf en cas d'urgence, le directeur des services pénitentiaires recueille l'avis du directeur d'établissement public de santé. Il informe sans délai le juge de l'application des peines de ces décisions.

Les dispositions de l'art. R. 53-8-68, 5º et 7º, ne sauraient avoir ni pour objet ni pour effet d'autoriser un contrôle général des correspondances et des communications téléphoniques des personnes retenues, à la seule exception de celles échangées avec leur avocat. En outre, elles n'autorisent le directeur de l'établissement à procéder à un tel contrôle que dans le cas strictement prévu par le dernier alinéa de ce même article et par l'art. R. 53-8-66 auquel il renvoie. • CE 21 oct. 2011, *Section française de l'observatoire international des prisons : D. actu. 7 nov. 2011, obs. Fleuriot.*

Art. R. 53-8-69 **Le juge de l'application des peines peut accorder à une personne retenue des permissions de sortie sous escorte, notamment en cas d'événement familial grave.**

Le fait d'accorder une autorisation de sortir sous escorte ne constitue pas en soi un traitement inhumain et dégradant au sens de l'art. 3 CEDH. • Crim. 17 mars 2010 : *AJ pénal 2010. 409, note Herzog-Evans.*

Art. R. 53-8-70 **Le juge de l'application des peines peut faire bénéficier la personne retenue de permission de sortie sous surveillance électronique mobile d'un ou plusieurs**

jours en vue de maintenir ses liens familiaux ou de préparer la fin de la mesure de rétention.

Cette permission ne peut être accordée que si elle n'est pas incompatible avec la dangerosité de la personne retenue et son risque de commettre à nouveau des infractions. Ces éléments sont appréciés notamment au vu de l'avis de la commission pluridisciplinaire des mesures de sûreté et de l'examen médical intervenus préalablement à la décision de placement en rétention ou de la prolongation de la mesure.

Cette permission peut être assortie d'une ou plusieurs conditions et notamment des obligations prévues aux 2°, 3°, 9°, 13° et 14° de l'article 132-45 du code pénal.

La pose du dispositif prévu par l'article R. 61-22 intervient une semaine avant l'exécution de la permission de sortie. Les dispositions prévues aux articles R. 61-21 à R. 61-31 sont applicables, sous réserve des adaptations nécessaires qui résultent de la spécificité du régime des personnes retenues.

Art. R. 53-8-71 Les permissions de sortie sont accordées ou refusées, après avis du directeur des services pénitentiaires, du directeur d'établissement public de santé et du procureur de la République, par ordonnances motivées.

Ces ordonnances peuvent, dans les cinq jours de leur notification, faire l'objet d'un recours du procureur de la République ou de la personne retenue devant le président de la juridiction régionale de la rétention de sûreté.

Le recours du procureur de la République formé dans les vingt-quatre heures contre une ordonnance accordant une permission est suspensif et l'affaire doit être examinée dans les deux mois, faute de quoi le recours est non avenu.

Art. R. 53-8-72 *(Décr. n° 2022-479 du 30 mars 2022, art. 8, en vigueur le 1er mai 2022)* Le directeur des services pénitentiaires prend toute mesure nécessaire au bon ordre du centre, à la sûreté des individus et à la sécurité des biens dans les conditions prévues par les dispositions des articles R. 541-15 et R. 541-16 du code pénitentiaire.

Ancien art. R. 53-8-72 *Lorsque le comportement des personnes retenues met en péril le bon ordre du centre, la sûreté des individus, la sécurité des biens ou cause des désordres persistants, le directeur des services pénitentiaires prend toute mesure appropriée dans le respect des exigences mentionnées à l'article R. 53-8-66.*

Sauf urgence, cette décision est prise après avis du directeur d'établissement public de santé. Elle est communiquée au juge de l'application des peines. Elle est motivée et versée au dossier individuel de la personne accompagnée de ses observations.

Art. R. 53-8-73 *(Abrogé par Décr. n° 2022-479 du 30 mars 2022, art. 8, à compter du 1er mai 2022) Lorsque l'objectif recherché à l'article précédent ne peut être atteint par d'autres mesures, le directeur des services pénitentiaires peut décider, à l'égard de la personne retenue :*

1° La suspension, totale ou partielle, d'activités mentionnées à l'article R. 53-8-68 pour une période maximum de vingt et un jours ;

2° Le confinement en chambre individuelle pour une durée maximale de vingt et un jours. Le confinement emporte suspension de toutes activités et de la libre circulation au sein du centre socio-médico-judiciaire de sûreté à l'exception des visites et des activités liées à la prise en charge médicale et psychologique.

La mesure est suspendue si le médecin constate que son exécution est de nature à compromettre l'état de santé de la personne retenue.

La personne retenue peut faire valoir ses observations y compris par son avocat ou par un mandataire agréé par le directeur des services pénitentiaires et remplissant les conditions mentionnées à l'article R. 57-9-4.

Art. R. 53-8-74 Le président de la juridiction régionale de la détention de sûreté, saisi par le juge de l'application des peines, peut délivrer un ordre de recherche, contre une personne retenue :

1° Qui se soustrait à la mesure de rétention dont elle fait l'objet ;
2° Qui ne réintègre pas le centre à l'issue d'une permission de sortie.

SOUS-SECTION 5 DU CENTRE DE FRESNES

Art. R. 53-8-75 *(Décr. n° 2022-479 du 30 mars 2022, art. 8, en vigueur le 1er mai 2022)* Les dispositions de la présente section sont applicables au centre socio-médico-judiciaire de sûreté de l'établissement public de santé national de Fresnes, sous réserve des adaptations prévues à l'article R. 53-8-77 et aux articles R. 541-17 et R. 541-18 du code pénitentiaire.

Ancien art. R. 53-8-75 *Un centre socio-médico-judiciaire de sûreté est créé au sein de l'établissement public de santé national de Fresnes institué en application de l'article L. 6141-5 du code de la santé publique. Les dispositions de la présente section sont applicables sous réserve des adaptations suivantes.*

Art. R. 53-8-76 *(Abrogé par Décr. nº 2022-479 du 30 mars 2022, art. 8, à compter du 1er mai 2022) Ce centre est placé sous la responsabilité conjointe, chacun dans son domaine de compétence, du directeur de l'établissement public de santé national de Fresnes et du directeur d'hôpital mis à la disposition de cet établissement par le ministre chargé de la santé.*

Le directeur de l'établissement public de santé national de Fresnes exerce les compétences attribuées au directeur des services pénitentiaires par les sous-sections 2 et 4 de la présente section. Il désigne parmi les personnels sur lesquels il a autorité ceux chargés de la surveillance des personnes retenues et des missions de greffe relevant du centre.

Le directeur d'hôpital exerce les compétences attribuées au directeur d'établissement public de santé par les sous-sections 2 et 4 de la présente section. A ce titre il passe des conventions entre l'établissement public de santé national de Fresnes et un ou plusieurs établissements publics de santé afin qu'une prise en charge sanitaire et psychologique permanente soit assurée aux personnes retenues.

Art. R. 53-8-77 Les personnes retenues dans le centre relèvent de la compétence d'un des vice-présidents chargés de l'application des peines du tribunal judiciaire de Paris, désigné par le premier président de la cour d'appel de Paris.

Art. R. 53-8-78 *(Abrogé par Décr. nº 2022-479 du 30 mars 2022, art. 8, à compter du 1er mai 2022) Les règles de fonctionnement du centre et les conditions dans lesquelles s'exercent les droits des personnes retenues prévus par la sous-section 4 de la présente section sont précisées par son règlement intérieur, qui est fixé par arrêté conjoint du ministre de la justice et du ministre chargé de la santé.*

TITRE VINGTIÈME DU FICHIER NATIONAL AUTOMATISÉ DES EMPREINTES GÉNÉTIQUES ET DU SERVICE CENTRAL DE PRÉSERVATION DES PRÉLÈVEMENTS BIOLOGIQUES *(Décr. nº 2002-697 du 30 avr. 2002).*

(Décr. nº 2000-413 du 18 mai 2000)

Art. R. 53-9 *(Décr. nº 2021-1402 du 29 oct. 2021, art. 2)* Le ministre de l'intérieur (service national de police scientifique) est autorisé à mettre en œuvre le traitement automatisé de données à caractère personnel mentionné à l'article 706-54, dénommé "fichier national automatisé des empreintes génétiques" (FNAEG). Ce traitement a pour finalités :

1º De faciliter la recherche et l'identification des auteurs de crimes et de délits mentionnés à l'article 706-55, y compris par le biais de recherche en parentalité prévue à l'article 706-56-1-1 ;

2º De faciliter la recherche et la découverte des mineurs et majeurs protégés disparus ainsi que celles des majeurs dont la disparition présente un caractère inquiétant ou suspect eu égard aux circonstances, à l'âge de l'intéressé ou à son état de santé ;

3º De faciliter l'identification dans un cadre judiciaire des personnes décédées dont l'identité n'a pu être établie ;

4º De faciliter l'identification dans un cadre extrajudiciaire des personnes décédées dont l'identité n'est pas établie, des victimes de catastrophes naturelles ou des personnes faisant l'objet de recherche et dont la mort est supposée.

Art. R. 53-10 *(Décr. nº 2004-470 du 25 mai 2004, art. 3)* I. — Sur décision de l'officier de police judiciaire, agissant soit d'office, soit à la demande du procureur de la République ou du juge d'instruction, font l'objet d'un enregistrement au fichier les résultats des analyses d'identification par empreintes génétiques :

1º Des traces biologiques issues de personnes inconnues, recueillies dans le cadre d'une enquête préliminaire, d'une enquête pour crime ou délit flagrant, ou d'une

(Décr. nº 2021-1402 du 29 oct. 2021, art. 3) « information », relatives à l'une des infractions mentionnées à l'article 706-55 ;

(Décr. nº 2021-1402 du 29 oct. 2021, art. 3) « 1º *bis* Des traces biologiques issues de personnes inconnues, recueillies dans le cadre d'une enquête ou d'une information pour recherche des causes de la mort ou d'une disparition prévue par les articles 74, 74-1 et 80-4 ; »

2º Des échantillons biologiques prélevés dans le cadre d'une enquête préliminaire, d'une enquête pour crime ou délit flagrant, ou d'une *(Décr. nº 2021-1402 du 29 oct. 2021, art. 3)* « information » sur les personnes à l'encontre desquelles il existe des indices graves ou concordants rendant vraisemblable qu'elles aient commis l'une des infractions mentionnées à l'article 706-55 ;

(Décr. nº 2021-1402 du 29 oct. 2021, art. 3) « 3º Des traces biologiques issues des cadavres non identifiés, recueillies dans le cadre d'une enquête préliminaire, d'une enquête pour crime ou délit flagrant, ou d'une information, relatives à l'une des infractions mentionnées à l'article 706-55, ou dans le cadre d'une enquête ou d'une information pour recherche des causes de la mort prévue par les articles 74 et 80-4 ; »

4º Des *(Décr. nº 2021-1402 du 29 oct. 2021, art. 3)* « traces et » échantillons biologiques issus ou susceptibles d'être issus d'une personne disparue, recueillis dans le cadre d'une enquête ou d'une *(Décr. nº 2021-1402 du 29 oct. 2021, art. 3)* « information » pour recherche des causes d'une disparition *(Abrogé par Décr. nº 2021-1402 du 29 oct. 2021, art. 3) « inquiétante ou suspecte »* prévue par les articles 74-1 ou 80-4 ;

(Décr. nº 2021-1402 du 29 oct. 2021, art. 3) « 5º Des échantillons biologiques prélevés, avec leur accord, sur les ascendants ou descendants d'une personne disparue, dans le cadre d'une enquête ou d'une information pour recherche des causes d'une disparition prévue par les articles 74-1 et 80-4. En cas d'impossibilité ou de refus de prélèvement d'échantillons biologiques sur la mère ou sur le père biologique, des prélèvements peuvent également être réalisés, avec leur accord, sur les collatéraux aux deuxième et troisième degrés de la personne disparue, au sens de l'article 743 du code civil.

« Dans les cas prévus au 5º, l'accord des personnes est recueilli par procès-verbal. Les personnes intéressées précisent également, par une mention expresse à ce même procès-verbal, qu'elles autorisent la comparaison entre leur empreinte génétique et celles enregistrées ou susceptibles d'être enregistrées dans le fichier ainsi que celles susceptibles d'être comparées dans le fichier en application du troisième alinéa de l'article 706-54, à l'exception des traces mentionnées aux 1º et 1º *bis* du I. En l'absence d'une telle autorisation, ces empreintes ne peuvent être comparées qu'avec celles enregistrées au titre des 3º et 4º du I et des 1º, 2º et 3º du III.

« II. – Sur décision, selon le cas, du procureur de la République ou du procureur général, font l'objet d'un enregistrement au fichier les résultats des analyses d'identification par empreintes génétiques :

« 1º Des échantillons biologiques prélevés sur des personnes définitivement déclarées coupables de l'une des infractions mentionnées à l'article 706-55 ;

« 2º Des échantillons biologiques prélevés sur des personnes poursuivies pour l'une des infractions mentionnées à l'article 706-55 ayant fait l'objet d'une décision définitive d'irresponsabilité pénale en application des articles 706-120, 706-125, 706-129, 706-133 ou 706-134.

« III. – Sur décision du procureur de la République, prise en application des dispositions du sixième alinéa de l'article 706-54, font l'objet dans le fichier d'un enregistrement distinct de ceux mentionnés aux I et II, les résultats des analyses d'identification par empreintes génétiques :

« 1º Des traces biologiques issues des cadavres non identifiés ;

« 2º Des échantillons biologiques issus ou susceptibles d'être issus de personnes disparues faisant l'objet de recherches au titre de l'article 26 de la loi nº 95-73 du 21 janvier 1995 d'orientation et de programmation relative à la sécurité et dont la mort est supposée, recueillis dans les lieux qu'elles sont susceptibles d'avoir habituellement fréquentés ;

« 3º Des traces biologiques issues ou susceptibles d'être issues de victimes de catastrophes naturelles ;

« 4° Des échantillons biologiques prélevés, avec leur accord, sur les ascendants ou descendants de victimes de catastrophes naturelles ou de personnes disparues faisant l'objet de recherches au titre de l'article 26 de la loi du 21 janvier 1995 susmentionnée et dont la mort est supposée. En cas d'impossibilité ou de refus de prélèvement d'échantillons biologiques sur la mère ou sur le père biologique, des prélèvements peuvent également être réalisés, avec leur accord, sur les collatéraux aux deuxième et troisième degrés de la victime de catastrophe naturelle ou de la personne disparue, au sens de l'article 743 du code civil.

« Dans les cas prévus au 4°, l'accord des personnes est recueilli par écrit. Les personnes intéressées précisent également, par une mention expresse, qu'elles autorisent la comparaison entre leur empreinte génétique et celles mentionnées aux 3° et 4° du I et aux 1° à 3° du III. Les services et unités de police ou de gendarmerie compétents conservent les documents écrits dans lesquels sont exprimés l'accord et l'autorisation et en adressent copie dans chaque cas au procureur de la République qui les a saisis.

« Les données mentionnées aux 1°, 2° et 3° font l'objet d'une comparaison avec celles mentionnées aux 3° à 5° du I et au III du présent article.

« IV. — Le procureur de la République, ou après avis de ce magistrat, le juge d'instruction peut, lorsque les nécessités d'une enquête ou d'une information concernant l'un des crimes prévus à l'article 706-55 l'exigent, requérir le service gestionnaire du fichier afin qu'il procède à une comparaison entre l'empreinte génétique enregistrée au fichier établie à partir d'une trace biologique issue d'une personne inconnue mentionnée aux 1° et 1° ***bis*** **du I ou d'une trace biologique issue d'un cadavre non identifié mentionné au 3° du I et les empreintes génétiques des personnes mentionnées au 2° du I et aux 1° et 2° du II, aux fins de recherche de personnes pouvant être apparentées en ligne directe à cette personne inconnue. »**

V. art. 706-55.

Les ascendants et descendants qui ont donné leur accord dans les conditions prévues au dernier al. du I de l'art. R. 53-10 avant le 30 oct. 2021 sont informés des modifications apportées au champ des comparaisons pouvant être réalisées à partir de leur empreinte génétique par le Décr. n° 2021-1402 du 29 oct. 2021 et du droit à l'effacement dont ils disposent en application de l'art. R. 53-14-2. Les comparaisons résultant des modifications opérées ne pourront être réalisées qu'à l'issue d'un délai de deux mois à compter de cette information (Décr. préc., art. 22).

Les résultats des analyses d'identification par empreintes génétiques mentionnés au III de l'art. R. 53-10 et réalisées avant le 30 oct. 2021 peuvent également être enregistrés au fichier, sur demande du procureur de la République ou de l'officier de police judiciaire agissant sur ses instructions, et pour les personnes mentionnées au 5e al. du III, sous réserve du recueil de leur accord dans les conditions prévues au 6e al. (Décr. n° 2021-1402 du 29 oct. 2021, art. 22).

Décret n° 2004-470 du 25 mai 2004, *relatif au fichier national automatisé des empreintes génétiques.* **Art. 13** Les résultats des analyses d'identification par empreintes génétiques mentionnés aux 1° et 2° du I et au II de l'article R. 53-10 du code de procédure pénale dans la rédaction qui résulte du présent décret, obtenus avant l'entrée en vigueur de celui-ci dans le cadre de procédures judiciaires suivies pour des infractions énumérées par l'article 706-55 du code de procédure pénale ou pour des infractions prévues par les articles 79 à 99, 132, 133, 139 (alinéa 2), 295 à 297, 299, 301 à 308-1, 309 à 312, 316, 318, 330 à 335, 335-6, 341 à 344, 379, 381, 382, 400 (alinéas 1 et 2), 405 (alinéa 2), 434 à 439, 460 à 461-1, 462 et 462-1 du code pénal et par les articles L. 627 et L. 627-2 du code de la santé publique dans leur rédaction applicable avant le 1er mars 1994, peuvent être enregistrés dans le fichier national automatisé des empreintes génétiques.

Les résultats des analyses d'identification par empreintes génétiques mentionnés aux 3°, 4° et 5° du I de l'article R. 53-10 du code de procédure pénale et réalisées avant l'entrée en vigueur du présent décret peuvent également être enregistrés dans ce fichier.

Les résultats mentionnés aux alinéas précédents sont enregistrés, selon les distinctions et conditions prévues par l'article R. 53-10, sur décision de l'officier de police judiciaire, agissant soit d'office, soit à la demande du procureur de la République ou du juge d'instruction, ou sur décision du procureur de la République ou du procureur général.

Art. R. 53-11 *(Décr. nº 2004-470 du 25 mai 2004, art. 4)* **I. — Les données enregistrées mentionnées à l'article R. 53-10, qui précisent les segments d'ADN identifiés, sont accompagnées des informations suivantes :**

1° Le numéro de la procédure dans le cadre de laquelle l'enregistrement au fichier est demandé ;

2° L'autorité judiciaire ou l'officier de police judiciaire ayant demandé l'enregistrement au fichier ;

3° La date de la demande d'enregistrement au fichier ou, *(Décr. nº 2021-1402 du 29 oct. 2021, art. 4)* **« dans les cas prévus par le II de l'article R. 53-10, la date à laquelle la décision de déclaration de culpabilité ou d'irresponsabilité pénale est devenue définitive ou, si cette date n'est pas connue du service gestionnaire du fichier, la date de la décision » ;**

4° Le nom de la personne physique ou morale habilitée ayant réalisé l'analyse *(Décr. nº 2021-1402 du 29 oct. 2021, art. 4)* **« . »**

(Abrogé par Décr. nº 2021-1402 du 29 oct. 2021, art. 5) ***« 5° La nature de l'affaire.***

« Dans les cas prévus par le 2° du I et le II de l'article R. 53-10, l'information portant sur la nature de l'affaire ne peut être exploitée qu'en vue d'un traitement à des fins statistiques et elle ne peut apparaître en cas de consultation ni servir de critère de recherche nominative. »

(Décr. nº 2021-1402 du 29 oct. 2021, art. 4) **« II. — Les données mentionnées aux 1° et 1°** ***bis*** **du I de l'article R. 53-10 sont en outre accompagnées :**

« 1° Des informations relatives au scellé ou prélèvement contenant les traces ou échantillons biologiques à partir desquels l'analyse a été réalisée ou l'objet sur lequel ont été recueillis ces traces ou échantillons ;

« 2° D'une information relative au cadre procédural de leur enregistrement ;

« 3° Le cas échéant, des références aux infractions mentionnées à l'article 706-55 et objets de la procédure dans le cadre de laquelle l'enregistrement au fichier est demandé.

« III. — Les données mentionnées au 2° du I de l'article R. 53-10 sont en outre accompagnées :

« 1° Des références aux infractions mentionnées à l'article 706-55 et objets de la procédure dans le cadre de laquelle l'enregistrement au fichier est demandé ;

« 2° Le cas échéant, de la date de commission des faits ;

« 3° Lorsqu'ils sont connus, des nom, prénoms, date et lieu de naissance et filiation des personnes dont les empreintes génétiques sont supposées avoir été recueillies.

« Les informations relatives aux références des infractions ne peuvent servir de critère de recherche nominative.

« IV. — Les données mentionnées au 3° du I de l'article R. 53-10 sont en outre accompagnées :

« 1° Des informations relatives au scellé ou prélèvement contenant les traces biologiques à partir desquels l'analyse a été réalisée ou l'objet sur lequel ont été recueillies ces traces ;

« 2° D'une information relative au cadre procédural de leur enregistrement ;

« 3° Le cas échéant, des références aux infractions mentionnées à l'article 706-55 et objets de la procédure dans le cadre de laquelle l'enregistrement au fichier est demandé.

« V. — Les données mentionnées au 4° du I de l'article R. 53-10 sont en outre accompagnées :

« 1° Des informations relatives au scellé ou prélèvement contenant les traces ou échantillons biologiques à partir desquels l'analyse a été réalisée ou l'objet sur lequel ont été recueillis ces traces ou échantillons ;

« 2° D'une information relative au cadre procédural de leur enregistrement ;

« 3° Des nom, prénoms, date et lieu de naissance et filiation des personnes dont les empreintes génétiques sont supposées avoir été recueillies.

« VI. — Les données mentionnées au 5° du I de l'article R. 53-10 sont en outre accompagnées :

« 1° D'une information relative au cadre procédural de leur enregistrement ;

« 2° Des nom, prénoms, date et lieu de naissance de la personne disparue, et des nom, prénoms, date et lieu de naissance, et lien de parenté avec la personne disparue, de la personne dont est enregistrée l'empreinte génétique.

« VII. — Les données mentionnées au II de l'article R. 53-10 sont en outre accompagnées :

« 1° Des références aux infractions mentionnées à l'article 706-55 et objets de la procédure dans le cadre de laquelle l'enregistrement au fichier est demandé ;

« 2° Le cas échéant, de la date de commission des faits ;

« 3° Lorsqu'ils sont connus, des nom, prénoms, date et lieu de naissance et filiation des personnes dont les empreintes génétiques sont supposées avoir été recueillies.

« Les informations relatives aux références des infractions ne peuvent servir de critère de recherche nominative.

« VIII. — Les données mentionnées au 1° du III de l'article R. 53-10 sont en outre accompagnées :

« 1° Des informations relatives au scellé ou prélèvement contenant les traces biologiques à partir desquelles l'analyse a été réalisée ou l'objet sur lequel ont été recueillies ces traces ;

« 2° D'une information relative au cadre procédural de leur enregistrement.

« IX. — Les données mentionnées aux 2° et 3° du III de l'article R. 53-10 sont en outre accompagnées :

« 1° Des informations relatives au scellé ou prélèvement contenant les traces ou échantillons biologiques à partir desquels l'analyse a été réalisée ou l'objet sur lequel ont été recueillis ces traces ou échantillons ;

« 2° D'une information relative au cadre procédural de leur enregistrement ;

« 3° Lorsqu'ils sont connus, des nom, prénoms, date et lieu de naissance et filiation des personnes dont les empreintes génétiques sont supposées avoir été recueillies.

« X. — Les données mentionnées au 4° du III de l'article R. 53-10 sont en outre accompagnées :

« 1° D'une information relative au cadre procédural de leur enregistrement ;

« 2° Des nom, prénoms, date et lieu de naissance de la personne disparue, et des nom, prénoms, date et lieu de naissance, et lien de parenté avec la personne disparue, de la personne dont est enregistrée l'empreinte génétique. »

Art. R. 53-12 *(Décr. nº 2004-470 du 25 mai 2004, art. 5)* Conformément aux dispositions de *(Décr. nº 2021-1402 du 29 oct. 2021, art. 5)* « l'article L. 235-1 du code de la sécurité intérieure », les résultats des analyses d'identification par empreintes génétiques mentionnées *(Décr. nº 2021-1402 du 29 oct. 2021, art. 5)* « aux I et II de l'article R. 53-10 » transmis par des organismes de coopération internationale en matière de police judiciaire ou des services de police étrangers peuvent également faire l'objet d'un enregistrement au fichier ou d'un rapprochement avec les données qui y sont inscrites.

Les données ainsi enregistrées sont accompagnées des informations mentionnées à l'article R. 53-11, à la condition qu'elles soient disponibles, ainsi que de l'origine et de la date de la demande d'enregistrement au fichier.

V. CSI, art. L. 235-1, ss. art. 78-6.

Art. R. 53-12-1 *(Décr. nº 2021-1402 du 29 oct. 2021, art. 6)* Conformément aux dispositions de l'article L. 235-1 du code de la sécurité intérieure, les résultats des analyses d'identification par empreintes génétiques des personnes mentionnées au III de l'article R. 53-10 transmis par les autorités étrangères peuvent faire l'objet d'un rapprochement avec les données inscrites au fichier.

Art. R. 53-13 *(Abrogé par Décr. nº 2004-470 du 25 mai 2004, art. 6)* « *Les analyses d'identification par empreintes génétiques ne peuvent porter, outre le segment correspondant au marqueur du sexe, que sur des segments d'ADN non codants.* »

Le nombre et la nature *(Décr. nº 2004-470 du 25 mai 2004, art. 6)* « des segments d'ADN non codants sur lesquels portent les analyses d'identification par empreintes génétiques » sont définis par arrêté du *(Décr. nº 2010-773 du 8 juill. 2010)* « ministre de la justice et du ministre de l'intérieur » pris après avis de la commission chargée d'agréer les personnes habilitées à effectuer des missions d'identification par empreintes génétiques dans le cadre des procédures judiciaires *(Décr. n° 2021-1402 du 29 oct. 2021, art. 7)* « ou de la procédure extrajudiciaire d'identification des personnes décédées », prévue par l'article 1er du décret n° 97-109 du 6 février 1997 relatif aux conditions d'agrément des personnes habilitées à procéder à des identifications par empreintes génétiques dans le cadre d'une procédure judiciaire *(Décr. n° 2021-1402 du 29 oct. 2021, art. 7)* « ou de la procédure extrajudiciaire d'identification des personnes décédées ».

V. Décr. n° 97-109 du 6 févr. 1997, mod. par Décr. n° 2016-796 du 14 juin 2016, au **C. pr. civ.,** *App., v° Experts judiciaires.*

Art. R. 53-13-1 *(Abrogé par Décr. n° 2021-1402 du 29 oct. 2021, art. 8) (Décr. n° 2004-470 du 25 mai 2004, art. 7)* ***Le procureur de la République compétent pour, en application des dispositions du deuxième alinéa de l'article 706-54, ordonner d'office ou à la demande de l'intéressé l'effacement de l'enregistrement d'un résultat mentionné au 2° du I de l'article R. 53-10 est celui de la juridiction dans le ressort de laquelle a été menée la procédure ayant donné lieu à cet enregistrement.***

La demande d'effacement prévue par le deuxième alinéa de l'article 706-54 doit, à peine d'irrecevabilité, être adressée par lettre recommandée avec demande d'avis de réception ou par déclaration au greffe. Cette demande est directement adressée au procureur de la République mentionné à l'alinéa précédent. Elle peut également être adressée au procureur de la République du domicile de l'intéressé, qui la transmet au procureur de la République compétent.

Le procureur de la République compétent fait droit à la demande d'effacement lorsqu'elle est présentée par une personne mentionnée au 5° de l'article R. 53-10.

Art. R. 53-13-2 *(Abrogé par Décr. n° 2021-1402 du 29 oct. 2021, art. 8) (Décr. n° 2004-470 du 25 mai 2004, art. 7)* ***Le magistrat compétent doit faire connaître sa décision à l'intéressé, par lettre recommandée, dans un délai de trois mois à compter de la réception de la demande soit par lui-même, soit par le procureur de la République du domicile de l'intéressé.***

A défaut de réponse dans ce délai, ou si le magistrat n'ordonne pas l'effacement, l'intéressé peut saisir aux mêmes fins le juge des libertés et de la détention dans un délai de dix jours par lettre recommandée avec demande d'avis de réception ou par déclaration au greffe.

Art. R. 53-13-3 *(Abrogé par Décr. n° 2021-1402 du 29 oct. 2021, art. 8) (Décr. n° 2004-470 du 25 mai 2004, art. 7)* ***Après avoir sollicité les réquisitions écrites du procureur de la République, le juge des libertés et de la détention statue par ordonnance motivée dans un délai de deux mois. L'ordonnance est notifiée au procureur de la République et, par lettre recommandée, à l'intéressé.***

Art. R. 53-13-4 *(Abrogé par Décr. n° 2021-1402 du 29 oct. 2021, art. 8) (Décr. n° 2004-470 du 25 mai 2004, art. 7)* ***Faute pour le juge des libertés et de la détention de statuer dans le délai de deux mois ou en cas d'ordonnance refusant l'effacement, l'intéressé peut, dans un délai de dix jours, saisir le président de la chambre de l'instruction, par lettre recommandée avec accusé de réception ou par déclaration au greffe. A peine d'irrecevabilité, sa contestation doit être motivée.***

Art. R. 53-13-5 *(Abrogé par Décr. n° 2021-1402 du 29 oct. 2021, art. 8) (Décr. n° 2004-470 du 25 mai 2004, art. 7)* ***En cas d'ordonnance prescrivant l'effacement, le procureur de la République peut également, dans un délai de dix jours, contester cette décision devant le président de la chambre de l'instruction. Cette contestation suspend l'exécution de la décision.***

Art. R. 53-13-6 *(Abrogé par Décr. n° 2021-1402 du 29 oct. 2021, art. 8) (Décr. n° 2004-470 du 25 mai 2004, art. 7)* ***Le président de la chambre de l'instruction statue, après avoir sollicité les réquisitions écrites du procureur général, par une ordonnance motivée, dans un délai de trois mois. Cette ordonnance est notifiée au procureur de la République et, par lettre recommandée, à l'intéressé. Elle ne peut faire l'objet d'un pourvoi en cassation que si elle ne satisfait pas, en la forme, aux conditions essentielles de son existence légale.***

Art. R. 53-14 *(Décr. n° 2021-1402 du 29 oct. 2021, art. 9)* **Sous réserve qu'il n'ait pas été procédé à leur effacement dans les conditions prévues aux articles R. 53-14-1 à R. 53-14-4, les données et informations sont conservées suivant les durées maximales détaillées aux alinéas suivants :**

1° Les données et informations relatives aux traces mentionnées aux 1° et 1° *bis* du I de l'article R. 53-10 sont conservées vingt-cinq ans à compter de la date d'enregistrement au fichier. Cette durée de conservation est portée à quarante ans lorsque les traces biologiques issues de personnes inconnues ont été recueillies dans le cadre d'une enquête ou d'une information relative à l'une des infractions figurant dans le tableau mentionné au 4° ;

2° Les données et informations relatives aux personnes mentionnées au 2° du I de l'article R. 53-10 sont conservées quinze ans à compter de la date d'enregistrement au fichier ou, si les échantillons biologiques ont été prélevés sur une personne mineure, dix ans à compter de la date d'enregistrement au fichier ;

3° Les données et informations relatives aux personnes mentionnées au II de l'article R. 53-10 sont conservées vingt-cinq ans à compter de la date d'acquisition du caractère définitif de la décision de culpabilité ou de la décision d'irresponsabilité pénale, ou si cette date n'est pas connue du service gestionnaire du fichier à compter de la date de la décision ou, si les échantillons biologiques ont été prélevés sur une personne mineure, quinze ans à compter de la date d'acquisition du caractère définitif de la décision de culpabilité ou de la décision d'irresponsabilité pénale, ou si cette date n'est pas connue du service gestionnaire du fichier à compter de la date de la décision ;

4° La durée de conservation prévue aux 2° et 3° est portée à quinze ans lorsqu'elle est fixée à dix ans, à vingt-cinq ans lorsqu'elle est fixée à quinze ans et à quarante ans lorsqu'elle est fixée à vingt-cinq ans lorsque les empreintes génétiques concernent l'un des crimes ou délits figurant dans le tableau ci-dessous :

Infractions contre les personnes :

– crimes contre l'humanité (articles 211-1, 211-2 et 212-1 à 212-3 du code pénal)
– atteintes volontaires à la vie (articles 221-1 à 221-5 du code pénal)
– tortures et actes de barbarie (articles 222-1 à 222-6 du code pénal)
– crimes et délits de violences volontaires (article 222-7, 222-8, 222-9, 222-10, 222-14, 222-14-1, 222-15 du code pénal)
– viols (articles 222-23 à 222-26 du code pénal)
– agressions sexuelles (articles 222-27 à 222-30 du code pénal)
– trafic de stupéfiants (articles 222-34 à 222-39 du code pénal)
– enlèvement et séquestration (articles 224-1 à 224-5 et 224-5-2 du code pénal)
– détournement de tout moyen de transport (articles 224-6, 224-6-1 et 224-7 du code pénal)
– traite des êtres humains (articles 225-4-1 à 225-4-4 du code pénal)
– proxénétisme (articles 225-5 à 225-10 du code pénal)
– recours à la prostitution de mineurs ou de personnes vulnérables (articles 225-12-1 et 225-12-2 du code pénal)
– mise en péril de mineurs (articles 227-22, 227-22-1, 227-23, 227-24 à 227-27-2 et 227-28-3 du code pénal)

Infractions contre les biens :

– vol avec violences (article 311-6 du code pénal)
– crimes de vols (articles 311-7 à 311-9 et 311-10 du code pénal)
– crimes d'extorsion (articles 312-3 à 312-6 et 312-7 du code pénal)
– destructions, dégradations, et détériorations dangereuses pour les personnes (articles 322-6, 322-7 à 322-10 du code pénal)

Crimes et délits contre la nation, l'État et la paix publique :

– trahison et espionnage (articles 411-2 à 411-11 du code pénal)
– attentat et complot (articles 412-1 et 412-2 du code pénal)
– mouvement insurrectionnel (articles 412-4 à 412-6 du code pénal)
– usurpation de commandement, levée de forces armées et provocation à s'armer illégalement (articles 412-7 et 412-8 du code pénal)
– actes de terrorisme (article 421-1 à 421-6 du code pénal)
– fausse monnaie (articles 442-1 et 442-2 du code pénal)
– participation à une association de malfaiteurs (article 450-1 du code pénal)

Crimes et délits de guerre (articles 461-2 à 461-31 du code pénal)

Infractions au régime des armes et munitions (articles L. 2339-2, L. 2339-3, L. 2339-10, L. 2353-4 et L. 2353-13 du code de la défense ; articles L. 317-1-1 et L. 317-2-1 du code de la sécurité intérieure et articles 222-52, 222-53, 222-54, 222-55, 222-57 et 222-59 du code pénal)

5° Les données et informations relatives aux personnes mentionnées aux 3°, 4° et 5° du I et au III de l'article R. 53-10 sont conservées quarante ans à compter de la date d'enregistrement au fichier ;

6° Les résultats mentionnés à l'article R. 53-12 ne peuvent être conservés au-delà de vingt-cinq ans à compter de la date d'enregistrement au fichier.

Art. R. 53-14-1 *(Décr. nº 2021-1402 du 29 oct. 2021, art. 10)* Sont effacés par le service gestionnaire avant l'expiration du délai mentionné à l'article R. 53-14 :

1° Les données mentionnées aux 1° et 1° *bis* du I de l'article R. 53-10 sur instruction du procureur de la République ou du juge d'instruction ou, à leur demande, de l'officier de police judiciaire, dès lors qu'il est établi que leur conservation n'apparaît plus nécessaire compte tenu de la finalité du fichier, notamment lorsque la prescription de l'action publique est acquise ;

2° Les données relatives aux personnes mentionnées au 2° du I de l'article R. 53-10 en cas de décision de relaxe ou d'acquittement devenue définitive, dès réception de l'avis l'en informant ;

3° Les données relatives aux personnes mentionnées au 3° du I et au 1° du III de l'article R. 53-10 dès la réception d'un avis l'informant de l'identification définitive de la personne décédée ;

4° Les données relatives aux personnes mentionnées aux 4° et 5° du I et aux 2°, 3° et 4° du III de l'article R. 53-10 dès la réception d'un avis l'informant de la découverte de la personne disparue ;

5° Les résultats mentionnés à l'article R. 53-12 sur demande dudit organisme ou service.

L'avis mentionné au 2° est transmis par le procureur général ou le procureur de la République près la juridiction qui a rendu la décision de relaxe ou d'acquittement dans les délais les plus brefs à compter de la date d'acquisition du caractère définitif de cette décision.

L'avis mentionné aux 3° et 4° est transmis par le service enquêteur ou l'autorité judiciaire compétente dans les délais les plus brefs à compter de la date de survenance de l'évènement justifiant l'effacement.

Art. R. 53-14-2 *(Décr. nº 2021-1402 du 29 oct. 2021, art. 10)* I. — Le procureur de la République compétent pour, en application des dispositions du sixième alinéa de l'article 706-54 et du deuxième alinéa de l'article 706-54-1, ordonner d'office ou à la demande de l'intéressé l'effacement des données relatives aux personnes mentionnées aux 2° et 5° du I et au 4° du III de l'article R. 53-10 est celui de la juridiction dans le ressort de laquelle a été menée la procédure ayant donné lieu à cet enregistrement.

La demande d'effacement doit, à peine d'irrecevabilité, être adressée par lettre recommandée avec demande d'avis de réception ou par déclaration au greffe. Cette demande est directement adressée au procureur de la République mentionné au premier alinéa. *Elle peut également* être adressée au procureur de la République du domicile de l'intéressé, qui la transmet au procureur de la République compétent.

Le procureur de la République compétent fait droit à la demande d'effacement lorsqu'elle est présentée par une personne mentionnée au 2° du I en cas de décision de relaxe ou d'acquittement devenue définitive, au 5° du I et au 4° du III de l'article R. 53-10.

En cas de décision de non-lieu, de classement sans suite pour absence d'infraction ou insuffisance de charges ou pour auteur inconnu, les données relatives aux personnes mentionnées au 2° du I de l'article R. 53-10 relevées au cours de l'enquête sont effacées sur demande de l'intéressé, sauf si le procureur de la République en prescrit le maintien.

Le procureur de la République ne peut s'opposer à la demande d'effacement formulée dans les conditions prévues à l'alinéa précédent lorsque la prescription de l'action publique est acquise.

Les décisions du procureur de la République prévues par le deuxième alinéa de l'article 706-54-1 et le présent article ordonnant l'effacement ou le maintien des données sont prises pour des raisons liées à la finalité du fichier, au regard de la nature ou des circonstances de commission de l'infraction ou de la personnalité de la personne concernée.

II. — Le procureur de la République compétent pour, en application des dispositions du premier alinéa de l'article 706-54-1, ordonner à la demande de l'intéressé, l'effacement des données relatives aux personnes mentionnées au II de l'article R. 53-10, est celui de la juridiction dans le ressort de laquelle a été menée la procédure ayant donné lieu à cet enregistrement.

A peine d'irrecevabilité, la demande d'effacement ne peut être adressée qu'à l'issue d'un délai de trois ans quand le délai de conservation est de quinze ans, de sept ans quand ce délai est de vingt-cinq ans et de dix ans quand ce délai est de quarante ans. Ces délais courent à compter de la date d'acquisition du caractère définitif de la décision de culpabilité ou de la décision d'irresponsabilité pénale.

La demande d'effacement est adressée, à peine d'irrecevabilité, par lettre recommandée avec demande d'avis de réception ou par déclaration au greffe. Cette demande est directement adressée au procureur de la République mentionné au premier alinéa du présent II. Elle peut également être adressée au procureur de la République du domicile de l'intéressé, qui la transmet au procureur de la République compétent.

Les décisions du procureur de la République prévues au premier alinéa de l'article 706-54-1 et ordonnant l'effacement ou le maintien des données, sont prises pour des raisons liées à la finalité du fichier, au regard de la nature ou des circonstances de commission de l'infraction ou de la personnalité de la personne concernée.

En cas de refus opposé à une demande d'effacement, aucune nouvelle demande ne peut être formée avant l'expiration d'un délai d'un an à compter du caractère définitif de la décision de refus.

Art. R. 53-14-3 *(Décr. nº 2021-1402 du 29 oct. 2021, art. 10)* Le magistrat compétent doit faire connaître sa décision à l'intéressé, par lettre recommandée, dans un délai de trois mois à compter de la réception de la demande soit par lui-même, soit par le procureur de la République du domicile de l'intéressé.

A défaut de réponse dans ce délai, ou si le magistrat n'ordonne pas l'effacement, l'intéressé peut exercer un recours devant le président de la chambre de l'instruction dans un délai de dix jours par lettre recommandée avec demande d'avis de réception ou par déclaration au greffe. A peine d'irrecevabilité, ce recours doit être motivé.

Art. R. 53-14-4 *(Décr. nº 2021-1402 du 29 oct. 2021, art. 10)* Le président de la chambre de l'instruction statue, après avoir sollicité les réquisitions écrites du procureur général, par une ordonnance motivée, dans un délai de trois mois. Cette ordonnance est notifiée au procureur de la République et, par lettre recommandée, à l'intéressé. Elle ne peut faire l'objet d'un pourvoi en cassation que si elle ne satisfait pas, en la forme, aux conditions essentielles de son existence légale.

Art. R. 53-15 *(Décr. nº 2021-1402 du 29 oct. 2021, art. 11)* I. — Le droit d'opposition ne s'applique pas au présent traitement en application de l'article 23 du règlement (UE) 2016/679 du 27 avril 2016 relatif à la protection des personnes physiques à l'égard du traitement des données à caractère personnel et à la libre circulation de ces données, et abrogeant la directive 95/46/ CE et des articles 56 et 110 de la loi nº 78-17 du 6 janvier 1978 relative à l'informatique, aux fichiers et aux libertés.

II. — Les droits d'information et d'accès mentionnés aux articles 13 à 15 du règlement (UE) 2016/679 du 27 avril 2016 précité et aux articles 104 et 105 de la loi du 6 janvier 1978 précitée s'exercent auprès du chef du service national de police scientifique du ministère de l'intérieur.

III. — Les droits de rectification et à la limitation des données mentionnés aux articles 16 à 18 du règlement (UE) 2016/679 du 27 avril 2016 précité et à l'article 106 de la loi du 6 janvier 1978 précitée s'exercent auprès du procureur de la République de la juridiction dans le ressort de laquelle la procédure a été menée et a donné lieu à l'enregistrement.

Art. R. 53-16 Le fichier national automatisé des empreintes génétiques est placé sous le contrôle d'un magistrat du parquet hors hiérarchie, nommé pour trois ans par arrêté du garde des sceaux, ministre de la justice, et assisté par un comité *(Décr. n° 2021-1402 du 29 oct. 2021, art. 12)* « comprenant un magistrat et deux personnalités qualifiées, désignées en raison de leurs compétences dans le domaine de la génétique ou de l'informatique, » nommés dans les mêmes conditions.

Art. R. 53-17 Le magistrat mentionné à l'article R. 53-16 et, à sa demande, les membres du comité prévu au même article disposent d'un accès permanent au fichier et au lieu où se trouve celui-ci.

L'autorité gestionnaire du fichier lui adresse un rapport annuel d'activité ainsi que, sur sa demande, toutes informations relatives au fichier.

Ce magistrat peut ordonner toutes mesures nécessaires à l'exercice de son contrôle, telles que saisies ou copies d'informations, ainsi que l'effacement d'enregistrements illicites.

(Décr. n° 2021-1402 du 29 oct. 2021, art. 13) « Il établit un rapport annuel qu'il adresse au ministre de la justice, au ministre de l'intérieur et à la Commission nationale de l'informatique et des libertés. »

Les pouvoirs qui lui sont confiés s'exercent sans préjudice du contrôle exercé par la Commission nationale de l'informatique et des libertés en application des dispositions et selon les modalités prévues par l'article *(Décr. n° 2021-1402 du 29 oct. 2021, art. 13)* « 19 » de la loi n° 78-17 du 6 janvier 1978 relative à l'informatique, aux fichiers et aux libertés. – *V. cette loi au* ***C. pén.***

Art. R. 53-18 *(Décr. n° 2004-470 du 25 mai 2004, art. 9)* « *(Décr. n° 2017-1641 du 30 nov. 2017)* « Les personnels du *(Décr. n° 2020-1777 du 30 déc. 2020, art. 1er, en vigueur le 1er janv. 2021)* « service national de police scientifique » de la police nationale » et ceux de la gendarmerie nationale », spécialement affectés dans le service mettant en œuvre le traitement, et dûment habilités, pourront seuls, à la demande de l'autorité judiciaire ou des officiers de police judiciaire *(Abrogé par Décr. n° 2021-1402 du 29 oct. 2021, art. 14) « de la police nationale ou de la gendarmerie nationale »*, assurer l'alimentation du fichier, avoir accès aux informations enregistrées et procéder aux opérations de rapprochement.

(Décr. n° 2004-470 du 25 mai 2004, art. 9) « Les officiers et les agents de police judiciaire *(Décr. n° 2021-1402 du 29 oct. 2021, art. 14)* « ainsi que les agents spécialisés, techniciens ou ingénieurs de police technique et scientifique » agissant en application des dispositions du I de l'article 706-56 ne peuvent accéder directement au fichier que pour vérifier si y figure l'état civil d'une personne susceptible de faire l'objet d'un prélèvement biologique en application de ces dispositions. Ils ne peuvent accéder à aucune autre donnée.

« Les personnels affectés au service central de préservation des prélèvements biologiques et dûment habilités peuvent accéder directement aux données enregistrées dans le fichier, à l'exception de celles relatives aux résultats d'analyse. Ils peuvent y enregistrer des informations relatives aux scellés.

« Les magistrats du parquet et de l'instruction, les officiers de police judiciaire *(Décr. n° 2021-1402 du 29 oct. 2021, art. 14)* « , les personnes physiques ou morales agréées conformément au décret n° 97-109 du 6 février 1997 précité ayant réalisé les analyses, et les personnels agissant sous leur responsabilité » peuvent procéder, par tous moyens sécurisés, y compris télématiques, aux opérations de transmission au service gestionnaire du fichier des informations qui doivent y être enregistrées. »

(Décr. n° 2021-1402 du 29 oct. 2021, art. 14) « En vue de procéder à l'envoi des profils génétiques, les personnes physiques ou morales agréées conformément aux dispositions du décret n° 97-109 du 6 février 1997 précité ayant réalisé les analyses, et les personnels agissant sous leur responsabilité, peuvent accéder aux données s'y rapportant enregistrées dans le fichier et mentionnées au I et au 1° du II de l'article R. 53-11, ainsi que, le cas échéant, aux nom, prénoms, date et lieu de naissance et filiation des personnes dont les empreintes génétiques sont supposées avoir été recueillies. Elles ne peuvent accéder à aucune autre donnée. »

Ndlr : le Décr. visé au 4e al. est le Décr. no 97-109 du 6 févr. 1997 modifié relatif aux conditions d'agrément des personnes habilitées à procéder à des identifications par empreintes génétiques dans le cadre d'une procédure judiciaire ou de la procédure extrajudiciaire d'identification des personnes décédées.

Art. R. 53-18-1 *(Décr. no 2021-1402 du 29 oct. 2021, art. 15)* **Les opérations de collecte, de modification, de consultation, de communication, y compris les transferts, et d'effacement des données à caractère personnel et informations font l'objet d'un enregistrement. Les opérations de consultation et de communication enregistrées établissent l'identifiant de l'auteur, la date, l'heure, le motif de l'opération et, le cas échéant, les destinataires des données. Ces informations sont conservées pendant trois ans.**

Art. R. 53-19 *(Décr. no 2021-1402 du 29 oct. 2021, art. 16)* **Le fichier national automatisé des empreintes génétiques ne peut faire l'objet d'aucune interconnexion ni de rapprochement ou de mise en relation avec un autre traitement automatisé d'informations nominatives, à l'exception :**

1o Du traitement mis en œuvre par le service central de préservation des prélèvements biologiques mentionné à l'article R. 53-20-1. Ce traitement peut comporter un numéro d'ordre commun avec le fichier national automatisé des empreintes génétiques. Il ne peut, en aucun cas, contenir des résultats d'analyses d'identification par empreintes génétiques ;

2o Du traitement mentionné à l'article R. 15-33-66-4 aux fins de mise à jour du fichier prévu par le présent décret ;

3o Du traitement mentionné à l'article R. 249-9 ;

4o Des traitements automatisés utilisés par les personnes physiques ou morales agréées au titre du décret no 97-109 du 6 février 1997 précité ayant réalisé les analyses dans les conditions prévues à l'article R. 53-18 ;

5o Des traitements autorisés par les décrets no 2011-110 du 27 janvier 2011 autorisant la création d'un traitement automatisé de données à caractère personnel dénommé Logiciel de rédaction des procédures de la police nationale (LRPPN) et no 2011-111 du 27 janvier 2011 autorisant la mise en œuvre par le ministère de l'intérieur (direction générale de la gendarmerie nationale) d'un traitement automatisé de données à caractère personnel d'aide à la rédaction des procédures (LRPGN) ;

6o De la passerelle internationale en matière d'ADN de l'organisation internationale de police criminelle Interpol.

Art. R. 53-19-1 *(Décr. no 2009-785 du 23 juin 2009)* **Par dérogation aux articles R. 53-18 et R. 53-19, les données enregistrées dans le fichier national automatisé des empreintes génétiques** *(Décr. no 2021-1402 du 29 oct. 2021, art. 17)* **« , à l'exception de celles mentionnées au III de l'article R. 53-10, » peuvent être consultées, en vue notamment de faire l'objet de rapprochements, par les agents d'organismes de coopération internationale en matière de police judiciaire ou par les agents des services de police ou de justice d'États étrangers, aux fins et dans les conditions prévues :**

1o Par le traité relatif à l'approfondissement de la coopération transfrontalière, notamment en vue de lutter contre le terrorisme, la criminalité transfrontalière et la migration illégale, signé à Prüm le 27 mai 2005 ;

2o Par tout acte pris en application des titres IV ou VI du traité sur l'Union européenne et poursuivant des buts analogues, en tout ou partie, à ceux du traité mentionné au 1o ;

3o Par tout engagement liant, aux fins définies à *(Décr. no 2021-1402 du 29 oct. 2021, art. 17)* **« l'article L. 235-1 du code de la sécurité intérieure », la France à des organismes internationaux ou à des États étrangers,** *(Décr. no 2021-1402 du 29 oct. 2021, art. 17)* **« dans les conditions fixées par les articles 112 à 114 » de la loi no 78-17 du 6 janvier 1978 relative à l'informatique, aux fichiers et aux libertés.**

Art. R. 53-19-2 *(Décr. no 2009-785 du 23 juin 2009)* **Sous réserve des règles particulières prévues par les actes et accords mentionnés aux 2o et 3o de l'article R. 53-19-1, les opérations réalisées en vertu desdites dispositions :**

1o Sont le fait d'agents spécialement habilités à cet effet par les organismes internationaux ou États requérants ;

2° Font l'objet, de la part de ces agents, de demandes préalables motivées ;
(Décr. n° 2021-1402 du 29 oct. 2021, art. 18) **« 3° Donnent lieu à un enregistrement dans les conditions prévues à l'article R. 53-18-1. »**

Art. R. 53-20 *(Décr. n° 2021-1402 du 29 oct. 2021, art. 19)* **Lorsqu'il n'a pas été réalisé au cours de la procédure d'enquête, d'instruction ou de jugement, le prélèvement est effectué, sur instruction du procureur de la République ou du procureur général et selon les modalités prévues par le I de l'article 706-56, au plus tard dans un délai d'un an :**

1° Soit, si la personne a été définitivement condamnée à une peine, à compter de la fin de l'exécution de la peine ou, en cas de sursis, du caractère non avenu de la peine ;

2° Soit, si la personne a fait l'objet d'une décision de déclaration de culpabilité non suivie par le prononcé d'une peine, du jour où cette décision est devenue définitive ;

3° Soit, si la personne a fait l'objet d'une décision d'irresponsabilité pénale, à compter du jour où cette décision est devenue définitive, ou, si la personne a fait l'objet d'une mesure d'hospitalisation sous contrainte ou d'une mesure de sûreté mentionnée à l'article 706-136, à compter de la fin de l'exécution de cette mesure.

1. Justifie sa décision la cour d'appel qui relaxe un prévenu poursuivi pour refus de se soumettre au prélèvement biologique destiné à l'identification de son empreinte génétique, sur le fondement de l'art. 706-56, en retenant que son refus de se soumettre au prélèvement, qui n'avait pas été requis dans le délai d'un an à compter de l'exécution de la peine prévu par l'art. R. 53-21 *[R. 53-20]*, n'était pas punissable. • Crim. 10 juin 2009, n° 08-87.615 P : *AJ pénal 2009. 369*. — V. antérieurement, en sens contraire : • Crim. 22 juin 2004, n° 03-87.943 P : *D. 2004. IR 2087 ; ibid. 2005. Pan. 1522, obs. Roujou de Boubée ; JCP 2004. IV. 2786 ; Dr. pénal 2004. Comm. 152, obs. Maron* (les prescriptions de l'art. R. 53-21 fixant le délai dans lequel le prélèvement doit être requis sont sans incidence sur les éléments du délit de refus de se soumettre à ce prélèvement, prévu par l'art. 706-56).

2. Le délai de six mois *[désormais un an]* prévu par l'art. R. 53-21, al. 2 *[R. 53-20]*, imparti au procureur de la République pour requérir le prélèvement ne concerne pas le condamné qui se trouve détenu. • Crim. 28 sept. 2005, n° 04-87.295 P : *D. 2006. Pan. 1200, obs. Galloux et Gaumont-Prat ; AJ pénal 2005. 457, obs. Saas*.

3. Condamnation avec sursis. En l'absence de révocation du sursis, la réquisition de prélèvement doit intervenir dans le délai d'un an à compter de la condamnation définitive. • Crim. 17 juin 2014, n° 13-80.914 P : *D. actu. 15 juill. 2014, obs. Anane ; D. 2014. Actu. 1328 ; AJ pénal 2014. 432, obs. Lasserre Capdeville ; RSC 2014. 587, note Danet ; Procédures 2014. 252, note Chavent-Leclère.*

Art. R. 53-20-1 *(Décr. n° 2021-1402 du 29 oct. 2021, art. 20)* **Sauf décision contraire du procureur de la République, de l'officier de police judiciaire ou, en cours d'information, du juge d'instruction, les scellés et prélèvements relatifs aux traces et échantillons mentionnés aux 1°, 1° *bis*, 3° et 4° du I et aux 1° et 2° du III de l'article R. 53-10 sont adressés, lorsque l'analyse a été effectuée, au service central de préservation des prélèvements biologiques en vue de leur préservation.**

Art. R. 53-20-2 *(Décr. n° 2021-1402du 29 oct. 2021, art. 20)* **I. — Les scellés et prélèvements sont adressés au service central de préservation des prélèvements biologiques dans un *conditionnement normalisé* selon des modalités fixées par arrêté conjoint du ministre de la justice et du ministre de l'intérieur, et accompagnés des informations mentionnées à l'article R. 53-11.**

Lorsque le conditionnement des scellés et prélèvements biologiques qui lui sont adressés ne respecte pas les exigences fixées par l'arrêté mentionné au premier alinéa, le service peut en refuser la préservation et informe les laboratoires agréés, l'autorité de contrôle et la commission chargée d'agréer les personnes habilitées à effectuer des missions d'identification par empreintes génétiques dans le cadre des procédures judiciaires ou de la procédure extrajudiciaire d'identification des personnes décédées, prévue par l'article 1er du décret n° 97-109 du 6 février 1997 précité.

Sur réquisition ou ordonnance du magistrat compétent, ils sont mis à disposition de l'autorité judiciaire par ce service.

II. — Les scellés et prélèvements sont préservés selon les mêmes durées maximales prévues à l'article R. 53-14 applicables aux données auxquelles ils correspondent.

Sauf demande contraire et expresse du magistrat compétent, ils sont détruits d'office par le service à l'expiration de ces durées.

III. — En cas d'effacement d'une des données mentionnées à l'article R. 53-10 avant ce délai à la demande de l'autorité judiciaire ou de l'officier de police judiciaire agissant sur instruction de cette dernière, le service en est informé dans les plus brefs délais et par tous moyens sécurisés, y compris télématiques, par l'autorité judiciaire, l'officier de police judiciaire ou l'autorité gestionnaire du fichier. Le service procède, selon les termes de la décision de l'autorité judiciaire, à la destruction ou à la restitution du prélèvement ou du scellé.

Art. R. 53-21 *(Décr. n° 2021-1402 du 29 oct. 2021, art. 21)* Le magistrat mentionné à l'article R. 53-16, assisté par le comité prévu au même article, contrôle les conditions dans lesquelles fonctionne le service central de préservation des prélèvements biologiques. Il peut procéder à toute vérification sur place.

L'autorité responsable du service lui adresse un rapport annuel d'activité ainsi que, sur sa demande, toutes informations relatives au fonctionnement du service.

Le magistrat établit un rapport annuel qu'il adresse au ministre de la justice : il en adresse aussi une copie au ministre de l'intérieur et à la Commission nationale de l'informatique et des libertés.

TITRE VINGTIÈME *BIS* DU RÉPERTOIRE DES DONNÉES À CARACTÈRE PERSONNEL COLLECTÉES DANS LE CADRE DES PROCÉDURES JUDICIAIRES DÉNOMMÉ "REDEX"

(Décr. n° 2016-1338 du 7 oct. 2016, en vigueur le 1er mars 2018)

Les expertises, évaluations et examens psychiatriques, médico-psychologiques, psychologiques et pluridisciplinaires déposés avant le 1er mars 2018 peuvent être enregistrés dans le répertoire (Décr. n° 2016-1338 du 7 oct. 2016, art. 5).

Art. R. 53-21-1 Le ministre de la justice est autorisé à mettre en œuvre un traitement automatisé de données à caractère personnel dénommé "Redex" (Répertoire des Expertises), consistant dans le répertoire des données à caractère personnel collectées dans le cadre des procédures judiciaires prévu par l'article 706-56-2.

Ce traitement est placé sous le contrôle du magistrat dirigeant le service du casier judiciaire national, qui veille au respect des dispositions du présent titre.

SECTION PREMIÈRE ENREGISTREMENT DES DONNÉES DANS LE RÉPERTOIRE

Art. R. 53-21-2 I. — Les personnes dont les données sont enregistrées dans le répertoire sont celles poursuivies, au sens des alinéas 10 et 1er de l'article 706-56-2, et celles condamnées pour l'une des infractions pour lesquelles le suivi socio-judiciaire est encouru.

II. — Sont enregistrés dans le répertoire les expertises, évaluations et examens psychiatriques, médico-psychologiques, psychologiques et pluridisciplinaires des personnes mentionnées au I lorsqu'ils ont été ordonnés :

1° Par le procureur de la République ou par un officier de police judiciaire au cours d'une enquête de police judiciaire ;

2° Par la juridiction d'instruction au cours d'une instruction ;

3° Par la juridiction de jugement à l'occasion d'un jugement ;

4° Par la juridiction d'application des peines, le procureur de la République, la commission pluridisciplinaire des mesures de sûreté ou l'administration pénitentiaire au cours de l'exécution d'une peine ;

5° Par la juridiction nationale ou régionale de la rétention de sûreté, la juridiction d'application des peines, le procureur de la République, la commission pluridisciplinaire des mesures de sûreté préalablement au prononcé ou durant le déroulement d'une mesure de surveillance ou de rétention de sûreté ;

6° Par le juge des libertés et de la détention à l'occasion d'une demande de modification ou de relèvement d'une interdiction prononcée en application de l'article 706-136 ;

7° Par le juge des libertés et de la détention ou par le représentant de l'État dans le département conformément aux dispositions des articles L. 3211-12 et L. 3213-8 du code de la santé publique à l'occasion d'une demande de sortie d'une personne hospitalisée sans son consentement en application de l'article 706-135 ou de l'article L. 3213-7 du code de la santé publique.

III. — Les expertises, évaluations et examens versés dans le répertoire peuvent contenir des données de la nature de celles mentionnées au I de l'article 8 de la loi n° 78-17 du 6 janvier 1978 relative à l'informatique, aux fichiers et aux libertés.

Art. R. 53-21-3 L'enregistrement dans le répertoire des données mentionnées à l'article précédent est réalisé par l'autorité judiciaire l'ayant ordonnée, les agents de son greffe ou les personnes habilitées pour les assister en vertu de l'article R. 123-14 du code de l'organisation judiciaire.

Lorsque l'examen a été ordonné par un officier de police judiciaire, l'enregistrement est réalisé par le procureur de la République sous le contrôle duquel l'enquête est conduite.

Lorsqu'une expertise ou un examen a été ordonné par l'administration pénitentiaire, l'enregistrement est réalisé par le procureur de la République de la juridiction dans le ressort de laquelle est situé l'établissement pénitentiaire dans lequel le condamné est écroué.

Lorsqu'une évaluation pluridisciplinaire ou une expertise a été ordonnée par la commission pluridisciplinaire des mesures de sûreté, l'enregistrement est réalisé par le procureur de la République de la juridiction dans le ressort de laquelle est situé l'établissement pénitentiaire dans lequel la personne est écrouée ou le centre socio-médico-judiciaire dans lequel elle est retenue. Si la personne est placée sous surveillance de sûreté, le procureur compétent est celui de la juridiction dans le ressort de laquelle elle a sa résidence habituelle.

Lorsque l'examen a été ordonné par le représentant de l'État conformément aux dispositions de l'article L. 3213-8 du code de la santé publique, l'enregistrement est réalisé par le procureur de la République de la juridiction dans le ressort de laquelle est situé l'établissement hospitalier.

Art. R. 53-21-4 La vérification de l'identité des personnes inscrites dans le répertoire est effectuée, lorsqu'elle est possible, au vu des informations communiquées au service du casier judiciaire conformément aux dispositions de l'article R. 64.

Art. R. 53-21-5 I. — Pour chaque personne faisant l'objet d'une inscription au répertoire, sont enregistrées les informations suivantes :

1° Informations relatives à la personne elle-même : nom, prénom[s], sexe, date et lieu de naissance de la personne, la ou les nationalités ainsi que, le cas échéant, alias, changement de nom et nom d'usage ; sont également enregistrées les informations relatives à la filiation de la personne, si cette personne ne figure pas au répertoire national d'identification des personnes physiques, ces informations ne pouvant toutefois constituer un critère de recherche ;

2° Informations relatives à la donnée enregistrée dans le répertoire conformément aux dispositions de l'article R. 53-21-2 :

— nature de la mesure mentionnée à l'article R. 53-21-2 et date à laquelle elle a été *réalisée* ;

— qualité de l'autorité l'ayant ordonnée ;

— cadre procédural dans lequel la mesure a été ordonnée ;

3° Informations relatives à la procédure pénale à l'origine de l'enregistrement de la donnée :

— nature et date de l'infraction ou des infractions pour lesquelles la personne est ou a été poursuivie ou condamnée ;

— référence de la procédure pénale pour laquelle la personne est, ou a été, poursuivie ou condamnée.

II. — Il est interdit de sélectionner une catégorie particulière de personnes à partir des données de la nature de celles mentionnées au I de l'article 8 de la loi du 6 janvier 1978 susmentionnée contenues dans les expertises, évaluations et examens versés dans le répertoire.

Art. R. 53-21-6 Le gestionnaire du fichier contrôle la validité des informations enregistrées et, selon le cas, refuse ou efface les enregistrements qui ne respectent pas les exigences légales.

Le magistrat dirigeant le service du casier judiciaire national, en charge du contrôle du traitement projeté, ainsi que le gestionnaire disposent, dans le cadre de leurs missions, d'un accès direct et permanent au traitement.

SECTION II INTERROGATION DU RÉPERTOIRE

Art. R. 53-21-7 Les autorités judiciaires, pour les seuls besoins des procédures dont elles ont la charge, peuvent interroger le fichier par un système de communication électronique sécurisé à partir des critères suivants, mêmes incomplets :

— données d'identité ;

— numéro de procédure.

Art. R. 53-21-8 Lors des interrogations, les identités consultées comportent également le résultat de la vérification effectuée par le service gestionnaire du fichier conformément à l'article R. 53-21-4.

Si l'intéressé est né hors de la France métropolitaine ou si son lieu de naissance est inconnu, est inscrite la mention : "identité non vérifiable par le service".

Art. R. 53-21-9 Sont destinataires, par l'intermédiaire de l'autorité judiciaire et pour l'exercice de leurs missions, des informations contenues dans le répertoire :

1° Les experts ou les personnes désignées par l'autorité judiciaire pour réaliser une expertise ou une évaluation de dangerosité au cours de l'enquête, de l'instruction, du jugement, de l'exécution de la peine, ou dans le cadre d'une mesure de sûreté ou d'une mesure de soins psychiatriques ;

2° Les experts ou les personnes désignées par la commission pluridisciplinaire des mesures de sûreté pour réaliser une évaluation pluridisciplinaire de dangerosité ;

3° Les membres de la commission pluridisciplinaire des mesures de sûreté.

SECTION III DROIT D'ACCÈS ET DEMANDE DE RECTIFICATION OU D'EFFACEMENT

Art. R. 53-21-10 Toute personne dont l'identité est inscrite dans le répertoire obtient, sur demande adressée au procureur de la République de son domicile, communication du relevé intégral des références la concernant inscrites dans le répertoire.

Art. R. 53-21-11 Toute personne dont l'identité est inscrite dans le répertoire peut demander au procureur de la République d'ordonner la rectification ou l'effacement des informations la concernant si les informations ne sont pas exactes ou si les conditions légales de leur conservation ne sont plus remplies.

Le procureur de la République compétent est celui ayant procédé à l'enregistrement ou celui de la juridiction à laquelle appartient l'autorité judiciaire ayant procédé à l'enregistrement. Dans l'hypothèse où la juridiction est une cour d'appel, le procureur de la République compétent est celui du siège de la cour d'appel.

Art. R. 53-21-12 La demande de rectification ou d'effacement doit, à peine d'irrecevabilité, être adressée par lettre recommandée avec demande d'avis de réception ou par déclaration au greffe. Cette demande est adressée au procureur de la République mentionné à l'alinéa précédent.

Art. R. 53-21-13 Le magistrat compétent doit faire connaître sa décision à l'intéressé, par lettre recommandée avec demande d'avis de réception, dans un délai de trois mois à compter de la réception de la demande.

A défaut de réponse dans ce délai, ou si le magistrat n'ordonne pas la rectification ou l'effacement, l'intéressé peut saisir aux mêmes fins le juge des libertés et de la détention dans un délai de dix jours par lettre recommandée avec demande d'avis de réception ou par déclaration au greffe.

Art. R. 53-21-14 Après avoir sollicité les réquisitions écrites du procureur de la République, le juge des libertés et de la détention statue par ordonnance motivée dans un délai de trois mois. L'ordonnance est notifiée au procureur de la République et, par lettre recommandée avec demande d'avis de réception, à l'intéressé.

Art. R. 53-21-15 Faute pour le juge des libertés et de la détention de statuer dans le délai de trois mois ou s'il n'est pas fait droit à la demande de rectification ou d'effacement, l'intéressé peut, dans un délai de dix jours, saisir le président de la chambre de l'instruction, par lettre recommandée avec accusé de réception ou par déclaration au greffe. A peine d'irrecevabilité, sa contestation doit être motivée.

Art. R. 53-21-16 S'il est fait droit à la demande de rectification ou d'effacement, le procureur de la République peut également, dans un délai de dix jours, contester cette décision devant le président de la chambre de l'instruction. Cette contestation suspend l'exécution de la décision.

Art. R. 53-21-17 Le président de la chambre de l'instruction statue, après avoir sollicité les réquisitions écrites du procureur général, par une ordonnance motivée, dans un délai de trois mois. Cette ordonnance est notifiée au procureur de la République et, par lettre recommandée avec demande d'avis de réception, à l'intéressé. Elle ne peut faire l'objet d'un pourvoi en cassation que si elle ne satisfait pas, en la forme, aux conditions essentielles de son existence légale.

Art. R. 53-21-18 S'il est fait droit aux demandes prévues par l'article R. 53-21-11, le procureur de la République informe le service gestionnaire du répertoire, lequel procède sans délai, selon les cas, à la rectification ou à l'effacement des données.

SECTION IV CONSERVATION DE LA TRACE DES INTERROGATIONS ET CONSULTATIONS

Art. R. 53-21-19 Le répertoire conserve pendant une durée de trois ans, dans la limite des durées définies à l'article R. 53-21-20, les informations relatives aux enregistrements, suppressions et interrogations dont il fait l'objet, en précisant le nom, le prénom, le service et la qualité de la personne ou autorité ayant procédé à l'opération.

Ces informations ne peuvent être consultées que par le magistrat chef du service gestionnaire du fichier ou, avec son autorisation, par les personnes placées sous son autorité et qu'il habilite spécialement.

Elles peuvent donner lieu à exploitations statistiques.

SECTION V DURÉE DE CONSERVATION DES DONNÉES INSCRITES DANS LE RÉPERTOIRE ET MODALITÉS DE LEUR EFFACEMENT

Art. R. 53-21-20 Les données inscrites dans le répertoire sont conservées, à compter du jour où a été réalisé l'examen, l'expertise ou l'évaluation, pendant un délai de trente ans ou, si la personne était mineure au moment de l'infraction, pendant un délai de quinze ans.

Art. R. 53-21-21 Le procureur de la République ou le procureur général informe sans délai le service gestionnaire de la décision de classement sans suite, hormis les cas où cette décision est fondée sur le premier alinéa de l'article 122-1 du code pénal, ou de la décision définitive de relaxe ou d'acquittement intervenue dans la procédure au cours de laquelle a été ordonné l'expertise, l'examen ou l'évaluation enregistré dans le répertoire.

La juridiction d'instruction ou son greffe procède sans délai à l'effacement des données inscrites dans le répertoire en cas de décision définitive de non-lieu intervenue dans la procédure au cours de laquelle a été ordonné l'expertise, l'examen ou l'évaluation enregistré dans le répertoire.

Art. R. 53-21-22 Le service gestionnaire procède à l'effacement des données inscrites dans le répertoire :

a) A l'expiration du délai prévu à l'article R. 53-21-20 ;

b) Lorsqu'il est informé d'une des décisions mentionnées à l'article R. 53-21-21 ;

c) Lorsqu'il est informé du décès de l'intéressé ;

d) Lorsqu'il est informé d'une décision d'effacement prise en application des articles R. 53-21-11 à R. 53-21-17.

SECTION VI DISPOSITIONS COMMUNES

Art. R. 53-21-23 Aucune interconnexion, aucun rapprochement ni aucune mise en relation au sens de la loi n° 78-17 du 6 janvier 1978 relative à l'informatique, aux fichiers et aux libertés ne peuvent être effectués entre le fichier prévu par le présent titre et tout autre fichier ou recueil de données nominatives détenu par une personne quelconque ou par un service de l'État ne dépendant pas du ministère de la justice.

Art. R. 53-21-24 Les magistrats du parquet et tout fonctionnaire du parquet spécialement habilité par le procureur de la République exercent les compétences reconnues à ce magistrat pour l'application du présent titre.

Les magistrats du parquet général et tout fonctionnaire du parquet général spécialement habilité par le procureur général exercent les compétences reconnues à ce magistrat pour l'application du présent titre.

Il en est de même pour celles reconnues au service gestionnaire du fichier, pour les magistrats placés sous son autorité et les fonctionnaires spécialement habilités par lui.

Art. R. 53-21-25 L'enregistrement des données à caractère personnel dans le fichier est réalisé directement par les personnes autorisées ou habilitées.

L'enregistrement et la consultation du fichier se font par l'intermédiaire de moyens de télécommunication sécurisés.

Le droit d'information prévu au I de l'article 32 de la loi du 6 janvier 1978 susmentionnée, sauf en ce qui concerne les personnes habilitées à accéder mentionnées aux articles R. 53-21-2 et R. 53-21-3 *[,]* ne s'applique pas au présent traitement.

Le droit d'opposition prévu au premier alinéa de l'article 38 de la même loi ne s'applique pas au présent traitement.

TITRE VINGT ET UNIÈME DE LA PROTECTION DES TÉMOINS

(Décr. n° 2003-455 du 16 mai 2003)

CHAPITRE PREMIER DÉCLARATION D'ADRESSE D'UN TÉMOIN DANS UN COMMISSARIAT OU UNE BRIGADE DE GENDARMERIE

Art. R. 53-22 Lorsqu'il est fait application des dispositions du premier alinéa de l'article 706-57, le procès-verbal des déclarations de la personne entendue mentionne l'autorisation donnée par le procureur de la République ou par le juge d'instruction.

Art. R. 53-23 Le registre prévu par le deuxième alinéa de l'article 706-57 est tenu au siège de chaque service de police nationale ou unité de gendarmerie nationale. Il est paraphé par le chef du service de police ou de l'unité de gendarmerie. Ce registre est présenté, à tout moment, au procureur de la République qui en fait la demande.

Chaque inscription sur le registre comporte un numéro d'ordre. Ce numéro est mentionné dans le procès-verbal des déclarations de la personne entendue, ainsi que la dénomination et l'adresse du service ou de l'unité détenant le registre.

Art. R. 53-24 La personne ayant bénéficié des dispositions du premier alinéa de l'article 706-57 est avisée qu'elle doit faire connaître, pendant l'année qui suit son audition, ses changements d'adresse au service de police ou à l'unité de gendarmerie détenant le registre.

Les services de police ou les unités de gendarmerie sont tenus, à la demande des seules autorités judiciaires, de délivrer dans les meilleurs délais aux personnes ayant bénéficié des dispositions de l'article 706-57 les convocations émanant de ces autorités. Ils doivent de même remettre les citations à comparaître dont peuvent faire l'objet ces personnes. S'ils constatent à cette occasion qu'une personne a changé d'adresse, ils inscrivent sa nouvelle adresse dans le registre, en marge de la précédente. Il en est de même s'ils sont directement informés par cette personne de son changement d'adresse.

Lorsque la personne a changé d'adresse et que la convocation ou la citation à comparaître ne peut lui être remise, le magistrat mandant en est immédiatement informé.

Art. R. 53-25 Lorsqu'elles sont entendues comme témoins devant une juridiction d'instruction ou de jugement, les personnes ayant bénéficié des dispositions de l'article 706-57 sont autorisées à continuer de déclarer comme domicile l'adresse du service de police ou de l'unité de gendarmerie. Cette juridiction peut toutefois demander aux personnes ayant bénéficié des dispositions du premier alinéa de cet article de déclarer leur véritable domicile.

Art. R. 53-26 Les dispositions du présent chapitre ne sont pas prescrites à peine de nullité.

CHAPITRE II POSSIBILITÉ POUR UN TÉMOIN DE DÉPOSER DE MANIÈRE ANONYME

Art. R. 53-27 La requête prévue par le premier alinéa de l'article 706-58 précise l'identité de la personne et les raisons pour lesquelles, au regard des éléments figurant dans le dossier de la procédure d'enquête ou l'information, qui est jointe, en copie ou en original, à la requête, les déclarations de la personne doivent être recueillies sans que son identité apparaisse dans la procédure.

Peut être joint à la requête un procès-verbal d'audition de la personne dans laquelle celle-ci fait part de son accord pour témoigner de manière anonyme, en expliquant le cas échéant les risques qui pèsent sur elle, sa famille ou ses proches si elle témoignait sans bénéficier des dispositions de l'article 706-58. Peut être également joint un rapport des enquêteurs justifiant le recours à la procédure prévue par cet article.

Lorsque la requête est formée par le juge d'instruction, celui-ci l'adresse au juge des libertés et de la détention après avoir pris l'avis du procureur de la République, cet avis étant également joint à la requête.

Art. R. 53-28 Les dossiers distincts et le registre prévus par le deuxième alinéa de l'article 706-58 sont conservés par le procureur de la République. Ils ne peuvent être communiqués qu'au juge des libertés et de la détention ou au juge d'instruction ou, dans le cas prévu par le deuxième alinéa de l'article 706-60, au président de la chambre de l'instruction.

Art. R. 53-29 Si le juge des libertés et de la détention autorise que la personne soit entendue sans que son identité apparaisse dans la procédure, il est attribué à cette personne un numéro d'ordre qui sera inscrit sur le dossier distinct et dans le registre prévus par le deuxième alinéa de l'article 706-58.

Le procès-verbal d'audition de la personne ainsi que le procès-verbal prévu par le deuxième alinéa de l'article 706-58 et qui doit être versé dans le dossier distinct mentionnent le numéro d'ordre qui a été attribué à la personne.

Art. R. 53-30 A l'issue de son audition, la personne est invitée à relire sa déposition telle qu'elle vient d'être transcrite, à préciser si elle déclare persister dans ses déclarations et à signer le procès-verbal distinct. Mention en est faite au procès-verbal principal, dont chaque page est signée, selon les cas, par l'officier de police judiciaire ou le procureur de la République ou par le juge des libertés et de la détention ou le juge d'instruction ainsi que son greffier et, le cas échéant, par l'interprète.

Art. R. 53-31 La personne ayant bénéficié des dispositions du premier alinéa de l'article 706-58 est avisée qu'elle doit faire connaître, pendant l'année qui suit son audition, ses changements d'adresse au procureur de la République.

Les convocations et citations à comparaître de cette personne sont effectuées par l'intermédiaire du procureur de la République. Si celui-ci constate à cette occasion que la personne a changé d'adresse, il inscrit sa nouvelle adresse dans le registre prévu au deuxième alinéa de l'article 706-57, en marge de la précédente. Il en est de même s'il est directement informé par cette personne de son changement d'adresse.

Lorsque la personne a changé d'adresse et que la convocation ou la citation à comparaître ne peut lui être remise, la juridiction mandante en est immédiatement informée par le procureur de la République.

Art. R. 53-32 Si le juge des libertés et de la détention n'autorise pas que les déclarations de la personne soient recueillies sans que son identité apparaisse dans la procédure, la requête et la décision de ce magistrat, ainsi que, le cas échéant, l'avis du procureur de la République, le procès-verbal d'audition et le rapport prévus par les deuxième et troisième alinéas de l'article R. 53-27 sont versés dans un dossier distinct du dossier de la procédure, qui est conservé par le procureur de la République. Ce dossier ne peut être communiqué dans le cadre de la procédure en cours, sauf si la personne accepte ultérieurement de témoigner sans bénéficier des dispositions de l'article 706-58 ; hors cette hypothèse, ce dossier est détruit à la diligence du procureur de la République à l'expiration du délai de prescription de l'action publique. Il est dressé par le procureur de la République un procès-verbal de cette destruction.

TITRE VINGT-DEUXIÈME DE LA SAISINE POUR AVIS DE LA COUR DE CASSATION *(Décr. nº 2003-455 du 16 mai 2003).*

Néant.

TITRE VINGT-TROISIÈME DE L'UTILISATION DE MOYENS DE TÉLÉCOMMUNICATION AU COURS DE LA PROCÉDURE

(Décr. nº 2003-455 du 16 mai 2003)

Art. R. 53-33 Pour l'application des dispositions de l'article 706-71, il peut être recouru à un moyen de télécommunication sonore ou à un moyen de télécommunication audiovisuelle.

Toutefois, pour la présentation aux fins de prolongation de la garde à vue ou de la retenue judiciaire, le recours à un moyen de télécommunication audiovisuelle est seul autorisé.

Art. R. 53-34 Au cours de l'enquête, l'utilisation d'un moyen de télécommunication en application des dispositions du *(Décr. nº 2020-128 du 18 févr. 2020, art. 4)* « deuxième alinéa » de l'article 706-71 est décidée par le procureur de la République.

Art. R. 53-35 Au cours de l'information, l'utilisation d'un moyen de télécommunication en application des dispositions du *(Décr. nº 2020-128 du 18 févr. 2020, art. 4)* « deuxième alinéa » de l'article 706-71 est décidée par le juge d'instruction, après avis du procureur de la République.

Art. R. 53-36 Lorsque l'un des points du territoire où sont effectués l'audition, l'interrogatoire ou la confrontation se trouve hors du ressort de la juridiction, le procureur de la République dans le ressort duquel ce point est situé en est préalablement informé.

Art. R. 53-37 Les déclarations faites par les personnes entendues en plusieurs points du territoire sont retranscrites dans les différents procès-verbaux qui sont élaborés sous la direction de l'officier de police judiciaire, du procureur de la République ou du juge d'instruction qui est chargé de la procédure. S'il apparaît des différences dans les retranscriptions des déclarations d'une même personne, seules font foi celles figurant dans le procès-verbal signé par l'intéressé ou établi dans les conditions fixées par l'article 706-58.

Art. R. 53-38 Les caractéristiques techniques des moyens de télécommunication utilisés doivent assurer une retransmission fidèle, loyale et confidentielle à l'égard des tiers.

Tout incident technique ayant perturbé une transmission doit être mentionné dans les procès-verbaux prévus par l'article R. 53-37.

Un arrêté conjoint du garde des sceaux, *(Décr. nº 2010-773 du 8 juill. 2010)* « ministre de la justice et du ministre de l'intérieur *[ancienne rédaction : ministre de la justice, du ministre de l'intérieur et du ministre de la défense]* » précise les caractéristiques propres aux moyens de télécommunication audiovisuelle ou concernant des moyens de télécommunication sonore autre que le téléphone.

Art. R. 53-39 Lorsqu'il est fait application des dispositions du *(Décr. nº 2020-128 du 18 févr. 2020, art. 4)* « troisième alinéa » de l'article 706-71 au cours d'une information, le serment de l'interprète prévu par le deuxième alinéa de l'article 102 est recueilli, par le juge d'instruction ou par l'officier de police judiciaire qui procède à l'audition de la personne, par l'intermédiaire du moyen de télécommunication.

TITRE VINGT-QUATRIÈME DE LA GÉOLOCALISATION

(Décr. n° 2016-867 du 29 juin 2016)

Le Décr. n° 2016-867 a été pris pour l'application des art. 230-40 à 230-42 C. pr. pén.

Art. R. 53-40 La requête du juge d'instruction prévue par le premier alinéa de l'article 230-40 précise les raisons pour lesquelles il estime remplies les conditions prévues par les dispositions de ce même alinéa. Elle comporte la liste des pièces dont le juge d'instruction demande le versement dans le dossier distinct du dossier de la procédure.

Un rapport des enquêteurs justifiant le recours à la procédure prévue par l'article 230-40 peut également être joint à la requête.

Le juge d'instruction adresse sa requête au juge des libertés et de la détention après avoir recueilli l'avis du procureur de la République, qui est joint à la requête.

Art. R. 53-40-1 Le dossier distinct et le registre prévus à l'article 230-40 sont conservés par le président du tribunal judiciaire ou le juge délégué par lui. Ils ne peuvent être communiqués qu'au juge des libertés et de la détention, au juge d'instruction, à la chambre de l'instruction et, dans le cas prévu par l'article 230-41, au président de la chambre de l'instruction.

Art. R. 53-40-2 Sont versés dans le dossier distinct dont la création a été autorisée par le juge des libertés et de la détention les pièces dont il dresse la liste, la requête du juge d'instruction, l'avis du procureur de la République et, le cas échéant, le rapport des enquêteurs.

Art. R. 53-40-3 Si le juge des libertés et de la détention ne fait pas droit à la requête du juge d'instruction, cette requête, la décision du juge des libertés et de la détention, l'avis du procureur de la République et, le cas échéant, le rapport des enquêteurs sont versés dans un dossier distinct du dossier de la procédure, qui est conservé par le président du tribunal judiciaire ou le juge délégué par lui.

Ce dossier, qui ne peut être communiqué dans le cadre de la procédure en cours, est détruit à la diligence du président du tribunal judiciaire ou du juge délégué par lui à l'expiration du délai de prescription de l'action publique. Il est dressé par ce magistrat un procès-verbal de cette destruction.

Art. R. 53-40-4 Lorsque des informations relatives à une opération de géolocalisation ont été versées dans un dossier distinct en application de l'article 230-40, et sauf lorsqu'elles ont été versées au dossier de la procédure en application de l'article 230-41, le juge d'instruction, avant de délivrer l'avis prévu à l'article 175, verse dans le dossier distinct les éléments recueillis dans les conditions prévues à l'article 230-40 et qui figurent dans le dossier de la procédure, après avoir recueilli l'avis du procureur de la République et les observations des parties. La décision du juge d'instruction est versée au dossier de la procédure.

TITRE VINGT-NEUVIÈME DES SAISIES SPÉCIALES

(Décr. n° 2011-134 du 1er févr. 2011)

Art. R. 53-50 La consignation visée à l'article 706-155 est effectuée sur production *de l'ordonnance autorisant* ou ordonnant la saisie des sommes et de tout document de nature à justifier les droits et l'identité du demandeur.

La déconsignation est effectuée sur production de la décision définitive désignant le bénéficiaire des sommes et de tout document de nature à justifier les droits et l'identité du demandeur.

TITRE TRENTIÈME DE L'AGENCE DE GESTION ET DE RECOUVREMENT DES AVOIRS SAISIS ET CONFISQUÉS

(Décr. n° 2011-134 du 1er févr. 2011)

V. Circ. du 3 févr. 2011 relative à la présentation de l'Agence de gestion et de recouvrement des avoirs saisis et confisqués (AGRASC) et de ses missions (BOMJ 2011, n° 2).

Art. R. 54-1 Le conseil d'administration de l'Agence de gestion et de recouvrement des avoirs saisis et confisqués comprend, outre son président :

1° *(Décr. n° 2019-602 du 18 juin 2019, en vigueur le 1er juill. 2019)* « Sept » représentants de l'État, membres de droit :

— le directeur des affaires criminelles et des grâces ;
— le secrétaire général du ministère de la justice ;
— le directeur général des finances publiques ;
— le directeur général de la police nationale ;
— le directeur général de la gendarmerie nationale;
— le directeur général des douanes et des droits indirects ;

(Décr. n° 2019-602 du 18 juin 2019, en vigueur le 1er juill. 2019) « — le directeur du budget ou son représentant ; »

2° *(Décr. n° 2019-602 du 18 juin 2019, en vigueur le 1er juill. 2019)* « Trois » personnalités qualifiées en raison de leurs compétences en matière de droit des obligations, de droit des sociétés, de gestion de patrimoine et de marchés publics. Elles sont désignées par le ministre de la justice *(Abrogé par Décr. n° 2019-602 du 18 juin 2019, à compter du 1er juill. 2019)* « *, l'une d'entre elles sur proposition du ministre chargé du budget* » ;

3° Deux représentants du personnel de l'agence, élus dans les conditions fixées par le ministre de la justice.

Le mandat du président et des membres du conseil d'administration autres que ceux mentionnés au 1° est de trois ans renouvelable.

Les membres mentionnés au 1° peuvent se faire représenter.

En cas de vacance pour quelque cause que ce soit du siège d'un membre du conseil, il est pourvu à son remplacement, dans les mêmes conditions de nomination, pour la durée du mandat restant à courir si cette vacance survient plus de six mois avant le terme normal de celui-ci.

Le mandat des membres du conseil d'administration est gratuit, sous réserve du remboursement des frais de déplacement et de séjour, dans les conditions prévues par la réglementation applicable aux fonctionnaires civils de l'État. — *V. Arr. du 11 févr. 2011 (JO 9 mars).*

Art. R. 54-2 Le conseil d'administration se réunit au moins deux fois par an, sur convocation de son président.

Le président fixe l'ordre du jour sur proposition du directeur général.

L'ordre du jour est porté à la connaissance des membres du conseil d'administration au moins dix jours avant la réunion.

Le conseil d'administration est réuni de plein droit, à la demande des ministres de tutelle ou de la majorité de ses membres, sur les points de l'ordre du jour déterminés par eux, dans le délai de quinze jours suivant la demande.

Le conseil d'administration ne peut valablement délibérer que si la moitié au moins de ses membres ou de leurs représentants est présente.

Si le quorum n'est pas atteint, le conseil est à nouveau convoqué sur le même ordre du jour dans un délai maximum d'un mois. Il délibère alors sans condition de quorum.

Les délibérations sont adoptées à la majorité des voix des membres présents ou représentés.

La voix du président est prépondérante en cas de partage égal des voix.

Le directeur général de l'agence, le secrétaire général, l'*(Décr. n° 2012-1247 du 7 nov. 2012, art. 2)* « *[le]* contrôleur budgétaire » et l'agent comptable assistent aux réunions du conseil d'administration avec voix consultative.

Le président peut appeler à participer aux séances du conseil d'administration, avec voix consultative, toute personne dont il juge la présence utile.

Art. R. 54-3 Le conseil d'administration règle par ses délibérations les affaires de l'établissement.

Il délibère notamment sur :

1° Les programmes généraux d'activité de l'établissement public ;

2° Les conditions générales de passation des contrats, conventions et marchés de l'établissement, ainsi que sur les délégations de service public et contrats d'objectifs à conclure avec l'État ;

3° Le budget de l'établissement public et ses décisions modificatives, le compte financier et l'affectation des résultats ;

4° Les conditions générales de recrutement, d'emploi et de rémunération du personnel ;

5° L'autorisation d'engager des actions en justice, de négocier et conclure les transactions, sauf urgence ;

6° L'organisation générale de l'établissement ;

7° Son règlement intérieur ;

8° Le rapport annuel d'activité de l'établissement.

Le conseil d'administration peut déléguer au directeur général certaines des compétences prévues au présent article, à l'exception des matières mentionnées aux 2°, 3°, 7° et 8°, dans les limites fixées par le règlement intérieur.

(Décr. n° 2012-1247 du 7 nov. 2012, art. 38, en vigueur le 1er janv. 2013) « Les délibérations portant sur le budget et le compte financier sont exécutoires dans les conditions prévues par le titre III du décret n° 2012-1246 du 7 novembre 2012 relatif à la gestion budgétaire et comptable publique. »

Art. R. 54-4 Le directeur général de l'Agence de gestion et de recouvrement des avoirs saisis et confisqués est un magistrat de l'ordre judiciaire nommé par arrêté du ministre de la justice pour une durée de trois ans renouvelable.

Il est secondé par un secrétaire général nommé par arrêté du ministre du budget.

Le directeur général, assisté par le secrétaire général, assure la gestion et la conduite générale de l'agence. Il la représente en justice et dans tous les actes de la vie civile. Il est ordonnateur des recettes et des dépenses de l'agence. Il recrute le personnel placé sous son autorité. Il passe les actes, contrats ou marchés et conclut les transactions nécessaires au bon fonctionnement de l'agence, sous réserve des attributions confiées au conseil d'administration par l'article R. 54-3.

Il prépare les séances du conseil d'administration, élabore le budget de l'établissement public et exécute les délibérations du conseil. Il lui rend compte, à chaque réunion, de l'activité de l'agence et des décisions prises sur le fondement des délégations qu'il a reçues.

Il peut déléguer certaines de ses fonctions au secrétaire général de l'agence.

Il peut déléguer sa signature à tout agent de l'établissement public exerçant des fonctions d'encadrement.

Il peut nommer des ordonnateurs secondaires.

Art. R. 54-5 Les dépenses de l'établissement comprennent les frais de personnel autres que ceux pris en charge par leur organisme ou administration d'origine, les frais de fonctionnement et d'équipement, les frais de gestion, de recouvrement et de cession des avoirs saisis ou confisqués qui lui sont confiés et, d'une manière générale, toute dépense nécessaire à l'activité de l'établissement.

Art. R. 54-6 L'établissement peut accueillir en détachement ou par voie de mise à disposition des agents relevant de la fonction publique de l'État et de la fonction publique territoriale, ainsi que des agents relevant d'organismes publics ou privés assurant la gestion d'un service public, dans le cadre de la réglementation qui leur est applicable.

Art. R. 54-7 *(Décr. n° 2012-1247 du 7 nov. 2012, art. 38, en vigueur le 1er janv. 2013)* « L'agence est soumise aux dispositions des titres Ier et III du décret n° 2012-1246 du 7 novembre 2012 relatif à la gestion budgétaire et comptable publique. »

(Décr. n° 2011-134 du 1er févr. 2011) « Des comptables secondaires peuvent être désignés par l'agent comptable, après avis du directeur général et avec l'agrément du ministre chargé du budget.

« Des régies de recettes et d'avances peuvent être instituées dans les conditions prévues par le décret n° 92-681 du 20 juillet 1992 modifié relatif aux régies de recettes et aux régies d'avances des organismes publics. »

Art. R. 54-8 Les fonds de l'établissement sont déposés au Trésor public.

Toutefois, les sommes saisies et les sommes issues de l'aliénation des biens prévue aux 3° et 4° de l'article 706-160 ou du placement de ces sommes prévu au 4° de l'article 760-163 sont déposées sur un compte de dépôt ouvert à la Caisse des dépôts

et consignations rémunéré par un intérêt déterminé selon les modalités prévues par l'article L. 518-23 du code monétaire et financier.

Art. R. 54-9 L'établissement peut demander à l'administration chargée des domaines de procéder à l'aliénation des biens meubles placés sous main de justice qui ont été remis à l'agence en application des articles 41-5 et 99-2, ainsi que des biens meubles ou immeubles confisqués au cours d'une procédure pénale. L'aliénation a lieu avec publicité et concurrence.

LIVRE CINQUIÈME DES PROCÉDURES D'EXÉCUTION

(Décr. n° 59-318 du 23 févr. 1959)

TITRE PREMIER DE L'EXÉCUTION DES SENTENCES PÉNALES

(Décr. n° 2005-1099 du 2 sept. 2005, art. 5, en vigueur le 1er oct. 2005).

(Décr. n° 86-461 du 14 mars 1986 ; Décr. n° 99-818 du 16 sept. 1999)

BIBL. ▶ DU MESNIL DU BUISSON et PICQUART, *Gaz. Pal. 1998. 2. Doctr. 1320* (JAP et politique de la ville).

CHAPITRE PREMIER DIMINUTION DE L'AMENDE DU FAIT DU PAIEMENT VOLONTAIRE

(Décr. n° 2005-1099 du 2 sept. 2005, art. 5, en vigueur le 1er oct. 2005 pour les condamnations prononcées à compter de cette date)

SECTION PREMIÈRE DOMAINE D'APPLICATION

Art. R. 55 **Les dispositions des articles 707-2 et 707-3 relatives à la diminution du montant des amendes** *(Décr. n° 2009-383 du 6 avr. 2009)* **« et des droits fixes de procédure » en cas de paiement volontaire dans le délai d'un mois sont applicables :**

1° Aux amendes prononcées par le tribunal de police, *(Abrogé par Décr. n° 2017-683 du 28 avr. 2017, art. 3, à compter du 1er juill. 2017)* ***« par la juridiction de proximité, »*** **par le tribunal pour enfants, par le tribunal correctionnel ou par la cour d'appel ainsi que par toute autre juridiction répressive à l'encontre d'une personne reconnue coupable d'une contravention ou d'un délit, qu'il s'agisse d'une décision contradictoire, d'une décision contradictoire à signifier, d'une décision par défaut ou d'une ordonnance pénale ;**

2° Aux amendes prononcées par la cour d'assises à l'encontre d'une personne qui est uniquement condamnée pour une contravention ou un délit ;

3° Aux amendes homologuées selon la procédure de comparution sur reconnaissance préalable de culpabilité ;

4° Aux jours-amendes, lorsque l'amende est payée dans le délai d'un mois prévu par l'article 707-2, indépendamment de la date d'exigibilité résultant de l'application des dispositions de l'article 131-25 du code pénal, qu'il s'agisse d'une décision contradictoire, d'une décision contradictoire à signifier ou d'une décision par défaut ;

(Décr. n° 2008-764 du 30 juill. 2008, art. 6, en vigueur le 1er nov. 2008) **« 5° Aux amendes forfaitaires majorées » ;**

(Décr. n° 2009-383 du 6 avr. 2009) **« 6° Aux droits fixes de procédure prévus par les dispositions de l'article 1018-A du code général des impôts. »**

Elles ne sont pas applicables :

1° Aux amendes de composition prévues par le 1° de l'article 41-2 ;

2° *(Décr. n° 2008-764 du 30 juill. 2008, art. 6, en vigueur le 1er nov. 2008)* **« Aux amendes forfaitaires minorées ou aux amendes forfaitaires non majorées » ;**

3° Aux amendes douanières ou aux amendes fiscales.

En application des art. 707-2 et R. 55, la diminution du montant de l'amende en cas de paiement dans le délai d'un mois n'est pas applicable aux amendes douanières. • Crim. 19 nov. 2014 : *D. actu. 15 déc. 2014, obs. Fonteix ; AJ pénal 2015. 254, obs. Roussel.*

Art. R. 55-1 **Lorsque la condamnation** *(Abrogé par Décr. n° 2009-383 du 6 avr. 2009)* ***« à une peine d'amende »*** **résulte d'une décision contradictoire à signifier ou d'une décision par défaut, le délai d'un mois prévu par l'article 707-2 court à compter de la date de la signification.**

L'avis prévu par l'article 707-3 figure dans le jugement ou est joint à l'acte de signification.

Art. R. 55-2 **Lorsque la condamnation** *(Abrogé par Décr. n° 2009-383 du 6 avr. 2009)* ***« à une peine d'amende »*** **résulte d'une ordonnance pénale, le délai d'un mois prévu par l'article 707-2 court à compter de l'envoi de la lettre recommandée prévue par les articles 495-3 et 527 ou de la notification par le procureur de la République ou son**

délégué prévue par l'article 495-3. Dans le cas prévu par l'avant-dernier alinéa des articles 495-3 et 527, il court à compter de la date à laquelle la personne a eu connaissance de la condamnation.

L'avis prévu par l'article 707-3 figure dans l'ordonnance pénale ou est joint à la notification de la décision conformément aux modalités prévues par les articles R. 41-3 et R. 42.

Art. R. 55-3 *(Décr. nº 2009-383 du 6 avr. 2009)* « En cas de condamnation à une peine d'amende, la diminution » prévue par l'article 707-2 ne s'applique qu'en cas de paiement simultané, dans le délai d'un mois, de l'amende, du droit fixe de procédure prévu par les dispositions de l'article 1018 A du code général des impôts et, s'il y a lieu, de la majoration de l'amende prévue par les articles L. 211-27 et L. 421-8 du code des assurances en cas de condamnation pour le délit de défaut d'assurance prévu par l'article L. 324-2 du code de la route ou pour les infractions en matière de chasse.

La diminution porte sur l'ensemble des sommes dues.

(Décr. nº 2007-1388 du 26 sept. 2007, art. 14) « Lorsqu'une consignation a été versée en application des dispositions de l'article 529-10 du présent code ou de l'article L. 121-4 du code de la route, la diminution ne porte que sur les sommes restant dues. »

SECTION II PROCÉDURE

Art. R. 55-4 En cas de décision contradictoire rendue en présence du condamné ou de son représentant, il est remis à ce dernier à l'issue de l'audience, s'il en fait la demande, un relevé de condamnation pénale lui permettant de s'acquitter volontairement *(Décr. nº 2009-383 du 6 avr. 2009)* « des droits fixes de procédure et, s'il y a lieu, de l'amende » dans le délai d'un mois auprès du *(Décr. nº 2014-551 du 27 mai 2014, art. 24)* « comptable de la direction générale des finances publiques ».

Le condamné peut également demander la délivrance de ce relevé auprès du greffe de la juridiction qui a rendu la décision dans le délai d'un mois à compter de son prononcé.

Ce relevé est joint aux décisions contradictoires à signifier et aux décisions rendues par défaut au moment de leur signification.

Le modèle du relevé de condamnation est arrêté conjointement par le garde des sceaux, ministre de la justice, et par le ministre des finances.

Art. R. 55-5 Dans le cas prévu par le premier alinéa de l'article R. 55-4, le greffier en chef adresse au *(Décr. nº 2014-551 du 27 mai 2014, art. 24)* « comptable de la direction générale des finances publiques » un exemplaire de chaque relevé de condamnation pénale au plus tard le deuxième jour ouvrable suivant le prononcé de la décision.

Dans les autres cas, ce relevé est adressé au *(Décr. nº 2014-551 du 27 mai 2014, art. 24)* « comptable de la direction générale des finances publiques » en même temps qu'il est procédé à la signification ou à la notification de la décision.

Ces relevés sont adressés sous un bordereau d'envoi simplifié, dont le modèle est arrêté conjointement par le garde des sceaux, ministre de la justice, et par le ministre des finances.

L'envoi de ces relevés dispense d'adresser ultérieurement un extrait de la décision lorsque celle-ci est devenue exécutoire.

SECTION III VOIE DE RECOURS

Art. R. 55-6 Si une voie de recours est exercée contre la décision ayant donné lieu à l'envoi du relevé de condamnation conformément aux dispositions de l'article R. 55-5, le greffier en chef en donne avis au *(Décr. nº 2014-551 du 27 mai 2014, art. 24)* « comptable de la direction générale des finances publiques » ainsi que de l'annulation du relevé correspondant.

Cet avis est donné au plus tard le deuxième jour ouvrable suivant l'enregistrement du recours.

Art. R. 55-7 Si, à la suite de l'exercice d'une voie de recours, la personne qui s'est acquittée volontairement du paiement de l'amende demande la restitution des sommes

versées conformément aux dispositions du troisième alinéa de l'article 707-2, cette demande doit être déposée auprès du *(Décr. nº 2014-551 du 27 mai 2014, art. 24)* **« comptable de la direction générale des finances publiques »** *(Décr. nº 2008-764 du 30 juill. 2008, art. 7, en vigueur le 1er nov. 2008)* **« compétent pour le recouvrement de l'amende. »**

CHAPITRE II DE L'APPLICATION DES PEINES *(Décr. nº 2005-1099 du 2 sept. 2005, art. 5).*

Art. R. 57-1 **Le premier président désigne, après avis de l'Assemblée générale des magistrats du siège, un ou plusieurs conseillers chargés de suivre l'application des peines et de coordonner l'action des juges de l'application des peines dans le ressort de la cour d'appel.**

Il est mis fin à leurs fonctions et pourvu à leur remplacement dans les mêmes formes.

Art. R. 57-2 **Chaque année, le juge de l'application des peines adresse au ministre de la justice un rapport sur l'application des peines dans son ressort. Ce rapport est également transmis au conseiller chargé de l'application des peines et au procureur général. En outre, le juge de l'application des peines le présente oralement à l'assemblée générale des magistrats du siège et du parquet.**

Art. R. 57-3 **Le juge de l'application des peines est assisté par le** *(Décr. nº 2001-71 du 29 janv. 2001)* **« service pénitentiaire d'insertion et de probation ».**

Art. R. 57-4 **En cas de nouvelle poursuite exercée contre un condamné placé sous son contrôle, le juge de l'application des peines en est avisé par le procureur de la République. Il communique à ce magistrat les renseignements qui lui paraissent utiles sur le comportement du condamné ; il lui donne notamment son avis sur l'opportunité de toute décision de modification ou de révocation de la mesure dont bénéficie le condamné, qui serait de la compétence de la juridiction de jugement.**

CHAPITRE III TRAITEMENT DE DONNÉES À CARACTÈRE PERSONNEL RELATIF À L'APPLICATION DES PEINES

(Décr. nº 2011-1447 du 7 nov. 2011)

Art. R. 57-4-1 *(Décr. nº 2022-479 du 30 mars 2022, art. 8, en vigueur le 1er mai 2022)* **Les finalités du traitement automatisé de données à caractère personnel dénommé "application des peines, probation et insertion" (APPI), les informations et les données à caractère personnel pouvant y être enregistrées, les règles de fonctionnement et d'accès, les droits des personnes concernées par le traitement, ainsi que les possibilités d'interconnexions ou de mises en relation avec d'autres traitements sont déterminés par les dispositions des articles R. 113-49 et suivants du code pénitentiaire.**

Ancien art. R. 57-4-1 *Est autorisée la création par le ministère de la justice d'un traitement automatisé de données à caractère personnel dénommé "application des peines, probation et insertion" (APPI).*

Ce traitement a pour finalités :

1º De faciliter l'évaluation de la situation des personnes placées sous main de justice, prévenues ou condamnées, pour la détermination ou l'exécution des décisions de l'autorité judiciaire relatives à leur insertion ou leur probation ;

2º De faciliter la gestion des procédures suivies devant les juridictions en charge de l'application des peines ainsi que des mesures mises en œuvre par les services pénitentiaires d'insertion et de probation en cette matière ;

3º De faciliter le suivi de l'aide apportée par les services pénitentiaires d'insertion et de probation aux personnes libérées ;

4º De faciliter la gestion et le suivi des mesures d'enquête ou de contrôle confiées aux services pénitentiaires d'insertion et de probation pour la mise en œuvre des mesures de sûreté ordonnées par les juridictions d'instruction, la juridiction des libertés et de la détention ou les juridictions de jugement ;

5º De faciliter le suivi des enquêtes confiées aux services pénitentiaires d'insertion et de probation par les autorités judiciaires préalablement aux décisions sur l'action publique et à l'exécution des peines privatives de liberté ;

6° De permettre l'exploitation des informations recueillies à des fins de recherches statistiques.

Art. R. 57-4-2 *(Abrogé par Décr. n° 2022-479 du 30 mars 2022, art. 8, à compter du 1er mai 2022) Peuvent être enregistrées dans le traitement automatisé les informations et les données à caractère personnel suivantes :*

1° Concernant les personnes faisant l'objet de la procédure ou de la mesure :

a) Personnes physiques :

— civilité, nom de naissance, nom d'usage, prénoms, alias, sexe, date de naissance, lieu de naissance et nationalité ;

— nom de naissance et prénoms du père et de la mère ;

— nom et prénoms du curateur ou du tuteur ;

— situation de famille, nombre d'enfants, nombre de frères et sœurs, rang dans la fratrie ;

— informations relatives aux documents suivants : carte nationale d'identité, carte de résident, carte de séjour temporaire sans ou avec autorisation de travail, passeport, permis de conduire, livret de famille, livret militaire, carte de ressortissant, certificat de participation à l'appel de préparation à la défense ;

— adresse du domicile déclaré, adresse postale pour les sans [-]domicile[-] fixe, coordonnées de géolocalisation, des zones d'exclusion, des zones tampon et des zones d'inclusion, ainsi que les horaires d'assignation ;

— nom, prénoms, adresse et téléphone de la personne assurant l'hébergement de la personne concernée ;

— profession, horaires de travail, situation par rapport à l'emploi, expérience professionnelle, fonction élective, code de la catégorie socioprofessionnelle, code de la nature de l'activité ;

— niveau d'étude et de formation, diplômes, distinctions ;

— ressources et charges de toute nature, existence d'une procédure de surendettement ;

— prestations sociales de toute nature dont l'intéressé est susceptible de bénéficier ;

b) Personnes morales :

— [raison] sociale, activité, numéro SIREN et adresse du siège social ou de l'établissement ;

— actif et passif, informations relatives à l'existence d'un plan de sauvegarde, d'un redressement judiciaire ou d'une liquidation judiciaire ;

— nom, prénoms, qualité, date et lieu de naissance, adresse personnelle du représentant légal ;

2° Concernant les autres personnes :

a) Experts et personnes qualifiées : nom, prénoms, titre, grade, emploi, adresse professionnelle, numéro de téléphone, numéro de télécopie et adresse de messagerie électronique professionnels ;

b) Avocats : nom et prénoms, barreau auquel l'avocat est rattaché, adresse du cabinet, référence, adresse de messagerie électronique, numéro de téléphone et numéro de télécopie du cabinet ;

c) Victimes et parties civiles : nom, prénoms, adresse personnelle, représentant légal pour les mineurs ;

d) Personnes appelées à fournir des informations ou des prestations nécessaires à l'exécution de la mesure : nom, prénoms, profession, adresse personnelle ou professionnelle, lien de parenté avec l'intéressé, numéro de téléphone, numéro de télécopie et adresse de messagerie électronique professionnels ou, s'il s'agit d'une personne morale, dénomination et adresse du siège social ou de l'établissement, numéro de téléphone, numéro de télécopie et adresse de messagerie électronique ;

3° Concernant la procédure et les mesures :

a) Mention de la mesure d'enquête, de contrôle ou d'aménagement de la peine prise par la juridiction en charge de l'application des peines ou mise en œuvre par le service pénitentiaire d'insertion et de probation en application des dispositions du code pénal ou du code de procédure pénale ;

b) Libellé du service chargé de la mise en œuvre de la mesure ;

c) Nom de naissance ou d'usage et prénom, corps et/ou grade et fonction de l'agent chargé de l'exécution de la mesure ;

d) Mentions des actes, juridictionnels ou non, se rapportant à la conduite des procédures suivies devant les juridictions de l'application des peines et aux mesures mises en œuvre par les services pénitentiaires d'insertion et de probation ;

e) Informations relatives à l'évaluation de la situation de la personne placée sous main de justice :

— suivi médical assuré dans le cadre de la mesure privative ou restrictive de liberté : existence du suivi, nature, psychiatrique ou autre, du suivi, existence d'une obligation de soins et contenu de celle-ci, caractère volontaire du suivi, existence d'un traitement médicamenteux, existence d'une évaluation du risque suicidaire, compatibilité du suivi médical avec une prise en charge par le service pénitentiaire d'insertion et de probation ;

— déroulement de l'incarcération : lieux d'incarcération successifs, maintien des liens familiaux, activités, postes de travail occupés, incidents ayant donné lieu à signalement au préfet ou à l'autorité judiciaire ou à poursuites disciplinaires et décision prise sur les poursuites ;

— respect par la personne faisant l'objet de la mesure privative ou restrictive de liberté des obligations mises à sa charge par l'autorité judiciaire, acceptation de la condamnation par la personne concernée ;

— conclusions de l'évaluation de la situation de la personne concernée par le service pénitentiaire d'insertion et de probation : parcours d'exécution de peine prévu, éléments favorables ou défavorables à la réinsertion, objectifs, moyens et modalités de la prise en charge par le service ;

f) Rapports établis par le service pénitentiaire d'insertion et de probation en exécution d'une mesure d'enquête, de suivi ou de contrôle décidée par les autorités judiciaires.

Art. R. 57-4-3 *(Abrogé par Décr. n° 2022-479 du 30 mars 2022, art. 8, à compter du 1er mai 2022)* ***Est autorisé l'enregistrement de données de la nature de celles mentionnées au I de l'article 8 de la loi du 6 janvier 1978 lorsque ces données ont été recueillies par les services pénitentiaires d'insertion et de probation à la demande des autorités judiciaires pour l'évaluation de la situation de la personne suivie et qu'elles sont nécessaires à la mise en œuvre des dispositions relatives à l'application des peines.***

Il est interdit de sélectionner une catégorie particulière de personnes à partir des données mentionnées au premier alinéa.

Art. R. 57-4-4 *(Abrogé par Décr. n° 2022-479 du 30 mars 2022, art. 8, à compter du 1er mai 2022)* ***Les données à caractère personnel enregistrées sont conservées cinq ans à compter de la fin de la peine, de la fin de la mesure d'aménagement de la peine ou de la mesure de sûreté [,] dont la personne suivie fait l'objet.***

(Annulé par CE n° 355624 du 11 avr. 2014) ***« Si la personne ne fait l'objet d'aucune peine ou mesure de sûreté les données à caractère personnel sont conservées cinq ans à compter de leur enregistrement. »***

Considérant que la conservation de données relatives aux personnes ne faisant finalement l'objet d'aucune peine ou mesure de sûreté est, eu égard notamment au point de départ fixé par le décret attaqué pour la conservation de telles données, dépourvue de lien avec les finalités du traitement APPI, qui a principalement pour objet de faciliter la gestion et la mise en œuvre des mesures d'application des peines, de probation et d'insertion, la conservation de ces données n'est par suite ni adaptée ni nécessaire pour atteindre les objectifs qu'il poursuit. • CE 11 avr. 2014 : *D. actu. 18 avr. 2014, obs. Léna ; AJ pénal 2014. 255, obs. Herzog-Evans.*

Art. R. 57-4-5 *(Abrogé par Décr. n° 2022-479 du 30 mars 2022, art. 8, à compter du 1er mai 2022)* ***Peuvent seuls accéder aux données à caractère personnel enregistrées dans le traitement, lorsque cet accès est nécessaire à la conduite des procédures relatives à l'application des peines ou à la mise en œuvre de l'une des mesures mentionnées à l'article R. 57-4-1 dont ils ont la charge :***

1° Les procureurs de la République, les magistrats du siège en charge de l'application des peines, les juges d'instruction et les juges des libertés et de la détention ;

2° Les directeurs des services pénitentiaires d'insertion et de probation, les directeurs d'insertion et de probation et les personnels d'insertion et de probation de l'administration pénitentiaire ;

3° Les chefs d'établissement pénitentiaire ;

4° Les directeurs des services, chefs de services et éducateurs du secteur public de la protection judiciaire de la jeunesse pour la préparation, la mise en œuvre et le suivi de l'exécution, des condamnations prononcées par une juridiction spécialisée pour mineurs lorsque la personne condamnée a atteint l'âge de dix-huit ans ;

5° Les agents du greffe chargés d'assister les magistrats mentionnés au 1°, individuellement désignés et spécialement habilités à cet effet par les chefs de juridiction ;

6° Les personnels administratifs, les personnels de service social et les personnels de surveillance affectés dans les services pénitentiaires d'insertion et de probation, individuellement désignés et spécialement habilités à cet effet par le directeur interrégional de l'administration pénitentiaire.

Art. R. 57-4-6 *(Abrogé par Décr. n° 2022-479 du 30 mars 2022, art. 8, à compter du 1er mai 2022)* ***Sont destinataires des données à caractère personnel enregistrées dans le traitement, outre les autorités et les personnels mentionnés à l'article R. 57-4-5 :***

1° Les magistrats du siège et du ministère public pour les nécessités liées au traitement des seules procédures dont ils sont saisis ;

2° Les personnels habilités des services centraux et des services déconcentrés de la direction de l'administration pénitentiaire en charge du suivi des personnes placées sous main de justice pour les nécessités de l'accomplissement de leur mission.

Art. R. 57-4-7 *(Abrogé par Décr. n° 2022-479 du 30 mars 2022, art. 8, à compter du 1er mai 2022)* ***Les droits d'accès et de rectification prévus aux articles 39 et 40 de la loi*** *[n° 78-17]* ***du 6 janvier 1978 susvisée s'exercent auprès du procureur de la République près le tribunal judiciaire du siège de la juridiction saisie de la procédure ou dans le ressort duquel est situé le service pénitentiaire d'insertion et de probation auquel a été confiée la mesure.***

Art. R. 57-4-8 *(Abrogé par Décr. n° 2022-479 du 30 mars 2022, art. 8, à compter du 1er mai 2022)* ***Le droit d'opposition prévu à l'article 38 de la loi du 6 janvier 1978 susvisée ne s'applique pas au présent traitement.***

Art. R. 57-4-9 *(Abrogé par Décr. n° 2022-479 du 30 mars 2022, art. 8, à compter du 1er mai 2022)* ***Les consultations du présent traitement font l'objet d'un enregistrement comprenant l'identifiant de leur auteur ainsi que la date, l'heure et l'objet de l'opération. Ces informations sont conservées pendant un délai de trois ans.*** *— Les dispositions de l'art. R. 57-4-9 sont applicables à compter du 1er janv. 2014. Jusqu'à cette date, l'enregistrement dans le traitement peut être limité aux informations relatives à la création, la suppression ou la modification de données (Décr. n° 2011-1447 du 7 nov. 2011, art. 3).*

Art. R. 57-4-10 *(Abrogé par Décr. n° 2022-479 du 30 mars 2022, art. 8, à compter du 1er mai 2022)* ***Le présent traitement peut faire l'objet d'une interconnexion avec le traitement automatisé relatif au contrôle des personnes placées sous surveillance électronique mobile et le système de gestion informatisée des personnes placées sous surveillance électronique.***

Il peut faire l'objet d'une mise en relation avec le traitement automatisé dénommé Cassiopée, le traitement automatisé du casier judiciaire national et le système de gestion informatisée des détenus en établissement (GIDE).

Toutefois, aucune des données mentionnées à l'article R. 57-4-3 ne peut faire l'objet d'une interconnexion ou d'une mise en relation.

CHAPITRE IV *[ABROGÉ]* DES MODALITÉS D'ACCOMPAGNEMENT DES PARLEMENTAIRES PAR DES JOURNALISTES DANS UN ÉTABLISSEMENT PÉNITENTIAIRE OU DANS UN CENTRE ÉDUCATIF FERMÉ

(Abrogé par Décr. n° 2022-479 du 30 mars 2022, art. 8, à compter du 1er mai 2022)
(Décr. n° 2016-662 du 20 mai 2016)

SECTION PREMIÈRE *[ABROGÉE]* DES MODALITÉS D'ACCOMPAGNEMENT DES PARLEMENTAIRES PAR DES JOURNALISTES DANS UN ÉTABLISSEMENT PÉNITENTIAIRE

Art. R. 57-4-11 ***Le chef d'un établissement pénitentiaire ne peut s'opposer à l'entrée des journalistes accompagnant les parlementaires que pour des motifs impératifs liés à la sécurité, au bon ordre, à l'intérêt public ou à la protection des victimes, des personnes détenues et du personnel au sein de l'établissement. Il peut mettre fin, à tout moment, à leur présence pour ces motifs.***

Les parlementaires ne peuvent être accompagnés de plus de cinq journalistes, titulaires de la carte d'identité professionnelle mentionnée à l'article L. 7111-6 du code du travail, dont deux utilisant du matériel de prise de vue ou de son. Le nombre maximal de journalistes s'entend par visite, quel que soit le nombre de parlementaires y participant. Leur entrée est concomitante à celle des parlementaires qu'ils accompagnent dans leur parcours. Leur sortie ne peut être postérieure à celle des parlementaires.

Art. R. 57-4-12 *Les écrits, photographies, croquis, prises de vue et de son que les journalistes effectuent sont circonscrits au cadre de la visite du parlementaire. Lorsqu'ils sont de nature à permettre l'identification des personnes détenues, celles-ci doivent consentir par écrit à la diffusion ou à l'utilisation de leur image ou de leur voix. Les enregistrements et images ne peuvent couvrir une zone interdite par le chef d'établissement pour des motifs tenant au bon ordre et à la sécurité. Leur diffusion ou leur utilisation ne peut permettre d'identifier les personnels présents au sein de l'établissement que si ces derniers y ont consenti par écrit.*

(Abrogé par Décr. nº 2021-682 du 27 mai 2021, art. 2, à compter du 30 sept. 2021) *« Un mineur détenu ne peut être filmé, enregistré ou photographié qu'avec son accord écrit préalable et l'autorisation conjointe des titulaires de l'autorité parentale ou représentants légaux. L'accord devra être donné selon les mêmes modalités qu'il s'agisse de l'utilisation de l'image ou de celle de la voix ainsi captée.*

« Dans tous les cas et sans préjudice des dispositions de l'article R. 57-6-17, les journalistes devront veiller à ce qu'aucun élément concernant l'identité ou la personnalité qui permettrait d'identifier les mineurs détenus ne soit, de quelque manière que ce soit, révélé. »

Les obligations relatives à la diffusion des productions des journalistes mentionnées (Décr. nº 2021-682 du 27 mai 2021, art. 2, en vigueur le 30 sept. 2021) *« à l'alinéa précédent* [ancienne rédaction : aux trois alinéas précédents] *» s'imposent aux directeurs de publication, éditeurs et distributeurs de ces productions.*

SECTION II *[ABROGÉE]* DES MODALITÉS D'ACCOMPAGNEMENT DES PARLEMENTAIRES PAR DES JOURNALISTES DANS UN CENTRE ÉDUCATIF FERMÉ

Art. R. 57-4-13 (Abrogé par Décr. nº 2021-682 du 27 mai 2021, art. 2, à compter du 30 sept. 2021) *Le directeur du centre éducatif fermé ne peut s'opposer à l'entrée des journalistes accompagnant les parlementaires que pour des motifs impératifs liés à la sécurité, au bon ordre, à l'intérêt public ou à la protection des victimes, des mineurs placés et du personnel au sein de l'établissement. Il peut mettre fin, à tout moment, à leur présence pour ces motifs.*

Les parlementaires ne peuvent être accompagnés, au sein d'un centre éducatif fermé, de plus de trois journalistes, titulaires de la carte d'identité professionnelle mentionnée à l'article L. 7111-6 du code du travail, dont un seul utilisant du matériel de prise de vue ou de son. Le nombre maximal de journalistes s'entend par visite, quel que soit le nombre de parlementaires y participant. Leur entrée est concomitante à celles des parlementaires qu'ils accompagnent dans leur parcours. Leur sortie ne peut être postérieure à celle des parlementaires.

Art. R. 57-4-14 (Abrogé par Décr. nº 2021-682 du 27 mai 2021, art. 2, à compter du 30 sept. 2021) *Les écrits, photographies, croquis, prises de vue et de son que les journalistes effectuent sont circonscrits au cadre de la visite du parlementaire dans le centre éducatif fermé. Le directeur du centre éducatif fermé peut interdire les enregistrements d'images et de son dans une zone de l'établissement pour des motifs tenant au bon ordre et à la sécurité. Leur diffusion ou leur utilisation ne peut permettre d'identifier les personnels présents au sein de l'établissement que si ces derniers y ont consenti par écrit.*

Un mineur ne peut être filmé, enregistré ou photographié qu'avec son accord écrit préalable et l'autorisation conjointe des titulaires de l'autorité parentale ou représentants légaux. L'accord devra être donné selon les mêmes modalités qu'il s'agisse de l'utilisation de l'image ou de celle de la voix ainsi captée.

Dans tous les cas, les journalistes devront veiller à ce qu'aucun élément concernant l'identité ou la personnalité qui permettrait d'identifier les mineurs placés ne soit, de quelque manière que ce soit, révélé.

Les obligations relatives à la diffusion des productions des journalistes mentionnées aux trois alinéas précédents s'imposent aux directeurs de publication, éditeurs et distributeurs de ces productions.

TITRE DEUXIÈME **DE LA DÉTENTION**

(Décr. nº 2010-1634 du 23 déc. 2010)

BIBL. ▶ HERZOG-EVANS, *AJ pénal 2011. 158* (contre-plongée rapide sur les décrets d'application de la partie pénitentiaire de la loi du même nom).

▶ **Dossier :** Le nouveau droit de l'exécution des peines, *AJ pénal 2011. 157 s.*

Art. R. 57-5 **Pour l'application du présent titre, le magistrat saisi du dossier de la procédure désigne, selon le cas, le juge d'instruction ou le juge des enfants, le juge des libertés et de la détention, le procureur de la République, le président de la chambre de l'instruction, le président de la cour d'assises, le procureur général près la cour d'appel et le procureur général près la Cour de cassation.**

CHAPITRE PREMIER **DE L'EXÉCUTION DE LA DÉTENTION PROVISOIRE**

Art. R. 57-5-1 **La mise à l'isolement judiciaire d'une personne majeure peut être décidée à tout moment de la procédure d'information par le juge d'instruction.**

Lorsqu'il saisit le juge des libertés et de la détention aux fins d'un placement en détention provisoire ou du renouvellement de la mesure, le juge d'instruction peut indiquer dans son ordonnance qu'il souhaite que la personne soit soumise ou maintenue à l'isolement judiciaire.

Art. R. 57-5-2 **La mise à l'isolement judiciaire peut être décidée par le juge des libertés et de la détention lorsqu'il statue sur le placement en détention provisoire d'une personne ou sur la prolongation de cette détention.**

Art. R. 57-5-3 **Le juge d'instruction ou le juge des libertés et de la détention précise dans l'ordonnance par laquelle il soumet une personne à l'isolement judiciaire la durée de la mesure, qui ne peut excéder celle du titre de détention. A défaut de précision, cette durée est celle du titre de détention. Ces instructions sont mentionnées dans la notice individuelle accompagnant le titre de détention ou, si la mesure est décidée ultérieurement, dans tout autre document transmis au chef d'établissement.**

Art. R. 57-5-4 **La décision motivée de placement à l'isolement judiciaire ou de prolongation de la mesure peut figurer dans l'ordonnance de placement en détention ou de prolongation de la détention ou faire l'objet d'une ordonnance distincte.**

Lorsque la détention provisoire d'une personne placée à l'isolement judiciaire est prolongée, la mesure d'isolement prend fin immédiatement si elle n'est pas expressément renouvelée dans l'ordonnance de prolongation ou par une ordonnance distincte prise le même jour.

Art. R. 57-5-5 **A tout moment de la procédure d'information, il peut être mis fin à l'isolement judiciaire par ordonnance du juge d'instruction, agissant d'office, sur réquisitions du procureur de la République, à la requête du chef de l'établissement pénitentiaire ou à la demande de la personne détenue.**

Il peut également y être mis fin par ordonnance du juge des libertés et de la détention, statuant d'office, sur réquisitions du procureur de la République ou à la demande de la personne détenue, lorsque ce juge statue sur la prolongation de la détention provisoire ou sur une demande de mise en liberté.

Art. R. 57-5-6 **La personne placée à l'isolement judiciaire peut à tout moment demander la levée de cette mesure au juge d'instruction, selon les modalités prévues aux articles 148-6 ou 148-7.**

Art. R. 57-5-7 **L'ordonnance de placement à l'isolement judiciaire, de renouvellement de cette mesure ou de refus d'y mettre fin est notifiée à la personne par tout moyen.**

Cette ordonnance peut être déférée par la personne détenue au président de la chambre de l'instruction selon les modalités prévues aux articles 148-6 et 148-7.

Selon l'art. R. 57-5-7, l'ordonnance de placement à l'isolement judiciaire, de renouvellement de cette mesure ou de refus d'y mettre fin est notifiée à la personne par tout moyen et peut être déférée par la personne détenue au président de la chambre de l'instruction selon les modalités prévues aux art. 148-6 et 148-7, mais si, en application de l'art. R. 57-5-5, le JLD a statué sur l'isolement en même temps que sur la prolongation de la détention provisoire ou sur une demande de mise en liberté, l'appel de cette ordonnance saisit la chambre de l'instruction du contentieux de la détention et de celui de l'isolement. • Crim. 4 janv. 2022, n° 21-85.869 P.

Art. R. 57-5-8 **La personne détenue placée à l'isolement judiciaire est soumise au** *(Décr. n° 2022-479 du 30 mars 2022, art. 8, en vigueur le 1er mai 2022)* **« régime de la détention prévu par les articles R. 213-18 et R. 213-19 du code pénitentiaire** *[ancienne rédaction : régime de détention prévu par les articles R. 57-7-62 et R. 57-7-63]* **».**

CHAPITRE II DES CONDITIONS GÉNÉRALES DE DÉTENTION

Néant.

CHAPITRE III DES DISPOSITIONS COMMUNES AUX DIFFÉRENTS ÉTABLISSEMENTS PÉNITENTIAIRES

SECTION PREMIÈRE *[ABROGÉE]* DE LA CONFIDENTIALITÉ DES DOCUMENTS PERSONNELS

(Abrogée par Décr. n° 2022-479 du 30 mars 2022, art. 8, à compter du 1er mai 2022)

Art. R. 57-6-1 ***Une personne détenue peut, à tout moment, remettre au greffe de l'établissement pénitentiaire, sous pli fermé, en vue de leur conservation et de la préservation de leur caractère confidentiel tous documents personnels, dont elle est détentrice lors de son écrou ou qui lui sont adressés ou remis pendant sa détention. Elle peut en demander la restitution à tout moment.***

Il en est de même des copies de pièces mentionnées à l'article R. 155, dont la personne détenue a demandé la délivrance et qui sont transmises selon les modalités énoncées au dernier alinéa de l'article R. 165.

V. Circ. DAP du 9 juin 2011 (BOMJ, n° 2011-06).

Art. R. 57-6-2 ***Toute personne détenue a le droit de consulter, dans un local permettant d'en garantir la confidentialité, les documents mentionnant le motif de son écrou, déposés, dès son arrivée ou en cours de détention, au greffe de l'établissement pénitentiaire.***

En application du Décr. n° 2014-1277 du 23 oct. 2014 relatif aux exceptions à l'application du principe « silence vaut acceptation » (L. n° 2000-321 du 12 avr. 2000, art. 21, II), le silence gardé pendant deux mois par l'administration vaut décision de rejet pour les demandes relatives à la consultation des documents mentionnant les motifs d'écrou.

Art. R. 57-6-3 ***Le greffe tient une notice sur laquelle sont inscrites la nature de chaque document ainsi que les dates de sa remise, de sa consultation et de sa restitution par la personne détenue.***

Art. R. 57-6-4 ***En cas de décès de la personne détenue, les documents confiés au greffe de l'établissement pénitentiaire sont remis à ses ayants droit ou, à défaut, joints à son dossier individuel et versés, s'il y a lieu, avec ce dossier, aux archives départementales.***

Par exception au principe posé par l'Ord. n° 2005-1516 du 8 déc. 2005, mod. par l'Ord. n° 2014-1330 du 6 nov. 2014, les demandes de remise de documents personnels formées par les ayants droit d'une personne détenue décédée en application de l'art. R. 57-6-4 ne peuvent l'être par voie électronique (Décr. n° 2015-1411 du 5 nov. 2015, JO 6 nov.).

SECTION II DES RELATIONS DES PERSONNES DÉTENUES AVEC LEUR DÉFENSEUR

Art. R. 57-6-5 *(Décr. n° 2022-479 du 30 mars 2022, art. 8, en vigueur le 1er mai 2022)* **Les modalités de délivrance des permis de communiquer aux avocats et les règles applicables aux relations des personnes détenues avec leur défenseur sont déterminées par les dispositions des articles R. 313-14, R. 313-15 et R. 313-16 du code pénitentiaire.**

Ancien art. R. 57-6-5 ***Le permis de communiquer est délivré aux avocats, pour les condamnés, par le juge de l'application des peines ou son greffier pour l'application des articles 712-6, 712-7 et 712-8 et, pour les prévenus, par le magistrat saisi du dossier de la procédure.***

Dans les autres cas, il est délivré par le chef de l'établissement pénitentiaire.

1. L'obligation de disposer d'un permis de communiquer n'a ni pour objet ni pour effet de contrôler l'opportunité ou la nécessité des rencontres entre l'avocat et le détenu, n'impose pas de mentionner les motifs justifiant la nécessité de communiquer, en prescrivant seulement d'identifier la procédure juridictionnelle au titre de laquelle l'avocat est sollicité, et ne méconnaît donc pas le principe de libre communication des personnes détenues avec leurs avocats. • CE 25 mars 2015, n° 374401 P : *D. actu. 1er avr. 2015, obs. Léna ; AJDA 2015. 662 ; Gaz. Pal. 22 juill. 2015. 19, obs. Roussel.*

2. La délivrance d'un permis de communiquer entre une personne détenue et son avocat est indispensable à l'exercice des droits de la défense ; il en découle que le défaut de délivrance de cette autorisation à chacun des avocats désigné, avant un débat contradictoire tenu en vue de l'éventuelle prolongation de la détention provisoire, fait nécessairement grief à la personne mise en examen, peu important que l'avocat concerné ne soit pas celui désigné par la personne mise en examen pour recevoir les convocations et qu'il ait fait savoir qu'il ne pourrait se rendre à ce débat. • Crim. 12 déc. 2017, n° 17-85.757 P : *AJ pénal 2018. 157, obs. Lefort ; D. 2018. Pan. 1611, obs. Pradel.*

3. Est justifié le rejet de l'exception de nullité fondée sur les conditions de la délivrance d'un permis de communiquer à l'avocat de la personne mise en examen, lorsque celui-ci s'est borné à téléphoner au greffe du juge d'instruction sans effectuer d'autres démarches pour retirer le permis de communiquer et s'entretenir avec son client avant la tenue du débat contradictoire, aucune atteinte n'ayant été portée à l'exercice des droits de la défense, les juges ajoutant que la personne poursuivie avait pu bénéficier, dès la garde à vue, de l'assistance de l'avocat choisi, lequel, à l'occasion du débat contradictoire, a pu avoir accès à la procédure, s'entretenir avec son client et faire des observations sur le placement en détention. • Crim. 17 oct. 2018, n° 18-84.422 P : *D. actu. 14 nov. 2018, obs. Priou-Alibert ; AJ pénal 2019. 40, obs. Chapelle.*

4. Il appartenait au conseil de la personne mise en examen, informé près de quatorze jours avant le débat contradictoire portant sur la prolongation de la détention provisoire, de l'absence au dossier de la procédure d'une désignation le concernant, d'effectuer en temps utile les démarches nécessaires lui permettant de régulariser celle-ci. • Crim. 7 déc. 2021, n° 21-85.533 P.

5. Il appartient à l'avocat qui n'a pu rencontrer son client avant le débat contradictoire organisé de manière différée au cours de l'incarcération provisoire, faute d'avoir reçu à temps le permis de communiquer, de solliciter le report de celui-ci lorsqu'il est possible. • Crim. 19 févr. 2020, n° 19-87.545 : *D. actu. 6 avr. 2020, obs. Fonteix.* ♦ Dans le même sens : Si l'avocat estime n'être pas en mesure d'effectuer les démarches nécessaires pour retirer le permis de communiquer et s'entretenir, en temps utile, avec son client avant la tenue du débat contradictoire différé, il lui appartient de solliciter un report de celui-ci. • Crim. 10 mars 2020, n° 19-87.757 P : *D. actu. 16 juin 2020, obs. Fonteix.*

6. Ni la L. pénitentiaire n° 2009-1436 du 24 nov. 2019 ni aucune autre disposition du C. pr. pén. n'organise en l'état la communication téléphonique pour les besoins de la défense entre le détenu et l'avocat, de sorte que le permis de communiquer, délivré en temps utile, laisse entiers les droits de la défense, alors même que le prévenu n'aurait pas été en mesure de communiquer téléphoniquement avec son avocat avant le débat contradictoire, ce dernier pouvant se rendre au parloir pour y rencontrer son client. • 13 avr. 2021, n° 21-80.989 P : *D. actu. 12 mai 2021, obs. Diaz ; AJ pénal 2021. 373, obs. Chapelle.*

Art. R. 57-6-6 *(Abrogé par Décr. n° 2022-479 du 30 mars 2022, art. 8, à compter du 1er mai 2022)* ***La communication se fait verbalement ou par écrit. Aucune sanction ni mesure ne peut supprimer ou restreindre la libre communication de la personne détenue avec son conseil.***

Pour une injonction sous trois mois, faite par le juge des référés du tribunal administratif au directeur d'un centre pénitentiaire, de permettre aux détenus de communiquer par téléphone de façon confidentielle avec leur avocat et, dans une certaine mesure, avec leur famille, V. • TA Rennes, réf., 23 avr. 2014 : *D. actu. 14 mai 2014, obs. Léna ; AJ pénal 2014. 311, obs. Péchillon.*

Art. R. 57-6-7 *(Abrogé par Décr. n° 2022-479 du 30 mars 2022, art. 8, à compter du 1er mai 2022)* ***Le contrôle ou la retenue des correspondances entre les personnes détenues et leur conseil ne peut intervenir s'il peut être constaté sans équivoque que celles-ci sont réellement destinées au conseil ou proviennent de lui.***

SECTION III [ABROGÉE] DES MANDATAIRES SUSCEPTIBLES D'ÊTRE CHOISIS PAR LES PERSONNES DÉTENUES

(Abrogée par Décr. nº 2022-479 du 30 mars 2022, art. 8, à compter du 1er mai 2022)

Art. R. 57-6-8 ***Lorsqu'il est envisagé de prendre une décision individuelle défavorable à la personne détenue qui doit être motivée conformément aux dispositions des articles** (Décr. nº 2016-308 du 17 mars 2016)* ***« L. 211-2 et L. 211-3 du code des relations entre le public et l'administration », la personne détenue peut se faire représenter ou assister par un conseil ou, dans les conditions prévues aux articles R. 57-6-9 à R. 57-6-16 et à l'exception des décisions intervenant en matière disciplinaire ou en matière d'isolement, par un mandataire de son choix.***

Art. R. 57-6-9 ***Pour l'application des dispositions de l'article** (Décr. nº 2016-308 du 17 mars 2016)* ***« L. 122-1 du code des relations entre le public et l'administration » aux décisions mentionnées à l'article précédent, la personne détenue dispose d'un délai pour préparer ses observations qui ne peut être inférieur à trois heures à partir du moment où elle est mise en mesure de consulter les éléments de la procédure, en présence de son avocat ou du mandataire agréé, si elle en fait la demande.***

L'autorité compétente peut décider de ne pas communiquer à la personne détenue, à son avocat ou au mandataire agréé les informations ou documents en sa possession qui contiennent des éléments pouvant porter atteinte à la sécurité des personnes ou des établissements pénitentiaires.

Art. R. 57-6-10 ***Le mandataire prévu par l'article** (Décr. nº 2016-308 du 17 mars 2016)* ***« L. 122-1 du code des relations entre le public et l'administration » peut être :***

1º Soit le titulaire d'un permis de visite ;

2º Soit le titulaire d'un agrément préalable.

En application du Décr. nº 2014-1279 du 23 oct. 2014 relatif aux exceptions à l'application du principe « silence vaut acceptation » (L. nº 2000-321 du 12 avr. 2000, art. 21, I), le silence gardé pendant deux mois par l'administration vaut décision de rejet pour les demandes à l'agrément en qualité de mandataire.

Par ailleurs, jusqu'au 7 nov. 2018, les demandes d'agrément en qualité de mandataire formées en application de l'art. R. 57-6-10 ne peuvent l'être par voie électronique, par exception au principe posé par l'Ord. nº 2005-1516 du 8 déc. 2005, mod. par l'Ord. nº 2014-1330 du 6 nov. 2014 (Décr. nº 2015-1411 du 5 nov. 2015, JO 6 nov.).

Art. R. 57-6-11 ***Pour l'exécution du mandat qui lui a été donné par la personne détenue, le mandataire peut demander la délivrance de la copie des pièces qui ont été communiquées à la personne détenue.***

Art. R. 57-6-12 ***Toute personne peut solliciter la délivrance de l'agrément mentionné au 2º de l'article R. 57-6-10 si elle remplit les conditions suivantes :***

1º Ne pas être incarcérée ;

2º Jouir de ses droits civils et politiques ;

3º Ne pas avoir fait l'objet d'une condamnation, incapacité ou déchéance mentionnée sur le bulletin nº 2 du casier judiciaire ;

4º Ne pas exercer une activité professionnelle, à quelque titre que ce soit, au sein d'un service relevant du ministère de la justice ;

5º S'il s'agit d'une personne de nationalité étrangère, être en situation régulière sur le territoire français.

Art. R. 57-6-13 ***L'agrément du mandataire emporte le bénéfice de la confidentialité des entretiens et de la correspondance entre le mandataire agréé et la personne détenue qui l'a désigné ainsi que l'attribution au mandataire d'un titre d'accès à la détention pour l'exercice de sa mission.***

Art. R. 57-6-14 ***Le directeur interrégional des services pénitentiaires est l'autorité compétente pour se prononcer sur la demande d'agrément, sur proposition du chef d'établissement pénitentiaire qui procède à son instruction et veille notamment à ce que celle-ci n'ait pas pour but de contourner les règles régissant l'exercice des droits de visite. Le directeur interrégional des services pénitentiaires peut, préalablement à la délivrance de l'agrément, faire***

diligenter une enquête administrative dans les conditions prévues par le décret n° 2005-1124 du 6 septembre 2005.

Le mandataire agréé lorsqu'il a été choisi par une personne placée en détention provisoire doit solliciter également la délivrance de l'autorisation prévue à l'article 145-4.

Art. R. 57-6-15 *L'agrément est valable pour une période de deux ans, renouvelable, et permet à son titulaire d'exécuter dans les conditions prévues à l'article R. 57-6-13 des missions d'assistance ou de représentation qui lui sont confiées par des personnes détenues dans un ou plusieurs établissements pénitentiaires relevant d'une même direction interrégionale.*

Un mandataire, préalablement bénéficiaire d'un agrément en cours de validité, peut, à sa demande, être autorisé par le directeur interrégional des services pénitentiaires d'une autre région pénitentiaire à accomplir des missions d'assistance ou de représentation, dans les conditions prévues à l'article R. 57-6-13, dans un ou plusieurs établissements pénitentiaires situés dans son ressort. Cette autorisation est valable dans le ou les établissements désignés, jusqu'à la date d'expiration de l'agrément en cours.

Art. R. 57-6-16 *Le directeur interrégional des services pénitentiaires est tenu de retirer l'agrément lorsque le procureur de la République en fait la demande écrite.*

Il peut en outre retirer l'agrément par décision motivée prise au vu d'un rapport du chef d'établissement, notamment en cas de manquement par un mandataire aux règles relatives à la sécurité et au bon ordre de l'établissement.

En cas d'urgence et pour des motifs graves, le chef d'établissement peut suspendre provisoirement l'agrément du mandataire, dans l'attente de la décision du directeur interrégional. La durée de suspension provisoire ne peut excéder deux mois.

SECTION IV DU DROIT À L'IMAGE DES PERSONNES DÉTENUES

Art. R. 57-6-17 La diffusion de l'image ou de la voix des personnes détenues prévenues est autorisée par le magistrat saisi du dossier de la procédure.

CHAPITRE IV *[ABROGÉ]* DE L'ADMINISTRATION DES ÉTABLISSEMENTS PÉNITENTIAIRES

(Abrogé par Décr. n° 2022-479 du 30 mars 2022, art. 8, à compter du 1er mai 2022)

SECTION PREMIÈRE *[ABROGÉE]* DES RÈGLEMENTS INTÉRIEURS

BIBL. ► AMADO et DESPRAIRIES, *RSC 2018. 829* (décision implicite d'acceptation à l'épreuve de la matière pénitentiaire). – PÉCHILLON, *AJ pénal 2013. 304* (règlement intérieur type des établissements pénitentiaires : une réforme décrétale anachronique ?).

Art. R. 57-6-18 *(Décr. n° 2013-368 du 30 avr. 2013) « Le règlement intérieur type pour le fonctionnement de chacune des catégories d'établissements pénitentiaires, comprenant des dispositions communes et des dispositions spécifiques à chaque catégorie, est annexé au présent titre. » — V. Annexe ss. art. R. 57-6-20, infra.*

Le chef d'établissement adapte le règlement intérieur type applicable à la catégorie dont relève l'établissement qu'il dirige en prenant en compte les modalités spécifiques de fonctionnement de ce dernier. Il recueille l'avis des personnels.

Art. R. 57-6-19 *Le règlement intérieur de l'établissement, de même que ses éventuelles modifications, est transmis pour approbation au directeur interrégional. Il est adressé pour information au juge de l'application des peines, au président du tribunal judiciaire et au procureur de la République.*

Art. R. 57-6-20 *Le règlement intérieur de l'établissement est tenu à la disposition des personnes détenues qui en font la demande.*

ANNEXE *[ABROGÉE]*

RÈGLEMENT INTÉRIEUR TYPE DES ÉTABLISSEMENTS PÉNITENTIAIRES

(Annexe à l'article R. 57-6-18).

Préambule

Lors de son admission dans un établissement pénitentiaire et au cours de sa détention, la personne détenue est informée des dispositions relatives à son régime de détention, à ses droits et obligations et aux recours et requêtes qu'elle peut former dans les conditions fixées par l'article 23 de la loi n° 2009-1436 du 24 novembre 2009 pénitentiaire.

L'exercice de ses droits par la personne détenue ne peut faire l'objet d'autres restrictions que celles résultant des contraintes inhérentes à la détention, du maintien de la sécurité et du bon ordre de l'établissement, de la prévention de la récidive et de la protection de l'intérêt des victimes, conformément aux dispositions de l'article 22 de la loi pénitentiaire.

Tout manquement aux dispositions du règlement intérieur ainsi qu'au code de procédure pénale ou aux instructions de service peut entraîner des poursuites disciplinaires et pénales.

TITRE Ier *[ABROGÉ]* DISPOSITIONS COMMUNES À TOUS LES ÉTABLISSEMENTS PÉNITENTIAIRES

Chapitre Ier *[ABROGÉ]* L'arrivée

Art. 1er *La séparation hommes-femmes.* Les hommes et les femmes sont incarcérés dans des établissements distincts ou dans des quartiers distincts d'un même établissement.

Dans ce dernier cas, toutes dispositions doivent être prises pour qu'il ne puisse y avoir aucune communication entre les uns et les autres, à l'exception des activités organisées sur le fondement de l'article 28 de la loi pénitentiaire.

Les femmes détenues ne sont surveillées que par des personnes de leur sexe. Toutefois, l'encadrement peut comporter des personnels masculins.

Art. 2 *L'accueil.* A son arrivée et jusqu'au moment où elle peut être conduite soit dans la cellule, soit dans le quartier où elle est affectée, la personne détenue est placée isolément dans une cellule d'attente ou dans des locaux en tenant lieu.

Elle est soumise aux formalités de l'écrou et aux mensurations anthropométriques.

Elle est invitée à préciser les coordonnées des personnes à prévenir au cas où elle viendrait à décéder, à être frappée d'une maladie grave mettant ses jours en danger, à être victime d'un accident grave ou à être placée dans un établissement psychiatrique.

A l'issue de l'accomplissement de ces formalités, il lui est proposé une douche. Il lui est remis une trousse de toilette comprenant des produits d'hygiène corporelle. Elle peut également demander à recevoir des effets vestimentaires de première nécessité.

Elle est mise en mesure d'informer sa famille de son incarcération dans les meilleurs délais.

Art. 3 *Les entretiens obligatoires.* La personne détenue est reçue par le chef d'établissement ou par un directeur des services pénitentiaires, un officier, un major ou un premier surveillant le jour de son arrivée ou, au plus tard, le lendemain.

La personne détenue est également reçue, dès que possible, par un personnel d'insertion et de probation.

Elle bénéficie d'un examen médical dans les plus brefs délais.

A l'issue d'une phase d'accueil et d'observation, qui ne peut excéder trois semaines, les informations relatives à sa personnalité, à son état de santé et à sa dangerosité sont consignées par écrit.

Art. 4 *L'encellulement.* Pendant la journée, les personnes détenues peuvent être réunies pour le travail, les activités physiques et sportives, l'enseignement, la formation professionnelle ou les activités religieuses, culturelles ou de loisirs.

La durée pendant laquelle la personne détenue est enfermée en cellule la nuit ne peut excéder *douze heures.*

Chapitre II *[ABROGÉ]* Les règles de vie

Art. 5 *Obligations générales.* La personne détenue doit obéir aux fonctionnaires ou agents ayant autorité dans l'établissement pénitentiaire en tout ce qu'ils lui prescrivent pour l'exécution des dispositions législatives ou réglementaires, du règlement intérieur ou de toute autre instruction de service.

Aucune personne détenue ne peut occuper un emploi comportant autorité sur d'autres personnes détenues. Cette interdiction ne fait pas obstacle à ce que certaines responsabilités soient confiées à une personne détenue dans le cadre d'activités dirigées, sous le contrôle effectif du personnel.

Il est interdit de fumer en dehors des cellules et des cours de promenade.

Il est interdit de fabriquer, détenir et consommer des boissons alcoolisées.

Aucun objet ou substance pouvant permettre ou faciliter un suicide, une agression ou une évasion, aucun outil dangereux en dehors du temps de travail ne peuvent être laissés à la disposition d'une personne détenue.

En outre, les objets et vêtements laissés habituellement en sa possession peuvent lui être retirés, pour des motifs de sécurité, contre la remise d'autres objets propres à assurer la sécurité ou contre une dotation de protection d'urgence.

Les objets personnels retirés sont déposés au vestiaire. Ils sont restitués à la personne détenue à sa sortie. Elle peut demander à s'en défaire dans les conditions prévues au second alinéa du III de l'article 24.

Les modalités selon lesquelles la confidentialité des documents personnels de la personne détenue est assurée sont énoncées aux articles R. 57-6-1 à R. 57-6-4.

Chaque personne détenue est responsable du matériel mis à sa disposition par l'administration. Elle doit en faire un usage normal et veiller à son bon entretien.

Tout nouvel occupant d'une cellule doit vérifier l'état du matériel et faire constater au personnel toute dégradation.

Art. 6 *La discipline.* I. — Les dispositions générales :

La procédure disciplinaire, les fautes disciplinaires et les sanctions encourues sont prévues aux articles R. 57-7 à R. 57-7-61. Les sanctions les plus sévères encourues par la personne détenue sont le confinement en cellule individuelle ordinaire et le placement en cellule disciplinaire.

Les dispositions du règlement intérieur relatives à la discipline ainsi que le tableau des avocats inscrits dans les barreaux du département sont affichés dans le quartier disciplinaire.

II. — Les dispositions communes au confinement en cellule individuelle ordinaire et au placement en cellule disciplinaire.

La personne détenue conserve la faculté de demander une audience ou un entretien auprès des personnels de l'établissement ou du service pénitentiaire d'insertion et de probation.

Elle peut conserver les livres, articles d'enseignement, nécessaire de correspondance et objets de pratique religieuse qu'elle avait en sa possession avant la sanction disciplinaire, sauf si ces objets présentent un risque pour les personnes.

Elle se voit proposer un choix de livres, journaux et périodiques du fonds documentaire de la médiathèque de l'établissement et peut continuer à recevoir les journaux, revues et publications auxquels elle était abonnée avant le prononcé de la sanction.

Elle conserve les produits et objets de toilette nécessaires à son hygiène quotidienne, les vêtements qu'elle porte habituellement, le tabac et les objets liés à son usage tels qu'allumettes et papier à cigarette. Cependant, les objets et vêtements laissés habituellement aux personnes détenues peuvent lui être retirés pour des motifs de sécurité.

III. — Les dispositions spécifiques à la sanction de cellule disciplinaire.

Dès son arrivée au quartier disciplinaire, la personne détenue est reçue dans le cadre d'un entretien d'accueil par un personnel d'encadrement. A cette occasion, une copie des dispositions du règlement intérieur relatives à la discipline ainsi qu'une brochure lui rappelant ses droits et obligations lui sont remises.

L'accès à un poste radiophonique est proposé à la personne détenue.

Les briquets personnels sont interdits en cellule disciplinaire.

Les effets personnels sont limités aux besoins quotidiens du séjour au quartier disciplinaire. Le change des vêtements personnels est assuré régulièrement pour permettre à la personne détenue de se maintenir dans un état d'hygiène satisfaisant.

Art. 7 *Les mesures de contrôle et de sécurité.* I. — Le régime et la procédure de la mise à l'isolement d'une personne détenue par mesure de protection ou de sécurité sont prévus aux articles R. 57-7-62 à R. 57-7-78.

Les cellules du quartier d'isolement ont un ameublement identique à celui des cellules de détention ordinaire.

La personne détenue accède aux installations sportives et aux cours de promenade propres au quartier d'isolement.

La personne détenue ne participe pas aux offices célébrés en détention, sauf autorisation individuelle accordée par le chef d'établissement. En accord avec les représentants des différents cultes, des offices particuliers peuvent être mis en place.

Les dispositions du règlement intérieur relatives à l'isolement sont affichées dans le quartier d'isolement. Chaque personne détenue placée au quartier d'isolement en reçoit une copie.

II. — L'état général de la cellule doit permettre aux personnels pénitentiaires d'effectuer convenablement les contrôles et fouilles réglementaires.

Les personnels pénitentiaires procèdent, en l'absence de la personne détenue, à des fouilles fréquentes et minutieuses de la cellule. Les objets encombrant la cellule et, de ce fait, gênant ou retardant les contrôles de sécurité ainsi que les objets dont l'utilisation présente un risque ou qui ne sont pas conformes à la réglementation sont déposés au vestiaire. La personne détenue peut demander à s'en défaire dans les conditions prévues au second alinéa du III de l'article 24.

Les objets dont il est établi que la personne détenue n'est pas propriétaire peuvent lui être retirés afin, le cas échéant, d'être restitués à leur légitime propriétaire.

Pour des raisons de sécurité, il est interdit d'obturer les portes et les passages, d'obstruer les œilletons et d'étendre son linge sur les barreaux des fenêtres.

III. — La personne détenue est fouillée dans les conditions prévues à l'article 57 de la loi pénitentiaire et aux articles R. 57-7-79 à R. 57-7-82.

Elle peut, sur ordre du chef d'établissement, être soumise au port de moyens de contrainte s'il n'est d'autre possibilité de la maîtriser, de l'empêcher de causer des dommages ou de porter atteinte à elle-même ou à autrui.

Par mesure de précaution contre les évasions, la personne détenue peut être soumise au port des menottes ou, s'il y a lieu, des entraves pendant son transfèrement ou son extraction, ou lorsque les circonstances ne permettent pas d'assurer efficacement sa garde d'une autre manière.

IV. — La tenue portée à l'occasion des mouvements doit faciliter, pour des raisons de sécurité, le contrôle des personnes ainsi que leur identification.

Les vêtements ou chaussures qui déclenchent le signal des détecteurs de masses métalliques sont déposés au vestiaire. La personne détenue peut demander à s'en défaire dans les conditions prévues au deuxième alinéa du III de l'article 24.

V. — Il est interdit de gravir les grillages, barrières, murs d'enceinte et tous autres dispositifs anti-franchissement de l'établissement, d'accéder aux façades et aux toits de l'établissement ainsi qu'aux chemins de ronde ou aux zones neutres.

Art. 8 *L'emploi du temps et l'organisation des mouvements.* L'emploi du temps est porté à la connaissance de la personne détenue.

Les déplacements s'effectuent en ordre, dans le calme et dans le respect des horaires prévus.

La personne détenue doit pouvoir justifier de son identité et de l'objet de son déplacement.

Hors de sa cellule, la personne détenue doit conserver une tenue décente et appropriée.

Art. 9 *L'alimentation.* Chaque personne détenue reçoit une alimentation variée, bien préparée et présentée, répondant tant en ce qui concerne la qualité que la quantité aux règles de la diététique et de l'hygiène, compte tenu de son âge, de son état de santé, de la nature de son travail et, dans toute la mesure du possible, de ses convictions philosophiques ou religieuses.

Le régime alimentaire comporte trois distributions par jour. Les deux principaux repas sont espacés d'au moins six heures.

La personne détenue malade bénéficie du régime alimentaire qui lui est médicalement prescrit.

1. Le premier al. de l'art. 9 de l'annexe à l'art. R. 57-6-18, qui vise à permettre l'exercice par les personnes détenues de leurs convictions religieuses en matière d'alimentation, sans toutefois imposer à l'administration de garantir, en toute circonstance, une alimentation respectant ces convictions, ne peut être regardé, eu égard à l'objectif d'intérêt général du maintien du bon ordre des établissements pénitentiaires et aux contraintes matérielles propres à la gestion de ces établissements, comme portant une atteinte excessive au droit de ces derniers de pratiquer leur religion. • CE 25 févr. 2015, n° 375724.

2. Si l'administration pénitentiaire n'est pas tenue *de garantir* aux personnes détenues, en toute circonstance, une alimentation respectant leurs convictions religieuses, elle doit néanmoins le permettre dans toute la mesure du possible eu égard aux contraintes matérielles propres à la gestion de ces établissements et dans le respect de l'objectif d'intérêt général du maintien du bon ordre ; elle doit, en particulier, aider les personnes qui ne disposent pas de ressources à se procurer cette alimentation *via* la cantine par une aide en nature adaptée. • CE 10 févr. 2016, n° 385929 : *D. actu. 18 févr. 2016, obs. de Montecler.*

3. Conv. EDH, art. 9. Régime végétarien. En refusant à un détenu bouddhiste de suivre un régime végétarien, les autorités ont failli à leur obligation de peser de manière équitable les intérêts en présence. Partant, il y a violation de l'art. 9 Conv. EDH. • CEDH 7 déc. 2010, *Jakobski c/ Pologne : RSC 2011. Chron. 221, obs. Marguénaud ; AJ pénal 2011. 258, obs. Herzog-Evans* • 17 déc. 2013, *Vartic c/ Roumanie : D. actu. 16 janv. 2014, obs. Fleuriot.*

Art. 10 *Les vêtements.* I. — Chaque personne détenue porte les vêtements qu'elle possède, qui lui sont apportés par ses proches ou qu'elle acquiert par l'intermédiaire de l'administration, à moins qu'il n'en soit décidé autrement par le chef d'établissement pour des raisons d'ordre, de sécurité ou de propreté.

Elle peut demander à l'administration de lui fournir les effets vestimentaires nécessaires si elle craint la détérioration de ses vêtements personnels soit par un usage trop fréquent soit à l'occasion du travail.

Lorsque ses ressources sont insuffisantes, elle peut demander à ce que des vêtements lui soient fournis.

II. — Les vêtements et sous-vêtements laissés ou fournis à la personne détenue sont appropriés au climat et à la saison. Ils doivent être maintenus propres et en bon état. Les sous-vêtements doivent être lavés avec une fréquence suffisante pour assurer leur propreté.

Les vêtements retirés à la personne détenue qui a manifesté le désir de porter ceux fournis par l'administration sont inventoriés, nettoyés, désinfectés et remis au vestiaire de l'établissement. Au moment de sa libération, les vêtements remisés lui sont restitués contre décharge.

Aucun vêtement ayant servi à une personne détenue ne peut être réutilisé sans avoir été préalablement nettoyé ou désinfecté suivant le cas.

Chapitre III *[ABROGÉ]* Les mesures d'hygiène

Art. 11 *La salubrité et la propreté des locaux.* Chaque personne détenue valide fait son lit et entretient sa cellule ou la place qui lui est réservée dans un état constant de propreté. A cet effet, l'administration pénitentiaire lui fournit les produits et objets de nettoyage nécessaires.

Les locaux communs et les lieux à usage collectif sont nettoyés chaque jour, en tant que de besoin, par les personnes détenues du service général.

Il est interdit :

— de jeter des détritus ou tout autre objet par les fenêtres, dans les toilettes et lavabos des cellules, dans les coursives, couloirs de circulation et autres locaux ;

— d'obstruer les bouches de ventilation, aération, chauffage ;

— de dégrader ou salir les cellules et les espaces communs.

Art. 12 *L'hygiène personnelle.* La propreté est exigée de toute personne détenue.

Les produits de la trousse de toilette remise à l'arrivée de tout entrant sont renouvelés, selon des modalités déterminées par le chef d'établissement et au moins tous les mois, pour les personnes détenues dont les ressources sont insuffisantes, lorsqu'elles en font la demande.

Chaque personne détenue doit pouvoir se doucher au moins trois fois par semaine. Dans toute la mesure du possible, elle doit pouvoir se doucher après les séances de sport, le travail et la formation professionnelle.

Toute personne détenue doit pouvoir effectuer chaque jour une promenade d'au moins une heure à l'air libre.

Chaque personne détenue doit disposer d'un lit individuel et d'une literie appropriée, entretenue convenablement et renouvelée de façon à en assurer la propreté. La literie ayant servi à une personne détenue ne peut être réutilisée sans avoir été préalablement nettoyée ou désinfectée, selon le cas.

Chapitre IV *[ABROGÉ]* La santé

Art. 13 *Le secret médical.* Le droit au secret médical de la personne détenue ainsi que le secret de la consultation médicale sont garantis conformément aux dispositions de l'article 45 de la loi pénitentiaire et à celles du code de la santé publique.

Art. 14 *Les soins.* I. — Au sein de l'établissement, aucun stockage, cession, don ou échange de médicaments n'est autorisé. La personne détenue doit pouvoir justifier la possession de médicaments par la production d'une prescription médicale.

Aucune entrée de médicaments ne peut se faire par le biais des parloirs ni par l'achat en cantine. Si la personne détenue entrant est porteuse de médicaments, le médecin doit en être immédiatement avisé afin de décider de l'usage qui doit en être fait.

Des matériels et appareillages médicaux peuvent être laissés à la disposition de la personne détenue selon les modalités prescrites par les médecins intervenant dans les établissements pénitentiaires, sauf décision du chef d'établissement motivée par des raisons d'ordre et de sécurité.

II. — Lorsque la personne détenue est admise dans un établissement de santé, les règlements pénitentiaires demeurent applicables à son égard dans toute la mesure du possible. Il en est ainsi notamment en ce qui concerne ses relations avec l'extérieur.

La personne détenue peut être autorisée par le chef d'établissement à détenir une somme d'argent provenant de la part disponible de son compte nominatif pour effectuer, à l'intérieur de l'établissement de santé, des dépenses courantes.

Chapitre V *[ABROGÉ]* Les actions de préparation à la réinsertion des personnes détenues

Art. 15 *Le travail.* La personne détenue, quelle que soit sa catégorie pénale, peut demander à travailler. Elle adresse sa demande écrite au chef d'établissement.

La durée du travail par jour et par semaine ne peut excéder les horaires pratiqués en milieu libre dans le type d'activité considéré. Les horaires doivent prévoir le temps nécessaire pour le repos, les repas, la promenade et les activités éducatives et de loisirs.

Le respect du repos hebdomadaire et, sous réserve des nécessités liées à la continuité du service, des jours fériés doit être assuré.

Le règlement spécifique de chaque activité ainsi que la grille de rémunération sont affichés sur les lieux de travail.

Art. 16 *La formation professionnelle.* La personne détenue peut entreprendre ou poursuivre individuellement toutes actions de formation professionnelle dans des conditions compatibles avec les nécessités du maintien de l'ordre et de la sécurité.

Elle peut recevoir et suivre les cours par correspondance organisés par les services du ministère de l'éducation nationale.

Elle peut également recevoir d'autres cours par correspondance avec l'autorisation du chef d'établissement.

La personne détenue supporte les frais qui en découlent, sauf convention particulière entre l'administration pénitentiaire et l'organisme d'enseignement à distance.

Art. 17 *L'enseignement.* La personne détenue peut se livrer à toutes études dans des conditions compatibles avec les nécessités du maintien de l'ordre et de la sécurité.

Elle est autorisée à disposer dans sa cellule du matériel et des fournitures scolaires ainsi que des documents pédagogiques nécessaires.

La personne détenue peut recevoir et suivre les cours par correspondance organisés par les services du ministère de l'éducation nationale.

Elle peut également recevoir d'autres cours par correspondance avec l'autorisation du chef d'établissement.

La personne détenue supporte les frais qui en découlent, sauf convention particulière entre l'administration pénitentiaire et l'organisme d'enseignement à distance.

Art. 17-1 *(Décr. n° 2014-442 du 29 avr. 2014, art. 3)* La consultation des personnes détenues sur les activités qui leur sont proposées, prévue à l'article 29 de la loi du 24 novembre 2009 pénitentiaire, est mise en œuvre dans les conditions fixées aux articles R. 57-9-2-1 à R. 57-9-2-5.

Art. 18 *L'assistance spirituelle.* Les modalités de l'organisation de l'assistance spirituelle sont prévues aux articles R. 57-9-3 à R. 57-9-7.

Chaque personne détenue peut exercer le culte de son choix, à titre individuel dans sa cellule ou collectivement dans les salles prévues à cet effet, en présence des intervenants d'aumônerie.

Le port des vêtements religieux est interdit dans les lieux à usage collectif, à l'exception de la salle de culte. Les vêtements et objets de culte doivent être transportés dans un sac de la cellule à la salle de culte.

La personne détenue peut correspondre avec les aumôniers agréés de l'établissement sous pli fermé.

Art. 19 *L'action socioculturelle.* I. — L'accès de la personne détenue aux publications écrites et audiovisuelles peut s'effectuer :

1° Dans le cadre de l'action culturelle mise en œuvre dans chaque établissement pénitentiaire ;

2° Par l'intermédiaire de la médiathèque de l'établissement pénitentiaire et des bibliothèques territoriales partenaires de l'administration pénitentiaire ;

3° Par l'intermédiaire du centre de ressources audiovisuelles et multimédia de l'établissement pénitentiaire ;

4° Par la réception de l'extérieur de telles publications ;

5° Par l'utilisation collective ou individuelle d'équipements permettant exclusivement la réception de services de radio et de télévision ;

6° Par l'utilisation collective ou individuelle d'équipements informatiques non connectés à des *réseaux extérieurs ;*

7° Par l'utilisation collective ou individuelle d'équipements terminaux au sens du 10° de l'article L. 32 du code des postes et des communications électroniques.

II. — La médiathèque met gratuitement les publications écrites et audiovisuelles de son fonds à la disposition de chaque personne détenue.

Il est assuré un accès direct et régulier aux ouvrages quel que soit l'emplacement de la médiathèque dans l'établissement et sans inscription préalable.

L'emprunteur des ouvrages de la médiathèque est personnellement responsable des publications empruntées dont il doit prendre le plus grand soin. Il ne peut prêter ces publications à une autre personne détenue et doit les restituer dans les délais convenus, et en tous les cas avant tout transfert ou départ de l'établissement.

III. — La réception ou l'envoi vers l'extérieur des publications écrites et audiovisuelles par la personne détenue s'effectue :

1° Par apport à l'occasion des visites effectuées dans le cadre d'un permis de visite ou de la venue d'un visiteur de prison agréé ;

2° Par envoi postal de l'éditeur ou de la personne détenue ;

3° Par dépôt à l'établissement pénitentiaire, effectué par les visiteurs de prison agréés ou les personnes titulaires d'un permis de visite, en dehors des visites, après accord du chef d'établissement ;

4° Par l'intermédiaire de l'administration pénitentiaire.

Dans les hypothèses visées aux 1° et 3°, la publication est remise au personnel pénitentiaire qui la transmet à la personne détenue destinataire.

Lorsque la réception ou l'envoi de publications écrites et audiovisuelles entraîne des frais et que ceux-ci ne sont pas acquittés par l'expéditeur extérieur ou le destinataire extérieur, ces frais sont à la charge de la personne détenue.

IV. — La personne détenue peut se procurer par l'intermédiaire de l'administration et selon les modalités que celle-ci détermine une radio et un téléviseur individuels. Leur utilisation ne doit pas être gênante pour les autres personnes détenues.

Les échanges et les prêts de livres personnels entre personnes détenues sont autorisés.

V. — La sortie des écrits faits par une personne détenue en vue de leur publication ou de leur divulgation est autorisée par le directeur interrégional des services pénitentiaires.

Sans préjudice d'une éventuelle saisie par l'autorité judiciaire et sous réserve de l'exercice des droits de la défense, tout manuscrit rédigé en détention peut être retenu pour des raisons d'ordre et n'être restitué à son auteur qu'au moment de sa libération.

VI. — Sous le contrôle d'un personnel pénitentiaire, les personnes détenues peuvent participer à des activités collectives ou à des jeux excluant toute idée de gain.

VII. — La personne détenue peut acquérir par l'intermédiaire de l'administration et selon les modalités qu'elle détermine des équipements informatiques.

En aucun cas elle n'est autorisée à conserver des documents, autres que ceux liés à des activités socioculturelles, d'enseignement, de formation ou professionnelles, sur un support informatique.

Ces équipements ainsi que les données qu'ils contiennent sont soumis au contrôle de l'administration. Sans préjudice d'une éventuelle saisie par l'autorité judiciaire, tout équipement informatique appartenant à une personne détenue peut être retenu et ne lui être restitué qu'au moment de sa libération, dans les cas suivants :

1° Pour des raisons d'ordre et de sécurité ;

2° En cas d'impossibilité d'accéder aux données informatiques, du fait volontaire de la personne détenue.

1. Télévision. Le droit des détenus de se procurer un téléviseur par l'intermédiaire de l'administration et de le conserver ne peut faire l'objet d'autres restrictions que celles résultant des contraintes inhérentes à la détention, du maintien de la sécurité et du bon ordre des établissements ; il appartient ainsi à l'administration de justifier la nécessité de l'interdiction faite à un détenu de conserver ce même appareil après son transfert dans un autre établissement. • TA Melun, 13 mai 2013 : *D. actu. 6 juin 2013, obs. Léna ; AJ pénal 2013. 429, obs. Péchillon*

2. Équipement informatique. Constituent des mesures d'ordre intérieur les décisions de contrôler l'équipement informatique d'un détenu et de lui refuser l'autorisation d'acquérir un nouveau système d'exploitation. En revanche, la décision de retenue administrative de ses équipements est susceptible de recours. • CE 9 nov. 2015, n° 380982 : *AJDA 2016. 53, concl. Bretonneau ; AJ pénal 2016. 226, obs. Otéro* • 9 nov. 2015, n° 383712 : *D. 2016. Pan. 1220, obs. H.-Evans*

Art. 20 *Les activités physiques et sportives.* Toute personne détenue est admise, sauf contre-indication médicale, à pratiquer des activités physiques et sportives.

Toutefois, le chef d'établissement peut interdire ces activités à une personne détenue pour des raisons d'ordre et de sécurité.

Une tenue de sport correcte est exigée. Elle pourra être fournie à la personne dépourvue de ressources suffisantes qui en fait la demande.

Art. 21 *L'intervention du service pénitentiaire d'insertion et de probation.* Pendant toute la durée de son incarcération, la personne détenue peut être reçue par un membre du service pénitentiaire d'insertion et de probation soit à sa demande, soit sur convocation.

Le personnel d'insertion et de probation apprécie l'opportunité de recevoir une personne détenue ou d'effectuer les démarches qu'elle sollicite.

La correspondance échangée entre la personne détenue et le personnel d'insertion et de probation se fait librement et sous pli fermé.

Les lettres adressées par la personne détenue aux organismes sociaux peuvent être transmises sous pli fermé, sous le contrôle du service pénitentiaire d'insertion et de probation.

Chapitre VI *[ABROGÉ]* La gestion des biens

Art. 22 *Le patrimoine extérieur.* La personne détenue conserve la gestion de ses biens patrimoniaux extérieurs. Cette gestion peut s'effectuer par l'intermédiaire d'un mandataire, étranger à l'administration pénitentiaire.

Les procurations sont envoyées dans les conditions fixées aux articles R. 57-8-16 et suivants.

Art. 23 *Les valeurs pécuniaires.* La personne détenue ne peut conserver en détention ni argent ni moyen de paiement.

Les sommes dont elle est porteuse lors de son écrou sont, à sa demande, envoyées à un tiers ou consignées, à défaut inscrites à son compte nominatif.

La personne détenue peut faire verser ses allocations ou revenus extérieurs, à son choix, sur un compte bancaire personnel extérieur ou sur le compte nominatif.

Art. 24 *Les valeurs non pécuniaires.* I. — Les objets qui ne peuvent être laissés en possession de la personne détenue pour des raisons d'ordre et de sécurité sont déposés au vestiaire de l'établissement.

Ils sont, après inventaire, inscrits sur le registre du vestiaire, au nom de l'intéressée pour lui être restitués à sa sortie. Elle peut cependant demander à s'en défaire dans les conditions prévues au second alinéa du III.

Les documents d'identité sont également interdits en détention et sont déposés au vestiaire, inventoriés et inscrits au même registre. La personne détenue peut les récupérer à l'occasion de ses sorties de l'établissement afin de réaliser les démarches nécessaires. Ils lui sont restitués lors de sa levée d'écrou.

En revanche, la personne détenue est autorisée à conserver des photographies de famille.

II. — La personne détenue ne peut pas conserver de bijoux en détention, à l'exception de sa bague d'alliance, de sa montre et de pendentifs religieux.

Les bijoux, après estimation, et les valeurs sont inventoriés, inscrits sur un registre spécial et déposés au service de la régie chargé de la gestion des comptes nominatifs de l'établissement. La personne détenue peut toutefois demander à s'en défaire dans les conditions prévues au second alinéa du III.

En cas de perte par l'établissement, il est remis à la personne détenue ou à ses ayants droit la valeur d'estimation de l'objet perdu.

III. — Les objets et les bijoux dont est porteuse la personne détenue à son entrée peuvent donner lieu au refus de leur prise en charge en raison de leur prix, de leur importance ou de leur volume.

Dans ce cas, ils sont inscrits provisoirement au registre spécial précité, mais la personne détenue est invitée à s'en défaire. A sa demande, ils peuvent être remis à un membre de sa famille ou à une personne titulaire d'un permis de visite. Ils peuvent également être expédiés à un mandataire qu'elle désigne. Les frais d'expédition ou de garde sont à la charge de la personne détenue.

IV. — Au moment de la libération, les bijoux et objets lui appartenant sont remis à la personne détenue qui en donne décharge. Si l'intéressée refuse de les recevoir, il en est fait remise à l'administration des domaines.

Lorsque la personne détenue est transférée, les objets lui appartenant sont déposés contre reçu entre les mains de l'agent de transfèrement s'ils ne sont pas trop lourds ou volumineux ; sinon, ils sont expédiés à la nouvelle destination de la personne détenue aux frais de cette dernière ou sont remis à un tiers désigné par elle, après accord du chef d'établissement.

En cas de sortie consécutive à une décision de semi-liberté, de placement à l'extérieur, de placement sous surveillance électronique, de surveillance électronique de fin de peine ou de suspension de peine, la personne condamnée peut reprendre les bijoux et objets lui appartenant, contre décharge.

1. *Responsabilité de l'État.* La responsabilité de l'État en cas de dommage aux biens des personnes détenues peut être engagée lorsque ce dommage est imputable, d'une part, à un défaut d'entretien normal de l'établissement pénitentiaire dont ces personnes sont usagères ou, d'autre part, en tenant compte des contraintes pesant sur le service public pénitentiaire, à une carence de l'administration dans la mise en œuvre des moyens nécessaires à la protection de ces biens. • CE 6 juill. 2015, n° 373267 P : *D. actu. 22 juill. 2015, obs. Montecler ; AJ pénal 2015. 561, obs. Otéro ; AJDA 2015. 1393 ; AJDA 2015. 2284, concl. Bretonneau ; Gaz. Pal. 28 oct. 2015. 20, obs. Roussel.*

2. *Conv. EDH, art. 1er Prot. 1.* Le fait de ne pas pouvoir rassembler et emporter des effets personnels constitue une violation de l'art. 1er du protocole 1 Conv. EDH, y compris lorsque que, par la suite, les détenus arrivent à en récupérer une partie • CEDH 17 janv. 2013, *Karabet et a. c/ Ukraine*, nos 38906/07 et 52025/07.

Art. 25 *Les cantines.* Les personnes détenues ont la possibilité d'acquérir par l'intermédiaire de la cantine divers objets, denrées ou prestations de service en supplément de ceux qui leur sont fournis gratuitement. Cette faculté s'exerce sous le contrôle du chef d'établissement. Elle peut être limitée en cas d'abus.

Les prix pratiqués à la cantine sont portés à la connaissance des personnes détenues.

Les vivres vendus en cantine comprennent seulement les denrées d'usage courant qui peuvent être consommées sans faire l'objet d'aucune préparation, sauf si les personnes détenues disposent en cellule des matériels nécessaires à leur préparation et conservation.

La vente en cantine de toute boisson alcoolisée est interdite.

A titre exceptionnel, sur autorisation du chef d'établissement et selon les modalités qu'il définit, la personne détenue peut faire l'acquisition d'objets ne figurant pas sur la liste des objets fournis en cantine.

Chapitre VII *[ABROGÉ]* Les relations avec l'extérieur

Art. 26 *La correspondance écrite.* Les modalités applicables à la correspondance de la personne détenue sont prévues aux articles R. 57-8-16 à R. 57-8-19.

Art. 27 *Les communications téléphoniques.* Les dispositions applicables en matière d'autorisation, de refus, de suspension ou de retrait de l'accès au téléphone sont prévues aux articles R. 57-8-21 à R. 57-8-23.

Les communications téléphoniques sont réalisées au moyen des différents postes téléphoniques mis à disposition par l'établissement. L'utilisation ou la détention de téléphones portables ou de tout autre appareil communiquant est interdite *[sont interdites]*.

La personne détenue n'est pas autorisée à donner à une autre personne détenue le code d'accès qui lui permet de téléphoner.

Art. 28 *Les entretiens avec les officiers publics ou ministériels et les auxiliaires de justice.* La confidentialité des entretiens de la personne détenue avec les officiers publics ou ministériels et les auxiliaires de justice est assurée lorsque le procureur de la République atteste que la nature des intérêts en cause justifie le secret de la communication. Cette attestation est jointe à la demande de permis de communiquer.

Conv. EDH, art. 5. Entretien avec un avocat. La présence d'une vitre de séparation entre le détenu et son avocat est de nature à porter atteinte aux droits de la défense. • CEDH 10 mai 2007, *Modarca c/ Moldavie,* n° 14437/05.

Art. 29 *Les visites.* La fréquence des visites que peut recevoir la personne détenue est de trois fois par semaine au moins lorsqu'elle est prévenue et d'une fois par semaine au moins lorsqu'elle est condamnée.

Lors du déroulement des visites, il est interdit de fumer, d'adopter des attitudes ou comportements indécents ou violents et d'apporter de la nourriture et des boissons. Dans le cas contraire, le parloir peut être interrompu.

Au cours des parloirs, le personnel pénitentiaire empêche toute remise d'argent, de lettres ou d'objets quelconques.

Art. 30 *Le maintien des liens familiaux.* Sur autorisation du chef d'établissement, les personnes détenues peuvent faire envoyer aux membres de leur famille des sommes figurant à la part disponible de leur compte nominatif.

Les personnes détenues peuvent recevoir des subsides en argent des personnes titulaires d'un permis permanent de visite ou autorisées par le chef d'établissement. Cette faculté s'exerce dans les conditions déterminées par arrêté du garde des sceaux, ministre de la justice. La destination à donner à ces subsides est réglée conformément aux dispositions applicables à la tenue du compte nominatif.

En outre, la personne condamnée peut, sur autorisation du chef d'établissement et de manière exceptionnelle, recevoir des subsides en vue d'une dépense justifiée par un intérêt particulier. Le reliquat de la dépense est, à la demande de la personne détenue, soit renvoyé à l'expéditeur, soit soumis à répartition.

Lorsque parvient à l'établissement la nouvelle du décès ou de la maladie grave d'un membre de la proche famille d'une personne détenue, celle-ci en est immédiatement informée.

Art. 31 *Les renseignements concernant la personne détenue.* Il est délivré à la personne détenue qui en fait la demande, au cours de son incarcération, au moment de sa libération, voire même après, un certificat attestant sa présence ou la durée de sa présence en établissement pénitentiaire sans en préciser le motif. Le certificat mentionne, s'il y a lieu, l'affiliation de l'intéressée à la sécurité sociale et ne comporte en aucun cas d'appréciation sur elle.

Art. 32 *L'envoi et la réception d'objets par la personne détenue.* I. — Sans préjudice des dispositions applicables aux publications écrites et audiovisuelles mentionnées à l'article 19, la réception d'objets de l'extérieur et l'envoi d'objets vers l'extérieur sont interdits.

Toutefois, une liste des objets ou catégories d'objets dont la réception ou l'envoi est autorisé est fixée par arrêté du garde des sceaux, ministre de la justice.

Lorsque des objets dont la réception n'est pas autorisée sont reçus de l'extérieur, le chef d'établissement le notifie à l'expéditeur. Les objets sont réexpédiés aux frais de l'expéditeur ou, à défaut, déposés au vestiaire de la personne détenue.

Lorsque des objets dont l'envoi n'est pas autorisé sont envoyés à un destinataire extérieur, le chef d'établissement le notifie à la personne détenue. Ceux de ces objets dont la détention est autorisée en cellule sont restitués à la personne détenue. Les autres sont déposés au vestiaire.

La personne détenue peut demander à se défaire des objets déposés au vestiaire dans les conditions prévues au second alinéa du III de l'article 24.

Lorsque la réception ou l'envoi des objets est générateur de frais et que ceux-ci ne sont pas acquittés par l'expéditeur ou le destinataire extérieur, ces frais sont à la charge de la personne détenue.

II. — La réception et l'envoi d'objets par la personne détenue sont soumis aux contrôles de sécurité nécessaires à la prévention des évasions et au maintien de la sécurité et du bon ordre des établissements pénitentiaires.

La réception ou l'envoi d'objets autorisés par une personne détenue s'effectue :

1° Par apport à l'occasion des visites effectuées dans le cadre d'un permis de visite ou de la venue d'un visiteur de prison agréé ;

2° Par remise directe lors des visites effectuées dans le cadre d'un permis de visite, pour tous documents relatifs à la vie familiale du détenu et à l'exercice de l'autorité parentale par la personne détenue ;

3° Par colis postal pour la personne détenue ne bénéficiant pas des visites effectuées dans le cadre d'un permis de visite, après accord du chef d'établissement ;

4° Par dépôt à l'établissement pénitentiaire, effectué par des visiteurs de prison agréés ou des personnes titulaires d'un permis de visite, en dehors des visites, après accord du chef d'établissement.

Dans les hypothèses visées aux 1° et 4°, l'objet est remis au personnel pénitentiaire qui le transmet à la personne détenue destinataire après contrôle.

Art. 33 *Les visiteurs de prison.* La personne détenue peut bénéficier de l'action d'un visiteur de prison.

L'entretien entre le visiteur de prison et la personne détenue dont il s'occupe a lieu en dehors de la présence d'un personnel pénitentiaire, dans un local aménagé à cette fin à l'intérieur de la détention.

Les visites ont lieu aux jours et heures fixés par le chef d'établissement en accord avec les visiteurs.

Ces derniers peuvent correspondre librement avec les personnes détenues dont ils s'occupent, sous pli ouvert et sans autorisation préalable.

Art. 33-1 *(Décr. nº 2017-750 du 3 mai 2017)* Conformément à l'article 727-1, aux fins de prévenir les évasions et d'assurer la sécurité et le bon ordre des établissements pénitentiaires ou des établissements de santé destinés à recevoir des personnes détenues, les agents individuellement désignés et habilités appartenant à l'administration pénitentiaire peuvent être autorisés à procéder à la mise en œuvre des techniques de recueil de renseignement lors de l'utilisation de matériels de communication électroniques ou de moyens informatiques par les détenus, en vue d'assurer le bon ordre et notamment d'en prévenir les usages illicites visées dans les conditions prévues aux articles R. 57-8-24 et *suivants.*

Dans les conditions prévues à l'article R. 57-8-29, les détenus sont informés de la possibilité de la mise en œuvre de ces techniques sur les terminaux et systèmes dont l'utilisation est autorisée.

Par une notification remise contre signature les informant également des voies de recours, les détenus sont informés de la possibilité de la mise en œuvre des mêmes techniques sur des matériels et moyens dont la détention est illicite ainsi que de leur destruction, à l'issue d'une durée de quatre-vingt-dix jours, sauf si l'exploitation de ces données conduit à l'ouverture d'une procédure judiciaire au dossier de laquelle ils sont alors versés.

Chapitre VIII *[ABROGÉ]* Les requêtes et plaintes formulées par la personne détenue

Art. 34 *Règles générales.* Toute personne détenue peut présenter des requêtes ou des plaintes au chef d'établissement qui lui accorde audience si elle invoque un motif suffisant.

Chaque personne détenue peut demander à être entendue par les magistrats et fonctionnaires chargés de l'inspection ou de la visite de l'établissement, hors la présence de tout membre du personnel de l'établissement pénitentiaire.

La personne détenue à laquelle une décision administrative a fait grief peut former un recours hiérarchique auprès du directeur interrégional ou du ministre de la justice, selon que la décision émane du chef d'établissement ou du directeur interrégional. Ce recours n'est pas suspensif.

Art. 35 *Les correspondances protégées.* La liste des autorités administratives et judiciaires françaises et internationales avec lesquelles les personnes détenues peuvent correspondre sous pli fermé est fixée à l'article D. 262.

Chapitre IX *[ABROGÉ]* La sortie

Art. 36 *Les avis donnés à la personne détenue au moment de sa sortie de détention.* Un billet de sortie est délivré à toute personne sortant de détention, qu'il s'agisse d'une sortie définitive ou d'une sortie dans le cadre d'une mesure d'aménagement de peine ou de surveillance électronique de fin de peine, hors le cas de la permission de sortir.

Le billet de sortie justifie de la régularité de la situation de la personne détenue. Celle-ci est invitée à le conserver avec soin.

Un certificat de présence destiné à Pôle emploi peut être remis à la personne détenue.

Art. 37 *L'aide à la sortie de détention.* Une aide matérielle peut être attribuée à toute personne détenue dépourvue de ressources au moment de sa sortie de détention afin de lui permettre de subvenir à ses besoins pendant le temps nécessaire pour rejoindre le lieu où elle a déclaré se rendre.

L'établissement pénitentiaire fournit, dans toute la mesure possible, des vêtements à la personne détenue libérable qui n'en posséderait pas et serait dépourvue de ressources suffisantes pour s'en procurer.

L'établissement pénitentiaire peut procéder ou participer à l'acquisition d'un titre de transport pour la personne détenue qui, à sa sortie de détention, n'aurait pas un solde suffisant sur son compte nominatif pour rejoindre le lieu où elle a déclaré se rendre.

La personne détenue dont la levée d'écrou a été régulièrement opérée peut, à sa demande expresse et formulée par écrit, obtenir que son élargissement effectif soit reporté du soir au lendemain matin, si elle n'est pas assurée d'un gîte ou d'un moyen de transport immédiat.

TITRE II *[ABROGÉ]* DISPOSITIONS SPÉCIFIQUES AUX CATÉGORIES D'ÉTABLISSEMENT PÉNITENTIAIRE

Chapitre Ier *[ABROGÉ]* Dispositions spécifiques aux maisons d'arrêt

Art. 38 *L'encellulement.* Si une personne détenue souhaite bénéficier du régime de l'encellulement individuel alors que la distribution intérieure de l'établissement et le nombre de personnes détenues ne le permettent pas, elle peut déposer auprès du chef d'établissement une requête pour être transférée dans la maison d'arrêt la plus proche permettant un tel placement.

Dans un délai de deux mois à compter du dépôt de la requête, le chef d'établissement précise à la personne détenue la ou les maisons d'arrêt dans laquelle elle sera susceptible d'être transférée.

Si la personne détenue accepte l'une ou plusieurs des propositions, il est procédé dans les meilleurs délais à son transfèrement.

S'agissant des personnes prévenues, ces dispositions s'appliquent sous réserve de l'accord du magistrat saisi du dossier de la procédure en application de l'article 715.

Art. 39 *Les relations avec le défenseur.* La personne prévenue s'entretient avec son avocat dans un parloir spécial garantissant la confidentialité de l'échange. Elle correspond avec lui, de manière confidentielle, par téléphone et par courrier.

Art. 40 *Les effets personnels.* Les objets et bijoux dont la personne prévenue souhaite se défaire, dans les conditions prévues au second alinéa du III de l'article 24, ne peuvent être remis ou envoyés à un tiers qu'elle désigne qu'avec l'accord du magistrat saisi du dossier de la procédure en application de l'article 715.

Art. 41 *Les mesures de sûreté prises par l'autorité judiciaire.* La personne prévenue peut être placée à l'isolement par l'autorité judiciaire, dans les conditions prévues aux articles R. 57-5-1 à R. 57-5-8.

Elle peut faire l'objet d'une mesure de séparation d'autres personnes détenues ordonnée par le magistrat saisi du dossier de la procédure ainsi que d'une interdiction temporaire de communiquer en application de l'article 145-4.

Art. 42 *L'organisation des mouvements.* (*Décr. nº 2022-338 du 10 mars 2022*) « I. — » La personne détenue est enfermée dans sa cellule durant la nuit. Elle ne peut librement sortir de sa cellule durant la journée. Les déplacements hors de celle-ci doivent être justifiés par l'accès à la promenade, par un rendez-vous qui lui est fixé, par une convocation qui lui est adressée ou par une inscription à une activité.

(Décr. nº 2022-338 du 10 mars 2022) « II. — En fonction de son parcours de détention, de sa dangerosité et de sa personnalité, la personne détenue peut bénéficier, si le règlement intérieur de l'établissement en prévoit les conditions, de dérogations aux règles de circulation en journée mentionnées au I afin de développer son autonomie et sa participation aux activités en détention.

« III. — » Lors de chaque mouvement, la personne détenue doit pouvoir justifier de son identité et de l'objet de son déplacement, faute de quoi elle sera reconduite en cellule.

Les centres pénitentiaires comportant un quartier pour peines aménagées demeurent soumis aux dispositions du règlement intérieur type des établissements pénitentiaires annexé à l'art. R. 57-6-18 C. pr. pén. dans leur rédaction antérieure au Décr. nº 2022-338 du 10 mars 2022 jusqu'à la suppression de ces quartiers par arrêté du garde des sceaux, ministre de la justice, au plus tard le 31 déc. 2023 (Décr. préc., art. 5).

Art. 43 *Les vêtements.* A défaut d'effets personnels convenables, une tenue en bon état est mise à la disposition de la personne prévenue en vue de sa comparution devant les autorités judiciaires.

Art. 44 *Le travail.* Le classement au service général d'une personne prévenue doit recueillir l'accord préalable du magistrat saisi du dossier de la procédure en application de l'article 715.

Art. 45 *La gestion des biens.* En application de l'article 715 :

Les procurations rédigées par la personne prévenue sont soumises au contrôle du magistrat saisi du dossier de la procédure dans les conditions que celui-ci détermine.

Pour l'établissement d'un acte sollicité par la personne prévenue, un notaire peut intervenir dans l'établissement pénitentiaire après avoir obtenu l'autorisation du magistrat saisi du dossier de la procédure.

Lorsque la personne prévenue souhaite envoyer aux membres de sa famille des sommes figurant à la part disponible de son compte nominatif, le chef d'établissement en réfère préalablement au magistrat saisi du dossier de la procédure dans les conditions fixées par celui-ci.

La personne prévenue peut, sur autorisation du magistrat saisi du dossier de la procédure, et de manière exceptionnelle, recevoir des subsides en vue d'une dépense justifiée par un intérêt particulier. Le reliquat de la dépense est, à la demande de la personne détenue, soit renvoyé à l'expéditeur, soit soumis à répartition.

Chapitre II *[ABROGÉ]* Dispositions spécifiques aux établissements et quartiers affectés à l'exécution des peines *(Décr. nº 2022-338 du 10 mars 2022).*

Art. 46 *L'aménagement de la cellule.* La personne détenue est autorisée à aménager sa cellule d'une façon personnelle, mais ne doit pas dégrader les installations immobilières ou mobilières existantes. Le chef d'établissement détermine la destination à donner à ces aménagements en cas de changement de cellule, de transfèrement ou de mise en liberté.

Art. 47 *Les maisons centrales.* Dans les maisons centrales et dans les quartiers maison centrale, établissements qui comportent une organisation et un régime de sécurité renforcé, la personne détenue est enfermée dans sa cellule durant la nuit. Elle ne peut librement sortir de sa cellule durant la journée.

Les déplacements, hors de la cellule, doivent être autorisés par un personnel pénitentiaire et justifiés par l'accès à la promenade, par un rendez-vous qui lui est fixé, par une convocation qui lui est adressée ou par une inscription à une activité. Ils sont accompagnés par un personnel pénitentiaire.

La personne détenue prend ses repas seule en cellule.

Art. 48 *Les centres de détention. I. — Dans les centres* de détention et dans les quartiers centre de détention, établissements qui comportent un régime principalement orienté vers la réinsertion sociale, la personne détenue est enfermée dans sa cellule pendant la nuit.

Elle accède aux zones de parloirs et aux services de santé sur prise de rendez-vous préalable.

Elle accède aux zones de travail, de formation professionnelle, d'enseignement et d'activités socioculturelles encadrées après inscription et selon les horaires fixés dans son emploi du temps.

Elle accède sur demande aux douches et aux postes téléphoniques situés sur la coursive de la détention.

Elle accède à la cour de promenade sans inscription préalable et a librement accès aux postes téléphoniques qui s'y trouvent placés, pendant les horaires d'ouverture de ces équipements.

Ses déplacements sont accompagnés par le personnel pénitentiaire.

Elle prend ses repas seule en cellule.

II. — Des aménagements, qui tiennent compte de la personnalité, de la santé et de la dangerosité de la personne détenue, peuvent être apportés au I pour accompagner par une plus grande autonomie les efforts de celle-ci en matière de réinsertion sociale. Ils concernent notamment :

— les horaires de l'ouverture des portes des cellules pendant une partie de la journée ;
— la circulation de la personne à l'intérieur de son unité d'hébergement pendant les horaires d'ouverture des portes de cellule ;
— l'acompagnement des mouvements en dehors de l'unité d'hébergement ;
— l'accès aux postes téléphoniques situés sur la coursive pendant les horaires d'ouverture des portes de cellule ;
— l'accès aux douches durant les horaires d'ouverture des portes de cellule ;
— l'accès aux salles d'activités non encadrées situées au sein de son unité d'hébergement ;
— la prise de repas en commun.

Lors de chaque mouvement, la personne détenue doit pouvoir justifier de son identité et du motif de son déplacement.

Art. 49 *Les structures d'accompagnement vers la sortie. (Décr. n° 2022-338 du 10 mars 2022)* I. — Les structures d'accompagnement vers la sortie reçoivent les personnes condamnées dont le reliquat de peine est inférieur à deux ans et les personnes condamnées qui font l'objet d'une mesure de semi-liberté ou de placement extérieur. Ces structures favorisent la préparation à la sortie de la personne détenue par la mise en œuvre de programmes de prise en charge permettant un accompagnement global, renforcé et individualisé.

II. — La personne détenue circule de façon autonome au sein de la structure pendant les horaires d'ouverture des portes de cellule.

Elle prend ses repas soit en cellule, soit en commun.

Les horaires d'accès à la structure sont aménagés pour prendre en compte la diversité des situations pénales des personnes qui y sont détenues.

III. — Les règles relatives à l'organisation de la détention et au régime de détention sont adaptées en fonction de la personnalité, de l'état de santé et de l'adhésion de la personne détenue au programme de prise en charge prévu au présent article.

Les centres pénitentiaires comportant un quartier pour peines aménagées demeurent soumis aux dispositions du règlement intérieur type des établissements pénitentiaires annexé à l'art. R. 57-6-18 C. pr. pén. dans leur rédaction antérieure au Décr. n° 2022-338 du 10 mars 2022 jusqu'à la suppression de ces quartiers par arrêté du garde des sceaux, ministre de la justice, au plus tard le 31 déc. 2023 (Décr. préc., art. 5).

Ancien art. 49 *Les centres pour peines aménagées.* Dans les centres pour peines aménagées et les quartiers pour peines aménagées qui reçoivent les condamnés dont le reliquat de peine est inférieur à deux ans et les personnes condamnées qui font l'objet d'une mesure de semi-liberté ou de placement extérieur, les horaires sont aménagés pour prendre en compte la diversité des situations pénales des personnes détenues hébergées.

La personne détenue détient un exemplaire de la clé ou de la carte d'accès à sa cellule.

La personne détenue circule librement au sein de l'établissement.

Les repas sont pris soit en cellule, soit en commun.

En application des Décr. n°s 2014-1277 et 2014-1279 du 23 oct. 2014 relatifs aux exceptions à l'application du principe « silence vaut acceptation » (L. n° 2000-321 du 12 avr. 2000, art. 21, I et II), le silence gardé pendant deux mois par l'administration vaut décision de rejet pour les demandes relatives aux art. 1er, 4, 7-I, 9, 12, 15, 16, 17, 19-II, 19-IV, 19-VII, 25, 32-II (3° et 4°), 38, 48 du règlement intérieur type des établissements pénitentiaires.

Chapitre III *[ABROGÉ]* Dispositions spécifiques aux personnes mineures détenues en établissements pénitentiaires

(Décr. n° 2015-1486 du 16 nov. 2015)

Art. 50 *Champ d'application.* Les dispositions du présent chapitre sont applicables aux personnes mineures détenues dans les établissements pénitentiaires spécialisés pour mineurs, dans les quartiers mineurs des maisons d'arrêt ou dans tout autre établissement pénitentiaire.

Art. 51 *La séparation hommes-femmes.* Les personnes détenues mineures de sexe féminin sont hébergées dans les unités prévues à cet effet sous la surveillance des personnels de leur sexe. Toutefois, l'encadrement peut comporter des personnels masculins.

Les activités organisées dans les établissements pénitentiaires accueillant des personnes détenues mineures peuvent admettre des détenus des deux sexes.

Art. 52 *L'accueil.* A son arrivée, la personne détenue mineure est mise en mesure d'informer sa famille de son incarcération dans les meilleurs délais. Si la personne détenue mineure n'a pas informé l'un de ses titulaires de l'autorité parentale ou représentants légaux, le chef d'établissement procède à cette diligence et informe également les services du secteur public de la protection judiciaire de la jeunesse.

Art. 53 *Les entretiens obligatoires.* La personne détenue mineure est reçue, dès que possible, par un agent du secteur public de la protection judiciaire de la jeunesse. Au cours de cet entretien, le mineur est informé du rôle et des modalités d'organisation du service éducatif en détention.

Art. 54 *L'encellulement.* La personne détenue mineure est, la nuit, seule en cellule.

A titre exceptionnel, sur décision du chef d'établissement, elle peut être placée en cellule avec une personne détenue de son âge soit pour motif médical, soit en raison de sa personnalité.

Dans ce cas, l'hébergement de nuit dans une même cellule ne peut concerner plus de deux personnes mineures.

V. note ss. art. R. 57-9-12.

Art. 55 *Obligation(s) générale(s).* Les personnes détenues mineures ont l'interdiction de fumer en tout lieu, y compris dans les espaces non couverts.

Art. 56 *L'alimentation.* Les repas des personnes détenues mineures sont composés conformément aux principes de la diététique et servis dans des conditions permettant leur éducation à une alimentation équilibrée et régulière.

Art. 57 *Les actions de préparation à la réinsertion.* L'enseignement ou la formation constituent la part la plus importante de l'emploi du temps de la personne détenue mineure.

Un bilan pédagogique est réalisé par le personnel enseignant de l'éducation nationale auprès de chaque personne détenue mineure entrant. A partir des éléments recueillis, un projet individuel visant une reprise ou une poursuite de l'enseignement ou de la formation est proposé à la personne détenue mineure.

La personne détenue mineure a également accès à des activités socio-éducatives et sportives ou de détente adaptées à son âge. Un temps est consacré aux activités de plein air.

L'emploi du temps de la personne détenue mineure intègre l'ensemble des entretiens utiles avec les personnels et intervenants concourant à son éducation et son insertion sociale.

Les personnes détenues mineures de seize ans et plus suivent une activité à caractère éducatif destinée à contribuer au développement de leur personnalité et à favoriser leur insertion sociale, scolaire et professionnelle.

Les activités proposées à ce titre consistent en des activités d'enseignement, de formation, socio-éducatives et sportives.

A titre exceptionnel, le chef d'établissement, seul ou à l'initiative de l'équipe pluridisciplinaire, peut proposer des activités de travail aux personnes détenues mineures, âgées de seize ans et plus. Ces activités ne doivent pas se substituer aux activités d'enseignement ou de formation.

A titre exceptionnel également, le chef d'établissement peut autoriser la participation d'une personne détenue mineure âgée de seize ans et plus aux activités organisées dans l'établissement pénitentiaire avec des personnes détenues majeures, si l'intérêt du mineur le justifie.

V. notes ss. art. R. 57-9-17.

Art. 58 *L'intervention des services de la protection judiciaire de la jeunesse.* Les services du secteur public de la protection judiciaire de la jeunesse sont consultés par le chef d'établissement avant toute décision relative aux modalités de prise en charge d'une personne détenue mineure.

Les activités socio-éducatives mises en œuvre par les services de la protection judiciaire de la jeunesse auprès de la personne détenue mineure sont obligatoires et contribuent à la préparation par la protection judiciaire de la jeunesse du projet de sortie individualisé de la personne détenue mineure.

Art. 59 *L'information des titulaires de l'autorité parentale ou des représentants légaux.* Les titulaires de l'autorité parentale ou les représentants légaux de la personne détenue mineure sont destinataires du règlement intérieur de l'établissement pénitentiaire. Ils sont informés de toute demande de permis de visite faite au chef de l'établissement, de toute modification du régime de détention, ainsi que de toute procédure disciplinaire. Ils reçoivent mensuellement un état du compte nominatif de la personne détenue mineure. Ils sont tenus informés du déroulement de sa scolarité, de sa formation ou de ses activités professionnelles. Les emplois du temps scolaires et les livrets d'attestation des parcours leur sont communiqués.

Art. 60 *Les communications téléphoniques.* Les personnes détenues mineures peuvent téléphoner aux membres de leur famille ou à toute personne participant effectivement à leur éducation ou à leur insertion sociale, sous réserve, en ce qui concerne les prévenus, d'y avoir été autorisées par le magistrat saisi du dossier de la procédure.

Art. 61 *La mesure de protection individuelle.* Toute personne détenue mineure peut demander à bénéficier d'une mesure de protection individuelle. Le chef d'établissement peut faire droit à cette demande s'il estime que les circonstances de la détention ou la personnalité de la personne détenue mineure nécessitent la mise en œuvre de mesures de protection particulières. Il s'attache à recueillir préalablement l'avis de l'équipe pluridisciplinaire.

La personne détenue mineure bénéficiant d'une mesure de protection individuelle fait l'objet d'un suivi éducatif renforcé et peut être momentanément dispensée de tout ou partie de la vie collective.

Cette mesure ne suspend pas l'exercice de ses droits.

La mise sous protection individuelle est d'une durée maximale de six jours, renouvelable une fois. La durée de cette mesure ne peut excéder douze jours par période de détention de quatre mois. Le chef d'établissement peut y mettre fin à tout moment après avoir entendu l'intéressé et recueilli l'avis de l'équipe pluridisciplinaire. Il est tenu d'y mettre fin si l'intéressé le demande.

La décision de mise sous protection individuelle et sa levée sont portées à la connaissance des titulaires de l'autorité parentale ou des représentants légaux de la personne détenue mineure et du magistrat saisi du dossier de l'information ou en charge de l'application des peines.

SECTION II *[ABROGÉE]* DE L'ACCÈS AU DROIT

Art. R. 57-6-21 *Des dispositifs d'accès au droit sous forme de permanences et de consultations juridiques gratuites, dénommés "points d'accès au droit", sont mis en place au sein des établissements pénitentiaires par les conseils départementaux de l'accès au droit en concertation avec les chefs d'établissement pénitentiaire et les directeurs des services pénitentiaires d'insertion et de probation.*

Art. R. 57-6-22 *Ces permanences et consultations visent à répondre à toute demande d'information juridique de la part des personnes détenues, à l'exception de celles relatives à l'affaire pénale pour laquelle la personne est incarcérée, à l'exécution de sa peine ou pour laquelle un avocat est déjà saisi.*

SECTION III *[ABROGÉE]* DE L'AUTORITÉ COMPÉTENTE EN MATIÈRE DE DÉCISIONS ADMINISTRATIVES INDIVIDUELLES

Art. R. 57-6-23 *Le directeur interrégional des services pénitentiaires est compétent pour prendre les décisions administratives individuelles suivantes :*

1° Agrément des associations pour le compte desquelles les personnes détenues peuvent être autorisées à travailler ;

2° Autorisation de visiter ou de communiquer avec des personnes détenues non nominativement désignées incarcérées dans les établissements pénitentiaires situés dans le ressort de la direction interrégionale ;

3° Restitution de tout ou partie de la part disponible du compte nominatif d'une personne détenue réincarcérée après une évasion ;

4° Autorisation, pour une personne détenue, de se faire soigner par un médecin de son choix ;

5° Autorisation de portée interrégionale d'effectuer des photographies, croquis, prises de vue ou enregistrements sonores se rapportant à la détention ;

6° Autorisation, pour une mère détenue avec son enfant, de le garder auprès d'elle au-delà de l'âge de dix-huit mois ;

7° Nomination des membres non fonctionnaires de la commission consultative devant émettre un avis sur la demande mentionnée au 6° ;

8° Habilitation des aumôniers assurant le service religieux dans les établissements pénitentiaires ;

9° Autorisation de sortie des écrits d'une personne détenue en vue de leur publication ou divulgation sous quelque forme que ce soit ;

10° Autorisation, pour une personne détenue, d'être hospitalisée dans un établissement de santé privé ;

11° Autorisation d'hospitalisation d'une personne détenue dans un établissement de santé situé dans le ressort de la direction interrégionale des services pénitentiaires.

Pour l'exercice des compétences définies par le présent code, le directeur interrégional des services pénitentiaires peut déléguer sa signature à un ou plusieurs fonctionnaires appartenant à un corps de catégorie A occupant un emploi au siège de la direction interrégionale.

En application du Décr. n° 2014-1279 du 23 oct. 2014 relatif aux exceptions à l'application du principe « silence vaut acceptation » (L. n° 2000-321 du 12 avr. 2000, art. 21, I), le silence gardé pendant deux mois par l'administration vaut décision de rejet pour les demandes relatives aux 2°, 4°, 5°, 10° de l'art. R. 57-6-23.

Art. R. 57-6-24 ***Le chef d'établissement est compétent pour délivrer les autorisations de visiter l'établissement pénitentiaire qu'il dirige.***

Pour l'exercice des compétences définies par le présent code, le chef d'établissement peut déléguer sa signature à son adjoint, à un *(Décr. n° 2014-477 du 13 mai 2014, art. 1er)* ***« fonctionnaire appartenant à un corps de catégorie A » ou à un membre du corps de commandement placé sous son autorité.***

(Décr. n° 2014-477 du 13 mai 2014, art. 1er) ***« Il peut également la déléguer à un major pénitentiaire ou à un premier surveillant, placé sous son autorité :***

« 1° Pour les mesures d'affectation des personnes détenues en cellule ;

« 2° Pour les mesures de retrait, pour des motifs de sécurité, des objets et vêtements habituellement laissés en leur possession ainsi que des médicaments, matériels et appareillages médicaux ;

« 3° Pour les mesures de fouille des personnes détenues ;

« 4° Pour l'utilisation de moyens de contrainte ;

« 5° Pour la mise en œuvre des mesures de contrôle, pour des motifs de sécurité, des personnes accédant à l'établissement pénitentiaire. »

En application du Décr. n° 2014-1279 du 23 oct. 2014 relatif aux exceptions à l'application du principe « silence vaut acceptation » (L. n° 2000-321 du 12 avr. 2000, art. 21, I), le silence gardé pendant deux mois par l'administration vaut décision de rejet pour les demandes relatives aux changements de cellule et aux autorisations de visiter un établissement pénitentiaire.

CHAPITRE V **DE L'ISOLEMENT** *(Décr. n° 2022-479 du 30 mars 2022, art. 8, en vigueur le 1er mai 2022)*

Ndlr : L'intitulé du chapitre V du Titre II du Livre V de la Partie II « De la discipline et de la sécurité des établissements pénitentiaires » a été remplacé par l'intitulé actuel par le Décr. du 30 mars 2022, art. 8, en vigueur le 1er mai 2022, les dispositions qu'il contenait étant pour l'essentiel reprises dans le C. pénit.

SECTION PREMIÈRE *[ABROGÉE]* **DE LA DISCIPLINE**

(Abrogée par Décr. n° 2022-479 du 30 mars 2022, art. 8, à compter du 1er mai 2022)

V. Circ. DAP du 9 juin 2011 (BOMJ, n° 2011-06).

RÉP. PÉN. v° *Prison (sanctions disciplinaires)*, par CÉRÉ.

BIBL. ► BOURGOIN et GALINDO, *RSC 2004. 323* (la règle et son application : la punition en prison). – CARDET, *RPDP 2004. 533* (les violences en prison saisies par le droit disciplinaire). – CÉRÉ, *AJ pénal 2005. 393* (le droit disciplinaire pénitentiaire entre jurisprudence interne et droit européen) ; *ibid. 2009. 476* (le nouveau droit pénitentiaire et le respect du droit européen. Esquisse de comparaison) ; *ibid. 2011. 172* (feu le nouveau droit disciplinaire pénitentiaire) ; *D. 2017. 1720* (le procès disciplinaire pénitentiaire sous le prisme de la Conv. EDH). – DANTI-JUAN, *RPDP 2011. 181* (quelques remarques sur les modifications apportées par le décret n° 2010-634 du 23 décembre 2010 relatif au droit disciplinaire pénitentiaire). – FÉVRIER, *RPDP 2007, n° spécial 13* (jurisprudence administrative et discipline pénitentiaire : le sillage et le sillon) ; *ibid. 2009. 383* (le droit répressif pénitentiaire). – EVANS, *AJ pénal 2019. 139* (décret du 13 février 2019). – PONCELA, *RSC 2001. 872* (la procédure disciplinaire carcérale dans la tourmente).

► **Dossier :** *AJ pénal 2005. 393 s.* (les sanctions disciplinaires en prison).

SOUS-SECTION 1 **DES FAUTES DISCIPLINAIRES**

Art. R. 57-7 ***Les fautes disciplinaires sont classées selon leur gravité, selon les distinctions prévues aux articles R. 57-7-1 à R. 57-7-3, en trois degrés.***

Art. R. 57-7-1 *(Décr. n° 2019-98 du 13 févr. 2019, art. 2, en vigueur le 15 mars 2019)* ***Constitue une faute disciplinaire du premier degré le fait, pour une personne détenue :***

1° D'exercer ou de tenter d'exercer des violences physiques à l'encontre d'un membre du personnel ou d'une personne en mission ou en visite dans l'établissement ;

2° D'exercer ou de tenter d'exercer des violences physiques à l'encontre d'une personne détenue ;

3° D'opposer une résistance violente aux injonctions des personnels ;

4° D'obtenir ou de tenter d'obtenir par violence, intimidation ou contrainte la remise d'un bien, la réalisation d'un acte, un engagement, une renonciation ou un avantage quelconque ;

5° De commettre intentionnellement des actes de nature à mettre en danger la sécurité d'autrui ;

6° De provoquer par des propos ou des actes à la commission d'actes de terrorisme ou d'en faire l'apologie ;

7° De participer ou de tenter de participer à toute action collective de nature à compromettre la sécurité des établissements ou à en perturber l'ordre ;

8° De participer à une évasion ou à une tentative d'évasion ;

9° De causer ou de tenter de causer délibérément aux locaux ou au matériel affecté à l'établissement un dommage de nature à compromettre la sécurité, l'ordre ou le fonctionnement normal de celui-ci ;

10° D'introduire ou tenter d'introduire au sein de l'établissement tous objets, données stockées sur un support quelconque ou substances de nature à compromettre la sécurité des personnes ou de l'établissement, de les détenir ou d'en faire l'échange contre tout bien, produit ou service ;

11° D'introduire ou tenter d'introduire au sein de l'établissement des produits stupéfiants, ou sans autorisation médicale, des produits de substitution aux stupéfiants ou des substances psychotropes, de les détenir ou d'en faire l'échange contre tout bien, produit ou service ;

12° De proférer des insultes, des menaces ou des propos outrageants à l'encontre d'un membre du personnel de l'établissement, d'une personne en mission ou en visite au sein de l'établissement pénitentiaire ou des autorités administratives ou judiciaires ;

13° De proférer des insultes ou des menaces à l'encontre d'une personne détenue ;

14° De franchir ou tenter de franchir les grillages, barrières, murs d'enceinte et tous autres dispositifs anti-franchissement de l'établissement, d'accéder ou tenter d'accéder aux façades et aux toits de l'établissement ainsi qu'aux chemins de ronde, aux zones neutres et aux zones interdites visées par le règlement intérieur ou instruction particulière arrêtée par le chef d'établissement ;

15° De capter, fixer ou enregistrer ou tenter de capter, fixer ou enregistrer, par quelque moyen que ce soit, des images ou des sons dans un établissement ou de diffuser ou tenter de diffuser, par quelque moyen que ce soit, des images fixées ou des sons captés dans un établissement, ou de participer à ces captation, fixation, enregistrement ou diffusion ;

16° D'inciter une personne détenue à commettre l'un des manquements énumérés par le présent article ou de lui prêter assistance à cette fin.

Ancien art. R. 57-7-1 *Constitue une faute disciplinaire du premier degré le fait, pour une personne détenue :*

1° D'exercer ou de tenter d'exercer des violences physiques à l'encontre d'un membre du personnel ou d'une personne en mission ou en visite dans l'établissement ;

2° D'exercer ou de tenter d'exercer des violences physiques à l'encontre d'une personne détenue ;

3° De participer ou de tenter de participer à toute action collective, précédée ou accompagnée de violences envers les personnes ou de nature à compromettre la sécurité des établissements ;

4° D'obtenir ou de tenter d'obtenir, par menace de violences ou contrainte, un engagement ou une renonciation ou la remise d'un bien quelconque ;

5° De commettre intentionnellement des actes de nature à mettre en danger la sécurité d'autrui ;

6° De participer à une évasion ou à une tentative d'évasion ;

7° D'introduire ou de tenter d'introduire au sein de l'établissement tous objets ou substances dangereux pour la sécurité des personnes ou de l'établissement, de les détenir ou d'en faire l'échange contre tout bien, produit ou service ;

8° D'introduire ou de tenter d'introduire au sein de l'établissement des produits stupéfiants, de les détenir ou d'en faire l'échange contre tout bien, produit ou service ;

9° D'introduire ou de tenter d'introduire au sein de l'établissement, de détenir, sans autorisation médicale, des produits de substitution aux stupéfiants ou des substances psychotropes, ou d'en faire l'échange contre tout bien, produit ou service ;

10° De causer ou de tenter de causer délibérément aux locaux ou au matériel affecté à l'établissement un dommage de nature à compromettre la sécurité ou le fonctionnement normal de celui-ci ;

11° D'inciter une personne détenue à commettre l'un des manquements énumérés par le présent article ou de lui prêter assistance à cette fin.

La possession d'un téléphone portable par un détenu, compte tenu de l'usage qui peut en être fait, notamment pour s'affranchir des règles particulières applicables, en vertu de l'art. 727-1, aux communications téléphoniques des détenus et pour faire échec aux mesures de sécurité prises dans l'établissement pénitentiaire, doit être regardée comme la détention d'un objet dangereux et constitue ainsi une faute disciplinaire du premier degré. • CE 4 févr. 2013 : *D. actu. 16 févr. 2013, obs. Montecler ; AJDA 2013. 321 ; D. 2013. 1307, obs. Herzog-Evans.*

Art. R. 57-7-2 *(Décr. n° 2019-98 du 13 févr. 2019, art. 3, en vigueur le 15 mars 2019)*
Constitue une faute disciplinaire du deuxième degré le fait, pour une personne détenue :

1° De refuser de se soumettre à une mesure de sécurité définie par une disposition législative ou réglementaire, par le règlement intérieur de l'établissement pénitentiaire ou par toute autre instruction de service ou refuser d'obtempérer immédiatement aux injonctions du personnel de l'établissement ;

2° D'obtenir ou de tenter d'obtenir d'un membre du personnel de l'établissement ou d'une personne en mission au sein de l'établissement un avantage quelconque par des offres, des promesses, des dons ou des présents ;

3° De mettre en danger la sécurité d'autrui par une imprudence ou une négligence ;

4° D'imposer à la vue d'autrui des actes obscènes ou susceptibles d'offenser la pudeur ;

5° De formuler des propos outrageants ou des menaces dans les lettres adressées aux autorités administratives et judiciaires ;

6° De formuler dans les lettres adressées à des tiers des menaces, des injures ou des propos outrageants à l'encontre de toute personne ayant mission dans l'établissement ou à l'encontre des autorités administratives et judiciaires, ou de formuler dans ces lettres des menaces contre la sécurité des personnes ou de l'établissement ;

7° De se soustraire à une sanction disciplinaire prononcée à son encontre ;

8° D'enfreindre ou tenter d'enfreindre les dispositions législatives ou réglementaires, le règlement intérieur de l'établissement ou toute autre instruction de service applicables en matière d'introduction, de détention, de circulation, ou de sortie de sommes d'argent, correspondance, objets ou substances quelconques, hors les cas prévus aux 10° et 11° de l'article R. 57-7-1 ;

9° De causer délibérément un dommage aux locaux ou au matériel affecté à l'établissement, hors le cas prévu au 9° de l'article R. 57-7-1 ;

10° De causer délibérément un dommage à la propriété d'autrui ;

11° De commettre ou tenter de commettre un vol ou toute autre atteinte frauduleuse à la propriété d'autrui ;

12° De consommer des produits stupéfiants ;

13° De consommer, sans autorisation médicale, des produits de substitution aux stupéfiants, des psychotropes ou des substances de nature à troubler le comportement ;

14° De se trouver en état d'ébriété ;

15° De provoquer un tapage de nature à troubler l'ordre de l'établissement ;

16° D'inciter une personne détenue à commettre l'un des manquements énumérés au présent article ou de lui prêter assistance à cette fin.

Ancien art. R. 57-7-2 *Constitue une faute disciplinaire du deuxième degré le fait, pour une personne détenue :*

1° De formuler des insultes, des menaces ou des outrages à l'encontre d'un membre du personnel de l'établissement, d'une personne en mission ou en visite au sein de l'établissement pénitentiaire ou des autorités administratives ou judiciaires ;

2° De mettre en danger la sécurité d'autrui par une imprudence ou une négligence ;

3° D'imposer à la vue d'autrui des actes obscènes ou susceptibles d'offenser la pudeur ;

4° D'obtenir ou de tenter d'obtenir d'un membre du personnel de l'établissement ou d'une personne en mission au sein de l'établissement un avantage quelconque par des offres, des promesses, des dons ou des présents ;

5° De refuser de se soumettre à une mesure de sécurité définie par une disposition législative ou réglementaire, par le règlement intérieur de l'établissement pénitentiaire ou par toute autre instruction de service ;

6° De se soustraire à une sanction disciplinaire prononcée à son encontre ;

7° De participer à toute action collective de nature à perturber l'ordre de l'établissement, hors le cas prévu au 3° de l'article R. 57-7-1 ;

8° De formuler des insultes ou des menaces à l'encontre d'une personne détenue ;

9° D'enfreindre ou de tenter d'enfreindre les dispositions législatives ou réglementaires, le règlement intérieur de l'établissement ou toute autre instruction de service applicables en matière d'entrée, de circulation ou de sortie de sommes d'argent, correspondance, objets ou substance quelconque ;

10° De détenir des objets ou substances interdits par une disposition législative ou réglementaire, par le règlement intérieur de l'établissement ou par toute autre instruction de service ou d'en faire l'échange contre tout bien, produit ou service, hors les cas prévus aux 7°, 8° et 9° de l'article R. 57-7-1 ;

11° De causer délibérément un dommage aux locaux ou au matériel affecté à l'établissement, hors le cas prévu au 10° de l'article R. 57-7-1 ;

12° De causer délibérément un dommage à la propriété d'autrui ;

13° De commettre ou tenter de commettre un vol ou toute autre atteinte frauduleuse à la propriété d'autrui ;

14° De consommer des produits stupéfiants ;

15° De consommer, sans autorisation médicale, des produits de substitution aux stupéfiants, des psychotropes ou des substances de nature à troubler le comportement ;

16° De se trouver en état d'ébriété ;

17° De provoquer un tapage de nature à troubler l'ordre de l'établissement ;

18° D'inciter une personne détenue à commettre l'un des manquements énumérés au présent article ou de lui prêter assistance à cette fin.

1. Action collective. Constitue une action collective de nature à perturber l'ordre de l'établissement la remise d'un imprimé type demandant l'application d'une disposition du code de procédure pénale, rédigé par une personne détenue et signée par sept autres détenus du même établissement. • TA Rennes, 10 sept. 2014 : *AJ pénal 2014. 547, obs. Péchillon*.

2. Insultes. Les propos insultant un surveillant tenus par un détenu lors d'une conversation téléphonique privée ne constituent pas la faute disciplinaire de l'art. R. 57-7-2, 1°, faute d'intention que ces propos lui soient rapportés. • CAA Paris, 7 avr. 2016 : *AJ pénal 2016. 283, obs. H.-Evans*.

3. Qualification de la faute disciplinaire. Le comportement général en détention de la personne détenue peut être pris en compte pour le choix du quantum de la sanction mais non pour déterminer si le manquement du détenu est un refus d'obtempérer constitutif d'une faute disciplinaire du deuxième degré ou un refus de se soumettre à une mesure de sécurité, constitutif d'une faute disciplinaire du troisième degré. • CE 15 déc. 2017, n° 403701 : *D. actu. 4 janv. 2018, obs. Pastor ; AJ pénal 2018. 105, obs. H. Evans*.

Art. R. 57-7-3 *(Décr. n° 2019-98 du 13 févr. 2019, art. 4, en vigueur le 15 mars 2019)* ***Constitue une faute disciplinaire du troisième degré le fait, pour une personne détenue :***

1° De ne pas respecter les dispositions du règlement intérieur de l'établissement ou les instructions particulières arrêtées par le chef de l'établissement ;

2° D'entraver ou tenter d'entraver les activités de travail, de formation, culturelles, cultuelles ou de loisirs ;

3° De communiquer irrégulièrement avec une personne détenue ou avec toute autre personne extérieure à l'établissement ;

4° De négliger de préserver ou d'entretenir la propreté de sa cellule ou des locaux communs ou de prendre soin des objets mis à disposition par l'administration ;

5° De jeter tout objet ou substance par les fenêtres de l'établissement ;

6° De faire un usage abusif ou nuisible d'objets autorisés par le règlement intérieur ;

7° De pratiquer des jeux interdits par le règlement intérieur ;

8° D'inciter une personne détenue à commettre l'un des manquements énumérés au présent article ou lui prêter assistance à cette fin.

Ancien art. R. 57-7-3 *Constitue une faute disciplinaire du troisième degré le fait, pour une personne détenue :*

1° De formuler des outrages ou des menaces dans les lettres adressées aux autorités administratives et judiciaires ;

2° De formuler dans les lettres adressées à des tiers des menaces, des injures ou des propos outrageants à l'encontre de toute personne ayant mission dans l'établissement ou à l'encontre des autorités administratives et judiciaires, ou de formuler dans ces lettres des menaces contre la sécurité des personnes ou de l'établissement ;

3° De refuser d'obtempérer aux injonctions des membres du personnel de l'établissement ;

4º De ne pas respecter les dispositions du règlement intérieur de l'établissement ou les instructions particulières arrêtées par le chef d'établissement ;

5º D'entraver ou de tenter d'entraver les activités de travail, de formation, culturelles, cultuelles ou de loisirs ;

6º De communiquer irrégulièrement avec une personne détenue ou avec toute autre personne extérieure à l'établissement ;

7º De négliger de préserver ou d'entretenir la propreté de sa cellule ou des locaux communs ;

8º De jeter tout objet ou substance par les fenêtres de l'établissement ;

9º De faire un usage abusif ou nuisible d'objets autorisés par le règlement intérieur ;

10º De pratiquer des jeux interdits par le règlement intérieur ;

11º D'inciter une personne détenue à commettre l'un des manquements énumérés au présent article ou lui prêter assistance à cette fin.

1. Refus d'obtempérer. Le détenu qui n'acquiesce pas à l'ordre de quitter un muret sur lequel il est assis pendant une visite familiale commet un refus d'obtempérer aux injonctions des membres du personnel de surveillance. • CE 20 mai 2011 : *D. actu. 1er juin 2011, obs. Grand ; AJ pénal 2012. 177, obs. Herzog-Evans ; AJDA 2011.1364. chron. Domino et Bretonneau ; RSC 2012. Poncela.* ♦ Le fait de vouloir rester au quartier disciplinaire à l'issue de la sanction constitue un refus d'obtempérer aux ordres du personnel. • CAA Lyon, 27 mars 2014 : *RPDP 2014. 391, obs. Céré.*

2. Conv. EDH, art. 8. Refus d'obéissance. Les refus de se soumettre à des fouilles imposées par l'administration pénitentiaire, considérés par les autorités pénitentiaires comme un acte de désobéissance donnant lieu au prononcé de sanctions disciplinaires, ne sont pas susceptibles de constituer une violation de l'art. 3 Conv. EDH en l'absence d'élément dégradant ou humiliant des mesures dénoncées. Mais même lorsque les mesures ne dépassent pas le seuil de gravité nécessaire à la reconnaissance d'une violation de l'art. 3, elles sont susceptibles de constituer une atteinte à la vie privée et familiale entendue au sens de l'art. 8 de la Conv. EDH. • CEDH 15 sept. 2015, *Milka c/ Pologne, nº 14322/12 : D. 2015. 2010, obs. Falxa.*

Art. R. 57-7-4 ***Les faits énumérés par les articles R. 57-7-1 à R. 57-7-3 constituent des fautes disciplinaires même lorsqu'ils sont commis à l'extérieur de l'établissement pénitentiaire. En ce cas, les violences, dégradations, menaces mentionnées aux*** *(Décr. nº 2019-98 du 13 févr. 2019, art. 5, en vigueur le 15 mars 2019)* ***« 1º, 9º et 12º de l'article R. 57-7-1 et 9º de l'article R. 57-7-2*** *[ancienne rédaction : 1º et 10º de l'article R. 57-7-1 et 1º et 11º de l'article R. 57-7-2]* ***» peuvent être retenues comme fautes disciplinaires, quelle que soit la qualité de la personne visée ou du propriétaire des biens en cause.***

SOUS-SECTION 2 DE LA PROCÉDURE DISCIPLINAIRE

Art. R. 57-7-5 ***Pour l'exercice de ses compétences en matière disciplinaire, le chef d'établissement peut déléguer sa signature à son adjoint, à un*** *(Décr. nº 2014-477 du 13 mai 2014, art. 2)* ***« fonctionnaire appartenant à un corps de catégorie A » ou à un membre du corps de commandement du personnel de surveillance placé sous son autorité.***

Pour les décisions de confinement en cellule individuelle ordinaire *(Décr. nº 2014-477 du 13 mai 2014, art. 2)* ***« , de placement en cellule disciplinaire et de suspension de l'exercice de l'activité professionnelle de la personne détenue », lorsqu'elles sont prises à titre préventif, le chef d'établissement peut en outre déléguer sa signature à un major pénitentiaire ou à un premier surveillant.***

§ 1er DE LA COMMISSION DE DISCIPLINE

Art. R. 57-7-6 ***La commission de discipline comprend, outre le chef d'établissement ou son délégataire, président, deux membres assesseurs.***

Art. R. 57-7-7 ***Les sanctions disciplinaires sont prononcées, en commission, par le président de la commission de discipline. Les membres assesseurs ont voix consultative.***

Art. R. 57-7-8 ***Le président de la commission de discipline désigne les membres assesseurs.***

Le premier assesseur est choisi parmi les membres du premier ou du deuxième grade du corps d'encadrement et d'application du personnel de surveillance de l'établissement.

Le second assesseur est choisi parmi des personnes extérieures à l'administration pénitentiaire qui manifestent un intérêt pour les questions relatives au fonctionnement des établissements pénitentiaires, habilitées à cette fin par le président du tribunal judiciaire

territorialement compétent. La liste de ces personnes est tenue au greffe du tribunal judiciaire. *— L'al. 3 est entré en vigueur le 1er juin 2011. Il n'est pas applicable aux procédures disciplinaires engagées antérieurement à cette date.*

1. Absence de l'assesseur. L'absence de l'assesseur a privé l'intéressé d'une garantie de procédure, de nature à entacher d'illégalité la décision du directeur interrégional des services pénitentiaires, sans que puisse y faire obstacle la circonstance, invoquée par le garde des Sceaux, ministre de la justice, que l'administration pénitentiaire n'aurait été informée que tardivement de la désignation des assesseurs et n'aurait pas été en mesure de procéder à leur installation avant la réunion. • CAA Nantes, 18 juill. 2013 : *AJDA 2013. 2162, obs. Degommier ; D. 2014. 1237, obs. Céré.* ♦ L'irrégularité de la composition de la commission de discipline a privé l'intéressé d'une garantie de procédure, alors même que cet assesseur n'aurait eu qu'une voix consultative ; elle est donc de nature à entacher d'illégalité les décisions attaquées du directeur interrégional des services pénitentiaires. • CAA Lyon, 27 mars 2014 : *RPDP 2014. 391, obs. Céré.*

2. L'administration pénitentiaire doit mettre tout en œuvre pour assurer la présence d'un assesseur extérieur à la commission de discipline et, si aucun n'est en mesure de siéger, la tenue de la commission doit être reportée à une date ultérieure, à moins qu'un tel report compromette manifestement le bon exercice du pouvoir disciplinaire. • CE 5 févr. 2021, n° 434659 : *AJ pénal 2021. 221, obs. Céré.*

Décret n° 2011-1312 du 17 octobre 2011,

Portant création d'une indemnité allouée aux assesseurs extérieurs à l'administration pénitentiaire siégeant dans les commissions de discipline des personnes détenues.

Art. 1er Les assesseurs extérieurs à l'administration pénitentiaire qui siègent, conformément aux dispositions de l'article R. 57-7-8 du code de procédure pénale, dans les commissions de discipline des personnes détenues perçoivent par séance une indemnité forfaitaire, exclusive de toute autre rémunération, dont le montant est fixé par arrêté conjoint du garde des sceaux, du ministre chargé du budget et du ministre chargé de la fonction publique. — *V. Arr. du 17 oct. 2011 (JO 19 oct.).*

Art. 2 Chaque assesseur extérieur ne peut participer à plus de 200 séances de commission de discipline par an.

Art. 3 Les dispositions du présent décret entrent en vigueur le 1er juin 2011.

Art. R. 57-7-9 ***Chaque membre de la commission de discipline doit exercer ses fonctions avec intégrité, dignité et impartialité et respecter le secret des délibérations.***

Art. R. 57-7-10 ***Ne peuvent être inscrits sur la liste prévue au troisième alinéa de l'article R. 57-7-8 :***

1° Les personnes mineures ;

2° Les personnes en situation irrégulière au regard des dispositions relatives à l'entrée et au séjour sur le territoire national ;

3° Les personnes ayant fait l'objet depuis moins de cinq ans d'une condamnation mentionnée au bulletin n° 2 du casier judiciaire ;

4° Les personnels de l'administration pénitentiaire, de la protection judiciaire de la jeunesse et les collaborateurs occasionnels du service public pénitentiaire ;

5° Les conjoints, concubins, parents ou alliés jusqu'au degré d'oncle ou de neveu inclusivement d'un personnel de l'administration pénitentiaire ou toute personne liée par un pacte civil de solidarité avec un personnel pénitentiaire ;

6° Les magistrats de l'ordre administratif ou judiciaire en exercice ;

7° Les fonctionnaires des services judiciaires en exercice ;

8° Les avocats et les avocats au Conseil d'État et à la Cour de cassation en exercice ;

9° Les fonctionnaires des services de police et de gendarmerie en exercice.

Art. R. 57-7-11 ***Ne peuvent être désignés pour siéger à la commission de discipline :***

1° Les personnes détenues ;

2° Les conjoints, concubins, parents d'une personne détenue dans l'établissement ou toute personne liée par un pacte civil de solidarité avec une personne détenue ;

3° Les personnes titulaires d'un permis de visite afin de rencontrer une personne détenue dans l'établissement.

Art. R. 57-7-12 *Il est dressé par le chef d'établissement un tableau de roulement désignant pour une période déterminée les assesseurs extérieurs appelés à siéger à la commission de discipline.*

§ 2 DE LA POURSUITE DISCIPLINAIRE

Art. R. 57-7-13 *En cas de manquement à la discipline de nature à justifier une sanction disciplinaire, un compte rendu est établi dans les plus brefs délais par l'agent présent lors de l'incident ou informé de ce dernier. L'auteur de ce compte rendu ne peut siéger en commission de discipline.*

Doit être annulée pour non-respect du principe du contradictoire la sanction disciplinaire prononcée à l'encontre d'un détenu pour violences alors que le détenu conteste les faits et que le visionnage des caméras de vidéosurveillances lui a été refusé. • TA Dijon, 12 juin 2012 : *AJ pénal 2012. 557, obs. Herzog-Evans*. ♦ *Contra* : • CAA Lyon, 18 avr. 2013 : *AJ pénal 2013. 624, note Herzog-Evans*.

Art. R. 57-7-14 *A la suite de ce compte rendu d'incident, un rapport est établi par un membre du personnel de commandement du personnel de surveillance, un major pénitentiaire ou un premier surveillant et adressé au chef d'établissement. Ce rapport comporte tout élément d'information utile sur les circonstances des faits reprochés à la personne détenue et sur la personnalité de celle-ci. L'auteur de ce rapport ne peut siéger en commission de discipline.*

(Abrogé par Décr. n° 2021-682 du 27 mai 2021, art. 2, à compter du 30 sept. 2021) « Lorsque la personne détenue est mineure, le service du secteur public de la protection judiciaire de la jeunesse, saisi par le chef d'établissement, établit un rapport sur la situation personnelle, sociale et familiale de l'intéressée. »

Art. R. 57-7-15 *Le chef d'établissement ou son délégataire apprécie, au vu des rapports et après s'être fait communiquer, le cas échéant, tout élément d'information complémentaire, l'opportunité de poursuivre la procédure. Les poursuites disciplinaires ne peuvent être exercées plus de six mois après la découverte des faits reprochés à la personne détenue.*

Art. R. 57-7-16 *(Décr. n° 2016-1432 du 24 oct. 2016) « I. — » En cas d'engagement des poursuites disciplinaires, les faits reprochés ainsi que leur qualification juridique sont portés à la connaissance de la personne détenue. (Abrogé par Décr. n° 2016-1432 du 24 oct. 2016) « Le dossier de la procédure disciplinaire est mis à sa disposition. »*

La personne détenue est informée de la date et de l'heure de sa comparution devant la commission de discipline ainsi que du délai dont elle dispose pour préparer sa défense. Ce délai ne peut être inférieur à vingt-quatre heures.

(Décr. n° 2016-1432 du 24 oct. 2016) « II. — La personne détenue » dispose de la faculté de se faire assister par un avocat de son choix ou par un avocat désigné par le bâtonnier de l'ordre des avocats et peut bénéficier à cet effet de l'aide juridique.

(Abrogé par Décr. n° 2021-682 du 27 mai 2021, art. 2, à compter du 30 sept. 2021) « Si la personne détenue est mineure, elle est obligatoirement assistée par un avocat. A défaut de choix d'un avocat par elle ou par ses représentants légaux, elle est assistée par un avocat désigné par le bâtonnier. »

(Décr. n° 2016-1432 du 24 oct. 2016) « III. — La personne détenue, ou son avocat, peut consulter l'ensemble des pièces de la procédure disciplinaire, sous réserve que cette consultation ne porte pas atteinte à la sécurité publique ou à celle des personnes.

« IV. — L'avocat, ou la personne détenue si elle n'est pas assistée d'un avocat, peut également demander à prendre connaissance de tout élément utile à l'exercice des droits de la défense existant, précisément désigné, dont l'administration pénitentiaire dispose dans l'exercice de sa mission et relatif aux faits visés par la procédure disciplinaire, sous réserve que sa consultation ne porte pas atteinte à la sécurité publique ou à celle des personnes. L'autorité compétente répond à la demande d'accès dans un délai maximal de sept jours ou, en tout état de cause, en temps utile pour permettre à la personne de préparer sa défense. Si l'administration pénitentiaire fait droit à la demande, l'élément est versé au dossier de la procédure.

« La demande mentionnée à l'alinéa précédent peut porter sur les données de vidéoprotection, à condition que celles-ci n'aient pas été effacées, dans les conditions fixées par un arrêté du ministre de la justice, au moment de son enregistrement. L'administration pénitentiaire accomplit toute diligence raisonnable pour assurer la conservation des données avant leur effacement.

« Par dérogation aux dispositions de l'alinéa précédent, l'administration répond à la demande d'accès dans un délai maximal de quarante-huit heures.

« Les données de la vidéoprotection visionnées font l'objet d'une transcription dans un rapport versé au dossier de la procédure disciplinaire. »

En application du 4° de l'art. L. 231-4 du CRPA, le silence gardé par l'administration sur les demandes mentionnées aux deux premiers alinéas du IV de l'art. R. 57-7-16 à l'expiration des délais mentionnés à cet art. vaut décision de rejet (Décr. n° 2016-1432 du 24 oct. 2016).

BIBL. ▸ BIANCHI, *AJ pénal 2005. 407* (la défense en matière disciplinaire). – PROUVEZ, *Procédures 2011. 3* (l'avocat au prétoire : une réforme incidente et toujours inachevée du régime disciplinaire des détenus).

1. Absence de l'avocat. L'absence de l'avocat lors de la séance de la commission de discipline est sans incidence sur la régularité de la procédure dès lors que l'administration pénitentiaire a rempli ses obligations en mettant à même l'intéressé d'être assisté d'un avocat dont elle avait obtenu la désignation et qu'elle avait convoqué en temps utile. • CE 23 févr. 2011 : *JCP G 2011. 702, note Biagini-Girard.*

2. Rémunération de l'avocat. Lorsqu'un détenu fait l'objet de plusieurs poursuites disciplinaires, la rémunération allouée à l'avocat doit être accordée pour chacune des procédures au cours de laquelle le détenu a été assisté. • CAA Marseille, 4 déc. 2012 : *RPDP 2012. 941, obs. Péchillon.*

3. Droits de la défense. Le détenu convoqué devant la commission de discipline qui est tenu de restituer immédiatement les documents de convocation n'a pas été mis à même de préparer utilement sa défense, faute pour lui de disposer du document rappelant les faits qui lui étaient reprochés, les qualifications juridiques retenues ainsi que les droits qui étaient les siens dans le cadre du déroulement de la procédure, alors même qu'il a pu par la suite consulter le dossier de la procédure. • CAA Lyon, 29 janv. 2015, n° 13LY03112 P : *D. 2015. 1122, obs. H.-Evans.*

Art. R. 57-7-17 ***La personne détenue est convoquée par écrit devant la commission de discipline.***

La convocation lui rappelle les droits qui sont les siens en vertu de l'article R. 57-7-16. *(Abrogé par Décr. n° 2021-682 du 27 mai 2021, art. 2, à compter du 30 sept. 2021)* ***« Si la personne détenue est mineure, la copie de cette convocation est adressée aux titulaires de l'autorité parentale ou à ses représentants légaux. »***

Art. R. 57-7-18 ***Le chef d'établissement ou son délégataire peut, à titre préventif et sans attendre la réunion de la commission de discipline, décider le confinement en cellule individuelle ordinaire ou le placement en cellule disciplinaire d'une personne détenue, si les faits constituent une faute du premier ou du deuxième degré et si la mesure est l'unique moyen de mettre fin à la faute ou de préserver l'ordre à l'intérieur de l'établissement.***

(Abrogé par Décr. n° 2021-682 du 27 mai 2021, art. 2, à compter du 30 sept. 2021) ***« Pour les mineurs de seize à dix-huit ans, le placement préventif en cellule disciplinaire n'est possible que pour les fautes prévues aux 1°, 2°, 3°, 4°, 5°, 6°*** *(Décr. n° 2019-98 du 13 févr. 2019, art. 6, en vigueur le 15 mars 2019)* ***«, 7°, 8°, 9° et 10° de l'article R. 57-7-1 ». »***

1. Recours pour excès de pouvoir. Sur la recevabilité du recours pour excès de pouvoir contre un placement préventif en quartier disciplinaire : • CE 17 déc. 2008 : *AJ pénal 2009. 87, obs. Céré ; Procédures 2009, n° 65, obs. D. Deygas.* ♦ *Contra* : la mesure de placement à titre préventif dans une cellule disciplinaire destinée à préserver l'ordre intérieur dans l'établissement de détention, qui n'est pas constitutive d'une sanction disciplinaire, présente, eu égard à sa durée ainsi qu'à son caractère provisoire et conservatoire, le caractère d'une mesure d'ordre intérieur qui n'est pas susceptible d'être déférée au juge administratif par la voie du recours pour excès de pouvoir • CE 12 mars 2003 : *D. 2003. 1585, note Péchillon ; RFDA 2003. 1012, note Céré.*

2. Recours de plein contentieux. Sur l'octroi d'une indemnité du fait d'un placement fautif en cellule disciplinaire à titre préventif : • CE 14 mars 2011 : *D. 2011. 1307, obs. Péchillon ; RPDP 2011. 413, obs. Céré.*

Art. R. 57-7-19 ***La durée du confinement en cellule individuelle ordinaire ou du placement en cellule disciplinaire, prononcés à titre préventif, est limitée au strict nécessaire et ne peut excéder deux jours ouvrables.***

Le délai de computation du placement préventif commence à courir le lendemain du jour du placement en prévention. Il expire le deuxième jour suivant le placement en prévention, à vingt-quatre heures. Le délai qui expirerait un samedi, un dimanche ou un jour férié ou chômé est prorogé jusqu'au premier jour ouvrable suivant.

Art. R. 57-7-20 *La durée effectuée en confinement ou en cellule disciplinaire à titre préventif s'impute sur celle de la sanction à subir lorsqu'est prononcée à l'encontre de la personne détenue la sanction de confinement en cellule individuelle ordinaire ou la sanction de placement en cellule disciplinaire.*

Art. R. 57-7-21 *Le placement préventif en confinement ou en cellule disciplinaire s'exécute dans les conditions prévues aux articles R. 57-7-38 à R. 57-7-40 et R. 57-7-43 à R. 57-7-46.*

Art. R. 57-7-22 *Lorsque la faute reprochée à la personne détenue a été commise au cours ou à l'occasion de l'emploi qu'elle occupe, le chef d'établissement ou son délégataire peut, à titre préventif et sans attendre la réunion de la commission de discipline, décider de suspendre l'exercice de l'activité professionnelle de cette personne jusqu'à sa comparution devant la commission de discipline, si cette mesure est l'unique moyen de mettre fin à la faute, de faire cesser le trouble occasionné au bon déroulement des activités de travail ou d'assurer la sécurité des personnes ou de l'établissement.*

Art. R. 57-7-23 *La durée de la suspension à titre préventif est limitée au strict nécessaire et ne peut excéder huit jours ouvrables pour les personnes majeures* (Abrogé par Décr. nº 2021-682 du 27 mai 2021, art. 2, à compter du 30 sept. 2021) *« et trois jours ouvrables pour les personnes mineures de plus de seize ans ». Le délai de computation de la suspension à titre préventif commence à courir le lendemain du prononcé de la suspension. Il expire le huitième jour suivant le prononcé de la suspension à vingt-quatre heures* (Abrogé par Décr. nº 2021-682 du 27 mai 2021, art. 2, à compter du 30 sept. 2021) *« ou le troisième jour à vingt-quatre heures pour les personnes mineures ». Le délai qui expirerait un samedi, un dimanche ou un jour férié ou chômé est prorogé jusqu'au premier jour ouvrable suivant.*

Art. R. 57-7-24 *La durée de la suspension effectuée à titre préventif s'impute sur celle de la sanction à subir lorsqu'est prononcée à l'encontre de la personne détenue la sanction de suspension d'emploi.*

Art. R. 57-7-25 *Lors de sa comparution devant la commission de discipline, la personne détenue présente ses observations. Elle est, le cas échéant, assistée par un avocat.*

(Abrogé par Décr. nº 2021-682 du 27 mai 2021, art. 2, à compter du 30 sept. 2021) *« Si la personne détenue est mineure, un membre du service du secteur public de la protection judiciaire de la jeunesse, avisé par le chef d'établissement, peut assister à la commission de discipline et présenter oralement ses observations sur la situation personnelle, sociale et familiale du mineur. »*

Si la personne détenue ne comprend pas la langue française, n'est pas en mesure de s'exprimer dans cette langue ou si elle est dans l'incapacité physique de communiquer, ses explications sont présentées, dans la mesure du possible, par l'intermédiaire d'un interprète désigné par le chef d'établissement.

Art. R. 57-7-26 *La décision sur la sanction disciplinaire est prononcée en présence de la personne détenue. Elle lui est notifiée par écrit sans délai et doit comporter, outre l'indication de ses motifs, le rappel des dispositions de l'article R. 57-7-32.*

Art. R. 57-7-27 *La sanction ne peut être mise à exécution plus de six mois après son prononcé sous réserve des règles applicables en matière de sursis et de suspension définies aux articles R. 57-7-54 à R. 57-7-61.*

Art. R. 57-7-28 *Dans le délai de cinq jours à compter de la décision prononçant une sanction disciplinaire à l'encontre d'une personne majeure, le chef d'établissement transmet une copie de la décision, d'une part, au directeur interrégional des services pénitentiaires et, d'autre part, au juge de l'application des peines ou, le cas échéant, au magistrat saisi du dossier de la procédure sous le contrôle duquel la personne détenue est placée.*

Il fait rapport à la commission de l'application des peines de toute sanction de cellule disciplinaire ou de confinement en cellule individuelle ordinaire, si sa durée excède sept jours.

Art. R. 57-7-29 *(Abrogé par Décr. nº 2021-682 du 27 mai 2021, art. 2, à compter du 30 sept. 2021)* ***Dans le délai de cinq jours à compter de la décision prononçant une sanction disciplinaire à l'encontre d'une personne mineure, le chef d'établissement transmet une copie de la décision, d'une part, au directeur interrégional des services pénitentiaires et au directeur interrégional de la protection judiciaire de la jeunesse et, d'autre part, au juge des enfants ou, le cas échéant, au magistrat saisi du dossier de la procédure sous le contrôle duquel la personne détenue est placée. Il avise également les titulaires de l'autorité parentale ou les représentants légaux de la personne mineure.***

Il fait rapport à la commission d'application des peines et à l'équipe pluridisciplinaire chargée du suivi individuel du mineur de toute sanction de confinement en cellule individuelle ordinaire et de toute sanction de cellule disciplinaire prononcée à l'encontre d'une personne mineure.

Art. R. 57-7-30 ***Les sanctions disciplinaires prononcées sont inscrites sur un registre tenu sous l'autorité du chef d'établissement. Ce registre est présenté aux autorités administratives et judiciaires lors de leurs visites de contrôle ou d'inspection.***

Les sanctions de mise en cellule disciplinaire sont, en outre, inscrites sur le registre du quartier disciplinaire tenu sous l'autorité du chef d'établissement. Ce registre est présenté aux autorités administratives et judiciaires lors de leurs visites de contrôle ou d'inspection.

Art. R. 57-7-31 ***La liste des personnes placées en confinement en cellule individuelle ordinaire et de celles présentes au quartier disciplinaire est communiquée quotidiennement à l'équipe médicale. Le médecin examine sur place chaque personne détenue au moins deux fois par semaine et aussi souvent qu'il l'estime nécessaire. La sanction est suspendue si le médecin constate que son exécution est de nature à compromettre la santé de l'intéressée.***

§ 3 DES VOIES DE RECOURS

BIBL. ▶ MOUNAUD, *RPDP 2007, nº spécial 49* (les recours gracieux et hiérarchiques des détenus). – REY-BETHBEDER, *RPDP 2007, nº spécial 58* (le juge administratif et le monde carcéral : de l'ignorance volontaire à l'effectivité du droit de recours). – GUYOMAR, *AJDA 2009. 413* (la justiciabilité des mesures pénitentiaires devant le juge administratif). – VIGOUROUX, *AJDA 2009. 403* (la valeur de la justice en détention). – GROULIER, *RDP 2009. 217* (une nouvelle approche des mesures d'ordre intérieur en prison ?).

Art. R. 57-7-32 ***La personne détenue qui entend contester la sanction prononcée à son encontre par la commission de discipline doit, dans le délai de quinze jours à compter du jour de la notification de la décision, la déférer au directeur interrégional des services pénitentiaires préalablement à tout recours contentieux. Le directeur interrégional dispose d'un délai d'un mois à compter de la réception du recours pour répondre par décision motivée. L'absence de réponse dans ce délai vaut décision de rejet.***

1. Caractère obligatoire du recours hiérarchique préalable. Il résulte de l'art. R. 57-7-32 qu'un détenu n'est recevable à déférer au juge administratif que la seule décision, expresse ou implicite, du directeur régional des services pénitentiaires, qui arrête définitivement la position de l'administration et qui se substitue ainsi à la sanction initiale prononcée par le chef d'établissement ; toutefois, eu égard aux caractéristiques de la procédure suivie devant la commission de discipline, cette substitution ne saurait faire obstacle à ce que soient invoquées, à l'appui d'un recours dirigé contre la décision du directeur régional, les éventuelles irrégularités de la procédure suivie devant la commission de discipline préalablement à la décision initiale. • CAA Lyon, 29 janv. 2015, nº 13LY03112 P : *D. 2015. 1122, obs. Herzog-Evans*. ♦ Il résulte de ces dispositions qu'un détenu n'est recevable à déférer au juge administratif que la seule décision, expresse ou implicite, du directeur régional des services pénitentiaires, qui se substitue à la sanction initiale et qui intervient au plus tard dans le délai d'un mois à compter de la réception du recours hiérarchique. La circonstance que le juge administratif ne puisse lui-même prononcer le sursis à exécution de la décision initiale mais seulement celle de la décision du directeur régional des services pénitentiaires ne constitue pas, eu égard à la nature des sanctions en cause prévues à l'art. D. 251 et aux conditions dans lesquelles elles sont prononcées, une méconnaissance d'une garantie essentielle des droits de la défense ni une atteinte au droit d'exercer un recours effectif devant une juridiction. • CE, avis, 29 déc. 1999 : *D. 2000. IR 29*.

2. Absence de contradictoire pour le recours hiérarchique. La procédure contradictoire prévues aux art. D. 250-2 et D. 250-4 ne s'applique pas avant que le directeur régional statue sur le recours hiérarchique prévu par l'art. D. 250-5. • TA Nantes, 27 oct. 2004, nº 022574 :

D. 2005. Pan. 999, obs. Péchillon • TA Nantes, 19 juill. 2013, n° 1200557 : *AJ pénal 2013. 557, obs. Péchillon* .

SOUS-SECTION 3 DES SANCTIONS

§ 1er DES SANCTIONS ENCOURUES

Art. R. 57-7-33 ***Lorsque la personne détenue est majeure, peuvent être prononcées les sanctions disciplinaires suivantes :***

1° L'avertissement ;

2° L'interdiction de recevoir des subsides de l'extérieur pendant une période maximum de deux mois ;

3° La privation pendant une période maximum de deux mois de la faculté d'effectuer en cantine tout achat autre que celui de produits d'hygiène, du nécessaire de correspondance et de tabac ;

4° La privation pendant une durée maximum d'un mois de tout appareil acheté ou loué par l'intermédiaire de l'administration ;

5° La privation d'une activité culturelle, sportive ou de loisirs pour une période maximum d'un mois ;

(Décr. n° 2019-98 du 13 févr. 2019, art. 7, en vigueur le 15 mars 2019) ***« 6° L'exécution d'un travail d'intérêt collectif de nettoyage, remise en état ou entretien des cellules ou des locaux communs ; cette sanction, dont la durée globale n'excède pas 40 heures, ne peut être prononcée qu'avec le consentement préalable de la personne détenue ;***

« 7° » Le confinement en cellule individuelle ordinaire assorti, le cas échéant, de la privation de tout appareil acheté ou loué par l'intermédiaire de l'administration pendant la durée de l'exécution de la sanction ;

(Décr. n° 2019-98 du 13 févr. 2019, art. 7, en vigueur le 15 mars 2019) ***« 8° » La mise en cellule disciplinaire.***

I. COMPÉTENCE DU POUVOIR RÉGLEMENTAIRE

1. Les dispositions de l'art. R. 57-7-33 n'ont pas institué des sanctions disciplinaires qui restreignent l'exercice du droit de propriété et du droit à l'accès à l'information dans une mesure excédant ce qui est strictement nécessaire ; dans ces conditions, le Premier ministre n'a pas méconnu l'étendue de l'habilitation qui lui a été accordée par le législateur en édictant ces dispositions. • CE 17 juill. 2013 : *Gaz. Pal. 26 sept. 2013. 16, obs. Guyomar.*

II. AVERTISSEMENT

2. Eu égard à leur nature et à leurs effets sur la situation des personnes détenues, les décisions par lesquelles le président de la commission de discipline prononce une sanction d'avertissement sont au nombre des décisions susceptibles de faire l'objet d'un recours pour excès de pouvoir. • CE 21 mai 2014 : *D. actu. 28 mai 2014, obs. Poupeau ; AJDA 2014. 1065* .

III. PRIVATION D'ACTIVITÉ

3. Sur la recevabilité du recours pour excès de pouvoir pour la privation d'une activité informatique : • TA Dijon, 28 déc. 2004, n° 03/0463 : *AJ pénal 2005. 205, obs. Céré* .

IV. PRIVATION D'APPAREIL

4. Pour déterminer si une mesure prise par l'administration pénitentiaire à l'égard d'un détenu constitue un acte administratif susceptible de recours pour excès de pouvoir, il y a lieu d'apprécier sa nature et son incidence sur la situation du détenu, indépendamment du motif sur lequel cette mesure repose. La privation de téléviseur pendant une durée de 10 jours, au surplus assortie d'un sursis, n'a entraîné que peu d'effets sur les conditions de détention du détenu alors même qu'elle sanctionnait la méconnaissance de l'interdiction de fumer dans l'établissement qui, n'étant pas l'objet mais le motif de la mesure, ne saurait entrer en ligne de compte dans l'appréciation du caractère décisoire de celle-ci. • CAA Lyon, 19 mai 2011, n° 10LY00334 : *AJ pénal 2011. 537, obs. Herzog-Evans* .

V. CONFINEMENT EN CELLULE INDIVIDUELLE

5. Sur la recevabilité du recours pour excès de pouvoir : • TA Lille, 26 févr. 2004, n° 003946 : *AJ pénal 2004. 209, obs. Céré* . ♦ La sanction de confinement en cellule individuelle ordinaire assortie de la privation de tout appareil acheté par l'intermédiaire de l'Administration pendant la durée de l'exécution de la sanction prévue au 6° de l'art. R. 57-7-33, ne constitue pas le cumul de deux sanctions distinctes mais une sanction unique d'un degré de gravité différent du seul confinement en cellule individuelle ordinaire. • CE 17 juill. 2013 : *préc. note 1.*

VI. CELLULE DISCIPLINAIRE

6. Nature du recours juridictionnel. En jugeant que l'administration pénitentiaire, en prononçant à l'encontre du requérant la sanction de placement en cellule disciplinaire pour une durée de vingt-cinq jours, n'avait pas entaché sa décision d'une erreur manifeste d'appréciation, alors qu'il lui appartenait de rechercher si cette sanction était proportionnée à la gravité de la faute reprochée, la cour administrative d'appel a commis une erreur de droit. • CE 1er juin 2015, nº 380449 : *D. actu. 9 juin 2015, obs. de Monteclerc ; AJ pénal 2015. 447, obs. Péchillon ; AJDA 2015. 1071 et 1596, concl. Bretonneau.* ♦ Il appartient au juge du fond, saisi d'une contestation portant sur une sanction que l'administration pénitentiaire inflige à un détenu, de prendre une décision qui se substitue à celle de l'Administration. Compte tenu des pouvoirs dont il dispose ainsi pour contrôler une sanction de cette nature, le juge se prononce sur la contestation dont il est saisi comme juge de plein contentieux. • TA Strasbourg, 25 juin 2009, nº 0803184 : *AJDA 2009. 2356, concl. Bilocq ; D. 2010. 1379, obs. Péchillon.* ♦ Eu égard à la nature et à la gravité de cette mesure, la punition de cellule constitue une décision faisant grief susceptible d'être déférée au juge de l'excès de pouvoir. • CE 17 févr. 1995, *Marie,* nº 97754 : *JCP 1995. II. 22426, note Lascombe et Bernard ; JCP 1996. I. 3906, note Maron ; RFDA 1995. 353, concl. Frydman ; ibid. 822, note Moderne et Céré ; RSC 1995. 381, obs. Couvrat ; AJDA 1995. 379, chron. Touvet et Stahl ; D. 1995. 381, note Belloubet-Frier.* ♦ *Contra* : les sanctions disciplinaires sont des mesures d'ordre intérieur destinées à assurer la discipline dans les établissements pénitentiaires et ne sont pas relatives au régime des peines, au sens de l'art. 34 de la Constitution. • CE 4 mai 1979, nº 00096 : *D. 1980. 433, note Drapier ; JCP 1979. II. 19242, concl. Franc.*

7. Référés (absence d'urgence). La modification temporaire du régime de détention qui résulte pour l'intéressé de son placement en cellule disciplinaire, définie par l'art. D. 251-3 (ancien), ne peut, en l'absence de circonstances particulières, être regardée par elle même comme constitutive d'une situation d'urgence. Ces circonstances particulières ne peuvent résulter du seul fait que l'intéressé a fait l'objet de plusieurs mesures successives de placement en cellule disciplinaire. • CE 22 avr. 2010 : *RPDP 2010. 931, obs. Péchillon ; AJDA 2010. 929 ; AJ pénal 2010. 299, obs. Péchillon ; RSC 2010. 645, obs. Poncela ; D. 2011. 1308, obs. Péchillon.*

Art. R. 57-7-34 ***Lorsque la personne détenue est majeure, les sanctions disciplinaires suivantes peuvent également être prononcées :***

1º La suspension de la décision de classement dans un emploi ou une formation pour une durée maximum de huit jours *(Abrogé par Décr. nº 2019-98 du 13 févr. 2019, art. 8, à compter du 15 mars 2019)* ***« lorsque la faute disciplinaire a été commise au cours ou à l'occasion de l'activité considérée » ;***

2º Le déclassement d'un emploi ou d'une formation *(Abrogé par Décr. nº 2019-98 du 13 févr. 2019, art. 8, à compter du 15 mars 2019)* ***« lorsque la faute disciplinaire a été commise au cours ou à l'occasion de l'activité considérée » ;***

3º La suppression de l'accès au parloir sans dispositif de séparation pour une période maximum de quatre mois lorsque la faute a été commise au cours ou à l'occasion d'une visite ;

(Abrogé par Décr. nº 2019-98 du 13 févr. 2019, art. 8, à compter du 15 mars 2019) ***« 4º L'exécution d'un travail de nettoyage des locaux pour une durée globale n'excédant pas quarante heures lorsque la faute disciplinaire est en relation avec un manquement aux règles de l'hygiène.***

« La sanction prévue au 4º ne peut être prononcée qu'après avoir préalablement recueilli le consentement de la personne détenue. » — *V. désormais art. R. 57-7-33.*

1. Déclassement d'emploi. Sur la recevabilité du recours pour excès de pouvoir pour la sanction de déclassement d'emploi, V. • TA Versailles, 10 mars 2005, nº 0403682 : *AJ pénal 2005. 334, obs. Céré.*

2. Un chef d'établissement pénitentiaire dispose de la faculté de suspendre une décision de classement dans un emploi le temps strictement nécessaire à ce qu'exige le but poursuivi par cette mesure provisoire, à savoir le maintien de l'ordre et de la sécurité de l'établissement ou bien la protection des personnes, y compris celle de la personne concernée. • CE 15 déc. 2017, nº 400822 : *AJ pénal 2018. 162, obs. Céré.*

Art. R. 57-7-35 *(Abrogé par Décr. nº 2021-682 du 27 mai 2021, art. 2, à compter du 30 sept. 2021)* ***Lorsque la personne détenue est mineure, peuvent être prononcées les sanctions suivantes :***

1º L'avertissement ;

2° La privation pendant une période maximum de quinze jours de la faculté d'effectuer en cantine tout achat autre que celui de produits d'hygiène et du nécessaire de correspondance ;

3° La privation pendant une durée maximum de quinze jours de tout appareil audiovisuel dont le mineur a l'usage personnel ;

4° Une activité de réparation ;

5° La privation ou la restriction d'activités culturelles, sportives et de loisirs pour une période maximum de huit jours ;

6° Le confinement en cellule individuelle ordinaire.

Toutefois, la personne mineure de seize ans ne peut faire l'objet de confinement que lorsque les faits commis constituent une des fautes prévues aux 1°, 2°, 3°, 4°, 5°, 6° (Décr. n° 2019-98 du 13 févr. 2019, art. 9, en vigueur le 15 mars 2019) *« , 7°, 8°, 9° et 10° » de l'article R. 57-7-1.*

Mesures de bon ordre. Les mesures de bon ordre applicables aux personnes détenues mineures, dont l'objet est d'apporter des réponses immédiates aux actes transgressifs de faible gravité pour lesquels le seul entretien visant au rappel au bon ordre apparaît insuffisant, n'ont pas le caractère de sanction et ne relèvent donc pas d'un décret en Conseil d'État. • CE 24 sept. 2014 : *AJDA 2015. 19 ; Gaz. Pal. 30 oct. 2014. 14, obs. Roussel.*

Art. R. 57-7-36 (Abrogé par Décr. n° 2021-682 du 27 mai 2021, art. 2, à compter du 30 sept. 2021) *Lorsque la personne détenue est mineure de plus de seize ans, peuvent être prononcées les sanctions suivantes :*

1° La mise en cellule disciplinaire, lorsque les faits commis constituent :

a) Les fautes prévues aux 1°, 2°, 3°, 4°, 5°, 6° (Décr. n° 2019-98 du 13 févr. 2019, art. 10, en vigueur le 15 mars 2019) *« , 7°, 8°, 9° et 10° » de l'article R. 57-7-1 ;*

b) Les menaces prévues aux (Décr. n° 2019-98 du 13 févr. 2019, art. 10, en vigueur le 15 mars 2019) *« 12° et 13° de l'article R. 57-7-1 et la faute prévue au 7° de l'article R. 57-7-2 » ;*

2° La suspension de la décision de classement dans un emploi ou une activité de formation pour une durée maximale de trois jours lorsque la faute disciplinaire a été commise au cours ou à l'occasion du travail ou de cette activité.

Art. R. 57-7-37 (Abrogé par Décr. n° 2021-682 du 27 mai 2021, art. 2, à compter du 30 sept. 2021) *La sanction d'activité de réparation prévue au 4° de l'article R. 57-7-35 consiste soit à :*

1° Présenter oralement ses excuses à la victime de la faute ;

2° Rédiger une lettre d'excuse ;

3° Rédiger un écrit portant sur la faute commise et sur le préjudice qu'elle a occasionné ;

4° Effectuer un travail de nettoyage ou de rangement des locaux de l'établissement pour une durée globale n'excédant pas dix heures lorsque la faute disciplinaire est en relation avec un manquement aux règles de l'hygiène.

Le président de la commission de discipline détermine la nature de l'activité de réparation. Il recueille le consentement du mineur et des titulaires de l'exercice de l'autorité parentale ou de ses représentants légaux préalablement au prononcé de la sanction de réparation.

§ 2 DU CONFINEMENT EN CELLULE ORDINAIRE

Art. R. 57-7-38 *Le confinement en cellule prévu* (Décr. n° 2019-98 du 13 févr. 2019, art. 11, en vigueur le 15 mars 2019) *« au 7° de l'article R. 57-7-33* [ancienne rédaction : au 6° de l'article R. 57-7-33] *» et au 6° de l'article R. 57-7-35 emporte le placement de la personne détenue dans une cellule ordinaire qu'elle occupe seule.*

Art. R. 57-7-39 *Le confinement en cellule emporte pendant toute sa durée suspension de la faculté d'effectuer en cantine tout achat autre que celui de produits d'hygiène, du nécessaire de correspondance et, pour les personnes majeures, de tabac ainsi que suspension de l'accès aux activités, sous réserve des dispositions de l'article R. 57-7-40.*

Les sanctions disciplinaires qui impliquent temporairement la privation de l'accès aux activités de travail et de formation et aux programmes de prévention de la récidive ne portent pas, par elles-mêmes, atteinte aux objectifs de reclassement et de réinsertion des personnes détenues. • CE 26 juin 2015, n° 375133 P : *D. actu. 1er sept. 2015, obs. Fonteix ; AJDA 2015. 2419 ; D. 2015. 2465, obs. Ginestet.*

Art. R. 57-7-40 *La personne confinée en cellule bénéficie d'au moins une heure quotidienne de promenade à l'air libre. La sanction de confinement en cellule n'entraîne aucune restriction à son droit de correspondance écrite et de communication téléphonique ni à son droit de recevoir des visites. Elle conserve la possibilité d'assister aux offices religieux.*

(Abrogé par Décr. n° 2021-682 du 27 mai 2021, art. 2, à compter du 30 sept. 2021) *« Le confinement en cellule n'entraîne pas, à l'égard de la personne détenue mineure, d'interruption de la scolarité ou de la formation. »*

Art. R. 57-7-41 *Pour les personnes majeures, la durée du confinement en cellule ne peut excéder vingt jours pour une faute du premier degré, quatorze jours pour une faute du deuxième degré et sept jours pour une faute du troisième degré.*

Cette durée peut être portée à trente jours (Décr. n° 2019-98 du 13 févr. 2019, art. 12, en vigueur le 15 mars 2019) *« lorsque :*

« 1° Les faits commis constituent une des fautes prévues aux 1°, 2° et 3° de l'article R. 57-7-1 ;

« 2° Les fautes prévues aux 4° et 7° de l'article R. 57-7-1 ont été commises avec violence physique contre les personnes [ancienne rédaction : lorsque les faits commis constituent une des fautes prévues au 1° et au 2° de l'article R. 57-7-1] *».*

Art. R. 57-7-42 (Abrogé par Décr. n° 2021-682 du 27 mai 2021, art. 2, à compter du 30 sept. 2021) *A l'égard de la personne mineure de plus de seize ans, la durée du confinement en cellule ne peut excéder sept jours pour une faute du premier degré, cinq jours pour une faute du deuxième degré et trois jours pour une faute du troisième degré.*

A l'égard du mineur de seize ans, la durée du confinement est au maximum de trois jours.

§ 3 DE LA MISE EN CELLULE DISCIPLINAIRE

Art. R. 57-7-43 *La mise en cellule disciplinaire prévue* (Décr. n° 2019-98 du 13 févr. 2019, art. 13, en vigueur le 15 mars 2019) *« au 8°* [ancienne rédaction : au 7°] *» de l'article R. 57-7-33 et à l'article R. 57-7-36 consiste dans le placement de la personne détenue dans une cellule aménagée à cet effet et qu'elle doit occuper seule.*

Art. R. 57-7-44 *La sanction de cellule disciplinaire emporte pendant toute sa durée la suspension de la faculté d'effectuer en cantine tout achat autre que l'achat de produits d'hygiène, du nécessaire de correspondance et, pour les personnes majeures, de tabac ainsi que la suspension de l'accès aux activités, sous réserve des dispositions de l'article R. 57-7-45.*

1. Les dispositions de l'art. R. 57-7-44, en ce qu'elles prévoient que la sanction de cellule disciplinaire emporte pendant toute sa durée la suspension de l'accès aux activités, notamment aux activités à caractère cultuel, sous réserve des dispositions de l'art. R. 57-7-45, ne peuvent être regardées, eu égard à l'objectif d'intérêt général de protection de la sécurité et du bon ordre dans les établissements pénitentiaires qu'elles poursuivent, à la durée maximale de la sanction en cause et aux droits dont continuent à bénéficier [...] les détenus, comme portant une atteinte excessive au droit de ces derniers de pratiquer leur religion. • CE 11 juin 2014 : *D. actu. 18 juin 2014, obs. Pastor.*

2. Les sanctions disciplinaires qui impliquent temporairement la privation de l'accès aux activités de travail et de formation et aux programmes de prévention de la récidive ne portent pas, par elles-mêmes, atteinte aux objectifs de reclassement et de réinsertion des personnes détenues. • CE 26 juin 2015, n° 375133 P : *D. actu. 1er sept. 2015, obs. Fonteix ; AJDA 2015. 2419 ; D. 2015. 2465, obs. Ginestet.*

Art. R. 57-7-45 *Les personnes placées en cellule disciplinaire bénéficient d'au moins une heure quotidienne de promenade individuelle dans une cour dédiée à cet effet.*

La sanction de cellule disciplinaire n'emporte aucune restriction pour les personnes détenues à leur droit de correspondance écrite.

Elles conservent la faculté d'effectuer des appels téléphoniques au cours de l'exécution de leur sanction. Toutefois, cette faculté est limitée à un appel téléphonique par période de sept jours ou à un appel si la sanction prononcée est inférieure à sept jours.

Elles peuvent rencontrer leur avocat, leur représentant consulaire, le (L. org. n° 2011-333 du 29 mars 2011, art. 44) *« Défenseur des droits » et ses délégués, le Contrôleur général des lieux de privation de liberté et ses contrôleurs, les membres de l'équipe médicale, les personnels pénitentiaires et l'aumônier du culte de leur choix.*

Les personnes majeures conservent la faculté de rencontrer les titulaires de permis de visite ou le visiteur de prison en charge de leur suivi, une fois par semaine.

(Abrogé par Décr. n° 2021-682 du 27 mai 2021, art. 2, à compter du 30 sept. 2021) ***« Pour les personnes mineures, la sanction de cellule disciplinaire n'emporte aucune restriction à leur faculté de recevoir les visites de leur famille ou de toute autre personne participant à leur éducation et à leur insertion sociale. Elles peuvent rencontrer les personnels du secteur public de la protection judiciaire de la jeunesse. Elles continuent de bénéficier de l'accès à l'enseignement ou à la formation. »***

Art. R. 57-7-46 ***Sous réserve des dispositions prévues au 3° de l'article R. 57-7-34, les titulaires de permis de visite rencontrent la personne placée en cellule disciplinaire dans un parloir sans dispositif de séparation.***

Toutefois, dans les cas prévus à l'article R. 57-8-12, le chef d'établissement peut décider que les visites auront lieu dans un parloir avec dispositif de séparation.

Art. R. 57-7-47 ***Pour les personnes majeures, la durée de la mise en cellule disciplinaire ne peut excéder vingt jours pour une faute disciplinaire du premier degré, quatorze jours pour une faute disciplinaire du deuxième degré et sept jours pour une faute disciplinaire du troisième degré.***

Cette durée peut être portée à trente jours *(Décr. n° 2019-98 du 13 févr. 2019, art. 14, en vigueur le 15 mars 2019)* ***« lorsque :***

« 1° Les faits commis constituent une des fautes prévues aux 1°, 2° et 3° de l'article R. 57-7-1 ;

« 2° Les fautes prévues aux 4° et 7° de l'article R. 57-7-1 ont été commises avec violence physique contre les personnes *[ancienne rédaction : lorsque les faits commis constituent une des fautes prévues au 1° et au 2° de l'article R. 57-7-1]* ***».***

Art. R. 57-7-48 *(Abrogé par Décr. n° 2021-682 du 27 mai 2021, art. 2, à compter du 30 sept. 2021)* ***La durée du placement en cellule disciplinaire des personnes mineures de plus de seize ans ne peut excéder sept jours pour une faute du premier degré et cinq jours pour une faute du second degré.***

§ 4 DU PRONONCÉ DES SANCTIONS

Art. R. 57-7-49 ***Le président de la commission de discipline prononce celles des sanctions qui lui paraissent proportionnées à la gravité des faits et adaptées à la personnalité de leur auteur.*** *(Abrogé par Décr. n° 2021-682 du 27 mai 2021, art. 2, à compter du 30 sept. 2021)* ***« Pour les détenus mineurs, il tient compte, notamment, de leur âge et de leur degré de discernement. »***

Les sanctions collectives sont prohibées.

Art. R. 57-7-50 ***Lorsque la personne détenue est majeure, le président de la commission de discipline peut, pour une même faute, prononcer l'une des sanctions prévues*** *(Décr. n° 2019-98 du 13 févr. 2019, art. 15, en vigueur le 15 mars 2019)* ***« aux articles R. 57-7-33 et R. 57-7-34. Il peut également compléter une sanction prévue à l'article R. 57-7-33 par une sanction prévue à l'article R. 57-7-34*** *[ancienne rédaction : à l'article R. 57-7-33 et, le cas échéant, l'une des sanctions prévues à l'article R. 57-7-34]* ***».***

Art. R. 57-7-51 *(Décr. n° 2019-98 du 13 févr. 2019, art. 16, en vigueur le 15 mars 2019)* ***« Lorsque la commission de discipline est amenée à se prononcer le même jour sur plusieurs fautes commises par une personne détenue majeure, et sauf décision contraire de son président, les durées des sanctions prononcées se cumulent. Toutefois, lorsque les sanctions sont de même nature, leur durée cumulée ne peut excéder la limite du maximum prévu pour la faute la plus grave. Pour l'application de cette disposition, sont réputés de même nature : »***

1° Le confinement en cellule individuelle ordinaire et le placement en cellule disciplinaire ;

2° La privation de la faculté d'effectuer des achats en cantine et l'interdiction de recevoir des subsides ;

3° La privation de tout appareil acheté ou loué par l'intermédiaire de l'administration et la privation d'activités culturelles, sportives ou de loisirs.

1. Condition de simultanéité. L'interdiction de cumul de sanctions et le plafonnement de la sanction prononcée au maximum encouru pour la faute la plus grave ont pour objet de limiter la durée pendant laquelle un détenu peut être soumis à des sanctions de même nature, même si les fautes sanctionnées sont dépourvues de liens entre elles ; ces deux règles ne peuvent être appliquées que si la commission de discipline examine les fautes d'un détenu et prononce les sanctions correspondantes au cours d'une même séance ; dès lors, la condition de simultanéité des poursuites pour plusieurs fautes doit être regardée comme impliquant que les fautes poursuivies soient examinées et sanctionnées au cours d'une même séance de la commission de discipline sans qu'elles aient nécessairement fait l'objet de poursuites par le directeur de l'établissement concurremment ou en raison de leur connexité. • CE 26 déc. 2013, n° 353138 P : *RPDP. 2014. 395, obs. Céré.*

2. Durée maximale. Le détenu qui persiste à refuser de regagner sa cellule peut-être condamné à trois jours, puis quatre jours et ainsi de suite jusqu'à atteindre au total la durée maximale de mise en cellule disciplinaire. • CE 2 févr. 2000, n° 155607 : *D. 2001. Chron. 568, obs. Herzog-Evans.*

Art. R. 57-7-52 *(Abrogé par Décr. n° 2021-682 du 27 mai 2021, art. 2, à compter du 30 sept. 2021)* ***Lorsque la personne détenue est mineure, le président de la commission de discipline ne peut prononcer, pour une même faute, qu'une seule des sanctions prévues aux articles R. 57-7-35 ou R. 57-7-36.***

Art. R. 57-7-53 *(Abrogé par Décr. n° 2021-682 du 27 mai 2021, art. 2, à compter du 30 sept. 2021) (Décr. n° 2019-98 du 13 févr. 2019, art. 17, en vigueur le 15 mars 2019)* ***« Lorsque la commission de discipline est amenée à se prononcer le même jour sur plusieurs fautes commises par une personne détenue mineure, et sauf décision contraire de son président, les durées des sanctions prononcées se cumulent. Toutefois, lorsque les sanctions sont de même nature, leur durée cumulée ne peut excéder la limite du maximum prévu pour la faute la plus grave. Pour l'application de cette disposition, sont réputés de même nature : »***

1° Le confinement en cellule individuelle ordinaire et le placement en cellule disciplinaire ;

2° La privation de tout appareil audiovisuel dont le mineur a l'usage personnel et la privation d'activités culturelles, sportives et de loisirs.

Art. R. 57-7-54 ***Le président de la commission de discipline peut accorder le bénéfice du sursis pour tout ou partie de l'exécution de la sanction disciplinaire soit lors du prononcé de celle-ci, soit au cours de son exécution.***

Art. R. 57-7-55 ***Lorsqu'il octroie le bénéfice du sursis, le président de la commission de discipline fixe un délai de suspension de la sanction sans que celui-ci puisse excéder six mois lorsque la personne détenue est majeure*** *(Abrogé par Décr. n° 2021-682 du 27 mai 2021, art. 2, à compter du 30 sept. 2021)* ***« ou trois mois s'il s'agit d'un mineur ». Il appelle l'attention de la personne détenue sur les conséquences du sursis telles qu'elles sont réglées par les articles R. 57-7-56 et R. 57-7-57.***

Art. R. 57-7-56 ***Si, au cours du délai de suspension de la sanction, la personne détenue commet une nouvelle faute donnant lieu à une sanction, quels que soient la nature ou le degré de cette faute, le sursis est, sauf décision contraire du président de la commission, révoqué de plein droit. La première sanction est alors exécutée cumulativement avec celle afférente à la seconde faute.***

Toutefois, lorsque les deux sanctions sont de même nature, leur durée cumulée ne peut excéder la limite du maximum prévu, pour la faute la plus grave, par les articles R. 57-7-33 à R. 57-7-37, R. 57-7-41, R. 57-7-42, R. 57-7-47 et R. 57-7-48. Pour l'application de cette disposition, sont réputés de même nature :

1° Le confinement en cellule individuelle ordinaire et le placement en cellule disciplinaire ;

2° La privation de la faculté d'effectuer des achats en cantine et l'interdiction de recevoir des subsides ;

3° La privation de tout appareil acheté ou loué par l'intermédiaire de l'administration et la privation ou la restriction d'une activité culturelle, sportive ou de loisirs ;

(Abrogé par Décr. n° 2021-682 du 27 mai 2021, art. 2, à compter du 30 sept. 2021) ***« 4° La privation de tout appareil audiovisuel dont le mineur a l'usage personnel et la privation d'activités culturelles, sportives et de loisirs. »***

En tout état de cause, la sanction de mise en cellule disciplinaire s'exécute préalablement à toute autre sanction.

Art. R. 57-7-57 ***Si, au cours du délai de suspension de la sanction, la personne détenue n'a commis aucune faute disciplinaire donnant lieu à une sanction, la sanction assortie du sursis est réputée non avenue. Il en est fait mention sur le registre prévu au premier alinéa de l'article R. 57-7-30.***

Le recours d'une personne détenue contre une sanction disciplinaire assortie du sursis demeure recevable alors même que la sanction n'est plus susceptible de recevoir exécution en raison de l'expiration du délai de sursis, eu égard aux effets néfastes susceptibles d'être engendrés par l'inscription du non avenu sur le registre d'écrou. • CE 22 janv. 2013 : *AJ pénal 2013. 173, obs. Herzog-Evans*.

Art. R. 57-7-58 ***Lorsqu'il ordonne le sursis à exécution de l'une des sanctions prévues aux*** *(Décr. n° 2019-98 du 13 févr. 2019, art. 18, en vigueur le 15 mars 2019)* ***« 7° et 8°*** *[ancienne rédaction : 6° et 7°]* ***» de l'article R. 57-7-33 prononcée à l'encontre d'une personne majeure, le président de la commission de discipline peut décider que celle-ci devra accomplir, pendant tout ou partie du délai de suspension de la sanction, des travaux*** *(Décr. n° 2019-98 du 13 févr. 2019, art. 18, en vigueur le 15 mars 2019)* ***« d'intérêt collectif*** *[ancienne rédaction : de nettoyage]* ***» pour une durée globale n'excédant pas quarante heures.***

(Abrogé par Décr. n° 2021-682 du 27 mai 2021, art. 2, à compter du 30 sept. 2021) ***« Lorsqu'il ordonne le sursis à exécution de l'une des sanctions de cellule prévues au 6° de l'article R. 57-7-35 et à l'article R. 57-7-36 prononcée à l'encontre d'un mineur de plus de seize ans, le président de la commission de discipline peut décider qu'il devra accomplir, pendant tout ou partie du délai de suspension de la sanction, des travaux de nettoyage pour une durée globale n'excédant pas vingt heures. »***

Le consentement de la personne détenue doit être préalablement recueilli.

Les dispositions des articles R. 57-7-54 à R. 57-7-57 et R. 57-7-59 sont, pour le surplus, applicables au sursis ordonné dans les conditions prévues au présent article.

Art. R. 57-7-59 ***Le sursis peut être révoqué en tout ou en partie, en cas d'inexécution totale ou partielle du travail ordonné. L'inexécution doit être constatée par l'autorité disciplinaire sur rapport d'un membre du personnel, la personne détenue ayant été préalablement entendue.*** *(Abrogé par Décr. n° 2021-682 du 27 mai 2021, art. 2, à compter du 30 sept. 2021)* ***« Lorsque celle-ci est mineure, les observations du service du secteur public de la protection judiciaire de la jeunesse sont recueillies. »***

Art. R. 57-7-60 ***Le chef d'établissement ou son délégataire peut, lors du prononcé ou au cours de l'exécution de la sanction, dispenser la personne détenue de tout ou partie de son exécution soit en raison de la bonne conduite de l'intéressée, soit à l'occasion d'une fête légale ou d'un événement national, soit pour suivre une formation ou pour passer un examen, soit pour lui permettre de suivre un traitement médical.***

Il peut, pour les mêmes motifs, lors du prononcé ou au cours de l'exécution de la sanction, décider d'en suspendre ou d'en fractionner l'exécution.

Art. R. 57-7-61 ***Lorsque la période de suspension excède six mois, la sanction ne peut plus être ramenée à exécution.***

SECTION II *[ABROGÉE]* DE L'ISOLEMENT

(Abrogée par Décr. n° 2022-479 du 30 mars 2022, art. 8, à compter du 1er mai 2022)

SOUS-SECTION 1 *[ABROGÉE]* DU RÉGIME DE DÉTENTION À L'ISOLEMENT

Art. R. 57-7-62 ***La mise à l'isolement d'une personne détenue, par mesure de protection ou de sécurité, qu'elle soit prise d'office ou sur la demande de la personne détenue, ne constitue pas une mesure disciplinaire.***

La personne détenue placée à l'isolement est seule en cellule.

Elle conserve ses droits à l'information, aux visites, à la correspondance écrite et téléphonique, à l'exercice du culte et à l'utilisation de son compte nominatif.

Elle ne peut participer aux promenades et activités collectives auxquelles peuvent prétendre les personnes détenues soumises au régime de détention ordinaire, sauf autorisation, pour une activité spécifique, donnée par le chef d'établissement.

Toutefois, le chef d'établissement organise, dans toute la mesure du possible et en fonction de la personnalité de la personne détenue, des activités communes aux personnes détenues placées à l'isolement.

La personne détenue placée à l'isolement bénéficie d'au moins une heure quotidienne de promenade à l'air libre.

En application du Décr. n° 2014-1279 du 23 oct. 2014 relatif aux exceptions à l'application du principe « silence vaut acceptation » (L. n° 2000-321 du 12 avr. 2000, art. 21, I), le silence gardé pendant deux mois par l'administration vaut décision de rejet pour les demandes relatives aux autorisation de participer, pour une personne détenue placée à l'isolement, aux promenades et aux activités collectives avec les personnes détenues soumises au régime ordinaire ou pour une activité spécifique.

Les dispositions de l'art. R 57-7-62 ne font pas obstacle à ce que le détenu puisse passer ses examens, ait un accès autorisé par le chef d'établissement à la bibliothèque et au quartier scolaire et soit en contact avec le personnel enseignant. Dans les circonstances de l'espèce, la situation d'urgence ne saurait donc être regardée comme établie. • TA Lille, 15 avr. 2011, n° 1102235 : *AJ pénal 2011. 260, obs. Herzog-Evans.*

Art. R. 57-7-63 ***La liste des personnes détenues placées à l'isolement est communiquée quotidiennement à l'équipe de l'unité de consultation et de soins ambulatoires de l'établissement.***

Le médecin examine sur place chaque personne détenue au moins deux fois par semaine et aussi souvent qu'il l'estime nécessaire.

Ce médecin, chaque fois qu'il l'estime utile au regard de l'état de santé de la personne détenue, émet un avis sur l'opportunité de mettre fin à l'isolement et le transmet au chef d'établissement.

SOUS-SECTION 2 *[ABROGÉE]* DE LA PROCÉDURE DE PLACEMENT À L'ISOLEMENT SUR DÉCISION DE L'ADMINISTRATION

Art. R. 57-7-64 ***Lorsqu'une décision d'isolement d'office initial ou de prolongation est envisagée, la personne détenue est informée, par écrit, des motifs invoqués par l'administration, du déroulement de la procédure et du délai dont elle dispose pour préparer ses observations. Le délai dont elle dispose ne peut être inférieur à trois heures à partir du moment où elle est mise en mesure de consulter les éléments de la procédure, en présence de son avocat, si elle en fait la demande. Le chef d'établissement peut décider de ne pas communiquer à la personne détenue et à son avocat les informations ou documents en sa possession qui contiennent des éléments pouvant porter atteinte à la sécurité des personnes ou des établissements pénitentiaires.***

Si la personne détenue ne comprend pas la langue française, les informations sont présentées par l'intermédiaire d'un interprète désigné par le chef d'établissement. Il en est de même de ses observations, si elle n'est pas en mesure de s'exprimer en langue française.

Les observations de la personne détenue et, le cas échéant, celles de son avocat sont jointes au dossier de la procédure. Si la personne détenue présente des observations orales, elles font l'objet d'un compte rendu écrit signé par elle.

Le chef d'établissement, après avoir recueilli préalablement à sa proposition de prolongation l'avis écrit du médecin intervenant à l'établissement, transmet le dossier de la procédure accompagné de ses observations au directeur interrégional des services pénitentiaires lorsque la décision relève de la compétence de celui-ci ou du ministre de la justice.

La décision est motivée. Elle est notifiée sans délai à la personne détenue par le chef d'établissement.

Droits de la défense. La mesure d'isolement a été prononcée sans que l'appelant ait été mis à même de demander la communication de son dossier et ait disposé d'un délai suffisant pour présenter sa défense ; il n'est pas allégué que l'urgence imposait qu'il ne fut pas procédé à cette formalité ; en conséquence la décision a été prise à l'issue d'une procédure irrégulière. • CAA Marseille, 15 janv. 2004, n° 99MA02435 : *AJ pénal 2004. 164, obs. Céré.*

Art. R. 57-7-65 ***En cas d'urgence, le chef d'établissement peut décider le placement provisoire à l'isolement de la personne détenue, si la mesure est l'unique moyen de préserver la sécurité des personnes ou de l'établissement. Le placement provisoire à l'isolement ne peut excéder cinq jours.***

A l'issue d'un délai de cinq jours, si aucune décision de placement à l'isolement prise dans les conditions prévues par la présente sous section n'est intervenue, il est mis fin à l'isolement.

La durée du placement provisoire à l'isolement s'impute sur la durée totale de l'isolement.

Art. R. 57-7-66 ***Le chef d'établissement décide de la mise à l'isolement pour une durée maximale de trois mois. Il peut renouveler la mesure une fois pour la même durée.***

Il rend compte sans délai de sa décision au directeur interrégional.

Art. R. 57-7-67 ***Au terme d'une durée de six mois, le directeur interrégional des services pénitentiaires peut prolonger l'isolement pour une durée maximale de trois mois.***

La décision est prise sur rapport motivé du chef d'établissement.

Cette décision peut être renouvelée une fois pour la même durée.

Art. R. 57-7-68 ***Lorsque la personne détenue est à l'isolement depuis un an à compter de la décision initiale, le ministre de la justice peut prolonger l'isolement pour une durée maximale de trois mois renouvelable.***

La décision est prise sur rapport motivé du directeur interrégional saisi par le chef d'établissement selon les modalités de l'article R. 57-7-64.

L'isolement ne peut être prolongé au-delà de deux ans sauf, à titre exceptionnel, si le placement à l'isolement constitue l'unique moyen d'assurer la sécurité des personnes ou de l'établissement.

Dans ce cas, la décision de prolongation doit être spécialement motivée.

Les dispositions de l'art. R. 57-7-68 sont applicables aux propositions de prolongation de la mesure d'isolement dont est saisi le ministre de la justice postérieurement à l'entrée en vigueur du Décr. n° 2010-1634 du 23 déc. 2010, art. 3-II.

Prolongation de l'isolement. Il ressort des pièces du dossier qu'il s'est écoulé plus d'un an entre la décision de placement à l'isolement litigieuse et celle qui l'a précédée et a été levée ; qu'ainsi, compte tenu de la durée d'interruption de ce régime de détention, la décision doit être regardée non comme une décision de prolongation au-delà d'un an de la mise à l'isolement mais comme une décision de placement à l'isolement initial qui pouvait être prise par le chef d'établissement. • CAA Bordeaux, 22 mars 2011, n° 10BX01761 : *AJ pénal 201. 474, obs. Herzog-Evans.*

SOUS-SECTION 3 *[ABROGÉE]* DE LA PROCÉDURE DE PLACEMENT À L'ISOLEMENT SUR DEMANDE DE LA PERSONNE DÉTENUE

Art. R. 57-7-70 ***La personne détenue qui demande son placement à l'isolement ou la prolongation de son isolement adresse au chef d'établissement une demande écrite et motivée. Si la personne détenue est dans l'impossibilité de présenter une requête écrite, sa demande fait l'objet d'un compte rendu écrit signé de l'intéressée.***

Le chef d'établissement après avoir recueilli préalablement l'avis écrit du médecin intervenant à l'établissement transmet la demande de la personne détenue accompagnée de ses observations au directeur interrégional des services pénitentiaires lorsque la décision relève de la compétence de celui-ci ou du ministre de la justice.

Le chef d'établissement peut décider d'un placement à l'isolement pour une durée maximale de trois mois. Il peut renouveler la mesure une fois pour la même durée.

Au terme d'une durée de six mois, le directeur interrégional des services pénitentiaires peut prolonger l'isolement pour une durée maximale de trois mois. La décision est prise sur rapport motivé du chef d'établissement. Cette décision peut être renouvelée une fois pour la même durée.

Lorsque la personne détenue est placée à l'isolement depuis un an à compter de la décision initiale, le ministre de la justice peut prolonger l'isolement pour une durée maximale de trois mois renouvelable. La décision est prise sur rapport motivé du directeur interrégional saisi par le chef d'établissement selon les modalités du présent article. L'isolement ne peut être

prolongé au-delà de deux ans sauf, à titre exceptionnel, si le placement à l'isolement constitue l'unique moyen d'assurer la sécurité de la personne détenue.

En application du Décr. n° 2014-1277 du 23 oct. 2014 relatif aux exceptions à l'application du principe « silence vaut acceptation » (L. n° 2000-321 du 12 avr. 2000, art. 21, II), le silence gardé pendant deux mois par l'administration vaut décision de rejet pour les demandes relatives au placement à l'isolement d'une personne détenue majeure.

Art. R. 57-7-71 *Lorsque la personne détenue est transférée, si elle renouvelle sa demande de placement à l'isolement à son arrivée dans le nouvel établissement, la mesure est maintenue provisoirement.*

L'autorité compétente dispose d'un délai de quinze jours pour statuer sur la demande.

A l'issue de ce délai, si aucune décision d'isolement n'a été prise, il est mis fin à l'isolement.

En application du Décr. n° 2014-1277 du 23 oct. 2014 relatif aux exceptions à l'application du principe « silence vaut acceptation » (L. n° 2000-321 du 12 avr. 2000, art. 21, II), le silence gardé pendant deux mois par l'administration vaut décision de rejet pour les demandes relatives au renouvellement du placement à l'isolement sur demande de la personne détenue après son transfèrement dans un autre établissement pénitentiaire.

Art. R. 57-7-72 *L'isolement est levé par le chef d'établissement dès que la personne détenue en fait la demande.*

Lorsque l'autorité qui a pris la décision envisage de lever l'isolement sans l'accord de la personne détenue, la décision est prise selon les modalités mentionnées à l'article R. 57-7-64.

SOUS-SECTION 4 *[ABROGÉE]* DISPOSITIONS COMMUNES

Art. R. 57-7-73 *Tant pour la décision initiale que pour les décisions ultérieures de prolongation, il est tenu compte de la personnalité de la personne détenue, de sa dangerosité ou de sa vulnérabilité particulière, et de son état de santé.*

L'avis écrit du médecin intervenant dans l'établissement est recueilli préalablement à toute proposition de renouvellement de la mesure au-delà de six mois et versé au dossier de la procédure.

Art. R. 57-7-74 *Lorsque la personne détenue a déjà été placée à l'isolement et si cette mesure a fait l'objet d'une interruption inférieure à un an, la durée de l'isolement antérieur s'impute sur la durée de la nouvelle mesure.*

Si l'interruption est supérieure à un an, la nouvelle mesure constitue une décision initiale de placement à l'isolement qui relève de la compétence du chef d'établissement.

Art. R. 57-7-75 *L'hospitalisation de la personne détenue ou son placement en cellule disciplinaire sont sans effet sur le terme de l'isolement antérieurement décidé.*

Art. R. 57-7-76 *Il peut être mis fin à la mesure d'isolement à tout moment par l'autorité qui a pris la mesure ou qui l'a prolongée, d'office ou à la demande de la personne détenue.*

Art. R. 57-7-77 *Toute décision de placement, prolongation ou levée de l'isolement est consignée dans une fiche versée au dossier individuel de la personne détenue.*

Il est tenu un registre des mesures d'isolement sous la responsabilité du chef d'établissement. Ce registre est visé par les autorités administratives et judiciaires lors de leurs visites de contrôle et d'inspection.

Art. R. 57-7-78 *Toute décision de placement ou de prolongation d'isolement est communiquée sans délai par le chef d'établissement au juge de l'application des peines s'il s'agit d'une personne condamnée ou au magistrat saisi du dossier de la procédure s'il s'agit d'une personne prévenue.*

Lorsque l'isolement est prolongé au-delà d'un an, le chef d'établissement, préalablement à la décision, sollicite l'avis du juge de l'application des peines s'il s'agit d'une personne condamnée ou du magistrat saisi du dossier de la procédure s'il s'agit d'une personne prévenue.

La personne détenue peut faire parvenir au juge de l'application des peines ou au magistrat saisi du dossier de la procédure toutes observations concernant la décision prise à son égard.

Au moins une fois par trimestre, le chef d'établissement rend compte à la commission de l'application des peines du nombre et de l'identité des personnes détenues placées à l'isolement et de la durée de celui-ci pour chacune d'elles.

La Cour de cassation est incompétente pour se prononcer, fût-ce sous forme d'un avis, par une appréciation au fond, sur les modalités d'exécution d'une mesure de détention provisoire (isolement), l'art. R. 57-7-78 attribuant cette compétence aux juridictions de l'application des peines ou d'instruction. • Crim. 26 oct. 2018, n° 18-81.096 P.

SECTION III *[ABROGÉE]* DES MOYENS DE CONTRÔLE ET DE CONTRAINTE

(Abrogée par Décr. n° 2022-479 du 30 mars 2022, art. 8, à compter du 1er mai 2022)

RÉP. PÉN. v° *Fouilles corporelles*, par HERZOG-EVANS.

SOUS-SECTION 1 *[ABROGÉE]* DES MOYENS DE CONTRÔLE

Art. R. 57-7-79 ***Les mesures de fouilles des personnes détenues, intégrales ou par palpation, sont mises en œuvre sur décision du chef d'établissement pour prévenir les risques mentionnés au premier alinéa de l'article 57 de la loi n° 2009-1436 du 24 novembre 2009. Leur nature et leur fréquence sont décidées au vu de la personnalité des personnes intéressées, des circonstances de la vie en détention et de la spécificité de l'établissement.***

(Décr. n° 2014-477 du 13 mai 2014, art. 3) ***« Lorsque les mesures de fouille des personnes détenues, intégrales ou par palpation, sont réalisées à l'occasion de leur extraction ou de leur transfèrement par l'administration pénitentiaire, elles sont mises en œuvre sur décision du chef d'escorte. Leur nature et leur fréquence sont décidées au vu de la personnalité des personnes intéressées et des circonstances dans lesquelles se déroule l'extraction ou le transfèrement. »***

1. S'il n'appartient qu'au juge judiciaire de connaître des actes relatifs à la conduite d'une procédure judiciaire ou qui en sont inséparables, les décisions par lesquelles les autorités pénitentiaires, afin d'assurer la sécurité générale des établissements ou des opérations d'extraction, décident de soumettre un détenu à des fouilles corporelles intégrales, dans le but de prévenir toute atteinte à l'ordre public, relèvent de l'exécution du service public administratif pénitentiaire et de la compétence de la juridiction administrative ; il en va ainsi alors même que les fouilles sont décidées et réalisées à l'occasion d'extractions judiciaires destinées à assurer la comparution d'un détenu sur ordre du procureur de la République, y compris lorsque les opérations de fouilles se déroulent dans l'enceinte de la juridiction et durant le procès. Si les nécessités de l'ordre public et les contraintes du service public pénitentiaire peuvent légitimer l'application à un détenu d'un régime de fouilles corporelles intégrales répétées, c'est à la double condition, d'une part, que le recours à ces fouilles intégrales soit justifié, notamment par l'existence de suspicions fondées sur le comportement du détenu, ses agissements antérieurs ou les circonstances de ses contacts avec des tiers et, d'autre part, qu'elles se déroulent dans des conditions et selon des modalités strictement et exclusivement adaptées à ces nécessités et ces contraintes. Il appartient ainsi à l'administration de justifier de la nécessité de ces opérations de fouille et de la proportionnalité des modalités retenues. • CE 14 nov. 2008, n° 315622 : *Procédures, janv. 2009, n° 31, obs. Deygas ; D. 2008. 3013, obs. Royer ; ibid. 2009. 1380, obs. Céré ; AJ pénal 2009. 89, obs. Péchillon ; AJDA 2008. 2145 et 2389, obs. Geffray et Liéber ; Gaz. Pal. 4-6 janv. 2009, obs. Herzog-Evans.* ♦ Les mesures de fouilles des détenus ne sauraient revêtir un caractère systématique et doivent être justifiées par l'un des motifs énoncés à l'art. 57 de la loi pénitentiaire du 24 nov. 2009 (présomption d'une infraction, sécurité des personnes, bon ordre de l'établissement). • CE 26 sept. 2012, *Garde des Sceaux c/ Pierre A. : D. actu. 5 oct. 2012, note Poupeau ; RPDP 2012. 935, obs. Péchillon* • 6 juin 2013, n° 368875 : *D. 2013. 1478, obs. Léna ; AJ pénal 2013. 497, obs. Péchillon.*

2. Lorsqu'une instruction particulière prévoit la fouille intégrale systématique d'un détenu au retour de chaque parloir, la mesure doit faire l'objet d'un réexamen à intervalles réguliers, afin de déterminer si le comportement et la personnalité du détenu justifient ou non la poursuite de ce régime exorbitant. • CE 6 juin 2013, n° 368875 : *D. actu. 17 juin 2013, obs. Léna ; D. 2013. 1478, obs. Léna ; AJ pénal 2013. 497, obs. Péchillon ; AJDA 2013. 1191.*

Art. R. 57-7-80 ***Les personnes détenues sont fouillées chaque fois qu'il existe des éléments permettant de suspecter un risque d'évasion, l'entrée, la sortie ou la circulation en détention d'objets ou substances prohibés ou dangereux pour la sécurité des personnes ou le bon ordre de l'établissement.***

Sur les fouilles corporelles des personnes détenues, V. notes ss. L. n° 2009-1436 du 24 nov. 2009, art. 57.

Art. R. 57-7-81 *Les personnes détenues ne peuvent être fouillées que par des agents de leur sexe et dans des conditions qui, tout en garantissant l'efficacité du contrôle, préservent le respect de la dignité inhérente à la personne humaine.*

Art. R. 57-7-82 *Lorsque la personne détenue est soupçonnée d'avoir ingéré des substances ou des objets ou de les avoir dissimulés dans sa personne, le chef d'établissement saisit le procureur de la République d'une demande aux fins de faire pratiquer une investigation corporelle interne par un médecin. Il joint à sa demande tout élément de nature à la justifier.*

SOUS-SECTION 2 *[ABROGÉE]* DES MOYENS DE CONTRAINTE

V. Décr. n° 2011-980 du 23 août 2011 relatif à l'armement des personnels de l'administration pénitentiaire (JO 24 août).

Art. R. 57-7-83 *(Décr. n° 2021-1313 du 8 oct. 2021, art. 2) Les personnels de surveillance et de direction de l'administration pénitentiaire, dans le cadre de l'exercice de leurs missions, peuvent faire usage de la force envers les personnes détenues en cas de stricte nécessité et de manière proportionnée :*

1° Lorsque l'usage de la force est commandé par la légitime défense dans les conditions prévues par l'article 122-5 du code pénal ;

2° Lorsqu'ils ne peuvent, autrement que par l'usage de la force, empêcher une tentative d'évasion ou parvenir au rétablissement de l'ordre ;

3° Lorsqu'ils ne peuvent, autrement que par l'usage de la force, remédier à la résistance d'une ou plusieurs personnes détenues, par la violence ou par inertie physique, aux ordres qui leur ont été donnés.

Art. R. 57-7-84 *(Décr. n° 2021-1313 du 8 oct. 2021, art. 2) Les personnels de surveillance et de direction de l'administration pénitentiaire, dans le cadre de l'exercice de leurs missions, peuvent faire usage d'armes à feu en cas d'absolue nécessité et de manière strictement proportionnée :*

1° Lorsque l'usage d'armes à feu est commandé par la légitime défense dans les conditions prévues par l'article 122-5 du code pénal ;

2° Lorsque, immédiatement après deux sommations adressées à haute voix, ils ne peuvent, autrement que par l'usage d'armes à feu, empêcher une tentative d'évasion depuis l'établissement pénitentiaire ;

3° Lorsque, immédiatement après deux sommations adressées à haute voix, ils ne peuvent, alors que la sécurité de l'établissement est gravement menacée, autrement que par l'usage d'armes à feu, remédier à la résistance de plusieurs personnes détenues aux ordres qui leur ont été donnés ;

4° Dans les conditions prévues aux 1° et 2° de l'article L. 435-1 du code de la sécurité intérieure.

CHAPITRE V *BIS [ABROGÉ]* DES QUARTIERS SPÉCIFIQUES

(Abrogé par Décr. n° 2022-479 du 30 mars 2022, art. 8, à compter du 1er mai 2022)
(Décr. n° 2019-1504 du 30 déc. 2019)

SECTION PREMIÈRE *[ABROGÉE]* DES UNITÉS POUR DÉTENUS VIOLENTS

Art. R. 57-7-84-1 *Une unité pour détenus violents constitue un quartier distinct au sein de l'établissement pénitentiaire.*

Les personnes détenues majeures qui présentent des antécédents de violences ou un risque de passage à l'acte violent, ou ont commis des violences en détention peuvent être placées au sein d'une unité pour détenus violents si leur comportement porte ou est susceptible de porter atteinte au maintien du bon ordre de l'établissement ou à la sécurité publique.

SOUS-SECTION 1 *[ABROGÉE]* DU RÉGIME DE DÉTENTION EN UNITÉ POUR DÉTENUS VIOLENTS

Art. R. 57-7-84-2 *Le placement en unité pour détenus violents est une décision administrative qui n'est pas une mesure disciplinaire.*

Les dispositions de l'article 47 du règlement intérieur type des établissements pénitentiaires annexé à l'article R. 57-6-18 relatives aux maisons centrales, sont applicables aux unités pour détenus violents quel que soit l'établissement où elles sont localisées.

Les personnes détenues placées en unité pour détenus violents sont affectées en cellule individuelle.

Les cellules et les locaux des unités pour détenus violents sont spécifiquement aménagés pour garantir des conditions de sécurité renforcées.

Art. R. 57-7-84-3 *Les personnes détenues placées en unité pour détenus violents font l'objet de mesures de sécurité individualisées, qui sont régulièrement réévaluées.*

Elles font l'objet d'évaluations régulières par une équipe pluridisciplinaire, pendant toute la durée du placement, et bénéficient d'un programme de prise en charge adapté à leur personnalité et à leur comportement, susceptible d'évoluer au cours du placement.

Art. R. 57-7-84-4 *Les personnes détenues placées en unité pour détenus violents participent aux activités individuelles et, si leur personnalité et leur comportement le permettent, aux activités collectives proposées dans le cadre de leur prise en charge.*

Elles conservent leurs droits à l'information, aux visites, à la correspondance écrite et téléphonique et à l'utilisation de leur compte nominatif, sous réserve des aménagements qu'imposent les impératifs de sécurité.

L'exercice du culte, ainsi que les promenades, s'effectuent séparément des autres personnes détenues de l'unité chaque fois que des impératifs de sécurité ou de maintien du bon ordre de l'établissement l'exigent.

Les personnes détenues placées en unité pour détenus violents bénéficient d'au moins une heure quotidienne de promenade à l'air libre.

SOUS-SECTION 2 *[ABROGÉE]* DE LA PROCÉDURE DE PLACEMENT EN UNITÉ POUR DÉTENUS VIOLENTS

Art. R. 57-7-84-5 *Après avis de la commission pluridisciplinaire unique mentionnée à l'article D. 90, lorsqu'une décision de placement initial ou de renouvellement de placement en unité pour détenus violents est envisagée, le chef d'établissement informe la personne détenue par écrit des motifs invoqués, résultant notamment de l'avis de la commission pluridisciplinaire unique.*

Il l'informe également de la procédure et du délai dont elle dispose pour préparer ses observations écrites ou orales ; ce délai ne saurait être inférieur à soixante-douze heures à partir du moment où la personne détenue est mise en mesure de consulter les éléments de la procédure. Cette consultation peut avoir lieu en présence d'un avocat si elle en fait la demande. Les documents ou informations dont la communication pourraient porter atteinte à la sécurité des personnes ou des établissements pénitentiaires sont occultés ou retirés du dossier de procédure avant cette consultation.

Si la personne détenue ne comprend pas la langue française, les informations sont présentées par l'intermédiaire d'un interprète désigné par le chef d'établissement. Il en est de même de ses observations, lorsqu'elle n'est pas en mesure de s'exprimer en langue française.

Les observations de la personne détenue et, le cas échéant, celles de l'avocat, sont jointes au dossier de la procédure. Si la personne détenue présente des observations orales, elles font l'objet d'un compte rendu écrit, signé par elle.

Le chef d'établissement transmet l'ensemble des éléments au directeur interrégional des services pénitentiaires qui prend la décision de placement en unité pour détenus violents.

Le directeur interrégional des services pénitentiaires peut déléguer sa signature au chef de l'établissement comportant une telle unité pour décider du placement initial pour une durée maximale de 6 mois, en unité pour détenus violents des personnes détenues déjà incarcérées dans l'établissement. Le chef d'établissement rend compte au directeur interrégional, qui reste garant de la cohérence au niveau interrégional de la politique de lutte contre les violences.

La décision de placement en unité pour détenus violents est motivée. Elle est notifiée sans délai à la personne détenue par le chef d'établissement.

Le cas échéant, l'affectation et le transfèrement de la personne détenue sont effectués conformément aux dispositions des articles 714, 717, D. 80 et suivants et D. 300 et suivants.

Art. R. 57-7-84-6 *En cas d'urgence, le directeur interrégional des services pénitentiaires, ou le chef de l'établissement pour les personnes qui y sont déjà détenues, peuvent décider du placement provisoire de la personne détenue en unité pour détenus violents, si la mesure constitue le moyen le plus adapté de préserver la sécurité des personnes et de l'établissement.*

La procédure prévue à l'article R. 57-7-84-5 est alors immédiatement mise en œuvre. Si aucune décision n'a été prise dans un délai de quinze jours, la mesure de placement en unité pour détenus violents prend fin. Si une décision de placement en unité pour détenus violents est prise, la durée du placement provisoire en unité pour détenus violents s'impute sur la durée totale de la mesure.

Art. R. 57-7-84-7 *La décision initiale de placement en unité pour détenus violents est prise pour une durée maximale de six mois. Le directeur interrégional peut décider de mettre fin à tout moment au placement en unité pour détenus violents, notamment au vu des évaluations mentionnées au deuxième alinéa de l'article R. 57-7-84-3 et dans les conditions prévues à l'article R. 57-7-84-10.*

Le directeur interrégional des services pénitentiaire peut seul renouveler la mesure, pour une durée d'au plus trois mois non renouvelable.

Art. R. 57-7-84-8 *La durée maximale d'une décision de placement en unité pour détenus violents qui intervient moins de trois mois après le terme d'une précédente décision de placement, y compris à titre provisoire, est computée en tenant compte de la durée de ce dernier placement.*

L'hospitalisation de la personne détenue ou son placement en cellule disciplinaire au cours de la prise en charge sont sans effet sur le terme du placement en unité pour détenus violents antérieurement décidé.

Art. R. 57-7-84-9 *Le transfèrement d'un détenu en unité pour détenus violents vers un autre établissement s'opère dans l'unité pour détenus violents de cet établissement ; s'il n'en comporte pas, le transfèrement emporte fin du placement en unité pour détenus violents.*

Si l'établissement de destination est situé dans le ressort d'une autre direction interrégionale des services pénitentiaires, ce placement est provisoire. Le directeur interrégional des services pénitentiaires compétent statue sur le placement dans les conditions de l'article R. 57-7-84-5. Si aucune décision n'a été prise à l'issue d'un délai de quinze jours, la mesure prend fin.

Le cas échéant, le programme de prise en charge prévu au (Décr. nº 2020-958 du 31 juill. 2020, art. 2) *« second alinéa de l'article R. 57-7-84-3 » est transmis par l'unité d'origine et fait l'objet des adaptations nécessaires par la nouvelle unité.*

Art. R. 57-7-84-10 *Après chaque évaluation, la commission pluridisciplinaire unique émet un avis sur l'opportunité du maintien au sein de l'unité. Elle peut proposer une nouvelle affectation.*

Le directeur interrégional des services pénitentiaires peut décider de mettre fin à tout moment au placement en unité pour détenus violents, d'office ou à la demande de la personne détenue, après avoir recueilli l'avis de la commission (Décr. nº 2020-958 du 31 juill. 2020, art. 2) *« pluridisciplinaire » unique et du chef d'établissement. Lorsque la décision de placement a été prise par un chef d'établissement, ce dernier peut également y mettre fin dans les mêmes conditions. Il informe immédiatement le directeur interrégional des services pénitentiaires de sa décision.*

Art. R. 57-7-84-11 *Toute décision de placement ou de renouvellement de placement en unité pour détenus violents est communiquée sans délai par le chef d'établissement au juge de l'application des peines s'il s'agit d'une personne condamnée, ou au magistrat saisi du dossier de la procédure s'il s'agit d'une personne prévenue.*

Au moins une fois par trimestre, le chef d'établissement dont l'établissement comporte une unité pour détenus violents informe la commission de l'application des peines du nombre et de l'identité des détenus placés en unité pour détenus violents et de la durée du placement pour chacun d'eux.

Art. R. 57-7-84-12 *La liste des personnes détenues placées en unité pour détenus violents est communiquée à l'unité sanitaire en milieu pénitentiaire de l'établissement à chaque modification de l'effectif.*

SECTION II *[ABROGÉE]* DES QUARTIERS DE PRISE EN CHARGE DE LA RADICALISATION

(*Décr. nº 2019-1579 du 31 déc. 2019*)

Art. R. 57-7-84-13 *Le quartier de prise en charge de la radicalisation constitue un quartier distinct au sein de l'établissement pénitentiaire.*

I. — Lorsque la commission pluridisciplinaire unique visée à l'article D. 90 le juge nécessaire, une personne détenue majeure peut être placée dans un quartier de prise en charge de la radicalisation spécialisé dans l'évaluation. L'évaluation réalisée au sein de ce quartier doit déterminer si la personne détenue présente une radicalisation nécessitant une prise en charge adaptée.

II. — Lorsqu'une personne détenue majeure est dangereuse en raison de sa radicalisation et qu'elle est susceptible, du fait de son comportement et de ses actes de prosélytisme ou des risques qu'elle présente de passage à l'acte violent, de porter atteinte au maintien du bon ordre de l'établissement ou à la sécurité publique, elle peut être placée au sein d'un quartier de prise en charge de la radicalisation, dès lors qu'elle est apte à bénéficier d'un programme et d'un suivi adaptés.

Le placement en quartier de prise en charge de la radicalisation intervient à l'issue d'une évaluation de la dangerosité réalisée par une équipe pluridisciplinaire dans le cadre de la commission pluridisciplinaire unique visée par l'article D. 90 ou, si cette instance le juge nécessaire, au sein d'un quartier de prise en charge de la radicalisation spécialisé dans l'évaluation visé au I du présent article.

SOUS-SECTION 1 *[ABROGÉE]* DU RÉGIME DE DÉTENTION EN QUARTIER DE PRISE EN CHARGE DE LA RADICALISATION

Art. R. 57-7-84-14 *Le placement d'une personne détenue en quartier de prise en charge de la radicalisation est une décision administrative qui n'est pas une mesure disciplinaire.*

Les dispositions de l'article 47 du règlement intérieur type des établissements pénitentiaires annexé à l'article R. 57-6-18 relatives aux maisons centrales sont applicables aux quartiers de prise en charge de la radicalisation quel que soit l'établissement où ils sont localisés.

Les personnes détenues placées en quartier de prise en charge de la radicalisation sont affectées en cellule individuelle.

Les cellules et les locaux des quartiers de prise en charge de la radicalisation sont spécifiquement aménagés pour garantir des conditions de sécurité renforcées.

Art. R. 57-7-84-15 *Les personnes détenues prises en charge au titre de l'article R. 57-7-84-13 font l'objet de mesures de sécurité, individualisées, qui sont régulièrement réévaluées. Ces personnes font l'objet d'évaluations régulières par une équipe pluridisciplinaire pendant toute la durée de leur placement.*

Lorsqu'elles sont placées dans les quartiers visés au II de l'article R. 57-7-84-13, elles bénéficient d'un programme de prise en charge adapté à leur personnalité et à leur comportement, susceptible d'évoluer au cours du placement.

Art. R. 57-7-84-16 *Les personnes détenues placées en quartier de prise en charge de la radicalisation participent aux activités individuelles ou collectives qui leur sont proposées au sein du quartier de prise en charge de la radicalisation.*

Elles conservent leurs droits à l'information, aux visites, à la correspondance écrite et téléphonique, à l'utilisation de leur compte nominatif, sous réserve des aménagements qu'imposent les impératifs de sécurité.

L'exercice du culte ainsi que les promenades s'effectuent séparément des autres personnes détenues chaque fois que des impératifs de sécurité ou de maintien du bon ordre de l'établissement l'exigent.

Les personnes détenues, placées en quartier de prise en charge de la radicalisation, bénéficient d'au moins une heure quotidienne de promenade à l'air libre.

SOUS-SECTION 2 *[ABROGÉE]* DE LA PROCÉDURE DE PLACEMENT EN QUARTIER DE PRISE EN CHARGE DE LA RADICALISATION

Art. R. 57-7-84-17 *I. — La décision de placement dans un quartier de prise en charge de la radicalisation visé au I de l'article R. 57-7-84-13 est de la compétence exclusive du ministre de la justice.*

II. — La décision de placement dans un quartier de prise en charge de la radicalisation visé au II de l'article R. 57-7-84-13 est de la compétence exclusive du ministre de la justice :

1° Lorsqu'elle concerne :

a) des condamnés à une ou plusieurs peines dont la durée totale est supérieure ou égale à dix ans et dont la durée d'incarcération restant à subir au moment où la dernière condamnation est devenue définitive est supérieure à cinq ans au jour où est formée la proposition de placement ;

b) des condamnés ou des prévenus à raison d'actes de terrorisme tels que prévus et réprimés par les articles 421-1 et suivants du code pénal ;

c) des condamnés ou des prévenus ayant fait l'objet d'une inscription au répertoire des détenus particulièrement signalés, prévu par l'article D. 276-1 ;

2° Lorsque le quartier de prise en charge de la radicalisation concerné se situe au sein d'une maison centrale ou d'un quartier maison centrale ;

3° Lorsque le quartier de prise en charge de la radicalisation concerné est situé dans le ressort d'une autre direction interrégionale des services pénitentiaires que celle dont relève l'établissement au sein duquel se trouve la personne détenue.

Le directeur interrégional des services pénitentiaires est compétent pour décider du placement en quartier de prise en charge de la radicalisation dans tous les autres cas. Il informe le ministre de la justice de ses décisions.

Art. R. 57-7-84-18 *Lorsqu'au terme de l'évaluation prévue à l'article R. 57-7-84-13 une décision de placement initial en quartier de prise en charge de la radicalisation est envisagée, le chef d'établissement informe la personne détenue par écrit des motifs invoqués, résultant notamment de l'avis de la commission pluridisciplinaire unique. La même procédure est applicable lorsqu'est envisagée une décision de renouvellement de placement en quartier de prise en charge de la radicalisation visé au II de l'article R. 57-7-84-13.*

Il l'informe également du déroulement de la procédure et du délai dont elle dispose pour préparer ses observations écrites ou orales ; ce délai ne saurait être inférieur à soixante-douze heures à partir du moment où la personne détenue est mise en mesure de consulter les éléments de la procédure. Cette consultation peut avoir lieu en présence d'un avocat si elle en fait la demande. Les documents ou informations dont la communication pourrait porter atteinte à la sécurité des personnes ou des établissements pénitentiaires sont occultés ou retirés du dossier de la procédure avant cette consultation.

Si la personne détenue ne comprend pas la langue française, les informations sont présentées par l'intermédiaire d'un interprète désigné par le chef d'établissement. Il en est de même de ses observations, si elle n'est pas en mesure de s'exprimer en langue française.

Les observations de la personne détenue et, le cas échéant, celles de l'avocat sont jointes au dossier de la procédure. Si la personne détenue présente des observations orales, elles font l'objet d'un compte rendu écrit signé par elle.

Le chef d'établissement transmet l'ensemble des éléments à l'autorité qui prend la décision de placement en quartier de prise en charge de la radicalisation. Lorsque le ministre de la justice est compétent, le directeur interrégional des services pénitentiaires joint son avis à l'ensemble des pièces.

La décision de placement en quartier de prise en charge de la radicalisation est motivée. Elle est notifiée sans délai à la personne détenue par le chef d'établissement.

Le cas échéant, l'affectation et le transfèrement de la personne détenue sont effectués conformément aux dispositions des articles 714, 717, D. 80 et suivants et D. 300 et suivants.

Art. R. 57-7-84-19 *I. — Le placement en quartier de prise en charge de la radicalisation spécialisé dans l'évaluation visé au I de l'article R. 57-7-84-13 ne peut excéder quinze semaines.*

II. — Le placement initial au sein d'un quartier de prise en charge de la radicalisation visé au II de l'article R. 57-7-84-13 est d'une durée maximale de six mois.

Au terme de ce délai, et dans les conditions décrites à la présente sous-section, ce placement peut être renouvelé par l'autorité compétente désignée à l'article R. 57-7-84-17 pour une nouvelle durée qui ne saurait excéder six mois.

Au terme d'une durée d'un an, le ministre de la justice est seul compétent pour prolonger le placement par durée maximale de six mois renouvelable. Il prend sa décision après mise en œuvre de la procédure contradictoire prévue à la présente sous-section et après avis spécialement motivé de la commission pluridisciplinaire unique, du chef d'établissement et du directeur interrégional des services pénitentiaires.

Art. R. 57-7-84-20 *L'hospitalisation de la personne détenue ou son placement en cellule disciplinaire au cours de la prise en charge sont sans effet sur le terme du placement en quartier de prise en charge de la radicalisation antérieurement décidé.*

En cas d'interruption pour un autre motif, la mesure de placement reprend pour la durée qui restait à courir au moment de l'interruption.

Toutefois, si l'interruption est supérieure à un an, le placement doit résulter d'une nouvelle décision prise conformément aux dispositions des articles R. 57-7-84-17 à R. 57-7-84-19.

Art. R. 57-7-84-21 *Le transfèrement d'un détenu en quartier de prise en charge de la radicalisation vers un autre établissement s'opère dans le quartier de prise en charge de la radicalisation de cet établissement ; s'il n'en comporte pas, le transfèrement emporte fin du placement en quartier de prise en charge de la radicalisation.*

Si l'établissement de destination est situé sur le ressort d'une autre direction interrégionale des services pénitentiaires, ce placement est provisoire. Le ministre de la justice prend alors une nouvelle décision de placement dans les conditions prévues à la sous-section 2. Si aucune décision n'a été prise à l'issue d'un délai de quinze jours, la mesure prend fin.

Art. R. 57-7-84-22 *D'office ou à la demande de la personne détenue, l'autorité qui a prononcé le placement en quartier de prise en charge de la radicalisation peut décider ou refuser d'y mettre fin. Cette décision intervient en tenant compte notamment de l'avis de la commission pluridisciplinaire unique, du chef d'établissement et le cas échéant du directeur interrégional des services pénitentiaires.*

Avant le terme de la mesure de placement, la commission pluridisciplinaire unique procède à une évaluation de la situation de la personne détenue. Après chaque évaluation, elle émet un avis sur l'opportunité du maintien au sein du quartier. Elle peut proposer une nouvelle affectation.

Art. R. 57-7-84-23 *Toute décision de placement en quartier de prise en charge de la radicalisation est communiquée sans délai par le chef d'établissement au juge de l'application des peines s'il s'agit d'une personne condamnée ou au magistrat saisi du dossier de la procédure s'il s'agit d'une personne prévenue. Il en est de même pour une décision de renouvellement de placement dans un quartier de prise en charge de la radicalisation visé au II de l'article R. 57-7-84-13.*

Les évaluations effectuées au titre des articles R. 57-7-84-13 et R. 57-7-84-15 sont communiquées au magistrat en charge du suivi du dossier.

Au moins une fois par trimestre, le chef d'établissement dont l'établissement comporte un quartier de prise en charge de la radicalisation rend compte à la commission de l'application des peines du nombre et de l'identité des détenus placés et de la durée du placement pour chacun d'eux.

Art. R. 57-7-84-24 *La liste des personnes détenues placées en quartier de prise en charge de la radicalisation est communiquée à l'équipe de l'unité sanitaire de l'établissement à chaque modification de l'effectif.*

CHAPITRE VI *[ABROGÉ]* DES MOUVEMENTS DES PERSONNES DÉTENUES

(Abrogé par Décr. n° 2022-479 du 30 mars 2022, art. 8, à compter du 1er mai 2022)

Art. R. 57-7-85 *(Décr. n° 2011-808 du 5 juill. 2011)* *Pour l'application de l'article 719-1 du code de procédure pénale, le chef de l'établissement communique aux services de police et unités de gendarmerie le nom, les prénoms, la date de naissance, l'adresse déclarée, et la date de la libération des personnes condamnées à une peine d'emprisonnement égale ou supérieure à trois ans.*

Les informations mentionnées à l'alinéa précédent sont transmises par écrit au directeur départemental de la sécurité publique (Décr. nº 2019-1497 du 28 déc. 2019, art. 1er, en vigueur le 1er janv. 2020) *« , au directeur territorial de la police nationale » ou au commandant du groupement de gendarmerie dont relève territorialement l'adresse déclarée par la personne. Lorsque l'adresse déclarée est située à Paris ou dans l'un des départements des Hauts-de-Seine, de la Seine-Saint-Denis et du Val-de-Marne, ces informations sont adressées au directeur de la sécurité de proximité de l'agglomération parisienne et au directeur régional de la police judiciaire de Paris.*

CHAPITRE VII *[ABROGÉ]* DE LA GESTION DES BIENS ET DE L'ENTRETIEN DES PERSONNES DÉTENUES

(Abrogé par Décr. nº 2022-479 du 30 mars 2022, art. 8, à compter du 1er mai 2022)
(Décr. nº 2010-1634 du 23 déc. 2010)

SECTION PREMIÈRE *[ABROGÉE]* DE LA GESTION DES BIENS DES DÉTENUS

(Décr. nº 2019-1184 du 15 nov. 2019, en vigueur le 1er janv. 2020)

SOUS-SECTION PREMIÈRE *[ABROGÉE]* DISPOSITIONS GÉNÉRALES

(Décr. nº 2019-1184 du 15 nov. 2019, en vigueur le 1er janv. 2020)

Art. R. 57-7-86 *Au sein des établissements pénitentiaires la gestion des biens et valeurs des détenus est assurée par une régie des comptes nominatifs.*

Les sommes déposées sur les comptes nominatifs des personnes détenues sont intégrées dans la comptabilité de l'État en compte de tiers.

Les fonds appartenant aux personnes détenues constituent des deniers privés réglementés.

Sauf dispositions contraires du présent code, les régies des comptes nominatifs des personnes détenues sont soumises aux règles fixées par le décret du 26 juillet 2019 relatif aux régies de recettes et d'avances des organismes publics.

Le comptable assignataire de l'établissement pénitentiaire est le comptable assignataire de la régie créee en son sein.

SOUS-SECTION II *[ABROGÉE]* ORGANISATION DES RÉGIES DES COMPTES NOMINATIFS

(Décr. nº 2019-1184 du 15 nov. 2019, en vigueur le 1er janv. 2020)

Art. R. 57-7-87 *Les régies des comptes nominatifs des personnes détenues sont créées par arrêté du garde des sceaux, ministre de la justice.*

Le régisseur des comptes nominatifs est nommé par arrêté du garde des sceaux, ministre de la justice, après agrément du comptable public assignataire.

Il est responsable personnellement et pécuniairement dans les conditions fixées par le décret du 5 mars 2008 abrogeant et remplaçant le décret nº 66-850 du 15 novembre 1966 relatif à la responsabilité personnelle et pécuniaire des régisseurs.

Les fonctions de régisseur des comptes nominatifs et de régisseur de recettes et d'avances dans les établissements pénitentiaires peuvent être confiées à un même agent lorsque le fonctionnement du service l'impose.

Art. R. 57-7-88 *Le régisseur des comptes nominatifs nomme un ou plusieurs mandataires suppléants, après accord du chef d'établissement et après avis du directeur interrégional des services pénitentiaires.*

Le régisseur des comptes nominatifs peut être assisté d'autres mandataires qu'il désigne, après accord du chef d'établissement, parmi le personnel de l'établissement.

Le régisseur intérimaire est nommé dans les mêmes conditions que le régisseur des comptes nominatifs.

Lorsque le fonctionnement du service l'exige, les dispositions du troisième alinéa de l'article 3 du décret du 26 juillet 2019 relatif aux régies de recettes et d'avances des organismes publics ne sont applicables ni aux mandataires suppléants, ni aux autres mandataires.

SOUS-SECTION III *[ABROGÉE]* FONCTIONNEMENT ET CONTRÔLE DES RÉGIES DES COMPTES NOMINATIFS

(*Décr. nº 2019-1184 du 15 nov. 2019, en vigueur le 1er janv. 2020*)

Art. R. 57-7-89 *Le régisseur assure la gestion des comptes nominatifs à l'aide d'une comptabilité auxiliaire dont la forme est arrêtée par le garde des sceaux, ministre de la justice.*

Pour chaque compte nominatif, les recettes sont affectées aux dépenses de chaque personne détenue.

Les fonds appartenant aux personnes détenues sont déposés sur un compte de dépôt de fonds au Trésor.

Art. R. 57-7-90 *I. — Le régisseur des comptes nominatifs est chargé des opérations d'encaissement des fonds appartenant ou qui sont dus aux personnes détenues ainsi que de l'encaissement des fonds versés au titre de la lutte contre la pauvreté en détention.*

II. — Le régisseur des comptes nominatifs est chargé des opérations de paiement correspondant :

1º Au prélèvement de toute somme venant à être due par les personnes détenues ;

2º Au prélèvement de toute somme à la demande des personnes détenues après autorisation du chef d'établissement ;

3º Au reversement des sommes appartenant aux personnes détenues lors de leur libération, de leur transfèrement, de leur permission de sortir ou lorsqu'elles bénéficient d'un aménagement de peine.

III. — Les valeurs des personnes détenues sont déposées entre les mains du régisseur des comptes nominatifs qui en assure la conservation, le maniement, ainsi que la comptabilisation.

Art. R. 57-7-91 *Pour permettre aux personnes détenues de disposer rapidement sur leur compte nominatif des sommes qui leur sont dues par l'administration pénitentiaire, le régisseur des comptes nominatifs consent des avances selon les modalités suivantes.*

I. — Dès réception et contrôle des éléments relatifs à la paye des personnes détenues fournis par l'établissement pénitentiaire, le régisseur des comptes nominatifs crédite par avance leurs rémunérations nettes sur les comptes nominatifs. Cette avance est restituée par le biais du compte de commerce 912 "cantine et travail des détenus dans le cadre pénitentiaire".

II. — Lorsqu'elle est attribuée, l'aide financière directe prévue par l'article D. 347-1 du présent code est créditée par avance sur le compte nominatif de la personne détenue.

III. — En cas de transfèrement d'une personne détenue d'un établissement à un autre et conformément à l'article D. 310 du présent code, le solde de son compte nominatif est transmis par un virement effectué dans les plus brefs délais par le régisseur des comptes nominatifs de l'établissement de départ. Le régisseur des comptes nominatifs de l'établissement d'arrivée procède au crédit du compte nominatif au vu du certificat de transfert émis par le régisseur des comptes nominatifs de l'établissement de départ.

IV. — Les avances mentionnées aux I, II et III sont effectuées sous réserve et dans la limite du montant des fonds dont le régisseur des comptes nominatifs dispose sur son compte de dépôt de fonds au Trésor.

V. — Les mandatements effectués par l'ordonnateur en régularisation des avances mentionnées aux I et II interviennent au plus tard à la fin du mois suivant celui au cours duquel l'avance a été effectuée.

Art. R. 57-7-92 *Lors de la libération ou lors du transfèrement de la personne détenue, le versement du solde du compte nominatif est effectué par virement bancaire.*

Lorsque la personne détenue n'est pas titulaire d'un compte bancaire ou lorsque le virement international n'est pas possible, la remise du solde de son compte nominatif est effectué[e] en espèces.

Art. R. 57-7-93 *Par dérogation à l'article 37 du décret du 7 novembre 2012 modifié relatif à la gestion budgétaire et comptable publique, toute opposition concernant des sommes appartenant aux personnes détenues doit être notifiée entre les mains du régisseur des comptes nominatifs.*

Art. R. 57-7-94 *Chaque fin de mois, le régisseur des comptes nominatifs effectue une clôture des comptes.*

Après communication au chef d'établissement, il transmet au comptable public assignataire les états comptables et pièces justificatives des opérations permettant la mise en œuvre du contrôle de la régularité de ces opérations.

Ces pièces comptables sont transmises mensuellement au directeur interrégional des services pénitentiaires.

La régie des comptes nominatifs est également soumise au contrôle interne du chef d'établissement et du référent comptable de la direction interrégionale des services pénitentiaires.

Le régisseur des comptes nominatifs ayant cessé ses fonctions peut, sur demande adressée au comptable public assignataire, obtenir un certificat de libération du cautionnement. Ce certificat ne peut être délivré au régisseur des comptes nominatifs que s'il a satisfait aux obligations fixées par la présente section.

SECTION II *[ABROGÉE]* DE L'ENTRETIEN DES DÉTENUS

(*Décr. n° 2019-1184 du 15 nov. 2019, en vigueur le 1er janv. 2020*)

Néant.

CHAPITRE VII *BIS [ABROGÉ]* DU VOTE DES PERSONNES DÉTENUES

(*Abrogé par Décr. n° 2022-479 du 30 mars 2022, art. 8, à compter du 1er mai 2022*)

(*Décr. n° 2020-1460 du 27 nov. 2020*)

Art. R. 57-7-95 *Le chef de l'établissement pénitentiaire informe par tous moyens les personnes détenues mentionnées à l'article L. 12-1 du code électoral des modalités de leur inscription sur les listes électorales et d'exercice de leur droit de vote, prévues aux articles L. 12-1, L. 18-1, L. 71* (*Décr. n° 2021-1501 du 18 nov. 2021, art. 1er*) *« , L. 79 à L. 82 et L. 388-1 » du même code. Cette information est délivrée notamment dans les quinze jours suivant l'incarcération de la personne détenue.*

Le chef de l'établissement pénitentiaire délivre cette information dans les mêmes conditions que celles prévues au premier alinéa aux personnes en âge de voter le jour du scrutin et détenues dans un quartier des mineurs ou un établissement pénitentiaire spécialisé pour mineurs.

Art. R. 57-7-96 *Le chef de l'établissement pénitentiaire fournit aux personnes détenues qui souhaitent s'inscrire sur les listes électorales au titre de l'article L. 12-1 du code électoral les moyens nécessaires pour former leur demande d'inscription et réunir les justificatifs mentionnés à l'article R. 5 du même code. A cette occasion, il vérifie par tous moyens leur identité.*

Il fournit ces moyens aux personnes en âge de voter le jour du scrutin et détenues dans un quartier des mineurs ou un établissement pénitentiaire spécialisé pour mineurs lorsque celles-ci souhaitent s'inscrire sur les listes électorales au titre de l'article L. 12-1 du code électoral.

Art. R. 57-7-97 *Le chef de l'établissement pénitentiaire peut désigner un adjoint, un fonctionnaire appartenant à un corps de catégorie A ou un membre du corps de commandement, un major pénitentiaire ou un premier surveillant placé sous son autorité pour l'assister dans l'exercice de ses attributions définies au présent chapitre ainsi qu'au chapitre II et à la section IV du chapitre VI du titre Ier du livre Ier de la partie réglementaire du code électoral. Il peut également déléguer sa signature aux mêmes personnes pour l'exercice de ces missions.*

CHAPITRE VIII *[ABROGÉ]* DE LA SANTÉ DES PERSONNES DÉTENUES

(*Abrogé par Décr. n° 2022-479 du 30 mars 2022, art. 8, à compter du 1er mai 2022*)

BIBL. ► CÉRÉ, *AJ pénal 2010. 325* (le détenu malade. Le traitement du droit européen).

SECTION PREMIÈRE *[ABROGÉE]* DISPOSITIONS GÉNÉRALES

Art. R. 57-8-1 *Les médecins chargés des prestations de médecine générale intervenant dans les unités de consultations et de soins ambulatoires et dans les services médico-psychologiques régionaux visés à l'article R. 3221-5 du code de la santé publique assurent des consultations médicales, à la suite de demandes formulées par la personne détenue ou, le cas échéant, par le personnel pénitentiaire ou par toute autre personne agissant dans l'intérêt de la personne détenue.*

Ces médecins sont en outre chargés de :

1° Réaliser un examen médical systématique pour les personnes détenues venant de l'état de liberté ;

2° Réaliser les visites aux personnes détenues placées au quartier disciplinaire ou confinées dans une cellule ordinaire dans les conditions prévues à l'article R. 57-7-31, chaque fois que ces médecins l'estiment nécessaire et au minimum, en tout état de cause, deux fois par semaine ;

3° Réaliser les visites aux personnes détenues placées à l'isolement, dans les conditions prévues à l'article R. 57-7-63, chaque fois que ces médecins l'estiment nécessaire et au moins deux fois par semaine ;

4° Réaliser l'examen des personnes détenues sollicitant des attestations relatives à une inaptitude au travail pour raison médicale ;

5° Réaliser l'examen médical des personnes détenues sollicitant une attestation relative à la pratique d'une activité sportive ;

6° Réaliser l'examen des personnes détenues sollicitant pour raison médicale un changement d'affectation ou une modification ou un aménagement quelconque de leur régime de détention.

Art. R. 57-8-2 *Les médecins mentionnés à l'article R. 57-8-1 veillent à ce que la transmission, au personnel médical du nouvel établissement, des éléments utiles à la continuité des soins des personnes détenues soit assurée à l'occasion de leur transfert en application des articles R. 1112-1 et R. 1112-2 du code de la santé publique.*

SECTION II *[ABROGÉE]* DU SUIVI MÉDICAL DE CERTAINES PERSONNES DÉTENUES

Art. R. 57-8-3 *Les personnes condamnées à un suivi socio-judiciaire, quel qu'en soit le motif, ainsi que les personnes condamnées pour le meurtre ou l'assassinat d'un mineur de quinze ans précédé ou accompagné d'un viol, de tortures ou d'actes de barbarie ou pour toute infraction visée aux articles 222-23 à 222-32 et 227-25 à 227-27 du code pénal exécutent leur peine dans les établissements pénitentiaires permettant d'assurer un suivi médical et psychologique adapté. Ces établissements sont les suivants :*

1° Les établissements pénitentiaires sièges d'un service médico-psychologique régional ;

2° Les établissements pour peines dotés d'une unité fonctionnelle rattachée à un service médico-psychologique régional ;

3° Les établissements pénitentiaires dans lesquels intervient le secteur de psychiatrie générale en application des protocoles prévus par les articles (Décr. n° 2016-1505 du 8 nov. 2016, art. 3) *« R. 6111-29 et R. 6111-37 » du code de la santé publique.*

Art. R. 57-8-4 *Le chef d'établissement signale les personnes mentionnées à l'article R. 57-8-3 au psychiatre intervenant dans l'établissement. Il met en outre à sa disposition un résumé de la situation pénale ainsi que les expertises psychologiques ou psychiatriques conservées dans le dossier individuel de la personne détenue.*

Art. R. 57-8-5 *Avant leur libération, les personnes mentionnées à l'article R. 57-8-3 font l'objet d'un examen psychiatrique en vue de préparer, le cas échéant, une prise en charge post-pénale adaptée.*

Art. R. 57-8-6 *Les personnes détenues se trouvant durablement empêchées, du fait de limitations fonctionnelles des membres supérieurs en lien avec un handicap physique, d'accomplir elles-mêmes des gestes liés à des soins prescrits par un médecin peuvent désigner un aidant, y compris une autre personne détenue, pour permettre la réalisation de ces actes, durant les périodes d'absence des professionnels soignants.*

La personne désignée doit expressément y consentir.

Les dispositions du deuxième alinéa de l'article L. 1111-6-1 du code de la santé publique sont applicables à la personne détenue et à l'aidant qu'elle a désigné.

Le chef d'établissement peut s'opposer à la désignation d'un aidant notamment pour des motifs liés à la sécurité des personnes ou au maintien de l'ordre au sein de l'établissement.

En application du Décr. n° 2014-1279 du 23 oct. 2014 relatif aux exceptions à l'application du principe « silence vaut acceptation » (L. n° 2000-321 du 12 avr. 2000, art. 21, I), le silence gardé pendant deux mois par l'administration vaut décision de rejet pour les demandes relatives à la désignation d'un aidant par la personne détenue durablement empêchée.

CHAPITRE IX DES RELATIONS DES PERSONNES DÉTENUES AVEC L'EXTÉRIEUR

Art. R. 57-8-7 *(Décr. nº 2022-479 du 30 mars 2022, art. 8, en vigueur le 1er mai 2022)* **Les personnes détenues prévenues exercent leur droit au maintien des liens avec l'extérieur sous le contrôle de l'autorité judiciaire, dans les conditions déterminées par les dispositions du titre IV du livre III du code pénitentiaire, notamment :**

1º celles du chapitre Ier, pour ce qui concerne les visites ;

2º celles du chapitre II, pour ce qui concerne les rapprochements familiaux ;

3º celles du chapitre V, pour ce qui concerne les correspondances écrites et les communications téléphoniques.

SECTION PREMIÈRE DES VISITES

BIBL. ▶ Bechlivanou Moreau, *RSC 2013. 137* (rendre plus effectif le droit au maintien des liens familiaux).

SOUS-SECTION 1 DU RAPPROCHEMENT FAMILIAL

Art. R. 57-8-7 *(Abrogé par Décr. nº 2022-479 du 30 mars 2022, art. 8, à compter du 1er mai 2022)* ***Le directeur interrégional des services pénitentiaires, après avis conforme du magistrat saisi du dossier de la procédure, peut faire droit à la demande de rapprochement familial de la personne détenue prévenue dont l'instruction est achevée et qui attend sa comparution devant la juridiction de jugement.***

Le ministre de la justice peut, dans les mêmes conditions, faire droit à une telle demande lorsqu'elle a pour effet le transfert :

1º D'une personne détenue d'une direction interrégionale à une autre ;

2º D'une personne inscrite au répertoire des détenus particulièrement signalés ;

3º D'une personne prévenue pour acte de terrorisme.

En application du Décr. nº 2014-1279 du 23 oct. 2014 relatif aux exceptions à l'application du principe « silence vaut acceptation » (L. nº 2000-321 du 12 avr. 2000, art. 21, I), le silence gardé pendant deux mois par l'administration vaut décision de rejet pour les demandes relatives au transfert en vue du rapprochement familial d'une personne détenue prévenue dont l'instruction est achevée et qui attend sa comparution devant la juridiction de jugement.

SOUS-SECTION 2 DU PERMIS DE VISITE

Jusqu'au 7 nov. 2018, les demandes relatives aux permis de visite ne peuvent être formées par voie électronique, par exception au principe posé par l'Ord. nº 2005-1516 du 8 déc. 2005, mod. par l'Ord. nº 2014-1330 du 6 nov. 2014 (Décr. nº 2015-1411 du 5 nov. 2015, JO 6 nov.).

Art. R. 57-8-8 *(Abrogé par Décr. nº 2022-479 du 30 mars 2022, art. 8, à compter du 1er mai 2022)* ***Les permis de visite sont délivrés, refusés, suspendus ou retirés pour les personnes détenues prévenues par le magistrat saisi du dossier de la procédure dans les conditions prévues par l'article 145-4. Ce magistrat peut prescrire que les visites auront lieu dans un parloir avec dispositif de séparation.***

Sauf disposition contraire, ces permis sont valables jusqu'au moment où la condamnation éventuelle acquiert un caractère définitif, sans qu'ait d'incidence sur cette validité un changement de l'autorité judiciaire saisie du dossier de la procédure.

1. Compétence. Il appartient au juge judiciaire de connaître des actes relatifs à la conduite d'une procédure judiciaire ou qui en sont inséparables. Ainsi, la décision par laquelle le juge d'instruction décide de suspendre ou de supprimer le permis qu'il a accordé à une personne pour qu'elle rende visite à un détenu prévenu, quels qu'en soient les motifs, ne saurait être regardée comme détachable de la conduite de la procédure judiciaire et relever de la compétence de la juridiction administrative. • CE 15 avr. 2011 : *D. 2011. Actu. 1285, obs. Biget ; AJ 2011. 248, obs. Péchillon ; RPDP 2011. 414, obs. Céré.*

2. Recours. S'agissant des prévenus, le refus de faire droit à une demande de bénéficier d'un parloir familial ou d'une unité de vie familiale peut faire l'objet d'un recours devant le président de la chambre de l'instruction, en application des dispositions combinées des art. 145-4 et R. 57-8-8, conformément aux exigences de l'art. 13 Conv. EDH. • CE 12 déc. 2018, nº 417244.

3. Conv. EDH, art. 8. Restrictions au droit de visites. Toute détention régulière au regard de l'art. 5 Conv. EDH entraîne par nature une restriction à la vie privée et familiale de l'intéressé. Il est cependant essentiel au respect de la vie familiale que l'administration pénitentiaire aide le détenu à maintenir un contact avec sa famille proche. En l'espèce, le requérant est soumis à un régime spécial de détention qui entraîne des limitations ultérieures au nombre des visites familiales (pas plus de deux par mois) et impose des mesures de surveillance de ces rencontres (les détenus sont séparés des visiteurs par une paroi vitrée). Pareille ingérence n'enfreint pas la Convention si elle est prévue par la loi, vise un ou des buts légitimes au regard du § 2 de l'art. 8 et peut passer pour une mesure nécessaire dans une société démocratique. La Cour estime que les restrictions au droit du requérant au respect de sa vie familiale ne sont pas allées au-delà de ce qui, dans une société démocratique, est nécessaire à la défense de l'ordre et de la sûreté publique et à la prévention des infractions pénales au sens de l'art. 8, § 2, Conv. EDH. Il n'y a donc pas violation de l'art. 8 Conv. EDH. • CEDH 28 sept. 2000, *Messina c/ Italie n° 2*, n° 25498/94 : *JCP 2001. I. 291, obs. Sudre.* ♦ Les restrictions au droit de visites des détenus enfreignent l'art. 8 si elles ne sont pas prévues par la loi, ne visent pas un ou des buts légitimes au regard du § 2 de l'art. 8 et ne peuvent passer pour une mesure nécessaire dans une société démocratique. • CEDH 20 mai 2008, *Gülmez c/ Turquie*, n° 16330/02 (absence de clarté et de précision des dispositions prévoyant des sanctions disciplinaires restreignant le droit de recevoir des visites) • CEDH 28 nov. 2002, *Lavents c/ lettonie*, n° 58442/00 : *JCP 2003.I.109, obs. Sudre* (interdiction de visite de l'épouse et de la fille du détenu durant 19 mois) • CEDH 23 oct. 2014, *Vintman c/ Ukraine*, n° 28403/05 (établissement situé à 1000 kilomètres du lieu de résidence de la mère du détenu, âgée et malade).

4. Conv. EDH, art. 8. Fouilles visiteurs. Pour une fouille à corps de la mère d'un détenu et de son demi-frère, atteint de paralysie cérébrale et souffrant d'un retard sévère dans son développement intellectuel et social, ayant constitué une violation non de l'art. 3 Conv. EDH mais des art. 8 et 13 de ladite convention. Bien que poursuivant un but légitime – la lutte contre le trafic de drogue au sein de l'établissement –, les fouilles étaient disproportionnées et n'étaient donc pas « nécessaires dans une société démocratique ». • CEDH 29 sept. 2006, *Wainwright c/ Royaume-Uni : JCP 2007. I. 106, chron. Sudre ; D. 2007. Pan. 1232, obs. Céré*.

Art. R. 57-8-9 *(Abrogé par Décr. n° 2022-479 du 30 mars 2022, art. 8, à compter du 1er mai 2022)* ***Le procureur général près la cour d'appel saisie de la procédure est compétent pour délivrer, refuser, suspendre ou retirer les permis de visite pour les personnes détenues écrouées à la suite d'une demande d'extradition émanant d'un gouvernement étranger.***

Art. R. 57-8-10 *(Abrogé par Décr. n° 2022-479 du 30 mars 2022, art. 8, à compter du 1er mai 2022)* ***Pour les personnes condamnées, incarcérées en établissement pénitentiaire ou hospitalisées dans un établissement de santé habilité à recevoir des personnes détenues, les permis de visite sont délivrés, refusés, suspendus ou retirés par le chef de l'établissement pénitentiaire.***

Toutefois, lorsque les personnes condamnées sont hospitalisées dans les établissements de santé mentionnés à l'article *(Décr. n° 2016-1505 du 8 nov. 2016, art. 3)* ***« R. 6111-27 » du code de la santé publique et dans les conditions prévues par le a du 2° de l'article*** *(Décr. n° 2016-1505 du 8 nov. 2016, art. 3)* ***« R. 6111-39 » du même code, dans les unités pour malades difficiles ou dans les hôpitaux militaires, les permis de visite sont délivrés, refusés, suspendus ou retirés par le préfet et à Paris par le préfet de police.***

En application du Décr. n° 2014-1279 du 23 oct. 2014 relatif aux exceptions à l'application du principe "silence vaut acceptation" (L. n° 2000-321 du 12 avr. 2000, art. 21-I), le silence gardé pendant deux mois par l'administration vaut décision de rejet pour les demandes relatives à la délivrance de permis de visiter des personnes détenues condamnées incarcérées en établissement pénitentiaire ou hospitalisées dans un établissement de santé habilité à recevoir des personnes détenues, ou à la délivrance d'un permis de visite dérogeant à l'obligation de parler en français lors des parloirs.

Art. R. 57-8-11 *(Abrogé par Décr. n° 2022-479 du 30 mars 2022, art. 8, à compter du 1er mai 2022)* ***Le chef d'établissement fait droit à tout permis de visite qui lui est présenté, sauf à surseoir si des circonstances exceptionnelles l'obligent à en référer à l'autorité qui a délivré le permis, ou si les personnes détenues sont matériellement empêchées, ou si, placées en cellule disciplinaire, elles ont épuisé leur droit à un parloir hebdomadaire.***

En application du Décr. n° 2014-1277 du 23 oct. 2014 relatif aux exceptions à l'application du principe « silence vaut acceptation » (L. n° 2000-321 du 12 avr. 2000, art. 21, II), le silence gardé pendant deux mois par l'administration vaut décision de rejet pour les demandes relatives aux visites au parloir.

Art. R. 57-8-12 *(Abrogé par Décr. n° 2022-479 du 30 mars 2022, art. 8, à compter du 1er mai 2022)* ***Les visites se déroulent dans un parloir ne comportant pas de dispositif de***

séparation. Toutefois, le chef d'établissement peut décider que les visites auront lieu dans un parloir avec un tel dispositif :

1° S'il existe des raisons sérieuses de redouter un incident ;

2° En cas d'incident survenu au cours d'une visite antérieure ;

3° A la demande du visiteur ou de la personne visitée.

Le chef d'établissement informe de sa décision le magistrat saisi du dossier de la procédure pour les personnes détenues prévenues et la commission de l'application des peines pour les personnes condamnées.

Le fait pour une maison d'arrêt de ne pas se conformer à une disposition du code de procédure pénale depuis plusieurs années, alors qu'il existe un très grand nombre de visiteurs, est constitutif d'une situation d'urgence, il y a lieu par conséquent d'enjoindre au garde des Sceaux de prendre dans un délai de cinq mois des mesures permettant la suppression des murets de séparation des parloirs. • TA Melun, 19 janv. 2015, n° 1010906 : *AJ pénal 2015. 385, obs. Herzog-Evans*.

Art. R. 57-8-13 (*Abrogé par Décr. n° 2022-479 du 30 mars 2022, art. 8, à compter du 1er mai 2022*) ***Les parloirs familiaux sont des locaux spécialement conçus afin de permettre aux personnes détenues de recevoir, sans surveillance continue et directe, des visites des membres majeurs de leur famille ou de proches majeurs accompagnés, le cas échéant, d'un ou de plusieurs enfants mineurs, pendant une durée de six heures au plus au cours de la partie diurne de la journée.***

En application du Décr. n° 2014-1277 du 23 oct. 2014 relatif aux exceptions à l'application du principe « silence vaut acceptation » (L. n° 2000-321 du 12 avr. 2000, art. 21, II), le silence gardé pendant deux mois par l'administration vaut décision de rejet pour les demandes relatives aux visites au parloir familial.

Art. R. 57-8-14 (*Abrogé par Décr. n° 2022-479 du 30 mars 2022, art. 8, à compter du 1er mai 2022*) ***Les unités de vie familiale sont des locaux spécialement conçus afin de permettre aux personnes détenues de recevoir, sans surveillance continue et directe, des visites des membres majeurs de leur famille ou de proches majeurs accompagnés, le cas échéant, d'un ou de plusieurs enfants mineurs, pendant une durée comprise entre six heures et soixante-douze heures. La durée de la visite en unité de vie familiale est fixée dans le permis.***

En application du Décr. n° 2014-1277 du 23 oct. 2014 relatif aux exceptions à l'application du principe « silence vaut acceptation » (L. n° 2000-321 du 12 avr. 2000, art. 21, II), le silence gardé pendant deux mois par l'administration vaut décision de rejet pour les demandes relatives à l'accès à l'unité de vie familiale.

Art. R. 57-8-15 (*Abrogé par Décr. n° 2022-479 du 30 mars 2022, art. 8, à compter du 1er mai 2022*) ***A l'exception des visites se déroulant dans les parloirs familiaux ou les unités de vie familiale, un surveillant est présent dans les locaux. Il a la possibilité d'entendre les conversations.***

Pendant les visites, les personnes détenues et leurs visiteurs doivent s'exprimer en français ou dans une langue que le surveillant est en mesure de comprendre. En cas contraire, la visite n'est autorisée que si le permis délivré prévoit expressément que la conversation peut avoir lieu dans une langue autre que le français.

Le surveillant peut mettre un terme à la visite pour des raisons tenant au maintien du bon ordre et de la sécurité ou à la prévention des infractions.

Les incidents mettant en cause les visiteurs sont signalés à l'autorité ayant délivré le permis qui apprécie si le permis doit être suspendu ou retiré.

En application du Décr. n° 2014-1279 du 23 oct. 2014 relatif aux exceptions à l'application du principe « silence vaut acceptation » (L. n° 2000-321 du 12 avr. 2000, art. 21, I), le silence gardé pendant deux mois par l'administration vaut décision de rejet pour les demandes relatives à la délivrance d'un permis de visite dérogeant à l'obligation de parler en français lors des parloirs.

SECTION II *[ABROGÉE]* DE LA CORRESPONDANCE

(*Abrogé par Décr. n° 2022-479 du 30 mars 2022, à compter du 1er mai 2022*)

SOUS-SECTION 1 *[ABROGÉE]* DE LA CORRESPONDANCE ÉCRITE

§ 1er *[ABROGÉ]* DU CONTRÔLE DES CORRESPONDANCES ÉCRITES

Art. R. 57-8-16 *Les personnes détenues peuvent correspondre par écrit tous les jours et sans limitation avec toute personne de leur choix.*

Pour les personnes prévenues, le magistrat saisi du dossier de la procédure peut s'y opposer soit de façon générale soit à l'égard d'un ou plusieurs destinataires expressément mentionnés dans sa décision.

Les correspondances écrites par les prévenus ou à eux adressées sont, sauf décision contraire du magistrat, communiquées à celui-ci.

Art. R. 57-8-17 *La décision refusant à une personne prévenue l'exercice du droit de correspondance lui est notifiée par tout moyen.*

Art. R. 57-8-18 *La correspondance des personnes détenues, tant reçue qu'expédiée, doit être écrite en clair et ne comporter aucun signe ou caractère conventionnel compréhensible des seuls correspondants.*

Celle écrite dans une autre langue que le français peut être traduite avant remise ou expédition.

Art. R. 57-8-19 *La décision de retenir une correspondance écrite, tant reçue qu'expédiée, est notifiée à la personne détenue par le chef d'établissement au plus tard dans les trois jours. Lorsque la décision concerne une personne condamnée, le chef d'établissement en informe la commission de l'application des peines. Lorsqu'elle concerne une personne prévenue, il en informe le magistrat saisi du dossier de la procédure.*

La correspondance retenue est déposée dans le dossier individuel de la personne détenue. Elle lui est remise lors de sa libération.

Un arrêt de condamnation expédié par une cour d'appel à la demande de la personne détenue doit être retenu par le greffe de l'établissement pénitentiaire dans la mesure où il s'agit d'un document mentionnant le motif d'écrou au sens de l'art. 42 de la L. n° 2009-1436 du 24 nov. 2009. • CE 12 avr. 2013 : *AJ pénal 2013. 294, obs. Allain*

§ 2 *[ABROGÉ]* DES CORRESPONDANCES SPÉCIALEMENT PROTÉGÉES

Art. R. 57-8-20 *Les correspondances destinées aux autorités administratives et judiciaires françaises et internationales mentionnées à l'article 40 de la loi n° 2009-1436 du 24 novembre 2009 et aux aumôniers agréés auprès de l'établissement ou expédiées par ces personnes sont adressées sous pli fermé comportant sur les enveloppes toutes les mentions utiles pour indiquer la qualité et l'adresse professionnelle de son destinataire ou de son expéditeur.*

SOUS-SECTION 2 *[ABROGÉE]* DE L'ACCÈS AU TÉLÉPHONE

Art. R. 57-8-21 *Le magistrat en charge de la procédure peut autoriser les personnes prévenues, détenues en établissement pénitentiaire ou hospitalisées, à téléphoner aux membres de leur famille ou à d'autres personnes pour préparer leur réinsertion.*

La décision comporte l'identité et les numéros d'appel des destinataires.

Sauf disposition contraire, cette autorisation est valable tant que la personne prévenue n'a pas fait l'objet d'une condamnation définitive, sans qu'ait d'incidence sur cette validité le changement de l'autorité judiciaire saisie du dossier de la procédure.

Si le magistrat le demande, les numéros d'appel et l'identité des destinataires des appels passés par la personne prévenue lui sont communiqués par le chef d'établissement.

Le magistrat peut refuser, suspendre ou retirer à une personne prévenue l'autorisation de téléphoner à un membre de sa famille par décision motivée (*Décr. n° 2017-1230 du 3 août 2017, art. 2*) *« conformément aux dispositions de l'article 145-4 ».*

Pour une injonction sous trois mois, faite par le juge des référés du tribunal administratif au directeur d'un centre pénitentiaire de permettre aux détenus de communiquer par téléphone de façon confidentielle avec leur avocat et, dans une certaine mesure, avec leur famille, V. • TA Rennes, ord., 23 avr. 2014, n° 1401157 : *D. actu. 14 mai 2014, obs. Léna.*

Art. R. 57-8-22 ***La décision d'autorisation, de refus, de suspension ou de retrait de l'accès au téléphone est notifiée à la personne prévenue par tout moyen.***

Art. R. 57-8-23 ***Pour les personnes condamnées, la décision d'autoriser, de refuser, de suspendre ou de retirer l'accès au téléphone est prise par le chef d'établissement. Lorsque les personnes condamnées sont hospitalisées, la décision d'autoriser, de refuser, de suspendre ou de retirer l'accès au téléphone est prise par le chef d'établissement sous réserve des prescriptions médicales.***

Les décisions de refus, de suspension ou de retrait ne peuvent être motivées que par le maintien du bon ordre et de la sécurité ou par la prévention des infractions.

CHAPITRE IX *BIS [ABROGÉ]* DES TECHNIQUES DE RECUEIL DE RENSEIGNEMENT MISES EN ŒUVRE PAR L'ADMINISTRATION PÉNITENTIAIRE

(Abrogé par Décr. n° 2022-479 du 30 mars 2022, art. 8, à compter du 1er mai 2022)
(Décr. n° 2017-750 du 3 mai 2017)

Art. R. 57-8-24 ***L'autorisation visée au premier alinéa du I et au troisième alinéa du II de l'article 727-1 est délivrée par le ministre de la justice ou, par délégation, par le chef du service auquel les agents appartiennent. Elle mentionne la ou les techniques que ces agents sont autorisés à mettre en œuvre.***

Art. R. 57-8-25 ***Les réseaux de communications électroniques sur lesquels est autorisée la mise en œuvre de la technique mentionnée au 1° du I de l'article 727-1 sont désignés par décision du ministre de la justice.***

La mise en œuvre de la technique mentionnée au 2° du I de l'article 727-1 fait l'objet d'une décision de l'administration pénitentiaire pour chaque équipement ou système concerné.

L'Arr. du 22 mai 2017 indique que les réseaux de communications électroniques mentionnés à l'art. R. 57-8-25 correspondent aux dispositifs techniques de téléphonie filaire fixe installés dans les établissements pénitentiaires et mis à disposition des personnes détenues (Arr. préc., art. 1er, JO 2 juin).

Art. R. 57-8-26 ***La décision de l'administration pénitentiaire de mettre en œuvre la technique mentionnée au 2° du I de l'article 727-1 ainsi que la destruction du matériel découvert à l'issue du délai prévu au troisième alinéa du II de ce même article sont notifiées à la personne concernée par la détention illicite d'un matériel par un document écrit remis contre signature.***

Cette décision précise :

1° La nature du support des données concernées ;

2° Le motif des mesures ;

3° Les voies et délais de recours ouvertes [ouverts] ***devant les juridictions administratives au titre de la mise en œuvre des techniques par l'administration pénitentiaire.***

Art. R. 57-8-27 ***La mise en œuvre des techniques mentionnées à l'article 727-1 et régies par le présent chapitre donne lieu à l'établissement d'un relevé mentionnant, outre les informations prévues à l'alinéa 1er du III de l'article 727-1, les informations suivantes :***

1° La ou les techniques mises en œuvre ;

2° Le nom des agents intervenant dans la mise en œuvre et le service auquel ils appartiennent ;

3° Le ou les motifs des mesures ;

4° La ou les personnes détenues concernées ;

5° L'information donnée à la personne concernée ;

6° Le nom du rédacteur du relevé.

Ce relevé est conservé au sein du service mettant en œuvre la technique. Ce relevé est tenu à la disposition du procureur de la République.

Art. R. 57-8-28 *Les opérations de destruction des données collectées, de transcription et d'extraction sont effectuées par des agents visés à l'article R. 57-8-24. Elles font l'objet d'un relevé tenu à la disposition du procureur de la République précisant :*

1° La date de ces opérations ;

2° L'identité de la ou des personnes détenues visées ;

3° La nature du ou des supports des données concernées ;

4° Le nom des agents prenant part à la destruction et celui du rédacteur du relevé.

Art. R. 57-8-29 *Les dispositions de l'article 727-1 sont affichées dans l'établissement pénitentiaire dans des conditions permettant à l'ensemble des personnes détenues d'en avoir connaissance.*

CHAPITRE X *[ABROGÉ]* DES ACTIONS DE PRÉPARATION À LA RÉINSERTION DES PERSONNES DÉTENUES

(*Abrogé par Décr. n° 2022-479 du 30 mars 2022, art. 8, à compter du 1er mai 2022*)

SECTION PREMIÈRE *[ABROGÉE]* DE L'ACTIVITÉ DES PERSONNES DÉTENUES

Art. R. 57-9-1 *La personne détenue condamnée remplit l'obligation qui lui incombe en vertu de l'article 27 de la loi n° 2009-1436 du 24 novembre 2009 lorsqu'elle exerce au moins l'une des activités relevant de l'un des domaines suivants : travail, formation professionnelle,* (Décr. n° 2016-1850 du 23 déc. 2016) *« insertion par l'activité économique, » enseignement,* (Abrogé par Décr. n° 2014-442 du 29 avr. 2014, art. 1er) *« programmes de prévention de la récidive, » activités éducatives, culturelles, socioculturelles, sportives et physiques.*

Art. R. 57-9-2 *Préalablement à l'exercice d'une activité professionnelle par la personne détenue, l'acte d'engagement, signé par le chef d'établissement et la personne détenue, prévoit notamment la description du poste de travail, le régime de travail, les horaires de travail, les missions principales à réaliser et, le cas échéant, les risques particuliers liés au poste.*

Il fixe la rémunération en indiquant la base horaire et les cotisations sociales afférentes.

(Décr. n° 2021-359 du 31 mars 2021, art. 1er) *« Lorsque le travail s'effectue dans le cadre du contrat d'implantation d'une structure d'insertion par l'activité économique ou d'une entreprise adaptée »* (Décr. n° 2016-1850 du 23 déc. 2016) *« , l'acte d'engagement prévoit en outre un accompagnement socioprofessionnel visant à faciliter la réinsertion et en précise les modalités. Une charte d'accompagnement, proposée par la structure d'insertion par l'activité économique* (Décr. n° 2021-359 du 31 mars 2021, art. 1er) *) « ou par l'entreprise adaptée », signée par la personne détenue et le chef d'établissement, en détaille la mise en œuvre. »*

Sur la constitutionnalité des art. 717-3 et R. 57-9-2, V. notes ss. art. 717-3.

Art. R. 57-9-2-1 (Décr. n° 2014-442 du 29 avr. 2014, art. 2) *Les personnes détenues sont consultées au moins deux fois par an sur les activités proposées en application de l'article R. 57-9-1.*

La première consultation prévue par le Décr. n° 2014-442 du 29 avr. 2014 est organisée, dans chaque établissement, dans un délai de six mois à compter de sa publication (Décr. préc., art. 5).

Art. R. 57-9-2-2 (Décr. n° 2014-442 du 29 avr. 2014, art. 2) *Sont associés à ces consultations les membres du personnel pénitentiaire dont le directeur du service pénitentiaire d'insertion et de probation, et, le cas échéant, toute personne extérieure sur invitation du chef d'établissement.*

Art. R. 57-9-2-3 (Décr. n° 2014-442 du 29 avr. 2014, art. 2) *Le chef d'établissement informe les personnes détenues et les membres du personnel pénitentiaire des résultats des consultations et des décisions prises pour l'organisation des activités.*

Art. R. 57-9-2-4 (Décr. n° 2014-442 du 29 avr. 2014, art. 2) *Le chef d'établissement communique chaque année au conseil d'évaluation un rapport sur l'organisation et les résultats de ces consultations.*

Art. R. 57-9-2-5 *(Décr. nº 2014-442 du 29 avr. 2014, art. 2)* ***Les modalités des consultations sont définies par le chef d'établissement dans le règlement intérieur de l'établissement.***

SECTION II *[ABROGÉE]* DE L'ASSISTANCE SPIRITUELLE

BIBL. ▶ PONCELA, *RSC 2015. 143* (religion et prison, je t'aime moi non plus).

Art. R. 57-9-3 ***Chaque personne détenue doit pouvoir satisfaire aux exigences de sa vie religieuse, morale ou spirituelle.***

A son arrivée dans l'établissement, elle est avisée de son droit de recevoir la visite d'un ministre du culte et d'assister aux offices religieux et aux réunions cultuelles organisées par les personnes agréées à cet effet.

V. Circ. du 16 juill. 2014 (NOR : JUSK1440001N) relative à la pratique du culte en détention.

1. Désignation d'un aumônier. Si la liberté de culte en milieu carcéral s'exerce sous réserve des prérogatives dont dispose l'autorité administrative aux fins de préserver l'ordre et la sécurité au sein des établissements pénitentiaires, aucune disposition législative ou réglementaire ne conditionne la désignation d'un aumônier à un nombre minimum de détenus susceptibles de recourir à son assistance spirituelle. Dès lors, en invoquant de façon générale, ainsi que cela ressort du recours ministériel, l'insuffisance du nombre de détenus se revendiquant de la confession des Témoins de Jéhovah, pour refuser de délivrer à un individu un agrément en qualité d'aumônier, le directeur interrégional des services pénitentiaires de Paris s'est fondé sur un motif qui n'était pas de nature à justifier légalement une telle décision. • CAA Paris, 30 mai 2011, nº 10PA03589 : *AJDA 2011. 2185, note Vidal Delplanque ; D. 2012. Pan. 1294, obs. Céré, Herzog-Evans et Péchillon* • CAA Paris, 27 juin 2011, nº 10PA03749 : *AJDA 2011. 2121, obs. Sirinelli*. ♦ Décisions confirmées par : • CE 16 oct. 2013 : *D. actu. 22 oct. 2013, note Montecler ; D. 2014. Chron. 41, note Dieu ; AJ pénal 2013. 685, obs. Péchillon ; AJDA 2013. 2386 ; Gaz. Pal. 7 nov. 2013, p. 18, obs. Guyomar.*

2. Droit de visite. Le tribunal administratif n'a pas commis d'erreur de droit en jugeant que le ministre du culte, qui ne peut pas obtenir de droit de visite en tant qu'aumônier nommé, au titre de l'art. D. 433 (ancien), peut néanmoins solliciter le permis de visite au titre de l'art. D. 404 (ancien). • CAA Bordeaux, 20 oct. 2009, nº 08BX03245 : *AJDA 2010. 272, concl. Fabien*.

3. Régime alimentaire et maintien du bon ordre. Le premier al. de l'art. 9 de l'annexe à l'art. R. 57-6-18, qui vise à permettre l'exercice par les personnes détenues de leurs convictions religieuses en matière d'alimentation, sans toutefois imposer à l'administration de garantir, en toute circonstance, une alimentation respectant ces convictions, ne peut être regardé, eu égard à l'objectif d'intérêt général du maintien du bon ordre des établissements pénitentiaires et aux contraintes matérielles propres à la gestion de ces établissements, comme portant une atteinte excessive au droit de ces derniers de pratiquer leur religion. • CE 25 févr. 2015, nº 375724 : *D. actu. 3 mars 2015, obs. Pastor ; D. 2015. 1122, obs. Péchillon ; AJDA 2015. 421 ; RFDA 2015. 512, obs. Dupré de Boulois*.

4. Conv. EDH, art. 9. Régime végétarien. En refusant à un détenu bouddhiste de suivre un régime végétarien, les autorités ont failli à leur obligation de peser de manière équitable les intérêts en présence. Partant, il y a violation de l'art. 9 Conv. EDH. • CEDH 7 déc. 2010, *Jakobski c/ Pologne : RSC 2011. Chron. 221, obs. Marguénaud ; AJ pénal 2011. 258, obs. Herzog-Evans* • 17 déc. 2013, *Vartic c/ Roumanie : D. actu. 16 janv. 2014, obs. Fleuriot.*

Art. R. 57-9-4 ***Les offices religieux, les réunions cultuelles et l'assistance spirituelle aux personnes détenues sont assurés, pour les différents cultes, par des aumôniers agréés.***

Art. R. 57-9-5 ***Les jours et heures des offices sont fixés par les aumôniers en accord avec le chef d'établissement. Ils sont organisés dans un local déterminé par le chef d'établissement.***

L'interdiction inscrite dans le règlement intérieur prévoyant que toute manifestation religieuse (en l'espèce, une prière) est interdite en dehors des cellules et des lieux affectés à cet effet ne viole par les dispositions de l'art. 432. *[R. 57-9-3]*, et la sanction disciplinaire fondée sur la violation de cette interdiction respecte le principe de légalité : • CAA Lyon, 29 nov. 2012, *Lionel A. : RPDP 2012. 940, obs. Péchillon ; D. 2013. 1308, obs. Péchillon*.

Art. R. 57-9-6 ***Les personnes détenues peuvent s'entretenir, à leur demande, aussi souvent que nécessaire, avec les aumôniers de leur confession. Aucune mesure ni sanction ne peut entraver cette faculté.***

L'entretien a lieu, en dehors de la présence d'un surveillant, soit dans un parloir, soit dans un local prévu à cet effet, soit dans la cellule de la personne détenue et, si elle se trouve au quartier disciplinaire, dans un local déterminé par le chef d'établissement.

Les personnes détenues occupées à une activité collective de travail qui demandent à s'entretenir avec un aumônier bénéficient de cet entretien en dehors des heures de travail, ou, à titre exceptionnel, en interrompant leur activité, si cette interruption n'affecte pas l'activité des autres personnes détenues.

Art. R. 57-9-7 *Les personnes détenues sont autorisées à recevoir ou à conserver en leur possession les objets de pratique religieuse et les livres nécessaires à leur vie spirituelle.*

SECTION III *[ABROGÉE]* DE L'ACTION SOCIO-CULTURELLE

Art. R. 57-9-8 *L'interdiction pour les personnes détenues d'accéder à une publication écrite ou audiovisuelle contenant des menaces graves contre la sécurité des personnes et des établissements ou des propos ou signes injurieux ou diffamatoires à l'encontre des agents et collaborateurs du service public pénitentiaire ou des personnes détenues est prise par le ministre de la justice lorsqu'elle concerne l'ensemble des établissements pénitentiaires* (Décr. nº 2020-958 du 31 juill. 2020, art. 1er) *« ou, dans les autres cas, par le directeur interrégional des services pénitentiaires territorialement compétent. Lorsque la décision d'interdiction ne s'applique qu'à un établissement pénitentiaire ou une personne détenue, le directeur interrégional peut en déléguer la signature au chef d'établissement concerné, placé sous son autorité. »*

CHAPITRE XI *[ABROGÉ]* DE DIFFÉRENTES CATÉGORIES DE PERSONNES DÉTENUES

(Abrogé par Décr. nº 2022-479 du 30 mars 2022, art. 8, à compter du 1er mai 2022)

SECTION PREMIÈRE *[ABROGÉE]* DES DÉTENUS BÉNEFICIANT D'UN RÉGIME SPÉCIAL

Néant.

SECTION II *[ABROGÉE]* DES DÉTENUS DE NATIONALITÉ ÉTRANGÈRE

Néant.

SECTION III *[ABROGÉE]* DES DÉTENUS APPARTENANT AUX FORCES ARMÉES

Néant.

SECTION IV *[ABROGÉE]* DES DÉTENUS MINEURS

BIBL. ▶ GRILLE, *AJ pénal 2005. 62* (perspective des établissements spécialisés pour mineurs, le pari d'une prison éducative ?) ; *ibid. 2010. 23* (le droit pénitentiaire des mineurs à l'épreuve des nouveaux EPM : pratiques professionnelles et usages du droit en prison).

Art. R. 57-9-9 *(Abrogé par Décr. nº 2021-682 du 27 mai 2021, art. 2, à compter du 30 sept. 2021)* ***La liste des établissements pénitentiaires spécialisés pour mineurs et des quartiers des mineurs des maisons d'arrêt ou des établissements pour peines est fixée par arrêté du ministre de la justice.***

Art. R. 57-9-10 *(Abrogé par Décr. nº 2015-1486 du 16 nov. 2015)* ***Les personnes détenues mineures de sexe féminin sont hébergées dans les unités prévues à cet effet sous la surveillance des personnels de leur sexe.***

Les activités organisées dans les établissements pénitentiaires spécialisés pour mineurs peuvent accueillir des détenus des deux sexes.

V. désormais les dispositions du règlement intérieur type spécifiques aux établissements pénitentiaires accueillant des personnes détenues mineures : art. R. 57-6-18, annexe, ss. art. R. 57-6-20, chap. III.

Art. R. 57-9-11 *(Abrogé par Décr. nº 2021-682 du 27 mai 2021, art. 2, à compter du 30 sept. 2021)* ***A titre exceptionnel, une personne détenue qui atteint la majorité en détention peut être maintenue dans un quartier des mineurs ou un établissement pénitentiaire spécialisé pour mineurs. Elle ne doit avoir aucun contact avec les prévenus âgés de moins de seize ans.***

Elle ne peut être maintenue dans un tel établissement au-delà de l'âge de dix-huit ans et six mois.

En application du Décr. nº 2014-1277 du 23 oct. 2014 relatif aux exceptions à l'application du principe « silence vaut acceptation » (L. nº 2000-321 du 12 avr. 2000, art. 21, II), le silence gardé pendant deux mois par l'administration vaut décision de rejet pour les demandes relatives au maintien en quartier des mineurs ou en établissement pénitentiaire spécialisé d'une personne détenue mineure devenue majeure en détention.

Art. R. 57-9-12 *(Abrogé par Décr. nº 2015-1486 du 16 nov. 2015)* ***La personne détenue mineure est, la nuit, seule en cellule.***

A titre exceptionnel, sur décision du chef d'établissement, elle peut être placée en cellule avec une personne détenue de son âge soit pour motif médical, soit en raison de sa personnalité.

Dans ce cas, l'hébergement de nuit dans une même cellule ne peut concerner plus de deux personnes mineures.

En application du Décr. nº 2014-1279 du 23 oct. 2014 relatif aux exceptions à l'application du principe « silence vaut acceptation » (L. nº 2000-321 du 12 avr. 2000, art. 21, I), le silence gardé pendant deux mois par l'administration vaut décision de rejet pour les demandes relatives à l'autorisation exceptionnelle de placement en cellule d'une personne détenue mineure avec une autre personne détenue de son âge.

V. désormais les dispositions du règlement intérieur type spécifiques aux établissements pénitentiaires accueillant des personnes détenues mineures : art. R. 57-6-18, annexe, ss. art. R. 57-6-20, chap. III.

Art. R. 57-9-13 *(Abrogé par Décr. nº 2021-682 du 27 mai 2021, art. 2, à compter du 30 sept. 2021)* ***Les services de l'administration pénitentiaire et du secteur public de la protection judiciaire de la jeunesse travaillent conjointement à l'accompagnement des mineurs détenus en organisant l'individualisation de leur parcours en détention.***

Art. R. 57-9-14 *(Abrogé par Décr. nº 2021-682 du 27 mai 2021, art. 2, à compter du 30 sept. 2021)* ***Les services du secteur public de la protection judiciaire de la jeunesse assurent une intervention éducative continue en détention auprès des mineurs.***

Art. R. 57-9-15 *(Abrogé par Décr. nº 2015-1486 du 16 nov. 2015)* ***Les personnes détenues mineures de plus de seize ans suivent une activité à caractère éducatif destinée à contribuer au développement de leur personnalité et à favoriser leur insertion sociale, scolaire et professionnelle.***

Les activités proposées à ce titre consistent en des activités d'enseignement, de formation, socio-éducatives et sportives.

V. désormais les dispositions du règlement intérieur type spécifiques aux établissements pénitentiaires accueillant des personnes détenues mineures : art. R. 57-6-18, annexe, ss. art. R. 57-6-20, chap. III.

Art. R. 57-9-16 *(Abrogé par Décr. nº 2021-682 du 27 mai 2021, art. 2, à compter du 30 sept. 2021)* ***Les activités d'enseignement et de formation sont mises en œuvre par les services de l'éducation nationale.***

Les services du secteur public de la protection judiciaire de la jeunesse assurent la mise en œuvre des activités socio-éducatives.

Les activités sportives sont organisées par les services de l'administration pénitentiaire.

Art. R. 57-9-17 *(Abrogé par Décr. nº 2015-1486 du 16 nov. 2015)* ***A titre exceptionnel, le chef d'établissement peut autoriser la participation d'une personne détenue mineure aux activités organisées dans l'établissement pénitentiaire avec des personnes détenues majeures, si l'intérêt du mineur le justifie.***

Cette faculté ne peut en aucun cas concerner une personne mineure prévenue âgée de treize à seize ans.

En application du Décr. nº 2014-1279 du 23 oct. 2014 relatif aux exceptions à l'application du principe « silence vaut acceptation » (L. nº 2000-321 du 12 avr. 2000, art. 21, I), le silence gardé pendant deux mois par l'administration vaut décision de rejet pour les demandes relatives à la participation d'une personne détenue mineure à une activité avec des personnes détenues majeures.

V. désormais les dispositions du règlement intérieur type spécifiques aux établissements pénitentiaires accueillant des personnes détenues mineures : art. R. 57-6-18, annexe, ss. art. R. 57-6-20, chap. III.

CHAPITRE XII TRAITEMENT DE DONNÉES À CARACTÈRE PERSONNEL RELATIF À LA GESTION NATIONALE DES PERSONNES DÉTENUES EN ÉTABLISSEMENT PÉNITENTIAIRE

(*Décr. n° 2014-558 du 30 mai 2014*)

Art. R. 57-9-18 (*Décr. n° 2022-479 du 30 mars 2022, art. 8, en vigueur le 1er mai 2022*) **Les finalités du traitement automatisé de données à caractère personnel dénommé gestion nationale des personnes détenues en établissement pénitentiaire (GENESIS), les informations et les données à caractère personnel pouvant y être enregistrées, les règles de fonctionnement et d'accès, ainsi que les droits des personnes concernées par le traitement sont déterminés par les dispositions des articles R. 240-1 et suivants du code pénitentiaire.**

Ancien art. R. 57-9-18 ***Est autorisée la création par le ministère de la justice d'un traitement automatisé de données à caractère personnel dénommé gestion nationale des personnes détenues en établissement pénitentiaire (GENESIS).***

Ce traitement a pour finalité l'exécution des sentences pénales et des décisions de justice s'y rattachant, la gestion de la détention des personnes placées sous main de justice et écrouées ainsi que la sécurité des personnes détenues et des personnels et la mise en œuvre dans les meilleures conditions d'efficacité et de coordination de l'ensemble des actions relatives au parcours de la personne détenue.

A cet effet, le traitement permet :

1° La mise à exécution par le greffe pénitentiaire des décisions judiciaires ordonnant une incarcération et la gestion des formalités d'écrou ;

2° La prise en charge des personnes détenues afin de faciliter la mise en œuvre du parcours de détention, la prévention des comportements à risques, la tenue de la commission pluridisciplinaire unique de l'établissement pénitentiaire ainsi que la gestion des requêtes, des audiences, des rendez-vous, des visites et du courrier des personnes détenues ;

3° La gestion du compte nominatif des personnes détenues ;

4° La gestion de l'effectif, des procédures disciplinaires, des fouilles, de l'isolement, des consignes et des régimes de détention ;

5° La gestion de l'individualisation de la peine et de la réinsertion des personnes placées sous main de justice dans le cadre des missions de prévention et de lutte contre la récidive par les agents du service pénitentiaire d'insertion et de probation et du service de la protection judiciaire de la jeunesse ;

6° La mise en œuvre des activités de réinsertion dans les domaines socioculturel et sportif, du travail, de l'enseignement et de la formation professionnelle ;

7° La détermination du lieu d'affectation des personnes détenues.

Le traitement permet également la gestion des contentieux entre l'administration pénitentiaire et les personnes placées sous main de justice ou leurs ayants droit ainsi que le recueil et l'analyse de l'ensemble des informations utiles à la sécurité des établissements et services pénitentiaires.

Art. R. 57-9-19 (*Abrogé par Décr. n° 2022-479 du 30 mars 2022, art. 8, à compter du 1er mai 2022*) ***Le traitement peut enregistrer des données à caractère personnel de la nature de celles mentionnées au I de l'article 8 de la loi n° 78-17 du 6 janvier 1978 susvisée, dans la stricte mesure où cet enregistrement est nécessaire aux finalités assignées audit traitement.***

Art. R. 57-9-20 (*Abrogé par Décr. n° 2022-479 du 30 mars 2022, art. 8, à compter du 1er mai 2022*) ***Peuvent être enregistrées dans le traitement automatisé les informations et les données à caractère personnel suivantes :***

1° Concernant l'identité de la personne détenue :

a) Identité : photographie d'identité numérisée, le traitement ne pouvant comporter de dispositif de reconnaissance faciale à partir de la photographie numérisée, état-civil *[état civil]*, ***nom de naissance, nom d'usage, prénoms, alias, sexe, numéro d'écrou courant, numéro d'écrou initial, date de naissance, lieu de naissance, nationalité, numéro et date de délivrance de la pièce d'identité, autorité de délivrance, ville et pays de délivrance à l'étranger, signalement ;***

b) Filiation : nom et prénoms du père et de la mère, identité des enfants en détention ;

c) Situation familiale : célibataire, marié, veuf, concubin, personne liée par un pacte civil de solidarité, divorcé, séparé, nombre d'enfants y compris en détention, date de naissance des

enfants en détention ; détenteur de l'autorité parentale pour les mineurs, enfant laissé à la garde de l'autorité parentale, déchéance de l'autorité parentale, nombre de frères et sœurs, place dans la fratrie ;

d) Logement : adresse avant l'incarcération ; lieux d'assignation à résidence ; noms [nom], *prénoms, qualité, lieu de résidence de la personne qui reçoit le permissionnaire ; coordonnées téléphoniques ;*

e) Formation : niveau d'étude et de formation, diplômes, avec les distinctions suivantes : langues parlées, niveau d'instruction, communication orale en français, lieu de scolarité, niveau d'arrêt de la scolarité, diplôme le plus élevé, lit et écrit dans une autre langue, comportement face à un écrit en français, aptitude à l'écriture du français, test lecture population pénale, observations ; par indication oui ou non : scolarisé au moment de l'incarcération ;

f) Vie professionnelle : profession avant l'incarcération, militaire, formation professionnelle, qualification professionnelle, type de contrat de travail avant l'écrou, durée du dernier emploi, expérience, contrat d'apprentissage, validation des acquis de l'expérience en cours, cours par correspondance ;

2° Concernant la situation pénale de la personne détenue :

a) Situation pénale : criminelle, correctionnelle, désignation de la juridiction et nom du magistrat référent, nature de la décision et contenu de la décision, date de signification et de notification, mode et moyen de signification, date de libération, infractions commises, mode de participation, état de récidive, numéro de parquet, numéro d'instruction, numéro d'affaire pénale, amnistie, grâce, réduction au maximum légal, voies de recours ;

b) Fiche pénale synthétique : nature des décisions et résumés, date de début et fin de peine, crédit de réduction de peine, date de fin de la période de sûreté ;

c) Procédures ou condamnations pénales sans incarcération ;

d) Mesures complémentaires prononcées par les autorités judiciaires : par indication oui ou non : inscription au fichier national des empreintes génétiques (FNAEG) lors de la détention, y compris la date de prélèvement ou de refus de prélèvement, par indication oui ou non : inscription au fichier judiciaire national automatisé des auteurs d'infractions sexuelles ou violentes (FIJAIS), y compris la date d'inscription, mesures de suivi socio-judiciaire, d'interdiction de séjour, d'annulation ou suspension du permis de conduire, de déchéance de l'autorité parentale, d'interdiction des droits civiques, civils et de famille, d'interdiction temporaire ou définitive du territoire français, procédure d'extradition, contrainte judiciaire ;

e) Détenus particulièrement signalés : dates de transmission de la demande d'inscription au répertoire des DPS, de la demande de maintien au répertoire des DPS, de transmission de la demande de retrait au répertoire des DPS, de transmission de la décision interministérielle d'inscription au répertoire des DPS, de la décision interministérielle de maintien au répertoire des DPS, de transmission de la décision interministérielle de retrait au répertoire des DPS ;

3° Concernant la prise en charge pluridisciplinaire de la personne détenue :

a) Suivi de la commission pluridisciplinaire unique : objet de la commission, commentaire préalable, synthèse, nom du rédacteur, date et objet de la réunion de la commission, actions et suivis, historique ;

b) Thème de la commission pluridisciplinaire unique : nouvel arrivant, prévention du suicide, personne sans ressource suffisante, activités, parcours d'exécution de peine, régimes différenciés, dangerosité/vulnérabilité ;

c) Entretien avec les services médicaux, sous la forme d'indication oui/non/ne se prononce pas : antécédents placement SMPR (services médicaux psychologiques régionaux), antécédents placement UMD (unités pour malades difficiles), antécédents hospitalisation d'office, nécessite un suivi somatique, suivi psychologique ou psychiatrique antérieur ou en cours, régime alimentaire particulier, grève de la faim ou de la soif, prescription d'une douche médicale, automutilations graves, fumeur, addictions, aptitude au sport, aptitude au travail ;

d) Entretien avec le service pénitentiaire d'insertion et de probation ou avec le service de la protection judiciaire de la jeunesse : nom du conseiller référent, avis général, relations avec la famille, relations avec l'extérieur, situation administrative, vécu face au délit et à la peine ;

e) Entretien avec le service de l'éducation nationale : scolarisé au moment de l'incarcération, lieu de scolarité, niveau d'arrêt de la scolarité, diplôme le plus élevé, formation professionnelle adulte, lit et écrit dans une autre langue, aptitude à l'écriture du français, test lecture population pénale, observations ;

f) Pré-repérage de l'illettrisme : communication orale en français, comportement face à un écrit en français ;

4° Concernant les risques de suicide de la personne détenue :

a) Facteurs familiaux, sociaux et économiques : absence de soutien ; éloignement familial ; deuil récent d'un proche ; perte/séparation dans l'enfance ; perte de logement ; situation irrégulière ; rupture conjugale ; placement récent des enfants ; perte d'emploi ; maltraitance parentale, négligence, victime d'abus physique ou sexuel ;

b) Facteurs relatifs à la situation judiciaire et pénitentiaire : atteinte aux personnes, première incarcération, incidents disciplinaires en détention, rupture d'aménagement de peine ou de contrôle judiciaire, événement judiciaire, notice individuelle ;

c) Facteurs sanitaires : antécédents de tentatives de suicide, antécédents familiaux de suicide ou de tentatives de suicide, addictions, signale [signalement] *des antécédents psychiatriques, antécédents d'automutilations, signale* [signalement d'] *un problème de santé nécessitant des soins, handicap ;*

d) Comportement : semble manifestement délirant, en état de choc, dépressif, anxieux, triste, agressif ; se déclare spontanément suicidaire ;

e) Évaluation de l'urgence : souffre au point de penser à se tuer ; flash, idées précises, brèves ou diffuses ; suicide envisagé comme possibilité ; idées fréquentes et quotidiennes ; solution principale ; acte dans un délai supérieur ou inférieur à quarante-huit heures ; acte dans un délai immédiat ;

f) Moyens envisagés : connaissance du moyen ; accessibilité immédiate du moyen ;

g) Mesures à prendre et durée : mise sous surveillance spéciale pour risque suicidaire, recommandation pour le placement en cellule, rendez-vous en unité de soins, favoriser l'activité travail, contact à prendre avec indication du service à contacter ; entretien conseillé avec indication du service ;

5° Concernant les risques de suicide de la personne mineure détenue :

a) Facteurs familiaux, sociaux et économiques : absence de soutien familial ; éloignement familial ; deuil récent d'un proche ; perte/séparation dans l'enfance ; rupture de scolarité ou de formation ; rupture sentimentale ; interdiction de séjour ; situation irrégulière ; perte d'emploi ; maltraitance parentale, négligence, victime d'abus physique ou sexuel ; existence d'enfants ;

b) Facteurs liés à la situation judiciaire et pénitentiaire : atteinte aux personnes ; première incarcération ;

c) Mandat de dépôt criminel ; mandat de dépôt correctionnel ; incidents disciplinaires en détention en tant qu'auteur ou victime, rupture d'aménagement de peine ou de contrôle judiciaire, mention particulière dans la notice individuelle ;

d) Facteurs sanitaires : antécédents de tentative de suicide, antécédents familiaux de suicide ou de tentative de suicide, addictions, signale [signalement]*des antécédents psychiatriques, antécédents d'automutilation, signale* [signalement d']*un problème de santé nécessitant des soins, handicap ;*

e) Comportement : présente un état de prostration ou d'agitation ; ressent un sentiment de honte, de culpabilité ;

f) Évaluation de l'urgence : se déclare spontanément suicidaire ; souffre au point de penser à se suicider ; à orienter vers l'unité de consultation et de soins ambulatoires ou vers les services médicaux psychologiques régionaux ;

g) Moyens envisagés : connaissance du moyen ; accessibilité immédiate du moyen ;

h) Mesures à prendre et durée : mise sous surveillance spéciale pour risque suicidaire, rendez-vous en unité de soins, diversifier les activités, contact à prendre avec indication de la personne à contacter ; entretien conseillé avec indication du service ;

6° Concernant la dangerosité et la vulnérabilité de la personne détenue : sous la forme d'indication oui/non/ne se prononce pas :

a) Facteurs relatifs à la situation judiciaire : procédure correctionnelle ; procédure criminelle, viol, agression sexuelle ; violences graves aux personnes ; actes de tortures ou de barbarie ; assassinat, meurtre et tentative ; criminalité organisée ; terrorisme ;

b) Facteurs en rapport avec les antécédents pénitentiaires : a fait l'objet d'incarcérations antérieures ; a eu une peine d'incarcération avant 18 ans ; agressions physiques graves sur des codétenus ; agressions physiques graves sur des personnels ; évasion ou tentative avec une complicité extérieure ; criminalité ; signalement de l'état-major de sécurité ; classé DPS ;

c) Facteurs sanitaires : addictions (alcool, médicaments psychotropes, drogues) ; suivi psychologique ou psychiatrique antérieur ou en cours ; placement antérieur en SMPR (services médicaux psychologiques régionaux) ; placement d'office antérieur ; placement antérieur en UMD (unités pour malades difficiles) ; tentatives de suicides [suicide] *; automutilations graves ;*

d) Facteurs sociaux : instabilité dans l'emploi avant incarcération ; instabilité dans le logement ; absence de visites ; nie les faits objets de la condamnation ou de la détention provisoire ; accepte l'incarcération ;

e) Facteurs relatifs à la vulnérabilité : handicap physique ; régime de protection (tutelle, curatelle) ; profession ciblée en détention (police, justice, politique) ; victime de violence en détention ; affaire médiatisée ; crime sur enfant ;

f) Facteurs complémentaires : procédure d'éloignement du territoire ; demande d'extradition ; soutien financier extérieur ;

7° Décisions du chef de l'établissement concernant une personne détenue : ensemble des décisions, par thème et par période ;

8° Concernant la détention de la personne détenue :

a) Consignes judiciaires, médicales ou pénitentiaires : prescription des autorités judiciaires, des services médicaux ou pénitentiaires, ou demande particulière de la personne détenue ; mentions particulières relatives à certaines personnes détenues, régimes alimentaires spécifiques ;

b) Affectation en cellule : décision d'affectation de la personne détenue, historique des décisions d'affectation en cellule, avis de placement en cellule, par indication oui ou non : mention dans le recueil de sécurité de l'établissement de la personne détenue ; localisation dans l'établissement, cellule d'affectation de la personne détenue, identité des codétenus, description des mutations de cellule, désignation des personnes qui décident de l'affectation des personnes détenues ; demande de la personne détenue d'être seule ou de ne pas être seule en cellule ; nom et prénom de l'auteur de la décision, nom et prénom du rédacteur ;

c) Isolement : type de saisine, durée, motif du placement initial ou de la prolongation, autorité ayant pris la décision, nom de l'auteur et date de la décision ;

d) Observations : consignation des observations des personnels pénitentiaires, des agents de la protection judiciaire de la jeunesse, des membres de la commission pluridisciplinaire unique, des personnels de santé, de l'éducation nationale, ainsi que des agents des groupements privés chargés de missions de service public dans le cadre de la gestion déléguée ou de la mise en œuvre d'activités, spécialement habilités par le chef de l'établissement pénitentiaire ;

e) Fouilles des locaux et des personnes détenues : planification et rapports ;

f) Vestiaires : liste des effets personnels non autorisés en détention ;

g) Activités sportives, socioculturelles, d'enseignement, de formation professionnelle, d'insertion professionnelle et de travail des personnes détenues en établissement : désignation des activités, planification, suivi et évaluation des activités, désignation des contractants et des intervenants ;

h) Audience/rendez-vous/convocation/entretien : date, thème, personnes présentes, compte rendu ;

i) Gestion des requêtes : demande d'accès à une activité ou à une formation, demande de rendez-vous avec les services médicaux, sans précision du motif, demande de l'état du compte, par indication oui ou non : souhait de rencontrer un représentant pour l'exercice d'un culte ;

j) Gestion des correspondances postales : informations sur certains expéditeurs et destinataires des courriers postaux pour la mise en œuvre du code de procédure pénale ;

k) Procédure contradictoire : date de convocation, de débat, de mise en œuvre et de décision, débat, motivation, décision ;

l) Procédure disciplinaire : mention d'antécédents disciplinaires, type d'antécédents ; numéro d'affaire pénitentiaire, type de faute, date de l'événement, description des faits, rapports d'enquête et d'incident, représentation par avocat référent commis d'office ou rémunéré, argumentation en défense, décisions de la commission de discipline ;

m) Commission d'application des peines : date de la commission d'application des peines, mesures d'individualisation de la peine et modalités d'aménagement ainsi que nom de l'auteur de la décision, crédit de réduction de peine, réduction de peine supplémentaire, conditionnelle ou exceptionnelle ; permissions de sortir ; obligations mises à la charge du condamné ; recours ;

n) Gestion des visites : désignation des personnes ayant obtenu un permis de visite, désignation de l'autorité qui accorde le droit de visite, jours et heures des visites, désignation des locaux de visite et des personnes chargées de la surveillance de ces locaux ;

o) Modalités d'entrée et de sortie : désignation du mouvement d'entrée/sortie, destination, date prévue et réelle d'entrée/sortie, levée d'écrou, extradition, transfert, translation judiciaire, escorte, évasion, décès, personnes prenant en charge la personne détenue lors des transfèrements ou extractions ou des hospitalisations ou des permissions de sortir : noms [nom], prénoms, qualité, lieu de résidence de la personne qui reçoit le permissionnaire, et autorités administratives informées de ces sorties ou mesures, date de comparution devant la commission d'expulsion, mesure d'éloignement, durée d'interdiction du territoire français, date de l'arrêté d'expulsion, d'abrogation ou de relève, assigné à résidence, lieux d'assignation à résidence ;

9° Concernant la gestion du compte nominatif de la personne détenue :

a) Montant du dépôt, liste des bijoux et valeurs ; gestion des cantines et des achats extérieurs ; liste et répartition des recettes, liste et montant des dépenses, liste des achats ;

b) Saisies des éléments de paie et éléments de rémunération ;

c) Gestion des droits sociaux de la personne détenue : numéro d'inscription au répertoire national des personnes physiques, complémentaire mutuelle ;

d) Gestion des livrets d'épargne ouverts durant la détention, numéro du livret d'épargne, liste des mouvements sur le livret d'épargne ;

e) Gestion des condamnations pécuniaires et éléments des titres exécutoires : informations relatives aux montants des prélèvements obligatoires et versements volontaires effectués ; nom, prénoms, informations bancaires relatives aux bénéficiaires ;

f) Opération comptable, montant part disponible, montant pécule libération, montant parties civiles ;

g) Compte bijoux : avoir bijoux, description, quantité ;

h) Cantine : bons de cantines, montant total, dates de commande et de livraison ;

i) Achat extérieur : désignation des produits, montant total, dates de commande et de livraison, nom des fournisseurs ;

j) Blocage : désignation de la demande, date, montant ;

k) Éléments de rémunération : date de début, de fin et de travail, nombre de jours et d'heures travaillés, montant de rémunération ;

10° Concernant les magistrats : noms [nom], prénoms, auteur de la décision ;

11° Concernant les avocats :

a) Nom, prénoms ;

b) Nom du barreau auquel l'avocat est rattaché, adresse postale du cabinet, adresse de messagerie électronique, numéro de téléphone et numéro de télécopie du cabinet ;

12° Concernant les intervenants en détention :

a) Nom, prénom [prénoms], fonction ;

b) Numéro de téléphone, adresse de messagerie électronique ;

13° Concernant les personnes à prévenir en cas d'incident :

a) Nom, prénom [prénoms], lien avec la personne détenue ;

b) Adresse, coordonnées téléphoniques ;

14° Concernant les personnes ayant obtenu un permis de visite :

a) Nom, prénom [prénoms], sexe, date et lieu de naissance, nationalité, lien avec la personne détenue ;

b) Type et numéro du document d'identité, autorité ayant délivré le document d'identité, date de validité ;

c) Profession ;

d) Désignation de l'autorité qui accorde le droit de visite, jours et heures des visites ;

15° Concernant les personnels visés à l'article R. 57-9-22 : identifiant, informations relatives aux consultations, créations, modifications ou suppressions de données.

Art. R. 57-9-21 (Abrogé par Décr. n° 2022-479 du 30 mars 2022, art. 8, à compter du 1er mai 2022) *Les informations et données à caractère personnel sont conservées deux ans à compter de la date de levée d'écrou, uniquement accessibles, selon les distinctions mentionnées à l'article R. 57-9-22, aux personnels habilités de la direction de l'administration pénitentiaire et des directions interrégionales des services pénitentiaires, aux personnels en charge du greffe, aux personnels en charge de la régie des comptes nominatifs et aux personnels en charge de l'encadrement.*

Tous dossiers contentieux mettant en cause la responsabilité de l'administration pénitentiaire ou engagés à l'encontre de ses agents ont pour effet la suspension des délais de conser-

vation des informations et données à caractère personnel relatives au détenu concerné ainsi qu'aux codétenus ayant partagé sa cellule dans le mois du fait à l'origine du contentieux, jusqu'à l'extinction des voies de recours.

L'art. R. 57-9-21 comportait initialement un al. 2, aux termes duquel « A l'issue de ce délai, les informations et données à caractère personnel sont conservées pour une durée de huit ans, uniquement accessibles aux personnels habilités de la direction de l'administration pénitentiaire et des directions interrégionales des services pénitentiaires. » L'art. 1er du Décr. du 30 mai 2014, qui l'avait institué, a été annulé par décision du Conseil d'État statuant au contentieux du 9 nov. 2015, n° 383313 (JO 22 nov.).

Art. R. 57-9-22 *(Abrogé par Décr. n° 2022-479 du 30 mars 2022, art. 8, à compter du 1er mai 2022)* ***Les personnes ou catégorie [catégories] de personnes qui, à raison de leurs fonctions ou pour les besoins du service, peuvent directement accéder aux informations et données à caractère personnel enregistrées dans le traitement et strictement nécessaires à l'exercice de leurs attributions sont :***

1° Les autorités judiciaires ainsi que les agents du greffe chargés de les assister, individuellement désignés et spécialement habilités à cet effet par les chefs de juridiction, dans le cadre de la mise à exécution des décisions judiciaires ordonnant une incarcération ;

2° Les personnels habilités de la direction de l'administration pénitentiaire et des directions interrégionales des services pénitentiaires ;

3° Les membres de la commission pluridisciplinaire unique ;

4° Les membres de la commission de l'application des peines ;

5° Les personnels pénitentiaires en charge du greffe, individuellement désignés et spécialement habilités par le chef de l'établissement, dans le cadre de la mise à exécution des décisions judiciaires ordonnant une incarcération et de la gestion des formalités d'écrou ;

6° Les personnels en charge de la régie des comptes nominatifs, individuellement désignés et spécialement habilités par le chef de l'établissement, dans le cadre de la gestion du compte nominatif, des requêtes et observations ;

7° Les personnels pénitentiaires en charge de l'encadrement, individuellement désignés et dûment habilités par le chef d'établissement dans le cadre :

a) De la mise à exécution des décisions judiciaires ordonnant une incarcération et la gestion des formalités d'écrou ;

b) De la mise en œuvre du parcours de détention, [de] la prévention des comportements à risques, de la tenue de la commission pluridisciplinaire unique de l'établissement pénitentiaire ainsi que de la gestion des requêtes, des observations, des audiences, des rendez-vous, des visites et du courrier des personnes détenues ;

c) De la gestion de l'effectif, des procédures disciplinaires, des fouilles, de l'isolement, des consignes, des régimes de détention ;

d) De l'information des personnes détenues concernant les opérations comptables ;

e) De la mise en œuvre des activités de réinsertion dans les domaines socioculturel et sportif, du travail, de l'enseignement et de la formation professionnelle ;

8° Les personnels pénitentiaires en charge de fonctions de surveillance, individuellement désignés et spécialement habilités par le chef de l'établissement, dans le cadre :

a) De la gestion de la détention, des visites, des vestiaires, de l'effectif, des procédures disciplinaires, des fouilles, de l'isolement, des consignes, des régimes de détention ;

b) De la mise en œuvre du parcours de détention, [de] la prévention des comportements à risques, de la gestion des requêtes, des observations, des audiences, des rendez-vous et du courrier des personnes détenues ;

c) De l'information des personnes détenues concernant les opérations comptables ;

d) De la mise en œuvre des activités de réinsertion dans les domaines socioculturel et sportif, du travail, de l'enseignement et de la formation professionnelle ;

9° Les agents du service pénitentiaire d'insertion et de probation, individuellement désignés et spécialement habilités par le chef de l'établissement dans le cadre :

a) De la mise en œuvre du parcours de détention, [de] la prévention des comportements à risques, de la tenue de la commission pluridisciplinaire unique de l'établissement pénitentiaire ainsi que [de] la gestion des requêtes, des observations, des audiences, des rendez-vous ;

b) De la tenue de la commission de l'application des peines ;

c) De la gestion de l'individualisation de la peine et de la réinsertion de la personne détenue ;

d) De la mise en œuvre des activités de réinsertion dans les domaines socioculturel et sportif, du travail, de l'enseignement et de la formation professionnelle ;

10° Les agents des services déconcentrés du secteur public de la protection judiciaire de la jeunesse, individuellement désignés et spécialement habilités par le chef de l'établissement dans le cadre :

a) De la mise en œuvre du parcours de détention, [de] la prévention des comportements à risques, de la tenue de la commission pluridisciplinaire unique de l'établissement pénitentiaire ainsi que [de] la gestion des requêtes, des observations, des audiences, des rendez-vous ;

b) De la tenue de la commission de l'application des peines ;

c) De la gestion de l'individualisation de la peine et de la réinsertion de la personne détenue ;

d) De la mise en œuvre des activités de réinsertion dans les domaines socioculturel et sportif, du travail, de l'enseignement et de la formation professionnelle ;

11° Les agents de l'éducation nationale, individuellement désignés et spécialement habilités par le chef de l'établissement dans le cadre :

a) De la mise en œuvre des activités de réinsertion dans les domaines de l'enseignement et de la formation professionnelle ;

b) De la gestion des requêtes et observations ;

12° Les personnels des groupements privés agissant dans le cadre de la gestion déléguée, individuellement désignés et spécialement habilités par le chef de l'établissement dans le cadre :

a) De la mise en œuvre des activités de réinsertion dans les domaines socioculturel et sportif, du travail et de la formation professionnelle ;

b) De la gestion de l'entretien et de la maintenance des établissements ;

c) De la gestion des requêtes et observations ;

d) De la gestion des cantines et achats extérieurs de la personne détenue ;

e) Des activités d'hôtellerie et de restauration ;

f) De la gestion des visites ;

13° Les personnels des entreprises privées agissant dans le cadre de la gestion d'activités, individuellement désignés et spécialement habilités par le chef de l'établissement dans le cadre :

a) De la mise en œuvre des activités de réinsertion dans les domaines socioculturel et sportif, du travail et de la formation professionnelle ;

b) De la gestion des requêtes et observations ;

14° Les personnels sanitaires des unités de consultation et de soins ambulatoires (UCSA), des services médicaux psychologiques régionaux (SMPR), des unités hospitalières sécurisées interrégionales (UHSI), des unités hospitalières spécialement aménagées (UHSA) et de l'établissement public de santé national de Fresnes, individuellement désignés et spécialement habilités par le chef de l'établissement dans le cadre de la mise en œuvre du parcours de détention, de la prévention des comportements à risques, de la tenue de la commission pluridisciplinaire unique de l'établissement pénitentiaire ainsi que de la gestion des requêtes, des observations, des audiences et des rendez-vous ;

15° Les magistrats et personnels de la direction des affaires criminelles et des grâces individuellement désignés et dûment habilités, dans le cadre de la mise à exécution des décisions judiciaires ordonnant une incarcération.

Art. R. 57-9-23 *(Abrogé par Décr. n° 2022-479 du 30 mars 2022, art. 8, à compter du 1er mai 2022) Peuvent être destinataires dans le cadre de leurs attributions, dans la limite du besoin d'en connaître et dans les conditions définies ci-après, des informations et données à caractère personnel contenues dans le traitement :*

1° Les autorités judiciaires ainsi que les agents individuellement désignés et spécialement habilités par le chef de juridiction, pour les données suivantes : identité ; compte rendu de la commission pluridisciplinaire unique ; gestion des condamnations pécuniaires et éléments des titres exécutoires ; procédure disciplinaire, isolement et visites ;

2° Le préfet de département dans lequel se situe l'établissement pénitentiaire :

a) Pour l'ensemble des personnes détenues, en ce qui concerne les informations nécessaires à la mise en œuvre des mesures de garde et d'escorte ;

b) Pour tout étranger faisant ou pouvant faire l'objet d'une mesure d'éloignement, en ce qui concerne les informations relatives à l'identité, la filiation, la catégorie pénale, le nombre de titres d'identité, le type de procédure, la situation de famille, l'adresse en France et à l'étranger et la date de libération de cette personne ;

c) Pour les éléments de signalisation relatifs à la personne détenue et les renseignements concernant le déroulement des permissions de sortir, y compris l'identité de la personne accueillant le permissionnaire ;

3° L'avocat de la personne détenue, pour les informations relatives aux procédures disciplinaires, contradictoires, et à l'isolement ;

4° Les assesseurs, pour les informations relatives aux procédures disciplinaires ;

5° Les maires, dans le cadre des modifications de l'état civil et des démarches administratives des personnes détenues, en ce qui concerne les informations relatives à l'identité et au lieu d'incarcération ;

6° Les autorités de la police nationale et de la gendarmerie nationale :

a) Du lieu de détention et du lieu où doit se dérouler une permission de sortir, pour les éléments de signalisation relatifs à la personne détenue et les renseignements concernant le déroulement de la mesure, y compris l'identité de la personne accueillant le permissionnaire ;

b) Chargées des prélèvements biologiques destinés à permettre l'identification par les empreintes génétiques en application de l'article 706-56 du code de procédure pénale ;

7° Les personnels individuellement désignés et spécialement habilités relevant de l'autorité militaire, en ce qui concerne les informations relatives à l'identité, la filiation, la catégorie pénale, le lieu d'incarcération et la date de libération de tout militaire ;

8° Le service du casier judiciaire national pour les dates de l'expiration des peines privatives de liberté et d'exécution des contraintes judiciaires ;

9° Les personnels individuellement désignés et spécialement habilités relevant de l'organisme chargé du service national territorialement compétent, en ce qui concerne les informations relatives à l'identité, la filiation, le lieu d'incarcération et la date de libération, pour tout Français âgé de seize à vingt-cinq ans ;

10° Les consulats et ambassades dans le cadre des démarches administratives des personnes détenues étrangères et dans les conditions prévues par les conventions internationales, en ce qui concerne les informations relatives à l'identité et au lieu d'incarcération ;

11° Les juridictions étrangères et les gouvernements étrangers dans le cadre de la procédure d'extradition, d'un mandat d'arrêt européen ou d'une remise temporaire ainsi que pour les consignes judiciaires, médicales ou pénitentiaires ;

12° Les agents de Pôle emploi ainsi que, pour les jeunes majeurs de moins de 26 ans, les missions locales, dans le cadre du retour à l'emploi des personnes détenues, pour les informations suivantes : nom, prénom [prénoms], *numéro d'écrou, catégorie administrative du quartier d'affectation, document d'identité et date de validité, date prévisible de permission de sortir, de libération ou d'aménagement de peine ;*

13° La Banque de France, pour la tenue du livret et des comptes bancaires de la personne détenue ainsi que le paiement des créances ;

14° Le titulaire de l'autorité parentale, pour les informations relatives à la mise sous écrou du mineur dont ils ont la charge, en ce qui concerne les données enregistrées au titre de la gestion du compte nominatif et de la mise en œuvre des activités de réinsertion, ainsi que les informations relatives aux procédures disciplinaires ;

15° Les directeurs régionaux des finances publiques, dans le cadre de leur mission de recette et de contrôle de la régie des comptes nominatifs, en ce qui concerne les données enregistrées au titre de la gestion du compte nominatif ;

16° Les services des douanes, dans le cadre de leurs actions de recouvrement, en ce qui concerne les informations relatives à l'identité et au lieu d'incarcération ;

17° Les hôpitaux de rattachement des unités de consultation et de soins ambulatoires (UCSA), des services médicaux psychologiques régionaux (SMPR), des unités hospitalières sécurisées interrégionales (UHSI), des unités hospitalières spécialement aménagées (UHSA) et de l'établissement public de santé national de Fresnes, en ce qui concerne les informations relatives à l'identité, sexe, numéro d'écrou, numéro de sécurité sociale, lieu de détention, dans le cadre de la distribution de médicaments ;

18° Les services de sécurité sociale, dans le cadre de l'affiliation obligatoire aux assurances maladie et maternité du régime général de la sécurité sociale et des versements d'indemnités journalières, pour les informations suivantes : nom, prénom [prénoms], *nationalité, date et lieu de naissance, situation familiale, numéro d'inscription au répertoire national des personnes physiques, situation irrégulière, adresse avant incarcération, lieu de détention ;*

19° Les caisses d'allocations familiales, pour les informations suivantes : nom, prénom [prénoms], nationalité, date et lieu de naissance, situation familiale, adresse avant incarcération, lieu de détention :

a) Pour le versement des allocations à la personne qui assume la charge effective et permanente de l'enfant ;

b) Pour le versement d'allocations aux personnes bénéficiaires ;

20° Les organismes de formation, pour les informations suivantes : nom, prénom [prénoms], profession avant l'incarcération, formation professionnelle, qualification professionnelle, type de contrat de travail avant l'écrou, durée du dernier emploi, expérience, contrat d'apprentissage, validation des acquis de l'expérience en cours ;

21° Les institutions de retraite et organismes de prévoyance, pour les informations suivantes : nom, prénom [prénoms], nationalité, date et lieu de naissance, situation familiale, adresse avant incarcération, lieu de détention :

a) Dans le cadre de la déclaration annuelle des données sociales ;

b) Dans le cadre du versement des retraites.

Art. R. 57-9-24 *(Abrogé par Décr. n° 2022-479 du 30 mars 2022, art. 8, à compter du 1er mai 2022) (Décr. n° 2018-687 du 1er août 2018, art. 28) I. — Les droits d'information, d'accès, de rectification et d'effacement prévus aux articles 70-18 à 70-20 de la loi n° 78-17 du 6 janvier 1978 relative à l'informatique, aux fichiers et aux libertés s'exercent directement auprès du directeur de l'établissement pénitentiaire.*

II. — Les droits d'accès, de rectification et d'effacement peuvent faire l'objet de restrictions en application des 2° et 3° du II et du III de l'article 70-21 de la même loi, lorsqu'ils portent sur les données suivantes :

1° Dates prévues des transferts et extractions ;

2° Prescriptions d'origine judiciaire ou pénitentiaire relatives à la prise en charge et au régime de détention de la personne détenue ;

3° Désignation des locaux de l'établissement ;

4° Description des mouvements des personnes détenues.

La personne concernée par ces restrictions exerce ses droits auprès de la Commission nationale de l'informatique et des libertés dans les conditions prévues à l'article 70-22 de la même loi.

Art. R. 57-9-25 *(Abrogé par Décr. n° 2022-479 du 30 mars 2022, art. 8, à compter du 1er mai 2022) Le droit d'opposition prévu à l'article 38 de la loi du 6 janvier 1978 susvisée ne s'applique pas au présent traitement.*

Art. R. 57-9-26 *(Abrogé par Décr. n° 2022-479 du 30 mars 2022, art. 8, à compter du 1er mai 2022) Les consultations, créations, modifications ou suppressions de données font l'objet d'un enregistrement comprenant l'identifiant de leur auteur ainsi que la date, l'heure et l'objet de l'opération. Ces informations sont conservées pendant un délai de trois ans.*

TITRE TROISIÈME **DU PLACEMENT SOUS SURVEILLANCE ÉLECTRONIQUE**

(Décr. n° 2002-479 du 3 avr. 2002)

A compter du 24 mars 2020, dans le code pénal, le code de procédure pénale et tous les textes de nature législative, les références au placement sous surveillance électronique sont remplacées par des références à la détention à domicile sous surveillance électronique, sauf lorsqu'il est fait mention du placement sous surveillance électronique mobile (L. n° 2019-222 du 23 mars 2019, art. 74-X et 109-XIX).

RÉP. PÉN. v° *Placement sous surveillance électronique fixe ou mobile*, par ENDERLIN.

Art. R. 57-10 *(Décr. n° 2004-1021 du 27 sept. 2004, en vigueur le 1er janv. 2005)* **Le placement sous surveillance électronique des personnes** *(Décr. n° 2011-2022 du 28 déc. 2011, art. 3)* **« sous assignation à résidence avec surveillance électronique » ordonné par le juge d'instruction ou le juge des libertés et de la détention et celui des personnes condamnées à une peine privative de liberté ordonné par la juridiction de jugement ou par le juge de l'application des peines en application des dispositions des articles 138 et 723-7 du présent code et** *(Décr. n° 2020-128 du 18 févr. 2020, art. 5, en vigueur le 24 mars 2020)* **« des articles 132-25 et 132-26 » du code pénal s'effectue dans les conditions fixées par les dispositions du présent titre.**

Ecqc les modalités d'application de la peine de détention à domicile sous surveillance électronique, V. aussi art. D. 49-82 s.

CHAPITRE PREMIER DISPOSITIONS GÉNÉRALES *(Décr. n° 2004-243 du 17 mars 2004).*

SECTION PREMIÈRE DISPOSITIONS CONCERNANT LE PROCÉDÉ PRÉVU PAR L'ARTICLE 723-8

Art. R. 57-11 *(Décr. n° 2022-479 du 30 mars 2022, art. 8, en vigueur le 1er mai 2022)* **Les fonctionnalités et modalités d'homologation du procédé permettant la détention à domicile sous surveillance électronique prévu par l'article 723-8 sont déterminées par les dispositions des articles R. 622-1 et R. 622-2 du code pénitentiaire.**

Ancien art. R. 57-11 *Pour la mise en œuvre du procédé permettant la détention à domicile sous surveillance électronique prévu par l'article 723-8, la personne assignée porte un bracelet comportant un émetteur.*

Cet émetteur transmet des signaux à un récepteur placé au lieu d'assignation dont le boîtier envoie par l'intermédiaire d'une ligne téléphonique, à un centre de surveillance (Abrogé par Décr. n° 2004-243 du 17 mars 2004) « , relevant d'un ou plusieurs établissements pénitentiaires, » des messages relatifs au fonctionnement du dispositif et à la présence de l'intéressé dans le lieu où il est assigné.

Le bracelet porté par la personne assignée est conçu de façon à ne pouvoir être enlevé par cette dernière sans que soit émis un signal d'alarme.

(Décr. n° 2016-261 du 3 mars 2016, art. 1er) « Le dispositif permet une communication entre le centre de surveillance et la personne assignée qui peut faire l'objet d'un enregistrement aux fins de contrôles complémentaires. »

(Décr. n° 2004-243 du 17 mars 2004) « Ces dispositifs peuvent être complétés par d'autres procédés de surveillance électronique permettant une authentification (Décr. n° 2016-261 du 3 mars 2016, art. 1er) « biométrique vocale » à des fins de vérification à distance de la présence de l'intéressé. »

Art. R. 57-12 *(Abrogé par Décr. n° 2022-479 du 30 mars 2022, art. 8, en vigueur le 1er mai 2022) Le procédé décrit à l'article R. 57-11 est homologué par arrêté du garde des sceaux, ministre de la justice.*

V. Arr. du 1er juill. 2002, ss. art. R. 57-22.

SECTION II MESURES PRÉALABLES AU PLACEMENT SOUS SURVEILLANCE ÉLECTRONIQUE

Art. R. 57-13 **Lorsqu'il est saisi d'une demande de placement sous surveillance électronique ou lorsqu'il envisage de prononcer d'office une telle mesure,** *(Décr. n° 2004-243 du 17 mars 2004)* **« le juge d'instruction, » le juge des libertés et de la détention ou le juge de l'application des peines peut charger le service pénitentiaire d'insertion et de probation de s'assurer de la disponibilité du dispositif technique décrit** *(Décr. n° 2022-479 du 30 mars 2022, art. 8, en vigueur le 1er mai 2022)* **« à l'article R. 622-1 du code pénitentiaire** *[ancienne rédaction : à l'article R. 57-11]* **» et de vérifier la situation familiale, matérielle et sociale de la personne condamnée ou prévenue, notamment aux fins de déterminer les horaires et les lieux d'assignation.**

Art. R. 57-14 *(Décr. n° 2022-479 du 30 mars 2022, art. 8, en vigueur le 1er mai 2022)* **Dans le cas prévu par le deuxième alinéa de l'article 723-7, l'accord écrit du propriétaire, ou du ou des titulaires du contrat de location des lieux où pourra être installé le récepteur, est recueilli dans les conditions déterminées par les dispositions de l'article R. 622-4 du code pénitentiaire.**

Ancien art. R. 57-14 *Dans le cas prévu par le deuxième alinéa de l'article 723-7, l'accord écrit du propriétaire, ou du ou des titulaires du contrat de location des lieux où pourra être installé le récepteur, est recueilli par le service pénitentiaire d'insertion et de probation, sauf si cet accord figure déjà au dossier de la procédure.*

Art. R. 57-15 **Le magistrat informe l'intéressé qu'il peut demander à tout moment qu'un médecin vérifie que la mise en œuvre du procédé décrit** *(Décr. n° 2022-479 du*

30 mars 2022, art. 8, en vigueur le 1er mai 2022) **« à l'article R. 622-1 du code pénitentiaire** *[ancienne rédaction : à l'article R. 57-11]* **» ne présente pas d'inconvénient pour sa santé.**

SECTION III DÉCISIONS DE PLACEMENT SOUS SURVEILLANCE ÉLECTRONIQUE, DE MODIFICATION OU DE RETRAIT DE LA MESURE

Art. R. 57-16 Lorsqu'il décide de placer la personne sous surveillance électronique, le magistrat compétent lui notifie les périodes et les lieux d'assignation ainsi que les obligations résultant des *(Décr. nº 2022-479 du 30 mars 2022, art. 8, en vigueur le 1er mai 2022)* **« dispositions de l'article R. 622-19 du code pénitentiaire** *[ancienne rédaction : dispositions de l'article R. 57-21]* **» et, le cas échéant, les mesures prévues aux articles 132-43 à 132-46 du code pénal.**

Il l'informe que dans les cas énumérés à l'article 723-13 il pourra retirer sa décision de placement sous surveillance électronique.

Il donne connaissance à la personne condamnée à une peine privative de liberté des dispositions des 2° et 4° de l'article 434-29 du code pénal.

Art. R. 57-17 Lorsqu'il est fait application des dispositions de l'article 723-11, le magistrat compétent notifie à la personne assignée les modifications des conditions d'exécution de la détention à domicile sous surveillance électronique ou des mesures de contrôle et les obligations particulières auxquelles elle est soumise.

Art. R. 57-18 Pour la tenue du débat contradictoire prévu par le deuxième alinéa de l'article 723-13, l'avocat de la personne est convoqué sans délai et par tout moyen.

SECTION IV MISE EN ŒUVRE DE LA DETENTION À DOMICILE SOUS SURVEILLANCE ÉLECTRONIQUE

Art. R. 57-19 *(Décr. nº 2022-479 du 30 mars 2022, art. 8, en vigueur le 1er mai 2022)* **Le personnel de l'administration pénitentiaire assure la pose et la dépose du bracelet prévu à l'article R. 622-1 du code pénitentiaire, ainsi que le contrôle du respect des obligations de la personne assignée, dans les conditions prévues par les dispositions des articles R. 622-6, R. 622-7, R. 622-8 et R. 622-19 du code pénitentiaire.**

Ancien art. R. 57-19 ***Le personnel de l'administration pénitentiaire assure la pose et la dépose du bracelet prévu à l'article R. 57-11.*** *(Décr. nº 2004-243 du 17 mars 2004)* ***« Il peut être assisté des personnes habilitées dans les conditions fixées aux articles R. 57-23 à R. 57-30. »***

Lorsque la décision de placement sous surveillance électronique est exécutoire, la mise en place du dispositif technique doit intervenir au plus tard, sous réserve de la disponibilité de ce dispositif, dans les cinq jours qui suivent la décision.

Art. R. 57-20 *(Abrogé par Décr. nº 2022-479 du 30 mars 2022, art. 8, à compter du 1er mai 2022)* ***La personne*** *(Décr. nº 2004-243 du 17 mars 2004)* ***« condamnée à une peine privative de liberté » placée sous surveillance électronique est inscrite au registre d'écrou de l'un des établissements pénitentiaires dépendant du centre de surveillance.***

Art. R. 57-21 *(Abrogé par Décr. nº 2022-479 du 30 mars 2022, art. 8, à compter du 1er mai 2022)* ***Le service pénitentiaire d'insertion et de probation de l'établissement mentionné à l'article R. 57-20 assure, le cas échéant, le contrôle et le suivi des mesures prévues aux articles 132-43 à 132-46 du code pénal et ordonnées par*** *(Abrogé par Décr. nº 2004-243 du 17 mars 2004)* ***« le juge des libertés ou de la détention ou » le juge de l'application des peines.***

Art. R. 57-22 *(Abrogé par Décr. nº 2022-479 du 30 mars 2022, art. 8, à compter du 1er mai 2022)* ***Le contrôle du respect des obligations de la personne assignée s'effectue par vérifications téléphoniques, visites au lieu d'assignation, convocations à l'établissement d'écrou ou, dans les cas prévus à l'article R. 57-21, au service pénitentiaire d'insertion et de probation.***

Arrêté du 1er juillet 2002,

Portant homologation du procédé de surveillance électronique.

Art. 1er Le procédé de surveillance électronique décrit à l'article R. 57-11 du code de procédure pénale comporte un bracelet-émetteur et un récepteur placé au lieu d'assignation, relié téléphoniquement à un centre de surveillance.

Art. 2 Le bracelet-émetteur est porté par la personne placée sous surveillance électronique, de façon permanente pendant toute la durée de la mesure de placement, au niveau de la cheville ou du poignet. Il a pour fonction d'émettre automatiquement des signaux radio permettant d'attester de la présence, dans le lieu désigné, de la personne qui fait l'objet de la mesure. Il est étanche et anallergique.

Art. 3 Le récepteur est placé au lieu désigné par le magistrat. Il comporte une batterie de secours garantissant une autonomie de fonctionnement d'au moins douze heures, en cas de défaillance du secteur électrique ou de débranchement intempestif. La portée du récepteur est réglée en fonction de la configuration des lieux de l'assignation. Il capte les signaux émis par le bracelet électronique porté par la personne placée sous surveillance électronique, les décode et les transmet au centre de surveillance.

Art. 4 Le centre de surveillance reçoit les messages en provenance des récepteurs situés dans une zone géographique déterminée. L'agent affecté dans ce centre identifie les types d'alarme et les personnes assignées qui en sont à l'origine. Il détermine si l'absence est licite ou non, en fonction des plages horaires d'assignation qui ont été préalablement fixées par le juge.

Art. 5 Afin de vérifier le bon fonctionnement du système, il peut être procédé, *via* le réseau téléphonique, à des opérations de contrôle automatique des récepteurs. Il est également possible de recourir à l'utilisation d'une unité de contrôle mobile, qui permet de capter et décoder les signaux émis par le bracelet-émetteur, à proximité du lieu d'assignation.

SECTION V *[ABROGÉE]* HABILITATION DES PERSONNES AUXQUELLES PEUT ÊTRE CONFIÉE LA MISE EN ŒUVRE DU DISPOSITIF TECHNIQUE PERMETTANT LE CONTRÔLE À DISTANCE DES PERSONNES ASSUJETTIES

(Abrogée par Décr. n° 2022-479 du 30 mars 2022, art. 8, à compter du 1er mai 2022)

(Décr. n° 2004-243 du 17 mars 2004)

SOUS-SECTION 1 *[ABROGÉE]* LES PERSONNES HABILITÉES

Art. R. 57-23 *L'habilitation des personnes auxquelles peut être confiée par contrat la mise en œuvre du dispositif technique permettant le contrôle à distance prévu par l'article 723-8 est accordée par arrêté du garde des sceaux, ministre de la justice.*

Art. R. 57-24 *L'habilitation est accordée pour une durée de cinq ans renouvelable en fonction des compétences techniques, des garanties financières et des références qu'offrent ces personnes appréciées au regard de la nature, de l'étendue et du coût des prestations faisant l'objet du contrat prévu à l'article R. 57-23.*

Art. R. 57-25 *Pour être habilitées les personnes physiques doivent :*

1° Posséder la nationalité française ou celle de l'un des États membres de la Communauté européenne ;

2° Ne pas avoir fait l'objet d'une mesure de révocation de la fonction publique, civile ou militaire ni d'une condamnation, incapacité ou déchéance justifiant l'inscription au bulletin n° 2 du casier judiciaire.

Art. R. 57-26 *L'habilitation ne peut être accordée à une personne morale :*

1° Dont le bulletin n° 2 du casier judiciaire comporte une condamnation, une incapacité ou une déchéance ;

2° Dont la situation d'un ou plusieurs de ses dirigeants de droit ou de fait n'est pas conforme au 2° de l'article R. 57-25.

Art. R. 57-27 *L'habilitation peut être retirée par le garde des sceaux, ministre de la justice, selon les modalités prévues à l'article R. 57-30, en cas de modification substantielle de la situation des personnes au regard des dispositions des articles R. 57-24, R. 57-25 ou R. 57-26.*

SOUS-SECTION 2 *[ABROGÉE]* LES AGENTS DES PERSONNES HABILITÉES

Art. R. 57-28 *Chaque employé d'une personne mentionnée à la sous-section I appelé à accomplir des tâches pour l'exécution du contrat visé à l'article R. 57-23, fait l'objet d'une habilitation individuelle préalable accordée par le garde des sceaux, ministre de la justice.*

Cette habilitation est accordée pour une durée de cinq ans renouvelable.

En application du Décr. n° 2014-1279 du 23 oct. 2014 relatif aux exceptions à l'application du principe « silence vaut acceptation » (L. n° 2000-321 du 12 avr. 2000, art. 21, I), le silence gardé pendant deux mois par l'administration vaut décision de rejet pour les demandes relatives à l'habilitation de chaque employé de la personne à laquelle est confiée par contrat la mise en œuvre du placement sous surveillance électronique et du placement sous surveillance électronique mobile.

Art. R. 57-29 *Pour être habilitées les personnes mentionnées à l'article R. 57-28 doivent :*

1° Posséder la nationalité française ou celle de l'un des États membres de la Communauté européenne ;

2° Ne pas avoir fait l'objet d'une mesure de révocation de la fonction publique, civile ou militaire ni d'une condamnation, incapacité ou déchéance justifiant l'inscription au bulletin n° 2 du casier judiciaire ;

3° Être titulaires des diplômes ou qualifications correspondant à la nature des fonctions qu'elles sont appelées à exercer ;

4° Avoir donné leur accord écrit au projet de contrat de travail proposé par leur employeur ou à un avenant au contrat existant. Ce document rappelle l'obligation de respecter strictement le secret professionnel prévu par les articles 226-13 et 226-14 du code pénal. Il mentionne l'obligation d'adopter, dans l'exercice de leurs fonctions, un comportement conforme à l'honneur, à la probité et aux bonnes mœurs.

Art. R. 57-30 *L'habilitation mentionnée à l'article R. 57-28 peut être retirée par le garde des sceaux, ministre de la justice, après avoir recueilli les observations de la personne habilitée, lorsque l'une des conditions prévues aux 1° et 2° de l'article R. 57-29 cesse d'être remplie ou en cas d'agissements contraires à l'honneur, à la probité ou aux bonnes mœurs.*

En cas d'urgence et pour motif grave, l'habilitation peut être suspendue par le garde des sceaux, ministre de la justice, qui décide, dans le mois suivant la suspension, du maintien ou du retrait de l'habilitation, dans les conditions définies à l'alinéa précédent.

SECTION VI DU TRAITEMENT AUTOMATISÉ RELATIF AU CONTRÔLE DES PERSONNES PLACÉES SOUS SURVEILLANCE ÉLECTRONIQUE

(Décr. n° 2016-261 du 3 mars 2016, art. 1er)

Art. R. 57-30-1 *(Décr. n° 2022-479 du 30 mars 2022, art. 8, en vigueur le 1er mai 2022)* Les finalités du traitement automatisé de données à caractère personnel relatif au contrôle des personnes placées sous surveillance électronique, les informations et les données à caractère personnel pouvant y être enregistrées, les règles de fonctionnement et d'accès, les droits des personnes concernées par le traitement, ainsi que les possibilités d'interconnexions ou de mises en relation avec d'autres traitements sont déterminés par les dispositions des articles R. 622-22 et suivants du code pénitentiaire.

Ancien art. R. 57-30-1 *Le traitement automatisé de données à caractère personnel relatif au contrôle des personnes placées sous surveillance électronique est mis en œuvre par le directeur de l'administration pénitentiaire du ministère de la justice, sous le contrôle du magistrat mentionné à l'article R. 61-12 du même code et dans les conditions prévues à l'article R. 61-13.*

Art. R. 57-30-2 *(Abrogé par Décr. n° 2022-479 du 30 mars 2022, art. 8, en vigueur le 1er mai 2022) Le traitement automatisé de données à caractère personnel relatif au contrôle des personnes placées sous surveillance électronique a pour finalité d'assurer le contrôle à distance, par un centre de surveillance, ainsi que le suivi des personnes placées sous surveillance électronique, dans le cadre d'une mesure d'assignation à résidence sous surveillance électronique, d'aménagement de la peine d'emprisonnement, ou de libération sous contrainte.*

A cet effet, ce traitement permet :

1° D'enregistrer et de suivre les décisions ordonnant ou modifiant des mesures de placement sous surveillance électronique ;

2° De contrôler, dans le cadre du suivi de la mesure, la présence de la personne placée au lieu d'assignation selon les modalités fixées par la décision de justice ;

3° D'alerter l'administration pénitentiaire qu'une personne placée sous surveillance électronique ne se trouve plus sur son lieu d'assignation ou que le fonctionnement du dispositif de surveillance électronique est altéré ;

4° De vérifier la présence de la personne placée au lieu d'assignation, même en l'absence de l'alerte prévue au 3°, à la demande du procureur de la République, du juge d'instruction ou des officiers de police judiciaire spécialement habilités à l'occasion de recherches intervenant dans le cadre soit d'une enquête de flagrance, d'une enquête préliminaire ou d'une information concernant un crime ou un délit, soit d'une enquête ou d'une information pour recherche des causes de la mort ou d'une disparition, soit d'une enquête en recherche des causes des blessures inconnues ou suspectes, soit d'une procédure pour recherche des personnes en fuite ;

5° D'exploiter les données à des fins statistiques.

Art. R. 57-30-3 *(Abrogé par Décr. n° 2022-479 du 30 mars 2022, art. 8, en vigueur le 1er mai 2022) Les catégories d'informations et de données à caractère personnel enregistrées dans le traitement sont :*

1° L'identité de la personne assignée : nom de famille, nom d'usage, prénoms, alias, date et lieu de naissance, sexe, nationalité ;

2° Le lieu d'assignation de la personne : adresse (numéro, rue, code postal, commune) et numéros de téléphone, ainsi que les horaires d'assignation ;

3° La situation professionnelle de la personne assignée : profession, adresse professionnelle ;

4° La décision de condamnation : désignation de la juridiction, nature et contenu de la décision, infraction(s) commise(s) ;

5° La décision de placement et les décisions modificatives de placement : désignation de l'autorité ayant pris la décision, nature et contenu de la décision ;

6° Le numéro d'identifiant de placement sous surveillance électronique, le numéro d'écrou à l'établissement pénitentiaire, ainsi que le numéro de dossier généré par le traitement dénommé APPI créé par l'article R. 57-4-1 ;

7° Les dates de début et de fin de la mesure de placement sous surveillance électronique ;

8° Les entrées et sorties de la personne au lieu d'assignation, ainsi que les dates et heures de celles-ci ;

9° La liste des alarmes déclenchées, enregistrées par date et heure ainsi que la gestion de ces alarmes par le centre de surveillance ;

10° L'enregistrement des communications prévues au quatrième alinéa de l'article R. 57-11 ;

11° Les données relatives à l'authentification biométrique vocale, prévue au dernier alinéa de l'article R. 57-11 ;

12° Les personnes référentes du suivi de la personne assignée : noms, prénoms, qualités et coordonnées professionnelles.

Art. R. 57-30-4 *(Abrogé par Décr. n° 2022-479 du 30 mars 2022, art. 8, en vigueur le 1er mai 2022) Les données à caractère personnel enregistrées dans le traitement sont conservées pendant la période de douze mois suivant la date de fin du placement sous surveillance électronique, à l'exception des données visées au 10° de l'article R. 57-30-3 qui sont conservées trois mois après leur enregistrement et de celles visées au 11° du même article qui ne sont conservées que jusqu'à la fin du placement sous surveillance électronique. A l'issue de ces délais, l'autorité responsable du traitement procède à l'effacement de ces données.*

Art. R. 57-30-5 *(Abrogé par Décr. n° 2022-479 du 30 mars 2022, art. 8, en vigueur le 1er mai 2022) Les personnes ou catégories de personnes qui, à raison de leurs fonctions ou pour les besoins du service, peuvent directement accéder aux données enregistrées dans le traitement et strictement nécessaires à l'exercice de leurs attributions sont :*

1° Les autorités judiciaires ainsi que les agents du greffe chargés de les assister, individuellement désignés et spécialement habilités à cet effet par les chefs de juridiction ou de cour ;

2° Les personnels habilités des services centraux et déconcentrés de la direction de l'administration pénitentiaire ;

3° Les personnels habilités des services déconcentrés de la direction de la protection judiciaire de la jeunesse ;

4° Les officiers de police judiciaire spécialement habilités à l'occasion de recherches intervenant dans le cadre soit d'une enquête de flagrance, d'une enquête préliminaire ou d'une information concernant un crime ou un délit, soit d'une enquête ou d'une information pour recherche des causes de la mort ou d'une disparition, soit d'une enquête en recherche des causes des blessures inconnues ou suspectes, soit d'une procédure pour recherche des personnes en fuite.

Art. R. 57-30-6 *(Abrogé par Décr. n° 2022-479 du 30 mars 2022, art. 8, en vigueur le 1er mai 2022) Pourront être destinataires des données à caractère personnel enregistrées dans le traitement, dans le cadre de l'organisation et de la mise en œuvre d'une chaîne de permanence au sein du ministère de la justice :*

1° Les magistrats de la direction des affaires criminelles et des grâces ;

2° Les agents de la direction de l'administration pénitentiaire ;

3° Les agents de la direction de la protection judiciaire de la jeunesse.

Art. R. 57-30-7 *(Abrogé par Décr. n° 2022-479 du 30 mars 2022, art. 8, en vigueur le 1er mai 2022) Les droits d'accès et de rectification prévus aux articles 39 et 40 de la loi n° 78-17 du 6 janvier 1978 relative à l'informatique, aux fichiers et aux libertés s'exercent auprès du directeur de l'administration pénitentiaire.*

Art. R. 57-30-8 *(Abrogé par Décr. n° 2022-479 du 30 mars 2022, art. 8, en vigueur le 1er mai 2022) Le droit d'opposition prévu à l'article 38 de la loi du 6 janvier 1978 susvisée ne s'applique pas au présent traitement.*

Art. R. 57-30-9 *(Abrogé par Décr. n° 2022-479 du 30 mars 2022, art. 8, en vigueur le 1er mai 2022) Le traitement conserve pendant une durée de trois ans, dans la limite des durées définies à l'article R. 57-30-4, les informations relatives aux créations, modifications, suppressions et consultations dont il fait l'objet, en précisant la qualité de la personne ou autorité ayant procédé à l'opération.*

Ces informations ne peuvent être consultées que par le directeur de l'administration pénitentiaire ou, avec son autorisation, par les personnes qu'il habilite spécialement.

Elles peuvent donner lieu à des exploitations statistiques.

Art. R. 57-30-10 *(Abrogé par Décr. n° 2022-479 du 30 mars 2022, art. 8, en vigueur le 1er mai 2022) Le traitement peut faire l'objet d'une interconnexion avec le traitement de données à caractère personnel dénommé APPI créé par l'article R. 57-4-1.*

CHAPITRE II DISPOSITIONS RELATIVES AUX PERSONNES PLACÉES SOUS CONTRÔLE JUDICIAIRE

(Décr. n° 2004-243 du 17 mars 2004)

Art. R. 57-31 à R. 57-35 *Abrogés par Décr. n° 2010-1634 du 23 déc. 2010.*

TITRE TROISIÈME *BIS [ABROGÉ]* DU PLACEMENT À L'EXTÉRIEUR

(Abrogé par Décr. n° 2022-479 du 30 mars 2022, art. 8, à compter du 1er mai 2022)
(Décr. n° 2021-1743 du 22 déc. 2021, art. 4 en vigueur le 1er avr. 2022)

V. désormais C. pénit. art. L. 424-3, D. 424-10 s.

TITRE QUATRIÈME DU SURSIS

CHAPITRE PREMIER

Néant.

CHAPITRE II DU SURSIS PROBATOIRE *(Décr. n° 2020-128 du 18 févr. 2020, art. 5, en vigueur le 24 mars 2020).*

[Dispositions prises en application de l'art. 739 C. pr. pén.]

Art. R. 58 *(Décr. n° 99-818 du 16 sept. 1999)* **Le juge de l'application des peines dans le ressort duquel réside le condamné contrôle l'exécution des mesures et des obliga-**

tions relatives *(Décr. n° 2020-128 du 18 févr. 2020, art. 5, en vigueur le 24 mars 2020)* « au sursis probatoire ».

Art. R. 59 *(Décr. n° 86-461 du 14 mars 1986 ; Décr. n° 99-818 du 16 sept. 1999)* Le juge de l'application des peines *(Décr. n° 2004-1021 du 27 sept. 2004, art. 16, en vigueur le 1er janv. 2005)* « peut convoquer » le condamné pour lui rappeler *(Décr. n° 93-726 du 29 mars 1993)* « les mesures de contrôle » auxquelles il est soumis ainsi que, le cas échéant, les obligations particulières *(Décr. n° 2008-1129 du 4 nov. 2008, art. 3)* « et l'injonction de soins résultant de la décision de condamnation ». Il lui notifie les obligations particulières qu'il ordonne. Il porte à sa connaissance les conditions dans lesquelles ces mesures et ces obligations seront appliquées et contrôlées.

L'accomplissement de ces formalités est constaté par procès-verbal dont copie est remise à l'intéressé, après émargement.

(Décr. n° 2004-1021 du 27 sept. 2004, art. 16, en vigueur le 1er janv. 2005) « Les formalités prévues par le présent article peuvent également être accomplies, sur instruction du juge de l'application des peines, par le service pénitentiaire d'insertion ou de probation. »

Art. R. 60 *(Abrogé par Décr. n° 2021-682 du 27 mai 2021, art. 2, à compter du 30 sept. 2021)* ***Lorsque le juge des enfants est compétent*** *(Décr. n° 77-193 du 3 mars 1977)* ***« en vertu de l'article 744-2 », il peut, s'il l'estime opportun, combiner les mesures prévues au présent chapitre avec celles qui sont définies aux articles 15 à 19, 27 et 28 de l'ordonnance n° 45-174 du 2 février 1945 modifiée relative à l'enfance délinquante.***

Le délégué à la liberté surveillée désigné par ce magistrat exerce alors les fonctions d'agent de probation.

Art. R. 60-1 *(Décr. n° 2020-1161 du 23 sept. 2020, art. 3)* Selon les cas, la juridiction de jugement ou la juridiction d'application des peines ne peut prononcer à l'encontre d'une personne majeure, dans le cadre d'un sursis probatoire, d'une semi-liberté, d'un placement à l'extérieur, d'une détention à domicile sous surveillance électronique, d'un fractionnement ou d'une suspension de peines, d'un suivi socio-judiciaire, d'une libération conditionnelle, d'une surveillance judiciaire ou d'un placement sous surveillance électronique mobile, l'interdiction de se rapprocher de la victime et l'obligation de porter un bracelet anti-rapprochement prévues par le 18 *bis* de l'article 132-45 et l'article 132-45-1 du code pénal que s'il lui apparaît que les interdictions prévues par les 9° et 13°de l'article 132-45 du même code sont, à elles seules, insuffisantes pour prévenir le renouvellement de l'infraction.

Dans ce cas, l'interdiction de se rapprocher de la victime et l'obligation de porter un bracelet anti-rapprochement ne peuvent être ordonnées que si sont également prononcées, en application des 9° et 13° de l'article 132-45 du code pénal, l'interdiction de se rendre dans certains lieux déterminés, dans lesquels réside, travaille, ou se trouve habituellement la victime, et l'interdiction de recevoir ou de rencontrer la victime ainsi que d'entrer en relation avec elle, de quelque façon que ce soit.

Les dispositions *(Décr. n° 2022-479 du 30 mars 2022, art. 8, en vigueur le 1er mai 2022)* « des articles R. 631-1 et R. 631-3 du code pénitentiaire et celles » des articles R. 24-16 à R. 24-23 du présent code, à l'exception des articles R. 24-19 et R. 24-22, sont alors applicables, la référence à la révocation du contrôle judiciaire prévue par l'article R. 24-20 étant remplacée par une référence à la révocation du sursis probatoire, ou à la révocation ou au retrait de la mesure d'aménagement de la peine.

Si l'interdiction de rapprochement imposée au condamné conduit, du fait notamment de rapprochements imputables tant à ses déplacements qu'à ceux de la victime, à un nombre important d'alertes portant une atteinte excessive à son droit au respect de sa vie privée et familiale, celui-ci peut, à tout moment de l'exécution de la peine, *demander au juge de l'application* des peines que les distances d'alerte et de pré-alerte soient diminuées, ou qu'il soit mis fin à l'interdiction et au port du bracelet. Le juge statue alors selon les modalités de l'article 712-6. Cette décision peut être également prise d'office par le juge de l'application des peines.

Sans pouvoir excéder la durée de la peine, de la probation ou de la mesure d'aménagement de la peine, la durée de l'interdiction de se rapprocher de la victime et du port d'un bracelet anti-rapprochement ne peut dépasser deux ans, cette durée pouvant cependant être renouvelée une fois en matière délictuelle et deux fois en matière criminelle par le juge de l'application des peines qui statue selon les modalités de l'article 712-6.

TITRES CINQUIÈME À SEPTIÈME

(Décr. n° 2007-1169 du 1er août 2007)

Néant.

L'ancien titre V est devenu le titre VII bis, en application des dispositions du Décr. n° 2007-1169 du 1er août 2007.

TITRE SEPTIÈME *BIS* DU SUIVI SOCIO-JUDICIAIRE

(Décr. n° 2007-1169 du 1er août 2007)

L'ancien titre V est devenu le titre VII bis, en application des dispositions du Décr. n° 2007-1169 du 1er août 2007.

CHAPITRE PREMIER DISPOSITIONS COMMUNES

Art. R. 61 **Le juge de l'application des peines mentionné à l'article 763-1 convoque la personne condamnée à un suivi socio-judiciaire pour lui rappeler les obligations auxquelles elle est soumise en application de la décision de condamnation et, le cas échéant, lui notifier les obligations complémentaires qu'il a ordonnées en application de l'article 763-3. Il porte à sa connaissance les conditions dans lesquelles le respect de ces obligations sera contrôlé. Il lui rappelle la durée du suivi socio-judiciaire ainsi que la durée maximum de l'emprisonnement encouru en application de l'article 131-36-1 du code pénal en cas d'inobservation de ces obligations.**

(Abrogé par Décr. n° 2021-682 du 27 mai 2021, art. 2, à compter du 30 sept. 2021) ***« Lorsque** (Abrogé par Décr. n° 2008-1129 du 4 nov. 2008, art. 4)* ***« , conformément aux dispositions de l'article 763-8 », les dispositions du présent article sont mises en œuvre par le juge des enfants à l'égard d'un mineur, ce magistrat convoque également les titulaires de l'exercice de l'autorité parentale. »***

(Décr. n° 2008-1129 du 4 nov. 2008, art. 4) **« Lorsque le condamné fait l'objet d'une injonction de soins en application des dispositions du premier alinéa de l'article 131-36-4 du code pénal ou en application des dispositions du troisième alinéa de l'article 763-3 du présent code », le juge lui indique le médecin coordonnateur qu'il a désigné. Il l'avise qu'il devra rencontrer ce médecin dans un délai qu'il fixe et qui ne peut être supérieur à un mois.**

Le juge de l'application des peines informe le condamné dans les mêmes formes en cas de modification de ses obligations.

L'accomplissement de ces formalités est constaté par procès-verbal dont une copie est remise à l'intéressé après émargement.

Art. R. 61-1 *(Abrogé par Décr. n° 2008-1129 du 4 nov. 2008, art. 4)* ***« Lorsque le juge de l'application des peines procède au débat contradictoire prévu à l'article 763-5, il est dressé un procès-verbal d'audience, qui est signé par le juge de l'application des peines et par son greffier. »***

Si le juge de l'application des peines ordonne la mise à exécution de l'emprisonnement prévu par le troisième alinéa de l'article 131-36-1 du code pénal, sa décision précise la durée de l'emprisonnement qui doit être subi. Une copie de la décision est remise au condamné, ainsi que, le cas échéant, à son avocat. Cette décision vaut ordre donné au chef de l'établissement pénitentiaire désigné de recevoir et de détenir le condamné.

Appel de cette décision peut être fait soit auprès du greffier du juge de l'application des peines selon les modalités prévues aux deux premiers alinéas de l'article 502, soit auprès du chef de l'établissement pénitentiaire selon les modalités prévues à l'article 503.

Art. R. 61-2 **Le juge de l'application des peines peut décider par ordonnance motivée qu'il soit mis fin à l'emprisonnement prévu au troisième alinéa de l'article 131-36-1 du code pénal s'il lui apparaît que le condamné est en mesure de respecter les obligations du suivi socio-judiciaire. Seule la période d'emprisonnement effectivement accomplie est prise en compte pour l'application des dispositions du dernier alinéa de l'article 763-5.**

Art. R. 61-3 Un dossier individuel concernant la personne condamnée à un suivi socio-judiciaire est tenu par le greffier du juge de l'application des peines.

Ce dossier comprend des copies des documents issus de la procédure ayant abouti à la condamnation et qui sont nécessaires au suivi de la mesure.

Il comprend également les rapports établis et les décisions prises pendant le déroulement de la mesure et, le cas échéant, au cours de l'exécution de la peine privative de liberté.

CHAPITRE II DISPOSITIONS PARTICULIÈRES APPLICABLES AUX PERSONNES EXÉCUTANT UNE PEINE PRIVATIVE DE LIBERTÉ

Art. R. 61-4 *(Décr. nº 2011-2022 du 28 déc. 2011, art. 1er, en vigueur le 1er janv. 2012)* Lorsque le condamné est détenu, le rappel des obligations auxquelles il est soumis et qui est prévu au premier alinéa de l'article R. 61 est fait, dans les jours précédant sa libération ou, conformément aux dispositions de l'article 763-7-1, dans les huit jours suivant celle-ci, par le juge de l'application des peines sous le contrôle duquel le suivi socio-judiciaire doit être effectué ou, sur délégation de ce magistrat, par le juge de l'application des peines du lieu de détention.

Lorsqu'ont été rappelées au condamné ses obligations alors que celui-ci était toujours détenu, le juge de l'application des peines sous le contrôle duquel le suivi socio-judiciaire doit être effectué détermine, pour l'application des dispositions de l'article 763-7-1, si la personne sera, dans les huit jours de sa libération, soit convoquée devant lui, soit convoquée devant le service pénitentiaire d'insertion et de probation. Il avise ce service de sa décision.

L'avis de convocation est remis au condamné avant sa libération. En cas de convocation devant le service pénitentiaire d'insertion et de probation, ce service lui remet ou fait remettre cet avis.

Lorsque le condamné décide de fixer, après sa libération, sa résidence habituelle dans le ressort d'un tribunal judiciaire autre que celui dans le ressort duquel est situé l'établissement pénitentiaire, le juge de l'application des peines du lieu de détention communique en temps utile, et, sauf impossibilité, au moins deux semaines avant la libération de la personne, au juge de l'application des peines compétent pour contrôler le suivi socio-judiciaire le dossier individuel mentionné à l'article R. 61-3.

Art. R. 61-4-1 *(Décr. nº 2008-1129 du 4 nov. 2008, art. 4)* Lorsque l'expertise prévue par le troisième alinéa de l'article 763-3 établit que le condamné peut faire l'objet d'un traitement, le juge de l'application des peines, par un jugement rendu selon les modalités prévues par l'article 712-6, soit constate que le condamné fera l'objet d'une injonction de soins, soit ordonne, par décision expresse, qu'il n'y a pas lieu à injonction de soins.

Art. R. 61-5 Lorsque le suivi socio-judiciaire accompagne une peine privative de liberté, la période pendant laquelle le condamné se trouve en permission de sortir, ou est placé sous le régime de la semi-liberté ou fait l'objet d'un placement à l'extérieur ou d'un placement sous surveillance électronique ne s'impute pas sur la durée du suivi socio-judiciaire. Le juge de l'application des peines peut décider que les obligations résultant de l'injonction de soins ne seront pas applicables si leur mise en œuvre s'avère incompatible avec la mesure d'aménagement dont bénéficie l'intéressé, notamment en raison de la brièveté de la sortie de l'établissement pénitentiaire.

En cas de violation des obligations du suivi socio-judiciaire au cours d'une permission de sortir, d'un placement en semi-liberté, d'un placement à l'extérieur ou d'un placement sous surveillance électronique, les sanctions attachées à ces mesures d'aménagement sont prononcées en premier lieu, avant l'application éventuelle de la mesure d'emprisonnement prévue au premier alinéa de l'article 763-5.

Art. R. 61-6 Une personne peut être soumise en même temps aux obligations d'un suivi socio-judiciaire et à celles d'un *(Décr. nº 2020-128 du 18 févr. 2020, art. 5, en vigueur le 24 mars 2020)* « sursis probatoire » ou d'une libération conditionnelle.

TITRE SEPTIÈME *TER* DES MODALITÉS DU PLACEMENT SOUS SURVEILLANCE ÉLECTRONIQUE MOBILE À TITRE DE MESURE DE SÛRETÉ

(Décr. n° 2007-1169 du 1er août 2007)

CHAPITRE PREMIER DE LA COMMISSION PLURIDISCIPLINAIRE DES MESURES DE SÛRETÉ ET DE L'EXAMEN DE DANGEROSITÉ

Art. R. 61-7 La commission pluridisciplinaire des mesures de sûreté instituée à l'article 763-10 exerce sa compétence dans le ressort d'une ou de plusieurs cours d'appel. Le nombre, la localisation et la compétence territoriale des commissions sont fixés par arrêté du garde des sceaux, ministre de la justice.

Art. R. 61-8 La commission pluridisciplinaire des mesures de sûreté est composée :

1° D'un président de chambre à la cour d'appel désigné pour une durée de cinq ans par le premier président de la cour d'appel dans le ressort de laquelle siège la commission, président ;

2° Du préfet de région, préfet de la zone de défense dans le ressort de laquelle siège la commission, ou de son représentant ;

3° Du directeur interrégional des services pénitentiaires compétent dans le ressort de la cour d'appel où siège la commission, ou de son représentant ;

4° D'un expert psychiatre ;

5° D'un expert psychologue titulaire d'un diplôme d'études supérieures spécialisées ou d'un mastère de psychologie ;

6° D'un représentant d'une association *(Abrogé par Décr. n° 2008-150 du 19 févr. 2008)* « *nationale* » d'aide aux victimes ;

7° D'un avocat, membre du conseil de l'ordre.

Les personnes mentionnées aux 4° à 7° sont désignées conjointement, pour une durée de cinq ans, par le premier président et le procureur général près la cour d'appel dans le ressort de laquelle siège la commission. L'avocat est désigné sur proposition du conseil de l'ordre du barreau du tribunal judiciaire de la ville où siège cette cour.

(Décr. n° 2008-1129 du 4 nov. 2008, art. 5) « Si l'importance des dossiers que doit traiter la commission le justifie, le premier président de la cour d'appel peut désigner un ou plusieurs vice-présidents de la commission, choisis parmi les présidents de chambre ou les conseillers de la cour d'appel. Il désigne également, conjointement avec le procureur général, des membres suppléants pour les personnes mentionnées du 4° au 7°.

« La commission peut statuer lorsque, outre son président, au moins quatre de ses membres, titulaires ou suppléants, sont présents. »

Le président de la commission a voix prépondérante.

Le secrétariat de la commission est assuré par un greffier désigné par le greffier en chef de la cour d'appel.

(Décr. n° 2008-1129 du 4 nov. 2008, art. 5) « Les avis de la commission sont notifiés au procureur général.

« Les dispositions de l'article R. 111-5 du code de l'organisation judiciaire sont applicables aux désignations prévues par les deuxième et dixième alinéas du présent article. »

Art. R. 61-9 La commission est saisie par le juge de l'application des peines ou par le procureur de la République. Le condamné et son conseil ainsi, le cas échéant, que le procureur de la République sont informés par le juge de l'application des peines de cette saisine.

La commission rend un avis motivé dans les trois mois de sa saisine. A défaut d'avis dans ce délai, le juge peut faire procéder à l'examen de dangerosité prévu à l'article 763-10. Cet avis est porté à la connaissance du condamné par lettre recommandée ou, s'il est détenu, par le chef de l'établissement pénitentiaire. Son avocat et le procureur de la République sont informés par le juge de l'application des peines.

Art. R. 61-10 La commission peut demander la comparution du condamné avant de donner son avis. Cette comparution peut se faire par un moyen de télécommunication conformément aux dispositions de l'article 706-71. Le condamné peut être assisté de son avocat.

Sur décision de son président, qui en assure la mise en œuvre, la commission peut également procéder ou faire procéder sur l'ensemble du territoire national à tous examens, auditions, enquêtes administratives, expertises ou autres mesures utiles.

Art. R. 61-11 L'examen de dangerosité prévu par l'article 763-10 est réalisé par un psychiatre et un psychologue titulaire d'un diplôme d'études supérieures spécialisées ou d'un mastère de psychologie, autres que ceux désignés en vertu des 4° et 5° de l'article R. 61-8.

Les conclusions de cet examen sont notifiées par lettre recommandée au condamné et à son avocat ou, lorsque la personne est détenue, par le chef de l'établissement pénitentiaire qui adresse, sans délai, au juge de l'application des peines l'original ou la copie du récépissé signé par l'intéressé. Une copie de l'intégralité du rapport est remise à sa demande à l'avocat.

CHAPITRE II DU TRAITEMENT AUTOMATISÉ RELATIF AU CONTRÔLE DES PERSONNES PLACÉES SOUS SURVEILLANCE ÉLECTRONIQUE MOBILE

Art. R. 61-12 *(Décr. n° 2022-479 du 30 mars 2022, art. 8, en vigueur le 1er mai 2022)* Les finalités du traitement automatisé de données à caractère personnel relatif au contrôle des personnes placées sous surveillance électronique mobile prévu par l'article L. 544-2 du code pénitentiaire, les informations et les données à caractère personnel pouvant y être enregistrées, les règles de fonctionnement et d'accès, les droits des personnes concernées par le traitement, ainsi que les possibilités d'interconnexions ou de mises en relation avec d'autres traitements sont déterminés par les dispositions des articles R. 544-18 et suivants du même code.

Ancien art. R. 61-12 *Le traitement automatisé de données à caractère personnel prévu par l'article 763-13 est mis en œuvre par le directeur de l'administration pénitentiaire du ministère de la justice.*

Ce traitement est placé sous le contrôle d'un magistrat du parquet hors hiérarchie, nommé pour trois ans par arrêté du garde des sceaux, ministre de la justice.

(Décr. n° 2016-261 du 3 mars 2016, art. 2) « Il a pour finalité d'assurer le contrôle à distance, par un centre de surveillance, de la localisation, ainsi que le suivi, des personnes majeures placées sous surveillance électronique mobile dans le cadre :

« 1° D'une mesure d'assignation à résidence sous surveillance électronique mobile ;

« 2° D'une mesure de suivi socio-judiciaire, de surveillance judiciaire, de surveillance de sûreté ou de libération conditionnelle ;

« 3° D'une permission de sortie accordée au cours d'une rétention de sûreté ;

« 4° D'une décision de la chambre criminelle de la Cour de cassation ordonnant la suspension de l'exécution de la condamnation dans le cadre d'une procédure de révision ou de réexamen. »

A cet effet, ce traitement permet :

(Décr. n° 2016-261 du 3 mars 2016, art. 2) « 1° D'alerter l'administration pénitentiaire de ce qu'une personne placée sous surveillance électronique mobile se trouve dans un lieu dont la fréquentation lui est interdite dénommé "zone d'exclusion", ou dans une zone intermédiaire dénommée "zone tampon", ou ne se trouve plus dans un lieu qui lui a été assigné, dénommé "zone d'inclusion", ou que le fonctionnement du dispositif de surveillance électronique mobile est altéré ; »

2° De connaître la localisation d'une personne lorsque l'alerte prévue au 1° est intervenue, aux fins de permettre le cas échéant sa recherche et son interpellation en cas de non-respect de ses obligations ;

(Décr. n° 2016-261 du 3 mars 2016, art. 2) « 3° De connaître la localisation d'une personne, même en l'absence de l'alerte prévue au 1°, à la demande du procureur de la République, du juge d'instruction ou des officiers de police judiciaire spécialement habilités à l'occasion de recherches intervenant dans le cadre :

« a) Soit d'une enquête de flagrance, d'une enquête préliminaire ou d'une information concernant un crime ou un délit ;

« b) Soit d'une enquête ou d'une information pour recherche des causes de la mort ou d'une disparition ;

« c) Soit d'une enquête en recherche des causes des blessures inconnues ou suspectes ;

« d) Soit d'une procédure pour recherche des personnes en fuite ; »

4° De connaître de façon différée les lieux dans lesquels s'est trouvée une personne placée sous surveillance électronique mobile ;

(Décr. n° 2016-261 du 3 mars 2016, art. 2) « 5° D'exploiter les données à des fins statistiques. »

Art. R. 61-12-1 *(Abrogé par Décr. n° 2022-479 du 30 mars 2022, art. 8, à compter du 1er mai 2022) (Décr. n° 2018-167 du 7 mars 2018, art. 8)* ***Le traitement automatisé relatif au contrôle des personnes placées sous surveillance électronique mobile a pour finalité d'assurer, dans les conditions prévues au présent chapitre, le contrôle à distance des personnes faisant l'objet d'une décision administrative de placement sous surveillance électronique mobile prise en application :***

1° Des dispositions de l'article *(Décr. n° 2020-1734 du 16 déc. 2020, art. 9, en vigueur le 1er mai 2021)* ***« L. 733-14*** *[ancienne rédaction : L. 571-3]* ***» du code de l'entrée et du séjour des étrangers et du droit d'asile ;***

(Décr. n° 2020-1734 du 16 déc. 2020, art. 9, en vigueur le 1er mai 2021) ***« 2° » De l'article L. 228-3 du code de la sécurité intérieure ;***

(Abrogé par Décr. n° 2020-1734 du 16 déc. 2020, art. 9, à compter du 1er mai 2021) ***« 2° De l'article 41-1 de l'ordonnance n° 2000-371 du 26 avril 2000 modifiée relative aux conditions d'entrée et de séjour des étrangers dans les îles Wallis-et-Futuna ;***

« 3° De l'article 43-1 de l'ordonnance n° 2000-372 du 26 avril 2000 modifiée relative aux conditions d'entrée et de séjour des étrangers en Polynésie française ;

« 4° De l'article 43-1 de l'ordonnance n° 2002-388 du 20 mars 2002 modifiée relative aux conditions d'entrée et de séjour des étrangers en Nouvelle-Calédonie ; »

5° De l'article 6 de la loi n° 55-385 du 3 avril 1955 modifiée relative à l'état d'urgence.

Le 6° est devenu le 2° (Décr. n° 2020-1734 du 16 déc. 2020, art. 9, en vigueur le 1er mai 2021).

Art. R. 61-13 *(Abrogé par Décr. n° 2022-479 du 30 mars 2022, art. 8, à compter du 1er mai 2022)* ***Le magistrat mentionné au deuxième alinéa de l'article R. 61-12 s'assure que les conditions dans lesquelles fonctionne le traitement lui permettent de respecter les dispositions du présent chapitre.***

Il peut procéder à toute vérification sur place et obtenir de l'autorité qui en est responsable tout renseignement relatif au fonctionnement du traitement, sans préjudice de ses possibilités d'accès aux informations enregistrées, conformément aux dispositions des articles R. 61-17 et R. 61-19.

Il adresse un rapport annuel au garde des sceaux sur le fonctionnement du traitement.

Art. R. 61-14 *(Abrogé par Décr. n° 2022-479 du 30 mars 2022, art. 8, à compter du 1er mai 2022)* ***Les catégories d'informations enregistrées dans le traitement sont :***

1° L'identité *(Décr. n° 2008-1130 du 4 nov. 2008)* ***« de la personne placée » sous surveillance électronique mobile : nom de famille, nom d'usage, prénoms, alias, date et lieu de naissance, sexe, nationalité ;***

2° La photographie du visage de face, la taille, le poids, la couleur des cheveux, la couleur des yeux, la description des tatouages ou cicatrices *(Décr. n° 2008-1130 du 4 nov. 2008)* ***« de la personne » ;***

3° L'adresse de résidence *(Décr. n° 2008-1130 du 4 nov. 2008)* ***« de la personne » ;***

4° La situation professionnelle *(Décr. n° 2008-1130 du 4 nov. 2008)* ***« de la personne » : profession, adresse professionnelle ;***

5° La décision de condamnation : désignation de la juridiction, nature et contenu de la décision, infraction commise ;

6° La décision de placement : désignation de la juridiction *(Décr. n° 2016-261 du 3 mars 2016, art. 2)* ***« ou de l'autorité administrative », nature et contenu de la décision ;***

7° Les décisions modificatives de placement : désignation de la juridiction *(Décr. n° 2016-261 du 3 mars 2016, art. 2)* ***« ou de l'autorité administrative », nature et contenu de la décision ;***

8° Le numéro *(Décr. n° 2016-261 du 3 mars 2016, art. 2)* ***« d'identifiant » de placement sous surveillance électronique mobile*** *(Décr. n° 2016-261 du 3 mars 2016, art. 2)* ***« ainsi***

que le numéro de dossier généré par le traitement dénommé APPI créé par l'article R. 57-4-1 » ;

9° Les dates de début et de fin de la mesure de placement sous surveillance électronique mobile ;

10° Les coordonnées de géolocalisation des zones d'exclusion, des zones tampon et des zones d'inclusion, ainsi que les horaires d'assignation ;

(Décr. n° 2020-1734 du 16 déc. 2020, art. 9, en vigueur le 1er mai 2021) *« 11° Le relevé à intervalles réguliers des positions du dispositif porté par la personne prévu à l'article 763-12, à l'article L. 733-14 du code de l'entrée et du séjour des étrangers et du droit d'asile, à l'article 6 de la loi n° 55-385 du 3 avril 1955 précitée et à l'article L. 228-3 du code de la sécurité intérieure ; »*

12° La liste des alarmes déclenchées, enregistrées par date, heure (Abrogé par Décr. n° 2016-261 du 3 mars 2016, art. 2) *« , minute » et position, ainsi que la gestion de ces alarmes par le centre de surveillance ;*

(Décr. n° 2016-261 du 3 mars 2016, art. 2) *« 13° L'enregistrement des communications prévues au quatrième alinéa de l'article R. 61-22 ;*

« 14° Les données relatives à l'authentification biométrique vocale prévue au cinquième alinéa de l'article R. 61-22 ;

« 15° Les personnes référentes du suivi de la personne assignée : noms, prénoms, qualités et coordonnées professionnelles. »

Art. R. 61-15 (Abrogé par Décr. n° 2022-479 du 30 mars 2022, art. 8, à compter du 1er mai 2022) *Les informations enregistrées dans le traitement sont conservées pendant toute la durée de la mesure et pendant un délai de dix ans après que la surveillance électronique mobile a cessé* (Décr. n° 2016-261 du 3 mars 2016, art. 2) *« à l'exception des données visées au 13° de l'article R. 61-14 qui sont conservées trois mois après leur enregistrement, de celles visées au 14° du même article qui ne sont conservées que jusqu'à la fin du placement sous surveillance électronique mobile et des informations enregistrées au titre de l'article R. 61-12-1 qui sont conservées pendant toute la durée de la mesure et pendant un délai de trois mois après que la surveillance électronique mobile a cessé ». A l'issue de ce délai, l'autorité responsable du traitement procède à l'effacement des informations.*

Art. R. 61-16 Abrogé par Décr. n° 2016-261 du 3 mars 2016, art. 2.

Art. R. 61-17 (Abrogé par Décr. n° 2022-479 du 30 mars 2022, art. 8, à compter du 1er mai 2022) *Les personnes ou catégories de personnes qui, à raison de leurs fonctions ou pour les besoins du service, peuvent directement accéder aux informations enregistrées dans le traitement et strictement nécessaires à l'exercice de leurs attributions sont :*

1° Les personnels habilités des services centraux et déconcentrés de la direction de l'administration pénitentiaire ;

2° (Décr. n° 2016-261 du 3 mars 2016, art. 2) *« Les autorités judiciaires ainsi que les agents du greffe chargés de les assister, individuellement désignés et spécialement habilités à cet effet par les chefs de juridiction ou de cour » ;*

(Décr. n° 2016-261 du 3 mars 2016, art. 2) *« 3° Les officiers de police judiciaire spécialement habilités à l'occasion de recherches intervenant dans le cadre :*

« a) Soit d'une enquête de flagrance, d'une enquête préliminaire ou d'une information concernant un crime ou un délit ;

« b) Soit d'une enquête ou d'une information pour recherche des causes de la mort ou d'une disparition ;

« c) Soit d'une enquête en recherche des causes des blessures inconnues ou suspectes ;

« d) Soit d'une procédure pour recherche des personnes en fuite ; »

4° Le magistrat chargé de contrôler le traitement mentionné au deuxième alinéa de l'article R. 61-12.

Art. R. 61-17-1 (Abrogé par Décr. n° 2022-479 du 30 mars 2022, art. 8, à compter du 1er mai 2022) (Décr. n° 2016-261 du 3 mars 2016, art. 2) *Peuvent être destinataires des données à caractère personnel enregistrées dans le traitement, dans le cadre de l'organisation et de la mise en œuvre d'une chaîne de permanence au sein du ministère de la justice :*

1° Les magistrats de la direction des affaires criminelles et des grâces ;

2° Les agents de la direction de l'administration pénitentiaire.

Art. R. 61-17-2 *(Abrogé par Décr. n° 2022-479 du 30 mars 2022, art. 8, à compter du 1er mai 2022) (Décr. n° 2016-261 du 3 mars 2016, art. 2)* ***Peuvent être destinataires des données à caractère personnel des personnes mentionnées à l'article R. 61-12-1 dans le cas où*** *(Décr. n° 2018-167 du 7 mars 2018, art. 8)* ***« la personne concernée » ne se trouve plus dans la zone d'inclusion ou lorsque le fonctionnement du dispositif de surveillance électronique mobile est altéré, l'autorité administrative compétente et les agents des services de police et de gendarmerie compétents.*** *(Décr. n° 2018-167 du 7 mars 2018, art. 8)* ***« L'autorité administrative peut également être destinataire d'un historique de ces événements afin d'apprécier l'opportunité du renouvellement de la mesure d'assignation à résidence relevant de l'article 6 de la loi n° 55-385 du 3 avril 1955 précitée ou de l'obligation mentionnée au 1° de l'article L. 228-2 du code de la sécurité intérieure dans les conditions prévues à l'article L. 228-3 du même code. »***

Art. R. 61-18 *(Abrogé par Décr. n° 2022-479 du 30 mars 2022, art. 8, à compter du 1er mai 2022)* ***Le droit d'accès et de rectification prévu aux articles 39 et 40 de la loi n° 78-17 du 6 janvier 1978 relative à l'informatique, aux fichiers et aux libertés s'exerce auprès du directeur de l'administration pénitentiaire.***

Art. R. 61-18-1 *(Abrogé par Décr. n° 2022-479 du 30 mars 2022, art. 8, à compter du 1er mai 2022) (Décr. n° 2016-261 du 3 mars 2016, art. 2)* ***Le droit d'opposition prévu à l'article 38 de la loi du 6 janvier 1978 susvisée ne s'applique pas au présent traitement.***

Art. R. 61-19 *(Abrogé par Décr. n° 2022-479 du 30 mars 2022, art. 8, à compter du 1er mai 2022) (Décr. n° 2016-261 du 3 mars 2016, art. 2)* ***« Le traitement conserve pendant une durée de trois ans les informations relatives aux créations, modifications, suppressions et consultations dont il fait l'objet, en précisant la qualité de la personne ou autorité ayant procédé à l'opération. »***

Ces informations ne peuvent être consultées que par le directeur de l'administration pénitentiaire ou, avec son autorisation, par les personnes qu'il habilite spécialement ainsi que par le magistrat mentionné au deuxième alinéa de l'article R. 61-12.

Elles peuvent donner lieu à des exploitations statistiques.

Art. R. 61-20 *(Abrogé par Décr. n° 2022-479 du 30 mars 2022, art. 8, à compter du 1er mai 2022) (Décr. n° 2011-1447 du 7 nov. 2011)* ***Le traitement peut faire l'objet d'une interconnexion avec le traitement de données à caractère personnel dénommé APPI créé par l'article R. 57-4-1.***

CHAPITRE III **DE LA MISE EN ŒUVRE DU PLACEMENT SOUS SURVEILLANCE ÉLECTRONIQUE MOBILE**

SECTION PREMIÈRE **DISPOSITIONS GÉNÉRALES**

Art. R. 61-21 **Les dispositions de la présente section sont applicables à tous les placements sous surveillance électronique mobile prononcés en application des dispositions des articles 131-36-9 du code pénal ou 723-29, 723-30, 731-1 et 763-3 du présent code.**

Art. R. 61-22 *(Décr. n° 2022-479 du 30 mars 2022, art. 8, en vigueur le 1er mai 2022)* ***Les fonctionnalités*** **et modalités d'homologation du procédé permettant le placement sous surveillance électronique mobile sont déterminées par les dispositions de l'article R. 544-7 du code pénitentiaire.**

Ancien art. R. 61-22 *Pour la mise en œuvre du procédé permettant le placement sous surveillance électronique mobile, la personne (Abrogé par Décr. n° 2008-1130 du 4 nov. 2008) « condamnée » porte un dispositif comportant un émetteur.*

Cet émetteur transmet des signaux permettant la géolocalisation (Décr. n° 2008-1130 du 4 nov. 2008) « de la personne » sur l'ensemble du territoire national.

Le dispositif porté par (Décr. n° 2008-1130 du 4 nov. 2008) « la personne » est conçu de façon à ne pouvoir être enlevé par (Décr. n° 2008-1130 du 4 nov. 2008) « cette dernière » sans que soit émis un signal d'alarme.

Il permet une communication entre le centre de surveillance et la personne (Abrogé par Décr. n° 2008-1130 du 4 nov. 2008) « condamnée » qui peut faire l'objet d'un enregistrement (Décr. n° 2016-261 du 3 mars 2016, art. 2) « aux fins de contrôles complémentaires.

« Ces dispositifs peuvent être complétés par d'autres procédés de surveillance électronique permettant une authentification biométrique vocale à des fins de vérification à distance de la présence de l'intéressé. »

Le procédé décrit au présent article est homologué par arrêté du garde des sceaux, ministre de la justice. — V. Arr. du 23 août 2007 (JO 12 sept.) portant homologation du procédé de surveillance électronique mobile.

Art. R. 61-23 Lorsqu'elle est saisie d'une demande portant sur une mesure assortie d'un placement sous surveillance électronique mobile ou lorsqu'elle envisage de prononcer d'office une telle mesure, la juridiction de l'application des peines peut charger l'administration pénitentiaire de s'assurer de la disponibilité du dispositif technique décrit *(Décr. n° 2022-479 du 30 mars 2022, art. 8, en vigueur le 1er mai 2022)* « à l'article R. 544-7 du code pénitentiaire *[ancienne rédaction : à l'article R. 61-22]* » ainsi que de la faisabilité technique du projet, de vérifier la situation familiale, matérielle et sociale de la personne condamnée ainsi que celle de la victime, aux fins notamment de déterminer les horaires d'assignation ainsi que les zones d'inclusion, les zones d'exclusion et, le cas échéant, les zones tampon.

L'accord écrit du propriétaire ou du ou des titulaires du contrat de location des lieux où pourra être accueillie la personne placée sous surveillance électronique mobile est recueilli par le service pénitentiaire d'insertion et de probation, sauf si cet accord figure déjà au dossier de la procédure.

Art. R. 61-24 La juridiction de l'application des peines peut à tout moment désigner un médecin afin que celui-ci vérifie que la mise en œuvre du procédé mentionné à *(Décr. n° 2022-479 du 30 mars 2022, art. 8, en vigueur le 1er mai 2022)* « l'article R. 544-7 du code pénitentiaire *[ancienne rédaction : l'article R. 61-22]* » ne présente pas d'inconvénient pour la santé *(Décr. n° 2008-1130 du 4 nov. 2008)* « de la personne ». Cette désignation est de droit à la demande *(Décr. n° 2008-1130 du 4 nov. 2008)* « de la personne » ou de son conseil. Le certificat médical est versé au dossier.

Art. R. 61-25 Lorsqu'elle décide d'admettre une personne à une mesure assortie d'un placement sous surveillance électronique mobile, la juridiction de l'application des peines lui notifie les conditions d'exécution de la mesure et notamment les horaires d'assignation, les zones d'inclusion, les zones d'exclusion et, le cas échéant, les zones tampon.

Art. R. 61-26 Lorsqu'il est fait application des dispositions des articles 723-34, 763-3 et 763-11, la juridiction de l'application des peines notifie à l'intéressé les modifications des conditions d'exécution du placement sous surveillance électronique mobile.

Art. R. 61-27 *(Décr. n° 2022-479 du 30 mars 2022, art. 8, en vigueur le 1er mai 2022)* Le personnel de l'administration pénitentiaire assure la pose et la dépose du dispositif prévu par l'article R. 544-7 du code pénitentiaire, ainsi que le contrôle du respect des obligations de la personne condamnée, dans les conditions prévues par les dispositions des articles R. 544-5, R. 544-8 et R. 544-9 du même code.

Ancien art. R. 61-27 *Lors de la pose ou de la dépose du dispositif prévu par l'article R. 61-22, les agents de l'administration pénitentiaire peuvent être assistés par les personnes mentionnées au chapitre IV du présent titre.*

Durant le délai prévu à l'article 763-12, il est procédé aux tests de mise en service, à l'information et à la formation du condamné sur les modalités pratiques de fonctionnement du dispositif, notamment par la remise d'un formulaire d'utilisation et de consignes. Il lui est également précisé qu'il est tenu de respecter ces consignes et notamment de procéder à la mise en charge régulière de la batterie selon les modalités indispensables au bon fonctionnement du dispositif, et que le non-respect de cette exigence constitue une violation des obligations auxquelles il est astreint.

Lors de la pose, il est remis au condamné un document lui rappelant les dispositions de l'article 723-35, du quatrième alinéa de l'article 763-10 ou de l'article 733 ainsi que les dispositions de l'article R. 61-18 relatif au droit d'accès et de rectification.

Art. R. 61-27-1 *(Décr. n° 2008-1129 du 4 nov. 2008, art. 6)* Si le condamné refuse la pose du dispositif, le juge de l'application des peines organise sans délai le débat contradictoire prévu par l'article 712-6 pour décider éventuellement de l'une des mesures suivantes :

1° En cas de libération conditionnelle, retirer au détenu le bénéfice de sa libération ;
2° En cas de suivi socio-judiciaire, mettre à exécution tout ou partie de l'emprisonnement fixé par la juridiction de jugement ;
3° En cas de surveillance judiciaire, mettre à exécution tout ou partie de l'emprisonnement correspondant aux réductions de peine.

Cette décision intervient avant la mise en liberté du condamné.

Lorsque la décision relève de la compétence du tribunal de l'application des peines et que le débat devant cette juridiction ne peut intervenir avant la date prévue pour la libération du condamné, le juge de l'application des peines ordonne à titre provisoire le maintien en détention du condamné jusqu'à la date du débat, qui doit intervenir au plus tard dans un délai de quinze jours.

Art. R. 61-28 *(Abrogé par Décr. n° 2022-479 du 30 mars 2022, art. 8, à compter du 1er mai 2022)* ***Le contrôle du respect de ses obligations par la personne placée sous surveillance électronique mobile se fait notamment par vérifications téléphoniques, visites aux lieux d'assignation, convocations au service pénitentiaire d'insertion et de probation ainsi que par l'exploitation des informations enregistrées par le traitement automatisé prévu à l'article R. 61-12.***

Art. R. 61-29 *(Abrogé par Décr. n° 2022-479 du 30 mars 2022, art. 8, à compter du 1er mai 2022)* ***Les agents affectés au centre de surveillance chargés de la mise en œuvre du placement avisent sans délai le juge de l'application des peines compétent ou le magistrat du siège qui le remplace, ou en cas d'urgence et d'empêchement de ceux-ci, le procureur de la République, lorsqu'ils sont alertés notamment de ce qu'une personne placée sous surveillance électronique mobile se trouve dans une zone d'exclusion ou dans une zone tampon ou ne se trouve plus dans une zone qui lui a été assignée ou de ce que le dispositif est détérioré.***

Art. R. 61-30 La prolongation de la durée du placement sous surveillance électronique mobile prévue par le cinquième alinéa de l'article 763-10 est décidée selon les modalités prévues par l'article 712-6, après un nouvel examen de dangerosité, sans qu'il soit à nouveau nécessaire de saisir la commission pluridisciplinaire des mesures de sûreté.

Art. R. 61-31 Les décisions concernant la modification des obligations auxquelles est astreint le condamné, relatives aux horaires d'assignation ou aux zones d'exclusion, aux zones d'inclusion ou aux zones tampon, sont prises conformément aux dispositions de l'article 712-8.

Art. R. 61-31-1 *(Décr. n° 2008-1129 du 4 nov. 2008, art. 7)* Le juge de l'application des peines peut, par décision prise conformément aux dispositions de l'article 712-8, suspendre l'exécution du placement sous surveillance électronique mobile pour des raisons médicales, notamment en cas d'hospitalisation de la personne.

Cette suspension est valable pour une durée maximale de trois mois. Elle peut être renouvelée selon les mêmes modalités si l'état de santé de la personne le justifie.

Les obligations du placement sous surveillance électronique mobile reprennent de plein droit dès que le juge de l'application des peines constate, par ordonnance, que l'état de santé de cette dernière ne justifie plus la suspension.

SECTION II DISPOSITIONS SPÉCIFIQUES AU SUIVI SOCIO-JUDICIAIRE

Art. R. 61-32 La durée totale du placement sous surveillance électronique mobile prononcé par la juridiction de jugement dans le cadre d'un suivi socio-judiciaire ne peut excéder, compte tenu, le cas échéant, des renouvellements prévus par le troisième alinéa de l'article 763-10 du présent code, la durée du suivi socio-judiciaire fixée par cette juridiction en application de l'article 131-36-1 du code pénal.

Art. R. 61-33 *(Décr. n° 2011-2022 du 28 déc. 2011, art. 3)* « Lorsque le juge de l'application des peines prend une décision de placement sous surveillance électronique mobile, en application du quatrième alinéa de l'article 763-3, cette mesure ne peut concerner qu'une personne majeure qui est toujours détenue soit à la suite de la condamnation initiale, soit parce qu'il a été fait application des dispositions de l'article 763-5, et qui a été condamnée à l'une des peines suivantes :

« 1° Une peine privative de liberté d'une durée égale ou supérieure à sept ans ;

« 2° Une peine privative de liberté d'une durée égale ou supérieure à cinq ans d'emprisonnement pour une infraction commise une nouvelle fois en état de récidive légale ;

« 3° Une peine privative de liberté d'une durée égale ou supérieure à cinq ans d'emprisonnement pour une des infractions mentionnées à l'article 131-36-12-1 du code pénal. »

Dans ce cas, l'examen de dangerosité prévu par le dernier alinéa de l'article 763-3 est réalisé après l'avis de la commission pluridisciplinaire des mesures de sûreté, selon les modalités prévues par les articles R. 61-9 à R. 61-11. *(Décr. n° 2011-2022 du 28 déc. 2011, art. 3)* « Le délai d'un an prévu par l'article 763-10 n'est pas applicable. »

La décision du juge de l'application des peines est alors prise selon les modalités prévues par l'article 712-6.

Cette décision précise la durée du placement sous surveillance électronique mobile dans les limites fixées par l'article L. 131-36-12 du code pénal. *(Décr. n° 2008-1129 du 4 nov. 2008, art. 7)* « Les limites relatives à la durée du placement ne sont toutefois pas applicables lorsqu'il s'agit d'une personne condamnée à une réclusion criminelle d'une durée égale ou supérieure à quinze ans pour l'une des infractions visées à l'article 706-53-13.

« En cas d'inobservation par le condamné des obligations auxquelles il est astreint ou pour tenir compte de son évolution, le juge de l'application des peines peut également ordonner le placement sous surveillance électronique mobile en cours d'exécution du suivi socio-judiciaire, dès lors que son comportement et sa dangerosité le justifient sans qu'il soit besoin que la personne soit préalablement détenue. »

SECTION III DISPOSITIONS SPÉCIFIQUES À LA LIBÉRATION CONDITIONNELLE

Art. R. 61-34 L'examen de dangerosité prévu par les articles 763-10 et R. 61-11 peut se substituer à l'expertise prévue par l'article 712-21.

La décision de placement sous surveillance électronique mobile prise, conformément à l'article 730, soit par le juge de l'application des peines, soit par le tribunal de l'application des peines, précise la durée du placement sous surveillance électronique mobile, dans les limites fixées par l'article 763-10 et sans pouvoir excéder la durée des mesures de contrôle de la libération conditionnelle prévue par l'article 732.

(Décr. n° 2008-1129 du 4 nov. 2008, art. 7) « En cas d'inobservation par le condamné des obligations auxquelles il est astreint ou pour tenir compte de son évolution, le juge de l'application des peines peut ordonner le placement sous surveillance électronique mobile en cours d'exécution d'une libération conditionnelle, dès lors que son comportement et sa dangerosité le justifient sans qu'il soit besoin que la personne soit préalablement détenue. »

SECTION IV DISPOSITIONS SPÉCIFIQUES À LA SURVEILLANCE JUDICIAIRE

Art. R. 61-35 Lorsque le placement sous surveillance électronique mobile est ordonné dans le cadre d'une surveillance judiciaire, l'examen de dangerosité prévu par les articles 763-10 et R. 61-11 peut se substituer à l'expertise prévue par l'article 723-31.

Le délai d'un an prévu par l'article 763-10 n'est pas applicable, dès lors que l'avis de la commission pluridisciplinaire des mesures de sûreté, saisie selon les modalités prévues par les articles R. 61-9 et R. 61-10, et l'examen de dangerosité prévu à l'article R. 61-11 interviennent avant la libération du condamné.

La durée du placement sous surveillance électronique mobile est fixée dans les limites définies par l'article 763-10, sans pouvoir excéder celle de la surveillance judiciaire. *(Décr. n° 2008-1129 du 4 nov. 2008, art. 7)* « Les limites tenant à la durée de placement ne sont toutefois pas applicables lorsqu'il s'agit d'une personne condamnée à une réclusion criminelle d'une durée égale ou supérieure à quinze ans pour l'une des infractions visées à l'article 706-53-13.

« En cas d'inobservation par le condamné des obligations auxquelles il est astreint ou pour tenir compte de son évolution, le juge de l'application des peines peut ordonner le placement sous surveillance électronique mobile en cours d'exécution de la sur-

veillance judiciaire, dès lors que son comportement et sa dangerosité le justifient sans qu'il soit besoin que la personne soit préalablement détenue. »

CHAPITRE IV *[ABROGÉ]* DE L'HABILITATION DES PERSONNES AUXQUELLES PEUVENT ÊTRE CONFIÉES DES PRESTATIONS TECHNIQUES CONCERNANT LA MISE EN ŒUVRE DE PLACEMENT SOUS SURVEILLANCE ÉLECTRONIQUE MOBILE

(Abrogé par Décr. n° 2022-479 du 30 mars 2022, art. 8, à compter du 1er mai 2022)

SECTION PREMIÈRE *[ABROGÉE]* LES PERSONNES HABILITÉES

Art. R. 61-36 ***L'habilitation des personnes auxquelles peuvent être confiées par contrat les prestations techniques détachables des fonctions de souveraineté concernant la mise en œuvre du placement sous surveillance électronique mobile est accordée par arrêté du garde des sceaux, ministre de la justice.*** *— V. Arr. du 23 août 2007 (JO 12 sept.) et Arr. du 4 mars 2013 (JO 11 avr.) portant habilitation des personnes auxquelles peuvent être confiées des prestations techniques concernant la mise en œuvre de placement sous surveillance électronique mobile.*

L'habilitation est accordée pour une durée de cinq ans renouvelable en fonction des compétences techniques, des garanties financières et des références qu'offrent ces personnes, appréciées au regard de la nature, de l'étendue et du coût des prestations faisant l'objet de ce contrat.

Art. R. 61-37 ***Pour être habilitées les personnes physiques doivent :***

1° Posséder la nationalité française ou celle de l'un des États membres de la Communauté européenne ;

2° Ne pas avoir fait l'objet d'une mesure de révocation de la fonction publique, civile ou militaire, ni d'une condamnation, incapacité ou déchéance justifiant l'inscription au bulletin n° 2 du casier judiciaire.

Art. R. 61-38 ***L'habilitation ne peut être accordée à une personne morale :***

1° Dont le bulletin n° 2 du casier judiciaire comporte une condamnation, une incapacité ou une déchéance ;

2° Dont la situation d'un ou plusieurs de ses dirigeants de droit ou de fait n'est pas conforme au 2° de l'article R. 61-37.

Art. R. 61-39 ***L'habilitation peut être retirée par le garde des sceaux, ministre de la justice, selon les modalités prévues à l'article R. 61-42, en cas de modification substantielle de la situation des personnes au regard des dispositions des articles R. 61-36, R. 61-37 ou R. 61-38.***

SECTION II *[ABROGÉE]* LES AGENTS DES PERSONNES HABILITÉES

Art. R. 61-40 ***Chaque employé d'une personne mentionnée à la section I appelé à accomplir des tâches pour l'exécution du contrat visé à l'article R. 61-36 fait l'objet d'une habilitation individuelle préalable du garde des sceaux, ministre de la justice.***

Cette habilitation est accordée pour une durée de cinq ans renouvelable.

En application du Décr. n° 2014-1279 du 23 oct. 2014 relatif aux exceptions à l'application du principe « silence vaut acceptation » (L. n° 2000-321 du 12 avr. 2000, art. 21, I), le silence gardé pendant deux mois par l'administration vaut décision de rejet pour les demandes relatives à l'habilitation de chaque employé de la personne à laquelle est confiée par contrat la mise en œuvre du placement sous surveillance électronique et du placement sous surveillance électronique mobile.

Art. R. 61-41 ***Pour être habilitées, les personnes mentionnées à l'article R. 61-40 doivent :***

1° Posséder la nationalité française ou celle de l'un des États membres de la Communauté européenne ;

2° Ne pas avoir fait l'objet d'une mesure de révocation de la fonction publique, civile ou militaire, ni d'une condamnation, incapacité ou déchéance justifiant l'inscription au bulletin n° 2 du casier judiciaire ;

3° Être titulaire des diplômes ou qualifications correspondant à la nature des fonctions qu'elles sont appelées à exercer ;

4° Avoir donné leur accord écrit au projet de contrat de travail proposé par leur employeur ou à un avenant au contrat existant. Ce document rappelle l'obligation de respecter stricte-

ment le secret professionnel prévu par les articles 226-13 et 226-14 du code pénal. Il mentionne l'obligation d'adopter, dans l'exercice de leurs fonctions, un comportement conforme à l'honneur, à la probité et aux bonnes mœurs.

Art. R. 61-42 *L'habilitation mentionnée à l'article R. 61-40 peut être retirée par le garde des sceaux, ministre de la justice, après qu'ont été recueillies les observations de la personne habilitée, lorsque l'une des conditions prévues aux 1° et 2° de l'article R. 61-41 cesse d'être remplie ou en cas d'agissements contraires à l'honneur, à la probité ou aux bonnes mœurs.*

En cas d'urgence et pour motif grave, l'habilitation peut être suspendue par le garde des sceaux, ministre de la justice, qui décide, dans le mois suivant la suspension, du maintien ou du retrait de l'habilitation, dans les conditions définies à l'alinéa précédent.

TITRE SEPTIÈME *QUATER* DU DISPOSITIF ÉLECTRONIQUE MOBILE ANTI-RAPPROCHEMENT

(*Décr. n° 2020-1161 du 23 sept. 2020*)

CHAPITRE PREMIER DU TRAITEMENT DE DONNÉES À CARACTÈRE PERSONNEL RELATIF AU DISPOSITIF ÉLECTRONIQUE MOBILE ANTI-RAPPROCHEMENT

Art. R. 61-43 (*Décr. n° 2022-479 du 30 mars 2022, art. 8, en vigueur le 1er mai 2022*) Les finalités du traitement automatisé de données à caractère personnel dénommé "bracelet anti-rapprochement", prévu aux articles 138-3 du présent code, 132-45-1 du code pénal et 515-11-1 du code civil, les informations et les données à caractère personnel pouvant y être enregistrées, les règles de fonctionnement et d'accès, ainsi que les droits des personnes concernées par le traitement sont déterminés par les dispositions des R. 631-6 et suivants du code pénitentiaire.

Ancien art. R. 61-43 *Le ministre de la justice (direction de l'administration pénitentiaire) est autorisé à mettre en œuvre le traitement automatisé de données à caractère personnel, dénommé "Bracelet anti-rapprochement", prévu aux articles 138-3 du présent code, 132-45-1 du code pénal et 515-11-1 du code civil.*

Ce traitement est placé sous le contrôle du magistrat mentionné à l'article R. 61-12 du présent code et dans les conditions prévues à l'article R. 61-13.

Il a pour finalité d'assurer le contrôle à distance des personnes placées sous dispositif électronique mobile anti-rapprochement en exécution d'une décision prise en application des articles 138 et 138-3 du présent code, des articles 132-45 et 132-45-1 du code pénal ou de l'article 515-11-1 du code civil. Il a pour objet de mettre en œuvre un dispositif technique destiné à garantir l'effectivité de l'interdiction faite à la personne porteuse d'un bracelet anti-rapprochement de rencontrer une personne protégée, victime d'une infraction commise au sein du couple.

A cet effet, ce traitement permet :

1° D'alerter les personnels habilités chargés du contrôle à distance du dispositif électronique mobile anti-rapprochement de ce que la personne porteuse du bracelet s'approche de la personne protégée et méconnaît les distances de pré-alerte ou d'alerte, ainsi qu'en cas d'altération du fonctionnement du dispositif technique ;

2° De localiser la personne protégée et la personne porteuse du bracelet, afin de prendre, lorsque l'alerte prévue à l'alinéa précédent est émise, les mesures de protection appropriées, en enjoignant notamment au porteur du bracelet de s'éloigner et en permettant, le cas échéant, selon le besoin et les procédures établies, une intervention des forces de police et de gendarmerie, afin d'assurer la protection de la personne menacée.

Le traitement poursuit également une finalité statistique.

Art. R. 61-44 (*Abrogé par Décr. n° 2022-479 du 30 mars 2022, art. 8, à compter du 1er mai 2022*) *Peuvent être enregistrées, dans la stricte mesure où elles sont nécessaires à la poursuite des finalités mentionnées à l'article R. 61-43, les données à caractère personnel et les informations suivantes :*

I. — S'agissant de la personne porteuse du bracelet anti-rapprochement :

1° Son identité : nom de famille, nom d'usage, prénoms, alias, date et lieu de naissance, sexe, nationalité, photographie de son visage ne permettant pas une utilisation à des fins de contrôle biométrique, tout élément relatif à sa situation familiale et toutes autres caractéris-

tiques physiques nécessaires à la pose du bracelet et, le cas échéant, à l'interpellation par les forces de police et de gendarmerie ;

2° Ses coordonnées personnelles : adresse de résidence, numéro de téléphone, adresse de messagerie électronique ;

3° Les données relatives à l'authentification biométrique vocale prévue à l'article R. 24-16 ;

4° Les données transmises sous le contrôle de l'autorité judiciaire, et relatives aux décisions ordonnant un placement sous un dispositif électronique mobile anti-rapprochement et aux décisions prolongeant ou modifiant la mesure : désignation de la juridiction, nature, contenu de la décision, et notamment de la durée du placement sous dispositif électronique mobile anti-rapprochement ;

5° Les données techniques du bracelet anti-rapprochement : numéro de série de l'unité mobile attribuée, numéro de série du bracelet attribué, numéro de série de la carte SIM attribuée, adresse IP ou MAC de l'unité mobile attribuée ;

6° Le relevé à intervalles réguliers des positions GPS du bracelet anti-rapprochement ;

7° La liste des alertes émises : dates, heures, positions GPS, circonstances et gestion de ces alertes par les personnels habilités chargés du contrôle à distance du dispositif électronique mobile anti-rapprochement ;

II. — S'agissant de la personne protégée :

1° Son identité : nom de famille, nom d'usage, prénoms, date et lieu de naissance, sexe, nationalité, tout élément relatif à sa situation familiale et toutes autres caractéristiques physiques nécessaires à sa protection par les forces de police et de gendarmerie ;

2° Ses coordonnées personnelles : adresse de résidence, numéro de téléphone, adresse de messagerie électronique ;

3° Les personnes à contacter en cas d'urgence : nom de famille, nom d'usage, prénoms, sexe, adresse de résidence, coordonnées téléphoniques, adresse de messagerie électronique, liens avec la personne protégée ;

4° Les données relatives à l'authentification biométrique vocale prévue à l'article R. 24-16, le cas échéant après recueil de son consentement ;

5° Les données transmises sous le contrôle de l'autorité judiciaire et relatives aux décisions ordonnant un placement sous un dispositif électronique mobile anti-rapprochement et aux décisions prolongeant ou modifiant la mesure : désignation de la juridiction, nature et contenu de la décision et notamment de la durée du placement sous dispositif électronique mobile anti-rapprochement ;

6° Les données techniques du dispositif de téléprotection : le numéro de série de l'unité mobile attribuée, le numéro de série de la carte SIM attribuée, l'adresse IP ou MAC de l'unité mobile attribuée ;

7° Le relevé à intervalles réguliers des positions GPS du dispositif de téléprotection ;

8° La liste des alertes émises : dates, heures, positions GPS, circonstances et gestion de ces alertes par les personnels habilités chargés du contrôle à distance du dispositif électronique mobile anti-rapprochement.

III. — S'agissant des personnels habilités des services centraux et déconcentrés de l'administration pénitentiaire :

1° Leur identité : nom de famille, prénoms, qualité professionnelle, adresse de messagerie professionnelle ;

2° Leur identification technique : matricule d'identifiant SAPHIR, adresse IP.

IV. — S'agissant des personnels habilités chargés du contrôle à distance du dispositif électronique mobile anti-rapprochement :

1° Leur identité : nom de famille, prénoms, qualité professionnelle, adresse de messagerie professionnelle ;

2° Leur identification technique : matricule, adresse IP.

V. — S'agissant de l'identité du magistrat chargé du suivi de la décision ordonnant un placement sous dispositif électronique mobile anti-rapprochement : nom de famille, prénoms, qualité professionnelle, coordonnées professionnelles.

VI. — Sont en outre enregistrés, pour chacune des alertes visées au [à l'article] *R. 61-43, le contenu, la date et l'heure des conversations téléphoniques entre les personnels habilités chargés du contrôle à distance du dispositif électronique mobile anti-rapprochement, la personne porteuse du bracelet, la personne protégée ainsi que, le cas échéant, les personnes à contacter en cas d'urgence mentionnées au 3° du II du présent article, ou les forces de police et de gendarmerie.*

VII. — Les données enregistrées dans le traitement sont susceptibles de faire apparaître des éléments mentionnés au I de l'article 6 de la loi n° 78-17 du 6 janvier 1978 relative à l'informatique, aux fichiers et aux libertés. Il est interdit de sélectionner dans le traitement une catégorie particulière de personnes à partir de ces seules données.

Art. R. 61-45 (Abrogé par Décr. n° 2022-479 du 30 mars 2022, art. 8, à compter du 1er mai 2022) *Peuvent accéder, à raison de leurs attributions respectives et dans la limite du besoin d'en connaître, à tout ou partie des données à caractère personnel et informations mentionnées à l'article R. 61-44 :*

1° Les personnels habilités des services centraux et déconcentrés de l'administration pénitentiaire ;

2° Les personnels habilités chargés du contrôle à distance du dispositif électronique mobile anti-rapprochement ;

3° Le magistrat chargé de contrôler le traitement mentionné à l'article R. 61-43.

Art. R. 61-46 (Abrogé par Décr. n° 2022-479 du 30 mars 2022, art. 8, à compter du 1er mai 2022) *Peuvent accéder, à raison de leurs attributions respectives et dans la limite du besoin d'en connaître, à tout ou partie des données à caractère personnel et informations conservées au sein de la base d'archive intermédiaire prévue à l'article R. 61-48 les personnels habilités des services centraux de l'administration pénitentiaire suivants :*

1° Les agents assurant la supervision des personnes privées habilitées chargées du contrôle à distance du dispositif mobile électronique anti-rapprochement mentionnés à l'article R. 61-53 ;

2° Les agents chargés des systèmes d'information ;

3° Les agents chargés de l'application de la réglementation informatique et libertés.

Art. R. 61-47 (Abrogé par Décr. n° 2022-479 du 30 mars 2022, art. 8, à compter du 1er mai 2022) *Peuvent également être destinataires de tout ou partie des données et des informations mentionnées à l'article R. 61-44, strictement nécessaires à leur mission, à raison de leurs attributions respectives :*

1° Les magistrats et fonctionnaires habilités des tribunaux judiciaires par les chefs de juridiction ;

2° Les officiers ou agents de police judiciaire habilités intervenant pour assurer la protection de la personne protégée ou appréhender la personne porteuse du bracelet anti-rapprochement ne respectant pas l'interdiction de s'approcher à moins d'une certaine distance de la personne protégée ;

3° Les magistrats et fonctionnaires habilités de la direction des affaires criminelles et des grâces, pour les informations qui leur sont transmises en application du troisième alinéa de l'article 35, et dans le seul cadre de l'organisation et de la mise en œuvre de la permanence au sein du ministère de la justice.

Art. R. 61-48 (Abrogé par Décr. n° 2022-479 du 30 mars 2022, art. 8, à compter du 1er mai 2022) *Les données à caractère personnel et les informations mentionnées à l'article R. 61-44, à l'exception de celles visées au IV, sont conservées en base active pendant toute la durée du placement sous dispositif électronique mobile anti-rapprochement.*

A la fin du placement, les données et informations suivantes sont conservées :

1° S'agissant des données relatives à l'authentification biométrique vocale : pendant une durée d'un mois en base active ;

2° S'agissant de l'enregistrement des conversations téléphoniques visées au VI de l'article R. 61-44 : pendant une durée d'un mois en base active puis de deux mois en base d'archive intermédiaire ;

3° S'agissant des données à caractère personnel et informations non visées au 1° et 2° : pendant une durée d'un mois en base active puis de cinq ans et onze mois en base d'archive intermédiaire.

Les données mentionnées au IV de l'article R. 61-44 sont conservées, en base active, jusqu'au terme de l'habilitation des agents et personnels concernés.

Art. R. 61-49 (Abrogé par Décr. n° 2022-479 du 30 mars 2022, art. 8, à compter du 1er mai 2022) *Toute opération de collecte, de modification, de consultation, de communication et d'effacement des données à caractère personnel et informations font l'objet d'un enregistrement comprenant l'identification de l'utilisateur, la date, l'heure et la nature de*

l'intervention dans ce traitement. Ces informations sont conservées pendant une durée de trois ans.

Art. R. 61-50 *(Abrogé par Décr. n° 2022-479 du 30 mars 2022, art. 8, à compter du 1er mai 2022)* ***Conformément aux articles 104 à 106 de la loi n° 78-17 du 6 janvier 1978 relative à l'informatique, aux fichiers et aux libertés, les droits d'information, d'accès, de rectification, d'effacement et à la limitation des données s'exercent directement auprès de la direction de l'administration pénitentiaire, sans préjudice des dispositions du code de procédure pénale et du code de procédure civile.***

Pour les motifs prévus aux 1°, 2° et 5° du I de l'article 107 de la même loi, les droits d'accès et de rectification peuvent faire l'objet de restrictions en application, respectivement, des 2° et 3° du II du même article.

La personne concernée par ces restrictions exerce son droit d'accès auprès de la Commission nationale de l'informatique et des libertés dans les conditions prévues à l'article 108 de la même loi.

Art. R. 61-51 *(Abrogé par Décr. n° 2022-479 du 30 mars 2022, art. 8, à compter du 1er mai 2022)* ***Le droit d'opposition prévu à l'article 110 de la loi n° 78-17 du 6 janvier 1978 relative à l'informatique, aux fichiers et aux libertés ne s'applique pas aux personnes concernées par le présent traitement, à l'exception des personnes à contacter en cas d'urgence mentionnées au 3° du II de l'article R. 61-44.***

CHAPITRE II *[ABROGÉ]* DE L'HABILITATION DES PERSONNES CONTRIBUANT AU CONTRÔLE À DISTANCE

(Abrogé par Décr. n° 2022-479 du 30 mars 2022, art. 8, à compter du 1er mai 2022)

Art. R. 61-52 ***Les personnes privées chargées du contrôle à distance du dispositif mobile électronique anti-rapprochement sont habilitées par arrêté du garde des sceaux, ministre de la justice. Cette habilitation est accordée et peut être retirée dans les conditions prévues aux articles R. 61-36 à R. 61-39.***

Les employés des personnes privées chargées du contrôle à distance du dispositif mobile électronique anti-rapprochement font l'objet d'une habilitation individuelle par arrêté du garde des sceaux, ministre de la justice. Cette habilitation est accordée et peut être retirée dans les conditions prévues aux articles R. 61-40 à R. 61-42.

Art. R. 61-53 ***Les personnes privées habilitées chargées du contrôle à distance du dispositif mobile électronique anti-rapprochement sont placées sous la supervision d'un agent de l'administration pénitentiaire.***

TITRE HUITIÈME DU CASIER JUDICIAIRE

CHAPITRE PREMIER DE L'ORGANISATION DES SERVICES DU CASIER JUDICIAIRE

Art. R. 62 *(Décr. n° 81-1003 du 6 nov. 1981)* **Le service du casier judiciaire national automatisé est dirigé par un magistrat de l'administration centrale du ministère de la justice sous le contrôle et l'autorité du directeur des affaires criminelles et des grâces.**

Art. R. 63 *(Décr. n° 81-1003 du 6 nov. 1981)* **Le magistrat chargé du service du casier judiciaire national automatisé désigne nommément les personnes habilitées à traiter les informations destinées au casier judiciaire ainsi que celles qui peuvent accéder auxdites informations.** — *V. Arr. du 6 nov. 1981 (D. et BLD 1981. 371) relatif aux règles de sécurité applicables au service du casier judiciaire national automatisé.*

Art. R. 64 *(Décr. n° 81-1003 du 6 nov. 1981)* **Le directeur de l'Institut national de la statistique et des études économiques communique au service du casier judiciaire national automatisé les** *(Décr. n° 2004-1159 du 29 oct. 2004, art. 19, en vigueur le 1er janv. 2005)* **« noms de famille », les prénoms, les date et lieu de naissance et le sexe des personnes âgées de plus de douze ans qui figurent au répertoire national d'identification ainsi que les modifications dont ces données auront éventuellement été l'objet.**

Cette communication, effectuée sur support magnétique *(Décr. n° 94-167 du 25 févr. 1994)* **« ou par »** *(Décr. n° 2014-1422 du 28 nov. 2014, art. 9)* **« voie électronique**

sécurisée », a lieu périodiquement, au moins une fois par an. Il peut y être procédé par plusieurs envois séparés.

(Décr. n° 2015-1840 du 29 déc. 2015, art. 4, en vigueur le 1er juill. 2016) « Le service du casier judiciaire national automatisé ne peut utiliser l'extrait du répertoire national d'identification des personnes physiques qui lui est communiqué à des fins autres que la vérification de l'identité :

« *a)* Des personnes dont le casier judiciaire est demandé ;

« *b)* Des personnes inscrites au fichier judiciaire national automatisé des auteurs d'infractions sexuelles ou violentes, en sa qualité de gestionnaire dudit fichier, conformément aux articles 706-53-3, R. 53-8-3 et R. 53-8-24 ;

« *c)* Des personnes inscrites au fichier judiciaire national automatisé des auteurs d'infractions terroristes, en sa qualité de gestionnaire dudit fichier, conformément aux articles 706-25-5 et » *(Décr. n° 2016-1338 du 7 oct. 2016, en vigueur le 1er mars 2018)* « R. 50-32 ;

« *d)* Des personnes inscrites au répertoire des données à caractère personnel collectées dans le cadre de procédures judiciaires (REDEX), en sa qualité de gestionnaire dudit fichier, conformément aux articles 706-56-2 et R. 53-21-4 du code de procédure pénale. »

En aucun cas le numéro attribué par l'Institut national de la statistique et des études économiques pour servir de base aux vérifications d'identité n'est communiqué au service du casier judiciaire national automatisé.

CHAPITRE II DE L'ÉTABLISSEMENT DES FICHES DU CASIER JUDICIAIRE

Art. R. 65 Une fiche de casier judiciaire est établie au nom de *(Décr. n° 94-167 du 25 févr. 1994)* « toute personne physique ou morale qui a été l'objet d'une des décisions énumérées aux articles 768 et 768-1 ».

(Décr. n° 81-1003 du 6 nov. 1981) « Cette fiche est établie sur papier ou sur support magnétique. » *(Décr. n° 2014-1422 du 28 nov. 2014, art. 2)* « Elle contient les informations suivantes :

« 1° Les informations relatives à la personne au nom de laquelle elle est établie :

« *a)* S'agissant des personnes physiques :

« – nom, prénoms, date, ville et pays de naissance, sexe, nationalité ;

« – le cas échéant, alias, changement de nom, nom d'usage et filiation ;

« *b)* S'agissant des personnes morales : nom ou raison sociale, numéro SIREN, adresse du siège social ;

« 2° Les informations relatives à la procédure :

« – mode de comparution devant la juridiction de jugement et modalités de signification ou de notification de la décision ;

« – le cas échéant, toute information relative à la détention (mandats de dépôt, maintien en détention, mise en liberté) ;

« 3° Les informations relatives à la décision à enregistrer :

« – date de la décision et juridiction ou autorité administrative ayant pris la décision ;

« – date et qualification juridique des faits, état de récidive légale le cas échéant, références des dispositions législatives ou réglementaires déterminant l'incrimination et la sanction pénale ;

« – peines ou mesures prononcées à titre principal ou complémentaire, mesures de sûreté éventuelles ;

« – le cas échéant, décisions relatives aux modalités d'exécution de la peine ;

« – le cas échéant, les informations (date de la décision et juridiction de première instance) relatives à la décision initiale ayant fait l'objet d'un recours juridictionnel. »

Art. R. 66 *(Décr. n° 77-193 du 3 mars 1977)* « La fiche constatant l'une des décisions visées *(Décr. n° 94-167 du 25 févr. 1994)* « par les articles 768 (1° à 6°) et 768-1 (1° à 3°) » est dressée par le greffier de la juridiction qui a statué dans les quinze jours qui suivent celui où la décision est devenue définitive si elle a été rendue contradictoirement. » *(Décr. n° 2005-627 du 30 mai 2005, art. 4, en vigueur au 1er sept. 2005)* « Celle établie pour une composition pénale prévue par le 9° de l'article 768 est dres-

sée à la diligence du procureur de la République dans les quinze jours suivant la constatation de l'exécution de la mesure. Elle n'intéresse que les délits ou contraventions de la cinquième classe.

« En cas de décision par défaut le délai de quinzaine court du jour de la signification. Il en est de même dans les cas prévus par l'article 498-1 et le dernier alinéa de l'article 568. En cas de défaut criminel, le délai de quinzaine court à compter du jour où la décision est rendue. »

Lorsque les cours et tribunaux ont ordonné qu'il sera sursis à l'exécution de la peine, *(Abrogé par Décr. nº 2020-128 du 18 févr. 2020, art. 5, à compter du 24 mars 2020)* ***« avec ou sans mise à l'épreuve, »*** **cette décision est mentionnée sur la fiche constatant la condamnation.**

Art. R. 66-1 *(Décr. nº 81-1003 du 6 nov. 1981)* **Les fiches sont adressées au service du casier judiciaire national automatisé soit sur un support papier, soit sous la forme d'un enregistrement magnétique** *(Décr. nº 94-167 du 25 févr. 1994)* **« , soit par »** *(Décr. nº 2014-1422 du 28 nov. 2014, art. 9)* **« voie électronique sécurisée »** *(Décr. nº 2005-627 du 30 mai 2005, art. 5, en vigueur au 1er sept. 2005)* **« , y compris lorsque la communication d'avis de condamnation est prévue par les conventions internationales. »**

Art. R. 67 **Les fiches constatant une décision disciplinaire d'une autorité administrative, qui entraîne ou édicte des incapacités, sont adressées** *(Décr. nº 81-1003 du 6 nov. 1981)* **« au service du casier judiciaire national automatisé » dès la réception de l'avis qui est donné dans le plus bref délai au procureur de la République ou au ministre de la justice par l'autorité qui a rendu la décision.**

Les fiches relevant un arrêté d'expulsion sont dressées par le ministre de l'intérieur ou les préfets des départements frontières et transmises *(Décr. nº 81-1003 du 6 nov. 1981)* **« au service du casier judiciaire national automatisé ».**

Art. R. 68 *(Décr. nº 81-1003 du 6 nov. 1981)* **Les fiches du casier judiciaire national automatisé sont enregistrées sur un support magnétique.**

Art. R. 69 *(Décr. nº 81-1003 du 6 nov. 1981)* **« Le service du casier judiciaire national automatisé, dès qu'il est avisé, enregistre sur les fiches les mentions prescrites** *(Décr. nº 94-167 du 25 févr. 1994)* **« aux articles 769 et 769-1 ».**

(Décr. nº 2005-627 du 30 mai 2005, art. 6, en vigueur au 1er sept. 2005) **« L'avis destiné au service du casier judiciaire national automatisé est rédigé et, sous réserve des dispositions du dernier alinéa, adressé :**

« 1º Pour les grâces, commutations ou réductions de peines résultant d'un décret de grâce individuelle, par le ministre de la justice ; pour celles résultant d'un décret de grâces collectives, par le procureur de la République lorsqu'il s'agit de condamnés non incarcérés ; »

2º Pour les décisions qui suspendent ou qui ordonnent l'exécution d'une condamnation, par le greffe de la juridiction ou par l'autorité qui les a rendues ;

3º Pour les arrêts portant réhabilitation, par le greffier de la juridiction qui a statué ;

4º Pour les décisions rapportant les arrêtés d'expulsion, par le ministre de l'intérieur ;

(Décr. nº 2005-627 du 30 mai 2005, art. 6, en vigueur au 1er sept. 2005) **« 5º Pour les dates de l'expiration des peines privatives de liberté et d'exécution des contraintes judiciaires, par les chefs des établissements pénitentiaires ; »**

6º *(Décr. nº 86-750 du 26 mai 1986)* **« Pour le paiement de l'amende, par les** *(Décr. nº 2014-551 du 27 mai 2014, art. 24)* **« comptables de la direction générale des finances publiques » ;**

(Décr. nº 77-193 du 3 mars 1977) **« 7º Pour les décisions prononçant une peine ou une dispense de peine après ajournement du prononcé de la peine, par le greffier de la juridiction qui a statué ; »**

(Décr. nº 81-1003 du 6 nov. 1981) **« 8º Pour les décisions prises en application** *(Décr. nº 94-167 du 25 févr. 1994)* **« des articles 132-21 du code pénal, 702-1, 775-1 et 777-1 du code de procédure pénale », par le greffier de la juridiction qui a statué ;**

(Décr. nº 94-910 du 21 oct. 1994) **« 9º Pour les décisions visées à l'article 768-5º, par le greffier de la juridiction qui a statué après visa du ministère public ; »**

(Décr. nº 2005-627 du 30 mai 2005, art. 6, en vigueur au 1er sept. 2005) « 10° Pour les décisions de libération conditionnelle ou de révocation d'une libération conditionnelle, par le greffe de la juridiction de l'application des peines ayant rendu la décision.

« Ces avis sont adressés dans les plus brefs délais au service du casier judiciaire national automatisé. Ils peuvent être adressés sous la forme d'un support magnétique ou par *(Décr. nº 2014-1422 du 28 nov. 2014, art. 9)* « voie électronique sécurisée ». Les avis mentionnés aux 2°, 3°, 7°, 8°, 9° et 10° sont adressés par l'intermédiaire du ministère public. »

Art. R. 70 *(Décr. nº 81-1003 du 6 nov. 1981)* « Les fiches du casier judiciaire national automatisé sont effacées dans les cas suivants :

« 1° Au décès du titulaire de la fiche, établi notamment par la mention portée au registre de l'état civil des naissances en application de l'article 79 du code civil ou, lorsque le décès ne serait pas parvenu à la connaissance du service du casier judiciaire national automatisé, quand le titulaire aurait atteint *(Décr. nº 2014-1422 du 28 nov. 2014, art. 3)* « l'âge de cent vingt ans *[ancienne rédaction : l'âge de cent ans]*.

2° Lorsque la condamnation mentionnée sur la fiche a été entièrement effacée par l'amnistie *(Décr. nº 94-167 du 25 févr. 1994 ; Décr. nº 2005-627 du 30 mai 2005, art. 7, en vigueur le 1er sept. 2005 ; Décr. nº 2008-1023 du 6 oct. 2008)* « ou lorsque sont expirés le délai de quarante ans prévu par le *(Décr. nº 2014-1422 du 28 nov. 2014, art. 3)* « troisième alinéa de l'article 769 » ou les délais prévus par les 1°, 4° et 5° de cet article ; »

3° Lorsque l'intéressé a obtenu une décision de rectification du casier judiciaire, le retrait se fait, selon le cas, à la diligence du procureur général ou du procureur de la République près la juridiction qui a statué ;

(Décr. nº 2005-627 du 30 mai 2005, art. 7, en vigueur le 1er sept. 2005) « 4° Lorsque le condamné fait opposition ou lorsque la Cour de cassation annule la décision par application des articles 620 ou *(Décr. nº 2015-1841 du 30 déc. 2015)* « 624-7 », le retrait se fait sur ordre du procureur général ou du procureur de la République près la juridiction qui a rendu la décision devenue caduque ; il en est de même dans le cas prévu par l'article 498-1 ;

« 5° Pour les fiches relatives aux compositions pénales visées au 6° de l'article 769, à l'expiration d'un délai de trois ans, si l'intéressé n'a pas pendant ce délai, subi de condamnation à une peine criminelle ou correctionnelle ou exécuté une composition pénale ; dans le cas contraire, la fiche n'est retirée qu'à l'effacement de la fiche relative à cette condamnation ou la nouvelle composition pénale ;

« 6° Pour les fiches prévues par le 7° de l'article 769, à l'expiration d'un délai de trois ans, si l'intéressé n'a pas, pendant ce délai, soit subi de condamnation à une peine criminelle ou correctionnelle ou exécuté une composition pénale, soit fait l'objet d'une nouvelle mesure prononcée en application des dispositions précitées de ladite ordonnance ; dans le cas contraire, la fiche n'est retirée qu'à l'effacement de la fiche relative à cette condamnation ou à la nouvelle composition pénale ; »

(Abrogé par Décr. nº 2021-682 du 27 mai 2021, art. 2, à compter du 30 sept. 2021) ***« 7° Lorsque le tribunal pour enfants a décidé la suppression de la fiche en application de l'article 770, le retrait se fait à la diligence du ministère public près le tribunal pour enfants qui a rendu cette décision ; »***

(Décr. nº 2021-682 du 27 mai 2021, art. 2, en vigueur le 30 sept. 2021) « 7° » *(Décr. nº 2008-1023 du 6 oct. 2008)* « Lorsque la juridiction a expressément ordonné, en application des dispositions de l'article 798 ou de l'article 798-1, la suppression du casier judiciaire d'une condamnation ayant fait l'objet d'une réhabilitation ; »

(Décr. nº 2021-682 du 27 mai 2021, art. 2, en vigueur le 30 sept. 2021) « 8° » *(Décr. nº 2014-1422 du 28 nov. 2014, art. 3)* « S'agissant des condamnations prononcées par une juridiction étrangère, dès la réception de l'avis d'effacement de l'État de condamnation ou à la suite d'une décision de retrait ordonnée par une juridiction française. Toutefois, si la condamnation a été prononcée par une juridiction d'un État membre de l'Union européenne, le retrait de la fiche ordonné par une juridiction française en application de l'article 770-1 ne fait pas obstacle à la transmission de celle-ci, le cas échéant, aux autorités compétentes des autres États membres de l'Union européenne. »

Le report à cent vingt ans de l'âge de présomption de décès entraînant l'effacement des données du casier judiciaire ne s'applique qu'aux condamnations postérieures à l'entrée en vigueur du Décr. nº 2014-1422 du 28 nov. 2014 (Décr. préc., art. 12).

BIBL. ▶ ALLAIN, *D. 2008. 2494* (fichier national des auteurs d'infractions sexuelles ou violentes).

Art. R. 71 *(Décr. nº 81-1003 du 6 nov. 1981)* **Le service du casier judiciaire national automatisé enregistre les avis provenant des autorités étrangères concernant les personnes condamnées par une juridiction étrangère.** *(Décr. nº 2005-627 du 30 mai 2005, art. 8, en vigueur au 1er sept. 2005)* **« Ces avis peuvent être reçus par lettre, télécopie ou** *(Décr. nº 2014-1422 du 28 nov. 2014, art. 9)* **« voie électronique sécurisée ». »**

Art. R. 72 Pour les personnes nées dans les territoires d'outre-mer les fiches prévues aux articles R. 65 et R. 67, alinéa 2, et les avis prévus aux articles R. 67, alinéa 1er, R. 69 et R. 71, sont transmis au procureur général ou au procureur de la République près la juridiction d'appel du territoire dans lequel est situé le lieu de naissance, qui le fait parvenir au greffe compétent.

CHAPITRE III DES COPIES DES FICHES DU CASIER JUDICIAIRE

Art. R. 73 *(Décr. nº 86-750 du 26 mai 1986)* **Lorsque la communication d'avis de condamnation est prévue par des conventions internationales, les copies des fiches sont établies et transmises** *(Décr. nº 2005-627 du 30 mai 2005, art. 8, en vigueur le 1er sept. 2005)* **« , par lettre, télécopie ou** *(Décr. nº 2014-1422 du 28 nov. 2014, art. 4)* **« voie électronique sécurisée », » par le service du casier judiciaire national automatisé aux autorités prévues par ces conventions.**

Dans les ressorts des tribunaux judiciaires pour lesquels ne sont pas intervenus les décrets prévus par l'article 10 de la loi nº 80-2 du 4 janvier 1980, les copies des fiches sont adressées par le greffe *(Décr. nº 2014-1422 du 28 nov. 2014, art. 4)* **« au casier judiciaire national automatisé » en vue de leur transmission aux autorités compétentes.**

(Décr. nº 2014-1422 du 28 nov. 2014, art. 4) **« L'avis de condamnation ou de modification ou de suppression d'une condamnation concernant un ressortissant d'un État membre de l'Union européenne est transmis sans délai à l'autorité compétente de cet État. »**

Art. R. 74 En cas de condamnation ou de décision de nature à modifier les conditions d'incorporation prononcée contre un individu soumis à l'obligation du service militaire, le greffier de la juridiction qui a prononcé la décision adresse une copie de la fiche à la direction du recrutement et de la statistique de la région militaire sur le territoire de laquelle il se trouve.

Lorsqu'il y a lieu d'apporter des modifications à la fiche, avis en est donné par l'autorité qui l'avait établie à la direction du recrutement et de la statistique de la région militaire sur le territoire de laquelle elle se trouve.

Art. R. 75 *(Décr. nº 85-913 du 29 août 1985)* **Le service du casier judiciaire national *automatisé communique* à l'Institut national de la statistique et des études économiques l'identité des personnes de nationalité française ayant fait l'objet d'une décision entraînant la privation des droits électoraux en précisant, pour chaque cas, la date à laquelle cette incapacité cessera d'avoir effet.**

Il informe l'Institut national de la statistique et des études économiques de toute modification ultérieure de la capacité électorale de ces personnes.

Pour l'application du présent article, les informations peuvent être communiquées sur support magnétique *(Décr. nº 94-167 du 25 févr. 1994)* **« ou par »** *(Décr. nº 2014-1422 du 28 nov. 2014, art. 9)* **« voie électronique sécurisée ».** *— V. note ss. art. R. 83.*

Art. R. 75-1 *(Décr. nº 81-1003 du 6 nov. 1981)* **Une copie de chaque fiche relative à une condamnation à une peine privative de liberté prononcée pour crime ou délit est adressée par le greffier de la juridiction qui a prononcé la condamnation au fichier central de la police nationale du ministère de l'intérieur en vue de son enregistrement sur le sommier de police technique.**

CHAPITRE IV DE LA DÉLIVRANCE DES BULLETINS N° 1 DU CASIER JUDICIAIRE

Art. R. 76 *(Décr. n° 81-1003 du 6 nov. 1981)* « Le bulletin n° 1 est réclamé au magistrat chargé du casier judiciaire national automatisé par lettre, télégramme, télécopie, télé-transmission ou support magnétique, indiquant l'état civil de la personne dont le bulletin est demandé, et précisant l'autorité judiciaire requérante. »

(Décr. n° 94-167 du 25 févr. 1994) « Si la personne dont le bulletin est demandé est une personne morale, la demande doit comporter l'indication de sa dénomination, de son immatriculation au Répertoire national des entreprises et des établissements et de son siège. Lorsque la personne morale n'est pas immatriculée, un justificatif de son identité doit être joint à la demande. »

(Décr. n° 60-897 du 24 août 1960) « Sur instructions de l'autorité judiciaire requérante, le bulletin n° 1 est délivré en double exemplaire. »

Art. R. 77 *(Décr. n° 85-913 du 29 août 1985)* Avant d'établir le bulletin n° 1 *(Décr. n° 94-167 du 25 févr. 1994)* « d'une personne physique », le service chargé du casier judiciaire national automatisé vérifie l'identité de l'intéressé au moyen des informations communiquées par l'Institut national de la statistique et des études économiques en application de l'article R. 64. Si le résultat de cet examen s'avère négatif, il inscrit dans le corps du bulletin, à l'exclusion de toute autre mention, l'indication "Aucune identité applicable".

Si l'intéressé est né hors de la France métropolitaine, si son lieu de naissance est inconnu ou s'il est âgé de moins de douze ans, le service inscrit sur le bulletin n° 1 la mention "Identité non vérifiable par le service". — *V. note ss. art. R. 83.*

Art. R. 77-1 *(Décr. n° 94-167 du 25 févr. 1994)* Avant d'établir le bulletin n° 1 d'une personne morale, le service chargé du casier judiciaire national automatisé vérifie l'immatriculation de celle-ci au moyen des informations détenues par l'Institut national de la statistique et des études économiques. Si le résultat de cet examen s'avère négatif, il inscrit dans le corps du bulletin, à l'exclusion de toute autre mention, l'indication "Aucune identité applicable".

Si la personne morale n'est pas immatriculée, le service inscrit sur le bulletin n° 1 la mention "Identité non vérifiable par le service".

Art. R. 78 S'il existe une ou plusieurs fiches du casier judiciaire, la teneur, ainsi que celles des mentions prévues à l'article 769, en est reproduite sur le bulletin n° 1.

Sinon, le bulletin n° 1 est revêtu de la mention : "néant".

Art. R. 78-1 *(Décr. n° 81-1003 du 6 nov. 1981)* Le bulletin n° 1 du casier judiciaire est adressé par lettre à l'autorité judiciaire requérante. *(Décr. n° 2005-627 du 30 mai 2005, art. 9, en vigueur au 1er sept. 2005)* « La délivrance du bulletin n° 1 peut également s'opérer par *(Décr. n° 2014-1422 du 28 nov. 2014, art. 5)* « voie électronique sécurisée », y compris lorsqu'elle est prévue par des conventions internationales ».

En cas d'urgence, cet envoi peut être effectué par télécopie.

(Décr. n° 2014-1422 du 28 nov. 2014, art. 5) « Si la demande du bulletin n° 1 émane de l'autorité centrale d'un État membre de l'Union européenne, la réponse est transmise sans délai et au plus tard dans les dix jours ouvrables à compter de la réception de la demande ou, en cas de demande d'informations complémentaires adressée à l'État requérant pour l'identification de la personne concernée, de la réponse transmise par cet État. »

CHAPITRE V DE LA DÉLIVRANCE DES BULLETINS N° 2 DU CASIER JUDICIAIRE

BIBL. ▶ BOULOC, *Rev. sociétés 1993. 364* (le casier judiciaire des personnes morales). – GRUNVALD, *AJ pénal 2007. 416* (casier judiciaire et effacement des sanctions : quelle mémoire pour la justice pénale ?). – RENAUD et LORVELLEC, *RSC 1990. 48* (casier judiciaire et insertion professionnelle. Enquête sur la délivrance du bulletin n° 2 du casier judiciaire).

Art. R. 79 Outre les cas prévus aux 1°, 2° et 4° de l'article 776, le bulletin n° 2 du casier judiciaire est délivré :

1° Aux administrations publiques de l'État chargées de la police des étrangers ;

2° A celles chargées des intérêts des anciens combattants, victimes de la guerre et pupilles de la nation ;

3° *(Décr. nº 81-1003 du 6 nov. 1981)* « A celles qui sont chargées de l'assainissement des professions agricoles, commerciales, industrielles ou artisanales » ;

4° A celles chargées de l'attribution de dommages de guerre et de prêts à la construction ;

5° A celles chargées de l'admission des candidatures à une représentation professionnelle ;

6° A celles saisies de demandes d'autorisation d'introduction en France d'un employé étranger du sexe féminin ;

7° Aux juges commis à la surveillance du registre du commerce à l'occasion des demandes d'inscription au registre spécial des agents commerciaux ;

8° *(Décr. nº 67-737 du 23 août 1967)* « Aux collectivités publiques locales, *(Décr. nº 2015-1841 du 30 déc. 2015, art. 3)* « à la SNCF, à SNCF Réseau, et à » *(Décr. nº 2021-776 du 16 juin 2021, art. 3)* « SNCF Voyageurs et à la filiale mentionnée au 5° de l'article L. 2111-9 du code des transports » *(Abrogé par Décr. nº 2015-1841 du 30 déc. 2015, art. 3)* « ***, aux Charbonnages de France et houillères de bassin*** », à Électricité de France et Gaz de France, à la Banque de France, saisis de demandes d'emplois, de soumissions pour des adjudications de travaux ou de marchés publics ou en vue de poursuites disciplinaires ; »

(Décr. nº 63-862 du 21 août 1963 ; Décr. nº 81-512 du 12 mai 1981, art. 29) « 9° Aux administrations publiques saisies *(Abrogé par Décr. nº 2020-486 du 28 avr. 2020, art. 9)* « ***de demandes d'autorisation ou de détention d'armes ou de munitions, ou*** » de demandes d'autorisation d'importation, d'exportation, d'élaboration, de détention, de transfert, d'utilisation ou de transport de matières nucléaires définies à l'article 1er de la loi du 25 juillet 1980 ; »

(Décr. nº 2020-486 du 28 avr. 2020, art. 9) « 9° *bis* Aux administrations publiques de l'État chargées de la police des armes et des explosifs ; »

(Décr. nº 63-975 du 24 sept. 1963 ; Décr. nº 79-697 du 8 août 1979) « 10° Aux conseils de l'ordre des médecins, des chirurgiens-dentistes, des sages-femmes et des pharmaciens saisis de demandes d'inscription au tableau ou de poursuites disciplinaires ; »

(Décr. nº 69-810 du 12 août 1969, art. 188) « 11° Aux commissions d'inscription sur la liste de commissaires aux comptes ; »

(Décr. nº 70-147 du 19 févr. 1970, art. 69) « 12° Aux commissaires du Gouvernement près les conseils de l'ordre des experts comptables et comptables agréés saisis de demandes d'inscription ou de poursuites disciplinaires ; »

(Décr. nº 76-99 du 28 janv. 1976) « 13° A l'administration fiscale à l'occasion de la délivrance des certificats prévus à l'article 6 du décret n° 75-911 du 6 octobre 1975 relatif aux centres de gestion agréés ; »

(Décr. nº 2015-1841 du 30 déc. 2015, art. 3) « 14° Aux administrations de l'État, aux collectivités territoriales et à leurs établissements publics ainsi qu'aux établissements de santé, sociaux et médico-sociaux mentionnés à l'article 2 de la loi n° 86-33 du 9 janvier 1986 portant dispositions statutaires relatives à la fonction publique hospitalière, pour le contrôle de l'exercice d'emplois dans leurs services impliquant un contact habituel avec des mineurs ; » *– V. Arr. du 21 janv. 2016 (JO 26 janv.).*

(Décr. nº 80-237 du 27 mars 1980) « 15° Aux administrations publiques saisies de candidatures à un embarquement sur un navire français, et chargées du contrôle des conditions d'exercice de la profession de marin ; »

(Décr. nº 81-1086 du 8 déc. 1981 ; Décr. nº 85-913 du 29 août 1985) « 16° Aux administrations publiques de l'État chargées de contrôler les déclarations des agences privées de recherche ou de délivrer l'autorisation d'exercer les activités de gardiennage, de surveillance, de transport de fonds ou de protection des personnes » ;

(Décr. nº 2015-1841 du 30 déc. 2015, art. 3) « 17° A l'Office français de protection des réfugiés et apatrides et à la Cour nationale du droit d'asile ; »

(Décr. n° 85-913 du 29 août 1985) « 18° Aux administrations publiques de l'État chargées d'instruire les procédures de changement de nom, d'acquisition, de perte ou de déchéance de la nationalité française ; »

(Abrogé par Décr. n° 2015-1841 du 30 déc. 2015, art. 3) « ***19° Aux établissements mentionnés à l'article L. 792 du code de la santé publique lorsqu'ils sont saisis d'une demande d'emploi ;*** »

(Décr. n° 2009-557 du 19 mai 2009, art. 7) « 20° A l'Autorité des marchés financiers, en ce qui concerne les dirigeants d'entreprise lorsqu'ils demandent un visa pour l'admission aux négociations sur un marché réglementé des titres financiers de l'entreprise ; »

(Décr. n° 85-913 du 29 août 1985) « 21° A la commission des marchés à terme de marchandises en ce qui concerne les personnes physiques ou les dirigeants des personnes morales qui sollicitent l'agrément ou l'inscription prévus par les articles 31, 32 et 34 de la loi n° 83-610 du 8 juillet 1983, ainsi que les personnes qui font l'objet d'une procédure disciplinaire sur le fondement des articles 22, 29 ou 41 de cette loi ; »

(Décr. n° 87-604 du 31 juill. 1987) « 22° A l'administration pénitentiaire au titre des autorisations, agréments ou habilitations qu'elle est susceptible de délivrer aux personnes appelées à intervenir dans les établissements pénitentiaires ou pour le recrutement de ses personnels ; »

(Décr. n° 88-949 du 6 oct. 1988) « 23° Aux juges des enfants à l'occasion de l'instruction des procédures d'habilitation des personnes physiques, établissements, services ou organismes publics ou privés auxquels l'autorité judiciaire confie habituellement des mineurs ainsi que dans le cadre du contrôle que les juges des enfants exercent sur les mêmes personnes, établissements, services ou organismes lorsqu'ils sont habilités ; »

(Décr. n° 92-360 du 1er avr. 1992) « 24° Au directeur général de l'Institut national de la propriété industrielle pour l'inscription sur la liste des personnes qualifiées en propriété industrielle et sur la liste prévue à l'article 43 de la loi précitée du 26 novembre 1990 *[n° 90-1052, relative à la propriété industrielle]* ; »

(Décr. n° 2006-1091 du 30 août 2006, art. 3) « 25° Au commissaire du Gouvernement de l'organisme du registre des intermédiaires en assurance mentionné à l'article L. 512-1 du code des assurances. »

Art. R. 80 *(Décr. n° 85-913 du 29 août 1985)* Le bulletin n° 2 est réclamé au service du casier judiciaire national automatisé par lettre, télégramme, télétransmission ou support magnétique avec l'indication de l'état civil de la personne dont le bulletin est demandé, de la qualité de l'autorité requérante ainsi que du motif de la demande. – *V. note ss. art. R. 83.*

(Décr. n° 94-167 du 25 févr. 1994) « Si la personne dont le bulletin est demandé est une personne morale, la demande doit comporter l'indication de sa dénomination, de son immatriculation au Répertoire national des entreprises et des établissements et de son siège. Lorsque la personne morale n'est pas immatriculée, un justificatif de son identité doit être joint à l'appui de la demande. »

Art. R. 80-1 *(Décr. n° 85-913 du 29 août 1985)* Les dispositions de l'article R. 77 sont applicables pour l'établissement du bulletin n° 2. – *V. note ss. art. R. 83.*

Art. R. 81 S'il existe une ou plusieurs fiches du casier judiciaire autres que celles figurant *(Décr. n° 94-167 du 25 févr. 1994)* « aux articles 775 et 775-1 A », la teneur ainsi que celle des mentions prévues à l'article 769 en est reproduite sur le bulletin n° 2.

Sinon, le bulletin n° 2 est revêtu de la mention "néant". *(Abrogé par Décr. n° 2014-1422 du 28 nov. 2014, art. 6)* « ***Dans ce cas, la transmission prévue au troisième alinéa de l'article 779 peut être effectuée par téléinformatique.*** »

(Décr. n° 2014-1422 du 28 nov. 2014, art. 6) « Si la demande du bulletin n° 2 émane de l'autorité centrale d'un État membre de l'Union européenne, la réponse est transmise sans délai et au plus tard dans les dix jours ouvrables à compter de la réception de la demande ou, en cas de demande d'informations complémentaires adressée à l'État requérant pour l'identification de la personne concernée, de la réponse transmise par cet État.

« Les transmissions prévues au présent article peuvent être effectuées par voie électronique sécurisée. »

V. Circ. du 10 févr. 1986 (D. et ALD 1986. 279 ; JO 8 mars) relative aux modes de délivrance des bulletins nº 2.

CHAPITRE VI DE LA DÉLIVRANCE DES BULLETINS Nº 3 DU CASIER JUDICIAIRE

Art. R. 82 *(Décr. nº 98-632 du 23 juill. 1998)* Le bulletin nº 3 ne peut être demandé au service du casier judiciaire national automatisé que par la personne qu'il concerne, ou son représentant légal s'il s'agit d'un mineur ou d'un majeur sous tutelle.

La demande, qui doit préciser l'état civil de l'intéressé, peut être faite par lettre ou par *(Décr. nº 2014-1422 du 28 nov. 2014, art. 7)* « voie électronique sécurisée ». *(Décr. nº 2021-1593 du 7 déc. 2021, art. 2)* « Dans ce dernier cas, le demandeur peut s'identifier de façon sécurisée au moyen du téléservice FranceConnect. »

(Abrogé par Décr. nº 2011-1729 du 2 déc. 2011, art. 19) « Toutefois » Si le demandeur est né à l'étranger, si son lieu de naissance est inconnu ou s'il est âgé de moins de douze ans, la demande *(Décr. nº 2011-1729 du 2 déc. 2011, art. 19)* « doit être » accompagnée d'un justificatif d'identité *(Décr. nº 2021-1593 du 7 déc. 2021, art. 2)* « , sauf si le demandeur s'est identifié au moyen du téléservice FranceConnect ».

(Abrogé par Décr. nº 2021-1593 du 7 déc. 2021, art. 2) « Le bulletin nº 3 peut également être obtenu si la personne qu'il concerne se présente au service du casier judiciaire national automatisé et justifie de son identité. »

(Décr. nº 2014-1422 du 28 nov. 2014, art. 7) « Il peut également être demandé par voie électronique sécurisée par l'autorité centrale d'un État membre de l'Union européenne, saisie par la personne concernée, quel que soit son lieu de naissance. »

Art. R. 83 *(Décr. nº 85-913 du 29 août 1985)* La vérification d'identité prévue par l'article R. 77 doit être effectuée avant l'établissement du bulletin nº 3 des personnes nées en France. Si le résultat de cet examen s'avère négatif, le service du casier judiciaire national automatisé ne délivrera le bulletin nº 3 qu'au vu *(Décr. nº 2015-1841 du 30 déc. 2015, art. 4)* « d'un acte de naissance ».

Les dispositions des art. R. 75, R. 77, R. 80, R. 80-1 et R. 83, telles qu'elles résultent du décret nº 85-913 du 29 août 1985, ne sont pas applicables dans les ressorts des tribunaux judiciaires pour lesquels ne sont pas intervenus les décrets prévus par l'art. 10 de la loi nº 80-2 du 4 janv. 1980 [V. ss. art. 781 C. pr. pén.] (Décr. préc., art. 9).

Art. R. 84 Lorsqu'il n'existe pas au casier judiciaire de fiche ou lorsque les mentions que portent les fiches ne doivent pas être inscrites sur le bulletin nº 3, celui-ci est oblitéré par une barre transversale. *(Décr. nº 2015-1841 du 30 déc. 2015, art. 5)* « Dans ce cas, la transmission peut être effectuée par voie électronique sécurisée. »

Lorsque l'examen des fiches révèle l'existence d'une des condamnations prévues à l'article 777, la teneur, avec indication de toutes les peines prononcées en est reproduite sur le bulletin nº 3 ainsi que les mentions prévues à l'article 769 *(Décr. nº 81-1003 du 6 nov. 1981)* « qui s'y rapportent ».

(Décr. nº 98-632 du 23 juill. 1998) « Dans le cas prévu à l'alinéa précédent, la délivrance du bulletin est faite *(Abrogé par Décr. nº 2021-1593 du 7 déc. 2021, art. 3) « soit par remise en mains propres si le demandeur s'est présenté au service dans les conditions fixées au dernier alinéa de l'article R. 82, soit »* par lettre recommandée avec demande d'avis de réception. »

(Décr. nº 2014-1422 du 28 nov. 2014, art. 8) « Si la demande du bulletin nº 3 émane de l'autorité centrale d'un État membre de l'Union européenne, la réponse lui est transmise dans un délai de vingt jours ouvrables à compter de la date de réception de la demande. Cette réponse peut être effectuée par voie électronique sécurisée. »

CHAPITRE VII DISPOSITIONS DIVERSES

Art. R. 85 Les fiches et les copies des fiches relatives à des décisions judiciaires ainsi que les bulletins nº 1 sont payés sur les crédits affectés aux frais de justice *(Abrogé par Décr. nº 93-867 du 28 juin 1993) « à recouvrer sur les condamnés ».*

Les bulletins n° 1 *(Décr. n° 94-167 du 25 févr. 1994)* « du casier judiciaire » sont délivrés gratuitement.

Art. R. 86 *(Décr. n° 70-520 du 19 juin 1970)* Les bulletins n° 2 du casier judiciaire sont délivrés gratuitement.

Art. R. 87 *(Décr. n° 78-62 du 20 janv. 1978, art. 9)* Les bulletins n° 3 du casier judiciaire sont délivrés gratuitement.

Art. R. 88 *(Décr. n° 81-1003 du 6 nov. 1981)* Le service du casier judiciaire national automatisé est avisé, par les soins du procureur de la République ou du procureur général, des mandats d'arrêt et des jugements ou arrêts prononçant des condamnations à des peines privatives de liberté, contradictoires ou par défaut, qui n'ont pas été exécutés. Ces avis font l'objet d'un enregistrement au casier judiciaire.

Ils sont renvoyés avec toutes les indications utiles permettant l'exécution des mandats, jugements ou arrêts, par le service du casier judiciaire national automatisé, au procureur de la République près le tribunal, au procureur général près la cour d'appel ou au commissaire du Gouvernement près le tribunal des forces armées dont ils émanent, lorsque les intéressés demandent un bulletin n° 3 ou qu'il a été demandé à leur sujet un bulletin n° 1 ou n° 2.

En outre, les autorités militaires donnent avis au service du casier judiciaire national automatisé des cas d'insoumission ou de désertion dont elles ont connaissance. Ces avis font l'objet d'un enregistrement au casier judiciaire. Ils sont renvoyés, avec toutes les indications utiles, aux autorités dont ils émanent, dans les circonstances prévues au deuxième alinéa.

Art. R. 89 *Abrogé par Décr. n° 85-913 du 29 août 1985.*

Art. R. 90 *(Décr. n° 74-560 du 24 mai 1974)* « Les fiches du casier judiciaire, les copies de ces fiches destinées à l'échange international ou au recrutement de l'armée ainsi que les bulletins n° 1, n° 2 et n° 3 *(Abrogé par Décr. n° 94-167 du 25 févr. 1994)* *« et les déclarations de perte de pièces d'identité prévues au premier alinéa de l'article précédent »* sont établis conformément aux modèles fixés par le garde des sceaux, ministre de la justice. »

Les copies de fiches destinées à la vérification de la capacité électorale sont établies selon un modèle fixé par l'Institut national de la statistique et des études économiques.

TITRE NEUVIÈME

Néant.

TITRE DIXIÈME DES FRAIS DE JUSTICE

V. Circ. CRIM 99-08 F1 du 5 juill. 1999 (BOMJ n° 75).

BIBL. ▶ LÉOST, *Gaz. Pal. 22-24 févr. 1998, p. 10.*

CHAPITRE PREMIER DISPOSITIONS PRÉLIMINAIRES

Art. R. 91 *(Décr. n° 2013-770 du 26 août 2013, art. 2)* Constituent des frais de justice les dépenses de procédure, à la charge définitive ou provisoire de l'État, qui résultent d'une décision de l'autorité judiciaire ou de celle d'une personne agissant sous sa direction ou son contrôle. Ils comprennent les frais de justice criminelle, correctionnelle et de police ainsi que les frais qui leur sont assimilés.

Les frais de justice criminelle, correctionnelle et de police correspondent à des dépenses engagées au cours d'une procédure pénale. Ils sont énumérés à l'article R. 92.

Leur sont assimilés les frais de la nature définie au premier alinéa, engagés au cours d'une procédure autre que celle mentionnée au deuxième alinéa. Ils sont énumérés à l'article R. 93.

L'État paye les frais de justice et poursuit le recouvrement de ceux qui ne sont pas à sa charge définitive, le tout dans la forme et selon les règles établies par le présent titre.

(Décr. n° 2014-461 du 7 mai 2014, art. 1er) « Les tarifs des frais de justice sont fixés hors taxes. »

Les frais de publication et d'affichage des jugements, qui ne sont pas des frais de justice criminelle, correctionnelle ou de police, au sens des art. 800, R. 91 et R. 92, échappent à l'application de l'art. 800-1. • Crim. 12 oct. 1995, n° 94-80.186 P.

Art. R. 92 *(Décr. n° 88-600 du 6 mai 1988)* **Les frais de justice criminelle, correctionnelle et de police sont :**

(Décr. n° 2013-770 du 26 août 2013, art. 3) « 1° Les frais des translations et des extractions exécutées sur la réquisition de l'autorité judiciaire par les services de la police nationale ou les unités de la gendarmerie nationale ; »

2° Les frais d'extradition des prévenus, accusés ou condamnés ; les frais de commission rogatoire et autres frais de procédure pénale en matière internationale.

(Décr. n° 2013-770 du 26 août 2013, art. 3) « 3° Les honoraires, émoluments et indemnités qui peuvent être accordés aux personnes ci-après :

« _a)_ Experts ;

« _b)_ Personnes chargées des enquêtes sociales ou de personnalité ;

« _c)_ Personnes contribuant au contrôle judiciaire ou, dans le cas prévu par le cinquième alinéa de l'article 471, au _(Décr. n° 2020-128 du 18 févr. 2020, art. 5, en vigueur le 24 mars 2020)_ « sursis probatoire » ;

« _d)_ Médiateurs du procureur de la République chargés d'une mission de médiation en application des dispositions du 5° de l'article 41-1 ;

« _e)_ Délégués du procureur de la République chargés d'une des missions prévues aux 1°, 2°, 3°, 4° et 6° de l'article 41-1 ou intervenant au cours d'une procédure de composition pénale ou pour la notification d'une ordonnance pénale ;

« _f)_ Interprètes traducteurs ;

« _g)_ Administrateurs _ad hoc_ lorsqu'ils figurent sur la liste prévue à l'article R. 53 ou qu'il a été fait application des dispositions de l'article R. 53-6 ;

« _h)_ Huissiers de justice ; »

4° Les indemnités qui peuvent être accordées aux témoins, aux jurés par application des articles R. 123 à R. 146 et aux parties civiles par application des articles 375-1 et 422 ;

(Décr. n° 2013-770 du 26 août 2013, art. 3) « 5° Les frais de mise sous séquestre, ceux de saisie, de garde et de destruction en matière de scellés judiciaires ainsi que, si le condamné ne les a pas payés, les frais d'enlèvement et de garde en fourrière de son véhicule faisant l'objet d'une immobilisation autorisée ou prononcée à titre de peine par l'autorité judiciaire ;

« 6° Les dépenses diverses de reconstitution, d'exhumation ou de travaux techniques exposés au cours d'une enquête préliminaire ou de flagrant délit, d'une procédure suivie en application des articles 74 à 74-2 ou pour l'instruction d'une affaire, à l'exclusion des dépenses de fonctionnement ;

« 7° Les frais de transport de corps exposés avant ou après la réalisation d'examens thanatologiques ordonnés dans le cadre d'une enquête judiciaire en application des articles 60, 74 et 77-1 ou d'une information judiciaire ;

« 8° Les frais d'impression mentionnés aux articles R. 210 à R. 212 ainsi que les frais d'impression, d'insertion, de publication et de diffusion audiovisuelle des arrêts, jugements et ordonnances de justice engagés en application de l'article 131-35 du code pénal ; »

(Décr. n° 2017-1176 du 18 juill. 2017, art. 1er) « 9° Les frais résultant des actes accomplis pour l'exécution des réquisitions judiciaires faisant appel à certaines techniques d'enquête et de surveillance et correspondant :

« _a)_ A la fourniture par les opérateurs de communications électroniques des données conservées en application _(Décr. n° 2021-1361 du 20 oct. 2021, art. 7)_ « des II _bis_ et III » de l'article L. 34-1 et de l'article R. 10-13 du code des postes et des communications électroniques ;

« _b)_ Au traitement de ces données recueillies par un moyen technique destiné à la localisation en temps réel d'un équipement terminal de communication électronique en application de l'article 230-32, à l'exception des frais résultant du recours à ce moyen technique aux fins de toute autre localisation que celle d'un tel équipement terminal de communication électronique ;

« *c)* Au traitement des demandes d'interceptions des correspondances émises par la voie des communications électroniques en application des articles 100 et 706-95 ; »

(Décr. nº 2013-770 du 26 août 2013, art. 3) « 10º Les frais de recherche et de délivrance de reproductions de tous documents imprimés ;

« 11º Les frais de mise en œuvre des conventions secrètes de moyens ou de prestations de cryptologie engagés en application de l'article 230-1 *(Décr. nº 2017-1176 du 18 juill. 2017, art. 1er)* « à l'exception de son troisième alinéa » ;

« 12º Les frais exposés au cours d'une procédure de révision ou de réexamen d'une décision pénale définitive par un condamné reconnu innocent ainsi que la réparation prévue aux articles 626 et 626-7 ;

« 13º Les réparations accordées à la suite d'une détention provisoire en application des articles 149 à 150 ;

« 14º Les frais et dépens mis à la charge de l'État en cas de décision juridictionnelle rectifiant ou interprétant une décision en matière pénale ;

« 15º Les indemnités accordées en application de l'article 800-2. »

1. Droit fixe de procédure. Le droit fixe de procédure, prévu par l'art. 1018 A CGI, ne figure pas parmi les frais de justice énumérés par l'art. R. 92 qui, seuls, sont à la charge de l'État et sans recours envers les condamnés. • Crim. 13 janv. 1998, nº 96-80.341 P • 19 nov. 2008, nº 08-80.558 P.

2. Indemnisation des victimes d'infraction. Les frais exposés devant toutes les juridictions statuant en matière d'indemnisation des victimes d'infraction sont à la charge du Trésor public. • Civ. 2e, 2 avr. 1997, nº 94-18.616 P • 11 févr. 1998 (1er de 2 arrêts), nº 95-13.995 P • 19 févr. 2004, nº 02-15.550 P : *RCA 2004. Comm. 140.* ♦ Les demandeurs à l'indemnisation qui succombent partiellement en leurs prétentions peuvent être condamnés à supporter leurs propres dépens d'appel en application de l'art. R. 50-21. • Civ. 2e, 29 mars 2001, nº 99-15.602 P.

3. Écoutes téléphoniques. La convention conclue le 16 nov. 1995 entre le ministère de la justice et France Telecom portant sur les modalités de facturation des écoutes par l'opérateur n'a qu'une valeur indicative et ne s'impose pas au juge taxateur qui n'est tenu que de taxer les frais engagés au titre des prestations requises ; ainsi les frais peuvent être calculés en nombre de jours d'écoute effective et non en mois civils. • Crim. 19 sept. 2006, nº 05-87.355 P : *AJ pénal 2006. 508, obs. Saas* • 14 nov. 2006, nº 06-83.104 P : *AJ pénal 2007. 37 ; Dr. pénal 2007. 59, obs. Maron.* ♦ Aux termes de l'art. 800, un règlement d'administration publique détermine les frais qui doivent être compris sous la dénomination de frais de justice en matière criminelle, correctionnelle et de police et en établit le tarif. Selon l'Arr. du 22 août 2006 (loi de procédure et donc d'application immédiate conformément aux dispositions de l'art. 122-2, 2º, C. pén.) pris en application de l'art. R. 213-1 (faisant lui-même référence aux frais mentionnés à l'art. R. 92, 23º), la réquisition adressée à un opérateur de téléphonie fixe pour l'identification d'un abonné à partir de son numéro d'appel, donne lieu à un remboursement de 8,50 € hors taxe. • Crim. 23 janv. 2007, nº 06-83.126 P : *D. 2007. AJ 658 ; AJ pénal 2007. 186, obs. Saas ; Dr. pénal 2007. Comm. 47, obs. Véron ; ibid. 2007. Comm. 59, obs. Maron.*

4. Indemnités de transport des magistrats. L'exclusion de la liste des frais de justice, énumérés à l'art. R. 92, des indemnités allouées aux magistrats au titre des transports réalisés dans l'exercice de leurs fonctions ne peut être regardée comme ayant eu pour objet ou pour effet de subordonner ces actes à une appréciation de l'autorité hiérarchique. • CE 26 juin 2015, nº 373039 : *D. actu. 4 sept. 2015, obs. Fonteix.*

5. Doit être cassé l'arrêt de la chambre de l'instruction qui taxe ces frais en leur appliquant l'Arr. du 22 août 2006 relatif aux remboursements dus aux opérateurs de communications électroniques, alors que cet arrêté est pris pour l'application de l'art. R. 213-1 fixant le tarif des frais mentionnés à l'art. R. 92-23º correspondant à la fourniture des données conservées en application du II de l'art. L. 34-1 du code des postes et des communications électroniques. • Crim. 1er sept. 2009, nº 09-80.084 P : *Dr. pénal 2009, nº 146, obs. Maron et Haas ; ibid., Chron. 11, obs. Lesclous ; Procédures 2009, nº 426, obs. Buisson ; AJ pénal 2009. 453, obs. Royer .*

6. Frais de conservation de corps. Le corps déposé en chambre mortuaire, s'il est sous main de justice, ne constitue pas pour autant un objet placé sous scellé et les frais de conservation de corps relèvent des frais de justice criminelle, correctionnelle et de police prévus par l'art. R. 92 et doivent être fixés par le juge taxateur. • Crim. 7 juin 2017, nº 16-84.120 P.

7. Frais de reconstitution, d'exhumation ou de travaux techniques. Selon l'art. R. 92, 9º, dans sa rédaction antérieure au Décr. du 26 août 2013 [R. 92, 6º], les dépenses diverses de reconstitution, d'exhumation ou de travaux techniques exposées pour l'instruction d'une affaire particulière et pour une enquête préliminaire ou de flagrant délit, à l'exclusion des dépenses de fonctionnement, sont des frais de justice criminelle, correctionnelle et de police ; entre dans cette catégorie la mise à disposition, par un service départemental d'incendie et de secours, d'une équipe cynophile et d'une équipe de première intervention en montagne requis par un OPJ, en application des dispositions de l'art. 74-1, pour procéder à des actes de nature à permettre la découverte de personnes, dont un mineur, disparues dans des conditions inquiétantes ou suspectes, actes destinés à la recherche de la vérité. • Crim. 20 juin 2017, n° 16-84.643 P : *D. actu. 18 juill. 2017, obs. Priou-Alibert.*

Art. R. 92-1 *Abrogé par Décr. n° 2013-770 du 26 août 2013, art. 5.*

Art. R. 93 *(Décr. n° 2013-770 du 26 août 2013, art. 4)* **I. — Les frais assimilés à ceux de l'article R. 92 et recouvrables par l'État sont ceux résultant :**

1° Des expertises réalisées en application des dispositions du titre Ier du livre II de la troisième partie (partie législative) du code de la santé publique ;

2° Des mesures de protection juridique des majeurs et des mineurs ordonnées en application des dispositions des titres X et XI du livre Ier du code civil ;

3° De l'indemnisation des administrateurs *ad hoc* désignés en application des articles 388-2 et 389-3 du code civil, lorsqu'ils figurent sur la liste prévue à l'article R. 53 ;

4° Des enquêtes ordonnées en matière d'exercice de l'autorité parentale et en matière d'adoption ;

5° De la rémunération de la personne désignée pour entendre le mineur en application de l'article 388-1 du code civil ;

6° Des procédures suivies en application des lois concernant la protection de l'enfance en danger, à l'exclusion des frais d'enquêtes ;

7° Des inscriptions hypothécaires requises par le ministère public ;

8° Des actes faits par l'huissier de justice sur décision du président du tribunal judiciaire à la demande du ministère public, du maire, du commissaire de police ou du commandant de brigade de gendarmerie en matière de mesures conservatoires prises après l'ouverture d'une succession ;

9° De la notification prévue à l'article 30-3 de l'annexe du code de procédure civile relative à son application dans les départements du Bas-Rhin, du Haut-Rhin et de la Moselle ;

10° De l'indemnisation des interprètes et des experts désignés par le tribunal judiciaire pour l'exécution d'une mesure d'instruction à la demande d'une juridiction étrangère en application du règlement (CE) n° 1206/2001 du Conseil du 28 mai 2001 relatif à la coopération entre les juridictions des États membres dans le domaine de l'obtention des preuves en matière civile et commerciale ;

11° De la contribution versée par l'État au titre de l'aide juridictionnelle ;

12° De la mise en œuvre des dispositions du livre VI (partie législative) du code de commerce relatives à l'avance de frais par l'État ;

13° De la mise en œuvre des autres dispositions législatives ou réglementaires particulières prévoyant l'avance de frais par l'État.

II. — Les frais assimilés à ceux énumérés à l'article R. 92 et restant à la charge de l'État sont :

1° Les frais d'enquêtes ordonnées en application des lois concernant la protection de l'enfance en danger ;

2° Les frais exposés à la requête du ministère public lorsque celui-ci est partie principale ou partie jointe en matière civile, commerciale et prud'homale et des dépens qui, en application de l'article 696 du code de procédure civile, peuvent être laissés à la charge de l'État, lorsque le ministère public est partie principale ;

3° Les frais et dépens mis à la charge de l'État soit en application d'une disposition législative ou réglementaire, soit en cas de décision juridictionnelle rectifiant ou interprétant une précédente décision, soit en cas de décision juridictionnelle annulant une précédente décision ;

(Décr. n° 2020-841 du 3 juill. 2020, art. 2) **« 3° *bis* Les frais et dépens de l'acte de signification de l'ordonnance de fixation de la date d'audience prévu à l'article 1136-3 du code de procédure civile. »**

4° Les frais exposés au cours d'une procédure devant la commission prévue à l'article 16-2 ;

5° Les frais exposés pour l'exécution des mesures d'instruction prévues à l'article L. 332-2 du code de la consommation ;

6° L'indemnisation des administrateurs *ad hoc* désignés pour assurer la représentation des mineurs étrangers isolés en application des dispositions prévues à l'article *(Décr. n° 2020-1734 du 16 déc. 2020, art. 9, en vigueur le 1er mai 2021)* **« R. 521-20** *[ancienne rédaction : R. 111-20]* **» du code de l'entrée et du séjour des étrangers et du droit d'asile ;**

7° L'indemnisation des interprètes désignés dans le cadre du contentieux judiciaire relatif au maintien des étrangers dans des locaux ne relevant pas de l'administration pénitentiaire ;

8° L'indemnisation des interprètes désignés en application de l'article 23-1 du code de procédure civile ;

9° L'indemnisation des interprètes et les honoraires des médecins désignés en application de l'article *(Décr. n° 2020-1734 du 16 déc. 2020, art. 9, en vigueur le 1er mai 2021)* **« L. 813-5** *[ancienne rédaction : L. 611-1-1]* **» du code de l'entrée et du séjour des étrangers et du droit d'asile ;**

10° Les frais exposés dans le cadre d'une procédure extrajudiciaire d'identification de personnes décédées, en application des quatrième et septième alinéas de l'article 16-11 et du second alinéa de l'article 87 du code civil, ainsi que du dernier alinéa de l'article L. 2223-42 du code général des collectivités territoriales ;

11° Les frais exposés au cours d'une procédure devant la commission prévue à l'article 706-4.

1. Jurispr. antérieure au Décr. 26 août 2013. Les rémunérations dues à un tuteur aux biens d'un mineur, en contrepartie de son activité, ainsi que le remboursement des frais qu'il a exposés ne sont pas des dépenses qui résultent de procédures, au sens de l'art. R. 93, 3°. • Crim. 2 mai 1990, n° 89-85.921 P.

2. La rémunération de l'expert psychologue désigné par une juridiction civile, dont les deux parties sont admises au bénéfice de l'aide juridictionnelle totale, relève des frais avancés par le Trésor public, énumérés à l'art. R. 93, 9°, qui sont, aux termes de l'art. R. 214, taxés d'après le tarif de chaque juridiction compétente. Doit être rejeté le pourvoi du procureur général soutenant que la taxation de ces frais d'expertise relève de l'art. R. 120-2. • Crim. 12 févr. 2008, n° 07-84.931 P : *D. 2008. AJ 925 ; AJ pénal 2008. 197.* ♦ De même, la rétribution de l'avocat pour l'assistance de parties civiles admises au bénéfice de l'aide juridictionnelle relève des frais avancés par le Trésor public énumérés par l'art. R. 93. En conséquence, la décision du magistrat fixant cette rétribution est une ordonnance de taxe susceptible de recours dans les conditions prévues par les art. R. 228 s. • Crim. 31 août 2011, n° 10-88.092 P : *AJ pénal 2012. 42, obs. Priou-Alibert.*

3. Méconnaissent les dispositions de l'art. 800-1, selon lequel les frais de justice criminelle, correctionnelle et de police sont à la charge de l'État et sans recours envers les condamnés, les juges d'appel qui, après avoir déclaré le prévenu coupable du délit poursuivi, le condamnent au paiement des frais de justice visés par l'art. R. 93. • Crim. 12 juin 2007, n° 06-88.900 P.

Art. R. 93-1 *(Décr. n° 2004-836 du 20 août 2004, art. 46, en vigueur le 1er janv. 2005)* **La rémunération et les indemnités des interprètes mentionnées** *(Décr. n° 2013-770 du 26 août 2013, art. 5)* **« au 8° du II » de l'article R. 93 sont liquidées selon les conditions prévues à l'article R. 122. Elles demeurent à la charge de l'État.**

Art. R. 93-2 *(Décr. n° 2010-526 du 20 mai 2010)* **La rémunération et les indemnités des experts désignés dans le cadre** *(Décr. n° 2011-846 du 18 juill. 2011, art. 2)* **« des procédures prévues aux articles L. 3211-12 à L. 3211-12-6** *(Décr. n° 2014-897 du 15 août 2014, art. 2)* **« [,] L. 3213-3, L. 3213-8 et L. 3213-9-1 » du code de la santé publique, qui font partie des dépenses mentionnées** *(Décr. n° 2013-770 du 26 août 2013, art. 5)* **« au 1° du I » de l'article R. 93 du présent code, sont liquidées selon les conditions prévues** *(Décr. n° 2017-248 du 27 févr. 2017, art. 4)* **« à l'article R. 117 ».** ***Le juge peut laisser la rémunération*** **et les indemnités de l'expert à la charge de l'État.**

Sur l'entrée en vigueur des dispositions du Décr. n° 2017-248 du 27 févr. 2017, V. note ss. art. R. 117.

Art. R. 93-3 *(Décr. n° 2013-770 du 26 août 2013, art. 5)* **Les honoraires des médecins et les indemnités des interprètes mentionnés au 9° du II de l'article R. 93 sont liquidés selon les conditions prévues respectivement** *(Décr. n° 2017-248 du 27 févr. 2017, art. 5)* **« à l'article R. 117 » et à l'article R. 122. Ces frais demeurent à la charge de l'État.**

Sur l'entrée en vigueur des dispositions du Décr. nº 2017-248 du 27 févr. 2017, V. note ss. art. R. 117.

CHAPITRE II TARIF DES FRAIS

SECTION PREMIÈRE DES FRAIS DE TRANSLATION DES PERSONNES, DE TRANSPORT DES PROCÉDURES ET DES PIÈCES À CONVICTION

Art. R. 94 *Abrogé par Décr. nº 2013-770 du 26 août 2013, art. 5.*

Art. R. 95 **Le transport par chemin de fer doit, à moins de circonstances exceptionnelles, être effectué dans un compartiment réservé de 2e classe.**

Art. R. 96 **La réquisition, soit à la compagnie de chemin de fer, soit au voiturier, doit être établie en deux exemplaires dont l'un est remis au greffier chargé de la liquidation des frais du procès et l'autre à la compagnie de chemin de fer ou au voiturier, pour qu'ils le produisent à l'appui de leur mémoire.**

Art. R. 97 *Al. abrogé par Décr. nº 2013-770 du 26 août 2013, art. 5.*

(Décr. nº 2013-770 du 26 août 2013, art. 5) **« Lorsque la translation ou l'extraction est réalisée au moyen de véhicules de la police nationale ou de la gendarmerie nationale, une indemnité kilométrique, fixée chaque année par arrêté conjoint du ministre de la justice et du ministre chargé du budget, est attribuée au titre de chaque véhicule utilisé et du trajet aller et retour parcouru. »** *(Décr. nº 82-953 du 10 nov. 1982)* **« Son taux est uniforme quels que soient le type de véhicule utilisé et le nombre de personnes transportées. »** — *Indemnité kilométrique : V. art. A. 43-18.*

Art. R. 98 *Abrogé par Décr. nº 2013-770 du 26 août 2013, art. 5.*

Art. R. 99 *Abrogé par Décr. nº 2013-770 du 26 août 2013, art. 5.*

Art. R. 100 *Abrogé par Décr. nº 2013-770 du 26 août 2013, art. 5.*

Art. R. 101 **Les procédures et les pièces à conviction sont confiées aux** *(Décr. nº 2013-770 du 26 août 2013, art. 5)* **« membres de l'escorte ».**

Si, en ce cas, des frais exceptionnels ont dû être avancés par les *(Décr. nº 2013-770 du 26 août 2013, art. 5)* **« membres de l'escorte », ceux-ci, pour en obtenir le remboursement, en portent le montant sur leur mémoire.**

Si, à raison du poids ou du volume, les objets ne peuvent être transportés par les *(Décr. nº 2013-770 du 26 août 2013, art. 5)* **« membres de l'escorte », ils le sont, sur réquisition écrite du magistrat, soit par chemin de fer, soit par un entrepreneur soit par toutes autres voies plus économiques, sauf les précautions convenables pour la sûreté desdits objets.**

Art. R. 102 *Abrogé par Décr. nº 2013-770 du 26 août 2013, art. 5.*

Art. R. 103 **Les dépenses que les** *(Décr. nº 2013-770 du 26 août 2013, art. 5)* **« membres de l'escorte » se trouvent obligés de faire en route leur sont remboursées comme frais de justice criminelle, correctionnelle et de police, sur leurs mémoires détaillés,** ***auxquels ils joignent*** **les ordres qu'ils ont reçus ainsi que les quittances particulières pour les dépenses de nature à être ainsi constatées.**

Si les *(Décr. nº 2013-770 du 26 août 2013, art. 5)* **« membres de l'escorte » n'ont pas de fonds suffisants pour faire ces avances, la somme présumée nécessaire leur est provisoirement allouée par le magistrat qui ordonne le transport.**

Il est fait mention du montant de cette allocation provisoire sur l'ordre de transport.

Arrivés à destination, les *(Décr. nº 2013-770 du 26 août 2013, art. 5)* **« membres de l'escorte » font régler définitivement leur mémoire par le magistrat devant lequel le prévenu doit comparaître.**

Al. abrogé par Décr. nº 2013-770 du 26 août 2013, art. 5.

Art. R. 104 **Lorsqu'en conformité des dispositions du code de procédure pénale sur le faux et dans les cas prévus notamment aux articles 642 et 645, des pièces arguées de faux ou des pièces de comparaison doivent être remises au greffe par des dépositaires publics ou particuliers, le procureur de la République ou le juge d'instruction**

peut ordonner soit que le dépositaire se transportera en personne ou par mandataire au greffe du tribunal ou devant lui pour faire ce dépôt, soit que ce dépositaire les remettra à tel magistrat ou tel officier de police judiciaire qu'il désigne, lequel lui délivrera un double du procès-verbal constatant cette remise.

Lorsque le dépositaire ou son mandataire s'est transporté pour faire ce dépôt, il a droit à la taxe de comparution et aux indemnités de voyage et de séjour allouées aux témoins.

Art. R. 105 *Abrogé par Décr. n° 2016-479 du 18 avr. 2016, art. 13, à compter du 1er mai 2016.*

SECTION II **HONORAIRES ET INDEMNITÉS DES EXPERTS, DES INTERPRÈTES, DES PERSONNES CHARGÉES DES ENQUÊTES SOCIALES ET DE PERSONNALITÉ ET DES DÉLÉGUÉS ET MÉDIATEURS DU PROCUREUR DE LA RÉPUBLIQUE**

(Décr. n° 2021-524 du 29 avr. 2021, art. 1er).

§ 1er DES EXPERTS

RÉP. PÉN. v° *Expertise,* par CROIZIER et GUÉRY.

A *RÈGLES GÉNÉRALES*

Art. R. 106 Les tarifs fixés par le présent titre, en ce qui concerne les frais d'expertise doivent être appliqués en prenant pour base la résidence des experts.

Les frais de rédaction et de dépôt du rapport, ainsi que, le cas échéant, de la prestation de serment sont compris dans les indemnités fixées par ces tarifs.

(Décr. n° 60-897 du 24 août 1960) **« Aucune indemnité n'est allouée pour la prestation de serment de l'expert devant la cour d'appel lors de sa première inscription, ni, le cas échéant, lors d'une nouvelle inscription après radiation ou non-réinscription. »**

Expertises non tarifées. Les dispositions de l'art. R. 106, al. 2, ne sont pas applicables aux expertises dont le prix n'est pas tarifé, en conséquence, l'ordonnance de taxe ne peut écarter les frais de secrétariat au motif qu'ils sont « toujours considérés comme inclus dans les honoraires » et la juridiction doit apprécier souverainement si la somme globale réclamée par l'expert constitue la juste rémunération de ses opérations. • Crim. 19 févr. 2002, n° 01-86.519 P.

Art. R. 107 *(Décr. n° 99-203 du 18 mars 1999)* **Lorsque le montant prévu de ses frais et honoraires dépasse** *(Décr. n° 2001-373 du 27 avr. 2001)* **« 460 € », l'expert désigné doit, avant de commencer ses travaux, en informer la juridiction qui l'a commis.**

Sauf urgence, cette estimation est communiquée au ministère public qui présente ses observations dans le délai de cinq jours, après avoir fait procéder si nécessaire à des vérifications de toute nature sur les éléments de l'estimation présentée par l'expert.

S'il n'est pas tenu compte de ses observations, le ministère public peut saisir, par l'intermédiaire du procureur général, le président de la chambre de l'instruction, qui statue dans les huit jours par une décision qui ne peut faire l'objet de recours.

L'autorisation d'engagement de dépense ne lie pas les juges. • Crim. 29 sept. 1998, n° 96-86.316 P. ♦ La procédure prévue par l'art. R. 107 ne s'applique qu'aux frais non tarifés. Aucune disposition légale ou réglementaire n'autorise le dépassement du tarif fixé par l'art. R. 117, 9° (expertise psychiatrique comportant un ou plusieurs examens). • Crim. 17 janv. 2012, n° 11-82.785 P : *D. actu. 6 févr. 2012, obs. Priou-Alibert ; D. 2012. Actu. 362.*

Art. R. 108 *Abrogé par Décr. n° 74-88 du 4 févr. 1974.*

Art. R. 109 Les prix des opérations tarifées ou non tarifées peuvent être réduits en cas de retard dans l'accomplissement de la mission ou d'insuffisance du rapport.

Si le travail doit être refait, toute rémunération peut être refusée.

Art. R. 110 *(Décr. n° 2013-770 du 26 août 2013, art. 5)* **Lorsque les experts se déplacent, il leur est alloué, sur justification, une indemnité de transport calculée dans les conditions fixées pour les déplacements des personnels civils de l'État.**

Cet art. s'applique aux déplacements réalisés à compter du 29 août 2013 (Décr. n° 2013-770 du 26 août 2013, art. 8).

Frais de déplacement des médecins-experts. Si l'art. R. 116-1 prévoit que les honoraires des médecins, désignés pour une expertise, sont fixés par référence au tarif des conventions d'honoraires prévus par le code de la sécurité sociale, en revanche, leurs frais de déplacement sont indemnisés, en application de l'art. R. 110, 3°. • Crim. 3 févr. 2004, n° 03-85.200 P: *JCP 2004. IV. 1592 ; AJ pénal 2004. 162* .

Art. R. 111 *(Décr. n° 72-436 du 29 mai 1972)* **Il est alloué aux experts qui se déplacent une indemnité journalière de séjour calculée suivant la réglementation relative aux frais de déplacement des personnels civils de l'État.**

(Abrogé par Décr. n° 2013-770 du 26 août 2013, art. 5) « Pour le calcul de ces indemnités, les experts sont assimilés aux fonctionnaires du groupe I. »

Art. R. 112 *(Décr. n° 72-436 du 29 mai 1972) (Décr. n° 2013-770 du 26 août 2013, art. 5)* **« Lorsque les experts sont entendus, soit devant les cours ou tribunaux, soit devant les magistrats instructeurs à l'occasion de la mission qui leur est confiée, il leur est alloué, outre leurs frais de déplacement et de séjour s'il y a lieu, une indemnité déterminée par la formule suivante : I = 3,05 euros + (S × 4),**

« dans laquelle : S est le salaire minimum interprofessionnel de croissance tel qu'il est fixé au 1er janvier de l'année en cours. »

(Décr. n° 2022-73 du 26 janv. 2022, art. 1er) **« Lorsque l'audition mentionnée au premier alinéa a lieu devant une cour d'assises, une cour d'assises des mineurs ou une cour criminelle départementale, l'indemnité allouée est déterminée par la formule suivante : I = 59 euros + (S × 4). »**

Les experts qui justifient d'une *(Décr. n° 99-203 du 18 mars 1999)* **« perte d'une partie du revenu tiré de leur activité professionnelle » ont droit, en outre, à une indemnité supplémentaire calculée suivant la formule**

I = S × D, dans laquelle :

S est le salaire minimum interprofessionnel de croissance déterminé comme ci-dessus ;

D la durée horaire de comparution, celle-ci ne pouvant excéder huit heures par jour ouvrable.

Les dispositions issues du Décr. n° 2022-73 du 26 janv. 2022 s'appliquent aux auditions des experts entendus aux audiences des cours d'assises, des cours d'assises des mineurs ou des cours criminelles départementales à compter du 29 janv. 2022. Les auditions des experts entendus avant la date d'entrée en vigueur dudit décret sont rémunérées sur la base des dispositions en vigueur le jour de leur prononcé (Décr. préc., art. 2).

Art. R. 113 **Lorsque les experts justifient qu'ils se sont trouvés, par suite de circonstances indépendantes de leur volonté, dans l'impossibilité de remplir leur mission, les magistrats commettants peuvent, par décision motivée soumise à l'agrément du président de la chambre de l'instruction, leur allouer une indemnité, outre leurs frais de transport, de séjour et autres débours s'il y a lieu.**

Art. R. 114 **Les experts ont droit, sur la production de pièces justificatives, au remboursement des frais de transport des pièces à conviction et de tous autres débours reconnus indispensables.**

Art. R. 115 *(Décr. n° 74-88 du 4 févr. 1974)* **Les magistrats commettants peuvent autoriser les experts à percevoir au cours de la procédure des acomptes provisionnels soit lorsqu'ils ont fait des travaux d'une importance exceptionnelle, soit lorsqu'ils ont été dans la nécessité de faire des transports coûteux ou des avances personnelles.**

Toutefois, le montant total des acomptes ne pourra pas dépasser *(Décr. n° 2012-1451 du 24 déc. 2012, art. 14)* **« la moitié » du montant des frais et honoraires prévu.**

B *DISPOSITIONS SPÉCIALES*

a) EXPERTISE EN MATIÈRE DE FRAUDES COMMERCIALES

Art. R. 116 *(Décr. n° 67-62 du 14 janv. 1967 ; Décr. n° 81-70 du 28 janv. 1981)* **Il est alloué à chaque expert désigné conformément aux lois et règlements sur la répression**

des fraudes en matière commerciale, pour l'analyse de chaque échantillon, y compris les frais de laboratoire :

Pour le premier échantillon	**12,96 €**
Pour les échantillons suivants dans la même affaire	**7,17 €**

b) MÉDECINE LÉGALE

Art. R. 116-1 *(Abrogé par Décr. nº 2017-248 du 27 févr. 2017, art. 2) (Décr. nº 79-235 du 19 mars 1979)* ***Les tarifs d'honoraires correspondant aux actes d'expertise*** *(Décr. nº 2008-764 du 30 juill. 2008, art. 8 et 15, en vigueur le 11 sept. 2008)* ***« et d'examen » prévus par les articles R. 117 à R. 120 sont déterminés par référence aux tarifs conventionnels d'honoraires fixés en application*** *(Décr. nº 2002-801 du 3 mai 2002)* ***« de l'article L. 162-15-2 du code de la sécurité sociale » et sont calculés, pour chacun de ces actes, d'après leur nature et leur valeur relative telles qu'elles résultent des cotations par lettres clés et cœfficients mentionnées dans les articles suivants.***

(Décr. nº 2008-764 du 30 juill. 2008, art. 8 et 15, en vigueur le 11 sept. 2008) ***« Pour l'application de l'article R. 117, la valeur des cœfficients Q1 à Q16 est fixée par arrêté conjoint du ministre de la justice et du ministre chargé du budget. »***

Sur la date de l'abrogation, V. note ss. art. R. 117.

1. Frais de déplacement des médecins-experts. Si l'art. R. 116-1 prévoit que les honoraires des médecins, désignés pour une expertise, sont fixés par référence au tarif des conventions d'honoraires prévus par le code de la sécurité sociale, en revanche, leurs frais de déplacement sont indemnisés, en application de l'art. R. 110, 3º, selon les taux prévus pour le déplacement des personnels civils de l'État utilisant leur voiture personnelle. • Crim. 3 févr. 2004, nº 03-85.200 P : *JCP 2004. IV. 1592 ; AJ pénal 2004. 162.*

2. Expertise psychiatrique. L'art. R. 117, qui fixe les modalités de calcul de la rémunération de l'expert, ne fait aucune référence à la nomenclature générale des actes professionnels. N'a donc pas à être ajoutée à la rémunération d'une expertise psychiatrique la majoration accordée par l'Arr. du 22 sept. 2003 pour les actes de consultation des spécialistes. • Crim. 28 mars 2006, nº 05-84.008 P : *AJ pénal 2006. 267, obs. Girault.*

Art. R. 117 *(Décr. nº 2017-248 du 27 févr. 2017, art. 2)* **Chaque médecin** *(Décr. nº 2020-128 du 18 févr. 2020, art. 4)* **« ou infirmier » régulièrement requis ou commis perçoit une rémunération ou des honoraires calculés par référence aux tarifs conventionnels d'honoraires fixés sur le fondement de l'article L. 162-14-1 du code de la sécurité sociale, en appliquant aux valeurs des lettres clés de la sécurité sociale des coefficients déterminés par arrêté du ministre chargé de la justice et du ministre chargé du budget.** — *V. Arr. du 27 févr. 2017.*

Cet arrêté distingue les lettres clés et les coefficients applicables selon la nature et l'étendue des actes prescrits. Il peut tenir compte, le cas échéant, de l'obligation prévue à l'article L. 311-2 du code *[de la]* **sécurité sociale qui s'impose pour les personnes mentionnées au 3º de l'article D. 311-1 du code de la sécurité sociale. Il peut prévoir une ou plusieurs indemnités complémentaires selon le lieu, le jour ou l'heure de réalisation de la mission.**

Cet arrêté détermine les conditions dans lesquelles, à titre exceptionnel et par une décision motivée de l'autorité requérante, certains experts, en raison de la complexité, de l'ampleur ou de la durée de la procédure pour laquelle ils sont commis ou requis, peuvent être rémunérés, dans la limite d'un plafond, sur présentation d'un devis.

Les dispositions du Décr. nº 2017-248 du 27 févr. 2017 sont entrées en vigueur à compter de l'Arr. du ministre de la Justice et du ministre du Budget visé à l'art. R. 117 (Arr. du 27 févr. 2017, JO 28 févr.) et s'appliquent aux actes prescrits à compter de cette date (Décr. préc., art. 9-II).

Majoration des honoraires. Les art. R. 116-1 et R. 117 ne prévoient pas de cœfficient spécifique pour les visites médicales de nuit. • Crim. 5 oct. 1999, nº 98-83.691 P. ♦ L'art. R. 117 fixe les modalités de calcul de la rémunération de l'expert sans faire référence à la nomenclature générale des actes professionnels de sorte que la majoration prévue par l'Arr. du 22 sept. 2003 n'est pas applicable. • Crim. 28 mars 2006 : *AJ pénal 2006. 267, obs. Girault.*

c) BIOLOGIE ET TOXICOLOGIE *(Décr. nº 2017-248 du 27 févr. 2017, art. 2).*

Art. R. 118 *(Décr. nº 2017-248 du 27 févr. 2017, art. 2-4º, en vigueur le 6 oct. 2017)* **Les tarifs maximaux relatifs aux analyses toxicologiques et biologiques sont fixés par référence aux tarifs conventionnels d'honoraires fixés sur le fondement de l'article L. 162-14-1 du code de la sécurité sociale, en appliquant aux valeurs des lettres clés de la sécurité sociale des coefficients déterminés par arrêté du ministre chargé de la justice et du ministre chargé du budget. Cet arrêté distingue les lettres clés et les coefficients applicables selon les prestations requises et les techniques mises en œuvre. —** *V. art. A. 43-6-2.*

Les dispositions des 4º et 6º de l'art. 2, du 2º de l'art. 6, du 2º de l'art. 7 et du 2º du III de l'art. 8 du Décr. nº 2017-248 du 27 févr. 2017 sont entrées en vigueur à la date fixée par l'arrêté visé au 4º de l'art. 2, soit le 6 oct. 2017 (Arr. du 29 sept. 2017, JO 5 oct.).

d) BIOLOGIE *(Abrogé par Décr. nº 2017-248 du 27 févr. 2017, art. 2).*

Art. R. 119 *(Abrogé par Décr. nº 2017-248 du 27 févr. 2017, art. 2-6º, à compter au plus tard du 30 sept. 2017)* ***Il est alloué à chaque expert régulièrement requis ou commis :***

Pour caractériser des produits biologiques, dans les cas simples, une somme calculée en fonction de la cotation .... *B* **50**

Sur l'entrée en vigueur du Décr. nº 2017-248 du 27 févr. 2017, V. note ss. art. R. 118.

d) RADIOLOGIE *(Décr. nº 2017-248 du 27 févr. 2017, art. 2).*

Art. R. 120 *(Décr. nº 2017-248 du 27 févr. 2017, art. 2-7º)* **Il est alloué à chaque médecin expert ou radiologue qualifié, régulièrement requis ou commis, une rémunération ou des honoraires calculés en référence aux tarifs fixés par la classification commune des actes médicaux.**

Les tarifs des actes spécifiques aux investigations judiciaires sont fixés par un arrêté du ministre de la justice et du ministre chargé du budget selon la nature des prestations.

Sur l'entrée en vigueur du 7º de l'art. 2 du Décr. nº 2017-248 du 27 févr. 2017, V. note ss. art. R. 117.

e) EXPERTISE MÉCANIQUE *(Décr. nº 61-448 du 8 mai 1961 ; Décr. nº 2017-248 du 28 févr. 2017, art. 2).*

Le f) est devenu e) en application du Décr. nº 2017-248 du 27 févr. 2017.

Art. R. 120-1 *(Décr. nº 74-88 du 4 févr. 1974 ; Décr. nº 81-70 du 28 janv. 1981)* **Il est alloué à chaque expert, pour une expertise mécanique complète portant sur un ou plusieurs véhicules automobiles, ordonnée par une juridiction siégeant à Paris ou dans les départements des Hauts-de-Seine, de la Seine-Saint-Denis ou du Val-de-Marne, à la suite d'accident de la circulation, à l'exclusion des examens simples ne portant que sur des organes déterminés du véhicule et à l'exclusion de toute indemnité d'établissement de plans, prise de photographies et frais de séjour : 50,31 €.**

Pour une expertise ordonnée dans les mêmes conditions, par les juridictions des autres départements, à l'exclusion de toute indemnité autre que les indemnités de transport et de séjour : 45,73 €.

Sur les conditions d'application de l'art. R. 120-1 et les conditions de rémunération de l'expertise mécanique : • Crim. 21 févr. 1963 : *D. 1963. 605.*

f) PSYCHOLOGIE LÉGALE *(Décr. nº 2017-248 du 28 févr. 2017, art. 2).*

(Décr. nº 99-203 du 18 mars 1999)

Le g) est devenu f) en application du Décr. nº 2017-248 du 27 févr. 2017.

Art. R. 120-2 *(Décr. nº 2017-248 du 27 févr. 2017, art. 3)* **Chaque expert psychologue régulièrement requis ou commis perçoit une rémunération ou des honoraires calculés par référence aux tarifs conventionnels d'honoraires fixés en application de l'article L. 162-14-1 du code de la sécurité sociale, en appliquant aux valeurs des lettres clés**

de la sécurité sociale des coefficients déterminés par arrêté du ministre de la justice et du ministre chargé du budget.

Cet arrêté distingue les lettres clés et les coefficients applicables selon la nature et l'étendue des actes prescrits. Il peut tenir compte, le cas échéant, de l'obligation prévue à l'article L. 311-2 du code *[de la]* sécurité sociale qui s'impose pour les personnes mentionnées au 3° de l'article D. 311-1 du code *[de la]* sécurité sociale.

Cet arrêté détermine les conditions dans lesquelles, à titre exceptionnel et par une décision motivée de l'autorité requérante, certains experts, en raison de la complexité, de l'ampleur ou de la durée de la procédure pour laquelle ils sont commis ou requis, peuvent être rémunérés, dans la limite d'un plafond, sur présentation d'un devis.

Sur l'entrée en vigueur du Décr. n° 2017-248 du 27 févr. 2017, V. note ss. art. R. 117.

§ 2 DES PERSONNES CHARGÉES DES ENQUÊTES SOCIALES ET DE PERSONNALITÉ OU CONTRIBUANT AU CONTRÔLE JUDICIAIRE OU AU SURSIS PROBATOIRE *(Décr. n° 2021-524 du 29 avr. 2021, art. 1er).*

(Décr. n° 2007-1388 du 26 sept. 2007, art. 16-II et V, en vigueur depuis la publication de l'Arr. du 4 juin 2008 visé à l'art. R. 121 [JO 10 juill.])

Art. R. 121 En sus du remboursement de leurs frais de déplacement, calculés dans les conditions fixées pour les déplacements des personnels civils de l'État pour le ministère de la justice, il est alloué aux personnes physiques et aux associations mentionnées par les articles R. 121-1 *(Décr. n° 2021-524 du 29 avr. 2021, art. 2)* « et R. 121-3 », pour les missions et selon les distinctions prévues par ces articles, des indemnités dont les montants IP. 1 à *(Décr. n° 2021-524 du 29 avr. 2021, art. 2)* « IP. 5 » ou IA. 1 à *(Décr. n° 2021-524 du 29 avr. 2021, art. 2)* « IA. 5 » exprimés en € sont fixés par arrêté conjoint du ministre chargé du budget et du ministre de la justice. — *V. Art. A. 43-4 et A. 43-5 dans leur rédaction issue de l'Arr. du 4 juin 2008 susvisé.*

Les dispositions du Décr. n° 2021-524 du 29 avr. 2021 relatif au régime indemnitaire des délégués et médiateurs du procureur de la République s'appliquent aux missions accomplies depuis le 1er janv. 2021 (Décr. préc., art. 5).

A PERSONNES PHYSIQUES

Art. R. 121-1 Il est alloué aux enquêteurs de personnalité et aux contrôleurs judiciaires, personnes physiques habilitées :

1° Pour la vérification de la situation matérielle, familiale ou sociale des personnes faisant l'objet d'une enquête prévue par les articles 41 (alinéa 6) et 81 (alinéa 7) : IP. 1 ;

2° Pour l'enquête sur la personnalité des personnes mises en examen ainsi que sur leur situation matérielle, familiale ou sociale, prévue par l'article 81 (alinéa 6) *(Décr. n° 2008-764 du 30 juill. 2008, art. 10-I)* « ou pour l'enquête sur la personnalité de la victime ainsi que sur la nature et l'importance des préjudices subis par elle, prévue par l'article 81-1 » : IP. 2 ;

3° Pour la mission de contrôle judiciaire exercée sur chaque personne mise en examen, en application des 6° ou 17° de l'article 138 :

– IP. 3 lorsque la mission de contrôle judiciaire dure trois mois ou moins ;

– IP. 4 lorsque la mission de contrôle judiciaire dure plus de trois mois sans excéder un an ;

– IP. 5 lorsque la mission de contrôle judiciaire dure plus d'un an.

4° Pour une mission de mise en œuvre d'un *(Décr. n° 2020-128 du 18 févr. 2020, art. 5, en vigueur le 24 mars 2020)* « sursis probatoire » leur ayant été confiée en application des dispositions du dernier alinéa de l'article 471 :

– IP. 3 lorsque la mission dure trois mois ou moins ;

– IP. 4 lorsqu'elle dure plus de trois mois sans excéder un an ;

– IP. 5 lorsqu'elle dure plus d'un an ;

Art. R. 121-2 *(Abrogé par Décr. n° 2021-524 du 29 avr. 2021, art. 3)* ***Il est alloué aux délégués et aux médiateurs du procureur de la République, personnes physiques habilitées :***

1° Pour une mission tendant à procéder au rappel des obligations résultant de la loi en application des dispositions du 1° de l'article 41-1, à notifier une ordonnance pénale en

application des dispositions (Décr. n° 2017-1176 du 18 juill. 2017, art. 2) « des articles 495-3 et 527 », à procéder, dans le cadre d'une réparation pénale, à la notification de la mesure et au recueil de l'accord du mineur et des titulaires de l'exercice de l'autorité parentale, ou à notifier une peine de stage (Abrogé par Décr. n° 2020-128 du 18 févr. 2020, art. 3, à compter du 24 mars 2020) « de citoyenneté, de stage de sensibilisation aux dangers de l'usage des produits stupéfiants, ou de stage de responsabilité parentale » dont le contrôle de la mise en œuvre est confié au service d'insertion ou de probation ou à une autre personne habilitée : IP. [6] *;*

2° Pour une mission tendant à favoriser la régularisation d'une situation ou l'orientation vers une structure sanitaire, sociale ou professionnelle n'impliquant pas l'accomplissement d'un stage, en application des dispositions des 2° et 3° de l'article 41-1 et à vérifier le respect par la personne de ses engagements : IP. [7] *;*

3° Pour une mission tendant à favoriser la réparation du dommage, l'accomplissement d'un stage ou l'éloignement du domicile, en application des dispositions des 2°, 4° et 6° de l'article 41-1, et à vérifier le respect par la personne de ses engagements, ainsi que pour une mission de contrôle de la mise en œuvre (Décr. n° 2020-128 du 18 févr. 2020, art. 3, en vigueur le 24 mars 2020) « d'une peine de stage » (Décr. n° 2008-150 du 19 févr. 2008, art. 2) « ou de contrôle de l'exécution de la peine de sanction-réparation » : IP. [8] *;*

4° Pour une mission de médiation en application des dispositions du 5° de l'article 41-1 : IP. [9] *;*

5° Pour une composition pénale :

a) Pour la notification des mesures proposées et le recueil de l'accord de la personne : IP. [10] *;*

b) Pour le contrôle de l'exécution des mesures décidées : IP. [11] *lorsqu'il s'agit d'une des mesures prévues aux 1° à 5° et 8° à 12° de l'article 41-2 ; IP.* [12] *lorsque est également décidée une des mesures prévues aux 6°, 7° et 13° à 17° de l'article 41-2 ou la mesure de réparation du préjudice. Le montant cumulé des sommes ainsi allouées ne peut toutefois excéder celui dû pour quatre de ces mesures.*

(Décr. n° 2017-1176 du 18 juill. 2017, art. 2) « 6° Pour la notification d'une convocation en justice d'un prévenu dans le cas prévu à l'article 390-1 du code de procédure pénale : IP. [6] *».*

Lorsque les mesures prévues aux 1° à 5° ci-dessus concernent un mineur, le délégué ou le médiateur du procureur qui doit procéder à l'audition des responsables légaux du mineur se voit allouer une indemnité supplémentaire de IP. [13]*.*

L'indemnité prévue au 1° pour les rappels des obligations résultant de la loi n'est pas cumulable avec celles prévues aux 2°, 3°, 4° ou 5°.

Lorsque le délégué ou le médiateur n'a pu remplir sa mission en raison de la carence de l'intéressé qui n'a pas répondu aux convocations, l'indemnité est de IP. [14]*.*

B ASSOCIATIONS

Art. R. 121-3 Il est alloué à l'association habilitée ayant passé la convention prévue au troisième alinéa de l'article R. 15-37 :

1° Pour la vérification de la situation matérielle, familiale ou sociale d'une personne faisant l'objet d'une enquête, accomplie en application du sixième alinéa de l'article 41 ou du septième alinéa de l'article 81 : IA.[1] ;

2° Pour la tenue d'une permanence les samedis, dimanches ou jours fériés, lorsque pendant celle-ci aucune mesure n'a été prescrite en application du sixième alinéa de l'article 41 ou du septième alinéa de l'article 81 : IA.[2] ;

3° Pour une enquête sur la personnalité d'une personne mise en examen ainsi que sur sa situation matérielle, familiale ou sociale, menée en application du sixième alinéa de l'article 81 *(Décr. n° 2008-764 du 30 juill. 2008, art. 10-II)* « ou pour l'enquête sur la personnalité de la victime ainsi que sur la nature et l'importance des préjudices subis par elle, menée en application de l'article 81-1 » : IA.[3] ;

4° Pour une mission de mise en œuvre d'une des obligations du contrôle judiciaire énumérées au 6° ou au 17° de l'article 138 : IA.[4] pour les six premiers mois de contrôle judiciaire et IA. 5 par période de six mois supplémentaires dans la limite de trente-six mois ;

5° Pour une mission de mise en œuvre d'un *(Décr. n° 2020-128 du 18 févr. 2020, art. 5, en vigueur le 24 mars 2020)* « sursis probatoire » lui ayant été confiée en application des dispositions du dernier alinéa de l'article 471 : IA.[5] par période de six mois.

L'indemnité est majorée de 10 % pour les mesures ordonnées par une juridiction dans le ressort de laquelle la population, selon les données authentifiées du dernier recensement, est au plus égale à 170 000 habitants.

L'indemnité est réduite de 70 % pour celles des mesures mentionnées aux 3°, 4° et 5° ci-dessus qui sont exécutées, pour le compte de la personne morale habilitée, par une personne qui n'est pas salariée par elle.

Art. R. 121-4 *(Abrogé par Décr. n° 2021-524 du 29 avr. 2021, art. 3) Il est alloué à l'association habilitée ayant passé une convention avec le premier président et le procureur général de la cour d'appel dans le ressort de laquelle est situé son siège :*

1° Pour une mission tendant à procéder au rappel des obligations résultant de la loi en application des dispositions du 1° de l'article 41-1, à notifier une ordonnance pénale en application des dispositions (Décr. n° 2017-1176 du 18 juill. 2017, art. 3) « des articles 495-3 et 527 », à procéder, dans le cadre d'une réparation pénale, à la notification de la mesure et au recueil de l'accord du mineur et des titulaires de l'exercice de l'autorité parentale, ou à notifier une peine de stage (Abrogé par Décr. n° 2020-128 du 18 févr. 2020, art. 3, à compter du 24 mars 2020) « de citoyenneté, de stage de sensibilisation aux dangers de l'usage des produits stupéfiants ou de stage de responsabilité parentale » dont le contrôle de la mise en œuvre est confié au service d'insertion ou de probation ou une autre personne habilitée : IA.[6] ;

2° Pour une mission tendant à favoriser la régularisation d'une situation ou l'orientation vers une structure sanitaire, sociale ou professionnelle n'impliquant pas l'accomplissement d'un stage, en application des dispositions des 2° et 3° de l'article 41-1 et à vérifier le respect par la personne de ses engagements : IA.[7] ;

3° Pour une mission tendant à favoriser la réparation du dommage, l'accomplissement d'un stage ou l'éloignement du domicile en application des dispositions des 2°, 4° et 6° de l'article 41-1 et à vérifier le respect par la personne de ses engagements, ainsi que pour une mission de contrôle de la mise en œuvre (Décr. n° 2020-128 du 18 févr. 2020, art. 3, en vigueur le 24 mars 2020) « d'une peine de stage » (Décr. n° 2008-150 du 19 févr. 2008, art. 2) « ou de contrôle de l'exécution de la peine de sanction-réparation » : IA.[8] ;

4° Pour une mission de médiation en application des dispositions du 5° de l'article 41-1 : IA.[9] ;

5° Pour une composition pénale :

a) Pour la notification des mesures proposées et le recueil de l'accord de la personne : IA.[10] ;

b) Pour le contrôle de l'exécution des mesures décidées : IA.[11] lorsqu'il s'agit d'une des mesures prévues aux 1° à 5° et 8° à 12° de l'article 41-2 ; IA.[12] lorsqu'est également décidée une des mesures prévues aux 6°, 7° et 13° à 17° de l'article 41-2 ou la mesure de réparation du préjudice. Le montant cumulé des sommes ainsi allouées ne peut toutefois excéder celui dû pour quatre de ces mesures. (Décr. n° 2015-1272 du 13 oct. 2015) « Les dispositions du présent alinéa sont applicables au contrôle de l'exécution des mesures de transactions prévues à l'article 41-1-1. »

(Décr. n° 2017-1176 du 18 juill. 2017, art. 3) « 6° Pour la notification d'une convocation en justice d'un prévenu dans le cas prévu à l'article 390-1 du code de procédure pénale : IA.[6] ».

Lorsque les mesures prévues aux 1° à 5° ci-dessus concernent un mineur, le délégué ou le médiateur du procureur qui doit procéder à l'audition des responsables légaux du mineur se voit allouer une indemnité supplémentaire de IA.[13].

L'indemnité prévue au 1° pour les rappels des obligations résultant de la loi n'est pas cumulable avec celles prévues aux 2°, 3°, 4° ou 5°.

Lorsque le délégué ou le médiateur n'a pu remplir sa mission en raison de la carence de l'intéressé qui n'a pas répondu aux convocations, l'indemnité est de IA.[14].

Décret n° 2004-32 du 9 janvier 2004, *fixant les indemnités des personnes morales habilitées à accomplir des enquêtes sociales et de personnalité et des missions de contrôle judiciaire.* **Art. 8** I. — Les dispositions de l'article 5 du présent décret sont applicables aux mesures ordonnées postérieurement à la date de sa publication.

II. — Pour les mesures ordonnées avant la date de publication du présent décret et non encore liquidées et payées à cette date, qui ont été confiées à une personne morale habilitée ayant passé une convention avec le premier président et le procureur général de la cour d'appel dans le ressort de laquelle est situé son siège social, il est alloué une indemnité fixée comme suit :

1° Pour la vérification de la situation matérielle, familiale ou sociale d'une personne faisant l'objet d'une enquête, accomplie en application du sixième alinéa de l'article 41 ou du septième alinéa de l'article 81 du code de procédure pénale : 64,03 € ;

2° Pour l'enquête sur la personnalité d'une personne mise en examen ainsi que sur sa situation matérielle, familiale ou sociale, menée en application du sixième alinéa de l'article 81 du code de procédure pénale : 152,45 € ;

3° Pour une mission de mise en œuvre d'une des obligations du contrôle judiciaire énumérées au 6° de l'article 138 du code de procédure pénale :

a) 152,45 € lorsque la mission de contrôle judiciaire dure trois mois ou moins ;

b) 254,59 € lorsque la mission de contrôle judiciaire dure plus de trois mois sans excéder un an ;

c) 407,04 € lorsque la mission de contrôle judiciaire dure plus d'un an, cette indemnité étant liquidable au terme de la première année d'exécution.

§ 3 DES INTERPRÈTES TRADUCTEURS

Art. R. 122 *(Décr. n° 2008-764 du 30 juill. 2008, art. 11-I et 15, en vigueur le 11 sept. 2008)* **Les traductions par écrit sont payées à la page de texte en français. Cette page compte 250 mots.**

Les traductions par oral sont payées à l'heure de présence dès que l'interprète est mis à disposition du procureur de la République, des officiers de police judiciaire ou de leurs auxiliaires, des juges d'instruction ou des juridictions répressives. Toute heure commencée est due dans sa totalité.

Le tarif de la première heure de traduction est majoré.

Le tarif de l'heure des traductions par oral fait l'objet de majorations quand ces dernières sont effectuées durant la nuit, le samedi et le dimanche et les jours fériés.

Un arrêté conjoint du ministre de la justice et du ministre chargé du budget fixe le tarif des traductions par oral et par écrit et de leurs majorations.

Les interprètes traducteurs ont droit aux indemnités de voyage et de séjour prévues aux articles R. 110 et R. 111.

Selon l'art. R. 122, les traductions par oral sont payées à l'heure de présence, dès que l'interprète est mis à la disposition de l'autorité judiciaire ; cette mise à disposition s'entend de la période depuis l'heure fixée dans la convocation du collaborateur du service public de la justice jusqu'à la fin de sa mission, à l'exclusion du temps de trajet entre son domicile et la juridiction. • Crim. 15 déc. 2015, n° 14-84.327 P : *D. actu. 29 janv. 2016, obs. Priou-Alibert.*

§ 4 DES DÉLÉGUÉS ET MÉDIATEURS DU PROCUREUR DE LA RÉPUBLIQUE

(Décr. n° 2021-524 du 29 avr. 2021, art. 4)

Les dispositions du Décr. n° 2021-524 du 29 avr. 2021 relatif au régime indemnitaire des délégués et médiateurs du procureur de la République s'appliquent aux missions accomplies depuis le 1er janv. 2021 (Décr. préc., art. 5).

Art. R. 122-1 **En sus du remboursement de leurs frais de déplacement, calculés dans les conditions fixées pour les déplacements des personnels civils de l'État pour le ministère de la justice, il est attribué aux personnes physiques et associations habilitées comme délégués ou comme médiateurs du procureur de la République en application de l'article R. 15-33-30, pour l'accomplissement des missions qui leur sont confiées, une indemnité forfaitaire exprimée par référence à une unité de valeur et un coefficient.**

Le montant unitaire de cette unité de valeur est de 3 € brut.

Un arrêté du ministre de la justice détermine les coefficients attribués pour chaque mission selon la nature, la complexité, la durée de la mission ainsi que la nature de la personne habilitée, selon qu'il s'agit d'une personne physique ou d'une association. – *V. art. A. 43-5-1.*

Art. R. 122-2 A l'exception de certaines missions prévues par arrêté du ministre de la justice, il est alloué une indemnité supplémentaire au délégué ou au médiateur du procureur de la République lorsque la mission concerne un mineur et qu'elle implique l'audition des responsables légaux du mineur.

Il est alloué une indemnité au délégué ou au médiateur du procureur de la République qui n'a pu remplir sa mission en raison de la carence de l'intéressé qui n'a pas répondu aux convocations.

Les indemnités peuvent être assujetties à des règles de cumul précisées par arrêté du ministre de la justice.

Lorsque la mission s'exerce dans le cadre d'une permanence, l'indemnité due est celle correspondant aux actes accomplis au cours de cette permanence si elle est plus élevée que l'indemnité prévue au titre de la permanence.

Le procureur de la République ou le procureur général, selon le cas, atteste de la réalité du service fait par le délégué ou le médiateur du procureur de la République.

SECTION III DES INDEMNITÉS QUI PEUVENT ÊTRE ACCORDÉES AUX TÉMOINS ET AUX JURÉS

§ 1er DES TÉMOINS

A *RÈGLES GÉNÉRALES*

Art. R. 123 *(Décr. nº 74-88 du 4 févr. 1974)* Il peut être accordé aux témoins, s'ils le requièrent :

1. Une indemnité de comparution ;
2. Des frais de voyage ;
3. Une indemnité journalière de séjour.

Art. R. 124 *(Décr. nº 93-867 du 28 juin 1993 ; Décr. nº 99-203 du 18 mars 1999)* Les indemnités accordées aux témoins ne sont payées par le Trésor qu'en tant qu'ils ont été cités ou appelés, soit à la requête du ministère public, soit en vertu d'une ordonnance rendue d'office dans les cas prévus aux articles 283 et 310.

Art. R. 125 Les témoins cités ou appelés à la requête, soit des accusés, soit des parties civiles, reçoivent les indemnités ci-dessus mentionnées.

Elles leur sont payées par ceux qui les ont appelés en témoignage.

Art. R. 126 *Abrogé par Décr. nº 72-436 du 29 mai 1972.*

Art. R. 127 Les militaires des armées de terre, de mer et *(Décr. nº 2021-862 du 30 juin 2021, art. 2)* « de l'air et de l'espace », en activité de service, lorsqu'ils sont appelés en témoignage, n'ont droit à aucune taxe ni à aucune indemnité payables sur les fonds de justice criminelle, correctionnelle et de police, pour frais de voyage et de séjour, à moins qu'ils ne soient cités au lieu de leur domicile, pendant qu'ils sont en congé ou en permission, et qu'à la date de leur comparution ce congé ou cette permission, soit encore en cours.

Art. R. 128 Les magistrats sont tenus d'énoncer, dans les mandats qu'ils délivrent au profit des témoins, *(Décr. nº 88-600 du 6 mai 1988)* « que l'allocation des indemnités prévues à l'article R. 123 a été requise ».

B *INDEMNITÉS DE COMPARUTION*

Art. R. 129 *(Décr. nº 72-436 du 29 mai 1972)* Les témoins âgés de seize ans ou plus, appelés à déposer soit à l'instruction, soit devant les cours et tribunaux statuant en matière criminelle, correctionnelle ou de police reçoivent une indemnité de comparution déterminée par la formule suivante :

I = *(Décr. n° 2004-1021 du 27 sept. 2004, art. 20)* « 1,5 » + (S × 4) dans laquelle :

I est le montant de l'indemnité forfaitaire exprimée en *(Décr. n° 2004-1021 du 27 sept. 2004, art. 20)* « euros » ;

S le salaire minimum interprofessionnel de croissance tel qu'il est fixé au 1er janvier de l'année en cours.

Les témoins qui justifient d'une *(Décr. n° 99-203 du 18 mars 1999)* « perte d'une partie du revenu tiré de leur activité professionnelle » ont droit, en outre, à une indemnité supplémentaire calculée suivant la formule

I = S × D dans laquelle :

S est le salaire minimum interprofessionnel de croissance déterminé comme ci-dessus ;

D la durée horaire de comparution, celle-ci ne pouvant excéder huit heures par jour ouvrable.

Art. R. 130 Lorsque les enfants de moins de seize ans appelés en témoignage dans les conditions prévues à l'article précédent, sont accompagnés par une personne sous l'autorité de laquelle ils se trouvent ou, par son délégué, cette personne a droit à l'indemnité prévue à l'article précédent *(Décr. n° 99-818 du 16 sept. 1999)* « sauf lorsqu'elle a été désignée, en qualité d'administrateur *ad hoc* et qu'elle figure sur la liste prévue à l'article R. 53 ou qu'il a été fait application des dispositions de l'article R. 53-6 ».

Art. R. 131 Lorsqu'il est constaté qu'un témoin, en raison de ses infirmités, a dû être accompagné par un tiers, celui-ci a droit à l'indemnité prévue aux articles R. 129 et R. 130.

Art. R. 132 Tout témoin a droit à l'indemnité prévue aux articles R. 129, R. 130 et R. 131 alors même qu'il lui est alloué une indemnité pour frais de voyage et de séjour.

C *FRAIS DE VOYAGE ET DE SÉJOUR* (Décr. n° 74-88 du 4 févr. 1974).

Art. R. 133 *(Décr. n° 2013-770 du 26 août 2013, art. 5)* Lorsque les témoins se déplacent, il leur est alloué, sur justification, une indemnité de transport calculée dans les conditions fixées pour les déplacements des personnels civils de l'État.

Cet art. s'applique aux déplacements réalisés à compter du 29 août 2013 (Décr. n° 2013-770 du 26 août 2013, art. 8).

Art. R. 134 *(Décr. n° 74-88 du 4 févr. 1974)* Lorsqu'un témoin se trouve hors d'état de subvenir aux frais de son déplacement, il lui est délivré, s'il le requiert et sur présentation d'une ordonnance rendue par le président du tribunal judiciaire de sa résidence, un acompte sur l'indemnité qui lui sera due.

Cet acompte peut être égal au prix d'un billet aller et retour quand le voyage s'effectue par un service de transport qui délivre des billets d'aller et retour payables intégralement au moment du départ ; dans les autres cas, il ne doit pas excéder la moitié du montant de l'indemnité.

(Décr. n° 83-455 du 2 juin 1983) « Le régisseur d'avances qui paie cet acompte en fait mention en marge ou au bas soit de la copie de la citation, soit de l'avertissement remis au témoin. »

V. COJ, art. D. 212-19-1.

Art. R. 135 *(Décr. n° 72-436 du 29 mai 1972)* Les témoins retenus en dehors de leur résidence par l'accomplissement de leurs obligations ont droit à une indemnité journalière calculée dans les conditions fixées à l'article R. 111.

(Abrogé par Décr. n° 2013-770 du 26 août 2013, art. 5) « Pour le calcul des taux journaliers, les témoins sont assimilés aux fonctionnaires du groupe III. »

Art. R. 136 et R. 137 *Abrogés par Décr. n° 72-436 du 29 mai 1972.*

Art. R. 138 Les indemnités de voyage et de séjour prévues aux articles R. 133 et suivants sont accordées aux personnes qui accompagnent des mineurs de seize ans ou des témoins malades ou infirmes dans les conditions précisées aux articles R. 130 et R. 131.

§ 2 DES MEMBRES DU JURY CRIMINEL

Art. R. 139 Il est accordé aux membres du jury criminel, s'ils le requièrent et quand il y a lieu :

1° Une indemnité de session ;

2° Des frais de voyage ;

3° *(Décr. n° 74-88 du 4 févr. 1974)* « Une indemnité journalière de séjour. »

Art. R. 140 *(Décr. n° 72-436 du 29 mai 1972)* Il est accordé aux jurés, pendant la durée de la session, une indemnité journalière déterminée par la formule suivante : I = *(Décr. n° 2004-1021 du 27 sept. 2004, art. 20)* « 6 » + (S × 8), dans laquelle :

I est le montant de l'indemnité forfaitaire exprimé en *(Décr. n° 2004-1021 du 27 sept. 2004, art. 20)* « euros » ;

S le salaire minimum interprofessionnel de croissance tel qu'il est fixé au 1er janvier de l'année en cours.

Les jurés qui justifient d'une *(Décr. n° 99-203 du 18 mars 1999)* « perte d'une partie du revenu tiré de leur activité professionnelle » ont droit, en outre, à une indemnité supplémentaire calculée suivant la formule suivante : I = S × D, dans laquelle :

S est le salaire minimum interprofessionnel de croissance déterminé comme ci-dessus ;

D la durée horaire de l'audience, celle-ci ne pouvant excéder huit heures par jour ouvrable.

Art. R. 141 *(Décr. n° 2013-770 du 26 août 2013, art. 5)* Lorsque les jurés se déplacent, il leur est alloué, sur justification, une indemnité de transport calculée dans les conditions fixées pour les déplacements des personnels civils de l'État.

Cet art. s'applique aux déplacements réalisés à compter du 29 août 2013 (Décr. n° 2013-770 du 26 août 2013, art. 8).

Art. R. 142 *(Décr. n° 72-436 du 29 mai 1972)* Les jurés retenus en dehors de leur résidence par l'accomplissement de leurs obligations ont droit à une indemnité journalière de séjour calculée dans les conditions fixées par l'article R. 111.

(Abrogé par Décr. n° 2013-770 du 26 août 2013, art. 5) « *Pour le calcul des taux journaliers, les jurés sont assimilés aux fonctionnaires (Décr. n° 78-263 du 9 mars 1978)* « *du groupe I* ». »

Art. R. 143 *Abrogé par Décr. n° 72-436 du 29 mai 1972.*

Art. R. 144 *(Décr. n° 72-436 du 29 mai 1972)* Les indemnités de session et de séjour pendant la durée de la session sont dues pour chaque journée où le juré titulaire ou supplémentaire a été présent à l'appel pour concourir à la formation du jury de jugement.

Les jurés complémentaires n'ont droit à l'indemnité de session que s'ils ont été inscrits sur la liste de service.

Art. R. 145 *(Décr. n° 88-600 du 6 mai 1988)* Le greffier de la cour d'assises délivre, jour par jour, aux membres du jury criminel qui en font la demande, les certifications correspondant aux indemnités journalières auxquelles ils ont droit.

Mention de ces certifications partielles est faite sur la copie de la notification délivrée en exécution de l'article 267 du présent code pour être ensuite déduite de la certification définitive.

Art. R. 146 *(Décr. n° 74-88 du 4 févr. 1974)* Lorsqu'un juré se trouve hors d'état de subvenir aux frais de son déplacement, il lui est délivré, s'il le requiert et sur présentation d'une ordonnance rendue par le président du tribunal judiciaire de sa résidence un acompte sur l'indemnité qui lui sera due. Le montant de cet acompte est déterminé conformément aux dispositions du deuxième alinéa de l'article R. 134.

(Décr. n° 83-455 du 2 juin 1983) « Le régisseur d'avances qui paie cet acompte en fait mention en marge et au bas de la notification délivrée au juré. »

V. COJ, art. D. 212-19-1.

§ 3 DES CITOYENS ASSESSEURS

(*Décr. nº 2011-1271 du 12 oct. 2011, art. 2-2º*)

V. les art. R. 146-1 à R. 146-7 sur le Code en ligne.

SECTION IV DES FRAIS DE GARDE DES SCELLÉS, DE MISE EN FOURRIÈRE ET DE L'IMMOBILISATION DÉCIDÉE EN APPLICATION DES ARTICLES 131-6 (5º) ET 131-14 (2º) DU CODE PÉNAL (*Décr. nº 83-1154 du 23 déc. 1983 ; Décr. nº 2002-801 du 3 mai 2002*).

Art. R. 147 (*Décr. nº 67-62 du 14 janv. 1967*) **Dans les cas prévus aux articles 54, 56, 97 et 151,** (*Décr. nº 88-600 du 6 mai 1988*) **« il n'est accordé d'indemnité pour la garde des scellés » que lorsqu'il n'a pas été jugé à propos de confier cette garde à des habitants de l'immeuble où les scellés ont été apposés.**

(*Décr. nº 81-70 du 28 janv. 1981*) **« Dans ces cas, il est alloué pour chaque jour, pendant le premier mois, au gardien nommé d'office :**

« A Paris : 0,46 € ;

« Dans les autres localités : 0,30 € ;

« Le premier mois écoulé, ces indemnités sont réduites de moitié. »

(*Décr. nº 99-203 du 18 mars 1999*) **« Lorsque les scellés sont apposés sur des véhicules automobiles, les tarifs des frais de garde journalière sont fixés ainsi qu'il suit :**

« Pour les véhicules poids lourds d'un poids total autorisé en charge supérieur à 3,5 tonnes : 6,10 € ;

« Pour les voitures particulières et les autres véhicules poids lourds : 3,20 € ;

« Pour les autres véhicules immatriculés : 2,44 €. »

1. Évaluation (éléments indifférents). Le tarif de frais de garde journalière des véhicules prévu par l'art. R. 147 s'applique sans distinction de la valeur ni de la catégorie de véhicules et sans égard à la profession du gardien. • Crim. 8 nov. 2005, nº 04-87.238 P.

2. Évaluation forfaitaire. Est justifiée la décision de la chambre de l'instruction qui, pour la garde de 1745 scellés constitués par des vidéogrammes de film, constate que ces scellés ont été constitués et réunis en 20 lots et calcule la taxe par catégories de scellés correspondant à ces 20 lots. • Crim. 28 nov. 2006, nº 06-81.351 P : *AJ pénal 2007. 90, obs. Saas ; Dr. pénal 2007. 59, obs. Maron.* ♦ A commis un excès de pouvoir et violé les dispositions des art. R. 91, R. 92-5º, et 147 la cour d'appel qui, pour déclarer recevable et fondée en son principe la demande d'indemnisation de la société « gardienne », retient qu'au regard de la nature et du volume des marchandises en cause (28 palettes de médicaments représentant 50 m³) ainsi que de la durée de leur garde (5 ans), une indemnisation sur la base de l'art. 147 apparaissait très en dessous de la charge financière à laquelle la société s'était trouvée exposée et relève qu'avait été mise à sa charge une obligation inhabituelle que les services judiciaires n'étaient pas en mesure d'assumer eux-mêmes. • Civ. 1re, 22 mai 2007 : *D. 2007. AJ 1662* .

3. Frais de conservation de corps. V. note 6 ss. art. R. 92.

Art. R. 147-1 (*Décr. nº 83-1154 du 23 déc. 1983*) **Le tarif des frais de garde entraînés par l'immobilisation d'un véhicule décidée en application des articles** (*Décr. nº 94-167 du 25 févr. 1994*) **« 131-6 (5º) et 131-14 (2º) » du code pénal est celui qui est fixé conformément** (*Décr. nº 99-203 du 18 mars 1999*) **« au dernier alinéa de l'article précédent ».**

Art. R. 148 Les animaux et tous les objets périssables, pour quelque cause qu'ils soient saisis, ne peuvent rester en fourrière ou sous le séquestre plus de huit jours.

Après ce délai, la mainlevée provisoire doit, en principe, être accordée.

S'ils ne doivent ou ne peuvent être restitués, ils sont mis en vente, et les frais de fourrière sont prélevés sur le produit de la vente par privilège et de préférence à tous autres.

Art. R. 149 La mainlevée provisoire de la mise sous séquestre des animaux et des objets périssables est ordonnée par le président du tribunal judiciaire ou par le juge d'instruction, moyennant caution et paiement des frais de fourrière et de séquestre.

Si lesdits animaux ou objets doivent être vendus, la vente est ordonnée par les mêmes magistrats.

Cette vente est faite à l'enchère au marché le plus voisin à la diligence du *(Décr. n° 2014-551 du 27 mai 2014, art. 24)* **« comptable de la direction générale des finances publiques ».**

Le jour de la vente est indiqué par affiche, vingt-quatre heures à l'avance, à moins que la modicité de l'objet ne détermine le magistrat à en ordonner la vente sans formalité, ce qu'il exprime dans son ordonnance.

Le produit de la vente est versé dans la caisse du *(Décr. n° 2014-551 du 27 mai 2014, art. 24)* **« comptable de la direction générale des finances publiques », pour en être disposé ainsi qu'il est ordonné par le jugement définitif.**

SECTION V **DES FRAIS DE COPIE** *(Décr. n° 78-62 du 20 janv. 1978).*

A *Abrogé par Décr. n° 78-62 du 20 janv. 1978.*

Art. R. 150 *Abrogé par Décr. n° 78-62 du 20 janv. 1978.*

Art. R. 151 *Abrogé par Décr. n° 67-903 du 12 oct. 1967.*

Art. R. 152 et R. 153 *Abrogés par Décr. n° 78-62 du 20 janv. 1978.*

B *EXPÉDITIONS*

a) DÉLIVRANCE DES EXPÉDITIONS

Art. R. 154 **Dans le cas de renvoi des accusés, soit devant une autre juridiction d'instruction, soit devant une autre cour d'assises, s'ils ont déjà reçu la copie des pièces prescrites à l'article 279, il ne peut leur être délivré une nouvelle copie payée sur les frais généraux de justice criminelle, correctionnelle et de police.**

Mais tout accusé, renvoyé devant la cour d'assises, peut se faire délivrer à ses frais une expédition des pièces de la procédure, même de celles qui ne sont pas comprises dans la copie délivrée gratuitement.

Le même droit appartient à la partie civile et aux personnes civilement responsables.

Art. R. 155 *(Décr. n° 2001-689 du 31 juill. 2001)* **« En matière criminelle, correctionnelle et de police, hors les cas prévus par l'article 114, il peut être délivré aux parties : »**

1° Sur leur demande, expédition de la plainte ou de la dénonciation, *(Décr. n° 72-630 du 4 juill. 1972)* **« des ordonnances définitives, des arrêts, des jugements, des ordonnances pénales et des titres exécutoires prévus à »** *(Décr. n° 2002-801 du 3 mai 2002)* **« l'article 529-2, alinéa 2, du code de procédure pénale ».**

2° Avec l'autorisation du procureur de la République ou du procureur général selon le cas, expédition de toutes les autres pièces de la procédure, notamment en ce qui concerne les pièces d'une enquête terminée par une décision de classement sans suite. *(Décr. n° 2001-689 du 31 juill. 2001)* **« Toutefois, cette autorisation n'est pas requise lorsque des poursuites ont été engagées ou qu'il est fait application des articles 41-1 à 41-3 et que la copie est demandée pour l'exercice des droits de la défense ou des droits de la partie civile. »**

Pour l'application des modifications apportées à l'art. R. 155 par le Décr. n° 2001-689 du 31 juill. 2001 en Nouvelle-Calédonie, en Polynésie française et à Wallis-et-Futuna, V. ce décret, art. 3.

V. Circ. SJ 2001-05 du 3 août 2001, BOMJ 2001, n° 83, p. 6 s.

Toute personne ayant la qualité de prévenu ou d'accusé est en droit d'obtenir, en vertu de l'art. 6, § 3, Conv. EDH, non pas la communication directe des pièces de la procédure, mais la délivrance, à ses frais, le cas échéant par l'intermédiaire d'un avocat, de la copie des pièces du dossier soumis à la juridiction de jugement. Les art. 114 et 197 qui limitent, aux avocats des parties, la possibilité de se faire délivrer des pièces du dossier, ne sont pas applicables devant la juridiction de jugement. Par ailleurs, les dispositions réglementaires de l'art. R. 155-2°, soumettant à autorisation du Ministère public la délivrance aux parties de copie de pièces de la procédure, ne sauraient faire obstacle aux droits de la défense. • Crim. 12 juin 1996 : *JCP 1996. IV. 2268* • 2 oct. 1996, n° 95-82.290 P : *JCP 1996. IV. 2571 ; Dr. pénal 1997. Chron. 1, note Ferrari et Comm. 15, obs. Maron* • 17 juin 1998 : *Procédures 1999, n° 48, obs. Buisson.* ♦ Rappr. :

• Cass., ass. plén., 30 juin 1995 : *D. 1995. 417, note Pradel* • Toulouse, 1er avr. 1999 : *JCP 1999. IV. 2811.*

Art. R. 156 *(Abrogé par Décr. nº 2020-797 du 29 juin 2020, art. 6 et 9, à compter du 1er oct. 2020) (Décr. nº 72-630 du 4 juill. 1972) « En matière criminelle, correctionnelle ou de police, aucune expédition autre que celle des arrêts, jugements, ordonnances pénales définitifs et titres exécutoires » ne peut être délivrée à un tiers sans une autorisation du procureur de la République ou du procureur général, selon le cas, notamment en ce qui concerne les pièces d'une enquête terminée par une décision de classement sans suite.*

Toutefois dans les cas prévus au présent article et à l'article précédent, l'autorisation doit être donnée par le procureur général lorsqu'il s'agit de pièces déposées au greffe de la cour ou faisant partie d'une procédure close par une décision de non-lieu ou d'une affaire dans laquelle le huis clos a été ordonné.

Dans les cas prévus au présent article et à l'article précédent si l'autorisation n'est pas accordée, le magistrat compétent pour la donner doit notifier sa décision en la forme administrative et faire connaître les motifs du refus.

C'est à bon droit qu'une cour d'appel écarte des débats des pièces communiquées dans un procès civil entre commerçants après avoir retenu que ces pièces avaient été obtenues sans l'autorisation qu'exige l'art. R. 156 et étaient des expéditions de procès-verbaux d'auditions de témoins, d'interrogatoires, d'auditions ou de confrontation de prévenus, toutes extraites du dossier d'instruction d'une affaire ayant donné lieu à un jugement correctionnel. • Civ. 2e, 9 avr. 2009, nº 08-12.574 P : *D. 2009. AJ 1212 ; ibid. Pan. 2714, obs. Delebecque, Bretzner et Vasseur ; Dr. pénal 2009, nº 102, obs. Maron et Haas.*

Art. R. 157 **Toutes les fois qu'une procédure en matière criminelle, correctionnelle ou de police est transmise à quelque cour ou tribunal que ce soit, ou au ministère de la justice, la procédure et les pièces sont envoyées en minutes, à moins que le ministre de la justice ne désigne des pièces pour être expédiées par copies ou par extraits.**

Art. R. 158 **Dans tous les cas où il y a envoi des pièces d'une procédure, le greffier est tenu d'y joindre un inventaire, qu'il dresse sans frais, ainsi qu'il est prescrit à l'article 586.**

Art. R. 159 *(Décr. nº 72-630 du 4 juill. 1972)* **Sont seuls expédiés dans la forme exécutoire les arrêts, jugements, ordonnances pénales et ordonnances de justice que les parties ou le ministère public demandent dans cette forme.**

Art. R. 160 **Ne doivent pas être insérés dans la rédaction des arrêts et jugements les réquisitoires ou plaidoyers prononcés soit par le ministère public, soit par les défenseurs des prévenus ou accusés mais seulement leurs conclusions.**

b) DROITS D'EXPÉDITION ET DE COPIE

Art. R. 161 à R. 164 *Abrogés par Décr. nº 67-903 du 12 oct. 1967.*

Art. R. 165 *(Décr. nº 2007-1388 du 26 sept. 2007, art. 16-III)* **En matière pénale, la délivrance, lorsqu'elle est autorisée, de reproductions de pièces de procédures autres** *que les décisions* **est rémunérée à raison de 0,46 € par page. S'il a été procédé à la numérisation de la procédure, la copie peut être délivrée sous forme numérisée ; elle est alors rémunérée à raison de 5 € par support numérique, quel que soit le nombre de pages figurant sur ce support.**

Toutefois, la délivrance de la première reproduction de chaque acte, sous support papier ou sous support numérique, est gratuite lorsqu'elle est demandée soit par l'avocat de la partie, soit par la partie elle-même si celle-ci n'est pas représentée par un avocat.

Lorsqu'il s'agit d'une procédure d'information dont le dossier a fait l'objet d'une numérisation, la copie délivrée en application du quatrième alinéa de l'article 114 l'est sous forme numérique, sauf décision contraire du juge d'instruction.

Les copies réalisées sont tenues à la disposition du demandeur au greffe de la juridiction, ou, à sa demande, lui sont adressées à ses frais par voie postale.

V. Circ. SJ 2001-05 du 3 août 2001, BOMJ 2001, nº 83, p. 6 s.

c) DÉLIVRANCE DE COPIES AUX TIERS

(Décr. n° 2020-797 du 29 juin 2020, art. 6 et 9, en vigueur le 1er oct. 2020)

Art. R. 166 En matière pénale, peut être délivrée à des tiers, sans autorisation préalable, la copie :

1° Des arrêts de la Cour de cassation ;

2° Des décisions des juridictions de jugement du premier ou du second degré, lorsqu'elles sont définitives et ont été rendues publiquement à la suite d'un débat public.

Art. R. 167 Le procureur de la République ou le procureur général peut toutefois s'opposer, par décision spécialement motivée, à la délivrance de la copie d'une décision mentionnée au 2° de l'article R. 166 :

1° S'il s'agit d'une condamnation effacée par l'amnistie, la réhabilitation ou la révision ;

2° S'il s'agit d'une condamnation prescrite ;

3° S'il apparaît que la copie est demandée dans l'intention de nuire.

Le procureur de la République ou le procureur général peut également décider que la copie ne pourra être délivrée qu'après l'occultation des éléments ou des motifs de la décision qui n'ont pas à être divulgués.

Art. R. 168 Le procureur de la République ou le procureur général peut, par décision motivée et alors même qu'aucune demande n'a encore été formulée, décider l'occultation des éléments permettant d'identifier les personnes physiques mentionnées dans la décision, lorsqu'elles sont parties ou tiers, si leur divulgation est de nature à porter atteinte à la sécurité ou au respect de la vie privée de ces personnes ou de leur entourage. En tout état de cause, il est procédé à cette occultation lorsqu'elle a été décidée, pour ces personnes, en application des articles R. 111-12 ou R. 111-13 du code de l'organisation judiciaire.

Le procureur de la République ou le procureur général peut également, dans les mêmes conditions, décider l'occultation de certains motifs ou éléments d'identification si leur divulgation est susceptible de porter atteinte aux intérêts fondamentaux de la Nation ou au secret en matière commerciale ou industrielle.

Art. R. 169 Lorsqu'elles sont délivrées à des tiers :

1° Les copies des décisions rendues par les cours d'assises ne mentionnent pas l'identité des jurés ;

2° Les copies des décisions rendues par les tribunaux pour enfants ne mentionnent pas l'identité des assesseurs ;

3° Les copies des décisions rendues par les chambres de l'application des peines des cours d'appel composées conformément au deuxième alinéa de l'article 712-13 ne mentionnent pas l'identité des assesseurs responsables d'associations ;

4° Les copies des décisions rendues dans des procédures concernant les infractions mentionnées aux articles 702 et 706-73 ne mentionnent pas l'identité des personnes ayant concouru au déroulement de la procédure, autres que les magistrats et les greffiers.

Art. R. 170 Les copies des décisions non définitives, des décisions rendues par les juridictions d'instruction ou de l'application des peines et des décisions rendues par les juridictions pour mineurs ou après des débats tenus à huis clos, ainsi que les copies des autres actes ou pièces d'une procédure pénale, ne sont délivrées aux tiers qu'avec l'autorisation préalable du procureur de la République ou du procureur général et sous réserve que le demandeur justifie d'un motif légitime.

L'autorisation peut n'être accordée que sous réserve de l'occultation des éléments ou des motifs de la décision qui n'ont pas à être divulgués.

L'autorisation est refusée par décision motivée si la demande n'est pas justifiée par un motif légitime, si la délivrance de la copie est susceptible de porter atteinte à l'efficacité de l'enquête ou à la présomption d'innocence, ou pour l'un des motifs mentionnés à l'article R. 168.

Art. R. 171 La décision du procureur de la République ou du procureur général prise en application des articles R. 167, R. 168 ou R. 170 est notifiée à la personne inté-

ressée. Celle-ci peut former un recours devant le président de la chambre de l'instruction dans les deux mois suivant la notification de la décision.

Lorsqu'une décision d'occultation a été prise en application de l'article R. 168 alors qu'aucune demande de délivrance de copie n'a encore été formulée, le recours peut être formé à tout moment par toute personne intéressée.

Art. R. 172 **Les dispositions des articles R. 167 à R. 170 ne s'appliquent pas à l'accès aux décisions, actes ou pièces exercé en application des articles L. 213-1 à L. 213-5 du code du patrimoine.**

Art. R. 173 à R. 174 *Abrogés par Décr. nº 67-903 du 12 oct. 1967.*

Art. R. 175 *Abrogé par Décr. nº 78-62 du 20 janv. 1978.*

Art. R. 176 *Abrogé par Décr. nº 88-600 du 6 mai 1988, Ã compter du 1er oct. 1988.*

Art. R. 177 *Abrogé par Décr. nº 67-903 du 12 oct. 1967.*

Art. R. 178 *Abrogé par Décr. nº 88-600 du 6 mai 1988, à compter du 1er oct. 1988.*

SECTION VI DES ÉMOLUMENTS ET INDEMNITÉS ALLOUÉS AUX HUISSIERS DE JUSTICE ET AUX AGENTS DE LA FORCE PUBLIQUE

§ 1er SERVICE D'AUDIENCE DES HUISSIERS DE JUSTICE

Art. R. 179 *(Décr. nº 2007-1388 du 26 sept. 2007, art. 16-IV ; Décr. nº 2011-1469 du 8 nov. 2011)* **Chaque huissier de justice audiencier reçoit une indemnité journalière de :**

1º 20 € pour le service d'une audience de la Cour de cassation ;

2º 130 € pour le service d'une audience de la cour d'assises ;

3º 60 € pour le service d'une audience du tribunal correctionnel, du tribunal pour enfants ou d'une chambre des appels correctionnels ;

4º 30 € pour le service d'une audience du tribunal de police.

Il résulte de la combinaison des art. R. 179 et 1er du Décr. nº 77-594 du 7 juin 1977 que la majoration de 1,40 affectant les droits et émoluments alloués aux huissiers de justice dans le département de la Réunion n'est applicable qu'aux seuls tarifs des huissiers en matière civile et commerciale et aux actes visés par les art. R. 181, R. 182 et R. 185, à l'exclusion de l'indemnité journalière fixée, par le premier de ces textes, pour le service des audiences en matière pénale. • Crim. 9 juin 2009, nº 08-86.030 P : *AJ pénal 2009. 370*.

Art. R. 180 *Abrogé par Décr. nº 88-600 du 6 mai 1988, à compter du 1er oct. 1988.*

§ 2 CITATIONS ET SIGNIFICATIONS

Art. R. 181 *(Décr. nº 84-289 du 19 avr. 1984)* **Il est alloué aux huissiers de justice pour toutes citations en matière criminelle, correctionnelle et de police, pour les significations des mandats de comparution, pour toutes significations d'ordonnances, jugements et arrêts et tous autres actes ou pièces en matière criminelle, correctionnelle et *de police, une somme* forfaitaire de** *(Décr. nº 2002-1067 du 5 août 2002)* **« 4,50 € » pour l'original, les copies et l'envoi de la lettre recommandée avec avis de réception prévue par les articles 557 et 558 et ce, en sus du coût d'affranchissement.**

Art. R. 182 *(Décr. nº 81-384 du 22 avr. 1981)* **Dans les cas prévus à l'article précédent, il est alloué, en outre, aux huissiers de justice une somme de** *(Décr. nº 88-600 du 6 mai 1988)* **« 6,86 € » si la délivrance de l'acte a été faite à personne.**

Art. R. 183 **Lorsqu'il n'a pas été délivré au ministère public d'expédition des actes ou jugements à signifier, les significations sont faites par les huissiers de justice sur les minutes qui leur sont confiées par les greffiers contre récépissé, à la charge par eux de les rétablir au greffe dans les vingt-quatre heures qui suivent la signification.**

Lorsqu'un acte ou jugement a été remis en expédition au ministère public, la signification est faite sur cette expédition sans qu'il en soit délivré une seconde pour cet objet.

Art. R. 184 Les copies de tous actes, jugements et pièces à signifier sont toujours faites par les huissiers de justice ou leurs clercs.

Art. R. 185 *(Décr. nº 74-88 du 4 févr. 1974 ; Décr. nº 84-289 du 19 avr. 1984)* Lorsqu'il doit être donné copie de certaines pièces, il est alloué, quel que soit le nombre de pages copiées, une somme forfaitaire de 0,91 € en matière de police et de 1,37 € en matière correctionnelle et criminelle.

Art. R. 186 *Abrogé par Décr. nº 74-88 du 4 févr. 1974.*

Art. R. 187 Sauf disposition spéciale des lois et règlements il n'est alloué aucune taxe aux agents de la force publique à raison des citations, notifications et significations dont ils peuvent être chargés par les officiers de police judiciaire et par le ministère public.

§ 3 EXÉCUTION DES MANDATS D'AMENER, DE DÉPÔT ET D'ARRÊT ET DES MESURES DE CONTRAINTE EXERCÉES CONTRE LES TÉMOINS DÉFAILLANTS – CAPTURE EN EXÉCUTION D'UNE ORDONNANCE DE PRISE DE CORPS, D'UN JUGEMENT OU D'UN ARRÊT

Art. R. 188 L'exécution des mandats d'amener, de dépôt et d'arrêt, des ordonnances de prise de corps, des arrêts et jugements de condamnation, des mesures de contrainte exercées contre les témoins défaillants en vertu des articles 109, 110 et 153, est confiée aux militaires de la gendarmerie autres que les officiers et aux fonctionnaires de police autres que les commissaires et commissaires adjoints, ainsi qu'aux gardes champêtres *(Abrogé par Décr. nº 2012-836 du 29 juin 2012, art. 5-2º)* ***« et aux chefs de district et agents techniques des eaux et forêts ».***

Art. R. 189 Des primes sont allouées aux agents de la force publique dans les conditions fixées aux articles R. 190 et R. 191 lorsqu'il y a eu exécution forcée et que l'arrestation a nécessité des recherches spéciales dûment constatées.

Il n'y a pas lieu de distinguer, au point de vue du droit à l'allocation, suivant que l'agent qui a opéré l'arrestation était porteur du mandat ou de l'extrait de jugement ou d'arrêt ou avait été simplement avisé de l'existence de cette pièce par une circulaire ou par une insertion à un bulletin de police.

La gratification la plus élevée est seule accordée si le prévenu, accusé ou condamné était sous le coup de plusieurs mandats, ordonnances de prise de corps, arrêts ou jugements de condamnations.

Art. R. 190 *(Décr. nº 67-62 du 14 janv. 1967 ; Décr. nº 74-88 du 4 févr. 1974)* Il est alloué aux personnes mentionnées à l'article R. 188, pour l'exécution des mandats d'amener ou des mesures de contrainte exercées contre les témoins défaillants en vertu des articles 109, 110 et 153, une prime de 0,76 €.

Art. R. 191 *(Décr. nº 67-62 du 14 janv. 1967 ; Décr. nº 74-88 du 4 févr. 1974)* Il est alloué aux personnes mentionnées à l'article R. 188, pour capture ou saisie de la personne, en exécution :

1º D'un jugement de police ou d'un jugement ou arrêt correctionnel prononçant une peine d'emprisonnement n'excédant pas dix jours : 0,76 €.

2º D'un mandat d'arrêt ou d'un jugement ou arrêt en matière correctionnelle emportant peine d'emprisonnement de plus de dix jours : 1,07 €.

3º D'une ordonnance de prise de corps ou d'un arrêt de condamnation à une peine de réclusion criminelle à temps n'excédant pas dix ans : 1,52 €.

4º D'un arrêt de condamnation à une peine de réclusion criminelle à temps excédant dix ans ou à une peine plus forte : 3,05 €.

§ 4 EXÉCUTION DES ARRÊTS DE CONTUMACE

Art. R. 192 *(Décr. nº 67-62 du 14 janv. 1967 ; Décr. nº 74-88 du 4 févr. 1974)* Pour les affiches de l'ordonnance qui, aux termes des articles 627 et 628, doit être rendue et publiée contre les contumax, y compris le procès-verbal de la publication, il est alloué aux huissiers de justice une indemnité de 1,14 €.

Art. R. 193 *(Décr. nº 67-62 du 14 janv. 1967 ; Décr. nº 74-88 du 4 févr. 1974)* **Il est alloué aux huissiers de justice pour l'apposition de chacun des trois extraits de l'arrêt de condamnation par contumace qui doit être affiché, conformément à l'article 634, et pour la rédaction du procès-verbal constatant l'accomplissement de cette formalité, un droit de 0,57 €.**

V. désormais art. 379-2 à 379-6 relatifs au défaut en matière criminelle.

§ 5 FRAIS DE VOYAGE ET DE SÉJOUR

Art. R. 194 *(Décr. nº 74-88 du 4 févr. 1974)* **« Il est alloué aux huissiers de justice, qui se transportent hors de la commune de leur résidence, l'indemnité prévue à l'article R. 110. »**

(Décr. nº 67-62 du 14 janv. 1967) **Les huissiers de justice titulaires de permis de circulation ou jouissant, à titre personnel ou en raison de leur emploi, de réductions de tarifs, n'ont pas droit au remboursement des frais de transport pour la partie correspondant à l'exonération dont ils bénéficient. Les demandes de remboursement de frais de transport doivent être obligatoirement accompagnées d'une déclaration des intéressés certifiant qu'ils ne bénéficient pas, à quelque titre que ce soit, d'avantages de tarifs, ou dans le cas contraire, qu'ils ne bénéficient pas d'autres avantages que ceux dont il est fait état dans la demande.**

Il n'est dû aucun transport dans les limites des villes ou chefs-lieux de commune, telles qu'elles sont actuellement fixées.

Art. R. 195 *(Décr. nº 67-62 du 14 janv. 1967 ; Décr. nº 74-88 du 4 févr. 1974)* **Il est alloué, à compter du second jour, une indemnité de 4,57 € par jour aux huissiers de justice retenus en dehors de leur résidence soit par l'accomplissement de leurs fonctions, soit en raison de la durée du déplacement, soit par un cas de force majeure dûment constatée.**

§ 6 DISPOSITIONS GÉNÉRALES

Art. R. 196 *Abrogé par Décr. nº 88-600 du 6 mai 1988, à compter du 1er oct. 1988.*

Art. R. 197 **Les procureurs généraux et les procureurs de la République examinent en même temps les écritures, afin de s'assurer qu'elles sont conformes aux prescriptions de l'article R. 185, et ils réduisent au taux convenable le prix des écritures qui ne seraient pas dans la proportion établie par ledit article.**

Art. R. 198 **Tout huissier de justice qui refusera d'instrumenter dans une procédure suivie à la requête du ministère public ou de faire le service auquel il est tenu près la cour ou le tribunal et qui, après injonction à lui faite par le procureur général ou le procureur de la République, persistera dans son refus, sera destitué, sans préjudice de tous dommages-intérêts et des autres peines qu'il aura encourues.**

Art. R. 199 **Les huissiers de justice ne peuvent, pour quelque cause et sous quelque prétexte que ce soit, exiger d'autres ou de plus forts droits que ceux qui leur sont alloués par le présent titre.**

Par dérogation à la règle établie à l'alinéa précédent, sont fixés conformément aux tarifs en matière civile, les frais des actes délivrés à la requête des parties civiles après l'extinction de l'action publique et en vue de faire statuer uniquement sur les intérêts civils.

Ces frais sont à la charge des intéressés et ne sont pas imputables sur les crédits de la justice criminelle.

SECTION VII INDEMNITÉS DE TRANSPORT ET DE SÉJOUR ACCORDÉES AUX MAGISTRATS ET AUX GREFFIERS

Art. R. 200 *Abrogé par Décr. nº 2013-770 du 26 août 2013, art. 5.*

Art. R. 201 *Abrogé par Décr. nº 2013-770 du 26 août 2013, art. 5.*

Art. R. 202 *Abrogé par Décr. nº 99-203 du 18 mars 1999.*

Art. R. 203 à R. 207 *Abrogés par Décr. nº 82-70 du 21 janv. 1982.*

SECTION VIII DES FRAIS DE MISE EN ŒUVRE DES CONVENTIONS SECRÈTES DE CRYPTOLOGIE

(Décr. nº 99-203 du 18 mars 1999)

Art. R. 208 Pour chaque remise ou mise en œuvre, à la demande des autorités judiciaires dans les conditions fixées par le II de l'article 28 de la loi nº 90-1170 du 29 décembre 1990 sur la réglementation des télécommunications, des conventions secrètes de moyens ou prestations de cryptologie, il est alloué une somme de 60,98 € à chaque organisme agréé.

Art. R. 209 *Abrogé par Décr. nº 93-867 du 28 juin 1993.*

SECTION IX DES FRAIS D'IMPRESSION

Art. R. 210 Les seules impressions qui doivent être payées à titre de frais de justice sont :

1º *(Décr. nº 99-203 du 18 mars 1999)* « Celle des publications ou insertions de communiqué, relatives à des décisions de non-lieu, qui sont ordonnées par le juge d'instruction ou la chambre de l'instruction en application des articles 177-1 et 212-1 ; »

2º Celle des signalements individuels de personnes arrêtées dans les cas exceptionnels où l'envoi de ces signalements aurait été reconnu indispensable ;

3º Celle de l'arrêt ou du jugement de révision d'où résulte l'innocence d'un condamné et dont l'affichage est prescrit par l'article 626, alinéas 9 et 10.

Art. R. 211 Les placards destinés à être affichés sont transmis aux maires qui les font apposer dans les lieux accoutumés aux frais de la commune.

Art. R. 212 *(Décr. nº 93-867 du 28 juin 1993)* « Les impressions payées à titre de frais de justice sont faites en vertu de marchés passés pour chaque ressort de cour ou de tribunal par le procureur général ou le procureur de la République, suivant le cas, et qui ne peuvent être exécutés qu'avec l'approbation préalable du ministre de la justice. »

Toutefois, à défaut d'un tel marché, il peut être traité de gré à gré chaque fois qu'une impression doit être faite. Les imprimeurs joignent à chaque article de leur mémoire un exemplaire de l'objet imprimé comme pièce justificative.

SECTION X DES FRAIS DE RECHERCHE ET DE DÉLIVRANCE DE REPRODUCTIONS DES DOCUMENTS IMPRIMÉS

(Décr. nº 99-203 du 18 mars 1999)

Art. R. 213 Il est alloué à chaque propriétaire ou dépositaire de documents imprimés, conservés sur support de quelque nature que ce soit, une indemnité de 3,81 € par réquisition pour l'ensemble des recherches d'archives nécessaires auxquelles il procède et une indemnité de 0,08 € par page pour les reproductions délivrées de ces documents.

SECTION XI DES FRAIS DES OPÉRATEURS DE COMMUNICATIONS ÉLECTRONIQUES

(Décr. nº 2006-358 du 24 mars 2006)

Art. R. 213-1 Les tarifs relatifs aux frais mentionnés *(Décr. nº 2013-770 du 26 août 2013, art. 5)* « au 9º » de l'article R. 92 correspondant à la fourniture des données conservées en application *(Décr. nº 2021-1361 du 20 oct. 2021, art. 7)* « des II bis et III » de l'article L. 34-1 du code des postes et des communications électroniques sont fixés par un arrêté du ministre de l'économie, des finances et de l'industrie et du garde des sceaux. Cet arrêté distingue les tarifs applicables selon les catégories de données et les prestations requises, en tenant compte, le cas échéant, des surcoûts identifiables et spécifiques supportés par les opérateurs requis par les autorités judiciaires pour la fourniture de ces données.

V. art. A. 43-9.

Aux termes de l'art. 800, un règlement d'administration publique détermine les frais qui doivent être compris sous la dénomination de frais de justice en matière criminelle, correctionnelle et de police et en établit le tarif. Selon l'Arr. du 22 août 2006 (loi de procédure et donc d'application immédiate conformément aux dispositions de l'art. 122-2, 2°, C. pén.), pris en application de l'art. R. 213-1 (faisant lui-même référence aux frais mentionnés à l'art. R. 92, 23°), la réquisition adressée à un opérateur de téléphonie fixe pour l'identification d'un abonné à partir de son numéro d'appel, donne lieu à un remboursement de 8,50 € hors taxe. • Crim. 23 janv. 2007, n° 06-83.126 P : *D. 2007. AJ 658* ; *AJ pénal 2007. 186, obs. Saas*.

Art. R. 213-2 *(Décr. n° 2007-1520 du 22 oct. 2007)* **Les tarifs relatifs aux frais mentionnés** *(Décr. n° 2013-770 du 26 août 2013, art. 5)* **« au 9° » de l'article R. 92 correspondant au traitement des demandes d'interceptions sont fixés par arrêté du ministre de la justice et du ministre chargé du budget.**

V. art. A. 43-9.

CHAPITRE III DES DÉPENSES ASSIMILÉES À CELLES DE L'INSTRUCTION DES PROCÈS CRIMINELS

SECTION PREMIÈRE RÈGLES GÉNÉRALES

Art. R. 214 *(Décr. n° 88-600 du 6 mai 1988)* **Les frais énumérés à l'article R. 93 sont avancés par le Trésor public conformément aux dispositions du présent titre : ils sont taxés et liquidés d'après le tarif et selon les règles de chaque juridiction compétente.**

Les dispositions des articles R. 222, R. 223, R. 224-2, R. 225, R. 228, R. 228-1, R. 229, R. 230, R. 233 et R. 234 sont applicables pour le paiement de ces frais.

La rémunération de l'expert psychologue désigné par une juridiction civile, dont les deux parties sont admises au bénéfice de l'aide juridictionnelle totale, relève des frais avancés par le Trésor public, énumérés à l'art. R. 93, 9°, qui sont, aux termes de l'art. R. 214, taxés d'après le tarif de chaque juridiction compétente. Doit être rejeté le pourvoi du procureur général soutenant que la taxation de ces frais d'expertise relève de l'art. R. 120-2. • Crim. 12 févr. 2008, n° 07-84.931 P : *D. 2008. AJ 925* ; *AJ pénal 2008. 197*.

Art. R. 215 **Par dérogation à la règle établie à l'article précédent, sont payés conformément au tarif fixé par le présent titre, les frais des poursuites exercées devant le tribunal civil ou devant la cour d'appel :**

1° Pour contravention aux lois sur la tenue des registres de l'état civil, dans les cas prévus aux articles 50 et 53 du code civil, et sur la célébration des mariages, dans le cas prévu à l'article 192 du code civil ;

2° Pour infractions disciplinaires commises par des officiers publics ou ministériels.

SECTION II RÈGLES SPÉCIALES

§ 1er DES DÉPENSES RÉSULTANT DE LA DÉSIGNATION DES ADMINISTRATEURS *AD HOC*

(Décr. n° 99-818 du 16 sept. 1999)

Art. R. 216 *(Décr. n° 2008-764 du 30 juill. 2008, art. 12-I et 15, en vigueur le 11 sept. 2008)* **En sus du remboursement de ses frais de déplacement, calculés dans les conditions fixées pour les déplacements des personnels civils de l'État pour le ministère de la justice, il est alloué à chaque personne désignée en qualité d'administrateur** *ad hoc*, **lorsqu'elle figure sur la liste prévue à l'article R. 53 ou qu'il a été fait application des dispositions de l'article R. 53-6, pour l'ensemble des frais exposés pour la défense des intérêts d'une victime mineure des indemnités, dont les montants Iaah1 à Iaah11 sont fixés par arrêté conjoint du ministre chargé du budget et du ministre de la justice, selon les distinctions suivantes :**

1° Pour une enquête qui n'a pas été suivie d'une instruction préparatoire lorsque la désignation de l'administrateur *ad hoc* **a été faite par le procureur de la République : Iaah1 ;**

2° Pour une instruction correctionnelle lorsque les faits ont donné lieu à l'ouverture d'une information devant le juge d'instruction : Iaah2 ;

3° Pour une instruction criminelle lorsque les faits ont donné lieu à l'ouverture d'une information devant le juge d'instruction : Iaah3 ;

(Abrogé par Décr. n° 2021-682 du 27 mai 2021, art. 2, à compter du 30 sept. 2021) « *4° Pour une instruction devant le juge des enfants lorsque les faits ont donné lieu à l'ouverture d'une information : Iaah4 ;* »

4° Pour une fonction d'accompagnement du mineur à une audience du tribunal correctionnel : *(Décr. n° 2021-682 du 27 mai 2021, art. 2, en vigueur le 30 sept. 2021)* « Iaah4 » ;

5° Pour une fonction d'accompagnement du mineur à une audience de la cour d'assises *(Abrogé par Décr. n° 2009-598 du 26 mai 2009)* « *des mineurs* » : *(Décr. n° 2021-682 du 27 mai 2021, art. 2, en vigueur le 30 sept. 2021)* « Iaah5 » ;

6° Pour une fonction d'accompagnement du mineur à une audience du tribunal pour enfants statuant en matière correctionnelle : *(Décr. n° 2021-682 du 27 mai 2021, art. 2, en vigueur le 30 sept. 2021)* « Iaah6 » ;

7° Pour une fonction d'accompagnement du mineur à une audience du tribunal pour enfants statuant en matière criminelle : *(Décr. n° 2021-682 du 27 mai 2021, art. 2, en vigueur le 30 sept. 2021)* « Iaah7 » ;

8° Pour la représentation du mineur lorsque l'administrateur *ad hoc* interjette appel devant la chambre des appels correctionnels ou la chambre spéciale des mineurs : *(Décr. n° 2021-682 du 27 mai 2021, art. 2, en vigueur le 30 sept. 2021)* « Iaah8 » ;

9° Pour la représentation du mineur lorsque l'administrateur *ad hoc* interjette appel devant la cour d'assises *(Abrogé par Décr. n° 2009-598 du 26 mai 2009)* « *des mineurs* » statuant en appel : *(Décr. n° 2021-682 du 27 mai 2021, art. 2, en vigueur le 30 sept. 2021)* « Iaah9 » ;

10° Pour une indemnité de carence en cas de difficultés dans le déroulement de la mission de l'administrateur *ad hoc*, sur la base d'un rapport indiquant les diligences accomplies, dans les conditions définies à l'article R. 53-8 : *(Décr. n° 2021-682 du 27 mai 2021, art. 2, en vigueur le 30 sept. 2021)* « Iaah10 ».

Les dispositions de l'art. 12 du Décr. n° 2008-764 sont entrées en vigueur à la date de publication de l'Arr. du 2 sept. 2008 relatif aux frais de justice criminelle en matière de médecine légale, de traduction, d'interprétariat et d'administration ad hoc (JO 11 sept.).

Les 5° à 9° deviennent respectivement les 4° à 10° à compter du 30 sept. 2021 (Décr. n° 2021-682 du 27 mai 2021, art. 2).

Art. R. 216-1 En cas d'ouverture d'une information judiciaire, une provision d'un montant maximum de *(Décr. n° 2008-764 du 30 juill. 2008, art. 12-II et 15, en vigueur le 11 sept. 2008)* « Iaah2 » peut être accordée par le juge d'instruction à l'administrateur *ad hoc*, sur sa demande, si ce dernier remet en cours de mission et au moins six mois après sa désignation, un rapport récapitulant les démarches effectuées et les formalités accomplies.

Pour l'application du présent paragraphe à Mayotte, à la Nouvelle-Calédonie, à la Polynésie française et aux îles Wallis-et-Futuna, V. Décr. n° 99-818 du 16 sept. 1999 (JO 19 sept.), art. 8-1, ajouté par Décr. n° 2001-71 du 29 janv. 2001, art. 11 (JO 30 janv.).

Les dispositions de l'art. 12 du Décr. n° 2008-764 sont entrées en vigueur à la date de publication de l'Arr. du 2 sept. 2008 relatif aux frais de justice criminelle ene matière de médecine légale, de traduction, d'interprétariat et d'administration ad hoc (JO 11 sept.).

§ 2 PROCÉDURES SUIVIES EN APPLICATION DE LA LÉGISLATION SUR LES INCAPABLES

(Décr. n° 81-70 du 28 janv. 1981)

Art. R. 217 *(Décr. n° 93-867 du 28 juin 1993)* « Si le mineur est solvable, les frais des procédures suivies en matière de tutelle sont à sa charge et le recouvrement en est poursuivi selon les procédures et sous les garanties prévues en matière d'amende pénale. »

Le juge des tutelles, ou le tribunal ultérieurement saisi, peut toutefois décider qu'une autre partie en supportera la charge.

(Décr. n° 93-867 du 28 juin 1993) « Si le mineur ne paraît pas avoir de ressources suffisantes, le juge des tutelles constate cette insuffisance par ordonnance ; les frais sont alors avancés et recouvrés comme en matière de frais de justice. »

Les mêmes règles sont applicables en matière de régimes de protection des majeurs.

Art. R. 217-1 *(Décr. n° 2008-1485 du 22 déc. 2008, applicable aux certificats et avis médicaux établis à compter du 1er janv. 2009)* Le médecin auteur du certificat circonstancié prévu à l'article 431 du code civil reçoit, à titre d'honoraires, la somme de 160 €.

Lorsque le médecin, requis par le procureur de la République ou commis par le juge des tutelles, justifie n'avoir pu établir ce certificat du fait de la carence de la personne à protéger ou protégée, il lui est alloué une indemnité forfaitaire de 30 €.

Le médecin auteur de l'avis mentionné aux articles 426 et 432 *(Décr. n° 2016-185 du 23 févr. 2016, art. 17)* « ainsi qu'au premier alinéa de l'article 494-4 » du code civil reçoit, à titre d'honoraires, lorsque cet avis ne figure pas dans le certificat mentionné à l'alinéa premier, la somme de 25 €.

Lorsque le médecin, requis par le procureur de la République ou commis par le juge des tutelles pour établir le certificat ou l'avis mentionnés aux premier et troisième alinéas, justifie de la nécessité qu'il a eu à se déplacer à cette fin sur le lieu où réside la personne à protéger ou protégée, il reçoit, en sus de ses honoraires et sur justificatifs, le remboursement de ses frais de déplacement, calculés dans les conditions fixées pour les déplacements des fonctionnaires du groupe II.

§ 3 FRAIS ENGAGÉS EN MATIÈRE DE MESURES CONSERVATOIRES PRISES APRÈS L'OUVERTURE D'UNE SUCCESSION *(Décr. n° 88-600 du 6 mai 1988 ; Décr. n° 2011-1043 du 1er sept. 2011).*

Art. R. 218 *(Décr. n° 93-867 du 28 juin 1993)* Les frais *(Abrogé par Décr. n° 2011-1043 du 1er sept. 2011) « engagés d'office »* en matière de mesures conservatoires prises après l'ouverture d'une succession sont à la charge de celle-ci et le recouvrement en est poursuivi selon les procédures et sous les garanties prévues en matière d'amende pénale.

(Décr. n° 2011-1043 du 1er sept. 2011) « L'huissier désigné en application des dispositions de l'article 1306 du code de procédure civile indique au greffe le nom et l'adresse de la ou des personnes appelées à l'inventaire au plus tard lors de la présentation de son mémoire de frais pour la levée de scellés.

« Il joint à ce mémoire un état récapitulatif des frais engagés depuis sa désignation, en précisant ceux pour lesquels il a déjà demandé une avance au Trésor. »

§ 4 INSCRIPTIONS HYPOTHÉCAIRES REQUISES PAR LE MINISTÈRE PUBLIC

Art. R. 219 Les frais des inscriptions hypothécaires prises d'office par le ministère public sont *(Décr. n° 2016-479 du 16 avr. 2016, art. 10, en vigueur le 1er mai 2016)* « ordonnancés par les chefs de cour ou leurs délégués », sauf recouvrement ultérieur contre les intéressés.

§ 5 RECOUVREMENT DES AMENDES

Art. R. 220 Les frais de recouvrement des amendes prononcées dans les cas prévus par le code de procédure pénale et par le code pénal sont taxés conformément aux tarifs en matière civile.

Ces frais ne sont point *imputés* sur les fonds généraux des frais de justice criminelle, correctionnelle et de police ; l'avance et la régularisation en sont effectuées par les soins des *(Décr. n° 2014-551 du 27 mai 2014, art. 24)* « comptables de la direction générale des finances publiques ».

§ 6 FRAIS D'ENQUÊTES SOCIALES ORDONNÉES EN MATIÈRE D'EXERCICE DE L'AUTORITÉ PARENTALE *(Décr. n° 88-600 du 6 mai 1988).*

Art. R. 221 *(Décr. n° 93-867 du 28 juin 1993)* « Les frais d'enquêtes sociales ordonnées en matière d'exercice de l'autorité parentale sont recouvrés par *(Décr. n° 2014-551 du 27 mai 2014, art. 24)* « la direction générale des finances publiques » selon les procédures et sous les garanties prévues en matière d'amende pénale. »

(Décr. n° 88-600 du 6 mai 1988) La partie condamnée aux dépens peut former un recours contre la disposition de la décision relative à la liquidation de ces frais. A

défaut d'appel sur le fond, le recours, motivé, est formé au greffe de la juridiction dont émane la décision, dans le mois de la notification de cette décision. Il est porté devant la chambre de l'instruction.

En l'absence de condamnation aux dépens, les frais d'enquête sociale sont recouvrés contre la partie désignée par le juge qui a ordonné l'enquête.

§ 7 FRAIS D'AUDITION D'UN MINEUR PAR LA PERSONNE DÉSIGNÉE PAR LE JUGE

(Décr. n° 2009-572 du 20 mai 2009, art. 3-2°)

Art. R. 221-1 Il est alloué à la personne désignée par le juge pour entendre le mineur, en application de l'article 388-1 du code civil, en sus du remboursement de ses frais de déplacement calculés dans les conditions fixées pour les déplacements des personnels civils de l'État, une rémunération forfaitaire fixée par arrêté conjoint du garde des sceaux, ministre de la justice, et du ministre chargé du budget.

Lorsque cette personne n'a pu remplir sa mission en raison de la carence du mineur qui n'a pas déféré aux convocations, elle se voit allouer une indemnité forfaitaire dont le montant est fixé par le même arrêté.

CHAPITRE IV DU PAIEMENT ET DU RECOUVREMENT DES FRAIS *(Décr. n° 93-867 du 28 juin 1993).*

SECTION PREMIÈRE DU PAIEMENT DES FRAIS *(Décr. n° 88-600 du 6 mai 1988).*

§ 1er PRÉSENTATION DES ÉTATS ET DES MÉMOIRES *(Décr. n° 88-600 du 6 mai 1988).*

Art. R. 222 *(Décr. n° 88-600 du 6 mai 1988) (Décr. n° 2016-479 du 18 avr. 2016, art. 2, en vigueur le 1er mai 2016)* « Les parties prenantes établissent et transmettent leurs états et mémoires de frais, accompagnés des pièces justificatives sous forme dématérialisée. A cette fin, elles utilisent le téléservice désigné par le ministre de la justice. »

(Décr. n° 2014-461 du 7 mai 2014, art. 2, en vigueur le 1er nov. 2014) « Il est établi un état ou mémoire de frais par mission. Toutefois, les parties prenantes, qui réalisent de manière habituelle plusieurs missions par mois, établissent un état ou mémoire de frais récapitulant l'ensemble des missions effectuées au cours du mois ou de toute autre période déterminée par le ministre de la justice. »

(Décr. n° 2016-479 du 18 avr. 2016, art. 2, en vigueur le 1er mai 2016) « Par dérogation au premier alinéa, sont établis sur papier conformément aux modèles arrêtés par le ministère de la justice les états et mémoires afférents :

« 1° Aux indemnités prévues au 4° de l'article R. 92 ;

« 2° A la contribution mentionnée au 11° du I de l'article R. 93. »

V. note ss. art. R. 223.

Art. R. 223 *(Décr. n° 2016-479 du 18 avr. 2016, art. 3, en vigueur le 1er mai 2016)* « La juridiction compétente pour traiter l'état ou le mémoire de frais de justice est celle qui a prescrit la mesure.

« Toutefois, le tribunal judiciaire est compétent pour traiter l'état ou le mémoire relatif à des frais de justice engagés au cours d'une procédure devant un tribunal judiciaire ou un conseil de prud'hommes situé dans son ressort.

« Le secrétaire général du ministère de la justice est compétent pour traiter les mémoires relatifs aux frais prévus au 9° de l'article R. 92 lorsque la réquisition a été transmise par la plate-forme nationale des interceptions judiciaires à l'opérateur. »

(Décr. n° 2016-479 du 18 avr. 2016, art. 3) « Les états de frais d'un huissier de justice relèvent de la compétence de la cour d'appel ou du tribunal judiciaire dans le ressort duquel l'huissier a sa résidence selon la nature de la juridiction à l'origine de son intervention. »

Les dispositions du dernier al. de l'art. R. 223 s'appliquent aux états et mémoires de frais déposés ou adressés au greffe de la juridiction compétente à compter du 21 avr. 2016 (Décr. n° 2016-479 du 18 avr. 2016, art. 19-II).

§ 2 PROCÉDURE DE CERTIFICATION *(Décr. nº 88-600 du 6 mai 1988).*

[Dans sa nouvelle rédaction issue du Décr. nº 88-600 du 6 mai 1988, la présente section ne comporte plus d'art. R. 224.]

Art. R. 224-1 *(Décr. nº 2013-770 du 26 août 2013, art. 5)* **Relèvent de la procédure de certification prévue à l'article R. 225 :**

1º Les frais énumérés à l'article R. 92 faisant l'objet d'une tarification fixée par les dispositions du titre X du livre V (Décrets en Conseil d'État) ;

2º Les frais prévus au 9º de cet article, même non tarifés ;

3º Les frais énumérés à l'article R. 92 autres que ceux mentionnés aux 1º et 2º du présent article, qui sont inférieurs à un montant fixé par arrêté du ministre de la justice.

Cet art. s'applique aux états et mémoires de frais déposés ou adressés au greffe de la juridiction compétente à compter du 29 août 2013 (Décr. nº 2013-770 du 26 août 2013, art. 8).

V. art. A. 43-16 s.

Ecqc. la certification des états de frais liés aux techniques d'enquête numériques judiciaires, V. Décr. nº 2017-614 du 24 avr. 2017 (JO 25 avr.) portant création d'un service à compétence nationale dénommé « Agence nationale des techniques d'enquêtes numériques judiciaires » et d'un comité d'orientation des techniques d'enquêtes numériques judiciaires.

Art. R. 224-2 *(Décr. nº 2013-770 du 26 août 2013, art. 5)* **Relèvent en outre de la procédure de certification prévue à l'article R. 225 :**

1º Les frais énumérés à l'article R. 93 faisant l'objet d'une tarification fixée par une disposition réglementaire ;

2º La part contributive de l'État à la rétribution des auxiliaires de justice en matière d'aide juridictionnelle ;

3º Les frais assimilés aux frais de justice criminelle, correctionnelle et de police, autres que ceux mentionnés aux 1º et 2º du présent article, qui sont inférieurs à un montant fixé par arrêté du ministre de la justice.

Cet art. s'applique aux états et mémoires de frais déposés ou adressés au greffe de la juridiction compétente à compter du 29 août 2013 (Décr. nº 2013-770 du 26 août 2013, art. 8).

V. art. A. 43-16 s.

Art. R. 225 *(Décr. nº 88-600 du 6 mai 1988) (Décr. nº 2014-1162 du 9 oct. 2014, art. 3)* **« Lorsque l'état ou mémoire porte sur des frais mentionnés au 1º et au 3º de l'article R. 224-1 et à l'article R. 224-2, le greffier ou tout autre fonctionnaire de catégorie B des services judiciaires, après avoir procédé s'il y a lieu aux redressements nécessaires, certifie avoir vérifié la réalité de la dette et son montant. Lorsque l'état porte sur des frais mentionnés au 2º de l'article R. 224-1, ce certificat est établi par le fonctionnaire de catégorie A ou B, délégué à cette fin par le secrétaire général du ministère de la justice si la réquisition a été transmise par la plate-forme nationale des interceptions judiciaires à l'opérateur. »**

(Décr. nº 2013-770 du 26 août 2013, art. 5) **« Les conditions et les modalités de modulation des vérifications mentionnées à l'alinéa précédent sont fixées par arrêté conjoint du ministre de la justice et du ministre chargé du budget. »**

(Décr. nº 2016-479 du 18 avr. 2016, art. 4, en vigueur le 1er mai 2016) **« Le certificat prévu au premier alinéa est établi sous forme dématérialisée, sauf lorsque le mémoire porte sur :**

« 1º Les indemnités prévues au 4º de l'article R. 92 ;

« 2º La contribution mentionnée au 11º du I de l'article R. 93. »

(Décr. nº 2013-770 du 26 août 2013, art. 5) **« S'il refuse d'établir le certificat, le greffier ou tout autre fonctionnaire de catégorie B des services judiciaires** *(Décr. nº 2014-1162 du 9 oct. 2014, art. 3)* **« ou le fonctionnaire de catégorie A ou B, délégué à cette fin par le secrétaire général du ministère de la justice** *[,]* **» demande au ministère public de prendre des réquisitions aux fins de taxe. »**

V. art. A. 43-17.

Il résulte de l'art. R. 225 que, lorsque le greffier destinataire d'un mémoire de frais en matière de justice criminelle, correctionnelle ou de police d'un montant inférieur à 152,45 €, transmet celui-ci au ministère public sans avoir procédé à la certification, le juge taxateur, saisi par les réquisitions du procureur de la République, est tenu de statuer sur la demande de taxe. La simple transmission du mémoire de frais par le greffier au procureur de la République équivaut à un refus de certification justifiant la prise de réquisitions aux fins de taxe. Dès lors, encourt la censure l'arrêt de la chambre de l'instruction, saisie du recours d'un opérateur téléphonique contre une ordonnance de taxe ayant fixé la rémunération à 7,77 € alors qu'il était demandé 76,96 €, qui relève d'office l'incompétence du juge taxateur au motif qu'il ne résultait pas de la procédure que ce magistrat avait été saisi de réquisitions à cette fin, après que le greffier eut refusé d'établir le certificat de taxe. • Crim. 17 juin 2008, n° 08-81.749 P : *D. 2008. AJ 2148* ; *AJ pénal 2008. 472* ; *Dr. pénal 2009. Chron. 1, obs. Guérin.*

§ 3 PROCÉDURE DE TAXATION (*Décr. n° 88-600 du 6 mai 1988*).

Art. R. 226 (*Décr. n° 88-600 du 6 mai 1988*) **Les états ou mémoires relatifs aux frais de justice criminelle, correctionnelle et de police autres que ceux énumérés à l'article R. 224-1 sont transmis aux fins de réquisitions au parquet du ressort dans lequel la juridiction a son siège.**

Le magistrat du ministère public transmet l'état ou mémoire, assorti de ses réquisitions, au magistrat taxateur.

Art. R. 227 (*Décr. n° 88-600 du 6 mai 1988*) **Le président de chaque juridiction ou le magistrat qu'il délègue à cet effet taxe les états ou mémoires relatifs à des frais engagés sur la décision des autorités appartenant à cette juridiction ou des personnes agissant sous le contrôle de ces autorités.**

(*Décr. n° 2013-770 du 26 août 2013, art. 5*) **« Le président du tribunal judiciaire peut aussi déléguer au juge d'instruction, au juge de l'application des peines ou au juge des enfants la taxation des frais qu'ils ont engagés. »**

Art. R. 227-1 *Abrogé par Décr. n° 2010-1634 du 23 déc. 2010.*

Art. R. 227-2 *Abrogé par Décr. n° 93-867 du 28 juin 1993.*

§ 4 VOIES DE RECOURS (*Décr. n° 88-600 du 6 mai 1988*).

Art. R. 228 (*Décr. n° 88-600 du 6 mai 1988*) **Lorsque la taxe diffère de la demande de la partie prenante, l'ordonnance de taxe lui est notifiée par le greffe par lettre recommandée.**

Lorsque la taxe diffère des réquisitions du ministère public, l'ordonnance de taxe lui est notifiée par le greffe.

La notification d'une ordonnance de taxe prévue par l'art. R. 228 implique, outre l'envoi d'une lettre recommandée, la certification par le greffier de l'accomplissement de cette formalité au pied de l'ordonnance. Encourt dès lors la cassation l'arrêt qui, pour déclarer irrecevable le recours formé par l'expert, le 31 mars 2005, contre une ordonnance de taxe, retient que la décision a été notifiée par lettre recommandée du 18 mars 2005, alors qu'aucune mention n'a été portée par le greffier, au pied de l'ordonnance, certifiant l'accomplissement de la formalité prévue par l'art. R. 228. • Crim. 14 mars 2006, n° 05-85.274 P : *D. 2006. AJ 1187* ; *AJ pénal 2006. 266*.

Art. R. 228-1 (*Décr. n° 88-600 du 6 mai 1988*) **L'ordonnance de taxe peut être frappée par la partie prenante ou le ministère public d'un recours devant la chambre de l'instruction quelle que soit la juridiction à laquelle appartient le magistrat taxateur. Le délai de recours est de dix jours à compter de la notification. Le délai de recours et l'exercice du recours dans le délai sont suspensifs d'exécution.**

1. Délai de recours. La date d'envoi de la lettre recommandée, prévue par l'art. R. 228 et valant notification *en application de l'art. R. 228-1*, est le point de départ du délai de dix jours. • Crim. 10 févr. 1998, n° 97-81.616 P. ♦ ... Lequel ne saurait être prorogé s'il n'est pas établi par la partie prenante qu'elle a été absolument empêchée, par une circonstance indépendante de sa volonté, cas de force majeure ou obstacle invincible, d'exercer son droit dans ce délai. • Même arrêt.

2. Ordonnance de taxe. Les formes utilisées pour la notification de l'ordonnance de taxe, et notamment la date de l'envoi du courrier en recommandé, doivent être portées sur cette ordonnance par le greffier pour faire courir le délai d'appel. • Crim. 14 mars 2006, n° 05-85.274 P : *D. 2006. IR 1187* ; *AJ pénal 2006. 266, obs. Girault*

Art. R. 229 *(Décr. n° 88-600 du 6 mai 1988) (Décr. n° 2016-479 du 18 avr. 2016, art. 5, en vigueur le 1er mai 2016)* **« Un recours contre l'ordonnance de taxe peut être formé devant la chambre de l'instruction par le ministère public, à la demande du comptable assignataire dans un délai d'un mois à compter de la réception de la demande de paiement. »**

(Décr. n° 99-203 du 18 mars 1999) **« En matière d'aide juridictionnelle, le délai d'un mois court à compter de la transmission qui est faite par** *(Décr. n° 2011-272 du 15 mars 2011, art. 25)* **« l'ordonnateur compétent » au comptable assignataire de l'ordonnance de taxe. »**

Le refus motivé du ministère public d'exercer le recours est porté à la connaissance du *(Décr. n° 2014-551 du 27 mai 2014, art. 24)* **« comptable assignataire ». Dans ce cas, le comptable assignataire exécute l'ordonnance de taxe.**

Art. R. 230 *(Décr. n° 88-600 du 6 mai 1988)* **Les recours mentionnés aux articles précédents sont formés par déclaration au greffe du magistrat taxateur ou par lettre recommandée avec demande d'accusé de réception adressée à ce greffe.**

La partie prenante est informée du recours du procureur de la République par lettre recommandée, adressée par le greffe.

La décision de la chambre de l'instruction est adressée pour exécution au greffe de la juridiction à laquelle appartient le magistrat taxateur. En cas de trop-versé le greffier en chef procède à l'émission d'un titre de recouvrement.

Le pourvoi en cassation est ouvert dans tous les cas.

Si l'art. R. 230, al. 2 prévoit que la partie prenante doit être informée du recours du Ministère public contre une ordonnance de taxe « par lettre recommandée adressée par le greffe », l'omission de cette formalité est sans effet sur la validité du recours. • Crim. 27 sept. 1995 : *Gaz. Pal. 1996. 1. Somm. 9.*

Art. R. 231 *(Décr. n° 88-600 du 6 mai 1988)* **La partie condamnée peut former un recours contre la disposition de la décision relative à la liquidation des dépens.**

Ce recours est porté devant la juridiction d'appel au cas où la décision qui contient la liquidation peut être entreprise par cette voie.

Dans le cas où la décision qui contient la liquidation des dépens n'est pas susceptible d'appel, le recours est porté devant la chambre de l'instruction.

Le recours est formé au greffe de la juridiction qui a rendu la décision, selon les règles et dans le délai qui sont, suivant le cas, ceux de l'appel ou du pourvoi en cassation.

Le pourvoi en cassation est ouvert dans tous les cas.

Le recours est porté devant la juridiction d'appel, au cas où la décision qui contient la liquidation peut être entreprise par cette voie. Dans le cas contraire, lorsque la décision comportant la liquidation des dépens n'est pas susceptible d'appel, la chambre d'accusation est seule compétente pour connaître du recours. Celui-ci doit être formé au greffe de la juridiction qui a rendu la décision, selon les règles et dans le délai qui sont, dans le premier cas, ceux de l'appel et, dans le second cas, ceux du pourvoi en cassation. • Crim. 21 janv. 1992, n° 90-83.890 P.

Art. R. 232 *Abrogé par Décr. n° 93-867 du 28 juin 1993.*

§ 5 PAIEMENT *(Décr. n° 88-600 du 6 mai 1988).*

Art. R. 233 *(Décr. n° 2016-479 du 18 avr. 2016, art. 6, en vigueur le 1er mai 2016)* **L'état ou le mémoire de frais de la partie prenante certifié ou taxé est ordonnancé par les chefs de la cour d'appel ou leurs délégués, sauf dispositions particulières prévoyant le paiement des frais notamment par le régisseur d'avances.**

Lorsqu'il est compétent, le régisseur, en cas de désaccord sur un état ou un mémoire certifié, demande au ministère public de prendre des réquisitions aux fins de taxe ; dans ce cas, il sursoit au paiement jusqu'à la taxation définitive.

Art. R. 234 *(Décr. n° 2016-479 du 18 avr. 2016, art. 7, en vigueur le 1er mai 2016)* **« S'agissant d'un état ou d'un mémoire certifié, la partie prenante dans le délai d'un mois à compter de la perception de la somme, ou le comptable assignataire, pour les frais visés au** *[aux]* **2° et 3° des articles R. 224-1 et R. 224-2, dans le délai d'un mois à compter de la réception de la demande de paiement, peuvent adresser une réclama-**

tion au ministère public près la juridiction dont le greffier ou le fonctionnaire désigné a procédé à la certification, qui saisit de ses réquisitions le magistrat taxateur compétent.

« Lorsque les frais relèvent du 2° de l'article R. 224-1 et que la réquisition a été transmise à l'opérateur par la plate-forme nationale des interceptions judiciaires, la réclamation est adressée au secrétaire général du ministère de la justice qui demande au ministère public près de la juridiction ayant prescrit la mesure de prendre des réquisitions aux fins de taxe. »

(Décr. n° 99-203 du 18 mars 1999) « En matière d'aide juridictionnelle, le délai d'un mois imparti au comptable assignataire court à compter de la transmission qui lui est faite par *(Décr. n° 2011-272 du 15 mars 2011, art. 25)* « l'ordonnateur compétent » du mémoire ou de l'état certifié. »

Art. R. 235 à R. 240 *Abrogés par Décr. n° 93-867 du 28 juin 1993.*

SECTION II DE LA LIQUIDATION ET DU RECOUVREMENT DES FRAIS *(Décr. n° 93-867 du 28 juin 1993).*

§ 1er LIQUIDATION DES FRAIS

Art. R. 241 *(Décr. n° 93-867 du 28 juin 1993)* Sont déclarés dans tous les cas à la charge de l'État et sans recours envers les condamnés :

1° Les frais et dépens engagés en cas de décision juridictionnelle rectifiant ou interprétant une précédente décision ;

2° Les frais exposés devant la commission prévue à l'article 16-2.

Art. R. 242 *(Décr. n° 74-88 du 4 févr. 1974)* Il est dressé pour chaque affaire criminelle, correctionnelle ou de police, un état de liquidation des frais autres que ceux qui sont à la charge de l'État sans recours envers les condamnés.

Au cours de l'instruction cet état est dressé par le greffier d'instruction au fur et à mesure des frais comme il est dit à l'article 81, alinéa 2.

(Décr. n° 72-630 du 4 juill. 1972) « Cette liquidation doit être insérée, soit dans l'ordonnance, soit dans l'arrêt, le jugement ou l'ordonnance pénale » qui prononce la condamnation aux frais.

Lorsque cette insertion ne peut être faite, le juge décerne exécutoire contre qui de droit, au bas de l'état même de liquidation.

Art. R. 243 *Abrogé par Décr. n° 93-867 du 28 juin 1993.*

Art. R. 244 *(Décr. n° 74-88 du 4 févr. 1974)* Le greffier doit remettre au *(Décr. n° 2014-551 du 27 mai 2014, art. 24)* « directeur départemental ou, le cas échéant, régional des finances publiques », dès que la condamnation est devenue définitive, un extrait de l'ordonnance, jugement ou arrêt, pour ce qui concerne la liquidation et la condamnation au remboursement des frais ou une copie de l'état de liquidation rendu exécutoire.

Art. R. 245 à R. 247 *Abrogés par Décr. n° 93-867 du 28 juin 1993.*

§ 2 RÉGULARISATION DES DÉPENSES. – RECOUVREMENT *(Décr. n° 93-867 du 28 juin 1993).*

Art. R. 248 *Abrogé par Décr. n° 83-455 du 2 juin 1983.*

Art. R. 249 *(Décr. n° 74-88 du 4 févr. 1974)* Le recouvrement des frais de justice *(Décr. n° 88-600 du 6 mai 1988)* « avancés par le Trésor public » qui ne restent pas définitivement à la charge de l'État est poursuivi à la diligence des *(Décr. n° 2014-551 du 27 mai 2014, art. 24)* « comptables de la direction générale des finances publiques » par toutes voies de droit et notamment celle de la *(Décr. n° 2004-1364 du 13 déc. 2004, art. 30, en vigueur le 1er janv. 2005)* « contrainte judiciaire » s'il y a lieu.

V. cependant art. 749, qui réserve l'exécution de la contrainte judiciaire à l'inexécution des peines d'amende prononcées en matière criminelle ou correctionnelle.

RÉP. PÉN. v° *Contrainte judiciaire,* par DETRAZ.

§ 3 DES EXTRAITS DÉLIVRÉS PAR LES GREFFES

(Décr. n° 93-867 du 28 juin 1993)

Art. R. 249-1 En matière criminelle, correctionnelle ou de police, les extraits sont établis par le greffe de la juridiction dont la décision est devenue définitive.

CHAPITRE V DE L'INDEMNITÉ POUVANT ÊTRE ACCORDÉE EN CAS DE NON-LIEU, RELAXE OU ACQUITTEMENT

(Décr. n° 2001-1321 du 27 déc. 2001)

Art. R. 249-2 L'indemnité prévue par l'article 800-2 comporte l'indemnisation des frais d'avocat exposés par la personne poursuivie, dont le montant ne peut excéder la contribution de l'État à la rétribution de l'avocat qui aurait prêté son concours à l'intéressé au titre de l'aide juridictionnelle pour l'ensemble de la procédure ayant abouti à la décision de non-lieu, de relaxe ou d'acquittement.

Cette indemnité comporte également, sauf si la personne poursuivie était en détention provisoire lors de ses comparutions devant les juridictions d'instruction ou de jugement :

1° Pour les interrogatoires de la personne devant le juge d'instruction, la chambre de l'instruction ou un magistrat d'une juridiction de jugement chargé d'un supplément d'information, sa comparution devant le tribunal ou le juge pour enfants, le tribunal de police *(Décr. n° 2004-1021 du 27 sept. 2004, art. 12-III)* « *(Abrogé par Décr. n° 2017-683 du 28 avr. 2017, art. 3, à compter du 1er juill. 2017)* « *ou la juridiction de proximité* », » le tribunal correctionnel ou la chambre des appels correctionnels, des indemnités de comparution ne pouvant excéder celles calculées dans les conditions fixées aux articles R. 129, R. 130 et R. 131 ;

2° En cas de comparution devant la cour d'assises, des indemnités journalières ne pouvant excéder celles calculées dans les conditions fixées à l'article R. 140 ;

3° Des indemnités de transport ne pouvant excéder celles calculées dans les conditions fixées aux articles R. 133 et R. 138 ;

4° Si l'intéressé a été retenu hors de sa résidence du fait de ses comparutions devant les juridictions d'instruction ou de jugement, des indemnités de séjour ne pouvant excéder celles calculées dans les conditions fixées à l'article R. 111.

(Décr. n° 2004-1021 du 27 sept. 2004, art. 9-I) « Si la personne poursuivie a constitué une sûreté à l'occasion d'un contrôle judiciaire, en application des dispositions du 15° de l'article 138, cette indemnité comporte également les frais de constitution, de publicité et de radiation dont le tarif est fixé par les textes réglementaires régissant cette sûreté.

« Lorsque la sûreté a été constituée au profit d'un bénéficiaire provisoire en application des dispositions des articles 142 et R. 24-2, l'indemnité comporte en outre le remboursement des sommes versées à cette personne, pour un montant qui ne peut excéder 150 euros ou, s'il a été fait application des dispositions de l'article R. 24-6, 300 euros. »

Art. R. 249-3 L'indemnité doit être demandée à la juridiction d'instruction ou de jugement avant que celle-ci ne statue sur l'action publique.

La demande fait l'objet d'une requête datée et signée du demandeur ou de son avocat, adressée à la juridiction soit par lettre recommandée avec demande d'accusé de réception, soit par remise au greffe contre récépissé :

1° Au plus tard avant l'expiration du délai de vingt jours prévu par l'article 175, si la demande est formée devant le juge d'instruction ou la chambre de l'instruction ;

2° Avant la clôture des débats, si la demande est formée devant une juridiction de jugement.

Cette requête indique le montant de l'indemnité demandée pour chacun des frais exposés, conformément aux distinctions prévues par l'article R. 249-2. Elle est accompagnée des pièces justificatives des frais exposés, comprenant notamment une attestation de l'avocat indiquant soit le montant de ses honoraires, soit le fait que ceux-ci ont dépassé le montant prévu au premier alinéa du même article. *(Décr. n° 2004-1021 du 27 sept. 2004, art. 9-II)* « Lorsque l'indemnité demandée porte également sur les

frais prévus par le dernier alinéa de l'article R. 249-2, figure en outre parmi les pièces justificatives une attestation du bénéficiaire provisoire indiquant soit le montant de sa rémunération, soit que celle-ci était supérieure aux montants prévus au dernier alinéa de cet article. »

Il résulte des art. 800-2 et R. 249-3 que la demande d'indemnisation, par la personne poursuivie, des frais exposés par elle et non payés par l'État doit être présentée avant l'expiration du délai de vingt jours prévu par l'art. 175, si elle est formée devant le juge d'instruction ou la chambre de l'instruction. Doit être déclarée irrecevable comme tardive une demande présentée après l'expiration de ce délai. • Crim. 20 nov. 2007, n° 07-80.405 P : *D. 2008. AJ 299*.

Art. R. 249-4 **La décision statuant sur la demande d'indemnisation est rendue par la juridiction en même temps que la décision statuant sur l'action publique, sauf si l'état du dossier ne permet pas de déterminer le montant de l'indemnité.**

En matière criminelle, cette décision est rendue par la cour statuant sans l'assistance des jurés.

Art. R. 249-5 **Lorsque l'action publique a été mise en mouvement par la partie civile, la juridiction d'instruction ou de jugement ne peut mettre l'indemnité à la charge de cette dernière que sur réquisitions du procureur de la République et par décision motivée, si elle estime que la constitution de partie civile a été abusive ou dilatoire.**

Il est alors fait application, selon le cas, des dispositions du deuxième alinéa de l'article 177-2 ou du deuxième alinéa de l'article 392-1.

Art. R. 249-6 **Le demandeur ou le ministère public peuvent former appel, dans les dix jours de sa notification, de la décision rendue sur la demande d'indemnisation lorsqu'elle émane d'une juridiction répressive statuant en premier ressort. Le même droit est ouvert à la partie civile lorsque l'indemnité est mise à sa charge.**

Cet appel est porté :

***a)* Devant la chambre de l'instruction lorsque la décision a été rendue par le juge d'instruction ;**

b)* Devant la chambre des appels correctionnels lorsque la décision a été rendue par le tribunal de police** *(Décr. n° 2004-1021 du 27 sept. 2004, art. 12-IV)* **«** *(Abrogé par Décr. n° 2017-683 du 28 avr. 2017, art. 3, à compter du 1er juill. 2017)* ***« ou la juridiction de proximité », **» le tribunal des enfants ou le tribunal correctionnel, ou par la cour d'assises statuant en premier ressort.**

L'appel de la décision de non-lieu ou de relaxe par le ministère public vaut également appel de la décision sur la demande d'indemnisation. Il en est de même de l'appel de la décision de non-lieu par la partie civile.

Pendant le délai d'appel et durant l'instance d'appel, il est sursis à l'exécution de la décision.

Art. R. 249-7 *(Décr. n° 2016-479 du 18 avr. 2016, art. 11, en vigueur le 1er mai 2016)* **« Le paiement de l'indemnité est effectué au vu de la décision de la juridiction qui l'a allouée. »**

Lorsque la décision met l'indemnité à la charge de la partie civile, *(Décr. n° 2016-479 du 18 avr. 2016, art. 11, en vigueur le 1er mai 2016)* **« l'indemnité est ordonnancée à titre d'avance ». Le recouvrement du montant de l'indemnité auprès de la partie civile est poursuivi à la diligence des** *(Décr. n° 2014-551 du 27 mai 2014, art. 24)* **« comptables de la direction générale des finances publiques » par toutes voies de droit.**

Art. R. 249-8 *(Décr. n° 2016-479 du 18 avr. 2016, art. 12, en vigueur le 1er mai 2016)* **« Après l'ordonnancement de l'indemnité, un recours contre la décision peut être formé devant la juridiction mentionnée au *a* ou au *b* de l'article R. 249-6 par le ministère public à la demande du comptable assignataire, dans le délai d'un mois à compter de la réception de la demande de paiement ».**

Le refus motivé du ministère public d'exercer le recours est porté à la connaissance du comptable assignataire. Dans ce cas, celui-ci exécute la décision *(Abrogé par Décr. n° 2016-479 du 18 avr. 2016, art. 12, à compter du 1er mai 2016)* ***« et reconstitue l'avance de la régie ».***

LIVRE CINQUIÈME *BIS* DISPOSITIONS GÉNÉRALES

(Décr. n° 2020-767 du 23 juin 2020, art. 1er)

CHAPITRE PREMIER DU TRAITEMENT AUTOMATISÉ DE DONNÉES À CARACTÈRE PERSONNEL DÉNOMMÉ "DOSSIER PÉNAL NUMÉRIQUE" *(Décr. n° 2021-1194 du 15 sept. 2021, en vigueur le 1er oct. 2021)*

Art. R. 249-9 Est autorisée la création, par le ministère de la justice, d'un traitement de données à caractère personnel dénommé "dossier pénal numérique" mis en œuvre dans chaque juridiction. Les finalités de ce traitement, qui concerne les personnes majeures et les personnes mineures, sont de :

1° Faciliter et améliorer le traitement des dossiers pénaux par les magistrats, les greffiers et les personnes habilitées à les assister en permettant :

a) Le recours, pour la conduite de la procédure pénale, au dossier de procédure numérique ainsi qu'à la copie numérisée du dossier, au dossier unique de personnalité relatif aux mineurs et aux minutes dématérialisées ;

b) Une étude personnalisée des dossiers de façon totalement numérique ;

2° Fluidifier les échanges d'information et l'accès au dossier de procédure, dans le respect des dispositions du présent code et *(Décr. n° 2021-682 du 27 mai 2021, art. 2, en vigueur le 30 sept. 2021)* « des articles L. 322-8 à L. 322-10 du code de la justice pénale des mineurs *[ancienne rédaction : l'article 5-2 de l'ordonnance n° 45-174 du 2 février 1945 relative à l'enfance délinquante]* » :

a) Au sein de la juridiction et entre juridictions ayant à connaître du dossier ou de certaines de ses pièces ;

b) Avec les personnes concourant à la procédure au sens de l'article 11, les avocats et les parties ;

c) Avec toute administration, établissement, autorité ou personne publique ou privée, autorisé en vertu de dispositions législative ou réglementaire spécifiques, à se voir communiquer tout ou partie d'un dossier pénal ou d'une décision.

Art. R. 249-10 Les pièces, actes et documents enregistrés dans le traitement sont :

1° Des procès-verbaux et rapports dressés par les officiers ou agents de police judiciaire et les fonctionnaires et agents chargés de certaines fonctions de police judiciaire ainsi que des pièces annexées à ceux-ci ;

2° Des actes réalisés par des experts et personnes requises, missionnés par les services de police ou de justice ;

3° Des actes réalisés par les magistrats ou agents des services judiciaires, de l'administration pénitentiaire ou de la protection judiciaire de la jeunesse, du secteur associatif habilité ou de l'aide sociale à l'enfance ;

4° Tout document versé au dossier pénal numérique conformément aux dispositions du présent code et, plus largement, toute pièce contenue au sein du dossier de procédure numérique ou de la copie numérisée du dossier ;

5° Les pièces et actes composant le dossier unique de personnalité prévu par *(Décr. n° 2021-682 du 27 mai 2021, art. 2, en vigueur le 30 sept. 2021)* « les articles L. 322-8 à L. 322-10 du code de la justice pénale des mineurs *[ancienne rédaction : l'article 5-2 de l'ordonnance n° 45-174 du 2 février 1945 relative à l'enfance délinquante]* » ;

6° Les minutes mentionnées aux articles 379-1 et 486 du présent code.

Art. R. 249-11 Peuvent être enregistrées les catégories de données à caractère personnel suivantes :

1° Concernant les témoins, victimes, personnes mises en cause, mises en examen ou placées sous le statut de témoin assisté, les personnes poursuivies, les personnes condamnées ainsi que celles faisant l'objet d'une enquête pour recherche des causes de la mort ou des blessures prévue par l'article 74 ou d'une enquête en disparition inquiétante visée à l'article 74-1 :

a) Des données relatives à l'identité et coordonnées, notamment : civilité, nom de naissance, nom d'usage, prénoms, alias, sexe, dates de naissance et de décès, commune de naissance, code et nom du pays de naissance, nationalité, numéro de téléphone, adresse électronique, adresse postale, filiation, situation familiale, situation professionnelle, parcours scolaire et universitaire ;

b) Des données relatives à la situation administrative notamment : autorisation, titres, cartes de séjour ou document de circulation pour le ressortissant étranger, carte d'identité, passeport, permis de conduire, autorisation administrative préalable ;

c) Des données relatives au patrimoine notamment : numéros de comptes, pièces comptables, biens mobiliers et immobiliers ;

d) Des données relatives aux activités notamment : déplacements, fréquentations, contacts ;

e) Des données relatives aux objets, véhicules et moyens de communication notamment numéro d'identification du véhicule, plaque d'immatriculation, des données relatives aux identifiants des équipements, données de géolocalisation ;

f) Des données biométriques permettant d'identifier la personne notamment : empreintes digitales, empreinte génétique ;

g) Le numéro de sécurité sociale ;

h) Des données relatives aux infractions, condamnations ou mesures de sûreté :

– données relatives à la procédure judiciaire : numéro de parquet, numéro d'enregistrement délivré par les services enquêteurs, identifiant unique justice ;

– situation judiciaire des personnes au cours de la procédure : antécédents judiciaires et précédentes condamnations de l'auteur des faits ;

– situation pénale d'une personne à un instant de la procédure : numéro d'écrou, date de libération prévue, incidents en détention ;

– mode de comparution devant la juridiction, nature du jugement ;

– montant demandé pour les dommages-intérêts ou la provision ;

– infractions sur lesquelles porte la procédure : modalités de participation à l'infraction, unité du taux d'alcoolémie, récidive, code de nature d'infraction NATINF et son libellé, code INSEE de la commune, lieu de commission de l'infraction, date de début de l'infraction, date de fin de l'infraction ;

– peine prononcée, libellé de la peine et mesure, motifs, obligations.

Le traitement est susceptible de contenir des photographies. Il ne comporte pas de dispositif de reconnaissance faciale à partir de celles-ci.

Le traitement peut enregistrer des données à caractère personnel de la nature de celles mentionnées à l'article 6 de la loi n° 78-17 du 6 janvier 1978 modifiée relative à l'informatique, aux fichiers et aux libertés, dans la stricte mesure où ces données sont nécessaires à la poursuite des finalités définies à l'article R. 249-9.

2° Concernant les avocats :

a) Des données relatives à l'identité : nom de naissance, nom d'usage, prénoms ;

b) Des données relatives à l'exercice professionnel notamment le numéro d'affiliation à la Caisse nationale des barreaux français et la copie de la carte professionnelle ;

c) Des données relatives aux modes de communication notamment : numéro de toque, adresse postale et électronique, numéro de téléphone et de télécopie ;

3° Concernant les experts et personnes qualifiées :

a) Données relatives à l'identité notamment : nom de naissance, nom d'usage, prénoms ;

b) Données relatives à l'exercice professionnel notamment titre, grade et emploi ;

c) Données relatives aux moyens de communication notamment adresse postale et électronique, numéro de téléphone et de télécopie ;

4° Concernant les personnels du ministère de la justice :

a) Nom de naissance ou d'usage et prénom ;

b) Corps et/ou grade, fonction et adresse électronique nominative ;

c) Code position administrative de l'agent, mnémonique du service de l'agent et libellé du service ;

5° Concernant les membres des services d'enquête :

a) Nom de naissance ou d'usage et prénoms ;

b) Corps et/ou grade, fonction et adresse électronique nominative ;

c) Code position administrative de l'agent, mnémonique du service de l'agent et libellé du service.

Outre l'ensemble de ces données, peuvent également être enregistrés dans le traitement les commentaires libres du magistrat saisi du dossier qui ne sont accessibles et visibles que par ce dernier. Ne peuvent être enregistrées dans les commentaires libres que les données et informations strictement nécessaires, adéquates et non excessives au regard des finalités poursuivies.

Art. R. 249-12 Les informations enregistrées dans le traitement sont conservées en base active jusqu'à l'extinction de l'action publique ou, lorsqu'une juridiction a été saisie, jusqu'à ce que la dernière juridiction saisie ait statué définitivement par une décision rendue au fond dans la procédure concernée ou, lorsqu'une condamnation a été prononcée, jusqu'à la fin de l'exécution de la peine prononcée à l'encontre de la personne concernée ou, à défaut d'une telle exécution, jusqu'à l'acquisition de la prescription de cette peine.

Par dérogation aux dispositions du premier alinéa, la minute d'un jugement ou d'un arrêt est conservée en base active pendant une durée de huit ans à compter de la date de son prononcé.

A l'issue de ces durées, les données et documents sont conservées en base inactive pour leur durée d'utilité administrative, selon les règles applicables en matière d'archivage intermédiaire des dossiers des juridictions.

Les dispositions des alinéas qui précèdent ne sont pas applicables au dossier unique de personnalité qui est conservé conformément aux dispositions du décret n° 2014-472 du 9 mai 2014 pris pour l'application *(Décr. n° 2021-682 du 27 mai 2021, art. 2, en vigueur le 30 sept. 2021)* « des articles L. 322-8 à L. 322-10 du code de la justice pénale des mineurs *[ancienne rédaction : l'article 5-2 de l'ordonnance n° 45-174 du 2 février 1945 relative à l'enfance délinquante]* » relative à l'enfance délinquante relatif au dossier unique de personnalité.

Art. R. 249-13 I. — Peuvent accéder aux informations enregistrées dans le traitement prévu à l'article R. 249-9 :

1° Les magistrats du siège et du parquet exerçant dans l'ensemble des juridictions, de première instance, d'appel et de cassation pour les nécessités liées au seul traitement des infractions ou des procédures dont ils sont saisis ainsi que les auditeurs de justice pour le seul accomplissement des missions qui leur sont confiées ;

2° Les agents de greffe et les personnes habilitées, en vertu de l'article R. 123-14 du code de l'organisation judiciaire, ainsi que, pour le seul accomplissement des missions qui leur sont confiées, les juristes assistants mentionnés à l'article L. 123-4 de ce même code et les assistants de justice mentionnés à l'article 20 de la loi n° 95-125 du 8 février 1995 relative à l'organisation des juridictions et à la procédure civile, pénale et administrative, qui assistent les magistrats mentionnés au 1° ;

3° Les délégués du procureur de la République institués à l'article R. 15-33-30 du présent code, pour l'accomplissement des missions qui leur sont confiées par l'autorité judiciaire au titre des articles 41-1 à 41-2 ;

4° Les assistants spécialisés mentionnés aux articles 628-9 et 706 du présent code, pour l'exercice des seules missions qui leur sont confiées ;

5° Les avocats, pour les seuls besoins des procédures dont ils ont la charge et à l'unique fin de consultation desdites procédures.

II. — Sont destinataires de tout ou partie des informations enregistrées dans le traitement prévu à l'article R. 249-9 :

1° Dans le cadre de l'accès au dossier de procédure et aux minutes, dans le respect des dispositions du présent code : les personnes concourant à la procédure au sens de l'article 11, les avocats, les parties ;

2° Concernant le dossier unique de personnalité, les avocats du mineur, de ses père et mère, tuteur ou représentant légal et de la partie civile, les professionnels de la protection judiciaire de la jeunesse, les personnels du service ou de l'établissement du secteur associatif habilité, dans les conditions prévues par *(Décr. n° 2021-682 du 27 mai 2021, art. 2, en vigueur le 30 sept. 2021)* « les articles L. 322-8 à L. 322-10 du code de la justice pénale des mineurs *[ancienne rédaction : l'article 5-2 de l'ordonnance n° 45-174 du 2 février 1945 relative à l'enfance délinquante]* » ;

3° Toute administration, établissement, autorité, ou personne publique ou privée, autorisé en vertu de dispositions législative ou réglementaire spécifiques, à se voir communiquer tout ou partie d'un dossier pénal ou d'une décision.

Art. R. 249-14 Conformément aux dispositions de l'article 111 *[de]* la loi n° 78-17 du 6 janvier 1978 modifiée relative à l'informatique, aux fichiers et aux libertés, l'accès aux données et les conditions de leur rectification ou de leur effacement sont régis par les dispositions du présent code.

Art. R. 249-15 Le droit d'opposition prévu au premier alinéa de l'article 110 de la loi n° 78-17 du 6 janvier 1978 modifiée relative à l'informatique, aux fichiers et aux libertés ne s'applique pas au traitement prévu par le présent chapitre.

Art. R. 249-16 Les opérations de collecte, de modification, de consultation, de communication et d'effacement des données à caractère personnel et informations font l'objet d'un enregistrement comprenant l'identification de l'utilisateur, la date, l'heure et la nature de l'intervention dans ce traitement. Ces informations sont conservées pendant un délai de six ans.

CHAPITRE II DU RECOURS JUDICIAIRE VISANT À GARANTIR LE DROIT AU RESPECT DE LA DIGNITÉ EN DÉTENTION

(Décr. n° 2021-1194 du 15 sept. 2021, en vigueur le 1er oct. 2021)

SECTION PREMIÈRE DE LA COMPÉTENCE ET DES MODALITÉS DE SAISINE DU JUGE

Art. R. 249-17 Le juge des libertés et de la détention compétent pour connaître du recours formé sur le fondement de l'article 803-8 par une personne placée en détention provisoire ou sous écrou extraditionnel est celui du tribunal judiciaire compétent pour connaître de la procédure concernant cette personne ou du tribunal judiciaire situé au siège de la cour d'appel compétente pour connaître de cette procédure.

Le juge de l'application des peines compétent pour connaître du recours formé sur le fondement de l'article 803-8 par une personne condamnée est celui du tribunal judiciaire dans le ressort duquel est situé l'établissement pénitentiaire où cette personne est incarcérée ou, dans le cas prévu par l'article 706-22-1, du tribunal judiciaire de Paris.

Art. R. 249-18 Le chef de l'établissement pénitentiaire prend toutes dispositions pour informer les détenus de la possibilité de former un recours sur le fondement de l'article 803-8.

Art. R. 249-19 A peine d'irrecevabilité, la requête doit être présentée dans un écrit distinct comportant la mention : "Requête portant sur les conditions de détention (article 803-8 du code de procédure pénale)".

La requête contient un exposé circonstancié des conditions de détention personnelles et actuelles que son auteur estime contraires à la dignité de la personne. Elle précise si le requérant demande à être entendu par le juge, en présence le cas échéant de son avocat.

Elle indique en outre si le requérant a saisi la juridiction administrative d'une demande relative à ses conditions de détention. Si une telle saisine intervient en cours de procédure, le requérant en informe sans délai, selon les cas, le juge des libertés et de la détention ou le juge de l'application des peines.

La requête est signée par le requérant ou par son avocat. Si le requérant ne peut signer, il en est fait mention par le service auprès duquel la requête est déclarée en application de l'article R. 249-20.

Art. R. 249-20 I. — La requête fait l'objet d'une déclaration par le requérant ou par son avocat selon les modalités suivantes :

1° Lorsque le requérant est placé en détention provisoire, la déclaration est faite auprès du greffe du juge d'instruction si une information est en cours, auprès du secrétariat du procureur de la République si le tribunal correctionnel est saisi, ou auprès du secrétariat du procureur général si la chambre des appels correctionnels ou la cour d'assises est saisie ou si un pourvoi en cassation est en cours ;

2° Lorsque le requérant est placé sous écrou extraditionnel, la déclaration est faite auprès du secrétariat du procureur général ;

3° Lorsque le requérant est condamné, la déclaration est faite auprès du greffe du juge de l'application des peines.

La requête est constatée, datée et signée par le service auprès duquel elle est déclarée.

La déclaration peut également être faite au moyen d'une lettre recommandée avec demande d'avis de réception.

Lorsque le requérant est placé en détention provisoire ou sous écrou extraditionnel, le juge d'instruction, le procureur de la République ou le procureur général transmet par tout moyen, le cas échéant par voie électronique, la requête le jour même ou le premier jour ouvrable suivant, avec ses éventuelles observations portant notamment sur la recevabilité de la requête, au juge des libertés et de la détention.

II. — Dans tous les cas, la déclaration peut également être faite par le requérant auprès du chef de l'établissement pénitentiaire. A cet effet, il est remis à la personne détenue un formulaire de requête valant déclaration, auquel elle peut joindre un écrit complémentaire. Ce formulaire peut être obtenu par le requérant auprès du greffe de l'établissement pénitentiaire, du greffe du juge d'instruction ou du greffe de l'application des peines.

Le requérant peut être assisté, pour rédiger sa requête, de toute personne habilitée à intervenir en détention.

La requête est constatée, datée et signée par le chef de l'établissement pénitentiaire. Celui-ci transmet la requête le jour même ou le premier jour ouvrable suivant, en original ou copie et par tout moyen, le cas échéant par voie électronique, au greffe ou au secrétariat mentionné au I, selon les distinctions prévues par ces dispositions.

SECTION II DE LA DÉCISION SUR LA RECEVABILITÉ DE LA REQUÊTE ET DE L'EXAMEN DES CONDITIONS DE DÉTENTION

Art. R. 249-21 Dans un délai de dix jours à compter de la réception de la requête qui lui a été transmise conformément à l'article R. 249-20, le juge statue sur sa recevabilité par une ordonnance motivée conformément aux deuxième et troisième alinéas du I de l'article 803-8.

Art. R. 249-22 Si le juge rejette la requête comme irrecevable, l'ordonnance est notifiée sans délai au requérant par l'intermédiaire du chef d'établissement pénitentiaire. Elle est également notifiée sans délai, le cas échéant par voie électronique, à l'avocat du requérant et, si le requérant est placé en détention provisoire, au juge d'instruction, au procureur de la République ou au procureur général selon les cas.

Art. R. 249-23 Si le juge estime la requête recevable, il communique sans délai, le cas échéant par voie électronique, l'ordonnance de recevabilité au chef de l'établissement pénitentiaire en lui demandant de lui transmettre, dans un délai d'au moins trois jours ouvrables et d'au plus dix jours, ses observations écrites et toute pièce permettant d'apprécier les conditions de détention du requérant. L'ordonnance est également communiquée au requérant ou à son avocat.

Copie des observations du chef d'établissement est adressée par tout moyen à l'avocat du requérant, ou, si celui-ci n'est pas assisté par un avocat, au requérant, qui est invité à produire sans délai ses éventuelles observations.

Art. R. 249-24 Pour vérifier si les conditions de détention portent ou non atteinte à la dignité du requérant, le juge peut :

1° Se déplacer sur les lieux de détention ;

2° Ordonner une expertise confiée à un expert inscrit sur les listes d'experts judiciaires ou ayant prêté serment conformément à l'article 160 ;

3° Requérir d'un huissier de justice de procéder à toute constatation utile, à des photographies, des prises de vue et de son au sein de l'établissement pénitentiaire, dans des conditions respectant les impératifs de sécurité de celui-ci ;

4° Procéder à l'audition, le cas échéant par un moyen de télécommunication audiovisuelle, de codétenus du requérant, de personnels pénitentiaires ou du chef de l'établissement pénitentiaire ;

5° Procéder à l'audition du requérant, même si celui-ci n'a pas demandé à être entendu par le juge en application de l'article R. 249-35, en présence s'il y a lieu de son avocat, le cas échéant par un moyen de télécommunication audiovisuelle.

Le juge peut également consulter tout rapport décrivant les conditions de détention mises en cause et issu de la visite d'un organisme national ou international indépendant.

SECTION III DE LA DÉCISION SUR LE BIEN-FONDÉ DE LA REQUÊTE ET DE LA MISE *[EN]* ŒUVRE DE MESURES CORRECTIVES PAR L'ADMINISTRATION PÉNITENTIAIRE

Art. R. 249-25 Dans un délai de dix jours à compter de la date à laquelle a été rendue l'ordonnance déclarant la requête recevable, le juge se prononce par ordonnance motivée sur le bien-fondé de la requête au vu de celle-ci et des observations de la personne détenue ou, le cas échéant, de son avocat, des observations écrites de l'administration pénitentiaire et de l'avis écrit du juge d'instruction, du procureur de la République ou du procureur général.

L'avocat peut à tout moment prendre connaissance du dossier de la procédure.

Art. R. 249-26 Si le juge rejette la requête comme infondée, l'ordonnance est notifiée dans les conditions prévues à l'article R. 249-22.

Art. R. 249-27 Si le juge estime la requête fondée, l'ordonnance mentionne les conditions de détention qu'il considère comme contraires à la dignité de la personne humaine, et fixe un délai compris entre dix jours et un mois pour permettre à l'administration pénitentiaire d'y mettre fin par tout moyen.

Cette ordonnance est notifiée dans les conditions prévues à l'article R. 249-22.

Art. R. 249-28 Avant l'expiration du délai fixé par le juge en application de l'article R. 249-27, l'administration pénitentiaire prend toute mesure qui lui paraît appropriée pour mettre fin aux conditions de détention en cause.

A cette fin, elle peut proposer à la personne détenue un transfèrement dans un autre établissement pénitentiaire.

Lorsque la personne détenue est incarcérée en exécution d'une peine privative de liberté, l'administration pénitentiaire veille à ce que le transfèrement proposé ne porte pas une atteinte excessive au droit au respect de sa vie familiale, eu égard au lieu de résidence de sa famille.

Lorsque la personne détenue est placée en détention provisoire, le transfèrement ne peut être décidé qu'avec l'accord du magistrat saisi du dossier de la procédure en application de l'article 715.

Si la personne détenue accepte le transfèrement qui lui est proposé, il y est procédé dans les meilleurs délais.

Art. R. 249-29 Avant l'expiration du délai fixé en application de l'article R. 249-27, l'administration pénitentiaire adresse un rapport d'information au juge sur les mesures prises ou proposées au détenu.

Copie de ce rapport est adressée par tout moyen à l'avocat du requérant, ou, si celui-ci n'est pas assisté par un avocat, au requérant.

A la réception de ce rapport, le juge peut procéder, le cas échéant selon les modalités prévues à l'article R. 249-24, aux vérifications permettant de s'assurer qu'il a été mis fin aux conditions de détention contraires à la dignité du requérant.

SECTION IV DE LA DÉCISION INTERVENANT À L'ISSUE DU DÉLAI IMPARTI À L'ADMINISTRATION PÉNITENTIAIRE POUR PRENDRE DES MESURES CORRECTIVES

Art. R. 249-30 Dix jours au plus tard après l'expiration du délai fixé en application de l'article R. 249-27, le juge prend l'une des décisions prévues par la présente section, après avoir de nouveau recueilli les observations et avis prévus à l'article R. 249-25. Son ordonnance est notifiée dans les conditions prévues à l'article R. 249-22.

Art. R. 249-31 Si le juge considère qu'il a été mis fin aux conditions de détention contraires à la dignité du requérant, il constate qu'il n'y a plus lieu à statuer sur le fond de la requête.

Art. R. 249-32 Si le juge considère qu'il n'a pas été mis fin aux conditions indignes de détention, il prend l'une des décisions prévues par les 1° à 3° du II de l'article 803-8. Dans les cas prévus au dernier alinéa du II du même article, le juge peut refuser, par ordonnance motivée, de prendre l'une de ces décisions.

Art. R. 249-33 S'il envisage d'ordonner le transfèrement du requérant en application du 1° du II de l'article 803-8, le juge demande à l'administration pénitentiaire de lui proposer dans les meilleurs délais un ou plusieurs établissements dans lesquels celui-ci est susceptible d'être incarcéré, conformément aux *(Décr. n° 2022-479 du 30 mars 2022, art. 8, en vigueur le 1er mai 2022)* « dispositions des articles L. 112-3, L. 211-1, L. 211-2 et L. 211-3 du code pénitentiaire *[ancienne rédaction : dispositions des articles 714 et 717]* », dans des conditions respectueuses de la dignité de la personne humaine.

Le juge ne peut ordonner le transfèrement de la personne que dans l'un des établissements proposés par l'administration pénitentiaire.

Si la personne est incarcérée en exécution d'une peine privative de liberté, le juge de l'application des peines veille à ce que ce transfèrement ne porte pas une atteinte excessive au droit au respect de sa vie familiale, au *[eu]* égard au lieu de résidence de sa famille.

Art. R. 249-34 S'il décide de faire application du 3° du II de l'article 803-8, le juge de l'application des peines peut ordonner, après avis du procureur de la République et du représentant de l'administration pénitentiaire, une des mesures prévues au III de l'article 707, y compris si l'octroi de la mesure relève normalement de la compétence du tribunal de l'application des peines et sans qu'il soit tenu de procéder au débat prévu par l'article 712-6.

Si l'octroi de la mesure ne peut intervenir qu'à la suite d'une expertise en application de l'article 712-21, le juge ordonne cette expertise dans le délai de dix jours prévu par l'article R. 249-30. Sa décision sur le fond doit alors intervenir dans un délai qui ne peut excéder quinze jours. Il peut toutefois ne pas ordonner d'expertise dans les conditions prévues par l'article 712-23.

SECTION V DE L'AUDITION DU RÉQUÉRANT

Art. R. 249-35 Lorsque le requérant a demandé à être entendu en application de l'article R. 249-19 et que sa requête a été déclarée recevable, le juge informe par tout moyen l'intéressé et son avocat, le procureur de la République ou le procureur général et le chef de l'établissement pénitentiaire de la date et du lieu de l'audition, en précisant notamment s'il sera recouru à un moyen de télécommunication audiovisuelle conformément à l'article 706-71.

Cette audition doit intervenir soit avant que le juge se prononce sur le bien-fondé de la requête conformément aux dispositions de la section 3 du présent chapitre, soit avant qu'il statue en application du II de l'article 803-8 conformément aux dispositions de la section 4 du présent chapitre. Le juge ne peut cependant rendre une ordonnance déclarant la requête infondée sans avoir procédé à cette audition. Le procureur de la République, le procureur général et le chef de l'établissement pénitentiaire peuvent présenter des observations à l'occasion de l'audition du requérant ou lors d'une audition distincte, le cas échéant par un moyen de télécommunication audiovisuelle conformément à l'article 706-71.

Le requérant peut renoncer à sa demande d'audition lorsqu'il estime que, à l'issue du délai fixé en application de l'article R. 249-27, l'administration pénitentiaire a mis fin aux conditions indignes de détention le concernant.

SECTION VI *DES VOIES DE RECOURS*

Art. R. 249-36 Les décisions prévues aux sections 2 à 5 du présent chapitre peuvent, dans un délai de dix jours à compter de leur notification, faire l'objet d'un appel devant, selon les cas, le président de la chambre de l'instruction ou le président de la chambre de l'application des peines. L'appel peut être formé par le détenu, par son avocat ou par le procureur de la République.

L'appel est formé soit par déclaration au greffe de la juridiction qui a rendu la décision attaquée soit par déclaration auprès du chef d'établissement, selon les modalités prévues aux articles 502 et 503.

Art. R. 249-37 Le président de la chambre de l'instruction ou le président de la chambre de l'application des peines peuvent également être directement saisis par le détenu ou son avocat, selon les mêmes modalités, si le juge n'a pas statué dans les délais prévus par le présent chapitre.

Art. R. 249-38 Sans préjudice des dispositions du deuxième alinéa du III de l'article 803-8 prévoyant l'appel suspensif du ministère public, l'appel formé par une personne condamnée contre une décision de transfèrement prise en application du 1° du II de l'article 803-8, dont elle estime qu'elle porte une atteinte excessive au droit au respect de sa vie familiale, présente un caractère suspensif. Le président de la chambre de l'application des peines doit alors statuer dans un délai de quinze jours à compter de la réception du dossier, à défaut de quoi la décision de transfèrement est caduque.

Lorsque la décision de transfèrement est devenue caduque en application du précédent alinéa, le juge de l'application des peines statue à nouveau dans un délai de dix jours sur l'application du II de l'article 803-8, sans pouvoir à nouveau ordonner le même transfèrement.

Art. R. 249-39 Les décisions du président de la chambre de l'instruction ou du président de la chambre de l'application des peines sont motivées.

SECTION VII DES PERSONNES FAISANT L'OBJET DE PLUSIEURS TITRES DE DÉTENTION

Art. R. 249-40 Si la personne incarcérée est à la fois placée en détention provisoire et en exécution de peine, seul le juge des libertés et de la détention est compétent pour connaître des requêtes formées en application de l'article 803-8.

Toutefois, si le juge des libertés et de la détention, après avoir constaté que les conditions de détention sont contraires à la dignité du requérant, décide de mettre fin à la détention provisoire en application du 2° du II de l'article 803-8, il en informe immédiatement le juge de l'application des peines sous le contrôle duquel la personne est placée, en lui transférant sans délai le dossier de la procédure relative à la requête prévue par cet article.

Dans un délai de dix jours à compter de la réception du dossier, le juge de l'application des peines rend l'une des décisions prévues par le 1° ou 3° du II de l'article 803-8. Dans les cas prévus au dernier alinéa du II du même article, le juge peut refuser, par ordonnance motivée, de prendre l'une de ces décisions.

Art. R. 249-41 Si la personne placée en détention provisoire fait l'objet de plusieurs mandats de dépôt délivrés par des juges des libertés et de la détention de tribunaux judiciaires différents, est seul compétent, parmi ces juges, celui du tribunal dont le siège est le plus proche de l'établissement où la personne est incarcérée. Si la personne est placée en détention pour des faits relevant de l'article 706-16, est seul compétent le juge des libertés et de la détention de Paris.

Le juge des libertés et de la détention statue après avoir pris l'avis, selon le cas, des juges d'instruction saisis des procédures ou des magistrats du ministère public compétents. Il les informe de sa décision.

LIVRE SIXIÈME DISPOSITIONS RELATIVES À L'OUTRE-MER

(Décr. n° 2011-338 du 29 mars 2011, en vigueur le 1er avr. 2011).

(Décr. n° 2005-404 du 27 avr. 2005)

TITRE PREMIER DISPOSITIONS APPLICABLES DANS LES DÉPARTEMENTS D'OUTRE-MER, À SAINT-BARTHÉLEMY, À SAINT-MARTIN ET À SAINT-PIERRE-ET-MIQUELON *(Décr. n° 2010-1634 du 23 déc. 2010, art. 4).*

Art. R. 250 *(Décr. n° 64-118 du 4 févr. 1964 ; Décr. n° 74-88 du 4 févr. 1974 ; Décr. n° 79-299 du 2 avr. 1979)* **Le présent code, ainsi que les règlements qui le modifient, est applicable aux départements de la Guadeloupe, de la Guyane, de la Martinique,** *(Décr. n° 2010-1634 du 23 déc. 2010, art. 4)* **« de la Réunion, aux collectivités de Saint-Barthélemy, de Saint-Martin et » de Saint-Pierre-et-Miquelon.** — *Art. déplacé dans le livre VI par Décr. n° 2005-404 du 27 avr. 2005.*

Art. R. 250-1 *(Décr. n° 2010-1634 du 23 déc. 2010, art. 4)* **Pour leur application à Saint-Pierre-et-Miquelon :**

(Abrogé par Décr. n° 2022-479 du 30 mars 2022, art. 18, à compter du 1er mai 2022) ***« a) A l'article R. 57-6-21, les mots : "et les directeurs des services pénitentiaires d'insertion et de probation" sont supprimés ;***

« (Décr. n° 2014-477 du 13 mai 2014, art. 4) ***« b) L'article R. 57-6-24 est ainsi rédigé :***

Art. R. 57-6-24 Le chef d'établissement est compétent pour délivrer les autorisations de visiter l'établissement pénitentiaire qu'il dirige.

Pour l'exercice des compétences définies par le présent code, le chef d'établissement peut déléguer sa signature à son adjoint ou à un personnel de surveillance.

« « c) » L'article R. 57-7-5 est ainsi rédigé :

*« **Art. R. 57-7-5** Pour l'exercice de ses compétences en matière disciplinaire, le chef d'établissement peut déléguer sa signature à son adjoint ou à un personnel de surveillance.*

« (Décr. n° 2014-477 du 13 mai 2014, art. 4) ***« d) » L'article R. 57-7-8 est complété par un alinéa ainsi rédigé :***

« "Lorsqu'il n'existe pas dans l'établissement pénitentiaire de personnel de surveillance détenant l'un des grades exigés par le deuxième alinéa, le premier assesseur peut être choisi parmi les personnels de surveillance d'un autre grade." ;

« (Décr. n° 2014-477 du 13 mai 2014, art. 4) ***« e) » La dernière phrase de l'article R. 57-7-13 est ainsi rédigée : "Dans la mesure du possible, l'auteur de ce compte rendu ne siège pas à la commission de discipline." ;***

« (Décr. n° 2014-477 du 13 mai 2014, art. 4) ***« f) » L'article R. 57-7-14 est complété par deux alinéas ainsi rédigés :***

« "Lorsqu'il n'existe pas dans l'établissement pénitentiaire un personnel de surveillance, autre que le chef d'établissement, détenant l'un des grades exigés par le premier alinéa, le rapport peut être rédigé par un personnel de surveillance d'un autre grade.

« "Dans la mesure du possible, l'auteur de ce compte rendu ne siège pas à la commission de discipline." ;

« (Décr. n° 2014-442 du 29 avr. 2014, art. 4) ***« f) [g)] A l'article R. 57-9-2-2, les mots : ", le directeur des services pénitentiaires d'insertion et de probation" sont supprimés. » ; »***

(Décr. n° 2021-1182 du 13 sept. 2021, art. 2) **« h) Les mots : "préfet de département" sont remplacés par les mots : "représentant de l'État dans la collectivité" ;**

« i) Les mots : "caisse nationale d'assurance maladie" et les mots : "caisse nationale des allocations familiales" sont remplacés par les mots : "caisse de prévoyance sociale" ;

« j) Les mots : "l'administration centrale de la direction générale des finances publiques" sont remplacés par les mots : "la direction des services fiscaux localement compétente" ».

Art. R. 250-2 *(Décr. nº 2021-1182 du 13 sept. 2021, art. 2)* Pour leur application à Saint-Barthélemy et à Saint-Martin, les mots : "préfet de département" sont remplacés par les mots : "représentant de l'État dans la collectivité".

TITRE DEUXIÈME DISPOSITIONS APPLICABLES EN NOUVELLE-CALÉDONIE, EN POLYNÉSIE FRANÇAISE ET DANS LES ÎLES WALLIS-ET-FUTUNA

CHAPITRE PREMIER DISPOSITIONS GÉNÉRALES

Art. R. 251 *(Décr. nº 2016-1859 du 23 déc. 2016)* « I. — » *(Abrogé par Décr. nº 2020-537 du 28 mars 2020) « Sous réserve des dispositions prévues aux alinéas suivants et »* A l'exception des articles R. 15-29 à R. 15-33-23, R. 15-33-43 et R. 15-33-59, R. 48-1, du I de l'article R. 49-8-3, des articles R. 49-8-5 à *(Décr. nº 2010-671 du 18 juin 2010, art. 8)* « R. 49-19 », R. 63, R. 64, *(Décr. nº 2013-770 du 26 août 2013, art. 7)* « R. 93-3 et R. 95 », le présent code (Décrets en Conseil d'État) est applicable en Nouvelle-Calédonie *(Décr. nº 2019-464 du 17 mai 2019)* « dans sa rédaction résultant du » *(Décr. nº 2022-479 du 30 mars 2022, art. 18, en vigueur le 1er mai 2022)* « décret nº 2022-479 du 30 mars 2022 » sous réserve des adaptations prévues au présent titre.

(Décr. nº 2016-1859 du 23 déc. 2016) « II. — » *(Abrogé par Décr. nº 2020-537 du 28 mars 2020) « Sous réserve des dispositions prévues aux alinéas suivants et »* A l'exception des articles R. 15-29 à R. 15-33-23, R. 15-33-43 et R. 15-33-59, R. 48-1, R. 49-8-1 à R. 49-13, R. 63, R. 64, *(Décr. nº 2013-770 du 26 août 2013, art. 7)* « R. 93-3 et R. 95 », le présent code (Décrets en Conseil d'État) est applicable en Polynésie française *(Décr. nº 2019-464 du 17 mai 2019)* « dans sa rédaction résultant du » *(Décr. nº 2022-479 du 30 mars 2022, art. 18, en vigueur le 1er mai 2022)* « décret nº 2022-479 du 30 mars 2022 » sous réserve des adaptations prévues au présent titre.

(Décr. nº 2016-1859 du 23 déc. 2016) « III. — » *(Abrogé par Décr. nº 2020-537 du 28 mars 2020) « Sous réserve des dispositions prévues aux alinéas suivants et »* A l'exception des articles R. 15-29 à R. 15-33-23, R. 15-33-43 et R. 15-33-59, R. 48-1, R. 49-8-1 à R. 49-13, *(Abrogé par Décr. nº 2022-479 du 30 mars 2022, art. 18, à compter du 1er mai 2022) « R. 57-6-21, R. 57-6-22, R. 57-7-64 à R. 57-7-78, R. 57-7-83, R. 57-7-84 et R. 57-8-7, »* R. 63, R. 64, *(Décr. nº 2013-770 du 26 août 2013, art. 5)* « R. 93-2, R. 93-3 et R. 95, » le présent code (Décrets en Conseil d'État) est applicable dans les îles Wallis-et-Futuna *(Décr. nº 2019-464 du 17 mai 2019)* « dans sa rédaction résultant du » *(Décr. nº 2022-479 du 30 mars 2022, art. 18, en vigueur le 1er mai 2022)* « décret nº 2022-479 du 30 mars 2022 » sous réserve des adaptations prévues au présent titre.

Art. R. 252 I. — Pour l'application du présent code en Nouvelle-Calédonie, en Polynésie française et dans les îles Wallis-et-Futuna, les termes énumérés ci-après sont remplacés comme suit :

1º "département" par "collectivité d'outre-mer" ou "Nouvelle-Calédonie" ;

2º "préfet" et "sous-préfet" par "représentant de l'État" ;

3º "Banque de France" par "Institut d'émission d'outre-mer" ;

4º *(Décr. nº 2019-913 du 30 août 2019, art. 21, en vigueur le 1er janv. 2020)* « "tribunal judiciaire" *[ancienne rédaction : "tribunal de grande instance" ou "tribunal d'instance"]* » par "tribunal de première instance" ou, le cas échéant, par les termes de "section détachée du tribunal de première instance" ;

5º "procureur de la République" par "procureur de la République près le tribunal de première instance" ;

6º "greffier" par "chef du greffe" ;

7º *(Décr. nº 2014-551 du 27 mai 2014, art. 24)* « "comptable principal de la direction générale des finances publiques" ou "comptable de la direction générale des finances publiques" » par "agent chargé du recouvrement des amendes" ;

8º "régisseur des recettes" par "agent chargé du recouvrement des amendes" ;

9º "salaire minimum interprofessionnel de croissance" par "salaire minimum horaire garanti".

(Décr. nº 2013-770 du 26 août 2013, art. 7) « 10º "conseil de prud'hommes" par "tribunal du travail" » ;

(Décr. nº 2014-442 du 29 avr. 2014, art. 4) « II. — Pour l'application du présent code dans les îles Wallis-et-Futuna :

« 1º Les références au directeur des services pénitentiaires d'insertion et de probation sont supprimées ;

« 2º Les termes ci-après sont remplacés comme suit :

« *a)* "Maire" par "chef de circonscription" ;

« *b)* "Commune" par "circonscription" ; »

(Décr. nº 2021-1501 du 18 nov. 2021, art. 1er) « *c)* "Chef d'établissement pénitentiaire" par "autorité administrative compétente pour assurer le service public pénitentiaire". »

III. — De même, les références à des dispositions non applicables en Nouvelle-Calédonie, en Polynésie française et dans les îles Wallis-et-Futuna sont remplacées par les références aux dispositions ayant le même objet applicables localement.

Art. R. 253 En Nouvelle-Calédonie, en Polynésie française et dans les îles Wallis-et-Futuna, les sanctions pécuniaires encourues en vertu du présent code sont prononcées en monnaie locale compte tenu de la contre-valeur de l'euro dans cette monnaie.

Art. R. 254 En Nouvelle-Calédonie, en Polynésie française et dans les îles Wallis-et-Futuna, le tarif des frais de justice prévus au présent code en euros est converti en monnaie locale compte tenu de la contre-valeur de l'euro dans cette monnaie.

CHAPITRE II DE L'EXERCICE DE L'ACTION PUBLIQUE ET DE L'INSTRUCTION

Art. R. 255 *Abrogé par Décr. nº 2006-1329 du 31 oct. 2006.*

Art. R. 256 Pour l'application des articles R. 15-1 et R. 15-5, un alinéa ainsi rédigé complète ces articles :

"Lorsque l'intéressé est en fonction dans une île autre que celle où siège la cour d'appel, ce délai court à compter de la première liaison aérienne ou maritime."

Art. R. 257 Pour l'application de l'article R. 15-12, les notifications sont effectuées par le secrétaire de la commission au requérant par l'intermédiaire de l'autorité militaire ou administrative hiérarchique qui délivre un avis contre émargement et les mots : "douze jours" sont remplacés par les mots : "un mois".

Art. R. 258 A l'article R. 15-13, le chiffre : "cinq" est remplacé par le chiffre : "quinze".

Art. R. 259 Pour l'application de l'article R. 15-14, la notification est effectuée par l'intermédiaire de l'autorité militaire ou administrative hiérarchique qui délivre un avis contre émargement.

Art. R. 260 Les alinéas 3 à 6 de l'article R. 15-17 sont remplacés par les dispositions suivantes :

"Une commission d'examen, dont les membres sont nommés par arrêté conjoint du garde des sceaux, ministre de la justice, et du ministre de l'intérieur, est instituée dans le ressort de la cour d'appel de Nouméa et de Papeete.

"Elle est composée :

"1º Du procureur général près la cour d'appel ou de son délégué, président, et du procureur de la République près l'un des tribunaux de première instance ou de son délégué ;

(Décr. nº 2019-1497 du 28 déc. 2019, art. 1er, en vigueur le 1er janv. 2020) « 2º Pour la cour d'appel de Nouméa, du chef du service territorial du recrutement et de la formation de la direction territoriale de la police nationale ou de son représentant ayant au moins le grade de commissaire de police et du chef du service territorial de sécurité publique de la direction territoriale de la police nationale et, pour la cour d'appel de Papeete, du chef de la délégation territoriale au recrutement et à la formation de la police nationale ou de son représentant ayant au moins le grade de commissaire de police et du directeur de la sécurité publique. »

"Le secrétariat de la commission d'examen est assuré par la direction de la sécurité publique *(Décr. nº 2019-1497 du 28 déc. 2019, art. 1er, en vigueur le 1er janv. 2020)* « ou le service territorial du recrutement et de la formation de la direction territoriale de la police nationale ».″

Art. R. 261 L'article R. 15-28 est rédigé comme suit :

Art. R. 15-28 Les officiers ou agents de police judiciaire sont compétents pour exercer leur mission dans les véhicules affectés au transport collectif de voyageurs, dès lors que ces véhicules, ou le réseau sur lequel ils circulent, traversent tout ou partie de leur circonscription d'affectation.

Art. R. 261-1 *(Décr. nº 2007-1388 du 26 sept. 2007, art. 19-II)* Pour l'application de l'article R. 15-33-29-3 en Nouvelle-Calédonie et en Polynésie française, les références au code général des collectivités territoriales prévues par cet article sont remplacées par des références aux dispositions du code des communes applicables localement.

Art. R. 261-2 *(Décr. nº 2007-1538 du 26 oct. 2007)* Pour l'application de l'article *(Décr. nº 2008-150 du 19 févr. 2008)* « R. 15-33-68 », les 1º et 4º de cet article sont ainsi rédigés :

″1º Les opérateurs de communications électroniques ainsi que les personnes morales prestataires mentionnés par la loi nº 2004-575 du 21 juin 2004 pour la confiance dans l'économie numérique.

″4º Les organismes sociaux.″

Art. R. 262 Le 1º de l'article R. 15-35 est rédigé comme suit :

″1º La copie du *Journal officiel* ou du *Journal officiel* de la collectivité portant publication de la déclaration de l'association.″

Art. R. 263 Pour l'application des articles R. 15-37 à R. 15-40 au tribunal de première instance des îles Wallis-et-Futuna, les attributions dévolues à l'assemblée générale des magistrats du siège et du parquet sont exercées par le président et par le procureur de la République de cette juridiction.

Art. R. 264 L'article R. 19 est complété par un alinéa ainsi rédigé :

″Lorsqu'une régie de recettes aura été mise en place auprès du greffe de la juridiction, le cautionnement sera versé au régisseur de recettes.″

Art. R. 265 A l'article *(Décr. nº 2014-551 du 27 mai 2014, art. 24)* « R. 23-2 », les mots : *(Décr. nº 2014-551 du 27 mai 2014, art. 24)* « ″aux services de la direction générale des finances publiques qui assurent″ » sont remplacés par les mots : ″à l'agent chargé du recouvrement des amendes qui assure″.

CHAPITRE III DES JURIDICTIONS DE JUGEMENT

Art. R. 266 Il est tenu des assises à Nouméa, Papeete et Mata-Utu.

Art. R. 267 Lorsque l'accusé fait usage de la faculté ouverte par l'article 275 du présent code de prendre pour conseil un de ses parents ou amis, le bulletin nº 2 du casier judiciaire de celui-ci est versé au dossier de la procédure.

Art. R. 268 A l'article R. 42, après le premier alinéa, il est inséré un alinéa ainsi rédigé :

″Si le prévenu réside dans une île qui n'est pas desservie par un service régulier des postes, la notification est faite par l'autorité administrative ou militaire qui délivre sans délai, contre émargement, un avis mentionnant la date de la demande de notification par le greffier.″

Art. R. 269 A l'article R. 43, après le premier alinéa, il est inséré un alinéa ainsi rédigé :

″Si le prévenu réside dans une île qui n'est pas desservie par un service régulier des postes, il doit acquitter l'amende et le droit fixe de procédure dans un délai de soixante jours, à compter de la notification par l'autorité administrative ou militaire, à moins qu'il ne fasse opposition.″

A la fin du dernier alinéa, est ajoutée la mention : ″ou sur l'avis″.

Art. R. 270 I. — La première phrase du premier alinéa de l'article R. 45 est rédigée comme suit :

"L'opposition faite par le prévenu, dans les délais prévus, soit au troisième, soit au cinquième alinéa de l'article 527, soit à l'article 849, doit être formée :"

II. – Au quatrième alinéa du même article, il est inséré après les mots : "la lettre de notification" les mots : "ou un exemplaire de l'avis émargé" et après les mots : "les références portées sur celle-ci" les mots : "ou sur l'avis".

Art. R. 271 L'article R. 48 est rédigé comme suit :

Art. R. 48 L'agent chargé du recouvrement des amendes procède au recouvrement de l'ordonnance pénale à l'expiration du délai de trente jours à compter de la date d'envoi de la lettre recommandée prévue à l'article R. 42, alinéa 1, ou, si le prévenu réside dans une île qui n'est pas desservie par un service régulier des postes, à l'expiration du délai de soixante jours à compter de la notification par l'autorité administrative ou militaire prévue par l'article R. 42, alinéa 2, à moins qu'il ne soit fait opposition.

Art. R. 272 A l'article R. 49, il est ajouté un alinéa rédigé comme suit :

« Pour la Nouvelle-Calédonie et la Polynésie française, le montant de l'amende forfaitaire est fixé respectivement par le congrès de la Nouvelle-Calédonie et par *(Décr. n° 2007-1626 du 16 nov. 2007)* « le conseil des ministres de la Polynésie française » *(Décr. n° 2011-876 du 25 juill. 2011, en vigueur le 1er août 2011)* « dans les limites imposées respectivement par l'article 86 de la loi organique n° 99-209 du 19 mars 1999 relative à la Nouvelle-Calédonie et l'article 94 de la loi organique n° 2004-192 du 27 février 2004 portant statut d'autonomie de la Polynésie française ». »

Art. R. 273 Pour l'application de l'article R. 49-1, *(Décr. n° 2010-671 du 18 juin 2010, art. 8)* « la dernière phrase du deuxième alinéa et les troisième et quatrième alinéas sont supprimés. »

Art. R. 274 Pour l'application de l'article R. 49-2 en Polynésie française, le modèle du carnet de quittance à souches est fixé par *(Décr. n° 2007-1626 du 16 nov. 2007)* « une décision du conseil des ministres de la Polynésie française ».

Art. R. 275 Pour l'application de l'article R. 49-5, la référence à l'article « 529-5 » est supprimée.

Art. R. 276 A l'article R. 49-7, il est ajouté un alinéa rédigé comme suit :

"Pour la Nouvelle-Calédonie et la Polynésie française, le montant de l'amende forfaitaire majorée est fixé respectivement par le congrès de la Nouvelle-Calédonie et par *(Décr. n° 2007-1626 du 16 nov. 2007)* « le conseil des ministres de la Polynésie française »."

Art. R. 277 Pour l'application de l'article R. 49-8-1 en Nouvelle-Calédonie, la référence à l'article "529-3" est remplacée par la référence à l'article "850-1" et la référence au "II de l'article 529-4" est remplacée par la référence "au dernier alinéa de l'article 850-1".

Art. R. 278 Pour l'application de l'article R. 49-8-2 en Nouvelle-Calédonie, les mots : "au représentant de l'État dans le département dans lequel il a son siège et à Paris, au préfet de police" sont remplacés par les mots : "au haut-commissaire de la République en Nouvelle-Calédonie".

Art. R. 279 Pour l'application de l'article R. 49-8-4 en Nouvelle-Calédonie, la référence "au premier alinéa du II de l'article 529-4" est remplacée par la référence "à l'article 850-1".

CHAPITRE IV DE QUELQUES PROCÉDURES PARTICULIÈRES

Art. R. 280 à R. 283 *Abrogés par Décr. n° 2008-522 du 2 juin 2008.*

Art. R. 284 Aux articles R. 50-17, R. 50-20, R. 50-22 et R. 51, les convocations, informations et décisions sont faites, en ce qui concerne le demandeur, sous forme de lettre recommandée avec demande d'avis de réception ou de notification administrative contre émargement.

Art. R. 285 L'article R. 50-28 est rédigé comme suit :

Art. R. 50-28 Le délai de deux mois prévu par l'article R. 50-17 est augmenté d'un mois pour les personnes qui ne demeurent pas dans la collectivité ou en Nouvelle-Calédonie où la commission a son siège.

Art. R. 286 Pour l'application de l'article R. 51-1, les références à l'immatriculation au "registre du commerce et des sociétés" et au "registre sur lequel sont inscrits les privilèges et les sûretés" sont remplacées par les références à l'immatriculation "faite conformément à la réglementation applicable localement."

(*Décr. n° 2017-1522 du 2 nov. 2017, art. 17*) « Pour l'application des articles R. 53-8-7, R. 53-8-13, R. 53-8-14 et R. 53-8-15, les références au code de l'action sociale et des familles sont remplacées par les références à la réglementation applicable localement. »

Art. R. 287 Pour l'application de l'article R. 53-40, les références faites au code de la route, au code de la santé publique, au code forestier, au code des débits de boissons et au code rural et de la pêche maritime ne sont applicables que s'il existe une disposition applicable localement ayant le même objet.

CHAPITRE V *[ABROGÉ]* DES PROCÉDURES D'EXÉCUTION

(*Abrogé par Décr. n° 2022-479 du 30 mars 2022, art. 18, à compter du 1er mai 2022*)

Art. R. 288 (*Décr. n° 2010-1634 du 23 déc. 2010, art. 4*) ***I. — Pour leur application en Nouvelle-Calédonie et en Polynésie française :***

(*Décr. n° 2013-368 du 30 avr. 2013, art. 3*) ***« 1° A l'annexe à l'article R. 57-6-18 :***

« a) Au 2° du I de l'article 19, les bibliothèques territoriales s'entendent des bibliothèques localement compétentes ;

« b) A l'article 31, les dispositions relatives à la sécurité sociale et à Pôle emploi sont applicables aux organismes et services ayant le même objet localement compétents ;

« 2° » L'article R. 57-6-21 est ainsi rédigé :

Art. R. 57-6-21 Les conditions dans lesquelles sont mis en place au sein des établissements pénitentiaires des dispositifs d'accès au droit sous forme de permanences et de consultations juridiques gratuites, dénommés points d'accès au droit, sont déterminées par une convention entre le représentant de l'État dans la collectivité et les institutions compétentes de la Nouvelle-Calédonie et de la Polynésie française.

(*Décr. n° 2013-368 du 30 avr. 2013, art. 3*) ***« 3° » Les dispositions des articles R. 57-7-31, R. 57-7-45, R. 57-7-63, R. 57-7-64, R. 57-7-70, R. 57-7-73, R. 57-8-1 et R. 57-8-2 relatives aux médecins des établissements de santé intervenant dans les établissements pénitentiaires et aux unités de consultations et de soins ambulatoires implantées dans ces établissements sont applicables aux médecins des établissements de santé de la collectivité, chargés des prestations de médecine dans les établissements pénitentiaires dans les conditions fixées par la convention mentionnée au III de l'article 99 de la loi n° 2009-1436 du 24 novembre 2009.***

En l'absence de convention, les dispositions des articles visés à l'alinéa précédent sont applicables aux médecins intervenant dans les établissements pénitentiaires.

(*Décr. n° 2013-368 du 30 avr. 2013, art. 3*) ***« 4° » L'article R. 57-8-10 est ainsi rédigé :***

Art. R. 57-8-10 Pour les personnes condamnées, incarcérées en établissement pénitentiaire, les permis de visite sont délivrés, refusés, suspendus ou retirés par le chef de l'établissement pénitentiaire.

Lorsque les personnes condamnées sont hospitalisées dans un établissement de santé de la collectivité, les permis de visite sont délivrés, refusés, suspendus ou retirés par le représentant de l'État dans la collectivité.

II. — Pour son application en Polynésie française :

(*Décr. n° 2013-368 du 30 avr. 2013, art. 3*) ***« 1° A l'annexe à l'article R. 57-6-18 :***

« a) Au 2° du I de l'article 19, les bibliothèques territoriales s'entendent des bibliothèques localement compétentes ;

« b) A l'article 31, les dispositions relatives à la sécurité sociale et à Pôle emploi sont applicables aux organismes et services ayant le même objet localement compétents.

« 2° » Le premier alinéa de l'article R. 57-9-16 est ainsi rédigé :

Art. R. 57-9-16 Les activités d'enseignement sont mises en œuvre par les services de l'Éducation nationale, lorsqu'elles relèvent de l'enseignement supérieur. L'État peut conclure avec les autorités compétentes de la Polynésie française une convention afin de définir les modalités de mise en œuvre des autres activités d'enseignement.

Art. R. 288-1 *(Abrogé par Décr. nº 2021-682 du 27 mai 2021, art. 2, à compter du 30 sept. 2021) (Décr. nº 2010-1634 du 23 déc. 2010, art. 4, applicable en Nouvelle-Calédonie)* ***I. — Les dispositions des articles R. 57-7-10, R. 57-7-14, R. 57-7-25, R. 57-7-29, R. 57-7-45, R. 57-7-59, R. 57-9-13, R. 57-9-14** (Décr. nº 2015-1486 du 16 nov. 2015)* ***«, R. 57-9-16 et les dispositions du chapitre III du titre II de l'annexe de l'article R. 57-6-18» relatives au secteur public de la protection judiciaire de la jeunesse et au directeur interrégional de la protection judiciaire de la jeunesse sont applicables, selon les cas, au service exerçant localement des missions similaires ou au responsable de ce service.***

II. — Le premier alinéa de l'article R. 57-9-16 est ainsi rédigé :

"Les activités d'enseignement sont mises en œuvre par l'éducation nationale."

Art. R. 288-2 *(Décr. nº 2010-1634 du 23 déc. 2010, art. 4, applicable en Polynésie française)* ***I. — L'article R. 57-7-5 est ainsi rédigé :***

Art. R. 57-7-5 Pour l'exercice de ses compétences en matière disciplinaire, le chef d'établissement peut déléguer sa signature à son adjoint ou à un personnel de surveillance d'un autre grade.

II. — L'article R. 57-7-8 est complété par un alinéa ainsi rédigé :

"Lorsqu'il n'existe pas dans l'établissement pénitentiaire de personnel de surveillance détenant l'un des grades exigés par le deuxième alinéa, le premier assesseur peut être choisi parmi les personnels de surveillance d'un autre grade."

III. — La dernière phrase de l'article R. 57-7-13 est ainsi rédigée : "Dans la mesure du possible, l'auteur de ce compte rendu ne siège pas à la commission de discipline."

IV. — L'article R. 57-7-14 est complété par deux alinéas ainsi rédigés :

"Lorsqu'il n'existe pas dans l'établissement pénitentiaire un personnel de surveillance, autre que le chef d'établissement, détenant l'un des grades exigés par le premier alinéa, le rapport peut être rédigé par un personnel de surveillance d'un autre grade.

"Dans la mesure du possible, l'auteur de ce compte rendu ne siège pas à la commission de discipline."

Art. R. 288-3 *(Décr. nº 2010-1634 du 23 déc. 2010, applicable dans les îles Wallis-et-Futuna)* ***I. — Pour l'application des articles R. 57-6-5, R. 57-6-19 et R. 57-7-28, le président du tribunal de première instance exerce les fonctions dévolues au juge de l'application des peines, au tribunal de l'application des peines ou à la juridiction de l'application des peines du premier degré.***

II. — Pour l'application des articles R. 57-6-5 à R. 57-6-9, R. 57-7-16, R. 57-7-25, R. 57-7-45 et R. 57-7-64, les dispositions applicables aux avocats sont également applicables aux personnes agréées qui assistent une personne détenue en application de l'article 23-4 de l'ordonnance nº 92-1147 du 12 octobre 1992.

(Abrogé par Décr. nº 2021-682 du 27 mai 2021, art. 2, à compter du 30 sept. 2021) ***« III. — Les dispositions des articles R. 57-7-10, R. 57-7-14, R. 57-7-25, R. 57-7-29, R. 57-7-45, R. 57-7-59, R. 57-9-13, R. 57-9-14** (Décr. nº 2015-1486 du 16 nov. 2015)* ***«, R. 57-9-16 et les dispositions du chapitre III du titre II de l'annexe de l'article R. 57-6-18» relatives au secteur public de la protection judiciaire de la jeunesse et au directeur interrégional de la protection judiciaire de la jeunesse sont applicables, selon les cas, au service exerçant localement des missions similaires ou au responsable de ce service. »***

III. — Pour l'application de l'article R. 57-6-24, le deuxième alinéa de cet article est ainsi rédigé :

"Pour les compétences définies par le présent code le chef d'établissement pénitentiaire peut déléguer sa signature à son adjoint."

IV. — L'article R. 57-7-5 est ainsi rédigé :

Art. R. 57-7-5 Pour l'exercice de ses compétences en matière disciplinaire, le chef d'établissement peut déléguer sa signature à son adjoint.

V. — Pour l'application de l'article R. 57-7-8, le deuxième alinéa est ainsi rédigé :
"Le premier assesseur est choisi parmi les personnels chargés de la surveillance de l'établissement où siège la commission de discipline."
VI. — Pour l'application de l'article R. 57-7-10, le 4° est ainsi rédigé :
"4° Les personnels chargés de la surveillance de l'établissement pénitentiaire et les collaborateurs occasionnels du service public pénitentiaire de Wallis-et-Futuna ;".
VII. — Pour l'application de l'article R. 57-7-13, la dernière phrase est ainsi rédigée :
"Dans la mesure du possible, l'auteur de ce compte rendu ne siège pas à la commission de discipline."
VIII. — L'article R. 57-7-14 est ainsi rédigé :

Art. R. 57-7-14 A la suite de ce compte rendu d'incident, un rapport est établi par un agent chargé de la surveillance et adressé au chef d'établissement. Ce rapport comporte tout élément d'information utile sur les circonstances des faits reprochés à la personne détenue et sur la personnalité de celle-ci. Dans la mesure du possible, l'auteur de ce rapport ne siége pas à la commission de discipline.

IX. — Les dispositions des articles R. 57-7-31, R. 57-7-45, R. 57-7-63, R. 57-7-64, R. 57-7-70, R. 57-7-73, R. 57-8-1 et R. 57-8-2 relatives aux médecins des établissements de santé intervenant dans les établissements pénitentiaires et aux unités de consultations et de soins ambulatoires implantés dans les établissements pénitentiaires sont applicables aux médecins intervenant à l'établissement pénitentiaire de Wallis-et-Futuna.
X. — L'article R. 57-8-10 est ainsi rédigé :

Art. R. 57-8-10 Pour les personnes condamnées, incarcérées en établissement pénitentiaire, les permis de visite sont délivrés, refusés, suspendus ou retirés par le chef de l'établissement pénitentiaire.
Lorsque les personnes condamnées sont hospitalisées dans un établissement de santé de la collectivité, les permis de visite sont délivrés, refusés, suspendus ou retirés par le représentant de l'État dans la collectivité.

(Abrogé par Décr. n° 2021-682 du 27 mai 2021, art. 2, à compter du 30 sept. 2021)
« XII. — L'article R. 57-9-16 est ainsi rédigé :

Art. R. 57-9-16 Les activités d'enseignement sont mises en œuvre par les services de l'éducation nationale. »

Les IV à XI deviennent respectivement les III à X à compter du 30 sept. 2021 (Décr. n° 2021-682 du 27 mai 2021, art. 2).

Art. R. 288-4 (Décr. n° 2011-808 du 5 juill. 2011) *Pour son application en Nouvelle-Calédonie, en Polynésie française et dans les îles Wallis-et-Futuna, l'article R. 57-7-85 est ainsi rédigé :*

Art. R. 57-7-85 Pour l'application de l'article 719-1 du code de procédure pénale, le chef de l'établissement communique aux services de police et unités de gendarmerie le nom, les prénoms, la date de naissance, l'adresse déclarée, et la date de la libération des personnes condamnées à une peine d'emprisonnement égale ou supérieure à trois ans.
Les informations mentionnées à l'alinéa précédent sont transmises par écrit (Abrogé par Décr. n° 2022-70 du 26 janv. 2022, art. 1er) *« au directeur de la sécurité publique ou »* (Décr. n° 2019-1497 du 28 déc. 2019, art. 1er, en vigueur le 1er janv. 2020) *« au directeur territorial de la police nationale » ou au commandant territorial de la gendarmerie outre-mer dont relève territorialement l'adresse déclarée par la personne.*

Art. R. 289 (Abrogé par Décr. n° 2021-682 du 27 mai 2021, art. 2, à compter du 30 sept. 2021) *Le deuxième alinéa de l'article R. 60 est ainsi rédigé :*
"L'agent désigné par ce magistrat afin d'assurer la rééducation des mineurs en liberté surveillée exerce alors le rôle de la personne qualifiée au sens de l'article 740.".

CHAPITRE VI DU CASIER JUDICIAIRE

Art. R. 290 L'article R. 62 est rédigé comme suit :

Art. R. 62 En Nouvelle-Calédonie, en Polynésie française et dans les îles Wallis-et-Futuna, le casier judiciaire institué près le tribunal de première instance est tenu par le greffier en chef de cette juridiction sous la surveillance du procureur de la République et du procureur général. Il reçoit les fiches concernant les personnes physiques nées dans le ressort du tribunal de première instance et les fiches des personnes morales dont le siège se situe dans le ressort de cette juridiction.

Le service du casier judiciaire national automatisé reçoit les fiches concernant les personnes physiques nées en France, les personnes physiques nées à l'étranger, les personnes dont l'acte de naissance n'est pas retrouvé ou dont l'identité est douteuse et les personnes morales dont le siège se situe en France.

Art. R. 291 **L'article R. 66-1 est rédigé comme suit :**

Art. R. 66-1 Pour les personnes visées à l'alinéa premier de l'article R. 62, les fiches sont adressées au greffier en chef du tribunal de première instance, soit sur un support papier, soit sous la forme d'un enregistrement magnétique, soit par *(Décr. n° 2014-1422 du 28 nov. 2014, art. 9)* « voie électronique sécurisée ».

Art. R. 292 **L'article R. 67 est rédigé comme suit :**

Art. R. 67 Les fiches constatant une décision disciplinaire d'une autorité administrative, qui entraîne ou édicte des incapacités, sont adressées soit au greffe du tribunal de première instance du lieu de naissance de la personne physique qui en est l'objet, soit, conformément au second alinéa de l'article R. 62, au service du casier judiciaire national automatisé, dès la réception de l'avis qui est donné dans le plus bref délai au procureur de la République ou au ministre de la justice par l'autorité qui a rendu la décision.

Les fiches constatant un arrêté d'expulsion sont établies par l'autorité dont il émane et transmises au casier judiciaire du tribunal de première instance du lieu de naissance ou, conformément au second alinéa de l'article R. 62, au service du casier judiciaire national automatisé.

Art. R. 293 **L'article R. 68 est rédigé comme suit :**

Art. R. 68 Les fiches sont classées dans le casier judiciaire du tribunal de première instance par ordre alphabétique et pour chaque personne par ordre de date des arrêts, jugements, décisions ou avis.

Art. R. 294 **I. — Les deux premiers alinéas de l'article R. 69 sont rédigés comme suit :**

"Le greffier du tribunal de première instance du lieu de naissance, pour les personnes physiques, et du lieu du siège de l'entreprise ou de l'établissement, pour les personnes morales, dès qu'il est avisé, inscrit sur les fiches les mentions prescrites aux articles 769 et 769-1.

"L'avis est adressé dans le plus bref délai au procureur de la République ou, conformément au second alinéa de l'article R. 62, au service du casier judiciaire national automatisé."

II. — Les autres modifications apportées à l'article R. 69 sont les suivantes :

— au 4°, les mots : "par le ministre de l'intérieur" sont remplacés par les mots : "par l'autorité dont elles émanent" ;

— au 6°, les mots : *(Décr. n° 2014-551 du 27 mai 2014, art. 24)* **"par les comptables de la direction générale des finances publiques" sont remplacés par les mots : "par l'agent chargé du recouvrement des amendes".**

III. — Le dernier alinéa est supprimé.

Art. R. 295 **Les deux premiers alinéas de l'article R. 70 sont rédigés comme suit :**

"Les fiches sont retirées du casier judiciaire et détruites par le greffier du tribunal de première instance dans les cas suivants :

"1° Au décès du titulaire de la fiche, établi notamment par la mention au registre de l'état civil des naissances en application de l'article 79 du code civil ou, si le décès n'est pas parvenu à la connaissance du greffier, lorsque le titulaire aurait atteint *(Décr. n° 2014-1422 du 28 nov. 2014, art. 10)* **« l'âge de cent vingt ans** *[ancienne rédaction : l'âge de cent ans]* **»."**

V. note ss. art. R. 70.

Art. R. 296 L'article R. 71 est rédigé comme suit :

Art. R. 71 Le greffe du tribunal de première instance du lieu de naissance, pour les personnes physiques, ou du lieu où se trouve le siège de l'entreprise ou de l'établissement, pour les personnes morales, ou, conformément au second alinéa de l'article R. 62, le service du casier judiciaire national automatisé reçoit les avis provenant des autorités étrangères concernant les personnes françaises condamnées par des juridictions étrangères.

Ces avis, constituant des fiches, sont classés au casier judiciaire du tribunal de première instance en original ou, si c'est nécessaire, après leur transcription sur une formule réglementaire de fiche.

Art. R. 297 L'article R. 72 est rédigé comme suit :

Art. R. 72 Pour les personnes nées dans les collectivités d'outre-mer ou en Nouvelle-Calédonie et condamnées par une juridiction pénale française autre que celle de leur lieu de naissance, les fiches prévues aux articles R. 65 et R. 67, alinéa 2, et les avis prévus aux articles R. 67, alinéa premier, R. 69 et R. 71, sont transmis au procureur général ou au procureur de la République près la juridiction d'appel de la collectivité dans lequel est situé le lieu de naissance, qui les fait parvenir au greffe compétent.

Art. R. 298 L'article R. 73 est rédigé comme suit :

Art. R. 73 Lorsque la communication d'avis de condamnation est prévue par des conventions internationales, les copies des fiches sont établies et adressées par le greffier du tribunal de première instance *(Décr. n° 2014-1422 du 28 nov. 2014, art. 11)* « au casier judiciaire national automatisé » en vue de leur transmission aux autorités compétentes.

Art. R. 299 I. — Au premier alinéa de l'article R. 74, les mots : "à la direction du recrutement et de la statistique de la région militaire sur le territoire de laquelle il se trouve" sont remplacés par les mots : "à l'autorité militaire compétente de la collectivité".

II. — Au second alinéa de l'article R. 74, les mots : "l'autorité" sont remplacés par les mots : "le greffier" et les mots : "à la direction du recrutement et de la statistique de la région militaire sur le territoire de laquelle il se trouve" sont remplacés par les mots : "à cette autorité militaire".

Art. R. 300 L'article R. 75 est rédigé comme suit :

Art. R. 75 Lorsqu'une juridiction a rendu contre un Français une décision entraînant la privation des droits électoraux, son greffier établit sur un imprimé spécial, et quels que soient l'âge et le sexe du condamné, une copie de la fiche du casier judiciaire qu'il adresse à l'autorité administrative compétente, en précisant, pour chaque cas, la date à laquelle cette incapacité cessera d'avoir effet.

Si une décision ou une mesure nouvelle vient à modifier la capacité électorale du titulaire de la fiche, avis en est donné par le greffier qui avait établi cette fiche à l'autorité administrative compétente.

Art. R. 301 Le premier alinéa de l'article R. 76 est rédigé comme suit :

"Le bulletin n° 1 est réclamé au greffe du tribunal de première instance du lieu de naissance ou, conformément au second alinéa de l'article R. 62, au service du casier judiciaire national automatisé, par lettre, télégramme, télécopie ou télétransmission, indiquant l'état civil de la personne dont le bulletin est demandé et précisant l'autorité judiciaire requérante".

Art. R. 302 L'article R. 77 est rédigé comme suit :

Art. R. 77 Avant d'établir le bulletin n° 1 d'une personne physique, le greffier du tribunal de première instance vérifie l'état civil de l'intéressé ; si le résultat de l'examen des registres de l'état civil est négatif, il inscrit dans le corps du bulletin, à l'exclusion de toute autre mention, l'indication « aucun acte de naissance applicable ».

Au cas où, pour une raison quelconque, l'autorité qui établit le bulletin n° 1 ne dispose pas des actes de l'état civil, elle inscrit d'une façon très apparente sur le bulletin la mention : « identité non vérifiée. »

Art. R. 303 I. — La première phrase de l'article R. 77-1 est rédigée comme suit :

"Avant d'établir le bulletin n° 1 d'une personne morale, le greffier du tribunal de première instance vérifie l'immatriculation de celle-ci au répertoire d'identification des entreprises."

II. — Le deuxième alinéa de l'article R. 77-1 est rédigé comme suit :

"Si la personne morale n'est pas immatriculée, le greffier du tribunal de première instance inscrit sur le bulletin n° 1 la mention : "identité non vérifiable"."

Art. R. 304 I. — Le 10° de l'article R. 79 est rédigé comme suit :

"10° Aux conseils de l'ordre des médecins, des chirurgiens-dentistes et des sages-femmes saisis de demandes d'inscription au tableau ou de poursuites disciplinaires" ;

II. — Le 14° de l'article R. 79 est rédigé comme suit :

"14° Aux institutions mentionnées à l'article L. 351-2 *[L. 5421-2 nouv.]* du code du travail applicable en métropole" ;

III. — Le 19° de l'article R. 79 est rédigé comme suit :

"19° Aux établissements d'hospitalisation publics lorsqu'ils sont saisis d'une demande d'emploi ;"

Art. R. 305 Le premier alinéa de l'article R. 80 est rédigé comme suit :

"Le bulletin n° 2 est réclamé au greffe du tribunal de première instance ou, conformément au second alinéa de l'article R. 62, au service du casier judiciaire national automatisé, par lettre, télégramme, télécopie ou télétransmission, avec l'indication de l'état civil de la personne dont le bulletin est demandé, de la qualité de l'autorité requérante ainsi que du motif de la demande.

"Si la personne dont le bulletin est demandé est une personne morale, la demande doit comporter l'indication de sa dénomination, de son immatriculation au répertoire d'identification des entreprises et de son siège. Lorsque la personne morale n'est pas immatriculée, un justificatif de son identité doit être joint à l'appui de la demande."

Art. R. 306 L'article R. 82 est rédigé comme suit :

Art. R. 82 Le bulletin n° 3 ne peut être demandé que par la personne qu'il concerne ou son représentant légal s'il s'agit d'un mineur ou d'un majeur sous tutelle.

La demande, qui doit préciser l'état civil de l'intéressé, peut être faite par lettre ou *(Décr. n° 2014-1422 du 28 nov. 2014, art. 9)* « voie électronique sécurisée ».

Le bulletin n° 3 peut également être obtenu si la personne qu'il concerne se présente au greffier *(Abrogé par Décr. n° 2021-1593 du 7 déc. 2021, art. 4) « ou au casier judiciaire national automatisé »* et justifie de son identité.

Si le demandeur ne sait ou ne peut signer, cette impossibilité est constatée par le maire ou, en ce qui concerne les îles Wallis-et-Futuna, le chef de la circonscription territoriale, ou par le commissaire de police qui atteste en même temps que la demande est faite au nom et sur l'initiative de la personne que le bulletin n° 3 concerne.

Art. R. 307 L'article R. 83 est rédigé comme suit :

Art. R. 83 Avant d'établir le bulletin n° 3 demandé, le greffier vérifie l'état civil de l'intéressé ; s'il ne découvre pas sur les registres de l'état civil d'acte de naissance applicable, il refuse la délivrance du bulletin et informe le procureur de la République.

Au cas où, pour une raison quelconque, l'autorité qui établit le bulletin n° 3 ne dispose pas des actes de l'état civil, elle inscrit sur le bulletin, d'une façon apparente, la mention : "identité non vérifiée."

Art. R. 308 L'article R. 88 est rédigé comme suit :

Art. R. 88 Le greffier du tribunal de première instance du lieu de naissance pour les personnes physiques ou, conformément au second alinéa de l'article R. 62, le service du casier judiciaire national automatisé est avisé, par les soins du procureur de la République ou du procureur général, des mandats d'arrêt et des jugements ou arrêts prononçant des condamnations à des peines privatives de liberté, contradictoires ou par défaut, qui n'ont pas été exécutés. Ces avis sont classés au casier judiciaire.

Ils sont renvoyés avec toutes les indications utiles permettant l'exécution des mandats, jugements ou arrêts, par le greffier du tribunal du lieu de naissance ou le service du casier judiciaire national automatisé au procureur de la République près le tribunal, au procureur général près la cour d'appel dont ils émanent, ou au commissaire du gouvernement près l'une des juridictions des forces armées instituées conformément à la loi n° 82-621 du 21 juillet 1982, lorsque les intéressés demandent un bulletin n° 3 ou qu'il a été demandé à leur sujet un bulletin n° 1 ou n° 2.

En outre, les autorités militaires donnent avis au greffier du tribunal de première instance du lieu de naissance ou, conformément au deuxième alinéa l'article R. 62, au service du casier judiciaire national automatisé des cas d'insoumission ou de désertion dont elles ont connaissance. Ces avis sont classés au casier judiciaire. Ils sont renvoyés, avec toutes les indications utiles, aux autorités dont ils émanent, dans les circonstances prévues au deuxième alinéa.

Art. R. 309 **Le deuxième alinéa de l'article R. 90 est supprimé.**

CHAPITRE VII **DES FRAIS DE JUSTICE**

Art. R. 310 *(Décr. n° 2013-770 du 26 août 2013, art. 7)* **L'article R. 93 s'applique en Nouvelle-Calédonie, en Polynésie française et dans les îles Wallis-et-Futuna sous réserve des adaptations suivantes :**

1° Pour son application dans les îles Wallis-et-Futuna, le 1° du I est supprimé ;

2° Pour son application en Nouvelle-Calédonie, en Polynésie française et dans les îles Wallis-et-Futuna, au 10° du I, les mots : "en application du règlement (CE) n° 1206/2001 relatif à la coopération entre les juridictions des États membres" sont supprimés ;

3° Le 11° du I n'est pas applicable en Nouvelle-Calédonie ;

4° Pour son application en Nouvelle-Calédonie et en Polynésie française, le 12° du I est supprimé ;

5° Pour l'application en Nouvelle-Calédonie et en Polynésie française du 2° du II, les mots : "en application de l'article 696 du code *[de]* procédure civile" sont remplacés par les mots : "en vertu des dispositions de procédure civile localement applicables" ;

(Décr. n° 2020-841 du 3 juill. 2020, art. 3) **« 5° *bis* Le 3° *bis* du II de l'article R. 93 n'est pas applicable en Nouvelle-Calédonie et en Polynésie française. »**

6° Pour son application en Nouvelle-Calédonie et en Polynésie française, le 5° du II est supprimé ;

(Abrogé par Décr. n° 2020-1734 du 16 déc. 2020, art. 9, à compter du 1er mai 2021) ***« 7° Pour son application en Nouvelle-Calédonie, en Polynésie française et dans les îles Wallis-et-Futuna, au 6° du II, la référence à l'article R. 111-20 du code de l'entrée et du séjour des étrangers et du droit d'asile est remplacée respectivement par les références à l'article 52 de l'ordonnance n° 2002-388 du 20 mars 2002 relative aux conditions d'entrée et de séjour des étrangers en Nouvelle-Calédonie, à l'article 52 de l'ordonnance n° 2000-372 du 26 avril 2000 relative aux conditions d'entrée et de séjour des étrangers en Polynésie française, à l'article 50 de l'ordonnance n° 2000-371 du 26 avril 2000 relative aux conditions d'entrée et de séjour des étrangers dans les îles Wallis-et-Futuna ; »***

8° Pour son application en Nouvelle-Calédonie et en Polynésie française, au 8° du II, les mots : "en application de l'article 23-1 du code de procédure civile" sont remplacés par les mots : "en vertu des dispositions de procédure civile localement applicables" ;

9° Pour son application en Nouvelle-Calédonie, en Polynésie française et dans les îles Wallis-et-Futuna, le 9° du II est supprimé ;

10° Pour son application en Polynésie française, au 10° du II, les mots : "en application des quatrième et septième alinéas de l'article 16-11 et du second alinéa de l'article 87 du code civil, ainsi que" sont remplacés par les mots : "en vertu des règles de droit civil localement applicables et" ;

11° Pour son application en Nouvelle-Calédonie, le 10° du II est ainsi rédigé : "Frais exposés dans le cadre de la procédure d'identification des personnes décédées en vertu des règles de droit civil localement applicables et de l'article L. 362-1 du code des communes de la Nouvelle-Calédonie" ;

12° Pour son application dans les îles Wallis-et-Futuna, au 10° du II, la référence au dernier alinéa de l'article L. 2223-42 du code général des collectivités territoriales est remplacée par la référence à l'article 814-2 du code de procédure pénale.

Art. R. 311 *Abrogé par Décr. n° 2013-770 du 26 août 2013, art. 7.*

Art. R. 312 L'article R. 96 est rédigé comme suit :

Art. R. 96 La réquisition doit être établie en deux exemplaires dont l'un est remis au greffier chargé de la liquidation des frais du procès et l'autre au transporteur pour qu'il le produise à l'appui de son mémoire.

Art. R. 313 *(Abrogé par Décr. n° 2013-770 du 26 août 2013, art. 7)* ***A l'article R. 99, les mots : "chemin de fer" sont remplacés par les mots : "voie aérienne".***

Art. R. 314 *(Abrogé par Décr. n° 2013-770 du 26 août 2013, art. 7)* ***L'article R. 102 est rédigé comme suit :***

Art. R. 102 *Les chefs d'escorte sont chargés d'assurer la fourniture des aliments et de tous autres objets indispensables aux personnes mises en examen, prévenus et accusés pendant leur translation.*

Le remboursement des dépenses ainsi engagées est fait aux fournisseurs sur la production de mémoires accompagnés des réquisitions en original ou en copie, comme il est dit à l'article R. 96.

Art. R. 315 *(Abrogé par Décr. n° 2013-770 du 26 août 2013, art. 7)* ***Aux deux premiers alinéas de l'article R. 103, après les mots : "gendarmes", sont insérés les mots : "et agents chargés de la conduite".***

Art. R. 316 *(Abrogé par Décr. n° 2016-479 du 18 avr. 2016, art. 13, à compter du 1er mai 2016)* ***A l'article R. 105, les mots : "le régisseur nommé dans chaque secrétariat-greffe" sont remplacés par les mots : "le greffier en chef" et les mots :*** *(Décr. n° 2014-551 du 27 mai 2014, art. 24)* ***« "comptable de la direction générale des finances publiques" » sont remplacés par les mots : "comptable assignataire".***

Art. R. 317 *Abrogé par Décr. n° 2013-770 du 26 août 2013, art. 7.*

Art. R. 318 *(Décr. n° 2022-73 du 26 janv. 2022, art. 1er)* **Pour l'application de l'article R. 112, la formule : "I = 3,05 euros + (S × 4)" est remplacée par la formule : "I = 5,26 euros (630 F CFP) + (S × 4)" et la formule : "I = 59 euros + (S × 4)" est remplacée par la formule : "I = 64 euros + (S × 4)".**

Art. R. 319 L'article R. 116 est rédigé comme suit :

Art. R. 116 Il est alloué à chaque expert désigné conformément aux lois et règlements sur la répression des fraudes en matière commerciale, pour l'analyse de chaque échantillon, y compris les frais de laboratoire :

Pour le premier échantillon : 22,64 € (2 700 F CFP) ;

Pour les échantillons suivants dans la même affaire : 12,58 € (1 500 F CFP).

Art. R. 320 *(Décr. n° 2017-248 du 27 févr. 2017, art. 8)* **« Pour l'application de l'article R. 117 », les mots : "fixés en application de l'article L. 162-15-2 du code de la sécurité sociale" sont remplacés par les mots : "fixés localement pour des actes similaires".**

Sur l'entrée en vigueur du Décr. n° 2017-248 du 27 févr. 2017, V. note ss. art. R. 117.

Art. R. 321 *(Abrogé par Décr. n° 2017-248 du 27 févr. 2017, art. 8) (Décr. n° 2008-764 du 30 juill. 2008, art. 16)* ***Pour l'application de l'article R. 117, le paragraphe c du 1° est rédigé comme suit :***

c) Pour les examens cliniques, prises de sang, prélèvements biologiques et recueil de liquides biologiques destinés à déterminer la présence d'alcool ou de substances ou plantes classées comme stupéfiants dans l'organisme :

— auxquels il est procédé entre 7 heures et 22 heures : C × Q3 ;
— auxquels il est procédé entre 22 heures et 7 heures : C × Q4 *(plus une indemnité de 18,45 €, 2 200 F CFP) ;*
— auxquels il est procédé les dimanches et jours fériés : C × Q5 *(plus une indemnité de 13,42 €, 1 600 F CFP) ;[.]*

Sur l'entrée en vigueur du Décr. n° 2017-248 du 27 févr. 2017, V. note ss. art. R. 117.

Art. R. 322 **L'article R. 120-1 est rédigé comme suit :**

Art. R. 120-1 Il est alloué à chaque expert, pour une expertise mécanique complète portant sur un ou plusieurs véhicules automobiles, à la suite d'accident de la circulation, à l'exclusion des examens simples ne portant que sur des organes déterminés du véhicule, et à l'exclusion de toute indemnité d'établissement de plans, prises de photographies et de frais de séjour : 83,85 € (10 000 F CFP).

Art. R. 323 *(Décr. n° 2007-1626 du 16 nov. 2007)* **L'article R. 122 est applicable dans les conditions prévues à l'article R. 254.**

Art. R. 324 **Pour l'application de l'article R. 129, la formule : "I = 10 + (S × 4)" est remplacée par la formule : "I = 2,59 € (315 F CFP) + (S × 4)".**

Art. R. 325 **Les six premiers alinéas de l'article R. 133 sont remplacés par un alinéa rédigé comme suit :**
"Lorsque les témoins se déplacent, il leur est alloué sur justification une indemnité de transport égale au coût, dûment justifié, du moyen de transport public qui aura été utilisé sur la base du tarif de la classe la plus économique ou, à défaut, une indemnité fixée par kilomètre parcouru tant à l'aller qu'au retour selon les taux prévus pour les déplacements des personnels civils de l'État utilisant leur voiture personnelle."

Art. R. 326 **L'article R. 134 est rédigé comme suit :**

Art. R. 134 Lorsqu'un témoin se trouve hors d'état de subvenir aux frais de son déplacement, il lui est délivré par le commandant de la brigade de gendarmerie, s'il le requiert, et sur présentation de la convocation ou de la citation, une réquisition de transport.

Art. R. 327 *Abrogé par Décr. n° 2013-770 du 26 août 2013, art. 7.*

Art. R. 328 **Pour l'application de l'article R. 140, la formule : "I = 40 + (S × 8)" est remplacée par la formule : "I = 10,52 € (1 260 F CFP) + (S × 8)".**

Art. R. 329 **L'article R. 141 est rédigé comme suit :**

Art. R. 141 Lorsque les jurés se déplacent, il leur est alloué, sur justification, une indemnité de transport qui est calculée ainsi qu'il est dit pour les experts à l'article R. 110.

Les dispositions de l'article R. 134 sont également applicables.

Art. R. 330 **L'article R. 146 est rédigé comme suit :**

Art. R. 146 Lorsqu'un juré se trouve hors d'état de subvenir aux frais de son déplacement, il est procédé conformément aux dispositions de l'article R. 134.

Art. R. 331 **L'article R. 147 est rédigé comme suit :**

Art. R. 147 Dans les cas prévus aux articles 54, 56, 97 et 151, il n'est accordé d'indemnité pour la garde des scellés que lorsqu'il n'a pas été jugé à propos de confier cette garde à des habitants de l'immeuble où les scellés ont été apposés.

Dans ces cas, il est alloué pour chaque jour, pendant le premier mois, au gardien nommé d'office : 0,46 € (60 F CFP).

Le premier mois écoulé, ces indemnités sont réduites de moitié.

Lorsque les scellés sont apposés sur des véhicules automobiles, les tarifs des frais de garde sont fixés par arrêté du haut-commissaire.

Art. R. 332 **L'article R. 147-1 est rédigé comme suit :**

Art. R. 147-1 Le tarif des frais de garde entraînés par l'immobilisation d'un véhicule décidée en application des articles 131-6 (5°) et 131-14 (2°) du code pénal est fixé par un arrêté du haut-commissaire.

Art. R. 333 *(Abrogé par Décr. nº 2014-551 du 27 mai 2014, art. 24)* **A l'article R. 149, les mots : "comptable direct du Trésor" sont remplacés par les mots : "receveur des domaines".**

Art. R. 334 **L'alinéa premier de l'article R. 165 est rédigé comme suit :**

"En matière pénale, la délivrance, lorsqu'elle est autorisée, de reproductions de pièces de procédure autres que les décisions est rémunérée à raison de 0,84 € (100 F CFP) par page".

Art. R. 335 **Pour l'application de l'article R. 181, la somme forfaitaire de : "4,50 €" est remplacée par celle de : "5,87 € (700 F CFP)".**

Art. R. 336 **Pour l'application de l'article R. 182, la somme de : "6,86 €" est remplacée par celle de : "10,06 € (1 200 F CFP)".**

Art. R. 337 **Pour l'application de l'article R. 185, la somme de : "0,91 €" est remplacée par celle de : "1,68 € (200 F CFP)" et la somme de : "1,37 €" est remplacée par celle de : "2,52 € (300 F CFP)".**

Art. R. 338 **A l'article R. 187, après les mots : "ministère public", sont insérés les mots : ", ce sous réserve des dispositions réglementaires relatives aux militaires de la gendarmerie agissant comme huissiers".**

Art. R. 339 **A la fin du second alinéa de l'article R. 189, les mots : "par une insertion à un bulletin de police" sont remplacés par les mots : "par tout autre moyen".**

Art. R. 340 **L'article R. 190 est rédigé comme suit :**

Art. R. 190 Il est alloué aux personnes mentionnées à l'article R. 188, pour l'exécution des mandats d'amener ou des mesures de contrainte exercées contre les temoins défaillants en vertu des articles 109, 110 et 153, une prime de 2,52 € (300 F CFP).

Art. R. 341 **L'article R. 191 est rédigé comme suit :**

Art. R. 191 Il est alloué aux personnes mentionnées à l'article R. 188 pour capture ou saisie de la personne, en exécution :

1° D'un jugement de police ou d'un jugement ou arrêt correctionnel prononçant une peine d'emprisonnement n'excédant pas dix jours : 2,52 € (300 F CFP) ;

2° D'un mandat d'arrêt ou d'un jugement ou arrêt en matière correctionnelle emportant peine d'emprisonnement de plus de dix jours : 3,74 € (450 F CFP) ;

3° D'une ordonnance de prise de corps ou d'un arrêt de condamnation à une peine de réclusion criminelle à temps n'excédant pas dix ans : 5,03 € (600 F CFP) ;

4° D'un arrêt de condamnation à une peine de réclusion criminelle à temps excédant dix ans ou à une peine plus forte : 10,06 € (1 200 F CFP).

Art. R. 342 **L'article R. 192 est rédigé comme suit :**

Art. R. 192 Pour les affichages de l'ordonnance qui, aux termes des articles 627 et 628, doit être rendue et publiée contre les contumax, y compris le procès-verbal de la publication, il est alloué aux huissiers de justice une indemnité de 4,19 € (500 F CFP).

Art. R. 343 **L'article R. 193 est rédigé comme suit :**

Art. R. 193 Il est alloué aux huissiers de justice pour l'apposition de chacun des trois extraits de l'arrêt de condamnation par contumace qui doit être affiché, conformément à l'article 634, et pour la rédaction du procès-verbal constatant l'accomplissement de cette formalité, un droit de 2,06 € (250 F CFP).

Art. R. 344 **Les alinéas 2 et 3 de l'article R. 194 sont supprimés.**

Art. R. 345 **A l'article R. 195, les mots : "une indemnité de 4,57 €" sont supprimés, et après les mots : "dûment constatée", sont insérés les mots : "une indemnité égale à celle allouée aux** *(Décr. nº 2013-770 du 26 août 2013, art. 7)* **« personnels civils de l'État »".**

Art. R. 346 **Au deuxième alinéa de l'article R. 199, après les mots : "tarifs en matière civile", sont ajoutés les mots : "applicables localement".**

Art. R. 347 *Abrogé par Décr. n° 2013-770 du 26 août 2013, art. 7.*

Art. R. 348 A l'article R. 212, les mots : "ministre de la justice" sont remplacés par les mots : "représentant de l'État dans la collectivité".

Art. R. 349 I. — Au premier alinéa de l'article R. 217, les mots : "selon les procédures et sous les garanties prévues en matière d'amende pénale" sont remplacés par les mots : "conformément aux textes applicables dans la collectivité".

II. — A la fin du troisième alinéa de l'article R. 217, les mots : "par ordonnance ; les frais sont alors avancés et recouvrés comme en matière de frais de justice" sont remplacés par les mots : "et fixe, s'il y a lieu, les frais qui restent à sa charge".

Art. R. 349-1 *(Décr. n° 2017-1230 du 3 août 2017, art. 2)* En Nouvelle-Calédonie, l'article R. 217-1 est applicable dans sa rédaction résultant du décret n° 2008-1485 du 22 décembre 2008.

Art. R. 350 A l'article R. 218, les mots : "selon les procédures et sous les garanties prévues en matière d'amende pénale" sont remplacés par les mots : "comme en matière de frais de justice criminelle, correctionnelle et de police".

Art. R. 351 *(Abrogé par Décr. n° 2016-479 du 18 avr. 2016, art. 13, à compter du 1er mai 2016) A l'article R. 219, les mots : "les régisseurs d'avances" sont remplacés par les mots : "le comptable assignataire".*

Art. R. 352 A l'article R. 220, après les mots : "tarifs en matière civile", sont ajoutés les mots : "applicables localement."

Art. R. 353 Au 2° de l'article R. 224-2, après les mots : "de l'État", sont ajoutés les mots : "ou de la collectivité".

Art. R. 354 Pour l'application de l'article R. 227-1, les mots : "le président du *(Décr. n° 2019-913 du 30 août 2019, art. 21, en vigueur le 1er janv. 2020)* « tribunal judiciaire *[ancienne rédaction : tribunal de grande instance ou du tribunal d'instance]* », dans le ressort duquel l'huissier a sa résidence" sont remplacés par les mots : "le président de la juridiction dans le ressort de laquelle l'huissier a sa résidence."

Art. R. 355 *(Abrogé par Décr. n° 2016-479 du 18 avr. 2016, art. 13, à compter du 1er mai 2016) A l'article R. 229, les mots : "versement de la pièce de dépense par le régisseur entre les mains de ce comptable" sont remplacés par le mot : "paiement".*

Art. R. 356 *(Abrogé par Décr. n° 2016-479 du 18 avr. 2016, art. 13, à compter du 1er mai 2016) L'article R. 233 est rédigé comme suit :*

Art. R. 233 Sauf dispositions particulières, le paiement des frais est effectué par le Trésor public au vu d'un état ou d'un mémoire de la partie prenante certifié ou taxé.

Art. R. 357 *(Abrogé par Décr. n° 2016-479 du 18 avr. 2016, art. 13, à compter du 1er mai 2016) L'alinéa premier de l'article R. 234 est rédigé comme suit :*

« S'agissant d'un mémoire ou d'un état certifié, le comptable assignataire avant paiement ou la partie prenante, dans le délai d'un mois à compter de la perception de la somme, peuvent adresser une réclamation au ministère public, qui saisit de ses réquisitions le magistrat taxateur. »

Art. R. 358 *(Abrogé par Décr. n° 2016-479 du 18 avr. 2016, art. 13, à compter du 1er mai 2016) (Décr. n° 2014-551 du 27 mai 2014, art. 24) Au premier et au second alinéa de l'article R. 249-7, les mots : "le régisseur d'avances" et "le régisseur" sont remplacés par les mots : "la direction locale des finances publiques".*

Art. R. 359 *(Abrogé par Décr. n° 2016-479 du 18 avr. 2016, art. 13, à compter du 1er mai 2016) L'article R. 249-8 est rédigé comme suit :*

Art. R. 249-8 Un recours contre la décision peut être formé devant la juridiction mentionnée aux a) et b) de l'article R. 249-6 par le ministère public à la demande (Décr. n° 2014-551 du 27 mai 2014, art. 24) « de la direction générale des finances publiques » dans un délai d'un mois à compter du paiement de l'indemnité.

Le refus motivé du ministère public d'exercer le recours est porté à la connaissance (Décr. n° 2014-551 du 27 mai 2014, art. 24) « de la direction générale des finances publiques ».

TITRE TROISIÈME DISPOSITIONS PARTICULIÈRES AU DÉPARTEMENT DE MAYOTTE *(Décr. n° 2011-338 du 29 mars 2011, en vigueur le 1er avr. 2011).*

CHAPITRE PREMIER DISPOSITIONS GÉNÉRALES

Art. R. 360 *(Décr. n° 2011-338 du 29 mars 2011, en vigueur le 1er avr. 2011)* Pour l'application du présent code (deuxième partie : décrets en Conseil d'État) dans le Département de Mayotte, il est tenu compte des adaptations prévues par le présent titre.

CHAPITRE II DE L'EXERCICE DE L'ACTION PUBLIQUE ET DE L'INSTRUCTION

Art. R. 361 *Abrogé par Décr. n° 2006-1329 du 31 oct. 2006.*

Art. R. 362 *Abrogé par Décr. n° 2011-338 du 29 mars 2011, à compter du 1er avr. 2011.*

Art. R. 363 Pour l'application de l'article R. 15-12, les notifications sont effectuées par le secrétaire de la commission au requérant par l'intermédiaire de l'autorité militaire ou administrative hiérarchique qui délivre un avis contre émargement et les mots : "douze jours" sont remplacés par les mots : "un mois".

Art. R. 364 A l'article R. 15-13, le chiffre : "cinq" est remplacé par le chiffre : "quinze".

Art. R. 365 Pour l'application de l'article R. 15-14, la notification est effectuée par l'intermédiaire de l'autorité militaire ou administrative hiérarchique qui délivre un avis contre émargement.

Art. R. 366 *Abrogé par Décr. n° 2011-338 du 29 mars 2011, à compter du 1er avr. 2011.*

Art. R. 367 I. — Pour l'application des articles R. 19 à *(Décr. n° 2011-338 du 29 mars 2011, en vigueur le 1er avr. 2011)* « R. 23-1 », les mots : "régisseur des recettes" sont remplacés par les mots : "agent chargé du recouvrement des amendes".

II. — L'article R. 19 est complété par un alinéa ainsi rédigé :

"Lorsqu'une régie de recettes aura été mise en place auprès du greffe de la juridiction, le cautionnement sera versé au régisseur des recettes."

Art. R. 368 Aux articles R. 20, R. 21 et *(Décr. n° 2011-338 du 29 mars 2011, en vigueur le 1er avr. 2011)* « R. 23-1 », avant les mots : "le régisseur des recettes", sont insérés les mots : "le greffier en chef ou par".

Art. R. 369 Aux articles R. 23, *(Décr. n° 2011-338 du 29 mars 2011, en vigueur le 1er avr. 2011)* « R. 23-1, R. 23-2 et R. 23-3 », les mots : "Caisse des dépôts et consignations" sont remplacés par les mots : "recette des finances".

Art. R. 370 Le premier alinéa de l'article R. 22 est rédigé comme suit :

"Le greffier en chef ou le régisseur de recettes avise le juge d'instruction des défauts ou retards de versement du cautionnement."

Art. R. 371 A l'article *(Décr. n° 2011-338 du 29 mars 2011, en vigueur le 1er avr. 2011)* « R. 23-2 », les mots : "aux services du Trésor qui assurent" sont remplacés par les mots : "à l'agent chargé du recouvrement des amendes qui assure."

CHAPITRE III DES JURIDICTIONS DE JUGEMENT

Art. R. 372 *Abrogé par Décr. n° 2011-338 du 29 mars 2011, à compter du 1er avr. 2011.*

Art. R. 373 Lorsque l'accusé fait usage de la faculté ouverte par l'article 275 du présent code de prendre pour conseil un de ses parents ou amis, le bulletin n° 2 du casier judiciaire de celui-ci est versé au dossier de la procédure.

CHAPITRE IV DE QUELQUES PROCÉDURES PARTICULIÈRES

Art. R. 374 *Abrogé par Décr. nº 2008-522 du 2 juin 2008.*

Art. R. 375 Lorsque la demande en indemnisation est portée devant la commission siégeant à Mayotte, le délai de deux mois prévu à l'article R. 50-17 est augmenté de :

1° Un mois pour les personnes qui demeurent en France, en dehors de Mayotte ;

2° Deux mois pour les personnes qui demeurent à l'étranger.

Les dispositions qui précèdent ne font pas obstacle au pouvoir des juges, en cas d'urgence, d'abréger les délais de comparution.

Art. R. 375-1 *(Abrogé par Décr. nº 2022-479 du 30 mars 2022, art. 18, à compter du 1er mai 2022) (Décr. nº 2010-1634 du 23 déc. 2010, art. 4)* ***Pour l'application de l'article R. 57-6-4 à Mayotte, les mots : "aux archives départementales" sont remplacés par les mots : "service des archives compétent".***

CHAPITRE V *[ABROGÉ]* DU CASIER JUDICIAIRE

(Abrogé par Décr. nº 2013-1097 du 2 déc. 2013, art. 5)

Les art. R. 376 à R. 394 avaient été déclarés inapplicables, à compter du 1er juin 2013, par la notice du Décr. nº 2013-356 du 25 avr. 2013, avant leur abrogation expresse par le Décr. nº 2013-1097 du 2 déc. 2013, art. 5.

Art. R. 376 à R. 394 *Abrogés par Décr. nº 2013-1097 du 2 déc. 2013, art. 5.*

CHAPITRE VI DES FRAIS DE JUSTICE

Art. R. 395 *(Abrogé par Décr. nº 2014-527 du 23 mai 2014, art. 14) (Décr. nº 2013-770 du 26 août 2013, art. 7)* ***L'article R. 93 s'applique à Mayotte sous réserve des adaptations suivantes :***

1º Au 6º du II, la référence à l'article R. 111-20 du code de l'entrée et du séjour des étrangers et du droit d'asile est remplacée par la référence à l'article 50 de l'ordonnance nº 2000-373 du 26 avril 2000 relative aux conditions d'entrée et de séjour des étrangers à Mayotte ;

2º Le 9º du II est supprimé.

Art. R. 395-1 *(Décr. nº 2013-770 du 26 août 2013, art. 7)* L'article R. 93-3 n'est pas applicable.

Art. R. 396 *Abrogé par Décr. nº 2013-770 du 26 août 2013, art. 7.*

Art. R. 397 L'article R. 96 est rédigé comme suit :

Art. R. 96 La réquisition doit être établie en deux exemplaires dont l'un est remis au greffier chargé de la liquidation des frais du procès et l'autre au transporteur pour qu'il le produise à l'appui de son mémoire.

Art. R. 398 à R. 400 *Abrogés par Décr. nº 2013-770 du 26 août 2013, art. 7.*

Art. R. 401 A l'article R. 101, les mots : "soit par chemin de fer" sont supprimés.

Art. R. 402 et R. 403 *Abrogés par Décr. nº 2013-770 du 26 août 2013, art. 7.*

Art. R. 404 A l'article R. 105, les mots : "le régisseur nommé dans chaque secrétariat-greffe" sont remplacés par les mots : "le greffier en chef" et les mots : "comptable direct du Trésor" sont remplacés par les mots : "comptable assignataire".

Art. R. 405 *Abrogé par Décr. nº 2013-770 du 26 août 2013, art. 7.*

Art. R. 406 *(Décr. nº 2017-248 du 27 févr. 2017, art. 8)* « Pour l'application de l'article R. 117 », les mots : "fixés en application de l'article L. 162-15-2 du code de la sécurité sociale" sont remplacés par les mots : "fixés localement pour des actes similaires".

Sur l'entrée en vigueur du Décr. nº 2017-248 du 27 févr. 2017, V. note ss. art. R. 117.

Art. R. 407 L'article R. 120-1 est rédigé comme suit :

Art. R. 120-1 Il est alloué à chaque expert, pour une expertise mécanique complète portant sur un ou plusieurs véhicules automobiles, à la suite d'accident de circulation, à l'exclusion des examens simples ne portant que sur des organes déterminés du véhicule, et à l'exclusion de toute indemnité d'établissement de plans, prise de photographie et frais de séjour : 83,85 €.

Art. R. 408 *Abrogé par Décr. n° 2008-764 du 30 juill. 2008, art. 16.*

Art. R. 409 **Les six premiers alinéas de l'article R. 133 sont remplacés par un alinéa rédigé comme suit :**

"Lorsque les témoins se déplacent, il leur est alloué sur justification une indemnité de transport égale au coût, dûment justifié, du moyen de transport public qui aura été utilisé sur la base du tarif de la classe la plus économique ou, à défaut, une indemnité fixée par kilomètre parcouru tant à l'aller qu'au retour selon les taux prévus pour les déplacements des personnels civils de l'État utilisant leur voiture personnelle."

Art. R. 410 **L'article R. 134 est rédigé comme suit :**

Art. R. 134 Lorsqu'un témoin se trouve hors d'état de subvenir aux frais de son déplacement, il lui est délivré par le commandant de la brigade de gendarmerie, s'il le requiert, et sur présentation de la convocation ou de la citation, une réquisition de transport.

Art. R. 411 *Abrogé par Décr. n° 2011-338 du 29 mars 2011, à compter du 1er avr. 2011.*

Art. R. 412 *(Décr. n° 2011-338 du 29 mars 2011, en vigueur le 1er avr. 2011)* **Aux articles R. 140 et R. 142, le mot : "jurés" est remplacé par les mots : "assesseurs-jurés".**

Art. R. 413 *Abrogé par Décr. n° 2011-338 du 29 mars 2011, à compter du 1er avr. 2011.*

Art. R. 414 **L'article R. 141 est rédigé comme suit :**

Art. R. 141 Lorsque les *(Décr. n° 2011-338 du 29 mars 2011, en vigueur le 1er avr. 2011)* « assesseurs-jurés » se déplacent, il leur est alloué, sur justification, une indemnité de transport qui est calculée ainsi qu'il est dit pour les experts à l'article R. 110.

Les dispositions de l'article R. 134 sont également applicables.

Art. R. 415 **L'article R. 146 est rédigé comme suit :**

Art. R. 146 Lorsqu'un *(Décr. n° 2011-338 du 29 mars 2011, en vigueur le 1er avr. 2011)* « assesseur-juré » se trouve hors d'état de subvenir aux frais de son déplacement, il est procédé conformément aux dispositions de l'article R. 134.

Art. R. 416 **L'article R. 147-1 est rédigé comme suit :**

Art. R. 147-1 Le tarif des frais de garde entraînés par l'immobilisation d'un véhicule décidée en application des articles 131-6 (5°) et 131-14 (2°) du code pénal est fixé par un arrêté du préfet.

Art. R. 417 **A l'article R. 149, les mots : "comptable direct du Trésor" sont remplacés par les mots : "receveur des domaines."**

Art. R. 418 **A l'article R. 187, après les mots : "ministère public", sont insérés les mots : ", ce sous réserve des dispositions réglementaires relatives aux militaires de la gendarmerie agissant comme huissiers."**

Art. R. 419 **A la fin du second alinéa de l'article R. 189, les mots : "par une insertion à un bulletin de police" sont remplacés par les mots : "par tout autre moyen".**

Art. R. 420 **Les alinéas 2 et 3 de l'article R. 194 sont supprimés.**

Art. R. 421 *Abrogé par Décr. n° 2011-338 du 29 mars 2011, à compter du 1er avr. 2011.*

Art. R. 422 **A l'article R. 219, les mots : "les régisseurs d'avances" sont remplacés par les mots : "le receveur des finances".**

Art. R. 423 et R. 424 *Abrogés par Décr. n° 2011-338 du 29 mars 2011, à compter du 1er avr. 2011.*

Art. R. 425 **A l'article R. 229, les mots : "versement de la pièce de dépense par le régisseur entre les mains de ce comptable" sont remplacés par le mot : "paiement".**

Art. R. 426 L'article R. 233 est rédigé comme suit :

Art. R. 233 Sauf dispositions particulières, le paiement des frais est effectué par le Trésor public au vu d'un état ou d'un mémoire de la partie prenante certifié ou taxé.

Art. R. 427 L'alinéa premier de l'article R. 234 est rédigé comme suit :

"S'agissant d'un mémoire ou d'un état certifié, le comptable assignataire avant paiement ou la partie prenante, dans le délai d'un mois à compter de la perception de la somme, peuvent adresser une réclamation au ministère public, qui saisit de ses réquisitions le magistrat taxateur."

Art. R. 428 A l'article R. 249-7, les mots : "régisseur d'avances" et "comptable du Trésor" sont remplacés par les mots : "le receveur des finances".

Art. R. 429 L'article R. 249-8 est rédigé comme suit :

Art. R. 249-8 Un recours contre la décision peut être formé devant la juridiction mentionnée aux *a)* et *b)* de l'article R. 249-6 par le ministère public à la demande du Trésor public dans un délai d'un mois à compter du paiement de l'indemnité.

Le refus motivé du ministère public d'exercer le recours est porté à la connaissance du Trésor public.

TITRE QUATRIÈME **DISPOSITIONS DIVERSES**

(Décr. n° 2021-1182 du 13 sept. 2021, art. 2)

Art. R. 430 **Pour son application à Saint-Barthélemy, à Saint-Pierre-et-Miquelon, dans les îles Wallis-et-Futuna, en Polynésie française, en Nouvelle-Calédonie et dans les Terres australes et antarctiques françaises, la référence aux dispositions du règlement (UE) 2016/679 du Parlement européen et du Conseil du 27 avril 2016, relatif à la protection des personnes physiques à l'égard du traitement des données à caractère personnel et à la libre circulation de ces données est remplacée par la référence aux règles en vigueur en métropole en vertu de ce règlement.**

TROISIÈME PARTIE : DÉCRETS

Dans toutes les dispositions de la troisième partie (décret) du code de procédure pénale, les mots « chambre d'accusation » sont remplacés par les mots « chambre de l'instruction » (Décr. n° 2001-475 du 30 mai 2001, art. 3).

Dans tous les textes réglementaires les mots : "directeur régional des services pénitentiaires" sont remplacés par les mots : "directeur interrégional des services pénitentiaires" (Décr. n° 2007-931 du 15 mai 2007, art. 17, en vigueur le 1er juin 2007).

TITRE PRÉLIMINAIRE

CHAPITRE PREMIER DE L'ACTION PUBLIQUE ET DE L'ACTION CIVILE

(Décr. n° 2016-214 du 26 févr. 2016, art. 2).

Art. D. 1er *(Décr. n° 95-932 du 17 août 1995)* **« I. — »** *(Décr. n° 2016-1455 du 28 oct. 2016, art. 2)* **« Toute association mentionnée au deuxième alinéa de l'article 2-9 ou au premier alinéa de l'article 2-15 peut demander l'agrément prévu par ces dispositions dès lors qu'elle remplit les conditions suivantes : »**

1° Un nombre représentatif de membres adhérents qui ont été victimes de l'infraction ;

2° Des garanties suffisantes d'une activité effective en vue de la défense des victimes de l'infraction, notamment par l'intervention d'un avocat ;

3° Le caractère désintéressé des activités.

L'agrément est accordé par arrêté du ministre de la justice.

La condition visée au 2° est notamment satisfaite par l'adhésion de l'association au sein d'une fédération lui permettant d'assurer une activité effective en vue de la défense des victimes et agréée par arrêté du ministre de la justice.

II. — *(Décr. n° 2002-223 du 20 févr. 2002)* **« La demande d'agrément est adressée au ministère de la justice ». Le dossier accompagnant la demande d'agrément doit comprendre un exemplaire des statuts et du récépissé de déclaration, ainsi que la justification des conditions prévues aux 1° à 3° ci-dessus.**

(Décr. n° 2004-1364 du 13 déc. 2004, art. 23, en vigueur le 1er janv. 2005) **« Lorsque le dossier remis est complet, il en est délivré récépissé. La décision d'agrément est notifiée dans un délai de deux mois à compter de la date de délivrance du récépissé ».**

L'avis prévu *(Décr. n° 2016-1455 du 28 oct. 2016, art. 2)* **« par l'article 2-9 ou » par l'article 2-15 est donné par le procureur de la République de la juridiction saisie, ou par le procureur de la République de la juridiction dans le ressort de laquelle l'association a son siège.**

(Décr. n° 2004-1364 du 13 déc. 2004, art. 23, en vigueur le 1er janv. 2005) **« Toute association agréée devra fournir annuellement au procureur de la République compétent mentionné à l'alinéa précédent, les pièces suivantes : la liste actualisée de ses adhérents, un exemplaire du dernier procès-verbal de l'assemblée générale ainsi que du dernier exercice comptable. »**

L'agrément peut être suspendu ou retiré par arrêté du ministre de la justice lorsque l'association ne remplit plus l'une des conditions ayant justifié l'agrément. L'association doit être au préalable mise en demeure de présenter ses observations.

(Décr. n° 2004-1364 du 13 déc. 2004, art. 23, en vigueur le 1er janv. 2005) **« L'association qui entend contester une décision de refus implicite, de suspension ou de retrait d'agrément doit, préalablement à tout recours contentieux, présenter un recours gracieux au ministre de la justice. »**

III. — Au moment de sa constitution de partie civile, le président de l'association doit faire connaître à la juridiction saisie la liste des personnes victimes de l'infraction qui ont adhéré à l'association. Il doit lui communiquer en cours de procédure l'identité des victimes dont l'adhésion est intervenue postérieurement à cette constitution de partie civile.

Art. D. 1er-1 *(Décr. nº 2011-904 du 29 juill. 2011, art. 18-I)* « Les modalités d'application des II à IV de l'article 28 de la loi organique nº 2011-333 du 29 mars 2011 relative au Défenseur des droits sont précisées par le présent article. »

(Décr. nº 2006-641 du 1er juin 2006) I. — La proposition de transaction émanant *(Décr. nº 2011-904 du 29 juill. 2011, art. 18-II)* « du Défenseur des droits » est communiquée à l'auteur des faits ou, s'il s'agit d'une personne morale, à son représentant, par l'intermédiaire de l'un de ses agents assermentés devant lequel l'intéressé a été préalablement convoqué. La proposition de transaction peut également être notifiée par lettre recommandée avec demande d'avis de réception à l'auteur des faits.

La proposition de transaction précise :

— la nature des faits reprochés ainsi que leur qualification juridique ;

— la nature et le quantum des mesures proposées *(Abrogé par Décr. nº 2011-904 du 29 juill. 2011, art. 18-III)* *« en application des articles 11-1 et 11-2 de la loi du 30 décembre 2004 »*, ainsi que les délais dans lesquels elles devront être exécutées ;

— le montant des dommages et intérêts dus à la victime.

L'accord de la victime à la transaction peut être recueilli par tout moyen.

Lorsque sont proposées les mesures d'affichage, de transmission, de diffusion ou de publication d'un communiqué *(Abrogé par Décr. nº 2011-904 du 29 juill. 2011, art. 18-IV)* *« prévues à l'article 11-2 de la loi précitée »*, la personne est informée du contenu du communiqué et du montant des frais qui seront à sa charge et qu'elle devra acquitter avant que la haute autorité ne procède à cet affichage ou cette diffusion.

La personne à qui est proposée une transaction est informée qu'elle dispose d'un délai de quinze jours avant de faire connaître sa décision, après s'être, le cas échéant, fait assister par un avocat.

En cas d'audition par un agent assermenté *(Décr. nº 2011-904 du 29 juill. 2011, art. 18-II)* « du Défenseur des droits », il est dressé procès-verbal de ces opérations, et copie en est remis à l'intéressé.

II. — Si l'auteur des faits a accepté la transaction proposée, ce procès-verbal, ou copie de la lettre recommandée, avec les procès-verbaux constatant le cas échéant la commission de l'infraction ainsi que l'accord de la victime, est adressé pour homologation au procureur de la République territorialement compétent.

Ce magistrat adresse alors *(Décr. nº 2011-904 du 29 juill. 2011, art. 18-V)* « au Défenseur des droits », dans les meilleurs délais, sa décision indiquant s'il homologue ou non la transaction.

III. — Si la transaction est homologuée, *(Décr. nº 2011-904 du 29 juill. 2011, art. 18-VI)* « le Défenseur des droits » le signifie à l'auteur des faits par un document indiquant à ce dernier comment exécuter ses obligations, dans les délais qu'elle précise.

Ce document comporte une mention indiquant que si la personne n'exécute pas ces mesures dans le délai imparti, *(Décr. nº 2011-904 du 29 juill. 2011, art. 18-VI)* « le Défenseur des droits » pourra mettre en mouvement l'action publique par voie de citation directe.

Le paiement de l'amende transactionnelle ainsi que celui des frais d'affichage ou de diffusion d'un communiqué s'exécute conformément aux dispositions de l'article R. 15-33-51 du présent code, sous la réserve que les justificatifs du paiement sont retournés *(Décr. nº 2011-904 du 29 juill. 2011, art. 18-V)* « au Défenseur des droits ».

L'auteur des faits doit, s'il y a lieu, justifier de l'indemnisation de la victime, ainsi que de l'exécution des mesures prévues aux 1°, 2° et 4° *(Décr. nº 2011-904 du 29 juill. 2011, art. 18-VII)* « du III de l'article 28 de la loi organique du 30 mars 2011 susvisée ».

IV. — Si l'auteur des faits refuse la transaction proposée, y compris en ne répondant pas aux convocations qui lui ont été adressées, ou s'il n'exécute pas ses obligations dans les délais prescrits, *(Décr. nº 2011-904 du 29 juill. 2011, art. 18-VI)* « le Défenseur des droits » en informe le procureur de la République, sauf à mettre elle-même en mouvement l'action publique par voie de citation directe.

Lorsque, pour des motifs graves d'ordre médical, familial, professionnel ou social, la personne n'a pas pu exécuter les mesures décidées dans les délais prescrits, *(Décr. nº 2011-904 du 29 juill. 2011, art. 18-VI)* « le Défenseur des droits » peut, à sa demande, prolonger les délais d'exécution de ces mesures, sans pouvoir toutefois dépasser six mois.

La victime a la possibilité, au vu de la décision d'homologation, lorsque l'auteur des faits s'est engagé à lui verser des dommages et intérêts, d'en demander le recouvrement suivant la procédure de l'injonction de payer, conformément aux règles prévues par le nouveau code de procédure civile.

Si la transaction homologuée est exécutée dans les délais prescrits, *(Décr. nº 2011-904 du 29 juill. 2011, art. 18-VI)* « le Défenseur des droits » en informe le procureur de la République, qui constate l'extinction de l'action publique conformément aux dispositions du troisième alinéa de l'article 6 du présent code. Ce magistrat en avise l'intéressé et, le cas échéant, la victime.

Si des poursuites sont engagées dans le cas où la transaction acceptée et homologuée n'a pas été entièrement exécutée, le dossier de la procédure dans lequel sont précisées les mesures exécutées en tout ou partie par la personne est communiqué à la juridiction de jugement afin qu'elle puisse en tenir compte, en cas de condamnation, dans le prononcé de sa décision.

CHAPITRE PREMIER *BIS* DE LA JUSTICE RESTAURATIVE

(Décr. nº 2020-1640 du 21 déc. 2020, art. 7)

Art. D. 1er-1-1 Outre le cas prévu par le 1º de l'article 10-2, la possibilité pour la victime ou l'auteur d'une infraction de participer à une mesure de justice restaurative relevant de l'article 10-1 lui est proposée, lorsque cette mesure paraît envisageable :

1º Par le procureur de la République ou le délégué du procureur de la République, lors de la mise en œuvre d'une alternative aux poursuites ou d'une composition pénale, à tout moment de la procédure ;

2º Par le juge d'instruction, à tout moment de l'information, et notamment lorsqu'il reçoit la plainte avec constitution de partie civile de la victime ou qu'il procède à la mise en examen de la personne poursuivie ;

3º Par le président de la juridiction de jugement, à tout moment de l'audience et après avoir rendu la décision sur l'action publique et sur l'action civile ;

4º Par le juge de l'application des peines en application du 2º du IV de l'article 707.

(Décr. nº 2021-1516 du 23 nov. 2021, art. 2, en vigueur le 1er févr. 2022) « Lorsque les conditions prévues par l'article 10-1 sont réunies, et notamment que l'auteur de l'infraction a reconnu avoir commis les faits qui lui sont reprochés, les mesures de justice restaurative peuvent être mises en œuvre y compris si la prescription de l'action publique est acquise.

« En cas de décisions de classement sans suite, de non-lieu, de relaxe ou d'acquittement dans des procédures concernant des infractions sexuelles commises par des majeurs sur des mineurs dont la commission est reconnue par leur auteur mais qui sont motivées par la prescription de l'action publique, le procureur de la République vérifie si une mesure de justice restaurative est susceptible d'être mise en œuvre. »

CHAPITRE II DES DROITS DES VICTIMES

(Décr. nº 2016-214 du 26 févr. 2016, art. 3)

SECTION PREMIÈRE DISPOSITIONS GÉNÉRALES

Art. D. 1er-2 Les modalités d'application du droit de la victime à l'assistance par un interprète et à la traduction, mentionné au 7º de l'article 10-2 et à l'article 10-3, sont fixées par les articles D. 594-12 à D. 594-16.

SECTION II DE L'ÉVALUATION DES BESOINS ET DES MESURES DE PROTECTION DES VICTIMES D'INFRACTIONS

SOUS-SECTION 1 ÉVALUATION PERSONNALISÉE ET MESURES DE PROTECTION

Art. D. 1er-3 L'évaluation personnalisée a pour objet de déterminer si des mesures de protection spécifiques doivent être mises en œuvre au cours de la procédure pénale.

Cette évaluation est effectuée notamment au vu des éléments suivants :

— l'importance du préjudice subi par la victime ;

– les circonstances de la commission de l'infraction résultant notamment d'une motivation discriminatoire, raciste, ethnique, religieuse, *(Décr. n° 2022-656 du 25 avr. 2022, art. 2)* « ou sexiste, » ou des liens existant entre la victime et la personne mise en cause ;

– la vulnérabilité particulière de la victime, résultant notamment de son âge, d'une situation de grossesse ou de l'existence d'un handicap ;

– l'existence d'un risque d'intimidation ou de représailles ;

(Décr. n° 2020-1640 du 21 déc. 2020, art. 8) « – l'existence d'une situation d'emprise exercée sur la victime par la personne mise en cause, notamment en cas d'infraction commise au sein du couple relevant de l'article 132-80 du code pénal. »

Art. D. 1er-4 L'évaluation personnalisée est effectuée par l'officier de police judiciaire ou par l'agent de police judiciaire qui procède à l'audition de la victime.

Il mentionne, dans le procès-verbal d'audition de la victime ou dans toute autre pièce jointe à la procédure, les éléments d'appréciation retenus parmi ceux mentionnés à l'article D. 1er-3 ou d'autres éléments lui paraissant justifiés d'être pris en compte.

Art. D. 1er-5 Sous réserve des nécessités de l'enquête, l'autorité qui procède à l'audition de la victime :

1° Recueille dès que possible la plainte de la victime ;

2° Procède à d'autres auditions de la victime dans la mesure où elles sont strictement nécessaires à l'enquête en cours ;

3° Fait procéder aux examens médicaux de la victime dans la mesure où ils sont strictement nécessaires à l'enquête en cours.

Art. D. 1er-6 En cas de violences sexuelles, de violences fondées sur le genre ou de violences domestiques, la victime est entendue par un enquêteur du même sexe si elle en fait la demande.

Toutefois, il n'est pas fait droit à cette demande si son octroi est de nature à faire obstacle au bon déroulement de l'enquête, notamment lorsqu'il est nécessaire de procéder en urgence à l'audition de la victime.

Art. D. 1er-7 Compte tenu de l'évaluation personnalisée, l'autorité qui procède à l'audition de la victime applique les mesures de protection spécifiques suivantes :

1° Chaque audition de la victime a lieu dans des locaux conçus ou adaptés à sa situation ;

2° Lorsqu'il s'agit de violences sexuelles, la victime est entendue par des enquêteurs spécialement formés à ces infractions ou avec l'aide d'enquêteurs ayant reçu cette formation ;

3° La victime est entendue à chaque audition par les mêmes enquêteurs.

Art. D. 1er-8 L'autorité qui procède à l'audition de la victime peut décider de ne pas appliquer une ou plusieurs mesures de protection spécifiques mentionnées à l'article D. 1er-7 si leur octroi est de nature à faire obstacle au bon déroulement de l'enquête, notamment lorsqu'il est nécessaire de procéder en urgence à l'audition de la victime.

Art. D. 1er-9 L'officier ou l'agent de police judiciaire qui procède à l'audition de la victime communique les éléments de l'évaluation personnalisée à l'autorité judiciaire en charge de la procédure pour lui permettre de décider, le cas échéant, d'une évaluation approfondie.

SOUS-SECTION 2 ÉVALUATION APPROFONDIE

Art. D. 1er-10 *(Décr. n° 2022-656 du 25 avr. 2022, art. 2)* Lorsque le procureur de la République ou le juge d'instruction estime approprié de faire procéder à une évaluation approfondie, celle-ci est réalisée par une association d'aide aux victimes disposant d'un agrément de compétence générale en application de l'article D. 1-12-1.

En cas de violences au sein du couple ou de violences sexuelles et sexistes, l'évaluation peut être réalisée par les professionnels de l'association agréée qui sont spécialement formés à la prise en charge des victimes de ces infractions, qu'il s'agisse d'une association agréée, en application de ce même article, au titre de sa compétence générale ou au titre de sa compétence spécialisée.

Art. D. 1er-10-1 Les conclusions de l'évaluation approfondie sont prises en compte par l'association d'aide aux victimes lorsqu'elle porte aide ou assistance à la victime de l'infraction.

L'art. D. 1er-11 a été renuméroté et est devenu l'art. D. 1er-10-1 (Décr. no 2020-1640 du 23 déc. 2020, art. 9).

Art. D. 1er-10-2 **L'évaluation approfondie est actualisée au cours de la procédure en cas de survenance d'éléments nouveaux parmi ceux mentionnés à l'article D. 1er-3.**

L'art. D. 1er-12 a été renuméroté et est devenu l'art. D. 1er-10-2 (Décr. no 2020-1640 du 23 déc. 2020, art. 9).

SECTION III **DISPOSITIONS SPÉCIFIQUES AUX VICTIMES DE VIOLENCES ET D'INFRACTIONS COMMISES AU SEIN DU COUPLE OU DE LA FAMILLE**

(Décr. no 2021-1516 du 23 nov. 2021, art. 3, en vigueur le 1er févr. 2022).

(Décr. no 2020-1640 du 23 déc. 2020, art. 9)

Art. D. 1er-11 **Lorsque des poursuites sont exercées ou qu'il est recouru à une mesure alternative aux poursuites ou à une composition pénale pour toute infraction commise au sein du couple et relevant de l'article 132-80 du code pénal, la victime peut demander au procureur de la République de lui remettre dans les meilleurs délais une attestation faisant état de la procédure.**

Art. D. 1er-11-1 *(Décr. no 2021-1516 du 23 nov. 2021, art. 3, en vigueur le 1er févr. 2022)* **En cas de violences commises au sein du couple et relevant de l'article 132-80 du code pénal, le procureur de la République vérifie, avant de mettre l'action publique en mouvement, si ces violences ont été commises en présence d'un mineur et si la circonstance aggravante prévue par le *b* des articles 222-8, 222-10 et 222-12 du même code est caractérisée, afin que les poursuites soient engagées sur le fondement de ces dispositions, sans préjudice de la possibilité, pour la juridiction d'instruction ou de jugement uniquement saisie en application des 6° de ces articles, de requalifier les faits en ce sens.**

Le procureur de la République veille alors à ce que le mineur puisse se constituer partie civile lors des poursuites, le cas échéant en étant représenté par un administrateur *ad hoc* en application des articles 706-50 et 706-51 du présent code, y compris avant l'audience de jugement conformément aux articles 419 et 420, afin qu'il puisse y être convoqué comme partie civile et non comme témoin. Lorsqu'une information est ouverte, le juge d'instruction avise, conformément à l'article 80-3, le représentant légal du mineur ou l'administrateur *ad hoc* désigné par le procureur ou par lui-même en application de l'article 706-50 de son droit de se constituer partie civile au nom du mineur. Les dispositions du présent alinéa sont également applicables en cas de poursuites pour meurtre commis par le conjoint ou le concubin de la victime ou le partenaire lié à la victime par un pacte civil de solidarité, lorsque les faits ont été commis en présence d'un mineur.

Dans les cas prévus par les deux alinéas précédents, le procureur de la République veille également à ce que figurent au dossier de la procédure dont est saisie la juridiction de jugement tous les éléments permettant à celle-ci d'apprécier l'importance du préjudice subi par le mineur et de se prononcer, en application des dispositions du code pénal et du code civil, sur le retrait total ou partiel de l'autorité parentale ou de son exercice ainsi que sur la *suspension* des droits de visite et d'hébergement, le cas échéant en versant au dossier des pièces émanant de procédures suivies devant le tribunal judiciaire, le juge aux affaires familiales ou le juge des enfants, ou en requérant s'il y a lieu un examen ou une expertise psychologique du mineur.

Art. D. 1er-11-2 *(Décr. no 2021-1820 du 24 déc. 2021, art. 2, en vigueur le 1er févr. 2022)* **Avant toute libération ou cessation, même temporaire, de l'incarcération d'une personne détenue poursuivie ou condamnée pour des infractions commises au sein du couple relevant de l'article 132-80 du code pénal** *(Décr. no 2022-656 du 25 avr. 2022, art. 2)* **« , ou pour l'infraction définie à l'article 227-4-2 du même code », l'autorité judiciaire compétente, après en avoir avisé la victime, apprécie, conformément aux articles 144-2 et 712-16-2 du présent code :**

1° Si doit être prononcée une interdiction de contact avec la victime ou de paraître en ertains lieux prévues par l'article 138 du présent code ou par les 9°, 11°, 12°, 13°, 18° et 18° *bis* de l'article 132-45 du code pénal ;

2° Si l'effectivité de cette interdiction doit être renforcée par le recours à un dispositif de téléprotection en application de l'article 41-3-1 du présent code ou à un dispositif mobile anti-rapprochement en application des articles 138-3 du présent code ou 132-45-1 du code pénal.

Les dispositions du présent article ne sont pas applicables en cas d'autorisation de sortie sous escorte.

(Décr. nº 2022-656 du 25 avr. 2022, art. 2) « Lorsqu'il s'agit d'une personne condamnée, le juge de l'application des peines peut, pour apprécier s'il convient d'appliquer les mesures prévues aux 1° et 2°, faire procéder à une évaluation approfondie de la victime conformément aux dispositions de l'article D. 1er-10. »

Art. D. 1er-12 *(Décr. nº 2021-364 du 31 mars 2021, art. 3)* I. — Les modalités selon lesquelles, en application du 10° de l'article 10-2 et de l'article 10-5-1, les personnes victimes de violences ont le droit, lorsque leur examen médical a été requis par un officier ou agent de police judiciaire, un magistrat ou une juridiction, de se voir remettre une copie du certificat d'examen médical constatant leur état de santé physique ou psychologique et décrivant les éventuelles lésions qu'elles ont subies, sont précisées par *(Décr. nº 2021-1516 du 23 nov. 2021, art. 4, en vigueur le 1er févr. 2022)* « les II à VI du présent article, sous réserve des dispositions du VII lorsqu'il s'agit d'une victime mineure ».

II. — La remise d'une copie du certificat médical à la victime se fait à la demande de celle-ci. Cette remise peut être réalisée par tout moyen, y compris par voie dématérialisée, par l'envoi d'une version numérisée du certificat à l'adresse électronique de la victime. Elle ne peut être effectuée par courrier lorsque la victime réside à la même adresse que la personne à l'encontre de laquelle celle-ci a déposé plainte.

III. — Les victimes sont informées de ce droit par l'officier ou l'agent de police judiciaire lorsqu'elles déposent plainte en application de l'article 15-1 ou lors de leur audition par les services enquêteurs.

IV. — Lorsque le médecin requis rédige son certificat immédiatement à l'issue de son examen, il en remet une copie à la victime si celle-ci le lui demande. Lorsque le certificat est rédigé ultérieurement, il peut en adresser la copie à la victime si celle-ci en a fait la demande.

La réquisition judiciaire adressée au médecin rappelle les dispositions de l'alinéa précédent.

V. — Si la copie du certificat n'a pas été remise à la victime par le médecin, elle peut lui être remise par un officier ou un agent de police judiciaire, à sa demande ou celle de son avocat. Cette demande peut être formulée lors du dépôt de plainte, d'une audition, d'une confrontation ou à défaut en se présentant au service enquêteur, après avoir pris contact à cette fin avec celui-ci. Cette dernière possibilité s'entend sans préjudice de la possibilité pour la victime de recevoir la copie du certificat par voie dématérialisée conformément au II.

VI. — Si cette copie n'a pas été remise à la victime par le médecin ou par le service enquêteur, celle-ci peut la demander, selon les cas, au procureur de la République, au juge d'instruction ou au greffe de la juridiction de jugement. Cette demande peut également être faite par l'avocat de la victime, notamment si ce dernier envisage le dépôt d'une demande d'ordonnance de protection, y compris selon les modalités prévues par l'article D. 591.

(Décr. nº 2021-1516 du 23 nov. 2021, art. 4, en vigueur le 1er févr. 2022) « VII. — Lorsque l'examen médical concerne une victime mineure, le médecin n'est pas tenu de remettre une copie du certificat aux représentants légaux du mineur qui en font la demande s'il estime que cette remise pourrait être contraire à l'intérêt supérieur de l'enfant, notamment en cas de suspicion de violences intrafamiliales, ou si le mineur disposant d'un degré de maturité suffisant, le refuse ; dans ce cas, la remise de la copie du certificat médical peut être demandée conformément aux V et VI. »

CHAPITRE III **DES MISSIONS ET DE L'AGRÉMENT DES ASSOCIATIONS D'AIDE AUX VICTIMES D'INFRACTION** *(Décr. n° 2022-200 du 17 févr. 2022).*

(Décr. n° 2019-1263 du 29 nov. 2019, en vigueur le 1er janv. 2020)

SECTION PREMIÈRE **DISPOSITIONS GÉNÉRALES**

Art. D. 1er-12-1 Les associations d'aide aux victimes peuvent faire l'objet de l'agrément visé au dernier alinéa de l'article 41, dans les conditions prévues au présent chapitre, lorsqu'elles ont vocation à assurer une aide et un accompagnement des victimes d'infraction pénale.

(Décr. n° 2021-1516 du 23 nov. 2021, art. 5, en vigueur le 1er févr. 2022) « Cet agrément est de compétence générale lorsqu'il concerne toutes les infractions et de compétence spécialisée lorsqu'il ne s'applique qu'aux violences au sein du couple et aux violences sexuelles et sexistes.

« L'agrément de compétence générale comprenant les prérogatives de l'agrément de compétence spécialisée, une association ne peut obtenir qu'un seul agrément pendant une même période. »

Art. D. 1er-12-2 *(Décr. n° 2021-1516 du 23 nov. 2021, art. 5, en vigueur le 1er févr. 2022)* « L'association agréée propose, si elle dispose d'un agrément de compétence générale, à toute personne victime d'infraction pénale et, si elle dispose d'un agrément de compétence spécialisée, à toute personne victime d'infraction liée aux violences au sein du couple et aux violences sexuelles et sexistes, lorsque cette personne en fait la demande, » une prise en charge globale, pluridisciplinaire, gratuite et individualisée, sans interférer, pour son propre compte ou pour celui de la victime, dans le déroulement de la procédure judiciaire.

(Décr. n° 2022-200 du 17 févr. 2022) « L'association peut également être déléguée par le procureur de la République afin de constater l'indemnisation de la victime dans le cadre de la peine de sanction réparation prévue par l'article 131-8-1 du code pénal. »

Elle s'assure de l'absence de tout conflit d'intérêt entre l'exercice indépendant, impartial et objectif de sa mission d'aide aux victimes et les avantages ou intérêts particuliers, directs ou indirects, dont elle ou l'un de ses membres bénéficierait.

SECTION II **CONDITIONS, MODALITÉS DE LA DÉLIVRANCE DE L'AGRÉMENT ET OBLIGATIONS AFFÉRENTES**

Art. D. 1er-12-3 L'agrément mentionné à l'article D. 1er-12-1 ne peut être délivré qu'aux associations d'aide aux victimes qui, à la date de la demande d'agrément, justifient depuis au moins une année :

1° De statuts associatifs réguliers et garantissant l'égal accès des femmes et des hommes à ses instances dirigeantes ;

2° De l'existence d'une gestion saine, prudente et désintéressée par les administrateurs *[,]* lesquels ne doivent avoir aucun intérêt financier direct ou indirect dans l'activité ou les résultats de l'association ;

3° De la présence parmi leurs salariés d'au moins un juriste ou psychologue ou travailleur social justifiant d'un titre ou d'un diplôme sanctionnant au moins deux années d'études après le baccalauréat dans leur domaine respectif.

Art. D. 1er-12-4 L'agrément ne peut être délivré qu'aux associations d'aide aux victimes répondant à l'ensemble des critères suivants et prévus par un référentiel national des associations agréées d'aide aux victimes d'infraction :

1° Pluridisciplinarité et anticipation de la prise en charge des victimes d'infraction ;
2° Accessibilité des lieux d'accueil à tous les publics ;
3° Continuité de l'offre de prise en charge ;
4° Gratuité et durabilité de la prise en charge ;
5° Neutralité et confidentialité de la prise en charge ;
6° Professionnalisation des intervenants ;
7° Implication dans des actions locales d'aide aux victimes.

Les modalités d'appréciation des critères sont précisées par un arrêté du garde des sceaux, ministre de la justice fixant le référentiel national des associations agréées d'aide aux victimes d'infraction.

V. le référentiel publié par Arr. du 29 nov. 2019 (JO 1er déc.).

Art. D. 1er-12-5 Les associations visées par les articles 2-1 à 2-24 du code de procédure pénale ne peuvent prétendre à l'agrément prévu à l'article D. 1-12-1.

Art. D. 1er-12-6 Le dossier de demande d'agrément est composé comme suit :

1° Une demande d'agrément signée par le représentant légal de l'association ;

2° Le numéro SIRET de l'association, son identifiant au répertoire national des associations (RNA) ;

3° Une copie des statuts associatifs en vigueur ;

4° Une copie du règlement intérieur éventuellement adopté ;

5° La liste des personnes chargées de l'administration de l'association issue de la dernière délibération de l'assemblée générale ayant désigné les membres du conseil d'administration de l'association et mentionnant le nom, les prénoms et la ou les professions exercées par chacun des administrateurs ainsi que leur fonction au sein de l'association s'ils sont membres du bureau de l'association ;

6° L'indication du nom et des coordonnées du représentant légal de l'association ainsi que, le cas échéant, ceux du salarié directeur ou à défaut du salarié coordinateur, et l'adresse électronique de l'association ;

7° Tout document permettant d'établir la présence parmi les salariés d'au moins un juriste ou psychologue ou travailleur social visés au 3° de l'article D. 1er-12-3 ;

8° Le rapport d'activité de l'association pour le dernier exercice clos approuvé par son assemblée générale. Il indique, au besoin à l'aide de tableaux et de graphiques, la typologie des prises en charge effectuées tout au long de l'année par l'association. Le rapport d'activité annuel constitue un bilan qualitatif et quantitatif de l'activité ;

9° Les comptes annuels de l'association approuvés lors de la dernière assemblée générale ainsi que, le cas échéant, l'ensemble des rapports produits par le commissaire aux comptes pour le dernier exercice clos ;

10° Tous autres éléments permettant d'apprécier l'aptitude de l'association à assurer la mission d'aide aux victimes pour laquelle elle sollicite l'agrément ainsi que les éventuels agréments, labels et certifications dont elle bénéficie par ailleurs.

Art. D. 1er-12-7 Le dossier de demande d'agrément est adressé, si possible par voie dématérialisée, au service de l'accès au droit et à la justice et de l'aide aux victimes du secrétariat général du ministère de la justice.

Art. D. 1er-12-8 Lorsque le dossier est complet, il en est délivré accusé de réception par le service de l'accès au droit et à la justice et de l'aide aux victimes du secrétariat général du ministère de la justice, qui recueille l'avis au magistrat délégué à la politique associative et à l'accès au droit.

L'agrément est délivré par le ministre de la justice pour une durée de cinq ans renouvelable.

Il est transmis pour information au magistrat délégué à la politique associative et à l'accès au droit.

Art. D. 1er-12-9 L'association rend compte de l'activité pour laquelle elle est agréée en transmettant, si possible par voie dématérialisée, au service de l'accès au droit et à la justice et de l'aide aux victimes du secrétariat général du ministère de la justice, au plus tard à la fin du premier semestre de chaque année, un compte-rendu d'activité et un rapport financier pour l'année précédente, approuvés par son assemblée générale.

L'association notifie dans les meilleurs délais toute modification des statuts de l'association ou des conditions d'exercice de l'activité agréée au service de l'accès au droit et à la justice et de l'aide aux victimes du secrétariat général du ministère de la justice.

Le service de l'accès au droit et à la justice et de l'aide aux victimes du secrétariat général du ministère de la justice peut, à tout moment, demander à une association agréée la communication de tous documents permettant d'apprécier que les conditions de délivrance de son agrément demeurent remplies.

SECTION III RENOUVELLEMENT ET TRANSFERT DE L'AGRÉMENT

Art. D. 1er-12-10 L'agrément peut faire l'objet, à l'initiative de l'association bénéficiaire, d'une demande de renouvellement dans les mêmes conditions que celles prévues pour sa délivrance.

Art. D. 1er-12-11 L'agrément accordé à une association peut faire l'objet d'un transfert dans les cas suivants :

1° En cas de fusion d'une ou plusieurs associations, dont l'une au moins bénéficie d'un agrément en tant qu'association d'aide aux victimes, que celle-ci s'opère avec ou sans création d'une nouvelle structure associative ;

2° En cas de scission en deux ou plusieurs associations.

Le transfert d'agrément ne peut s'effectuer qu'au profit d'une seule structure associative destinataire et ne vaut que pour la durée restant à courir de l'agrément au titre duquel le transfert est demandé.

Pour en bénéficier, la structure associative bénéficiaire du transfert d'agrément doit remplir les conditions de délivrance de l'agrément prévues à la section 2 du présent chapitre.

Art. D. 1er-12-12 La demande de transfert d'agrément, l'instruction et l'approbation du transfert d'agrément sont effectués dans les mêmes conditions que celles prévues pour la délivrance d'agrément.

SECTION IV SUSPENSION ET RETRAIT DE L'AGRÉMENT

Art. D. 1er-12-13 L'agrément peut être suspendu puis retiré :

a) En cas de changement non déclaré des statuts de l'association ;

b) En cas de non-respect d'une des conditions de délivrance de l'agrément mentionnées aux articles D. 1er-12-3 et D. 1er-12-4 ;

c) En l'absence de transmission du compte rendu d'activité et du rapport financier annuels ;

d) En cas de refus de communication de document, demandé en application de l'article *(Décr. nº 2021-1516 du 23 nov. 2021, art. 5, en vigueur le 1er févr. 2022)* « D. 1er-12-9 ».

L'association est informée des raisons pour lesquelles elle est susceptible de faire l'objet d'une suspension d'agrément et du délai dans lequel elle peut présenter des observations écrites ou orales.

La décision de suspension de l'agrément, qui ne peut excéder une durée de quatre mois, est prise par le garde des sceaux, ministre de la justice, qui la notifie à l'association concernée et en informe le magistrat délégué à la politique associative et à l'accès au droit dans les meilleurs délais.

Si, à l'issue du délai prévu dans la décision de suspension, l'association s'est conformée aux obligations qui lui ont été faites, la suspension est levée et l'agrément s'applique à nouveau pour la période restant à courir.

A défaut, la décision de retrait de l'agrément est prise par le garde des sceaux, ministre de la justice qui la notifie à l'association concernée et en informe le magistrat délégué à la politique associative et à l'accès au droit.

LIVRE PREMIER DE L'EXERCICE DE L'ACTION PUBLIQUE ET DE L'INSTRUCTION

(Décr. n° 58-1304 du 23 déc. 1958 ; Décr. n° 59-322 du 23 févr. 1959)

TITRE PREMIER DES AUTORITÉS DE L'ACTION PUBLIQUE ET DE L'INSTRUCTION

Art. D. 1er-13 *(Décr. n° 2016-612 du 18 mai 2016, art. 2)* **I. — L'information prévue par l'article 11-2 est donnée par le procureur de la République. En cas de mise en examen décidée par la chambre de l'instruction ou de condamnation prononcée par la cour d'appel, elle est donnée par le procureur général ou, sur instruction de ce dernier, par le procureur de la République.**

Le document écrit contenant l'information prévue par cet article peut être transmis par un moyen de communication électronique.

II. — L'information adressée par le ministère public comporte :

1° L'identité et l'adresse de la personne ;

2° La nature de la décision judiciaire la concernant ;

3° La qualification juridique détaillée des faits reprochés, leur date et lieu de commission, et leur description sommaire ;

4° La nature et le lieu d'exercice de l'activité professionnelle ou sociale ayant justifié la transmission de l'information à l'administration ou à l'autorité compétente ;

5° Le nom de l'employeur.

Le document écrit transmettant l'information rappelle les dispositions des troisième et quatrième alinéas du II de l'article 11-2.

Lorsque l'information porte sur une condamnation, même non définitive, le ministère public adresse soit la copie de la décision, soit un avis de condamnation comportant, outre les mentions énumérées aux 1° à 5° du présent II, le dispositif de la décision. Il est précisé si le délai de recours n'est pas expiré, si un recours a été exercé contre la décision ou si celle-ci est définitive. Si l'administration ou l'autorité compétente le demande, la transmission d'une copie de la décision de condamnation est de droit.

Le cas échéant, en cas de condamnation, même non définitive, de saisine d'une juridiction par le parquet ou le juge d'instruction ou de mise en examen, peut également être adressée, d'office ou à la demande de l'administration ou de l'autorité compétente, copie de tout ou partie des pièces de la procédure utiles pour permettre à cette autorité de prendre les décisions relevant de sa compétence.

III. — Le ministère public informe sans délai la personne concernée de sa décision de transmettre l'information à l'administration ou l'organisme compétent dont elle relève par l'un des moyens suivants :

1° En cas de poursuites, par une mention figurant dans la citation directe ou dans le procès-verbal prévu par les articles 390-1, 393 ou 495-8 et 495-14 ;

2° En cas de mise en examen, par une mention figurant dans le procès-verbal de première comparution à la suite des réquisitions en ce sens du procureur de la République ;

3° En cas de condamnation, soit par une information donnée oralement à l'issue de l'audience par le procureur de la République et qui est mentionnée dans les notes d'audience, soit par une information donnée par le bureau de l'exécution des peines qui en conserve une trace écrite dans le dossier, soit par une mention figurant dans la signification de la décision ;

4° Dans tous les cas, par l'envoi, par lettre simple, ou par la remise à la personne d'une copie pour information de l'avis transmis à l'administration, ou de tout autre document l'informant de cette transmission.

En cas de poursuites ou de mise en examen, le défaut d'information de la personne ne constitue pas une cause de nullité de la procédure.

IV. — Lorsque le ministère public notifie à l'administration une décision définitive de non-lieu, de relaxe ou d'acquittement, il lui rappelle son obligation de supprimer de tout dossier relatif à l'activité de la personne concernée les éléments d'information

déjà transmis, sauf si est intervenue une décision prononçant une sanction légalement fondée sur ces éléments.

Si ces informations figurent dans des documents écrits ou tous autres supports matériels, ceux-ci doivent être détruits.

Si ces informations figurent dans un traitement automatisé de données, elles doivent en être effacées.

La personne concernée est avisée par écrit par l'administration de cette destruction ou de cet effacement, ou du fait qu'il n'y a pas été procédé en raison d'une décision ayant prononcé une sanction légalement fondée sur les éléments précédemment transmis.

CHAPITRE PREMIER DE LA POLICE JUDICIAIRE

SECTION PREMIÈRE DISPOSITIONS GÉNÉRALES

[Dispositions prises pour l'application des art. 12 à 15 C. pr. pén.]

Art. D. 2 *(Décr. n° 95-932 du 17 août 1995)* Dans le ressort de chaque cour d'appel, les officiers de police judiciaire sont égaux devant la loi en prérogative et en responsabilité ; ils sont placés sous la surveillance du procureur général et sous le contrôle de la chambre de l'instruction.

Dans le ressort de chaque tribunal, le procureur de la République et ses substituts ont seuls qualité pour diriger l'activité des officiers et agents de police judiciaire, par la voie, s'il y a lieu, de leurs supérieurs hiérarchiques *(Décr. n° 2007-699 du 3 mai 2007)* « , sous réserve des dispositions de l'article D. 15-4 ».

Le procureur de la République et le juge d'instruction ont le libre choix des formations auxquelles appartiennent les officiers de police judiciaire territorialement compétents qui seront chargés de l'exécution de leurs réquisitions ou commissions rogatoires.

(Décr. n° 82-1064 du 16 déc. 1982) « Le chef de la formation coordonne l'exécution des opérations de police judiciaire effectuées dans son service et veille à la transmission des procès-verbaux aux autorités judiciaires. »

Art. D. 2-1 *(Décr. n° 95-932 du 17 août 1995 ; Décr. n° 96-74 du 25 janv. 1996)* Les officiers de police judiciaire des différents corps ou services entretiennent, à tous les échelons, des relations de coopération et d'aide réciproque, dans le respect des règles administratives et des procédures hiérarchiques en vigueur.

Art. D. 3 *(Décr. n° 96-74 du 25 janv. 1996)* Dès qu'il est informé d'un crime ou d'un délit flagrant, l'officier de police judiciaire local prévient le procureur de la République et, dans le cadre des dispositions réglementaires propres à chaque corps ou service, provoque l'enquête ou y procède conformément aux prescriptions du code de procédure pénale.

Le magistrat compétent apprécie souverainement, dans chaque cas d'espèce, en fonction de la nature et des circonstances de l'affaire, des hypothèses qu'elle autorise et de l'étendue des recherches à entreprendre, s'il y a lieu de dessaisir l'officier de police judiciaire qui a commencé l'enquête ou de lui laisser poursuivre pour tout ou partie les investigations.

Qu'ils appartiennent à la police nationale ou à la gendarmerie nationale, les officiers de police judiciaire s'avisent réciproquement dans les meilleurs délais de tout fait paraissant constituer un crime ou délit d'un caractère particulier en raison de son objet, des circonstances de sa commission ou de son auteur présumé, dès lors qu'il est susceptible d'être mis en rapprochement avec des faits de même nature qui auraient déjà été constatés ou qui pourraient être imputés aux personnes mises en cause dans des affaires similaires.

Lorsqu'un tel fait est de nature à susciter des investigations entrant dans le champ d'application de l'article D. 4, ces officiers de police judiciaire le portent sans délai à la connaissance des services relevant de la direction centrale de la police judiciaire *(Décr. n° 2005-59 du 24 janv. 2005, art. 2)* « ou de la direction centrale de la police aux frontières ou de la sous-direction de la police judiciaire de la direction générale de la gendarmerie nationale ».

Art. D. 4 *(Décr. n° 96-74 du 25 janv. 1996)* Le magistrat fait appel aux officiers de police judiciaire relevant de la direction centrale de la police judiciaire *(Décr. n° 96-*

694 du 6 août 1996) « ou de la direction centrale » *(Décr. n° 2003-796 du 25 août 2003)* « de la police aux frontières » *(Décr. n° 2005-59 du 24 janv. 2005, art. 3)* « ou de la sous-direction de la police judiciaire de la direction générale de la gendarmerie nationale », dans les cas de nécessité, en tenant compte des possibilités que procurent à l'officier de police judiciaire premier saisi sa rapidité d'intervention, ses sources d'information, sa connaissance de l'affaire et du milieu humain.

Le concours de ces officiers de police judiciaire peut se révéler indispensable lorsque la poursuite de l'enquête exige :

– soit une compétence technique particulière notamment dans les domaines relevant des *(Décr. n° 96-694 du 6 août 1996)* « offices centraux de police judiciaire énumérés à l'article D. 8-1 » ; ces derniers assurent en outre, chaque fois que nécessaire, la coordination entre les services de police et les unités de gendarmerie ;

– soit des investigations internationales auprès d'offices ou d'organismes étrangers.

Art. D. 5 *(Décr. n° 96-74 du 25 janv. 1996)* Lorsqu'ils participent à une même enquête, les officiers ou agents de police judiciaire de la police nationale et de la gendarmerie nationale collaborent constamment dans l'intérêt de la justice. Ils mettent en commun leur compétence, leurs aptitudes et les moyens complémentaires dont ils disposent.

La répartition des tâches et la centralisation des éléments d'enquête sont assurées par le magistrat saisi.

Les officiers et agents de police judiciaire de la police nationale et de la gendarmerie nationale se font part des renseignements recueillis et des opérations effectuées dans le cadre des instructions données par le magistrat.

Ils mentionnent dans leur procédure les concours qu'ils se sont apportés dans la conduite de l'enquête.

Art. D. 6 *(Décr. n° 96-74 du 25 janv. 1996)* Lorsqu'ils sont amenés, soit pour l'exécution d'une commission rogatoire, soit dans le cadre d'une enquête préliminaire ou de flagrance, à procéder à un acte d'enquête susceptible d'entraîner un trouble à l'ordre public, les officiers de police judiciaire *(Décr. n° 2005-59 du 24 janv. 2005, art. 4)* « ainsi que les agents de police judiciaire agissant conformément aux dispositions de l'article 706-80 » de la police nationale ou de la gendarmerie nationale sont tenus, après avis donné au magistrat mandant, d'informer de leur intervention et par tout moyen le responsable de la police nationale ou de la gendarmerie nationale en charge de la sécurité publique.

Le service local facilite dans toute la mesure de ses moyens l'exécution de cette mission ; en tout état de cause, il est impérativement, et dans les meilleurs délais, avisé de la fin de celle-ci.

Dans la limite des instructions du magistrat mandant et des dispositions législatives ou réglementaires visant notamment les obligations qui lient les officiers de police judiciaire, les militaires de la gendarmerie et les fonctionnaires de la police nationale agissant dans les circonstances objet du premier alinéa informent le responsable de la police nationale ou de la gendarmerie nationale ayant en charge la sécurité publique du résultat de leur intervention dès lors que celui-ci peut avoir des incidences sur l'ordre public.

Art. D. 7 *(Décr. n° 96-74 du 25 janv. 1996)* Les officiers et agents de police judiciaire veillent à la préservation de l'état des lieux ainsi qu'à la conservation des traces et des indices jusqu'à ce qu'il soit procédé aux opérations de police technique et scientifique. Sauf désignation par le magistrat d'un service de police technique et scientifique particulier, ces opérations sont effectuées par les spécialistes auxquels font habituellement appel les premiers intervenants.

Lorsqu'il y a lieu de procéder à des examens techniques ou scientifiques qui ne peuvent être différés, les officiers de police judiciaire peuvent, selon le type d'enquête qu'ils conduisent, faire appel aux personnes qualifiées appartenant aux organismes spécialisés de la police nationale ou de la gendarmerie nationale.

L'interprétation des résultats des opérations de police technique et scientifique peut être indifféremment confiée aux organismes spécialisés cités ci-dessus. Ceux-ci mettent en commun les moyens dont ils disposent lorsque leurs propres capacités se révèlent insuffisantes.

Art. D. 8 *(Décr. nº 96-74 du 25 janv. 1996)* Dans le cadre des textes législatifs et réglementaires ou des accords interministériels en vigueur :

1° La police nationale et la gendarmerie nationale s'attachent à organiser et à mettre en œuvre la convergence de leurs systèmes centraux de documentation criminelle.

Les services de police et les unités de gendarmerie adressent aux services relevant de la direction centrale de la police judiciaire *(Décr. nº 2005-59 du 24 janv. 2005, art. 5)* « ou de la direction centrale de la police aux frontières ou de la sous-direction de la police judiciaire de la direction générale de la gendarmerie nationale » les renseignements relatifs à la délinquance et à la criminalité susceptibles d'être exploités dans un but de centralisation, de classification ou de diffusion (avis, fiches, statistiques).

(Décr. nº 2005-59 du 24 janv. 2005, art. 5) « La direction centrale de la police judiciaire, la direction centrale de la police aux frontières et la sous-direction de la police judiciaire de la direction générale de la gendarmerie nationale transmettent aux autres services de la police et de la gendarmerie nationales », par tout moyen, toutes indications utiles à l'identification ou à la recherche de malfaiteurs. Le service de police ou l'unité de gendarmerie qui est à l'origine d'une demande de diffusion doit figurer parmi les autorités à prévenir dès la découverte des individus recherchés.

2° *(Décr. nº 96-694 du 6 août 1996)* « Les services de la police nationale et les unités de la gendarmerie nationale informent les offices centraux de police judiciaire et les organes de coopération internationale policière énumérés aux articles D. 8-1 et D. 8-2. »

Ces services ont la charge d'assurer, dans les matières relevant de leurs compétences respectives, la centralisation, la coordination et la diffusion nationales de l'information auprès des services de police et des unités de gendarmerie.

Art. D. 8-1 *(Décr. nº 96-74 du 25 janv. 1996 ; Décr. nº 96-694 du 6 août 1996 ; Décr. nº 97-285 du 25 mars 1997 ; Décr. nº 2001-475 du 30 mai 2001 ; Décr. nº 2005-59 du 24 janv. 2005, art. 6 ; Décr. nº 2005-455 du 12 mai 2005, art. 9 ; Décr. nº 2006-518 du 6 mai 2006)* Les offices centraux de police judiciaire relevant des articles R. 15-18 et R. 15-22 sont les suivants :

1° Office central pour la répression du faux-monnayage ;

2° *(Décr. nº 2019-1457 du 26 déc. 2019, art. 11, en vigueur le 1er janv. 2020)* « Office anti-stupéfiants » ;

3° Office central pour la répression de la traite des êtres humains ;

4° Office central de lutte contre le trafic des biens culturels ;

5° Office central pour la répression de la grande délinquance financière ;

6° Office central pour la répression de l'immigration irrégulière et de l'emploi d'étrangers sans titre de la direction centrale de la police aux frontières ;

7° Office central de lutte contre la criminalité liée aux technologies de l'information et de la communication ;

8° Office central de lutte contre les atteintes à l'environnement et à la santé publique, de la sous-direction de la police judiciaire de la direction générale de la gendarmerie nationale ;

9° Office central de lutte contre la délinquance itinérante, de la sous-direction de la police judiciaire de la direction générale de la gendarmerie nationale ;

10° Office central pour la répression des violences aux personnes ;

11° Office central de lutte contre le travail illégal *(Décr. nº 2021-816 du 25 juin 20212, art. 2)* « , l'exploitation par le travail et la fraude en matière sociale », de la sous-direction de la police judiciaire de la direction générale de la gendarmerie nationale ;

12° Office central de lutte contre le crime organisé ;

(Décr. nº 2013-960 du 25 oct. 2013, art. 9) « 13° Office central de lutte contre la corruption et les infractions financières et fiscales ; »

(Décr. nº 2013-987 du 5 nov. 2013, art. 10) « 14° Office central de lutte contre les crimes contre l'humanité *(Décr. nº 2021-1738 du 21 déc. 2021, art. 2)* « et les crimes de haine ». »

Art. D. 8-2 *(Décr. nº 96-74 du 25 janv. 1996)* Les organes de coopération internationale policière placés au sein de la direction centrale de la police judiciaire sont les suivants :

1° Le bureau central national-France de l'organisation internationale de police criminelle Interpol ;

(Décr. n° 2017-1467 du 13 oct. 2017, art. 1er) « 2° L'office N-SIS II et le bureau Sirene, qui composent la partie nationale du système d'information Schengen ; »

(Abrogé par Décr. n° 2017-1467 du 13 oct. 2017, art. 1er) « 3° L'unité centrale de coopération policière internationale, désignée par l'article 40, paragraphe 5, de la convention d'application de l'accord de Schengen du 14 juin 1985, signée à Schengen le 19 juin 1990 ; »

(Décr. n° 2017-1467 du 13 oct. 2017, art. 1er) « 3° » L'unité nationale de l'Office européen de police, dénommé Europol.

(Décr. n° 2017-1467 du 13 oct. 2017, art. 1er) « La direction centrale de la police judiciaire est l'autorité nationale désignée par l'article 40, paragraphe 5, de la convention d'application de l'accord de Schengen du 14 juin 1985.

« Elle est également l'autorité nationale chargée de la vérification des demandes d'accès à la base EURODAC à des fins répressives en vertu du règlement (UE) n° 603/2013 du Parlement européen et du Conseil du 26 juin 2013 relatif à la création d'Eurodac pour la comparaison des empreintes digitales aux fins de l'application efficace du règlement (UE) n° 604/2013. »

SECTION PREMIÈRE *BIS* DES PLAINTES ADRESSÉES PAR VOIE ÉLECTRONIQUE

(Décr. n° 2019-507 du 24 mai 2019, art. 2)

Les dispositions de l'art. 2 du Décr. n° 2019-507 du 24 mai 2019 entrent en vigueur aux dates fixées par les arrêtés pris en application de l'art. D. 8-2-1 C. pr. pén. dans sa rédaction résultant dudit décret, pour les infractions prévues par ces arrêtés (Décr. préc., art. 11).

Art. D. 8-2-1 Les services en ligne permettant aux victimes, conformément aux dispositions de l'article 15-3-1, de déposer auprès des services ou unités de police judiciaire de la police et la gendarmerie nationales, pour des infractions dont la liste est fixée par arrêté du ministre de la justice, des plaintes par voie électronique, ci-après dénommées "plaintes en ligne", sont mises *[mis]* en œuvre selon les modalités prévues par les dispositions de la présente section.

Pour les plaintes électroniques relatives à des e-escroqueries, V. art. A. 1er-1 s.

Art. D. 8-2-2 Lorsqu'une victime s'apprête à déposer une plainte en ligne, elle doit être informée, par des mentions apparaissant de façon lisible sur les écrans d'accueil du site :

1° Que la plainte en ligne ne constitue qu'une faculté et qu'elle conserve la possibilité de se déplacer au commissariat de police ou à la brigade de gendarmerie de son choix pour déposer plainte, conformément aux dispositions de l'article 15-3 ;

2° Que le dépôt d'une plainte en ligne ne lui interdit pas de demander à être entendue, ultérieurement, par les enquêteurs ;

3° Qu'en tout état de cause, la plainte en ligne ne dispense pas les enquêteurs de procéder à son audition si ceux-ci estiment que la nature ou la gravité des faits le justifie.

Outre les cas dans lesquels la nature ou la gravité des faits rend nécessaire l'audition ultérieure de la victime, les officiers ou agents de police judiciaire doivent procéder à cette audition en cas de plainte en ligne portant sur des infractions d'agressions sexuelles ou d'atteintes sexuelles prévues par les articles 222-22 à 222-31-2 et 227-25 à 227-27-3 du code pénal.

Art. D. 8-2-3 La victime doit également être informée, selon les mêmes modalités, des droits prévus par l'article 10-2 du présent code.

Elle est également informée des modalités de communications sur les suites données à sa plainte et des modalités de recours contre une éventuelle décision de classement telles que prévues par l'article 40-3 du présent code.

Un document énonçant ces différents droits est mis à disposition de la victime sous un format imprimable.

Art. D. 8-2-4 Si la plainte en ligne porte sur une infraction ayant causé un préjudice matériel, la victime est avisée de sa possibilité de fixer le montant de son préjudice et d'adresser par voie électronique les justificatifs de celui-ci.

Si la plainte en ligne porte sur une infraction ayant causé un préjudice corporel, la victime est informée qu'elle devra se rendre dans une unité médico-judiciaire ou chez un médecin afin d'obtenir un certificat décrivant les lésions qu'elle a subies et l'éventuelle incapacité totale de travail qui en a résulté. Elle doit pouvoir, s'il y a lieu, adresser par voie électronique une copie du certificat médical établissant son préjudice.

En cas de plainte en ligne concernant des faits d'agressions ou d'atteintes sexuelles visés au dernier alinéa de l'article D. 8-2-2 ou toute autre atteinte grave à la personne qui viennent de se commettre ou qui se sont commises récemment, la victime est informée qu'elle doit contacter immédiatement les services de police ou de gendarmerie et qu'en cas d'impossibilité, elle doit conserver les éventuels éléments de preuve et notamment les vêtements qu'elle portait au moment des faits afin de les remettre aussi rapidement que possible au service enquêteur, et, s'il est nécessaire de procéder à des constatations et prélèvements médicaux, qu'elle devra se rendre à cette fin dans une unité médico-judiciaire ou un établissement hospitalier.

Dans les cas prévus aux deux alinéas précédents, il peut être mis à la disposition de la victime, sous un format imprimable, une réquisition saisissant le service devant procéder à son examen médical, et lui indiquant le cas échéant la date de cet examen.

Art. D. 8-2-5 Si la nature des infractions faisant l'objet de la plainte en ligne le justifie, et notamment en cas de plainte concernant des infractions de nature sexuelle, le service de plainte en ligne doit également comporter des informations sur les possibilités pour la victime de faire l'objet d'une prise en charge psychologique et médicale.

Art. D. 8-2-6 Si la nature de l'infraction pour laquelle est déposée une plainte en ligne le justifie, la victime est informée que toute fausse déclaration est susceptible de l'exposer à des poursuites pénales, conformément aux dispositions de l'article 434-26 du code pénal.

Art. D. 8-2-7 Le service de plainte en ligne met à disposition de la victime, sous un format imprimable, le récépissé de sa plainte ainsi que la copie du procès-verbal de réception de celle-ci, qui est signé, selon les modalités prévues par l'article 801-1, par le seul officier ou agent de police judiciaire ayant reçu la plainte, sans être signé par le plaignant.

Ce service peut, s'il y a lieu, permettre de fixer un rendez-vous à la victime auprès du service de police ou de l'unité de gendarmerie territorialement compétent, sans préjudice de la possibilité, pour ce service ou unité, de la recontacter rapidement à cette fin.

Art. D. 8-2-8 Les modalités selon lesquelles la victime déposant plainte par voie électronique s'identifie de façon sécurisée sont précisées par arrêté du garde des sceaux, ministre de la justice, et du ministre de l'intérieur.

Art. D. 8-2-9 Les dispositions des articles D. 8-2-2 à D. 8-2-6 et D. 8-2-8 sont applicables aux services en ligne mis à disposition des victimes pour déposer plainte par voie électronique devant le procureur de la République en application de l'article 40.

Ces services mettent à disposition de la victime, sous un format imprimable, le récépissé de sa plainte.

Le Décr. nº 2019-507 du 24 mai 2019 avait par erreur numéroté cet art. D. 8-2-95. Il a été renuméroté D. 8-2-9 par le Décr. nº 2020-1444 du 24 nov. 2020.

Art. D. 8-2-10 *(Décr. nº 2020-1444 du 24 nov. 2020)* Le tribunal compétent pour connaître des infractions mentionnées à l'article 15-3-1 est le tribunal judiciaire de Paris.

SECTION PREMIÈRE *TER* DE LA PROTECTION DE L'IDENTITÉ DE CERTAINS AGENTS INTERVENANT DANS LES PROCÉDURES PÉNALES

(Décr. nº 2018-219 du 30 mars 2018)

La présente section constituait auparavant la section première bis du chapitre premier (Décr. nº 2019-507 du 24 mai 2019, art. 2).

Art. D. 8-3 Les responsables hiérarchiques susceptibles de délivrer les autorisations mentionnées au I de l'article 15-4 sont :

1° Pour la police nationale, les directeurs des services territoriaux de la police nationale, les directeurs des établissements publics de la police nationale, les chefs des services ou d'offices centraux relevant de la police nationale, le chef de service du détachement de la police nationale auprès de la direction nationale du renseignement et des enquêtes douanières, le chef de l'unité de coordination des enquêtes de l'inspection générale de la police nationale, les directeurs ou sous-directeurs des services actifs de la police nationale ou, le cas échéant, le préfet de police, le directeur général de la sécurité intérieure ou le directeur général de la police nationale ;

2° Pour la gendarmerie nationale, les commandants de groupement, les commandants de section de recherches, les commandants de section d'appui judiciaire, les commandants de la gendarmerie dans les départements et collectivités d'outre-mer et en Nouvelle-Calédonie, les commandants de région, les commandants des gendarmeries spécialisées, le commandant de la gendarmerie prévôtale, le sous-directeur de la police judiciaire de la direction des opérations et de l'emploi de la direction générale de la gendarmerie nationale, les commandants des offices centraux relevant de la direction générale de la gendarmerie nationale, les commandants des organismes directement subordonnés au directeur général de la gendarmerie nationale, ou, le cas échéant, le directeur général de la gendarmerie nationale.

3° Les adjoints des responsables mentionnés aux 1° et 2°.

Art. D. 8-4 Les autorisations prévues au I de l'article 15-4 sont délivrées par le responsable hiérarchique mentionné à l'article D. 8-3 dont relève le service ou l'unité où l'agent est affecté ou mis temporairement à disposition.

Art. D. 8-5 Les autorisations prévues au I de l'article 15-4 sont délivrées aux agents des douanes habilités à effectuer des enquêtes judiciaires en application de l'article 28-1 par le magistrat délégué aux missions judiciaires de la douane ou les adjoints qu'il délègue à cet effet.

Art. D. 8-6 Les autorisations prévues au I de l'article 15-4 sont délivrées aux agents des services fiscaux habilités à effectuer des enquêtes judiciaires en application de l'article 28-2 par le chef du service de police judiciaire institué au sein de la direction centrale de la police judiciaire, spécialisé dans la répression de la délinquance fiscale, ou ses adjoints, ou le cas échéant, par le directeur central de la police judiciaire ou ses adjoints.

SECTION II DES OFFICIERS DE POLICE JUDICIAIRE

[Dispositions prises pour l'application des art. 17 à 19 C. pr. pén.]

Art. D. 9 Les officiers de police judiciaire doivent énoncer leur nom et leur qualité dans tous les procès-verbaux qu'ils établissent en matière de police judiciaire.

Art. D. 10 Lorsqu'ils exécutent une commission rogatoire *(Abrogé par Décr. n° 2016-1202 du 7 sept. 2016, art. 2)* ***« ou agissent selon la procédure des crimes et délits flagrants »*** *(Abrogé par Décr. n° 2005-59 du 24 janv. 2005, art. 7)* ***« ou sur la réquisition du préfet en application de l'article 30 du code de procédure pénale »***, les officiers de police judiciaire établissent des procès-verbaux séparés pour chacun des actes qu'ils sont appelés à faire.

Chaque procès-verbal doit mentionner le nom et la qualité de l'officier de police judiciaire qui a opéré personnellement, à l'exclusion de tout autre.

Art. D. 11 Lorsqu'ils agissent dans le cadre de *(Décr. n° 2016-1202 du 7 sept. 2016, art. 3)* « l'enquête de flagrance ou » l'enquête préliminaire, les officiers de police judiciaire peuvent relater dans un seul procès-verbal les opérations effectuées au cours de la même enquête.

Si plusieurs officiers de police judiciaire concourent à une enquête *(Abrogé par Décr. n° 2016-1202 du 7 sept. 2016, art. 3)* ***« préliminaire »***, le nom de celui qui a personnellement accompli chacune des opérations doit être précisé.

(Décr. n° 2016-1202 du 7 sept. 2016, art. 3) « Toutefois, le procureur de la République peut, par instructions particulières, demander aux officiers de police judiciaire d'établir des procès-verbaux séparés pour chacun des actes qu'ils sont appelés à faire. »

(Décr. n° 60-898 du 24 août 1960) « Ces dispositions sont applicables aux agents de police judiciaire énumérés à l'article 20. »

En clôturant, postérieurement à la notification de la convocation à comparaître devant le tribunal correctionnel, le procès-verbal unique d'enquête préliminaire établi en application de l'art. D. 11, les enquêteurs ont fait l'exacte application de ce texte. • Crim. 27 mai 2008, n° 07-84.300 P : *AJ pénal 2008. 428* • Crim. 25 nov. 2014 : *D. actu. 18 déc. 2014, obs. Priou-Alibert ; AJ pénal 2015. 96, obs. Ascensi*.

Art. D. 12 *(Décr. n° 2019-507 du 24 mai 2019, art. 5)* Lorsque, par application de l'article 18 (troisième alinéa), un officier de police judiciaire se transporte hors des limites territoriales où il exerce ses fonctions habituelles, il doit aviser préalablement le procureur de la République saisi de l'enquête ou le juge d'instruction, ainsi que le procureur de la République et l'officier de police judiciaire en charge de la sécurité publique territorialement compétents.

A l'issue de ses opérations, il tient ces derniers informés des résultats obtenus. Il mentionne dans sa procédure les avis donnés et, éventuellement, les concours qui lui ont été prêtés par le service local de police ou de gendarmerie.

(Décr. n° 2021-1130 du 30 août 2021, art. 2) « Conformément aux dispositions du troisième alinéa de l'article 18, l'information du magistrat n'est pas nécessaire lorsque le transport s'effectue dans un ressort limitrophe à celui dans lequel l'officier exerce ses fonctions. Pour l'application du présent alinéa, Paris et les départements des Hauts-de-Seine, de Seine-Saint-Denis et du Val-de-Marne sont considérés comme un seul département. »

Lorsque le procureur de la République saisi de l'enquête ou du juge d'instruction a décidé qu'une assistance territoriale est nécessaire, l'officier de police judiciaire doit, dans le plus bref délai et autant que possible avant son transport, aviser un officier de police judiciaire exerçant ses fonctions dans la circonscription où il doit opérer qu'il va recourir à son assistance ; il lui fournit en même temps les précisions indispensables, notamment de temps et de lieu. Il mentionne cet avis dans sa procédure ainsi que le concours de l'officier de police judiciaire l'ayant assisté.

Lorsque les investigations portent sur un fait ayant donné lieu à l'information prévue au dernier alinéa de l'article D. 3, l'officier de police judiciaire qui se transporte hors des limites territoriales où il exerce ses fonctions habituelles avise, selon les cas, les services relevant de la direction centrale de la police judiciaire ou de la direction centrale de la police aux frontières ou de la sous-direction de la police judiciaire de la direction générale de la gendarmerie nationale, sauf dans les cas prévus par le troisième alinéa du présent article.

SECTION III DES AGENTS DE POLICE JUDICIAIRE

Art. D. 13 Les agents de police judiciaire secondent les officiers de police judiciaire dans l'exercice de leurs fonctions, en se limitant strictement aux opérations qui leur sont prescrites et sans que puisse leur être délégué aucun des pouvoirs propres de l'officier de police judiciaire chargé de l'enquête.

En outre, les agents de police judiciaire ont notamment pour mission d'assurer l'exécution :

1° Des mesures de contrainte contre les témoins défaillants en application des articles 62, 109, 110 et 153 du code de procédure pénale ;

2° Des mandats d'amener, de dépôt, d'arrêt et des ordonnances de prise de corps ;

3° Des arrêts et des jugements de condamnation ;

4° Des *(Décr. n° 2004-1364 du 13 déc. 2004, art. 30, en vigueur le 1er janv. 2005)* « contraintes judiciaires ».

(Décr. n° 60-898 du 24 août 1960) « Les agents de police judiciaire énumérés aux articles 20 et 21 n'ont, en aucun cas, qualité pour décider des mesures de garde à vue. »

Art. D. 14 *(Décr. n° 60-898 du 24 août 1960)* Les agents de police judiciaire énumérés à l'article 20 ont compétence pour constater tous crimes, délits ou contraventions et pour en dresser procès-verbal.

En outre, ils peuvent effectuer des enquêtes préliminaires soit d'office, soit sur instructions du procureur de la République ou de leurs chefs hiérarchiques.

Dans le cadre d'une procédure de crime ou délit flagrant, ils ont qualité pour entendre les personnes susceptibles de fournir des renseignements sur les faits en cause, mais seulement s'ils ont reçu des ordres à cet effet et dans les limites qui leur ont été ainsi fixées.

Indépendamment de ces attributions, ils secondent les officiers de police judiciaire comme il est dit à l'article D. 13.

Ils font parvenir leurs procès-verbaux au procureur de la République par l'intermédiaire de leurs chefs hiérarchiques, qui les transmettent sans délai, conformément à l'article 19.

Art. D. 14-1 *(Décr. nº 60-898 du 24 août 1960)* **Les agents de police judiciaire énumérés à l'article 21 rendent compte de tous crimes, délits ou contraventions dont ils ont connaissance sous forme de rapports adressés à leurs chefs hiérarchiques. Ces derniers, qui ont la qualité d'officiers de police judiciaire, informent sans délai le procureur de la République en lui transmettant notamment les rapports de ces agents de police judiciaire, en application de l'article 19.**

Ndlr : L'ancien art. D. 15 est devenu l'art. D. 14-1 en application du Décr. nº 2021-1130 du 30 août 2021.

SECTION IV **DES FONCTIONNAIRES ET AGENTS CHARGÉS DE CERTAINES MISSIONS DE POLICE JUDICIAIRE**

(Décr. nº 2021-1130 du 30 août 2021, art. 3)

Art. D. 14-2 Lorsque des fonctionnaires et agents relevant de l'article 28 procèdent à une enquête de police judiciaire selon les modalités prévues par le troisième alinéa de cet article, les dispositions de l'article D. 5 sont applicables.

Art. D. 15 Les dispositions du dernier alinéa de l'article 28 prévoyant l'absence de renouvellement de la prestation de serment en cas de changement d'affectation sont applicables à toutes les personnes exerçant des missions de police judiciaire, quel que soit leur statut public ou privé.

SECTION V **DES PROCÉDURES D'INFILTRATION, DES SONORISATIONS ET FIXATIONS D'IMAGES DE CERTAINS LIEUX OU VÉHICULES**

(Décr. nº 2004-1026 du 29 sept. 2004)

Ndlr : L'ancienne section IV est devenue une section V en application du Décr. nº 2021-1130 du 30 août 2021.

Art. D. 15-1-1 Il est créé au sein de la direction centrale de la police judiciaire, à la *(Décr. nº 2019-342 du 19 avr. 2019, en vigueur le 1er juill. 2019)* **« sous-direction de la lutte contre la criminalité organisée** *[ancienne rédaction : sous-direction de la lutte contre la criminalité organisée et la délinquance financière]* **», un service interministériel d'assistance technique composé de fonctionnaires de police, de militaires de la gendarmerie et d'agents des douanes. Ce service est chargé de la formation des agents infiltrés, de l'assistance technique aux opérations d'infiltrations définies par l'article 706-81 du code de procédure pénale et par l'article 67 *bis*-II du code des douanes et de la centralisation des informations de ces opérations menées par les douanes, la police et la gendarmerie nationales.** *(Décr. nº 2014-827 du 21 juill. 2014, art. 1er)* **« Ce service est également chargé de la mise en œuvre des mesures de protection et de réinsertion décidées par la commission nationale de protection et de réinsertion. Il assure le suivi des personnes bénéficiant de ces mesures et porte à la connaissance du président de la commission toute question relative à ce suivi, notamment en cas de non-respect des obligations fixées. Il est chargé de la mise en œuvre des décisions du président du tribunal judiciaire de Paris prises en application du décret du 17 mars 2014 susvisé. »** — *V. Décr. nº 2014-346 du 17 mars 2014 relatif à la protection des personnes mentionnées aux art. 706-62-2 et 706-63-1 C. pr. pén., ss. C. pr. pén., art. 706-63-1.*

Art. D. 15-1-2 Peuvent être habilités à participer aux opérations d'infiltration telles que définies par l'article 706-81 du code de procédure pénale les officiers ou agents de

police judiciaire des services de la police nationale et des unités de la gendarmerie nationale et les agents de l'administration des douanes spécialement habilités à effectuer des enquêtes.

Peuvent être également habilités à participer à ces opérations les agents des douanes visés à l'article 67 *bis* du code des douanes, dans le cadre des infractions visées au II de cet article.

Art. D. 15-1-3 L'habilitation visée au premier alinéa de l'article D. 15-1-2 est délivrée par le procureur général près la cour d'appel de Paris après agrément accordé, selon le cas, par le directeur général de la police nationale, le directeur général de la gendarmerie nationale ou le directeur général des douanes et droits indirects.

Cet agrément ne peut être accordé que sur proposition du directeur central de la police judiciaire aux personnes jugées aptes à remplir les missions d'agents infiltrés à l'issue d'un stage de formation organisé par le service interministériel d'assistance technique de la direction centrale de la police judiciaire.

Cette habilitation ainsi que l'agrément peuvent être retirés à tout moment par les autorités les ayant délivrés ou accordés. Le retrait de l'agrément rend caduque l'habilitation.

Art. D. 15-1-4 Pour l'application des articles 694-7 et 695-2 du présent code, le ministre de la justice donne son accord après avis du directeur central de la police judiciaire.

Pour l'application des dispositions de l'article 67 *bis*-VIII du code des douanes, le ministre de la justice donne son accord après avis du directeur général des douanes.

Art. D. 15-1-5 Les services, unités et organismes, visés à l'article *(Décr. n° 2019-507 du 24 mai 2019, art. 9 et 11, en vigueur le 1er juin 2019)* « 706-95-17 », pouvant procéder aux opérations d'installation des dispositifs techniques mentionnés à l'article 706-96 sont :

— la direction centrale de la police judiciaire et ses directions *(Décr. n° 2020-1781 du 30 déc. 2020, art. 1er, en vigueur le 1er janv. 2021)* « zonales » et régionales ;

— la *(Décr. n° 2014-445 du 30 avr. 2014, art. 10)* « direction générale de la sécurité intérieure » *[;]*

— les offices centraux de police judiciaire ;

(Décr. n° 2014-827 du 21 juill. 2014, art. 2) « — la force d'intervention de la police nationale » ;

(Décr. n° 2019-1475 du 27 déc. 2019, art. 5, en vigueur le 1er janv. 2020) « — les services territoriaux de police judiciaire et les services territoriaux du RAID des directions territoriales de la police nationale ; »

— la sous-direction de la police judiciaire de la gendarmerie nationale ;

(Décr. n° 2022-623 du 22 avr. 2022, art. 1er) « — le commandement de la gendarmerie dans le cyberespace ; »

— les sections de recherches de la gendarmerie nationale ;

(Décr. n° 2014-827 du 21 juill. 2014, art. 2) « — le groupe d'intervention de la gendarmerie nationale » ;

(Décr. n° 2011-384 du 11 avr. 2011) « — les sections d'appui judiciaire de la gendarmerie nationale » ;

(Décr. n° 2014-827 du 21 juill. 2014, art. 2) « — les pelotons d'intervention interrégionaux de la gendarmerie nationale ;

« — les groupes de pelotons d'intervention de la gendarmerie nationale ;

« — le service chargé du soutien opérationnel et technique de la direction du renseignement de la préfecture de police ;

(Décr. n° 2021-1217 du 22 sept. 2021, art. 1er) « — les sûretés territoriales des directions territoriales et le département criminalité organisée de la sous-direction de la lutte contre l'immigration irrégulière de la direction de la sécurité de proximité de l'agglomération parisienne. »

SECTION VI DES INTERCEPTIONS DE CORRESPONDANCES ÉMISES PAR LA VOIE DES COMMUNICATIONS ÉLECTRONIQUES ET DU RECUEIL DES DONNÉES TECHNIQUES DE CONNEXION

(Décr. n° 2016-1159 du 26 août 2016, art. 1er)

Ndlr : L'ancienne section IV bis est devenue une section VI en application de l'art. 3 du Décr. n° 2021-1130 du 30 août 2021.

Art. D. 15-1-5-1 **Les services, unités et organismes mentionnés à l'article** *(Décr. n° 2019-507 du 24 mai 2019, art. 9 et 11, en vigueur le 1er juin 2019)* **« 706-95-17 », dont les agents peuvent être requis en vue de procéder à l'utilisation de l'appareil ou du dispositif technique mentionné** *(Décr. n° 2019-507 du 24 mai 2019, art. 9 et 11, en vigueur le 1er juin 2019)* **« à l'article 706-95-20 », sont les suivants :**

— la direction centrale de la police judiciaire et ses directions *(Décr. n° 2020-1781 du 30 déc. 2020, art. 1er, en vigueur le 1er janv. 2021)* **« zonales » et régionales ;**

— la direction générale de la sécurité intérieure ;

— la force d'intervention de la police nationale ;

(Décr. n° 2019-1475 du 27 déc. 2019, art. 5, en vigueur le 1er janv. 2020) **« — les services territoriaux de police judiciaire et les services territoriaux du RAID des directions territoriales de la police nationale ; »**

(Décr. n° 2022-623 du 22 avr. 2022, art. 1er) **« — le commandement de la gendarmerie dans le cyberespace ; »**

— le groupe d'intervention de la gendarmerie nationale ;

— le groupe d'observation et de surveillance de la région de gendarmerie d'Île-de-France ;

— le groupe d'observation et de surveillance de la région de gendarmerie de Provence-Alpes-Côte d'Azur ;

— le service chargé du soutien opérationnel et technique de la direction du renseignement de la préfecture de police ;

— les services et unités de la direction opérationnelle des services techniques et logistiques de la préfecture de police.

SECTION VII DE LA CAPTATION DES DONNÉES INFORMATIQUES

(Décr. n° 2011-1431 du 3 nov. 2011)

Ndlr : L'ancienne section V est devenue une section VII en application de l'art. 3 du Décr. n° 2021-1130 du 30 août 2021.

Art. D. 15-1-6 **Les services, unités et organismes, visés à l'article** *(Décr. n° 2019-507 du 24 mai 2019, art. 9 et 11, en vigueur le 1er juin 2019)* **« 706-95-17 », pouvant procéder aux opérations d'installation des dispositifs techniques mentionnés** *(Décr. n° 2019-507 du 24 mai 2019, art. 9 et 11, en vigueur le 1er juin 2019)* **« à l'article 706-102-1 » sont :**

— la direction centrale de la police judiciaire et ses directions *(Décr. n° 2020-1781 du 30 déc. 2020, art. 1er, en vigueur le 1er janv. 2021)* **« zonales » et régionales ;**

— la *(Décr. n° 2014-445 du 30 avr. 2014, art. 10)* **« direction générale de la sécurité intérieure » ;**

— les offices centraux de police judiciaire ;

(Décr. n° 2014-827 du 21 juill. 2014, art. 3) **« — la force d'intervention de la police nationale » ;**

(Décr. n° 2019-1475 du 27 déc. 2019, art. 5, en vigueur le 1er janv. 2020) **« — les services territoriaux de police judiciaire et les services territoriaux du RAID des directions territoriales de la police nationale ; »**

— la sous-direction de la police judiciaire de la gendarmerie nationale ;

(Décr. n° 2022-623 du 22 avr. 2022, art. 1er) **« — le commandement de la gendarmerie dans le cyberespace ; »**

(Décr. n° 2015-1805 du 28 déc. 2015) **« — le service central de renseignement criminel de la gendarmerie nationale » ;**

— les sections de recherches de la gendarmerie nationale ;

— les sections d'appui judiciaire de la gendarmerie nationale ;

— le groupe d'intervention de la gendarmerie nationale.

SECTION VIII DE LA GÉOLOCALISATION

(Décr. n° 2014-827 du 21 juill. 2014, art. 4)

Ndlr : L'ancienne section VI est devenue une section VIII en application de l'art. 3 du Décr. n° 2021-1130 du 30 août 2021.

Art. D. 15-1-7 **Le juge d'instruction ou l'officier de police judiciaire commis par lui ou autorisé par le procureur de la République peut, en vue de procéder à l'installation et au retrait du moyen technique mentionné à l'article 230-32, requérir tout agent qualifié des services, unités ou organismes visés à l'article D. 15-1-5.**

CHAPITRE II DU MINISTÈRE PUBLIC

(Décr. n° 2007-699 du 3 mai 2007)

Art. D. 15-2 *(Décr. n° 2013-1134 du 9 déc. 2013, art. 2)* **Le procureur général adresse au ministre de la justice le rapport annuel de politique pénale sur l'application de la loi et des instructions générales ainsi que le rapport annuel sur l'activité et la gestion des parquets de son ressort, prévus par le troisième alinéa de l'article 35, avant le 31 mars de l'année suivant celle à laquelle ils se rapportent.**

Les informations figurant dans ces deux rapports peuvent être regroupées dans un rapport unique.

Elles comportent une synthèse des rapports qui lui ont été transmis par les procureurs de la République de son ressort en application de l'article 39-1.

Le procureur général communique son ou ses rapports au premier président de la cour d'appel, pour diffusion aux magistrats du siège avant la prochaine assemblée générale des magistrats du siège et du parquet au cours de laquelle il informe cette assemblée des conditions de mise en œuvre, dans le ressort de la cour, de la politique pénale et des instructions générales qui lui ont été adressées à cette fin par le ministre de la justice.

Art. D. 15-2-1 *(Décr. n° 2013-1134 du 9 déc. 2013, art. 3)* **Le procureur de la République adresse au procureur général le rapport annuel de politique pénale sur l'application de la loi et des instructions générales ainsi que le rapport annuel sur l'activité et la gestion de son parquet, prévus par le deuxième alinéa de l'article 39-1, avant le 31 janvier de l'année suivant celle à laquelle ils se rapportent.**

Les informations figurant dans ces deux rapports peuvent être regroupées dans un rapport unique.

A ce rapport ou ces rapports sont annexés ou intégrés le rapport prévu par le troisième alinéa de l'article 41 concernant les mesures de garde à vue et les locaux de garde à vue, qui est élaboré par le procureur de la République au vu, notamment, des informations et des statistiques qui lui sont adressées à cette fin par les services et unités de police judiciaire de son ressort ainsi que le rapport sur l'état et les délais de l'exécution des peines prévu par l'article 709-2.

Le procureur de la République communique son ou ses rapports au président du tribunal judiciaire, pour diffusion aux magistrats du siège avant la prochaine assemblée générale des magistrats du siège et du parquet au cours de laquelle il informe cette assemblée des conditions de mise en œuvre, dans son ressort, de la politique pénale et des instructions générales qui lui ont été adressées à cette fin par le ministre de la justice.

Art. D. 15-3 **Pour l'application des dispositions** *(Décr. n° 2020-1640 du 21 déc. 2020, art. 2)* **« des articles 39-1 et 39-2 » du présent code, le procureur de la République est membre de droit des instances territoriales de coopération pour la prévention de la délinquance mentionnées par le code général des collectivités territoriales.**

Au sein de ces instances, *(Décr. n° 2020-1640 du 21 déc. 2020, art. 2)* **« ainsi que tout** *[ainsi qu'au sein de toute]* **autre instance ou commission administrative territoriale, » il représente l'autorité judiciaire et les services déconcentrés du ministère de la justice, avec, lorsqu'ils en sont membres, le président du tribunal judiciaire et, le cas échéant, d'autres magistrats du siège.** *(Décr. n° 2020-1640 du 21 déc. 2020, art. 2)* **« Il peut s'il y a lieu s'y faire représenter par un délégué habilité conformément aux articles R. 15-33-30 et suivants, et spécialement désigné par lui à cette fin. »**

Conformément aux dispositions de l'article L. 2211-2 du code général des collectivités territoriales, il signe les conventions prévues par les articles L. 2215-2 et L. 2512-15 du même code relatives à la lutte contre l'insécurité et à la prévention de la délinquance.

Art. D. 15-3-1 *(Décr. nº 2020-1640 du 21 déc. 2020, art. 3)* Les délégués du procureur de la République habilités conformément aux articles R. 15-33-30 à R. 15-33-37 peuvent tenir, au tribunal judiciaire et dans les lieux d'accès au droit ou tout autre lieu désigné par le procureur de la République, des permanences pour l'exercice des missions qui leur sont confiées, et notamment aux fins de mettre en œuvre les mesures prévues par l'article 41-1 ou les compositions pénales prévues par les articles 41-2 et 41-3. — *V. art. R. 122-1 s.*

Art. D. 15-3-2 *(Décr. nº 2022-656 du 25 avr. 2022, art. 3, en vigueur le 30 sept. 2022)* Lorsqu'en application de l'article 40-2, le procureur de la République avise une victime de sa décision de classement sans suite, il l'informe qu'elle peut demander une copie du dossier de la procédure, en application du 2° de l'article R. 155.

Art. D. 15-3-3 *(Décr. nº 2022-656 du 25 avr. 2022, art. 3)* Lorsqu'un crime prévu par les articles 221-1 à 221-4 et 222-1 à 222-10 du code pénal a été commis, sur le territoire national, dans des locaux privés d'habitation, le procureur de la République peut décider, au titre des frais mentionnés au 6° de l'article R. 92, de requérir une entreprise pour procéder à des travaux techniques de nettoyage des lieux dès lors qu'il n'est plus nécessaire de laisser ceux-ci en l'état pour les besoins de la procédure en cours, notamment après qu'il a été procédé à une reconstitution.

Si une information est toujours en cours, ces réquisitions ne peuvent intervenir qu'avec l'accord préalable du juge d'instruction ou à sa demande, sans préjudice de la possibilité pour ce magistrat de prendre lui-même ces réquisitions en application de l'article D. 32-2-4.

Art. D. 15-4 *(Décr. nº 2016-1455 du 28 oct. 2016, art. 3)* Les procès-verbaux des actes accomplis en exécution des réquisitions prises en application du *(Décr. nº 2020-1640 du 21 déc. 2020, art. 6)* « troisième » alinéa de l'article 41 sont directement retournés au procureur de la République mandant.

(Décr. nº 2020-1640 du 21 déc. 2020, art. 6) « Lorsque la chambre de l'instruction ou la chambre des appels correctionnels de la cour d'appel est saisie, le procureur général peut, conformément aux dispositions du huitième alinéa de l'article 41, prendre des réquisitions aux fins de réalisation d'une enquête sur la situation matérielle, familiale et sociale de la personne poursuivie ou de la vérification de la faisabilité matérielle de certaines peines ou aménagements de peine. »

Art. D. 15-4-1 *(Décr. nº 2008-54 du 16 janv. 2008, en vigueur le 1er mars 2008)* Le procureur de la République près le tribunal judiciaire au sein duquel il n'y a pas de pôle d'instruction avise le procureur de la République près le tribunal au sein duquel se trouve ce pôle des infractions et enquêtes portées à sa connaissance dès qu'il lui apparaît que ces faits et procédures sont susceptibles de donner lieu à l'ouverture d'une information de nature criminelle ou avec cosaisine.

Ces deux magistrats se concertent alors pour déterminer celui qui dirigera et contrôlera le déroulement de l'enquête et celui qui décidera s'il y a lieu de requérir l'ouverture d'une instruction. *(Décr. nº 2022-546 du 13 avr. 2022, art. 2)* « Ils se concertent également pour déterminer si une information portant sur un crime puni de quinze ou vingt ans de réclusion criminelle et commis en l'absence de récidive sera ouverte par le procureur de la République près le tribunal judiciaire au sein duquel il n'y a pas de pôle de l'instruction auprès du juge d'instruction de ce même tribunal. » Le procureur général coordonne le cas échéant leurs actions.

Art. D. 15-4-2 *(Décr. nº 2008-54 du 16 janv. 2008, en vigueur le 1er mars 2008)* Le procureur de la République près le tribunal judiciaire au sein duquel il n'y a pas de pôle d'instruction avise sans délai le procureur de la République près le tribunal au sein duquel se trouve ce pôle lorsqu'il est fait application des dispositions du premier alinéa du II de l'article 80 du dernier alinéa de l'article 397-2 ou de l'article 397-7.

Lorsque ce magistrat fait application des dispositions de l'article 397-7, il requiert l'ouverture de l'information devant le pôle de l'instruction avant de présenter la per-

sonne devant le juge des libertés et de la détention de son tribunal, en lui notifiant les faits faisant l'objet du réquisitoire introductif.

Art. D. 15-4-3 *(Décr. n° 2008-54 du 16 janv. 2008, en vigueur le 1er mars 2008)* **Le procureur de la République près le tribunal judiciaire au sein duquel se trouve un pôle d'instruction avise sans délai le procureur de la République près le tribunal au sein duquel il n'y a pas de pôle lorsqu'il fait application des dispositions du deuxième alinéa du II de l'article 80 ou du III de cet article.**

Ce magistrat l'avise également en temps utile de ses réquisitions de règlement. Il lui adresse sans délai la procédure en cas d'ordonnance de renvoi dans le cas prévu par le dernier alinéa du II de l'article 80 ou lorsqu'il est fait application des dispositions du III de cet article.

CHAPITRE III DU JUGE D'INSTRUCTION ET DES PÔLES DE L'INSTRUCTION *(Décr. n° 2008-54 du 16 janv. 2008)*.

Art. D. 15-4-4 *(Décr. n° 2009-313 du 20 mars 2009)* **Pour l'application des dispositions de l'article 52-1, les tribunaux judiciaires dans lesquels existe un pôle de l'instruction et le ressort de compétence territoriale de ces pôles sont déterminés comme suit :**

SIÈGE	COMPÉTENCE TERRITORIALE s'étendant au ressort des tribunaux judiciaires de :
Cour d'appel d'Agen	
Agen.	Agen, Auch, Cahors, Marmande.
Cour d'appel d'Aix-en-Provence	
Aix-en-Provence.	Aix-en-Provence, Digne-les-Bains, Tarascon.
Draguignan.	Draguignan.
Grasse.	Grasse.
Marseille.	Marseille.
Nice.	Nice.
Toulon.	Toulon.
Cour d'appel d'Amiens	
Amiens.	Abbeville, Amiens, Péronne.
Laon.	Laon, Saint-Quentin, Soissons.
Senlis.	Beauvais, Compiègne, Senlis.
Cour d'appel d'Angers	
Angers.	Angers, Saumur.
Le Mans.	Laval, Le Mans.
Cour d'appel de Bastia	
Ajaccio.	Ajaccio.
Bastia.	Bastia.
Cour d'appel de Besançon	
Besançon.	Besançon, Dôle, Lons-le-Saunier, Lure, Vesoul.

SIÈGE	**COMPÉTENCE TERRITORIALE s'étendant au ressort des tribunaux judiciaires de :**
Montbéliard.	Belfort, Montbéliard.
Cour d'appel de Bordeaux	
Angoulême.	Angoulême.
Bordeaux.	Bordeaux, Libourne.
Périgueux.	Bergerac, Périgueux.
Cour d'appel de Bourges	
Bourges.	Bourges, Châteauroux, Nevers.
Cour d'appel de Caen	
Caen.	Alençon, Argentan, Caen, Lisieux.
Coutances.	Avranches, *(Décr. n° 2016-1186 du 30 août 2016)* « Cherbourg-en-Cotentin », Coutances.
Cour d'appel de Chambéry	
Annecy.	Annecy, Bonneville, Thonon-les-Bains.
Chambéry.	Albertville, Chambéry.
Cour d'appel de Colmar	
Colmar.	Colmar.
Mulhouse.	Mulhouse.
Strasbourg.	Saverne, Strasbourg.
Cour d'appel de Dijon	
Chalon-sur-Saône.	Chalon-sur-Saône, Mâcon.
Dijon.	Dijon, Chaumont.
Cour d'appel de Douai	
Béthune.	Arras, Béthune.
Boulogne-sur-Mer.	Boulogne-sur-Mer, Saint-Omer.
Douai.	Douai, Cambrai.
Dunkerque.	Dunkerque, Hazebrouck.
Lille.	Lille.
Valenciennes.	Avesnes-sur-Helpe, Valenciennes.
Cour d'appel de Grenoble	
Grenoble.	Gap, Bourgoin-Jallieu, Grenoble, Vienne.
Valence.	Valence.
Cour d'appel de Limoges	
Limoges.	Brive-la-Gaillarde, Guéret, Limoges, Tulle.

SIÈGE	COMPÉTENCE TERRITORIALE s'étendant au ressort des tribunaux judiciaires de :
Cour d'appel de Lyon	
Bourg-en-Bresse.	Belley, Bourg-en-Bresse.
Lyon.	Lyon, Villefranche-sur-Saône.
Saint-Étienne.	Montbrison, Roanne, Saint-Étienne.
Cour d'appel de Metz	
Metz.	Metz, Sarreguemines, Thionville.
Cour d'appel de Montpellier	
Béziers.	Béziers.
Montpellier.	Montpellier, Millau, Rodez.
Narbonne.	Carcassonne, Narbonne.
Perpignan.	Perpignan.
Cour d'appel de Nancy	
Épinal.	Épinal, Saint-Dié-des-Vosges.
Nancy.	Bar-le-Duc, *(Décr. nº 2016-1996 du 30 déc. 2016)* « Val-de-Briey », Nancy, Verdun.
Cour d'appel de Nîmes	
Avignon.	Avignon, Carpentras, Privas.
Nîmes.	Alès, Mende, Nîmes.
Cour d'appel d'Orléans	
Blois.	Blois.
Orléans.	Montargis, Orléans.
Tours.	Tours.
Cour d'appel de Paris	
Auxerre.	Auxerre, Sens.
Bobigny.	Bobigny.
Créteil.	Créteil.
Évry.	Évry.
Meaux.	Meaux.
Melun.	Fontainebleau, Melun.
Paris.	Paris.
Cour d'appel de Pau	
Bayonne.	Bayonne.
Mont-de-Marsan.	Dax, Mont-de-Marsan.
Pau.	Pau, Tarbes.

SIÈGE	COMPÉTENCE TERRITORIALE s'étendant au ressort des tribunaux judiciaires de :
Cour d'appel de Poitiers	
La Rochelle.	La Rochelle, Rochefort, Saintes.
La Roche-sur-Yon.	La Roche-sur-Yon, Les Sables-d'Olonne.
Poitiers.	Bressuire, Niort, Poitiers.
Cour d'appel de Reims	
Reims.	Châlons-en-Champagne, Charleville-Mézières, Reims.
Troyes.	Troyes.
Cour d'appel de Rennes	
Brest.	Brest, Morlaix, Quimper.
Lorient.	Lorient, Vannes.
Nantes.	Nantes, Saint-Nazaire.
Rennes.	Rennes, Saint-Malo.
Saint-Brieuc.	Dinan, Guingamp, Saint-Brieuc.
Cour d'appel de Riom	
Clermont-Ferrand.	Aurillac, Clermont-Ferrand, Le Puy-en-Velay, Riom.
Cusset.	Cusset, Montluçon, Moulins.
Cour d'appel de Rouen	
Évreux.	Bernay, Évreux.
Le Havre.	Le Havre.
Rouen.	Dieppe, Rouen.
Cour d'appel de Toulouse	
Montauban.	Montauban.
Toulouse.	Albi, Castres, Foix, Saint-Gaudens, Toulouse.
Cour d'appel de Versailles	
Chartres.	Chartres.
Nanterre.	Nanterre.
Pontoise.	Pontoise.
Versailles.	Versailles.

DÉPARTEMENTS D'OUTRE-MER

SIÈGE	RESSORT s'étendant aux limites territoriales des tribunaux judiciaires de :
Cour d'appel de Basse-Terre	
Pointe-à-Pitre.	Basse-Terre, Pointe-à-Pitre.
(Décr. nº 2011-1878 du 14 déc. 2011, en vigueur le 1er janv. 2012) « Cour d'appel de Cayenne	
« Cayenne.	Cayenne. »
Cour d'appel de Fort-de-France	
Fort-de-France.	Fort-de-France.
Cour d'appel de Saint-Denis	
(Décr. nº 2011-338 du 29 mars 2011, en vigueur le 1er avr. 2011) « Mamoudzou.	Mamoudzou. »
Saint-Denis.	Saint-Denis.
Saint-Pierre.	Saint-Pierre.

COLLECTIVITÉS D'OUTRE-MER

Siège	RESSORT s'étendant aux limites des tribunaux judiciaires de :
Cour d'appel de Nouméa	
Nouméa.	Nouméa.
Cour d'appel de Papeete	
Papeete.	Papeete.

Les dispositions du Décr. nº 2009-313 du 20 mars 2009 sont applicables sur l'ensemble du territoire de la République, à l'exception des îles Wallis-et-Futuna, de Mayotte et de Saint-Pierre-et-Miquelon (Décr. préc., art. 2).

Les dispositions du Décr. nº 2008-54 du 16 janv. 2008 figurant à son art. 3, qui créent l'art. D. 15-4-4 et fixent la liste des tribunaux dans lesquels existe un pôle de l'instruction et la compétence territoriale des juges d'instruction qui le composent, ont trait à une modification générale de l'organisation des services judiciaires. La consultation du comité technique paritaire placé auprès du directeur des services judiciaires à laquelle il a été procédé le 27 déc. 2007 revêtait, s'agissant de ces dispositions, un caractère obligatoire. Les requérants sont fondés à soutenir que le comité technique paritaire était composé dans des conditions de nature à entacher d'irrégularité de procédure les dispositions du décret précité qui créent l'art. D. 15-4-4, dès lors, qu'elles devaient être soumises de façon obligatoire à la consultation de ce comité dans les conditions règlementaires régissant cette compositions. Les dispositions du décret attaqué créant l'art. D. 15-4-4 doivent donc être annulées. L'annulation d'un acte administratif implique en principe que cet acte est réputé n'être jamais intervenu. Toutefois, il résulte du supplément d'instruction auquel il a été procédé que, compte tenu de la nature du motif d'annulation retenu et alors qu'aucun autre moyen n'est de nature à justifier l'annulation prononcée par la présente décision, l'annulation rétroactive de la liste des pôles de l'instruction et du ressort de compétence des juges de l'instruction qui les composent, qui est de nature à entraîner la nullité des informations instruites au sein de ces pôles, porterait, eu égard au nombre d'informations instruites depuis l'entrée en vigueur du décret, une atteinte manifestement excessive au fonctionnement du service public de la justice. Dès lors, il y a lieu, dans les circonstances de l'espèce, de ne prononcer l'annulation des dispositions du décret attaqué qui créent l'art. D. 15-4-4 qu'à l'expiration d'un délai de quatre mois à compter de la date de la présente décision et de prévoir que, sous réserve des actions contentieuses engagées à la date de la présente décision, les effets produits par l'art. D. 15-4-4 précité antérieurement à son annulation seront regardés comme définitifs. En conclusion, les dispositions de l'art. 3 du Décr. n° 2008-54 du 16 janv. 2008 modifiant le C. pr. pén. et relatif aux pôles de l'instruction qui créent l'art. D. 15-4-4 sont annulées à compter de l'expiration d'un délai de quatre mois courant de la date de la présente décision. Sous réserve des actions contentieuses engagées à la date de la présente décision, les effets produits par cet art. antérieurement à son annulation sont regardés comme définitifs. • CE, 1re et 6e sous-sect. réun., 19 déc. 2008 : *D. 2009. AJ 103* ; *AJDA 2008. 2427*.

Art. D. 15-4-5 **Le ou les juges d'instruction coordonnateurs du pôle prévus par le quatrième alinéa de l'article 52-1 sont désignés par le président du tribunal judiciaire au début de l'année judiciaire, après avis de l'assemblée générale des magistrats du siège.**

Le juge coordonnateur peut réunir à intervalles réguliers les différents juges d'instruction du pôle de l'instruction afin d'examiner l'état d'avancement des procédures dans un souci d'efficacité et de célérité des informations dont ses membres ont la charge. Ces réunions peuvent ne concerner que les juges spécialisés en application des articles 704, 706-2, 706-17, 706-75-1 et 706-107.

Lors de ces réunions, les juges d'instruction peuvent échanger des informations sur les procédures dont ils sont saisis, aux fins notamment d'envisager d'éventuelles cosaisines. Ces échanges sont couverts par le secret de l'instruction prévu par l'article 11. Avec l'accord du juge coordonnateur, le procureur de la République peut participer à ces réunions.

Dans le respect des prérogatives de chacun des juges d'instruction saisis en vertu des articles 83 et 83-1 du code de procédure pénale, le juge coordonnateur peut préconiser toute mesure juridique ou organisationnelle utile au bon fonctionnement du service.

Art. D. 15-4-6 **En cas de demande de commission d'office d'un avocat faite, conformément aux dispositions des articles 113-3 ou 116, devant le juge d'instruction d'une juridiction dans laquelle il y a un pôle de l'instruction, au cours d'une information concernant des faits relevant initialement de la compétence d'un tribunal judiciaire dans laquelle il n'y a pas de pôle, ce magistrat informe par tout moyen le bâtonnier de l'ordre des avocats près ce tribunal, aux fins de désignation d'un avocat de ce barreau.**

Si le bâtonnier ne procède pas à cette désignation, la commission d'office est faite par le bâtonnier de l'ordre des avocats de la juridiction dans laquelle se trouve le pôle, qui est alors informé sans délai par le juge d'instruction.

Art. D. 15-4-7 **Lorsque la personne mise en examen, pour des faits relevant initialement de la compétence d'un tribunal judiciaire dans lequel il n'y a pas de pôle de l'instruction, par le juge d'instruction d'une juridiction dans laquelle se trouve un pôle est défendue par un avocat, choisi ou commis d'office, appartenant au barreau du tribunal sans pôle, les demandes de mainlevée ou de modification du contrôle judiciaire ou de mise en liberté que cet avocat peut déposer conformément aux dispositions de l'article 148-6 peuvent l'être au greffe du juge d'instruction du tribunal sans pôle. A peine d'irrecevabilité, la demande précise le nom du juge d'instruction saisi de la procédure. Cette demande est constatée par le greffier, qui la signe ainsi que l'avocat, et qui l'adresse sans délai au greffe du juge d'instruction saisi de la procédure.**

Art. D. 15-4-8 *(Abrogé par Décr. n° 2021-683 du 27 mai 2021, art. 2, à compter du 30 sept. 2021) (Décr. n° 2008-154 du 20 févr. 2008, en vigueur le 1er mars 2008)* ***Au sein de chaque tribunal judiciaire dans lequel est situé un pôle de l'instruction dans le ressort duquel siège un tribunal pour enfants, que ce tribunal se trouve ou non dans la ville où est localisé le tribunal judiciaire, un ou plusieurs juges d'instruction désignés par le premier président et un ou plusieurs magistrats du parquet désignés par le procureur général sont chargés spécialement des affaires concernant les mineurs.***

CHAPITRE III

Néant.

TITRE DEUXIÈME DES ENQUÊTES ET DES CONTRÔLES D'IDENTITÉ

(Décr. n° 2007-699 du 3 mai 2007)

CHAPITRE PREMIER DES ENQUÊTES *(Décr. n° 2016-1455 du 28 oct. 2016, art. 4).*

SECTION PREMIÈRE DES RÉQUISITIONS ET SAISIES *(Décr. n° 2016-1455 du 28 oct. 2016, art. 4).*

Art. D. 15-5 *(Décr. n° 2019-507 du 24 mai 2019, art. 4)* Lorsqu'il est procédé à une réquisition prévue par l'article 60-1 sans établissement d'un procès-verbal dédié, il est fait mention de cet acte dans le procès-verbal faisant état des diligences accomplies par le magistrat requérant, l'officier de police judiciaire ou sous le contrôle de ce dernier, l'agent de police judiciaire. S'il y a lieu, le contenu de la réquisition faite par un moyen de communication électronique est annexé, sous format papier ou numérique, au procès-verbal précédent. Cette annexe n'a pas à être revêtue de la signature du requérant.

Lorsque les documents requis sont transmis sous forme numérique, le cas échéant par un moyen de communication électronique, ils sont annexés sous format papier ou numérique au procès-verbal. La mise en annexe des documents requis peut se limiter aux éléments nécessaires à la manifestation de la vérité.

Les dispositions du présent article sont applicables aux réquisitions prévues par les articles 77-1-1 et 99-3.

Art. D. 15-5-1 *(Décr. n° 2019-507 du 24 mai 2019, art. 4)* Lorsque les réquisitions prévues par l'article 60-1 portant sur des informations issues d'un système informatique ou d'un traitement de données nominatives sont adressées à l'un des organismes ou personnes mentionnés à l'article R. 15-33-68, il peut être demandé à la personne ou l'organisme requis de remettre ces informations sous une forme numérique répondant à des normes fixées par arrêté du garde des sceaux, ministre de la justice et du ministre de l'intérieur.

Les dispositions du présent article sont applicables aux réquisitions prévues par les articles 77-1-1 et 99-3.

Art. D. 15-5-1-1 *(Décr. n° 2016-1202 du 7 sept. 2016, art. 5)* Les opérations prévues par les articles 55-1 et 706-56 peuvent être effectuées, sur instruction d'un officier de police judiciaire, par un agent de police judiciaire, ou par un agent spécialisé, technicien ou ingénieur de police technique et scientifique.

Dans le cas prévu à l'alinéa précédent et celui prévu par l'article D. 7, lorsque *(Décr. n° 2016-1455 du 28 oct. 2016, art. 4)* « les agents de police judiciaire, » les agents spécialisés, techniciens ou ingénieurs de police technique et scientifique procèdent, conformément aux instructions d'un officier de police judiciaire, aux prélèvements et au placement sous scellés des échantillons biologiques, des objets et des traces et indices utiles à la manifestation de la vérité, aux fins d'examens techniques et scientifiques, ils en dressent inventaire et en font mention dans leur rapport.

L'art. D. 15-5-1 a été renuméroté par le Décr. n° 2019-507 du 24 mai 2019 et est devenu l'actuel art. D. 15-5-1-1.

Art. D. 15-5-1-2 *(Décr. n° 2016-1455 du 28 oct. 2016, art. 4)* Lorsque la saisie d'un bien susceptible de faire l'objet d'une confiscation ultérieure a été effectuée en application des dispositions du présent code, la personne concernée en est informée soit lors de la perquisition, soit lors d'une audition ultérieure, dès lors que cette information ne risque pas de compromettre le déroulement des investigations. Elle est alors avisée, au moins brièvement, des motifs de la saisie. Il en est fait mention dans le procès-verbal.

A défaut de l'information prévue par le présent article, aucun délai de forclusion ne peut être opposé à la personne concernant une éventuelle demande de restitution du bien saisi.

L'art. D. 15-5-1-1 a été renuméroté par le Décr. nº 2019-507 du 24 mai 2019 et est devenu l'actuel art. D. 15-5-1-2.

SECTION II DE L'AUDITION LIBRE ET DE LA GARDE À VUE *(Décr. nº 2016-1455 du 28 oct. 2016, art. 4).*

Art. D. 15-5-2 *(Décr. nº 2016-1202 du 7 sept. 2016, art. 5)* **L'officier ou l'agent de police judiciaire responsable des modalités de déroulement de la garde à vue peut requérir par tout moyen d'un officier ou agent de police judiciaire appartenant à un service territorialement compétent autre que celui chargé de l'enquête de faire procéder aux diligences suivantes :**

1º Prévenir par téléphone de la garde à vue les personnes mentionnées à l'article 63-2 ;

2º Contacter l'avocat désigné ou commis d'office pour assister la personne en garde à vue en application des articles 63-3-1 et suivants, et l'informer des lieux et horaires des auditions ;

3º Contacter le médecin devant examiner la personne en garde à vue en application de l'article 63-3 ;

4º Contacter l'interprète conformément aux dispositions de l'article 63-1.

L'officier ou l'agent de police judiciaire requis mentionne, dans un rapport transmis à l'officier de police judiciaire requérant, les modalités d'exécution de ces diligences, qui peuvent être effectuées par tout personnel de la police ou de la gendarmerie nationale, y compris n'ayant pas la qualité d'agent de police judiciaire adjoint, placé sous sa responsabilité et son contrôle.

Art. D. 15-5-3 *(Décr. nº 2016-1202 du 7 sept. 2016, art. 5)* **Le procès-verbal récapitulatif de garde à vue prévu par l'article 64 mentionne les informations données et les demandes faites en application des articles 63-2 à 63-3-1 et les suites qui leur ont été données, sans qu'il soit nécessaire de dresser un procès-verbal pour chacune des diligences accomplies pour l'exercice de ces droits.**

Art. D. 15-5-4 *(Décr. nº 2016-1455 du 28 oct. 2016, art. 4 et 18, en vigueur le 15 nov. 2016)* **Le procès-verbal établi en application de l'article 61-1 indique que la personne a été avisée de son droit de demander l'assistance d'un avocat dès le début de l'audition ou à tout moment au cours de son déroulement. Lorsqu'une convocation lui a préalablement été adressée, elle indique, le cas échéant, que la personne peut désigner un avocat immédiatement ou à tout moment au cours de son audition.**

Art. D. 15-5-5 *(Décr. nº 2016-1455 du 28 oct. 2016, art. 4 et 18, en vigueur le 15 nov. 2016)* **Le procès-verbal établi en application de l'article 63-1 indique que la personne a été avisée de son droit de demander l'assistance d'un avocat dès le début de sa garde à vue ou à tout moment au cours de son déroulement.**

Art. D. 15-5-6 *(Décr. nº 2016-1455 du 28 oct. 2016, art. 4)* **Toute personne placée en garde à vue et ayant sollicité l'assistance d'un avocat en application de l'article 63-3-1 qui est déplacée dans un lieu autre que celui du service enquêteur ne peut faire l'objet d'une audition dans ce lieu si son avocat n'a pas été avisé du déplacement conformément à l'article 63-4-3-1.**

Art. D. 15-5-7 *(Décr. nº 2019-507 du 24 mai 2019, art. 6 et 11, en vigueur le 1er juin 2019)* **En cas de placement en garde à vue d'une personne majeure, l'officier ou l'agent de police judiciaire lui demande si elle fait l'objet d'une mesure de protection juridique, afin de mettre en œuvre s'il y a lieu les dispositions de l'article 706-112-1 et de l'article D. 47-14.**

Il en est de même en cas de placement en rétention d'une personne intervenant en application des articles 133-1, 141-4, 709-1-1 et 716-5.

Art. D. 15-6 **Pour l'application des dispositions de l'article 64-1 relatif à l'enregistrement audiovisuel de l'interrogatoire de la personne gardée à vue pour crime, il est tenu compte de la nature de l'infraction dont est informée cette personne conformément aux dispositions du premier alinéa de l'article 63-1, sans préjudice d'une nouvelle qualification des faits à tout moment de la procédure par l'officier de police judiciaire, le procureur de la République ou le juge d'instruction.**

L'enregistrement original est placé sous scellé fermé et une copie est versée au dossier. Cette copie peut être commune à l'ensemble des enregistrements effectués au cours de la procédure. Sur instruction du procureur de la République *(Décr. n° 2016-1202 du 7 sept. 2016, art. 6)* « ou du procureur général », ils sont détruits par le greffe de la juridiction dans le délai prévu par le quatrième alinéa de l'article 64-1. Une copie de l'enregistrement peut être conservée par le service ou l'unité de police judiciaire en charge de la procédure, qui peut la consulter pour les nécessités des investigations. Cette copie est détruite au plus tard dans un délai de cinq ans après le dernier acte de procédure dressé par les enquêteurs.

Les modalités techniques de l'enregistrement audiovisuel sont déterminées par arrêté conjoint *(Décr. n° 2010-775 du 8 juill. 2010)* « du ministre de la justice et du ministre de l'intérieur ».

(Abrogé par Décr. n° 2021-683 du 27 mai 2021, art. 2, à compter du 30 sept. 2021) ***« Les dispositions des alinéas 2 à 4 du présent article sont applicables aux enregistrements des interrogatoires des mineurs*** *(Décr. n° 2020-91 du 6 févr. 2020, art. 7)* ***« en retenue ou » en garde à vue réalisés en application des dispositions*** *(Décr. n° 2020-91 du 6 févr. 2020, art. 7)* ***« du I ou » du VI de l'article 4 de l'ordonnance n° 45-174 du 2 février 1945 relative à l'enfance délinquante. »***

Art. D. 15-6-1 *(Abrogé par Décr. n° 2021-683 du 27 mai 2021, art. 2, à compter du 30 sept. 2021) (Décr. n° 2016-1455 du 28 oct. 2016, art. 5 et 18, en vigueur le 15 nov. 2016)* ***Lorsqu'en application du premier alinéa du II de l'article 4 de l'ordonnance n° 45-174 du 2 février 1945 relative à l'enfance délinquante, l'officier de police judiciaire informe du placement en retenue ou en garde à vue d'un mineur ses parents, son tuteur, la personne ou le service auquel il est confié, il leur donne connaissance de la qualification, de la date et du lieu présumés de l'infraction que le mineur est soupçonné avoir commis ou tenté de commettre ainsi que des motifs mentionnés aux 1° à 6° de l'article 62-2 du présent code justifiant son placement en garde à vue ou en retenue.***

Lorsqu'en application du second alinéa du II de l'article 4 de l'ordonnance du 2 février 1945 précitée le procureur de la République ou le juge d'instruction autorise l'officier de police judiciaire à ne pas procéder à cette information pendant une durée de vingt-quatre heures ou, si la mesure ne peut être prolongée, de douze heures, il en avise sans retard indu le juge des enfants territorialement compétent en matière d'assistance éducative.

Lorsqu'elle n'est pas faite aux représentants légaux, l'information prévue par le II de l'article 4 de la même ordonnance peut être donnée à un adulte dont la désignation par le mineur est acceptée par l'officier de police judiciaire s'il l'estime appropriée. Dans ce cas, les dispositions du deuxième alinéa du présent article ne sont pas applicables.

(Décr. n° 2019-507 du 24 mai 2019, art. 8 et 11, en vigueur le 1er juin 2019) ***« Les mineurs placés en retenue ou en garde à vue sont séparés des personnes majeures sauf :***

— s'il est de l'intérêt supérieur de l'enfant de ne pas en être séparé ;

— à titre exceptionnel, si cette séparation n'apparaît pas possible, à la condition toutefois que la manière dont les mineurs sont mis en présence des personnes majeures soit compatible avec l'intérêt supérieur de l'enfant. »

Art. D. 15-6-2 *(Décr. n° 2020-1640 du 21 déc. 2020, art. 4)* Le procureur de la République qui, en application de l'article 63-8, ordonne le déferement d'une personne à l'issue de sa garde à vue peut faire présenter la personne devant lui ou devant un délégué habilité conformément aux articles R. 15-33-30 à R. 15-33-37, pour que soient mises en œuvre une des mesures de l'article 41-1 ou une composition pénale prévue par l'article 41-2.

SECTION III DU CONTRADICTOIRE AU COURS DE L'ENQUÊTE PRÉLIMINAIRE

(Décr. n° 2022-546 du 13 avr. 2022, art. 3)

Art. D. 15-6-3 I. — Les demandes de prise de connaissance du dossier formées, en application du II de l'article 77-2, par une personne suspectée peuvent être adressées au procureur de la République par l'intermédiaire de son avocat. Dans ce cas, la demande peut être adressée par un moyen de télécommunication sécurisé conformément aux dispositions de l'article D. 591.

Si la demande est formée en application du 3° du II de l'article 77-2, elle comporte tous les documents justifiant qu'il a été porté atteinte à la présomption d'innocence de la personne par un moyen de communication au public et notamment, s'il y a lieu, une copie des enregistrements sonores ou audiovisuels. Le procureur de la République peut solliciter du demandeur des documents complémentaires établissant la réalité de cette atteinte.

Cette demande est versée au dossier de la procédure par le procureur de la République, au plus tard lorsque l'enquête est achevée et que les procès-verbaux ont été adressés à ce magistrat en application de l'article 19.

II. — Dans un délai d'un mois à compter de la réception de la demande, ou, dans le cas prévu par le 2e alinéa du I du présent article, de la réception des documents complémentaires sollicités, le procureur de la République fait connaître à la personne, par une décision écrite qui est versée au dossier conformément au dernier alinéa du I du présent article et qui lui est notifiée par tout moyen :

1° Soit qu'il accepte de communiquer le dossier, afin de permettre le dépôt ultérieur d'observations pouvant consister en des demandes d'actes ;

2° Soit que les conditions prévues au 1°, 2° ou 3° du II de l'article 77-2 ne sont pas réunies, et qu'il refuse cette communication ;

3° Soit que les conditions prévues au 1°, 2° ou 3° du II de l'article 77-2 ne sont pas réunies, mais qu'il accepte cette communication en application du I de cet article ;

4° Soit qu'il estime que la communication demandée risque de porter atteinte à l'efficacité des investigations, et qu'il diffère en conséquence celle-ci pour une durée qu'il précise et qui ne peut être supérieure à six mois à compter de la réception de la demande ou, si l'enquête porte sur des crimes ou délits mentionnés aux articles 706-73 ou 706-73-1 ou relevant de la compétence du procureur de la République antiterroriste, qui ne peut être supérieure à un an à compter de cette date.

Dans les cas prévus aux 1° et 3°, le procureur de la République peut indiquer à la personne que ne seront pas mises à sa disposition certaines pièces de la procédure en raison des risques de pression sur les victimes, les autres personnes mises en cause, leurs avocats, les témoins, les enquêteurs, les experts ou toute autre personne concourant à la procédure.

Dans les cas prévus aux 2° à 4° et à l'alinéa précédent, la décision du procureur est motivée, sans que cette motivation ne fasse apparaître des éléments de nature à porter atteinte à l'efficacité des investigations. En particulier, dans le cas mentionné à l'alinéa précédent, la liste et la nature des pièces non communiquées ne sont pas portées à la connaissance de la personne. La décision du procureur mentionne qu'elle peut faire l'objet d'un recours devant le procureur général. La décision de ce dernier, rendue dans le mois de sa saisine, est versée au dossier conformément au dernier alinéa du I du présent article.

III. — La mise à disposition du dossier se fait par tout moyen. Elle peut consister en la consultation des pièces de celui-ci dans les locaux du tribunal judiciaire ou en la remise d'une copie de la procédure. Les dispositions de l'article D. 593-2 sont alors applicables.

La personne dispose d'un délai d'un mois à compter de la mise à disposition du dossier pour formuler ses observations par lettre recommandée avec demande d'avis de réception ou par déclaration au greffe contre récépissé. Les observations formulées par l'avocat peuvent être adressées par un moyen de télécommunication sécurisé conformément aux dispositions de l'article D. 591. Pendant ce délai d'un mois le procureur de la République ne peut, conformément au septième alinéa du II de l'article 77-2, prendre aucune décision de poursuites hors l'ouverture d'une information, l'application de l'article 393 ou le recours à la procédure de comparution sur reconnaissance préalable de culpabilité prévue aux articles 495-7 à 495-13.

IV. — Les observations formulées en application de l'article 77-2 ainsi que l'information adressée en retour par le procureur de la République sur les suites qui y ont été réservées sont versées au dossier conformément au dernier alinéa du I du présent article. Lorsque ces observations consistent en une demande d'acte, le procureur de la République informe la personne des suites qu'il entend y apporter dans un délai d'un mois à compter de la réception des observations. S'il refuse de procéder à un acte demandé, il rend une décision motivée indiquant qu'elle peut être contestée devant le procureur général, et qui est versée au dossier dans les mêmes conditions. A défaut de réponse du procureur dans le délai d'un mois, qui vaut refus de procéder aux actes

demandés, la personne peut également contester ce refus devant le procureur général. Le procureur général statue dans le délai d'un mois à compter de sa saisine, par une décision motivée versée au dossier conformément au dernier alinéa du I du présent article.

V. — Les saisines du procureur général prévues par l'article 77-2 se font par lettre recommandée avec demande d'avis de réception ou par déclaration au greffe contre récépissé ou, lorsqu'elles émanent d'un avocat, par un moyen de télécommunication sécurisé conformément aux dispositions de l'article D. 591. Lorsque la personne saisit le procureur général en raison du défaut de réponse du procureur de la République dans le délai d'un mois, elle en informe dans le même temps, par les mêmes moyens, le procureur de la République. Cette saisine est caduque si le procureur de la République fait ensuite droit à la demande de communication du dossier ou à la demande d'actes.

VI. — Lorsque l'enquête concerne plusieurs personnes suspectées et que le procureur de la République accède à la demande d'accès à la procédure présentée par l'une d'entre elles, il n'est pas tenu d'accorder les mêmes droits aux autres personnes suspectées, sans préjudice de sa possibilité de le faire s'il l'estime possible et opportun, en application du I de l'article 77-2.

Conformément aux dispositions du I de l'art. 59 de la L. n° 2021-1729 du 22 déc. 2021, les dispositions du C. pr. pén. résultant de l'art. 3 du Décr. n° 2022-546 du 13 avr. 2022 sont applicables aux enquêtes commencées à compter du 24 déc. 2021 (Décr. préc., art. 3-III).

CHAPITRE II DES CONTRÔLES D'IDENTITÉ

(Décr. n° 2016-1455 du 28 oct. 2016, art. 5)

Néant.

TITRE TROISIÈME DES JURIDICTIONS D'INSTRUCTION

CHAPITRE PREMIER DU JUGE D'INSTRUCTION : JURIDICTION D'INSTRUCTION DU PREMIER DEGRÉ

SECTION PREMIÈRE DISPOSITIONS GÉNÉRALES

§ 1er COPIE DU DOSSIER D'INSTRUCTION *(Décr. n° 2007-1620 du 15 nov. 2007).*

Art. D. 15-7 *(Décr. n° 2019-507 du 24 mai 2019, art. 4)* **La copie des actes du dossier d'instruction prévue par l'article 81 peut être réalisée sous format numérique. Elle est conservée dans des conditions garantissant qu'elle n'est accessible qu'aux personnes autorisées à la consulter.**

La cotation des pièces du dossier prévue à l'article 81 peut résulter d'un procédé automatisé, sous le contrôle d'un ou plusieurs agents de greffe, n'entraînant aucune altération de la pièce cotée.

BIBL. ▶ RODRIGUEZ, *Procédures 2014. Dossier 6* (la communication par voie électronique en matière pénale).

Art. D. 15-8 *(Décr. n° 2019-507 du 24 mai 2019, art. 4)* **Les copies sous format numérique remises aux avocats en application des dispositions de l'article 114 peuvent être adressées par voie électronique.**

Si la taille du document ne permet pas un tel envoi, celui-ci est remis sur un support numérique conformément aux dispositions de l'article R. 165.

§ 2 *à* 4

Néant.

§ 5 EXAMENS MÉDICAL ET MÉDICO-PSYCHOLOGIQUE *(Décr. n° 83-1164 du 23 déc. 1983).*

[Dispositions prises pour l'application de l'art. 81, al. 5 et 6, C. pr. pén.]

Art. D. 16 L'enquête sur la personnalité des *(Décr. n° 2006-385 du 30 mars 2006, art. 22)* « personnes mises en examen » ainsi que sur leur situation matérielle, familiale ou sociale prévue à *(Décr. n° 60-898 du 24 août 1960)* « l'article 81, alinéa 6 » du code de procédure pénale et les examens, notamment médical et médico-psychologique, *(Décr. n° 60-898 du 24 août 1960)* « mentionnés à l'alinéa 7 dudit article », constituent le dossier de personnalité *(Décr. n° 2007-699 du 3 mai 2007)* « de la personne mise en examen ».

Ce dossier a pour objet de fournir à l'autorité judiciaire, sous une forme objective et sans en tirer de conclusion touchant à l'affaire en cours, des éléments d'appréciation sur le mode de vie passé et présent de *(Décr. n° 2006-385 du 30 mars 2006, art. 22)* « la personne mise en examen ».

Il ne saurait avoir pour but la recherche des preuves de la culpabilité.

Si l'enquêteur désigné par le juge d'instruction pour faire son rapport sur la personnalité et la situation matérielle, familiale ou sociale de la personne mise en examen peut, à cette fin, s'entretenir avec celle-ci, hors la présence de son avocat et sans que ce dernier ait été appelé, il ne peut lors de cet entretien recueillir aucune déclaration de l'intéressé sur les faits qui lui sont reprochés. • Crim. 12 avr. 2016, n° 15-86.298 P : *D. actu. 3 mai 2016, obs. Benelli-de Bénazé ; Dr. pénal 2016, n° 100, note Maron et Haas ; Procédures 2016, n° 2011, note Chavent-Leclère.*

Art. D. 17 Lorsqu'elles ont à apprécier l'opportunité de requérir ou d'ordonner les enquêtes et examens visés à l'article D. 16, les autorités judiciaires tiennent le plus grand compte notamment :

1° Du fait que *(Décr. n° 2006-385 du 30 mars 2006, art. 22)* « la personne mise en examen est âgée » de moins de vingt-cinq ans ;

2° *(Décr. n° 72-852 du 12 sept. 1972)* « De sa qualité de récidiviste » ;

3° De la nature du délit (coups et blessures volontaires, délits sexuels, incendie volontaire) ;

4° De la possibilité de prononcer la déchéance de l'autorité parentale, en application des articles 1er et 2 de la loi du 24 juillet 1889 *[remplacés par art. 378 et 378-1 C. civ.]* ;

5° *(Décr. n° 72-852 du 12 sept. 1972)* « De l'éventualité d'une décision de sursis *(Décr. n° 2020-81 du 3 févr. 2020, art. 3, en vigueur le 24 mars 2020)* « probatoire » ou d'admission au régime de semi-liberté conformément aux dispositions de l'article 723-1. »

Art. D. 18 Le juge d'instruction qui ordonne les enquêtes et examens visés à l'article D. 16, fixe le délai dans lequel les rapports doivent lui être adressés.

En cas de retards injustifiés, la personne désignée peut être remplacée et il en est donné avis aux fins de droit au procureur général et au président de la chambre de l'instruction.

Art. D. 19 Dans le cas où il apparaît nécessaire de soumettre à une expertise psychiatrique *(Décr. n° 2006-385 du 30 mars 2006, art. 22)* « une personne mise en examen » qui a fait l'objet d'une enquête ou d'un examen mentionnés à l'article D. 16, le dossier de personnalité peut être communiqué, en tout ou partie, à l'expert.

Art. D. 20 à D. 22 *Abrogés par Décr. n° 83-1164 du 23 déc. 1983.*

Art. D. 23 L'examen médical et l'examen médico-psychologique prévus par l'article 81, alinéa 6, du code de procédure pénale constituent des mesures soumises aux règles de l'expertise organisée par les articles 156 à 169 dudit code.

Art. D. 24 Les médecins chargés de ces examens sont, en principe, choisis sur les listes d'experts établies en application de l'article 157 et des articles R. 26 à R. 40 du code de procédure pénale.

Le juge d'instruction peut également, par décision motivée, choisir des médecins particulièrement qualifiés, ne figurant pas sur ces listes.

Art. D. 25 Lorsque le médecin chargé de l'examen médical ou médico-psychologique se fait assister d'autres personnes, leur nom et leur qualité doivent être mentionnés dans le rapport d'examen.

Art. D. 26 Le juge d'instruction peut désigner, pour procéder aux examens qu'il estime utiles, des techniciens de qualifications différentes et notamment un psychologue et un observateur.

Il peut prescrire que ces derniers exécuteront leur mission en liaison avec le médecin chargé de l'examen médical ou médico-psychologique.

Il résulte des art. 81 et D. 23 à D. 26 que le soin de procéder à un examen médico-psychologique ne peut être confié qu'à un médecin, lequel est seul en droit de prétendre aux honoraires prévus par l'art. R. 117, 8°. • Crim. 19 nov. 1991, n° 91-80.229 P : *RSC 1992. 345, obs. Braunschweig*.

§ 6 DÉSIGNATION DU JUGE D'INSTRUCTION

Art. D. 27 **Le juge d'instruction chargé d'une information nouvelle ou appelé à remplacer son collègue en cas d'empêchement ou de changement de poste, est désigné dans les conditions prévues ci-après.**

Art. D. 28 *(Décr. n° 60-898 du 24 août 1960)* **Le président du tribunal, saisi du réquisitoire introductif et des pièces jointes s'il s'agit d'une information nouvelle, transmet le dossier assorti de sa décision au juge d'instruction désigné.**

La méconnaissance éventuelle des dispositions réglementaires de l'art. D. 28 ne saurait entraîner une nullité de procédure. • Crim., Ord., prés., 18 sept. 1996, n° 96-82.696 P.

Art. D. 29 **Le président peut désigner, pour le remplacer dans l'exercice des fonctions prévues à l'article D. 28, l'un des vice-présidents ou des juges du tribunal.**

A défaut de désignation, il est remplacé, en cas d'absence, par le vice-président ou le juge du rang le plus élevé, présent au tribunal.

Art. D. 30 **Le président du tribunal peut établir un tableau de roulement désignant les juges d'instruction provisoirement chargés des informations qui viendraient à se présenter la nuit, les dimanches et jours fériés.**

(Décr. n° 60-898 du 24 août 1960) **« La désignation définitive du juge d'instruction intervient dans les vingt-quatre heures. »**

Art. D. 31 **Les dispositions du présent paragraphe ne sont pas applicables :**

1° Lorsqu'il n'existe qu'un juge d'instruction ;

2° Lorsqu'il s'agit d'une information comportant *(Décr. n° 2006-385 du 30 mars 2006, art. 22)* **« une personne mise en examen mineure » de dix-huit ans et qu'il n'existe qu'un juge d'instruction chargé spécialement des affaires concernant les mineurs** *(Abrogé par Décr. n° 2021-683 du 27 mai 2021, art. 2, à compter du 30 sept. 2021)* ***« désignés conformément à l'article 4, pénultième alinéa, de l'ordonnance du 2 février 1945, modifiée, relative à l'enfance délinquante »*** **;**

3° Lorsque le juge d'instruction présent sur les lieux d'un crime ou délit flagrant est saisi en vertu de l'article 72 *(Abrogé par Décr. n° 2006-385 du 30 mars 2006, art. 22)* ***« , dernier alinéa, »*** **du code de procédure pénale.**

Art. D. 31-1 *(Décr. n° 2008-54 du 16 janv. 2008, en vigueur le 1er mars 2008)* **Pour l'application des dispositions du troisième alinéa de l'article 83-1, lorsque l'information a été ouverte dans un tribunal où il n'y a pas de pôle de l'instruction, le juge d'instruction qui demande que cette procédure fasse l'objet d'une cosaisine ou, après *réquisition du ministère public* ou requête des parties, donne son accord à une telle cosaisine, rend une ordonnance de dessaisissement au profit du pôle de l'instruction aux fins de cosaisine. Il adresse alors copie de son dossier, par l'intermédiaire du président de sa juridiction, au président du tribunal judiciaire où se trouve le pôle.**

Dans le délai d'un mois à compter de la réception du dossier, le président du tribunal judiciaire où se trouve le pôle désigne le juge d'instruction chargé de l'information ainsi que le ou les juges d'instruction cosaisis. Copie de cette décision est immédiatement adressée, par tout moyen, au juge d'instruction du tribunal dans lequel il n'y a pas de pôle, qui est alors dessaisi du dossier, et qui adresse l'original de celui-ci aux juges d'instruction cosaisis.

Si le président du tribunal n'ordonne pas la cosaisine, copie du dossier est retournée au juge d'instruction, et il est fait application, le cas échéant, des dispositions du quatrième alinéa de l'article 83-1.

V. ndlr ss. art. D. 31-3.

Art. D. 31-2 *(Décr. n° 2008-54 du 16 janv. 2008, en vigueur le 1er mars 2008)* Lorsque le juge d'instruction se dessaisit en application du dernier alinéa de l'article 118, il en informe immédiatement le président du tribunal judiciaire dans lequel se trouve le pôle de l'instruction, qui désigne le ou les juges du pôle qui seront chargés de poursuivre l'information. Ce dessaisissement ne prend effet qu'à compter de la désignation de ces juges. Les procureurs de la République des deux tribunaux judiciaires sont également informés de ce dessaisissement.

SECTION II DE LA CONSTITUTION DE PARTIE CIVILE ET DE SES EFFETS

[Dispositions prises pour l'application de l'art. 91 C. pr. pén.]

Art. D. 31-3 *(Décr. n° 2007-1620 du 15 nov. 2007)* Lorsque la plainte avec constitution de partie civile est déposée par un avocat, elle peut être adressée au juge d'instruction par un moyen de communication électronique selon les modalités prévues par l'article D. 591, dès lors que les dispositions de cet article sont applicables à la suite du protocole passé par les chefs de la juridiction et le barreau.

Conformément aux dispositions du deuxième alinéa de l'article 85, la personne qui se prétend lésée par un délit, autre que ceux prévus par la loi du 29 juillet 1881 sur la liberté de la presse ou par les articles L. 86, L. 87, L. 91 à L. 100, L. 102 à L. 104, L. 106 à L. 108 et L. 113 du code électoral, doit, à peine d'irrecevabilité, joindre à sa plainte avec constitution de partie civile :

— soit la copie de la plainte simple déposée devant le procureur de la République ou un service de police judiciaire, accompagnée de la copie de l'avis de classement sans suite adressé en retour par ce procureur ;

— soit la copie de cette plainte (adressée au parquet ou au service de police judiciaire) avec une copie du récépissé de remise de cette plainte au procureur de la République ou d'un envoi en recommandé avec demande d'avis de réception à ce magistrat, à condition que ce récépissé ou que la date de l'avis de réception de l'envoi en recommandé date d'au moins trois mois.

Lorsque la plainte avec constitution de partie civile est adressée au juge d'instruction par un moyen de communication électronique, les documents prévus par les deux alinéas précédents sont joints sous forme de fichiers numérisés.

Lorsque ces documents ne sont pas joints, le juge d'instruction constate par ordonnance l'irrecevabilité de la plainte avec constitution de partie civile. Cette ordonnance est notifiée à la personne par lettre recommandée ou à son avocat selon les modalités prévues par l'article 803-1.

Dans le cas contraire, le juge communique la plainte au procureur de la République conformément aux dispositions de l'article 86 après avoir, sauf si la personne a obtenu l'aide juridictionnelle ou a été dispensée de consignation, fixé le montant de la consignation et constaté le versement de celle-ci dans le délai prescrit.

La personne peut former appel de l'ordonnance d'irrecevabilité prévue par le présent article, conformément aux dispositions du deuxième alinéa de l'article 186, sans préjudice de sa possibilité de régulariser sa plainte en remettant les documents exigés ci-dessus ou de déposer ultérieurement une nouvelle plainte avec constitution de partie civile après avoir rempli les conditions prévues par l'article 85.

Cet art. portait le même numéro que l'art. D. 31-1 créé par le Décr. n° 2008-54 du 16 janv. 2008 et inséré à la section Ire du présent chapitre ; il devient l'art. D. 31-3 (Décr. n° 2022-546 du 13 avr. 2022, art. 2).

Art. D. 31-4 *(Décr. n° 2022-546 du 13 avr. 2022, art. 2)* Lorsqu'elle porte sur un crime, la plainte avec constitution de partie civile ne peut être déposée que devant un juge d'instruction du tribunal judiciaire au sein duquel existe un pôle de l'instruction.

Toutefois, lorsqu'une plainte avec constitution de partie civile déposée devant le juge d'instruction du tribunal judiciaire au sein duquel il n'existe pas de pôle de l'instruction porte sur un crime puni de quinze ans ou de vingt ans de réclusion et qui n'est pas commis en état de récidive légale, le procureur de la République peut, dans ses réquisitions prises en application de l'article 86 et conformément au cinquième alinéa de l'article 52-1, requérir la saisine de ce juge d'instruction lorsqu'il considère qu'il résulte des circonstances de l'espèce et de son absence de complexité que le recours à la cosaisine, même en cours d'instruction, paraît peu probable.

Art. D. 32 Quand, après une information ouverte sur constitution de partie civile, une décision de non-lieu a été rendue, *(Décr. nº 2006-385 du 30 mars 2006, art. 22)* « la personne mise en examen » et toute personne visée dans la plainte peut se faire délivrer par le procureur de la République, une expédition de la plainte et de la décision de non-lieu en vue de l'application éventuelle des dispositions de l'article 91 du code de procédure pénale.

SECTION II *BIS* DE LA PREMIÈRE COMPARUTION

(Décr. nº 2016-1455 du 28 oct. 2016, art. 6 et 18, en vigueur le 15 nov. 2016)

Art. D. 32-1 Le procès-verbal établi en application de l'article 116 indique que la personne a été avisée de son droit de demander l'assistance d'un avocat dès son interrogatoire de première comparution ou à tout moment au cours du déroulement de l'information. Il indique qu'elle a été informée que les frais resteront à sa charge, sauf si elle remplit les conditions d'obtention de l'aide juridictionnelle.

Art. D. 32-1-1 *(Décr. nº 2000-1213 du 13 déc. 2000)* Le juge d'instruction qui saisit le juge des libertés et de la détention en application des dispositions du quatrième alinéa de l'article 137-1 aux fins de placement en détention provisoire de la personne mise en examen remplit une notice individuelle comportant des renseignements relatifs aux faits ayant motivé la poursuite de la personne, à ses antécédents judiciaires et à sa personnalité, qui est destinée, en cas de placement en détention, au chef de l'établissement pénitentiaire.

S'il ordonne le placement de la personne en détention provisoire, le juge des libertés et de la détention transmet au chef d'établissement, outre le titre de détention qu'il délivre, cette notice individuelle revêtue de son visa, après l'avoir complétée s'il l'estime nécessaire.

Les documents mentionnés à l'alinéa précédent peuvent être, le cas échéant, transmis au chef d'établissement par le juge d'instruction si le dossier de la procédure est retourné à ce magistrat avant la mise à exécution du titre de détention.

(Décr. nº 2004-837 du 20 août 2004, art. 21) « Lorsque le juge des libertés et de la détention ordonne le placement en détention après avoir été directement saisi par le procureur de la République en application des dispositions du deuxième alinéa de l'article 137-4, il remplit lui-même la notice individuelle prévue au premier alinéa du présent article. »

L'art. D. 32-1 est devenu D. 32-1-1 (Décr. nº 2016-1455 du 28 oct. 2016, art. 6).

SECTION II *TER* DU PERMIS DE COMMUNIQUER

(Décr. nº 2022-95 du 31 janv. 2022, art. 1er)

Art. D. 32-1-2 La demande de permis de communiquer adressée au juge d'instruction par l'avocat désigné par la personne mise en examen détenue en application de l'article 115, y compris en application du dernier alinéa de cet article, ou par l'avocat commis d'office à sa demande en application de l'article 116, peut indiquer les noms des associés et collaborateurs pour lesquels la délivrance du permis est également sollicitée. Le permis de communiquer est alors établi au nom de ces différents avocats, y compris ceux qui n'ont pas été désignés par la personne mise en examen ou qui n'ont pas été commis d'office.

L'avocat désigné ou commis d'office peut, en cours de procédure, demander un permis de communiquer actualisé en modifiant la liste des associés et collaborateurs concernés.

Le permis de communiquer initial ou actualisé est mis à la disposition de l'avocat désigné ou commis d'office ou lui est adressé par tout moyen dans les meilleurs délais, sous réserve des nécessités du bon fonctionnement du cabinet d'instruction. Lorsque l'avocat est convoqué pour un interrogatoire ou un débat contradictoire, le permis est mis à sa disposition ou lui est envoyé au plus tard le premier jour ouvrable suivant la réception de la demande par le greffe du juge d'instruction.

SECTION III DES INTERCEPTIONS DE CORRESPONDANCES ÉMISES PAR LA VOIE DE TÉLÉCOMMUNICATION

(*Décr. n° 2017-511 du 7 avr. 2017, art. 3, en vigueur le 22 mai 2017*)

Art. D. 32-2 La notification prévue par l'article 100-8 est faite en utilisant le formulaire figurant à l'annexe C de la directive 2014/41/UE du 3 avril 2014 concernant la décision d'enquête européenne en matière pénale.

Art. D. 32-2-1 Les notifications émanant de l'autorité compétente d'un État membre de l'Union européenne indiquant qu'une interception de correspondances émises par la voie des communications électroniques réalisée ou devant être réalisée par cet État concerne une adresse de communication utilisée sur le territoire national et une personne qui se trouve sur ce territoire sont adressées au directeur des affaires criminelles et des grâces du ministère de la justice.

Dans le cas où une telle interception n'aurait pas pu être autorisée, dans le cadre d'une procédure nationale similaire, en application des dispositions du présent code, le directeur des affaires criminelles et des grâces peut, dans les 96 heures suivant la réception de la notification, demander soit que l'interception ne soit pas effectuée ou qu'elle soit interrompue, soit que les données interceptées alors que la personne se trouvait sur le territoire national ne soient pas utilisées ou ne soient utilisées que dans les conditions qu'il spécifie et pour les motifs qu'il précise.

SECTION IV

(*Décr. n° 2007-1627 du 16 nov. 2007*)

Néant.

SECTION V DES INTERROGATOIRES, CONFRONTATIONS ET RECONSTITUTIONS (*Décr. n° 2022-656 du 25 avr. 2022, art. 3*).

(*Décr. n° 2017-511 du 7 avr. 2017, art. 2, en vigueur le 22 mai 2017*)

Art. D. 32-2-2 (*Décr. n° 2007-699 du 3 mai 2007*) Pour l'application des dispositions de l'article 116-1 relatif à l'enregistrement audiovisuel des interrogatoires des personnes mises en examen en matière criminelle, il est établi un enregistrement original placé sous scellé fermé.

Une copie de cet enregistrement est versée au dossier. Cette copie peut être commune à l'ensemble des enregistrements effectués au cours de l'instruction.

Sur instruction du procureur de la République (*Décr. n° 2016-1202 du 7 sept. 2016, art. 6*) « ou du procureur général », les enregistrements sont détruits par le greffe de la juridiction dans le délai prévu par le quatrième alinéa de l'article 116-1.

Les modalités techniques de l'enregistrement audiovisuel sont déterminées par arrêté du ministre de la justice.

L'art. D. 32-2 est devenu D. 32-2-2 en application du Décr. n° 2017-511 du 7 avr. 2017 relatif à la décision d'enquête européenne en matière pénale (Décr. préc., art. 2, en vigueur le 22 mai 2017).

Art. D. 32-2-3 (*Décr. n° 2022-546 du 13 avr. 2022, art. 2*) En application du dernier alinéa de l'article 118 et conformément aux dispositions du cinquième alinéa de l'article 52-1, le juge d'instruction de la juridiction dépourvue de pôle de l'instruction qui constate que les faits reprochés à la personne mise en examen sous une qualification correctionnelle constituent en réalité un crime :

1° Se dessaisit d'office ou sur réquisition du procureur de la République au profit d'un juge du pôle de l'instruction s'il s'agit d'un crime puni de trente ans de réclusion ou de la réclusion criminelle à perpétuité, ou d'un crime commis en état de récidive légale ;

2° Se dessaisit au profit d'un juge du pôle de l'instruction sur réquisition du procureur de la République lorsque qu'il s'agit d'un crime puni de quinze ans ou de vingt ans de réclusion, commis en l'absence de récidive légale et que le procureur de la République considère qu'il résulte des circonstances de l'espèce et de sa complexité que le recours à la cosaisine en cours d'instruction ne paraît pas improbable.

Art. D. 32-2-4 *(Décr. n° 2022-656 du 25 avr. 2022, art. 3)* **Lorsqu'un crime prévu par les articles 221-1 à 221-4 et 222-1 à 222-10 du code pénal a été commis, sur le territoire national, dans des locaux privés d'habitation, le juge d'instruction peut décider, au titre des frais mentionnés au 6° de l'article R. 92, de requérir une entreprise pour procéder à des travaux techniques de nettoyage des lieux dès lors qu'il n'est plus nécessaire de laisser ceux-ci en l'état pour les besoins de la procédure en cours, notamment après qu'il a été procédé à une reconstitution.**

SECTION VI

Néant.

SECTION VII DU CONTRÔLE JUDICIAIRE, DE L'ASSIGNATION À RÉSIDENCE AVEC SURVEILLANCE ÉLECTRONIQUE ET DE LA DÉTENTION PROVISOIRE

(Décr. n° 2010-355 du 1er avr. 2010).

SOUS-SECTION 1 DU CONTRÔLE JUDICIAIRE

(Décr. n° 2010-355 du 1er avr. 2010)

Néant.

SOUS-SECTION 2 DE L'ASSIGNATION À RÉSIDENCE AVEC SURVEILLANCE ÉLECTRONIQUE

(Décr. n° 2010-355 du 1er avr. 2010)

V. Circ. CRIM-45-10-9/E8 du 18 mai 2010, BOMJ n° 2010-03.

Art. D. 32-3 **Les modalités d'application des dispositions des articles 142-5 à 142-13 relatifs à l'assignation à résidence avec surveillance électronique sont précisées par les dispositions de la présente sous-section.**

Les dispositions de l'ancien art. D. 32-3 sont reprises en substance dans celles du nouvel art. D. 32-31 introduit par le Décr. n° 2010-355 du 1er avr. 2010.

§ 1er MESURES PRÉALABLES AU PLACEMENT SOUS ASSIGNATION À RÉSIDENCE AVEC SURVEILLANCE ÉLECTRONIQUE

Art. D. 32-4 **Lorsqu'il est saisi d'une demande de placement sous assignation à résidence avec surveillance électronique ou lorsqu'il envisage de prononcer une telle mesure, le juge d'instruction ou le juge des libertés et de la détention** *(Décr. n° 2019-508 du 24 mai 2019, art. 2 et 9, en vigueur le 1er juin 2019)* **« ou, en cas d'appel, le président de la chambre de l'instruction » peut charger le service pénitentiaire d'insertion et de probation :**

1° De s'assurer de la disponibilité du dispositif technique décrit à l'article R. 57-11 ou R. 61-22 ainsi que de la faisabilité technique du projet ;

2° De vérifier la situation familiale, matérielle et sociale de la personne mise en examen, notamment aux fins de déterminer les horaires et les lieux d'assignation.

(Décr. n° 2022-546 du 13 avr. 2022, art. 4) **« La saisine aux fins des vérifications mentionnées au 1° ci-dessus est obligatoire dans les cas prévus par les 1° à 3° de l'article 142-6 ; toutefois, dans les cas prévus par les 1° et 2° de cet article, le juge d'instruction peut prendre une décision spécialement motivée disant ne pas procéder à cette saisine. »** *(Décr. n° 2019-508 du 24 mai 2019, art. 2 et 9, en vigueur le 1er juin 2019)* **« Cette décision, qui ne peut faire l'objet d'un recours, peut figurer dans l'ordonnance du juge saisissant le juge des libertés et de la détention aux fins de prolongation de la détention provisoire.**

« Dans le cas prévu par le dernier alinéa de l'article 142-6, cette saisine est faite par le président de la chambre de l'instruction. »

Art. D. 32-5 **Lorsque le lieu d'assignation devant être désigné n'est pas le domicile de la personne mise en examen, l'accord écrit émanant soit du propriétaire, soit du ou des titulaires du contrat de location des lieux où pourra être installé le récepteur, est recueilli par le service pénitentiaire d'insertion et de probation.**

Ce recueil n'est toutefois pas nécessaire si cet accord figure déjà au dossier de la procédure.

Art. D. 32-6 Lorsqu'il envisage de prononcer une telle mesure, le juge d'instruction ou le juge des libertés et de la détention informe la personne mise en examen qu'elle peut demander à tout moment qu'un médecin vérifie que la mise en œuvre du procédé décrit à l'article R. 57-11 ou à l'article R. 61-22 ne présente pas d'inconvénient pour sa santé.

§ 2 *[ABROGÉ]* ACCORD DE LA PERSONNE MISE EN EXAMEN

(Abrogé par Décr. n° 2019-508 du 24 mai 2019, art. 2 et 9, à compter du 1er juin 2019)

Art. D. 32-7 *Lorsqu'il envisage de prononcer une assignation à résidence avec surveillance électronique, le juge d'instruction ou le juge des libertés et de la détention, après avoir procédé le cas échéant aux formalités préalables prévues par les articles qui précèdent, recueille l'accord de la personne mise en examen :*

1° Soit à l'issue de l'interrogatoire de première comparution ou à l'issue du débat contradictoire sur la détention provisoire ;

2° Soit dans le cadre d'un interrogatoire réalisé conformément aux dispositions de l'article 121, l'avocat étant dans ce cas convoqué dans les délais prévus à l'article 114.

Au cours du débat contradictoire à l'issue duquel peut être ordonnée la mesure, le juge entend le procureur de la République qui développe ses réquisitions, puis les observations de la personne mise en examen et, le cas échéant, celles de son avocat.

Si la personne est majeure, ce débat contradictoire a lieu et le juge statue en audience publique. Toutefois, selon les modalités et dans les cas prévus par le sixième alinéa de l'article 145, le juge peut décider que ce débat aura lieu et que la décision sera rendue en audience de cabinet.

Art. D. 32-8 *L'accord de la personne mise en examen à une mesure d'assignation à résidence avec surveillance électronique doit être donné en présence de son avocat, ou celui-ci dûment convoqué.*

Art. D. 32-9 *L'accord de la personne mise en examen peut résulter d'une mention expresse figurant dans une demande de mise en liberté adressée au juge d'instruction, y compris si cette demande est rédigée et signée par l'avocat de la personne.*

§ 3 PLACEMENT SOUS ASSIGNATION À RÉSIDENCE AVEC SURVEILLANCE ÉLECTRONIQUE

Art. D. 32-10 L'ordonnance de placement sous assignation à résidence avec surveillance électronique est motivée conformément aux dispositions de l'article 142-6.

Elle précise le domicile ou la résidence dans laquelle la personne est assignée ainsi que les jours et horaires d'assignation et les motifs pour lesquels la personne est autorisée à s'absenter de ce domicile ou de cette résidence.

Elle précise également, le cas échéant, les autres obligations et interdictions prévues par l'article 138 auxquelles la personne est astreinte.

Art. D. 32-11 *(Décr. n° 2019-508 du 24 mai 2019, art. 2 et 9, en vigueur le 1er juin 2019)* Le juge d'instruction ou le juge des libertés et de la détention qui a prononcé l'assignation à résidence informe la personne mise en examen que :

1° Dans le cas où elle ne respecterait pas les obligations qui lui sont imposées, l'assignation à résidence pourra être révoquée et elle pourra être placée en détention provisoire.

2° La pose du bracelet comportant un émetteur prévu à l'article R. 57-11 ne peut être effectuée sans son consentement, mais que le fait de refuser la pose de ce dispositif constitue une violation de ses obligations pouvant donner lieu à la révocation de son assignation à résidence et à son placement en détention provisoire.

Ces informations font l'objet d'une mention dans le procès-verbal du débat contradictoire prévu par le premier alinéa de l'article 142-6 ou de la présentation de la personne devant le magistrat prévu par cet alinéa.

Art. D. 32-12 Si cela n'a pas déjà été fait, ce magistrat informe également la personne mise en examen qu'elle peut demander à tout moment qu'un médecin vérifie

que la mise en œuvre du procédé décrit à l'article R. 57-11 ne présente pas d'inconvénient pour sa santé.

Art. D. 32-13 **Si l'assignation à résidence avec surveillance électronique est ordonnée à l'occasion d'une mise en liberté, les informations prévues par** *(Décr. nº 2019-508 du 24 mai 2019, art. 2 et 9, en vigueur le 1er juin 2019)* **« les articles D. 32-11 et D. 32-12 » figurent dans l'ordonnance.**

(Décr. nº 2019-508 du 24 mai 2019, art. 2 et 9, en vigueur le 1er juin 2019) **« Le juge d'instruction ou le juge des libertés et de la détention peut décider que son ordonnance est prise sous condition suspensive d'installation du dispositif prévu à l'article 723-8 et que la mise en liberté de la personne est subordonnée à la pose du bracelet comportant un émetteur prévu à l'article R. 57-11. Dans ce cas, l'ordonnance indique que cette pose ne peut être effectuée sans le consentement de la personne, mais que si celle-ci la refuse, l'ordonnance sera caduque. »**

Art. D. 32-14 **La personne placée sous assignation à résidence avec surveillance électronique est inscrite dans un registre nominatif spécial tenu par l'administration pénitentiaire.**

Le personnel de l'administration pénitentiaire assure la pose et la dépose du dispositif de surveillance électronique que doit porter la personne assignée.

La pose du dispositif de surveillance électronique est effectuée, dans un délai de cinq jours au plus tard à compter de l'ordonnance de placement sous assignation à résidence avec surveillance électronique.

En cas de placement sous assignation à résidence avec surveillance électronique mobile ordonné à l'occasion d'une mise en liberté, le dispositif est installé sur la personne avant sa libération.

(Décr. nº 2019-508 du 24 mai 2019, art. 2 et 9, en vigueur le 1er juin 2019) **« Il en est de même en cas de mise en liberté assortie du placement sous assignation à résidence avec surveillance électronique lorsque le magistrat a subordonné la mise en liberté à la pose de ce dispositif. »**

Le contrôle et le suivi de la mesure sont assurés par le service pénitentiaire d'insertion et de probation, les dispositions de l'article R. 57-22 étant applicables.

Le registre nominatif spécial tenu par l'administration pénitentiaire des personnes placées sous assignation à résidence avec surveillance électronique prévu par l'art. D. 32-14 C. pr. pén. reprend le registre prévu par l'art. R. 57-35 du code relatif aux personnes mises en examen placées sous surveillance électronique (Décr. nº 2010-355 du 1er avr. 2010, art. 3).

Art. D. 32-15 **En cas de placement sous assignation à résidence avec surveillance électronique mobile, la personne fait l'objet du traitement automatisé prévu par les articles 763-12 et R. 61-12 à R. 61-20.**

Les articles R. 61-21 à R. 61-31-1-1 sont applicables, le juge d'instruction exerçant les attributions du juge de l'application des peines.

§ 4 MODIFICATION OU MAINLEVÉE DE L'ASSIGNATION À RÉSIDENCE AVEC SURVEILLANCE ÉLECTRONIQUE

Art. D. 32-16 **Conformément aux dispositions des articles 139 et 142-8, le juge d'instruction peut, à tout moment de l'information :**

1° Imposer à la personne placée sous assignation à résidence avec surveillance électronique une ou plusieurs obligations nouvelles ;

2° Supprimer tout ou partie des obligations qui ont été imposées ;

3° Modifier une ou plusieurs de ces obligations ;

4° Accorder une dispense occasionnelle ou temporaire d'observer certaines d'entre elles.

Cette décision est prise par ordonnance motivée sur réquisitions du procureur de la République ou, après avis de celui-ci, sur demande de la personne mise en examen.

Les décisions ajoutant de nouvelles obligations ne peuvent intervenir qu'après audition de la personne mise en examen.

Les ordonnances du juge d'instruction prises en application du présent article peuvent faire l'objet d'un appel conformément aux dispositions des articles 185 et 186.

Le juge d'instruction peut également, à la demande de la personne, par ordonnance non motivée prise sans avis préalable du procureur de la République, modifier les

horaires de présence au domicile ou dans les lieux d'assignation, dès lors qu'il s'agit de modifications ne touchant pas à l'équilibre de la mesure de contrôle.

Art. D. 32-17 L'accord préalable du juge d'instruction prévu par l'article 142-9 pour que les horaires de présence au domicile ou dans les lieux d'assignation soient modifiés par le chef d'établissement pénitentiaire ou par le directeur du service pénitentiaire d'insertion et de probation, dès lors qu'il s'agit de modifications favorables à la personne mise en examen ne touchant pas à l'équilibre de la mesure de contrôle, est mentionné dans l'ordonnance décidant de l'assignation à résidence.

Si cet accord est donné postérieurement au prononcé de la mesure, il figure dans un document distinct qui est adressé sans délai au chef d'établissement pénitentiaire ou au directeur du service pénitentiaire d'insertion et de probation.

Le juge peut à tout moment de la procédure décider de retirer cet accord. Il doit alors en informer sans délai le chef d'établissement pénitentiaire ou le directeur du service pénitentiaire d'insertion et de probation.

Art. D. 32-18 Copies des décisions du chef d'établissement pénitentiaire ou du directeur du service pénitentiaire d'insertion et de probation modifiant les horaires de présence au domicile ou dans les lieux d'assignation sont adressées sans délai au juge d'instruction.

Ce magistrat peut annuler les modifications accordées par ordonnance non susceptible de recours, sans préjudice de la possibilité pour la personne de former une demande de modification en application de l'article D. 32-16.

Art. D. 32-19 Conformément aux dispositions des articles 140 et 142-8, la mainlevée de l'assignation à résidence avec surveillance électronique peut être ordonnée à tout moment par le juge d'instruction, soit d'office, soit sur les réquisitions du procureur de la République, soit sur la demande de la personne après avis du procureur de la République.

Le juge d'instruction statue sur la demande de la personne dans un délai de cinq jours, par ordonnance motivée susceptible d'appel, conformément aux dispositions des articles 185 et 186.

Faute pour le juge de l'instruction d'avoir statué dans ce délai, la personne peut saisir directement de sa demande la chambre de l'instruction qui, sur les réquisitions écrites et motivées du procureur général, se prononce dans les vingt jours de sa saisine. A défaut, la mainlevée de l'assignation à résidence avec surveillance électronique est acquise de plein droit, sauf si des vérifications concernant la demande de la personne ont été ordonnées.

§ 5 DISPOSITIONS APPLICABLES EN CAS DE NON-RESPECT DE L'ASSIGNATION À RÉSIDENCE AVEC SURVEILLANCE ÉLECTRONIQUE

Art. D. 32-20 Conformément aux dispositions des articles 141-2 et 142-8, si la personne mise en examen se soustrait volontairement aux obligations de l'assignation à résidence avec surveillance électronique, le juge d'instruction peut décerner à son encontre le mandat d'arrêt ou d'amener.

Le juge de l'instruction peut également, dans les conditions prévues au quatrième alinéa de l'article 137-1, saisir le juge des libertés et de la détention aux fins de placement en détention provisoire.

Quelle que soit la peine d'emprisonnement encourue, le juge des libertés et de la détention peut décerner, à l'encontre de cette personne, un mandat de dépôt en vue de sa détention provisoire, sous réserve des dispositions des articles 141-3 et D. 32-21.

(Décr. nº 2010-1277 du 27 oct. 2010, art. 9) « En cas de violation des obligations prévues par les 9º et 17º de l'article 138, les dispositions de l'article 141-4 sont applicables, ainsi que celles du second alinéa de l'article 141-2 et celles du dernier alinéa de l'article 394. »

Art. D. 32-21 Conformément aux dispositions des articles 141-3 et 142-8, lorsque la détention provisoire est ordonnée à la suite d'une révocation de l'assignation à résidence avec surveillance électronique à l'encontre d'une personne antérieurement placée en détention provisoire pour les mêmes faits, la durée cumulée des détentions ne peut excéder de plus de quatre mois la durée maximale de la détention prévue respectivement aux articles 145-1 et 145-2.

Lorsque la peine encourue est inférieure à celle mentionnée à l'article 143-1, la durée totale des détentions ne peut excéder quatre mois.

§ 6 DISPOSITIONS APPLICABLES EN CAS DE NON-LIEU

Art. D. 32-22 Lorsqu'une décision de non-lieu est notifiée à une personne ayant été placée sous assignation à résidence avec surveillance électronique, celle-ci est avisée de son droit à réparation, conformément aux dispositions de l'article 149.

§ 7 DISPOSITIONS APPLICABLES EN CAS DE RENVOI DEVANT LA JURIDICTION DE JUGEMENT

Art. D. 32-23 Conformément aux dispositions de l'article 179, en cas de renvoi devant le tribunal correctionnel de la personne mise en examen, l'assignation à résidence avec surveillance électronique prend fin, sauf décision motivée du juge d'instruction ordonnant le maintien de la mesure.

(Décr. n° 2010-692 du 24 juin 2010, art. 3) « Dans ce cas, la durée totale de l'assignation à résidence, compte tenu de celle exécutée au cours de l'instruction, ne peut excéder » *(Décr. n° 2019-508 du 24 mai 2019, art. 2 et 9, en vigueur le 1er juin 2019)* « une durée de deux ans conformément aux dispositions du deuxième alinéa de l'article 142-7. »

Art. D. 32-24 Conformément aux dispositions de l'article 181, en cas de mise en accusation devant la cour d'assises de la personne mise en examen, l'assignation à résidence avec surveillance électronique continue de produire ses effets.

(Décr. n° 2010-692 du 24 juin 2010, art. 3) « La durée totale de l'assignation à résidence, compte tenu de celle exécutée au cours de l'instruction, ne peut alors excéder » *(Décr. n° 2019-508 du 24 mai 2019, art. 2 et 9, en vigueur le 1er juin 2019)* « une durée de deux ans conformément aux dispositions du deuxième alinéa de l'article 142-7. »

Le juge d'instruction peut également, dans son ordonnance de mise en accusation, ordonner la mainlevée de la mesure.

Art. D. 32-25 Si la personne se soustrait aux obligations de l'assignation à résidence avec surveillance électronique alors qu'elle est renvoyée devant la juridiction de jugement, le procureur de la République peut saisir le juge des libertés et de la détention pour que celui-ci décerne le mandat d'arrêt ou d'amener à son encontre. Ce magistrat est également compétent pour ordonner, conformément aux dispositions de l'article 135-2, le placement en détention provisoire de l'intéressé.

Art. D. 32-25-1 *(Décr. n° 2021-1820 du 24 déc. 2021, art. 3, en vigueur le 1er févr. 2022)* Lorsque la personne renvoyée devant la juridiction de jugement est condamnée à une peine d'emprisonnement ferme assorti d'un mandat de dépôt à effet différé prononcé avec exécution provisoire, les obligations de l'assignation à résidence sous surveillance électronique ou sous surveillance électronique mobile demeurent applicables jusqu'à ce que la personne soit incarcérée, au plus tard avant l'expiration du délai d'appel de dix jours. La dépose du dispositif de surveillance électronique par le personnel de l'administration pénitentiaire intervient alors au moment de l'incarcération.

Si la personne est condamnée, avec exécution provisoire, à la peine de détention à domicile sous surveillance électronique ou à une peine d'emprisonnement ferme aménagée sous la forme d'une détention à domicile sous surveillance électronique, ces obligations demeurent applicables jusqu'à ce que la peine soit effective, au plus tard avant l'expiration du délai d'appel de dix jours.

Les dispositions du présent article sont applicables lorsque la personne renvoyée devant la juridiction fait l'objet d'un dispositif électronique mobile anti-rapprochement prévu aux articles 138-3 du présent code et qu'elle est condamnée, avec exécution provisoire, soit à une peine d'emprisonnement ferme avec mandat de dépôt à effet différé, soit à la peine de détention à domicile sous surveillance électronique ou à une peine d'emprisonnement aménagée par la juridiction ou à un sursis probatoire comportant ce dispositif en application de l'article 132-45-1 du code pénal.

Les dispositions du présent article sont également applicables lorsque ces mesures ont été prononcées en application des articles 394, 396 ou 397-1-1 du présent code.

§ 8 *[ABROGÉ]* DISPOSITIONS APPLICABLES AUX MINEURS

(Abrogé par Décr. n° 2021-683 du 27 mai 2021, art. 2, à compter du 30 sept. 2021)

Art. D. 32-26 *Lorsque l'assignation à résidence avec surveillance électronique concerne un mineur, elle peut être exécutée dans un établissement de placement éducatif du secteur public ou dans un établissement du secteur associatif habilité de la protection judiciaire de la jeunesse, à l'exception des centres éducatifs fermés.*

La décision d'assignation à résidence avec surveillance électronique est alors accompagnée d'une décision de placement au sein de l'établissement.

(Décr. n° 2010-692 du 24 juin 2010) « En cas d'assignation à résidence avec surveillance électronique au domicile des représentants légaux du mineur, le juge d'instruction spécialement chargé des affaires concernant les mineurs, le juge des libertés et de la détention ou le juge des enfants compétent pour ordonner la mesure recueille préalablement l'accord écrit de ces derniers. »

Les vérifications prévues par les articles D. 32-4 et D. 32-5 sont confiées à un service du secteur public de la protection judiciaire de la jeunesse. Lorsque la personne mise en examen, mineure au moment des faits, a atteint l'âge de dix-huit ans, ces vérifications peuvent être confiées au service pénitentiaire d'insertion et de probation.

Le service de la protection judiciaire de la jeunesse compétent est consulté avant toute réquisition ou toute décision de placement sous assignation à résidence avec surveillance électronique dans les conditions prévues par l'article 12 de l'ordonnance n° 45-174 du 2 février 1945 relative à l'enfance délinquante. Son rapport écrit contient une proposition éducative ainsi que tous éléments utiles sur la mise en œuvre du suivi éducatif dans le cadre de la mesure d'assignation à résidence avec surveillance électronique si celle-ci est prononcée.

(Abrogé par Décr. n° 2019-508 du 24 mai 2019, art. 2 et 9, à compter du 1er juin 2019) « L'accord du mineur à la mesure ne peut être reçu qu'en présence de son avocat. »

Art. D. 32-27 *L'ordonnance décidant l'assignation à résidence avec surveillance électronique indique les motifs pour lesquels les obligations du contrôle judiciaire se révèlent insuffisantes.*

Art. D. 32-28 *Pour l'application des dispositions des articles 142-9, D. 32-17 et D. 32-18, le directeur interrégional de la protection judiciaire de la jeunesse peut exercer les attributions du directeur du service pénitentiaire d'insertion et de probation. Dans ce cadre, il peut déléguer sa signature et ses pouvoirs à l'un de ses directeurs territoriaux ou l'un de ses directeurs de service. En leur absence ou en cas d'empêchement, le directeur régional désigne un fonctionnaire des services déconcentrés pour exercer ces missions.*

Les services du secteur public de la protection judiciaire de la jeunesse assurent le contrôle et le suivi de la mesure conformément aux modalités prévues par les dispositions de l'article R. 57-22 ainsi que l'accompagnement éducatif auprès du mineur.

SOUS-SECTION 3 DISPOSITIONS RELATIVES AU CONTRÔLE JUDICIAIRE ET À L'ASSIGNATION À RÉSIDENCE APPLICABLES EN CAS DE VIOLENCES AU SEIN DU COUPLE

(Décr. n° 2010-355 du 1er avr. 2010)

Art. D. 32-29 En cas d'information concernant des infractions commises soit par le conjoint, le concubin ou le partenaire lié à la victime par un pacte civil de solidarité, soit par l'ancien conjoint, l'ancien concubin ou l'ancien partenaire lié à la victime par un pacte civil de solidarité, une ou plusieurs des obligations et interdictions suivantes peuvent être ordonnées dans le cadre du contrôle judiciaire ou de l'assignation à résidence sous surveillance électronique, conformément aux dispositions des 9° et 17° de l'article 138 :

1° S'abstenir de recevoir ou de rencontrer la victime ou d'entrer en relation avec elle, de quelque façon que ce soit ;

2° Résider hors du domicile ou de la résidence de la victime, y compris s'il s'agissait du domicile ou de la résidence du couple ;

3° S'abstenir de paraître dans le domicile ou la résidence de la victime, y compris s'il s'agissait du domicile ou de la résidence du couple ;

4° S'abstenir de paraître aux abords immédiats du domicile ou de la résidence de la victime, y compris s'il s'agissait du domicile ou de la résidence du couple.

Art. D. 32-30 **Lorsque l'une ou plusieurs des obligations et interdictions mentionnées à l'article D. 32-29 ont été prononcées, la victime peut, si elle y consent expressément et pour une durée déterminée, se voir attribuer un dispositif de téléprotection permettant d'alerter les autorités publiques en cas de violation de ces obligations ou interdictions.**

Il peut également être recouru au dispositif prévu par le présent article lorsque l'interdiction faite à l'auteur de l'infraction de rencontrer sa victime résulte d'une alternative aux poursuites, d'une composition pénale, d'un sursis *(Décr. n° 2020-81 du 3 févr. 2020, art. 3, en vigueur le 24 mars 2020)* **« probatoire », d'un aménagement de peine ou d'une libération conditionnelle.**

SOUS-SECTION 4 DE LA DÉTENTION PROVISOIRE

(Décr. n° 2010-355 du 1er avr. 2010)

Art. D. 32-31 **Lorsque, conformément aux dispositions des septième et neuvième alinéas de l'article 145, le juge des libertés et de la détention ordonne l'incarcération provisoire de la personne mise en examen en vue d'un débat différé, soit d'office, soit à la suite d'une demande de délai de l'intéressé ou de son avocat, ce magistrat peut, afin qu'il soit procédé aux vérifications sur la situation de la personne prévues par l'article 81, directement saisir :**

1° Le service pénitentiaire d'insertion et de probation ;

2° Le service compétent de la protection judiciaire de la jeunesse ;

3° Toute association habilitée en application des dispositions du sixième alinéa de l'article 81.

Les dispositions de l'art. D. 32-31, qui laissent au JLD la faculté d'apprécier s'il y a lieu de saisir le service pénitentiaire d'insertion et de probation, en vue de vérifications prévues à l'art. 81, ne lui imposent pas de répondre à une telle demande de la part de l'intéressé ou de son conseil. • Crim. 24 juill. 2019, n° 19-83.359 P.

SECTION VIII DES COMMISSIONS ROGATOIRES

[Dispositions prises pour l'application des art. 151 à 155 C. pr. pén.]

Art. D. 33 **Lorsqu'un juge d'instruction adresse une commission rogatoire à un officier de police judiciaire chef d'un service de police ou d'une unité de gendarmerie, celui-ci peut en faire assurer l'exécution par un officier de police judiciaire placé sous son autorité, à condition que ce dernier agisse dans les limites de sa compétence territoriale.**

L'officier de police judiciaire chargé de l'exécution d'une commission rogatoire par son chef hiérarchique doit, sans préjudice de l'application des dispositions de l'article D. 9, en rendre compte immédiatement au magistrat mandant si celui-ci a prescrit cette diligence.

Art. D. 34 **L'officier de police judiciaire chargé de l'exécution d'une commission rogatoire tient le magistrat commettant informé de son activité.**

Il lui réfère sans délai des difficultés qui viendraient à se présenter et sollicite ses instructions.

Art. D. 35 *(Décr. n° 2019-507 du 24 mai 2019, art. 4)* **Lorsqu'une commission rogatoire prescrit des opérations simultanées sur divers points du territoire, le juge d'instruction peut ordonner sa diffusion par tout moyen aux juges d'instruction ou officiers de police judiciaire chargés de son exécution.**

Art. D. 36 *(Abrogé par Décr. n° 2019-507 du 24 mai 2019, art. 4)* ***S'il y a urgence, la commission rogatoire peut être diffusée par tous moyens, et notamment par la voie télégraphique, conformément à l'article 155, alinéa 2, du code de procédure pénale.***

Le télégramme ou le message doit préciser les mentions essentielles de l'original, et spécialement (Décr. nº 2006-385 du 30 mars 2006, art. 22) « la qualification des faits objet de l'information », le nom et la qualité du magistrat mandant.

Il porte également, le cas échéant, l'indication des autorités qui en ont assuré la transmission ainsi que le numéro d'enregistrement.

Art. D. 36-1 *(Décr. nº 2016-1202 du 7 sept. 2016, art. 7)* **Les dispositions de l'article D. 15-5-1 sont également applicables aux opérations réalisées sur commission rogatoire du juge d'instruction.**

SECTION IX DE L'EXPERTISE

(Décr. nº 2007-699 du 3 mai 2007, art. 5, en vigueur le 1er juill. 2007)

Art. D. 37 **Les dispositions de l'article 161-1 ne sont pas applicables aux expertises médicales dont l'objet est d'apprécier l'importance du dommage subi par la victime.**

Art. D. 38 **Lorsque l'expert désigné par le juge d'instruction appartient à une association visée aux articles 2-1 à 2-21 et que l'information porte sur des faits pour lesquels cette association peut se constituer partie civile, il est tenu de déclarer cette appartenance au juge d'instruction dès réception de l'ordonnance de désignation. Si le juge maintient la désignation de l'expert, la déclaration d'appartenance est mentionnée dans le rapport d'expertise.**

Art. D. 39 *(Décr. nº 2007-1620 du 15 nov. 2007)* **L'envoi aux avocats des rapports d'expertise ou de leurs conclusions, qu'il s'agisse des rapports d'étape, provisoires ou définitifs, prévus par les articles 161-2, 166, 167 et 167-2, peut être réalisé selon les modalités prévues par l'article 803-1.**

Art. D. 40 *(Décr. nº 2007-1620 du 15 nov. 2007)* **Les demandes d'expertises, de modification de la mission d'un expert ou d'adjonction d'un co-expert et les observations concernant les rapports d'expertise prévues par les articles 156, 161-1, 161-2, 167 et 167-2 sont adressées au juge d'instruction selon les modalités prévues par l'avant-dernier alinéa de l'article 81.**

Toutefois, elles peuvent être faites selon les modalités prévues par l'article D. 591 lorsque les dispositions de cet article sont applicables à la suite du protocole passé par les chefs de la juridiction et le barreau.

SECTION X DES NULLITÉS DE L'INFORMATION *(Décr. nº 2007-1620 du 15 nov. 2007).*

Néant.

SECTION XI DES ORDONNANCES DE RÈGLEMENT *(Décr. nº 2007-1620 du 15 nov. 2007).*

Art. D. 40-1 *(Décr. nº 2019-508 du 24 mai 2019, art. 3 et 9, en vigueur le 1er juin 2019)* **L'avis de fin d'information adressé aux parties en application du I de l'article 175 comporte une mention informant celles-ci de leur droit de demander, si elles ne l'ont pas déjà fait, et selon les modalités prévues à l'avant-dernier alinéa de l'article 81, à exercer l'un ou plusieurs des droits prévus aux IV et VI de l'article 175.**

Art. D. 40-1-1 *(Décr. nº 2019-508 du 24 mai 2019, art. 3 et 9, en vigueur le 1er juin 2019)* **Si une partie a demandé d'exercer l'un ou plusieurs des droits prévus aux IV et VI de l'article 175, les dispositions concernées des IV et VI de cet article sont applicables à l'ensemble des parties.**

Art. D. 40-1-2 *(Décr. nº 2019-508 du 24 mai 2019, art. 3 et 9, en vigueur le 1er juin 2019)* **Lorsque le réquisitoire définitif du procureur de la République adressé au juge d'instruction en application du II de l'article 175 n'a pas été adressé en copie aux avocats des parties, le greffier du juge d'instruction ou le secrétariat commun de l'instruction procède à cet envoi.**

Cet envoi peut être effectué par un moyen de communication électronique selon les modalités prévues par l'article 803-1.

Art. D. 40-2 Les observations, les demandes d'actes et les observations complémentaires prévues par *(Décr. n° 2019-508 du 24 mai 2019, art. 3 et 9, en vigueur le 1er juin 2019)* « les IV et VI » de l'article 175 sont adressées au juge d'instruction selon les modalités prévues par l'avant-dernier alinéa de l'article 81.

Toutefois, elles peuvent être faites par un moyen de communication électronique selon les modalités prévues par l'article D. 591 lorsque les dispositions de cet article sont applicables à la suite du protocole passé par les chefs de la juridiction et le barreau.

SECTION XII DE L'APPEL DES ORDONNANCES DU JUGE D'INSTRUCTION OU DU JUGE DES LIBERTÉS ET DE LA DÉTENTION *(Décr. n° 2007-1620 du 15 nov. 2007)*.

Art. D. 40-3 Pour l'application des articles 186 et 186-1, ainsi que pour l'ensemble des transmissions de dossiers à la cour d'appel, la copie du dossier de l'information prévue par l'article 81 devant être adressée au procureur général ou au président de la chambre de l'instruction peut être la copie *(Décr. n° 2019-507 du 24 mai 2019, art. 4)* « sous format numérique » prévue par l'article D. 15-7. Elle peut être transmise par un moyen de communication électronique.

SECTION XIII DE LA REPRISE DE L'INFORMATION SUR CHARGES NOUVELLES *(Décr. n° 2007-1620 du 15 nov. 2007)*.

Néant.

CHAPITRE II DE LA CHAMBRE DE L'INSTRUCTION : JURIDICTION D'INSTRUCTION DU SECOND DEGRÉ

[Dans toutes les dispositions du code de procédure pénale (partie décrets) les mots « chambre d'accusation » sont remplacés par les mots « chambre de l'instruction » (Décr. n° 2001-475 du 30 mai 2001, art. 3)].

SECTION PREMIÈRE DISPOSITIONS GÉNÉRALES

[Dispositions prises pour l'application de l'art. 191 C. pr. pén.]

Art. D. 43 *(Décr. n° 2007-699 du 3 mai 2007)* Le nombre et le jour des audiences de la chambre de l'instruction sont fixés à la fin de chaque année judiciaire pour l'année judiciaire suivante par une décision conjointe du premier président et du procureur général prise après avis de l'assemblée générale de la cour d'appel.

En cas de nécessité, cette décision peut être modifiée dans les mêmes conditions en cours d'année.

En cas d'impossibilité de parvenir à une décision conjointe, le nombre et le jour des audiences de la chambre de l'instruction sont fixés par le seul premier président.

SECTION II POUVOIRS PROPRES DU PRÉSIDENT DE LA CHAMBRE DE L'INSTRUCTION

(Décr. n° 2007-699 du 3 mai 2007)

Art. D. 43-1 *(Décr. n° 2021-1130 du 30 août 2021, art. 8)* Pour l'application des articles 187-3 et 194, le dossier de la procédure d'instruction peut être transmis au premier président de la cour d'appel, au procureur général, à la chambre de l'instruction ou à son président, par un moyen de communication électronique à l'adresse électronique du service compétent du greffe de la cour d'appel, notamment lorsque ce dossier a été établi ou converti sous format numérique en application du premier alinéa de l'article 801-1 et des articles D. 589 à D. 589-7.

Art. D. 43-1-1 Au moins une fois par an, à l'occasion de l'un des envois des états semestriels prévus par l'article 221, le président de la chambre de l'instruction ou un conseiller de la chambre par lui délégué reçoit les juges d'instruction de son ressort pour examiner le contenu de ces états. Cet entretien peut aussi avoir lieu à l'occasion d'une visite du cabinet du juge d'instruction par le président ou le conseiller délégué.

Ndlr : L'ancien art. D. 43-1 est devenu l'art. D. 43-1-1 en application de l'art. 8 du Décr. n° 2021-1130 du 30 août 2021.

Art. D. 43-2 Pour l'application des dispositions des articles 220, 221-1, 221-3 et 223, le président de la chambre de l'instruction peut à tout moment demander à un juge d'instruction du ressort de la cour d'appel de lui communiquer copie du dossier d'une information en cours.

Art. D. 43-2-1 *(Décr. n° 2021-1130 du 30 août 2021, art. 8)* A tout moment, y compris lorsque la chambre de l'instruction est saisie soit d'un appel d'une ordonnance rendue au cours de l'information, notamment en matière de détention provisoire, de demande d'actes ou de calendrier prévisionnel de la procédure, soit d'une requête en nullité, soit d'une demande directe faute pour le juge d'instruction d'avoir rendu son ordonnance dans le délai prévu par la loi, son président peut, y compris préalablement à l'examen du dossier par la chambre, entendre le juge d'instruction, hors la présence des parties, le cas échéant par l'intermédiaire d'un moyen de télécommunication, afin de recevoir des observations sur le déroulement d'une procédure d'information. Lorsque cette audition intervient alors que la chambre a été saisie par les parties, le président rédige un compte rendu de celle-ci, qui est versé au dossier de la procédure au moins 48 heures avant que la chambre ne se prononce. A l'occasion de son audition, le juge d'instruction peut remettre des observations écrites qui sont alors immédiatement versées au dossier.

Art. D. 43-3 Le président de la chambre de l'instruction informe chaque juge d'instruction du ressort de la cour d'appel de la désignation du magistrat référent de cette chambre par lui choisi pour être spécialement chargé d'assurer le suivi administratif du cabinet de ce juge et d'exercer, en ce qui le concerne, tout ou partie des attributions prévues par les articles 220 à 223. A cette fin, le président peut déléguer à un ou plusieurs conseillers de la chambre tout ou partie de ses pouvoirs en application du troisième alinéa de l'article 219, lorsqu'il ne s'est pas lui-même désigné comme magistrat référent.

Art. D. 43-4 A peine d'irrecevabilité, la demande de la personne mise en examen tendant à l'examen de l'ensemble de la procédure par la chambre de l'instruction en application des dispositions de l'article 221-3 fait l'objet d'une requête motivée destinée au président de cette chambre, qui est transmise à ce dernier par l'intermédiaire du juge d'instruction conformément aux dispositions du présent article. Cette requête précise si l'intéressé demande à comparaître devant la chambre.

La requête doit faire l'objet d'une déclaration au greffier du juge d'instruction saisi du dossier. Elle est constatée et datée par le greffier qui la signe ainsi que le demandeur ou son avocat. Si le demandeur ne peut signer, il en est fait mention par le greffier. Lorsque le demandeur ou son avocat ne réside pas dans le ressort du tribunal judiciaire compétent, la déclaration au greffier peut être faite au moyen d'une lettre recommandée avec demande d'avis de réception.

La requête peut également être faite par le mis en examen détenu au moyen d'une déclaration auprès du chef de l'établissement pénitentiaire. Cette déclaration est constatée et datée par le chef de l'établissement pénitentiaire qui la signe, ainsi que le demandeur. Si celui-ci ne peut signer, il en est fait mention par le chef de l'établissement. Ce document est adressé sans délai, en original ou copie et par tout moyen, au greffier du juge d'instruction.

Le juge d'instruction adresse sans délai l'original de la requête au président de la chambre de l'instruction, avec une copie du dossier de la procédure.

Le président de la chambre de l'instruction statue dans les huit jours de la réception de la requête et du dossier, conformément aux dispositions du premier alinéa de l'article 221-3. Sa décision est notifiée à la personne mise en examen par le chef de l'établissement pénitentiaire, et à son avocat par lettre recommandée ou conformément aux dispositions de l'article 803-1. Copie de cette décision est adressée au juge d'instruction.

Art. D. 43-5 *(Décr. n° 2019-508 du 24 mai 2019, art. 4 et 9, en vigueur le 1er juin 2019)* Conformément aux articles 41-4, 41-6, 99, 706-153 et 778, le président de la

chambre de l'instruction est compétent pour statuer seul sur les demandes ou les recours ou contentieux relatifs :
— à la restitution d'objets placés sous-main de justice ;
— à la saisie de biens ou droits incorporels ;
— à des demandes de rectification de l'état civil.

L'auteur de la demande ou du recours peut toutefois préciser dans sa demande ou son recours qu'il saisit la chambre de l'instruction dans sa formation collégiale.

A défaut, le président peut décider, au regard de *[la]* **complexité du dossier, que celui-ci soit examiné par la chambre dans sa composition collégiale.**

Le président de la chambre de l'instruction ne peut statuer seul sur l'appel de l'ordonnance par laquelle le juge d'instruction a ordonné la remise à l'AGRASC d'un bien meuble placé sous main de justice en vue de son aliénation. • Crim. 15 déc. 2021, n° 21-80.411 P : *D. actu. 14 janv. 2022, obs. Fonteix.*

Art. D. 43-6 *(Décr. n° 2021-1130 du 30 août 2021, art. 8)* **Lorsqu'en application aux** *[des]* **articles 41-4, 41-6, 99, 706-153 et 778 ou de toute autre disposition législative, le président de la chambre de l'instruction est compétent pour statuer seul sur une demande, un recours ou un contentieux, il se prononce dans un délai raisonnable et dans le respect du contradictoire, après avoir recueilli les observations écrites du procureur général et des parties.**

Sauf si la loi en dispose autrement, la décision du président de la chambre de l'instruction peut faire l'objet d'un pourvoi en cassation en cas d'excès de pouvoir.

SECTION III DE LA NOTATION ET DU CONTRÔLE DE L'ACTIVITÉ JUDICIAIRE DES OFFICIERS DE POLICE JUDICIAIRE

(Décr. n° 98-1203 du 28 déc. 1998)

[Dispositions prises pour l'application des art. 13, 16, 19-1, 224 à 230 et R. 14 à R. 15-6 C. pr. pén.]

Art. D. 44 Il est tenu en permanence au parquet général de chaque cour d'appel, *(Décr. n° 2019-507 du 24 mai 2019, art. 5)* **« le cas échéant de façon dématérialisée, » un dossier individuel concernant l'activité, en tant qu'officier de police judiciaire et pour l'ensemble du ressort, de chacun des fonctionnaires et militaires habilités à exercer les attributions attachées à la qualité d'officier de police judiciaire.**

Ce dossier comprend notamment :

(Décr. n° 2019-507 du 24 mai 2019, art. 5) **« 1° La ou les demandes d'habilitation, ainsi que les documents qui y sont joints ; »**

2° La copie des décisions prononcées par l'autorité judiciaire en application des dispositions des articles 16-1, 16-3, 224 à 229, R. 15-2 et R. 15-5, et notamment la copie des arrêtés d'habilitation ;

3° L'avis des promotions dont l'intéressé a pu faire l'objet depuis *(Décr. n° 2019-507 du 24 mai 2019, art. 5)* **« son affectation dans le ressort de la cour d'appel » ;**

4° La copie de tout document émanant d'un magistrat ou d'un service exerçant des attributions d'inspection et relatif à l'exercice des activités judiciaires de l'intéressé ;

5° Les notations *(Abrogé par Décr. n° 2007-1817 du 24 déc. 2007, à compter du 1er janv. 2008) « annuelles »* **établies en application des dispositions ci-après.**

Le dossier est communiqué à la chambre de l'instruction lorsque celle-ci se trouve saisie dans les conditions fixées à l'article 225.

Art. D. 44-1 *(Décr. n° 2019-507 du 24 mai 2019, art. 5)* **En cas de changement d'affectation d'un officier de police judiciaire dans le ressort d'une autre cour d'appel, y compris en cas de mise à disposition temporaire en application du deuxième alinéa de l'article 18, les autorités mentionnées aux *a* à *c* de l'article R. 14 ou le chef du service dont relève l'officier de police judiciaire en informent le procureur général du précédent lieu d'affectation et le procureur général du nouveau lieu d'affectation.**

Le procureur général du précédent lieu d'affectation transmet alors le dossier individuel au procureur général du nouveau lieu d'affectation.

Les autorités mentionnées au premier alinéa informent également le procureur général du lieu d'affectation de l'officier de police judiciaire de toute interruption durable ou définitive des fonctions de police judiciaire.

Art. D. 44-2 *(Décr. n° 2007-1817 du 24 déc. 2007, en vigueur le 1er janv. 2008)* Le procureur de la République, après avoir recueilli les observations du ou des juges d'instruction et, le cas échéant, des juges des enfants ainsi que celles du ou des présidents de chambres correctionnelles, établit, tous les deux ans, une proposition de notation des officiers de police judiciaire affectés dans un service ou une unité ayant son siège dans le ressort du tribunal, qu'il transmet au procureur général près la cour d'appel.

La notation est établie par le procureur général, après consultation, le cas échéant, des autres procureurs de la République concernés de son ressort, des présidents de la chambre de l'instruction, de la chambre des mineurs, de la chambre des appels correctionnels et des cours d'assises. Lorsque le service ou l'unité dans lequel l'officier de police judiciaire est affecté excède le ressort de la cour d'appel, ou lorsque l'officier de police judiciaire est affecté depuis moins d'un an dans le ressort de la cour d'appel, le procureur général peut également recueillir l'avis des autres procureurs généraux concernés.

L'anc. art. D. 45 devient l'art. D. 44-2 (Décr. n° 2022-546 du 13 avr. 2022, art. 5-I).

Art. D. 44-3 *(Décr. n° 2007-1817 du 24 déc. 2007, en vigueur le 1er janv. 2008)* Les propositions de notation et les notations prévues *(Décr. n° 2022-546 du 13 avr. 2022, art. 5-I)* « à l'article D. 44-2 » sont établies sur un imprimé conforme au modèle fixé par le ministre de la justice.

Elles doivent comporter une appréciation générale circonstanciée, ainsi qu'une note chiffrée de 0 à 10 et une appréciation sur chacun des éléments suivants lorsqu'ils ont été observés :

1. Relations professionnelles avec l'autorité judiciaire ;
2. Qualité de la coordination de l'activité de police judiciaire du service ou de l'unité ;
3. Qualité des procédures et de la rédaction des rapports et des procès-verbaux ;
4. Qualité des constatations et des investigations techniques ;
5. Valeur des informations données au parquet ;
6. Engagement professionnel ;
7. Capacité à conduire les investigations ;
8. Degré de confiance accordé.

Lorsque l'un de ces éléments n'a pas été observé, la mention : "activité judiciaire non observée" est substituée à la notation chiffrée et à l'appréciation correspondantes.

L'anc. art. D. 46 a été renuméroté et est devenu l'art. D. 45-1 (Décr. n° 2016-1202 du 7 sept. 2016, art. 8), puis l'art. D. 44-3 (Décr. n° 2022-546 du 13 avr. 2022, art. 5-I).

Art. D. 44-4 La notation établie par le procureur général est portée directement à la connaissance de l'officier de police judiciaire qui peut présenter des observations par écrit dans un délai de quinze jours, délai à l'issue duquel la notation définitive est communiquée à l'autorité administrative ou militaire chargée d'établir les propositions d'avancement de l'intéressé.

L'anc. art. est devenu l'art. D. 45-1-1 (Décr. n° 2021-1516 du 23 nov. 2021, art. 7, en vigueur le 1er févr. 2022), puis l'art. D. 44-4 (Décr. n° 2022-546 du 13 avr. 2022, art. 5-I).

TITRE QUATRIÈME DISPOSITIONS COMMUNES

(Décr. n° 2021-1130 du 30 août 2021, art. 7)

Art. D. 44-5 En cas d'indisponibilité temporaire du magistrat dont les fonctions sont définies aux articles 230-9, 230-14 et 230-24, celles-ci sont exercées par le magistrat du parquet hors hiérarchie faisant partie du comité respectivement prévu par les articles R. 40-32, R. 40-37 et R. 40-41.

Ndlr : Le Décr. n° 2021-1130 du 30 août 2021 avait créé un nouvel art. D. 45-2-1 au sein du titre IV du livre premier de la partie III (Décr. préc., art. 7) tout en modifiant l'art. D. 45-2-1 déjà existant dans le titre Ier du livre II (Décr. préc., art. 4). Il existait donc deux art. D. 45-2-1 dans le C. pr. pén. Le Décr. n° 2021-1516 du 23 nov. 2021 a donc renuméroté le texte (Décr. préc., art. 7, en vigueur le 1er févr. 2022). L'art. D. 45-2 est ensuite devenu l'art. D. 44-5 (Décr. n° 2022-546 du 13 avr. 2022, art. 5-I).

LIVRE DEUXIÈME DES JURIDICTIONS DE JUGEMENT

(Décr. nº 2008-1490 du 30 déc. 2008)

TITRE PREMIER DE LA COUR D'ASSISES

(Décr. nº 2016-1202 du 7 sept. 2016, art. 8)

Art. D. 45 *(Décr. nº 2022-546 du 13 avr. 2022, art. 5)* **Lorsque la date de l'audience d'une affaire devant la cour d'assises a été arrêtée conformément aux dispositions de l'article 238, le président de la cour d'assises décide de la date de l'interrogatoire de l'accusé prévu par l'article 272 et de celle de la réunion préparatoire criminelle prévue par l'article 276-1 au regard notamment de la complexité du dossier et du nombre des accusés ou des parties civiles.**

Il peut prévoir que la réunion préparatoire criminelle, à laquelle n'assiste pas l'accusé, se tient, soit immédiatement à la suite de son interrogatoire, soit à une date ultérieure. Sauf impossibilité, la réunion préparatoire doit intervenir au moins quarante-cinq jours avant la date de l'ouverture des débats, afin de permettre la signification de la liste des témoins un mois avant cette date conformément à l'article 281.

Art. D. 45-1 *(Décr. nº 2022-546 du 13 avr. 2022, art. 5)* **L'avocat de l'accusé est avisé par tout moyen de la date de l'interrogatoire au moins cinq jours ouvrables avant celui-ci.**

Lorsque l'avocat de l'accusé est présent lors de l'interrogatoire et que la cour d'assises est saisie pour statuer à la suite d'un appel formé par l'accusé sans que ce dernier ait fait application de l'article 380-2-1 A, le président peut demander à l'accusé s'il ne conteste pas les réponses données par la cour d'assises en premier ressort sur la culpabilité et s'il entend limiter son appel à la décision sur la peine. Dans ce cas, sa réponse est mentionnée dans le procès-verbal prévu à l'article 276.

Art. D. 45-1-1 *(Décr. nº 2022-546 du 13 avr. 2022, art. 5)* **Le ministère public et les avocats de l'ensemble des parties sont avisés par tout moyen de la date de la réunion préparatoire criminelle au moins cinq jours ouvrables avant celle-ci.**

Cet avis précise selon quelles modalités, notamment de télécommunication, les avocats pourront participer à cette réunion.

Le président de la cour d'assises peut joindre à cet avis un document faisant état du projet de déroulement prévisionnel de l'audience mentionnant, au vu notamment des propositions qui lui ont été préalablement communiquées par le ministère public, la liste des témoins et des experts qui seront cités, et mentionnant également leur ordre de déposition ainsi que la durée de l'audience.

Art. D. 45-1-2 *(Décr. nº 2022-546 du 13 avr. 2022, art. 5)* **A l'issue de la réunion criminelle préparatoire, qui peut se tenir avec l'assistance du greffier de la cour d'assises, le président de la cour d'assises établit ou fait établir un procès-verbal faisant état :**

— soit de l'absence d'accord intervenu entre les participants ;

— soit de l'accord intervenu portant sur la liste des témoins et des experts qui seront cités, leur ordre de déposition ainsi que la durée de l'audience, ou portant sur certains de ces trois points.

Ce procès-verbal est signé par le président et, le cas échéant, par le greffier, et une copie en est remise ou adressée ultérieurement par tout moyen au ministère public et à l'ensemble des avocats des parties.

L'absence d'un ou plusieurs des avocats convoqués est mentionnée dans le procès-verbal. Elle ne fait pas obstacle à la tenue de la réunion, ni à l'obtention d'un accord, sauf si le président considère, au regard notamment du nombre des avocats absents, qu'un tel accord ne peut être utilement obtenu.

Il n'est pas fait état dans le procès-verbal du contenu des échanges ayant eu lieu au cours de la réunion.

Art. D. 45-1-3 *(Décr. nº 2022-546 du 13 avr. 2022, art. 5)* **Le non-respect des dispositions des articles 276-1** *(Décr. nº 2022-656 du 25 avr. 2022, art. 4)* **« , D. 45-1 à D. 45-1-2 » ne constitue pas une cause de nullité de l'audience tenue devant la cour d'assises.**

Art. D. 45-1-4 *(Décr. nº 2021-1794 du 23 déc. 2021, art. 2, en vigueur le 31 déc. 2021)* **En application du dernier alinéa de l'article 131-21 du code pénal, lorsqu'est susceptible d'être prononcée par la cour d'assises statuant en premier ressort ou en appel la confiscation d'un bien sur lequel une personne autre que l'accusé dispose d'un droit de propriété, y compris s'il s'agit de l'époux de l'accusé et que le bien fait partie de la communauté, que ce titre est connu ou que cette personne a réclamé cette qualité au cours de la procédure, le ministère public avise celle-ci par tout moyen de la date d'audience, au moins un mois avant celle-ci.**

Cet avis informe la personne que la confiscation de ce bien peut être ordonnée et qu'elle a le droit de présenter elle-même ou par un avocat ses observations à l'audience, le cas échéant selon les modalités prévues au troisième alinéa, aux fins, notamment, de faire valoir le droit qu'elle revendique et sa bonne foi. Cet avis précise que la personne devra si nécessaire communiquer tout justificatif établissant son titre de propriété.

Ces observations peuvent être faites par un document écrit remis au greffe de la cour d'assises et consigné par le greffier soit avant l'audience, soit pendant l'audience, ou adressées au greffe de la cour d'assises par lettre recommandée avec demande d'accusé de réception parvenue au moins 24 heures avant la date d'audience ; dans ce cas, le président de la cour d'assises informe les jurés de la teneur de ces observations.

Si le bien avait été placé sous main de justice, la personne peut demander sa restitution en application de l'article 373. Elle peut alors prétendre à la mise à disposition des seules pièces de la procédure se rapportant à la saisie de ce bien.

Si la confiscation du bien est prononcée par la cour d'assises, la personne peut, lorsque cette décision est définitive, en demander la restitution en application de l'article 710.

Les dispositions du présent article ne sont pas applicables en ce qui concerne la confiscation obligatoire des objets qualifiés de dangereux ou nuisibles par la loi ou le règlement, ou dont la détention est illicite.

Il n'y a pas lieu d'aviser la personne mentionnée au premier alinéa de la date d'audience conformément aux dispositions du présent article si celle-ci est convoquée comme témoin devant la cour d'assises. Dans ce cas, lors de sa déposition, le président lui rappelle qu'elle peut faire ses observations sur la peine de confiscation qui est susceptible d'être prononcée.

L'anc. art. D. 45-2 bis est devenu l'art. D. 45-1-4 (Décr. nº 2022-546 du 13 avr. 2022, art. 5-1) et est applicable aux procédures dans lesquelles les parties seront convoquées à compter du 31 déc. 2021 à l'audience de la cour d'assises, même si ces procédures concernent des infractions commises avant cette date (Décr. nº 2021-1794 du 23 déc. 2021, art. 9).

Art. D. 45-1-4-1 *(Décr. nº 2022-656 du 25 avr. 2022, art. 4)* **Si l'intérêt de la bonne administration de la justice le justifie, le président du tribunal judiciaire ou le premier président de la cour d'appel peut décider qu'une audience de la cour d'assises qui se déroule publiquement en application de l'article 306 sera retransmise en direct dans plusieurs salles d'audience de la juridiction.**

S'il s'agit de l'audience d'une cour d'assises disposant d'une compétence spécialisée qui s'étend aux ressorts d'autres juridictions, il peut décider que cette audience sera retransmise en direct dans une ou plusieurs salles d'audience de la juridiction dans le ressort duquel les faits ont été commis, avec l'accord du président de cette juridiction.

La décision de retransmission de l'audience est portée à la connaissance des parties. Elle constitue une mesure d'administration judiciaire insusceptible de recours.

Art. D. 45-1-5 *(Décr. nº 2020-91 du 6 févr. 2020, art. 4 et 8, en vigueur le 1er mars 2020) (Décr. nº 2021-1130 du 30 août 2021, art. 4)* **« Conformément aux dispositions du premier alinéa de l'article 362 du présent code, si les dispositions des deux premiers alinéas de l'article 132-23 du code pénal sont applicables, le président informe les jurés des conséquences de la peine prononcée sur la période de sûreté et de la possibilité de la moduler, selon les modalités prévues par le présent article. »**

Le président informe les jurés qu'en cas de condamnation à une peine privative de liberté non assortie du sursis et dont la durée serait égale ou supérieure à dix ans :

1° Le condamné ne pourra bénéficier, pendant une période de sûreté, des dispositions concernant la suspension ou le fractionnement de la peine, le placement à l'extérieur, les permissions de sortir, la semi-liberté et la libération conditionnelle ;

2° La durée de cette période de sûreté sera de la moitié de la peine prononcée mais la cour d'assises pourra toutefois, par décision spéciale, soit porter cette durée jusqu'aux deux tiers de la peine, soit décider de la réduire ;

3° En application de l'article 720-4 du code de procédure pénale, si le condamné manifeste des gages sérieux de réadaptation sociale, le tribunal de l'application des peines pourra, à titre exceptionnel, à tout moment pendant l'exécution de la peine, décider de mettre fin à la période de sûreté ou d'en réduire la durée.

Si la peine encourue est la réclusion criminelle à perpétuité, le président informe également les jurés que si cette peine est prononcée, la durée de la période de sûreté sera de dix-huit ans, mais que la cour d'assises pourra soit porter cette durée jusqu'à vingt-deux ans, soit décider de la réduire.

« Dans les cas où les dispositions des derniers alinéas des articles 221-3 et 221-4 du code pénal sont applicables, le président informe également les jurés de ces dispositions ainsi que des dispositions des alinéas deux et trois de l'article 720-4 du présent code.

L'anc. art. D. 45-2-1 devient l'art. D. 45-1-5 (Décr. n° 2022-546 du 13 avr. 2022, art. 5-I).

Art. D. 45-2 *(Décr. n° 2022-246 du 25 févr. 2022, en vigueur le 1er mars 2022)* En application de l'article 367, l'arrêt de la cour d'assises vaut titre de détention jusqu'à ce que la durée de détention ait atteint celle de la peine prononcée, sans préjudice pour l'accusé de son droit à demander sa mise en liberté, lorsque :

— l'accusé est détenu au moment où l'arrêt est rendu et il est condamné, pour crime ou pour délit, à une peine de réclusion criminelle ou à une peine d'emprisonnement ferme ;

— l'accusé n'est pas détenu au moment où l'arrêt est rendu et il est condamné pour crime à une peine de réclusion criminelle.

L'arrêt de la cour d'assises ne vaut pas titre de détention mais la cour peut, par décision spéciale et motivée, décider de décerner mandat de dépôt, à effet immédiat ou différé, si les éléments de l'espèce justifient une mesure particulière de sûreté, lorsque :

— l'accusé n'est pas détenu au moment où l'arrêt est rendu et il est condamné, pour crime, à une peine d'emprisonnement ferme ;

— l'accusé n'est pas détenu au moment où l'arrêt est rendu et il est condamné, pour délit, à une peine d'emprisonnement ferme d'une durée supérieure ou égale à un an. Dans ce cas, le mandat de dépôt à effet différé ne peut être délivré que si la peine d'emprisonnement est d'au moins six mois.

Pour l'application de l'article 367 et du présent article, est considéré comme détenu l'accusé qui est détenu dans le cadre de la procédure dont est saisie la cour d'assises.

Lorsqu'il est décerné mandat de dépôt ou mandat de dépôt à effet différé, celui-ci est immédiatement signé par le président de la cour d'assises à l'issue de l'audience et revêtu de son sceau.

Lorsqu'est décerné un mandat de dépôt à effet différé, les dispositions de l'article D. 45-2-3 sont applicables. La cour peut assortir le mandat de l'exécution provisoire *dans les cas prévus aux* 2° et 3° de l'article D. 45-2-1-1.

L'anc. art. D. 45-2-1 bis devient l'art. D. 45-2 (Décr. n° 2022-546 du 13 avr. 2022, art. 5-I).

TITRE DEUXIÈME DU JUGEMENT DES DÉLITS

(Décr. n° 2016-1202 du 7 sept. 2016, art. 8)

CHAPITRE PREMIER DU TRIBUNAL CORRECTIONNEL

SECTION PREMIÈRE DE LA COMPÉTENCE ET DE LA SAISINE DU TRIBUNAL CORRECTIONNEL

(Décr. n° 2021-1794 du 23 déc. 2021, art. 3, en vigueur le 31 déc. 2021)

Art. D. 45-2-1 En application du dernier alinéa de l'article 131-21 du code pénal, lorsqu'est susceptible d'être prononcée par le tribunal correctionnel ou la chambre des appels correctionnels la confiscation d'un bien sur lequel une personne autre que le prévenu dispose d'un droit de propriété, y compris s'il s'agit de l'époux du prévenu et que le bien fait partie de la communauté, que ce titre est connu ou que cette personne a réclamé cette qualité au cours de la procédure, le ministère public avise celle-ci par tout moyen de la date d'audience, au moins dix jours avant celle-ci. Ce délai de dix jours n'est pas applicable si le tribunal est saisi selon la procédure de comparution immédiate.

Cet avis informe la personne que la confiscation de ce bien peut être ordonnée et qu'elle a le droit de présenter elle-même ou par un avocat ses observations à l'audience, le cas échéant selon les modalités prévues au troisième alinéa, aux fins, notamment, de faire valoir le droit qu'elle revendique et sa bonne foi. Cet avis précise que la personne devra si nécessaire communiquer tout justificatif établissant son titre de propriété.

Ces observations peuvent être faites par un document écrit remis au greffe du tribunal correctionnel et consigné par le greffier soit avant l'audience, soit pendant l'audience, ou adressé au greffe du tribunal par lettre recommandée avec demande d'accusé de réception parvenue au moins 24 heures avant la date d'audience.

Si le bien avait été placé sous main de justice, la personne peut demander sa restitution en application de l'article 479. Elle peut alors prétendre à la mise à disposition des seules pièces de la procédure se rapportant à la saisie de ce bien.

Si la confiscation du bien est prononcée par le tribunal, la personne est informée par tout moyen de cette décision et, lorsque celle-ci est devenue définitive, elle peut demander la restitution de ce bien en application de l'article 710.

Les dispositions du présent article ne sont pas applicables en ce qui concerne la confiscation obligatoire des objets qualifiés de dangereux ou nuisibles par la loi ou le règlement, ou dont la détention est illicite.

Il n'y a pas lieu d'aviser la personne mentionnée au premier alinéa de la date d'audience conformément aux dispositions du présent article si celle-ci est convoquée comme témoin devant le tribunal correctionnel. Dans ce cas, lors de son audition, le président lui rappelle qu'elle peut faire ses observations sur la peine de confiscation qui est susceptible d'être prononcée.

L'anc. art. D. 42-2-1 bis, devenu l'art. D. 45-2-1 ter (Décr. n° 2022-246 du 25 févr. 2022, en vigueur le 1er mars 2022), puis l'art D. 45-2-1 (Décr. n° 2022-546 du 13 avr. 2022, art. 5-I) est applicable aux procédures dans lesquelles les parties seront convoquées à compter du 31 déc. 2021 devant la juridiction correctionnelle, même si ces procédures concernent des infractions commises avant cette date (Décr. n° 2021-1794 du 23 déc. 2021, art. 9).

Art. D. 45-2-1 *bis* *(Décr. n° 2022-656 du 25 avr. 2022, art. 4)* Si l'intérêt de la bonne administration de la justice le justifie, le président du tribunal judiciaire peut décider qu'une audience du tribunal correctionnel qui se déroule publiquement en application de l'article 400 sera retransmise en direct dans plusieurs salles d'audience de la juridiction.

S'il s'agit de l'audience d'un tribunal correctionnel disposant d'une compétence spécialisée qui s'étend aux ressorts d'autres tribunaux judiciaires, il peut décider que cette audience sera retransmise en direct dans une ou plusieurs salles d'audience du tribunal judiciaire dans le ressort duquel les faits ont été commis, avec l'accord du président de cette juridiction.

La décision de retransmission de l'audience est portée à la connaissance des parties. Elle constitue une mesure d'administration judiciaire insusceptible de recours.

SECTIONS II à IV

(Décr. n° 2021-1794 du 23 déc. 2021, art. 3, en vigueur le 31 déc. 2021)

Néant.

SECTION V DU JUGEMENT

(Décr. n° 2020-81 du 3 févr. 2020, art. 6, en vigueur le 24 mars 2020)

Art. D. 45-2-1-1 *(Décr. n° 2020-187 du 3 mars 2020, art. 5, en vigueur le 24 mars 2020)* Le mandat de dépôt à effet différé décerné par le tribunal correctionnel en

application du 3° du I ou du III de l'article 464-2 est immédiatement signé par le président du tribunal correctionnel à l'issue de l'audience et revêtu de son sceau.

Le tribunal ne peut assortir ce mandat de l'exécution provisoire en application du IV de l'article 464-2 que :

1° S'il est saisi selon la procédure de comparution immédiate ou de comparution différée ;

2° S'il prononce une peine d'emprisonnement ferme d'une durée d'au moins un an ;

3° Quelle que soit la durée de la peine d'emprisonnement prononcée, si les faits sont commis en état de récidive légale.

Les décrets n° 2020-81 du 3 févr. 2020, art. 6, en vigueur le 24 mars 2020, et n° 2020-91 du 6 févr. 2020, art. 4 et 8, en vigueur le 1er mars 2020, avaient tous deux inséré par erreur un article numéroté D. 45-2-1, le premier dans le titre deuxième « Du jugement des délits », le second dans le titre premier « De la Cour d'assises » du Livre deuxième de la Troisième partie. Le second a été renuméroté pour devenir l'art. D. 45-2-1-1 (Décr. n° 2020-187 du 3 mars 2020, art. 5).

Art. D. 45-2-2 **Lorsque la durée totale de l'emprisonnement ferme prononcé, y compris en tenant compte le cas échéant de la révocation de sursis, est supérieure à un an, le tribunal correctionnel qui ne décerne pas un mandat d'arrêt ou de dépôt en application de l'article 465 peut, en application du III de l'article 464-2, décerner un mandat de dépôt à effet différé. Il peut également ne décerner aucun mandat.**

Toutefois, lorsque, compte tenu de la détention provisoire intervenue, la durée de la peine restant à exécuter est inférieure ou égale à un an, *(Décr. n° 2020-187 du 3 mars 2020, art. 5, en vigueur le 24 mars 2020)* **« il ordonne, conformément aux 1° et 2° du I de l'article 464-2, soit une mesure d'aménagement de la peine selon les modalités déterminées par le juge de l'application des peines, soit la convocation du condamné devant ce juge » en application de l'article 723-15.**

Art. D. 45-2-3 **Le mandat de dépôt à effet différé emporte obligations pour le condamné qui n'est pas détenu pour une autre cause :**

1° De répondre à la convocation à comparaître dans un délai ne pouvant excéder un mois devant le procureur de la République, si une telle convocation lui a été délivrée, à l'issue de l'audience lorsqu'il y était présent ou ultérieurement dans le cas contraire ;

2° De se présenter, pour y être incarcéré, devant l'établissement pénitentiaire désigné par le procureur de la République à la date et aux horaires fixés par ce magistrat, et dont il a été informé soit à l'issue de l'audience, soit lors de sa comparution devant le procureur de la République.

Le mandat de dépôt à effet différé fait l'objet d'un ordre de mise à exécution délivré par le procureur de la République conformément à l'article D. 48-2-4.

Art. D. 45-2-4 **Le délai entre la date à laquelle la personne est informée de la date et de l'horaire de son incarcération, à l'issue de l'audience ou ultérieurement, et la date à laquelle elle doit être incarcérée ne peut excéder quatre mois. Dans la mesure du possible, la date d'incarcération est déterminée en tenant compte de la situation personnelle du condamné et, s'il y a lieu, du taux d'occupation de l'établissement pénitentiaire et de son évolution prévisible.**

L'incarcération ne peut débuter avant que la condamnation ne devienne exécutoire, sauf lorsque le mandat de dépôt à effet différé est assorti de l'exécution provisoire en application du IV de l'article 464-2.

Art. D. 45-2-5 **Le non-respect du délai d'un mois prévu au 2° de l'article D. 45-2-3 ou du délai de quatre mois prévu à l'article D. 45-2-4 ne constitue pas une cause de nullité empêchant la mise à exécution du mandat de dépôt à effet différé, tant que la condamnation n'est pas prescrite.**

Art. D. 45-2-6 **Si le mandat de dépôt à effet différé est décerné contre une personne qui est détenue pour autre cause, les dispositions des articles D. 45-2-3 et D. 48-2-5 prévoyant la convocation du condamné, la fixation d'une date d'incarcération et la délivrance d'un ordre de mise à exécution du mandat ne sont pas applicables. Le procureur de la République met dès que possible la peine à exécution lorsque la condamnation est exécutoire ou lorsque le mandat a été assorti de l'exécution provisoire.**

Art. D. 45-2-7 **La personne à l'encontre de laquelle a été décerné un mandat de dépôt à effet différé est informée que si elle ne satisfait pas, sauf motif légitime ou, en**

l'absence d'exécution provisoire, exercice des voies de recours, aux obligations prévues aux 1° et 2° de l'article D. 45-2-3, la peine d'emprisonnement pourra être mise à exécution à tout moment par la force publique. Cette information figure dans la convocation qui lui est remise à l'issue de l'audience ou ultérieurement.

Art. D. 45-2-8 *(Abrogé par Décr. n° 2021-683 du 27 mai 2021, art. 2, à compter du 30 sept. 2021)* ***Le mandat de dépôt à effet différé ne peut être prononcé à l'encontre d'un mineur.***

SECTION VI DU JUGEMENT PAR DÉFAUT ET DE L'OPPOSITION

(Décr. n° 2020-81 du 3 févr. 2020, art. 6, en vigueur le 24 mars 2020)

Art. D. 45-2-9 L'opposition formée à l'encontre d'un jugement par défaut rend non avenu le mandat de dépôt à effet différé, y compris si ce mandat est assorti de l'exécution provisoire, ainsi que l'ordre de mise à exécution de ce mandat qui a pu être délivré par le procureur de la République en application de l'article D. 48-2-5.

SECTION VII DE LA PROCÉDURE SIMPLIFIÉE DE L'ORDONNANCE PÉNALE

(Décr. n° 2020-1640 du 21 déc. 2020, art. 5)

Art. D. 45-2-10 Lorsque le délégué du procureur de la République notifie une ordonnance pénale délictuelle en application du deuxième alinéa de l'article 495-3, il peut recevoir le paiement des amendes pénales prononcées en utilisant un terminal électronique de paiement.

Il en est de même lorsqu'il notifie une ordonnance pénale contraventionnelle en application du deuxième alinéa de l'article 527.

SECTION VIII DE LA COMPARUTION SUR RECONNAISSANCE PRÉALABLE DE CULPABILITÉ

(Décr. n° 2022-546 du 13 avr. 2022, art. 6)

Art. D. 45-2-11 Lorsque le procureur de la République décide, d'office ou à la demande du prévenu, de recourir à la procédure de comparution sur reconnaissance préalable de culpabilité en application de l'article 495-15, il en informe le président du tribunal correctionnel devant lequel l'affaire avait été audiencée.

Cette décision ne peut intervenir moins d'un mois avant la date prévue pour l'audience, sauf en cas d'accord du président du tribunal correctionnel.

Dans tous les cas, s'il est recouru à la procédure de comparution sur reconnaissance préalable de culpabilité, la date de l'audience d'homologation doit être fixée plus de dix jours avant la date de l'audience prévue devant le tribunal correctionnel.

Art. D. 45-2-12 Lorsque la demande du prévenu prévue par l'article 495-15 tendant à l'application de la procédure de comparution sur reconnaissance préalable de culpabilité est adressée au procureur de la République plus de trois mois avant la date de l'audience fixée devant le tribunal correctionnel, par lettre recommandée avec accusé de réception, par un moyen de télécommunication sécurisé conformément au 21° de l'article D. 591 ou par déclaration au secrétariat du procureur de la République contre récépissé, ce magistrat informe par tout moyen le demandeur s'il décide de ne pas mettre en œuvre cette procédure.

Le défaut d'information ne constitue cependant pas une cause de nullité de la saisine du tribunal correctionnel.

SECTION IX DE LA PROCÉDURE DE L'AMENDE FORFAITAIRE APPLICABLE À CERTAINS DÉLITS

(Décr. n° 2017-429 du 28 mars 2017)

Le Décr. n° 2017-429 du 28 mars 2017 est entré en vigueur le 1er nov. 2018 (V. art. D. 45-21).

Art. D. 45-3 *(Décr. n° 2019-507 du 24 mai 2019, art. 7-I)* **La procédure de l'amende forfaitaire est applicable aux délits pour lesquels la loi le prévoit, lorsque ces délits sont constatés par un procès-verbal électronique dressé au moyen d'un appareil sécu-**

risé permettant le recours à une signature sous forme numérique conformément à l'article 801-1.

Les dispositions des I, II, III et V de l'art. 7 du Décr. nº 2019-507 du 24 mai 2019 sont entrées en vigueur le lendemain de la publication au JO de l'arrêté mentionné au dernier alinéa de l'art. 495-20 C. pr. pén. modifiant les art. A. 36-14 à A. 36-16 de ce code et précisant les modalités selon lesquelles les requêtes et les réclamations peuvent être adressées de façon dématérialisée, soit le 23 avr. 2020 (Décr. préc., art. 11 ; Arr. 17 avr. 2017).

Ancien art. D. 45-3 ***Conformément aux IV des articles L. 221-2 et L. 324-2 du code de la route, la procédure de l'amende forfaitaire est applicable aux délits de conduite sans permis ou de conduite sans assurance prévus par ces articles, lorsque ces délits ont été constatés par un procès-verbal électronique dressé au moyen d'un appareil sécurisé permettant le recours à une signature manuscrite conservée sous forme numérique prévu par le II de l'article R. 49-1 ou par l'article R. 249-9 du présent code.***

Art. D. 45-4 A la suite de la constatation du délit, un avis d'infraction, une notice de paiement et un formulaire de requête en exonération, sont envoyés au domicile de l'intéressé par lettre *(Décr. nº 2021-1093 du 18 août 2021, art. 2)* **« simple ».**

Lors de la constatation du délit, la personne est avisée qu'elle recevra un avis d'amende forfaitaire au domicile qu'elle a déclaré. Il est fait mention de cet avis dans le procès-verbal électronique dressé conformément à l'article D. 45-3.

(Décr. nº 2019-507 du 24 mai 2019, art. 7-II) **« Lorsque la procédure de l'amende forfaitaire est appliquée au délit de conduite sans assurance, prévu à l'article L. 324-2 du code de la route et que celui-ci a été constaté, sans interception du conducteur, selon les modalités prévues à l'article L. 130-9 du même code, par ou à partir d'un appareil de contrôle automatique, ces documents sont adressés au titulaire du certificat d'immatriculation. »**

V. note ss. art. D. 45-3.

Art. D. 45-5 *(Décr. nº 2017-429 du 28 mars 2017, en vigueur le 1er nov. 2018)* **L'avis d'infraction comporte des mentions relatives :**

1º Au service verbalisateur, à la nature, au lieu et à la date du délit, aux références des textes réprimant ce délit, *(Décr. nº 2019-507 du 24 mai 2019, art. 7-III)* **« et à l'identité de l'auteur de l'infraction » ;**

(Décr. nº 2019-507 du 24 mai 2019, art. 7-III) **« 1º *bis*. Lorsque l'infraction est commise à l'occasion de la conduite d'un véhicule, aux éléments d'identification du véhicule et à l'identité du conducteur ou, lorsque celle-ci n'a pu être relevée, à celle du titulaire du certificat d'immatriculation ; »**

2º Au montant de l'amende forfaitaire encourue ainsi qu'au montant de cette amende en cas de minoration ou de majoration en considération du délai ou du mode de paiement ;

3º A la procédure applicable en cas de non-paiement de l'amende forfaitaire, notamment au délai et aux modalités de la requête prévue par le premier alinéa de l'article 495-18, au montant de l'amende forfaitaire dont l'intéressé doit s'acquitter ainsi qu'à celui de l'amende forfaitaire majorée qui sera due à défaut de paiement de l'amende forfaitaire ou de la présentation d'une requête dans les délais ;

4º Aux peines encourues pour le délit constaté et que le tribunal correctionnel est susceptible de prononcer s'il est saisi à la suite d'une requête en exonération.

Lorsqu'il s'agit du délit de conduite sans assurance prévu par *[l'article]* **L. 324-2 du code de la route, l'avis précise que l'amende est majorée conformément à l'article L. 211-27 du code des assurances.**

V. note ss. art. D. 45-3.

Ancien art. D. 45-5 ***L'avis d'infraction comporte des mentions relatives :***

1º Au service verbalisateur, à la nature, au lieu et à la date du délit, aux références des textes réprimant ce délit, aux éléments d'identification du véhicule et à l'identité du conducteur ;

2º Au montant de l'amende forfaitaire encourue ainsi qu'au montant de cette amende en cas de minoration ou de majoration en considération du délai ou du mode de paiement ;

3º A la procédure applicable en cas de non-paiement de l'amende forfaitaire, notamment au délai et aux modalités de la requête prévue par le premier alinéa de l'article 495-18, au montant de l'amende forfaitaire dont l'intéressé doit s'acquitter ainsi qu'à celui de l'amende forfaitaire

majorée qui sera due à défaut de paiement de l'amende forfaitaire ou de la présentation d'une requête dans les délais ;

4° Aux peines encourues pour le délit constaté et que le tribunal correctionnel est susceptible de prononcer s'il est saisi à la suite d'une requête en exonération.

Lorsqu'il s'agit du délit de conduite sans assurance prévu par [l'article] *L. 324-2 du code de la route, l'avis précise que l'amende est majorée conformément à l'article L. 211-27 du code des assurances.*

Art. D. 45-6 La notice de paiement précise les modalités de paiement de l'amende forfaitaire prévues par l'article D. 45-8.

Art. D. 45-7 Le formulaire de requête en exonération précise les conditions de recevabilité de la requête prévue par l'article 495-18, les modalités de paiement de la consignation hors les cas prévus par l'article D. 45-15, ainsi que les sanctions prévues par les articles 226-10 et 441-1 du code pénal.

A peine d'irrecevabilité, la requête présentée en application de l'article 495-18 doit être motivée et, sauf si elle adressée de façon dématérialisée, être faite en utilisant ce formulaire.

Art. D. 45-8 Le paiement de l'amende forfaitaire ou de la consignation est effectué selon des modalités prévues par le deuxième alinéa de l'article R. 49-3.

Art. D. 45-9 Les délais mentionnés aux articles 495-18 et 495-19 s'apprécient, en cas d'envoi du règlement de l'amende par courrier, au regard de la date d'envoi du moyen de paiement attestée par le cachet de l'opérateur postal.

Lorsque les avis d'infraction ou d'amende forfaitaire majorée sont adressés à une personne résidant à l'étranger, celle-ci peut effectuer son paiement dans un délai d'un mois à l'issue des délais mentionnés aux articles 495-18 et 495-19.

Lorsque le paiement de l'amende forfaire ou de l'amende forfaitaire majoré s'effectue par télépaiement automatisé ou par timbre dématérialisé, il peut intervenir dans un délai de quinze jours à l'issue des délais résultant des articles 495-18 et 495-19 et, le cas échéant, du précédent alinéa.

Art. D. 45-10 La majoration de plein droit des amendes forfaitaires prévue par le dernier alinéa de l'article 495-18 est constatée par le procureur de la République qui la mentionne sur le titre exécutoire prévu par le premier alinéa de l'article 495-19.

Le titre exécutoire mentionne en annexe, pour chaque amende, l'identité et le domicile de l'intéressé, le lieu et la date du délit et le montant de l'amende forfaitaire majorée.

Le titre exécutoire, signé par le procureur de la République, est transmis au comptable de la direction générale des finances publiques.

Art. D. 45-11 Le comptable de la direction générale des finances publiques adresse à l'intéressé, pour chaque amende, un extrait du titre exécutoire le concernant sous forme d'avis l'invitant à s'acquitter du montant de l'amende forfaitaire majorée.

Cet avis contient les mentions prévues par le 1° de l'article D. 45-5 et indique le délai et les modalités de la réclamation prévue par les deuxième et troisième alinéas de l'article 495-19. Conformément aux dispositions de l'article 707-2 et du 5° de l'article R. 55, il indique qu'en cas de paiement volontaire de l'amende forfaitaire majorée dans le délai d'un mois à compter de sa date d'envoi, le montant des sommes dues sera diminué de 20 %.

(Décr. n° 2019-507 du 24 mai 2019, art. 7) « Est joint à cet avis un formulaire de réclamation conformément au premier alinéa de l'article 495-20. »

Art. D. 45-12 Le procureur de la République saisi d'une réclamation recevable informe sans délai le comptable de la direction générale des finances publiques de l'annulation du titre exécutoire en ce qui concerne l'amende contestée.

Art. D. 45-13 L'avis d'amende forfaitaire majorée adressé en application de l'article 495-20 précise les conditions de recevabilité de la réclamation prévue par l'article 495-19, les modalités de paiement de la consignation, ainsi que les sanctions prévues par les articles 226-10 et 441-1 du code pénal.

Art. D. 45-14 Si la consignation n'est pas suivie d'une requête en exonération ou d'une réclamation formulée conformément aux dispositions des articles 495-18 et

495-19, elle est considérée comme valant paiement de l'amende forfaitaire ou de l'amende forfaitaire majorée.

Art. D. 45-15 *(Décr. n° 2019-507 du 24 mai 2019, art. 7-V)* I. — L'auteur de la requête en exonération ou de la réclamation est dispensé de consignation s'il adresse une copie du récépissé du dépôt de plainte pour le délit d'usurpation d'identité prévu par l'article 434-23 du code pénal.

II. — Lorsque la procédure de l'amende forfaitaire concerne le délit de conduite sans permis, il est également dispensé de consignation s'il adresse une photocopie de son permis de conduire en cours de validité au moment de la constatation des faits.

III. — Lorsque la procédure de l'amende forfaitaire concerne le délit de conduite sans assurance, il est également dispensé de consignation s'il adresse :

1° une photocopie d'une attestation d'assurance en cours de validité au moment de la constatation des faits ;

2° ou, s'il a été fait application des dispositions du dernier alinéa de l'article D. 45-4 du présent code :

a) soit une copie du récépissé du dépôt de plainte pour vol ou destruction du véhicule ou pour le délit d'usurpation de plaque d'immatriculation prévu par l'article L. 317-4-1 du code de la route, ou une copie du certificat de destruction de véhicule établi conformément aux dispositions de l'article R. 322-9 du code de la route ;

b) soit des copies de la déclaration de cession du véhicule et de son accusé d'enregistrement dans le système d'immatriculation des véhicules.

V. note ss. art. D. 45-3.

Ancien art. D. 45-15 *L'auteur de la requête en exonération ou de la réclamation est dispensé de consignation s'il adresse :*

1° Dans le cas où a été constaté le délit de conduite sans permis, une photocopie de son permis de conduire en cours de validité au moment de la date de constatation des faits ;

2° Dans le cas où a été constaté le délit de conduite sans assurance, une photocopie d'une attestation d'assurance en cours de validité au moment de la date de constatation des faits ;

3° Dans les deux cas, le récépissé du dépôt de plainte pour le délit d'usurpation d'identité prévu par l'article 434-23 du code pénal.

Art. D. 45-16 *(Décr. n° 2019-507 du 24 mai 2019, art. 7)* Conformément aux dispositions *(Décr. n° 2021-1093 du 18 août 2021, art. 3)* « des articles 39-3 et » 495-22, le procureur de la République du tribunal judiciaire de Rennes est compétent pour :

(Décr. n° 2021-1093 du 18 août 2021, art. 3) « 1° Lorsque les mentions du procès-verbal ne sont pas conformes aux dispositions des articles 495-17 à 495-24-1 ou avec les dispositions de la présente section, mettre fin à la procédure de l'amende forfaitaire et transmettre ce procès-verbal, sous forme dématérialisée, au procureur de la République du tribunal judiciaire dans le ressort duquel l'infraction a été constatée, afin que ce dernier apprécie les suites qu'il convient de lui donner.

« 2° » Émettre le titre rendu exécutoire majorant le montant de l'amende forfaitaire à défaut de paiement ou de requête présentée dans les délais requis, conformément au dernier alinéa de l'article 495-18 et à l'article D. 45-10 ;

(Décr. n° 2021-1093 du 18 août 2021, art. 3) « 3° » Recevoir les requêtes faites en application du premier alinéa de l'article 495-18 et les réclamations faites en application du deuxième alinéa de l'article 495-19, apprécier leur recevabilité formelle et le respect de l'obligation de consignation.

S'il estime la requête ou la réclamation formellement recevable et s'il ne décide pas lui-même de renoncer à l'exercice des poursuites, ce magistrat l'adresse avec le dossier de la procédure, sous forme dématérialisée, au procureur de la République du tribunal judiciaire dans le ressort duquel réside la personne, afin que ce dernier décide, conformément à l'article 495-21 soit de renoncer à l'exercice des poursuites, auquel cas il notifie sa décision à l'auteur de la requête en exonération ou de la réclamation en l'informant que la consignation lui sera remboursée, soit de procéder conformément aux articles 389 à 390-1, 393 à 397-7, 495 à 495-6 ou 495-7 à 495-16.

Si le procureur de la République de Rennes considère que la requête en exonération ou la réclamation est irrecevable, l'avis qu'il est tenu d'adresser à la personne en application du premier alinéa de l'article 495-21 indique les raisons de sa décision. Cet avis doit être adressé par lettre recommandée, qui informe la personne qu'elle peut, dans un délai d'un mois courant à compter de son envoi, contester cette décision par lettre recommandée avec demande d'accusé de réception. Si le procureur de la République de Rennes estime que la contestation a permis de conclure à la recevabilité de la requête ou de la réclamation, il fait application de l'alinéa précédent. Dans le cas contraire, ce magistrat adresse la contestation avec le dossier de la procédure, sous forme dématérialisée, au procureur de la République du tribunal judiciaire dans le ressort duquel réside la personne, afin que ce dernier la transmette au juge mentionné au premier alinéa de l'article 495-21, selon les modalités prévues à l'article D. 45-19.

Art. D. 45-17 En cas de condamnation à une peine d'amende, la juridiction de jugement précise dans sa décision le montant de l'amende restant dû après déduction du montant de la consignation.

En cas de décision de relaxe, ou, dans le cas prévu par le dernier alinéa de l'article 495-21, de condamnation à une peine autre qu'une amende ou à une amende inférieure au montant de la consignation, la juridiction ordonne le remboursement à la personne de la consignation ou d'une partie de celle-ci.

Art. D. 45-18 En cas de classement sans suite ou dans les cas prévus au deuxième alinéa de l'article D. 45-17, un formulaire spécifique est adressé à la personne pour lui permettre d'être remboursée de sa consignation.

Art. D. 45-19 *(Décr. nº 2019-507 du 24 mai 2019, art. 7)* Pour l'application des dispositions du deuxième alinéa de l'article 495-19 et *[du]* premier alinéa de l'article 495-21, ne sont considérées comme motivées que les requêtes ou réclamations dans lesquelles la personne soit conteste avoir commis l'infraction, soit reconnaît avoir commis l'infraction tout en fournissant des éléments circonstanciés susceptibles de justifier le classement sans suite pour des raisons juridiques ou d'opportunité.

Le procureur de la République transmet la contestation mentionnée au troisième alinéa du 2° de l'article D. 45-16 avec ses réquisitions, au juge mentionné au premier alinéa de l'article 495-21. Ce juge statue par ordonnance motivée au seul vu de la contestation et de ces réquisitions, sauf s'il estime nécessaire d'entendre la personne. Cette ordonnance est communiquée au procureur de la République et notifiée à la personne par lettre recommandée. Si l'avis d'irrecevabilité contesté est déclaré irrégulier, le procureur de la République doit soit classer sans suite, soit mettre en mouvement l'action publique.

Art. D. 45-20 Les incidents contentieux relatifs à l'exécution du titre exécutoire et à la rectification des erreurs matérielles qu'il peut comporter sont déférés au tribunal correctionnel dans le ressort duquel réside la personne, qui statue conformément aux dispositions de l'article 711.

Art. D. 45-21 Un arrêté pris par le garde des sceaux, ministre de la justice, et le ministre de l'intérieur précise les modalités selon lesquelles les requêtes et les réclamations peuvent être adressées de façon dématérialisée. — *V. art. A. 36-14 s.*

CHAPITRE II DE L'APPEL

Art. D. 45-22 *(Décr. nº 2019-508 du 24 mai 2019, art. 4 et 9, en vigueur le 1er juin 2019)* Lorsque le prévenu déclare limiter, conformément au deuxième alinéa de l'article 502, la portée de son appel sur l'action publique aux peines prononcées, à certaines d'entre elles ou à leurs modalités d'application, le formulaire de la déclaration d'appel faite en application des articles 502 ou 503 doit comporter une mention informant l'appelant de son droit de revenir sur cette limitation, par une déclaration complémentaire, dans le mois suivant l'acte d'appel et selon les modalités prévues au premier et troisième alinéas de l'article 502 ou au premier et deuxième alinéas de l'article 503.

Cette mention précise que si la limitation de la portée de l'appel sur l'action publique aux peines prononcées n'a pas été faite par l'avocat du prévenu ou par le prévenu en présence de son avocat, le prévenu pourra également revenir sur cette limitation à l'audience.

Lorsque la déclaration d'appel est faite par le prévenu en personne, elle précise si elle a été faite en présence ou non de son avocat.

(Décr. n° 2020-91 du 6 févr. 2020, art. 5) **« La limitation de l'appel du prévenu conformément au premier alinéa est sans effet si le ministère public forme appel sur l'ensemble de la décision rendue sur l'action publique, y compris lors d'un appel incident. Si le prévenu revient sur la limitation de son appel dans le délai d'un mois, les parties disposent d'un nouveau délai de cinq jours pour former appel incident. »**

Art. D. 45-23 *(Décr. n° 2019-508 du 24 mai 2019, art. 4 et 9, en vigueur le 1er juin 2019)* **Lorsque le prévenu, la partie civile ou la personne civilement responsable forme appel, à titre principal ou incident, contre un jugement qui a été rendu par le tribunal correctionnel composé de son seul président et que l'appel doit être examiné par la chambre des appels correctionnels de la cour d'appel composée de son seul président en application du deuxième alinéa de l'article 510, le formulaire de la déclaration d'appel faite en application des articles 502 ou 503 doit comporter une mention informant la partie appelante de son droit de demander, conformément au deuxième alinéa de l'article 510, par une déclaration complémentaire dans le mois suivant l'acte d'appel et selon les modalités prévues au premier et troisième alinéas de l'article 502 ou au premier et deuxième alinéas de l'article 503, que l'appel soit examiné par une formation collégiale.**

Si cette mention ne figure pas dans la déclaration d'appel, le président de la chambre des appels correctionnels de la cour d'appel doit, en début d'audience, informer la partie appelante de son droit de demander le renvoi de l'affaire à une formation collégiale.

Le demandeur ne saurait se faire un grief de ce qu'il n'a pas reçu l'information visée à l'art. D. 45-23 dès lors qu'il était assisté de son avocat à l'audience correctionnelle du premier degré. • Crim. 5 janv. 2021, ☎ n° 20-80.569 P.

Art. D. 45-24 *(Décr. n° 2019-508 du 24 mai 2019, art. 4 et 9, en vigueur le 1er juin 2019)* **Si l'appel est formé par le ministère public, celui-ci peut également indiquer dans sa déclaration d'appel ou dans un délai d'un mois après cette déclaration qu'il demande que l'appel soit examiné par une formation collégiale.**

Art. D. 45-25 *(Décr. n° 2019-508 du 24 mai 2019, art. 4 et 9, en vigueur le 1er juin 2019)* **Dans les cas prévus par les articles D. 45-22 et D. 45-23, une copie de la déclaration d'appel est remise à l'appelant.**

Dans les cas prévus par les articles D. 45-22, D. 45-23 et D. 45-24, la déclaration d'appel et le dossier de la procédure peuvent, sauf en cas d'urgence, être transmis à la cour d'appel à l'expiration d'un délai d'un mois à compter de l'acte d'appel, avec, s'il y a lieu, la déclaration complémentaire revenant sur la limitation de l'appel ou demandant un examen collégial.

Art. D. 45-26 **La déclaration d'appel formée par une personne détenue en application de l'article 503 est transmise le jour même ou le premier jour ouvrable suivant par le chef de l'établissement pénitentiaire au greffe de la juridiction qui a rendu la décision attaquée.**

(Décr. n° 2019-508 du 24 mai 2019, art. 4 et 9, en vigueur le 1er juin 2019) **« Il en est de même d'une déclaration complémentaire faite par la personne détenue dans le mois suivant son appel en application des articles D. 45-22 ou D. 45-23. »**

L'anc. art. D. 46 a été renuméroté et est devenu l'art. D. 45-26 (Décr. n° 2020-81 du 3 févr. 2020, art. 6, en vigueur le 24 mars 2020).

Art. D. 45-27 *(Décr. n° 2021-1794 du 23 déc. 2021, art. 4, en vigueur le 31 déc. 2021)* **Les dispositions de l'article** *(Décr. n° 2022-656 du 25 avr. 2022, art. 4)* **« D. 45-2 » sont applicables devant la chambre des appels correctionnels.**

L'art. D. 45-27 est applicable aux procédures dans lesquelles les parties seront convoquées à compter du 31 déc. 2021 à l'audience de la chambre des appels correctionnels, même si ces procédures concernent des infractions commises avant cette date (Décr. n° 2021-1794 du 23 déc. 2021, art. 9).

Art. D. 45-28 *(Décr. n° 2022-546 du 13 avr. 2022, art. 6)* **Lorsque le procureur général décide, d'office ou à la demande du prévenu, de recourir en cause d'appel à la procédure de comparution sur reconnaissance préalable de culpabilité en application du dernier alinéa de l'article 495-15, il en informe le président de la chambre des appels**

correctionnels de la cour d'appel devant laquelle l'affaire avait été audiencée, si cette audience avait déjà été fixée.

Cette décision ne peut intervenir moins d'un mois avant la date prévue pour l'audience, sauf en cas d'accord du président de la chambre de la cour d'appel.

Dans tous les cas, s'il est recouru à la procédure de comparution sur reconnaissance préalable de culpabilité, la date de l'audience d'homologation doit être fixée plus de dix jours avant la date de l'audience prévue devant la chambre des appels correctionnels.

Art. D. 45-29 *(Décr. n° 2022-546 du 13 avr. 2022, art. 6)* Lorsque la demande du prévenu prévue par l'article 495-15 tendant à l'application en appel de la procédure de comparution sur reconnaissance préalable de culpabilité est adressée au procureur général plus de trois mois avant la date de l'audience fixée devant la cour, par lettre recommandée avec accusé de réception, par un moyen de télécommunication sécurisé conformément au 21° de l'article D. 591 ou par déclaration au secrétariat du procureur général contre récépissé, ce magistrat informe par tout moyen le demandeur s'il décide de ne pas mettre en œuvre cette procédure.

Le défaut d'information ne constitue cependant pas une cause de nullité de la saisine de la chambre des appels correctionnels.

Art. D. 45-29 *[D. 45-30]* *(Décr. n° 2022-656 du 25 avr. 2022, art. 4)* Les dispositions de l'article D. 45-2-1 *bis* sont applicables devant la chambre des appels correctionnels. Les décisions prévues par cet article sont alors prises par le premier président de la cour d'appel.

Ndlr : le Décr. n° 2022-656 du 25 avr. 2022 a inséré par erreur un art. D. 45-29 après l'art. D. 45-28, ne tenant pas compte de l'insertion préalable d'un art. D. 45-29 par le Décr. n° 2022-546 du 13 avr. 2022.

Art. D. 46 *(Décr. n° 2020-81 du 3 févr. 2020, art. 6, en vigueur le 24 mars 2020)* Lorsque la chambre des appels correctionnels décerne un mandat de dépôt à effet différé, le procureur général dispose des mêmes prérogatives que le procureur de la République.

Si la date fixée pour l'incarcération est portée à la connaissance du condamné à l'issue de l'audience, il délivre l'ordre de mise à exécution de ce mandat prévu par l'article D. 48-2-5.

Dans le cas contraire, il peut saisir le procureur de la République du tribunal judiciaire dans le ressort duquel réside le condamné pour mise à exécution du mandat.

TITRE TROISIÈME DU JUGEMENT DES CONTRAVENTIONS

(Décr. n° 2012-123 du 30 janv. 2012)

Art. D. 46-1-1 L'officier du ministère public près le tribunal de police de Paris est compétent pour établir les titres exécutoires des amendes forfaitaires majorées prévus par l'article 529-5 lorsqu'ils concernent des contraventions mentionnées à l'article 529-3 et commises, dans les départements de la région Île-de-France, au préjudice de la Régie autonome des transport parisiens.

Cette compétence est concurrente de celle de l'officier du ministère public près le tribunal de police dans le ressort duquel la contravention a été commise et de celle *[de]* l'officier du ministère public près le tribunal de police dans le ressort duquel le contrevenant est domicilié.

En cas de protestation ou de réclamation devant donner lieu à la saisine du tribunal de police, l'officier du ministère public près le tribunal de police de Paris transmet le dossier de la procédure au ministère public compétent à raison du domicile du contrevenant.

Art. D. 46-1-2 L'officier du ministère public près le tribunal de police de Bordeaux est compétent pour établir les titres exécutoires des amendes forfaitaires majorées prévus par l'article 529-5 lorsqu'ils concernent des contraventions mentionnées à l'article 529-3 et commises, sur le territoire métropolitain, au préjudice de la Société nationale des chemins de fer français.

Cette compétence est concurrente de celle de l'officier du ministère public près *[le]* tribunal de police dans le ressort duquel la contravention a été commise et de celle *[de]* l'officier du ministère public près le tribunal de police dans le ressort duquel le contrevenant est domicilié.

En cas de protestation ou de réclamation devant donner lieu à la saisine du tribunal de police, l'officier du ministère public près le tribunal de police de Bordeaux transmet le dossier de la procédure au ministère public compétent à raison du domicile du contrevenant.

Art. D. 46-1-3 Les modalités techniques d'application des dispositions des articles D. 46-1-1 et D. 46-1-2 et leur date d'entrée en vigueur sont déterminées par arrêté conjoint du ministre de la justice, du ministre de l'intérieur et du ministre chargé du budget.

Art. D. 46-1-4 *(Décr. n° 2021-1794 du 23 déc. 2021, art. 5, en vigueur le 31 déc. 2021)* Les dispositions de l'article D. 45-2-1 *bis* sont applicables devant le tribunal de police.

L'art. D. 46-1-4 est applicable aux procédures dans lesquelles les parties seront convoquées à compter du 31 déc. 2021 à l'audience du tribunal de police, même si ces procédures concernent des infractions commises avant cette date (Décr. n° 2021-1794 du 23 déc. 2021, art. 9).

TITRE QUATRIÈME DES CITATIONS ET SIGNIFICATIONS

Art. D. 46-2 Pour l'application des dispositions de l'article 555-1, la notification effectuée auprès d'une personne détenue par le chef de l'établissement pénitentiaire et qui vaut signification peut être réalisée par tout fonctionnaire placé sous son autorité et ayant été désigné par lui à cette fin.

Art. D. 46-3 Conformément aux dispositions de l'article 557, lorsque l'huissier a remis la copie de l'exploit à une personne résidant au domicile de l'intéressé, il adresse à ce dernier :

1° Soit une lettre recommandée avec demande d'avis de réception ;

2° Soit une lettre simple accompagnée d'un récépissé à réexpédier ou à déposer à l'étude d'huissier.

Art. D. 46-4 Les modalités de mise en œuvre de la signification à étude d'huissier de justice prévue par l'article 558 sont précisées par le présent article.

L'huissier de justice peut, à la demande du destinataire, transmettre la copie de l'exploit à une autre étude où celui-ci pourra le retirer dans les mêmes conditions. La mention de cette faculté est portée dans la lettre recommandée avec demande d'avis de réception, la lettre simple ou l'avis de passage prévus par les alinéas 2 et 4 de l'article 558.

L'avis de passage prévu par le quatrième alinéa de l'article 558 doit être daté et indique que la copie de l'exploit signifié à l'étude de justice doit être retirée dans les plus brefs délais, contre récépissé ou émargement, par l'intéressé ou par toute personne spécialement mandatée. Si l'exploit est une signification de jugement rendu par itératif défaut, l'avis de passage mentionne la nature de l'acte signifié et le délai d'appel.

Il y a signification à personne si l'intéressé se présente à l'étude pour retirer la copie de l'exploit, même sans avoir signé l'avis de réception de la lettre recommandée ou sans avoir renvoyé le récépissé.

La copie de l'exploit est conservée à l'étude pendant trois mois. Passé ce délai, l'huissier de justice en est déchargé.

Art. D. 46-5 Les dispositions du deuxième alinéa de l'article 559-1 permettant au procureur de la République de porter jusqu'à trois mois le délai de signification d'une décision sont également applicables aux significations délivrées à la requête du procureur général ou de la partie civile.

Le ministère public et la partie civile peuvent prévoir ce délai de trois mois dans leur requête initiale. Ils peuvent également proroger le délai jusqu'à trois mois lorsque l'huissier les informe qu'il n'a pu accomplir la signification dans le délai de quarante-cinq jours initialement prévu.

Ces délais courent à compter de la réception par l'huissier de la requête du ministère public ou de la partie civile.

Art. D. 46-6 Dans le cas prévu par l'article 559-1, l'huissier qui constate qu'il n'a pu accomplir ses diligences à l'expiration du délai de quarante-cinq jours ou dans celui prévu dans la requête du ministère public ou de la partie civile doit en informer ce dernier ou cette dernière dès que possible, et au plus tard dans les cinq jours ouvrables suivant l'expiration de ce délai.

En l'absence de prorogation du délai conformément aux dispositions de l'article D. 46-5, l'huissier lui retourne l'exploit accompagné des procès-verbaux relatant les diligences qu'il a accomplies pour effectuer la signification à la personne de son destinataire et les circonstances caractérisant l'impossibilité d'une telle signification.

Art. D. 46-6-1 La signification demeure régulière même si elle a été accomplie après l'expiration du délai de quarante-cinq jours prévu par l'article 559-1 ou du délai de trois mois fixé par le ministère public ou la partie civile.

L'art. D. 46-7 est devenu D. 46-6-1 (Décr. n° 2016-1455 du 28 oct. 2016, art. 7).

Art. D. 46-6-2 *(Décr. n° 2016-1455 du 28 oct. 2016, art. 7 et 18, en vigueur le 15 nov. 2016)* L'acte de citation établi en application de l'article 390 précise que la personne peut demander l'assistance d'un avocat immédiatement ou à tout moment au cours de la procédure. Il précise également les conditions lui permettant de bénéficier de l'aide juridictionnelle ainsi que l'adresse des structures où elle peut recevoir des conseils juridiques.

LIVRE TROISIÈME

Néant.

LIVRE QUATRIÈME DE QUELQUES PROCÉDURES PARTICULIÈRES

(*Décr. n° 68-645 du 9 juill. 1968*)

TITRE PREMIER DES RÈGLES DE PROCÉDURE APPLICABLES AUX CRIMES CONTRE L'HUMANITÉ ET AUX CRIMES DE GUERRE

(*Décr. n° 2012-682 du 7 mai 2012*)

SOUS-TITRE PREMIER DE LA COOPÉRATION AVEC LA COUR PÉNALE INTERNATIONALE

SOUS-TITRE II DES JURIDICTIONS COMPÉTENTES POUR LA POURSUITE, L'INSTRUCTION ET LE JUGEMENT DES CRIMES CONTRE L'HUMANITÉ ET DES CRIMES ET DÉLITS DE GUERRE

Art. D. 46-7 Les personnes titulaires d'un diplôme national sanctionnant une formation d'une durée au moins égale à quatre années, d'études supérieures après le baccalauréat, remplissant les conditions d'accès à la fonction publique et justifiant d'une expérience professionnelle minimale de quatre années, peuvent exercer les fonctions d'assistant spécialisé prévues par l'article 628-9 auprès du tribunal judiciaire de Paris, si le diplôme valide une formation dans l'une au moins des matières suivantes :

I. – Droit pénal et procédure pénale ;
II. – Droit international public ;
III. – Droit de la guerre ;
IV. – Droit international humanitaire ;
V. – Histoire ;
VI. – Ethnologie.

TITRE DEUXIÈME DU FAUX

Art. D. 47-1 (*Décr. n° 68-645 du 9 juill. 1968*) Le demandeur en inscription de faux contre une pièce produite devant la Cour de cassation, dont le premier président rejette la demande, est condamné, sauf s'il en est expressément dispensé, au paiement d'une amende civile de 30 € au moins et de 150 € au plus.

TITRE DIXIÈME DE L'ENTRAIDE JUDICIAIRE INTERNATIONALE

(*Décr. n° 2015-1677 du 15 déc. 2015*)

CHAPITRE PREMIER DISPOSITIONS GÉNÉRALES

Néant.

CHAPITRE II DISPOSITIONS PROPRES À L'ENTRAIDE ENTRE LA FRANCE ET LES AUTRES ÉTATS MEMBRES DE L'UNION EUROPÉENNE

SECTION PREMIÈRE DES DÉCISIONS D'ENQUÊTE EUROPÉENNE

(*Décr. n° 2017-511 du 7 avr. 2017, art. 4, en vigueur le 22 mai 2017*)

SOUS-SECTION 1 DISPOSITIONS COMMUNES

Art. D. 47-1-1 Le magistrat ayant émis une décision d'enquête européenne ou chargé de l'exécution d'une telle décision consulte directement et par tout moyen approprié, y compris par le biais du système de télécommunications du Réseau judiciaire européen, l'autorité étrangère d'exécution ou d'émission pour faciliter la reconnaissance et l'exécution de la décision, notamment pour régler toute difficulté relative à la transmission ou à l'authenticité d'un document nécessaire à l'exécution de cette décision.

SOUS-SECTION 2 DISPOSITIONS RELATIVES À L'ÉMISSION D'UNE DÉCISION D'ENQUÊTE EUROPÉENNE PAR LES AUTORITÉS JUDICIAIRES FRANÇAISES

§ 1er DISPOSITIONS GÉNÉRALES

Art. D. 47-1-2 Toute décision d'enquête européenne émise par une des autorités judiciaires mentionnées à l'article 694-20 est rédigée en utilisant le formulaire figurant à l'annexe A de la Directive 2014/41/UE du 3 avril 2014 concernant la décision d'enquête européenne en matière pénale.

Elle est traduite, si nécessaire, dans la langue ou dans l'une des langues que l'autorité d'exécution a déclaré accepter.

Elle peut être transmise à l'autorité d'exécution par le biais du système de télécommunications du Réseau judiciaire européen ou par tout moyen permettant de laisser une trace écrite.

Si le magistrat émettant la décision d'enquête européenne ignore l'identité de l'autorité d'exécution, il peut solliciter cette information via les points de contact du Réseau judiciaire européen.

Art. D. 47-1-3 Lorsque le magistrat ayant émis la décision d'enquête européenne est informé par l'autorité d'exécution de l'impossibilité de réaliser l'acte demandé ou de la nécessité d'y substituer une autre mesure, il peut retirer ou compléter la décision d'enquête européenne.

Art. D. 47-1-4 Si un recours est formé contre la décision d'enquête européenne, le magistrat ayant émis cette décision en informe l'autorité d'exécution, ainsi que de l'issue de ce recours.

Le non-respect de cette obligation d'information ne constitue toutefois pas une cause de nullité.

§ 2 DISPOSITIONS PARTICULIÈRES À CERTAINES MESURES D'ENQUÊTE

Art. D. 47-1-5 Lorsqu'il émet une décision d'enquête européenne tendant à la saisie d'éléments de preuve, le magistrat précise dans la décision :

1° Soit que ces éléments doivent lui être transférés ;

2° Soit qu'ils doivent être conservés dans l'État d'exécution afin d'éviter leur destruction, transformation, déplacement ou aliénation jusqu'à une date qu'il fixe, sans préjudice de la possibilité de demander avant cette date le transfert de ces éléments.

Si les éléments de preuve transférés n'ont pas été placés sous scellé *[scellés]* par l'autorité d'exécution, ils sont placés sous scellé *[scellés]* conformément aux dispositions du présent code. Si l'autorité d'exécution l'a exigé lors du transfert, ces éléments lui sont restitués dès qu'ils ne sont plus nécessaires à la procédure en cours.

Art. D. 47-1-6 Pour l'application des articles 694-25 et 694-26, lorsqu'une décision d'enquête européenne implique qu'une personne détenue sur le territoire national fasse l'objet d'un transfèrement temporaire sur le territoire de l'État d'exécution ou inversement, ou d'un transit sur le territoire d'un État tiers, le directeur de l'administration pénitentiaire du ministère de la justice, agissant sur saisine de l'autorité judiciaire nationale, formalise la demande de transfèrement ou de transit, accompagnée de tous les documents nécessaires, en lien avec les autorités compétentes de l'État étranger.

Art. D. 47-1-7 Pour l'application des articles 694-25 et 694-26, les modalités pratiques du transfèrement temporaire ou du transit d'une personne, y compris s'il y a lieu le détail de ses conditions de détention dans l'État d'émission ou l'État d'exécution, et les dates limites auxquelles elle doit être transférée du territoire de l'État d'exécution et renvoyée sur ce territoire sont fixées d'un commun accord entre l'État d'émission et l'État d'exécution, en veillant à ce que l'état physique et mental de la

personne concernée, ainsi que le niveau de sécurité requis dans l'État d'émission, soient pris en compte.

Art. D. 47-1-8 **Pour l'application de l'article 694-28, lorsque plus d'un État membre est en mesure de fournir l'assistance technique nécessaire complète pour la même interception de télécommunications, la décision d'enquête européenne est adressée par priorité à l'État membre sur le territoire duquel se trouve ou se trouvera la cible de l'interception.**

Le magistrat ayant émis une décision d'enquête européenne tendant à l'interception de télécommunications détermine, d'un commun accord avec l'autorité d'exécution, si l'interception est réalisée en transmettant les télécommunications immédiatement ou à l'issue des opérations.

Il peut également demander une transcription, un décodage ou un déchiffrement de l'enregistrement, sous réserve de l'accord de l'autorité d'exécution.

Art. D. 47-1-9 **Si la décision d'enquête européenne demande la réalisation d'une audition par l'utilisation de moyens de télécommunication, mais que l'État membre d'exécution ne dispose pas des moyens techniques nécessaires à cette fin, le magistrat ayant émis la décision peut, d'un commun accord avec l'autorité d'exécution, mettre des moyens techniques à la disposition de cette dernière.**

SOUS-SECTION 3 DISPOSITIONS RELATIVES À LA RECONNAISSANCE ET L'EXÉCUTION PAR LES AUTORITÉS JUDICIAIRES FRANÇAISES D'UNE DÉCISION D'ENQUÊTE EUROPÉENNE ÉMANANT D'UN AUTRE ÉTAT MEMBRE

§ 1er DISPOSITIONS GÉNÉRALES

Art. D. 47-1-10 **Le procureur de la République ou le juge d'instruction du tribunal judiciaire territorialement compétent qui est destinataire de la décision d'enquête européenne en accuse réception sans tarder, et en tout état de cause dans un délai d'une semaine à compter de sa réception, en utilisant le formulaire figurant à l'annexe B de la directive 2014/41/UE du 3 avril 2014 susmentionnée.**

Art. D. 47-1-11 **Si la décision d'enquête européenne est adressée par erreur au procureur général ou à un procureur qui n'est pas territorialement compétent, celui-ci la transmet sans délai au procureur de la République ou au juge d'instruction du tribunal judiciaire territorialement compétent et en informe immédiatement l'autorité d'émission en utilisant le formulaire figurant à l'annexe B susmentionnée.**

Art. D. 47-1-12 **Si la décision d'enquête n'a pas été émise ou validée par une autorité judiciaire, ou si elle n'a pas été rédigée ou traduite en langue française ou si l'annexe A n'est pas complète, la décision est renvoyée à l'autorité d'émission pour régularisation.**

Art. D. 47-1-13 **Les instructions ordonnant l'exécution de la mesure demandée valent reconnaissance de la décision d'enquête et n'ont pas besoin d'être notifiées à l'autorité d'émission.**

Art. D. 47-1-14 **Lorsque les formalités et procédures expressément indiquées par l'autorité d'émission dans la décision d'enquête européenne ne peuvent pas être respectées, le magistrat saisi l'en informe sans tarder par tout moyen permettant de laisser une trace écrite.**

Lorsque la mesure d'enquête indiquée dans la décision d'enquête européenne n'est pas prévue par le présent code ou ne pourrait pas être exécutée dans le cadre d'une procédure nationale similaire, et lorsqu'il n'existe aucune autre mesure d'enquête qui, conformément à l'article 694-38 permettrait d'obtenir le même résultat que la mesure d'enquête demandée, le magistrat saisi informe l'autorité d'émission qu'il n'a pas été possible, pour ces raisons, d'apporter l'assistance demandée.

Art. D. 47-1-15 **Lorsque l'autorité d'émission a indiqué dans la décision d'enquête européenne qu'en raison de délais de procédure, de la gravité de l'infraction ou d'autres circonstances particulièrement urgentes, un délai plus court que ceux prévus**

par les articles 694-35 et 694-37 est nécessaire, ou si l'autorité d'émission a indiqué dans la décision d'enquête européenne que la mesure d'enquête doit être exécutée à une date spécifique, le magistrat saisi tient compte au mieux de cette exigence.

S'il n'est pas possible, dans un cas spécifique, de respecter ce délai, le magistrat saisi en informe l'autorité d'émission et le délai est prorogé conformément aux dispositions du deuxième alinéa de l'article 694-35 et du premier alinéa de l'article 694-37.

Art. D. 47-1-16 Si un recours est formé contre la reconnaissance ou l'exécution de la décision d'enquête européenne, le magistrat saisi en informe l'autorité d'émission, ainsi que de l'issue de ce recours.

Art. D. 47-1-17 Le non-respect des obligations d'information prévues aux articles D. 47-1-10, D. 47-1-11, D. 47-1-14 et D. 47-1-16 ne constitue pas une cause de nullité.

§ 2 DISPOSITIONS PARTICULIÈRES À CERTAINES MESURES D'ENQUÊTE

Art. D. 47-1-18 Les dispositions de l'article D. 47-1-7 sont applicables dans le cas, prévu par l'article 694-44, de transfèrement sur le territoire national d'une personne détenue dans l'État d'émission pour les nécessités de l'exécution d'une décision d'enquête européenne.

Art. D. 47-1-19 Lorsque, pour l'exécution d'une demande d'enquête européenne émise par un État membre auprès d'un autre État membre, une personne détenue doit transiter par le territoire national, ce transit est autorisé par le directeur des affaires criminelles et des grâces du ministère de la justice sur présentation d'une demande, accompagnée de tous les documents nécessaires. Pendant ce transit, les dispositions du premier alinéa de l'article 694-26 sont applicables.

Art. D. 47-1-20 Pour l'application de l'article 694-48, lorsque l'État d'émission sollicite, au titre d'une décision d'enquête européenne, l'audition d'une personne par visioconférence, les modalités pratiques de l'audition, qui doit être réalisée conformément aux dispositions du droit de l'État d'émission, sont préalablement fixées d'un commun accord avec les autorités de cet État, en précisant notamment l'heure et le lieu de l'audition, les données d'identification de la personne entendue ainsi que, s'il s'agit d'une personne suspectée ou poursuivie, les conditions dans lesquelles est garanti l'exercice des droits de la défense.

Il est dressé un procès-verbal indiquant la date et le lieu de l'audition, l'identité de la personne entendue, les identités et qualités de toutes les autres personnes ayant participé à l'audition, les prestations de serment et les conditions techniques dans lesquelles l'audition s'est déroulée. Ce procès-verbal est transmis à l'autorité d'émission.

SECTIONS II à VI

(Décr. nº 2015-1677 du 15 déc. 2015)

Néant.

SECTION VII DE LA PRÉVENTION ET DU RÈGLEMENT DES CONFLITS DE COMPÉTENCE ENTRE ÉTATS MEMBRES DE L'UNION EUROPÉENNE

Les anciens art. D. 47-1-1 à D. 47-1-9 ont été renumérotés et sont devenus les art. D. 47-1-21 à D. 47-1-29 en application du Décr. nº 2017-511 du 7 avr. 2017 relatif à la décision d'enquête européenne en matière pénale (Décr. préc., art. 4, en vigueur le 22 mai 2017).

Art. D. 47-1-21 Afin d'éviter les conséquences négatives de la coexistence de procédures pénales parallèles ayant pour objet les mêmes personnes pour les mêmes faits dans plusieurs États membres de l'Union européenne, les autorités judiciaires françaises communiquent avec les autorités judiciaires compétentes des États membres conformément aux dispositions de l'article 695-9-54, selon les modalités définies par la présente section.

Art. D. 47-1-22 Les échanges d'informations entre autorités compétentes s'effectuent par tout moyen laissant une trace écrite et dans des conditions permettant au destinataire d'en vérifier l'origine et l'authenticité.

Sans préjudice des dispositions de l'article 11 relatives au secret de l'enquête et de l'instruction, les informations ainsi échangées sont confidentielles et les modalités de leur transmission garantissent le respect de ce principe.

Art. D. 47-1-23 Lorsque le procureur de la République, le juge d'instruction ou le président de la juridiction saisie de la procédure a des motifs raisonnables de croire qu'une procédure ayant pour objet les mêmes personnes pour les mêmes faits est en cours dans un autre État membre de l'Union européenne, il procède, auprès de l'autorité compétente de cet État, à une demande de confirmation de l'existence d'une procédure parallèle, en vue d'engager des consultations directes afin d'éviter les éventuelles conséquences négatives de la coexistence de ces deux procédures telles que des poursuites concurrentes ou plusieurs condamnations d'une même personne pour les mêmes faits.

Art. D. 47-1-24 La demande susvisée contient les informations suivantes :

a) Les coordonnées de l'autorité judiciaire compétente ;

b) Une description des faits faisant l'objet de la procédure pénale concernée ;

c) Tous les renseignements pertinents sur l'identité des personnes suspectées ou poursuivies et, le cas échéant, des victimes ;

d) L'état d'avancement de la procédure pénale ;

e) Le cas échéant, les informations relatives à la détention provisoire ou la garde à vue des personnes suspectées ou poursuivies ;

f) Tout autre élément pertinent.

La demande est traduite dans l'une des langues officielles de l'État membre destinataire ou dans l'une des langues officielles des institutions de l'Union européenne acceptées par cet État.

Art. D. 47-1-25 Lorsque le procureur de la République, le juge d'instruction ou le président de la juridiction saisie de la procédure est contacté par l'autorité judiciaire d'un État membre dans lequel une procédure pénale est en cours concernant les mêmes personnes pour les mêmes faits, il lui adresse une réponse au plus tard dans les dix jours à compter de la réception de la demande lorsque la personne poursuivie est placée en détention provisoire ou en garde à vue.

L'autorité judiciaire compétente communique notamment les coordonnées de l'autorité en charge de la procédure pénale ainsi que l'état d'avancement de la procédure pénale et, si une décision a été rendue en dernier ressort, la nature de cette décision. Elle peut fournir toutes autres informations complémentaires pertinentes.

Art. D. 47-1-26 Si l'autorité judiciaire compétente n'est pas en mesure de fournir une réponse dans le délai fixé par l'autorité requérante, elle l'en informe et précise le délai dans lequel elle transmettra l'information demandée.

Si l'autorité judiciaire à laquelle la demande d'information a été adressée n'est pas compétente pour y donner suite, elle la transmet sans délai à l'autorité compétente et en informe l'autorité requérante.

Art. D. 47-1-27 Lorsqu'il est établi qu'une procédure parallèle existe, les autorités compétentes des États membres concernés engagent des consultations directes en vue de dégager un consensus sur toute solution efficace permettant d'éviter les conséquences négatives découlant de l'existence de ces procédures et pouvant, le cas échéant, conduire à la poursuite de la procédure pénale dans un seul État.

Art. D. 47-1-28 Tant que les consultations directes sont en cours, les autorités compétentes des États membres s'informent l'une l'autre de tout acte de procédure important et répondent aux demandes d'informations qui leur sont adressées.

Art. D. 47-1-29 Si, au cours des consultations directes engagées, un consensus a été dégagé sur la poursuite de la procédure pénale dans un seul État membre, l'autorité compétente de cet État membre en informe la ou les autorités compétentes de l'autre ou des autres États membres.

TITRE ONZIÈME DU PARQUET EUROPÉEN

(Décr. nº 2021-694 du 31 mai 2021, art. 2)

Les dispositions du présent titre sont entrées en vigueur à la date fixée par la Commission européenne en application de l'art. 120 du Régl. (UE) 2017/1939 du Conseil du 12 oct. 2017 mettant en œuvre une coopération renforcée concernant la création du Parquet européen, soit le 1er juin 2021.

CHAPITRE PREMIER DES SIGNALEMENTS AU PROCUREUR EUROPÉEN DÉLÉGUÉ ET DE L'EXERCICE DE SA COMPÉTENCE

SECTION PREMIÈRE DES OBLIGATIONS DE SIGNALEMENT AU PROCUREUR EUROPÉEN DÉLÉGUÉ

Art. D. 47-1-30 Pour l'application des articles 696-108 et 696-111, les infractions commises après le 20 novembre 2017 relevant de la compétence du Parquet européen et pour lesquelles il doit être procédé aux signalements prévus par l'article 696-111 sont celles prévues par les articles D. 47-1-31 à D. 47-1-34.

Art. D. 47-1-31 I. — Il doit être procédé au signalement des délits suivants s'ils portent atteinte aux recettes perçues, aux dépenses exposées ou aux avoirs qui relèvent du budget de l'Union européenne, des budgets des institutions, organes et organismes de l'Union européenne ou des budgets gérés et contrôlés directement par eux, et si le montant du préjudice causé à l'Union européenne est susceptible d'être au moins égal à 10 000 euros :

1° Délits d'escroquerie prévus à la section 1re du chapitre III du titre Ier du livre III du code pénal ;

2° Délits d'abus de confiance prévus à la section 1re du chapitre IV du titre Ier du livre III du code pénal ;

3° Délits de soustraction, détournement ou destruction de biens prévus au paragraphe 5 de la section III du chapitre II du titre III du livre IV du code pénal ;

4° Délits de corruption prévus aux articles 432-11, 433-1, 435-1 et 435-3 du code pénal ;

5° Délits de contrebande, d'importation ou d'exportation frauduleuse prévus à l'article 414-2 du code des douanes ;

6° Délits de blanchiment prévus à l'article 415 du code des douanes, lorsqu'ils portent sur des fonds provenant de délits mentionnés aux 1° à 5° du présent I ;

7° Délits de blanchiment prévus à la section 1re du chapitre IV du titre II du livre III du code pénal, lorsqu'ils portent sur des fonds provenant de délits mentionnés aux 1° à 5° du présent I.

II. — Lorsque les délits mentionnés au I ont causé ou sont susceptibles d'avoir causé un préjudice d'un montant inférieur à 10 000 euros, le signalement ne doit intervenir que si l'une au moins des conditions suivantes est remplie :

1° Les répercussions du dossier à l'échelle de l'Union sont de nature à rendre nécessaire la conduite d'une enquête par le Parquet européen ;

2° Des fonctionnaires ou d'autres agents de l'Union, ou des membres des institutions de l'Union pourraient être soupçonnés d'avoir commis l'infraction.

Le signalement doit toutefois également intervenir lorsqu'il n'est pas possible de déterminer si les critères prévus aux 1° et 2° ci-dessus sont remplis.

Art. D. 47-1-32 Lorsque l'infraction porte sur la taxe sur la valeur ajoutée, il ne doit être procédé au signalement des délits mentionnés au I de l'article D. 47-1-31 que si les conditions suivantes sont remplies :

1° Le montant du préjudice total en résultant s'élève à au moins dix millions d'euros ;

2° L'infraction a un lien avec le territoire d'au moins deux États mentionnés ci-dessous, qui participent à la coopération renforcée concernant la création du Parquet européen :

- l'Allemagne,
- l'Autriche,
- la Belgique,

- la Bulgarie,
- Chypre,
- la Croatie,
- l'Espagne,
- l'Estonie,
- l'Italie,
- la Finlande,
- la France,
- la Grèce,
- la Lettonie,
- la Lituanie,
- le Luxembourg,
- Malte,
- les Pays-Bas,
- le Portugal,
- la République tchèque,
- la Roumanie,
- la Slovaquie,
- la Slovénie.

Art. D. 47-1-33 **Il doit être procédé au signalement du délit d'association de malfaiteurs prévu par l'article 450-1 du code pénal lorsqu'il vise à la préparation et la commission des infractions prévues aux articles D. 47-1-31 et D. 47-1-32.**

Art. D. 47-1-34 **Il doit être procédé au signalement des infractions connexes aux délits prévus aux articles D. 47-1-31 à D. 47-1-32 lorsqu'elles sont indissociablement liées avec ces délits.**

Art. D. 47-1-35 *(Décr. n° 2022-546 du 13 avr. 2022, art. 7)* **« Lorsque les signalements prévus aux 1 à 3 et au 5 de l'article 24 du règlement (UE) 2017/1939 du Conseil du 12 octobre 2017 mettant en œuvre une coopération renforcée concernant la création du Parquet européen sont, conformément à la première phrase de l'article 696-111, directement adressés au procureur européen délégué par les autorités nationales compétentes mentionnées à l'article 19, au second alinéa de l'article 40 et à l'article 80 du présent code, ces autorités en informent alors simultanément :**

« 1° Le procureur de la République financier prévu par l'article 705, si l'une au moins des infractions faisant l'objet du signalement relève de cet article ;

« 2° Le procureur de la République territorialement compétent près la juridiction interrégionale spécialisée en matière économique et financière prévu par l'article 704, si l'une au moins des infractions faisant l'objet du signalement relève de sa compétence ;

« 3° Le procureur de la République territorialement compétent. »

(Décr. n° 2021-694 du 31 mai 2021, art. 2) **« Lorsque le signalement concerne une infraction prévue par le code des douanes, l'administration des douanes est informée. »**

Art. D. 47-1-36 *(Décr. n° 2022-546 du 13 avr. 2022, art. 7)* **« Le procureur de la République financier mentionné à l'article 705 et les procureurs de la République** ***territorialement*** **compétents près les juridictions interrégionales spécialisée** *[spécialisées]* **en matière économique et financière prévues par l'article 704 adressent au procureur européen délégué dans les meilleurs délais les signalements relevant de l'article qui précède et qui leur ont été transmis, conformément à la seconde phrase de l'article 696-111, par les autorités nationales compétentes mentionnées à l'article 19, au second alinéa de l'article 40 et à l'article 80, ou par le procureur de la République territorialement compétent. »**

(Décr. n° 2021-694 du 31 mai 2021, art. 2) **« Lorsque la procédure** *(Décr. n° 2022-546 du 13 avr. 2022, art. 7)* **« faisant l'objet du signalement » concerne une infraction prévue par le code des douanes, l'administration des douanes est informée de la transmission effectuée.**

(Abrogé par Décr. n° 2022-546 du 13 avr. 2022, art. 7) ***« Les autorités mentionnées au premier alinéa peuvent adresser simultanément au procureur européen délégué les signalements prévus par l'article 696-111, notamment en cas d'urgence. »***

Art. D. 47-1-37 Les signalements *(Abrogé par Décr. nº 2022-546 du 13 avr. 2022, art. 7) « et avis »* prévus aux articles D. 47-1-35 et D. 47-1-36 comprennent à tout le moins les éléments suivants :

1° Une description des faits, y compris une évaluation du préjudice causé ou susceptible d'être causé à l'Union européenne et, le cas échéant, à d'autres victimes ;

2° La ou les qualifications juridiques possibles ;

3° Toute information disponible sur les victimes potentielles, les suspects et toute autre personne impliquée, notamment si sont mis en cause ou susceptibles d'être mis en cause un ou plusieurs fonctionnaires ou autres agents de l'Union européenne, ou des membres des institutions de l'Union européenne.

4° S'il existe une ou plusieurs infractions connexes dans les conditions prévues à l'article D. 47-1-34, il est précisé si la peine privative de liberté maximale encourue pour cette ou ces infractions est équivalente ou supérieure à la peine encourue pour les délits prévus aux articles D. 47-1-31 à D. 47-1-33, et si l'infraction connexe a ou non contribué à la réalisation de l'infraction financière.

5° S'il y a lieu de supposer que le préjudice causé ou susceptible d'être causé aux intérêts financiers de l'Union par une infraction visée aux articles D. 47-1-31 ou D. 47-1-32 n'excède pas le préjudice causé ou susceptible d'être causé à une autre victime.

6° Dans les cas prévus aux 4° et 5°, il est précisé si l'autorité judiciaire estime que, conformément au paragraphe 3 de l'article 25 du règlement (UE) 2017/1939 du Conseil du 12 octobre 2017, le Parquet européen pourrait ne pas exercer sa compétence.

SECTION II DE L'EXERCICE DE SA COMPÉTENCE PAR LE PROCUREUR EUROPÉEN DÉLÉGUÉ

Art. D. 47-1-38 Pour l'application de l'article 696-112, le magistrat national initialement saisi de l'enquête adresse sans délai l'ensemble de la procédure au procureur européen délégué dès que ce dernier l'avise qu'il retient sa saisine, sauf conflits de compétences prévus aux articles 696-135 et 696-136. Lorsque l'enquête concerne une infraction prévue par le code des douanes, l'administration des douanes est informée de ce dessaisissement.

La décision de dessaisissement du procureur de la République ou l'ordonnance rendue à cette fin par le juge d'instruction sont des mesures d'administration judiciaire insusceptibles de recours.

Art. D. 47-1-39 Pour l'application de l'article 696-135, le procureur général compétent pour décider si les investigations seront poursuivies par le procureur de la République ayant refusé de se dessaisir ou par le procureur européen délégué est le procureur général près la cour d'appel dans le ressort de laquelle se trouve la juridiction interrégionale spécialisée en matière économique et financière prévue par l'article 704 dans le ressort de laquelle se trouve ce procureur de la République, ou, si ce procureur ayant refusé de se dessaisir est le procureur de la République financier, le procureur général près la cour d'appel de Paris.

Le procureur de la République chargé par le procureur général compétent de poursuivre les investigations peut décider que celles-ci seront poursuivies par l'administration des douanes, conformément aux dispositions du code des douanes, lorsque l'infraction concernée relève dudit code.

La décision du procureur général, qui constitue une mesure d'administration judiciaire insusceptible de recours, est adressée par tout moyen et dans les meilleurs délais au procureur de la République et au procureur européen délégué.

Art. D. 47-1-40 Le procureur général compétent pour recevoir, en application du 2° de l'article 696-137, l'information du procureur européen délégué indiquant qu'il renvoie aux autorités nationales une infraction connexe qu'il envisageait de classer sans suite est le procureur général mentionné à l'article D. 47-1-39.

Lorsque le procureur général reçoit l'information qu'une affaire est classée sans suite par le Parquet européen, il en informe sans délai l'administration des douanes, aux fins de recouvrement des ressources propres, conformément à l'article 39 § 4 du règlement (UE) 2017/1039 du Conseil du 12 octobre 2017.

Art. D. 47-1-41 Tous les signalements, informations, avis et procédures adressés au procureur européen délégué ou transmis par lui peuvent être établis ou convertis sous format numérique et communiqués par voie électronique conformément aux dispositions des articles 801-1, 803-1 et D. 589 à D. 592.

CHAPITRE II DES PROCÉDURES SUIVIES PAR LE PROCUREUR EUROPÉEN DÉLÉGUÉ

Art. D. 47-1-42 Lorsqu'il procède à des investigations selon la procédure prévue par l'article 696-114, le procureur européen délégué est assisté d'un greffier dans les mêmes conditions que le juge d'instruction.

Les ordonnances prises par le juge des libertés et de la détention dans le cadre de cette procédure peuvent faire l'objet d'un appel de la part du procureur européen délégué dans les conditions prévues à l'article 185.

Les ordonnances prises par le juge des libertés et de la détention en matière de contrôle judiciaire, d'assignation à résidence avec surveillance électronique ou de détention provisoire peuvent faire l'objet d'un appel, de la part de la personne mise en examen par le procureur européen délégué, dans les conditions prévues à l'article 186, en faisant le cas échéant application des articles 187-1 et 187-2.

Les ordonnances prises par le procureur européen délégué en application des articles 80-1-1, 87, 139 et 140 ainsi que du quatrième aliéna de l'article 167 peuvent faire l'objet d'un appel de la part de la personne mise en examen dans les conditions prévues à l'article 186.

Les ordonnances prises par le procureur européen délégué en application de l'article 87 peuvent faire l'objet d'un appel de la partie civile dans les conditions prévues à l'article 186.

Les parties peuvent également former appel des ordonnances mentionnées à l'article 186-1, lorsqu'elles sont rendues par le procureur européen délégué, dans les conditions prévues par cet article.

Art. D. 47-1-43 Pour l'application de l'article 696-119, lorsque le procureur européen délégué ordonne le placement de la personne mise en examen sous contrôle judiciaire, il l'avise qu'elle peut immédiatement contester cette décision devant le juge des libertés et de la détention. Si la personne ou son avocat déclare contester cette ordonnance, le dossier de la procédure doit être transmis sans délai au juge des libertés et de la détention, et au plus tard dans le délai de vingt-quatre heures.

L'ordonnance du juge des libertés et de la détention peut faire l'objet d'un appel par le procureur européen délégué dans les conditions prévues à l'article 185, et par la personne mise en examen dans les conditions prévues à l'article 186.

En l'absence de contestation immédiate devant le juge des libertés et de la détention, la personne mise en examen peut former appel de l'ordonnance du procureur européen délégué dans les conditions prévues à l'article 186.

Art. D. 47-1-44 Lorsque le procureur européen délégué saisi d'une demande de mise *en liberté* estime ne pas pouvoir faire droit à celle-ci, ni pouvoir placer la personne sous contrôle judiciaire, mais considère que celle-ci pourrait être placée sous assignation à résidence avec surveillance électronique, il en avise le juge des libertés et de la détention lorsqu'il le saisit en application du dernier alinéa de l'article 696-122.

Art. D. 47-1-45 Lorsque, conformément aux dispositions du premier alinéa de l'article 696-109, le procureur européen délégué exerce les fonctions de procureur général devant la chambre de l'instruction ou devant la chambre des appels correctionnels, il peut former un pourvoi en cassation contre les décisions rendues par ces juridictions, dans les conditions prévues par *[les]* articles 567, 568 et 585-2.

TITRE DOUZIÈME

Néant.

TITRE TREIZIÈME DE LA PROCÉDURE APPLICABLE AUX INFRACTIONS EN MATIÈRE ÉCONOMIQUE ET FINANCIÈRE

(Décr. nº 2004-984 du 16 sept. 2004, art. 1er, en vigueur le 1er oct. 2004)

Art. D. 47-2 *(Décr. nº 2014-69 du 29 janv. 2014, art. 1er, en vigueur le 1er févr. 2014)* **Par application de l'article 704, alinéas 22 et 24, du code de procédure pénale, le tableau ci-dessous fixe la liste des cours d'appel dans le ressort desquelles un tribunal judiciaire est compétent pour connaître des infractions mentionnées aux alinéas 2 à 17, ainsi que pour chacune d'elles ledit tribunal :**

COURS D'APPEL	TRIBUNAUX judiciaires compétents
Bastia	Bastia
(Décr. nº 2017-1016 du 10 mai 2017) Versailles	*(Décr. nº 2017-1016 du 10 mai 2017)* Nanterre

Art. D. 47-3 **Par application des dispositions de l'***(Décr. nº 2014-69 du 29 janv. 2014, en vigueur le 1er févr. 2014)* **« article 704, alinéa 1 », du code de procédure pénale, les tribunaux judiciaires désignés dans le tableau figurant ci-dessous sont compétents pour connaître, dans les circonscriptions définies à ce tableau, des infractions mentionnées** *(Décr. nº 2014-69 du 29 janv. 2014, en vigueur le 1er févr. 2014)* **« aux alinéas 2 à 17 » de l'article susvisé.**

TRIBUNAUX judiciaires compétents	COMPÉTENCE TERRITORIALE s'étendant au ressort des cours d'appel ou des tribunaux supérieurs d'appel de :
Bordeaux	Agen, Bordeaux, Limoges, Pau, Toulouse.
Lille	Amiens, Douai, Reims, Rouen.
Lyon	Chambéry, Grenoble, Lyon, Riom.
Marseille	Aix-en-Provence, Bastia, Montpellier, Nîmes.
Nancy	Besançon, Colmar, Dijon, Metz, Nancy.
Paris	Bourges, Paris, Orléans, Versailles. Mamoudzou, Nouméa, Papeete, Saint-Denis de la Réunion, Saint-Pierre-et-Miquelon.
Rennes	Angers, Caen, Poitiers, Rennes.
Fort-de-France	Basse-Terre, *(Décr. nº 2011-1878 du 14 déc. 2011, en vigueur le 1er janv. 2012)* « Cayenne, » Fort-de-France.

Art. D. 47-4 **Les personnes titulaires d'un diplôme national sanctionnant une formation d'une durée au moins égale à quatre années d'études supérieures après le baccalauréat, remplissant les conditions d'accès à la fonction publique et justifiant d'une expérience professionnelle minimale de quatre années peuvent exercer les fonctions d'assistant spécialisé auprès d'un tribunal judiciaire** *(Décr. nº 2014-65 du 29 janv. 2014, art. 1er, en vigueur le 1er févr. 2014)* **« visé aux articles 52-1, 704, 705 et 705-1, » si le diplôme valide une formation dans l'une au moins des matières suivantes :**

I. — Comptabilité ;

II. — Finances ;

III. — Gestion des entreprises ;

IV. — Droit des affaires ;

V. — Droit commercial ;

VI. — Droit monétaire et financier ;

VII. – Droit de l'urbanisme ;
VIII. – Droit de la propriété intellectuelle ;
IX. – Droit de la consommation ;
X. – Droit fiscal ;
XI. – Droit douanier ;
XII. – Droit bancaire ;
XIII. – Droit boursier ;
XIV. – Droit des marchés publics ;
XV. – Droit de la concurrence.

TITRE TREIZIÈME *BIS* DE LA PROCÉDURE APPLICABLE EN MATIÈRE SANITAIRE ET ENVIRONNEMENTALE *(Décr. nº 2021-286 du 16 mars 2021, art. 1er, en vigueur le 1er avr. 2021).*

(Décr. nº 2004-984 du 16 sept. 2004, art. 1er, en vigueur le 1er oct. 2004)

Art. D. 47-5 **Par application des dispositions de l'article 706-2 du code de procédure pénale, les tribunaux judiciaires désignés dans le tableau figurant ci-dessous sont compétents pour connaître, dans les circonscriptions définies à ce tableau, des infractions mentionnées à cet article.**

TRIBUNAUX judiciaires compétents	COMPÉTENCE TERRITORIALE s'étendant au ressort des cours d'appel ou des tribunaux supérieurs d'appel de :
Marseille	Aix-en-Provence, Bastia, Chambéry, Grenoble, Lyon, Nîmes et Montpellier.
Paris	Agen, Amiens, Angers, Basse-Terre, Besançon, Bordeaux, Bourges, Caen, *(Décr. nº 2011-1878 du 14 déc. 2011, en vigueur le 1er janv. 2012)* « Cayenne, » Colmar, Dijon, Douai, Fort-de-France, Limoges, Metz, Nancy, Nouméa, Orléans, Papeete, Paris, Pau, Poitiers, Reims, Rennes, Riom, Rouen, Saint-Denis de la Réunion, Toulouse, Versailles, et *(Décr. nº 2011-338 du 29 mars 2011, en vigueur le 1er avr. 2011)* « tribunal supérieur d'appel de Saint-Pierre-et-Miquelon. »

Toutes les procédures en cours devant le tribunal supérieur d'appel de Mamoudzou au 1er avr. 2011 sont transférées, en l'état, à la chambre d'appel de Mamoudzou, sans qu'il y ait lieu de renouveler les actes, formalités et jugements intervenus antérieurement à cette date.

Toutefois, les procédures relevant de la compétence de la chambre de l'instruction sont transférées, en l'état, à compter de la même date à la chambre de l'instruction de la cour d'appel de Saint-Denis de La Réunion. Les convocations, citations, et assignations données aux parties et aux témoins qui n'auraient pas été suivies d'une comparution devant le tribunal supérieur d'appel, en tant que chambre de l'instruction, sont réitérées.

Les parties ayant comparu devant le tribunal supérieur d'appel, en tant que chambre de l'instruction, sont informées, par l'une ou l'autre juridiction, qu'il leur appartient d'accomplir les actes de la procédure devant la chambre de l'instruction de la cour d'appel de Saint-Denis de La Réunion à laquelle la procédure aura été transférée.

Les archives et les minutes du greffe du tribunal supérieur d'appel sont transférées au greffe de la chambre d'appel de Mamoudzou ou de la chambre de l'instruction de la cour d'appel de Saint-Denis de La Réunion selon la nature des procédures. Les frais de transfert de ces archives et minutes sont pris sur le crédit ouvert à cet effet au budget du ministère de la justices (Décr. nº 2011-338 du 29 mars 2011).

Art. D. 47-5-1 *(Décr. nº 2021-286 du 16 mars 2021, art. 1er, en vigueur le 1er avr. 2021)* **Les tribunaux judiciaires désignés dans le tableau figurant ci-dessous sont compétents pour connaître, dans les circonscriptions définies à ce tableau, des infractions mentionnées au I de l'article 706-2-3.**

TRIBUNAUX judiciaires compétents	**COMPÉTENCE TERRITORIALE s'étendant au ressort des cours d'appel ou du tribunal supérieur d'appel de :**
Agen	**Agen**
Marseille	**Aix-en-Provence**
Amiens	**Amiens**
Angers	**Angers**
Basse-Terre	**Basse-Terre**
Bastia	**Bastia**
Besançon	**Besançon**
Bordeaux	**Bordeaux**
Châteauroux	**Bourges**
Coutances	**Caen**
Cayenne	**Cayenne**
Annecy	**Chambéry**
Strasbourg	**Colmar**
Dijon	**Dijon**
Lille	**Douai**
Fort-de-France	**Fort-de-France**
Grenoble	**Grenoble**
Limoges	**Limoges**
Lyon	**Lyon**
Metz	**Metz**
Montpellier	**Montpellier**
Nancy	**Nancy**
Nîmes	**Nîmes**
Nouméa	**Nouméa**
Tours	**Orléans**
Papeete	**Papeete**
Paris	**Paris**
Bayonne	**Pau**
La Rochelle	**Poitiers**
Troyes	**Reims**

TRIBUNAUX judiciaires compétents	**COMPÉTENCE TERRITORIALE s'étendant au ressort des cours d'appel ou du tribunal supérieur d'appel de :**
(Décr. n° 2021-1305 du 7 oct. 2021) « Brest »	Rennes
Clermont-Ferrand	Riom
Rouen	Rouen
Saint-Pierre	Saint-Denis de La Réunion
Saint-Pierre-et-Miquelon	Saint-Pierre-et-Miquelon
Toulouse	Toulouse
Nanterre	Versailles

Ndlr : la juridiction saisie avant le 8 oct. 2021 demeure compétente pour statuer sur les procédures introduites antérieurement à la date d'entrée en vigueur de l'art. 2 du Décr. n° 2021-1305 du 7 oct. 2021 (Décr. préc., art. 3).

Art. D. 47-6 **Les personnes titulaires d'un diplôme national sanctionnant une formation d'une durée au moins égale à quatre années d'études supérieures après le baccalauréat, remplissant les conditions d'accès à la fonction publique et justifiant d'une expérience professionnelle minimale de quatre années, peuvent exercer les fonctions d'assistant spécialisé en matière sanitaire** *(Décr. n° 2021-286 du 16 mars 2021, art. 1er, en vigueur le 1er avr. 2021)* **« ou environnementale » auprès d'un tribunal judiciaire** *(Décr. n° 2021-286 du 16 mars 2021, art. 1er, en vigueur le 1er avr. 2021)* **« mentionné aux articles 706-2 et 706-2-3 », si le diplôme valide une formation dans l'une au moins des matières suivantes :**

I. — Santé humaine ou animale ;

II. — Recherches biomédicales ;

III. — Sécurité alimentaire pour l'homme ou l'animal et protection des consommateurs *(Décr. n° 2021-286 du 16 mars 2021, art. 1er, en vigueur le 1er avr. 2021)* **« , notamment s'agissant des organismes génétiquement modifiés » ;**

IV. — Sécurité sanitaire et prophylaxie ;

V. — Sécurité au travail ;

VI. — Produits de santé, notamment en matière de pharmacie, de dispositifs médicaux, de produits d'origine humaine ou animale ou de produits thérapeutiques ;

VII. — Produits dangereux pour la santé humaine, animale ou pour l'environnement *(Décr. n° 2021-286 du 16 mars 2021, art. 1er, en vigueur le 1er avr. 2021)* **« , y compris les produits chimiques, biocides, substances à l'état nano particulaire et les équipe-*ments à risque* ;**

« VIII. — Gestion des risques des milieux et notamment les eaux, l'air, les sols, les déchets, les bâtiments, les pollutions en mer et sur le littoral, la radioactivité, la pollution lumineuse et sonore et les risques technologiques et naturels » ;

IX. — Organisation et réglementation du système de santé et des professions de santé ;

X. — Organisation et réglementation agricole et élevage des animaux

XI. — Droit communautaire, droit social, droit de la consommation, droit de l'urbanisme, droit douanier, droit public *(Décr. n° 2021-286 du 16 mars 2021, art. 1er, en vigueur le 1er avr. 2021)* **« , droit de l'environnement » ;**

XII. — Médecine humaine ou vétérinaire, pharmacie, ingénierie, architecture ;

(Décr. n° 2021-286 du 16 mars 2021, art. 1er, en vigueur le 1er avr. 2021) **« XIII. — Gestion qualitative et quantitative de la ressource en eau, préservation et restauration des milieux aquatiques, ouvrages hydrauliques et prévention des risques d'inondation ;**

« XIV. – Réglementation relative aux espaces naturels, aux sites inscrits et classés, aux espèces de faune et de flore protégées ou réglementées ;
« XV. – Organisation et réglementation des activités cynégétiques ;
« XVI. – Organisation et réglementation des activités de pêche et d'aquaculture en eaux douces et dans les eaux salées ;
« XVII. – Réglementation relative à la publicité, aux enseignes et pré-enseignes. »

TITRE QUATORZIÈME DU JUGE DÉLÉGUÉ AUX VICTIMES, PRÉSIDENT DE LA COMMISSION D'INDEMNISATION DES VICTIMES D'INFRACTIONS

(Décr. n° 2007-1605 du 13 nov. 2007, en vigueur le 2 janv. 2008)

BIBL. ▸ BOUZIGE, *AJ pénal 2008. 361* (juge délégué aux victimes : outil de communication ou amélioration du soutien des victimes ?). – HERZOG-EVANS, *AJ pénal 2008. 356* (les victimes et l'exécution des peines. En finir avec le déni et l'idéologie). – LIENHARD, *D. 2007. Entretien 3120* (juge délégué aux victimes).

Art. D. 47-6-1 **Le juge délégué aux victimes veille, dans le respect de l'équilibre des droits des parties, à la prise en compte des droits reconnus par la loi aux victimes.**

A cette fin, il exerce les fonctions juridictionnelles et, sans préjudice du rôle de l'avocat constitué ou à venir de la victime, les fonctions d'administration judiciaire et les fonctions administratives prévues par le présent titre.

CHAPITRE PREMIER ATTRIBUTIONS JURIDICTIONNELLES DU JUGE DÉLÉGUÉ AUX VICTIMES

Art. D. 47-6-2 **Le président de la commission d'indemnisation des victimes d'infractions est le juge délégué aux victimes.**

Si la commission comporte plusieurs formations, chacune d'entre elles est présidée par un juge délégué aux victimes.

Art. D. 47-6-3 **Le juge délégué aux victimes peut être désigné par le président du tribunal judiciaire, conformément aux dispositions de l'article R. 311-23** *[V. art. R. 212-6]* **du code de l'organisation judiciaire, pour présider les audiences du tribunal correctionnel statuant après renvoi sur les seuls intérêts civils, prévues par le quatrième alinéa de l'article 464 du présent code.**

La demande qui concerne la compatibilité des fonctions de juge correctionnel appelé à statuer sur les intérêts civils et de juge délégué aux victimes au regard des dispositions de l'art. préliminaire suppose l'examen de la nature et de l'étendue des mesures qui, le cas échéant, ont été prises par le magistrat, en qualité de juge délégué aux victimes, avant de statuer sur les intérêts civils. Cette qualité ne ferait pas obstacle en soi à ce qu'il statue. La demande ne relève donc pas de la procédure d'avis prévue par les art. L. 441-1 s., R. 441-1 COJ et 706-64. • Cass., avis, 20 juin 2008, n° 080005P P : *D. 2008. AJ 1902, note Léna ; Dr. pénal 2008. Comm. 120, obs. Maron et Haas ; RSC 2008. 633, obs. Giudicelli* • 6 oct. 2008, n° 0080010P P : *D. 2008. AJ 2602*.

CHAPITRE II ATTRIBUTIONS D'ADMINISTRATION JUDICIAIRE DU JUGE DÉLÉGUÉ AUX VICTIMES

Art. D. 47-6-4 à D. 47-6-11 *L'art. 1er du Décr. n° 2007-1605 du 13 nov. 2007 est annulé en tant qu'il a inséré les arts. D. 47-6-4 à D. 47-6-11 dans le code de procédure pénale par la Décis. CE n° 312314 du 28 déc. 2009.*

CHAPITRE III ATTRIBUTIONS ADMINISTRATIVES DU JUGE DÉLÉGUÉ AUX VICTIMES

Art. D. 47-6-12 **Le juge délégué aux victimes vérifie les conditions dans lesquelles les parties civiles sont informées de leurs droits à l'issue de l'audience conformément aux dispositions de l'article D. 48-3.**

Art. D. 47-6-13 **Dans le cadre de l'exercice de ses fonctions, le juge délégué aux victimes participe, sous l'autorité du président du tribunal judiciaire et en lien avec le**

Lorsque l'état de la personne lui permet d'en comprendre la teneur, le directeur lui notifie ce document contre récépissé qui est alors retourné au procureur de la République.

Ce document fait notamment état des dispositions du dernier alinéa de l'article 706-137 et des articles 706-138 et 706-139 du présent code.

Le directeur de l'établissement rappelle ou notifie au plus tard selon les mêmes modalités cette décision à la personne lorsqu'il est mis fin à l'hospitalisation d'office et il en informe le procureur de la République.

Art. D. 47-31 *(Décr. n° 2008-361 du 16 avr. 2008, art. 2)* Le procureur de la République ou le procureur général avise le service du casier judiciaire national automatisé des jugements et arrêts de déclaration d'irresponsabilité pénale pour cause de trouble mental rendus par la chambre de l'instruction et les juridictions de jugement dans les cas où il a été fait application des dispositions de l'article 706-136.

Dans ce cas, lorsqu'il est informé de la levée d'une hospitalisation d'office conformément à l'article D. 47-30, le procureur de la République en avise le service du casier judiciaire national automatisé, afin que celui-ci puisse en tirer les conséquences sur la durée de validité de l'interdiction et sur sa mention aux bulletins n° 1 et n° 2 du casier judiciaire.

Art. D. 47-32 *(Décr. n° 2008-361 du 16 avr. 2008, art. 2)* Lorsqu'elle prononce une interdiction en application des dispositions de l'article 706-136, la chambre de l'instruction ou la juridiction de jugement peut ordonner, soit dans sa décision, soit dans une décision ultérieure, que la déclaration d'irresponsabilité pénale pour cause de trouble mental ne sera pas mentionnée au bulletin n° 2 du casier judiciaire conformément aux dispositions de l'article 775-1.

CHAPITRE IV DES SOINS POUVANT ÊTRE ORDONNÉS EN CAS DE TROUBLE MENTAL AYANT ALTÉRÉ LE DISCERNEMENT

(Décr. n° 2014-1582 du 23 déc. 2014, art. 13)

Art. D. 47-33 L'obligation de soins prévue, à titre de mesure de sûreté, par l'article 706-136-1 est ordonnée par jugement pris conformément à l'article 712-6 avant la date prévue pour la libération de la personne condamnée.

Art. D. 47-34 Cette obligation de soins ne peut être ordonnée que s'il apparaît, au moment où la décision est rendue, au vu des éléments du dossier et notamment de l'avis médical concernant la personne condamnée dans les circonstances mentionnées au deuxième alinéa de l'article 122-1 du code pénal, qu'elle est nécessaire pour prévenir le renouvellement des actes commis par la personne condamnée, pour la protéger, ou pour protéger la victime ou la famille de la victime.

Elle ne peut être ordonnée si le condamné fait l'objet ou est susceptible de faire l'objet d'une obligation ou d'une injonction de soins dans le cadre d'un aménagement de peine, d'une libération conditionnelle, d'une libération sous contrainte, d'un suivi socio-judiciaire, *(Décr. n° 2020-81 du 3 févr. 2020, art. 3, en vigueur le 24 mars 2020)* « d'un sursis probatoire », d'une surveillance judiciaire ou d'une surveillance de sûreté.

Art. D. 47-35 L'avis médical mentionné par l'article 706-136-1 et par l'article D. 47-34 est constitué d'au moins une expertise psychiatrique ordonnée par le juge de l'application des peines.

Le juge de l'application des peines peut toutefois, avec l'accord du procureur de la République, dire par ordonnance ou jugement motivé qu'il n'y a pas lieu d'ordonner une nouvelle expertise psychiatrique préalablement à une décision ordonnant une obligation de soins dès lors que figure au dossier du condamné une expertise datant de moins de deux ans, y compris si celle-ci est réalisée avant la condamnation.

Art. D. 47-36 Le juge de l'application des peines du ressort dans lequel la personne soumise à une obligation de soins dans le cadre de l'article 706-136-1 a sa résidence habituelle, assisté du service pénitentiaire d'insertion et de probation, et le cas échéant avec le concours des organismes habilités à cet effet, contrôle le respect de cette obligation.

procureur de la République, à l'élaboration et la mise en œuvre de dispositifs coordonnés d'aide aux victimes sur le ressort du tribunal judiciaire.

Art. D. 47-6-14 Le juge délégué aux victimes établit un rapport annuel sur l'exercice de ses attributions et le présente oralement à l'assemblée générale des magistrats du siège et du parquet.

Le président du tribunal judiciaire et le procureur de la République adressent ce rapport au premier président et au procureur général, qui transmettent une synthèse des rapports de leur ressort au ministère de la justice.

TITRE QUATORZIÈME *BIS* DU BUREAU D'AIDE AUX VICTIMES

(Décr. nº 2014-1582 du 23 déc. 2014, art. 16).

Art. D. 47-6-15 *(Décr. nº 2014-1582 du 23 déc. 2014, art. 16)* « Le bureau d'aide aux victimes institué dans chaque tribunal judiciaire est composé de représentants d'une ou plusieurs associations d'aide aux victimes *(Décr. nº 2021-1516 du 23 nov. 2021, art. 5, en vigueur le 1er févr. 2022)* « ayant fait l'objet d'un agrément de compétence générale en application de l'article D. 1-12-1 » et, s'il y a lieu, de fonctionnaires ou agents de la juridiction. »

Le bureau d'aide aux victimes a pour mission d'informer les victimes et de répondre aux difficultés qu'elles sont susceptibles de rencontrer tout au long de la procédure pénale, notamment à l'occasion de toute procédure urgente telle que la procédure de comparution immédiate.

A leur demande, il renseigne les victimes sur le déroulement de la procédure pénale et les aide dans leurs démarches.

Le bureau d'aide aux victimes peut informer la victime de l'état d'avancement de la procédure la concernant, au vu notamment des informations dont il a eu connaissance en application du dernier alinéa de l'article R. 15-33-66-9, en lui indiquant en particulier, selon les cas :

– que sa plainte est en cours d'examen par le procureur de la République ;
– que sa plainte fait l'objet d'une enquête de police judiciaire ;
– que le procureur de la République examine les suites devant être apportées à l'enquête ;
– que l'affaire fait l'objet d'une information devant tel juge d'instruction ;
– que la plainte fait l'objet d'une procédure alternative aux poursuites ;
– que la plainte a fait l'objet d'une décision de classement ;
– que la juridiction de jugement a été saisie ;
– la date de l'audience à laquelle l'affaire sera examinée ;
– la date à laquelle le jugement mis en délibéré sera rendu ;
– le contenu du jugement qui a été rendu ;
– que le jugement rendu a fait l'objet d'un appel du ministère public ou du prévenu.

Il peut d'une manière générale être chargé de délivrer à la victime toutes les informations dont celle-ci doit être destinataire en application des dispositions législatives du présent code.

Le bureau d'aide aux victimes travaille conjointement avec les huissiers et les barreaux locaux.

Le bureau d'aide aux victimes a également pour mission d'orienter les victimes vers les magistrats ou services compétents, notamment les juridictions de l'application des peines, pour l'application des dispositions des articles 712-16-1, 712-16-2 et 721-2.

Les victimes sont par ailleurs orientées, le cas échéant, vers le dispositif d'indemnisation auquel elles peuvent prétendre, comme le service d'aide au recouvrement des victimes d'infractions ou la commission d'indemnisation des victimes d'infractions.

Lorsque la condamnation est rendue en présence de la partie civile, le bureau d'aide aux victimes reçoit cette dernière à l'issue de l'audience, assistée le cas échéant par son avocat, pour l'informer notamment des modalités pratiques lui permettant d'obtenir le paiement des dommages et intérêts qui lui ont été alloués et, s'il y a lieu, des démarches devant être effectuées pour saisir le service d'aide au recouvrement des victimes d'infractions ou la commission d'indemnisation des victimes d'infractions ainsi que du délai dans lequel elles doivent intervenir.

TITRE QUINZIÈME DE LA POURSUITE, DE L'INSTRUCTION ET DU JUGEMENT DES ACTES DE TERRORISME

(Décr. n° 2022-359 du 14 mars 2022, art. 1er)

CHAPITRE PREMIER

Néant.

CHAPITRE II

Néant.

CHAPITRE III

Néant.

CHAPITRE IV DE LA MESURE JUDICIAIRE DE PRÉVENTION DE LA RÉCIDIVE TERRORISTE ET DE RÉINSERTION

Art. D. 47-6-16 Lorsque le tribunal de l'application des peines de Paris est saisi aux fins de prononcer ou de renouveler une mesure judiciaire de prévention de la récidive terroriste et de réinsertion, d'en ordonner la mainlevée, d'en modifier les obligations, ou de confirmer la reprise d'une ou de plusieurs des obligations de celle-ci, en application des articles 706-25-16, 706-25-18 et 706-25-20, les dispositions suivantes sont applicables :

1° Les règles relatives à la désignation d'un avocat prévues à l'article D. 49-14 ;

2° Les règles relatives aux délais et formes de la convocation au débat contradictoire de la personne concernée et de son avocat prévues à l'article D. 49-15. La personne concernée ne peut toutefois pas renoncer à la convocation de son avocat ou au respect des délais de convocation ;

3° Les règles relatives à l'extraction des condamnés détenus prévues à l'article D. 49-30 et à la déclaration d'adresse des condamnés libérés prévues à l'article D. 49-22 ;

4° Les règles relatives à la tenue du débat contradictoire prévues à l'article D. 49-17 ;

5° Les règles relatives à la notification des décisions rendues par la juridiction prévues aux premier à quatrième alinéas de l'article D. 49-18. Toutefois, lorsque le débat est public, le jugement est rendu en audience publique.

Art. D. 47-6-17 Les demandes de la personne concernée par la mesure judiciaire de prévention de la récidive terroriste ou de réinsertion tendant à la mainlevée ou à la modification de la mesure font l'objet d'une requête écrite adressée au tribunal de l'application des peines de Paris, signée de la personne concernée ou de son avocat.

Cette requête est remise au greffe du tribunal de l'application des peines de Paris contre récépissé ou adressée par lettre recommandée avec demande d'avis de réception. Si le condamné est détenu, elle peut faire l'objet d'une déclaration auprès du chef de l'établissement pénitentiaire dans les conditions prévues aux deux derniers alinéas de l'article 148-7.

Le tribunal de l'application des peines de Paris n'est pas tenu de répondre aux demandes formées sans respecter les conditions prévues par le présent article.

CHAPITRE V DES ASSISTANTS SPÉCIALISÉS EN MATIÈRE DE LUTTE CONTRE LE TERRORISME

(Décr. n° 2022-396 du 18 mars 2022)

Art. D. 47-6-18 Le diplôme permettant l'exercice des fonctions d'assistant spécialisé prévues aux articles 706-25-2-1 et 706-25-15 valide une formation dans l'une au moins des matières suivantes :

I. – Droit pénal et procédure pénale ;

II. – Criminologie ;

III. – Histoire ;

IV. – Sociologie ;
V. – Psychologie ;
VI. – Anthropologie ;
VII. – Sécurité et défense ;
VIII. – Géopolitique ;
IX. – Sciences politiques ;
X. – Langue étrangère ;
XI. – Informatique et cyber technologies *[cybertechnologies]*.

TITRE SEIZIÈME DE LA POURSUITE, DE L'INSTRUCTION ET DU JUGEMENT DES INFRACTIONS EN MATIÈRE DE TRAFIC DE STUPÉFIANTS

(Décr. nº 94-1032 du 23 nov. 1994)

Art. D. 47-7 **Par application de l'article 706-27, les cours d'assises désignées dans le tableau annexé au présent article sont compétentes pour connaître, dans les circonscriptions définies à ce tableau, des crimes visés à l'article 706-26.**

ANNEXE

LISTE ET RESSORT DES COURS D'ASSISES COMPÉTENTES POUR JUGER LES CRIMES VISÉS PAR L'ARTICLE 706-26 DU CODE DE PROCÉDURE PÉNALE *[INFRACTIONS EN MATIÈRE DE TRAFIC DE STUPÉFIANTS]*

COUR D'APPEL	COUR D'ASSISES	COMPÉTENCE TERRITORIALE
Agen.	Cour d'assises de Lot-et-Garonne.	Ressort de la cour d'appel d'Agen.
Aix-en-Provence.	Cour d'assises des Bouches-du-Rhône.	Ressort de la cour d'appel d'Aix-en-Provence.
Amiens.	Cour d'assises de la Somme.	Ressort de la cour d'appel d'Amiens.
Angers.	Cour d'assises de Maine-et-Loire.	Ressort de la cour d'appel d'Angers.
Bastia.	Cour d'assises de Haute-Corse.	Ressort de la cour d'appel de Bastia.
Besançon.	Cour d'assises du Doubs.	Ressort de la cour d'appel de Besançon.
Bordeaux.	Cour d'assises de la Gironde.	Ressort de la cour d'appel de Bordeaux.
Bourges.	Cour d'assises du Cher.	Ressort de la cour d'appel de Bourges.
Caen.	Cour d'assises du Calvados.	Ressort de la cour d'appel de Caen.
Chambéry.	Cour d'assises de la Savoie.	Ressort de la cour d'appel de Chambéry.
Colmar.	Cour d'assises du Bas-Rhin.	Département du Bas-Rhin.
	Cour d'assises du Haut-Rhin.	Département du Haut-Rhin.
Dijon.	Cour d'assises de la Côte-d'Or.	Ressort de la cour d'appel de Dijon.
Douai.	Cour d'assises du Nord.	Département du Nord.
	Cour d'assises du Pas-de-Calais.	Département du Pas-de-Calais.
Grenoble.	Cour d'assises de l'Isère.	Ressort de la cour d'appel de Grenoble.

COUR D'APPEL	COUR D'ASSISES	COMPÉTENCE TERRITORIALE
Limoges.	Cour d'assises de la Haute-Vienne.	Ressort de la cour d'appel de Limoges.
Lyon.	Cour d'assises du Rhône.	Ressort de la cour d'appel de Lyon.
Metz.	Cour d'assises de la Moselle.	Ressort de la cour d'appel de Metz.
Montpellier.	Cour d'assises des Pyrénées-Orientales.	Département des Pyrénées-Orientales.
	Cour d'assises de l'Hérault.	Départements de l'Hérault, de l'Aude et de l'Aveyron.
Nancy.	Cour d'assises de Meurthe-et-Moselle.	Ressort de la cour d'appel de Nancy.
Nîmes.	Cour d'assises du Gard.	Départements du Gard et de la Lozère.
	Cour d'assises du Vaucluse.	Départements du Vaucluse et de l'Ardèche.
Orléans.	Cour d'assises du Loiret.	Ressort de la cour d'appel d'Orléans.
Paris.	Cour d'assises de Paris.	Ressort de la cour d'appel de Paris.
Pau.	Cour d'assises des Pyrénées-Atlantiques.	Ressort de la cour d'appel de Pau.
Poitiers.	Cour d'assises de la Vienne.	Ressort de la cour d'appel de Poitiers.
Reims.	Cour d'assises de la Marne.	Ressort de la cour d'appel de Reims.
Rennes.	Cour d'assises d'Ille-et-Vilaine.	Départements d'Ille-et-Vilaine, des Côtes-d'Armor et du Finistère.
	Cour d'assises de la Loire-Atlantique.	Départements de la Loire-Atlantique et du Morbihan.
Riom.	Cour d'assises du Puy-de-Dôme.	Ressort de la cour d'appel de Riom.
Rouen.	Cour d'assises de la Seine-Maritime.	Ressort de la cour d'appel de Rouen.
Toulouse.	Cour d'assises de la Haute-Garonne.	Ressort de la cour d'appel de Toulouse.
Versailles.	Cour d'assises des Hauts-de-Seine.	Département des Hauts-de-Seine.
	Cour d'assises des Yvelines.	Départements des Yvelines et d'Eure-et-Loir.
	Cour d'assises du Val-d'Oise.	Département du Val-d'Oise.
Basse-Terre.	Cour d'assises de la Guadeloupe.	Ressort de la cour d'appel de Basse-Terre.
(Décr. n° 2011-1878 du 14 déc. 2011, en vigueur le 1er janv. 2012) « Cayenne.	Cour d'assises de la Guyane.	Département de la Guyane. »
Fort-de-France.	Cour d'assises de la Martinique.	Département de la Martinique.
Saint-Denis de La Réunion.	Cour d'assises de La Réunion.	Ressort de la cour d'appel de Saint-Denis de La Réunion.

TITRE DIX-SEPTIÈME DE LA POURSUITE, DE L'INSTRUCTION ET DU JUGEMENT DES INFRACTIONS EN MATIÈRE DE TRAITE DES ÊTRES HUMAINS, DE PROXÉNÉTISME OU DE RECOURS À LA PROSTITUTION DES MINEURS

(Décr. nº 2007-699 du 3 mai 2007)

Art. D. 47-8 **Sans préjudice de leur conservation sur des supports placés sous scellés ou annexés aux procès-verbaux, comme éléments de preuve dans le cadre de la procédure au cours de laquelle ils ont été extraits, acquis ou transmis, les contenus illicites mentionnés au 3° de l'article** *(Décr. nº 2019-507 du 24 mai 2019, art. 9 et 11, en vigueur le 1er juin 2019)* **« 230-46 » peuvent être conservés par les officiers ou agents de police judiciaire mentionnés au premier alinéa de cet article, pendant une durée de trois mois.**

Cette conservation est effectuée dans des conditions garantissant l'intégrité et la confidentialité de ces contenus, les rendant inaccessibles, notamment par des moyens de communication électronique, à des tiers autres que les officiers ou agents de police judiciaire mentionnés au premier alinéa de l'article *(Décr. nº 2019-507 du 24 mai 2019, art. 9 et 11, en vigueur le 1er juin 2019)* **« 230-46 » ou qui participent aux investigations au sein du même service ou de la même unité, sous réserve des dispositions de l'article D. 47-2 et de la possibilité de transmission de ces contenus à d'autres officiers ou agents de police judiciaire pour les nécessités des procédures dont ils sont chargés.**

Avant l'expiration de ce délai, ces contenus font l'objet d'une copie qui est transmise au Centre national d'analyse des images de pédopornographie.

A l'issue de ce délai, ces contenus sont détruits, quel que soit le support de conservation qui était utilisé.

L'ancien art. D. 47-8 est devenu l'art. D. 47-13, en application des dispositions du Décr. nº 2007-699 du 3 mai 2007, art. 7.

V. Circ. CRIM-2010-7/E6 du 22 mars 2010 relative aux investigations sous pseudonyme sur Internet et au rôle du centre national d'analyse des images de pédopornographie, BOMJ nº 2010-02.

Art. D. 47-9 **Peuvent seuls être transmis par les officiers ou agents de police judiciaire mentionnés au premier alinéa de l'article** *(Décr. nº 2019-507 du 24 mai 2019, art. 9 et 11, en vigueur le 1er juin 2019)* **« 230-46 », en réponse à une demande expresse dont il est conservé une trace écrite dans la procédure, des contenus illicites fournis par le Centre national d'analyse des images de pédopornographie et ne permettant pas l'identification de personnes physiques.**

V. Circ. CRIM-2010-7/E6 du 22 mars 2010 relative aux investigations sous pseudonyme sur Internet et au rôle du centre national d'analyse des images de pédopornographie, BOMJ nº 2010-02.

Arrêté du 30 mars 2009, *relatif à la répression de certaines formes de criminalité informatique et à la lutte contre la pédopornographie.* **Art. 1er** Le centre national d'analyse des images de pédopornographie mentionné aux articles D. 47-8 et D. 47-9 du code de procédure pénale, composé de militaires de la gendarmerie nationale et de fonctionnaires actifs de la police nationale, est rattaché au *(Arr. du 6 avr. 2022, en vigueur le 10 avr. 2022)* « commandement de la gendarmerie dans le cyberespace ».

Ce centre est chargé :

1° De centraliser et conserver, dans les conditions définies par l'article D. 47-8, les copies des contenus illicites mentionnés au 3° de l'article 706-35-1 et de l'article 706-47-3 du même code ;

2° De communiquer ces contenus illicites aux officiers et agents de police judiciaire mentionnés au premier alinéa des articles 706-35-1 et 706-47-3 du même code, pour les besoins de leurs investigations et dans les conditions définies par l'article D. 47-9 ;

3° D'exploiter ces contenus, d'initiative ou à la demande de magistrats ou d'officiers ou d'agents de police judiciaire pour les besoins de leurs investigations, afin d'identifier par analyse et rapprochement les personnes et les lieux qui y sont représentés.

Art. 2 Les identifications et rapprochements effectués par le centre national d'analyse des images de pédopornographie sont transmis simultanément :

1° Aux magistrats, officiers et agents de police judiciaire, de sa propre initiative ou à leur demande, pour les besoins de leurs investigations ;

2° A l'office central de police judiciaire compétent.

Les art. 3 et 4 de l'Arr. du 30 mars 2009 sont devenus les art. 1er et 2 en vertu de l'Arr. du 21 oct. 2010 relatif à l'habilitation au sein de services spécialisés d'officiers ou agents de police judiciaire pouvant procéder aux enquêtes sous pseudonyme.

TITRE DIX-HUITIÈME

Néant.

TITRE DIX-NEUVIÈME DE LA PROCÉDURE APPLICABLE AUX INFRACTIONS DE NATURE SEXUELLE ET DE LA PROTECTION DES MINEURS VICTIMES

(*Décr. nº 2007-699 du 3 mai 2007*)

CHAPITRE PREMIER DISPOSITIONS GÉNÉRALES

Art. D. 47-9-1 (*Décr. nº 2016-612 du 18 mai 2016, art. 3*) **I. — Les dispositions des I, II, III et IV de l'article D. 1er-13 sont applicables aux transmissions d'informations réalisées en application de l'article 706-47-4.**

II. — La liste des professions et activités exercées par les personnes relevant de l'article 706-47-4 ainsi que celle des administrations devant être informées par le ministère public figurent dans le tableau ci-après.

PROFESSIONS OU ACTIVITÉS CONCERNÉES	ADMINISTRATIONS DEVANT ÊTRE INFORMÉES
Personnes exerçant une activité dans une école publique ou privée, un établissement d'enseignement du second degré public ou privé, un établissement d'enseignement supérieur public ou privé relevant du ministère chargé de l'éducation nationale ou un service de l'éducation nationale.	Recteur (*Décr. nº 2019-1558 du 30 déc. 2019, art. 11*) « d'académie » ou vice-recteur Ou, s'il s'agit d'une personne employée par une collectivité territoriale ou un établissement public de coopération intercommunale, l'exécutif de la collectivité territoriale concernée ou de l'établissement public de coopération intercommunale.
Personnes exerçant une activité dans une école ou un établissement français scolaire à l'étranger.	Ministère de l'éducation nationale (directeur général des ressources humaines).
Personnes exerçant une activité dans un établissement d'enseignement du second degré public ou privé ou un établissement d'enseignement supérieur public ou privé, relevant du ministère de l'agriculture, ou dans un service du ministère de l'agriculture en charge de la politique publique d'enseignement agricole.	Ministère de l'agriculture, de l'agroalimentaire et de la forêt (secrétariat général – service des ressources humaines) Ou, s'il s'agit d'une personne employée par une collectivité territoriale ou un établissement public de coopération intercommunale, l'exécutif de la collectivité territoriale concernée ou de l'établissement public de coopération intercommunale.
Personnes exerçant une activité dans un établissement public du second degré ou un établissement d'enseignement supérieur, relevant du ministère chargé de la mer.	Directeur interrégional de la mer Ou, s'il s'agit d'une personne employée par une collectivité territoriale ou un établissement public de coopération intercommunale, l'exécutif de la collectivité territoriale concernée ou de l'établissement public de coopération intercommunale.

PROFESSIONS OU ACTIVITÉS CONCERNÉES	ADMINISTRATIONS DEVANT ÊTRE INFORMÉES
Personnes exploitant un établissement d'activités physiques et sportives mentionnée *[mentionné]* à l'article L. 322-1 du code du sport ; Personnes exerçant, à titre rémunéré ou bénévole, les fonctions d'éducateur sportif mentionnées à l'article L. 212-1 du code du sport. Personnes exerçant une activité : – dans les accueils mentionnés à l'article L. 227-4 du code de l'action sociale et des familles ; – dans les établissements ou services prévus par les 8°, 10°, 11°, 12°, 13°, 15° du I et le III de l'article L. 312-1 du même code lorsque ces établissements ou services accueillent des mineurs ; Personnes exploitant un établissement d'activités physiques et sportives.	Préfet de département (direction départementale chargée de la cohésion sociale) Et, s'il s'agit d'une personne employée par une collectivité territoriale ou un établissement public de coopération intercommunale, l'exécutif de la collectivité territoriale concernée ou de l'établissement public de coopération intercommunale.
Personnes exerçant une activité dans les établissements ou services : – mettant en œuvre les mesures éducatives ordonnées par l'autorité judiciaire en application de l'ordonnance n° 45-174 du 2 février 1945 relative à l'enfance délinquante ; – mettant en œuvre les mesures d'assistance éducative ordonnées par l'autorité judiciaire en application de *[du]* ou des articles 375 à 375-8 du code civil ; – mettant en œuvre les mesures d'investigation préalables aux mesures éducatives mentionnées ci-dessus ; – prenant en charge habituellement, y compris au titre de la prévention, des mineurs relevant des articles L. 221-1, L. 222-3 et L. 222-5 du code de l'action sociale et des familles ; – prenant en charge des mineurs conformément au 16° du I de l'article L. 312-1 du code de l'action sociale et des familles.	Président du conseil départemental Ou, s'il s'agit d'établissements ou de personnes dépendant de la direction de la protection judiciaire de la jeunesse, le directeur interrégional de la protection judiciaire de la jeunesse.
Personnes exerçant l'activité d'assistant maternel, définie à l'article L. 421-1 du code de l'action sociale et des familles, ou d'assistant familial, définie à l'article L. 421-2 du code de l'action sociale et des familles, et les personnes majeures vivant à leurs domiciles.Personnes exer*çant une activité dans les établissements* accueillant des enfants de moins de six ans mentionnés à l'article R. 2324-17 du code de la santé publique.	Président du conseil départemental
Personnes employées par une personne morale ou une entreprise individuelle mentionnées au 1° de l'article L. 7232-1 du code du travail.	Préfet de région (Direction régionale des entreprises, de la concurrence, de la consommation, du travail et de l'emploi)

PROFESSIONS OU ACTIVITÉS CONCERNÉES	ADMINISTRATIONS DEVANT ÊTRE INFORMÉES
Personnes exerçant une activité : – dans les établissements ou services d'enseignement et d'éducation spéciale qui assurent, à titre principal, une éducation adaptée et un accompagnement social ou médico-social aux mineurs ou jeunes adultes handicapés ou présentant des difficultés d'adaptation, prévus par le *[les]* 2° et 9° du I de l'article L. 312-1 du code de l'action sociale et des familles ; – dans les centres d'action médico-sociale précoce mentionnés à l'article L. 2132-4 du code de la santé publique ; – dans les établissements et services de santé relevant de la sixième partie du code de la santé publique. Personnes exerçant une profession de santé relevant de la quatrième partie du code de la santé publique. Personnes faisant usage du titre d'ostéopathe, de chiropracteur, de psychothérapeute.	Directeur général de l'agence régionale de santé
Personnes exerçant une activité dans une structure culturelle (institutions ou associations culturelles) ou exerçant une activité d'encadrement d'activité d'éducation artistique et culturelle lorsque cette activité concerne ou est susceptible de concerner des mineurs.	Directeur régional des affaires culturelles Et, s'il s'agit d'une personne employée par une collectivité territoriale ou un établissement public de coopération intercommunale, l'exécutif de la collectivité territoriale concernée ou de l'établissement public de coopération intercommunale.
Personnes exerçant une activité dans une école ou *[un]* établissement scolaire relevant des ministères chargés de la défense, de la culture, de la justice ou de la santé.	Ministère de rattachement (Secrétariat général) Ou, s'il s'agit d'une personne employée par une collectivité territoriale ou un établissement public de coopération intercommunale, l'exécutif de la collectivité territoriale concernée ou de l'établissement public de coopération intercommunale.

III. — Lorsqu'une des personnes exerçant une des professions ou activités figurant dans le tableau prévu par le II du présent article est placée sous contrôle judiciaire dans le cadre d'une information portant sur l'une des infractions mentionnées à l'article 706-47-4 et que l'interdiction prévue par le 12° *bis* de l'article 138 est ordonnée, le juge d'instruction en avise immédiatement le procureur de la République.

IV. — Lorsqu'une collectivité territoriale ou un établissement public de coopération intercommunale employant une personne exerçant une activité dans une école, un établissement d'enseignement du second degré relevant du ministère chargé de l'éducation nationale ou un service de l'éducation nationale prend à l'encontre de cette personne une décision de suspension de fonctions à titre conservatoire ou une mesure disciplinaire après avoir été informée en application de l'article 706-47-4, elle informe le recteur *(Décr. n° 2019-1558 du 30 déc. 2019, art. 11)* **« d'académie » ou le vice-recteur de sa décision.**

V. — Lorsque l'information **transmise au directeur général de l'agence régionale de santé concerne un personnel rémunéré par le ministère chargé de l'éducation nationale, le directeur général en informe le recteur** *(Décr. n° 2019-1558 du 30 déc. 2019, art. 11)* **« d'académie » ou le vice-recteur.**

VI. — Le document écrit transmettant l'information aux collectivités territoriales, aux établissements publics de coopération intercommunale ou au directeur général de l'agence régionale de santé en application des II des articles 11-2 et D. 1er-13 rappelle s'il y a lieu les dispositions des IV et V du présent article.

Art. D. 47-10 Pour l'application des dispositions de l'article 706-49 relatives à l'information du juge des enfants en cas d'ouverture d'une procédure d'assistance éducative, doit être saisi le magistrat du parquet spécialisé en matière de mineurs.

Le procureur de la République ou le juge d'instruction informe le juge des enfants saisi de la procédure d'assistance éducative, tout au long de la procédure pénale, des décisions pouvant avoir des incidences sur les relations entre les parents et leurs enfants. Il peut solliciter l'avis du juge des enfants avant de prendre ces décisions. Cet avis est alors versé au dossier de la procédure.

Le juge des enfants est avisé des suites données aux investigations pénales, notamment en cas de classement sans suite, de procédure alternative aux poursuites, de mise en mouvement de l'action publique, d'ordonnance de règlement ou de jugement.

Art. D. 47-11 Les dispositions des articles D. 47-8 et D. 47-9 sont applicables à l'extraction, l'acquisition, la transmission et la conservation, par les officiers et agents de police judiciaire relevant des dispositions du premier alinéa de l'article 706-47-3, des contenus illicites prévus par le 3° de cet article.

V. Circ. CRIM-2010-7/E6 du 22 mars 2010 relative aux investigations sous pseudonyme sur Internet et au rôle du centre national d'analyse des images de pédopornographie, BOMJ n° 2010-02.

Art. D. 47-11-1 *(Décr. n° 2016-214 du 26 févr. 2016, art. 4)* Les dispositions des articles 706-49, 706-50, 706-51-1, 706-52 et 706-53 sont applicables, en cas d'incertitude sur l'âge de la victime, lorsqu'il existe des raisons de croire qu'elle est mineure.

Art. D. 47-11-2 *(Décr. n° 2016-1202 du 7 sept. 2016, art. 9)* La destruction des enregistrements prévue par le dernier alinéa de l'article 706-52 intervient sur instruction du procureur de la République ou du procureur général.

Art. D. 47-11-3 *(Décr. n° 2021-1516 du 23 nov. 2021, art. 6, en vigueur le 1er févr. 2022)* Lorsqu'une personne mise en cause pour le délit de non-représentation d'enfant prévu par l'article 227-5 du code pénal soutient que les faits qui lui sont reprochés ont été justifiés par des violences ou toutes autres infractions relevant de l'article 706-47 commises sur le mineur par la personne qui a le droit de le réclamer, le procureur de la République veille à ce qu'il soit procédé à la vérification de ces allégations avant de décider de mettre ou non l'action publique en mouvement. En cas de citation directe exercée par la victime, il veille à ce que le tribunal correctionnel puisse disposer des éléments lui permettant d'apprécier la réalité de ces violences et l'application éventuelle de l'article 122-7 du code pénal relatif à l'état de nécessité.

Art. D. 47-11-4 *(Décr. n° 2021-1820 du 24 déc. 2021, art. 4, en vigueur le 1er févr. 2022)* Afin de permettre au procureur de la République d'aviser le chef d'établissement pénitentiaire conformément aux articles D. 77 et D. 158, le juge aux affaires familiales ou le juge des enfants informe ce magistrat des décisions de retrait total ou partiel de l'autorité parentale ainsi que de retrait ou de suspension de l'exercice de l'autorité parentale et des droits de visite et d'hébergement en application des articles 373-2-1, 375-7, 378, 378-1, 379, 379-1, ou 515-11 du code civil, lorsque le juge a connaissance de l'incarcération de la personne faisant l'objet de ces décisions.

CHAPITRE II

Néant.

TITRE VINGTIÈME DU FICHIER NATIONAL AUTOMATISÉ DES EMPREINTES GÉNÉTIQUES

(Décr. n° 2007-699 du 3 mai 2007)

Art. D. 47-12 Pour l'application du deuxième alinéa de l'article 706-56, les personnes habilitées dans des conditions fixées par l'article 16-12 du code civil sans être inscrites sur une liste d'experts judiciaires peuvent, pour procéder aux analyses d'identification d'empreinte génétique sur réquisition d'un officier de police judiciaire, du procureur de la République ou du juge d'instruction, ne prêter par écrit le serment prévu au deuxième alinéa de l'article 60 du présent code qu'à l'occasion de la première réquisition dont elles ont fait l'objet.

Copie de cette prestation de serment est adressée au secrétariat de la commission chargée d'agréer les personnes habilitées à effectuer des missions d'identification par empreintes génétiques dans le cadre d'une procédure judiciaire.

TITRE VINGT ET UNIÈME DE LA PROTECTION DES TÉMOINS

(Décr. n° 2007-1620 du 15 nov. 2007)

Néant.

TITRE VINGT-DEUXIÈME SAISINE POUR AVIS DE LA COUR DE CASSATION

(Décr. n° 2007-1620 du 15 nov. 2007)

Néant.

TITRE VINGT-TROISIÈME DE L'UTILISATION DE MOYENS DE TÉLÉCOMMUNICATION AU COURS DE LA PROCÉDURE

(Décr. n° 2007-1620 du 15 nov. 2007)

Art. D. 47-12-1 Lorsque les dispositions des articles 706-71 et R. 53-33 à R. 53-39 relatifs à l'utilisation d'un moyen de télécommunication sont mises en œuvre par une juridiction d'instruction ou de jugement, il peut être fait application des dispositions de la présente section.

Art. D. 47-12-2 Pour l'application par le juge d'instruction ou le juge des libertés et de la détention des dispositions de l'article R. 53-37 prévoyant la retranscription dans différents procès-verbaux des déclarations des personnes entendues en plusieurs points du territoire, il est procédé selon l'une des deux modalités prévues par le présent article.

Soit deux procès-verbaux sont dressés simultanément, l'un par le magistrat et son greffier dans les locaux de la juridiction, et l'autre par un greffier sur le lieu où se trouve la personne entendue, et ils sont signés sur place par les personnes présentes.

Soit un procès-verbal est dressé dans les locaux de la juridiction par le magistrat et son greffier, et ce document est immédiatement transmis sur le lieu où est présente la personne entendue, pour être signé par cette dernière, selon la procédure des contreseings simultanés conformément aux dispositions de l'article D. 47-12-3. Dans ce cas il n'est pas nécessaire qu'un greffier soit présent sur le lieu où se trouve la personne entendue.

Art. D. 47-12-3 Lorsqu'il est fait application de la procédure des contreseings simultanés, le procès-verbal est signé par le magistrat et son greffier, puis est transmis par télécopie ou par un moyen de communication électronique sur le lieu où est présente la personne entendue, pour être signé par cette seule personne. Ce document est immédiatement retourné au magistrat selon le même procédé. L'original du document signé par la personne entendue est ensuite transmis par tout moyen pour être joint au dossier de la procédure.

Les différentes versions du procès-verbal revêtues de l'original des signatures des personnes présentes sur chacun des lieux sont conservées au dossier de la procédure.

Il en *[est]* de même, s'il y a lieu, pour le recueil de la signature de l'interprète.

Art. D. 47-12-4 Lorsqu'un moyen de télécommunication est utilisé en matière de détention provisoire conformément aux dispositions du troisième alinéa de l'article 706-71, lecture de l'ordonnance prise par le juge des libertés et de la détention est donnée à la personne par le moyen de communication audiovisuelle. Mention de cette formalité est portée sur le procès-verbal du débat contradictoire. L'ordonnance est adressée par télécopie ou par un moyen de communication électronique au chef de l'établissement pénitentiaire, qui la notifie à la personne détenue et lui en remet une copie contre émargement.

Art. D. 47-12-5 Lorsqu'un moyen de télécommunication est utilisé devant une juridiction de jugement ou devant la chambre de l'instruction, il est fait mention de l'usage de celui-ci dans les notes d'audience et dans la décision rendue.

Si la décision est rendue immédiatement, la lecture du dispositif est donnée à la personne par le moyen de communication audiovisuelle. Si la décision est mise en délibéré et est rendue à une audience ultérieure, cette lecture peut également être faite à

la personne qui assiste à cette audience par un moyen de télécommunication ; à défaut, si la personne est détenue, la décision lui est notifiée par le chef de l'établissement qui lui en remet une copie contre émargement.

Art. D. 47-12-6 Le procès-verbal dressé en chacun des lieux en application des dispositions du premier alinéa de l'article 706-71 est un relevé de constatations techniques comportant notamment la mention du test du matériel et les heures de début et de fin de connexion. Il peut être établi et signé par un agent ou un fonctionnaire de la juridiction désigné par le greffier en chef ou par un fonctionnaire pénitentiaire désigné par le chef d'établissement.

TITRE VINGT-QUATRIÈME

(Décr. n° 2007-699 du 3 mai 2007)

Néant.

TITRE VINGT-CINQUIÈME DE LA PROCÉDURE APPLICABLE À LA CRIMINALITÉ ET À LA DÉLINQUANCE ORGANISÉES

(Décr. n° 2004-984 du 16 sept. 2004, art. 2, entré en vigueur le 1er oct. 2004)

RÉP. PÉN. v° *Criminalité et délinquance organisée,* par JEANDIDIER.

Art. D. 47-12-7 Par application des dispositions de l'article 706-75 du code de procédure pénale, les tribunaux judiciaires et les cours d'assises désignés dans le tableau figurant ci-dessous sont compétents pour connaître, dans les circonscriptions définies dans ce tableau, des infractions entrant dans les catégories mentionnées aux articles 706-73, à l'exception du 11°, ou 706-74.

TRIBUNAUX judiciaires compétents	COURS D'ASSISES COMPÉTENTES	COMPÉTENCE TERRITORIALE s'étendant au ressort des cours d'appel ou des tribunaux supérieurs d'appel de :
Bordeaux	Cour d'assises de la Gironde	Agen, Bordeaux, Limoges, Pau, Toulouse.
Lille	Cour d'assises du Nord	Amiens, Douai, Reims, Rouen.
Lyon	Cour d'assises du Rhône	Chambéry, Grenoble, Lyon, Riom.
Marseille	Cour d'assises des Bouches-du-Rhône	Aix-en-Provence, Bastia, Montpellier, Nîmes.
Nancy	Cour d'assises de Meurthe-et-Moselle	Besançon, Colmar, Dijon, Metz, Nancy.
Paris	Cour d'assises de Paris	Bourges, Paris, Orléans, Versailles, Mamoudzou, Nouméa, Papeete, Saint-Denis de la Réunion, Saint-Pierre-et-Miquelon.
Rennes	Cour d'assises d'Ille-et-Vilaine	Angers, Caen, Poitiers, Rennes.
Fort-de-France	Cour d'assises de la Martinique	Basse-Terre, *(Décr. n° 2011-1878 du 14 déc. 2011, en vigueur le 1er janv. 2012)* « Cayenne, » Fort-de-France.

L'art. D. 47-13 est devenu l'art. D. 47-12-7 à compter du 1er mars 2022 (Décr. n° 2022-67 du 20 janv. 2022, art. 2).

TITRE VINGT-CINQUIÈME *BIS* DE LA PROCÉDURE APPLICABLE AUX CRIMES SÉRIELS OU NON ÉLUCIDÉS

(Décr. n° 2022-67 du 20 janv. 2022, en vigueur le 1er mars 2022)

Art. D. 47-12-8 En application des dispositions de l'article 706-106-1, le tribunal judiciaire de Nanterre exerce sur l'ensemble du territoire national une compétence

concurrente à celle qui résulte de l'application des articles 43, 52 et 382 pour l'enquête, la poursuite, l'instruction et le jugement des crimes prévus aux articles 221-1 à 221-5, 222-1, 222-3 à 222-6, 222-23 à 222-26 et 224-1 à 224-3 du code pénal et de tous les délits connexes à ces crimes, lorsque les conditions prévues par l'article 706-106-1 du présent code sont remplies.

Ces crimes sont alors jugés par la cour d'assises des Hauts-de-Seine.

Art. D. 47-12-9 Lorsqu'en application de l'article 706-106-4, le procureur de la République *(Décr. n° 2022-236 du 24 févr. 2022, en vigueur le 1er mars 2022)* « près le tribunal judiciaire de Nanterre » ordonne une enquête ayant pour objet de retracer l'éventuel parcours criminel d'une personne condamnée pour des faits relevant de l'article 706-106-1 ou pour laquelle il existe une ou plusieurs raisons plausibles de soupçonner qu'elle a commis ou tenté de commettre de tels faits, les investigations se déroulent dans les formes de l'enquête préliminaire.

Lorsqu'en application du même article, le procureur de la République *(Décr. n° 2022-236 du 24 févr. 2022, en vigueur le 1er mars 2022)* « près le tribunal judiciaire de Nanterre » saisit aux mêmes fins le juge d'instruction, la procédure se déroule dans les formes de l'instruction.

Art. D. 47-12-10 *(Décr. n° 2022-236 du 24 févr. 2022, en vigueur le 1er mars 2022)* Les personnes ayant la qualité d'officier de police judiciaire spécialement désignées pour assister, en application de l'article 706-106-5, les magistrats du parquet et les juges d'instruction spécialisés du tribunal judiciaire de Nanterre peuvent participer aux procédures selon les modalités prévues par les alinéas 3 à 11 de l'article 706. Ils conseillent ces magistrats dans leurs décisions relatives au choix des services enquêteurs et à l'orientation des investigations et ils veillent à la qualité des échanges d'information entre ces magistrats et les enquêteurs saisis.

TITRE VINGT-SIXIÈME DE LA PROCÉDURE APPLICABLE EN CAS DE POLLUTION DES EAUX MARITIMES PAR REJETS DES NAVIRES ET D'ATTEINTE AUX BIENS CULTURELS MARITIMES *(Décr. n° 2017-429 du 28 mars 2017)*.

(Décr. n° 2008-522 du 2 juin 2008)

Art. D. 47-13-1 En application des dispositions de l'article 706-107 du code de procédure pénale, les tribunaux judiciaires et le tribunal de première instance désignés dans le tableau figurant ci-dessous sont compétents pour connaître, dans les circonscriptions définies à ce tableau, des infractions mentionnées à cet article.

TRIBUNAUX judiciaires ou tribunal de première instance compétents	COMPÉTENCE TERRITORIALE s'étendant aux ressorts des cours d'appel ou du tribunal supérieur d'appel de :
Brest	Rennes, Poitiers, Bordeaux, Pau.
Le Havre	Douai, Amiens, Rouen, Caen.
Marseille	Aix-en-Provence, Nîmes, Montpellier, Bastia.
Fort-de-France	Fort-de-France, Basse-Terre, *(Décr. n° 2011-1878 du 14 déc. 2011, en vigueur le 1er janv. 2012)* « Cayenne ».
Saint-Denis-de-la-Réunion *[Saint-Denis de La Réunion]*	Saint-Denis-de-la-Réunion *[Saint-Denis de La Réunion]*.
Saint-Pierre-et-Miquelon	Saint-Pierre-et-Miquelon.

Cet art., anciennement numéroté D. 47-14, a été renuméroté par le Décr. n° 2011-1878 du 14 déc. 2011.

Art. D. 47-13-2 *(Décr. n° 2017-429 du 28 mars 2017)* En application des dispositions de l'article 706-111-1, sont compétents pour connaître des infractions mentionnées à cet article les tribunaux judiciaires et le tribunal de première instance désignés dans le tableau figurant à l'article D. 47-13-1, dans les circonscriptions définies à ce tableau.

TITRE VINGT-SEPTIÈME DE LA POURSUITE, DE L'INSTRUCTION ET DU JUGEMENT DES INFRACTIONS COMMISES PAR DES MAJEURS PROTÉGÉS

(Décr. n° 2007-1658 du 23 nov. 2007)

Art. D. 47-14 *(Décr. n° 2019-507 du 24 mai 2019, art. 6, en vigueur le 1er juin 2019)* Lorsque le tuteur, le curateur ou le mandataire spécial est avisé en application de l'article 706-112-1, il est informé, si ces droits n'ont pas déjà été exercés :

1° qu'il peut désigner un avocat ou demander qu'un avocat soit désigné par le bâtonnier ;

2° qu'il peut demander que la personne soit examinée par un médecin ;

Lorsque le tuteur, le curateur ou le mandataire spécial a été avisé, l'officier de police judiciaire peut autoriser le gardé à vue à communiquer avec cette personne conformément au II de l'article 63-2.

Les dispositions de l'article 706-112-1 et du présent article sont également applicables en cas de rétention d'une personne intervenant en application des articles 133-1, 141-4, 709-1-1 et 716-5.

(Décr. n° 2021-1794 du 23 déc. 2021, art. 6, en vigueur le 31 déc. 2021) « Lorsque le tuteur ou le curateur est avisé en application de l'article 706-112-2, les dispositions des deux premiers alinéas du présent article sont applicables. »

Art. D. 47-14-1 Les dispositions des articles 706-113 à 706-117 et des articles du présent titre ne sont applicables aux procédures pénales mentionnées par ces articles que lorsque les éléments recueillis au cours de ces procédures font apparaître que la personne fait l'objet d'une mesure de protection juridique dans les conditions prévues au titre XI du livre Ier du code civil.

Si les éléments de la procédure font apparaître un doute sur l'existence d'une mesure de protection juridique, le procureur de la République, le juge d'instruction ou la juridiction de jugement procède ou fait procéder aux vérifications nécessaires.

Si l'existence de cette mesure n'est connue du juge d'instruction ou de la juridiction de jugement qu'après la mise en mouvement de l'action publique, ces dispositions ne sont applicables qu'à compter de cette date. Il en est de même si la mesure de protection juridique est ordonnée en cours de procédure pénale.

L'art. D. 47-14 a été renuméroté par le Décr. n° 2019-507 du 24 mai 2019 et est devenu l'actuel art. D. 47-14-1 (Décr. préc., art. 6, en vigueur le 1er juin 2019).

Art. D. 47-15 Sauf si elle est réalisée à l'occasion de son audition comme témoin par procès-verbal au cours de l'enquête ou de l'instruction, l'information du tuteur ou du curateur prévue par le premier alinéa de l'article 706-113 est faite par lettre recommandée ou selon les modalités prévues par l'article 803-1. En cas d'urgence, elle peut être faite par tout moyen.

Art. D. 47-16 Au cours de l'information, le tuteur ou le curateur ne peut obtenir une copie du dossier de la procédure que par l'intermédiaire de l'avocat de la personne mise en examen ou témoin assisté, conformément aux dispositions des articles 114 et 114-1.

Lorsque la personne est citée ou renvoyée devant la juridiction de jugement, ou qu'il est fait application de la procédure alternative de réparation ou de médiation ou de la procédure de composition pénale, le tuteur ou le curateur a droit, à sa demande, à la copie du dossier de la procédure conformément aux dispositions de l'article R. 155. Cette copie lui est délivrée gratuitement.

Art. D. 47-17 Lors de la procédure de réparation, de médiation, de composition pénale, de comparution sur reconnaissance préalable de culpabilité, la personne peut être assistée de son tuteur ou de son curateur, si celui-ci est présent, lorsqu'elle comparaît devant le procureur de la République, son délégué ou son médiateur, ou devant le magistrat du siège chargé de valider ou d'homologuer la procédure.

Art. D. 47-18 L'information du curateur ou du tuteur des décisions de non-lieu, de relaxe, d'acquittement ou de condamnation prévue par le quatrième alinéa de l'article 706-113 est faite par lettre recommandée ou selon les modalités prévues par l'article 803-1.

Le curateur ou le tuteur est informé par lettre simple ou selon les modalités prévues par l'article 803-1, par le procureur de la République ou par son délégué, de l'exécution d'une composition pénale.

Art. D. 47-19 Le magistrat saisi du dossier *(Décr. n° 2010-1635 du 23 déc. 2010, art. 41)* « de la procédure » peut refuser de délivrer ou retirer le permis de visite au tuteur ou au curateur dans le cas prévu par l'article 706-114, si cette personne est la victime de l'infraction ou s'il existe des raisons plausibles de présumer qu'elle est coauteur ou complice de l'infraction.

Art. D. 47-20 En matière correctionnelle et criminelle, ainsi que pour les contraventions de la cinquième classe, le ministère public avise le curateur ou le tuteur de la date et de l'objet de l'audience par lettre recommandée ou, selon les modalités prévues par l'article 803-1, dix jours au moins avant la date de l'audience.

Le tuteur ou le curateur entendu comme témoin est tenu de prêter serment conformément aux dispositions des articles 331 et 446, sauf dans les cas prévus par les articles 335 ou 448. Les dispositions des articles 325 et 436 ne lui sont pas applicables.

Art. D. 47-21 L'expertise médicale prévue par l'article 706-115 a pour objet de déterminer si l'intéressé était ou non atteint au moment des faits d'un trouble psychique ou neuropsychique ayant aboli ou altéré son discernement ou ayant aboli ou entravé le contrôle de ses actes, afin de permettre à la juridiction saisie d'appliquer les dispositions de l'article 122-1 du code pénal.

Lorsqu'une information est ouverte, et notamment en matière criminelle, il s'agit de l'expertise psychiatrique ordonnée en application du huitième alinéa de l'article 81.

Cette expertise peut être ordonnée dès le stade de l'enquête par le procureur de la République.

Art. D. 47-22 Cette expertise est facultative :

1° En cas de procédure d'alternative aux poursuites consistant en la réparation du dommage ou en une médiation ;

2° En cas de composition pénale ;

3° Lorsque la personne est entendue comme témoin assisté ;

4° Lorsqu'il est fait application de la procédure d'ordonnance pénale ;

5° En cas de comparution sur reconnaissance préalable de culpabilité.

Art. D. 47-23 En matière correctionnelle, s'il apparaît des éléments issus de la procédure civile ayant conduit à la mise en œuvre de la mesure de protection juridique, et notamment des certificats médicaux ou des expertises y figurant et qui ont été versés au dossier de la procédure pénale à la demande du ministère public, du juge d'instruction ou du tribunal correctionnel, des indications suffisantes pour apprécier si l'intéressé était ou non atteint au moment des faits d'un trouble psychique ou neuropsychique ayant aboli ou altéré son discernement ou ayant aboli ou entravé le contrôle de ses actes, le juge d'instruction ou le président du tribunal correctionnel peut, sauf opposition de la personne mise en examen ou du prévenu et de son avocat, dire qu'il n'y pas lieu de soumettre l'intéressé à une expertise, par ordonnance motivée qui peut être prise en même temps que l'ordonnance de règlement ou par jugement motivé qui peut être joint au jugement sur le fond.

(Décr. n° 2010-692 du 24 juin 2010, art. 3) « Les dispositions du présent article sont également applicables en matière contraventionnelle. »

Art. D. 47-24 *(Décr. n° 2007-1658 du 23 nov. 2007)* L'expertise prévue par l'article 706-115 peut être confiée à un expert psychiatre ou à *(Décr. n° 2008-54 du 16 janv. 2008, en vigueur le 1er janv. 2009)* « un médecin figurant sur la liste prévue par l'article 431 du code civil ». Dans les deux cas, les dispositions du 9° de l'article R. 117 sont alors applicables.

Art. D. 47-25 Lorsqu'en cas d'appel la chambre des appels correctionnels constate que le prévenu a été jugé sans que l'expertise prévue par l'article 706-115 ait été réa-

lisée, hors les cas où elle est facultative ou a été jugée inutile en application des dispositions des articles D. 47-22 ou D. 47-23, elle ordonne qu'il soit procédé à cette expertise.

La chambre renvoie alors l'affaire à une audience ultérieure, puis, au vu du résultat de l'expertise et conformément aux dispositions de l'article 520, annule le jugement, évoque et statue sur le fond.

Art. D. 47-26 Lorsqu'en cas d'appel la chambre des appels correctionnels constate que le prévenu a été jugé sans être assisté par un avocat conformément aux dispositions de l'article 706-116, son président fait désigner par le bâtonnier un avocat, l'intéressé étant informé que les frais seront à sa charge sauf s'il remplit les conditions d'accès à l'aide juridictionnelle.

La chambre renvoie alors l'affaire à une audience ultérieure à laquelle le prévenu sera assisté par un avocat, puis, conformément aux dispositions de l'article 520, annule le jugement, évoque et statue sur le fond.

TITRE VINGT-HUITIÈME DE LA PROCÉDURE ET DES DÉCISIONS D'IRRESPONSABILITÉ PÉNALE POUR CAUSE DE TROUBLE MENTAL

(Décr. n° 2008-361 du 16 avr. 2008)

Conformément aux dispositions de l'art. 112-2, 2°, C. pén., les art. 706-119 à 706-140 et D. 47-27 à D. 47-32 C. pr. pén., résultant de la L. n° 2008-174 du 25 févr. 2008 relative à la rétention de sûreté et à la déclaration d'irresponsabilité pénale pour cause de trouble mental et du Décr. n° 2008-361 du 16 avr. 2008, sont immédiatement applicables aux procédures en cours. Celles des art. 706-122 à 706-128, 706-135, 706-136, D. 47-28 et D. 47-29, qui remplacent les dispositions de l'art. 199-1 de ce code abrogé par le III de l'art. 4 de la loi du 25 févr. 2008 précitée, s'appliquent aux audiences de la chambre de l'instruction saisie d'un appel formé contre une ordonnance de non-lieu motivée par les dispositions du premier alinéa de l'art. 122-1 C. pén. Pour permettre l'application de ces dispositions, la chambre de l'instruction peut le cas échéant renvoyer l'examen de l'affaire à une audience ultérieure. Après avoir annulé l'ordonnance de non-lieu du juge d'instruction, la chambre de l'instruction rend l'un des arrêts prévus par les art. 706-123 à 706-125 (Décr. n° 2008-361 du 16 avr. 2008, art. 5).

CHAPITRE PREMIER DISPOSITIONS APPLICABLES DEVANT LE JUGE D'INSTRUCTION ET LA CHAMBRE DE L'INSTRUCTION

Art. D. 47-27 Si les troubles mentaux d'une personne mise en examen et placée en détention provisoire nécessitent des soins et compromettent la sûreté des personnes ou portent atteinte, de façon grave, à l'ordre public, le procureur de la République, conformément aux dispositions de l'article L. 3213-7 du code de la santé publique, informe le représentant de l'État dans le département :

1° Lorsqu'il prend un réquisitoire définitif tendant au prononcé d'une ordonnance d'irresponsabilité pénale pour cause de trouble mental ; il avise alors le représentant de l'État de la date prévisible à laquelle la décision sera susceptible d'être rendue, sauf s'il est fait application des dispositions du premier alinéa de l'article 706-120 du présent code ;

2° Lorsque le juge d'instruction rend une ordonnance d'irresponsabilité pénale pour cause de trouble mental.

Pour permettre l'application des dispositions du présent article, le juge d'instruction fait connaître au procureur de la République la date à laquelle l'ordonnance prévue au 2° est susceptible d'être rendue.

Dans le cas prévu par le premier alinéa, le procureur de la République informe également le représentant de l'État dans le département lorsqu'en cours d'information la personne mise en examen fait l'objet d'une décision de remise en liberté dans l'attente d'une probable ordonnance d'irresponsabilité pénale pour cause de trouble mental.

Art. D. 47-28 Lorsque la chambre de l'instruction est saisie en application de l'article 706-120 alors que la personne mise en examen a fait l'objet d'une mesure d'hospitalisation d'office, le président de cette juridiction sollicite du directeur de l'établissement d'accueil la transmission d'un certificat médical circonstancié, établi par

un ou plusieurs psychiatres de l'établissement, indiquant si l'état de la personne permet ou non sa comparution personnelle pendant l'intégralité ou une partie de l'audience.

Art. D. 47-28-1 *(Décr. nº 2010-692 du 24 juin 2010)* **Au cours de l'audience de la chambre de l'instruction prévue par l'article 706-122, les experts et les témoins peuvent être entendus à l'aide d'un moyen de télécommunication, conformément aux dispositions de l'article 706-71.**

V. Circ. du 8 juill. 2010, BOMJ nº 2010-05.

Art. D. 47-28-2 *(Décr. nº 2019-508 du 24 mai 2019, art. 4 et 9, en vigueur le 1er juin 2019)* **L'appel de la personne mise en examen ou de la partie civile contre la décision sur l'action civile rendue en application du 3º de l'article 706-125 est porté devant la chambre des appels correctionnels de la cour d'appel.**

CHAPITRE II DISPOSITIONS APPLICABLES DEVANT LE TRIBUNAL CORRECTIONNEL OU LA COUR D'ASSISES

Néant.

CHAPITRE III MESURES DE SÛRETÉ POUVANT ÊTRE ORDONNÉES EN CAS DE DÉCLARATION D'IRRESPONSABILITÉ PÉNALE POUR CAUSE DE TROUBLE MENTAL

V. Circ. du 8 juill. 2010 (BOMJ nº 2010-05).

SECTION PREMIÈRE DE L'HOSPITALISATION D'OFFICE

(Décr. nº 2010-692 du 24 juin 2010, art. 3)

Art. D. 47-29 *(Décr. nº 2010-692 du 24 juin 2010, art. 2)* **« Lorsque la chambre de l'instruction ou une juridiction de jugement décide, conformément à l'article 706-135 du présent code, de l'hospitalisation d'office de la personne dans un établissement mentionné à l'article L. 3222-1 du code de la santé publique, elle prend à cette fin une ordonnance motivée aussitôt après avoir rendu le jugement ou l'arrêt de déclaration d'irresponsabilité pénale pour cause de trouble mental. Cette ordonnance est signée par le président de la juridiction et le greffier. Lorsque l'arrêt de déclaration d'irresponsabilité pénale pour cause de trouble mental est rendu par la cour d'assises, cette ordonnance est prise par la cour sans l'assistance du jury ; la cour statue d'office ou sur les réquisitions du ministère public, après que la cour d'assises s'est prononcée sur l'action publique, selon la procédure prévue par le deuxième alinéa de l'article 371 du présent code. Une copie de cette ordonnance est immédiatement adressée par le procureur de la République ou le procureur général au représentant de l'État dans le département ou, à Paris, au préfet de police. Ce dernier procède sans délai à l'hospitalisation, après, le cas échéant, les formalités de levée d'écrou ; il détermine l'établissement dans lequel la personne sera hospitalisée. »**

(Décr. nº 2008-361 du 16 avr. 2008) **« Cette ordonnance est inscrite dans le registre prévu par le dernier alinéa de l'article L. 3213-1 du code de la santé publique.**

« Copie de l'expertise psychiatrique figurant au dossier de la procédure et établissant que les troubles mentaux de l'intéressé nécessitent des soins et compromettent la sûreté des personnes ou portent atteinte, de façon grave, à l'ordre public, est également immédiatement adressée par le procureur de la République ou le procureur général au représentant de l'État dans le département ou, à Paris, au préfet de police, pour être jointe au dossier médical de la personne. »

(Décr. nº 2010-692 du 24 juin 2010) **« L'expertise prévue à l'alinéa précédent est celle réalisée au cours de l'instruction, sans préjudice de la possibilité pour le président de la chambre de l'instruction ou de la juridiction de jugement d'ordonner un complément d'expertise afin d'actualiser les informations concernant l'état mental de la personne. Si la dernière expertise figurant au dossier ne comporte pas d'indications suffisantes pour apprécier que les conditions de l'hospitalisation d'office sont effectivement réunies au moment où la juridiction doit statuer, le président de celle-ci peut**

également, avant la date prévue pour l'audience, requérir de l'expert ou de l'un des experts ayant procédé à cette expertise, ou de tout autre médecin psychiatre, la délivrance d'un certificat médical décrivant l'état actuel de la personne. Ce certificat peut également être requis par le ministère public. Copie du certificat est alors adressée au représentant de l'État en application de l'alinéa précédent avec celle de l'expertise psychiatrique. »

Si c'est à tort qu'une chambre de l'instruction n'a pas rendu l'ordonnance motivée prévue par l'art. D. 47-29, la cassation n'est cependant pas encourue dès lors que l'admission en soins psychiatriques sous la forme d'une hospitalisation complète a été légalement décidée par un arrêt motivé conformément à l'art. 706-135. • Crim. 29 nov. 2017, n° 16-85.490 P : *D. actu. 4 janv. 2018, obs. Morgante ; AJ pénal 2018. 87, obs. Thierry ; Dr. pénal 2018, n° 16, obs. Maron et Haas.*

Art. D. 47-29-1 **L'ordonnance aux fins d'hospitalisation d'office prise en application de l'article 706-135 du présent code est immédiatement exécutoire, sans préjudice de la possibilité de saisine du juge des libertés et de la détention conformément aux dispositions de l'article L. 3211-12 du code de la santé publique afin qu'il soit mis fin à l'hospitalisation.**

A peine d'irrecevabilité, cette ordonnance ne peut faire l'objet d'un appel ou d'un pourvoi en cassation qu'en même temps qu'un appel ou qu'un pourvoi formé contre la décision portant déclaration d'irresponsabilité pénale pour cause de trouble mental.

L'appel ou le pourvoi formé contre l'ordonnance aux fins d'hospitalisation d'office n'est pas suspensif.

Lorsqu'elle n'a pas fait l'objet d'un appel, l'ordonnance aux fins d'hospitalisation d'office est caduque si la juridiction d'appel déclare la personne pénalement responsable et la condamne à une peine privative de liberté. Il en est de même si, à la suite d'un pourvoi en cassation, la juridiction de renvoi déclare la personne pénalement responsable et la condamne à une peine privative de liberté. La caducité de l'ordonnance intervient lorsqu'est mise à exécution la peine privative de liberté. Les dispositions du présent alinéa ne sont toutefois pas exclusives de l'application de celles de l'article D. 398, le cas échéant sans interruption du séjour de la personne en établissement de santé.

Art. D. 47-29-2 **Pour permettre l'application immédiate de l'ordonnance prévue par les articles D. 47-29 et D. 47-29-1, le ministère public informe préalablement le représentant de l'État ou, à Paris, le préfet de police des audiences au cours desquelles la chambre de l'instruction ou la juridiction de jugement est susceptible d'ordonner une hospitalisation d'office conformément aux dispositions de l'article 706-135.**

Le fait que la chambre de l'instruction ou la juridiction de jugement n'ordonne pas cette hospitalisation n'interdit pas au représentant de l'État ou, à Paris, au préfet de police de faire application des dispositions des articles L. 3213-1 et L. 3213-7 du code de la santé publique.

Art. D. 47-29-3 **Conformément aux dispositions de l'article 706-135 du présent code, le régime de l'hospitalisation d'office ordonnée par une juridiction en application de cet article est, s'agissant des conditions de levée et de prolongation de cette mesure, identique à celui de l'hospitalisation ordonnée par le représentant de l'État en application des articles L. 3213-1 et L. 3213-7 du code de la santé publique à l'égard d'une personne déclarée pénalement irresponsable en raison d'un trouble mental. En particulier, il ne peut être mis fin à cette hospitalisation que selon les modalités prévues par l'article L. 3213-8 du code de la santé publique, et les dispositions de l'article L. 3213-4 de ce code exigeant, sous peine de mainlevée automatique de l'hospitalisation, le maintien de cette mesure par le représentant de l'État à l'issue des délais prévus par cet article ne sont par conséquent pas applicables.**

Art. D. 47-29-4 **Lorsque la chambre de l'instruction ou la juridiction de jugement qui prononce une décision d'irresponsabilité pénale ordonne, conformément à l'article 706-135 du présent code, l'hospitalisation d'office de la personne alors que celle-ci a déjà été décidée par le représentant de l'État en application des dispositions de l'article L. 3213-1 du code de la santé publique, la décision judiciaire se substitue à l'arrêté**

d'hospitalisation pris par le représentant de l'État. Elle produit aussitôt les effets rappelés à l'article D. 47-29-3 du présent code.

Art. D. 47-29-5 Lorsque la chambre de l'instruction ou la juridiction de jugement qui prononce une décision d'irresponsabilité pénale ne décide pas l'hospitalisation d'office de la personne parce que cette hospitalisation a déjà été ordonnée par le représentant de l'État en application des dispositions de l'article L. 3213-1 du code de la santé publique, le ministère public avise sans délai ce dernier de cette décision, afin qu'il puisse être informé que le régime de l'hospitalisation devient alors celui prévu par les articles L. 3213-7 et L. 3213-8 de ce code, et rappelé à l'article D. 47-29-3 ci-dessus, et qu'il puisse prendre toute mesure utile.

Le ministère public avise aux mêmes fins le représentant de l'État des ordonnances d'irresponsabilité pénale prises par le juge d'instruction lorsque la personne mise en examen a fait l'objet d'une hospitalisation d'office ayant été ordonnée par le représentant de l'État à la suite de sa remise en liberté intervenue au cours de la procédure d'information, après que celui-ci a été informé conformément aux dispositions du dernier alinéa de l'article D. 47-27.

SECTION II DES AUTRES MESURES DE SÛRETÉ

(Décr. n° 2010-692 du 24 juin 2010, art. 2)

Art. D. 47-29-6 Les mesures de sûreté prévues à l'article 706-136 ne peuvent être prononcées par la juridiction que s'il apparaît, au moment où la décision est rendue et au vu des éléments du dossier et notamment de l'expertise de l'intéressé, qu'elles sont nécessaires pour prévenir le renouvellement des actes commis par la personne déclarée pénalement irresponsable, pour protéger cette personne, pour protéger la victime ou la famille de la victime, ou pour mettre fin au trouble à l'ordre public résultant de la commission de ces actes.

Ces mesures ne peuvent être prononcées à titre de sanction contre l'intéressé.

Art. D. 47-29-7 La décision ordonnant une ou plusieurs des mesures prévues à l'article 706-137 est prise soit dans l'arrêt de la chambre de l'instruction ou le jugement du tribunal correctionnel, soit par une ordonnance distincte. Cette ordonnance est alors signée par le président de la juridiction et le greffier. Lorsque l'arrêt de déclaration d'irresponsabilité pénale pour cause de trouble mental est rendu par la cour d'assises, cette ordonnance est prise par la cour sans l'assistance du jury. La décision est motivée au regard des dispositions de l'article D. 47-29-6.

Copie de la décision est remise à l'intéressé pour notification.

La décision est immédiatement exécutoire, sans préjudice de la possibilité de saisine du juge des libertés et de la détention, conformément aux dispositions de l'article 706-137 aux fins de modification ou de mainlevée de ces mesures.

A peine d'irrecevabilité, cette décision ne peut faire l'objet d'un appel ou d'un pourvoi en cassation qu'en même temps qu'un appel ou qu'un pourvoi formé contre la décision portant déclaration d'irresponsabilité pénale pour cause de trouble mental.

L'appel ou le pourvoi formé contre cette décision n'est pas suspensif.

Lorsqu'elle n'a pas fait l'objet d'un appel, la décision est caduque si la juridiction d'appel déclare la personne pénalement responsable. Il en est de même si, à la suite d'un pourvoi en cassation, la juridiction de renvoi déclare la personne pénalement responsable.

Art. D. 47-29-8 Conformément aux dispositions du 11° *bis* du I de l'article 23 de la loi n° 2003-239 du 18 mars 2003 pour la sécurité intérieure, le ministère public informe le gestionnaire du fichier des personnes recherchées des interdictions prononcées en application de l'article 706-136.

Art. D. 47-30 *(Décr. n° 2008-361 du 16 avr. 2008, art. 2)* Lorsque la personne à l'égard de laquelle ont été prononcées une ou plusieurs des mesures prévues par l'article 706-136 fait l'objet d'une hospitalisation d'office, prononcée soit en application des dispositions de l'article L. 3213-1 du code de la santé publique, soit en application des dispositions de l'article 706-135 du présent code, le procureur de la République adresse au directeur de l'établissement dans lequel la personne est hospitalisée un document faisant état de ces interdictions.

En cas de non-respect de l'obligation, le juge de l'application des peines en informe le ministère public qui décidera de l'opportunité de poursuivre la personne concernée sur le fondement de l'article 706-139.

Art. D. 47-37 Lorsque la personne condamnée sollicite une modification ou une levée de l'obligation de soins, le juge des libertés et de la détention ne peut statuer qu'après avis du juge de l'application des peines suivant le déroulement de la mesure.

CHAPITRE V DISPOSITIONS APPLICABLES LORSQUE L'ABOLITION TEMPORAIRE DU DISCERNEMENT DE LA PERSONNE RÉSULTE DE SON FAIT ET NOTAMMENT DE LA CONSOMMATION VOLONTAIRE DE SUBSTANCES PSYCHOACTIVES

(Décr. n° 2022-657 du 25 avr. 2022, art. 2)

SECTION PREMIÈRE DISPOSITIONS RELATIVES AU RENVOI DE LA PERSONNE AUX FINS DE JUGEMENT SUR LE FOND OU AUX FINS DE JUGEMENT SUR L'APPLICATION DE L'ARTICLE 122-1 DU CODE PÉNAL

Art. D. 47-37-1 Conformément aux dispositions de l'article 706-139-1, lorsque le juge d'instruction estime qu'il existe des charges suffisantes contre la personne mise en examen d'avoir commis une des infractions prévues par les articles 221-5-6, 222-18-4 ou 222-26-2 du code pénal, que ces qualifications ont été visées lors de l'ouverture de l'information ou qu'elles ont été retenues en cours de procédure, il la renvoie devant la juridiction de jugement compétente selon les modalités prévues par les articles 179 ou 181 du présent code, après l'avoir préalablement déclarée pénalement irresponsable des faits commis à la suite de sa consommation volontaire de substances psychoactives.

Lorsque le juge d'instruction estime qu'il existe des charges suffisantes contre la personne mise en examen d'avoir commis les infractions qui lui sont reprochées dans les circonstances prévues par l'article 122-1-1 du code pénal, il la renvoie pour ces infractions devant la juridiction de jugement compétente selon les modalités prévues par les articles 179 ou 181 du présent code.

Les dispositions des deux alinéas précédents s'appliquent y compris s'il existe dans la procédure une ou plusieurs expertises concluant que le discernement de la personne était seulement altéré.

Art. D. 47-37-2 Hors les hypothèses prévues par les articles 706-139-1 et D. 47-37-1, lorsque le juge d'instruction estime que l'abolition temporaire du discernement de la personne mise en examen résulte au moins partiellement de son fait et qu'il existe une ou plusieurs expertises concluant que son discernement était seulement altéré, il ordonne, conformément aux dispositions du deuxième alinéa de l'article 706-120, le renvoi de la personne devant la juridiction de jugement compétente pour que celle-ci statue à huis clos sur la seule application de l'article 122-1 du code pénal, selon les modalités précisées par la section II du présent chapitre.

Si la personne fait l'objet d'une mesure de sûreté et que les faits reprochés constituent un délit, le juge d'instruction peut ordonner le maintien de cette mesure jusqu'à l'audience conformément aux alinéas deux à quatre de l'article 179. Si la personne fait l'objet d'une mesure de sûreté et que les faits reprochés constituent un crime, les dispositions des alinéas cinq, sept, huit et neuf de l'article 181 sont applicables.

SECTION II DISPOSITIONS APPLICABLES EN CAS DE RENVOI AU *[À]* FIN DE JUGEMENT SUR LA SEULE APPLICATION DE L'ARTICLE 122-1 DU CODE PÉNAL

Art. D. 47-37-3 Lorsque la juridiction de jugement est saisie en application du deuxième alinéa de l'article 706-120 et de l'article D. 47-37-2, son président ordonne au moins un mois avant l'audience une expertise afin de déterminer si la personne est en état de comparaître personnellement et de comprendre les débats, ainsi que pour déterminer les modalités de cette comparution, et notamment s'il peut être recouru à un moyen de télécommunication, audiovisuelle conformément aux dispositions de l'article 706-71.

S'il résulte de cette expertise que l'état mental de la personne rend durablement impossible sa comparution personnelle dans des conditions lui permettant d'exercer sa défense, le président de la juridiction de jugement constate par ordonnance que la procédure et que la prescription de l'action publique se trouvent suspendues, sans préjudice de sa possibilité de faire application des dispositions du quatrième alinéa de l'article 10.

§ 1er DISPOSITIONS APPLICABLES DEVANT LA COUR D'ASSISES

Art. D. 47-37-4 Lorsque la cour d'assises est saisie en application des dispositions du deuxième alinéa de l'article 706-120, elle ne statue, conformément aux dispositions de cet alinéa, que pour se prononcer à huis clos sur l'application de l'article 122-1 du code pénal.

Les experts ayant examiné la personne, et notamment ceux ayant rendu des avis divergents, doivent être entendus par la cour d'assises, le cas échéant par un moyen de télécommunication.

Les dispositions des alinéas cinq à dix de l'article 706-122 sont alors applicables.

Les jurés peuvent également poser des questions par l'intermédiaire du président.

Art. D. 47-37-5 Conformément à l'article 349-1, la cour d'assises répond à une question ainsi formulée :

"L'accusé bénéficie-t-il pour le fait qui lui est reproché de la cause d'irresponsabilité prévue par le premier alinéa de l'article 122-1 du code pénal selon lequel n'est pas pénalement responsable la personne qui était atteinte, au moment des faits, d'un trouble psychique ou neuropsychique ayant aboli son discernement ou le contrôle de ses actes ?"

Art. D. 47-37-6 Si la cour d'assises répond positivement à la question prévue par l'article D. 47-37-5, elle doit alors statuer sur la question suivante :

"L'accusé a-t-il matériellement commis le fait qui lui est reproché et pour lequel il a été considéré comme pénalement non responsable ?"

Si la cour répond positivement à cette question, il est fait application des articles 706-130 et 706-131 prévoyant que la cour d'assises prononce un arrêt portant déclaration d'irresponsabilité pénale pour cause de trouble mental et que la cour statue sur les dommages et intérêts et, s'il y a lieu, les mesures de sûreté.

Les dispositions de l'article 706-132 prévoyant l'appel du procureur général, de l'accusé et de la partie civile sont alors applicables.

Art. D. 47-37-7 Si la cour d'assises répond négativement à la question prévue par l'article D. 47-37-5, elle ordonne le renvoi de l'accusé à une audience ultérieure de la cour d'assises qui procède comme en cas de renvoi prononcé par la juridiction d'instruction. Cette décision de renvoi ne peut faire l'objet d'un appel.

Si l'accusé était placé sous mandat de dépôt, il demeure détenu conformément aux dispositions de l'article 181, sans préjudice de sa possibilité de demander à tout moment sa mise en liberté. Les délais prévus par les dispositions des alinéas huit et neuf de l'article 181 sont applicables.

La cour d'assises statuant sur renvoi n'est pas tenue par la réponse apportée par la première cour d'assises à la question prévue par l'article D. 47-37-5.

§ 2 DISPOSITIONS APPLICABLES DEVANT LE TRIBUNAL CORRECTIONNEL

Art. D. 47-37-8 Lorsque le tribunal correctionnel est saisi en application des dispositions du deuxième alinéa de l'article 706-120, il ne statue, conformément aux dispositions de cet alinéa, que pour se prononcer à huis clos sur l'application de l'article 122-1 du code pénal.

Les experts ayant examiné la personne, et notamment ceux ayant rendu des avis divergents, doivent être entendus par le tribunal, le cas échéant par un moyen de télécommunication.

Si le tribunal estime que les dispositions du premier alinéa de cet article sont applicables, il rend un jugement de déclaration d'irresponsabilité pénale pour cause de trouble mental conformément aux dispositions de l'article 706-134 du présent code.

Si le tribunal estime que les dispositions du premier alinéa de l'article 122-1 du code pénal ne sont pas applicables, il ordonne le renvoi du prévenu à une audience ultérieure du tribunal correctionnel pour que celui-ci statue comme en cas de renvoi pro-

noncé par la juridiction d'instruction. Cette décision ne peut faire l'objet d'un appel. Si le prévenu faisait l'objet d'une mesure de sûreté, le tribunal peut, par décision spécialement motivée, ordonner le maintien de cette mesure jusqu'à l'audience de renvoi ; en cas de maintien en détention, les délais prévus par les quatrième et cinquième alinéas de l'article 179 sont alors applicables.

Dans le cas prévu par l'alinéa précédent, le tribunal peut également, avec l'accord du prévenu donné en présence de son avocat, continuer d'examiner le dossier au fond et statuer sur l'action publique sans renvoyer le dossier à une audience ultérieure. Dans ce cas, les débats se poursuivent en audience publique, sous réserve des dispositions des alinéas deux et trois de l'article 400.

Les décisions prévues aux *[au]* **deuxième et au quatrième alinéa peuvent faire l'objet d'un appel devant la chambre des appels correctionnels.**

TITRE VINGT-NEUVIÈME DES SAISIES SPÉCIALES

(Décr. nº 2014-1634 du 26 déc. 2014)

Néant.

TITRE TRENTIÈME DE L'AGENCE DE GESTION ET DE RECOUVREMENT DES AVOIRS SAISIS ET CONFISQUÉS

(Décr. nº 2014-1634 du 26 déc. 2014)

Néant.

TITRE TRENTE ET UNIÈME DES MESURES CONSERVATOIRES

(Décr. nº 2014-1634 du 26 déc. 2014)

Néant.

TITRE TRENTE-DEUXIÈME DE LA PROCÉDURE APPLICABLE AUX INFRACTIONS RELATIVES À LA PROLIFÉRATION D'ARMES DE DESTRUCTION MASSIVE ET DE LEURS VECTEURS

(Décr. nº 2014-1634 du 26 déc. 2014)

Néant.

TITRE TRENTE-TROISIÈME DE LA PROCÉDURE APPLICABLE EN CAS D'ACCIDENT COLLECTIF

(Décr. nº 2014-1634 du 26 déc. 2014)

Art. D. 47-38 **Par application des dispositions de l'article 706-176, les tribunaux judiciaires désignés dans le tableau figurant ci-dessous sont compétents pour connaître, dans les circonscriptions définies à ce tableau, des infractions mentionnées à cet article.**

TRIBUNAUX judiciaires compétents	COMPÉTENCE TERRITORIALE s'étendant au ressort des cours d'appel ou du tribunal supérieur d'appel de :
Marseille	Aix-en-Provence, Bastia, Chambéry, Grenoble, Lyon, Nîmes et Montpellier
Paris	Agen, Amiens, Angers, Basse-Terre, Besançon, Bordeaux, Bourges, Caen, Cayenne, Colmar, Dijon, Douai, Fort-de-France, Limoges, Metz, Nancy, Nouméa, Orléans, Papeete, Paris, Pau, Poitiers, Reims, Rennes, Riom, Rouen, Saint-Denis, Toulouse, Versailles et Saint-Pierre

LIVRE CINQUIÈME DES PROCÉDURES D'EXÉCUTION

(Décr. n° 59-322 du 23 févr. 1959)

TITRE PREMIER DE L'EXÉCUTION DES SENTENCES PÉNALES

[Dispositions prises pour l'application des art. 707 à 709 C. pr. pén.]

CHAPITRE PREMIER DISPOSITIONS GÉNÉRALES *(Décr. n° 2004-1364 du 13 déc. 2004).*

Les dispositions du Décr. n° 2004-1364 du 13 déc. 2004 relatif à l'application des peines sont applicables en Nouvelle-Calédonie, Polynésie française et dans les îles Wallis-et-Futuna, sous réserve des adaptations prévues par les articles 2 à 5 du Décr. n° 2005-163 du 23 févr. 2005 (Décr. préc., art. 1er).

Art. D. 48 *(Décr. n° 60-898 du 24 août 1960)* **« Le ministère public étant chargé de l'exécution de l'ensemble des sentences pénales prononcées par les juridictions répressives, il est tenu à cet effet, par chaque parquet, un fichier ou un registre dit « Registre d'exécution des peines ».**

Le registre d'exécution des peines est établi de manière à permettre de prendre immédiatement connaissance des peines à exécuter et, le cas échéant, des motifs pour lesquels l'exécution n'a pas encore eu lieu.

Les mentions utiles sont portées sur le registre après chaque audience, ainsi qu'après toute diligence relative à l'exécution de la peine ou à l'inscription de la condamnation au casier judiciaire.

(Décr. n° 60-898 du 24 août 1960) **« Les registres d'exécution des peines sont établis conformément aux modèles fixés par le ministre de la justice et sont tenus selon ses instructions. »**

Art. D. 48-1 *(Décr. n° 2004-1364 du 13 déc. 2004, art. 24, en vigueur le 1er janv. 2005)* **Pour la mise à exécution des sentences pénales, les magistrats du ministère public sont assistés par un secrétariat-greffe chargé de l'exécution des peines.**

V. Circ. CRIM-05-9-E8 du 11 avr. 2005 relative au prononcé, à l'exécution et à l'application des peines, BOMJ n° 98.

Art. D. 48-1-1 *(Décr. n° 2020-187 du 3 mars 2020, art. 2, en vigueur le 24 mars 2020)* **Les seuils de six mois ou un an d'emprisonnement prévus en matière d'aménagement de peine par le troisième alinéa de l'article 132-19 et l'article 132-25 du code pénal, ainsi que par les 1°, 2° et 3° du I de l'article 464-2, l'article 474 et l'article 723-15 du présent code s'apprécient en prenant en compte, le cas échéant, de :**

1° La révocation totale ou partielle d'un sursis simple ou d'un sursis probatoire, décidée par la juridiction de jugement et dont la durée s'ajoute, conformément aux articles 132-38 et 132-50 du code pénal, à celle de la peine d'emprisonnement pouvant être exécutée ;

2° L'intervention d'une détention provisoire dont la durée est intégralement déduite, ***conformément*** **à** ***l'article 716-4*** **du présent code, de celle de la peine d'emprisonnement prononcée.**

L'art. D. 48-1-1, créé par l'art. 2 du Décr. n° 2020-187 du 3 mars 2020, est applicable immédiatement s'agissant d'une loi de procédure.

• Crim. 11 mai 2021, n° 20-84.412 P. • Crim. 11 mai 2021, n° 20-85.576 P.

Art. D. 48-2 *(Décr. n° 2014-1582 du 23 déc. 2014, art. 17, en vigueur le 15 août 2015)* **« Le bureau d'exécution des peines prévu par l'article 709-1 est animé par un ou plusieurs greffiers ou agents du greffe du tribunal judiciaire ou de la cour d'appel.**

« Il a pour mission, lorsque la condamnation est rendue en présence du prévenu et que celui-ci n'est pas incarcéré, de recevoir ce dernier à l'issue de l'audience ou dans les jours suivant celle-ci, le cas échéant en présence de son avocat, pour lui expliquer la décision dont il fait l'objet et lui remettre un relevé de condamnation. Il est notamment chargé de : »

1° Lui délivrer une convocation devant le juge de l'application des peines *(Décr. n° 2010-1276 du 27 oct. 2010, art. 2)* **« et le cas échéant devant le service pénitentiaire d'insertion et de probation », en cas de condamnation à une peine d'emprisonnement ferme** *(Décr. n° 2020-81 du 3 févr. 2020, art. 6, en vigueur le 24 mars 2020)* **« pour laquelle la détention restant à subir est inférieure ou égale à un an conformément aux dispositions du premier alinéa de l'article 474, sauf s'il a été décerné un mandat de dépôt à effet différé » ;**

2° Lui délivrer une convocation devant le service pénitentiaire d'insertion et de probation en cas de condamnation *(Décr. n° 2020-81 du 3 févr. 2020, art. 6, en vigueur le 24 mars 2020)* **« à une peine d'emprisonnement assorti du sursis probatoire », ou à une peine de travail d'intérêt général, conformément aux dispositions du troisième alinéa de l'article 474 ;** *(Décr. n° 2010-1276 du 27 oct. 2010, art. 2)* **« toutefois, en raison de la peine prononcée ou de la personnalité du condamné, celui-ci peut être convoqué devant le juge de l'application des peines ; »**

3° Lui préciser les modalités pratiques selon lesquelles il peut s'acquitter du paiement de l'amende, en cas de condamnation à une peine amende ou une peine de jours-amende *(Décr. n° 2007-699 du 3 mai 2007, art. 8-I)* **« après l'avoir le cas échéant avisé de la diminution de 20 % de l'amende en cas de paiement volontaire dans le délai d'un mois, sans que ce paiement fasse obstacle à l'exercice des voies de recours, si les avis prévus par l'article 707-3 n'ont pas été délivrés au condamné par le président ou le greffier de la juridiction » ;**

4° Lui délivrer une convocation devant le service chargé de mettre en œuvre cette sanction en cas de condamnation *(Décr. n° 2020-81 du 3 févr. 2020, art. 6, en vigueur le 24 mars 2020)* **« à une peine de stage ;**

« 5° Lui délivrer une convocation devant le procureur de la République lorsque le tribunal a prononcé un mandat de dépôt à effet différé en application du 3° du I ou en application du III de l'article 464-2, sauf lorsque la date d'incarcération a été donnée au condamné à l'issue de l'audience ;

« 6° Lui délivrer une convocation devant le service pénitentiaire d'insertion et de probation et, s'il y a lieu, devant le juge de l'application des peines en application des articles D. 49-84 et D. 49-85 pour la mise à exécution de la peine de détention à domicile sous surveillance électronique ;

« 7° Lui délivrer une convocation devant le service pénitentiaire d'insertion et de probation et devant le juge de l'application des peines pour la mise en œuvre de la mesure d'aménagement de peine décidée par le tribunal en application des articles 132-25 et 132-26 du code pénal ».

Pour la mise en œuvre des dispositions du présent article, le juge de l'application des peines ou son greffier ainsi que le directeur du service pénitentiaire d'insertion et de probation communiquent préalablement *(Décr. n° 2014-1582 du 23 déc. 2014, art. 17, en vigueur le 15 août 2015)* **« au bureau de l'exécution des peines » les dates auxquelles les condamnés peuvent être convoqués devant ce magistrat ou ce service.** *(Abrogé par Décr. n° 2010-1276 du 27 oct. 2010, art. 2)* ***« En cas de nécessité, les délais de convocation peuvent être supérieurs à un mois et, dans le cas prévu au 2°, la personne peut être convoquée devant le juge de l'application des peines. »***

(Décr. n° 2010-1276 du 27 oct. 2010, art. 2) **« Si le condamné réside dans un autre ressort que celui de la juridiction ayant prononcé la condamnation, les convocations** *(Décr. n° 2020-81 du 3 févr. 2020, art. 6, en vigueur le 24 mars 2020)* **« prévues aux 1°, 2°, 6° et 7° du » présent article sont délivrées par le juge de l'application des peines territorialement compétent conformément aux dispositions de l'article D. 147-10.**

« Le non-respect des délais d'un mois et de quarante-cinq jours prévus par l'article 474 ne constitue pas une cause de nullité des convocations du condamné devant le juge de l'application des peines ou devant le service pénitentiaire d'insertion et de probation. »

Art. D. 48-2-1 *(Décr. n° 2010-1276 du 27 oct. 2010, art. 2)* **Pour l'application des dispositions du 1° de l'article D. 48-2, le juge de l'application des peines indique au procureur de la République, en concertation avec le directeur du service pénitentiaire d'insertion et de probation, et en regard de l'organisation de ce service et de celui de**

l'application des peines, s'il souhaite que, de manière générale, les personnes soient convoquées :

1° En premier lieu devant le juge de l'application des peines, puis devant le service pénitentiaire d'insertion et de probation ;

2° En premier lieu devant le service pénitentiaire d'insertion et de probation, puis devant le juge de l'application des peines ;

3° Devant le seul juge de l'application des peines, la convocation devant le service pénitentiaire d'insertion et de probation étant le cas échéant faite, par ce juge, après la présentation du condamné devant lui.

Dans les cas prévus par le 1° et le 2°, le ministère public informe en même temps de la décision de condamnation le juge de l'application des peines et le service pénitentiaire d'insertion et de probation.

Pour la détermination de l'ordre des convocations, il peut être distingué selon le quantum des peines prononcées, la nature des faits et les antécédents du condamné.

Art. D. 48-2-2 *(Décr. nº 2010-1276 du 27 oct. 2010, art. 2)* Pour l'application des dispositions du 2° de l'article D. 48-2, le juge de l'application des peines peut indiquer au procureur de la République s'il souhaite que, de manière générale, certaines personnes soient d'abord convoquées devant lui-même en raison de la peine prononcée, de la nature des faits ou des antécédents du condamné.

Art. D. 48-2-3 *(Décr. nº 2020-81 du 3 févr. 2020, art. 6, en vigueur le 24 mars 2020)* Lorsque les convocations prévues par les 1°, 2°, 4° et 5° de l'article D. 48-2 n'ont pas été remises à la personne condamnée à l'issue de l'audience ou par le bureau de l'exécution des peines, ces convocations lui sont adressées ultérieurement dans les meilleurs délais et par tout moyen.

Art. D. 48-2-4 *(Décr. nº 2020-81 du 3 févr. 2020, art. 6, en vigueur le 24 mars 2020)* Lorsque le procureur de la République reçoit la personne condamnée contre laquelle a été décerné un mandat de dépôt à effet différé, il l'informe de l'établissement pénitentiaire dans lequel elle doit être incarcérée, ainsi que de la date et des horaires auxquels elle doit se présenter à cet établissement.

Après cette information, le procureur de la République délivre un ordre de mise à exécution de ce mandat conformément à l'article D. 48-2-5, qui donne ordre au chef de l'établissement pénitentiaire désigné de recevoir et de détenir le condamné à partir de la date fixée si celui-ci se présente à cette date, ou de l'en informer dans le cas contraire.

S'il a été décerné un mandat de dépôt à effet différé alors que la personne n'était pas présente à l'audience, le procureur de la République peut, lorsqu'il est fait application des dispositions de l'article 716-5, procéder aux formalités prévues au premier alinéa par l'intermédiaire du moyen de télécommunication audiovisuelle prévu par l'article 706-71.

Art. D. 48-2-5 *(Décr. nº 2020-81 du 3 févr. 2020, art. 6, en vigueur le 24 mars 2020)* L'ordre de mise à exécution du mandat de dépôt à effet différé délivré par le procureur de la République soit à l'issue de l'audience, soit dans les conditions prévues à l'article D. 48-2-4 vise la décision de condamnation rendue et le mandat décerné par le tribunal correctionnel *(Décr. nº 2022-546 du 13 avr. 2022, art. 5)* « ou la cour d'assises », et comporte les indications mentionnées au premier alinéa de l'article D. 48-2-4 et à l'article D. 45-2-7. Il est daté, signé et revêtu du sceau de ce magistrat.

Une copie de cet ordre est remise au condamné. Une copie certifiée conforme de cet ordre est adressée au chef de l'établissement pénitentiaire avant la date fixée pour l'incarcération.

Art. D. 48-2-6 *(Décr. nº 2020-81 du 3 févr. 2020, art. 6, en vigueur le 24 mars 2020)* Si le condamné contre lequel a été décerné un mandat de dépôt à effet différé ne réside pas dans le ressort *(Décr. nº 2022-546 du 13 avr. 2022, art. 5)* « de la juridiction » ayant prononcé la condamnation, le procureur de la République peut transmettre une copie du mandat au procureur de la République du tribunal judiciaire dans le ressort duquel réside la personne afin que celui-ci procède à sa convocation et délivre l'ordre de mise à exécution du mandat de dépôt.

Art. D. 48-2-7 *(Décr. n° 2020-81 du 3 févr. 2020, art. 6, en vigueur le 24 mars 2020)* **Si la personne à l'encontre de laquelle a été décerné un mandat de dépôt à effet différé ne se présente pas, sans motif légitime, à la convocation devant le procureur de la République ou à l'établissement pénitentiaire à la date fixée pour son incarcération, le ministère public pourra mettre la peine à exécution en recourant, s'il y a lieu, à la force publique, lorsque la condamnation est exécutoire ou, sauf en cas d'opposition formée contre une condamnation par défaut, lorsque le mandat a été assorti de l'exécution provisoire. Il peut à cette fin diffuser une note de recherche en application du 1° de l'article 230-19.**

Lorsqu'a été décerné un mandat de dépôt à effet différé et que la condamnation est exécutoire ou que le mandat a été assorti de l'exécution provisoire, le ministère public peut également mettre la peine à exécution à tout moment, notamment sans attendre la date ayant été fixée ou devant être fixée pour l'incarcération, si la personne est incarcérée dans le cadre d'une autre procédure, ou en cas d'urgence résultant soit d'un risque de danger pour les personnes ou les biens établi par la survenance d'un fait nouveau, soit d'un risque avéré de fuite du condamné.

Art. D. 48-2-8 *(Décr. n° 2020-81 du 3 févr. 2020, art. 6, en vigueur le 24 mars 2020)* **Lorsqu'un mandat de dépôt à effet différé a été décerné, la saisine du juge de l'application des peines par le condamné conformément à l'article D. 49-11 d'une demande de semi-liberté, de placement à l'extérieur, de détention à domicile sous surveillance électronique, de fractionnement ou de suspension de peine, de libération conditionnelle ou de conversion de peine ne suspend pas la possibilité pour le parquet de mettre la peine à exécution, y compris par la force publique dans les cas prévus par l'article D. 48-2-7.**

Art. D. 48-3 *(Décr. n° 2004-1364 du 13 déc. 2004, art. 24, en vigueur le 1er janv. 2005 ; Décr. n° 2012-681 du 7 mai 2012, art. 2)* **Lorsqu'il n'existe pas de bureau d'aide aux victimes au sein de la juridiction et que la condamnation est rendue en présence de la partie civile,** *(Décr. n° 2014-1582 du 23 déc. 2014, art. 18, en vigueur le 15 août 2015)* **« le bureau de l'exécution des peines » peut être chargé de recevoir cette dernière à l'issue de l'audience, assistée le cas échéant par son avocat, pour l'informer notamment des modalités pratiques lui permettant d'obtenir le paiement des dommages et intérêts qui lui ont été alloués et, s'il y a lieu, des démarches devant être effectuées pour saisir le service d'aide au recouvrement des victimes d'infractions ou la commission d'indemnisation des victimes d'infractions ainsi que du délai dans lequel elles doivent intervenir.**

(Décr. n° 2014-1582 du 23 déc. 2014, art. 18, en vigueur le 15 août 2015) **« Le bureau de l'exécution des peines »** *(Décr. n° 2007-1605 du 13 nov. 2007, en vigueur le 2 janv. 2008)* **« informe également la partie civile de sa possibilité de saisir le juge délégué au***[x]* **victimes. »**

Art. D. 48-4 *(Abrogé par Décr. n° 2014-1582 du 23 déc. 2014, art. 19, à compter du 15 août 2015) (Décr. n° 2004-1364 du 13 déc. 2004, art. 24, en vigueur le 1er janv. 2005)* ***Les dispositions des articles*** *(Décr. n° 2012-681 du 7 mai 2012, art. 12)* ***« D. 48-2 à D. 48-2-2 et, lorsqu'il n'existe pas de bureau d'aide aux victimes au sein de la juridiction, D. 48-3 » peuvent être mises en œuvre dans le cadre du bureau de l'exécution des peines.***

Art. D. 48-5 *(Décr. n° 2004-1364 du 13 déc. 2004, art. 24, en vigueur le 1er janv. 2005)* **La prescription de la peine est interrompue par les actes ou décisions du ministère public, du juge de l'application des peines et, pour les peines d'amende,** *(Décr. n° 2014-552 du 27 mai 2014, art. 12)* **« de la direction générale des finances publiques », qui tendent à son exécution.**

BIBL. ► HERZOG-EVANS, *D. 2005. 1597* (application et inapplication de la loi Perben II).

Inconstitutionnalité de l'art. D. 48-5. L'art. D. 48-5 est entaché d'inconstitutionnalité pour avoir été pris par le pouvoir réglementaire dans le domaine qui est celui de la loi, à savoir les règles relatives à la prescription de la peine, et doit de ce fait être déclaré inapplicable. • Aix-en-Provence, 10 nov. 2011, n° 2011/401 : *AJ pénal 2012. 355, note Giacopelli*. – Confirmé par : • Crim. 26 juin 2013, nos 12-88.265 et 12-81.646 : *D. actu. 11 juill. 2013, obs. Fucini ; D. 2014. 311, obs. Laurent, Roth et Labrousse ; AJ pénal 2013. 493, obs. Herzog-Evans ; Procé-*

dures 2013, n° 261, note Chavent-Leclère ; Droit pénal 2013, n° 150, note Bonis-Garçon. – V. aussi ss. art. 707-1.

Art. D. 48-5-1 *(Décr. n° 2007-1627 du 16 nov. 2007)* **Le premier président de la cour d'appel et le procureur général, avec les présidents des tribunaux judiciaires et les procureurs de la République du ressort de la cour d'appel, organisent** *(Décr. n° 2017-1018 du 10 mai 2017, art. 2)* **« au moins une fois par an » une conférence régionale portant sur les aménagements de peines et les alternatives à l'incarcération.**

Cette conférence est présidée par les chefs de la cour d'appel ou leurs représentants. Elle réunit les magistrats du siège et du parquet, des juridictions de la cour d'appel et des juridictions de première instance, en charge de l'exécution et de l'application des peines.

Y participent notamment les présidents des chambres correctionnelles et les magistrats du siège et du parquet en charge des mineurs.

Y participent également les directeurs interrégionaux des services pénitentiaires et les directeurs régionaux de la protection judiciaire de la jeunesse, ou leurs représentants, et les personnels concernés de ces services.

Peuvent être invités à participer à cette conférence des représentants des personnes morales de droit public ou de droit privé *(Décr. n° 2017-1018 du 10 mai 2017, art. 2)* **« contribuant ou susceptibles de contribuer à la mise en œuvre des peines et des aménagements de peines ainsi que toute autre personne dont la présence serait jugée utile par le premier président et le procureur général près la cour d'appel ou leurs représentants ».**

Cette conférence a pour objet :

— de dresser le bilan des aménagements de peines et des alternatives à la détention intervenus dans le ressort de la cour ;

— de recenser ou mettre à jour le recensement des moyens disponibles en cette matière ;

— d'améliorer les échanges d'informations entre les juridictions, les services pénitentiaires et les services de la protection judiciaire de la jeunesse ;

— de définir et mettre en œuvre les actions nécessaires à un renforcement des aménagements de peines et des alternatives à la détention ;

(Décr. n° 2017-1018 du 10 mai 2017, art. 2) **« — de prévenir la surpopulation carcérale au sein des établissements pénitentiaires du ressort. »**

Lors de cette conférence, les juges de l'application des peines y présentent les éléments de leur rapport prévu par l'article R. 57-2.

Les conclusions des deux conférences semestrielles sont intégrées dans la synthèse des rapports annuels prévus par l'article 35, que le procureur général adresse au ministère de la justice en application de l'article D. 15-2.

Art. D. 48-5-2 *(Décr. n° 2007-1627 du 16 nov. 2007)* **Les dispositions de l'article R. 522-10** *[V. art. R. 251-13]* **du code de l'organisation judiciaire sont applicables aux membres de la commission pluridisciplinaire des mesures de sûreté mentionnés aux 4°, 5°, 6° et 7° de l'article R. 61-8.**

Art. D. 48-5-3 *(Abrogé par Décr. n° 2021-683 du 27 mai 2021, art. 2) (Décr. n° 2008-1040 du 9 oct. 2008)* ***Le procureur de la République ne peut ramener à exécution une peine d'emprisonnement ferme prononcée par le tribunal pour enfants, que celui-ci ait ou non ordonné l'exécution provisoire de sa décision conformément à l'article 22 de l'ordonnance n° 45-174 du 2 février 1945 relative à l'enfance délinquante, qu'après s'être fait présenter le mineur, après application, s'il y a lieu, des dispositions de l'article 716-5.***

Après avoir vérifié son identité et lui avoir notifié la condamnation dont il fait l'objet, ce magistrat remplit la notice prévue par l'article D. 55-1 puis fait procéder à l'incarcération du mineur.

Les dispositions du présent article ne sont pas applicables lorsque la mise à exécution de la peine intervient immédiatement à l'issue de l'audience.

Elles ne sont également pas applicables lorsque, conformément aux dispositions des articles 723-15 et D. 49-35, l'extrait de la décision doit être adressé au juge des enfants pour que ce dernier détermine les modalités d'exécution de la peine et propose le cas échéant une mesure d'aménagement.

Art. D. 48-5-4 *(Décr. n° 2017-1018 du 10 mai 2017, art. 3)* Au sein de chaque tribunal judiciaire est instituée une commission de l'exécution et de l'application des peines visant à :

1° l'échange d'information entre l'ensemble des acteurs concernés sur les conditions de mise en œuvre des peines prononcées par les autorités judiciaires et la prise en charge des personnes condamnées par les services pénitentiaires et de la protection judiciaire de la jeunesse ;

2° assurer le suivi du processus d'exécution et d'application des peines prononcées au sein de la juridiction, et à déterminer les mesures propres à permettre l'amélioration de celui-ci ;

3° coordonner les interventions des acteurs de la juridiction et des partenaires extérieurs en ce domaine ;

4° prévenir la surpopulation carcérale au sein des établissements pénitentiaires du ressort et favoriser le développement des mesures alternatives à l'incarcération et les aménagements de peine.

Cette commission est présidée par le président du tribunal judiciaire et le procureur de la République, chacun pouvant être remplacé par un magistrat du siège et du parquet qu'ils auront désigné.

Elle réunit au moins deux fois par an les magistrats du siège et du parquet concernés par le prononcé, l'exécution et l'application des peines dans la juridiction ainsi que les fonctionnaires du greffe.

Y participent les juges des chambres correctionnelles, les juges de l'application de peines, les juges des enfants, le directeur de greffe, les responsables du service pénal, du greffe correctionnel, du service de l'exécution des peines, du service de l'application des peines et du tribunal pour enfants.

Cette commission se réunit également au moins une fois par an sous une formation élargie, dont sont membres de droit les chefs des établissements pénitentiaires du ressort et les responsables des greffes judiciaires des établissements pénitentiaires, le directeur des services pénitentiaires d'insertion et de probation, le directeur territorial de la protection judiciaire de la jeunesse ou leurs représentants.

Peuvent être également invités à participer à cette commission les responsables des services de police et de gendarmerie, les représentants des personnes morales de droit public ou de droit privé contribuant ou susceptibles de contribuer à la mise en œuvre des peines ou des aménagements de peines, ainsi que le président de la chambre départementale des huissiers de justice et le bâtonnier de l'ordre des avocats ainsi que tout autre personne dont la présence serait jugée utile par les membres de droit de la commission.

L'ordre du jour est arrêté conjointement par le président du tribunal judiciaire et le procureur de la République ou par le magistrat désigné par eux. Les membres de droit de la commission peuvent faire inscrire des questions à l'ordre du jour.

Lorsqu'il n'y a pas de maison d'arrêt dans le ressort du tribunal judiciaire, la commission de l'exécution et de l'application des peines de cette juridiction peut tenir des réunions communes avec la ou les commissions de la ou des juridictions limitrophes.

(Abrogé par Décr. n° 2021-683 du 27 mai 2021, art. 2, à compter du 30 sept. 2021) ***« Lorsqu'il n'y a pas d'établissement pénitentiaire recevant des mineurs dans le ressort du tribunal judiciaire, les juges des enfants et les responsables du service du tribunal pour enfants sont conviés aux réunions de la ou des commissions de la ou des juridictions limitrophes dans laquelle ou lesquelles se situe un établissement pénitentiaire recevant des mineurs. »***

Chaque réunion fait l'objet d'un relevé de conclusions.

Ce relevé est adressé aux chefs de cour afin d'alimenter les travaux des conférences régionales mentionnées à l'article D. 48-5-1.

Art. D. 48-5-5 *(Décr. n° 2019-508 du 24 mai 2019, art. 4 et 9, en vigueur le 1er juin 2019)* Conformément au dernier alinéa de l'article 711, en cas d'accord des parties, les requêtes relatives à l'exécution d'une peine, présentées dans les conditions prévues par les articles 702-1, 703, 710, 775-1, 775-2 et 778, sont examinées par le président de la juridiction compétente statuant à juge unique :

1° Soit, si ce magistrat l'estime nécessaire, à l'issue d'une audience tenue en chambre du conseil dans les conditions prévues par le premier alinéa de l'article 711 ;

2° Soit, en l'absence d'audience, au vu des pièces du dossier dans les conditions prévues par le dernier alinéa de l'article 711.

La décision, rendue par jugement ou par arrêt dans le cas mentionné au 1° ou par ordonnance dans le cas mentionné au 2°, est susceptible, suivant les cas, d'appel ou de pourvoi conformément aux dispositions du présent code.

Si le président de la juridiction renvoie le dossier, en raison de sa complexité, à la formation collégiale, les dispositions du 2° ne sont pas applicables.

CHAPITRE II DE L'ÉMISSION ET DE L'EXÉCUTION DES SANCTIONS PÉCUNIAIRES EN APPLICATION DE LA DÉCISION-CADRE DU CONSEIL DE L'UNION EUROPÉENNE DU 24 FÉVRIER 2005

(Décr. nº 2007-699 du 3 mai 2007)

SECTION PREMIÈRE DISPOSITIONS COMMUNES

Art. D. 48-6 Les sanctions pécuniaires pouvant être exécutées en application du cinquième alinéa de l'article 707-1 sont celles qui résultent d'une décision, prise par l'autorité compétente d'un État membre de l'Union européenne, appelé État d'émission, imposant, à titre définitif, à une personne physique ou morale le paiement d'une :

1° Somme d'argent prononcée à titre de condamnation pour une infraction ;

2° Indemnité allouée aux victimes lorsqu'elles ne peuvent se constituer partie civile, ordonnée dans le cadre de la même décision et dans l'exercice de la compétence pénale de la juridiction ;

3° Somme d'argent afférente aux frais de la procédure judiciaire ou administrative ayant conduit à la décision ;

4° Somme d'argent allouée à un fonds public ou à une organisation de soutien aux victimes, ordonnée dans le cadre de la même décision.

Art. D. 48-7 Peuvent être exécutées sur le territoire de la République ou transmises, aux fins d'exécution, à un autre État membre de l'Union européenne, appelé État d'exécution, les sanctions pécuniaires rendues par :

1° Une juridiction de l'État d'émission en raison d'une infraction pénale au regard du droit dudit État ;

2° Une autorité de l'État d'émission autre qu'une juridiction en raison d'une infraction pénale au regard du droit dudit État, à la condition que l'intéressé ait eu la possibilité de faire porter l'affaire devant une juridiction compétente, notamment en matière pénale ;

3° Une autorité de l'État d'émission autre qu'une juridiction en raison d'actes punissables au regard du droit dudit État, pour autant que l'intéressé ait eu la possibilité de faire porter l'affaire devant une juridiction compétente, notamment en matière pénale ;

4° Une juridiction compétente, notamment en matière pénale, lorsque la décision a été rendue en ce qui concerne une décision au sens de l'alinéa précédent.

Art. D. 48-8 Les sanctions pécuniaires peuvent être transmises, aux fins d'exécution, à tout État membre de l'Union européenne dans lequel la personne condamnée a sa résidence habituelle, possède des biens ou des revenus, ou a son siège.

Le ministère public est compétent, selon les règles et dans les conditions déterminées par le présent chapitre, pour transmettre aux autorités compétentes des autres États membres de l'Union européenne ou pour exécuter, sur leur demande, une sanction pécuniaire.

Les sanctions pécuniaires sont soumises aux mêmes règles et entraînent les mêmes effets juridiques que des peines d'amende.

Art. D. 48-9 Toute sanction pécuniaire est accompagnée d'un certificat décerné par l'autorité compétente pour mettre à exécution les sanctions pécuniaires, comprenant les mentions suivantes :

1° L'identification de l'autorité qui a prononcé la sanction pécuniaire et de l'autorité compétente pour exécuter cette sanction pécuniaire dans l'État d'émission ;

2° L'identification de l'autorité centrale compétente pour la transmission et la réception des sanctions pécuniaires, lorsqu'une telle autorité a été désignée ;

3° La nature et la date de la sanction pécuniaire, notamment son caractère définitif et les références de cette sanction ;

4° L'identité de la ou des personnes physiques ou morales condamnées ;

5° La résidence habituelle ou le siège de la personne condamnée et les données permettant d'identifier ses biens ou ses revenus ;

6° Les motifs de la sanction pécuniaire, le résumé des faits, la nature et la qualification juridique de l'infraction qui la justifie, y compris, s'il y a lieu, l'indication que cette infraction entre, en vertu de la loi de l'État d'émission, dans l'une des catégories d'infractions mentionnées à l'article D. 48-24 ;

7° La description complète de l'infraction lorsque celle-ci n'entre pas dans l'une des catégories d'infractions visées au 6° ;

8° Les peines de substitution, y compris les peines privatives de liberté, dont l'État d'émission autorise l'application par l'État d'exécution ;

9° Le cas échéant, les autres circonstances pertinentes de l'espèce ;

10° La signature de l'autorité compétente d'émission ou celle de son représentant, attestant l'exactitude des informations contenues dans le certificat.

Art. D. 48-10 Le certificat doit être traduit dans la langue officielle ou dans une des langues officielles de l'État d'exécution ou dans l'une des langues officielles des institutions des Communautés européennes acceptées par cet État.

Art. D. 48-11 La sanction pécuniaire ou une copie certifiée conforme de celle-ci et le certificat sont, sous réserve des dispositions du deuxième alinéa, transmis directement par l'autorité compétente de l'État d'émission à l'autorité compétente de l'État d'exécution, par tout moyen laissant une trace écrite et dans des conditions permettant à cette dernière autorité d'en vérifier l'authenticité.

Lorsqu'un État membre de l'Union européenne a fait une déclaration à cet effet, la sanction pécuniaire et le certificat sont expédiés par l'intermédiaire d'une ou plusieurs autorités centrales désignées par ledit État.

L'original de la sanction pécuniaire, ou une copie certifiée conforme de celle-ci, et l'original du certificat sont adressés à l'autorité compétente de l'État d'exécution à sa demande.

SECTION II DISPOSITIONS RELATIVES À L'EXÉCUTION DANS UN ÉTAT MEMBRE DE L'UNION EUROPÉENNE DES SANCTIONS PÉCUNIAIRES PRONONCÉES PAR LES AUTORITÉS FRANÇAISES

Art. D. 48-12 En application des dispositions du cinquième alinéa de l'article 707-1, lorsque la personne physique ou morale condamnée au paiement d'une somme d'argent ou d'une indemnité a sa résidence habituelle ou son siège dans un État membre de l'Union européenne ou y possède des biens ou des revenus, le ministère public peut demander l'exécution de la sanction pécuniaire à l'autorité compétente de l'État où se trouvent la résidence habituelle, le siège, les biens ou les revenus de la personne condamnée.

Art. D. 48-13 Le ministère public transmet la sanction pécuniaire et son certificat à l'autorité compétente d'un seul État d'exécution à la fois, selon les modalités prévues à l'article D. 48-11.

Il avise le casier judiciaire national lorsqu'il est informé, par l'autorité compétente de l'État d'exécution, du paiement de la sanction pécuniaire.

Art. D. 48-14 Cette transmission interdit d'exécuter la sanction pécuniaire sur le territoire de la République.

Toutefois, le ministère public reprend la faculté d'exécuter la sanction pécuniaire dès que l'État d'exécution l'informe de la non-reconnaissance ou de la non-application de la sanction pécuniaire, ou de la non-exécution, totale ou partielle, de cette sanction.

Art. D. 48-15 Nonobstant les dispositions du deuxième alinéa de l'article D. 48-14, le ministère public ne peut reprendre l'exécution de la sanction pécuniaire si l'absence de reconnaissance de la sanction est fondée sur le motif que la personne condamnée a déjà été jugée définitivement par les autorités judiciaires de l'État d'exécution ou par celles d'un État autre que l'État d'exécution, à condition, en cas de condamnation, que la peine ait été exécutée, soit en cours d'exécution ou ne puisse plus être ramenée à exécution selon les lois de l'État de condamnation.

Art. D. 48-16 Si, après transmission d'une sanction pécuniaire, la personne condamnée s'acquitte volontairement d'une somme d'argent au titre de cette sanction, le ministère public en informe sans tarder par tout moyen laissant une trace écrite l'autorité compétente de l'État d'exécution, afin que le montant recouvré en France soit entièrement déduit du montant de la sanction pécuniaire faisant l'objet d'une exécution dans l'État d'exécution.

Art. D. 48-17 Le ministère public informe immédiatement par tout moyen laissant une trace écrite l'autorité compétente de l'État d'exécution de toute décision ou mesure qui a pour effet de retirer à la sanction pécuniaire son caractère exécutoire ou d'en soustraire l'exécution à cet État, en particulier en cas d'amnistie, de grâce ou de révision de la condamnation.

SECTION III DISPOSITIONS RELATIVES À L'EXÉCUTION DES SANCTIONS PÉCUNIAIRES PRONONCÉES PAR LES AUTORITÉS ÉTRANGÈRES

§ 1er DISPOSITIONS GÉNÉRALES

Art. D. 48-18 En application des dispositions du cinquième alinéa de l'article 707-1, le procureur de la République poursuit l'exécution des sanctions pécuniaires prononcées par les autorités compétentes des États membres de l'Union européenne.

L'exécution en France de ces sanctions pécuniaires est régie par la loi française de la même manière que les amendes pénales prononcées par les juridictions répressives françaises, sous réserve des dispositions du paragraphe 2 de la présente section.

Le procureur de la République qualifie les faits ayant donné lieu à la sanction pécuniaire en application de la loi française et détermine le délai de prescription applicable en fonction de cette qualification. La prescription court, en France, à compter de la réception du certificat concernant la sanction pécuniaire.

Art. D. 48-19 La sanction pécuniaire et le certificat émanant de l'autorité compétente de l'État d'émission sont transmis, selon les modalités prévues à l'article D. 48-11, au procureur de la République territorialement compétent, le cas échéant par l'intermédiaire du procureur général.

Le procureur de la République territorialement compétent est celui du lieu où se situe la résidence habituelle ou le siège de la personne condamnée ou, à défaut, l'un quelconque des biens ou des revenus de cette personne. *(Décr. n° 2016-1202 du 7 sept. 2016, art. 10)* « Toutefois, pour les amendes concernant des infractions en matière de circulation routière, est également compétent l'officier du ministère public ou le procureur de la République du lieu où est réalisé le traitement automatisé de recouvrement de ces amendes. »

Si le procureur de la République à qui la sanction pécuniaire a été transmise n'est pas territorialement compétent pour y donner suite, il la transmet sans délai au procureur de la République territorialement compétent et en informe par tout moyen laissant une trace écrite l'autorité compétente de l'État d'émission.

Art. D. 48-20 Lorsque le procureur de la République envisage de faire application des dispositions prévues au 1° de l'article D. 48-22 ou aux 4°, 6° et 7° de l'article D. 48-23, il en informe sans délai par tout moyen laissant une trace écrite l'autorité compétente de l'État d'émission, afin que celle-ci puisse, le cas échéant, produire ses observations.

Après s'être assuré de la régularité de la demande, le procureur de la République met à exécution la sanction pécuniaire.

Il fait exécuter la sanction pécuniaire et en informe sans délai l'autorité judiciaire de l'État d'émission par tout moyen laissant une trace écrite.

Art. D. 48-21 Le procureur de la République convertit, s'il y a lieu, le montant de la sanction pécuniaire au taux de change en vigueur à la date à laquelle la sanction pécuniaire a été prononcée.

Art. D. 48-22 L'exécution d'une sanction pécuniaire peut être refusée dans l'un des cas suivants :

1° Si le certificat n'est pas produit, s'il est établi de manière incomplète ou s'il ne correspond manifestement pas à la sanction pécuniaire ;

2° Si la sanction pécuniaire est inférieure à 70 € ou à un montant équivalent ;

3° Si la sanction pécuniaire concerne des actes qui ont été commis, en tout ou en partie, sur le territoire de la République ou en un lieu considéré comme tel.

Art. D. 48-23 Sans préjudice de l'application de l'article 694-4, l'exécution d'une sanction pécuniaire est refusée dans l'un des cas suivants :

1° Si la sanction pécuniaire est fondée sur un fait qui ne constitue pas une infraction au regard de la loi française ;

2° Si la sanction pécuniaire a été rendue à l'égard d'une personne âgée de moins de treize ans à la date des faits ;

3° Si la sanction pécuniaire concerne des faits qui ont été commis hors du territoire de l'État d'émission et que la loi française n'autorise pas la poursuite de ces faits lorsqu'ils ont été commis hors du territoire de la République ;

4° Si la sanction pécuniaire concerne des faits relevant de la compétence des juridictions françaises et que l'exécution de cette sanction est prescrite selon la loi française ;

5° Si la sanction pécuniaire se fonde sur des infractions pour lesquelles la personne condamnée a déjà été jugée définitivement par les autorités judiciaires françaises ou par celles d'un État autre que l'État d'émission, à condition, en cas de condamnation, que la peine ait été exécutée, soit en cours d'exécution ou ne puisse plus être ramenée à exécution selon les lois de l'État de condamnation ;

6° Dans le cas d'une procédure écrite, si, selon le certificat, la personne condamnée n'a pas été informée, conformément à la législation de l'État d'émission, personnellement ou par le biais d'un représentant compétent en vertu de la législation nationale, de son droit de former un recours et du délai pour le faire ;

(Décr. n° 2013-967 du 28 oct. 2013, art. 1er) « 7° Si, selon le certificat, la personne condamnée n'a pas comparu en personne au procès, sauf dans les cas visés aux 1° à 3° de l'article 695-22-1 ; »

8° S'il est établi que la sanction pécuniaire a été prise dans le but de condamner une personne en raison de son sexe, de sa race, de sa religion, de son origine ethnique, de sa nationalité, de sa langue, de ses opinions politiques ou de son orientation sexuelle, ou que l'exécution de ladite sanction peut porter atteinte à la situation de cette personne pour l'une de ces raisons ;

9° Si la loi française prévoit une immunité qui rend impossible l'exécution de la sanction pécuniaire.

Art. D. 48-24 Nonobstant les dispositions du 1° de l'article D. 48-23, le motif de refus fondé sur l'absence d'incrimination en droit français n'est pas opposable lorsque la sanction pécuniaire concerne une infraction qui, en vertu de la loi de l'État d'émission, entre dans l'une des catégories d'infractions mentionnées *(Décr. n° 2017-511 du 7 avr. 2017, art. 5, en vigueur le 22 mai 2017)* « à l'article 694-32 » ou dans l'une des catégories suivantes :

– conduite contraire aux règles relatives à la circulation routière, infractions aux règles en matière de temps de conduite et de repos et à celles relatives au transport de marchandises dangereuses ;

– contrebande de marchandises ;

– atteinte aux droits de propriété intellectuelle ;

– menaces et actes de violence contre des personnes ;

– destruction, dégradation ou détérioration ;

– vol ;

– infractions établies par l'État d'émission et couvertes par les obligations d'exécution découlant des instruments adoptés conformément au traité instituant la Communauté européenne ou au titre VI du traité sur l'Union européenne.

Art. D. 48-25 Lorsque les faits n'ont pas été commis sur le territoire de l'État d'émission et relèvent de la compétence des juridictions françaises, le procureur de la République peut décider de réduire le montant de la sanction pécuniaire au montant maximal encouru pour ces faits en vertu de la loi française.

Art. D. 48-26 Lorsque la personne condamnée est en mesure de fournir la preuve du paiement de tout ou partie de ladite sanction, le procureur de la République informe l'autorité compétente de l'État d'émission par tout moyen laissant une trace écrite afin que cette autorité puisse produire ses observations.

Toute partie du montant de la sanction recouvrée, de quelque manière que ce soit, dans tout autre État, est entièrement déduite du montant de la sanction pécuniaire à recouvrer.

Art. D. 48-27 Le refus d'exécuter une sanction pécuniaire ou l'impossibilité de l'exécuter est motivé et notifié sans délai à l'autorité compétente de l'État d'émission par tout moyen laissant une trace écrite.

Art. D. 48-28 Le procureur de la République met fin à l'exécution de la sanction pécuniaire dès qu'il est informé par l'autorité compétente de l'État d'émission de toute mesure ou décision qui a pour effet soit de retirer son caractère exécutoire à la sanction pécuniaire, soit de soustraire son exécution aux autorités françaises.

Art. D. 48-29 Sauf si un accord entre la France et l'État d'émission en stipule autrement, les sommes recouvrées en application de la présente section sont imputées au budget de l'État français.

Le procureur de la République informe l'autorité compétente de l'État d'émission par tout moyen laissant une trace écrite de l'exécution de la sanction pécuniaire ou de sa non-exécution, totale ou partielle, en précisant les motifs de l'absence d'exécution de cette sanction.

§ 2 MODALITÉS DE RECOUVREMENT DES SANCTIONS PÉCUNIAIRES

A. DIMINUTION DE LA SANCTION EN CAS DE PAIEMENT VOLONTAIRE

Art. D. 48-30 Les dispositions des articles 707-2 et 707-4 relatives à la diminution du montant des amendes en cas de paiement volontaire dans le délai d'un mois sont applicables aux sanctions pécuniaires étrangères lorsqu'il s'agit :

1° De sommes d'argent prononcées à titre de condamnation pour une ou plusieurs infractions qui seraient qualifiées en droit français de délit ou de contravention ;

2° De sommes d'argent afférentes aux frais de la procédure judiciaire ou administrative ayant conduit à une décision mentionnée au 1° ;

3° De sommes d'argent allouées à un fonds public ou à une organisation de soutien aux victimes, ordonnée dans une décision mentionnée au 1°.

Ces dispositions ne sont pas applicables :

1° Aux indemnités allouées aux victimes ;

2° Aux sommes d'argent qui seraient qualifiées en droit français d'amendes douanières ou fiscales ou prononcées pour des infractions qui seraient qualifiées en droit français de crime.

Art. D. 48-31 Le procureur de la République qui met à exécution une sanction pécuniaire relevant de l'article D. 48-30 avise par lettre recommandée la personne condamnée que, si elle s'acquitte du montant de cette sanction pécuniaire dans un délai d'un mois à compter de la date d'envoi de cette lettre, le montant de la somme d'argent prononcée à titre de condamnation, de la somme d'argent afférente aux frais de la procédure judiciaire ou administrative et, s'il y a lieu, de la somme d'argent allouée à un fonds public ou à une organisation de soutien aux victimes est diminué de 20 % sans que cette diminution puisse excéder 1 500 €.

Cette lettre comprend un relevé de la sanction pécuniaire, dont le modèle est arrêté conjointement par le garde des sceaux, ministre de la justice, et le ministre des finances, permettant au condamné de s'acquitter volontairement du montant dû dans le délai d'un mois auprès du *(Décr. n° 2014-552 du 27 mai 2014, art. 12)* « comptable de la direction générale des finances publiques ».

Art. D. 48-32 La diminution de la sanction pécuniaire prévue par l'article D. 48-30 ne s'applique qu'en cas de paiement simultané, dans le délai d'un mois, de la somme d'argent prononcée à titre de condamnation, de la somme d'argent afférente aux frais de la procédure judiciaire ou administrative et, s'il y a lieu, de la somme d'argent allouée à un fonds public ou à une organisation de soutien aux victimes.

La diminution porte sur l'ensemble des sommes dues.

Art. D. 48-33 **Un relevé des sanctions pécuniaires est adressé au** *(Décr. n° 2014-552 du 27 mai 2014, art. 12)* **« comptable de la direction générale des finances publiques » en même temps qu'il est procédé à l'envoi de l'avis prévu par l'article D. 48-31.**

Ces relevés sont adressés sous le bordereau d'envoi simplifié prévu au deuxième alinéa de l'article R. 55-5.

B. RECOUVREMENT DES SANCTIONS PÉCUNIAIRES PAR LES COMPTABLES DU TRÉSOR

Art. D. 48-34 *(Décr. n° 2012-1247 du 7 nov. 2012, art. 17)* **« Les articles 108 à 110 du décret n° 2012-1246 du 7 novembre 2012 relatif à la gestion budgétaire et comptable publique » sont applicables aux sanctions pécuniaires étrangères.**

Art. D. 48-35 **Les sanctions pécuniaires étrangères sont recouvrées selon les modalités déterminées par le décret n° 64-1333 du 22 décembre 1964 relatif au recouvrement des amendes et condamnations pécuniaires par les** *(Décr. n° 2014-552 du 27 mai 2014, art. 12)* **« comptables de la direction générale des finances publiques ».**

Les dispositions de l'article 2 de ce décret ne sont pas applicables à ces sanctions. Celles pour lesquelles les dispositions des articles D. 48-30 à D. 48-33 ne sont pas applicables font l'objet d'un relevé adressé au *(Décr. n° 2014-552 du 27 mai 2014, art. 12)* **« comptable de la direction générale des finances publiques », et dont le modèle est arrêté conjointement par le garde des sceaux, ministre de la justice, et le** *(Décr. n° 2014-552 du 27 mai 2014, art. 12)* **« ministre chargé du budget », et qui a les mêmes effets qu'un extrait de jugement.**

C. CONTRAINTE JUDICIAIRE

Art. D. 48-36 **En cas d'inexécution volontaire du paiement de la somme d'argent correspondant à une sanction pécuniaire prononcée à titre de condamnation pour des faits qui constitueraient selon la loi française un crime ou un délit puni d'une peine privative de liberté, le juge de l'application des peines peut, si les faits sont passibles d'une peine privative de liberté dans l'État d'émission, ordonner, dans les conditions prévues aux articles 750 à 762, une contrainte judiciaire.**

CHAPITRE III DES JURIDICTIONS DE L'APPLICATION DES PEINES

(Décr. n° 2004-1364 du 13 déc. 2004, en vigueur le 1er janv. 2005)

Au 1er janv. 2005, les affaires pendantes devant les juridictions régionales de la libération conditionnelle et la juridiction nationale de la libération conditionnelle sont transférées devant les tribunaux de l'application des peines et les chambres de l'application des peines de la cour d'appel respectivement compétents. Les délais dans lesquels le tribunal de l'application des peines doit statuer courent alors à compter du 1er janv. 2005 (Décr. n° 2004-1364 du 13 déc. 2004, art. 31).

Le tribunal correctionnel demeure compétent pour statuer sur les saisines aux fins de révocation du sursis avec mise à l'épreuve ou de prolongation du délai de mise à l'épreuve examinées avant le 1er janv. 2005 et dont le délibéré a été fixé après cette date.

La chambre correctionnelle de la cour d'appel demeure compétente pour statuer, après le 1er janv. 2005, sur les appels formés contre les jugements du tribunal correctionnel ordonnant la révocation d'un sursis avec mise à l'épreuve pour violation de mesures de contrôle et obligations imposées au condamné rendus avant cette date ou conformément aux dispositions du premier alinéa.

Le procureur de la République retourne au juge de l'application des peines, avec ses réquisitions écrites, les dossiers concernant les saisines aux fins de révocation de sursis avec mise à l'épreuve non audiencées ou non examinées par le tribunal correctionnel avant le 1er janv. 2005, afin qu'il soit statué conformément aux dispositions des art. 712-6 et 747 du code de procédure pénale. Si le ministère public ne requiert pas la révocation du sursis, le juge de l'application peut soit se saisir d'office, soit décider de ne pas organiser de débat contradictoire (Décr. n° 2004-1364 du 13 déc. 2004, art. 32).

Le chapitre II intitulé « Des juridictions de l'application des peines » est devenu le chapitre III (Décr. n° 2007-699 du 3 mai 2007, art. 8-II).

SECTION PREMIÈRE ÉTABLISSEMENT ET COMPOSITION

§ 1er DU JUGE DE L'APPLICATION DES PEINES

Art. D. 49 Pour le fonctionnement de son cabinet, le juge de l'application des peines est doté d'un secrétariat-greffe *(Décr. nº 2006-385 du 30 mars 2006, art. 20)* « conformément aux dispositions de l'article 712-2 ».

Les fonctions de secrétaire et de greffier du juge de l'application des peines sont remplies par un greffier du tribunal judiciaire.

V. Circ. CRIM-05-9-E8 du 11 avr. 2005 relative au prononcé, à l'exécution et à l'application des peines, BOMJ nº 98.

Art. D. 49-1 Lorsque le nombre des juges de l'application des peines et l'importance des dossiers traités le justifient, il peut être créé un secrétariat commun de l'application des peines, dont l'effectif comprend, outre des agents administratifs, un greffier distinct de celui des cabinets des juges de l'application des peines.

Ce secrétariat peut également être composé d'agents et de greffiers de l'exécution des peines mentionnés à l'article D. 48-1 et exercer des attributions communes avec celles relevant de la compétence de ces derniers.

Art. D. 49-1-1 *(Décr. nº 2008-522 du 2 juin 2008)* Lorsqu'il existe plusieurs juges de l'application des peines dans un tribunal judiciaire, le président désigne, après avis de l'assemblée générale des magistrats du siège, le juge de l'application des peines qui exerce les attributions mentionnées aux articles D. 572 à D. 587.

§ 2 DU TRIBUNAL DE L'APPLICATION DES PEINES

Art. D. 49-2 Sauf dans les cours d'appel figurant dans le tableau ci-après, il est établi dans chaque cour d'appel un tribunal de l'application des peines dont la compétence territoriale s'étend au ressort de cette cour.

COURS D'APPEL	TRIBUNAUX JUDICIAIRES sièges des tribunaux d'application des peines de ces cours	RESSORT DE CES TRIBUNAUX d'application des peines
Aix-en-provence......	Aix-en-Provence........................	Ressorts des tribunaux de grande instance d'Aix-en-Provence, Marseille, Digne et Tarascon
	Draguignan...........................	Ressorts des tribunaux de grande instance de Draguignan et Toulon
	Nice..................................	Ressorts des tribunaux de grande instance de Grasse et Nice
Bastia...............	Bastia................................	Ressort du tribunal de grande instance de Bastia
	Ajaccio...............................	Ressort du tribunal de grande instance d'Ajaccio
Douai................	Arras.................................	Ressorts des tribunaux de grande instance d'Arras, Béthune, Saint-Omer et Boulogne-sur-Mer
	Lille..................................	Ressorts des tribunaux de grande instance de Lille, Dunkerque, Douai, Valenciennes, Cambrai et Avesnes-sur-Helpe
Paris................	Paris.................................	Ressort du tribunal de grande instance de Paris
	Bobigny...............................	Ressort du tribunal de grande instance de Bobigny

COURS D'APPEL	TRIBUNAUX JUDICIAIRES sièges des tribunaux d'application des peines de ces cours	RESSORT DE CES TRIBUNAUX d'application des peines
	Créteil....................................... Évry .... Melun....................................... Auxerre	Ressort du tribunal de grande instance de Créteil Ressort du tribunal de grande instance d'Évry Ressorts des tribunaux de grande instance de Melun, Fontainebleau et Meaux Ressorts des tribunaux de grande instance d'Auxerre et Sens
Reims...............	Reims....................................... Troyes......................................	Ressorts des tribunaux de grande instance de Reims, Châlons-en-Champagne et Charleville-Mézières Ressort du tribunal de grande instance de Troyes
Rennes.............	Rennes .... Nantes......................................	Ressorts des tribunaux de grande instance de Rennes, Saint-Malo, Saint-Brieuc, Quimper et Brest Ressorts des tribunaux de grande instance de Nantes, Saint-Nazaire, Lorient et Vannes
Riom................	Clermont-Ferrand .... Moulins	Ressorts des tribunaux de grande instance de Clermont-Ferrand, Aurillac et Le Puy-en-Velay Ressorts des tribunaux de grande instance de Moulins, Cusset et Montluçon
(Décr. n° 2011-338 du 29 mars 2011) « Saint-Denis »	*(Décr. n° 2011-338 du 29 mars 2011)* « Saint-Denis » .... *(Décr. n° 2011-338 du 29 mars 2011)* « Mamoudzou »........................	*(Décr. n° 2011-338 du 29 mars 2011)* « Ressort des tribunaux de grande instance de Saint-Denis et de Saint-Pierre » *(Décr. n° 2011-338 du 29 mars 2011)* « Ressort du tribunal de grande instance de Mamoudzou »

Le Décr. n° 2008-236 du 6 mars 2008, modifiant le siège et le ressort des tribunaux de l'application des peines, en tant qu'il décide le transfert de Moulins à Cusset du siège du tribunal d'application des peines dont le ressort correspond au territoire du département de l'Allier, a été annulé pour excès de pouvoir par le Conseil d'État (CE, 6e et 1re sous-sections réunies, n° 315813, 19 févr. 2010). Le Décr. n° 2011-338 du 29 mars 2011 est entré en vigueur le 1er avr. 2011.

V. également Décr. n° 2010-694 du 24 juin 2010 (JO 26 juin), Décr. n° 2010-1078 du 13 sept. 2010, art. 2 et annexe II (JO 15 sept.) et Circ. CRIM-05-9-E8 du 11 avr. 2005 relative au prononcé, à l'exécution et à l'application des peines, BOMJ n° 98.

Les tribunaux de grande instance de Hazebrouck, Dinan, Guingamp, Morlaix, et Riom sonts supprimés et celui de Clermont-Ferrand remplace celui de Riom comme siège des TAP de la cour d'appel de Riom à compter du 1er janv. 2011 (Décr. n° 2008-145 du 15 févr. 2008, art. 10).

Toutes les procédures en cours devant le tribunal de première instance de Mamoudzou au 1er avr. 2011 sont transférées, en l'état, au tribunal judiciaire sans qu'il y ait lieu de renouveler les actes, formalités et jugements régulièrement intervenus antérieurement à cette date. Les archives et les minutes du greffe du tribunal de première instance de Mamoudzou sont transférées au greffe du tribunal judiciaire. Les frais de transfert de ces archives et minutes sont pris sur le crédit ouvert à cet effet au budget du ministère de la Justice (Décr. n° 2011-338 du 29 mars 2011).

Art. D. 49-3 Sauf dérogation prévue par le tableau ci-après, le siège habituel du tribunal de l'application des peines est celui du tribunal judiciaire du siège de la cour d'appel.

COURS D'APPEL	TRIBUNAUX JUDICIAIRES sièges des tribunaux d'application des peines de ces cours
Bordeaux	Bergerac.
Bourges	Châteauroux.
Chambéry	Albertville.
Dijon	Chalon-sur-Saône.
Pau	Tarbes.
Poitiers	La Rochelle.
Rouen	Évreux.

Art. D. 49-4 **Le premier président de la cour d'appel désigne chaque année, par ordonnance, après avis de l'assemblée générale des magistrats du siège de la cour et avis des présidents des tribunaux judiciaires concernés, les juges de l'application des peines chargés des fonctions de président ou d'assesseur du tribunal de l'application des peines.**

Ceux-ci, sous réserve des dispositions de l'article D. 49-5, sont appelés dans l'ordre de leur désignation.

Cette ordonnance peut être modifiée en cours d'année, en cas d'absence ou d'empêchement du juge.

En cas d'urgence, cette ordonnance peut être prise sans les avis prévus au premier alinéa.

Le premier président peut désigner comme présidents ou comme assesseurs des magistrats différents selon le lieu dans lequel le tribunal doit siéger conformément aux dispositions du troisième alinéa de l'article 712-3.

Art. D. 49-5 **Lorsque le tribunal de l'application des peines examine une affaire relevant de sa compétence, l'un au moins des juges de l'application des peines est celui de la juridiction dans le ressort de laquelle le condamné est écroué ou domicilié.**

Art. D. 49-5-1 *(Décr. nº 2010-1276 du 27 oct. 2010, art. 4)* **Lorsque le tribunal de l'application des peines examine une affaire à la suite d'un renvoi d'un juge de l'application des peines conformément aux dispositions du troisième alinéa de l'article 712-6 et que ce juge est absent, empêché, ou a été nommé à un autre poste, il est remplacé par un juge de l'application des peines chargé des fonctions de président ou d'assesseur du tribunal de l'application des peines.**

Art. D. 49-6 **Le tribunal de l'application des peines est doté d'un greffe.**

Les fonctions de secrétaire et de greffier de la juridiction sont remplies par un ou plusieurs greffiers des tribunaux judiciaires du ressort de la cour d'appel où siège le tribunal de l'application des peines, qui peuvent également exercer leurs fonctions auprès des juges de l'application des peines.

Art. D. 49-7 **Les fonctions du ministère public auprès du tribunal de l'application des peines sont exercées par le procureur de la République près le tribunal judiciaire dans le ressort duquel siège le tribunal.**

§ 3 DE LA CHAMBRE DE L'APPLICATION DES PEINES DE LA COUR D'APPEL

Art. D. 49-8 **Le premier président de la cour d'appel désigne par ordonnance, après avis de l'assemblée générale des magistrats du siège, le président ou le conseiller de la cour d'appel chargé de présider la chambre de l'application des peines de la cour d'appel, ainsi que les deux conseillers de cette chambre.**

Le président de la chambre ou l'un ou plusieurs de ses membres sont choisis parmi le ou les conseillers chargés de l'application des peines désignés conformément aux dispositions de l'article R. 57-1.

V. Circ. CRIM-05-9-E8 du 11 avr. 2005 relative au prononcé, à l'exécution et à l'application des peines, BOMJ nº 98.

Doit être cassée l'ordonnance qui n'indique pas exactement qui est le président de la CHAP et ne permet pas à la cour de cassation de s'assurer que la décision a bien été rendue par un conseiller désigné par le premier président de la Cour d'appel conformément aux prescriptions de l'art. D. 49-8. • Crim. 24 juin 2009 : *AJ pénal 2009. 462*.

Art. D. 49-9 **Le responsable d'une association de réinsertion des condamnés et le responsable d'une association d'aide aux victimes, membres de la chambre de l'application des peines de la cour d'appel en application des dispositions du deuxième alinéa de l'article 712-13, sont désignés par le premier président, après avis de l'assemblée générale des magistrats du siège, pour une durée de trois ans. Deux suppléants sont désignés dans les mêmes formes pour une même durée.**

(Décr. nº 2005-163 du 23 févr. 2005, art. 7) **« Avant d'entrer en fonction, les personnes mentionnées à l'alinéa précédent prêtent devant la cour d'appel le serment de bien et fidèlement remplir leurs fonctions et de conserver le secret des délibérations. Les dispositions de l'article R. 522-10** *[R. 251-13]* **du code de l'organisation judiciaire leur sont applicables. »**

Art. D. 49-10 **Les chambres de l'application des peines dont la compétence territoriale excède, conformément aux dispositions du deuxième alinéa de l'article 712-13, celle de la cour d'appel où elles sont instituées sont mentionnées dans le tableau ci-après :**

COURS D'APPEL	Ressort sur lequel s'exerce la compétence de la chambre de l'application des peines de ces cours lorsqu'elle est composée conformément aux dispositions du deuxième alinéa de l'article 712-13
Bourges.	Ressorts des cours d'appel de Bourges et Orléans.
Dijon.	Ressorts des cours d'appel de Dijon et Besançon.
Nancy.	Ressorts des cours d'appel de Nancy et Metz.
Versailles.	Ressorts des cours d'appel de Versailles et Rouen.

SECTION II RÈGLES DE COMPÉTENCE ET DE PROCÉDURE

§ 1er DISPOSITIONS COMMUNES AUX DIFFÉRENTES JURIDICTIONS DE L'APPLICATION DES PEINES

BIBL. ▶ MORISSET, *RPDP 2007, nº spécial 145* (l'avocat et l'application des peines).

Art. D. 49-11 **Les demandes du condamné tendant au prononcé ou à la modification d'une des mesures relevant des dispositions de l'article 712-4 font l'objet d'une requête écrite adressée au juge de l'application des peines, signée du condamné ou de son avocat.**

Cette requête est remise au greffe du juge de l'application des peines contre récépissé ou adressée par lettre recommandée avec demande d'avis de réception. Si le condamné est détenu, elle peut faire l'objet d'une déclaration auprès du chef de l'établissement pénitentiaire dans les conditions prévues aux deux derniers alinéas de l'article 148-7.

Lorsque la demande relève de la compétence du tribunal de l'application des peines, le greffier du juge de l'application des peines la transmet sans délai en copie au greffe de cette juridiction, lorsqu'il est distinct du greffe du juge de l'application des peines, sauf si cette demande est irrecevable en application des dispositions de l'article D. 49-12.

Le juge de l'application des peines et le tribunal de l'application des peines ne sont pas tenus de répondre aux demandes formées sans respecter les conditions prévues par le présent article.

Art. D. 49-12 **Le condamné n'est pas recevable à déposer de demande concernant une des mesures relevant des dispositions de l'article 712-4 tant qu'il n'a pas été statué par la juridiction de l'application des peines du premier degré compétente sur une précédente demande relative à une même mesure.**

Sont également irrecevables les demandes formées pendant le délai d'irrecevabilité fixé par la juridiction de l'application des peines en application des derniers alinéas des articles 712-13, D. 49-32, D. 49-33 et D. 49-36.

Si elle l'estime justifié ou opportun, la juridiction de l'application des peines peut toutefois ne pas constater l'irrecevabilité de la demande.

Fait à bon droit application de l'art. D. 49-12 le JAP qui déclare irrecevable la requête aux fins de libération conditionnelle dès lors que la seule juridiction compétente pour accorder ou non la mesure de libération conditionnelle est le TPIY déjà saisi d'une précédente demande de cette nature sur laquelle il n'a pas encore statué. • Rouen, 27 juin 2006, ☎ nº 150/2008.

Art. D. 49-13 **Si le condamné n'est pas incarcéré, les débats contradictoires prévus par les articles 712-6 et 712-7 se tiennent au tribunal judiciaire.**

Si le condamné est incarcéré, ces débats se tiennent dans l'établissement pénitentiaire, sauf s'il est fait application des dispositions de l'article 706-71, et sous réserve des dispositions de l'alinéa suivant.

Le juge de l'application des peines ou le président du tribunal de l'application des peines peut toutefois décider que le débat contradictoire se tiendra au tribunal judiciaire lorsqu'est envisagé le retrait ou la révocation d'une mesure à l'encontre d'une personne incarcérée à la suite de la mise à exécution d'un mandat d'amener ou d'arrêt délivré en application de l'article 712-17 si le débat doit avoir lieu dans les délais prévus par cet article ou dans les délais prévus par les articles 712-8 ou 712-19 et que, pendant ces délais, il n'est pas déjà prévu que le juge ou le tribunal de l'application des peines procède au sein de l'établissement pénitentiaire à des débats contradictoires concernant d'autres condamnés.

Si le condamné est hospitalisé et ne peut être déplacé en raison de son état de santé, le débat contradictoire, dans les cas où ce débat doit intervenir, se tient sur les lieux de son hospitalisation, sur lesquels se transportent le juge ou le tribunal de l'application des peines, assisté du greffier, ainsi que le procureur de la République.

Art. D. 49-14 **Pour l'application des dispositions des articles 712-6, 712-7 et 712-8, le condamné peut faire connaître au juge de l'application des peines le nom de l'avocat choisi par lui : le choix de l'avocat par le condamné détenu peut aussi résulter du courrier adressé à celui-ci par cette personne et le désignant pour assurer sa défense et dont une copie est remise par l'avocat au juge de l'application des peines. Le condamné peut également demander au juge de l'application des peines qu'il lui en soit désigné un d'office par le bâtonnier de l'ordre des avocats ; le bâtonnier est avisé de cette demande par tous moyens et sans délai.** *(Abrogé par Décr. nº 2010-1635 du 23 déc. 2010, art. 42)* ***« Cet avocat communique librement avec le condamné dans les conditions prévues par les articles D. 68 et D. 69. Le permis prévu par l'article D. 68 est délivré par le juge de l'application des peines ou son greffier. »***

Art. D. 49-15 **Le condamné est informé dix jours avant la date du débat contradictoire prévu par les articles 712-6, 712-7 et 712-8 par lettre recommandée s'il n'est pas écroué et par le greffe de l'établissement pénitentiaire dans le cas contraire.**

S'il est assisté d'un avocat, celui-ci est convoqué par lettre recommandée ou par télécopie au plus tard dix jours avant le débat. Le condamné peut toutefois déclarer expressément renoncer à la convocation de son avocat ou au respect de ces délais.

Art. D. 49-16 **En cas d'urgence, notamment lorsque le retrait ou la révocation d'une mesure est envisagé, le délai de convocation prévu à l'article D. 49-15 alinéa n'est pas applicable, et l'avocat est avisé de la date du débat contradictoire par tout moyen ; le condamné ou son avocat peut toutefois demander à bénéficier d'un délai pour préparer sa défense.**

Il peut alors être fait application des dispositions des articles 712-18 ou 712-19 permettant la suspension de la mesure ou l'incarcération provisoire du condamné jusqu'à la tenue du débat contradictoire.

Art. D. 49-17 **Le juge de l'application des peines ou le président du tribunal de l'application des peines peut demander au représentant de l'administration pénitentiaire de développer oralement son avis lors du débat contradictoire.**

Le juge de l'application des peines ou le président du tribunal de l'application des peines peut faire appel à un interprète majeur, à l'exclusion du greffier. S'il n'est pas assermenté, l'interprète prête serment d'apporter son concours à la justice en son honneur et en sa conscience. Si le condamné est atteint de surdité, il peut être fait application des dispositions du dernier alinéa de l'article 109.

Le débat contradictoire fait l'objet de notes d'audience de la part du greffier, qui les signe avec le juge de l'application des peines ou le président du tribunal de l'application des peines.

Art. D. 49-17-1 *(Décr. nº 2007-1627 du 16 nov. 2007)* Lorsque le procureur de la République est favorable à l'octroi d'une mesure d'aménagement de peine demandée par le condamné, il peut adresser au juge de l'application des peines des réquisitions écrites lui demandant d'accorder cette mesure sans procéder à un débat contradictoire, conformément aux dispositions du deuxième alinéa de l'article 712-6. Si le condamné et son avocat ne sollicitent pas qu'il soit procédé à un débat contradictoire, le juge de l'application des peines statue sur la mesure en l'absence du procureur de la République, après, le cas échéant *[,]* audition du condamné et de son avocat en chambre du conseil.

Art. D. 49-17-2 *(Décr. nº 2007-1627 du 16 nov. 2007)* Le nombre et le jour des audiences du juge de l'application des peines et du tribunal de l'application des peines sont fixés par décision conjointe du président du tribunal judiciaire et du procureur de la République.

Les décisions prévues au présent article sont prises, après avis de l'assemblée générale du tribunal, à la fin de l'année judiciaire pour l'année judiciaire suivante, et peuvent, en cas de nécessité, être modifiées en cours d'année dans les mêmes conditions.

En cas d'impossibilité de parvenir à des décisions conjointes, le nombre et le jour des audiences du tribunal de l'application des peines sont fixés par le seul président du tribunal judiciaire, après avis du premier président de la cour d'appel et du procureur général.

Sans préjudice des dispositions du présent article, le juge de l'application des peines peut, à tout moment au cours de l'année, fixer une audience toutes les fois qu'il est nécessaire.

Art. D. 49-18 Le jugement est rendu en chambre du conseil.

Si la décision est rendue immédiatement, une copie du jugement est remise au condamné, ainsi que, le cas échéant, à son avocat, contre émargement au dossier de la procédure *(Décr. nº 2006-385 du 30 mars 2006, art. 20)* « sauf dans le cas où la copie du jugement n'est pas immédiatement disponible ».

Si la décision a été mise en délibéré, le jugement est notifié au condamné détenu par le chef de l'établissement pénitentiaire qui lui en remet une copie contre émargement ; si le condamné n'est pas détenu, copie du jugement lui est adressée par lettre recommandée ; une copie du jugement est également adressée par lettre recommandée ou par télécopie à l'avocat du condamné *(Décr. nº 2005-163 du 23 févr. 2005, art. 8)* « ; lorsqu'il s'agit d'un jugement révoquant ou retirant une mesure, la copie du jugement adressée au condamné non détenu l'est par lettre recommandée avec demande d'avis de réception ». *(Décr. nº 2006-385 du 30 mars 2006, art. 20)* « Les dispositions du présent alinéa sont également applicables lorsque la copie du jugement rendu dans les circonstances prévues par le deuxième alinéa n'est pas immédiatement disponible. »

Dès qu'il est rendu, le jugement est notifié au *(Décr. nº 2006-385 du 30 mars 2006, art. 20)* « procureur de la République ». Une copie en est adressée au directeur du service pénitentiaire d'insertion et de probation et, lorsque le condamné est incarcéré, au chef de l'établissement pénitentiaire.

(Décr. nº 2007-1620 du 15 nov. 2007) « En cas d'utilisation d'un moyen de communication audiovisuelle, lecture du dispositif du jugement est donnée au condamné par ce même procédé, et mention de cette formalité est portée sur les notes d'audience. Après l'audience, le jugement est notifié au condamné selon les modalités prévues au deuxième alinéa. »

Art. D. 49-19 Lorsque le condamné non détenu ne se présente pas au débat contradictoire, le juge ou le tribunal de l'application des peines soit ordonne le renvoi du

débat à une date ultérieure, après avoir si nécessaire délivré un mandat d'amener ou d'arrêt conformément aux dispositions de l'article 712-17 ou une note de recherche conformément aux dispositions de l'article D. 49-20, soit statue conformément aux dispositions de l'article 712-9.

Art. D. 49-20 **Sans préjudice de la possibilité de décerner mandat d'amener ou d'arrêt conformément aux dispositions de l'article 712-17, le juge et le tribunal de l'application des peines peuvent délivrer une note de recherche destinée à permettre la localisation du condamné, qui est diffusée dans le fichier des personnes recherchées conformément aux dispositions du 1° du I de l'article 23 de la loi n° 2003-239 du 18 mars 2003 pour la sécurité intérieure.**

Dans le cas où le juge d'application des peines a décerné par erreur mandat d'arrêt à l'encontre d'une personne recherchée pour n'avoir pas réintégré l'établissement pénitentiaire à l'issue d'une permission de sortie, cette irrégularité est sans incidence sur la légalité de l'incarcération de la personne recherchée en exécution de ce mandat, qui trouve son fondement, non dans le mandat ainsi délivré à tort ou dans son exécution, mais dans l'exécution de la peine à laquelle la personne ainsi retrouvée a été condamnée. • Crim. 1er oct. 2019, n° 19-84.236 P : *D. actu. 4 nov. 2019, obs. Charlent ; AJ pénal 2019. 318, obs. H-Evans*.

Art. D. 49-21 **Les ordonnances** *(Décr. n° 2005-163 du 23 févr. 2005, art. 9)* **« prévues par les articles 712-5 et 712-8 » sont notifiées au condamné détenu par le chef de l'établissement pénitentiaire qui lui en remet une copie contre émargement ; si le condamné n'est pas détenu, copie de l'ordonnance lui est adressée par lettre recommandée ; une copie de l'ordonnance est également adressée par lettre recommandée ou par télécopie à l'avocat du condamné** *(Décr. n° 2005-163 du 23 févr. 2005, art. 9)* **« ; lorsqu'il s'agit d'une ordonnance refusant de faire droit à une demande du condamné non détenu, la copie de la décision adressée à celui-ci l'est par lettre recommandée avec demande d'avis de réception ».**

Art. D. 49-21-1 *(Décr. n° 2010-1276 du 27 oct. 2010, art. 4)* **Lorsque le chef d'établissement ou le directeur du service pénitentiaire d'insertion et de probation modifie les horaires d'un aménagement de peine sur autorisation du juge de l'application des peines conformément aux dispositions du deuxième alinéa de l'article 712-8, il en informe immédiatement et par tout moyen le juge de l'application des peines et le condamné.**

Art. D. 49-22 **Pour l'application des dispositions de l'article 712-9, si le condamné n'a pas fait de déclaration d'adresse au juge de l'application des peines, l'adresse figurant dans le dossier de la procédure est considérée comme son adresse déclarée.**

La déclaration d'adresse ou la déclaration de changement d'adresse doit se faire soit par déclaration auprès du greffier du juge de l'application des peines, soit par lettre recommandée avec demande d'accusé de réception.

Lorsque le condamné est libéré, son adresse déclarée est celle donnée au greffe de l'établissement pénitentiaire au moment de sa levée d'écrou.

Art. D. 49-23 *(Décr. n° 2014-1582 du 23 déc. 2014, art. 20)* **« Pour l'application de l'article 712-21, le juge ou le tribunal de l'application des peines peut, » avec l'accord** ***du procureur de la République*****, dire, par ordonnance ou jugement motivé, qu'il n'y a pas lieu d'ordonner une nouvelle expertise psychiatrique préalablement à une décision d'aménagement de la peine, dès lors que figure au dossier du condamné une expertise datant de moins de deux ans, y compris si celle-ci a été réalisée avant la condamnation.**

Sauf lorsqu'il s'agit d'une condamnation prononcée pour une infraction mentionnée à l'article 706-47 *(Abrogé par Décr. n° 2014-1582 du 23 déc. 2014, art. 20)* ***« et qui est visée aux 2°, 5°, 6° et 9° ci-dessus »*** **ou constitue un meurtre ou un assassinat commis sur un mineur ou en récidive légale, le juge de l'application des peines peut également, avec l'accord du procureur de la République, ordonner par ordonnance motivée une permission de sortir sans expertise préalable ; il en est de même pour les autres décisions d'aménagement de la peine, par ordonnance ou jugement spécialement motivé faisant état de la non-nécessité d'une expertise au regard des circonstances de l'infraction et de la personnalité de son auteur.**

(Décr. n° 2014-145 du 18 févr. 2014, art. 1er) **« En outre, quel que soit le délit ou le crime pour lequel la personne a été condamnée, le juge de l'application des peines peut, en cas d'urgence et avec l'accord du procureur de la République, ordonner sans expertise psychiatrique préalable une mesure de suspension de peine conformément aux dispositions de l'article 720-1-1 lorsqu'il résulte d'un certificat médical, établi par le médecin responsable de la structure sanitaire dans laquelle la personne est prise en charge ou par son remplaçant, que le pronostic vital de la personne est engagé** *(Décr. n° 2014-1582 du 23 déc. 2014, art. 20)* **« ou que son état de santé physique ou mentale est durablement incompatible avec le maintien en détention. »**

En cas de condamnations multiples, si la peine prononcée *(Décr. n° 2014-1582 du 23 déc. 2014, art. 20)* **« pour l'infraction ayant donné lieu à la condamnation à un suivi socio-judiciaire » a déjà été exécutée en totalité, les dispositions de l'article 712-21 ne sont plus applicables. Le juge ou le tribunal de l'application des peines a toutefois la faculté d'ordonner une expertise préalablement à la mesure d'aménagement de peine en application de l'article D. 49-24.**

Art. D. 49-24 **Sans préjudice de l'obligation de procéder à une expertise des condamnés relevant des dispositions de l'article 712-21, le juge ou le tribunal de l'application des peines peut, conformément aux dispositions de l'article D. 574, demander au service pénitentiaire d'insertion et de probation de procéder à une synthèse socio-éducative du condamné détenu avant sa libération, afin d'apprécier sa dangerosité et le risque de récidive.**

A cette fin, le juge peut également demander une expertise psychiatrique ou psychologique de l'intéressé, notamment si celui-ci a été condamné pour crime.

(Décr. n° 2007-1627 du 16 nov. 2007) **« L'expert ou les experts saisis en application des dispositions des articles 712-21, 723-31, 731-1, 763-3, D. 49-23, D. 147-36 et D. 147-37 ou des dispositions du présent article doivent dans leur rapport :**

« 1° Se prononcer sur la dangerosité de la personne et les risques de récidive ou de commission d'une nouvelle infraction ;

« 2° Indiquer si la personne est susceptible de faire l'objet d'un traitement, lorsque cette dernière a été condamnée pour une infraction pour laquelle le suivi socio-judiciaire est encouru. »

Art. D. 49-25 **Si le condamné ne satisfait pas aux obligations qui lui sont imposées ou s'il fait preuve de mauvaise conduite, le juge ou le tribunal de l'application des peines peut décider de rejeter ou d'ajourner une mesure relevant de sa compétence, soit de retirer ou de révoquer une telle mesure précédemment accordée, selon la procédure applicable pour octroyer la mesure.**

Un simple décret ne saurait créer une condition de retrait supplémentaire (à savoir une « mauvaise conduite ») pour combler un prétendu vide juridique ou une lacune de la loi. Dès lors, faute de disposition législative spéciale, la mesure de suspension de peine accordée au détenu pour raisons médicales ne saurait lui être retirée sur le seul fondement de l'art. D. 49-25 au motif qu'il aurait commis, une fois remis en liberté, plusieurs infractions correctionnelles. Il convient en revanche de vérifier si le condamné remplit toujours les conditions médicales pour être admis à une mesure de suspension de peine. • Paris, CHAP, 22 mars 2007 : *AJ pénal 2007. 235, obs. Herzog-Evans* .

Art. D. 49-25-1 *(Décr. n° 2010-1276 du 27 oct. 2010, art. 4)* **Conformément aux dispositions de l'article 712-22, les juridictions d'application des peines peuvent relever une interdiction visée à cet article, y compris si cette interdiction ne résulte pas de la condamnation dont la juridiction d'application des peines est chargée de fixer les modalités d'exécution.**

Art. D. 49-26 **Pour l'application des dispositions de l'article R. 69, un extrait de l'ordonnance ou du jugement du juge ou du tribunal de l'application des peines** *(Décr. n° 2014-1582 du 23 déc. 2014, art. 31)* **« ou du président du tribunal judiciaire ou le juge par lui délégué, » certifié par le greffier de la juridiction est adressé au casier judiciaire, par l'intermédiaire du parquet du lieu de condamnation, lorsqu'a été décidé :**

1° La révocation d'un sursis *(Décr. n° 2020-81 du 3 févr. 2020, art. 3, en vigueur le 24 mars 2020)* **« probatoire » ;**

2° La prolongation du délai de mise à l'épreuve ou la déclaration anticipée de non-avenu d'un sursis *(Décr. n° 2020-81 du 3 févr. 2020, art. 3, en vigueur le 24 mars 2020)* **« probatoire » ;**

3° La suspension de l'exécution d'une peine privative de liberté ;

4° La mise à exécution de l'emprisonnement sanctionnant la violation des obligations du suivi socio-judiciaire ;

5° La mise à exécution de l'emprisonnement ou de l'amende sanctionnant la non-exécution d'une peine alternative ou d'une peine complémentaire prononcée à titre principal ;

6° La mise à exécution de l'emprisonnement dans le cadre de la contrainte judiciaire ;

7° Une dispense de peine après ajournement de la condamnation ;

8° La conversion d'une peine d'emprisonnement ferme en sursis assorti de l'obligation d'accomplir un travail d'intérêt général ;

9° La conversion d'une peine d'emprisonnement ferme en peine de jours-amende ;

10° La conversion d'un emprisonnement avec sursis assorti de l'obligation d'accomplir un travail d'intérêt général en peine de jours-amende ;

11° La conversion d'une peine de travail d'intérêt général en peine de jours-amende ; *(Décr. n° 2010-1276 du 27 oct. 2010, art. 5)* **« 12° Le relèvement d'une interdiction en application de l'article 712-22 ; »**

(Décr. n° 2014-1582 du 23 déc. 2014, art. 31) **« 13° La conversion d'une peine de jours-amende en peine de sursis assorti de l'obligation d'effectuer un travail d'intérêt général ;**

(Abrogé par Décr. n° 2020-81 du 3 févr. 2020, art. 3, à compter du 24 mars 2020) « 14° ***La décision de mise à exécution de tout ou partie de l'emprisonnement fixé par la juridiction dans le cadre d'une peine de contrainte pénale ;***

« 15° La décision fixant, modifiant ou supprimant des obligations ou interdictions dans le cadre d'une peine de contrainte pénale ;

« 16° La décision mettant fin de façon anticipée à la peine de contrainte pénale ;

« 17° La décision de suspension d'une peine de contrainte pénale. »

(Décr. n° 2014-1582 du 23 déc. 2014, art. 31) **« Dans les cas 9°, 10°, 11° et 13° », un relevé ou un extrait de la décision est également adressé, selon les mêmes modalités, au comptable principal du Trésor.**

Les transmissions prévues par le présent article peuvent se faire par voie téléinformatique.

Le casier judiciaire national est directement avisé des décisions de libération conditionnelle, de révocation d'une libération conditionnelle, de retrait d'un crédit de réduction de peine ordonné en application de l'article 721 (alinéa 2) et de retrait d'un crédit de réduction de peine ou d'une réduction de peine supplémentaire ordonné en application de l'article 721-2 *(Décr. n° 2014-1582 du 23 déc. 2014, art. 31)* **« (sixième alinéa du I et troisième alinéa du II) », par les avis qui lui sont adressés par les directeurs et surveillants-chefs des établissements pénitentiaires en application du 5° de l'article R. 69. Toutefois, il est avisé des décisions de libération conditionnelle conformément aux dispositions du présent article lorsqu'elles concernent un condamné non détenu.**

Les peines de contrainte pénale prononcées avant le 24 mars 2020 s'exécutent jusqu'à leur terme conformément aux dispositions applicables au jour de leur prononcé, sous la réserve que les attributions confiées en application de l'art. 713-47 au président du tribunal judiciaire ou au juge désigné par lui sont exercées par le juge de l'application des peines (Décr. n° 2020-81 du 3 févr. 2020, art. 8, en vigueur le 24 mars 2020).

Art. D. 49-26-1 *(Décr. n° 2006-385 du 30 mars 2006, art. 20)* **La remise en liberté prévue par le deuxième alinéa de l'article 712-18 entraîne de plein droit la remise à exécution de la mesure d'aménagement de peine dont le condamné faisait l'objet.**

§ 2 DISPOSITIONS RELATIVES AU JUGE DE L'APPLICATION DES PEINES

Art. D. 49-27 Le juge de l'application des peines fixe les principales modalités d'exécution des peines privatives de liberté ou de certaines peines restrictives de libertés en orientant et en contrôlant les conditions de leur exécution, conformément aux principes fixés par l'article 707.

Il est à cette fin assisté par la commission de l'application des peines, ainsi que par le service pénitentiaire d'insertion et de probation, que le magistrat mandate pour suivre les condamnés faisant l'objet d'une peine restrictive de liberté.

Le juge de l'application des peines exerce les missions qui lui sont confiées, en déterminant notamment, pour chaque condamné, les principales modalités du traitement pénitentiaire, dans le respect des attributions propres au directeur interrégional des services pénitentiaires et aux chefs des établissements pénitentiaires relatives à l'organisation et au fonctionnement de ces établissements.

Art. D. 49-28 *(Décr. nº 2020-91 du 6 févr. 2020, art. 2)* « La commission de l'application des peines qui siège dans chaque établissement pénitentiaire comprend les membres mentionnés à l'article 712-4-1.

« Le juge de l'application des peines peut, en accord avec le chef de l'établissement, faire appel soit à titre permanent, soit pour une séance déterminée, afin que ces personnes puissent si nécessaire être entendues au sein de la commission :

« 1º Aux membres du personnel de direction, à un membre du corps de commandement, à un membre du corps d'encadrement et d'application du personnel de surveillance et aux personnels d'insertion et de probation ;

« 2º A toute personne remplissant une mission dans l'établissement pénitentiaire, lorsque sa connaissance des cas individuels ou des problèmes à examiner rend sa présence utile. »

Le juge de l'application des peines peut ordonner la comparution *(Décr. nº 2010-1635 du 23 déc. 2010, art. 42)* « de la personne détenue devant la commission de l'application des peines afin qu'elle soit entendue » par cette dernière dans les domaines qui relèvent de sa compétence.

Les membres de la commission ainsi que les personnes appelées, à un titre quelconque, à assister à ses réunions sont tenus à l'égard des tiers au secret pour tout ce qui concerne ses travaux.

En l'absence de l'un *(Décr. nº 2020-91 du 6 févr. 2020, art. 2)* « des membres mentionnés à l'article 712-4-1 », la commission de l'application des peines n'est pas valablement réunie.

(Décr. nº 2006-385 du 30 mars 2006, art. 20) « Le chef d'établissement peut être représenté au sein de la commission de l'application des peines par un membre du personnel de direction. »

(Décr. nº 2020-91 du 6 févr. 2020, art. 2) « Lorsque la comparution du détenu n'a pas été ordonnée, la commission peut délibérer par voie électronique, après vérification que ses membres et, le cas échéant, les personnes mentionnées aux 1º et 2º ci-dessus ont accès à des moyens techniques permettant, à distance, de façon simultanée ou successive et dans des conditions garantissant la confidentialité des échanges, d'apporter leur contribution et, s'agissant des membres, d'exprimer leur vote, avant l'expiration de délais fixés par le président de la commission. Sauf urgence, la commission ne peut rendre son avis qu'après avoir recueilli les contributions du procureur de la République, du représentant du service pénitentiaire d'insertion et, sauf s'il est fait application du deuxième alinéa de l'article 712-4-2, du chef de l'établissement pénitentiaire. Les moyens techniques de délibération sont précisés par arrêté du garde des sceaux, ministre de la justice. » — *Les dispositions du présent alinéa entreront en vigueur à la date fixée par l'arrêté visé, et au plus tard le 7 févr. 2021 (Décr. nº 2020-91 du 6 févr. 2020, art. 8).*

BIBL. ▶ Joseph-Ratineau, *Dr. pénal 2016. Étude 8* (avenir de la commission d'application des peines).

Art. D. 49-29 Il est tenu au greffe du juge de l'application des peines un dossier individuel concernant chaque condamné suivi par ce magistrat.

Ce dossier comprend des copies des documents issus de la procédure ayant abouti à sa condamnation et qui sont nécessaires à l'exécution de celle-ci.

Il comprend également les rapports établis et les décisions prises au cours de l'exécution de la condamnation.

L'avis du représentant de l'administration pénitentiaire prévu aux articles 712-6 et 712-7 est versé au dossier sous forme d'un rapport de synthèse des avis des différents services pénitentiaires compétents.

Ce dossier peut être consulté par l'avocat du condamné, sous réserve des exigences du bon fonctionnement du cabinet du juge de l'application des peines. L'avocat du condamné peut se faire délivrer copie de tout ou partie des pièces du dossier conformément aux dispositions de l'article R. 165 prévoyant la gratuité de la première copie délivrée. Les copies ultérieures lui sont délivrées à ses frais, sauf si le condamné a obtenu le bénéfice de l'aide juridictionnelle.

Le procureur de la République peut consulter ce dossier ou en demander la communication.

Lorsque la modification de la situation du condamné rend compétent, en application des dispositions de l'article 712-10, un juge de l'application des peines autre que celui qui était initialement saisi, ce dernier transmet ce dossier au magistrat nouvellement compétent pour suivre le condamné et avise le parquet du lieu de condamnation.

1. Pendant l'instance d'appel, les dispositions de l'art. D. 49-29 relatives à la communication du dossier individuel du condamné sont applicables. Il ne résulte pas de l'instruction que les pièces du dossier individuel pénitentiaire qui n'ont pas été communiquées au condamné lui seraient nécessaires pour assurer sa défense devant le JAP, dès lors qu'en application du principe du caractère contradictoire de la procédure devant cette juridiction, le condamné aura nécessairement accès à l'ensemble des pièces sur le fondement desquelles statuera la CHAP. Par suite, il n'est pas fondé à soutenir qu'en refusant de lui communiquer le contenu des cotes exécution et aménagements de peines, justificatifs et parties civiles, pièces administratives et judiciaires et rapports-enquêtes du volet destiné au SPIP, l'administration pénitentiaire aurait porté une atteinte grave et manifestement illégale à la liberté fondamentale que constitue le respect des droits de la défense. • CE 20 janv. 2011, n° 345052.

2. Accès au dossier et absence d'assistance d'un avocat. Les dispositions du 5e al. de l'art. D. 49-29 n'ont pas pour objet et n'auraient d'ailleurs pu avoir légalement pour effet d'empêcher un condamné d'obtenir communication des pièces du dossier qui lui sont nécessaires pour assurer sa défense dans le cas où il décide de ne pas solliciter l'assistance d'un avocat. • CE 17 avr. 2015, n° 373442 : *AJ pénal 2015. 445, obs. Otéro*.

Art. D. 49-30 **Le juge de l'application des peines ordonne l'extraction des condamnés, soit en vue de la comparution de ceux-ci dans son cabinet lorsqu'il l'a estimé utile, soit pour procéder aux débats contradictoires prévus par la loi lorsque ceux-ci n'ont pas lieu au sein de l'établissement pénitentiaire** *(Décr. nº 2007-699 du 3 mai 2007)* **« , soit plus généralement pour la mise en application d'une décision relevant de sa compétence ».** *(Décr. nº 2011-1045 du 2 sept. 2011)* **« Il requiert l'extraction par les services de police, de gendarmerie ou de l'administration pénitentiaire conformément à l'article D. 315. »**

Art. D. 49-31 **Lorsque le juge de l'application des peines est appelé à se rendre dans un établissement pénitentiaire pour assumer les fonctions qui lui sont dévolues par le présent code ou par les dispositions du code pénal, les indemnités de frais de voyage et de séjour lui sont allouées dans les conditions visées aux articles R. 90 (10°) et R. 200 du présent code. Il en est de même pour le greffier qui l'assiste, ainsi que pour le magistrat du ministère public présent lors du débat contradictoire.**

Art. D. 49-32 **Lorsqu'il est saisi d'une demande relevant des dispositions de l'article 712-5, le juge de l'application des peines doit statuer par ordonnance motivée au plus tard** ***dans un délai de deux mois*** **suivant le dépôt de la demande dans les conditions prévues par l'article D. 49-11.**

(Décr. nº 2004-1364 du 13 déc. 2004, art. 3 et 35, en vigueur le 31 déc. 2005) **« A défaut, le condamné peut directement saisir le président de la chambre de l'application des peines de la cour d'appel de sa demande, par lettre recommandée avec demande d'accusé de réception ou selon les modalités prévues à l'article 503. »**

En cas de rejet, d'acceptation ou d'ajournement d'une demande formée par le condamné, le juge de l'application des peines peut dans son ordonnance fixer par décision motivée un délai durant lequel le condamné n'est pas recevable à déposer une demande similaire, sans que ce délai puisse excéder six mois.

Si c'est à tort que l'ordonnance énonce qu'il ne saurait y avoir un recours contre une décision qui ne serait pas rendue, et ce en méconnaissance des dispositions de l'art. D. 49-32, l'ordonnance n'encourt pas pour autant la censure dès lors que la période de sûreté n'était pas expirée au jour de l'ordonnance. • Crim. 14 oct. 2009, n° 09-82.267 P : *AJ pénal 2010. 202, obs. Herzog-Evans*.

Art. D. 49-33 Le débat contradictoire devant le juge de l'application des peines prévu à l'article 712-6 doit avoir lieu au plus tard le quatrième mois suivant le dépôt de la demande dans les conditions prévues par l'article D. 49-11.

A défaut, le condamné peut directement saisir la chambre de l'application des peines de la cour d'appel de sa demande, par lettre recommandée avec demande d'accusé de réception ou selon les modalités prévues à l'article 503. *(Décr. n° 2019-508 du 24 mai 2019, art. 6 et 9, en vigueur le 1er juin 2019)* « Lorsque le condamné exécute une ou plusieurs peines privatives de liberté d'une durée totale inférieure ou égale à cinq ans, il peut aussi saisir la chambre de l'application des peines, dans le cas prévu au 2° de l'article 720, s'il a accompli une durée de peine au moins égale au double de la durée de la peine restant à subir sans qu'il ait été procédé à l'examen de sa situation. »

En cas de rejet ou d'ajournement d'une demande formée par le condamné, le juge de l'application des peines peut dans son jugement fixer par décision motivée un délai durant lequel le condamné n'est pas recevable à déposer une demande similaire, sans que ce délai puisse excéder un an.

Art. D. 49-34 Le juge de l'application des peines peut, sans procéder au débat contradictoire prévu à l'article 712-6, constater par ordonnance motivée qu'une demande d'aménagement de peine est irrecevable en application des dispositions des articles D. 49-11 et D. 49-12 ou parce qu'elle a été présentée par un condamné qui ne justifie pas des délais d'exécution de sa peine prévus par la loi pour être admissible au bénéfice de la mesure demandée, le cas échéant en raison de l'existence d'une période de sûreté. Il en est de même pour les demandes relevant de la compétence du tribunal de l'application des peines, dont l'irrecevabilité peut être également directement constatée par le juge de l'application des peines à qui la demande a été adressée en application des dispositions de l'article D. 49-11, sans préjudice pour le président du tribunal de l'application des peines de constater lui-même cette irrecevabilité si le dossier a été transmis par le juge au tribunal.

Cette ordonnance est notifiée au condamné conformément aux dispositions du troisième alinéa de l'article D. 49-18 et peut faire l'objet d'un appel dans les conditions prévues à l'article D. 49-39, dans un délai de 24 heures à compter de sa notification. L'appel est examiné par le président de la chambre de l'application des peines de la cour d'appel.

Art. D. 49-34-1 *(Décr. n° 2010-1276 du 27 oct. 2010, art. 4)* Lorsque le juge de l'application des peines, saisi par requête du procureur de la République aux fins de prononcer une contrainte judiciaire ou de mettre à exécution une peine de jours-amendes, constate que le condamné s'est acquitté du montant de l'amende ou des jours-amendes prononcés, il rend une ordonnance motivée constatant que cette requête est devenue sans objet, sans qu'il soit nécessaire de procéder à un débat contradictoire.

Art. D. 49-35 Le juge de l'application des peines qui, dans le cas prévu par l'article 712-8, envisage d'office de modifier une mesure ou est saisi d'une demande de modification formée par le condamné, communique le dossier pour avis au procureur de la République, avant de statuer par ordonnance motivée ou, si le procureur en a fait la demande, après débat contradictoire, conformément aux dispositions de cet article.

Lorsque le juge de l'application des peines se saisit d'office ou est saisi par le procureur de la République et qu'il n'est pas procédé à un débat contradictoire, il recueille ou fait recueillir préalablement l'avis du condamné.

Art. D. 49-35-1 *(Décr. n° 2007-699 du 3 mai 2007)* Lorsque le juge de l'application des peines délivre un mandat d'amener en application du premier alinéa de l'article 712-17, les dispositions du deuxième alinéa de l'article 125 et celles de l'article 127 sont applicables, *(Décr. n° 2012-682 du 7 mai 2012, art. 3)* « les attributions confiées par ces articles au juge d'instruction et au juge des libertés et de la détention étant respectivement exercées par le juge de l'application des peines et le procureur de la République ».

Art. D. 49-35-2 *(Décr. n° 2007-699 du 3 mai 2007)* Le mandat d'amener délivré en cas d'urgence par le procureur de la République en application du troisième alinéa de l'article 712-17 peut être adressé par tout moyen au service de police ou à l'unité de gendarmerie chargé de son exécution.

En cas de nécessité, ce mandat fait l'objet d'instructions téléphoniques adressées par le procureur de la République à l'officier de police judiciaire. Il est joint ultérieurement à la procédure.

Le procureur de la République indique sur le mandat ou précise dans ses instructions téléphoniques que si l'arrestation du condamné ne peut intervenir avant la fin du premier jour ouvrable suivant, le mandat est caduc sauf à avoir été repris auparavant par le juge de l'application des peines, et sans préjudice de la possibilité pour ce magistrat d'ordonner la mainlevée de ce mandat, ou d'y substituer un mandat d'arrêt.

Le procureur de la République indique de même sur le mandat ou précise dans ses instructions que la personne ne peut être retenue pendant plus de vingt-quatre heures à compter de son arrestation sans être présentée devant le juge de l'application des peines ou le juge qui le remplace conformément aux dispositions du deuxième alinéa de l'article 125, à défaut de quoi elle doit être remise en liberté.

Le procureur de la République adresse dès que possible la copie du mandat au juge de l'application des peines.

Si la personne est arrêtée à plus de deux cents kilomètres du siège du juge de l'application des peines sous le contrôle duquel le condamné est placé, et qu'il n'est pas possible de le conduire dans le délai de vingt-quatre heures devant ce magistrat ou le juge qui le remplace, elle est conduite devant le procureur de la République du lieu d'arrestation *(Abrogé par Décr. nº 2012-682 du 7 mai 2012, art. 3)* *« , conformément aux dispositions de l'article 127 »*.

Lorsque le juge de l'application des peines décide de reprendre le mandat d'amener délivré par le procureur de la République, il en adresse une copie au service de police ou à l'unité de gendarmerie chargés de son exécution, revêtue de sa signature et de son sceau et d'une mention datée indiquant la reprise du mandat.

§3 DISPOSITIONS RELATIVES AU TRIBUNAL DE L'APPLICATION DES PEINES

Art. D. 49-36 Le débat contradictoire prévu à l'article 712-7 doit avoir lieu au plus tard le sixième mois suivant le dépôt de la demande dans les conditions prévues par l'article D. 49-11.

A défaut, le condamné peut directement saisir la chambre de l'application des peines de la cour d'appel de sa demande, par lettre recommandée ou selon les modalités prévues à l'article 503.

En cas de rejet ou d'ajournement d'une demande formée par le condamné, le tribunal de l'application des peines peut dans son jugement fixer par décision motivée un délai durant lequel le condamné n'est pas recevable à déposer une demande similaire, sans que ce délai puisse excéder deux ans.

Désistement. Infirme la décision qui interdit à un condamné de déposer une nouvelle demande tendant à bénéficier d'une mesure de libération conditionnelle pendant un délai d'un an alors que ce dernier s'était désisté de sa demande parce que son projet n'était pas viable. • Reims, 22 juin 2010 : *D. actu. 30 août 2010, obs. Léna ; AJ pénal 2010. 512, obs. Herzog-Evans*.

Art. D. 49-37 Devant le tribunal de l'application des peines, le débat contradictoire prévu par l'article 712-7 commence par le rapport oral exposé par le juge de l'application des peines dont relève le condamné.

Art. D. 49-38 Les règles relatives à la police des débats devant le tribunal correctionnel prévues par les articles 401 et 405 sont applicables devant le tribunal de l'application des peines.

§ 4 DISPOSITIONS APPLICABLES EN CAS D'APPEL

Art. D. 49-39 L'appel des ordonnances et jugements du juge ou du tribunal de l'application des peines est formé soit au greffe du juge de l'application des peines selon les modalités prévues aux deux premiers alinéas de l'article 502, soit selon les modalités prévues à l'article 503.

Le délai d'appel de 24 heures prévu par le 1° de l'article 712-11 expire à minuit, le lendemain du jour où l'ordonnance a été notifiée. Lorsque l'ordonnance est notifiée par lettre recommandée, ce délai expire à minuit le lendemain du jour de la signature de l'avis de réception ; à défaut de signature, ce délai commence à courir quinze jours après l'envoi de la lettre.

(Abrogé par Décr. n° 2014-1582 du 23 déc. 2014, art. 32) « *(Décr. n° 2006-385 du 30 mars 2006, art. 16)* ***« En cas d'appel du condamné, le ministère public dispose d'un délai supplémentaire de 24 heures ou de cinq jours pour former appel incident, selon que l'appel porte sur une ordonnance ou un jugement du juge de l'application des peines »*** *(Décr. n° 2007-699 du 3 mai 2007)* ***« ou du tribunal de l'application des peines ». »***

1. Il est enjoint au Premier ministre d'abroger sous quatre mois les dispositions de l'art. D. 49-39, al. 3, qui, en réservant au ministère public la faculté de former appel incident des ordonnances ou jugements des juridictions de l'application des peines, est contraire au principe de l'égalité des armes. • CE 24 oct. 2014, n° 368580 P : *D. actu. 1er déc. 2014, obs. Léna ; AJ pénal 2015. 39, obs. Céré ; AJDA 2014. 2092 ; ibid. 2015. 1374, obs. Falxa.*

2. Si la déclaration d'appel au greffe de l'établissement pénitentiaire n'a pas été transmise, comme elle le devait, à la cour d'appel, cette erreur, non imputable à l'appelant, ne saurait porter atteinte à ses droits. • Crim. 4 mars 2009 : *AJ pénal 2009. 275, obs. Herzog-Evans.*

Art. D. 49-39-1 *(Décr. n° 2014-1582 du 23 déc. 2014, art. 33)* **En cas d'appel du ministère public ou du condamné, l'autre partie dispose d'un délai supplémentaire de 24 heures ou de cinq jours pour former appel incident, selon que l'appel porte sur une ordonnance ou un jugement du juge de l'application des peines ou du tribunal de l'application des peines.**

Art. D. 49-40 **Lorsque le juge ou le tribunal de l'application des peines accorde l'une des mesures mentionnées** *(Décr. n° 2007-1627 du 16 nov. 2007)* **« aux articles 712-5, 712-6 et 712-7 », la mise à exécution de la mesure ne peut intervenir, avant l'expiration du délai de vingt-quatre heures à compter de la notification de la décision au magistrat du ministère public, en l'absence de visa de ce dernier indiquant qu'il ne fait pas appel ; si le procureur de la République forme appel dans les vingt-quatre heures de la notification, il en informe immédiatement le juge de l'application des peines et le chef de l'établissement pénitentiaire. Le délai de 24 heures expire à minuit, le lendemain du jour où la décision a été notifiée.**

(Décr. n° 2014-1582 du 23 déc. 2014, art. 8, en vigueur le 1er janv. 2015) **« Les dispositions du présent article sont également applicables aux décisions ordonnant une libération sous contrainte. »**

Art. D. 49-41 **En cas d'appel, une copie du dossier individuel du condamné et de la décision du juge ou du tribunal de l'application des peines est transmise à la chambre de l'application des peines de la cour d'appel ou à son président.**

A l'appui de son appel, le condamné ou son avocat peut adresser des observations écrites au président ou à la chambre. *(Décr. n° 2006-385 du 30 mars 2006, art. 20)* **« Hors le cas de l'urgence, » ces observations doivent être adressées un mois au plus tard après la date de l'appel, sauf dérogation accordée par le président de la juridiction.**

Pendant l'instance d'appel, les dispositions de l'article D. 49-29 relatives à la communication du dossier individuel du condamné sont applicables.

Pendant cette instance, le juge de l'application des peines peut, d'office ou à la demande du président de la chambre, communiquer tous renseignements sur la situation du condamné au jour de l'audience d'appel, et notamment sur la validité du projet d'aménagement de la peine.

(Décr. n° 2021-1820 du 24 déc. 2021, art. 6, en vigueur le 1er févr. 2022) **« Pendant cette instance, le président de la chambre de l'application des peines saisit, au plus tôt en amont de l'audience, le service pénitentiaire d'insertion et de probation, s'il apparaît nécessaire d'actualiser les éléments du dossier individuel de la personne condamnée afin de pouvoir prendre la décision d'individualisation de la peine la mieux adaptée à sa situation.**

« En cas de condamnation pour des infractions commises au sein du couple et relevant de l'article 132-80 du code pénal, cette actualisation doit notamment lui per-

mettre de déterminer s'il y a lieu, de prononcer une mesure de bracelet anti-rapprochement en application de l'article 132-45-1 du code pénal. »

1. Impérativité du délai. En l'état des textes en vigueur au 30 mars 2006, méconnaît les art. 712-12 et D. 49-41, al. 2, le président de la chambre de l'application des peines de la cour d'appel qui, statuant en matière de réduction supplémentaire de peine et n'ayant pas reçu les observations écrites du condamné ou de son avocat, n'attend pas l'expiration du délai d'un mois après la date de l'appel pour rendre sa décision. • Crim. 6 sept. 2006, nº 06-82.205 P : *D. 2006. 2549* ; *AJ pénal 2006. 462* ; *RSC 2007. 350, obs. Poncela* • 6 sept. 2006, nº 06-82.297 P : *D. 2006. 2549* ; *AJ pénal 2006. 462* ; *RSC 2007. 357, obs. Poncela* • 16 mai 2007 : *AJ pénal 2007. 389, obs. Herzog-Evans* • 18 juin 2008, nº 07-82.076 P : *AJ pénal 2008. 430* ; *Dr. pénal 2009. Chron. 3, obs. Garçon* • Crim. 23 juin 2010 : *AJ pénal 2011. 93, obs. Herzog-Evans* . ♦ La nécessité de respecter un tel délai est d'autant plus cruciale lorsque la décision concerne le retrait d'un aménagement de peine (en l'espèce, un retrait total des crédits de réduction de peine avait été prononcé pour un refus de soumission à une expertise psychiatrique en vue d'un placement sous surveillance judiciaire). • Crim. 4 janv. 2011 : *D. 2011. Pan. 1309, obs. Herzog-Evans* . ♦ Est censuré l'arrêt du président de la CHAP pour n'avoir pas attendu l'expiration du délai d'un mois, et ce, bien que le condamné ait déjà fait parvenir une lettre présentant ses observations écrites à la cour. • Crim. 28 avr. 2011 : *D. actu. 7 juin 2011, obs. Léna* • 9 avr. 2014, nº 10-88.055 P : *D. 2014. 932* ; *Dr. pénal 2014, nº 100, note Bonis-Garçon.*

2. Point de départ du délai. Le délai d'un mois imparti par l'art. D. 49-41 au condamné pour adresser des observations écrites au président ou à la CHAP commence à courir, dans le cas où l'intéressé est détenu, à compter de la date à laquelle la déclaration d'appel a été établie par le greffe de l'établissement pénitentiaire et non à compter de la date de la transcription de cette déclaration sur le registre tenu par le greffe de la juridiction ayant rendu la décision attaquée. • Crim. 13 mai 2009, nº 08-87.236 P : *AJ pénal 2009. 373, obs. Herzog-Evans* .

3. Motivation. La CHAP saisie de l'appel des jugements mentionnés aux art. 712-6 et 712-7 est tenue de statuer par un arrêt motivé et de répondre aux chefs péremptoires des observations régulièrement déposées par le condamné conformément aux dispositions de l'art. D. 49-41. Encourt la censure l'arrêt qui laisse sans réponse les chefs péremptoires des observations régulièrement déposées par le condamné. • Crim. 24 janv. 2007, nº 06-82.087 P : *AJ pénal 2007. 190, obs. Herzog-Evans* .

4. Observations orales. Ne méconnaît pas l'art. D. 49-41 la CHAP qui estime pouvoir suffisamment tenir compte des observations orales de la condamnées déposées au cours de l'audience de première instance, lesquelles n'étaient à son sens pas sérieusement contestées, faute de dépôt d'observations écrites. • Crim. 9 juin 2010 : *AJ pénal 2011. 94, obs. Herzog-Evans* .

Art. D. 49-41-1 *(Décr. nº 2005-1632 du 26 déc. 2005, en vigueur le 31 déc. 2005)* **En cas d'appel d'une ordonnance rendue par le juge de l'application des peines en application des dispositions de l'article 712-5, la copie du dossier individuel du condamné adressé au président de la chambre de l'application des peines de la cour d'appel ne comporte que les éléments nécessaires à l'examen de l'appel. En cas d'appel contre une ordonnance de retrait d'un crédit de réduction de peine, peut ne figurer au dossier que le rapport d'incident à l'origine du retrait. Le président de la chambre de l'application des peines peut demander des pièces supplémentaires s'il l'estime utile.**

Art. D. 49-41-2 *(Décr. nº 2005-1632 du 26 déc. 2005, en vigueur le 31 déc. 2005)* **S'il confirme une ordonnance refusant l'octroi d'une permission de sortir, d'une autorisation de sortir sous escorte ou d'une réduction de peine supplémentaire, le président de la chambre de l'application des peines de la cour d'appel peut, par une décision motivée, décider que le condamné n'est pas recevable à déposer une demande similaire pendant un délai d'un an.**

En cas d'appel d'une ordonnance de retrait d'un crédit de réduction de peine, le président peut, sur appel incident du parquet ou sur réquisition du procureur général, ordonner un retrait d'une durée plus importante que celle fixée par le juge de l'application des peines, dans la limite résultant des dispositions de l'article 721.

Art. D. 49-42 **La chambre de l'application des peines de la cour d'appel statue, au vu du dossier, à la suite d'un débat contradictoire tenu en chambre du conseil hors la présence du condamné, au cours duquel, après le rapport oral d'un conseiller, le procureur général puis l'avocat du condamné présentent leurs observations. Le procureur général peut répliquer, l'avocat du condamné ayant toujours la parole en dernier.**

L'avocat du condamné est convoqué par lettre recommandée ou par télécopie au plus tard quinze jours avant le débat contradictoire.

L'arrêt est rendu en chambre du conseil. Il est exécutoire par provision.

Si le président constate que l'appel n'a manifestement pas été formé dans le délai de dix jours, il déclare celui-ci irrecevable. Cette décision n'est pas susceptible de recours.

1. Ordre de parole. Devant les juridictions de l'application des peines, l'avocat du condamné doit toujours avoir la parole en dernier. Encourt la cassation l'arrêt rendu par la CHAP après avoir entendu l'avocat puis les réquisitions du ministère public. • Crim. 3 mai 2007 : *AJ pénal 2007. 446, obs. Herzog-Evans*.

2. L'arrêt mentionne qu'ont été entendus le président en son rapport oral, l'avocat général en ses réquisitions, l'avocat du condamné en ses observations. Ces mentions mettent la Cour de cassation en mesure de s'assurer que l'ordre de parole prévu par l'art. D. 49-42 a été respecté. • Crim. 3 févr. 2010, nº 09-85.166.

3. Convocation. Méconnaît les dispositions de l'art. D. 49-42, la CHAP qui ordonne le placement sous surveillance judiciaire, alors que l'avocat du condamné n'avait pas été convoqué au plus tard quinze jours avant le débat contradictoire. • Crim. 23 juin 2010 : *AJ pénal 2011. 93, obs. Herzog-Evans*. ♦ Dans le même sens, pour une audience en matière de révocation d'un sursis avec mise à l'épreuve : la non-convocation de l'avocat dans le délai de l'art. D. 49-42 constitue une cause de nullité faisant nécessairement grief : • Crim. 29 mai 2013 : *D. actu. 25 juin 2013, obs. Fucini ; Dr. pénal 2014. Chron. 3, obs. Bonis-Garçon* • Crim. 4 avr. 2013 : *AJ pénal 2014. 46, obs. Herzog-Evans*. ♦ Dans le même sens pour une audience de révocation d'une libération conditionnelle : • Crim. 26 juin 2013 : *AJ pénal 2014. 46, obs. Herzog-Evans*. ♦ Sur cette question, V. aussi ss. art. 712-13.

4. Voies de recours. Si, selon les dispositions combinées des art. D. 49-42, D. 49-44-1 et 505-1, la décision par laquelle le président de la CHAP constate que l'appel est tardif, devenu sans objet ou que l'appelant s'est désisté de son appel, n'est pas susceptible de recours, il en est autrement lorsque son examen fait apparaître un risque d'excès de pouvoir relevant du contrôle de la Cour de cassation. • Crim. 18 déc. 2013, nº 12-87.281 P.

Art. D. 49-42-1 *(Décr. nº 2010-1276 du 27 oct. 2010, art. 4)* **Lorsque le président de la chambre d'application des peines constate que cette juridiction a été saisie d'un appel manifestement irrecevable, il peut décider par une ordonnance motivée non susceptible de recours qu'il n'y a pas lieu de statuer sur cet appel.**

Art. D. 49-43 **La chambre de l'application des peines de la cour d'appel qui accorde une mesure d'aménagement de la peine en précise les modalités d'application et fixe la date avant laquelle elle doit être mise à exécution. Si la nature de la mesure le justifie, cette juridiction peut également désigner l'un de ses membres ou le juge d'application des peines compétent pour en préciser les modalités, fixer la date effective de mise à exécution de la décision et, le cas échéant, notifier au condamné les conditions de la mesure ; dans ce cas, elle peut fixer la date avant laquelle la mesure doit être mise à exécution.**

1. Il résulte des dispositions des art. 712-6 et D. 49-43 que la CHAP qui décide d'accorder un aménagement de peine doit déterminer la nature de la mesure à appliquer au condamné avant de désigner, le cas échéant, l'un de ses membres ou le JAP compétent pour en préciser les modalités. A méconnu ces dispositions la CHAP qui, sur appel du condamné ayant vu sa demande d'aménagement de peine rejetée par le JAP, relève que l'incarcération du requérant, soigné sous le régime de l'hospitalisation de jour en *service psychiatrique*, est *inadaptée* à son état de santé et décide d'aménager sa peine et de le renvoyer devant le JAP afin qu'il soit statué sur les modalités de cette mesure, sans avoir déterminé la mesure d'aménagement de peine qui serait appliquée à l'intéressé. • Crim. 16 mai 2007, nº 06-84.303 P : *D. 2007. AJ 1662 ; AJ pénal 2007. 334, obs. Herzog-Evans*.

2. Si, selon les dispositions combinées des art. D. 49-43, D. 49-44-1 et 505-1, la décision par laquelle le président de la CHAP constate que l'appel est tardif, devenu sans objet ou que l'appelant s'est désisté de son appel, n'est pas susceptible de recours, il en est autrement lorsque son examen fait apparaître un risque d'excès de pouvoir relevant de la Cour de cassation. • Crim. 12 nov. 2009, nº 09-82.946 P : *AJ pénal 2010. 87, obs. Herzog-Evans ; Procédures 2010, nº 47, obs. Buisson.*

Art. D. 49-44 **L'arrêt de la chambre de l'application des peines de la cour d'appel est notifié au condamné détenu par le chef de l'établissement pénitentiaire qui lui en remet une copie contre émargement ; si le condamné n'est pas détenu, copie de l'arrêt**

lui est adressée par lettre recommandée ; une copie du jugement est également adressée par lettre recommandée ou par télécopie à l'avocat du condamné.

Dès qu'il est rendu, l'arrêt est notifié au ministère public. Une copie en est adressée au directeur du service pénitentiaire d'insertion et de probation et, lorsque le condamné est incarcéré, au chef de l'établissement pénitentiaire.

Art. D. 49-44-1 *(Décr. nº 2005-1632 du 26 déc. 2005, en vigueur le 31 déc. 2005)* **Les dispositions du présent code applicables devant la chambre des appels correctionnels et son président, et notamment celles relatives aux désistements d'appel ou aux appels tardifs ou devenus sans objet, sont applicables devant la chambre de l'application des peines de la cour d'appel et son président, sous réserve des dispositions particulières prévues par le présent chapitre ou par les articles 712-11 à 712-22.**

1. Il se déduit des art. 712-13, 509, 515 et D. 49-44-1 et du principe de l'effet dévolutif de l'appel, que la CHAP saisie de l'appel d'un jugement ayant rejeté une demande d'aménagement de peine ne peut, après avoir confirmé cette décision, renvoyer le dossier au JAP pour qu'il statue à nouveau sur cette demande. • Crim. 18 déc. 2013 : *D. 2014. Actu. 84*.

2. Est devenu sans objet l'appel interjeté contre le jugement d'un JAP ayant refusé l'aménagement d'une peine dont l'exécution est achevée au moment où statue la CHAP, quand bien même le condamné exécuterait alors une autre peine, prononcée après le jugement dont il était relevé appel. • Crim. 18 nov. 2020, nº 20-81.162 P : *D. actu. 9 déc. 2020, obs. Goetz ; AJ pénal 2021. 46, obs. Royer*.

SECTION III *[ABROGÉE]* DISPOSITIONS APPLICABLES AUX MINEURS

(Abrogée par Décr. nº 2021-683 du 27 mai 2021, art. 2, à compter du 30 sept. 2021)

§ 1er *[ABROGÉ]* DISPOSITIONS GÉNÉRALES

Art. D. 49-45 ***En cas de condamnation prononcée par une juridiction spécialisée pour mineurs, le juge des enfants et le tribunal pour enfants exercent les fonctions respectivement dévolues au juge de l'application des peines et au tribunal de l'application des peines conformément aux dispositions de l'article 20-9 de l'ordonnance nº 45-174 du 2 février 1945 relative à l'enfance délinquante et selon les critères de compétence territoriale fixés par l'article 712-10 du présent code.***

Le juge des enfants préside notamment la commission de l'application des peines lorsque celle-ci examine la situation d'un condamné relevant de la compétence de ce magistrat.

V. Circ. DAP 2005-0734 du 5 juill. 2005 relative à l'application des dispositions des art. 20-9 et 20-10 de l'Ord. nº 45-174 du 2 févr. 1945 relative à l'enfance délinquante et des art. D. 49-45 à D. 49-63 du C. pr. pén. (BOMJ 2005, nº 99).

Art. D. 49-46 ***L'appel des décisions rendues par le juge des enfants ou le tribunal pour enfants est porté devant la chambre des mineurs de la cour d'appel ou son président, qui exercent les compétences respectivement confiées à la chambre de l'application des peines de la cour d'appel et à son président.***

Dans le cas prévu par le deuxième alinéa de l'article 712-13, le président et les conseillers de la chambre des mineurs de la cour d'appel sont assistés par le responsable d'une association de réinsertion des condamnés et le responsable d'une association d'aide aux victimes membres de la chambre de l'application des peines de la cour d'appel. Est le cas échéant compétente la chambre des mineurs de la cour d'appel dont la compétence territoriale est étendue en application des dispositions de cet alinéa.

Art. D. 49-47 ***Lorsque le juge des enfants chargé de l'application des peines territorialement compétent n'est pas le juge des enfants qui connaît habituellement la situation du mineur, il transmet à ce dernier une demande d'avis préalablement à toute décision prise en application des dispositions de l'article 712-6. Il en est de même pour les décisions prises par le tribunal pour enfants en application des dispositions de l'article 712-7.***

Le juge des enfants territorialement compétent peut aussi consulter le juge des enfants qui connaît habituellement la situation du mineur pour toute autre décision.

Art. D. 49-48 ***Le juge des enfants chargé de l'application des peines initialement saisi peut se dessaisir au profit du juge des enfants qui connaît habituellement la situation du mineur, après avoir obtenu l'accord préalable de ce magistrat. La saisine de ce juge emporte également saisine du tribunal pour enfants correspondant.***

L'ordonnance par laquelle le juge des enfants se dessaisit en application des dispositions du premier alinéa est portée à la connaissance du condamné par lettre recommandée si celui-ci n'est pas détenu et par le greffe de l'établissement pénitentiaire dans le cas contraire. Le parquet du lieu de condamnation en est également avisé.

Cette ordonnance constitue une décision d'administration judiciaire non susceptible de recours.

Art. D. 49-49 *Pour l'application des dispositions des articles D. 49-47 et D. 49-48, est considéré comme le juge des enfants qui connaît habituellement de la situation du mineur le juge du lieu de la résidence habituelle du mineur ou de ses parents qui est ou a été saisi d'une procédure en assistance éducative ou d'une procédure pénale concernant le mineur.*

Art. D. 49-50 *Lorsque le condamné est mineur, il doit être assisté d'un avocat au cours des débats contradictoires prévus par les articles 712-6 et 712-7.*

Il en est de même lorsque, en acceptant un aménagement de l'exécution de sa peine, le mineur est susceptible de renoncer à la tenue de ce débat conformément aux dispositions du deuxième alinéa de l'article 712-6.

Le mineur ne peut renoncer à l'assistance d'un avocat.

A défaut de choix d'un avocat par le mineur ou les titulaires de l'autorité parentale, le juge des enfants ou le tribunal pour enfants fait désigner par le bâtonnier un avocat commis d'office.

Les titulaires de l'autorité parentale sont convoqués pour être entendus par ces juridictions avant qu'elles ne statuent dans les conditions prévues par les articles 712-6 et 712-7.

Art. D. 49-50-1 (Décr. n° 2010-1276 du 27 oct. 2010, art. 2) *Pour l'application des dispositions de l'article D. 48-2-1, la convocation est délivrée en premier lieu devant le juge des enfants compétent en application des dispositions de l'article D. 49-49.*

Art. D. 49-51 *Lorsque le condamné est mineur, les ordonnances et jugements du juge des enfants et du tribunal pour enfants sont notifiés aux titulaires de l'autorité parentale.*

Art. D. 49-52 *Lorsque le juge des enfants chargé de l'application des peines impose au condamné le respect de l'une des mesures éducatives mentionnées aux articles 16 et 19 de l'ordonnance précitée du 2 février 1945, en application de l'article 20-10 de ladite ordonnance, il ordonne par décision séparée le prononcé de cette mesure.*

Art. D. 49-53 *L'ordonnance par laquelle le juge des enfants se dessaisit au profit du juge de l'application des peines conformément aux dispositions de l'article 20-9 de l'ordonnance précitée du 2 février 1945 est portée à la connaissance du condamné par lettre recommandée si celui-ci n'est pas détenu et par le greffe de l'établissement pénitentiaire dans le cas contraire. Le parquet du lieu de condamnation en est également avisé.*

Cette ordonnance constitue une décision d'administration judiciaire non susceptible de recours.

§ 2 *[ABROGÉ]* DISPOSITIONS RELATIVES AUX SERVICES DU SECTEUR PUBLIC DE LA PROTECTION JUDICIAIRE DE LA JEUNESSE

Art. D. 49-54 *Les services du secteur public de la protection judiciaire de la jeunesse préparent, mettent en œuvre et assurent le suivi des condamnations prononcées par les juridictions spécialisées pour mineurs* (Décr. n° 2015-1677 du 15 déc. 2015) *« et le suivi des condamnations des personnes mineures à la date des faits, et dont l'exécution est transférée par l'autorité compétente d'un État membre de l'Union européenne et reconnue en vertu des articles 728-43, 728-46, 728-67, ou 764-22 du présent code et des articles 20-11 ou 20-12 de l'ordonnance n° 45-174 du 2 février 1945 relative à l'enfance délinquante », hormis les hypothèses prévues à l'article 20-9 de l'ordonnance précitée du 2 février 1945 dans lesquelles le juge des enfants n'est plus compétent, s'est dessaisi au profit du juge de l'application des peines, ou a saisi le service pénitentiaire d'insertion et de probation après que le condamné est devenu majeur.*

Les dispositions du Décr. n° 2015-1677 du 15 déc. 2015 sont applicables aux condamnations en cours à la date de sa publication (Décr. préc., art. 3).

Art. D. 49-55 *Les services du secteur public de la protection judiciaire de la jeunesse concourent à la préparation des décisions de justice à caractère pénal. Ils peuvent être chargés* *de l'exécution d'investigations et de vérifications. Ils fournissent à l'autorité judiciaire compétente, à la demande de celle-ci ou de leur propre initiative, tout élément d'information sur la situation personnelle, familiale et sociale propre à favoriser l'individualisation de la peine de la personne condamnée ou susceptible de l'être relevant de leur compétence en application de l'article D. 49-54.*

Lorsqu'il a été prononcé à son encontre une peine privative de liberté, les services du secteur public de la protection judiciaire de la jeunesse sont chargés de rechercher les moyens propres à l'élaboration d'un projet d'aménagement de peine permettant l'individualisation de l'exécution de celle-ci. Ils produisent les avis ou rapports sur le condamné, détenu ou libre, dont la situation pénale est examinée par le juge des enfants ou le tribunal pour enfants.

Art. D. 49-56 *Le service du secteur public de la protection judiciaire de la jeunesse désigné assure la mise en œuvre ainsi que le suivi des condamnations pénales et des mesures d'individualisation de la peine.*

Il exerce l'accompagnement éducatif auprès du condamné relevant de sa compétence dans le cadre de la mesure qui lui a été confiée. Il lui apporte aide et soutien. Il veille au respect des obligations qui lui sont imposées dans le cadre d'une condamnation pénale ou d'une mesure d'aménagement de peine.

Il propose, en fonction de l'évolution de l'intéressé, des aménagements ou modifications concernant les mesures de contrôle, obligations ou conditions fixées par l'autorité judiciaire.

Art. D. 49-57 *Dans les trois mois suivant la saisine d'un service du secteur public de la protection judiciaire de la jeunesse pour la mise en œuvre et le suivi d'une peine ou de l'aménagement de celle-ci, ledit service transmet au magistrat mandant un rapport relatif au projet d'exécution de la peine ou de la mesure.*

Il lui adresse ensuite un rapport d'évaluation chaque semestre ainsi qu'à l'issue du suivi.

Tout incident relatif aux obligations, conditions et mesures de contrôle auxquelles est soumis le condamné fait l'objet d'un rapport circonstancié transmis au magistrat mandant dans les meilleurs délais.

Art. D. 49-58 *Pour l'exercice de ses missions concernant l'application des peines, le service du secteur public de la protection judiciaire de la jeunesse désigné met en œuvre un accompagnement éducatif global en prenant appui sur l'ensemble des ressources des établissements et services des secteurs public et associatif habilité. Il inscrit son action dans le cadre des politiques publiques territoriales destinées aux jeunes en difficulté. Il vise notamment à favoriser l'accès aux droits.*

Dans le cadre de la mise en œuvre et du suivi d'un aménagement de peine, le service du secteur public de la protection judiciaire de la jeunesse désigné veille à inscrire ses actions dans la continuité de l'action éducative déjà engagée auprès du condamné.

Art. D. 49-59 *Les services du secteur public de la protection judiciaire de la jeunesse exercent leurs missions en matière d'application des peines, sous l'autorité du directeur* (Décr. nº 2010-1276 du 27 oct. 2010, art. 5) *« territorial », aux lieu et place des services pénitentiaires d'insertion et de probation.*

Lorsque les services du secteur public de la protection judiciaire de la jeunesse sont compétents en application de l'article D. 49-54, le directeur (Décr. nº 2010-1276 du 27 oct. 2010, art. 5) *« interrégional » de la protection judiciaire de la jeunesse exerce les attributions spécialement dévolues au directeur du service pénitentiaire d'insertion et de probation dans les conditions prévues aux articles* (Décr. nº 2010-1276 du 27 oct. 2010, art. 5) *« 723-20 à 723-27 et D. 147-17 à D. 147-30-13 », pour l'aménagement des fins de peine d'emprisonnement.*

Le deuxième al. de l'art. D. 49-59 n'est pas applicable en Nouvelle-Calédonie (Décr. nº 2005-163 du 23 févr. 2005, art. 1er).

Art. D. 49-60 *Lorsque la commission de l'application des peines examine la situation d'un condamné relevant de la compétence d'un service du secteur public de la protection judiciaire de la jeunesse, ce service y est représenté par l'un de ses personnels éducatifs.*

Art. D. 49-61 *Pour la tenue du débat contradictoire prévu aux articles 712-6 et 712-7, le service du secteur public de la protection judiciaire de la jeunesse compétent transmet au juge des enfants ou au tribunal pour enfants un rapport circonstancié comprenant son avis.*

Le juge des enfants ou le tribunal pour enfants peut demander au représentant de la protection judiciaire de la jeunesse de développer oralement son avis lors du débat contradictoire.

Art. D. 49-62 *Dans l'hypothèse où le service pénitentiaire d'insertion et de probation est saisi de la situation d'un condamné précédemment suivi par le service du secteur public de la protection judiciaire de la jeunesse, celui-ci transmet, sous pli fermé, au service pénitentiaire d'insertion et de probation compétent auprès de l'établissement pénitentiaire où le condamné est détenu ou, si le condamné n'est pas ou n'est plus détenu, au service pénitentiaire d'insertion et de probation du lieu de résidence de l'intéressé copie des éléments ou documents recueillis à l'occasion de la mise en œuvre et du suivi des condamnations.*

Art. D. 49-63 *Pour l'exercice des missions prévues par les dispositions du présent paragraphe, les éducateurs de la protection judiciaire de la jeunesse bénéficient des mêmes prérogatives que les (Décr. nº 2010-1635 du 23 déc. 2010) « personnels » du service pénitentiaire d'insertion et de probation telles que définies aux articles D. 462 à D. 465.*

SECTION IV DISPOSITIONS RELATIVES AUX VICTIMES ET AUX PARTIES CIVILES

BIBL. ▶ CARIO, *D. 2003. 145* (place de la victime dans l'exécution des peines). – GIACOPELLI, *RPDP 2007. 789* (victimes et application des peines). – HERZOG-EVANS, *AJ pénal 2008. 356* (victimes et exécution des peines. En finir avec le déni et l'idéologie). – ROYER, *D. 2007. 1745* (la victime et la peine. Contribution à la théorie du procès pénal *post sententiam*).

Art. D. 49-64 **Dans l'exercice de leurs attributions, le ministère public et les juridictions de l'application des peines, ainsi que, s'il est saisi, le service pénitentiaire d'insertion et de probation, prennent en compte, tout au long de l'exécution de la peine, la protection des intérêts et des droits de la victime ou de la partie civile, conformément aux dispositions du présent code et notamment** *(Décr. nº 2010-1277 du 27 oct. 2010, art. 8 ; Décr. nº 2011-1986 du 28 déc. 2011, art. 2, en vigueur le 1er janv. 2012)* **« des articles 707, 712-16, 712-16-1 et 712-16-2, 721-2 et 745 ».**

(Décr. nº 2007-1605 du 13 nov. 2007, en vigueur le 2 janv. 2008) **« Les dispositions de la présente section s'appliquent sans préjudice de celles des articles D. 47-6-4 à D. 47-6-11 relatifs au juge délégué aux victimes. »**

Art. D. 49-65 **Le dossier individuel du condamné prévu par l'article D. 49-29 comporte une cote spécifique dans laquelle sont regroupés l'ensemble des pièces et informations relatifs à la victime ou à la partie civile de l'infraction.**

Art. D. 49-65-1 *(Décr. nº 2011-1986 du 28 déc. 2011, art. 2, en vigueur le 1er janv. 2012)* **La victime ou la partie civile qui, conformément aux dispositions du dernier alinéa de l'article 712-16-2, souhaite être informée de la libération d'une personne condamnée pour une infraction visée à l'article 706-47, à la date d'échéance de sa peine, adresse cette demande par lettre recommandée avec accusé de réception au procureur de la République ou au procureur général de la juridiction de condamnation. Cette demande est transmise par le ministère public au juge de l'application des peines dont relève le condamné pour être classée dans la cote "victime" du dossier individuel prévu par l'article D. 49-29.**

La personne peut préciser dans sa demande qu'elle souhaite être informée par l'intermédiaire de son avocat.

Art. D. 49-66 **Lorsque la juridiction de l'application des peines informe la victime en application des dispositions** *(Décr. nº 2011-1986 du 28 déc. 2011, art. 2, en vigueur le 1er janv. 2012)* **« du troisième alinéa de l'article 712-16-1 », elle l'avise de sa possibilité d'être assistée par une association d'aide aux victimes.**

(Décr. nº 2011-1986 du 28 déc. 2011, art. 2, en vigueur le 1er janv. 2012) **« Lorsqu'en application des dispositions du dernier alinéa de l'article 712-16-2 ou de l'article 745 la victime ou la partie civile doit être informée de la libération du condamné intervenant à la date d'échéance de la peine ou de la date de fin** *(Décr. nº 2020-81 du 3 févr. 2020, art. 3, en vigueur le 24 mars 2020)* **« du sursis probatoire », le juge de l'application des peines peut demander au service pénitentiaire d'insertion et de probation saisi de la mesure de procéder à cette information. »**

(Décr. n° 2021-1820 du 24 déc. 2021, art. 2, en vigueur le 1er févr. 2022) « Dans les cas prévus par l'article D. 1-11-2, il est fait application des dispositions de cet article. »

Art. D. 49-67 Qu'elle se soit ou non constituée partie civile lors de la procédure, la victime qui souhaite être informée de la libération du condamné conformément aux dispositions *(Décr. n° 2010-1277 du 27 oct. 2010, art. 8)* « des articles 712-16-1 et 712-16-2 » *(Décr. n° 2011-1986 du 28 déc. 2011, art. 2, en vigueur le 1er janv. 2012)* « ou qui souhaite être informée de la fin *(Décr. n° 2020-81 du 3 févr. 2020, art. 3, en vigueur le 24 mars 2020)* « du sursis probatoire » conformément aux dispositions de l'article 745 » peut, par lettre recommandée avec accusé de réception, faire connaître ses changements d'adresse auprès du procureur de la République ou du procureur général près la juridiction qui a prononcé la condamnation.

Ces informations sont transmises par le ministère public au juge de l'application des peines dont relève le condamné pour être classées dans la cote "victime" du dossier individuel prévu par l'article D. 49-29.

La victime ou la partie civile peut demander que ces informations demeurent confidentielles et qu'elles ne soient pas communiquées au condamné ou à son avocat.

Art. D. 49-68 L'avis adressé à la victime en application du *(Décr. n° 2010-1277 du 27 oct. 2010, art. 8)* « troisième alinéa de l'article 712-16-2 » lui indique qu'en cas de violation par le condamné de l'interdiction de la recevoir, de la rencontrer ou d'entrer en relation avec elle elle peut en informer sans délai le juge de l'application des peines ou, à défaut, le procureur de la République.

Cet avis n'est pas adressé si la victime a demandé à ne pas être informée conformément aux dispositions de l'article D. 49-72.

Art. D. 49-69 Même hors le cas prévu par *(Décr. n° 2010-1277 du 27 oct. 2010, art. 8)* « les articles 712-16-1 et 712-16-2 » et D. 49-68, la victime peut être avisée par le juge de l'application des peines de toute décision prévoyant son indemnisation dans le cadre d'un sursis *(Décr. n° 2020-81 du 3 févr. 2020, art. 3, en vigueur le 24 mars 2020)* « probatoire », d'un sursis avec obligation d'accomplir un travail d'intérêt général, d'un suivi socio-judiciaire ou d'une mesure d'aménagement de peine, et du fait qu'elle peut informer ce magistrat en cas de violation par le condamné de ses obligations.

Art. D. 49-70 Le juge de l'application des peines peut informer la victime de la mise à exécution d'une peine d'emprisonnement faisant l'objet d'une mesure d'aménagement conformément aux dispositions de l'article 723-15, sauf s'il a été fait application des dispositions des articles *(Décr. n° 2006-385 du 30 mars 2006, art. 20)* « D. 49-72 » ou D. 49-73.

Art. D. 49-71 Le procureur de la République ou le procureur général, lorsqu'il ramène à exécution une peine d'emprisonnement dans le cas prévu par *(Décr. n° 2010-1276 du 27 oct. 2010, art. 5)* « les deuxième et troisième alinéas de l'article 723-15-2 et par l'article 723-16 », peut en informer la victime, sauf s'il a été fait application des dispositions des articles *(Décr. n° 2006-385 du 30 mars 2006, art. 20)* « D. 49-72 » ou D. 49-73.

Si la victime a obtenu une condamnation à des dommages et intérêts et que le ministère public a fait application des dispositions de l'article D. 325, elle peut être avisée de sa possibilité de demander le versement des sommes susceptibles de figurer dans le compte nominatif du détenu et affectées à l'indemnisation des parties civiles.

Art. D. 49-72 Conformément aux dispositions du *(Décr. n° 2010-1277 du 27 oct. 2010, art. 8)* « quatrième alinéa de l'article 712-16-2 » *(Décr. n° 2011-1986 du 28 déc. 2011, art. 2, en vigueur le 1er janv. 2012)* « ou du deuxième alinéa de l'article 745 », qu'elle soit ou non constituée partie civile, la victime peut à tout moment faire connaître au procureur de la République ou au procureur général de la juridiction ayant prononcé une peine privative de liberté qu'elle demande à ne pas être informée des modalités d'exécution de la peine et notamment de la libération du condamné *(Décr. n° 2011-1986 du 28 déc. 2011, art. 2, en vigueur le 1er janv. 2012)* « ou de la fin *(Décr. n° 2020-81 du 3 févr. 2020, art. 3, en vigueur le 24 mars 2020)* « du sursis probatoire ». »

La demande de la victime est alors transmise par le ministère public au juge de l'application des peines compétent pour suivre le condamné, et elle est classée dans la cote "victime" du dossier individuel prévu par l'article D. 49-29.

Art. D. 49-73 Lorsque la personne condamnée à une peine privative de liberté n'est pas immédiatement incarcérée à la suite du jugement, la victime peut également demander, selon les modalités prévues par l'article D. 49-72, à ne pas être informée de la mise à exécution de cette peine.

Art. D. 49-74 *(Décr. nº 2010-1276 du 27 oct. 2010, art. 4)* Lorsque l'avocat de la partie civile a fait connaître au juge de l'application des peines, par déclaration au greffe ou par lettre recommandée avec demande d'avis de réception, qu'il souhaitait assister au débat contradictoire devant la juridiction de l'application des peines pour y faire valoir ses observations conformément aux dispositions du quatrième alinéa de l'article 730, il est avisé de la date à laquelle se tiendra le débat contradictoire par lettre recommandée, par télécopie, ou par un envoi adressé par un moyen de télécommunication électronique au plus tard dix jours avant ce débat.

L'avocat peut également formuler des observations par écrit devant la juridiction de l'application des peines.

Les dispositions du présent article sont également applicables aux débats contradictoires devant le tribunal de l'application des peines et la chambre de l'application des peines concernant une demande de relèvement de la période de sûreté ou de suspension de peine pour raison médicale qui ne relève pas de la compétence du juge de l'application des peines.

SECTION V DISPOSITIONS APPLICABLES AUX PERSONNES CONDAMNÉES POUR ACTES DE TERRORISME

(Décr. nº 2006-385 du 30 mars 2006, art. 17, en vigueur le 1er mai 2006)

Art. D. 49-75 Les modalités d'application des dispositions de l'article 706-22-1 donnant compétence *(Décr. nº 2016-1455 du 28 oct. 2016, art. 8)* « concurrente ou exclusive » au juge de l'application des peines du tribunal judiciaire de Paris, au tribunal de l'application des peines de Paris et à la chambre de l'application des peines de Paris pour prendre les décisions concernant les personnes condamnées pour une infraction entrant dans le champ d'application de l'article 706-16 sont précisées par les dispositions de la présente section.

Art. D. 49-76 Les demandes du condamné prévues par l'article D. 49-11 sont adressées, conformément aux dispositions de cet article, au juge de l'application des peines territorialement compétent en application de l'article 712-10, qui les transmet avec son avis, celui du procureur de la République et celui du représentant de l'administration pénitentiaire, au juge de l'application des peines du tribunal judiciaire de Paris.

En cas d'urgence, la demande peut être directement adressée au juge de l'application des peines de Paris.

Fait une exacte application des art. 706-22-1 et D. 49-76 la décision de la CHAP de Paris confirmant le durcissement des mesures de contrôle de la libération conditionnelle du condamné, le JAP délégué n'étant en l'espèce compétent que pour transmette les demandes avec son avis. • Crim. 30 mars 2011 : *AJ pénal 2011. 477, obs. Herzog-Evans*.

Art. D. 49-77 Le dossier individuel du condamné prévu par l'article D. 49-29 est tenu par le greffe du juge de l'application des peines de Paris. Une copie de tout ou partie de ce dossier est tenue par le greffe du juge de l'application des peines compétent en application de l'article 712-10.

Art. D. 49-78 Le juge de l'application des peines du tribunal judiciaire de Paris peut présider les séances de la commission de l'application des peines lorsque est examinée la situation d'une personne condamnée *(Décr. nº 2016-1455 du 28 oct. 2016, art. 9)* « dont il assure le suivi en application de l'article 706-22-1 », soit en personne, soit en utilisant un moyen de télécommunication audiovisuelle prévu par l'article 706-71.

A défaut, le juge de l'application des peines présidant les séances de la commission pour l'examen de la situation d'une telle personne est celui de la juridiction dans le ressort de laquelle est situé l'établissement pénitentiaire. Le juge de l'application des peines de Paris peut adresser à ce magistrat tout document susceptible d'éclairer la commission avant que celle-ci ne rende son avis. Cet avis est alors adressé par le juge de l'application des peines de l'établissement pénitentiaire, avec l'avis de ce dernier, au juge de l'application des peines de Paris.

Art. D. 49-79 En cas d'urgence, le juge de l'application des peines de Paris peut statuer sans l'avis du juge de l'application des peines compétent en application de l'article 712-10.

Art. D. 49-80 Pour la tenue des débats contradictoires devant le juge ou le tribunal de l'application des peines de Paris, le ministère public est représenté par le procureur de la République du tribunal judiciaire de Paris. Ces débats ont lieu au tribunal judiciaire de Paris, en utilisant, en liaison avec l'établissement pénitentiaire dans lequel le condamné est détenu, un moyen de télécommunication audiovisuelle prévu par l'article 706-71. Les dispositions du quatrième alinéa de l'article 706-71 sont alors applicables.

Lorsque les circonstances l'imposent, le juge ou le tribunal de l'application des peines de Paris ainsi que le procureur de la République près le tribunal judiciaire de Paris peuvent se déplacer, avec le greffier de la juridiction, dans l'établissement pénitentiaire dans lequel le condamné est détenu. A titre exceptionnel, le juge de l'application des peines peut ordonner l'extraction du détenu.

Art. D. 49-81 *(Décr. n° 2016-1455 du 28 oct. 2016, art. 10)* « Dans l'exercice des compétences prévues à l'article 706-22-1 », le juge de l'application des peines de Paris peut mandater le service pénitentiaire d'insertion et de probation territorialement compétent au regard du lieu de résidence habituelle ou du lieu d'assignation de l'intéressé pour mettre en œuvre les mesures de contrôle et veiller au respect des obligations. Ce service rend compte régulièrement à ce magistrat.

Lorsque les circonstances le justifient, le juge de l'application des peines de Paris peut déléguer le suivi de la mesure au juge de l'application des peines du tribunal dans le ressort duquel est située la résidence habituelle ou le lieu d'assignation du condamné, lequel le tient informé de son déroulement.

La CHAP, saisie en appel d'une décision du JAP, dispose des mêmes pouvoirs que ceux attribués à ce dernier par l'art. D. 49-81. Dès lors, elle peut déléguer le suivi de la mesure de libération conditionnelle au JAP du tribunal dans le ressort duquel est située la résidence habituelle du condamné. • Crim. 26 sept. 2007, n° 07-81.644 P : *RSC 2008. 413, obs. Poncela* ; *AJ pénal 2007. 544* • 7 nov. 2007, n° 07-81.465 P : *AJ pénal 2007. 544*

Art. D. 49-81-1 *(Décr. n° 2016-1455 du 28 oct. 2016, art. 11)* Les membres de la commission mentionnée à l'article 720-5 sont désignés pour une durée de cinq ans.

Si l'importance des dossiers que doit traiter la commission le justifie, le premier président de la Cour de cassation peut désigner un ou plusieurs vice-présidents de la commission, choisis parmi les présidents de chambre ou les conseillers de la Cour de cassation.

La commission peut statuer lorsque, outre son président, au moins trois de ses membres sont présents.

En cas de partage égal des voix, le président de la commission a voix prépondérante.

Le secrétariat de la commission est assuré par un greffier désigné par le greffier en chef de la Cour de cassation.

Les avis de la commission sont notifiés au procureur général près la Cour de cassation.

Les dispositions de l'article R. 111-5 du code de l'organisation judiciaire sont applicables aux désignations prévues par le premier alinéa du présent article.

Art. D. 49-81-2 *(Décr. n° 2016-1455 du 28 oct. 2016, art. 11)* La commission est saisie par le juge de l'application des peines ou par le tribunal de l'application des peines. Le condamné et son conseil ainsi que le procureur de la République sont informés par le juge de l'application des peines ou le tribunal de l'application des peines de cette saisine.

La commission rend un avis motivé dans les trois mois de sa saisine. A défaut d'avis dans ce délai, le juge ou le tribunal de l'application des peines peut faire procéder à l'examen de dangerosité prévu à l'article 720-5. Cet avis est porté à la connaissance du condamné par lettre recommandée ou, s'il est détenu, par le chef de l'établissement pénitentiaire. Son avocat et le procureur de la République sont informés par le juge de l'application des peines ou le tribunal de l'application des peines.

Art. D. 49-81-3 *(Décr. nº 2016-1455 du 28 oct. 2016, art. 11)* La commission peut demander la comparution du condamné avant de donner son avis. Cette comparution peut se faire par un moyen de télécommunication conformément aux dispositions de l'article 706-71. Le condamné peut être assisté de son avocat.

Sur décision de son président, qui en assure la mise en œuvre, la commission peut également procéder ou faire procéder sur l'ensemble du territoire national à tous examens, auditions, enquêtes administratives, expertises ou autres mesures utiles.

Art. D. 49-81-4 *(Décr. nº 2016-1455 du 28 oct. 2016, art. 1)* Deux des trois experts du collège prévu par l'article 720-5 pour procéder à l'évaluation de dangerosité prévue par le même article sont ceux mentionnés à l'article R. 61-11.

Les conclusions de cette évaluation sont notifiées au condamné par le chef de l'établissement pénitentiaire qui adresse, sans délai, au juge de l'application des peines l'original ou la copie du récépissé signé par l'intéressé. Elles sont notifiées par lettre recommandée à son avocat. Une copie de l'intégralité du rapport est remise à sa demande à l'avocat.

Art. D. 49-81-5 *(Décr. nº 2016-1455 du 28 oct. 2016, art. 11)* La juridiction de l'application des peines informe, par lettre simple, les victimes ayant qualité de parties civiles lors de la décision de condamnation, de ce que leur avis doit être recueilli conformément au 4º de l'article 720-5. L'impossibilité de recueillir ces avis ou l'absence de réponse sont constatées par procès-verbal du greffier de la juridiction dont il est fait mention dans le jugement.

Les victimes mentionnées au premier alinéa transmettent leurs observations à la juridiction de l'application des peines dans un délai maximum d'un mois à compter de la réception de l'avis, par lettre simple, le cachet de la poste faisant foi.

TITRE PREMIER *BIS* DE LA PEINE DE DÉTENTION À DOMICILE SOUS SURVEILLANCE ÉLECTRONIQUE

(Décr. nº 2020-81 du 3 févr. 2020, art. 2, en vigueur le 24 mars 2020)

Les dispositions du Décr. nº 2020-81 du 3 févr. 2020 sont entrées en vigueur le 24 mars 2020 pour les condamnations prononcées à compter de cette date, y compris si elles concernent des infractions commises avant cette date. Les dispositions des art. D. 49-26, D. 49-82 à D. 49-89, D. 49-93, D. 115-3 et D. 574 dans leur rédaction résultant du Décr. nº 2014-1582 du 23 déc. 2014 relatif à l'exécution des peines demeurent applicables aux peines de contrainte pénale prononcées avant le 24 mars 2020 (C. pén., art. 112-2, L. nº 2019-222 du 23 mars 2019, art. 109-XIX ; Décr. préc., art. 7 et 8).

Art. D. 49-82 Les modalités d'application des dispositions de l'article 131-4-1 du code pénal et des articles 713-42 à 713-44 du présent code, relatives à la peine de détention à domicile sous surveillance électronique sont celles prévues par les articles R. 57-10 à R. 57-14, R. 57-16 à R. 57-18, au premier alinéa de l'article R. 57-19 et aux articles R. 57-20 à R. 57-30-10 du présent code relatifs à la détention à domicile sous surveillance électronique prononcée à titre d'aménagement d'une peine d'emprisonnement en application des articles 132-25 et 132-26 du code pénal ou des articles 723-7 et 723-15 du présent code, sous réserve des dispositions du présent titre.

Art. D. 49-83 La pose du dispositif de surveillance électronique que doit porter la personne condamnée fait l'objet d'un procès-verbal qui est adressé au juge de l'application des peines.

La détention à domicile sous surveillance électronique dans un lieu qui n'est pas le domicile du condamné ne peut intervenir qu'avec l'accord écrit du propriétaire ou du ou des titulaires du contrat de location des lieux où pourra être installé le récepteur, sauf s'il s'agit d'un lieu public. Cet accord est recueilli par le service pénitentiaire d'insertion et de probation, sauf s'il figure déjà au dossier de la procédure.

Le service pénitentiaire d'insertion et de probation assure le contrôle et le suivi des mesures prévues à l'article 131-4-1 du code pénal, décidées par la juridiction de jugement ou ordonnées par le juge de l'application des peines.

Art. D. 49-84 Lorsque la juridiction de jugement a fixé le lieu où le condamné est tenu de demeurer et les périodes pendant lesquelles celui-ci peut s'absenter de ce lieu, la pose du dispositif de surveillance électronique est effectuée :

1° Si la condamnation a été déclarée exécutoire par provision, en application de l'article 471, dans un délai de cinq jours au plus tard à compter de la décision ;

2° Dans les autres cas, dans un délai maximum de trente jours à compter de la date à laquelle la condamnation est exécutoire.

Il est remis au condamné, qui est présent à l'issue de l'audience, une convocation devant le service pénitentiaire d'insertion et de probation aux fins de pose du dispositif de surveillance électronique dans le délai prévu, selon les cas, au 1° ou au 2°. Cette convocation vaut saisine de ce service et informe le condamné que s'il ne se présente pas dans le délai imparti, sauf motif légitime ou, *(Décr. nº 2020-187 du 3 mars 2020, art. 5, en vigueur le 24 mars 2020)* « en l'absence d'exécution provisoire », exercice des voies de recours, le juge de l'application des peines pourra ordonner son emprisonnement pour la durée de la peine prononcée.

Si la convocation devant le service pénitentiaire d'insertion et de probation n'a pas été remise à la personne condamnée par la juridiction de jugement à l'issue de l'audience ou par le bureau de l'exécution des peines, elle est adressée au condamné dans les meilleurs délais à compter du caractère exécutoire de la décision.

Au moment de la pose, le personnel de l'administration pénitentiaire informe l'intéressé qu'il peut demander à tout moment qu'un médecin vérifie que la mise en œuvre du procédé décrit à l'article R. 57-11 ne présente pas d'inconvénient pour sa santé.

Art. D. 49-85 Lorsque la juridiction de jugement n'a pas fixé le lieu où le condamné est tenu de demeurer ou qu'elle n'a pas fixé les périodes pendant lesquelles celui-ci peut s'absenter de ce lieu, ces décisions sont prises par le juge de l'application des peines, qui statue dans un délai de quatre mois à compter du caractère exécutoire de la décision, par ordonnance rendue selon les modalités prévues au premier alinéa de l'article 712-8, après audition du condamné assisté, le cas échéant, de son avocat.

Dans ce cas, il est remis au condamné, qui est présent à l'issue de l'audience, un avis de convocation à comparaître devant ce magistrat dans un délai qui ne saurait excéder trente jours. Si le condamné n'est pas présent à l'audience, cette convocation lui est adressée dans les meilleurs délais.

L'avis de convocation devant le juge de l'application des peines précise que, sauf motif légitime ou, en l'absence d'exécution provisoire, exercice des voies de recours, si le condamné ne se présente pas devant ce magistrat, ce dernier pourra ordonner son emprisonnement pour la durée de la peine prononcée.

Le magistrat informe alors l'intéressé qu'il peut demander à tout moment qu'un médecin vérifie que la mise en œuvre du procédé décrit à l'article R. 57-11 ne présente pas d'inconvénient pour sa santé.

La pose du dispositif de surveillance électronique est effectuée dans un délai maximal de cinq jours à compter de la décision du juge de l'application de peine *[des peines]* prévue au premier alinéa.

Art. D. 49-86 La peine de détention à domicile sous surveillance électronique est suspendue par toute détention provisoire ou toute incarcération résultant d'une peine privative de liberté intervenue au cours de son exécution. *(Décr. nº 2021-1820 du 24 déc. 2021, art. 5, en vigueur le 1er févr. 2022)* « Conformément aux dispositions du second alinéa de l'article 132-43 du code pénal, cette suspension ne s'applique pas aux interdictions de contact ou de paraître prévues par les 9°, 11°, 12°, 13°, 18°, *[et]* 18° *bis* de l'article 132-45 de ce même code. »

Le juge de l'application des peines peut ordonner la suspension de la peine de détention à domicile sous surveillance électronique pour motifs d'ordre familial, social, médical ou professionnel selon les modalités prévues pour les décisions relevant de l'article 712-8.

(Décr. nº 2020-187 du 3 mars 2020, art. 4, en vigueur le 24 mars 2020) « Le juge de l'application des peines peut, conformément à l'article 712-1 du présent code, auto-

riser le directeur du service pénitentiaire d'insertion et de probation ou, s'agissant d'une personne mineure condamnée, le directeur régional de la protection judiciaire de la jeunesse à modifier les horaires d'entrée et de sortie du domicile ou du lieu mentionné au deuxième alinéa de l'article 131-4-1 du code pénal, lorsqu'il s'agit de modifications favorables au condamné ne touchant pas à l'équilibre de la peine et dans le respect des suspensions ordonnées en application du présent article. Le juge de l'application des peines est informé sans délai des modifications opérées et peut les annuler par ordonnance non susceptible de recours. »

Art. D. 49-87 Lorsque le condamné à la peine de détention à domicile sous surveillance électronique doit satisfaire à l'obligation de s'abstenir de paraître dans un lieu ou une zone spécialement désignés, afin d'éviter un contact avec la victime ou la partie civile, ou à l'obligation de s'abstenir d'entrer en relation avec la victime ou la partie civile, conformément aux 9°, 13° et 18° de l'article 132-45 du code pénal, le juge de l'application des peines peut décider d'aviser ou de faire aviser la victime ou la partie civile, directement ou par l'intermédiaire de son avocat, de la date de fin de la peine. Qu'elle se soit ou non constituée partie civile lors de la procédure, la victime peut demander à être informée de la fin de la peine.

La victime peut, par lettre recommandée avec accusé de réception, faire connaître ses changements d'adresse auprès du procureur de la République ou du procureur général près la juridiction qui a prononcé la condamnation. Ces informations sont transmises par le ministère public au juge de l'application des peines dont relève le condamné pour être classées dans la cote "victime" du dossier individuel prévu par l'article D. 49-29. La victime ou la partie civile peut demander que ces informations demeurent confidentielles et qu'elles ne soient communiquées ni au condamné ni à son avocat.

Art. D. 49-88 *(Abrogé par Décr. n° 2021-683 du 27 mai 2021, art. 2, à compter du 30 sept. 2021)* ***Lorsque le condamné est mineur, les attributions confiées au juge de l'application des peines par les dispositions du présent titre sont exercées par le juge des enfants.***

Le service de milieu ouvert de la protection judiciaire de la jeunesse recueille l'accord prévu par le deuxième alinéa de l'article D. 49-83. Ce service assure le contrôle et le suivi des mesures ordonnées par le juge des enfants, à l'exception de la mise en œuvre du dispositif technique de surveillance électronique.

Le condamné et ses représentants légaux sont convoqués devant ce service qui prend attache avec le service pénitentiaire d'insertion et de probation aux fins d'organiser la pose du dispositif de surveillance électronique.

Lors de l'audition prévue par le premier alinéa de l'article D. 49-85, le mineur est assisté de son avocat et ses représentants légaux y sont convoqués.

Les informations et les avis prévus par le dernier alinéa de l'article D. 49-84 et les deuxième et quatrième alinéas de l'article D. 49-85 sont également transmis aux représentants légaux du mineur. Ceux-ci peuvent demander à tout moment qu'un médecin vérifie que la mise en œuvre du procédé décrit à l'article R. 57-11 ne présente pas d'inconvénient pour la santé du mineur.

Art. D. 49-89 Le non-respect des délais prévus par les articles D. 49-84 et D. 49-85 ne constitue pas une cause de nullité des convocations ou des formalités de pose du dispositif de surveillance électronique. En cas d'impossibilité de pose du dispositif dans ces délais, le service pénitentiaire d'insertion et de probation rend compte sans délai au juge de l'application des peines *(Abrogé par Décr. n° 2021-683 du 27 mai 2021, art. 2, à compter du 30 sept. 2021)* ***« et, si le condamné est mineur, au juge des enfants ainsi qu'au service de milieu ouvert de la protection judiciaire de la jeunesse ».***

TITRE PREMIER *BIS [ANCIEN]* DE LA CONTRAINTE PÉNALE

(Décr. n° 2014-1582 du 23 déc. 2014, art. 5)

Les dispositions des art. D. 49-26, D. 49-82 à D. 49-89, D. 49-93, D. 115-3 et D. 574 dans leur rédaction résultant du Décr. n° 2014-1582 du 23 déc. 2014 relatif à l'exécution des peines demeurent applicables aux peines de contrainte pénale prononcées avant le 24 mars 2020 (C. pén., art. 112-2, L. n° 2019-222 du 23 mars 2019, art. 109-XIX ; Décr. préc., art. 7 et 8).

CHAPITRE PREMIER *[ANCIEN]* DE LA MISE À EXÉCUTION DE LA PEINE

Ancien art. D. 49-82 *Lorsque le condamné est présent à l'audience, il lui est remis une convocation à comparaître devant le service pénitentiaire d'insertion et de probation dans un délai qui ne saurait être supérieur à huit jours.*

Si le condamné n'est pas présent à l'audience, cette convocation lui est remise lors de la notification de la condamnation, ou lui est adressée dans les meilleurs délais après cette notification.

Ancien art. D. 49-83 *Lorsque la personne condamnée à la contrainte pénale est détenue pour une autre cause lors du prononcé de la peine, le service pénitentiaire d'insertion et de probation situé dans le ressort de l'établissement pénitentiaire où elle est incarcérée lui remet ou lui fait remettre un avis de convocation à comparaître devant le service pénitentiaire d'insertion et de probation territorialement compétent pour suivre la mesure dans un délai qui ne saurait être supérieur à huit jours à compter de sa libération.*

Copie de cette convocation est adressée au juge de l'application des peines et au service pénitentiaire d'insertion et de probation territorialement compétent pour poursuivre le suivi de la mesure après la libération du condamné.

L'avis de convocation comporte une mention informant le condamné que, s'il ne se présente pas devant le service pénitentiaire d'insertion et de probation, le juge de l'application des peines en sera informé et pourra en tirer toutes conséquences utiles au regard de l'article 713-47 du présent code.

Ces dispositions sont applicables à l'ensemble des personnes condamnées incarcérées ou en aménagement de peine sous écrou, dès lors qu'elles se trouvent à leur libération suivies dans le cadre d'une peine de contrainte pénale enregistrée et toujours active dans le traitement automatisé de données à caractère personnel dénommé "application des peines, probation et insertion" (APPI) prévu par les articles R. 57-4-1 à R. 57-4-10.

Ancien art. D. 49-84 *La décision de suspension de la peine de contrainte pénale prévue par l'article 713-46 est prise selon les modalités prévues pour les décisions relevant de l'article 712-8.*

CHAPITRE II *[ANCIEN]* DE L'ÉVALUATION PAR LE SERVICE PÉNITENTIAIRE D'INSERTION ET DE PROBATION ET DE LA DÉCISION DU JUGE DE L'APPLICATION DES PEINES

Ancien art. D. 49-85 *Le rapport établi par le service pénitentiaire d'insertion et de probation en application du deuxième alinéa de l'article 713-42 doit être adressé au juge d'application des peines au plus tard trois mois après le prononcé de la condamnation ou, lorsque le prévenu n'était pas présent à l'audience, après sa notification. Il est communiqué sans délai au procureur de la République par le service de l'application des peines.*

Ce rapport est effectué à la suite de plusieurs entretiens individuels avec le condamné, et propose au juge de l'application des peines un projet d'exécution et de suivi de la mesure ainsi que, s'il y a lieu, des obligations afférentes spécifiquement adaptées à la situation et la personnalité du condamné.

Ancien art. D. 49-86 *Lorsque le prévenu n'était pas présent à l'audience, la décision du juge de l'application des peines prévue par l'article 713-43 doit intervenir dans un délai de quatre mois à compter de la date à laquelle la condamnation lui a été notifiée.*

CHAPITRE III *[ANCIEN]* DU CONTRÔLE DU CONDAMNÉ AU COURS DE L'EXÉCUTION DE LA CONTRAINTE PÉNALE

Ancien art. D. 49-87 *Le condamné fait l'objet par le service pénitentiaire d'insertion et de probation d'un suivi soutenu dont l'intensité est individualisée et proportionnée aux besoins de la personne, à la sanction et à la mesure prononcée, et évolue au fur et à mesure de l'exécution de la contrainte pénale.*

Ancien art. D. 49-88 *La réévaluation prévue à l'article 713-44 doit intervenir au plus tard un an après le prononcé de la condamnation ou, si le prévenu n'était pas présent à l'audience, après sa notification. A cette fin, le service pénitentiaire d'insertion et de probation adresse au juge d'application des peines un rapport de synthèse sur les conditions d'exécution de la sanction. Ce rapport est communiqué sans délai au procureur de la République par le service de l'application des peines.*

CHAPITRE IV *[ANCIEN]* DE LA CESSATION ANTICIPÉE DE LA CONTRAINTE PÉNALE

Ancien art. D. 49-89 *Lors du débat contradictoire public prévu par le deuxième alinéa de l'article 713-45, le président du tribunal judiciaire ou le juge par lui délégué est assisté par un greffier.*

Les articles D. 49-13 à D. 49-17 et D. 49-18 sont applicables.

CHAPITRE V *[ANCIEN]* DES INCIDENTS D'EXÉCUTION DE LA CONTRAINTE PÉNALE

Ancien art. D. 49-90 *Lors du débat contradictoire public prévu par le deuxième alinéa de l'article 713-47, le président du tribunal judiciaire ou le juge par lui délégué est assisté par un greffier.*

Les articles D. 49-13 à D. 49-17 et D. 49-18 sont applicables.

Ancien art. D. 49-91 (*Abrogé par Décr. n° 2016-1455 du 28 oct. 2016, art. 12*) *Lorsque le condamné forme appel contre la décision du président du tribunal judiciaire ou le juge par lui délégué ayant ordonné la mise à exécution de l'emprisonnement en application du deuxième alinéa de l'article 713-7 [713-47] alors qu'il avait préalablement fait l'objet d'une incarcération provisoire en application du troisième alinéa de cet article, l'affaire doit être examinée au plus tard dans le mois de l'appel. A défaut, le condamné est remis en liberté s'il n'est pas détenu pour une autre cause.*

Ancien art. D. 49-92 *La décision prise par le président du tribunal judiciaire ou le juge par lui délégué en application du deuxième alinéa de l'article 713-47 doit, en l'absence d'incarcération provisoire du condamné, intervenir au plus tard dans le mois qui suit la requête du juge d'application des peines.*

CHAPITRE VI *[ANCIEN]* DISPOSITIONS RELATIVES AUX VICTIMES ET AUX PARTIES CIVILES

Ancien art. D. 49-93 *Lorsque le condamné à une mesure de contrainte pénale doit satisfaire à l'obligation de s'abstenir de paraître dans un lieu ou une zone spécialement désigné, afin d'éviter un contact avec la victime ou la partie civile, ou à l'obligation de s'abstenir d'entrer en relation avec la victime ou la partie civile, prévues aux 9°, 13° et 19° de l'article 132-45 du code pénal, le juge de l'application des peines peut décider, dans le cadre des pouvoirs qu'il tient de l'article 712-16, d'aviser ou de faire aviser la victime ou la partie civile, directement ou par l'intermédiaire de son avocat, de la date de fin de la contrainte pénale.*

Qu'elle se soit ou non constituée partie civile lors de la procédure, la victime peut demander à être informée de la fin de la contrainte pénale. Elle peut, par lettre recommandée avec accusé de réception, faire connaître ses changements d'adresse auprès du procureur de la République ou du procureur général près la juridiction qui a prononcé la condamnation.

Ces informations sont transmises par le ministère public au juge de l'application des peines dont relève le condamné pour être classées dans la cote "victime" du dossier individuel prévu par l'article D. 49-29.

La victime ou la partie civile peut demander que ces informations demeurent confidentielles et qu'elles ne soient pas communiquées au condamné ou à son avocat.

TITRE DEUXIÈME DE LA DÉTENTION

RÉP. PÉN. v^is *Prison (organisation générale)* et *Prison (normes européennes)*, par Céré.

BIBL. ▶ Beziz-Ayache, *AJ pénal 2006. 400* (nouvelles règles pénitentiaires européennes). – Céré, *RPDP 2009. 111* (mise en conformité du droit pénitentiaire français avec les règles pénitentiaires européennes : réalité ou illusion ?). – Céré, Evans et Péchillon, D. 2019. Pan. 1074 s., (exécution des peines). – Poncela, *RSC 2007. 126* (harmonisation des normes pénitentiaires européennes).

▶ **Dossier :** *AJ pénal 2011. 157 s.* (le nouveau droit de l'exécution des peines).

Art. D. 50 (*Décr. n° 85-836 du 6 août 1985*) **« Sont désignées dans le présent titre par le mot détenus, les personnes faisant l'objet d'une mesure privative de liberté à l'intérieur d'un établissement pénitentiaire. »**

Sont désignés par le mot condamnés, uniquement les condamnés ayant fait l'objet d'une décision ayant acquis le caractère définitif. Toutefois, par application des dispositions du deuxième alinéa de l'article 708, le délai d'appel accordé au procureur général par l'article 505 n'est pas pris en considération à cet égard.

Sont indistinctement désignés par le mot prévenus tous les détenus qui sont sous le coup de poursuites pénales et n'ont pas fait l'objet d'une condamnation définitive au sens précisé ci-dessus, c'est-à-dire aussi bien les *(Décr. nº 98-1099 du 8 déc. 1998)* **« personnes mises en examen », les prévenus et les accusés, que les condamnés ayant formé opposition, appel ou pourvoi.**

Art. D. 51 *(Décr. nº 2021-1820 du 24 déc. 2021, art. 5, en vigueur le 1er févr. 2022)* **Conformément aux dispositions du second alinéa de l'article 132-43 du code pénal, les interdictions de contact ou de paraître prévues par les 9°, 11°, 12°, 13°, 18° et 18°** ***bis*** **de l'article 132-45 du même code, prononcées par une juridiction pénale à titre de peine, de mesure de personnalisation ou d'aménagement de peine ou de mesure de sûreté, demeurent applicables pendant le temps où la personne est incarcérée, tant qu'elles n'ont pas été levées par l'autorité judiciaire compétente pour prendre cette décision, même si le délai d'exécution de ces mesures est suspendu pendant la durée de l'incarcération.**

Il en est notamment ainsi pour les interdictions prononcées dans le cadre d'une assignation à résidence sous surveillance électronique ou sous surveillance électronique mobile, d'une détention à domicile sous surveillance électronique ou d'un dispositif électronique mobile anti-rapprochement, même si l'obligation de port du dispositif électronique est suspendue pendant le temps d'incarcération de la personne. Dans cette hypothèse, le personnel de l'administration pénitentiaire procède à la dépose du dispositif au moment de l'incarcération. La pose du bracelet anti-rapprochement prévu aux articles 138-3 du présent code et 132-45-1 du code pénal doit de nouveau intervenir, conformément aux dispositions de l'article R. 24-23 du présent code, au moment de la libération de la personne détenue ou d'une cessation, même temporaire, de son incarcération. Lorsqu'un dispositif électronique mobile anti-rapprochement a été ordonné dans le cadre d'une ordonnance de protection en application des articles 515-11 et 515-11-1 du code civil, la dépose du bracelet intervient dans les mêmes conditions, de même que sa pose au moment de la cessation de l'incarcération, sauf si cette ordonnance a pris fin à cette date.

Demeurent également applicables pendant la durée de l'incarcération les interdictions de contact ou de paraître prononcées dans le cadre d'un contrôle judiciaire ainsi que, pour les enfants mineurs, celles qui résultent d'une décision de retrait total ou partiel de l'autorité parentale ou de son exercice, ou de suspension des droits de visite et d'hébergement prononcée par une juridiction pénale ou civile.

Art. D. 52 **Les détenus qui sont prévenus pour une cause et condamnés pour une autre doivent être soumis au même régime** *(Abrogé par Décr. nº 2007-1627 du 16 nov. 2007)* ***« et aux mêmes règles disciplinaires »*** **que les condamnés, sauf à bénéficier des avantages et facilités accordés aux prévenus pour les besoins de leur défense.**

(Décr. nº 2007-1627 du 16 nov. 2007) **« Sauf décision contraire du magistrat visé à l'article** *(Décr. nº 2010-1635 du 23 déc. 2010)* **« R. 57-5 », ils peuvent être détenus dans des établissements pour peines.**

« Ce magistrat dispose à leur égard des prérogatives prévues par le présent code pour les prévenus *(Abrogé par Décr. nº 2010-1635 du 23 déc. 2010)* ***« , et il fixe leurs conditions et modalités d'accès au téléphone ».***

En application du Décr. nº 2014-1279 du 23 oct. 2014 relatif aux exceptions à l'application du principe « silence vaut acceptation » (L. nº 2000-321 du 12 avr. 2000, art. 21, I), le silence gardé pendant deux mois par l'administration vaut décision de rejet pour les demandes relatives à l'affectation en établissement pour peine d'une personne détenue prévenue pour une cause et condamnée pour une autre cause.

Art. D. 52-1 *(Décr. nº 2008-1490 du 30 déc. 2008)* **Dans les cas où, en vertu des dispositions du présent code, il est prévu que les demandes d'actes ou de mesures utiles à l'instruction, les demandes de mise en liberté, les requêtes en annulation, les appels, les pourvois ou les oppositions peuvent être formés par les détenus au moyen de déclarations auprès du chef d'établissement pénitentiaire, ces déclarations peuvent éga-**

lement être formées auprès de tout fonctionnaire placé sous son autorité et qu'il aura désigné aux fins de les recevoir et de les transmettre.

Ces déclarations sont constatées, datées et signées par le fonctionnaire désigné. Elles sont également signées par la personne détenue ; si celle-ci ne peut signer, il en est fait mention par le fonctionnaire.

Ces documents sont adressés sans délai, en original ou en copie et par tout moyen, à l'autorité judiciaire à laquelle ils sont destinés.

Les dispositions du présent article sont également applicables aux notifications auxquelles le chef d'établissement est tenu, en vertu des dispositions du présent code, de procéder auprès des détenus.

CHAPITRE PREMIER DE L'EXÉCUTION DE LA DÉTENTION PROVISOIRE

SECTION PREMIÈRE DES ÉTABLISSEMENTS DANS LESQUELS LA DÉTENTION PROVISOIRE EST SUBIE

Art. D. 53 *(Décr. n° 72-852 du 12 sept. 1972 ; Décr. n° 2007-1627 du 16 nov. 2007)* **Sous réserve des dispositions du deuxième alinéa de l'article D. 52, les prévenus placés en détention provisoire sont incarcérés,** *(Décr. n° 2010-1635 du 23 déc. 2010)* **« pendant la durée de l'instruction, » selon les prescriptions du mandat ou de la décision de justice dont ils font l'objet, à la maison d'arrêt de la ville où siège la juridiction d'instruction ou de jugement devant laquelle ils ont à comparaître.** *(Décr. n° 2008-154 du 20 févr. 2008, en vigueur le 1er mars 2008)* **« Lorsque la personne est mise en examen, pour des faits relevant initialement de la compétence d'un tribunal judiciaire dans lequel il n'y a pas de pôle de l'instruction, par le juge d'instruction d'une juridiction dans laquelle se trouve un pôle, elle peut également être détenue dans la maison d'arrêt de la ville où siège le tribunal dans lequel il n'y a pas de pôle. »**

Toutefois, au cas où il n'y a pas de maison d'arrêt dans cette ville ou lorsque la maison d'arrêt ne comporte pas de locaux appropriés à l'âge ou à l'état de santé des intéressés, ou en ce qui concerne les femmes, de quartiers aménagés pour elles, *(Abrogé par Décr. n° 2017-771 du 4 mai 2017, art. 2)* ***« ou encore lorsque cet établissement*** *(Décr. n° 85-836 du 6 août 1985)* ***« n'offre pas une capacité d'accueil ou des garanties de sécurité suffisantes » »*****, les prévenus sont incarcérés à la maison d'arrêt la plus proche disposant d'installations convenables, d'où ils sont extraits chaque fois que l'autorité judiciaire le requiert.**

(Abrogé par Décr. n° 2021-683 du 27 mai 2021, art. 2, à compter du 30 sept. 2021) *(Décr. n° 2007-749 du 9 mai 2007, en vigueur le 1er juin 2007)* ***« Les prévenus mineurs peuvent également être incarcérés dans un établissement pénitentiaire spécialisé pour mineurs.***

« L'équipe pluridisciplinaire mentionnée à l'article D. 514 peut proposer au magistrat saisi du dossier de l'information, dans l'intérêt du prévenu mineur, de l'incarcérer dans un établissement pénitentiaire spécialisé pour mineurs ou dans un quartier pour mineurs d'une maison d'arrêt, autre que son lieu d'incarcération initial. »

(Décr. n° 2017-771 du 4 mai 2017, art. 2) **« Dans les cas prévus par les** *(Décr. n° 2021-683 du 27 mai 2021, art. 2, en vigueur le 30 sept. 2021)* **« alinéas précédents** *[ancienne rédaction : trois premiers alinéas]* **», lorsque la maison d'arrêt n'offre pas des conditions d'accueil satisfaisantes en raison notamment de son taux d'occupation, ou des garanties de sécurité suffisantes, les prévenus sont incarcérés dans une autre maison d'arrêt ou un autre établissement spécialisé pour mineurs.**

« Pour l'application du présent article, l'administration pénitentiaire informe l'autorité judiciaire de la capacité d'accueil et du taux d'occupation de l'ensemble des maisons d'arrêt et des établissements pour mineurs. »

BIBL. ▶ Beziz-Ayache, *AJ pénal 2006. 400* (nouvelles règles pénitentiaires européennes).

Art. D. 53-1 *Abrogé par Décr. n° 2013-368 du 30 avr. 2013, art. 2.*

Art. D. 54 *(Décr. n° 2014-1563 du 22 déc. 2014)* **« Il y a une maison d'arrêt auprès de chaque cour d'assises. Toutefois, les accusés ressortissant aux cours d'assises du**

Finistère, du Gers, *(Décr. nº 2021-1463 du 9 nov. 2021)* **« du Haut-Rhin, » de Haute-Savoie, du Lot, de l'Orne** *(Abrogé par Décr. nº 2018-794 du 14 sept. 2018, à compter du 7 janv. 2019)* ***« , de Paris »*** **et de Seine-et-Marne sont retenus respectivement à la maison d'arrêt de Brest et au quartier maison d'arrêt du centre pénitentiaire de Lorient-Ploemeur, à la maison d'arrêt d'Agen,** *(Décr. nº 2021-1463 du 9 nov. 2021)* **« au quartier maison d'arrêt du centre pénitentiaire de Mulhouse-Lutterbach, » à la maison d'arrêt de Bonneville, à la maison d'arrêt de Montauban, à la maison d'arrêt de Caen ou à la maison d'arrêt de Mans-les-Croisettes** *(Abrogé par Décr. nº 2018-794 du 14 sept. 2018, à compter du 7 janv. 2019)* ***« , au quartier maison d'arrêt du centre pénitentiaire de Fresnes ou à la maison d'arrêt de Fleury-Mérogis »*** **et au quartier maison d'arrêt du centre pénitentiaire de Meaux-Chauconin-Neufmontiers ou à la maison d'arrêt de Fleury-Mérogis. »**

(Décr. nº 2006-385 du 30 mars 2006, art. 21) **« La liste des tribunaux judiciaires auprès desquels il n'y a pas de maison d'arrêt est fixée conformément au tableau ci-dessous, qui détermine en outre la ou les maisons d'arrêt où sont retenus les prévenus ou appelants ressortissant à ces juridictions. »**

V. tableau ci-dessous, Décr. nº 2004-1100 du 13 oct. 2004 (JO 20 oct.), mod. par Décr. nº 2006-385 du 30 mars 2006 (JO 31 mars), Décr. nº 2014-1563 du 22 déc. 2014 (JO 24 déc.), Décr. nº 2018-794 du 14 sept. 2018 (JO 16 sept.).

COURS D'APPEL	JURIDICTIONS	ÉTABLISSEMENTS PÉNITENTIAIRES DE RATTACHEMENT
Agen	**Auch**	**Agen**
	Cahors	**Montauban**
Aix-en-Provence	**Tarascon**	**Avignon-Le Pontet**
	(Abrogé par Décr. nº 2018-288 du 19 avr. 2018) ***« Draguignan »***	*(Abrogé par Décr. nº 2018-288 du 19 avr. 2018)* ***« Aix-Luynes, Grasse, Marseille, Nice et Toulon-La Farlède »***
Amiens	**Saint-Quentin**	**Laon**
	Senlis	**Liancourt**
	Soissons	**Laon**
Angers	**Saumur**	**Angers**
Bordeaux	**Bergerac**	**Périgueux**
	Libourne	**Bordeaux-Gradignan**
Caen	**Alençon**	**Le Mans-Les Croisettes**
	Argentan	**Caen et Le Mans-Les Croisettes**
	Lisieux	**Caen**
Chambéry	**Annecy**	**Bonneville**
	Thonon-les-Bains	**Bonneville**
(Décr. n° 2021-1463 du 9 nov. 2021) **« Colmar**	**« Saverne**	**« Strasbourg**

COURS D'APPEL	JURIDICTIONS	ÉTABLISSEMENTS PÉNITENTIAIRES DE RATTACHEMENT
	« Colmar	« Mulhouse-Lutterbach »
Dijon	Mâcon	Varennes-le-Grand
Douai	Boulogne-sur-Mer	Longuenesse
	Cambrai	Douai
Grenoble	Bourgoin-Jallieu	Saint-Quentin-Fallavier
Limoges	Brive-la-Gaillarde	Tulle
Lyon	Roanne	Villefranche-sur-Saône et Saint-Étienne-La Talaudière
Metz	Thionville	Metz
Montpellier	Narbonne	Carcassonne
Nancy	*(Décr. n° 2016-1996 du 30 déc. 2016)* « Val-de-Briey »	Metz
	Verdun	Bar-le-Duc
Nîmes	Alès	Nîmes
	Carpentras	Avignon-Le Pontet
Orléans	Montargis	Orléans et Fleury-Mérogis
Paris	Fontainebleau	Meaux-Chauconin-Neufmontiers et Fleury-Mérogis
	Melun	Meaux-Chauconin-Neufmontiers et Fleury-Mérogis
	(Abrogé par Décr. n° 2018-794 du 14 sept. 2018, à compter du 7 janv. 2019) « Paris »	*(Abrogé par Décr. n° 2018-794 du 14 sept. 2018, à compter du 7 janv. 2019) « Fresnes et Fleury-Mérogis »*
	Sens	Auxerre
Pau	Dax	Bayonne et Mont-de-Marsan
Poitiers	Les Sables-d'Olonne	La Roche-sur-Yon et Fontenay-le-Comte
Rennes	Quimper	Brest et Lorient-Ploemeur
	Saint-Nazaire	Nantes
Riom	Cusset	Moulins-Yzeure et Riom
Rouen	Dieppe	Rouen et Le Havre

COURS D'APPEL	JURIDICTIONS	ÉTABLISSEMENTS PÉNITENTIAIRES DE RATTACHEMENT
Toulouse	Castres	Albi et Toulouse-Seysses
	Saint-Gaudens	Toulouse-Seysses
Versailles	Chartres	Orléans-Saran

SECTION II DES ORDRES DONNÉS PAR L'AUTORITÉ JUDICIAIRE

Art. D. 55 Conformément aux dispositions de l'article 715, le juge d'instruction, le président de la chambre d'instruction et le président de la cour d'assises, ainsi que le procureur de la République et le procureur général, peuvent donner tous les ordres nécessaires, soit pour l'instruction, soit pour le jugement, qui devront être exécutés dans les maisons d'arrêt *(Décr. nº 2007-749 du 9 mai 2007, en vigueur le 1er juin 2007)* « ou, le cas échéant, les établissements pénitentiaires spécialisés pour mineurs ».

Compte rendu doit leur être adressé d'urgence des difficultés auxquelles pourrait donner lieu l'exécution desdits ordres.

(Abrogé par Décr. nº 2021-683 du 27 mai 2021, art. 2, à compter du 30 sept. 2021) (Décr. nº 83-48 du 26 janv. 1983 ; Décr. nº 85-836 du 6 août 1985) « Les mêmes prérogatives appartiennent au juge des enfants à l'égard des mineurs relevant de sa juridiction. »

Art. D. 55-1 *(Décr. nº 85-836 du 6 août 1985)* Hors le cas de l'instruction préparatoire, l'autorité judiciaire qui ordonne un placement en détention provisoire ou, à défaut, le ministère public chargé de l'exécution de la décision, adresse au chef de l'établissement, en même temps que le titre de détention, la notice prévue par l'article *(Décr. nº 2016-1455 du 28 oct. 2016, art. 13)* « D. 32-1-1 » (alinéa 1er).

Cette notice précise, le cas échéant, les mesures prescrites par l'autorité judiciaire et l'avis prévu par l'article *(Décr. nº 98-1099 du 8 déc. 1998)* « D. 78 ».

Art. D. 56 *(Décr. nº 72-852 du 12 sept. 1972)* « Indépendamment des mesures d'isolement ou de séparation d'autres détenus qu'il peut ordonner conformément aux dispositions *(Décr. nº 2006-338 du 21 mars 2006, en vigueur le 1er juin 2006)* « des articles D. 56-1 et D. 56-2, le magistrat saisi du dossier de l'information » a le droit de prescrire une interdiction temporaire de communiquer en vertu de l'article » *(Décr. nº 98-1099 du 8 déc. 1998)* « 145-4 ».

En aucun cas, l'interdiction de communiquer ne s'applique au conseil de *(Décr. nº 98-1099 du 8 déc. 1998)* « la personne mise en examen », mais elle s'oppose à ce que le détenu qu'elle concerne soit visité par toute autre personne étrangère à l'administration pénitentiaire ou corresponde avec elle.

Art. D. 56-1 *Abrogé par Décr. nº 2010-1635 du 23 déc. 2010.*

Art. D. 56-2 *(Décr. nº 2006-338 du 21 mars 2006, en vigueur le 1er juin 2006)* Lorsque le magistrat saisi du dossier de l'information ordonne la séparation des détenus en raison des nécessités de l'information, ses instructions sont précisées dans la notice individuelle prévue à l'article *(Décr. nº 2016-1455 du 28 oct. 2016, art. 13)* « D. 32-1-1 » ou, si la mesure est décidée ultérieurement, dans tout autre document transmis au chef d'établissement.

Art. D. 57 *(Décr. nº 85-836 du 6 août 1985)* « Les autorités judiciaires requièrent la translation ou l'extraction des prévenus aux fins et dans les conditions visées aux articles *(Abrogé par Décr. nº 2007-699 du 3 mai 2007) « D. 116, »* D. 292 à D. 296, D. 297 à D. 299 et D. 314 à D. 317. »

(Décr. nº 2011-1045 du 2 sept. 2011) « L'exécution des réquisitions de translation ou d'extraction est assurée par les services de gendarmerie ou de police. Dans les zones géographiques déterminées par arrêté conjoint des ministres de la justice et de l'intérieur, elle est assurée normalement par l'administration pénitentiaire.

« Dans cette dernière hypothèse, en cas de transport d'une personne détenue inscrite au répertoire des détenus particulièrement signalés prévu à l'article D. 276-1, il est fait appel aux forces de police ou de la gendarmerie afin de renforcer l'escorte pénitentiaire. A titre exceptionnel, en cas de transport d'une personne détenue présentant un risque d'atteinte très grave à l'ordre public, identifié par les représentants des forces de l'ordre ou signalé par l'autorité judiciaire requérante, un renfort de l'escorte pénitentiaire peut être décidé conjointement par la direction de l'administration pénitentiaire et les directions nationales de la police et de la gendarmerie. »

(Décr. nº 83-48 du 26 janv. 1983) « Les frais de l'opération sont imputables sur le chapitre des frais de justice criminelle et correctionnelle, sauf dans le cas prévu à l'article R. 99. »

Par décision du 12 déc. 2018, le Conseil d'État a enjoint au Premier ministre d'abroger le 1er al. de l'art. D. 57 en ce qu'il renvoie au 1er al. de l'art. D. 297 (V. note ci-dessous).

Eu égard à leur nature et à leurs effets, afin de respecter les exigences fixées par l'art. 13 Conv. EDH, les décisions de changement d'affectation entre établissements de même nature doivent pouvoir faire l'objet d'un recours, au moins lorsque la nouvelle affectation s'accompagne d'une modification du régime de détention entraînant une aggravation des conditions de détention ou, si tel n'est pas le cas, lorsque sont en cause des libertés et des droits fondamentaux des détenus. Par conséquent, il est enjoint au Premier ministre d'abroger le 1er al. de l'art. D. 57 en tant qu'il renvoie au 1er al. de l'art. D. 297, dans un délai de douze mois à compter de la notification de la décision, à défaut d'intervention du législateur, dans ce délai, pour ouvrir une voie de recours à l'encontre des mesures de translations judiciaires qu'elles visent. • CE 12 déc. 2018, nº 417244 : *AJ pénal 2019. 96, obs. Frinchaboy*.

SECTION III DU RÉGIME DE LA DÉTENTION PROVISOIRE

§ 1er HYPOTHÈSES OÙ IL EST DÉROGÉ AU PRINCIPE DE L'EMPRISONNEMENT INDIVIDUEL

Art. D. 58 Dans les maisons d'arrêt où, par suite de la distribution des locaux ou de leur encombrement temporaire, le régime de l'emprisonnement individuel ne peut être appliqué à tous les prévenus, ceux à l'égard desquels l'autorité judiciaire aura prescrit l'interdiction de communiquer ou la mise à l'isolement doivent être placés par priorité en cellule individuelle.

Sur le principe de l'encellument individuel, V. note ss. art. 717-2.

Art. D. 59 et D. 60 *Abrogés par Décr. nº 2010-1635 du 23 déc. 2010.*

§ 2 DISPENSES DONT BÉNÉFICIENT LES PRÉVENUS

Art. D. 61 à D. 63 *Abrogés par Décr. nº 2013-368 du 30 avr. 2013, art. 2.*

V. désormais Annexe à l'art. R. 57-6-18, ss. art. R. 57-6-20, art. 10 et 43.

§ 3 *[ABROGÉ]* VISITES ET CORRESPONDANCE

(Abrogé par Décr. nº 2010-1635 du 23 déc. 2010)

Art. D. 64 et D. 65 *Abrogés par Décr. nº 2010-1635 du 23 déc. 2010.*

§ 4 EXERCICE DES DROITS DE LA DÉFENSE

Art. D. 66 Il est interdit au personnel de l'administration pénitentiaire et à toute personne qui apporte sa collaboration à cette administration d'agir de façon directe ou indirecte auprès des détenus pour influer sur leurs moyens de défense et sur le choix de leur défenseur.

Pour l'exercice de ce choix, le tableau des avocats inscrits dans les barreaux du département *(Décr. nº 73-281 du 7 mars 1973)* « est affiché au greffe et tenu à la disposition des détenus ».

Art. D. 67 à D. 69 *Abrogés par Décr. nº 2010-1635 du 23 déc. 2010.*

CHAPITRE II DES CONDITIONS GÉNÉRALES DE DÉTENTION *(Décr. nº 2010-1635 du 23 déc. 2010).*

BIBL. ► HERZOG-EVANS, *D. 2005. Chron. 1597* (le décret du 13 décembre 2004 – application et inapplication de la loi Perben II). – PLANQUE, *D. 2019. Point de vue 1059* (le vote des détenus : une avancée éphémère mais porteuse d'espoir).

SECTION PREMIÈRE DES DIVERS ÉTABLISSEMENTS AFFECTÉS À L'EXÉCUTION DES PEINES

(Décr. nº 98-1099 du 8 déc. 1998)

Art. D. 70 *(Décr. nº 2003-259 du 20 mars 2003, art. 1er)* **Les établissements pour peines, dans lesquels sont reçus les condamnés définitifs, sont les maisons centrales, les centres de détention,** *(Décr. nº 2007-749 du 9 mai 2007, en vigueur le 1er juin 2007)* **« les établissements pénitentiaires spécialisés pour mineurs »,** *(Décr. nº 2022-339 du 10 mars 2022, art. 1er)* **« les centres de semi-liberté** *[ancienne rédaction : les centres de semi-liberté et les centres pour peines aménagées]*. **»**

A titre exceptionnel, les maisons d'arrêt peuvent recevoir des condamnés dans les conditions déterminées par *(Décr. nº 2010-1635 du 23 déc. 2010)* **« le second alinéa de l'article 717 ».**

(Décr. nº 2022-339 du 10 mars 2022, art. 1er) **« Les centres pénitentiaires regroupent des quartiers distincts, dont certains correspondent aux différentes catégories d'établissements pénitentiaires.**

« Ces quartiers sont dénommés comme suit :

« 1° "Quartier maison centrale" ;

« 2° "Quartier centre de détention" ;

« 3° "Quartier de semi-liberté" ;

« 4° "Structure d'accompagnement vers la sortie" ;

« 5° "Quartier maison d'arrêt". »

Les centres pénitentiaires comportant un quartier pour peines aménagées demeurent soumis aux dispositions des art. D. 70, D. 72-1, D. 80, D. 81, D. 82-2, D. 86 et D. 143-2 dans leur rédaction antérieure au Décr. nº 2022-239 du 10 mars 2022 jusqu'à la suppression de ces quartiers par arrêté du garde des sceaux, ministre de la justice, au plus tard le 31 déc. 2023 (Décr. préc., art. 3).

Personne âgée. L'incarcération d'une personne âgée de plus de 90 ans ne constitue pas en soi une atteinte aux dispositions de l'art. 3 Conv. EDH lorsque les conditions de détention et le suivi médical du requérant sont satisfaisants et n'atteignent pas un niveau de gravité tel que cet article de la convention soit méconnu. • CEDH 7 juin 2001, *Papon c/ France : D. 2001. 2335, obs. Céré ; ibid. 2002. Somm. 683, obs. Renucci ; LPA 2001, nº 188, obs. Boitard ; RSC 2003. 144, note Massias.*

Ancien art. D. 70 al. 3 ***Les centres pénitentiaires regroupent des quartiers distincts pouvant appartenir aux différentes catégories d'établissements pénitentiaires. Ces quartiers sont respectivement dénommés, en fonction de la catégorie d'établissement correspondante, comme suit : "quartier maison centrale", "quartier centre de détention", "quartier de semi-liberté", "quartier pour peines aménagées", "quartier maison d'arrêt".***

Art. D. 71 *(Décr. nº 2003-259 du 20 mars 2003, art. 2)* **Les maisons centrales et les quartiers maison centrale comportent une organisation et un régime de sécurité renforcé dont les modalités internes permettent également de préserver et de développer les possibilités de réinsertion sociale des condamnés.**

Un arrêté du garde des sceaux, ministre de la justice, fixe la liste des maisons centrales et des quartiers maison centrale.

Art. D. 72 *(Décr. nº 2003-259 du 20 mars 2003, art. 3)* **Les centres de détention comportent un régime principalement orienté vers la réinsertion sociale et, le cas échéant, la préparation à la sortie des condamnés.**

Un arrêté du garde des sceaux, ministre de la justice, fixe la liste des centres de détention et des quartiers centre de détention.

V. art. A. 39-1.

Une CAA ne commet pas d'erreur de droit en jugeant que la responsabilité de l'État en cas de dommages aux biens des détenus lorsque sont mises en œuvre des méthodes de détention consistant à laisser ouvertes les cellules pendant la journée, n'exigeait pas l'existence d'une faute lourde de l'administration. • CE 9 juill. 2008, n° 306666 : *RPDP 2008. 893, obs. Péchillon ; RSC 2009. 431, obs. Poncela ; AJDA 2008. 2294, obs. Brondel*.

Art. D. 72-1 *(Décr. n° 2003-259 du 20 mars 2003, art. 4)* **Les centres de semi-liberté et quartiers de semi-liberté ainsi que les** *(Décr. n° 2022-239 du 10 mars 2022, art. 1er)* **« structures d'accompagnement vers la sortie » comportent un régime essentiellement orienté vers la réinsertion sociale et la préparation à la sortie des condamnés.**

Les condamnés faisant l'objet d'une mesure de semi-liberté sont détenus soit dans des centres de semi-liberté ou des quartiers de semi-liberté, soit dans des *(Décr. n° 2022-239 du 10 mars 2022, art. 1er)* **« structures d'accompagnement vers la sortie ». Les condamnés faisant l'objet d'une mesure de placement à l'extérieur dans les conditions fixées par l'article D. 136 peuvent également être détenus dans ces établissements ou ces quartiers.**

Les *(Décr. n° 2022-239 du 10 mars 2022, art. 1er)* **« structures d'accompagnement vers la sortie » peuvent recevoir les condamnés dont le reliquat de peine leur restant à subir est inférieur à** *(Décr. n° 2010-1635 du 23 déc. 2010)* **« deux ans** *[ancienne rédaction : un an]* **».**

(Abrogé par Décr. n° 2022-239 du 10 mars 2022, art. 1er) ***« L'affectation dans un centre pour peines aménagées ou un quartier pour peines aménagées ne peut être décidée qu'avec l'accord du condamné. »***

Un arrêté du garde des sceaux, ministre de la justice, fixe la liste des centres de semi-liberté, ainsi que des *(Décr. n° 2022-239 du 10 mars 2022, art. 1er)* **« structures d'accompagnement vers la sortie ».** *— V. art. A. 39-2.*

Les centres pénitentiaires comportant un quartier pour peines aménagées demeurent soumis aux dispositions des art. D. 70, D. 72-1, D. 80, D. 81, D. 82-2, D. 86 et D. 143-2 dans leur rédaction antérieure au Décr. n° 2022-239 du 10 mars 2022 jusqu'à la suppression de ces quartiers par arrêté du garde des sceaux, ministre de la justice, au plus tard le 31 déc. 2023 (Décr. préc., art. 3).

Ancien art. D. 72-1 *(Décr. n° 2003-259 du 20 mars 2003, art. 4)* ***Les centres de semi-liberté et quartiers de semi-liberté ainsi que les centres pour peines aménagées et les quartiers pour peines aménagées comportent un régime essentiellement orienté vers la réinsertion sociale et la préparation à la sortie des condamnés.***

Les condamnés faisant l'objet d'une mesure de semi-liberté sont détenus soit dans des centres de semi-liberté ou des quartiers de semi-liberté, soit dans des centres pour peines aménagées ou des quartiers pour peines aménagées. Les condamnés faisant l'objet d'une mesure de placement à l'extérieur dans les conditions fixées par l'article D. 136 peuvent également être détenus dans ces établissements ou ces quartiers.

Les centres pour peines aménagées et quartiers pour peines aménagées peuvent recevoir les condamnés dont le reliquat de peine leur restant à subir est inférieur à *(Décr. n° 2010-1635 du 23 déc. 2010)* ***« deux ans*** *[ancienne rédaction : un an]* ***».***

L'affectation dans un centre pour peines aménagées ou un quartier pour peines aménagées ne peut être décidée qu'avec l'accord du condamné.

Un arrêté du garde des sceaux, ministre de la justice, fixe la liste des centres de semi-liberté, ainsi que des centres pour peines aménagées et des quartiers pour peines aménagées. *— V. art. A. 39-2.*

En application du Décr. n° 2014-1279 du 23 oct. 2014 relatif aux exceptions à l'application du principe « silence vaut acceptation » (L. n° 2000-321 du 12 avr. 2000, art. 21, I), le silence gardé pendant deux mois par l'administration vaut décision de rejet pour les demandes relatives à l'affectation dans un quartier pour peines aménagées ou centre pour peines aménagées.

La juridiction de l'application des peines ne peut ordonner, dans sa décision d'aménagement de peine (semi-liberté probatoire à une libération conditionnelle), le maintien d'un condamné à l'établissement de son lieu d'écrou, dès lors que n'existe, dans cet établissement, ni quartier de semi-liberté ni quartier pour peines aménagées. • Cass., avis, 21 nov. 2005, n° 05-00.010 P : *AJ pénal 2006. 44, obs. Herzog-Evans ; D. 2006. 900, note Senna et Sautel*.

Art. D. 73 *Abrogé par Décr. n° 2010-1635 du 23 déc. 2010.*

SECTION II DE LA PROCÉDURE D'ORIENTATION ET DES DÉCISIONS D'AFFECTATION DES CONDAMNÉS

(Décr. n° 98-1099 du 8 déc. 1998)

BIBL. ► HERZOG-EVANS, *LPA 1999, n°s 104 et 105.*

§ 1er DISPOSITIONS GÉNÉRALES

Art. D. 74 La procédure d'orientation consiste à réunir tous les éléments relatifs à la personnalité du condamné, son sexe, son âge, ses antécédents, sa catégorie pénale, son état de santé physique et mentale, ses aptitudes, ses possibilités de réinsertion sociale et, d'une manière générale, tous renseignements susceptibles d'éclairer l'autorité compétente pour décider de l'affectation la plus adéquate.

L'affectation consiste à déterminer, sur la base de ces éléments, dans quel établissement le condamné doit exécuter sa peine.

Al. abrogé par Décr. n° 2007-749 du 9 mai 2007.

Al. abrogé par Décr. n° 2010-1635 du 23 déc. 2010.

V. Circ. AP. 2003-03 du 18 avr. 2003, relative à la procédure d'orientation et aux décisions d'affectation des condamnés, BOMJ 2003, n° 90, p. 201 s.

§ 2 LA PROCÉDURE D'ORIENTATION

Art. D. 75 La procédure d'orientation est obligatoirement mise en œuvre pour les condamnés dont le temps d'incarcération restant à subir est supérieur à *(Décr. n° 2010-1635 du 23 déc. 2010)* « deux ans *[ancienne rédaction : un an]* ». *(Abrogé par Décr. n° 2021-683 du 27 mai 2021, art. 2, à compter du 30 sept. 2021)* ***« Pour les condamnés mineurs, elle est obligatoire si le temps d'incarcération à subir est supérieur à trois mois. »***

Elle s'opère dans les conditions définies aux articles D. 76 à D. 79, à l'aide des renseignements qui sont fournis par l'autorité judiciaire et par l'administration pénitentiaire sur les intéressés, et, éventuellement, grâce aux examens auxquels ces derniers sont soumis au *(Décr. n° 2010-350 du 31 mars 2010)* « Centre national d'évaluation » de l'administration pénitentiaire.

Art. D. 76 Le chef d'établissement constitue un dossier d'orientation pour chaque condamné auquel il reste à subir un temps d'incarcération d'une durée supérieure à *(Décr. n° 2010-1635 du 23 déc. 2010)* « deux ans *[ancienne rédaction : un an]* ». *(Abrogé par Décr. n° 2021-683 du 27 mai 2021, art. 2, à compter du 30 sept. 2021)* ***« Pour les condamnés mineurs, le dossier d'orientation est constitué si le temps d'incarcération restant à subir est d'une durée supérieure à trois mois. »*** Ce dossier comprend les renseignements relatifs à la situation pénale et pénitentiaire du condamné, les éléments afférents aux conditions de prise en charge sanitaire et l'avis du *(Décr. n° 99-276 du 13 avr. 1999)* « service pénitentiaire d'insertion et de probation compétent auprès de l'établissement », l'avis du juge de l'application des peines et celui du juge des enfants s'il y a lieu, ainsi que la proposition du chef d'établissement. *(Abrogé par Décr. n° 2021-683 du 27 mai 2021, art. 2, à compter du 30 sept. 2021)* ***« Pour les mineurs, il comprend en outre l'avis du mineur et des titulaires de l'autorité parentale ou de ses représentants légaux et les éléments afférents aux conditions de prise en charge éducative ; il peut également comprendre l'avis de l'équipe pluridisciplinaire mentionnée à l'article D. 514 et, le cas échéant, l'avis de tout service ayant à connaître de la situation du mineur. »***

Les condamnés *(Décr. n° 2021-683 du 27 mai 2021, art. 2, en vigueur le 30 sept. 2021)* « majeurs » ayant à subir un temps d'incarcération d'une durée inférieure ou égale à *(Décr. n° 2010-1635 du 23 déc. 2010)* « deux ans *[ancienne rédaction : un an]* » *(Abrogé par Décr. n° 2021-683 du 27 mai 2021, art. 2, à compter du 30 sept. 2021)* ***« pour les majeurs, et à trois mois pour les mineurs, »*** peuvent faire l'objet d'un dossier d'orientation selon les mêmes modalités lorsque le chef d'établissement estime que leur situation nécessite une orientation particulière.

(Décr. n° 2010-1635 du 23 déc. 2010) « Le dossier d'orientation des condamnés majeurs *(Abrogé par Décr. n° 2021-683 du 27 mai 2021, art. 2, à compter du 30 sept. 2021)* ***« et celui des condamnés mineurs »*** dont le temps d'incarcération restant à subir est égal ou supérieur à *(Décr. n° 2016-1609 du 25 nov. 2016, art. 1er)* « deux ans » contient également les pièces visées à l'article D. 77. »

Le dossier d'orientation est adressé au directeur interrégional des services pénitentiaires, qui arrête une décision d'affectation lorsque celle-ci relève de sa compétence ou communique le dossier assorti de son avis au ministre de la justice.

En application du Décr. nº 2014-1279 du 23 oct. 2014 relatif aux exceptions à l'application du principe « silence vaut acceptation » (L. nº 2000-321 du 12 avr. 2000, art. 21-I), le silence gardé pendant deux mois par l'administration vaut décision de rejet pour les demandes relatives à l'affectation en établissement pour peine.

Art. D. 77 Le ministère public près la juridiction qui a prononcé une condamnation à une peine privative de liberté adresse à l'établissement pénitentiaire où le condamné est détenu ou doit être incarcéré l'extrait de jugement ou d'arrêt, la notice individuelle visée à l'article D. 158 et, s'il y a lieu, la copie de la décision sur les intérêts civils conformément à l'article D. 325.

(Abrogé par Décr. nº 2003-259 du 20 mars 2003, art. 5) ***« Lorsque la peine privative de liberté prononcée est supérieure à deux ans pour les majeurs, et six mois pour les mineurs, »*** Le ministère public adresse en outre à l'établissement pénitentiaire, les pièces suivantes :

1º La copie du rapport de l'enquête ou des enquêtes sur la personnalité, la situation matérielle, familiale ou sociale de l'intéressé, qui auraient été prescrites conformément aux dispositions de l'article 41, alinéa 6, et de l'article 81, alinéas 6 et 7 ;

2º La copie du rapport de l'examen ou des examens médicaux, psychiatriques ou médico-psychologiques auxquels il aurait été éventuellement procédé en vertu d'une décision judiciaire ;

3º La copie du réquisitoire définitif et de la décision de condamnation ;

4º Et, s'il y a lieu, les avis indiqués à l'article D. 78 ;

(Décr. nº 2010-1278 du 27 oct. 2010, art. 3, en vigueur le 1er janv. 2011) « 5º Le bulletin nº 1 du casier judiciaire du condamné. »

Ces pièces doivent être envoyées *(Décr. nº 2003-259 du 20 mars 2003, art. 5)* « dans les plus brefs délais possible » *(Décr. nº 2017-771 du 4 mai 2017, art. 3)* « , en privilégiant la transmission par voie électronique.

« L'absence de réception de l'intégralité des pièces précitées à l'expiration d'un délai d'un mois à compter du caractère définitif de la décision pénale, ne fait pas obstacle à la constitution du dossier d'orientation et à la décision d'affectation des condamnés majeurs dont le temps d'incarcération restant à subir est inférieur à cinq ans. »

(Décr. nº 2000-1213 du 13 déc. 2000) « Une copie des documents prévus par le présent article est également adressée *(Décr. nº 2017-771 du 4 mai 2017, art. 3)* « , en privilégiant la transmission par voie électronique, » par le ministère public au secrétariat-greffe du juge de l'application des peines compétent pour être versé dans le dossier individuel du condamné prévu par l'article D. 116-6. »

(Décr. nº 2020-1640 du 21 déc. 2020, art. 11) « Le ministère public près la juridiction de condamnation ou la juridiction d'application des peines qui a prononcé une interdiction de contact ou de paraître devenue exécutoire, pendant la durée d'incarcération d'une personne, adresse au chef de l'établissement pénitentiaire où celle-ci est détenue, en privilégiant la transmission par voie électronique, copie de la décision. *(Décr. nº 2021-1820 du 24 déc. 2021, art. 5, en vigueur le 1er févr. 2022)* « Il adresse, selon les mêmes modalités, une copie des décisions de retrait total ou partiel de l'autorité parentale ou de son exercice ou de suspension des droits de visite et d'hébergement prises sur le fondement des articles 373-2-1, 375-7, 378, 378-1, 379, 379-1 ou 515-11 du code civil, et dont il a été informé, notamment en application de l'article D. 47-11-4. » Il adresse également un extrait de l'ordonnance de protection prise le cas échéant pendant cette même durée, mentionnant notamment la date d'expiration de la décision ainsi que les nom et prénom des intéressés et, si ces informations sont connues, leurs date et lieu de naissance. »

Art. D. 78 Chaque fois qu'ils l'estiment utile, le président de la juridiction qui a prononcé la condamnation ainsi que le représentant du ministère public peuvent exprimer leur avis sur l'affectation qui leur semble la mieux appropriée au condamné ou sur celle qui, au contraire, leur paraît inadaptée.

Ces avis sont joints aux documents mentionnés à l'article D. 77, en vue de leur transmission à l'établissement où le condamné est détenu.

(Décr. n° 2000-1213 du 13 déc. 2000) « Une copie de ces avis est également adressée au secrétariat-greffe du juge de l'application des peines compétent. »

Art. D. 79 Afin de compléter le dossier mentionné à l'article D. 76, le ministre de la justice, ou le directeur régional, peut procéder ou faire procéder, notamment *(Décr. n° 99-276 du 13 avr. 1999)* « par l'un des services pénitentiaires d'insertion et de probation », à toute enquête sur la situation familiale et sociale d'un condamné. Le chef d'établissement peut également faire procéder à une telle enquête par *(Décr. n° 99-276 du 13 avr. 1999)* « le service pénitentiaire d'insertion et de probation compétent auprès de son établissement ».

§ 3 LA DÉCISION D'AFFECTATION

Art. D. 80 *(Décr. n° 2003-259 du 20 mars 2003, art. 6)* Le ministre de la justice dispose d'une compétence d'affectation des condamnés *(Décr. n° 2022-239 du 10 mars 2022, art. 1er)* « dans tous les établissements pénitentiaires ou quartiers de centres pénitentiaires ». Sa compétence est exclusive pour les affectations dans les maisons centrales et les quartiers maison centrale ainsi que pour décider de l'affectation :

— des condamnés à une ou plusieurs peines dont la durée totale est supérieure ou égale à dix ans et dont la durée de l'incarcération restant à subir au moment où leur condamnation ou la dernière de leurs condamnations est devenue définitive est supérieure à cinq ans ;

— des condamnés à raison d'actes de terrorisme tels que prévus et réprimés par les articles 421-1 à 421-5 du code pénal ainsi que des condamnés ayant fait l'objet d'une inscription au répertoire des détenus particulièrement signalés, prévu par l'article D. 276-1.

Le directeur interrégional des services pénitentiaires est compétent pour décider de l'affectation, dans les centres de détention ou quartiers centre de détention, les centres de semi-liberté ou quartiers de semi-liberté, *(Décr. n° 2022-239 du 10 mars 2022, art. 1er)* « les structures d'accompagnement vers la sortie *[ancienne rédaction : les centres pour peines aménagées ou quartiers pour peines aménagées]* », les maisons d'arrêt ou quartiers maison d'arrêt *(Décr. n° 2007-749 du 9 mai 2007, en vigueur le 1er juin 2007)* « , les établissements spécialisés pour mineurs et les quartiers des mineurs des établissements pénitentiaires », des autres condamnés. Il peut déléguer sa compétence aux directeurs des établissements pénitentiaires comprenant un quartier maison d'arrêt et un quartier centre de détention, pour l'affectation des condamnés qui y sont incarcérés et auxquels il reste à subir, au moment où leur condamnation ou la dernière de leurs condamnations est devenue définitive, une incarcération d'une durée inférieure à deux ans.

Le directeur interrégional des services pénitentiaires peut également déléguer sa compétence aux directeurs des établissements pénitentiaires comprenant un quartier maison d'arrêt et *(Décr. n° 2022-239 du 10 mars 2022, art. 1er)* « une structure d'accompagnement vers la sortie *[ancienne rédaction : un quartier pour peines aménagées]* », pour l'affectation des condamnés qui y sont incarcérés et auxquels il reste à subir, au moment où leur condamnation ou la dernière de leurs condamnations est devenue définitive, une incarcération dont la durée totale n'excède pas *(Décr. n° 2022-239 du 10 mars 2022, art. 1er)* « deux ans *[ancienne rédaction : un an]* ».

(Décr. n° 2007-749 du 9 mai 2007, en vigueur le 1er juin 2007) « Le directeur interrégional des services pénitentiaires peut déléguer sa compétence au directeur de l'établissement comportant un quartier des mineurs ou au directeur de l'établissement pénitentiaire spécialisé pour mineurs pour décider du maintien dans leur affectation des condamnés atteignant l'âge de la majorité en détention dans les conditions prévues à l'article R. 57-9-13. »

Les condamnés affectés dans des maisons d'arrêt sont maintenus dans l'établissement où ils sont écroués ou sont transférés dans une autre maison d'arrêt de la région. Dans ce second cas, l'affectation est décidée par le directeur interrégional des services pénitentiaires en tenant compte notamment de la capacité offerte par chaque établissement.

Dans tous les cas, la décision est prise, sauf urgence, après consultation du juge de l'application des peines.

Les centres pénitentiaires comportant un quartier pour peines aménagées demeurent soumis aux dispositions des art. D. 70, D. 72-1, D. 80, D. 81, D. 82-2, D. 86 et D. 143-2 dans leur rédaction antérieure au Décr. nº 2022-239 du 10 mars 2022 jusqu'à la suppression de ces quartiers par arrêté du garde des sceaux, ministre de la justice, au plus tard le 31 déc. 2023 (Décr. préc., art. 3).

Art. D. 81 **Lorsque l'affectation incombe au directeur régional, la décision donne lieu :**

1° Soit à la délivrance d'un ordre de transfèrement du condamné à destination d'un centre de détention *(Abrogé par Décr. nº 2022-339 du 10 mars 2022, art. 1er)(Décr. nº 2002-663 du 30 avr. 2002) « ou d'un centre pour peines aménagées » (Décr. nº 2003-259 du 20 mars 2003, art. 7)* **« ou d'un centre de semi-liberté » ou d'une maison d'arrêt ou** *(Décr. nº 2022-339 du 10 mars 2022, art. 1er)* **« d'un quartier d'un centre pénitentiaire appartenant à l'une de ces catégories d'établissements pénitentiaires ou d'une structure d'accompagnement vers la sortie, relevant de sa circonscription ; »**

2° Soit au maintien de l'intéressé à l'établissement où il se trouve ;

3° Soit à sa mise à la disposition d'un autre directeur régional après l'accord préalable de ce dernier. Le ministre de la justice est compétent en cas de désaccord entre les directeurs régionaux ;

(Décr. nº 2003-259 du 20 mars 2003, art. 7) **« 4° Soit à un dessaisissement au profit du ministre de la justice en vue d'une affectation dans une maison centrale ou un quartier maison centrale, dès lors que le directeur interrégional des services pénitentiaires estime que le condamné doit être affecté dans cette catégorie d'établissement** *[établissements]*. **Dans ce cas, la décision incombe au ministre de la justice qui décide de l'affectation du condamné dans l'établissement pénitentiaire le plus approprié. »**

Les centres pénitentiaires comportant un quartier pour peines aménagées demeurent soumis aux dispositions des art. D. 70, D. 72-1, D. 80, D. 81, D. 82-2, D. 86 et D. 143-2 dans leur rédaction antérieure au Décr. nº 2022-239 du 10 mars 2022 jusqu'à la suppression de ces quartiers par arrêté du garde des sceaux, ministre de la justice, au plus tard le 31 déc. 2023 (Décr. préc., art. 3).

Art. D. 81-1 **Lorsque l'affectation incombe au ministre de la justice, la décision donne lieu :**

1° Soit à l'envoi du condamné au *(Décr. nº 2010-350 du 31 mars 2010)* **« Centre national d'évaluation » ;**

2° Soit à la délivrance d'un ordre de transfèrement du condamné à destination d'un établissement pour peine ou d'une maison d'arrêt qui paraît le mieux adapté à sa situation ;

3° Soit au maintien de l'intéressé à l'établissement où il se trouve ;

4° Soit à sa mise à la disposition d'un directeur régional.

Art. D. 81-2 **En cas d'admission au** *(Décr. nº 2010-350 du 31 mars 2010)* **« Centre national d'évaluation », le condamné est transféré dans cet établissement suivant les instructions et à la date arrêtées par le ministre de la justice. Le détenu est soumis aux différents examens qui semblent nécessaires.**

Au vu de ces examens, du dossier qui a été constitué en application de l'article D. 76 et des propositions du *(Décr. nº 2010-350 du 31 mars 2010)* **« Centre national d'évaluation », une décision d'affectation dans l'établissement qui paraît le mieux approprié à la personnalité du condamné est prise par le ministre de la justice.**

§ 4 CHANGEMENTS D'AFFECTATION

Art. D. 82 **L'affectation peut être modifiée soit à la demande du condamné, soit à la demande du chef de l'établissement dans lequel il exécute sa peine.**

(Décr. nº 2003-259 du 20 mars 2003, art. 8) **« La décision de changement d'affectation appartient au ministre de la justice, dès lors qu'elle concerne :**

« 1° Un condamné dont il a décidé l'affectation dans les conditions du deuxième alinéa de l'article D. 80 et dont la durée de l'incarcération restant à subir est supérieure à trois ans, au jour où est formée la demande visée au premier alinéa ;

« 2° Un condamné à raison d'actes de terrorisme tels que prévus et réprimés par les articles 421-1 à 421-5 du code pénal ;

« 3° Un condamné ayant fait l'objet d'une inscription au répertoire des détenus particulièrement signalés, prévu par l'article D. 276-1.

« Le directeur interrégional des services pénitentiaires est compétent pour décider du changement d'affectation des autres condamnés. »

L'affectation ne peut être modifiée que s'il survient un fait ou un élément d'appréciation nouveau.

En application du Décr. n° 2014-1279 du 23 oct. 2014 relatif aux exceptions à l'application du principe « silence vaut acceptation » (L. n° 2000-321 du 12 avr. 2000, art. 21-I), le silence gardé pendant deux mois par l'administration vaut décision de rejet pour les demandes relatives à l'autorisation de changement d'affectation en établissement pénitentiaire à la demande d'une personne détenue condamnée incarcérée.

Jurisprudence relative aux transferts et rotations de sécurité, V. notes ss. art. D. 300.

Art. D. 82-1 Que la demande émane du condamné ou du chef d'établissement, ce dernier constitue un dossier qui comprend les éléments permettant d'établir la motivation de la demande.

Le ministre de la justice, le directeur régional ou le chef d'établissement peuvent procéder ou faire procéder dans les conditions définies à l'article D. 79 à toute enquête sur la situation familiale ou sociale du condamné.

La décision de changement d'affectation est prise, sauf urgence, après avis du juge de l'application des peines et du procureur de la République du lieu de détention.

Art. D. 82-2 Lorsque la décision incombe au directeur régional, elle donne lieu :

1° Soit à la délivrance d'un ordre de transfèrement du condamné à destination d'un centre de détention *(Abrogé par Décr. n° 2022-339 du 10 mars 2022, art. 1er) (Décr. n° 2002-663 du 30 avr. 2002)* « *ou d'un centre pour peines aménagées* » *(Décr. n° 2003-259 du 20 mars 2003, art. 9)* « ou d'un centre de semi-liberté » ou d'une maison d'arrêt ou *(Décr. n° 2022-339 du 10 mars 2022, art. 1er)* « d'un quartier d'un centre pénitentiaire appartenant à l'une de ces catégories d'établissements pénitentiaires ou d'une structure d'accompagnement vers la sortie, relevant de sa circonscription ; »

2° Soit au maintien de l'intéressé à l'établissement où il se trouve ;

(Décr. n° 2003-259 du 20 mars 2003, art. 9) « 3° Soit à un dessaisissement au profit du ministre de la justice en vue d'une affectation dans une maison centrale ou un quartier maison centrale, dès lors que le directeur interrégional des services pénitentiaires estime que le condamné doit être affecté dans cette catégorie d'établissement. Dans ce cas, le ministre de la justice décide de l'affectation du condamné dans l'établissement pénitentiaire le plus approprié. »

Les centres pénitentiaires comportant un quartier pour peines aménagées demeurent soumis aux dispositions des art. D. 70, D. 72-1, D. 80, D. 81, D. 82-2, D. 86 et D. 143-2 dans leur rédaction antérieure au Décr. n° 2022-239 du 10 mars 2022 jusqu'à la suppression de ces quartiers par arrêté du garde des sceaux, ministre de la justice, au plus tard le 31 déc. 2023 (Décr. préc., art. 3).

Art. D. 82-3 Lorsque la décision incombe au ministre de la justice, elle donne lieu :

1° Soit à l'envoi du condamné au *(Décr. n° 2010-350 du 31 mars 2010)* « Centre national d'évaluation » ;

2° Soit à la délivrance d'un ordre de transfèrement du condamné à destination d'un autre établissement ;

3° Soit au maintien de l'intéressé à l'établissement où il se trouve ;

4° Soit à sa mise à la disposition d'un directeur régional.

Art. D. 82-4 Indépendamment de toute demande de changement d'affectation émanant du condamné ou du chef d'établissement, le ministre de la justice peut charger le *(Décr. n° 2010-350 du 31 mars 2010)* « Centre national d'évaluation » d'effectuer un bilan d'évolution de la personnalité du condamné dans la perspective, notamment, d'une libération conditionnelle ou d'une meilleure individualisation du régime de détention ou d'exécution de la peine.

SECTION III DES MODALITÉS DE PRISE EN CHARGE DES PERSONNES DÉTENUES CONDAMNÉES

(Décr. n° 2010-1635 du 23 déc. 2010)

§ 1er RÉPARTITION DES PERSONNES DÉTENUES DANS LES ÉTABLISSEMENTS

Art. D. 83 **Pour chaque maison d'arrêt, le chef d'établissement informe chaque mois le président du tribunal judiciaire dans le ressort duquel elle se trouve, le juge de l'application des peines, le procureur de la République près ledit tribunal ainsi que le directeur interrégional des services pénitentiaires de l'état des effectifs au regard des capacités d'accueil de l'établissement.**

Art. D. 84 **Le directeur interrégional des services pénitentiaires ordonne tous les transfèrements utiles à l'intérieur de la circonscription territoriale dont il assure la direction concernant les condamnés relevant de sa compétence d'affectation, les personnes détenues soumises à la contrainte judiciaire et les condamnés mis à sa disposition.**

Si les mesures qui lui paraissent nécessaires concernent d'autres personnes détenues, excèdent sa compétence ou soulèvent des difficultés particulières, il adresse dans les plus brefs délais un rapport au garde des sceaux, ministre de la justice.

En application du Décr. n° 2014-1279 du 23 oct. 2014 relatif aux exceptions à l'application du principe « silence vaut acceptation » (L. n° 2000-321 du 12 avr. 2000, art. 21-I), le silence gardé pendant deux mois par l'administration vaut décision de rejet pour les demandes relatives au transfert vers une autre maison d'arrêt émanant d'une personne détenue condamnée.

§ 2 RÉGIME DE DÉTENTION DANS LES ÉTABLISSEMENTS POUR PEINES

Art. D. 85 **Sans préjudice de l'application des dispositions prévoyant la mise en œuvre d'activités pendant toute la durée de l'exécution de la peine, les condamnés bénéficient, au cours de la dernière période de l'incarcération, d'une préparation active à leur élargissement conditionnel ou définitif, en particulier sur le plan socioprofessionnel. Cette préparation comprend, le cas échéant, un placement à l'extérieur ou au régime de semi-liberté. Elle est effectuée soit sur place, soit après transfert dans un centre ou un quartier spécialisé.**

Art. D. 86 *(Abrogé par Décr. n° 2022-339 du 10 mars 2022, art. 1er)* ***Le régime des centres pour peines aménagées repose sur des actions d'insertion organisées à l'intérieur et à l'extérieur de ces établissements. Le maintien des liens familiaux s'effectuant dans le cadre des permissions de sortir, les personnes détenues dans ces établissements ne bénéficient pas de parloir.***

Les centres pénitentiaires comportant un quartier pour peines aménagées demeurent soumis aux dispositions des art. D. 70, D. 72-1, D. 80, D. 81, D. 82-2, D. 86 et D. 143-2 dans leur rédaction antérieure au Décr. n° 2022-239 du 10 mars 2022 jusqu'à la suppression de ces quartiers par arrêté du garde des sceaux, ministre de la justice, au plus tard le 31 déc. 2023 (Décr. préc., art. 3).

Art. D. 87 **La personne détenue dont le comportement se révèle incompatible avec l'application du régime propre à l'établissement pour peines au sein duquel elle est placée peut faire l'objet d'une procédure de changement d'affectation.**

§ 3 PARCOURS D'EXÉCUTION DE LA PEINE

BIBL. ► DARBÉDA, *RPDP 2008. 633* (la prison en mutation : projet de loi pénitentiaire, parcours d'exécution de peine et autres innovations).

Art. D. 88 **Le parcours d'exécution de la peine décrit notamment, pour chaque personne détenue condamnée, l'ensemble des actions qu'il est envisagé de mettre en œuvre au cours de sa détention afin de favoriser sa réinsertion. Il couvre l'ensemble de la période de détention, y compris la préparation à la sortie.**

Il est défini et, le cas échéant, actualisé, à partir des éléments recueillis lors de la période d'observation puis, tout au long de la détention, auprès de l'ensemble des services appelés à connaître de la situation de la personne détenue intéressée, ainsi que des souhaits exprimés par elle. Ces éléments sont consignés par écrit.

Il fait l'objet d'un réexamen à la demande de la personne détenue ou au moins une fois par an.

Art. D. 89 **Le parcours d'exécution de la peine est élaboré après avis de la commission pluridisciplinaire unique mentionnée à l'article D. 90.**

Art. D. 90 **Il est institué auprès du chef de chaque établissement pénitentiaire, pour une durée de cinq ans, une commission pluridisciplinaire unique.**

La commission pluridisciplinaire unique est présidée par le chef d'établissement ou son représentant.

Elle comprend en outre :

a) Le directeur du service pénitentiaire d'insertion et de probation ;

b) Un responsable du secteur de détention du détenu dont la situation est examinée ;

c) Un représentant du service du travail *(Décr. n° 2016-1853 du 23 déc. 2016)* **« et, le cas échéant, un représentant »** *(Décr. n° 2018-1098 du 7 déc. 2018, en vigueur le 10 déc. 2018)* **« de l'agence du travail d'intérêt général et de l'insertion professionnelle des personnes placées sous main de justice » ;**

d) Un représentant du service de la formation professionnelle ;

e) Un représentant du service d'enseignement.

Assistent également, avec voix consultative, aux réunions de la commission, sur convocation du chef d'établissement établie en fonction de l'ordre du jour :

a) Le psychologue en charge du parcours d'exécution de la peine ;

b) Un membre du service de la protection judiciaire de la jeunesse ;

c) Un représentant des équipes soignantes de l'unité de consultations et de soins ambulatoires ou du service médico-psychologique régional désigné par l'établissement de santé de rattachement ;

(Décr. n° 2016-1853 du 23 déc. 2016) **« d) Un représentant des personnes morales intervenant au titre de l'insertion par l'activité économique ou de l'emploi » ;**

(Décr. n° 2021-362 du 31 mars 2021, art. 1er) **« e) Un représentant de l'entreprise adaptée implantée, le cas échéant, dans l'établissement ».**

La liste des membres de la commission pluridisciplinaire unique et des personnes susceptibles d'assister à ces réunions en vertu des *(Décr. n° 2021-362 du 31 mars 2021, art. 1er)* **« quatre » alinéas précédents est arrêtée par le chef d'établissement.**

Les membres de la commission et les personnes entendues par elle sont tenus à une obligation de discrétion à l'égard des informations présentant un caractère confidentiel dont ils ont connaissance dans le cadre de l'exercice de leurs missions.

V. Décr. n° 2015-1762 du 24 déc. 2015 procédant au renouvellement de la commission pluridisciplinaire unique (JO 27 déc.).

Art. D. 91 **La commission pluridisciplinaire unique se réunit au moins une fois par mois pour examiner les parcours d'exécution de la peine.**

Art. D. 92 **Des modalités de prise en charge individualisées peuvent, pour l'application du deuxième alinéa de l'article 717-1, être appliquées, au sein de chaque établissement pénitentiaire, aux personnes détenues, en tenant compte de leur parcours d'exécution de la peine et de leur capacité à respecter les règles de vie en collectivité. Les modalités de prise en charge de chaque personne détenue sont consignées dans le parcours d'exécution de la peine.**

SECTION IV DE L'ENCELLULEMENT INDIVIDUEL

(Décr. n° 2010-1635 du 23 déc. 2010)

Sur le principe de l'encellument individuel, V. note ss. art. 717-2.

Art. D. 93 **Lorsque le régime de l'encellulement individuel n'est pas appliqué, il appartient au chef d'établissement de séparer :**

1° Les prévenus des condamnés ;

2° Les personnes détenues devenues majeures en détention et âgées de moins de vingt et un ans des autres personnes détenues majeures ;

3° Les personnes détenues n'ayant pas subi antérieurement de peine privative de liberté de celles ayant déjà subi des incarcérations multiples ;

4° Les personnes condamnées à la contrainte judiciaire des autres personnes détenues.

Il peut être dérogé aux principes posés aux 2° à 4°, à titre exceptionnel, si la personnalité des personnes détenues le justifie.

Art. D. 94 **Lorsqu'il suspend l'encellulement individuel d'une personne détenue en raison de sa personnalité, le chef de l'établissement en informe sans délai le directeur interrégional, ainsi que le juge de l'application des peines s'agissant des personnes condamnées et le magistrat saisi du dossier de la procédure s'agissant des personnes prévenues.**

Art. D. 95 **La règle de l'encellulement individuel ne fait pas obstacle à ce que, pendant la journée, les personnes détenues soient réunies pour le travail, les activités physiques et sportives, l'enseignement, la formation professionnelle ou les activités religieuses, culturelles ou de loisirs.**

Art. D. 95-1 *à* D. 110 *Abrogés par Décr. n° 79-534 du 3 juill. 1979, Décr. n° 98-1099 du 8 déc. 1998 et Décr. n° 2010-1635 du 23 déc. 2010.*

SECTION V *[ABROGÉE]* DE LA RÉPARTITION DU PRODUIT DU TRAVAIL

(Abrogée par Décr. n° 2010-1635 du 23 déc. 2010).

Art. D. 111 *Abrogé par Décr. n° 2010-1635 du 23 déc. 2010.*

Art. D. 112 *Abrogé par Décr. n° 2003-259 du 20 mars 2003, art. 15, à compter du 1er janv. 2003.*

Art. D. 113 et D. 114 *Abrogés par Décr. n° 2004-1072 du 5 oct. 2004, à compter du 1er nov. 2004.*

SECTION VI DES RÉDUCTIONS DE PEINE

(Décr. n° 2004-1364 du 13 déc. 2004, art. 4, en vigueur le 1er janv. 2005)

SOUS-SECTION 1 DU CRÉDIT DE RÉDUCTION DE PEINE

Pour l'application des dispositions relatives au crédit de réduction de peine aux personnes condamnées avant le 1er janv. 2005 et sous écrou avant cette date, le crédit de réduction de peine est calculé sur la durée de la peine à compter du premier jour de la période de détention non examinée par le juge de l'application des peines au titre des réductions de peine ordinaires, telle qu'elle est mentionnée dans la fiche pénale du détenu.

Jusqu'au 31 déc. 2005, le juge de l'application des peines peut, par ordonnance motivée prise, sauf en cas d'urgence, après avis de la commission de l'application des peines, rapporter les réductions de peine ordinaires accordées au cours de l'année 2004 en cas de mauvaise conduite du condamné dans l'année suivant leur octroi (Décr. n° 2004-1364 du 13 déc. 2004, art. 33).

En cas de révocation après le 1er janv. 2005 de la libération conditionnelle accordée avant le 1er janv. 2005, le crédit de réduction de peine est calculé sur le quantum de la révocation ainsi que sur la période de détention antérieure à la libération conditionnelle si cette période n'a pas été examinée par le juge de l'application des peines au titre des réductions de peine ordinaires (Décr. n° 2004-1364 du 13 déc. 2004, art. 37).

§ 1er DE LA MISE EN ŒUVRE DU CRÉDIT DE RÉDUCTION DE PEINE

BIBL. ▶ BOUVIER et MONNERY, *AJ pénal 2022. 70* (loi confiance : volet exécution des peines). – HERZOG-EVANS, *D. 2005. Chron. 1597* (le décret du 13 décembre 2004 – application et inapplication de la loi Perben II) ; *AJ pénal. 2005. 97* (le décret du 13 décembre 2004 et les réductions de peine).

Art. D. 115 **La durée du crédit de réduction de peine est calculée, sous le contrôle du ministère public, par le greffe de l'établissement pénitentiaire après que la condamnation a acquis un caractère définitif, sous réserve des dispositions du deuxième alinéa de l'article 708. En cas de peine d'emprisonnement dont une partie est assortie du sursis ou du sursis** *(Décr. n° 2020-81 du 3 févr. 2020, art. 3, en vigueur le 24 mars 2020)* **« probatoire », le calcul se fait sur la partie ferme de la peine.**

V. Circ. du 7 avr. 2005 relative aux réductions de peine, BOMJ n° 98.

Il résulte de l'art. 721 et de ses modalités d'application (art. D. 115) que le calcul et l'application du crédit de réduction de peine ressortissent exclusivement de la compétence du procureur de la République. La requête d'un détenu auprès du Tribunal de l'application des peines, tendant à contester le décompte de crédit de réduction de peine, doit en conséquence être déclarée irrecevable. La juridiction pénale est seule à même de trancher un contentieux relatif à l'exécution de la peine, conformément à l'art. 710. • Crim. 31 oct. 2006 : *RSC 2007. 357, obs. Poncela*.

Art. D. 115-1 *(Décr. n° 2006-385 du 30 mars 2006, art. 20)* **« Conformément aux dispositions des alinéas un et deux de l'article 721, » lorsque la peine d'emprisonnement prononcée est supérieure à un an, le total du crédit de réduction de peine correspondant aux mois excédant la première année d'emprisonnement ou la ou les années d'emprisonnement qui suivent ne peut dépasser deux mois** *(Abrogé par Décr. n° 2014-1582 du 23 déc. 2014, art. 21, à compter du 1er janv. 2015)* ***« ou un mois s'il s'agit d'une condamnation pour des faits commis en état de récidive légale ».***

Il ressort des dispositions de l'art. 721, éclairées par les travaux préparatoires de la L. du 4 mars 2004 dont elles sont issues, que le législateur a entendu appliquer la réduction de sept jours par mois aux peines de moins d'un an ou à la partie de la peine restant à subir inférieure à une année pleine, dans la limite de deux mois par année autre que la première année d'incarcération. • CE 19 déc. 2007, n° 288527 : *AJ pénal 2008. 150, obs. Péchillon*.

Art. D. 115-2 **Le crédit de réduction de peine est imputé sur la condamnation sur laquelle il a été calculé.**

Si la détention restant à subir est inférieure au montant du crédit de réduction de peine calculé, ce crédit bénéficie au condamné à hauteur du reliquat de détention, sans possibilité de report sur une autre condamnation.

Dans ce cas, si le condamné exécutait une détention provisoire pour les faits pour lesquels il a été condamné et qu'il n'est pas détenu pour autre cause, il est remis en liberté après que la condamnation a acquis un caractère définitif, sous réserve des dispositions du deuxième alinéa de l'article 708, et que le greffe de l'établissement pénitentiaire a procédé aux formalités de levée d'écrou et notamment à la notification prévue par le dernier alinéa de l'article 721 et par l'article D. 115-18. Le greffe mentionne sur la fiche pénale le quantum du crédit de réduction de peine dont le condamné a effectivement bénéficié ; le retrait du crédit de réduction de peine prévu *(Décr. n° 2007-699 du 3 mai 2007, art. 13-VI)* **« par les articles 721 (alinéa 5), 721-2 et 723-35 » ne saurait alors être supérieur à ce quantum.**

Si le condamné n'était pas écroué, il est procédé conformément aux dispositions des articles *(Décr. n° 2010-1276 du 27 oct. 2010, art. 5)* **« D. 147-10 » et suivants.**

Art. D. 115-3 **En cas de révocation d'un sursis ou d'un sursis** *(Décr. n° 2020-81 du 3 févr. 2020, art. 3, en vigueur le 24 mars 2020)* **« probatoire », le crédit de réduction de peine est calculé sur la durée de l'emprisonnement résultant de cette révocation.**

Il en est de même s'agissant de l'emprisonnement mis à exécution en application des dispositions des articles *(Décr. n° 2020-81 du 3 févr. 2020, art. 2, en vigueur le 24 mars 2020)* **« 131-8-1 (dernier alinéa), » 131-9 (deuxième alinéa), 131-11 (deuxième alinéa) et 131-36-1 (troisième alinéa) du code pénal** *(Décr. n° 2014-1582 du 23 déc. 2014, art. 22, en vigueur le 1er janv. 2015)* **« ou mis à exécution en application** *(Décr. n° 2020-81 du 3 févr. 2020, art. 2, en vigueur le 24 mars 2020)* **« de l'article 713-44 » du présent code ».**

Art. D. 115-4 **Lorsque plusieurs peines privatives de liberté sont confondues, le crédit de réduction de peine est calculé sur la peine résultant de la confusion, au moment de la mise à exécution de cette peine. Les crédits de réduction de peine qui correspondaient à chacune des peines confondues sont caducs.**

Art. D. 115-5 **Le crédit de réduction de peine ne s'applique pas à l'emprisonnement résultant :**

1° Du retrait d'un crédit de réduction de peine ordonné en application des *(Décr. n° 2007-699 du 3 mai 2007, art. 13-VII)* **« alinéas 3, 4 et 5 de l'article 721 » ;**

2° Du retrait d'un crédit de réduction de peine ou d'une réduction de peine supplémentaire ordonné en application de l'article 721-2 *(Décr. n° 2006-385 du 30 mars 2006, art. 3)* **« ou en application de l'article 723-35 » ;**

3° De la contrainte judiciaire.

Art. D. 115-6 Lorsqu'un détenu condamné à l'étranger est transféré en France, le calcul du crédit de réduction de peine se fait conformément à l'article 721 sur la partie de la détention restant à subir au titre de la condamnation en cours d'exécution *(Abrogé par Décr. nº 2005-163 du 23 févr. 2005, art. 10)* « *au jour de l'arrivée sur le sol français* ». Pour les condamnations n'ayant pas reçu un commencement d'exécution à cette date, quelle que soit la date d'inscription sur la fiche pénale, le crédit de réduction de peine est calculé en application de l'article 721.

§ 2 DU RETRAIT DU CRÉDIT DE RÉDUCTION DE PEINE

a DU RETRAIT ORDONNÉ PAR LE JUGE DE L'APPLICATION DES PEINES

Art. D. 115-7 La mauvaise conduite du condamné pendant l'exécution d'une peine d'emprisonnement accomplie sous le régime de la semi-liberté, du placement à l'extérieur ou du placement sous surveillance électronique peut justifier le retrait du bénéfice du crédit de réduction de peine, sans préjudice de la possibilité du retrait de la mesure d'aménagement.

Art. D. 115-7-1 *(Décr. nº 2022-546 du 13 avr. 2022, art. 8)* La mauvaise conduite du condamné pendant l'exécution de sa peine d'emprisonnement susceptible de donner lieu à une décision de retrait du crédit de réduction de peine par le juge de l'application des peines en application de l'article 721 peut notamment résulter du fait par le condamné de refuser de se soumettre au prélèvement biologique prévu au premier alinéa du I de l'article 706-56 ou de commettre ou de tenter de commettre des manœuvres destinées à substituer à son propre matériel biologique le matériel biologique d'une tierce personne. Dans ce cas, le retrait ne peut porter que sur les crédits de réduction de peine dont cette personne a pu bénéficier au titre de la condamnation en vertu de laquelle le prélèvement doit être effectué ou au titre d'une condamnation prononcée en application du II de l'article 706-56.

Art. D. 115-8 La mauvaise conduite du détenu pendant l'incarcération subie sous le régime de la détention provisoire peut justifier le retrait du bénéfice de crédit de réduction de peine correspondant à la condamnation sur laquelle est imputée cette détention.

Art. D. 115-9 L'ordonnance du juge de l'application des peines retirant le bénéfice du crédit de réduction de peine ne peut intervenir au-delà d'un délai d'un an à compter de la date du dernier événement caractérisant la mauvaise conduite du condamné.

Art. D. 115-10 En cas de mauvaise conduite survenue pendant l'incarcération subie sous le régime de la détention provisoire, cette ordonnance doit intervenir dans le délai de quatre mois à compter de la date à laquelle la condamnation est *(Décr. nº 2006-385 du 30 mars 2006, art. 20)* « ramenée à exécution », quelle que soit la date de l'événement caractérisant la mauvaise conduite du condamné.

1. Méconnaît les dispositions de l'art. D. 115-10 l'ordonnance du président de la CHAP confirmant la décision du JAP ordonnant, en se fondant sur un événement survenu pendant la détention provisoire, un retrait de crédit de réduction de peine, plus de quatre mois après que le condamné, sous mandat de dépôt, s'est désisté de son appel de l'arrêt de condamnation de la cour d'assises. • Crim. 26 sept. 2007, nº 07-81.039 P : *D. actu. 15 oct. 2007, obs. Lavric ; AJ pénal 2007. 543, obs. Herzog-Evans.*

2. Les dispositions de l'art. D. 115-10 excluent celles de l'art. D. 115-9 et en cas de mauvaise conduite survenue pendant l'incarcération subie sous le régime de la détention provisoire, l'ordonnance du juge de l'application des peines retirant le bénéfice du crédit de réduction de peine doit intervenir dans le délai de quatre mois à compter de la date à laquelle la condamnation est ramenée à exécution, quelle que soit la date de l'événement caractérisant la mauvaise conduite du condamné. • Crim. 25 mars 2020, nº 19-81.915 P : *D. actu. 6 mai 2020, obs. Goetz.*

Art. D. 115-11 Lorsque le condamné exécute successivement plusieurs peines privatives de liberté, le retrait peut intervenir jusqu'à la date de libération du condamné, sous réserve des dispositions de l'article D. 115-9. Il peut alors concerner le crédit de réduction de peine des peines exécutées, en cours d'exécution ou devant être exécu-

tées. Il peut être motivé par la mauvaise conduite du condamné intervenue au cours d'une peine déjà exécutée.

Art. D. 115-12 **La décision de retrait du bénéfice du crédit de réduction de peine est mise à exécution à la suite de la dernière peine portée à l'écrou. Elle n'a pas pour effet de remettre à exécution la ou les peines auxquelles correspondait le crédit de réduction de peine ayant été retiré.**

Art. D. 115-13 **Toute ordonnance du juge de l'application des peines retirant le bénéfice d'un crédit de réduction de peine précise la ou les peines privatives de liberté pour lesquelles le retrait a été ordonné.**

Art. D. 115-14 **Lorsque le condamné a fait l'objet d'une ou plusieurs décisions de retrait du bénéfice de son crédit de réduction de peine, l'avis de date d'expiration de sa peine privative de liberté adressé par le chef de l'établissement pénitentiaire au casier judiciaire national automatisé en application du 5° de l'article R. 69 précise la durée totale du ou des retraits ordonnés.**

Art. D. 115-14-1 *(Décr. n° 2014-1582 du 23 déc. 2014, art. 23, en vigueur le 1er janv. 2015)* **Le montant maximal du retrait susceptible d'être ordonné ne peut excéder trois mois pour chaque année de détention et sept jours pour chaque mois de détention. Ce montant est calculé au regard de la période de détention examinée pour apprécier la conduite du condamné.**

Toutefois, si cette période est inférieure à un mois, ce montant peut atteindre sept jours, dès lors que le total des retraits ordonnés ne dépasse pas le montant du crédit de réduction de peine dont a bénéficié le condamné.

Art. D. 115-14-2 *(Abrogé par Décr. n° 2014-1582 du 23 déc. 2014, art. 24, à compter du 1er janv. 2015)* ***Lorsque le retrait de crédit de réduction de peine est ordonné pour une période de détention comportant l'exécution successive de plusieurs peines, dont l'une ou plusieurs ont été prononcées pour des infractions commises en récidive et ont fait l'objet d'un crédit de réduction de peine réduit en application des dispositions du deuxième alinéa de l'article 721, le montant maximum du retrait ne peut excéder cinq jours par mois pour la partie de la période de détention correspondant à cette ou ces peines, et sept jours par mois pour la partie de la période correspondant à la peine ou aux peines prononcées pour des infractions non commises en récidive.***

Lorsque un mois de détention recouvre au moins deux peines dont une en récidive légale, le montant maximal de retrait correspondant à ce mois de détention est de cinq jours.

Aux termes de l'art. D. 115-14-1, issu de l'art. 18 du Décr. attaqué, le montant maximal du retrait susceptible d'être ordonné ne peut excéder deux ou trois mois pour chaque année de détention et cinq ou sept jours pour chaque mois de détention, selon qu'il s'agit ou non d'une condamnation prononcée pour des faits commis en récidive, et sous réserve des précisions apportées par l'art. D. 115-14-2. Ce montant est calculé au regard de la période de détention examinée pour apprécier la conduite du condamné. Toutefois, si cette période est inférieure à un mois, ce montant peut atteindre sept jours, ou cinq jours s'il s'agit d'une condamnation prononcée pour des faits commis en récidive, dès lors que le total des retraits ordonnés ne dépasse pas le montant du crédit de réduction de peine dont a bénéficié le condamné. Ces dispositions, en précisant les modalités de retrait de réduction de peine pour des périodes de détention inférieures à un mois, apportent des précisions qui ne font que tirer les conséquences de l'art. 721. Dès lors, le moyen tiré de la violation de cet art. doit être écarté. • CE 12 déc. 2007, n° 293993 : *RFDA 2008. 999, note De Graëve* ; *AJDA 2007. 2405* ; *AJ pénal 2008. 131, obs. Herzog-Evans*.

b DU RETRAIT ORDONNÉ PAR LA JURIDICTION DE JUGEMENT APRÈS LA LIBÉRATION DU CONDAMNÉ

Art. D. 115-15 **Si un condamné a exécuté successivement plusieurs peines privatives de liberté, le délai pendant lequel la commission d'une nouvelle infraction par le condamné peut donner lieu à une décision de retrait prise par la juridiction de jugement en application des dispositions du** *(Décr. n° 2007-699 du 3 mai 2007, art. 13-VIII)* **« cinquième alinéa de l'article 721 » court à compter de la levée d'écrou concernant la dernière peine exécutée, pour une durée égale au total des crédits de réduction de**

peine dont il a bénéficié diminué, le cas échéant, du total des retraits qui ont pu être ordonnés.

Art. D. 115-16 **Le délai pendant lequel, en application du** *(Décr. n° 2007-699 du 3 mai 2007, art. 13-VIII)* **« cinquième alinéa de l'article 721 », la commission d'une nouvelle infraction par le condamné peut donner lieu à une décision de retrait par la juridiction de jugement n'est pas suspendu en cas de nouvelle incarcération de ce dernier.**

Art. D. 115-17 **La décision de retrait n'a pas pour effet de remettre à exécution la ou les peines auxquelles correspondait le crédit de réduction de peine ayant été retiré.**

Art. D. 115-18 **Lorsqu'il est procédé à la levée d'écrou du condamné, y compris pour un condamné faisant l'objet d'une semi-liberté, d'un placement à l'extérieur ou d'un placement sous surveillance électronique, le greffe de l'établissement pénitentiaire l'informe, conformément aux dispositions du dernier alinéa de l'article 721, de la possibilité d'une décision de retrait par la juridiction de jugement en cas de commission d'une nouvelle infraction, en lui indiquant la date jusqu'à laquelle la commission d'une nouvelle infraction pourra donner lieu à ce retrait. Il lui est à cette fin remis un document dont le modèle est établi par le ministre de la justice.**

SOUS-SECTION 2 DES AUTRES RÉDUCTIONS DE PEINE

§ 1er DISPOSITIONS COMMUNES

Art. D. 116 **Les réductions de peine supplémentaires et les réductions de peine exceptionnelles s'imputent sur la détention restant à subir, le décompte s'effectuant à compter de la date de libération.**

Art. D. 116-1 **Toutefois, les réductions de peine supplémentaires et les réductions de peine exceptionnelles ne s'appliquent pas à l'emprisonnement résultant :**

1° Du retrait d'un crédit de réduction de peine ordonné en application des *(Décr. n° 2007-699 du 3 mai 2007)* **« alinéas 3, 4 et 5 de l'article 721 » ;**

2° Du retrait d'un crédit de réduction de peine ou d'une réduction de peine supplémentaire ordonné en application *(Décr. n° 2007-699 du 3 mai 2007)* **« des articles 721-2 ou 723-35 » ;**

3° De la contrainte judiciaire.

§ 2 DE LA RÉDUCTION DE PEINE SUPPLÉMENTAIRE

Art. D. 116-2 **Pour l'application des dispositions de l'article 721-1 relatif aux réductions de peine supplémentaires, la commission de l'application des peines examine la situation du condamné au moins une fois par an, même en l'absence de demande formée par celui-ci conformément aux dispositions de l'article D. 49-11. Si le juge de l'application des peines, après cet examen, ne décide pas d'accorder d'office une réduction de peine au condamné, ce dernier en est informé et peut, s'il l'estime utile, former une telle demande.**

En cas d'incarcération subie sous le régime de la détention provisoire et si la durée en est d'au moins une année, la situation du condamné est examinée par la commission de l'application des peines dans un délai de deux mois à compter de la date à laquelle la condamnation est devenue définitive.

Le JAP du lieu de détention est compétent pour ordonner la révocation d'une mesure de libération conditionnelle qu'il a précédemment accordée mais qui n'a pas encore été mise à exécution. • Crim. 26 juin 2002, n° 01-86.384 P.

Art. D. 116-3 **Lorsque la durée d'incarcération restant à subir est inférieure à une année, le juge de l'application des peines prend en considération la totalité de cette durée pour apprécier le montant des réductions de peine supplémentaires susceptibles d'être octroyées.**

Art. D. 116-4 **En cas de décision sur les réductions de peine supplémentaires au titre d'une fraction inférieure à un an suivi de l'inscription à la fiche pénale d'une ou de**

plusieurs condamnations permettant l'examen de ces réductions de peine sur une fraction annuelle, le juge de l'application des peines peut rapporter sa décision précédente et réexaminer la situation du condamné sur la fraction annuelle.

Art. D. 116-5 à D. 116-16-1 *Abrogés par Décr. nº 2004-1364 du 13 déc. 2004, art. 4, à compter du 1er janv. 2005.*

§ 3 *[ABROGÉ]* DE LA RÉDUCTION DE PEINE CONDITIONNELLE

(Abrogé par Décr. nº 2014-1582 du 23 déc. 2014, art. 29)

Art. D. 117 ***Lorsque le juge de l'application des peines a, en application des dispositions du premier alinéa de l'article 721-2, interdit au condamné de rencontrer après sa libération la partie civile pendant une durée égale à tout ou partie des réductions de peine dont il a bénéficié, le condamné est informé, au moment de sa libération, de la possibilité de retrait prévue par le troisième alinéa de cet article.***

Cette information est faite conformément aux dispositions de l'article D. 115-18.

Art. D. 117-1 ***Le délai pendant lequel il est interdit au condamné de rencontrer la partie civile n'est pas suspendu en cas de nouvelle incarcération de ce dernier, y compris si cette interdiction est accompagnée de l'obligation d'indemniser la partie civile.***

Art. D. 117-2 ***La décision de retrait des réductions de peine prise en application du troisième alinéa de l'article 721-2 n'a pas pour effet de remettre la ou les peines à exécution.***

§ 4 DES RÉDUCTIONS DE PEINES EXCEPTIONNELLES DES ARTICLES 721-3 ET 731-4 *(Décr. nº 2022-546 du 13 avr. 2022, art. 8).*

Art. D. 117-3 La réduction de peine exceptionnelle prévue par l'article 721-3 *(Décr. nº 2022-546 du 13 avr. 2022, art. 8)* « ainsi que celle prévue par l'article 721-4 » peut être accordée en une ou plusieurs fois sans dépasser le tiers de la peine prononcée. Pour la détermination du quantum maximum, il est tenu compte de l'ensemble des condamnations à exécuter ou figurant à l'écrou au jour de la requête.

Dans tous les cas, le tribunal de l'application des peines précise dans son jugement la ou les peines prises en compte pour le calcul du quantum maximum de la réduction de peine exceptionnelle.

SOUS-SECTION 3 *[ABROGÉE]* RETRAIT ET INTERDICTION DE PLEIN DROIT DES RÉDUCTIONS DE PEINE

(Abrogée par Décr. nº 2022-546 du 13 avr. 2022, art. 8) (Décr. nº 2008-361 du 16 avr. 2008)

Art. D. 117-4 ***Le retrait des réductions de peines découlant de plein droit de l'application du III de l'article 706-56 en cas de condamnation prononcée pour les délits prévus par cet article concerne le crédit de réduction de peine,*** *(Décr. nº 2019-508 du 24 mai 2019, art. 5 et 9, en vigueur le 1er juin 2019)* ***« dont le condamné aurait pu bénéficier au titre de la condamnation prononcée pour ces infractions et a pu bénéficier au titre de la condamnation en vertu de laquelle le prélèvement devait être effectué. » Cette condamnation interdit l'octroi de nouvelles réductions de peine.***

Le ministère public donne les instructions nécessaires au greffe de l'établissement pénitentiaire pour que ce retrait soit pris en compte et que soit déterminée la nouvelle date de libération du condamné.

(Décr. nº 2019-508 du 24 mai 2019, art. 5 et 9, en vigueur le 1er juin 2019) ***« La juridiction ayant prononcé la condamnation pour les délits prévus à l'article 706-56 peut, dans sa décision, relever en tout ou partie le condamné du retrait des crédits de réduction de peine concernant les condamnations mentionnées au premier alinéa, conformément aux dispositions de l'article 132-21 du code pénal.***

« Ce relèvement peut également être ordonné » *après la condamnation, en application des* ***dispositions de l'article 703 du présent code.***

Les relèvements prévus par les deux alinéas précédents peuvent être ordonnés à la demande du condamné, ainsi que sur réquisitions du procureur de la République, notamment si ce dernier estime qu'il convient que le condamné continue de bénéficier du crédit de réduction de

peine** (Décr. nº 2019-508 du 24 mai 2019, art. 5 et 9, en vigueur le 1er juin 2019) **« concernant les condamnations mentionnées au premier alinéa » afin de pouvoir faire l'objet, le cas échéant, d'une surveillance judiciaire.

Au regard de la disparité entre la législation nationale et la Conv. EDH telle qu'interprétée par la Cour EDH, le juge se doit d'appliquer les principes dégagés par cette Cour. Il s'ensuit que les dispositions de l'art. 706-56, § 3 sont contraires à la Conv. EDH. Il convient en conséquence d'en écarter l'application au requérant (dispositions ayant impliqué la perte de plein droit de toutes les réductions de peine et l'absence d'octroi de nouvelle réduction de peine). • Pau, 31 mars 2011 : *AJ pénal 2011. 250, obs. De Combes de Nayves ; RPDP 2011. 411, obs. Céré ; Dr. pénal 2012. Chron. 2, obs. Garçon.* ♦ En application de l'art. D. 117-4, la cour d'appel peut écarter les dispositions de l'art. 706-56, § 3, et relever le condamné de son retrait de réductions de peines. • Crim. 18 janv. 2012 : *Dr. pénal 2013. Chron. 3, obs. Bonis-Garçon.*

SECTION VII **DU PLACEMENT À L'EXTÉRIEUR, DU RÉGIME DE SEMI-LIBERTÉ, DE LA DÉTENTION À DOMICILE SOUS SURVEILLANCE ÉLECTRONIQUE ET DES PERMISSIONS DE SORTIR** *(Décr. nº 2009-420 du 15 avr. 2009).*

Art. D. 118 *(Décr. nº 79-534 du 3 juill. 1979)* **Indépendamment des cas où il est procédé à leur extraction ou à leur transfèrement et des cas où ils sont chargés d'exécuter des corvées sous la surveillance directe et constante du personnel, des condamnés peuvent se trouver** *(Abrogé par Décr. nº 2016-1222 du 14 sept. 2016, art. 2)* ***« régulièrement »*** **en dehors des établissements pénitentiaires dans les hypothèses** *(Décr. nº 2016-1222 du 14 sept. 2016, art. 2)* **« des »** *(Décr. nº 2009-420 du 15 avr. 2009)* **« articles 723, 723-3 et 723-7 » qui prévoient soit le placement à l'extérieur et l'admission au régime de semi-liberté, soit les permissions de sortir** *(Décr. nº 2009-420 du 15 avr. 2009)* **« et la détention à domicile sous surveillance électronique ».**

BIBL. ► GIACOPELLI, *AJ pénal 2005. 89* (promotion du milieu ouvert par l'aménagement des peines). – HERZOG-EVANS, *AJ pénal 2009. 483* (application des peines : la prétendue « bonne partie » de la loi pénitentiaire). – JANAS, *Dr. pénal 2010, nº 7* (dispositions relatives au prononcé et à l'application des peines de la loi nº 2009-1436 du 24 novembre 2009 dite « loi pénitentiaire ») ; *AJ pénal 2005. 101* (le JAP et l'aménagement des peines vers le milieu ouvert). – PONCELA, *RSC 2007. 883* (finir sa peine : libre ou suivi). – VICENTINI, *Gaz. Pal. 28 janv. 2010* (aménagements de peine dans la loi pénitentiaire).

§ 1er DISPOSITIONS COMMUNES

Art. D. 119 *(Décr. nº 2020-187 du 3 mars 2020, art. 3, en vigueur le 24 mars 2020)* **Dans les cas prévus par les articles 723-1 et 723-7, les mesures d'aménagement de la peine sous le régime de la semi-liberté, du placement extérieur ou de la détention à domicile sous surveillance électronique peuvent être ordonnées par le juge de l'application des peines, conformément aux dispositions du deuxième alinéa du II et du III de l'article 707, au regard de l'évolution de la personnalité et de la situation matérielle, familiale et sociale de la personne condamnée, et notamment lorsque cet aménagement est justifié pour permettre à celle-ci :**

1º D'exercer une activité professionnelle, même temporaire, de suivre un stage, un enseignement ou une formation professionnelle, ou de rechercher un emploi ;

2º De participer à la vie de sa famille ;

3º De suivre un traitement médical ;

4º D'assurer sa réadaptation sociale du fait de son implication dans tout autre projet d'insertion ou de réinsertion de nature à prévenir les risques de récidive.

Toutefois, conformément à l'article 720, lorsque la personne condamnée exécute une ou plusieurs peines privatives de liberté d'une durée totale inférieure ou égale à cinq ans et que la durée de la peine accomplie est au moins égale au double de la durée de la peine restant à subir, l'aménagement doit être ordonné, sauf s'il est impossible à mettre en œuvre au regard des exigences de l'article 707.

Art. D. 120 *Abrogé par Décr. nº 2000-1213 du 13 déc. 2000.*

Art. D. 121 *(Décr. nº 98-1099 du 18 déc. 1998)* **Les rémunérations des condamnés bénéficiant d'un contrat de travail dans les conditions définies au deuxième alinéa de l'article** *(Décr. nº 2010-1635 du 23 déc. 2010)* **« D. 433-1 » sont versées directement**

par l'employeur sur un compte extérieur dont est titulaire le condamné, sauf prescriptions contraires du juge de l'application des peines.

Les rémunérations des détenus exerçant une activité à l'extérieur de l'établissement, dans les conditions prévues par le premier alinéa de l'article *(Décr. nº 2010-1635 du 23 déc. 2010)* « D. 433-1 », sont versées, sauf prescriptions contraires du juge de l'application des peines, à l'établissement pénitentiaire qui approvisionne le compte nominatif des détenus, en application des dispositions relatives à la répartition des produits du travail.

Art. D. 121-1 *(Décr. nº 2009-420 du 15 avr. 2009)* « Les condamnés admis au régime de la semi-liberté, du placement à l'extérieur sans surveillance en application de l'article D. 136 ou de la détention à domicile sous surveillance électronique en application de l'article 723-7 sont dispensés de la constitution du pécule de libération. »

(Décr. nº 98-1099 du 8 déc. 1998) Ils demeurent redevables de la part réservée à l'indemnisation des parties civiles et aux créanciers d'aliments, sous réserve de prescriptions particulières déterminées par le juge de l'application des peines.

Art. D. 122 Par dérogation aux dispositions de l'article D. 318, les détenus *(Décr. nº 98-1099 du 8 déc. 1998)* « bénéficiant d'une mesure de semi-liberté ou d'un placement à l'extérieur sans surveillance en application de l'article D. 136 *(Décr. nº 2009-420 du 15 avr. 2009)* «, d'une détention à domicile sous surveillance électronique en application de l'article 723-7 » ou bénéficiaires d'une permission de sortir sont autorisés à détenir une somme d'argent leur permettant d'effectuer en dehors de l'établissement les dépenses nécessaires et, notamment, de payer les repas pris à l'extérieur d'utiliser des moyens de transport et de faire face à des frais médicaux éventuels ».

Le chef de l'établissement apprécie, au moment de la sortie des intéressés, l'importance de la somme qui doit leur être remise, par prélèvement sur leur part disponible. *(Décr. nº 85-836 du 6 août 1985 ; Décr. nº 98-1099 du 8 déc. 1998)* « Lorsqu'ils réintègrent l'établissement pénitentiaire, et à intervalles réguliers en ce qui concerne les semi-libres, les détenus doivent justifier des dépenses effectuées » *(Abrogé par Décr. nº 2009-420 du 15 avr. 2009)* ***« et le reliquat de la somme qui avait été mise à leur disposition est déposé au service comptable ».***

(Décr. nº 2009-420 du 15 avr. 2009) « S'agissant des détenus bénéficiaires d'une permission de sortir, lorsque la somme rapportée est d'un montant supérieur à celui remis au départ, ce surplus est soumis à répartition dans les conditions fixées par les articles D. 320 à D. 320-3. »

Art. D. 123 Les détenus autorisés à sortir d'un établissement *(Abrogé par Décr. nº 2009-420 du 15 avr. 2009)* ***« sans faire l'objet d'une surveillance »*** *(Décr. nº 98-1099 du 8 déc. 1998 ; Décr. nº 2009-420 du 15 avr. 2009)* « en application des articles 723, 723-3 et 723-7 » doivent être porteurs d'un document leur permettant de justifier de la régularité de leur situation.

Outre les renseignements d'état civil *(Abrogé par Décr. nº 98-1099 du 8 déc. 1998)* ***« et d'anthropométrie utiles »***, ce document doit mentionner les lieux où les intéressés sont autorisés à se rendre ainsi que la date et l'heure auxquelles ils sont dans l'obligation de réintégrer *(Décr. nº 98-1099 du 8 déc. 1998)* « l'établissement pénitentiaire » *(Décr. nº 2009-420 du 15 avr. 2009)* « ou le lieu d'assignation désigné par le juge de l'application des peines ».

Il doit être produit à toute réquisition de l'autorité publique.

Art. D. 124 Les condamnés qui se trouvent en dehors d'un établissement en vertu d'une des *(Décr. nº 79-534 du 3 juill. 1979)* « autorisations prévues aux articles 723 et 723-3 » demeurent soumis à l'ensemble des règles disciplinaires relatives au régime des détenus de leur catégorie, sous la seule réserve des dérogations édictées à la présente section.

(Décr. nº 72-852 du 12 sept. 1972) « Toute inobservation de ces règles, tout manquement à l'obligation de bonne conduite, tout incident, doit être signalé au juge de l'application des peines. En cas d'urgence, le chef de l'établissement peut faire procéder à la réintégration immédiate du détenu, sauf à en rendre compte sans délai à ce magistrat. »

(Décr. nº 2004-1364 du 13 déc. 2004, art. 5, en vigueur le 1er janv. 2005) « Le juge d'application des peines doit alors statuer dans un délai de dix jours à compter de la réintégration du détenu sur l'éventuel retrait ou révocation de la mesure, conformément aux dispositions de l'article 712-6.

« Les dispositions du présent article sont également applicables aux condamnés placés sous surveillance électronique. »

Art. D. 125 Les détenus qui, bénéficiant d'une des *(Décr. nº 79-534 du 3 juill. 1979 ; Décr. nº 2009-420 du 15 avr. 2009)* « autorisations prévues aux articles 723, 723-3 et 723-7 », n'ont pas regagné l'établissement pénitentiaire *(Décr. nº 2009-420 du 15 avr. 2009)* « ou le lieu d'assignation désigné par le juge de l'application des peines » dans les délais fixés, doivent être considérés comme se trouvant en état d'évasion.

Les diligences prévues aux articles D. 280 et D. 283 doivent en conséquence être effectuées, et les intéressés, de même que ceux qui auraient tenté de se soustraire à l'obligation de réintégrer *(Décr. nº 98-1099 du 8 déc. 1998)* « l'établissement pénitentiaire, encourent des sanctions disciplinaires sans préjudice des poursuites pénales qui pourraient être exercées en application de l'article 434-29 du code pénal ».

Art. D. 125-1 *(Décr. nº 93-193 du 8 févr. 1993)* Les condamnés bénéficiant d'une mesure prise en application *(Décr. nº 2009-420 du 15 avr. 2009)* « des articles 723 et 723-7 », qui exercent une activité professionnelle dans les mêmes conditions que les travailleurs libres, sont affiliés au régime d'assurance maladie, vieillesse et accidents du travail dont ils relèvent au titre de cette activité.

La déclaration d'emploi est souscrite à la diligence et sous la responsabilité de l'employeur, conformément aux obligations qui lui incombent selon la nature de son entreprise.

§ 2 PLACEMENT À L'EXTÉRIEUR SOUS SURVEILLANCE DU PERSONNEL PÉNITENTIAIRE *(Décr. nº 98-1099 du 8 déc. 1998).*

Art. D. 126 En application des dispositions du premier alinéa de l'article 723, les condamnés peuvent être employés en dehors d'un établissement pénitentiaire à des travaux contrôlés par l'administration.

(Décr. nº 85-836 du 6 août 1985) « Ces travaux, quelle qu'en soit la nature, peuvent être exécutés pour le compte d'une administration, d'une collectivité publique, d'une personne physique ou morale sous les régimes définis » au premier alinéa de l'article *(Décr. nº 2010-1635 du 23 déc. 2010)* « D. 433-1 ».

Art. D. 127 *(Décr. nº 85-836 du 6 août 1985)* L'ouverture d'un chantier de travail dans les conditions prévues à l'article D. 126 est subordonnée à l'accord du *(Décr. nº 98-1099 du 8 déc. 1998)* « préfet » si l'effectif des détenus est supérieur à trois. Dans les autres cas, il en est tenu informé.

Art. D. 128 *(Décr. nº 98-1099 du 8 déc. 1998)* Peuvent être désignés pour être employés à des travaux à l'extérieur, s'ils présentent des garanties suffisantes pour la sécurité et l'ordre public, notamment au regard de leur personnalité, de leurs antécédents, de leur conduite en détention et des gages de réinsertion dont ils ont fait preuve :

1° Les détenus ayant à subir une durée d'incarcération inférieure ou égale à cinq ans et n'ayant pas été condamnés antérieurement à une peine privative de liberté supérieure à six mois ;

2° Les détenus remplissant les conditions de délai requises pour être proposés au bénéfice de la libération conditionnelle, quels que soient leurs antécédents et la durée de l'incarcération à subir ;

3° Les détenus remplissant les conditions de délai requises pour être admis à la semi-liberté ;

(Décr. nº 2007-1627 du 16 nov. 2007) « 4° Les condamnés pouvant faire l'objet d'un placement extérieur sans surveillance du personnel pénitentiaire, en application des dispositions de l'article D. 136. »

BIBL. ▶ GALLARDO, *RSC 2008. 382* (décret nº 2007-1627 du 16 novembre 2007 modifiant le code de procédure pénale et renforçant le recours aux aménagements de peines et la lutte contre la récidive).

Art. D. 129 *(Décr. nº 2007-1627 du 16 nov. 2007)* **Les détenus placés à l'extérieur peuvent être soumis à l'une ou plusieurs des obligations ou interdictions mentionnées aux articles 131-36-2, 132-44** *(Décr. nº 2010-1276 du 27 oct. 2010, art. 5)* **« et 132-45 » du code pénal.**

Art. D. 130 Les détenus placés à l'extérieur demeurent soumis à la surveillance effective du personnel pénitentiaire.

Celui-ci a la charge d'appliquer les prescriptions et règlements relatifs au régime disciplinaire, notamment en ce qui concerne les communications avec les tiers. L'employeur doit se conformer aux indications qui lui sont données à cet égard.

(Décr. nº 98-1099 du 8 déc. 1998) **« A la fin de chaque journée de travail, les détenus sont réintégrés à l'établissement pénitentiaire, à moins que, sur proposition de l'administration pénitentiaire, il n'en soit décidé autrement par le juge de l'application des peines. »**

Art. D. 131 *(Décr. nº 98-1099 du 8 déc. 1998)* **Le chef d'établissement pénitentiaire doit s'assurer de la stricte application des consignes données au personnel de surveillance pour l'application des dispositions de l'article D. 130.**

Art. D. 132 *Abrogé par Décr. nº 98-1099 du 8 déc. 1998.*

Art. D. 133 *(Décr. nº 85-836 du 6 août 1985)* **Le chef d'établissement** *(Abrogé par Décr. nº 98-1099 du 8 déc. 1998)* ***«, s'il s'agit d'un membre du personnel de direction, »*** **a qualité pour accorder une concession pour une durée égale ou inférieure à trois mois ou concernant un effectif égal ou inférieur à cinq détenus.**

Les concessions envisagées pour une durée supérieure à trois mois ou pour un effectif supérieur à cinq détenus font l'objet d'un contrat qui en fixe les conditions particulières, notamment en ce qui concerne l'effectif et la rémunération des détenus et la durée de la concession. *(Décr. nº 98-1099 du 8 déc. 1998)* **« Ce contrat est signé par le représentant de l'entreprise concessionnaire et le directeur interrégional des services pénitentiaires. »**

(Décr. nº 2000-1213 du 13 déc. 2000) **« Il ne peut recevoir effet à l'égard du placement de chaque détenu qu'après autorisation du juge de l'application des peines. »** *(Abrogé par Décr. nº 98-1099 du 8 déc. 1998)* ***« Ce contrat est signé par le représentant de l'entreprise concessionnaire et le directeur régional. »***

Art. D. 134 Les prix payés pour le travail des détenus doivent être égaux aux salaires et aux accessoires de salaires des *(Décr. nº 85-836 du 6 août 1985)* **« travailleurs » libres de la même catégorie placés dans les mêmes conditions de tâche et de lieu, déduction faite des frais particuliers pouvant incomber à l'employeur.**

Al. abrogé par Décr. nº 98-1099 du 8 déc. 1998.

Art. D. 135 Les détenus placés à l'extérieur sont soumis aux mêmes horaires et conditions de travail que les *(Décr. nº 85-836 du 6 août 1985)* **« travailleurs » libres de même profession.**

§ 3 PLACEMENT À L'EXTÉRIEUR SANS SURVEILLANCE DU PERSONNEL PÉNITENTIAIRE

(Décr. nº 98-1099 du 8 déc. 1998)

BIBL. ▶ Boivent et Lassalle, *AJ pénal 2013. 192* (le placement à l'extérieur non hébergé par l'administration pénitentiaire).

Art. D. 136 Peuvent être autorisés soit à travailler à l'extérieur, soit à y suivre un enseignement, un stage, un emploi temporaire en vue de leur insertion sociale, une formation professionnelle ou faire l'objet d'une prise en charge sanitaire, sans être soumis à la surveillance continue du personnel pénitentiaire :

1º Les condamnés dont la peine restant à subir n'excède pas *(Décr. nº 2010-1276 du 27 oct. 2010, art. 5)* **« deux ans ou un an s'ils sont en état de récidive légale** *[ancienne rédaction : un an]* **» ;**

2º Les condamnés admis au bénéfice de la libération conditionnelle, sous la condition d'avoir été soumis à titre probatoire au régime du placement à l'extérieur ;

3º Les condamnés qui remplissent les conditions de délai requises pour être proposés au bénéfice de la libération conditionnelle et dont la peine restant à subir n'excède pas trois ans.

Le juge de l'application des peines détermine les conditions particulières de l'exécution de la mesure suivant la nature de l'activité ou de la prise en charge sanitaire, et la personnalité du condamné.

(Décr. n° 2007-699 du 3 mai 2007 ; Décr. n° 2007-1627 du 16 nov. 2007) « Il peut en outre subordonner l'octroi ou le maintien de la mesure à l'une ou plusieurs des obligations et interdictions mentionnées aux articles 131-36-2, 132-44 *(Décr. n° 2010-1276 du 27 oct. 2010, art. 5)* « et 132-45 » du code pénal ».

L'employeur ou le directeur de l'établissement de formation ou de soins doit informer sans délai le représentant qualifié de l'administration pénitentiaire de tout incident concernant le détenu, notamment de toute absence quelle qu'en soit la durée.

§ 4 RÉGIME DE SEMI-LIBERTÉ *(Décr. n° 98-1099 du 8 déc. 1998)*.

Art. D. 137 *(Décr. n° 98-1099 du 8 déc. 1998)* Les condamnés admis au régime de la semi-liberté en application des dispositions des articles 132-25 du code pénal et 723-1 du code de procédure pénale s'engagent à respecter les conditions de bonne tenue et d'assiduité au travail, la participation effective à l'activité et le suivi du traitement médical.

Le juge de l'application des peines détermine les jours et heures de sortie et de retour, les conditions particulières propres à la nature de l'activité ou du traitement et à la personnalité du condamné.

Art. D. 138 *(Décr. n° 2004-1364 du 13 déc. 2004, en vigueur le 1er janv. 2005 ; Décr. n° 2007-1627 du 16 nov. 2007)* Le maintien de la semi-liberté peut être subordonné à l'une ou plusieurs des obligations ou interdictions mentionnées aux articles 131-36-2, 132-44 *(Décr. n° 2010-1276 du 27 oct. 2010, art. 5)* « et 132-45 » du code pénal, que le juge de l'application des peines peut modifier ou compléter au cours de l'exécution de la mesure conformément aux dispositions de l'article 712-8.

Art. D. 139 *Abrogé par Décr. n° 98-1099 du 8 déc. 1998.*

Art. D. 140 *Abrogé par Décr. n° 80-227 du 27 mars 1980.*

Art. D. 141 *Abrogé par Décr. n° 93-193 du 8 févr. 1993.*

§ 5 PERMISSIONS DE SORTIR *(Décr. n° 98-1099 du 8 déc. 1998)*.

A DISPOSITIONS COMMUNES *(Décr. n° 2016-1222 du 14 sept. 2016, art. 3)*.

Art. D. 142 *(Décr. n° 2004-1364 du 13 déc. 2004, en vigueur le 1er janv. 2005 ; Décr. n° 2007-1627 du 16 nov. 2007)* La permission de sortir est accordée pour une ou plusieurs sorties. Elle autorise le condamné à se rendre en un lieu situé sur le territoire national. Elle peut être assortie d'une ou plusieurs conditions, et notamment des obligations prévues aux articles 131-36-2, 132-44 *(Décr. n° 2010-1276 du 27 oct. 2010, art. 5)* « et 132-45 » du code pénal. *(Décr. n° 2020-1640 du 21 déc. 2020, art. 10)* « La permission de sortir peut être assortie de l'interdiction faite au condamné d'entrer en relation avec la victime de l'infraction, ou de paraître dans les lieux où celle-ci se trouve habituellement, notamment en cas de crime ou de délit relevant de l'article 132-80 du code pénal. Si le condamné fait l'objet d'une interdiction d'entrer en relation avec une personne, de fréquenter certains condamnés ou de paraître en certains lieux, prononcée en application de l'article 138 du présent code ou des articles 131-6, 131-10 ou 132-45 du code pénal, y compris à l'occasion d'un suivi-socio-judiciaire, d'un sursis probatoire ou d'une peine principale ou complémentaire, la permission de sortir est de plein droit assortie de ces interdictions. Ces dernières peuvent être rappelées dans la décision accordant la permission de sortir. Il en est de même si la personne fait l'objet de ces interdictions en application d'une ordonnance de protection prévue par l'article 515-11 du code civil. »

Un délai de route peut être accordé au bénéficiaire de la permission de sortir ; il est calculé en fonction de la durée du trajet et des horaires des moyens de transport utilisés.

(Décr. n° 2016-1222 du 14 sept. 2016, art. 4) « Le juge de l'application des peines peut ordonner le retrait d'une permission de sortir et la réincarcération immédiate du

condamné si les conditions qui ont permis l'octroi de celle-ci ne sont plus réunies, si le condamné ne satisfait pas aux obligations qui lui sont imposées ou s'il fait preuve de mauvaise conduite. Ce retrait peut, pour les mêmes motifs, être ordonné avant la mise à exécution de la permission. »

Le juge peut à cette fin décerner un mandat d'amener ou d'arrêt en application des dispositions de l'article *(Décr. n° 2006-385 du 30 mars 2006, art. 20)* « 712-17 ».

(Décr. n° 2020-91 du 6 févr. 2020, art. 3) « Les décisions prévues au troisième alinéa peuvent être prises tant par le juge de l'application des peines que par le chef d'établissement lorsque c'est ce dernier qui a octroyé la permission de sortir en application du troisième alinéa de l'article 723-3 et de l'article D. 142-3-1. »

Art. D. 142-1 *(Décr. n° 2016-1222 du 14 sept. 2016, art. 5)* Les personnes condamnées ne peuvent bénéficier de permission de sortir en cours d'exécution d'une période de sûreté.

Art. D. 142-2 *(Décr. n° 2016-1222 du 14 sept. 2016, art. 5)* En cas d'appel d'une ordonnance statuant sur une demande de permission de sortir, le président de la chambre de l'application des peines qui confirme l'octroi ou infirme le rejet de celle-ci peut, si la date prévue pour la permission est dépassée lorsqu'il statue sur l'appel, décider d'une autre date ou décider qu'une nouvelle date sera fixée par le juge de l'application des peines ou, conformément aux dispositions de l'article D. 144, par le directeur du service pénitentiaire d'insertion et de probation.

Art. D. 142-3 *(Décr. n° 2016-1222 du 14 sept. 2016, art. 5)* Le détenu bénéficiaire d'une permission de sortir doit supporter les frais occasionnés par son séjour hors de l'établissement et notamment le coût des moyens de transport qu'il serait éventuellement obligé d'utiliser.

En conséquence, aucune permission de sortir ne peut être accordée si une somme suffisante ne figure pas à la part disponible du condamné ou si l'intéressé ne justifie pas de possibilités licites d'hébergement et de transport.

Art. D. 142-3-1 *(Décr. n° 2020-91 du 6 févr. 2020, art. 3)* Lorsque le juge de l'application des peines a accordé à la personne condamnée une permission de sortir, en application des articles D. 143 à D. 145, les permissions de sortir ultérieures prévues par ces mêmes articles peuvent être accordées par le chef d'établissement pénitentiaire, conformément au troisième alinéa de l'article 723-3.

Le cas échéant, le juge de l'application des peines fixe les obligations et interdictions des articles 132-44 et 132-45 du code pénal qui s'appliqueront pour les permissions de sortir ainsi prononcées. Il est également compétent pour les modifier ou ordonner leur mainlevée selon les mêmes formes.

Le juge de l'application des peines peut décider dans la décision octroyant une permission de sortir que les dispositions du troisième alinéa de l'article 723-3 ne sont pas applicables. Suivant les mêmes formes, le juge de l'application des peines peut ordonner ultérieurement soit d'office, soit à la demande du procureur de la République ou du chef d'établissement que ces dispositions ne sont plus applicables. Ces décisions constituent des mesures d'administration judiciaire insusceptibles de recours.

Le chef d'établissement qui accorde une permission de sortir en application des dispositions du présent article statue après avis écrit du service pénitentiaire d'insertion de probation. Il informe immédiatement le juge de l'application des peines et le parquet compétents de sa décision.

Si le chef d'établissement refuse l'octroi de la permission de sortir, il informe le condamné que cette décision ne peut faire l'objet d'aucun recours, mais que celui-ci peut saisir le juge de l'application des peines d'une même demande de permission.

Lorsqu'il est saisi d'une demande relevant des dispositions du dernier alinéa de l'article 723-3, le chef d'établissement doit statuer au plus tard dans un délai de deux mois suivant le dépôt de la demande dans les conditions prévues par l'article D. 49-11. A défaut, le condamné peut directement saisir le juge de l'application des peines dans les mêmes formes.

B PERMISSIONS DE SORTIR EN VUE DE PRÉPARER LA RÉINSERTION PROFESSIONNELLE OU SOCIALE ET PERMISSIONS DE SORTIR EN VUE DU MAINTIEN DES LIENS FAMILIAUX

(Décr. nº 2016-1222 du 14 sept. 2016, art. 5)

Art. D. 143 **Les personnes condamnées incarcérées dans une maison d'arrêt, une maison centrale, un centre de semi-liberté et, lorsqu'elles sont majeures, dans un établissement pénitentiaire spécialisé pour mineurs peuvent bénéficier de permissions de sortir d'une durée maximale de trois jours en vue du maintien des liens familiaux ou de la préparation de la réinsertion professionnelle ou sociale dans les cas suivants :**

1º Lorsqu'elles exécutent une ou plusieurs peines privatives de liberté d'une durée totale n'excédant pas un an ;

2º Lorsqu'elles ont exécuté la moitié de la peine et qu'elles n'ont plus à subir qu'un temps de détention inférieur à trois ans ;

3º Lorsque le juge ou le tribunal de l'application des peines ont, en application du 1º de l'article D. 535 et selon la procédure prévue aux articles 712-6 ou 712-7, décidé de subordonner l'octroi de la libération conditionnelle à la condition d'avoir bénéficié d'une ou plusieurs permissions de sortir.

1. Condition tenant à la nature de l'établissement. L'art. D. 146 *[D. 143]* ne saurait s'appliquer à un condamné ayant exécuté le tiers de sa peine, mais détenu dans une maison d'arrêt. • Crim. 8 mars 1990, nº 89-82.197 P : *JCP 1991. II. 21647, note Syr.* ♦ Il résulte de l'art. D. 146 *[D. 143-1]* que seuls les condamnés incarcérés dans les centres de détention peuvent bénéficier des permissions de sortir prévues à l'art. D. 145 *[D. 143]* lorsqu'ils ont exécuté le tiers de leur peine. Encourt dès lors la cassation le jugement qui confirme l'ordonnance du JAP accordant une telle permission à un condamné ayant exécuté le tiers de sa peine, mais détenu dans une maison d'arrêt. • Crim. 1er avr. 1998, nº 97-86.672 P : *RSC 1999. 97, obs. Bouloc* .

2. Condition tenant au comportement. Le condamné qui bénéficie déjà d'une mesure de faveur en exécutant sa peine sous le régime de la semi-liberté doit avoir un comportement irréprochable pour pouvoir prétendre à une permission de sortir. Celle-ci doit venir récompenser des efforts certains de réadaptation et de bonne conduite. Les incidents récents rapportés par le chef d'établissement et le chef de détention n'autorisent pas actuellement cette mesure de faveur. • Douai, 29 févr. 2008 : *AJ pénal 2009, obs. Herzog-Evans.*

3. Écart entre deux permissions de sortir. En considération de l'effectif de l'établissement pénitentiaire, l'administration détermine justement un rythme de présentation des demandes afin de respecter une égalité entre les condamnés. Une présentation anarchique et non sérieusement motivée de ces demandes conduirait à vider de tout sens le rôle de ces permissions, le condamné bénéficiant alors d'une quasi semi-liberté. • Agen, 6 avr. 2006 : *AJ pénal 2006. 271, obs. Herzog-Evans* .

4. Permission de sortir pour examens. Le condamné détenu en centre de détention qui a effectué le tiers de sa peine mais moins de la moitié de celle-ci ne peut bénéficier d'une permission de sortir pour passer des examens car en cette matière seul l'art. D. 143 *[D. 143-4]* a vocation à s'appliquer. • Crim. 27 févr. 2001, nº 00-84.253 P : *RSC 2001. 801, obs. Bouloc* .

Art. D. 143-1 **Les personnes condamnées incarcérées dans les centres de détention peuvent bénéficier des permissions de sortir prévues à l'article D. 143, lorsqu'elles ont exécuté le tiers de leur peine.**

A leur égard, la durée de ces permissions peut être portée à cinq jours et, une fois par an, à dix jours.

Art. D. 143-2 **Les personnes condamnées incarcérées dans les** *(Décr. nº 2022-339 du 10 mars 2022, art. 1er)* **« structures d'accompagnement vers la sortie** *[ancienne rédaction : centres pour peines aménagées]* **» peuvent bénéficier des permissions de sortir prévues à l'article D. 143 sans condition de délai.**

A leur égard, la durée de ces permissions peut être portée à cinq jours.

Les centres pénitentiaires comportant un quartier pour peines aménagées demeurent soumis aux dispositions des art. D. 70, D. 72-1, D. 80, D. 81, D. 82-2, D. 86 et D. 143-2 dans leur rédaction antérieure au Décr. nº 2022-239 du 10 mars 2022 jusqu'à la suppression de ces quartiers par arrêté du garde des sceaux, ministre de la justice, au plus tard le 31 déc. 2023 (Décr. préc., art. 3).

Art. D. 143-3 **Des permissions de sortir peuvent être accordées, ponctuellement ou à titre habituel, les samedis, dimanches et jours fériés ou chômés aux personnes condamnées admises au régime de la semi-liberté ou bénéficiant d'un placement à l'extérieur**

en application de l'article D. 136 ainsi qu'aux personnes condamnées placées sous surveillance électronique.

Art. D. 143-4 Des permissions de sortir d'une durée n'excédant pas la journée peuvent être accordées dans les cas suivants aux personnes condamnées à une ou plusieurs peines privatives de liberté d'une durée totale n'excédant pas cinq ans ainsi qu'aux personnes condamnées à une ou plusieurs peines privatives de liberté d'une durée totale supérieure à cinq ans lorsque ces dernières ont exécuté la moitié de leur peine :

1° Présentation des personnes détenues prochainement libérables ou susceptibles d'être admises au bénéfice de la libération conditionnelle ou de la libération sous contrainte ou au régime de semi-liberté ou de placement sous surveillance électronique ou à l'extérieur en application de l'article D. 136, à leurs éventuels employeur ou auprès d'une structure de formation professionnelle, de stage ou d'enseignement ;

2° Présentation aux épreuves d'un examen dans les conditions prévues aux articles D. 436-3 et D. 438-2 ;

3° Présentation à une structure de soins ;

4° Sorties pour la pratique d'activités culturelles ou sportives organisées ;

5° Exercice par le condamné de son droit de vote.

1. Présentation aux épreuves d'un examen. Le régime des permissions de sortir susceptibles d'être accordées, pour la présentation aux épreuves d'un examen, à un condamné à une peine privative de liberté obéit aux seules règles fixées par l'art. D. 143 *[D. 143-4]*. Ce texte ne prévoit l'octroi d'une telle permission à une personne condamnée à une peine privative de liberté supérieure à 5 ans que lorsque la moitié de la peine a été exécutée. Dès lors, justifie sa décision la cour d'appel qui infirme l'ordonnance du JAP accordant une permission de sortir d'une journée en vue de la présentation aux épreuves d'un examen à un condamné à une peine privative de liberté supérieure à 5 ans qui a exécuté plus du tiers mais moins de la moitié de sa peine, au motif que les art. D. 145 et D. 146 *[D. 143 et D. 143-1]* permettent aux condamnés incarcérés dans un centre de détention ayant exécuté le tiers de leur peine d'obtenir des permissions de sortir, notamment en vue de la préparation de leur réinsertion sociale. • Crim. 27 févr. 2001, n° 00-84.253 P : *RSC 2001. 801, obs. Bouloc*.

2. Pluralité de peines. Les textes légaux et réglementaires relatifs à l'application des peines s'appliquant, par principe, en considération de la situation globale du condamné, le seuil de cinq ans, au-delà duquel l'octroi à un condamné des permissions de sortir prévues à l'art. D. 143 *[D. 143-4]* est soumis à une condition d'exécution de la moitié de peine, doit s'entendre de la durée cumulée des peines portées à l'écrou. • Cass., avis, 7 avr. 2014, n° 15005P P : *D. actu. 7 mai 2014, obs. Léna ; AJ pénal 2014. 380, obs. Herzog-Evans ; Dr. pénal 2014. 115, note Bonis-Garçon.*

Art. D. 143-5 Des permissions de sortir d'une durée maximale de trois jours peuvent être accordées à l'occasion de la maladie grave ou du décès d'un membre de leur famille proche, ou de la naissance de leur enfant, d'une part, aux personnes condamnées à une ou plusieurs peines privatives de liberté d'une durée totale n'excédant pas cinq ans et, d'autre part, aux personnes condamnées à une ou plusieurs peines privatives de liberté d'une durée totale supérieure à cinq ans lorsqu'elles ont exécuté la moitié de leur peine.

Art. D. 144 *(Décr. n° 2016-1222 du 14 sept. 2016, art. 5)* Lorsque le juge de l'application des peines accorde une permission de sortir en vue de la préparation de la réinsertion professionnelle ou sociale de la personne condamnée, il peut dans son ordonnance décider que la date et les modalités d'exécution de la permission seront fixées par le directeur du service pénitentiaire d'insertion et de probation, après avis du chef de l'établissement pénitentiaire.

Le juge de l'application des peines peut, dans la même ordonnance, accorder plusieurs permissions de sortir en faisant application des dispositions du présent article.

Les dispositions du présent article sont également applicables aux permissions de sortir accordées en vue du maintien des liens familiaux lorsque la durée de la peine restant à exécuter est inférieure ou égale à un an.

Pour l'application des dispositions du présent article, le directeur du service pénitentiaire d'insertion et de probation peut déléguer sa signature et ses pouvoirs à un directeur d'insertion et de probation.

C PERMISSIONS DE SORTIR EN VUE DE L'ACCOMPLISSEMENT D'UNE OBLIGATION EXIGEANT LA PRÉSENCE DU CONDAMNÉ

(Décr. n° 2016-1222 du 14 sept. 2016, art. 5)

Art. D. 145 **Une permission de sortir d'une durée n'excédant pas la journée peut être accordée en vue de l'accomplissement d'une obligation exigeant la présence de la personne condamnée à une ou plusieurs peines privatives de liberté d'une durée totale n'excédant pas cinq ans ou à une ou plusieurs peines privatives de liberté d'une durée totale supérieure à cinq ans lorsqu'elle a exécuté la moitié de sa peine, dans les cas suivants :**

1° La personne condamnée ne peut être représentée auprès de l'organisme et ce dernier est dans l'impossibilité d'intervenir au sein de l'établissement pénitentiaire ;

2° La personne condamnée est convoquée devant une juridiction judiciaire ou administrative et les conditions de la visioconférence ne sont pas réunies.

D DISPOSITIONS SPÉCIFIQUES APPLICABLES AUX MINEURS

(Décr. n° 2016-1222 du 14 sept. 2016, art. 5)

Art. D. 146 *(Abrogé par Décr. n° 2021-683 du 27 mai 2021, art. 2, à compter du 30 sept. 2021)* ***Des permissions de sortir prévues aux articles D. 143, D. 143-1, D. 143-4 et D. 145 peuvent être accordées, quel que soit leur établissement d'affectation, d'une part, aux personnes mineures condamnées à une ou plusieurs peines privatives de liberté d'une durée totale n'excédant pas un an et, d'autre part, aux personnes mineures condamnées à une ou plusieurs peines privatives de liberté d'une durée totale excédant un an lorsqu'ils ont exécuté le tiers de leur peine.***

Les personnes condamnées mineures peuvent également bénéficier de permissions de sortir dans les conditions fixées aux articles D. 143-2, D. 143-3, D. 143-5.

Art. D. 146-1 *Abrogé par Décr. n° 2016-1222 du 14 sept. 2016, art. 5.*

Art. D. 146-2 *Abrogé par Décr. n° 2014-1582 du 23 déc. 2014, art. 25, à compter du 1er janv. 2015.*

Art. D. 146-3 *Abrogé par Décr. n° 2016-1222 du 14 sept. 2016, art. 5.*

Art. D. 146-4 *Abrogé par Décr. n° 2016-1222 du 14 sept. 2016, art. 5.*

SECTION VII *BIS* AUTORISATION DE SORTIE SOUS ESCORTE

(Décr. n° 2016-1222 du 14 sept. 2016, art. 6)

Art. D. 147 *(Décr. n° 2019-508 du 24 mai 2019, art. 7)* **« Toute personne détenue, au sens de l'article D. 50, peut faire l'objet, à titre exceptionnel et pour un temps déterminé, d'une autorisation de sortie sous escorte, conformément aux dispositions de l'article 148-5 ou de l'article 723-6.**

« Lorsque la personne est en détention provisoire, cette autorisation est délivrée, en toute matière et en tout état de la procédure d'instruction, par le juge d'instruction.

« Lorsque la juridiction de jugement est saisie, cette autorisation est délivrée par le procureur de la République ou le procureur général. »

L'éligibilité de la personne condamnée détenue à une permission de sortir, au regard des conditions prévues aux articles D. 143 à *(Décr. n° 2021-683 du 27 mai 2021, art. 2, en vigueur le 30 sept. 2021)* **« D. 145** *[ancienne rédaction : D. 146]* **», n'est pas un obstacle au prononcé d'une autorisation de sortie sous escorte.**

La juridiction de l'application des peines, *(Décr. n° 2019-508 du 24 mai 2019, art. 7)* **« le juge d'instruction ou le magistrat du parquet compétent » peut ordonner le retrait de l'autorisation de sortie sous escorte si les motifs ayant justifié son octroi ne sont plus réunis ou si la personne détenue fait preuve de mauvaise conduite.**

Les services de police ou de gendarmerie ou les membres de l'administration pénitentiaire qui sont en charge, selon la répartition définie à l'article D. 315, de l'escorte de la personne détenue à laquelle a été accordée une autorisation de sortie en application du présent article ou des articles 148-5 et 723-6 peuvent être dispensés du port de l'uniforme.

SECTION VIII DE LA SUSPENSION DE PEINE PRÉVUE PAR L'ARTICLE 720-1-1

(Décr. n° 2002-619 du 26 avr. 2002)

Art. D. 147-1 **Le condamné dont la peine est suspendue en application de l'article 720-1-1 est placé sous la surveillance du juge de l'application des peines territorialement compétent en application des dispositions de l'article** *(Décr. n° 2004-1364 du 13 déc. 2004, art. 10, en vigueur le 1er janv. 2005)* **« 712-10 », assisté du service pénitentiaire d'insertion et de probation.**

Pour la mise en liberté d'un prévenu assortie d'un contrôle judiciaire dont il ressort que la pathologie dermatologique s'aggrave en maison d'arrêt, la détention provisoire de l'intéressé étant susceptible de lui faire perdre ses chances de guérison. • TGI Rouen, ord., 15 juin 2015 : *D. actu. 18 juin 2015, obs. Léna.*

Art. D. 147-2 *(Décr. n° 2004-1364 du 13 déc. 2004, art. 11, en vigueur le 1er janv. 2005)* **« La juridiction, qui, en application, selon les cas, des articles 712-6, 712-7 ou 712-13, accorde cette suspension de peine, peut prévoir que le condamné sera soumis à l'une ou plusieurs des obligations suivantes, destinées notamment à permettre de vérifier que les conditions prévues par le premier alinéa de l'article 720-1-1 demeurent remplies : »**

1° Établir sa résidence ou être hospitalisé dans un lieu ou un établissement déterminé par la juridiction ;

2° Tenir le juge de l'application des peines informé de son lieu de résidence ou d'hospitalisation et l'informer de toute modification ;

3° Fixer sa résidence ou son lieu d'hospitalisation dans les limites territoriales déterminées par la juridiction ;

4° Ne pas sortir des limites territoriales déterminées par la juridiction et, le cas échéant, remettre son passeport ;

5° Se soumettre à toute expertise médicale ordonnée par le juge de l'application des peines ;

6° Recevoir les visites du travailleur social du service pénitentiaire d'insertion et de probation et lui communiquer les renseignements ou documents de nature à permettre le contrôle de l'exécution de ses obligations ;

7° Répondre aux convocations du juge de l'application des peines ou du travailleur du service pénitentiaire d'insertion et de probation si son état de santé lui permet de se déplacer ;

8° S'abstenir d'entrer en relation de quelque manière que cela soit avec les victimes de l'infraction pour laquelle il est condamné ;

9° Lorsque la condamnation concerne l'une des infractions mentionnées à l'article 706-47, s'abstenir de fréquenter ou d'entrer en relation avec certaines personnes ou certaines catégories de personnes et notamment des mineurs, à l'exception, le cas échéant, de ceux désignés par la décision ;

(Décr. n° 2004-1364 du 13 déc. 2004, art. 11, en vigueur le 1er janv. 2005 ; Décr. n° 2007-1627 du 16 nov. 2007) **« La juridiction peut également ordonner que le condamné sera soumis à l'une ou plusieurs des obligations ou interdictions mentionnées aux articles 131-36-2, 132-44,** *(Décr. n° 2010-1276 du 27 oct. 2010, art. 5)* **« et 132-45 » du code pénal. »** *(Décr. n° 2010-1277 du 27 oct. 2010, art. 8)* **« Elle peut également ordonner une injonction de soins conformément aux dispositions de l'article 131-36-4 du code pénal. »**

Les deux obligations, prévues par l'art. D. 147-2, 1° et 2°, relatives au lieu de résidence ou d'hospitalisation et à la nécessité d'informer le JAP de toute modification, ne sont pas incompatibles, dès lors que l'une comme l'autre sont destinées à permettre de vérifier que les conditions fixées par l'art. 720-1-1, al. 1er demeurent remplies. • Crim. 12 févr. 2003, n° 02-86.531 P.

Art. D. 147-3 **Le relèvement ou la modification des obligations peut être ordonné, après avis du service pénitentiaire d'insertion et de probation, par le juge de l'application des peines.**

Art. D. 147-4 *(Décr. n° 2004-1364 du 13 déc. 2004, art. 12, en vigueur le 1er janv. 2005)* **En application du** *(Décr. n° 2014-1582 du 23 déc. 2014, art. 34)* **« septième » ali-**

néa de l'article 720-1-1, le juge de l'application des peines peut mettre fin à la suspension de peine si les obligations fixées par la décision ne sont pas respectées, après le débat contradictoire prévu à l'article 712-6.

Il peut délivrer à cette fin les mandats prévus par l'article 712-17.

Art. D. 147-5 **A tout moment, le procureur de la République peut saisir le juge de l'application des peines afin qu'il ordonne une expertise médicale pour vérifier si le condamné remplit toujours les critères prévus à l'article 720-1-1.**

(Décr. n° 2006-385 du 30 mars 2006, art. 19) **« Il peut en outre le saisir pour qu'il ordonne l'expertise exigée par l'avant-dernier alinéa de l'article 720-1-1. »**

SECTION IX **PROCÉDURE D'AMÉNAGEMENT DE PEINE APPLICABLE AUX CONDAMNÉS LIBRES** *(Décr. n° 2014-1582 du 23 déc. 2014, art. 10, en vigueur le 1er janv. 2015).*

BIBL. ▶ Herzog-Evans, *AJ pénal 2011. 160* (décrets de la partie application des peines de la loi pénitentiaire : déjuridictionnalisation forcenée et maquis processuel). – Lavric, *D. actu. 29 oct. 2010* (exécution des peines : publication de trois nouveaux décrets).

La division correspondant à la sous-section 1 a été abrogée à compter du 1er janv. 2015 (Décr. n° 2014-1582 du 23 déc. 2014, art. 10).

Art. D. 147-6 **Les modalités d'application des dispositions des articles 723-15 à** *(Décr. n° 2014-1582 du 23 déc. 2014, art. 10)* **« 723-18 » sont fixées par les dispositions de la présente section.**

Art. D. 147-7 **En cas de cumul de condamnations dont l'une au moins a été prononcée pour des faits commis en état de récidive légale, il est fait application de ces dispositions uniquement si le total des peines d'emprisonnement prononcées ou restant à subir est inférieur ou égal à un an.** *(Abrogé par Décr. n° 2014-1582 du 23 déc. 2014, art. 10)* ***« Lorsque la ou les condamnations prononcées pour des faits commis en récidive légale ont toutes été exécutées, les dispositions des articles 723-20 et suivants sont applicables si la peine restant à subir est inférieure ou égale à deux ans. »***

Art. D. 147-8 **La libération conditionnelle ne peut être accordée en application des dispositions des articles 723-15 à** *(Décr. n° 2014-1582 du 23 déc. 2014, art. 10)* **« 723-18 » que lorsque sont réunies les conditions prévues par les articles 723-1 et 723-7 si une mesure probatoire est prononcée, ou, à défaut, lorsque sont réunies les conditions prévues par les articles 729 et suivants, et notamment les temps d'épreuve prévus par ces articles.**

Art. D. 147-9 **Lorsqu'il n'a pas été fait application des dispositions prévues aux articles 474 et D. 48-2, les convocations prévues à l'article 723-15 sont délivrées par le juge de l'application des peines et par le service pénitentiaire d'insertion et de probation. Le condamné est convoqué en premier lieu devant le juge de l'application des peines, puis devant le service pénitentiaire d'insertion et de probation.**

Toutefois, compte tenu de l'organisation du service de l'application des peines et du service pénitentiaire d'insertion et de probation, le juge de l'application des peines peut, au regard notamment du quantum de la peine prononcée, de la nature des faits et des antécédents du condamné, décider que le condamné est convoqué :

1° Soit en premier lieu devant le service pénitentiaire d'insertion et de probation, puis devant le juge de l'application des peines ;

2° Soit uniquement devant le juge de l'application des peines, la convocation devant le service pénitentiaire d'insertion et de probation étant le cas échéant faite par le juge de l'application des peines après la présentation du condamné devant ce magistrat.

Art. D. 147-10 **Si le condamné réside dans un autre ressort que celui de la juridiction ayant prononcé la condamnation, le ministère public près cette juridiction communique directement une copie de la ou des décisions au juge de l'application des peines territorialement compétent. Celui-ci délivre alors la ou les convocations prévues par l'article 723-15.**

Art. D. 147-11 **Le non-respect des délais d'un mois et de quarante-cinq jours prévus par l'article 723-15 ne constitue pas une cause de nullité des convocations du**

condamné devant le juge de l'application des peines ou devant le service pénitentiaire d'insertion et de probation.

Art. D. 147-12 Si le condamné a déjà été écroué en détention provisoire, le juge de l'application des peines qui reçoit la copie de la décision en application de l'article 723-15 examine la situation de l'intéressé au regard du crédit de réduction de peine dont il bénéficie pour l'intégralité de la peine et des éventuelles réductions de peine supplémentaires susceptibles de lui être octroyées sur la partie de la condamnation subie en détention provisoire.

Il statue alors sans l'avis préalable de la commission de l'application des peines, mais, sauf urgence ou impossibilité, après avis du chef d'établissement dans lequel le condamné était écroué et au vu d'une synthèse socio-éducative établie par le service pénitentiaire d'insertion et de probation compétent de cet établissement.

Le chef d'établissement ou le procureur de la République peuvent saisir le juge de l'application des peines aux fins de retrait de tout ou partie du bénéfice du crédit de réduction de peine, en cas de mauvaise conduite du condamné pendant sa détention provisoire.

Si, du fait du crédit de réduction de peine et des réductions de peine éventuellement octroyées par le juge de l'application des peines, il ne reste plus aucun reliquat d'emprisonnement à accomplir, le juge de l'application des peines en informe le procureur de la République après avoir procédé aux formalités prévues par l'article D. 147-13.

Art. D. 147-13 Lorsque, du fait du crédit de réduction de peine et, le cas échéant, des réductions de peine supplémentaires octroyées par le juge de l'application des peines, il ne reste plus pour le condamné de reliquat de peine à exécuter, l'information prévue par le dernier alinéa de l'article 721 et par l'article D. 115-18 est faite par le juge de l'application des peines ou, sur instruction de ce dernier, par le service pénitentiaire d'insertion et de probation.

Cette information peut également être adressée au condamné par lettre recommandée.

Cette information peut également être faite par le procureur de la République ou, sur instruction de ce dernier, par son délégué, lorsque la copie du jugement n'a pas été adressée par ce magistrat au juge de l'application des peines.

Le point de départ du délai pendant lequel la commission d'une nouvelle infraction peut donner lieu au retrait du bénéfice du crédit de réduction de peine est celui de la date à laquelle la condamnation est devenue définitive.

Art. D. 147-14 Le procureur de la République peut faire application des dispositions de l'article 723-15 et de la présente sous-section pour des peines d'emprisonnement dont le reliquat restant à subir est supérieur à deux ans, ou un an si le condamné est en état de récidive légale, si, du fait de la détention provisoire exécutée par le condamné, et du total des crédits de réduction de peine et des réductions de peine supplémentaires susceptibles d'être octroyées conformément aux dispositions de l'article 723-18, il ne reste plus de reliquat de peine à exécuter.

Le procureur de la République peut également faire application des dispositions de l'article 723-15 et de la présente sous-section pour des peines d'emprisonnement dont le reliquat restant à subir est supérieur à deux ans, ou un an si le condamné est en état de récidive légale, si, du fait de la détention provisoire exécutée par le condamné, ce dernier est admissible à la libération conditionnelle.

La juridiction de jugement peut elle-même saisir le juge de l'application des peines, après s'être assurée que le condamné, comparaissant libre après avoir été écroué en détention provisoire, bénéficiait, de ce fait, de plein droit, pour le calcul de la détention restant à subir, du crédit de réduction de peine prévu par la loi, lequel, cumulé avec la durée de la détention provisoire, faisait apparaître que le quantum de la peine restant à mettre à exécution était inférieur à deux ans d'emprisonnement. • Crim. 18 mars 2015, nº 14-84.689 P : *D. actu. 6 mai 2015, obs. Léna ; Dr. pénal 2015, nº 80, note Bonis-Garçon.*

Art. D. 147-15 Les dispositions de l'article 712-21 ne sont pas applicables aux aménagements de peines décidés en application des articles 723-15 et suivants, sauf si le procureur de la République le requiert lorsqu'il saisit le juge de l'application des peines.

Art. D. 147-16 Lorsque le condamné n'a pas formé de demande dans les formes prescrites par l'article D. 49-11, le juge de l'application des peines peut, conformément aux dispositions du premier aliéna *[alinéa]* de l'article 723-15-2, fixer la date d'incarcération après avoir convoqué le condamné et recueilli ses observations. Lorsque le juge refuse une mesure d'aménagement demandée par le condamné dans les formes prescrites par l'article D. 49-11, il peut fixer cette date à l'issue du débat contradictoire.

Art. D. 147-16-1 Sauf si le procureur de la République décide, si la situation particulière du condamné le justifie, de faire application des dispositions de l'article 723-15 et de la présente sous-section, celles-ci ne s'appliquent pas aux emprisonnements résultant d'une décision d'une juridiction de l'application des peines, notamment en cas de décision révoquant un sursis *(Décr. nº 2020-81 du 3 févr. 2020, art. 3, en vigueur le 24 mars 2020)* « probatoire » ou une libération conditionnelle *(Abrogé par Décr. nº 2020-81 du 3 févr. 2020, art. 3, à compter du 24 mars 2020) (Décr. nº 2014-1582 du 23 déc. 2014, art. 6)* ***«, ni aux décisions du président du tribunal de mise à exécution de tout ou partie de l'emprisonnement fixé par la juridiction de jugement dans le cadre d'une contrainte pénale».***

SOUS-SECTION 2 *[ABROGÉE]* DISPOSITIONS APPLICABLES AUX CONDAMNÉS INCARCÉRÉS

La sous-section 2, créée par le Décr. nº 2010-1276 du 27 oct. 2010, art. 3, a été abrogée par le Décr. nº 2014-1582 du 23 déc. 2014, art. 10, à compter du 1er janv. 2015.

Art. D. 147-17 à D. 147-30-13 *Abrogés par Décr. nº 2014-1582 du 23 déc. 2014, art. 10, à compter du 1er janv. 2015.*

SOUS-SECTION 3 *[ABROGÉE]* DISPOSITIONS APPLICABLES AUX MINEURS

La sous-section 3, créée par le Décr. nº 2010-1276 du 27 oct. 2010, art. 3, a été abrogée par le Décr. nº 2014-1582 du 23 déc. 2014, art. 10, à compter du 1er janv. 2015.

Art. D. 147-30-14 à D. 147-30-18 *Abrogés par Décr. nº 2014-1582 du 23 déc. 2014, art. 10, à compter du 1er janv. 2015.*

SECTION X *[ABROGÉE]* MODALITÉS D'EXÉCUTION DES FINS DE PEINES D'EMPRISONNEMENT EN L'ABSENCE DE TOUT AMÉNAGEMENT DE PEINE

La section X a été abrogée par le Décr. nº 2014-1582 du 23 déc. 2014, art. 10, à compter du 1er janv. 2015. Toutefois, les art. D. 147-30-20, D. 147-30-23 à D. 147-30-25, D. 147-30-40 à D. 147-30-50 et D. 147-30-55 à D. 147-30-61 n'ont été abrogés qu'à compter du 1er mai 2015 (Décr. nº 2014-1582 du 23 déc. 2014, art. 37).

Art. D. 147-30-19 à D. 147-30-61 *Abrogés par Décr. nº 2014-1582 du 23 déc. 2014.*

SECTION X DE LA LIBÉRATION SOUS CONTRAINTE

(Décr. nº 2014-1582 du 23 déc. 2014, art. 11, en vigueur le 1er janv. 2015)

Art. D. 147-17 *(Décr. nº 2019-508 du 24 mai 2019, art. 6 et 9, en vigueur le 1er juin 2019)* Lorsqu'une personne condamnée exécute une ou plusieurs peines privatives de liberté d'une durée totale inférieure ou égale à cinq ans, l'administration pénitentiaire doit, au moins un mois avant que la durée de la peine accomplie soit égale au double de la durée de la peine restant à subir, ou, si la peine est inférieure ou égale à six mois, lors de sa mise sous écrou ou lorsque sa peine devient définitive, informer la personne qu'elle est susceptible de bénéficier d'une libération sous contrainte, sauf si elle s'y oppose, en lui faisant part, s'il y a lieu, de l'intérêt et de la faisabilité d'une telle mesure.

Art. D. 147-17-1 *(Décr. nº 2019-508 du 24 mai 2019, art. 6 et 9, en vigueur le 1er juin 2019)* Le refus du condamné exprimé après l'information prévue à l'article D. 147-17 est constaté par le service pénitentiaire d'insertion et de probation qui en informe le juge de l'application des peines.

Art. D. 147-17-2 *(Décr. n° 2019-508 du 24 mai 2019, art. 6 et 9, en vigueur le 1er juin 2019)* Si la personne n'a pas indiqué qu'elle refusait cette mesure, le service pénitentiaire d'insertion et de probation transmet en temps utile au juge de l'application des peines, avant la réunion de la commission de l'application des peines au cours de laquelle la situation de cette personne doit être examinée, son avis sur les éventuelles impossibilités à mettre en œuvre une des mesures au regard des exigences de l'article 707.

Art. D. 147-17-3 *(Décr. n° 2019-508 du 24 mai 2019, art. 6 et 9, en vigueur le 1er juin 2019)* Il n'y *[a]* pas lieu de faire application des dispositions des articles D. 147-17 à D. 147-17-2 lorsque la personne condamnée a déposé une requête en aménagement de peine pendante devant la juridiction de l'application des peines.

Art. D. 147-17-4 *(Décr. n° 2019-508 du 24 mai 2019, art. 6 et 9, en vigueur le 1er juin 2019)* La décision de libération sous contrainte peut intervenir avant la date à laquelle la durée de la peine accomplie est au moins égale au double de la durée de la peine restant à subir, dès lors qu'elle précise que la mesure qui a été ordonnée n'est mise en œuvre qu'à compter de cette date.

Art. D. 147-17-5 *(Décr. n° 2019-508 du 24 mai 2019, art. 6 et 9, en vigueur le 1er juin 2019)* Le service pénitentiaire d'insertion et de probation situé dans le ressort de l'établissement pénitentiaire où est incarcérée la personne faisant l'objet d'une libération sous contrainte remet ou fait remettre à celle-ci, au plus tard le jour de sa libération, un avis de convocation à comparaître devant le service pénitentiaire d'insertion et de probation territorialement compétent pour la suivre après sa sortie.

Le délai maximal de comparution est de cinq jours ouvrables à compter de la sortie de la personne.

Art. D. 147-18 En application du *(Décr. n° 2019-508 du 24 mai 2019, art. 6 et 9, en vigueur le 1er juin 2019)* « cinquième » alinéa de l'article 720, le président de la chambre de l'application des peines de la cour d'appel peut être saisi par le condamné ou le procureur de la République ou se saisir d'office si le juge de l'application des peines n'a pas rendu de décision statuant sur la libération sous contrainte *(Abrogé par Décr. n° 2019-508 du 24 mai 2019, art. 6 et 9, à compter du 1er juin 2019)* ***« à l'expiration d'un délai de deux mois »*** à compter du jour où la durée de la peine accomplie est égale au double de la durée de la peine restant à subir, *(Abrogé par Décr. n° 2019-508 du 24 mai 2019, art. 6 et 9, à compter du 1er juin 2019)* ***« si le reliquat de peine à subir est supérieur à un an, et dans un délai d'un mois dans le cas contraire »***. La saisine par le condamné se fait par lettre recommandée avec accusé de réception ou selon les modalités prévues par l'article 503. Le président de la chambre de l'application des peines de la cour d'appel rend sa décision dans le mois de sa saisine.

Art. D. 147-19 La libération sous contrainte ne s'applique pas aux personnes en aménagement de peine sous écrou *(Décr. n° 2019-508 du 24 mai 2019, art. 6 et 9, en vigueur le 1er juin 2019)* « , sauf lorsqu'elles bénéficient d'un placement extérieur sous surveillance du personnel pénitentiaire dans les conditions définies aux articles D. 126 à D. 135. »

SECTION XI *DISPOSITIONS* APPLICABLES À LA SURVEILLANCE JUDICIAIRE DES PERSONNES DANGEREUSES CONDAMNÉES POUR CRIME OU DÉLIT

(Décr. n° 2006-385 du 30 mars 2006)

Art. D. 147-31 Les crimes et délits pour lesquels le suivi socio-judiciaire est encouru et qui sont susceptibles, conformément aux dispositions des articles 723-29 à 723-37, de donner lieu à la surveillance judiciaire d'un condamné dès lors que *(Décr. n° 2010-1277 du 27 oct. 2010, art. 2)* « la peine privative de liberté prononcée est égale ou supérieure à sept ans *[ancienne rédaction : la peine privative de liberté prononcée est égale ou supérieure à dix ans]* » sont :

1° Les crimes d'atteintes volontaires à la vie prévus par les articles 221-1 à 221-5-1 du code pénal ;

2° Les crimes d'actes de tortures et de barbarie prévus par les articles 222-1 à 222-6 du code pénal ;

(Décr. nº 2007-699 du 3 mai 2007) « 3º Les crimes et délits de violences commis soit par le conjoint ou le concubin de la victime ou le partenaire lié à celle-ci par un pacte civil de solidarité, ou par son ancien conjoint, son ancien concubin ou l'ancien partenaire lié à celle-ci par un pacte civil de solidarité, soit sur un mineur de quinze ans par un ascendant légitime, naturel ou adoptif ou par toute autre personne ayant autorité sur la victime, prévus par les articles 222-8, 222-10, 222-12 *(Décr. nº 2010-1277 du 27 oct. 2010, art. 2)* « [,] 222-13 » et 222-14 du code pénal » ;

(Décr. nº 2010-1277 du 27 oct. 2010, art. 2) « 4º Les menaces commises par le conjoint ou le concubin de la victime ou le partenaire lié à la victime par un pacte civil de solidarité ou par son ancien conjoint, son ancien concubin ou l'ancien partenaire lié à celle-ci par un pacte civil de solidarité, prévues par l'article 222-18-3 du code pénal ; »

5º Les crimes de viols prévus par les articles 222-23 à 222-26 du code pénal ;

6º Les délits d'agressions sexuelles prévus par les articles 222-27 à 222-31 du code pénal ;

7º Les crimes d'enlèvement et de séquestration prévus par les articles 224-1 à 224-5-2 du code pénal ;

8º Les délits de corruption de mineurs et d'atteintes sexuelles sur mineur de 15 ans prévus par les articles 227-22, *(Décr. nº 2010-1277 du 27 oct. 2010, art. 2)* « 227-22-1, deuxième alinéa, » 227-23, 227-25 et 227-26 du code pénal ;

9º Les destructions, dégradations et détériorations dangereuses pour les personnes prévues par les articles 322-6 à 322-10 du code pénal, à l'exception de l'article 322-6-1 ;

(Décr. nº 2016-1455 du 28 oct. 2016, art. 14) « 10º Les délits de trafic d'armes prévus aux articles 222-52 à 222-59 du code pénal ;

« 11º Les crimes et délits terroristes prévus aux articles 421-1 à 421-6 du code pénal. »

Les 3º à 7º sont devenus 4º à 8º, en application des dispositions du Décr. nº 2007-699 du 3 mai 2007, art. 10.

Les 4º à 8º sont devenus 5º à 9º, en application des dispositions du Décr. nº 2010-1277 du 27 oct. 2010, art. 2-I (4º).

Art. D. 147-31-1 *(Décr. nº 2010-1277 du 27 oct. 2010, art. 2)* Les personnes relevant des dispositions de l'article D. 147-31 ne peuvent pas être placées sous surveillance judiciaire :

1º Si elles ont été condamnées à un suivi socio-judiciaire, sauf si cette condamnation a été prononcée pour des faits commis avant le 13 décembre 2005, conformément aux dispositions du dernier alinéa de l'article 41 de la loi nº 2005-1549 du 12 décembre 2005 relative au traitement de la récidive des infractions pénales.

2º Si elles bénéficient d'une libération conditionnelle, la surveillance judiciaire peut toutefois être prononcée lorsque la libération conditionnelle s'est achevée à la suite d'une révocation totale ou partielle.

§ 1er CONDAMNÉS SUSCEPTIBLES DE FAIRE L'OBJET D'UNE SURVEILLANCE JUDICIAIRE

Art. D. 147-32 Au début de chaque mois, le greffe de l'établissement pénitentiaire transmet au procureur de la République, aux fins d'un éventuel placement sous surveillance judiciaire, copie de la fiche pénale *(Décr. nº 2010-1277 du 27 oct. 2010, art. 2)* « les *[des]* personnes condamnées à une peine privative de liberté supérieure ou égale à sept ans » *(Décr. nº 2011-1986 du 28 déc. 2011, art. 5, en vigueur le 1er janv. 2012)* « , ou, si la personne a été condamnée pour des faits commis en récidive, à cinq ans, et » dont la libération doit intervenir entre le sixième et le douzième mois qui suit.

Une copie de cette transmission est adressée pour information au juge de l'application des peines.

(Décr. nº 2010-1277 du 27 oct. 2010, art. 2) « Lorsqu'il s'agit d'un condamné dont la libération conditionnelle a été révoquée, notamment en cas de révocation partielle, les transmissions prévues par le présent article sont réalisées sans délai dans les cas où il reste moins de six mois jusqu'à la libération de la personne. »

Art. D. 147-33 Le procureur de la République vérifie s'il s'agit d'une personne condamnée pour un crime ou un délit mentionné à l'article D. 147-31 et à l'encontre de laquelle un suivi socio-judiciaire n'a pas été prononcé.

Lorsque tel est le cas, il vérifie auprès du juge de l'application des peines si un projet de libération conditionnelle est en cours d'examen.

Si aucune requête tendant à la libération conditionnelle n'est enregistrée au greffe du juge de l'application des peines, ou si, une telle requête étant déposée, le ministère public entend s'y opposer, le procureur de la République examine le dossier du condamné pour apprécier s'il convient de requérir le prononcé d'une surveillance judiciaire avant la libération de l'intéressé.

Art. D. 147-34 *(Décr. nº 2010-1277 du 27 oct. 2010, art. 2)* Afin d'apprécier la nécessité d'une surveillance judiciaire, le juge de l'application des peines et le procureur de la République peuvent, conformément aux dispositions de l'article 723-31, ordonner une expertise médicale, les dispositions de l'article 712-21 exigeant pour certains crimes une dualité d'expert n'étant pas applicable *[applicables]* à cette expertise.

S'ils l'estiment opportun, ils peuvent également ordonner, conformément aux dispositions de l'article 723-31-1 *[,]* de manière alternative ou cumulative :

— la réalisation par deux experts de l'expertise médicale prévue par l'article 723-31 ;

— le placement du condamné aux fins d'une évaluation pluridisciplinaire de dangerosité dans le Centre national d'évaluation ; la durée du placement, comprise entre deux et six semaines, est déterminée par l'administration pénitentiaire, au regard des informations relatives à la situation du condamné transmises par les autorités judiciaires préalablement au placement ;

— la saisine pour avis de la commission pluridisciplinaire des mesures de sûreté.

Lorsque le juge de l'application des peines ordonne une ou plusieurs de ces mesures, il en informe le procureur de la République et lui transmet les conclusions de celles-ci.

Si une ou plusieurs de ces mesures sont ordonnées par le procureur de la République, il en informe de même le juge de l'application des peines et il lui en transmet les conclusions.

Art. D. 147-35 *(Décr. nº 2010-1276 du 27 oct. 2010, art. 5)* Si l'expertise ordonnée en application des dispositions de l'article 723-31 conclut à la dangerosité du condamné et constate un risque de récidive qui paraît avéré, le procureur requiert que le condamné soit placé sous surveillance judiciaire dès sa libération conformément aux dispositions de l'article 723-29 et transmet ses réquisitions au juge de l'application des peines aux fins de saisine du tribunal de l'application des peines.

Art. D. 147-36 L'expertise prévue par l'article 723-31 peut ne pas être ordonnée si figure dans le dossier individuel du condamné une expertise datant *(Décr. nº 2007-1627 du 16 nov. 2007)* « de moins de deux ans », ordonnée le cas échéant à l'occasion d'une demande de libération conditionnelle, et qui conclut à la dangerosité du condamné et d'où il ressort qu'il existe un risque de récidive paraissant avéré.

Toutefois, s'il s'agit d'une personne condamnée pour des faits commis avant le 14 décembre 2005, elle peut demander une contre-expertise avant qu'il ne soit statué sur les réquisitions du ministère public par le tribunal de l'application des peines. Cette contre-expertise, qui est alors de droit, est ordonnée par le tribunal de l'application des peines, sauf si elle a été préalablement ordonnée par le procureur de la République.

§ 2 CONTENU ET DURÉE DE LA SURVEILLANCE JUDICIAIRE

Art. D. 147-37 *(Décr. nº 2007-1627 du 16 nov. 2007 ; Décr. nº 2010-1276 du 27 oct. 2010, art. 5)* « Conformément aux dispositions du dernier alinéa de l'article 723-29, la surveillance judiciaire comporte l'obligation de respecter l'injonction de soins prévue par l'article 131-36-4 du code pénal lorsque l'expertise médicale prévue par l'article 723-31 ou par l'article D. 147-36 conclut que le condamné est susceptible de faire l'objet d'un traitement. Le tribunal de l'application des peines constate cette obligation dans sa décision de placement sous surveillance judiciaire. Le tribunal de l'application des peines peut toutefois écarter cette obligation lorsque, conformément aux dispositions du dernier alinéa de l'article 723-29, le juge de l'application des peines a indiqué, en saisissant le tribunal en application de l'article D. 147-35, qu'une injonction de soins n'était pas nécessaire.

« Si la surveillance judiciaire comporte une injonction de soins », les dispositions du suivi socio-judiciaire relatives à cette injonction sont applicables, sous réserve des dispositions spécifiques à la surveillance judiciaire.

Le condamné est alors avisé par le juge de l'application des peines, avant sa libération, qu'aucun traitement ne pourra être entrepris sans son consentement, mais que, s'il refuse les soins qui lui seront proposés, tout ou partie de la durée des réductions de peine dont il a bénéficié pourra lui être retiré.

Art. D. 147-37-1 *(Décr. nº 2007-1627 du 16 nov. 2007)* Si la surveillance judiciaire comporte un placement sous surveillance électronique mobile, *(Décr. nº 2010-1276 du 27 oct. 2010, art. 5)* « le tribunal de l'application des peines ou » le juge de l'application des peines avise le condamné, avant sa libération et l'installation du dispositif prévu par l'article 763-12, que ce placement ne peut être mis en œuvre sans son consentement, mais que, s'il le refuse ou manque à ses obligations, tout ou partie de la durée des réductions de peine dont il a bénéficié pourra lui être retiré.

Art. D. 147-37-2 *(Décr. nº 2007-1627 du 16 nov. 2007)* Le jugement prononçant une surveillance judiciaire doit fixer le lieu de résidence du condamné à compter de sa libération.

En cas de nécessité, cette résidence peut être fixée par le juge de l'application des peines après qu'a été rendu le jugement de surveillance judiciaire, dès lors que cette fixation intervient avant la date de libération.

Pour déterminer la résidence du condamné, le juge de l'application des peines peut, s'il y a lieu, procéder par voie de réquisitions, conformément aux dispositions de l'article 712-16.

Art. D. 147-38 *(Décr. nº 2010-1276 du 27 oct. 2010, art. 5)* Lorsque le tribunal de l'application des peines est saisi par le procureur de la République aux fins de prononcer une surveillance judiciaire, il peut se prononcer par le même jugement, à la demande du juge de l'application des peines initialement saisi, sur une demande d'aménagement de peine relevant de la compétence de ce magistrat.

Art. D. 147-39 Lorsque *(Abrogé par Décr. nº 2010-1276 du 27 oct. 2010, art. 5) « le juge ou »* le tribunal de l'application des peines décide que la surveillance judiciaire portera sur la totalité du crédit de réduction de peine et des réductions supplémentaires de peine dont la personne a bénéficié et qui n'ont pas fait l'objet d'un retrait, *(Abrogé par Décr. nº 2010-1276 du 27 oct. 2010, art. 5) « le juge ou »* le tribunal peut fixer dans sa décision la date à laquelle la surveillance judiciaire prendra fin et non la durée de cette mesure.

Art. D. 147-40 *(Décr. nº 2007-1627 du 16 nov. 2007)* Au moins deux semaines avant la date de libération du condamné, une copie de tout ou partie du dossier individuel le concernant, comportant notamment la décision de placement sous surveillance judiciaire, est adressée au juge de l'application des peines du tribunal judiciaire dans le ressort duquel le condamné devra résider, afin de lui permettre de préparer la mise en œuvre de la surveillance judiciaire.

Art. D. 147-40-1 *(Décr. nº 2007-1627 du 16 nov. 2007)* Si la surveillance judiciaire comporte une injonction de soins, ce juge désigne, avant la libération du condamné, le médecin coordonnateur afin que le choix du médecin traitant puisse, sauf impossibilité, intervenir avant cette libération, en application des dispositions des articles R. 3711-8 et R. 3711-12 à R. 3711-17 du code de la santé publique.

Pour ce faire, le condamné peut bénéficier de permissions de sortir ou d'autorisations de sortie sous escorte, afin de rencontrer le médecin coordonnateur et son médecin traitant.

Art. D. 147-40-2 *(Décr. nº 2007-1627 du 16 nov. 2007)* La personne placée sous surveillance judiciaire doit être convoquée par le juge de l'application des peines du tribunal judiciaire dans le ressort duquel elle doit résider, dans un délai maximal de huit jours à compter de sa libération. Cette convocation lui est notifiée contre émargement, avant sa libération, par le chef d'établissement pénitentiaire.

Art. D. 147-40-3 *(Décr. n° 2010-1277 du 27 oct. 2010, art. 3)* Le juge de l'application des peines peut suspendre l'exécution de tout ou partie des obligations de la surveillance judiciaire, y compris celles résultant d'un placement sous surveillance électronique mobile, pour des raisons médicales, notamment en cas d'hospitalisation de la personne. Cette décision est prise par ordonnance conformément aux dispositions de l'article 712-8.

La suspension est valable pour une durée maximale de trois mois. Elle peut être renouvelée selon les mêmes modalités si l'état de santé du condamné le justifie.

Les obligations auxquelles était astreint le condamné, y compris celles résultant d'un placement sous surveillance électronique mobile, reprennent de plein droit dès que le juge de l'application des peines constate, par ordonnance, que l'état de santé de ce dernier ne justifie plus la suspension.

Si le juge ne suspend qu'une partie des obligations, il peut modifier ou compléter, pendant la durée de cette suspension, certaines des autres obligations et interdictions auxquelles est astreint le condamné, notamment en lui imposant comme lieu de résidence le lieu de son hospitalisation.

§ 3 RETRAIT DES RÉDUCTIONS DE PEINES EN CAS D'INOBSERVATION DES OBLIGATIONS

Art. D. 147-41 Le retrait des réductions de peines prévu par l'article 723-35 est ordonné par le juge de l'application des peines, y compris s'il s'agit d'une personne condamnée pour des faits commis avant le 14 décembre 2005 et pour laquelle la surveillance judiciaire a été ordonnée par le tribunal de l'application des peines.

Art. D. 147-42 *(Décr. n° 2007-1627 du 16 nov. 2007)* Si la surveillance judiciaire comporte un placement sous surveillance électronique mobile et que le condamné refuse la pose du dispositif de contrôle avant sa libération, conformément aux dispositions du deuxième alinéa de l'article 763-12 et de l'article R. 61-27, le juge de l'application des peines ordonne, conformément aux dispositions de l'article 723-35, le retrait de tout ou partie des réductions de peines avant la libération du condamné.

Art. D. 147-43 *(Décr. n° 2007-1627 du 16 nov. 2007)* Lorsque le juge de l'application des peines n'a ordonné le retrait que d'une partie des réductions de peine, la surveillance judiciaire s'applique à nouveau *(Décr. n° 2010-1277 du 27 oct. 2010, art. 4)* « de plein droit et dans toutes ses obligations, » à la libération du condamné jusqu'à la date fixée par la décision qui l'avait prononcée. Si cette mesure n'avait pas déjà été ordonnée, le juge de l'application des peines peut, avant cette libération, ordonner que le condamné sera placé sous surveillance électronique mobile.

Lorsque le juge de l'application des peines a ordonné le retrait de la totalité des réductions de peines, il peut avant l'exécution de l'intégralité de cette nouvelle période de détention, décider d'une nouvelle surveillance judiciaire, le cas échéant avec placement sous surveillance électronique mobile, pour la durée du retrait des réductions de peine qui n'a pas été exécuté. Dans ce cas, il n'est pas nécessaire de procéder à une nouvelle expertise de dangerosité.

Les décisions prévues aux deux alinéas précédents sont prises par le juge de l'application des peines, par jugement rendu selon les modalités prévues par l'article 712-6, y compris s'il s'agit d'une personne condamnée pour des faits commis avant le *14 décembre 2005* et pour laquelle la première surveillance judiciaire a été ordonnée par le tribunal de l'application des peines.

Dans les cas prévus par le présent article, le délai d'un an prévu par le premier alinéa de l'article 763-10 n'est pas applicable. Dans le cas prévu par le deuxième alinéa, l'avis de la commission pluridisciplinaire des mesures de sûreté n'est pas nécessaire si la personne avait déjà fait l'objet d'un avis de cette commission et avait été placée sous surveillance électronique mobile lors de la première surveillance judiciaire.

Art. D. 147-44 *(Décr. n° 2007-1627 du 16 nov. 2007)* En cas d'inobservation, par un condamné sous surveillance judiciaire sans placement sous surveillance électronique mobile, des obligations auxquelles il est astreint, le juge de l'application des peines peut, avec l'accord du condamné assisté de son avocat et par jugement rendu selon les modalités prévues par l'article 712-6, ordonner son placement sous surveillance électronique mobile, sans qu'il soit préalablement nécessaire de lui retirer les réductions de peines et de le réincarcérer.

Dans ce cas, l'avis de la commission pluridisciplinaire des mesures de sûreté n'est pas nécessaire.

SECTION XII DISPOSITIONS RELATIVES AU SUIVI DES CONDAMNÉS APRÈS LEUR LIBÉRATION PENDANT LE TEMPS DES RÉDUCTIONS DE PEINE

(Décr. n° 2014-1582 du 23 déc. 2014, art. 28)

Art. D. 147-45 Les dispositions du I de l'article 721-2 ne sont pas applicables aux condamnés susceptibles d'être soumis aux obligations et interdictions prévues par cet article dans le cadre d'un sursis *(Décr. n° 2020-81 du 3 févr. 2020, art. 3, en vigueur le 24 mars 2020)* « probatoire », d'un suivi socio-judiciaire, d'une surveillance judiciaire, d'un placement sous surveillance électronique, d'un placement extérieur ou d'une semi-liberté.

Art. D. 147-46 Lorsque le juge de l'application des peines a, en application des dispositions de l'article 721-2, ordonné que le condamné soit soumis à certaines mesures de contrôle ou à certaines interdictions pendant une durée égale à tout ou partie des réductions de peine dont il a bénéficié, le condamné est informé, au moment de sa libération, de la possibilité de retrait prévue par le sixième alinéa du I et le troisième alinéa du II de cet article.

Cette information est faite conformément aux dispositions de l'article D. 115-18.

Art. D. 147-47 Le juge de l'application des peines du ressort dans lequel la personne soumise à un suivi en application du I de l'article 721-2 a sa résidence habituelle, assisté du service pénitentiaire d'insertion et de probation, et le cas échéant avec le concours des organismes habilités à cet effet, contrôle le respect des obligations et interdictions auxquelles la personne est soumise.

Art. D. 147-48 Lorsqu'il est fait application des dispositions du I de l'article 721-2, la personne doit être convoquée par le juge de l'application des peines du tribunal judiciaire dans le ressort duquel elle doit résider, dans un délai maximal d'un mois à compter de sa libération. Cette convocation lui est notifiée contre émargement, avant sa libération, par le chef d'établissement pénitentiaire.

Art. D. 147-49 En dehors du cas de l'inobservation par la personne condamnée des mesures de contrôle et interdictions qui lui ont été imposées en application de l'article 721-2, lorsque le juge de l'application des peines modifie ces obligations et interdictions, il statue par ordonnance selon les modalités prévues par l'article 712-8.

Art. D. 147-50 Le délai pendant lequel le condamné doit respecter les obligations et interdictions qui lui ont été imposées sur le fondement de l'article 721-2 n'est pas suspendu en cas de nouvelle incarcération de ce dernier.

Art. D. 147-51 La décision de retrait prise en application du sixième alinéa du I et troisième alinéa du II de l'article 721-2 n'a pas pour effet de remettre à exécution la ou les peines auxquelles correspondait le crédit de réduction de peine ayant été retiré.

CHAPITRE III DES DISPOSITIONS COMMUNES AUX DIFFÉRENTS ÉTABLISSEMENTS PÉNITENTIAIRES

BIBL. ▶ Cadiet, Pradel et Rubellin-Devichi, *RFDA 1999. 227* (le contrôle de l'administration pénitentiaire).

SECTION PREMIÈRE DU GREFFE JUDICIAIRE DES ÉTABLISSEMENTS PÉNITENTIAIRES *(Décr. n° 98-1099 du 8 déc. 1998).*

RÉP. PÉN. v° *Greffier*, par Redon.

§ 1er REGISTRE ET FORMALITÉS D'ÉCROU *(Décr. n° 72-852 du 12 sept. 1972).*

Art. D. 148 *(Décr. n° 79-534 du 3 juill. 1979)* « Tout établissement pénitentiaire est pourvu d'un registre d'écrou. »

(Décr. n° 72-852 du 12 sept. 1972) Le chef de l'établissement, ou sous son autorité le fonctionnaire chargé du greffe, tient ce registre et veille à la légalité de la détention des individus incarcérés ainsi qu'à l'élargissement des libérables.

(Décr. nº 79-534 du 3 juill. 1979) « Le registre d'écrou est constitué de feuilles mobiles *(Décr. nº 93-193 du 8 févr. 1993)* « sur lesquelles figurent le numéro d'écrou initial ainsi que le numéro d'écrou actuel » et classées dans un fichier. »

(Décr. nº 72-852 du 12 sept. 1972) Il doit être présenté aux fins de contrôle et de visa, aux différentes autorités judiciaires à chacune de leurs visites, ainsi qu'aux autorités administratives qui procèdent à l'inspection générale de l'établissement.

Art. D. 149 *(Décr. nº 72-852 du 12 sept. 1972)* Lors de la conduite de toute personne dans un établissement pénitentiaire par l'exécuteur d'un arrêt ou jugement de condamnation, *(Abrogé par Décr. nº 2007-699 du 3 mai 2007)* « *d'une ordonnance de prise de corps,* » d'un mandat de dépôt ou d'arrêt, d'un mandat d'amener lorsque ce mandat doit être suivi d'incarcération provisoire, ou d'un ordre d'arrestation établi conformément à la loi, un acte d'écrou est dressé sur le registre visé à l'article D. 148. Le chef de l'établissement constate par cet acte la remise de la personne et inscrit la nature et la date du titre de détention, ainsi que l'autorité dont il émane. L'acte d'écrou est signé par le chef de l'établissement et par le chef d'escorte.

(Décr. nº 2020-81 du 3 févr. 2020, art. 6, en vigueur le 24 mars 2020) « En cas de mandat de dépôt à effet différé, le chef d'établissement qui reçoit le condamné à la date fixée mentionne ce mandat sur le registre d'écrou ainsi que l'ordre de mise à exécution de ce mandat prévu par l'article D. 48-2-5 et dont une copie certifiée conforme lui a été transmis *[transmise]* par le procureur général ou le procureur de la République. Si la personne ne se présente pas à l'établissement pénitentiaire à la date fixée, le chef d'établissement en avise le jour même ou le premier jour ouvrable suivant le procureur général ou le procureur de la République. Si le condamné se présente à l'établissement pénitentiaire après la date fixée, mais pendant un jour ouvrable et aux horaires permettant son incarcération, le chef d'établissement est tenu de le recevoir. »

En cas d'exécution volontaire de la peine, le chef de l'établissement mentionne sur le registre d'écrou l'arrêt ou le jugement de condamnation dont l'extrait lui a été transmis par le procureur général ou par le procureur de la République.

En toute hypothèse, avis de l'écrou est donné par le chef de l'établissement, selon le cas, au procureur général ou au procureur de la République.

La date de la sortie du détenu, ainsi que, s'il y a lieu, la décision ou le texte de la loi motivant la libération, fait également l'objet d'une mention sur l'acte d'écrou.

Il n'y a pas lieu de lever l'écrou des détenus qui viennent à faire l'objet des mesures prévues *(Décr. nº 93-193 du 8 févr. 1993)* « à l'article D. 118 », mais mention de ces mesures doit être portée au registre d'écrou.

Art. D. 149-1 *(Décr. nº 93-193 du 8 févr. 1993)* En cas de sortie consécutive à une décision de suspension ou de fractionnement de peine, si la réintégration du condamné doit avoir lieu dans l'établissement d'origine, il est procédé à une levée d'écrou sous forme simplifiée.

De même, lors de son retour, un acte d'écrou est dressé sous forme simplifiée et l'intéressé reprend le numéro d'écrou qui lui était attribué avant sa sortie.

Ces formalités d'écrou sous forme simplifiée sont également applicables aux détenus qui font l'objet d'un transfèrement dans les conditions prévues à l'article D. 313-1 du code de procédure pénale.

Art. D. 149-2 *(Décr. nº 93-193 du 8 févr. 1993)* Dans les cas d'application de la procédure d'écrou simplifié, le chef d'établissement est dispensé de l'envoi des avis prévus par les articles D. 149, D. 511 *(Décr. nº 2021-683 du 27 mai 2021, art. 2, en vigueur le 30 sept. 2021)* « et D. 311 *[ancienne rédaction :, D. 311 et D. 313]* » du code de procédure pénale.

BIBL. ▶ DARBEDA, *RSC 1993. 362.* – RASSAT, *RSC 1993. 806.*

Art. D. 149-3 *(Décr. nº 2009-420 du 15 avr. 2009)* Par dérogation aux dispositions de l'article D. 334, le détenu bénéficiaire d'une décision de suspension ou fractionnement de peine en application de l'article 720-1 se voit uniquement remettre les sommes inscrites sur la part disponible du compte nominatif. Les parts réservées à l'indemnisation des parties civiles et des créanciers d'aliments ainsi qu'à la constitution du pécule de libération ne sont liquidées qu'à la fin de l'exécution de la peine.

Art. D. 150 *(Décr. nº 72-852 du 12 sept. 1972)* **Outre les écritures exigées pour l'incarcération ou la libération et la mention des ordonnances prévues aux articles 133, 145, 148 et 179, ainsi que des jugements ou arrêts prévus aux articles 213, 464-1 et 569, des indications doivent être portées pour prévenir les fraudes, fixer l'identité des détenus et faire connaître les modifications subies par la situation pénale ou administrative de ceux-ci pendant leur détention ou au moment de leur mise en liberté.**

La fiche pénale rédigée par les greffes des établissements pénitentiaires constitue un document administratif ; par conséquent, les juridictions administratives sont compétentes pour connaître du contentieux relatif à leur rectification. • CE 28 déc. 2017, nº 394746 : *AJ pénal 2018. 325, obs. H-Evans*.

Art. D. 150-1 *(Décr. nº 2004-1364 du 13 déc. 2004, art. 25, en vigueur le 1er janv. 2005)* **Les peines s'exécutent au fur et à mesure de la réception des extraits de décision de condamnation.**

En cas de réception simultanée de plusieurs extraits, il convient de faire exécuter :

(Décr. nº 2016-1455 du 28 oct. 2016, art. 15) **« — les peines sanctionnant la commission d'une infraction définie au chapitre Ier du titre II du livre IV du code pénal avant les autres peines ; »**

(Décr. nº 2010-1276 du 27 oct. 2010, art. 4) **« — les peines sanctionnant des faits commis en état de récidive légale avant les autres peines ; »**

— les peines dans l'ordre décroissant de leur quantum, la plus forte étant subie la première ; toutefois, si l'une des peines fait suite à une période de détention provisoire non interrompue, son exécution doit être poursuivie ;

— la peine assortie du sursis avant celle qui a entraîné sa révocation.

(Abrogé par Décr. nº 2010-1276 du 27 oct. 2010, art. 4) « — lorsqu'elles sont de même durée, les peines sanctionnant des faits commis en état de récidive légale avant les autres peines. »

Lorsque l'évasion s'est produite au cours de l'exécution d'une peine, l'exécution de cette peine doit être reprise et menée jusqu'à son terme avant celle de la peine sanctionnant l'évasion.

Les décisions de retrait du bénéfice d'un crédit de réduction de peine s'exécutent à la suite de la dernière peine portée à l'écrou à la date de la décision.

L'arrêt attaqué, en énonçant qu'en cas de pluralité de titres de détention, le premier mis à l'écrou suspend les effets des titres de détention mis à l'écrou postérieurement, et que la règle selon laquelle la période de détention provisoire doit être intégralement déduite de la première peine définitive portée à l'écrou ne s'applique que si l'intéressé est détenu au jour de sa condamnation, a prononcé par une interprétation inexacte de l'art. D. 150-1, qui, au surplus, ne saurait avoir pour effet de déroger à une règle de nature législative, en l'espèce l'art. 716-4. • Crim. 11 janv. 2017, nº 16-81.133 P : *D. actu. 22 févr. 2017, obs. André ; AJ pénal 2017. 193, obs. H.-Evans ; Dr. pénal 2017. Étude 14, par Griffon-Yarza.*

Art. D. 150-2 *(Décr. nº 2004-1364 du 13 déc. 2004, art. 25, en vigueur le 1er janv. 2005)* **Lorsqu'un condamné doit exécuter plusieurs peines privatives de liberté, les règles spécifiques aux condamnés en état de récidive légale relatives aux conditions d'octroi des mesures relevant de la compétence des juridictions de l'application des peines sont applicables tant qu'une ou plusieurs des peines en cours d'exécution ou devant être exécutée correspond à une condamnation prononcée pour des faits commis en récidive. Ces règles ne sont plus applicables lorsque l'ensemble de ces peines ont été exécutées.**

1. Réduction de peines supplémentaires. Il résulte de la combinaison des art. 721-1 et D. 150-2 que le condamné ayant à subir plusieurs peines privatives de liberté dont l'une au moins a été prononcée pour un crime ou un délit commis en récidive ne peut bénéficier d'une réduction supplémentaire de peine excédant deux mois par an. Encourt la cassation l'ordonnance du président de la CHAP qui accorde une réduction supplémentaire de peine de trois mois à un condamné qui doit encore exécuter une condamnation prononcée pour des faits commis en récidive. • Crim. 28 oct. 2009, nº 09-84.135 P : *AJ pénal 2010. 41, obs. Herzog-Evans ; Dr. pénal 2010. Chron. 2, obs. Garçon.* ♦ Les règles spécifiques à l'état de récidive relatives aux conditions d'octroi des réductions supplémentaires de peine sont applicables à l'ensemble des peines exécutées au cours de la période de détention prise en compte, à la seule condition que l'une d'elles ait été prononcée en retenant cette circonstance aggravante, indépendamment de la date à laquelle le juge de l'application des peines statue. • Crim. 23 nov. 2011, n° 11-81.088 P : *D. actu. 12 déc. 2011, obs. Léna ; D. 2011. Actu. 2936 ; ibid. 2012. Chron. 171, obs. Roth, Leprieur et Divialle ; Dr. pénal mars 2012. 28, obs. Garçon.*

2. Libération conditionnelle. En ne considérant pas comme récidiviste le condamné pour la détermination du temps d'épreuve prévu par l'art. 729, al. 2, dès lors que la peine prononcée pour des faits commis en récidive avait été exécutée, la CHAP a fait l'exacte application des dispositions de l'art. D. 150-2. • Crim. 1er févr. 2012, n° 11-84.180 P : *D. actu. 14 mars 2012, obs. Léna ; D. 2012. 1532, note Griffon ; D. 2012. 2917, obs. Potaszkin ; Dr. pénal 2012. Chron. 2, obs. Garçon et Peltier ; ibid. Étude 16, obs. Aubertin.* ♦ La personne condamnée à plusieurs peines privatives de liberté en partie pour des faits commis en état de récidive doit avoir exécuté les deux tiers de sa condamnation avant de pouvoir prétendre à une libération conditionnelle tant que la peine prononcée pour les faits commis en récidive n'a pas été intégralement exécutée. • Crim. 15 mai 2013 : *D. actu. 6 juin 2013, obs. Gayet ; D. 2013. 2713, obs. Potaszkin ; AJ pénal 2013. 552, obs. Herzog-Evans ; Dr. pénal 2013, n° 119, note Peltier.*

3. Confusion de peines. Fait une exacte application de l'art. 150-2 la cour d'appel qui retient que la réduction au maximum légal de plusieurs peines prononcées pour des infractions en concours, dont une en état de récidive, avait nécessairement pour effet leur confusion et que, ayant désormais à purger une peine unique, le condamné devait être considéré comme récidiviste pour l'octroi du crédit de réduction de peine résultant de cette confusion. • Crim. 31 oct. 2012 : *Dr. pénal 2013, n° 32, obs. Bonis-Garçon et Peltier.*

Art. D. 150-3 *(Décr. n° 2016-1455 du 28 oct. 2016, art. 15)* **Lorsqu'une personne doit exécuter plusieurs peines privatives de liberté, les règles spécifiques aux condamnés pour une ou plusieurs infractions définies au chapitre Ier du titre II du livre IV du code pénal relatives aux conditions d'octroi des mesures relevant de la compétence des juridictions de l'application des peines sont applicables tant qu'une ou plusieurs des peines en cours d'exécution ou devant être exécutée correspond à une condamnation prononcée pour ces infractions.**

Art. D. 151 *(Décr. n° 79-534 du 3 juill. 1979)* **Le registre d'écrou ne doit pas quitter l'établissement pénitentiaire.**

Toutefois, à titre exceptionnel, la fiche d'écrou d'un détenu peut être déplacée en dehors de cet établissement afin de permettre soit l'écrou d'un individu hospitalisé immédiatement après son arrestation et momentanément intransportable, soit la levée d'écrou d'un détenu hospitalisé au moment de sa libération.

§ 2 AUTRES REGISTRES ET ÉCRITURES DU GREFFE

Art. D. 152 *(Décr. n° 98-1099 du 8 déc. 1998)* **Indépendamment du registre d'écrou, des registres ou livres prévus par la réglementation comptable, le chef de l'établissement doit tenir ou faire tenir les registres et les fichiers suivants :**

1° Répertoire alphabétique des détenus écroués ;

2° Registre des demandes de mise en liberté, de saisine de la chambre de l'instruction, de demandes d'actes ou de mesures utiles à l'instruction *(Décr. n° 2021-1194 du 15 sept. 2021, art. 2, en vigueur le 1er oct. 2021)* **« , de requêtes en annulation et de requêtes portant sur les conditions de détention » ;**

3° Registre des déclarations d'opposition ;

4° Registre des déclarations d'appel et de pourvoi ;

5° Registre des libérations par mois ;

6° Fichier des libérations conditionnelles ;

7° Fichier des interdits de séjour ;

8° Registre du contrôle numérique ;

9° Registre des mesures d'individualisation de la peine ;

10° Registre des inspections et carnet d'ordres de service ;

11° Registre des entrées et sorties ;

12° Registre des mesures mentionnées à l'article 723 ;

13° Fichier des réductions de peine.

Art. D. 153 *(Décr. nº 98-1099 du 8 déc. 1998)* Pour l'application des articles 81, 82-1, 148-7, 148-8, 156, 167, 173, 221-2, 490-1, 503, 547 *(Décr. nº 2021-1194 du 15 sept. 2021, art. 2, en vigueur le 1er oct. 2021)* « , 577 et 803-8 », le chef de l'établissement, ou, sous son autorité, le fonctionnaire chargé du greffe, tient dans chaque établissement un registre des déclarations d'appel ou de pourvoi, un registre des déclarations d'opposition et un registre des demandes de mise en liberté, de saisine de la chambre de l'instruction, de demandes d'actes ou de mesures utiles à l'instruction *(Décr. nº 2021-1194 du 15 sept. 2021, art. 2, en vigueur le 1er oct. 2021)* « , de requêtes en annulation et de requêtes portant sur les conditions de détention », dans lesquels sont conservées les déclarations, demandes et requêtes qu'il est appelé à recevoir et à transmettre.

Ces registres sont composés de la copie des exemplaires numérotés desdites déclarations, demandes et requêtes.

Art. D. 154 Il appartient aux chefs des établissements pénitentiaires de délivrer aux autorités habilitées par la loi ou les règlements des extraits ou des copies certifiées conformes de toutes pièces qui se trouvent en leur possession.

Il leur appartient pareillement de délivrer des expéditions ou extraits des actes d'écrou.

(Décr. nº 2006-385 du 30 mars 2006, art. 20) « Ils peuvent également légaliser toute signature apposée par les détenus en leur présence pour la gestion de leurs affaires privées. »

§ 3 DOSSIERS INDIVIDUELS DES DÉTENUS

Art. D. 155 Pour tout détenu, il est constitué au greffe de l'établissement pénitentiaire un dossier individuel qui suit l'intéressé dans les différents établissements où il serait éventuellement transféré. *(Décr. nº 2003-259 du 20 mars 2003, art. 17)* « Ce dossier contient, dans une cote spéciale, tous les renseignements tenus à jour, utiles à déterminer l'existence d'un éventuel risque suicidaire. » *(Décr. nº 2021-666 du 26 mai 2021)* « Ce dossier contient également les informations relatives à l'inscription de la personne détenue sur les listes électorales et à l'exercice de son droit de vote. »

(Décr. nº 64-735 du 20 juill. 1964 ; Décr. nº 83-48 du 26 janv. 1983 ; Décr. nº 98-1099 du 8 déc. 1998) « Indépendamment de ce dossier, des dossiers particuliers doivent être établis en outre à l'égard de certains détenus, notamment pour les condamnés proposables à la libération conditionnelle, pour les interdits de séjour, pour les étrangers passibles d'une mesure d'éloignement du territoire français et pour les libérables qui ont à satisfaire à des obligations militaires. »

A DOSSIER SPÉCIAL AUX CONDAMNÉS AYANT FAIT L'OBJET D'UNE PROCÉDURE D'ORIENTATION *(Décr. nº 98-1099 du 8 déc. 1998)*.

Art. D. 156 *(Décr. nº 98-1099 du 8 déc. 1998)* Un dossier spécial est ouvert pour tout condamné ayant fait l'objet d'une procédure d'orientation suivant les prescriptions des articles D. 75 et suivants.

Ce dossier comprend les quatre parties visées aux articles D. 157, D. 159, D. 162 et D. 163.

Art. D. 157 *(Décr. nº 85-836 du 6 août 1985)* La partie judiciaire du dossier contient l'extrait ou les extraits de jugement ou d'arrêt de condamnation, la notice individuelle visée à l'article D. 158 et toutes autres pièces ou documents relatifs à l'exécution des peines, notamment ceux qui concernent les victimes.

Art. D. 158 La notice individuelle contient les renseignements concernant l'état civil du condamné, sa profession, sa situation de famille, ses moyens d'existence, son degré d'instruction, sa conduite habituelle, sa moralité et ses antécédents.

Ces renseignements sont complétés par l'exposé des faits qui ont motivé la condamnation et des éléments de nature à aggraver ou à atténuer la culpabilité de l'intéressé *(Décr. nº 98-1099 du 8 déc. 1998)* « et la liste de ses coauteurs ou complices éventuels ».

(Décr. nº 2020-1640 du 21 déc. 2020, art. 11) « Le procureur de la République mentionne dans la notice individuelle les interdictions de contact *(Décr. nº 2021-1820 du 24 déc. 2021, art. 5, en vigueur le 1er févr. 2022)* « ou de paraître » dont il a connaissance prononcées contre le condamné, notamment à l'égard de son conjoint, de son concubin ou de son partenaire lié par un pacte civil de solidarité, ou de son ancien conjoint, concubin ou partenaire, ou à l'égard de ses enfants mineurs, lorsque ces interdictions ont été prononcées en application de l'article 138 du présent code, ou des articles 131-6, 131-10 ou 132-45 du code pénal, ou dans le cadre d'une ordonnance de protection en application de l'article 515-11 du code civil, ou qu'elles résultent d'une décision de suspension ou de retrait de l'exercice de l'autorité parentale et des droits de visite et d'hébergement en application des articles 378, 378-1, 378-2, 379, 379-1, 378-2 ou 515-11 du code civil. La notice doit mentionner les noms et prénoms des personnes concernées par les interdictions de contact *(Décr. nº 2021-1820 du 24 déc. 2021, art. 5, en vigueur le 1er févr. 2022)* « ou de paraître », et, si ces informations sont connues, leurs adresse, date et lieu de naissance ainsi que la date d'expiration de la décision. »

La rédaction de la notice, qui incombe au ministère public près la juridiction qui a prononcé la condamnation, est obligatoire à l'égard de tout condamné qui doit subir ou auquel il reste à subir plus de trois mois d'une peine privative de liberté à compter de la date où la décision est devenue définitive.

La notice doit être adressée dans le délai prévu au dernier alinéa de l'article *(Décr. nº 98-1099 du 8 déc. 1998)* « D. 77 ».

Art. D. 159 La partie pénitentiaire du dossier est constituée par le chef de l'établissement dans lequel le condamné accomplit sa peine.

Elle contient tous les renseignements tenus à jour sur son comportement *(Décr. nº 98-1099 du 8 déc. 1998)* « en détention, au travail et pendant les activités, » et sur les décisions administratives prises à son égard *(Décr. nº 2003-259 du 20 mars 2003, art. 18)* « , outre la cote spéciale visée au premier alinéa de l'article D. 155 ».

(Décr. nº 98-1099 du 8 déc. 1998) « Les renseignements relatifs au compte nominatif sont remis à jour par le service comptable. »

Art. D. 160 *(Décr. nº 75-402 du 23 mai 1975)* Dans la même partie du dossier, sont consignées les sanctions disciplinaires prononcées ainsi que toutes les mesures visant à encourager les efforts des détenus en vue de leur *(Décr. nº 98-1099 du 8 déc. 1998)* « réinsertion » sociale.

Art. D. 161 *Abrogé par Décr. nº 98-1099 du 8 déc. 1998.*

Art. D. 162 *(Décr. nº 85-836 du 6 août 1985)* La *(Décr. nº 98-1099 du 8 déc. 1998)* « troisième » partie du dossier visé à l'article D. 156 correspond au dossier destiné *(Décr. nº 99-276 du 13 avr. 1999)* « aux membres du service pénitentiaire d'insertion et de probation compétent auprès de l'établissement ».

Contenant des éléments ou documents recueillis par les *(Décr. nº 2010-1635 du 23 déc. 2010)* « personnels d'insertion et de probation » ou qui leur ont été fournis, ce dossier leur permet de suivre l'évolution *(Décr. nº 2010-1635 du 23 déc. 2010)* « de la personne détenue » et, ainsi, de mieux individualiser sa situation pénale et la préparation de sa libération. Il a aussi pour objet de leur permettre de renseigner l'autorité judiciaire qui en fait la demande, en application de l'article *(Décr. nº 99-276 du 13 avr. 1999)* « D. 461.

« Les documents couverts par le secret professionnel ne peuvent être consultés que par un membre d'un service pénitentiaire d'insertion et de probation. En cas de transfèrement, le service pénitentiaire d'insertion et de probation transmet ces documents sous pli fermé au service compétent auprès de l'établissement de destination ou, en cas de libération et s'il y a lieu, au service pénitentiaire d'insertion et de probation du lieu de résidence de l'intéressé. »

Les documents, quelle que soit leur nature, qui sont établis sur demande d'une juridiction et qui se rattachent à la fonction de juger dont elle est investie, n'ont pas le caractère de document administratif pour l'application de la L. du 17 juill. 1978. Par suite, le ministre est fondé à soutenir que les synthèses socio-éducatives élaborées, en application des dispositions de l'art.

D. 162, pour permettre de renseigner l'autorité judiciaire qui en a fait la demande en application de l'art. D. 461, n'étaient pas communicables à la personne détenue. • CE 20 janv. 2011, n° 345052 : *AJ pénal 2012. 428, obs. Herzog-Evans*.

Art. D. 163 **Une partie du dossier individuel constitue une cote d'observation où sont assemblés les pièces et documents contenant le résultat des enquêtes, examens et expertises auxquels il a pu être procédé sur la personnalité, l'état médical, psychiatrique et psychologique, la situation matérielle, familiale ou sociale du condamné, soit au cours de l'information préalable, soit en vue de** *(Décr. n° 72-852 du 12 sept. 1972)* **« son orientation », soit ultérieurement pendant le cours de l'exécution de sa peine.**

Ce dossier comprend, par conséquent, les pièces visées aux articles *(Décr. n° 98-1099 du 8 déc. 1998)* **« D. 77, D. 78 et D. 79 », et contient les différentes appréciations ou avis émis à l'égard du condamné intéressé, ainsi que les rapports de synthèse de l'observation.**

Art. D. 163-1 *(Décr. n° 2007-699 du 3 mai 2007)* **Le dossier individuel contient un exemplaire des documents relatifs aux relevés signalétiques et aux prélèvements dont a fait l'objet le détenu par les services de la police nationale et les unités de la gendarmerie nationale, dans le cadre de la mise en œuvre des fichiers d'identification institués par un texte législatif ou réglementaire.**

Art. D. 164 *(Décr. n° 98-1099 du 8 déc. 1998)* **A la libération ou au décès d'un condamné ou après son évasion, les différentes parties de son dossier sont conservées au greffe de l'établissement pendant la durée nécessaire à leur utilisation courante.**

Passé ce délai, il appartient à l'administration pénitentiaire de procéder au versement de ces documents aux services des archives départementales.

Les modalités de consultation des archives sont fixées par les articles 7 et 8 de la loi n° 79-18 du 3 janvier 1979 sur les archives *[désormais, C. patr., art. L. 213-1 s.]*.

B DOSSIERS DES AUTRES DÉTENUS

Art. D. 165 **Pour les condamnés** *(Décr. n° 98-1099 du 8 déc. 1998)* **« ne répondant pas au critère défini par l'article D. 156 », leur dossier est constitué au fur et à mesure de l'arrivée ou de la rédaction des pièces les concernant.**

Toutes dispositions doivent être prises pour assurer la protection du secret de celles d'entre elles qui ont un caractère *(Abrogé par Décr. n° 98-1099 du 8 déc. 1998)* **«** ***strictement médical ou*** **» social.**

Art. D. 166 **Le dossier visé à l'article D. 165 est conservé pendant** *(Décr. n° 98-1099 du 8 déc. 1998)* **« la durée nécessaire à son utilisation courante » au greffe de l'établissement où son titulaire a été incarcéré en dernier lieu.**

(Décr. n° 98-1099 du 8 déc. 1998) **« Passé ce délai, il appartient à l'administration pénitentiaire de procéder au versement de ces documents aux services d'archives départementales.**

« Les modalités de consultation des archives sont fixées par les articles 7 et 8 de la loi n° 79-18 du 3 janvier 1979 sur les archives *[désormais, C. patr., art. L. 213-1 s.]*. **»**

Art. D. 167 *(Décr. n° 98-1099 du 8 déc. 1998)* **Pour les détenus étrangers faisant l'objet d'une mesure d'éloignement du territoire, est constituée en application de l'article D. 155 une cote particulière où sont assemblés tous les documents et pièces comprenant des éléments d'identification et de nationalité fournis par les autorités judiciaires ou recueillis au cours de la détention.**

Cette cote contient également toutes les informations relatives à la situation pénale et administrative des intéressés.

SECTION II *[ABROGÉE]* **DE LA PUNITION DE CELLULE, DE LA MISE À L'ISOLEMENT ET DES MOYENS DE CONTRAINTE** *(Décr. nº 72-852 du 12 sept. 1972).*

(Abrogée par Décr. nº 96-287 du 2 avr. 1996)

§ 1er *[ABROGÉ]* PUNITION DE CELLULE

Art. D. 168 à D. 169 *Abrogés par Décr. nº 96-287 du 2 avr. 1996.*

§ 2 *[ABROGÉ]* MISE À L'ISOLEMENT

Art. D. 170 et D. 171 *Abrogés par Décr. nº 96-287 du 2 avr. 1996.*

V. désormais art. D. 283-1 à D. 283-2-4.

§ 3 *[ABROGÉ]* MOYENS DE CONTRAINTE *(Décr. nº 72-852 du 12 sept. 1972).*

Art. D. 172 à D. 175 *Repris ss. les art. D. 283-3 à D. 283-6, par Décr. nº 96-287 du 2 avr. 1996.*

SECTION II **DES VISITES EFFECTUÉES PAR LES AUTORITÉS JUDICIAIRES** *(Décr. nº 96-287 du 2 avr. 1996).*

Art. D. 176 *(Décr. nº 2010-1635 du 23 déc. 2010)* **« Lors de ses visites d'établissements pénitentiaires, le juge de l'application des peines vérifie les conditions dans lesquelles les condamnés y exécutent leur peine. »**

Il lui appartient de faire part de ses observations éventuelles aux autorités compétentes pour y donner suite.

(Décr. nº 72-852 du 12 sept. 1972 ; Décr. nº 98-1099 du 8 déc. 1998) **« Il adresse chaque année au ministre de la justice, sous le couvert des chefs de cour et de tribunaux judiciaires, un rapport sur l'application des peines. »**

Art. D. 177 *(Décr. nº 2010-1635 du 23 déc. 2010)* **« A l'occasion de ses visites dans les établissements pénitentiaires, le président de la chambre de l'instruction vérifie la situation des personnes mises en examen en état de détention provisoire. »**

(Décr. nº 72-852 du 12 sept. 1972) **« Il transmet ses observations éventuelles au président de la chambre de l'instruction compétent à l'égard des prévenus qui ne relèvent pas d'une juridiction du ressort de sa cour d'appel. »**

(Décr. nº 2010-1635 du 23 déc. 2010) **« A l'occasion de ses visites dans les établissements pénitentiaires, le juge d'instruction** *(Abrogé par Décr. nº 2021-683 du 27 mai 2021, art. 2, à compter du 30 sept. 2021)* ***« et, en ce qui concerne les mineurs relevant de sa juridiction, le juge des enfants »*** *(Décr. nº 2021-683 du 27 mai 2021, art. 2, en vigueur le 30 sept. 2021)* **« peut** [ancienne rédaction : peuvent] **» également voir les prévenus. »**

(Abrogé par Décr. nº 2021-683 du 27 mai 2021, art. 2, à compter du 30 sept. 2021) (Décr. nº 2010-1635 du 23 déc. 2010) ***« En outre, le juge des enfants vérifie les conditions de la détention des mineurs. »*** *(Décr. nº 84-77 du 30 janv. 1984)* ***« A cette occasion, il fait part de ses observations éventuelles aux autorités compétentes pour y donner suite. »***

Art. D. 178 *(Décr. nº 2010-1635 du 23 déc. 2010)* **« Lors des visites qu'il effectue dans chaque établissement pénitentiaire, le procureur de la République entend les personnes détenues qui auraient des réclamations à présenter. »**

(Décr. nº 85-836 du 6 août 1985) **« Il rend compte de ses observations éventuelles au procureur général. »**

(Abrogé par Décr. nº 2010-1635 du 23 déc. 2010) (Décr. nº 98-1099 du 8 déc. 1998) ***« Le procureur général visite chaque établissement pénitentiaire du ressort de la cour d'appel, au moins une fois par an. »***

Art. D. 179 **Un rapport conjoint du premier président et du procureur général rend compte chaque année au ministre de la justice du fonctionnement des établissements pénitentiaires de leur ressort et du service assuré par le personnel de ces établissements.**

SECTION III *[ABROGÉE]* DE LA COMMISSION DE SURVEILLANCE

(Abrogée par Décr. n° 2010-1635 du 23 déc. 2010)

Art. D. 180 à D. 185 *Abrogés par Décr. n° 2010-1635 du 23 déc. 2010.*

SECTION IV DES CONDITIONS DANS LESQUELLES CERTAINES PERSONNES SONT ADMISES À VISITER LES DÉTENUS *(Décr. n° 96-287 du 2 avr. 1996).*

Art. D. 186 **Les détenus nommément désignés sont visités en vertu d'autorisations et dans les conditions déterminées aux articles** *(Décr. n° 2010-1635 du 23 déc. 2010)* **« R. 57-8-8 et suivants » et D. 403 et suivants.**

Art. D. 187 *(Abrogé par Décr. n° 2020-816 du 29 juin 2020, art. 2)* ***« Le ministre de la justice peut*** *(Abrogé par Décr. n° 98-1099 du 8 déc. 1998)* ***« seul » délivrer des autorisations à portée générale qui permettent, à titre permanent, ou pour un nombre limité de visites, la communication avec des détenus non nominativement désignés, sous réserve des droits conférés à l'autorité judiciaire. »***

(Décr. n° 2020-816 du 29 juin 2020, art. 2) **« Dans le ressort de sa compétence territoriale, le directeur interrégional des services pénitentiaires délivre les autorisations à portée générale qui permettent, à titre permanent ou pour un nombre limité de visites, la communication avec des détenus non nominativement désignés, sous réserve des droits conférés à l'autorité judiciaire. »**

En dehors des cas visés à l'article D. 473 relatif aux *(Décr. n° 98-1099 du 8 déc. 1998)* **« visiteurs de prison », ces autorisations sont exceptionnelles.**

En application du Décr. n° 2014-1279 du 23 oct. 2014 relatif aux exceptions à l'application du principe « silence vaut acceptation » (L. n° 2000-321 du 12 avr. 2000, art. 21-I), le silence gardé pendant deux mois par l'administration vaut décision de rejet pour les demandes relatives à l'autorisation de communiquer des personnes détenues non nommément désignées.

Art. D. 187-1 *(Décr. n° 2007-699 du 3 mai 2007)* **Les délégués du** *(L. org. n° 2011-333 du 29 mars 2011, art. 44)* **« Défenseur des droits » peuvent exercer leur action auprès de tous les détenus quelle que soit leur situation pénale. Toutefois, le droit de visite est suspendu à l'égard des détenus placés au quartier disciplinaire et à l'égard des prévenus dans les cas où ces derniers font l'objet de l'interdiction de communiquer prévue au premier alinéa de l'article 145-4.**

Ils reçoivent les détenus dans un local situé à l'intérieur de la détention et en dehors de la présence d'un surveillant.

CHAPITRE IV DE L'ADMINISTRATION DES ÉTABLISSEMENTS PÉNITENTIAIRES

SECTION PREMIÈRE DE L'ORGANISATION GÉNÉRALE DE L'ADMINISTRATION PÉNITENTIAIRE *(Décr. n° 2010-1635 du 23 déc. 2010).*

Art. D. 188 et D. 189 *Abrogés par Décr. n° 2010-1635 du 23 déc. 2010.*

Art. D. 190 *(Décr. n° 2010-1635 du 23 déc. 2010)* **Le niveau central de l'administration pénitentiaire est constitué par la direction de l'administration pénitentiaire au ministère de la justice.**

Arrêté du 27 décembre 2016,

Fixant le ressort territorial des directions interrégionales de l'administration pénitentiaire et de la mission des services pénitentiaires de l'outre-mer.

Art. 1er Les établissements et services pénitentiaires d'insertion et de probation des départements, régions et collectivités des articles 73 et 74 de la Constitution et de la collectivité de Nouvelle-Calédonie sont regroupées *[regroupés]* sous l'autorité de directeurs interrégionaux des services pénitentiaires.

Art. 2 Le ressort territorial des directions interrégionales et de la mission des services pénitentiaires de l'outre-mer est déterminé conformément au tableau annexé.

Art. 3 Les dispositions du présent arrêté entrent en vigueur le 1er janvier 2017.

ANNEXE

RESSORT TERRITORIAL DES DIRECTIONS INTERRÉGIONALES ET DE LA MISSION OUTRE-MER DE L'ADMINISTRATION PÉNITENTIAIRE

(Arr. du 29 déc. 2016)

Siège de la direction interrégionale des services pénitentiaires (DISP)/nom de la direction interrégionale (DIR) CIRCONSCRIPTIONS DÉPARTEMENTALES	CIRCONSCRIPTIONS RÉGIONALES
DISP de Bordeaux / DIR SUD-OUEST Charente, Charente-Maritime, Corrèze, Creuse, Dordogne, Gironde, Landes, Lot-et-Garonne, Pyrénées-Atlantiques, Deux-Sèvres, Vienne, Haute-Vienne	Nouvelle-Aquitaine
DISP de Dijon / DIR GRAND-CENTRE Cher, Côte-d'Or, Doubs, Eure-et-Loir, Haute-Saône, Indre, Indre-et-Loire, Jura, Loir-et-Cher, Loiret, Nièvre, Saône-et-Loire, Territoire de Belfort, Yonne	Centre-Val de Loire, Bourgogne-Franche-Comté
DISP de Strasbourg / DIR GRAND-EST Ardennes, Aube, Marne, Haute-Marne, Meurthe-et-Moselle, Meuse, Moselle, Bas-Rhin, Haut-Rhin, Vosges	Grand-Est
DISP de Lille / GRAND-NORD Aisne, Nord, Oise, Pas-de-Calais, Somme	Hauts-de-France
DISP de Lyon / DIR CENTRE-EST Ain, Allier, Ardèche, Cantal, Drôme, Isère, Loire, Haute-Loire, Lozère, Puy-de-Dôme, Rhône, Savoie, Haute-Savoie	Auvergne-Rhône-Alpes
DISP de Marseille / DIR SUD-EST Alpes-de-Haute-Provence, Hautes-Alpes, Alpes-Maritimes, Bouches-du-Rhône, Haute-Corse, Corse-du-Sud, Var, Vaucluse	Provence-Alpes-Côte d'Azur, Corse
DISP de Paris / DIR ÎLE-DE-FRANCE Paris, Seine-et-Marne, Yvelines, Essonne, Hauts-de Seine, Seine-Saint-Denis, Val-de-Marne, Val-d'Oise	Île-de-France
DISP de Rennes / GRAND-OUEST Calvados, Côtes-d'Armor, Eure, Finistère, Ille-et-Vilaine, Loire-Atlantique, Maine-et-Loire, Manche, Mayenne, Morbihan, Orne, Sarthe, Seine-Maritime,Vendée	Bretagne, Normandie, Pays de la Loire
DISP de Toulouse / DIR SUD *Ariège, Aude,* Aveyron, Gard, Haute-Garonne, Gers, Hérault, Lot, Hautes-Pyrénées, Pyrénées-Orientales, Tarn, Tarn-et-Garonne	Occitanie
DISP outre-mer / DIR OUTRE-MER	Départements et régions d'outre-mer : Guadeloupe, Martinique, Guyane, Réunion ; Département de Mayotte ; Collectivités d'outre-mer : Polynésie française, Saint-Pierre-et-Miquelon, Saint-Martin, Saint-Barthélemy, Wallis-et-Futuna ; Collectivité (*sui generis*) : Nouvelle-Calédonie

Art. D. 191 à D. 193 *Abrogés par Décr. nº 2016-1877 du 27 déc. 2016, à compter du 1er janv. 2017.*

Art. D. 194 et D. 195 *Abrogés par Décr. nº 72-852 du 12 sept. 1972, art. 4.*

SECTION II **DU PERSONNEL DE L'ADMINISTRATION PÉNITENTIAIRE**

Art. D. 196 *(Décr. nº 98-1099 du 8 déc. 1998)* **Pour assurer leur fonctionnement, les services déconcentrés de l'administration pénitentiaire disposent des catégories de personnels suivantes :**

1° Fonctionnaires des services déconcentrés de l'administration pénitentiaire placés par décret en Conseil d'État sous statut spécial :

***a)* Personnel de direction : corps des personnels de direction ;**

***b)* Personnel administratif :** *(Décr. nº 2007-699 du 3 mai 2007)* **« corps des attachés d'administration du ministère de la justice », corps des secrétaires administratifs, corps des adjoints administratifs ;**

***c)* Personnel technique et de formation professionnelle : corps des professeurs techniques d'enseignement professionnel et de travaux, corps des instructeurs techniques, corps des chefs de travaux ;**

***d)* Personnel d'insertion et de probation : corps des chefs de services d'insertion et de probation, corps des conseillers d'insertion et de probation ;**

e) *(Décr. nº 2007-699 du 3 mai 2007)* **« Personnel de surveillance : corps de commandement et corps d'encadrement et d'application » ;**

2° Fonctionnaires des services déconcentrés de l'administration pénitentiaire, régis par des statuts interministériels ;

Personnel administratif : corps des agents administratifs, corps des agents des services techniques ;

3° Fonctionnaires des corps communs du ministère de la justice affectés dans les services déconcentrés de l'administration pénitentiaire :

Personnel de service social : corps des assistants de service social du ministère de la justice, corps des conseillers techniques de service social du ministère de la justice ;

4° Fonctionnaires des corps interministériels affectés dans les services déconcentrés de l'administration pénitentiaire :

Personnel infirmier : corps interministériel des infirmières et infirmiers de l'État ;

5° Agents non titulaires de l'État affectés dans les services déconcentrés de l'administration pénitentiaire.

Art. D. 196-1 *(Décr. nº 99-276 du 13 avr. 1999)* **Dans le présent livre, les termes "travailleurs sociaux des services pénitentiaires d'insertion et de probation" s'appliquent indifféremment aux personnels d'insertion et de probation, aux assistants sociaux et aux conseillers techniques de service social.**

Art. D. 197 Dans chaque région et dans chaque établissement pénitentiaire, la composition du personnel est déterminée par le ministre de la justice, conformément aux textes fixant le recrutement et les attributions des fonctionnaires, employés et agents de l'administration pénitentiaire.

§ 1er ATTRIBUTIONS PARTICULIÈRES

Art. D. 198 *(Décr. nº 72-852 du 12 sept. 1972)* **Les agents visés à l'article D. 196, 1°, exercent les fonctions définies par le statut spécial des fonctionnaires des services** *(Décr. nº 98-1099 du 8 déc. 1998)* **« déconcentrés » de l'administration pénitentiaire et par les textes relatifs à l'organisation et à la gestion** *(Décr. nº 99-276 du 13 avr. 1999)* **« des services de l'administration pénitentiaire ».**

(Décr. nº 98-1099 du 8 déc. 1998) **« Les agents visés à l'article D. 196, 2°, 3°, 4° et 5° exercent leurs fonctions dans les conditions et sous les obligations particulières résultant des dispositions législatives et réglementaires régissant le service public pénitentiaire. »**

Al. abrogé par Décr. nº 98-1099 du 8 déc. 1998.

Art. D. 199 à D. 215 *Abrogés par Décr. nº 72-852 du 12 sept. 1972.*

§ 2 DISPOSITIONS GÉNÉRALES

Art. D. 216 Le personnel des services *(Décr. n° 98-1099 du 8 déc. 1998)* « déconcentrés » de l'administration pénitentiaire est tenu de parfaire ses connaissances professionnelles dans les conditions qui sont fixées par l'administration centrale.

(Décr. n° 98-1099 du 8 déc. 1998) « Il a l'obligation de participer aux enseignements et stages de formation ou de perfectionnement assurés par l'École nationale de l'administration pénitentiaire, dans le cadre du dispositif déconcentré de formation continue, ou par tout autre organisme. »

Art. D. 216-1 *(Décr. n° 86-462 du 14 mars 1986)* Le chef d'établissement organise régulièrement des réunions de synthèse afin de coordonner l'action des différents personnels et de faciliter l'échange d'informations sur les modalités d'application des régimes de détention.

Al. abrogé par Décr. n° 2010-1635 du 23 déc. 2010, art. 15 et 48, à compter du 4 mai 2013.

V. désormais Annexe à l'art. R. 57-6-18, ss. art. R. 57-6-20 [C. pénit., art. R. 112-22].

Art. D. 217 *(Décr. n° 85-836 du 6 août 1985)* « A l'exception des agents exerçant les fonctions de chef d'établissement ou de ceux qui exercent une fonction définie par instruction de service, le personnel de surveillance est tenu au port de l'uniforme pendant le service, et, en dehors du service, lorsqu'il se trouve dans les locaux de la détention. »

(Décr. n° 72-852 du 12 sept. 1972) « Les surveillants sont tenus de consigner leurs observations concernant les différentes missions qui leur sont confiées. »

Art. D. 218 *(Abrogé par Décr. n° 2021-1313 du 8 oct. 2021, art. 3)* ***Dans les locaux de la détention, les agents ne sont porteurs d'aucune arme, hors le cas exceptionnel prévu à l'article D. 267.***

Les surveillants assurant un service de garde en dehors des bâtiments de détention sont armés dans les conditions fixées par une instruction de service.

Art. D. 219 Les membres du personnel doivent, en toute circonstance, se conduire et accomplir leur tâche de telle manière que leur exemple ait une bonne influence sur les détenus et suscite leur respect.

(Décr. n° 99-276 du 13 avr. 1999) « Ils doivent s'abstenir de tout acte, de tout propos ou de tout écrit qui serait de nature à porter atteinte à la sécurité et au bon ordre des établissements et doivent remplir leurs fonctions dans des conditions telles que celles-ci ne puissent préjudicier à la bonne marche des procédures judiciaires. »

Ils sont tenus de se porter mutuellement aide et assistance chaque fois que les circonstances le requièrent.

Art. D. 220 Indépendamment des défenses résultant de la loi pénale, il est interdit aux agents des services *(Décr. n° 98-1099 du 8 déc. 1998)* « déconcentrés » de l'administration pénitentiaire et aux personnes ayant accès *(Décr. n° 2007-699 du 3 mai 2007, art. 13-XVII)* « aux établissements pénitentiaires » :

– de se livrer à des actes de violence sur les détenus ;

– d'user à leur égard, soit de dénominations injurieuses, soit de tutoiement, soit de langage grossier ou familier ;

– de fumer *(Décr. n° 93-347 du 15 mars 1993)* « dans les lieux fermés et couverts affectés à un usage collectif, *(Décr. n° 2007-699 du 3 mai 2007, art. 13-XVII)* « ou qui constituent des lieux de travail » ;

« – d'introduire ou de consommer des boissons alcoolisées dans ces établissements, à l'exception des logements des agents et des locaux affectés aux services de restauration et d'y paraître en état d'ébriété » ;

– d'occuper sans autorisation les détenus pour leur service particulier ;

– de recevoir des détenus ou des personnes agissant pour eux aucun don ou avantage quelconque ;

– de se charger pour eux d'aucune commission ou d'acheter ou vendre quoi que ce soit pour le compte de ceux-ci ;

– de faciliter ou de tolérer toute transmission de correspondance, tous moyens de communication irrégulière des détenus entre eux ou avec le dehors, ainsi que toutes

attributions d'objets quelconques hors des conditions et cas strictement prévus par le règlement ;

— d'agir de façon directe ou indirecte auprès des détenus pour influer sur leurs moyens de défense et sur le choix de leur défenseur.

Le garde des Sceaux, ministre de la Justice, pouvait, sans méconnaître ni sa compétence, ni les dispositions de l'art. L. 232-2 C. trav. applicable, aux termes de l'art. 3 du Décr. n° 82-453 du 28 mai 1982 relatif à l'hygiène et à la sécurité du travail ainsi qu'à la prévention médicale, dans les locaux de l'administration pénitentiaire, et de l'art. D. 220 qui interdisent la consommation d'alcool à l'intérieur des zones de détention, proscrire par la note de service attaquée la détention et la consommation d'alcool dans l'ensemble du périmètre des établissements pénitentiaires, aux fins d'assurer le bon fonctionnement du service et de prévenir les risques liés à la consommation d'alcool pour la sécurité des personnels et des détenus. • CE 11 avr. 2008, n° 298059 : *AJDA 2008. 783 et 1142, obs. Landais ; D. 2009. 1377, obs. Péchillon*.

Art. D. 221 *(Décr. n° 85-836 du 6 août 1985)* **Les membres du personnel** *(Décr. n° 98-1099 du 8 déc. 1998)* **« pénitentiaire et les personnes remplissant une mission dans l'établissement pénitentiaire » ne peuvent entretenir avec les personnes placées ou ayant été placées par décision de justice sous l'autorité ou le contrôle de l'établissement ou du service dont ils relèvent, ainsi qu'avec leurs parents ou amis, des relations qui ne seraient pas justifiées par les nécessités de leurs fonctions.**

L'interdiction, pour les membres du personnel pénitentiaire et les personnes remplissant une mission dans l'établissement pénitentiaire, d'entretenir avec les personnes détenues, leurs parents ou amis, des relations qui ne seraient pas justifiées par les nécessités de leur mission répond à des impératifs tenant à la sécurité à l'intérieur de l'établissement et à l'égalité de traitement entre les personnes détenues ainsi qu'à la nécessité de protéger les droits et libertés de la personne détenue, placée, lorsqu'elle est en détention, dans une situation de vulnérabilité vis-à-vis des personnes concourant au service public pénitentiaire ; dès lors, les dispositions critiquées n'ont pas apporté une ingérence excessive à l'exercice par ces personnes du droit au respect à la vie privée et familiale ; en revanche, en étendant, sans en limiter la durée, cette interdiction aux personnes ayant été détenues et à leurs parents et amis, les dispositions contestées imposent des sujétions excessives au regard des stipulations de l'art. 8 Conv. EDH ; par suite, l'art. D. 221, dont les dispositions sont sur ce point divisibles, est illégal dans cette mesure ; il résulte de ce qui précède, et sans qu'il soit besoin d'examiner l'autre moyen du pourvoi, que la section française de l'Observatoire international des prisons est fondée à demander l'annulation des décisions contestées en tant qu'elles refusent d'abroger dans cette mesure ces dispositions. • CE 2 juin 2014 : *Gaz. Pal. 27 nov. 2014, n° 331, p. 21, chron. Guyomar ; AJDA 2014. 2166*.

Art. D. 222 *(Décr. n° 83-48 du 26 janv. 1983 ; Décr. n° 85-836 du 6 août 1985)* **Le personnel masculin n'a accès au quartier des femmes que sur autorisation du chef de l'établissement.**

Al. abrogé par Décr. n° 85-836 du 6 août 1985.

Art. D. 223 *(Décr. n° 72-852 du 12 sept. 1972)* **Les directeurs régionaux, les chefs d'établissement quel que soit leur grade, et leurs adjoints, les fonctionnaires ayant la responsabilité du greffe judiciaire et de l'économat, les** *(Décr. n° 2007-699 du 3 mai 2007)* **« membres du corps de commandement et corps d'encadrement et d'application du personnel de surveillance », les agents chargés de l'entretien sont tenus d'occuper personnellement les logements qui leur sont attribués par nécessité absolue de service.**

Art. D. 224 Les logements prévus à l'article D. 223 doivent être situés hors de la détention.

A titre exceptionnel toutefois, les agents vivant seuls peuvent être logés dans la détention. Les dispositions de l'article D. 225 leur sont applicables.

Art. D. 225 Dans aucun cas, et sous aucun prétexte, les membres du personnel logés à l'établissement ne doivent recevoir des détenus dans leur logement.

Aucun membre de leur famille ne doit pénétrer à l'intérieur de la détention.

Art. D. 226 Indépendamment des récompenses prévues par son statut particulier, le personnel pénitentiaire peut, dans la limite des crédits budgétaires ouverts à cet effet, bénéficier de gratifications exceptionnelles attribuées en raison d'actes de courage ou de dévouement.

Art. D. 227 *(Décr. nº 98-1099 du 8 déc. 1998)* **Auprès de chaque établissement ou service, un médecin lié par convention avec l'administration pénitentiaire dispense les soins au personnel. Ce médecin assure :**

1º L'examen et les soins hors vacation des agents qui en font la demande ;

2º Sur demande, la visite à domicile et hors vacation, des agents malades résidant à moins de deux kilomètres de l'établissement ou du service et se trouvant dans l'impossibilité de se déplacer.

Dans les cas prévus aux 1º et 2º, le personnel titulaire et stagiaire des services déconcentrés de l'administration pénitentiaire a droit au remboursement intégral de ses frais médicaux, pharmaceutiques et d'hospitalisation, sauf s'il se trouve en disponibilité, en détachement, en congé annuel ou exceptionnel. Il possède le même droit lorsqu'il a recours à un médecin spécialiste, après en avoir obtenu l'autorisation de l'administration sur avis conforme du médecin lié par convention avec l'administration pénitentiaire auprès de l'établissement ou du service.

Selon l'importance de l'établissement pénitentiaire, un ou plusieurs médecins sont désignés par le directeur interrégional des services pénitentiaires pour remplir ces missions.

Les soins au personnel de l'établissement pénitentiaire ne relèvent pas des missions de l'unité de consultations et des soins ambulatoires, en dehors des situations d'urgence.

Art. D. 228 **Le personnel bénéficie par ailleurs d'un service social assuré par l'assistant social ou l'assistante sociale attaché à l'établissement, compte tenu des règles relatives à la liaison et à la coordination des services sociaux.**

SECTION III **DU CONTRÔLE ET DE L'ÉVALUATION DES ÉTABLISSEMENTS PÉNITENTIAIRES** *(Décr. nº 2010-1635 du 23 déc. 2010).*

§ 1er DISPOSITIONS GÉNÉRALES

(Décr. nº 2010-1635 du 23 déc. 2010)

Art. D. 229 *(Décr. nº 85-836 du 6 août 1985)* **Sans préjudice du contrôle des autorités judiciaires, prévu aux articles D. 176 et suivants, et celui** *(Décr. nº 2010-1635 du 23 déc. 2010)* **« du conseil d'évaluation », les établissements pénitentiaires font l'objet du contrôle général de l'inspection** *(Décr. nº 2016-1675 du 5 déc. 2016, art. 21 et 24, en vigueur le 1er janv. 2017)* **« générale de la justice » et des inspections périodiques des magistrats ou des fonctionnaires de la direction de l'administration pénitentiaire et des directeurs régionaux ou de leurs adjoints ; en outre, ils sont soumis aux inspections** *(Décr. nº 98-1099 du 8 déc. 1998)* **« du préfet ou du sous-préfet », ainsi que, dans le domaine de leur compétence, de toutes autres autorités administratives investies d'un pouvoir de contrôle à l'égard des différents services de l'administration pénitentiaire.**

Les modalités selon lesquelles les directeurs régionaux et leurs adjoints effectuent leurs inspections et en dressent rapport sont définies par une instruction de service.

Art. D. 230 *Abrogé par Décr. nº 2010-1635 du 23 déc. 2010.*

Art. D. 231 **Les administrations ou corps intéressés par certaines parties du service des établissements pénitentiaires sont habilités à en vérifier l'organisation et le fonctionnement, dans la limite des attributions que leur confèrent les lois et règlements.**

Art. D. 232 *(Décr. nº 98-1099 du 8 déc. 1998)* **« Les magistrats et les fonctionnaires ou autres personnes ayant autorité ou mission dans l'établissement pénitentiaire ont accès dans la détention après justification de leur qualité ou présentation de leur ordre de mission et après s'être soumis aux mesures de contrôle réglementaires. »**

S'ils ont à s'entretenir avec les détenus, ils peuvent le faire en dehors des jours et délais normaux de visite et en l'absence de tout membre du personnel ; l'entretien a lieu éventuellement dans les cellules lorsque cette façon de procéder ne présente pas d'inconvénient.

Art. D. 233 **Il est tenu dans chaque établissement un registre où mention doit être faite de toutes les visites ou inspections effectuées.**

Ce registre est présenté obligatoirement aux autorités qui ont procédé à ces visites ou inspections, afin qu'elles puissent y consigner leurs observations.

§ 2 CONSEIL D'ÉVALUATION

(Décr. nº 2010-1635 du 23 déc. 2010)

Art. D. 234 Le conseil d'évaluation est présidé par le préfet du département dans lequel est situé l'établissement pénitentiaire *(Décr. nº 2014-134 du 17 févr. 2014, art. 5)* « ou, dans le département des Bouches-du-Rhône, par le préfet de police des Bouches-du-Rhône ».

Le président du tribunal judiciaire dans le ressort duquel est situé l'établissement et le procureur de la République près ledit tribunal sont désignés en qualité de vice-présidents.

Le conseil d'évaluation comprend :

1° Le président du conseil général ou son représentant ;

2° Le président du conseil régional ou son représentant ;

3° Les maires des communes sur le territoire desquelles est situé l'établissement pénitentiaire ou leurs représentants ;

4° Le président et le procureur de la République des juridictions, autres que celle dans le ressort de laquelle est situé l'établissement concerné, compétentes pour traiter des situations des justiciables pris en charge par l'établissement ;

5° Les juges de l'application des peines intervenant dans l'établissement ou leur représentant désigné par le président de chaque tribunal judiciaire concerné ;

6° Le juge des enfants exerçant les fonctions définies par l'article R. 251-3 du code de l'organisation judiciaire et intervenant dans l'établissement, si le conseil est institué auprès d'un établissement pénitentiaire pour mineurs ou d'un établissement pénitentiaire comportant un quartier des mineurs ;

7° Le doyen des juges d'instruction du ressort du tribunal judiciaire dans lequel est situé l'établissement ;

8° L'inspecteur d'académie ou son représentant ;

9° Le directeur général de l'agence régionale de santé ou son représentant ;

10° Le commandant du groupement de gendarmerie du département ou son représentant ;

(Décr. nº 2019-1475 du 27 déc. 2019, art. 5, en vigueur le 1er janv. 2020) « 11° Le directeur départemental de la sécurité publique, ou le chef du service territorial de sécurité publique de la direction territoriale de la police nationale, ou son représentant ; »

12° Le bâtonnier de l'ordre des avocats du ressort du tribunal judiciaire dans lequel est situé l'établissement ou son représentant ;

13° Un représentant de chaque association intervenant dans l'établissement ;

14° Un représentant des visiteurs de prisons intervenant dans l'établissement ;

15° Un aumônier agréé de chaque culte intervenant dans l'établissement.

Les membres de la commission visés aux 13° et 14° sont nommés pour une période de deux ans renouvelable par un arrêté préfectoral dont une ampliation est adressée au garde des sceaux, ministre de la justice.

La composition du conseil d'évaluation est arrêtée par le préfet.

Le premier président et le procureur général de la cour d'appel dans le ressort de laquelle est situé l'établissement pénitentiaire peuvent participer à la réunion du conseil d'évaluation ou désigner un représentant à cette fin.

Le directeur de l'établissement pénitentiaire, le directeur départemental du service pénitentiaire d'insertion et de probation, le directeur interrégional des services pénitentiaires et, le cas échéant, le directeur interrégional de la protection judiciaire de la jeunesse ou leurs représentants assistent aux travaux du conseil d'évaluation.

Art. D. 235 Le conseil d'évaluation se réunit au moins une fois par an, sur convocation du président et des vice-présidents, qui fixent conjointement l'ordre du jour. Le conseil d'évaluation peut également être réuni sur un point précis à la demande du chef d'établissement ou du tiers de ses membres au moins.

Le secrétariat du conseil est assuré par les services déconcentrés de l'administration pénitentiaire.

Art. D. 236 Les membres du conseil d'évaluation peuvent être délégués pour visiter l'établissement pénitentiaire aussi fréquemment que le conseil l'estime utile.

Le conseil peut procéder à l'audition de toute personne susceptible de lui apporter des informations utiles à l'exercice de sa mission.

Il auditionne à leur demande les représentants des organisations professionnelles des personnels pénitentiaires sur toute matière relevant de sa compétence.

Art. D. 237 Le chef d'établissement et le directeur du service pénitentiaire d'insertion et de probation présentent chaque année au conseil d'évaluation un rapport d'activité de l'établissement.

Le conseil est également destinataire :

a) Du règlement intérieur de l'établissement et de chacune de ses modifications ;

b) Des rapports établis à l'issue des contrôles spécialisés effectués par les administrations compétentes en matière, notamment, de santé, d'hygiène, de sécurité du travail, d'enseignement et de consommation.

Il peut solliciter toute autre information ou document utiles à l'exercice de sa mission.

Art. D. 238 Le conseil d'évaluation établit un procès-verbal de ses réunions qu'il transmet au directeur interrégional des services pénitentiaires de la circonscription dans laquelle est situé l'établissement. Le directeur interrégional des services pénitentiaires transmet ce procès-verbal assorti de ses observations au garde des sceaux, ministre de la justice.

SECTION IV *[ABROGÉE]* DU CONSEIL SUPÉRIEUR DE L'ADMINISTRATION PÉNITENTIAIRE

(Abrogée par Décr. nº 2006-672 du 8 juin 2006, art. 17 et 18, à compter du 9 juin 2009)

Art. D. 234 à D. 240 *Abrogés par Décr. nº 2006-672 du 8 juin 2006, art. 17 et 18, à compter du 9 juin 2009.*

CHAPITRE V DE LA DISCIPLINE ET DE LA SÉCURITÉ DES ÉTABLISSEMENTS PÉNITENTIAIRES *(Décr. nº 98-1099 du 8 déc. 1998).*

V. Circ. AP 2003-04 PMJD du 9 mai 2003 relative à l'application pour l'administration pénitentiaire l'art. 24 de la loi nº 2000-321 du 12 avr. 2000 (BOMJ 2003, nº 90).

RÉP. PÉN. vº *Prison (sanctions disciplinaires)*, par CÉRÉ.

SECTION PREMIÈRE DE LA POLICE INTÉRIEURE

Art. D. 241 et D. 242 *Abrogés par Décr. nº 2010-1635 du 23 déc. 2010.*

Art. D. 243 et D. 244 *Abrogés par Décr. nº 2013-368 du 30 avr. 2013, art. 2.*

V. désormais Annexe à l'art. R. 57-6-18, ss. art. R. 57-6-20, art. 5 [C. pénit., art. R. 112-22].

Art. D. 245 et D. 246 *Abrogés par Décr. nº 96-287 du 2 avr. 1996.*

Art. D. 247 *Abrogé par Décr. nº 2010-1635 du 23 déc. 2010.*

Art. D. 248 *Abrogé par Décr. nº 2013-368 du 30 avr. 2013.*

V. désormais Annexe à l'art. R. 57-6-18, ss. art. R. 57-6-20, art. 1er et 9 [C. pénit., art. R. 112-22].

SECTION II DE LA DISCIPLINE

(Décr. nº 2010-1635 du 23 déc. 2010)

Art. D. 249 Les personnes qui souhaitent être habilitées à participer à la commission de discipline en qualité d'assesseur adressent au président du tribunal judiciaire territorialement compétent une lettre de candidature précisant l'adresse des établissements pénitentiaires au sein desquels ils *[elles]* souhaitent intervenir.

Elles peuvent également adresser leur candidature au chef de l'établissement pénitentiaire qui la communique sans délai au président du tribunal judiciaire.

La demande d'agrément est instruite conformément aux dispositions du chapitre II du titre II de la loi du 12 avril 2000 relative aux droits des citoyens dans leurs relations avec les administrations.

La décision d'habilitation entraîne l'inscription sur la liste prévue au troisième alinéa de l'article R. 57-7-8.

Cette liste est communiquée au chef de l'établissement pénitentiaire à l'occasion de chaque nouvelle inscription et au moins une fois par an.

Les art. D. 249 et D. 250 C. pr. pén. résultant du Décr. n° 2010-1635 du 23 déc. 2010 sont entrés en vigueur le 1er juin 2011.

Art. D. 250 L'habilitation délivrée par le président du tribunal judiciaire est retirée à la demande de la personne habilitée ou lorsque celle-ci ne remplit plus les conditions posées à l'article R. 57-7-10.

Le président du tribunal judiciaire peut également, d'office ou à la demande du chef d'établissement ou du procureur de la République, et après que la personne concernée a été mise en mesure de présenter ses observations écrites et, sur sa demande, des observations orales, procéder au retrait de l'habilitation :

1° Lorsque le titulaire de l'habilitation s'abstient de déférer à plusieurs convocations successives sans motif légitime ;

2° Lorsque le titulaire de l'habilitation adopte un comportement ou des propos incompatibles avec les obligations prévues à l'article R. 57-7-9.

Le retrait de l'habilitation entraîne la radiation de la personne habilitée, par le président du tribunal judiciaire, de la liste prévue au troisième alinéa de l'article R. 57-7-8.

V. note ss. art. D. 249.

Art. D. 251 à D. 254 *Abrogés par Décr. n° 2010-1635 du 23 déc. 2010.*

SECTION III DES RÈGLES PARTICULIÈRES DE COMPÉTENCE *(Décr. n° 2010-1635 du 23 déc. 2010).*

Art. D. 255 à Art. D. 257-1 *Abrogés par Décr. n° 2010-1635 du 23 déc. 2010, art. 46.*

Les art. D. 255 à D. 257-1 sont abrogés à compter de l'entrée en vigueur du décret en Conseil d'État relatif aux règlements intérieurs types des établissements pénitentiaires dans les conditions prévues à l'art. 728 C. pr. pén. (Décr. n° 2010-1635 du 23 déc. 2010, art. 46-5° et 48).

Le Décr. n° 2013-368 du 30 avr. 2013 fixe le règlement intérieur type des établissements pénitentiaires qui est annexé à l'art. R. 57-6-18 C. pr. pén. (V. ss. art. R. 57-8-20), il est entré en vigueur le 4 mai 2013 [V. désormais C. pénit., art. R. 112-22].

Art. D. 258 En toute hypothèse, il est loisible à un chef d'établissement de soumettre au directeur régional sous l'autorité duquel il est placé une décision que le présent titre fait relever de sa compétence et il en est pareillement pour le directeur régional à l'égard du ministre de la justice.

D'autre part, l'urgence peut conférer à un chef d'établissement une compétence qui relèverait normalement du directeur régional, à charge de compte rendu immédiat et si besoin téléphonique.

SECTION IV DES REQUÊTES ET PLAINTES FORMULÉES PAR LES PERSONNES DÉTENUES *(Décr. n° 2010-1635 du 23 déc. 2010).*

Art. D. 258-1 *(Décr. n° 2010-1635 du 23 déc. 2010)* Le chef d'établissement et le personnel doivent assurer par les moyens les plus appropriés l'information des personnes détenues et recueillir les observations et suggestions que celles-ci présenteraient.

Art. D. 259 et D. 260 *Abrogés par Décr. n° 2013-368 du 30 avr. 2013, art. 2.*

V. désormais C. pénit., art. R. 112-22.

Art. D. 261 *Abrogé par Décr. n° 2010-1635 du 23 déc. 2010.*

Art. D. 262 *(Décr. n° 2010-1635 du 23 déc. 2010)* Les autorités administratives et judiciaires françaises et internationales autres que celles mentionnées au second alinéa de l'article 4 et au troisième alinéa de l'article 40 de la loi n° 2009-1436 du 24 novembre 2009 avec lesquelles les personnes détenues peuvent correspondre sous pli fermé sont les suivantes :

I. — Autorités administratives et judiciaires françaises :

1° Le Président de la République ;

2° Le Premier ministre et les membres du Gouvernement ;

3° Les présidents de l'Assemblée nationale et du Sénat ;

4° Le vice-président du Conseil d'État ;

5° Les députés et les sénateurs ;

6° Le président de la Cour de justice de la République ;

7° *(Décr. n° 2011-1311 du 17 oct. 2011)* « Le Défenseur des droits et ses délégués ; »

(Abrogé par Décr. n° 2011-1311 du 17 oct. 2011) « 8° Le président de la Haute Autorité de lutte contre les discriminations et pour l'égalité ;

« 9° Le Défenseur des enfants ; »

8° Le président de la Commission nationale de l'informatique et des libertés ;

9° Le président de la Commission d'accès aux documents administratifs ;

10° Les présidents des cours administratives d'appel et des tribunaux administratifs ;

11° Les magistrats de l'ordre judiciaire en exercice dans leurs juridictions ;

(Abrogé par Décr. n° 2011-1311 du 17 oct. 2011) « 12° Le président de la Commission nationale de déontologie de la sécurité ; »

12° Le directeur du cabinet du garde des sceaux, ministre de la justice ;

13° Les directeurs du ministère de la justice ;

14° Le chef de l'inspection générale des affaires sociales ;

15° *(Décr. n° 2016-1675 du 5 déc. 2016, art. 21 et 24, en vigueur le 1er janv. 2017)* « Le chef de l'inspection générale de la justice » ;

(Abrogé par Décr. n° 2016-1675 du 5 déc. 2016, art. 21 et 24, à compter du 1er janv. 2017) « 16° Le chef de l'inspection des services pénitentiaires ; »

17° Les préfets et les sous-préfets ;

18° Le maire de la commune où la personne détenue est domiciliée ou incarcérée ;

19° Les directeurs interrégionaux des services pénitentiaires et les directeurs interrégionaux de la protection judiciaire et de la jeunesse ;

20° Les directeurs des services d'insertion et *[de]* probation ;

21° Le président du conseil d'évaluation de l'établissement où est incarcérée la personne détenue ;

22° Les médecins inspecteurs de santé publique ;

23° Les directeurs d'établissement de santé. — *Les 10°, 11° et 13° à 26° sont devenus respectivement les 8°, 9° et 10° à 23° en application des dispositions du Décr. n° 2011-1311 du 17 oct. 2011.*

II. — Autorités administratives et judiciaires internationales :

1° Le président et les membres de la Cour pénale internationale ;

2° Le président et les membres des tribunaux pénaux internationaux créés par le Conseil de sécurité de l'Organisation des Nations unies ;

3° Le président et les membres des tribunaux spéciaux créés conjointement par l'Organisation des Nations unies et un ou plusieurs États membres de cette organisation ;

4° Les députés au Parlement européen ;

5° Le président et les membres de la Cour européenne des droits de l'homme ;

6° Le président et les membres du Comité européen pour la prévention de la torture et des peines ou traitements inhumains ou dégradants du Conseil de l'Europe ;

7° Le président et les membres du Tribunal communautaire de première instance ;

8° Le président et les membres de la Cour de justice de l'Union européenne ;

9° Le président et les membres du Comité contre la torture des Nations unies ;

10° Le président et les membres du Conseil des droits de l'homme des Nations unies ;

11° Le président et les membres du comité consultatif du Conseil des droits de l'homme des Nations unies ;

12° Le président et les membres de la Commission des droits de l'homme des Nations Unies ;

13° Le secrétaire général du Conseil de l'Europe.

Peut être légalement contrôlée par l'administration pénitentiaire, sur le fondement du deuxième al. de l'art. 40 de la L. n° 2009-1436 du 24 nov. 2009, la correspondance adressée à un détenu, émanant du greffe d'une cour d'appel et ne comportant pas, sur son enveloppe, les mentions utiles pour faire connaître qu'elle est expédiée par l'une des autorités administratives ou judiciaires limitativement énumérées à l'art. D. 262. • CE 12 avr. 2013 : *AJ pénal 2013. 294, obs. Allain*.

Art. D. 263 *(Décr. n° 2010-1635 du 23 déc. 2010)* **« Les personnes détenues militaires ou relevant d'une autorité militaire peuvent correspondre, librement et sous pli fermé, avec les autorités militaires françaises. »**

Au surplus, *(Décr. n° 2010-1635 du 23 déc. 2010)* **« elles peuvent être visitées » par les représentants de l'autorité militaire désignés par une instruction de service.**

Art. D. 264 A condition que l'État dont ils *[elles]* **ressortissent accorde la réciprocité, les** *(Décr. n° 2010-1635 du 23 déc. 2010)* **« personnes détenues étrangères » peuvent entrer en rapport avec les représentants diplomatiques et agents consulaires de cet État.**

A cette fin, les autorisations nécessaires sont accordées à ces représentants ou agents pour communiquer ou correspondre avec les *(Décr. n° 2010-1635 du 23 déc. 2010)* **« personnes détenues » de leur nationalité, sans qu'il soit toutefois dérogé aux dispositions des articles** *(Décr. n° 2010-1635 du 23 déc. 2010)* **« R. 57-8-15, R. 57-8-16 et R. 57-8-19 ».**

SECTION V **DE LA SÉCURITÉ**

BIBL. ▶ Fouchard, *AJDA 2011. 142* (décès violents de détenus en prison. Les évolutions récentes de la responsabilité de l'État). – Marliac-Négrier, *LPA 2000, n° 35* (à propos de la responsabilité des services pénitentiaires). – Schwartz, *LPA 2001, n° 28* (le respect de la dignité et des droits des détenus).

Art. D. 265 Tout chef d'établissement doit veiller à une stricte application des instructions relatives au maintien de l'ordre et de la sécurité dans *(Décr. n° 98-1099 du 8 déc. 1998)* **« l'établissement pénitentiaire » qu'il dirige.**

(Décr. n° 83-48 du 26 janv. 1983) **« A ce titre, il est disciplinairement responsable des incidents ou des évasions imputables à sa négligence ou à l'inobservation des règlements, indépendamment des procédures disciplinaires susceptibles d'être engagées contre d'autres membres du personnel. »**

Sur la mise en œuvre de traitements de données à caractère personnel relatifs à la vidéoprotection au sein des locaux et des établissements pénitentiaires, V. Arr. du 13 mai 2013 (JO 22 mai).

Sur la mise en œuvre de traitements de données à caractère personnel relatifs à la vidéoprotection de cellules de détention, V. Arr. du 9 juin 2016 (JO 12 juin).

§ 1er DISPOSITIONS GÉNÉRALES

Art. D. 266 La sécurité intérieure des *(Décr. n° 98-1099 du 8 déc. 1998)* **« établissements pénitentiaires » incombe au personnel de l'administration pénitentiaire.**

(Décr. n° 72-852 du 12 sept. 1972 ; Décr. n° 85-836 du 6 août 1985 ; Décr. n° 98-1099 du 8 déc. 1998) **« Toutefois, lorsque la gravité ou l'ampleur d'un incident survenu ou redouté à l'intérieur d'un établissement ne permet pas d'assurer le rétablissement ou d'envisager le maintien de l'ordre et de la sécurité par les seuls moyens du personnel de surveillance, le chef de l'établissement doit faire appel au chef du service local de police ou de gendarmerie et en rendre compte sur-le-champ au préfet. Il en est de même dans l'hypothèse d'une attaque ou d'une menace provenant de l'extérieur. »**

(Décr. n° 75-402 du 23 mai 1975 ; Décr. n° 85-836 du 6 août 1985 ; Décr. n° 98-1099 du 8 déc. 1998) **« Les modalités de l'appel aux forces préposées au maintien de l'ordre et de l'intervention de celles-ci sont déterminées par une instruction de service et précisées, en ce qui concerne chaque établissement pénitentiaire, par un plan de protection et d'intervention dressé et tenu à jour sous l'autorité du préfet. »**

Art. D. 267 *(Abrogé par Décr. n° 2021-1313 du 8 oct. 2021, art. 3)* ***L'administration pénitentiaire pourvoit à l'armement du personnel dans les conditions qu'elle estime appropriées.***

(Décr. n° 72-852 du 12 sept. 1972) ***« Les agents en service dans les locaux de détention ne doivent pas être armés, à moins d'ordre exprès donné, dans des circonstances exceptionnelles et pour une intervention strictement définie, par le chef de l'établissement. »***

En toute hypothèse, il ne peut être fait usage des armes que dans les cas déterminés *(Décr. n° 2010-1635 du 23 déc. 2010)* ***« aux articles R. 57-7-83 et R. 57-7-84 ».***

Art. D. 268 **Toutes dispositions doivent être prises en vue de prévenir les évasions, notamment en ce qui concerne la disposition des locaux, la fermeture ou l'obturation des portes ou passages, le dégagement des couloirs et des chemins de ronde et leur éclairage. Tout aménagement ou construction de nature à amoindrir la sécurité des murs d'enceinte est interdit.**

Art. D. 269 **Les surveillants procèdent, en l'absence des détenus, à l'inspection fréquente et minutieuse des cellules et locaux divers où les détenus séjournent, travaillent ou ont accès.** *(Décr. n° 98-1099 du 8 déc. 1998)* **« Les systèmes de fermetures sont périodiquement vérifiés et les barreaux contrôlés quotidiennement. »**

Art. D. 270 *(Décr. n° 98-1099 du 8 déc. 1998)* **« Hormis les cas visés aux articles D. 136 à** *(Décr. n° 2021-683 du 27 mai 2021, art. 2, en vigueur le 30 sept. 2021)* **« D. 145** *[ancienne rédaction : D. 146]* **», les personnels pénitentiaires doivent être constamment en mesure de s'assurer de la présence effective des détenus.**

« Pendant la nuit, les cellules doivent pouvoir être éclairées en cas de besoin. Personne ne doit y pénétrer en l'absence de raisons graves ou de péril imminent. » En toute hypothèse, l'intervention de deux membres du personnel au moins est nécessaire, ainsi que celle d'un gradé, s'il y en a un en service de nuit.

Si un régime de détention comportant des réveils nocturnes ne crée pas, par lui-même, une situation d'urgence, il en va autrement lorsqu'il trouble la santé du requérant ; en l'espèce, ne se référant à aucun élément récent concernant, notamment, un risque d'évasion, la décision du directeur de la maison centrale prescrivant ce régime doit être suspendue. • TA Limoges, ord., 18 avr. 2014 : *AJ pénal 2014. 382, obs. Herzog-Evans*

Art. D. 271 **La présence de chaque détenu doit être contrôlée au moment du lever et du coucher, ainsi que deux fois par jour au moins, à des heures variables.**

Art. D. 272 **Des rondes sont faites après le coucher et au cours de la nuit, suivant un horaire fixé et quotidiennement modifié** *(Décr. n° 98-1099 du 8 déc. 1998)* **« par le chef de détention, sous l'autorité du chef d'établissement ».**

Art. D. 273 *Abrogé par Décr. n° 2013-368 du 30 avr. 2013, art. 2.*

V. désormais C. pénit., art. R. 112-22.

Art. D. 274 **L'entrée ou la sortie des sommes d'argent, correspondances ou objets quelconques n'est régulière que si elle est conforme aux dispositions du présent titre et du règlement intérieur de l'établissement ou si elle a été expressément autorisée par le chef de l'établissement dans le cas où celui-ci est habilité à le faire.**

En toute hypothèse, les sommes, correspondances ou objets doivent être soumis au contrôle de l'administration.

Indépendamment des avis prévus à l'article D. 280, il est donné connaissance à l'autorité judiciaire, en vue de l'application éventuelle des pénalités prévues à l'article *(Décr. n° 98-1099 du 8 déc. 1998)* **« 434-35 » du code pénal, de la découverte des sommes, correspondances ou objets qui seraient trouvés en possession des détenus ou de leurs visiteurs et qui auraient été envoyés ou remis contrairement aux prescriptions des deux alinéas qui précèdent.**

En application du Décr. n° 2014-1279 du 23 oct. 2014 relatif aux exceptions à l'application du principe « silence vaut acceptation » (L. n° 2000-321 du 12 avr. 2000, art. 21-I), le silence gardé pendant deux mois par l'administration vaut décision de rejet pour les demandes relatives aux autorisations d'entrée ou de sortie de sommes d'argent, correspondances ou objets.

Art. D. 275 *Abrogé par Décr. n° 2010-1635 du 23 déc. 2010.*

Art. D. 276 *(Décr. n° 98-1099 du 8 déc. 1998)* **Le chef d'établissement détermine les modalités d'organisation du service des agents.**

Sous l'autorité du chef d'établissement, le chef de détention ou celui de ses collaborateurs spécialement désigné à cet effet, détermine les activités à assurer. Il arrête chaque jour les divers locaux à contrôler et la programmation des rondes à effectuer. Il consigne sur un registre prévu à cet effet les recommandations spéciales faites aux surveillants, notamment pour signaler un détenu dangereux ou à observer particulièrement.

Art. D. 276-1 *(Décr. n° 98-1099 du 8 déc. 1998)* **En vue de la mise en œuvre des mesures de sécurité adaptées, le ministre de la justice décide de l'inscription et de la radiation des détenus au répertoire des détenus particulièrement signalés dans des conditions déterminées par instruction ministérielle.**

V. Circ. n° JUSD1236970C du 15 oct. 2012, Instruction ministérielle relative au répertoire des détenus particulièrement signalés (BOMJ 31 oct. 2012).

En application du Décr. n° 2014-1279 du 23 oct. 2014 relatif aux exceptions à l'application du principe « silence vaut acceptation » (L. n° 2000-321 du 12 avr. 2000, art. 21, I), le silence gardé pendant deux mois par l'administration vaut décision de rejet pour les demandes relatives à la radiation du répertoire des détenus particulièrement signalés.

1. Le pouvoir réglementaire est compétent pour édicter le régime applicable aux détenus particulièrement signalés ; les limites éventuellement portées aux droits des détenus par le régime ainsi défini ne peuvent cependant légalement intervenir que dans le respect des conditions définies par le législateur, notamment aux art. 22 s. de la L. n° 2009-1436 du 24 nov. 2009. • CE 7 déc. 2015, *Garde des Sceaux, Min. de la Justice*, n° 393668 : *D. actu. 22 déc. 2015, obs. Pastor ; D. 2016. Pan. 1220, obs. Péchillon*.

2. Recours pour excès de pouvoir. La décision d'inscrire un détenu sur le répertoire des détenus particulièrement signalés en vue de la mise en œuvre des mesures de sécurité adaptées a pour effet d'intensifier de la part des personnels pénitentiaires et des autorités amenées à le prendre en charge les mesures particulières de surveillance, de précaution et de contrôle à son égard. Ce dispositif est de nature à affecter tant sa vie quotidienne par les fouilles, vérifications des correspondances ou inspections fréquentes dont il fait l'objet, que les conditions de sa détention en orientant notamment les choix du lieu de détention, l'accès aux différentes activités, les modalités d'escorte en cas de sortie de l'établissement ; que dès lors une décision d'inscription sur le répertoire des détenus particulièrement signalés doit être regardée, par ses effets concrets, comme faisant grief et comme telle susceptible de recours pour excès de pouvoir. • CE 30 nov. 2009, n° 318589 : *AJDA 2009. 2330, note Moliner-Dubost ; ibid. 2010. 994, note Moliner-Dubost ; AJ pénal 2010. 43, obs. Péchillon* • CAA Paris, 22 mai 2008 : *D. 2009. 1188, note Giacopelli ; AJDA 2008. 1483*.

3. Motivation. Alors même que les faits sont déjà anciens, l'évasion de l'intéressé ne manquerait pas d'avoir un impact particulièrement important sur l'ordre public, compte tenu de la nature comme de la gravité du crime commis (meurtre ayant accompagné ou suivi le viol d'une mineure de quinze ans) ; dans ces conditions, l'administration a pu maintenir le requérant sur le répertoire des détenus particulièrement signalés, sans méconnaître les dispositions de l'art. D. 276-1 et de l'instruction ministérielle du 18 déc. 2007. • CAA Nancy, 2 mai 2013 : *D. 2014. 1238, obs. Herzog-Evans*.

4. Inconstitutionnalité. En application d'une déclaration d'inconstitutionnalité, l'art. D. 276-1, pris en application de l'art. 728, a été privé de base légale, ainsi que, par voie de conséquence, les décisions prises sur leur fondement. Est ainsi illégale la décision de maintien d'un détenu au répertoire des détenus particulièrement signalés. • CAA Marseille, 5 mai 2015, n° 14MA04852 : *AJDA 2015. 1477, obs. Revert*. ♦ V. aussi notes ss. art. 728.

§ 2 CONDITIONS D'ACCÈS DANS LES LIEUX DE DÉTENTION

Art. D. 277 **Sous réserve des dispositions des articles D. 229 à D. 231, aucune personne étrangère au service ne peut être admise à visiter** *(Décr. n° 98-1099 du 8 déc. 1998)* **« un établissement pénitentiaire qu'en vertu d'une autorisation spéciale délivrée par le chef d'établissement.** *(Abrogé par Décr. n° 2020-816 du 29 juin 2020, art. 3)* ***« Cette autorisation est délivrée par le directeur interrégional des services pénitentiaires lorsque la demande est relative à plusieurs établissements situés dans le ressort de sa compétence territoriale et par le ministre de la justice lorsqu'elle est relative à des établissements situés sur tout le territoire national ».*** **»**

A moins d'une disposition expresse, cette autorisation ne confère pas à son bénéficiaire le droit de communiquer avec les détenus de quelque manière que ce soit, même en présence de membres du personnel.

(Décr. nº 2010-1635 du 23 déc. 2010) **« Sans préjudice des dispositions de l'article R. 57-6-17 relatives au droit à l'image des personnes détenues prévenues, »** *(Décr. nº 98-1099 du 8 déc. 1998)* **« une autorisation spéciale** *(Décr. nº 2020-816 du 29 juin 2020, art. 3)* **« délivrée par le chef d'établissement » est nécessaire pour effectuer à l'intérieur d'un établissement pénitentiaire des photographies, croquis, prises de vue et enregistrements sonores se rapportant à la détention. »** *(Abrogé par Décr. nº 2020-816 du 29 juin 2020, art. 3)* ***« Cette autorisation est délivrée par le directeur interrégional des services pénitentiaires lorsqu'elle est relative à un ou plusieurs établissements situés dans le ressort de sa compétence territoriale, et par le ministre de la justice lorsque l'autorisation est relative à des établissements situés sur tout le territoire national. »***

En application du Décr. nº 2014-1279 du 23 oct. 2014 relatif aux exceptions à l'application du principe « silence vaut acceptation » (L. nº 2000-321 du 12 avr. 2000, art. 21-I), le silence gardé pendant deux mois par l'administration vaut décision de rejet pour les demandes relatives aux autorisations de réalisation de photographies, croquis, prises de vue et enregistrements sonores se rapportant à la détention, et aux autorisations de visiter un établissement pénitentiaire.

Art. D. 278 **Les personnes étrangères au service d'un établissement pénitentiaire ne peuvent pénétrer à l'intérieur de celui-ci qu'après avoir justifié de leur identité et de leur qualité** *(Décr. nº 98-1099 du 8 déc. 1998)* **« et après s'être soumises aux mesures de contrôle réglementaires ».**

La pièce d'identité produite par les personnes qui n'ont pas autorité dans *(Décr. nº 98-1099 du 8 déc. 1998)* **« l'établissement pénitentiaire » ou qui n'y sont pas en mission, peut être retenue pour leur être restituée seulement au moment de leur sortie.**

Art. D. 279 **Un registre est tenu, dans chaque établissement pénitentiaire, sur lequel doivent être obligatoirement inscrits les nom et qualité de toute personne entrant ou sortant ainsi que l'heure et le motif de son entrée ou de sa sortie.**

Seuls n'ont pas à figurer sur ce registre les noms des fonctionnaires logés à l'établissement ou des membres de leur famille vivant avec eux.

Art. D. 279-1 *(Décr. nº 62-1144 du 3 oct. 1962)* **A titre exceptionnel, et seulement pour d'impérieuses raisons de sécurité, le ministre de la justice peut suspendre pendant une période de temps limitée toute visite à l'intérieur d'***(Décr. nº 98-1099 du 8 déc. 1998)* **« un établissement pénitentiaire ».**

§ 3 INCIDENTS

Art. D. 280 **Tout incident grave touchant à l'ordre, à la discipline ou à la sécurité de** *(Décr. nº 98-1099 du 8 déc. 1998)* **« l'établissement pénitentiaire » doit être immédiatement porté par le chef de l'établissement à la connaissance du** *(Décr. nº 98-1099 du 8 déc. 1998)* **« préfet » et du procureur de la République, en même temps qu'à celle du directeur interrégional des services pénitentiaires et du ministre de la justice.**

Si l'incident concerne un prévenu, avis doit en être donné également au magistrat saisi du dossier de l'information et, si l'incident concerne un condamné, au juge de l'application des peines.

Si le détenu appartient aux forces armées, l'autorité militaire *(Abrogé par Décr. nº 98-1099 du 8 déc. 1998)* ***« ou maritime »*** **doit en outre être avisée.**

Art. D. 281 **Le chef de l'établissement dans lequel a été commis un crime ou un délit doit dresser rapport des faits et en aviser directement et sans délai le procureur de la République, conformément aux dispositions de l'article 40.**

Art. D. 282 **En cas de décès d'un détenu, le chef de l'établissement donne les avis prévus à l'article D. 280.**

S'il y a eu suicide ou mort violente, ou encore si la cause du décès est inconnue ou suspecte, les dispositions de l'article 74 sont applicables.

En toute hypothèse, déclaration du décès est faite à l'officier de l'état civil, conformément aux dispositions de l'article 84 du code civil.

Le lieu du décès ne doit être indiqué dans l'acte de l'état civil que par la désignation de la rue et du numéro de l'immeuble.

Art. D. 283 Toute évasion doit être signalée sur-le-champ au chef de l'établissement ou à son représentant le plus proche.

Le chef de l'établissement avise immédiatement les services de police ou de gendarmerie et rend compte de l'évasion aux autorités visées à l'article D. 280.

Toute tentative d'évasion doit également être portée sans délai à la connaissance de ces autorités.

§ 4 *[ABROGÉ]* MISE À L'ISOLEMENT

(Abrogé par Décr. nº 2010-1635 du 23 déc. 2010)

Art. D. 283-1 à D. 283-2-4 *Abrogés par Décr. nº 2010-1635 du 23 déc. 2010.*

§ 5 MOYENS DE CONTRAINTE

(Décr. nº 96-287 du 2 avr. 1996)

Art. D. 283-3 Aucun moyen de contrainte ne doit être employé à titre de sanction disciplinaire.

(Abrogé par Décr. nº 2013-368 du 30 avr. 2013, art. 2) ***« Les moyens de contrainte visés à l'article 726 ne peuvent être utilisés, en application des dispositions dudit article, que*** *(Abrogé par Décr. nº 98-1099 du 8 déc. 1998)* ***« sur prescription médicale ou » sur ordre du chef de l'établissement, s'il n'est d'autre possibilité de maîtriser un détenu, de l'empêcher de causer des dommages ou de porter atteinte à lui-même ou à autrui.*** *(Décr. nº 98-1099 du 8 déc. 1998)* ***« Il appartient au chef d'établissement de demander l'examen du détenu par un médecin. Il est mis fin à la contrainte si ce dernier constate qu'elle est incompatible avec l'état de santé du détenu. »***

« Il doit en être rendu compte sans délai au directeur régional. »

V. désormais C. pénit., art. R. 112-22.

Art. D. 283-4 *(Abrogé par Décr. nº 2013-368 du 30 avr. 2013, art. 2) (Décr. nº 98-1099 du 8 déc. 1998)* ***« Dans les conditions définies par l'article 803, et par mesure de précaution contre les évasions, les détenus peuvent être soumis au port des menottes ou, s'il y a lieu, des entraves pendant leur transfèrement ou leur extraction, ou lorsque les circonstances ne permettent pas d'assurer efficacement leur garde d'une autre manière. »***

Toutefois, aucun lien ne doit être laissé à un détenu au moment de sa comparution devant une juridiction.

V. Circ. AP nº 2004-07 CAB du 18 nov. 2004 relative à l'organisation des escortes pénitentiaires des détenus faisant l'objet d'une consultation médicale (BOMJ 2004, nº 96, p. 286 s.).

V. désormais C. pénit., art. R. 112-22.

Fait une application inexacte des dispositions de l'art. 803, de nature à engager la responsabilité de l'État, l'administration qui accorde à un détenu une permission de sortir sous escorte et justifie le port des menottes qui lui a été imposé au regard de sa situation pénale et de sa condition physique supposée, sans examiner le comportement pénal dudit détenu, sa dangerosité et les craintes d'évasion que sa sortie pouvait, dans son propre contexte, susciter. • TA Nantes, 19 oct. 2011, nº 0802478 : *AJ pénal 2012. 49, obs. Céré.*

Art. D. 283-5 *Abrogé par Décr. nº 2010-1635 du 23 déc. 2010.*

Art. D. 283-6 *(Abrogé par Décr. nº 2010-1635 du 23 déc. 2010)* ***« Conformément aux dispositions de la loi du 28 décembre 1943, les membres du personnel des établissements pénitentiaires en uniforme ou en tenue civile doivent, en l'absence de l'autorité judiciaire ou administrative, déployer la force armée dans les cas suivants :***

« Lorsque des violences ou des voies de fait sont exercées contre eux ou lorsqu'ils sont menacés par des individus armés ;

« Lorsqu'ils ne peuvent défendre autrement les établissements pénitentiaires dont ils ont la garde, les postes ou les personnes qui leur sont confiés ou, enfin, si la résistance est telle qu'elle ne puisse être vaincue que par la force des armes ;

« Lorsque des personnes cherchant à pénétrer dans un établissement pénitentiaire ou des détenus invités à s'arrêter par des appels répétés de "halte" faits à haute voix cherchent à

échapper à leur garde ou à leurs investigations et ne peuvent être contraints de s'arrêter que par l'usage des armes. »

Pour l'application des dispositions *(Décr. n° 2010-1635 du 23 déc. 2010)* « de l'article R. 57-7-84 », les membres des forces préposées au maintien de l'ordre, intervenant à l'intérieur d'un établissement pénitentiaire ou assurant une mission de protection et de garde dans l'établissement ou aux abords de celui-ci en application des dispositions de l'article D. 266, sont, pendant le temps de cette intervention ou de l'accomplissement de cette mission, assimilés aux membres du personnel des établissements pénitentiaires.

CHAPITRE VI DES MOUVEMENTS DE PERSONNES DÉTENUES *(Décr. n° 2010-1635 du 23 déc. 2010).*

SECTION PREMIÈRE DES ENTRÉES ET SORTIES DES PERSONNES DÉTENUES *(Décr. n° 2010-1635 du 23 déc. 2010).*

Art. D. 284 *Abrogé par Décr. n° 2013-368 du 30 avr. 2013, art. 2.*

V. désormais C. pénit., art. R. 112-22.

Art. D. 285 *Abrogé par Décr. n° 2013-368 du 30 avr. 2013, art. 2.*

V. désormais C. pénit., art. R. 112-22.

Art. D. 286 *Abrogé par Décr. n° 85-836 du 6 août 1985.*

Art. D. 287 *(Décr. n° 98-1099 du 8 déc. 1998)* Des instructions de service déterminent les conditions dans lesquelles :

1° *(Décr. n° 2007-699 du 3 mai 2007)* « Les services de la police nationale et les unités de la gendarmerie nationale réalisent les relevés signalétiques et les prélèvements prévus à l'article D. 163-1 ; »

2° Le recto de chaque fiche pénale intitulé « fiche d'exécution des peines » est rédigé et transmis en copie au casier judiciaire, conformément aux dispositions des articles R. 69 et R. 72 ;

3° Les officiers de police judiciaire habilités de la police nationale et de la gendarmerie nationale reçoivent les informations relatives à l'identité des personnes incarcérées, dès l'incarcération *(Décr. n° 2007-699 du 3 mai 2007)* « , à l'occasion des permissions de sortir, » et à la libération.

V. Arr. du 20 févr. 2003 (JO 4 mars) relatif au fichier national automatisé des personnes incarcérées.

Art. D. 288 *Abrogé par Décr. n° 2013-368 du 30 avr. 2013, art. 2.*

V. désormais C. pénit., art. R. 112-22.

Art. D. 289 *(Abrogé par Décr. n° 2013-368 du 30 avr. 2013, art. 2)* ***« Lorsque plusieurs*** *(Décr. n° 2010-1635 du 23 déc. 2010)* ***« personnes détenues doivent sortir de détention » le même jour, les précautions nécessaires sont prises pour qu'****(Décr. n° 2010-1635 du 23 déc. 2010)* ***« elles » ne se rencontrent ni dans les bureaux du greffe, ni à leur sortie de l'établissement. »***

L'application de cette règle ne peut cependant avoir pour conséquence de retarder au-delà de midi leur élargissement dans la journée où *(Décr. n° 2010-1635 du 23 déc. 2010)* « elles doivent sortir de détention ».

SECTION II DES TRANSFÈREMENTS ET DES EXTRACTIONS

RÉP. PÉN. v° *Transfèrement international des condamnés*, par HERZOG-EVANS.

V. Arr. du 11 déc. 2017 portant création d'un traitement de données à caractère personnel relatif aux déferements et extractions judiciaires dénommé « TDEX » (JO 14 déc.).

BIBL. ▶ ROLIN, *RFDA 2000. 808* (contentieux administratif du transfèrement international des personnes condamnées).

Art. D. 290 Le transfèrement consiste dans la conduite d'un détenu sous surveillance d'un établissement à un autre établissement pénitentiaire.

Cette opération comporte la radiation de l'écrou à l'établissement de départ et un nouvel écrou à *(Décr. n° 98-1099 du 8 déc. 1998)* « l'établissement pénitentiaire » de destination sans que la détention subie soit pour autant considérée comme interrompue.

Art. D. 291 L'extraction est l'opération par laquelle un détenu est conduit sous surveillance en dehors de l'établissement de détention, lorsqu'il doit comparaître en justice, ou lorsqu'il doit recevoir des soins qu'il n'est pas possible de lui donner *(Décr. nº 98-1099 du 8 déc. 1998)* « dans l'établissement pénitentiaire », ou plus généralement lorsque l'accomplissement d'un acte ne pouvant être effectué dans un établissement pénitentiaire a été reconnu absolument nécessaire et compatible avec la situation de l'intéressé.

V. Circ. AP nº 2004-07 CAB du 18 nov. 2004 relative à l'organisation des escortes pénitentiaires des détenus faisant l'objet d'une consultation médicale (BOMJ 2004, nº 96, p. 286 s.).

§ 1er DISPOSITIONS COMMUNES

Art. D. 292 Toute réquisition ou ordre de transfèrement ou d'extraction régulièrement délivré a un caractère impératif et le chef de l'établissement de détention doit y déférer sans le moindre retard, à moins d'impossibilité matérielle ou de circonstances particulières dont il aurait alors à rendre compte immédiatement à l'autorité requérante.

(Décr. nº 98-1099 du 8 déc. 1998) « Il en est notamment ainsi lorsqu'il est établi par un médecin, habilité ou autorisé à intervenir dans l'établissement pénitentiaire, que l'état de santé du détenu ne permet pas son transfert ou son extraction. Le certificat délivré par ce praticien permet l'application éventuelle des dispositions de l'article 416. »

Au surplus, la situation du détenu du point de vue judiciaire peut faire obstacle à son transfèrement ou en faire différer l'exécution ainsi qu'il est précisé à l'article D. 302.

Art. D. 293 *(Décr. nº 79-534 du 3 juill. 1979)* Aucun transfèrement, aucune extraction ne peut être opéré sans un ordre écrit que délivre l'autorité compétente.

Cet ordre, lorsqu'il n'émane pas de l'administration pénitentiaire elle-même, est adressé par le procureur de la République du lieu de l'autorité requérante *(Décr. nº 2015-439 du 16 avr. 2015, art. 1er)* « aux services de police ou unités de gendarmerie ou, dans les zones géographiques déterminées par arrêté conjoint des ministres de la justice et de l'intérieur, à l'administration pénitentiaire, selon les distinctions prévues aux articles D. 297 et D. 315 ».

Ce magistrat transmet *(Décr. nº 2015-439 du 16 avr. 2015, art. 1er)* « , pour information, une copie de l'ordre d'extraction au procureur de la République du ressort du lieu de détention de la personne détenue ainsi qu'au chef de l'établissement pénitentiaire » et prend toutes dispositions nécessaires pour que le transfèrement ou l'extraction ait lieu dans les conditions de sécurité prévues aux articles D. 294 à D. 296.

L'ordre ainsi donné est conservé au greffe de l'établissement pénitentiaire *(Abrogé par Décr. nº 2015-439 du 16 avr. 2015, art. 1er)* « *, en original ou en copie certifiée conforme* ».

Le chef de l'établissement de détention doit vérifier avec soin, et au besoin auprès du signataire indiqué, l'authenticité de ce document.

Si les personnes chargées de procéder à l'opération sont inconnues des services de *(Décr. nº 98-1099 du 8 déc. 1998)* « l'établissement pénitentiaire », elles doivent justifier de leur identité et de leur qualité.

Art. D. 294 Des précautions doivent être prises en vue d'éviter les évasions et tous autres incidents lors des transfèrements et extractions de *(Décr. nº 2010-1635 du 23 déc. 2010)* « personnes détenues.

« Ces personnes détenues peuvent être soumises », sous la responsabilité du chef d'escorte, au port des menottes *(Décr. nº 98-1099 du 8 déc. 1998)* « ou, s'il y a lieu, des entraves, dans les conditions définies à l'article D. 283-4 ».

Au cas où *(Décr. nº 2010-1635 du 23 déc. 2010)* « une personne détenue serait considérée comme dangereuse ou devrait être surveillée particulièrement », le chef de l'établissement donne tous les renseignements et avis nécessaires au chef de l'escorte.

Art. D. 295 Les détenus ne doivent avoir aucune communication avec des tiers à l'occasion de transfèrements ou d'extractions.

Les précautions utiles doivent être prises pour les soustraire à la curiosité ou à l'hostilité publique, ainsi que pour éviter toute espèce de publicité.

Art. D. 296 Pour l'observation des principes posés à l'article D. 295, comme pour la sécurité des opérations, l'exécution des transfèrements et extractions doit être préparée et poursuivie avec la plus grande discrétion quant à la date et à l'identité des détenus en cause, au mode de transport, à l'itinéraire et au lieu de destination.

(Décr. nº 83-48 du 26 janv. 1983) « Toutefois, dès que le détenu transféré est arrivé à destination, sa famille ou les personnes autorisées de façon permanente à communiquer avec lui en sont informées. »

§ 2 TRANSFÈREMENTS

A TRANSLATIONS JUDICIAIRES

Art. D. 297 Ainsi qu'il est dit à l'article D. 57, les *(Décr. nº 2011-1045 du 2 sept. 2011)* « personnes détenues en prévention sont transférées » sur la réquisition de l'autorité judiciaire compétente selon les règles édictées par le présent code.

(Décr. nº 2011-1045 du 2 sept. 2011) « Les services de gendarmerie ou de police opèrent la translation dans les conditions qui leur sont propres.

« Dans les zones géographiques déterminées par arrêté conjoint des ministres de la justice et de l'intérieur, l'exécution de la translation incombe normalement à l'administration pénitentiaire avec le renfort, le cas échéant, des forces de police ou de la gendarmerie ainsi qu'il est précisé au troisième alinéa de l'article D. 57. »

(Décr. nº 83-48 du 26 janv. 1983) « Les frais de l'opération sont imputables sur le chapitre budgétaire des frais de justice criminelle ou correctionnelle. »

Le transfèrement d'une personne détenue pour autre cause, prévu et organisé selon les prescriptions réglementaires des art. D. 297 à D. 299, n'est pas subordonné à la délivrance préalable d'un mandat d'amener. • Crim. 10 juill. 1991, nº 91-82.512 P : *D. 1991. IR 229.*

Art. D. 298 Lorsqu'un détenu doit comparaître à quelque titre que ce soit devant une juridiction éloignée de son lieu de détention dans une affaire pour laquelle il n'est pas placé en *(Décr. nº 72-852 du 12 sept. 1972)* « détention provisoire », sa translation est exécutée dans les conditions visées à l'article D. 297.

Cette translation est requise, selon le cas, par le magistrat saisi du dossier de l'information, ou par le procureur de la République du lieu où l'intéressé doit comparaître ; si ce dernier est prévenu, il ne peut être procédé à sa translation qu'avec l'accord de l'autorité judiciaire dont il relève.

Il convient, en toute hypothèse, de ne prescrire une telle opération que si elle apparaît absolument justifiée, et sous réserve de l'application éventuelle de l'article 664 ou de l'article 712.

Art. D. 299 *(Décr. nº 2011-1045 du 2 sept. 2011)* La charge de procéder éventuellement à la réintégration de la personne détenue transférée dans les conditions de l'article D. 298, qu'elle soit prévenue ou condamnée, incombe à l'administration pénitentiaire avec le renfort, le cas échéant, des forces de police ou de la gendarmerie ainsi qu'il est précisé au troisième alinéa de l'article D. 57.

Si la personne est condamnée, dès que sa présence a cessé d'être utile, le chef d'établissement dans lequel elle a été transférée en rend compte au directeur interrégional ou, si le transfèrement a été effectué d'une direction interrégionale à une autre, à l'administration centrale.

Si la personne est prévenue, le soin de requérir sa réintégration appartient au parquet à la diligence duquel la translation a eu lieu. Les frais du voyage de retour sont imputables comme frais de justice, de même que ceux du voyage de l'aller.

B TRANSFÈREMENTS ADMINISTRATIFS

Art. D. 300 *(Décr. nº 98-1099 du 8 déc. 1998)* Le ministre de la justice ordonne les transfèrements de caractère administratif, c'est-à-dire les transfèrements autres que ceux visés aux articles D. 297 à D. 299.

La compétence du ministre de la justice est exclusive en ce qui concerne :

1° Le transfèrement à titre administratif de tout détenu d'une région pénitentiaire à une autre ;

2° Les transfèrements vers ou à partir d'une maison centrale *(Décr. n° 2003-259 du 20 mars 2003, art. 10)* **« ou d'un quartier maison centrale ».**

(Décr. n° 2017-771 du 4 mai 2017, art. 4) **« S'il s'agit de prévenus, il ne peut être procédé à leur transfert qu'après information du magistrat saisi du dossier de l'instruction judiciaire et qu'à défaut d'opposition de celui-ci dans un délai de huit jours à compter de la réception de cette information. »**

En application du Décr. n° 2014-1279 du 23 oct. 2014 relatif aux exceptions à l'application du principe « silence vaut acceptation » (L. n° 2000-321 du 12 avr. 2000, art. 21, I), le silence gardé pendant deux mois par l'administration vaut décision de rejet pour les demandes relatives au transfèrement vers une autre maison d'arrêt émanant d'une personne détenue condamnée.

I. TRANSFERT D'UN ÉTABLISSEMENT POUR PEINE VERS UNE MAISON D'ARRÊT

1. Eu égard à sa nature et à l'importance de ses effets sur la situation des détenus, une décision de changement d'affectation d'une maison centrale (établissement pour peines) à une maison d'arrêt constitue un acte administratif susceptible de faire l'objet d'un recours pour excès de pouvoir et non une mesure d'ordre intérieur. Il en va autrement des décisions d'affectation consécutives à une condamnation, des décisions de changement d'affectation d'une maison d'arrêt à un établissement pour peines ainsi que des décisions de changement d'affectation entre établissements de même nature, sous réserve que ne soient pas en cause des libertés et des droits fondamentaux des détenus. • CE 14 déc. 2007, n° 290730 : *D. 2008. 820, note Herzog-Evans ; ibid. Pan. 1018, obs. Céré ; AJDA 2007. 2404, obs. Boucher ; ibid. 2008. 128, obs. Bourgeois-Machureau ; AJ pénal 2008. 100, obs. Péchillon* • 9 avr. 2008, n° 308221 : *AJDA 2008. 1509, note Costa ; ibid. 1827, note Costa ; RSC 2009. Chron. 431, obs. Poncela ; Gaz. Pal. 13 déc. 2008. 39, concl. Guyomar.*

II. TRANSFERT ENTRE DEUX ÉTABLISSEMENTS DE MÊME NATURE

2. Principe : mesure d'ordre intérieur. Les décisions de changement d'affectation entre établissements de même nature ne constituent pas des mesures susceptibles de faire l'objet d'un recours pour excès de pouvoir, sous réserve que ne soient pas en cause des libertés et des droits fondamentaux des détenus. Si certaines dispositions du code de procédure pénale s'appliquent distinctement au régime de détention des centres de détention et des maisons centrales, ces établissements pour peine doivent être regardés comme étant de même nature. • CE 3 juin 2009, n° 310100 : *AJDA 2009. 1132 ; AJ pénal 2009. 460*. ♦ Les décisions de changement d'affectation entre établissements de même nature (centre de détention vers centre de détention) ne constituent pas des actes administratifs susceptibles de faire l'objet d'un recours pour excès de pouvoir, sous réserve que ne soient pas en cause des libertés et des droits fondamentaux des détenus. Les modifications apportées au code de procédure pénale par la loi du 24 nov. 2009 pénitentiaire ne sont pas de nature à remettre en cause ces principes. • CE 15 juill. 2010, n° 340313.

3. Exception : recours pour excès de pouvoir. Une décision de changement d'affectation d'une maison centrale proche du domicile de la famille du détenu à une maison centrale située à plus de 800 km de ce domicile ne constitue pas une mesure d'ordre intérieur dès lors que cette décision, rendant plus difficile l'exercice par le détenu de son droit à conserver une vie familiale en détention, est susceptible de porter atteinte à un droit fondamental de l'intéressé. Le détenu peut donc en demander la suspension au juge des référés. Si la décision n'est pas une mesure d'ordre intérieur, elle ne constitue pas pour autant une atteinte illégale au droit fondamental du détenu à une vie familiale dès lors qu'il ressort des pièces du dossier que son transfèrement a été motivé par la suspicion de son implication dans les préparatifs d'une évasion de la maison centrale où il était incarcéré et que cette décision n'a pas pour effet de rendre impossible toute visite de la famille. • CE 27 mai 2009, n° 322148 : *AJDA 2009. 1076 ; Gaz. Pal. 23 juin 2009. 12, concl. Guyomar.* ♦ Admission du recours pour excès de pouvoir pour un transfert d'un centre de détention vers un autre centre de détention, au nom du droit d'association du détenu. • TA Marseille, 27 janv. 2009, n° 0803333 : *RPDP 2009. 461, obs. Céré.*

4. Eu égard à leur nature et à leurs effets, afin de respecter les exigences fixées par l'art. 13 Conv. EDH, les décisions de changement d'affectation entre établissements de même nature doivent pouvoir faire l'objet d'un recours, au moins lorsque la nouvelle affectation s'accompagne d'une modification du régime de détention entraînant une aggravation des conditions de détention ou, si tel n'est pas le cas, lorsque sont en cause des libertés et des droits fondamentaux des détenus. Par conséquent, il est enjoint au Premier ministre d'abroger le 1er al. de l'art. D. 57 en tant qu'il renvoie au 1er al. de l'art. D. 297, dans un délai de 12 mois à compter de la notification de la décision, à défaut d'intervention du législateur, dans ce délai, pour ouvrir une voie de recours à l'encontre des mesures de translations judiciaires qu'elles visent. • CE 12 déc. 2018, nº 417244 : *AJ pénal 2019. 96, obs. Frinchaboy*.

III. ROTATIONS DE SÉCURITÉ

5. La décision soumettant un détenu à des « rotations de sécurité », c'est-à-dire à des changements d'affectation fréquents d'un établissement à un autre sur décision de l'administration pénitentiaire afin de prévenir toute tentative d'évasion, revêt le caractère d'une décision administrative susceptible de recours pour excès de pouvoir. • CE 14 déc. 2007, nº 306432 : *D. 2008. AJ 90 ; ibid. 2008. 820, note Herzog-Evans ; ibid. 2008. Pan. 1018, obs. Péchillon ; RSC 2008. 404, obs. Poncela ; AJDA 2007. 2411 ; ibid. 2008. 128 ; Dr. pénal 2008, nº 25, obs. Maron ; Procédures 2008, nº 61, obs. Deygas.* ♦ Sur l'annulation des « rotations de sécurité » pour incompétence du ministre, V., • CE 29 févr. 2008, nº 308145 : *AJ pénal 2008. 289, obs. Herzog-Evans*.

Art. D. 301 *(Décr. nº 98-1099 du 8 déc. 1998)* **Sous réserve des dispositions de l'article D. 300 et sauf s'il s'agit de détenus ayant fait l'objet d'une décision d'affectation de la part du ministre de la justice autre qu'une mise à disposition du directeur régional, ce dernier peut ordonner, à l'intérieur de sa région, les transfèrements individuels ou collectifs qu'il estime nécessaires.**

S'il s'agit de prévenus, il ne peut être procédé à leur transfert *(Décr. nº 2017-771 du 4 mai 2017, art. 5)* **« qu'après information du magistrat saisi du dossier de l'instruction judiciaire et qu'à défaut d'opposition de celui-ci dans un délai de huit jours à compter de la réception de cette information ».**

En application du Décr. nº 2014-1279 du 23 oct. 2014 relatif aux exceptions à l'application du principe « silence vaut acceptation » (L. nº 2000-321 du 12 avr. 2000, art. 21, I), le silence gardé pendant deux mois par l'administration vaut décision de rejet pour les demandes relatives au transfèrement vers une autre maison d'arrêt émanant d'une personne détenue condamnée.

Art. D. 302 *(Décr. nº 72-852 du 12 sept. 1972)* **« Un condamné ne peut être transféré s'il doit être tenu à la disposition de la juridiction dans le ressort de laquelle il se trouve, soit parce qu'il fait l'objet de poursuites – que celles-ci aient ou non donné lieu à la délivrance d'un mandat de justice – soit parce qu'il est susceptible d'être entendu comme témoin. »**

Il appartient au ministère public de faire connaître à l'administration pénitentiaire la date à partir de laquelle le détenu pourra être dirigé sur sa destination pénale, et il en est rendu compte à l'autorité ayant délivré l'ordre de transfèrement.

Art. D. 303 *Abrogé par Décr. nº 98-1099 du 8 déc. 1998.*

C EXÉCUTION DES TRANSFÈREMENTS PAR L'ADMINISTRATION PÉNITENTIAIRE

Art. D. 304 **La direction de l'administration pénitentiaire comprend un service central des transfèrements, dirigé par un** *(Décr. nº 2003-259 du 20 mars 2003, art. 11)* **« directeur » d'établissement pénitentiaire.**

Ce service assure l'exécution des ordres de transfèrement émanant de l'administration centrale.

Art. D. 305 **Le directeur régional assure l'organisation des transfèrements qu'il ordonne et leur réalisation par les moyens dont il dispose.**

La même charge lui incombe en ce qui concerne l'exécution d'un ordre de transfèrement émanant de l'administration centrale, lorsque ce transfèrement est prescrit entre des établissements pénitentiaires situés dans sa région ou lorsque des instructions lui sont données en ce sens.

Art. D. 306 **Les transfèrements s'effectuent par route ou par voie ferrée, maritime ou aérienne.**

(Décr. nº 98-1099 du 8 déc. 1998) **« L'autorité à laquelle incombe l'organisation du transfèrement décide du moyen de transport à utiliser dans chaque cas, compte tenu de l'importance du convoi, du caractère dangereux du détenu, de la distance à parcourir, de l'urgence de l'opération et de l'état de santé du détenu, sous réserve du cas où un transport sanitaire aura été prescrit par un médecin.**

« Dans ce dernier cas, l'autorité à laquelle incombe l'organisation du transfèrement décide des moyens de surveillance à mettre en œuvre. »

Toutes précautions doivent être prises pour assurer aux détenus transportés des conditions suffisantes de confort et d'hygiène.

Art. D. 307 Les dépenses auxquelles donne lieu l'exécution des transfèrements administratifs sont prises en charge par l'administration pénitentiaire.

Aucun détenu n'est recevable à solliciter d'être transféré à ses propres frais.

Art. D. 308 L'escorte des détenus transférés par les soins de l'administration pénitentiaire est assurée par des membres du personnel de surveillance inscrits sur une liste dressée par le service central des transfèrements sur proposition des chefs d'établissement.

L'importance de l'escorte est déterminée par l'autorité chargée de l'organisation du transfèrement, en fonction du nombre des détenus transférés, des moyens de transport utilisés et de la distance à parcourir.

Le chef de l'établissement à qui incombe la constitution de l'escorte désigne nommément ceux des agents figurant sur la liste précitée qui seront chargés d'exécuter la mission prescrite.

Art. D. 309 *Abrogé par Décr. n° 83-48 du 26 janv. 1983.*

Art. D. 310 Le chef de l'établissement remet au chef de l'escorte des détenus à transférer les extraits de jugement ou d'arrêt et les autres pièces figurant au dossier individuel des intéressés, ainsi que les effets ou objets leur appartenant, à l'exclusion de l'argent qui est transmis par virement *(Abrogé par Décr. n° 2003-259 du 20 mars 2003, art. 16)* « *postal* ».

Indépendamment de l'application éventuelle des dispositions de l'article R. 101, le poids et le volume des objets ainsi transportés sont toutefois limités dans les conditions précisées par l'instruction de service.

D CAS PARTICULIERS

Art. D. 311 La translation des extradés est assimilée au transfèrement.

Les individus livrés à la France par un État étranger, dès qu'ils sont écroués dans l'établissement pénitentiaire d'une ville frontière ou d'un port maritime ou aérien doivent être signalés d'urgence par le chef de cet établissement au service central des transfèrements.

Ce service fait alors procéder, dans les moindres délais, au transfèrement des intéressés au lieu de l'exécution de leur peine ou, par dérogation aux dispositions de l'article D. 297, à celui de leur jugement.

Il appartient de même au service central des transfèrements de donner les instructions utiles pour assurer la conduite à la frontière ou au port d'embarquement maritime ou aérien et la remise aux autorités étrangères requérantes de tout individu dont l'extradition a été accordée par le Gouvernement français.

Le service central des transfèrements assure également d'un point à l'autre de la frontière le transfèrement des extradés dont le transit par la France a été autorisé.

Il lui appartient de même de faire conduire, soit à l'aller d'un établissement pénitentiaire français jusqu'à la frontière ou jusqu'au port français d'embarquement maritime ou aérien, soit au retour de la frontière ou du port français de débarquement maritime ou aérien jusqu'à un établissement pénitentiaire français, les détenus dont l'envoi est demandé conformément aux dispositions de l'article 34 de la loi du 10 mars 1927, ou aux dispositions analogues contenues dans des conventions internationales.

Art. D. 312 Les mesures qui ont pour objet de refouler à la frontière certains étrangers condamnés par décision de justice ou d'assurer l'exécution des arrêtés d'expulsion n'incombent pas à l'administration pénitentiaire, même lorsque les intéressés y sont soumis *(Décr. n° 98-1099 du 8 déc. 1998)* « à leur libération ».

Art. D. 313 *(Abrogé par Décr. n° 2021-683 du 27 mai 2021, art. 2, à compter du 30 sept. 2021)* ***Les mineurs qui ont été placés provisoirement dans une maison d'arrêt, et qui doivent faire l'objet d'une des mesures prévues par les articles 15, 16 et 28 de l'ordonnance n° 45-174 du 2 février 1945 relative à l'enfance délinquante sont dirigés sans retard sur l'institution ou auprès de la personne chargée de les recevoir.***

A cette fin, le chef de l'établissement pénitentiaire qui en a la garde les signale au procureur de la République du siège du tribunal pour enfants, et à la direction** (Décr. n° 98-1099 du 8 déc. 1998)* ***« de la protection judiciaire de la jeunesse » au ministère de la justice.

Leur prise en charge et leur conduite à destination incombent aux services** (Décr. n° 98-1099 du 8 déc. 1998)* ***« de la protection judiciaire de la jeunesse » et ne comportent aucune intervention de l'administration pénitentiaire.

Art. D. 313-1 *(Décr. n° 93-193 du 8 févr. 1993)* **Lorsque l'autorité compétente pour ordonner un transfèrement judiciaire ou administratif précise que l'absence du détenu de son lieu habituel de détention n'excédera pas 72 heures, la levée d'écrou de l'intéressé est opérée sous la forme simplifiée.**

Lors de son arrivée dans l'établissement de destination, le détenu est écroué selon les mêmes modalités.

Si à la date de retour initialement prévue, la réintégration du détenu ne peut être assurée, son transfert définitif est effectué en régularisation.

§ 3 EXTRACTIONS

Art. D. 314 **L'extraction s'effectue sans radiation de l'écrou car elle comporte obligatoirement la reconduite de l'intéressé à l'établissement pénitentiaire.**

L'autorité compétente pour ordonner ou pour autoriser l'extraction est tenue en conséquence de donner toutes instructions utiles pour que soit assurée la réintégration.

Celle-ci doit avoir lieu dans le délai le plus bref et, en toute hypothèse autre que celle d'une hospitalisation *(Décr. n° 2007-699 du 3 mai 2007)* **« et celle de la mise à disposition du détenu aux officiers de police judiciaire pour les besoins d'une enquête », le jour même de l'extraction. Lorsqu'il est nécessaire que la mesure motivant l'extraction se prolonge pendant plusieurs jours, le détenu est réintégré chaque soir à** *(Décr. n° 98-1099 du 8 déc. 1998)* **« l'établissement pénitentiaire ».**

Art. D. 314-1 *(Décr. n° 93-193 du 8 févr. 1993)* **Dans l'hypothèse où la réintégration du détenu ne peut s'effectuer dans les délais de l'article D. 314 sans toutefois que son absence de son établissement d'origine n'excède 72 heures, la sortie de l'intéressé s'accompagne d'une levée d'écrou réalisée sous la forme simplifiée selon les modalités de l'article D. 149-1.**

A cette fin, l'autorité compétente précise la date exacte du retour prévu à l'établissement d'origine et donne toutes instructions utiles pour que la réintégration du détenu soit assurée à la date initialement arrêtée.

Durant son absence de son lieu habituel de détention, le détenu, écroué dès son arrivée sous la forme simplifiée dans l'établissement de destination, est réintégré chaque soir dans cet établissement.

Art. D. 314-2 *(Décr. n° 98-1099 du 8 déc. 1998)* **Dans l'hypothèse où, en application des dispositions prévues aux articles D. 391 et suivants, un détenu doit être hospitalisé dans un établissement de santé éloigné de l'établissement pénitentiaire dans lequel il est écroué, il peut faire l'objet d'une levée d'écrou sous la forme simplifiée, nonobstant le fait que l'absence de son établissement d'origine excède soixante-douze heures.**

Le détenu est écroué dans l'établissement pénitentiaire situé à proximité de l'établis-*sement de santé* selon les mêmes modalités.

A l'issue de l'hospitalisation, le détenu doit être réintégré dans son établissement d'origine dans les délais les plus brefs. Si cette réintégration n'est pas possible, le transfert définitif du détenu est effectué en régularisation.

Art. D. 315 **Lorsqu'***(Décr. n° 2011-1045 du 2 sept. 2011)* **« une personne détenue » doit comparaître, à quelque titre et pour quelque cause que ce soit, devant une juridiction de l'ordre judiciaire, les réquisitions nécessaires sont délivrées par le procureur de la République dans toutes les hypothèses où elles ne relèvent pas de la compétence d'un autre magistrat en vertu des règles édictées par le présent code.**

La charge de procéder aux extractions de *(Décr. n° 2011-1045 du 2 sept. 2011)* **« personnes détenues » qui sont requises par l'autorité judiciaire incombe normalement aux services de police quand celles-ci n'entraînent aucun déplacement en dehors de leur circonscription et aux services de gendarmerie dans les autres cas.** *(Décr. n° 2011-1045 du 2 sept. 2011)* **« Dans les zones géographiques déterminées par arrêté conjoint des**

ministres de la justice et de l'intérieur, elle incombe normalement à l'administration pénitentiaire avec le renfort, le cas échéant, des forces de police ou de la gendarmerie ainsi qu'il est précisé au troisième alinéa de l'article D. 57. » – *V. Arr. du 2 sept. 2011 relatif à l'exécution des translations et extractions requises par les autorités judiciaires, mod. par Arr. du 19 juill. 2018.*

(Décr. n° 2015-439 du 16 avr. 2015, art. 2) **« Dans les zones géographiques visées à l'alinéa précédent, les personnels de l'administration pénitentiaire sont habilités à exécuter les mandats d'amener délivrés par l'autorité judiciaire à l'encontre des personnes détenues, au sens de l'article D. 50. »**

Art. D. 316 *(Décr. n° 98-1099 du 8 déc. 1998)* **« Le préfet » apprécie si l'extraction des détenus appelés à comparaître devant des juridictions ou des organismes d'ordre administratif est indispensable. Dans l'affirmative, il requiert l'extraction par les services de police ou de gendarmerie selon la distinction de l'article D. 315.**

Art. D. 317 **Dans les hypothèses où, en raison des nécessités de l'enquête à laquelle ils procèdent, il n'est pas suffisant pour les officiers ou agents de police judiciaire d'user de la faculté qu'ils ont d'entendre les détenus à l'intérieur des établissements pénitentiaires, les services auxquels ces fonctionnaires appartiennent peuvent être autorisés à procéder à l'extraction des intéressés, sous la réserve que ces derniers demeurent sous leur responsabilité et soient réintégrés** *(Décr. n° 2007-699 du 3 mai 2007)* **« à l'issue de cette mesure ou après avoir été déférés devant un magistrat ».**

(Décr. n° 83-48 du 26 janv. 1983) **« Lorsque des officiers de police judiciaire n'agissent pas en exécution d'une commission rogatoire ordonnant l'extraction, une autorisation spéciale doit être accordée à cet effet par le magistrat saisi du dossier de l'information, et s'il n'y a pas d'information judiciaire, par le procureur de la République du lieu de détention. »**

L'absence de placement en garde à vue d'un détenu pour autre cause extrait avec l'autorisation du magistrat instructeur qui a placé l'intéressé en détention, par des policiers agissant dans le cadre d'une commission rogatoire, afin d'effectuer une perquisition et plusieurs auditions sur les faits visés dans la commission rogatoire, n'entraîne pas la nullité des actes car lorsque le détenu ne s'est opposé à aucun de ces actes, il n'y a pas d'autre contrainte que celle du mandat de dépôt de l'autre affaire. • Crim. 6 févr. 2002, n° 01-87.991 P : *JCP 2002. I. 155, obs. Maron ; Dr. pénal 2002. Comm. 90, obs. Maron.*

CHAPITRE VII **DE LA GESTION DES BIENS ET DE L'ENTRETIEN DES PERSONNES DÉTENUES** *(Décr. n° 2010-1635 du 23 déc. 2010).*

SECTION PREMIÈRE **DE LA GESTION DES BIENS DES DÉTENUS**

Art. D. 318 *Abrogé par Décr. n° 2013-368 du 30 avr. 2013, art. 2.*

V. désormais C. pénit., art. R. 112-22.

§ 1er VALEURS PÉCUNIAIRES *(Décr. n° 75-128 du 7 mars 1975).*

Art. D. 319 *(Décr. n° 75-128 du 7 mars 1975)* **L'établissement pénitentiaire où le détenu est écroué tient un compte nominatif où sont inscrites les valeurs pécuniaires lui appartenant** *(Décr. n° 2019-1184 du 15 nov. 2019, en vigueur le 1er janv. 2020)* **« et dont le fonctionnement est régi par les dispositions de la section 1 du chapitre VII du titre II du livre V du présent code ».**

Sous réserve que les détenus n'en aient pas demandé l'envoi à un tiers ou la consignation, les sommes dont ils sont porteurs à leur entrée dans *(Décr. n° 98-1099 du 8 déc. 1998) « l'établissement pénitentiaire »* **sont immédiatement inscrites à leur compte nominatif au moment de leur écrou. L'importance de ces sommes ne saurait en aucun cas justifier le refus de la prise en charge.**

Le compte nominatif est par la suite crédité ou débité de toutes les sommes qui viennent à être dues au détenu, ou par lui, au cours de sa détention, dans les conditions réglementaires.

V. Circ. AP n° 2004-06 PMJ4 du 21 oct. 2004, réforme du compte nominatif des détenus (BOMJ 2004, n° 96, p. 263 s.).

Art. D. 320 *(Décr. n° 2004-1072 du 5 oct. 2004, en vigueur le 1er nov. 2004)* **Toutes les sommes qui échoient aux détenus sont considérées comme ayant un caractère alimentaire, dans la mesure où elles n'excèdent pas chaque mois 200 €. Cette somme est doublée à l'occasion des fêtes de fin d'année.**

Elles sont dès lors entièrement versées à la part disponible jusqu'à concurrence de cette provision alimentaire et, pour le surplus, elles sont soumises à répartition dans les proportions ci-après déterminées, sous réserve des dispositions particulières concernant les rentes, les pensions et les indemnités.

V. Circ. AP 2004-06 du 21 oct. 2004 relative à la réforme du compte nominatif des détenus, BOMJ n° 96.

Art. D. 320-1 *(Décr. n° 2004-1072 du 5 oct. 2004, en vigueur le 1er nov. 2004)* **La première part, affectée à l'indemnisation des parties civiles et créanciers d'aliments, est déterminée en appliquant à la fraction des sommes qui échoient aux détenus les taux de :**

– 20 %, pour la fraction supérieure à 200 € et inférieure ou égale à 400 € ;
– 25 %, pour la fraction supérieure à 400 € et inférieure ou égale à 600 € ;
– 30 %, pour la fraction supérieure à 600 €.

Lorsque, d'une part, les sommes inscrites sur cette part atteignent le montant de 1 000 €, que, d'autre part, les parties civiles ont été entièrement indemnisées ou qu'il ressort de la décision définitive sur l'action publique et les intérêts civils qu'il n'y a pas de parties civiles ou qu'aucun dommage et intérêt n'a été accordé et que, enfin, aucun créancier d'aliments ne s'est prévalu de sa créance sur le fondement d'un titre exécutoire, la répartition opérée au titre de cette part a lieu *(Abrogé par Décr. n° 2007-861 du 14 mai 2007)* ***« au profit de la part affectée à la constitution du pécule de libération à concurrence de la limite déterminée pour cette part et, pour le surplus, »*** **au profit de la part disponible.**

(Abrogé par Décr. n° 2007-861 du 14 mai 2007) ***« Si aucune condamnation à des dommages et intérêts n'a été prononcée, les sommes prélevées au-delà du plafond de 1 000 € sont reversées sur la part affectée à la constitution du pécule de libération à concurrence de la limite déterminée pour cette part et, pour le surplus, au profit de la part disponible. »***

Toutefois, le prélèvement au titre de la part réservée à l'indemnisation des parties civiles et des créanciers d'aliments est opéré à nouveau, y compris au-delà du plafond précité, dès qu'un créancier d'aliments vient à se prévaloir de sa créance sur le fondement d'un titre exécutoire ou qu'une victime d'une infraction visée par une condamnation inscrite à l'écrou se prévaut d'une décision exécutoire de condamnation à des dommages et intérêts.

(Décr. n° 2015-689 du 18 juin 2015, art. 1er) **« A la demande de la personne détenue, la première part, affectée à l'indemnisation des parties civiles et créanciers d'aliments, peut également être alimentée, y compris en l'absence de décision sur intérêts civils connue, par le versement de sommes figurant sur la troisième part du compte nominatif laissée à la libre disposition des personnes détenues. »**

Art. D. 320-2 *(Décr. n° 2004-1072 du 5 oct. 2004, en vigueur le 1er nov. 2004)* **La deuxième part, affectée à la constitution du pécule de libération, est déterminée en appliquant à la fraction des sommes qui échoient aux détenus le taux de 10 %, sous réserve de la dispense prévue par l'article D. 121-1.**

Al. abrogé par Décr. n° 2007-861 du 14 mai 2007.

L'art. D. 320-2 est annulé en tant qu'il limite à 1 000 euros le montant du pécule de libération car cette disposition dénature la portée de l'équilibre voulu par le législateur entre la part pour indemniser les victimes et créanciers d'aliment, la part à disposition pendant l'incarcération et la part destinée au pécule de libération. • CE 15 févr. 2006, n° 274997 : *D. 2006. IR 675 ; AJ pénal 2006. 132, note Herzog-Evans ; AJDA 2006. 1127.*

Art. D. 320-3 *(Décr. n° 2004-1072 du 5 oct. 2004, en vigueur le 1er nov. 2004)* **La troisième part, laissée à la libre disposition des détenus, correspond aux sommes restantes après que les prélèvements prévus aux articles D. 320 à D. 320-2 ont été opérés.**

Art. D. 321 *Abrogé par Décr. n° 2013-368 du 30 avr. 2013, art. 2.*

V. désormais C. pénit., art. R. 112-22.

Art. D. 322 *(Décr. n° 2009-420 du 15 avr. 2009)* **« Les régisseurs chargés de la gestion des comptes nominatifs »** *(Décr. n° 75-128 du 7 mars 1975)* **bénéficient d'une remise de 2,5 p. 100 sur les sommes qui sont acquittées pour le compte des détenus au titre des condamnations pécuniaires prononcées au profit de l'État ou des collectivités publiques.**

Art. D. 323 *(Décr. n° 75-128 du 7 mars 1975)* **La part disponible du compte nominatif peut être utilisée par le détenu, conformément aux règlements, pour effectuer des achats à l'intérieur de l'établissement pénitentiaire, ou même, sur autorisation spéciale, pour procéder à des versements au dehors.**

(Décr. n° 78-460 du 28 mars 1978) **« En cas d'évasion du titulaire du compte, cette part est appliquée d'office à l'indemnisation des parties civiles. » Le reliquat est acquis à l'État, sauf décision du** *(Décr. n° 98-1099 du 8 déc. 1998)* **« directeur interrégional des services pénitentiaires du lieu où s'est produite l'évasion » ordonnant qu'il soit rétabli en tout ou partie au profit du détenu lorsque ce dernier a été repris.**

Art. D. 324 *(Décr. n° 75-128 du 7 mars 1975 ; Décr. n° 78-460 du 28 mars 1978)* **Les sommes constituant le pécule de libération sont inscrites à un compte spécial ; lorsqu'elles dépassent une somme fixée par arrêté du garde des sceaux, ministre de la justice, elles sont versées à un** *(Décr. n° 2008-1266 du 4 déc. 2008)* **« livret A ».** *— V. art. A. 41-1.*

Une instruction de service détermine les modalités d'application de ces dispositions.

Le capital représentatif des rentes d'accidents du travail dont la conversion a été rendue obligatoire par le décret n° 59-734 du 15 juin 1959 est intégralement versé au pécule de libération *(Abrogé par Décr. n° 2007-861 du 14 mai 2007) (Décr. n° 2004-1072 du 5 oct. 2004, en vigueur le 1er nov. 2004)* ***« et y sont maintenues même si ce versement a pour effet de porter le montant des sommes inscrites sur cette part au-delà de 1 000 € ».***

Pendant l'incarcération, le pécule de libération *(Décr. n° 2004-1072 du 5 oct. 2004, en vigueur le 1er nov. 2004)* **« est indisponible et » ne peut faire l'objet d'aucune voie d'exécution.** *(Décr. n° 2015-689 du 18 juin 2015, art. 2)* **« Toutefois, les condamnés bénéficiant d'un aménagement de peine sous écrou peuvent, sur autorisation du chef d'établissement, disposer de tout ou partie des sommes constituant le pécule de libération afin de leur permettre de faire face aux dépenses nécessaires à la préparation de leur réinsertion. »**

Art. D. 325 *(Décr. n° 2004-1072 du 5 oct. 2004, en vigueur le 1er nov. 2004)* **« L'indemnisation des parties civiles concernées par les condamnations inscrites à l'écrou est assurée sur la première part prévue à l'article D. 320-1. »** *(Décr. n° 82-287 du 26 mars 1982)* **« A cette fin, le ministère public près la juridiction ayant prononcé la condamnation, dès que cette dernière a acquis un caractère définitif, informe sans délai l'établissement où se trouve incarcéré le ou les détenus de l'existence de parties civiles et du montant de leurs créances.**

« Cette part ne saurait faire l'objet d'aucun acte de disposition émanant du détenu. »

Art. D. 326 *Abrogé par Décr. n° 2010-1635 du 23 déc. 2010.*

Art. D. 327 *(Décr. n° 2004-1364 du 13 déc. 2004, art. 27, en vigueur le 1er janv. 2005)* **La répartition prévue aux articles D. 320 à D. 320-3 est applicable aux détenus exécutant une contrainte judiciaire.**

Toutefois, les détenus souhaitant en faire cesser les effets en application de l'article 759 peuvent demander à ce que les sommes inscrites sur la part réservée à la constitution du pécule de libération et celles figurant sur la part réservée à l'indemnisation des parties civiles et aux créanciers d'aliments permettent d'éteindre leur dette, à la double condition :

— que les parties civiles aient été entièrement indemnisées ou qu'il ressorte de la décision définitive sur l'action publique et les intérêts civils qu'il n'y a pas de parties civiles ou qu'aucun dommage et intérêt n'a été accordé ;

— qu'aucun créancier d'aliments ne se soit prévalu de sa créance sur le fondement d'un titre exécutoire.

Art. D. 328 et D. 329 *Abrogés par Décr. n° 2004-1072 du 5 oct. 2004.*

Art. D. 330 *(Décr. nº 75-128 du 7 mars 1975)* **Tout versement effectué à l'extérieur sur la part disponible d'un détenu doit non seulement avoir été demandé ou consenti par ce détenu, mais aussi avoir été autorisé expressément par le magistrat saisi du dossier de l'information s'il s'agit d'un prévenu ou, sinon, par le chef d'établissement.**

Art. D. 331 *(Abrogé par Décr. nº 2013-368 du 30 avr. 2013, art. 2) (Décr. nº 75-128 du 7 mars 1975)* ***Les détenus peuvent verser sur leur livret de caisse d'épargne des sommes prélevées sur leur part disponible.***

Les opérations éventuelles de retrait sont subordonnées, pendant la détention, à l'accord du chef d'établissement.

V. désormais C. pénit., art. R. 112-22.

Art. D. 332 *(Décr. nº 2016-1472 du 28 oct. 2016)* **Les retenues de valeurs pécuniaires en réparation de dommages matériels causés en détention, mentionnées au deuxième alinéa du I de l'article 728-1, sont prononcées par décision du chef d'établissement.**

Cette décision mentionne le montant de la retenue et en précise les bases de liquidation. Le montant de la retenue est strictement nécessaire à la réparation du dommage constaté.

La décision est notifiée à la personne détenue et au régisseur des comptes nominatifs. Ce dernier procède à la retenue sur la part disponible du compte nominatif de la somme mentionnée dans la décision du chef d'établissement. Il verse au Trésor public les sommes retenues.

Illégalité des retenues d'office. Les dispositions des deux premiers al. de l'art. D. 332 permettent à l'administration pénitentiaire, en vue de la réparation de dommages causés par un détenu, de prélever d'office des retenues sur la part disponible de celui-ci et de verser les sommes correspondantes au Trésor. Le pouvoir réglementaire n'est pas compétent pour autoriser ainsi une privation du droit de propriété ; aucune des dispositions de l'art. 728-1 ni aucune autre disposition législative n'habilitent le pouvoir réglementaire à cette fin. Par suite, en refusant d'abroger les dispositions litigieuses, le garde des Sceaux a commis une erreur de droit. • CE 10 févr. 2016, nº 375426 : *D. actu. 18 févr. 2016, obs. Pastor ; AJ pénal 2016. 282, obs. Otéro*. – V., désormais, art. 728-1 dans sa rédaction issue de la L. nº 2016-731 du 3 juin 2016.

Art. D. 332-1 *(Décr. nº 2016-1472 du 28 oct. 2016)* **Les sommes d'argent trouvées en possession irrégulière des personnes détenues, mentionnées au deuxième alinéa du I de l'article 728-1, acquises ou introduites irrégulièrement, sont transmises, sur décision du chef d'établissement, au régisseur des comptes nominatifs qui procède au versement des sommes au Trésor public. La décision est notifiée à la personne détenue.**

Art. D. 333 *(Décr. nº 98-1099 du 8 déc. 1998)* **Une saisie-attribution peut, dans les conditions du droit commun, être valablement formée concernant le compte nominatif d'un détenu, entre les mains du** *(Décr. nº 2009-420 du 15 avr. 2009)* **« régisseur chargé de la gestion des comptes nominatifs ».**

La saisie-attribution porte exclusivement sur les sommes composant la part disponible, sous réserve du cantonnement éventuellement ordonné par l'autorité judiciaire et des insaisissabilités reconnues par la loi.

La saisie des rémunérations des détenus peut être opérée dans les conditions du droit commun.

Le FGTI est subrogé dans les droits de la victime pour obtenir des personnes responsables du dommage causé par l'infraction le remboursement de l'indemnité ou de la provision versée par lui, dans la limite des réparations à la charge de ces personnes, et peut exercer ses droits par toutes voies utiles, dont la réalisation d'une saisie-attribution sur la part disponible du compte nominatif d'un détenu. • Civ. 2e, 1er mars 2018, nº 16-20.603 P : *D. actu. 21 mars 2018, obs. Payan.*

Art. D. 334 *(Décr. nº 98-1099 du 8 déc. 1998)* **« Au moment de sa libération, chaque détenu reçoit les sommes qui résultent de la liquidation de son compte nominatif** *(Décr. nº 2015-689 du 18 juin 2015, art. 3)* **« , sous réserve des versements au fonds de garantie conformément aux dispositions de l'article D. 334-1 » ; le cas échéant lui sont également remis :**

« 1° Les pièces justificatives du paiement des sommes versées pour l'exécution de ses condamnations pécuniaires ;

« 2° Les pièces justificatives du paiement des sommes versées pour l'indemnisation des parties civiles ;

(Abrogé par Décr. n° 2010-1635 du 23 déc. 2010) « 3° Un état des sommes prélevées au titre de la participation aux frais d'entretien ; »

« 4° Un état des sommes épargnées au titre du pécule de libération ;

« 5° Un état des sommes prélevées au titre des cotisations à caractère social. »

Si l'intéressé doit, après son élargissement, être remis à une escorte, les fonds et les pièces justificatives sont remis contre décharge au chef de cette escorte, par dérogation aux dispositions du premier alinéa de l'article D. 310.

Il en sera de même en cas de transfert uniquement en ce qui concerne les pièces justificatives.

Art. D. 334-1 *(Décr. n° 2015-689 du 18 juin 2015, art. 4)* Au moment de la libération d'une personne détenue condamnée au paiement de dommages et intérêts, les valeurs pécuniaires affectées à l'indemnisation des parties civiles et non réclamées, d'un montant supérieur à 500 euros, sont, sous réserve des droits des créanciers d'aliments, versées au fonds de garantie des victimes des actes de terrorisme et d'autres infractions.

Lors de ce versement, l'administration pénitentiaire transmet au fonds les informations utiles relatives aux victimes pour faciliter leur indemnisation, telle que prévue par l'alinéa 7 de l'article L. 422-1 du code des assurances.

§ 2 VALEURS NON PÉCUNIAIRES *(Décr. n° 75-128 du 7 mars 1975).*

Art. D. 335 *(Abrogé par Décr. n° 2013-368 du 30 avr. 2013, art. 2) Les objets dont les détenus sont porteurs à leur entrée dans un établissement pénitentiaire sont pris en charge par le (Décr. n° 2009-420 du 15 avr. 2009) « régisseur chargé de la gestion des comptes nominatifs », sous réserve de ceux qui peuvent être laissés en la possession des intéressés.*

Ils sont alors, après inventaire, inscrits sur un registre spécial, au compte de l'intéressé pour lui être restitués à sa sortie.

(Décr. n° 98-1099 du 8 déc. 1998) « Si le détenu entrant est porteur de médicaments, le médecin doit en être immédiatement avisé afin de décider de l'usage qui doit en être fait. »

V. désormais C. pénit., art. R. 112-22.

Il n'existe aucun droit, en cas de transfert, à faire venir les effets personnels d'un détenu dont il n'était pas porteur au moment de son arrivée en détention. • TA Nantes, 12 oct. 2004 : *D. 2005. 995, obs. Péchillon ; AJ pénal 2005. 121, obs. Péchillon.*

Art. D. 336 *(Abrogé par Décr. n° 2013-368 du 30 avr. 2013, art. 2) Les bijoux, après estimation, et les valeurs sont inventoriés, inscrits au registre visé à l'article D. 335, et déposés (Décr. n° 85-836 du 6 août 1985) « au service comptable » de (Décr. n° 98-1099 du 8 déc. 1998) « l'établissement pénitentiaire ». A la demande du détenu, ils peuvent toutefois être rendus à sa famille, avec l'accord du magistrat saisi du dossier de l'information, lorsque l'intéressé est prévenu.*

En cas de perte à l'établissement, il est remis au détenu ou à ses ayants droit la valeur d'estimation de l'objet perdu.

V. désormais C. pénit., art. R. 112-22.

Art. D. 337 *(Abrogé par Décr. n° 2013-368 du 30 avr. 2013, art. 2) Les objets et les bijoux dont sont porteurs les détenus à leur entrée peuvent donner lieu au refus de leur prise en charge en raison de leur prix, de leur importance ou de leur volume.*

(Décr. n° 85-836 du 6 août 1985) « Dans ce cas, ils n'en sont pas moins inscrits provisoirement au registre visé à l'article D. 335, mais les détenus sont invités à s'en défaire, soit en les renvoyant à leur famille, soit en les faisant déposer entre les mains d'un notaire ou de toute personne agréée par l'administration, soit en les vendant, les frais d'expédition, de garde ou de vente étant à la charge du détenu ; s'il s'agit d'un prévenu, le chef d'établissement en réfère préalablement au magistrat saisi du dossier de l'information. »

V. désormais C. pénit., art. R. 112-22.

Art. D. 338 *(Abrogé par Décr. n° 2013-368 du 30 avr. 2013, art. 2) (Décr. n° 83-48 du 26 janv. 1983) « Les effets personnels retirés aux détenus qui ont manifesté le désir de porter les vêtements fournis par l'administration sont inventoriés, nettoyés et désinfectés. »*

Ils sont ensuite mis au magasin de (Décr. n° 98-1099 du 8 déc. 1998) « l'établissement pénitentiaire », en vue d'être restitués à leur propriétaire à la sortie de celui-ci.

V. désormais C. pénit., art. R. 112-22.

Art. D. 339 Le chef d'établissement donne connaissance à l'autorité judiciaire des sommes d'argent ou objets trouvés sur les détenus, apportés par eux ou qui leur sont envoyés lorsque, en raison de leur nature, de leur importance ou de leur origine, ces sommes ou objets paraissent susceptibles d'être retenus ou saisis.

Art. D. 340 *(Abrogé par Décr. n° 2013-368 du 30 avr. 2013, art. 2) Au moment de la libération, les bijoux, valeurs, vêtements et effets personnels sont remis au détenu qui en donne décharge. Si l'intéressé refuse de les recevoir, il en est fait remise à l'administration des domaines.*

(Décr. n° 98-1099 du 8 déc. 1998) « Lorsque le détenu est transféré, les objets lui appartenant sont déposés contre reçu entre les mains de l'agent de transfèrement s'ils ne sont pas trop lourds ou volumineux ; sinon, ils sont expédiés à la nouvelle destination du détenu aux frais de ce dernier ou sont remis à un tiers désigné par lui, après accord du chef d'établissement. »

(Décr. n° 2009-420 du 15 avr. 2009) « En cas de sortie consécutive à une décision de semi-liberté, de placement à l'extérieur en application de l'article D. 136, de placement sous surveillance électronique en application de l'article 723-7 ou de suspension de peine en application des articles 720-1 et 720-1-1, le condamné peut reprendre les bijoux, valeurs, vêtements et effets personnels lui appartenant, contre décharge. »

V. désormais C. pénit., art. R. 112-22.

Art. D. 341 Après un délai de trois ans depuis le décès d'un détenu, si les bijoux, valeurs, vêtements et effets personnels n'ont pas été réclamés par ses ayants droit, il en est fait remise à l'administration des domaines et cette remise vaut décharge pour l'administration *(Décr. n° 98-1099 du 8 déc. 1998)* « pénitentiaire » ; l'argent est de même versé au Trésor.

Après un délai de trois ans à compter de l'évasion d'un détenu, les objets et l'argent laissés reçoivent la même destination que ci-dessus, si la capture de l'intéressé n'a pas été signalée.

SECTION II DE L'ENTRETIEN DES DÉTENUS

Art. D. 342 *(Abrogé par Décr. n° 2013-368 du 30 avr. 2013, art. 2) La composition du régime alimentaire des détenus est fixée par l'administration.*

Ce régime comporte trois distributions journalières.

V. désormais C. pénit., art. R. 112-22.

Art. D. 343 *(Abrogé par Décr. n° 2013-368 du 30 avr. 2013, art. 2) (Décr. n° 98-1099 du 8 déc. 1998) « A moins d'en être privés par mesure disciplinaire, les détenus ont la possibilité d'acquérir avec les sommes figurant à leur part disponible divers objets, denrées ou prestations de service en supplément de ceux qui leur sont octroyés. »*

Cette faculté s'exerce (Abrogé par Décr. n° 98-1099 du 8 déc. 1998) « toutefois » sous le contrôle du chef de l'établissement et dans les conditions prévues au règlement intérieur ; elle peut être limitée en cas d'abus.

V. désormais C. pénit., art. R. 112-22.

Art. D. 344 *(Abrogé par Décr. n° 2013-368 du 30 avr. 2013, art. 2) « Les prix pratiqués à la cantine doivent être portés à la connaissance des détenus. »*

(Décr. n° 98-1099 du 8 déc. 1998) « Ces prix sont fixés périodiquement par le chef d'établissement. Sauf en ce qui concerne le tabac, ils doivent tenir compte des frais exposés par l'administration pour la manutention et la préparation. »

V. désormais C. pénit., art. R. 112-22.

Art. D. 345 *(Abrogé par Décr. n° 2013-368 du 30 avr. 2013, art. 2) (Décr. n° 64-735 du 20 juill. 1964) Les vivres vendus en cantine, comprennent seulement les denrées d'usage*

courant qui peuvent être consommées sans faire l'objet d'aucune préparation, à moins que le règlement intérieur de l'établissement ait prévu l'installation de cuisine spéciale.

V. désormais C. pénit., art. R. 112-22.

Art. D. 346 *Al. 1er abrogé par Décr. nº 98-1099 du 8 déc. 1998.*

(Abrogé par Décr. nº 2013-368 du 30 avr. 2013, art. 2) (Décr. nº 98-1099 du 8 déc. 1998) ***La vente en cantine de toute boisson alcoolisée est interdite.***

V. désormais C. pénit., art. R. 112-22.

Art. D. 347 *(Abrogé par Décr. nº 2013-368 du 30 avr. 2013, art. 2) (Décr. nº 93-347 du 15 mars 1993)* ***Il est interdit de fumer dans les lieux affectés à un usage collectif, notamment dans les couloirs, les salles de spectacle ou de culte, les salles de sport, les locaux médicaux, les ateliers et les cuisines.***

(Décr. nº 2007-699 du 3 mai 2007) ***« Dans les établissements pénitentiaires pour mineurs et les quartiers pour mineurs, l'interdiction de fumer est totale, y compris dans les espaces non couverts. »***

V. désormais C. pénit., art. R. 112-22.

Art. D. 347-1 *(Décr. nº 2022-291 du 1er mars 2022)* **I. — Une personne détenue est considérée comme dépourvue de ressources suffisantes et peut, à ce titre, bénéficier des aides en nature de l'État lorsque, cumulativement :**

1º La part disponible de son compte nominatif pendant le mois précédant le mois courant est inférieure à 100 euros ;

2º La part disponible de son compte nominatif pendant le mois courant est inférieure à 100 euros ;

3º Le montant de ses dépenses cumulées dans le mois courant est inférieur à 100 euros.

Pour l'appréciation du niveau de ressources d'une personne entrant en détention, la part disponible de son compte nominatif du mois précédent n'est pas prise en compte pendant le premier mois d'incarcération.

II. — Une personne détenue dépourvue de ressources suffisantes peut bénéficier d'une aide en numéraire de l'État lorsque, cumulativement :

1º La part disponible de son compte nominatif pendant le mois précédant le mois courant est inférieure à 60 euros ;

2º La part disponible de son compte nominatif pendant le mois courant est inférieure à 60 euros ;

3º Le montant de ses dépenses cumulées dans le mois courant est inférieur à 60 euros.

III. — Les aides que reçoivent les personnes détenues dépourvues de ressources suffisantes sont attribuées par l'administration pénitentiaire. Il est tenu compte des aides attribuées à la personne détenue intéressée par toute personne physique ou morale de droit public ou privé autorisée à le faire par l'administration pénitentiaire.

Pour l'application de l'art. D. 347-1 en Nouvelle-Calédonie, en Polynésie française et dans les îles Wallis-et-Futuna, les montants prévus en euros sont convertis en monnaie locale compte tenu de la contre-valeur de l'euro dans cette monnaie (Décr. nº 2022-291 du 1er mars 2022, art. 3-II).

Art. D. 348 *(Abrogé par Décr. nº 2013-368 du 30 avr. 2013, art. 2) (Décr. nº 83-48 du 26 janv. 1983)* ***Dans tous les établissements les condamnés portent les vêtements personnels qu'ils possèdent ou qu'ils acquièrent par l'intermédiaire de l'administration, à moins qu'il n'en soit autrement ordonné par l'autorité administrative pour d'impérieuses raisons d'ordre ou de propreté.***

Toutefois, ils peuvent demander à l'administration de leur fournir les effets nécessaires s'ils craignent la détérioration de leurs vêtements personnels soit par un usage trop fréquent, soit à l'occasion du travail *(Abrogé par Décr. nº 98-1099 du 8 déc. 1998)* ***« auquel ils sont astreints ».***

Le modèle des vêtements ainsi fournis peut varier selon l'activité exercée et les conditions climatiques.

(Décr. nº 98-1099 du 8 déc. 1998) ***« Une tenue de sport peut être fournie, sur leur demande, aux détenus dépourvus de ressources suffisantes qui participent régulièrement aux séances d'activités physiques et sportives. »***

V. désormais C. pénit., art. R. 112-22.

CHAPITRE VIII DE LA SANTÉ DES PERSONNES DÉTENUES *(Décr. nº 2010-1635 du 23 déc. 2010).*

SECTION PREMIÈRE DISPOSITIONS GÉNÉRALES

(Décr. nº 98-1099 du 8 déc. 1998)

Art. D. 348-1 **L'inspection générale des affaires sociales et les** *(Décr. nº 2010-1635 du 23 déc. 2010)* **« services des agences régionales de santé » veillent à l'observation des mesures nécessaires au maintien de la santé des détenus et de l'hygiène dans les établissements pénitentiaires.**

Ces services contrôlent à l'intérieur des établissements pénitentiaires l'exécution des lois et règlements se rapportant à la santé publique et effectuent toutes vérifications utiles à leurs missions.

V. Arr. du 18 juill. 2006 portant approbation des règles de sécurité contre les risques d'incendie et de panique dans les établissements pénitentiaires et fixant les modalités de leur contrôle (JO 20 août).

Art. D. 348-2 *(Abrogé par Décr. nº 2021-665 du 26 mai 2021, art. 1er)* ***Le comité interministériel de coordination de la santé*** *(Décr. nº 2011-1471 du 8 nov. 2011)* ***« pour les personnes placées sous main de justice ou confiées par l'autorité judiciaire au titre de l'ordonnance du 2 février 1945 relative à l'enfance délinquante » est présidé conjointement par le garde des sceaux, ministre de la justice, ou son représentant et par le ministre chargé de la santé ou son représentant. Il comprend en outre :***

1. Le directeur général de la santé ou son représentant ;

2. Le *(Décr. nº 2010-1635 du 23 déc. 2010)* ***« directeur général de l'offre de soins » ou son représentant ;***

(Décr. nº 2011-1471 du 8 nov. 2011) ***« 3. Le directeur de la sécurité sociale ou son représentant ;***

« 4. Le directeur général de la cohésion sociale ou son représentant ;

« 5. Le directeur de l'administration pénitentiaire ou son représentant ;

« 6. Le directeur de la protection judicaire de la jeunesse ou son représentant ;

« 7. Le directeur des affaires criminelles et des grâces ou son représentant. »

Art. D. 348-3 *(Abrogé par Décr. nº 2021-665 du 26 mai 2021, art. 1er) (Décr. nº 2011-1471 du 8 nov. 2011)* ***Le comité interministériel est chargé d'examiner :***

1º Toute question d'ordre général se rapportant à la prévention, à l'organisation des soins, à l'amélioration de la prise en charge sanitaire et sociale ainsi qu'à la protection sociale des personnes majeures et mineures placées sous main de justice ou confiées par l'autorité judiciaire au titre de l'ordonnance du 2 février 1945 relative à l'enfance délinquante ;

2º Les conditions d'hygiène et de sécurité sanitaire dans les établissements pénitentiaires.

Il veille à la mise en œuvre des orientations fixées dans ces domaines, au sein des établissements pénitentiaires et des services et établissements de la protection judiciaire de la jeunesse.

Il assure la concertation, à l'échelon national, entre les services des ministères compétents et concourt à l'évaluation du dispositif de soins et de prévention.

Art. D. 348-4 *(Abrogé par Décr. nº 2021-665 du 26 mai 2021, art. 1er)* ***Le comité interministériel se réunit au moins une fois par an. Les présidents peuvent*** *(Décr. nº 2011-1471 du 8 nov. 2011)* ***« entendre selon l'ordre du jour » toute personne qualifiée par sa compétence ou en raison de ses fonctions.*** *(Abrogé par Décr. nº 2011-1471 du 8 nov. 2011)* ***« Le comité interministériel peut constituer des groupes de travail afin d'examiner les questions relevant de sa compétence. »***

Le secrétariat de ce comité est assuré alternativement *(Décr. nº 2011-1471 du 8 nov. 2011)* ***« par le ministère de la justice ou par le ministère chargé de la santé ».***

SECTION II DE L'HYGIÈNE *(Décr. nº 98-1099 du 8 déc. 1998).*

Art. D. 349 **L'incarcération doit être subie dans des conditions satisfaisantes d'hygiène et de salubrité, tant en ce qui concerne l'aménagement et l'entretien des bâtiments, le fonctionnement des services économiques et l'organisation du travail, que l'application des règles de propreté individuelle et la pratique des exercices physiques.**

BIBL. ▶ Larralde, *RSC 2020. 245* (condition de détention dignes) – Robert, *Dr. pénal 2013, n° 15* (conditions de détention : lorsque les juges nationaux prennent le relais de la CEDH).

1. Demande de travaux. Si l'administration pénitentiaire peut déroger au principe de l'encellulement individuel du fait de la distribution intérieure des maisons d'arrêt et de la surpopulation carcérale, elle ne peut le faire que dans le respect de conditions satisfaisantes d'hygiène et de salubrité et le respect de la dignité inhérente à la personne humaine. Elle doit notamment s'assurer que la promiscuité des détenus ne génère pas de risques pour leur intégrité physique, morale ou sexuelle. Eu égard aux conditions de détention qui constituent un manquement aux dispositions du règlement sanitaire départemental (cloisonnement des toilettes en cellule) et à l'absence de séparation entre les personnes prévenues et condamnées, doit être annulée la décision implicite de rejet du directeur du centre pénitentiaire de faire droit à la demande de deux associations de faire procéder à des travaux dans l'établissement. • TA Nantes, 3e ch., 18 déc. 2010 : *D. 2011. Actu. 679, obs. Léna* ; *D. actu. 25 févr. 2011, obs. Léna.*

2. Conditions de détention. Juridictions civiles. La décision d'emprisonnement nécessaire à la sécurité générale ne pouvait, en l'état des textes en vigueur, dépendre du nombre momentané de détenus dans un établissement déterminé, alors qu'au moment où ils statuaient, ces éléments restaient incertains pour les juges par ailleurs dénués de pouvoir sur le moment, le lieu et les conditions matérielles d'exécution de leur décision ; la cour d'appel en a exactement déduit que le placement en détention du requérant, malgré la connaissance qu'avait son auteur de la surpopulation carcérale de la maison d'arrêt de Caen, ne constituait pas une faute lourde susceptible d'engager la responsabilité de l'État pour fonctionnement défectueux du service public de la justice. • Civ. 1re, 10 janv. 2009 : *D. 2009. 1379, obs. Céré*.

3. Conditions de détention. Juridictions pénales. Justifie sa décision au regard de l'art. 86 la chambre de l'instruction qui confirme l'ordonnance d'un juge d'instruction ayant dit n'y avoir lieu à informer sur la plainte d'une personne détenue soutenant avoir été soumise pendant sa détention en maison d'arrêt à des conditions d'hébergement incompatibles avec la dignité humaine, dès lors que les faits dénoncés n'entrent pas dans les prévisions de l'art. 225-14 C. pén. et ne peuvent admettre aucune qualification pénale. • Crim. 20 janv. 2009, n° 08-82.807 *P* : *RSC. 2009. 377, obs. Mayaud* ; *ibid. 2009. 431, obs. Poncela* ; *AJ pénal 2009. 139, obs. Herzog-Evans* ; *D. 2009. 1378, obs. Céré*.

4. Non-respect de la dignité inhérente à la personne humaine. La durée particulièrement longue de l'encellulement, la taille des cellules, la promiscuité et l'absence de respect de l'intimité du requérant qui en est résulté ne permettaient pas d'assurer le respect de la dignité inhérente à la personne humaine. Ces manquements constituent un comportement fautif de nature à engager la responsabilité de l'administration pénitentiaire. • TA Rouen, 27 mars 2008, n° 0602590 : *D. 2008. AJ 1959, note Herzog-Evans* ; *AJ pénal 2008. 245, obs. Péchillon* ; *AJDA 2008. 668* ; *RSC 2008. 972, obs. Poncela* ; *RPDP. 2008. 413, obs. Céré.* ♦ L'insalubrité des locaux, aggravée par la promiscuité résultant de leur suroccupation, suffit à caractériser la méconnaissance des dispositions du C. pr. pén. et, partant, à engager la responsabilité de l'État, dont les services de l'administration pénitentiaire doivent assurer le respect des normes d'hygiène et de dignité prescrites en milieu carcéral. • CAA Nantes, 28 oct. 2010 : *09NT2290.* V. aussi : • CAA Douai, 12 nov. 2009, n° 09DA00782 : *AJDA 2009. 2142, obs. M.-C. de Montecler* ; *ibid. 2010. Chron. 42, obs. Lepers* ; *AJ pénal 2010. 91, obs. Péchillon* • CAA Marseille, 15 déc. 2011, n° 11MA02831. ♦ La condamnée doit être regardée comme ayant subi, du fait de la suroccupation de sa cellule et du manque de soins en rapport avec son état de santé, un traitement ayant entraîné pour elle des souffrances excessives au regard de celles, inévitables, qui découlent de la détention elle-même. • CAA Versailles, 16 déc. 2010, n° 08VE0099.

5. Toute personne incarcérée a droit à être détenue dans des conditions conformes à la dignité humaine, de sorte que les modalités d'exécution des mesures prises ne le soumettent pas à une épreuve qui excède le niveau inévitable de souffrance inhérent à la détention. En raison de la situation d'entière dépendance des personnes détenues vis-à-vis de l'administration pénitentiaire, l'appréciation du caractère attentatoire à la dignité des conditions de détention dépend notamment de leur vulnérabilité, appréciée compte tenu de leur âge, de leur état de santé, de leur handicap et de leur personnalité, ainsi que de la nature et de la durée des manquements constatés et des motifs susceptibles de justifier ces manquements eu égard aux exigences qu'impliquent le maintien de la sécurité et du bon ordre dans les établissements pénitentiaires, la prévention de la récidive et la protection de l'intérêt des victimes. Des conditions de détention qui porteraient atteinte à la dignité humaine, appréciées à l'aune de ces critères et à la lumière des dispositions du code de procédure pénale, révèleraient l'existence d'une faute de nature à engager la responsabilité de la puissance publique. • CE, sect., 6 déc. 2013, n° 363290 : *aff. Thévenot, Lebon* ; *AJDA 2014. 237 concl. Hedary* ; *ibid. 2013. 2461* ; *AJ pénal 2014. 143, obs. Péchillon*. ♦ Les conditions de détention s'apprécient au regard de l'espace de vie individuel réservé aux personnes détenues, de la promiscuité engendrée, le cas échéant, par la sur-occupation des cellules, du respect de l'intimité à laquelle peut prétendre tout détenu dans les limites inhérentes à la détention, de la configuration des locaux, de l'accès à la lumière, de l'hygiène et de la qualité des installations sanitaires et de chauffage. • CE 13 janv. 2017, n° 389711 : *D. actu. 20 janv. 2017, obs. Poupeau.*

6. Traitement inhumain et dégradant. si l'administration pénitentiaire peut déroger au principe de l'encellulement individuel du fait de la distribution intérieure des maisons d'arrêt et de la surpopulation carcérale, elle ne peut le faire que dans le respect de conditions satisfaisantes d'hygiène et de salubrité et le respect de la dignité inhérente à la personne humaine. Elle doit notamment s'assurer que la promiscuité des détenus ne génère pas de risques pour leur intégrité physique, morale ou sexuelle. Si le phénomène de surpopulation carcérale est chronique et non temporaire, aussi contraignante que puisse être cette circonstance, elle ne justifie pas le fait que les conditions de sécurité, de salubrité ou d'hygiène et la dignité des détenus n'y soient pas respectées. La durée particulièrement longue de l'encellulement du requérant dans de telles conditions, la taille des cellules, la promiscuité et l'absence de respect de son intimité qui en est résulté ne permettaient pas d'assurer le respect de la dignité inhérente à la personne humaine et il a été ainsi soumis à un traitement inhumain et dégradant ; ces manquements constituent un comportement fautif de nature à engager la responsabilité de l'administration pénitentiaire. • TA Nantes, 8 juill. 2009, n° 055547.

7. Tabagisme. Le fait, pour un détenu non fumeur, de partager sa cellule avec des détenus fumeurs, compte tenu notamment de la surpopulation et de la faible aération de la cellule, porte une atteinte suffisamment caractérisée à la dignité humaine et engage la responsabilité de l'État. • TA Caen, 24 sept. 2015, n° 1500035 : *AJ pénal 2016. 47, obs. Otéro.*

8. Référé-provision. Pour un octroi d'une provision par le juge des référés. • TA Rouen, ord. 6 mai 2009, n° 0900578 : *AJ pénal 2009. 278, obs. Péchillon ; RPDP. 2009. 413, obs. Céré.*

9. Contrôleur des lieux de privation de liberté. Il n'est pas indispensable de solliciter une expertise par un huissier sur les conditions de détention quand le contrôleur général des lieux de privation de liberté a précédemment établi un constat de défaillance qui aborde l'ensemble des points décriés par le requérant (notamment la taille et l'aération des cellules, les conditions d'hygiène et de salubrité). • TA Pau, ord., 19 janv. 2010, n° 0902577 : *D. 2010. 1376, obs. Céré.*

§ 1er SALUBRITÉ ET PROPRETÉ DES LOCAUX

Art. D. 350 Les locaux de détention et, en particulier, ceux qui sont destinés au logement, doivent répondre aux exigences de l'hygiène, compte tenu du climat, notamment en ce qui concerne le cubage d'air, l'éclairage, le chauffage et *(Décr. n° 72-852 du 12 sept. 1972)* **« l'aération ».**

1. Travaux. Eu égard aux conditions de détention qui constituent un manquement aux dispositions du règlement sanitaire départemental (cloisonnement des toilettes en cellule) et à l'absence de séparation entre les personnes prévenues et condamnées, doit être annulée la décision implicite de rejet du directeur du centre pénitentiaire de faire droit à la demande de deux associations de faire procéder à des travaux dans l'établissement. • TA Nantes, 3e ch., 18 déc. 2010 : *D. 2011. Actu. 679, obs. Léna ; D. actu. 25 févr. 2011, obs. Léna.*

2. Octroi de provisions. Octroi de provisions pour des conditions de détention n'assurant pas le respect de la dignité humaine : • CAA Douai, 26 avr. 2012 : *RPDP 2012. 413, obs. Céré.*

Art. D. 351 Dans tout local où les détenus séjournent, les fenêtres doivent être suffisamment grandes pour que ceux-ci puissent lire et travailler à la lumière naturelle. L'agencement de ces fenêtres doit permettre l'entrée d'air frais. La lumière artificielle doit être suffisante pour permettre aux détenus de lire ou de travailler sans altérer leur vue.

Les installations sanitaires doivent être propres et décentes. Elles doivent être réparties d'une façon convenable et leur nombre proportionné à l'effectif des détenus.

Art. D. 352 *Abrogé par Décr. n° 2013-368 du 30 avr. 2013, art. 2.*

V. désormais C. pénit., art. R. 112-22.

§ 2 HYGIÈNE DU TRAVAIL ET DES SERVICES ÉCONOMIQUES

Art. D. 353 Indépendamment des dispositions relatives à la prévention et à la réparation des accidents du travail et des maladies professionnelles, les prescriptions desti-

nées à protéger la sécurité et la santé des travailleurs libres doivent être observées dans les établissements pénitentiaires.

Art. D. 354 *Abrogé par Décr. n° 2013-368 du 30 avr. 2013, art. 2.*

V. désormais C. pénit., art. R. 112-22.

Art. D. 355 *Abrogé par Décr. n° 2013-368 du 30 avr. 2013, art. 2.*

V. désormais Annexe à l'art. R. 57-6-18, ss. art. R. 57-6-20, art. 10 et 43.

Art. D. 356 *Abrogé par Décr. n° 2013-368 du 30 avr. 2013, art. 2.*

V. désormais Annexe à l'art. R. 57-6-18, ss. art. R. 57-6-20, art. 12.

§ 3 HYGIÈNE PERSONNELLE

Art. D. 357 *Abrogé par Décr. n° 2013-368 du 30 avr. 2013, art. 2.*

V. désormais C. pénit., art. R. 112-22.

Art. D. 358 *Abrogé par Décr. n° 2013-368 du 30 avr. 2013, art. 2.*

V. désormais Annexe à l'art. R. 57-6-18, ss. art. R. 57-6-20, art. 2 et 12.

Art. D. 359 *Abrogé par Décr. n° 2013-368 du 30 avr. 2013, art. 2.*

V. désormais Annexe à l'art. R. 57-6-18, ss. art. R. 57-6-20, art. 12.

SECTION III DE L'ORGANISATION SANITAIRE

(Décr. n° 98-1099 du 8 déc. 1998)

BIBL. ▸ BERGOIGNAN-ESPER, *RDSS 2009. 497* (la santé en prison : quelle législation ?).

§ 1er DISPOSITIONS GÉNÉRALES

Art. D. 360 Le transfèrement dans un établissement pénitentiaire mieux approprié peut être sollicité dans les conditions prévues au quatrième alinéa de l'article D. 382, pour les détenus qui ne bénéficient pas, dans l'établissement où ils sont écroués, de conditions matérielles de détention adaptées à leur état de santé et pour ceux qui nécessitent une prise en charge particulière.

Le directeur régional fait procéder, à l'intérieur de sa région et dans les conditions prévues à l'article D. 301, à tout transfèrement ayant pour objet de permettre à un détenu malade d'être pris en charge dans de meilleures conditions.

S'il s'agit de prévenus, le magistrat saisi du dossier de l'information doit avoir donné préalablement son accord au transfèrement, après avoir été informé de la durée probable du traitement envisagé.

Art. D. 361 *(Abrogé par Décr. n° 2013-368 du 30 avr. 2013, art. 2)* ***Les détenus malades bénéficient du régime alimentaire qui leur est médicalement prescrit.***

V. désormais C. pénit., art. R. 112-22.

Art. D. 362 Hors le cas où l'état de santé du détenu rend nécessaire un acte de diagnostic ou de soins auquel il n'est pas à même de consentir, celui-ci doit, conformément aux dispositions de *(Décr. n° 2004-802 du 29 juill. 2004, art. 2 et 5)* **« l'article R. 4127-36 du code de la santé publique », exprimer son consentement préalablement à tout acte médical et, en cas de refus, être informé par le médecin des conséquences de ce refus.**

(Abrogé par Décr. n° 2021-683 du 27 mai 2021, art. 2, à compter du 30 sept. 2021) (Décr. n° 2007-749 du 9 mai 2007, en vigueur le 1er juin 2007) ***« Lorsque, en application des dispositions de l'article L. 1111-5 du code de la santé publique, le mineur détenu se fait accompagner d'une personne majeure de son choix, celle-ci doit au préalable obtenir des autorités judiciaires ou administratives compétentes, selon que le mineur est prévenu ou condamné, l'autorisation de s'entretenir avec lui, dans le respect de la confidentialité de leurs échanges.***

« Dans le cas où le mineur ne connaîtrait pas de personne majeure susceptible de l'accompagner, les services du secteur public de la protection judiciaire de la jeunesse relaient sa demande auprès de personnes physiques ou morales extérieures intervenant habituellement auprès de mineurs. »

En application du Décr. n° 2014-1279 du 23 oct. 2014 relatif aux exceptions à l'application du principe « silence vaut acceptation » (L. n° 2000-321 du 12 avr. 2000, art. 21, I), le silence gardé pendant deux mois par l'administration vaut décision de rejet pour les demandes relatives à l'autorisation d'accompagnement d'une personne détenue mineure condamnée par une personne majeure pour la réalisation d'un traitement ou d'une intervention médicale.

Art. D. 363 **Conformément à l'article** *(Décr. n° 2010-1635 du 23 déc. 2010)* **« L. 1121-6 » du code de la santé publique, les détenus ne peuvent être sollicités pour se prêter à des recherches biomédicales que s'il en est attendu un bénéfice direct et majeur pour leur santé. Leur consentement est recueilli selon les modalités prévues par les articles** *(Décr. n° 2010-1635 du 23 déc. 2010)* **« L. 1122-1 et L. 1122-1-1 » du même code.**

Art. D. 364 **Si un détenu se livre à une grève de la faim prolongée, il ne peut être traité sans son consentement, sauf lorsque son état de santé s'altère gravement et seulement sur décision et sous surveillance médicales.**

Il en est rendu compte aux autorités à prévenir en cas d'incident dans les conditions visées à l'article D. 280.

Art. D. 365 **Hormis les cas où ils se trouvent en dehors d'un établissement pénitentiaire en application des articles 723 et 723-3, les détenus ne peuvent être examinés ou soignés par un médecin de leur choix, à moins d'une décision du directeur interrégional des services pénitentiaires territorialement compétent. Ils doivent alors assumer les frais qui leur incombent du fait de cette prise en charge.**

En application du Décr. n° 2014-1279 du 23 oct. 2014 relatif aux exceptions à l'application du principe « silence vaut acceptation » (L. n° 2000-321 du 12 avr. 2000, art. 21, I et II), le silence gardé pendant deux mois par l'administration vaut décision de rejet pour les demandes relatives à la désignation par la personne détenue d'un médecin de son choix.

§ 2 PROTECTION SOCIALE DES DÉTENUS

Art. D. 366 **Les détenus sont affiliés, dès leur incarcération, au régime général de la sécurité sociale. A ce titre, ils bénéficient, ainsi que leurs ayants droit, des prestations en nature de l'assurance maladie et maternité servies par le régime général dans les conditions fixées par les articles L. 381-30 à L. 381-30-6 du code de la sécurité sociale.**

Les détenus bénéficiant d'une mesure de semi-liberté ou de placement à l'extérieur en application de l'article 723 et qui exercent une activité professionnelle dans les conditions de droit commun sont affiliés au régime de sécurité sociale dont ils relèvent au titre de cette activité, dès lors que la durée de celle-ci permet l'ouverture des droits. Dans le cas contraire, ils continuent à bénéficier des prestations en nature de l'assurance maladie et maternité servies par le régime général dans les conditions fixées par les articles L. 381-30 à L. 381-30-6 du code de la sécurité sociale, jusqu'à ce qu'ils remplissent les conditions d'ouverture du droit aux prestations du régime d'assurance maladie dont ils relèvent au titre de leur activité.

Art. D. 367 **La part qui reste éventuellement à la charge du détenu, après remboursement d'un appareillage ou d'une prothèse par l'assurance maladie,** *(Abrogé par Décr. n° 2022-291 du 1er mars 2022)* ***« et déduction faite du versement par l'administration pénitentiaire de la part des dépenses prévue par l'article L. 381-30-5 du code de la sécurité sociale, »*** **est prise sur son compte nominatif. Cependant, l'administration pénitentiaire peut se substituer aux détenus dont les ressources sont insuffisantes.**

Le financement des appareillages, prothèses, actes, traitements ou interventions chirurgicales qui ne sont pas pris en charge par l'assurance maladie est à l'entière charge des intéressés, après autorisation du chef d'établissement, sous réserve des dispositions relatives aux prestations servies aux détenus en application de la législation sur les accidents du travail et les maladies professionnelles.

§ 3 L'ORGANISATION DES SOINS EN MILIEU PÉNITENTIAIRE

Art. D. 368 *(Décr. n° 2010-344 du 31 mars 2010, art. 347)* **Les missions de diagnostic et de soins en milieu pénitentiaire et la coordination des actions de prévention et**

d'éducation pour la santé sont assurées par une équipe hospitalière placée sous l'autorité médicale d'un praticien hospitalier, dans le cadre d'une unité de consultations et de soins ambulatoires, conformément aux dispositions des articles *(Décr. n° 2016-1505 du 8 nov. 2016, art. 3)* « R. 6111-27 à R. 6111-38 » du code de la santé publique.

En application de l'article R. 6122-14 du code de la santé publique, le directeur général de l'agence régionale de santé désigne, pour chaque établissement pénitentiaire de la région, l'établissement public de santé situé à proximité de l'établissement pénitentiaire, qui est chargé de mettre en œuvre les missions décrites au premier alinéa du présent article.

En application de l'article *(Décr. n° 2016-1505 du 8 nov. 2016, art. 3)* « R. 6111-28 » du code de la santé publique, lorsque l'établissement public de santé désigné par le directeur général de l'agence régionale de santé ne comporte pas de service de psychiatrie et que l'établissement pénitentiaire n'est pas desservi par un service médico-psychologique régional mentionné à l'article D. 372, le directeur général de l'agence régionale de santé désigne en outre, dans les mêmes conditions, l'établissement public de santé ou l'établissement de santé privé *(Abrogé par Décr. n° 2016-1645 du 1er déc. 2016, art. 4) « admis à assurer l'une des missions de service public mentionnées à l'article L. 6112-1 du code de la santé publique »*, situé à proximité, qui est chargé de dispenser aux détenus les soins en psychiatrie.

Les dispositions du Décr. n° 2010-344 du 31 mars 2010, sauf disposition contraire, sont entrées en vigueur à la date de publication du décret portant création des agences régionales de santé (Décr. préc., art. 371). Ce décret, n° 2010-336 du 31 mars 2010, a été publié au JO du 1er avr. 2010.

Art. D. 369 *(Décr. n° 2010-344 du 31 mars 2010, art. 347)* En application des dispositions de l'article *(Décr. n° 2016-1505 du 8 nov. 2016, art. 3)* « R. 6111-29 » du code de la santé publique, les modalités d'intervention de l'établissement public de santé mentionné à l'article *(Décr. n° 2016-1505 du 8 nov. 2016, art. 3)* « R. 6111-27 » du même code sont fixées par un protocole signé par le directeur général de l'agence régionale de santé, le directeur interrégional des services pénitentiaires, le chef de l'établissement pénitentiaire et le directeur de l'établissement de santé concerné, après avis du conseil de surveillance.

Il en est de même en ce qui concerne les modalités d'intervention de l'établissement de santé éventuellement désigné en application de l'article *(Décr. n° 2016-1505 du 8 nov. 2016, art. 3)* « R. 6111-28 » du code de la santé publique. Dans ce cas, le directeur de l'établissement public de santé mentionné à l'article *(Décr. n° 2016-1505 du 8 nov. 2016, art. 3)* « R. 6111-27 » du code de la santé publique est également signataire de ce protocole complémentaire.

Les dispositions du Décr. n° 2010-344 du 31 mars 2010, sauf disposition contraire, sont entrées en vigueur à la date de publication du décret portant création des agences régionales de santé (Décr. préc., art. 371). Ce décret, n° 2010-336 du 31 mars 2010, a été publié au JO du 1er avr. 2010.

Art. D. 370 En application de l'article *(Décr. n° 2016-1505 du 8 nov. 2016, art. 3)* « R. 6111-32 » (2°) du code de la santé publique, l'administration pénitentiaire met à disposition de l'unité de consultations et de soins ambulatoires des locaux spécialisés destinés aux consultations, aux examens et, le cas échéant, à une implantation de la pharmacie à usage intérieur.

Des cellules situées à proximité de l'unité de consultations et de soins ambulatoires peuvent être réservées à l'hébergement momentané des détenus malades dont l'état de santé exige des soins fréquents ou un suivi médical particulier, sans toutefois nécessiter une hospitalisation. L'affectation des détenus dans ces cellules est décidée par le chef de l'établissement pénitentiaire, sur proposition du praticien responsable de l'unité de consultations et de soins ambulatoires.

Art. D. 371 *Abrogé par Décr. n° 2010-1635 du 23 déc. 2010.*

Art. D. 372 Les secteurs de la psychiatrie en milieu pénitentiaire répondent *(Décr. n° 2010-1635 du 23 déc. 2010)* « , conformément aux articles R. 3221-1 à R. 3221-5 du code de la santé publique, » aux besoins de santé mentale de la population incarcérée dans les établissements pénitentiaires relevant de chacun de ces secteurs, sans préjudice des actions de prévention, de diagnostic et de soins courants mises en œuvre par les secteurs de psychiatrie générale ou infanto-juvénile, au titre des articles *(Décr.*

nº 2016-1505 du 8 nov. 2016, art. 3) « R. 6111-27 et R. 6111-28 » du code de la santé publique.

Chaque secteur de psychiatrie en milieu pénitentiaire est rattaché à un établissement *(Décr. nº 2016-1645 du 1er déc. 2016, art. 4)* « dispensant des soins aux personnes détenues en application du 2º de l'article L. 6111-1-2 du code de la santé publique » et placé sous l'autorité d'un psychiatre, praticien hospitalier, assisté d'une équipe pluridisciplinaire. Il comporte notamment un service médico-psychologique régional aménagé dans un établissement pénitentiaire.

Les modalités d'intervention du service médico-psychologique régional et de sa coordination avec l'unité de consultations et de soins ambulatoires sont fixées dans le cadre d'un protocole établi en application *(Décr. nº 2010-1635 du 23 déc. 2010)* « de l'article R. 3221-5 du code de la santé publique ».

L'administration pénitentiaire prend à sa charge la construction, l'aménagement et l'entretien des locaux individualisés et adaptés, nécessaires au bon fonctionnement du service médico-psychologique régional, en application du décret visé au précédent alinéa.

Art. D. 373 L'administration pénitentiaire assure la sécurité des personnes concourant aux missions de santé dans l'enceinte de l'établissement pénitentiaire.

Des personnels de surveillance sont affectés par le chef d'établissement pénitentiaire dans les structures médicales visées au premier alinéa de l'article D. 368 *(Abrogé par Décr. nº 2010-1635 du 23 déc. 2010)* « *, à l'article D. 371* » et au deuxième alinéa de l'article D. 372, après avis des médecins responsables de celles-ci.

Art. D. 374 Si une intervention médicale paraît nécessaire en dehors des heures d'ouverture de l'unité de consultations et de soins ambulatoires, les personnels pénitentiaires appliquent les directives prévues par le protocole mentionné au premier alinéa de l'article D. 369.

Al. abrogé par Décr. nº 2010-1635 du 23 déc. 2010.

Art. D. 375 Le dossier médical du détenu est conservé sous la responsabilité de l'établissement de santé visé au deuxième alinéa de l'article D. 368 et à l'article D. 372 *(Abrogé par Décr. nº 2010-1635 du 23 déc. 2010)* « ***ou du service médical pour les établissements pénitentiaires dont le fonctionnement est régi par une convention passée en application de la loi nº 87-432 du 22 juin 1987 relative au service public pénitentiaire*** ».

Quand le dossier est établi par l'établissement de santé, il est soumis aux dispositions des articles *(Décr. nº 2010-1635 du 23 déc. 2010)* « R. 1112-2 » et suivants du code de la santé publique.

Seul le personnel soignant peut avoir accès au dossier médical.

En cas de transfèrement ou d'extraction vers un établissement hospitalier, les informations médicales contenues dans le dossier sont transmises au médecin destinataire dans des conditions matérielles garantissant leur inviolabilité.

Art. D. 376 Les établissements de santé visés aux articles D. 368 et D. 372 établissent un rapport annuel d'activité incluant la présentation des actions de prévention et d'éducation pour la santé.

Ce rapport est transmis aux signataires des protocoles. Il est présenté devant l'instance de concertation constituée en application de l'article *(Décr. nº 2016-1505 du 8 nov. 2016, art. 3)* « R. 6111-36 (10º) » du code de la santé publique ainsi qu'à la commission de surveillance.

Art. D. 377 *Abrogé par Décr. nº 2010-1635 du 23 déc. 2010.*

Art. D. 378 Les rapports annuels d'activité présentés en application *(Décr. nº 2010-1635 du 23 déc. 2010)* « de l'article D. 376 » sont adressés au directeur interrégional des services pénitentiaires, qui en assure la transmission au ministère de la justice en y joignant ses éventuelles observations.

§ 4 ATTRIBUTIONS DES PERSONNELS DE SANTÉ

Art. D. 379 Le praticien responsable de l'unité de consultations et de soins ambulatoires organise le suivi médical des détenus et coordonne les actions de prévention et

d'éducation pour la santé mises en œuvre à leur égard, conformément aux dispositions *(Décr. nº 2010-1635 du 23 déc. 2010)* **« de l'article »** *(Décr. nº 2016-1505 du 8 nov. 2016, art. 3)* **« R. 6111-33 » du code de la santé publique.**

Art. D. 380 **Le médecin responsable des structures visées** *(Décr. nº 2010-1635 du 23 déc. 2010)* **« à l'article D. 368 » veille à l'observation des règles d'hygiène collective et individuelle dans l'établissement pénitentiaire.**

A ce titre, il est habilité à visiter l'ensemble des locaux de l'établissement et à signaler aux services compétents les insuffisances en matière d'hygiène et, de manière générale, toute situation susceptible d'affecter la santé des détenus ; il donne son avis sur les moyens d'y remédier.

Art. D. 381 *Abrogé par Décr. nº 2010-1635 du 23 déc. 2010.*

Art. D. 382 **Les médecins intervenant dans les structures visées aux articles D. 368** *(Abrogé par Décr. nº 2010-1635 du 23 déc. 2010)* **« , D. 371 » et D. 372 délivrent au détenu, à sa demande, des certificats ou attestations relatifs à son état de santé et, sous réserve de son accord exprès, à sa famille ou à son conseil.**

Ils lui fournissent les attestations ou documents indispensables pour bénéficier des avantages qui lui sont reconnus par la sécurité sociale, et notamment de ceux prévus par la législation sur les accidents du travail et les maladies professionnelles.

Ils délivrent aux autorités pénitentiaires des attestations écrites contenant les renseignements strictement nécessaires à l'orientation du détenu ainsi qu'aux modifications ou aux aménagements du régime pénitentiaire que pourrait justifier son état de santé.

En tout état de cause, si ces médecins estiment que l'état de santé d'un détenu n'est pas compatible avec un maintien en détention ou avec le régime pénitentiaire qui lui est appliqué, ils en avisent par écrit le chef de l'établissement pénitentiaire. Ce dernier en informe aussitôt, s'il y a lieu, l'autorité judiciaire compétente.

Un double des attestations et avis délivrés en application des alinéas 3 et 4 du présent article est remis au détenu, à sa demande.

En application du Décr. nº 2014-1277 du 23 oct. 2014 relatif aux exceptions à l'application du principe « silence vaut acceptation » (L. nº 2000-321 du 12 avr. 2000, art. 21, II), le silence gardé pendant deux mois par l'administration vaut décision de rejet pour les demandes relatives à l'obtention de certificats, attestations ou avis médicaux.

Art. D. 383 **Le personnel infirmier répond aux demandes de soins dans le cadre de son rôle propre, dispense les soins et administre les médicaments sur prescription médicale, en application** *(Décr. nº 2010-1635 du 23 déc. 2010)* **« des articles R. 4311-1 à R. 4311-15 du code de la santé publique ».**

En application du Décr. nº 2014-1277 du 23 oct. 2014 relatif aux exceptions à l'application du principe « silence vaut acceptation » (L. nº 2000-321 du 12 avr. 2000, art. 21, II), le silence gardé pendant deux mois par l'administration vaut décision de rejet pour les demandes relatives à l'accès aux soins infirmiers.

§ 5 MESURES SPÉCIFIQUES DE SANTÉ

Art. D. 384 **Des moyens de prévention et d'information sur les maladies transmissibles sont mis à la disposition des personnes incarcérées.**

Le médecin responsable des structures visées *(Décr. nº 2010-1635 du 23 déc. 2010)* **« à l'article D. 368 » prescrit, en liaison avec le médecin de prévention du personnel pénitentiaire, toutes les mesures nécessaires à la prophylaxie individuelle et collective des maladies transmissibles. Ces mesures sont mises en œuvre en collaboration avec l'administration pénitentiaire.**

En application du Décr. nº 2014-1277 du 23 oct. 2014 relatif aux exceptions à l'application du principe « silence vaut acceptation » (L. nº 2000-321 du 12 avr. 2000, art. 21, II), le silence gardé pendant deux mois par l'administration vaut décision de rejet pour les demandes de mise à disposition de moyens de prévention et d'information sur les maladies transmissibles.

Art. D. 384-1 **La prophylaxie de la tuberculose prévue par le code de la santé publique est assurée dans les établissements pénitentiaires par les services compétents prévus à cet effet.**

Le dépistage de la tuberculose est réalisé chez tous les entrants provenant de l'état de liberté par un *(Décr. nº 2010-1635 du 23 déc. 2010)* « examen clinique *[ancienne rédaction : examen radiologique pulmonaire]* » effectué et interprété dans les délais les plus brefs à compter de la date d'incarcération. Cette mesure s'applique également aux *(Décr. nº 2010-1635 du 23 déc. 2010)* « personnes détenues présentes » qui n'auraient jamais bénéficié, ni lors de leur entrée en détention, ni au cours de leur incarcération, d'un dépistage *(Décr. nº 2010-1635 du 23 déc. 2010)* « clinique *[ancienne rédaction : radiologique]* » de la tuberculose. Cet examen systématique est pratiqué sur place, sauf impossibilité matérielle. *(Décr. nº 2010-1635 du 23 déc. 2010)* « Au vu des résultats de cet examen, le médecin de l'unité de consultations et de soins ambulatoires prescrit, si nécessaire, un examen radiologique. »

Les *(Décr. nº 2010-1635 du 23 déc. 2010)* « personnes détenues dont l'état de santé le nécessite sont isolées sur avis médical. Le médecin prescrit les mesures appropriées pour éviter toute contamination du personnel et des personnes détenues ».

En liaison avec le médecin responsable des structures visées *(Décr. nº 2010-1635 du 23 déc. 2010)* « à l'article D. 368 » et le médecin de prévention du personnel pénitentiaire, le médecin du service de lutte antituberculeuse effectue le dépistage de la tuberculose auprès des personnes ayant été en contact avec *(Décr. nº 2010-1635 du 23 déc. 2010)* « une personne détenue » présentant une maladie tuberculeuse.

En application de l'article L. 11 *[L. 3113-1]* du code de la santé publique, la déclaration obligatoire des cas de tuberculose est faite par le médecin ayant effectué le diagnostic et est transmise par le médecin responsable des structures visées *(Décr. nº 2010-1635 du 23 déc. 2010)* « à l'article D. 368 » *(Décr. nº 2010-344 du 31 mars 2010, art. 347)* « au médecin de l'agence régionale de santé désigné par le directeur général *[ancienne rédaction : au médecin inspecteur de santé publique de la direction départementale des affaires sanitaires et sociales]* ».

En application du Décr. nº 2014-1277 du 23 oct. 2014 relatif aux exceptions à l'application du principe « silence vaut acceptation » (L. nº 2000-321 du 12 avr. 2000, art. 21, II), le silence gardé pendant deux mois par l'administration vaut décision de rejet pour les demandes relatives à la réalisation d'un examen clinique destiné au dépistage de la tuberculose.

Art. D. 384-2 La prophylaxie des maladies vénériennes prévue par le code de la santé publique est assurée dans les établissements pénitentiaires par les services compétents prévus à cet effet.

Art. D. 384-3 Toute personne incarcérée doit pouvoir bénéficier, avec son accord, d'une information et d'un conseil personnalisé sur l'infection par le virus de l'immunodéficience humaine (VIH) et, le cas échéant, au cours de consultations médicales, de la prescription d'un test de dépistage et de la remise du résultat.

En application du Décr. nº 2014-1277 du 23 oct. 2014 relatif aux exceptions à l'application du principe « silence vaut acceptation » (L. nº 2000-321 du 12 avr. 2000, art. 21, II), le silence gardé pendant deux mois par l'administration vaut décision de rejet pour les demandes relatives à la consultation et à la réalisation d'un test de dépistage du VIH.

Art. D. 385 Dans le cadre de la prise en charge globale des personnes présentant une dépendance à un produit licite ou illicite, les secteurs de psychiatrie générale et les secteurs de psychiatrie en milieu pénitentiaire favorisent et coordonnent, en collaboration avec les unités de consultations et de soins ambulatoires, les interventions, au sein de l'établissement pénitentiaire, des équipes des structures spécialisées de soins, notamment *(Décr. nº 2007-877 du 14 mai 2007)* « *[des]* centres de soins d'accompagnement et de prévention en addictologie ».

Al. abrogé par Décr. nº 2010-1635 du 23 déc. 2010.

§ 6 L'HABILITATION DES PERSONNELS HOSPITALIERS

Art. D. 386 Les praticiens hospitaliers exerçant à temps plein dans les structures de soins visées aux articles D. 368 et D. 372 sont, préalablement à leur nomination, habilités par le ministre de la justice.

Les praticiens hospitaliers exerçant à temps partiel dans ces structures sont, préalablement à leur nomination ou à leur affectation, habilités par le directeur interrégional des services pénitentiaires territorialement compétent.

Les autres personnels médicaux et hospitaliers exerçant dans ces structures sont, préalablement à leur nomination ou à leur affectation, habilités par le directeur interrégional des services pénitentiaires territorialement compétent.

Art. D. 386-1 L'habilitation est accordée, après avis du préfet de département et, à Paris, du préfet de police, pour une période de cinq ans, renouvelable par tacite reconduction.

L'habilitation ne peut être accordée aux personnes qui ont fait l'objet d'une condamnation justifiant l'inscription au bulletin n° 2 du casier judiciaire, pour des agissements contraires à l'honneur, à la probité ou aux bonnes mœurs.

L'habilitation est retirée de plein droit lorsque cette exigence cesse d'être remplie.

Art. D. 387 Les personnels hospitaliers sont informés par le directeur interrégional des services pénitentiaires ou son représentant des conditions d'exercice en milieu carcéral et des obligations résultant des dispositions du présent code.

Le règlement intérieur de l'établissement pénitentiaire dans lequel ils sont amenés à exercer leur mission doit leur être remis par le chef de l'établissement pénitentiaire.

Art. D. 388 L'habilitation peut être suspendue par le directeur interrégional des services pénitentiaires pour les praticiens hospitaliers à temps plein, ou par le chef de l'établissement pénitentiaire pour les autres personnels hospitaliers, en cas de manquements graves aux dispositions du code de procédure pénale ou du règlement intérieur. Le directeur de l'établissement de santé doit en être préalablement informé.

L'autorité qui a délivré l'habilitation rend, dans le mois suivant la suspension, une décision motivée de maintien ou de retrait de l'habilitation, après avoir recueilli les observations de la personne habilitée et l'avis de l'autorité investie du pouvoir de nomination.

Art. D. 389 En cas d'absence ou d'empêchement de l'une des personnes habilitées, ou en cas de nécessité de service, d'autres personnels hospitaliers relevant de l'établissement de santé signataire du protocole passé en application de l'article *(Décr. n° 2016-1505 du 8 nov. 2016, art. 3)* « **R. 6111-29** » du code de la santé publique peuvent être autorisés, sur proposition du directeur de cet établissement, à pénétrer dans l'établissement pénitentiaire par le chef de l'établissement pénitentiaire.

Art. D. 390 Dans le cadre des actions de prévention et d'éducation pour la santé, l'autorisation d'accès à l'établissement pénitentiaire est accordée par le chef de l'établissement aux personnes intervenant au titre des collectivités territoriales et aux membres du réseau associatif spécialisé auquel peut faire appel l'établissement de santé.

Art. D. 390-1 Dans le cadre de la prise en charge globale des personnes présentant une dépendance à un produit licite ou illicite, l'autorisation d'accès à l'établissement pénitentiaire est accordée, par le chef d'établissement, aux personnels des structures spécialisées de soins, notamment *(Décr. n° 2007-877 du 14 mai 2007)* « *[des]* centres de soins d'accompagnement et de prévention en addictologie ».

§ 7 LES HOSPITALISATIONS

Art. D. 391 L'hospitalisation des détenus pour des pathologies autres que des troubles mentaux est assurée conformément au 2° de l'article *(Décr. n° 2016-1505 du 8 nov. 2016, art. 3)* « **R. 6111-39** » du code de la santé publique :

a) Par l'établissement de santé mentionné à l'article *(Décr. n° 2016-1505 du 8 nov. 2016, art. 3)* « **R. 6112-27** » *[R. 6111-27]* du code de la santé publique lorsque cette hospitalisation présente un caractère d'urgence ou de très courte durée ;

b) Par un établissement de santé figurant sur une liste fixée par arrêté conjoint des ministres de la justice, *de l'intérieur, de la défense* et des ministres chargés de la santé, *de la sécurité sociale* et du budget.

Si le malade appartient aux forces armées, le transfèrement doit être effectué sur un hôpital militaire déterminé en accord entre l'administration pénitentiaire et l'autorité militaire, l'hospitalisation étant toujours décidée par le médecin intervenant dans l'établissement pénitentiaire. Les frais de transfèrement et de séjour des militaires sont à la charge du ministère de la défense lorsque les intéressés sont dirigés sur un hôpital militaire.

Les détenus ne peuvent être hospitalisés, même à leurs frais, dans un établissement privé, à moins d'une décision du directeur interrégional des services pénitentiaires territorialement compétent.

En application du Décr. nº 2014-1279 du 23 oct. 2014 relatif aux exceptions à l'application du principe "silence vaut acceptation" (L. nº 2000-321 du 12 avr. 2000, art. 21-I), le silence gardé pendant deux mois par l'administration vaut décision de rejet pour les demandes relatives aux autorisations d'hospitalisation dans un établissement de santé privé.

Art. D. 392 *Abrogé par Décr. nº 2010-1635 du 23 déc. 2010.*

Art. D. 393 **L'admission dans un établissement de santé à vocation nationale ou dans un établissement de santé situé dans une autre** *(Décr. nº 2008-1491 du 30 déc. 2008)* **« direction interrégionale » des services pénitentiaires que celle où le détenu est écroué doit être autorisée par le ministre de la justice** *(Décr. nº 2020-816 du 29 juin 2020, art. 4)* **« uniquement lorsqu'il s'agit d'un détenu ayant fait l'objet d'une inscription au répertoire des détenus particulièrement signalés. Hors cette catégorie de détenus, le directeur interrégional des services pénitentiaires autorise cette hospitalisation dans les autres cas. » Ces autorisations sont données après avis d'un médecin intervenant à l'établissement.**

En ce qui concerne les prévenus, l'autorisation d'hospitalisation suppose l'accord préalable du magistrat saisi du dossier de l'information.

En cas d'urgence, il peut toutefois être procédé à l'hospitalisation avant réception de l'accord des autorités judiciaires et administratives compétentes, auxquelles il en est rendu compte immédiatement.

Art. D. 394 **Lorsque l'hospitalisation d'un détenu s'impose dans les conditions visées aux articles D. 391 et D. 392, le chef de l'établissement pénitentiaire avise dans les meilleurs délais le directeur de l'établissement de santé afin qu'il prenne toutes dispositions pour que l'intéressé soit accueilli dans des locaux adaptés, de manière à ce que la garde de celui-ci puisse être assurée dans les conditions prévues ci-dessous sans entraîner de gêne pour l'exécution du service hospitalier ou pour les autres malades.**

Le chef de l'établissement pénitentiaire doit donner également tous renseignements utiles *(Décr. nº 2014-134 du 17 févr. 2014, art. 5)* **« au préfet de département ou, dans le département des Bouches-du-Rhône, au préfet de police des Bouches-du-Rhône » pour la** *[le]* **mettre en mesure de prescrire l'escorte et la garde du détenu hospitalisé par les services de police ou de gendarmerie et, d'une façon générale, pour arrêter les mesures propres à éviter tout incident compte tenu de la personnalité du sujet.**

Art. D. 395 **Les détenus admis à l'hôpital sont considérés comme continuant à subir leur peine ou, s'il s'agit de prévenus, comme placés en détention provisoire.**

(Abrogé par Décr. nº 2013-368 du 30 avr. 2013, art. 2) ***« Les règlements pénitentiaires demeurent applicables à leur égard dans toute la mesure du possible ; il en est ainsi notamment en ce qui concerne leurs relations avec l'extérieur.***

« Par dérogation aux dispositions de l'article D. 318, le détenu admis à l'hôpital peut être autorisé par le chef d'établissement à détenir une somme d'argent provenant de la part disponible de son compte nominatif pour effectuer, à l'intérieur de l'établissement de santé, des dépenses courantes. »

V. désormais C. pénit., art. R. 112-22.

Art. D. 396 **En application** *(Décr. nº 2010-1635 du 23 déc. 2010)* **« du 3° de l'article »** *(Décr. nº 2016-1505 du 8 nov. 2016, art. 3)* **« R. 6111-36 » du code de la santé publique, les détenus ont accès, pour des consultations ou des examens médico-techniques, aux équipements médicaux situés dans l'établissement de santé.**

Art. D. 397 **Lors des hospitalisations et des consultations ou examens prévus à l'article D. 396, les mesures de sécurité adéquates doivent être prises dans le respect de la confidentialité des soins.**

V. Circ. AP nº 2004-07 CAB du 18 nov. 2004 relative à l'organisation des escortes pénitentiaires des détenus faisant l'objet d'une consultation médicale (BOMJ 2004, nº 96, p. 286 s.).

La mise en œuvre de mesures de sécurité particulières et le recours, le cas échéant, à des mesures de coercition sous la forme d'entraves ne sauraient se limiter au seul transport des détenus, mais peuvent, si nécessaire, être étendus à la consultation et aux soins médicaux eux-mêmes lorsqu'ils ne peuvent être dispensés au sein de l'établissement de détention. Toutefois, les mesures de sécurité mises en œuvre par l'administration pénitentiaire lors de l'extraction et du séjour dans un établissement hospitalier d'un détenu doivent, d'une part, être adaptées et proportionnées à la dangerosité du détenu et au risque d'évasion que présente chaque cas particulier et, d'autre part, assurer en toute hypothèse la confidentialité des relations entre les détenus et les médecins qu'ils consultent. • CE 15 oct. 2007, n° 281131 : *AJ pénal 2008. 49, obs. Péchillon*.

Art. D. 398 **Les détenus atteints des troubles mentaux visés à l'article** *(Décr. n° 2010-1635 du 23 déc. 2010)* **« L. 3214-3 » du code de la santé publique ne peuvent être maintenus dans un établissement pénitentiaire.**

Au vu d'un certificat médical circonstancié et conformément à la législation en vigueur, il appartient à l'autorité préfectorale de faire procéder, dans les meilleurs délais, à leur hospitalisation d'office dans un établissement de santé habilité au titre de l'article *(Décr. n° 2010-1635 du 23 déc. 2010)* **« L. 3214-1 » du code de la santé publique.**

Il n'est pas fait application, à leur égard, de la règle posée au second alinéa de l'article D. 394 concernant leur garde par un personnel de police ou de gendarmerie pendant leur hospitalisation.

V. Avis du 15 févr. 2011 du Contrôleur général des lieux de privation de liberté relatif à certaines modalités de l'hospitalisation d'office (JO 20 mars).

BIBL. ▸ Péchillon, *AJ pénal 2010. 322* (le droit des unités hospitalières spécialement aménagées (UHSA) : la création progressive de zones pénitentiaires dans les hôpitaux psychiatriques). – Vioujas, *RDSS 2011. 1071* (les soins psychiatriques aux détenus : des modifications mineures pour une problématique de santé publique majeure).

Art. D. 399 **Les médecins intervenant en milieu pénitentiaire se tiennent informés de l'évolution de l'état de santé des détenus hospitalisés.**

SECTION IV PROTECTION DE LA MÈRE ET DE L'ENFANT

(Décr. n° 98-1099 du 8 déc. 1998)

Art. D. 400 **Toutes dispositions doivent être prises par les médecins des structures visées** *(Décr. n° 2010-1635 du 23 déc. 2010)* **« à l'article D. 368 », pour que les détenues enceintes bénéficient d'un suivi médical adapté et que leur accouchement soit réalisé dans le service hospitalier approprié à leur état de santé.**

Si la naissance a lieu dans un établissement pénitentiaire, l'acte de l'état civil mentionne seulement la rue et le numéro de l'immeuble.

Art. D. 400-1 **Les détenues enceintes et celles qui ont gardé leur enfant auprès d'elles, bénéficient de conditions de détention appropriées.**

Art. D. 401 **Les enfants peuvent être laissés auprès de leur mère en détention jusqu'à l'âge de dix-huit mois.**

Des locaux spécialement aménagés sont réservés à l'accueil des mères ayant gardé leur enfant auprès d'elles. S'il s'agit de prévenues, elles ne peuvent être transférées dans un établissement doté de tels locaux qu'après accord du magistrat saisi du dossier de *(Décr. n° 2010-1635 du 23 déc. 2010)* **« la procédure** *[ancienne rédaction : l'information]* **».**

Il appartient *(Décr. n° 99-276 du 13 avr. 1999)* **« au service pénitentiaire d'insertion et de probation compétent auprès de l'établissement pénitentiaire », en liaison avec les services compétents en matière d'enfance et de famille et avec les titulaires de l'autorité parentale, d'organiser le séjour de l'enfant auprès de sa mère détenue et les sorties de celui-ci à l'extérieur de l'établissement pénitentiaire, et de préparer, le cas échéant, la séparation de l'enfant d'avec sa mère, au mieux de son intérêt. Durant les** *(Décr. n° 2010-1635 du 23 déc. 2010)* **« douze** *[ancienne rédaction : six]* **» mois suivant son départ, l'enfant peut être admis à séjourner pour de courtes périodes auprès de sa mère.**

En application du Décr. n° 2014-1279 du 23 oct. 2014 relatif aux exceptions à l'application du principe « silence vaut acceptation » (L. n° 2000-321 du 12 avr. 2000, art. 21, I), le silence gardé pendant deux mois par l'administration vaut décision de rejet pour les demandes relatives aux autorisations de transfèrement dans un établissement pénitentiaire permettant l'accueil d'une mère détenue et de son enfant.

Art. D. 401-1 **A la demande de la mère, la limite d'âge de dix-huit mois peut être reculée, sur décision du directeur interrégional des services pénitentiaires territorialement compétent, après avis d'une commission consultative.**

Avant d'émettre son avis, la commission entend le défenseur de la mère et, si possible, le père de l'enfant.

Art. D. 401-2 **La commission consultative prévue à l'article D. 401-1 comprend :**

1° Le directeur interrégional des services pénitentiaires ou son représentant, président ;

2° Un médecin psychiatre ;

3° Un médecin pédiatre appartenant à un service de protection maternelle et infantile ;

4° Un psychologue ;

5° Un chef d'établissement pénitentiaire spécialement affecté à la détention des femmes ;

6° Un *(Décr. n° 2010-1635 du 23 déc. 2010)* **« personnel d'insertion et de probation** *[ancienne rédaction : travailleur social]* **».**

Les membres de la commission sont nommés par le directeur interrégional pour une période de deux ans renouvelable.

CHAPITRE IX DES RELATIONS DES PERSONNES DÉTENUES AVEC L'EXTÉRIEUR *(Décr. n° 2010-1635 du 23 déc. 2010)*.

BIBL. ▶ BECHLIVANOU MOREAU, *RSC 2013. 137* (rendre plus effectif le droit au maintien des liens familiaux). – HERZOG-EVANS, *AJ fam. 2009. 484* (loi pénitentiaire et liens familiaux : de timides avancées). – MALABAT, *RPDP 2007, n° spécial 61* (droits familiaux des détenus). – LEROYER, *RDT civ. 2010. 165* (famille du détenu – vie privée et familiale).

Art. D. 402 *(Abrogé par Décr. n° 2013-368 du 30 avr. 2013, art. 2)* ***En vue de faciliter le reclassement familial des détenus à leur libération, il doit être particulièrement veillé au maintien et à l'amélioration de leurs relations avec leurs proches, pour autant que celles-ci paraissent souhaitables dans l'intérêt des uns et des autres.***

La décision par laquelle un chef d'établissement pénitentiaire fixe les modalités essentielles de l'organisation des visites aux détenus, et notamment le nombre de visiteurs admis simultanément à rencontrer le détenu, est indissociable de l'exercice effectif du droit de visite. Par sa nature, cette décision prise pour l'application des dispositions citées ci-dessus affecte directement le maintien des liens des détenus avec leur environnement extérieur. Compte tenu de ses effets possibles sur la situation des détenus, et notamment sur leur vie privée et familiale, qui revêt le caractère d'un droit fondamental, elle est insusceptible d'être regardée comme une mesure d'ordre intérieur et constitue toujours un acte de nature à faire grief. • CE 26 nov. 2010, n° 329564 : *AJDA 2011. 678, note Poujol ; D. 2011. 1306, obs. Péchillon ; RPDP 2010. 930, obs. Péchillon.*

SECTION PREMIÈRE DES VISITES

Art. D. 403 *(Décr. n° 2010-1635 du 23 déc. 2010)* **Le permis délivré en application des articles R. 57-8-8 et R. 57-8-10 est soit permanent, soit valable pour un nombre limité de visites.**

Il précise, le cas échéant, les modalités particulières prévues pour son application, notamment en ce qui concerne le lieu et l'heure de la visite.

(Décr. n° 2020-1640 du 21 déc. 2020, art. 12) **« Pour des motifs de bon ordre, de sécurité et de prévention des infractions, et spécialement en cas de crime ou de délit relevant de l'article 132-80 du code pénal, le permis de visite peut être refusé à la personne victime de l'infraction pour laquelle la personne prévenue ou condamnée est incarcérée, y compris si la victime est membre de la famille du détenu.**

« Lorsque la personne incarcérée est prévenue ou condamnée du chef de l'une des infractions prévues aux articles 222-8, 222-10, 222-12, 222-13 et 222-33-2-1 du code pénal, aggravée par la circonstance qu'un mineur assiste aux faits et que ceux-ci

sont commis par le conjoint ou le concubin de la victime ou le partenaire lié à la victime par un pacte civil de solidarité, le permis de visite peut, pour les mêmes motifs, être refusé à ce mineur, ainsi qu'aux autres enfants mineurs du couple.

« Lorsque l'autorité compétente pour accorder le permis de visite est informée que le prévenu ou le condamné incarcéré fait l'objet d'une interdiction d'entrer en relation avec une personne, qui a été prononcée par l'autorité judiciaire et qui est toujours en cours d'exécution, elle ne peut délivrer le permis de visite à cette personne. Les dispositions du présent alinéa sont applicables en cas d'interdiction de contact prononcée en application de l'article 138 du présent code, prononcée en application des articles 131-6, 131-10 ou 132-45 du code pénal, y compris dans le cadre d'un sursis probatoire, d'un suivi-socio-judiciaire ou de tout*[e]* **autre peine principale ou complémentaire, le cas échéant à l'occasion d'une procédure autre que celle pour laquelle le prévenu ou le condamné est incarcéré, ou prononcée en application de l'article 515-11 du code civil dans le cadre d'une ordonnance de protection.**

« Le permis de visite peut cependant être délivré si l'interdiction de contact est expressément levée, le cas échéant à cette seule fin, par, selon les cas, le juge d'instruction en application du deuxième alinéa de l'article 139 du présent code, la juridiction compétente en application de l'article 702-1 du même code, le juge de l'application des peines en application des articles 712-8 et 739 du même code, ou le juge aux affaires familiales en application de l'article 515-12 du code civil.

« L'autorité compétente pour accorder le permis de visite ne peut de même délivrer un permis de visite à l'enfant mineur d'une personne prévenue ou condamnée incarcérée lorsqu'elle est informée que l'exercice de l'autorité parentale et les droits de visite et d'hébergement de la personne incarcérée sont suspendus en application de l'article 378-2 du code civil ou dans le cadre d'une ordonnance de protection en application de l'article 515-11 de ce même code, ou que l'autorité parentale ou son exercice, ou le droit de visite de la personne incarcérée sur l'enfant mineur, a été retiré en application des articles 378, 378-1, 379 ou 379-1 de ce même code, sauf en cas de décision judiciaire ultérieure autorisant expressément un droit de visite.

« Lorsqu'il s'agit d'une personne condamnée, l'information des autorités mentionnées à l'article R. 57-8-10 de l'existence d'une interdiction judiciaire de contact résulte des mentions figurant dans la notice individuelle en application du troisième alinéa de l'article D. 158 et de la transmission de la décision conformément au deuxième alinéa de l'article D. 77. »

Art. D. 404 *(Décr. nº 2021-1130 du 30 août 2021, art. 5)* **Lorsque le condamné est un majeur faisant l'objet, conformément à l'article 706-112, d'une mesure de protection juridique, son curateur, son tuteur ou la personne désignée en application des articles 706-114 ou 706-117 dispose de plein droit d'un permis de visite.**

Art. D. 405 *Abrogé par Décr. nº 2010-1635 du 23 déc. 2010.*

Art. D. 405-1 *Ajouté par Décr. nº 75-402 du 23 mai 1975 ; abrogé par Décr. nº 98-1099 du 8 déc. 1998.*

Art. D. 406 *(Décr. nº 2010-1635 du 23 déc. 2010)* **L'accès au parloir implique les mesures de contrôle jugées nécessaires à l'égard des visiteurs, pour des motifs de sécurité.**

Art. D. 407 *Abrogé par Décr. nº 2010-1635 du 23 déc. 2010.*

Art. D. 408 *Abrogé par Décr. nº 2013-368 du 30 avr. 2013, art. 2.*

V. désormais C. pénit., art. R. 112-22.

Art. D. 409 et D. 410 *Abrogés par Décr. nº 2010-1635 du 23 déc. 2010.*

Art. D. 411 *Abrogé par Décr. nº 2013-368 du 30 avr. 2013, art. 2.*

V. désormais C. pénit., art. R. 112-22.

Art. D. 412 *Abrogé par Décr. nº 2010-1635 du 23 déc. 2010.*

SECTION II *[ABROGÉE]* DE LA CORRESPONDANCE

(Abrogée par Décr. nº 2010-1635 du 23 déc. 2010)

Art. D. 413 à D. 419-3 *Abrogés par Décr. nº 2010-1635 du 23 déc. 2010.*

SECTION III DU MAINTIEN DES LIENS FAMILIAUX

Art. D. 420 *Abrogé par Décr. nº 2013-368 du 30 avr. 2013, art. 2.*

V. désormais C. pénit., art. R. 112-22.

Art. D. 421 *Abrogé par Décr. nº 2013-368 du 30 avr. 2013, art. 2.*

V. désormais Annexe à l'art. R. 57-6-18, ss. art. R. 57-6-20, art. 30 et 45.

Art. D. 422 *Abrogé par Décr. nº 2013-368 du 30 avr. 2013, art. 2.*

V. désormais Annexe à l'art. R. 57-6-18, ss. art. R. 57-6-20, art. 30.

Art. D. 423 *Abrogé par Décr. nº 2010-1635 du 23 déc. 2010.*

SECTION IV DES ÉVÉNEMENTS FAMILIAUX ET DES SORTIES EXCEPTIONNELLES QU'ILS PEUVENT MOTIVER *(Décr. nº 72-852 du 12 sept. 1972).*

Art. D. 424 *(Décr. nº 75-402 du 23 mai 1975)* **Le mariage des détenus, sauf application éventuelle des dispositions des articles** *(Décr. nº 2016-1222 du 14 sept. 2016, art. 7)* **« D. 143 et D. 143-1 », est célébré à l'établissement sur réquisitions du procureur de la République, telles que prévues au deuxième alinéa de l'article 75 du code civil.**

Conv. EDH, art. 12. L'exigence pour des détenus d'obtenir une autorisation préalable afin de se marier ne peut en soi passer pour contraire à l'art. 12 Conv. EDH car les restrictions à la vie maritale, privée et familiale sont inhérentes à la privation de liberté ; les autorités bénéficient à ce sujet d'une marge discrétionnaire et doivent avoir égard non seulement à l'intérêt personnel poursuivi par le détenu mais également au maintien de l'ordre, de la sûreté et de la sécurité en prison. Cependant, en l'espèce, le refus des autorités n'était lié en aucun cas à la sécurité de la prison ou à la prévention des infractions pénales, mais à une appréciation de la nature et de la qualité de la relation du requérant avec sa fiancée. Pareils arguments n'ont aucun rapport avec les dispositions du droit interne énumérant les raisons pour lesquelles une autorité peut refuser à un adulte l'autorisation de se marier. • CEDH 5 janv. 2010, ♔ *Jaremowicz c/ Pologne*, nº 24023/03. ♦ La détention prive l'individu de sa liberté et – de manière inévitable ou en conséquence – de certains de ses droits et privilèges civils ; cela ne signifie pas cependant que les détenus ne puissent pas exercer leur droit au mariage ou qu'ils ne puissent le faire que de manière très exceptionnelle. Comme la Cour l'a dit à maintes reprises, les détenus continuent de jouir de tous les droits et libertés fondamentaux qui ne sont pas contraires au sens de la privation de liberté, et toute restriction supplémentaire doit être justifiée par les autorités. Dans l'affaire *Hirst (nº 2)*, la Grande Chambre de la Cour a cité de manière non exhaustive plusieurs droits que les détenus peuvent exercer. Par exemple, ils ne peuvent pas être maltraités ou soumis à des peines ou conditions inhumaines ou dégradantes, interdites par l'art. 3 de la Convention. Ils continuent de jouir du droit au respect de la vie familiale, du droit à la liberté d'expression, du droit de pratiquer leur religion, du droit d'avoir un accès effectif à un avocat ou à un tribunal aux fins de l'art. 6 et du droit au respect de leur correspondance (*ibid.*). De la même manière, comme l'a souligné la Commission européenne des droits de l'homme dans l'affaire *Hamer c/ Royaume-Uni*, ils jouissent du droit de se marier. Le principe selon lequel toute restriction à ces autres droits doit être justifiée dans chaque cas est aussi énoncé expressément dans les Règles pénitentiaires européennes, dont la règle 3 prévoit que « *[l]*es restrictions imposées aux personnes privées de liberté doivent être réduites au strict nécessaire et doivent être proportionnelles aux objectifs légitimes pour lesquelles elles ont été imposées ». Si une telle justification peut parfaitement exister pour des considérations de sécurité, en particulier pour ce qui est de la prévention des infractions pénales et de la défense de l'ordre, qui découlent inévitablement des circonstances de la détention, il n'est pas question qu'un détenu soit déchu de son droit garanti par l'art. 12 du simple fait qu'il se trouve incarcéré. Il n'y a pas non plus place dans le système de la Convention, qui reconnaît la tolérance et l'ouverture d'esprit comme les caractéristiques d'une société démocratique, pour une privation automatique de certains droits chez les détenus, notamment de leur droit à établir une relation conjugale avec la personne de leur choix, se fondant uniquement sur ce qui – de l'avis des autorités – pourrait être acceptable pour l'opinion publique ou la heurter. • CEDH 5 janv. 2010, ♔ *Frasik c/ Pologne*, nº 22933/02.

Art. D. 424-1 *Abrogé par Décr. nº 2013-368 du 30 avr. 2013, art. 2.*

V. désormais C. pénit., art. R. 112-22.

Art. D. 425 *(Abrogé par Décr. nº 2016-1222 du 14 sept. 2016, art. 8) (Décr. nº 75-402 du 23 mai 1975)* ***En application des dispositions*** *(Décr. nº 79-534 du 3 juill. 1979)* ***« de l'article 723-3 » relatives aux permissions de sortir, et dans les conditions fixées à l'article D. 144, les condamnés peuvent être autorisés à se rendre auprès d'un membre de leur proche famille gravement malade ou décédé.***

Art. D. 426 *(Abrogé par Décr. nº 2016-1222 du 14 sept. 2016, art. 8) (Décr. nº 79-534 du 3 juill. 1979)* ***Les agents de la force publique ou les membres de l'administration pénitentiaire chargés de l'escorte, qui accompagnent le détenu auquel a été accordée une autorisation de sortie*** *(Décr. nº 83-48 du 26 janv. 1983)* ***« en application des articles 148-5 et 723-6 », peuvent être dispensés du port de l'uniforme.***

SECTION V DES RENSEIGNEMENTS CONCERNANT LES DÉTENUS ET DE LEURS RELATIONS AVEC LE MONDE EXTÉRIEUR

Art. D. 427 *(Abrogé par Décr. nº 2013-368 du 30 avr. 2013, art. 2) (Décr. nº 2010-1635 du 23 déc. 2010)* ***« Au cas où une personne détenue vient à décéder, à être frappée d'une maladie mettant ses jours en danger ou victime d'un accident grave, ou à être placée dans un établissement psychiatrique, sa famille ou ses proches sont informés sans délai par le chef d'établissement des circonstances dans lesquelles est survenu le décès, la maladie, l'accident ou le placement. »***

A cet effet, chaque *(Décr. nº 98-1099 du 8 déc. 1998 ; Décr. nº 2010-1635 du 23 déc. 2010)* ***« personne détenue est invitée, lors de son écrou, à indiquer le nom et les coordonnées de la ou des » personnes qui seraient à prévenir.***

(Décr. nº 2010-1635 du 23 déc. 2010) ***« Le conseil »****[,]* ***l'aumônier*** *(Abrogé par Décr. nº 98-1099 du 8 déc. 1998)* ***« , le travailleur social »*** *(Décr. nº 86-462 du 14 mars 1986 ; Décr. nº 2010-1635 du 23 déc. 2010)* ***« et le visiteur de prison qui suivent cette personne détenue » sont également avisés, s'il y a lieu.***

V. le rapport spécial de la Commission nationale de déontologie de la sécurité qui préconise l'obligation d'informer la famille lorsqu'un détenu tente de se suicider : 26 mars 2004, JO 8 avr. 2004.

V. égal. C. pénit., art. R. 112-22.

Art. D. 428 Les renseignements relatifs au lieu d'incarcération, *(Abrogé par Décr. nº 98-1099 du 8 déc. 1998) « à l'état de santé, »* à la situation pénale ou à la date de libération d'un détenu, doivent être fournis par les services pénitentiaires exclusivement aux autorités administratives et judiciaires qui sont qualifiées pour en connaître.

Leur communication à des tiers est subordonnée, d'une part, à l'appréciation de l'administration pénitentiaire ou, s'il y a lieu, du magistrat saisi du dossier de l'information et, d'autre part, au consentement exprès du détenu.

Toutefois, à défaut de ce consentement, les personnes qui auraient un intérêt légitime à obtenir de tels renseignements ont la faculté d'en solliciter la communication par une requête adressée au procureur de la République du lieu de détention ou, si ce lieu n'est pas connu des requérants, au procureur de la République de leur résidence ; ce magistrat apprécie si les renseignements demandés peuvent être donnés sans inconvénient et, dans l'affirmative, les fait transmettre aux intéressés. *(Décr. nº 83-48 du 26 janv. 1983)* « Les renseignements peuvent de la même façon être sollicités auprès du général commandant la région militaire. »

En application du Décr. nº 2014-1279 du 23 oct. 2014 relatif aux exceptions à l'application du principe « silence vaut acceptation » (L. nº 2000-321 du 12 avr. 2000, art. 21, I), le silence gardé pendant deux mois par l'administration vaut décision de rejet pour les demandes relatives à l'obtention de renseignements relatifs à une personne détenue.

Art. D. 429 *Abrogé par Décr. nº 2013-368 du 30 avr. 2013, art. 2.*

V. désormais C. pénit., art. R. 112-22.

SECTION VI DE L'ENVOI ET DE LA RÉCEPTION D'OBJETS PAR LES PERSONNES DÉTENUES

(Décr. nº 2010-1635 du 23 déc. 2010)

Art. D. 430 *Abrogé par Décr. nº 2013-368 du 30 avr. 2013, art. 2.*

V. désormais C. pénit., art. R. 112-22.

Art. D. 431 *Abrogé par Décr. nº 2013-368 du 30 avr. 2013, art. 2.*

V. désormais Annexe à l'art. R. 57-6-18, ss. art. R. 57-6-20, art. 32.

CHAPITRE X DES ACTIONS DE PRÉPARATION À LA RÉINSERTION DES PERSONNES DÉTENUES

(Décr. nº 85-836 du 6 août 1985 ; Décr. nº 2010-1635 du 23 déc. 2010).

BIBL. ▶ TRAVIS, *AJ pénal 2011. 388* (les sortants de prison et la sécurité publique : faire face au défi de la réinsertion des détenus).

SECTION PREMIÈRE DU TRAVAIL DES PERSONNES DÉTENUES

(Décr. nº 2010-1635 du 23 déc. 2010).

§ 1er PRINCIPES

(Décr. nº 2010-1635 du 23 déc. 2010)

Art. D. 432 *(Abrogé par Décr. nº 2013-368 du 30 avr. 2013, art. 2) (Décr. nº 98-1099 du 8 déc. 1998)* **« Les** *(Décr. nº 2010-1635 du 23 déc. 2010)* **« personnes détenues », quelle que soit leur catégorie pénale, peuvent demander qu'il leur soit proposé un travail. »**

(Abrogé par Décr. nº 2010-1635 du 23 déc. 2010) **« L'inobservation par les détenus des ordres et instructions donnés pour l'exécution d'une tâche peut entraîner la mise à pied ou le déclassement de l'emploi. »** – *Anc. art. D. 99 devenu art. D. 432 en application du Décr. nº 2010-1635 du 23 déc. 2010.*

V. désormais C. pénit., art. R. 112-22.

BIBL. ▶ AUVERGNON, *RDT. 2013. 309* (droit du travail et prison : le changement maintenant ?). – CÉRÉ, *D. 2015. 2083* (le conseil constitutionnel et le travail en prison : une occasion manquée ?). – CHOPIN, *D. 2013. 1909* (quelles conditions de travail pour les personnes incarcérées). – DANTI-JUAN, *RPDP 2013. 157* (relance du débat sur l'absence du contrat de travail dans l'univers carcéral). – GATÉ, *AJ pénal 2015. 29* (la formation professionnelle des détenus, nouvelle compétence des régions). – LORVELLEC, *RPDP 1997. 207* (travail et peine). – SCHMITZ, *Dr. adm. 2014. Étude 4* (droit du travail en prison : fin ou début de la réflexion sur l'absence d'un régime juridique ?). – SLAMA, *D. 2013. 1221* (les travailleurs détenus, des agents publics ?). – TARDY, *RPDP 1997. 227* (le travail en milieu carcéral : essai d'un bilan).

Il résulte des dispositions des art. D. 99 à D. 102 que le travail auquel les détenus peuvent prétendre constitue pour eux non seulement une source de revenus mais encore un mode de meilleure insertion dans la vie collective de l'établissement, tout en leur permettant de faire valoir des capacités de réinsertion. Ainsi, eu égard à sa nature et à l'importance de ses effets sur la situation des détenus, une décision de déclassement d'emploi constitue un acte administratif susceptible de faire l'objet d'un recours pour excès de pouvoir. Il en va toutefois autrement des refus opposés à une demande d'emploi ainsi que des décisions de classement, sous réserve que ne soient pas en cause des libertés et des droits fondamentaux des détenus. • CE, 6e sous-sect., 14 déc. 2007 : *D. 2008. AJ 90 ; ibid. 820, note Herzog-Evans ; ibid. Pan. 1017, obs. Céré ; RSC 2008. 404 s., obs. Poncela ; AJ pénal 2008. 100, obs. Péchillon ; AJDA 2007. 2404 ; ibid. 2008. 128 ; Dr. pénal 2008. Comm. 25, obs. Maron ; Procédures 2008, nº 61, obs. Deygas.*

Art. D. 432-1 *(Décr. nº 2010-1635 du 23 déc. 2010)* **Hors les cas visés à la seconde phrase du troisième alinéa de l'article 717-3, la rémunération du travail effectué au sein des établissements pénitentiaires par les personnes détenues ne peut être inférieure au taux horaire suivant :**

45 % du salaire minimum interprofessionnel de croissance pour les activités de production ;

33 % du salaire minimum interprofessionnel de croissance pour le service général, classe I ;

25 % du salaire minimum interprofessionnel de croissance pour le service général, classe II ;

20 % du salaire minimum interprofessionnel de croissance pour le service général, classe III.

Un arrêté du garde des sceaux, ministre de la justice, détermine la répartition des emplois entre les différentes classes en fonction du niveau de qualification qu'exige leur exécution.

(Décr. n° 2016-1853 du 23 déc. 2016) « La rémunération des activités proposées dans le cadre de l'insertion par l'activité économique ne peut être inférieure à un taux horaire de 45 % du salaire minimum interprofessionnel de croissance. »

Art. D. 432-2 *(Décr. n° 72-852 du 12 sept. 1972)* Les dispositions nécessaires doivent être prises pour qu'un travail productif et suffisant pour occuper la durée normale d'une journée de travail soit fourni aux *(Décr. n° 2016-1853 du 23 déc. 2016)* « personnes détenues ». – *Ancien art. D. 100 devenu art. D. 432-2 en application du Décr. n° 2010-1635 du 23 déc. 2010.*

Art. D. 432-3 *(Décr. n° 72-852 du 12 sept. 1972)* Le travail est procuré aux *(Décr. n° 2016-1853 du 23 déc. 2016)* « personnes détenues » compte tenu du régime pénitentiaire auquel *(Décr. n° 2016-1853 du 23 déc. 2016)* « celles-ci sont soumises », des nécessités du bon fonctionnement des établissements ainsi que des possibilités locales d'emploi.

(Décr. n° 85-836 du 6 août 1985) « Dans la mesure du possible, le travail de chaque *(Décr. n° 2016-1853 du 23 déc. 2016)* « personne détenue » est choisi en fonction non seulement de ses capacités physiques et intellectuelles, mais encore de l'influence que ce travail peut exercer sur les perspectives de sa réinsertion. Il est aussi tenu compte de sa situation familiale et de l'existence de parties civiles à indemniser. »

(Décr. n° 98-1099 du 8 déc. 1998) « Les *(Décr. n° 2016-1853 du 23 déc. 2016)* « personnes détenues » peuvent être *(Décr. n° 2016-1853 du 23 déc. 2016)* « autorisées » à travailler pour leur propre compte par le chef d'établissement. *(Décr. n° 2016-1853 du 23 déc. 2016)* « Elles » peuvent également être *(Décr. n° 2016-1853 du 23 déc. 2016)* « autorisées » à travailler pour le compte d'associations constituées en vue de préparer leur réinsertion sociale et professionnelle *(Décr. n° 2016-1853 du 23 déc. 2016)* « ou de structures d'insertion par l'activité économique, et bénéficier d'un accompagnement en vue de préparer leur réinsertion sociale et professionnelle. »

« Ces associations *(Décr. n° 2016-1853 du 23 déc. 2016)* « et ces structures » sont agréées par décision du directeur interrégional des services pénitentiaires territorialement compétent. » – *Ancien art. D. 101 devenu art. D. 432-3 en application du Décr. n° 2010-1635 du 23 déc. 2010.*

Art. D. 432-4 *(Décr. n° 2010-1635 du 23 déc. 2010)* Lorsque la personne détenue s'avère incompétente pour l'exécution d'une tâche, cette défaillance peut entraîner le déclassement de cet emploi.

Lorsque la personne détenue ne s'adapte pas à un emploi, elle peut faire l'objet d'une suspension, dont la durée ne peut excéder cinq jours, afin qu'il soit procédé à une évaluation de sa situation. A l'issue de cette évaluation, elle fait l'objet soit d'une réintégration dans cet emploi, soit d'un déclassement de cet emploi en vertu de l'alinéa précédent.

(Décr. n° 2021-362 du 31 mars 2021, art. 1er) « Dans le cadre des activités effectuées au sein d'une structure d'insertion par l'activité économique ou d'une entreprise adaptée » *(Décr. n° 2016-1853 du 23 déc. 2016, art. 1er)* « , la personne détenue pourra être déclassée ou suspendue dans les mêmes conditions pour le non-respect de l'accompagnement socioprofessionnel proposé. »

Il résulte des dispositions des art. D. 99 à D. 102 (anciens) que le travail auquel les détenus peuvent prétendre constitue pour eux non seulement une source de revenus mais encore un mode de meilleure insertion dans la vie collective de l'établissement, tout en leur permettant de faire valoir des capacités de réinsertion. Ainsi, eu égard à sa nature et à l'importance de ses effets sur la situation des détenus, une décision de déclassement d'emploi constitue un acte administratif susceptible de faire l'objet d'un recours pour excès de pouvoir. Il en va toutefois autrement des refus opposés à une demande d'emploi ainsi que des décisions de classement, sous réserve que ne soient pas en cause des libertés et des droits fondamentaux des détenus. • CE 14 déc. 2007, n° 290420 : *RFDA 2008. 87, concl. Guyomar ; D. 2008. AJ 90 ; ibid. 820, note Herzog-Evans ; ibid. Pan. 1017, obs. Céré ; RSC 2008. 404, obs. Poncela ; AJDA 2007. 2404 ; ibid. 2008. 128, chron. Boucher et Bourgeois-Machureau ; Dr. pénal 2008, n° 25, obs. Maron ; Procédures 2008, n° 61, obs. Deygas.*

§ 2 FORMES ET MODALITÉS DU TRAVAIL

(Décr. nº 2010-1635 du 23 déc. 2010)

Art. D. 433 **Aucun genre de travail ne peut être adopté à titre définitif s'il n'a été préalablement autorisé par le directeur interrégional des services pénitentiaires.**

(Décr. nº 72-852 du 12 sept. 1972) **« L'organisation, les méthodes et les rémunérations du travail doivent se rapprocher autant que possible de celles des activités professionnelles extérieures afin notamment de préparer les détenus aux conditions normales du travail libre. »** — *Ancien art. D. 102 devenu art. D. 433 en application du Décr. nº 2010-1635 du 23 déc. 2010.*

En application du Décr. nº 2014-1279 du 23 oct. 2014 relatif aux exceptions à l'application du principe « silence vaut acceptation » (L. nº 2000-321 du 12 avr. 2000, art. 21, I), le silence gardé pendant deux mois par l'administration vaut décision de rejet pour les demandes relatives aux autorisations de mise en œuvre d'un genre de travail pénitentiaire.

Compétence de la juridiction administrative. Le travail procuré dans les établissements sous le régime de la concession aux termes d'une convention conclue entre l'administration pénitentiaire et l'entreprise concessionnaire ne fait pas l'objet d'un contrat de travail, s'inscrit dans l'exécution de la peine, et procède de la préparation à la réinsertion des condamnés. Eu égard tant à la nature particulière de la relation de travail, qui se rattache à l'accomplissement de la mission de service public de l'administration pénitentiaire, qu'à ses modalités de mise en œuvre, soumises au régime pénitentiaire des personnes détenues et aux nécessités du bon fonctionnement de l'établissement qui influent sur les conditions d'emploi et la rémunération, les détenus ainsi employés se trouvent, à l'égard de la société concessionnaire, même de droit privé, dans une relation de droit public ; dès lors, le litige opposant les personnes détenues à l'entreprise concessionnaire relèvent de la juridiction administrative. • T. confl. 14 oct. 2013 : *AJ pénal 2014. 47, note Péchillon* ✎.

Art. D. 433-1 *(Décr. nº 2021-362 du 31 mars 2021, art. 1er)* **« Outre les modalités prévues au troisième alinéa de l'article D. 432-3, le travail est effectué dans les établissements pénitentiaires dans le cadre du service général pour le compte de l'administration pénitentiaire et dans le cadre d'une activité de production pour le compte d'un concessionnaire, d'une entreprise délégataire, d'une structure d'insertion par l'activité économique, d'une entreprise adaptée ou de l'agence du travail d'intérêt général et de l'insertion professionnelle des personnes placées sous main de justice. »**

(Décr. nº 2018-1098 du 7 déc. 2018, en vigueur le 10 déc. 2018) **« L'agence du travail d'intérêt général et de l'insertion professionnelle des personnes placées sous main de justice »** *(Décr. nº 2016-1853 du 23 déc. 2016)* **« , au vu des difficultés sociales et professionnelles que peuvent rencontrer les personnes détenues qu'il** *[elle]* **prend en charge, leur propose des activités d'insertion, de formation professionnelle et de travail, en vue de leur insertion, de la préparation de leur sortie de détention et de la lutte contre la récidive. »**

(Abrogé par Décr. nº 2010-1635 du 23 déc. 2010) ***« Les relations entre l'organisme employeur et le détenu sont exclusives de tout contrat de travail ; il est dérogé à cette règle pour les détenus admis au régime de la semi-liberté. Cette règle peut en outre être écartée, conformément à l'*** *(Décr. nº 2009-420 du 15 avr. 2009)* ***« article 717-3 », pour les détenus exerçant des activités à l'extérieur des établissements pénitentiaires dans les conditions définies au premier alinéa de l'article 723*** *(Décr. nº 2009-420 du 15 avr. 2009)* ***« et à l'article 723-7 ».***

(Décr. nº 2010-1635 du 23 déc. 2010) **« Les conditions de rémunération et d'emploi des personnes détenues qui travaillent sous le régime de la** *(Décr. nº 2021-362 du 31 mars 2021, art. 1er)* **« production » sont fixées par convention conclue entre l'administration pénitentiaire et l'entreprise concessionnaire** *(Décr. nº 2021-362 du 31 mars 2021, art. 1er)* **« , la structure d'insertion par l'activité économique ou l'entreprise adaptée », en référence aux conditions d'emploi à l'extérieur, en tenant compte des spécificités de la production en milieu carcéral et dans le respect du taux horaire minimal fixé à l'article D. 432-1. »** — *Ancien art. D. 103 devenu art. D. 433-1 en application du Décr. nº 2010-1635 du 23 déc. 2010.*

V. Circ. nº 99-102 du 16 juill. 1999 relative aux modalités d'intervention des services de l'inspection du travail en matière d'hygiène et de sécurité du travail et de la formation professionnelle des détenus, BOMJ n° 75 et, sur l'Agence du travail d'intérêt général et de l'insertion professionnelle des personnes placées sous main de justice, V. Décr. n° 2018-1098 du 7 déc. 2018, ss. art. 733-2.

Art. D. 433-2 *(Décr. n° 85-836 du 6 août 1985)* **Les concessions de travail à l'intérieur des établissements pénitentiaires font l'objet de clauses et conditions générales arrêtées par le ministre de la justice.**

*(Abrogé par Décr. n° 2010-1635 du 23 déc. 2010) **« Le chef d'établissement a qualité pour accorder une concession de travail pour une durée égale ou inférieure à trois mois ou pour un effectif égal ou inférieur à cinq détenus. »***

(Décr. n° 2010-1635 du 23 déc. 2010) **« Les concessions envisagées font l'objet d'un contrat qui en fixe les conditions particulières notamment quant à l'effectif des personnes détenues, au montant des rémunérations et à la durée de la concession. Ce contrat est signé par le représentant de l'entreprise concessionnaire et le directeur interrégional. »**

(Décr. n° 2016-1853 du 23 déc. 2016) **« Les implantations des structures d'insertion par l'activité économique** *(Décr. n° 2021-362 du 31 mars 2021, art. 1er)* **« et des entreprises adaptées » à l'intérieur des établissements pénitentiaires font l'objet d'un contrat d'implantation signé par le directeur interrégional des services pénitentiaires, le chef d'établissement pénitentiaire et la structure d'insertion par l'activité économique** *(Décr. n° 2021-362 du 31 mars 2021, art. 1er)* **« ou l'entreprise adaptée », qui fixe les conditions relatives à la nature des activités proposées, à l'accompagnement socioprofessionnel individualisé, au montant de la rémunération, à la durée de l'activité et à la nature de la structure d'insertion par l'activité économique** *(Décr. n° 2021-362 du 31 mars 2021, art. 1er)* **« ou de l'entreprise adaptée ». »** *— Ancien art. D. 104 devenu art. D. 433-2 en application du Décr. n° 2010-1635 du 23 déc. 2010.*

Art. D. 433-3 *(Décr. n° 98-1099 du 8 déc. 1998 ; Décr. n° 2010-1635 du 23 déc. 2010)* **« Dans chaque établissement, des personnes détenues sont affectées au service général de l'établissement pénitentiaire, en vue de maintenir en état de propreté les locaux de la détention et d'assurer les différents travaux nécessaires au fonctionnement des services. Elles sont rémunérées suivant le taux horaire fixé par l'article D. 432-1.**

« Ces personnes détenues sont choisies de préférence parmi les condamnés ; des prévenus ne peuvent être désignés qu'avec l'accord préalable du magistrat saisi du dossier de la procédure. »

*(Abrogé par Décr. n° 2010-1635 du 23 déc. 2010) **« Si la continuité des tâches qui leur sont confiées le justifie, ils sont rémunérés suivant un tarif préétabli par l'administration centrale et dans les conditions prévues pour les travaux en régie. »***

(Décr. n° 2010-1635 du 23 déc. 2010) **« Aucune personne détenue ne peut être employée aux écritures de la comptabilité générale, au greffe judiciaire ou dans les services de santé. »** *— Ancien art. D. 105 devenu art. D. 433-3 en application du Décr. n° 2010-1635 du 23 déc. 2010.*

Art. D. 433-4 *(Décr. n° 85-836 du 6 août 1985 ; Décr. n° 98-1099 du 8 déc. 1998 ; Décr. n° 2010-1635 du 23 déc. 2010)* **« Les rémunérations pour tout travail effectué par une personne détenue sont versées, sous réserve des dispositions de l'article D. 121, à l'administration qui opère le reversement des cotisations sociales aux organismes de recouvrement et procède ensuite à l'inscription et à la répartition de la rémunération nette sur le compte nominatif des personnes détenues, conformément aux dispositions de l'article D. 434. »**

Ces rémunérations sont soumises à cotisations patronales et ouvrières selon les modalités fixées, pour les assurances maladie, maternité et vieillesse, *(Décr. n° 86-462 du 14 mars 1986)* **« par les articles R. 381-97 à R. 381-109 du code de la sécurité sociale ».** *(Abrogé par Décr. n° 98-1099 du 8 déc. 1998) **« En outre, pour celles qui sont versées par les entreprises concessionnaires, un prélèvement spécial est effectué au bénéfice du fonds national des allocations familiales dans les conditions prévues par le décret n° 77-946 du 2 août 1977. »***

(Décr. n° 2010-1635 du 23 déc. 2010) **« Les taux de rémunération sont portés à la connaissance des personnes détenues par voie d'affichage. »** *— Ancien art. D. 106 devenu art. D. 433-4 en application du Décr. n° 2010-1635 du 23 déc. 2010.*

Art. D. 433-5 *(Décr. nº 72-852 du 12 sept. 1972)* **« Indépendamment de la garde des** *(Décr. nº 2010-1635 du 23 déc. 2010)* **« personnes détenues », les surveillants assurent le respect des règles de discipline et de sécurité sur les lieux du travail. »**

(Décr. nº 85-836 du 6 août 1985 ; Décr. nº 2010-1635 du 23 déc. 2010)* **« L'encadrement technique est assuré soit par un personnel spécialisé relevant de l'administration pénitentiaire,** *(Décr. nº 2016-1853 du 23 déc. 2016)* **« soit par un encadrant technique de la structure d'insertion par l'activité économique »** *(Décr. nº 2021-362 du 31 mars 2021, art. 1er)* **« ou de l'entreprise adaptée », soit par des préposés des entreprises ou des associations. Ces personnes extérieures sont agréées par le directeur interrégional** *(Décr. nº 2016-1853 du 23 déc. 2016)* **« des services pénitentiaires ». »** — *Ancien art. D. 107 devenu art. D. 433-5 en application du Décr. nº 2010-1635 du 23 déc. 2010.*

Art. D. 433-6 *Abrogé par Décr. nº 2013-368 du 30 avr. 2013, art. 2.*

V. désormais C. pénit., art. R. 112-22.

Art. D. 433-7 *(Décr. nº 98-1099 du 8 déc. 1998)* **Sont applicables aux travaux effectués par les** *(Décr. nº 2010-1635 du 23 déc. 2010)* **« personnes détenues » dans les établissements pénitentiaires ou à l'extérieur des établissements pénitentiaires dans les conditions définies au premier alinéa de l'article 723, les mesures d'hygiène et de sécurité prévues par** *(Décr. nº 2010-1635 du 23 déc. 2010)* **« les livres I à V et VII de la quatrième partie du code du travail » et les décrets pris pour son application.** — *Ancien art. D. 109 devenu art. D. 433-7 en application du Décr. nº 2010-1635 du 23 déc. 2010.*

V. Circ. nº 99-102 du 16 juill. 1999 relative aux modalités d'intervention des services de l'inspection du travail en matière d'hygiène et de sécurité du travail et de la formation professionnelle des détenus, BOMJ nº 75.

Art. D. 433-8 *(Décr. nº 98-1099 du 8 déc. 1998)* **Pour l'application des règles d'hygiène et de sécurité aux travaux effectués par les** *(Décr. nº 2010-1635 du 23 déc. 2010)* **« personnes détenues », soit dans les établissements pénitentiaires, soit à l'extérieur de ceux-ci dans les conditions définies au premier alinéa de l'article 723, le chef d'établissement compétent peut solliciter l'intervention des services de l'inspection du travail. Cette intervention donne lieu à un rapport, adressé au chef d'établissement pénitentiaire, qui indique, s'il y a lieu, les manquements en matière d'hygiène et de sécurité et recommande les mesures de nature à remédier à la situation.**

Le chef d'établissement pénitentiaire adresse dans les deux mois, au service de l'inspection du travail à l'origine du rapport, une réponse motivée précisant les mesures qui lui ont fait suite ainsi que celles qui seront prises, accompagnées d'un calendrier de réalisation. Lorsque la situation du travail présente un risque grave et imminent pour la santé ou la sécurité des *(Décr. nº 2010-1635 du 23 déc. 2010)* **« personnes détenues » au travail, ce délai est ramené à quinze jours.**

En cas de désaccord sur la nature ou le calendrier de ces mesures, l'*(Décr. nº 2021-143 du 10 févr. 2021, art. 4)* **« agent de contrôle de l'inspection du travail » en réfère au** *(Décr. nº 2010-1635 du 23 déc. 2010)* **« directeur régional des entreprises, de la concurrence, de la consommation, du travail et de l'emploi » qui saisit le directeur interrégional des services pénitentiaires compétent. Ce dernier fait connaître sa réponse dans un délai d'un mois.** — *Ancien art. D. 109-1 devenu art. D. 433-8 en application du Décr. nº 2010-1635 du 23 déc. 2010.*

V. Circ. nº 99-102 du 16 juill. 1999 relative aux modalités d'intervention des services de l'inspection du travail en matière d'hygiène et de sécurité du travail et de la formation professionnelle des détenus, BOMJ nº 75.

Art. D. 433-9 **Le droit à la réparation des accidents du travail et des maladies professionnelles est reconnu aux** *(Décr. nº 2010-1635 du 23 déc. 2010)* **« personnes détenues » exécutant un** *(Décr. nº 85-836 du 6 août 1985)* **« travail », selon les modalités du régime spécial établi par** *(Décr. nº 2010-1635 du 23 déc. 2010)* **« les dispositions du code de la sécurité sociale. »** — *Ancien art. D. 110 devenu art. D. 433-9 en application du Décr. nº 2010-1635 du 23 déc. 2010.*

V. Circ. nº 99-102 du 16 juill. 1999, BOMJ nº 75.

SECTION PREMIÈRE *BIS* DE LA RÉPARTITION DU PRODUIT DU TRAVAIL

(Décr. nº 2010-1635 du 23 déc. 2010)

Art. D. 434 *(Décr. nº 2004-1072 du 5 oct. 2004)* **La rémunération du travail est répartie conformément aux dispositions des articles D. 320 à D. 320-3, après qu'ont été précomptées les cotisations à caractère social mises à la charge des** *(Décr. nº 2010-1635 du 23 déc. 2010)* **« personnes détenues ».**

(Abrogé par Décr. nº 2010-1635 du 23 déc. 2010) ***« La portion attribuée aux détenus sur les produits de leur travail peut être accrue de gratifications, à titre exceptionnel et sous réserve que celles-ci n'excèdent pas le quart de la rémunération principale. Par dérogation, elles sont entièrement versées à la part disponible. »*** *— Ancien art. D. 111 devenu art. D. 434 en application du Décr. nº 2010-1635 du 23 déc. 2010.*

SECTION PREMIÈRE *TER* DE L'ENSEIGNEMENT ET DE LA FORMATION PROFESSIONNELLE *(Décr. nº 98-1099 du 8 déc. 1998 ; Décr. nº 2010-1635 du 23 déc. 2010).*

La section Ire ter était initialement une section III mais a été renumérotée en vertu des dispositions du Décr. nº 2010-1635 du 23 déc. 2010.

BIBL. ▶ Gaté, *AJ pénal 2015. 29* (la formation professionnelle des détenus, nouvelle compétence des régions).

Art. D. 435 **Les** *(Décr. nº 2016-1853 du 23 déc. 2016)* **« personnes détenues » doivent acquérir ou développer les connaissances qui leur seront nécessaires après leur libération en vue d'une meilleure adaptation sociale.**

Toutes facilités compatibles avec les exigences de la discipline et de la sécurité doivent être données à cet effet aux *(Décr. nº 2016-1853 du 23 déc. 2016)* **« personnes détenues » aptes à profiter d'un enseignement scolaire et professionnel et, en particulier, aux plus jeunes** *(Décr. nº 2016-1853 du 23 déc. 2016)* **« , aux moins instruits** *[instruites]* **et aux personnes rencontrant des difficultés sociales et professionnelles particulières ».** *— Ancien art. D. 450 devenu art. D. 435 en application du Décr. nº 2010-1635 du 23 déc. 2010.*

§ 1er ENSEIGNEMENT

(Décr. nº 2010-1635 du 23 déc. 2010)

Art. D. 436 *(Décr. nº 75-402 du 23 mai 1975)* **« L'enseignement primaire est assuré dans tous les établissements pénitentiaires. »**

(Décr. nº 85-836 du 6 août 1985) **« Les condamnés qui ne savent pas lire, écrire ou calculer couramment doivent bénéficier de cet enseignement. Les autres détenus peuvent y être admis sur leur demande.**

« Des cours spéciaux sont organisés pour les illettrés ainsi que pour ceux qui ne parlent ni n'écrivent la langue française. »

Le règlement intérieur détermine les horaires et les modalités dudit enseignement. *— Ancien art. D. 452 devenu art. D. 436 en application du Décr. nº 2010-1635 du 23 déc. 2010.*

En application du Décr. nº 2014-1277 du 23 oct. 2014 relatif aux exceptions à l'application du principe « silence vaut acceptation » (L. nº 2000-321 du 12 avr. 2000, art. 21, II), le silence gardé pendant deux mois par l'administration vaut décision de rejet pour les demandes relatives aux admissions à suivre un enseignement.

Art. D. 436-1 *Abrogé par Décr. nº 2013-368 du 30 avr. 2013, art. 2.*

V. désormais C. pénit., art. R. 112-22.

Art. D. 436-2 *Abrogé par Décr. nº 2013-368 du 30 avr. 2013, art. 2.*

V. désormais Annexe à l'art. R. 57-6-18, ss. art. R. 57-6-20, art. 17.

Art. D. 436-3 *(Décr. nº 98-1099 du 8 déc. 1998)* **« Les détenus qui suivent un enseignement sont admis à subir les épreuves des examens qui le sanctionnent lorsque le service de l'enseignement estime leur préparation suffisante. »**

(Décr. nº 85-836 du 6 août 1985) **« Les détenus peuvent, après avis des services compétents du ministère de l'éducation nationale, se présenter aux épreuves écrites ou**

orales de tous autres examens organisés à l'établissement sauf opposition du chef d'établissement » *(Abrogé par Décr. nº 98-1099 du 8 déc. 1998)* « *s'il s'agit d'un membre du personnel de direction, sinon du directeur régional* ».

Si les épreuves ne peuvent se dérouler à l'établissement, les candidats sont extraits de *(Décr. nº 98-1099 du 8 déc. 1998)* « l'établissement pénitentiaire » ou, si leur situation le permet, bénéficient d'une permission de sortir dans les conditions prévues *(Décr. nº 75-402 du 23 mai 1975)* « à l'article » *(Décr. nº 2016-1222 du 14 sept. 2016, art. 7)* « D. 143-4 ».

Les examens donnent lieu à la délivrance de certificats, brevets ou diplômes qui ne font pas apparaître l'état de détention des intéressés. — *Ancien art. D. 455 devenu art. D. 436-3 en application du Décr. nº 2010-1635 du 23 déc. 2010.*

En application du Décr. nº 2014-1277 du 23 oct. 2014 relatif aux exceptions à l'application du principe « silence vaut acceptation » (L. nº 2000-321 du 12 avr. 2000, art. 21, II), le silence gardé pendant deux mois par l'administration vaut décision de rejet pour les demandes relatives aux admissions à suivre un enseignement.

Art. D. 437 *(Décr. nº 98-1099 du 8 déc. 1998)* Le service de l'enseignement, comme la charge d'aider ou de conseiller les détenus qui ont été admis à poursuivre des études personnelles, doit être assuré par des personnes qualifiées et plus particulièrement par des membres du corps enseignant affectés selon les procédures en vigueur à l'éducation nationale et ayant reçu un agrément du directeur interrégional des services pénitentiaires.

Par ailleurs, le directeur interrégional peut accepter le concours bénévole que, notamment, des visiteurs de prison et des associations sont susceptibles de lui offrir. — *Ancien art. D. 456 devenu art. D. 437 en application du Décr. nº 2010-1635 du 23 déc. 2010.*

§ 2 FORMATION PROFESSIONNELLE

(Décr. nº 2010-1635 du 23 déc. 2010)

Art. D. 438 *(Décr. nº 98-1099 du 8 déc. 1998)* Au sein des établissements pénitentiaires, toutes dispositions sont prises pour assurer la formation professionnelle des personnes incarcérées qui le souhaitent.

(Décr. nº 99-276 du 13 avr. 1999) « Le service pénitentiaire d'insertion et de probation détermine, en liaison avec les chefs des établissements auprès desquels il intervient, les actions de formation professionnelle au bénéfice des personnes placées sous main de justice dans les conditions fixées par l'article D. 573. »

Le détenu susceptible de profiter d'une formation professionnelle peut être transféré dans l'établissement pénitentiaire où elle est assurée, à condition que sa situation pénale le permette. — *Ancien art. D. 457 devenu art. D. 438 en application du Décr. nº 2010-1635 du 23 déc. 2010.*

Art. D. 438-1 *Abrogé par Décr. nº 2013-368 du 30 avr. 2013, art. 2.*

V. désormais C. pénit., art. R. 112-22.

Art. D. 438-2 *(Décr. nº 98-1099 du 8 déc. 1998)* Les détenus qui reçoivent une formation professionnelle subissent les épreuves qui la sanctionnent, dans les conditions fixées par les textes les réglementant.

Si les épreuves ne peuvent se dérouler à l'établissement, les candidats sont extraits de l'établissement pénitentiaire ou, si leur situation pénale le permet, bénéficient d'une permission de sortir dans les conditions prévues à l'article *(Décr. nº 2016-1222 du 14 sept. 2016, art. 7)* « D. 143-4 ».

Les examens donnent lieu à la délivrance de certificats, brevets ou diplômes qui ne font pas apparaître l'état de détention des intéressés. — *Ancien art. D. 459 devenu art. D. 438-2 en application du Décr. nº 2010-1635 du 23 déc. 2010.*

SECTION II DE L'ASSISTANCE SPIRITUELLE *(Décr. nº 2010-1635 du 23 déc. 2010).*

La section II était initialement une section première mais a été renumérotée en vertu des dispositions du Décr. nº 2010-1635 du 23 déc. 2010.

Art. D. 439 *(Décr. nº 2010-1635 du 23 déc. 2010)* L'agrément des aumôniers est délivré par le directeur interrégional des services pénitentiaires après avis du préfet du

département dans lequel se situe l'établissement visité, sur proposition de l'aumônier national du culte concerné.

Lorsque la demande d'agrément porte sur des établissements situés dans plusieurs départements, le préfet de région exerce la compétence dévolue au préfet de département en vertu de l'alinéa précédent.

(Décr. n° 2017-756 du 3 mai 2017, art. 4, en vigueur le 1er oct. 2017) **« En vue de leur permettre d'assurer les missions qui leur sont confiées, une indemnité forfaitaire peut être allouée aux aumôniers agréés.**

« Un aumônier agréé à compter du 1er octobre 2017 ne peut bénéficier du versement d'une indemnité sur la base de vacations horaires que s'il est titulaire de l'un des diplômes de formation civile et civique figurant sur une liste déterminée selon des modalités fixées par arrêté conjoint du ministre de l'intérieur, du ministre chargé de l'enseignement supérieur et du ministre chargé de l'outre-mer.

« Toutefois, un aumônier agréé à compter de la même date peut bénéficier du versement de telles indemnités s'il n'est pas titulaire de l'un des diplômes précités dès lors qu'il s'engage à le devenir au cours des deux années qui suivent la décision l'agréant. Au terme de ces deux années, l'indemnité cesse d'être versée si l'aumônier n'a pas obtenu l'un de ces diplômes.

« L'indemnité prévue par le présent article n'est cumulable avec aucune autre rémunération publique versée au même titre. Un arrêté conjoint du garde des sceaux, ministre de la justice, et du ministre chargé du budget fixe son montant annuel. »

Lorsque son titulaire atteint l'âge de soixante-quinze ans, l'agrément est retiré par le directeur interrégional des services pénitentiaires.

V. Circ. du 16 juill. 2014 (NOR : JUSK1440001N) relative à la pratique du culte en détention.

Sur la désignation et l'agrément d'aumôniers témoins de Jéhovah, V. notes ss. art. R. 57-9-3.

Art. D. 439-1 *(Décr. n° 2010-1635 du 23 déc. 2010)* **Les aumôniers consacrent tout ou partie de leur temps aux fonctions définies à l'article R. 57-9-4 selon le nombre des personnes détenues qui souhaitent les rencontrer qui se trouvent dans l'établissement auprès duquel ils sont agréés.**

Art. D. 439-2 *(Décr. n° 98-1099 du 8 déc. 1998)* **Les aumôniers peuvent être assistés dans leur mission par des auxiliaires bénévoles d'aumônerie, agréés par le directeur interrégional des services pénitentiaires après avis du préfet** *(Décr. n° 2010-1635 du 23 déc. 2010)* **« du département dans lequel se situe l'établissement ou, lorsque la demande d'agrément porte sur des établissements situés dans plusieurs départements, du préfet de région et de l'aumônier national du culte concerné », pour une période de deux ans renouvelable. Ces derniers peuvent animer des groupes de détenus en vue de la réflexion, de la prière et de l'étude. Ils ne peuvent pas avoir d'entretiens individuels avec les détenus.** — *Ancien art. D. 434-1 devenu art. D. 439-2 en application du Décr. n° 2010-1635 du 23 déc. 2010.*

Art. D. 439-3 *(Abrogé par Décr. n° 2010-1635 du 23 déc. 2010)* ***« Les aumôniers ont pour mission de célébrer les offices religieux, d'administrer les sacrements et*** *(Décr. n° 98-1099 du 8 déc. 1998)* ***« d'apporter aux détenus une assistance pastorale ». »***

(Décr. n° 2010-1635 du 23 déc. 2010) **« Les aumôniers et les auxiliaires bénévoles d'aumônerie » ne doivent exercer auprès des détenus qu'un rôle spirituel et moral en se conformant aux dispositions du présent titre et au règlement intérieur de l'établissement.** — *Ancien art. D. 434 devenu art. D. 439-3 en application du Décr. n° 2010-1635 du 23 déc. 2010.*

Art. D. 439-4 *(Abrogé par Décr. n° 2010-1635 du 23 déc. 2010)* ***« Les aumôniers fixent en accord avec le chef d'établissement les jours et heures des offices en respectant les calendriers religieux.***

« Les membres du personnel et les détenus ont seuls le droit d'assister aux offices. » **A la demande de l'aumônier,** *(Décr. n° 2010-1635 du 23 déc. 2010)* **« les offices » peuvent être célébrés** *(Abrogé par Décr. n° 2010-1635 du 23 déc. 2010)* ***« ou des prêches peuvent être faits »*** **par d'autres ministres du culte sur autorisation délivrée** *(Décr. n° 98-1099 du 8 déc. 1998)* **« par le chef de l'établissement ».** — *Ancien art. D. 435 devenu art. D. 439-4 en application du Décr. n° 2010-1635 du 23 déc. 2010.*

Art. D. 439-5 *(Abrogé par Décr. nº 2010-1635 du 23 déc. 2010) « A son arrivée dans l'établissement, chaque détenu est avisé qu'il lui est loisible de recevoir la visite du ministre d'un culte et d'assister aux offices religieux. »*

(Décr. nº 2010-1635 du 23 déc. 2010) **« Le nom des personnes détenues qui ont déclaré leur intention de pratiquer leur religion est communiqué à l'aumônier dans les meilleurs délais. »** *(Abrogé par Décr. nº 2010-1635 du 23 déc. 2010) « Il en est de même pour les détenus qui, au cours de la détention, auraient manifesté semblable intention. » – Ancien art. D. 436 devenu art. D. 439-5 en application du Décr. nº 2010-1635 du 23 déc. 2010.*

SECTION III DE L'ACTION SOCIO-CULTURELLE *(Décr. nº 83-48 du 26 janv. 1983 ; Décr. nº 85-836 du 6 août 1985 ; Décr. nº 2010-1635 du 23 déc. 2010).*

La section III était initialement une section II mais a été renumérotée en vertu des dispositions du Décr. nº 2010-1635 du 23 déc. 2010.

§ 1er LES ACTIVITÉS SOCIO–CULTURELLES

(Décr. nº 98-1099 du 8 déc. 1998)

Art. D. 440 **Des activités socio-culturelles sont organisées dans chaque établissement pénitentiaire. Elles ont notamment pour objet de développer les moyens d'expression, les connaissances et les aptitudes des détenus.**

Le *(Décr. nº 99-276 du 13 avr. 1999)* **« service pénitentiaire d'insertion et de probation » recherche à cet effet le concours d'intervenants extérieurs auxquels peut être confiée l'animation de certaines activités.**

L'emploi du temps hebdomadaire doit permettre à tout détenu qui le souhaite de participer à ces activités.

§ 2 L'ACTION CULTURELLE

(Décr. nº 98-1099 du 8 déc. 1998)

Art. D. 441 **Une programmation culturelle, résultant de la représentation la plus étendue des secteurs de la culture, est mise en œuvre dans chaque établissement pénitentiaire.**

Ce programme a pour objectif de développer les moyens d'expression et les connaissances des détenus.

Art. D. 441-1 *(Décr. nº 99-276 du 13 avr. 1999)* **« Le service pénitentiaire d'insertion et de probation, en liaison avec le chef d'établissement, est chargé de définir et d'organiser la programmation culturelle de l'établissement. »**

A cet effet, il sélectionne et met en œuvre, avec l'appui des services compétents de l'État et des collectivités territoriales, des projets proposés par des organismes ou des opérateurs culturels.

Les textes de droit interne limitant la liberté d'expression des détenus et notamment l'art. D. 444-1 ne contreviennent pas aux stipulations des art. 8 et 10 Conv. EDH. C'est donc à bon droit que le directeur régional de l'administration pénitentiaire a subordonné l'autorisation d'une publication à la suppression des passages contenant de graves accusations ou des propos injurieux visant certains agents de l'administration pénitentiaire ou de l'institution judiciaire, ces écrits étant susceptibles de porter atteinte à l'honorabilité des personnes ou services concernés. • CAA Lyon, 30 juin 2005, nº 00LY01591 : *AJDA 2006. 313, note D. Besle ; D. 2006. 1078, obs. Péchillon.*

Art. D. 441-2 *Abrogé par Décr. nº 2010-1635 du 23 déc. 2010.*

§ 3 L'ASSOCIATION SOCIO-CULTURELLE ET SPORTIVE *(Décr. nº 98-1099 du 8 déc. 1998).*

Art. D. 442 *(Décr. nº 85-836 du 6 août 1985)* **Une association fonctionnant sous le régime de la loi du 1er juillet 1901 est constituée auprès de chaque établissement pénitentiaire en vue de soutenir et de développer l'action socio-culturelle et sportive au profit des détenus.**

Pour obtenir l'agrément du garde des sceaux, ministre de la justice, les statuts de ces associations doivent remplir les conditions fixées par une instruction de service.

§ 4 L'ACCÈS DES DÉTENUS AUX ACTIVITÉS CULTURELLES ET SOCIO-CULTURELLES *(Décr. n° 98-1099 du 8 déc. 1998).*

Art. D. 443 *Abrogé par Décr. n° 2013-368 du 30 avr. 2013, art. 2.*

V. désormais C. pénit., art. R. 112-22.

Art. D. 443-1 *Abrogé par Décr. n° 2013-368 du 30 avr. 2013, art. 2.*

V. désormais Annexe à l'art. R. 57-6-18, ss. art. R. 57-6-20, art. 19.

Art. D. 443-2 *Abrogé par Décr. n° 2013-368 du 30 avr. 2013, art. 2.*

V. désormais Annexe à l'art. R. 57-6-18, ss. art. R. 57-6-20, art. 19.

Art. D. 444 *Abrogé par Décr. n° 2013-368 du 30 avr. 2013, art. 2.*

V. désormais Annexe à l'art. R. 57-6-18, ss. art. R. 57-6-20, art. 19.

Art. D. 444-1 *(Abrogé par Décr. n° 2013-368 du 30 avr. 2013, art. 2) (Décr. n° 98-1099 du 8 déc. 1998)* ***La sortie des écrits faits par un détenu en vue de leur publication ou de leur divulgation, sous quelque forme que ce soit, est autorisée par décision du directeur interrégional des services pénitentiaires territorialement compétent.***

Sans préjudice d'une éventuelle saisie par l'autorité judiciaire et sous réserve de l'exercice des droits de la défense, tout manuscrit rédigé en détention peut au surplus être retenu pour des raisons d'ordre, pour n'être restitué à son auteur qu'au moment de sa libération.

Les dispositions du présent article ne font cependant pas obstacle à la diffusion, à l'intérieur et à l'extérieur de l'établissement pénitentiaire, de bulletins ou journaux rédigés par des détenus avec l'accord et sous le contrôle de l'administration.

V. désormais C. pénit., art. R. 112-22.

Les textes de droit interne limitant la liberté d'expression des détenus, et notamment l'art. D. 444-1, ne contreviennent pas aux stipulations des art. 8 et 10 Conv. EDH. C'est donc à bon droit que le directeur régional de l'administration pénitentiaire a subordonné l'autorisation d'une publication à la suppression des passages contenant de graves accusations ou des propos injurieux visant certains agents de l'administration pénitentiaire ou de l'institution judiciaire, ces écrits étant susceptibles de porter atteinte à l'honorabilité des personnes ou services concernés. • CAA Lyon, 30 juin 2005, n° 00LY01591 : *AJDA 2006. 313, note D. Besle ; D. 2006. 1078, obs. Péchillon.*

Art. D. 445 *(Décr. n° 2020-816 du 29 juin 2020, art. 5)* **Sans préjudice des dispositions prévues aux articles 41 de la loi n° 2009-1436 du 24 novembre 2009 pénitentiaire et R. 57-6-17 relatives au droit à l'image des personnes détenues, la diffusion, hors des locaux d'un établissement pénitentiaire, de productions audiovisuelles réalisées dans le cadre d'activités d'insertion est soumise à l'autorisation du directeur interrégional des services pénitentiaires territorialement compétent.**

En application du Décr. n° 2014-1279 du 23 oct. 2014 relatif aux exceptions à l'application du principe « silence vaut acceptation » (L. n° 2000-321 du 12 avr. 2000, art. 21, I), le silence gardé pendant deux mois par l'administration vaut décision de rejet pour les demandes relatives aux autorisations de diffusion, hors les locaux d'un établissement pénitentiaire, de productions audiovisuelles réalisées dans le cadre des activités d'insertion.

Art. D. 446 *(Décr. n° 85-836 du 6 août 1985)* **Pour l'animation d'activités par des personnes extérieures, l'autorisation est donnée par le chef d'établissement** *(Abrogé par Décr. n° 98-1099 du 8 déc. 1998)* ***« si celui-ci est un membre du personnel de direction ou, sinon, par le directeur régional ».***

Sous le contrôle du *(Décr. n° 99-276 du 13 avr. 1999)* **« service pénitentiaire d'insertion et de probation », des détenus peuvent être associés à l'organisation de ces activités et certains d'entre eux chargés de les préparer et de les animer.**

La liste des détenus autorisés à participer à ces activités est établie par le chef d'établissement après concertation avec le *(Décr. n° 99-276 du 13 avr. 1999)* **« service pénitentiaire d'insertion et de probation » et, éventuellement, avec l'animateur extérieur.**

Art. D. 447 *Abrogé par Décr. n° 2013-368 du 30 avr. 2013, art. 2.*

V. désormais C. pénit., art. R. 112-22.

Art. D. 448 *Abrogé par Décr. n° 2010-1635 du 23 déc. 2010.*

Art. D. 449 *Abrogé par Décr. n° 2013-368 du 30 avr. 2013, art. 2.*

V. désormais C. pénit., art. R. 112-22.

Art. D. 449-1 *Abrogé par Décr. n° 2013-368 du 30 avr. 2013, art. 2.*

V. désormais Annexe à l'art. R. 57-6-18, ss. art. R. 57-6-20, art. 19.

SECTION IV DES ACTIVITÉS PHYSIQUES ET SPORTIVES

(Décr. n° 98-1099 du 8 déc. 1998)

Art. D. 459-1 **Une programmation d'activités sportives est mise en œuvre dans chaque établissement pénitentiaire afin de favoriser l'accès de chacun à une pratique physique. Ce programme tend au développement des capacités physiques, motrices et relationnelles des détenus.**

La pratique des activités physiques et sportives s'effectue en liaison avec les services compétents des ministères chargés de l'éducation nationale et de la jeunesse et des sports.

(Décr. n° 99-276 du 13 avr. 1999) **« Le service pénitentiaire d'insertion et de probation contribue, en liaison avec le chef d'établissement et les services compétents, à l'élaboration de la programmation des activités sportives de l'établissement. »**

Art. D. 459-2 **Sous réserve des contraintes architecturales, l'établissement doit être doté d'équipements sportifs de plein air et couverts, réglementaires et polyvalents, permettant l'organisation de séances et de rencontres sportives. Dans toute la mesure du possible, la localisation des terrains de sport est différente de celle des cours de promenade.**

Art. D. 459-3 *Abrogé par Décr. n° 2013-368 du 30 avr. 2013, art. 2.*

V. désormais C. pénit., art. R. 112-22.

SECTION V DE L'INTERVENTION SOCIO-ÉDUCATIVE

(Décr. n° 99-276 du 13 avr. 1999)

V. Arr. du 7 juin 1999 (JO 3 juill.) portant création des services pénitentiaires d'insertion et de probation.

BIBL. ▶ COUVRAT, *RSC 1999. 626* (quelques propos sur les nouveaux services pénitentiaires d'insertion et de probation).

Art. D. 460 **Auprès de chaque établissement pénitentiaire, le service pénitentiaire d'insertion et de probation a pour mission de participer à la prévention des effets désocialisants de l'emprisonnement sur les détenus, de favoriser le maintien des liens sociaux et familiaux et de les aider à préparer leur réinsertion sociale.**

Il assure les liaisons avec les divers services sociaux, éducatifs, médico-sociaux et prend tous contacts qu'il juge nécessaires pour la réinsertion des détenus.

Art. D. 461 **Le service pénitentiaire d'insertion et de probation est chargé de rechercher les moyens propres à favoriser l'individualisation de la situation pénale des détenus, notamment dans le cadre des orientations données par le juge de l'application des peines.**

Chaque fois que la demande leur en est faite ou à leur initiative, les travailleurs sociaux du service pénitentiaire d'insertion et de probation fournissent à l'autorité judiciaire et aux services de l'administration pénitentiaire les éléments permettant de mieux individualiser l'exécution de la mesure privative de liberté de chaque détenu ; ils élaborent notamment des avis ou rapports sur les détenus provisoires ou ceux dont la situation pénale est examinée en commission de l'application des peines.

Art. D. 462 **Le service pénitentiaire d'insertion et de probation est systématiquement avisé de l'identité et de la situation pénale de tout détenu venant d'être écroué. Il a accès au dossier individuel de tout détenu.**

Art. D. 463 Les *(Décr. n° 2010-1635 du 23 déc. 2010)* « personnels » du service pénitentiaire d'insertion et de probation ont libre accès, aux heures de service de jour, aux locaux de détention pour les besoins de leur service.

Les entretiens avec les *(Décr. n° 2010-1635 du 23 déc. 2010)* « personnes détenues » ont lieu, dans des conditions garantissant la confidentialité, soit dans un parloir ou bureau, soit dans la cellule *(Décr. n° 2010-1635 du 23 déc. 2010)* « de la personne détenue » et, s'il *[si elle]* se trouve au quartier disciplinaire, dans un local spécial.

Art. D. 464 *Abrogé par Décr. n° 2013-368 du 30 avr. 2013, art. 2.*

V. désormais C. pénit., art. R. 112-22.

Art. D. 465 *Abrogé par Décr. n° 2013-368 du 30 avr. 2013, art. 2.*

V. désormais Annexe à l'art. R. 57-6-18, ss. art. R. 57-6-20, art. 21.

Art. D. 466 à D. 471 *Abrogés par Décr. n° 99-276 du 13 avr. 1999.*

SECTION VI **DES VISITEURS DE PRISON** *(Décr. n° 99-276 du 13 avr. 1999).*

Art. D. 472 *(Décr. n° 98-1099 du 8 déc. 1998 ; Décr. n° 99-276 du 13 avr. 1999)* Les visiteurs de prison contribuent, bénévolement et en fonction de leurs aptitudes particulières, à la prise en charge des détenus signalés par le service pénitentiaire d'insertion et de probation, en vue de préparer leur réinsertion en leur apportant notamment aide et soutien pendant leur incarcération. Ils peuvent participer à des actions d'animation collective.

Art. D. 473 *(Décr. n° 98-1099 du 8 déc. 1998 ; Décr. n° 99-276 du 13 avr. 1999)* Les visiteurs de prison sont agréés, pour une période de deux ans renouvelable, aux fins d'accès auprès des détenus d'un ou de plusieurs établissements déterminés.

L'agrément est accordé par le directeur régional, après avis du préfet *(Décr. n° 2014-134 du 17 févr. 2014, art. 5)* « ou, dans le département des Bouches-du-Rhône, du préfet de police des Bouches-du-Rhône ».

L'agrément est retiré par le directeur régional soit d'office, soit à la demande du juge de l'application des peines ou du procureur de la République.

En cas d'urgence, et pour des motifs graves, l'agrément peut être suspendu par le chef d'établissement, qui en avise sans délai le directeur régional, pour décision.

Art. D. 474 *(Décr. n° 98-1099 du 8 déc. 1998 ; Décr. n° 99-276 du 13 avr. 1999)* Les visiteurs de prison interviennent en collaboration avec le service pénitentiaire d'insertion et de probation qui a pour tâche de coordonner leurs actions. Ils sont réunis chaque trimestre en présence du chef d'établissement.

Les visiteurs de prison s'engagent au respect des dispositions du présent titre et du règlement intérieur de l'établissement relatives à la discipline et à la sécurité, ainsi qu'aux obligations particulières résultant de leur qualité et de leur rôle, portées à leur connaissance lors de leur prise de fonction.

Art. D. 475 *(Décr. n° 85-836 du 6 août 1985)* « Les visiteurs de prison » peuvent exercer leur action auprès de tous les détenus écroués dans l'établissement pour lequel ils *(Décr. n° 98-1099 du 8 déc. 1998)* « sont habilités, » quelle que soit la situation pénale de ces détenus.

Toutefois le droit de visite est suspendu *(Abrogé par Décr. n° 2010-1635 du 23 déc. 2010)* ***« à l'égard des détenus placés au quartier disciplinaire et »*** à l'égard des prévenus dans le cas où ces derniers font l'objet de l'interdiction de communiquer prévue *(Décr. n° 98-1099 du 8 déc. 1998)* « au premier alinéa de l'article 145-4 ».

Art. D. 476 *(Abrogé par Décr. n° 2013-368 du 30 avr. 2013, art. 2) (Décr. n° 85-836 du 6 août 1985)* ***« Les visiteurs de prison » ont accès à un local aménagé à l'intérieur de la détention afin d'y recevoir les détenus dont ils s'occupent.***

(Décr. n° 98-1099 du 8 déc. 1998) ***« L'entretien a lieu en dehors de la présence d'un surveillant. »***

Les visites ont lieu aux jours et heures fixés par le chef de l'établissement en accord avec les visiteurs.

V. désormais C. pénit., art. R. 112-22.

Art. D. 477 *(Abrogé par Décr. n° 2013-368 du 30 avr. 2013, art. 2) (Décr. n° 75-402 du 23 mai 1975)* ***Les visiteurs peuvent correspondre avec les détenus dont ils s'occupent sous pli ouvert et sans autorisation préalable.***

V. désormais C. pénit., art. R. 112-22.

SECTION VII DE L'AIDE À LA SORTIE DE DÉTENTION *(Décr. n° 2010-1635 du 23 déc. 2010).*

Art. D. 478 *(Décr. n° 2010-1635 du 23 déc. 2010)* **« Le service public pénitentiaire doit permettre à la personne détenue de préparer sa sortie dans les meilleures conditions, que ce soit en fin de peine ou dans le cadre d'une mesure d'aménagement de peine** *(Abrogé par Décr. n° 2014-1582 du 23 déc. 2014, art. 36, à compter du 1er mai 2015)* ***« ou de surveillance électronique de fin de peine »*. »**

(Décr. n° 99-276 du 13 avr. 1999 ; Décr. n° 2010-1635 du 23 déc. 2010) **« Le service pénitentiaire d'insertion et de probation, en liaison avec les services de l'État, des collectivités territoriales et de tous organismes publics ou privés, favorise l'accès de chaque personne sortant de détention aux droits sociaux et aux dispositifs d'insertion et de santé. Il s'assure que ces personnes bénéficient d'un hébergement dans les premiers temps de leur sortie de détention. »**

Al. abrogé par Décr. n° 99-276 du 13 avr. 1999.

§ 1er AVIS DONNÉS AUX PERSONNES DÉTENUES AU MOMENT DE LEUR SORTIE DE DÉTENTION *(Décr. n° 2010-1635 du 23 déc. 2010).*

Art. D. 479 *(Décr. n° 2010-1635 du 23 déc. 2010)* **« Le billet de sortie remis à chaque personne sortant de détention dans les conditions visées à l'article D. 288 mentionne les indications relatives à son état civil, son numéro d'immatriculation à la sécurité sociale, la date d'entrée et de sortie de détention, les ressources financières dont elle dispose à sa sortie et les secours, sous leurs diverses formes, dont elle a pu éventuellement bénéficier à sa sortie de détention. »**

(Décr. n° 99-276 du 13 avr. 1999 ; Décr. n° 2007-749 du 9 mai 2007 ; Décr. n° 2010-1635 du 23 déc. 2010) **« Il comporte l'adresse du service pénitentiaire d'insertion et de probation ou de l'antenne locale du lieu de résidence de la personne sortant de détention ou, s'il est remis à une personne détenue mineure, les coordonnées du service compétent du secteur public de la protection judiciaire de la jeunesse ».**

(Décr. n° 2010-1635 du 23 déc. 2010) **« Une copie de ce document peut être remise à Pôle emploi. »**

Art. D. 480 *(Abrogé par Décr. n° 2013-368 du 30 avr. 2013, art. 2) (Décr. n° 85-836 du 6 août 1985)* ***Un certificat de présence destiné à l'association pour l'emploi dans l'industrie et le commerce est joint au billet de sortie.***

V. désormais C. pénit., art. R. 112-22.

§ 2 AIDE AUX PERSONNES DÉTENUES DÉPOURVUES DE RESSOURCES À LEUR SORTIE DE DÉTENTION *(Décr. n° 2010-1635 du 23 déc. 2010).*

Art. D. 481 *Abrogé par Décr. n° 2013-368 du 30 avr. 2013, art. 2.*

V. désormais C. pénit., art. R. 112-22.

Art. D. 482 *Abrogé par Décr. n° 2013-368 du 30 avr. 2013, art. 2.*

V. désormais Annexe à l'art. R. 57-6-18, ss. art. R. 57-6-20, art. 37.

Art. D. 483 *Abrogé par Décr. n° 2013-368 du 30 avr. 2013, art. 2.*

V. désormais Annexe à l'art. R. 57-6-18, ss. art. R. 57-6-20, art. 37.

Art. D. 484 *Abrogé par Décr. n° 2013-368 du 30 avr. 2013, art. 2.*

V. désormais Annexe à l'art. R. 57-6-18, ss. art. R. 57-6-20, art. 37.

Art. D. 485 et D. 486 *Abrogés par Décr. n° 98-1099 du 8 déc. 1998.*

CHAPITRE XI DE DIFFÉRENTES CATÉGORIES DE PERSONNES DÉTENUES *(Décr. nº 2010-1635 du 23 déc. 2010).*

Art. D. 487 Indépendamment des mesures qui ont pour objet l'individualisation du traitement pénitentiaire des condamnés, et de celles visées aux articles D. 58 *(Abrogé par Décr. nº 2010-1635 du 23 déc. 2010) « et suivants, »* et D. 569 et suivants, concernant respectivement les prévenus et les détenus pour dettes, certaines règles particulières doivent être appliquées à des détenus appartenant à une catégorie déterminée en raison de leur situation pénale ou administrative.

Art. D. 488 et D. 489 *Abrogés par Décr. nº 98-1099 du 8 déc. 1998.*

SECTION PREMIÈRE DES DÉTENUS BÉNÉFICIANT D'UN RÉGIME SPÉCIAL *(Décr. nº 98-1099 du 8 déc. 1998).*

Art. D. 490 *(Décr. nº 75-972 du 23 oct. 1975)* Bénéficient, pour l'exécution d'une détention provisoire ou d'une peine privative de liberté, d'un régime spécial dont les particularités sont prévues aux articles D. 493 et D. 494 :

Les personnes poursuivies ou condamnées pour infractions de presse, sauf si ces infractions constituent des outrages aux bonnes mœurs, ou des actes de chantage ou des provocations au meurtre ;

(Décr. nº 83-48 du 26 janv. 1983) « Les personnes poursuivies ou condamnées » *(Décr. nº 98-1099 du 8 déc. 1998)* « pour atteintes aux intérêts fondamentaux de la nation ».

Art. D. 491 *(Décr. nº 75-972 du 23 oct. 1975)* L'admission au régime spécial des personnes qui satisfont à l'une des conditions visées à l'article D. 490 a lieu d'office sur l'indication que le ministère public près la juridiction saisie ou la juridiction de condamnation donne au chef de l'établissement d'incarcération.

Art. D. 492 *(Décr. nº 75-972 du 23 oct. 1975)* Le bénéfice du régime spécial cesse d'être applicable aux détenus qui ne remplissent plus les conditions prévues à l'article D. 490.

Art. D. 493 *(Décr. nº 98-1099 du 8 déc. 1998)* « Les détenus bénéficiaires du régime spécial sont séparés des détenus appartenant aux autres catégories dans toute la mesure du possible. »

Al. abrogé par Décr. nº 98-1099 du 8 déc. 1998.

Les détenus qui subissent leur prévention ou leur peine au régime spécial peuvent recevoir des visites tous les jours, dans les seules limites imposées par les nécessités du service et aux heures fixées par le chef d'établissement.

Art. D. 494 *(Décr. nº 75-972 du 23 oct. 1975)* Les détenus bénéficiaires du régime spécial, même dans les établissements pénitentiaires dont le régime ne comporte pas de telles particularités, et sauf instructions contraires du juge d'instruction en application des articles *(Décr. nº 98-1099 du 8 déc. 1998)* « 145-4 » et D. 56, ont la faculté d'être réunis aux heures de la journée fixées par le chef d'établissement *(Abrogé par Décr. nº 98-1099 du 8 déc. 1998) « et de recevoir, en présence d'un surveillant, des visites dans un parloir sans dispositif de séparation ».*

Art. D. 495 *(Décr. nº 75-972 du 23 oct. 1975)* Tout détenu bénéficiaire du régime spécial est soumis aux mesures réglementaires prévues pour assurer l'ordre et la sécurité dans les établissements pénitentiaires. Il peut notamment faire l'objet des sanctions disciplinaires prévues au présent titre.

Al. abrogés par Décr. nº 98-1099 du 8 déc. 1998.

Art. D. 496 *Abrogé par Décr. nº 75-972 du 23 oct. 1975.*

Art. D. 497 à D. 504 *Abrogés par Décr. nº 83-48 du 26 janv. 1983.*

SECTION II DES DÉTENUS DE NATIONALITÉ ÉTRANGÈRE *(Décr. nº 83-48 du 26 janv. 1983 ; Décr. nº 98-1099 du 8 déc. 1998).*

Art. D. 505 Sous réserve des particularités relatives à la libération conditionnelle, les détenus de nationalité étrangère sont soumis au même régime que les détenus nationaux appartenant à leur catégorie pénale.

Des précautions particulières s'imposent néanmoins à leur égard en ce qui concerne l'application éventuelle des mesures visées à la section VII du chapitre II du présent titre.

Art. D. 506 *(Décr. nº 98-1099 du 8 déc. 1998)* « Sous réserve de l'application des dispositions du deuxième alinéa de l'article » *(Décr. nº 2010-1635 du 23 déc. 2010)* « R. 57-7-25 », le recours à un interprète n'a d'objet qu'en cas de nécessité absolue, si *(Décr. nº 2010-1635 du 23 déc. 2010)* « la personne détenue » ne parle ou ne comprend la langue française et s'il ne se trouve sur place aucune personne capable d'assurer la traduction.

Les visites et la correspondance des étrangers peuvent s'effectuer dans leur langue, sous réserve des dispositions des articles *(Décr. nº 2010-1635 du 23 déc. 2010)* « R. 57-8-15 et R. 57-8-18 ».

En application du Décr. nº 2014-1277 du 23 oct. 2014 relatif aux exceptions à l'application du principe « silence vaut acceptation » (L. nº 2000-321 du 12 avr. 2000, art. 21, II), le silence gardé pendant deux mois par l'administration vaut décision de rejet pour les demandes relatives au recours à un interprète.

Art. D. 507 Les détenus écroués à la suite d'une demande d'extradition émanant d'un gouvernement étranger sont soumis au régime des prévenus.

La délivrance des permis de visite et le contrôle de la correspondance les concernant relèvent du procureur général *(Abrogé par Décr. nº 98-1099 du 8 déc. 1998)* ***« jusqu'à décision de la chambre d'accusation et ensuite du ministre de la justice ».***

SECTION III DES DÉTENUS APPARTENANT AUX FORCES ARMÉES *(Décr. nº 83-48 du 26 janv. 1983 ; Décr. nº 98-1099 du 8 déc. 1998).*

Art. D. 508 *(Décr. nº 60-898 du 24 août 1960 ; Décr. nº 79-534 du 3 juill. 1979 ; Décr. nº 98-1099 du 8 déc. 1998)* Les détenus militaires en état de prévention devant un tribunal des forces armées ne doivent pas être placés en commun avec des détenus non militaires.

Après condamnation, ils sont soumis au même régime que les autres condamnés de leur catégorie, compte tenu des dispositions de l'article 718. Toutefois, les mesures prévues aux articles 723 et 723-3 ne peuvent être accordées aux condamnés militaires qu'avec l'accord préalable de l'autorité militaire dont relèvent les intéressés.

Art. D. 509 Les officiers en prévention, et ceux qui ont conservé leur grade malgré leur condamnation, sont placés en cellule individuelle, dans toute la mesure du possible, et effectuent leur promenade séparément.

Al. abrogé par Décr. nº 98-1099 du 8 déc. 1998.

Art. D. 510 *(Décr. nº 83-48 du 26 janv. 1983 ; Décr. nº 98-1099 du 8 déc. 1998)* Les ***dispositions des articles*** D. 61 et D. 348 sont applicables aux détenus militaires.

Art. D. 511 *(Décr. nº 98-1099 du 8 déc. 1998)* « Pour tous les militaires, des avis d'incarcération, de prévision de levée d'écrou et de libération sont adressés à l'autorité militaire. »

Il en est de même en ce qui concerne les détenus civils soumis à obligations militaires, et pour les jeunes Français âgés de dix-huit à vingt ans.

Art. D. 512 Les militaires sont remis, dès leur libération et pour quelque cause que celle-ci intervienne, au représentant du bureau de la place ou, à défaut, à la gendarmerie, qui sont respectivement chargés de les faire mettre en route sur leur corps d'affectation.

Il en est de même pour les jeunes libérés titulaires d'un ordre d'appel ou d'un ordre de route et pour ceux qui appartiennent à un contingent d'âge présent sous les drapeaux.

Art. D. 513 Le médecin militaire désigné par le *(Décr. n° 2018-606 du 11 juill. 2018, en vigueur le 3 sept. 2018)* « commandant du centre médical des armées » ou, à défaut, le médecin militaire de la place, l'assistante sociale de l'armée et les aumôniers militaires ont accès, dans l'exercice de leurs fonctions et pour les besoins de leur service, auprès des détenus militaires.

SECTION IV *[ABROGÉE]* DES DÉTENUS MINEURS *(Décr. n° 2007-749 du 9 mai 2007, en vigueur le 1er juin 2007).*

(Abrogée par Décr. n° 2021-683 du 27 mai 2021, art. 2, à compter du 30 sept. 2021)

SOUS-SECTION 1 *[ABROGÉE]* DISPOSITIONS GÉNÉRALES

BIBL. ▸ GRILLE, *AJ pénal 2005. 62* (la perspective des établissements spécialisés pour mineurs, le pari d'une prison éducative ?) ; *ibid. 2010. 23* (le droit pénitentiaire des mineurs à l'épreuve des nouveaux EPM : pratiques professionnelles et usages du droit en prison).

Art. D. 514 *Au sein de chaque établissement pénitentiaire recevant des mineurs, une équipe pluridisciplinaire réunit des représentants des différents services intervenant auprès des mineurs incarcérés afin d'assurer leur collaboration ainsi que le suivi individuel de chaque mineur détenu.*

L'équipe pluridisciplinaire est présidée par le chef d'établissement ou son représentant. Elle comprend au moins, outre son président, un représentant du personnel de surveillance, un représentant du secteur public de la protection judiciaire de la jeunesse et un représentant de l'éducation nationale. Elle peut associer, en tant que de besoin, un représentant des services de santé, un représentant du service pénitentiaire d'insertion et de probation ou tout autre intervenant dans la prise en charge des mineurs détenus.

L'équipe pluridisciplinaire se réunit au moins une fois par semaine.

Art. D. 514-1 *Les services du secteur public de la protection judiciaire de la jeunesse assurent la continuité de la prise en charge éducative des mineurs détenus. En collaboration avec les services ayant en charge le suivi du mineur, ils mettent en œuvre un suivi éducatif individualisé de chaque mineur détenu.*

Ils exercent, à leur égard, les missions dévolues par les dispositions des articles D. 460 à D. 465 et D. 573 au service pénitentiaire d'insertion et de probation.

(Abrogé par Décr. n° 2015-1486 du 16 nov. 2015) (Décr. n° 2010-1635 du 23 déc. 2010) « Ils sont consultés par le chef d'établissement avant toute décision relative aux modalités de prise en charge d'une personne détenue mineure. »

SOUS-SECTION 2 *[ABROGÉE]* DU MAINTIEN DES LIENS FAMILIAUX

Art. D. 515 et D. 515-1 *Abrogés par Décr. n° 2015-1486 du 16 nov. 2015.*

V. désormais C. pénit., art. R. 112-22.

SOUS-SECTION 3 *[ABROGÉE]* DE L'ACCÈS DES MINEURS DÉTENUS À L'ENSEIGNEMENT, À LA FORMATION ET AUX ACTIVITÉS SOCIO-ÉDUCATIVES, CULTURELLES ET SPORTIVES

Art. D. 516 *La continuité de l'accès du mineur détenu à l'enseignement ou à la formation est assurée, quel que soit son âge, conformément aux dispositions des livres Ier et III du code de l'éducation. (Abrogé par Décr. n° 2015-1486 du 16 nov. 2015) « Un bilan pédagogique est réalisé auprès de chaque mineur entrant. »*

Art. D. 517 à D. 518-2 *Abrogés par Décr. n° 2015-1486 du 16 nov. 2015.*

V. désormais C. pénit., art. R. 112-22.

SOUS-SECTION 4 *[ABROGÉE]* DE LA SANTÉ DES MINEURS

Art. D. 519 *La protection de la santé et l'accès aux soins des mineurs détenus sont régis par les dispositions du code de la santé publique et du présent code.*

Art. D. 519-1 *(Abrogé par Décr. n° 2015-1486 du 16 nov. 2015)* ***Les repas des mineurs détenus sont composés conformément aux principes de la diététique et servis dans des conditions permettant leur éducation à une alimentation équilibrée et régulière.***

V. désormais C. pénit., art. R. 112-22.

SOUS-SECTION 5 *[ABROGÉE]* DE LA MESURE DE PROTECTION INDIVIDUELLE

Art. D. 520 *Abrogé par Décr. n° 2015-1486 du 16 nov. 2015.*

V. désormais C. pénit., art. R. 112-22.

SECTION V DES DÉTENUS MAJEURS ÂGÉS DE MOINS DE VINGT ET UN ANS
(Décr. n° 2007-749 du 9 mai 2007, en vigueur le 1er juin 2007).

Art. D. 521 **Les détenus majeurs âgés de moins de vingt et un ans sont soumis à un régime particulier et individualisé qui fait une large place à l'enseignement et à la formation.**

Sauf si, pour les prévenus, le magistrat saisi du dossier de l'information en dispose autrement, ils participent à des activités d'enseignement, de formation, de travail et socioculturelles et sportives ou de détente.

En application du Décr. n° 2014-1277 du 23 oct. 2014 relatif aux exceptions à l'application du principe « silence vaut acceptation » (L. n° 2000-321 du 12 avr. 2000, art. 21, II), le silence gardé pendant deux mois par l'administration vaut décision de rejet pour les demandes relatives à la participation aux activités d'enseignement, de formation, de travail, socio-culturelles, sportives ou de détente pour les personnes détenues de moins de vingt et un ans.

Art. D. 521-1 **Les détenus majeurs âgés de moins de vingt et un ans sont soumis, en principe, à l'isolement de nuit.**

Toutefois, ils peuvent être placés en cellule avec d'autres détenus de leur âge, soit pour motif médical, soit en raison de leur personnalité.

En application du Décr. n° 2014-1279 du 23 oct. 2014 relatif aux exceptions à l'application du principe « silence vaut acceptation » (L. n° 2000-321 du 12 avr. 2000, art. 21, I), le silence gardé pendant deux mois par l'administration vaut décision de rejet pour les demandes relatives à l'encellulement individuel.

SECTION II *[VI]* DISPOSITIONS RELATIVES À L'EXÉCUTION, SUR LE TERRITOIRE DES AUTRES ÉTATS MEMBRES DE L'UNION EUROPÉENNE, DES CONDAMNATIONS PRONONCÉES PAR LES JURIDICTIONS FRANÇAISES

(Décr. n° 2022-546 du 13 avr. 2022, art. 9)

Art. D. 521-1-1 **Lors de la notification au condamné d'une des décisions du représentant du ministère public mentionnées aux 1°, 2° et 3° de l'article 728-22-1, celui-ci est informé que le recours devant le président de la chambre de l'application des peines de la cour d'appel prévu par cet article peut être exercé dans un délai de dix jours à compter de cette notification.**

TITRE TROISIÈME DE LA LIBÉRATION CONDITIONNELLE

Art. D. 520 et D. 521 *Abrogés par Décr. n° 2004-1364 du 13 déc. 2004, art. 14, à compter du 1er janv. 2005.*

CHAPITRE PREMIER DE LA PROCÉDURE RELATIVE AUX DEMANDES DE LIBÉRATION CONDITIONNELLE *(Décr. n° 2004-1364 du 13 déc. 2004, art. 14, en vigueur le 1er janv. 2005).*

(Décr. n° 2000-1213 du 13 déc. 2000)

Art. D. 522 **Pour faciliter le contrôle de la situation des condamnés au regard de la libération conditionnelle, un fichier est tenu dans tous les établissements pénitentiaires**

qui fait apparaître la date prévisible de leur libération et la date de l'expiration du temps d'épreuve ou de la période de sûreté.

Le greffe de l'établissement pénitentiaire avise en temps utile les condamnés qu'ils sont admissibles à la libération conditionnelle.

Ce fichier est présenté au juge de l'application des peines ainsi qu'aux autorités judiciaires et administratives inspectant ces établissements. Il peut être également présenté, sur leur demande, aux parlementaires visitant des établissements en application de l'article *(Décr. n° 2004-1364 du 13 déc. 2004, art. 14-III, en vigueur le 1er janv. 2005)* **« 719 ».**

(Abrogé par Décr. n° 2014-1582 du 23 déc. 2014, art. 27, à compter du 1er janv. 2015) (Décr. n° 2006-385 du 30 mars 2006, art. 6) ***« Conformément aux dispositions du deuxième alinéa de l'article 721, la date prévisible de libération prise en compte pour déterminer en application des dispositions du deuxième alinéa de l'article 729 la date d'expiration du temps d'épreuve rendant un condamné récidiviste admissible à la libération conditionnelle est la date théorique de fin de peine qui serait résultée de l'application à l'intéressé du crédit de réduction de peine applicable aux non récidivistes. Les retraits de crédit de réduction de peine dont le condamné peut faire l'objet en application des dispositions du quatrième alinéa de l'article 721 sont sans incidence sur l'écart existant entre cette date théorique et la date prévisible de libération.***

« Si la libération conditionnelle est accordée, cette date théorique est sans incidence sur la durée des mesures d'assistance et de contrôle prévue par le deuxième alinéa de l'article 732, ni sur la durée de la peine à subir en cas de révocation de la décision de libération prévue par le deuxième alinéa de l'article 733, qui demeurent calculées au regard de la durée de la peine qui restait effectivement à subir par le condamné, du fait notamment du crédit de réduction de peine applicable aux récidivistes. »

Les dispositions des deux derniers al. de l'art. D. 522, dans leur rédaction en vigueur avant le 1er janv. 2015, demeurent applicables pour le calcul de la date prévisible de libération conditionnelle des personnes ayant fait l'objet des crédits de réduction de peine applicables aux récidivistes avant cette date, pour le calcul de la durée des mesures d'assistance et de contrôle ainsi que pour le calcul de la durée de la peine à subir en cas de révocation de la décision de libération prévue par le deuxième al. de l'art. 733 (Décr. n° 2014-1582 du 23 déc. 2014, art. 38).

Art. D. 523 **Au moins une fois par an, et même en l'absence de demande de la part des intéressés, le juge de l'application des peines examine en temps utile la situation des condamnés ayant vocation à la libération conditionnelle pour que ces derniers puissent être éventuellement admis au bénéfice de la mesure dès qu'ils remplissent les conditions prévues par la loi. Dans le cas prévu au deuxième alinéa de l'article 730, le juge de l'application des peines peut saisir** *(Décr. n° 2004-1364 du 13 déc. 2004, art. 15, en vigueur le 1er janv. 2005)* **« le tribunal de l'application des peines » s'il estime que la mesure peut être accordée.**

Sauf s'il est envisagé d'assortir le bénéfice de la mesure de l'une des conditions prévues aux 3° et 4° de l'article D. 535, l'examen prévu à l'alinéa précédent porte essentiellement sur les efforts de réadaptation sociale du condamné en fonction de sa situation personnelle, familiale ou sociale.

Des éléments d'information complémentaires sont, en tant que de besoin, recueillis par l'intermédiaire du service pénitentiaire d'insertion et de probation du lieu où le condamné souhaite établir sa résidence.

La libération conditionnelle subordonnée à l'exécution d'une mesure d'interdiction du territoire n'a pas à être examinée au regard des critères personnels, familiaux et sociaux du condamné. • Crim. 6 mars 2002, n° 01-85.914 P : *D. 2002. IR 1405*.

Art. D. 523-1 *(Décr. n° 2014-1582 du 23 déc. 2014, art. 12, en vigueur le 1er janv. 2015)* **Deux mois au moins avant la date prévue pour l'examen prévu par l'article 730-3, la personne condamnée est convoquée par le service pénitentiaire d'insertion et de probation afin de faire connaître si elle s'oppose à toute mesure de libération conditionnelle. Son choix est mentionné dans un procès-verbal signé de l'intéressé. Il est porté sans délai à la connaissance du juge de l'application des peines.**

Le service pénitentiaire d'insertion et de probation transmet en temps utile au juge de l'application des peines les rapports concernant les personnes condamnées dont la situation doit être examinée lors du débat contradictoire prévu par cet article.

Si un débat contradictoire n'a pas été tenu dans un délai de quatre mois à compter du jour où la durée de la peine accomplie est égale au double de la peine restant à subir, la chambre de l'application des peines de la cour d'appel peut être saisie directement par le condamné ou par le procureur de la République, ou se saisir d'office. La saisine par le condamné se fait par lettre recommandée avec accusé de réception ou selon les modalités prévues par l'article 503.

Les dispositions de l'article 730-3 ne s'appliquent pas aux personnes en aménagement de peine sous écrou.

Si la condamnation de la personne fait l'objet d'une période de sûreté, elles ne s'appliquent qu'à l'issue de cette période.

Art. D. 524 *(Décr. n° 2004-1364 du 13 déc. 2004, art. 16, en vigueur le 1er janv. 2005)* La demande de libération conditionnelle relevant de la compétence du juge de l'application des peines doit être examinée dans les quatre mois de son dépôt, conformément aux dispositions de l'article D. 49-33.

Celle relevant de la compétence du tribunal de l'application des peines libération conditionnelle doit être examinée dans les six mois de son dépôt, conformément aux dispositions de l'article D. 49-36.

A défaut, le condamné peut directement saisir de sa demande la chambre de l'application des peines de la cour d'appel, par lettre recommandée avec demande d'accusé de réception ou selon les modalités prévues à l'article 503.

Font une exacte application de l'art. D. 524, les juges qui, pour décider que la saisine directe de la CHAP formée le 22 déc. 2008 est irrecevable, retiennent que le délai imparti au JAP pour statuer sur une demande présentée le 3 sept. 2008 n'est pas écoulé. • Crim. 14 oct. 2009, n° 09-82.267 P : *AJ pénal 2010. 46 ; ibid. 202, obs. Herzog-Evans*.

Art. D. 525 Dès lors qu'il remplit les conditions prévues par l'article 729 ou par l'article 729-3, tout condamné peut, même s'il n'est pas sous écrou, être admis au bénéfice de la libération conditionnelle.

Art. D. 526 *(Décr. n° 2004-1364 du 13 déc. 2004, art. 17, en vigueur le 1er janv. 2005)* « Sans préjudice des dispositions de l'article D. 523, le juge de l'application des peines recueille les éléments d'information nécessaires à l'examen de la demande de libération conditionnelle. A cette fin, il peut faire application des dispositions de l'article 712-16.

« Dans tous les cas, le juge de l'application des peines peut également recueillir l'avis du procureur de la République du tribunal judiciaire dans le ressort duquel le condamné souhaite établir sa résidence. Le procureur de la République peut alors procéder aux investigations prévues au premier alinéa du présent article afin de donner son avis. »

Pour les affaires concernant les militaires condamnés par une des juridictions mentionnées à l'article 697 ou une juridiction des forces armées, le juge de l'application des peines recueille également l'avis du ministre de la défense.

(Décr. n° 2004-1364 du 13 déc. 2004, art. 17, en vigueur le 1er janv. 2005) « Ces différents documents ou avis sont versés au dossier individuel du condamné, qui est transmis au tribunal de l'application des peines lorsque ce dernier est compétent.

« Dans ce dernier cas, le juge de l'application des peines présente oralement la synthèse de ces documents et avis lors du débat contradictoire devant le tribunal de l'application des peines. »

Art. D. 527 *(Décr. n° 2004-1364 du 13 déc. 2004, art. 18, en vigueur le 1er janv. 2005)* Lorsqu'ils sont saisis, le tribunal de l'application des peines et la chambre de l'application des peines de la cour d'appel, ou les présidents de ces juridictions, peuvent également procéder ou faire procéder à des mesures d'instruction complémentaires. La juridiction qui envisage d'accorder une libération conditionnelle est tenue de demander l'avis du procureur de la République du tribunal judiciaire dans le ressort duquel le condamné souhaite établir sa résidence si cet avis ne figure pas déjà dans le dossier.

Art. D. 527-1 *(Décr. n° 2011-1986 du 28 déc. 2011, art. 3, en vigueur le 1er janv. 2012)* « Conformément aux dispositions de l'article 730-2, la libération conditionnelle ne peut être accordée *(Décr. n° 2019-508 du 24 mai 2019, art. 8)* « qu'après une évaluation pluridisciplinaire de dangerosité assortie d'une expertise médicale, » lorsqu'elle concerne une personne qui a été condamnée à la réclusion criminelle à perpétuité ou qui, quelle que soit la durée de la détention restant à subir, a été condamnée soit à une peine d'emprisonnement ou de réclusion criminelle égale ou supérieure à quinze ans pour une infraction pour laquelle le suivi socio-judiciaire est encouru, soit à une peine d'emprisonnement ou de réclusion criminelle égale ou supérieure à dix ans pour une infraction mentionnée à l'article 706-53-13. »

(Décr. nº 2019-508 du 24 mai 2019, art. 8) « Aux fins de réaliser cette évaluation, le tribunal de l'application des peines ordonne le placement de la personne dans le Centre national d'évaluation prévu aux articles D. 81-1 et D. 81-2, si ce placement n'a pas déjà été ordonné par le juge de l'application des peines lors de l'instruction de la demande dans les conditions prévues par l'article D. 526.

« La durée du placement au Centre national d'évaluation est déterminée par l'administration pénitentiaire, au regard des informations relatives à la situation du condamné transmises par le juge ou le tribunal de l'application des peines qui a ordonné le placement.

« L'expertise médicale mentionnée au premier alinéa est ordonnée par le juge de l'application des peines conformément à l'article 712-21. A défaut, elle est ordonnée par le tribunal de l'application des peines. Si la personne a été condamnée pour un des crimes mentionnés à l'article 706-53-13, l'expertise est réalisée par deux experts et elle porte sur l'opportunité du recours à un traitement utilisant des médicaments inhibiteurs de libido conformément aux dispositions du 2° de l'article 730-2.

« L'évaluation pluridisciplinaire de dangerosité est transmise au tribunal de l'application des peines au plus tard dans un délai de six mois à compter de la saisine du Centre national d'évaluation dans les conditions prévues au deuxième alinéa. Cette évaluation et l'expertise qui l'assortit sont valables pour une durée de deux ans. »

BIBL. ► LAVRIC, *D. actu. 14 déc. 2010* (libération conditionnelle : délai fixé pour l'avis de la commission pluridisciplinaire, Rép. min. nº 57685, *JOAN Q 23 nov. 2010*).

Art. D. 527-2 *(Décr. nº 2010-1277 du 27 oct. 2010, art. 5)* En cas de condamnation *(Décr. nº 2011-1986 du 28 déc. 2011, art. 3, en vigueur le 1er janv. 2012)* « mentionnée au premier alinéa de l'article D. 527-1 », *(Décr. nº 2019-508 du 24 mai 2019, art. 8)* « l'évaluation pluridisciplinaire de dangerosité et l'expertise médicale qui l'assortit doivent également être réalisées, » conformément aux dispositions des articles *(Décr. nº 2011-1986 du 28 déc. 2011, art. 3, en vigueur le 1er janv. 2012)* « 730-2 » et D. 527-1, avant un éventuel placement sous semi-liberté ou sous surveillance électronique probatoire à une libération conditionnelle ordonné en application des dispositions des articles *(Abrogé par Décr. nº 2011-1986 du 28 déc. 2011, art. 3, à compter du 1er janv. 2012)* « 720-5, » 723-1 et 723-7. Dans ce cas, à l'issue de l'exécution de la semi-liberté ou du placement sous surveillance électronique, la libération conditionnelle peut être accordée sans qu'il soit besoin *(Décr. nº 2019-508 du 24 mai 2019, art. 8)* « de réaliser à nouveau une évaluation pluridisciplinaire de dangerosité ainsi qu'une expertise médicale. »

Art. D. 527-3 *(Décr. nº 2016-1455 du 28 oct. 2016, art. 16)* L'évaluation pluridisciplinaire de dangerosité prévue par l'article 730-2-1 est réalisée par la commission pluridisciplinaire des mesures de sûreté mentionnée à l'article 763-10 compétente pour le ressort de la cour d'appel de Paris.

Lorsqu'elle statue en application du premier alinéa, sa composition prévue par l'article R. 61-8 est ainsi modifiée :

1° Elle est complétée par un fonctionnaire de police ou un militaire de la gendarmerie affecté ou ayant été affecté dans un service de police judiciaire spécialement chargé de la lutte contre le terrorisme désigné, pour une période de cinq ans, par le ministre de l'intérieur ;

2° Le représentant d'une association d'aide aux victimes prévu au 6° de l'article R. 61-8 est un représentant d'une association mentionnée à l'article 2-9. Ce représentant ne peut toutefois avoir été victime des faits pour lesquels a été condamnée la personne dont la commission est chargée d'évaluer la dangerosité.

Art. D. 527-4 *(Décr. nº 2016-1455 du 28 oct. 2016, art. 16)* La commission mentionnée à l'article D. 527-3 est saisie par le tribunal de l'application des peines lorsque

celui-ci doit statuer sur l'octroi de la libération conditionnelle si elle ne l'a pas déjà été par le juge de l'application des peines conformément aux dispositions de l'article D. 526.

Elle peut utiliser les moyens de télécommunication conformément aux dispositions de l'article 706-71. Le condamné peut être assisté de son avocat.

Cette commission peut consulter les éléments figurant dans le dossier individuel du condamné mentionné à l'article 724-1.

Sur décision de son président, qui en assure la mise en œuvre, la commission peut également procéder ou faire procéder sur l'ensemble du territoire national à tous examens, auditions, enquêtes administratives, expertises ou autres mesures utiles.

Le président de la commission peut, lorsque la personne est détenue, saisir le centre national d'évaluation qui lui transmet un rapport d'évaluation. Les troisième et cinquième alinéas de l'article D. 527-1 sont alors applicables sauf en ce qui concerne la nécessité d'une expertise médicale.

L'avis de la commission est valable pour une durée de deux ans. Il doit être rendu au plus tard dans un délai de six mois à compter de sa saisine.

Art. D. 528 *(Décr. n° 2006-385 du 30 mars 2006, art. 7)* **Tout jugement ou arrêt ordonnant une libération conditionnelle est motivé conformément aux dispositions des articles 712-4, 712-13 et 729, ainsi que de celles du présent article.**

Il vise le procès-verbal de débat contradictoire dans lequel est mentionné le sens des réquisitions du ministère public.

Il précise les garanties de représentation et de resocialisation de la personne concernant notamment sa résidence ou son domicile et l'origine, la nature et l'importance des revenus dont elle pourra bénéficier.

Il mentionne l'ensemble des mesures et conditions imposées au condamné, qu'il s'agisse des mesures et conditions obligatoires ou des conditions particulières.

Les modalités pratiques d'exécution de ces mesures et conditions peuvent être précisées ultérieurement par une instruction adressée par le juge de l'application des peines au service chargé de suivre le condamné.

Art. D. 528-1 à D. 529-2 *Abrogés par Décr. n° 2004-1364 du 13 déc. 2004.*

CHAPITRE II DES MESURES ET CONDITIONS AUXQUELLES SONT SOUMIS OU PEUVENT ÊTRE SOUMIS LES LIBÉRÉS CONDITIONNELS

(Décr. n° 2006-385 du 30 mars 2006).

Art. D. 530 *(Décr. n° 2006-385 du 30 mars 2006, art. 9)* **Les mesures et conditions assortissant la libération conditionnelle sont, selon les distinctions prévues par le présent chapitre, obligatoires ou particulières. Elles sont destinées à faciliter et à vérifier la réinsertion du condamné et à prévenir la récidive.**

Art. D. 531 *(Décr. n° 98-1099 du 8 déc. 1998)* **« Tout condamné, sous réserve de l'application des dispositions de l'article 729-2, a la faculté de refuser son admission à la libération conditionnelle, en sorte que les mesures et les conditions particulières qu'elle comporte à son égard ne peuvent s'appliquer sans son consentement. »**

Ces mesures et conditions doivent en conséquence être portées à la connaissance de l'intéressé avant l'exécution de la décision qui les prescrit.

SECTION PREMIÈRE DES MESURES ET CONDITIONS OBLIGATOIRES *(Décr. n° 2006-385 du 30 mars 2006, art. 10).*

Art. D. 532 *(Décr. n° 85-836 du 6 août 1985)* **« Les mesures d'aide » ont pour objet de susciter et de seconder les efforts du condamné en vue de** *(Décr. n° 98-1099 du 8 déc. 1998)* **« sa réinsertion sociale, familiale et professionnelle ».**

(Décr. n° 99-276 du 13 avr. 1999) **« Elles sont mises en œuvre par le service pénitentiaire d'insertion et de probation en liaison et avec la participation, le cas échéant, des autres services de l'État, des collectivités territoriales et de tous organismes publics ou privés. »**

Art. D. 533 *(Décr. nº 2006-385 du 30 mars 2006, art. 11)* Le condamné faisant l'objet d'une libération conditionnelle doit obligatoirement se soumettre aux mesures de contrôle prévues par l'article 132-44 du code pénal.

Art. D. 533-1 *(Décr. nº 2011-1876 du 14 déc. 2011)* Si la nature des faits commis par le condamné et sa personnalité le justifient, la décision accordant la libération conditionnelle peut préciser que le condamné fera l'objet d'un suivi renforcé de la part du service pénitentiaire d'insertion et de probation.

Cette indication peut également être précisée, postérieurement à la décision de libération conditionnelle, par une instruction adressée par le juge de l'application des peines au service chargé de suivre le condamné.

Art. D. 533-2 *(Décr. nº 2006-385 du 30 mars 2006, art. 12)* Les visites que le condamné est tenu de recevoir du *(Décr. nº 2010-1635 du 23 déc. 2010)* « personnel du service pénitentiaire d'insertion et de probation » en application des dispositions du 2° de l'article 132-44 du code pénal peuvent être faites au domicile ou à la résidence du condamné, ainsi que, le cas échéant, sur son lieu de travail.

Les visites à domicile ne peuvent intervenir qu'entre 6 heures et 21 heures. Celles concernant le lieu de travail peuvent intervenir pendant les heures de travail, et ne doivent pas gêner ou perturber l'accomplissement de ce travail, ni les relations professionnelles du condamné.

Le *(Décr. nº 2010-1635 du 23 déc. 2010)* « personnel du service pénitentiaire d'insertion et de probation » n'est pas tenu de prévenir à l'avance le condamné de sa visite.

En cas de difficulté dans l'application des dispositions du présent article, le *(Décr. nº 2010-1635 du 23 déc. 2010)* « personnel du service pénitentiaire d'insertion et de probation » en informe le juge de l'application des peines.

Art. D. 534 *(Décr. nº 85-836 du 6 août 1985 ; Décr. nº 98-1099 du 8 déc. 1998)* « Le juge de l'application des peines peut autoriser le libéré conditionnel à changer de résidence, après avoir consulté le juge de l'application des peines du ressort dans lequel le condamné envisage de s'établir et, » *(Décr. nº 2004-1364 du 13 déc. 2004, art. 20, en vigueur le 1er janv. 2005)* « lorsque la libération a été accordée par le tribunal de l'application des peines », *(Décr. nº 2002-619 du 26 avr. 2002)* « le procureur de la République de ce ressort ».

Le libéré doit obtenir l'autorisation du juge de l'application des peines préalablement à tout déplacement dont la durée excéderait *(Décr. nº 86-462 du 14 mars 1986)* « quinze jours », ainsi que pour tout déplacement à l'étranger.

(Décr. nº 72-852 du 12 sept. 1972 ; Décr. nº 73-281 du 7 mars 1973) « L'établissement à l'étranger, s'il n'est prévu dans la décision de libération conditionnelle, ne peut être autorisé que par une modification de ladite décision dans les conditions fixées au 4e alinéa de l'article 732. »

Art. D. 534-1 *(Décr. nº 2007-1627 du 16 nov. 2007)* Au moins deux semaines avant la date de libération du condamné, une copie de tout ou partie du dossier individuel le concernant, comportant notamment la décision de libération conditionnelle, est adressée au juge de l'application des peines du tribunal judiciaire dans le ressort duquel le condamné devra résider, afin de lui permettre de préparer la mise en œuvre de la libération conditionnelle.

Dans un délai d'un mois à compter de sa libération, le condamné doit être convoqué devant ce juge de l'application des peines ou devant le service pénitentiaire d'insertion ou de probation compétent.

Lorsque la personne a été condamnée pour viol, pour meurtre ou assassinat avec viol ou acte de torture ou de barbarie, ou pour agression ou atteinte sexuelle commise sur un mineur de quinze ans, cette convocation doit intervenir au plus tard dans un délai de *huit jours*, et doit être remise au condamné avant sa libération.

Lorsqu'en raison des possibilités d'insertion dont peut bénéficier le condamné, et notamment de la date à laquelle ce dernier doit débuter un emploi, la libération conditionnelle doit être accordée en urgence, dans des conditions ne permettant pas de respecter les délais prévus par les deux premiers alinéas, ceux-ci ne sont pas applicables.

Art. D. 534-2 *(Décr. nº 2010-1277 du 27 oct. 2010, art. 6)* Le juge de l'application des peines peut, par ordonnance prise conformément aux dispositions de l'article 712-8, suspendre l'exécution de tout ou partie des obligations de la libération conditionnelle, y compris celles résultant d'un placement sous surveillance électronique mobile, pour des raisons médicales, notamment en cas d'hospitalisation de la personne.

Cette suspension est valable pour une durée maximale de trois mois. Elle peut être renouvelée selon les mêmes modalités si l'état de santé du condamné le justifie.

Les obligations auxquelles était astreint le condamné, y compris celles résultant d'un placement sous surveillance électronique mobile, reprennent de plein droit dès que le juge de l'application des peines constate, par ordonnance, que l'état de santé de ce dernier ne justifie plus la suspension.

Si le juge ne suspend qu'une partie des obligations, il peut modifier ou compléter, pendant la durée de cette suspension, certaines des autres obligations et interdictions auxquelles est astreint le condamné, notamment en lui imposant comme lieu de résidence le lieu de son hospitalisation.

SECTION II DES CONDITIONS PARTICULIÈRES

Art. D. 535 *(Décr. nº 73-281 du 7 mars 1973 ; Décr. nº 84-809 du 28 août 1984 ; Décr. nº 98-1099 du 8 déc. 1998 ; Décr. nº 99-276 du 13 avr. 1999)* La décision accordant à un condamné le bénéfice de la libération conditionnelle peut subordonner l'octroi de cette mesure à l'une des conditions suivantes :

1º Avoir satisfait à une épreuve de semi-liberté *(Décr. nº 2006-385 du 30 mars 2006, art. 13)* « , de détention à domicile sous surveillance électronique » ou de placement à l'extérieur sans surveillance dont les modalités sont déterminées par ladite décision *(Décr. nº 2000-1213 du 13 déc. 2000)* « ou avoir bénéficié d'une ou plusieurs permissions de sortir » ;

2º Remettre tout ou partie de son compte nominatif au service pénitentiaire d'insertion et de probation, à charge pour ledit service de restitution par fractions ;

3º S'engager dans les armées de terre, de mer ou *(Décr. nº 2021-862 du 30 juin 2021, art. 2)* « de l'air et de l'espace » dans les cas où la loi l'autorise, ou rejoindre une formation des forces armées s'il s'agit d'un détenu appartenant à un contingent d'âge présent ou appelé sous les drapeaux, ou s'il s'agit d'un militaire en activité de service ;

4º S'il s'agit d'un étranger, être expulsé du territoire national, reconduit à la frontière ou extradé, ou quitter le territoire national et n'y plus paraître.

Art. D. 536 *(Décr. nº 2006-385 du 30 mars 2006 ; Décr. nº 2007-1627 du 16 nov. 2007)* La décision accordant à un condamné le bénéfice de la libération conditionnelle peut également subordonner l'octroi et le maintien de cette mesure à l'une des obligations et interdictions prévues aux articles 131-36-2, 132-44 et 132-45 du code pénal.

Art. D. 537 *(Décr. nº 2006-385 du 30 mars 2006, art. 15)* Lorsqu'il n'est pas établi que la victime a déjà été entièrement indemnisée, le juge de l'application des peines ou le tribunal de l'application des peines peut soumettre le condamné à l'obligation de réparer le préjudice causé par l'infraction en application des dispositions du 5º de l'article 132-45 du code pénal, à charge pour le service désigné pour suivre le condamné de vérifier cette indemnisation, et, s'il y a lieu, le respect de l'obligation de réparation.

Si la situation du condamné le permet, la décision de libération conditionnelle, ou une ordonnance prise ultérieurement par le juge de l'application des peines, peut fixer la périodicité et le montant des remboursements.

Art. D. 538 *(Décr. nº 2006-385 du 30 mars 2006, art. 15)* Conformément aux dispositions du premier alinéa de l'article 731-1, *(Décr. nº 2007-1627 du 16 nov. 2007)* « la personne est également soumise, sauf décision contraire du juge ou du tribunal de l'application des peines » à une injonction de soins selon les modalités applicables en matière du suivi socio-judiciaire, si elle a été condamnée pour une infraction pour laquelle cette mesure est encourue et qu'une expertise médicale estime qu'elle est susceptible de faire l'objet d'un traitement.

Le condamné est alors avisé par le juge de l'application des peines, avant sa libération, qu'aucun traitement ne pourra être entrepris sans son consentement, mais que s'il refuse les soins qui lui seront proposés, sa libération conditionnelle pourra être révoquée.

Art. D. 539 *(Décr. n° 2007-1627 du 16 nov. 2007)* **Conformément aux dispositions du deuxième alinéa de l'article 731-1 et de l'article R. 61-34, la personne majeure peut également être placée sous surveillance électronique mobile, en cas de condamnation à une peine d'au moins sept ans d'emprisonnement concernant une infraction pour laquelle le suivi socio-judiciaire est encouru.** *(Décr. n° 2010-1277 du 27 oct. 2010, art. 7)* **« La détention à domicile sous surveillance électronique mobile est également possible en cas de condamnation à une peine d'au moins cinq ans d'emprisonnement pour des violences ou des menaces commises soit contre son conjoint, son concubin ou son partenaire lié par un pacte civil de solidarité, soit contre ses enfants ou ceux de son conjoint, concubin ou partenaire ; ces dispositions sont également applicables lorsque les faits ont été commis par l'ancien conjoint ou concubin de la victime, ou par la personne ayant été liée à elle par un pacte civil de solidarité.**

« Conformément aux dispositions du deuxième alinéa de l'article 763-10, le juge de l'application des peines peut solliciter préalablement l'avis de la commission pluridisciplinaire des mesures de sûreté sur l'opportunité de prononcer une libération conditionnelle avec placement sous surveillance électronique mobile. »

Le délai d'un an prévu par le premier alinéa de l'article 763-10 n'est pas applicable à la détention à domicile sous surveillance électronique décidée dans le cadre d'une libération conditionnelle.

Le juge de l'application des peines avise alors le condamné, avant sa libération et l'installation du dispositif prévu par l'article 763-12, que ce placement ne peut être mis en œuvre sans son consentement, mais que s'il le refuse ou manque à ses obligations, sa libération conditionnelle pourra être révoquée.

La libération conditionnelle peut être retirée avant la libération effective du condamné si celui-ci refuse la pose du dispositif de contrôle avant sa libération, conformément aux dispositions du deuxième alinéa de l'article 763-12 et de l'article R. 61-27.

Art. D. 540 *(Décr. n° 2010-1277 du 27 oct. 2010)* **Conformément aux dispositions de l'article R. 61-34, en cas d'inobservation, par un condamné faisant l'objet d'une libération conditionnelle sans placement sous surveillance électronique mobile, des obligations auxquelles il est astreint, le juge de l'application des peines peut ordonner son placement sous surveillance électronique mobile, sans qu'il soit préalablement nécessaire de le réincarcérer.**

Abrogé par Décr. n° 2004-1364 du 13 déc. 2004 puis rétabli.

Art. D. 541 *(Décr. n° 2010-1277 du 27 oct. 2010)* **Les dispositions** *(Décr. n° 2011-1986 du 28 déc. 2011, art. 3, en vigueur le 1er janv. 2012)* **« du quatrième alinéa de l'article 730-2 » ne sont pas applicables aux étrangers condamnés à une peine** *(Décr. n° 2012-682 du 7 mai 2012, art. 3)* **« prévue par cet article » lorsqu'une mesure de libération conditionnelle leur est accordée, conformément aux dispositions du premier alinéa de l'article 729-2, en étant subordonnée à la condition d'une mesure d'interdiction du territoire français, de reconduite à la frontière ou d'expulsion.**

Abrogé par Décr. n° 2004-1364 du 13 déc. 2004 puis rétabli.

Art. D. 542 *(Décr. n° 2010-1277 du 27 oct. 2010, art. 7)* **Lorsque le tribunal d'application des peines statue sur une demande de libération conditionnelle en application des dispositions de l'article 730, il peut subordonner celle-ci à une mesure de semi-liberté, de placement à l'extérieur ou de détention à domicile sous surveillance électronique à titre probatoire conformément aux dispositions des articles 723-1 et 723-7.**

Art. D. 543 *Abrogé par Décr. n° 85-836 du 6 août 1985.*

CHAPITRE III **DISPOSITIONS DIVERSES** *(Décr. n° 2004-1364 du 13 déc. 2004, art. 14, en vigueur le 1er janv. 2005).*

Art. D. 544 *(Décr. n° 99-276 du 13 avr. 1999)* **Pendant les six mois suivant sa date de libération, toute personne peut bénéficier, à sa demande, de l'aide du service pénitentiaire d'insertion et de probation du lieu de sa résidence.**

Cette aide s'exerce en liaison et avec la participation, le cas échéant, des autres services de l'État, des collectivités territoriales et de tous organismes publics ou privés.

TITRE QUATRIÈME DU SURSIS ET DE L'AJOURNEMENT *(Décr. n° 2014-1582 du 23 déc. 2014, art. 35).*

CHAPITRE PREMIER

Art. D. 544-1 *(Décr. n° 2014-1582 du 23 déc. 2014, art. 35)* **Pour l'application des dispositions de l'article R. 69, un extrait des décisions révoquant un sursis prises en application de l'article 735 est adressé au casier judiciaire par le ministère public.**

CHAPITRE II DU SURSIS PROBATOIRE

(L. n° 70-643 du 17 juill. 1970)

A compter du 24 mars 2020, l'intitulé du chapitre II du titre IV du livre V « Du sursis avec mise à l'épreuve » devient « Du sursis probatoire » (L. n° 2019-222 du 23 mars 2019, art. 81 et 109-XIX ; Décr. n° 2020-81 du 3 févr. 2020, art. 3).

A compter de la même date, dans le code de procédure pénale et dans toutes les autres dispositions de nature législative, les mots : « sursis avec mise à l'épreuve » sont remplacés par les mots : « sursis probatoire » (L. n° 2019-222 du 23 mars 2019, art. 81-VII et 109-XIX).

SECTION PREMIÈRE DISPOSITIONS GÉNÉRALES *(Décr. n° 2020-81 du 3 févr. 2020, art. 3, en vigueur le 24 mars 2020).*

Art. D. 545 *(Décr. n° 2011-1986 du 28 déc. 2011, art. 4, en vigueur le 1er janv. 2012)* **Pour l'application des dispositions de l'article 741-1, le service pénitentiaire d'insertion et de probation situé dans le ressort de l'établissement pénitentiaire où la personne est incarcérée remet ou fait remettre à la personne condamnée à une peine d'emprisonnement assortie pour partie du sursis** *(Décr. n° 2020-81 du 3 févr. 2020, art. 3, en vigueur le 24 mars 2020)* **« probatoire », au plus tard le jour de sa libération, un avis de convocation à comparaître devant le service pénitentiaire d'insertion et de probation territorialement compétent pour suivre le condamné après sa libération.**

Le délai maximal de comparution est de huit jours à compter de la libération de la personne dans les *(Décr. n° 2020-81 du 3 févr. 2020, art. 3, en vigueur le 24 mars 2020)* **« trois » cas suivants :**

— lorsque la personne exécutait une condamnation prononcée pour un des crimes et délits mentionnés à l'article D. 49-23, pour lequel le suivi socio-judiciaire est encouru ;

— lorsque figurent au bulletin n° 1 du casier judiciaire de la personne auquel le service pénitentiaire d'insertion et de probation a accès en application des dispositions du dernier alinéa de l'article 774 une ou plusieurs condamnations prononcées pour l'une de ces infractions ;

(Décr. n° 2020-81 du 3 févr. 2020, art. 3, en vigueur le 24 mars 2020) **« — lorsqu'a été prononcé un sursis probatoire avec suivi renforcé. »**

Dans les autres cas, le délai maximal de comparution est d'un mois.

Copie de cette convocation est adressée au juge de l'application des peines et au service pénitentiaire d'insertion et de probation territorialement compétents pour suivre le condamné après sa libération.

L'avis de convocation comporte une mention informant le condamné que s'il ne se présente pas au service pénitentiaire d'insertion et de probation à la date prévue, le juge de l'application des peines compétent en sera informé et son sursis *(Décr. n° 2020-81 du 3 févr. 2020, art. 3, en vigueur le 24 mars 2020)* **« probatoire » pourra être révoqué.**

Les dispositions du présent article sont également applicables en cas de libération d'une personne à la suite de l'exécution d'une peine ferme non assortie pour partie du sursis *(Décr. n° 2020-81 du 3 févr. 2020, art. 3, en vigueur le 24 mars 2020)* **« probatoire », lorsque celle-ci se trouve dès sa libération placée sous le régime du sursis** *(Décr. n° 2020-81 du 3 févr. 2020, art. 3, en vigueur le 24 mars 2020)* **« probatoire », en vertu d'une autre condamnation qui est mentionnée au registre d'écrou de l'établissement pénitentiaire dans lequel la personne est écrouée ou qui est enregistrée et toujours active dans le traitement automatisé de données à caractère personnel dénommé "application des peines, probation et insertion" (APPI) prévu par les articles R. 57-4-1 à R. 57-4-10.**

Art. D. 546 *(Décr. nº 2011-1986 du 28 déc. 2011, art. 4, en vigueur le 1er janv. 2012)* Les modalités selon lesquelles la victime est informée de la date de fin *(Décr. nº 2020-81 du 3 févr. 2020, art. 3, en vigueur le 24 mars 2020)* « d'un sursis probatoire » en application de l'article 745 sont précisées par les articles D. 49-67 et suivants.

SECTION II DISPOSITIONS APPLICABLES AU SURSIS PROBATOIRE AVEC SUIVI RENFORCÉ

(Décr. nº 2020-81 du 3 févr. 2020, art. 4, en vigueur le 24 mars 2020)

Art. D. 546-1 Lorsque la juridiction de jugement en application de l'article 132-41-1 du code pénal, ou le juge de l'application des peines en application de l'article 741-2 du code de procédure pénale ordonne un sursis probatoire avec suivi renforcé, il est fait application des dispositions de la présente section.

Art. D. 546-2 Lorsque le condamné est présent à l'audience, il lui est remis une convocation à comparaître devant le service pénitentiaire d'insertion et de probation dans un délai qui ne serait *[saurait]* être supérieur à huit jours, si le tribunal a ordonné l'exécution provisoire de sa décision, ou compris entre dix et quinze jours dans le cas contraire.

Si le condamné n'est pas présent à l'audience, cette convocation lui est remise lors de la notification de la condamnation, ou lui est adressée dans les meilleurs délais après cette notification.

Art. D. 546-3 Le rapport établi par le service pénitentiaire d'insertion et de probation en application du deuxième alinéa de l'article 741-2 doit être adressé au juge d'application des peines au plus tard trois mois après le prononcé de la condamnation ou, lorsque le prévenu n'était pas présent à l'audience, après sa notification. Il est communiqué sans délai au procureur de la République par le service de l'application des peines.

Ce rapport, effectué à la suite de plusieurs entretiens individuels avec le condamné, propose au juge de l'application des peines un projet d'exécution et de suivi de la mesure ainsi que, s'il y a lieu, des obligations afférentes spécifiquement adaptées à la situation et *[à]* la personnalité du condamné.

Art. D. 546-4 Lorsque le prévenu n'était pas présent à l'audience, la décision du juge de l'application des peines prévue par le troisième alinéa de l'article 741-2 doit intervenir dans un délai de quatre mois à compter de la date à laquelle la condamnation lui a été notifiée.

Art. D. 546-5 Le condamné fait l'objet par le service pénitentiaire d'insertion et de probation d'un suivi soutenu dont l'intensité est individualisée et proportionnée aux besoins de la personne, à la sanction et à la mesure prononcée, et évolue au fur et à mesure de l'exécution du sursis probatoire.

Art. D. 546-6 La réévaluation de la situation de la personne condamnée prévue par le cinquième alinéa de l'article 741-2 doit intervenir au plus tard un an après le prononcé de la condamnation ou, si le prévenu n'était pas présent à l'audience, après sa notification. A cette fin, le service pénitentiaire d'insertion et de probation adresse au juge d'application des peines un rapport de synthèse sur les conditions d'exécution de la sanction. Ce rapport est communiqué sans délai au procureur de la République par le service de l'application des peines.

Art. D. 546-7 *(Abrogé par Décr. nº 2021-683 du 27 mai 2021, art. 2, à compter du 30 sept. 2021)* ***Lorsque la peine d'emprisonnement assorti d'un sursis probatoire avec suivi renforcé a été prononcée à l'encontre d'un mineur, les attributions confiées au juge de l'application des peines par les dispositions de la présente section sont exercées par le juge des enfants.***

La convocation mentionnée à l'article D. 546-2 est remise au mineur et à ses représentants légaux.

Le service de milieu ouvert de la protection judiciaire de la jeunesse assure le suivi de la peine dans les conditions prévues par les dispositions de la présente section.

Art. D. 546-8 Le non-respect des délais prévus par les articles D. 546-2 à D. 546-4 et D. 546-6 ne constitue pas une cause de nullité des convocations ou des actes accomplis en application de ces articles.

SECTIONS III *à* VI

Néant.

CHAPITRE III DES CONVERSIONS DE PEINES *(Décr. nº 2020-81 du 3 févr. 2020, art. 5, en vigueur le 24 mars 2020).*

Art. D. 547 *(Décr. nº 2020-81 du 3 févr. 2020, art. 5, en vigueur le 24 mars 2020)* Lorsqu'en application de l'article 747-1, la partie ferme d'une peine d'emprisonnement ayant fait l'objet d'un sursis probatoire partiel est convertie en peine de détention à domicile sous surveillance électronique, en peine de travail d'intérêt général, en peine de jours-amende ou en un emprisonnement assorti d'un sursis probatoire renforcé, cette décision ne constitue pas une seconde condamnation au sens de l'article 132-53 du code pénal.

CHAPITRE IV DE L'AJOURNEMENT

(Décr. nº 2014-1582 du 23 déc. 2014, art. 35)

SECTION PREMIÈRE DE L'AJOURNEMENT AUX FINS D'INVESTIGATIONS SUR LA PERSONNALITÉ OU LA SITUATION MATÉRIELLE, FAMILIALE ET SOCIALE

Art. D. 548 En cas d'ajournement aux fins d'investigations sur la personnalité ou la situation matérielle, familiale et sociale prévu par l'article 132-70-1 du code pénal, lorsqu'un cautionnement est ordonné dans le cadre d'un contrôle judiciaire décidé en application de l'article 397-3-1 du présent code, les dispositions des articles R. 19 et suivants du présent code sont applicables.

La copie de la décision transmise en application de l'article R. 19 est celle de la juridiction ayant prononcé l'ajournement et le contrôle judiciaire.

Les avis prévus par l'article R. 22 sont adressés au procureur de la République.

SECTION II DE L'AJOURNEMENT AUX FINS DE CONSIGNATION D'UNE SOMME D'ARGENT

Art. D. 549 La consignation ordonnée dans le cadre de l'ajournement prévu par l'article 132-70-3 du code pénal obéit au même régime que le cautionnement ordonné dans le cadre d'un contrôle judiciaire décidé en cas d'ajournement prévu par l'article 132-70-1 de ce même code.

TITRE CINQUIÈME

Néant.

TITRE SIXIÈME DE LA CONTRAINTE JUDICIAIRE *(Décr. nº 2004-1364 du 13 déc. 2004, art. 30).*

Art. D. 569 *(Décr. nº 2020-91 du 6 févr. 2020, art. 6)* Lorsque le procureur de la République constate que la personne s'est intégralement acquittée du montant des jours-amendes prononcés, il ordonne qu'il soit mis fin à l'emprisonnement mis à exécution en application de l'article 762 et qu'il soit procédé au remboursement de la portion des jours-amendes correspondant au nombre de l'ensemble des jours de détention subis.

Si le paiement intervient avant la mise à exécution de l'emprisonnement, alors que le procureur de la République a déjà saisi à cette fin le juge de l'application des peines conformément à l'article 754, il est fait application des dispositions de l'article D. 49-34-1.

Art. D. 570 *(Décr. n° 72-852 du 12 sept. 1972)* « Les personnes détenues en vertu d'une décision de *(Décr. n° 2004-1364 du 13 déc. 2004)* « contrainte judiciaire » sont soumises au même régime que les condamnés » *(Décr. n° 2009-420 du 15 avr. 2009)* « sous réserve des dispositions des articles D. 115-5 et D. 116-1 ».

Al. abrogé par Décr. n° 2009-420 du 15 avr. 2009.

TITRE SEPTIÈME DE L'INTERDICTION DE SÉJOUR

(Décr. n° 96-651 du 22 juill. 1996)

Art. D. 571 Lorsqu'elle est libre, la personne condamnée à l'interdiction de séjour est tenue d'aviser le ministère public près la juridiction qui a prononcé la condamnation, du lieu où elle fixe sa résidence. Lorsqu'elle est détenue, elle doit en aviser, lors de sa libération, le greffe de l'établissement pénitentiaire. Le chef de l'établissement pénitentiaire en informe alors immédiatement le ministère public près la juridiction qui a prononcé la condamnation.

Art. D. 571-1 Lorsque la condamnation à l'interdiction de séjour est exécutoire, le ministère public près la juridiction qui a prononcé la condamnation en avise le juge de l'application des peines compétent auquel il transmet une copie de la décision ainsi que toutes informations utiles concernant la résidence de la personne condamnée.

Art. D. 571-2 Le ministère public près la juridiction qui a prononcé la condamnation à l'interdiction de séjour devenue exécutoire remet ou fait remettre au condamné un document lui permettant de justifier de sa situation au regard de l'interdiction de séjour. *(Décr. n° 2010-1276 du 27 oct. 2010, art. 4)* « Lorsque l'interdiction de séjour a été prononcée avec exécution provisoire, ce document peut être remis à l'issue de l'audience. Lorsque le condamné a été incarcéré, ce document lui est remis lors de sa libération. » Si le condamné est convoqué par le juge d'application des peines alors que ce document n'a pu lui être remis auparavant, ce magistrat en assure la remise.

Le document remis au condamné mentionne l'état civil de celui-ci, la date de la décision de condamnation et la juridiction dont elle émane, la durée de l'interdiction de séjour ainsi que la liste des lieux interdits et, s'il y a lieu, la ou les mesures de surveillance fixées par le tribunal en application de l'article 762-1.

Toute décision modifiant les modalités d'exécution de l'interdiction de séjour en application des articles 762-4 et 762-5 est mentionnée sur le document. Cette mention est portée par le magistrat qui prend la décision ou, si celle-ci est prise par le tribunal correctionnel, par le procureur de la République près ce tribunal.

Si l'interdiction de séjour accompagne une peine privative de liberté sans sursis, le document porte également mention de cette peine et du jour où la privation de liberté a pris fin.

Le document reproduit les termes des articles 131-31 et 131-32 du code pénal et des articles 762-2, 762-4 et 762-5 du code de procédure pénale. Il précise en outre que le fait pour le condamné de se soustraire aux obligations et interdictions découlant de l'interdiction de séjour est puni des peines prévues par l'article 434-38 du code pénal.

Le modèle du document prévu au présent article est établi par les soins du ministre de la justice.

Art. D. 571-3 Le ministère public près la juridiction qui a prononcé la condamnation est avisé, soit par le magistrat qui prend la décision, soit, lorsque celle-ci est prise par le tribunal correctionnel, par le procureur de la République près ce tribunal :

1° De toute transmission de dossier au juge de l'application des peines compétent à la suite d'un changement de résidence du condamné à l'interdiction de séjour ;

2° De toute modification de la liste des lieux interdits et des mesures de surveillance décidée en application de l'article 762-4 ;

3° De toute suspension provisoire de l'exécution de la mesure d'interdiction de séjour décidée en application de l'article 762-5, alinéa 1er ;

4° De toute autorisation provisoire de séjourner dans une localité interdite décidée en application de l'article 762-5, alinéa 2 ;

5° De tout ordre de recherche délivré à l'encontre du condamné en application des dispositions combinées des articles 762-2, alinéa 2, et 741, alinéa 2.

6° De toute condamnation pour infraction à l'interdiction de séjour.

En cas de condamnation pour infraction à l'interdiction de séjour, le ministère public près la juridiction qui a prononcé la condamnation en avise en outre le juge de l'application des peines sous le contrôle duquel le condamné à l'interdiction de séjour est placé.

Le ministère public près la juridiction qui a prononcé la condamnation assure la transmission des informations visées aux 2°, 3° et 4° au fichier des personnes recherchées en vue de leur diffusion.

TITRE SEPTIÈME *BIS* DU SUIVI SOCIO-JUDICIAIRE

(Décr. nº 2007-417 du 23 mars 2007)

Néant.

TITRE HUITIÈME DU CASIER JUDICIAIRE

(Décr. nº 2007-417 du 23 mars 2007)

Art. D. 571-4 En application des dispositions *(Décr. nº 2021-374 du 31 mars 2021)* « de l'avant-dernier » alinéa de l'article 776, peuvent obtenir la délivrance du bulletin nº 2 du casier judiciaire d'une personne, lorsque celui-ci ne porte la mention d'aucune condamnation, et pour les seules nécessités liées au recrutement de la personne, les dirigeants des personnes morales de droit public ou privé gestionnaires des établissements, services ou lieux de vie et d'accueil ainsi que les organisateurs d'accueil suivants :

1° Les accueils mentionnés à l'article L. 227-4 du code de l'action sociale et des familles.

2° Les établissements ou services mettant en œuvre les mesures éducatives ordonnées par l'autorité judiciaire en application de l'ordonnance nº 45-174 du 2 février 1945 relative à l'enfance délinquante ou des articles 375 à 375-8 du code civil ou concernant des majeurs de moins de vingt et un ans ou les mesures d'investigation préalables aux mesures d'assistances éducatives prévues par le code de procédure civile et par l'ordonnance précitée du 2 février 1945.

3° Les lieux de vie et d'accueil mentionnés aux articles D. 316-1 et suivants du code de l'action sociale et des familles qui accueillent des mineurs mentionnés au 2° du I de l'article D. 316-2 de ce même code.

4° Les lieux de vie et d'accueil mentionnés aux articles D. 316-1 et suivants du code de l'action sociale et des familles ayant été autorisés par le représentant de l'État, seul ou conjointement avec le président du conseil général, qui accueillent des mineurs mentionnés aux 1°, 3° et 4° du I de l'article D. 316-2 de ce même code.

5° Les établissements ou services d'enseignement et d'éducation spéciale qui assurent, à titre principal, une éducation adaptée et un accompagnement social ou médico-social aux mineurs ou jeunes adultes handicapés ou présentant des difficultés d'adaptation, prévus par le 2° du I de l'article L. 312-1 du code de l'action sociale et des familles.

6° Les centres d'action médico-sociale précoce mentionnés à l'article L. 2132-4 du code de la santé publique ;

(Décr. nº 2021-374 du 31 mars 2021) « 7° Les établissements d'enseignement scolaire privés mentionnés à l'article L. 441-1 du code de l'éducation, les organismes privés d'enseignement à distance mentionnés à l'article L. 444-1 de ce même code et les organismes de soutien scolaire mentionnés à l'article L. 445-1 de ce même code. »

Art. D. 571-5 *(Décr. nº 2010-344 du 31 mars 2010, art. 347)* La demande de délivrance du bulletin et la réponse du casier judiciaire se font par l'intermédiaire des autorités administratives suivantes :

1° Le directeur de la direction départementale interministérielle chargée de la cohésion sociale du département dans lequel est situé le siège social de l'organisateur de l'accueil en ce qui concerne les accueils mentionnés au 1° de l'article D. 571-4, ou l'établissement, le service ou le lieu de vie et d'accueil en ce qui concerne les lieux de vie et d'accueil mentionnés au 4° du même article ;

2° Le directeur *(Décr. nº 2010-214 du 2 mars 2010)* « interrégional *[ancienne rédaction : régional]* » de la protection judiciaire de la jeunesse ou, dans les départements d'outre-mer, le directeur *(Décr. nº 2010-214 du 2 mars 2010)* « territorial *[ancienne rédaction : départemental]* » de la protection judiciaire de la jeunesse, territorialement compétent dans le département où est situé l'établissement, le service ou lieu de vie et d'accueil, en ce qui concerne :

a) Les établissements et services mentionnés au 2° de l'article D. 571-4 ;

b) Les lieux de vie et d'accueil mentionnés au 3° de l'article D. 571-4 ;

3° Le directeur général de l'agence régionale de santé en ce qui concerne les établissements et les services mentionnés au 6° de l'article D. 571-4 ;

(Décr. nº 2021-374 du 31 mars 2021) « 4° Le recteur de l'académie dans laquelle sont situés les établissements, les organismes ou, le cas échéant, le siège social des organismes mentionnés au 7° de l'article D. 571-4. »

Les dispositions du Décr. nº 2010-344 du 31 mars 2010, sauf disposition contraire, sont entrées en vigueur à la date de publication du décret portant création des agences régionales de santé (Décr. préc., art. 371, JO du 1er avr.).

Art. D. 571-6 L'autorité administrative compétente interroge à cette fin le casier judiciaire national informatisé par un moyen de télécommunication sécurisé.

A peine d'irrecevabilité, la demande de délivrance adressée à l'autorité administrative compétente doit mentionner l'identité du dirigeant de la personne morale en indiquant ses fonctions, être signée de ce dernier et préciser l'identité de la personne dont le recrutement est envisagé, ainsi que la nature de l'emploi concerné, en utilisant un formulaire dont le modèle est élaboré par le ministère de la justice.

Art. D. 571-7 Lorsque le bulletin transmis par le casier judiciaire à l'autorité administrative compétente est revêtu de la mention « néant », il est remis ou adressé par celle-ci au dirigeant de la personne morale.

Dans le cas contraire, l'autorité administrative compétente informe le dirigeant de la personne morale que le bulletin ne peut lui être délivré car il comporte une ou plusieurs condamnations, en précisant, selon le cas :

(Décr. nº 2021-374 du 31 mars 2021) « 1° Pour les situations visées aux 1° à 6° de l'article D. 571-4 :

« *a)* Soit que le bulletin ne comporte aucune des condamnations prévues par les articles L. 133-6 du code de l'action sociale et des familles ;

« *b)* Soit que le bulletin comporte une ou plusieurs condamnations prévues à l'article L. 133-6 du code de l'action sociale et des familles, et que la personne dont le bulletin nº 2 a été sollicité ne peut en conséquence être recrutée.

« 2° Pour les situations visées au 7° de l'article D. 571-4 :

« *a)* Soit que le bulletin ne comporte aucune des condamnations prévues par les articles L. 911-5, L. 444-6 ou L. 445-1 du code de l'éducation ;

« *b)* Soit que le bulletin comporte une ou plusieurs condamnations prévues aux articles L. 911-5, L. 444-6 ou L. 445-1 du code de l'éducation. »

TITRES NEUVIÈME *ET* DIXIÈME

Néant.

TITRE ONZIÈME LE SERVICE PÉNITENTIAIRE D'INSERTION ET DE PROBATION

(Décr. nº 99-276 du 13 avr. 1999)

BIBL. ▶ CLOAREC, *AJ pénal 2014. 268* (le SPIP : seul maître d'œuvre de l'exécution des peines ?). – COUVRAT, *RSC 1999. 626* (quelques propos sur les nouveaux services pénitentiaires d'insertion et de probation). – LEFEBVRE et GARCIA, *AJ pénal 2018. 22* (pratique de l'évaluation au sein des SPIP).

CHAPITRE PREMIER LES MISSIONS DU SERVICE PÉNITENTIAIRE D'INSERTION ET DE PROBATION

Art. D. 572 Dans chaque département, est créé un service pénitentiaire d'insertion et de probation, service déconcentré de l'administration pénitentiaire, chargé d'exécuter les missions prévues par les articles D. 573 à D. 574.

Le directeur du service pénitentiaire d'insertion et de probation est placé sous l'autorité du directeur interrégional des services pénitentiaires.

Le siège du service pénitentiaire d'insertion et de probation et la liste des antennes locales d'insertion et de probation sont fixés par arrêté du ministre de la justice.

Pour la liste des sièges et antennes des services pénitentiaires d'insertion et de probation, V. art. A. 44.

Art. D. 573 Le service pénitentiaire d'insertion et de probation, avec la participation, le cas échéant, des autres services de l'État, des collectivités territoriales et de tous organismes publics ou privés, favorise l'accès aux droits et aux dispositifs d'insertion de droit commun des détenus et personnes qui lui sont confiées par les autorités judiciaires.

Il s'assure en particulier pour les personnes libérées de la continuité des actions d'insertion engagées en vertu des dispositions des articles D. 441-1, *(Décr. n° 2010-1635 du 23 déc. 2010)* « D. 438 et D. 438-2 ».

Il peut également apporter une aide matérielle aux personnes qui lui sont confiées par les autorités judiciaires.

Art. D. 574 Le service pénitentiaire d'insertion et de probation concourt, sur saisine des autorités judiciaires, à la préparation des décisions de justice à caractère pénal ; il peut être chargé de l'exécution des enquêtes et des mesures préalables au jugement. A cet effet, il effectue les vérifications sur la situation matérielle, familiale et sociale des personnes faisant l'objet d'enquêtes ou de poursuites judiciaires afin de permettre une meilleure individualisation des mesures ou peines et de favoriser l'insertion des intéressés.

Il assure le suivi et le contrôle des personnes placées sous contrôle judiciaire. Il effectue les investigations qui lui sont demandées préalablement à l'exécution des peines privatives de liberté.

Le service pénitentiaire d'insertion et de probation met en œuvre les mesures de contrôle et veille au respect des obligations imposées aux condamnés *(Décr. n° 2014-1582 du 23 déc. 2014, art. 7)* « *(Abrogé par Décr. n° 2020-81 du 3 févr. 2020, art. 3, à compter du 24 mars 2020)* ***« à une contrainte pénale »***, » à l'emprisonnement avec sursis *(Décr. n° 2020-81 du 3 févr. 2020, art. 3, en vigueur le 24 mars 2020)* « probatoire » *(Décr. n° 2004-1364 du 13 déc. 2004, art. 29, en vigueur le 1er janv. 2005)* « , à un suivi socio-judiciaire » ou à un travail d'intérêt général, aux personnes faisant l'objet d'une mesure d'ajournement de peine avec mise à l'épreuve, aux libérés conditionnels, *(Décr. n° 2006-385 du 30 mars 2006, art. 4)* « aux condamnés placés sous surveillance judiciaire *(Décr. n° 2014-1582 du 23 déc. 2014, art. 30)* « ou faisant l'objet d'un suivi en application de l'article 721-2 » *(Abrogé par Décr. n° 2014-1582 du 23 déc. 2014, art. 30)* ***« ou faisant l'objet d'une réduction de peine conditionnelle »***, d'une suspension de peine, d'une semi-liberté, d'un placement extérieur, d'une détention à domicile sous surveillance électronique ou d'un placement sous surveillance électronique mobile », aux interdits de séjour et aux personnes visées à l'article L. 51 du code du service national.

(Décr. n° 2014-1582 du 23 déc. 2014, art. 14) « Il met également en œuvre les mesures de contrôle et veille au respect de l'obligation de soin prévues par les articles 706-136-1 et D. 47-33 à D. 47-37. »

(Décr. n° 2015-1677 du 15 déc. 2015) « Il met également en œuvre les peines de substitution et les mesures de contrôle et de surveillance relatives aux obligations imposées aux personnes condamnées dans d'autres États membres de l'Union européenne, lorsque la condamnation ou la décision prononçant les peines ou les mesures a été reconnue par les autorités judiciaires françaises dans les conditions prévues par les articles 764-1 à 764-42 du présent code. »

Les dispositions du Décr. n° 2015-1677 du 15 déc. 2015, sont applicables aux condamnations en cours à la date de sa publication (Décr. préc., art. 3). Les peines de contrainte pénale prononcées avant le 24 mars 2020 s'exécutent jusqu'à leur terme conformément aux dispositions applicables au jour de leur prononcé, sous la réserve que les attributions confiées en application de l'art. 713-47 au président du tribunal judiciaire ou au juge désigné par lui sont exercées par le juge de l'application des peines (Décr. n° 2020-81 du 3 févr. 2020, art. 8, en vigueur le 24 mars 2020).

Le juge administratif est compétent pour statuer sur les conditions matérielles d'exécution d'une décision judiciaire de placer une personne sous la surveillance d'un bracelet électronique (demande de changement de bracelet électronique défectueux). • CE 26 oct. 2011 : *D. actu. 9 nov. 2011, obs. Brondel ; AJDA 2011. 2096 ; ibid. 2012. 434, obs. Éveillard*.

Art. D. 575 *(Décr. n° 2011-1876 du 14 déc. 2011)* **Sous l'autorité du directeur du service pénitentiaire d'insertion et de probation, le service pénitentiaire d'insertion et de probation s'assure que la personne qui lui est confiée se soumet aux mesures de contrôle et respecte les obligations qui lui sont imposées.**

Le service pénitentiaire d'insertion et de probation met en œuvre les mesures propres à favoriser la prévention de la récidive.

Il propose au magistrat mandant les aménagements de peine ou les modifications des mesures de contrôle et obligations et rend compte de leur respect ou de leur violation.

Il adresse au magistrat mandant un rapport d'évaluation dans les trois mois suivant la date à laquelle le service est saisi de la mesure. Il lui transmet un rapport de fin de mesure un mois avant l'échéance de la mesure ainsi qu'un rapport annuel lorsque la durée de la mesure excède deux ans.

Il lui adresse des rapports ponctuels en cours d'exécution de la mesure :

— en cas de difficulté dans l'application des orientations générales ou des instructions particulières données par l'autorité judiciaire ;

— en cas de modification de la situation du condamné susceptible d'avoir des implications sur le respect de ses obligations et interdictions ;

— en cas de changement significatif des modalités de la prise en charge du condamné ;

— en cas d'incident dans le suivi de la mesure, et ce dans les plus brefs délais ;

— en cas de demande du magistrat mandant.

CHAPITRE II LES ATTRIBUTIONS RESPECTIVES DU JUGE DE L'APPLICATION DES PEINES, DES AUTRES MAGISTRATS MANDANTS ET DU DIRECTEUR DU SERVICE PÉNITENTIAIRE D'INSERTION ET DE PROBATION *(Décr. n° 2011-1876 du 14 déc. 2011)*.

Art. D. 576 *(Décr. n° 2011-1876 du 14 déc. 2011)* **Au sein de chaque juridiction, le juge de l'application des peines, le procureur de la République et les autres magistrats mandants déterminent les orientations générales relatives à l'exécution des mesures confiées au service pénitentiaire d'insertion et de probation ainsi que celles relatives à l'exécution des peines privatives de liberté, et évaluent ensuite leur mise en œuvre.**

Les chefs de juridiction organisent la concertation entre les magistrats concernés.

Art. D. 577 *(Décr. n° 2011-1876 du 14 déc. 2011)* **Le juge de l'application des peines, le procureur de la République et les autres magistrats mandants communiquent, le cas échéant, pour chaque dossier dont le service est saisi, des instructions particulières relatives à la finalité de la mesure et au contenu des obligations à respecter.**

Le service pénitentiaire d'insertion et de probation définit les modalités de la prise en charge des personnes placées sous main de justice et les met en œuvre, après en avoir avisé le magistrat mandant qui peut, le cas échéant, faire toutes observations utiles.

Le juge de l'application des peines ou le magistrat mandant signale au directeur du service pénitentiaire d'insertion et de probation toute difficulté qu'il constate dans la prise en charge des mesures et, s'il y a lieu, demande au directeur du service précité qu'il lui adresse un rapport en réponse.

Art. D. 578 Le juge de l'application des peines et le directeur du service pénitentiaire d'insertion et de probation visitent chaque année les divers foyers ou organismes d'hébergement accueillant les personnes visées aux articles D. 544 et D. 574.

CHAPITRE III L'ORGANISATION ET LE FONCTIONNEMENT DU SERVICE PÉNITENTIAIRE D'INSERTION ET DE PROBATION

Art. D. 579 Le directeur du service pénitentiaire d'insertion et de probation s'assure du suivi de chaque mesure dont le service est saisi et de l'exécution des instructions données par les magistrats mandants.

Il vérifie que les rapports sont régulièrement adressés aux magistrats.

Art. D. 580 Au sein du service, il est tenu un dossier pour chaque personne faisant l'objet d'une mesure visée à l'article D. 574. Ce dossier comprend les pièces d'ordre judiciaire nécessaires au suivi de la mesure, les éléments relatifs au contrôle des obligations ou conditions imposées ainsi que la copie des rapports adressés au magistrat mandant.

Les documents couverts par le secret professionnel ne peuvent être consultés que par un membre du service pénitentiaire d'insertion et de probation.

En cas de changement de résidence de la personne suivie, le service transmet sous pli fermé ces documents au service compétent du lieu de la nouvelle résidence.

Le dossier est communiqué à sa demande au magistrat qui a saisi le service, sauf pour les renseignements recueillis par voie de confidences auprès des personnes prises en charge.

Art. D. 581 Les membres du service pénitentiaire d'insertion et de probation sont tenus au secret professionnel dans les conditions prévues par les articles 226-13 et 226-14 du code pénal.

Chaque fois que la demande leur en est faite ou à leur initiative, ils fournissent à l'autorité judiciaire ou aux services de l'administration pénitentiaire les éléments permettant de mieux individualiser la situation des personnes placées sous main de justice.

Dans le cadre de l'exécution des mesures visées à l'article D. 574, les membres du service pénitentiaire d'insertion et de probation ne peuvent opposer le secret professionnel aux autorités judiciaires, sauf pour les renseignements recueillis par voie de confidences auprès des personnes prises en charge.

Art. D. 582 Le service pénitentiaire d'insertion et de probation assure une permanence pour répondre aux demandes de la juridiction et à toutes mesures d'urgence nécessitées par la situation des personnes visées aux articles D. 544 et D. 574.

Art. D. 583 A titre exceptionnel, il peut être fait appel à des personnes bénévoles, agréées par le directeur du service après avis du juge de l'application des peines, dans des conditions fixées par arrêté du ministre de la justice.

Le directeur du service peut retirer ou suspendre son agrément soit d'office, soit à la demande du juge de l'application des peines ou du procureur de la République.

V. art. A. 45 s.

Art. D. 584 Chaque année, le directeur du service pénitentiaire d'insertion et de probation transmet un rapport d'activité au directeur interrégional des services pénitentiaires, au président du tribunal judiciaire et au procureur de la République près ledit tribunal ainsi qu'au juge de l'application des peines.

Art. D. 585 Le directeur du service pénitentiaire d'insertion et de probation est consulté sur les demandes d'agrément formulées, conformément à la législation relative à l'aide sociale, par les organismes hébergeant les libérés.

Ses avis sont transmis par le ministre de la justice au ministre chargé de la santé.

Art. D. 586 Les modalités du fonctionnement financier et comptable du service pénitentiaire d'insertion et de probation sont fixées par arrêté conjoint du ministre de la justice et du ministre chargé du budget.

Art. D. 587 En l'absence du chef de service, le directeur du service pénitentiaire d'insertion et de probation délègue sa signature à un *(Décr. nº 2010-1635 du 23 déc. 2010)* « personnel » du service pénitentiaire d'insertion et de probation pour ordonner les dépenses courantes nécessaires au fonctionnement du service.

Art. D. 588 *(Décr. nº 2010-884 du 27 juill. 2010)* Pour ses compétences définies par la partie réglementaire du présent code, le directeur du service pénitentiaire d'insertion et de probation peut déléguer sa signature à un directeur d'insertion et de probation, à un chef de service d'insertion et de probation, et à un conseiller technique de service social.

TITRE DOUZIÈME DISPOSITIONS GÉNÉRALES

(Décr. nº 2007-1620 du 15 nov. 2007)

CHAPITRE PREMIER DISPOSITIONS RELATIVES À LA PROCÉDURE NUMÉRIQUE

(Décr. nº 2019-507 du 24 mai 2019, art. 3)

Art. D. 589 Toute pièce de procédure, établie ou convertie sous format numérique en application du premier alinéa de l'article 801-1, peut être transmise ou consultée par les personnes autorisées selon les dispositions du présent code.

Les services de la police nationale, les unités de la gendarmerie nationale, les fonctionnaires et agents exerçant des pouvoirs de police judiciaire, les services pénitentiaires et de la protection judiciaire de la jeunesse ainsi que, sur autorisation expresse, toute personne publique ou privée, peuvent établir, convertir et transmettre à l'autorité judiciaire des pièces de procédure sous format numérique, sans nécessité d'un support papier.

Les autorisations mentionnées à l'alinéa précédent peuvent être délivrées soit, dans le cadre d'un protocole, par le ministère de la justice ou à défaut par les chefs de la juridiction destinataire, soit, dans le cadre d'une procédure, par le magistrat sous la direction duquel l'enquête est menée, l'officier de police judiciaire procédant à l'enquête ou, sous le contrôle de ce dernier, l'agent de police judiciaire. S'agissant des personnes privées, le protocole précité peut être conclu avec la personne morale ou l'organisme professionnel dont elles relèvent ou sous le contrôle duquel elles sont placées.

Tout support papier dont le contenu a été converti sous format numérique peut être restitué à son possesseur ou détruit dès lors que la pièce sous format numérique a vocation à être transmise à l'autorité judiciaire.

V. art. A. 53-2 s.

Art. D. 589-1 Le dossier de procédure numérique prévu au deuxième alinéa du I de l'article 801-1 est constitué des pièces mentionnées au premier alinéa de cet article reçues, établies ou converties par les magistrats et agents de greffe qui les assistent.

La conservation et l'archivage de ce dossier et des pièces de procédure qui le constituent sont placés sous la responsabilité du ministère de la justice, sans préjudice des dispositions prévues par la loi ou le règlement applicables aux pièces dont restent détenteurs les services, unités ou personnes mentionnés au deuxième alinéa de l'article D. 589.

Art. D. 589-2 Constituent des procédés de signature sous forme numérique au sens du troisième alinéa du I de l'article 801-1 la signature électronique et la signature manuscrite recueillie sous forme numérique.

Lorsqu'il n'est pas exigé que le signataire soit identifié personnellement au sein de l'acte, est assimilé à un procédé de signature sous forme numérique le cachet électronique.

Toute personne, y compris celles concourant à la procédure au sens de l'article 11, peut recourir aux procédés mentionnés aux alinéas précédents.

Art. D. 589-3 **La signature électronique n'est valablement apposée que par l'usage d'un procédé qui permette l'identification du signataire, garantisse le lien de la signature avec l'acte auquel elle s'attache et assure l'intégrité de cet acte.**

Cette signature doit être au moins d'un niveau avancé reposant sur un certificat qualifié, au sens du règlement (UE) n° 910/2014 du Parlement européen et du Conseil du 23 juillet 2014 sur l'identification électronique et les services de confiance pour les transactions électroniques au sein du marché intérieur et abrogeant la directive 1999/93/CE. Toutefois, le seul fait que cette signature ne satisfait pas aux exigences de la signature électronique d'un niveau avancé reposant sur un certificat qualifié ne peut constituer une cause de nullité de la procédure.

Jusqu'au 31 déc. 2022, est assimilé au niveau de signature mentionné à l'art. D. 589-3 tout procédé de signature électronique respectant les exigences du référentiel général de sécurité, pris en application du Décr. n° 2010-112 du 2 févr. 2010 pris pour l'application des art. 9, 10 et 12 de l'Ord. n° 2005-1516 du 8 déc. 2005 relative aux échanges électroniques entre les usagers et les autorités administratives, d'un niveau au moins deux étoiles (Décr. n° 2019-507 du 24 mai 2019, art. 11-IV).

Art. D. 589-4 **La signature manuscrite recueillie sous forme numérique est apposée au moyen d'un dispositif technique, après prise de connaissance par son signataire de l'acte sous un format numérique.**

Elle n'est valablement apposée que si, postérieurement à son recueil, il est apposé sur l'acte une signature électronique par une personne concourant à la procédure au sens de l'article 11, ou s'il est recouru à l'appareil sécurisé mentionné à l'article R. 49-1.

Si la personne refuse de signer ou qu'il lui est impossible de signer, il en est fait mention dans l'acte.

Art. D. 589-5 **Le cachet électronique peut être utilisé, à la condition posée par l'article D. 589-2, en lieu et place de la signature électronique prévue à l'article D. 589-3, y compris lorsque celle-ci est apposée postérieurement à une signature manuscrite recueillie sous format numérique en application de l'article D. 589-4.**

Ce cachet électronique doit être d'un niveau avancé avec certificat qualifié au sens du règlement (UE) n° 910/2014 du Parlement européen et du Conseil du 23 juillet 2014. Toutefois, le seul fait que ce cachet ne satisfait pas aux exigences du cachet électronique d'un niveau avancé avec certificat qualifié ne peut constituer une cause de nullité de la procédure.

Art. D. 589-6 **Les dispenses prévues au II de l'article 801-1 sont applicables à toute pièce de procédure sous format numérique dont dispose l'autorité judiciaire ainsi qu'à celles ayant vocation à lui être transmises.**

Le magistrat sous la direction duquel l'enquête est menée peut décider de ne pas verser au dossier de procédure numérique les documents, contenus multimédias ou données qui lui ont été transmis par le service, l'unité ou la personne mentionnés au deuxième alinéa de l'article D. 589, le cas échéant en ordonnant leur placement sous scellés.

Art. D. 589-7 **Les modalités d'application des dispositions de la présente section sont précisées par arrêté du garde des sceaux, ministre de la justice, et du ministre de l'intérieur.**

CHAPITRE II DES TRANSMISSIONS DE DEMANDES OU DES NOTIFICATIONS PAR UN MOYEN DE TÉLÉCOMMUNICATION ÉLECTRONIQUE *(Décr. n° 2013-958 du 25 oct. 2013, art. 1er).*

Le Décr. n° 2019-507 du 24 mai 2019 a renuméroté ce chapitre, qui constituait auparavant le chapitre premier du titre XII.

Art. D. 590 **Pour l'application des dispositions de l'article 803-1, l'avocat peut faire connaître son adresse électronique à l'issue de la première comparution de la personne mise en examen, ou de la première audition de la partie civile ou du témoin assisté,**

lorsque cette adresse ne figure pas, de façon générale, dans le répertoire des avocats communiqué à la juridiction.

Art. D. 590-1 *(Décr. n° 2021-1130 du 30 août 2021, art. 9)* **Lorsqu'il s'agit d'actes établis ou convertis sous format numérique en application du premier alinéa de l'article 801-1 et des articles D. 589 à D. 589-7, peuvent être notifiés aux avocats par un envoi adressé par un moyen de télécommunication à l'adresse électronique de l'avocat et dont il est conservé une trace écrite, conformément aux dispositions du I de l'article 803-1 :**

1° Les convocations devant les juridictions d'instruction, de jugement ou d'application des peines ;

2° Les avis délivrés au cours des procédures par les magistrats du siège ou du ministère public ou par leurs greffiers ;

3° Les décisions rendues par les juridictions ou le ministère public ;

4° Les copies de pièces de procédure.

Art. D. 591 *(Décr. n° 2007-1620 du 15 nov. 2007) (Décr. n° 2020-1792 du 30 déc. 2020, en vigueur le 12 mai 2021)* **« Selon les modalités figurant dans une convention passée entre le ministère de la justice et les organisations nationales représentatives des barreaux, les avocats des parties peuvent transmettre par un moyen de télécommunication sécurisé à l'adresse électronique de la juridiction ou du service compétent de celle-ci, et dont il est conservé une trace écrite, les demandes, déclarations et observations suivantes : »**

« 1° Les demandes de délivrance de copie des pièces d'un dossier prévues par l'article R. 155 ;

(Décr. n° 2022-546 du 13 avr. 2022, art. 3) **« 1°** ***bis*** **Les demandes et observations adressées au procureur de la République en application de l'article 77-2, ainsi que les saisines du procureur général prévues par cet article ; »** *— Conformément aux dispositions du I de l'art. 59 de la L. n° 2021-1729 du 22 déc. 2021, les dispositions du C. pr. pén. résultant de l'art. 3 du Décr. n° 2022-546 du 13 avr. 2022 sont applicables aux enquêtes commencées à compter du 24 déc. 2021 (Décr. préc., art. 3-III).*

2° Les demandes tendant à l'octroi du statut de témoin assisté prévues par l'article 80-1-1 ;

3° Les demandes d'investigations sur la personnalité prévues par le neuvième alinéa de l'article 81 ;

4° Les demandes de la partie civile prévues par l'article 81-1 ;

5° Les demandes d'actes prévues par l'article 82-1 ;

6° Les demandes tendant à la constatation de la prescription prévues par l'article 82-3 ;

(Décr. n° 2020-1792 du 30 déc. 2020, en vigueur le 12 mai 2021) **« 7° Les constitutions de partie civile et les plaintes adressées au procureur de la République respectivement prévues par les premiers** *[premier]* **et deuxièmes** *[deuxième]* **alinéas de l'article 85 ;**

« 8° La requête en restitution d'objet placé sous main de justice prévue par le deuxième alinéa de l'article 99 ; »

9° Les demandes d'un témoin assisté tendant à sa mise en examen, prévues par l'article 113-6 ;

10° Les demandes de délivrance d'une copie du dossier de l'instruction prévues par le quatrième alinéa de l'article 114 ;

11° Les déclarations de la liste des pièces dont l'avocat souhaite remettre une reproduction à son client, prévues par le septième alinéa de l'article 114 ;

12° Les déclarations de changement de l'adresse déclarée prévues par le dernier alinéa de l'article 116 ;

13° Les demandes de confrontations individuelles prévues par l'article 120-1 ;

14° Les demandes d'expertises prévues par l'article 156 ;

15° Les demandes de modification de la mission d'un expert ou d'adjonction d'un co-expert prévues par l'article 161-1 ;

16° Les observations concernant les rapports d'expertise d'étape, prévues par l'article 161-2 ;

17° Les observations et les demandes de complément d'expertise ou de contre-expertise, prévues par l'article 167 ;

18° Les observations concernant les rapports d'expertise provisoires, prévues par l'article 167-2 ;

19° Les observations, les demandes d'actes et les observations complémentaires faites *(Abrogé par Décr. n° 2021-1130 du 30 août 2021, art. 9)* ***« en application des alinéas trois, quatre et cinq »*** *[en application]* **de l'article 175 ;**

(Décr. n° 2021-1130 du 30 août 2021, art. 9) **« 20° Les demandes formées en application de l'article 77-2 ;**

« 21° Les demandes formées en application de l'article 495-15.

« Toute autre demande prévue par des dispositions du présent code et pour laquelle ces dispositions permettent qu'elle soit faite par simple lettre peut également être transmise conformément aux dispositions du présent article. »

(Décr. n° 2020-1792 du 30 déc. 2020, en vigueur le 12 mai 2021) **« La réception de la demande sur la boîte aux lettres électronique du destinataire donne lieu à l'émission d'un accusé de réception électronique, qui fait, s'il y a lieu, courir les délais prévus par le présent code. Toutefois, lorsque la demande a été reçue en dehors des jours ouvrables ou avant 9 heures ou après 17 heures, les délais ne commencent à courir que le premier jour ouvrable suivant. Toute demande transmise à une adresse électronique ne figurant pas sur la liste des adresses transmise par le ministère de la justice en application de la convention prévue au premier alinéa est irrecevable. »**

Le Décr. n° 2020-1792 du 30 déc. 2020 relatif à la communication électronique pénale est entré en vigueur après la signature de la convention concernant la communication électronique pénale mentionnée à l'art. D. 591 C. pr. pén. dans sa rédaction résultant de l'art. 2 dudit Décr., le 12 mai 2021 (Arr. du 5 mai 2021 relatif à l'entrée en vigueur de nouvelles modalités de communication électronique pénale).

BIBL. ▶ RODRIGUEZ, *Procédures 2014. Dossier 6* (la communication par voie électronique en matière pénale). – SONTAG, *AJ pénal 2014. 154* (la dématérialisation des procédures pénales) ; *ibid. 157* (la dématérialisation vue par l'avocat pénaliste).

1. En l'absence de protocole relatif à la mise en œuvre de la communication électronique passé entre d'une part le président et le procureur de la République d'un tribunal et d'autre part le bâtonnier de l'ordre des avocats de cette juridiction, la date de réception d'une plainte avec constitution de partie civile adressée par télécopie ne peut être attestée que par la mention du greffier. • Crim. 2 mars 2010, n° 09-85.124 P : *AJ pénal 2010. 342, obs. Lasserre Capdeville ; Dr. pénal 2010, n° 59, obs. Véron ; ibid., n° 65, obs. Maron et Haas.*

2. En présence d'un protocole entre le tribunal de grande instance et l'ordre des avocats de cette juridiction, la transmission par un avocat, à partir de son adresse électronique sécurisée, par un moyen de télécommunication, à l'adresse électronique sécurisée de ce tribunal, d'une demande d'acte prévue par l'art. 82-1 est recevable. Commet dès lors un excès de pouvoir le président de la chambre de l'instruction qui refuse de transmettre à la chambre de l'instruction l'appel de l'ordonnance du juge d'instruction ayant rejeté cette demande, en retenant que la demande d'acte était irrecevable. • Crim. 11 déc. 2013, n° 13-84.319 P : *D. 2013. Actu. 2918 ; Dr. pénal 2014. 30, obs. Maron et Haas ; D. actu. 13 déc. 2013, obs. Portmann ; AJ pénal 2014. 240, obs. Royer .*

3. Il ne résulte d'aucune disposition du C. pr. pén. que l'accusé de réception électronique prévu à l'art. D. 591 dudit code remplace le visa du mémoire par le greffier exigé à l'art. 198 du même code par conséquent, le mémoire produit, parvenu au greffe de la chambre de l'instruction, après la fermeture de ce service, et visé par le greffier le lendemain, jour de l'audience, était irrecevable comme tardif. • Crim. 23 févr. 2022, n° 21-86.897 P.

Art. D. 592 **Les dispositions de l'article D. 591 sont également applicables aux dépôts des mémoires devant la chambre de l'instruction, prévus par** *(Abrogé par Décr. n° 2021-1130 du 30 août 2021, art. 9)* ***« le deuxième alinéa de »*** **l'article 198** *(Abrogé par Décr. n° 2020-1792 du 30 déc. 2020, art. 3, à compter du 12 mai 2021)* ***« , lorsqu'un protocole a été passé à cette fin entre les chefs de la cour d'appel et le barreau ».***

Sur l'entrée en vigueur du Décr. n° 2020-1792 du 30 déc. 2020, V. note ss. art. D. 591.

La convention concernant la communication électronique en matière pénale entre les juridictions ordinaires des premier et second degrés et les avocats, entre le Conseil national des barreaux et le ministère de la Justice, a été signée le 5 févr. 2021.

Encourt l'annulation l'arrêt de la chambre de l'instruction qui déclare irrecevable un mémoire transmis au greffe par l'avocat de la personne déférée au moyen de sa messagerie sécurisée, au motif qu'il n'est pas signé, dès lors que cette modalité de transmission ne laisse aucun doute sur l'identité de l'auteur des documents transmis, ni sur l'authenticité de ces derniers. • Crim. 23 févr. 2022, nº 21-86.762 P.

Art. D. 593 **Les dispositions de l'article D. 591 ne sont pas applicables aux demandes de mise en liberté ou de mainlevée du contrôle judiciaire.**

Art. D. 593-1 *(Décr. nº 2021-1794 du 23 déc. 2021, art. 7, en vigueur le 31 déc. 2021)* **En application du premier alinéa du I de l'article 801-1, les actes des avocats au Conseil d'État et à la Cour de cassation prévus par les dispositions du présent code dans le cadre de leur mandat de représentation et notamment les constitutions, les mémoires ainsi que les pièces qui leur sont associées, les observations, les demandes de prorogation et de dérogation et les requêtes peuvent être établis et transmis à la chambre criminelle de la Cour de cassation sous format numérique, selon les modalités techniques concernant la procédure de communication par voie électronique devant la Cour de cassation qui ont été arrêtées en application de l'article 748-6 du code de procédure civile.**

CHAPITRE III DE L'ACCÈS DES AVOCATS AU DOSSIER DE LA PROCÉDURE

(Décr. nº 2022-546 du 13 avr. 2022, art. 10)

Art. D. 593-2 **Dans tous les cas où, en application des dispositions du présent code, un avocat peut demander la délivrance d'une copie du dossier de la procédure pénale, ainsi que dans les cas où, en application des articles 77-2, 80-2 114, 388-4, 393, 394, 495-8, 627-6, 696-10, 706-105 et 803-3, il peut consulter ce dossier, l'avocat, son associé ou son collaborateur ou un avocat disposant d'un mandat écrit à cette fin peut, à l'occasion de cette consultation, réaliser lui-même une reproduction de tout ou partie des éléments du dossier par tout moyen, et notamment par l'utilisation d'un scanner portatif ou la prise de photographies. Il en est de même lorsque l'avocat consulte le dossier dans le cadre des procédures prévues par les articles 41-1 à 41-3-1 A. Cette reproduction est réalisée pour l'usage exclusif de l'avocat, qui ne peut la remettre à son client, si elle concerne un dossier d'instruction.**

Cette reproduction ne fait pas obstacle au droit de l'avocat d'obtenir, dans les cas et dans les délais prévus par le présent code, une copie du dossier auprès de la juridiction.

Si le dossier est numérisé, l'avocat ne peut refuser d'en recevoir une copie sous forme numérisée, le cas échéant selon les modalités prévues par l'article 803-1, sauf, dans le cas prévu par les articles 114 et R. 165, décision contraire du juge d'instruction ; en cas de numérisation partielle du dossier, la copie de la partie du dossier non numérisée est remise sur support papier.

CHAPITRE IV DES MODALITÉS D'EXERCICE DU DROIT À L'ASSISTANCE D'UN INTERPRÈTE ET À LA TRADUCTION DE CERTAINES PIÈCES DE LA PROCÉDURE

(Décr. nº 2013-958 du 25 oct. 2013, art. 2)

Le Chapitre III devient le Chapitre IV (Décr. nº 2022-546 du 13 avr. 2022, art. 10).

Art. D. 594 **Les modalités d'exercice du droit des personnes suspectées ou poursuivies à l'assistance d'un interprète et à la traduction des pièces essentielles à l'exercice de la défense prévu par l'article préliminaire et par l'article 803-5 sont, sans préjudice de l'application des dispositions législatives du présent code, et notamment de ses articles 62, 63-1, 102, 114, 121, 272, 279, 344, 393, 407, 535, 695-27, 695-30 et 706-71, précisées par les dispositions du présent chapitre.**

(Décr. nº 2016-214 du 26 févr. 2016, art. 5) **« Le présent chapitre fixe également les modalités d'exercice du droit des victimes d'infractions à l'assistance d'un interprète et à la traduction en application du 7º de l'article 10-2 et de l'article 10-3. »**

SECTION PREMIÈRE MODALITÉS D'APPLICATION DES DISPOSITIONS CONCERNANT LE DROIT À UN INTERPRÈTE

§ 1er DROIT À L'INTERPRÈTE LORS DES AUDITIONS

Art. D. 594-1 Pour l'application de l'article 803-5, si la personne soupçonnée ou poursuivie n'a pas demandé à bénéficier de l'assistance d'un interprète mais qu'il existe un doute sur sa capacité à parler ou comprendre la langue française, l'autorité qui procède à son audition ou devant laquelle cette personne comparaît s'assure par tous moyens appropriés qu'elle parle et comprend cette langue. S'il apparaît que la personne ne parle pas ou ne comprend pas la langue française, l'assistance de l'interprète doit intervenir sans délai.

Art. D. 594-2 Si la personne suspectée ou poursuivie qui fait l'objet d'une audition conteste l'absence d'interprète ou la qualité de l'interprétation, elle peut faire des observations qui sont soit mentionnées dans le procès-verbal d'audition, d'interrogatoire ou dans les notes d'audience si elles sont faites immédiatement, soit versées au dossier de la procédure si elles sont faites ultérieurement.

§ 2 DROIT À L'INTERPRÈTE LORS DES ENTRETIENS DE LA PERSONNE AVEC SON AVOCAT

Art. D. 594-3 Pour l'application de l'article préliminaire, les entretiens avec l'avocat ayant un lien direct avec tout interrogatoire ou toute audience, et pour lesquels la personne peut demander à être assistée par un interprète, sont les entretiens intervenant, dans les locaux des services d'enquête, des juridictions et des établissements pénitentiaires, dans des conditions garantissant la confidentialité de l'entretien :

1° Au cours de la garde à vue ou de toute mesure privative de liberté dont le régime est, en tout ou partie, défini par renvoi aux dispositions du présent code sur la garde à vue ;

2° Préalablement à l'audition par un magistrat ou à la comparution devant une juridiction ;

3° Préalablement au dépôt éventuel d'un recours contre une décision juridictionnelle ;

4° Préalablement au dépôt éventuel d'une demande de mise en liberté.

§ 3 DISPOSITIONS COMMUNES

Art. D. 594-4 L'assistance par un interprète *(Décr. n° 2022-656 du 25 avr. 2022, art. 4)* « en langue étrangère ou en langue des signes » peut, le cas échéant, se faire par un moyen de télécommunication, conformément aux dispositions de l'avant-dernier alinéa de l'article 706-71.

Art. D. 594-5 Le droit des personnes suspectées ou poursuivies à bénéficier de l'assistance d'un interprète en application des dispositions du présent code s'applique également aux personnes présentant des troubles de la parole ou de l'audition.

Si leur état le justifie, ces personnes sont assistées au cours de l'audition, ainsi que dans le cas prévu par l'article D. 594-3, pour leurs entretiens avec leur avocat, par un interprète en langue des signes ou par toute personne qualifiée maîtrisant un langage, une méthode ou un dispositif technique permettant de communiquer avec elles.

SECTION II MODALITÉS D'APPLICATION DES DISPOSITIONS CONCERNANT LA TRADUCTION DES PIÈCES ESSENTIELLES À L'EXERCICE DE LA DÉFENSE

Art. D. 594-6 Sans préjudice de la possibilité pour le procureur de la République ou pour la juridiction d'instruction ou de jugement saisie d'ordonner, d'office ou à la demande de la personne, la traduction d'un document considéré comme essentiel à l'exercice de la défense et à la garantie du caractère équitable du procès, doivent être traduits en application de l'article préliminaire et de l'article 803-5 :

1° Les décisions de placement en détention provisoire, de prolongation ou de maintien de la détention, ou de rejet d'une demande de mise en liberté et les ordres d'incarcération prononcés dans le cadre de l'exécution d'un mandat d'arrêt européen ;

2° Les décisions de saisine de la juridiction de jugement ;

3° Les décisions statuant sur l'action publique et portant condamnation, prononcées ou homologuées par une juridiction ;

4° Le procès-verbal de première comparution ou de mise en examen supplétive, lorsque la copie en a été demandée en application de l'article 114.

Si l'avis sollicitant l'accord du prévenu pour comparaître devant la juridiction de jugement par visioconférence à l'occasion de son jugement sur le fond ne figure pas à l'énumération de l'art. D. 594-6, il n'en constitue pas moins une pièce essentielle à la garantie du caractère équitable du procès, ce qui impose sa traduction, lorsque le prévenu ne comprend pas le français. • Crim. 9 mars 2022, ☎ n° 21-82.580 P.

Art. D. 594-7 La traduction des documents essentiels peut ne porter que sur les passages de ces documents qui sont pertinents pour permettre à la personne d'avoir connaissance des faits qui lui sont reprochés.

Les passages pertinents de ces documents sont déterminés, selon le stade de la procédure, par le procureur de la République, par le juge d'instruction ou par la juridiction de jugement saisie.

Art. D. 594-8 La traduction doit intervenir dans un délai raisonnable qui permette l'exercice des droits de la défense et tienne compte du nombre et de la complexité des documents à traduire, et de la langue dans laquelle ils doivent être traduits.

Art. D. 594-9 Si, à titre d'exception, la pièce de procédure a fait l'objet d'une traduction orale ou d'un résumé oral, conformément aux dispositions du deuxième alinéa de l'article 803-5, il en est fait mention par procès-verbal ou dans les notes d'audiences. Cette mention peut, le cas échéant, figurer dans le document lui-même, notamment dans le procès-verbal de convocation prévu par le dernier alinéa de l'article 390-1, ou dans le procès-verbal de débat contradictoire préalable à un placement en détention provisoire ou à une prolongation de détention provisoire prévu par l'article 145.

Art. D. 594-10 Les dispositions de la présente section et celles de l'article préliminaire et de l'article 803-5 relatives à la traduction ne sont pas applicables aux avis d'amendes forfaitaires et aux avis d'amendes forfaitaires majorées remis ou adressés au contrevenant en application des articles 529 et suivants.

SECTION III DISPOSITIONS APPLICABLES AUX VICTIMES ET AUX PARTIES CIVILES

(Décr. n° 2016-214 du 26 févr. 2016, art. 7)

SOUS-SECTION 1 DISPOSITIONS COMMUNES À TOUTES LES VICTIMES

Art. D. 594-11 Les victimes d'infractions ont droit à l'assistance d'un interprète lors de leur audition selon les modalités fixées par les dispositions des articles D. 594-2, D. 594-4 et D. 594-5.

Si, à titre exceptionnel, la pièce de procédure a fait l'objet d'une traduction orale ou d'un résumé oral, conformément aux dispositions du troisième alinéa de l'article 10-3, il en est fait mention par procès-verbal ou dans les notes d'audiences.

Art. D. 594-12 Lorsque la victime ne comprend pas la langue française, elle a droit, à sa demande, à une traduction des mentions des informations indispensables à l'exercice de ses droits notamment du récépissé de dépôt de plainte qui lui est remis en application de l'article 15-3.

SOUS-SECTION 2 DISPOSITIONS PROPRES AUX PARTIES CIVILES

Art. D. 594-13 Sans préjudice de la possibilité pour le procureur de la République ou pour la juridiction d'instruction ou de jugement saisie d'ordonner d'office ou à la demande de la partie civile, la traduction de pièces de procédure contenant des informations considérées comme essentielles à l'exercice de ses droits et qui lui sont, à ce titre, remises ou notifiées en application du présent code, doivent être traduites en application de l'article 10-3, si la partie civile en fait la demande :

1° Les décisions de classement sans suite ;

2° Les ordonnances de non-lieu ;

3° Les décisions de condamnation, de relaxe ou d'acquittement.

Art. D. 594-14 La traduction des documents essentiels peut ne porter que sur les passages de ces documents qui sont pertinents pour permettre à la partie civile d'exercer ses droits.

Les passages pertinents de ces documents sont déterminés, selon le stade de la procédure, par le procureur de la République, par le juge d'instruction ou par la juridiction de jugement saisie.

Art. D. 594-15 La traduction doit intervenir dans un délai raisonnable qui permette l'exercice des droits de la partie civile et tienne compte du nombre et de la complexité des documents à traduire, et de la langue dans laquelle ils doivent être traduits.

SECTION IV DÉSIGNATION DE L'INTERPRÈTE OU DU TRADUCTEUR

La section III Désignation de l'interprète ou du traducteur est devenue la section IV, en application du Décr. n° 2016-214 du 26 févr. 2016 (Décr. préc., art. 6).

Art. D. 594-16 Lorsqu'en application des dispositions du présent code un interprète ou un traducteur est requis ou désigné par l'autorité judiciaire compétente, celui-ci est choisi :

1° Sur la liste nationale des experts judiciaires dressée par le bureau de la Cour de cassation, ou sur la liste des experts judiciaires dressée par chaque cour d'appel ;

2° A défaut, sur la liste des interprètes traducteurs prévue par l'article *(Décr. n° 2020-1734 du 16 déc. 2020, art. 9, en vigueur le 1er mai 2021)* « R. 141-1 *[ancienne rédaction : R. 111-1]* » du code de l'entrée et du séjour des étrangers et du droit d'asile ;

3° En cas de nécessité, il peut être désigné une personne majeure ne figurant sur aucune de ces listes, dès lors que l'interprète ou le traducteur n'est pas choisi parmi les enquêteurs, les magistrats ou les greffiers chargés du dossier, les parties ou les témoins.

Les interprètes ou les traducteurs ne figurant sur aucune des listes mentionnées au 1° ou au 2° prêtent, chaque fois qu'ils sont commis, le serment d'apporter leur concours à la justice en leur honneur et leur conscience. Leur serment est alors consigné par procès-verbal.

Les interprètes et les traducteurs sont tenus de respecter la confidentialité de l'interprétation et des traductions fournies.

L'art. D. 594-11 est devenu l'art. D. 594-16 (Décr. n° 2016-214 du 26 févr. 2016, art. 6).

1. Dès lors que l'avocat n'alléguait pas avoir recherché, comme l'y avait invité le juge d'instruction, un interprète disponible sur les listes visées à l'art. D. 594-16, justifie sa décision la chambre de l'instruction qui, pour écarter l'argumentation du mis en examen selon laquelle il n'avait pas pu s'entretenir avec son avocat à la maison d'arrêt, préalablement au débat contradictoire relatif à la prolongation de sa détention provisoire, faute d'avoir obtenu que lui soit adjoint un interprète, retient, d'une part, que le juge d'instruction, par courrier, avait indiqué au conseil qu'il lui appartenait de lui faire connaître le nom de l'interprète et les jour et heure auxquels il se rendrait en détention avec lui afin qu'une réquisition de ce dernier soit établie à cette fin, d'autre part, que lors du débat contradictoire, il a été proposé à l'avocat, qui a décliné, de s'entretenir avec son client, en présence d'un interprète, durant la durée qu'il souhaitait dans une pièce jouxtant la salle d'audience. • Crim. 19 sept. 2017, n° 17-83.874 P : *D. actu. 6 oct. 2017, obs. Priou-Alibert.*

2. Un interprète non inscrit requis lors de l'enquête préliminaire et qui a prêté serment à cette occasion peut de nouveau être requis par les enquêteurs sur commission rogatoire après l'ouverture de l'information dans cette même procédure, sans avoir à réitérer le serment initialement prêté. • Crim. 12 janv. 2021, n° 20-83.643 P.

CHAPITRE IV *[ABROGÉ]* DISPOSITIONS GÉNÉRALES APPLICABLES AUX MINEURS

(Abrogé par Décr. n° 2021-683 du 27 mai 2021, art. 2, à compter du 30 sept. 2021)

V. désormais CJPM.

Art. D. 594-17 *Les dispositions du présent chapitre sont applicables aux mineurs suspectés ou poursuivis en application des dispositions du présent code et de l'ordonnance n° 45-174 du 2 février 1945 relative à l'enfance délinquante.*

Art. D. 594-18 *I. — Lorsqu'un mineur est informé qu'il est suspect ou poursuivi, la notification de ses droits réalisée à l'occasion d'une audition libre, d'une retenue, d'une garde à vue ou d'une première comparution en application des articles 61-1, 63-1 ou 116 comprend également l'information, dans des termes simples et accessibles, des droits suivants :*

1° Le droit à ce que le titulaire de l'autorité parentale soit informé et le droit d'être accompagné par celui-ci lors de ses auditions ou interrogatoires, sauf circonstances particulières énoncées au II de l'article 4 et au II de l'article 6-2 de l'ordonnance n° 45-174 du 2 février 1945 relative à l'enfance délinquante ;

2° Le droit à la protection de sa vie privée garanti par l'interdiction de diffuser les enregistrements de ses auditions, par la tenue des audiences à huis clos et par l'interdiction de publier le compte rendu des débats d'audience ou de tout élément permettant son identification.

II. — Lorsqu'elles sont remises à un mineur, les convocations en justice aux fins de mise en examen et de jugement contiennent, outre l'information des droits mentionnés au I, l'information des droits suivants :

1° Le droit d'assister aux audiences ;

2° Le droit d'être accompagné par le titulaire de l'autorité parentale au cours des audiences ;

3° Le droit à une évaluation éducative personnalisée ;

4° Le droit de bénéficier de l'aide juridictionnelle dans les conditions fixées par la loi n° 91-647 du 10 juillet 1991 relative à l'aide juridique.

III. — Lorsque le mineur est placé en détention, le document qui lui est remis en application de l'article 803-6 comprend également l'information des droits suivants :

1° Le droit à ce que le titulaire de l'autorité parentale soit informé et le droit d'être accompagné par celui-ci lors de ses auditions ou interrogatoires (Décr. n° 2020-91 du 6 févr. 2020, art. 7) *« , sauf circonstances particulières énoncées au II de l'article 4 et au II de l'article 6-2 de l'ordonnance n° 45-174 du 2 février 1945 relative à l'enfance délinquante ; »*

2° Le droit à la protection de sa vie privée garanti par l'interdiction de diffuser les enregistrements de ses auditions, par la tenue des audiences à huis clos et par l'interdiction de publier le compte rendu des débats d'audience ou de tout élément permettant son identification ;

3° Le droit à la limitation de la privation de liberté et au recours à des mesures alternatives à la détention, y compris le droit au réexamen périodique de la détention ;

4° Le droit, durant la privation de liberté, à un traitement particulier lié à sa minorité, notamment le droit à l'éducation et l'exercice effectif et régulier du droit à la vie familiale, le droit à la préservation de son développement physique et mental ;

5° Le droit d'être détenu séparément des détenus majeurs ;

6° Le droit à la préservation de sa santé, ainsi que le respect du droit à la liberté de religion ou de conviction.

IV. — Les droits prévus aux (Abrogé par Décr. n° 2020-91 du 6 févr. 2020, art. 7) *« 1°, 2°, » 5° et 6° du III sont également notifiés en cas de placement en retenue ou en garde à vue.*

V. — Les droits mentionnés au I (Décr. n° 2020-91 du 6 févr. 2020, art. 7) *« et aux 5° et 6° du III » sont également notifiés au mineur retenu dans le cadre d'un mandat de comparution, d'amener ou d'arrêt, ou lorsqu'il est appréhendé en exécution d'un mandat d'arrêt européen en application des articles 133-1 ou 695-27* (Décr. n° 2020-91 du 6 févr. 2020, art. 7) *« ainsi que lorsqu'il est retenu en application de l'article 141-1 en raison de la violation des obligations d'un contrôle judiciaire. »*

Les droits mentionnés au II sont notifiés au mineur appréhendé en exécution d'un mandat d'arrêt européen en application de l'article 695-27.

VI. — Lorsque la décision prise à l'égard d'un mineur est susceptible de recours, le mineur et ses parents sont informés de l'existence de ce recours et du délai dans lequel il peut être formé.

VII. — Chaque fois qu'une information est donnée au mineur en application du présent article, elle est également donnée par tout moyen et dans les meilleurs délais aux titulaires de l'autorité parentale ou à l'adulte mentionnés à l'article 6-2 de l'ordonnance n° 45-174 du 2 février 1945 relative à l'enfance délinquante.

Art. D. 594-19 *Lorsque la désignation d'un adulte autre que le représentant légal apparaît nécessaire pour recevoir des informations ou accompagner le mineur en application de l'arti-*

cle 6-2 de l'ordonnance nº 45-174 du 2 février 1945 relative à l'enfance délinquante, l'officier de police judiciaire, le procureur de la République, le juge des enfants ou le juge d'instruction sollicite du mineur qu'il désigne cet adulte.

Si le mineur ne désigne aucun adulte ou que l'adulte qu'il a désigné n'apparaît pas approprié, le procureur de la République, le juge des enfants ou le juge d'instruction, informé le cas échéant par l'officier de police judiciaire, procède à cette désignation.

Cet adulte est choisi en priorité parmi les proches du mineur. Si aucun adulte ne peut être trouvé, le procureur de la République, le juge des enfants ou le juge d'instruction désigne un administrateur ad hoc sur la liste prévue par les articles R. 53 et R. 53-6. Les dispositions des 1º à 4º et 6º à 11º de l'article R. 216 sont alors applicables.

Art. D. 594-20 *Les dispositions de l'article 4-1 de l'ordonnance nº 45-174 du 2 février 1945 relative à l'enfance délinquante sont également applicables lors de l'audience devant la chambre de l'instruction relative à l'exécution d'un mandat d'arrêt européen.*

LIVRE SIXIÈME MODALITÉS D'APPLICATION EN CE QUI CONCERNE LES DÉPARTEMENTS DE LA GUADELOUPE, DE LA GUYANE, DE LA MARTINIQUE, DE LA RÉUNION ET DE LA COLLECTIVITÉ D'OUTRE-MER DE SAINT-PIERRE-ET-MIQUELON *(Décr. nº 2018-858 du 8 oct. 2018).*

(Décr. nº 59-322 du 23 févr. 1959 ; Décr. nº 64-119 du 4 févr. 1964)

Art. D. 599 *(Décr. nº 64-119 du 4 févr. 1964 ; Décr. nº 79-37 du 10 janv. 1979)* **Le présent code, ainsi que les décrets qui le modifient, est applicable aux départements de la Guadeloupe, de la Guyane, de la Martinique, de la Réunion et** *[à la collectivité territoriale]* **de Saint-Pierre-et-Miquelon.**

V. Décr. nº 84-577 du 6 juill. 1984 (JO 10 juill.) rendant applicable dans les territoires d'outre-mer la troisième partie du code de procédure pénale, mod.

Art. D. 600 *(Décr. nº 64-119 du 4 févr. 1964 ; Décr. nº 79-37 du 10 janv. 1979)* **Des arrêtés du ministre de la justice déterminent, en tant que de besoin, les adaptations jugées nécessaires à l'application des titres II, III, IV et VI du livre V du code de procédure pénale (3e partie. — Décrets) dans les départements de la Guadeloupe, de la Guyane, de la Martinique, de la Réunion** *(Abrogé par Décr. nº 2018-858 du 8 oct. 2018)* ***« et** [dans la collectivité territoriale]* ***de Saint-Pierre-et-Miquelon ».***

Décret nº 59-322 du 23 février 1959,

Concernant l'application du code de procédure pénale.

Art. 1er Le code de procédure pénale (3e partie, décrets) est modifié et complété conformément aux dispositions annexées au présent décret. — *V. C. pr. pén., art. D. 43 s.*

Art. 2 Dans tout règlement en vigueur, les termes « maison de force » sont remplacés par « maison centrale », et les termes « maison de justice » ou « maison d'arrêt et de justice » par « maison d'arrêt ».

Les expressions de « maison centrale », de « maison d'arrêt » et de « maison d'arrêt et de correction » doivent être seules utilisées, à l'exclusion de toutes autres, sauf lorsqu'il s'agit d'un centre pénitentiaire spécialisé susceptible d'être désigné par référence à sa spécialisation.

....

Art. 5 Sont abrogées toutes dispositions contraires au présent décret et notamment :

— le décret du 16 juin 1808 portant création des maisons centrales ;

— le décret du 16 juin 1810 sur les maisons centrales ;

— l'ordonnance du 6 juin 1830 sur les maisons centrales ;

— le règlement du 5 juin 1860 sur le service de santé des maisons centrales ;

— l'article 5, en ses alinéas 1 et 2, du décret du 13 avril 1861 sur les pouvoirs des préfets ;

— le règlement général du 4 août 1864 sur l'administration et la comptabilité du pécule des détenus ;

— le décret du 25 mai 1872 sur le régime des condamnés à la détention ;

— le décret du 26 novembre 1885 pour l'application de la loi sur la relégation des récidivistes ;

— le décret du 20 août 1899 autorisant le premier président de la cour d'appel de Paris à renvoyer des affaires civiles devant la chambre d'accusation ;

— le décret du 12 juillet 1907 portant réorganisation des commissions de surveillance près les établissements pénitentiaires ;

— le décret du 19 janvier 1923 sur le régime intérieur et l'organisation du travail dans les prisons affectées à l'emprisonnement individuel ;

— le décret du 29 juin 1923 portant règlement du service et du régime des prisons affectées à l'emprisonnement en commun ;

— le décret du 31 décembre 1927 portant statut du personnel pénitentiaire ;

— l'article 5 du décret du 10 février 1929 pour la répartition du travail des détenus ;

— le décret du 28 avril 1939 sur l'exécution de la peine des travaux forcés ;
— le décret du 1er septembre 1941 fixant la limite d'âge des médecins de l'administration pénitentiaire ;
— le décret du 22 novembre 1944 relatif à l'organisation des services de l'administration pénitentiaire ;
— le décret n° 48-1135 du 16 juillet 1948 sur l'organisation des circonscriptions pénitentiaires ;
— le décret n° 49-313 du 5 mars 1949 sur la répartition du produit du travail des détenus ;
— le décret n° 52-356 du 1er avril 1952 pour l'application de l'article 6 de la loi du 14 août 1885 ;
— le décret du 7 janvier 1959 fixant la liste des juridictions auprès desquelles n'existe pas de maison d'arrêt.

Art. 6 Le présent décret entrera en application à la date de la mise en vigueur du code de procédure pénale.

Art. D. 600-1 *(Décr. n° 2018-858 du 8 oct. 2018)* **Pour l'application des dispositions des titres Ier à IV, VI et XI du livre V du code de procédure pénale (troisième partie : Décrets), à Saint-Pierre-et-Miquelon, sous réserve des dispositions de l'article D. 600-2, les termes énumérés ci-après sont remplacés comme suit :**

1° "service pénitentiaire d'insertion et de probation" par : "conseiller pénitentiaire d'insertion et de probation" ;

2° "directeur du service pénitentiaire d'insertion et de probation" par : "directeur interrégional de la mission des services pénitentiaires de l'outre-mer".

Art. D. 600-2 *(Décr. n° 2018-858 du 8 oct. 2018)* **Pour leur application à Saint-Pierre-et-Miquelon :**

I. – L'article D. 572 est ainsi rédigé :

Art. D. 572 Un conseiller pénitentiaire d'insertion et de probation est chargé d'exécuter les missions prévues par les articles D. 573 à D. 575.

Il est placé sous l'autorité du directeur interrégional de la mission des services pénitentiaires de l'outre-mer."

II. – L'article D. 577 est ainsi rédigé :

Art. D. 577 Le juge de l'application des peines, le procureur de la République et les autres magistrats mandants communiquent, pour chaque dossier dont le conseiller pénitentiaire d'insertion et de probation est saisi, des instructions particulières relatives à la finalité de la mesure et au contenu des obligations à respecter.

Le directeur interrégional de la mission des services pénitentiaires de l'outre-mer définit les modalités de la prise en charge des personnes placées sous main de justice. Après en avoir avisé le magistrat mandant qui peut, le cas échéant, faire toutes observations utiles, ces modalités de prise en charge sont mises en œuvre par le conseiller pénitentiaire d'insertion et de probation.

Le juge de l'application des peines ou le magistrat mandant signale au directeur *interrégional de la* mission des services pénitentiaires de l'outre-mer toute difficulté qu'il constate dans la prise en charge des mesures et, s'il y a lieu, demande à cette autorité qu'elle lui adresse un rapport en réponse.

III. – L'article D. 580 est ainsi rédigé :

Art. D. 580 Le conseiller pénitentiaire d'insertion et de probation tient un dossier pour chaque personne faisant l'objet d'une mesure visée à l'article D. 574. Ce dossier comprend les pièces judiciaires nécessaires au suivi de la mesure, les éléments relatifs au contrôle des obligations ou conditions imposées ainsi que la copie des rapports adressés au magistrat mandant.

Les documents couverts par le secret professionnel ne peuvent être consultés que par le conseiller pénitentiaire d'insertion et de probation, et par le directeur interrégional de la mission des services pénitentiaires de l'outre-mer.

En cas de changement de résidence de la personne suivie, le directeur interrégional de la mission des services pénitentiaires de l'outre-mer transmet sous pli fermé ces documents au service pénitentiaire d'insertion et de probation du lieu de la nouvelle résidence.

Le dossier est communiqué à sa demande au magistrat qui a saisi le directeur interrégional de la mission des services pénitentiaires de l'outre-mer, sauf pour les renseignements recueillis par voie de confidences auprès des personnes prises en charge.

IV. – L'article D. 581 est ainsi rédigé :

Art. D. 581 Le conseiller pénitentiaire d'insertion et de probation est tenu au secret professionnel dans les conditions prévues par les articles 226-13 et 226-14 du code pénal.

Chaque fois que la demande lui en est faite ou à son initiative, il fournit à l'autorité judiciaire ou aux services de l'administration pénitentiaire les éléments permettant de mieux individualiser la situation des personnes placées sous main de justice.

Dans le cadre de l'exécution des mesures visées à l'article D. 574, le conseiller pénitentiaire d'insertion et de probation ne peut opposer le secret professionnel aux autorités judiciaires, sauf pour les renseignements recueillis par voie de confidences auprès des personnes prises en charge.

V. – A l'article D. 584, les mots : "au directeur interrégional des services pénitentiaires," sont supprimés.

VI. – Les articles D. 586 et D. 587 ne sont pas applicables.

VII. – L'article D. 588 est ainsi rédigé :

Art. D. 588 Pour ses compétences définies par la partie réglementaire du présent code, le directeur interrégional de la mission des services pénitentiaires de l'outre-mer peut déléguer sa signature à un conseiller pénitentiaire d'insertion et de probation.

LIVRE SEPTIÈME DISPOSITIONS APPLICABLES À MAYOTTE

(Décr. nº 2007-749 du 9 mai 2007, en vigueur le 1er juin 2007)

Art. D. 601 *(Abrogé par Décr. nº 2021-683 du 27 mai 2021, art. 2, à compter du 30 sept. 2021)* ***Pour l'application des articles D. 76, D. 515 et D. 520 aux détenus mineurs relevant du statut civil de droit local, les titulaires de l'autorité parentale sont les personnes qui exercent de fait l'autorité parentale.***

Art. D. 602 *(Décr. nº 2021-1130 du 30 août 2021, art. 6)* **Pour l'application de l'article 883-2, il ne peut être recouru, pour le déroulement du débat contradictoire prévu par cet article, au moyen de communication audiovisuelle prévu par l'article 706-71, sauf en cas d'accord de la personne, ou sauf si son transport paraît devoir être évité en raison des risques graves de trouble à l'ordre public ou d'évasion.**

QUATRIÈME PARTIE : *ARRÊTÉS*

(Arr. du 23 déc. 1958 ; Arr. du 27 févr. 1959)

Dans tous les textes réglementaires les mots : "directeur régional des services pénitentiaires" sont remplacés par les mots : "directeur interrégional des services pénitentiaires" (Décr. n° 2007-931 du 15 mai 2007, art. 17, en vigueur le 1er juin 2007).

TITRE PRÉLIMINAIRE

Néant.

LIVRE PREMIER DE L'EXERCICE DE L'ACTION PUBLIQUE ET DE L'INSTRUCTION

TITRE PREMIER DES AUTORITÉS CHARGÉES DE L'ACTION PUBLIQUE ET DE L'INSTRUCTION

Art. A. 1er *(Arr. du 3 mai 2004)* **I. — Les autorités ou organismes que le procureur de la République ou le juge d'instruction selon le cas peut, conformément aux dispositions de l'article 11-1, autoriser à se faire délivrer une copie des pièces d'une procédure judiciaire en cours sont :**

1° Le directeur de l'organisme ou de l'établissement ou du service gérant un régime obligatoire de sécurité sociale, aux fins de mettre en œuvre l'action récursoire des organismes de sécurité sociale contre les tiers responsables d'accidents corporels de la circulation routière ;

2° Le directeur de l'association pour la gestion des informations sur le risque automobile (AGIRA), aux fins d'indemniser, par l'intermédiaire du service "Trans PV", les victimes d'accidents corporels *(Arr. du 10 janv. 2013)* **« et [,] le cas échéant, matériels » de la circulation routière ;**

(Arr. du 7 mars 2019) **« 2°** ***bis*** **Le Fonds de garantie des victimes des actes de terrorisme et d'autres infractions, aux fins d'indemniser les victimes d'actes de terrorisme ; »**

(Arr. du 10 janv. 2013) **« 3° » Le chef de la mission des transports des matières dangereuses, pour l'élaboration des rapports annuels relevant de sa compétence et le contrôle des obligations de déclaration d'accident ;**

(Arr. du 10 janv. 2013) **« 4° Le directeur de l'Institut français des sciences et technologies des transports, de l'aménagement et des réseaux » pour la réalisation d'enquêtes concernant des accidents ou des types d'accidents déterminés ;**

(Arr. du 10 janv. 2013) **« 5° » Le directeur du service technique des remontées mécaniques et des transports guidés, pour l'élaboration des rapports concernant les accidents et incidents relevant de sa compétence permettant notamment d'établir des recommandations de sécurité ;**

(Arr. du 10 janv. 2013) **« 6° » Le délégué général du Centre européen d'études de sécurité et d'analyse des risques, pour la réalisation d'enquêtes concernant des accidents ou des types d'accidents déterminés ;**

(Arr. du 10 janv. 2013) **« 7° Les préfets de département pour la réalisation d'enquêtes techniques concernant des accidents et pour l'exercice des missions des observatoires départementaux de la sécurité routière ;**

« 8° Les directeurs des directions interdépartementales des routes et les sociétés concessionnaires d'autoroutes ou d'ouvrages d'art routiers par concession de l'État pour la réalisation de diagnostics de sécurité sur leurs réseaux, en application de l'article L. 118-6 du code de la voirie routière ; »

(Arr. du 10 janv. 2013) **« 9° » Le délégué général de l'Association des sociétés françaises d'autoroutes et d'ouvrages à péage, pour la réalisation d'un rapport annuel sur les accidents mortels ;**

(Arr. du 29 mars 2007 ; Arr. du 10 janv. 2013) **« 10° Le chef de l'inspection de la défense et de la sécurité civiles du ministère de l'intérieur, pour la réalisation d'enquê-**

tes techniques destinées à prévenir des accidents mettant en cause des sapeurs-pompiers civils ou militaires ; »

(Arr. du 30 mars 2010 ; Arr. du 10 janv. 2013) « 11° Le directeur général de l'*(Décr. n° 2012-597 du 27 avr. 2012, art. 5)* « Agence nationale de sécurité du médicament et des produits de santé » *(Arr. du 13 mai 2014)* « ainsi que les directeurs généraux des agences régionales de santé », pour la réalisation de recherches ou enquêtes scientifiques ou techniques, permettant d'adopter, à des fins de protection de la santé publique, toute mesure utile, notamment les mesures de police sanitaires nécessaires, destinée à prévenir des accidents ou incidents mettant en cause un produit ou une activité *(Arr. du 13 mai 2014)* « relevant de leur compétence » ; »

(Arr. du 10 janv. 2013) « 12° Le délégué à la sécurité et à la circulation routières pour la préparation, la mise en œuvre et l'évaluation de la politique de sécurité routière, en application de l'article 3 du décret n° 75-360 du 15 mai 1975 relatif au comité interministériel de la sécurité routière ;

« 13° Le secrétaire général de l'observatoire interministériel de la sécurité routière pour la réalisation de ses missions prévues par l'article 2 *bis* du décret n° 75-360 du 15 mai 1975 relatif au comité interministériel de la sécurité routière ;

« 14° Le directeur du service d'études sur les transports, les routes et leurs aménagements, le directeur du centre d'études sur les réseaux, les transports, l'urbanisme et les constructions publiques et les directeurs des centres d'études techniques de l'équipement pour la réalisation de diagnostics de sécurité et d'études de sécurité ;

« 15° Les préfets de région pour l'exercice des missions des observatoires régionaux de la sécurité routière ;

« 16° Les présidents des conseils généraux pour la réalisation des diagnostics de sécurité de leurs réseaux, en application de l'article L. 131-3 du code de la voirie routière et de l'article L. 3221-4 du code général des collectivités territoriales ;

« 17° Les maires des communes soumises à l'obligation d'élaborer des plans de déplacements urbains et les présidents des autorités organisatrices des transports urbains compétents pour l'exercice des missions des observatoires de l'accidentalité prévus au titre de ces plans, en application de l'article L. 1214-3 du code des transports et de l'article 28 de la loi n° 82-1153 du 30 décembre 1982 d'orientation des transports intérieurs. »

II. – L'autorisation accordée par le procureur de la République peut être délivrée sans limitation de temps sous réserve de la possibilité d'y mettre fin à tout moment, ou pendant une période de temps déterminée, pour des catégories de procédures concernant des infractions dont elle précise la nature.

III. – Le procureur de la République ou le juge d'instruction peut autoriser la transmission d'une copie des pièces de procédure sous réserve que les données nominatives qui y figurent aient été occultées.

IV. – La copie des pièces de procédure est délivrée selon les cas par les services ou unités de police judiciaire, par les services de la juridiction ou, sauf opposition figurant dans l'autorisation, par un des organismes ou autorités visés au I ayant déjà obtenu copie de ces pièces.

V. – Les dispositions ci-dessus sont applicables sans préjudice de la possibilité pour le procureur de la République ou le juge d'instruction d'autoriser des organismes ou autorités à se faire délivrer les pièces d'une procédure judiciaire en cours sur le fondement de dispositions particulières ; ces autorités et organismes sont :

1° En application des articles L. 721-3, L. 721-5 et L. 721-6 du code de l'aviation civile *[désormais C. transp., art. L. 1621-13 à L. 1621-15]* :

Le directeur du bureau d'enquêtes et d'analyses pour la sécurité de l'aviation civile.

2° En application de l'article 19 de la loi n° 2002-3 du 3 janvier 2002 relative à la sécurité des infrastructures et systèmes de transport, aux enquêtes techniques après événement de mer, accident ou incident de transport terrestre ou aérien et au stockage souterrain de gaz naturel, d'hydrocarbures et de produits chimiques :

Le directeur du bureau d'enquêtes techniques et administratives après accidents (BEA mer).

Le directeur du bureau d'enquêtes sur les accidents de transport terrestre (BEA TT).

(Arr. du 6 nov. 2009) « 3° En application des articles L. 3125-1, L. 3125-2 et R. 3125-1 du code de la défense :

« Le directeur du bureau enquêtes accidents défense mer (BEAD-mer) ;
« Le directeur du bureau enquêtes accidents défense transport terrestre (BEAD-TT) ;
« Le directeur du *(Décr. n° 2018-346 du 9 mai 2018)* « bureau enquêtes accidents pour la sécurité aéronotique d'État (BEA-É) ». »

CHAPITRE PREMIER DE LA POLICE JUDICIAIRE

SECTION PREMIÈRE DES PLAINTES ADRESSÉES PAR VOIE ÉLECTRONIQUE

(Arr. du 26 juin 2020, en vigueur le 1er juill. 2020)

V. Arr. du 26 juin 2020 portant création d'un traitement automatisé de données à caractère personnel dénommé « traitement harmonisé des enquêtes et des signalements pour les e-escroqueries » (THESEE) (JO 30 juin).

Art. A. 1er-1 Les victimes peuvent déposer des plaintes par voie électronique en application des articles 15-3-1 et D. 8-2-1 par le biais du "traitement harmonisé des enquêtes et des signalements pour les e-escroqueries" (THESEE) mis en œuvre par la direction générale de la police nationale, sur le site "www.service-public.fr", pour les infractions suivantes :

a) Escroquerie y compris si elle est connexe à l'infraction d'accès frauduleux à un système de traitement automatisé de données ;

b) Chantage ;

c) Extorsion connexe à l'infraction d'entrave au fonctionnement d'un système de traitement automatisé de données ou à l'infraction d'accès frauduleux à un système de traitement automatisé de données.

Art. A. 1er-2 La victime qui dépose une plainte ou effectue un signalement en ligne par le biais de la plateforme THESEE peut s'identifier de façon sécurisée au moyen du téléservice FranceConnect.

SECTION II DES OFFICIERS DE POLICE JUDICIAIRE

§ 1er DÉSIGNATION DES GENDARMES OFFICIERS DE POLICE JUDICIAIRE

[Dispositions prises pour l'application des art. R. 1 à R. 5 C. pr. pén.]

Art. A. 2 *(Arr. du 13 déc. 2016)* Peuvent être admis à subir l'examen technique d'officier de police judiciaire de la gendarmerie nationale prévu à l'article R. 5 les gendarmes comptant au moins trois ans de service dans la gendarmerie au 1er janvier de l'année de l'examen.

L'art. A. 1er-1 est devenu l'art. A. 2 en vertu des dispositions de l'Arr. du 13 déc. 2016, dont les dispositions ne sont pas applicables à l'examen technique d'officier de police judiciaire organisé au titre de l'année 2016.

Art. A. 3 *(Arr. du 13 déc. 2016)* La liste des candidats admis à se présenter à l'examen technique est arrêtée par le directeur des personnels militaires de la gendarmerie nationale.

L'art. A. 2 est devenu l'art. A. 3 en vertu des dispositions de l'Arr. du 13 déc. 2016.

Art. A. 4 *(Arr. du 13 déc. 2016)* L'examen technique d'officier de police judiciaire de la gendarmerie nationale, organisé chaque année au cours du dernier trimestre, comporte :

1° Une épreuve écrite pratique de droit pénal général et de droit pénal spécial (durée : trois heures – coefficient 2) ;

2° Une épreuve écrite pratique de procédure pénale sur un cas de crime ou de délit (durée : quatre heures – coefficient 3) ;

3° Une épreuve écrite de simulation de compte rendu téléphonique au parquet organisée à partir d'un cas pratique d'enquête (durée : une heure – coefficient 1).

La valeur de chaque épreuve est constatée par une note de 0 à 20.

Toute note égale ou inférieure à 5 dans l'une des épreuves est éliminatoire.

Nul ne pourra être considéré comme ayant satisfait à l'examen s'il ne totalise pas 60 points au moins pour l'ensemble des trois épreuves.

L'art. A. 3 est devenu A. 4 en vertu des dispositions de l'Arr. du 13 déc. 2016.

Art. A. 5 *(Arr. du 18 mai 2009)* Le programme des épreuves de l'examen prévu à l'article qui précède est le suivant :

Procédure pénale

L'action publique et l'action civile : notions générales
Les autorités investies par la loi de missions de police judiciaire :
– la police judiciaire ;
– le ministère public ;
– le magistrat instructeur.
Les enquêtes, les contrôles d'identité :
– les cadres juridiques ;
– les contrôles, les vérifications et les relevés d'identité.
L'instruction :
– du premier et du second degré ;
– le contrôle judiciaire et la détention provisoire ;
– la commission rogatoire.
Les procédures particulières :
– l'entraide judiciaire internationale ;
– la procédure applicable à la criminalité et à la délinquance organisées.
La procédure pénale applicable aux mineurs.
Le contrôle de la mission de police judiciaire.
Les mandats de justice.
Les juridictions de jugement.
L'exécution des décisions de justice :
– la contrainte judiciaire ;
– les juridictions de l'application des peines

Droit pénal général

La loi pénale :
– les principes généraux ;
– l'application de la loi pénale dans le temps et dans l'espace.
L'infraction pénale :
– la classification des infractions ;
– les éléments constitutifs de l'infraction ;
– les circonstances aggravantes.
La responsabilité pénale :
– les dispositions générales : la tentative, la coaction et la complicité ;
– la responsabilité pénale des personnes morales ;
– les causes d'irresponsabilité ou d'atténuation de la responsabilité.
Les peines :
– la classification légale ;
– le concours d'infractions ;
– la récidive ;
– la réitération d'infractions.

Droit pénal spécial

Les crimes et délits contre les personnes :
– les atteintes à la vie de la personne ;
– les atteintes à l'intégrité physique ou psychique de la personne ;
– la mise en danger de la personne ;
– les atteintes aux libertés de la personne ;
– les atteintes à la dignité de la personne ;
– les atteintes à la personnalité ;
– les atteintes aux mineurs et à la famille.
Les crimes et délits contre les biens :
– le vol ;
– l'extorsion ;
– l'escroquerie et les infractions voisines ;

– les détournements ;
– le recel et les infractions assimilées ou voisines ;
– les destructions, dégradations et détériorations ;
– les atteintes aux systèmes de traitement automatisé de données.
Les crimes et délits contre la nation, l'État et la paix publique :
– les atteintes à l'administration publique commises par des personnes exerçant une fonction publique ;
– les atteintes à l'administration publique commises par des particuliers ;
– les atteintes à l'action de la justice ;
– les atteintes à la confiance publique ;
– la participation à une association de malfaiteurs.
La falsification de moyens de paiement.
Les infractions au régime des matériels de guerre, des armes et des munitions.
Les infractions délictuelles à la circulation routière.

Libertés publiques

Introduction générale aux libertés publiques.
Les libertés individuelles et la vie privée :
– la sûreté ;
– la liberté d'aller et venir ;
– le respect de la vie privée, du domicile et des correspondances ;
– le respect de la personne et les lois antidiscriminatoires ;
– la CNIL.
Les libertés d'expression collectives :
– le régime des manifestations ;
– le régime des attroupements ;
– la liberté de la presse.

L'art. A. 4 est devenu A. 5 en vertu des dispositions de l'Arr. du 13 déc. 2016.

Art. A. 6 *(Arr. du 13 déc. 2016)* Les règles d'accès à la préparation et de préparation des candidats à l'examen technique sont fixées par instruction ministérielle.

L'art. A. 5 est devenu A. 6 en vertu des dispositions de l'Arr. du 13 déc. 2016.

Art. A. 7 *(Arr. du 13 déc. 2016)* La date de l'examen technique et les sujets des épreuves sont fixés par la commission prévue à l'article 16 (2° et 4°) du présent code sur proposition du directeur des personnels militaires de la gendarmerie nationale.

L'art. A. 6 est devenu A. 7 en vertu des dispositions de l'Arr. du 13 déc. 2016.

Art. A. 8 *(Arr. du 13 déc. 2016)* L'organisation matérielle des épreuves de l'examen technique qui se déroulent dans un ou plusieurs centres est assurée par la direction des personnels militaires de la gendarmerie nationale.

Lors des épreuves, les candidats ne peuvent disposer que :
– des codes (qui peuvent être annotés par l'éditeur, mais non commentés) ;
– des impressions du *Journal officiel* (non commenté) ;
Il est interdit aux candidats sous peine d'exclusion :
– de détenir des documents imprimés ou manuscrits autres que ceux cités aux alinéas précédents ;
– d'utiliser des codes ou impressions du *Journal officiel* surligné, soulignés, annotés ou comportant des onglets, mêmes vierges.

Toute fraude ou tentative de fraude dans l'une des épreuves entraîne la rédaction d'un rapport par le surveillant et peut conduire à l'exclusion du candidat prononcée par le président du jury et le cas échéant, à lui interdire de se présenter à l'examen les années suivantes.

L'enveloppe renfermant chaque sujet de composition est décachetée, en présence des candidats, à l'ouverture de la séance affectée à l'épreuve.

Les compositions sont faites uniquement sur des feuilles fournies par la direction des personnels militaires de la gendarmerie nationale.

L'art. A. 7 est devenu A. 8, en vertu des dispositions de l'Arr. du 13 déc. 2016.

Art. A. 9 *(Arr. du 13 déc. 2016)* **Dans le mois qui suit l'examen, le président réunit le jury pour l'établissement des normes de correction et pour la répartition des copies entre les correcteurs. L'anonymat des copies est assuré par le recours à un procédé technique adapté.**

Le président du jury fixe la date à laquelle les copies doivent parvenir corrigées au secrétariat de la commission.

Art. A. 10 *(Arr. du 13 déc. 2016)* **Le secrétariat de la commission soumet au président du jury :**

1° les copies pour lesquelles est proposée une note éliminatoire dans les conditions prévues à l'article A4 du présent code. Ces copies font l'objet d'une seconde correction par un membre désigné par le président du jury et appartenant à une autre formation (magistrature, gendarmerie) que celle dont fait partie le premier correcteur.

La note définitive attribuée à la copie correspond à la moyenne des notes des deux correcteurs.

2° le relevé des notes attribuées pour chaque épreuve par les correcteurs ;

3° la liste de tous les candidats, avec les notes et le total des points obtenus par chacun d'eux ;

4° la liste par ordre de mérite des gendarmes admis pour avoir totalisé 60 points au moins pour l'ensemble des épreuves sans note éliminatoire et celle des gendarmes éliminés ou n'ayant pas obtenu le nombre de points exigés.

Ces listes mentionnent les notes attribuées aux candidats dans chacune des épreuves et le total des points obtenus.

Art. A. 11 *(Arr. du 13 déc. 2016)* **La commission prévue à l'article 16 (2° et 4°) du code de procédure pénale émet un avis sur les listes mentionnées au 4° de l'article A. 10 dans un délai maximum de quatre mois après la date de l'examen.**

Elles sont adressées à la direction générale de la gendarmerie nationale, accompagnées des copies des candidats et du procès-verbal de séance.

Art. A. 12 *(Arr. du 24 août 1960)* **Les candidats ayant échoué à quatre sessions ne peuvent plus être autorisés à se présenter à l'examen technique d'officier de police judiciaire.**

§ 2 DÉSIGNATION DES OFFICIERS DE POLICE JUDICIAIRE DE LA POLICE NATIONALE *(Arr. du 16 oct. 1995).*

Art. A. 13 *(Arr. du 9 août 2016, en vigueur le 1er oct. 2016)* **Peuvent être admis à subir l'examen technique d'officier de police judiciaire de la police nationale prévu à l'article R. 5 du présent code les fonctionnaires du corps d'encadrement et d'application comptant au moins trois ans de services dans le corps au 1er janvier de l'année de l'examen et ayant suivi une formation adaptée, organisée par leur administration d'origine.**

L'art. A. 22 est devenu l'art. A. 13 (Arr. du 9 août 2016, NOR : INTC1619617A, JO 1er oct.).

Art. A. 14 *(Arr. du 9 août 2016, en vigueur le 1er oct. 2016)* **La liste des candidats admis à se présenter à l'examen technique est établie par le directeur** *(Arr. du 6 sept. 2021, art. 2, en vigueur le 1er janv. 2022)* **« central du recrutement et de la formation** *[ancienne rédaction : des ressources et des compétences]* **» de la police nationale et arrêtée par le directeur général de la police nationale.**

L'anc. art. A. 25 est devenu l'art. A. 14 (Arr. du 9 août 2016, NOR : INTC1619617A, JO 1er oct.).

Art. A. 15 *(Arr. du 9 août 2016, en vigueur le 1er oct. 2016)* **L'examen technique d'officier de police judiciaire de la police nationale comporte :**

1° Une épreuve écrite pratique de droit pénal général et de droit pénal spécial (durée : trois heures *(Arr. du 6 sept. 2021, art. 2, en vigueur le 1er janv. 2022)* **« – coefficient 2 ») ;**

2° Une épreuve écrite pratique de procédure pénale sur un cas de crime, de délit ou de contravention (durée : quatre heures *(Arr. du 6 sept. 2021, art. 2, en vigueur le 1er janv. 2022)* **« – coefficient 3 ») ;**

3° Une épreuve orale de simulation de compte rendu téléphonique à un magistrat organisée à partir d'un cas pratique d'enquête (préparation : quarante minutes ; durée : vingt minutes *(Arr. du 6 sept. 2021, art. 2, en vigueur le 1er janv. 2022)* **« — coefficient 1 »).**

La valeur de chaque épreuve est constatée par une note de 0 à 20.

Toute note égale ou inférieure à 5 dans l'une des épreuves est éliminatoire.

Nul ne pourra être considéré comme ayant satisfait à l'examen s'il ne totalise pas *(Arr. du 6 sept. 2021, art. 2, en vigueur le 1er janv. 2022)* **« 60** *[ancienne rédaction : 30]* **» points au moins, pour l'ensemble des trois épreuves.**

L'anc. art. A. 24 est devenu l'art. A. 15 (Arr. du 9 août 2016, NOR : INTC1619617A, JO 1er oct.).

Pour la session de juin 2020 de l'examen technique d'officier de police judiciaire de la police nationale, le 3° de l'art. A. 15 n'est pas applicable et par dérogation au dernier alinéa, nul ne pourra être considéré comme ayant satisfait à l'examen s'il ne totalise pas 20 points au moins, pour l'ensemble des deux épreuves (Arr. du 6 mai 2020, NOR : INTC2011001A, JO 13 mai) ; V. aussi Arr. du 23 déc. 2020 portant adaptation des dispositions du C. pr. pén. relatives aux modalités d'organisation de l'examen technique d'aptitude à la qualification d'officier de police judiciaire de la police nationale pendant la crise sanitaire liée au covid-19 (JO 29 déc.).

Art. A. 16 *(Arr. du 11 juin 2008)* **Le programme des épreuves de l'examen prévu par l'article qui précède est le suivant :**

Procédure pénale

L'action publique et l'action civile : notions générales.

Les autorités investies par la loi de missions de police judiciaire :

— la police judiciaire ;

— le ministère public ;

— le magistrat instructeur.

Les enquêtes, les contrôles d'identité :

— les cadres juridiques ;

— les contrôles, les vérifications et les relevés d'identité.

L'instruction :

— du premier et du second degré*[s]* **;**

— le contrôle judiciaire et la détention provisoire ;

— la commission rogatoire.

Les procédures particulières :

— l'entraide judiciaire internationale ;

— la procédure applicable à la criminalité et à la délinquance organisées.

La procédure pénale applicable aux mineurs.

Le contrôle de la mission de police judiciaire.

Les mandats de justice.

Les juridictions de jugement.

L'exécution des décisions de justice :

— la contrainte judiciaire ;

— les juridictions de l'application des peines.

Droit pénal général

La loi pénale :

— les principes généraux ;

— l'application de la loi pénale dans le temps et dans l'espace.

L'infraction pénale :

— la classification des infractions ;

— les éléments constitutifs de l'infraction ;

— les circonstances aggravantes.

La responsabilité pénale :

— les dispositions générales : la tentative, la coaction et la complicité ;

— la responsabilité pénale des personnes morales ;

— les causes d'irresponsabilité ou d'atténuation de la responsabilité.

Les peines :

— la classification légale ;
— le concours d'infractions ;
— la récidive ;
— la réitération d'infractions.

Droit pénal spécial

Les crimes et délits contre les personnes :
— les atteintes à la vie de la personne ;
— les atteintes à l'intégrité physique ou psychique de la personne ;
— la mise en danger de la personne ;
— les atteintes aux libertés de la personne ;
— les atteintes à la dignité de la personne ;
— les atteintes à la personnalité ;
— les atteintes aux mineurs et à la famille.
Les crimes et délits contre les biens :
— le vol ;
— l'extorsion ;
— l'escroquerie et les infractions voisines ;
— les détournements ;
— le recel et les infractions assimilées ou voisines ;
— les destructions, dégradations et détériorations ;
— les atteintes aux systèmes de traitement automatisé de données.
Les crimes et délits contre la Nation, l'État et la paix publique :
— les atteintes à l'administration publique commises par des personnes exerçant une fonction publique ;
— les atteintes à l'administration publique commises par des particuliers ;
— les atteintes à l'action de la justice ;
— les atteintes à la confiance publique ;
— la participation à une association de malfaiteurs.
La falsification de moyens de paiement.
Les infractions au régime des matériels de guerre, des armes et des munitions.
Les infractions délictuelles à la circulation routière.

Libertés publiques

Introduction générale aux libertés publiques.
Les libertés individuelles et la vie privée :
— la sûreté ;
— la liberté d'aller et venir ;
— le respect de la vie privée, du domicile et des correspondances ;
— le respect de la personne et les lois anti-discriminatoires ;
— la CNIL.
Les libertés d'expression collectives :
— le régime des manifestations ;
— le régime des attroupements ;
— la liberté de la presse.

L'art. A. 23 est devenu l'art. A. 16 (Arr. du 9 août 2016, NOR : INTC1619617A, JO 1er oct.).

Art. A. 17 *(Arr. du 11 juin 1999)* **Les règles de sélection et de préparation des candidats à l'examen technique sont fixées par circulaire du ministre de l'intérieur.**

L'art. A. 26 est devenu l'art. A. 17 (Arr. du 9 août 2016, NOR : INTC1619617A, JO 1er oct.).

Art. A. 18 *(Arr. du 9 août 2016, en vigueur le 1er oct. 2016)* **La date de l'examen technique et les sujets des épreuves sont fixés par la commission prévue à l'article 16 (2° et 4°) du présent code sur proposition du directeur** *(Arr. du 6 sept. 2021, art. 2, en vigueur le 1er janv. 2022)* **« central du recrutement et de la formation** *[ancienne rédaction : des ressources et des compétences]* **» de la police nationale.**

L'anc. art. A. 27 est devenu l'art. A. 18 (Arr. du 9 août 2016, NOR : INTC1619617A, JO 1er oct.).

Art. A. 19 *(Arr. du 9 août 2016, en vigueur le 1er oct. 2016)* **L'organisation matérielle des épreuves de l'examen technique, qui se déroulent dans un ou plusieurs centres, est assurée par la direction** *(Arr. du 6 sept. 2021, art. 2, en vigueur le 1er janv. 2022)* **« centrale du recrutement et de la formation** *[ancienne rédaction : des ressources et des compétences]* **» de la police nationale conformément aux directives données par instructions du ministre de l'intérieur.**

Lors des épreuves, les candidats ne peuvent disposer que :

— des codes (qui peuvent être annotés par l'éditeur, mais non commentés) ;

— des impressions du *Journal officiel* (non commenté).

Il est interdit aux candidats sous peine d'exclusion :

— de détenir des documents imprimés ou manuscrits autres que ceux cités aux alinéas précédents ;

— d'utiliser des codes ou impressions du *Journal officiel* surlignés, soulignés, annotés ou comportant des onglets, même vierges.

Toute fraude ou tentative de fraude dans l'une des épreuves entraîne la rédaction d'un rapport par le surveillant et peut conduire à l'exclusion du candidat prononcée par le président du jury et, le cas échéant, à lui interdire de se présenter à l'examen les années suivantes.

L'enveloppe renfermant chaque sujet de composition est décachetée, en présence des candidats, à l'ouverture de la séance affectée à l'épreuve.

Les compositions sont faites uniquement sur des feuilles fournies par la direction *(Arr. du 6 sept. 2021, art. 2, en vigueur le 1er janv. 2022)* **« centrale du recrutement et de la formation** *[ancienne rédaction : des ressources et des compétences]* **» de la police nationale.**

L'anc. art. A. 29 est devenu l'art. A. 19 (Arr. du 9 août 2016, NOR : INTC1619617A, JO 1er oct.).

Art. A. 20 *(Arr. du 9 août 2016, en vigueur le 1er oct. 2016)* **Dans le mois qui suit l'examen, le président réunit le jury pour l'établissement des normes de correction et pour la répartition des copies entre les correcteurs. L'anonymat des copies est assuré par** *(Arr. du 6 sept. 2021, art. 4, en vigueur le 1er janv. 2022)* **« le recours à un procédé technique adapté** *[ancienne rédaction : un coin gommé]* **».**

Le président du jury fixe la date à laquelle les copies doivent parvenir corrigées au secrétariat de la commission.

L'anc. art. A. 30 est devenu l'art. A. 20 (Arr. du 9 août 2016, NOR : INTC1619617A, JO 1er oct.).

Art. A. 21 *(Arr. du 9 août 2016, en vigueur le 1er oct. 2016)* **Le secrétariat de la commission soumet au président du jury :**

1° Les copies pour lesquelles est proposée une note éliminatoire, dans les conditions prévues à l'article A. 15 du présent code. Ces copies font l'objet d'une seconde correction par un membre désigné par le président du jury et appartenant à une autre formation (magistrature, police) que celle dont fait partie le premier correcteur ;

La note définitive attribuée à la copie correspond à la moyenne des notes des deux correcteurs.

2° Le relevé des notes attribuées pour chaque épreuve par les correcteurs ;

3° La liste de tous les candidats, avec les notes et le total des points obtenus pour chacun d'eux ;

4° La liste par ordre de mérite des fonctionnaires du corps d'encadrement et d'application de la police nationale admis pour avoir totalisé *(Arr. du 6 sept. 2021, art. 5, en vigueur le 1er janv. 2022)* **« 60** *[ancienne rédaction : 30]* **» points au moins pour l'ensemble des épreuves sans note éliminatoire et celle des fonctionnaires du corps d'encadrement et d'application de la police nationale éliminés ou n'ayant pas obtenu le nombre de points exigés. Ces listes mentionnent les notes attribuées aux candidats dans chacune des épreuves et le total des points obtenus.**

L'anc. art. A. 31 est devenu l'art. A. 21 (Arr. du 9 août 2016, NOR : INTC1619617A, JO 1er oct.).

Pour la session de juin 2020 de l'examen technique d'officier de police judiciaire de la police nationale, par dérogation au 4° de l'art. A. 21, la liste par ordre de mérite des fonctionnaires admis com-

prend ceux ayant totalisé 20 point au moins pour l'ensemble des épreuves sans note éliminatoire (Arr. du 6 mai 2020, NOR : INTC2011001A, JO 13 mai) ; V. aussi Arr. du 23 déc. 2020 portant adaptation des dispositions du C. pr. pén. relatives aux modalités d'organisation de l'examen technique d'aptitude à la qualification d'officier de police judiciaire de la police nationale pendant la crise sanitaire liée au covid-19 (JO 29 déc.).

Art. A. 22 *(Arr. du 9 août 2016, en vigueur le 1er oct. 2016)* **La commission prévue à l'article 16 (2° et 4°) du présent code émet un avis sur les listes mentionnées au 4° de l'article A. 21 du même code dans un délai maximum de quatre mois après la date de l'examen.**

Elles sont adressées à la direction générale de la police nationale, accompagnées des copies des candidats et du procès-verbal de séance.

L'art. A. 32 est devenu l'art. A. 22 (Arr. du 9 août 2016, NOR : INTC1619617A, JO 1er oct.).

Art. A. 23 *(Arr. du 11 juin 1999)* **Les candidats ayant échoué à quatre sessions ne peuvent plus être autorisés à se présenter à l'examen technique d'officier de police judiciaire.**

L'art. A. 33 est devenu l'art. A. 23 (Arr. du 9 août 2016, NOR : INTC1619617A, JO 1er oct.).

Art. A. 28 *(Abrogé par Arr. du 9 août 2016, à compter du 1er oct. 2016) (Arr. du 11 juin 1999)* ***Les sujets des épreuves sont choisis par le président du jury, sur proposition du*** *(Décr. n° 2010-973 du 27 août 2010, art. 17)* ***« directeur des ressources et des compétences de la police nationale ».***

§ 3 AFFECTATION DE FONCTIONNAIRES DU CORPS D'ENCADREMENT ET D'APPLICATION DE LA POLICE NATIONALE AYANT LA QUALITÉ D'OFFICIER DE POLICE JUDICIAIRE DANS LES SERVICES VISÉS À L'ARTICLE 16 (4°) *(Arr. du 30 avr. 2008).*

(Arr. du 11 juin 1999)

Art. A. 34 *(Arr. du 18 juin 2004)* **Les fonctionnaires du corps** *(Arr. du 30 avr. 2008)* **« d'encadrement et d'application » de la police nationale visés à l'article 16 (4°) et ayant la qualité d'officier de police judiciaire peuvent recevoir l'habilitation à exercer les attributions attachées à cette qualité s'ils sont affectés à un des services ou à l'une des catégories de services définies aux articles R. 15-18 à R. 15-26-1 et énumérés ci-après :**

1° Services dont la compétence territoriale s'étend sur l'ensemble du territoire national :

— la direction centrale de la police judiciaire ;

— la sous-direction de la police judiciaire de la gendarmerie nationale ;

(Arr. du 27 juin 2008, en vigueur le 1er juill. 2008) **« — la direction générale de la sécurité intérieure » ;**

— *(Abrogé par Arr. du 27 juin 2008, à compter du 1er juill. 2008)* ***« la sous-direction chargée des courses et jeux de la direction centrale des renseignements généraux » ;***

— l'inspection générale de la police nationale ;

— le détachement de la police nationale auprès de la direction nationale des enquêtes douanières ;

— le centre automatisé de constatation des infractions routières.

2° Services dont la compétence territoriale s'étend sur le ressort d'une ou plusieurs zones de défense ou parties de celles-ci :

(Arr. du 30 déc. 2020, art. 5, en vigueur le 1er janv. 2021) **« — les directions zonales de police judiciaire ainsi que leurs directions territoriales et services de police judiciaire et les directions régionales de police judiciaire ainsi que leurs services départementaux et services de police judiciaire ; »**

— *(Arr. du 1er sept. 2009)* **« la direction de la préfecture de police chargée du maintien de l'ordre public et de la régulation de la circulation ;**

— « la direction de la préfecture de police chargée des missions de sécurité et de paix publiques, ainsi que ses sûretés territoriales et ses circonscriptions de sécurité de proximité ; »

— *(Abrogé par Arr. du 23 oct. 2013, art. 1er)* ***« l'inspection générale des services de la préfecture de police ; »***

– *(Arr. du 1er sept. 2009)* « la direction opérationnelle des services techniques et logistiques » de la préfecture de police ;

– les circonscriptions de sécurité publique visées à l'article R. 15-19 (7°) ;

– les sections de recherches de la gendarmerie départementale.

3° *(Arr. du 1er sept. 2009)* « Services dont la compétence territoriale s'étend sur l'ensemble d'un département :

« – les sûretés départementales ;

« – les circonscriptions de sécurité publique. »

(Arr. du 28 déc. 2019, art. 5, en vigueur le 1er janv. 2020) « 4° Services des directions territoriales de la police nationale :

« – les services territoriaux de sécurité publique ;

« – les services territoriaux de police judiciaire ;

« – les services territoriaux de police aux frontières. »

Art. A. 35 Les fonctionnaires du corps *(Arr. du 30 avr. 2008)* « d'encadrement et d'application » de la police nationale visés à l'article 16 (4°) du code de procédure pénale et ayant la qualité d'officier de police judiciaire peuvent recevoir l'habilitation à exercer les attributions attachées à cette qualité prévue à l'article 16 précité s'ils sont affectés à titre exclusif dans l'une des formations de services suivantes :

(Arr. du 7 août 2003) « 1° Pour la direction centrale de la police aux frontières :

« – l'Office central pour la répression de l'immigration irrégulière et de l'emploi d'étrangers sans titre ;

« – la brigade des chemins de fer ;

« – l'unité nationale d'escorte, de soutien et d'intervention ;

« – le bureau de la police aéronautique.

« 2° Pour les directions zonales de la police aux frontières :

« – les brigades des chemins de fer ;

« – les brigades mobiles de recherches ;

« – les brigades de police aéronautique ;

« – les unités d'éloignement.

(Arr. du 12 avr. 2016, art. 1er) « 2° *bis* Pour la direction interdépartementale de la police aux frontières d'Île-de-France :

« – les brigades mobiles de recherche ;

« – les unités d'éloignement ;*[.]*

« 2° *ter* Pour les directions interdépartementales :

« – les brigades mobiles de recherches ;

« – les unités d'éloignement ;

« – les unités d'investigations ;

« – les services de quart et de contrôle de l'immigration ;

« – les brigades des chemins de fer. »

« 3° Pour les directions de la police aux frontières des aérodromes Charles-de-Gaulle, Le Bourget et de l'aérodrome d'Orly, les directions départementales, *(Abrogé par Arr. du 29 déc. 2021, art. 9, à compter du 1er janv. 2022) « les directions de la police aux frontières (Abrogé par Arr. du 28 déc. 2019, art. 6, en vigueur le 1er janv. 2020) « de la Nouvelle-Calédonie et des îles Wallis-et-Futuna » (Arr. du 12 avr. 2016, art. 1er) « et de la Polynésie française » »* et les services locaux de la police aux frontières :

« – les unités d'investigations ;

« – les services de quart et du contrôle de l'immigration ;

« – les brigades de chemin de fer ;

« – les brigades mobiles de recherches ;

« – les unités d'éloignement. »

4° Pour les unités autoroutières des compagnies républicaines de sécurité pour les voies de circulation auxquelles elles sont affectées : les bureaux de circulation routière.

(Arr. du 1er sept. 2009) « 5° Pour la préfecture de police :

« – le service chargé de la lutte contre l'immigration irrégulière et le travail illégal des étrangers cité au *a* du 5 de l'article R. 15-19 du code de procédure pénale ;

« – le service de police chargé de la sécurité des personnes et des biens sur les voies navigables des départements d'Île-de-France cité au *f* du 5° de l'article R. 15-19 du code de procédure pénale ;

« – le service de police déconcentré chargé de la sécurité des personnes et des biens sur les réseaux de transport en commun de voyageurs par voie ferrée cité au deuxième alinéa de l'article R. 15-30 du code de procédure pénale. »

§ 4 ORGANISATION DES SERVICES TERRITORIAUX DE POLICE JUDICIAIRES *[JUDICIAIRE]* DES DIRECTIONS TERRITORIALES DE LA POLICE NATIONALE

(Arr. du 29 déc. 2021, art. 10, en vigueur le 1er janv. 2022)

Art. A. 35-1 Le siège et le ressort des services territoriaux de police judiciaire des directions territoriales de la police nationale sont fixés conformément au tableau ci-après :

DIRECTION TERRITORIALE DE LA POLICE NATIONALE	SIÈGE	SERVICE TERRITORIAL DE POLICE JUDICIAIRE
Direction territoriale de la police nationale de la Guyane	Cayenne	Cayenne
Direction territoriale de la police nationale de Mayotte	Mamoudzou	Mamoudzou
Direction territoriale de la police nationale de la Nouvelle-Calédonie	Nouméa	Nouméa
Direction territoriale de la police nationale de Guadeloupe	Pointe-à-Pitre	Pointe-à-Pitre
Direction territoriale de la police nationale de la Martinique	Fort-de-France	Fort-de-France
Direction territoriale de la police nationale de La Réunion	Saint-Denis-de-la-Réunion *[Saint-Denis de La Réunion]*	Saint-Denis-de-la-Réunion *[Saint-Denis de La Réunion]*
Direction territoriale de la police nationale de la Polynésie française	Papeete	Papeete

SECTION III DÉSIGNATION DES AGENTS DES DOUANES CHARGÉS DE L'EXERCICE DE CERTAINES MISSIONS DE POLICE JUDICIAIRE

(Arr. du 2 nov. 2000)

Art. A. 36 Pour l'application de l'article R. 15-33-3, la liste des candidats admis à se présenter à l'examen technique d'aptitude aux fonctions d'agent des douanes chargé de l'exercice de certaines missions de police judiciaire est arrêtée par le directeur général des douanes et droits indirects.

Les candidats retenus doivent avoir reçu une formation adaptée, organisée par leur administration d'appartenance.

Art. A. 36-1 L'examen technique d'aptitude à l'exercice de certaines missions de police judiciaire comporte les trois épreuves suivantes :

1° Épreuve écrite n° 1 : composition portant sur des connaissances générales en matière de droit pénal ou de procédure pénale (durée : trois heures) ;

2° Épreuve écrite n° 2 : traitement d'un cas pratique de procédure pénale (durée : quatre heures) ;

3° Épreuve orale n° 3 : exposé sur un sujet de procédure pénale suivi d'un entretien avec le jury (temps de préparation : vingt minutes, durée de l'épreuve : vingt à trente minutes).

La valeur de chaque épreuve est constatée par une note de 0 à 20.

Toute note égale ou inférieure à 5 dans l'une ou l'autre des épreuves est éliminatoire.

Art. A. 36-2 Le programme des épreuves de l'examen technique est ainsi fixé :

Procédure pénale

Introduction :

La liberté de la preuve ; la séparation des autorités de poursuite, d'instruction et de jugement ;

L'action publique ; l'action civile.

A. — Les autorités investies par la loi de fonctions de police judiciaire :

Le ministère public ;

Le juge d'instruction ;

Les officiers et agents de police judiciaire ;

Les agents des douanes chargés de l'exercice de certaines missions de police judiciaire.

B. — Les activités de police judiciaire :

La distinction entre police administrative et police judiciaire ;

La procédure de flagrance ;

L'enquête préliminaire ;

Les perquisitions et saisies, la garde à vue ;

Le contrôle de la mission de police judiciaire ;

L'instruction préparatoire, les commissions rogatoires, la mise en examen, les mandats de justice, le règlement de l'instruction, le contrôle de la chambre d'accusation *[chambre de l'instruction]* sur l'activité des officiers de police judiciaire et des agents des douanes ;

Les juridictions répressives ;

La procédure pénale applicable aux mineurs ;

La nullité des actes de procédure.

Droit pénal général

A. — Généralités sur la législation pénale.

B. — L'infraction pénale :

Les éléments constitutifs de l'infraction : l'élément légal, l'élément matériel, l'élément moral ;

La classification des infractions et l'organisation judiciaire en matière pénale ;

Les principes généraux de la responsabilité pénale, la complicité, la responsabilité pénale des personnes morales.

C. — La peine :

Définition et classification des peines ;

L'exécution des peines.

Droit pénal spécial

A. — Les infractions au code des douanes.

B. — Les infractions en matière de contributions indirectes.

C. — Les infractions à la législation sur les contrefaçons de marque.

D. — Les infractions au code pénal :

— les atteintes à la personne humaine : trafic de stupéfiants ;

— les atteintes aux biens : vol, escroquerie, abus de confiance, recel, blanchiment ;

— les atteintes à l'autorité de l'État : concussion, corruption active et passive, prise illégale d'intérêts, soustraction et détournement de biens, trafic d'influence, actes d'intimidation commis contre des personnes exerçant une fonction publique, soustraction et détournement de biens contenus dans un dépôt public, outrage, rébellion ;

— les atteintes à la confiance publique : faux, falsification des marques de l'autorité.

Art. A. 36-3 Les règles de préparation des candidats à l'examen technique sont fixées par instruction de la direction générale des douanes et droits indirects.

Art. A. 36-4 La date de l'examen technique et les sujets des épreuves sont choisis, d'un commun accord, par le directeur des affaires criminelles et des grâces et par le directeur général des douanes et droits indirects.

Art. A. 36-5 L'organisation matérielle de l'examen technique relatif à l'exercice de certaines missions de police judiciaire par les agents des douanes, et notamment la fourniture des copies et formulaires de composition ainsi que la mise sous anonymat des copies, est assurée par la direction générale des douanes et droits indirects.

Art. A. 36-6 Il est interdit aux candidats, sous peine d'exclusion, d'avoir par-devers eux des documents imprimés ou manuscrits. Toutefois, ils peuvent consulter des codes ou recueils de lois, décrets et circulaires ; ces derniers peuvent comporter des références à des textes législatifs ou réglementaires ainsi qu'à des articles de doctrine ou des décisions de jurisprudence.

Toute fraude ou tentative de fraude dans l'une quelconque des épreuves écrites entraîne l'exclusion immédiate de l'examen, prononcée sans délai et sans appel. Sans préjudice de sanctions disciplinaires, le candidat peut ne pas être autorisé à se présenter à l'examen les années suivantes.

Art. A. 36-7 Dans le mois qui suit l'examen, le président réunit le jury pour la répartition des copies entre les correcteurs. Il fixe la date à laquelle les copies corrigées doivent être remises au secrétariat de la commission.

Art. A. 36-8 Le secrétaire de la commission :

1° S'assure que les copies ont fait l'objet d'une double correction par une équipe composée d'un magistrat et d'un fonctionnaire des douanes.

Le résultat de ces doubles corrections est soumis à la commission, qui en délibère spécialement lors de la réunion prévue à l'article A. 36-9 et fixe la note définitive ;

2° Opère un relevé des notes attribuées pour chaque épreuve par les correcteurs ;

3° Dresse la liste de tous les candidats, avec les notes et le total des points obtenus par chacun d'eux.

Art. A. 36-9 Dans un délai maximum de quatre mois après la date de l'examen, le président réunit la commission aux fins d'arrêter la liste des agents pour lesquels la commission émet un avis favorable à l'octroi de la qualité d'agent des douanes chargé de l'exercice de certaines missions de police judiciaire.

Seuls peuvent être retenus les candidats qui totalisent trente points au moins pour l'ensemble des trois épreuves.

Art. A. 36-10 Les candidats ayant échoué à quatre sessions ne peuvent plus être autorisés à se présenter à l'examen technique d'aptitude à l'exercice de certaines missions de police judiciaire.

Art. A. 36-11 *Abrogé par Arr. du 13 juin 2006.*

SECTION IV DÉSIGNATION DES AGENTS DES SERVICES FISCAUX CHARGÉS DE L'EXERCICE DE CERTAINES MISSIONS DE POLICE JUDICIAIRE

(Arr. du 7 sept. 2010)

Art. A. 36-10-1 *(Arr. du 21 mai 2019)* « Pour l'application de l'article R. 15-33-29-7 du code de procédure pénale, la liste des candidats admis à se présenter à l'examen technique d'aptitude aux fonctions d'agent des services fiscaux chargé de l'exercice de certaines missions de police judiciaire est arrêtée :

« 1° Conjointement par le directeur général des finances publiques et le directeur général de la police nationale lorsque les agents doivent être affectés au sein du ministère de l'intérieur ;

« 2° Par le directeur général des finances publiques lorsque les agents doivent être affectés au sein du ministère du budget. »

Les candidats retenus doivent avoir reçu une formation adaptée, organisée par le ministère de l'intérieur *(Arr. du 21 mai 2019)* « et par le ministère chargé du budget

ou par ce dernier uniquement selon le ministère dans lequel doivent être affectés les candidats ».

Art. A. 36-10-2 **L'examen technique d'aptitude à l'exercice de certaines missions de police judiciaire comporte les trois épreuves suivantes :**

1° Épreuve écrite n° 1 : *(Arr. du 21 mai 2019)* **« composition portant sur des connaissances générales en matière de droit pénal ou de procédure pénale » (durée : trois heures) ;**

2° Épreuve écrite n° 2 : *(Arr. du 21 mai 2019)* **« traitement d'un cas » pratique de procédure pénale (durée : quatre heures) ;**

3° Épreuve orale n° 3 : *(Arr. du 21 mai 2019)* **« exposé sur un sujet de procédure pénale suivi d'un entretien avec le jury (temps de préparation : vingt minutes, durée de l'épreuve : vingt à trente minutes) ».**

La valeur de chaque épreuve est constatée par une note de 0 à 20.

Toute note égale ou inférieure à 5 dans l'une ou l'autre des épreuves est éliminatoire.

Art. A. 36-10-3 **Le programme des épreuves de l'examen technique est ainsi fixé :**

Procédure pénale

L'action publique et l'action civile : notions générales.

Les autorités investies par la loi de missions de police judiciaire :

— la police judiciaire ;

— le ministère public ;

— le magistrat instructeur.

Les enquêtes, les contrôles d'identité :

— les cadres juridiques ;

— les contrôles, les vérifications et les relevés d'identité.

L'instruction :

— du premier et du second degré ;

— le contrôle judiciaire et la détention provisoire ;

— la commission rogatoire.

Les procédures particulières :

— l'entraide judiciaire internationale ;

— notions générales sur la saisie et le recouvrement des avoirs criminels ;

— la procédure applicable à la criminalité et à la délinquance organisées.

La procédure pénale applicable aux mineurs.

Le contrôle de la mission de police judiciaire.

Les mandats de justice.

Les juridictions de jugement.

Droit pénal général

La loi pénale :

— les principes généraux ;

— l'application de la loi pénale dans le temps et dans l'espace.

L'infraction pénale :

— la classification des infractions ;

— les éléments constitutifs de l'infraction ;

— les circonstances aggravantes.

La responsabilité pénale :

— les dispositions générales : la tentative, la coaction et la complicité ;

— la responsabilité pénale des personnes morales ;

— les causes d'irresponsabilité ou d'atténuation de la responsabilité.

Les peines :

— la classification légale ;

— le concours d'infractions ;

— la récidive ;

— la réitération d'infractions.

Droit pénal spécial

Les crimes et délits contre les biens :

— l'escroquerie et les infractions voisines ;

— les détournements : abus de confiance, détournement de gage ou d'objets saisis, organisation frauduleuse d'insolvabilité ;
— le recel et les infractions assimilées ou voisines ;
— le blanchiment ;
— les atteintes aux systèmes de traitement automatisé de données.

La participation à une association de malfaiteurs.

Les atteintes à la confiance publique : faux et usage de faux, usurpation d'identité, falsification des marques de l'autorité.

Notions générales relatives à la probité.

Le droit pénal des sociétés : abus de biens sociaux, banqueroute, distribution de dividendes fictifs, présentation de faux bilans, surévaluations d'apports, exercice illégal de la profession de banquier.

Le droit pénal fiscal : fraude fiscale et délits comptables.

L'outrage et la rébellion.

Libertés publiques

Introduction générale aux libertés publiques.

Les libertés individuelles et la vie privée : la sûreté, la liberté d'aller et venir ; le respect de la vie privée, du domicile et des correspondances ; le respect de la personne et les lois antidiscriminatoires.

Art. A. 36-10-4 Les règles de préparation des candidats à l'examen technique sont fixées *(Arr. du 21 mai 2019)* « , selon le ministère dans lequel doivent être affectés les candidats, » par instruction *(Arr. du 21 mai 2019)* « conjointe » de la direction générale de la police nationale et de la direction générales des finances publiques *(Arr. du 21 mai 2019)* « ou par instruction de cette dernière uniquement ».

Art. A. 36-10-5 La date de l'examen technique et les sujets des épreuves sont choisis, d'un commun accord, *(Arr. du 21 mai 2019)* « selon le ministère dans lequel doivent être affectés les candidats, » par le directeur des affaires criminelles et des grâces, par le directeur de la direction générale de la police nationale et par le directeur général des finances publiques sur proposition du directeur de la formation de la police nationale *(Arr. du 21 mai 2019)* « ou par le directeur des affaires criminelles et des grâces et par le directeur général des finances publiques sur proposition conjointe du chef de service des ressources humaines de la direction générale des finances publiques et du chef de service des ressources humaines de la direction générale des douanes et droits indirects ».

Art. A. 36-10-6 L'organisation matérielle de l'examen technique relatif à l'exercice de certaines missions de police judiciaire par les agents des services fiscaux, et notamment la fourniture des copies et formulaires de composition ainsi que la mise sous anonymat des copies, est assurée *(Arr. du 21 mai 2019)* « , selon le ministère dans lequel doivent être affectés les candidats, » par le directeur de la formation de la police nationale *(Arr. du 21 mai 2019)* « ou conjointement par le chef de service des ressources humaines de la direction générale des finances publiques et le chef de service des ressources humaines de la direction générale des douanes et droits indirects ».

Art. A. 36-10-7 Il est interdit aux candidats, sous peine d'exclusion, d'avoir par-devers eux des documents imprimés ou manuscrits. Toutefois, ils peuvent consulter des codes ou recueils de lois, décrets et circulaires ; ces derniers peuvent comporter des références à des textes législatifs ou réglementaires ainsi qu'à des articles de doctrine ou des décisions de jurisprudence.

Toute fraude ou tentative de fraude dans l'une quelconque des épreuves écrites entraîne l'exclusion immédiate de l'examen, prononcée sans délai et sans appel. Sans préjudice de sanctions disciplinaires, le candidat peut ne pas être autorisé à se présenter à l'examen les années suivantes.

Art. A. 36-10-8 Au plus tard à la fin du mois qui suit l'examen, le président réunit le jury pour la répartition des copies entre les correcteurs. Il fixe la date à laquelle les copies corrigées doivent être remises au secrétariat de la commission.

Art. A. 36-10-9 Le secrétaire de la commission :

1° S'assure que les copies ont fait l'objet d'une double correction par une équipe composée d'un magistrat et *(Arr. du 21 mai 2019)* « , selon le ministère dans lequel doivent être affectés les candidats, » d'un fonctionnaire du ministère de l'intérieur *(Arr. du 21 mai 2019)* « ou d'un fonctionnaire du ministère du budget ».

Le résultat de ces doubles corrections est soumis à la commission, qui en délibère spécialement lors de la réunion prévue à l'article A. 36-10-10 et fixe la note définitive ;

2° Opère un relevé des notes attribuées pour chaque épreuve par les correcteurs ;

3° Dresse la liste de tous les candidats, avec les notes et le total des points obtenus par chacun d'eux.

Art. A. 36-10-10 Dans un délai maximum de deux mois après la date de l'examen, le président réunit la commission aux fins d'arrêter la liste des agents pour lesquels la commission émet un avis favorable à l'octroi de la qualité d'agent des services fiscaux chargé de l'exercice de certaines missions de police judiciaire.

Seuls peuvent être retenus les candidats qui totalisent trente points au moins pour l'ensemble des trois épreuves.

Art. A. 36-10-11 Les candidats ayant échoué à quatre sessions ne peuvent plus être autorisés à se présenter à l'examen technique d'aptitude à l'exercice de certaines missions de police judiciaire.

Art. A. 36-10-12 Les candidats retenus, dûment habilités en vertu des dispositions de l'article R. 15-33-29-11 comme agents des services fiscaux chargés d'effectuer des enquêtes en application de l'article 28-2, sont dénommés officiers fiscaux judiciaires.

SECTION V

Néant.

CHAPITRES II *et* III

Néant.

TITRE DEUXIÈME DES ENQUÊTES ET DES CONTRÔLES D'IDENTITÉ

(Arr. du 14 avr. 2008)

Art. A. 36-11 Les supports et formats des enregistrements audiovisuels des interrogatoires des personnes gardées à vue réalisés en application des articles 64-1 et D. 15-6 et transmis aux juridictions doivent respecter les normes et recommandations fixées par le référentiel général d'interopérabilité (RGI).

Les supports, notamment CD et DVD, doivent être non réinscriptibles.

Si le format des enregistrements n'est pas conforme au RGI, un lecteur logiciel, fonctionnant sous le système d'exploitation utilisé sur les postes de travail du ministère de la justice au jour de la publication de l'arrêté, doit figurer sur le support.

Les systèmes d'exploitation utilisés peuvent évoluer dès lors qu'ils conservent leur compatibilité entre eux, conformément aux instructions données par la direction des affaires criminelles et des grâces, la direction générale de la police nationale et la direction générale de la gendarmerie nationale, et qu'ils comportent un horodatage.

TITRE TROISIÈME DES JURIDICTIONS D'INSTRUCTION

(Arr. du 14 avr. 2008)

Art. A. 36-11-1 Les supports et formats des enregistrements audiovisuels des interrogatoires des personnes mises en examen réalisés en application des articles 116-1 et D. 32-2 et transmis aux juridictions doivent respecter les normes et recommandations fixées par le référentiel général d'interopérabilité (RGI).

Les supports, notamment CD et DVD, doivent être non réinscriptibles.

LIVRE DEUXIÈME DES JURIDICTIONS DE JUGEMENT

TITRE PREMIER DE LA COUR D'ASSISES

(Arr. du 12 mars 2004)

CHAPITRES PREMIER *ET* II

Néant.

CHAPITRE III DE LA COMPOSITION DE LA COUR D'ASSISES

Art. A. 36-12 **En application des dispositions du deuxième alinéa de l'article 260, le nombre des jurés figurant sur les listes annuelles établies dans le ressort des cours d'assises énumérées ci-dessous est fixé comme suit :**

DÉPARTEMENTS	**NOMBRE DE JURÉS figurant sur la liste annuelle**
Alpes-Maritimes	**1 000**
Ardèche	**420**
***(Arr. du 18 mai 2020)* « Aude »**	***(Arr. du 18 mai 2020)* « 360 »**
Bouches-du-Rhône	**2 000**
Charente	**300**
Côte-d'or	**600**
Dordogne	**400**
Eure	**500**
Guadeloupe	**450**
***(Arr. du 26 mai 2004)* « Guyane »**	***(Arr. du 21 oct. 2015)* « 550 »**
Haute-Marne	**300**
Haute-Savoie	**600**
Ille-et-Vilaine	**900**
Indre	**230**
***(Arr. du 26 mai 2004 ; Arr. 28 juin 2010)* « Martinique »**	***(Arr. du 28 juin 2010)* « 550 »**
Mayenne	**300**
***(Arr. du 28 juin 2010)* « Meurthe-et-Moselle »**	**« 600 »**
Nièvre	**230**
Paris	**2 300**
Savoie	**390**
***(Arr. du 13 sept. 2006)* « Seine-et-Marne »**	**« 1 400 »**
Seine-Saint-Denis	**2 000**
Val-de-Marne	**1 700**
Var	**1 000**
Yonne	**350**

Les dispositions du présent article cessent d'être applicables si, en raison de l'évolution officiellement constatée du nombre des habitants du ressort de la cour d'assises, le nombre des jurés résultant des dispositions du premier alinéa de l'article 260 dépasse celui fixé ci-dessus.

Art. A. 36-13 **La liste des jurés suppléants prévue par l'article 264 comprend :**

1° Sept cents jurés pour les cours d'assises de Paris et de la Seine-Saint-Denis ;

2° Six cents jurés pour la cour d'assises du Val-de-Marne ;

3° Quatre cent cinquante jurés pour les cours d'assises des Bouches-du-Rhône, de la Gironde, du Nord *(Arr. du 13 sept. 2006)* « , de Seine-et-Marne » et des Yvelines ;

4° Deux cent cinquante jurés pour les cours d'assises des Alpes-Maritimes, de la Corse-du-Sud, de la Haute-Corse, de l'Essonne, des Hauts-de-Seine, d'Ille-et-Vilaine, de la Loire-Atlantique *(Arr. du 29 juin 2007)* « , de la Moselle », du Pas-de-Calais, du Rhône, de la Seine-Maritime *(Abrogé par Arr. du 13 sept. 2006)* « , *de Seine-et-Marne* », du Val-d'Oise et du Var ;

5° Deux cents jurés pour les cours d'assises *(Arr. du 15 janv. 2010)* « du Cher » *(Arr. du 21 oct. 2015)* « , de la Guyane », de la Marne *(Arr. du 28 juin 2010)* « , de la Martinique, de Meurthe-et-Moselle » et de la Réunion ;

6° Cent cinquante jurés pour les cours d'assises de l'Aisne, de l'Ardèche *(Arr. du 18 mai 2020)* « , de l'Aude », du Calvados, de la Côte-d'Or, de l'Eure, du Finistère, du Gard, de la Guadeloupe, de la Haute-Garonne, de la Haute-Savoie, de l'Hérault, de l'Isère, de Maine-et-Loire, *(Abrogé par Arr. du 28 juin 2010) « de Meurthe-et-Moselle, »* de la Meuse *(Abrogé par Arr. du 29 juin 2007) « , de la Moselle »*, de l'Oise, des Pyrénées-Atlantiques, des Pyrénées-Orientales, du Bas-Rhin, du Haut-Rhin, de la Sarthe, de la Savoie, de la Somme, de Vaucluse, des Vosges et de l'Yonne ;

(Abrogé par Arr. du 21 oct. 2015) « 7° Cent vingt-cinq jurés pour la cour d'assises de la Guyane ; »

(Arr. du 21 oct. 2015) « 7° » Soixante-dix jurés pour la cour d'assises de la Polynésie française ;

(Arr. du 21 oct. 2015) « 8° » Cinquante jurés pour la cour d'assises de la Nouvelle-Calédonie ;

(Arr. du 21 oct. 2015) « 9° » Cent jurés pour les autres cours d'assises.

CHAPITRES IV *à* VII

Néant.

TITRE DEUXIÈME DU JUGEMENT DES DÉLITS

(Arr. du 12 mars 2004)

CHAPITRE PREMIER DU TRIBUNAL CORRECTIONNEL

(Arr. du 14 oct. 2018, en vigueur le 1er nov. 2018)

SECTION PREMIÈRE *à* VI

Néant.

SECTION VII DE LA PROCÉDURE SIMPLIFIÉE DE L'AMENDE FORFAITAIRE DÉLICTUELLE

Art. A. 36-14 *(Arr. du 17 avr. 2020)* Lorsque la loi prévoit que l'action publique peut être éteinte par le versement d'une amende forfaitaire, la personne ayant reçu un avis d'amende forfaitaire consécutif à une infraction constatée selon les modalités prévues à l'article D. 45-3 peut adresser la requête en exonération ou la réclamation prévues aux articles 495-18 et 495-19 de façon dématérialisée conformément aux modalités précisées par la présente section.

La contestation est faite sur le site "www.antai.fr", en utilisant les informations figurant sur l'avis d'amende forfaitaire ou l'avis d'amende forfaitaire majorée, à l'aide du formulaire de contestation en ligne figurant sur ce site.

Cette contestation produit les mêmes effets que l'envoi de la lettre recommandée avec demande d'avis de réception prévu au premier alinéa de l'article 495-20.

Art. A. 36-15 *(Arr. du 17 avr. 2020)* La contestation en ligne peut être faite pour l'un des motifs prévus par le présent article :

1° Dans tous les cas, si la personne a été victime d'une usurpation d'identité au moment de la constatation des faits ;

2° Lorsque la procédure de l'amende forfaitaire concerne le délit de conduite sans permis, si la personne était titulaire d'un permis de conduire en cours de validité au moment de la constatation des faits ;

3° Lorsque la procédure de l'amende forfaitaire concerne le délit de conduite sans assurance, si la personne bénéficiait d'une assurance en cours de validité au moment de la constatation des faits ;

4° Lorsque le délit de conduite sans assurance a été constaté, sans interception du conducteur, selon les modalités prévues à l'article L. 130-9 du même code, par ou à partir d'un appareil de contrôle automatique, si le véhicule mis en cause a été vendu, cédé, volé, détruit ou a fait l'objet d'une usurpation de plaques d'immatriculation ;

5° Autre motif.

Art. A. 36-16 *(Arr. du 17 avr. 2020)* **La personne transmet de façon numérisée, selon les formats indiqués sur le site "www.antai.fr" :**

1° Dans le cas prévu au 1° de l'article A. 36-15, la copie du récépissé du dépôt de plainte pour le délit d'usurpation d'identité prévu par l'article 434-23 du code pénal ;

2° Dans le cas prévu au 2° de l'article A. 36-15, la copie de son permis de conduire en cours de validité au moment de la constatation des faits ;

3° Dans le cas prévu au 3° de l'article A. 36-15, la copie d'une attestation d'assurance en cours de validité au moment de la constatation des faits ;

4° Dans le cas prévu au 4° de l'article A. 36-15, la copie du récépissé du dépôt de plainte pour vol ou destruction du véhicule ou pour le délit d'usurpation de plaque d'immatriculation prévu par l'article L. 317-4-1 du code de la route, la copie de la déclaration de destruction de véhicule établie conformément aux dispositions de l'article R. 322-9 du code de la route, ou les copies de la déclaration de cession du véhicule et de son accusé d'enregistrement dans le système d'immatriculation des véhicules.

Art. A. 36-17 **Dans tous les cas, un accusé d'enregistrement de la contestation est présenté automatiquement à la personne lorsque celle-ci a validé et envoyé sa contestation. Ce document peut être téléchargé ou imprimé par la personne.**

Art. A. 36-18 **Le paiement de la consignation ou de l'amende forfaitaire peut être effectué :**

– soit par télépaiement automatisé ;

– soit par envoi au comptable de la direction générale des finances publiques d'un chèque joint à la carte de paiement ;

– soit par virement bancaire international.

TITRE TROISIÈME DU JUGEMENT DES CONTRAVENTIONS

(Arr. du 5 oct. 1999)

CHAPITRE PREMIER

Néant.

CHAPITRE II

Néant.

CHAPITRE II *BIS* DE LA PROCÉDURE DE L'AMENDE FORFAITAIRE

(Arr. du 13 mai 2011, en vigueur le 1er août 2011)

SECTION PREMIÈRE DISPOSITIONS RELATIVES AU PROCÈS-VERBAL, À L'AVIS DE CONTRAVENTION ET À LA CARTE DE PAIEMENT CONCERNANT LES CONTRAVENTIONS FORFAITISÉES

L'utilisation après le 1er août 2011 des formulaires pour la constatation et le paiement des contraventions soumises à la procédure de l'amende forfaitaire prévue par les art. A. 37-1 à A. 37-20 dans leur rédaction antérieure à celle résultant de l'Arr. du 13 mai 2011 est sans incidence sur la régularité de la procédure (Arr. préc., art. 5).

SOUS-SECTION 1 DISPOSITIONS COMMUNES

Art. A. 37 **Pour relever les contraventions soumises à la procédure de l'amende forfaitaire dans le cas où celles-ci ne sont pas payées immédiatement entre les mains de l'agent verbalisateur, ce dernier utilise des formulaires dont les caractéristiques sont fixées par les dispositions de la présente section.**

Art. A. 37-1 **Sauf s'il en est disposé autrement, le formulaire utilisé par l'agent verbalisateur est constitué :**

– d'un premier volet, de format 100 mm × 186 mm, qui constitue la carte de paiement ;

– d'un deuxième volet, de format 100 mm × 186 mm, qui constitue l'avis de contravention ;

— d'un troisième volet, de format 100 mm × 186 mm, qui constitue le procès-verbal de contravention.

La carte de paiement et l'avis de contravention sont destinés au contrevenant.

Le procès-verbal de contravention est conservé par le service auquel appartient l'agent verbalisateur ou adressé à l'unité de gendarmerie ou de police compétente, quand les agents verbalisateurs sont ceux visés au 2° et au 8° de l'article L. 130-4 du code de la route.

SOUS-SECTION 2 DISPOSITIONS APPLICABLES AUX CONTRAVENTIONS NE DONNANT PAS LIEU À RETRAIT DE POINTS DU PERMIS DE CONDUIRE

§ 1er DISPOSITIONS GÉNÉRALES

Art. A. 37-2 **Lorsque les contraventions soumises à la procédure de l'amende forfaitaire ne sont pas susceptibles d'entraîner une réduction de points du permis de conduire, les trois volets du formulaire constituant la carte de paiement, l'avis de contravention et le procès-verbal de contravention sont de couleur blanche.**

Art. A. 37-3 **Les caractéristiques de la carte de paiement mentionnée à l'article A. 37-1 sont les suivantes :**

I. — Au recto, sur la partie gauche, figurent les informations relatives au service verbalisateur, à la date de l'infraction, au montant de l'amende à payer et, le cas échéant, le numéro d'immatriculation du véhicule.

II. — La partie droite comporte l'emplacement où peut être apposée la partie à envoyer du timbre-amende en cas de non-paiement par chèque, et l'indication du destinataire de la carte de paiement.

III. — Au verso sont mentionnées les modalités de paiement ainsi que les possibilités de requête avec l'indication de l'autorité compétente pour recevoir la réclamation. Il est en outre prévu un emplacement où sont portées des informations relatives à l'auteur de la requête en exonération.

IV. — Sur ce volet sont également indiquées les conséquences du défaut de paiement et de l'absence de requête en exonération dans les délais impartis.

V. — Conformément aux dispositions de l'article R. 49-3-1, ce volet peut également comporter une mention précisant que le paiement de l'amende forfaitaire peut être réalisé par télépaiement automatisé ou par timbre dématérialisé, et indiquant que le contrevenant dispose d'un délai supplémentaire de quinze jours pour s'acquitter de cette amende s'il utilise ce mode de paiement.

Art. A. 37-4 **Les caractéristiques de l'avis de contravention mentionné à l'article A. 37-1 sont les suivantes :**

I. — Sur la partie gauche sont portées les mentions relatives au service verbalisateur, à la nature, au lieu et à la date de la contravention ainsi que les références des textes réprimant ladite contravention et, le cas échéant, sont précisés les éléments d'identification du véhicule et l'obligation de procéder à l'échange du permis de conduire.

II. — Sur la partie droite figure un emplacement destiné à informer le contrevenant de ses droits et comportant les mentions suivantes :

Vous êtes informé(e) que :

1. Vous pouvez exercer un droit d'accès et de rectification lorsque les renseignements vous concernant font l'objet d'un traitement automatisé (art. 39 et 40 de la loi n° 78-17 du 6 janvier 1978) auprès :

— de l'officier du ministère public près la juridiction de proximité ou le tribunal de police ;

— du comptable public compétent lorsque celui-ci est chargé du recouvrement de l'amende forfaitaire majorée.

2. Le paiement de l'amende forfaitaire entraîne reconnaissance de la réalité de l'infraction ;

3. Si la rubrique "Obligation d'échange du permis de conduire" a été cochée, vous êtes dans l'obligation d'effectuer auprès du service préfectoral de votre domicile l'échange de votre permis de conduire délivré par un État de l'Union européenne ou de l'Espace économique européen.

4. Vous pouvez exercer, auprès du service préfectoral de votre domicile, un droit d'accès aux informations concernant votre permis de conduire.

III. – Un emplacement est destiné, en cas de non-paiement par chèque, à l'apposition de la partie à conserver du timbre-amende.

Art. A. 37-5 Les caractéristiques du procès-verbal de contravention mentionné à l'article A. 37-1 sont les suivantes :

I. – Au recto, sur la partie gauche, sont portées les mentions prévues par le I de l'article A. 37-4, qui sont établies par duplication de la partie gauche du deuxième volet.

II. – Sur la partie droite figurent les emplacements destinés à la signature de l'agent verbalisateur et, le cas échéant, aux éléments chiffrés permettant le traitement de la contravention relevée, à l'établissement d'une fiche d'immobilisation, à la signature et aux déclarations du contrevenant indiquant s'il reconnaît ou ne reconnaît pas l'infraction et précisant qu'il reconnaît avoir reçu la carte de paiement et l'avis de contravention sur lequel figurent les informations prévues au II de l'article A. 37-4 et reproduites au verso du formulaire.

III. – Au verso, sur la partie gauche, est reproduite l'intégralité des informations prévues au II de l'article A. 37-4 et il est indiqué que le contrevenant a reçu l'avis de contravention comportant ces informations.

IV. – Sur la partie droite figurent les informations relatives au contrevenant ainsi que, le cas échéant, au titulaire du certificat d'immatriculation.

§ 2 DISPOSITIONS APPLICABLES AUX CONTRAVENTIONS À L'ARRÊT OU AU STATIONNEMENT DES VÉHICULES

Art. A. 37-6 Par dérogation aux articles A. 37-2 à A. 37-5, les caractéristiques des formulaires utilisés pour les contraventions à l'arrêt ou au stationnement des véhicules qui sont réprimées par les articles R. 417-1 à R. 417-6 et R. 417-10 à R. 417-13 du code de la route, lorsqu'elles sont soumises à la procédure de l'amende forfaitaire, sont les mêmes que celles décrites aux articles précités sous réserve des différences suivantes :

– avis de contravention : n'y figurent pas les mentions prévues par l'article A. 37-4 relatives à l'échange du permis de conduire ; y figurent deux emplacements pour mentionner, d'une part, si une demande d'enlèvement a été formulée et, d'autre part, si l'infraction a été commise par un véhicule de plus de 20 mètres carrés dans une zone touristique ;

– procès-verbal de contravention : ce volet est de couleur verte ; outre les mentions prévues à l'article A. 37-5, à l'exception de celles relatives à l'information du contrevenant, ce volet comporte au recto, sur la partie gauche, les informations obtenues par duplication du second volet décrit au paragraphe précédent.

SOUS-SECTION 3 DISPOSITIONS APPLICABLES AUX CONTRAVENTIONS DONNANT LIEU À RETRAIT DE POINTS DU PERMIS DE CONDUIRE

§ 1er DISPOSITIONS GÉNÉRALES

Art. A. 37-7 Lorsque les contraventions soumises à la procédure de l'amende forfaitaire sont susceptibles d'entraîner une réduction de points du permis de conduire, les caractéristiques des formulaires utilisés par l'agent verbalisateur, dont les dimensions sont celles fixées par l'article A. 37-1, sont prévues par la présente sous-section.

Art. A. 37-8 Les caractéristiques de la carte de paiement mentionnée à l'article A. 37-1 sont les suivantes :

I. – Au recto, sur la partie gauche, figurent les informations relatives au service verbalisateur, à la date de l'infraction, au montant de l'amende à payer et, le cas échéant, le numéro d'immatriculation du véhicule.

Il est également mentionné que le paiement de l'amende forfaitaire entraîne reconnaissance de la réalité de l'infraction et réduction du nombre de points du permis de conduire.

II. — La partie droite comporte l'emplacement où peut être apposée la partie à envoyer du timbre-amende en cas de non-paiement par chèque, et l'indication du destinataire de la carte de paiement.

III. — Au verso sont mentionnées les modalités de paiement ainsi que les possibilités de requête avec l'indication de l'autorité compétente pour recevoir la réclamation. Il est en outre prévu un emplacement où sont portées des informations relatives à l'auteur de la requête en exonération.

IV. — Sur ce volet sont également indiquées les conséquences du défaut de paiement et de l'absence de requête en exonération dans les délais impartis.

V. — Conformément aux dispositions de l'article R. 49-3-1, ce volet peut également comporter une mention précisant que le paiement de l'amende forfaitaire peut être réalisé par télépaiement automatisé ou par timbre dématérialisé, et indiquant que le contrevenant dispose d'un délai supplémentaire de quinze jours pour s'acquitter de cette amende s'il utilise ce mode de paiement.

Art. A. 37-9 Les caractéristiques de l'avis de contravention mentionné à l'article A. 37-1 sont les suivantes :

I. — Sur la partie gauche, sont portées les mentions relatives au service verbalisateur, à la nature, au lieu et à la date de la contravention ainsi que les références des textes réprimant ladite contravention et, le cas échéant, sont précisés les éléments d'identification du véhicule et l'obligation de procéder à l'échange du permis de conduire.

II. — L'avis de contravention comporte la mention : "Cette contravention entraîne un retrait de point(s) du permis de conduire".

III. — Sur la partie droite figure un emplacement destiné à informer le contrevenant de ses droits et comportant les mentions suivantes :

Vous êtes informé(e) que :

1. Vous pouvez exercer un droit d'accès et de rectification lorsque les renseignements vous concernant font l'objet d'un traitement automatisé (art. 39 et 40 de la loi n° 78-17 du 6 janvier 1978) auprès :

— de l'officier du ministère public près la juridiction de proximité ou le tribunal de police ;

— du comptable public compétent lorsque celui-ci est chargé du recouvrement de l'amende forfaitaire majorée.

2. Le paiement de l'amende forfaitaire entraîne reconnaissance de la réalité de l'infraction et, par là même, réduction du nombre de points de votre permis de conduire.

3. Vous encourez un retrait de point(s) correspondant à l'infraction constatée ; le retrait de point(s) sera effectif dès que la réalité de l'infraction aura été établie par le paiement de l'amende forfaitaire ou l'émission du titre exécutoire de l'amende forfaitaire majorée, par l'exécution d'une composition pénale ou par une condamnation définitive.

Selon l'article L. 223-2 du code de la route :

— pour les délits, le retrait de points est égal à la moitié du nombre maximal de points ;

— pour les contraventions, le retrait de points est, au plus, égal à la moitié du nombre maximal de points ;

— dans le cas où plusieurs infractions entraînant retrait de points sont commises simultanément, les retraits de points se cumulent dans la limite des deux tiers du nombre maximal de points.

4. Les retraits et reconstitutions de point(s) du permis de conduire font l'objet d'un traitement automatisé dénommé "Système national des permis de conduire" (SNPC).

5. Si la rubrique "Obligation d'échange du permis de conduire" a été cochée, vous êtes dans l'obligation d'effectuer, auprès du service préfectoral de votre domicile, l'échange de votre permis de conduire délivré par un État de l'Union européenne ou de l'Espace économique européen.

6. Vous pouvez exercer, auprès du service préfectoral de votre domicile, un droit d'accès aux informations concernant votre permis de conduire.

7. En cas de contestation, vous devez conserver une copie du présent avis de contravention, dont la production pourra vous être demandée.

IV. — Un emplacement est destiné, en cas de non-paiement par chèque, à l'apposition de la partie à conserver du timbre-amende.

Art. A. 37-10 Le procès-verbal de contravention mentionné à l'article A. 37-1 est de couleur orange et ses caractéristiques sont les suivantes :

I. — Au recto, sur la partie gauche, sont portées les mentions prévues par le I de l'article A. 37-9, qui sont établies par duplication de la partie gauche du deuxième volet.

II. — Le procès-verbal de contravention comporte la mention : "Cette contravention entraîne un retrait de point(s) du permis de conduire".

III. — Sur la partie droite figurent les emplacements destinés à la signature de l'agent verbalisateur et, le cas échéant, aux éléments chiffrés permettant le traitement de la contravention relevée, à l'établissement d'une fiche d'immobilisation, à la signature et aux déclarations du contrevenant indiquant s'il reconnaît ou ne reconnaît pas l'infraction et précisant qu'il reconnaît avoir reçu la carte de paiement et l'avis de contravention sur lequel figurent les informations prévues au III de l'article A. 37-9 et reproduites au verso du formulaire.

IV. — Au verso, sur la partie gauche, est reproduite l'intégralité des informations prévues au III de l'article A. 37-9 et il est indiqué que le contrevenant a reçu l'avis de contravention comportant ces informations.

V. — Sur la partie droite figurent les informations relatives au contrevenant ainsi que, le cas échéant, au titulaire du certificat d'immatriculation.

§ 2 DISPOSITIONS APPLICABLES AUX CONTRAVENTIONS EN MATIÈRE DE VITESSE

Art. A. 37-11 Par dérogation aux articles A. 37-7 à A. 37-10, les caractéristiques des formulaires utilisés pour les contraventions réprimées par les articles R. 413-14 et R. 413-17 du code de la route en ce qu'ils concernent les dépassements de la vitesse maximale autorisée de moins de 50 km/h (dépassement de la vitesse maximale autorisée pour les véhicules à moteur), lorsqu'elles sont soumises à la procédure de l'amende forfaitaire, sont les mêmes que celles décrites aux articles précités sous réserve des différences suivantes :

— avis de contravention : outre les mentions prévues à l'article A. 37-9, figurent les indications relatives à la vitesse maximale autorisée, à celle enregistrée à l'aide d'un appareil de contrôle et à celle retenue par le service verbalisateur, les informations sur le moyen de contrôle utilisé et sur le type de voie empruntée ;

— procès-verbal de contravention : ce volet est de couleur jaune ; outre les mentions prévues à l'article A. 37-10, ce volet comporte au recto, sur la partie gauche, les informations obtenues par duplication du second volet décrit au paragraphe précédent.

SOUS-SECTION 4 DISPOSITIONS APPLICABLES EN CAS DE CONSIGNATION ET DE CONTRÔLE AUTOMATISÉ

Art. A. 37-12 *(Arr. du 14 oct. 2018, en vigueur le 1er nov. 2018)* « Dans le cas prévu par l'article R. 49-14, la consignation peut être acquittée soit par chèque libellé à l'ordre du Trésor public, soit par télépaiement automatisé ou par timbre dématérialisé. »

Dans le cas prévu par l'article R. 49-15, la consignation est acquittée soit par espèces, soit par chèque libellé à l'ordre du Trésor public, soit par télépaiement automatisé, soit par carte bancaire auprès du comptable public compétent mentionné sur l'avis d'amende forfaitaire majorée. Ce dernier délivre alors au redevable une attestation du paiement de la consignation qui doit être jointe à la réclamation adressée au ministère *public*.

Art. A. 37-13 Par dérogation aux articles A. 37-7, A. 37-8, A. 37-9 et A. 37-11, lorsque les contraventions mentionnées à l'article L. 121-3 du code de la route sont constatées sans interception du véhicule et à l'aide d'un système de contrôle automatisé enregistrant les données en numérique, les mentions exigées par les articles A. 37-9 et A. 37-11 relatives à l'avis de contravention figurent sur le recto et le verso d'un formulaire unique d'avis de contravention, de format 210 mm × 297 mm, de couleur verte, qui comprend en bas de page une partie détachable, de couleur blanche, intitulée "Carte de paiement", sur laquelle sont reproduites au recto et au verso les mentions exigées par l'article A. 37-8.

La carte de paiement prévue à l'alinéa précédent peut être remplacée par une notice de paiement figurant sur un feuillet séparé qui est joint à l'envoi, conformément aux dispositions de l'article A. 37-18.

Le formulaire d'avis de contravention comporte également des mentions rappelant au titulaire de la carte grise les conditions de recevabilité de la requête en exonération prévue par les 1° et 2° de l'article 529-10.

Art. A. 37-14 Par dérogation à l'article A. 37-10, le procès-verbal du formulaire d'avis de contravention prévu par l'article précédent, lorsqu'il est dressé conformément aux dispositions de l'article 529-11, reproduit les mentions exigées par l'article A. 37-10 et le troisième alinéa de l'article A. 37-11, dans un format 210 mm × 297 mm et sur un support de couleur blanche.

SOUS-SECTION 5 DISPOSITIONS SPÉCIFIQUES APPLICABLES EN CAS DE CONSTATATION NE PERMETTANT PAS L'ÉDITION IMMÉDIATE DE L'AVIS DE CONTRAVENTION ET EN CAS D'UTILISATION D'UN APPAREIL ÉLECTRONIQUE SÉCURISÉ

§ 1er DISPOSITIONS APPLICABLES EN CAS DE CONSTATATION NE PERMETTANT PAS L'ÉDITION IMMÉDIATE DE L'AVIS DE CONTRAVENTION

Art. A. 37-15 Lorsque, conformément aux dispositions du troisième alinéa du I de l'article R. 49-1 ou du dernier alinéa de l'article R. 49-10, la contravention est constatée par l'agent verbalisateur dans des conditions ne permettant pas l'édition immédiate de l'avis de contravention et de la carte de paiement, notamment parce que le procès-verbal de constatation est dressé avec l'appareil prévu par l'article A. 37-19, il est adressé par voie postale au domicile du contrevenant ou, lorsque son identité n'a pu être établie, au domicile du titulaire du certificat d'immatriculation les documents suivants :

– un avis de contravention ;

– une notice de paiement ;

– un formulaire de requête en exonération sur un feuillet distinct, lorsque les informations relatives aux modalités de contestation et de recours ne figurent pas sur l'avis de contravention.

Les caractéristiques de ces documents sont fixées par les articles A. 37-16 à A. 37-18.

Lorsque le procès-verbal constatant l'infraction est dressé en l'absence du contrevenant, un document l'informant qu'il recevra à son domicile un avis de contravention peut être laissé sur le véhicule. La non-dépose de ce document ne constitue toutefois pas une cause de nullité de la procédure.

Les modalités instituées par l'art. A. 37-10 (devenu art. A. 37-15) dans le cas où la contravention est relevée par procès-verbal dématérialisé, qui ne sont contraires à aucune disposition légale ou conventionnelle, ne privent pas le contrevenant de l'exercice des droits de la défense. • Crim. 5 févr. 2013 : *AJ pénal 2013. 345, obs. Royer*.

Art. A. 37-16 L'avis de contravention adressé par voie postale au contrevenant ou, lorsque son identité n'a pu être établie, au titulaire du certificat d'immatriculation comprend :

I. – Les mentions relatives au service verbalisateur, à la nature, au lieu et à la date de la contravention, les références des textes réprimant ladite contravention, les éléments d'identification du véhicule et l'identité du contrevenant ou, lorsque celle-ci n'a pu être relevée, celle du titulaire du certificat d'immatriculation.

II. – Le montant de l'amende forfaitaire encourue ainsi que le montant de cette amende en cas de minoration ou de majoration en considération du délai ou du mode de paiement.

III. – Une rubrique intitulée "Retrait de point(s) du permis de conduire" où est indiqué si la contravention poursuivie est susceptible d'entraîner un retrait de point(s) du permis de conduire et comportant les mentions prévues au III de l'article A. 37-9, le cas échéant dans un ordre différent. Les dispositions du présent alinéa ne sont toutefois pas applicables s'il s'agit d'une contravention n'entraînant pas retrait de points du permis de conduire.

IV. — Le cas échéant, une rubrique relative à l'obligation de procéder à l'échange du permis de conduire.

V. — Une information sur les droits du destinataire de cet avis et sur les modes d'exercice des recours concernant :

— le traitement automatisé des données à caractère personnel ;

— le droit d'accès au cliché éventuellement pris par des appareils de contrôle automatiques ;

— l'infraction elle-même lorsque les modalités de contestation ne sont pas portées sur un formulaire distinct de la requête en exonération.

Art. A. 37-17 Lorsqu'un formulaire spécifique de requête en exonération est adressé au contrevenant, il comprend les mentions suivantes :

— les voies de recours ouvertes au contrevenant et les modalités de leur exercice ;

— une information sur l'examen de la requête et les suites susceptibles de lui être données.

Lorsque la contravention poursuivie est l'une de celles mentionnées à l'article L. 121-3 du code de la route, le formulaire détaille chacun des cas de requête en exonération et précise si une consignation préalable est exigible ou non. Une carte de consignation est insérée au bas du recto du formulaire lorsque ce document est adressé au titulaire du certificat d'immatriculation.

Art. A. 37-18 La notice de paiement mentionne l'ensemble des possibilités offertes au contrevenant pour s'acquitter du montant de l'amende ainsi que les modalités pratiques de règlement.

Une carte de paiement détachable est intégrée au bas du recto de cette notice.

Conformément aux dispositions de l'article R. 49-3-1, cette notice peut également comporter une mention précisant que le paiement de l'amende forfaitaire peut être réalisé par télépaiement automatisé ou par timbre dématérialisé.

§ 2 DISPOSITIONS RELATIVES AUX APPAREILS ÉLECTRONIQUES SÉCURISÉS PERMETTANT LA RÉALISATION D'UN PROCÈS-VERBAL DÉMATÉRIALISÉ

Art. A. 37-19 L'appareil électronique sécurisé permettant de dresser le procès-verbal de constatation de la contravention en ayant recours *(Arr. du 6 mai 2014, art. 2)* « à une signature électronique ou à une signature manuscrite *(Arr. du 6 sept. 2019, art. 2)* « recueillie » sous forme numérique, prévu par le II de l'article R. 49-1 ou par l'article » *(Arr. du 6 sept. 2019, art. 2)* « D. 589-2 », doit répondre aux caractéristiques techniques suivantes :

— l'appareil ne peut être utilisé qu'avec une carte électronique d'identification personnelle à chaque agent verbalisateur, et après authentification de ce dernier par un code personnel ;

— les informations conservées dans la mémoire de l'appareil sont chiffrées dès que l'agent valide leur enregistrement, et elles ne peuvent faire l'objet de modification après cette validation ;

(Arr. du 6 mai 2014, art. 2) « — le procès-verbal de constatation de contravention fait l'objet soit d'une signature électronique qui peut être apposée au moyen d'un parapheur électronique, soit d'une signature manuscrite de l'agent apposée à l'aide d'un stylet sur l'écran tactile de l'appareil et qui est ensuite conservée sous forme numérique ; »

— il peut être offert au contrevenant la possibilité de signer le procès-verbal *(Arr. du 6 mai 2014, art. 2)* « grâce à une signature manuscrite apposée avec un stylet sur l'écran tactile de l'appareil et conservée sous forme numérique », sur une page écran qui lui présente un résumé non modifiable des informations concernant la contravention relevée à son encontre, informations dont il reconnaît ainsi avoir eu connaissance.

L'absence de signature du contrevenant sur ce procès-verbal ne constitue toutefois pas une cause de nullité de la procédure.

Lorsqu'il est fait application du présent article, conformément aux dispositions du troisième alinéa du I de *(Arr. du 6 mai 2014, art. 2)* **« l'article R. 49-1 », aucun document n'est remis au contrevenant.**

Art. A. 37-19-1 En cas de réclamation portée devant la juridiction compétente, le procès-verbal dressé avec l'appareil prévu à l'article A. 37-19 est, sur demande de l'autorité saisie de la réclamation, édité sur un feuillet de couleur blanche au format 210 mm × 297 mm.

Il reproduit les éléments mentionnés au I de l'article A. 37-16 *(Arr. du 4 déc. 2014, en vigueur le 1er janv. 2015)* **« ou à l'article A. 37-27-2, » ainsi que tous les éléments complémentaires sur les circonstances de la commission de l'infraction relevés par l'agent verbalisateur.**

Il reproduit la signature manuscrite de l'agent verbalisateur et, le cas échéant, celle du contrevenant, telles qu'elles ont été saisies et numérisées lors de la verbalisation.

L'art. A. 37-20 est devenu A. 37-19-1 à compter du 1er avr. 2017, en application de l'Arr. du 20 mars 2017 précisant les modalités de contestations dématérialisées des contraventions constatées par des appareils électroniques sécurisés permettant la réalisation d'un procès-verbal dématérialisé.

§ 3 DISPOSITIONS RELATIVES À LA CONTESTATION DÉMATÉRIALISÉE DE L'AMENDE FORFAITAIRE

(Arr. du 20 mars 2017, en vigueur le 1er avr. 2017)

Art. A. 37-20 Lorsqu'une contravention a été constatée par un procès-verbal réalisé en utilisant un appareil électronique sécurisé conformément aux articles R. 49-1, *(Arr. du 6 sept. 2019, art. 3)* **« D. 589-2 » et A. 37-19, l'avis d'amende forfaitaire peut indiquer que la requête en exonération ou la réclamation pourra être faite de façon dématérialisée conformément aux dispositions du présent article.**

Hors les cas prévus par les articles A. 37-20-1 à A. 37-20-5, la contestation est faite sur le site www.antai.fr en utilisant les informations figurant sur l'avis d'amende forfaitaire, à l'aide d'un formulaire de contestation en ligne figurant sur le site. Un accusé d'enregistrement de la contestation est présenté automatiquement à la personne lorsque celle-ci a validé et envoyé sa contestation. Ce document peut être téléchargé ou imprimé par la personne.

SOUS-SECTION 6 DISPOSITIONS APPLICABLES EN CAS DE CONTESTATION DÉMATÉRIALISÉE DES AMENDES FORFAITAIRES PRÉVUES À L'ARTICLE 529-10

(Arr. du 22 oct. 2015)

Art. A. 37-20-1 Le titulaire du certificat d'immatriculation ou les personnes visées aux trois derniers alinéas de l'article L. 121-2 du code de la route ayant reçu un avis d'amende forfaitaire peuvent adresser la requête ou la réclamation prévue par l'article 529-10 de façon dématérialisée conformément aux modalités précisées par la présente sous-section.

La contestation est faite sur le site "www.antai.fr", en utilisant les informations figurant sur l'avis d'amende forfaitaire, à l'aide du formulaire de contestation en ligne figurant sur ce site.

Cette contestation produit les mêmes effets que l'envoi de la lettre recommandée avec demande d'avis de réception prévu au premier alinéa de l'article 529-10.

Art. A. 37-20-2 La contestation en ligne peut être faite pour les motifs suivants :

1° Le véhicule mis en cause a été, vendu, cédé, volé, détruit ou a fait l'objet d'une usurpation de plaques d'immatriculations ;

2° Un autre conducteur était présumé utiliser le véhicule au moment de l'infraction ;

3° Autre motif.

L'Arr. du 22 oct. 2015 avait par erreur numéroté l'art. A. 37-20-2 « art. 37-20-2 ». L'Arr. du 20 mars 2017 précisant les modalités de contestations dématérialisées des contraventions constatées par des appareils électroniques sécurisés permettant la réalisation d'un procès-verbal dématérialisé (JO 31 mars) a rétabli la bonne numérotation.

Art. A. 37-20-3 *(Arr. du 17 avr. 2020)* **Dans le cas prévu au 1° de l'article A. 37-20-2, la personne transmet de façon numérisée, selon les formats indiqués sur le site**

"www.antai.fr", la copie du récépissé du dépôt de plainte pour vol ou destruction du véhicule ou pour le délit d'usurpation de plaque d'immatriculation prévu par l'article L. 317-4-1 du code de la route, la copie de la déclaration de destruction de véhicule établie conformément aux dispositions du code de la route, ou les copies de la déclaration de cession du véhicule et de son accusé d'enregistrement dans le système d'immatriculation des véhicules.

Art. A. 37-20-4 Dans le cas prévu au 2° de l'article A. 37-20-2, la personne précise l'identité, l'adresse, ainsi que la référence du permis de conduire de la personne qui était présumée conduire le véhicule lorsque la contravention a été constatée ; elle n'est pas tenue d'adresser une lettre transmise de façon numérisée ; elle est informée que toute fausse déclaration l'expose à des poursuites pénales.

L'Arr. du 22 oct. 2015 avait par erreur numéroté l'art. A. 37-20-4 « art. 37-20-4 ». L'Arr. du 20 mars 2017 précisant les modalités de contestations dématérialisées des contraventions constatées par des appareils électroniques sécurisés permettant la réalisation d'un procès-verbal dématérialisé (JO 31 mars) a rétabli la bonne numérotation.

Art. A. 37-20-5 Dans tous les cas, un accusé d'enregistrement de la contestation est présenté automatiquement à la personne lorsque celle-ci a validé et envoyé sa contestation. Ce document peut être téléchargé ou imprimé par la personne.

L'Arr. du 22 oct. 2015 avait par erreur numéroté l'art. A. 37-20-5 « art. 37-20-5 ». L'Arr. du 20 mars 2017 précisant les modalités de contestations dématérialisées des contraventions constatées par des appareils électroniques sécurisés permettant la réalisation d'un procès-verbal dématérialisé (JO 31 mars) a rétabli la bonne numérotation.

SECTION II DISPOSITIONS APPLICABLES À LA PROCÉDURE DE L'ENCAISSEMENT IMMÉDIAT PAR LES AGENTS VERBALISATEURS

SOUS-SECTION 1 DISPOSITIONS APPLICABLES EN CAS D'UTILISATION DE CARNET DE QUITTANCE À SOUCHE *(Arr. du 4 déc. 2014, en vigueur le 1er janv. 2015).*

§ 1er DISPOSITIONS COMMUNES *(Arr. du 4 déc. 2014, en vigueur le 1er janv. 2015).*

Art. A. 37-21 Pour constater les contraventions soumises à la procédure de l'amende forfaitaire et en recevoir le paiement, dans le cas où il est effectué immédiatement, les agents verbalisateurs utilisent des carnets de quittances à souches type, de format 100 mm × 217 mm, dont les caractéristiques sont fixées par les dispositions de la présente section.

Ces carnets sont également utilisés pour percevoir la consignation prévue par l'article L. 121-4 du code de la route.

Art. A. 37-22 Deux volets, placés après la page de garde, permettent de suivre l'utilisation par le service verbalisateur des dix liasses (de cinq feuillets chacune) contenues dans le carnet.

Ils sont signés par le comptable public qui y appose, en outre, le cachet du poste lorsque l'ensemble du carnet a été utilisé.

Un troisième volet vise à rappeler les principales conditions générales du règlement de l'amende forfaitaire ou de la consignation.

Art. A. 37-23 Le recto et le verso du feuillet n° 1 de la liasse comportent le rappel des textes législatifs et réglementaires applicables aux contraventions mentionnées à l'article A. 37-21.

Les rectos des feuillets nos 2, 3, 4 et 5 contiennent des informations identiques par effet de duplication.

Le feuillet n° 2 constitue la quittance proprement dite ; il est remis avec le feuillet n° 1 au contrevenant ou à l'auteur de l'infraction.

Au recto des feuillets nos 2, 3, 4 et 5, sur la partie gauche, figure une partie intitulée : "A. Constatation d'une infraction" visant à recueillir l'identification du service verbalisateur et du contrevenant, la date et la nature de l'infraction, les références des textes réprimant ladite infraction.

Figure au bas de ces feuillets une partie intitulée "B. Encaissement" destinée à recueillir le montant de l'amende forfaitaire payée par le contrevenant ou le montant de la consignation versé par l'auteur de l'infraction.

Le feuillet n° 3 est remis au comptable public au moment du versement des fonds par l'agent verbalisateur.

Le feuillet n° 4 est conservé par le service verbalisateur lors de l'encaissement d'une amende forfaitaire ; dans ce cas, il vaut procès-verbal. Lors de l'encaissement d'une consignation, ce quatrième volet est joint au procès-verbal.

Le feuillet n° 5 demeure dans le carnet à souches d'encaissement immédiat.

Les feuillets n°s 2, 3, 4 et 5 sont signés par les agents verbalisateurs et par le contrevenant ou l'auteur de l'infraction.

§ 2 DISPOSITIONS APPLICABLES AU PAIEMENT IMMÉDIAT DES AMENDES FORFAITAIRES RELATIVES AUX INFRACTIONS N'ENTRAÎNANT PAS RETRAIT DE POINTS DU PERMIS DE CONDUIRE *(Arr. du 4 déc. 2014, en vigueur le 1er janv. 2015).*

Art. A. 37-24 Les contraventions soumises à la procédure de l'amende forfaitaire qui ne sont pas susceptibles d'entraîner un retrait de points du permis de conduire sont relevées sur un carnet dont la page de garde et les feuillets sont de couleur blanche.

Art. A. 37-25 I. — Au recto des feuillets n°s 2, 3, 4 et 5, sur la partie gauche du "B. Encaissement", le contrevenant et les agents verbalisateurs apposent leur signature sous la mention : "Il reconnaît avoir été informé des dispositions portées au verso de ce document". Sur la partie droite du "B. Encaissement", l'auteur de l'infraction et les agents verbalisateurs apposent leur signature sous la mention : "Il reconnaît avoir été informé des dispositions portées au verso de ce document".

Sur la partie droite "C. Mode de règlement" figurent les informations relatives au mode de règlement de l'amende forfaitaire ou de la consignation. Elle comporte une case "Obligation d'échange du permis de conduire" qui doit être cochée par l'agent verbalisateur si le contrevenant ou l'auteur de l'infraction est soumis à une telle obligation.

II. — Au verso du feuillet n° 2 figurent les mentions d'information relatives aux droits du contrevenant ou de l'auteur de l'infraction prévues au II de l'article A. 37-4.

Au verso des feuillets n°s 3 et 4 figurent les mentions d'information relatives aux droits du contrevenant ou de l'auteur de l'infraction prévues au II de l'article A. 37-4 et il est indiqué que le contrevenant ou l'auteur de l'infraction en a été informé.

§ 3 DISPOSITIONS APPLICABLES AU PAIEMENT IMMÉDIAT DES AMENDES FORFAITAIRES ENTRAÎNANT UN RETRAIT DE POINTS DU PERMIS DE CONDUIRE *(Arr. du 4 déc. 2014, en vigueur le 1er janv. 2015).*

Art. A. 37-26 Les contraventions soumises à la procédure de l'amende forfaitaire susceptibles d'entraîner une réduction de points du permis de conduire sont relevées sur un carnet composé de feuillets de couleur blanche, dont la page de garde comporte une case orange permettant de le distinguer du modèle de carnet mentionné à l'article A. 37-24.

Art. A. 37-27 I. — Au recto des feuillets n°s 2, 3, 4 et 5, sur la partie gauche du "B. Encaissement", le contrevenant et les agents verbalisateurs apposent leur signature sous la mention : "Il reconnaît avoir été informé, avant paiement, des dispositions portées au verso de ce document (notamment celles de l'article L. 223-3 du code de la route et de ce que ce paiement entraîne reconnaissance définitive de l'infraction et retrait de points)". Sur la partie droite du "B. Encaissement", l'auteur de l'infraction et les agents verbalisateurs apposent leur signature sous la mention : "Il reconnaît avoir été informé des dispositions portées au verso de ce document".

Sur la partie droite "C. Mode de règlement" figurent les informations relatives au mode de règlement de l'amende forfaitaire ou de la consignation. La mention suivante y est apposée : "Cette contravention entraîne un retrait de points du permis de conduire", ainsi qu'une case "Obligation d'échange du permis de conduire" qui doit être cochée par l'agent verbalisateur si le contrevenant ou l'auteur de l'infraction est soumis à une telle obligation.

II. — Au verso du feuillet n° 2 figurent les mentions d'information relatives aux droits du contrevenant ou de l'auteur de l'infraction prévues au III de l'article A. 37-9.

Au verso des feuillets n°s 3 et 4 figurent les mentions d'information relatives aux droits du contrevenant ou de l'auteur de l'infraction prévues au III de l'article A. 37-9 et il est indiqué que le contrevenant ou l'auteur de l'infraction en a été informé.

SOUS-SECTION 2 DISPOSITIONS APPLICABLES EN CAS DE CONSTATATION AVEC UTILISATION D'UN APPAREIL ÉLECTRONIQUE SÉCURISÉ

(Arr. du 4 déc. 2014, en vigueur le 1er janv. 2015)

Art. A. 37-27-1 Les agents verbalisateurs peuvent également recevoir le paiement immédiat de l'amende forfaitaire ou la consignation prévue par l'article L. 121-4 du code de la route, lorsque le procès-verbal de constatation est réalisé à l'aide de l'appareil électronique sécurisé dont les caractéristiques sont définies par l'article A. 37-19 ; les modalités selon lesquelles est établi ce procès-verbal sont précisées par l'article A. 37-27-2.

Il est utilisé pour percevoir l'amende ou la consignation un carnet de quittances à souches d'encaissement type, conforme aux dispositions de l'article A. 37-22, comportant dix liasses de cinq feuillets, chaque liasse étant assortie d'un numéro unique ; les caractéristiques spécifiques de ce carnet, qui diffèrent pour partie de celles des carnets prévus par les dispositions de la sous-section 1 de la présente section, sont fixées par l'article A. 37-27-3.

Ce carnet à souche peut être également utilisé pour recevoir la consignation prévue par l'article L. 121-4 du code de la route pour des délits ou pour des contraventions non forfaitisées, lorsque le procès-verbal n'est pas dressé au moyen de l'appareil électronique sécurisé.

Les carnets de quittance à souches d'encaissement prévus par les art. A. 37-21 à A. 37-27 peuvent continuer d'être utilisés pour le paiement immédiat de l'amende forfaitaire ou le paiement de la consignation en cas de constatation de la contravention à l'aide de l'appareil électronique sécurisé prévu par l'art. A. 37-19. Dans ce cas, le procès-verbal de constatation est celui établi par cet appareil, les rectos des feuillets n°s 2, 3 et 5 comportent les mentions prévues à l'art. A. 37-27-3, et le feuillet n° 4, qui peut être détruit, ne vaut pas procès-verbal (Arr. du 4 déc. 2014).

Art. A. 37-27-2 Le procès-verbal de constatation dressé au moyen d'un appareil électronique sécurisé est établi conformément aux dispositions du présent article.

I. — En cas d'infraction n'entraînant pas retrait de point, le contrevenant appose sa signature sur une page écran du terminal qui lui présente un résumé non modifiable des informations concernant la contravention relevée à son encontre précédé des mentions d'information relatives aux droits du contrevenant prévues au II de l'article A. 37-4.

II. — En cas d'infraction entraînant retrait de point, le résumé non modifiable des informations concernant la contravention relevée, à la suite duquel le contrevenant appose sa signature, est précédé des mentions d'information relatives aux droits du contrevenant prévues aux 1, 2, 3 (premier alinéa), 4, 5 et 6 du III de l'article A. 37-9. Il est également précisé que l'infraction commise entraîne retrait de point(s).

La page écran du terminal peut comporter la mention "Obligation d'échange du permis de conduire" si le contrevenant est soumis à une telle obligation.

Il y est enfin précisé que le contrevenant s'acquitte immédiatement du montant de l'amende ou de la consignation.

En cas de paiement de l'amende forfaitaire, la page écran sur laquelle le contrevenant appose sa signature comporte, de façon non modifiable, la précision que le contrevenant reconnaît la contravention relevée, qu'il s'acquitte du paiement de l'amende forfaitaire, et qu'il est informé du retrait de points qui résultera de ce paiement ainsi que, le cas échéant, de son obligation d'échanger son permis de conduire.

III. — Le procès-verbal de constatation fait l'objet d'une signature électronique ou manuscrite de l'agent conformément aux dispositions de l'article A. 37-19.

IV. — Après encaissement, l'agent verbalisateur reporte le numéro de la liasse du carnet de quittances à souche qui a été utilisée, ainsi que les modalités de paiement, sur le procès-verbal dressé à l'aide de l'appareil électronique sécurisé.

Art. A. 37-27-3 Les cinq feuillets de chacune des liasses du carnet de quittances à souches d'encaissement répondent aux caractéristiques suivantes.

Le recto et le verso du feuillet n° 1 de la liasse comportent le rappel des textes législatifs et réglementaires applicables aux contraventions faisant l'objet de la procédure de l'amende forfaitaire.

Les rectos des feuillets n°s 2, 3, 4 et 5, qui contiennent des informations identiques par effet de duplication, sont destinés à recueillir les éléments nécessaires à l'identification du service verbalisateur et du contrevenant ou de l'auteur de l'infraction, la ou les infractions relevées ainsi que la date et le lieu de l'encaissement.

Une partie intitulée "Encaissement" est destinée à recueillir le montant de l'amende forfaitaire qui a été payé ou le montant de la consignation qui a été versé ainsi que le mode de paiement.

Le verso du feuillet n° 2 comporte les mentions d'information relatives aux droits de l'auteur de l'infraction prévues aux 1, 2, 3 (premier alinéa), 4, 5 et 6 du III de l'article A. 37-9.

Les feuillets n°s 2, 3 et 5 sont signés par l'agent verbalisateur.

Les feuillets n°s 1 et 2 sont remis au contrevenant.

Le feuillet n° 3 est remis au comptable public au moment du versement des fonds par l'agent verbalisateur.

Le feuillet n° 5 demeure dans le carnet à souches d'encaissement.

Art. A. 37-27-4 Lorsque le procès-verbal concerne une contravention forfaitisée et a été dressé au moyen de l'appareil électronique sécurisé, le feuillet n° 4 n'est pas utilisé et peut être détruit.

Dans les autres cas, les feuillets n°s 2, 3, 4 et 5, utilisés pour constater la consignation et signés par l'agent verbalisateur, sont également signés par l'auteur de l'infraction qui reconnaît avoir été informé, avant paiement, des informations portées au verso du document ; le feuillet n° 4 est joint au procès-verbal de constatation de l'infraction.

Art. A. 37-27-5 Lorsque la quittance à souches d'encaissement type prévue par l'article A. 37-27-1 est issue d'un système automatisé comportant l'impression des feuillets devant être remis au contrevenant ou à l'auteur de l'infraction, elle mentionne en guise de numéro de liasse un identifiant unique attribué par le système informatisé et sa délivrance doit s'accompagner de l'enregistrement et de la conservation dans le système informatisé des informations qu'elle mentionne.

Dans ce cas, les informations devant figurer *[,]* en application des articles A. 37-22 et A. 37-27-3, dans le carnet de quittances à souches d'encaissement et les différents feuillets des liasses de ce carnet, peuvent être conservées sur un support dématérialisé, garantissant leur sécurité et leur fiabilité, en utilisant un appareil sécurisé, qui peut être celui prévu à l'article A. 37-19. Les informations insérées sur ce support ne doivent pas pouvoir être modifiées après la signature de l'agent ou de l'auteur de l'infraction.

Art. A. 37-27-6 *(Arr. du 8 oct. 2018)* Les dispositions des alinéas 2 et 3 de l'article A. 37-27-1, du IV de l'article A. 37-27-2 et des articles A. 37-27-3 à A. 37-27-5 ne sont pas applicables si l'agent verbalisateur est équipé d'un dispositif permettant d'adresser au contrevenant ou à l'auteur de l'infraction une quittance dématérialisée et que le paiement immédiat est réalisé conformément aux dispositions du présent article.

Ce paiement peut être effectué par chèque, ou de façon dématérialisée, avec soit une carte bancaire, soit une autre forme de carte de paiement dont l'utilisation est autorisée pour le paiement des amendes, le cas échéant directement sur le site du télépaiement automatisé des amendes de la direction générale des finances publiques. Si le contrevenant en fait la demande, ce paiement donne alors lieu à l'envoi par voie numérique à l'adresse électronique qu'il communique, d'une quittance dématérialisée comportant les indications mentionnées à l'article A. 37-27-3.

Ce paiement peut être également effectué en espèces si le contrevenant accepte l'envoi par voie numérique, à l'adresse électronique qu'il communique, d'une quittance dématérialisée comportant les indications mentionnées à l'article A. 37-27-3.

La quittance dématérialisée correspondant à chaque encaissement réalisé est remise au comptable public au moment du versement des fonds à sa caisse.

Cette quittance mentionne en guise de numéro de liasse un identifiant unique attribué par le système informatisé et sa délivrance doit s'accompagner de l'enregistrement et de la conservation dans le système informatisé des informations qu'elle mentionne.

Les informations devant figurer, en application des articles A. 37-22 et A. 37-27-3, dans le carnet de quittances à souches d'encaissement et les différents feuillets des liasses de ce carnet, sont conservées sur un support dématérialisé, garantissant leur sécurité et leur fiabilité, en utilisant un appareil sécurisé, qui peut être celui prévu à l'article A. 37-19. Les informations insérées sur ce support ne doivent pas pouvoir être modifiées après la signature de l'agent ou de l'auteur de l'infraction.

SECTION III DISPOSITIONS APPLICABLES EN CAS D'ÉMISSION D'UN TITRE EXÉCUTOIRE D'AMENDE FORFAITAIRE MAJORÉE

Art. A. 37-28 Lorsque, conformément aux dispositions du premier alinéa de l'article R. 49-6, le comptable public compétent adresse au contrevenant un extrait du titre exécutoire le concernant sous forme d'avis l'invitant à s'acquitter du montant de l'amende forfaitaire majorée, cet avis doit comporter une rubrique intitulée "Retrait de points du permis de conduire" dès lors que la contravention constatée entraîne un retrait de point(s) du permis de conduire.

Cette rubrique comporte les mentions suivantes :

Vous êtes informé(e) que :

1. Vous pouvez exercer un droit d'accès et de rectification lorsque les renseignements vous concernant font l'objet d'un traitement automatisé (art. 39 et 40 de la loi n° 78-17 du 6 janvier 1978) auprès :

– de l'officier du ministère public près la juridiction de proximité ou le tribunal de police ;

– du comptable public chargé du recouvrement de l'amende forfaitaire majorée.

2. L'émission du présent titre exécutoire d'amende forfaitaire majorée a pour conséquence un retrait de point(s) de votre permis de conduire correspondant à l'infraction constatée.

3. Ce retrait de point(s) ne pourra être remis en cause qu'en cas de contestation, selon les modalités prévues par la loi, du présent titre exécutoire. Le paiement de l'amende forfaitaire majorée en l'absence de contestation entraînera un retrait de points.

Selon l'article L. 223-2 du code de la route :

– pour les délits, le retrait de points est égal à la moitié du nombre maximal de points ;

– pour les contraventions, le retrait de points est, au plus, égal à la moitié du nombre maximal de points ;

– dans le cas où plusieurs infractions entraînant retrait de points sont commises simultanément, les retraits de points se cumulent dans la limite des deux tiers du nombre maximal de points.

4. Les retraits et reconstitutions de point(s) du permis de conduire font l'objet d'un traitement automatisé dénommé "Système national des permis de conduire" (SNPC).

5. Vous pouvez exercer, auprès du service préfectoral de votre domicile, un droit d'accès aux informations concernant votre permis de conduire.

SECTION IV DISPOSITIONS APPLICABLES AUX CONTRAVENTIONS NON FORFAITISÉES

Art. A. 37-29 Les contraventions non soumises à la procédure de l'amende forfaitaire qui ont donné lieu à l'interpellation du contrevenant ou qui ont été relevées en sa présence peuvent être constatées au moyen des formulaires décrits aux articles A. 37 à A. 37-11 ci-dessus.

Dans ce cas, au recto de la carte de paiement remise au contrevenant figure l'indication que la procédure de l'amende forfaitaire n'est pas applicable à la contravention relevée et que le contrevenant fera l'objet de poursuites ultérieures à l'initiative du ministère public.

Au recto du procès-verbal de contravention sont recueillies les déclarations du contrevenant indiquant s'il reconnaît ou ne reconnaît pas l'infraction, sa signature et celle de l'enquêteur.

SECTION V DISPOSITIONS RELATIVES AU PROCÈS-VERBAL DE CONTRAVENTION ET À L'AVIS DE PAIEMENT ÉTABLIS PAR L'AGENT ASSERMENTÉ D'UN EXPLOITANT D'AUTOROUTE EN MATIÈRE DE PÉAGE

(Arr. du 5 févr. 2013)

Art. A. 37-30 Le procès-verbal prévu par le III de l'article 529-6 est constitué par un feuillet, comportant sur son recto, dans l'ordre fixé par le présent article, les mentions ci-après :

1° Le numéro du procès-verbal ;

2° L'intitulé suivant : *"Procès-verbal de constatation de non-paiement du péage. En application des articles L. 130-4, R. 130-4, R. 130-8 et* (Arr. du 11 mars 2021, art. 2) *« R. 419-1 et R. 419-2 » du code de la route"* ;

3° Les coordonnées de la société exploitante ;

4° L'identification de l'agent assermenté ayant constaté la contravention ;

5° Le numéro d'immatriculation et la catégorie du véhicule ;

6° La date, l'heure, le lieu de la contravention et *(Arr. du 11 mars 2021, art. 2)* « les faits constatés (autoroute ou ouvrage routier, sens, gare de péage ou dispositifs permettant l'identification des véhicules et la perception du montant du péage sans recours à une barrière physique, commune[s], département[s]) » et la précision du texte d'incrimination (art. *(Arr. du 11 mars 2021, art. 2)* « R. 419-1 ou R. 419-2 » du code de la route selon l'infraction constatée) ;

7° La date d'établissement du procès-verbal ;

8° La signature de l'agent assermenté, le cas échéant sous une forme numérisée ;

9° Le montant du péage dû, ou de la somme due, au titre du droit départemental de passage prévu à l'article L. 321-11 du code de l'environnement, en précisant qu'en cas de défaut de titre d'entrée le montant du péage dû est le montant du trajet le plus cher.

Art. A. 37-31 L'avis de paiement prévu par le II de l'article 529-6 est constitué par un feuillet recto verso et répondant aux caractéristiques précisées par les articles A. 37-32 et A. 37-33.

Art. A. 37-32 I. — Sur le recto, intitulé : *"Avis de paiement, infraction pour non-paiement du péage"* figurent, dans la partie haute du document, dans sa partie gauche, les mentions ci-après :

1° Date d'envoi de l'avis ;

2° Numéro de référence de l'avis ;

3° La date, l'heure, le lieu de la contravention *(Arr. du 11 mars 2021, art. 3)* « (autoroute ou ouvrage routier, sens, gare de péage ou dispositifs permettant l'identification des véhicules et la perception du montant du péage sans recours à une barrière physique, commune[s], département[s]), le numéro d'immatriculation, la catégorie ou le modèle », le pays et la marque du véhicule, l'identification de l'agent assermenté de l'exploitant ayant constaté l'infraction, les faits constatés et la précision du texte d'incrimination (art. *(Arr. du 11 mars 2021, art. 3)* « R. 419-1 ou R. 419-2 » du code de la route selon l'infraction constatée) ;

Dans la partie haute et droite du document figurent, à la suite des noms, prénoms et de l'adresse de la personne destinataire de l'avis, les mentions suivantes :

"Madame, Monsieur,

Le véhicule immatriculé [...] a fait l'objet d'un procès-verbal de constatation d'infraction, par un agent assermenté, pour non-paiement du péage.

[Vous êtes le titulaire de la carte d'immatriculation de ce véhicule] ou *[vous avez été désigné(e) par M. ou Mme [...] comme étant le (la) conducteur (trice) au moment de l'infraction].*

(Rédaction à adapter en fonction de la situation du contrevenant).

Vous devez, dans un délai de deux mois à compter de l'envoi du présent avis :

— soit régulariser votre situation par chèque bancaire (Arr. du 11 mars 2021, art. 3) *« compensable en France en utilisant la carte de paiement ci-dessous, ou par l'un des autres moyens de paiement figurant dans l'avis ;*

« En cas de contravention constatée à la suite de l'usage d'un dispositif de péage permettant l'identification des véhicules et la perception du montant du péage sans recours à une barrière physique, la mention suivante est ajoutée :

« "La contravention ayant été constatée dans le cadre d'un dispositif de péage permettant l'identification des véhicules et la perception du montant du péage sans recours à une barrière physique, vous pouvez bénéficier de l'application d'une indemnité forfaitaire minorée en régularisant votre situation dans un délai de quinze jours à compter de l'envoi du présent avis." » ;

— soit formuler une protestation en utilisant la carte de protestation ci-dessous (Arr. du 11 mars 2021, art. 3) *« ou son modèle dématérialisé proposé par l'exploitant »* *et en joignant les pièces justificatives.*

A défaut de règlement ou de protestation dans un délai de deux mois à compter de la date d'envoi du présent avis de paiement, et conformément à l'article 529-6 du code de procédure pénale, ce dossier sera transmis à M./Mme l'officier du ministère public. Vous devenez alors redevable de plein droit d'une amende forfaitaire majorée d'un montant de (Arr. du 11 mars 2021, art. 3) *« 375 € ». Le montant du péage non acquitté restera dû.* (Arr. du 11 mars 2021, art. 3) *« A défaut de règlement de cette amende forfaitaire majorée dans un délai de quatre mois à compter de son envoi, le Trésor public fera opposition auprès de l'autorité administrative compétente au transfert du certificat d'immatriculation de votre véhicule en cas de vente d'occasion. La transmission à M./Mme l'officier du ministère public de plus de cinq dossiers vous concernant sur une période inférieure ou égale à douze mois vous expose, en application de l'article L. 419-1 du code de la route, à une amende de 7 500 €." »*

A la suite de cette mention, est indiqué le montant total à régler en distinguant :

— le montant TTC du péage non acquitté en fonction de la catégorie du véhicule et du trajet ;

— le montant de l'indemnité forfaitaire, qui est fixé à *(Arr. du 11 mars 2021, art. 3)* « 90 € » par l'article R. 49-8-4-1 du code de procédure pénale ;

(Arr. du 11 mars 2021, art. 3) « En cas de contravention constatée à la suite de l'usage d'un dispositif de péage permettant l'identification des véhicules et la perception du montant du péage sans recours à une barrière physique, la mention suivante est ajoutée :

« *"Cependant [,] vous bénéficiez de l'application d'une indemnité forfaitaire minorée dont le montant est fixé à 10 €, en application de l'article R. 49-8-4-1 du code de procédure pénale, si vous réglez dans un délai de quinze jours à compter de l'envoi du présent avis."* »

— le cas échéant, le montant de la somme due au titre du droit départemental de passage prévu à l'article L. 321-11 du code de l'environnement.

II. — Dans la partie basse du feuillet, figurent à gauche et à droite deux coupons détachables.

Le coupon de gauche, précédé de la mention : *"Si vous souhaitez régler, envoyez votre* (Arr. du 11 mars 2021, art. 3) *« chèque » accompagné du talon ci-dessous"*, est intitulé *"carte de paiement"*. Il précise l'ordre auquel le règlement est destiné, mentionne le nom du contrevenant, le montant à payer *(Arr. du 11 mars 2021, art. 3)* « et, en cas de contravention constatée à la suite de l'usage d'un dispositif de péage permettant l'identification des véhicules et la perception du montant du péage sans recours à une barrière physique, le montant à payer en cas de régularisation sous quinze jours, » et la référence de l'avis de paiement.

Le coupon de droite, précédé de la mention : *"Si vous souhaitez protester, envoyez le talon ci-dessous accompagné des pièces justificatives"*, est intitulé : *"carte de protestation"*. Il comporte la mention : *"Voir au dos les cas de protestation possible"*, indique l'adresse où il doit être envoyé ainsi que la référence de l'avis de paiement.

III. — L'exploitant peut également proposer au contrevenant des modes de paiement supplémentaires par rapport à ceux indiqués dans les mentions ci-dessus.

Art. A. 37-33 I. – Sur le verso, intitulé : *"Information"*, figurent, au haut du document :

1° La reproduction, précédée de la mention : *"Les textes ci-dessous sont des extraits, pour leur intégralité, se référer aux différents codes concernés"* de l'article L. 121-2 du code de la route, des *(Arr. du 11 mars 2021, art. 4)* « articles L. 130-4 (paragraphe 8), L. 330-2 (paragraphe 14) et L. 419-1 » de ce code et des alinéas 1, 3, 4, 5, 6 et 7 de l'article 529-6 du code de procédure pénale ;

2° Les mentions suivantes :

"Conformément aux articles L. 251-1 à L. 252-7 du code de la sécurité intérieure, [identification de l'exploitant] *dispose de moyens de vidéo-protection et informatiques destinés à assurer : la gestion du péage et des abonnements sur le domaine concédé, le traitement des anomalies liées aux trajets et au matériel, et la lutte contre la fraude au péage.*

Les informations enregistrées sont réservées à l'usage des services internes de [identification de l'exploitant].

Conformément aux articles 39 et suivants de la loi n° 78-17 du 6 janvier 1978 relative à l'informatique, aux fichiers et aux libertés, toute personne peut obtenir communication et, le cas échéant, rectification ou suppression des informations la concernant, en s'adressant au responsable du traitement : [nom et adresse du responsable].

Sur simple demande écrite, vous pouvez recevoir ces informations sur un support écrit." ;

3° L'adresse où doit être envoyé le règlement ou la protestation.

II. – En bas du document, à l'envers de la carte de protestation, figurent les mentions suivantes :

"Carte de protestation.

Cas 1 : prêt ou location du véhicule (joindre impérativement à ce talon le nom, le prénom, le sexe, la date de naissance, l'adresse et le numéro de permis de conduire de la personne qui conduisait ou était susceptible de conduire le véhicule, ainsi que, le cas échéant, la copie du contrat de location).

Cas 2 : vol, destruction, vente ou cession de véhicule, usurpation de plaque d'immatriculation (joindre impérativement à ce talon le récépissé de dépôt de plainte pour vol, la copie du récépissé de prise en charge pour destruction du véhicule ou les copies de la déclaration de cession du véhicule et de son accusé d'enregistrement dans le système d'immatriculation des véhicules).

Cas 3 : autre motif (joindre impérativement à ce talon votre protestation écrite accompagnée des pièces justificatives relatives par exemple au paiement du péage et à son montant)."

CHAPITRES II *TER* à VI

Néant.

LIVRE TROISIÈME DES MESURES DE SÛRETÉ

(Arr. du 3 nov. 2008)

CHAPITRE PREMIER DES COMMISSIONS PLURIDISCIPLINAIRES DES MESURES DE SÛRETÉ

Art. A. 37-34 *(Arr. du 3 nov. 2008 ; Arr. du 15 juin 2009)* **Le nombre, le siège et la compétence territoriale des commissions pluridisciplinaires des mesures de sûreté prévues par les articles 706-53-14, 763-10 et R. 61-7 sont fixés comme suit :**

SIÈGE DES COMMISSIONS pluridisciplinaires des mesures de sûreté	COMPÉTENCE TERRITORIALE s'étendant au ressort des cours d'appel ou des tribunaux supérieurs d'appel
Bordeaux	Agen, Bordeaux, Limoges, Pau, Toulouse.
Lille	Amiens, Douai, Reims, Rouen.
Lyon	Chambéry, Grenoble, Lyon, Riom.
Marseille	Aix-en-Provence, Bastia, Montpellier, Nîmes.
Nancy	Besançon, Colmar, Dijon, Metz, Nancy.
Paris	Bourges, Paris, Orléans, Versailles, *(Abrogé par Arr. 29 mars 2011, à compter du 1er avr. 2011) « Mamoudzou, »* Nouméa, Papeete, Saint-Denis-de-la-Réunion *[Saint-Denis de La Réunion]*, Saint-Pierre-et-Miquelon.
Rennes	Angers, Caen, Poitiers, Rennes.
Fort-de-France	*(Arr. du 27 janv. 2012)* « Basse-Terre, Cayenne, Fort-de-France. »

L'art. A. 37-30 a été renuméroté A. 37-34 (Arr. du 5 févr. 2013, JO 14 févr.).

CHAPITRE II DES JURIDICTIONS RÉGIONALES DE LA RÉTENTION DE SÛRETÉ

Art. A. 37-35 *(Arr. du 3 nov. 2008 ; Arr. du 15 juin 2009)* **Le nombre, le siège et la compétence territoriale des juridictions régionales de la rétention de sûreté prévues par les articles 706-53-15 et 706-53-21 sont fixés comme suit :**

SIÈGE DES JURIDICTIONS régionales de la rétention de sûreté	COMPÉTENCE TERRITORIALE s'étendant au ressort des cours d'appel ou des tribunaux supérieurs d'appel
Bordeaux	Agen, Bordeaux, Limoges, Pau, Toulouse.
Douai	Amiens, Douai, Reims, Rouen.
Lyon	Chambéry, Grenoble, Lyon, Riom.
Aix-en-Provence	Aix-en-Provence, Bastia, Montpellier, Nîmes.
Nancy	Besançon, Colmar, Dijon, Metz, Nancy.
Paris	Bourges, Paris, Orléans, Versailles, *(Abrogé par Arr. 29 mars 2011, à compter du 1er avr. 2011) « Mamoudzou, »* Nouméa, Papeete, Saint-Denis-de-la-Réunion *[Saint-Denis de La Réunion]*, Saint-Pierre-et-Miquelon.
Rennes	Angers, Caen, Poitiers, Rennes.
Fort-de-France	*(Arr. du 27 janv. 2012)* « Basse-Terre, Cayenne, Fort-de-France. »

L'art. A. 37-31 a été renuméroté A. 37-35 (Arr. du 5 févr. 2013, JO 14 févr.).

LIVRE QUATRIÈME

TITRES PREMIER À DIX-HUITIÈME

Néant.

TITRE DIX-NEUVIÈME *[ABROGÉ]* DE LA PROCÉDURE APPLICABLE AUX INFRACTIONS DE NATURE SEXUELLE ET AUX MINEURS VICTIMES

(Abrogé par Arr. du 14 févr. 2002)

TITRE VINGTIÈME DU FICHIER NATIONAL AUTOMATISÉ DES EMPREINTES GÉNÉTIQUES

(Arr. du 14 févr. 2002 ; Arr. du 23 oct. 2006)

Art. A. 38 *(Arr. du 10 août 2015, art. 1er)* **Les segments d'ADN sur lesquels portent les analyses destinées à l'identification génétique figurent dans le tableau ci-après :**

SEGMENT D'ADN OU « LOCUS » selon la nomenclature internationale	LOCALISATION
D3S1358	Chromosome 3
VWA	Chromosome 12
D8S1179	Chromosome 8
D21S11	Chromosome 21
D18S51	Chromosome 18
TH01	Chromosome 11
FGA	Chromosome 4
D16S539	Chromosome 16
D5S818	Chromosome 5
D13S317	Chromosome 13
D7S820	Chromosome 7
CSF1PO	Chromosome 5
TPOX	Chromosome 2
D1S1656	Chromosome 1
D2S441	Chromosome 2
D10S1248	Chromosome 10
D12S391	Chromosome 12
D22S1045	Chromosome 22
D2S1338	Chromosome 2
D19S433	Chromosome 19
Amélogénine	Chromosomes X et Y

Les analyses peuvent également porter sur les segments d'ADN suivants :

SEGMENT D'ADN OU « LOCUS » selon la nomenclature internationale	LOCALISATION
Penta E	Chromosome 15
Penta D	Chromosome 21
SE33 (ACTBP2)	Chromosome 6
DYS391	Chromosome Y
YINDEL	Chromosome Y

Jusqu'au premier jour du trente-sixième mois suivant celui de la publication de l'Arr. du 10 août 2015 (JO 21 août 2015), les analyses destinées à l'identification génétique peuvent ne porter que sur les seuls segments d'ADN figurant dans le tableau ci-après (Arr. du 10 août 2015, art. 2).

SEGMENT D'ADN OU « LOCUS » selon la nomenclature internationale	LOCALISATION
D3S1358	Chromosome 3
VWA	Chromosome 12
D8S1179	Chromosome 8
D21S11	Chromosome 21
D18S51	Chromosome 18
TH01	Chromosome 11
FGA	Chromosome 4
D16S539	Chromosome 16
D5S818	Chromosome 5
D13S317	Chromosome 13
D7S820	Chromosome 7
CSF1PO	Chromosome 5
TPOX	Chromosome 2
Amélogénine	Chromosomes X et Y

Elles portent alors également sur deux au moins des quatre segments d'ADN suivants :

SEGMENT D'ADN OU « LOCUS » selon la nomenclature internationale	LOCALISATION
D2S1338	Chromosome 2
D19S433	Chromosome 19

SEGMENT D'ADN OU « LOCUS » selon la nomenclature internationale	LOCALISATION
Penta E	Chromosome 15
Penta D	Chromosome 21

Elles peuvent également porter sur le segment suivant :

SEGMENT D'ADN OU « LOCUS » selon la nomenclature internationale	LOCALISATION
SE33 (ACTBP2)	Chromosome 6

TITRE DOUZIÈME *[VINGT ET UNIÈME]* DE L'UTILISATION DE MOYENS DE TÉLÉCOMMUNICATION AU COURS DE LA PROCÉDURE

(Arr. du 8 sept. 2003)

Art. *[A.]* 38-1 **Les caractéristiques propres aux moyens de télécommunication audiovisuelle ou concernant des moyens de télécommunication sonore autre que le téléphone utilisés pour l'application des dispositions de l'article 706-71 sont précisées par le présent article.**

La retransmission doit s'effectuer au moyen d'un système bidirectionnel intégral.

La retransmission doit s'effectuer conformément aux normes H320 ou H323 et aux normes UIT (Union internationale des télécommunications) associées.

Lorsqu'il est procédé au chiffrement de la liaison, celui-ci doit être effectué avec des moyens matériels autorisés par l'Agence nationale de la sécurité des systèmes d'information.

LIVRE CINQUIÈME DES PROCÉDURES D'EXÉCUTION

TITRE PREMIER

(Arr. du 17 févr. 2005)

CHAPITRE PREMIER DISPOSITIONS GÉNÉRALES

Art. A. 38-2 Le rapport annuel du procureur de la République sur l'état et les délais de l'exécution des peines prévu par l'article 709-2 peut être librement consulté par toute personne qui en fait la demande. Avant le dernier jour ouvrable du mois de juin, une affiche est apposée dans une salle ouverte au public du tribunal judiciaire afin d'indiquer les modalités pratiques de cette consultation.

Le procureur de la République peut communiquer à la presse et à d'autres médias, selon les moyens qui lui paraissent les plus appropriés, le contenu de ce rapport.

Ce rapport est annexé ou intégré au rapport annuel qui est adressé au procureur général en application des dispositions du troisième alinéa de l'article 35.

Ce rapport est diffusé auprès de l'ensemble des magistrats, greffiers et fonctionnaires du tribunal judiciaire, des tribunaux de police et des juridictions de proximité.

Une copie de ce rapport est adressée pour information :

– au préfet ;

– au directeur départemental de la sécurité publique ;

(Arr. du 28 déc. 2019, art. 7, en vigueur le 1er janv. 2020) « – au directeur territorial de la police nationale ; »

– au commandant du groupement de gendarmerie ;

– aux chefs des établissements pénitentiaires ;

– au directeur du service pénitentiaire d'insertion et de probation ;

– au directeur territorial de la protection judiciaire de la jeunesse ;

– au trésorier-payeur général ;

– au bâtonnier de l'ordre des avocats ;

– au président de la chambre départementale des huissiers.

Ce rapport est diffusé au sein des conseils locaux de sécurité et de prévention de la délinquance et des conseils départementaux de prévention.

Le procureur de la République peut également adresser une copie de ce rapport à tout organisme ou institution de droit privé ou de droit public coopérant avec l'institution judiciaire, et notamment aux responsables des associations d'aide aux victimes mentionnées au dernier alinéa de l'article 41.

Il est fait état du contenu de ce rapport par le procureur de la République lors de l'audience solennelle de rentrée prévue par l'article R. 711-2 *[R. 111-2]* du code de l'organisation judiciaire.

Art. A. 38-3 *(Arr. du 30 sept. 2005, en vigueur le 1er oct. 2005)* Les comptables *(Arr. du 31 août 2021, art. 2)* « de la direction générale des finances publiques » compétents pour assurer le recouvrement des amendes *(Arr. du 31 août 2021, art. 2)* « et condamnations pécuniaires, » et auxquels sont adressés par le greffier les documents prévus par le quatrième alinéa du 2° de l'article 2 du décret n° 64-1333 du 22 décembre 1964 *(Arr. du 31 août 2021, art. 2)* « modifié » relatif au recouvrement des amendes et condamnations pécuniaires par les comptables *(Arr. du 31 août 2021, art. 2)* « de la direction générale des finances publiques, » sont ceux du siège de la juridiction ayant rendu la décision de condamnation. Ces comptables sont également destinataires des relevés de condamnation pénale prévus par l'article R. 55-5.

Art. A. 38-4 *(Arr. du 31 août 2021, art. 3)* La direction régionale des finances publiques de Bretagne et du département d'Ille-et-Vilaine est chargée d'assurer les opérations de gestion suivantes :

1° Elle assure le recouvrement de toutes les amendes forfaitaires majorées prononcées pour des infractions relevées par le système de contrôle automatisé conformément aux dispositions de l'article L. 130-9 du code de la route et résultant d'un titre exécutoire signé par le procureur de la République près le tribunal judiciaire de Rennes ou par l'officier du ministère public agissant sous son autorité ;

2° En application du 11° de l'article 4 du décret n° 2009-707 du 16 juin 2009 modifié relatif aux services déconcentrés de la direction générale des finances publiques, elle encaisse et comptabilise, pour le compte de l'ensemble des directions départementales et régionales des finances publiques, les paiements d'amendes forfaitaires prononcées pour des infractions relevées par le système de contrôle automatisé ou constatées par un procès-verbal réalisé au moyen d'un appareil électronique sécurisé conformément à l'article A. 37-19, lorsqu'ils sont réalisés par carte bancaire via un dispositif de télépaiement automatisé.

Le comptable de la trésorerie du contrôle automatisé, sise à Rennes, est chargé des attributions mentionnées aux 1° et 2° au sein de cette direction régionale des finances publiques.

Art. A. 38-5 *(Arr. du 7 déc. 2007, en vigueur le 1er janv. 2008) (Arr. du 31 août 2021, art. 4)* « En application du 11° de l'article 4 du décret n° 2009-707 du 16 juin 2009 modifié relatif aux services déconcentrés de la direction générale des finances publiques et par dérogation » aux dispositions de l'article A. 38-3, *(Arr. du 31 août 2021, art. 4)* « la direction régionale des finances publiques d'Occitanie et du département de la Haute-Garonne » assure le recouvrement des amendes et condamnations pécuniaires pour lesquelles *(Arr. du 31 août 2021, art. 4)* « la direction générale des finances publiques est compétente » et qui sont prononcées par les juridictions des départements de l'Ariège, de l'Aveyron, de la Haute-Garonne, du Gers, du Lot, des Hautes-Pyrénées, du Tarn et de Tarn-et-Garonne.

(Arr. du 31 août 2021, art. 4) « Le comptable de la trésorerie "Toulouse amendes", sise à Toulouse, est chargé de ces attributions au sein de cette direction régionale des finances publiques. »

Art. A. 38-5-1 *(Arr. du 26 oct. 2018)* Par dérogation aux dispositions de l'article A. 38-3, le recouvrement des amendes forfaitaires majorées délictuelles prévues à l'article 495-18 est assuré par les comptables *(Arr. du 31 août 2021, art. 5)* « de la direction générale des finances publiques » compétents pour le recouvrement des amendes prononcées par le tribunal judiciaire du chef-lieu du département du domicile du redevable.

Toutefois, lorsque le domicile du redevable n'est pas connu ou n'est pas situé dans un département métropolitain ou d'outre-mer, le recouvrement de ces amendes forfaitaires majorées délictuelles est assuré par les comptables publics compétents pour le recouvrement des amendes prononcées par le tribunal judiciaire du chef-lieu du département du lieu d'infraction.

Par dérogation aux deux alinéas précédents, lorsque le tribunal judiciaire visé à ces alinéas est le tribunal judiciaire de Paris, le recouvrement est assuré *(Arr. du 31 août 2021, art. 5)* « *[,]* au sein de la direction régionale des finances publiques d'Île-de-France et de Paris, » par le comptable de la *(Arr. du 31 août 2021, art. 5)* « trésorerie "Paris amendes 2e division" ».

CHAPITRE II AUGMENTATION DU DROIT FIXE DE PROCÉDURE EN CAS DE CONDAMNATION POUR CONDUITE APRÈS USAGE DE SUBSTANCES OU PLANTES CLASSÉES COMME STUPÉFIANTS

(Arr. du 29 févr. 2012)

Art. A. 38-6 Les droits fixes de procédure prévus à l'article 1018 A du code général des impôts sont, conformément aux dispositions du neuvième alinéa de cet article, augmentés d'une somme de 210 euros, correspondant au montant, arrondi à la dizaine inférieure, de l'indemnité maximale prévue par le 10° de l'article R. 118 du présent code pour les analyses toxicologiques permettant d'établir la présence de stupéfiants dans le sang, en cas de condamnation pour conduite après usage de substances ou plantes classées comme stupéfiants ou pour atteinte involontaire à la vie ou à l'intégrité physique de la personne par un conducteur ayant fait usage de substances ou plantes classées comme stupéfiants, prononcée en application de l'article L. 235-1 du code de la route ou du 3° des articles 221-6-1, 222-19-1 ou 222-20-1 du code pénal.

TITRE DEUXIÈME DE LA DÉTENTION

CHAPITRE PREMIER

Néant.

CHAPITRE II DE L'EXÉCUTION DES PEINES PRIVATIVES DE LIBERTÉ

SECTION PREMIÈRE DES DIVERS ÉTABLISSEMENTS AFFECTÉS À L'EXÉCUTION DES PEINES

(Arr. du 31 janv. 2000)

Art. A. 39 *(Arr. du 17 sept. 2003)* **La liste des établissements pénitentiaires classés dans la catégorie des maisons centrales ou comportant un quartier maison centrale prévue à l'article D. 71 est fixée comme suit :**

(Arr. du 19 oct. 2012, en vigueur le 13 mai 2013) **« Quartier maison centrale du centre pénitentiaire d'Alençon – Condé-sur-Sarthe (Orne). »**

(Arr. du 6 oct. 2009) **« Maison centrale d'Arles (Bouches-du-Rhône). »**

Quartier maison centrale du centre pénitentiaire de Château-Thierry (Aisne).

(Arr. du 24 nov. 2009) **« Maison centrale de Clairvaux (Aube). »**

(Abrogé par Arr. du 6 oct. 2009) ***« Quartier maison centrale du centre pénitentiaire de Ducos (Martinique). »***

Maison centrale d'Ensisheim (Haut-Rhin).

Quartier maison centrale du centre pénitentiaire de Lannemezan (Hautes-Pyrénées).

(Abrogé par Arr. du 19 janv. 2016, à compter du 25 janv. 2016) ***« Quartier maison centrale du centre pénitentiaire de Lille-Annœullin (Nord). »***

(Abrogé par Arr. du 21 août 2012) (Arr. du 19 déc. 2007) ***« Quartier maison centrale du centre pénitentiaire de Lille-Loos-Sequedin (Nord). »***

Quartier maison centrale du centre pénitentiaire de Moulins-Yzeure (Allier).

Maison centrale de Poissy (Yvelines).

(Abrogé par Arr. du 2 sept. 2009) ***« Quartier maison centrale du centre pénitentiaire du Port (Réunion). »***

(Abrogé par Arr. du 3 janv. 2011) ***« Quartier maison centrale du centre pénitentiaire de Remire-Montjoly (Guyane). »***

Maison centrale de Saint-Martin-de-Ré (Charente-Maritime).

Maison centrale de Saint-Maur (Indre).

(Arr. du 2 sept. 2011) **« Quartier maison centrale du centre pénitentiaire du Sud francilien (Seine-et-Marne). »**

(Arr. du 28 sept. 2015, en vigueur le 8 nov. 2015) **« Quartier maison centrale du centre pénitentiaire de Valence (Drôme). »**

(Arr. du 21 janv. 2015, en vigueur le 2 mars 2015) **« Quartier maison centrale du centre pénitentiaire de Vendin-le-Vieil. »**

Art. A. 39-1 *(Arr. du 17 sept. 2003)* **La liste des établissements pénitentiaires classés dans la catégorie des centres de détention ou comportant un quartier centre de détention prévue à l'article D. 72 est fixée comme suit :**

Quartier centre de détention du centre pénitentiaire d'Aiton (Savoie).

Centre de détention d'Argentan (Orne).

(Abrogé par du Arr. 6 oct. 2009) (Arr. du 13 déc. 2005) ***« Quartier centre de détention pénitentiaire d'Arles (Bouches-du-Rhône). »***

Quartier centre de détention du centre pénitentiaire d'Avignon-Le Pontet (Vaucluse).

Quartier centre de détention du centre pénitentiaire de Baie-Mahaut (Guadeloupe).

Centre de détention de Bapaume (quartier hommes, quartier femmes) (Pas-de-Calais).

Centre de détention de Bédenac (Charente-Maritime).

(Arr. du 15 oct. 2009) **« Quartier centre de détention du centre pénitentiaire de Béziers (hommes) (Hérault). »**

(Arr. du 17 févr. 2004) **« Quartier centre de détention du centre pénitentiaire de Borgo (Haute-Corse) ; »**

(Arr. du 16 févr. 2010) « Quartier centre de détention du centre pénitentiaire de Bourg-en-Bresse (hommes) (Ain). »

Quartier centre de détention du centre pénitentiaire de Caen (Calvados).

Centre de détention de Casabianda (Haute-Corse).

Centre de détention de Châteaudun (Eure-et-Loir).

Quartier centre de détention du centre pénitentiaire de Châteauroux (Indre).

Quartier centre de détention du centre pénitentiaire de Château-Thierry (Aisne).

(Abrogé par Arr. du 24 nov. 2009) « Quartier centre de détention du centre pénitentiaire de Clairvaux (Aube). »

(Abrogé par Arr. du 29 mars 2011) « Quartier centre de détention du centre pénitentiaire de Draguignan (Var). »

Quartier centre de détention du centre pénitentiaire de Ducos (Martinique).

Centre de détention d'Écrouves (Meurthe-et-Moselle).

Centre de détention d'Eysses (Lot-et-Garonne).

(Arr. du 31 mars 2010) « Quartier centre de détention du centre pénitentiaire du Havre (Seine-Maritime). »

Centre de détention de Joux-la-Ville (hommes, femmes) (Yonne).

Quartier centre de détention du centre pénitentiaire de Lannemezan (Hautes-Pyrénées).

Quartier centre de détention du centre pénitentiaire de Laon (Aisne).

(Arr. du 1er oct. 2004) « Quartier centre de détention (avenue Robert-Badinter) du centre pénitentiaire de Liancourt (Oise). »

(Abrogé par Arr. du 2 avr. 2015) « Quartier centre de détention (chemin de Verderonne) du centre pénitentiaire de Liancourt (Oise). »

(Abrogé par Arr. du 4 juill. 2012) (Arr. du 11 sept. 2007) « Quartier centre de détention du centre pénitentiaire de Lille-Loos-Sequedin (commune de Loos-lès-Lille, Nord). »

(Arr. du 20 mai 2011) « Quartier centre de détention du centre pénitentiaire de Lille-Annœullin (Nord). »

Quartier centre de détention du centre pénitentiaire de Longuenesse (Pas-de-Calais).

Quartier centre de détention du centre pénitentiaire de Lorient-Plœmeur (Morbihan).

(Arr. du 28 sept. 2015) « Quartier centre de détention du centre pénitentiaire de Majicavo (Mayotte). »

Quartier centre de détention du centre pénitentiaire de Marseille (femmes) (Bouches-du-Rhône).

Quartier centre de détention du centre pénitentiaire de Maubeuge (Nord).

Centre de détention de Mauzac (Dordogne).

(Arr. du 2 sept. 2011) « Quartier centre de détention du centre pénitentiaire de Meaux-Chauconin-Neufmontiers (Seine-et-Marne). »

(Abrogé par Arr. du 2 sept. 2011) « Quartier centre de détention de Meaux du centre pénitentiaire de Meaux-Chauconin-Neufmontiers (Seine-et-Marne). »

Centre de détention de Melun (Seine-et-Marne).

(Arr. du 23 oct. 2008) « Quartier centre de détention du centre pénitentiaire de Mont-de-Marsan (Landes). »

Centre de détention de Montmédy (Meuse).

(Arr. du 4 nov. 2021, en vigueur le 10 nov. 2021) « Quartier centre de détention du centre pénitentiaire de Mulhouse-Lutterbach (Haut-Rhin). »

Centre de détention de Muret (Haute-Garonne).

(Abrogé par Arr. du 21 juin 2021) « Quartier centre de détention du centre pénitentiaire de Nancy-Maxéville (Meurthe-et-Moselle). »

Quartier centre de détention du centre pénitentiaire de Nantes (Loire-Atlantique).

Centre de détention de Neuvic (Dordogne).

Centre de détention d'Œrmingen (Bas-Rhin).

(Arr. du 23 avr. 2014, en vigueur le 15 juill. 2014) « Quartier centre de détention du centre pénitentiaire d'Orléans-Saran (Loiret). »

Quartier centre de détention du centre pénitentiaire de Perpignan (Pyrénées-Orientales).

(Arr. du 2 sept. 2009) « Quartier centre de détention du centre pénitentiaire de Poitiers-Vivonne (hommes, femmes) (Vienne). »

(Arr. du 19 avr. 2010) « Centre de détention du Port (la Réunion). »

Quartier centre de détention du centre pénitentiaire de Remire-Montjoly (Guyane).

(Arr. du 16 mars 2010) « Quartier centre de détention du centre pénitentiaire de Rennes – Vezin-le-Coquet (Ille-et-Vilaine). »

Quartier centre de détention du centre pénitentiaire de Rennes (femmes) (Ille-et-Vilaine).

(Arr. du 29 janv. 2016, en vigueur le 31 janv. 2016) « Quartier centre de détention du centre pénitentiaire de Riom. »

(Arr. du 23 oct. 2008) « Centre de détention de Roanne (hommes, femmes) (Loire).

« Quartier centre de détention du centre pénitentiaire de Saint-Denis (femmes) (Réunion). »

Centre de détention de Saint-Mihiel (Meuse).

Quartier centre de détention du centre pénitentiaire de Saint-Pierre (collectivité territoriale de Saint-Pierre-et-Miquelon).

Quartier centre de détention du centre pénitentiaire de Saint-Quentin-Fallavier (Isère).

Centre de détention de Saint-Sulpice-la-Pointe (Tarn).

Centre de détention de Salon-de-Provence (Bouches-du-Rhône).

(Arr. du 2 sept. 2011) « Quartier centre de détention du centre pénitentiaire du Sud francilien (hommes, femmes) (Seine-et-Marne). »

Centre de détention de Tarascon (Bouches-du-Rhône).

Centre de détention de Toul (Meurthe-et-Moselle).

(Arr. du 1er oct. 2004) « Quartier centre de détention du centre pénitentiaire de Toulon-La Farlède (Var). »

Centre de détention d'Uzerche (Corrèze).

Centre de détention de Val-de-Reuil (Eure).

Quartier centre de détention du centre pénitentiaire de Varennes-le-Grand (Saône-et-Loire).

(Arr. du 21 janv. 2015, en vigueur le 2 mars 2015) « Quartier centre de détention du centre pénitentiaire de Vendin-le-Vieil. »

Centre de détention de Villenauxe-la-Grande (Aube).

Art. A. 39-2 *(Arr. du 17 sept. 2003)* La liste des établissements pénitentiaires classés dans la catégorie des centres de semi-liberté prévue à l'article D. 72-1 est fixée comme suit :

Centre de semi-liberté de Besançon (Doubs).

Centre de semi-liberté de *(Décr. nº 2016-1996 du 30 déc. 2016)* « Val-de-Briey » (Meurthe-et-Moselle).

Centre de semi-liberté de Corbeil (hommes, femmes) (Essonne).

Centre de semi-liberté de Gagny (Seine-Saint-Denis).

(Abrogé par Arr. du 21 déc. 2016, à compter du 7 janv. 2017) « Centre de semi-liberté de Grenoble (hommes, femmes) (Isère). »

(Abrogé par Arr. du 1er déc. 2008, à compter du 5 janv. 2009) « Centre de semi-liberté d'Haubourdin (hommes, femmes) (Nord). »

Centre de semi-liberté de Lyon (hommes, femmes) (Rhône).

Centre de semi-liberté de Maxeville (hommes, femmes) (Meurthe-et-Moselle).

(Arr. du 29 août 2006) « Centre de semi-liberté de Melun (Seine-et-Marne). »

Centre de semi-liberté de Montargis (Loiret).

(Abrogé par Arr. du 10 janv. 2014) « Centre de semi-liberté de Montpellier (hommes, femmes) (Hérault) ».

(Abrogé par Arr. du 27 juin 2018) « Centre de semi-liberté de Paris La Santé (Paris). »

Centre de semi-liberté de Souffelweyersheim (hommes, femmes) (Bas-Rhin).

(Abrogé par Arr. du 17 mars 2010) « Centre de semi-liberté de Toulouse (Haute-Garonne). »

(Abrogé par Arr. du 13 déc. 2005) « Centre de semi-liberté de Villejuif (Val-de-Marne). »

L'art. A. 39-2 peut être modifié par arrêté (Décr. nº 2016-1996 du 30 déc. 2016, JO 31 déc.).

Art. A. 39-3 *(Arr. du 17 sept. 2003)* La liste des établissements pénitentiaires classés dans la catégorie des centres pour peines aménagées ou comportant un quartier pour peines aménagées prévue à l'article D. 72-1 est fixée comme suit :

(Arr. du 3 janv. 2011) **« Quartier pour peines aménagées du centre pénitentiaire d'Aix-Luynes. »**

(Arr. du 19 oct. 2012, en vigueur le 7 janv. 2013) **« Quartier pour peines aménagées du centre pénitentiaire d'Alençon – Condé-sur-Sarthe (Orne). »**

(Arr. du 3 janv. 2011) **« Quartier pour peines aménagées du centre pénitentiaire de Bordeaux-Gradignan (Gironde). »**

(Arr. du 2 sept. 2009) **« Quartier pour peines aménagées du centre pénitentiaire de Fresnes (Villejuif, Val-de-Marne). »**

(Arr. du 15 déc. 2016) **« Quartier pour peines aménagées du centre pénitentiaire de Nantes (Loire-Atlantique). »**

(Arr. du 6 mars 2014, en vigueur le 24 mars 2014) **« Quartier pour peines aménagées du centre pénitentiaire de Longuenesse (Pas-de-Calais). »**

Quartier pour peines aménagées du centre pénitentiaire de Marseille (Bouches-du-Rhône).

(Arr. du 6 oct. 2009) **« Quartier pour peines aménagées du centre pénitentiaire de Meaux-Chauconin-Neufmontiers (Seine-et-Marne). »**

Quartier pour peines aménagées du centre pénitentiaire de Metz (Moselle).

*(Abrogé par Arr. du 2 sept. 2009) (Arr. du 13 déc. 2005) **« Centre pour peines aménagées de Villejuif (Val-de-Marne). »***

(Arr. du 16 avr. 2013) **« Quartier pour peines aménagées du centre pénitentiaire de Poitiers-Vivonne (Vienne). »**

SECTIONS II *à* IV

Néant.

SECTION V *[ABROGÉE]*

(Abrogée par Arr. du 31 janv. 2000)

SECTIONS VI *et* VII

Néant.

CHAPITRE III

Néant.

CHAPITRE IV DE L'ADMINISTRATION DES ÉTABLISSEMENTS PÉNITENTIAIRES

SECTION PREMIÈRE DU RÔLE ET DE L'ORGANISATION GÉNÉRALE DE L'ADMINISTRATION PÉNITENTIAIRE

SECTIONS II *à* IV

Néant.

CHAPITRE V

SECTION IV DES RÉCLAMATIONS FORMULÉES PAR LES DÉTENUS

(Arr. du 12 mai 1997)

Art. A. 40 *Abrogé par Arr. du 27 oct. 2011. – V. désormais art. D. 262.*

Art. A. 40-1 **Les courriers doivent être adressés, par les détenus, à l'adresse professionnelle ou fonctionnelle des autorités administratives et judiciaires.**

Les courriers adressés par les autorités administratives et judiciaires françaises ou assimilées doivent clairement indiquer la qualité de leur expéditeur.

CHAPITRE VI

Art. A. 40-2 *(Arr. du 27 oct. 2011)* **Sans préjudice des dispositions applicables aux publications écrites et audiovisuelles visées à l'article 43 de la loi n° 2009-1436 du**

24 novembre 2009 pénitentiaire, en application de l'article D. 430 du code de procédure pénale, la liste des objets et catégories d'objets, dont la réception de l'extérieur ou l'envoi vers l'extérieur par les personnes détenues est autorisée, est fixée comme suit :

OBJETS ET CATÉGORIES d'objets concernés	**RÉGIME D'AUTORISATION**	**INTERDICTIONS OU RESTRICTIONS afin de prévenir les évasions et d'assurer la sécurité et le bon ordre des établissements pénitentiaires**
Effets vestimentaires et textiles : — vêtements ; — chaussures ; — linge de toilette ; — linge de table.	Réception ou envoi autorisés	Réception ou envoi interdits : — vêtements dont les inscriptions sont, par leur nature provocante ou outrancière, de nature à porter atteinte au bon ordre ou à la sécurité de l'établissement pénitentiaire ; — vêtements pouvant provoquer une confusion avec l'uniforme pénitentiaire ou tout autre uniforme ainsi que les tenues à imprimé « camouflage » ou les vêtements pouvant servir à masquer une identité (cagoule, capuche) ; — vêtements en cuir, doublés ou matelassés qui protégeraient suffisamment pour franchir des dispositifs de sécurité et faciliter ainsi une évasion ; — chaussures munies d'une structure métallique (tige, boucle, etc.).
Tous documents relatifs à la vie familiale et permettant l'exercice de l'autorité parentale : — autorisations d'intervention chirurgicale et carnet de santé ; — demandes de pièce d'identité ; — autorisations de sortie du territoire ; — documents scolaires (cahiers, carnets de correspondance, livret) ; — contrat d'apprentissage et de qualification ; — tout autre document nécessaire à une prise de décision concernant la famille.	Réception ou envoi autorisés	Réception ou envoi interdits : — bijoux, à l'exception des alliances et montres de la personne détenue ; — valeurs pécuniaires (argent, moyens de paiements, devises, etc.).
Tous objets non métalliques ne dépassant pas 15 cm dans leur plus grande dimension et réalisés par les enfants mineurs sur lequel une personne détenue exerce l'autorité parentale.	Réception autorisée uniquement	

OBJETS ET CATÉGORIES d'objets concernés	RÉGIME D'AUTORISATION	INTERDICTIONS OU RESTRICTIONS afin de prévenir les évasions et d'assurer la sécurité et le bon ordre des établissements pénitentiaires
Tous écrits et dessins réalisés par les enfants mineurs sur lesquels une personne détenue exerce l'autorité parentale.	Réception autorisée uniquement	
Tous dessins ou objets non métalliques réalisés à l'attention des membres de leur famille par les personnes détenues notamment dans le cadre des activités d'art plastique organisées en détention.	Envoi autorisé uniquement	
Petits appareillages médicaux : — lunettes de vue ; — appareillages dentaires ; — appareillages oculaires ; — appareillages auditifs.	Réception ou envoi autorisés sous réserve de l'avis de l'UCSA	Réception ou envoi interdits : — médicaments ; — produits parapharmaceutiques.
Denrées alimentaires	Réception autorisée uniquement selon les modalités déterminées par note du directeur de l'administration pénitentiaire	Réception interdite des denrées alimentaires : — conditionnées dans des boîtes métalliques ou des récipients de verre ; — alcooliques ou alcoolisées ; — périssables dont la conservation à température ambiante est impossible ; — plantes ; — animaux.
Agendas papier, papier à lettres et enveloppes, timbres-poste.	Réception ou envoi autorisés	
Jeux de sociétés.	Réception ou envoi autorisés	Réception ou envoi interdits : — jeux comportant des parties métalliques de plus de 10 cm dans leur plus grande dimension ; — jeux comportant des objets interdits par le code de procédure pénale ou le règlement intérieur de l'établissement pénitentiaire.

CHAPITRE VII DE LA GESTION DES BIENS ET DE L'ENTRETIEN DES DÉTENUS

SECTION PREMIÈRE DE LA GESTION DES BIENS DES DÉTENUS

§ 1er PÉCULE

[Dispositions prises pour l'application des art. D. 324 et D. 329 C. pr. pén.]

Art. A. 41 *(Arr. du 21 mars 1975 ; Arr. du 7 nov. 1989 ; Arr. du 30 mars 2005)* **La somme prévue à l'article D. 324 du code de procédure pénale à partir de laquelle les**

dépôts sur livrets de caisse d'épargne doivent être effectués est fixée à *(Arr. du 20 juill. 2001)* **« 229 € ».** *– Anc. art. A 41-1.*

Art. A. 42 *Abrogé par Arr. du 30 mars 2005.*

Art. A. 42-1 *(Arr. du 7 mars 1973)* **L'association régulièrement constituée auprès d'un établissement pénitentiaire aux fins visées à l'article D. 449-1** *[abrogé]* **est agréée par le ministre de la justice si son statut est conforme à un type commun établi par une instruction de service.**

Le trésorier de l'association est un fonctionnaire.

Art. A. 42-2 *(Arr. du 7 mars 1973)* **Le contrôle du fonctionnement de l'association et de sa gestion financière est assuré, soit sur pièces par le ministre de la justice, soit sur place par ses représentants dûment habilités à cet effet.**

Ce contrôle doit comporter notamment la vérification de la comptabilité de l'association et de l'utilisation de ses ressources.

Les fonctionnaires habilités par le ministre de la justice peuvent procéder à toutes vérifications de caisse et de comptabilité. Tous registres et dossiers, ainsi que tous documents relatifs au fonctionnement de l'association doivent leur être communiqués.

Art. A. 42-3 *(Arr. du 7 mars 1973)* **Chaque année, le président de l'association adresse au ministre de la justice un compte rendu administratif, technique et financier comprenant notamment un état de la situation financière et des comptes de l'exercice budgétaire écoulé.**

§ 2

Néant.

SECTION II

Néant.

CHAPITRES VIII À X

Néant.

CHAPITRE XI DES DIFFÉRENTES CATÉGORIES DE DÉTENUS

SECTION PREMIÈRE

Néant.

SECTION II

Art. A. 43 *(Arr. du 16 sept. 1971)* **La commission consultative du régime spécial institué à l'article D. 490 est composée ainsi qu'il suit :**

1° Un conseiller à la Cour de cassation, président ;

Un conseiller à ladite cour, président suppléant ;

2° Un membre de l'Institut ;

3° Un membre du Conseil d'État ; un membre dudit conseil, suppléant ;

4° Le bâtonnier de l'ordre des avocats près la cour d'appel de Paris ou son représentant ;

5° Le directeur des affaires criminelles et des grâces au ministère de la justice ou son représentant ;

6° Le directeur de l'administration pénitentiaire au ministère de la justice ou son représentant ;

7° Un conseiller référendaire à la Cour de cassation ;

Un conseiller référendaire à ladite cour, suppléant.

Les présidents et membres visés aux 1°, 2°, 3° et 7° sont désignés par arrêté du ministre de la justice.

Art. A. 43-1 *(Arr. du 16 sept. 1971)* **La commission établit son règlement intérieur.**

Elle peut faire appel, à titre de rapporteurs, à des magistrats du ministère de la justice non membres de la commission, lesquels n'ont pas voix délibérative.

SECTIONS III *À* VI

Néant.

SECTION VII *[ABROGÉE]* DES MINEURS DÉTENUS

(Abrogée par Arr. du 27 mai 2021, art. 1er, à compter du 30 sept. 2021)

V. désormais ss. CJPM, art. R. 124-9.

Art. A. 43-2 ***La liste des établissements pénitentiaires spécialisés pour mineurs prévue à l'article R. 57-9-11 est fixée comme suit :***

— établissement spécialisé pour mineurs de Lavaur (Tarn) ;

— établissement spécialisé pour mineurs de Marseille (Bouches-du-Rhône) ;

(Abrogé par Arr. du 2 sept. 2009) (Arr. du 19 déc. 2007) ***« — établissement spécialisé pour mineurs de Meaux-Chauconin-Neufmontiers (Seine-et-Marne) ; »***

(Arr. du 19 déc. 2007) ***« — établissement spécialisé pour mineurs d'Orvault (Loire-Atlantique) ;***

« — établissement spécialisé pour mineurs de Porcheville (Yvelines) ; »

— établissement spécialisé pour mineurs de Quiévrechain (Nord) ;

— établissement spécialisé pour mineurs du Rhône (Meyzieu, Rhône).

Art. A. 43-3 *(Arr. du 9 mai 2007 ; Arr. du 19 déc. 2007)* ***La liste des quartiers des mineurs des maisons d'arrêt ou des établissements pour peines prévue à l'article*** *(Arr. du 5 août 2011)* ***« R. 57-9-9 » est fixée comme suit :***

(Abrogé par Arr. du 2 sept. 2009) ***« Quartier des mineurs de la maison d'arrêt d'Angers (Maine-et-Loire) ; »***

(Arr. du 11 févr. 2016) ***« Quartier des mineurs du centre pénitentiaire d'Aix-Luynes (Bouches-du-Rhône)*** *[;]* ***»***

Quartier des mineurs de la maison d'arrêt d'Angoulême (Charente) ;

Quartier des mineurs du centre pénitentiaire d'Avignon-le-Pontet (Vaucluse) ;

Quartier des mineurs du centre pénitentiaire de Baie-Mahault (Guadeloupe) ;

Quartier des mineurs de la maison d'arrêt de Besançon (Doubs) ;

(Arr. du 21 déc. 2009) ***« Quartier des mineurs du centre de semi-liberté de Besançon (Doubs) ; »***

(Abrogé par Arr. du 2 sept. 2009) ***« Quartier des mineurs de la maison d'arrêt de Bois-d'Arcy (Yvelines) ; »***

Quartier des mineurs de la maison d'arrêt de Bonneville (Haute-Savoie) ;

Quartier des mineurs de la maison d'arrêt de Bordeaux-Gradignan (Gironde) ;

Quartier des mineurs du centre pénitentiaire de Borgo (Haute-Corse) ;

Quartier des mineurs de la maison d'arrêt de Bourges (Cher) ;

Quartier des mineurs de la maison d'arrêt de Brest (Finistère) ;

(Arr. du 18 févr. 2010) ***« Quartier des mineurs de la maison d'arrêt de Caen (Calvados) ; »***

(Abrogé par Arr. du 16 oct. 2013) ***« Quartier des mineurs de la maison d'arrêt de Chambéry (Savoie) ; »***

Quartier des mineurs de la maison d'arrêt de Chaumont (Haute-Marne) ;

Quartier des mineurs de la maison d'arrêt de Dijon (Côte-d'Or) ;

Quartier des mineurs du centre pénitentiaire de Ducos (Martinique) ;

Quartier des mineurs de la maison d'arrêt d'Épinal (Vosges) ;

Quartier des mineurs de la maison d'arrêt de Fleury-Mérogis (Essonne) ;

Quartier des mineurs de la maison d'arrêt de Grasse (Alpes-Maritimes) ;

Quartier des mineurs de la maison d'arrêt de Grenoble-Varces (Isère) ;

(Arr. du 31 mars 2010) ***« Quartier des mineurs du centre pénitentiaire du Havre (Seine-Maritime) ; »***

Quartier des mineurs du centre pénitentiaire de Laon (Aisne) ;

(Abrogé par Arr. du 2 sept. 2009) ***« Quartier des mineurs du centre pénitentiaire du Port (Réunion) ; »***

Quartier des mineurs du centre pénitentiaire de Liancourt (Oise) ;

Quartier des mineurs de la maison d'arrêt de Limoges (Haute-Vienne) ;

Quartier des mineurs de la maison d'arrêt de Longuenesse (Pas-de-Calais) ;

(Abrogé par Arr. du 5 août 2011) ***« Quartier des mineurs du centre pénitentiaire de Lorient-Plömeur (Morbihan) ; »***

Quartier des mineurs de la maison d'arrêt de Majicavo (Mayotte) ;

Quartier des mineurs du centre de semi-liberté de Maxéville (Meurthe-et-Moselle) ;

Quartier des mineurs du centre pénitentiaire de Metz (Moselle) ;

(Arr. du 22 oct. 2013) ***« Quartier des mineurs du centre pénitentiaire de Moulins-Yzeure (Allier) ; »***

Quartier des mineurs de la maison d'arrêt de Mulhouse *((Arr. du 21 déc. 2009)* ***« Haut-Rhin ») ;***

(Arr. du 21 déc. 2009) ***« Quartier des mineurs du quartier de semi-liberté de la maison d'arrêt de Mulhouse (Haut-Rhin) ; »***

(Abrogé par Arr. du 1er déc. 2008, à compter du 5 janv. 2009) ***« Quartier des mineurs de la maison d'arrêt de Nancy (Meurthe-et-Moselle) ; »***

Quartier des mineurs de la maison d'arrêt de Nanterre (Hauts-de-Seine) ;

(Abrogé par Arr. du 1er déc. 2008, à compter du 5 janv. 2009) ***« Quartier des mineurs du centre pénitentiaire de Nantes (Loire-Atlantique) ; »***

(Abrogé par Arr. du 20 août 2014, à compter du 8 oct. 2014) ***« Quartier des mineurs de la maison d'arrêt d'Orléans (Loiret) ; »***

(Abrogé par Arr. du 2 sept. 2009) ***« Quartier des mineurs de la maison d'arrêt d'Osny-Pontoise (Val-d'Oise) ; »***

Quartier des mineurs de la maison d'arrêt de Pau (Pyrénées-Atlantiques) ;

Quartier des mineurs du centre pénitentiaire de Perpignan (Pyrénées-Orientales) ;

(Abrogé par Arr. du 1er déc. 2008, à compter du 5 janv. 2009) ***« Quartier des mineurs de la maison d'arrêt de Poitiers (Vienne) ; »***

Quartier des mineurs de la maison d'arrêt de Reims (Marne) ;

Quartier des mineurs du centre pénitentiaire de Remire-Montjoly (Guyane) ;

(Abrogé par Arr. du 18 févr. 2010) ***« Quartier des mineurs de la maison d'arrêt de Rennes (Ille-et-Vilaine) ; »***

(Abrogé par Arr. du 22 oct. 2013) ***« Quartier des mineurs de la maison d'arrêt de Riom (Puy-de-Dôme) ; »***

Quartier des mineurs de la maison d'arrêt de Rouen (Seine-Maritime) ;

(Arr. du 23 oct. 2008) ***« Quartier des mineurs du quartier maison d'arrêt du centre pénitentiaire de Saint-Denis (Réunion) ; »***

(Abrogé par Arr. du 21 oct. 2011) ***« Quartier des mineurs du centre pénitentiaire de Saint-Étienne (Loire) ; »***

(Arr. du 16 avr. 2013) ***« Quartier des mineurs du centre pénitentiaire de Saint-Pierre-et-Miquelon (collectivité territoriale de Saint-Pierre-et-Miquelon) ; »***

(Arr. du 2 sept. 2009) ***« Quartier des mineurs du centre de semi-liberté de Souffelweyersheim (Bas-Rhin) ; »***

Quartier des mineurs de la maison d'arrêt de Strasbourg (Bas-Rhin) ;

(Abrogé par Arr. du 11 févr. 2016) (Arr. du 25 juin 2014, en vigueur le 1er juill. 2014) ***« Quartier des mineurs du centre pénitentiaire de Toulon-La Farlède (Var) ; »***

Quartier des mineurs de la maison d'arrêt de Tours (Indre-et-Loire) ;

Quartier des mineurs de la maison d'arrêt de Varennes-le-Grand (Saône-et-Loire) ;

Quartier des mineurs de la maison d'arrêt de Villeneuve-lès-Maguelone (Hérault) ;

Quartier des mineurs de la maison d'arrêt de Villepinte (Seine-Saint-Denis).

TITRE TROISIÈME

Néant.

TITRE QUATRIÈME DU SURSIS

CHAPITRE PREMIER

Néant.

CHAPITRE II DU SURSIS PROBATOIRE

SECTION PREMIÈRE

Néant.

SECTION II DES AUTORITÉS CHARGÉES DE CONTRÔLER LE RÉGIME DE LA MISE À L'ÉPREUVE

§ 1er *[ABROGÉ]* DE LA RÉPARTITION ET DE LA COMPOSITION DES COMITÉS DE PROBATION ET D'ASSISTANCE AUX LIBÉRÉS *(Abrogé par Arr. du 18 avr. 2001).*

§ 2

Néant.

§ 3 *[ABROGÉ]* DES ASSOCIATIONS PLACÉES AUPRÈS DES COMITÉS *(Abrogé par Arr. du 18 avr. 2001).*

SECTIONS III *À* V

Néant.

TITRES CINQUIÈME *À* NEUVIÈME

Néant.

TITRE DIXIÈME DES FRAIS DE JUSTICE

Art. A. 43-4 *(Arr. du 4 juin 2008, applicable aux missions non encore certifiées ou taxées à la date du 10 juill. 2008)* **Conformément aux dispositions de l'article R. 121, les indemnités dues, en application** *(Arr. du 29 avr. 2021, applicable aux missions accomplies à compter du 1er janv. 2021)* **« de l'article R. 121-1 », aux personnes physiques enquêteurs de personnalité, contrôleurs judiciaires, délégués du procureur de la République ou médiateurs du procureur de la République, sont fixées par le tableau ci-après :**

IP. 1	39
IP. 2	74
IP. 3	52
IP. 4	111
IP. 5	153
(Abrogé par Arr. du 29 avr. 2021) « IP. 6	*8*
« IP. 7	*16*
« IP. 8	*16*
« IP. 9	*39*
« IP. 10	*16*
« IP. 11	*8*
« IP. 12	*16*
« IP. 13	*8*
« IP. 14	*10 »*

(Abrogé par Arr. du 29 avr. 2021) ***« L'indemnité IP.[14] prévue en cas de carence n'est applicable que lorsqu'elle est inférieure à l'indemnité correspondant à l'accomplissement de la mission : elle n'est due qu'à la condition qu'au moins deux convocations aient été adressées à la personne faisant l'objet de la mesure. »***

Art. A. 43-5 *(Arr. du 4 juin 2008, applicable aux missions non encore certifiées ou taxées à la date du 10 juill. 2008)* **Conformément aux dispositions de l'article R. 121, les indemnités dues, en application** *(Arr. du 29 avr. 2021, applicable aux missions accomplies à compter du 1er janv. 2021)* **« de l'article R. 121-3 », aux associations habilitées ayant passé une convention avec le premier président et le procureur général de la cour d'appel, sont fixées par le tableau ci-après :**

IA. [1]	*(Arr. du 29 nov. 2021)* « 150 *[ancienne rédaction : 70]* »
IA. [2]	70
IA. [3]	1110
IA. [4]	925
IA. [5]	370
(Abrogé par Arr du 29 avr. 2021) « IA. [6]	*12*
« IA. [7]	*31*
« IA. [8]	*31*
« IA. [9]	*77, lorsque la durée de la mission de médiation est inférieure ou égale à un mois.* *153, lorsque cette durée est supérieure à un mois et inférieure ou égale à trois mois.* *305, lorsqu'elle est supérieure à trois mois.*
« IA. [10]	*31*
« IA. [11]	*16*
« IA. [12]	*31*
« IA. [13]	*8*
« IA. [14]	*25 »*

(Abrogé par Arr. du 29 avr. 2021) ***« L'indemnité IA.[14] prévue en cas de carence n'est applicable que lorsqu'elle est inférieure à l'indemnité correspondant à l'accomplissement de la mission : elle n'est due qu'à la condition qu'au moins deux convocations aient été adressées à la personne faisant l'objet de la mesure. »***

L'Arr. du 29 nov. 2021 s'applique aux mesures prescrites à compter de son entrée en vigueur le 3 déc. 2021. Les mesures prescrites avant cette date sont rémunérées sur la base des dispositions en vigueur le jour de leur prononcé.

Art. A. 43-5-1 *(Arr. du 29 avr. 2021, applicable aux missions accomplies à compter du 1er janv. 2021)* **I. — Conformément aux dispositions des articles R. 122-1 et R. 122-2, les indemnités dues aux délégués et aux médiateurs du procureur de la République sont fixées par le tableau ci-après :**

<table>
<tr><th colspan="2" rowspan="2">Nature de la mission effectuée</th><th colspan="2">Montant de l'indemnité forfaitaire par mission (exprimé en unités de valeur)</th></tr>
<tr><th>Montant personnes physiques</th><th>Montant associations</th></tr>
<tr><td colspan="2">Pour procéder au rappel des obligations résultant de la loi en application du 1° de l'article 41-1 (1)</td><td>4 unités de valeur</td><td>5 unités de valeur</td></tr>
<tr><td colspan="2">Pour l'exécution des mesures prévues aux alinéas 2° à 4°, 6° à 9° et 11° de l'article 41-1, y compris la vérification du respect par la personne des engagements pris</td><td>7 unités de valeur</td><td>12 unités de valeur</td></tr>
<tr><td colspan="2">Pour l'exécution de la mesure prévue au 10° de l'article 41-1</td><td>6 unités de valeur</td><td>10 unités de valeur</td></tr>
<tr><td rowspan="3">Pour une mission de médiation en application du 5° de l'article 41-1</td><td>- Lorsque la durée de la mission est inférieure ou égale à un mois</td><td rowspan="3">14 unités de valeur</td><td>27 unités de valeur</td></tr>
<tr><td>- Lorsque la durée de la mission est supérieure à un mois et inférieure ou égale à trois mois</td><td>51 unités de valeur</td></tr>
<tr><td>- Lorsque la durée de la mission est supérieure à trois mois</td><td>102 unités de valeur</td></tr>
<tr><td>Pour la notification des mesures suivantes :</td><td>- une peine de stage dont le contrôle de la mise en ouvre est confié au service d'insertion ou de probation ou à une autre personne habilitée
- une convocation en justice en application de l'article 390-1
- une ordonnance pénale délictuelle en application de l'article 495-3
- une ordonnance contraventionnelle en application de l'article 527
- l'inscription dans le fichier judiciaire national automatisé des auteurs d'infractions terroristes en application de l'article R. 50-38
- l'inscription dans le fichier judiciaire national automatisé des auteurs d'infractions sexuelles ou violentes en application de l'article R. 53-8-9
- l'information de l'absence de reliquat de peine à exécuter du fait des réductions de peines en application de l'article D. 147-13
- une peine de sanction-réparation en application de l'article 12-1 de l'ordonnance n° 45-174 du 2 février 1945, y compris le recueil de l'accord du mineur et des titulaires de l'exercice de l'autorité parentale</td><td>3 unités de valeur</td><td>4 unités de valeur</td></tr>
</table>

	- les mesures prononcées dans le cadre d'une composition pénale en application de l'article 41-2, y compris le recueil de l'accord de la personne	7 unités de valeur	12 unités de valeur
	- une peine de stage - une peine de sanction-réparation en application du quatrième alinéa de l'article 131-8-1 du code pénal	6 unités de valeur	12 unités de valeurs
Pour le contrôle de l'exécution des mesures suivantes :	- les mesures prévues aux 1° à 5° et 8° à 12° de l'article 41-2 proposées dans le cadre d'une composition pénale prévue à l'article 41-2 [2]	6 unités de valeur	10 unités de valeur
	- les mesures prévues aux 6°, 7° et 13° à 19° de l'article 41-2 ou la mesure de réparation du préjudice proposées dans le cadre d'une composition pénale prévue à l'article 41-2 [2]	10 unités de valeur	18 unités de valeur
Pour une mission de représentation du procureur de la République en application de l'article D. 15-3		14 unités de valeur	
Pour une mission de permanence d'une demi-journée en application des dispositions de l'article D. 15-3-1		14 unités de valeur	

[1] L'indemnité due au titre du rappel des obligations résultant de la loi n'est pas cumulable avec celles prévues pour les autres missions, à l'exception de la notification d'une peine de stage dont le contrôle de la mise en œuvre est confié au service d'insertion ou de probation ou à une autre personne habilitée, des mesures prévues aux articles 390-1, 495-3 et 527 ainsi que des mesures prévues à l'article 12-1 de l'ordonnance n° 45-174 du 2 février 1945.
[2] Le montant cumulé dû au titre de l'ensemble des actes de contrôle de l'exécution effectués dans le cadre d'une composition pénale ne peut excéder celui équivalent à quarante unités de valeur.

Le montant de l'indemnité supplémentaire allouée lorsque la mission concerne un mineur est égal à trois unités de valeur. Cette indemnité n'est pas cumulable avec les missions prévues aux articles 390-1, D. 15-3 et D. 15-3-1.

II. — Le délégué ou le médiateur du procureur de la République n'ayant pu remplir sa mission en raison de la carence de l'intéressé qui n'a pas répondu à au moins deux convocations est indemnisé dans les conditions prévues par le tableau suivant :

Pour les personnes physiques	- lorsque l'indemnité correspondant à l'accomplissement de la mission est inférieure ou égale à 4 unités de valeur	2 unités de valeur
	- lorsque l'indemnité correspondant à l'accomplissement de la mission est supérieure à 4 unités de valeur	4 unités de valeur
Pour les associations	- lorsque l'indemnité correspondant à l'accomplissement de la mission est inférieure ou égale à 9 unités de valeur	4 unités de valeur
	- lorsque l'indemnité correspondant à l'accomplissement de la mission est supérieure à 9 unités de valeur	9 unités de valeur

Art. A. 43-6 *(Arr. du 27 févr. 2017)* **Conformément aux dispositions des articles R. 117, R. 120 et R. 120-2, la rémunération ou les honoraires versés aux médecins, experts psychologues ou radiologues régulièrement requis ou commis est déterminée,**

pour les prestations mentionnées, par application aux lettres clés de la sécurité sociale des coefficients figurant aux tableaux annexés au présent article. — *V. ci-dessous.*

S'agissant d'un examen radiologique d'une personne vivante, les cotations fixées dans la deuxième partie de la classification commune des actes médicaux sont appliquées.

Les coefficients tarifaires fixés par l'Arr. du 7 sept. 2021 portant modification de l'art. A. 43-6 s'appliquent aux actes prescrits à compter du 1er sept. 2021. Les mesures prescrites avant cette date d'entrée en vigueur sont rémunérées sur la base des coefficients en vigueur le jour de leur prononcé (Arr. du 7 sept. 2021, art. 3).

ANNEXE

I. — TARIFS APPLICABLES AUX ACTES DE MÉDECINE LÉGALE

NATURE DE L'ACTE	RÉFÉRENCE de la lettre clé	COEFFICIENT	INDEMNITÉ COMPLÉMENTAIRE
1° Médecine du vivant			
a) Pour une visite judiciaire comportant un ou plusieurs examens et le dépôt d'un rapport	C	2,5	
b) Pour une visite judiciaire comportant un ou plusieurs examens d'une victime, la fixation des taux d'incapacité et le dépôt d'un rapport	C	3,5	
c) Pour l'examen clinique et la prise de sang prévus aux articles R. 3354-7 à R. 3354-13 du code de la santé publique et pour l'avis donné par l'expert visé à l'article R. 3354-15 du même code, pour l'examen clinique et le prélèvement biologique prévus par l'article R. 235-6 du code de la route, ainsi que le recueil de liquide biologique et le dépistage de stupéfiants prévus par l'article R. 235-4 du même code :			
- auxquels il est procédé entre 7 heures et 22 heures ;	C	1,5	
- auxquels il est procédé entre 22 heures et 7 heures ;	C	1,5	10,67 € Cette indemnité est de 18,45 €, 2 200 FCFP lorsque la mission est réalisée en Nouvelle-Calédonie, en Polynésie française ou dans les îles Wallis-et-Futuna
- auxquels il est procédé les dimanches et jours fériés ;	C	1,5	7,62 € Cette indemnité est de 13,42 €, 1 600 FCFP lorsque la mission est réalisée en Nouvelle-Calédonie, en Polynésie française ou dans les îles Wallis-et-Futuna

NATURE DE L'ACTE	RÉFÉRENCE de la lettre clé	COEFFICIENT	INDEMNITÉ COMPLÉMENTAIRE
Lorsque, par dérogation aux dispositions de l'article R. 235-3 du code de la route, le matériel nécessaire au dépistage est fourni par le praticien requis, les honoraires prévus au *c* ci-dessus sont augmentés d'une indemnité égale au prix unitaire d'acquisition de ce matériel sans pouvoir excéder 25 euros			
d) Pour chaque examen prévu par l'article 706-88 du code de la procédure pénale	C	2	
2° Autopsies			
a) Pour une description de cadavre	C	2,5	
b) Pour une autopsie avant inhumation	CS	6	
c) Pour une autopsie après exhumation ou une autopsie de cadavre en état de décomposition avancée	CS	10	
d) Pour une autopsie de cadavre de nouveau-né avant inhumation	CS	3	
e) Pour une autopsie de cadavre de nouveau-né après exhumation ou une autopsie de cadavre de nouveau-né en état de décomposition avancée	CS	5	

II. — TARIFS APPLICABLES AUX ACTES DE PSYCHIATRIE LÉGALE

NATURE DE L'ACTE	RÉFÉRENCE de la lettre clé	COEFFICIENT
1° Pour une expertise psychiatrique comportant un ou plusieurs examens		
a) Acte réalisé par un médecin visé au 3° de l'article D. 311-1 du code de la sécurité sociale	CNPSY	8
b) Acte réalisé par un médecin ne relevant pas du *a*	CNPSY	*(Arr. du 7 sept. 2021, art. 1er).* « 13 *[ancienne rédaction : 11]* »

NATURE DE L'ACTE	RÉFÉRENCE de la lettre clé	COEFFICIENT
2° Pour une expertise psychiatrique comportant un ou plusieurs examens et concernant une personne poursuivie ou condamnée pour infraction sexuelle ou une victime d'une telle infraction		
a) Acte réalisé par un médecin visé au 3° de l'article D. 311-1 du code de la sécurité sociale	CNPSY	8,5
b) Acte réalisé par un médecin ne relevant pas du *a*	CNPSY	*(Arr. du 7 sept. 2021, art. 1er)* « 13,5 *[ancienne rédaction : 11, 5]* »

III. — TARIFS APPLICABLES AUX ACTES DE PSYCHOLOGIE LÉGALE

NATURE DE L'ACTE	RÉFÉRENCE de la lettre clé	COEFFICIENT
1° Pour une expertise psychologique comportant un ou plusieurs examens		
a) Acte réalisé par une personne visée au 3° de l'article D. 311-1 du code la sécurité sociale	CNPSY	6,5
b) Acte réalisé par une personne ne relevant pas du *a*	CNPSY	*(Arr. du 7 sept. 2021, art. 1er)* « 10 *[ancienne rédaction : 9,5]* »
2° Pour une expertise médico-psychologique comportant un ou plusieurs examens, pratiquée par un médecin ayant également la qualité de psychologue, intervenant en qualité d'expert unique		
a) Acte réalisé par un médecin visé au 3° de l'article D. 311-1 du code la sécurité sociale	CNPSY	6,5
b) Acte réalisé par un médecin ne relevant pas du *a*	CNPSY	*(Arr. du 7 sept. 2021, art. 1er)* « 10 *[ancienne rédaction : 9,5]* »
3° Pour la partie médicale de l'expertise médico-psychologique pratiquée par un médecin et un psychologue intervenant en qualité d'expert distinct	C	3,5
4° Pour la partie psychologique de l'expertise médico-psychologique pratiquée par un médecin et un psychologue intervenant en qualité d'expert distinct		

NATURE DE L'ACTE	RÉFÉRENCE de la lettre clé	COEFFICIENT
a) Acte réalisé par une personne visé au 3° de l'article D. 311-1 du code la sécurité sociale	CNPSY	6,5
b) Acte réalisé par une personne ne relevant pas du *a*	CNPSY	*(Arr. du 7 sept. 2021, art. 1er)* « 10 *[ancienne rédaction : 9,5]* »

IV. — TARIFS APPLICABLES AUX ACTES DE RADIOLOGIE

NATURE DE L'ACTE	RÉFÉRENCE de la lettre clé	COEFFICIENT
1° Pour la localisation d'un corps étranger dans un cadavre	Z	20
2° Pour la localisation d'un corps étranger dans un cadavre putréfié	Z	35

Art. A. 43-6-1 *(Arr. du 7 sept. 2021, en vigueur le 1er sept. 2021)* **Les médecins experts psychiatres et les experts psychologues affiliés à un régime de travailleurs non salariés peuvent, par décision spécialement motivée de l'autorité requérante, être rémunérés sur présentation d'un devis, dans la limite d'un plafond de 750 euros hors taxe, lorsqu'ils sont commis ou requis pour réaliser une expertise répondant à l'un des critères suivants :**

— mission d'expertise comportant des questions inhabituelles nécessitant des recherches spécifiques ;

— mission d'expertise ordonnée dans une procédure complexe ou s'inscrivant dans un contexte particulier.

Les dispositions de l'Arr. du 7 sept. 2021 s'appliquent aux actes prescrits à compter de sa date d'entrée en vigueur le 1er sept. 2021. Les mesures prescrites avant cette date sont rémunérées sur la base des modalités tarifaires en vigueur le jour de leur prononcé (Arr. préc., art. 3).

Ancien art. A. 43-6-1 *(Arr. du 27 févr. 2017)* ***Les médecins experts psychiatres et les experts psychologues affiliés à un régime de travailleurs non salariés peuvent, par décision spécialement motivée de l'autorité requérante, être rémunérés sur présentation d'un devis, dans la limite d'un plafond de 750 euros hors taxe, lorsqu'ils sont commis ou requis pour une expertise répondant à l'ensemble des critères suivants :***

1° déplacement de plus de 200 kilomètres de la résidence de l'expert ;

2° mission comportant des questions inhabituelles nécessitant des recherches spécifiques ;

3° complexité ou contexte particulier de la procédure concernée.

Art. A. 43-6-2 *(Arr. du 29 sept. 2017, en vigueur le 6 oct. 2017)* **Conformément aux dispositions de l'article R. 118, le tarif versé aux experts en toxicologie régulièrement requis ou commis est déterminé, pour les prestations mentionnées, par application à la lettre clé B de la sécurité sociale des coefficients figurant au tableau annexé au présent article.**

Les coefficients tarifaires et tarifs prévus ci-dessus s'appliquent aux analyses prescrites à compter de la date d'entrée en vigueur de l'arrêté du 29 sept. 2017 (JO 5 oct.), soit le 6 oct. 2017. Les analyses prescrites avant cette date sont rémunérées sur la base des tarifs en vigueur le jour de leur prononcé.

ANNEXE

TARIFS APPLICABLES AUX ANALYSES TOXICOLOGIQUES

Nature de l'acte et technique utilisée	Référence à la lettre clé sécurité sociale (valeur à la date du 1 juillet 2017) (1)	Coefficient	Tarif métropole arrondi HT
1° Recherche et dosage de l'éthanol dans le sang par chromatographie en phase gazeuse	B	150	40,50 €
2° Recherche et dosage si nécessaire des stupéfiants (cannabinoïdes, amphétaminiques, cocaïne, opiacés et métabolites) à partir de prélèvements biologiques, par chromatographie avec détection par spectrométrie de masse	B	800	216 €
3° Recherche et dosage des médicaments psychoactifs (hypnotiques, anxiolytiques, neuroleptiques et antidépresseurs) à partir de prélèvements biologiques, par chromatographie avec détection par spectrométrie de masse	B	900	243 €
4° Expertise toxicologique de référence réalisée à partir de prélèvements biologiques dans un cadre thanatologique ou dans un autre contexte (médecine légale du vivant) en ayant recours à titre principal à des techniques chromatographiques couplées à la spectrométrie de masse	B	4 074	1 100 €
5° Recherche et dosage du strontium (marqueur de noyade vitale) dans toutes les matrices nécessaires par technique d'émission atomique	B	1 037	280 €
6° Recherche et dosage de substances pouvant être utilisées dans les cas de soumission chimique, éthanol, stupéfiants (cannabinoïdes, amphétaminiques, cocaïne, opiacés et métabolites), médicaments psychoactifs sédatifs (GHB, hypnotiques, anxiolytiques, neuroleptiques sédatifs et antihistaminiques) dans le sang et les urines en ayant recours à titre principal à des techniques chromatographiques couplées à la spectrométrie de masse	B	4 074	1 100 €
7° Recherche et dosage de substances pouvant être utilisées dans les cas de soumission chimique, stupéfiants (cannabinoïdes, amphétaminiques, cocaïne, opiacés et métabolites), médicaments psychoactifs sédatifs (hypnotiques, anxiolytiques, neuroleptiques sédatifs et antihistaminiques) dans les phanères avec segmentation si possible et selon le contexte, par chromatographie couplée à la spectrométrie de masse	B	4 444	1 200 €

Nature de l'acte et technique utilisée	Référence à la lettre clé sécurité sociale (valeur à la date du 1 juillet 2017) (1)	Coefficient	Tarif métropole arrondi HT
8° Recherche et dosage de médicaments psychoactifs et sédatifs dans les phanères avec segmentation si possible et selon le contexte et les données épidémiologiques publiées, par chromatographie couplée à la spectrométrie de masse	B	2 963	800 €
9° Recherche et dosage de stupéfiants (cannabinoïdes, amphétaminiques, cocaïne, opiacés et métabolites) dans les phanères avec segmentation si possible et selon le contexte, par chromatographie couplée à la spectrométrie de masse	B	2 963	800 €

(1) Valeurs lettre B au 1er juillet 2017 :
Métropole : 0,27 €.
Martinique, Guadeloupe : 0,31 €.
Guyane, Réunion : 0,33 €.

Art. A. 43-7 *(Arr. du 24 déc. 2020, en vigueur le 1er janv. 2021)* **Conformément aux dispositions de l'article R. 122, les tarifs des traductions par écrit et par oral sont fixés dans le tableau ci-après :**

NATURE DE LA MISSION	TARIFS (en euros)			
	Interprètes traducteurs n'ayant pas exercé leur droit d'option		Interprètes traducteurs ayant exercé leur droit d'option	
Traduction par écrit	25		38,50	
Traduction par oral	1re heure	heures suivantes	1re heure	heures suivantes
Lundi au vendredi de 7 h à 22 h	42	30	65	46,50
Lundi au vendredi de 22 h à 7 h	49,50	37,50	76,80	58
Samedi, dimanche et jours fériés de 7 h à 22 h	49,50	37,50	76,80	58
Samedi, dimanche et jours fériés de 22 h à 7 h	57	45	88,50	69,80

Art. A. 43-8 *(Arr. du 2 sept. 2008)* **Conformément aux dispositions des articles R. 216 et R. 216-1, il est alloué aux personnes désignées en qualité d'administrateur *ad hoc* dans le cadre d'une procédure pénale des indemnités correspondant aux montants Iaah 1 à** *(Arr. du 27 mai 2021, art. 1er, en vigueur le 30 sept. 2021)* **« Iaah 10 » qui sont fixés dans le tableau ci-après :**

(Arr. du 27 juin 2021, art. 1er, en vigueur le 30 sept. 2021)

INDICE	MONTANT
Iaah 1	175 euros
Iaah 2	250 euros
Iaah 3	450 euros
Iaah 4	100 euros
Iaah 5	300 euros
Iaah 6	75 euros
Iaah 7	100 euros
Iaah 8	100 euros
Iaah 9	300 euros
Iaah 10	50 euros

Art. A. 43-9 *(Arr. du 22 oct. 2007)* **« II.** *[I]* **— Conformément aux dispositions de l'article R. 213-2, les réquisitions adressées dans les conditions prévues au présent code ayant pour objet les interceptions de communications de téléphonie donnent lieu à remboursement aux opérateurs de communications électroniques, sur facture et justificatifs, en appliquant à ces demandes, pour chacune des prestations demandées, le montant hors taxes des tarifs fixés dans le tableau annexé au présent arrêté.**

« II. — » *(Arr. du 22 août 2006)* **Conformément aux dispositions de l'article R. 213-1, les réquisitions adressées dans les conditions prévues au présent code ayant pour objet la production et la fourniture des données mentionnées à l'article R. 10-13 du code des postes et des communications électroniques donnent lieu à remboursement aux opérateurs de communications électroniques, sur facture et justificatifs, en appliquant à ces réquisitions, pour chacune des prestations demandées, le montant hors taxe des tarifs fixés dans les tableaux annexés au présent article.**

(Arr. du 21 août 2013) **« III. — Pour les prestations ne figurant pas dans les tableaux annexés, le montant du remboursement est déterminé en accord avec l'opérateur ou sur devis. »**

Ancien art. A. 43-2, devenu A. 43-4 (Arr. du 29 juin 2007, JO 20 nov.), puis A. 43-6 (Arr. du 4 juin 2008, JO 10 juill.), A. 43-9 (Arr. du 2 sept. 2008, JO 11 sept.).

Le tableau annexé est issu de l'annexe de l'Arr. du 14 nov. 2016 (JO 20 nov.) lequel entre en vigueur à compter du lendemain de la date de publication dudit arrêté au Journal officiel de la République française, pour les réquisitions datées postérieurement à cette même date.

ANNEXE

I. — Tarifs hors taxes applicables aux prestations requises aux opérateurs de téléphonie mobile

CATÉGORIES de données	CODE	PRESTATIONS REQUISES	TARIFS DES RÉQUISITIONS transmises par l'intermédiaire de la plate-forme nationale des interceptions judiciaires	TARIFS DES RÉQUISITIONS transmises en dehors de la plate-forme nationale des interceptions judiciaires
Information permettant d'identifier l'utilisateur.	MA 01 MA 03 MA 05 MA 07	Identification en nombre d'abonnés, avec les caractéristiques techniques de la ligne, à partir de leur numéro d'appel ou du numéro de leur carte SIM (avec ou sans coordonnées bancaires), demande copiable sous format électronique. Prix par numéro demandé avec un minimum de perception de 20 numéros.	De 2 à 20 numéros : 10,60 € Au-dessus de 20 : 0,53 € par numéro	De 2 à 20 numéros : 16 € Au-dessus de 20 : 0,80 € par numéro
	MA 02 MA 04 MA 06 MA 08 MA 10	Identification d'un abonné à partir de son numéro d'appel, avec les caractéristiques techniques de la ligne ou du numéro de sa carte SIM (avec ou sans coordonnées bancaires), demande reçue sous forme papier, par fax ou sous toute forme électronique.	3,06 €	4,59 €
	MA 21 MA 22 MA 23	Historique d'attribution d'un numéro d'appel, d'un numéro de carte SIM ou d'un identifiant d'abonné (numéro IMSI).	3,06 €	4,59 €
	MA 30 MA 31	Identification d'abonné à partir du nom ou de la raison sociale et filtre sur d'autres critères, prix forfaitaire pour toutes les réponses correspondant à une demande.	6,46 €	9,69 €
	MA 40	Identification des numéros d'appel et des abonnés associés à partir des moyens de paiement utilisés. Le coût de l'identification de l'abonné est inclus dans le tarif.	8,50 €	12,75 €
	MA 41 MA 42	Identification d'un abonné et de ses moyens de paiement à partir d'un numéro d'appel ou de carte SIM. Le coût de l'identification de l'abonné est inclus dans le tarif.	8,50 €	12,75 €
	MA 50	Recherche de numéros d'appel et identification d'un abonné à partir d'un numéro IMEI. Le coût de l'identification de l'abonné est inclus dans le tarif.	5,10 €	7,65 €
	MA 51 MA 52	Recherche d'identifiants de téléphone-mobile et identification d'abonné à partir d'un numéro d'appel ou d'un numéro de carte SIM. Le coût de l'identification de l'abonné est inclus dans le tarif.	5,10 €	7,65 €
	MD 10	Copie du contrat d'abonnement (fournie sous un mois), forfait indépendant du nombre de pages.	4,05 €	4,05 €
	MD 11	Copie des documents annexés au contrat d'abonnement (fournie sous un mois), forfait indépendant du nombre de pages.	4,05 €	4,05 €
	MD 12	Copie de factures (fournie sous un mois), forfait indépendant du nombre de pages.	4,05 €	4,05 €

CATÉGORIES de données	CODE	PRESTATIONS REQUISES	TARIFS DES RÉQUISITIONS transmises par l'intermédiaire de la plate-forme nationale des interceptions judiciaires	TARIFS DES RÉQUISITIONS transmises en dehors de la plate-forme nationale des interceptions judiciaires
Données relatives aux équipements terminaux de communications utilisés.	MA 70 MA 71	Fourniture du code de déblocage (code PUK) d'une carte SIM bloquée suite à trois tentatives infructueuses de mise en service.	3,06 €	4,59 €
Caractéristiques techniques ainsi que date, horaire et durée de chaque communication.	MT 10 MT 11 MT 12 MT 14	Détail des trafics d'un abonné ou d'un terminal sur une période indivisible de 31 jours. L'identification de l'abonné est en sus.	6,46 € + 1,00 € par mois	9,69 € + 1,50 € par mois
	MT 13	Détail des trafics à partir d'un numéro d'appel étranger ou vers un numéro d'appel étranger en itinérance sur le réseau de l'opérateur, sur une période indivisible de 31 jours. L'identification des abonnés est en sus.	6,46 € + 1,00 € par mois	9,69 € + 1,50 € par mois
	MT 20 MT 21 MT 22 MT 24	Détail des trafics avec localisation des équipements terminaux d'un abonné ou d'un terminal, accompagné de l'adresse du relais téléphonique (cellule) par lequel les communications ont débuté, sur une période indivisible de 31 jours. Le coût inclut l'identification de la totalité des cellules, l'identification des abonnés est en sus.	10,20 € + 1,00 € par mois	15,30 € + 1,50 € par mois
	MT 23	Détail des trafics avec localisation des équipements terminaux d'un abonné d'un opérateur étranger accompagné de l'adresse du relais téléphonique (cellule) par lequel les communications ont débuté, sur une période indivisible de 31 jours. Le coût inclut l'identification de la totalité des cellules, l'identification des abonnés est en sus.	10,20 € + 1,00 € par mois	15,30 € + 1,50 € par mois
	MT 30	Détail des trafics vers un abonné étranger sur une période indivisible de 31 jours. L'identification de l'abonné est en sus.	6,46 € + 1,00 € par mois	9,69 € + 1,50 € par mois
	MT 40	Détail des trafics écoulés dans un relais téléphonique (cellule) sur une période de 4 heures au cours des douze derniers mois. L'identification des abonnés est en sus.	8,50 €	12,75 €
	MT 41	Détail des trafics écoulés dans un relais téléphonique (cellule) avec identification des abonnés sur une période de 4 heures au cours des douze derniers mois.	Non applicable	12,75 € + 0,80 € par abonné identifié

CATÉGORIES de données	CODE	PRESTATIONS REQUISES	TARIFS DES RÉQUISITIONS transmises par l'intermédiaire de la plate-forme nationale des interceptions judiciaires	TARIFS DES RÉQUISITIONS transmises en dehors de la plate-forme nationale des interceptions judiciaires
Données relatives aux services complémentaires demandés ou utilisés par les fournisseurs.	MA 72	Identification d'un prestataire de services à partir d'un numéro court.	3,06 €	4,59 €
	ME 50	Recherche de l'adresse d'un relais téléphonique (cellule) à partir de son numéro d'identification.	3,06 €	4,59 €
	ME 51	Carte de couverture optimale d'une cellule.	6,46 €	9,69 €
	ME 52	Carte de couverture secondaire d'une cellule.	6,46 €	9,69 €
	ME 53	Recherche de cellule à partir d'un lieu géographique (couverture optimale théorique).	6,46 €	9,69 €
Données permettant d'identifier le ou les destinataires de la communication.	MA 60 MA 61 MA 62 MA 63	Recherche d'un point de vente à partir d'un numéro d'appel, d'un numéro de carte SIM, d'un identifiant d'abonné (IMSI) ou d'un identifiant de téléphone (IMEI).	4,08 €	6,12 €

II. — Tarifs hors taxes applicables aux prestations requises aux opérateurs de téléphonie fixe

CATÉGORIES de données	CODE	PRESTATIONS REQUISES	TARIFS DES RÉQUISITIONS transmises par l'intermédiaire de la plate-forme nationale des interceptions judiciaires	TARIFS DES RÉQUISITIONS transmises en dehors de la plate-forme nationale des interceptions judiciaires
Information permettant d'identifier l'utilisateur.	FA 01 FA 03	Identification en nombre d'abonnés, à partir de leur numéro d'appel (avec ou sans coordonnées bancaires), demande copiable sous forme électronique. Prix par numéro demandé. Pour les quantités de 2 à 20 numéros, le prix est celui de 20 numéros.	De 2 à 20 numéros : 10,60 € Au-dessus de 20 : 0,53 € par numéro	De 2 à 20 numéros : 16 € Au-dessus de 20 : 0,80 € par numéro
	FA 02 FA 04	Identification d'un abonné à partir de son numéro d'appel (avec ou sans coordonnées bancaires) avec les caractéristiques techniques de la ligne. Demande reçue sous forme papier, par fax ou sous forme électronique.	4,08 €	6,12 €
	FE 10	*Détail des* caractéristiques techniques de la ligne en vue d'une interception, demande copiable sous forme électronique.	4,08 €	6,12 €
	FA 05	Recherche et identification d'un abonné appelant derrière une tête de ligne ou un serveur.	10,20 €	15,30 €

CATÉGORIES de données	CODE	PRESTATIONS REQUISES	TARIFS DES RÉQUISITIONS transmises par l'intermédiaire de la plate-forme nationale des interceptions judiciaires	TARIFS DES RÉQUISITIONS transmises en dehors de la plate-forme nationale des interceptions judiciaires
	FA 06 FA 07	Historique d'attribution d'un numéro.	4,08 €	6,12 €
	FA 10 FA 11	Identification d'un abonné à partir du nom ou de la raison sociale et filtre sur d'autres critères, prix forfaitaire pour toutes les réponses correspondant à une demande.	10,20 €	15,30 €
	FA 20	Recherche des abonnements téléphoniques déclarés à une adresse postale et identification des abonnés, prix forfaitaire pour toutes les réponses correspondant à une demande.	10,20 €	15,30 €
	FA 30	Identification d'un point de vente à partir d'une carte prépayée.	10,20 €	15,30 €
	FA 31	Identification d'une carte prépayée et d'un numéro appelé.	8,96 € par numéro	13,44 € par numéro
	FA 40	Recherche de numéros d'appel et identification d'un abonné à partir d'un moyen de paiement. Le coût de l'identification de l'abonné est inclus dans le tarif.	10,20 €	15,30 €
	FA 41	Identification d'un abonné et de ses moyens de paiement à partir d'un numéro d'appel. Le coût de l'identification de l'abonné est inclus dans le tarif.	10,20 €	15,30 €
	FA 51	Identification d'un abonné ADSL et de son fournisseur d'accès internet.	4,08 €	6,12 €
	FD 10	Copie du contrat d'abonnement (fournie sous un mois), forfait indépendant du nombre de pages.	4,05 €	4,05 €
	FD 11	Copie des documents annexés au contrat d'abonnement (fournie sous un mois), forfait indépendant du nombre de pages.	4,05 €	4,05 €
	FD 12	Copie de factures (fournie sous un mois), forfait indépendant du nombre de pages.	4,05 €	4,05 €
Données relatives *aux équipements* terminaux utilisés.	FA 21	Identification des publiphones implantés dans une zone géographique donnée.	10,20 €	15,30 €
	FA 50	Recherche d'un opérateur tiers à partir de son numéro de faisceau.	6,46 €	9,69 €
Caractéristiques techniques ainsi que date, horaire et durée de chaque communication.	FT 10	Détail des trafics entrants et sortants d'un abonné sur une période indivisible de 31 jours. L'identification de l'abonné est en sus.	10,20 € + 1,00 € par mois	15,30 € + 1,50 € par mois
	FT 20	Détail des trafics en relation avec un abonné d'un opérateur étranger sur une période indivisible de 31 jours.	10,20 € + 1,00 € par mois	15,30 € + 1,50 € par mois
	FT 21	Détail des données relatives au trafic d'un abonné avec un serveur.	10,66 €	16,00 €
	FT 40	Détail des données relatives au trafic d'une carte prépayée.	10,20 € + 1,00 € par mois	15,30 € + 1,50 € par mois

III. — Tarifs hors taxes applicables aux interceptions de téléphonie

CATÉGORIES de données	CODE	PRESTATIONS REQUISES	TARIFS DES RÉQUISITIONS transmises par l'intermédiaire de la plate-forme nationale des interceptions judiciaires	TARIFS DES RÉQUISITIONS transmises en dehors de la plate-forme nationale des interceptions judiciaires
Interception de communication de lignes fixes.	FI 20 FI 21 FI 22	Le tarif inclut la fourniture d'un détail de communications en fin d'interception.	16,00 €	24,00 €
Ligne temporaire de renvoi.	FI 10	Mise en place et installation d'une ligne analogique temporaire de renvoi ainsi que les abonnements mensuels.	84,00 € + 31,85 €	120,00 € + 45,50 € par mois
	FI 11	Mise en place et installation d'une ligne numérique (accès de base RNIS) temporaire de renvoi ainsi que les abonnements mensuels.	152,25 € + 31,85 €	217,50 € + 45,50 € par mois
Sonde de renvoi.	FI 17	Installation et enlèvement de la sonde hors ligne de renvoi.	350,00 €	350,00 €
Liaisons louées de renvoi.	FI 12 FI 13	En sus des frais fixes d'accès au service, pour les liaisons inférieures ou égales à 10 km, abonnement par période indivisible de 31 jours : 1,1 × (37,77 € + 0,79 € par km).	1,1 × (37,77 € + 0,79 € par km).	497,00 *[€]* pour les frais fixes d'accès au service (sauf sites prééquipés) En sus des frais fixes d'accès au service, pour les liaisons inférieures ou égales à 10 km, abonnement par période indivisible de 31 jours : 1,1 × (37,77 € + 0,79 € par km).
		En sus des frais fixes d'accès au service, pour les liaisons supérieures à 10 km, abonnement par période indivisible de 31 jours : 1,1 × (60,10 € + 0,08 € par km).	1,1 × (60,10 € + 0,08 € par km).	En sus des frais fixes d'accès au service, pour les liaisons supérieures à 10 km, abonnement par période indivisible de 31 jours : 1,1 × (60,10 € + 0,08 € par km).
Interception des communications de téléphonie de voix sur IP.	FI 23	Le tarif inclut la fourniture du détail de trafic pour toute la période d'interception.	16,00 €	24,00 €
Interception de communication à l'international.	FI 27	Le tarif inclut la fourniture du détail de trafic pour toute la période d'interception.	16,00 €	24,00 €
Interception des communications de téléphonie mobile.	MI 20 MI 27	Le tarif inclut la fourniture du détail de trafic pour toute la période d'interception.	16,00 €	24,00 €

CATÉGORIES de données	CODE	PRESTATIONS REQUISES	TARIFS DES RÉQUISITIONS transmises par l'intermédiaire de la plate-forme nationale des interceptions judiciaires	TARIFS DES RÉQUISITIONS transmises en dehors de la plate-forme nationale des interceptions judiciaires
Mise en suivi du trafic.	MS 14	Délivrance en temps réel des appels émis et reçus avec le code en temps réel de la cellule déclenchée par un téléphone mobile sous interception. La prestation comprend la localisation des bornes, la mise en service et le récapitulatif historique des données fournies.	Non applicable	17,50 € par numéro + 17,50 € par mois
	MS 16	Délivrance en temps réel des appels émis et reçus avec le code en temps réel de la cellule déclenchée par un téléphone mobile sous interception. La prestation comprend la localisation des bornes, la mise en service et le récapitulatif historique des données fournies.	16,00 €	Non applicable
	(Arr. du 4 févr. 2020) « MS 20 »	*(Arr. du 4 févr. 2020)* « Données permettant d'obtenir la position géographique d'un appareil. Localisation en temps réel des cellules déclenchées par un téléphone mobile »	*(Arr. du 4 févr. 2020)* « 16,00 € »	*(Arr. du 4 févr. 2020)* « 24,00 € »

L'Arr. du 4 févr. 2020 entre en vigueur pour les réquisitions datées postérieurement au 10 févr. 2020.

IV. — Tarifs hors taxes applicables à la fourniture de données par les opérateurs de communications électroniques

CATÉGORIES de données	CODE	PRESTATIONS REQUISES	TARIFS DES RÉQUISITIONS transmises par l'intermédiaire de la plate-forme nationale des interceptions judiciaires	TARIFS DES RÉQUISITIONS transmises en dehors de la plate-forme nationale des interceptions judiciaires
	WA 0X	A partir d'une demande dématérialisée conforme sur des adresses IP horodatées, rechercher sommairement dans le SI le plus pertinent les éléments d'identification relatifs à la personne physique, à l'installation, à la connexion, au contrat et aux identifications numériques.	De 1 à 20 : 3,60 € Au-dessus de 20 : 0,18 € par IP	
	WA 0H	A partir d'une demande accompagnée d'un fichier électronique copiable, rechercher sommairement dans le SI le plus pertinent les éléments d'identification relatifs à la personne physique, à l'installation, à la connexion, au contrat et aux identifications numériques.		1 et 20 IP : 5,60 € Au-dessus de 20 : 0,28 € par IP

CATÉGORIES de données	CODE	PRESTATIONS REQUISES	TARIFS DES RÉQUISITIONS transmises par l'intermédiaire de la plate-forme nationale des interceptions judiciaires	TARIFS DES RÉQUISITIONS transmises en dehors de la plate-forme nationale des interceptions judiciaires
	WA 01	A partir d'une adresse IP horodatée et d'informations complémentaires, obtenir les éléments d'identification relatifs à la personne physique, à l'installation, à la connexion, au contrat et aux identifications numériques.	18 €	18 €
	WA 07	A partir de caractéristiques de compte, obtenir les éléments d'identification relatifs à la personne physique, à l'installation, à la connexion, au contrat et aux identifications numériques.	15,70 €	15,70 €
	WA 08	A partir d'une adresse courriel, obtenir les éléments d'identification relatifs à la personne physique, à l'installation, à la connexion, au contrat et aux identifications numériques.	15,70 €	15,70 €
	WA 09	A partir d'une adresse URL de site visité horodatée, obtenir les éléments d'identification relatifs à la personne physique, à l'installation, à la connexion, au contrat et aux identifications numériques.	15,70 €	15,70 €
	WI 01	Interception du trafic DATA/IP émis et à destination de l'accès internet, à partir d'éléments caractéristique du compte (identité, adresse IP horodatée...), mettre en place l'interception du trafic DATA/IP sur la période demandée spécifiant les caractéristiques de renvoi.	16,00 €	24 €

Aux termes de l'art. 800, un règlement d'administration publique détermine les frais qui doivent être compris sous la dénomination de frais de justice en matière criminelle, correctionnelle et de police et en établit le tarif. Selon l'Arr. du 22 août 2006 (loi de procédure et donc d'application immédiate conformément aux dispositions de l'art. 122-2, 2°, C. pén.) pris en application de l'art. R. 213-1 (faisant lui-même référence aux frais mentionnés à l'art. R. 92, 23°), la réquisition adressée à un opérateur de téléphonie fixe pour l'identification d'un abonné à partir de son numéro d'appel, donne lieu à un remboursement de 8,50 € hors taxe. • Crim. 23 janv. 2007, n° 06-83.126 P : *D. 2007. AJ 658* ; *AJ pénal 2007. 186, obs. Saas* ; *Dr. pénal 2007. Comm. 47, obs. Véron ; ibid. 2007. 59, obs. Maron.*

Art. A. 43-10 *(Arr. du 2 sept. 2008)* **Conformément aux dispositions de l'article 1210-3 du code de procédure civile, le montant de l'indemnité allouée à la personne désignée en qualité d'administrateur *ad hoc* dans le cadre d'une procédure civile est fixé à 200 €.**

Le montant de l'indemnité de carence est fixé à 50 €.

Art. A. 43-11 *(Arr. du 2 sept. 2008)* **Conformément aux dispositions de l'article R. 111-20 du code de l'entrée et du séjour des étrangers et du droit d'asile, le mon-**

tant des indemnités allouées à la personne désignée en qualité d'administrateur *ad hoc* dans le cadre d'une procédure de maintien en zone d'attente ou d'une procédure de demande d'asile est fixé ainsi qu'il suit :

150 € pour l'indemnité prévue au 1° ;

150 € pour l'indemnité prévue au 2° ;

150 € pour l'indemnité prévue au 3°.

Le montant de l'indemnité de carence est fixé à 50 €.

Art. A. 43-12 *(Arr. du 13 janv. 2011)* Le tarif de l'enquête sociale mentionnée aux articles 1072, 1171 et 1221 du code de procédure civile est fixé à 600 euros pour une personne physique et à 700 euros pour une personne morale.

Le montant de l'indemnité de carence est fixé à 30 euros.

« Le montant de l'indemnité de déplacement est fixé à 50 euros. » — *L'art. 1er de l'Arr. du 13 janv. 2011 du ministre du budget et du garde des sceaux, ministre de la justice et des libertés, pris en application de l'art. 12 du Décr. n° 2009-285 du 12 mars 2009 relatif aux enquêteurs sociaux et à la tarification des enquêtes sociales en matière civile est annulé en tant qu'il fixe le montant forfaitaire de l'indemnité de déplacement des enquêteurs sociaux (CE 23 oct. 2013, n° 347460).*

Art. A. 43-13 *(Arr. du 20 mai 2009)* L'indemnité allouée à la personne désignée par le juge pour entendre un mineur en application de l'article 388-1 du code civil est fixée à 40 euros pour une personne physique et à 70 euros pour une personne morale.

Art. A. 43-14 *(Arr. du 20 mai 2009)* Lorsque cette personne n'a pu remplir sa mission en raison de la carence du mineur, il lui est alloué une indemnité d'un montant de 10 euros s'il s'agit d'une personne physique et de 20 euros s'il s'agit d'une personne morale.

Art. A. 43-15 *(Arr. du 2 mai 2012)* Le propriétaire dont le véhicule a été mis en fourrière sur autorisation du procureur de la République en application des articles L. 325-1-1 ou L. 325-1-2 du code de la route et qui a ensuite fait l'objet d'une décision de relaxe ayant acquis un caractère définitif peut, conformément aux dispositions du dernier alinéa de l'article L. 325-1-1, demander au procureur de la République le remboursement, au titre des frais de justice, des frais d'enlèvement et de garde en fourrière qu'il a dû acquitter pour récupérer son véhicule.

Si la décision de relaxe a été rendue par la chambre des appels correctionnels, la demande est formée devant le procureur général.

Cette demande doit être faite, dans un délai de six mois au plus tard à compter de la date à laquelle la décision de relaxe est devenue définitive, par déclaration au greffe contre récépissé ou par lettre recommandée avec demande d'accusé de réception.

La demande doit être accompagnée de la copie de la décision de relaxe ainsi que la justification du paiement des frais d'enlèvement et de garde en fourrière.

Le montant du remboursement est calculé en fonction des tarifs des frais d'enlèvement et des frais de garde fixés conformément aux dispositions du IV de l'article R. 325-29 du code de la route.

Le remboursement ne peut porter sur les frais de garde correspondant à une période postérieure à la décision de mainlevée de la mise en fourrière.

Le paiement du remboursement est effectué par le régisseur d'avances de la juridiction au vu de la décision du procureur de la République ou du procureur général.

La décision du procureur de la République ou du procureur général peut faire l'objet d'un recours par le demandeur, dans les dix jours de sa notification, devant la juridiction qui a prononcé la relaxe. Ce recours est formé par déclaration au greffe contre récépissé ou par lettre recommandée avec demande d'accusé de réception.

Art. A. 43-16 *(Arr. du 16 déc. 2013, art. 1er)* Le montant des frais mentionnés au 3° des articles R. 224-1 et R. 224-2 est fixé à 1 500 €.

Art. A. 43-17 *(Arr. du 25 nov. 2016)* Conformément aux dispositions de l'article R. 225 du code de procédure pénale, les conditions et les modalités de modulation des vérifications effectuées dans le cadre de la certification sont les suivantes :

I. — Les chefs de la cour d'appel ou leurs délégués procèdent à une analyse des dépenses de frais de justice en appréciant les risques et enjeux afférents à ces dépenses ainsi que les facteurs aggravants. Ils établissent un plan de contrôle d'intensité variable des états et mémoires de frais qui distingue :

— les états et mémoires de frais soumis à un contrôle approfondi ;
— les états et mémoires de frais soumis à un contrôle formel.

II. — Le contrôle formel n'est applicable qu'aux mémoires de frais énumérés aux 1° et 3° des articles R. 224-1 et R. 224-2, lorsqu'ils sont inférieurs à un montant fixé conjointement par le ministre de la justice et le ministre chargé du budget.

III. — L'analyse des dépenses de frais de justice, l'établissement et l'exécution du plan de contrôle ainsi que les vérifications effectuées dans le cadre du contrôle approfondi et du contrôle formel sont réalisés conformément aux orientations définies par le ministre de la justice et le ministre de l'économie et des finances.

IV. — L'analyse des dépenses de frais de justice et le bilan de l'exécution du plan de contrôle sont communiqués au comptable assignataire.

A la demande du comptable assignataire, il peut être mis fin temporairement au contrôle d'intensité variable, si les résultats du suivi du plan de contrôle apparaissent insatisfaisants.

Art. A. 43-18 *(Arr. du 6 déc. 2018, en vigueur le 1er janv. 2019)* Le montant de l'indemnité kilométrique mentionnée à l'article R. 97 du code de procédure pénale est fixé à 0,24 euro.

TITRE ONZIÈME LE SERVICE PÉNITENTIAIRE D'INSERTION ET DE PROBATION

(Arr. du 18 avr. 2001)

CHAPITRE PREMIER LES MISSIONS DU SERVICE PÉNITENTIAIRE D'INSERTION ET DE PROBATION

Art. A. 44 Le siège des services pénitentiaires d'insertion et de probation et la liste des antennes locales d'insertion et de probation prévus à l'article D. 572 sont fixés conformément au tableau ci-dessous :

SERVICE PÉNITENTIAIRE d'insertion et de probation	SIÈGE	ANTENNES	RESSORT DE COMPÉTENCE
Service pénitentiaire d'insertion et de probation de l'Ain.	Bourg-en-Bresse.	*(Arr. du 17 mars 2010) « Néant. »*	Circonscription judiciaire de Bourg-en-Bresse. *(Arr. du 17 mars 2010)* « Centre pénitentiaire de Bourg-en-Bresse. »
		Antenne de Belley.	Circonscription judiciaire de Belley.
Service pénitentiaire d'insertion et de probation de l'Aisne.	Laon.	Antenne de Laon.	Circonscription judiciaire de Laon. Centre pénitentiaire de Laon.
		Antenne de Saint-Quentin.	Circonscription judiciaire de Saint-Quentin.
		Antenne de Soissons.	Circonscription judiciaire de Soissons.
		Antenne de Château-Thierry.	Centre pénitentiaire de Château-Thierry.

SERVICE PÉNITENTIAIRE d'insertion et de probation	SIÈGE	ANTENNES	RESSORT DE COMPÉTENCE
Service pénitentiaire d'insertion et de probation de l'Allier.	Moulins.	Antenne de Moulins-Yzeure.	Circonscription judiciaire de Moulins. Centre pénitentiaire de Moulins-Yzeure.
		Antenne de Montluçon.	Circonscription judiciaire de Montluçon. Maison d'arrêt de Montluçon.
		Antenne de Cusset.	Circonscription judiciaire de Cusset.
Service pénitentiaire d'insertion et de probation des Alpes-de-Haute-Provence.	Digne.	*Néant.*	Circonscription judiciaire de Digne. Maison d'arrêt de Digne.
Service pénitentiaire d'insertion et de probation des Hautes-Alpes.	Gap.	*Néant.*	Circonscription judiciaire de Gap. Maison d'arrêt de Gap.
Service pénitentiaire d'insertion et de probation des Alpes-Maritimes.	Nice.	Antenne de Nice.	Circonscription judiciaire de Nice. Maison d'arrêt de Nice.
		Antenne de Grasse.	*(Abrogé par Arr. du 30 janv. 2017) « Circonscription judiciaire de Grasse ».* Maison d'arrêt de Grasse.
		(Arr. du 30 janv. 2017) « Antenne de Mougins. »	*(Arr. du 30 janv. 2017)* « Circonscription judiciaire de Grasse. »
Service pénitentiaire d'insertion et de probation de l'Ardèche.	Privas.	*Néant.*	Circonscription judiciaire de Privas. Maison d'arrêt de Privas.
Service pénitentiaire d'insertion et de probation des Ardennes.	Charleville-Mézières.	*Néant.*	Circonscription judiciaire de Charleville-Mézières. Maison d'arrêt de Charleville-Mézières.
Service pénitentiaire d'insertion et de probation de l'Ariège.	Foix.	*Néant.*	Circonscription judiciaire de Foix. Maison d'arrêt de Foix.
Service pénitentiaire d'insertion et de probation de l'Aube.	Troyes.	Antenne de Troyes.	Circonscription judiciaire de Troyes. Maison d'arrêt de Troyes.
		Antenne de Villenauxe-la-Grande.	Centre de détention de Villenauxe-la-Grande.
		Antenne de Clairvaux.	*(Arr. du 24 nov. 2009)* « Maison centrale de Clairvaux. »

SERVICE PÉNITENTIAIRE d'insertion et de probation	SIÈGE	ANTENNES	RESSORT DE COMPÉTENCE
Service pénitentiaire d'insertion et de probation de l'Aude.	Carcassonne.	Antenne de Carcassonne.	Circonscription judiciaire de Carcassonne. Maison d'arrêt de Carcassonne.
		Antenne de Narbonne.	Circonscription judiciaire de Narbonne.
Service pénitentiaire d'insertion et de probation de l'Aveyron.	Rodez.	*(Arr. du 17 mars 2010) « Néant. »*	Circonscription judiciaire de Rodez. Maison d'arrêt de Rodez.
		Antenne de Millau.	Circonscription judiciaire de Millau.
Service pénitentiaire d'insertion et de probation des Bouches-du-Rhône.	Marseille.	Antenne de Marseille.	Circonscription judiciaire de Marseille. Centre pénitentiaire de Marseille.
		Antenne d'Aix-Salon-de-Provence.	Circonscription judiciaire d'Aix-en-Provence. *(Arr. du 3 janv. 2011)* « Centre pénitentiaire d'Aix-Luynes. » Centre de détention de Salon-de-Provence.
		Antenne d'Arles-Tarascon.	*(Arr. du 6 oct. 2009)* « Maison centrale d'Arles. « Circonscription judiciaire de Tarascon. « Centre de détention de Tarascon ».
Service pénitentiaire d'insertion et de probation du Calvados.	Caen.	Antenne de Caen.	Circonscription judiciaire de Caen. Maison d'arrêt de Caen. Centre pénitentiaire de Caen.
		Antenne de Lisieux.	Circonscription judiciaire de Lisieux.
Service pénitentiaire d'insertion et de probation du Cantal.	Aurillac.	*Néant.*	Circonscription judiciaire d'Aurillac. Maison d'arrêt d'Aurillac.
Service pénitentiaire d'insertion et de probation de la Charente.	Angoulême.	*Néant.*	Circonscription judiciaire d'Angoulême. Maison d'arrêt d'Angoulême.

SERVICE PÉNITENTIAIRE d'insertion et de probation	**SIÈGE**	**ANTENNES**	**RESSORT DE COMPÉTENCE**
Service pénitentiaire d'insertion et de probation de la Charente-Maritime.	La Rochelle.	Antenne de La Rochelle-Saint-Martin-de-Ré.	Circonscription judiciaire de La Rochelle *(Arr. du 3 janv. 2011)* « , à l'exception des cantons situés dans le ressort de l'antenne de Rochefort ». Maison centrale de Saint-Martin-de-Ré.
		Antenne de Saintes-Bédenac.	Circonscription judiciaire de Saintes. Maison d'arrêt de Saintes. Centre de détention de Bédenac.
		Antenne de Rochefort.	*(Arr. du 3 janv. 2011)* « Cantons d'Aigrefeuille-d'Aunis, La Tremblade, Le Château-d'Oléron, Marennes, Rochefort-Centre, Rochefort-Nord, Rochefort-Sud, Saint-Agnant, Saint-Pierre-d'Oléron, Surgères et Tonnay-Charente Maison d'arrêt de Rochefort. »
Service pénitentiaire d'insertion et de probation du Cher.	Bourges.	*Néant.*	Circonscription judiciaire de Bourges. Maison d'arrêt de Bourges.
Service pénitentiaire d'insertion et de probation de la Corrèze.	Tulle.	Antenne de Tulle.	*(Arr. du 16 juill. 2014, en vigueur le 1er sept. 2014)* « Circonscription judiciaire de Tulle. Maison d'arrêt de Tulle »
		Antenne de *(Arr. du 3 janv. 2011)* « Brive-la-Gaillarde ».	*(Arr. du 16 juill. 2014, en vigueur le 1er sept. 2014)* « Circonscription judiciaire de Brive-la-Gaillarde. »
		Antenne d'Uzerche.	Centre de détention d'Uzerche.
Service pénitentiaire d'insertion et de probation de la Corse-du-Sud.	Ajaccio.	*Néant.*	Circonscription judiciaire d'Ajaccio. Maison d'arrêt d'Ajaccio.
Service pénitentiaire d'insertion et de probation de la Haute-Corse.	Bastia.	Antenne de Bastia.	Circonscription judiciaire de Bastia. *(Arr. du 17 févr. 2004)* « Centre pénitentiaire de Borgo ».
		Antenne de Casabianda.	Centre de détention de Casabianda.

SERVICE PÉNITENTIAIRE d'insertion et de probation	**SIÈGE**	**ANTENNES**	**RESSORT DE COMPÉTENCE**
Service pénitentiaire d'insertion et de probation de la Côte-d'Or.	Dijon.	*Néant.*	Circonscription judiciaire de Dijon. Maison d'arrêt de Dijon.
Service pénitentiaire d'insertion et de probation des Côtes-d'Armor.	Saint-Brieuc.	Antenne de Saint-Brieuc.	Circonscription judiciaire de Saint-Brieuc *(Arr. du 3 janv. 2011)* « , à l'exception des cantons situés dans le ressort de l'antenne de Guingamp Cantons de Broons, Caulnes, Dinan-Est, Dinan-Ouest, Evran, Jugon-les-Lacs, Matignon, Plancoët, Plélan-le-Petit et Ploubalay. Maison d'arrêt de Saint-Brieuc. »
		(Abrogé par Arr. du 3 janv. 2011) « Antenne de Dinan. »	*(Abrogé par Arr. du 3 janv. 2011) « Circonscription judiciaire de Dinan. »*
		Antenne de Guingamp.	*(Arr. du 3 janv. 2011)* « Cantons de Bégard, Belle-Isle-en-Terre, Bourbriac, Callac, Guingamp, Lannion, La Roche-Derrien, Lézardrieux, Maël-Carhaix, Perros-Guirec, Plestin-les-Grèves, Plouagat, Plouaret, Pontrieux, Rostrenen, Saint-Nicolas-du-Pélem et Tréguier. »
Service pénitentiaire d'insertion et de probation de la Creuse.	Guéret.	*Néant.*	Circonscription judiciaire de Guéret. Maison d'arrêt de Guéret.
Service pénitentiaire d'insertion et de probation de la Dordogne.	Périgueux.	Antenne de Périgueux-Neuvic.	*(Arr. du 5 août 2011)* « Circonscription judiciaire de Périgueux ». Maison d'arrêt de Périgueux. Centre de détention de Neuvic-sur-l'Isle.
		Antenne de Bergerac-Mauzac.	Circonscription judiciaire de Bergerac. Centre de détention de Mauzac.
Service pénitentiaire d'insertion et de probation du Doubs.	Besançon.	Antenne de Besançon.	Circonscription judiciaire de Besançon. Maison d'arrêt de Besançon. Centre de semi-liberté de Besançon.
		Antenne de Montbéliard.	Circonscription judiciaire de Montbéliard. Maison d'arrêt de Montbéliard.

SERVICE PÉNITENTIAIRE d'insertion et de probation	**SIÈGE**	**ANTENNES**	**RESSORT DE COMPÉTENCE**
Service pénitentiaire d'insertion et de probation de la Drôme.	Valence.	*Néant.*	Circonscription judiciaire de Valence. *(Arr. du 28 sept. 2015, art. 2, en vigueur le 8 nov. 2015)* « Centre pénitentiaire de Valence. »
Service pénitentiaire d'insertion et de probation de l'Eure.	Évreux.	Antenne d'Évreux.	Circonscription judiciaire d'Évreux *(Arr. du 3 janv. 2011)* « , à l'exception des cantons du ressort de l'antenne de Bernay. » Maison d'arrêt d'Évreux.
		Antenne de Bernay.	*(Arr. du 3 janv. 2011)* « Cantons de Beaumesnil, Beaumont-le-Roger, Bernay-Est, Bernay-Ouest, Beuzeville, Bourgtheroulde-Infreville, Brionne, Broglie, Cormeilles, Montfort-sur-Risle, Pont-Audemer, Quillebeuf-sur-Seine, Routot, Saint-Georges-du-Vièvre et Thiberville, à l'exception des cantons du ressort de l'antenne de Bernay. »
		Antenne de Val-de-Reuil.	Centre de détention de Val-de-Reuil.
Service pénitentiaire d'insertion et de probation d'Eure-et-Loir.	Chartres.	*(Arr. du 20 août 2014, en vigueur le 12 oct. 2014)* « Antenne de Chartres. « Antenne de Châteaudun ».	Circonscription judiciaire de Chartres. *(Abrogé par Arr. du 20 août 2014, à compter du 12 oct. 2014) « Maison d'arrêt de Chartres ».* Centre de détention de Châteaudun.
Service pénitentiaire d'insertion et de probation du Finistère.	Brest.	Antenne de Brest.	Circonscription judiciaire de Brest *(Arr. du 3 janv. 2011)* « , à l'exception des cantons situés dans le ressort de l'antenne de Morlaix. « Maison d'arrêt de Brest. »
		Antenne de Quimper.	Circonscription judiciaire de Quimper.
		Antenne de Morlaix.	*(Arr. du 3 janv. 2011)* « Cantons de Carhaix-Plouguer, Huelgoat, Landivisiau, Lanmeur, Morlaix, Plouescat, Plouigneau, Plouzévédé, Saint-Pol-de-Léon, Saint-Thégonnec, Sizun et Taulé. »

SERVICE PÉNITENTIAIRE d'insertion et de probation	**SIÈGE**	**ANTENNES**	**RESSORT DE COMPÉTENCE**
Service pénitentiaire d'insertion et de probation du Gard.	Nîmes.	Antenne de Nîmes.	Circonscription judiciaire de Nîmes. Maison d'arrêt de Nîmes.
		Antenne d'Alès.	Circonscription judiciaire d'Alès.
Service pénitentiaire d'insertion et de probation de la Haute-Garonne.	Toulouse.	Antenne de Toulouse.	*(Arr. du 16 juill. 2014, en vigueur le 1er sept. 2014)* « Circonscription judiciaire de Toulouse. « Centre pénitentiaire de Toulouse-Seysses (quartier de semi-liberté inclus). »
		Antenne de Muret.	Centre de détention de Muret.
		Antenne de Saint-Gaudens.	*(Arr. du 16 juill. 2014, en vigueur le 1er sept. 2014)* « Circonscription judiciaire de Saint-Gaudens. »
Service pénitentiaire d'insertion et de probation du Gers.	Auch.	*Néant.*	Circonscription judiciaire d'Auch.
Service pénitentiaire d'insertion et de probation de la Gironde.	Bordeaux.	Antenne de Bordeaux-Gradignan.	Circonscription judiciaire de Bordeaux. *(Arr. du 3 janv. 2011)* « Centre pénitentiaire de Bordeaux-Gradignan. »
		Antenne de Libourne.	Circonscription judiciaire de Libourne.
Service pénitentiaire d'insertion et de probation de l'Hérault.	Montpellier.	Antenne de Montpellier-Villeneuve-lès-Maguelone.	Circonscription judiciaire de Montpellier. *(Arr. 21 mai 2014)* « Centre pénitentiaire de Villeneuve-lès-Maguelone. »
		Antenne de Béziers.	*(Arr. du 15 oct. 2009)* « Circonscription judiciaire de Béziers. « Centre pénitentiaire de Béziers. »

SERVICE PÉNITENTIAIRE d'insertion et de probation	**SIÈGE**	**ANTENNES**	**RESSORT DE COMPÉTENCE**
Service pénitentiaire d'insertion et de probation d'Ille-et-Vilaine.	Rennes.	Antenne de Rennes.	Circonscription judiciaire de Rennes. *(Arr. du 16 mars 2010)* « Centre pénitentiaire de Rennes. « Centre pénitentiaire de Rennes – Vezin-le-Coquet *(Arr. du 3 janv. 2011)* « (quartier de semi-liberté de Rennes compris) ». »
		Antenne de Saint-Malo.	Circonscription judiciaire de Saint-Malo. Maison d'arrêt de Saint-Malo *(Arr. du 3 janv. 2011)* « , à l'exception des cantons de Broons, Caulnes, Dinan-Est, Dinan-Ouest, Evran, Jugon-les-Lacs, Matignon, Plancoët, Plélan-le-Petit et Ploubalay. »
Service pénitentiaire d'insertion et de probation de l'Indre.	Châteauroux.	Antenne de Châteauroux.	Circonscription judiciaire de Châteauroux. Centre pénitentiaire de Châteauroux.
		Antenne de Saint-Maur.	Maison centrale de Saint-Maur.
Service pénitentiaire d'insertion et de probation d'Indre-et-Loire.	Tours.	*Néant.*	Circonscription judiciaire de Tours. Maison d'arrêt de Tours.
Service pénitentiaire d'insertion et de probation de l'Isère.	Grenoble.	Antenne de Grenoble.	Circonscription judiciaire de Grenoble. *(Arr. du 21 déc. 2016, en vigueur le 7 janv. 2017)* « Centre pénitentiaire de Grenoble-Varces. »
		Antenne de Vienne-Saint-Quentin-Fallavier.	Circonscription judiciaire de Vienne *(Abrogé par Arr. du 25 juin 2014) « , à l'exception des cantons situés dans le ressort de l'antenne de Bourgoin-Jallieu ».* Centre pénitentiaire de Saint-Quentin-Fallavier.
		Antenne de Bourgoin-Jallieu.	*(Arr. du 25 juin 2014)* « Circonscription judiciaire de Bourgoin-Jallieu. »

SERVICE PÉNITENTIAIRE d'insertion et de probation	**SIÈGE**	**ANTENNES**	**RESSORT DE COMPÉTENCE**
Service pénitentiaire d'insertion et de probation du Jura.	Lons-le-Saunier.	Antenne de Lons-le-Saunier.	Circonscription judiciaire de Lons-le-Saunier *(Arr. du 3 janv. 2011)* « , à l'exception des cantons situés dans le ressort de l'antenne de Dole. » Maison d'arrêt de Lons-le-Saunier.
		Antenne de Dole.	*(Arr. du 3 janv. 2011)* « Cantons d'Arbois, Champagnole, Chaumergy, Chaussin, Chemin, Dampierre, Dole-Nord-Est, Dole-Sud-Ouest, Gendrey, Les Planches-en-Montagne, Montbarrey, Montmirey-le-Château, Nozeroy, Poligny, Rochefort-sur-Nenon, Salins-les-Bains et Villers-Farlay. »
Service pénitentiaire d'insertion et de probation des Landes.	Mont-de-Marsan.	Antenne de Mont-de-Marsan.	Circonscription judiciaire de Mont-de-Marsan. *(Arr. du 23 oct. 2008)* « Centre pénitentiaire de Mont-de-Marsan (quartier de semi-liberté inclus ».
		Antenne de Dax.	Circonscription judiciaire de Dax.
Service pénitentiaire d'insertion et de probation de Loir-et-Cher.	Blois.	*Néant.*	Circonscription judiciaire de Blois. Maison d'arrêt de Blois.
Service pénitentiaire d'insertion et de probation de la Loire.	Saint-Étienne.	Antenne de Saint-Étienne.	Circonscription judiciaire de Saint-Étienne. *(Arr. du 19 oct. 2016)* « Centre pénitentiaire » de Saint-Étienne.
		(Abrogé par Arr. du 3 janv. 2011) « Antenne de Montbrison ».	*(Abrogé par Arr. du 3 janv. 2011) « Circonscription judiciaire de Montbrison. »*
		Antenne de Roanne.	Circonscription judiciaire de Roanne. *(Arr. du 23 oct. 2008)* « Centre de détention de Roanne ».
Service pénitentiaire d'insertion et de probation de la Haute-Loire.	Le Puy-en-Velay.	*Néant.*	Circonscription judiciaire du Puy-en-Velay. Maison d'arrêt du Puy-en-Velay.

SERVICE PÉNITENTIAIRE d'insertion et de probation	**SIÈGE**	**ANTENNES**	**RESSORT DE COMPÉTENCE**
Service pénitentiaire d'insertion et de probation de la Loire-Atlantique.	Nantes.	Antenne de Nantes.	Circonscription judiciaire de Nantes. Centre pénitentiaire de Nantes (quartier de semi-liberté et maison d'arrêt de Nantes inclus).
		Antenne de Saint-Nazaire.	Circonscription judiciaire de Saint-Nazaire.
Service pénitentiaire d'insertion et de probation du Loiret.	Orléans.	Antenne d'Orléans. *(Arr. du 20 août 2014, en vigueur le 12 oct. 2014)* « Antenne de Montargis. »	Circonscription judiciaire d'Orléans. *(Arr. du 23 avr. 2014, en vigueur le 15 juill. 2014)* « Centre pénitentiaire d'Orléans-Saran. » *(Arr. du 20 août 2014, en vigueur le 12 oct. 2014)*« Circonscription judiciaire de Montargis. « Centre de semi-liberté de Montargis. »
		Antenne de Montargis.	Circonscription judiciaire de Montargis. Centre de semi-liberté de Montargis.
Service pénitentiaire d'insertion et de probation du Lot.	Cahors.	*Néant.*	Circonscription judiciaire de Cahors. *(Abrogé par Arr. du 26 déc. 2012) « Maison d'arrêt de Cahors. »*
Service pénitentiaire d'insertion et de probation de Lot-et-Garonne.	Agen.	Antenne d'Agen.	Circonscription judiciaire d'Agen. Maison d'arrêt d'Agen.
		(Abrogé par Arr. du 3 janv. 2011) « Antenne de Marmande. »	*(Abrogé par Arr. du 3 janv. 2011) « Circonscription judiciaire de Marmande. »*
		Antenne d'Eysses.	Centre de détention d'Eysses.
Service pénitentiaire d'insertion et de probation de la Lozère.	Mende.	*Néant.*	Circonscription judiciaire de Mende. Maison d'arrêt de Mende.
Service pénitentiaire d'insertion et de probation de Maine-et-Loire.	Angers.	*(Arr. du 16 juill. 2014, en vigueur le 1er sept. 2014)* « Néant. »	*(Arr. du 16 juill. 2014, en vigueur le 1er sept. 2014)* « Circonscriptions judiciaires d'Angers et de Saumur. « Maison d'arrêt d'Angers. »
		(Abrogé par Arr. du 3 janv. 2011) « Antenne de Saumur. »	*(Abrogé par Arr. du 3 janv. 2011) « Circonscription judiciaire de Saumur. »*

SERVICE PÉNITENTIAIRE d'insertion et de probation	SIÈGE	ANTENNES	RESSORT DE COMPÉTENCE
Service pénitentiaire d'insertion et de probation de la Manche.	Coutances.	Antenne de Coutances.	Circonscription judiciaire de Coutances *(Arr. du 3 janv. 2011)* « , à l'exception des cantons situés dans le ressort de l'antenne d'Avranches ». *(Abrogé par Arr. du 3 janv. 2011) « Maison d'arrêt de Coutances. »*
		Antenne de Cherbourg.	Circonscription judiciaire de Cherbourg. Maison d'arrêt de Cherbourg.
		Antenne d'Avranches.	*(Arr. du 3 janv. 2011)* « Cantons d'Avranches, Barenton, Brécey, Ducey, Granville, Isigny-le-Buat, Juvigny-le-Tertre, La Haye-Pesnel, Le Teilleul, Mortain, Pontorson, Saint-Hilaire-du-Harcouët, Saint-James, Saint-Pois, Sartilly, Sourdeval et Villedieu-les-Poêles. »
Service pénitentiaire d'insertion et de probation de la Marne.	Châlons-en-Champagne.	Antenne de Châlons-en-Champagne.	Circonscription judiciaire de Châlons-en-Champagne. Maison d'arrêt de Châlons-en-Champagne.
		Antenne de Reims.	Circonscription judiciaire de Reims. Maison d'arrêt de Reims.
Service pénitentiaire d'insertion et de probation de la Haute-Marne.	Chaumont.	*Néant.*	Circonscription judiciaire de Chaumont. Maison d'arrêt de Chaumont.
Service pénitentiaire d'insertion et de probation de la Mayenne.	Laval.	*Néant.*	Circonscription judiciaire de Laval. Maison d'arrêt de Laval.
Service pénitentiaire d'insertion et de probation de Meurthe-et-Moselle.	Nancy.	Antenne de Nancy.	Circonscription judiciaire de Nancy. *(Arr. du 21 juin 2021)* « Maison d'arrêt de Nancy-Maxéville. » Centre de semi-liberté de Maxéville.
		Antenne de *(Décr. n° 2016-1996 du 30 déc. 2016)* « Val-de-Briey ».	Circonscription judiciaire de Briey. Centre de semi-liberté de Briey.
		Antenne de Toul-Écrouves.	Centre de détention de Toul. Centre de détention d'Écrouves.

SERVICE PÉNITENTIAIRE d'insertion et de probation	SIÈGE	ANTENNES	RESSORT DE COMPÉTENCE
Service pénitentiaire d'insertion et de probation de la Meuse.	*(Arr. du 30 mars 2005)* « Bar-le-Duc ».	Antenne de Verdun.	Circonscription judiciaire de Verdun.
		Antenne de Bar-le-Duc.	Circonscription judiciaire de Bar-le-Duc. Maison d'arrêt de Bar-le-Duc.
		Antenne de Montmédy.	Centre de détention de Montmédy.
		Antenne de Saint-Mihiel.	Centre de détention de Saint-Mihiel.
Service pénitentiaire d'insertion et de probation du Morbihan.	Lorient.	Antenne de Lorient.	Circonscription judiciaire de Lorient. Centre pénitentiaire de Lorient-Ploëmeur.
		Antenne de Vannes.	Circonscription judiciaire de Vannes. Maison d'arrêt de Vannes.
Service pénitentiaire d'insertion et de probation de la Moselle.	Metz.	Antenne de Metz.	Circonscription judiciaire de Metz. Centre pénitentiaire de Metz.
		Antenne de Sarreguemines.	Circonscription judiciaire de Sarreguemines. Maison d'arrêt de Sarreguemines.
		Antenne de Thionville.	Circonscription judiciaire de Thionville.
Service pénitentiaire d'insertion et de probation de la Nièvre.	Nevers.	*Néant.*	Circonscription judiciaire de Nevers. Maison d'arrêt de Nevers.

SERVICE PÉNITENTIAIRE d'insertion et de probation	**SIÈGE**	**ANTENNES**	**RESSORT DE COMPÉTENCE**
Service pénitentiaire d'insertion et de probation du Nord.	Lille.	(*Arr. du 1er oct. 2004 ; Arr. du 20 mai 2011*) « Antenne de Lille-Loos-Sequedin. »	Circonscription judiciaire de Lille. (*Arr. du 11 sept. 2007 ; Arr. du 1er déc. 2008, en vigueur le 5 janv. 2009)* « Centre pénitentiaire de Lille-Loos-Sequedin (quartier maison d'arrêt de Sequedin, quartier maison d'arrêt de Loos et quartier centre de détention de Loos, quartier de semi-liberté d'Haubourdin). »
		Antenne d'Avesnes-sur-Helpe-Maubeuge.	Circonscription judiciaire d'Avesnes-sur-Helpe. Centre pénitentiaire de Maubeuge.
		Antenne de Cambrai.	Circonscription judiciaire de Cambrai.
		Antenne de Douai.	Circonscription judiciaire de Douai. Maison d'arrêt de Douai.
		Antenne de Dunkerque.	Circonscription judiciaire de Dunkerque. *(Abrogé par Arr. du 20 mai 2011) « Maison d'arrêt de Dunkerque. »* *(Arr. du 17 mars 2010)* « Circonscription judiciaire d'Hazebrouck. »
		(Arr. du 20 mai 2011) « Antenne de Lille-Annœullin. »	*(Arr. du 20 mai 2011)* « Centre pénitentiaire de Lille-Annœullin. »
		Antenne de Valenciennes.	Circonscription judiciaire de Valenciennes. Maison d'arrêt de Valenciennes.

SERVICE PÉNITENTIAIRE d'insertion et de probation	**SIÈGE**	**ANTENNES**	**RESSORT DE COMPÉTENCE**
Service pénitentiaire d'insertion et de probation de l'Oise.	Beauvais.	Antenne de Beauvais.	Circonscription judiciaire de Beauvais. *(Arr. du 28 sept. 2015, en vigueur le 29 nov. 2015)* « Centre pénitentiaire » de Beauvais.
		Antenne de Compiègne.	Circonscription judiciaire de Compiègne. *(Abrogé par Arr. du 28 sept. 2015, à compter du 29 nov. 2015) « Maison d'arrêt de Compiègne. »*
		Antenne de Liancourt.	*(Arr. du 2 avr. 2015)* « Centre pénitentiaire de Liancourt. »
		Antenne de *(Arr. du 1er déc. 2008, en vigueur le 5 janv. 2009)* « Creil ».	Circonscription judiciaire de Senlis.
Service pénitentiaire d'insertion et de probation de l'Orne.	*(Arr. du 6 sept. 2013)* « Argentan. »	Antenne d'Argentan.	Circonscription judiciaire d'Argentan. Centre de détention d'Argentan.
		Antenne d'Alençon.	Circonscription judiciaire d'Alençon. *(Arr. du 14 juin 2013)* « Centre pénitentiaire d'Alençon-Condé-sur-Sarthe ».
Service pénitentiaire d'insertion et de probation du Pas-de-Calais.	Arras.	Antenne d'Arras.	Circonscription judiciaire d'Arras. Maison d'arrêt d'Arras.
		Antenne de Bapaume.	Centre de détention de Bapaume.
		Antenne de Béthune.	Circonscription judiciaire de Béthune. Maison d'arrêt de Béthune. *(Arr. du 21 janv. 2015, en vigueur le 2 mars 2015)* « Centre pénitentiaire de Vendin-le-Vieil. »
		Antenne de Boulogne-sur-Mer.	Circonscription judiciaire de Boulogne-sur-Mer.
		Antenne de Saint-Omer-Longuenesse.	Circonscription judiciaire de Saint-Omer. Centre pénitentiaire de Longuenesse.

SERVICE PÉNITENTIAIRE d'insertion et de probation	**SIÈGE**	**ANTENNES**	**RESSORT DE COMPÉTENCE**
Service pénitentiaire d'insertion et de probation du Puy-de-Dôme.	Clermont-Ferrand.	*(Arr. du 29 mars 2011) « Néant. »*	*(Arr. du 29 mars 2011)* « Circonscription judiciaire de Clermont-Ferrand. » *(Abrogé par Arr. du 29 janv. 2016, à compter du 31 janv. 2016) « Maison d'arrêt de Clermont-Ferrand. « Maison d'arrêt de Riom. » (Arr. du 29 janv. 2016, en vigueur le 31 janv. 2016)* « Centre pénitentiaire de Riom. »
Service pénitentiaire d'insertion et de probation des Pyrénées-Atlantiques.	Pau.	Antenne de Pau.	Circonscription judiciaire de Pau. Maison d'arrêt de Pau.
		Antenne de Bayonne.	Circonscription judiciaire de Bayonne. Maison d'arrêt de Bayonne.
Service pénitentiaire d'insertion et de probation des Hautes-Pyrénées.	Tarbes.	Antenne de Tarbes.	Circonscription judiciaire de Tarbes. Maison d'arrêt de Tarbes.
		Antenne de Lannemezan.	Centre pénitentiaire de Lannemezan.
Service pénitentiaire d'insertion et de probation des Pyrénées-Orientales.	Perpignan.	*Néant.*	Circonscription judiciaire de Perpignan. Centre pénitentiaire de Perpignan (quartier de semi-liberté inclus).
Service pénitentiaire d'insertion et de probation du Bas-Rhin.	Schiltigheim.	Antenne de Strasbourg.	Circonscription judiciaire de Strasbourg. Maison d'arrêt de Strasbourg. Centre de semi-liberté de Souffelweyersheim.
		Antenne de Saverne-Oermingen.	Circonscription judiciaire de Saverne. Centre de détention d'Oermingen.
(Arr. du 4 nov. 2021, en vigueur le 10 nov. 2021) « Service pénitentiaire d'insertion et de probation du Haut-Rhin.	« Colmar.	« Antenne de Colmar.	« Circonscription judiciaire de Colmar. « Maison d'arrêt de Colmar.
		« Antenne de Mulhouse.	« Circonscription judiciaire de Mulhouse. « Centre pénitentiaire de Mulhouse-Lutterbach.
		« Antenne d'Ensisheim.	« Maison centrale d'Ensisheim. »

SERVICE PÉNITENTIAIRE d'insertion et de probation	**SIÈGE**	**ANTENNES**	**RESSORT DE COMPÉTENCE**
Service pénitentiaire d'insertion et de probation du Rhône.	Lyon.	Antenne de Lyon.	*(Arr. du 2 sept. 2009)* « Circonscription judiciaire de Lyon. « Maison d'arrêt de Lyon-Corbas. « Centre de semi-liberté de Lyon ».
		Antenne de Villefranche-sur-Saône.	Circonscription judiciaire de Villefranche-sur-Saône. *(Arr. du 19 oct. 2016)* « Centre pénitentiaire » de Villefranche-sur-Saône.
Service pénitentiaire d'insertion et de probation de la Haute-Saône.	Vesoul.	Antenne de Vesoul.	Circonscription judiciaire de Vesoul *(Arr. du 3 janv. 2011)* « , à l'exception des cantons situés dans le ressort de l'antenne de Lure. » Maison d'arrêt de Vesoul.
		Antenne de Lure.	*(Arr. du 2 avr. 2015)* « Cantons de Champagney, Faucogney-et-la-Mer, Héricourt-Est, Héricourt-Ouest, Lure-Nord, Lure-Sud, Luxeuil-les-Bains, Mélisey, Saint-Loup-sur-Semouse, Saint-Sauveur, Saulx, Vauvillers et Villersexel. »
Service pénitentiaire d'insertion et de probation de Saône-et-Loire.	*(Arr. du 25 juin 2014)* « Chalon-sur-Saône. »	Antenne de *(Arr. du 25 juin 2014)* « Chalon-sur-Saône-Varennes-le-Grand. »	Circonscription judiciaire de *(Arr. du 25 juin 2014)* « Chalon-sur-Saône. « Centre pénitentiaire de Varennes-le-Grand. »
		Antenne de *(Arr. du 25 juin 2014)* « Mâcon. »	Circonscription judiciaire de *(Arr. du 25 juin 2014)* « Mâcon. »
Service pénitentiaire d'insertion et de probation de la Sarthe.	Le Mans.	*Néant.*	Circonscription judiciaire du Mans. *(Arr. du 24 nov. 2009)* « Maison d'arrêt du Mans-Les Croisettes. »
Service pénitentiaire d'insertion et de probation de la Savoie.	Chambéry.	Antenne de Chambéry.	Circonscription judiciaire de Chambéry. Maison d'arrêt de Chambéry.
		Antenne d'Albertville-Aiton.	Circonscription judiciaire d'Albertville. Centre pénitentiaire d'Aiton.

SERVICE PÉNITENTIAIRE d'insertion et de probation	**SIÈGE**	**ANTENNES**	**RESSORT DE COMPÉTENCE**
Service pénitentiaire d'insertion et de probation de la Haute-Savoie.	*(Arr. du 3 janv. 2011)* « Annemasse. »	Antenne d'Annecy.	Circonscription judiciaire d'Annecy.
		Antenne de Bonneville.	Circonscription judiciaire de Bonneville. Maison d'arrêt de Bonneville.
		Antenne d'*(Arr. du 3 janv. 2011)* « Annemasse. »	Circonscription judiciaire de Thonon-les-Bains.
Service pénitentiaire d'insertion et de probation de Paris.	Paris.	*Néant*.	Circonscription judiciaire de Paris. *(Arr. du 26 nov. 2018 en vigueur le 7 janv. 2019)* « Centre pénitentiaire » de Paris-La Santé.
Service pénitentiaire d'insertion et de probation de la Seine-Maritime.	Rouen.	Antenne de Rouen.	Circonscription judiciaire de Rouen. Maison d'arrêt de Rouen.
		Antenne de Dieppe.	Circonscription judiciaire de Dieppe.
		Antenne du Havre.	*(Arr. du 31 mars 2010)* « Circonscription judiciaire du Havre. « Centre pénitentiaire du Havre. »
Service pénitentiaire d'insertion et de probation de Seine-et-Marne.	Melun.	Antenne de Melun.	Circonscription judiciaire de Melun. *(Arr. du 29 août 2006)* « Centre de semi-liberté de Melun. » Centre de détention de Melun.
		Antenne de Fontainebleau.	Circonscription judiciaire de Fontainebleau.
		Antenne de Meaux.	Circonscription judiciaire de Meaux. *(Arr. du 30 mars 2005 ; Arr. du 2 sept. 2011)* « Centre pénitentiaire de Meaux-Chauconin-Neufmontiers (quartier centre de détention inclus). »
		(Arr. du 2 sept. 2011) « Antenne de Réau. »	*(Arr. du 2 sept. 2011)* « Centre pénitentiaire Sud francilien. »

SERVICE PÉNITENTIAIRE d'insertion et de probation	SIÈGE	ANTENNES	RESSORT DE COMPÉTENCE
Service pénitentiaire d'insertion et de probation des Yvelines.	Versailles.	Antenne de Versailles-Bois-d'Arcy.	Circonscription judiciaire de Versailles. Maison d'arrêt de Versailles (quartier de semi-liberté inclus). *(Arr. du 17 août 2016)* « Centre pénitentiaire de » Bois-d'Arcy.
		Antenne de Poissy.	Maison centrale de Poissy.
Service pénitentiaire d'insertion et de probation des Deux-Sèvres.	Niort.	Antenne de Niort.	Circonscription judiciaire de Niort *(Arr. du 3 janv. 2011)* « , à l'exception des cantons du ressort de l'antenne de Bressuire. » Maison d'arrêt de Niort.
		Antenne de Bressuire.	*(Arr. du 3 janv. 2011)* « Cantons d'Airvault, Argenton-les-Vallées, Bressuire, Cerizay, Mauléon, Mazières-en-Gâtine, Ménigoute, Moncoutant, Parthenay, Saint-Loup-Lamairé, Saint-Varent, Secondigny, Thénezay, Thouars 1er canton et Thouars 2e canton. »
Service pénitentiaire d'insertion et de probation de la Somme.	Amiens.	Antenne d'Amiens.	Circonscription judiciaire d'Amiens *(Arr. du 3 janv. 2011)* « , à l'exception des cantons situés dans le ressort des antennes d'Abbeville et de Péronne. » Maison d'arrêt d'Amiens.
		Antenne d'Abbeville.	*(Arr. du 3 janv. 2011)* « Cantons d'Abbeville-Nord, Abbeville-Sud, Ailly-le-Haut-Clocher, Ault, Crécy-en-Ponthieu, Friville-Escarbotin, Gamaches, Hallencourt, Moyenneville, Nouvion, Rue et Saint-Valery-sur-Somme. »
		Antenne de Péronne.	*(Arr. du 3 janv. 2011)* « Cantons d'Albert, de Bray-sur-Somme, Chaulnes, Combles, Ham, Nesle, Péronne et Roisel. »

SERVICE PÉNITENTIAIRE d'insertion et de probation	**SIÈGE**	**ANTENNES**	**RESSORT DE COMPÉTENCE**
Service pénitentiaire d'insertion et de probation du Tarn.	Albi.	Antenne d'Albi.	Circonscription judiciaire d'Albi. Maison d'arrêt d'Albi.
		Antenne de Castres.	Circonscription judiciaire de Castres.
		Antenne de Saint-Sulpice-la-Pointe.	Centre de détention de Saint-Sulpice-la-Pointe.
Service pénitentiaire d'insertion et de probation de Tarn-et-Garonne.	Montauban.	*Néant.*	Circonscription judiciaire de Montauban. Maison d'arrêt de Montauban.
Service pénitentiaire d'insertion et de probation du Var.	Toulon.	*(Arr. du 13 déc. 2005)* « Antenne de Toulon. »	Circonscription judiciaire de Toulon. *(Arr. du 13 déc. 2005 ; Arr. du 17 mars 2010)* « Centre pénitentiaire de Toulon-La Farlède. »
		Antenne de Draguignan.	Circonscription judiciaire de Draguignan. *(Arr. du 2 janv. 2018)* « Maison d'arrêt de Draguignan. »
Service pénitentiaire d'insertion et de probation du Vaucluse.	Avignon.	Antenne d'Avignon.	Circonscription judiciaire d'Avignon. Centre pénitentiaire d'Avignon-Le-Pontet *(Arr. du 3 janv. 2011)* « (quartier de semi-liberté inclus). »
		Antenne de Carpentras.	Circonscription judiciaire de Carpentras.
Service pénitentiaire d'insertion et de probation de la Vendée.	La Roche-sur-Yon.	Antenne de La Roche-sur-Yon-Fontenay-le-Comte.	Circonscription judiciaire de La-Roche-sur-Yon. Maison d'arrêt de la Roche-sur-Yon. Maison d'arrêt de Fontenay-le-Comte.
		Antenne des Sables-d'Olonne.	Circonscription judiciaire des Sables-d'Olonne.
Service pénitentiaire d'insertion et de probation de la Vienne.	Poitiers.	*Néant.*	*(Arr. du 2 sept. 2009)* « Circonscription judiciaire de Poitiers. « Centre pénitentiaire de Poitiers-Vivonne (quartier de semi-liberté de Poitiers inclus). »
Service pénitentiaire d'insertion et de probation de la Haute-Vienne.	Limoges.	*Néant.*	Circonscription judiciaire de Limoges. Maison d'arrêt de Limoges.

SERVICE PÉNITENTIAIRE d'insertion et de probation	**SIÈGE**	**ANTENNES**	**RESSORT DE COMPÉTENCE**
Service pénitentiaire d'insertion et de probation des Vosges.	Épinal.	Antenne d'Épinal.	Circonscription judiciaire d'Épinal *(Arr. du 3 janv. 2011)* « , à l'exception des cantons situés dans le ressort de l'antenne de Saint-Dié-des-Vosges. » Maison d'arrêt d'Épinal.
		Antenne de Saint-Dié *(Arr. du 3 janv. 2011)* « -des-Vosges. »	*(Arr. du 3 janv. 2011)* « Cantons de Brouvelieures, Corcieux, Fraize, Gérardmer, Provenchères-sur-Fave, Raon-l'Étape, Saint-Dié-des-Vosges-Est, Saint-Dié-des-Vosges-Ouest et Senones. »
Service pénitentiaire d'insertion et de probation de l'Yonne.	Auxerre.	Antenne d'Auxerre.	Circonscription judiciaire d'Auxerre. Maison d'arrêt d'Auxerre.
		Antenne de Sens.	Circonscription judiciaire de Sens.
		Antenne de Joux-la-Ville.	Centre de détention de Joux-la-Ville.
Service pénitentiaire d'insertion et de probation du territoire de Belfort.	Belfort.	*Néant.*	Circonscription judiciaire de Belfort. Maison d'arrêt de Belfort.
Service pénitentiaire d'insertion et de probation de l'Essonne.	*(Arr. du 5 août 2020)* « Courcouronnes. »	*(Arr. du 5 août 2020)* « Antenne de Corbeil-Essonnes-Courcouronnes. »	Circonscription judiciaire d'Évry. Centre de semi-liberté de Corbeil.
		Antenne de Fleury-Mérogis.	Maison d'arrêt de Fleury-Mérogis.
Service pénitentiaire d'insertion et de probation des Hauts-de-Seine.	Nanterre.	*Néant.*	Circonscription judiciaire de Nanterre. *(Arr. du 27 mai 2019)* « Centre pénitentiaire de Nanterre ».
Service pénitentiaire d'insertion et de probation de la Seine-Saint-Denis.	*(Arr. du 5 août 2020)* « Saint-Denis. »	*Néant.*	Circonscription judiciaire de Bobigny. Maison d'arrêt de Villepinte. Centre de semi-liberté de Gagny.

SERVICE PÉNITENTIAIRE d'insertion et de probation	**SIÈGE**	**ANTENNES**	**RESSORT DE COMPÉTENCE**
Service pénitentiaire d'insertion et de probation du Val-de-Marne.	Créteil.	*Néant.*	*(Arr. du 2 sept. 2009 ; Arr. du 17 mars 2010)* « Circonscription judiciaire de Créteil. « Centre pénitentiaire de Fresnes (quartier pour peines aménagées de Villejuif inclus). « Établissement public de santé national de Fresnes. »
Service pénitentiaire d'insertion et de probation du Val-d'Oise.	Pontoise.	*Néant.*	Circonscription judiciaire de Pontoise. Maison d'arrêt d'Osny-Pontoise.
Service pénitentiaire d'insertion et de probation de la Guadeloupe.	*(Arr. du 1er avr. 2018)* « Les Abymes. »	*(Arr. du 1er avr. 2018)* « Antenne des Abymes-Baie-Mahault ».	Circonscription judiciaire de Pointe-à-Pitre *(Arr. du 21 mai 2014)* « , à l'exception des cantons situés dans le ressort de l'antenne de Saint-Martin ». Centre pénitentiaire de Baie-Mahault.
		Antenne de Basse-Terre.	Circonscription judiciaire de Basse-Terre. Maison d'arrêt de Basse-Terre.
		(Arr. du 1er avr. 2018) « Antenne de Saint-Martin. »	*(Arr. du 1er avr. 2018)* « Cantons de Saint-Barthélemy, Saint-Martin 1er canton et Saint-Martin 2e canton. »
Service pénitentiaire d'insertion et de probation de la Martinique.	Fort-de-France.	*(Arr. du 21 mai 2014)* « Antenne de Saint-Martin. » *Néant.*	*(Arr. du 21 mai 2014)* « Cantons de Saint-Barthélemy, Saint-Martin 1er canton et Saint-Martin 2e canton. » Circonscription judiciaire de Fort-de-France. Centre pénitentiaire de Ducos.
Service pénitentiaire d'insertion et de probation de la Guyane.	*(Arr. du 16 oct. 2018)* « Cayenne. »	*(Arr. du 16 oct. 2018)* « Antenne de Cayenne. »	*(Arr. du 5 juin 2015)* « Circonscription judiciaire de Cayenne, à l'exception des cantons situés dans le ressort de l'antenne de Saint-Laurent du Maroni. Centre pénitentiaire de Rémire-Montjoly.
		(Arr. du 5 juin 2015) « Antenne de Saint-Laurent-du-Maroni. »	« Cantons de Mana, Maripasoula, Saint-Laurent-du-Maroni. »

SERVICE PÉNITENTIAIRE d'insertion et de probation	SIÈGE	ANTENNES	RESSORT DE COMPÉTENCE
Service pénitentiaire d'insertion et de probation de La Réunion.	Saint-Denis.	Antenne de Saint-Denis.	Circonscription judiciaire de Saint-Denis. *(Arr. du 23 oct. 2008)* « Centre pénitentiaire de Saint-Denis. »
		Antenne de Saint-Pierre.	Circonscription judiciaire de Saint-Pierre. Maison d'arrêt de Saint-Pierre.
		Antenne du Port.	*(Arr. du 19 avr. 2010)* « Centre *[de]* détention du Port. »
(Arr. du 13 déc. 2005) « Service pénitentiaire d'insertion et de probation de Mayotte. »	Mamoudzou.	*Néant.*	Circonscription judiciaire *(Abrogé par Arr. du 29 mars 2011, à compter du 1er avr. 2011) « du tribunal de première instance »* de Mamoudzou. *(Arr. du 28 sept. 2015, en vigueur le 5 oct. 2015)* « Centre pénitentiaire » de Majicavo.

L'art. A. 44 peut être modifié par arrêté (Décr. n° 2016-1996 du 30 déc. 2016, JO 31 déc.).

CHAPITRE II

Néant.

CHAPITRE III L'ORGANISATION ET LE FONCTIONNEMENT DU SERVICE PÉNITENTIAIRE D'INSERTION ET DE PROBATION

§ 1er DE L'AGRÉMENT DES PERSONNES BÉNÉVOLES PARTICIPANT AUX MISSIONS DU SERVICE PÉNITENTIAIRE D'INSERTION ET DE PROBATION

Art. A. 45 Les personnes bénévoles visées à l'article D. 583 sont agréées pour une période de deux ans renouvelable.

Pour obtenir cet agrément, les requérants doivent être âgés de plus de vingt et un ans et satisfaire notamment aux conditions suivantes :

1° Ne pas avoir fait l'objet d'une condamnation, d'une incapacité ou d'une déchéance *mentionnées sur le bulletin* n° 2 du casier judiciaire ;

2° N'avoir pas été l'auteur de faits contraires à l'honneur, à la probité et aux bonnes mœurs ayant donné lieu à une sanction disciplinaire ou administrative de destitution, radiation, révocation, de retrait d'agrément ou d'autorisation.

L'agrément des personnes bénévoles est subordonné à un stage probatoire de six mois.

Art. A. 46 En dehors des cas prévus par la loi, les personnes bénévoles visées à l'article D. 583 ne doivent divulguer aucune information recueillie dans l'exercice de leur mission.

Tout manquement à cette obligation peut entraîner la suspension ou le retrait de l'agrément.

Art. A. 47 Le directeur du service pénitentiaire d'insertion et de probation avise le directeur régional de l'agrément d'une personne bénévole.

En cas de retrait ou de suspension de l'agrément d'une personne bénévole, le directeur régional est tenu informé.

Le directeur du service pénitentiaire d'insertion et de probation délivre aux personnes bénévoles un document justifiant de leurs fonctions.

DISPOSITION GÉNÉRALE

Art. A. 53 *(Arr. du 27 févr. 1964)* Le présent code, ainsi que les arrêtés qui le modifient, est applicable aux départements de la Guadeloupe, de la Guyane, de la Martinique et de la Réunion.

TITRE DOUZIÈME DU CASIER JUDICIAIRE

(Arr. du 28 avr. 2010)

Art. A. 53-1 Les autorités compétentes pour obtenir un bulletin n° 2 du casier judiciaire en application du 6° de l'article 776 sont les suivantes :

[1°] Le directeur général de la cohésion sociale du ministère chargé des affaires sociales ;

2° Le directeur en charge du tourisme du ministère de l'économie ;

3° Les chambres de métiers et de l'artisanat *(Décr. n° 2010-1356 du 11 nov. 2010, art. 25)* « de région » et les chambres régionales du commerce et de l'industrie ;

4° Le directeur en charge de la sécurité et de la circulation routières, le secrétaire général et le directeur en charge des affaires économiques et internationales, le directeur général de la mer et des transports, le directeur général en charge de l'aviation civile, le directeur général en charge de l'urbanisme, de l'habitat et de la construction du ministère de l'écologie et du développement durable ;

5° Le directeur en charge de la nature et des paysages, le directeur de l'eau, le directeur général de l'énergie et des matières premières du ministère de l'écologie ;

6° Le directeur général de l'offre de soins du ministère chargé de la santé ;

7° Les directeurs régionaux de la jeunesse, des sports et de la cohésion sociale ;

8° Les directeurs des services déconcentrés de l'État chargés des sports ;

9° Les directeurs généraux des agences régionales de santé ;

10° Les directeurs départementaux de la cohésion sociale ;

11° Le directeur général de la création artistique et le directeur général des patrimoines et de l'architecture du ministère de la culture et de la communication ;

12° Le directeur général en charge de l'alimentation et le directeur général en charge des politiques agricole, agroalimentaire et des territoires du ministère de l'alimentation, de l'agriculture et de la pêche ;

13° Le directeur en charge du centre d'évaluation (CEZ) de Rambouillet.

LIVRE CINQUIÈME *BIS* DISPOSITIONS GÉNÉRALES

(Arr. du 21 juin 2011)

CHAPITRE PREMIER DISPOSITIONS RELATIVES À LA PROCÉDURE NUMÉRIQUE *(Arr. du 6 sept. 2019, art. 4)*.

SECTION PREMIÈRE DISPOSITIONS RELATIVES À LA SIGNATURE ÉLECTRONIQUE

Art. A. 53-2 *(Arr. du 6 sept. 2019, art. 4)* **Est une signature électronique avancée reposant sur un certificat qualifié au sens de l'article D. 589-3 une signature électronique avancée, conforme à l'article 26 du règlement (UE) n° 910/2014 du Parlement européen et du Conseil du 23 juillet 2014 sur l'identification électronique et les services de confiance pour les transactions électroniques au sein du marché intérieur et abrogeant la directive 1999/93/CE, qui repose sur un certificat qualifié de signature électronique répondant aux exigences de l'article 28 de ce règlement.**

Le dispositif technique permettant d'apposer cette signature électronique fait l'objet d'une homologation de sécurité conformément à l'article 5 du décret n° 2010-112 du 2 février 2010 pris pour l'application des articles 9, 10 et 12 de l'ordonnance n° 2005-1516 du 8 décembre 2005 relative aux échanges électroniques entre les usagers et les autorités administratives et entre les autorités administratives.

Art. A. 53-3 *(Arr. du 6 sept. 2019, art. 4)* **La procédure d'inscription et d'enregistrement des données d'identification et d'habilitation des procédés de signature électronique mis à disposition des personnes concourant à la procédure au sens de l'article 11, est, s'agissant des magistrats, militaires et agents publics, à l'initiative et sous la responsabilité du ministère dont ils relèvent ou sous le contrôle duquel ils sont placés. Dans les autres cas, cette procédure est placée sous le contrôle du ministère de la justice, et peut, le cas échéant, faire l'objet d'un protocole avec la personne morale ou l'organisme professionnel dont relève ou sous le contrôle duquel est placée la personne concernée.**

Art. A. 53-4 *(Arr. du 6 sept. 2019, art. 4)* **Le dispositif technique mentionné à l'article D. 589-4 permet de recueillir la signature manuscrite de toute personne, y compris de celle concourant à la procédure au sens de l'article 11, afin d'en faire une image numérique intégrée au corps de l'un des actes mentionnés au premier alinéa du I de l'article 801-1.**

Le recueil sous forme numérique d'une ou plusieurs signatures manuscrites se fait sous le contrôle de la personne chargée d'apposer sa signature électronique sur l'acte, conformément au deuxième alinéa de l'article D. 589-4.

L'identité de celui qui procède à une signature manuscrite recueillie sous forme numérique est obligatoirement mentionnée dans l'acte. Le cas échéant, il est mentionné si cette identité est présumée ou inconnue.

Après l'apposition de la signature électronique, l'ensemble des éléments que l'acte contient, dont les signatures manuscrites recueillies sous forme numérique, ne peut être altéré.

Lorsque, pour la tenue de l'acte, il est recouru à des moyens de télécommunication audiovisuelle en application de l'article 706-71, le recueil sous forme numérique de la signature manuscrite peut se faire avec l'assistance d'une personne, non partie à la procédure, présente aux côtés du signataire.

Les dispositions du présent article ne sont pas applicables aux signatures manuscrites recueillies sous forme numérique par l'appareil mentionné à l'article R. 49-1.

SECTION II DISPOSITIONS RELATIVES À LA SIGNATURE NUMÉRIQUE

Art. A. 53-5 *(Arr. du 6 sept. 2019, art. 4)* **Est un cachet électronique avancé avec certificat qualifié au sens de l'article D. 589-5 un cachet électronique conforme à l'article 36 du règlement (UE) n° 910/2014 du Parlement européen et du Conseil du 23 juillet 2014, créé à l'aide d'un dispositif de création de cachet électronique qualifié**

conforme à l'article 39 de ce règlement, et qui repose sur un certificat qualifié de cachet électronique répondant aux exigences de l'article 38 du même règlement.

Le dispositif technique permettant d'apposer ce cachet électronique fait l'objet d'une homologation de sécurité conformément à l'article 5 du décret n° 2010-112 du 2 février 2010 précité.

SECTION III **DISPOSITIONS APPLICABLES À L'ARCHIVAGE**

Art. A. 53-6 *(Arr. du 6 sept. 2019, art. 4)* Le dossier de procédure numérique, défini à l'article D. 589-1, est archivé dans un système d'archivage électronique sécurisé. Celui-ci garantit la conservation, l'intégrité, l'intelligibilité et l'accessibilité des pièces qu'il contient, ainsi que la traçabilité des opérations de consultation, de versement, de migration, d'effacement et d'extraction.

L'intégrité des pièces conservées dans le système d'archivage électronique est attestée par une empreinte électronique, qui garantit que toute modification ultérieure de la pièce à laquelle elle est attachée est détectable.

Les opérations de migration requises pour assurer la lisibilité des pièces sous format numérique dans le temps ne constituent pas une altération de son contenu ou de sa forme dès lors qu'elles sont tracées et donnent lieu à la génération d'une nouvelle empreinte électronique de chaque pièce.

Les empreintes et les traces générées en application des alinéas précédents sont conservées aussi longtemps que la pièce sous format numérique à laquelle elles se rattachent et dans des conditions ne permettant pas leur modification.

Jusqu'au 31 déc. 2022, il peut être dérogé aux dispositions de l'art. A. 53-6 dès lors que l'intégrité des pièces établies ou converties sous format numérique est garantie par un dispositif de signature sous forme numérique prévu à l'art. D. 589-2 (Arr. du 6 sept. 2019, art. 5).

SECTION IV **DISPOSITIONS RELATIVES À LA NUMÉRISATION DES PIÈCES DE PROCÉDURE**

(Arr. du 6 sept. 2019, art. 4)

Art. A. 53-7 La conversion sous format numérique de toute pièce ayant vocation à être transmise à l'autorité judiciaire ou versée au sein du dossier de procédure numérique, est réalisée sous la responsabilité de cette dernière et impose le recours à un dispositif de numérisation assurant une reproduction fidèle de sa forme, de son contenu et de sa couleur.

Toute pièce convertie sous format numérique par une personne non autorisée au sens de l'article D. 589 ne peut être versée au sein du dossier de procédure numérique qu'après vérification de sa fidélité, de sa complétude, de l'identité de son émetteur et de sa date de conversion.

La conversion, la restitution et la destruction de pièces de procédure sont effectuées dans le respect des dispositions prévues par la loi ou le règlement applicables aux archives.

Art. A. 53-8 Toute pièce de procédure sous format numérique peut, s'il y a lieu, être imprimée par les magistrats et agents de greffe qui les assistent, les services de la police nationale, les unités de la gendarmerie nationale, les fonctionnaires et agents exerçant des pouvoirs de police judiciaire, les services pénitentiaires ou de la protection judiciaire de la jeunesse afin d'être remise ou transmise sous format papier.

Les pièces ayant fait l'objet d'un procédé de signature sous forme numérique au sens de l'article D. 589-2 conservent leur valeur probante, après leur impression, s'il est joint une attestation unique indiquant qu'elles sont fidèles à leur version sous format numérique dont est détenteur le service mentionné au premier alinéa ou si chaque impression fait l'objet d'une mention certifiant sa fidélité par le service précité.

SECTION V **DISPOSITIONS RELATIVES À LA TRANSMISSION DES PIÈCES SOUS FORMAT NUMÉRIQUE** *(Arr. du 23 juill. 2021, art. 2)*

(Arr. du 6 sept. 2019, art. 4)

Art. A. 53-9 Toute personne publique ou privée, autorisée à transmettre des pièces sous format numérique conformément au deuxième alinéa de l'article D. 589, doit respecter strictement les conditions et modalités prévues par cette autorisation.

Lorsque cette autorisation est délivrée à un avocat ou au barreau dont il relève, elle mentionne obligatoirement :

— le moyen de télécommunication retenu, en précisant l'adresse électronique du destinataire et, le cas échéant, la plateforme sécurisée d'échange de documents et de fichiers utilisée ;

— les jours et horaires de réception des pièces à l'issue desquels celles-ci ne sont plus recevables lorsque le présent code fixe un délai d'expiration ;

— l'évènement technique à compter duquel la transmission est considérée comme reçue par la juridiction destinataire, cet évènement faisant courir, s'il y a lieu, les délais prévus par les dispositions du présent code.

Cette autorisation peut lister exhaustivement les actes, demandes, déclarations et observations pouvant être transmis selon cette voie, ou ceux pouvant être exclus d'une telle transmission. A défaut de précision, tous les actes, demandes, déclarations ou observations prévus par le présent code sont transmissibles selon cette voie.

Les protocoles fondés sur le troisième alinéa de l'article D. 589 et passés entre les chefs des juridictions et les avocats ou les barreaux dont ces derniers relèvent peuvent préciser que tout ou partie des conditions, restrictions et modalités prévues par les articles D. 591 à D. 593 ne sont pas applicables.

CHAPITRE II **DISPOSITIONS RELATIVES À LA CAPTATION SONORE DES AUDIENCES DES JURIDICTIONS PÉNALES SPÉCIALISÉES**

(Arr. du 23 juill. 2021, art. 3)

Art. A. 53-10 Lorsque le premier président de la cour d'appel décide de faire application des dispositions de l'article 802-3, il en informe par tout moyen l'ensemble des parties civiles et leurs avocats respectifs.

Ceux-ci doivent faire connaître au greffe de la juridiction qu'ils souhaitent recevoir la captation sonore des audiences au moins huit jours avant le début de celles-ci si elles veulent bénéficier de cette captation dès le début des débats.

Pour la création des comptes d'utilisateurs, une liste de combinaisons d'identifiants et de mots de passe est générée de manière aléatoire, chiffrée et sécurisée.

Le greffe de la juridiction est seul habilité à détenir la liste enrichie contenant l'affiliation entre l'identité de l'utilisateur et la combinaison de l'identifiant et du mot de passe. Il est également le seul habilité à attribuer et à communiquer à chaque participant éligible les éléments de connexion. Il transmet ces informations pseudonymisées aux équipes en charge du traitement.

Lorsque sont portées à la connaissance des parties civiles et de leur avocats les modalités pratiques d'accès à la captation des débats, qui doivent notamment comporter un *code confidentiel* propre à chaque partie civile, elles doivent être informées du délit prévu par les dispositions du deuxième alinéa de l'article 802-3.

La diffusion des débats aux parties civiles se fait en différé. Elle peut être interrompue à tout moment par le président d'audience.

La chaîne de retransmission est sécurisée de l'encodeur jusqu'à la plateforme de diffusion. Un encodage et un flux redondé sont mis en œuvre de la réception du flux en régie jusqu'à la plateforme de diffusion. Le flux de diffusion est chiffré de bout en bout.

LIVRE SIXIÈME MODALITÉS D'APPLICATION EN CE QUI CONCERNE LES DÉPARTEMENTS DE LA GUADELOUPE, DE LA GUYANE, DE LA MARTINIQUE ET DE LA RÉUNION

(Arr. du 27 févr. 1964)

Art. A. 54 Par dérogation aux dispositions du second alinéa de l'article D. 77, l'*(Arr. du 7 mars 1973)* « orientation » des condamnés à une longue peine relève, dans les départements où est établie une maison centrale, de la *(Arr. du 7 mars 1973)* « commission de l'application des peines » instituée à l'article D. 95.

Dans les autres départements visés au présent titre, l'*(Arr. du 7 mars 1973)* « orientation » est effectuée, après avis du juge de l'application des peines, par le fonctionnaire de l'administration pénitentiaire exerçant pour ces départements les attributions dévolues aux directeurs régionaux.

Art. A. 55 Le bulletin concernant chaque condamné ayant à subir une longue peine et visé à l'article D. 80 est adressé par le chef de l'établissement de détention au fonctionnaire de l'administration pénitentiaire exerçant les attributions dévolues au directeur régional.

L'examen du bulletin est effectué, selon les distinctions visées à l'article A. 54, par ce fonctionnaire ou par la *(Arr. du 7 mars 1973)* « commission de l'application des peines » à laquelle le bulletin est alors transmis. Cet examen donne lieu :

Soit à une décision d'affectation dans un établissement pénitentiaire du département où est situé l'établissement de détention.

Soit à une proposition d'affectation dans un des autres départements visés au présent titre. Cette proposition est soumise, pour décision, au ministre de la justice.

Art. A. 56 L'enquête prévue à l'article D. 81 sur la situation du condamné avant son incarcération est demandée au service social de l'administration pénitentiaire ou à défaut aux services sociaux locaux, par le fonctionnaire visé à l'article A. 54.

Art. A. 57 *(Arr. du 4 mars 2003)* Dans les départements de la Guadeloupe et de la Réunion, les directeurs des centres pénitentiaires de Baie-Mahault et du Port assurent, dans les limites des délégations de compétences qui leur sont consenties, la gestion de l'ensemble des personnels affectés dans les établissements de leur département respectif.

LIVRE SEPTIÈME DISPOSITIONS APPLICABLES EN NOUVELLE-CALÉDONIE

(Arr. du 27 avr. 2005)

Art. A. 57-1 *(Abrogé par Arr. du 27 mai 2021, art. 1er, à compter du 30 sept. 2021) (Arr. du 9 mai 2007) La liste des établissements spécialisés pour mineurs ou des quartiers des mineurs des établissements pénitentiaires de Nouvelle-Calédonie est fixée comme suit :*

Quartier des mineurs du Camp-Est (Nouméa).

V. désormais ss. CJPM, art. R. 124-9.

Art. A. 58 Le siège du service pénitentiaire d'insertion et de probation et la liste des antennes locales d'insertion et de probation de la Nouvelle-Calédonie prévus par l'article D.N.C. 572 sont fixés conformément au tableau ci-dessous :

SPIP	SIÈGE	ANTENNES	RESSORT DE COMPÉTENCE
Nouvelle-Calédonie.	Nouméa.	Nouméa.	Camp-Est. Province Sud. Province des îles Loyauté.
		Koné.	Province Nord.

LIVRE HUITIÈME DISPOSITIONS APPLICABLES EN POLYNÉSIE FRANÇAISE

(Arr. du 27 avr. 2005)

Art. A. 58-1 *(Abrogé par Arr. du 27 mai 2021, art. 1er, à compter du 30 sept. 2021)* *(Arr. du 9 mai 2007)* ***La liste des établissements spécialisés pour mineurs ou des quartiers des mineurs des établissements pénitentiaires de Polynésie française est fixée comme suit :***

Quartier des mineurs du centre pénitentiaire de Faa'a-Nuutania (Papeete).

V. désormais ss. CJPM, art. R. 124-9.

Art. A. 59 **Le siège du service pénitentiaire d'insertion et de probation et la liste des antennes locales d'insertion et de probation de la Polynésie française prévus par l'article D.P. 572 sont fixés conformément au tableau ci-dessous :**

SPIP	SIÈGE	ANTENNES	RESSORT DE COMPÉTENCE
Polynésie française.	Papeete.	*(Arr. du 3 nov. 2017)* « Antenne de Papéari. » *(Arr. du 21 mai 2014)* « Antenne de Papeete. »	*(Arr. du 3 nov. 2017)* « Centre de détention Tatutu de Papéari. » *(Arr. du 21 mai 2014)* « Collectivité d'outre-mer de la Polynésie française, à l'exception des îles Sous-le-Vent. » Centre pénitentiaire de Faa'a-Nuutania. *(Abrogé par Arr. du 21 mai 2014) « Centre de détention de l'Uturoa (Raïatea). »* Centre de détention de Taiohae (Marquises).
		(Arr. du 21 mai 2014) « Antenne d'Uturoa. »	Îles Sous-le-Vent *(Arr. du 21 mai 2014)* « Centre de détention d'Uturoa (Raïatea). »

CINQUIÈME PARTIE : INSTRUCTION GÉNÉRALE

(JO 28 févr., 3, 4, 11 et 14 mars 1959 ; Rect. JO 2 juill.)

Mod. par Circ. 13 oct. 1959 (JO 20 oct.), Circ. 27 nov. 1959 (JO 5 déc.), Circ. 1er mars 1960 (JO 19 mars), Circ. 17 févr. 1961 (JO 24 févr.), Circ. 14 avr. 1961 (JO 21 avr.), Circ. 19 avr. 1961 (JO 21 avr.), Circ. 17 mai 1961 (JO 27 mai), Circ. 23 oct. 1961 (JO 5 nov.), Circ. 9 janv. 1962 (JO 18 janv.), Circ. 14 juin 1962 (JO 29 juin), Circ. 30 juill. 1962 (JO 5 août), Circ. 27 févr. 1964 (JO 19 mars ; Rect., JO 28 mars), Circ. 29 juin 1964 (JO 11 juill.), Circ. 20 juill. 1964 (D. 1964. 259 ; BLD 1964. 442), Circ. 15 sept. 1965 (D. 1965. 305 ; BLD 1965. 575), Circ. 30 nov. 1965 (D. 1966. 4 ; BLD 1965. 702), Circ. 19 févr. 1968 (D. 1968. 134 ; BLD 1968. 242), Circ. 5 mars 1968 (D. 1968. 134 ; BLD 1968. 243), Circ. 14 juin 1968 (JO 26 juin), Circ. 13 févr. 1969 (JO 21 févr.), Circ. 18 mars 1969 (JO 3 avr.), Circ. 4 juin 1969 (JO 12 juin), Circ. 24 mars 1970 (JO 15 avr.), Circ. 20 mars 1972 (JO 2 avr.).

APPENDICE

AIDE JURIDIQUE

Loi nº 91-647 du 10 juillet 1991,

Relative à l'aide juridique. — C. pr. civ.

PREMIÈRE PARTIE L'aide juridictionnelle et l'aide à l'intervention de l'avocat dans les procédures non juridictionnelles *(L. nº 2020-1721 du 29 déc. 2020, art. 234).*

RÉP. PÉN. v° *Aide juridictionnelle*, par CARBONE.

Les règles relatives à l'aide juridictionnelle ne sont pas incompatibles avec les dispositions des art. 6 et 14 Conv. EDH. • Crim. 28 janv. 1997 : *Procédures 1997, nº 123, obs. Buisson.*

TITRE PREMIER L'accès à l'aide juridictionnelle et à l'aide à l'intervention de l'avocat dans les procédures non juridictionnelles *(L. nº 2020-1721 du 29 déc. 2020, art. 234).*

Art. 3 Sont admises au bénéfice de l'aide juridictionnelle les personnes physiques de nationalité française et les ressortissants des États membres de la Communauté européenne.

Les personnes de nationalité étrangère résidant habituellement et régulièrement en France sont également admises au bénéfice de l'aide juridictionnelle.

Toutefois, l'aide juridictionnelle peut être accordée à titre exceptionnel aux personnes ne remplissant pas les conditions fixées à l'alinéa précédent, lorsque leur situation apparaît particulièrement digne d'intérêt au regard de l'objet du litige ou des charges prévisibles du procès.

L'aide juridictionnelle est accordée sans condition de résidence aux étrangers lorsqu'ils sont mineurs, témoins assistés, personnes mises en examen, prévenus, accusés, condamnés ou parties civiles *(L. nº 2010-769 du 9 juill. 2010, art. 15, en vigueur le 1er oct. 2010)* « , lorsqu'ils bénéficient d'une ordonnance de protection en vertu de l'article 515-9 du code civil » *(L. nº 2004-204 du 9 mars 2004, art. 137-III, en vigueur le 1er oct. 2004)* « ou lorsqu'ils font l'objet de la procédure de comparution sur reconnaissance préalable de culpabilité », *(L. nº 2007-210 du 19 févr. 2007, art. 7-I)* « ainsi qu'aux personnes faisant l'objet de l'une des procédures prévues aux articles L. 222-1 à L. 222-6, L. 312-2, L. 511-1, *(L. nº 2011-672 du 16 juin 2011, art. 72 et 111, en vigueur le 18 juill. 2011)* « L. 511-3-1, » *(L. nº 2016-274 du 7 mars 2016, art. 28)* « L. 511-3-2, » L. 512-1 à L. 512-4, L. 522-1, L. 522-2 *(L. nº 2015-925 du 29 juill. 2015, art. 20)* « , L. 552-1 à L. 552-10 et L. 742-4 » du code de l'entrée et du séjour des étrangers et du droit d'asile, ou lorsqu'il est fait appel des décisions mentionnées aux articles L. 512-1 à L. 512-4 du même code ». — *V. CESEDA.*

Devant la *(L. nº 2015-925 du 29 juill. 2015, art. 17)* « Cour nationale du droit d'asile », elle est accordée aux étrangers qui résident habituellement *(L. nº 2006-911 du 24 juill. 2006, art. 93, en vigueur le 1er déc. 2008)* « en France ».

Mineur devenu majeur. Le majeur, qui comparaît devant le tribunal pour enfants pour une infraction commise alors qu'il était mineur, doit être assisté d'un avocat, lequel sera rémunéré, soit par des honoraires, soit par l'aide juridictionnelle dans les conditions prévues pour les mineurs par les art. 2 à 6 de la loi du 10 juill. 1991. • Cass., avis, 29 févr. 2016, nº 16002 : *D. actu. 7 mars 2016, obs. Portmann.*

Art. 7 L'aide juridictionnelle est accordée à la personne dont l'action n'apparaît pas, manifestement, irrecevable *(L. n° 2019-1479 du 28 déc. 2019, art. 243, en vigueur au plus tard le 1er déc. 2020)* « , dénuée de fondement ou abusive en raison notamment du nombre des demandes, de leur caractère répétitif ou systématique ».

Cette condition n'est pas applicable au défendeur à l'action, à la personne civilement responsable, au témoin assisté, à l'inculpé *[la personne mise en examen]*, au prévenu, à l'accusé, au condamné *(L. n° 2004-204 du 9 mars 2004, art. 137-III, en vigueur le 1er oct. 2004)* « et à la personne faisant l'objet de la procédure de comparution sur reconnaissance préalable de culpabilité ».

En outre, en matière de cassation, l'aide juridictionnelle est refusée au demandeur si aucun moyen de cassation sérieux ne peut être relevé.

Lorsqu'en vertu des alinéas qui précèdent, l'aide juridictionnelle n'a pas été accordée et que cependant le juge a fait droit à l'action intentée par le demandeur, il est accordé à ce dernier le remboursement des frais, dépens et honoraires par lui exposés ou versés, à concurrence de l'aide juridictionnelle dont il aurait bénéficié compte tenu de ses ressources.

....

Art. 9-2 *(L. n° 2002-1138 du 9 sept. 2002, art. 65)* La condition de ressources n'est pas exigée des victimes de crimes d'atteintes volontaires à la vie ou à l'intégrité de la personne prévus et réprimés par les articles 221-1 à 221-5, 222-1 à 222-6, 222-8, 222-10, 222-14 (1° et 2°), 222-23 à 222-26, 421-1 (1°) et 421-3 (1° à 4°) du code pénal, ainsi que de leurs ayants droit pour bénéficier de l'aide juridictionnelle en vue d'exercer l'action civile en réparation des dommages résultant des atteintes à la personne.

(L. n° 2019-222 du 23 mars 2019, art. 64, en vigueur le 1er avr. 2019) « Les dispositions du premier alinéa sont également applicables aux victimes de crimes d'atteintes volontaires à la vie ou à l'intégrité de la personne prévus et réprimés par le 1° de l'article 421-1 et les 1° à 4° de l'article 421-3 du code pénal ainsi qu'à leurs ayants droit en vue de leur constitution de partie civile au soutien de l'action publique. »

Des dispositions identiques existent pour Mayotte (Ord. n° 92-1143 du 12 oct. 1992, art. 9-1 introduit par l'Ord. n° 2003-918 du 26 sept. 2003) et pour les territoires d'outre-mer (Ord. n° 92-1147 du 12 oct. 1992, art. 5-1 introduit par l'Ord. n° 2003-918 du 26 sept. 2003).

Au 1er avr. 2019, les procédures en cours devant les juridictions civiles sont transférées en l'état au tribunal judiciaire de Paris. Les affaires peuvent être renvoyées par la juridiction initialement saisie avant cette date pour une audience postérieure à cette date devant le tribunal judiciaire de Paris. Il n'y a pas lieu de renouveler les actes, formalités et jugements régulièrement intervenus avant le transfert des procédures. Les parties sont informées par la juridiction antérieurement compétente qu'il leur appartient d'accomplir les actes de la procédure devant le tribunal judiciaire de Paris. Les archives et les minutes du secrétariat de la juridiction antérieurement compétente sont transférées au greffe du tribunal judiciaire de Paris (L. n° 2019-222 du 23 mars 2019, art. 64).

....

Art. 9-4 *(L. n° 2015-925 du 29 juill. 2015, art. 17)* Devant la Cour nationale du droit d'asile, le bénéfice de l'aide juridictionnelle est de plein droit, sauf si le recours est manifestement irrecevable. *(L. n° 2018-778 du 10 sept. 2018, art. 8 et 71, en vigueur au plus tard le 1er janv. 2019)* « L'aide juridictionnelle est sollicitée dans un délai de quinze jours à compter de la notification de la décision de l'Office français de protection des réfugiés et apatrides. Lorsqu'une demande d'aide juridictionnelle est adressée au bureau d'aide juridictionnelle de la cour, le délai prévu au premier alinéa de l'article L. 731-2 du code de l'entrée et du séjour des étrangers et du droit d'asile est suspendu et un nouveau délai court, pour la durée restante, à compter de la notification de la décision relative à l'admission au bénéfice de l'aide juridictionnelle. Ces délais sont notifiés avec la décision de l'office. Le bureau d'aide juridictionnelle de la cour s'efforce de notifier sa décision dans un délai de quinze jours suivant l'enregistrement de la demande. »

TITRE II Le domaine de l'aide juridictionnelle et de l'aide à l'intervention de l'avocat dans les procédures non juridictionnelles *(L. n° 2020-1721 du 29 déc. 2020, art. 234).*

....

Art. 11-2 *(L. n° 2020-1721 du 29 déc. 2020, art. 234)* Sans préjudice de l'application de l'article 19-1, l'aide à l'intervention de l'avocat dans les procédures non juridictionnelles est accordée à la personne qui remplit les conditions pour bénéficier de l'aide juridictionnelle, qu'elle soit mise en cause ou victime, dans les procédures suivantes :

1° Audition, confrontation ou mesures d'enquête mentionnées aux articles 61-1 à 61-3 du code de procédure pénale, à l'article L. 39 du livre des procédures fiscales ou à l'article 67 F du code des douanes ; confrontation ou reconstitution en application des articles 61-2 et 61-3 du code de procédure pénale ; assistance d'une personne arrêtée dans l'État membre d'exécution d'un mandat d'arrêt européen dans les conditions fixées à l'article 695-17-1 du même code ;

2° Garde à vue, retenue, rétention, confrontation dans les conditions prévues par ledit code ; retenue douanière dans les conditions prévues par le code des douanes ; retenue d'un étranger aux fins de vérification du droit de circulation ou de séjour dans les conditions prévues par le code de l'entrée et du séjour des étrangers et du droit d'asile lorsque l'avocat est commis ou désigné d'office ;

3° Déferrement devant le procureur de la République en application de l'article 393 du code de procédure pénale lorsque l'avocat est commis d'office ;

4° Mesures prévues au 5° de l'article 41-1 et aux articles 41-2 et 41-3 du même code ou à l'article 12-1 de l'ordonnance n° 45-174 du 2 février 1945 relative à l'enfance délinquante et ordonnées par le procureur de la République.

Un décret en Conseil d'État détermine les modalités d'application du présent article.

Art. 11-3 *(L. n° 2020-1721 du 29 déc. 2020, art. 234)* L'avocat assistant une personne détenue faisant l'objet d'une procédure disciplinaire en relation avec la détention a droit à une rétribution.

Il en va de même de l'avocat assistant une personne détenue faisant l'objet d'une mesure d'isolement d'office ou de prolongation de cette mesure, ou de l'avocat assistant une personne détenue placée à l'isolement à sa demande et faisant l'objet d'une levée sans son accord de ce placement.

L'avocat assistant une personne détenue devant la commission d'application des peines en application de l'article 720 du code de procédure pénale a droit à une rétribution.

Le premier alinéa du présent article est également applicable aux missions d'assistance à une personne retenue dans un centre socio-médico-judiciaire de sûreté, s'agissant des décisions prises à son encontre pour assurer le bon ordre du centre.

....

TITRE V **Les effets de l'aide juridictionnelle et de l'aide à l'intervention de l'avocat dans les procédures non juridictionnelles** *(L. n° 2020-1721 du 29 déc. 2020, art. 234).*

....

CHAPITRE PREMIER *Le concours des auxiliaires de justice*

Art. 25 Le bénéficiaire de l'aide juridictionnelle a droit à l'assistance d'un avocat et à celle de tous officiers publics ou ministériels dont la procédure requiert le concours.

Les avocats et les officiers publics ou ministériels sont choisis par le bénéficiaire de l'aide juridictionnelle. Ils peuvent l'être également par l'auxiliaire de justice premier choisi ou désigné.

A défaut de choix ou en cas de refus de l'auxiliaire de justice choisi, un avocat ou un officier public ou ministériel est désigné, sans préjudice de l'application des règles relatives aux commissions ou désignations d'office, par le bâtonnier ou par le président de l'organisme professionnel dont il dépend.

L'auxiliaire de justice qui prêtait son concours au bénéficiaire de l'aide juridictionnelle avant que celle-ci ait été accordée doit continuer de le lui prêter. Il ne pourra en être déchargé qu'exceptionnellement et dans les conditions fixées par le bâtonnier ou par le président de l'organisme dont il dépend.

Art. 26 En cas d'appel, le bénéficiaire de l'aide juridictionnelle est assisté ou représenté par l'avocat qui lui avait prêté son concours en première instance au titre de cette aide, sauf choix contraire de la partie ou refus de l'avocat.

....

CHAPITRE II *Les frais couverts par l'aide juridictionnelle*

Art. 40 L'aide juridictionnelle concerne tous les frais afférents aux instances, procédures ou actes pour lesquels elle a été accordée *(L. n° 2010-1657 du 29 déc. 2010, art. 74-I-1°)* « , à l'exception des droits de plaidoirie ».

Le bénéficiaire de l'aide est dispensé du paiement, de l'avance ou de la consignation de ces frais.

Les frais occasionnés par les mesures d'instruction sont avancés par l'État.

....

Art. 41 Les dépositaires publics délivrent gratuitement au bénéficiaire de l'aide juridictionnelle les actes et expéditions nécessaires à la procédure ou à la mesure d'exécution.

Les droits et taxes dus par le bénéficiaire de l'aide juridictionnelle sont recouvrés par l'État après le jugement dans les conditions prévues aux articles 42 et suivants.

Art. 42 Lorsque le bénéficiaire de l'aide juridictionnelle est condamné aux dépens ou perd son procès, il supporte exclusivement la charge des dépens effectivement exposés par son adversaire, sans préjudice de l'application éventuelle des dispositions de l'article 75.

Le juge peut toutefois, même d'office, laisser une partie des dépens à la charge de l'État.

Dans le même cas, le juge peut mettre à la charge du bénéficiaire de l'aide juridictionnelle partielle, demandeur au procès, le remboursement d'une fraction des sommes exposées par l'État autres que la part contributive de l'État à la mission d'aide juridictionnelle des avocats et des officiers publics et ministériels.

Art. 43 *(L. n° 93-2 du 4 janv. 1993)* « Lorsque la partie condamnée aux dépens ou la partie perdante ne bénéficie pas de l'aide juridictionnelle, elle est tenue de rembourser au Trésor public les sommes exposées par l'État, à l'exclusion des frais de justice criminelle, correctionnelle ou de police. » Toutefois, pour des considérations tirées de l'équité ou de la situation économique de cette partie, le juge peut la dispenser totalement ou partiellement de ce remboursement.

Le bénéficiaire de l'aide juridictionnelle peut demander au juge de condamner dans les conditions prévues à l'article 75, la partie mentionnée à l'alinéa précédent au paiement d'une somme au titre des frais qu'il a exposés.

Art. 44 Le recouvrement des sommes dues à l'État a lieu comme en matière *(L. n° 2010-1657 du 29 déc. 2010, art. 74-I-2°)* « de créances étrangères à l'impôt et au domaine », sous réserve de dispositions particulières définies par décret. *— Entrée en vigueur le 1er janv. 2011.*

(L. n° 2020-1721 du 29 déc. 2020, art. 160) « Un titre de perception est émis dans les cinq ans à compter de la décision de justice ou de l'acte mettant fin à la mission d'aide juridictionnelle.

« L'action en recouvrement se prescrit conformément aux dispositions de l'article L. 274 du livre des procédures fiscales. »

Art. 45 et 46 *Abrogés par L. n° 98-1163 du 18 déc. 1998.*

Art. 47 Les dispositions du présent chapitre ne sont pas applicables en matière pénale lorsque le bénéficiaire de l'aide juridictionnelle est témoin assisté, inculpé *[personne mise en examen]*, prévenu, accusé ou condamné *(L. n° 2004-204 du 9 mars 2004, art. 137-III en vigueur le 1er oct. 2004)* « ou qu'il fait l'objet de la procédure de comparution sur reconnaissance préalable de culpabilité ».

Art. 48 *(L. n° 93-2 du 4 janv. 1993)* Lorsque le bénéficiaire de l'aide juridictionnelle est partie civile au procès pénal, la juridiction de jugement met à la charge du condamné le remboursement de la contribution versée par l'État à l'avocat de la partie civile au titre de l'aide juridictionnelle. Toutefois, pour des considérations tirées de l'équité ou de la situation économique du condamné, le juge peut le dispenser totalement ou partiellement de ce remboursement.

....

TROISIÈME PARTIE L'aide à l'intervention de l'avocat dans les procédures non juridictionnelles *(L. n° 2014-535 du 27 mai 2014, art. 13, en vigueur le 1er janv. 2015).*

(L. n° 93-1013 du 24 août 1993)

Art. 64 *(L. n° 2014-535 du 27 mai 2014, art. 13, en vigueur le 1er janv. 2015)* L'avocat assistant, au cours de l'audition *(L. n° 2016-731 du 3 juin 2016, art. 63, en vigueur le 15 nov. 2016)* « , de la confrontation ou des mesures d'enquête mentionnées aux articles 61-1 à 61-3 » du code de procédure pénale *(L. n° 2015-1785 du 29 déc. 2015, art. 42)* « , à l'article L. 39 du livre des procédures fiscales » ou à l'article 67 F du code des douanes, la personne soupçonnée qui remplit les conditions pour bénéficier de l'aide juridictionnelle a droit à une rétribution. Il en est de même de l'avocat qui intervient pour assister une victime lors d'une confrontation *(L. n° 2016-731 du 3 juin 2016, art. 63, en vigueur le 15 nov. 2016)* « ou d'une reconstitution en application des articles **61-2** et **61-3** » du code de procédure pénale, lorsque la victime remplit les conditions pour bénéficier de l'aide juridictionnelle.

(L. n° 2019-222 du 23 mars 2019, art. 70) « L'avocat assistant, dans les conditions fixées à l'article **695-17-1** du code de procédure pénale, une personne arrêtée dans l'État membre d'exécution d'un mandat d'arrêt européen qui remplit les conditions pour bénéficier de l'aide juridictionnelle a droit à une rétribution. »

Un décret en Conseil d'État détermine les modalités d'application du présent article.

Art. 64-1 L'avocat désigné d'office qui intervient *(L. n° 2011-392 du 14 avr. 2011)* « au cours de la garde à vue *(L. n° 2014-896 du 15 août 2014, art. 34, en vigueur le 1er janv. 2015)* « , de la retenue ou de la rétention » dans les conditions prévues par le code de procédure pénale ou au cours de la retenue douanière dans les conditions prévues par le code des douanes » *(L. n° 2012-1560 du 31 déc. 2012, art. 6)* « ou au cours de la retenue d'un étranger aux fins de vérification du droit de circulation ou de séjour dans les conditions prévues par le code de l'entrée et du séjour des étrangers et du droit d'asile » a droit à une rétribution.

(L. n° 2011-392 du 14 avr. 2011) « Le premier alinéa est également applicable lorsque l'avocat intervient pour assister une victime lors d'une confrontation avec une personne gardée à vue. »

L'État affecte annuellement à chaque barreau une dotation représentant sa part contributive aux missions ainsi assurées par les avocats.

Cette dotation est versée sur le compte spécial prévu par l'article **29**.

Le montant de la dotation est calculé selon des modalités fixées par décret en Conseil d'État, en fonction du nombre des missions effectuées par les avocats désignés d'office.

V. Circ. SG du 12 juill. 2011 (BOMJ, n° 2011-07).

Art. 64-1-1 *(L. n° 2011-900 du 29 juill. 2011, art. 54-III)* La personne qui a bénéficié de l'intervention d'un avocat commis d'office dans les conditions prévues à l'article **63-3-1** du code de procédure pénale et qui n'est pas éligible à l'aide juridictionnelle est tenue de rembourser au Trésor public les sommes exposées par l'État. Le recouvrement des sommes dues à l'État a lieu comme en matière de créances étrangères à l'impôt et au domaine.

Les modalités d'application du présent article sont fixées par décret en Conseil d'État.

Art. 64-1-2 *(L. n° 2014-1654 du 29 déc. 2014, art. 35-III-4°, en vigueur le 1er janv. 2015)* L'avocat commis d'office assistant une personne déférée devant le procureur de la République en application de l'article **393** du code de procédure pénale, qui remplit les conditions pour bénéficier de l'aide juridictionnelle, a droit à une rétribution.

Art. 64-2 *(L. n° 98-1163 du 18 déc. 1998)* L'avocat assistant, au cours des mesures prévues *(L. n° 99-515 du 23 juin 1999)* « au 5° de l'article **41-1** et aux articles *(Abrogé par L. n° 2019-222 du 23 mars 2019, art. 59) (L. n° 2014-1654 du 29 déc. 2014, art. 35-III-5°, en vigueur le 1er janv. 2015)* « **41-1-1**, » **41-2** et **41-3** » du code de procédure pénale ou à l'article **12-1** de l'ordonnance n° **45-174** du **2 février 1945** relative à l'enfance délinquante et ordonnées par le procureur de la République, la personne mise en cause ou la victime qui remplissent les conditions pour bénéficier de l'aide juridictionnelle a droit à une rétribution *(Abrogé par L. n° 2013-1278 du 29 déc. 2013, art. 128-IV-4°)* « *fixée par décret en Conseil d'État* ».

Un décret en Conseil d'État détermine les modalités selon lesquelles l'aide est accordée par le président ou le vice-président du bureau d'aide juridictionnelle.

Pour l'application de cette loi, V. Décr. n° 91-1266 du 19 déc. 1991. — **C. pr. civ.**

Art. 64-3 *(Abrogé par L. n° 2020-1721 du 29 déc. 2020, art. 234) (L. n° 2007-210 du 19 févr. 2007, art. 9)* « ***L'avocat assistant une personne détenue faisant l'objet d'une procédure disciplinaire en relation avec la détention a droit à une rétribution.***

« ***Il en va de même de l'avocat assistant une personne détenue faisant l'objet d'une mesure d'isolement d'office ou de prolongation de cette mesure, ou de l'avocat assistant une personne détenue placée à l'isolement à sa demande et faisant l'objet d'une levée sans son accord de ce placement.***

(L. n° 2014-1654 du 29 déc. 2014, art. 35-III-6°, en vigueur le 1er janv. 2015) « ***L'avocat assistant une personne détenue devant la commission d'application des peines en application de l'article 720 du code de procédure pénale a droit à une rétribution.***

(L. n° 2010-242 du 10 mars 2010, art. 8) « ***Le premier alinéa est également applicable aux missions d'assistance à une personne retenue dans un centre socio-médico-judiciaire de sûreté, s'agissant des décisions prises à son encontre pour assurer le bon ordre du centre*** ».

L'État affecte annuellement à chaque barreau une dotation représentant sa part contributive aux missions ainsi assurées par les avocats.

Art. 64-4 *(L. n° 2013-1278 du 29 déc. 2013, art. 128-IV-5°)* Les modalités et le montant de la rétribution de l'avocat sont déterminés dans chaque barreau par le règlement intérieur.

Ce règlement peut prévoir que les avocats désignés ou commis d'office interviennent, à temps partiel, au cours des mesures mentionnées aux articles qui précèdent, selon des modalités fixées par convention avec l'ordre.

Une évaluation de ces conventions est effectuée annuellement par le Gouvernement.

....

Art. 76 La présente loi entrera en vigueur le 1er janvier 1992. Toutefois, les dispositions relatives à la majoration en matière d'aide juridictionnelle totale prévue au quatrième alinéa de l'article 27 n'entreront en vigueur que le 1er janvier 1993.

Les demandes d'aide judiciaire ainsi que les demandes de dispense d'honoraires d'avocat formées devant la commission prévue par le code de la sécurité sociale en cours d'examen au 1er janvier 1992 seront transférées en l'état aux bureaux d'aide juridictionnelle désormais compétents.

Les bureaux d'aide juridictionnelle se prononceront dans les conditions prévues par les textes en vigueur à la date à laquelle les demandes ont été présentées et les admissions produiront les effets attachés à ces textes. Toutefois, les dispositions de la présente loi relatives au recouvrement des sommes exposées par l'État au titre de l'aide juridictionnelle seront applicables lorsque les missions seront achevées après le 31 décembre 1991.

Jusqu'à l'installation du conseil départemental de l'aide juridique, le représentant des usagers au sein du bureau d'aide juridictionnelle, prévu à l'article 16, est désigné par le président de ce bureau.

COOPÉRATION INTERNATIONALE

BIBL. ▶ Bernardi, *RSC 2007. Doctr. 713* (rôle du troisième pilier dans l'européanisation du droit pénal). – Gogorza, *Dr. pénal 2010. Étude 26* (rôle de la CJUE en matière pénale). – Manacorda, *RSC 2009. Chron. 927* (bilan des dynamiques d'intégration pénale à l'aube du traité de Lisbonne). – Martin, *D. 2007. Entretien 784* (disparitions forcées : un nouveau crime de droit international). – Rubi-Cavagna, *RSC 2009. 501* (réflexions sur l'harmonisation des incriminations et des sanctions pénales prévue par le traité de Lisbonne). – Vila, *in Mél. Jacqué, Dalloz 2010, p. 699* (coopération civile et coopération pénale dans le traité de Lisbonne : nouveautés en matière de contrôle de subsidiarité et de procédures spéciales. Quelques réflexions pour l'avenir).

▶ **Dossier :** La rencontre de l'Union européenne et du droit pénal, *AJ pénal 2011. 437* s. – Barbe (influence du droit de l'Union européenne sur le droit pénal français : de l'ombre à la lumière). – Stein (principe *ne bis in idem* dans l'Union européenne). – Leblois-Happe (proposition de directive relative au droit à l'information dans le cadre des procédures pénales et droit français). – Herzog-Evans (Union européenne : circulation des mesures de « probation »).

Convention de Schengen du 19 juin 1990,

D'application de l'Accord de Schengen du 14 juin 1985 entre les Gouvernements des États de l'Union économique Benelux, de la République fédérale d'Allemagne et de la République française relatif à la suppression graduelle des contrôles aux frontières communes.

Nota : *outre les États signataires (Allemagne, Benelux et France), l'Espagne, l'Italie, le Portugal et la Grèce ont adhéré par la suite à cette Convention. En ce qui concerne la France, l'autorisation de l'approbation de la Convention résulte de la loi n° 91-737 du 30 juill. 1991 (JO 1er août) ; ... l'accord d'adhésion de l'Italie, de la loi n° 91-642 du 10 juill. 1991 (JO 12 juill.) ; ... pour l'Espagne, de la loi n° 93-1421 du 31 déc. 1993 (JO 1er janv. 1994) ; ... pour le Portugal, de la loi n° 93-1422 du 31 déc. 1993 (JO 1er janv. 1994) ; ... pour l'Autriche, de la loi n° 97-966 du 21 oct. 1997 (JO 22 oct.) ; ... pour la Grèce, de la loi n° 97-967 du 21 oct. 1997 (JO 22 oct.) ; ... pour le Danemark, de la loi n° 99-404 du 25 mai 1999 (JO 26 mai) ; ... pour la Finlande, de la loi n° 99-405 du 25 mai 1999 (JO 26 mai) ; ... pour la Suède, de la loi n° 99-406 du 25 mai 1999 (JO 26 mai).*

Modifiée par Décision n° 2005/211/JAI du Conseil du 24 févr. 2005, concernant l'attribution de certaines fonctions nouvelles au Système d'information Schengen, y compris dans le cadre de la lutte contre le terrorisme (JOUE 15 mars 2005).

RÉP. EUR. v° *Accords de Schengen*, par gazin.

BIBL. ▶ Colloque, *RSC 2004. 547* (polices d'Europe : politique étrangère et sécurité commune, questions de droit pénal). – Julien-Laferrière, *AJDA 1992. 656.* – Néel, *AJDA 1991. 659.* – Vedel, *RFDA 1992. 173*. – Deloire, *LPA 1995, 19 mai.* – Sur le droit des étrangers dans l'ordre communautaire, V. Alsondji-Kombé, *Cah. dr. eur. 1995. 351.*

TITRE PREMIER Définitions

Art. 1er **Au sens de la présente Convention, on entend par :**

Frontières intérieures : les frontières communes terrestres des Parties contractantes ainsi que leurs aéroports pour les vols intérieurs et leurs ports maritimes pour les liaisons régulières de transbordeurs qui sont en provenance ou à destination exclusives d'autres ports sur les territoires des Parties contractantes, sans faire escale dans des ports en dehors de ces territoires ;

Frontières extérieures : les frontières terrestres et maritimes ainsi que les aéroports et ports maritimes des Parties contractantes, pour autant qu'ils ne sont pas frontières intérieures ;

Vol intérieur : tout vol qui est en provenance ou à destination exclusives des territoires des Parties contractantes sans atterrissage sur le territoire d'un État tiers ;

État tiers : tout État autre que les Parties contractantes ;

Étranger : toute personne autre que les ressortissants des États membres des communautés européennes ;

Étranger signalé aux fins de non-admission : tout étranger signalé aux fins de non-admission dans le Système d'Information Schengen conformément aux dispositions de l'article 96 ;

Point de passage frontalier : tout point de passage autorisé par les autorités compétentes pour le franchissement des frontières extérieures ;

Contrôle frontalier : le contrôle aux frontières qui, indépendamment de tout autre motif, se fonde sur la seule intention de franchir la frontière ;

Transporteur : toute personne physique ou morale qui assure, à titre professionnel, le transport de personnes par voie aérienne, maritime ou terrestre ;

Titre de séjour : toute autorisation de quelque nature que ce soit délivrée par une Partie contractante donnant droit au séjour sur son territoire. N'entre pas dans cette définition l'admission temporaire au séjour sur le territoire d'une Partie contractante en vue du traitement d'une demande d'asile ou d'une demande de titre de séjour ;

Demande d'asile : toute demande présentée par écrit, oralement ou autrement par un étranger à la frontière extérieure ou sur le territoire d'une Partie contractante en vue d'obtenir sa reconnaissance en qualité de réfugié conformément à la Convention de Genève du 28 juillet 1951 relative au statut des réfugiés, telle qu'amendée par le protocole de New York du 31 janvier 1967 et de bénéficier en cette qualité d'un droit de séjour ;

Demandeur d'asile : tout étranger qui a présenté une demande d'asile au sens de la présente Convention sur laquelle il n'a pas encore été statué définitivement ;

Traitement d'une demande d'asile : l'ensemble des procédures d'examen, de décision et des mesures prises en application de décisions définitives relatives à une demande d'asile, à l'exclusion de la détermination de la Partie contractante responsable du traitement de la demande d'asile en vertu des dispositions de la présente Convention.

TITRE II Suppression des contrôles aux frontières intérieures et circulation des personnes

CHAPITRE PREMIER *Franchissement des frontières intérieures*

Art. 2 1. Les frontières intérieures peuvent être franchies en tout lieu sans qu'un contrôle des personnes soit effectué.

2. Toutefois, lorsque l'ordre public ou la sécurité nationale l'exigent, une Partie contractante peut, après consultation des autres Parties contractantes, décider que, durant une période limitée, des contrôles frontaliers nationaux adaptés à la situation seront effectués aux frontières intérieures. Si l'ordre public ou la sécurité nationale exigent une action immédiate, la Partie contractante concernée prend les mesures nécessaires et en informe le plus rapidement possible les autres Parties contractantes.

3. La suppression du contrôle des personnes aux frontières intérieures ne porte atteinte ni aux dispositions de l'article 22, ni à l'exercice des compétences de police par les autorités compétentes en vertu de la législation de chaque Partie contractante sur l'ensemble de son territoire, ni aux obligations de détention, de port et de présentation de titres et documents prévues par sa législation.

4. Les contrôles des marchandises sont effectués conformément aux dispositions pertinentes de la présente Convention.

CHAPITRE II *Franchissement des frontières extérieures*

Art. 3 1. Les frontières extérieures ne peuvent en principe être franchies qu'aux points de passage frontaliers et durant les heures d'ouverture fixées. Des dispositions plus détaillées ainsi que les exceptions et les modalités du petit trafic frontalier, de même que les règles applicables à des catégories particulières de trafic maritime telles que la navigation de plaisance ou la pêche côtière, sont arrêtées par le Comité exécutif.

2. Les Parties contractantes s'engagent à instaurer des sanctions à l'encontre du franchissement non autorisé des frontières extérieures en dehors des points de passage frontaliers et des heures d'ouverture fixées.

Art. 4 1. Les Parties contractantes garantissent qu'à partir de 1993 les passagers d'un vol en provenance d'États tiers qui embarquent sur des vols intérieurs seront au préalable soumis, à l'entrée, à un contrôle de personnes ainsi qu'à un contrôle des bagages à main dans l'aéroport d'arrivée du vol extérieur. Les passagers d'un vol intérieur qui embarquent sur un vol à destination d'États tiers seront au préalable soumis, à la sortie, à un contrôle de personnes et à un contrôle des bagages à main dans l'aéroport de départ du vol extérieur.

2. Les Parties contractantes prennent les mesures nécessaires afin que les contrôles puissent s'effectuer conformément aux dispositions du paragraphe 1.

3. Les dispositions des paragraphes 1 et 2 n'affectent pas le contrôle des bagages enregistrés ; ce contrôle est effectué respectivement dans l'aéroport de destination finale ou dans l'aéroport de départ initial.

4. Jusqu'à la date prévue au paragraphe 1, les aéroports sont considérés, par dérogation à la définition des frontières intérieures, comme des frontières extérieures pour les vols intérieurs.

Art. 5 1. Pour un séjour n'excédant pas trois mois, l'entrée sur les territoires des Parties contractantes peut être accordée à l'étranger qui remplit les conditions ci-après :

a) Posséder un document ou des documents valables permettant le franchissement de la frontière, déterminés par le Comité exécutif ;

b) Être en possession d'un visa valable si celui-ci est requis ;

c) Présenter, le cas échéant, les documents justifiant de l'objet et des conditions du séjour envisagé et disposer des moyens de subsistance suffisants, tant pour la durée du séjour envisagé que pour le retour dans le pays de provenance ou le transit vers un État tiers dans lequel son admission est garantie, ou être en mesure d'acquérir légalement ces moyens ;

d) Ne pas être signalé aux fins de non-admission ;

e) Ne pas être considéré comme pouvant compromettre l'ordre public, la sécurité nationale ou les relations internationales de l'une des Parties contractantes.

2. L'entrée sur les territoires des Parties contractantes doit être refusée à l'étranger qui ne remplit pas l'ensemble de ces conditions, sauf si une Partie contractante estime nécessaire de déroger à ce principe pour des motifs humanitaires ou d'intérêt national ou en raison d'obligations internationales. En ce cas, l'admission sera limitée au territoire de la Partie contractante concernée qui devra en avertir les autres Parties contractantes.

Ces règles ne font pas obstacle à l'application des dispositions particulières relatives au droit d'asile ni de celles de l'article 18.

3. Est admis en transit l'étranger titulaire d'une autorisation de séjour ou d'un visa de retour délivrés par l'une des Parties contractantes ou, si nécessaire, de ces deux documents, sauf s'il figure sur la liste de signalement nationale de la Partie contractante aux frontières extérieures de laquelle il se présente.

Art. 6 1. La circulation transfrontalière aux frontières extérieures est soumise au contrôle des autorités compétentes. Le contrôle est effectué selon des principes uniformes, dans le cadre des compétences nationales et de la législation nationale, en tenant compte des intérêts de toutes les Parties contractantes et pour les territoires des Parties contractantes.

2. Les principes uniformes mentionnés au paragraphe 1 sont les suivants :

a) Le contrôle des personnes comprend non seulement la vérification des documents de voyage et des autres conditions d'entrée, de séjour, de travail et de sortie, mais encore la recherche et la prévention de menaces pour la sécurité nationale et l'ordre public des Parties contractantes. Ce contrôle porte aussi sur les véhicules et les objets en possession des personnes franchissant la frontière. Il est effectué par chaque Partie contractante en conformité avec sa législation, notamment pour la fouille ;

b) Toutes les personnes doivent faire l'objet au moins d'un contrôle permettant l'établissement de leur identité à partir de la production ou de la présentation des documents de voyage ;

c) A l'entrée, les étrangers doivent être soumis à un contrôle approfondi, au sens des dispositions du point *a)* ;

d) A la sortie, il est procédé au contrôle requis dans l'intérêt de toutes les Parties contractantes en vertu du droit des étrangers et pour les besoins de la recherche et de la prévention de menaces pour la sécurité nationale et l'ordre public des Parties contractantes. Ce contrôle est exercé dans tous les cas à l'égard des étrangers ;

e) Si de tels contrôles ne peuvent être effectués en raison de circonstances particulières, des priorités devront être fixées. A cet égard, le contrôle de la circulation à l'entrée a, en principe, priorité sur le contrôle à la sortie.

3. Les autorités compétentes surveillent par unités mobiles les intervalles des frontières extérieures entre les points de passage frontaliers ; il en est de même pour les points de passage frontaliers en dehors de leurs heures normales d'ouverture. Ce contrôle est effectué de manière à ne pas inciter les personnes à éviter le contrôle aux points de passage. Les modalités de la surveillance sont fixées, le cas échéant, par le Comité exécutif.

4. Les Parties contractantes s'engagent à mettre en place des effectifs appropriés et en nombre suffisant en vue de l'exercice du contrôle et de la surveillance des frontières extérieures.

5. Un niveau équivalent de contrôle est exercé aux frontières extérieures.

Art. 7 Les Parties contractantes se prêteront assistance et assureront une coopération étroite et permanente en vue d'une exécution efficace des contrôles et surveillances. Elles procéderont notamment à un échange de toutes les informations pertinentes et importantes, à l'exclusion des données nominatives à caractère individuel, sauf dispositions contraires de la présente Convention, à une harmonisation, dans la mesure du possible, des instructions données aux services chargés des contrôles et à la promotion d'une formation et d'un recyclage uniformes du personnel affecté aux contrôles. Cette coopération peut prendre la forme d'un échange de fonctionnaires de liaison.

Art. 8 Le Comité exécutif prend les décisions nécessaires relatives aux modalités pratiques d'application du contrôle et de la surveillance des frontières.

CHAPITRE III *Visas*

SECTION I *Visas pour les séjours d'une courte durée*

Art. 9 1. Les Parties contractantes s'engagent à adopter une politique commune en ce qui concerne la circulation des personnes, et notamment le régime des visas. A cette fin, elles se prêtent mutuellement assistance. Les Parties contractantes s'engagent à poursuivre d'un commun accord l'harmonisation de leur politique en matière de visas.

2. S'agissant des États tiers dont les ressortissants sont soumis à un régime de visa commun à toutes les Parties contractantes au moment de la signature de la présente Convention ou après celle-ci, ce régime de visa ne pourra être modifié que d'un commun accord entre toutes les Parties contractantes. Une Partie contractante peut déroger exceptionnellement au régime commun de visa à l'égard d'un État tiers, pour des motifs impérieux relevant de la politique nationale, qui exigent une décision urgente. Elle devra préalablement consulter les autres Parties contractantes et, dans sa décision, tenir compte de leurs intérêts ainsi que des conséquences de cette décision.

Art. 10 1. Il est institué un visa uniforme valable pour le territoire de l'ensemble des Parties contractantes. Ce visa, dont la durée de validité est régie par l'article 11, peut être délivré pour un séjour de trois mois au maximum.

2. Jusqu'à l'instauration d'un tel visa, les Parties contractantes reconnaîtront leurs visas nationaux respectifs, pour autant que leur délivrance s'effectue sur la base des conditions et critères communs déterminés dans le cadre des dispositions pertinentes du présent chapitre.

3. Par dérogation aux dispositions des paragraphes 1 et 2, chaque Partie contractante se réserve le droit de restreindre la validité territoriale du visa selon les modalités communes déterminées dans le cadre des dispositions pertinentes du présent chapitre.

Art. 11 1. Le visa institué à l'article 10 peut être :

a) Un visa de voyage valable pour une ou plusieurs entrées, sans que ni la durée d'un séjour ininterrompu ni la durée totale des séjours successifs puissent excéder trois mois par semestre, à compter de la date de la première entrée ;

b) Un visa de transit qui permet à son titulaire de transiter une, deux ou exceptionnellement plusieurs fois par les territoires des Parties contractantes pour se rendre sur le territoire d'un État tiers, sans que la durée d'un transit puisse dépasser cinq jours.

2. Les dispositions du paragraphe 1 ne font pas obstacle à ce que, au cours du semestre considéré, une Partie contractante délivre en cas de besoin un nouveau visa dont la validité sera limitée à son territoire.

Art. 12 1. Le visa uniforme institué à l'article 10, paragraphe 1, est délivré par les autorités diplomatiques et consulaires des Parties contractantes et, le cas échéant, par les autorités des Parties contractantes désignées dans le cadre de l'article 17.

2. La Partie contractante compétente pour la délivrance de ce visa est en principe celle de la destination principale. Si celle-ci ne peut être déterminée, la délivrance du visa incombe en principe au poste diplomatique ou consulaire de la Partie contractante de première entrée.

3. Le Comité exécutif précise les modalités d'application et notamment les critères de détermination de la destination principale.

Art. 13 1. Aucun visa ne peut être apposé dans un document de voyage si celui-ci est périmé.

2. La durée de validité du document de voyage doit être supérieure à celle du visa, compte tenu du délai d'utilisation de celui-ci. Elle doit permettre le retour de l'étranger dans son pays d'origine ou son entrée dans un pays tiers.

Art. 14 1. Aucun visa ne peut être apposé dans un document de voyage si celui-ci n'est valable pour aucune des Parties contractantes. Si le document de voyage n'est valable que pour une ou plusieurs Parties contractantes, le visa à apposer sera limité à cette ou à ces Parties contractantes.

2. Dans le cas où le document de voyage n'est pas reconnu comme valable par une ou plusieurs des Parties contractantes, le visa peut être délivré sous la forme d'une autorisation tenant lieu de visa.

Art. 15 En principe, les visas mentionnés à l'article 10 ne peuvent être délivrés que si l'étranger satisfait aux conditions d'entrée fixées à l'article 5, paragraphe 1, points *a), c), d)* et *e)*.

Art. 16 Si une Partie contractante estime nécessaire de déroger, pour l'un des motifs énumérés à l'article 5, paragraphe 2, au principe défini à l'article 15, en délivrant un visa à un étranger qui ne remplit pas l'ensemble des conditions d'entrée visées à l'article 5, paragraphe 1, la validité de ce visa sera limitée au territoire de cette Partie contractante qui devra en avertir les autres Parties contractantes.

Art. 17 1. Le Comité exécutif arrête des règles communes pour l'examen des demandes de visa, veille à leur application correcte et les adapte aux nouvelles situations et circonstances.

2. Le Comité exécutif précise en outre les cas dans lesquels la délivrance d'un visa est subordonnée à la consultation de l'autorité centrale de la Partie contractante saisie, ainsi que, le cas échéant, des autorités centrales des autres Parties contractantes.

3. Le Comité exécutif prend en outre les décisions nécessaires concernant les points suivants :

a) Les documents de voyage qui peuvent être revêtus d'un visa ;

b) Les instances chargées de la délivrance des visas ;

c) Les conditions de délivrance de visas à la frontière ;

d) La forme, le contenu, la durée de validité des visas et les droits à percevoir pour leur délivrance ;

e) Les conditions de prolongation et de refus des visas mentionnés aux points *c)* et *d)*, dans le respect des intérêts de l'ensemble des Parties contractantes ;

f) Les modalités de limitation de la validité territoriale des visas ;

g) Les principes d'élaboration d'une liste commune des étrangers signalés aux fins de non-admission, sans préjudice de l'article 96.

SECTION II *Visas pour des séjours de longue durée*

Art. 18 Les visas pour un séjour de plus de trois mois sont des visas nationaux délivrés par l'une des Parties contractantes selon sa propre législation. Un tel visa permet à son titulaire de transiter par le territoire des autres Parties contractantes en vue de se rendre sur le territoire de la Partie contractante qui a délivré le visa, sauf s'il ne satisfait pas aux conditions d'entrée visées à l'article 5, paragraphe 1, points *a), d)* et *e)*, ou s'il figure sur la liste de signalement nationale de la Partie contractante par le territoire de laquelle le transit est souhaité.

CHAPITRE IV *Conditions de circulation des étrangers*

Art. 19 1. Les étrangers titulaires d'un visa uniforme qui sont entrés régulièrement sur le territoire de l'une des Parties contractantes peuvent circuler librement sur le territoire de *l'ensemble des Parties contractantes* pendant la durée de validité du visa, pour autant qu'ils remplissent les conditions d'entrée visées à l'article 5, paragraphe 1, points *a), c), d)* et *e)*.

2. Jusqu'à l'instauration du visa uniforme, les étrangers titulaires d'un visa délivré par une des Parties contractantes, qui sont entrés régulièrement sur le territoire de l'une d'elles, peuvent circuler librement sur le territoire de l'ensemble des Parties contractantes pendant la durée de validité du visa et au maximum pendant trois mois à compter de la date de la première entrée, pour autant qu'ils remplissent les conditions d'entrée visées à l'article 5, paragraphe 1, points *a), c), d)* et *e)*.

3. Les paragraphes 1 et 2 ne s'appliquent pas aux visas dont la validité fait l'objet d'une limitation territoriale conformément aux dispositions du chapitre 3 du présent titre.

4. Les dispositions du présent article s'appliquent sans préjudice des dispositions de l'article 22.

Art. 20 1. Les étrangers non soumis à l'obligation de visa peuvent circuler librement sur les territoires des Parties contractantes pendant une durée maximale de trois mois au cours d'une période de six mois à compter de la date de première entrée, pour autant qu'ils remplissent les conditions d'entrée visées à l'article 5, paragraphe 1, points *a)*, *c)*, *d)* et *e)*.

2. Les dispositions du paragraphe 1 ne font pas obstacle au droit de chaque Partie contractante de prolonger au-delà de trois mois le séjour d'un étranger sur son territoire dans des circonstances exceptionnelles ou par application des dispositions d'un accord bilatéral conclu antérieurement à l'entrée en vigueur de la présente Convention.

3. Les dispositions du présent article s'appliquent sans préjudice des dispositions de l'article 22.

Art. 21 1. Les étrangers titulaires d'un titre de séjour délivré par une des Parties contractantes peuvent, sous le couvert de ce titre ainsi que d'un document de voyage, ces documents étant en cours de validité, circuler librement pendant une période de trois mois au maximum sur le territoire des autres Parties contractantes, pour autant qu'ils remplissent les conditions d'entrée visées à l'article 5, paragraphe 1, points *a)*, *c)* et *e)*, et qu'ils ne figurent pas sur la liste de signalement nationale de la Partie contractante concernée.

2. Le paragraphe 1 s'applique également aux étrangers titulaires d'une autorisation provisoire de séjour délivrée par l'une des Parties contractantes et d'un document de voyage délivré par cette Partie contractante.

3. Les Parties contractantes communiquent au Comité exécutif la liste des documents qu'elles délivrent valant titre de séjour ou autorisation provisoire de séjour et document de voyage au sens du présent article.

4. Les dispositions du présent article s'appliquent sans préjudice des dispositions de l'article 22.

Art. 22 1. Les étrangers entrés régulièrement sur le territoire d'une des Parties contractantes sont tenus de se déclarer, dans les conditions fixées par chaque Partie contractante, aux autorités compétentes de la Partie contractante sur le territoire de laquelle ils pénètrent. Cette déclaration peut être souscrite au choix de chaque Partie contractante, soit à l'entrée, soit, dans un délai de trois jours ouvrables à partir de l'entrée, à l'intérieur du territoire de la Partie contractante sur lequel ils pénètrent.

2. Les étrangers résidant sur le territoire de l'une des Parties contractantes et qui se rendent sur le territoire d'une autre Partie contractante sont astreints à l'obligation de déclaration visée au paragraphe 1.

3. Chaque Partie contractante arrête les exceptions aux dispositions des paragraphes 1 et 2 et les communique au Comité exécutif.

Art. 23 1. L'étranger qui ne remplit pas ou ne remplit plus les conditions de court séjour applicables sur le territoire de l'une des Parties contractantes doit en principe quitter sans délai les territoires des Parties contractantes.

2. L'étranger qui dispose d'un titre de séjour ou d'une autorisation de séjour provisoire en cours de validité délivrés par une autre Partie contractante doit se rendre sans délai sur le territoire de cette Partie contractante.

3. Lorsque le départ volontaire d'un tel étranger n'est pas effectué ou lorsqu'il peut être présumé que ce départ n'aura pas lieu ou si le départ immédiat de l'étranger s'impose pour des motifs relevant de la sécurité nationale ou de l'ordre public, l'étranger doit être éloigné du territoire de la Partie contractante sur lequel il a été appréhendé, dans les conditions prévues par le droit national de cette Partie contractante. Si l'application de ce droit ne permet pas l'éloignement, la Partie contractante concernée peut admettre l'intéressé au séjour sur son territoire.

4. L'éloignement peut être réalisé du territoire de cet État vers le pays d'origine de cette personne ou tout autre État dans lequel son admission est possible, notamment en application des dispositions pertinentes des accords de réadmission conclus par les Parties contractantes.

5. Les dispositions du paragraphe 4 ne font pas obstacle aux dispositions nationales relatives au droit d'asile ni à l'application de la Convention de Genève du 28 juillet 1951 relative au statut des réfugiés, telle qu'amendée par le Protocole de New York du 31 janvier 1967, ni aux dispositions du paragraphe 2 du présent article et de l'article 33, paragraphe 1, de la présente Convention.

Art. 24 Sous réserve de la définition par le Comité exécutif des critères et modalités pratiques appropriés, les Parties contractantes compensent entre elles les déséquilibres financiers qui peuvent résulter de l'obligation d'éloignement prévue à l'article 23 lorsque cet éloignement ne peut se réaliser aux frais de l'étranger.

CHAPITRE V *Titres de séjour et signalement aux fins de non-admission*

Art. 25 1. Lorsqu'une Partie contractante envisage de délivrer un titre de séjour à un étranger qui est signalé aux fins de non-admission, elle consulte au préalable la Partie contractante signalante et prend en compte les intérêts de celle-ci ; le titre de séjour ne sera délivré que pour des motifs sérieux, notamment d'ordre humanitaire ou résultant d'obligations internationales.

Si le titre de séjour est délivré, la Partie contractante signalante procède au retrait du signalement, mais peut cependant inscrire cet étranger sur sa liste nationale de signalement.

2. Lorsqu'il apparaît qu'un étranger titulaire d'un titre de séjour en cours de validité délivré par l'une des Parties contractantes est signalé aux fins de non-admission, la Partie contractante signalante consulte la Partie qui a délivré le titre de séjour afin de déterminer s'il y a des motifs suffisants pour retirer le titre de séjour.

Si le titre de séjour n'est pas retiré, la Partie contractante signalante procède au retrait du signalement, mais peut cependant inscrire cet étranger sur sa liste nationale de signalement.

CHAPITRE VI *Mesures d'accompagnement*

Art. 26 1. Sous réserve des engagements qui découlent de leur adhésion à la Convention de Genève du 28 juillet 1951 relative au statut des réfugiés, telle qu'amendée par le Protocole de New York du 31 janvier 1967, les Parties contractantes s'engagent à introduire dans leur législation nationale les règles suivantes :

a) Si l'entrée sur le territoire d'une des Parties contractantes est refusée à un étranger, le transporteur qui l'a amené à la frontière extérieure par voie aérienne, maritime ou terrestre est tenu de le reprendre en charge sans délai. A la requête des autorités de surveillance de la frontière, il doit ramener l'étranger dans l'État tiers à partir duquel il a été transporté, dans l'État tiers qui a délivré le document de voyage avec lequel il a voyagé ou dans tout autre État tiers où son admission est garantie ;

b) Le transporteur est tenu de prendre toutes les mesures nécessaires pour s'assurer que l'étranger transporté par voie aérienne ou maritime est en possession des documents de voyage requis pour l'entrée sur les territoires des Parties contractantes.

2. Les Parties contractantes s'engagent, sous réserve des engagements qui découlent de leur adhésion à la Convention de Genève du 28 juillet 1951 relative au statut des réfugiés, telle qu'amendée par le Protocole de New York du 31 janvier 1967 et dans le respect de leur droit constitutionnel, à instaurer des sanctions à l'encontre des transporteurs qui acheminent par voie aérienne ou maritime d'un État tiers vers leur territoire, des étrangers qui ne sont pas en possession des documents de voyage requis.

3. Les dispositions du paragraphe 1, point *b)*, et du paragraphe 2 s'appliquent aux transporteurs de groupes assurant des liaisons routières internationales par autocar, à l'exception du trafic frontalier.

Art. 27 1. Les Parties contractantes s'engagent à instaurer des sanctions appropriées à l'encontre de quiconque aide ou tente d'aider, à des fins lucratives, un étranger à pénétrer ou à séjourner sur le territoire d'une Partie contractante en violation de la législation de cette Partie contractante relative à l'entrée et au séjour des étrangers.

2. Si une Partie contractante est informée de faits mentionnés au paragraphe 1 qui constituent une violation de la législation d'une autre Partie contractante, elle en informe cette dernière.

3. La Partie contractante qui demande à une autre Partie contractante de poursuivre, en raison de la violation de sa propre législation, des faits mentionnés au paragraphe 1, devra justifier, par une dénonciation officielle ou par une attestation des autorités compétentes, des dispositions législatives qui ont été violées.

CHAPITRE VII *Responsabilité pour le traitement de demandes d'asile*

Art. 28 Les Parties contractantes réaffirment leurs obligations aux termes de la Convention de Genève du 28 juillet 1951 relative au statut des réfugiés telle qu'amendée par le protocole de New York du 31 janvier 1967, sans aucune restriction géographique du champ d'application de ces textes, et leur engagement de coopérer avec les services du Haut-Commissaire des Nations unies pour les réfugiés pour l'application de ces instruments.

Art. 29 1. Les Parties contractantes s'engagent à assurer le traitement de toute demande d'asile déposée par un étranger sur le territoire de l'une d'elles.

2. Cette obligation n'entraîne pas pour une Partie contractante celle d'autoriser dans tous les cas le demandeur d'asile à pénétrer ou à séjourner sur son territoire.

Toute Partie contractante conserve le droit de refouler ou d'éloigner, sur la base de ses dispositions nationales et en conformité avec ses engagements internationaux, un demandeur d'asile vers un État tiers.

3. Quelle que soit la Partie contractante à laquelle l'étranger adresse sa demande d'asile, une seule Partie contractante est responsable du traitement de la demande. Elle est déterminée selon les critères définis à l'article 30.

4. Nonobstant le paragraphe 3, toute Partie contractante conserve le droit, pour des raisons particulières tenant notamment au droit national, d'assurer le traitement d'une demande d'asile même si la responsabilité au sens de la présente Convention incombe à une autre Partie contractante.

Art. 30 1. La Partie contractante responsable du traitement d'une demande d'asile est déterminée comme suit :

a) Si une Partie contractante a délivré au demandeur d'asile un visa de quelque nature qu'il soit ou un titre de séjour, elle est responsable du traitement de la demande. Si le visa a été délivré sur autorisation d'une autre Partie contractante, la Partie contractante qui a donné l'autorisation est responsable ;

b) Si plusieurs Parties contractantes ont délivré au demandeur d'asile un visa de quelque nature qu'il soit ou un titre de séjour, la Partie contractante responsable est celle qui a délivré le visa ou le titre de séjour dont l'échéance est la plus lointaine ;

c) Aussi longtemps que le demandeur d'asile n'a pas quitté les territoires des Parties contractantes, la responsabilité définie selon les points *a)* et *b)* subsiste même si la durée de validité du visa de quelque nature que ce soit ou du titre de séjour est périmée. Si le demandeur d'asile a quitté les territoires des Parties contractantes après la délivrance du visa ou du titre de séjour, ces documents fondent la responsabilité selon les points *a)* et *b)*, sauf si entre-temps ils sont périmés en vertu des dispositions nationales ;

d) Si le demandeur d'asile est dispensé de l'obligation du visa par les Parties contractantes, la Partie contractante par les frontières extérieures de laquelle le demandeur d'asile a pénétré sur les territoires des Parties contractantes est responsable.

Tant que l'harmonisation des politiques de visa n'est pas encore complètement réalisée et si le demandeur d'asile est dispensé de l'obligation du visa par certaines Parties contractantes seulement, la Partie contractante par la frontière extérieure de laquelle le demandeur d'asile a pénétré sur les territoires des Parties contractantes au bénéfice d'une dispense de visa est responsable sous réserve des dispositions des points *a)*, *b)* et *c)*.

Si la demande d'asile est présentée à une Partie contractante qui a délivré au demandeur un visa de transit — que le demandeur ait franchi ou non le contrôle des passeports — et si le visa de transit a été délivré après que le pays de transit s'est assuré auprès des autorités consulaires ou diplomatiques de la Partie contractante de destination que le demandeur d'asile répond aux conditions d'entrée dans la Partie contractante de destination, la Partie contractante de destination est responsable pour le traitement de la demande ;

e) Si le demandeur d'asile est entré sur les territoires des Parties contractantes sans être en possession d'un ou de plusieurs documents permettant le franchissement de la frontière, déterminés par le Comité exécutif, la Partie contractante par les frontières extérieures de laquelle le demandeur d'asile a pénétré sur les territoires des Parties contractantes est responsable ;

f) Si un étranger dont une demande d'asile est déjà en cours de traitement par une des Parties contractantes introduit une nouvelle demande, la Partie contractante responsable est celle auprès de laquelle la demande est en cours de traitement ;

g) Si un étranger, dont une demande d'asile antérieure a fait l'objet d'une décision définitive par une des Parties contractantes, introduit une nouvelle demande, la Partie contractante responsable est celle qui a traité la demande antérieure, si le demandeur n'a pas quitté les territoires des Parties contractantes.

2. Si une Partie contractante s'est chargée du traitement d'une demande d'asile en application de l'article 29, paragraphe 4, la Partie contractante responsable en vertu du présent article, paragraphe 1, est libérée de ses obligations.

3. Si la Partie contractante responsable ne peut être désignée sur la base des critères définis aux paragraphes 1 et 2, la Partie contractante auprès de laquelle la demande d'asile a été présentée est responsable.

Art. 31 1. Les Parties contractantes s'efforceront de déterminer au plus vite laquelle d'entre elles est responsable du traitement d'une demande d'asile.

2. Si une demande d'asile est adressée à une Partie contractante non responsable en vertu de l'article 30 par un étranger qui séjourne sur son territoire, cette Partie contractante peut demander à la Partie contractante responsable de prendre en charge le demandeur d'asile, en vue d'assurer le traitement de sa demande d'asile.

3. La Partie contractante responsable est tenue de prendre en charge le demandeur d'asile visé au paragraphe 2, si la requête est effectuée dans un délai de six mois à compter du dépôt de la demande d'asile. Si la requête n'a pas été effectuée dans ce délai, la Partie contractante auprès de laquelle la demande d'asile a été introduite est responsable du traitement de la demande.

Art. 32 La Partie contractante responsable du traitement de la demande d'asile assure celui-ci conformément à son droit national.

Art. 33 1. Lorsque le demandeur d'asile se trouve irrégulièrement sur le territoire d'une autre Partie contractante pendant la durée de la procédure d'asile, la Partie contractante responsable est tenue de le reprendre.

2. Le paragraphe 1 n'est pas applicable lorsque l'autre Partie contractante a délivré au demandeur d'asile un titre de séjour ayant une validité supérieure ou égale à un an. Dans ce cas, la responsabilité du traitement de la demande est transférée à l'autre Partie contractante.

Art. 34 1. La Partie contractante responsable est tenue de reprendre l'étranger dont la demande d'asile a été définitivement rejetée et qui s'est rendu sur le territoire d'une autre Partie contractante sans être autorisé à y séjourner.

2. Toutefois, le paragraphe 1 n'est pas applicable lorsque la Partie contractante responsable avait assuré l'éloignement de l'étranger hors des territoires des Parties contractantes.

Art. 35 1. La Partie contractante qui a reconnu à un étranger le statut de réfugié et lui a accordé le droit de séjour est tenue d'assumer, à condition que les intéressés en soient d'accord, la responsabilité du traitement de la demande d'asile d'un membre de sa famille.

2. Le membre de la famille mentionné au paragraphe 1 est le conjoint ou l'enfant célibataire de moins de dix-huit ans du réfugié ou, si le réfugié est un enfant célibataire de moins de dix-huit ans, son père ou sa mère.

Art. 36 Toute Partie contractante responsable du traitement de la demande d'asile peut, pour des raisons humanitaires, fondées notamment sur des motifs familiaux ou culturels, demander à une autre Partie contractante de reprendre cette responsabilité pour autant que l'intéressé le souhaite. La Partie contractante sollicitée apprécie si elle peut accéder à cette requête.

Art. 37 1. Les autorités compétentes des Parties contractantes se communiquent mutuellement aussitôt que possible les informations au sujet :

a) Des réglementations ou mesures nouvelles prises dans le domaine du droit d'asile ou du traitement des demandeurs d'asile au plus tard lors de leur entrée en vigueur ;

b) Des données statistiques concernant les arrivées mensuelles de demandeurs d'asile en indiquant les principaux pays de provenance, et les décisions consécutives à des demandes d'asile, dans la mesure où elles sont disponibles ;

c) De l'émergence ou l'accroissement significatif de certains groupes de demandeurs d'asile et les renseignements détenus à ce sujet ;

d) Des décisions fondamentales dans le domaine du droit d'asile.

2. Les Parties contractantes garantissent en outre une coopération étroite dans le recueil d'informations sur la situation dans les pays de provenance des demandeurs d'asile aux fins de parvenir à une évaluation commune.

3. Toute indication donnée par une Partie contractante concernant le traitement confidentiel des informations qu'elle communique doit être respectée par les autres Parties contractantes.

Art. 38 1. Chaque Partie contractante transmet à toute autre Partie contractante qui en fait la demande les données qu'elle détient au sujet d'un demandeur d'asile qui sont nécessaires pour :

– déterminer la Partie contractante responsable du traitement de la demande d'asile ;
– le traitement de la demande d'asile ;
– la mise en œuvre des obligations découlant du présent chapitre.

2. Ces données peuvent porter exclusivement sur :

a) L'identité (nom et prénom, le cas échéant nom antérieur, surnoms ou pseudonymes, date et lieu de naissance, nationalités actuelle et antérieure du demandeur d'asile et, le cas échéant, des membres de sa famille) ;

b) Les documents d'identité et de voyage (référence, durée de validité, dates de délivrance, autorité ayant effectué la délivrance, lieu de délivrance, etc.) ;

c) Les autres éléments nécessaires pour établir l'identité du demandeur ;

d) Les lieux de séjour et les itinéraires de voyages ;

e) Les titres de séjour ou les visas délivrés par une Partie contractante ;

f) Le lieu où la demande d'asile a été déposée ;

g) Le cas échéant, la date de présentation d'une demande d'asile antérieure, la date de présentation de la demande actuelle, l'état d'avancement de la procédure, la teneur de la décision prise.

3. En outre, une Partie contractante peut demander à une autre Partie contractante de lui communiquer les motifs invoqués par le demandeur d'asile, à l'appui de sa demande, et, le cas échéant, les motifs de la décision prise le concernant. La Partie contractante sollicitée apprécie si elle peut donner suite à la requête qui lui est présentée. En tout état de cause la communication de ces renseignements est subordonnée au consentement du demandeur d'asile.

4. L'échange de données se fait sur demande d'une Partie contractante et ne peut avoir lieu qu'entre les autorités dont la désignation est communiquée par chaque Partie contractante au Comité exécutif.

5. Les données échangées ne peuvent être utilisées qu'aux fins prévues au paragraphe 1. Ces données ne peuvent être communiquées qu'aux autorités et juridictions chargées :

– de déterminer la Partie contractante responsable du traitement de la demande d'asile ;

– du traitement de la demande d'asile ;

– de la mise en œuvre des obligations découlant du présent chapitre.

6. La Partie contractante qui transmet les données veille à leur exactitude et à leur actualité.

S'il apparaît que cette Partie contractante a fourni des données inexactes ou qui n'auraient pas dû être transmises, les Parties contractantes destinataires en sont informées sans délai. Elles sont tenues de rectifier ces informations ou de les faire disparaître.

7. Un demandeur d'asile a le droit de se faire communiquer, sur demande, les informations échangées le concernant, aussi longtemps qu'elles sont disponibles.

S'il constate que ces informations sont inexactes ou n'auraient pas dû être transmises il a le droit d'en exiger la rectification ou la disparition. Les corrections sont effectuées dans les conditions prévues au paragraphe 6.

8. Dans chaque Partie contractante concernée, la transmission et la réception des informations échangées sont consignées.

9. Les données transmises sont conservées pendant une durée n'excédant pas celle nécessaire aux fins pour lesquelles elles ont été échangées. La nécessité de leur conservation doit être examinée au moment approprié par la Partie contractante concernée.

10. En tout état de cause les données transmises bénéficient au moins de la même protection que celle prévue par le droit de la Partie contractante destinataire pour des informations de nature similaire.

11. Si les données ne sont pas traitées automatiquement, mais d'une autre façon, chaque Partie contractante devra prendre des mesures appropriées pour assurer le respect du présent article par des moyens de contrôle effectifs. Si une Partie contractante dispose d'un service du type de celui mentionné au paragraphe 12, elle peut charger ce service d'assurer ces tâches de contrôle.

12. Si une ou plusieurs Parties contractantes souhaitent informatiser le traitement de tout ou partie des données mentionnées aux paragraphes 2 et 3, l'informatisation n'est autorisée que si les Parties contractantes concernées ont adopté une législation applicable à ce traitement mettant en œuvre les principes de la Convention du Conseil de l'Europe du 28 janvier 1981 pour la protection des personnes à l'égard du traitement automatisé des données à caractère personnel et si elles ont confié à une instance nationale appropriée le contrôle indépendant du traitement et de l'exploitation des données transmises conformément à la présente Convention.

TITRE III Police et sécurité

CHAPITRE PREMIER *Coopération policière*

RÉP. PÉN. v° *Coopération policière internationale*, par Gaudin et Roux.

Art. 39 1. Les Parties contractantes s'engagent à ce que leurs services de police s'accordent, dans le respect de la législation nationale et dans les limites de leurs compétences, l'assistance aux fins de la prévention et de la recherche de faits punissables, pour autant que le droit national ne réserve pas la demande aux autorités judiciaires et que la demande ou son exécution n'implique pas l'application de mesures de contrainte par la Partie contractante requise. Lorsque les autorités de police requises ne sont pas compétentes pour exécuter une demande, elles la transmettent aux autorités compétentes.

2. Les informations écrites qui sont fournies par la Partie contractante requise en vertu de la disposition du paragraphe 1 ne peuvent être utilisées par la Partie contractante requérante aux fins d'apporter la preuve des faits incriminés qu'avec l'accord des autorités judiciaires compétentes de la Partie contractante requise.

3. Les demandes d'assistance visées au paragraphe 1 et les réponses à ces demandes peuvent être échangées entre les organes centraux chargés, par chaque Partie contractante, de la coopération policière internationale. Lorsque la demande ne peut être faite en temps utile par la voie susvisée, elle peut être adressée par les autorités de police de la Partie contractante requérante directement aux autorités compétentes de la Partie requise et celles-ci peuvent y répondre directement. Dans ces cas, l'autorité de police requérante avise dans les meilleurs délais l'organe central chargé, dans la Partie contractante requise, de la coopération policière internationale, de sa demande directe.

4. Dans les régions frontalières, la coopération peut être réglée par des arrangements entre les ministres compétents des Parties contractantes.

5. Les dispositions du présent article ne font pas obstacle aux accords bilatéraux plus complets présents et futurs entre Parties contractantes ayant une frontière commune. Les Parties contractantes s'informent mutuellement de ces accords.

V. Circ. du 23 juin 1995.

Les dispositions de l'art. 39 de la Convention de Schengen du 19 juin 1990, selon lesquelles les services de police de chaque État partie peuvent procéder entre eux à des échanges d'informations écrites destinées à apporter la preuve d'une infraction, autorisent la communication d'informations relatives à des investigations, telles des écoutes téléphoniques, effectuées dans des procédures suivies sur le territoire de l'État concerné. • Crim. 9 juill. 2003, n° 03-82.163 P: *D. 2003. IR 2285*.

Art. 40 1. Les agents d'une des Parties contractantes qui, dans le cadre d'une enquête judiciaire, observent dans leur pays une personne présumée avoir participé à un fait punissable pouvant donner lieu à extradition, sont autorisés à continuer cette observation sur le territoire d'une autre Partie contractante lorsque celle-ci a autorisé l'observation transfrontalière sur la base d'une demande d'entraide judiciaire présentée au préalable. L'autorisation peut être assortie de conditions.

Sur demande, l'observation sera confiée aux agents de la Partie contractante sur le territoire de laquelle elle est effectuée.

La demande d'entraide judiciaire mentionnée à l'alinéa 1 doit être adressée à une autorité *désignée par* chacune des Parties contractantes et compétente pour accorder ou transmettre l'autorisation demandée.

2. Lorsque, pour des raisons particulièrement urgentes, l'autorisation préalable de l'autre Partie contractante ne peut être demandée, les agents observateurs sont autorisés à continuer au-delà de la frontière l'observation d'une personne présumée avoir commis des faits punissables énumérés au paragraphe 7, dans les conditions ci-après :

a) Le franchissement de la frontière sera communiqué immédiatement durant l'observation à l'autorité de la Partie contractante désignée au paragraphe 5, sur le territoire de laquelle l'observation continue ;

b) Une demande d'entraide judiciaire présentée conformément au paragraphe 1 et exposant les motifs justifiant le franchissement de la frontière, sans autorisation préalable, sera transmise sans délai.

L'observation sera arrêtée dès que la Partie contractante sur le territoire de laquelle elle a lieu le demande, suite à la communication visée au point *a)* ou à la demande visée au point *b)*, ou si l'autorisation n'est pas obtenue cinq heures après le franchissement de la frontière.

3. L'observation visée aux paragraphes 1 et 2 ne peut être exercée qu'aux conditions générales suivantes :

a) Les agents observateurs doivent se conformer aux dispositions du présent article et au droit de la Partie contractante sur le territoire de laquelle ils opèrent ; ils doivent obtempérer aux injonctions des autorités localement compétentes ;

b) Sous réserve des situations prévues au paragraphe 2, les agents se munissent durant l'observation d'un document attestant que l'autorisation a été accordée ;

c) Les agents observateurs devront être en mesure de justifier à tout moment de leur qualité officielle ;

d) Les agents observateurs peuvent emporter leur arme de service pendant l'observation, sauf décision contraire expresse de la Partie requise ; son utilisation est interdite sauf en cas de légitime défense ;

e) L'entrée dans les domiciles et les lieux non accessibles au public est interdite ;

f) Les agents observateurs ne peuvent ni interpeller ni arrêter la personne observée ;

g) Toute opération fera l'objet d'un rapport aux autorités de la Partie contractante sur le territoire de laquelle elle est intervenue ; la comparution personnelle des agents observateurs peut être requise ;

h) Les autorités de la Partie contractante dont les agents observateurs sont originaires apportent, lorsqu'il est demandé par les autorités de la Partie contractante sur le territoire de laquelle l'observation a eu lieu, leur concours à l'enquête consécutive à l'opération à laquelle ils ont participé, y compris aux procédures judiciaires.

4. Les agents visés aux paragraphes 1 et 2 sont :

— en ce qui concerne le Royaume de Belgique : les membres de la police judiciaire près les parquets, de la gendarmerie et de la police communale, ainsi que, dans les conditions fixées par accords bilatéraux appropriés visés au paragraphe 6, en ce qui concerne leurs attributions touchant au trafic illicite de stupéfiants et substances psychotropes, au trafic d'armes et d'explosifs, et au transport illicite de déchets toxiques et nuisibles, les agents des douanes ;

— en ce qui concerne la République fédérale d'Allemagne : les agents des Polizeien des Bundes und der Länder ainsi que, pour les seuls domaines du trafic illicite de stupéfiants et substances psychotropes et du trafic d'armes, les agents du Zollfahndungsdienst (service de recherches douanières) en leur qualité d'agents auxiliaires du ministère public ;

— en ce qui concerne la République française : les officiers et agents de police judiciaire de la police nationale et de la gendarmerie nationale, ainsi que, dans les conditions fixées par accords bilatéraux appropriés visés au paragraphe 6, en ce qui concerne leurs attributions touchant au trafic illicite de stupéfiants et substances psychotropes, au trafic d'armes et d'explosifs, et au transport illicite de déchets toxiques et nuisibles, les agents des douanes ;

— en ce qui concerne le Grand-Duché de Luxembourg : les agents de la gendarmerie et de la police, ainsi que, dans les conditions fixées par accords bilatéraux appropriés visés au paragraphe 6, en ce qui concerne leurs attributions touchant au trafic illicite de stupéfiants et substances psychotropes, au trafic d'armes et d'explosifs, et au transport illicite de déchets toxiques et nuisibles, les agents des douanes ;

— en ce qui concerne le Royaume des Pays-Bas : les agents de la Rijkspolitie et de la Gemeentepolitie, ainsi que, dans les conditions fixées par accords bilatéraux appropriés visés au paragraphe 6, en ce qui concerne leurs attributions touchant au trafic illicite de stupéfiants et substances psychotropes, au trafic d'armes et d'explosifs et au transport illicite de déchets toxiques et nuisibles, les agents du service fiscal de renseignements et de recherche compétents en matière de droits d'entrée et accises.

5. L'autorité visée aux paragraphes 1 et 2 est :

— en ce qui concerne le Royaume de Belgique : le commissariat général de la police judiciaire ;

— en ce qui concerne la République fédérale d'Allemagne : le Bundeskriminalamt ;

— en ce qui concerne la République française : la direction centrale de la police judiciaire ;

— en ce qui concerne le Grand-Duché de Luxembourg : le procureur général d'État ;

— en ce qui concerne le Royaume des Pays-Bas : le Landelijk Officier van Justitie compétent pour l'observation transfrontalière. — *Pour la France, V. art. D. 8-2.*

6. *Les Parties contractantes* peuvent, sur le plan bilatéral, étendre le champ d'application du présent article et adopter des dispositions supplémentaires en exécution de cet article.

7. L'observation telle que visée au paragraphe 2 ne peut avoir lieu que pour l'un des faits punissables suivants :

— assassinat ;

— meurtre ;

— viol ;

— incendie volontaire ;

– fausse monnaie ;
– vol et recel aggravés ;
– extorsion ;
– enlèvement et prise d'otage ;
– trafic d'êtres humains ;
– trafic illicite de stupéfiants et substances psychotropes ;
– infractions aux dispositions légales en matière d'armes et explosifs ;
– destruction par explosifs ;
– transport illicite de déchets toxiques et nuisibles.

V. Circ. du 23 juin 1995.

Les dispositions de l'art. 40 de la Conv. du 19 juin 1990 s'appliquent à toutes les enquêtes judiciaires y compris celles effectuées sur commission rogatoire d'un juge d'instruction sans qu'une autorisation du juge mandant soit nécessaire pour exercer le droit d'observation. • Crim. 14 juin 2000, n° 00-81.386 P : *D. 2000. IR 245 ; Dr. pénal 2001. Chron. 19, obs. Marsat.*

Art. 41 **1. Les agents d'une des Parties contractantes qui, dans leur pays, suivent une personne prise en flagrant délit de commission d'une des infractions visées au paragraphe 4 ou de participation à l'une desdites infractions, sont autorisés à continuer la poursuite sans autorisation préalable sur le territoire d'une autre Partie contractante lorsque les autorités compétentes de l'autre Partie contractante n'ont pu être averties préalablement de l'entrée sur ce territoire, en raison de l'urgence particulière, par un des moyens de communication prévus à l'article 44, ou que ces autorités n'ont pu se rendre sur place à temps pour reprendre la poursuite.**

Il en est de même lorsque la personne poursuivie, se trouvant en état d'arrestation provisoire ou purgeant une peine privative de liberté, s'est évadée.

Au plus tard au moment du franchissement de la frontière, les agents poursuivants font appel aux autorités compétentes de la Partie contractante sur le territoire de laquelle la poursuite a lieu. La poursuite sera arrêtée dès que la Partie contractante sur le territoire de laquelle la poursuite doit avoir lieu le demande. A la demande des agents poursuivants, les autorités localement compétentes appréhenderont la personne poursuivie pour établir son identité ou procéder à son arrestation.

2. La poursuite est exercée selon l'une des modalités suivantes, qui est définie par la déclaration prévue au paragraphe 9 :

***a)* Les agents poursuivants ne disposent pas du droit d'interpellation ;**

***b)* Si aucune demande d'interrompre la poursuite n'est formulée et que les autorités localement compétentes ne peuvent intervenir assez rapidement, les agents poursuivants pourront interpeller la personne poursuivie, jusqu'à ce que les agents de la Partie contractante sur le territoire de laquelle la poursuite a lieu, qui devront être informés sans délai, puissent établir son identité ou procéder à son arrestation.**

3. La poursuite est exercée conformément aux paragraphes 1 et 2 selon l'une des modalités suivantes, qui est définie par la déclaration prévue au paragraphe 9 :

***a)* Dans une zone ou pendant une durée à compter du franchissement de la frontière qui seront déterminées dans la déclaration ;**

***b)* Sans limitation dans l'espace ou dans le temps.**

4. Dans une déclaration visée au paragraphe 9, les Parties contractantes définissent les infractions visées au paragraphe 1 selon l'une des modalités suivantes :

***a)* Les infractions suivantes :**

– assassinat ;
– meurtre ;
– viol ;
– incendie volontaire ;
– fausse monnaie ;
– vol et recel aggravés ;
– extorsion ;
– enlèvement et prise d'otage ;
– trafic d'êtres humains ;
– trafic illicite de stupéfiants et substances psychotropes ;
– infractions aux dispositions légales en matière d'armes et explosifs ;
– destruction par explosifs ;
– transport illicite de déchets toxiques et nuisibles ;
– délit de fuite à la suite d'un accident ayant entraîné la mort ou des blessures graves ;

***b)* Les infractions pouvant donner lieu à extradition.**

5. La poursuite ne peut s'exercer qu'aux conditions générales suivantes :

a) Les agents poursuivants doivent se conformer aux dispositions du présent article et au droit de la Partie contractante sur le territoire de laquelle ils opèrent ; ils doivent obtempérer aux injonctions des autorités localement compétentes ;

b) La poursuite se fait uniquement par les frontières terrestres ;

c) L'entrée dans les domiciles et les lieux non accessibles au public est interdite ;

d) Les agents poursuivants sont aisément identifiables soit par le port d'un uniforme, soit par un brassard ou par des dispositifs accessoires placés sur le véhicule ; l'usage de tenue civile combiné avec l'utilisation de véhicules banalisés sans l'identification précitée est interdit ; les agents poursuivants doivent être en mesure de justifier en tout temps de leur qualité officielle ;

e) Les agents poursuivants peuvent emporter leur arme de service ; son utilisation est interdite sauf en cas de légitime défense ;

f) Aux fins d'être conduite devant les autorités localement compétentes, la personne poursuivie, une fois appréhendée comme prévu au paragraphe 2, point *b)*, ne pourra subir qu'une fouille de sécurité ; des menottes pourront être utilisées au cours de son transfert ; les objets en possession de la personne poursuivie pourront être saisis ;

g) Après chaque opération mentionnée aux paragraphes 1, 2 et 3, les agents poursuivants se présentent devant les autorités localement compétentes de la Partie contractante sur le territoire de laquelle ils ont opéré et rendent compte de leur mission ; à la demande de ces autorités, ils sont tenus de rester à disposition jusqu'à ce que les circonstances de leur action aient été suffisamment éclaircies ; cette condition s'applique même lorsque la poursuite n'a pas conduit à l'arrestation de la personne poursuivie ;

h) Les autorités de la Partie contractante dont les agents poursuivants sont originaires apportent, lorsqu'il est demandé par les autorités de la Partie contractante sur le territoire de laquelle la poursuite a eu lieu, leur concours à l'enquête consécutive à l'opération à laquelle ils ont participé, y compris aux procédures judiciaires.

6. Une personne qui, à la suite de l'action prévue au paragraphe 2, a été arrêtée par les autorités localement compétentes, peut, quelle que soit sa nationalité, être retenue aux fins d'audition. Les règles pertinentes du droit national sont applicables par analogie.

Si cette personne n'a pas la nationalité de la Partie contractante sur le territoire de laquelle elle a été arrêtée, elle sera mise en liberté au plus tard six heures après l'arrestation, les heures entre minuit et neuf heures non comptées, à moins que les autorités localement compétentes aient reçu au préalable une demande d'arrestation provisoire aux fins d'extradition sous quelque forme que ce soit.

7. Les agents visés aux paragraphes précédents sont :

– en ce qui concerne le Royaume de Belgique : les membres de la police judiciaire près les parquets, de la gendarmerie et de la police communale, ainsi que, dans les conditions fixées par accords bilatéraux appropriés visés au paragraphe 10, en ce qui concerne leurs attributions touchant au trafic illicite de stupéfiants et substances psychotropes, au trafic d'armes et d'explosifs, et au transport illicite de déchets toxiques et nuisibles, les agents des douanes ;

– en ce qui concerne la République fédérale d'Allemagne : les Polizeien des Bundes und der Länder ainsi que, pour les seuls domaines du trafic illicite de stupéfiants et substances psychotropes et du trafic d'armes, les agents du Zollfahndungsdienst (service de recherches douanières) en leur qualité d'agents auxiliaires du ministère public ;

– en ce qui concerne la République française : les officiers et agents de police judiciaire de la police nationale et de la gendarmerie nationale, ainsi que, dans les conditions fixées par accords bilatéraux appropriés visés au paragraphe 10, en ce qui concerne leurs attributions touchant au trafic illicite de stupéfiants et substances psychotropes, au trafic d'armes et d'explosifs, et au transport illicite de déchets toxiques et nuisibles, les agents des douanes ;

– en ce qui concerne le Grand-Duché de Luxembourg : les agents de la gendarmerie et de la police, ainsi que, dans les conditions fixées par accords bilatéraux appropriés visés au paragraphe 10, en ce qui concerne leurs attributions touchant au trafic illicite de stupéfiants et substances psychotropes, au trafic d'armes et d'explosifs, et au transport illicite de déchets toxiques et nuisibles, les agents des douanes ;

– en ce qui concerne le Royaume des Pays-Bas : les fonctionnaires de la Rijkspolitie et de la Gemeentepolitie, ainsi que, dans les conditions fixées par accords bilatéraux appropriés visés au paragraphe 10, en ce qui concerne leurs attributions touchant au trafic illicite de stupéfiants et substances psychotropes, au trafic d'armes et d'explosifs et au transport illicite de déchets toxiques et nuisibles, les fonctionnaires du service fiscal de renseignements et de recherche compétents en matière de droits d'entrée et accises.

8. Le présent article ne porte pas atteinte, pour les Parties contractantes concernées, à l'article 27 du Traité Benelux d'extradition et d'entraide judiciaire en matière pénale du 27 juin 1962 tel que modifié par le Protocole du 11 mai 1974.

9. Au moment de la signature de la présente Convention, chaque Partie contractante fait une déclaration dans laquelle elle définit, sur la base des dispositions des paragraphes 2, 3 et 4, les modalités d'exercice de la poursuite sur son territoire pour chacune des Parties contractantes avec laquelle elle a une frontière commune.

Une Partie contractante peut à tout moment remplacer sa déclaration par une autre à condition qu'elle ne restreigne pas la portée de la précédente.

Chaque déclaration est faite après concertation avec chacune des Parties contractantes concernées et dans un esprit d'équivalence des régimes applicables de part et d'autre des frontières intérieures.

10. Les Parties contractantes peuvent, sur le plan bilatéral, étendre le champ d'application du paragraphe 1 et adopter des dispositions supplémentaires en exécution du présent article.

V. Circ. du 23 juin 1995.

Si à l'occasion d'une poursuite, des gendarmes de nationalité étrangère ne disposent pas du droit d'interpellation sur le territoire français, ils peuvent néanmoins appréhender un individu afin de le mettre à disposition de l'officier de police judiciaire français le plus proche comme tout citoyen a qualité pour le faire en cas de délit flagrant, en application de l'art. 73. • Douai, 11 mai 1999 : *D. 2000. 856, note Lombard et Haroune*.

Art. 42 Au cours des opérations visées aux articles 40 et 41, les agents en mission sur le territoire d'une autre Partie contractante seront assimilés aux agents de celle-ci en ce qui concerne les infractions dont ils seraient victimes ou qu'ils commettraient.

Art. 43 1. Lorsque, conformément aux articles 40 et 41 de la présente Convention, les agents d'une Partie contractante se trouvent en mission sur le territoire d'une autre Partie contractante, la première Partie contractante est responsable des dommages qu'ils causent pendant le déroulement de la mission, conformément au droit de la Partie contractante sur le territoire de laquelle ils opèrent.

2. La Partie contractante, sur le territoire de laquelle les dommages visés au paragraphe 1 sont causés, assume la réparation de ces dommages dans les conditions applicables aux dommages causés par ses propres agents.

3. La Partie contractante dont les agents ont causé des dommages à quiconque sur le territoire d'une autre Partie contractante rembourse intégralement à cette dernière les sommes qu'elle a versées aux victimes ou à leurs ayants droit.

4. Sans préjudice de l'exercice de ses droits à l'égard des tiers et à l'exception de la disposition du paragraphe 3, chacune des Parties contractantes renoncera, dans le cas prévu au paragraphe 1, à demander le remboursement du montant des dommages qu'elle a subis à une autre Partie contractante.

Art. 44 1. Conformément aux conventions internationales pertinentes et en tenant compte des circonstances locales et des possibilités techniques, les Parties contractantes créent, notamment dans les régions frontalières, des lignes téléphoniques, radio, télex et autres liaisons directes aux fins de faciliter la coopération policière et douanière, notamment pour la transmission d'informations en temps utile dans le cadre de l'observation et de la poursuite transfrontalières.

2. En plus de ces mesures à prendre à court terme, elles examineront notamment les possibilités ci-après :

a) L'échange de matériels ou l'affectation de fonctionnaires de liaison munis du matériel radio approprié ;

b) L'élargissement des bandes de fréquences utilisées dans les zones frontalières ;

c) La mise en place d'une liaison commune aux services de police et des douanes opérant dans ces mêmes zones ;

d) La coordination de leurs programmes d'achat d'équipements de communication, en vue d'aboutir à la mise en place de systèmes de communication normalisés et compatibles.

Art. 45 1. Les Parties contractantes s'engagent à prendre les mesures nécessaires pour garantir que :

a) Le chef d'un établissement d'hébergement ou son préposé veillent à ce que les étrangers hébergés, y inclus les ressortissants des autres Parties contractantes ainsi que d'autres États membres des communautés européennes, à l'exclusion des conjoints ou mineurs les accompagnant ou des membres des groupes de voyage, remplissent et signent personnellement les fiches de déclaration et à ce qu'ils justifient de leur identité par la production d'un document d'identité valable ;

b) Les fiches de déclaration ainsi remplies seront conservées pour les autorités compétentes ou seront transmises à celles-ci, pour autant que ces autorités le jugent nécessaire pour la prévention de menaces, pour des poursuites pénales ou pour éclaircir le sort de personnes disparues ou victimes d'accidents, sauf si le droit national en dispose autrement.

2. La disposition du paragraphe 1 s'applique par analogie aux personnes qui logent en des lieux quelconques faisant l'objet d'une exploitation par des loueurs professionnels, notamment dans des tentes, des caravanes et des bateaux.

Art. 46 1. Dans des cas particuliers, chaque Partie contractante peut, dans le respect de sa législation nationale et sans y être invitée, communiquer à la Partie contractante concernée des informations qui peuvent être importantes pour celle-ci aux fins de l'assistance pour la répression d'infractions futures, de la prévention d'infractions ou de la prévention de menaces pour l'ordre et la sécurité publics.

2. Les informations sont échangées, sans préjudice du régime de la coopération dans les régions frontalières visé à l'article 39, paragraphe 4, par l'intermédiaire d'une instance centrale à désigner. Dans des cas particulièrement urgents, l'échange d'informations au sens du présent article peut s'effectuer directement entre les autorités de police concernées, sauf dispositions nationales contraires. L'instance centrale en est avisée dans les meilleurs délais.

Art. 47 1. Les Parties contractantes peuvent conclure des accords bilatéraux permettant le détachement, pour une durée déterminée ou indéterminée, de fonctionnaires de liaison d'une Partie contractante auprès de services de police de l'autre Partie contractante.

2. Le détachement de fonctionnaires de liaison pour une durée déterminée ou indéterminée a pour but de promouvoir et d'accélérer la coopération entre les Parties contractantes, notamment en accordant l'assistance :

a) Sous la forme d'échange d'informations aux fins de la lutte tant préventive que répressive contre la criminalité ;

b) Dans l'exécution de demandes d'entraide policière et judiciaire en matière pénale ;

c) Pour les besoins de l'exercice des missions des autorités chargées de la surveillance des frontières extérieures.

3. Les fonctionnaires de liaison ont une mission d'avis et d'assistance. Ils ne sont pas compétents pour l'exécution autonome de mesures de police. Ils fournissent des informations et exécutent leurs missions dans le cadre des instructions qui leur sont données par la Partie contractante d'origine et par la Partie contractante auprès de laquelle ils sont détachés. Ils font régulièrement rapport au chef du service de police auprès duquel ils sont détachés.

4. Les Parties contractantes peuvent convenir dans un cadre bilatéral ou multilatéral que les fonctionnaires de liaison d'une Partie contractante détachés auprès d'États tiers représentent également les intérêts d'une ou de plusieurs autres Parties contractantes. En vertu de tels accords, les fonctionnaires de liaison détachés auprès d'États tiers fournissent des informations à d'autres Parties contractantes, sur demande ou de leur propre initiative, et accomplissent, dans les limites de leurs compétences, des missions pour le compte de ces Parties. Les Parties contractantes s'informent mutuellement de leurs intentions relatives au détachement de fonctionnaires de liaison dans des États tiers.

CHAPITRE II *Entraide judiciaire en matière pénale*

Art. 48 1. Les dispositions du présent chapitre visent à compléter la Convention européenne d'entraide judiciaire en matière pénale du 20 avril 1959 ainsi que, dans les relations entre les Parties contractantes membres de l'Union économique Benelux, le chapitre II du Traité Benelux d'extradition et d'entraide judiciaire en matière pénale du 27 juin 1962 tel qu'il est modifié par le Protocole du 11 mai 1974 et à faciliter l'application desdits accords.

2. Le paragraphe 1 n'affecte pas l'application des dispositions plus larges des accords bilatéraux en vigueur entre les Parties contractantes. – *V. Conv. europ. d'entraide judiciaire en matière pénale du 20 avr. 1959, ss. art. 696-47.*

Art. 49 L'entraide judiciaire est également accordée :

a) Dans des procédures pour des faits qui sont punissables selon le droit national d'une des deux Parties contractantes ou des deux Parties contractantes au titre d'infractions aux règlements poursuivies par des autorités administratives dont la décision peut donner lieu à un recours devant une juridiction compétente notamment en matière pénale ;

b) Dans des procédures d'indemnisation pour des mesures de poursuites ou des condamnations injustifiées ;

c) Dans les procédures de grâce ;

d) Dans les actions civiles jointes aux actions pénales, tant que la juridiction répressive n'a pas encore définitivement statué sur l'action pénale ;

e) Pour la notification de communications judiciaires relatives à l'exécution d'une peine ou mesure de sûreté, de la perception d'une amende ou du paiement de frais de procédure ;

f) Pour des mesures relatives à la suspension du prononcé ou au sursis à l'exécution d'une peine ou mesure de sûreté, à la mise en liberté conditionnelle, à l'ajournement de l'exécution ou à l'interruption de l'exécution d'une peine ou mesure de sûreté.

Art. 50 1. Les Parties contractantes s'engagent à s'accorder, conformément à la Convention et au traité visés à l'article 48, l'entraide judiciaire pour les infractions aux dispositions légales et réglementaires en matière d'accises, de taxe à la valeur ajoutée et de douanes. Par dispositions en matière de douanes on entend les règles énoncées à l'article 2 de la Convention du 7 septembre 1967 entre la Belgique, la République fédérale d'Allemagne, la France, l'Italie, le Luxembourg et les Pays-Bas concernant l'assistance mutuelle entre administrations douanières, ainsi qu'à l'article 2 du règlement du conseil n° 1468-81 CEE du 19 mai 1981.

2. Les demandes basées sur la fraude aux droits d'accises ne peuvent pas être refusées au motif que le pays requis ne prélève pas d'accises sur les marchandises visées dans la demande.

3. La Partie contractante requérante ne transmettra et n'utilisera les informations ou pièces à conviction obtenues de la Partie contractante requise pour les instructions, poursuites ou procédures autres que celles mentionnées dans la demande, sans l'assentiment préalable de la Partie contractante requise.

4. L'entraide judiciaire prévue au présent article peut être refusée lorsque le montant présumé des droits trop peu perçus ou éludés représente une valeur qui n'excède pas 25 000 ECU, ou que la valeur présumée des marchandises exportées ou importées sans autorisation représente une valeur qui n'excède pas 100 000 ECU, à moins que l'affaire, en raison de ses circonstances ou de la personne du prévenu, ne soit considérée comme très grave par la Partie contractante requérante.

5. Les dispositions du présent article s'appliquent également quand l'entraide judiciaire demandée a trait aux faits passibles uniquement d'une amende pour infraction aux règlements poursuivie par des autorités administratives et lorsque la demande d'entraide judiciaire émane d'une autorité judiciaire.

Art. 51 Les Parties contractantes ne subordonnent pas la recevabilité de commissions rogatoires aux fins de perquisition et de saisie à des conditions autres que celles ci-après :

a) Le fait qui a donné lieu à la commission rogatoire est punissable selon le droit des deux Parties contractantes d'une peine privative de liberté ou d'une mesure de sûreté restreignant la liberté d'un maximum d'au moins six mois, ou punissable selon le droit d'une des deux Parties contractantes d'une sanction équivalente et selon le droit de l'autre Partie contractante au titre d'infraction aux règlements poursuivie par des autorités administratives dont la décision peut donner lieu à un recours devant une juridiction compétente notamment en matière pénale ;

b) L'exécution de la commission rogatoire est compatible avec le droit de la Partie contractante requise.

Art. 52 1. Chacune des Parties contractantes peut adresser les pièces de procédure directement par la voie postale aux personnes qui se trouvent sur le territoire d'une autre Partie contractante. Les Parties contractantes communiquent au Comité exécutif une liste des pièces *pouvant être transmises* par cette voie.

2. Lorsqu'il y a des raisons de penser que le destinataire ne comprend pas la langue dans laquelle la pièce est rédigée, cette pièce – ou au moins les passages importants de celle-ci – doit être traduite dans la ou une des langues de la Partie contractante sur le territoire de laquelle le destinataire se trouve. Si l'autorité qui envoie la pièce sait que le destinataire ne connaît qu'une autre langue, la pièce – ou au moins les passages importants de celle-ci – doit être traduite dans cette autre langue.

3. L'expert ou le témoin qui n'aura pas déféré à une citation à comparaître transmise par voie postale ne pourra être soumis, alors même que cette citation contiendrait des injonctions, à aucune sanction ou mesure de contrainte, à moins qu'il ne se rende par la suite de son plein gré sur le territoire de la Partie requérante et qu'il n'y soit régulièrement cité à nouveau. L'autorité qui envoie les citations à comparaître par voie postale veille à ce que celles-ci ne comportent aucune injonction. Cette disposition ne porte pas préjudice à l'article 34 du Traité Benelux d'extradition et d'entraide judiciaire en matière pénale du 27 juin 1962, tel qu'il est modifié par le Protocole du 11 mai 1974.

4. Si le fait à la base de la demande d'entraide judiciaire est punissable selon le droit des deux Parties contractantes au titre d'infraction aux règlements poursuivie par des autorités administratives dont la décision peut donner lieu à un recours devant une juridiction compétente notamment en matière pénale, pour l'envoi des pièces de procédure il faut en principe procéder conformément au paragraphe 1.

5. Nonobstant la disposition du paragraphe 1, l'envoi de pièces de procédure peut s'effectuer par l'intermédiaire des autorités judiciaires de la Partie contractante requise lorsque l'adresse du destinataire est inconnue ou que la Partie contractante requérante exige une notification à personne.

Art. 53 1. Les demandes d'entraide judiciaire peuvent être faites directement entre les autorités judiciaires et renvoyées par la même voie.

2. Le paragraphe 1 ne porte pas préjudice à la faculté de l'envoi et du renvoi des demandes de ministère de la justice à ministère de la justice ou par l'intermédiaire des bureaux centraux nationaux de l'Organisation internationale de police criminelle.

3. Les demandes de transfèrement temporaire ou de transit de personnes qui sont en état d'arrestation provisoire ou de détention ou qui sont l'objet d'une mesure privative de liberté et l'échange périodique ou occasionnel de données relatives au casier judiciaire doivent se faire par l'intermédiaire des ministères de la justice.

4. Au sens de la Convention européenne d'entraide judiciaire en matière pénale du 20 avril 1959, on entend par le ministère de la justice, pour la République fédérale d'Allemagne, le ministre fédéral de la justice et les ministres ou sénateurs de la justice des États fédérés.

5. Les dénonciations aux fins de poursuites pour des infractions à la législation relative au temps de conduite et de repos, effectuées conformément à l'article 21 de la Convention européenne d'entraide judiciaire en matière pénale du 20 avril 1959 ou à l'article 42 du Traité Benelux d'extradition et d'entraide judiciaire en matière pénale du 27 juin 1962, tel qu'il est modifié par le Protocole du 11 mai 1974, peuvent être adressées par les autorités judiciaires de la Partie contractante requérante directement aux autorités judiciaires de la Partie contractante requise.

CHAPITRE III *Application du principe Ne bis in idem*

Art. 54 Une personne qui a été définitivement jugée par une partie contractante ne peut, pour les mêmes faits, être poursuivie par une autre partie contractante, à condition que, en cas de condamnation, la sanction ait été subie ou soit actuellement en cours d'exécution ou ne puisse plus être exécutée selon les lois de la partie contractante de condamnation.

1. Faits commis sur le territoire de la République. Il résulte de l'art. 692 que les décisions rendues par des juridictions étrangères n'ont l'autorité de la chose jugée que lorsqu'elles concernent des faits commis en dehors du territoire de la République. Par suite d'une réserve émise par le gouvernement français, l'art. 54 de la Convention de Schengen du 19 juin 1990, portant application de l'accord de Schengen du 14 juin 1985, selon lequel une personne jugée par une partie contractante ne peut, pour les mêmes faits, être poursuivie par une autre partie contractante, n'est pas applicable lorsque la totalité des faits poursuivis a eu lieu sur le territoire français. Encourt par conséquence la censure la cour d'appel qui, saisie d'une infraction commise en France, déclare l'action publique éteinte au motif que la chambre des mises en accusation de *la cour d'appel de Bruxelles a rendu* une décision de non-lieu au profit du prévenu. • Crim. 3 déc. 1998, ☎ n° 97-82.424 P.

2. Jugement définitif de la juridiction étrangère. Il résulte de la combinaison des art. 113-9 C. pén. et 54 de la Convention d'application de l'accord de Schengen que, lorsque la victime est de nationalité française au moment de l'infraction, un étranger ayant commis, hors du territoire de la République, un crime ou un délit puni d'emprisonnement ne peut échapper à toute poursuite en France que s'il justifie avoir été définitivement jugé à l'étranger pour les mêmes faits. Un classement sans suite par le ministère public près une juridiction étrangère n'a pas valeur de jugement définitif au sens des textes précités. Dès lors, encourt la censure l'arrêt faisant droit à l'exception d'extinction de l'action publique par la chose jugée invoquée par le prévenu qui, dans une poursuite pour recel commis au préjudice de victimes de nationalité française, se prévalait d'une décision de classement sans suite prise par le parquet de Bade-Wurtemberg. • Crim. 6 déc. 2005, ☎ n° 04-86.378 P : *D. 2006. Somm. 622, obs. Pradel* ; *RSC 2006. 307, obs. Vermelle* ; *Gaz. Pal. 2007. 1. 483.* ♦ Il résulte des dispositions des art. 113-9 C. pén. et 54 de la Convention d'application de l'accord de Schengen que, lorsque la victime est de nationalité française, un étranger ayant commis hors du territoire de la République un crime ou un délit puni d'emprisonnement ne peut échapper à toute poursuite en France que s'il justifie avoir été définitivement jugé à l'étranger pour les mêmes faits ou s'il établit que la prescription de l'action publique a été définitivement constatée par un jugement rendu à l'étranger. Justifie dès lors sa décision la cour d'appel qui, pour écarter l'exception soulevée par le prévenu, ressortissant allemand, qui soutenait que la règle *non bis in idem* devait trouver application en l'espèce, les faits ayant donné lieu aux poursuites en France étant définitivement prescrits en Allemagne, après décision de classement sans suite pour insuffisance des charges, retient que l'intéressé ne justifie pas de l'existence, en Allemagne, d'un jugement définitif constatant ladite prescription. • Crim. 12 mai 2009, n° 07-85.875 P : *D. 2009. AJ 1485, note Girault ; ibid. 2258, note Brach-Thiel ; AJ pénal 2009. 309, obs. Péchillon* (même affaire). ♦ En vertu des art. 113-9 C. pén. et 54 de la Convention d'application des accords de Schengen, la décision prise par une juridiction étrangère ne peut être regardée comme un jugement définitif que si, à la date où elle a été rendue, l'action publique avait été engagée ; or le classement sans suite par le ministère public près une juridiction étrangère, confirmée par cette juridiction, qui a dit n'y avoir lieu à l'exercice de l'action publique, sauf survenance de faits nouveaux, n'a pas valeur de jugement définitif au sens des textes préc. • Crim. 2 avr. 2013 : *D. actu. 8 avr. 2014, obs. Fucini ; D. 2014. 1128, note Brach-Thiel* .

3. Peine exécutée ou en cours d'exécution. L'art. 54 doit être interprété en ce sens que le seul paiement de l'amende pénale, infligée à une personne condamnée par la même décision d'une juridiction d'un autre État membre à une peine privative de liberté qui n'a pas été mise à exécution, ne permet pas de considérer que la sanction a été subie ou est en cours d'exécution dans le sens de cette disposition. • CJUE 27 mai 2014, *Sapsic : AJ pénal 2014. 425, obs. Lelieur* .

Art. 55 1. Une Partie contractante peut, au moment de la ratification, de l'acceptation ou de l'approbation de la présente Convention, déclarer qu'elle n'est pas liée par l'article 54 dans l'un ou plusieurs des cas suivants :

a) Lorsque les faits visés par le jugement étranger ont eu lieu soit en tout, soit en partie sur son territoire ; dans ce dernier cas, cette exception ne s'applique cependant pas si ces faits ont eu lieu en partie sur le territoire de la Partie contractante où le jugement a été rendu ;

b) Lorsque les faits visés par le jugement étranger constituent une infraction contre la sûreté de l'État ou d'autres intérêts également essentiels de cette Partie contractante ;

c) Lorsque les faits visés par le jugement étranger ont été commis par un fonctionnaire de cette Partie contractante en violation des obligations de sa charge.

2. Une Partie contractante qui a fait une déclaration concernant l'exception mentionnée au paragraphe 1, point *b)*, précisera les catégories d'infractions auxquelles cette exception peut s'appliquer.

3. Une Partie contractante pourra, à tout moment, retirer une telle déclaration relative à l'une ou plusieurs des exceptions mentionnées au paragraphe 1.

4. Les exceptions qui ont fait l'objet d'une déclaration au titre du paragraphe 1 ne s'appliquent pas lorsque la Partie contractante concernée a, pour les mêmes faits, demandé la poursuite à l'autre Partie contractante ou accordé l'extradition de la personne concernée.

Art. 56 Si une nouvelle poursuite est intentée par une Partie contractante contre une personne qui a été définitivement jugée pour les mêmes faits par une autre Partie contractante, toute période de privation de liberté subie sur le territoire de cette dernière Partie contractante en raison de ces faits doit être déduite de la sanction qui sera éventuellement prononcée. Il sera également tenu compte, dans la mesure où les législations nationales le permettent, des sanctions autres que celles privatives de liberté qui ont déjà été subies.

Art. 57 1. Lorsqu'une personne est accusée d'une infraction par une Partie contractante et que les autorités compétentes de cette Partie contractante ont des raisons de croire que l'accusation concerne les mêmes faits que ceux pour lesquels elle a déjà été définitivement jugée par une autre Partie contractante, ces autorités demanderont, si elles l'estiment nécessaire, les renseignements pertinents aux autorités compétentes de la Partie contractante sur le territoire de laquelle une décision a déjà été rendue.

2. Les informations demandées seront données aussitôt que possible et seront prises en considération pour la suite à réserver à la procédure en cours.

3. Chaque Partie contractante désignera, au moment de la ratification, de l'acceptation ou de l'approbation de la présente Convention, les autorités qui seront habilitées à demander et à recevoir les informations prévues au présent article.

Art. 58 Les dispositions précédentes ne font pas obstacle à l'application de dispositions nationales plus larges concernant l'effet *ne bis in idem* attaché aux décisions judiciaires prises à l'étranger.

CHAPITRE IV *Extradition*

Sans préjudice de leur application dans les relations entre États membres et États tiers, la décision-cadre n° 2002/584/JAI du 13 juin 2002 remplace, à compter du 1er janv. 2004, les dispositions de ce présent chapitre dans les relations entre les États membres.

Art. 59 1. Les dispositions du présent chapitre visent à compléter la Convention européenne d'extradition du 13 septembre 1957, ainsi que, dans les relations entre les Parties contractantes membres de l'Union économique Benelux, le chapitre Ier du Traité Benelux d'extradition et d'entraide judiciaire en matière pénale du 27 juin 1962 tel qu'il est modifié par le Protocole du 11 mai 1974 et à faciliter l'application desdits accords. — *V. Conv. europ. d'extradition du 13 sept. 1957, ss. art. 696-47.*

2. Le paragraphe 1 n'affecte pas l'application des dispositions plus larges des accords bilatéraux en vigueur entre des Parties contractantes.

Art. 60 Dans les relations entre deux Parties contractantes, dont une n'est pas Partie à la Convention européenne d'extradition du 13 septembre 1957, les dispositions de ladite Convention sont applicables, compte tenu des réserves et déclarations déposées soit lors de la ratification de ladite Convention soit, pour les Parties contractantes qui ne sont pas Parties à la Convention, lors de la ratification, l'approbation ou l'acceptation de la présente Convention.

En vertu de l'art. 60 de la convention d'application de l'Accord de Schengen, signée notamment par la Belgique et la France et entrée en vigueur, pour ces deux États, le 26 mars 1995, les dispositions de la convention européenne d'extradition régissent, depuis cette date, les relations extraditionnelles entre la France et la Belgique. • Crim. 22 juin 1999, n° 98-82.046 P.

Art. 61 La République française s'engage à extrader, à la demande de l'une des Parties contractantes, les personnes poursuivies pour des faits punis par la législation française d'une peine ou mesure de sûreté privative de liberté d'un maximum d'au moins deux ans et par la loi de la Partie contractante requérante d'une peine ou mesure de sûreté privative de liberté d'un maximum d'au moins un an.

Art. 62 1. En ce qui concerne l'interruption de la prescription, seules sont applicables les dispositions de la Partie contractante requérante.

2. Une amnistie prononcée par la Partie contractante requise ne fait pas obstacle à l'extradition sauf si l'infraction relève de la juridiction de cette Partie contractante.

3. L'absence d'une plainte ou d'un avis officiel autorisant les poursuites, qui ne sont nécessaires qu'en vertu de la législation de la Partie contractante requise, ne porte pas atteinte à l'obligation d'extrader.

Art. 63 Les Parties contractantes s'engagent, conformément à la Convention et au Traité cités à l'article 59, à extrader entre elles les personnes qui sont poursuivies par les autorités judiciaires de la Partie contractante requérante pour l'une des infractions visées à l'article 50, paragraphe 1, ou recherchées par celles-ci aux fins de l'exécution d'une peine ou d'une mesure de sûreté prononcées pour une telle infraction.

Art. 64 Un signalement dans le Système d'Information Schengen, effectué conformément à l'article 95, a le même effet qu'une demande d'arrestation provisoire au sens de l'article 16 de la Convention européenne d'extradition du 13 septembre 1957, ou de l'article 15 du Traité Benelux d'extradition et d'entraide judiciaire en matière pénale du 27 juin 1962 tel qu'il est modifié par le Protocole du 11 mai 1974.

Art. 65 1. Sans préjudice de la faculté de recourir à la voie diplomatique, les demandes d'extradition et de transit sont adressées par le ministère compétent de la Partie contractante requérante au ministère compétent de la Partie contractante requise.

2. Les ministères compétents sont :

— en ce qui concerne le Royaume de Belgique : le ministère de la justice ;

— en ce qui concerne la République fédérale d'Allemagne : le ministère fédéral de la justice et les ministres ou sénateurs de la justice des États fédérés ;

— en ce qui concerne la République française : le ministère des affaires étrangères ;

— en ce qui concerne le Grand-Duché de Luxembourg : le ministère de la justice ;

— en ce qui concerne le Royaume des Pays-Bas : le ministère de la justice.

Art. 66 1. Si l'extradition d'une personne réclamée n'est pas manifestement interdite en vertu du droit de la Partie contractante requise, cette Partie contractante peut autoriser

l'extradition sans procédure formelle d'extradition, à condition que la personne réclamée y consente par procès-verbal établi devant un membre du pouvoir judiciaire et après audition par celui-ci, pour l'informer de son droit à une procédure formelle d'extradition. La personne réclamée peut se faire assister d'un avocat au cours de son audition.

2. Dans le cas d'une extradition en vertu du paragraphe 1, la personne réclamée qui déclare explicitement renoncer à la protection que lui confère le principe de la spécialité ne peut révoquer cette déclaration.

1. A partir du moment où la personne réclamée a déclaré renoncer au bénéfice de la spécialité de l'extradition, c'est à bon droit que la chambre d'accusation écarte sa demande d'annulation de mise en examen supplétive pour des faits postérieurs à ceux visés dans le mandat d'arrêt international à l'origine de la demande d'extradition. • Crim. 6 juin 2000, n° 00-81.725 P.

2. Le principe de la spécialité de l'extradition n'est pas applicable lorsque la personne réclamée y a renoncé expressément en application de l'art. 66-2 de la Convention signée à Schengen le 19 juin 1990. Cette renonciation est valable dès lors que les autorités de l'État requis ont fait connaître que l'extradition avait été effectuée sans procédure formelle, conformément à l'art. 66-1 de la convention précitée, dont il n'appartient pas aux juridictions françaises de contrôler l'application à l'étranger. Il n'est pas exigé par cet article que la renonciation intervienne après l'extradition ou qu'elle soit accompagnée d'une renonciation émanant de l'État requis. • Crim. 22 juin 1999, n° 98-82.192 P.

CHAPITRE V *Transmission de l'exécution des jugements répressifs*

RÉP. PÉN. v° *Transfèrement international de condamnés*, par HERZOG-EVANS.

Art. 67 **Les dispositions ci-après visent à compléter la Convention du Conseil de l'Europe du 21 mars 1983 sur le transfèrement des personnes condamnées entre les Parties contractantes qui sont Parties à ladite Convention.** — *V. Conv. sur le transfèrement des personnes condamnées du 21 mars 1983, ss. art. 728-9.*

Art. 68 **1. La Partie contractante sur le territoire de laquelle une peine privative de liberté ou une mesure de sûreté restreignant la liberté a été prononcée par jugement passé en force de chose jugée à l'égard d'un ressortissant d'une autre Partie contractante, qui s'est soustrait, en s'enfuyant vers son pays, à l'exécution de cette peine ou mesure de sûreté, peut demander à cette dernière Partie contractante, si la personne évadée est trouvée sur son territoire, de reprendre l'exécution de la peine ou de la mesure de sûreté.**

2. Dans l'attente des pièces étayant la demande de reprise de l'exécution de la peine ou de la mesure de sûreté ou de la partie de la peine qui reste à purger, et de la décision à prendre sur cette demande, la Partie contractante requise peut, à la demande de la Partie contractante requérante, placer la personne condamnée en garde à vue ou prendre d'autres mesures pour garantir sa présence sur le territoire de la Partie contractante requise.

Les dispositions de l'art. 68 de la Convention signée à Schengen le 19 juin 1990, qui permettent de reprendre en France l'exécution d'une peine prononcée à l'étranger à l'encontre d'un Français lorsque celui-ci s'est soustrait à l'exécution de la peine en se réfugiant sur le territoire national, n'ont pas pour résultat de rendre plus sévère la peine prononcée par la décision de condamnation et sont donc applicables immédiatement, conformément à l'art. 112-2, 3°, C. pén. • Crim. 4 nov. 1997, n° 96-86.644 P. ♦ Il résulte des termes mêmes des art. 67 et 69 de la Convention signée à Schengen le 19 juin 1990 que les dispositions de l'art. 68 de celle-ci visent seulement à compléter la Convention du 21 mars 1983 sur le transfèrement des personnes condamnées dont les dispositions sont applicables « par analogie ». C'est donc à bon droit qu'une cour d'appel a appliqué les dispositions de l'art. 10 de cette seconde convention à un Français condamné en Belgique aux travaux forcés à perpétuité et dont, conformément à l'art. 68 de la Convention de Schengen, la peine avait été reprise en France après son évasion de l'établissement belge où il était détenu. • Crim. 4 nov. 1997 : *préc.*

Art. 69 **La transmission de l'exécution en vertu de l'article 68 n'est pas subordonnée au consentement de la personne à l'encontre de laquelle la peine ou la mesure de sûreté a été prononcée. Les autres dispositions de la Convention du Conseil de l'Europe sur le transfèrement des personnes condamnées du 21 mars 1983 sont applicables par analogie.**

1. Application dans le temps. Les dispositions de l'art. 68 de la convention de Schengen du 19 juin 1990, qui permettent de reprendre en France l'exécution d'une peine prononcée à l'étranger à l'encontre d'un Français lorsque celui-ci s'est soustrait à l'exécution de la peine en se réfugiant sur le territoire national, n'ont pas pour résultat de rendre plus sévère la peine prononcée par la décision de condamnation et sont donc applicables immédiatement, conformément à l'art. 112-2 (3°) C. pén. • Crim. 4 nov. 1997, n° 96-86.644 P : *RSC 1998. 537, obs. Bouloc*.

2. *Application de la Conv. europ. du 21 mars 1983 sur le transfèrement des personnes condamnées.* Il résulte des termes mêmes des art. 67 et 69 de la convention de Schengen du 19 juin 1990 que les dispositions de l'art. 68 de la même convention visent à compléter la convention du 21 mars 1983 sur le transfèrement des personnes condamnées, dont les dispositions sont applicables « par analogie ». • Crim. 4 nov. 1997 : *préc. note 1.* ♦ C'est dès lors à bon droit que les dispositions de l'art. 10 de la convention du 21 mars 1983, qui permettent à l'État d'exécution d'adapter la peine prononcée à l'étranger lorsqu'elle est incompatible avec sa législation, ont été appliquées à un Français condamné en Belgique aux travaux forcés à perpétuité, pour substituer à cette peine la réclusion criminelle de 30 ans. • Même arrêt.

CHAPITRE VI *Stupéfiants*

Art. 70 1. Les Parties contractantes créent un groupe de travail permanent chargé d'examiner des problèmes communs concernant la répression de la criminalité en matière de stupéfiants et d'élaborer le cas échéant des propositions aux fins d'améliorer, si besoin est, les aspects pratiques et techniques de la coopération entre les Parties contractantes. Le groupe de travail soumet ses propositions au Comité exécutif.

2. Le groupe de travail visé au paragraphe 1, dont les membres sont désignés par les instances nationales compétentes, comprendra notamment des représentants des services chargés des missions de police et des douanes.

Art. 71 1. Les Parties contractantes s'engagent, en ce qui concerne la cession directe ou indirecte de stupéfiants et de substances psychotropes de quelque nature que ce soit, y compris le cannabis, ainsi que la détention de ces produits et substances aux fins de cession ou d'exportation, à prendre, en conformité avec les Conventions existantes des Nations unies, toutes mesures nécessaires à la prévention et à la répression du trafic illicite des stupéfiants et des substances psychotropes.

2. Les Parties contractantes s'engagent à prévenir et à réprimer par des mesures administratives et pénales l'exportation illicite de stupéfiants et de substances psychotropes, y compris le cannabis, ainsi que la cession, la fourniture et la remise desdits produits et substances, sans préjudice des dispositions pertinentes des articles 74, 75 et 76.

3. En vue de lutter contre l'importation illicite de stupéfiants et de substances psychotropes, y compris le cannabis, les Parties contractantes renforceront les contrôles de la circulation des personnes et des marchandises ainsi que des moyens de transport aux frontières extérieures. Ces mesures seront précisées par le groupe de travail prévu à l'article 70. Ce groupe de travail prendra notamment en considération le déplacement d'une partie du personnel de la police et des douanes libéré aux frontières intérieures, ainsi que le recours à des méthodes modernes de détection de drogue et à des chiens-drogue.

4. En vue d'assurer le respect des dispositions du présent article, les Parties contractantes surveilleront spécifiquement les lieux notoirement utilisés pour le trafic de drogue.

5. En ce qui concerne la lutte contre la demande illicite de stupéfiants et substances psychotropes de quelque nature que ce soit, y compris le cannabis, les Parties contractantes feront tout ce qui est en leur pouvoir pour prévenir et lutter contre les effets négatifs de cette demande illicite. Les mesures prises à cette fin relèvent de la responsabilité de chaque Partie contractante.

V. Décr. n° 69-446 du 2 mai 1969 (JO 22 mai) portant publication de la convention unique sur les stupéfiants du 30 mars 1961 ; ... Décr. n° 75-1076 du 4 nov. 1975 (JO 20 nov.) portant publication du protocole du 25 mars 1972 portant amendement de cette convention ; ... Décr. n° 77-41 du 11 janv. 1977 (JO 19 janv.) portant publication de la convention sur les substances psychotropes ; ... Décr. n° 91-271 du 8 mars 1991 portant publication de la convention des Nations unies relative au trafic illicite de stupéfiants et de substances psychotropes du 19 déc. 1988.

Art. 72 Conformément à leur Constitution et à leur ordre juridique national, les Parties contractantes garantissent que des dispositions légales seront prises pour permettre la saisie et la confiscation des produits du trafic illicite de stupéfiants et de substances psychotropes.

Art. 73 1. Conformément à leur Constitution et à leur ordre juridique national, les Parties contractantes s'engagent à prendre des mesures aux fins de permettre les livraisons surveillées dans le trafic illicite de stupéfiants et de substances psychotropes.

2. La décision de recourir à des livraisons surveillées sera prise dans chaque cas d'espèce sur la base d'une autorisation préalable de chaque Partie contractante concernée.

3. Chaque Partie contractante garde la direction et le contrôle de l'opération sur son territoire et est habilitée à intervenir.

Art. 74 En ce qui concerne le commerce légal de stupéfiants et substances psychotropes, les Parties contractantes conviennent que les contrôles découlant des Conventions des Nations unies énumérées à l'article 71 et effectués aux frontières intérieures soient transférés autant que possible à l'intérieur du pays.

Art. 75 1. En ce qui concerne la circulation des voyageurs à destination des territoires des Parties contractantes ou sur ces territoires, les personnes peuvent transporter les stupéfiants et substances psychotropes nécessaires dans le cadre d'un traitement médical, si elles produisent lors de tout contrôle un certificat délivré ou authentifié par une autorité compétente de l'État de résidence.

2. Le Comité exécutif arrête la forme et le contenu du certificat visé au paragraphe 1 et délivré par une des Parties contractantes, et notamment les données relatives à la nature et la quantité des produits et substances et à la durée du voyage.

3. Les Parties contractantes s'informent mutuellement des autorités compétentes pour la délivrance ou l'authentification du certificat visé au paragraphe 2.

Art. 76 1. Les Parties contractantes arrêteront, si nécessaire et conformément à leurs usages médicaux, éthiques et pratiques, les mesures appropriées pour le contrôle des stupéfiants et substances psychotropes qui sont soumis sur le territoire d'une ou de plusieurs Parties contractantes à des contrôles plus rigoureux que sur leur territoire, afin de ne pas compromettre l'efficacité de ces contrôles.

2. Le paragraphe 1 s'applique également aux substances qui sont fréquemment utilisées pour la fabrication de stupéfiants et substances psychotropes.

3. Les Parties contractantes s'informeront mutuellement des mesures prises aux fins de la mise en œuvre de la surveillance du commerce légal des substances visées aux paragraphes 1 et 2.

4. Les problèmes rencontrés à cet égard seront évoqués régulièrement au sein du Comité exécutif.

CHAPITRE VII *Armes à feu et munitions*

Art. 77 1. Les Parties contractantes s'engagent à adapter aux dispositions du présent chapitre leurs dispositions législatives, réglementaires et administratives nationales relatives à l'acquisition, à la détention, au commerce et à la remise d'armes à feu et de munitions.

2. Le présent chapitre concerne l'acquisition, la détention, le commerce et la remise d'armes à feu et de munitions par des personnes physiques et morales ; il ne concerne pas la livraison aux autorités centrales et territoriales, aux forces armées et à la police, ni l'acquisition et la détention par celles-ci, ni la fabrication d'armes à feu et de munitions par des entreprises publiques.

Art. 78 1. Dans le cadre du présent chapitre, les armes à feu sont classées comme suit :

a) Les armes prohibées ;

b) Les armes soumises à autorisation ;

c) Les armes soumises à déclaration.

2. Le mécanisme de fermeture, le magasin et le canon des armes à feu sont soumis par analogie aux dispositions applicables à l'objet dont ils font ou sont destinés à faire partie.

3. Sont considérées comme armes courtes au sens de la présente convention les armes à feu dont le canon ne dépasse pas 30 cm ou dont la longueur totale ne dépasse pas 60 cm ; sont des armes longues toutes les autres armes à feu.

Art. 79 1. La liste des armes à feu et munitions prohibées comprend les objets suivants :

a) Les armes à feu normalement utilisées comme armes à feu de guerre ;

b) Les armes à feu automatiques, même si elles ne sont pas de guerre ;

c) Les armes à feu camouflées sous la forme d'un autre objet ;

d) Les munitions aux balles perforantes, explosives ou incendiaires ainsi que les projectiles pour ces munitions ;

e) Les munitions pour les pistolets et revolvers avec des projectiles dum-dum ou à pointes creuses ainsi que les projectiles pour ces munitions.

2. Les autorités compétentes peuvent, dans des cas particuliers, accorder des autorisations pour les armes à feu et munitions citées au paragraphe 1 si la sécurité et l'ordre publics ne s'y opposent pas.

Art. 80 1. La liste des armes à feu dont l'acquisition et la détention sont soumises à autorisation comprend au moins les armes à feu suivantes si elles ne sont pas prohibées :

a) Les armes à feu courtes semi-automatiques ou à répétition ;

b) Les armes à feu courtes à un coup, à percussion centrale ;

c) Les armes à feu courtes à un coup à percussion annulaire d'une longueur totale inférieure à 28 cm ;

d) Les armes à feu longues semi-automatiques dont le magasin et la chambre peuvent contenir plus de trois cartouches ;

e) Les armes à feu longues à répétition et semi-automatiques à canon lisse dont le canon ne dépasse pas 60 cm ;

f) Les armes à feu civiles semi-automatiques qui ont l'apparence d'une arme à feu automatique de guerre.

2. La liste des armes à feu soumises à autorisation ne comprend pas :

a) Les armes d'avertissement, lacrymogènes ou d'alarme, à condition que l'impossibilité de transformation par un outillage courant en armes permettant le tir de munitions à balles soit garantie par des moyens techniques et que le tir d'une substance irritante ne provoque pas des lésions irréversibles sur les personnes ;

b) Les armes à feu longues semi-automatiques dont le magasin et la chambre ne peuvent pas contenir plus de trois cartouches sans être rechargés, à condition que le chargeur soit inamovible ou qu'il soit garanti que ces armes ne puissent être transformées par un outillage courant en armes dont le magasin et la chambre peuvent contenir plus de trois cartouches.

Art. 81 La liste des armes à feu soumises à déclaration comprend, si ces armes ne sont ni prohibées ni soumises à autorisation :

a) Les armes à feu longues à répétition ;

b) Les armes à feu longues à un coup à un ou plusieurs canons rayés ;

c) Les armes à feu courtes, à un coup à percussion annulaire d'une longueur totale supérieure à 28 cm ;

d) Les armes énumérées à l'article 80, paragraphe 2, point *b)*.

Art. 82 Les listes des armes visées aux articles 79, 80 et 81 ne comprennent pas :

a) Les armes à feu dont le modèle ou dont l'année de fabrication sont — sauf exception — antérieurs au 1er janvier 1870 sous réserve qu'elles ne puissent tirer des munitions destinées à des armes prohibées ou soumises à autorisation ;

b) Les reproductions d'armes mentionnées au point *a)* à condition qu'elles ne permettent pas l'utilisation d'une cartouche à étui métallique ;

c) Les armes à feu rendues inaptes au tir de toutes munitions par l'application de procédés techniques garantis par le poinçon d'un organisme officiel ou reconnus par un tel organisme.

Art. 83 Une autorisation d'acquisition et de détention d'une arme à feu visée à l'article 80 ne peut être délivrée que :

a) Si l'intéressé a dix-huit ans révolus, sauf dérogations pour la pratique de la chasse ou du sport ;

b) Si l'intéressé n'est pas inapte à acquérir ou à détenir une arme à feu en raison d'une maladie mentale ou de toute autre incapacité mentale ou physique ;

c) Si l'intéressé n'a pas été condamné pour une infraction ou s'il n'y a pas d'autres indices laissant supposer qu'il est dangereux pour la sécurité ou l'ordre public ;

d) Si le motif invoqué par l'intéressé pour l'acquisition ou la détention d'armes à feu peut être considéré comme valable.

Art. 84 1. La déclaration pour les armes mentionnées à l'article 81 est consignée sur un registre tenu par les personnes visées à l'article 85.

2. Lorsqu'une arme est cédée par une personne non visée à l'article 85, la déclaration doit en être faite selon des modalités à déterminer par chaque Partie contractante.

3. Les déclarations visées au présent article doivent comporter les indications nécessaires pour identifier les personnes et les armes concernées.

Art. 85 1. Les Parties contractantes s'engagent à soumettre à une obligation d'autorisation les personnes qui fabriquent des armes à feu soumises à autorisation et celles qui en font le commerce, et à une obligation de déclaration les personnes qui fabriquent des armes à feu soumises à déclaration et celles qui en font le commerce. L'autorisation pour les armes à feu soumises à autorisation couvre également les armes à feu soumises à déclaration. Les Parties contractantes soumettent les personnes qui fabriquent des armes et celles qui en font le commerce à une surveillance qui garantit un contrôle effectif.

2. Les Parties contractantes s'engagent à adopter des dispositions pour que, au minimum, toutes les armes à feu soient pourvues durablement d'un numéro d'ordre permettant leur identification et portent la marque du fabricant.

3. Les Parties contractantes prévoient l'obligation pour les fabricants et les marchands d'enregistrer toutes les armes à feu soumises à autorisation et à déclaration ; les registres doivent permettre de déterminer rapidement la nature des armes à feu, leur origine et leur acquéreur.

4. Pour les armes à feu soumises à autorisation en vertu des articles 79 et 80, les Parties contractantes s'engagent à adopter des dispositions pour que le numéro d'identification et la marque apposée sur l'arme à feu soient repris sur l'autorisation délivrée à son détenteur.

Art. 86 1. Les Parties contractantes s'engagent à adopter des dispositions interdisant aux détenteurs légitimes d'armes à feu soumises à autorisation ou à déclaration de remettre ces armes à des personnes qui ne sont pas en possession d'une autorisation d'acquisition ou d'un certificat de déclaration.

2. Les Parties contractantes peuvent autoriser la remise temporaire de ces armes selon des modalités qu'elles déterminent.

Art. 87 1. Les Parties contractantes introduisent dans leur législation nationale des dispositions permettant le retrait de l'autorisation lorsque le titulaire ne satisfait plus aux conditions de délivrance prévues à l'article 83.

2. Les Parties contractantes s'engagent à prendre des mesures adéquates qui comprennent notamment la saisie de l'arme à feu et le retrait de l'autorisation, et à prévoir des sanctions appropriées à la violation des dispositions législatives et réglementaires applicables aux armes à feu. Les sanctions pourront prévoir la confiscation des armes à feu.

Art. 88 1. Les personnes titulaires d'une autorisation d'acquisition d'une arme à feu sont dispensées d'autorisation pour l'acquisition de munitions destinées à cette arme.

2. L'acquisition de munitions par des personnes non titulaires d'une autorisation d'acquisition d'armes est soumise au régime applicable à l'arme à laquelle ces munitions sont destinées. L'autorisation peut être délivrée pour une seule ou toutes les catégories de munitions.

Art. 89 Les listes des armes à feu prohibées, soumises à autorisation et à déclaration, peuvent être modifiées ou complétées par le Comité exécutif pour tenir compte de l'évolution technique et économique ainsi que de la sûreté de l'État.

Art. 90 Les Parties contractantes ont la faculté d'adopter des lois ou dispositions plus strictes concernant le régime des armes à feu et des munitions.

Art. 91 1. Les Parties contractantes conviennent, sur la base de la Convention européenne du 28 juin 1978 sur le contrôle de l'acquisition et de la détention d'armes à feu par des particuliers, de créer, dans le cadre de leurs législations nationales, un échange de renseignements concernant l'acquisition d'armes à feu par des personnes — simples particuliers ou armuriers détaillants — qui résident habituellement ou qui sont établis sur le territoire d'une autre Partie contractante. Est considérée comme armurier détaillant toute personne dont l'activité professionnelle consiste, en tout ou partie, dans le commerce au détail d'armes à feu.

2. L'échange de renseignements porte :

a) Entre deux Parties contractantes qui ont ratifié la Convention citée au paragraphe 1, sur les armes à feu reprises en annexe 1, partie A, n° 1, lettres *a)* à *h)* de ladite Convention ;

b) Entre deux Parties contractantes dont l'une au moins n'a pas ratifié la Convention citée au paragraphe 1, sur les armes soumises par chacune des Parties contractantes à un régime d'autorisation ou de déclaration.

3. Les renseignements concernant l'acquisition d'armes à feu seront communiqués sans retard et comporteront les données suivantes :

a) La date de l'acquisition et l'identité de l'acquéreur, à savoir :

— s'il s'agit d'une personne physique : les nom, prénoms, date et lieu de naissance, adresse et numéro de passeport ou de carte d'identité, ainsi que la date de la délivrance et indication de l'autorité qui les a délivrés, armurier ou non ;

— s'il s'agit d'une personne morale : la dénomination ou la raison sociale et le siège social, ainsi que les nom, prénoms, date et lieu de naissance, adresse et numéro de passeport ou de carte d'identité de la personne habilitée à représenter la personne morale ;

b) Le modèle, le numéro de fabrication, le calibre et les autres caractéristiques de l'arme à feu concernée ainsi que le numéro d'identification.

4. Chaque Partie contractante désigne une autorité nationale qui envoie et reçoit les renseignements visés aux paragraphes 2 et 3 et communique sans délai aux autres Parties contractantes toute modification survenant dans la désignation de cette autorité.

5. L'autorité désignée par chaque Partie contractante peut transmettre les informations qui lui ont été communiquées aux services de police locaux compétents et aux autorités de surveillance de la frontière aux fins de prévention ou de poursuite.

TITRE IV Système d'Information Schengen

CHAPITRE PREMIER *Création du Système d'Information Schengen*

Art. 92 1. Les Parties contractantes créent et entretiennent un système d'information commun dénommé ci-après Système d'Information Schengen, composé d'une partie nationale auprès de chacune des Parties contractantes et d'une fonction de support technique. Le Système d'Information Schengen permet aux autorités désignées par les Parties contractantes, grâce à une procédure d'interrogation automatisée, de disposer de signalements de personnes et d'objets, à l'occasion de contrôles de frontière et vérifications et autres contrôles de police et de douanes exercés à l'intérieur du pays conformément au droit national ainsi que, pour la seule catégorie de signalement visée à l'article 96, aux fins de la procédure de délivrance de visas, de la délivrance des titres de séjour et de l'administration des étrangers dans le cadre de l'application des dispositions sur la circulation des personnes de la présente Convention.

2. Chaque Partie contractante crée et entretient, pour son compte et à ses risques, sa partie nationale du Système d'Information Schengen, dont le fichier de données est rendu matériellement identique aux fichiers de données de la partie nationale de chacune des autres Parties contractantes par le recours à la fonction de support technique. Afin de permettre une transmission rapide et efficace des données comme visée au paragraphe 3, chaque Partie contractante se conforme, lors de la création de sa partie nationale, aux protocoles et procédures établis en commun pour la fonction de support technique par les Parties contractantes. Le fichier de données de chaque partie nationale servira à l'interrogation automatisée sur le territoire de chacune des Parties contractantes. L'interrogation de fichiers de données des parties nationales d'autres Parties contractantes ne sera pas possible.

3. Les Parties contractantes créent et entretiennent, pour compte commun et en assumant les risques en commun, la fonction de support technique du Système d'Information Schengen, dont la responsabilité est assumée par la République française ; cette fonction de support technique est installée à Strasbourg. La fonction de support technique comprend un fichier de données assurant l'identité des fichiers de données des parties nationales par la transmission en ligne d'informations. Dans le fichier de données de la fonction de support technique figureront les signalements de personnes et d'objets, pour autant que ceux-ci concernent toutes les Parties contractantes. Le fichier de la fonction de support technique ne contient pas d'autres données, hormis celles mentionnées au présent paragraphe et à l'article 113, paragraphe 2.

4. Conformément à leur législation nationale, les États membres échangent, par le biais des instances désignées à cet effet (SIRENE), tout supplément d'information nécessaire concernant l'introduction de signalements et permettant d'adopter des mesures appropriées dans les cas où, à la suite de recherches effectuées dans le Système d'information Schengen, des personnes ou des objets dont les données ont été introduites dans ce système sont retrouvés. Cette information est utilisée uniquement aux fins auxquelles elle a été transmise.

CHAPITRE II *Exploitation et utilisation du Système d'Information Schengen*

Art. 93 Le Système d'Information Schengen a pour objet, conformément aux dispositions *de la présente Convention,* de préserver l'ordre et la sécurité publics y compris la sûreté de l'État, et l'application des dispositions sur la circulation des personnes de la présente Convention, sur les territoires des Parties contractantes à l'aide des informations transmises par ce système.

Art. 94 1. Le Système d'Information Schengen comporte exclusivement les catégories de données qui sont fournies par chacune des Parties contractantes et qui sont nécessaires aux fins prévues aux articles 95 à 100. La Partie contractante signalante vérifie si l'importance du cas justifie l'intégration du signalement dans le Système d'Information Schengen.

2. Les catégories de données sont les suivantes :
a) Les personnes signalées ;
b) Les objets visés aux articles 99 et 100.
3. Pour les personnes, les éléments intégrés sont au maximum les suivants :
a) Les nom et prénoms, les alias éventuellement enregistrés séparément ;
b) Les signes physiques particuliers, objectifs et inaltérables ;
c) […] ;
d) Le lieu et la date de naissance ;
e) Le sexe ;
f) La nationalité ;
g) L'indication que les personnes concernées sont armées, violentes ou qu'elles se sont évadées ;
h) Le motif du signalement ;
i) La conduite à tenir ;
j) En cas de signalement en vertu de l'article 95 : le type d'infraction(s).

D'autres mentions, notamment les données qui sont énumérées à l'article 6, première phrase de la Convention du Conseil de l'Europe du 28 janvier 1981 pour la protection des personnes à l'égard du traitement automatisé des données à caractère personnel, ne sont pas autorisées.

4. Dans la mesure où une Partie contractante estime qu'un signalement conformément aux articles 95, 97 ou 99 n'est pas compatible avec son droit national, ses obligations internationales ou des intérêts nationaux essentiels, elle peut faire assortir *a posteriori* ce signalement dans le fichier de la partie nationale du Système d'Information Schengen d'une indication visant à ce que l'exécution de la conduite à tenir n'ait pas lieu sur son territoire au motif du signalement. Des consultations doivent avoir lieu à ce sujet avec les autres Parties contractantes. Si la Partie contractante signalante ne retire pas le signalement, le signalement reste de pleine application pour les autres Parties contractantes.

Art. 95 1. Les données relatives aux personnes recherchées pour l'arrestation aux fins d'extradition sont intégrées à la demande de l'autorité judiciaire de la Partie contractante requérante.

2. Préalablement au signalement, la Partie contractante signalante vérifie si l'arrestation est autorisée par le droit national des Parties contractantes requises. Si la Partie contractante signalante a des doutes, elle doit consulter les autres Parties contractantes concernées.

La Partie contractante signalante envoie aux Parties contractantes requises en même temps que le signalement par la voie la plus rapide les informations essentielles ci-après concernant l'affaire :
a) L'autorité dont émane la demande d'arrestation ;
b) L'existence d'un mandat d'arrêt ou d'un acte ayant la même force, ou d'un jugement exécutoire ;
c) La nature et la qualification légale de l'infraction ;
d) La description des circonstances de la commission de l'infraction, y compris le moment, le lieu et le degré de participation à l'infraction de la personne signalée ;
e) Dans la mesure du possible, les conséquences de l'infraction.

3. Une Partie contractante requise peut faire assortir le signalement dans le fichier de la partie nationale du Système d'Information Schengen d'une indication visant à interdire, jusqu'à l'effacement de ladite indication, l'arrestation au motif du signalement. L'indication *est à effacer au plus tard* vingt-quatre heures après l'intégration du signalement, à moins que cette Partie contractante ne refuse l'arrestation demandée pour des raisons juridiques ou pour des raisons spéciales d'opportunité. Dans la mesure où, dans des cas particulièrement exceptionnels, la complexité des faits à l'origine du signalement le justifie, le délai précité peut être prolongé jusqu'à une semaine. Sans préjudice d'une indication ou d'une décision de refus, les autres Parties contractantes peuvent exécuter l'arrestation demandée par le signalement.

4. Si, pour des raisons particulièrement urgentes, une Partie contractante demande une recherche immédiate, la Partie requise examine si elle peut renoncer à l'indication. La Partie contractante requise prend les dispositions nécessaires afin que la conduite à tenir puisse être exécutée sans délai si le signalement est validé.

5. S'il n'est pas possible de procéder à l'arrestation parce qu'un examen n'est pas encore terminé ou en raison d'une décision de refus d'une Partie contractante requise, cette dernière doit traiter le signalement comme étant un signalement aux fins de communication du lieu de séjour.

6. Les Parties contractantes requises exécutent la conduite à tenir demandée par le signalement en conformité avec les conventions d'extradition en vigueur et le droit national. Elles ne sont pas tenues d'exécuter la conduite à tenir demandée dans la mesure où il s'agit d'un de leurs ressortissants, sans préjudice de la possibilité de procéder à l'arrestation conformément au droit national.

Sur la retenue douanière provisoire des personnes signalées, V. C. douanes, art. 67 ter — ***C. douanes.***

Art. 96 1. Les données relatives aux étrangers qui sont signalés aux fins de non-admission sont intégrées sur la base d'un signalement national résultant de décisions prises, dans le respect des règles de procédure prévues par la législation nationale, par les autorités administratives ou les juridictions compétentes.

2. Les décisions peuvent être fondées sur la menace pour l'ordre public ou la sécurité et sûreté nationales que peut constituer la présence d'un étranger sur le territoire national.

Tel peut être notamment le cas :

a) D'un étranger qui a été condamné pour une infraction passible d'une peine privative de liberté d'au moins un an ;

b) D'un étranger à l'égard duquel il existe des raisons sérieuses de croire qu'il a commis des faits punissables graves, y inclus ceux visés à l'article 71, ou à l'égard duquel il existe des indices réels qu'il envisage de commettre de tels faits sur le territoire d'une Partie contractante.

3. Les décisions peuvent être également fondées sur le fait que l'étranger a fait l'objet d'une mesure d'éloignement, de renvoi ou d'expulsion non rapportée ni suspendue comportant ou assortie d'une interdiction d'entrée, ou, le cas échéant, de séjour, fondée sur le non-respect des réglementations nationales relatives à l'entrée ou au séjour des étrangers.

Art. 97 Les données relatives aux personnes disparues ou aux personnes qui, dans l'intérêt de leur propre protection ou pour la prévention de menaces, doivent être placées provisoirement en sécurité à la demande de l'autorité compétente ou de l'autorité judiciaire compétente de la Partie signalante sont intégrées afin que les autorités de police communiquent le lieu de séjour à la Partie signalante ou puissent placer les personnes en sécurité aux fins de les empêcher de poursuivre leur voyage, si la législation nationale l'autorise. Cela s'applique particulièrement aux mineurs et aux personnes qui doivent être internées sur décision d'une autorité compétente. La communication est subordonnée au consentement de la personne disparue, si celle-ci est majeure.

Art. 98 1. Les données relatives aux témoins, aux personnes citées à comparaître devant les autorités judiciaires dans le cadre d'une procédure pénale afin de répondre de faits pour lesquels elles font l'objet de poursuites, ou aux personnes qui doivent faire l'objet d'une notification d'un jugement répressif ou d'une demande de se présenter pour subir une peine privative de liberté, sont intégrées, à la demande des autorités judiciaires compétentes, aux fins de la communication du lieu de séjour ou du domicile.

2. Les renseignements demandés seront communiqués à la Partie requérante en conformité avec la législation nationale et avec les conventions en vigueur relatives à l'entraide judiciaire en matière pénale.

Art. 99 1. Les données concernant les personnes ou les véhicules, les embarcations, les aéronefs et les conteneurs sont introduites conformément au droit national de l'État membre signalant, aux fins de surveillance discrète et de contrôle spécifique, conformément au paragraphe 5.

2. Un tel signalement peut être effectué pour la répression d'infractions pénales et pour la prévention de menaces pour la sécurité publique :

a) Lorsqu'il existe des indices réels faisant présumer que la personne concernée envisage de commettre ou commet des faits punissables nombreux et extrêmement graves, ou

b) Lorsque l'appréciation globale de l'intéressé, en particulier sur la base des faits punissables commis jusqu'alors, permet de supposer qu'il commettra également à l'avenir des faits punissables extrêmement graves.

3. En outre, le signalement peut être effectué conformément au droit national, à la demande des instances compétentes pour la sûreté de l'État, lorsque des indices concrets permettent de supposer que les informations visées au paragraphe 4 sont nécessaires à la prévention d'une menace grave émanant de l'intéressé ou d'autres menaces graves pour la sûreté intérieure et extérieure de l'État. L'État membre procédant au signalement en vertu du présent paragraphe doit en tenir informé les autres États membres.

4. Dans le cadre de la surveillance discrète, les informations ci-après peuvent en tout ou en partie être recueillies et transmises à l'autorité signalante à l'occasion de contrôles de frontière ou d'autres contrôles de police et des douanes exercés à l'intérieur du pays :

a) Le fait que la personne signalée ou le véhicule signalé a été trouvé ;

b) Le lieu, le moment ou le motif de la vérification ;

c) L'itinéraire et la destination du voyage ;

d) Les personnes qui accompagnent l'intéressé ou les occupants ;

e) Le véhicule utilisé ;

f) Les objets transportés ;

g) Les circonstances dans lesquelles la personne ou le véhicule a été trouvé.

Lors de la collecte de ces informations, il convient de veiller à ne pas mettre en péril le caractère discret de la surveillance.

5. Pendant le contrôle spécifique mentionné au paragraphe 1, les personnes, les véhicules, les embarcations, les aéronefs, les conteneurs et les objets transportés peuvent être fouillés conformément au droit national, aux fins visées aux paragraphes 2 et 3.

6. Une Partie contractante requise peut faire assortir le signalement dans le fichier de la partie nationale du Système d'Information Schengen d'une indication visant à interdire, jusqu'à l'effacement de ladite indication, l'exécution de la conduite à tenir en application du signalement aux fins de surveillance discrète ou de contrôle spécifique. L'indication est à effacer au plus tard vingt-quatre heures après l'intégration du signalement, à moins que cette Partie contractante ne refuse la conduite demandée pour des raisons juridiques ou pour des raisons spéciales d'opportunité. Sans préjudice d'une indication ou d'une décision de refus, les autres Parties contractantes peuvent exécuter la conduite demandée par le signalement.

Art. 100 1. Les données relatives aux objets recherchés aux fins de saisie ou de preuves dans une procédure pénale sont intégrées dans le Système d'Information Schengen.

2. Si une interrogation fait apparaître l'existence d'un signalement pour un objet trouvé, l'autorité qui l'a constaté se met en rapport avec l'autorité signalante afin de convenir des mesures nécessaires. A cette fin, des données à caractère personnel peuvent aussi être transmises conformément à la présente Convention. Les mesures à prendre par la Partie contractante qui a trouvé l'objet devront être conformes à son droit national.

3. Les catégories ci-après d'objets facilement identifiables sont introduites :

a) les véhicules à moteur d'une cylindrée supérieure à 50 cm^3, les embarcations et les aéronefs volés, détournés ou égarés ;

b) les remorques d'un poids à vide supérieur à 750 kg, les caravanes, le matériel industriel, les moteurs hors-bord et les conteneurs volés, détournés ou égarés ;

c) les armes à feu volées, détournées ou égarées ;

d) les documents officiels vierges volés, détournés ou égarés ;

e) les documents d'identité (tels que passeports, cartes d'identité, permis de conduire), titres de séjour et documents de voyage délivrés qui ont été volés, détournés, égarés ou invalidés ;

f) les certificats d'immatriculation et les plaques d'immatriculation volés, détournés, égarés ou invalidés ;

g) les billets de banque (billets enregistrés) ;

h) les titres et les moyens de paiement (tels que chèques, cartes de crédit, obligations et actions) volés, détournés ou égarés.

Sur la retenue douanière provisoire des détenteurs d'objets signalés, V. C. douanes, art. 67 ter — ***C. douanes.***

Art. 101 1. L'accès aux données intégrées dans le Système d'Information Schengen ainsi que le droit de les interroger directement sont réservés exclusivement aux instances qui sont compétentes pour :

a) Les contrôles frontaliers ;

b) Les autres vérifications de police et de douanes exercées à l'intérieur du pays ainsi que la coordination de celles-ci.

Toutefois, l'accès aux données enregistrées dans le Système d'information Schengen et le droit de les consulter directement peuvent également être exercés par les autorités judiciaires nationales, entre autres par celles qui sont responsables de l'engagement de poursuites en matière pénale et d'enquêtes judiciaires avant la mise en accusation, dans l'exercice de leurs fonctions, comme défini par la législation nationale.

2. En outre, l'accès aux données intégrées conformément à l'article 96 ainsi que le droit de les interroger directement peuvent être exercés par les instances qui sont compétentes

pour la délivrance des visas, les instances centrales qui sont compétentes pour l'examen des demandes de visas ainsi que les autorités qui sont compétentes pour la délivrance des titres de séjour et de l'administration des étrangers dans le cadre de l'application des dispositions sur la circulation des personnes de la présente Convention. L'accès aux données est régi par le droit national de chaque Partie contractante.

3. Les utilisateurs ne peuvent interroger que les données qui sont nécessaires à l'accomplissement de leurs missions.

4. Chacune des Parties contractantes communique au Comité exécutif la liste des autorités compétentes, qui sont autorisées à interroger directement les données intégrées dans le Système d'Information Schengen. Cette liste indique pour chaque autorité les données qu'elle peut interroger et pour quelles missions.

Art. 101 *bis* 1. L'Office européen de police (Europol) a le droit, dans les limites de son mandat et à ses frais, d'accéder aux données introduites dans le Système d'information Schengen conformément aux articles 95, 99 et 100 et de les consulter directement.

2. Europol ne peut consulter que les données nécessaires à l'accomplissement de ses tâches.

3. Lorsqu'il ressort d'une consultation du système par Europol qu'il existe un signalement dans le Système d'information Schengen, Europol en informe l'État membre dont émane le signalement par le biais des canaux définis dans la convention Europol.

4. L'utilisation des informations obtenues lors de la consultation du Système d'information Schengen est soumise à l'accord de l'État membre concerné. Si ledit État membre autorise l'utilisation de ces informations, leur traitement est régi par la convention Europol. Europol ne peut communiquer ces informations à des États ou instances tiers qu'avec le consentement de l'État concerné.

5. Europol peut demander des informations complémentaires aux États membres concernés, conformément aux dispositions de la convention Europol.

6. Europol doit :

a) enregistrer chaque recherche qu'il a effectuée, conformément aux dispositions de l'article 103 ;

b) sans préjudice des paragraphes 4 et 5, s'abstenir de connecter les parties du Système d'information Schengen auxquelles il a accès à un système informatique destiné à la collecte et au traitement des données exploité par Europol ou en son sein et de transférer les données contenues dans les premières vers le second, et s'abstenir de télécharger ou de copier d'une autre manière une quelconque partie du Système d'information Schengen ;

c) limiter l'accès aux données introduites dans le Système d'information Schengen au personnel dûment autorisé d'Europol ;

d) adopter et appliquer les mesures prévues à l'article 118 ;

e) autoriser l'autorité de contrôle commune, créée en vertu de l'article 24 de la convention Europol, à contrôler les activités d'Europol dans l'exercice de son droit d'accès aux données introduites dans le Système d'information Schengen et de consultation desdites données.

Art. 101 *ter* 1. Les membres nationaux d'Eurojust, ainsi que leurs assistants, ont le droit d'accéder aux données introduites dans le Système d'information Schengen conformément aux articles 95 et 98 et de les consulter.

2. Les membres nationaux d'Eurojust, ainsi que leurs assistants, ne peuvent consulter que les données nécessaires à l'accomplissement de leurs tâches.

3. Lorsqu'il ressort d'une consultation du système par un membre national d'Eurojust qu'il existe un signalement dans le Système d'information Schengen, celui-ci en informe l'État membre dont émane le signalement. Les informations obtenues lors d'une telle consultation ne peuvent être communiquées à des États ou instances tiers qu'avec le consentement de l'État dont émane le signalement.

4. Aucune disposition du présent article ne doit être interprétée comme affectant les dispositions de la décision du Conseil instituant Eurojust relatives à la protection des données et à la responsabilité du fait d'un traitement non autorisé ou incorrect de données par les membres nationaux d'Eurojust ou leurs assistants, ni comme affectant les prérogatives de l'organe de contrôle commun institué conformément à l'article 23 de ladite décision du Conseil.

5. Chaque recherche effectuée par un membre national d'Eurojust ou un assistant est enregistrée conformément aux dispositions de l'article 103 et toute utilisation qu'ils ont faite des données auxquelles ils ont eu accès est enregistrée.

6. Aucune des parties du Système d'information Schengen auxquelles les membres nationaux ou leurs assistants ont accès ne doit être connectée à un système informatique destiné à la collecte et au traitement des données exploité par Eurojust ou en son sein, et aucune

des données contenues dans les premières ne doivent être transférées vers le second, ni aucune partie du Système d'information Schengen téléchargée.

7. L'accès aux données enregistrées dans le Système d'information Schengen est limité aux membres nationaux et à leurs assistants et n'est pas étendu au personnel d'Eurojust.

8. Les mesures prévues à l'article 118 sont adoptées et appliquées.

CHAPITRE III *Protection des données à caractère personnel et sécurité des données dans le cadre du Système d'Information Schengen*

Art. 102 1. Les Parties contractantes ne peuvent utiliser les données prévues aux articles 95 à 100 qu'aux fins énoncées pour chacun des signalements visés à ces articles.

2. Les données ne peuvent être dupliquées qu'à des fins techniques, pour autant que cette duplication soit nécessaire pour l'interrogation directe par les autorités visées à l'article 101. Les signalements d'autres Parties contractantes ne peuvent être copiés de la partie nationale du Système d'Information Schengen dans d'autres fichiers de données nationaux.

3. Dans le cadre des signalements prévus aux articles 95 à 100 de la présente Convention, toute dérogation au paragraphe 1, pour passer d'un type de signalement à un autre, doit être justifiée par la nécessité de la prévention d'une menace grave imminente pour l'ordre et la sécurité publics, pour des raisons graves de sûreté de l'État ou aux fins de la prévention d'un fait punissable grave. A cet effet, l'autorisation préalable de la Partie contractante signalante doit être obtenue.

4. Les données ne pourront pas être utilisées à des fins administratives. Par dérogation, les données intégrées conformément à l'article 96 ne pourront être utilisées, conformément au droit national de chacune des Parties contractantes, qu'aux fins découlant de l'article 101, paragraphe 2.

5. Toute utilisation de données non conforme aux paragraphes 1 à 4 sera considérée comme détournement de finalité au regard du droit national de chaque Partie contractante.

Art. 103 Chaque État membre veille à ce que toute transmission de données à caractère personnel soit enregistrée dans la partie nationale du Système d'information Schengen par l'instance gestionnaire du fichier de données, afin de contrôler l'admissibilité de la recherche. L'enregistrement ne peut être utilisé qu'à cette fin et est effacé au plus tôt après une période d'un an et au plus tard après une période de trois ans.

Art. 104 1. Le droit national de la Partie contractante signalante s'applique au signalement, sauf conditions plus exigeantes prévues par la présente Convention.

2. Pour autant que la présente Convention ne prévoit pas de dispositions particulières, le droit de chaque Partie contractante est applicable aux données intégrées dans la partie nationale du Système d'Information Schengen.

3. Pour autant que la présente Convention ne prévoit pas de dispositions particulières concernant l'exécution de la conduite à tenir demandée par le signalement, le droit national de la Partie contractante requise qui exécute la conduite à tenir est applicable. Dans la mesure où la présente Convention prévoit des dispositions particulières concernant l'exécution de la conduite à tenir demandée par le signalement, les compétences en matière de conduite à tenir sont régies par le droit national de la Partie contractante requise. Si la conduite à tenir demandée ne peut être exécutée, la Partie contractante requise en informe la Partie contractante signalante sans délai.

Art. 105 La Partie contractante signalante est responsable de l'exactitude, de l'actualité, ainsi que de la licéité de l'intégration des données dans le Système d'Information Schengen.

Art. 106 1. Seule la Partie contractante signalante est autorisée à modifier, à compléter, à rectifier ou à effacer les données qu'elle a introduites.

2. Si une des Parties contractantes qui n'a pas fait le signalement dispose d'indices faisant présumer qu'une donnée est entachée d'erreur de droit ou de fait, elle en avise dans les meilleurs délais la Partie contractante signalante qui doit obligatoirement vérifier la communication et, si nécessaire, corriger ou effacer la donnée sans délai.

3. Si les Parties contractantes ne peuvent parvenir à un accord, la Partie contractante qui n'est pas à l'origine du signalement soumet le cas pour avis à l'autorité de contrôle commune visée à l'article 115, paragraphe 1.

Art. 107 Lorsqu'une personne a déjà fait l'objet d'un signalement dans le Système d'Information Schengen, la Partie contractante qui introduit un nouveau signalement s'accorde avec la Partie contractante qui a introduit le premier signalement sur l'intégration des signalements. A cette fin, les Parties contractantes peuvent également arrêter des dispositions générales.

Art. 108 1. Chacune des Parties contractantes désigne une instance qui a la compétence centrale pour la partie nationale du Système d'Information Schengen.

2. Chacune des Parties contractantes effectue ses signalements par l'intermédiaire de cette instance.

3. Ladite instance est responsable du bon fonctionnement de la partie nationale du Système d'Information Schengen et prend les mesures propres à assurer le respect des dispositions de la présente Convention.

4. Les Parties contractantes s'informent mutuellement par l'intermédiaire du dépositaire de l'instance visée au paragraphe 1.

Art. 109 1. Le droit de toute personne d'accéder aux données la concernant qui sont intégrées dans le Système d'Information Schengen s'exerce dans le respect du droit de la Partie contractante auprès de laquelle elle le fait valoir. Si le droit national le prévoit, l'autorité nationale de contrôle prévue à l'article 114, paragraphe 1, décide si des informations sont communiquées et selon quelles modalités. Une Partie contractante qui n'a pas effectué le signalement ne peut communiquer des informations concernant ces données que si elle a donné préalablement à la Partie contractante signalante l'occasion de prendre position.

2. La communication de l'information à la personne concernée est refusée si elle peut nuire à l'exécution de la tâche légale consignée dans le signalement, ou pour la protection des droits et libertés d'autrui. Elle est refusée dans tous les cas durant la période de signalement aux fins de surveillance discrète.

Art. 110 Toute personne peut faire rectifier des données entachées d'erreur de fait la concernant ou faire effacer des données entachées d'erreur de droit la concernant.

Art. 111 1. Toute personne peut saisir, sur le territoire de chaque Partie contractante, la juridiction ou l'autorité compétentes en vertu du droit national, d'une action notamment en rectification, en effacement, en information ou en indemnisation en raison d'un signalement la concernant.

2. Les Parties contractantes s'engagent mutuellement à exécuter les décisions définitives prises par les juridictions ou autorités visées au paragraphe 1, sans préjudice des dispositions de l'article 116.

Art. 112 1. Les données à caractère personnel intégrées dans le Système d'Information Schengen aux fins de la recherche de personnes ne sont conservées que pendant la durée nécessaire aux fins auxquelles elles ont été fournies. Au plus tard trois ans après leur intégration, la nécessité de leur conservation doit être examinée par la Partie contractante signalante. Ce délai est d'un an pour les signalements visés à l'article 99.

2. Chacune des Parties contractantes fixe le cas échéant des délais d'examen plus courts conformément à son droit national.

3. La fonction de support technique du Système d'Information Schengen signale automatiquement aux Parties contractantes l'effacement programmé dans le système, moyennant un préavis d'un mois.

4. La Partie contractante signalante peut, dans le délai d'examen, décider de maintenir le signalement si ce maintien est nécessaire aux fins qui sont à la base du signalement. Le prolongement du signalement doit être communiqué à la fonction de support technique. Les dispositions du paragraphe 1 sont applicables au signalement prolongé.

Art. 112 *bis* 1. Les données à caractère personnel figurant dans les fichiers détenus par les instances visées à l'article 92, paragraphe 4, à la suite d'échanges d'informations conformément audit paragraphe, ne sont conservées que pendant le temps nécessaire à la réalisation des objectifs pour lesquels elles ont été fournies. Elles sont, en tout état de cause, effacées au plus tard un an après que le ou les signalements concernant la personne ou l'objet en question ont été supprimés du Système d'information Schengen.

2. Le paragraphe 1 n'affecte pas le droit qu'a un État membre de conserver dans des fichiers nationaux des données relatives à un signalement particulier que cet État membre a émis ou qui a donné lieu à l'adoption de mesures sur son territoire. Le délai pendant lequel les données peuvent être conservées dans ces fichiers est régi par la législation nationale.

Art. 113 1. Les données autres que celles visées à l'article 112 sont conservées au maximum pendant dix ans et les données relatives aux objets visés à l'article 99, paragraphe 1, au maximum pendant cinq ans.

2. Les données effacées sont encore conservées durant une année dans la fonction de support technique. Durant cette période, elles ne peuvent être consultées que pour le contrôle *a posteriori* de leur exactitude et de la licéité de leur intégration. Ensuite, elles devront être détruites.

Art. 113 *bis* 1. Les données autres que les données à caractère personnel figurant dans les fichiers détenus par les instances visées à l'article 92, paragraphe 4, à la suite d'un échange d'informations en application dudit paragraphe ne sont conservées que pendant le temps nécessaire à la réalisation des objectifs pour lesquels elles ont été fournies. Elles sont, en tout état de cause, effacées au plus tard un an après que le ou les signalements concernant la personne ou l'objet en question ont été effacés du Système d'information Schengen.

2. Le paragraphe 1 n'affecte pas le droit qu'a un État membre de conserver dans des fichiers nationaux des données relatives à un signalement particulier que cet État membre a émis ou qui a donné lieu à l'adoption de mesures sur son territoire. Le délai pendant lequel les données peuvent être conservées dans ces fichiers est régi par la législation nationale.

Art. 114 1. Chaque Partie contractante désigne une autorité de contrôle chargée, dans le respect du droit national, d'exercer un contrôle indépendant du fichier de la partie nationale du Système d'Information Schengen et de vérifier que le traitement et l'utilisation des données intégrées dans le Système d'Information Schengen ne sont pas attentatoires aux droits de la personne concernée. A cet effet l'autorité de contrôle a accès au fichier de la partie nationale du Système d'Information Schengen.

2. Toute personne a le droit de demander aux autorités de contrôle de vérifier les données la concernant intégrées dans le Système d'Information Schengen ainsi que l'utilisation qui est faite de ces données. Ce droit est régi par le droit national de la Partie contractante auprès de laquelle la demande est introduite. Si les données ont été intégrées par une autre Partie contractante, le contrôle se réalise en étroite coordination avec l'autorité de contrôle de cette Partie contractante.

Art. 115 1. Il est créé une autorité de contrôle commune chargée du contrôle de la fonction de support technique du Système d'Information Schengen. Cette autorité se compose de deux représentants de chaque autorité nationale de contrôle. Chaque Partie contractante dispose d'une voie délibérative. Le contrôle est exercé conformément aux dispositions de la présente Convention, de la Convention du Conseil de l'Europe du 28 janvier 1981 pour la protection des personnes à l'égard du traitement automatisé des données à caractère personnel en tenant compte de la recommandation R (87) 15 du 17 septembre 1987 du comité des ministres du Conseil de l'Europe visant à réglementer l'utilisation des données à caractère personnel dans le secteur de la police et conformément au droit national de la Partie contractante responsable de la fonction de support technique.

2. A l'égard de la fonction de support technique du Système d'Information Schengen, l'autorité de contrôle commune a pour mission de vérifier la bonne exécution des dispositions de la présente Convention. A cet effet, elle a accès à la fonction de support technique.

3. L'autorité de contrôle commune est également compétente pour analyser les difficultés d'application ou d'interprétation pouvant survenir lors de l'exploitation du Système d'Information Schengen, pour étudier les problèmes pouvant se poser lors de l'exercice du contrôle indépendant effectué par les autorités de contrôle nationales des Parties contractantes ou à l'occasion de l'exercice du droit d'accès au système, ainsi que pour élaborer des propositions harmonisées en vue de trouver des solutions communes aux problèmes existants.

4. Les rapports établis par l'autorité de contrôle commune sont transmis aux instances auxquelles les autorités de contrôle nationales transmettent leurs rapports.

Art. 116 1. Toute Partie contractante est responsable, conformément à son droit national, de tout dommage causé à une personne du fait de l'exploitation du fichier national du Système d'Information Schengen. Il en est également ainsi lorsque les dommages ont été causés par la Partie contractante signalante, celle-ci ayant intégré des données entachées d'erreur de droit ou de fait.

2. Si la Partie contractante contre laquelle une action est intentée n'est pas la Partie contractante signalante, cette dernière est tenue au remboursement, sur requête, des sommes versées à titre d'indemnisation, à moins que les données n'aient été utilisées par la Partie contractante requise en violation de la présente Convention.

Art. 117 1. En ce qui concerne le traitement automatisé de données à caractère personnel qui sont transmises en application du présent titre, chaque Partie contractante prendra au plus tard au moment de l'entrée en vigueur de la présente Convention les dispositions nationales nécessaires aux fins de réaliser un niveau de protection des données à caractère personnel qui soit au moins égal à celui découlant des principes de la Convention du Conseil de l'Europe du 28 janvier 1981 pour la protection des personnes à l'égard du traitement automatisé des données à caractère personnel, et dans le respect de la recommandation R (87) 15 du 17 septembre 1987 du comité des ministres du Conseil de l'Europe visant à réglementer l'utilisation des données à caractère personnel dans le secteur de la police.

2. La transmission de données à caractère personnel prévue par le présent titre ne pourra avoir lieu que lorsque les dispositions de protection des données à caractère personnel prévues au paragraphe 1 seront entrées en vigueur sur le territoire des Parties contractantes concernées par la transmission.

Art. 118 1. Chacune des Parties contractantes s'engage à prendre, pour la partie nationale du Système d'Information Schengen, les mesures qui sont propres :

a) A empêcher toute personne non autorisée d'accéder aux installations utilisées pour le traitement de données à caractère personnel (contrôle à l'entrée des installations) ;

b) A empêcher que des supports de données ne puissent être lus, copiés, modifiés ou éloignés par une personne non autorisée (contrôle des supports de données) ;

c) A empêcher l'introduction non autorisée dans le fichier ainsi que toute prise de connaissance, modification ou effacement non autorisés de données à caractère personnel intégrées (contrôle de l'intégration) ;

d) A empêcher que des systèmes de traitement automatisé de données ne puissent être utilisés par des personnes non autorisées à l'aide d'installations de transmission de données (contrôle de l'utilisation) ;

e) A garantir que, pour l'utilisation d'un système de traitement automatisé de données, les personnes autorisées ne puissent accéder qu'aux données relevant de leur compétence (contrôle de l'accès) ;

f) A garantir qu'il puisse être vérifié et constaté à quelles instances des données à caractère personnel peuvent être transmises par des installations de transmission de données (contrôle de la transmission) ;

g) A garantir qu'il puisse être vérifié et constaté *a posteriori* quelles données à caractère personnel ont été introduites dans les systèmes de traitement automatisé de données, à quel moment et par quelle personne elles y ont été introduites (contrôle de l'introduction) ;

h) A empêcher que, lors de la transmission de données à caractère personnel ainsi que lors du transport de supports de données, les données ne puissent être lues, copiées, modifiées ou effacées de façon non autorisée (contrôle du transport).

2. Chaque Partie contractante doit prendre des mesures particulières en vue d'assurer la sécurité des données lors de la transmission de données à des services situés en dehors des territoires des Parties contractantes. Ces mesures doivent être communiquées à l'autorité de contrôle commune.

3. Chaque Partie contractante ne peut désigner pour le traitement de données de sa partie nationale du Système d'Information Schengen que des personnes spécialement qualifiées et soumises à un contrôle de sécurité.

4. La Partie contractante responsable de la fonction de support technique du Système d'Information Schengen prend pour ce dernier les mesures prévues aux paragraphes 1 à 3.

CHAPITRE IV *Répartition des coûts du Système d'Information Schengen*

Art. 119 1. Les coûts d'installation et d'utilisation de la fonction de support technique visée à l'article 92, paragraphe 3, y compris les coûts de câblages pour la liaison des parties nationales du Système d'Information Schengen avec la fonction de support technique sont supportés en commun par les Parties contractantes. La quote-part de chaque Partie contractante est déterminée sur la base du taux de chaque Partie contractante à l'assiette uniforme de la taxe à la valeur ajoutée au sens de l'article 2, alinéa 1, lettre *c)*, de la décision du Conseil des communautés européennes du 24 juin 1988 relative au système des ressources propres des Communautés.

2. Les coûts d'installation et d'utilisation de la partie nationale du Système d'Information Schengen sont supportés individuellement par chaque Partie contractante.

TITRE V Transport et circulation des marchandises

……………………………………………………………………………………………

TITRE VI Protection des données à caractère personnel

Art. 126 1. En ce qui concerne le traitement automatisé de données à caractère personnel qui sont transmises en application de la présente Convention, chaque Partie contractante prendra, au plus tard au moment de l'entrée en vigueur de la présente Convention, les dispositions nationales nécessaires aux fins de réaliser un niveau de protection des données à caractère personnel qui soit au moins égal à celui découlant des principes de la Convention du Conseil de l'Europe du 28 janvier 1981 pour la protection des personnes à l'égard du traitement automatisé des données à caractère personnel.

2. La transmission de données à caractère personnel prévue par la présente Convention ne pourra avoir lieu que lorsque les dispositions de protection des données à caractère personnel prévues au paragraphe 1 seront entrées en vigueur sur le territoire des Parties contractantes concernées par la transmission.

3. En outre, en ce qui concerne le traitement automatisé de données à caractère personnel transmises en application de la présente Convention, les dispositions ci-après s'appliquent :

a) Les données ne peuvent être utilisées par la Partie contractante destinataire qu'aux seules fins pour lesquelles la présente Convention prévoit la transmission de telles données ; l'utilisation des données à d'autres fins n'est possible qu'après autorisation préalable de la Partie contractante qui transmet les données et dans le respect de la législation de la Partie contractante destinataire ; l'autorisation peut être accordée pour autant que le droit national de la Partie contractante qui transmet les données le permet ;

b) Les données ne peuvent être utilisées que par les autorités judiciaires, les services et instances qui assurent une tâche ou remplissent une fonction dans le cadre des fins visées au point *a)* ;

c) La Partie contractante qui transmet les données est tenue de veiller à l'exactitude de celles-ci ; si elle constate soit de sa propre initiative, soit suite à une demande de la personne concernée, que des données incorrectes ou qui n'auraient pas dû être transmises ont été fournies, la ou les Parties contractantes destinataires doivent en être informées sans délai ; cette dernière ou ces dernières sont tenues de procéder à la correction ou à la destruction des données, ou de mentionner que ces données sont incorrectes ou n'auraient pas dû être transmises ;

d) Une Partie contractante ne peut invoquer le fait qu'une autre Partie contractante ait transmis des données incorrectes pour se décharger de la responsabilité qui lui incombe, conformément à son droit national, à l'égard d'une personne lésée ; si la Partie contractante destinataire est tenue à réparation en raison de l'utilisation de données incorrectes transmises, la Partie contractante qui a transmis les données rembourse intégralement les sommes versées en réparation par la Partie contractante destinataire ;

e) La transmission et la réception de données à caractère personnel doivent être enregistrées dans le fichier d'où elles proviennent et dans le fichier dans lequel elles sont intégrées ;

f) L'autorité de contrôle commune visée à l'article 115 peut, à la demande des Parties contractantes, émettre un avis sur les difficultés d'application et d'interprétation du présent article.

4. Le présent article ne s'applique pas à la transmission de données prévue au titre II, chapitre VII, et au titre IV. Le paragraphe 3 ne s'applique pas à la transmission de données prévue au titre III, chapitres II, III, IV et V.

Art. 127 1. Lorsque des données à caractère personnel sont transmises à une autre Partie contractante en application des dispositions de la présente Convention, les dispositions de *l'article 126 s'appliquent* à la transmission des données provenant d'un fichier non automatisé et à leur intégration dans un fichier non automatisé.

2. Lorsque, dans des cas autres que ceux régis par l'article 126, paragraphe 1, ou par le paragraphe 1 du présent article, des données à caractère personnel sont transmises à une autre Partie contractante en application de la présente Convention, l'article 126, paragraphe 3, à l'exception du point *e)*, est applicable. En outre, les dispositions ci-après s'appliquent :

a) La transmission et la réception de données à caractère personnel sont enregistrées par écrit ; cette obligation ne s'applique pas lorsqu'il n'est pas nécessaire, pour leur utilisation, d'enregistrer les données, en particulier lorsque les données ne sont pas utilisées ou ne sont utilisées que très brièvement ;

b) La Partie contractante destinataire garantit pour l'utilisation des données transmises un niveau de protection au moins égal à celui que son droit prévoit pour une utilisation de données de nature similaire ;

c) L'accès aux données et les conditions auxquelles il est accordé sont régis par le droit national de la Partie contractante à laquelle la personne concernée présente sa demande.

3. Le présent article ne s'applique pas à la transmission de données prévue au titre II, chapitre VII, au titre III, chapitres II, III, IV et V, et au titre IV.

Art. 128 1. La transmission de données à caractère personnel prévue par la présente Convention ne pourra avoir lieu que lorsque les Parties contractantes concernées par la transmission auront chargé une autorité de contrôle nationale d'exercer un contrôle indépendant sur le respect des dispositions des articles 126 et 127 et des dispositions prises pour leur application, pour le traitement de données à caractère personnel dans des fichiers.

2. Dans la mesure où une Partie contractante a chargé, conformément à son droit national, une autorité de contrôle d'exercer, dans un ou plusieurs domaines, un contrôle indépendant sur le respect de dispositions en matière de protection des données à caractère personnel non intégrées dans un fichier, cette Partie contractante charge cette même autorité de surveiller le respect des dispositions du présent titre dans les domaines en question.

3. Le présent article ne s'applique pas à la transmission de données prévue au titre II, chapitre VII, et au titre III, chapitres II, III, IV et V.

Art. 129 En ce qui concerne la transmission de données à caractère personnel en application du titre III, chapitre Ier, les Parties contractantes s'engagent, sans préjudice des dispositions des articles 126 et 127, à réaliser un niveau de protection des données à caractère personnel qui respecte les principes de la recommandation R (87) 15 du 17 septembre 1987 du comité des ministres du Conseil de l'Europe visant à réglementer l'utilisation des données à caractère personnel dans le secteur de la police. En outre, en ce qui concerne la transmission en application de l'article 46, les dispositions ci-après s'appliquent :

a) Les données ne peuvent être utilisées par la Partie contractante destinataire qu'aux seules fins indiquées par la Partie contractante qui les fournit et dans le respect des conditions imposées par cette Partie contractante ;

b) Les données ne peuvent être transmises qu'aux seuls services et autorités de police ; la communication des données à d'autres services ne pourra avoir lieu qu'après autorisation préalable de la Partie contractante qui les fournit ;

c) Sur demande, la Partie contractante destinataire informe la Partie contractante qui transmet les données de l'usage qui en a été fait et des résultats obtenus sur la base des données transmises.

Art. 130 Si des données à caractère personnel sont transmises par l'intermédiaire d'un fonctionnaire de liaison visé à l'article 47 ou à l'article 125, les dispositions du présent titre ne s'appliquent que lorsque ce fonctionnaire de liaison transmet ces données à la Partie contractante qui l'a détaché sur le territoire de l'autre Partie contractante.

TITRE VII Comité exécutif

Art. 131 1. Un Comité exécutif est institué pour l'application de la présente Convention.

2. Sans préjudice des compétences particulières qui lui sont attribuées par la présente Convention, le Comité exécutif a pour mission générale de veiller à l'application correcte de la présente Convention.

Art. 132 1. Chacune des Parties contractantes dispose d'un siège au sein du Comité exécutif. Les Parties contractantes sont représentées au sein du comité par un ministre responsable de la mise en œuvre de la présente Convention ; il peut se faire assister par les experts nécessaires qui pourront participer aux délibérations.

2. Le Comité exécutif statue à l'unanimité. Il règle son fonctionnement ; à cet égard, il peut prévoir une procédure écrite pour la prise de décisions.

3. A la demande du représentant d'une Partie contractante, la décision définitive concernant un projet sur lequel le Comité exécutif a statué peut être reportée à deux mois au maximum après la présentation du projet.

4. Le Comité exécutif peut créer, en vue de la préparation des décisions ou pour d'autres travaux, des groupes de travail composés de représentants des administrations des Parties contractantes.

Art. 133 Le Comité exécutif se réunit alternativement sur le territoire de chacune des Parties contractantes. Il se réunit aussi souvent que le nécessitera la bonne exécution de ses tâches.

TITRE VIII Dispositions finales

Art. 134 Les dispositions de la présente Convention ne sont applicables que dans la mesure où elles sont compatibles avec le droit communautaire.

Art. 135 Les dispositions de la présente Convention s'appliquent sous réserve des dispositions de la Convention de Genève du 28 juillet 1951 relative au statut des réfugiés telle qu'amendée par le Protocole de New York du 31 janvier 1967.

Art. 136 1. Une Partie contractante qui envisage de mener avec un État tiers des négociations relatives aux contrôles frontaliers en informe en temps utile les autres Parties contractantes.

2. Aucune Partie contractante ne conclura avec un ou plusieurs États tiers des accords portant simplification ou suppression des contrôles aux frontières, sans l'accord préalable des autres Parties contractantes, sous réserve du droit des États membres des Communautés européennes de conclure en commun de tels accords.

3. Les dispositions du paragraphe 2 ne s'appliquent pas aux accords portant sur le petit trafic frontalier dès lors que ces accords respectent les exceptions et modalités établies en vertu de l'article 3, paragraphe 1.

Art. 137 La présente Convention ne peut faire l'objet de réserves, à l'exception de celles mentionnées à l'article 60.

Art. 138 Les dispositions de la présente Convention ne s'appliqueront, pour la République française, qu'au territoire européen de la République française.

Les dispositions de la présente Convention ne s'appliqueront, pour le Royaume des Pays-Bas, qu'au territoire du royaume situé en Europe.

Art. 139 1. La présente Convention sera soumise à ratification, approbation ou acceptation. Les instruments de ratification, d'approbation ou d'acceptation seront déposés auprès du Gouvernement du Grand-Duché de Luxembourg ; celui-ci notifie le dépôt à toutes les Parties contractantes.

2. La présente Convention entrera en vigueur le premier jour du deuxième mois qui suit le dépôt du dernier instrument de ratification, d'approbation ou d'acceptation. Les dispositions relatives à la création, aux activités et aux compétences du Comité exécutif s'appliquent dès l'entrée en vigueur de la présente Convention. Les autres dispositions s'appliquent à compter du premier jour du troisième mois suivant l'entrée en vigueur de la présente Convention.

3. Le Gouvernement du Grand-Duché de Luxembourg notifie la date de l'entrée en vigueur à toutes les Parties contractantes.

Art. 140 1. Tout État membre des communautés européennes peut devenir Partie à la présente Convention. L'adhésion fait l'objet d'un accord entre cet État et les Parties contractantes.

2. Cet accord est soumis à ratification, approbation ou acceptation par l'État adhérent et chacune des Parties contractantes. Il entre en vigueur le premier jour du deuxième mois qui suit le dépôt du dernier instrument de ratification, d'approbation ou d'acceptation.

Art. 141 1. Toute Partie contractante peut faire parvenir au dépositaire une proposition tendant à modifier la présente Convention. Le dépositaire transmet cette proposition aux autres Parties contractantes. A la demande d'une Partie contractante, les Parties contractantes réexaminent les dispositions de la présente Convention si, à leur avis, une situation constitue un changement de caractère fondamental des conditions existant lors de l'entrée en vigueur de la présente Convention.

2. Les Parties contractantes arrêtent d'un commun accord les modifications à la présente Convention.

3. *Les modifications entrent* en vigueur le premier jour du deuxième mois suivant la date de dépôt du dernier instrument de ratification, d'approbation ou d'acceptation.

Art. 142 1. Lorsque des conventions sont conclues entre les États membres des communautés européennes en vue de la réalisation d'un espace sans frontières intérieures, les Parties contractantes conviennent des conditions dans lesquelles les dispositions de la présente Convention sont remplacées ou modifiées en fonction des dispositions correspondantes desdites conventions.

Les Parties contractantes tiennent compte, à cet effet, de ce que les dispositions de la présente Convention peuvent prévoir une coopération plus poussée que celle qui résulte des dispositions desdites conventions.

Les dispositions qui sont contraires à celles convenues entre les États membres des communautés européennes sont adaptées en tout état de cause.

2. Les modifications à la présente Convention qui sont jugées nécessaires par les Parties contractantes sont soumises à ratification, approbation ou acceptation. La disposition de

l'article 141, paragraphe 3, est applicable, étant entendu que les modifications n'entreront pas en vigueur avant l'entrée en vigueur desdites conventions entre les États membres des communautés européennes.

En foi de quoi, les soussignés, dûment autorisés à cet effet, ont apposé leurs signatures au bas de la présente Convention.

Fait à Schengen, le 19 juin 1990, dans les langues allemande, française et néerlandaise, les trois textes faisant également foi, en un exemplaire original qui sera déposé dans les archives du Gouvernement du Grand-Duché de Luxembourg, qui remettra une copie certifiée conforme à chacune des Parties contractantes.

ACTE FINAL

Au moment de la signature de la Convention d'application de l'Accord de Schengen du 14 juin 1985 entre les Gouvernements des États de l'Union économique Benelux, de la République fédérale d'Allemagne et de la République française relatif à la suppression graduelle des contrôles aux frontières communes, les Parties contractantes ont adopté les déclarations suivantes :

1. Déclaration commune concernant l'article 139 :

Les États signataires s'informent mutuellement, dès avant l'entrée en vigueur de la Convention, de toutes les circonstances qui revêtent une importance pour les matières visées par la Convention et pour la mise en vigueur de celle-ci.

La Convention ne sera mise en vigueur que lorsque les conditions préalables à l'application de la Convention seront remplies dans les États signataires et que les contrôles aux frontières extérieures seront effectifs.

2. Déclaration commune concernant l'article 4 :

Les Parties contractantes s'engagent à tout mettre en œuvre afin de respecter ce délai simultanément et de prévenir tout déficit de sécurité. Avant le 31 décembre 1992, le Comité exécutif examinera quels progrès auront été réalisés. Le Royaume des Pays-Bas souligne que des difficultés de délai ne sont pas à exclure dans un aéroport déterminé, sans qu'elles ne suscitent pour autant des lacunes de sécurité. Les autres Parties contractantes tiendront compte de cette situation, sans qu'il ne puisse en découler des difficultés pour le marché intérieur.

En cas de difficultés, le Comité exécutif examinera les meilleures conditions d'application simultanée de ces mesures dans les aéroports.

3. Déclaration commune concernant l'article 71, paragraphe 2 :

Pour autant qu'une Partie contractante déroge au principe visé à l'article 71, paragraphe 2, dans le cadre de sa politique nationale de prévention et de traitement de la dépendance à l'égard des stupéfiants et des substances psychotropes, toutes les Parties contractantes prennent les mesures administratives et pénales nécessaires afin de prévenir et de réprimer l'importation et l'exportation illicites desdits produits et substances, notamment vers le territoire des autres Parties contractantes.

4. Déclaration commune concernant l'article 121 :

....

5. Déclaration commune concernant les politiques nationales en matière d'asile :

Les Parties contractantes procéderont à un inventaire des politiques nationales en matière d'asile, en vue d'en rechercher l'harmonisation.

6. Déclaration commune concernant l'article 132 :

Les Parties contractantes informent leurs parlements nationaux de la mise en œuvre de la présente Convention.

Fait à Schengen, le 19 juin 1990, dans les langues allemande, française et néerlandaise, les trois textes faisant également foi, en un exemplaire original qui sera déposé dans les archives du Gouvernement du Grand-Duché de Luxembourg, qui remettra une copie certifiée conforme à chacune des Parties contractantes.

PROCÈS-VERBAL

En complément de l'Acte final de la Convention d'application de l'Accord de Schengen du 14 juin *1985 entre les Gouvernements des États de l'Union* économique Benelux, de la République fédérale d'Allemagne et de la République française relatif à la suppression graduelle des contrôles aux frontières communes, les Parties contractantes ont adopté la déclaration commune suivante et pris note des déclarations unilatérales ci-après, faites en rapport avec ladite Convention :

I. — Déclaration concernant le champ d'application :

Les Parties contractantes constatent : après l'unification des deux États allemands, le champ d'application, en droit international, de la Convention s'étendra aussi au territoire actuel de la République démocratique allemande.

II. — Déclarations de la République fédérale d'Allemagne concernant l'interprétation de la Convention :

1. La Convention est conclue dans la perspective de l'unification des deux États allemands.

La République démocratique allemande n'est pas un pays étranger par rapport à la République fédérale d'Allemagne.

L'article 136 n'est pas applicable dans les relations entre la République fédérale d'Allemagne et la République démocratique allemande.

2. La présente Convention ne porte pas atteinte au régime convenu dans l'échange de lettres germano-autrichien du 20 août 1984 comportant un allégement des contrôles aux frontières communes pour les ressortissants des deux États. Ce régime devra cependant être appliqué compte tenu des impératifs de sécurité et d'immigration des Parties contractantes de Schengen, de sorte que ces facilités se limitent en pratique aux ressortissants autrichiens.

III. — Déclaration du Royaume de Belgique concernant l'article 67 :

La procédure qui sera appliquée sur le plan interne pour la reprise de l'exécution d'un jugement étranger ne sera pas celle qui est prévue par la loi belge relative au transfèrement interétatique des personnes condamnées, mais une procédure spéciale qui sera déterminée lors de la ratification de la présente Convention.

Fait à Schengen, le 19 juin 1990, dans les langues allemande, française et néerlandaise, les trois textes faisant également foi, en un exemplaire original qui sera déposé auprès du Gouvernement du Grand-Duché de Luxembourg, qui remettra une copie certifiée conforme à chacune des Parties contractantes.

DÉCLARATION COMMUNE DES MINISTRES ET SECRÉTAIRES D'ÉTAT RÉUNIS À SCHENGEN LE 19 JUIN 1990

Les Gouvernements des Parties contractantes de l'Accord de Schengen entameront ou poursuivront des discussions notamment dans les domaines suivants :

— amélioration et simplification de la pratique en matière d'extradition ;

— amélioration de la coopération en ce qui concerne les poursuites contre les infractions en matière de circulation routière ;

— régime de la reconnaissance réciproque des déchéances du droit de conduire des véhicules à moteur ;

— possibilité d'exécution réciproque des peines d'amendes ;

— établissement de règles concernant la transmission réciproque des poursuites pénales, y compris la possibilité du transfèrement de la personne prévenue vers son pays d'origine ;

— établissement de règles concernant le rapatriement de mineurs qui ont été soustraits illicitement à l'autorité de la personne chargée d'exercer l'autorité parentale ;

— poursuite de la simplification des contrôles dans la circulation commerciale des marchandises.

Fait à Schengen, le 19 juin 1990, dans les langues allemande, française et néerlandaise, les trois textes faisant également foi, en un exemplaire original qui sera déposé dans les archives du Gouvernement du Grand-Duché de Luxembourg, qui remettra une copie certifiée conforme à chacune des Parties contractantes.

DÉCLARATION DES MINISTRES ET SECRÉTAIRES D'ÉTAT

Le 19 juin 1990, des représentants des Gouvernements du Royaume de Belgique, de la République fédérale d'Allemagne, de la République française, du Grand-Duché de Luxembourg et du Royaume des Pays-Bas ont signé à Schengen la Convention d'application de l'Accord signé à Schengen le 14 juin 1985 entre les Gouvernements des États de l'Union économique Benelux, de la République *fédérale* d'Allemagne et de la République française relatif à la suppression graduelle des contrôles aux frontières communes.

A l'occasion de cette signature, ils ont fait la déclaration suivante :

— les Parties contractantes estiment que la Convention constitue une étape importante en vue de la réalisation d'un espace sans frontières intérieures et s'en inspirent pour la poursuite des travaux des États membres des Communautés européennes.

— les ministres et secrétaires d'État, compte tenu des risques en matière de sécurité et d'immigration clandestine, soulignent la nécessité de mettre en place un contrôle efficace aux frontières extérieures selon les principes uniformes prévus à l'article 6. Les Parties Contractantes devront notamment promouvoir l'harmonisation des méthodes de travail pour le contrôle et la surveillance des frontières en vue de la mise en œuvre de ces principes uniformes.

Le Comité exécutif examinera par ailleurs toutes les mesures utiles à la mise en place d'un contrôle uniforme et efficace aux frontières extérieures, ainsi que leur application concrète. Ces mesures comprennent les mesures permettant d'attester les conditions d'entrée d'un étranger sur le territoire des Parties contractantes, l'application des mêmes modalités de refus d'entrée, l'élaboration d'un manuel commun pour les fonctionnaires chargés de la surveillance des frontières et la promotion d'un niveau équivalent de contrôle aux frontières extérieures par des échanges et des visites de travail communes.

A l'occasion de cette signature, ils ont confirmé par ailleurs la décision du Groupe central de négociation de créer un groupe de travail qui est chargé :

— d'informer, dès avant l'entrée en vigueur de la Convention, le Groupe central de Négociation de toutes les circonstances qui revêtent une importance pour les matières visées par la Convention et pour la mise en vigueur de celle-ci, notamment des progrès réalisés en ce qui concerne l'harmonisation des dispositions légales dans le cadre de l'unification des deux États allemands,

— de se concerter sur les effets éventuels de cette harmonisation et de ces circonstances sur la mise en œuvre de la Convention,

— d'élaborer des mesures concrètes dans la perspective de la circulation des étrangers exemptés de l'obligation du visa dès avant l'entrée en vigueur de la Convention et de présenter des propositions aux fins de l'harmonisation des modalités du contrôle des personnes aux futures frontières extérieures.

DÉCLARATIONS DU GOUVERNEMENT DE LA RÉPUBLIQUE FRANÇAISE

Déclaration définissant les modalités de la poursuite transfrontalière en application de l'article 41, paragraphe 9

Conformément à l'article 41, paragraphe 9, de la Convention d'application de l'Accord de Schengen du 14 juin 1985 entre les Gouvernements des États de l'Union économique Benelux, de la République fédérale d'Allemagne et de la République française relatif à la suppression graduelle des contrôles aux frontières communes, signée le 19 juin 1990 à Schengen, le Gouvernement de la République française, après concertation avec ses partenaires, fait les déclarations suivantes :

1° Pour la frontière commune de la République française et du Royaume de Belgique :

Les poursuites exercées par les agents visés à l'article 41, paragraphe 7, premier tiret, sur le territoire de la République française s'effectueront conformément aux modalités suivantes :

a) Les agents poursuivants ne disposeront pas du droit d'interpellation (art. 41, § 2, point *a)*) ;

b) Les poursuites pourront s'exercer sans limitation dans l'espace ou dans le temps (art. 41, § 3, point *b)*) ;

c) Les poursuites pourront s'exercer en cas de commission d'une des infractions énumérées à l'article 41, paragraphe 4, point *a)*.

2° Pour la frontière commune de la République française et de la République fédérale d'Allemagne :

Les poursuites exercées par les agents visés à l'article 41, paragraphe 7, deuxième tiret, sur le territoire de la République française s'effectueront conformément aux modalités suivantes :

a) Les agents poursuivants ne disposeront pas du droit d'interpellation (art. 41, § 2, point *a)*) ;

b) Les poursuites pourront s'exercer sans limitation dans l'espace ou dans le temps (art. 41, § 3, point *b)*) ;

c) Les poursuites pourront s'exercer en cas de commission d'une des infractions énumérées à l'article 41, paragraphe 4, point *a)*.

3° Pour la frontière commune de la République française et du Grand-Duché de Luxembourg :

Les poursuites exercées par les agents visés à l'article 41, paragraphe 7, quatrième tiret, sur le territoire de la République française s'effectueront conformément aux modalités suivantes :

a) Les agents poursuivants ne disposeront pas du droit d'interpellation (art. 41, § 2, point *a)*) ;

b) Les poursuites pourront s'exercer dans un rayon de dix kilomètres de part et d'autre de la frontière (art. 41, § 3, point *a)*) ;

c) Les poursuites pourront s'exercer en cas de commission d'une des infractions énumérées à l'article 41, paragraphe 4, point *a)*.

Déclaration pour l'application des articles 55 et 57

En application de l'article 55 paragraphe 1 de la Convention, le Gouvernement de la République française déclare n'être pas lié par l'article 54 dans les cas mentionnés à l'article 55 paragraphe 1 *alinéas a* et *b*.

En ce qui concerne l'article 55 paragraphe 1 alinéa *b*, le Gouvernement de la République française déclare qu'il n'est pas lié par l'article 54 lorsque les faits visés par le jugement étranger constituent les infractions qualifiées d'atteintes aux intérêts fondamentaux de la Nation et réprimées par le titre Ier du livre IV du code pénal, à la falsification et à la contrefaçon du sceau de l'État, de pièces de monnaie, de billets de banque ou d'effets publics réprimées par les articles 442-1, 443-1 et 444-1 du code pénal et à tout crime ou délit contre les agents ou les locaux diplomatiques ou consulaires français.

Le Gouvernement de la République française désigne en application de l'article 57 paragraphe 3 le bureau du droit pénal international et de l'entraide répressive internationale. Service des Affaires européennes et internationales. Ministère de la Justice, 13, place Vendôme, 75042 Paris Cedex 01, en tant qu'autorité habilitée à demander et recevoir les informations prévues audit article.

Déclaration

La France déclare que, conformément à ce qui a été confirmé par les ministres et secrétaires d'État réunis à Madrid le 30 juin 1993, la mise en œuvre de la Convention est soumise à une décision du comité exécutif qui devra l'arrêter dès que les conditions préalables seront remplies.

Ces conditions concernent, conformément aux deuxième et troisième alinéas du point 2 de la déclaration faite à Madrid le 30 juin 1993, la réalisation du Système d'Information Schengen opérationnel, le renforcement des contrôles aux frontières extérieures et l'amélioration de la lutte contre le trafic de stupéfiants.

Traité sur l'Union européenne

(Traité de Lisbonne du 13 déc. 2007, publié par Décr. n° 2009-1466 du 1er déc. 2009 (JO 2 déc.), entré en vigueur le 1er déc. 2009)

....

TITRE IV Dispositions sur les coopérations renforcées

Art. 20 *(ex-art. 27 A à 27 E, 40 à 40 B et 43 à 45 TUE et ex-art. 11 et 11 A TCE)* **1. Les États membres qui souhaitent instaurer entre eux une coopération renforcée dans le cadre des compétences non exclusives de l'Union peuvent recourir aux institutions de celle-ci et exercer ces compétences en appliquant les dispositions appropriées des traités, dans les limites et selon les modalités prévues au présent article, ainsi qu'aux articles 326 à 334 du traité sur le fonctionnement de l'Union européenne.**

Les coopérations renforcées visent à favoriser la réalisation des objectifs de l'Union, à préserver ses intérêts et à renforcer son processus d'intégration. Elles sont ouvertes à tout moment à tous les États membres, conformément à l'article 328 du traité sur le fonctionnement de l'Union européenne.

2. La décision autorisant une coopération renforcée est adoptée par le Conseil en dernier ressort, lorsqu'il établit que les objectifs recherchés par cette coopération ne peuvent être atteints dans un délai raisonnable par l'Union dans son ensemble, et à condition qu'au moins neuf États membres y participent. Le Conseil statue conformément à la procédure prévue à l'article 329 du traité sur le fonctionnement de l'Union européenne.

3. Tous les membres du Conseil peuvent participer à ses délibérations, mais seuls les membres du Conseil représentant les États membres participant à une coopération renforcée prennent part au vote. Les modalités de vote sont prévues à l'article 330 du traité sur le fonctionnement de l'Union européenne.

4. Les actes adoptés dans le cadre d'une coopération renforcée ne lient que les États membres participants. Ils ne sont pas considérés comme un acquis devant être accepté par les États candidats à l'adhésion à l'Union.

Sur les coopérations renforcées, V. également les art. 326 à 334 TFUE.

Traité sur le fonctionnement de l'Union européenne,

(Traité de Lisbonne du 13 déc. 2007, publié par Décr. n° 2009-1466 du 1er déc. 2009 (JO 2 déc.), entré en vigueur le 1er déc. 2009)

L'intitulé du traité instituant la Communauté européenne est remplacé par : « Traité sur le fonctionnement de l'Union européenne » (Traité de Lisbonne, art. 2).

BIBL. ▶ MANACORDA, *RSC 2010. Chron. 945* (le droit pénal sous Lisbonne : vers un meilleur équilibre entre liberté, sécurité et justice ?).

TROISIÈME PARTIE *Les politiques et actions internes de l'Union*

....

TITRE V L'espace de liberté, de sécurité et de justice

CHAPITRE PREMIER *Dispositions générales*

Art. 67 *(ex-art. 61 TCE et ex-art. 29 TUE)* 1. L'Union constitue un espace de liberté, de sécurité et de justice dans le respect des droits fondamentaux et des différents systèmes et traditions juridiques des États membres.

2. Elle assure l'absence de contrôles des personnes aux frontières intérieures et développe une politique commune en matière d'asile, d'immigration et de contrôle des frontières extérieures qui est fondée sur la solidarité entre États membres et qui est équitable à l'égard des ressortissants des pays tiers. Aux fins du présent titre, les apatrides sont assimilés aux ressortissants des pays tiers.

3. L'Union œuvre pour assurer un niveau élevé de sécurité par des mesures de prévention de la criminalité, du racisme et de la xénophobie, ainsi que de lutte contre ceux-ci, par des mesures de coordination et de coopération entre autorités policières et judiciaires et autres autorités compétentes, ainsi que par la reconnaissance mutuelle des décisions judiciaires en matière pénale et, si nécessaire, par le rapprochement des législations pénales.

4. L'Union facilite l'accès à la justice, notamment par le principe de reconnaissance mutuelle des décisions judiciaires et extrajudiciaires en matière civile.

Art. 68 Le Conseil européen définit les orientations stratégiques de la programmation législative et opérationnelle dans l'espace de liberté, de sécurité et de justice.

Art. 69 Les parlements nationaux veillent, à l'égard des propositions et initiatives législatives présentées dans le cadre des chapitres 4 et 5, au respect du principe de subsidiarité, conformément au protocole sur l'application des principes de subsidiarité et de proportionnalité.

Art. 70 Sans préjudice des articles 258, 259 et 260, le Conseil, sur proposition de la Commission, peut adopter des mesures établissant des modalités par lesquelles les États membres, en collaboration avec la Commission, procèdent à une évaluation objective et impartiale de la mise en œuvre, par les autorités des États membres, des politiques de l'Union visées au présent titre, en particulier afin de favoriser la pleine application du principe de reconnaissance mutuelle. Le Parlement européen et les parlements nationaux sont informés de la teneur et des résultats de cette évaluation.

Art. 71 *(ex-art. 36 TUE)* Un comité permanent est institué au sein du Conseil afin d'assurer à l'intérieur de l'Union la promotion et le renforcement de la coopération opérationnelle en matière de sécurité intérieure. Sans préjudice de l'article 240, il favorise la coordination de l'action des autorités compétentes des États membres. Les représentants des organes et organismes concernés de l'Union peuvent être associés aux travaux du comité. Le Parlement européen et les parlements nationaux sont tenus informés des travaux.

Art. 72 *(ex-art. 64, § 1er, TCE et ex-art. 33 TUE)* Le présent titre ne porte pas atteinte à l'exercice des responsabilités qui incombent aux États membres pour le maintien de l'ordre public et la sauvegarde de la sécurité intérieure.

Art. 73 Il est loisible aux États membres d'organiser entre eux et sous leur responsabilité des formes de coopération et de coordination qu'ils jugent appropriées entre les services compétents de leurs administrations chargées d'assurer la sécurité nationale.

Art. 74 *(ex-art. 66 TCE)* Le Conseil adopte des mesures pour assurer une coopération administrative entre les services compétents des États membres dans les domaines visés par le présent titre, ainsi qu'entre ces services et la Commission. Il statue sur proposition de la Commission, sous réserve de l'article 76, et après consultation du Parlement européen.

Art. 75 *(ex-art. 60 TCE)* Lorsque la réalisation des objectifs visés à l'article 67 l'exige, en ce qui concerne la prévention du terrorisme et des activités connexes, ainsi que la lutte contre ces phénomènes, le Parlement européen et le Conseil, statuant par voie de règlements conformément à la procédure législative ordinaire, définissent un cadre de mesures administratives concernant les mouvements de capitaux et les paiements, telles que le gel des fonds, des avoirs financiers ou des bénéfices économiques qui appartiennent à des personnes physiques ou morales, à des groupes ou à des entités non étatiques, sont en leur possession ou sont détenus par eux.

Le Conseil, sur proposition de la Commission, adopte des mesures afin de mettre en œuvre le cadre visé au premier alinéa.

Les actes visés au présent article contiennent les dispositions nécessaires en matière de garanties juridiques.

Art. 76 Les actes visés aux chapitres 4 et 5, ainsi que les mesures visées à l'article 74 qui assurent une coopération administrative dans les domaines visés à ces chapitres, sont adoptés :

a) sur proposition de la Commission, ou

b) sur initiative d'un quart des États membres.

....

CHAPITRE IV *Coopération judiciaire en matière pénale*

Art. 82 *(ex-art. 31 TUE)* 1. La coopération judiciaire en matière pénale dans l'Union est fondée sur le principe de reconnaissance mutuelle des jugements et décisions judiciaires et inclut le rapprochement des dispositions législatives et réglementaires des États membres dans les domaines visés au paragraphe 2 et à l'article 83.

Le Parlement européen et le Conseil, statuant conformément à la procédure législative ordinaire, adoptent les mesures visant :

a) à établir des règles et des procédures pour assurer la reconnaissance, dans l'ensemble de l'Union, de toutes les formes de jugements et de décisions judiciaires ;

b) à prévenir et à résoudre les conflits de compétence entre les États membres ;

c) à soutenir la formation des magistrats et des personnels de justice ;

d) à faciliter la coopération entre les autorités judiciaires ou équivalentes des États membres dans le cadre des poursuites pénales et de l'exécution des décisions.

2. Dans la mesure où cela est nécessaire pour faciliter la reconnaissance mutuelle des jugements et décisions judiciaires, ainsi que la coopération policière et judiciaire dans les matières pénales ayant une dimension transfrontière, le Parlement européen et le Conseil, statuant par voie de directives conformément à la procédure législative ordinaire, peuvent établir des règles minimales. Ces règles minimales tiennent compte des différences entre les traditions et systèmes juridiques des États membres.

Elles portent sur :

a) l'admissibilité mutuelle des preuves entre les États membres ;

b) les droits des personnes dans la procédure pénale ;

c) les droits des victimes de la criminalité ;

d) d'autres éléments spécifiques de la procédure pénale, que le Conseil aura identifiés préalablement par une décision ; pour l'adoption de cette décision, le Conseil statue à l'unanimité, après approbation du Parlement européen.

L'adoption des règles minimales visées au présent paragraphe n'empêche pas les États membres de maintenir ou d'instituer un niveau de protection plus élevé pour les personnes.

3. Lorsqu'un membre du Conseil estime qu'un projet de directive visée au paragraphe 2 porterait atteinte aux aspects fondamentaux de son système de justice pénale, il peut demander que le Conseil européen soit saisi. Dans ce cas, la procédure législative ordinaire est suspendue. Après discussion, et en cas de consensus, le Conseil européen, dans un délai de quatre mois à compter de cette suspension, renvoie le projet au Conseil, ce qui met fin à la suspension de la procédure législative ordinaire.

Dans le même délai, en cas de désaccord, et si au moins neuf États membres souhaitent instaurer une coopération renforcée sur la base du projet de directive concerné, ils en informent le Parlement européen, le Conseil et la Commission. Dans un tel cas, l'autorisation de procéder à une coopération renforcée, qui est visée à l'article 20, paragraphe 2, du traité sur l'Union européenne et à l'article 329, paragraphe 1, du présent traité est réputée accordée et les dispositions relatives à la coopération renforcée s'appliquent.

BIBL. ► LELIEUR, *RSC 2011. 1* (l'application de la reconnaissance mutuelle à l'obtention transnationale de preuves pénales dans l'Union européenne : une chance pour un droit probatoire français en crise ?).

Art. 83 *(ex-art. 31 TUE)* 1. Le Parlement européen et le Conseil, statuant par voie de directives conformément à la procédure législative ordinaire, peuvent établir des règles minimales relatives à la définition des infractions pénales et des sanctions dans des domaines de criminalité particulièrement grave revêtant une dimension transfrontière résultant du caractère ou des incidences de ces infractions ou d'un besoin particulier de les combattre sur des bases communes.

Ces domaines de criminalité sont les suivants : le terrorisme, la traite des êtres humains et l'exploitation sexuelle des femmes et des enfants, le trafic illicite de drogues, le trafic illicite d'armes, le blanchiment d'argent, la corruption, la contrefaçon de moyens de paiement, la criminalité informatique et la criminalité organisée.

En fonction des développements de la criminalité, le Conseil peut adopter une décision identifiant d'autres domaines de criminalité qui remplissent les critères visés au présent paragraphe. Il statue à l'unanimité, après approbation du Parlement européen.

2. Lorsque le rapprochement des dispositions législatives et réglementaires des États membres en matière pénale s'avère indispensable pour assurer la mise en œuvre efficace d'une politique de l'Union dans un domaine ayant fait l'objet de mesures d'harmonisation, des directives peuvent établir des règles minimales relatives à la définition des infractions pénales et des sanctions dans le domaine concerné. Ces directives sont adoptées selon une procédure législative ordinaire ou spéciale identique à celle utilisée pour l'adoption des mesures d'harmonisation en question, sans préjudice de l'article 76.

3. Lorsqu'un membre du Conseil estime qu'un projet de directive visée au paragraphe 1 ou 2 porterait atteinte aux aspects fondamentaux de son système de justice pénale, il peut demander que le Conseil européen soit saisi. Dans ce cas, la procédure législative ordinaire est suspendue. Après discussion, et en cas de consensus, le Conseil européen, dans un délai de quatre mois à compter de cette suspension, renvoie le projet au Conseil, ce qui met fin à la suspension de la procédure législative ordinaire.

Dans le même délai, en cas de désaccord, et si au moins neuf États membres souhaitent instaurer une coopération renforcée sur la base du projet de directive concerné, ils en informent le Parlement européen, le Conseil et la Commission. Dans un tel cas, l'autorisation de procéder à une coopération renforcée, qui est visée à l'article 20, paragraphe 2, du traité sur l'Union européenne et à l'article 329, paragraphe 1, du présent traité est réputée accordée et les dispositions relatives à la coopération renforcée s'appliquent.

Art. 84 Le Parlement européen et le Conseil, statuant conformément à la procédure législative ordinaire, peuvent établir des mesures pour encourager et appuyer l'action des États membres dans le domaine de la prévention du crime, à l'exclusion de toute harmonisation des dispositions législatives et réglementaires des États membres.

Art. 85 *(ex-art. 31 TUE)* 1. La mission d'Eurojust est d'appuyer et de renforcer la coordination et la coopération entre les autorités nationales chargées des enquêtes et des poursuites relatives à la criminalité grave affectant deux ou plusieurs États membres ou exigeant une poursuite sur des bases communes, sur la base des opérations effectuées et des informations fournies par les autorités des États membres et par Europol.

A cet égard, le Parlement européen et le Conseil, statuant par voie de règlements conformément à la procédure législative ordinaire, déterminent la structure, le fonctionnement, le domaine d'action et les tâches d'Eurojust. Ces tâches peuvent comprendre :

a) le déclenchement d'enquêtes pénales ainsi que la proposition de déclenchement de poursuites conduites par les autorités nationales compétentes, en particulier celles relatives à des infractions portant atteinte aux intérêts financiers de l'Union ;

b) la coordination des enquêtes et poursuites visées au point a) ;

c) le renforcement de la coopération judiciaire, y compris par la résolution de conflits de compétences et par une coopération étroite avec le Réseau judiciaire européen.

Ces règlements fixent également les modalités de l'association du Parlement européen et des parlements nationaux à l'évaluation des activités d'Eurojust.

2. Dans le cadre des poursuites visées au paragraphe 1, et sans préjudice de l'article 86, les actes officiels de procédure judiciaire sont accomplis par les agents nationaux compétents.

Art. 86 1. Pour combattre les infractions portant atteinte aux intérêts financiers de l'Union, le Conseil, statuant par voie de règlements conformément à une procédure législative spéciale, peut instituer un Parquet européen à partir d'Eurojust. Le Conseil statue à l'unanimité, après approbation du Parlement européen.

En l'absence d'unanimité, un groupe composé d'au moins neuf États membres peut demander que le Conseil européen soit saisi du projet de règlement. Dans ce cas, la procédure au Conseil est suspendue. Après discussion, et en cas de consensus, le Conseil européen, dans *un délai de quatre mois à compter de* cette suspension, renvoie le projet au Conseil pour adoption.

Dans le même délai, en cas de désaccord, et si au moins neuf États membres souhaitent instaurer une coopération renforcée sur la base du projet de règlement concerné, ils en informent le Parlement européen, le Conseil et la Commission. Dans un tel cas, l'autorisation de procéder à une coopération renforcée, qui est visée à l'article 20, paragraphe 2, du traité sur l'Union européenne et à l'article 329, paragraphe 1, du présent traité, est réputée accordée et les dispositions sur la coopération renforcée s'appliquent.

2. Le Parquet européen est compétent pour rechercher, poursuivre et renvoyer en jugement, le cas échéant en liaison avec Europol, les auteurs et complices d'infractions portant atteinte aux intérêts financiers de l'Union, tels que déterminés par le règlement prévu au paragraphe 1. Il exerce devant les juridictions compétentes des États membres l'action publique relative à ces infractions.

3. Les règlements visés au paragraphe 1 fixent le statut du Parquet européen, les conditions d'exercice de ses fonctions, les règles de procédure applicables à ses activités, ainsi que celles gouvernant l'admissibilité des preuves, et les règles applicables au contrôle juridictionnel des actes de procédure qu'il arrête dans l'exercice de ses fonctions.

4. Le Conseil européen peut, simultanément ou ultérieurement, adopter une décision modifiant le paragraphe 1 afin d'étendre les attributions du Parquet européen à la lutte contre la criminalité grave ayant une dimension transfrontière et modifiant en conséquence le paragraphe 2 en ce qui concerne les auteurs et les complices de crimes graves affectant plusieurs États membres. Le Conseil européen statue à l'unanimité, après approbation du Parlement européen et après consultation de la Commission.

BIBL. ▶ GUALEH-MARZBAN, *AJ pénal 2010. 539* (le parquet européen : l'utopie devient-elle enfin réalité ?).

CHAPITRE V *Coopération policière*

RÉP. PÉN. v° *Coopération policière internationale,* par GAUDIN et ROUX.

Art. 87 *(ex-art. 30 TUE)* 1. L'Union développe une coopération policière qui associe toutes les autorités compétentes des États membres, y compris les services de police, les services des douanes et autres services répressifs spécialisés dans les domaines de la prévention ou de la détection des infractions pénales et des enquêtes en la matière.

2. Aux fins du paragraphe 1, le Parlement européen et le Conseil, statuant conformément à la procédure législative ordinaire peuvent établir des mesures portant sur :

a) la collecte, le stockage, le traitement, l'analyse et l'échange d'informations pertinentes ;

b) un soutien à la formation de personnel, ainsi que la coopération relative à l'échange de personnel, aux équipements et à la recherche en criminalistique ;

c) les techniques communes d'enquête concernant la détection de formes graves de criminalité organisée.

3. Le Conseil, statuant conformément à une procédure législative spéciale, peut établir des mesures portant sur la coopération opérationnelle entre les autorités visées au présent article. Le Conseil statue à l'unanimité, après consultation du Parlement européen.

En l'absence d'unanimité, un groupe composé d'au moins neuf États membres peut demander que le Conseil européen soit saisi du projet de mesures. Dans ce cas, la procédure au Conseil est suspendue. Après discussion, et en cas de consensus, le Conseil européen, dans un délai de quatre mois à compter de cette suspension, renvoie le projet au Conseil pour adoption.

Dans le même délai, en cas de désaccord, et si au moins neuf États membres souhaitent instaurer une coopération renforcée sur la base du projet de mesures concerné, ils en informent le Parlement européen, le Conseil et la Commission. Dans un tel cas, l'autorisation de procéder à une coopération renforcée, qui est visée à l'article 20, paragraphe 2, du traité sur l'Union européenne et à l'article 329, paragraphe 1, du présent traité, est réputée accordée et les dispositions sur la coopération renforcée s'appliquent.

La procédure spécifique prévue aux deuxième et troisième alinéas ne s'applique pas aux actes qui constituent un développement de l'acquis de Schengen.

Art. 88 *(ex-art. 30 TUE)* 1. La mission d'Europol est d'appuyer et de renforcer l'action des autorités policières et des autres services répressifs des États membres ainsi que leur collaboration mutuelle dans la prévention de la criminalité grave affectant deux ou plusieurs États membres, du terrorisme et des formes de criminalité qui portent atteinte à un intérêt commun qui fait l'objet d'une politique de l'Union, ainsi que la lutte contre ceux-ci.

2. Le Parlement européen et le Conseil, statuant par voie de règlements conformément à la procédure législative ordinaire, déterminent la structure, le fonctionnement, le domaine d'action et les tâches d'Europol. Ces tâches peuvent comprendre :

a) la collecte, le stockage, le traitement, l'analyse et l'échange des informations, transmises notamment par les autorités des États membres ou de pays ou instances tiers ;

b) la coordination, l'organisation et la réalisation d'enquêtes et d'actions opérationnelles, menées conjointement avec les autorités compétentes des États membres ou dans le cadre d'équipes conjointes d'enquête, le cas échéant en liaison avec Eurojust.

Ces règlements fixent également les modalités de contrôle des activités d'Europol par le Parlement européen, contrôle auquel sont associés les parlements nationaux.

3. Toute action opérationnelle d'Europol doit être menée en liaison et en accord avec les autorités du ou des États membres dont le territoire est concerné. L'application de mesures de contrainte relève exclusivement des autorités nationales compétentes.

Art. 89 *(ex-art. 32 TUE)* Le Conseil, statuant conformément à une procédure législative spéciale, fixe les conditions et les limites dans lesquelles les autorités compétentes des États membres visées aux articles 82 et 87 peuvent intervenir sur le territoire d'un autre État membre en liaison et en accord avec les autorités de celui-ci. Le Conseil statue à l'unanimité, après consultation du Parlement européen.

Convention européenne d'entraide judiciaire en matière pénale,

Faite à Strasbourg le 20 avr. 1959. — Publiée par Décr. n° 67-636 du 23 juill. 1967 (D. 1967. 296 ; Rect. 387 ; BLD 1967. 521 ; Rect. 686 ; JO 4 août ; Rect. JO 4 oct.).

BIBL. ▶ Audition à distance : LABRÉGÈRE, *Dr. pénal 1997. Chron. 20.* – Compétence : DINTILHAC, *RSC 1998. 351.*

TITRE PREMIER Dispositions générales

Art. 1er 1. Les Parties contractantes s'engagent à s'accorder mutuellement, selon les dispositions de la présente convention, l'aide judiciaire la plus large possible dans toute procédure visant des infractions dont la répression est, au moment où l'entraide est demandée, de la compétence des autorités judiciaires de la Partie requérante.

2. La présente convention ne s'applique ni à l'exécution des décisions d'arrestation et des condamnations ni aux infractions militaires qui ne constituent pas des infractions de droit commun.

Art. 2 L'entraide judiciaire pourra être refusée :

a) Si la demande se rapporte à des infractions considérées par la Partie requise soit comme des infractions politiques, soit comme des infractions connexes à des infractions politiques, soit comme des infractions fiscales ;

b) Si la Partie requise estime que l'exécution de la demande est de nature à porter atteinte à la souveraineté, à la sécurité, à l'ordre public ou à d'autres intérêts essentiels de son pays.

TITRE II Commissions rogatoires

Art. 3 1. La Partie requise fera exécuter, dans les formes prévues par sa législation, les commissions rogatoires relatives à une affaire pénale qui lui seront adressées par les autorités judiciaires de la Partie requérante et qui ont pour objet d'accomplir des actes d'instruction ou de communiquer des pièces à conviction, des dossiers ou des documents.

2. Si la Partie requérante désire que les témoins ou les experts déposent sous serment, elle en fera expressément la demande et la Partie requise y donnera suite si la loi de son pays ne s'y oppose pas.

3. La Partie requise pourra ne transmettre que des copies ou photocopies certifiées conformes des dossiers ou documents demandés. Toutefois, si la Partie requérante demande expressément la communication des originaux, il sera donné suite à cette demande dans toute la mesure du possible.

1. La Conv. europ. d'entraide judiciaire en matière pénale du 20 avr. 1959 et le deuxième protocole du 8 nov. 2001, applicables aux relations entre la France et Israël, prévoient l'exécution des commissions rogatoires, sauf en cas de demande prescrivant une procédure qu'impose la législation de l'État requérant, dans les formes prévues par la législation de l'État requis. • Crim. 9 déc. 2015, n° 15-83.204 P : *D. actu. 5 janv. 2016, obs. Fucini ; AJ pénal 2016. 137, note Boursier*

2. Les art. 1er, 3 et 5 de la Conv. europ. d'entraide judiciaire en matière pénale du 20 avr. 1959 autorisent un État signataire à demander l'exécution, par un État cocontractant, d'une mesure provisoire de saisie, laquelle doit être mise en œuvre conformément au droit interne de l'État requis, soit, pour la saisie d'un bateau sur le territoire de la République française, en application des art. 76, 694-10 à 694-13 et 706-37 ; d'autre part, l'art. 4 du second protocole additionnel à ladite Convention, du 8 nov. 2001, à l'égard duquel la France n'a formulé aucune réserve, prévoit que les demandes d'entraide peuvent être adressées directement par l'autorité judiciaire de la Partie requérante à l'autorité judiciaire de la Partie requise et renvoyées par la même voie. • Crim. 27 juin 2018, n° 17-85.101 P.

Art. 4 Si la Partie requérante le demande expressément, la Partie requise l'informera de la date et du lieu d'exécution de la commission rogatoire. Les autorités et personnes en cause pourront assister à cette exécution si la Partie requise y consent.

Art. 5 1. Toute Partie contractante pourra, au moment de la signature de la présente convention ou du dépôt de son instrument de ratification ou d'adhésion, par déclaration adressée au Secrétaire Général du Conseil de l'Europe, se réserver la faculté de soumettre l'exécution des commissions rogatoires aux fins de perquisition ou saisie d'objets à une ou plusieurs des conditions suivantes :

a) L'infraction motivant la commission rogatoire doit être punissable selon la loi de la Partie requérante et de la Partie requise ;

b) L'infraction motivant la commission rogatoire doit être susceptible de donner lieu à extradition dans le pays requis ;

c) L'exécution de la commission rogatoire doit être compatible avec la loi de la Partie requise.

2. Lorsqu'une Partie contractante aura fait une déclaration conformément au paragraphe 1 du présent article, toute autre Partie pourra appliquer la règle de la réciprocité.

Art. 6 1. La Partie requise pourra surseoir à la remise des objets, dossiers ou documents dont la communication est demandée, s'ils lui sont nécessaires pour une procédure pénale en cours.

2. Les objets, ainsi que les originaux des dossiers et documents, qui auront été communiqués en exécution d'une commission rogatoire, seront renvoyés aussitôt que possible par la Partie requérante à la Partie requise, à moins que celle-ci n'y renonce.

TITRE III Remise d'actes de procédure et de décisions judiciaires — Comparution de témoins, experts et personnes poursuivies

Art. 7 1. La Partie requise procédera à la remise des actes de procédure et des décisions judiciaires qui lui seront envoyés à cette fin par la Partie requérante.

Cette remise pourra être effectuée par simple transmission de l'acte ou de la décision au destinataire. Si la Partie requérante le demande expressément, la Partie requise effectuera la remise dans une des formes prévues par sa législation pour les significations analogues ou dans une forme spéciale compatible avec cette législation.

2. La preuve de la remise se fera au moyen d'un récépissé daté et signé par le destinataire ou d'une déclaration de la Partie requise constatant le fait, la forme et la date de la remise. L'un ou l'autre de ces documents sera immédiatement transmis à la Partie requérante. Sur demande de cette dernière, la Partie requise précisera si la remise a été faite conformément à sa loi. Si la remise n'a pu se faire, la Partie requise en fera connaître immédiatement le motif à la Partie requérante.

3. Toute Partie contractante pourra, au moment de la signature de la présente convention ou du dépôt de son instrument de ratification ou d'adhésion, par déclaration adressée au Secrétaire Général du Conseil de l'Europe, demander que la citation à comparaître destinée à une personne poursuivie se trouvant sur son territoire soit transmise à ses autorités dans un certain délai avant la date fixée pour la comparution. Ce délai sera précisé dans ladite déclaration et ne pourra pas excéder 50 jours.

Il sera tenu compte de ce délai en vue de la fixation de la date de comparution et lors de la transmission de la citation.

1. Délai d'appel. Constitue un acte de procé*dure* au sens de l'art. 7 Conv. europ. d'entraide judic. la notification de la date à laquelle l'affaire sera appelée à l'audience de la chambre d'accusation. • Crim. 27 mai 1999, n° 99-81.765 P : *Procédures 1999, n° 280, obs. Buisson.* ♦ Il s'ensuit que, lorsque la personne poursuivie réside sur le territoire de l'un des États parties à cette convention, et qu'en raison des modalités de sa mise en examen, elle ne se trouve pas soumise aux exigences prévues par l'art. 116, al. 5 lui imposant de déclarer une adresse en France, l'avis d'audience doit lui être remis par l'intermédiaire des autorités compétentes de l'État étranger, le délai de 5 jours prévu par l'art. 197 devant être calculé à compter de la date à laquelle l'avis lui a été envoyé par ces autorités. • Même arrêt.

2. Il résulte des dispositions combinées des art. 498 et 562 que le délai d'appel d'un jugement signifié à l'étranger ne court qu'à compter de la remise de l'acte effectuée dans les conditions prévues par la convention internationale applicable. Dès lors que la Convention européenne d'entraide judiciaire est applicable, l'appel ne peut être déclaré irrecevable comme tardif si la cour d'appel ne s'est pas assurée que la signification du jugement entrepris avait été effectuée au destinataire par l'autorité du pays de sa résidence, conformément à l'art. 7 de cette convention. • Crim. 18 juin 1996, n° 95-80.668 P.

Art. 8 Le témoin ou l'expert qui n'aura pas déféré à une citation à comparaître dont la remise a été demandée ne pourra être soumis, alors même que cette citation contiendrait des injonctions, à aucune sanction ou mesure de contrainte, à moins qu'il ne se rende par la suite de son plein gré sur le territoire de la Partie requérante et qu'il n'y soit régulièrement cité à nouveau.

Art. 9 Les indemnités à verser, ainsi que les frais de voyage et de séjour à rembourser au témoin ou à l'expert par la Partie requérante seront calculés depuis le lieu de leur résidence et lui seront accordés selon des taux au moins égaux à ceux prévus par les tarifs et règlements en vigueur dans le pays où l'audition doit avoir lieu.

Art. 10 1. Si la Partie requérante estime que la comparution personnelle d'un témoin ou d'un expert devant ses autorités judiciaires est particulièrement nécessaire, elle en fera mention dans la demande de remise de la citation et la Partie requise invitera ce témoin ou cet expert à comparaître.

La Partie requise fera connaître la réponse du témoin ou de l'expert à la Partie requérante.

2. Dans le cas prévu au paragraphe 1er du présent article, la demande ou la citation devra mentionner le montant approximatif des indemnités à verser, ainsi que des frais de voyage et de séjour à rembourser.

3. Si une demande lui est présentée à cette fin, la Partie requise pourra consentir une avance au témoin ou à l'expert. Celle-ci sera mentionnée sur la citation et remboursée par la Partie requérante.

Art. 11 1. Toute personne détenue dont la comparution personnelle en qualité de témoin ou aux fins de confrontation est demandée par la Partie requérante sera transférée temporairement sur le territoire où l'audition doit avoir lieu, sous condition de son renvoi dans le délai indiqué par la Partie requise et sous réserve des dispositions de l'article 12 dans la mesure où celles-ci peuvent s'appliquer.

Le transfèrement pourra être refusé :

a) Si la personne détenue n'y consent pas ;

b) Si sa présence est nécessaire dans une procédure pénale en cours sur le territoire de la Partie requise,

c) Si son transfèrement est susceptible de prolonger sa détention ou

d) Si d'autres considérations impérieuses s'opposent à son transfèrement sur le territoire de la Partie requérante.

2. Dans le cas prévu au paragraphe précédent et sous réserve des dispositions de l'article 2, le transit de la personne détenue par un territoire d'un État tiers, partie à la présente convention, sera accordé sur demande accompagnée de tous documents utiles et adressée par le ministère de la justice de la Partie requérante au ministère de la justice de la Partie requise du transit.

Toute Partie contractante pourra refuser d'accorder le transit de ses ressortissants.

3. La personne transférée devra rester en détention sur le territoire de la Partie requérante et, le cas échéant, sur le territoire de la Partie requise du transit, à moins que la Partie requise du transfèrement ne demande sa mise en liberté.

Art. 12 1. Aucun témoin ou expert, de quelque nationalité qu'il soit, qui, à la suite d'une citation, comparaîtra devant les autorités judiciaires de la Partie requérante, ne pourra être ni poursuivi, ni détenu, ni soumis à aucune autre restriction de sa liberté individuelle sur le territoire de cette partie pour des faits ou condamnations antérieurs à son départ du territoire de la Partie requise.

2. Aucune personne, de quelque nationalité qu'elle soit, citée devant les autorités judiciaires de la Partie requérante afin d'y répondre de faits pour lesquels elle fait l'objet de poursuites, ne pourra y être ni poursuivie, ni détenue, ni soumise à aucune autre restriction de sa liberté individuelle pour des faits ou condamnations antérieurs à son départ du territoire de la Partie requise et non visés par la citation.

3. L'immunité prévue au présent article cessera lorsque le témoin, l'expert ou la personne poursuivie, ayant eu la possibilité de quitter le territoire de la Partie requérante pendant quinze jours consécutifs après que sa présence n'était plus requise par les autorités judiciaires, sera néanmoins demeurée sur ce territoire ou y sera retournée après l'avoir quitté.

Dès lors qu'un témoin se présente volontairement aux enquêteurs sans qu'il fasse l'objet d'une citation ni que l'intervention des autorités du pays où il est domicilié ne soit requise, les dispositions de l'art. 12, al. 1er, de la convention européenne d'entraide judiciaire en matière pénale n'ont pas à s'appliquer. • Crim. 12 déc. 2001, ☎ n° 01-86.877 P : *Dr. pénal 2002. Comm. 35, obs. Véron.*

TITRE IV Casier judiciaire

Art. 13 1. La Partie requise communiquera, dans la mesure où ses autorités judiciaires pourraient elles-mêmes les obtenir en pareil cas, les extraits du casier judiciaire et tous les renseignements relatifs à ce dernier qui lui seront demandés par les autorités judiciaires d'une Partie contractante pour les besoins d'une affaire pénale.

2. Dans les cas autres que ceux prévus au paragraphe 1 du présent article, il sera donné suite à pareille demande dans les conditions prévues par la législation, les règlements ou la pratique de la Partie requise.

TITRE V Procédure

Art. 14 1. Les demandes d'entraide devront contenir les indications suivantes :

a) L'autorité dont émane la demande ;

b) L'objet et le motif de la demande ;

c) Dans la mesure du possible, l'identité et la nationalité de la personne en cause ;

d) Le nom et l'adresse du destinataire s'il y a lieu.

2. Les commissions rogatoires prévues aux articles 3, 4 et 5 mentionneront en outre l'inculpation et contiendront un exposé sommaire des faits.

Art. 15 1. Les commissions rogatoires prévues aux articles 3, 4 et 5 ainsi que les demandes prévues à l'article 11 seront adressées par le ministère de la justice de la Partie requérante au ministère de la justice de la Partie requise et renvoyées par la même voie.

2. En cas d'urgence, lesdites commissions rogatoires pourront être adressées directement par les autorités judiciaires de la Partie requérante aux autorités judiciaires de la Partie requise. Elles seront renvoyées accompagnées des pièces relatives à l'exécution par la voie prévue au paragraphe 1er du présent article.

3. Les demandes prévues au paragraphe 1er de l'article 13 pourront être adressées directement par les autorités judiciaires au service compétent de la Partie requise, et les réponses pourront être renvoyées directement par ce service. Les demandes prévues au paragraphe 2 de l'article 13 seront adressées par le ministère de la justice de la Partie requérante au ministère de la justice de la Partie requise.

4. Les demandes d'entraide judiciaire, autres que celles prévues aux paragraphes 1 et 3 du présent article et notamment les demandes d'enquête préliminaire à la poursuite, pourront faire l'objet de communications directes entre autorités judiciaires.

5. Dans les cas où la transmission directe est admise par la présente convention, elle pourra s'effectuer par l'intermédiaire de l'Organisation internationale de police criminelle (Interpol).

6. Toute Partie contractante pourra, au moment de la signature de la présente convention ou du dépôt de son instrument de ratification ou d'adhésion, par déclaration adressée au Secrétaire Général du Conseil de l'Europe, soit faire savoir que toutes ou certaines demandes d'entraide judiciaire doivent lui être adressées par une voie autre que celle prévue au présent article, soit demander que, dans le cas prévu au paragraphe 2 de cet article, une copie de la commission rogatoire soit communiquée en même temps à son ministère de la justice.

7. Le présent article ne portera pas atteinte aux dispositions des accords ou arrangements bilatéraux en vigueur entre Parties contractantes, selon lesquelles la transmission directe des demandes d'entraide judiciaire entre les autorités des Parties est prévue.

Art. 16 1. Sous réserve des dispositions du paragraphe 2 du présent article, la traduction des demandes et des pièces annexes ne sera pas exigée.

2. Toute Partie contractante pourra, au moment de la signature ou du dépôt de son instrument de ratification ou d'adhésion, par déclaration adressée au Secrétaire Général du Conseil de l'Europe, se réserver la faculté d'exiger que les demandes et pièces annexes lui soient adressées accompagnées, soit d'une traduction dans sa propre langue, soit d'une traduction dans l'une quelconque des langues officielles du Conseil de l'Europe ou dans celle de ces langues qu'elle indiquera. Les autres Parties pourront appliquer la règle de la réciprocité.

3. Le présent article ne portera pas atteinte aux dispositions relatives à la traduction des demandes et pièces annexes contenues dans les accords ou arrangements en vigueur ou à intervenir entre deux ou plusieurs Parties contractantes.

Art. 17 Les pièces et documents transmis en application de la présente convention seront dispensés de toutes formalités de légalisation.

Art. 18 Si l'autorité saisie d'une demande d'entraide est incompétente pour y donner suite, elle transmettra d'office cette demande à l'autorité compétente de son pays et, dans le cas où la demande a été adressée par la voie directe, elle en informera par la même voie la Partie requérante.

Art. 19 Tout refus d'entraide judiciaire sera motivé.

Art. 20 Sous réserve des dispositions de l'article 9, l'exécution des demandes d'entraide ne donnera lieu au remboursement d'aucun frais, à l'exception de ceux occasionnés par l'intervention d'experts sur le territoire de la Partie requise et par le transfèrement de personnes détenues effectué en application de l'article 11.

TITRE VI Dénonciation aux fins de poursuites

Art. 21 1. Toute dénonciation adressée par une Partie contractante en vue de poursuites devant les tribunaux d'une autre partie fera l'objet de communications entre ministères de la justice. Cependant les Parties contractantes pourront user de la faculté prévue au paragraphe 6 de l'article 15.

2. La Partie requise fera connaître la suite donnée à cette dénonciation et transmettra s'il y a lieu copie de la décision intervenue.

3. Les dispositions de l'article 16 s'appliqueront aux dénonciations prévues au paragraphe 1 du présent article.

La dénonciation aux fins de poursuites au sens de l'art. 21 de la Convention européenne d'entraide judiciaire en matière pénale n'emporte pas renonciation de la part de l'État requérant à l'exercice de son droit de poursuite. • Crim. 8 juin 2005, n° 05-81.800 P : *D. 2005. IR 1959* ; *JCP 2005. IV. 2693.* ♦ Le juge d'instruction en charge de l'information ouverte après dénonciation des faits aux fins de poursuite par les autorités judiciaires étrangères, en application de l'art. 21 de la Convention européenne d'entraide judiciaire en matière pénale, a compétence pour statuer sur une demande de restitution présentée sur le fondement de l'art. 99, seule l'exécution de sa décision ressortissant à la juridiction de l'État requérant. Encourt dès lors la cassation l'arrêt de la chambre de l'instruction qui, pour déclarer irrecevable la demande de mainlevée de la saisie de comptes bancaires et de restitution des avoirs, retient que la mesure de saisie a été ordonnée par une autorité judiciaire étrangère. • Crim. 6 mars 2007, n° 06-86.522 P : *D. 2007. AJ 1340* ; *AJ pénal 2007. 229, obs. Roussel* ; *RSC 2007. 845, obs. Finielz*.

TITRE VII Échange d'avis de condamnation

Art. 22 1. Chacune des Parties contractantes donnera à la Partie intéressée avis des sentences pénales et des mesures postérieures qui concernent les ressortissants de cette Partie et ont fait l'objet d'une inscription au casier judiciaire. Les ministères de la justice se communiqueront ces avis au moins une fois par an. Si la personne en cause est considérée comme ressortissante de deux ou plusieurs Parties contractantes, les avis seront communiqués à chacune des Parties intéressées à moins que cette personne ne possède la nationalité de la Partie sur le territoire de laquelle elle a été condamnée.

(Prot. add. 17 mars 1978) « 2. En outre, toute Partie contractante qui a donné les avis précités communiquera à la partie intéressée, sur sa demande, dans des cas particuliers, copie des sentences et mesures dont il s'agit, ainsi que tout autre renseignement s'y référant, pour lui permettre d'examiner si elles requièrent des mesures sur le plan interne. Cette communication se fera entre les ministères de la justice intéressés. »

TITRE VIII Dispositions finales

....

Art. 24 Toute Partie contractante pourra, au moment de la signature de la présente convention ou du dépôt de son instrument de ratification ou d'adhésion, par déclaration adressée au Secrétaire général du Conseil de l'Europe, indiquer quelles autorités elle considérera comme des autorités judiciaires aux fins de la présente convention.

Art. 25 1. La présente convention s'appliquera aux territoires métropolitains des Parties contractantes.

2. Elle s'appliquera également, en ce qui concerne la France, *à l'Algérie et* aux départements d'outre-mer, et, en ce qui concerne l'Italie, au territoire de la Somalie sous administration italienne.

3. La République fédérale d'Allemagne pourra étendre l'application de la présente convention au *Land* Berlin par une déclaration adressée au Secrétaire général du Conseil de l'Europe.

4. En ce qui concerne le Royaume des Pays-Bas, la présente convention s'appliquera à son territoire européen. Le royaume pourra étendre l'application de la convention aux Antilles néerlandaises, au Surinam et à la Nouvelle-Guinée néerlandaise par une déclaration adressée au Secrétaire général du Conseil de l'Europe.

5. Par arrangement direct entre deux ou plusieurs Parties contractantes, le champ d'application de la présente convention pourra être étendu, aux conditions qui seront stipulées dans cet arrangement, à tout territoire d'une de ces parties autre que ceux visés aux paragraphes 1, 2, 3 et 4 du présent article et dont une des Parties assure les relations internationales. — *Sur l'extension de la Convention aux territoires d'outre-mer de Polynésie française, de Nouvelle-Calédonie et de Wallis-et-Futuna ainsi qu'à la collectivité territoriale de Saint-Pierre-et-Miquelon et à Mayotte, V. Décr. n° 91-817 du 22 août 1991 (JO 27 août) ; Décr. n°s 91-1091 et 91-1093 du 16 oct. 1991 (JO 22 oct.) ; Décr. n° 92-120 du 3 févr. 1992 (JO 7 févr.) ; Décr. n° 93-919 du 12 juill. 1993 (JO 20 juill.) ; Décr. n° 93-1198 du 22 oct. 1993 (JO 30 oct.) ; Décr. n° 94-833 du 21 sept. 1994 (JO 28 sept.).*

....

RÉSERVE ET DÉCLARATION FAITES LE 28 AVRIL 1961 PAR LE GOUVERNEMENT FRANÇAIS :

Le Gouvernement français déclare que, en raison de l'organisation interne et du fonctionnement du casier judiciaire en France, les autorités qui en sont chargées se trouvent dans l'impossibilité matérielle de donner automatiquement avis aux Parties contractantes à la présente convention, conformément à l'article 22, des mesures intervenues postérieurement à la condamnation de leurs ressortissants, telles que les mesures de grâce, de réhabilitation ou d'amnistie qui font l'objet d'une inscription au casier judiciaire.

Il donne cependant l'assurance que ces autorités, lorsqu'elles en seront requises à propos de cas particuliers, préciseront dans la mesure du possible auxdites Parties contractantes la situation pénale de leurs ressortissants.

Le Gouvernement français déclare que doivent être considérées comme autorités judiciaires françaises aux fins de la présente convention les autorités suivantes :

Les premiers présidents, présidents, conseillers et juges des juridictions répressives ;

Les juges d'instruction desdites juridictions ;

Les membres du ministère public près lesdites juridictions, à savoir :

- Les procureurs généraux ;
- Les avocats généraux ;
- Les substituts des procureurs généraux ;
- Les procureurs de la République et leurs substituts ;
- Les représentants du ministère public auprès des tribunaux de police ;
- Les commissaires du Gouvernement près les tribunaux des forces armées.

DÉCLARATION DU GOUVERNEMENT DE LA RÉPUBLIQUE FRANÇAISE

En déposant l'instrument de ratification de la Convention européenne d'entraide judiciaire en matière pénale, le Gouvernement français déclare :

1. Qu'il confirme la réserve et la déclaration faites lors de la signature le 28 avril 1961 de ladite convention et concernant, la première, l'échange des casiers judiciaires (art. 22), la seconde, les autorités judiciaires devant être considérées comme telles aux fins de la convention (art. 24) ;

2. Qu'il fait usage :

a) De la faculté prévue à l'article 7 (§ 3) et précise en conséquence que les citations à comparaître destinées à des personnes poursuivies se trouvant sur le territoire français devront être envoyées aux autorités françaises au moins trente jours avant la date fixée pour la comparution de ces personnes ;

b) De la faculté prévue à l'article 15 (§ 6) en vue de l'application de l'article 15 (§§ 3 et 4), de telle sorte que les dispositions des deux paragraphes susvisés s'appliqueront de la manière suivante :

Article 15 (§ 3) : en cas d'urgence, lorsque les commissions rogatoires prévues aux articles 3, 4 et 5 seront adressées directement par les autorités judiciaires de la Partie requérante aux autorités judiciaires de la Partie requise, une copie de ces commissions rogatoires devra être communiquée en même temps au ministère de la justice de la Partie requise ;

Article 15 (§ 4) : les demandes d'entraide judiciaire autres que celles prévues à l'article 15 (§§ 1 et 3), et notamment les demandes d'enquêtes préliminaires à la poursuite, devront être adressées par le ministère de la justice de la Partie requérante au ministère de la justice de la Partie requise et renvoyées par la même voie ;

3. Que la Convention européenne d'entraide judiciaire en matière pénale ne sera pas applicable à l'Algérie, nonobstant les dispositions de l'article 25 (§ 2), ce pays ayant accédé à l'indépendance depuis la signature par le Gouvernement français de la convention susvisée.

PROTOCOLE ADDITIONNEL À LA CONVENTION EUROPÉENNE D'ENTRAIDE JUDICIAIRE EN MATIÈRE PÉNALE

Fait à Strasbourg le 17 mars 1978 ; entré en vigueur le 2 mai 1991. – Publié par Décr. n° 91-386 du 17 avr. 1991 (D. et ALD 1991. 217).

TITRE Ier

Art. 1er Les Parties contractantes n'exerceront pas le droit prévu à l'article 2 *a* de la Convention de refuser l'entraide judiciaire pour le seul motif que la demande se rapporte à une infraction que la Partie requise considère comme une infraction fiscale.

Art. 2 1. Dans le cas où une Partie contractante s'est réservé la faculté de soumettre l'exécution des commissions rogatoires aux fins de perquisition ou saisie d'objets à la condition que l'infraction motivant la commission rogatoire soit punissable selon la loi de la Partie requérante et de la Partie requise, cette condition sera remplie en ce qui concerne les infractions fiscales, si l'infraction est punissable selon la loi de la Partie requérante et correspond à une infraction de même nature selon la loi de la Partie requise.

2. La demande ne pourra être rejetée pour le motif que la législation de la Partie requise n'impose pas le même type de taxes ou impôts, ou ne contient pas le même type de réglementation en matière de taxes et impôts, de douane et de change que la législation de la Partie requérante.

TITRE II

Art. 3 La Convention s'appliquera également :

a) A la notification des actes visant l'exécution d'une peine, le recouvrement d'une amende ou le paiement des frais de procédure ;

b) Aux mesures relatives au sursis au prononcé d'une peine ou à son exécution, à la libération conditionnelle, au renvoi du début d'exécution de la peine ou à l'interruption de son exécution.

TITRE III

Art. 4 *V. Conv. du 20 avr. 1959, art. 22.*

....

Art. 9 Les dispositions du présent Protocole ne font pas obstacle aux règles plus détaillées contenues dans les accords bilatéraux ou multilatéraux conclus entre des Parties contractantes en application de l'article 26, paragraphe 3, de la Convention.

....

DÉCLARATION FRANÇAISE

Le Gouvernement de la République française déclare que le présent Protocole additionnel à la Convention européenne d'entraide judiciaire en matière pénale est applicable aux départements européens et d'outre-mer de la République française.

DEUXIÈME PROTOCOLE ADDITIONNEL À LA CONVENTION EUROPÉENNE D'ENTRAIDE JUDICIAIRE EN MATIÈRE PÉNALE

Signé à Strasbourg le 8 novembre 2001 ; entré en vigueur à l'égard de la France le 1er juin 2012. – Publié par Décr. n° 2012-813 du 16 juin 2012.

CHAPITRE Ier

Art. 1er *Champ d'application.*

L'article 1er de la Convention est remplacé par les dispositions suivantes :

Art. 1er 1. Les Parties s'engagent à s'accorder mutuellement, selon les dispositions de la présente Convention et dans les meilleurs délais, l'entraide judiciaire la plus large possible dans toute procédure visant des infractions dont la répression est, au moment où l'entraide est demandée, de la compétence des autorités judiciaires de la Partie requérante.

2. La présente Convention ne s'applique ni à l'exécution des décisions d'arrestation et des condamnations ni aux infractions militaires qui ne constituent pas des infractions de droit commun.

3. L'entraide judiciaire pourra également être accordée dans des procédures pour des faits qui sont punissables selon le droit national de la Partie requérante ou de la Partie requise au titre d'infractions aux règlements poursuivies par des autorités administratives dont la décision peut donner lieu à un recours devant une juridiction compétente, notamment en matière pénale.

4. L'entraide judiciaire ne sera pas refusée au seul motif que les faits dont il s'agit peuvent engager la responsabilité d'une personne morale dans la Partie requérante.

Art. 2 *Présence d'autorités de la Partie requérante.*

L'article 4 de la Convention est complété par le texte suivant, l'article 4 original de la Convention constituant le paragraphe 1 et les dispositions ci-après le paragraphe 2 :

« 2. Les demandes visant la présence de ces autorités ou personnes en cause ne devraient pas être refusées lorsqu'une telle présence tend à ce que l'exécution de la demande d'entraide réponde mieux aux besoins de la Partie requérante et, de ce fait, permet d'éviter des demandes d'entraide supplémentaires. »

Art. 3 *Transfèrement temporaire de personnes détenues, sur le territoire de la Partie requérante.*

L'article 11 de la Convention est remplacé par les dispositions suivantes :

Art. 11 1. Toute personne détenue dont la comparution personnelle aux fins d'instruction, à l'exclusion de sa comparution aux fins de jugement, est demandée par la Partie requérante sera transférée temporairement sur son territoire, sous condition de son renvoi dans le délai indiqué par la Partie requise et sous réserve des dispositions de l'article 12 de la présente Convention, dans la mesure où celles-ci peuvent s'appliquer.

Le transfèrement pourra être refusé :

a) si la personne détenue n'y consent pas ;

b) si sa présence est nécessaire dans une procédure pénale en cours sur le territoire de la Partie requise ;

c) si son transfèrement est susceptible de prolonger sa détention ; ou

d) si d'autres considérations impérieuses s'opposent à son transfèrement sur le territoire de la Partie requérante.

2. Sous réserve des dispositions de l'article 2 de la présente Convention, dans un cas prévu au paragraphe 1, le transit de la personne détenue par un territoire d'un État tiers sera accordé sur demande, accompagnée de tous les documents utiles, adressée par le ministère de la Justice de la Partie requérante au ministère de la Justice de la Partie requise du transit. Toute Partie pourra refuser d'accorder le transit de ses ressortissants.

3. La personne transférée devra rester en détention sur le territoire de la Partie requérante et, le cas échéant, sur le territoire de la Partie requise du transit, à moins que la Partie requise du transfèrement ne demande sa mise en liberté.

Art. 4 *Voies de communication.*

L'article 15 de la Convention est remplacé par les dispositions suivantes :

Art. 15 1. Les demandes d'entraide judiciaire, ainsi que toute information spontanée, seront adressées, sous forme écrite, par le ministère de la Justice de la Partie requérante au ministère de la Justice de la Partie requise et renvoyées par la même voie. Toutefois, elles peuvent être adressées directement par l'autorité judiciaire de la Partie requérante à l'autorité judiciaire de la Partie requise et renvoyées par la même voie.

2. Les demandes prévues à l'article 11 de la présente Convention ainsi que celles prévues à l'article 13 du Deuxième Protocole additionnel à la présente Convention, seront adressées dans tous les cas par le ministère de la Justice de la Partie requérante au ministère de la Justice de la Partie requise et renvoyées par la même voie.

3. Les demandes d'entraide judiciaire relatives aux procédures visées au paragraphe 3 de l'article 1er de la présente Convention peuvent également être adressées directement par l'autorité administrative ou judiciaire de la Partie requérante à l'autorité administrative ou judiciaire de la Partie requise, selon le cas, et renvoyées par la même voie.

4. Les demandes d'entraide judiciaire faites en vertu des articles 18 ou 19 du Deuxième Protocole additionnel à la présente Convention peuvent également être adressées directement par l'autorité compétente de la Partie requérante à l'autorité compétente de la Partie requise.

5. Les demandes prévues au paragraphe 1 de l'article 13 de la présente Convention pourront être adressées directement par les autorités judiciaires concernées au service compétent de la Partie requise, et les réponses pourront être renvoyées directement par ce service. Les demandes prévues au paragraphe 2 de l'article 13 de la présente Convention seront adressées par le ministère de la Justice de la Partie requérante au ministère de la Justice de la Partie requise.

6. Les demandes de copie des sentences et mesures visées à l'article 4 du Protocole additionnel à la Convention peuvent être adressées directement aux autorités compétentes. Tout État contractant pourra, à tout moment, par déclaration adressée au Secrétaire Général du Conseil de l'Europe, indiquer les autorités qu'il considérera compétentes aux fins du présent paragraphe.

7. En cas d'urgence et lorsque la transmission directe est admise par la présente Convention, elle pourra s'effectuer par l'intermédiaire de l'Organisation internationale de police criminelle (Interpol).

8. Toute Partie pourra, à tout moment, par déclaration adressée au Secrétaire Général du Conseil de l'Europe, se réserver le droit de soumettre l'exécution des demandes d'entraide judiciaire, ou de certaines d'entre elles, à une ou plusieurs des conditions suivantes :

a) une copie de la demande doit être adressée à l'autorité centrale y désignée ;

b) la demande, sauf lorsqu'elle est urgente, doit être adressée à l'autorité centrale y désignée ;

c) dans le cas d'une transmission directe pour motif d'urgence, une copie doit être communiquée en même temps à son ministère de la justice ;

d) certaines ou toutes les demandes d'entraide judiciaire doivent lui être adressées par une voie autre que celle prévue au présent article.

9. Les demandes d'entraide judiciaire ou toute autre communication en vertu de la présente Convention ou de ses protocoles, peuvent être faites par voie de moyens électroniques de communication, ou par tout autre moyen de télécommunication, à condition que la Partie requérante soit prête à produire à tout moment, sur demande, une trace écrite de l'expédition ainsi que l'original. Cependant, tout État contractant peut, à tout moment, par déclaration adressée au Secrétaire Général du Conseil de l'Europe, indiquer les conditions dans lesquelles il est prêt à accepter et à mettre en exécution des demandes reçues par voie électronique ou tout autre moyen de télécommunication.

10. Le présent article ne portera pas atteinte aux dispositions des accords ou arrangements bilatéraux en vigueur entre les Parties, selon lesquelles la transmission directe des demandes d'entraide judiciaire entre les autorités des Parties est prévue.

Art. 5 *Frais.*

L'article 20 de la Convention est remplacé par les dispositions suivantes :

Art. 20 1. Les Parties ne se réclament pas mutuellement le remboursement des frais découlant de l'application de la Convention ou de ses protocoles, à l'exception :

a) des frais occasionnés par l'intervention d'experts sur le territoire de la Partie requise ;

b) des frais occasionnés par le transfèrement de personnes détenues effectué en application des articles 13 ou 14 du Deuxième Protocole additionnel à la présente Convention, ou de l'article 11 de la présente Convention ;

c) des frais importants ou extraordinaires.

2. Toutefois, le coût de l'établissement de la liaison vidéo ou téléphonique, les coûts liés à la mise à disposition de la liaison vidéo ou téléphonique dans la Partie requise, la rémunération des interprètes qu'elle fournit et les indemnités versées aux témoins ainsi que leurs frais de déplacement dans la Partie requise sont remboursés par la Partie requérante à la Partie requise, à moins que les Parties n'en conviennent autrement.

3. Les Parties se consultent en vue de déterminer les conditions de paiement des frais susceptibles d'être réclamés en vertu des dispositions du paragraphe 1 (c) du présent article.

4. Les dispositions du présent article s'appliquent sans préjudice de l'application des dispositions de l'article 10, paragraphe 3, de la présente Convention.

Art. 6 *Autorités judiciaires.*

L'article 24 de la Convention est remplacé par les dispositions suivantes :

Art. 24 Tout État, au moment de la signature ou au moment du dépôt de son instrument de ratification, d'acceptation, d'approbation ou d'adhésion, par déclaration adressée au Secrétaire Général du Conseil de l'Europe, indiquera quelles autorités il considérera comme des autorités judiciaires aux fins de la présente Convention. Par la suite il pourra, à tout moment et de la même manière, changer les termes de sa déclaration.

CHAPITRE II

Art. 7 *Exécution différée des demandes.*

1. La Partie requise peut surseoir à la satisfaction d'une demande si le fait de donner suite à celle-ci risque d'avoir une incidence négative sur une enquête, des poursuites ou toute autre procédure connexe menée par ses autorités.

2. Avant de refuser son entraide ou d'y surseoir, la Partie requise examine, le cas échéant après avoir consulté la Partie requérante, s'il peut y être fait droit partiellement ou sous réserve des conditions qu'elle juge nécessaires.

3. Toute décision de surseoir à l'entraide est motivée. La Partie requise informe également la Partie requérante des raisons qui rendent impossible l'entraide ou qui sont susceptibles de la retarder de façon significative.

Art. 8 *Procédure.*

Nonobstant les dispositions de l'article 3 de la Convention, lorsqu'une demande prescrit une formalité ou une procédure donnée qu'impose la législation de la Partie requérante, même si la formalité ou la procédure demandée n'est pas familière à la Partie requise, cette Partie donne satisfaction à la demande dans la mesure où cela n'est pas contraire aux principes fondamentaux de son droit, sauf dispositions contraires du présent Protocole.

Art. 9 *Audition par vidéoconférence.*

1. Si une personne qui se trouve sur le territoire d'une Partie doit être entendue comme témoin ou expert par les autorités judiciaires d'une autre Partie, cette dernière peut demander, s'il est inop-

portun ou impossible pour la personne à entendre de comparaître en personne sur son territoire, que l'audition ait lieu par vidéoconférence, conformément aux paragraphes 2 à 7.

2. La Partie requise consent à l'audition par vidéoconférence pour autant que le recours à cette méthode ne soit pas contraire aux principes fondamentaux de son droit et à condition qu'elle dispose des moyens techniques permettant d'effectuer l'audition. Si la Partie requise ne dispose pas des moyens techniques permettant une vidéoconférence, la Partie requérante peut les mettre à la disposition de la Partie requise avec l'accord de cette dernière.

3. Les demandes d'audition par vidéoconférence contiennent, outre les informations indiquées à l'article 14 de la Convention, la raison pour laquelle il n'est pas souhaitable ou pas possible que le témoin ou l'expert soit présent en personne à l'audition, le nom de l'autorité judiciaire et des personnes qui procéderont à l'audition.

4. L'autorité judiciaire de la Partie requise cite à comparaître la personne concernée selon les formes prévues par sa législation.

5. Les règles suivantes s'appliquent à l'audition par vidéoconférence :

a) l'audition a lieu en présence d'une autorité judiciaire de la Partie requise, assistée au besoin d'un interprète ; cette autorité est aussi responsable de l'identification de la personne entendue et du respect des principes fondamentaux du droit de la Partie requise. Si l'autorité judiciaire de la Partie requise estime que les principes fondamentaux du droit de la Partie requise ne sont pas respectés pendant l'audition, elle prend immédiatement les mesures nécessaires pour veiller à ce que l'audition se poursuive conformément auxdits principes ;

b) les autorités compétentes des Parties requérante et requise conviennent, le cas échéant, des mesures relatives à la protection de la personne à entendre ;

c) l'audition est effectuée directement par l'autorité judiciaire de la Partie requérante, ou sous sa direction, conformément à son droit interne ;

d) à la demande de la Partie requérante ou de la personne à entendre, la Partie requise veille à ce que cette personne soit, au besoin, assistée d'un interprète ;

e) la personne à entendre peut invoquer le droit de ne pas témoigner qui lui serait reconnu par la loi soit de la Partie requise soit de la Partie requérante.

6. Sans préjudice de toutes les mesures convenues en ce qui concerne la protection des personnes, l'autorité judiciaire de la Partie requise établit, à l'issue de l'audition, un procès-verbal indiquant la date et le lieu de l'audition, l'identité de la personne entendue, les identités et les qualités de toutes les autres personnes de la Partie requise ayant participé à l'audition, toutes les éventuelles prestations de serment et les conditions techniques dans lesquelles l'audition s'est déroulée. Ce document est transmis par l'autorité compétente de la Partie requise à l'autorité compétente de la Partie requérante.

7. Chaque Partie prend les mesures nécessaires pour que, lorsque des témoins ou des experts sont entendus sur son territoire, conformément au présent article, et refusent de témoigner alors qu'ils sont tenus de le faire, ou font de fausses dépositions, son droit national s'applique comme il s'appliquerait si l'audition avait lieu dans le cadre d'une procédure nationale.

8. Les Parties peuvent, si elles le souhaitent, appliquer également les dispositions du présent article, lorsqu'il y a lieu et avec l'accord de leurs autorités judiciaires compétentes, aux auditions par vidéoconférence auxquelles participe la personne poursuivie pénalement ou le suspect. Dans ce cas, la décision de tenir la vidéoconférence et la manière dont elle se déroule doivent faire l'objet d'un accord entre les Parties concernées et être conformes à leur droit national et aux instruments internationaux en la matière. Les auditions auxquelles participe la personne poursuivie pénalement ou le suspect ne peuvent avoir lieu que s'ils y consentent.

9. Tout État contractant peut, à tout moment, par une déclaration adressée au Secrétaire Général du *Conseil de l'Europe*, déclarer qu'il n'entend pas se prévaloir de la faculté, prévue au paragraphe 8 du présent article, d'appliquer également les dispositions du présent article aux auditions par vidéoconférence auxquelles participe la personne poursuivie pénalement ou le suspect.

Art. 10 *Audition par conférence téléphonique.*

1. Si une personne qui se trouve sur le territoire d'une Partie doit être entendue comme témoin ou expert par les autorités judiciaires d'une autre Partie, cette dernière peut demander, lorsque son droit national le prévoit, l'aide de la première Partie afin que l'audition puisse avoir lieu par conférence téléphonique, conformément aux dispositions des paragraphes 2 à 6.

2. Une audition ne peut avoir lieu par conférence téléphonique que si le témoin ou l'expert accepte que l'audition se fasse par ce moyen.

3. La Partie requise consent à l'audition par conférence téléphonique pour autant que le recours à cette méthode n'est pas contraire aux principes fondamentaux de son droit.

4. Les demandes d'audition par conférence téléphonique contiennent, outre les informations visées à l'article 14 de la Convention, le nom de l'autorité judiciaire et des personnes qui procéderont à

l'audition ainsi qu'une indication selon laquelle le témoin ou l'expert est disposé à prendre part à une audition par conférence téléphonique.

5. Les modalités pratiques de l'audition sont arrêtées d'un commun accord par les Parties concernées. Lorsqu'elle accepte ces modalités, la Partie requise s'engage :

a) à notifier au témoin ou à l'expert concerné l'heure et le lieu de l'audition ;

b) à veiller à l'identification du témoin ou de l'expert ;

c) à vérifier que le témoin ou l'expert accepte l'audition par conférence téléphonique.

6. L'État requis peut donner son consentement sous réserve de l'application, en tout ou en partie, des dispositions pertinentes de l'article 9, paragraphes 5 et 7.

Art. 11 *Transmission spontanée d'informations.*

1. Sans préjudice de leurs propres investigations ou procédures, les autorités compétentes d'une Partie peuvent, sans demande préalable, transmettre aux autorités compétentes d'une autre Partie des informations recueillies dans le cadre de leur propre enquête lorsqu'elles estiment que la communication de ces informations pourrait aider la Partie destinataire à engager ou à mener à bien des investigations ou des procédures, ou lorsque ces informations pourraient aboutir à une demande formulée par cette Partie en vertu de la Convention ou de ses protocoles.

2. La Partie qui fournit l'information peut, conformément à son droit national, soumettre à certaines conditions son utilisation par la Partie destinataire.

3. La Partie destinataire est tenue de respecter ces conditions.

4. Toutefois, tout État contractant peut, à tout moment, par une déclaration adressée au Secrétaire Général du Conseil de l'Europe, déclarer qu'il se réserve le droit de ne pas se soumettre aux conditions imposées en vertu des dispositions du paragraphe 2 du présent article par la Partie qui fournit l'information, à moins qu'il ne soit avisé au préalable de la nature de l'information à fournir et qu'il accepte que cette dernière lui soit transmise.

Art. 12 *Restitution.*

1. La Partie requise peut, sur demande de la Partie requérante et sans préjudice des droits des tiers de bonne foi, mettre des objets obtenus par des moyens illicites à la disposition de la Partie requérante en vue de leur restitution à leur propriétaire légitime.

2. Dans le cadre de l'application des articles 3 et 6 de la Convention, la Partie requise peut renoncer, soit avant, soit après leur remise à la Partie requérante, au renvoi des objets qui ont été remis à la Partie requérante si cela peut favoriser la restitution de ces objets à leur propriétaire légitime. Les droits des tiers de bonne foi ne sont pas affectés.

3. Au cas où la Partie requise renonce au renvoi des objets avant leur remise à la Partie requérante, elle ne fait valoir aucun droit de gage ni aucun autre droit de recours découlant de la législation fiscale ou douanière sur ces objets.

4. Une renonciation conformément au paragraphe 2 n'affecte pas le droit de la Partie requise de percevoir auprès du propriétaire légitime des taxes ou droits de douane.

Art. 13 *Transfèrement temporaire de personnes détenues, sur le territoire de la Partie requise.*

1. En cas d'accord entre les autorités compétentes des Parties concernées, une Partie qui a demandé une mesure d'instruction nécessitant la présence d'une personne détenue sur son territoire peut transférer temporairement cette personne sur le territoire de la Partie où l'instruction doit avoir lieu.

2. L'accord prévoit les modalités du transfèrement temporaire de la personne et le délai dans lequel elle doit être renvoyée sur le territoire de la Partie requérante.

3. S'il est exigé que la personne concernée consente à son transfèrement, une déclaration de consentement ou une copie de celle-ci est fournie sans tarder à la Partie requise.

4. La personne transférée devra rester en détention sur le territoire de la Partie requise et, le cas échéant, sur le territoire de la Partie du transit, à moins que la Partie requérante du transfèrement ne demande sa mise en liberté.

5. La période de détention sur le territoire de la Partie requise est déduite de la durée de la détention que doit ou devra subir la personne concernée sur le territoire de la Partie requérante.

6. L'article 11, paragraphe 2, et l'article 12 de la Convention s'appliquent par analogie.

7. Tout État contractant peut, à tout moment, par une déclaration adressée au Secrétaire Général du Conseil de l'Europe, déclarer que, pour la réalisation de l'accord visé au paragraphe 1 du présent article, le consentement visé au paragraphe 3 du présent article sera exigé, ou qu'il le sera dans certaines conditions précisées dans la déclaration.

Art. 14 *Comparution personnelle de personnes condamnées et transférées.*

Les dispositions des articles 11 et 12 de la Convention s'appliquent par analogie également aux personnes en détention sur le territoire de la Partie requise, à la suite de leur transfèrement en vue de purger une peine prononcée sur le territoire de la Partie requérante, lorsque leur comparution personnelle à des fins de révision du jugement est demandée par la Partie requérante.

Art. 15 *Langue des actes de procédure et des décisions judiciaires à remettre.*

1. Les dispositions du présent article s'appliquent à toute demande de remise faite en vertu de l'article 7 de la Convention ou de l'article 3 de son protocole additionnel.

2. Les actes de procédure et les décisions judiciaires sont toujours remis dans la langue, ou les langues, dans laquelle, ou dans lesquelles, ils ont été produits.

3. Nonobstant les dispositions de l'article 16 de la Convention, si l'autorité qui est à l'origine des documents sait, ou a des raisons de considérer, que le destinataire ne connaît qu'une autre langue, les documents, ou au moins les passages les plus importants de ceux-ci, doivent être accompagnés d'une traduction dans cette autre langue.

4. Nonobstant les dispositions de l'article 16 de la Convention, les actes de procédure et les décisions judiciaires doivent être accompagnés, à l'intention des autorités de la Partie requise, d'un court sommaire de leur contenu traduit dans la langue, ou l'une des langues, de cette Partie.

Art. 16 *Remise par voie postale.*

1. Les autorités judiciaires compétentes de toute Partie peuvent envoyer directement, par voie postale, des actes de procédure et des décisions judiciaires, aux personnes qui se trouvent sur le territoire de toute autre Partie.

2. Les actes de procédure et les décisions judiciaires sont accompagnés d'une note indiquant que le destinataire peut obtenir de l'autorité identifiée dans la note des informations sur ses droits et obligations concernant la remise des pièces. Les dispositions du paragraphe 3 de l'article 15 du présent Protocole s'appliquent à cette note.

3. Les dispositions des articles 8, 9 et 12 de la Convention s'appliquent par analogie à la remise par voie postale.

4. Les dispositions des paragraphes 1, 2 et 3 de l'article 15 du présent Protocole s'appliquent également à la remise par voie postale.

Art. 17 *Observation transfrontalière.*

1. Les agents d'une des Parties qui, dans le cadre d'une enquête judiciaire, observent dans leur pays une personne présumée avoir participé à un fait punissable pouvant donner lieu à extradition, ou une personne à l'égard de laquelle il y a de sérieuses raisons de penser qu'elle peut conduire à l'identification ou à la localisation de la personne ci-dessus mentionnée sont autorisés à continuer cette observation sur le territoire d'une autre Partie, lorsque celle-ci a autorisé l'observation transfrontalière sur la base d'une demande d'entraide judiciaire présentée au préalable. L'autorisation peut être assortie de conditions.

Sur demande, l'observation sera confiée aux agents de la Partie sur le territoire de laquelle elle est effectuée.

La demande d'entraide judiciaire mentionnée au paragraphe 1 doit être adressée à une autorité désignée par chacune des Parties et compétente pour accorder ou transmettre l'autorisation demandée.

2. Lorsque, pour des raisons particulièrement urgentes, l'autorisation préalable de l'autre Partie ne peut être demandée, les agents observateurs agissant dans le cadre d'une enquête judiciaire sont autorisés à continuer au-delà de la frontière l'observation d'une personne présumée avoir commis des faits punissables et énumérés au paragraphe 6, dans les conditions ci-après :

a) le franchissement de la frontière sera communiqué immédiatement durant l'observation à l'autorité de la Partie désignée au paragraphe 4, sur le territoire de laquelle l'observation continue ;

b) une demande d'entraide judiciaire présentée conformément au paragraphe 1 et exposant les motifs justifiant le franchissement de la frontière, sans autorisation préalable, sera transmise sans délai.

L'observation sera arrêtée dès que la Partie sur le territoire de laquelle elle a lieu le demande, *suite à la communication* visée au point a, ou à la demande visée au point *b*, ou si l'autorisation n'est pas obtenue cinq heures après le franchissement de la frontière.

3. L'observation visée aux paragraphes 1 et 2 ne peut être exercée qu'aux conditions générales suivantes :

a) Les agents observateurs doivent se conformer aux dispositions du présent article et au droit de la Partie sur le territoire de laquelle ils opèrent ; ils doivent obtempérer aux injonctions des autorités localement compétentes.

b) Sous réserve des situations prévues au paragraphe 2, les agents se munissent durant l'observation d'un document attestant que l'autorisation a été accordée.

c) Les agents observateurs devront être en mesure de justifier à tout moment de leur qualité officielle.

d) Les agents observateurs peuvent emporter leur arme de service pendant l'observation, sauf décision contraire expresse de la Partie requise ; son utilisation est interdite sauf en cas de légitime défense.

e) L'entrée dans les domiciles et les lieux non accessibles au public est interdite ;

f) les agents observateurs ne peuvent ni interpeller ni arrêter la personne observée.

g) Toute opération fera l'objet d'un rapport aux autorités de la Partie sur le territoire de laquelle elle est intervenue ; la comparution personnelle des agents observateurs peut être requise.

h) Les autorités de la Partie dont les agents observateurs sont originaires apportent, lorsqu'il est demandé par les autorités de la Partie sur le territoire de laquelle l'observation a eu lieu, leur concours à l'enquête consécutive à l'opération à laquelle ils ont participé, y compris aux procédures judiciaires.

4. Toute Partie, au moment de la signature ou au moment du dépôt de son instrument de ratification, d'acceptation, d'approbation ou d'adhésion, par déclaration adressée au Secrétaire Général du Conseil de l'Europe, indiquera, d'une part, quels agents et, d'autre part, quelles autorités elle désigne aux fins des paragraphes 1 et 2 du présent article. Par la suite, toute Partie peut, à tout moment et de la même manière, changer les termes de sa déclaration.

5. Les Parties peuvent, sur le plan bilatéral, étendre le champ d'application du présent article et adopter des dispositions supplémentaires en exécution de cet article.

6. L'observation telle que visée au paragraphe 2 ne peut avoir lieu que pour l'un des faits punissables suivants :

— assassinat ;
— meurtre ;
— viol ;
— incendie volontaire ;
— fausse monnaie ;
— vol et recel aggravés ;
— extorsion ;
— enlèvement et prise d'otage ;
— trafic d'êtres humains ;
— trafic illicite de stupéfiants et substances psychotropes ;
— infractions aux dispositions légales en matière d'armes et explosifs ;
— destruction par explosifs ;
— transport illicite de déchets toxiques et nuisibles ;
— trafic d'étrangers ;
— abus sexuel d'enfant.

Art. 18 *Livraison surveillée.*

1. Chaque Partie s'engage à ce que, à la demande d'une autre Partie, des livraisons surveillées puissent être autorisées sur son territoire dans le cadre d'enquêtes pénales relatives à des infractions susceptibles de donner lieu à extradition.

2. La décision de recourir à des livraisons surveillées est prise dans chaque cas d'espèce par les autorités compétentes de la Partie requise, dans le respect du droit national de cette Partie.

3. Les livraisons surveillées se déroulent conformément aux procédures prévues par la Partie requise. Le pouvoir d'agir, la direction et le contrôle de l'opération appartiennent aux autorités compétentes de la Partie requise.

4. Toute Partie, lorsqu'elle dépose son instrument de ratification, d'acceptation, d'approbation ou d'adhésion, par déclaration adressée au Secrétaire Général du Conseil de l'Europe, indiquera les autorités qu'elle désigne comme compétentes aux fins du présent article. Par la suite, toute Partie peut, à tout moment et de la même manière, changer les termes de sa déclaration.

Art. 19 *Enquêtes discrètes.*

1. La Partie requérante et la Partie requise peuvent convenir de s'entraider pour la réalisation d'enquêtes pénales menées par des agents intervenant en secret ou sous une identité fictive (enquêtes discrètes).

2. Les autorités compétentes de la Partie requise décident, dans chaque cas d'espèce de la réponse à donner à la demande, en tenant dûment compte de la loi et des procédures nationales. Les deux Parties conviennent, dans le respect de leur loi et de leurs procédures nationales, de la durée de l'enquête discrète, de ses modalités précises et du statut juridique des agents concernés.

3. Les enquêtes discrètes sont menées conformément à la loi et aux procédures nationales de la *Partie sur le territoire de laquelle* elles se déroulent. Les Parties concernées coopèrent pour en assurer la préparation et la direction, et pour prendre des dispositions pour la sécurité des agents intervenant en secret ou sous une identité fictive.

4. Toute Partie, au moment de la signature ou au moment du dépôt de son instrument de ratification, d'acceptation, d'approbation ou d'adhésion, par déclaration adressée au Secrétaire Général du Conseil de l'Europe, indiquera les autorités qu'elle désigne comme compétentes aux fins du paragraphe 2 du présent article. Par la suite, toute Partie peut, à tout moment et de la même manière, changer les termes de sa déclaration.

Art. 20 *Équipes communes d'enquête.*

1. Les autorités compétentes de deux Parties au moins peuvent, d'un commun accord, créer une équipe commune d'enquête, avec un objectif précis et pour une durée limitée pouvant être prolongée avec l'accord de toutes les Parties, pour effectuer des enquêtes pénales dans une ou plusieurs des Parties qui créent l'équipe. La composition de l'équipe est arrêtée dans l'accord.

Une équipe commune d'enquête peut notamment être créée lorsque :

a) dans le cadre d'une procédure d'enquête menée par une Partie pour détecter des infractions, il y a lieu d'effectuer des enquêtes difficiles et impliquant la mobilisation d'importants moyens, qui concernent aussi d'autres Parties ;

b) plusieurs Parties effectuent des enquêtes concernant des infractions qui, en raison des faits qui sont à l'origine de celles-ci, exigent une action coordonnée et concertée dans les Parties en question.

La demande de création d'une équipe commune d'enquête peut émaner de toute Partie concernée. L'équipe est créée dans l'une des Parties dans lesquelles l'enquête doit être effectuée.

2. Outre les indications visées dans les dispositions pertinentes de l'article 14 de la Convention, les demandes de création d'une équipe commune d'enquête comportent des propositions relatives à la composition de l'équipe.

3. L'équipe commune d'enquête intervient sur le territoire des Parties qui la créent dans les conditions générales suivantes :

a) le responsable de l'équipe est un représentant de l'autorité compétente — participant aux enquêtes pénales — de la Partie sur le territoire de laquelle l'équipe intervient. Le responsable de l'équipe agit dans les limites des compétences qui sont les siennes au regard du droit national ;

b) l'équipe mène ses opérations conformément au droit de la Partie sur le territoire de laquelle elle intervient. Les membres de l'équipe et les membres détachés de l'équipe exécutent leurs tâches sous la responsabilité de la personne visée au point *a)*, en tenant compte des conditions fixées par leurs propres autorités dans l'accord relatif à la création de l'équipe ;

c) la Partie sur le territoire de laquelle l'équipe intervient crée les conditions organisationnelles nécessaires pour lui permettre de le faire.

4. Au présent article, les membres de l'équipe commune d'enquête provenant de la Partie sur le territoire de laquelle l'équipe intervient sont désignés comme « membres », tandis que les membres provenant de Parties autres que celle sur le territoire de laquelle l'équipe intervient sont désignés comme « membres détachés ».

5. Les membres détachés auprès de l'équipe commune d'enquête sont habilités à être présents lorsque des mesures d'enquête sont prises dans la Partie d'intervention. Toutefois, le responsable de l'équipe peut, pour des raisons particulières, en décider autrement, dans le respect du droit de la Partie sur le territoire de laquelle l'équipe intervient.

6. Les membres détachés de l'équipe commune d'enquête peuvent, conformément au droit de la Partie d'intervention, se voir confier, par le responsable de l'équipe, la tâche de prendre certaines mesures d'enquête, moyennant le consentement des autorités compétentes de la Partie d'intervention et de la Partie qui a procédé au détachement.

7. Lorsque l'équipe commune d'enquête a besoin que des mesures d'enquête soient prises dans une des Parties qui l'ont créée, les membres détachés auprès de l'équipe par ladite Partie peuvent demander à leurs autorités compétentes de prendre ces mesures. Ces mesures sont considérées dans la Partie en question selon les conditions qui s'appliqueraient si elles étaient demandées dans le cadre d'une enquête nationale.

8. Lorsque l'équipe commune d'enquête a besoin de l'aide d'une Partie autre que celles qui l'ont créée, ou d'un État tiers, la demande d'entraide peut être adressée par les autorités compétentes de l'État d'intervention à leurs homologues de l'autre État concerné, conformément aux instruments ou arrangements pertinents.

9. Un membre détaché auprès de l'équipe commune d'enquête peut, conformément à son droit national et dans les limites de ses compétences, fournir à l'équipe des informations qui sont disponibles dans la Partie qui l'a détaché aux fins des enquêtes pénales menées par l'équipe.

10. Les informations obtenues de manière régulière par un membre ou un membre détaché dans le cadre de sa participation à une équipe commune d'enquête, et qui ne peuvent pas être obtenues d'une autre manière par les autorités compétentes des Parties concernées, peuvent être utilisées aux fins suivantes :

a) aux fins pour lesquelles l'équipe a été créée ;

b) pour détecter, enquêter sur et poursuivre d'autres infractions pénales sous réserve du consentement préalable de la Partie où l'information a été obtenue. Le consentement ne peut être refusé que dans les cas où une telle utilisation représenterait un danger pour les enquêtes pénales menées dans la Partie concernée, ou pour lesquels cette Partie pourrait refuser l'entraide ;

c) pour prévenir un danger immédiat et sérieux pour la sécurité publique et sans préjudice des dispositions du point *b* si, par la suite, une enquête pénale est ouverte ;

d) à d'autres fins, pour autant que cela ait été convenu par les Parties qui ont créé l'équipe.

11. Les dispositions du présent article ne portent pas atteinte à d'autres dispositions ou arrangements existants relatifs à la création ou à l'intervention d'équipes communes d'enquête.

12. Dans la mesure où le droit des Parties concernées ou les dispositions de tout instrument juridique applicable entre elles le permettent, des arrangements peuvent être conclus pour que des personnes autres que des représentants des autorités compétentes des Parties qui créent l'équipe commune d'enquête prennent part aux activités de l'équipe. Les droits conférés aux membres et aux membres détachés auprès de l'équipe en vertu du présent article ne s'appliquent pas à ces personnes, sauf disposition contraire figurant explicitement dans l'accord.

Art. 21 *Responsabilité pénale en ce qui concerne les fonctionnaires.*

Au cours des opérations visées aux articles 17, 18, 19 et 20, les fonctionnaires d'une Partie autre que la Partie d'intervention sont assimilés aux agents de celle-ci en ce qui concerne les infractions dont ils seraient victimes ou qu'ils commettraient, à moins qu'il n'en soit convenu autrement entre les Parties concernées.

Art. 22 *Responsabilité civile en ce qui concerne les fonctionnaires.*

1. Lorsque, conformément aux articles 17, 18, 19 et 20, les fonctionnaires d'une Partie se trouvent en mission sur le territoire d'une autre Partie, la première Partie est responsable des dommages qu'ils causent pendant le déroulement de la mission, conformément au droit de la Partie sur le territoire de laquelle ils opèrent.

2. La Partie sur le territoire de laquelle les dommages visés au paragraphe 1 sont causés assume la réparation de ces dommages dans les conditions applicables aux dommages causés par ses propres agents.

3. La Partie dont les fonctionnaires ont causé des dommages à quiconque sur le territoire d'une autre Partie rembourse intégralement à cette dernière les sommes qu'elle a versées aux victimes ou à leurs ayants droit.

4. Sans préjudice de l'exercice de ses droits à l'égard des tiers et à l'exception de la disposition du paragraphe 3, chaque Partie renoncera, dans le cas prévu au paragraphe 1, à demander à une autre Partie le remboursement du montant des dommages qu'elle a subis.

5. Les dispositions du présent article s'appliquent à la condition que les Parties n'en aient pas convenu différemment.

Art. 23 *Protection des témoins.*

Lorsqu'une Partie fait une demande d'entraide en vertu de la Convention ou de l'un de ses Protocoles concernant un témoin qui risque d'être exposé à une intimidation ou qui a besoin de protection, les autorités compétentes de la Partie requérante et celles de la Partie requise font de leur mieux pour convenir des mesures visant la protection de la personne concernée, en conformité avec leur droit national.

Art. 24 *Mesures provisoires.*

1. A la demande de la Partie requérante, la Partie requise, en conformité avec sa loi nationale, peut ordonner des mesures provisoires en vue de préserver des moyens de preuve, de maintenir une situation existante, ou de protéger des intérêts juridiques menacés.

2. La Partie requise peut faire droit à la demande partiellement ou sous réserve de conditions, notamment en limitant la durée des mesures prises.

Art. 25 *Confidentialité.*

La Partie requérante peut demander à la Partie requise de veiller à ce que la requête et son contenu restent confidentiels, sauf dans la mesure où cela n'est pas compatible avec l'exécution de la requête. Si la Partie requise ne peut pas se conformer aux impératifs de la confidentialité, elle en informe sans tarder la Partie requérante.

Art. 26 *Protection des données.*

1. Les données à caractère personnel transmises d'une Partie à une autre en conséquence de l'exécution d'une demande faite au titre de la Convention ou de l'un de ses protocoles ne peuvent être utilisées par la Partie à laquelle elles ont été transmises :

a) qu'aux fins des procédures auxquelles s'applique la Convention ou de l'un de ses protocoles, et

b) qu'aux fins d'autres procédures judiciaires ou administratives directement liées aux procédures visées au point *a*, et

c) qu'aux fins de prévenir un danger immédiat et sérieux pour la sécurité publique.

2. De telles données peuvent toutefois être utilisées pour toute autre fin, après consentement préalable, soit de la Partie qui a transmis les données, soit de la personne concernée.

3. Toute Partie peut refuser de transmettre des données obtenues en conséquence de l'exécution d'une demande faite au titre de la Convention ou l'un de ses protocoles, lorsque :

— de telles données sont protégées au titre de sa loi nationale et

— que la Partie à laquelle les données devraient être transmises n'est pas liée par la Convention pour la protection des personnes à l'égard du traitement automatisé des données à caractère personnel, faite à Strasbourg, le 28 janvier 1981, sauf si cette dernière Partie s'engage à accorder aux données la même protection qui leur est accordée par la première Partie.

4. Toute Partie qui transmet des données obtenues en conséquence de l'exécution d'une demande faite au titre de la Convention ou l'un de ses Protocoles peut exiger de la Partie à laquelle les données sont transmises de l'informer de l'utilisation qui en a été faite.

5. Toute Partie peut, par une déclaration adressée au Secrétaire Général du Conseil de l'Europe, exiger que, dans le cadre de procédures pour lesquelles elle aurait pu refuser ou limiter la transmission ou l'utilisation de données à caractère personnel conformément aux dispositions de la Convention ou d'un de ses protocoles, les données à caractère personnel qu'elle transmet à une autre Partie ne soient utilisées par cette dernière aux fins visées au paragraphe 1 qu'avec son accord préalable.

Art. 27 *Autorités administratives.*

Toute Partie pourra, à tout moment, par déclaration adressée au Secrétaire Général du Conseil de l'Europe, indiquer quelles autorités elle considérera comme des autorités administratives au sens de l'article 1er, paragraphe 3, de la Convention.

Art. 28 *Rapports avec d'autres traités.*

Les dispositions du présent Protocole ne font pas obstacle aux règles plus détaillées contenues dans les accords bilatéraux ou multilatéraux conclus entre des Parties en application de l'article 26, paragraphe 3, de la Convention.

Art. 29 *Règlement amiable.*

Le Comité européen pour les problèmes criminels suivra l'interprétation et l'application de la Convention et de ses protocoles, et facilitera au besoin le règlement amiable de toute difficulté d'application.

CHAPITRE III

Art. 30 *Signature et entrée en vigueur.*

1. Le présent Protocole est ouvert à la signature des États membres du Conseil de l'Europe qui sont Parties à la Convention ou qui l'ont signée. Il est soumis à ratification, acceptation ou approbation. Un signataire ne peut ratifier, accepter ou approuver le présent Protocole sans avoir antérieurement ou simultanément ratifié, accepté ou approuvé la Convention. Les instruments de ratification, d'acceptation ou d'approbation sont à déposer près le Secrétaire Général du Conseil de l'Europe.

2. Le présent Protocole entrera en vigueur le premier jour du mois suivant l'expiration d'une période de trois mois après le dépôt du troisième instrument de ratification, d'acceptation ou d'approbation.

3. Pour tout État signataire qui déposera ultérieurement son instrument de ratification, d'acceptation ou d'approbation, le Protocole entrera en vigueur le premier jour du mois qui suit l'expiration d'une période de trois mois après la date de dépôt.

Art. 31 *Adhésion.*

1. Tout État non membre ayant adhéré à la Convention pourra adhérer au présent Protocole après l'entrée en vigueur de celui-ci.

2. Une telle adhésion se fera par le dépôt de l'instrument d'adhésion près le Secrétaire Général du Conseil de l'Europe.

3. Pour tout État adhérent, le Protocole entrera en vigueur le premier jour du mois qui suit l'expiration d'une période de trois mois après la date de dépôt de l'instrument d'adhésion.

Art. 32 *Application territoriale.*

1. Tout État pourra, lorsqu'il signera le présent Protocole ou déposera son instrument de ratification, d'acceptation, d'approbation ou d'adhésion, spécifier le ou les territoires au(x)quel(s) s'appliquera ledit Protocole.

2. Tout État pourra, à n'importe quelle date ultérieure, par déclaration adressée au Secrétaire Général du Conseil de l'Europe, étendre l'application du présent Protocole à tout autre territoire spécifié dans cette déclaration. A l'égard dudit territoire, le Protocole entrera en vigueur le premier jour du mois suivant l'expiration d'une période de trois mois après la date de réception de la déclaration par le Secrétaire Général.

3. Toute déclaration faite en vertu des deux paragraphes précédents pourra être retirée, en ce qui concerne tout territoire désigné dans cette déclaration, par notification adressée au Secrétaire Général du Conseil de l'Europe. Ledit retrait prendra effet le premier jour du mois qui suit l'expiration d'une période de trois mois après la date de réception de la notification par le Secrétaire Général.

Art. 33 *Réserves.*

1. Toute réserve formulée par une Partie à l'égard d'une disposition de la Convention ou de son Protocole s'applique également au présent Protocole, à moins que cette Partie n'exprime l'intention

contraire au moment de la signature ou au moment du dépôt de son instrument de ratification, d'acceptation, d'approbation ou d'adhésion. Il en est de même pour toute déclaration faite à l'égard ou en vertu d'une disposition de la Convention ou de son Protocole.

2. Tout État peut, au moment de la signature ou au moment du dépôt de son instrument de ratification, d'acceptation, d'approbation ou d'adhésion, déclarer se prévaloir du droit de ne pas accepter, en tout ou en partie, un ou plusieurs des articles 16, 17, 18, 19 et 20. Aucune autre réserve n'est admise.

3. Tout État peut retirer tout ou partie des réserves qu'il a faites conformément aux paragraphes précédents, en adressant à cet effet au Secrétaire Général du Conseil de l'Europe une déclaration prenant effet à la date de sa réception.

4. La Partie qui a formulé une réserve au sujet d'un des articles mentionnés au paragraphe 2 du présent article ne peut prétendre à l'application de cet article par une autre Partie. Cependant, elle peut, si la réserve est partielle ou conditionnelle, prétendre à l'application de cet article dans la mesure où elle l'a accepté.

Art. 34 *Dénonciation.*

1. Toute Partie peut, dans la mesure où elle est concernée, dénoncer le présent Protocole par notification adressée au Secrétaire Général du Conseil de l'Europe.

2. Cette dénonciation prendra effet le premier jour du mois suivant l'expiration d'une période de trois mois après la date à laquelle le Secrétaire Général en aura reçu notification.

3. La dénonciation de la Convention entraîne automatiquement la dénonciation du présent Protocole.

Art. 35 *Notifications.*

Le Secrétaire Général du Conseil de l'Europe notifie aux États membres du Conseil de l'Europe et à tout État ayant adhéré au présent Protocole :

a) toute signature ;

b) le dépôt de tout instrument de ratification, d'acceptation, d'approbation ou d'adhésion ;

c) toute date d'entrée en vigueur du présent protocole, conformément aux articles 30 et 31 ;

d) tous autres actes, déclarations, notifications ou communications ayant trait au présent Protocole.

En foi de quoi, les soussignés, dûment autorisés à cet effet, ont signé le présent Protocole. Fait à Strasbourg, le 8 novembre 2001, en français et en anglais, les deux textes faisant également foi, en un seul exemplaire qui sera déposé dans les archives du Conseil de l'Europe. Le Secrétaire Général du Conseil de l'Europe en communiquera copie certifiée conforme à chacun des États membres du Conseil de l'Europe ainsi qu'à tout État non membre ayant adhéré à la Convention.

ANNEXE

RÉSERVE ET DÉCLARATIONS FRANÇAISES

Réserve unique.

« Article 33, paragraphe 2 : La France déclare qu'elle n'appliquera pas le paragraphe 2 de l'article 17 du deuxième protocole additionnel à la convention. »

Déclarations.

« Article 4 : La France déclare, conformément à l'article 15, paragraphe 8 (*d*), de la convention, que devront être adressées au ministère de la justice, direction des affaires criminelles et des grâces :

— les demandes d'entraide relatives aux procédures visées au paragraphe 3 de l'article 1er de la convention ; et

— les demandes d'entraide émanant d'une autorité compétente de l'État requérant, qui n'est pas une autorité judiciaire. »

« Article 4 : La France déclare, conformément à l'article 15, paragraphe 8 (*d*), de la convention, que les demandes d'entraide nécessitant une exécution coordonnée dans plusieurs États membres de l'Union européenne pourront également, pour ce qui concerne les demandes adressées à la France, être transmises par l'intermédiaire du membre national français auprès de l'unité de coopération judiciaire Eurojust. »

« Article 9 : La France déclare, conformément à l'article 9, paragraphe 9, qu'elle n'appliquera pas les dispositions du présent article aux auditions des personnes poursuivies lorsqu'elles comparaissent devant la juridiction de jugement. »

« Article 6 : La France déclare, conformément à l'article 24 de la convention, que doivent être considérées comme autorités judiciaires françaises aux fins de la présente convention et de ses protocoles additionnels les autorités suivantes :

— les juridictions d'instruction ;

— les juridictions de jugement ;

— les juridictions de l'application des peines ;

— les membres du ministère public près lesdites juridictions. »

« Article 4 : La France déclare, conformément à l'article 15, paragraphe 6, de la convention, que les demandes de copie des sentences et mesures visées à l'article 4 du protocole additionnel à la convention pourront être adressées directement aux juridictions ayant prononcé les décisions dont il s'agit. »

« Article 4 : La France déclare, conformément à l'article 15, paragraphe 9, de la convention, qu'elle acceptera les demandes d'entraide judiciaire ou toute autre communication en vertu de la présente convention faites par tout moyen permettant d'en obtenir une trace écrite dans des conditions lui permettant d'en vérifier l'authenticité. »

« Article 17 : La France déclare, conformément à l'article 17, paragraphe 4, qu'elle désigne, aux fins du paragraphe 1 :

— en qualité d'agents habilités à mener une observation transfrontalière : les officiers et agents de police judiciaire de la police nationale et de la gendarmerie nationale, ainsi que, dans les conditions fixées par les accords bilatéraux appropriés visés à l'article 17, paragraphe 5, en ce qui concerne leurs attributions touchant au trafic illicite de stupéfiants et autres substances psychotropes, au trafic d'armes et d'explosifs, et au transport illicite de déchets toxiques et nuisibles, les agents des douanes ;

— en qualité d'autorité compétente pour accorder l'autorisation de poursuivre une observation transfrontalière sur le territoire national : la direction des affaires criminelles et des grâces ;

— en qualité d'autorité compétente pour transmettre l'autorisation de poursuivre une observation transfrontalière sur le territoire national : la direction centrale de la police judiciaire. »

« Article 18, paragraphe 4 : La France déclare que l'autorité compétente aux fins de l'article 18 est le procureur de la République près le tribunal judiciaire compétent ou, à défaut, le procureur de la République près le tribunal judiciaire de Paris. »

« Article 19, paragraphe 4 : La France déclare que les autorités compétentes aux fins de l'article 19, paragraphe 2, sont le procureur de la République près le tribunal judiciaire de Paris ou le juge d'instruction du même ressort, procédant conformément aux dispositions de l'article 694-7 du code de procédure pénale. »

« Article 32 : La France déclare que le présent protocole est applicable aux départements européens et d'outre-mer de la République française. »

Convention d'entraide judiciaire en matière pénale,

Établie par le Conseil conformément à l'article 34 du traité sur l'Union européenne, relative à l'entraide judiciaire en matière pénale entre les États membres de l'Union européenne, du 29 mai 2000.

La convention est entrée en vigueur le 23 août 2005.

TITRE PREMIER Dispositions générales

Art. 1er *Relations avec les autres conventions relatives à l'entraide judiciaire.* **1. La présente convention a pour objet de compléter les dispositions et de faciliter l'application entre les États membres de l'Union européenne :**

a) de la convention européenne d'entraide judiciaire en matière pénale du 20 avril 1959, ci-après dénommée "convention européenne d'entraide judiciaire" ;

b) du protocole additionnel à la convention européenne d'entraide judiciaire, du 17 mars 1978 ;

c) des dispositions relatives à l'entraide judiciaire en matière pénale de la convention d'application de l'accord de Schengen du 14 juin 1985 relatif à la suppression graduelle des contrôles aux frontières communes signée le 19 juin 1990 (ci-après dénommée la "convention d'application Schengen") qui ne sont pas abrogées en vertu de l'article 2, paragraphe 2 ;

d) du chapitre 2 du traité d'extradition et d'entraide judiciaire en matière pénale entre le Royaume de Belgique, le Grand-Duché de Luxembourg et le Royaume des Pays-Bas, du 27 juin 1962, modifié par le protocole du 11 mai 1974, ci-après dénommé "traité Benelux", dans le cadre des relations entre les États membres de l'union économique Benelux.

2. La présente convention n'affecte pas l'application de dispositions plus favorables dans le cadre d'accords bilatéraux ou multilatéraux conclus entre les États membres ou, comme le prévoit l'article 26, paragraphe 4, de la convention européenne d'entraide judiciaire, d'arrangements conclus dans le domaine de l'entraide judiciaire en matière pénale sur la base d'une législation uniforme ou d'un régime particulier prévoyant l'application réciproque de mesures d'entraide judiciaire sur leurs territoires respectifs.

Art. 2 *Dispositions liées à l'acquis de Schengen.* **1. Les dispositions des articles 3, 5, 6, 7, 12 et 23 et, dans la mesure où elles sont pertinentes pour l'article 12, des articles 15 et 16 et,**

dans la mesure où elles sont pertinentes pour les articles visés, de l'article 1er constituent des mesures modifiant ou s'appuyant sur les dispositions visées à l'annexe A de l'accord conclu par le Conseil de l'Union européenne, la République d'Islande et le Royaume de Norvège sur l'association de ces deux États à la mise en œuvre, à l'application et au développement de l'acquis de Schengen.

2. Les dispositions de l'article 49, point a), et des articles 52, 53 et 73 de la convention d'application Schengen sont abrogées.

Art. 3 *Procédures dans lesquelles l'entraide judiciaire est également accordée.* 1. L'entraide judiciaire est également accordée dans des procédures pour des faits qui sont punissables selon le droit national de l'État membre requérant ou de l'État membre requis, ou des deux, au titre d'infractions aux règlements poursuivies par des autorités administratives dont la décision peut donner lieu à un recours devant une juridiction compétente notamment en matière pénale.

2. L'entraide judiciaire est également accordée dans des procédures pénales et des procédures visées au paragraphe 1 pour des faits ou des infractions pouvant engager la responsabilité d'une personne morale de l'État membre requérant.

Art. 4 *Formalités et procédures dans le cadre de l'exécution des demandes d'entraide judiciaire.* 1. Dans les cas où l'entraide judiciaire est accordée, l'État membre requis respecte les formalités et les procédures expressément indiquées par l'État membre requérant, sauf disposition contraire de la présente convention et pour autant que ces formalités et procédures ne soient pas contraires aux principes fondamentaux du droit de l'État membre requis.

2. L'État membre requis exécute la demande d'entraide judiciaire dès que possible, en tenant compte au mieux des échéances de procédure ou d'autre nature indiquées par l'État membre requérant. Celui-ci explique les raisons de ces échéances.

3. Lorsque la demande ne peut pas être exécutée, ou ne peut pas être exécutée entièrement, conformément aux exigences de l'État membre requérant, les autorités de l'État membre requis en informent sans délai les autorités de l'État membre requérant et de indiquent les conditions dans lesquelles la demande pourrait être exécutée. Les autorités de l'État membre requérant et de l'État membre requis peuvent ultérieurement s'accorder sur la suite à réserver à la demande, le cas échéant en la subordonnant au respect desdites conditions.

4. S'il est prévisible que le délai fixé par l'État membre requérant pour exécuter sa demande ne pourra pas être respecté et si les raisons visées au paragraphe 2, deuxième phrase, montrent concrètement que tout retard gênera considérablement la procédure menée dans l'État membre requérant, les autorités de l'État membre requis indiquent sans délai le temps estimé nécessaire à l'exécution de la demande. Les autorités de l'État membre requérant indiquent sans délai si la demande est néanmoins maintenue. Les autorités de l'État membre requérant et de l'État membre requis peuvent ensuite s'accorder sur la suite à réserver à la demande.

Art. 5 *Envoi et remise de pièces de procédure.* 1. Chaque État membre envoie directement par la voie postale aux personnes qui se trouvent sur le territoire d'un autre État membre les pièces de procédure qui leur sont destinées.

2. L'envoi des pièces de procédure ne peut avoir lieu par l'intermédiaire des autorités compétentes de l'État membre requis que si :

a) l'adresse de la personne à qui la pièce est destinée est inconnue ou incertaine,

b) les règles de procédure applicables de l'État membre requérant exigent une preuve de la remise de la pièce à son destinataire autre que celle qui peut être obtenue par la voie postale,

c) la pièce n'a pas pu être remise par la voie postale, ou

d) l'État membre requérant a des raisons légitimes de croire que la voie postale se révélera inefficace ou est inappropriée.

3. Lorsqu'il y a des raisons de penser que le destinataire ne comprend pas la langue dans laquelle la pièce est établie, cette pièce – ou au moins ses passages importants – doit être traduite dans la (ou une des) langue(s) de l'État membre sur le territoire duquel le destinataire se trouve. Si l'autorité dont émane la pièce sait que le destinataire ne connaît qu'une autre langue, la pièce – ou au moins ses passages importants – doit être traduite dans cette autre langue.

4. Toutes les pièces de procédure sont accompagnées d'une note indiquant que le destinataire peut obtenir de l'autorité dont émane la pièce, ou d'autres autorités de l'État membre concerné, des informations sur ses droits et obligations concernant la pièce. Le paragraphe 3 s'applique également à cette note.

5. Le présent article n'affecte pas l'application des articles 8, 9 et 12 de la convention européenne d'entraide judiciaire et des articles 32, 34 et 35 et du traité Benelux.

Art. 6 *Transmission des demandes d'entraide.* 1. Les demandes d'entraide et les échanges spontanés d'informations visés à l'article 7 sont faits par écrit, ou par tout moyen permettant d'en obtenir une trace écrite dans des conditions permettant à l'État membre destinataire d'en vérifier l'authenticité. Les demandes sont transmises directement entre les autorités judiciaires territorialement compétentes pour les présenter et les exécuter et il y est répondu par la même voie, sauf disposition contraire du présent article.

Toute dénonciation adressée par un État membre en vue de poursuites devant les tribunaux d'un autre État membre, au sens de l'article 21 de la convention européenne d'entraide judiciaire et de l'article 42 du traité Benelux, peut faire l'objet de communications par voie directe entre les autorités judiciaires compétentes.

2. Le paragraphe 1 ne porte pas atteinte à la possibilité d'envoyer ou de renvoyer les demandes dans des cas particuliers :

a) d'une autorité centrale d'un État membre à une autorité centrale d'un autre État membre, ou

b) d'une autorité judiciaire d'un État membre à une autorité centrale d'un autre État membre, ou *vice versa*.

3. Nonobstant le paragraphe 1, le Royaume-Uni et l'Irlande respectivement peuvent indiquer, au moment de la notification visée à l'article 27, paragraphe 2, que les demandes et les communications qui leur sont transmises doivent, comme indiqué dans la déclaration, passer par leur autorité centrale. Ces États membres peuvent à tout moment, par une autre déclaration, restreindre la portée de cette déclaration afin de renforcer l'effet du paragraphe 1. Ils procèdent ainsi lorsque les dispositions de la convention d'application Schengen relatives à l'entraide sont mises en vigueur pour eux.

Tout État membre peut appliquer le principe de réciprocité pour ce qui est des déclarations mentionnées ci-dessus.

4. Toute demande d'entraide judiciaire peut, en cas d'urgence, être présentée par l'intermédiaire de l'Organisation internationale de police criminelle (Interpol) ou de tout organe compétent selon des dispositions arrêtées en vertu du traité sur l'Union européenne.

5. Dans le cas de demandes faites au titre de l'article 12, 13 ou 14, si l'autorité compétente est, dans un État membre, une autorité judiciaire ou une autorité centrale et, dans l'autre État membre, une autorité policière ou douanière, les demandes et les réponses peuvent être échangées directement entre ces autorités. Le paragraphe 4 s'applique à ces contacts.

6. Dans le cas de demandes d'entraide relatives à des poursuites comme celles qui sont visées à l'article 3, paragraphe 1, si l'autorité compétente est, dans un État membre, une autorité judiciaire ou une autorité centrale et, dans l'autre État membre, une autorité administrative, les demandes et les réponses peuvent être échangées directement entre ces autorités.

7. Au moment de la notification visée à l'article 27, paragraphe 2, un État membre peut déclarer qu'il n'est pas lié par la première phrase du paragraphe 5 ou par le paragraphe 6 du présent article ou bien par les deux dispositions, ou qu'il ne les appliquera que dans certaines conditions, qu'il précise. Cette déclaration peut être retirée ou modifiée à tout moment.

8. Les demandes ou les communications mentionnées ci-après passent par les autorités centrales des États membres :

a) les demandes de transfèrement temporaire ou de transit de détenus visées à l'article 9 de la présente convention ainsi qu'à l'article 11 de la convention européenne d'entraide judiciaire et à l'article 33 du traité Benelux ;

b) les avis de condamnation visés à l'article 22 de la convention européenne d'entraide judiciaire et à l'article 43 du traité Benelux. Toutefois, les demandes de copie des sentences et mesures visées à l'article 4 du protocole additionnel à la convention européenne d'entraide judiciaire peuvent être adressées directement aux autorités compétentes.

Art. 7 *Échange spontané d'informations.* 1. Dans la limite de leur droit national, les autorités compétentes des États membres peuvent, sans qu'une demande ait été présentée en ce sens, échanger des informations concernant des faits pénalement punissables ainsi que des infractions aux règlements visées à l'article 3, paragraphe 1, dont la sanction ou le traitement relève de la compétence de l'autorité destinataire au moment où l'information est fournie.

2. L'autorité qui fournit l'information peut, conformément à son droit national, soumettre à certaines conditions son utilisation par l'autorité destinataire.

3. L'autorité destinataire est tenue de respecter ces conditions.

TITRE II **Demandes portant sur certaines formes particulières d'entraide**

Art. 8 *Restitution.* 1. L'État membre requis peut, sur demande de l'État membre requérant et sans préjudice des droits des tiers de bonne foi, mettre des objets obtenus par des moyens illicites à la disposition de l'État requérant en vue de leur restitution à leur propriétaire légitime.

2. Dans le cadre de l'application des articles 3 et 6 de la convention européenne d'entraide judiciaire ainsi que de l'article 24, paragraphe 2, et de l'article 29 du traité Benelux, l'État membre requis peut renoncer, soit avant soit après leur remise à l'État membre requérant, au renvoi des objets qui ont été remis à l'État membre requérant si cela peut favoriser la restitution de ces objets à leur propriétaire légitime. Les droits des tiers de bonne foi ne sont pas affectés.

3. Au cas où l'État membre requis renonce au renvoi des objets avant leur remise à l'État membre requérant, il ne fait valoir aucun droit de gage ni aucun autre droit de recours découlant de la législation fiscale ou douanière sur ces objets.

4. Une renonciation conformément au paragraphe 2 n'affecte pas le droit de l'État membre requis de percevoir auprès du propriétaire légitime des taxes ou droits de douane.

Art. 9 *Transfèrement temporaire, aux fins d'une instruction, de personnes détenues.* 1. En cas d'accord entre les autorités compétentes des États membres concernés, un État membre qui a demandé une mesure d'instruction nécessitant la présence d'une personne détenue sur son territoire peut transférer temporairement cette personne sur le territoire de l'État membre où l'instruction doit avoir lieu.

2. L'accord prévoit les modalités du transfèrement temporaire de la personne et le délai dans lequel elle doit être renvoyée sur le territoire de l'État membre requérant.

3. S'il est exigé que la personne concernée consente à son transfèrement, une déclaration de consentement ou une copie de celle-ci est fournie sans tarder à l'État membre requis.

4. La période de détention sur le territoire de l'État membre requis est déduite de la durée de la détention que doit ou devra subir l'intéressé sur le territoire de l'État membre requérant.

5. Les dispositions de l'article 11, paragraphes 2 et 3, et des articles 12 et 20 de la convention européenne d'entraide judiciaire s'appliquent mutatis mutandis au présent article.

6. Au moment de la notification prévue à l'article 27, paragraphe 2, chaque État membre peut déclarer que, pour la réalisation de l'accord visé au paragraphe 1 du présent article, le consentement visé au paragraphe 3 du présent article sera exigé ou qu'il le sera dans certaines conditions précisées dans la déclaration.

Art. 10 *Audition par vidéoconférence.* 1. Si une personne qui se trouve sur le territoire d'un État membre doit être entendue comme témoin ou expert par les autorités judiciaires d'un autre État membre, ce dernier peut demander, s'il est inopportun ou impossible pour la personne à entendre de comparaître en personne sur son territoire, que l'audition ait lieu par vidéoconférence, conformément aux paragraphes 2 à 8.

2. L'État membre requis consent à l'audition par vidéoconférence pour autant que le recours à cette méthode ne soit pas contraire aux principes fondamentaux de son droit et à condition qu'il dispose des moyens techniques permettant d'effectuer l'audition. Si l'État membre requis ne dispose pas des moyens techniques permettant une vidéoconférence, l'État membre requérant peut les mettre à la disposition de l'État membre requis avec l'accord de celui-ci.

3. Les demandes d'audition par vidéoconférence contiennent, outre les informations indiquées à l'article 14 de la convention européenne d'entraide judiciaire et à l'article 37 du traité Benelux, la raison pour laquelle il n'est pas souhaitable ou pas possible que le témoin ou l'expert soit présent en personne à l'audition, le nom de l'autorité judiciaire et des personnes qui procéderont à l'audition.

4. L'autorité judiciaire de l'État membre requis cite à comparaître la personne concernée selon les formes prévues par sa législation.

5. Les règles suivantes s'appliquent à l'audition par vidéoconférence :

a) l'audition a lieu en présence d'une autorité judiciaire de l'État membre requis, assistée au besoin d'un interprète ; cette autorité est aussi responsable de l'identification de la personne entendue et du respect des principes fondamentaux du droit de cet État membre. Si l'autorité judiciaire de l'État membre requis estime que les principes fondamentaux du droit de cet État membre ne sont pas respectés pendant l'audition, elle prend immédiatement les mesures nécessaires pour veiller à ce que l'audition se poursuive conformément auxdits principes ;

b) les autorités compétentes des États membres requérants et requis conviennent, le cas échéant, des mesures relatives à la protection de la personne à entendre ;

c) l'audition est effectuée directement par l'autorité judiciaire de l'État membre requérant, ou sous sa direction, conformément à son droit interne ;

d) à la demande de l'État membre requérant ou de la personne à entendre, l'État membre requis veille à ce que celle-ci soit, au besoin, assistée d'un interprète ;

e) la personne à entendre peut invoquer le droit de ne pas témoigner qui lui serait reconnu par la loi soit de l'État membre requis, soit de l'État membre requérant.

6. Sans préjudice de toutes mesures convenues en ce qui concerne la protection des personnes, l'autorité judiciaire de l'État membre requis établit, à l'issue de l'audition, un procès-verbal indiquant la date et le lieu de l'audition, l'identité de la personne entendue, les identités et les qualités de toutes les autres personnes de l'État membre requis ayant participé à l'audition, toutes les éventuelles prestations de serment et les conditions techniques dans lesquelles l'audition s'est déroulée. Ce document est transmis par l'autorité compétente de l'État membre requis à l'autorité compétente de l'État membre requérant.

7. Le coût de l'établissement de la liaison vidéo, les coûts liés à la mise à disposition de la liaison vidéo dans l'État membre requis, la rémunération des interprètes qu'il fournit et les indemnités versées aux témoins et aux experts ainsi que leurs frais de déplacement dans l'État membre requis sont remboursés par l'État membre requérant à l'État membre requis, à moins que ce dernier ne renonce au remboursement de tout ou partie de ces dépenses.

8. Chaque État membre prend les mesures nécessaires pour que, lorsque des témoins ou des experts sont entendus sur son territoire conformément au présent article et refusent de témoigner alors qu'ils sont tenus de le faire, ou font de fausses dépositions, son droit national s'applique comme il s'appliquerait si l'audition avait lieu dans le cadre d'une procédure nationale.

9. Les États membres peuvent, s'ils le souhaitent, appliquer également les dispositions du présent article, lorsqu'il y a lieu et avec l'accord de leurs autorités judiciaires compétentes, aux auditions par vidéoconférence auxquelles participe une personne poursuivie pénalement. Dans ce cas, la décision de tenir la vidéoconférence et la manière dont elle se déroule doivent faire l'objet d'un accord entre les États membres concernés et sont conformes à leur droit national et aux instruments internationaux en la matière, y compris la convention européenne de sauvegarde des droits de l'homme et des libertés fondamentales de 1950.

Tout État membre peut, lorsqu'il fait la notification prévue à l'article 27, paragraphe 2, déclarer qu'il n'appliquera pas le premier alinéa. Cette déclaration peut être retirée à tout moment.

Les auditions ne peuvent avoir lieu que si la personne poursuivie pénalement y consent. Le Conseil adopte dans un instrument juridique contraignant les règles pouvant être nécessaires pour assurer la protection des droits des personnes poursuivies pénalement.

Art. 11 *Auditions de témoins et d'experts par téléconférence.* 1. Si une personne qui se trouve sur le territoire d'un État membre doit être entendue comme témoin ou expert par les autorités judiciaires d'un autre État membre, ce dernier peut demander, lorsque son droit national le prévoit, l'assistance du premier État membre afin que l'audition puisse avoir lieu par téléconférence, conformément aux dispositions des paragraphes 2 à 5.

2. Une audition par téléconférence ne peut avoir lieu que si le témoin ou l'expert accepte que l'audition se fasse par ce moyen.

3. L'État membre requis consent à l'audition par téléconférence pour autant que le recours à cette méthode ne soit pas contraire aux principes fondamentaux de son droit.

4. Les demandes d'audition par téléconférence contiennent, outre les informations visées à l'article 14 de la convention européenne d'entraide judiciaire et à l'article 37 du traité Benelux, le nom de l'autorité judiciaire et des personnes qui procéderont à l'audition ainsi qu'une indication selon laquelle le témoin ou l'expert est disposé à prendre part à une audition par téléconférence.

5. Les modalités pratiques de l'audition sont arrêtées d'un commun accord par les États membres concernés. Lorsqu'il accepte ces modalités, l'État membre requis s'engage à :

a) notifier au témoin ou à l'expert concerné l'heure et le lieu de l'audition ;

b) veiller à l'identification du témoin ou de l'expert ;

c) vérifier que le témoin ou l'expert accepte l'audition par téléconférence.

L'État membre requis peut donner son consentement sous réserve de l'application, en tout ou en partie, des dispositions pertinentes de l'article 10, paragraphes 5 et 8. Sauf s'il en a été convenu autrement, les dispositions de l'article 10, paragraphe 7, s'appliquent *mutatis mutandis*.

Art. 12 *Livraisons surveillées.* 1. Chaque État membre s'engage à ce que, à la demande d'un autre État membre, des livraisons surveillées puissent être autorisées sur son territoire dans le cadre d'enquêtes pénales relatives à des infractions susceptibles de donner lieu à extradition.

2. La décision de recourir à des livraisons surveillées est prise dans chaque cas d'espèce par les autorités compétentes de l'État membre requis, dans le respect du droit national de cet État membre.

3. Les livraisons surveillées se déroulent conformément aux procédures prévues par l'État membre requis. Le pouvoir d'agir, la direction et le contrôle de l'opération appartiennent aux autorités compétentes de cet État membre.

Art. 13 *Équipes communes d'enquête.* 1. Les autorités compétentes de deux États membres au moins peuvent, d'un commun accord, créer une équipe commune d'enquête, avec un objectif précis et pour une durée limitée pouvant être prolongée avec l'accord de toutes les parties, pour effectuer des enquêtes pénales dans un ou plusieurs des États membres qui créent l'équipe. La composition de l'équipe est arrêtée dans l'accord.

Une équipe commune d'enquête peut notamment être créée lorsque :

a) dans le cadre d'une procédure d'enquête menée par un État membre pour détecter des infractions, il y a lieu d'effectuer des enquêtes difficiles et impliquant la mobilisation d'importants moyens, qui concernent aussi d'autres États membres ;

b) plusieurs États membres effectuent des enquêtes concernant des infractions qui, en raison des faits qui sont à l'origine de celles-ci, exigent une action coordonnée et concertée dans les États membres en question.

La demande de création d'une équipe commune d'enquête peut émaner de tout État membre concerné. L'équipe est créée dans l'un des États membres dans lesquels l'enquête doit être effectuée.

2. Outre les indications visées dans les dispositions pertinentes de l'article 14 de la convention européenne d'entraide judiciaire et à l'article 37 du traité Benelux, les demandes de création d'une équipe commune d'enquête comportent des propositions relatives à la composition de l'équipe.

3. L'équipe commune d'enquête intervient sur le territoire des États membres qui la créent dans les conditions générales suivantes :

a) le responsable de l'équipe est un représentant de l'autorité compétente – participant aux enquêtes pénales – de l'État membre sur le territoire duquel l'équipe intervient. Le responsable de l'équipe agit dans les limites des compétences qui sont les siennes au regard du droit national ;

b) l'équipe mène ses opérations conformément au droit de l'État membre sur le territoire duquel elle intervient. Les membres de l'équipe exécutent leurs tâches sous la responsabilité de la personne visée au point a), en tenant compte des conditions fixées par leurs propres autorités dans l'accord relatif à la création de l'équipe ;

c) l'État membre sur le territoire duquel l'équipe intervient crée les conditions organisationnelles nécessaires pour lui permettre de le faire.

4. Au présent article, des membres de l'équipe commune d'enquête provenant d'États membres autres que celui sur le territoire duquel l'équipe intervient sont désignés comme membres "détachés" auprès de l'équipe.

5. Les membres détachés auprès de l'équipe commune d'enquête sont habilités à être présents lorsque des mesures d'enquête sont prises dans l'État membre d'intervention. Toutefois, le responsable de l'équipe peut, pour des raisons particulières, en décider autrement, dans le respect du droit de l'État membre sur le territoire duquel l'équipe intervient.

6. Les membres détachés de l'équipe commune d'enquête peuvent, conformément au droit de l'État membre d'intervention, se voir confier, par le responsable de l'équipe, la tâche de prendre certaines mesures d'enquête, moyennant le consentement des autorités compétentes de l'État membre d'intervention et de l'État membre qui a procédé au détachement.

7. Lorsque l'équipe commune d'enquête a besoin que des mesures d'enquête soient prises *dans un des États membres qui l'ont* créée, les membres détachés auprès de l'équipe par ledit État membre peuvent demander à leurs autorités compétentes de prendre ces mesures. Ces mesures sont considérées dans l'État membre en question selon les conditions qui s'appliqueraient si elles étaient demandées dans le cadre d'une enquête nationale.

8. Lorsque l'équipe commune d'enquête a besoin de l'aide d'un État membre autre que ceux qui l'ont créée, ou d'un État tiers, la demande d'entraide peut être adressée par les autorités compétentes de l'État d'intervention à leurs homologues de l'autre État concerné, conformément aux instruments ou arrangements pertinents.

9. Un membre détaché auprès de l'équipe commune d'enquête peut, conformément à son droit national et dans les limites de ses compétences, fournir à l'équipe des informations qui sont disponibles dans l'État membre qui l'a détaché aux fins des enquêtes pénales menées par l'équipe.

10. Les informations obtenues de manière régulière par un membre ou un membre détaché dans le cadre de sa participation à une équipe commune d'enquête, et qui ne peuvent pas être obtenues d'une autre manière par les autorités compétentes de l'État membre concerné, peuvent être utilisées aux fins suivantes :

a) aux fins pour lesquelles l'équipe a été créée ;

b) pour détecter, enquêter sur et poursuivre d'autres infractions pénales sous réserve du consentement préalable de l'État membre où l'information a été obtenue. Le consentement ne peut être refusé que dans les cas où une telle utilisation représenterait un danger pour les enquêtes pénales menées dans l'État membre concerné, ou pour lesquels cet État membre pourrait refuser l'entraide ;

c) pour la sécurité publique et sans préjudice des dispositions du point b) si, par la suite, une enquête pénale est ouverte ;

d) à d'autres fins, pour autant que cela ait été convenu par les États membres qui ont créé l'équipe.

11. Les dispositions du présent article ne portent pas atteinte à d'autres dispositions ou arrangements existants relatifs à la création ou à l'intervention d'équipes communes d'enquêtes.

12. Dans la mesure où le droit des États membres concernés ou les dispositions de tout instrument juridique applicable entre eux le permettent, des arrangements peuvent être conclus pour que des personnes autres que des représentants des autorités compétentes des États membres qui créent l'équipe commune d'enquête prennent part aux activités de l'équipe. Il peut s'agit, par exemple, d'agents d'instances créées en vertu du traité sur l'Union européenne. Les droits conférés aux membres et aux membres détachés auprès de l'équipe en vertu du présent article ne s'appliquent pas à ces personnes, sauf disposition contraire figurant explicitement dans l'accord.

Art. 14 *Enquêtes discrètes.* 1. L'État membre requérant et l'État membre requis peuvent convenir de s'entraider pour la réalisation d'enquêtes pénales menées par des agents intervenant en secret ou sous une identité fictive (enquêtes discrètes).

2. Les autorités compétentes de l'État membre requis décident, dans chaque cas d'espèce, de la réponse à donner à la demande en tenant dûment compte de la loi et des procédures nationales. Les deux États membres conviennent, dans le respect de leur loi et de leurs procédures nationales, de la durée de l'enquête discrète, de ses modalités précises et du statut juridique des agents concernés au cours des enquêtes discrètes.

3. Les enquêtes discrètes sont menées conformément à la loi et aux procédures nationales de l'État membre sur le territoire duquel elles se déroulent. Les États membres concernés coopèrent pour en assurer la préparation et la direction et pour prendre des dispositions pour la sécurité des agents intervenant en secret ou sous une identité fictive.

4. Au moment de la notification visée à l'article 27, paragraphe 2, tout État membre peut déclarer qu'il n'est pas tenu par le présent article. Cette déclaration peut être retirée à tout moment.

Art. 15 *Responsabilité pénale en ce qui concerne les fonctionnaires.* Au cours des opérations *visées aux articles* 12, 13 et 14, les fonctionnaires d'un État membre autre que l'État membre d'intervention sont assimilés aux agents de celui-ci en ce qui concerne les infractions dont ils seraient victimes ou qu'ils commettraient.

Art. 16 *Responsabilité civile en ce qui concerne les fonctionnaires.* 1. Lorsque, conformément aux articles 12, 13 et 14, les fonctionnaires d'un État membre se trouvent en mission sur le territoire d'un autre État membre, le premier État membre est responsable des dommages qu'ils causent pendant le déroulement de la mission, conformément au droit de l'État membre sur le territoire duquel ils opèrent.

2. L'État membre sur le territoire duquel les dommages visés au paragraphe 1 sont causés assume la réparation de ces dommages dans les conditions applicables aux dommages causés par ses propres agents.

3. L'État membre dont les fonctionnaires ont causé des dommages à quiconque sur le territoire d'un autre État membre rembourse intégralement à ce dernier les sommes qu'il a versées aux victimes ou à leurs ayants droit.

4. Sans préjudice de l'exercice de ses droits à l'égard des tiers et à l'exception de la disposition du paragraphe 3, chaque État membre renoncera, dans le cas prévu au paragraphe 1, à demander à un autre État membre le remboursement du montant des dommages qu'il a subis.

TITRE III Interception des télécommunications

Art. 17 *Autorité compétente pour ordonner l'interception de télécommunications.* Aux fins de l'application des dispositions des articles 18, 19 et 20, on entend par "autorité compétente" une autorité judiciaire ou, lorsque les autorités judiciaires ne sont pas compétentes dans le domaine couvert par lesdites dispositions, une autorité compétente équivalente désignée conformément à l'article 24, paragraphe 1, point e), et agissant aux fins d'une enquête pénale.

Art. 18 *Demandes d'interception de télécommunications.* 1. Une autorité compétente de l'État membre requérant peut, pour les besoins d'une enquête pénale et conformément aux exigences de sa législation nationale, adresser à une autorité compétente de l'État membre requis une demande en vue de :

a) l'interception de télécommunications et de leur transmission immédiate à l'État membre requérant ou

b) l'interception de l'enregistrement et de la transmission ultérieure de l'enregistrement de télécommunications à l'État membre requérant.

2. Des demandes au titre du paragraphe 1 peuvent être présentées, en ce qui concerne l'utilisation de moyens de télécommunication par la cible de l'interception, si celle-ci se trouve dans :

a) l'État membre requérant, et lorsque celui-ci a besoin de l'aide technique de l'État membre requis pour pouvoir intercepter les communications de la cible ;

b) l'État membre requis, et lorsque les communications de la cible peuvent être interceptées dans cet État ;

c) dans un État membre tiers, qui a été informé conformément à l'article 20, paragraphe 2, point a), et lorsque l'État membre requérant a besoin de l'aide technique de l'État membre requis pour intercepter les communications de la cible.

3. Par dérogation à l'article 14 de la convention européenne d'entraide judiciaire et à l'article 37 du traité Benelux, les demandes présentées en application du présent article doivent :

a) indiquer l'autorité qui présente la demande ;

b) confirmer qu'un ordre ou un mandat d'interception régulier a été émis dans le cadre d'une enquête pénale ;

c) contenir des informations permettant d'identifier la cible de l'interception ;

d) indiquer le comportement délictueux faisant l'objet de l'enquête ;

e) mentionner la durée souhaitée de l'interception et

f) si possible, contenir des données techniques suffisantes, en particulier le numéro pertinent de connexion au réseau, pour permettre le traitement de la demande.

4. Lorsque la demande est présentée en vertu du paragraphe 2, point b), elle doit aussi contenir une description des faits. L'État membre requis peut demander toute information supplémentaire qui lui paraît nécessaire pour lui permettre d'apprécier si la mesure requise serait prise dans une affaire nationale similaire.

5. L'État membre requis s'engage à faire droit aux demandes présentées au titre du paragraphe 1, point a) :

a) lorsque la demande est présentée en vertu du paragraphe 2, points a) et c), dès qu'il a reçu les informations énumérées au paragraphe 3. L'État membre requis peut autoriser l'interception sans plus de formalités ;

b) lorsque la demande est présentée en vertu du paragraphe 2, point b), dès qu'il a reçu les informations visées aux paragraphes 3 et 4 et lorsque la mesure requise serait prise dans une affaire nationale similaire. L'État membre requis peut subordonner son accord au respect des conditions qui devraient être respectées dans une affaire nationale similaire.

6. Lorsque la transmission immédiate n'est pas possible, l'État membre requis s'engage à donner suite aux demandes adressées au titre du paragraphe 1, point b), dès qu'il a reçu les informations visées aux paragraphes 3 et 4 et lorsque la mesure requise serait prise dans une affaire nationale similaire. L'État membre requis peut subordonner son accord au respect des conditions qui devraient être respectées dans une affaire nationale similaire.

7. Au moment de la notification visée à l'article 27, paragraphe 2, un État membre peut déclarer qu'il n'est lié par le paragraphe 6 que lorsqu'il n'est pas en mesure d'assurer une

transmission immédiate. En pareil cas, les autres États membres peuvent appliquer le principe de réciprocité.

8. Lorsqu'il formule une demande au titre du paragraphe 1, point b), l'État membre requérant peut, s'il a une raison particulière de le faire, demander également une transcription de l'enregistrement. L'État membre requis examine ces demandes conformément à sa législation et à ses procédures nationales.

9. L'État membre qui reçoit les informations communiquées en vertu des paragraphes 3 et 4 les traite de manière confidentielle conformément à sa législation nationale.

Art. 19 *Interception de télécommunications sur le territoire national par l'intermédiaire des fournisseurs de services.* 1. Les États membres veillent à ce que les systèmes de services de télécommunications qui opèrent sur leur territoire via une station terrestre et qui, aux fins de l'interception légale des communications d'une cible présente dans un autre État membre, ne sont pas directement accessible sur le territoire de ce dernier, puissent être rendus directement accessibles pour les besoins de l'interception légale par ledit État membre par l'intermédiaire d'un fournisseur de services désigné présent sur son territoire.

2. Dans le cas visé au paragraphe 1, les autorités compétentes d'un État membre peuvent, pour les besoins d'une enquête pénale, conformément à la législation nationale applicable et à condition que la cible de l'interception soit présente dans cet État membre, procéder à l'interception par l'intermédiaire d'un fournisseur de services désigné présent sur son territoire sans faire intervenir l'État membre sur le territoire duquel se trouve la station terrestre.

3. Le paragraphe 2 s'applique également lorsqu'il est procédé à l'interception à la suite d'une demande présentée au titre de l'article 18, paragraphe 2, point b).

4. Rien dans le présent article n'empêche un État membre de présenter à l'État membre sur le territoire duquel se trouve la station terrestre une demande d'interception légale de télécommunications conformément à l'article 18, en particulier lorsqu'il n'existe pas d'intermédiaire dans l'État membre requérant.

Art. 20 *Interception de télécommunications sans l'assistance technique d'un autre État membre.* 1. Sans préjudice des principes généraux du droit international ainsi que des dispositions de l'article 18, paragraphe 2, point c), les obligations prévues dans le présent article ne s'appliquent aux ordres d'interception donnés ou autorisés par l'autorité compétente d'un État membre dans le cadre d'enquêtes pénales présentant les caractéristiques d'une enquête menée lorsqu'a été commise une infraction pénale déterminée, y compris les tentatives dans la mesure où elles sont incriminées dans le droit national, aux fins d'identification et d'arrestation, d'accusation, de poursuite ou de jugement des responsables.

2. Lorsque l'autorité compétente d'un État membre qui effectue l'interception ("l'État membre interceptant") a autorisé, pour les besoins d'une enquête pénale, l'interception de télécommunications et que l'adresse de télécommunication de la cible visée dans l'ordre d'interception est utilisée sur le territoire d'un autre État membre ("l'État membre notifié") dont l'assistance technique n'est pas nécessaire pour effectuer cette interception, l'État membre interceptant informe l'État membre notifié de l'interception :

a) avant l'interception dans les cas où il sait déjà au moment d'ordonner l'interception que la cible se trouve sur le territoire de l'État membre notifié ;

b) dans les autres cas, dès qu'il s'aperçoit que la cible de l'interception se trouve sur le territoire de l'État membre notifié.

3. Les informations notifiées par l'État membre interceptant doivent notamment :

a) indiquer l'autorité qui ordonne l'interception ;

b) confirmer qu'un ordre d'interception régulier a été émis dans le cadre d'une enquête pénale ;

c) contenir des informations permettant d'identifier la cible de l'interception ;

d) indiquer l'infraction faisant l'objet de l'enquête ;

e) mentionner la durée probable de l'interception.

4. Les dispositions visées ci-après s'appliquent lorsqu'un État membre reçoit une notification en application des paragraphes 2 et 3.

a) Dès qu'elle a reçu les informations énumérées au paragraphe 3, l'autorité compétente de l'État membre notifié répond sans délai, et au plus tard dans les quatre-vingt-seize heures, à l'État membre interceptant, en vue :

i) de permettre l'exécution ou la poursuite de l'interception. L'État membre notifié peut donner son consentement sous réserve de toutes conditions qui devraient être respectées dans une affaire nationale similaire ;

ii) d'exiger que l'interception ne soit pas effectuée ou soit interrompue lorsqu'elle ne serait pas autorisée en vertu du droit national de l'État membre notifié, ou pour les raisons mentionnées à l'article 2 de la convention européenne d'entraide judiciaire. Lorsque l'État membre notifié impose cette exigence, il doit motiver sa décision par écrit ;

iii) d'exiger, dans les cas visés au point ii), que les données interceptées alors que la cible se trouvait sur son territoire ne puissent pas être utilisées ou ne puissent être utilisées que dans les conditions qu'il spécifie. L'État membre notifié informe l'État membre interceptant des motifs qui justifient lesdites conditions ;

iv) de demander, en accord avec l'État membre interceptant, que le délai initial de quatre-vingt-seize heures soit prolongé d'une courte période qui ne peut dépasser huit jours, afin d'accomplir les procédures internes requises par sa législation nationale. L'État membre notifié informe par écrit l'État membre interceptant des raisons qui, compte tenu de sa législation, justifient la demande de prolongation du délai.

b) Tant que l'État notifié n'a pas pris de décision conformément au point a) i) ou ii), l'État membre interceptant :

i) peut poursuivre l'interception et

ii) ne peut pas utiliser les données déjà interceptées, sauf :

– s'il en a été convenu autrement entre les États membres concernés ou

– pour prendre des mesures urgentes afin de prévenir un danger immédiat et sérieux pour la sécurité publique. L'État membre notifié est alors informé de l'utilisation de ces données et des motifs qui la justifient.

c) L'État membre notifié peut demander un résumé des faits et toute information complémentaire qui sont nécessaires pour lui permettre de décider si l'interception serait autorisée dans une affaire nationale similaire. Une telle demande n'affecte en rien l'application du point b), sauf accord contraire entre l'État membre notifié et l'État membre interceptant.

d) Les États membres prennent les mesures nécessaires pour assurer qu'une réponse est fournie dans le délai de quatre-vingt-seize heures. À cette fin, ils désignent des points de contact, qui doivent être en service vingt-quatre heures sur vingt-quatre, et les mentionnent dans leur déclaration conformément à l'article 24, paragraphe 1, point e).

5. L'État membre notifié traite les informations communiquées en vertu du paragraphe 3 de manière confidentielle conformément à sa législation nationale.

6. Lorsque l'État membre interceptant estime que les informations à communiquer en application du paragraphe 3 sont particulièrement sensibles, il peut les transmettre à l'autorité compétente par le biais d'une autorité spécifique lorsqu'il existe un accord bilatéral en ce sens entre les États membres concernés.

7. Au moment de la notification visée à l'article 27, paragraphe 2, ou à tout autre moment ultérieur, un État membre peut déclarer qu'il ne sera pas nécessaire de lui fournir les informations relatives aux interceptions comme le prévoit le présent article.

Art. 21 *Prise en charge des coûts exposés par les exploitants des installations de télécommunications.* Les frais exposés par les exploitants d'installations de télécommunications ou les fournisseurs de services du fait de l'exécution des demandes visées à l'article 18 sont à la charge de l'État membre requérant.

Art. 22 *Arrangements bilatéraux.* Rien dans le présent titre n'empêche la conclusion d'accords bilatéraux ou multilatéraux entre États membres aux fins de faciliter l'exploitation de possibilités techniques présentes et futures en matière d'interception légale de télécommunications.

TITRE IV

Art. 23 *Protection des données à caractère personnel.* 1. Les données à caractère personnel communiquées au titre de la présente convention peuvent être utilisées par l'État membre auquel elles ont été transmises :

a) aux fins des procédures auxquelles la présente convention s'applique ;

b) aux fins d'autres procédures judiciaires ou administratives directement liées aux procédures visées au point a) ;

c) pour prévenir un danger immédiat et sérieux pour la sécurité publique ;

d) pour toute autre fin, uniquement après consentement préalable de l'État membre qui a transmis les données, sauf si l'État membre concerné a obtenu l'accord de la personne concernée.

2. Le présent article s'applique aussi aux données à caractère personnel qui n'ont pas été communiquées mais obtenues d'une autre manière en application de la présente convention.

3. Selon le cas d'espèce, l'État membre qui a transmis les données à caractère personnel peut demander à l'État membre auquel les données ont été transmises de l'informer de l'utilisation qui en a été faite.

4. Lorsque des conditions concernant l'utilisation des données à caractère personnel ont été imposées conformément à l'article 7, paragraphe 2, à l'article 18, paragraphe 5, point b), à l'article 18, paragraphe 6, ou à l'article 20, paragraphe 4, ces conditions l'emportent sur les dispositions du présent article. En l'absence de telles conditions, les dispositions du présent article sont d'application.

5. Les dispositions de l'article 13, paragraphe 10, l'emportent sur celles du présent article pour ce qui est des informations obtenues en application de l'article 13.

6. Le présent article ne s'applique pas aux données à caractère personnel obtenues par un État membre en application de la présente convention et provenant dudit État membre.

7. Le Luxembourg peut, au moment de la signature de la convention, déclarer que, lorsque des données à caractère personnel sont communiquées à un autre État membre par le Luxembourg au titre de la présente convention, les dispositions suivantes s'appliquent :

Le Luxembourg peut, sous réserve des dispositions du paragraphe 1, point c), selon le cas d'espèce, exiger que, sauf si l'État membre concerné a obtenu le consentement de la personne concernée, les données à caractère personnel ne puissent être utilisées aux fins visées au paragraphe 1, points a) et b), qu'avec l'accord préalable du Luxembourg dans le cadre des procédures pour lesquelles il aurait pu refuser ou limiter la transmission ou l'utilisation de données à caractère personnel conformément aux dispositions de la présente convention ou des instruments visés à l'article 1er.

Si, dans un cas d'espèce, le Luxembourg refuse de donner son consentement suite à la demande d'un État membre en application des dispositions du paragraphe 1, il doit motiver sa décision par écrit.

TITRE V Dispositions finales

Art. 24 *Déclarations.* 1. Au moment de la notification visée à l'article 27, paragraphe 2, chaque État membre indique, dans une déclaration, les autorités qui, en plus de celles déjà indiquées dans la convention européenne d'entraide judiciaire et le traité Benelux, sont compétentes pour l'application de la présente convention et l'application, entre les États membres, des dispositions relatives à l'entraide judiciaire en matière pénale des instruments visés à l'article 1er, paragraphe 1, et en particulier :

a) les autorités administratives compétentes au sens de l'article 3, paragraphe 1, le cas échéant ;

b) une ou plusieurs autorités centrales pour l'application de l'article 6 ainsi que les autorités compétentes pour connaître des demandes visées à l'article 6, paragraphe 8, points a) et b) ;

c) les autorités policières ou douanières compétentes pour l'application de l'article 6, paragraphe 5, le cas échéant ;

d) les autorités administratives compétentes pour l'application de l'article 6, paragraphe 6, le cas échéant et

e) l'autorité ou les autorités compétentes pour l'application des articles 18 et 19 et de l'article 20, paragraphes 1 à 5.

2. La déclaration faite conformément au paragraphe 1 peut être modifiée à tout moment, en tout ou en partie, par la même voie.

Art. 25 *Réserves.* La présente convention ne peut faire l'objet d'aucune réserve, hormis celles qui y sont expressément prévues.

Art. 26 *Application territoriale.* La présente convention s'appliquera à Gibraltar dès que l'application de la convention européenne d'entraide judiciaire sera étendue à Gibraltar.

Le Royaume-Uni avertit par écrit le président du Conseil qu'il souhaite appliquer la convention aux îles anglo-normandes et à l 'île de Man à la suite de l'extension de l'application de la convention européenne d'entraide judiciaire à ces territoires. Le Conseil statue à l'unanimité sur cette demande.

Art. 27 *Entrée en vigueur.* 1. La présente convention est soumise à adoption par les États membres conformément à leurs règles constitutionnelles respectives.

2. Les États membres notifient au secrétaire général du Conseil de l'Union européenne l'accomplissement des procédures requises par leurs règles constitutionnelles pour l'adoption de la présente convention.

3. La présente convention entre en vigueur quatre-vingt-dix jours après la notification visée au paragraphe 2, par l'État, membre de l'Union européenne au moment de l'adoption par le Conseil de l'acte établissant la présente convention, qui procède le huitième à cette formalité, dans les huit États membres concernés.

4. Toute notification faite par un État membre postérieurement à la réception de la huitième notification visée au paragraphe 2 a pour effet que, quatre-vingt-dix jours après cette notification postérieure, la présente convention entre en vigueur entre cet État membre et les États membres pour lesquels la convention est déjà entrée en vigueur.

5. Avant l'entrée en vigueur de la convention en vertu du paragraphe 3, chaque État membre peut, lorsqu'il procède à la notification visée au paragraphe 2 ou à tout moment après cette notification, déclarer que la présente convention est applicable dans ses rapports avec les États membres qui ont fait la même déclaration. Ces déclarations prennent effet quatre-vingt-dix jours après la date de leur dépôt.

6. La présente convention s'applique aux procédures d'entraide engagées après la date à laquelle elle est entrée en vigueur, ou est appliquée en vertu du paragraphe 5, entre les États membres concernés.

Art. 28 *Adhésion de nouveaux États membres.* 1. La présente convention est ouverte à l'adhésion de tout État qui devient membre de l'Union européenne.

2. Le texte de la présente convention dans la langue de l'État adhérent, établi par le Conseil de l'Union européenne, fait foi.

3. Les instruments d'adhésion sont déposés auprès du dépositaire.

4. La présente convention entre en vigueur à l'égard de tout État qui y adhère quatre-vingt-dix jours après le dépôt de son instrument d'adhésion, ou à la date de son entrée en vigueur si elle n'est pas encore entrée en vigueur au moment de l'expiration de ladite période de quatre-vingt-dix jours.

5. Si la présente convention n'est pas encore entrée en vigueur lors du dépôt de leur instrument d'adhésion, l'article 27, paragraphe 5, s'applique aux États adhérents.

Protocole à la convention relative à l'entraide judiciaire en matière pénale entre les États membres de l'Union européenne,

Établi par le Conseil conformément à l'article 34 du traité sur l'Union européenne du 16 oct. 2001.

Règlement (UE) 2016/794 du Parlement européen et du Conseil du 11 mai 2016,

Relatif à l'Agence de l'Union européenne pour la coopération des services répressifs (Europol) et remplaçant et abrogeant les décisions du Conseil 2009/371/JAI, 2009/934/JAI, 2009/935/JAI, 2009/936/JAI et 2009/968/JAI, entré en vigueur le 1er mai 2017.

RÉP. PÉN. v° *Coopération policière internationale,* par GAUDIN et ROUX.

Décision-cadre du Conseil du 13 juin 2002,

Relative aux équipes communes d'enquête (2002/465/JAI).

Art. 1er *Équipes communes d'enquête.* 1. Les autorités compétentes de deux États membres au moins peuvent, d'un commun accord, créer une équipe commune d'enquête, avec un objectif précis et pour une durée limitée pouvant être prolongée avec l'accord de toutes les parties, pour effectuer des enquêtes pénales dans un ou plusieurs des États membres qui créent l'équipe. La composition de l'équipe est arrêtée dans l'accord.

Une équipe commune d'enquête peut notamment être créée lorsque :

a) dans le cadre d'une procédure d'enquête menée par un État membre pour détecter des infractions, il y a lieu d'effectuer des enquêtes difficiles et impliquant la mobilisation d'importants moyens, qui concernent aussi d'autres États membres ;

b) plusieurs États membres effectuent des enquêtes concernant des infractions qui, en raison des faits qui sont à l'origine de celles-ci, exigent une action coordonnée et concertée dans les États membres en question.

La demande de création d'une équipe commune d'enquête peut émaner de tout État membre concerné. L'équipe est créée dans l'un des États membres dans lesquels l'enquête doit être effectuée.

2. Outre les indications visées dans les dispositions pertinentes de l'article 14 de la convention européenne d'entraide judiciaire en matière pénale et à l'article 37 du traité Benelux du

27 juin 1962, tel que modifié par le protocole du 11 mai 1974, les demandes de création d'une équipe commune d'enquête comportent des propositions relatives à la composition de l'équipe.

3. L'équipe commune d'enquête intervient sur le territoire des États membres qui la créent dans les conditions générales suivantes :

a) le responsable de l'équipe est un représentant de l'autorité compétente – participant aux enquêtes pénales – de l'État membre sur le territoire duquel l'équipe intervient. Le responsable de l'équipe agit dans les limites des compétences qui sont les siennes au regard du droit national ;

b) l'équipe mène ses opérations conformément au droit de l'État membre sur le territoire duquel elle intervient. Les membres de l'équipe exécutent leurs tâches sous la responsabilité de la personne visée au point a), en tenant compte des conditions fixées par leurs propres autorités dans l'accord relatif à la création de l'équipe ;

c) l'État membre sur le territoire duquel l'équipe intervient crée les conditions organisationnelles nécessaires pour lui permettre de le faire.

4. Dans la présente décision-cadre, des membres de l'équipe commune d'enquête provenant d'États membres autres que celui sur le territoire duquel l'équipe intervient sont désignés comme membres "détachés" auprès de l'équipe.

5. Les membres détachés auprès de l'équipe commune d'enquête sont habilités à être présents lorsque des mesures d'enquête sont prises dans l'État membre d'intervention. Toutefois, le responsable de l'équipe peut, pour des raisons particulières, en décider autrement, dans le respect du droit de l'État membre sur le territoire duquel l'équipe intervient.

6. Les membres détachés de l'équipe commune d'enquête peuvent, conformément au droit de l'État membre d'intervention, se voir confier, par le responsable de l'équipe, la tâche de prendre certaines mesures d'enquête, moyennant le consentement des autorités compétentes de l'État membre d'intervention et de l'État membre qui a procédé au détachement.

7. Lorsque l'équipe commune d'enquête a besoin que des mesures d'enquête soient prises dans un des États membres qui l'ont créée, les membres détachés auprès de l'équipe par ledit État membre peuvent demander à leurs autorités compétentes de prendre ces mesures. Ces mesures sont considérées dans l'État membre en question selon les conditions qui s'appliqueraient si elles étaient demandées dans le cadre d'une enquête nationale.

8. Lorsque l'équipe commune d'enquête a besoin de l'aide d'un État membre autre que ceux qui l'ont créée, ou d'un État tiers, la demande d'entraide peut être adressée par les autorités compétentes de l'État d'intervention à leurs homologues de l'autre État concerné, conformément aux instruments ou arrangements pertinents.

9. Un membre détaché auprès de l'équipe commune d'enquête peut, conformément à son droit national et dans les limites de ses compétences, fournir à l'équipe des informations qui sont disponibles dans l'État membre qui l'a détaché aux fins des enquêtes pénales menées par l'équipe.

10. Les informations obtenues de manière régulière par un membre ou un membre détaché dans le cadre de sa participation à une équipe commune d'enquête, et qui ne peuvent pas être obtenues d'une autre manière par les autorités compétentes de l'État membre concerné, peuvent être utilisées aux fins suivantes :

a) aux fins pour lesquelles l'équipe a été créée ;

b) pour détecter, enquêter sur et poursuivre d'autres infractions pénales sous réserve du consentement préalable de l'État membre où l'information a été obtenue. Le consentement ne peut être refusé que dans les cas où une telle utilisation représenterait un danger pour les enquêtes pénales menées dans l'État membre concerné, ou pour lesquels cet État membre pourrait refuser l'entraide ;

c) pour prévenir un danger immédiat et sérieux pour la sécurité publique et sans préjudice des dispositions du point b) si, par la suite, une enquête pénale est ouverte ;

d) à d'autres fins, pour autant que cela ait été convenu par les États membres qui ont créé l'équipe.

(Dir. (UE) 2022/211 du 16 févr. 2022, en vigueur le 10 mars 2022) « Dans la mesure où les informations utilisées aux fins visées au premier alinéa, points b), c) et d), comprennent des données à caractère personnel, elles ne sont traitées que conformément à la directive (UE) 2016/680 du Parlement européen et du Conseil *[Dir. (UE) 2016/680 du Parlement européen et du Conseil du 27 avr. 2016 relative à la protection des personnes physiques à l'égard du traitement des données à caractère personnel par les autorités compétentes à des fins de prévention et de détection des infractions pénales, d'enquêtes et de poursuites en la matière ou d'exécution de sanctions pénales, et à la libre circulation de ces données, et abrogeant la décision-cadre 2008/977/JAI du Conseil (JO L 119 du 4.5.2016, p. 89)]*, et notamment son article 4, paragraphe 2, et son article 9, paragraphes 1 et 3. »

11. La présente décision-cadre ne porte pas atteinte à d'autres dispositions ou arrangements existants relatifs à la création ou à l'intervention d'équipes communes d'enquête.

12. Dans la mesure où le droit des États membres concernés ou les dispositions de tout instrument juridique applicable entre eux le permettent, des arrangements peuvent être conclus pour que des personnes autres que des représentants des autorités compétentes des États membres qui créent l'équipe commune d'enquête prennent part aux activités de l'équipe. Il peut s'agir, par exemple, d'agents d'instances créées en vertu du traité. Les droits conférés aux membres et aux membres détachés auprès de l'équipe en vertu de la présente décision-cadre ne s'appliquent pas à ces personnes, sauf disposition contraire figurant explicitement dans l'accord.

Art. 2 *Responsabilité pénale en ce qui concerne les fonctionnaires.* Au cours des opérations visées à l'article 1er, les fonctionnaires d'un État membre autre que l'État membre d'intervention sont assimilés aux agents de celui-ci en ce qui concerne les infractions dont ils seraient victimes ou qu'ils commettraient.

Art. 3 *Responsabilité civile en ce qui concerne les fonctionnaires.* 1. Lorsque, conformément à l'article 1er, les fonctionnaires d'un État membre se trouvent en mission sur le territoire d'un autre État membre, le premier État membre est responsable des dommages qu'ils causent pendant le déroulement de la mission, conformément au droit de l'État membre sur le territoire duquel ils opèrent.

2. L'État membre sur le territoire duquel les dommages visés au paragraphe 1 sont causés assume la réparation de ces dommages dans les conditions applicables aux dommages causés par ses propres agents.

3. L'État membre dont les fonctionnaires ont causé des dommages à quiconque sur le territoire d'un autre État membre rembourse intégralement à ce dernier les sommes qu'il a versées aux victimes ou à leurs ayants droit.

4. Sans préjudice de l'exercice de ses droits à l'égard des tiers et à l'exception du paragraphe 3, chaque État membre renoncera, dans le cas prévu au paragraphe 1, à demander à un autre État membre le remboursement du montant des dommages qu'il a subis.

Art. 4 *Mise en œuvre.* 1. Les États membres prennent les mesures nécessaires pour se conformer aux dispositions de la présente décision-cadre avant le 1er janvier 2003.

2. Les États membres communiquent au Secrétariat général du Conseil et à la Commission le texte des dispositions transposant dans leur droit national les obligations que leur impose la présente décision-cadre. Sur la base de ces informations et d'autres, la Commission transmet, pour le 1er juillet 2004, un rapport au Conseil sur le fonctionnement de la présente décision-cadre. Le Conseil vérifie dans quelle mesure les États membres se sont conformés à la présente décision-cadre.

Art. 5 *Entrée en vigueur.* La présente décision-cadre entre en vigueur le jour de sa publication au *Journal officiel*. Elle devient caduque le jour où la convention relative à l'entraide judiciaire en matière pénale entre les États membres de l'Union européenne est en vigueur dans tous les États membres.

Directive (UE) 2017/1371 du Parlement européen et du Conseil, du 5 juillet 2017,

Relative à la lutte contre la fraude portant atteinte aux intérêts financiers de l'Union au moyen du droit pénal.

TITRE PREMIER Objet, définitions et champ d'application

Art. 1er *Objet.* La présente directive établit des règles minimales relatives à la définition des infractions pénales et des sanctions en matière de lutte contre la fraude et les autres activités illégales portant atteinte aux intérêts financiers de l'Union, afin de renforcer efficacement la protection contre les infractions pénales qui portent atteinte à ces intérêts financiers, conformément à l'acquis de l'Union dans ce domaine.

Art. 2 *Définitions et champ d'application.* 1. Aux fins de la présente directive, on entend par :

a) "intérêts financiers de l'Union", l'ensemble des recettes perçues, des dépenses exposées et des avoirs qui relèvent :

i) du budget de l'Union ;

ii) des budgets des institutions, organes et organismes de l'Union institués en vertu des traités ou des budgets gérés et contrôlés directement ou indirectement par eux ;

b) "personne morale", toute entité dotée de la personnalité juridique en vertu du droit applicable, exception faite des États ou des entités publiques dans l'exercice de leurs prérogatives de puissance publique et des organisations internationales publiques.

2. En matière de recettes issues des ressources propres provenant de la TVA, la présente directive s'applique uniquement en cas d'infraction grave contre le système commun de TVA. Aux fins de la présente directive, les infractions contre le système commun de TVA sont considérées comme graves lorsque les actes ou omissions intentionnels définis à l'article 3, paragraphe 2, point d), ont un lien avec le territoire de deux États membres de l'Union ou plus et entraînent un préjudice d'un montant total d'au moins 10 000 000 EUR.

3. La présente directive n'a pas d'incidence sur la structure ou sur le fonctionnement des administrations fiscales des États membres.

TITRE II Infractions pénales en matière de fraude portant atteinte aux intérêts financiers de l'Union

Art. 3 *Fraude portant atteinte aux intérêts financiers de l'Union.* 1. Les États membres prennent les mesures nécessaires pour garantir que la fraude portant atteinte aux intérêts financiers de l'Union constitue une infraction pénale, lorsqu'elle est intentionnelle.

2. Aux fins de la présente directive, les éléments suivants sont considérés comme étant une fraude portant atteinte aux intérêts financiers de l'Union :

a) en matière de dépenses non liées à la passation de marchés publics, tout acte ou omission relatif :

i) à l'utilisation ou à la présentation de déclarations ou de documents faux, inexacts ou incomplets, ayant pour effet le détournement ou la rétention indue de fonds ou d'avoirs provenant du budget de l'Union ou des budgets gérés par l'Union ou pour son compte ;

ii) à la non-communication d'une information en violation d'une obligation spécifique, ayant le même effet ; ou

iii) au détournement de tels fonds ou avoirs à des fins autres que celles pour lesquelles ils ont été initialement accordés ;

b) en matière de dépenses relatives aux marchés publics, à tout le moins en vue, pour son auteur ou une autre personne, de réaliser un gain illicite en causant un préjudice aux intérêts financiers de l'Union, tout acte ou omission relatif :

i) à l'utilisation ou à la présentation de déclarations ou de documents faux, inexacts ou incomplets, ayant pour effet le détournement ou la rétention indue de fonds ou d'avoirs provenant du budget de l'Union ou des budgets gérés par l'Union ou pour son compte ;

ii) à la non-communication d'une information en violation d'une obligation spécifique, ayant le même effet ; ou

iii) au détournement de tels fonds ou avoirs à des fins autres que celles pour lesquelles ils ont été initialement accordés, qui porte atteinte aux intérêts de l'Union ;

c) en matière de recettes autres que les recettes issues des ressources propres provenant de la TVA visées au point d), tout acte ou omission relatif :

i) à l'utilisation ou à la présentation de déclarations ou de documents faux, inexacts ou incomplets, ayant pour effet la diminution illégale de ressources du budget de l'Union ou des budgets gérés par l'Union ou pour son compte ;

ii) à la non-communication d'une information en violation d'une obligation spécifique, ayant le même effet ; ou

iii) au détournement d'un avantage légalement obtenu, ayant le même effet ;

d) en matière de recettes issues des ressources propres provenant de la TVA, tout acte ou omission commis dans le cadre d'un système frauduleux transfrontière concernant :

i) l'utilisation ou la présentation de déclarations ou de documents relatifs à la TVA qui sont faux, inexacts ou incomplets, ayant pour effet la diminution des ressources du budget de l'Union ;

ii) la non-communication d'une information relative à la TVA en violation d'une obligation spécifique, ayant le même effet ; ou

iii) la présentation de déclarations relatives à la TVA correctes aux fins de la dissimulation frauduleuse d'une absence de paiement ou de la création illégitime de droits à des remboursements de TVA.

Art. 4 *Autres infractions pénales liées portant atteinte aux intérêts financiers de l'Union.* 1. Les États membres prennent les mesures nécessaires pour que le blanchiment de capitaux, tel que décrit à l'article 1er, paragraphe 3, de la directive (UE) 2015/849, concernant des biens provenant des infractions couvertes par la présente directive constitue une infraction pénale.

2. Les États membres prennent les mesures nécessaires pour que la corruption passive et la corruption active, lorsqu'elles sont intentionnelles, constituent des infractions pénales.

a) Aux fins de la présente directive, on entend par "corruption passive", le fait, pour un agent public, directement ou par interposition de tiers, de solliciter ou de recevoir des avantages, de quelque nature que ce soit, pour lui-même ou pour un tiers, ou d'en accepter la promesse, pour accomplir ou ne pas accomplir un acte relevant de sa fonction ou un acte dans l'exercice de sa fonction qui porte atteinte ou est susceptible de porter atteinte aux intérêts financiers de l'Union.

b) Aux fins de la présente directive, on entend par "corruption active", le fait, pour quiconque, de promettre, de proposer, ou de donner, directement ou par l'intermédiaire de tiers, un avantage, de quelque nature que ce soit, à un agent public, pour lui-même ou pour un tiers, pour que cet agent public accomplisse ou s'abstienne d'accomplir un acte relevant de sa fonction ou un acte dans l'exercice de sa fonction qui porte atteinte ou est susceptible de porter atteinte aux intérêts financiers de l'Union.

3. Les États membres prennent les mesures nécessaires pour qu'un détournement, lorsqu'il est intentionnel, constitue une infraction pénale.

Aux fins de la présente directive, on entend par "détournement", le fait, pour un agent public auquel est confiée, directement ou indirectement, la gestion de fonds ou d'avoirs d'engager ou de dépenser des fonds ou de s'approprier ou d'utiliser des avoirs d'une manière contraire aux fins prévues pour ces derniers, portant atteinte aux intérêts financiers de l'Union.

4. Aux fins de la présente directive, on entend par "agent public" :

a) un agent de l'Union ou un agent national, y compris tout agent national d'un autre État membre et tout agent national d'un pays tiers ;

i) par "agent de l'Union", on entend une personne qui est :

— fonctionnaire ou autre agent engagé par contrat par l'Union au sens du statut des fonctionnaires de l'Union européenne et du régime applicable aux autres agents de l'Union européenne fixé par le règlement (CEE, Euratom, CECA) n° 259/68 du Conseil (ci-après dénommé "statut"), ou

— détachée auprès de l'Union par un État membre ou par tout organisme public ou privé et qui y exerce des fonctions équivalentes à celles qu'exercent les fonctionnaires ou autres agents de l'Union.

Sans préjudice des dispositions sur les privilèges et immunités figurant dans les protocoles n°s 3 et 7, sont assimilés aux fonctionnaires de l'Union les membres des institutions, organes et organismes de l'Union créés conformément aux traités, ainsi que le personnel de ces derniers, pour autant que le statut ne s'applique pas à leur égard ;

ii) les termes "agent national" s'entendent par référence à la définition du "fonctionnaire" ou de l'"agent public" dans le droit national de l'État membre ou du pays tiers dans lequel la personne en question exerce ses fonctions.

Néanmoins, lorsqu'il s'agit de poursuites impliquant un agent national d'un État membre ou un agent d'un pays tiers et engagées par un autre État membre, ce dernier n'est tenu d'appliquer la définition d'"agent national" que dans la mesure où celle-ci est compatible avec son droit national.

Les termes "agent national" incluent toute personne exerçant une fonction exécutive, administrative ou juridictionnelle au niveau national, régional ou local. Toute personne exerçant des fonctions législatives au niveau national, régional ou local est assimilée aux agents nationaux ;

b) toute autre personne investie d'une fonction de service public touchant à la gestion des intérêts financiers de l'Union ou comportant des décisions relatives à ceux-ci dans les États membres ou dans des pays tiers et qui exerce une telle fonction.

TITRE III **Dispositions générales concernant la fraude et les autres infractions pénales portant atteinte aux intérêts financiers de l'Union**

Art. 5 *Incitation, complicité et tentative.* 1. Les États membres prennent les mesures nécessaires pour que le fait d'inciter à commettre l'une quelconque des infractions pénales visées aux articles 3 et 4 et de s'en rendre complice soit passible de sanctions en tant qu'infraction pénale.

2. Les États membres prennent les mesures nécessaires pour que la tentative de commettre l'une quelconque des infractions pénales visées à l'article 3 ou à l'article 4, paragraphe 3, soit passible de sanctions en tant qu'infraction pénale.

Art. 6 *Responsabilité des personnes morales.* 1. Les États membres prennent les mesures nécessaires pour que les personnes morales puissent être tenues pour responsables des infractions pénales visées aux articles 3, 4 et 5, lorsque ces dernières sont commises à leur profit par toute personne, agissant soit individuellement, soit en tant que membre d'un organe de la personne morale, qui exerce un pouvoir de direction en son sein, sur la base :

a) d'un pouvoir de représentation de la personne morale ;

b) d'un pouvoir de prendre des décisions au nom de la personne morale ; ou

c) d'un pouvoir d'exercer un contrôle au sein de la personne morale.

2. Les États membres prennent également les mesures nécessaires pour que les personnes morales puissent être tenues pour responsables lorsque le défaut de surveillance ou de contrôle de la part d'une personne visée au paragraphe 1 du présent article a rendu possible la commission de l'une des infractions pénales visées aux articles 3, 4 ou 5, au profit de ladite personne morale, par une personne soumise à son autorité.

3. La responsabilité de la personne morale en vertu des paragraphes 1 et 2 du présent article n'exclut pas la possibilité de poursuites pénales contre les personnes physiques qui sont les auteurs des infractions pénales visées aux articles 3 et 4 ou qui sont pénalement responsables en vertu de l'article 5.

Art. 7 *Sanctions à l'encontre des personnes physiques.* 1. En ce qui concerne les personnes physiques, les États membres veillent à ce que les infractions pénales visées aux articles 3, 4 et 5 soient passibles de sanctions pénales effectives, proportionnées et dissuasives.

2. Les États membres prennent les mesures nécessaires pour que les infractions pénales visées aux articles 3 et 4 soient passibles d'une peine maximale qui prévoie l'emprisonnement.

3. Les États membres prennent les mesures nécessaires pour que les infractions pénales visées aux articles 3 et 4 soient passibles d'une peine maximale d'au moins quatre ans d'emprisonnement lorsqu'elles entraînent un préjudice ou un avantage considérable.

Le préjudice ou l'avantage résultant des infractions pénales visées à l'article 3, paragraphe 2, points a), b) et c), et à l'article 4 est réputé considérable lorsqu'il se monte à plus de 100 000 EUR.

Le préjudice ou l'avantage résultant des infractions pénales visées à l'article 3, paragraphe 2, point d), et relevant de l'article 2, paragraphe 2, est toujours réputé considérable.

Les États membres peuvent également prévoir une peine maximale d'au moins quatre ans d'emprisonnement dans d'autres circonstances graves définies dans leur droit national.

4. Lorsqu'une infraction pénale visée à l'article 3, paragraphe 2, points a), b) ou c), ou à l'article 4 entraîne un préjudice ou un avantage d'un montant inférieur à 10 000 EUR, les États membres peuvent prévoir des sanctions autres que pénales.

5. Le paragraphe 1 s'entend sans préjudice de l'exercice des pouvoirs disciplinaires par les autorités compétentes à l'encontre des agents publics.

Art. 8 *Circonstances aggravantes.* Les États membres prennent les mesures nécessaires pour garantir que soit considéré comme circonstance aggravante le fait qu'une infraction pénale visée aux articles 3, 4 ou 5 soit commise dans le cadre d'une organisation criminelle au sens de la décision-cadre 2008/841/JAI.

Art. 9 *Sanctions à l'encontre des personnes morales.* Les États membres prennent les mesures nécessaires pour garantir qu'une personne morale déclarée responsable au sens de l'article 6 soit passible de sanctions effectives, proportionnées et dissuasives, qui incluent des amendes pénales ou non pénales et peuvent inclure d'autres sanctions, notamment :

a) des mesures d'exclusion du bénéfice d'un avantage ou d'une aide publics ;

b) des mesures d'exclusion temporaire ou permanente des procédures d'appel d'offres ;

c) des mesures d'interdiction temporaire ou définitive d'exercer une activité commerciale ;

d) un placement sous surveillance judiciaire ;

e) une mesure judiciaire de dissolution ;

f) la fermeture temporaire ou définitive d'établissements ayant servi à commettre l'infraction pénale.

Art. 10 *Gel et confiscation.* Les États membres prennent les mesures nécessaires pour que les instruments et produits des infractions pénales visées aux articles 3, 4 et 5 puissent être gelés et confisqués. *Les États membres liés par* la directive 2014/42/UE du Parlement européen et du Conseil le font conformément à ladite directive.

Art. 11 *Compétence.* 1. Chaque État membre prend les mesures nécessaires pour établir sa compétence à l'égard des infractions pénales visées aux articles 3, 4 et 5 lorsque :

a) l'infraction pénale a été commise, en tout ou en partie, sur son territoire ; ou

b) l'auteur de l'infraction est l'un de ses ressortissants.

2. Chaque État membre prend les mesures nécessaires pour établir sa compétence à l'égard des infractions pénales visées aux articles 3, 4 et 5 dans les cas où l'auteur de l'infraction pénale, au moment où celle-ci est commise, est soumis au statut. Chaque État membre peut ne pas appliquer, ou n'appliquer que dans des cas ou sous des conditions spécifiques, les règles de compétence énoncées au présent paragraphe. Il en informe la Commission.

3. Un État membre informe la Commission lorsqu'il décide d'élargir, dans l'une des situations suivantes, sa compétence à l'égard des infractions pénales visées aux articles 3, 4 ou 5 qui ont été commises en dehors de son territoire :

a) l'auteur de l'infraction réside habituellement sur son territoire ;
b) l'infraction pénale a été commise au profit d'une personne morale établie sur son territoire ; ou
c) l'auteur de l'infraction est l'un de ses agents qui agit dans le cadre de ses fonctions officielles.

4. Dans le cas visé au paragraphe 1, point b), les États membres prennent les mesures nécessaires pour s'assurer que l'exercice de leur compétence n'est pas subordonné à la condition que des poursuites ne puissent être engagées qu'à la suite d'une plainte de la victime faite sur le lieu de l'infraction pénale ou d'une dénonciation émanant de l'État sur le territoire duquel l'infraction pénale a été commise.

Art. 12 *Délais de prescription des infractions pénales portant atteinte aux intérêts financiers de l'Union.* 1. Les États membres prennent les mesures nécessaires pour prévoir un délai de prescription permettant que l'enquête, les poursuites, le jugement et la décision judiciaire sur les infractions pénales visées aux articles 3, 4 et 5 puissent intervenir pendant une période suffisamment longue après que ces infractions pénales ont été commises, afin de lutter contre ces infractions pénales de façon efficace.

2. Pour ce qui est des infractions pénales visées aux articles 3, 4 et 5 qui sont passibles d'une peine maximale d'au moins quatre ans d'emprisonnement, les États membres prennent les mesures nécessaires pour que l'enquête, les poursuites, le jugement et la décision judiciaire sur les infractions pénales puissent intervenir pendant une période d'au moins cinq ans après que ces infractions pénales ont été commises.

3. Par dérogation au paragraphe 2, les États membres peuvent prévoir un délai de prescription inférieur à cinq ans mais non inférieur à trois ans, à condition que ce délai puisse être interrompu ou suspendu par certains actes spécifiques.

4. Les États membres prennent les mesures nécessaires pour que :
a) une peine de plus d'un an d'emprisonnement, ou alternativement,
b) une peine d'emprisonnement en cas d'infraction pénale passible d'une peine maximale d'au moins quatre ans d'emprisonnement,

infligée à la suite d'une condamnation définitive pour une infraction pénale visée aux articles 3, 4 ou 5, puisse être exécutée pendant au moins cinq ans à compter de la date de ladite condamnation. Cette période peut comprendre des prorogations du délai de prescription découlant de son interruption ou de sa suspension.

Art. 13 *Recouvrement.* La présente directive s'applique sans préjudice du recouvrement des montants suivants :

1) au niveau de l'Union, des montants indûment versés dans le contexte de la commission des infractions pénales visées à l'article 3, paragraphe 2, points a), b) ou c), ou aux articles 4 ou 5 ;

2) au niveau national, de tout montant de TVA non acquitté dans le contexte de la commission des infractions pénales visées à l'article 3, paragraphe 2, point d), ou aux articles 4 ou 5.

Art. 14 *Interaction avec d'autres actes juridiques applicables de l'Union.* L'application de mesures, de sanctions et d'amendes administratives prévues par le droit de l'Union, en particulier celles au sens des articles 4 et 5 du règlement (CE, Euratom) n° 2988/95, ou par des dispositions de droit national adoptées conformément à une obligation spécifique relevant du droit de l'Union s'entend sans préjudice de la présente directive. Les États membres veillent à ce que toute procédure pénale engagée sur la base de dispositions nationales mettant en œuvre la présente directive n'affecte pas excessivement l'application correcte et effective de mesures, de sanctions et d'amendes administratives qui ne peuvent être assimilées à des actions pénales, prévues par le droit de l'Union ou par des dispositions nationales d'application.

TITRE IV Dispositions finales

Art. 15 *Coopération entre les États membres et la Commission (OLAF) et d'autres institutions, organes et organismes de l'Union.* 1. Sans préjudice des règles en matière de coopération transfrontière et d'entraide judiciaire en matière pénale, les États membres, Eurojust, le Parquet européen et la Commission coopèrent, dans les limites de leurs compétences respectives, dans le domaine de la lutte contre les infractions pénales visées aux articles 3, 4 et 5. A cette fin, la Commission et, le cas échéant, Eurojust fournissent toute l'assistance technique et opérationnelle nécessaire dont les autorités nationales compétentes ont besoin pour faciliter la coordination de leurs enquêtes.

2. Les autorités compétentes des États membres peuvent, dans les limites de leurs compétences, échanger des éléments d'information avec la Commission aux fins de faciliter l'établissement des faits et d'assurer une action efficace contre les infractions pénales visées aux articles 3, 4 et 5. La Commission et les autorités nationales compétentes tiennent compte, pour chaque cas spécifique, des exigences de confidentialité et des règles en matière de protection des données. Sans préjudice des dispositions de droit national en matière d'accès aux informations, lorsqu'un État membre fournit des informations à la Commission, il peut, à cette fin, fixer des conditions spécifiques régissant l'utilisation de ces informations par la Commission ou par tout autre État membre auquel ces informations sont transmises.

3. La Cour des comptes et les auditeurs chargés d'une mission d'audit des budgets des institutions, organes et organismes de l'Union institués en vertu des traités, et des budgets gérés et contrôlés par les institutions, révèlent à l'OLAF et aux autres autorités compétentes tout fait dont ils ont pris connaissance dans l'exercice de leur mission qui pourrait être considéré comme une infraction pénale visée aux articles 3, 4 ou 5. Les États membres veillent à ce que les organismes d'audit nationaux fassent de même.

Art. 16 *Remplacement de la convention relative à la protection des intérêts financiers des Communautés européennes.* La convention relative à la protection des intérêts financiers des Communautés européennes du 26 juillet 1995, y compris ses protocoles des 27 septembre 1996, 29 novembre 1996 et 19 juin 1997, est remplacée par la présente directive à l'égard des États membres liés par la présente directive, avec effet au 6 juillet 2019.

Pour les États membres liés par la présente directive, les références faites à la convention s'entendent comme faites à la présente directive.

Art. 17 *Transposition.* 1. Les États membres adoptent et publient, au plus tard le 6 juillet 2019, les dispositions législatives, réglementaires et administratives nécessaires pour se conformer à la présente directive. Ils communiquent immédiatement à la Commission le texte de ces dispositions. Ils appliquent ces dispositions à partir du 6 juillet 2019.

Lorsque les États membres adoptent ces dispositions, celles-ci contiennent une référence à la présente directive ou sont accompagnées d'une telle référence lors de leur publication officielle. Elles contiennent également une mention précisant que, à l'égard des États membres liés par la présente directive, les références faites, dans les dispositions législatives, réglementaires et administratives en vigueur, à la convention remplacée par la présente directive s'entendent comme faites à la présente directive. Les modalités de cette référence et la formulation de cette mention sont arrêtées par les États membres.

2. Les États membres communiquent à la Commission le texte des dispositions essentielles de droit interne qu'ils adoptent dans le domaine régi par la présente directive.

Art. 18 *Établissement de rapports et évaluation.* 1. La Commission présente au Parlement européen et au Conseil, au plus tard le 6 juillet 2021, un rapport évaluant dans quelle mesure les États membres ont pris les mesures nécessaires pour se conformer à la présente directive.

2. Sans préjudice des obligations en matière d'établissement de rapports prévues par d'autres actes juridiques de l'Union, les États membres transmettent chaque année à la Commission les statistiques suivantes relatives aux infractions pénales visées aux articles 3, 4 et 5, si elles sont disponibles à un niveau central dans l'État membre concerné :

a) le nombre de procédures pénales engagées, de rejets, d'acquittements, de condamnations et de procédures en cours ;

b) les sommes recouvrées à l'issue de procédures pénales et le préjudice estimé.

3. La Commission présente au Parlement européen et au Conseil, au plus tard le 6 juillet 2024, et compte tenu de son rapport présenté en application du paragraphe 1 et des statistiques des États membres présentées en application du paragraphe 2, un rapport évaluant l'incidence de la législation nationale transposant la présente directive sur la prévention de la fraude portant atteinte aux intérêts financiers de l'Union.

4. Au plus tard le 6 juillet 2022, et sur la base des statistiques présentées par les États membres en application du paragraphe 2, la Commission présente un rapport au Parlement européen et au Conseil évaluant, au regard de l'objectif général consistant à renforcer la protection des intérêts financiers de l'Union, si :

a) le seuil indiqué à l'article 2, paragraphe 2, est adapté ;

b) les dispositions de l'article 12 relatives aux délais de prescription sont suffisamment efficaces ;

c) la présente directive permet de lutter efficacement contre les cas de fraude en matière de passation de marchés publics.

5. Les rapports visés aux paragraphes 3 et 4 sont, si nécessaire, accompagnés d'une proposition législative qui peut inclure une disposition spécifique sur la fraude en matière de passation de marchés publics.

Art. 19 *Entrée en vigueur.* La présente directive entre en vigueur le vingtième jour suivant celui de sa publication au *Journal officiel de l'Union européenne.*

Règlement (UE) 2017/1939 du Conseil du 12 octobre 2017,

Mettant en œuvre une coopération renforcée concernant la création du Parquet européen.

CHAPITRE PREMIER *Objet et définitions*

Art. 1er *Objet.* Le présent règlement institue le Parquet européen et fixe ses modalités de fonctionnement.

Art. 2 *Définitions.* Aux fins du présent règlement, on entend par :

1) **"État membre"** : sauf indication contraire, notamment au chapitre VIII, un État membre qui participe à la coopération renforcée concernant la création du Parquet européen, telle qu'elle est réputée autorisée conformément à l'article 86, paragraphe 1, troisième alinéa, du TFUE, ou en vertu d'une décision adoptée conformément à l'article 331, paragraphe 1, deuxième ou troisième alinéa, du TFUE ;

2) **"personne"** : toute personne physique ou morale ;

3) **"intérêts financiers de l'Union"** : l'ensemble des recettes perçues et des dépenses exposées, ainsi que des avoirs, qui relèvent du budget de l'Union et des budgets des institutions, organes et organismes institués en vertu des traités ou des budgets gérés et contrôlés par eux ;

4) **"personnel du Parquet européen"** : le personnel qui, au niveau central, soutient au quotidien le collège, les chambres permanentes, le chef du Parquet européen, les procureurs européens, les procureurs européens délégués et le directeur administratif dans l'exécution des missions confiées au Parquet européen dans le cadre du présent règlement ;

5) **"procureur européen délégué chargé de l'affaire"** : un procureur européen délégué responsable des enquêtes et des poursuites qu'il a engagées, qui lui ont été confiées ou dont il s'est saisi en exerçant son droit d'évocation conformément à l'article 27 ;

6) **"procureur européen délégué assistant"** : un procureur européen délégué situé dans un État membre, autre que l'État membre du procureur européen délégué chargé de l'affaire, où une enquête ou une autre mesure qui lui a été confiée est exécutée ;

7) **"données à caractère personnel"** : toute information se rapportant à une personne physique identifiée ou identifiable (ci-après dénommée "personne concernée") ; est réputée être une "personne physique identifiable" une personne physique qui peut être identifiée, directement ou indirectement, notamment par référence à un identifiant, tel qu'un nom, un numéro d'identification, des données de localisation, un identifiant en ligne, ou à un ou plusieurs éléments spécifiques propres à son identité physique, physiologique, génétique, psychique, économique, culturelle ou sociale ;

8) **"traitement"** : toute opération ou tout ensemble d'opérations effectuées ou non à l'aide de procédés automatisés et appliquées à des données à caractère personnel ou des ensembles de données à caractère personnel, telles que la collecte, l'enregistrement, l'organisation, la structuration, la conservation, l'adaptation ou la modification, l'extraction, la consultation, l'utilisation, la communication par transmission, la diffusion ou toute autre forme de mise à disposition, le rapprochement ou l'interconnexion, la limitation, l'effacement ou la destruction ;

9) **"limitation du traitement"** : le marquage de données à caractère personnel conservées en vue de limiter leur traitement futur ;

10) **"profilage"** : toute forme de traitement automatisé de données à caractère personnel consistant à utiliser ces données à caractère personnel pour évaluer certains aspects personnels relatifs à une personne physique, notamment pour analyser ou prédire des éléments concernant le rendement au travail, la situation économique, la santé, les préférences personnelles, les intérêts, la fiabilité, le comportement, la localisation ou les déplacements de cette personne ;

11) **"pseudonymisation"** : le traitement de données à caractère personnel de telle façon que celles-ci ne puissent plus être attribuées à une personne concernée précise sans avoir recours à des informations supplémentaires, pour autant que ces informations supplémentaires soient conservées séparément et soumises à des mesures techniques et organisa-

tionnelles afin de garantir que les données à caractère personnel ne sont pas attribuées à une personne physique identifiée ou identifiable ;

12) *"***fichier***"* : tout ensemble structuré de données à caractère personnel accessibles selon des critères déterminés, que cet ensemble soit centralisé, décentralisé ou réparti de manière fonctionnelle ou géographique ;

13) *"***responsable du traitement***"* : le Parquet européen ou une autre autorité compétente qui, seule ou conjointement avec d'autres, détermine les finalités et les moyens du traitement de données à caractère personnel ; lorsque les finalités et les moyens de ce traitement sont déterminés par le droit de l'Union ou le droit d'un État membre de l'Union européenne, le responsable du traitement ou les critères spécifiques applicables à sa désignation peuvent être prévus par le droit de l'Union ou le droit d'un État membre de l'Union européenne ;

14) *"***sous-traitant***"* : la personne physique ou morale, l'autorité publique, le service ou un autre organisme qui traite des données à caractère personnel pour le compte du responsable du traitement ;

15) *"***destinataire***"* : la personne physique ou morale, l'autorité publique, le service ou tout autre organisme qui reçoit communication des données à caractère personnel, qu'il s'agisse ou non d'un tiers. Toutefois, les autorités publiques des États membres de l'Union européenne autres que les autorités compétentes au sens de l'article 3, point 7 a), de la directive (UE) 2016/680, qui reçoivent communication de données à caractère personnel dans le cadre d'une mission d'enquête particulière du Parquet européen, ne sont pas considérées comme des destinataires ; le traitement de ces données par les autorités publiques en question est conforme aux règles applicables en matière de protection des données en fonction des finalités du traitement ;

16) *"***violation de données à caractère personnel***"* : une violation de la sécurité entraînant, de manière accidentelle ou illicite, la destruction, la perte, l'altération, la divulgation non autorisée de données à caractère personnel transmises, conservées ou traitées d'une autre manière, ou l'accès non autorisé à de telles données ;

17) *"***données administratives à caractère personnel***"* : toutes les données à caractère personnel traitées par le Parquet européen, hormis les données opérationnelles à caractère personnel ;

18) *"***données opérationnelles à caractère personnel***"* : toutes les données à caractère personnel que le Parquet européen traite pour atteindre les finalités énoncées à l'article 49 ;

19) *"***données génétiques***"* : les données à caractère personnel relatives aux caractéristiques génétiques héréditaires ou acquises d'une personne physique qui donnent des informations uniques sur la physiologie ou l'état de santé de cette personne physique et qui résultent, notamment, d'une analyse d'un échantillon biologique de la personne physique en question ;

20) *"***données biométriques***"* : les données à caractère personnel résultant d'un traitement technique spécifique, relatives aux caractéristiques physiques, physiologiques ou comportementales d'une personne physique, qui permettent ou confirment son identification unique, telles que des images faciales ou des données dactyloscopiques ;

21) *"***données concernant la santé***"* : les données à caractère personnel relatives à la santé physique ou mentale d'une personne physique, y compris la fourniture de soins de santé, qui révèlent des informations sur l'état de santé de cette personne ;

22) *"***autorité de contrôle***"* : une autorité publique indépendante qui est instituée par un État membre de l'Union européenne en vertu de l'article 51 du règlement (UE) 2016/679 du Parlement européen et du Conseil ou de l'article 41 de la directive (UE) 2016/680 ;

23) *"***organisation internationale***"* : une organisation internationale et les organismes de droit public international qui en relèvent, ou tout autre organisme qui est créé par un accord entre deux pays ou plus, ou en vertu d'un tel accord.

CHAPITRE II *Institution et missions du Parquet européen et principes de base régissant ses activités*

Art. 3 *Institution du Parquet européen.* 1. Le Parquet européen est institué sous la forme d'un organe de l'Union.

2. Le Parquet européen a la personnalité juridique.

3. Le Parquet européen coopère avec Eurojust et bénéficie de son soutien conformément à l'article 100.

Art. 4 *Missions.* Le Parquet européen est compétent pour rechercher, poursuivre et renvoyer en jugement les auteurs et complices des infractions pénales portant atteinte aux intérêts financiers de l'Union qui sont prévues par la directive (UE) 2017/1371 et déterminées par le présent règlement. À cet égard, le Parquet européen diligente des enquêtes, effectue des actes de poursuite et exerce l'action publique devant les juridictions compétentes des États membres jusqu'à ce que l'affaire ait été définitivement jugée.

Art. 5 *Principes de base régissant les activités du Parquet européen.* 1. Le Parquet européen veille à ce que ses activités respectent les droits inscrits dans la charte.

2. Dans toutes ses activités, le Parquet européen est lié par les principes d'état de droit et de proportionnalité.

3. Les enquêtes et poursuites menées au nom du Parquet européen sont régies par le présent règlement. Le droit national s'applique dans la mesure où une question n'est pas réglée par le présent règlement. Sauf disposition contraire du présent règlement, le droit national applicable est celui de l'État membre dont le procureur européen délégué traite l'affaire conformément à l'article 13, paragraphe 1. Lorsqu'une question est régie à la fois par le droit national et par le présent règlement, ce dernier prévaut.

4. Le Parquet européen mène ses enquêtes de façon impartiale et recueille tous les éléments de preuve pertinents, aussi bien à charge qu'à décharge.

5. Le Parquet européen ouvre et mène ses enquêtes sans retard indu.

6. Les autorités nationales compétentes prêtent au Parquet européen une assistance et un soutien actifs dans ses enquêtes et poursuites. Tout acte, politique ou procédure mené au titre du présent règlement est guidé par le principe de coopération loyale.

Art. 6 *Indépendance et obligation de rendre des comptes.* 1. Le Parquet européen est indépendant. Le chef du Parquet européen, ses adjoints, les procureurs européens, les procureurs européens délégués, le directeur administratif ainsi que le personnel du Parquet européen, dans l'exercice des fonctions qui leur sont dévolues par le présent règlement, agissent dans l'intérêt de l'Union dans son ensemble, au sens de la législation, et ne sollicitent ni n'acceptent d'instructions d'aucune personne extérieure au Parquet européen, d'aucun État membre de l'Union européenne, ou d'aucune institution, d'aucun organe ou organisme de l'Union. Les États membres de l'Union européenne et les institutions, organes et organismes de l'Union respectent l'indépendance du Parquet européen et ne cherchent pas à l'influencer dans l'exercice de ses missions.

2. Le Parquet européen rend compte de ses activités générales au Parlement européen, au Conseil et à la Commission et publie des rapports annuels conformément à l'article 7.

Art. 7 *Établissement de rapports.* 1. Chaque année, le Parquet européen établit et publie un rapport annuel sur ses activités générales dans les langues officielles des institutions de l'Union. Il le transmet au Parlement européen et aux parlements nationaux, ainsi qu'au Conseil et à la Commission.

2. Le chef du Parquet européen se présente une fois par an devant le Parlement européen et devant le Conseil, ainsi que devant les parlements nationaux des États membres à la demande de ces derniers, pour rendre compte des activités générales du Parquet européen, sans préjudice de l'obligation de réserve et de confidentialité qui incombe au Parquet européen en ce qui concerne les dossiers individuels et les données à caractère personnel. Le chef du Parquet européen peut être remplacé par l'un de ses adjoints lors des audiences organisées par les parlements nationaux.

CHAPITRE III *Statut, structure et organisation du Parquet européen*

SECTION I *Statut et structure du Parquet européen*

Art. 8 *Structure du Parquet européen.* 1. Le Parquet européen est un organe indivisible de l'Union fonctionnant comme un parquet unique à structure décentralisée.

2. Le Parquet européen est organisé à un double niveau : central et décentralisé.

3. Le niveau central consiste dans le Bureau central, sis au siège du Parquet européen. Le Bureau central est composé du collège, des chambres permanentes, du chef du Parquet européen, des adjoints au chef du Parquet européen, des procureurs européens et du directeur administratif.

4. Le *niveau décentralisé est constitué* par les procureurs européens délégués, qui sont affectés dans les États membres.

5. Le Bureau central et les procureurs européens délégués sont assistés par le personnel du Parquet européen dans l'exercice des fonctions qui leur sont dévolues par le présent règlement.

Art. 9 *Le collège.* 1. Le collège du Parquet européen est composé du chef du Parquet européen et d'un procureur européen par État membre. Le chef du Parquet européen préside les réunions du collège et est responsable de leur préparation.

2. Le collège se réunit régulièrement et est chargé du suivi général des activités du Parquet européen. Il adopte des décisions sur des questions stratégiques, ainsi que sur des questions générales soulevées par des dossiers particuliers, notamment en vue d'assurer la cohérence et l'efficacité, dans l'ensemble des États membres, de la politique du Parquet européen en matière de poursuites, ainsi que sur d'autres questions visées dans le présent règlement. Le collège ne prend pas de décisions opérationnelles portant sur des dossiers particuliers. Le règlement intérieur du Parquet européen définit les modalités de l'exercice des activités de suivi général par le collège et de l'adoption des décisions sur des questions stratégiques et générales en vertu du présent article.

3. Sur proposition du chef du Parquet européen et conformément au règlement intérieur du Parquet européen, le collège met en place des chambres permanentes.

4. Le collège adopte le règlement intérieur du Parquet européen conformément à l'article 21 et précise les responsabilités quant à l'exercice des fonctions des membres du collège et du personnel du Parquet européen.

5. Sauf disposition contraire du présent règlement, le collège adopte des décisions à la majorité simple. Tout membre du collège a le droit de demander un vote sur des questions sur lesquelles le collège est appelé à statuer. Chaque membre du collège dispose d'une voix. Le chef du Parquet européen dispose d'une voix prépondérante en cas d'égalité de voix sur toute question sur laquelle le collège est appelé à statuer.

Art. 10 *Les chambres permanentes.* 1. Les chambres permanentes sont présidées par le chef du Parquet européen ou un de ses adjoints, ou par un procureur européen nommé président conformément au règlement intérieur du Parquet européen. Outre le président, chaque chambre permanente comporte deux membres permanents. Le nombre de chambres permanentes et leur composition ainsi que la répartition des compétences entre celles-ci sont déterminés conformément au règlement intérieur du Parquet européen, compte tenu des besoins de fonctionnement du Parquet européen.

Le règlement intérieur du Parquet européen assure une répartition uniforme de la charge de travail sur la base d'un système d'attribution aléatoire des dossiers et, dans certains cas exceptionnels, établit, lorsque cela est nécessaire au bon fonctionnement du Parquet européen, des procédures pour permettre au chef du Parquet européen de décider de déroger au principe d'attribution aléatoire.

2. Les chambres permanentes supervisent et dirigent les enquêtes et les poursuites menées par les procureurs européens délégués conformément aux paragraphes 3, 4 et 5 du présent article. Elles assurent également la coordination des enquêtes et des poursuites dans les dossiers transfrontières et la mise en œuvre des décisions adoptées par le collège conformément à l'article 9, paragraphe 2.

3. Conformément aux conditions et procédures prévues par le présent règlement, le cas échéant après avoir examiné un projet de décision proposé par le procureur européen délégué chargé de l'affaire, les chambres permanentes prennent les décisions suivantes :

a) porter une affaire en jugement conformément à l'article 36, paragraphes 1, 3 et 4 ;

b) classer une affaire sans suite conformément à l'article 39, paragraphe 1, points a) à g) ;

c) appliquer une procédure simplifiée en matière de poursuites et charger le procureur européen délégué d'agir en vue de classer définitivement l'affaire, conformément à l'article 40 ;

d) renvoyer une affaire devant les autorités nationales conformément à l'article 34, paragraphe 1, 2, 3 ou 6 ;

e) rouvrir une enquête conformément à l'article 39, paragraphe 2.

4. *Le cas échéant*, les chambres permanentes prennent les décisions ci-après, conformément aux conditions et procédures prévues par le présent règlement :

a) enjoindre le procureur européen délégué d'ouvrir une enquête conformément aux règles énoncées à l'article 26, paragraphes 1 à 4, si aucune enquête n'a été ouverte ;

b) enjoindre le procureur européen délégué d'exercer le droit d'évocation conformément à l'article 27, paragraphe 6, si personne ne s'est saisi de l'affaire ;

c) saisir le collège de questions stratégiques ou de problèmes généraux soulevés par des dossiers particuliers conformément à l'article 9, paragraphe 2 ;

d) attribuer une affaire conformément à l'article 26, paragraphe 3 ;

e) réattribuer une affaire conformément à l'article 26, paragraphe 5, ou à l'article 28, paragraphe 3 ;

f) approuver la décision d'un procureur européen d'effectuer lui-même l'enquête conformément à l'article 28, paragraphe 4.

5. Dans une affaire particulière, la chambre permanente compétente, agissant par l'intermédiaire du procureur européen qui assure la surveillance de l'enquête ou des poursuites,

peut donner des instructions, conformément au droit national applicable, au procureur européen délégué chargé de l'affaire, lorsque cela est nécessaire pour une gestion efficace de l'enquête ou des poursuites, dans l'intérêt de la justice ou pour assurer le fonctionnement cohérent du Parquet européen.

6. La chambre permanente adopte des décisions à la majorité simple. Elle procède à un vote à la demande de l'un de ses membres. Chaque membre dispose d'une voix. Le président dispose d'une voix prépondérante en cas d'égalité de voix. Les décisions sont prises après délibération lors de réunions des chambres, sur la base, le cas échéant, du projet de décision proposé par le procureur européen délégué chargé de l'affaire.

La chambre permanente compétente a accès, sur demande, à toutes les pièces du dossier aux fins de la préparation des décisions.

7. Les chambres permanentes peuvent décider de déléguer le pouvoir de décision que leur confère le paragraphe 3, point a) ou b), du présent article, et dans ce dernier cas seulement en ce qui concerne les règles énoncées à l'article 39, paragraphe 1, points a) à f), au procureur européen qui assure la surveillance de l'affaire conformément à l'article 12, paragraphe 1, si ces délégations peuvent être dûment justifiées eu égard au degré de gravité de l'infraction ou à la complexité de la procédure dans une affaire spécifique, dans le cas d'une infraction qui a causé ou est susceptible de causer aux intérêts financiers de l'Union un préjudice inférieur à 100 000 EUR. Le règlement intérieur du Parquet européen comporte des orientations visant à assurer une application cohérente au sein du Parquet européen.

La chambre permanente informe le chef du Parquet européen de toute décision de déléguer son pouvoir de décision. Après réception de cette information, le chef du Parquet européen peut, dans un délai de trois jours, demander à la chambre permanente de revoir sa décision s'il estime que cela est nécessaire pour garantir la cohérence des enquêtes et des poursuites menées par le Parquet européen. Si le chef du Parquet européen est membre de la chambre permanente concernée, un de ses adjoints exerce le droit de demander ladite révision. Le procureur européen chargé de la surveillance de l'affaire informe la chambre permanente du règlement définitif de l'affaire et lui communique toute information ou circonstance rendant nécessaire, selon lui, une nouvelle appréciation de l'opportunité de maintenir la délégation, en particulier dans les circonstances visées à l'article 36, paragraphe 3.

La décision de déléguer le pouvoir de décision peut être retirée à tout moment, à la demande d'un des membres de la chambre permanente, et est prise conformément au paragraphe 6 du présent article. Une délégation est retirée lorsqu'un procureur européen délégué remplace le procureur européen conformément à l'article 16, paragraphe 7.

Afin de garantir une application cohérente du principe de délégation, chaque chambre permanente fait rapport une fois par an au collège sur l'utilisation de la délégation.

8. Le règlement intérieur du Parquet européen autorise les chambres permanentes à adopter des décisions par la voie d'une procédure écrite qu'il définit de manière détaillée.

Toutes les décisions adoptées et les instructions données conformément aux paragraphes 3, 4, 5 et 7 sont consignées par écrit et sont intégrées au dossier.

9. Outre les membres permanents, le procureur européen qui assure la surveillance d'une enquête ou de poursuites conformément à l'article 12, paragraphe 1, participe aux délibérations de la chambre permanente. Le procureur européen dispose d'un droit de vote, sauf en ce qui concerne les décisions prises par les chambres permanentes au sujet de la délégation ou du retrait de la délégation en vertu du paragraphe 7 du présent article, de l'attribution et de la réattribution en vertu de l'article 26, paragraphes 3, 4 et 5, et de l'article 27, paragraphe 6, et de la mise en état d'une affaire conformément à l'article 36, paragraphe 3, lorsque plus d'un État membre est compétent pour l'affaire, ainsi que dans les situations décrites à l'article 31, paragraphe 8.

Une chambre permanente peut aussi inviter, soit à la demande d'un procureur européen ou d'un procureur européen délégué, soit de sa propre initiative, d'autres procureurs européens ou procureurs européens délégués concernés par une affaire à assister à ses réunions sans droit de vote.

10. Les présidents des chambres permanentes informent le collège, conformément au règlement intérieur du Parquet européen, des décisions adoptées en vertu du présent article, afin de lui permettre de remplir le rôle qui lui est dévolu par l'article 9, paragraphe 2.

Art. 11 *Le chef du Parquet européen et ses adjoints.* 1. Le Parquet européen est dirigé par un chef qui en organise les travaux, en dirige les activités et adopte des décisions conformément au présent règlement et au règlement intérieur du Parquet européen.

2. Deux adjoints au chef du Parquet européen sont nommés pour seconder celui-ci dans l'exercice de ses fonctions et le remplacer en cas d'absence ou d'empêchement.

3. Le chef du Parquet européen représente le Parquet européen auprès des institutions de l'Union et des États membres de l'Union européenne, ainsi qu'auprès des tiers. Il peut déléguer ses tâches de représentation à l'un de ses adjoints ou à un procureur européen.

Art. 12 *Les procureurs européens.* 1. Les procureurs européens assurent, au nom de la chambre permanente et en respectant toute instruction donnée par celle-ci conformément à l'article 10, paragraphes 3, 4 et 5, la surveillance des enquêtes et des poursuites dont sont responsables les procureurs européens délégués chargés de l'affaire dans leur État membre d'origine. Les procureurs européens présentent des résumés des affaires dont ils sont chargés d'assurer la surveillance et, le cas échéant, des propositions de décisions à adopter par ladite chambre, sur la base de projets de décisions élaborés par les procureurs européens délégués.

Sans préjudice de l'article 16, paragraphe 7, le règlement intérieur du Parquet européen prévoit un mécanisme de remplacement entre procureurs européens pour le cas où le procureur européen chargé de la surveillance de l'affaire serait temporairement absent ou ne serait pas disponible, pour d'autres motifs, pour exercer ses fonctions de procureur européen. Le procureur européen remplaçant peut remplir toute fonction du procureur européen, exception faite de la possibilité de mener une enquête prévue à l'article 28, paragraphe 4.

2. Un procureur européen peut demander, à titre exceptionnel, pour des motifs liés à la charge de travail résultant du nombre d'enquêtes et de poursuites menées dans son État membre d'origine, ou à un conflit d'intérêts personnel, que la surveillance des enquêtes et des poursuites dans le cadre de certaines affaires dont s'occupent des procureurs européens délégués dans son État membre d'origine soit confiée à d'autres procureurs européens, sous réserve de l'accord de ces derniers. Le chef du Parquet européen statue sur la demande en fonction de la charge de travail du procureur européen. En cas de conflit d'intérêts concernant un procureur européen, le chef du Parquet européen fait droit à la demande. Le règlement intérieur du Parquet européen définit les principes régissant cette décision et la procédure à suivre pour la réattribution des dossiers concernés. L'article 28, paragraphe 4, ne s'applique pas aux enquêtes et aux poursuites dont la surveillance est exercée conformément au présent paragraphe.

3. Dans une affaire particulière, les procureurs européens chargés de la surveillance d'une affaire peuvent, conformément au droit national applicable et aux instructions de la chambre permanente compétente, donner des instructions au procureur européen délégué chargé de l'affaire, lorsque cela est nécessaire pour une gestion efficace de l'enquête ou des poursuites, ou que cela est dans l'intérêt de la justice ou pour assurer le fonctionnement cohérent du Parquet européen.

4. Lorsque le droit national d'un État membre prévoit le contrôle interne de certains actes au sein de la structure du parquet national, le contrôle des actes concernés pris par le procureur européen délégué relève des pouvoirs de surveillance du procureur européen chargé de la surveillance de l'affaire conformément au règlement intérieur du Parquet européen, sans préjudice des pouvoirs de surveillance et de supervision de la chambre permanente.

5. Les procureurs européens assurent la liaison et jouent le rôle de canaux d'information entre les chambres permanentes et les procureurs européens délégués dans leurs États membres d'origine respectifs. Ils supervisent l'exécution, dans leurs États membres respectifs, des missions confiées au Parquet européen, en étroite concertation avec les procureurs européens délégués. Ils veillent, conformément au présent règlement et au règlement intérieur du Parquet européen, à ce que toutes les informations utiles en provenance du Bureau central soient mises à la disposition des procureurs européens délégués et inversement.

Art. 13 *Les procureurs européens délégués.* 1. Les procureurs européens délégués agissent au nom du Parquet européen dans leurs États membres respectifs et sont investis des mêmes pouvoirs que les procureurs nationaux dans le domaine des enquêtes, des poursuites et de la mise en état des affaires, en plus et sous réserve des pouvoirs et du statut particuliers qui leur sont conférés et dans les conditions prévues par le présent règlement.

Les procureurs européens délégués sont responsables des enquêtes et des poursuites qu'ils engagent, qui leur sont confiées ou dont ils se saisissent en exerçant leur droit d'évocation. Ils suivent les orientations et les instructions de la chambre permanente chargée de l'affaire ainsi que les instructions du procureur européen chargé de la surveillance de l'affaire.

Les procureurs européens délégués sont également responsables de la mise en état des affaires et disposent notamment du pouvoir de présenter des arguments à l'audience, de prendre part à l'obtention des moyens de preuve et d'exercer les voies de recours existantes conformément au droit national.

2. Chaque État membre compte au moins deux procureurs européens délégués. Le chef du Parquet européen approuve, après avoir consulté les autorités des États membres concernés

et être parvenu à un accord avec elles, le nombre de procureurs européens délégués, ainsi que la répartition fonctionnelle et territoriale des compétences entre les procureurs européens délégués dans chaque État membre.

3. Un procureur européen délégué peut également exercer les fonctions de procureur national, pour autant que cela ne l'empêche pas de s'acquitter des obligations qui lui incombent en application du présent règlement. Il informe le procureur européen chargé de la surveillance de l'affaire de ces fonctions. Dans le cas où, à un moment donné, un procureur européen délégué n'est pas en mesure de remplir ses fonctions de procureur européen délégué parce qu'il exerce ces fonctions en tant que procureur national, il en informe le procureur européen chargé de la surveillance de l'affaire, qui consulte les autorités nationales compétentes chargées des poursuites afin de déterminer si le procureur européen délégué doit donner la priorité aux fonctions qu'il exerce au titre du présent règlement. Le procureur européen peut proposer à la chambre permanente de réattribuer le dossier à un autre procureur européen délégué dans le même État membre ou de conduire l'enquête lui-même conformément à l'article 28, paragraphes 3 et 4.

SECTION II *Nomination et révocation des membres du Parquet européen*

Art. 14 *Nomination et révocation du chef du Parquet européen.* 1. Le Parlement européen et le Conseil nomment d'un commun accord le chef du Parquet européen pour un mandat de sept ans non renouvelable. Le Conseil statue à la majorité simple.

2. Le chef du Parquet européen est choisi parmi des candidats qui :

a) sont des membres actifs du ministère public ou du corps judiciaire des États membres, ou des procureurs européens actifs ;

b) offrent toutes les garanties d'indépendance ;

c) disposent des qualifications requises pour l'exercice de hautes fonctions au sein du ministère public ou du corps judiciaire dans leurs États membres respectifs et possèdent une expérience pratique pertinente des ordres juridiques nationaux, des enquêtes financières et de la coopération judiciaire internationale en matière pénale, ou qui ont exercé les fonctions de procureur européen ; et

d) disposent d'une expérience et de qualifications d'encadrement suffisantes pour la fonction.

3. La procédure de sélection est fondée sur un appel ouvert à candidatures, qui est publié au *Journal officiel de l'Union européenne*, suivi de l'établissement par un comité de sélection d'une liste restreinte de candidats qualifiés, qui est soumise au Parlement européen et au Conseil. Le comité de sélection est composé de douze personnalités choisies parmi d'anciens membres de la Cour de justice et de la Cour des comptes européenne, d'anciens membres nationaux d'Eurojust, des membres des juridictions nationales suprêmes, des procureurs de haut niveau et des juristes possédant des compétences notoires. L'une des personnalités choisies est proposée par le Parlement européen. Le Conseil établit les règles de fonctionnement du comité de sélection et adopte une décision portant nomination de ses membres sur proposition de la Commission.

4. Lorsqu'un procureur européen est nommé chef du Parquet européen, une autre personne est nommée sans tarder à son poste de procureur européen conformément à la procédure prévue à l'article 16, paragraphes 1 et 2.

5. La Cour de justice peut, à la requête du Parlement européen, du Conseil ou de la Commission, révoquer le chef du Parquet européen si elle constate qu'il n'est plus en mesure d'exercer ses fonctions ou qu'il a commis une faute grave.

6. Lorsque le chef du Parquet européen démissionne, est révoqué ou cesse d'exercer ses fonctions pour toute autre raison, une autre personne est immédiatement nommée à ce poste conformément à la procédure prévue aux paragraphes 1, 2 et 3.

Art. 15 *Nomination et révocation des adjoints au chef du Parquet européen.* 1. Le collège nomme deux procureurs européens aux fonctions d'adjoints au chef du Parquet européen pour un mandat de trois ans renouvelable, qui ne dépasse pas la durée de leur mandat de procureur européen. La procédure de sélection est régie par le règlement intérieur du Parquet européen. Les adjoints au chef du Parquet européen conservent leur statut de procureurs européens.

2. Les règles et conditions régissant l'exercice des fonctions d'adjoint au chef du Parquet européen sont définies dans le règlement intérieur du Parquet européen. Lorsqu'un procureur européen n'est plus en mesure d'exercer ses fonctions d'adjoint au chef du Parquet européen, le collège peut décider, conformément au règlement intérieur du Parquet européen, de le révoquer.

3. Lorsqu'un adjoint au chef du Parquet européen démissionne, est révoqué ou cesse d'exercer ses fonctions d'adjoint au chef du Parquet européen pour une quelconque raison, une autre personne est nommée sans tarder à ce poste conformément à la procédure prévue au paragraphe 1 du présent article. Sous réserve des règles définies à l'article 16, il demeure procureur européen.

Art. 16 *Nomination et révocation des procureurs européens.* 1. Chaque État membre désigne trois candidats au poste de procureur européen parmi des candidats qui :

a) sont des membres actifs du ministère public ou du corps judiciaire de l'État membre concerné ;

b) offrent toutes les garanties d'indépendance ; et

c) disposent des qualifications requises pour l'exercice de hautes fonctions au sein du ministère public ou du corps judiciaire dans leurs États membres respectifs et possèdent une expérience pratique pertinente des ordres juridiques nationaux, des enquêtes financières et de la coopération judiciaire internationale en matière pénale.

2. Après avoir reçu l'avis motivé du comité de sélection visé à l'article 14, paragraphe 3, le Conseil choisit et nomme l'un des candidats à la fonction de procureur européen de l'État membre concerné. Si le comité de sélection constate qu'un candidat ne remplit pas les conditions requises pour exercer les fonctions de procureur européen, son avis lie le Conseil.

3. Le Conseil, statuant à la majorité simple, sélectionne et nomme les procureurs européens pour un mandat non renouvelable de six ans. Le Conseil peut décider de proroger ce mandat pour une durée maximale de trois années au terme de la période de six ans.

4. Un renouvellement partiel d'un tiers des procureurs européens a lieu tous les trois ans. Le Conseil, statuant à la majorité simple, adopte des règles transitoires régissant la nomination des procureurs européens pour la première période de mandat et durant cette période.

5. La Cour de justice peut, à la demande du Parlement européen, du Conseil ou de la Commission, révoquer un procureur européen si elle constate qu'il n'est plus en mesure d'exercer ses fonctions ou qu'il a commis une faute grave.

6. Lorsqu'un procureur européen démissionne, est révoqué ou cesse d'exercer ses fonctions pour toute autre raison, une autre personne est nommée sans tarder à ce poste conformément à la procédure prévue aux paragraphes 1 et 2. Si le procureur européen en question exerce également les fonctions d'adjoint au chef du Parquet européen, il est automatiquement révoqué de ces dernières fonctions.

7. Lors de la nomination de chaque procureur européen, le collège désigne l'un des procureurs européens délégués du même État membre pour remplacer le procureur européen qui n'est pas en mesure d'exercer ses fonctions ou a cessé de les exercer conformément aux paragraphes 5 et 6.

Lorsque le collège juge qu'un remplacement est nécessaire, la personne désignée fait fonction de procureur européen intérimaire dans l'attente du remplacement ou du retour du procureur européen, pour une durée n'excédant pas trois mois. Le collège peut, si nécessaire et sur demande, prolonger cette période. Les mécanismes et les modalités du remplacement temporaire sont définis et régis par le règlement intérieur du Parquet européen.

Art. 17 *Nomination et révocation des procureurs européens délégués.* 1. Sur proposition du chef du Parquet européen, le collège nomme les procureurs européens délégués désignés par les États membres. Il peut refuser de nommer la personne désignée si celle-ci ne remplit pas les critères visés au paragraphe 2. Les procureurs européens délégués sont nommés pour un *mandat de cinq ans* renouvelable.

2. A compter de leur nomination aux fonctions de procureur européen délégué et jusqu'à leur révocation, les procureurs européens délégués doivent être des membres actifs du ministère public ou du corps judiciaire de l'État membre qui les a désignés. Ils doivent offrir toutes garanties d'indépendance, disposer des qualifications requises et posséder une expérience pratique pertinente de leur ordre juridique national.

3. Le collège révoque un procureur européen délégué s'il constate qu'il ne remplit plus les conditions énoncées au paragraphe 2, qu'il n'est pas en mesure d'exercer ses fonctions ou qu'il a commis une faute grave.

4. Lorsqu'un État membre décide de révoquer un procureur national nommé en tant que procureur européen délégué ou de prendre des mesures disciplinaires à son égard pour des raisons qui ne sont pas liées aux responsabilités qu'il exerce au titre du présent règlement, il en informe au préalable le chef du Parquet européen. Un État membre ne peut pas révoquer un procureur européen délégué ou prendre des mesures disciplinaires à son égard pour des raisons liées aux responsabilités qu'il exerce au titre du présent règlement sans le consente-

ment du chef du Parquet européen. Si le chef du Parquet européen ne donne pas son consentement, l'État membre concerné peut demander au collège d'examiner la question.

5. Lorsqu'un procureur européen délégué démissionne, que ses services ne sont plus nécessaires à l'exécution des tâches du Parquet européen ou qu'il est révoqué ou cesse d'exercer ses fonctions pour toute autre raison, l'État membre concerné en informe immédiatement le chef du Parquet européen et, le cas échéant, désigne un autre procureur en vue de sa nomination en tant que nouveau procureur européen délégué conformément au paragraphe 1.

Art. 18 *Statut du directeur administratif.* 1. Le directeur administratif est engagé en qualité d'agent temporaire du Parquet européen conformément à l'article 2, point a), du régime applicable aux autres agents.

2. Le directeur administratif est nommé par le collège sur une liste de candidats proposée par le chef du Parquet européen, à la suite d'une procédure de sélection ouverte et transparente, conformément au règlement intérieur du Parquet européen. Aux fins de la conclusion du contrat avec le directeur administratif, le Parquet européen est représenté par le chef du Parquet européen.

3. La durée du mandat du directeur administratif est de quatre ans. Avant la fin de cette période, le collège procède à un examen qui tient compte d'une évaluation du travail accompli par le directeur administratif.

4. Le collège, statuant sur proposition du chef du Parquet européen qui tient compte de l'examen visé au paragraphe 3, peut proroger une fois le mandat du directeur administratif, pour une durée n'excédant pas quatre ans.

5. Un directeur administratif dont le mandat a été prorogé ne peut ensuite participer à une autre procédure de sélection pour le même poste.

6. Le directeur administratif rend compte de sa gestion au chef du Parquet européen et au collège.

7. Sur décision du collège, prise à la majorité des deux tiers de ses membres, et sans préjudice des dispositions applicables relatives à la fin d'un contrat prévues par le statut des fonctionnaires et le régime applicable aux autres agents, le directeur administratif peut être démis des fonctions qu'il exerce au sein du Parquet européen.

Art. 19 *Responsabilités du directeur administratif.* 1. A des fins administratives et budgétaires, le Parquet européen est géré par son directeur administratif.

2. Sans préjudice des pouvoirs du collège ou du chef du Parquet européen, le directeur administratif est indépendant dans l'exercice de ses fonctions et ne sollicite ni n'accepte aucune instruction d'aucune administration ni d'aucun autre organe.

3. Le directeur administratif est le représentant légal du Parquet européen à des fins administratives et budgétaires. Le directeur administratif exécute le budget du Parquet européen.

4. Le directeur administratif est chargé de la mise en œuvre des tâches administratives confiées au Parquet européen, en particulier :

a) l'administration courante du Parquet européen et la gestion de son personnel ;

b) la mise en œuvre des décisions adoptées par le chef du Parquet européen ou le collège ;

c) l'élaboration du document de programmation annuelle et pluriannuelle et la soumission de celui-ci au chef du Parquet européen ;

d) la mise en œuvre du document de programmation annuelle et pluriannuelle et la présentation au collège de rapports à ce sujet ;

e) l'élaboration des parties administrative et budgétaire du rapport annuel sur les activités du Parquet européen ;

f) l'élaboration d'un plan d'action donnant suite aux conclusions des rapports d'audit, évaluations et enquêtes internes ou externes, y compris ceux du Contrôleur européen de la protection des données et de l'OLAF, et la présentation de rapports à ces derniers et au collège deux fois par an ;

g) l'élaboration d'une stratégie interne antifraude pour le Parquet européen et la présentation de celle-ci au collège pour approbation ;

h) l'élaboration d'une proposition de projet de règles financières applicables au Parquet européen et la soumission de celle-ci au chef du Parquet européen ;

i) l'établissement d'une proposition de projet d'état prévisionnel des recettes et dépenses du Parquet européen et la soumission de celle-ci au chef du Parquet européen ;

j) l'apport du soutien administratif nécessaire pour faciliter le travail opérationnel du Parquet européen ;

k) l'apport d'un soutien au chef du Parquet européen et à ses adjoints dans l'exercice de leurs fonctions.

Art. 20 *Dispositions administratives provisoires relatives au Parquet européen.* 1. Sur la base des crédits budgétaires provisoires alloués dans son propre budget, la Commission est chargée de l'établissement et du fonctionnement administratif initial du Parquet européen jusqu'à que ce dernier ait la capacité d'exécuter son propre budget. A cette fin, la Commission peut :

a) désigner, après consultation du Conseil, un fonctionnaire de la Commission en tant que directeur administratif par intérim pour exercer les fonctions attribuées au directeur administratif, y compris les pouvoirs qui lui sont conférés par les dispositions du statut des fonctionnaires et du régime applicable aux autres agents relatives à l'autorité investie du pouvoir de nomination à l'égard du personnel administratif du Parquet européen, en ce qui concerne tout poste d'agent devant être pourvu avant que le directeur administratif n'entre en fonction conformément à l'article 18 ;

b) proposer son aide au Parquet européen, en particulier en détachant un nombre limité de fonctionnaires de la Commission nécessaires pour s'acquitter des tâches administratives du Parquet européen sous la responsabilité du directeur administratif par intérim.

2. Le directeur administratif par intérim peut autoriser tous les paiements couverts par les crédits inscrits au budget du Parquet européen et peut conclure des contrats, y compris des contrats d'engagement du personnel.

3. Dès l'entrée en fonction du collège conformément à l'article 9, paragraphe 1, le directeur administratif par intérim exerce ses fonctions conformément à l'article 18. Le directeur administratif par intérim cesse d'exercer cette fonction une fois que le directeur administratif est entré en fonction après avoir été nommé par le collège conformément à l'article 18.

4. Jusqu'à l'entrée en fonction du collège conformément à l'article 9, paragraphe 1, la Commission exerce celles de ses fonctions qui sont énoncées au présent article en concertation avec un groupe d'experts composé de représentants des États membres.

SECTION III *Règlement intérieur du Parquet européen*

Art. 21 *Règlement intérieur du Parquet européen.* 1. L'organisation des travaux du Parquet européen est régie par son règlement intérieur.

2. Dès la création du Parquet européen, le chef du Parquet européen élabore sans tarder une proposition de règlement intérieur du Parquet européen, qui doit être adoptée par le collège à la majorité des deux tiers.

3. Tout procureur européen peut proposer des modifications au règlement intérieur du Parquet européen, qui sont adoptées si le collège le décide à la majorité des deux tiers.

CHAPITRE IV *Compétence et exercice de la compétence du Parquet européen*

SECTION I *Compétence du Parquet européen*

Art. 22 *Compétence matérielle du Parquet européen.* 1. Le Parquet européen est compétent à l'égard des infractions pénales portant atteinte aux intérêts financiers de l'Union qui sont prévues par la directive (UE) 2017/1371, mise en œuvre en droit interne, indépendamment de la question de savoir si le même comportement délictueux pourrait être classé comme un autre type d'infraction en droit interne. En ce qui concerne les infractions visées à l'article 3, paragraphe 2, point d), de la directive (UE) 2017/1371, mise en œuvre en droit interne, le Parquet européen est compétent uniquement lorsque les actes ou omissions intentionnels définis dans cette disposition ont un lien avec le territoire de deux États membres ou plus et entraînent un préjudice d'un montant total d'au moins 10 000 000 EUR.

2. Le Parquet européen est également compétent à l'égard des infractions relatives à la participation à une organisation criminelle telles qu'elles sont définies dans la décision-cadre 2008/841/JAI, mise en œuvre en droit interne, si les activités criminelles d'une telle organisation consistent essentiellement à commettre une infraction visée au paragraphe 1.

3. Le Parquet européen est également compétent à l'égard de toute autre infraction pénale indissociablement liée à un comportement délictueux relevant du champ d'application du paragraphe 1 du présent article. La compétence à l'égard de telles infractions pénales ne peut être exercée que conformément à l'article 25, paragraphe 3.

4. En tout état de cause, le Parquet européen n'est pas compétent à l'égard des infractions pénales portant sur les impôts nationaux directs, y compris les infractions qui y sont indissociablement liées. Le présent règlement n'a pas d'incidence sur la structure ni sur le fonctionnement des administrations fiscales des États membres.

Art. 23 *Compétences territoriale et personnelle du Parquet européen.* Le Parquet européen est compétent à l'égard des infractions visées à l'article 22, lorsque ces infractions :

a) ont été commises en totalité ou en partie sur le territoire d'un ou de plusieurs États membres ;

b) ont été commises par un ressortissant d'un État membre, pour autant qu'un État membre soit compétent à l'égard de ces infractions lorsqu'elles sont commises en dehors de son territoire ; ou

c) ont été commises en dehors des territoires visés au point a) par une personne qui, au moment de l'infraction, était soumise au statut des fonctionnaires ou au régime applicable aux autres agents, pour autant qu'un État membre soit compétent à l'égard de ces infractions lorsqu'elles sont commises en dehors de son territoire.

SECTION II *Exercice de la compétence du parquet européen*

Art. 24 *Communication, enregistrement et vérification d'informations.* 1. Les institutions, organes et organismes de l'Union et les autorités des États membres qui sont compétentes en vertu du droit national applicable signalent sans retard indu au Parquet européen tout comportement délictueux à l'égard duquel celui-ci pourrait exercer sa compétence conformément à l'article 22 et à l'article 25, paragraphes 2 et 3.

2. Lorsqu'une autorité judiciaire ou répressive d'un État membre ouvre une enquête concernant une infraction pénale à l'égard de laquelle le Parquet européen pourrait exercer sa compétence conformément à l'article 22 et à l'article 25, paragraphes 2 et 3, ou si, à un moment quelconque après l'ouverture d'une enquête, l'autorité judiciaire ou l'autorité répressive compétente d'un État membre constate que l'enquête concerne une telle infraction, cette autorité en informe le Parquet européen sans retard indu afin que ce dernier puisse décider d'exercer ou non son droit d'évocation conformément à l'article 27.

3. Lorsqu'une autorité judiciaire ou répressive d'un État membre ouvre une enquête concernant une infraction pénale au sens de l'article 22 et estime que, conformément à l'article 25, paragraphe 3, le Parquet européen pourrait ne pas exercer sa compétence, elle en informe le Parquet européen.

4. Cette information comprend, au minimum, une description des faits, y compris une évaluation du préjudice causé ou susceptible d'être causé, la qualification juridique possible et toute information disponible sur les victimes potentielles, les suspects et toute autre personne impliquée.

5. Le Parquet européen est également informé, conformément aux paragraphes 1 et 2 du présent article, des cas où il n'est pas possible de déterminer si les critères prévus à l'article 25, paragraphe 2, sont remplis.

6. Les informations communiquées au Parquet européen sont enregistrées et vérifiées conformément à son règlement intérieur. La vérification permet de déterminer si, sur la base des informations communiquées conformément aux paragraphes 1 et 2, il y a lieu d'ouvrir une enquête ou d'exercer le droit d'évocation.

7. Si, après vérification, le Parquet européen décide qu'il n'y a pas lieu d'ouvrir une enquête conformément à l'article 26 ou d'exercer son droit d'évocation conformément à l'article 27, les motifs de sa décision sont enregistrés dans le système de gestion des dossiers.

Le Parquet européen informe l'autorité qui a signalé le comportement délictueux conformément au paragraphe 1 ou 2, ainsi que les victimes de l'infraction et, si le droit national en dispose ainsi, les autres personnes qui ont signalé le comportement délictueux.

8. S'il vient à la connaissance du Parquet européen qu'une infraction pénale ne relevant pas de sa compétence pourrait avoir été commise, celui-ci en informe les autorités nationales compétentes sans retard indu et leur transmet tous les éléments de preuve pertinents.

9. Dans certains cas précis, le Parquet européen peut demander davantage d'informations pertinentes aux institutions, organes et organismes de l'Union, ainsi qu'aux autorités des États membres. Les informations demandées peuvent concerner des infractions ayant porté atteinte aux intérêts financiers de l'Union, autres que celles relevant de la compétence du Parquet européen conformément à l'article 25, paragraphe 2.

10. Le Parquet européen peut demander d'autres informations pour permettre au collège de formuler, conformément à l'article 9, paragraphe 2, des orientations générales relatives à l'interprétation de l'obligation d'informer le Parquet européen des cas relevant de l'article 25, paragraphe 2.

Art. 25 *Exercice de sa compétence par le Parquet européen.* 1. Le Parquet européen exerce sa compétence soit en ouvrant une enquête en vertu de l'article 26, soit en décidant d'utiliser son droit d'évocation en vertu de l'article 27. Si le Parquet européen décide d'exercer sa compétence, les autorités nationales compétentes s'abstiennent d'exercer la leur à l'égard du même comportement délictueux.

2. Lorsqu'une infraction pénale relevant de l'article 22 a causé ou est susceptible de causer aux intérêts financiers de l'Union un préjudice inférieur à 10 000 EUR, le Parquet européen ne peut exercer sa compétence que si :

a) les répercussions du dossier à l'échelle de l'Union sont de nature à rendre nécessaire la conduite d'une enquête par le Parquet européen ; ou

b) des fonctionnaires ou d'autres agents de l'Union, ou des membres des institutions de l'Union, pourraient être soupçonnés d'avoir commis l'infraction.

Le Parquet européen consulte, s'il y a lieu, les autorités nationales ou organes de l'Union compétents, pour déterminer si les critères énoncés aux points a) et b) du premier alinéa sont remplis.

3. Le Parquet européen s'abstient d'exercer sa compétence à l'égard de toute infraction relevant de l'article 22 et, après consultation des autorités nationales compétentes, renvoie l'affaire à ces dernières sans retard indu, conformément à l'article 34, si :

a) la peine maximale prévue par le droit national pour une infraction relevant de l'article 22, paragraphe 1, est équivalente à la peine maximale encourue pour une infraction indissociablement liée visée à l'article 22, paragraphe 3, ou moins sévère, à moins que cette dernière infraction ait contribué à la commission de l'infraction relevant de l'article 22, paragraphe 1 ; ou

b) il y a lieu de supposer que le préjudice causé ou susceptible d'être causé aux intérêts financiers de l'Union par une infraction visée à l'article 22 n'excède pas le préjudice causé ou susceptible d'être causé à une autre victime.

Le premier alinéa, point b), du présent paragraphe ne s'applique pas aux infractions visées à l'article 3, paragraphe 2, points a), b) et d), de la directive (UE) 2017/1371 mise en œuvre en droit interne.

4. Le Parquet européen peut, avec le consentement des autorités nationales compétentes, exercer sa compétence à l'égard des infractions visées à l'article 22, dans les cas où cela serait autrement exclu en application du paragraphe 3, point b), du présent article, s'il apparaît que le Parquet européen est mieux placé pour ouvrir une enquête ou engager des poursuites.

5. Le Parquet européen informe les autorités nationales compétentes sans retard indu de toute décision d'exercer ou de ne pas exercer sa compétence.

6. En cas de désaccord entre le Parquet européen et les autorités nationales chargées des poursuites sur la question de savoir si le comportement délictueux relève ou non de l'article 22, paragraphe 2 ou 3, ou de l'article 25, paragraphe 2 ou 3, ce sont les autorités nationales compétentes pour statuer sur la répartition des compétences en cas de poursuites à l'échelle nationale qui déterminent qui doit être compétent pour instruire l'affaire. Les États membres désignent l'autorité nationale appelée à statuer sur la répartition des compétences.

CHAPITRE V *Règles de procédure relatives aux enquêtes, aux mesures d'enquête, aux poursuites et aux mesures alternatives aux poursuites*

SECTION I *Règles relatives aux enquêtes*

Art. 26 *Ouverture des enquêtes et répartition des compétences au sein du Parquet européen.* 1. Lorsque, conformément au droit national applicable, il y a de bonnes raisons de croire qu'une infraction relevant de la compétence du Parquet européen est en train d'être commise ou a été commise, un procureur européen délégué d'un État membre qui, en vertu de son droit national, est compétent à l'égard de ladite infraction ouvre une enquête, sans préjudice des règles prévues à l'article 25, paragraphes 2 et 3, et en fait état dans le système de gestion des dossiers.

2. Si, en procédant à la vérification prévue à l'article 24, paragraphe 6, le Parquet européen décide d'ouvrir une enquête, il en informe sans retard indu l'autorité qui a signalé l'activité criminelle conformément à l'article 24, paragraphe 1 ou 2.

3. Dans les cas où aucune enquête n'a été ouverte par un procureur européen délégué, la chambre permanente à laquelle l'affaire a été attribuée charge un procureur européen délégué, dans les conditions énoncées au paragraphe 1, d'ouvrir une enquête.

4. En principe, une procédure est ouverte et gérée par un procureur européen délégué de l'État membre dans lequel l'activité criminelle a lieu principalement ou, si plusieurs infractions liées relevant de la compétence du Parquet européen ont été commises, de l'État membre dans lequel la plus grande partie des infractions ont été commises. Un procureur européen délégué d'un autre État membre, qui est compétent pour connaître de l'affaire, ne peut ouvrir une enquête ou être chargé par la chambre permanente compétente d'ouvrir une

enquête que lorsqu'un écart par rapport à la règle énoncée dans la phrase précédente est dûment justifié, compte tenu des critères qui suivent, par ordre de priorité :

a) le lieu de résidence habituelle du suspect ou de la personne poursuivie ;

b) la nationalité du suspect ou de la personne poursuivie ;

c) le lieu où le principal préjudice financier a eu lieu.

5. Jusqu'à ce qu'une décision de poursuivre soit prise en vertu de l'article 36, la chambre permanente compétente peut décider, lorsqu'une affaire relève de la compétence de plusieurs États membres, après consultation des procureurs européens et/ou des procureurs européens délégués concernés :

a) de réattribuer l'affaire à un procureur européen délégué d'un autre État membre ;

b) de joindre ou de scinder des affaires, en choisissant, dans les deux cas, le procureur européen délégué chargé de l'affaire,

pour autant que de telles décisions soient dans l'intérêt général de la justice et conformes aux critères guidant le choix du procureur européen délégué chargé de l'affaire conformément au paragraphe 4 du présent article.

6. Chaque fois que la chambre permanente décide de réattribuer, de joindre ou de scinder une affaire, elle tient dûment compte de l'avancement des enquêtes à ce moment.

7. Le Parquet européen informe sans retard indu les autorités nationales compétentes de toute décision d'ouverture d'une enquête.

Art. 27 *Droit d'évocation.* 1. Dès réception de toutes les informations pertinentes conformément à l'article 24, paragraphe 2, le Parquet européen décide, dans les meilleurs délais, et au plus tard cinq jours après réception des informations communiquées par les autorités nationales, d'exercer ou de ne pas exercer son droit d'évocation, et informe les autorités nationales de cette décision. Dans certains cas particuliers, le chef du Parquet européen peut prendre une décision motivée pour prolonger le délai d'une durée maximale de cinq jours, et il en informe les autorités nationales.

2. Pendant les délais visés au paragraphe 1, les autorités nationales s'abstiennent de prendre toute décision de droit national susceptible d'empêcher le Parquet européen d'exercer son droit d'évocation.

Les autorités nationales prennent toutes les mesures urgentes nécessaires, au titre du droit national, pour assurer l'efficacité de l'enquête et des poursuites.

3. Si le Parquet européen apprend, par d'autres moyens que les informations visées à l'article 24, paragraphe 2, qu'une enquête liée à une infraction pénale à l'égard de laquelle il pourrait être compétent a déjà été ouverte par les autorités compétentes d'un État membre, il en informe sans tarder ces autorités. Après avoir été dûment informé conformément à l'article 24, paragraphe 2, le Parquet européen décide d'exercer ou non son droit d'évocation. La décision est prise dans les délais prévus au paragraphe 1 du présent article.

4. Le Parquet européen consulte, s'il y a lieu, les autorités compétentes de l'État membre concerné avant de décider d'exercer ou non son droit d'évocation.

5. Lorsque le Parquet européen exerce son droit d'évocation, les autorités compétentes des États membres lui transmettent le dossier et s'abstiennent de procéder à de nouveaux actes d'instruction portant sur la même infraction.

6. Le droit d'évocation prévu dans le présent article peut être exercé par un procureur européen délégué de tout État membre dont les autorités compétentes ont ouvert une enquête concernant une infraction relevant du champ d'application des articles 22 et 23.

Lorsqu'un procureur européen délégué qui a reçu les informations conformément à l'article 24, paragraphe 2, envisage de ne pas exercer son droit d'évocation, il en informe la chambre permanente compétente par l'intermédiaire du procureur européen de son État membre, afin de permettre à la chambre permanente de prendre une décision conformément à l'article 10, paragraphe 4.

7. Lorsque le Parquet européen s'abstient d'exercer sa compétence, il en informe les autorités nationales compétentes sans retard indu. A tout moment de la procédure, les autorités nationales compétentes informent le Parquet européen de tout fait nouveau susceptible de l'amener à revoir sa décision de ne pas exercer sa compétence.

Le Parquet européen peut exercer son droit d'évocation après avoir reçu ces informations, à condition que l'enquête nationale ne soit pas encore achevée et qu'aucun acte d'accusation n'ait été soumis à une juridiction. La décision est prise dans le délai prévu au paragraphe 1.

8. Si, dans le cas d'une infraction qui a causé ou est susceptible de causer aux intérêts financiers de l'Union un préjudice inférieur à 100 000 EUR, le collège estime, eu égard au degré de gravité de l'infraction ou à la complexité de la procédure dans une affaire spécifique, qu'il n'est pas nécessaire d'ouvrir une enquête ou d'engager des poursuites au niveau de l'Union, il formule, conformément à l'article 9, paragraphe 2, des orientations générales

permettant aux procureurs européens délégués de décider, en toute indépendance et sans retard indu, de ne pas se saisir de l'affaire.

Ces orientations indiquent, avec toutes les précisions nécessaires, les circonstances dans lesquelles elles s'appliquent, en fixant des critères clairs, ce en tenant compte en particulier de la nature de l'infraction, de l'urgence de la situation et de l'engagement des autorités nationales compétentes de prendre toutes les mesures nécessaires pour réparer intégralement le préjudice causé aux intérêts financiers de l'Union.

9. Pour assurer l'application cohérente de ces orientations, un procureur européen délégué informe la chambre permanente compétente de chaque décision prise conformément au paragraphe 8 et chaque chambre permanente rend compte une fois par an au collège de l'application des orientations.

Art. 28 *Conduite de l'enquête.* 1. Le procureur européen délégué chargé d'une affaire peut, conformément au présent règlement et au droit national, soit prendre des mesures d'enquête et d'autres mesures de sa propre initiative, soit en charger les autorités compétentes de son État membre. Lesdites autorités veillent, conformément au droit national, à ce que toutes les instructions soient suivies et prennent les mesures qu'elles ont été chargées de prendre. Le procureur européen délégué chargé de l'affaire utilise le système de gestion des dossiers pour signaler au procureur européen compétent et à la chambre permanente tout événement important concernant l'affaire, conformément aux règles établies dans le règlement intérieur du Parquet européen.

2. A tout moment au cours des enquêtes conduites par le Parquet européen, les autorités nationales compétentes prennent, conformément au droit national, toute mesure urgente nécessaire pour assurer l'efficacité des enquêtes, même lorsque ces autorités n'agissent pas spécifiquement sur instruction du procureur européen délégué chargé de l'affaire. Les autorités nationales informent sans retard indu le procureur européen délégué chargé de l'affaire des mesures urgentes qui ont été prises.

3. La chambre permanente compétente peut, sur proposition du procureur européen chargé de la surveillance de l'affaire, décider de réattribuer une affaire à un autre procureur européen délégué dans le même État membre lorsque le procureur européen délégué chargé de l'affaire :

a) est dans l'impossibilité de conduire l'enquête ou les poursuites ; ou

b) ne suit pas les instructions de la chambre permanente compétente ou du procureur européen.

4. A titre exceptionnel, après avoir obtenu l'approbation de la chambre permanente compétente, le procureur européen chargé de la surveillance de l'affaire peut prendre la décision motivée de conduire l'enquête personnellement, soit en prenant personnellement les mesures d'enquête et les autres mesures, soit en confiant ces tâches aux autorités compétentes de son État membre, si cela semble indispensable pour assurer l'efficacité de l'enquête ou des poursuites, sur la base d'un ou plusieurs des critères suivants :

a) la gravité de l'infraction, compte tenu notamment de ses répercussions possibles au niveau de l'Union ;

b) lorsque l'enquête concerne des fonctionnaires ou d'autres agents de l'Union, ou des membres des institutions de l'Union ;

c) lorsque le mécanisme de réattribution prévu au paragraphe 3 n'a pas fonctionné.

Dans de telles circonstances exceptionnelles, les États membres veillent à ce que le procureur européen ait le droit d'ordonner ou de demander des mesures d'enquête et d'autres mesures et à ce qu'il ait tous les pouvoirs, responsabilités et obligations qui incombent à un procureur européen délégué conformément au présent règlement et au droit national.

Les autorités nationales compétentes et les procureurs européens délégués concernés par l'affaire sont informés sans retard indu de la décision prise en vertu du présent paragraphe.

Art. 29 *Levée des privilèges ou des immunités.* 1. Lorsque les enquêtes du Parquet européen concernent des personnes protégées par un privilège ou une immunité conférés par le droit national et que ce privilège ou cette immunité constitue un obstacle à une enquête particulière en cours, le chef du Parquet européen rédige une demande écrite motivée tendant à en obtenir la levée conformément aux procédures prévues par ce droit national.

2. Lorsque les enquêtes du Parquet européen concernent des personnes protégées par les privilèges ou immunités conférés par le droit de l'Union, notamment le protocole sur les privilèges et immunités de l'Union européenne, et que ces privilèges ou immunités constituent un obstacle à une enquête particulière en cours, le chef du Parquet européen rédige une demande écrite motivée tendant à obtenir la levée de ces privilèges ou immunités conformément aux procédures prévues par le droit de l'Union.

SECTION II *Règles relatives aux mesures d'enquête et autres mesures*

Art. 30 *Mesures d'enquête et autres mesures.* 1. A tout le moins dans les cas où l'infraction qui fait l'objet de l'enquête est passible d'une peine maximale d'au moins quatre années d'emprisonnement, les États membres veillent à ce que les procureurs européens délégués soient habilités à ordonner ou à demander les mesures d'enquête suivantes :

a) la perquisition de tous locaux, terrains, moyens de transport, domicile privé, vêtements et de tous autres biens personnels ou système informatique, et l'adoption de toute mesure conservatoire qui serait nécessaire afin de préserver leur intégrité ou d'éviter la perte ou la contamination de preuves ;

b) la production de tout objet ou document pertinent, soit au format original, soit à un autre format précisé ;

c) la production de données informatiques stockées, cryptées ou non, soit au format original, soit à un autre format précisé, y compris des coordonnées bancaires ou des données relatives au trafic, à l'exception des données spécifiquement conservées conformément au droit national en application de l'article 15, paragraphe 1, deuxième phrase, de la directive 2002/58/CE du Parlement européen et du Conseil ;

d) le gel des instruments ou des produits du crime, y compris les avoirs, qui sont destinés à faire l'objet d'une confiscation par la juridiction du fond, s'il y a tout lieu de croire que celui qui en est propriétaire ou détenteur ou qui les contrôle s'efforcera de priver d'effet la décision de justice ordonnant la confiscation ;

e) l'interception de communications électroniques reçues ou passées par le suspect ou la personne poursuivie, par tout moyen de communication électronique que le suspect ou la personne poursuivie utilise ;

f) le repérage et le traçage d'un objet par des moyens techniques, y compris les livraisons contrôlées de biens.

2. Sans préjudice de l'article 29, les mesures d'enquête visées au paragraphe 1 du présent article peuvent être assorties de conditions, conformément au droit national applicable, si celui-ci prévoit des restrictions particulières qui s'appliquent à l'égard de certaines catégories de personnes ou de professionnels juridiquement tenus à une obligation de confidentialité.

3. Les mesures d'enquête prévues au paragraphe 1, points c), e) et f), du présent article peuvent être assorties d'autres conditions, y compris des limitations, prévues par le droit national applicable. En particulier, les États membres peuvent limiter l'application du paragraphe 1, points e) et f), du présent article à certaines infractions graves. Tout État membre qui a l'intention de recourir à cette limitation notifie au Parquet européen la liste correspondante des infractions graves concernées conformément à l'article 117.

4. Les procureurs européens délégués sont habilités à demander ou à ordonner, en plus des mesures visées au paragraphe 1, toute autre mesure à laquelle les procureurs pourraient avoir recours dans leur État membre, conformément au droit national, dans le cadre de procédures nationales similaires.

5. Les procureurs européens délégués ne peuvent ordonner les mesures visées aux paragraphes 1 et 4 que s'il existe des motifs raisonnables de croire que la mesure spécifique en question pourrait permettre d'obtenir des informations ou des éléments de preuve utiles à l'enquête, et pour autant qu'il n'existe aucune mesure moins intrusive qui permettrait d'atteindre le même objectif. Les procédures et les modalités d'adoption des mesures sont régies par le droit national applicable.

Art. 31 *Enquêtes transfrontières.* 1. Les procureurs européens délégués agissent en étroite coopération, en se prêtant mutuellement assistance et en se consultant régulièrement dans le cadre des affaires transfrontières. Lorsqu'une mesure doit être prise dans un État membre autre que l'État membre du procureur européen délégué chargé de l'affaire, ce dernier se prononce sur l'adoption de la mesure nécessaire et délègue celle-ci à un procureur européen délégué situé dans l'État membre dans lequel la mesure doit être exécutée.

2. Le procureur européen délégué chargé de l'affaire peut déléguer toutes les mesures auxquelles il peut avoir recours conformément à l'article 30. La justification et l'adoption de ces mesures sont régies par le droit de l'État membre du procureur européen délégué chargé de l'affaire. Lorsque le procureur européen délégué chargé de l'affaire délègue une mesure d'enquête à un ou plusieurs procureurs européens délégués d'un autre État membre, il en informe dans le même temps le procureur européen chargé de la surveillance de l'affaire dont il dépend.

3. Si la mesure requiert une autorisation judiciaire en vertu du droit de l'État membre du procureur européen délégué assistant, ce dernier se charge de l'obtention de cette autorisation conformément au droit de cet État membre.

Si l'autorisation judiciaire relative à la mesure déléguée est refusée, le procureur européen délégué chargé de l'affaire retire la délégation.

Toutefois, lorsque le droit de l'État membre du procureur européen délégué assistant n'exige pas une telle autorisation judiciaire, mais que celle-ci est néanmoins requise par le droit de l'État membre du procureur européen délégué chargé de l'affaire, l'autorisation est obtenue par le procureur européen délégué chargé de l'affaire et présentée en même temps que la délégation.

4. Le procureur européen délégué assistant exécute la mesure déléguée ou charge l'autorité nationale compétente de le faire.

5. Lorsque le procureur européen délégué assistant estime que :

a) la délégation est incomplète ou comporte une erreur manifeste significative ;

b) la mesure ne peut pas être prise dans le délai fixé dans la délégation, pour des raisons objectives et justifiées ;

c) une autre mesure moins intrusive permettrait d'atteindre les mêmes résultats que la mesure déléguée ; ou

d) la mesure déléguée n'existe pas, ou qu'il ne pourrait y avoir recours dans le cadre d'une procédure nationale similaire en vertu du droit de son État membre,

il informe le procureur européen chargé de la surveillance de l'affaire dont il dépend et consulte le procureur européen délégué chargé de l'affaire en vue de régler la question au niveau bilatéral.

6. Si la mesure déléguée n'existe pas dans une situation purement interne, mais qu'il serait possible d'y avoir recours dans une situation transfrontière régie par les instruments juridiques en vigueur en matière de reconnaissance mutuelle ou de coopération transfrontière, les procureurs européens délégués concernés peuvent, en accord avec les procureurs européens chargés de la surveillance de l'affaire dont ils dépendent, recourir à ces instruments.

7. Si les procureurs européens délégués ne peuvent résoudre la question dans un délai de sept jours ouvrables et que la délégation est maintenue, la question est renvoyée à la chambre permanente compétente. Il en va de même lorsque la mesure déléguée n'est pas prise dans le délai fixé dans la délégation ou dans un délai raisonnable.

8. La chambre permanente compétente entend, dans la mesure où cela est nécessaire, les procureurs européens délégués concernés par l'affaire et décide ensuite sans retard indu, conformément au droit national applicable ainsi qu'au présent règlement, si et à quel moment au plus tard la mesure déléguée nécessaire ou une mesure de remplacement est prise par le procureur européen délégué assistant, et communique cette décision auxdits procureurs européens délégués par l'intermédiaire du procureur européen compétent.

Art. 32 *Exécution des mesures déléguées.* Les mesures déléguées sont mises en œuvre conformément au présent règlement et au droit de l'État membre du procureur européen délégué assistant. Les formalités et procédures expressément indiquées par le procureur européen délégué chargé de l'affaire sont respectées à moins qu'elles ne soient contraires aux principes fondamentaux du droit de l'État membre du procureur européen délégué assistant.

Art. 33 *Détention provisoire et remise transfrontière.* 1. Le procureur européen délégué chargé de l'affaire peut ordonner ou demander l'arrestation ou le placement en détention provisoire du suspect ou de la personne poursuivie, conformément au droit interne applicable dans le cadre de procédures nationales similaires.

2. Lorsqu'il est nécessaire de procéder à l'arrestation et à la remise d'une personne qui ne se trouve pas dans l'État membre sur le territoire duquel est établi le procureur européen délégué chargé de l'affaire, ce dernier délivre ou demande à l'autorité compétente de cet État membre de délivrer un mandat d'arrêt européen conformément à la décision-cadre 2002/584/JAI du Conseil.

SECTION III *Règles en matière de poursuites*

Art. 34 *Renvois et transferts de procédure aux autorités nationales.* 1. Lorsqu'une enquête menée par le Parquet européen révèle que les faits faisant l'objet de l'enquête ne constituent pas une infraction pénale à l'égard de laquelle il est compétent en vertu des articles 22 et 23, la chambre permanente compétente décide de renvoyer l'affaire aux autorités nationales compétentes sans retard indu.

2. Lorsqu'une enquête menée par le Parquet européen révèle que les conditions spécifiques à l'exercice de ses compétences énoncées à l'article 25, paragraphes 2 et 3, ne sont plus remplies, la chambre permanente compétente décide de renvoyer l'affaire aux autorités nationales compétentes sans retard indu et avant d'engager des poursuites devant les juridictions nationales.

3. Si, dans le cas d'une infraction qui a causé ou est susceptible de causer aux intérêts financiers de l'Union un préjudice inférieur à 100 000 EUR, le collège estime, eu égard au degré de gravité de l'infraction ou à la complexité de la procédure dans une affaire spécifique, qu'il n'est pas nécessaire d'ouvrir une enquête ou d'engager des poursuites au niveau de l'Union et qu'un renvoi contribuerait à l'efficacité de l'enquête ou des poursuites, il formule, conformément à l'article 9, paragraphe 2, des orientations générales permettant aux chambres permanentes de renvoyer une affaire aux autorités nationales compétentes.

Ces orientations permettent également aux chambres permanentes de renvoyer une affaire aux autorités nationales compétentes lorsque le Parquet européen exerce une compétence à l'égard d'infractions visées à l'article 3, paragraphe 2, points a) et b), de la directive (UE) 2017/1371 et que le préjudice causé ou susceptible d'être causé aux intérêts financiers de l'Union n'excède pas le préjudice causé ou susceptible d'être causé à une autre victime.

Afin de garantir une application cohérente de ces orientations, chaque chambre permanente fait rapport une fois par an au collège sur leur application.

De tels renvois concernent également les infractions indissociablement liées relevant de la compétence du Parquet européen visées à l'article 22, paragraphe 3.

4. La chambre permanente communique au chef du Parquet européen toute décision de renvoyer une affaire aux autorités nationales sur la base du paragraphe 3. Dans un délai de trois jours à compter de la réception de cette information, le chef du Parquet européen peut demander à la chambre permanente de revoir sa décision s'il estime que cela est nécessaire pour garantir la cohérence des enquêtes et des poursuites menées par le Parquet européen. Si le chef du Parquet européen est membre de la chambre permanente concernée, un de ses adjoints exerce le droit de demander ladite révision.

5. Lorsque les autorités nationales compétentes n'acceptent pas de se charger de l'affaire conformément aux paragraphes 2 et 3 dans un délai de trente jours au maximum, le Parquet européen demeure compétent pour engager des poursuites ou classer l'affaire sans suite, conformément aux règles prévues par le présent règlement.

6. Lorsque le Parquet européen envisage un classement sans suite conformément à l'article 39, paragraphe 3, et si l'autorité nationale le demande, la chambre permanente renvoie l'affaire sans tarder à ladite autorité.

7. Si, à la suite d'un renvoi en application du paragraphe 1, 2 ou 3 du présent article et de l'article 25, paragraphe 3, l'autorité nationale décide d'ouvrir une enquête, le Parquet européen transfère le dossier à ladite autorité nationale, s'abstient de prendre de nouvelles mesures d'enquête ou d'engager de nouvelles poursuites et classe l'affaire.

8. Si un dossier est transféré conformément au paragraphe 1, 2 ou 3 du présent article et à l'article 25, paragraphe 3, le Parquet européen en informe les institutions, organes et organismes de l'Union concernés ainsi que, lorsque le droit interne le prévoit, les suspects ou les personnes poursuivies et les victimes de l'infraction.

Art. 35 *Clôture de l'enquête.* 1. Lorsque le procureur européen délégué chargé de l'affaire considère que l'enquête est achevée, il soumet au procureur européen chargé de la surveillance de l'affaire un rapport contenant un résumé de l'affaire et un projet de décision visant d'éventuelles poursuites devant une juridiction nationale ou un éventuel renvoi de l'affaire, un classement sans suite ou une procédure simplifiée en matière de poursuites conformément à l'article 34, 39 ou 40. Le procureur européen chargé de la surveillance de l'affaire transmet ces documents à la chambre permanente compétente, accompagnés, s'il l'estime nécessaire, de sa propre analyse. Lorsque la chambre permanente, en application de l'article 10, paragraphe 3, adopte la décision proposée par le procureur européen délégué, celui-ci agit en conséquence.

2. Si la chambre permanente, sur la base des rapports reçus, envisage de ne pas prendre la décision proposée par le procureur européen délégué, elle procède, le cas échéant, à son propre examen du dossier avant de prendre une décision définitive ou de donner de nouvelles instructions au procureur européen délégué.

3. Le cas échéant, le rapport du procureur européen délégué fournit également des motifs suffisants de porter l'affaire en jugement soit devant une juridiction de l'État membre dans lequel il est établi, soit, en application de l'article 26, paragraphe 4, devant une juridiction d'un autre État membre qui est compétente pour connaître de l'affaire.

Art. 36 *Poursuites devant les juridictions nationales.* 1. Lorsque le procureur européen délégué soumet un projet de décision proposant de porter une affaire en jugement, la chambre permanente se prononce sur ce projet, conformément aux procédures définies à l'article 35, dans un délai de vingt et un jours. La chambre permanente ne peut pas décider de classer une affaire sans suite si un projet de décision propose de porter ladite affaire en jugement.

2. Si la chambre permanente ne se prononce pas dans un délai de vingt et un jours, la décision proposée par le procureur européen délégué est réputée acceptée.

3. Lorsqu'une affaire relève de la compétence de plus d'un État membre, la chambre permanente décide en principe d'exercer les poursuites dans l'État membre du procureur européen délégué chargé de l'affaire. Cependant, la chambre permanente peut, compte tenu du rapport fourni conformément à l'article 35, paragraphe 1, décider d'exercer les poursuites dans un autre État membre, s'il existe des motifs suffisamment justifiés pour le faire, en tenant compte des critères énoncés à l'article 26, paragraphes 4 et 5, et enjoindre le procureur européen délégué de cet État membre d'agir en conséquence.

4. Avant de décider de porter une affaire en jugement, la chambre permanente compétente peut, sur proposition du procureur européen délégué chargé de l'affaire, décider de joindre plusieurs affaires, lorsque les enquêtes ont été menées par différents procureurs européens délégués à l'encontre de la même ou des mêmes personnes en vue d'exercer les poursuites devant les juridictions d'un seul État membre qui, conformément au droit de celui-ci, a compétence dans chacune de ces affaires.

5. Une fois qu'a été prise une décision quant à l'État membre dans lequel les poursuites seront exercées, la juridiction nationale compétente dans cet État membre sera déterminée sur la base du droit national.

6. Si nécessaire aux fins de recouvrement, de suivi administratif ou de contrôle, le Bureau central informe les autorités nationales compétentes, les personnes intéressées et les institutions, organes et organismes de l'Union concernés de la décision d'engager des poursuites.

7. Lorsque, à la suite d'une décision judiciaire, le Parquet européen doit déterminer s'il forme un recours, le procureur européen délégué soumet à la chambre permanente compétente un rapport comportant un projet de décision et attend ses instructions. S'il devait se révéler impossible d'attendre lesdites instructions dans les délais fixés par le droit national, le procureur européen délégué est habilité à former un recours sans instructions préalables de la chambre permanente, et soumet ensuite sans tarder le rapport à celle-ci. La chambre permanente enjoint alors le procureur européen délégué de maintenir le recours ou de le retirer. La même procédure s'applique lorsque, au cours de la procédure judiciaire et conformément au droit national applicable, le procureur européen délégué chargé de l'affaire prend une position conduisant au classement sans suite de l'affaire.

Art. 37 *Éléments de preuve.* 1. Les éléments de preuve présentés à une juridiction par les procureurs du Parquet européen ou par la partie défenderesse ne peuvent être déclarés inadmissibles au seul motif qu'ils ont été recueillis dans un autre État membre ou conformément au droit d'un autre État membre.

2. Le présent règlement ne porte pas atteinte au pouvoir dont dispose la juridiction du fond d'apprécier librement les éléments de preuve présentés par la partie défenderesse ou par les procureurs du Parquet européen.

Art. 38 *Cession des avoirs confisqués.* Lorsque, conformément aux conditions et procédures prévues par le droit national, y compris celui transposant la directive 2014/42/UE du Parlement européen et du Conseil, la juridiction nationale compétente a, par voie de décision définitive, décidé de confisquer tout bien en rapport avec une infraction relevant de la compétence du Parquet européen ou tout produit provenant d'une telle infraction, ces biens ou produits sont cédés conformément au droit national applicable. Cette cession ne porte pas atteinte aux droits de l'Union ou d'autres victimes d'obtenir réparation pour les dommages subis.

SECTION IV *Règles en matière de mesures alternatives aux poursuites*

Art. 39 *Classement sans suite de l'affaire.* 1. Lorsqu'il est devenu impossible de déclencher des poursuites conformément au droit de l'État membre du procureur européen délégué chargé de l'affaire, la chambre permanente décide, sur la base d'un rapport soumis par le procureur européen délégué chargé de l'affaire conformément à l'article 35, paragraphe 1, de classer sans suite la procédure engagée à l'encontre d'une personne pour l'un des motifs suivants :

a) le décès du suspect ou de la personne poursuivie ou la dissolution de la personne morale soupçonnée ou poursuivie ;

b) la démence du suspect ou de la personne poursuivie ;

c) l'amnistie accordée au suspect ou à la personne poursuivie ;

d) l'immunité accordée au suspect ou à la personne poursuivie, à moins que celle-ci ait été levée ;

e) l'expiration du délai national de prescription en matière de poursuites ;

f) l'affaire concernant le suspect ou la personne poursuivie a déjà été définitivement jugée en liaison avec les mêmes actes ;
g) l'absence de preuves pertinentes.

2. Une décision rendue en application du paragraphe 1 n'empêche pas un complément d'enquête sur la base de faits nouveaux qui n'étaient pas connus du Parquet européen au moment où elle a été rendue et qui ont été découverts par la suite. La décision de rouvrir une enquête sur la base de faits nouveaux incombe à la chambre permanente compétente.

3. Lorsque le Parquet européen est compétent conformément à l'article 22, paragraphe 3, il ne classe sans suite une affaire qu'après avoir consulté les autorités nationales de l'État membre visées à l'article 25, paragraphe 6. Le cas échéant, la chambre permanente renvoie l'affaire aux autorités nationales compétentes conformément à l'article 34, paragraphes 6, 7 et 8.

Il en va de même lorsque le Parquet européen exerce une compétence à l'égard d'infractions visées à l'article 3, paragraphe 2, points a) et b), de la directive (UE) 2017/1371 et que le préjudice causé ou susceptible d'être causé aux intérêts financiers de l'Union n'excède pas le préjudice causé ou susceptible d'être causé à une autre victime.

4. Lorsqu'une affaire est classée sans suite, le Parquet européen le notifie officiellement aux autorités nationales compétentes et en informe les institutions, organes et organismes de l'Union concernés ainsi que, lorsque le droit interne le prévoit, les suspects ou les personnes poursuivies et les victimes de l'infraction. Les affaires classées sans suite peuvent également être renvoyées à l'OLAF ou aux autorités administratives ou judiciaires nationales compétentes aux fins de recouvrement ou de tout autre suivi administratif.

SECTION V *Règles relatives aux procédures simplifiées*

Art. 40 *Procédures simplifiées en matière de poursuites.* 1. Si le droit national applicable prévoit une procédure simplifiée en matière de poursuites visant au règlement définitif d'une affaire selon les modalités fixées d'un commun accord avec le suspect, le procureur européen délégué chargé de l'affaire peut, conformément à l'article 10, paragraphe 3, et à l'article 35, paragraphe 1, proposer à la chambre permanente compétente d'appliquer cette procédure conformément aux conditions prévues en droit national.

Lorsque le Parquet européen exerce une compétence à l'égard d'infractions visées à l'article 3, paragraphe 2, points a) et b), de la directive (UE) 2017/1371 et que le préjudice causé ou susceptible d'être causé aux intérêts financiers de l'Union n'excède pas le préjudice causé ou susceptible d'être causé à une autre victime, le procureur européen délégué chargé de l'affaire consulte les autorités nationales chargées des poursuites avant de proposer d'appliquer une procédure simplifiée en matière de poursuites.

2. La chambre permanente se prononce sur la proposition du procureur européen délégué chargé de l'affaire en tenant compte des éléments suivants :
a) la gravité de l'infraction, en fonction notamment du préjudice causé ;
b) la volonté de l'auteur présumé de l'infraction de réparer le préjudice causé par son comportement illégal ;
c) le recours à la procédure serait conforme aux objectifs généraux et aux principes fondamentaux du Parquet européen énoncés dans le présent règlement.

Le collège adopte, conformément à l'article 9, paragraphe 2, des orientations relatives à la prise en compte de ces éléments.

3. Si la chambre permanente approuve la proposition, le procureur européen délégué chargé de l'affaire applique la procédure simplifiée en matière de poursuites conformément aux conditions prévues en droit national et l'enregistre dans le système de gestion des dossiers. Lorsque la procédure simplifiée en matière de poursuites est arrivée à son terme à la suite du respect des conditions arrêtées d'un commun accord avec le suspect, la chambre permanente charge le procureur européen délégué d'agir en vue de classer définitivement l'affaire.

CHAPITRE VI *Garanties procédurales*

Art. 41 *Portée des droits conférés aux suspects et aux personnes poursuivies.* 1. Les activités du Parquet européen sont exercées dans le respect total des droits des suspects et personnes poursuivies qui sont consacrés par la charte, notamment le droit à un procès équitable et les droits de la défense.

2. Tout suspect ou personne poursuivie impliqué dans les procédures pénales du Parquet européen jouit, au minimum, des droits procéduraux prévus dans le droit de l'Union, y compris les directives concernant les droits des suspects et personnes poursuivies dans le cadre de procédures pénales, telles qu'elles ont été mises en œuvre en droit interne, comme :

a) le droit à l'interprétation et à la traduction, prévu dans la directive 2010/64/UE ;

b) le droit à l'information et à l'accès aux pièces du dossier, prévu dans la directive 2012/13/UE ;

c) le droit d'accès à un avocat et le droit de communiquer avec des tiers et d'informer des tiers en cas de détention, prévus dans la directive 2013/48/UE ;

d) le droit de garder le silence et le droit d'être présumé innocent, prévus dans la directive (UE) 2016/343 ;

e) le droit à l'aide juridictionnelle, prévu dans la directive (UE) 2016/1919.

3. Sans préjudice des droits visés au présent chapitre, les suspects et les personnes poursuivies ainsi que les autres personnes concernées par les procédures du Parquet européen jouissent de tous les droits procéduraux que le droit interne applicable leur accorde, y compris la possibilité de présenter des éléments de preuve, de demander la désignation d'experts ou une expertise et l'audition de témoins, et de demander que le Parquet européen obtienne de telles mesures au nom de la défense.

Art. 42 *Contrôle juridictionnel.* 1. Les actes de procédure du Parquet européen qui sont destinés à produire des effets juridiques à l'égard de tiers sont soumis au contrôle des juridictions nationales compétentes conformément aux exigences et procédures prévues par le droit national. Il en va de même lorsque le Parquet européen s'abstient d'adopter des actes de procédure destinés à produire des effets juridiques à l'égard de tiers que celui-ci était légalement tenu d'adopter en application du présent règlement.

2. La Cour de justice est compétente, conformément à l'article 267 du TFUE, pour statuer, à titre préjudiciel, sur :

a) la validité des actes de procédure du Parquet européen, pour autant qu'une telle question de validité soit soulevée devant une juridiction d'un État membre directement sur la base du droit de l'Union ;

b) l'interprétation ou la validité de dispositions du droit de l'Union, y compris le présent règlement ;

c) l'interprétation des articles 22 et 25 du présent règlement en ce qui concerne tout conflit de compétence entre le Parquet européen et les autorités nationales compétentes.

3. Par dérogation au paragraphe 1 du présent article, les décisions du Parquet européen visant à classer une affaire sans suite, pour autant qu'elles soient contestées directement sur la base du droit de l'Union, sont soumises au contrôle de la Cour de justice conformément à l'article 263, quatrième alinéa, du TFUE.

4. La Cour de justice est compétente, conformément à l'article 268 du TFUE, pour statuer sur tout litige concernant la réparation des dommages causés par le Parquet européen.

5. La Cour de justice est compétente, conformément à l'article 272 du TFUE, pour statuer sur tout litige concernant les clauses d'arbitrage contenues dans les contrats conclus par le Parquet européen.

6. La Cour de justice est compétente, conformément à l'article 270 du TFUE, pour statuer sur tout litige concernant les questions relatives au personnel.

7. La Cour de justice est compétente pour statuer sur la révocation du chef du Parquet européen ou des procureurs européens, conformément, respectivement, à l'article 14, paragraphe 5, et à l'article 16, paragraphe 5.

8. Le présent article s'entend sans préjudice du contrôle juridictionnel exercé par la Cour de justice, conformément à l'article 263, quatrième alinéa, du TFUE, à l'égard des décisions du Parquet européen qui affectent les droits des personnes concernées au titre du chapitre VIII et des décisions du Parquet européen qui ne sont pas des actes de procédure, telles que les décisions du Parquet européen relatives au droit d'accès du public aux documents, ou d'une décision révoquant un procureur européen délégué adoptée conformément à l'article 17, paragraphe 3, du présent règlement, ou de toute autre décision administrative.

CHAPITRE VII *Traitement d'informations*

Art. 43 *Accès du Parquet européen aux informations.* 1. Les procureurs européens délégués peuvent obtenir toutes les informations pertinentes stockées dans les bases de données nationales sur les enquêtes pénales et dans celles tenues par les services répressifs ainsi que dans d'autres registres pertinents tenus par des autorités publiques, dans les mêmes conditions que celles applicables en droit national dans le cadre de procédures similaires.

2. Le Parquet européen peut également obtenir toutes les informations pertinentes relevant de sa compétence qui sont stockées dans les bases de données et dans les registres des institutions, organes et organismes de l'Union.

Art. 44 *Système de gestion des dossiers.* 1. Le Parquet européen établit un système de gestion des dossiers, qui est tenu et géré conformément aux règles fixées dans le présent règlement et dans le règlement intérieur du Parquet européen.

2. Le système de gestion des dossiers a pour objectifs de :

a) fournir un soutien à la conduite des enquêtes et des poursuites menées par le Parquet européen, notamment en gérant les flux d'informations internes et en appuyant les activités d'enquête dans le cadre des affaires transfrontières ;

b) garantir un accès sécurisé aux informations relatives aux enquêtes et aux poursuites au sein du Bureau central et par les procureurs européens délégués ;

c) permettre le recoupement d'informations et l'extraction de données à des fins d'analyse opérationnelle et de statistiques ;

d) faciliter le contrôle en vue de s'assurer que le traitement des données opérationnelles à caractère personnel est licite et conforme aux dispositions pertinentes du présent règlement.

3. Le système de gestion des dossiers peut être relié à l'accès aux télécommunications sécurisées visé à l'article 9 de la décision 2008/976/JAI du Conseil.

4. Le système de gestion des dossiers comprend :

a) un registre des informations obtenues par le Parquet européen conformément à l'article 24, y compris toutes les décisions liées à ces informations ;

b) un index de tous les dossiers ;

c) toutes les informations provenant des dossiers qui sont stockées sous forme électronique dans le système de gestion des dossiers conformément à l'article 45, paragraphe 3.

L'index ne peut comporter aucune donnée opérationnelle à caractère personnel en dehors des données nécessaires pour identifier les affaires, ou pour établir des recoupements entre différents dossiers.

5. Pour traiter des données opérationnelles à caractère personnel, le Parquet européen ne peut créer de fichiers automatisés autres que les dossiers qu'en conformité avec le présent règlement et avec le règlement intérieur du Parquet européen. Les détails relatifs à ces autres fichiers automatisés sont notifiés au Contrôleur européen de la protection des données.

Art. 45 *Dossiers du Parquet européen.* 1. Lorsque le Parquet européen décide d'ouvrir une enquête ou d'exercer son droit d'évocation conformément au présent règlement, le procureur européen délégué chargé de l'affaire ouvre un dossier.

Le dossier comprend l'ensemble des informations et éléments de preuve dont dispose le procureur européen délégué, qui se rapportent à l'enquête ou aux poursuites menées par le Parquet européen.

Dès qu'une enquête a été ouverte, les informations provenant du registre visé à l'article 44, paragraphe 4, point a), sont intégrées au dossier.

2. Le dossier est géré par le procureur européen délégué chargé de l'affaire conformément au droit de son État membre.

Le règlement intérieur du Parquet européen peut comporter des règles relatives à l'organisation et à la gestion des dossiers dans la mesure nécessaire pour garantir le fonctionnement du Parquet européen en tant que parquet unique. L'accès au dossier est accordé aux suspects et aux personnes poursuivies, ainsi qu'aux autres personnes concernées par la procédure, par le procureur européen délégué chargé de l'affaire en conformité avec le droit national de l'État membre de ce procureur.

3. Le système de gestion des dossiers du Parquet européen comprend l'ensemble des informations et éléments de preuve provenant du dossier qui peuvent être stockés sous forme électronique, afin de permettre au Bureau central d'exercer ses fonctions conformément au présent règlement. Le procureur européen délégué chargé de l'affaire veille à ce que le contenu des informations figurant dans le système de gestion des dossiers reflète à tout moment le contenu du dossier, et en particulier à ce que les données opérationnelles à caractère personnel figurant dans le système de gestion des dossiers soient effacées ou rectifiées chaque fois que les données ont été effacées ou rectifiées dans le dossier correspondant.

Art. 46 *Accès au système de gestion des dossiers.* Le chef du Parquet européen, ses adjoints, les autres procureurs européens et les procureurs européens délégués ont un accès direct au registre et à l'index.

Le procureur européen chargé de la surveillance de l'affaire et la chambre permanente compétente ont, lorsqu'ils exercent leurs compétences conformément aux articles 10 et 12, un accès direct aux informations stockées sous forme électronique dans le système de gestion des dossiers. Le procureur européen chargé de la surveillance de l'affaire a également un accès direct au dossier. La chambre permanente compétente a accès au dossier sur demande.

Les autres procureurs européens délégués peuvent demander à avoir accès aux informations stockées sous forme électronique dans le système de gestion des dossiers ainsi qu'à tout dossier. Il appartient au procureur européen délégué chargé de l'affaire de décider d'accorder ou non cet accès à d'autres procureurs européens délégués, conformément au droit national applicable. Si l'accès n'est pas accordé, la question peut être soumise à la chambre permanente compétente. Dans la mesure nécessaire, la chambre permanente compétente entend les procureurs européens délégués concernés, puis prend une décision conformément au droit national applicable et au présent règlement.

Le règlement intérieur du Parquet européen fixe les règles complémentaires relatives au droit d'accès, ainsi que la procédure à suivre pour établir le niveau d'accès au système de gestion des dossiers accordé au chef du Parquet européen, à ses adjoints, aux autres procureurs européens, aux procureurs européens délégués et au personnel du Parquet européen, dans la mesure nécessaire à l'exercice de leurs fonctions.

CHAPITRE VIII *Protection des données*

Art. 47 *Principes relatifs au traitement des données à caractère personnel.* 1. Les données à caractère personnel doivent être :

a) traitées de manière licite et loyale ("licéité et loyauté") ;

b) collectées pour des finalités déterminées, explicites et légitimes, et ne pas être traitées ultérieurement d'une manière incompatible avec ces finalités ; le traitement ultérieur à des fins archivistiques dans l'intérêt public, à des fins de recherche scientifique ou historique ou à des fins statistiques n'est pas considéré comme incompatible avec les finalités initiales, à condition que le Parquet européen fournisse des garanties appropriées pour les droits et les libertés des personnes concernées ("limitation des finalités") ;

c) adéquates, pertinentes et non excessives au regard des finalités pour lesquelles elles sont traitées ("minimisation des données") ;

d) exactes et, si nécessaire, tenues à jour ; toutes les mesures raisonnables doivent être prises pour que les données à caractère personnel qui sont inexactes, eu égard aux finalités pour lesquelles elles sont traitées, soient effacées ou rectifiées sans tarder ("exactitude") ;

e) conservées sous une forme permettant l'identification des personnes concernées pendant une durée n'excédant pas celle nécessaire au regard des finalités pour lesquelles elles sont traitées ; les données à caractère personnel peuvent être conservées pour des durées plus longues dans la mesure où elles seront traitées exclusivement à des fins archivistiques dans l'intérêt public, à des fins de recherche scientifique ou historique ou à des fins statistiques, à condition que le Parquet européen fournisse des garanties appropriées pour les droits et les libertés des personnes concernées, notamment en mettant en œuvre les mesures techniques et organisationnelles appropriées requises par le présent règlement ("limitation de la conservation") ;

f) traitées de façon à garantir une sécurité appropriée des données à caractère personnel, y compris la protection contre le traitement non autorisé ou illicite et contre la perte, la destruction ou les dégâts d'origine accidentelle, à l'aide de mesures techniques ou organisationnelles appropriées ("intégrité et confidentialité").

2. Le Parquet européen est responsable du respect du paragraphe 1 et est en mesure de démontrer que celui-ci est respecté ("responsabilité"), lors du traitement de données à caractère personnel, automatisé en tout ou en partie, et lors du traitement non automatisé de données à caractère personnel contenues ou appelées à figurer dans un fichier.

3. *Le traitement,* par le Parquet européen, pour l'une des finalités énoncées à l'article 49, autre que celles pour lesquelles les données opérationnelles à caractère personnel ont été collectées, est autorisé à condition que :

a) le Parquet européen soit autorisé à traiter ces données opérationnelles à caractère personnel pour une telle finalité conformément au présent règlement ; et

b) le traitement soit nécessaire et proportionné à cette autre finalité conformément au droit de l'Union ; et

c) le cas échéant, l'utilisation de ces données opérationnelles à caractère personnel ne soit pas interdite par le droit procédural national applicable aux mesures d'enquête prises conformément à l'article 30. Le droit procédural national applicable est celui de l'État membre sur le territoire duquel les données ont été obtenues.

Art. 48 *Données administratives à caractère personnel.* 1. Le règlement (CE) n° 45/2001 s'applique à l'ensemble des données administratives à caractère personnel traitées par le Parquet européen.

2. Le Parquet européen fixe les délais de conservation des données administratives à caractère personnel dans les dispositions de son règlement intérieur afférentes à la protection des données.

Art. 49 *Traitement des données opérationnelles à caractère personnel.* 1. Le Parquet européen traite les données opérationnelles à caractère personnel par voie automatisée ou dans des fichiers manuels structurés, conformément au présent règlement, et ce, uniquement aux fins suivantes :

a) les enquêtes et poursuites pénales menées conformément au présent règlement ; ou

b) l'échange d'informations avec les autorités compétentes des États membres de l'Union européenne et d'autres institutions, organes ou organismes de l'Union conformément au présent règlement ; ou

c) la coopération avec les pays tiers et les organisations internationales menée conformément au présent règlement.

2. Les catégories de données opérationnelles à caractère personnel et les catégories de personnes concernées dont les données opérationnelles à caractère personnel peuvent être traitées dans l'index visé à l'article 44, paragraphe 4, point b), par le Parquet européen pour chaque finalité prévue au paragraphe 1 du présent article sont énumérées dans une annexe en conformité avec le paragraphe 3.

3. La Commission est habilitée à adopter des actes délégués en conformité avec l'article 115 pour établir la liste des catégories de données opérationnelles à caractère personnel et des catégories de personnes concernées visées au paragraphe 2 du présent article et pour mettre à jour cette liste afin de tenir compte des évolutions en matière de technologies de l'information et de l'état d'avancement de la société de l'information.

Lorsque des raisons d'urgence impérieuses l'imposent, la procédure prévue à l'article 116 est applicable aux actes délégués adoptés en vertu du présent paragraphe.

4. Le Parquet européen peut traiter temporairement des données opérationnelles à caractère personnel afin de déterminer si ces données sont pertinentes pour ses tâches et pour les finalités visées au paragraphe 1. Le collège, statuant sur proposition du chef du Parquet européen et après consultation du Contrôleur européen de la protection des données, précise davantage les conditions applicables au traitement de ces données à caractère personnel, en particulier en ce qui concerne l'accès à ces données opérationnelles et leur utilisation, ainsi que les délais afférents à leur conservation et à leur effacement.

5. Le Parquet européen traite les données opérationnelles à caractère personnel de telle manière que l'on puisse identifier l'autorité ayant fourni les données ou la source dont elles ont été extraites.

6. Lorsqu'il applique les articles 57 à 62, le Parquet européen agit, le cas échéant, conformément au droit procédural national relatif à l'obligation d'information des personnes concernées et à la possibilité de ne pas fournir, de limiter ou de retarder cette information. Le cas échéant, le procureur européen délégué chargé de l'affaire consulte les autres procureurs européens délégués concernés par celle-ci avant de prendre une décision en ce qui concerne les articles 57 à 62.

Art. 50 *Durée de conservation des données opérationnelles à caractère personnel.* 1. Le Parquet européen réexamine à intervalles réguliers la nécessité de conserver les données opérationnelles à caractère personnel ayant fait l'objet d'un traitement. Ce réexamen intervient au plus tard trois ans après que les données opérationnelles à caractère personnel ont été traitées pour la première fois, puis tous les trois ans. Le Contrôleur européen de la protection des données est informé lorsque des données opérationnelles à caractère personnel sont conservées pendant plus de cinq ans.

2. Les données opérationnelles à caractère personnel traitées par le Parquet européen ne sont pas conservées au-delà de cinq ans après qu'une décision d'acquittement définitif a été prononcée dans le cadre de l'affaire concernée ; si la personne poursuivie a été déclarée coupable, les délais sont prolongés jusqu'à ce que la peine prononcée soit exécutée ou ne puisse plus être exécutée en vertu du droit de l'État membre de condamnation.

3. Avant l'expiration de l'un des délais visés au paragraphe 2, le Parquet européen vérifie s'il y a lieu de continuer à conserver les données opérationnelles à caractère personnel si et aussi longtemps que cela est nécessaire pour accomplir ses missions. Les raisons de prolonger la conservation des données sont justifiées et consignées. En l'absence de décision de prolonger la conservation des données opérationnelles à caractère personnel, celles-ci sont effacées automatiquement.

Art. 51 *Distinction entre différentes catégories de personnes concernées.* Le Parquet européen établit, le cas échéant et dans la mesure du possible, une distinction claire entre les données opérationnelles à caractère personnel de différentes catégories de personnes concernées, telles que :

a) les personnes à l'égard desquelles il existe des motifs sérieux de croire qu'elles ont commis ou sont sur le point de commettre une infraction pénale ;

b) les personnes reconnues coupables d'une infraction pénale ;

c) les victimes d'une infraction pénale ou les personnes à l'égard desquelles certains faits portent à croire qu'elles pourraient être victimes d'une infraction pénale ; et

d) les tiers à une infraction pénale, tels que les personnes pouvant être appelées à témoigner lors d'enquêtes en rapport avec des infractions pénales ou des procédures pénales ultérieures, des personnes pouvant fournir des informations sur des infractions pénales, ou des contacts ou des associés de l'une des personnes visées aux points a) et b).

Art. 52 *Distinction entre les données opérationnelles à caractère personnel et vérification de la qualité des données à caractère personnel.* 1. Le Parquet européen établit, dans la mesure du possible, une distinction entre les données opérationnelles à caractère personnel fondées sur des faits et celles fondées sur des appréciations personnelles.

2. Le Parquet européen prend toutes les mesures raisonnables pour garantir que les données opérationnelles à caractère personnel qui sont inexactes, incomplètes ou ne sont plus à jour ne soient pas transmises ou mises à disposition. A cette fin, il vérifie, dans la mesure du possible, la qualité des données opérationnelles à caractère personnel avant leur transmission ou mise à disposition. Dans la mesure du possible, lors de toute transmission de données opérationnelles à caractère personnel, le Parquet européen ajoute des informations nécessaires pour permettre au destinataire de juger de l'exactitude, de l'exhaustivité et de la fiabilité des données opérationnelles à caractère personnel, et de leur niveau de mise à jour.

3. S'il s'avère que des données opérationnelles à caractère personnel inexactes ont été transmises ou que des données opérationnelles à caractère personnel ont été transmises de manière illicite, le destinataire en est informé sans retard. Dans ce cas, les données opérationnelles à caractère personnel sont rectifiées ou effacées ou leur traitement est limité conformément à l'article 61.

Art. 53 *Conditions spécifiques applicables au traitement.* 1. Lorsque le présent règlement l'exige, le Parquet européen soumet le traitement à des conditions spécifiques et informe le destinataire de ces données opérationnelles à caractère personnel desdites conditions et de l'obligation de les respecter.

2. Le Parquet européen respecte les conditions spécifiques applicables au traitement prévues par une autorité nationale conformément à l'article 9, paragraphes 3 et 4, de la directive (UE) 2016/680.

Art. 54 *Transmission de données opérationnelles à caractère personnel aux institutions, organes et organismes de l'Union.* 1. Sous réserve d'autres limitations éventuelles prévues par le présent règlement, en particulier par l'article 53, le Parquet européen ne transmet les données opérationnelles à caractère personnel à une autre institution ou à un autre organe ou organisme de l'Union que si elles sont nécessaires à l'exécution légitime de missions relevant de la compétence de cette autre institution ou de cet autre organe ou organisme de l'Union.

2. Lorsque les données opérationnelles à caractère personnel sont transmises à la suite d'une demande de l'autre institution, organe ou organisme de l'Union, tant le responsable du traitement que le destinataire assument la responsabilité de la légitimité de ce transfert.

Le Parquet européen est tenu de vérifier la compétence de l'autre institution, organe ou organisme de l'Union et d'évaluer à titre provisoire la nécessité de la transmission de ces données opérationnelles à caractère personnel. Si des doutes se font jour quant à la nécessité de cette transmission, le Parquet européen demande au destinataire un complément d'informations.

L'autre institution, organe ou organisme de l'Union veille à ce que la nécessité de la transmission des données opérationnelles à caractère personnel puisse être ultérieurement vérifiée.

3. L'autre institution, organe ou organisme de l'Union traite les données opérationnelles à caractère personnel uniquement aux fins qui ont motivé leur transmission.

Art. 55 *Traitement portant sur des catégories particulières de données opérationnelles à caractère personnel.* 1. Le traitement des données opérationnelles à caractère personnel qui révèlent l'origine raciale ou ethnique, les opinions politiques, les convictions religieuses ou philosophiques, ou l'appartenance syndicale, et le traitement des données génétiques, des données biométriques aux fins d'identifier une personne physique de manière unique, des données opérationnelles à caractère personnel concernant la santé ou des données opérationnelles à caractère personnel concernant la vie sexuelle ou l'orientation sexuelle d'une personne physique sont autorisés uniquement en cas de nécessité absolue pour les enquêtes du Parquet européen, sous réserve de garanties appropriées pour les droits et les libertés de la personne concernée, et uniquement si elles complètent d'autres données opérationnelles à caractère personnel déjà traitées par le Parquet européen.

2. Le délégué à la protection des données est immédiatement informé du recours au présent article.

Art. 56 *Décision individuelle automatisée, y compris le profilage.* La personne concernée a le droit de ne pas faire l'objet d'une décision du Parquet européen fondée exclusivement sur un traitement automatisé, y compris le profilage, qui produit des effets juridiques la concernant ou qui, de façon similaire, l'affecte de manière significative.

Art. 57 *Communication et modalités de l'exercice des droits de la personne concernée.* 1. Le Parquet européen prend des mesures raisonnables pour fournir toute information visée à l'article 58. Il procède à toute communication au titre de l'article 56, des articles 59 à 62 et de l'article 75 en ce qui concerne le traitement à la personne concernée d'une façon concise, compréhensible et aisément accessible, en des termes clairs et simples. Les informations sont fournies par tout moyen approprié, y compris par voie électronique. De manière générale, le responsable du traitement fournit les informations sous la même forme que la demande.

2. Le Parquet européen facilite l'exercice des droits de la personne concernée en application des articles 58 à 62.

3. Le Parquet européen informe par écrit la personne concernée de la suite réservée à sa demande, sans retard indu, et en tout état de cause au plus tard trois mois après réception de la demande de la personne concernée.

4. Le Parquet européen fournit les informations visées à l'article 58 et procède à toute communication ou prend toute mesure au titre de l'article 56, des articles 59 à 62 et de l'article 75 sans exiger aucun paiement. Lorsque les demandes d'une personne concernée sont manifestement infondées ou excessives, notamment en raison de leur caractère répétitif, le Parquet européen peut :

a) exiger le paiement de frais raisonnables, qui tiennent compte des coûts administratifs supportés pour fournir les informations, procéder aux communications ou prendre les mesures demandées ; ou

b) refuser de donner suite à la demande.

Il incombe au Parquet européen de démontrer le caractère manifestement infondé ou excessif de la demande.

5. Lorsque le Parquet européen a des doutes raisonnables quant à l'identité de la personne physique présentant une demande visée à l'article 59 ou 61, il peut demander que lui soient fournies des informations supplémentaires nécessaires pour confirmer l'identité de la personne concernée.

Art. 58 *Informations à mettre à la disposition de la personne concernée ou à lui fournir.* 1. Le Parquet européen met à la disposition de la personne concernée au moins les informations suivantes :

a) l'identité et les coordonnées de la personne à contacter au sein du Parquet européen ;

b) les coordonnées du délégué à la protection des données ;

c) les finalités du traitement auquel sont destinées les données opérationnelles à caractère personnel ;

d) le droit de saisir le Contrôleur européen de la protection des données et les coordonnées de ce dernier ;

e) l'existence du droit de demander au Parquet européen l'accès aux données opérationnelles à caractère personnel, leur rectification ou leur effacement, et la limitation du traitement des données opérationnelles à caractère personnel relatives à la personne concernée.

2. Outre les informations visées au paragraphe 1, le Parquet européen fournit à la personne concernée, dans des cas particuliers, les informations additionnelles suivantes afin de *lui permettre d'exercer ses droits* :

a) la base juridique du traitement ;

b) la durée de conservation des données opérationnelles à caractère personnel ou, lorsque cela n'est pas possible, les critères utilisés pour déterminer cette durée ;

c) le cas échéant, les catégories de destinataires des données opérationnelles à caractère personnel, y compris dans les pays tiers ou au sein d'organisations internationales ;

d) au besoin, des informations complémentaires, en particulier lorsque les données opérationnelles à caractère personnel sont collectées à l'insu de la personne concernée.

3. Le Parquet européen peut retarder ou limiter la fourniture des informations à la personne concernée en application du paragraphe 2, ou ne pas fournir ces informations, dès lors et aussi longtemps qu'une mesure de cette nature constitue une mesure nécessaire et proportionnée dans une société démocratique, en tenant dûment compte des droits fondamentaux et des intérêts légitimes de la personne physique concernée, pour :

a) éviter de gêner des enquêtes, des recherches ou des procédures officielles ou judiciaires ;

b) éviter de nuire à la prévention ou à la détection d'infractions pénales, aux enquêtes ou aux poursuites en la matière ou à l'exécution de sanctions pénales ;

c) protéger la sécurité publique dans les États membres de l'Union européenne ;

d) protéger la sécurité nationale des États membres de l'Union européenne ;

e) protéger les droits et les libertés d'autrui.

Art. 59 *Droit d'accès de la personne concernée.* La personne concernée a le droit d'obtenir du Parquet européen la confirmation que des données opérationnelles à caractère personnel la concernant sont ou ne sont pas traitées et, lorsqu'elles le sont, l'accès auxdites données opérationnelles à caractère personnel ainsi que les informations suivantes :

a) les finalités du traitement ainsi que sa base juridique ;

b) les catégories de données opérationnelles à caractère personnel concernées ;

c) les destinataires ou catégories de destinataires auxquels les données opérationnelles à caractère personnel ont été communiquées, en particulier les destinataires qui sont établis dans des pays tiers ou les organisations internationales ;

d) lorsque cela est possible, la durée de conservation des données opérationnelles à caractère personnel envisagée ou, lorsque cela n'est pas possible, les critères utilisés pour déterminer cette durée ;

e) l'existence du droit de demander au Parquet européen la rectification ou l'effacement des données opérationnelles à caractère personnel, ou la limitation du traitement des données opérationnelles à caractère personnel relatives à la personne concernée ;

f) le droit de saisir le Contrôleur européen de la protection des données et les coordonnées de ce dernier ;

g) la communication des données opérationnelles à caractère personnel en cours de traitement, ainsi que toute information disponible quant à leur source.

Art. 60 *Limitations du droit d'accès.* 1. Le Parquet européen peut limiter, entièrement ou partiellement, le droit d'accès de la personne concernée, dès lors et aussi longtemps qu'une telle limitation partielle ou complète constitue une mesure nécessaire et proportionnée dans une société démocratique, en tenant dûment compte des droits fondamentaux et des intérêts légitimes de la personne physique concernée, pour :

a) éviter de gêner des enquêtes, des recherches ou des procédures officielles ou judiciaires ;

b) éviter de nuire à la prévention ou à la détection d'infractions pénales, aux enquêtes ou aux poursuites en la matière ou à l'exécution de sanctions pénales ;

c) protéger la sécurité publique dans les États membres de l'Union européenne ;

d) protéger la sécurité nationale des États membres de l'Union européenne ;

e) protéger les droits et les libertés d'autrui.

2. Lorsque la fourniture de ces informations risque de compromettre la finalité prévue au paragraphe 1, le Parquet européen se borne à informer la personne concernée qu'il a procédé aux vérifications, sans fournir aucune information susceptible de lui révéler si des données opérationnelles à caractère personnel la concernant sont traitées par le Parquet européen.

Le Parquet européen informe la personne concernée de la possibilité de saisir le Contrôleur européen de la protection des données ou de former un recours juridictionnel devant la Cour de justice contre la décision du Parquet européen.

3. Le Parquet européen consigne les motifs de fait ou de droit sur lesquels se fonde la décision. Cette information est mise à la disposition du Contrôleur européen de la protection des données sur demande.

Art. 61 *Droit de rectification ou d'effacement des données opérationnelles à caractère personnel et limitation du traitement.* 1. La personne concernée a le droit d'obtenir du Parquet européen, sans retard indu, la rectification des données opérationnelles à caractère personnel la concernant qui sont inexactes. Compte tenu des finalités du traitement, la personne concernée a le droit d'obtenir que les données opérationnelles à caractère personnel incomplètes soient complétées, y compris en fournissant une déclaration complémentaire.

2. Le Parquet européen efface sans retard indu les données opérationnelles à caractère personnel et la personne concernée a le droit d'obtenir du Parquet européen l'effacement, sans retard indu, de données à caractère personnel la concernant lorsque le traitement

constitue une violation de l'article 47, 49 ou 55 ou lorsque les données opérationnelles à caractère personnel doivent être effacées pour respecter une obligation légale à laquelle est soumis le Parquet européen.

3. Au lieu de procéder à l'effacement, le Parquet européen limite le traitement lorsque :

a) l'exactitude des données opérationnelles à caractère personnel est contestée par la personne concernée et qu'il ne peut être déterminé si les données sont exactes ou non ; ou

b) les données opérationnelles à caractère personnel doivent être conservées à des fins probatoires.

Lorsque le traitement est limité en vertu du premier alinéa, point a), le Parquet européen informe la personne concernée avant de lever la limitation du traitement.

4. Lorsque le traitement a été limité en vertu du paragraphe 3, ces données à caractère personnel ne peuvent, à l'exception de la conservation, être traitées que pour la protection des droits de la personne concernée ou d'une autre personne physique ou morale qui est partie à la procédure du Parquet européen, ou pour les finalités énoncées au paragraphe 3, point b).

5. Le Parquet européen informe la personne concernée par écrit de tout refus de rectifier ou d'effacer des données opérationnelles à caractère personnel ou de limiter le traitement, ainsi que des motifs du refus. Le Parquet européen peut limiter, entièrement ou partiellement, l'obligation de fournir ces informations dès lors qu'une telle limitation constitue une mesure nécessaire et proportionnée dans une société démocratique, en tenant dûment compte des droits fondamentaux et des intérêts légitimes de la personne physique concernée, pour :

a) éviter de gêner des enquêtes, des recherches ou des procédures officielles ou judiciaires ;

b) éviter de nuire à la prévention ou à la détection d'infractions pénales, aux enquêtes ou aux poursuites en la matière ou à l'exécution de sanctions pénales ;

c) protéger la sécurité publique dans les États membres de l'Union européenne ;

d) protéger la sécurité nationale des États membres de l'Union européenne ;

e) protéger les droits et les libertés d'autrui.

Le Parquet européen informe la personne concernée de la possibilité de saisir le Contrôleur européen de la protection des données ou de former un recours juridictionnel devant la Cour de justice contre la décision du Parquet européen.

6. Le Parquet européen communique la rectification des données opérationnelles à caractère personnel inexactes à l'autorité compétente dont proviennent les données opérationnelles à caractère personnel inexactes.

7. Lorsque des données opérationnelles à caractère personnel ont été rectifiées ou effacées ou que le traitement a été limité en application des paragraphes 1, 2 et 3, le Parquet européen adresse une notification aux destinataires et les informe qu'ils doivent rectifier ou effacer les données opérationnelles à caractère personnel ou limiter le traitement des données opérationnelles à caractère personnel sous leur responsabilité.

Art. 62 *Exercice des droits de la personne concernée et vérification par le Contrôleur européen de la protection des données.* 1. Dans les cas visés à l'article 58, paragraphe 3, à l'article 60, paragraphe 2, et à l'article 61, paragraphe 5, les droits de la personne concernée peuvent également être exercés par l'intermédiaire du Contrôleur européen de la protection des données.

2. Le Parquet européen informe la personne concernée de la possibilité qu'elle a d'exercer ses droits par l'intermédiaire du Contrôleur européen de la protection des données en application du paragraphe 1.

3. Lorsque le droit visé au paragraphe 1 est exercé, le Contrôleur européen de la protection des données informe au moins la personne concernée du fait qu'il a procédé à toutes les vérifications nécessaires ou à un examen. Le Contrôleur européen de la protection des données informe également la personne concernée de son droit de former un recours juridictionnel devant la Cour de justice contre la décision du Contrôleur européen de la protection des données.

Art. 63 *Obligations du Parquet européen.* 1. Compte tenu de la nature, de la portée, du contexte et des finalités du traitement ainsi que des risques, dont le degré de probabilité et de gravité varie, pour les droits et les libertés des personnes physiques, le Parquet européen met en œuvre des mesures techniques et organisationnelles appropriées pour s'assurer et être en mesure de démontrer que le traitement est effectué conformément au présent règlement. Ces mesures sont réexaminées et actualisées si nécessaire.

2. Lorsque cela est proportionné au regard des activités de traitement, les mesures visées au paragraphe 1 comprennent la mise en œuvre de politiques appropriées en matière de protection des données par le Parquet européen.

Art. 64 *Responsables du traitement conjoints.* 1. Lorsque le Parquet européen ainsi qu'un ou plusieurs responsables du traitement déterminent conjointement les finalités et les moyens du traitement, ils sont les responsables du traitement conjoints. Les responsables du traitement conjoints définissent, de manière transparente, leurs responsabilités respectives quant au respect des obligations qui leur incombent en matière de protection des données, notamment en ce qui concerne l'exercice des droits de la personne concernée, et leurs obligations respectives quant à la communication d'informations, par voie d'accord entre eux, sauf si, et dans la mesure où, leurs responsabilités respectives sont définies par le droit de l'Union ou par le droit d'un État membre de l'Union européenne auquel les responsables du traitement sont soumis. Un point de contact pour les personnes concernées peut être désigné dans l'accord.

2. L'accord visé au paragraphe 1 reflète dûment les rôles respectifs des responsables du traitement conjoints et leurs relations vis-à-vis des personnes concernées. Les grandes lignes de l'accord sont mises à la disposition de la personne concernée.

3. Indépendamment des termes de l'accord visé au paragraphe 1, la personne concernée peut exercer les droits que lui confère le présent règlement à l'égard de chacun des responsables du traitement et contre chacun d'entre eux.

Art. 65 *Sous-traitant.* 1. Lorsqu'un traitement doit être effectué pour le compte du Parquet européen, celui-ci fait uniquement appel à des sous-traitants qui présentent des garanties suffisantes quant à la mise en œuvre de mesures techniques et organisationnelles appropriées de manière que le traitement réponde aux exigences du présent règlement et garantisse la protection des droits de la personne concernée.

2. Le sous-traitant ne recrute pas un autre sous-traitant sans l'autorisation écrite préalable, spécifique ou générale, du Parquet européen. Dans le cas d'une autorisation écrite générale, le sous-traitant informe le Parquet européen de tout changement prévu concernant l'ajout ou le remplacement d'autres sous-traitants, donnant ainsi au responsable du traitement la possibilité d'émettre des objections à l'encontre de ces changements.

3. Le traitement par un sous-traitant est régi par un contrat ou un autre acte juridique au titre du droit de l'Union ou du droit d'un État membre de l'Union européenne, qui lie le sous-traitant à l'égard du Parquet européen, définit l'objet, la durée, la nature et la finalité du traitement, le type de données opérationnelles à caractère personnel et les catégories de personnes concernées, et les obligations et les droits du Parquet européen. Ce contrat ou cet autre acte juridique prévoit, notamment, que le sous-traitant :

a) n'agit que sur instruction du responsable du traitement ;

b) veille à ce que les personnes autorisées à traiter les données opérationnelles à caractère personnel s'engagent à respecter la confidentialité ou soient soumises à une obligation légale appropriée de confidentialité ;

c) aide le responsable du traitement, par tout moyen approprié, à veiller au respect des dispositions relatives aux droits de la personne concernée ;

d) selon le choix du Parquet européen, supprime toutes les données opérationnelles à caractère personnel ou les renvoie au Parquet européen au terme de la prestation de services relatifs au traitement, et détruit les copies existantes, à moins que le droit de l'Union ou le droit d'un État membre de l'Union européenne n'exige la conservation des données opérationnelles à caractère personnel ;

e) met à la disposition du Parquet européen toutes les informations nécessaires pour apporter la preuve du respect des obligations prévues au présent article ;

f) respecte les conditions visées aux paragraphes 2 et 3 pour recruter un autre sous-traitant.

4. Le contrat ou l'autre acte juridique visé au paragraphe 3 se présente sous une forme écrite, y compris électronique.

5. Si, en violation du présent règlement, un sous-traitant détermine les finalités et les moyens du traitement, il est considéré comme un responsable du traitement pour ce qui concerne ce traitement.

Art. 66 *Traitement effectué sous l'autorité du responsable du traitement ou du sous-traitant.* Le sous-traitant et toute personne agissant sous l'autorité du Parquet européen ou sous celle du sous-traitant, qui a accès à des données opérationnelles à caractère personnel, ne traite pas ces données, excepté sur instruction du Parquet européen, à moins d'y être obligé par le droit de l'Union ou le droit d'un État membre de l'Union européenne.

Art. 67 *Protection des données dès la conception et protection des données par défaut.* 1. Compte tenu de l'état des connaissances, des coûts de mise en œuvre et de la nature, de la portée, du contexte et des finalités du traitement, ainsi que des risques, dont le degré de probabilité et de gravité varie, que présente le traitement pour les droits et les libertés des personnes physiques, le Parquet européen met en œuvre, tant au moment de la détermination des moyens du traitement qu'au moment du traitement lui-même, des mesures techniques et organisationnelles appropriées, telles que la pseudonymisation, qui sont destinées à mettre en œuvre les principes relatifs à la protection des données, par exemple la minimisation des données, de façon effective et à assortir le traitement des garanties nécessaires afin de répondre aux exigences du présent règlement et de protéger les droits de la personne concernée.

2. Le Parquet européen met en œuvre les mesures techniques et organisationnelles appropriées pour garantir que, par défaut, seules les données opérationnelles à caractère personnel qui sont adéquates, pertinentes et non excessives au regard de la finalité du traitement sont traitées. Cela s'applique à la quantité de données opérationnelles à caractère personnel collectées, à l'étendue de leur traitement, à leur durée de conservation et à leur accessibilité. En particulier, ces mesures garantissent que, par défaut, les données opérationnelles à caractère personnel ne sont pas rendues accessibles à un nombre indéterminé de personnes physiques sans l'intervention de la personne physique concernée.

Art. 68 *Registre des catégories d'activités de traitement.* 1. Le Parquet européen tient un registre de toutes les catégories d'activités de traitement effectuées sous sa responsabilité. Ce registre comporte toutes les informations suivantes :

a) ses coordonnées ainsi que le nom et les coordonnées du délégué à la protection des données ;

b) les finalités du traitement ;

c) une description des catégories de personnes concernées et des catégories de données opérationnelles à caractère personnel ;

d) les catégories de destinataires auxquels les données opérationnelles à caractère personnel ont été ou seront communiquées, y compris les destinataires dans des pays tiers ou des organisations internationales ;

e) le cas échéant, les transferts de données opérationnelles à caractère personnel vers un pays tiers ou à une organisation internationale, y compris l'identification de ce pays tiers ou de cette organisation internationale ;

f) dans la mesure du possible, les délais prévus pour l'effacement des différentes catégories de données ;

g) dans la mesure du possible, une description générale des mesures de sécurité techniques et organisationnelles visées à l'article 73.

2. Les registres visés au paragraphe 1 se présentent sous une forme écrite, y compris électronique.

3. Le Parquet européen met le registre à la disposition du Contrôleur européen de la protection des données sur demande.

Art. 69 *Journalisation en ce qui concerne le traitement automatisé.* 1. Le Parquet européen établit des journaux pour toutes les opérations ci-après effectuées dans des systèmes de traitement automatisé : collecte, modification, consultation, communication, y compris les transferts, interconnexion et effacement de données opérationnelles à caractère personnel utilisées à des fins opérationnelles. Les journaux des opérations de consultation et de communication permettent d'établir le motif, la date et l'heure de ces opérations, l'identification de la personne qui a consulté ou communiqué les données opérationnelles à caractère personnel, ainsi que, dans la mesure du possible, l'identité des destinataires de ces données opérationnelles à caractère personnel.

2. Les journaux sont utilisés uniquement à des fins de vérification de la licéité du traitement, d'autocontrôle, de garantie de l'intégrité et de la sécurité des données opérationnelles à caractère personnel et à des fins de procédures pénales. Ces journaux sont effacés au bout de trois ans, sauf si les données restent nécessaires à un contrôle en cours.

3. Le Parquet européen met les journaux à la disposition du Contrôleur européen de la protection des données sur demande.

Art. 70 *Coopération avec le Contrôleur européen de la protection des données.* Le Parquet européen coopère avec le Contrôleur européen de la protection des données, à la demande de celui-ci, dans l'exécution de ses missions.

Art. 71 *Analyse d'impact relative à la protection des données.* 1. Lorsqu'un type de traitement, en particulier par le recours aux nouvelles technologies, et compte tenu de la nature, de la portée, du contexte et des finalités du traitement, est susceptible d'engendrer un risque élevé pour les droits et les libertés des personnes physiques, le Parquet européen effectue préalablement au traitement une analyse de l'impact des opérations de traitement envisagées sur la protection des données opérationnelles à caractère personnel.

2. L'analyse visée au paragraphe 1 contient au moins une description générale des opérations de traitement envisagées, une évaluation des risques pour les droits et les libertés des personnes concernées, les mesures envisagées pour faire face à ces risques, les garanties, mesures et mécanismes de sécurité visant à assurer la protection des données opérationnelles à caractère personnel et à apporter la preuve du respect du présent règlement, compte tenu des droits et des intérêts légitimes des personnes concernées et des autres personnes touchées.

Art. 72 *Consultation préalable du Contrôleur européen de la protection des données.* 1. Le Parquet européen consulte le Contrôleur européen de la protection des données préalablement au traitement qui fera partie d'un nouveau fichier à créer :

a) lorsqu'une analyse d'impact relative à la protection des données, telle qu'elle est prévue à l'article 71, indique que le traitement présenterait un risque élevé si le Parquet européen ne prenait pas de mesures pour atténuer le risque ; ou

b) lorsque le type de traitement, en particulier en raison de l'utilisation de nouveaux mécanismes, technologies ou procédures, présente des risques élevés pour les droits et les libertés des personnes concernées.

2. Le Contrôleur européen de la protection des données peut établir une liste des opérations de traitement devant faire l'objet d'une consultation préalable conformément au paragraphe 1.

3. Le Parquet européen fournit au Contrôleur européen de la protection des données l'analyse d'impact relative à la protection des données en vertu de l'article 71 et, sur demande, toute autre information afin de permettre au Contrôleur européen de la protection des données d'apprécier la conformité du traitement et, en particulier, les risques pour la protection des données opérationnelles à caractère personnel de la personne concernée et les garanties qui s'y rapportent.

4. Lorsque le Contrôleur européen de la protection des données est d'avis que le traitement prévu, visé au paragraphe 1 du présent article, constituerait une violation du présent règlement, en particulier lorsque le Parquet européen n'a pas suffisamment identifié ou atténué le risque, le Contrôleur européen de la protection des données fournit par écrit, dans un délai maximal de six semaines à compter de la réception de la demande de consultation, un avis écrit au Parquet européen en vertu des pouvoirs que lui confère l'article 85. Ce délai peut être prolongé d'un mois, en fonction de la complexité du traitement prévu. Le Contrôleur européen de la protection des données informe le Parquet européen de cette prolongation dans un délai d'un mois à compter de la réception de la demande de consultation ainsi que des motifs du retard.

Art. 73 *Sécurité du traitement des données opérationnelles à caractère personnel.* 1. Compte tenu de l'état des connaissances, des coûts de la mise en œuvre et de la nature, de la portée, du contexte et des finalités du traitement, ainsi que des risques, dont le degré de probabilité et de gravité varie, pour les droits et les libertés des personnes physiques, le Parquet européen met en œuvre les mesures techniques et organisationnelles appropriées afin de garantir un niveau de sécurité adapté au risque, notamment en ce qui concerne le traitement portant sur des catégories particulières de données opérationnelles à caractère personnel visées à l'article 55.

2. En ce qui concerne le traitement automatisé, le Parquet européen met en œuvre, à la suite d'une *évaluation des risques*, des mesures destinées à :

a) empêcher toute personne non autorisée d'accéder aux installations utilisées pour le traitement de données (contrôle de l'accès aux installations) ;

b) empêcher que des supports de données puissent être lus, copiés, modifiés ou supprimés de façon non autorisée (contrôle des supports de données) ;

c) empêcher l'introduction non autorisée de données dans le fichier, ainsi que l'inspection, la modification ou l'effacement non autorisé de données opérationnelles à caractère personnel enregistrées (contrôle de la conservation) ;

d) empêcher que les systèmes de traitement automatisé puissent être utilisés par des personnes non autorisées à l'aide d'installations de transmission de données (contrôle des utilisateurs) ;

e) garantir que les personnes autorisées à utiliser un système de traitement automatisé ne puissent accéder qu'aux données opérationnelles à caractère personnel sur lesquelles porte leur autorisation (contrôle de l'accès aux données) ;

f) garantir qu'il puisse être vérifié et constaté à quelles instances des données opérationnelles à caractère personnel ont été ou peuvent être transmises ou mises à disposition par transmission de données (contrôle de la transmission) ;

g) garantir qu'il puisse être vérifié et constaté a posteriori quelles données opérationnelles à caractère personnel ont été introduites dans les systèmes de traitement automatisé, et à quel moment et par quelle personne elles y ont été introduites (contrôle de l'introduction) ;

h) empêcher que, lors de la transmission de données opérationnelles à caractère personnel ainsi que lors du transport de supports de données, les données opérationnelles à caractère personnel puissent être lues, copiées, modifiées ou supprimées de façon non autorisée (contrôle du transport) ;

i) garantir que les systèmes installés puissent être rétablis en cas d'interruption (restauration) ;

j) garantir que les fonctions du système opèrent, que les erreurs de fonctionnement soient signalées (fiabilité) et que les données opérationnelles à caractère personnel conservées ne puissent pas être corrompues par un dysfonctionnement du système (intégrité).

Art. 74 *Notification d'une violation de données à caractère personnel au Contrôleur européen de la protection des données.* 1. En cas de violation de données à caractère personnel, le Parquet européen notifie la violation en question au Contrôleur européen de la protection des données sans retard indu et, si possible, dans un délai de soixante-douze heures au plus tard après en avoir pris connaissance, à moins qu'il soit peu probable que la violation en question engendre des risques pour les droits et les libertés d'une personne physique. Lorsque la notification au Contrôleur européen de la protection des données n'a pas lieu dans les soixante-douze heures, elle est accompagnée des motifs du retard.

2. La notification visée au paragraphe 1 doit, à tout le moins :

a) décrire la nature de la violation de données à caractère personnel, y compris, si possible, les catégories et le nombre approximatif de personnes concernées par la violation et les catégories et le nombre approximatif d'enregistrements de données à caractère personnel concernés ;

b) communiquer le nom et les coordonnées du délégué à la protection des données ;

c) décrire les conséquences probables de la violation de données à caractère personnel ;

d) décrire les mesures que le Parquet européen a prises ou qu'il propose de prendre pour remédier à la violation de données à caractère personnel, y compris, le cas échéant, les mesures pour en atténuer les éventuelles conséquences négatives.

3. Si, et dans la mesure où, il n'est pas possible de fournir les informations visées au paragraphe 2 en même temps, les informations peuvent être communiquées de manière échelonnée sans autre retard indu.

4. Le Parquet européen documente toute violation de données à caractère personnel visée au paragraphe 1, en indiquant les faits concernant la violation des données à caractère personnel, ses effets et les mesures prises pour y remédier. La documentation ainsi constituée permet au Contrôleur européen de la protection des données de vérifier le respect du présent article.

5. Lorsque la violation de données à caractère personnel porte sur des données à caractère personnel qui ont été transmises par un autre responsable du traitement ou à celui-ci, le Parquet européen communique les informations visées au paragraphe 3 à ce responsable du traitement sans retard indu.

Art. 75 *Communication à la personne concernée d'une violation de données à caractère personnel.* 1. Lorsqu'une violation de données à caractère personnel est susceptible d'engendrer un risque élevé pour les droits et les libertés d'une personne physique, le Parquet européen communique la violation à la personne concernée sans retard indu.

2. La communication à la personne concernée visée au paragraphe 1 du présent article décrit, en des termes clairs et simples, la nature de la violation de données à caractère personnel et contient au moins les informations et les recommandations visées à l'article 74, *paragraphe 2, points b), c) et d).*

3. La communication à la personne concernée visée au paragraphe 1 n'est pas nécessaire si l'une ou l'autre des conditions ci-après est remplie :

a) le Parquet européen a mis en œuvre les mesures de protection techniques et organisationnelles appropriées et ces dernières ont été appliquées aux données à caractère personnel affectées par ladite violation, en particulier les mesures qui rendent les données à caractère personnel incompréhensibles pour toute personne qui n'est pas autorisée à y avoir accès, telles que le chiffrement ;

b) le Parquet européen a pris des mesures ultérieures qui garantissent que le risque élevé pour les droits et les libertés des personnes concernées visé au paragraphe 1 n'est plus susceptible de se matérialiser ;

c) elle exigerait des efforts disproportionnés. Dans ce cas, il est plutôt procédé à une communication publique ou à une mesure similaire permettant aux personnes concernées d'être informées de manière tout aussi efficace.

4. Si le Parquet européen n'a pas déjà communiqué à la personne concernée la violation de données à caractère personnel la concernant, le Contrôleur européen de la protection des données peut, après avoir examiné si cette violation est susceptible d'engendrer un risque élevé, exiger du Parquet européen qu'il procède à cette communication ou décider que l'une ou l'autre des conditions visées au paragraphe 3 est remplie.

5. La communication à la personne concernée visée au paragraphe 1 du présent article peut être retardée, limitée ou omise, sous réserve des conditions et pour les motifs visés à l'article 60, paragraphe 3.

Art. 76 *Accès autorisé aux données opérationnelles à caractère personnel au sein du Parquet européen.* Seuls le chef du Parquet européen, les procureurs européens, les procureurs européens délégués et le personnel autorisé qui les assiste peuvent, pour s'acquitter de leurs missions et dans les limites prévues par le présent règlement, avoir accès aux données opérationnelles à caractère personnel traitées par le Parquet européen.

Art. 77 *Désignation du délégué à la protection des données.* 1. Le collège désigne un délégué à la protection des données, sur la base d'une proposition du chef du Parquet européen. Le délégué à la protection des données est un membre du personnel spécialement nommé à cette fin. Dans l'exercice de ses fonctions, le délégué à la protection des données agit en toute indépendance et ne peut recevoir aucune instruction.

2. Le délégué à la protection des données est choisi sur la base de ses qualités professionnelles et, en particulier, de ses connaissances spécialisées du droit et des pratiques en matière de protection des données, et de sa capacité à exercer les missions visées dans le présent règlement, en particulier celles visées à l'article 79.

3. Le choix du délégué à la protection des données ne doit pas pouvoir donner lieu à un conflit d'intérêts entre sa fonction de délégué et toute autre fonction officielle qu'il pourrait exercer, en particulier dans le cadre de l'application du présent règlement.

4. Le délégué à la protection des données est nommé pour une période de quatre ans ; son mandat peut être renouvelé, la durée totale ne pouvant toutefois pas dépasser huit ans. Il ne peut être démis de ses fonctions de délégué à la protection des données par le collège qu'avec le consentement du Contrôleur européen de la protection des données, s'il ne remplit plus les conditions requises pour l'exercice de ses fonctions.

5. Le Parquet européen publie les coordonnées du délégué à la protection des données et les communique au Contrôleur européen de la protection des données.

Art. 78 *Fonction du délégué à la protection des données.* 1. Le Parquet européen veille à ce que le délégué à la protection des données soit associé, d'une manière appropriée et en temps utile, à toutes les questions relatives à la protection des données à caractère personnel.

2. Le Parquet européen aide le délégué à la protection des données à exercer les missions visées à l'article 79 en fournissant les ressources nécessaires pour exercer ces missions ainsi que l'accès aux données à caractère personnel et aux traitements, et lui permettant d'entretenir ses connaissances spécialisées.

3. Le Parquet européen veille à ce que le délégué à la protection des données ne reçoive aucune instruction en ce qui concerne l'exercice de ces missions. Le délégué à la protection des données ne peut être relevé de ses fonctions ou pénalisé par le collège pour l'exercice de ses missions. Le délégué à la protection des données fait directement rapport au chef du Parquet européen.

4. Les personnes concernées peuvent prendre contact avec le délégué à la protection des données au sujet de toutes les questions relatives au traitement de leurs données à caractère personnel et à l'exercice des droits que leur confèrent le présent règlement et le règlement (CE) n° 45/2001.

5. Le collège adopte des dispositions d'application concernant le délégué à la protection des données. Ces dispositions d'application portent notamment sur la procédure de sélection et la révocation, les missions, les fonctions et les pouvoirs du délégué à la protection des données, ainsi que sur les moyens de garantir son indépendance.

6. Le Parquet européen affecte au délégué à la protection des données le personnel et les ressources nécessaires à l'exécution de ses missions.

7. Le délégué à la protection des données et son personnel sont tenus à l'obligation de confidentialité conformément à l'article 108.

Art. 79 *Missions du délégué à la protection des données.* 1. Le délégué à la protection des données exerce notamment les missions ci-après, en ce qui concerne le traitement de données à caractère personnel :

a) veiller en toute indépendance au respect, par le Parquet européen, des dispositions du présent règlement et du règlement (CE) n° 45/2001 relatives à la protection des données ainsi que des dispositions pertinentes du règlement intérieur du Parquet européen relatives à la protection des données ; il s'agit notamment de contrôler le respect du présent règlement, d'autres dispositions du droit de l'Union ou du droit national en matière de protection des données et des règles internes du Parquet européen en matière de protection des données à caractère personnel, y compris en ce qui concerne la répartition des responsabilités, la sensibilisation et la formation du personnel participant à des opérations de traitement, et les audits s'y rapportant ;

b) informer et conseiller le Parquet européen et le personnel qui procède au traitement sur les obligations qui leur incombent en vertu du présent règlement et d'autres dispositions du droit de l'Union ou du droit national en matière de protection des données ;

c) dispenser des conseils, sur demande, en ce qui concerne l'analyse d'impact relative à la protection des données et vérifier l'exécution de celle-ci en vertu de l'article 71 ;

d) veiller à ce qu'une trace du transfert et de la réception des données à caractère personnel soit conservée conformément aux dispositions figurant dans le règlement intérieur du Parquet européen ;

e) coopérer avec le personnel du Parquet européen chargé des procédures, de la formation et du conseil en matière de traitement des données ;

f) coopérer avec le Contrôleur européen de la protection des données ;

g) veiller à ce que les personnes concernées soient informées de leurs droits au titre du présent règlement ;

h) faire office de point de contact pour le Contrôleur européen de la protection des données sur les questions relatives au traitement, y compris la consultation préalable visée à l'article 72, et mener des consultations, le cas échéant, sur tout autre sujet ;

i) élaborer un rapport annuel et le communiquer au chef du Parquet européen et au Contrôleur européen de la protection des données.

2. Le délégué à la protection des données exerce les fonctions prévues par le règlement (CE) n° 45/2001 en ce qui concerne les données administratives à caractère personnel.

3. Le délégué à la protection des données et le personnel du Parquet européen assistant le délégué à la protection des données dans l'exercice de ses fonctions ont accès aux données à caractère personnel traitées par le Parquet européen ainsi qu'à ses locaux dans la mesure nécessaire à l'accomplissement de leurs tâches.

4. Si le délégué à la protection des données estime que les dispositions du règlement (CE) n° 45/2001 relatives au traitement des données administratives à caractère personnel ou les dispositions du présent règlement relatives au traitement des données opérationnelles à caractère personnel n'ont pas été respectées, il en informe le chef du Parquet européen et lui demande d'y remédier dans un délai déterminé. Si le chef du Parquet européen ne remédie pas au problème dans le délai imparti, le délégué à la protection des données saisit le Contrôleur européen de la protection des données.

Art. 80 *Principes généraux applicables aux transferts de données opérationnelles à caractère personnel.* 1. Le Parquet européen ne peut transférer des données opérationnelles à caractère personnel vers un pays tiers ou à une organisation internationale, sous réserve du respect des autres dispositions du présent règlement, en particulier de l'article 53, que lorsque les conditions définies aux articles 80 à 83 sont respectées, à savoir :

a) le transfert est nécessaire à l'exercice des missions du Parquet européen ;

b) les données opérationnelles à caractère personnel sont transférées à un responsable du traitement dans un pays tiers ou dans une organisation internationale qui est une autorité compétente aux fins de l'article 104 ;

c) lorsque les données opérationnelles à caractère personnel à transférer conformément au présent article ont été transmises au Parquet européen ou mises à sa disposition par un État membre de l'Union européenne, le Parquet européen doit obtenir de l'autorité compétente de cet État membre de l'Union européenne l'autorisation préalable de transfert, conformément à son droit national, à moins que cet État membre de l'Union européenne ait autorisé ce transfert en des termes généraux ou sous réserve de conditions spécifiques ;

d) la Commission a constaté par voie de décision, conformément à l'article 81, que le pays tiers ou l'organisation internationale en question assure un niveau de protection adéquat ou, en l'absence d'une telle décision d'adéquation, des garanties appropriées ont été offertes ou existent en application de l'article 82, ou, en l'absence à la fois de décision d'adéquation et de telles garanties appropriées, des dérogations pour des situations particulières s'appliquent en vertu de l'article 83 ; et

e) en cas de transfert ultérieur vers un autre pays tiers ou à une autre organisation internationale, par un pays tiers ou une organisation internationale, le Parquet européen exige du pays tiers ou de l'organisation internationale qu'il lui demande une autorisation préalable pour ce transfert ultérieur, autorisation que le Parquet européen ne peut accorder qu'après avoir dûment pris en considération l'ensemble des facteurs pertinents, y compris la gravité de l'infraction pénale, la finalité pour laquelle les données opérationnelles à caractère personnel ont été transférées initialement et le niveau de protection des données à caractère personnel dans le pays tiers ou au sein de l'organisation internationale vers lequel/laquelle les données opérationnelles à caractère personnel sont transférées ultérieurement.

2. Le Parquet européen ne peut transférer des données opérationnelles à caractère personnel sans l'autorisation préalable d'un État membre de l'Union européenne conformément au paragraphe 1, point c), que lorsque le transfert de données opérationnelles à caractère personnel est nécessaire aux fins de la prévention d'une menace grave et immédiate pour la sécurité publique d'un État membre de l'Union européenne ou d'un pays tiers ou pour les intérêts essentiels d'un État membre de l'Union européenne et si l'autorisation préalable ne peut pas être obtenue en temps utile. L'autorité à laquelle il revient d'accorder l'autorisation préalable est informée sans retard.

3. Le transfert, vers un pays tiers ou à une organisation internationale, par un État membre de l'Union européenne ou une institution, un organe ou un organisme de l'Union, de données opérationnelles à caractère personnel transmises par le Parquet européen est interdit. Cela ne s'applique pas dans les cas où le Parquet européen a autorisé ce transfert après avoir dûment pris en considération l'ensemble des facteurs pertinents, y compris la gravité de l'infraction pénale, la finalité pour laquelle les données opérationnelles à caractère personnel ont été transmises initialement et le niveau de protection des données à caractère personnel dans le pays tiers ou au sein de l'organisation internationale vers lequel/laquelle les données opérationnelles à caractère personnel sont transférées. Cette obligation d'obtenir l'autorisation préalable du Parquet européen ne s'applique pas aux affaires qui ont été renvoyées aux autorités nationales compétentes conformément à l'article 34.

4. Les articles 80 à 83 sont appliqués de manière que le niveau de protection des personnes physiques assuré par le présent règlement et le droit de l'Union ne soit pas compromis.

Art. 81 *Transferts sur la base d'une décision d'adéquation.* Le Parquet européen peut transférer des données opérationnelles à caractère personnel vers un pays tiers ou à une organisation internationale lorsque la Commission a constaté par voie de décision, conformément à l'article 36 de la directive (UE) 2016/680, que le pays tiers, un territoire ou un ou plusieurs secteurs déterminés dans ce pays tiers, ou l'organisation internationale en question assure un niveau de protection adéquat.

Art. 82 *Transferts moyennant des garanties appropriées.* 1. En l'absence de décision d'adéquation, le Parquet européen peut transférer des données opérationnelles à caractère personnel vers un pays tiers ou à une organisation internationale lorsque :

a) des garanties appropriées en ce qui concerne la protection des données opérationnelles à caractère personnel sont fournies dans un instrument juridiquement contraignant ; ou

b) le Parquet européen a évalué toutes les circonstances du transfert et estime qu'il existe *des garanties appropriées au regard* de la protection des données opérationnelles à caractère personnel.

2. Le Parquet européen informe le Contrôleur européen de la protection des données des catégories de transferts relevant du paragraphe 1, point b).

3. Lorsqu'un transfert est effectué sur la base du paragraphe 1, point b), ce transfert est documenté et la documentation est mise à la disposition du Contrôleur européen de la protection des données, sur demande, y compris la date et l'heure du transfert, et des informations sur l'autorité compétente destinataire, sur la justification du transfert et sur les données opérationnelles à caractère personnel transférées.

Art. 83 *Dérogations pour des situations particulières.* 1. En l'absence de décision d'adéquation, ou de garanties appropriées en vertu de l'article 82, le Parquet européen ne peut transférer des données opérationnelles à caractère personnel vers un pays tiers ou à une organisation internationale qu'à la condition que le transfert soit nécessaire :

a) à la sauvegarde des intérêts vitaux de la personne concernée ou d'une autre personne ;

b) à la sauvegarde des intérêts légitimes de la personne concernée ;

c) pour prévenir une menace grave et immédiate pour la sécurité publique d'un État membre de l'Union européenne ou d'un pays tiers ; ou

d) dans des cas particuliers, à l'exercice des missions du Parquet européen, à moins que le Parquet européen n'estime que les libertés et droits fondamentaux de la personne concernée l'emportent sur l'intérêt public dans le cadre du transfert.

2. Lorsqu'un transfert est effectué sur la base du paragraphe 1, ce transfert est documenté et la documentation est mise à la disposition du Contrôleur européen de la protection des données, sur demande, y compris la date et l'heure du transfert, et des informations sur l'autorité compétente destinataire, sur la justification du transfert et sur les données opérationnelles à caractère personnel transférées.

Art. 84 *Transferts de données opérationnelles à caractère personnel à des destinataires établis dans des pays tiers.* 1. Par dérogation à l'article 80, paragraphe 1, point b), et sans préjudice de tout accord international visé au paragraphe 2 du présent article, le Parquet européen peut, dans certains cas particuliers, transférer des données opérationnelles à caractère personnel directement aux destinataires établis dans des pays tiers, uniquement lorsque les autres dispositions du présent chapitre sont respectées et que toutes les conditions ci-après sont remplies :

a) le transfert est strictement nécessaire à l'exécution de ses missions telles qu'elles sont prévues par le présent règlement, aux fins énoncées à l'article 49, paragraphe 1 ;

b) le Parquet européen établit qu'il n'existe pas de libertés ni de droits fondamentaux de la personne concernée qui prévalent sur l'intérêt public nécessitant le transfert dans le cas en question ;

c) le Parquet européen estime que le transfert à une autorité qui est compétente aux fins visées à l'article 49, paragraphe 1, dans le pays tiers est inefficace ou inapproprié, notamment parce que le transfert ne peut pas être effectué en temps opportun ;

d) l'autorité qui est compétente aux fins visées à l'article 49, paragraphe 1, dans le pays tiers est informée sans retard indu, à moins que cela ne soit inefficace ou inapproprié ;

e) le Parquet européen informe le destinataire de la finalité ou des finalités déterminées pour lesquelles les données opérationnelles à caractère personnel ne doivent faire l'objet d'un traitement que par ce dernier, à condition qu'un tel traitement soit nécessaire.

2. Par accord international au sens du paragraphe 1, on entend tout accord international bilatéral ou multilatéral en vigueur entre l'Union et des pays tiers dans le domaine de la coopération judiciaire en matière pénale et de la coopération policière.

3. Lorsqu'un transfert est effectué sur la base du paragraphe 1, ce transfert est documenté et la documentation est mise à la disposition du Contrôleur européen de la protection des données, sur demande, y compris la date et l'heure du transfert, et des informations sur l'autorité compétente destinataire, sur la justification du transfert et sur les données opérationnelles à caractère personnel transférées.

Art. 85 *Contrôle exercé par le Contrôleur européen de la protection des données.* 1. Le Contrôleur européen de la protection des données est chargé de surveiller et d'assurer l'application des dispositions du présent règlement concernant la protection des libertés et droits fondamentaux des personnes physiques à l'égard des traitements de données opérationnelles à caractère personnel effectués par le Parquet européen, ainsi que de conseiller le Parquet européen et les personnes concernées pour toutes les questions concernant le traitement des données opérationnelles à caractère personnel. A cette fin, le Contrôleur européen de la protection des données exerce les fonctions définies au paragraphe 2 du présent article et les pouvoirs qui lui sont conférés en vertu du paragraphe 3 du présent article et coopère avec les autorités de contrôle nationales conformément à l'article 87.

2. Le Contrôleur européen de la protection des données exerce les fonctions ci-après au titre du présent règlement :

a) il reçoit et examine les réclamations et informe la personne concernée des résultats de cet examen dans un délai raisonnable ;

b) il effectue des enquêtes, soit de sa propre initiative, soit sur la base d'une réclamation, et informe les personnes concernées du résultat de ses enquêtes dans un délai raisonnable ;

c) il surveille et assure l'application des dispositions du présent règlement relatives à la protection des personnes physiques à l'égard du traitement de données opérationnelles à caractère personnel par le Parquet européen ;

d) il conseille le Parquet européen, soit de sa propre initiative, soit en réponse à une consultation, pour toutes les questions concernant le traitement de données opérationnelles à caractère personnel, en particulier avant l'élaboration par le Parquet européen de règles internes relatives à la protection des libertés et droits fondamentaux des personnes à l'égard du traitement des données opérationnelles à caractère personnel.

3. Le Contrôleur européen de la protection des données peut, en vertu du présent règlement :

a) conseiller les personnes concernées dans l'exercice de leurs droits ;

b) saisir le Parquet européen en cas de violation alléguée des dispositions régissant le traitement des données opérationnelles à caractère personnel et, le cas échéant, formuler des propositions tendant à remédier à cette violation et à améliorer la protection des personnes concernées ;

c) consulter le Parquet européen lorsque des demandes d'exercice de certains droits à l'égard de données opérationnelles à caractère personnel ont été rejetées en violation des articles 56 à 62 ;

d) saisir le Parquet européen ;

e) ordonner au Parquet européen de procéder à la rectification, à la limitation ou à l'effacement des données opérationnelles à caractère personnel qui ont été traitées par le Parquet européen en violation des dispositions régissant le traitement de données opérationnelles à caractère personnel et de notifier ces mesures aux tiers auxquels les données ont été divulguées, à condition que cela n'entrave pas les enquêtes et les poursuites menées par le Parquet européen ;

f) saisir la Cour de justice dans les conditions prévues par les traités ;

g) intervenir dans les affaires portées devant la Cour de justice.

4. Le Contrôleur européen de la protection des données a accès aux données opérationnelles à caractère personnel traitées par le Parquet européen ainsi qu'à ses locaux dans la mesure nécessaire à l'exercice de ses fonctions.

5. Le Contrôleur européen de la protection des données établit un rapport annuel sur les activités de contrôle portant sur le Parquet européen.

Art. 86 *Obligation de secret professionnel du Contrôleur européen de la protection des données.* Le Contrôleur européen de la protection des données et son personnel sont, pendant la durée de leurs fonctions et après la cessation de celles-ci, soumis au secret professionnel concernant toute information confidentielle dont ils ont eu connaissance dans l'exercice de leurs fonctions officielles.

Art. 87 *Coopération entre le Contrôleur européen de la protection des données et les autorités de contrôle nationales.* 1. Le Contrôleur européen de la protection des données agit en étroite coopération avec les autorités de contrôle nationales sur les questions particulières exigeant une participation nationale, notamment si le Contrôleur européen de la protection des données ou une autorité de contrôle nationale découvre des différences importantes entre les pratiques des États membres de l'Union européenne ou l'existence de transferts potentiellement illicites transitant par les canaux de communication du Parquet européen, ou dans le contexte de questions soulevées par une ou plusieurs autorités de contrôle nationales concernant la mise en œuvre et l'interprétation du présent règlement.

2. Dans les cas visés au paragraphe 1, le Contrôleur européen de la protection des données et les autorités de contrôle nationales chargées du contrôle de la protection des données peuvent, agissant dans le cadre de leurs compétences respectives et suivant les besoins, échanger des informations utiles, et s'assister mutuellement pour mener les audits et inspections, examiner les difficultés d'interprétation ou d'application du présent règlement, étudier les problèmes que peut poser l'exercice du contrôle indépendant ou l'exercice de leurs droits par les personnes concernées, formuler des propositions harmonisées en vue de trouver des solutions communes aux problèmes éventuels et assurer une sensibilisation en matière de protection des données.

3. Le comité européen de la protection des données établi par le règlement (UE) 2016/679 exerce également les missions énoncées à l'article 51 de la directive (UE) 2016/680 en ce qui concerne les questions relevant du présent règlement, en particulier celles visées aux paragraphes 1 et 2 du présent article.

Art. 88 *Droit d'introduire une réclamation auprès du Contrôleur européen de la protection des données.* 1. Toute personne concernée a le droit d'introduire une réclamation auprès du Contrôleur européen de la protection des données, si elle considère que le traitement, par le Parquet européen, de données opérationnelles à caractère personnel la concernant constitue une violation du présent règlement.

2. La personne concernée est informée par le Contrôleur européen de la protection des données de l'état d'avancement et de l'issue de la réclamation, y compris de la possibilité d'un recours juridictionnel en vertu de l'article 89.

Art. 89 *Droit au contrôle juridictionnel sur les décisions du Contrôleur européen de la protection des données.* Les décisions du Contrôleur européen de la protection des données peuvent faire l'objet d'un recours devant la Cour de justice.

CHAPITRE IX *Dispositions financières et en matière de personnel*

SECTION I *Dispositions financières*

Art. 90 *Acteurs financiers.* 1. Le chef du Parquet européen est chargé d'élaborer les décisions relatives à l'établissement du budget et de les soumettre au collège pour adoption.

2. Le directeur administratif est chargé, en tant qu'ordonnateur, de l'exécution du budget du Parquet européen.

Art. 91 *Budget.* 1. Le chef du Parquet européen établit des prévisions pour les recettes et dépenses du Parquet européen pour chaque exercice budgétaire, celui-ci coïncidant avec l'année civile, sur proposition du directeur administratif. Ces prévisions sont inscrites au budget du Parquet européen.

2. Le budget du Parquet européen est équilibré en recettes et en dépenses.

3. Sans préjudice d'autres ressources, les recettes du Parquet européen comprennent :

a) une contribution de l'Union inscrite au budget général de l'Union, sous réserve des paragraphes 7 et 8 ;

b) les droits perçus pour les publications et toute prestation assurée par le Parquet européen.

4. Les dépenses du Parquet européen comprennent la rémunération du chef du Parquet européen, des procureurs européens, des procureurs européens délégués, du directeur administratif et du personnel du Parquet européen, les dépenses administratives et d'infrastructure et les dépenses opérationnelles.

5. Lorsque des procureurs européens délégués agissent dans le cadre du Parquet européen, les dépenses correspondantes encourues par ceux-ci dans le cadre de ces activités sont considérées comme des dépenses opérationnelles du Parquet européen.

Les dépenses opérationnelles du Parquet européen ne comprennent en principe pas les coûts liés aux mesures d'enquête exécutées par les autorités nationales compétentes ni les coûts de l'aide juridictionnelle. Cependant, elles comprennent – dans le cadre du budget du Parquet européen – certains coûts liés aux activités d'enquête et de poursuite visées au paragraphe 6.

Les dépenses opérationnelles comprennent également la mise en place d'un système de gestion des dossiers, les formations, les missions et les traductions nécessaires au fonctionnement interne du Parquet européen, par exemple les traductions destinées à la chambre permanente.

6. Lorsqu'une mesure d'enquête exceptionnellement coûteuse est exécutée au nom du Parquet européen, les procureurs européens délégués peuvent, de leur propre initiative ou sur demande motivée des autorités nationales compétentes, consulter la chambre permanente quant à la possibilité que le coût de la mesure d'enquête soit en partie pris en charge par le Parquet européen. Ces consultations ne retardent pas l'enquête.

La chambre permanente peut alors, après consultation du directeur administratif et en fonction de la proportionnalité de la mesure exécutée dans les circonstances particulières en cause et de la nature extraordinaire des coûts qui y sont liés, décider d'accepter ou de refuser la demande, conformément aux règles relatives à l'appréciation de ces critères qui seront définies dans le règlement intérieur du Parquet européen. Le directeur administratif décide ensuite du montant de la subvention qui sera octroyée en fonction des ressources financières disponibles. Il informe sans retard le procureur européen délégué chargé de l'affaire de sa décision concernant le montant.

7. Conformément à l'article 332 du TFUE, les dépenses du Parquet européen visées aux paragraphes 4 et 5 du présent article sont à la charge des États. Les États membres de l'Union européenne qui ne participent à la coopération renforcée concernant la création du *Parquet européen reçoivent* un ajustement conformément à l'article 11 du règlement (UE, Euratom) n° 609/2014 du Conseil.

8. Le paragraphe 7 ne s'applique pas aux coûts administratifs occasionnés pour les institutions de l'Union à la suite de la mise en œuvre de la coopération renforcée concernant la création du Parquet européen.

Art. 92 *Établissement du budget.* 1. Chaque année, le chef du Parquet européen établit un projet d'état prévisionnel des recettes et des dépenses du Parquet européen pour l'exercice suivant, sur proposition du directeur administratif. Le chef du Parquet européen adresse le projet d'état prévisionnel au collège pour adoption.

2. Le projet d'état prévisionnel des recettes et des dépenses du Parquet européen est envoyé à la Commission au plus tard le 31 janvier de chaque année. La version définitive de l'état prévisionnel, qui comprend un projet de tableau des effectifs, est transmise par le Parquet européen à la Commission le 31 mars de chaque année au plus tard.

3. La Commission adresse l'état prévisionnel au Parlement européen et au Conseil (ci-après dénommés "autorité budgétaire") en même temps que le projet de budget général de l'Union.

4. Sur la base de l'état prévisionnel, la Commission inscrit dans le projet de budget général de l'Union les prévisions qu'elle estime nécessaires pour le tableau des effectifs ainsi que le montant de la contribution à charge du budget général, et saisit l'autorité budgétaire conformément aux articles 313 et 314 du TFUE.

5. L'autorité budgétaire autorise les crédits au titre de la contribution du budget général de l'Union au Parquet européen.

6. L'autorité budgétaire adopte le tableau des effectifs du Parquet européen.

7. Le collège adopte le budget du Parquet européen, sur proposition du chef du Parquet européen. Ce budget devient définitif après l'adoption définitive du budget général de l'Union. S'il y a lieu, il est ajusté selon la même procédure que celle appliquée pour l'adoption du budget initial.

8. Pour tout projet de nature immobilière susceptible d'avoir des conséquences significatives sur le budget du Parquet européen, l'article 88 du règlement délégué (UE) n° 1271/2013 de la Commission s'applique.

Art. 93 *Exécution du budget.* 1. Le directeur administratif, agissant en qualité d'ordonnateur du Parquet européen, procède à l'exécution du budget sous sa propre responsabilité et dans les limites autorisées dans le budget.

2. Chaque année, le directeur administratif transmet à l'autorité budgétaire toute information pertinente au sujet des résultats de toute procédure d'évaluation.

Art. 94 *Reddition des comptes et décharge.* 1. Le comptable du Parquet européen transmet les comptes provisoires de l'exercice (année N) au comptable de la Commission et à la Cour des comptes au plus tard le 1er mars de l'exercice suivant (année N + 1).

2. Le Parquet européen transmet le rapport sur la gestion budgétaire et financière au Parlement européen, au Conseil et à la Cour des comptes au plus tard le 31 mars de l'exercice suivant.

3. Le comptable de la Commission transmet les comptes provisoires du Parquet européen, consolidés avec la comptabilité de la Commission, à la Cour des comptes au plus tard le 31 mars suivant l'achèvement de chaque exercice.

4. Conformément à l'article 148, paragraphe 1, du règlement (UE, Euratom) n° 966/2012, la Cour des comptes formule ses observations à l'égard des comptes provisoires du Parquet européen au plus tard le 1er juin de l'exercice suivant.

5. Dès réception des observations de la Cour des comptes sur les comptes provisoires du Parquet européen conformément à l'article 148 du règlement (UE, Euratom) n° 966/2012, le comptable du Parquet européen établit les comptes définitifs sous sa propre responsabilité et les soumet au collège pour avis.

6. Le comptable du Parquet européen transmet, au plus tard le 1er juillet suivant l'achèvement de chaque exercice, les comptes définitifs au Parlement européen, au Conseil, à la Commission et à la Cour des comptes, accompagnés de l'avis du collège visé au paragraphe 5.

7. Les comptes définitifs du Parquet européen sont publiés au *Journal officiel de l'Union européenne* au plus tard le 15 novembre de l'exercice suivant chaque exercice.

8. Le directeur administratif adresse à la Cour des comptes une réponse aux observations de celle-ci au plus tard le 30 septembre suivant l'achèvement de chaque exercice. Il l'adresse également à la Commission.

9. Le directeur administratif soumet au Parlement européen, à la demande de celui-ci, toute information nécessaire au bon déroulement de la procédure de décharge pour l'exercice en question, comme le prévoit l'article 109, paragraphe 3, du règlement délégué (UE) n° 1271/2013.

10. Sur recommandation du Conseil statuant à la majorité qualifiée, le Parlement européen donne, avant le 15 mai de l'année N + 2, décharge au directeur administratif sur l'exécution du budget de l'année N.

Art. 95 *Règles financières.* Le chef du Parquet européen élabore un projet de règles financières applicables au Parquet européen, sur proposition du directeur administratif. Ces règles sont adoptées par le collège après consultation de la Commission. Les règles financières ne s'écartent pas de celles énoncées dans le règlement délégué (UE) n° 1271/2013, à moins que le fonctionnement du Parquet européen ne l'exige expressément et moyennant l'accord préalable de la Commission.

SECTION II *Dispositions en matière de personnel*

Art. 96 *Dispositions générales.* 1. Le statut des fonctionnaires et le régime applicable aux autres agents ainsi que les réglementations adoptées d'un commun accord par les institutions de l'Union aux fins de l'application de ce statut et de ce régime s'appliquent au chef du Parquet européen et aux procureurs européens, aux procureurs européens délégués, au directeur administratif et au personnel du Parquet européen, sauf disposition contraire du présent règlement.

Le chef du Parquet européen et les procureurs européens sont engagés en qualité d'agents temporaires du Parquet européen au titre de l'article 2, point a), du régime applicable aux autres agents.

2. Le personnel du Parquet européen est recruté selon les règlements et réglementations applicables aux fonctionnaires et autres agents de l'Union européenne.

3. Le pouvoir dévolu à l'autorité investie du pouvoir de nomination par le statut des fonctionnaires et par le régime applicable aux autres agents de conclure des contrats d'engagement est exercé par le collège. Le collège peut déléguer l'exercice de ce pouvoir au directeur administratif à l'égard du personnel du Parquet européen. La délégation de pouvoir prévue au présent paragraphe ne concerne pas le chef du Parquet européen, les procureurs européens, les procureurs européens délégués ou le directeur administratif.

4. Le collège arrête les règles nécessaires pour mettre en œuvre le statut des fonctionnaires et le régime applicable aux autres agents conformément à l'article 110 du statut des fonctionnaires. Il adopte aussi la programmation des ressources humaines dans le cadre du document de programmation.

5. Le protocole sur les privilèges et immunités de l'Union européenne s'applique au Parquet européen ainsi qu'à son personnel.

6. Les procureurs européens délégués sont engagés comme conseillers spéciaux conformément aux articles 5, 123 et 124 du régime applicable aux autres agents. Les autorités nationales compétentes facilitent l'exercice des fonctions des procureurs européens délégués en application du présent règlement et s'abstiennent de toute action ou politique pouvant influer négativement sur leur carrière ou leur statut au sein du ministère public national. En particulier, les autorités nationales compétentes dotent les procureurs européens délégués des ressources et équipements nécessaires à l'exercice de leurs fonctions au titre du présent règlement et veillent à ce qu'ils soient pleinement intégrés dans leur ministère public national. Des arrangements appropriés doivent être en place pour préserver les droits des procureurs européens délégués liés à la sécurité sociale, à la retraite et à l'assurance en application du régime national. En outre, la rémunération totale d'un procureur européen délégué ne doit pas être inférieure à ce qu'elle serait si ledit procureur était resté uniquement procureur national. Les conditions générales de travail et le milieu de travail des procureurs européens délégués relèvent de la responsabilité des autorités judiciaires nationales compétentes.

7. Les procureurs européens et les procureurs européens délégués ne reçoivent, dans l'exercice de leurs pouvoirs d'enquête et de poursuite, aucun ordre, orientation ou instruction autre que ceux qui sont expressément prévus à l'article 6.

Art. 97 *Agents temporaires et agents contractuels.* 1. Les agents temporaires qui sont employés au sein des institutions, organes ou organismes de l'Union au titre de l'article 2, point a), du régime applicable aux autres agents et qui sont engagés par le Parquet européen dans le cadre d'un contrat conclu avant que le Parquet européen soit devenu opérationnel conformément à la décision visée à l'article 120, paragraphe 2, et au plus tard un an après, se voient offrir des contrats au titre de l'article 2, point f), du régime applicable aux autres *agents, toutes les autres conditions* du contrat demeurant inchangées, sans préjudice de la nécessité de respecter les obligations découlant du régime applicable aux autres agents. Ces agents temporaires sont réputés avoir accompli l'intégralité de leur carrière au sein du Parquet européen.

2. Les agents contractuels qui sont employés au sein des institutions de l'Union au titre de l'article 3 bis ou de l'article 3 ter du régime applicable aux autres agents et qui sont engagés par le Parquet européen dans le cadre d'un contrat conclu avant que le Parquet européen soit devenu opérationnel conformément à la décision visée à l'article 120, paragraphe 2, et

au plus tard un an après, se voient offrir des contrats au titre de l'article 3 bis du régime applicable aux autres agents, toutes les autres conditions du contrat demeurant inchangées. Ces agents contractuels sont réputés avoir accompli l'intégralité de leur carrière au sein du Parquet européen.

3. Les agents temporaires qui sont employés au titre de l'article 2, point f), du régime applicable aux autres agents et les agents contractuels qui sont employés au titre de l'article 3 bis du régime applicable aux autres agents au sein des organes et organismes de l'Union et qui sont engagés par le Parquet européen dans le cadre d'un contrat conclu avant que le Parquet européen soit devenu opérationnel conformément à la décision visée à l'article 120, paragraphe 2, et au plus tard un an après, se voient offrir des contrats dans les mêmes conditions. Ces agents sont réputés avoir accompli l'intégralité de leur carrière au sein du Parquet européen.

Art. 98 *Experts nationaux détachés et autre personnel.* 1. Le Parquet européen peut recourir, en plus de son propre personnel, à des experts nationaux détachés ou à d'autres personnes qui sont mises à sa disposition mais qui ne sont pas employées par lui. Les experts nationaux détachés sont soumis à l'autorité du chef du Parquet européen dans l'exercice des tâches relatives aux fonctions du Parquet européen.

2. Le collège adopte une décision définissant les règles applicables au détachement, auprès du Parquet européen, d'experts nationaux ou d'autres personnes qui sont mises à sa disposition mais qui ne sont pas employées par lui.

CHAPITRE X *Dispositions relatives aux relations du Parquet européen avec ses partenaires*

Art. 99 *Dispositions communes.* 1. Dans la mesure nécessaire à l'accomplissement de ses missions, le Parquet européen peut nouer et entretenir des relations de coopération avec des institutions, organes et organismes de l'Union conformément à leurs objectifs respectifs, ainsi qu'avec les autorités d'États membres de l'Union européenne qui ne participent pas à la coopération renforcée concernant la création du Parquet européen, les autorités de pays tiers et des organisations internationales.

2. Dans la mesure nécessaire à l'accomplissement de ses missions, le Parquet européen peut, conformément à l'article 111, échanger directement toutes les informations avec les entités visées au paragraphe 1 du présent article, sauf disposition contraire du présent règlement.

3. Aux fins exposées aux paragraphes 1 et 2, le Parquet européen peut conclure des arrangements de travail avec les entités visées au paragraphe 1. Ces arrangements de travail sont de nature technique et/ou opérationnelle et visent, en particulier, à faciliter la coopération et l'échange d'informations entre les parties. Les arrangements de travail ne peuvent pas servir de base pour permettre l'échange de données à caractère personnel ni avoir des effets juridiquement contraignants pour l'Union ou ses États membres.

Art. 100 *Relations avec Eurojust.* 1. Le Parquet européen noue et entretient une relation étroite avec Eurojust, fondée sur une coopération mutuelle dans le cadre de leurs mandats respectifs et la création de liens opérationnels, administratifs et de gestion entre eux, tels qu'ils sont définis dans le présent article. A cette fin, le chef du Parquet européen et le président d'Eurojust se réunissent régulièrement pour examiner des questions d'intérêt commun.

2. Sur le plan opérationnel, le Parquet européen peut, dans les affaires transfrontières, associer Eurojust à ses activités, notamment en :

a) partageant avec lui des informations, y compris des données à caractère personnel, sur ses enquêtes, conformément aux dispositions pertinentes du présent règlement ;

b) invitant Eurojust ou son ou ses membres nationaux compétents à l'aider à transmettre ses décisions ou demandes d'entraide judiciaire à des États membres de l'Union européenne qui sont membres d'Eurojust mais ne participent pas à la mise en place du Parquet européen, ainsi qu'à des pays tiers, et à les y faire exécuter.

3. Le Parquet européen dispose d'un accès indirect aux informations figurant dans le système de gestion des dossiers d'Eurojust sur la base d'un système de concordance/non-concordance (*hit/no-hit*). Chaque fois que se produit une correspondance entre les données introduites dans le système de gestion des dossiers par le Parquet européen et des données détenues par Eurojust, Eurojust et le Parquet européen en sont tous deux informés, de même que l'État membre de l'Union européenne qui a fourni les données à Eurojust. Le Parquet prend des mesures appropriées pour permettre à Eurojust d'avoir accès aux informations figurant dans son système de gestion des dossiers sur la base d'un système de concordance/non-concordance.

4. Le Parquet européen peut bénéficier des ressources et de l'appui de l'administration d'Eurojust. A cette fin, Eurojust peut fournir des services d'intérêt commun au Parquet européen. Les détails sont régis par un arrangement.

Art. 101 *Relations avec l'OLAF.* 1. Le Parquet européen noue et entretient une relation étroite avec l'OLAF, fondée sur une coopération mutuelle dans le cadre de leurs mandats respectifs et sur l'échange d'informations. Cette relation vise en particulier à garantir que tous les moyens disponibles sont utilisés pour protéger les intérêts financiers de l'Union grâce au soutien que l'OLAF apporte au Parquet européen et à la complémentarité de ces deux organismes.

2. Sans préjudice des mesures énoncées au paragraphe 3, lorsque le Parquet européen mène une enquête pénale conformément au présent règlement, l'OLAF n'ouvre pas d'enquête administrative parallèle sur les mêmes faits.

3. Au cours d'une enquête menée par le Parquet européen, celui-ci peut demander à l'OLAF, conformément au mandat de ce dernier, de soutenir ou compléter l'action du Parquet européen, notamment par :

a) la fourniture d'informations, d'analyses (y compris d'analyses criminalistiques), d'un service d'expertise et d'un support opérationnel ;

b) la facilitation de la coordination d'actions spécifiques menées par les autorités administratives nationales compétentes et les organes de l'Union ;

c) la conduite d'enquêtes administratives.

4. Le Parquet européen peut, afin de permettre à l'OLAF d'envisager des mesures administratives appropriées conformément à son mandat, fournir des informations pertinentes à l'OLAF dans des situations où le Parquet européen a décidé de ne pas mener d'enquête ou a classé une affaire sans suite.

5. Le Parquet européen dispose d'un accès indirect aux informations figurant dans le système de gestion des dossiers de l'OLAF sur la base d'un système de concordance/non-concordance. Chaque fois que se produit une correspondance entre les données introduites dans le système de gestion des dossiers par le Parquet européen et les données détenues par l'OLAF, ils en sont tous deux informés. Le Parquet européen prend des mesures appropriées pour permettre à l'OLAF d'avoir accès aux informations figurant dans son système de gestion des dossiers sur la base d'un système de concordance/non-concordance.

Art. 102 *Relations avec Europol.* 1. Le Parquet européen établit et maintient une relation étroite avec Europol. Les modalités de cette coopération sont définies dans un accord de travail conclu à cet effet.

2. Si nécessaire pour les besoins de ses enquêtes, le Parquet européen peut obtenir, à sa demande, toute information pertinente détenue par Europol au sujet de toute infraction relevant de sa compétence ; il peut également demander à Europol de fournir une aide à l'analyse dans le cadre d'une enquête particulière conduite par le Parquet européen.

Art. 103 *Relations avec les autres institutions, organes et organismes de l'Union.* 1. Le Parquet européen établit et maintient une relation de coopération avec la Commission aux fins de protéger les intérêts financiers de l'Union. Les modalités de cette coopération sont définies dans un accord conclu à cet effet.

2. Sans préjudice du bon déroulement et de la confidentialité de ses enquêtes, le Parquet européen fournit sans tarder à l'institution, l'organe ou l'organisme de l'Union et aux autres victimes concernées des informations suffisantes pour leur permettre de prendre des mesures appropriées, notamment :

a) des mesures administratives, telles que des mesures conservatoires visant à protéger les intérêts financiers de l'Union à cet égard. Le Parquet européen peut recommander des mesures spécifiques à l'institution, l'organe ou l'organisme de l'Union ;

b) l'intervention comme partie civile dans la procédure ;

c) des mesures aux fins du recouvrement administratif de sommes dues au budget de l'Union ou de mesures disciplinaires.

Art. 104 *Relations avec les pays tiers et les organisations internationales.* 1. Les arrangements *de travail visés à l'article 99*, paragraphe 3, avec les autorités de pays tiers et les organisations internationales peuvent porter en particulier sur l'échange d'informations stratégiques et le détachement de fonctionnaires de liaison auprès du Parquet européen.

2. En accord avec les autorités compétentes concernées, le Parquet européen peut désigner des points de contact dans les pays tiers afin de faciliter la coopération, en fonction des besoins opérationnels du Parquet européen.

3. Les accords internationaux avec un ou plusieurs pays tiers conclus par l'Union dans des domaines relevant de la compétence du Parquet européen, tels que des accords internatio-

naux concernant la coopération en matière pénale entre le Parquet européen et lesdits pays tiers, ou auxquels l'Union a adhéré conformément à l'article 218 du TFUE, sont contraignants à l'égard du Parquet européen.

4. En l'absence d'accord visé au paragraphe 3, si l'accord international multilatéral pertinent le permet et sous réserve de l'acceptation du pays tiers, les États membres reconnaissent et, le cas échéant, notifient le Parquet européen en tant qu'autorité compétente aux fins de la mise en œuvre des accords internationaux multilatéraux sur l'entraide judiciaire en matière pénale qu'ils ont conclus, y compris, si nécessaire et si possible, au moyen d'une modification de ces accords.

Les États membres peuvent également notifier le Parquet européen en tant qu'autorité compétente aux fins de la mise en œuvre d'autres accords internationaux concernant l'entraide judiciaire en matière pénale qu'ils ont conclus, y compris au moyen d'une modification desdits accords.

5. En l'absence d'accord en application du paragraphe 3 du présent article ou de reconnaissance en application du paragraphe 4 du présent article, le procureur européen délégué chargé de l'affaire peut, conformément à l'article 13, paragraphe 1, avoir recours aux pouvoirs d'un procureur national de son État membre pour solliciter l'entraide judiciaire en matière pénale auprès des autorités d'un pays tiers, sur la base d'accords internationaux conclus par cet État membre ou du droit national applicable, et, lorsque c'est nécessaire, par l'intermédiaire des autorités nationales compétentes. Dans ce cas, le procureur européen délégué informe les autorités du pays tiers concerné que les preuves collectées sur cette base seront utilisées par le Parquet européen aux fins du présent règlement et il s'efforce, le cas échéant, d'obtenir leur accord à cette fin. En tout état de cause, le pays tiers est dûment informé que le destinataire final de la réponse à la demande d'entraide judiciaire est le Parquet européen.

Si le Parquet européen n'est pas en mesure d'exercer ses fonctions sur la base d'un accord international pertinent visé au paragraphe 3 ou 4 du présent article, il peut également solliciter l'entraide judiciaire en matière pénale auprès des autorités de pays tiers dans une affaire particulière et dans les limites de sa compétence matérielle. Le Parquet européen se conforme aux conditions qui peuvent être fixées par lesdites autorités en ce qui concerne l'utilisation des informations qu'elles ont fournies sur cette base.

6. Sous réserve des autres dispositions du présent règlement, le Parquet européen peut, sur demande, fournir aux autorités compétentes d'un pays tiers ou à une organisation internationale, aux fins d'enquêtes ou pour servir de preuves dans une enquête pénale, des informations ou des preuves qui sont déjà en sa possession. Après avoir consulté la chambre permanente, le procureur européen délégué chargé de l'affaire statue sur ces transferts d'informations ou de preuves conformément au droit national de son État membre et au présent règlement.

7. Lorsqu'il est nécessaire de demander l'extradition d'une personne, le procureur européen délégué chargé de l'affaire peut demander à l'autorité compétente de son État membre d'émettre une demande d'extradition conformément aux traités et/ou au droit national applicables.

Art. 105 *Relations avec les États membres de l'Union européenne qui ne participent pas à la coopération renforcée concernant la création du Parquet européen.* 1. Les arrangements de travail visés à l'article 99, paragraphe 3, mis en place avec les autorités des États membres de l'Union européenne qui ne participent pas à la coopération renforcée concernant la création du Parquet européen peuvent porter en particulier sur l'échange d'informations stratégiques et le détachement de fonctionnaires de liaison auprès du Parquet européen.

2. En accord avec les autorités compétentes concernées, le Parquet européen peut désigner des points de contact dans les États membres de l'Union européenne qui ne participent pas à la coopération renforcée concernant la création du Parquet européen afin de faciliter la coopération, en fonction des besoins du Parquet européen.

3. En l'absence d'instrument juridique relatif à la coopération en matière pénale et de remise entre le Parquet européen et les autorités compétentes des États membres de l'Union européenne qui ne participent pas à la coopération renforcée concernant la création du Parquet européen, les États membres notifient le Parquet européen en tant qu'autorité compétente aux fins de la mise en œuvre des actes de l'Union applicables dans le domaine de la coopération judiciaire en matière pénale pour les affaires relevant de la compétence du Parquet européen, dans leurs relations avec les États membres de l'Union européenne qui ne participent pas à la coopération renforcée concernant la création du Parquet européen.

CHAPITRE XI *Dispositions générales*

Art. 106 *Statut juridique et conditions de fonctionnement.* 1. Dans chaque État membre, le Parquet européen possède la capacité juridique reconnue aux personnes morales par le droit national.

2. Les dispositions relatives à l'implantation du Parquet européen au Luxembourg et aux prestations à fournir par lui, ainsi que les règles particulières applicables dans ledit État membre aux membres du collège, au directeur administratif et au personnel du Parquet européen de même qu'aux membres de leurs familles, sont fixées dans un accord de siège conclu entre le Parquet européen et le Luxembourg au plus tard à la date à laquelle le Parquet européen assume ses tâches d'enquête et de poursuite déterminées conformément à l'article 120, paragraphe 2.

Art. 107 *Régime linguistique.* 1. Le règlement (CEE) n° 1/58 du Conseil s'applique aux actes visés aux articles 21 et 114 du présent règlement.

2. Le collège arrête à la majorité des deux tiers de ses membres le régime linguistique interne du Parquet européen.

3. Les travaux de traduction requis pour le fonctionnement administratif du Parquet européen au niveau central sont effectués par le Centre de traduction des organes de l'Union européenne, sauf si l'urgence de la question exige le recours à une autre solution. Les procureurs européens délégués arrêtent les modalités de traduction aux fins de la conduite des enquêtes conformément au droit national applicable.

Art. 108 *Confidentialité et secret professionnel.* 1. Les membres du collège, le directeur administratif et le personnel du Parquet européen, les experts nationaux détachés et les autres personnes qui sont mises à la disposition du Parquet européen mais ne sont pas employées par lui, ainsi que les procureurs européens délégués, sont tenus à une obligation de confidentialité, conformément à la législation de l'Union, en ce qui concerne toute information détenue par le Parquet européen.

2. Toute autre personne qui participe ou contribue à l'exécution des fonctions du Parquet européen au niveau national est tenue à une obligation de confidentialité conformément au droit national applicable.

3. L'obligation de confidentialité s'applique également aux personnes visées aux paragraphes 1 et 2 après la cessation de leurs fonctions ou de leur contrat de travail et après la cessation de l'activité.

4. Conformément au droit national ou de l'Union applicable, l'obligation de confidentialité s'applique à toutes les informations reçues par le Parquet européen, à moins qu'elles n'aient déjà été licitement rendues publiques.

5. Les enquêtes effectuées sous l'autorité du Parquet européen sont protégées par les règles régissant le secret professionnel en vertu du droit de l'Union applicable. Toute personne qui participe à l'exécution des fonctions du Parquet européen ou y contribue est tenue au respect du secret professionnel prévu par le droit national applicable.

Art. 109 *Transparence.* 1. Le règlement (CE) n° 1049/2001 du Parlement européen et du Conseil s'applique aux documents autres que les dossiers, y compris les images électroniques de ces dossiers, qui sont conservés conformément à l'article 45 du présent règlement.

2. Le chef du Parquet européen élabore, dans un délai de six mois à compter de la date de sa nomination, une proposition de modalités détaillées pour l'application du présent article. Cette proposition est adoptée par le collège.

3. Les décisions prises par le Parquet européen en application de l'article 8 du règlement (CE) n° 1049/2001 peuvent faire l'objet d'une plainte auprès du Médiateur européen ou d'un recours devant la Cour de justice, dans les conditions prévues respectivement aux articles 228 et 263 du TFUE.

Art. 110 *L'OLAF et la Cour des comptes.* 1. Pour faciliter la lutte contre la fraude, la corruption et autres actes illégaux en vertu du règlement (UE, Euratom) n° 883/2013, le Parquet européen adhère, au plus tard six mois à compter de la date que la Commission doit fixer en application de l'article 120, paragraphe 2, à l'accord interinstitutionnel du 25 mai 1999 relatif aux enquêtes internes effectuées par l'Office européen de lutte antifraude (OLAF) et arrête les dispositions appropriées applicables au chef du Parquet européen, aux procureurs européens, au directeur administratif et au personnel du Parquet européen, aux experts nationaux détachés et aux autres personnes qui sont mises à la disposition du Parquet européen mais ne sont pas employées par lui, ainsi qu'aux procureurs européens délégués, en utilisant le modèle figurant en annexe dudit accord.

2. La Cour des comptes dispose d'un pouvoir d'audit, sur pièces et sur place, à l'égard de tous les contractants et sous-traitants qui ont reçu des fonds de l'Union par l'intermédiaire du Parquet européen.

3. L'OLAF peut effectuer des enquêtes, y compris des contrôles et vérifications sur place, conformément aux dispositions et procédures prévues par le règlement (UE, Euratom) n° 883/2013 et par le règlement (Euratom, CE) n° 2185/96 du Conseil, en vue d'établir l'existence éventuelle d'une irrégularité portant atteinte aux intérêts financiers de l'Union en liaison avec des dépenses financées par le Parquet européen.

4. Sans préjudice des paragraphes 1, 2 et 3, les arrangements de travail conclus avec des organes de l'Union, des autorités de pays tiers et des organisations internationales, ainsi que les contrats du Parquet européen, contiennent des dispositions qui habilitent expressément la Cour des comptes et l'OLAF à effectuer les audits et enquêtes en question, selon leurs compétences respectives.

Art. 111 *Règles en matière de protection des informations sensibles non classifiées et des informations classifiées.* 1. Le Parquet européen établit des règles internes relatives à la protection des informations sensibles non classifiées, y compris pour ce qui concerne la création et le traitement de ces informations au sein du Parquet européen.

2. Le Parquet européen établit des règles internes relatives à la protection des informations classifiées de l'Union européenne qui sont conformes à la décision 2013/488/UE du Conseil afin d'assurer un niveau de protection équivalent de ces informations.

Art. 112 *Enquêtes administratives.* Les activités administratives du Parquet européen sont soumises aux enquêtes du Médiateur européen, conformément à l'article 228 du TFUE.

Art. 113 *Régime général de responsabilité.* 1. La responsabilité contractuelle du Parquet européen est régie par le droit applicable au contrat en question.

2. La Cour de justice est compétente pour se prononcer en vertu de toute clause d'arbitrage contenue dans un contrat conclu par le Parquet européen.

3. En matière de responsabilité non contractuelle, le Parquet européen répare, conformément aux principes généraux communs aux droits des États membres de l'Union européenne, les dommages causés par lui-même ou par ses agents dans l'exercice de leurs fonctions, dans la mesure où ces dommages peuvent leur être imputés.

4. Le paragraphe 3 s'applique aussi aux dommages causés du fait d'un procureur européen délégué dans l'exercice de ses fonctions.

5. La Cour de justice est compétente pour connaître des litiges concernant la réparation des dommages visés au paragraphe 3.

6. Les juridictions nationales des États membres de l'Union européenne compétentes pour connaître des litiges impliquant la responsabilité du Parquet européen visée au présent article sont déterminées par référence au règlement (UE) n° 1215/2012 du Parlement européen et du Conseil.

7. La responsabilité personnelle des agents du Parquet européen est régie par les dispositions applicables du statut des fonctionnaires et du régime applicable aux autres agents.

Art. 114 *Règles administratives et documents de programmation.* Le collègue *[collège]*, sur proposition du chef du Parquet européen, adopte en particulier :

a) sur une base annuelle, le document de programmation contenant la programmation annuelle et pluriannuelle du Parquet européen ;

b) une stratégie antifraude proportionnée aux risques de fraude, compte tenu du rapport coûts/avantages des mesures à mettre en œuvre ;

c) des règles concernant les conditions d'emploi, les critères de réalisation, l'insuffisance professionnelle, les droits et les obligations des procureurs européens délégués, notamment des règles sur la prévention et la gestion des conflits d'intérêts ;

d) des règles détaillées concernant l'application du règlement (CE) n° 1049/2001 dans le cadre des activités du Parquet européen ;

e) les règles d'application visées à l'article 24, paragraphe 8, du règlement (CE) n° 45/2001.

Art. 115 *Exercice de la délégation.* 1. Le pouvoir d'adopter des actes délégués conféré à la Commission est soumis aux conditions fixées au présent article.

2. Le pouvoir d'adopter des actes délégués visé à l'article 49, paragraphe 3, est conféré à la Commission pour une durée indéterminée à compter du 20 novembre 2017.

3. La délégation de pouvoir visée à l'article 49, paragraphe 3, peut être révoquée à tout moment par le Parlement européen ou le Conseil. La décision de révocation met fin à la

délégation de pouvoir qui y est précisée. La révocation prend effet le jour suivant celui de la publication de ladite décision au *Journal officiel de l'Union européenne* ou à une date ultérieure qui est précisée dans ladite décision. Elle ne porte pas atteinte à la validité des actes délégués déjà en vigueur.

4. Avant d'adopter un acte délégué, la Commission consulte les experts désignés par chaque État membre, conformément aux principes définis dans l'accord interinstitutionnel du 13 avril 2016"Mieux légiférer".

5. Aussitôt qu'elle adopte un acte délégué, la Commission le notifie au Parlement européen et au Conseil simultanément.

6. Un acte délégué adopté en vertu de l'article 49, paragraphe 3, n'entre en vigueur que si le Parlement européen ou le Conseil n'a pas exprimé d'objections dans un délai de deux mois à compter de la notification de cet acte au Parlement européen et au Conseil ou si, avant l'expiration de ce délai, le Parlement européen et le Conseil ont tous deux informé la Commission de leur intention de ne pas exprimer d'objections. Ce délai est prolongé de deux mois à l'initiative du Parlement européen ou du Conseil.

Art. 116 *Procédure d'urgence.* 1. Les actes délégués adoptés en vertu du présent article entrent en vigueur sans tarder et s'appliquent tant qu'aucune objection n'est exprimée conformément au paragraphe 2. La notification d'un acte délégué au Parlement européen et au Conseil expose les raisons du recours à la procédure d'urgence.

2. Le Parlement européen ou le Conseil peut exprimer des objections à l'égard d'un acte délégué, conformément à la procédure visée à l'article 115, paragraphe 6. En pareil cas, la Commission abroge l'acte concerné immédiatement après que le Parlement européen ou le Conseil lui a notifié sa décision d'exprimer des objections.

Art. 117 *Notifications.* Chaque État membre désigne les autorités qui sont compétentes aux fins de l'application du présent règlement. Les informations concernant les autorités désignées, ainsi que toute modification ultérieure de celles-ci, sont notifiées simultanément au chef du Parquet européen, au Conseil et à la Commission. Les États membres transmettent également au Parquet européen une liste détaillée des dispositions de droit pénal matériel national applicables aux infractions définies dans la directive (UE) 2017/1371 et de toutes les autres dispositions de droit national pertinentes. Le Parquet européen veille à ce que les informations figurant dans ces listes soient rendues publiques. Par ailleurs, les États membres qui, conformément à l'article 30, paragraphe 3, ont l'intention de limiter l'application de l'article 30, paragraphe 1, points e) et f), à certaines infractions graves notifient au Parquet européen une liste desdites infractions.

Art. 118 *Réexamen des règles relatives à la protection des personnes physiques à l'égard du traitement des données à caractère personnel par le Parquet européen.* Dans le cadre de l'adaptation du règlement (CE) n° 45/2001 conformément à l'article 2, paragraphe 3, et à l'article 98 du règlement (UE) 2016/679, la Commission réexamine les dispositions relatives à la protection des personnes physiques à l'égard du traitement des données à caractère personnel par le Parquet européen qui figurent dans le présent règlement. La Commission présente, s'il y a lieu, une proposition législative en vue de modifier ou d'abroger ces dispositions.

Art. 119 *Réexamen.* 1. Au plus tard cinq ans après la date fixée par la Commission en application de l'article 120, paragraphe 2, et tous les cinq ans par la suite, la Commission commande une évaluation et présente un rapport d'évaluation de la mise en œuvre et de l'impact du présent règlement, ainsi que de l'efficacité et de l'efficience de l'action du Parquet européen et de ses pratiques professionnelles. La Commission transmet le rapport d'évaluation, accompagné de ses conclusions, au Parlement européen et au Conseil, ainsi qu'aux parlements nationaux. Les conclusions de l'évaluation sont rendues publiques.

2. La Commission présente des propositions législatives au Parlement européen et au Conseil si elle conclut à la nécessité de compléter ou détailler davantage les règles relatives à la création du Parquet européen, à ses fonctions ou à la procédure applicable à ses activités, y compris ses enquêtes transfrontières.

Art. 120 *Entrée en vigueur.* 1. Le présent règlement entre en vigueur le vingtième jour suivant celui de sa publication au *Journal officiel de l'Union européenne.*

2. Le Parquet européen exerce sa compétence à l'égard de toute infraction relevant de ses attributions commise après la date d'entrée en vigueur du présent règlement.

Le Parquet européen assume les tâches d'enquête et de poursuite qui lui incombent en vertu du présent règlement à une date qui sera fixée par une décision de la Commission, sur

proposition du chef du Parquet européen, dès que le Parquet européen aura été mis en place. La décision de la Commission est publiée au *Journal officiel de l'Union européenne.*

La date est fixée par la Commission au plus tôt trois ans après la date d'entrée en vigueur du présent règlement.

Pour les États membres qui participent à la coopération renforcée en vertu d'une décision adoptée conformément à l'article 331, paragraphe 1, deuxième ou troisième alinéa, du TFUE, le présent règlement est applicable à compter de la date indiquée dans la décision concernée.

Le présent règlement est obligatoire dans tous ses éléments et directement applicable dans les États membres conformément aux traités.

Fait à Luxembourg, le 12 octobre 2017.

COUR DE JUSTICE DE LA RÉPUBLIQUE ET HAUTE COUR

Constitution de la République française du 4 octobre 1958

Art. 26 Aucun membre du Parlement ne peut être poursuivi, recherché, arrêté, détenu ou jugé à l'occasion des opinions ou votes émis par lui dans l'exercice de ses fonctions.

(L. const. n° 95-880 du 4 août 1995) **« Aucun membre du Parlement ne peut faire l'objet, en matière criminelle ou correctionnelle, d'une arrestation ou de toute autre mesure privative ou restrictive de liberté qu'avec l'autorisation du Bureau de l'assemblée dont il fait partie. Cette autorisation n'est pas requise en cas de crime ou délit flagrant ou de condamnation définitive.**

« La détention, les mesures privatives ou restrictives de liberté ou la poursuite d'un membre du Parlement sont suspendues pour la durée de la session si l'assemblée dont il fait partie le requiert.

« L'assemblée intéressée est réunie de plein droit pour des séances supplémentaires pour permettre, le cas échéant, l'application de l'alinéa ci-dessus. »

Les dispositions de l'art. 26 de la Constitution qui prévoient une autorisation du bureau de l'Ass. nat. en cas de mesure cœrcitive prise à l'encontre d'un député, ne sont pas applicables tant que l'ordonnance de prise de corps de l'art. 215 n'est pas mise à exécution. • Crim. 28 mars 2001, n° 01-80.239 P.

.....

TITRE IX **La Haute Cour** *(L. n° 2007-238 du 23 févr. 2007).*

RÉP. PÉN. v° *Haute Cour*, par Dreuille.

BIBL. ▸ Bouloc, *RSC 2007. Chron. 573* (statut pénal du chef de l'État). – De Lamy, *RSC 2008. Chron. 121* (réforme de la responsabilité pénale du président de la République : du trouble à la confusion). – Rassat, *Dr. pénal 2007. Étude 8* (du statut dit "pénal" du président de la République). – Vergès, *RSC 2007. 343* (loi constitutionnelle n° 2007-238 portant modification du titre IX de la Constitution – une clarification du régime de responsabilité du président de la République).

Art. 67 *(L. n° 2007-238 du 23 févr. 2007)* **Le Président de la République n'est pas responsable des actes accomplis en cette qualité, sous réserve des dispositions des articles 53-2 et 68.**

Il ne peut, durant son mandat et devant aucune juridiction ou autorité administrative française, être requis de témoigner non plus que faire l'objet d'une action, d'un acte d'information, d'instruction ou de poursuite. Tout délai de prescription ou de forclusion est suspendu.

Les instances et procédures auxquelles il est ainsi fait obstacle peuvent être reprises ou engagées contre lui à l'expiration d'un délai d'un mois suivant la cessation des fonctions.

BIBL. ▸ Beaud, *D. 2009. 2408* (la constitution de partie civile du chef de l'État). – Chrestia, *D. 2010. 24* (il faut modifier le statut du président de la République).

Aucune disposition constitutionnelle, légale ou conventionnelle ne prévoit l'immunité ou l'irresponsabilité pénale des membres du cabinet du président de la République. • Crim. 19 déc. 2012 : *D. actu. 15 janv. 2013, obs. Léna ; D. 2013. AJ 89 ; ibid. 551, note Décima et Detraz.* ♦ *Cassation de :* • *Paris, 7 nov. 2011 : D. 2011. 2946, note Beaud* (s'agissant d'un contrat signé, au nom de la présidence de la République par le directeur de cabinet du chef de l'État d'une part, au nom d'une société par l'intermédiaire d'un proche conseiller du même chef de l'État d'autre part, dès lors qu'il ressort des éléments d'analyse dudit contrat que celui-ci a été signé à la demande ou à tout le moins avec l'accord du chef de l'État et pour les besoins de son action politique, et dans la mesure où les investigations qui pourraient être menées par un juge d'instruction (et notamment les perquisitions) conduiraient dans les faits à ce que le président de la République lui-même fasse l'objet d'une action, d'un acte d'information ou de poursuite et donc porterait atteinte au principe d'inviolabilité du président de la République garanti par l'art. 67, al. 2, de la Constitution, aucune instruction ne saurait être ouverte concernant ledit contrat (aff. dite des « sondages de l'Élysée »).

Art. 68 *(L. n° 2007-238 du 23 févr. 2007)* **Le Président de la République ne peut être destitué qu'en cas de manquement à ses devoirs manifestement incompatible avec l'exercice de son mandat. La destitution est prononcée par le Parlement constitué en Haute Cour.**

La proposition de réunion de la Haute Cour adoptée par une des assemblées du Parlement est aussitôt transmise à l'autre qui se prononce dans les quinze jours.

La Haute Cour est présidée par le président de l'Assemblée nationale. Elle statue dans un délai d'un mois, à bulletins secrets, sur la destitution. Sa décision est d'effet immédiat.

Les décisions prises en application du présent article le sont à la majorité des deux tiers des membres composant l'assemblée concernée ou la Haute Cour. Toute délégation de vote est interdite. Seuls sont recensés les votes favorables à la proposition de réunion de la Haute Cour ou à la destitution.

Une loi organique fixe les conditions d'application du présent article.

1. Responsabilité pénale du chef de l'État avant la L. n° 2007-238 du 23 févr. 2007. Pendant la durée de ses fonctions, la responsabilité pénale du président de la République ne peut être mise en cause que devant la Haute Cour de justice. • Cons. const. 22 janv. 1999, Décis. n° 98-408 DC : *JO 24 janv. 1999 ; RFDA 1999. 285*. ♦ BIBL. Avril, *RFDA 1999. 715.* – Genevois, *RFDA 1999. 285* et *717.* – Luchaire, *RD publ. 1999. 457.* – Schoettl, *AJDA 1999. 230* ; *RD publ. 1999. 1037.* – Deleuze, *RSC 1999. 497.* – Prélot, *D. 2001. Chron. 949.*

2. La Haute Cour de justice n'est compétente que pour connaître des actes de haute trahison du président de la République commis dans l'exercice de ses fonctions, les poursuites pour tous les actes devant les juridictions pénales de droit commun ne peuvent être exercées pendant la durée du mandat présidentiel, la prescription de l'action publique étant alors suspendue. • Cass., ass. plén., 10 oct. 2001, n° 01-84.922 P : *D. 2001. Chron. 3365, note Favoreu* ; *D. 2002. 237, note Debbasch* ; *ibid. 674, note Pradel* ; *RFDA 2001. 1169, note Jouanjanet et Wachsmann* ; *ibid. 1187, note Beaud* ; *LPA 2001, n° 203* ; *RSC 2002. 128, note Giudicelli* ; *Dr. pénal 2001. Comm. 144, obs. Maron* ; *Dr. pénal 2002. Chron. 1, note Delaloy.* ♦ Pendant la durée de son mandat, il ne peut être entendu comme témoin assisté, ni être mis en examen, cité ou renvoyé pour une infraction quelconque devant une juridiction pénale de droit commun. • Cass., ass. plén., 10 oct. 2001 : *préc.*

3. Compétence de la Haute Cour de justice. La Haute Cour de justice n'étant compétente que pour connaître des actes de haute trahison commis par le président de la République dans l'exercice de ses fonctions et le Conseil constitutionnel n'ayant statué, dans sa décision du 22 janvier 1999, que sur la possibilité de déférer le président de la République à la cour pénale internationale pour y répondre des crimes de la compétence de cette Cour, les poursuites engagées pour toute autre infraction ressortissent de la compétence des juridictions pénales de droit commun. • Cass., ass. plén., 10 oct. 2001 : *préc. note 2.*

4. La compétence de la Cour de justice de la République, selon l'art. 68-1 de la Constitution telle que modifiée par la loi constitutionnelle du 27 juill. 1993, est limitée aux actes constituant des crimes ou délits commis par des ministres dans l'exercice de leurs fonctions et qui ont un rapport direct avec la conduite des affaires de l'État, relevant de leurs attributions, et ne s'étend pas aux faits dont la commission est concomitante à l'exercice d'une activité ministérielle. • Crim. 16 févr. 2000, n° 99-86.307 P. ♦ La compétence de la Cour de justice de la République, limitée selon l'art. 68-1 de la Constitution modifiée par la loi constitutionnelle du 27 juill. 1993, aux actes constituant des crimes et délits commis par des ministres dans l'exercice de leurs fonctions et ayant un rapport direct avec la conduite des affaires de l'État relevant de leurs attributions, ne s'étend pas aux actes commis à l'occasion de l'exercice des fonctions ministérielles. • Crim. 6 févr. 1997, n° 96-80.615 P.

5. Les crimes et délits commis dans l'exercice de ses fonctions par un membre du gouvernement relèvent de la compétence exclusive de la Cour de justice de la République. Les délits de presse ne sont pas exclus du champ de compétence de cette juridiction et les règles de procédure de la L. du 29 juill. 1881 et celles de la loi organique du 23 nov. 1993 ne sont pas incompatibles. • Crim. 23 déc. 1999, n° 99-86.298 P.

6. La compétence de la Cour de justice de la République, selon l'art. 68-1 de la Constitution telle que modifiée par la loi constitutionnelle du 27 juill. 1993, est limitée aux actes constituant des crimes ou délits commis par des ministres dans l'exercice de leurs fonctions et qui ont un rapport direct avec la conduite des affaires de l'État relevant de leurs attributions, à l'exclusion des comportements concernant la vie privée ou les mandats électifs locaux. • Crim. 26 juin 1995, n° 95-82.333 P.

7. Composition de la Haute Cour de justice. Les membres de la commission des requêtes de la Cour de justice de la République ont, indépendamment de leur statut, la qualité de magistrats au sens de l'art. 434-24 C. pén. • Crim. 21 janv. 1998, n° 96-85.001 P.

TITRE X De la responsabilité pénale des membres du Gouvernement

(L. const. n° 93-952 du 27 juill. 1993)

Art. 68-1 **Les membres du Gouvernement sont pénalement responsables des actes accomplis dans l'exercice de leurs fonctions et qualifiés crimes ou délits au moment où ils ont été commis.**

Ils sont jugés par la Cour de justice de la République.

La Cour de justice de la République est liée par la définition des crimes et délits ainsi que par la détermination des peines telles qu'elles résultent de la loi.

RÉP. PÉN. v° *Cour de justice de la République,* par FOYER.

BIBL. ▶ CONTE, *D. 1999. Chron. 209.*

1. Compétence. Il résulte de la combinaison des art. 68-1 de la Constitution et 23 de la loi organique du 23 nov. 1993 que les crimes et délits commis par un membre du Gouvernement dans l'exercice de ses fonctions relèvent de la compétence exclusive de la Cour de justice de la République. • Cass., ass. plén., 23 déc. 1999, n° 99-86.298 P : *Gaz. Pal. 2000. 1. 115, note Burgelin.* ♦ ... Y compris les délits de presse. • Même arrêt.

2. La compétence de la Cour de justice de la République, telle que prévue par l'art. 68-1 de la Constitution, ne saurait s'étendre aux actes qui ne sont commis, par des ministres, qu'à l'occasion de l'exercice de leurs fonctions. • Crim. 6 févr. 1997, n° 96-80.615 P : *JCP 1997. II. 22823, note Pralus ; Gaz. Pal. 1997. 1. 229, note Doucet ; Dr. pénal 1997. Comm. 61 et 70, obs. Maron ; RSC 1997. 667, obs. Dintilhac.* ♦ *Adde :* • C. just. Républ. 9 mars 1999 : *D. 1999. IR 86.* ♦ ... Ou aux actes qui n'ont aucun lien direct avec la détermination et la conduite de la politique de la nation et les affaires de l'État, même si la commission de ces faits est concomitante de l'exercice d'une activité ministérielle. • Crim. 16 févr. 2000, n° 99-86.307 P : *D. 2001. 660, note Bück* • 13 déc. 2000, n° 00-82.617 P. ♦ Elle ne saurait s'étendre à des comportements concernant la vie privée ou les mandats électifs locaux. Aucune disposition constitutionnelle, organique ou législative, ne prévoit une prorogation de compétence de la Cour de justice de la République à l'égard des coauteurs et complices des membres du Gouvernement. • Crim. 26 juin 1995, n° 95-82.333 P.

3. La commission d'instruction de la Cour de justice de la République ne peut déclarer que les magistrats instructeurs de droit commun étaient incompétents tant qu'ils n'avaient pas effectué les investigations de nature à leur permettre de vérifier cette compétence, dans le respect des dispositions de l'art. 68-1 de la Constitution, avant de se dessaisir de la partie des faits pouvant impliquer le ministre, dans l'exercice de ses fonctions. • Cass., ass. plén., 13 mars 2020, n° 19-86.609 : *D. actu. 9 avr. 2020, obs. Fucini ; D. 2020. 602.*

Art. 68-2 **La Cour de justice de la République comprend quinze juges : douze parlementaires élus, en leur sein et en nombre égal, par l'Assemblée nationale et par le Sénat après chaque renouvellement général ou partiel de ces assemblées et trois magistrats du siège à la Cour de cassation, dont l'un préside la Cour de justice de la République.**

Toute personne qui se prétend lésée par un crime ou un délit commis par un membre du Gouvernement dans l'exercice de ses fonctions peut porter plainte auprès d'une commission des requêtes.

Cette commission ordonne soit le classement de la procédure, soit sa transmission au procureur général près la Cour de cassation aux fins de saisine de la Cour de justice de la République.

Le procureur général près la Cour de cassation peut aussi saisir d'office la Cour de justice de la République sur avis conforme de la commission des requêtes.

Une loi organique détermine les conditions d'application du présent article. — *V. L. org. n° 93-1252 du 23 nov. 1993, ss. art. 68-3.*

Art. 68-3 *(L. const. n° 95-880 du 4 août 1995)* **Les dispositions du présent titre sont applicables aux faits commis avant son entrée en vigueur.**

Loi organique n° 93-1252 du 23 novembre 1993,

Sur la Cour de justice de la République.

BIBL. ▶ BEAUD, *D. 1999. Chron. 75.* – BURGELIN, *D. 2000, n° 22, interview IV.* – MATHIEU, *ALD 1994. 69.* – PRADEL, *D. 1996. Chron. 1.*

TITRE PREMIER De l'organisation de la Cour de justice de la République

CHAPITRE PREMIER *De la composition et du fonctionnement de la Cour de justice de la République*

Art. 1er Les juges parlementaires à la Cour de justice de la République sont élus au scrutin majoritaire ; le scrutin est secret. Nul n'est élu s'il n'a réuni la majorité absolue des suffrages exprimés. Pour chaque titulaire, un suppléant est élu dans les mêmes conditions.

Les juges magistrats sont élus pour trois ans parmi les magistrats du siège hors hiérarchie à la Cour de cassation par l'ensemble de ces magistrats. L'un d'entre eux est désigné dans les mêmes formes en qualité de président de la Cour de justice de la République. Pour chaque titulaire, un suppléant est élu dans les mêmes conditions.

Art. 2 Dès leur élection, les juges parlementaires prêtent serment devant l'assemblée qui les a désignés.

Ils jurent et promettent de bien et fidèlement remplir leurs fonctions, de garder le secret des délibérations et des votes et de se conduire en tout comme dignes et loyaux magistrats.

Art. 3 Les membres de la Cour de justice de la République sont tenus d'assister aux audiences et aux délibérations auxquelles ils sont convoqués.

En cas d'absence non justifiée par un motif grave, ils sont déclarés démissionnaires par la Cour de justice de la République statuant soit d'office, soit à la requête du ministère public. Il est pourvu à leur remplacement dans les conditions fixées par la présente loi organique.

Art. 4 Tout juge de la Cour de justice de la République, tout membre de la commission d'instruction instituée à l'article 11 peut être récusé pour l'une des causes prévues par le code de procédure pénale en matière correctionnelle.

La Cour de justice de la République statue, dès l'ouverture des débats, sur les causes de récusation des juges.

Le premier président de la Cour de cassation statue sur la récusation des membres de la commission d'instruction, dans les formes prévues en matière correctionnelle.

Art. 5 Tout juge qui souhaite s'abstenir, même en dehors des cas prévus par le code de procédure pénale en matière correctionnelle, est tenu de le déclarer à la Cour de justice de la République qui statue sur sa demande.

Art. 6 En cas de récusation ou d'empêchement temporaire de l'un des juges, il est remplacé par son suppléant.

En cas de cessation définitive des fonctions d'un juge titulaire en cours de mandat, son suppléant devient titulaire.

Le juge suppléant temporairement empêché, devenu titulaire ou ayant cessé définitivement ses fonctions en cours de mandat est remplacé par un juge élu dans les conditions prévues à l'article 1er. S'il s'agit d'un magistrat, il est élu pour la durée du mandat restant à courir.

Art. 7 Les fonctions des juges parlementaires prennent fin :

– en même temps que les pouvoirs de l'Assemblée nationale ou à chaque renouvellement partiel du Sénat, selon l'assemblée à laquelle ils appartiennent ;

– lorsqu'ils cessent d'appartenir à l'Assemblée nationale ou au Sénat ;

– en cas de démission volontaire.

Art. 8 Le ministère public près la Cour de justice de la République est exercé par le procureur général près la Cour de cassation, assisté *(L. nº 2007-287 du 5 mars 2007, art. 33-II, en vigueur le 1er juin 2007)* « d'un premier avocat général et de deux avocats généraux qu'il désigne *[ancienne rédaction : du premier avocat général et de deux avocats généraux désignés par le procureur général]* ».

Art. 9 Le greffier en chef de la Cour de cassation est, de droit, greffier de la Cour de justice de la République.

Art. 10 Le personnel nécessaire au fonctionnement de la Cour de justice de la République est mis à la disposition de cette juridiction par le greffier en chef de la Cour de cassation.

Art. 11 La commission d'instruction se compose de trois membres titulaires et de trois membres suppléants désignés pour trois ans parmi les magistrats du siège hors hiérarchie à la Cour de cassation par l'ensemble de ces magistrats.

Son président est choisi dans la même forme parmi les membres titulaires.

Les dispositions de l'article 6 concernant les magistrats de la Cour de cassation juges à la Cour de justice de la République sont applicables aux membres de la commission d'instruction.

CHAPITRE II *De la commission des requêtes près la Cour de justice de la République*

Art. 12 La commission des requêtes près la Cour de justice de la République se compose de trois magistrats du siège hors hiérarchie à la Cour de cassation, de deux conseillers d'État et de deux conseillers maîtres à la Cour des comptes désignés pour cinq ans.

Les magistrats à la Cour de cassation sont élus par l'ensemble des magistrats du siège hors hiérarchie de la cour. L'un d'entre eux est désigné dans la même forme comme président de la commission.

Les conseillers d'État sont désignés par l'assemblée générale du Conseil d'État.

Les conseillers maîtres à la Cour des comptes sont désignés par la chambre du conseil.

Dans les mêmes formes, il est procédé à la désignation par chacune de ces juridictions d'un membre suppléant.

TITRE II De la procédure

BIBL. ▶ LIENHARD, *JCP 1999. Actu. 11.* – PRADEL, *D. 1996. Chron. 1.*

CHAPITRE PREMIER *De la mise en mouvement de l'action publique*

Art. 13 Sous peine d'irrecevabilité, la plainte portée auprès de la commission des requêtes par une personne qui se prétend lésée par un crime ou un délit commis par un membre du Gouvernement dans l'exercice de ses fonctions doit contenir le nom du membre du Gouvernement visé par ladite plainte et l'énoncé des faits allégués à son encontre ; elle doit être signée par le plaignant.

Aucune constitution de partie civile n'est recevable devant la Cour de justice de la République.

Les actions en réparation de dommages ayant résulté de crimes et délits poursuivis devant la Cour de justice de la République ne peuvent être portées que devant les juridictions de droit commun.

1. Irrecevabilité des constitutions de partie civile. Si l'art. 13 de la loi organique du 23 nov. 1993 exclut toute constitution de partie civile, il réserve aux victimes la possibilité de porter l'action en réparation de leurs dommages devant les juridictions de droit commun et de faire ainsi trancher toute contestation sur leurs droits civils. • Cass., ass. plén., 21 juin 1999, n° 99-81.927 P : *Procédures 1999, n° 212, obs. Buisson ; Dr. pénal 1999. Comm. 135, obs. Maron ; RSC 2000. 220, obs. Giudicelli*. ♦ Les dispositions de l'art. 13 de la loi organique du 23 nov. 1993 prévalent sur celles de l'art. 46 de la loi du 29 juill. 1881 en conséquence, l'action civile devra être portée devant les juridictions de droit commun. • Cass., ass. plén., 12 juill. 2000, n° 00-83.578 P : *D. 2000. IR 215.* ♦ Sur pourvoi contre : • C. just. Républ. 9 mars 1999 : *D. 1999. IR 86.*

2. Prescription. Selon le principe *contra non valentem agere non currit praescriptio,* la prescription est de droit suspendue à l'égard des parties poursuivantes dès lors qu'elles ont manifesté expressément leur volonté d'agir et qu'elles se sont heurtées à un obstacle résultant de la loi elle-même, tel l'art. 13, al. 2, de la loi organique du 23 nov. 1993 qui exclut toute constitution de partie civile. • Cass., ass. plén., 23 déc. 1999, n° 99-86.298 P : *Gaz. Pal. 2000. 1. 115, obs. Burgelin.*

3. Opposabilité. La décision rendue sur l'action publique par la Cour de justice de la République, dans une instance à laquelle les plaignants n'ont pas été parties, ne leur est pas opposable. • Cass., ass. plén., 12 juill. 2000 : *préc. note 1.*

Art. 14 La commission des requêtes apprécie la suite à donner aux plaintes qu'elle reçoit.

Elle avise le plaignant de la suite réservée à sa plainte.

Les actes de la commission des requêtes ne sont susceptibles d'aucun recours.

Art. 15 En cas de plainte insuffisamment motivée ou insuffisamment justifiée par les pièces produites, la commission des requêtes peut faire procéder à toutes investigations utiles selon les formes prévues par les articles 75, 76 et 77-1 du code de procédure pénale.

Les pouvoirs conférés par ces articles au procureur de la République sont exercés par l'un des membres de la commission, magistrat à la Cour de cassation.

Art. 16 Lorsque la commission des requêtes ordonne la transmission de la procédure au procureur général près la Cour de cassation, elle est tenue dans sa décision de qualifier pénalement les faits à raison desquels il y a lieu de poursuivre.

Art. 17 Le procureur général près la Cour de cassation peut aussi agir d'office, après avoir recueilli l'avis conforme de la commission des requêtes.

Ses réquisitions doivent contenir les mentions énumérées à l'article 13.

CHAPITRE II *De la procédure devant la commission d'instruction de la Cour de justice de la République*

Art. 18 Dans la mesure où il n'y est pas dérogé par le présent chapitre, la commission d'instruction procède à tous les actes qu'elle juge utiles à la manifestation de la vérité selon les règles édictées par le code de procédure pénale et spécialement celles relatives aux droits de la défense.

Ces pouvoirs sont exercés, jusqu'à la réunion de la commission d'instruction, par le président de cette commission.

Art. 19 La commission d'instruction informe en vertu d'un réquisitoire du procureur général près la Cour de cassation. Le réquisitoire est pris contre personne dénommée.

Le procureur général est tenu, dans son réquisitoire, de viser la décision de la commission des requêtes près la Cour de justice de la République ou, lorsqu'il agit d'office, l'avis conforme de cette commission.

Art. 20 La commission d'instruction peut requalifier les faits qui sont soumis à son appréciation.

Si l'instruction révèle des faits nouveaux distincts de ceux ayant donné lieu à la saisine de la commission d'instruction, celle-ci ordonne communication du dossier au procureur général pour que ce magistrat prenne ses réquisitions. La commission d'instruction ne peut informer sur ces faits nouveaux que si la commission des requêtes donne un avis conforme.

Art. 21 Les auditions et interrogatoires des membres du Gouvernement sont effectués par la commission d'instruction. Il en va de même des confrontations auxquelles ils participent.

Art. 22 Les décisions de caractère juridictionnel sont rendues par la commission d'instruction après réquisitions du procureur général.

Art. 23 Aussitôt que l'information lui paraît terminée, la commission d'instruction communique le dossier au procureur général pour que ce magistrat prenne ses réquisitions. Les membres du Gouvernement mis en examen et leurs avocats en sont avisés. Ils disposent d'un délai de vingt jours à compter de cet avis pour demander à la commission de statuer sur d'éventuelles nullités. La commission d'instruction peut dire qu'il n'y a pas lieu à suivre ou, si elle estime que les faits reprochés aux membres du Gouvernement constituent un crime ou un délit, ordonner le renvoi de l'affaire devant la Cour de justice de la République.

1. Il résulte de la combinaison des art. 68-1 de la Constitution et 23 de la loi organique du 23 nov. 1993 que les crimes et délits commis par un membre du Gouvernement dans l'exercice de ses fonctions relèvent de la compétence exclu*sive de la Cour* de justice de la République. • Cass., ass. plén., 23 déc. 1999, ☎ n° 99-86.298 P : *Gaz. Pal. 2000. 1. 115, note Burgelin.* ♦ ... Y compris les délits de presse. • Même arrêt.

2. Respect des droits de l'homme. L'art. 6, § 1, Conv. EDH n'est pas méconnu lorsque la Commission d'instruction de la Cour de justice de la République statue sur la régularité des actes de l'information qu'elle a elle-même conduite, en application de l'art. 23 de la loi organique du 23 nov. 1993, dès lors qu'elle se prononce sous le contrôle de l'Assemblée plénière de la Cour de cassation qui a, en la matière, pleine compétence pour statuer en fait et en droit. • Cass., ass. plén., 6 juin 2003, ☎ n° 01-87.092 P : *D. 2003. IR 1666* • Cass., ass. plén., 13 mars 2020, ☎ n° 19-86.609 : *D. actu. 9 avr. 2020, obs. Fucini.*

Art. 24 Dans les conditions et formes déterminées par le titre Ier du livre III du code de procédure pénale, les arrêts de la commission d'instruction peuvent faire l'objet de pourvois en cassation qui sont portés devant l'assemblée plénière de la Cour de cassation.

Art. 25 Lorsque la Cour de cassation annule un arrêt rendu par la commission d'instruction, elle renvoie l'affaire devant celle-ci, composée de membres titulaires ou suppléants autres que ceux qui ont rendu l'arrêt annulé. Les dispositions du second alinéa de l'article L. 131-4 du code de l'organisation judiciaire sont applicables.

CHAPITRE III *Des débats et du jugement*

Art. 26 Dans la mesure où il n'y est pas dérogé par le présent chapitre, les règles fixées par le code de procédure pénale concernant les débats et les jugements en matière correctionnelle sont applicables devant la Cour de justice de la République.

Art. 27 Dès que l'arrêt de renvoi est devenu définitif, le président de la Cour de justice de la République fixe, à la requête du procureur général, la date d'ouverture des débats.

Art. 28 A la diligence du procureur général, les prévenus sont cités à comparaître dans les délais et formes prévus au titre IV du livre II du code de procédure pénale.

Art. 29 En cas de crime, si le prévenu ne se présente pas, il est procédé contre lui par contumace.

Art. 30 Il est délivré à chaque prévenu une copie de toutes les pièces de la procédure.

Art. 31 S'il y a lieu de procéder à un supplément d'information, la Cour de justice de la République commet par arrêt un de ses membres magistrats, qui procède à tous les actes d'instruction nécessaires dans les conditions prévues par le chapitre Ier du titre III du livre Ier du code de procédure pénale.

Art. 32 La Cour de justice de la République, après clôture des débats, statue sur la culpabilité des accusés. Il est voté séparément pour chaque accusé sur chaque chef d'accusation. Le vote a lieu par bulletins secrets à la majorité absolue.

Si l'accusé est déclaré coupable, il est voté sans désemparer sur l'application de la peine. Toutefois, après deux votes dans lesquels aucune peine n'aura obtenu la majorité des voix, la peine la plus forte proposée dans ce vote sera écartée pour le vote suivant et ainsi de suite en écartant chaque fois la peine la plus forte jusqu'à ce qu'une peine soit prononcée par la majorité absolue des votants.

Art. 33 Dans les conditions et formes déterminées par le titre Ier du livre III du code de procédure pénale, les arrêts de la Cour de justice de la République peuvent faire l'objet de pourvois en cassation qui sont portés devant l'assemblée plénière de la Cour de cassation.

La Cour de cassation doit statuer dans un délai de trois mois.

Art. 34 Lorsque la Cour de cassation annule un arrêt rendu par la Cour de justice de la République, elle renvoie l'affaire devant celle-ci, composée de juges titulaires ou suppléants autres que ceux qui ont rendu l'arrêt annulé.

Les dispositions du second alinéa de l'article L. 131-4 du code de l'organisation judiciaire sont applicables.

TITRE III Dispositions diverses

Art. 35 Les magistrats à la Cour de cassation, les conseillers d'État et les conseillers maîtres à la Cour des comptes admis à l'honorariat en cours de mandat continuent à siéger jusqu'à l'expiration de celui-ci.

Art. 36 à 39 *(Modifications de textes).*

CRIMES DE GUERRE ET CONTRE L'HUMANITÉ

RÉP. PÉN. v° *Justice internationale pénale : crimes,* par BOURETZ, LEMASSON ET TRUCHE.

Ordonnance du 28 août 1944,

Relative à la répression des crimes de guerre. — V. L. n° 48-1416 du 15 sept. 1948.

Art. 1er Sont poursuivis devant les tribunaux militaires français et jugés conformément aux lois françaises en vigueur et aux dispositions de la présente ordonnance, les nationaux ennemis ou agents non français au service de l'administration ou des intérêts ennemis, coupables de crimes ou de délits commis depuis l'ouverture des hostilités soit en France ou dans un territoire relevant de l'autorité de la France, soit à l'encontre d'un national ou d'un protégé français, d'un militaire servant ou ayant servi sous le drapeau français, d'un apatride résidant sur le territoire français avant le 17 juin 1940 ou d'un réfugié sur un territoire français, soit au préjudice des biens de toutes les personnes physiques visées ci-dessus et de toutes les personnes morales françaises lorsque ces infractions, même accomplies à l'occasion ou sous le prétexte de l'état de guerre, ne sont pas justifiées par les lois et coutumes de la guerre. — *V. L. n° 48-1416 du 15 sept. 1948, art. 3.*

Sont notamment poursuivies conformément aux dispositions ci-dessus, lorsqu'elles ont été commises dans les circonstances prévues par l'alinéa 1er du présent article, les infractions prévues et punies par les articles 92, 132, 265 et suivants, 295, 296, 301, 302, 303, 304, 309 à 317, 332, 334, 341, 342, 343, 344, 379, 400, 434 à 459 du code pénal et les articles 214, 216, 221 et suivants du code de justice militaire.

Art. 2 Par interprétation des dispositions du code pénal et du code de justice militaire, sont considérés comme :

1° Le recrutement illégal de la force armée prévue par l'article 92 du code pénal : tout enrôlement par l'ennemi ou ses agents ;

2° L'association de malfaiteurs prévue par les articles 265 et suivants du code pénal : les organisations ou entreprises de terrorisme systématique ;

3° L'empoisonnement prévu par l'article 301 du code pénal : toute exposition dans les chambres à gaz, tout empoisonnement des eaux ou denrées consommables, ainsi que tout dépôt, aspersion ou utilisation de substances nocives destinées à donner la mort ;

4° L'assassinat prévu par l'article 296 du code pénal : la mise à mort par représailles ;

5° La séquestration prévue par les articles 341, 342 et 343 du code pénal : le travail obligatoire des civils et la déportation sous quelque motif que ce soit, d'un individu détenu ou interné sans qu'une condamnation régulière au regard des lois et coutumes de la guerre ait été définitivement prononcée à son encontre ;

6° La séquestration prévue par les alinéas 1er et 2 de l'article 344 du code pénal : l'emploi à des œuvres de guerre de prisonniers de guerre ou de civils requis ;

7° La séquestration prévue par le dernier alinéa de l'article 344 du code pénal : l'emploi de prisonniers de guerre ou de civils à des fins de protection de l'ennemi ;

8° Le pillage prévu par les articles 221 et suivants du code de justice militaire : l'imposition d'amendes collectives, les réquisitions abusives ou illégales, les confiscations ou spoliations, l'emport ou l'exportation, hors du territoire français par tous moyens des biens de toute nature, y compris les valeurs mobilières et la monnaie.

Art. 3 Les lois, décrets ou règlements émanant de l'autorité ennemie, les ordres ou autorisations donnés par cette autorité ou par les autorités qui en dépendent ou qui en ont dépendu, ne peuvent être invoqués comme faits justificatifs au sens de l'article 327 du code pénal, mais seulement, s'il y a lieu, comme circonstances atténuantes ou comme excuses absolutoires.

Art. 4 Lorsqu'un subordonné est poursuivi comme auteur principal d'un crime de guerre et que ses supérieurs hiérarchiques ne peuvent être recherchés comme coauteurs, ils sont considérés comme complices dans la mesure où ils ont organisé ou toléré les agissements criminels de leurs subordonnés.

Art. 5 *(L. n° 48-1416 du 15 sept. 1948)* Pour le jugement des crimes de guerre, le tribunal militaire est composé comme il est dit au code de justice militaire. Sauf impossibilité dûment constatée par l'autorité militaire compétente, les juges militaires doivent être en majorité choisis parmi les militaires ayant appartenu aux forces françaises de l'intérieur ou à une organisation de résistance.

Art. 6 La présente ordonnance est applicable *à l'Algérie* et aux colonies.

Loi n° 48-1416 du 15 septembre 1948,

Modifiant et complétant l'ordonnance du 28 août 1944 relative à la répression des crimes de guerre.

Art. 1er et 2 *Abrogés par L. n° 53-32 du 30 janv. 1953.*

Art. 3 *(L. n° 53-32 du 30 janv. 1953)* Les personnes non visées à l'article 1er de l'ordonnance du 28 août 1944 qui sont personnellement coauteurs ou complices de crimes commis par les individus visés audit article ou de crimes connexes, seront renvoyées devant le tribunal militaire.

Il leur sera fait application des dispositions du code pénal et notamment des articles visés au second alinéa de l'article 1er de la susdite ordonnance.

Elles ne pourront être comprises dans les poursuites engagées contre lesdits individus.

Toutefois, en ce qui concerne les procès dont les débats seraient commencés, la division de la procédure résultant des dispositions ci-dessus aura lieu aussitôt après la clôture de l'instruction publique à l'audience.

Art. 4 Nonobstant toutes dispositions contraires, le magistrat chargé de l'information sur un crime de guerre peut autoriser les représentants qualifiés des nations alliées, qui pratiquent un régime de réciprocité, à prendre communication ou à recevoir copie de toutes les pièces, documents et procès-verbaux compris dans le dossier de l'instruction ou à recueillir en sa présence, suivant les formes prévues par leur loi nationale, les déclarations des témoins et des accusés.

Art. 5 L'article 5 de l'ordonnance du 28 août 1944 est remplacé par les dispositions suivantes : *V. art. mod.*

Constitution de la République française du 4 octobre 1958

Art. 53-2 *(L. const. n° 99-568 du 8 juill. 1999)* La République peut reconnaître la juridiction de la Cour pénale internationale dans les conditions prévues par le traité signé le 18 juillet 1998.

Loi n° 64-1326 du 26 décembre 1964,

Tendant à constater l'imprescriptibilité des crimes contre l'humanité.

Art. unique Les crimes contre l'humanité, tels qu'ils sont définis par la résolution des Nations unies du 13 février 1946, prenant acte de la définition des crimes contre l'humanité, telle qu'elle figure dans la charte du tribunal international du 8 août 1945, sont imprescriptibles par leur nature.

1. La loi du 26 déc. 1964 qui déclare les crimes contre l'humanité imprescriptibles n'a pas d'effet rétroactif : une prescription acquise avant cette date a entraîné l'extinction de l'action publique, sous réserve de l'application de conventions internationales comme l'accord interalliés du 8 août 1945 et la Convention européenne de sauvegarde des droits de l'homme et des libertés fondamentales dont l'interprétation relève du *ministre des Affaires étrangères.* • Crim. 30 juin 1976 : *Bull. crim. n° 236.*

2. Les crimes contre l'humanité sont imprescriptibles par nature ; leur imprescriptibilité se déduit tant des principes généraux du droit reconnus par l'ensemble des nations que du statut du Tribunal militaire international annexé à l'accord de Londres du 8 août 1945 et la loi du 26 déc. 1964 s'est bornée à confirmer que cette imprescriptibilité était déjà acquise, en droit interne, par l'effet des textes internationaux auxquels la France avait adhéré. Ainsi, bien que commis plus de trente ans avant la mise en mouvement de l'action publique, les crimes contre l'humanité ne sont pas couverts par la prescription. • Crim. 26 janv. 1984 : *Bull. crim. n° 34.*

3. Aucun principe de droit ayant une autorité supérieure à celle de la loi française ne permet de déclarer imprescriptibles les crimes de guerre, ni au sens de l'Accord de Londres du 8 août 1945, ni à celui de l'ordonnance du 28 août 1944. • Crim. 20 déc. 1985 : *Bull. crim. n° 407.*

Loi n° 95-1 du 2 janvier 1995,

Portant adaptation de la législation française aux dispositions de la résolution 827 du Conseil de sécurité des Nations unies instituant un tribunal international en vue de juger les personnes présumées responsables de violations graves du droit international humanitaire commises sur le territoire de l'ex-Yougoslavie depuis 1991 .

V. Circ. du 10 févr. 1995, commentant la L. n° 95-1 du 2 janv. 1995 [...] (JO 21 févr.). – V. aussi Circ. du 22 juill. 1996.

Circulaire du 10 février 1995,

Commentant la loi n° 95-1 du 2 janvier 1995 [...] (JO 21 févr.) .

Loi n° 96-432 du 22 mai 1996,

Portant adaptation de la législation française aux dispositions de la résolution 955 du Conseil de sécurité des Nations unies instituant un tribunal international en vue de juger les personnes présumées responsables d'actes de génocide ou d'autres violations graves du droit international humanitaire commis en 1994 sur le territoire du Rwanda et, s'agissant de citoyens rwandais, sur le territoire d'États voisins .

Circulaire du 22 juillet 1996,

Prise pour l'application de la loi n° 96-432 du 22 mai 1996 [...] (JO 31 août) .

Convention portant statut de la Cour pénale internationale

Cette convention adoptée à Rome le 17 juill. 1998 a été publiée par le Décr. n° 2002-925 du 6 juin 2002 et est entrée en vigueur le 1er juill. 2002 (JO 11 juin) .

RÉP. PÉN. v^is *Justice internationale pénale : institutions*, par LEMASSON ; *Justice internationale pénale : procédure*, par LEMASSON.

BIBL. ► BEAUVALLET, *RSC 2009. 749* (Benjamin Ferencz et la lente répression du crime d'agression). – BITTI, *RSC 2006. 694* (chronique de jurisprudence de la Cour pénale internationale). – DELMAS-MARTY, *RSC 2003. 1* (la Cour pénale internationale et les interactions entre le droit interne et international). – FERENCZ, *RSC 2009. 739* (pour mettre un terme à l'impunité du crime d'agression) ; *JCP 2013. 1189* (utilisation illégale de la force armée en tant que crime contre l'humanité). – FOFÉ DJOFIA MALEWA, *RSC 2011. 343* (preuve des faits similaires devant la Cour pénale internationale : mécanisme sous surveillance). – POISSONNIER, *D. 2010. 1155* (la Conférence de révision du Statut de la Cour pénale internationale de Kampala, en Ouganda, du 31 mai au 11 juin 2010) ; *ibid. 2728* (Cour pénale internationale : la France refuse de respecter l'ensemble de ses engagements internationaux) ; *AJ pénal 2012. 404* (première décision au fond de la Cour pénale internationale).

► **Dossiers :** *AJ pénal 2007. 253 s.* (Cour pénale internationale : quelques éléments d'appréciation) ; *ibid. 2013. 247* (justice internationale pénale : bilan et perspectives) ; *ibid. 2018. 439* (la CPI aujourd'hui et demain).

DROITS DE L'HOMME

Convention internationale pour la protection de toutes les personnes contre les disparitions forcées (ensemble une déclaration française),

Adoptée à New York, le 20 déc. 2006. Le Décr. n° 2011-150 du 3 févr. 2011 (JO 6 févr.) a porté publication de cette Convention, ouverte à la signature à Paris le 6 févr. 2007 et entrée en vigueur le 23 déc. 2010.

BIBL. ▶ MARTIN, *D. 2007. Entretien 784* (disparitions forcées : un nouveau crime de droit international).

PRÉAMBULE

Les États parties à la présente Convention,

Considérant que la charte des Nations unies impose aux États l'obligation de promouvoir le respect universel et effectif des droits de l'homme et des libertés fondamentales,

S'appuyant sur la Déclaration universelle des droits de l'homme,

Rappelant le Pacte international relatif aux droits économiques, sociaux et culturels, le Pacte international relatif aux droits civils et politiques et les autres instruments internationaux pertinents dans les domaines des droits de l'homme, du droit humanitaire et du droit pénal international,

Rappelant également la Déclaration sur la protection de toutes les personnes contre les disparitions forcées, adoptée par l'Assemblée générale des Nations unies dans sa résolution 47/133 du 18 décembre 1992,

Conscients de l'extrême gravité de la disparition forcée, qui constitue un crime et, dans certaines circonstances définies par le droit international, un crime contre l'humanité,

Déterminés à prévenir les disparitions forcées et à lutter contre l'impunité du crime de disparition forcée,

Ayant présents à l'esprit le droit de toute personne de ne pas être soumise à une disparition forcée et le droit des victimes à la justice et à réparation,

Affirmant le droit de toute victime de savoir la vérité sur les circonstances d'une disparition forcée et de connaître le sort de la personne disparue, ainsi que le droit à la liberté de recueillir, de recevoir et de diffuser des informations à cette fin,

Sont convenus des articles suivants :

PREMIÈRE PARTIE

Art. 1er 1. Nul ne sera soumis à une disparition forcée.

2. Aucune circonstance exceptionnelle, quelle qu'elle soit, qu'il s'agisse de l'état de guerre ou de menace de guerre, d'instabilité politique intérieure ou de tout autre état d'exception, ne peut être invoquée pour justifier la disparition forcée.

Art. 2 Aux fins de la présente Convention, on entend par "disparition forcée" l'arrestation, la détention, l'enlèvement ou toute autre forme de privation de liberté par des agents de l'État ou par des personnes ou des groupes de personnes qui agissent avec l'autorisation, l'appui ou l'acquiescement de l'État, suivi du déni de la reconnaissance de la privation de liberté ou de la dissimulation du sort réservé à la personne disparue ou du lieu où elle se trouve, la soustrayant à la protection de la loi.

Art. 3 Tout État partie prend les mesures appropriées pour enquêter sur les agissements définis à l'article 2, qui sont l'œuvre de personnes ou de groupes de personnes agissant sans *l'autorisation, l'appui ou l'acquiescement* de l'État, et pour traduire les responsables en justice.

Art. 4 Tout État partie prend les mesures nécessaires pour que la disparition forcée constitue une infraction au regard de son droit pénal.

Art. 5 La pratique généralisée ou systématique de la disparition forcée constitue un crime contre l'humanité, tel qu'il est défini dans le droit international applicable, et entraîne les conséquences prévues par ce droit.

Art. 6 1. Tout État partie prend les mesures nécessaires pour tenir pénalement responsable au moins :

a) Toute personne qui commet une disparition forcée, l'ordonne ou la commandite, tente de la commettre, en est complice ou y participe ;

b) Le supérieur qui :

i) savait que des subordonnés placés sous son autorité et son contrôle effectifs commettaient ou allaient commettre un crime de disparition forcée, ou a délibérément négligé de tenir compte d'informations qui l'indiquaient clairement ;

ii) exerçait sa responsabilité et son contrôle effectifs sur les activités auxquelles le crime de disparition forcée était lié ; et

iii) n'a pas pris toutes les mesures nécessaires et raisonnables qui étaient en son pouvoir pour empêcher ou réprimer la commission d'une disparition forcée ou pour en référer aux autorités compétentes aux fins d'enquête et de poursuites ;

c) L'alinéa *b* ci-dessus est sans préjudice des normes pertinentes plus élevées de responsabilité applicables en droit international à un chef militaire ou à une personne faisant effectivement fonction de chef militaire.

2. Aucun ordre ou instruction émanant d'une autorité publique, civile, militaire ou autre ne peut être invoqué pour justifier un crime de disparition forcée.

Art. 7 1. Tout État partie rend le crime de disparition forcée passible de peines appropriées qui prennent en compte son extrême gravité.

2. Tout État partie peut prévoir :

a) Des circonstances atténuantes, notamment en faveur de ceux qui, impliqués dans la commission d'une disparition forcée, auront contribué efficacement à la récupération en vie de la personne disparue ou auront permis d'élucider des cas de disparition forcée ou d'identifier les auteurs d'une disparition forcée ;

b) Sans préjudice d'autres procédures pénales, des circonstances aggravantes, notamment en cas de décès de la personne disparue, ou pour ceux qui se sont rendus coupables de la disparition forcée de femmes enceintes, de mineurs, de personnes handicapées ou d'autres personnes particulièrement vulnérables.

Art. 8 Sans préjudice de l'article 5 :

1. Tout État partie qui applique un régime de prescription à la disparition forcée prend les mesures nécessaires pour que le délai de prescription de l'action pénale :

a) Soit de longue durée et proportionné à l'extrême gravité de ce crime ;

b) Commence à courir lorsque cesse le crime de disparition forcée, compte tenu de son caractère continu.

2. Tout État partie garantit le droit des victimes de disparition forcée à un recours effectif pendant le délai de prescription.

Art. 9 1. Tout État partie prend les mesures nécessaires pour établir sa compétence aux fins de connaître d'un crime de disparition forcée :

a) Quand l'infraction a été commise sur tout territoire sous sa juridiction ou à bord d'aéronefs ou de navires immatriculés dans cet État ;

b) Quand l'auteur présumé de l'infraction est l'un de ses ressortissants ;

c) Quand la personne disparue est l'un de ses ressortissants et que cet État partie le juge approprié.

2. Tout État partie prend également les mesures nécessaires pour établir sa compétence aux fins de connaître d'un crime de disparition forcée quand l'auteur présumé de l'infraction se trouve sur tout territoire sous sa juridiction, sauf si ledit État l'extrade, ou le remet à un autre État conformément à ses obligations internationales ou à une juridiction pénale internationale dont il a reconnu la compétence.

3. La présente Convention n'écarte aucune compétence pénale supplémentaire exercée conformément aux lois nationales.

Art. 10 1. S'il estime que les circonstances le justifient, après avoir examiné les renseignements dont il dispose, tout État partie sur le territoire duquel se trouve une personne soupçonnée d'avoir commis un crime de disparition forcée assure la détention de cette personne ou prend toutes autres mesures juridiques nécessaires pour s'assurer de sa présence. Cette détention et ces mesures doivent être conformes à la législation dudit État partie ; elles ne peuvent être maintenues que pendant le délai nécessaire pour s'assurer de sa présence lors des procédures pénales, de remise ou d'extradition.

2. L'État partie qui a pris les mesures visées au paragraphe 1 du présent article procède immédiatement à une enquête préliminaire ou à des investigations en vue d'établir les faits.

Il informe les États parties visés au paragraphe 1 de l'article 9 des mesures qu'il a prises en application du paragraphe 1 du présent article, notamment la détention et les circonstances qui la justifient, et des conclusions de son enquête préliminaire ou de ses investigations, en leur indiquant s'il entend exercer sa compétence.

3. Toute personne détenue en application du paragraphe 1 du présent article peut communiquer immédiatement avec le plus proche représentant qualifié de l'État dont elle a la nationalité ou, s'il s'agit d'une personne apatride, avec le représentant de l'État où elle réside habituellement.

Art. 11 1. L'État partie sur le territoire sous la juridiction duquel l'auteur présumé d'un crime de disparition forcée est découvert, s'il n'extrade pas ce dernier, ou ne le remet pas à un autre État conformément à ses obligations internationales ou à une juridiction pénale internationale dont il a reconnu la compétence, soumet l'affaire à ses autorités compétentes pour l'exercice de l'action pénale.

2. Ces autorités prennent leur décision dans les mêmes conditions que pour toute infraction de droit commun de caractère grave en vertu du droit de cet État partie. Dans les cas visés au paragraphe 2 de l'article 9, les règles de preuve qui s'appliquent aux poursuites et à la condamnation ne sont en aucune façon moins rigoureuses que celles qui s'appliquent dans les cas visés au paragraphe 1 dudit article.

3. Toute personne poursuivie en relation avec un crime de disparition forcée bénéficie de la garantie d'un traitement équitable à tous les stades de la procédure. Toute personne jugée pour un crime de disparition forcée bénéficie d'un procès équitable devant une cour ou un tribunal compétent, indépendant et impartial, établi par la loi.

Art. 12 1. Tout État partie assure à quiconque alléguant qu'une personne a été victime d'une disparition forcée le droit de dénoncer les faits devant les autorités compétentes, lesquelles examinent rapidement et impartialement l'allégation et, le cas échéant, procèdent sans délai à une enquête approfondie et impartiale. Des mesures appropriées sont prises, le cas échéant, pour assurer la protection du plaignant, des témoins, des proches de la personne disparue et de leurs défenseurs ainsi que de ceux qui participent à l'enquête contre tout mauvais traitement ou toute intimidation en raison de la plainte déposée ou de toute déposition faite.

2. Lorsqu'il existe des motifs raisonnables de croire qu'une personne a été victime d'une disparition forcée, les autorités visées au paragraphe 1 du présent article ouvrent une enquête, même si aucune plainte n'a été officiellement déposée.

3. Tout État partie veille à ce que les autorités visées au paragraphe 1 du présent article :

a) Disposent des pouvoirs et des ressources nécessaires pour mener l'enquête à bien, y compris l'accès à la documentation et à d'autres informations pertinentes pour leur enquête ;

b) Aient accès, si nécessaire avec l'autorisation préalable d'une juridiction qui statue le plus rapidement possible, à tout lieu de détention et à tout autre lieu où il y a des motifs raisonnables de croire que la personne disparue est présente.

4. Tout État partie prend les mesures nécessaires pour prévenir et sanctionner les actes qui entravent le déroulement de l'enquête. Il s'assure notamment que les personnes soupçonnées d'avoir commis un crime de disparition forcée ne sont pas en mesure d'influer sur le cours de l'enquête par des pressions ou des actes d'intimidation ou de représailles exercés sur le plaignant, les témoins, les proches de la personne disparue et leurs défenseurs ainsi que sur ceux qui participent à l'enquête.

Art. 13 1. Pour les besoins de l'extradition entre États parties, le crime de disparition forcée n'est pas considéré comme une infraction politique, une infraction connexe à une infraction politique ou une infraction inspirée par des mobiles politiques. En conséquence, une demande d'extradition fondée sur une telle infraction ne peut être refusée pour ce seul motif.

2. Le crime de disparition forcée est de plein droit compris au nombre des infractions donnant lieu à extradition dans tout traité d'extradition conclu entre des États parties avant l'entrée en vigueur de la présente Convention.

3. Les États parties s'engagent à inclure le crime de disparition forcée au nombre des infractions qui justifient l'extradition dans tout traité d'extradition à conclure par la suite entre eux.

4. Tout État partie qui assujettit l'extradition à l'existence d'un traité peut, s'il reçoit une demande d'extradition d'un autre État partie auquel il n'est pas lié par un traité, considérer la présente Convention comme la base juridique de l'extradition en ce qui concerne l'infraction de disparition forcée.

5. Les États parties qui n'assujettissent pas l'extradition à l'existence d'un traité reconnaissent le crime de disparition forcée comme susceptible d'extradition entre eux.

6. L'extradition est, dans tous les cas, subordonnée aux conditions prévues par le droit de l'État partie requis ou par les traités d'extradition applicables, y compris, notamment, aux conditions concernant la peine minimale requise pour extrader et aux motifs pour lesquels l'État partie requis peut refuser l'extradition ou l'assujettir à certaines conditions.

7. Aucune disposition de la présente Convention ne doit être interprétée comme faisant obligation à l'État partie requis d'extrader s'il y a de sérieuses raisons de penser que la demande a été présentée aux fins de poursuivre ou de punir une personne en raison de son sexe, de sa race, de sa religion, de sa nationalité, de son origine ethnique, de ses opinions politiques ou de son appartenance à un certain groupe social, ou que donner suite à cette demande causerait un préjudice à cette personne pour l'une quelconque de ces raisons.

Art. 14 1. Les États parties s'accordent l'entraide judiciaire la plus large possible dans toute procédure pénale relative à un crime de disparition forcée, y compris en ce qui concerne la communication de tous les éléments de preuve dont ils disposent et qui sont nécessaires aux fins de la procédure.

2. Cette entraide judiciaire est subordonnée aux conditions prévues par le droit interne de l'État partie requis ou par les traités d'entraide judiciaire applicables, y compris, notamment, concernant les motifs pour lesquels l'État partie requis peut refuser d'accorder l'entraide judiciaire ou la soumettre à des conditions.

Art. 15 Les États parties coopèrent entre eux et s'accordent l'entraide la plus large possible pour porter assistance aux victimes de disparition forcée ainsi que dans la recherche, la localisation et la libération des personnes disparues et, en cas de décès, dans l'exhumation, l'identification des personnes disparues et la restitution de leurs restes.

Art. 16 1. Aucun État partie n'expulse, ne refoule, ne remet ni n'extrade une personne vers un autre État s'il y a des motifs sérieux de croire qu'elle risque d'être victime d'une disparition forcée.

2. Pour déterminer s'il y a de tels motifs, les autorités compétentes tiennent compte de toutes les considérations pertinentes, y compris, le cas échéant, de l'existence, dans l'État concerné, d'un ensemble de violations systématiques graves, flagrantes ou massives des droits de l'homme ou de violations graves du droit international humanitaire.

Art. 17 1. Nul ne sera détenu en secret.

2. Sans préjudice des autres obligations internationales de l'État partie en matière de privation de liberté, tout État partie, dans sa législation :

a) Détermine les conditions dans lesquelles les ordres de privation de liberté peuvent être donnés ;

b) Désigne les autorités habilitées à ordonner des privations de liberté ;

c) Garantit que toute personne privée de liberté sera placée uniquement dans des lieux de privation de liberté officiellement reconnus et contrôlés ;

d) Garantit que toute personne privée de liberté sera autorisée à communiquer avec sa famille, son conseil ou toute autre personne de son choix, et à recevoir leur visite, sous la seule réserve des conditions établies par la loi, et, s'il s'agit d'un étranger, à communiquer avec ses autorités consulaires, conformément au droit international applicable ;

e) Garantit l'accès aux lieux de privation de liberté de toute autorité et institution compétentes habilitées par la loi, si nécessaire avec l'autorisation préalable d'une autorité judiciaire ;

f) Garantit à toute personne privée de liberté et, en cas de soupçon de disparition forcée, la personne privée de liberté se trouvant dans l'incapacité de l'exercer elle-même, à toute personne ayant un intérêt légitime, par exemple les proches de la personne privée de liberté, leurs représentants ou leurs avocats, en toutes circonstances, le droit d'introduire un recours devant un tribunal afin que celui-ci statue à bref délai sur la légalité de la privation de liberté et ordonne la libération si cette privation de liberté est illégale.

3. Tout État partie s'assure de l'établissement et de la tenue à jour d'un ou de plusieurs registres officiels et/ou dossiers officiels des personnes privées de liberté, qui sont, sur demande, rapidement mis à la disposition de toute autorité judiciaire ou de toute autre autorité ou institution compétente habilitée par la législation de l'État partie concerné ou par tout instrument juridique international pertinent auquel l'État concerné est partie. Parmi les informations figurent au moins :

a) L'identité de la personne privée de liberté ;

b) La date, l'heure et l'endroit où la personne a été privée de liberté et l'autorité qui a procédé à la privation de liberté ;

c) L'autorité ayant décidé la privation de liberté et les motifs de la privation de liberté ;

d) L'autorité contrôlant la privation de liberté ;

e) Le lieu de privation de liberté, la date et l'heure de l'admission dans le lieu de privation de liberté et l'autorité responsable du lieu de privation de liberté ;

f) Les éléments relatifs à l'état de santé de la personne privée de liberté ;

g) En cas de décès pendant la privation de liberté, les circonstances et les causes du décès et la destination des restes de la personne décédée ;

h) La date et l'heure de la libération ou du transfert vers un autre lieu de détention, la destination et l'autorité chargée du transfert.

Art. 18 1. Sous réserve des articles 19 et 20, tout État partie garantit à toute personne ayant un intérêt légitime pour cette information, par exemple les proches de la personne privée de liberté, leurs représentants ou leurs avocats, un accès au moins aux informations suivantes :

a) L'autorité ayant décidé la privation de liberté ;

b) La date, l'heure et le lieu de la privation de liberté et de l'admission dans le lieu de privation de liberté ;

c) L'autorité contrôlant la privation de liberté ;

d) Le lieu où se trouve la personne privée de liberté, y compris, en cas de transfert vers un autre lieu de privation de liberté, la destination et l'autorité responsable du transfert ;

e) La date, l'heure et le lieu de libération ;

f) Les éléments relatifs à l'état de santé de la personne privée de liberté ;

g) En cas de décès pendant la privation de liberté, les circonstances et causes du décès et la destination des restes de la personne décédée.

2. Des mesures appropriées sont prises, le cas échéant, pour assurer la protection des personnes visées au paragraphe 1 du présent article, ainsi que de celles qui participent à l'enquête, contre tout mauvais traitement, toute intimidation ou toute sanction en raison de la recherche d'informations concernant une personne privée de liberté.

Art. 19 1. Les informations personnelles, y compris les données médicales ou génétiques, qui sont collectées et/ou transmises dans le cadre de la recherche d'une personne disparue ne peuvent pas être utilisées ou mises à disposition à d'autres fins que celle de la recherche de la personne disparue. Cela est sans préjudice de l'utilisation de ces informations dans des procédures pénales concernant un crime de disparition forcée et de l'exercice du droit d'obtenir réparation.

2. La collecte, le traitement, l'utilisation et la conservation d'informations personnelles, y compris les données médicales ou génétiques, ne doivent pas transgresser ou avoir pour effet de transgresser les droits de l'homme, les libertés fondamentales et la dignité de la personne humaine.

Art. 20 1. Seulement dans le cas où une personne est sous la protection de la loi et où la privation de liberté est sous contrôle judiciaire, le droit aux informations prévues à l'article 18 peut être limité à titre exceptionnel, dans la stricte mesure où la situation l'exige et où la loi le prévoit, et si la transmission des informations porte atteinte à la vie privée ou à la sécurité de la personne ou entrave le bon déroulement d'une enquête criminelle ou pour d'autres raisons équivalentes prévues par la loi, et conformément au droit international applicable et aux objectifs de la présente Convention. En aucun cas, ces restrictions au droit aux informations prévues à l'article 18 ne peuvent être admises si elles constituent un comportement défini à l'article 2 ou une violation du paragraphe 1 de l'article 17.

2. Sans préjudice de l'examen de la légalité de la privation de liberté d'une personne, l'État partie garantit aux personnes visées au paragraphe 1 de l'article 18 le droit à un recours judiciaire prompt et effectif pour obtenir à bref délai les informations visées dans ce paragraphe. Ce droit à un recours ne peut être suspendu ou limité en aucune circonstance.

Art. 21 Tout État partie prend les mesures nécessaires pour que la remise en liberté d'une personne se déroule selon des modalités qui permettent de vérifier avec certitude qu'elle a été effectivement libérée. Tout État partie prend également les mesures nécessaires pour assurer l'intégrité physique et le plein exercice de ses droits à toute personne au moment de sa remise en liberté, sans préjudice des obligations auxquelles elle peut être assujettie en vertu de la loi nationale.

Art. 22 Sans préjudice de l'article 6, tout État partie prend les mesures nécessaires pour prévenir et sanctionner les agissements suivants :

a) L'entrave ou l'obstruction aux recours visés à l'alinéa f du paragraphe 2 de l'article 17 et au paragraphe 2 de l'article 20 ;

b) Le manquement à l'obligation d'enregistrement de toute privation de liberté, ainsi que l'enregistrement de toute information dont l'agent responsable du registre officiel connaissait ou aurait dû connaître l'inexactitude ;

c) Le refus de fournir des informations sur une privation de liberté ou la fourniture d'informations inexactes, alors même que les conditions légales pour fournir ces informations sont réunies.

Art. 23 1. Tout État partie veille à ce que la formation du personnel militaire ou civil chargé de l'application des lois, du personnel médical, des agents de la fonction publique et des autres personnes qui peuvent intervenir dans la garde ou le traitement de toute personne privée de liberté puisse inclure l'enseignement et l'information nécessaires concernant les dispositions pertinentes de la présente Convention, en vue de :

a) Prévenir l'implication de ces agents dans des disparitions forcées ;

b) Souligner l'importance de la prévention et des enquêtes en matière de disparition forcée ;

c) Veiller à ce que l'urgence de la résolution des cas de disparition forcée soit reconnue.

2. Tout État partie veille à ce que soient interdits les ordres ou instructions prescrivant, autorisant ou encourageant une disparition forcée. Tout État partie garantit qu'une personne refusant de se conformer à un tel ordre ne sera pas sanctionnée.

3. Tout État partie prend les mesures nécessaires pour que les personnes visées au paragraphe 1 du présent article qui ont des raisons de penser qu'une disparition forcée s'est produite ou est projetée signalent le cas à leurs supérieurs et, au besoin, aux autorités ou instances de contrôle ou de recours compétentes.

Art. 24 1. Aux fins de la présente Convention, on entend par "victime" la personne disparue et toute personne physique ayant subi un préjudice direct du fait d'une disparition forcée.

2. Toute victime a le droit de savoir la vérité sur les circonstances de la disparition forcée, le déroulement et les résultats de l'enquête et le sort de la personne disparue. Tout État partie prend les mesures appropriées à cet égard.

3. Tout État partie prend toutes les mesures appropriées pour la recherche, la localisation et la libération des personnes disparues et, en cas de décès, pour la localisation, le respect et la restitution de leurs restes.

4. Tout État partie garantit, dans son système juridique, à la victime d'une disparition forcée le droit d'obtenir réparation et d'être indemnisée rapidement, équitablement et de manière adéquate.

5. Le droit d'obtenir réparation visé au paragraphe 4 du présent article couvre les dommages matériels et moraux ainsi que, le cas échéant, d'autres formes de réparation telles que :

a) La restitution ;

b) La réadaptation ;

c) La satisfaction, y compris le rétablissement de la dignité et de la réputation ;

d) Des garanties de non-répétition.

6. Sans préjudice de l'obligation de poursuivre l'enquête jusqu'à l'élucidation du sort de la personne disparue, tout État partie prend les dispositions appropriées concernant la situation légale des personnes disparues dont le sort n'est pas élucidé et de leurs proches, notamment dans des domaines tels que la protection sociale, les questions financières, le droit de la famille et les droits de propriété.

7. Tout État partie garantit le droit de former des organisations et des associations ayant pour objet de contribuer à l'établissement des circonstances de disparitions forcées et du sort des personnes disparues ainsi qu'à l'assistance aux victimes de disparition forcée, et de participer librement à de telles organisations ou associations.

Art. 25 1. Tout État partie prend les mesures nécessaires pour prévenir et réprimer pénalement :

a) La soustraction d'enfants soumis à une disparition forcée ou dont le père, la mère ou le représentant légal sont soumis à une disparition forcée, ou d'enfants nés pendant la captivité de leur mère soumise à une disparition forcée ;

b) La falsification, la dissimulation ou la destruction de documents attestant la véritable identité des enfants visés à l'alinéa a ci-dessus.

2. Tout État partie prend les mesures nécessaires pour rechercher et identifier les enfants visés à l'alinéa a du paragraphe 1 du présent article et les rendre à leur famille d'origine, conformément aux procédures légales et aux accords internationaux applicables.

3. Les États parties se prêtent mutuellement assistance dans la recherche et l'identification des enfants visés à l'alinéa a du paragraphe 1 du présent article ainsi que la détermination du lieu où ils se trouvent.

4. Compte tenu de la nécessité de préserver l'intérêt supérieur des enfants visés à l'alinéa a du paragraphe 1 du présent article et leur droit à préserver et à voir rétablie leur identité, y compris leur nationalité, leur nom et leurs liens familiaux reconnus par la loi, dans les États parties qui reconnaissent le système d'adoption ou d'autres formes de placement d'enfants, des procédures légales doivent exister, qui visent à réviser la procédure d'adoption ou de placement d'enfants et, le cas échéant, à annuler toute adoption ou placement d'enfants qui trouve son origine dans une disparition forcée.

5. En toutes circonstances, et en particulier pour tout ce qui a trait au présent article, l'intérêt supérieur de l'enfant est une considération primordiale, et l'enfant qui est capable de discernement a le droit d'exprimer librement son opinion, laquelle est dûment prise en compte eu égard à son âge et à son degré de maturité.

DEUXIÈME PARTIE

Art. 26 1. Pour la mise en œuvre des dispositions de la présente Convention, il est institué un Comité des disparitions forcées (ci-après dénommé "le Comité"), composé de dix experts de haute moralité, possédant une compétence reconnue dans le domaine des droits de l'homme, indépendants, siégeant à titre personnel et agissant en toute impartialité. Les membres du Comité seront élus par les États parties selon une répartition géographique équitable. Il sera tenu compte de l'intérêt que présente la participation aux travaux du Comité de personnes ayant une expérience juridique pertinente et d'une répartition équilibrée entre hommes et femmes au sein du Comité.

2. L'élection se fait au scrutin secret sur une liste de candidats désignés par les États parties parmi leurs ressortissants, au cours de réunions biennales des États parties convoquées à cet effet par le Secrétaire général de l'Organisation des Nations unies. À ces réunions, où le quorum est constitué par les deux tiers des États parties, sont élus membres du Comité les candidats qui obtiennent le plus grand nombre de voix et la majorité absolue des votes des représentants des États parties présents et votants.

3. La première élection aura lieu au plus tard six mois après la date d'entrée en vigueur de la présente Convention. Quatre mois avant la date de chaque élection, le Secrétaire général de l'Organisation des Nations unies envoie une lettre aux États parties pour les inviter à présenter des candidatures dans un délai de trois mois. Le Secrétaire général dresse la liste alphabétique des candidats ainsi désignés, indiquant, pour chaque candidat, l'État partie qui le présente. Il communique cette liste à tous les États parties.

4. Les membres du Comité sont élus pour quatre ans. Ils sont rééligibles une fois. Toutefois, le mandat de cinq des membres élus lors de la première élection prend fin au bout de deux ans ; immédiatement après la première élection, les noms de ces cinq personnes sont tirés au sort par le président de la réunion visée au paragraphe 2 du présent article.

5. Si un membre du Comité décède, se démet de ses fonctions ou n'est plus en mesure pour quelque autre raison de s'acquitter de ses attributions au Comité, l'État partie qui l'a désigné nomme, dans le respect des critères prévus au paragraphe 1 du présent article, un autre candidat parmi ses ressortissants pour siéger au Comité pour la partie du mandat restant à courir, sous réserve de l'approbation de la majorité des États parties. Cette approbation est considérée comme acquise à moins que la moitié des États parties ou davantage n'émettent une opinion défavorable dans un délai de six semaines à compter du moment où ils ont été informés par le Secrétaire général de l'Organisation des Nations unies de la nomination proposée.

6. Le Comité établit son règlement intérieur.

7. Le Secrétaire général de l'Organisation des Nations unies met à la disposition du Comité le personnel et les moyens matériels qui lui sont nécessaires pour s'acquitter efficacement de ses fonctions. Le Secrétaire général convoque les membres du Comité pour la première réunion.

8. Les membres du Comité ont droit aux facilités, privilèges et immunités reconnus aux experts en mission pour l'Organisation des Nations unies, tels qu'ils sont énoncés dans les sections pertinentes de la Convention sur les privilèges et immunités des Nations unies.

9. Tout État partie s'engage à coopérer avec le Comité et à assister ses membres dans l'exercice de leur mandat, dans la limite des fonctions du Comité qu'il a acceptées.

Art. 27 Une conférence des États parties se réunira au plus tôt quatre ans et au plus tard six ans après l'entrée en vigueur de la présente Convention pour évaluer le fonctionnement du Comité et décider, selon les modalités prévues au paragraphe 2 de l'article 44, s'il y a lieu de confier à une autre instance ? sans exclure aucune éventualité ? le suivi de la présente Convention avec les attributions définies aux articles 28 à 36.

Art. 28 1. Dans le cadre des compétences que lui confère la présente Convention, le Comité coopère avec tous les organes, bureaux, institutions spécialisées et fonds appropriés des Nations unies, les comités conventionnels institués par des instruments internationaux, les procédures spéciales des Nations unies, les organisations ou institutions régionales intergouvernementales concernées, ainsi qu'avec toutes les institutions, agences et bureaux nationaux pertinents qui travaillent à la protection de toutes les personnes contre les disparitions forcées.

2. Dans le cadre de ses fonctions, le Comité consulte d'autres comités conventionnels institués par les instruments de droits de l'homme pertinents, en particulier le Comité des droits de l'homme institué par le Pacte international relatif aux droits civils et politiques, en vue d'assurer la cohérence de leurs observations et recommandations respectives.

Art. 29 1. Tout État partie présente au Comité, par l'entremise du Secrétaire général de l'Organisation des Nations unies, un rapport sur les mesures qu'il a prises pour donner effet à ses obligations au titre de la présente Convention, dans un délai de deux ans à compter de l'entrée en vigueur de la Convention pour l'État partie concerné.

2. Le Secrétaire général de l'Organisation des Nations unies met le rapport à la disposition de tous les États parties.

3. Chaque rapport est étudié par le Comité, qui peut faire les commentaires, observations ou recommandations qu'il estime appropriés. L'État partie concerné reçoit communication des commentaires, observations ou recommandations, auxquels il peut répondre, de sa propre initiative ou à la demande du Comité.

4. Le Comité peut aussi demander aux États parties des renseignements complémentaires sur la mise en application de la présente Convention.

Art. 30 1. Le Comité peut être saisi, en urgence, par les proches d'une personne disparue, leurs représentants légaux, leurs avocats ou toute personne mandatée par eux, ainsi que toute autre personne ayant un intérêt légitime, d'une demande visant à chercher et retrouver une personne disparue.

2. Si le Comité estime que la demande d'action en urgence présentée en vertu du paragraphe 1 du présent article :

a) N'est pas manifestement dépourvue de fondement ;

b) Ne constitue pas un abus du droit de présenter de telles demandes ;

c) A été préalablement et dûment présentée aux organes compétents de l'État partie concerné, tels que les autorités habilitées à procéder à des investigations, quand une telle possibilité existe ;

d) N'est pas incompatible avec les dispositions de la présente Convention, et

e) N'est pas déjà en cours d'examen devant une autre instance internationale d'enquête ou de règlement de même nature ;

il demande à l'État partie concerné de lui fournir, dans un délai qu'il fixe, des renseignements sur la situation de la personne recherchée.

3. Au vu de l'information fournie par l'État partie concerné conformément au paragraphe 2 du présent article, le Comité peut transmettre des recommandations à l'État partie incluant une requête lui demandant de prendre toutes les mesures nécessaires, y compris conservatoires, pour localiser et protéger la personne recherchée conformément à la présente Convention et d'informer le Comité, dans un délai déterminé, des mesures qu'il prend, en tenant compte de l'urgence de la situation. Le Comité informe la personne ayant soumis la demande d'action urgente de ses recommandations et des informations qui lui ont été transmises par l'État partie lorsque celles-ci sont disponibles.

4. Le Comité poursuit ses efforts pour travailler avec l'État partie concerné tant que le sort de la personne recherchée n'est pas élucidé. Il tient le requérant informé.

Art. 31 1. Tout État partie peut déclarer, au moment de la ratification de la présente Convention ou ultérieurement, qu'il reconnaît la compétence du Comité pour recevoir et examiner des communications présentées par des personnes ou pour le compte de personnes relevant de sa juridiction qui se plaignent d'être victimes d'une violation, par cet État partie, des dispositions de la présente Convention. Le Comité ne reçoit aucune communication intéressant un État partie qui n'a pas fait une telle déclaration.

2. Le Comité déclare irrecevable toute communication si :

a) Elle est anonyme ;

b) Elle constitue un abus du droit de présenter de telles communications ou est incompatible avec les dispositions de la présente Convention ;

c) Elle est en cours d'examen devant une autre instance internationale d'enquête ou de règlement de même nature ; ou si

d) Tous les recours internes efficaces disponibles n'ont pas été épuisés. Cette règle ne s'applique pas si les procédures de recours excèdent des délais raisonnables.

3. Si le Comité considère que la communication répond aux conditions requises au paragraphe 2 du présent article, il transmet la communication à l'État partie concerné, lui demandant de fournir, dans le délai qu'il fixe, ses observations ou commentaires.

4. Après réception d'une communication, et avant de prendre une décision sur le fond, le Comité peut à tout moment soumettre à l'urgente attention de l'État partie concerné une demande tendant à ce qu'il prenne les mesures conservatoires nécessaires pour éviter qu'un dommage irréparable ne soit causé aux victimes de la violation présumée. L'exercice, par le Comité, de cette faculté ne préjuge pas de la recevabilité ou de l'examen au fond de la communication.

5. Le Comité tient ses séances à huis clos lorsqu'il examine les communications prévues au présent article. Il informe l'auteur de la communication des réponses fournies par l'État partie concerné. Lorsque le Comité décide de finaliser la procédure, il fait part de ses constatations à l'État partie et à l'auteur de la communication.

Art. 32 Tout État partie à la présente Convention peut déclarer, à tout moment, qu'il reconnaît la compétence du Comité pour recevoir et examiner des communications par lesquelles un État partie prétend qu'un autre État partie ne s'acquitte pas de ses obligations au titre de la présente Convention. Le Comité ne reçoit aucune communication concernant un État partie qui n'a pas fait une telle déclaration, ni aucune communication émanant d'un État partie qui n'a pas fait une telle déclaration.

Art. 33 1. Si le Comité est informé, par des renseignements crédibles, qu'un État partie porte gravement atteinte aux dispositions de la présente Convention, il peut, après consultation de l'État partie concerné, demander à un ou plusieurs de ses membres d'effectuer une visite et de l'informer sans retard.

2. Le Comité informe par écrit l'État partie concerné de son intention de procéder à une visite, indiquant la composition de la délégation et l'objet de la visite. L'État partie donne sa réponse dans un délai raisonnable.

3. Sur demande motivée de l'État partie, le Comité peut décider de différer ou d'annuler sa visite.

4. Si l'État partie donne son accord à la visite, le Comité et l'État partie concerné coopèrent pour définir les modalités de la visite, et l'État partie fournit au Comité toutes les facilités nécessaires à l'accomplissement de cette visite.

5. A la suite de la visite, le Comité communique à l'État partie concerné ses observations et recommandations.

Art. 34 Si le Comité reçoit des informations qui lui semblent contenir des indications fondées selon lesquelles la disparition forcée est pratiquée de manière généralisée ou systématique sur le territoire relevant de la juridiction d'un État partie, et après avoir recherché auprès de l'État partie concerné toute information pertinente sur cette situation, il peut porter la question, en urgence, à l'attention de l'Assemblée générale des Nations unies, par l'intermédiaire du Secrétaire général de l'Organisation des Nations unies.

Art. 35 1. Le Comité n'est compétent qu'à l'égard des disparitions forcées ayant débuté postérieurement à l'entrée en vigueur de la présente Convention.

2. Si un État devient partie à la présente Convention après l'entrée en vigueur de celle-ci, ses obligations vis-à-vis du Comité ne concernent que les disparitions forcées ayant débuté postérieurement à l'entrée en vigueur de la présente Convention à son égard.

Art. 36 1. Le Comité présente aux États parties et à l'Assemblée générale des Nations unies un rapport annuel sur les activités qu'il aura entreprises en application de la présente Convention.

2. La publication, dans le rapport annuel, d'une observation concernant un État partie doit être préalablement annoncée audit État partie, qui dispose d'un délai raisonnable de réponse et pourra demander la publication de ses propres commentaires ou observations dans le rapport.

TROISIÈME PARTIE

Art. 37 Aucune des dispositions de la présente Convention ne porte atteinte aux dispositions plus favorables à la protection de toutes les personnes contre les disparitions forcées qui peuvent figurer :

a) Dans la législation d'un État partie ; ou

b) Dans le droit international en vigueur pour cet État.

Art. 38 1. La présente Convention est ouverte à la signature de tout État membre de l'Organisation des Nations unies.

2. La présente Convention est soumise à la ratification de tout État membre de l'Organisation des Nations unies. Les instruments de ratification seront déposés auprès du Secrétaire général de l'Organisation.

3. La présente Convention est ouverte à l'adhésion de tout État membre de l'Organisation des Nations unies. L'adhésion se fera par le dépôt d'un instrument d'adhésion auprès du Secrétaire général de l'Organisation.

Art. 39 1. La présente Convention entrera en vigueur le trentième jour après la date du dépôt auprès du Secrétaire général de l'Organisation des Nations unies du vingtième instrument de ratification ou d'adhésion.

2. Pour tout État qui ratifiera la présente Convention ou y adhérera après le dépôt du vingtième instrument de ratification ou d'adhésion, la présente Convention entrera en vigueur le trentième jour après la date du dépôt par cet État de son instrument de ratification ou d'adhésion.

Art. 40 Le Secrétaire général de l'Organisation des Nations unies notifiera à tous les États membres de l'Organisation et à tous les États qui auront signé la présente Convention ou y auront adhéré :

a) Les signatures, les ratifications et les adhésions reçues en application de l'article 38 ;

b) La date d'entrée en vigueur de la présente Convention en application de l'article 39.

Art. 41 Les dispositions de la présente Convention s'appliquent, sans limitation ni exception aucune, à toutes les unités constitutives des États fédéraux.

Art. 42 1. Tout différend entre deux ou plusieurs États parties concernant l'interprétation ou l'application de la présente Convention qui n'est pas réglé par voie de négociation ou au moyen des procédures expressément prévues par la présente Convention est soumis à l'arbitrage, à la demande de l'un d'entre eux. Si, dans les six mois qui suivent la date de la demande d'arbitrage, les parties ne parviennent pas à se mettre d'accord sur l'organisation de l'arbitrage, l'une quelconque d'entre elles peut soumettre le différend à la Cour internationale de justice, en déposant une requête conformément au Statut de la Cour.

2. Tout État partie pourra, au moment où il signera la présente Convention, la ratifiera ou y adhérera, déclarer qu'il ne se considère pas lié par les dispositions du paragraphe 1 du présent article. Les autres États parties ne seront pas liés par lesdites dispositions envers un État partie qui aura formulé une telle déclaration.

3. Tout État partie qui aura formulé une déclaration conformément aux dispositions du paragraphe 2 du présent article pourra à tout moment retirer cette déclaration par une notification adressée au Secrétaire général de l'Organisation des Nations unies.

Art. 43 *La présente Convention* est sans préjudice des dispositions du droit international humanitaire, y compris les obligations des Hautes Parties contractantes aux quatre Conventions de Genève du 12 août 1949 et aux deux Protocoles additionnels du 8 juin 1977 s'y rapportant, ou de la possibilité qu'a tout État d'autoriser le Comité international de la Croix-Rouge à visiter les lieux de détention dans les cas non prévus par le droit international humanitaire.

Art. 44 1. Tout État partie à la présente Convention peut proposer un amendement et déposer sa proposition auprès du Secrétaire général de l'Organisation des Nations unies. Le Secrétaire général communique la proposition d'amendement aux États parties à la présente Convention en leur demandant de lui faire savoir s'ils sont favorables à l'organisation d'une conférence d'États parties en vue de l'examen de la proposition et de sa mise aux voix. Si, dans les quatre mois qui suivent la date d'une telle communication, le tiers au moins des États parties se prononce en faveur de la tenue de ladite conférence, le Secrétaire général organise la conférence sous les auspices de l'Organisation des Nations unies.

2. Tout amendement adopté à la majorité des deux tiers des États parties présents et votants à la conférence est soumis par le Secrétaire général de l'Organisation des Nations unies à l'acceptation de tous les États parties.

3. Un amendement adopté selon les dispositions du paragraphe 1 du présent article entre en vigueur lorsque les deux tiers des États parties à la présente Convention l'ont accepté, conformément à la procédure prévue par leurs constitutions respectives.

4. Lorsque les amendements entrent en vigueur, ils ont force obligatoire pour les États parties qui les ont acceptés, les autres États parties demeurant liés par les dispositions de la présente Convention et par tout amendement antérieur qu'ils auraient accepté.

Art. 45 1. La présente Convention, dont les textes anglais, arabe, chinois, espagnol, français et russe font également foi, sera déposée auprès du Secrétaire général de l'Organisation des Nations unies.

2. Le Secrétaire général de l'Organisation des Nations unies fera tenir une copie certifiée conforme de la présente Convention à tous les États visés à l'article 38.

DÉCLARATION DE LA RÉPUBLIQUE FRANÇAISE

La France déclare :

1. Conformément aux dispositions du paragraphe 1 de l'article 31, qu'elle reconnaît la compétence du Comité des disparitions forcées pour recevoir et examiner les communications présentées par des personnes ou pour le compte de personnes relevant de sa juridiction qui se plaignent d'être victimes d'une violation, par la France, des dispositions de la Convention.

2. Conformément aux dispositions de l'article 32, qu'elle reconnaît la compétence du Comité des disparitions forcées pour recevoir et examiner les communications par lesquelles un État Partie prétend qu'un autre État Partie ne s'acquitte pas de ses obligations au titre de la présente Convention.

Convention européenne de sauvegarde des droits de l'homme et des libertés fondamentales

Le décret n° 74-360 du 3 mai 1974 (D. et BLD 1974. 181 ; JO 4 mai) a porté publication de cette convention, signée le 4 nov. 1950, de ses protocoles additionnels n°s 1, 3, 4 et 5, signés les 20 mars 1952, 6 mai 1963, 16 sept. 1963 et 20 janv. 1966, ainsi que des déclarations et réserves qui ont été formulées par le Gouvernement de la République française lors de la ratification. — V. aussi Décr. n° 81-917 du 9 oct. 1981 (D. et BLD 1981. 349) portant publication de la déclaration d'acceptation du droit de recours individuel, renouvelée par Décr. n° 86-1314 du 23 déc. 1986 (D. et ALD 1987. 45), Décr. n° 90-415 du 14 mai 1990. — Décr. n° 84-315 du 19 avr. 1984 (D. et ALD 1984. 317) portant publication de l'accord européen concernant les personnes participant aux procédures devant la Commission et la Cour européennes des Droits de l'homme, fait à Londres le 6 mai 1969 ; — Décr. n° 86-282 du 28 févr. 1986 (D. et ALD 1986. 271) portant publication du protocole n° 6 à cette convention, concernant l'abolition de la peine de mort, fait à Strasbourg le 28 avr. 1983. — Décr. n° 88-783 du 22 juin 1988 (D. et ALD 1988. 369) portant publication de la lettre française du 24 mars 1988 relative au retrait d'une déclaration interprétative formulée par le Gouvernement de la République française lors de la ratification de cette convention. — Décr. n° 89-37 du 24 janv. 1989 (D. et ALD 1989. 103) portant publication du protocole n° 7 à cette convention, ainsi que des déclarations et réserves accompagnant l'instrument français de ratification et de la déclaration française du 1er nov. 1988 (V. les art. 2 à 4 et 7 de ce protocole.). — Décr. n° 90-245 du 14 mars 1990 (D. et ALD 1990. 181) portant publication du protocole n° 8 à cette convention, fait à Vienne le 19 mars 1985. — Décr. n° 98-1055 du 18 nov. 1998 (JO 25 nov.) portant publication du protocole n° 11 à cette convention, portant restructuration du mécanisme de contrôle établi par la convention, fait à Strasbourg le 11 mai 1994. — Décr. n° 2010-711 du 28 juin 2010 (JO 30 juin) portant publication du protocole n° 14 à cette convention, signé à Strasbourg le 13 mai 2004 et entré en vigueur le 1er juin 2010. — Décr. n° 2021-1042 du 5 août 2021 (JO 7 août) portant publication du Protocole n° 15 portant amendement à la convention de sauvegarde des droits de l'homme et des libertés fondamentales, signé à Strasbourg le 24 juin 2013. — Décr. n° 2018-989 du 13 nov. 2018 (JO 15 nov.) portant publication du protocole n° 16 à la convention de sauvegarde des droits de l'homme et des libertés fondamentales, signé à Strasbourg le 2 oct. 2013.

V. Circ. n° 87-16-F 2 du 27 juill. 1987 (BOMJ n° 27, p. 204) relative à l'application de cette convention.

RÉP. PÉN. v° *Convention européenne des droits de l'homme (Jurisprudence de la Cour européenne des droits de l'homme en matière pénale)*, par DOURNEAU-JOSETTE.

BIBL. ▸ Berger, Jurisprudence de la Cour européenne des droits de l'homme, *Sirey, 13e éd., 2014*. – Burgorgue-Larsen, La Convention européenne des droits de l'homme, *2e éd., LGDJ 2015*. – Cohen-Jonathan, Aspects européens des droits fondamentaux, *Montchrestien 3e éd., 2002*. – Danlos, *AJ pénal 2014. 404* (de quelques contre-vérités sur la jurisprudence de la CEDH en matière pénale). – de Lamy, *Dr. pénal 2011. Étude 12* (la Cour européenne des droits de l'homme, protectrice des droits fondamentaux). – Pettiti, Decaux et Imbert (dir.), La Convention européenne des droits de l'homme, *Economica, 2e éd., 1999*. – Pradel, *D. 2012. Point de vue 1134* (plaidoyer en faveur d'un ministère public près la Cour européenne des droits de l'homme). – Renucci, Droit européen des droits de l'homme, *LGDJ « manuel », 6e éd. 2015*. – Sudre, Droit international et européen des droits de l'homme, *PUF, « Droit fondamental » 13e éd., 2016 ; JCP 2017, no 289* (le contrôle de proportionnalité de la Cour européenne des droits de l'homme, de quoi est-il question ?).

▸ **Dossier :** La CEDH. Comment la saisir ? Qu'en attendre ?, *AJ pénal 2010. 57 s.*

Les Gouvernements signataires, Membres du Conseil de l'Europe,

Considérant la Déclaration universelle des Droits de l'homme, proclamée par l'Assemblée générale des Nations unies le 10 décembre 1948 ;

Considérant que cette Déclaration tend à assurer la reconnaissance et l'application universelles et effectives des droits qui y sont énoncés ;

Considérant que le but du Conseil de l'Europe est de réaliser une union plus étroite entre ses Membres, et que l'un des moyens d'atteindre ce but est la sauvegarde et le développement des Droits de l'homme et des libertés fondamentales ;

Réaffirmant leur profond attachement à ces libertés fondamentales qui constituent les assises mêmes de la justice et de la paix dans le monde et dont le maintien repose essentiellement sur un régime politique véritablement démocratique, d'une part, et, d'autre part, sur une conception commune et un commun respect des Droits de l'homme dont ils se réclament ;

Résolus, en tant que gouvernements d'États européens animés d'un même esprit et possédant un patrimoine commun d'idéal et de traditions politiques, de respect de la liberté et de prééminence du droit, à prendre les premières mesures propres à assurer la garantie collective de certains des droits énoncés dans la Déclaration universelle ;

(Prot. no 15 du 24 juin 2013, art. 1er et 7, en vigueur le 1er août 2021) **« Affirmant qu'il incombe au premier chef aux Hautes Parties contractantes, conformément au principe de subsidiarité, de garantir le respect des droits et libertés définis dans la présente Convention et ses protocoles, et que, ce faisant, elles jouissent d'une marge d'appréciation, sous le contrôle de la Cour européenne des Droits de l'Homme instituée par la présente Convention, »**

sont convenus de ce qui suit :

1. Valeur du Préambule. Ainsi que le précise l'art. 31, § 2, de la Convention de Vienne, le préambule d'un traité forme partie intégrante du contexte. Le passage le plus significatif du Préambule de la Conv. EDH est celui où les gouvernements signataires s'affirment résolus, en tant que gouvernements d'États européens animés d'un même esprit et possédant un patrimoine commun d'idéal et de traditions politiques, de respect de la liberté et de prééminence du droit, à prendre les premières mesures propres à assurer la garantie collective de certains des droits énoncés dans la Déclaration universelle du 10 déc. 1948. La Cour estime que l'on aurait tort de voir dans cette mention un simple « rappel plus ou moins rhétorique », dépourvu d'intérêt pour l'interprète de la Convention. Si les gouvernements signataires ont décidé de prendre les premières mesures propres à assurer la garantie collective de certains des droits énoncés dans la Déclaration universelle, c'est en raison notamment de leur attachement sincère à la prééminence du droit. • CEDH, ass. plén., 21 févr. 1975, *Golder c/ Royaume-Uni : Série A, no 18 ; RUDH 1990. 77, obs. Callewaert, Déjeant-Pons et Sansonetis ; Ann. fr. dr. int. 1975. 330, obs. Pelloux.*

2. Prééminence du droit. La prééminence du droit est l'un des principes fondamentaux d'une société démocratique. • CEDH, ass. plén., 29 nov. 1988, *Brogan et a. c/ Royaume-Uni : Série A no 145B ; Ann. fr. dr. int. 1991. 616, obs. Coussirat-Coustère ; JDI 1989. 843, obs. Rolland et Tavernier ; RSC 1989. 373, obs. Pettiti et Teitgen.* ♦ *V. mutatis mutandis.* • CEDH, ass. plén., 6 sept. 1978, *Klass et a. c/ Allemagne, § 55 : Série A no 28 ; Cah. dr. eur. 1979. 474, obs. Cohen-Jonathan ; Ann. fr. dr. int. 1979. 338, obs. Pelloux ; JDI 1980. 463, obs. Rolland.* ♦ La Convention tout entière s'inspire de l'idée de prééminence du droit. • CEDH 8 juin 1976, *Engel et a. c/ Pays-Bas, § 69 : Série A no 22 ; Cah. dr. eur. 1978. 364, obs. Cohen-Jonathan ; Ann. fr. dr. int. 1977. 481, obs. Pelloux ; JDI 1978. 695, obs. Rolland.* ♦ La Cour rappelle que le droit à un procès équitable garanti par l'art. 6, § 1, de la Convention doit s'interpréter à la lumière du préambule de la Convention, qui énonce la prééminence du droit comme élément du patrimoine commun des États contractants. • CEDH 16 avr. 2013, *Bernd c/ Roumanie*, n° 23456/04, § 32.

3. La prééminence du droit, mentionnée dans le Préambule de la Convention, implique aussi que le droit interne doit offrir une certaine protection contre les attaques arbitraires de la puissance publique envers les droits garantis par l'art. 1er. • Comm. EDH 2 août 1984, *Malone c/ Royaume-Uni, § 7 : Série A n° 82 ; Cah. dr. eur. 1986. 224, obs. Cohen-Jonathan ; Ann. fr. dr. int. 1985. 393, obs. Coussirat-Coustère ; RSC 1984. 145, obs. Pettiti ; JDI 1986. 1064, obs. Rolland et Tavernier.*

4. Effectivité des droits. Le Préambule rappelle l'exigence de l'effectivité des droits garantis, ce qui implique une interprétation judiciaire évolutive : la Convention européenne des droits de l'homme est un instrument vivant qui doit s'interpréter à la lumière des conditions de vie actuelles : • CEDH 25 avr. 1978, *Tyrer c/ Royaume-Uni, § 31 : Série A n° 26* • 9 oct. 1979, *Airey c/ Irlande, § 26 : Série A n° 32 ; Cah. dr. eur. 1980. 470, obs. Cohen-Jonathan ; Ann. fr. dr. int. 1980. 323, obs. Pelloux ; JDI 1982. 187, obs. Rolland.*

Art. 1er ***Obligation de respecter les droits de l'homme.*** **Les Hautes Parties contractantes reconnaissent à toute personne relevant de leur juridiction les droits et libertés définis au titre I de la présente Convention.**

BIBL. ► BULTRINI, *RTDH 2002. 5.* – COHEN-JONATHAN, *RGDI publ. 1998. 140.* – COHEN-JONATHAN et FLAUSS, *RTD eur. 1999. 637.* – COT, *RTDH 1998. 102.* – DECAUX, *Mél. Eissen, p. 65.* – GESLIN, *RGDIP 2005. 539.* – IMBERT, *RUDH 1989. 24.* – LANDAIS, *Cah. CREDHO 1994/1. 97.* – LETTERON, *Ann. fr. rel. intern. 2001. 145.* – MATHIEU, *D. 1996. Chron. 282.* – TAVERNIER, *Mél. R. Goy, 1998, p. 411.* – VALTICOS, *Mél. Pettiti, p. 737.*

1. Engagements de l'État. La Convention concerne uniquement les faits postérieurs à l'entrée en vigueur de la Convention dans les États contractants. • Comm. EDH 2 sept. 1959, *Nielsen c/ Danemark : Yearbook 1958-1959. 454.* ♦ Les États liés par la Convention doivent être membres du Conseil de l'Europe (V. art. 59 Conv. EDH). Toutefois, il est indispensable que l'État en cause soit juridiquement identifiable : l'État fédéré turc de Chypre ne peut pas être considéré comme une entité exerçant sa juridiction sur une partie quelconque de Chypre. • Comm. EDH 10 juill. 1978, *Chypre c/ Turquie : DR 13/85.* ♦ *Idem* pour la « République turque de Chypre du Nord ». • CEDH 23 mars 1995, *Loizidou c/ Turquie : Série A n° 310 ; Ann. fr. dr. int. 1995. 485, obs. Coussirat-Coustère ; Justices 1997. 169, obs. Cohen-Jonathan ; JDI 1997. 273* et *1999. 250, obs. Decaux et Tavernier ; RUDH 1997. 4, obs. Sudre.*

2. A la différence des traités internationaux de type classique, la Convention déborde le cadre de la simple réciprocité entre États contractants. En sus d'un réseau d'engagements synallagmatiques bilatéraux, elle crée des obligations objectives qui, aux termes de son préambule, bénéficient d'une garantie collective. • CEDH 18 janv. 1978, *Irlande c/ Royaume-Uni, § 239 : Série A, n° 25 ; Cah. dr. eur. 1979. 565, obs. Cohen-Jonathan ; Ann. fr. dr. int. 1978. 379, obs. Pelloux ; JDI 1980. 449, obs. Rolland.*

3. Notion de « juridiction ». La « *juridiction* » au sens de l'art. 1er est une condition *sine qua non*. Elle doit avoir été exercée pour qu'un État contractant puisse être tenu pour responsable des actes ou omissions à lui imputables qui sont à l'origine d'une allégation de violation des droits et libertés énoncés dans la Convention • CEDH, gr. ch., 29 janv. 2019, *Güzelyurtlu et a. c/ Chypre*, n° 36925/07, § 178. ♦ Adde, dans le même sens : • CEDH 9 juill. 2019, *Romeo Castano c/ Belgique*, n° 8351/17, § 36. ♦ Le fait que la victime de la violation alléguée relève de la juridiction de l'État contractant est une condition nécessaire mais non suffisante ; il faut également que le fait concret dont découle ladite violation se situe dans la sphère de la juridiction de cet État. • Comm. EDH 2 mai 1978, *B. Russel Peace Foundation c/ Royaume-Uni : DR 14/117.* ♦ Juridiction territoriale quant à la détention d'un ressortissant irakien par les forces armées britanniques en Irak. • CEDH, gr. ch., 7 juill. 2011, *Al-Jedda c/ Royaume-Uni*, n° 27021/08 • 7 juill. 2011, *Al-Skeini et a. c/ Royaume-Uni*, n° 55721/07. ♦ Juridiction à l'égard d'une personne habitant une enclave, qui en pratique n'a pu voyager en raison de la mise en œuvre par l'État défendeur d'une résolution du Conseil de sécurité de l'ONU. • CEDH, gr. ch., 12 sept. 2012, *Nada c/ Suisse*, n° 10593/08. ♦ Juridiction des États moldave et russe quant à la politique éducative menée au sein d'une région séparatiste de la République de Moldovie. • CEDH, gr. ch., 19 oct. 2012, *Catan et a. c/ République de Moldovie et Russie*, nos 43370/04, 8252/05 et 18454/06.

4. Au sens de l'art. 1er, la notion de juridiction ne se limite pas au territoire national des Hautes Parties contractantes. Un État peut ainsi voir sa responsabilité internationale engagée lorsque, à la suite d'une action militaire, légale ou pas, il exerce en pratique le contrôle sur une zone située en dehors de son territoire national. • CEDH, gr. ch., 23 mars 1995, *Loizidou c/ Turquie : préc. note 1.* ♦ Étant donné que la Turquie exerce en pratique un contrôle global sur le nord de Chypre, sa responsabilité ne saurait se circonscrire aux actes commis par ses soldats ou fonctionnaires dans cette zone, mais s'étend également aux actes de l'administration locale qui survit grâce à son soutien militaire et autre. Par conséquent, la « juridiction » de la Turquie vaut pour la totalité des droits matériels énoncés dans la Convention et les protocoles additionnels qu'elle a ratifiés, et les violations de ces droits lui sont imputables. • CEDH 10 mai 2001, *Chypre c/ Turquie : RGDI publ. 2001. 1009, obs. Weckel.* ♦ Les Hautes Parties contractantes sont tenues de garantir les droits et libertés énoncés dans la Convention pour tous les actes et omissions de leurs agents, y compris lorsqu'ils exercent l'autorité publique hors du territoire national. • Comm. EDH 28 févr. 1983, *Irlande : DR 32/211.* ♦ *Idem* à bord des avions et navires immatriculés dans un État contractant. • Comm. EDH 7 oct. 1980, *Freda c/ Italie : DR 21/250.*

5. Le terme « juridiction » ne se limite pas au territoire des Hautes Parties contractantes ; leur responsabilité peut entrer en jeu à raison d'actes émanant de leurs organes et déployant leurs effets en dehors dudit territoire. • Comm. EDH 19 janv. 1994, *Iribarne Perez c/ France : DR 76-A/18* • CEDH 26 juin 1992, *Drozd et Janousek c/ France et Espagne : Série A n° 240 ; RTDH 1994. 98, obs. Cohen-Jonathan ; Ann. fr. dr. int. 1992. 629, obs. Coussirat-Coustère ; JDI 1993. 737, obs. Decaux et Tavernier ; RUDH 1993. 1, obs. Sudre* • CEDH 4 juill. 2001, *Ilascu c/ Moldova et Russie : D. 2002. Somm. 684, obs. Renucci* . ♦ Selon l'art. 1er, chaque État contractant reconnaît à toute personne relevant de sa juridiction les droits et libertés définis dans la Convention ; partant, quand la violation de l'un d'eux dérive d'un manquement du législateur national à cette obligation, la responsabilité en incombe à l'État. • CEDH 18 août 1981, *Young, James et Webster c/ Royaume-Uni, § 49 : Série A n° 44 ; Cah. dr. eur. 1982. 226, obs. Cohen-Jonathan ; Ann. fr. dr. int. 1982. 499, obs. Pelloux ; JDI 1982. 220, obs. Rolland.* ♦ L'État ne peut pas se soustraire à sa responsabilité en déléguant ses responsabilités à des organismes privés ou à des particuliers. • CEDH 25 mars 1993, *Costello-Roberts c/ Royaume-Uni, § 27 : Série A n° 247C.* ♦ V. aussi. • CEDH 23 nov. 1983, *Van der Mussele c/ Belgique, § 28 : Série A n° 70.*

6. En raison des relations existant entre la Suisse et le Liechtenstein, une mesure prise par une autorité suisse et ayant des effets directs dans la Principauté entre dans le cadre de la juridiction helvétique. • Comm. EDH 14 juill. 1977, *X. c/ Suisse : DR 9/57.*

7. Limites à l'interprétation extensive de l'art. 1er. La Conv. EDH n'a pas vocation à s'appliquer partout dans le monde, même à l'égard du comportement des États contractants. • CEDH, gr. ch., 12 déc. 2001, *Bankovic et a. c/ Belgique et 16 autres États : JCP 2002. I. 105, obs. Sudre ; D. 2002. Somm. 2567, obs. Renucci ; RTDH 2002. 1055, note Cohen-Jonathan ; RGDI 2002. 437, obs. Weckel.* ♦ V. aussi : • CEDH, gr. ch., 2 mai 2007, *Behrami et Behrami et Saramati c/ France, Allemagne et Norvège : JCP 2007. I. 182, n° 1 obs. F. Sudre ; RDP 2009. 893, obs. G. Gonzalez.* ♦ La Cour estime qu'en conséquence les violations alléguées de la Convention ne sauraient être imputées à la France et à la Belgique. Quant à une responsabilité éventuelle d'Eurocontrol à cet égard, elle rappelle que cette organisation internationale n'a pas adhéré à la Convention et qu'elle ne peut donc voir sa responsabilité engagée au titre de celle-ci. • CEDH 9 sept. 2008, *Boivin c/ France, Belgique et 32 autres États membres du Conseil de l'Europe : RSP 2009. 668, obs. G. Gonzalez.* ♦ V. cependant : • CEDH, gr. ch., 14 déc. 2006, *Markovic et a. c/ Italie : JDI 2007. 677, obs. P. Tavernier.*

8. Les actes des fonctionnaires d'un État contractant, exerçant à l'étranger en cette qualité, ne tombent pas sous le coup de la juridiction de l'État dont ils ont la nationalité. • CEDH 26 juin 1992, *Drozd et Janousek : préc. note 5.* ♦ La responsabilité de la France n'est pas engagée par les actes d'une juridiction de la Principauté de Monaco. • Comm. EDH 28 juin 1993, *Meignan c/ France 21392/93 : DR 75/251.*

9. Sur l'inapplicabilité de la Convention à des procédures intervenues avant son entrée en vigueur. • CEDH 12 juill. 2001, *Prince Hans-Adam II de Liechtenstein c/ Allemagne, §§ 46 s. : JDI 2002. 266.*

10. Hautes Parties contractantes et Union européenne. Les États parties à la Convention n'exercent pas leur juridiction en participant aux décisions du Conseil des Communautés européennes. • Comm. EDH 10 juill. 1978, *CFDT c/ CEE : DR 13/231.* ♦ Mais aux termes de l'art. 1er, les instances européennes doivent contrôler que les effets de l'application, par les autorités étatiques, d'autres conventions internationales ne portent pas atteinte aux droits et libertés garantis par la Convention. • Comm. EDH 16 janv. 1995, *Bruno Gestra c/ Italie : DR 80/89.*

11. Aux termes de l'art. 1er de la Convention, les Hautes Parties contractantes reconnaissent à toute personne relevant de sa juridiction les droits et libertés définis dans la Convention. Cette disposition ne fait aucune distinction quant au type de norme ou de mesure en cause et ne soustrait aucune Partie à l'empire de la Convention (...). Les actes de la Communauté européenne ne peuvent être attaqués devant la Cour car la Communauté en tant que telle n'est pas une Partie contractante. La Convention n'exclut pas cependant le transfert de compétence à des organisations internationales, pourvu que les droits garantis par la Convention continuent d'être garantis. Pareil transfert ne fait donc pas disparaître la responsabilité des États membres. • CEDH, gr. ch., 18 févr. 1999, *Matthews c/ Royaume-Uni, §§ 29 et 32 : JCP 2000. I. 203, obs.*

Sudre ; RTDH 1999. 873, obs. Poteau ; RD publ. 2000. 1090, obs. Burgogue-Larsen ; JDI 2000. 97, obs. Decaux et Tavernier.

12. Conv. EDH et immunités diplomatiques. Il n'est pas contraire à la Conv. EDH qu'un État accorde à une institution internationale une immunité de juridiction qui fait échapper aux tribunaux nationaux les litiges entre cette institution et son personnel. • Comm. EDH 12 déc. 1988, *Spaans c/ Pays-Bas : DR 58/119.* ♦ V., au sujet du massacre de Srebrenica, la confirmation des règles applicables en matière d'immunité des organisations internationales (ONU). • CEDH 11 juin 2013, *Stichting Mothers of Srebrenica and Others c/ The Netherlands,* n° 65542/12 (en anglais) : *D. actu. 26 juill. 2013, obs. Devouèze.*

13. Personnes protégées. Les Hautes Parties contractantes reconnaissent à « toute personne » les droits et libertés fondamentaux, qu'il s'agisse de nationaux ou d'étrangers, et il importe peu que ces derniers soient ressortissants d'un autre pays membre du Conseil de l'Europe, ou qu'il s'agisse d'un apatride. • Comm. EDH 11 janv. 1961, *Autriche c/ Italie : DR 7/23.*

14. Toute personne physique peut saisir la CEDH, y compris les mineurs. • Comm. EDH 19 déc. 1974, *X. et Y. c/ Pays-Bas : DR 2/118.* ♦ Mais l'enfant à naître n'est pas considéré comme une personne au sens de l'art. 1er. • Comm. EDH 12 juill. 1977, *Brüggemann et Scheuten c/ RFA : DR 10/100.* ♦ V. aussi. • Comm. EDH 13 mai 1980, *X. c/ Royaume-Uni : DR 19/244.*

15. Les personnes morales sont des personnes au sens de l'art. 1er. C'est ainsi qu'une société commerciale peut saisir les instances européennes pour violation de l'art. 6 garantissant le droit à un procès équitable. La société requérante qui avait un objet patrimonial se fondait sur une atteinte à ses droits patrimoniaux. Le droit allégué revêtait un caractère civil, nonobstant l'origine du différend et la compétence des juridictions administratives. • CEDH 27 févr. 1992, *Stenuit c/ France, § 40 : Série A n° 232A* • 26 mars 1992, *Ed. Périscope c/ France 11760/85 : Série A n° 234B ; D. 1993. Somm. 385, obs. Renucci* . ♦ V. aussi Sudre, *JCP E 1992. 4. 26.* ♦ Une association à but religieux ou philosophique peut exercer tous les droits visés à l'art. 9 de la Convention. • Comm. EDH 13 mars 1986, *Vereniging Rechtswinkels Utrecht c/ Pays-Bas : DR 46/200.* ♦ Par nature, certains droits ne peuvent être invoqués par les personnes morales. Ainsi, les droits garantis par l'art. 3 (interdiction des mauvais traitements) ne peuvent être revendiqués par une personne morale. • Comm. EDH 12 oct. 1988, *Kontakt-Information-Therapie et Hagen c/ Autriche 11921/86 : DR 57/81.*

16. Reconnaissance directe des droits. En substituant les mots « reconnaissent » à « s'engagent à reconnaître » dans le libellé de l'art. 1er, les rédacteurs de la Convention ont voulu indiquer que les droits et libertés garantis au titre I seraient directement reconnus à quiconque relèverait de la juridiction des États membres ; leur intention se reflète avec une fidélité particulière dans le pays où la Convention a été incorporée à l'ordre juridique interne. • CEDH 18 janv. 1978, *Irlande c/ Royaume-Uni : préc. note 2.*

TITRE PREMIER **Droits et libertés**

Art. 2 *Droit à la vie.* **1. Le droit de toute personne à la vie est protégé par la loi. La mort ne peut être infligée à quiconque intentionnellement, sauf en exécution d'une sentence capitale prononcée par un tribunal au cas où le délit est puni de cette peine par la loi.**

2. La mort n'est pas considérée comme infligée en violation de cet article dans les cas où elle résulterait d'un recours à la force rendu absolument nécessaire :

a) pour assurer la défense de toute personne contre la violence illégale ;

b) pour effectuer une arrestation régulière ou pour empêcher l'évasion d'une personne régulièrement détenue ;

c) pour réprimer, conformément à la loi, une émeute ou une insurrection.

BIBL. ▸ AFROUKH, *RFDA 2012, p. 1153* s. – BYK, *JCP 1993. I. 3719.* – CORNAVIN, *Droits 1985 n° 2. 99.* – DUBOUIS, *RDSS 1993. 32* ; *ibid. 1998. 211* . – GANSHOF VAN DER MEERSCH, *RTDH 1990. 5.* – GÖLCÜKLÜ, *Mél. Pettiti, Bruylant 1998. 415.* – HERZOG-EVANS, *RTD civ. 2000. 65.* – HUMBER, *Gaz. Pal. 1974. Doctr. 666.* – LABAYLE, *JCP 1990. I. 3452.* – LABRUSSE-RIOU, *Pouvoirs 1991, n° 56. 112.* – LABRUSSE-RIOU et MATHIEU, *D. 2000. Point de vue 3.* – LÉPINE, *Rev. sc. morales et pol. 1982. 277.* – MALAUZAT, *D. 2002. Chron. 2688.* – MARTIN, *JCP 2002. I. 115.* – O'BOYLE, *Strasbourg 1990. 10.* – PARIZOT, *D. 2013. Chron. 188* . – PRZETACZNIK, *Rev. dr. homme 1976. 585.* – REITER-KORMAZ, *RTDH 1996. 252.* – RENUCCI, *RPDP 2009. 469.* – RUSSO, *Mél. Valticos 1999. 509.* – SERMET, *RFDA 1999. 988.* – SPIELMANN, *Mél. Velu, Bruylant 1992. 1503.* – SUDRE, *Mél. Mouly, Litec 1998. 375 ; RGDI publ. 1990. 103 ; RFDC 1993. 216.*

I. AFFIRMATION DU DROIT À LA VIE

1. Le droit à la vie, droit premier. Le droit à la vie constitue un attribut inaliénable de la personne humaine et il forme la valeur suprême dans l'échelle des droits de l'homme. • CEDH, gr. ch., 22 mars 2001, *Streletz, Kessler et Krenz c/ Allemagne, § 94 : RTDH 2001. 1109, obs. Tavernier ; RSC 2001. 639, obs. Massias*.

A. OBLIGATIONS DES ÉTATS

1° PROTECTION GÉNÉRALE

2. Droit à la vie et obligation négative de l'État. L'art. 2 ne vise pas uniquement l'homicide intentionnel mais aussi les situations où un usage légitime de la force peut conduire à donner la mort de façon involontaire. • CEDH 27 août 2019, *Magnitskiy et a. c/ Russie*, n° 32631/09, §§ 257 s.

3. Force du droit à la vie et obligations positives de l'État. L'État doit non seulement s'abstenir de donner la mort intentionnellement, mais de plus il doit prendre les mesures nécessaires à la protection de la vie des personnes relevant de sa juridiction. Nul ne conteste que l'obligation de l'État à cet égard va au-delà du devoir primordial d'assurer le droit à la vie en mettant en place une législation pénale concrète dissuadant de commettre des atteintes contre la personne et s'appuyant sur un mécanisme d'application conçu pour en prévenir, réprimer et sanctionner les violations. • CEDH 28 oct. 1998, *Osman c/ Royaume-Uni : Rec. 1998, VIII ; JCP 1998. I. 105, obs. Sudre.* ♦ Les autorités ont manqué à la diligence dont elles auraient dû faire preuve pour protéger la requérante et la mère de celle-ci contre les actes de violence dénoncés, notamment en instruisant contre H.O. ou en prenant à son égard d'autres mesures préventives appropriées. • CEDH 9 juin 2009, *Opuz c/ Turquie : RSC 2010. 219, obs. Marguénaud ; JCP 2009. I. 143, n° 2, obs. F. Sudre.* ♦ L'État doit prendre les mesures nécessaires à la protection de la vie des personnes relevant de sa juridiction. • CEDH 9 juin 1998, *LCB c/ Royaume-Uni, § 36 : Rec. 1998-III ; JCP 1999. I. 105, obs. Sudre* • 1er mars 2001, *Berktay c/ Turquie : JCP 2001. I. 342, obs. Sudre* • Comm. EDH 10 oct. 1986, *Naddaf c/ RFA : DR 50/259.* ♦ Il n'est cependant pas possible de déduire de l'art. 2 une obligation positive de l'État d'empêcher toute possibilité de violence. • Comm. EDH 28 févr. 1983, *X. c/ Royaume-Uni : DR 32/190* • 7 mars 1985, *Royaume-Uni c/ Irlande : DR 42/53* • 4 mars 1986, *X. c/ Royaume-Uni : DR 47/27.* ♦ L'obligation de protéger la vie a pour corollaire que cette disposition vise également la mort infligée sans intention de la donner • Comm. EDH 10 juill. 1984, *Stewart c/ Royaume-Uni : DR 39/162.* ♦ L'État doit protéger la vie de l'individu contre le risque de maladie. • CEDH 1er mars 2001, *Berktay c/ Turquie : préc.* ♦ Violation de l'art. 2 parce que l'État n'a pas fourni gratuitement au requérant les médicaments anticancéreux dont il avait besoin, conformément aux jugements rendus par les juridictions roumaines. • CEDH 10 avr. 2012, *Panaitescu c/ Roumanie*, n° 30909/06.

4. L'obligation positive de prendre préventivement des mesures d'ordre pratique pour protéger l'individu dont la vie est menacée par les agissements criminels d'autrui suppose que les autorités de l'État aient connu l'existence d'un danger réel et immédiat pour la vie des personnes et qu'elles n'aient pas pris les mesures raisonnables pour pallier ce risque. • CEDH, gr. ch., 24 oct. 2002, *Mastromatteo c/ Italie : JCP 2003. I. 109, n° 1, obs. Sudre.* ♦ Si l'État a pris les mesures qui s'imposaient, il n'y aura pas violation de l'art. 2. V. pour le meurtre commis par un détenu après sa libération conditionnelle. • CEDH 17 janv. 2012, *Choreftakis et Choreftaki c/ Grèce*, n° 468/46/08. ♦ Pour dénier le caractère absolument nécessaire du recours à la force, la Cour relève que l'ignorance des policiers quant à la présence d'un journaliste trouvait sa source dans des défaillances des circuits d'information, imputables aux autorités. Elle estime que ces dernières, qui étaient responsables de la sécurité du requérant dans un contexte où sa vie était potentiellement en danger, n'ont pas déployé toute la vigilance que l'on pouvait raisonnablement attendre d'elles, et que cette carence a constitué la cause essentielle du recours à la force ayant exposé l'intéressé à un risque sérieux pour sa vie et entraîné les blessures dont celui-ci a été victime. La Cour conclut donc à une violation de l'art. 2 dans son volet substantiel. • CEDH 14 juin 2011, *Trévalec c/ Belgique*, n° 30812/07 : *D. actu. 30 juin 2011, obs. Lavric ; RSC 2011. 702, obs. Marguénaud ; Dr. pénal 2012. Chron. 3, obs. Dreyer.*

5. Effectivité de la protection. Si le recours des policiers à la force meurtrière peut être justifié dans certaines circonstances, l'art. 2 ne donne pas carte blanche à cet égard, aux dépens du devoir primordial qu'il impose aux États de garantir le droit à la vie en mettant en place un cadre juridique et administratif propre à dissuader la commission d'atteintes contre la personne, et en s'appuyant sur un mécanisme d'application conçu pour prévenir, supprimer et sanctionner les violations de cet article. • CEDH 4 nov. 2008, *Evrim Öktem c/ Turquie : Dr. pénal 2009. Chron. 4, obs. Dreyer.* ♦ Le non-encadrement par des règles et l'abandon à l'arbitraire de l'action des agents de l'État sont incompatibles avec un respect effectif des droits de l'homme. Cela signifie que les opérations de police, en plus d'être autorisées par le droit national, doivent être suffisamment délimitées par ce droit, dans le cadre d'un système de garanties adéquates et effectives contre l'arbitraire et l'abus de la force. • CEDH 21 oct. 2008, *Nehyet Günay et a. c/ Turquie : Dr. pénal 2009.*

Chron. 4, obs. Dreyer. ♦ La Cour déplore qu'aucune directive précise n'ait été prise par les autorités françaises à l'égard de ce type de technique d'immobilisation et que, malgré la présence sur place de professionnels formés au secours, aucun soin n'ait été prodigué à Mohamed Saoud avant son arrêt cardiaque. • CEDH 9 oct. 2007, *Saoud c/ France,* n° 9375/02 : *JCP 2008. II. 10012, note J.-B. Thierry ; JCP 2008. I. 110, n° 2, obs. F. Sudre ; RTD civ. 2008. 140, obs. J.-P. Marguénaud.* ♦ Dans le même sens : • CEDH 5 juill. 2007, *Celniku c/ Grèce,* n° 21449/04. ♦ V. en revanche la non-violation de l'art. 2 Conv. EDH pour le décès d'un manifestant lors d'une opération de maintien de l'ordre en marge d'un sommet du G20. • CEDH 28 août 2009, *Giuliani et Gaggio c/ Italie,* n° 25458/02. ♦ Solution confirmée par la Grande Chambre. • CEDH, gr. ch., 24 mars 2011, *Giuliani et Gaggio,* n° 23458/02. ♦ *Idem* pour le décès d'un détenu à la suite d'une grève de la faim prolongée. • CEDH 31 mars 2009, *Horoz c/ Turquie : RSC 2009. 651, obs. Marguénaud ; Dr. pénal 2010. Chron. 3, obs. Dreyer.* ♦ ... Ou celui d'une personne vulnérable atteinte de troubles psychiatrique survenu à la suite d'une arrestation violente, qui a néanmoins constitué une violation de l'art. 3. • CEDH 16 nov. 2017, *Boukrourou et a. c/ France,* n° 30059/15. ♦ L'usage excessif de la force par la police constitue une violation de l'art. 2. • CEDH 22 févr. 2011, *Soare et a. c/ Roumanie,* n° 24329/02. ♦ Sur l'obligation de protéger de façon adéquate les participants à un programme de protection des témoins. • CEDH 4 déc. 2012, *R.R. et a. c/ Hongrie,* n° 19400/11.

6. Nécessité d'une enquête. L'obligation de protéger le droit à la vie implique et exige de mener une forme d'enquête efficace lorsque le recours à la force, notamment par les agents de l'État, a entraîné mort d'homme. • CEDH 27 sept. 1995, *Mc Cann et a. c/ Royaume-Uni, §§ 192 s. : Série A n° 324 ; Ann. fr. dr. int. 1995. 485, obs. Coussirat-Coustère ; JDI 1996. 245, obs. Decaux et Tavernier ; RSC 1996. 462, obs. Koering-Joulin ; JCP 1996. I. 3910, obs. Sudre ; Gaz. Pal. 11-12 oct. 1996, p. 33, note Puechavy* (lutte anti-terroriste) • 4 mai 2001, *Jordan c/ Royaume-Uni : JDI 2001. 253, obs. Delaplace* • CEDH, gr. ch., 7 juill. 2011, *Al-Skeini et a. c/ Royaume-Uni,* n° 55721/07 • CEDH 12 avr. 2011, *Peker c/ Turquie,* n° 42136/06. ♦ ... Ou des blessures graves. • CEDH 23 mai 2019, *Chebab c/ France,* n° 542/13 : *D. actu. 27 mai 2019, obs. Goetz ; D. 2019. 1523, obs. Caire.* ♦ Violation de l'art. 2 de la Convention au motif que les autorités de l'État défendeur n'ont pas mené d'enquête effective sur les circonstances dans lesquelles le frère du requérant a trouvé la mort. • CEDH 19 févr. 1998, *Kaya c/ Turquie,* n° 22729/93. ♦ La Cour estime que, dans les circonstances particulières de l'espèce, les autorités ont manqué à leur obligation, au titre de l'art. 2, d'instruire de façon effective le décès du proche des requérants avec diligence et célérité et avec l'énergie voulue, compte tenu des mobiles racistes de l'agression et de la nécessité de préserver la confiance des minorités dans la capacité des autorités à les mettre à l'abri des menaces de violence raciste. • CEDH 26 juill. 2007, *Anguelova et Iliey c/ Bulgarie,* n° 38361/97 : *Dr. pénal 2008. Chron. 3, obs. E. Dreyer.* ♦ Violation de l'art. 2 en raison de la faible ampleur et de la courte durée des investigations, l'enquête conduite par les autorités n'étant pas efficace. • CEDH 28 mars 2000, *Kilic c/ Turquie,* n° 22492/93. ♦ V. aussi, dans une affaire de disparition suspecte : • CEDH, 5ᵉ sect., 30 juin 2011, *Girard c/ France : D. 2011. 1900 ; D. actu. 15 juill. 2011, obs. Bachelet.* ♦ Violation de l'art. 2 de la Convention à raison du caractère insuffisamment indépendant de l'enquête de police. • CEDH, gr. ch., 15 mai 2007, *Ramsahai c/ Pays-Bas,* n° 52391/99, § 341 : *Dr. pénal 2008. Chron. 33, obs. E. Dreyer.* ♦ V. aussi • CEDH 11 sept. 2007, *Teren Aksakal c/ Turquie, § 88,* n° 51967/99. ♦ La procédure pénale n'a pas été menée avec suffisamment de diligence. Ainsi, dans les circonstances particulières de l'affaire, la procédure litigieuse n'a pas offert un redressement approprié pour l'atteinte portée aux valeurs consacrées dans l'art. 2 de la Convention. Partant, il y a eu violation de cette disposition dans son volet procédural. • CEDH 27 oct. 2009, *Agache et a. c/ Roumanie, § 84,* n° 2712/02. ♦ L'enquête n'a pas été adéquate dans la mesure où elle n'a pas recherché quelles étaient les personnes responsables de cette situation. • CEDH 28 août 2009, *Giuliani et Gaggio c/ Italie, § 253 : préc. note 5* • CEDH, gr. ch., 24 mars 2011, *Giuliani et Gaggio c/ Italie : préc. note 5.*

2° PROTECTIONS PARTICULIÈRES

7. Décès des personnes privées de liberté. La première phrase de l'art. 2, § 1, astreint l'État, non seulement à s'abstenir de provoquer la mort de manière volontaire et irrégulière, mais aussi à prendre les mesures nécessaires à la protection de la vie des personnes relevant de sa juridiction (...). Cependant il faut interpréter cette obligation de manière à ne pas imposer aux autorités un fardeau insupportable ou excessif, sans perdre de vue les difficultés qu'ont les forces de sécurité à exercer leurs fonctions dans les sociétés contemporaines, l'imprévisibilité du comportement humain et les choix opérationnels à faire en matière de priorités et de ressources. • CEDH 16 nov. 2000, *Tanribilir c/ Turquie, §§ 70 et 71 : JCP 2001. I. 291, obs. Sudre* (suicide pendant une garde à vue). ♦ La Cour réitère que la vulnérabilité des malades mentaux appelle une protection particulière. Il en va d'autant plus ainsi lorsqu'un détenu souffrant de troubles graves est placé, comme en l'espèce, en isolement ou cellule disciplinaire pour une longue durée, ce qui ne peut manquer d'avoir des répercussions sur son état psychique, et qu'il a déjà effectivement tenté de mettre fin à ses jours peu de temps auparavant. Au vu de l'ensemble de ces éléments, la Cour arrive à la conclusion que les autorités ont manqué, en l'espèce, à leur obligation positive de protéger le droit à la vie de Joselito Renolde, et qu'il y a eu violation de l'art. 2 de la Convention. • CEDH 16 oct. 2008, *Renolde c/ France*, §§ 109 et 110 : *RSC 2009. 173, obs. Marguénaud ; ibid. 439, obs. Poncela ; D. 2008 AJ. 2723, obs. L. Len ; ibid. 2009. Pan. 123, obs. Roujou de Boubée, Garé et Mirabail ; ibid. 1382, obs. Céré ; AJ pénal 2009. 42, obs. Céré ; Dr. pénal 2009. Chron. 3, obs. Peltier ; ibid. Chron. 4, obs. Dreyer.* ♦ Les États ont le devoir de protéger les détenus en situation de vulnérabilité : violation de l'art. 2 pour le suicide d'un prisonnier atteint de troubles mentaux et qui avait été placé en cellule ordinaire. • CEDH 6 déc. 2011, *De Donder et De Clippel c/ Belgique*, n° 8595/06. ♦ Toutefois, les autorités pénitentiaires doivent s'acquitter de leurs tâches de manière compatible avec les droits et libertés de l'individu concerné, des mesures et précautions générales pouvant notamment être prises afin de diminuer les risques d'automutilation sans empiéter sur l'autonomie individuelle. ♦ Aucun manquement ne peut être reproché à l'État français, pour le suicide d'un médecin, accusé de viols, lors de son déférement au palais de justice, dès lors, notamment, qu'aucun risque particulier de suicide n'avait été ou n'aurait dû être identifié. • CEDH 26 sept. 2013, *Robineau c/ France : D. actu. 2 oct. 2013, obs. Léna.*

8. Le gouvernement n'a pas donné d'explication pour le décès de A. Salman à la suite d'un arrêt cardiaque pendant sa détention dans les locaux de la direction de la sûreté, et la responsabilité de l'État défendeur quant à ce décès est donc engagée ; il s'ensuit qu'il y a violation de l'art. 2 à cet égard. • CEDH 27 juin 2000, *Salman c/ Turquie 21986/93 : JCP 2001. I. 291, obs. Sudre ; RTDH 2001. 845, obs. Van Nuffle.* ♦ Lorsqu'un individu est placé en garde à vue en bonne santé puis retrouvé mort, il incombe à l'État de fournir une explication plausible des événements à l'origine du décès, faute de quoi les autorités doivent être tenues pour responsables au titre de l'art. 2 de la Convention (...). Il existe suffisamment de preuves permettant de conclure, au-delà de tout doute raisonnable, que T... est décédé des suites des blessures infligées alors qu'il se trouvait entre les mains des policiers et la responsabilité de l'État se trouve dès lors engagée. • CEDH 18 mai 2000, *Velikova c/ Bulgarie, §§ 70 et 74 : JCP 2001. I. 291, obs. Sudre.*

9. La Cour relève, en l'espèce, une violation de l'art. 2 Conv. EDH car l'obligation d'assurer des soins médicaux appropriés à un détenu garantie par la Convention et confirmée par la jurisprudence serait vidée de tout sens si elle ne devait se limiter qu'à la prescription d'un traitement adéquat, sans s'assurer s'il a été correctement administré et suivi. • CEDH 1er juin 2010, *Jasinska c/ Pologne : Dr. pénal 2011. Chron. 3, obs. Dreyer.* ♦ La Cour conclut à la violation de l'art. 2 Conv. EDH dans une espèce où le risque suicidaire de la personne placée en détention provisoire avait été signalé à l'administration pénitentiaire par le juge d'instruction et un lieutenant, en relevant notamment que les deux codétenus placés dans la cellule de la personne pour rompre son isolement étaient tous deux absents au moment du passage à l'acte, et en l'absence de preuve d'un rendez-vous avec le service médical de la prison, démontrant que le dispositif de collaboration entre les services pénitentiaires et médicaux, qui relève de la responsabilité des autorités internes, n'avait pas fonctionné. • CEDH 4 févr. 2016, *Isenc c/ France*, n° 58828/13 : *D. actu. 17 févr. 2016, obs. Devouèze ; AJ pénal 2016. 158, obs. Céré ; RSC 2016. 577, note Marguénaud.*

10. Deux obligations positives, distinctes quoique liées, découlant de l'art. 2, qui sont déjà établies par la jurisprudence de la Cour, peuvent entrer en jeu. Il s'agit, premièrement, de l'obligation positive qui incombe à l'État de mettre en place un cadre réglementaire imposant aux hôpitaux d'adopter des mesures appropriées pour protéger la vie des patients et, deuxièmement, de l'obligation positive pour les autorités de prendre préventivement des mesures d'ordre pratique pour protéger l'individu contre autrui ou, dans certaines circonstances, contre lui-même. • CEDH, gr. ch., 31 janv. 2019, *Fernandes de Oliveira c/ Portugal*, n° 78103/14, § 103.

11. Disparitions forcées. La Cour est convaincue que l'intéressé doit être présumé mort à la suite d'une détention non reconnue, opérée par les forces de l'ordre. Ce décès engage donc la responsabilité de l'État défendeur. Les autorités n'ayant fourni aucune explication sur ce qui s'est passé après l'arrestation et n'ayant invoqué aucun motif de nature à justifier un quelconque recours de ses agents à la force meurtrière, il s'ensuit que la responsabilité de ce décès est imputable à l'État défendeur. • CEDH 13 juin 2000, *Timurtas c/ Turquie, § 86 : RTDH 2001. 983, obs. Benzimmra-Hazan ; JCP 2001. I. 291, obs. Sudre.* ♦ Vu l'absence de garanties procédurales effectives qu'a révélée l'enquête insuffisante menée sur la disparition de l'intéressé et sur la découverte alléguée de son cadavre, la Cour constate que l'État défendeur a manqué à son obligation de protéger le droit à la vie et a ainsi violé l'art. 2. • CEDH 8 juill. 1999, *Cakici c/ Turquie : JDI 2000. 117, obs. Delaplace* • 9 mai 2000, *Ertak c/ Turquie : Rec. 2000-V.* ♦ Les autorités n'ayant pas mené une enquête pénale effective sur les circonstances de la disparition, il y a violation de l'art. 2. • CEDH 29 mai 2008, *Sangarieva c/ Russie*, n° 1839/04. ♦ V. aussi pour la disparition du mari de la requérante : • CEDH 15 janv. 2009, *Medova c/ Russie*, n° 25385/04.

12. Protection de l'environnement. Ont été déclarées irrecevables des requêtes alléguant la violation de l'art. 2 à propos des essais nucléaires, et plus particulièrement du déversement des déchets atomiques en mer. • Comm. EDH 5 août 1950, *S. c/ RFA,* n° 715/70. ♦ ... De l'utilisation d'un marais par l'armée tout près d'un village. • Comm. EDH 13 mai 1976, *X. et Y. c/ Royaume-Uni : DR 5/161.* ♦ ... Ou encore de l'absence de mise en conformité aux normes de sécurité d'une usine polluante classée à haut risque. • Comm. EDH 6 juill. 1995, *Guerra et a. c/ Italie,* n° 14967/89.

13. Les autorités administratives savaient ou auraient dû savoir que les habitants de certains quartiers de taudis étaient menacés de manière réelle tant dans leur intégrité physique que dans leur vie, en raison des déficiences de la décharge municipale. Or les autorités n'ont pas remédié à celles-ci (...). Elles ont de surcroît manqué à leur devoir d'informer les habitants du quartier de ces risques, ce qui aurait pu permettre au requérant d'évaluer les dangers graves pour lui et sa famille qu'il y avait à continuer à résider à proximité de la décharge. • CEDH 18 juin 2002, *Oneryildiz c/ Turquie : RTDH 2003. 261, note Laurent ; D. 2002. Somm. 2568, obs. Birsan*. ♦ Il y a lieu de conclure en l'espèce à la violation de l'art. 2 de la Convention, sous son volet procédural également, à raison de l'absence, face à un accident provoqué du fait d'une activité dangereuse, d'une protection adéquate « par la loi », propre à sauvegarder le droit à la vie, ainsi qu'à prévenir, à l'avenir, de tels agissements mettant la vie en danger. • CEDH, gr. ch., 30 nov. 2004, *Öneryildiz c/ Turquie,* § 118, n° 48939/99. ♦ Les autorités russes ont donc manqué à leur obligation positive d'établir un cadre législatif et administratif propre à offrir une protection effective contre des menaces pesant sur le droit à la vie, comme l'exige l'art. 2 de la Convention. • CEDH 22 mars 2008, *Boudaïeva c/ Russie,* n° 15339/02, § 159 : *JCP 2008. I. 167, n°s 2 et 21, obs. F. Sudre ; AJDA 2008. 1929, obs. J.-F. Flauss ; RDP 2009. 899, obs. M. Lévinet.*

B. PERSONNES PROTÉGÉES

14. Enfant à naître. Les limitations prévues, dans la deuxième phrase du § 1er et dans le § 2 de l'art. 2 concernent toutes, de par leur nature, les personnes déjà nées et ne sauraient être appliquées au fœtus. (...) l'usage généralement fait de l'expression dans la Convention et le contexte dans lequel ce terme est employé à l'art. 2 tendant à étayer qu'il ne s'applique pas à l'enfant à naître. • Comm. EDH 19 mai 1992, *H. c/ Norvège : DR 73/155.* ♦ L'expression « toute personne » paraît ne pas être appliquée à l'enfant à naître. Néanmoins, à supposer que le droit à la vie soit garanti au fœtus dès le début de la grossesse, ce droit subit une limitation implicite permettant l'interruption volontaire de la grossesse pour sauvegarder la santé ou la vie de la mère. • Comm. EDH 13 mai 1980, *X. c/ Royaume-Uni : DR 19/244.* ♦ La grande chambre estime que les embryons créés par la requérante et J. ne peuvent se prévaloir du droit à la vie protégé par l'art. 2, et qu'il n'y a donc pas violation de cette disposition. • CEDH, gr. ch., 10 avr. 2007, *Evans c/ Royaume-Uni,* n° 6339/05, § 56 : *D. 2007. 1202, obs. C. Delaporte-Carré ; RTD civ. 2007. 295, obs. J.-P. Marguénaud, et 545, obs. J. Hauser.* ♦ La Cour n'a pas en l'espèce à rechercher si la Convention garantit un droit à l'avortement. • CEDH 20 mars 2007, *Tysiac c/ Pologne,* n° 5410/03, § 104 : *D. 2007. 2648, note P. Hennion-Jacquet ; JCP 2007. I. 182, n° 6, obs. F. Sudre ; ibid. II. 10071, note B. Mathieu ; RTDH 2007. 855, note J.-M. Larralde.*

15. La Cour n'est pas appelée à déterminer si la Convention garantit un droit à l'avortement ou si le droit à la vie reconnu par l'art. 2 vaut également pour le fœtus. • CEDH 29 oct. 1992, *Open Door et Dublin Well Woman c/ Irlande, § 66 : Série A n° 246 ; Ann. fr. dr. int. 1992. 629, obs. Coussirat-Coustère ; JDI 1993. 751, obs. Decaux et Tavernier ; RTDH 1993. 345, obs. Rigaux.* ♦ Le point de départ du droit à la vie relève de la marge d'appréciation des États, dont la Cour tend à considérer qu'elle doit leur être reconnue dans ce domaine, même dans le cadre d'une interprétation évolutive de la Convention, qui est « un instrument vivant, à interpréter à la lumière des conditions de vie actuelles ». • CEDH, gr. ch., 8 juill. 2004, *V. c/ France,* n° 53924/00, § 82 : *D. 2004. 2535, note I. Berro-Lefevre ; D. 2004. 2456, note J. Pradel ; JCP 2004. II. 10158, note M. Lévinet ; Dr. fam. 2004, n° 194, obs. P. Murat ; RSC 2005. 135, obs. Fl. Massias ; RTD civ. 2004. 799, obs. J.-P. Marguénaud ; ibid. 714, obs. J. Hauser.*

16. La vie du fœtus en question était intimement liée à celle de Mme X. et dépendait des soins prodigués à celle-ci. Or cette circonstance a été examinée sous l'angle de l'atteinte au droit à la vie de cette dernière. Partant, la Cour estime que le grief des requérants à cet égard n'appelle pas un examen séparé. • CEDH 11 oct. 2016, *Sayan c/ Turquie,* n° 81277/12, § 125.

17. Victimes indirectes. L'épouse d'une personne assassinée doit être considérée comme la victime indirecte d'une violation de l'art. 2 de la Convention. • Comm. EDH 28 févr. 1983, *Royaume-Uni : préc. note 3.* ♦ *Idem* pour la mère d'une personne assassinée. • Comm. EDH 7 mars 1985, *Royaume-Uni c/ Irlande : préc. note 3.* ♦ Pour la notion de « victimes indirectes » : V. ss. art. 34 Conv. EDH.

II. LIMITATIONS DU DROIT À LA VIE

A. EXCEPTIONS AU PRINCIPE

1° PEINE DE MORT

18. Principe et application. La Convention autorise la peine capitale, sous certaines conditions, par son art. 2, § 1, aux termes duquel le droit de toute personne à la vie est protégé par la loi. La mort ne peut être infligée à quiconque intentionnellement, sauf en exécution d'une sentence capitale prononcée par un tribunal au cas où le délit est puni de cette peine par la loi (...). Mais la manière dont elle est prononcée ou appliquée, la personnalité du condamné et une disproportion par rapport à la gravité de l'infraction, ainsi que les conditions de la détention vécue dans l'attente de l'exécution figurent parmi les éléments de nature à faire tomber sous le coup de l'art. 3 le traitement ou la peine subis par l'intéressé. • CEDH 7 juill. 1989, *Soering c/ Royaume-Uni, §§ 101 et 104 : Série A n° 161 ; Ann. fr. dr. int. 1991. 583, obs. Coussirat-Coustère ; RTDH 1990. 5, obs. Ganshof Van Der Meersch ; RSC 1989. 786, obs. Pettiti ; JDI 1990. 734, obs. Rolland et Tavernier.* V. ss. art. 3. ♦ V. également. • Comm. EDH 14 déc. 2000, *Ocalan c/ Turquie : RUDH 2000. 467.* ♦ Sur la peine de mort, V. le protocole n° 6 (abolition de la peine de mort en temps de paix) et le protocole n° 13 (abolition de la peine de mort en toutes circonstances). ♦ L'augmentation du nombre des ratifications du Protocole n° 13 indique fortement que l'art. 2 a été amendé de manière à prohiber la peine de mort en toute circonstance. Par conséquent, la Cour ne considère pas que le libellé de la seconde phrase de l'art. 2 continue à faire obstacle à une interprétation de l'art. 3 incluant la peine de mort. • CEDH, 4ᵉ sect., 2 mars 2010, *Al Saadoon et Mufdhi c/ Royaume-Uni : RSC 2010. Chron. 675, obs. Marguénaud ; Dr. pénal 2011. Chron. 3, obs. Dreyer.*

19. Légalité de la peine de mort. Il découle de l'interprétation de l'art. 2 développée ci-dessus que l'exécution d'un condamné à mort qui n'a pas bénéficié d'un procès équitable n'est pas autorisée. • CEDH, gr. ch., 12 mai 2005, *Öcalan c/ Turquie,* n° 46221/99, § 166 : *JCP 2005. I. 159, n° 3, obs. F. Sudre.*

2° LÉGITIME DÉFENSE

20. Conditions de la légitime défense. Eu égard à la décision de ne pas empêcher les suspects d'entrer à Gibraltar, à la prise en compte insuffisante par les autorités d'une possibilité d'erreur dans leur appréciation en matière de renseignements, au moins sur certains aspects, et au recours automatique à la force meurtrière lorsque les militaires ont ouvert le feu, la Cour n'est pas convaincue que la mort des trois terroristes ait résulté d'un recours à la force rendu absolument nécessaire pour assurer la défense d'autrui contre la violence illégale, au sens de l'art. 2, § 2 *a)* , de la Convention. En conséquence, la Cour constate une violation de l'art. 2 de la Convention. • CEDH 27 sept. 1995, *Mc Cann et a. c/ Royaume-Uni : préc. note 6.*

3° ARRESTATION ET ÉVASION

21. Fait justificatif. L'usage de la force meurtrière pour effectuer une arrestation régulière ou pour empêcher l'évasion d'une personne régulièrement détenue est un fait justificatif dès lors que cela est « absolument nécessaire » (...). C'est l'examen des circonstances d'un décès survenu pendant une arrestation par les services de police qui peut permettre de déterminer si on peut considérer le recours à la force comme absolument nécessaire pour la défense des policiers. • Comm. EDH 6 oct. 1986, *Wolgram c/ RFA : DR 49/213.* ♦ La proportionnalité s'apprécie en fonction de la nature du but, du danger pour les vies humaines et l'intégrité corporelle inhérent à la situation et de l'ampleur du risque d'infliger la mort en faisant usage de la force. • Comm. EDH 10 juill. 1984, *Stewart c/ Royaume-Uni : préc. note 3.* ♦ La France a manqué aux obligations qui lui incombent en vertu de l'art. 2 Conv. EDH en raison de la force manifestement excessive employée contre une personne gardée à vue tentant de s'enfuir mais qui ne présentait pas de réelle menace pour elle-même ou pour autrui, d'autres possibilités d'action s'offrant notamment au gendarme pour tenter l'arrestation, au lieu d'ouvrir le feu. • CEDH 17 avr. 2014, *Guerdner et a. c/ France : AJ pénal 2014. 359, obs. Roussel ; Dr. pénal 2015. Chron. 4, obs. Dreyer.* ♦ Tout en tenant compte du fait que les actions du conducteur étaient potentiellement dangereuses, la Cour ne considère pas que le niveau de la menace exigeait que le véhicule soit immédiatement arrêté par des coups de feu potentiellement mortels. Elle ne peut considérer, au moment du tir mortel, que le gendarme agissait avec la conviction honnête que sa propre vie et son intégrité physique, de même que la vie de ses collègues ou d'une autre personne, se trouvaient en péril. Certes, la Cour note que les gendarmes avaient préalablement utilisé des méthodes alternatives pour tenter d'arrêter la voiture : avertisseurs sonores et lumineux, tirs de flash-ball et sommations. De plus, le fils des requérants a été tué au cours d'une opération inopinée, qui a donné lieu à des développements auxquels la gendarmerie a été appelée à réagir sans préparation spécifique préalable. La Cour n'entend pas imposer un fardeau insupportable aux autorités. Néanmoins, elle retient également que le risque pour la vie des passagers résultant de l'usage d'une arme à feu doit être considéré, en l'espèce, à la lumière tant de l'absence d'un danger immédiat posé par le conducteur que de l'absence d'urgence à arrêter la voiture. Dans ces conditions, la Cour considère que le décès du fils des requérants résulte d'un recours à la force qui n'était pas, en l'espèce, absolument nécessaire pour procéder à une arrestation régulière au sens de l'art. 2 § 2 b) Conv. EDH. Il y a donc eu violation substantielle de l'art. 2 Conv. EDH. Enfin, la

Cour note que, postérieurement à la présente espèce, la France a adopté, le 28 févr. 2017, une loi qui, intégrant les principes dégagés par la jurisprudence de la Cour, énonce que les forces de l'ordre ne peuvent faire usage de leur arme qu'en cas d'absolue nécessité et de manière strictement proportionnée • CEDH 7 juin 2018, *Toubache c/ France*, n° 19510/15 : *D. actu. 29 juin 2018, obs. Fonteix.* ♦ Pour une condamnation, non en raison de la technique d'arrestation (« pliage »), mais de la négligence des forces de l'ordre dans la protection de la vie de la personne, qui n'ont pas fait ce que l'on pouvait raisonnablement attendre d'elles pour prévenir le risque de décès auquel elle était exposée : • CEDH 21 juin 2018, n° 36083/16 : *D. 2018. 1949, note Caire*.

4° ÉMEUTE OU INSURRECTION

22. Nécessités de la répression. Les instructions données par les autorités britanniques à leurs forces armées en Irlande du Nord sont compatibles avec les dispositions de la Convention. • Comm. EDH 9 mars 1977, n°s 7126/75 et 7573/76. ♦ Une assemblée hostile d'une centaine de personnes jetant des projectiles sur une patrouille de soldats au point de leur faire encourir le risque de graves blessures constitue une émeute au sens de l'art. 2. • Comm. EDH 10 juill. 1984, *Stewart c/ Royaume-Uni : préc. note 3.*

B. INTERPRÉTATION DES EXCEPTIONS

23. Caractère limitatif des exceptions. Les quatre hypothèses, prévues à l'art. 2, dans lesquelles l'État peut porter atteinte au droit à la vie, ont un caractère limitatif. • Comm. EDH 10 juill. 1984, *Stewart c/ Royaume-Uni : préc. note 3.*

24. Interprétation restrictive des exceptions. Les exceptions au principe du droit à la vie sont d'interprétation restrictive. • Comm. EDH 13 janv. 1993, *Kelly c/ Royaume-Uni : DR 74/153.* ♦ La force employée doit être strictement proportionnée à la réalisation du but à atteindre. • Comm. EDH 10 juill. 1984, *Stewart c/ Royaume-Uni : préc. note 3.* ♦ V. déjà. • CEDH 14 déc. 2000, *Gül c/ Turquie : JCP 2001. I. 291, obs. Sudre.* ♦ La proportionnalité s'apprécie essentiellement au regard du danger pour les vies humaines et l'intégrité corporelle par rapport à la nature du but recherché et de la situation. • Comm. EDH 6 oct. 1986, *Wolfgram c/ RFA : préc. note 21* • 10 juill. 1984, *Stewart c/ Royaume-Uni : préc. note 3.* ♦ Le recours à la force doit être absolument nécessaire en toute hypothèse ; il convient d'utiliser un critère de nécessité plus strict et impérieux que celui normalement employé pour déterminer si l'intervention de l'État est nécessaire dans une société démocratique au sens du § 2 des art. 8 à 12 de la Convention. • CEDH 27 sept. 1995, *Mc Cann et a. c/ Royaume-Uni, § 119 : préc. note 6.* ♦ V. aussi. • CEDH 20 mai 1999, *Ogur c/ Turquie : JDI 2000. 111, obs. de Frouville.* ♦ L'usage de la force, entraînant la mort d'un manifestant, est une violation de l'art. 2 dès lors qu'elle n'était pas absolument nécessaire, car il y a un usage disproportionné de la force et absence d'enquête approfondie sur les circonstances du décès du fils du requérant. • CEDH 27 juill. 1998, *Güleç c/ Turquie : Rec. 1998-IV ; Ann. fr. dr. int. 1999. 747, obs. Coussirat-Coustère ; JDI 1999. 224, obs. Decaux et Tavernier ; RSC 1999. 384, obs. Koering-Joulin ; JCP 1999. I. 105, obs. Sudre.*

25. Le recours à la force peut se justifier dans le cadre de l'art. 2 lorsqu'il se fonde sur une conviction honnête considérée pour de bonnes raisons comme valable même si elle se révèle ensuite erronée : affirmer le contraire imposerait à l'État et à ses agents chargés de l'application des lois une charge irréaliste qui risquerait de s'exercer aux dépens de leur vie et de celle d'autrui. • CEDH 27 sept. 1995, *Mc Cann et a., § 200 : préc. note 6.*

26. Non-violation de l'art. 2 lors d'une opération de police menée pour délivrer une jeune femme retenue en otage par son fiancé et qui a finalement entraîné la mort des deux jeunes gens criblés de balles. La Cour estime en effet que l'usage d'une force meurtrière dans ces conditions, tout regrettable qu'il fût, n'a pas dépassé ce qui était « absolument nécessaire » pour défendre la vie d'E. Constantinou et celle des agents du MMAD et ne constituait pas une méconnaissance par l'État défendeur de ses obligations au regard de l'art. 2, § 2 de la Convention. • CEDH 9 oct. 1997, *Andronicou et Constantinou c/ Chypre : Rec. 1997-VI ; JCP 1998. I. 107, obs. Sudre ; RSC 1998. 379, obs. Koering-Joulin ; D. 1998. Somm. 205, obs. Renucci ; RTDH 1999. 541, obs. Reiter-Kormaz.*

27. Interprétation de l'art. 2 rejetée : la fin de vie. L'art. 2 de la Convention n'a aucun rapport avec les questions concernant la qualité de la vie ou ce qu'une personne choisit de faire de sa vie. (...) L'art. 2 ne saurait, sans distorsion de langage, être interprété comme conférant un droit diamétralement opposé, à savoir un droit à mourir ; il ne saurait davantage créer un droit à l'autodétermination en ce sens qu'il donnerait à tout individu le droit de choisir la mort plutôt que la vie. (...) Il n'est pas possible de déduire de l'art. 2 un droit de mourir, que ce soit de la main d'un tiers ou avec l'assistance d'une autorité publique. • CEDH 29 avr. 2002, *Pretty c/ Royaume-Uni, §§ 39 et 40 :* RSC 2002. 645, obs. *Massias ; JCP 2003. II. 10068, note Girault ; RTDH 2003. 71, note De Schutter ; JDI 2003. 535, obs. E. Decaux et P. Tavernier.*

28. La Cour souligne qu'elle n'est pas saisie dans la présente affaire de la question de l'euthanasie, mais de celle de l'arrêt de traitements qui maintiennent artificiellement la vie. Les autorités internes se sont conformées à leurs obligations positives découlant de l'art. 2 conv. EDH, compte tenu de la marge d'appréciation dont elles disposaient en l'espèce. Il s'ensuit qu'il n'y aurait pas violation de l'art. 2 Conv. EDH en cas de mise en œuvre de la décision du Conseil d'État du 24 juin 2014. • CEDH, gr. ch., 5 juin 2015, *Lambert et a. c/ France*, n° 46043/14, §§ 140 et 141, 147 et 148, 181 et 182.

Art. 3 ***Interdiction de la torture.*** **Nul ne peut être soumis à la torture ni à des peines ou traitements inhumains ou dégradants.**

BIBL. ▶ ADDO et GRIEFF, *Eur. Journ. Int. Law 1998, 9, n° 3. 510.* – AUBERT, *RI crim. et pol. techn. 1978. 367.* – BONIN, *Rev. Québec. Dr. int. 1986. 169.* – CALLEWAERT, *in Mél. Eissen, Bruylant/LGDJ 1995. 13.* – CASSES, *RGDI publ. 1989. 5.* – CERE, *RTDH 2007. 261 ; RPDP 2009. 369 ; AJ pénal 2010. 325* . – CHAUVIN, *RUDH 1997. 347.* – COHEN-JONATHAN, *RGDI publ. 2000. 181.* – DECAUX, *Ann. fr. dr. int. 1988. 618.* – DOURNEAU-JOSETTE, *Gaz. Pal. 2013. 4.* – FORNEROD, *RTDH 2010. 315.* – FOURTEAU, *LGDJ 1996.* – GANSHOF VAN DER MEERSCH, *RTDH 1990. 5.* – GOURDOU, *RPDP 2007. 23.* – HENNION-JACQUET, *RDSS 2009. 509* .– KISS et VEGLERIS, *Ann. fr. dr. int. 1971. 889.* – KOVLER, *RPDP 2007. 165.* – LABAYLE, *JCP 1990. I. 3452.* – MARTIN, *RGDI publ. 1979. 104.* – MOLINER-DUBOST, *RTDH 2007. 541 ; ibid. 2008. 77 ; AJ pénal 2007. 160* . – NIHIUL, *RTDH 1994. 587.* – PELLOUX, *Ann. fr. dr. int. 1978. 400.* – PONCELA, *RSC 2005. 390* ; *RTDH 2007. 247.* – SOULIER, *RSC 1987. 663.* – SUDRE, *RGDI publ. 1984. 825 ; 1990. 103 ; RUDH 1990. 340 ; RSC 1993. 33* ; *JCP 1999. I. 10193.* – TULKENS, *in Mél. Couvrat, PUF 2001. 313 ; RSC 2001. 881* .

I. PRINCIPES D'APPLICATION

1. *Interdiction des mauvais traitements.* L'interdiction de la torture et des peines ou traitements inhumains ou dégradants est l'une des valeurs fondamentales de toute société démocratique. • CEDH 7 juill. 1989, *Soering c/ Royaume-Uni : Série A n° 161 ; Ann. fr. dr. int. 1991. 583, obs. Coussirat-Coustère ; RTDH 1990. 5, obs. Ganshof Van Der Meersch ; RSC 1989. 786, obs. Pettiti ; JDI 1990. 734, obs. Rolland et Tavernier.* ♦ V. aussi Labayle, *JCP 1990. 3452 et Sudre, RGDI publ. 1990. 103.* ♦ Les droits garantis par l'art. 3 ne peuvent pas être exercés par une personne morale. • Comm. EDH 12 oct. 1988, *Kontakt-Information-Thérapie et Hagen c/ Autriche : DR 57/81.*

2. *Absolutisme de l'interdiction.* La Convention prohibe en termes absolus la torture et les peines ou traitements inhumains ou dégradants. L'art. 3 ne prévoit pas de restrictions, en quoi il contraste avec la majorité des clauses normatives de la Convention et des Prot. n°s 1 et 4, et, d'après l'art. 15, il ne souffre nulle dérogation, même en cas de danger public menaçant la vie de la nation. • CEDH 18 déc. 1996, *Aksoy c/ Turquie : Rec. 1996-VI ; JCP 1997. I. 4000, n° 676, obs. Sudre ; RSC 1997. 453, obs. Koering-Joulin* *; AJDA 1998. 37, obs. Flauss* *; Justices 1997. 183, obs. Cohen-Jonathan et Flauss ; Ann. fr. dr. int. 1996. 749, obs. Coussirat-Coustère ; JDI 1997. 268, obs. Decaux et Tavernier* • CEDH 28 oct. 1998, *Assenov c/ Bulgarie, § 93 : Rec. 1998-VIII ; JCP 1999. I. 105, n° 12, obs. Sudre ; D. 1999. Somm. 266, obs. Hennion* *; RTDH 1999. 383, obs. Rosenberg* • CEDH 25 avr. 1978, *Tyrer c/ Royaume-Uni : Cah. dr. eur. 1979. 471, obs. Cohen-Jonathan ; RID comp. 1978. 411, obs. Marcus-Helmons ; Ann. fr. dr. int. 1978. 400, obs. Pelloux ; JDI 1980. 457, obs. Rolland.* ♦ V. déjà : • CEDH 18 janv. 1978, *Irlande c/ Royaume-Uni : Cah. dr. eur. 1979. 121, obs. Cohen-Jonathan ; Ann. fr. dr. int. 1978. 379, obs. Pelloux ; JDI 1980. 449, obs. Rolland ; RUDH 1990. 121, obs. Callewaert, Dejeant-Pons et Sansonetis ; RGDIP 1979. 104, obs. Martin.* ♦ *Adde* Soulier, *RSC 1987. 663.* ♦ Même dans les circonstances les plus difficiles, telle la lutte contre le terrorisme ou le crime organisé, la Convention prohibe en termes absolus la torture et les peines ou traitements inhumains ou dégradants. • CEDH 18 janv. 1978, *Irlande c/ Royaume-Uni, § 163 : préc.* • 28 juill. 1999, *Selmouni c/ France : Rec. 1999-V ; RGDI publ. 2000. 181, obs. Cohen-Jonathan ; Ann. fr. dr. int. 1999. 747, obs. Coussirat-Coustère ; JDI 2000. 118, obs. Benzimra-Hazan ; RTDH 2000. 138, obs. Lambert ; RSC 1999. 891, obs. Massias* *; D. 2000. Somm. 179, obs. Renucci* *; JCP 1999. II. 10193, note Sudre ; RTD civ. 1999. 911, obs. Marguénaud* *; D. 2000. Somm. 31, obs. Mayaud* . ♦ L'interdiction de la torture ou des peines ou traitements inhumains ou dégradants est absolue quels que soient les agissements de la victime. • CEDH 6 avr. 2000, *Labita c/ Italie 26772/95 : Rec. 2000-IV ; JCP 2001. I. 291, n° 7, obs. Sudre ; RSC 2000. 667 obs. Massias* . ♦ L'art. 3, qui prohibe en termes absolus la torture ou les peines ou traitements inhumains ou dégradants, consacre l'une des valeurs fondamentales des sociétés démocratiques. Il ne prévoit pas de restrictions, en quoi il contraste avec la majorité des clauses normatives de la Convention et des Prot. n°s 1 et 4, et il ne souffre nulle dérogation. • CEDH, gr. ch., 28 févr. 2008, *Saadi c/ Italie, § 127 : JCP 2008. I. 167, n° 6, obs. Sudre ; RSC 2008. 692, obs. Marguénaud* • CEDH, gr. ch., 1er juin 2010, *Gäfgen c/ Allemagne,* n° 22978/05 : *RSC 2010. 678, obs. Marguénaud* *; JCP 2010, n° 25. Actu. 701, p. 1300, obs. Gonzalez ; RTDH 2011. 359, note Beernaert ; RPDP 2010. 685, obs. Popescu ; RID pén. 2010. 752, obs. Fourment et a. ; RD pén. crim. 2011. 290, obs. Michiels et Jacobs ; HRLR 2011. 67, obs. Vendenginste ; JDI 2011, n° 4.*

Chron. 12. Comm. 14, obs. von Muhlendahl ; Dr. pénal 2011, n° 4. Chron. 3. Comm. 5, obs. Dreyer ; RFDA 2009. 705, obs. Labayle. ♦ Même dans les circonstances les plus difficiles, telle la lutte contre le terrorisme et le crime organisé, la Convention prohibe en termes absolus la torture et les peines ou traitements inhumains ou dégradants. • CEDH 6 juin 2013, *Sabanchiyeva et a. c/ Russie*, n° 38450/05, § 104.

3. *Obligation positive des États.* Eu égard au caractère fondamental des droits garantis par l'art. 3 et à la vulnérabilité particulière des enfants, les pouvoirs publics ont l'obligation, inhérente à leur mission, de protéger ceux-ci contre des mauvais traitements, surtout dans le contexte de l'enseignement primaire, le cas échéant par l'adoption de mesures et de garanties spéciales. Dès lors, l'Irlande a violé l'art. 3 en ne mettant pas en place un système efficace de prévention de la pédophilie dans les années 1970. • CEDH, gr. ch., 28 janv. 2014, *O'Keeffe c/ Irlande : D. actu. 17 mars 2014, obs. Gaté ; RSC 2014. 166, obs. Marguénaud*.

A. DÉFINITION DES MAUVAIS TRAITEMENTS

4. *Caractère relatif des distinctions.* Toute torture constitue en même temps un traitement inhumain et dégradant, et tout traitement inhumain est nécessairement dégradant. • Comm. EDH 16 mai 1995, *Yagiz c/ Turquie, § 49 : DR 75/207.*

1° TRAITEMENTS DÉGRADANTS

5. *Sentiment d'humiliation.* Les traitements dégradants constituent une humiliation. Un individu peut être humilié par le simple fait qu'on le condamne au pénal. Cependant, ce qui importe aux fins de l'art. 3 est qu'il soit humilié non par sa seule condamnation, mais par l'exécution de sa peine. Tel peut être, dans la plupart des cas, sinon tous, l'un des effets du châtiment judiciaire qui entraîne la soumission forcée aux exigences du système pénal. • CEDH 25 avr. 1978, *Tyrer c/ Royaume-Uni, § 3 : Série A n° 26 ; Cah. dr. eur. 1979. 471, obs. Cohen-Jonathan ; Rev. dr. int. dr. comp. 1978. 411, obs. Marcus-Helmons ; Ann. fr. dr. int. 1980. 400, obs. Pelloux ; JDI 1980. 457, obs. Rolland.* ♦ Le port des menottes n'est pas forcément un traitement dégradant. • CEDH 16 déc. 1997, *Raninen c/ Finlande, § 58 : Rec. 1997-VIII ; JCP 1998. I. 107, obs. Sudre ; RSC 1998. 382, obs. Koering-Joulin ; AJDA 1998. 37, obs. Flauss ; RTDH 1999. 277, obs. Larralde ; D. 1998. Somm. 207, obs. J.-F. Renucci*. ♦ Constituent des traitements dégradants des brimades, en particulier des mesures vexatoires ou à caractère raciste. • Comm. EDH 8 juill. 1993, *Hutardo c/ Suisse, § 68 : Série A, n° 280-A.* ♦ Un traitement discriminatoire fondé sur des motifs raciaux peut tomber sous le coup de l'art. 3. • Comm. EDH 14 déc. 1973, *Asiatiques d'Afrique orientale c/ Royaume-Uni : DR 78/5.* ♦ *Contra :* • Comm. EDH 6 juill. 1977, *Affaire des Tziganes Kalderas c/ RFA et Pays-Bas : DR 11/121* • 10 oct. 1979, *X c/ Autriche : DR 18/88* • 6 mars 1978, *Asiatiques d'Afrique orientale c/ Royaume-Uni : DR 13/17.* ♦ Une peine ne perd pas son caractère dégradant par cela seul qu'elle passe pour constituer, ou constitue réellement, un moyen efficace de dissuasion et de lutte contre la délinquance. Le recours à des peines contraires à l'art. 3 n'est jamais admissible, quels que soient leurs effets dissuasifs. • CEDH 25 avr. 1978, *Tyrer c/ Royaume-Uni : préc.* ♦ Les conditions de vie des requérants et la discrimination raciale à laquelle ils ont été soumis publiquement, en raison de la manière dont les diverses autorités ont examiné leurs griefs, constituent une atteinte à leur dignité humaine qui, dans les circonstances de l'espèce, équivaut à un « traitement dégradant » au sens de l'art. 3 Conv. EDH. • CEDH 12 juill. 2005, *Moldovan c/ Roumanie (n° 2), § 113*, n° 41438/98. ♦ Constitue une violation de l'art. 3 le fait de ne pas fournir à un détenu des chaussures orthopédiques adaptées à ses besoins. • CEDH 10 janv. 2012, *Vladimir Vasilyev c/ Russie*, n° 28370/05. ♦ La Cour souligne qu'il est essentiel que, lorsque, dans le cadre de l'exercice de leurs fonctions, les agents des forces de l'ordre sont en contact avec des mineurs, ils prennent dûment compte de la vulnérabilité inhérente au jeune âge de ces derniers. Un comportement de leur part à l'égard de mineurs peut, du seul fait qu'il s'agit de mineurs, être incompatible avec les exigences de l'art. 3 alors même qu'il pourrait passer pour acceptable s'il visait des adultes. En conclusion, la gifle assénée aux requérants par des agents de police alors qu'ils se trouvaient sous leur contrôle dans le commissariat, laquelle ne correspondait pas à une utilisation de la force physique rendue strictement nécessaire par leur comportement, a porté atteinte à leur dignité. Les requérants ne faisant état que de lésions corporelles légères et ne démontrant pas avoir enduré de vives souffrances physiques ou mentales, ce traitement ne peut être qualifié ni d'inhumain ni de torture. La Cour retient en conséquence qu'il y a eu traitement dégradant en l'espèce. Partant, il y a eu violation du volet matériel de l'art. 3 dans le chef de chacun des requérants. • CEDH, gr. ch., 28 sept. 2015, *Bouyid c/ Belgique*, n° 23380/09, §§ 110 à 113.

6. *Différence de traitement.* Les différences de traitement tenant au régime juridique de la filiation ne sont pas des traitements dégradants au sens de l'art. 3 Conv. EDH. Le régime juridique litigieux présente sans doute des aspects que les intéressés peuvent ressentir comme humiliants, mais il ne constitue pas un traitement dégradant tombant sous le coup de l'art. 3. • CEDH 13 juin 1979, *Marckx c/ Belgique, § 66 : Série A n° 31 ; RUDH 1990. 120, obs. Cal-*

lewaert et autres ; Cah. dr. eur. 1980. 473, obs. Cohen-Jonathan ; Ann. fr. dr. int. 1980. 317, obs. Pelloux ; JDI 1982. 183, obs. Rolland. ♦ La différence de traitement (réglementation de l'immigration) ne dénotait aucun mépris ou manque de respect pour la personnalité des requérants ; elle ne tendait pas à humilier ou rabaisser, et ne l'a pas fait, mais visait uniquement les buts visés aux § 75 s. (freiner l'immigration primaire et protéger le marché national du travail à une époque de fort chômage, préserver un contrôle effectif de l'immigration et prévenir des tensions dans la société). On ne saurait donc le considérer comme dégradant. • CEDH 28 mai 1985, *Abdulaziz, Cabales et Balkandali c/ Royaume-Uni, § 91 : Série A n° 94 ; Cah. dr. eur. 1988. 476, obs. Cohen-Jonathan ; RSC 1986. 157, obs. Pettiti ; JDI 1986. 1084, obs. Rolland et Tavernier.*

7. Châtiments corporels à l'école. Les punitions corporelles à l'école peuvent être considérées comme des traitements dégradants. • CEDH 25 févr. 1982, *Campbell et Cosans c/ Royaume-Uni : Série A n° 48 ; Cah. dr. eur. 1986. 230, obs. Cohen-Jonathan ; JDI 1985. 191, obs. Rolland et Tavernier* (non-violation). ♦ Le châtiment corporel peut se révéler incompatible avec la dignité et l'intégrité physique de la personne, protégées par l'art. 3. Cependant, pour qu'une peine soit dégradante et enfreigne l'art. 3, l'humiliation ou l'avilissement doivent se situer à un niveau particulier et différer en tout cas de l'élément habituel d'humiliation inhérent à chaque peine. • CEDH 25 mars 1993, *Costello-Roberts c/ Royaume-Uni, § 30 : Série A, n° 247C ; JCP 1994. II. 22262, note Mazière ; JDI 1994. 775, obs. Decaux et Tavernier ; RSC 1994. 362, obs. Koering-Joulin ; RUDH 1993. 217, obs. Sudre et a.* ♦ V. déjà. • CEDH 25 avr. 1978, *Tyrer c/ Royaume-Uni : préc. note 5.*

2° TRAITEMENTS INHUMAINS

8. Souffrances d'une intensité particulière. Le traitement inhumain est celui qui provoque volontairement des souffrances mentales ou physiques d'une intensité particulière. Le recours aux techniques de désorientation ou de privation sensorielle, en particulier les « cinq techniques » (station debout contre un mur, encapuchonnement, bruit, privations de sommeil et de nourriture), constitue un traitement inhumain et dégradant. • CEDH 25 avr. 1978, *Tyrer c/ Royaume-Uni, § 168 : préc. note 5.* ♦ C'est le cas pour les « interrogatoires approfondis ». • CEDH 18 janv. 1978, *Irlande c/ Royaume-Uni, § 67 : Série A n° 25 ; Cah. dr. eur. 1979. 121, obs. Cohen-Jonathan ; Ann. fr. dr. int. 1978. 379, obs. Pelloux ; JDI 1980. 449 obs. Rolland ; RUDH 1990. 121 obs. Callewaert, Dejeant-Pons et Sansonetis ; RGDI publ. 1979. 104, obs. Martin. – Adde Soulier, RSC 1987. 663.*

9. En revanche, le refus d'accorder à un père divorcé un droit de visite à son enfant lorsque ce refus a par ailleurs été trouvé conforme à l'art. 8 n'est pas un traitement inhumain. • Comm. EDH 8 mars 1963, *Hendriks c/ Pays-Bas : DR 29/5.* ♦ L'émotion et l'anxiété ressenties par celui dont on exproprie la maison ne confèrent pas à l'expropriation le caractère de traitement inhumain. • Comm. EDH 3 mars 1982, *X. c/ Royaume-Uni : DR 28/177.* ♦ *Idem* pour une mesure d'assignation à résidence dans une région déterminée avec possibilité de se déplacer et de mener une activité professionnelle et une vie sociale normale. • Comm. EDH 13 déc. 1984, *M. c/ France : DR 41/103.* ♦ Priver un détenu de vêtements est une mesure de nature à créer des sentiments de peur, d'angoisse et d'infériorité propres à humilier et à avilir l'intéressé. En conclusion, si le placement de sept jours en cellule de sécurité a pu être justifié, le traitement ayant consisté à priver le requérant de vêtements pendant son séjour dans cette cellule s'analyse en un traitement inhumain et dégradant. • CEDH 7 juill. 2011, *Hellig c/ Allemagne*, n° 20999/05. ♦ Le fait de maintenir un détenu attaché sur un lit de contention pendant neuf heures constitue une violation de l'art. 3. • CEDH 29 mai 2012, *Julin c/ Estonie*, n° 16563/08.

10. Brutalités policières. Constituent un traitement inhumain les brutalités policières lors d'une arrestation ou d'une garde à vue. • CEDH 27 août 1992, *Tomasi c/ France : Série A n° 241A ; Ann. fr. dr. int. 1992. 629, obs. Coussirat-Coustère ; JDI 1993. 740, obs. Decaux et Tavernier ; RSC 1993. 142, obs. Pettiti ; RUDH 1993. 1, obs. Sudre et a. ; Gaz. Pal. 4/6 oct. 1992. 28, note Vorms ; D. 1993. Somm. 383, obs. Renucci* • 17 janv. 2012, *Alchagin c/ Russie*, n° 20212/05 (coups de pied, utilisation d'un masque à gaz pour gêner la respiration, décharges électriques) • 24 janv. 2012, *Iordan Petrov c/ Bulgarie*, n° 22926/04. ♦ *Idem.* lors d'une vérification d'identité. • CEDH 4 nov. 2010, *Darraj c/ France*, n° 34588/07. ♦ La Cour rappelle que, lorsqu'un individu se retrouve confronté à la police, l'utilisation à son égard d'une force physique qui n'est pas rendue nécessaire par son comportement porte une atteinte à la dignité humaine et constitue, en principe, une violation de l'art. 3 Conv. EDH. En l'espèce, les lésions constatées sur la tête du requérant indiquent que la force utilisée par la police à son encontre n'était pas nécessaire pour l'immobiliser. Avant d'utiliser une telle force physique, les policiers, composés d'agents de la force d'intervention rapide et ayant reçu une formation adéquate, disposaient d'autres moyens pour immobiliser le requérant. • CEDH, 12 oct. 2010, *Karatepe c/ Turquie : Dr. pénal 2011. Chron. 3, obs. Dreyer.* ♦ Est disproportionné l'usage de la force par les gendarmes ayant entraîné une incapacité totale de travail de cinq jours pour le requérant, qui se contentait d'opposer une résistance passive à son arrestation. • CEDH 3 oct. 2013, *Douet c/ France : D. actu. 9 oct. 2013, obs. Fucini.* ♦ Constitue également un traitement inhumain une gifle infligée alors que le requérant, mineur, se trouvait sous le contrôle des agents des forces de l'ordre. • CEDH 28 sept. 2015, *B. c/ Belgique*, nº 23380/09 : *D. actu. 12 oct. 2015, obs. Sadoun-Jarin ; AJ pénal 2016. 222, obs. Lavric*. ♦ Il y a violation de l'art. 3 lorsqu'une unité d'élite de la police procède à une interpellation au domicile d'un suspect, devant sa famille, en lui infligeant des blessures, alors que les moyens employés n'étaient pas strictement nécessaires pour permettre son interpellation et que la force physique dont il a été fait usage à son encontre n'était pas rendue nécessaire par son comportement. • CEDH 30 avr. 2020, *Castellani c/ France*, nº 43207/16 : *D. actu. 7 mai 2020, obs. Goetz.*

11. Interrogatoire. Le fait de faire l'objet de menaces de la part de policiers, même si elles ne sont pas mises à exécution, constitue un traitement inhumain. • CEDH 30 juin 2008, *Gäfgen c/ Allemagne*, nº 22978/05, § 69 : *RSC 2010. Chron. 678, obs. Marguénaud ; JCP 2008. I. 167, nº 3, obs. Sudre ; Dr. pénal 2009. Chron. 4, obs. Dreyer.* ♦ La Cour conclut que les menaces réelles et immédiates de mauvais traitements délibérés et imminents ont provoqué chez le requérant une peur, une angoisse et des souffrances mentales considérables et que cette méthode d'interrogatoire est suffisamment grave pour être qualifiée de traitement inhumain prohibé par l'art. 3 Conv. EDH, mais n'a pas eu le niveau de cruauté requis pour atteindre le seuil de la torture. • CEDH, gr. ch., 1er juin 2010, *Gäfgen c/ Allemagne, § 103 et 108 : D. 2010. Point de vue 2850, obs. Guérin ; Dr. pénal 2011. Chron. 3, obs. Dreyer.*

12. Administration de force d'un émétique. Les autorités ont porté gravement atteinte à l'intégrité physique et mentale du requérant, contre son gré. Elles l'ont forcé à vomir, non pas pour des raisons thérapeutiques mais pour recueillir des éléments de preuve qu'elles auraient également pu obtenir par des méthodes moins intrusives. La façon dont la mesure litigieuse a été exécutée était de nature à inspirer au requérant des sentiments de peur, d'angoisse et d'infériorité propres à l'humilier et à l'avilir. En outre, elle a comporté des risques pour la santé de l'intéressé, en particulier en raison du manquement à procéder préalablement à une anamnèse adéquate. Bien que ce ne fût pas délibéré, la façon dont l'intervention a été pratiquée a également occasionné au requérant des douleurs physiques et des souffrances mentales. L'intéressé a donc été soumis à un traitement contraire à l'art. 3. • CEDH, gr. ch., 11 juill. 2006, *Jalloh c/ Allemagne, § 82 : AJDA 2006. 1710, obs. J.-F. Flauss ; JCP 2007. I. 106, nº 1, obs. F. Sudre ; JDI 2007. 718, obs. E. Deleplace.*

13. Peine de mort et traitement inhumain. Le fait de prononcer la peine de mort à l'encontre du requérant à l'issue d'un procès inéquitable devant un tribunal dont l'indépendance et l'impartialité sont sujettes à caution s'analyse en un traitement inhumain contraire à l'art. 3 Conv. EDH. • CEDH, gr. ch., 12 mai 2005, *Öcalan c/ Turquie, § 175 : JCP 2005. I. 159, nº 3, obs. F. Sudre ; RDP 2006. 794, obs. M. Levinet.* ♦ L'exposition au « syndrome du couloir de la mort » est un traitement inhumain. • CEDH 7 juill. 1989, *Soering c/ Royaume-Uni : Série A, nº 161* • Comm. EDH 12 mars 1984, *Kirkwood c/ Royaume-Uni : DR 37/158* • 8 juill. 2004, *Ilascu c/ Moldavie : D. 2005. Pan. 1002, obs. Céré*. ♦ L'augmentation du nombre des ratifications du Protocole nº 13 indique fortement que l'art. 2 a été amendé de manière à prohiber la peine de mort en toute circonstance. Par conséquent, la Cour ne considère pas que le libellé de la seconde phrase de l'art. 2 continue à faire obstacle à une interprétation de l'art. 3 incluant la peine de mort. • CEDH, 4e sect., 2 mars 2010, *Al Saadoon et Mufdhi c/ Royaume-Uni : RSC 2010. Chron. 675, obs. Marguénaud ; Dr. pénal 2011. Chron. 3, obs. Dreyer.* ♦ Sous réserve d'une disproportion manifeste au regard de la gravité des infractions reprochées, un emprisonnement à vie sans possibilité de libération conditionnelle n'est pas en soi contraire à la Conv. EDH. • CEDH, 4e sect., 17 janv. 2012 : *D. actu. 6 févr. 2012, obs. Bachelet.*

14. Angoisse des proches. Peut constituer un traitement inhumain l'attitude des autorités se montrant particulièrement insensibles, voire odieuses, vis-à-vis du proche d'un disparu s'inquiétant du sort de ce dernier. • CEDH 25 mai 1998, *Kurt c/ Turquie : Rec. 1998-III ; JDI 1999. 241, obs. Decaux et Tavernier ; RSC 1999. 384, obs. Koering-Joulin ; JCP 1999. I. 105, obs. Sudre.* ♦ La Cour observe non seulement que l'enquête sur la plainte du requérant a manqué de célérité et d'efficacité, mais aussi que certains membres des forces de l'ordre ont fait preuve d'un franc mépris pour les préoccupations de l'intéressé en bafouant la vérité et en niant en sa présence que son fils ait été placé en garde à vue (...). Observant que l'angoisse du requérant relativement au sort de son fils demeure, la Cour estime que la disparition de ce dernier constitue un traitement inhumain et dégradant contraire à l'art. 3. • CEDH 13 juin 2000, *Timurtas c/ Turquie, §§ 97 s. : Rec. 2000-VI.*

15. Prostitution. Le fait pour une autorité, une administration ou un organisme interne de contraindre, d'une manière ou d'une autre, une personne à se prostituer ou à continuer à se prostituer revient à imposer à celle-ci un « traitement inhumain ou dégradant », au sens de l'art. 3 Conv. EDH. • CEDH 11 sept. 2007, *Tremblay c/ France, § 26 : JCP 2008. I. 110, nº 3, obs. F. Sudre ; RFDA 2008. 737, obs. H. Labayle et F. Sudre ; RTDH 2009. 195, obs. J.-M. Larralde.*

3° TORTURE

16. *Souffrances particulièrement graves et cruelles.* La torture est une forme particulière de mauvais traitement. La distinction entre cette notion et celle de traitement inhumain ou dégradant paraît avoir été consacrée par la Convention pour marquer d'une spéciale infamie des traitements inhumains délibérés provoquant de fort graves et cruelles souffrances. • CEDH 18 janv. 1978, *Irlande c/ Royaume-Uni, § 167 : préc. note 8.* ♦ Le requérant avait été soumis à la « pendaison palestinienne », ce qui signifie qu'on lui avait ôté tous ses vêtements et lié les mains dans le dos, puis qu'on l'avait suspendu par les bras (...). Ce traitement était d'une nature tellement grave et cruelle que l'on ne peut que le qualifier de torture. • CEDH 18 déc. 1996, *Aksoy c/ Turquie, § 64 : préc. note 2.*

17. *Violences physiques et mentales.* Le niveau d'exigence croissant en matière de protection des droits de l'homme et des libertés fondamentales implique, parallèlement et inéluctablement, une plus grande fermeté dans l'appréciation des atteintes aux valeurs fondamentales des sociétés démocratiques. (...). La Cour est convaincue que les actes de violence physique et mentale commis sur la personne du requérant, pris dans leur ensemble, ont provoqué des douleurs et des souffrances « aiguës » et revêtent un caractère particulièrement grave et cruel. De tels agissements doivent être regardés comme des actes de torture au sens de l'art. 3 (unanimité). • CEDH, gr. ch., 28 juill. 1999, *Selmouni c/ France, §§ 101 et 105 : préc. note 2.*

18. *Peine de mort et torture.* La Cour conclut que la condamnation du requérant à la peine capitale, les conditions dans lesquelles il a vécu et les traitements qu'il a subis pendant sa détention après la ratification, pris dans leur ensemble, et compte tenu de l'état dans lequel il se trouvait après plusieurs années passées dans ces conditions avant la ratification, revêtent un caractère particulièrement grave et cruel et doivent dès lors être considérés comme des actes de torture au sens de l'art. 3 Conv. EDH. • CEDH, gr. ch., 8 juill. 2004, *Ilascu et a. c/ Moldavie et Russie, § 430,* n° 48787/99. ♦ Les actes de violence commis à l'encontre des requérants ont provoqué des souffrances physiques et psychologiques « aiguës » et ils revêtent un caractère particulièrement grave et cruel. Dès lors, la Cour conclut que les traitements subis par les requérants à l'intérieur de l'école doivent être regardés comme des actes de torture. • CEDH 22 juin 2017, *Bartesaghi Gallo et a. c/ Italie,* n°s 12131/13 et 43390/13, § 119.

19. *Élément intentionnel.* Outre la gravité des traitements, la notion de torture suppose un élément intentionnel, reconnu dans la Convention des Nations unies contre la torture et autres peines ou traitements inhumains ou dégradants, entrée en vigueur le 26 juin 1987, qui précise que le terme « torture » s'entend de l'infliction intentionnelle d'une douleur ou de souffrances aiguës aux fins notamment d'obtenir des renseignements, de punir ou d'intimider. • CEDH 27 juin 2000, *Salman c/ Turquie, § 114 : JCP 2001. I. 291, obs. Sudre.*

B. DOMAINE DE L'ART. 3

20. *Seuil de gravité.* Pour tomber sous le coup de l'art. 3, un mauvais traitement doit atteindre un minimum de gravité. • CEDH 18 janv. 1978, *Irlande c/ Royaume-Uni, § 162 : préc. note 8* • CEDH 25 avr. 1978, *Tyrer c/ Royaume-Uni : préc. note 5* • CEDH 28 oct. 1998, *Assenov c/ Bulgarie, § 94 : préc. note 2.* ♦ V. s'agissant de la fouille des détenus et visiteurs, pour une violation des art. 8 et 13 Conv. EDH mais non de l'art. 3 de ladite convention, le seuil de gravité exigé pour l'application de cet article n'ayant pas été atteint : • CEDH 29 sept. 2006, *Wainwright c/ Royaume-Uni : D. 2007. Pan. 1232, obs. Céré.* ♦ L'appréciation de ce minimum est relative ; elle dépend de l'ensemble des données de la cause, et notamment de la durée du traitement, de ses effets physiques ou mentaux, ainsi que, parfois, du sexe, de l'âge et de l'état de santé de la victime. • CEDH 24 mai 2018, *N.T.P. et a. c/ France,* n° 68862/13, § 42 • CEDH 10 oct. 2019, *M.D. c/ France,* n° 50376/13, §§ 67 s.

21. La Cour n'estime pas devoir examiner le système et les modalités de la garde à vue en France, ni en l'occurrence la durée et la fréquence des interrogatoires du requérant. Il lui suffit de noter que les certificats et les rapports médicaux, établis en toute indépendance par des praticiens, attestent de l'intensité et de la multiplicité des coups portés à M. Tomasi ; il y a là des éléments assez sérieux pour conférer à ce traitement un caractère inhumain et dégradant. Les nécessités de l'enquête et les indéniables difficultés de la lutte contre la criminalité, notamment en matière de terrorisme, ne sauraient conduire à limiter la protection due à l'intégrité physique de la personne. Il y a donc violation de l'art. 3 (unanimité). • CEDH 27 août 1992, *Tomasi c/ France, § 115 : préc. note 10.*

22. Lorsqu'un individu se trouve privé de liberté, l'utilisation à son égard de la force physique, alors qu'elle n'est pas rendue strictement nécessaire par son comportement, porte atteinte à la dignité humaine et constitue, en principe, une violation de l'art. 3. • CEDH 28 oct. 1998, *Assenov c/ Bulgarie, § 94 : préc. note 2* • CEDH 9 juin 1998, *Tekin c/ Turquie, §§ 52 s. : Rec. 1998-IV.* ♦ Tout usage de la force physique sur une personne privée de liberté atteint, en soi, le minimum de gravité requis pour constituer la violation de l'art. 3. • CEDH 28 juill. 1999, *Selmouni c/ France, § 99 : préc. note 2* • CEDH 9 juin

1998, *Tekin c/ Turquie, § 53 : préc.* • 24 janv. 2008, *Milan c/ France*, n° 7549/03, § 43. ♦ L'arrestation violente d'un individu en présence de son fils âgé de 9 ans s'analyse en un mauvais traitement que les autorités n'ont pas prévenu au mépris de leurs obligations découlant de l'art. 3 Conv. EDH. • CEDH12 nov. 2019, *A. c/ Russie*, n° 37735/09, §§ 66 à 70.

23. Origine du danger. Si la plupart du temps le danger émane des autorités étatiques, ce qui est l'hypothèse la plus classique, le danger peut aussi émaner de particuliers ou de groupes de particuliers. En raison du caractère absolu du droit garanti, la Cour n'exclut pas que l'art. 3 trouve aussi à s'appliquer lorsque le danger émane de personnes ou de groupes de personnes qui ne relèvent pas de la fonction publique. Encore faut-il démontrer que le risque existe réellement et que les autorités de l'État de destination ne sont pas en mesure d'y obvier par une protection appropriée. • CEDH 29 avr. 1997, *HLR c/ France, § 40 : Rec. 1997-III ; D. 1997. Somm. 357, obs. Renucci ; JCP 1998. I. 107, obs. Sudre ; RSC 1998. 380, obs. Koering-Joulin*. ♦ V. déjà. • CEDH 17 déc. 1996, *Ahmed c/ Autriche : Rec. 1996-VI.*

24. Relations interindividuelles. L'art. 3 peut s'appliquer aux relations interindividuelles. Les hautes parties contractantes doivent prendre des mesures propres à empêcher que des personnes relevant de leur juridiction ne pas soient soumises à des tortures ou à des peines ou traitements inhumains ou dégradants, même administrés par des particuliers. Les enfants et autres personnes vulnérables, en particulier, ont droit à la protection de l'État, sous la forme d'une prévention efficace, les mettant à l'abri de formes aussi graves d'atteinte à l'intégrité des personnes. • CEDH 23 sept. 1998, *A. c/ Royaume-Uni, § 22 : Rec. 1998-VI ; JCP 1999. I. 105, obs. Sudre.* ♦ Combinée avec l'art. 3, l'obligation que l'art. 1er Conv. EDH impose aux Hautes Parties contractantes de garantir à toute personne relevant de leur juridiction les droits et libertés consacrés par la Convention lui commande de prendre les mesures propres à empêcher que lesdites personnes ne soient soumises à des tortures ou à des traitements inhumains ou dégradants. Ces dispositions doivent permettre une protection efficace notamment des enfants et autres personnes vulnérables et inclure des mesures raisonnables pour empêcher des mauvais traitements dont les autorités avaient ou auraient dû avoir connaissance. • CEDH, gr. ch., 10 mai 2001, *Z. et a. c/ Royaume-Uni, § 74 : JCP 2001. I. 342, obs. Sudre ; JDI 2001. 286, obs. Delaplace.* ♦ La maltraitance des enfants par leurs proches tombe sous le coup de l'art. 3. • CEDH 10 oct. 2002, *D.P. et J.C. c/ Royaume-Uni : JCP 2003. I. 109 n° 3, obs. Sudre.* ♦ Il en est de même pour les maltraitances entre codétenus. • CEDH 3 juin 2003, *Pantea c/ Roumanie,* n° 33343/96 : *D. 2003 Somm. 2268, obs. Renucci ; D. 2004. 1095, obs. Céré*. ♦ V. déjà : • CEDH 3 avr. 2001, *Keenan c/ Royaume-Uni*, n° 27229/95 : *Rec. 2001-III ; D. 2002, p. 118, obs. Céré*. ♦ A noter que la protection des détenus est une obligation de moyens, non de résultat : • CEDH 20 oct. 2011, *Stasi c/ France*, n° 25001/07 : *AJDA 2012. 143, obs. Burgorgue-Larsen ; RSC 2012. 238, obs. Roets*. ♦ Sur la situation d'un détenu victime en prison de violences infligées par des codétenus en représailles à sa coopération avec la police, V. • CEDH 17 avr. 2012, *J. L. c/ Lettonie*, n° 23893/06.

C. PREUVE DES MAUVAIS TRAITEMENTS

25. Charge de la preuve. La Cour ne s'inspire pas de l'idée que la charge de la preuve pèse sur l'un des gouvernements en cause. Dans les affaires dont elle connaît, elle étudie l'ensemble des éléments en sa possession, qu'ils proviennent de la Commission, des parties ou d'autres services, et s'il le faut, elle s'en procure d'office. • CEDH 18 janv. 1978, *Irlande c/ Royaume-Uni, § 160 : préc. note 8.* ♦ L'expulsion d'un individu peut soulever un problème sur le terrain de l'art. 3 lorsqu'il y a de sérieuses raisons de croire qu'il sera soumis à un traitement contraire à la Convention ; tel n'est pas le cas lorsque les allégations de l'intéressé ne sont étayées par aucun commencement de preuve convaincante. • Comm. EDH 9 mai 1986, *Suisse : DR 47/286.*

26. Au vu du profil du requérant, lourdement condamné par les juridictions algériennes en raison de liens avec le terrorisme, la Cour estime qu'il existe un risque réel qu'il soit soumis à des traitements contraires à l'art. 3 Conv. EDH de la part des autorités algériennes en cas de renvoi. • CEDH 22 sept. 2011, *H. R. c/ France : D. actu. 10 oct. 2011, obs. Gayet ; D. 2011. Actu. 2338*.

27. Absence d'explication plausible sur l'origine des blessures (présomption de causalité). Lorsqu'un individu est placé en garde à vue alors qu'il est en bonne santé et que l'on constate qu'il est blessé au moment de sa libération, il incombe à l'État de fournir une explication plausible pour l'origine des blessures, à défaut de quoi l'art. 3 Conv. EDH trouve à s'appliquer. • CEDH 27 août 1992, *Tomasi c/ France, § 108 : préc. note 10* • 18 déc. 1996, *Aksoy c/ Turquie, § 61 : préc. note 2* • 28 juill. 1999, *Selmouni c/ France, § 87 : préc. note 16* • 27 juin 2000, *Salman c/ Turquie, § 113 : préc. note 18.* ♦ *Idem* pour les soins médicaux, V. • CEDH 7 févr. 2008, *Metchenkov c/ Russie, § 111*, n° 35421/05. ♦ Il appartient à l'État de fournir une explication plausible sur l'origine des blessures, à défaut de quoi l'art. 3 trouve à s'appliquer. • CEDH 1er avr. 2004, *Rivas c/ France*, n° 59584/01. ♦ Violation de l'art. 3 pour absence d'explication plausible quant à des blessures subies en détention. • CEDH 2 oct. 2012, *Virabyan c/ Arménie*, n° 38773/05. ♦ Les blessures du requérant constatées après une arrestation, ayant occasionné un coma, sans que les autorités internes ne fournissent d'explication satisfaisante et convaincante quant à leur origine, constituent une violation de l'art. 3 Conv. EDH. • CEDH 16 juill. 2015, *Ghédir et a. c/ France*, n° 20579/12 : *D. actu. 30 août 2015, obs. Fucini ; AJ pénal 2015. 596, note Grégoire*. ♦ A la lumière de ce qui précède, la Cour constate que le requérant a été blessé alors qu'il se trouvait totalement sous le contrôle des policiers et que le Gouvernement n'a fourni aucune explication plausible à ce sujet. Ce constat suffit pour permettre à la Cour de conclure que la responsabilité de l'État se trouve engagée. Partant, il y a eu violation de l'art. 3 sous son volet matériel. • CEDH 25 juin 2019, *Badoiu c/ Roumanie*, n° 5365/16, §§ 48 et 49.

28. Critère de la preuve au-delà de tout doute raisonnable. Pour forger sa conviction sur le point de savoir si des pratiques contraires à l'art. 3 ont régné en Irlande du Nord, la Cour ne s'inspire pas de l'idée que la charge de la preuve pèse sur l'un des deux gouvernements en cause. Dans les affaires dont elle connaît, elle étudie l'ensemble des éléments en sa possession, qu'ils proviennent de la Commission, des parties ou d'autres sources ; s'il le faut, elle s'en procure d'office (...). La Cour souscrit à la thèse de cette dernière quant aux éléments à employer pour déterminer s'il y a eu violation de l'art. 3. Pour l'appréciation de ces éléments, elle se rallie au principe de la preuve « au-delà de tout doute raisonnable », mais ajoute qu'une telle preuve peut résulter d'un faisceau d'indices, ou de présomptions non réfutées, suffisamment graves, précis et concordants. Le comportement des Parties lors de la recherche des preuves entre en ligne de compte dans ce contexte. • CEDH 18 janv. 1978, *Irlande c/ Royaume-Uni, § 161 : préc. note 8* • CEDH 19 mai 2004, *R.L. et M.-J. D. c/ France*, n° 44568/98, §§ 62, 72 et 73. ♦ La Cour estime devoir accepter les faits établis par la Commission car elle est convaincue, au vu des éléments de preuve examinés par elle, que la Commission pouvait à juste titre conclure que les allégations de la requérante étaient prouvées au-delà de tout doute raisonnable, sachant qu'une telle preuve peut résulter d'un faisceau d'indices suffisamment graves, précis et concordants. • CEDH 25 sept. 1997, *Aydin c/ Turquie, § 73 : Rec. 1997-IV ; D. 1998. Somm. 205, obs. Renucci ; JCP 1988. I. 107, obs. Sudre ; RSC 1998. 381, obs. Koering-Joulin*.

29. La Cour n'estime pas devoir examiner le système et les modalités de la garde à vue en France, ni en l'occurrence la durée et la fréquence des interrogatoires du requérant. Il lui suffit de noter que les certificats et rapports médicaux, établis en toute indépendance par des praticiens, attestent de l'intensité et de la multiplicité des coups portés à M. Tomasi ; il y a là deux éléments assez sérieux pour conférer à ce traitement un caractère inhumain et dégradant. Les nécessités de l'enquête et les indéniables difficultés de la lutte contre la criminalité, notamment en matière de terrorisme, ne sauraient conduire à limiter la protection due à l'intégrité physique de la personne. • CEDH 27 août 1992, *Tomasi c/ France, § 115 : préc. note 10.*

30. La Cour souligne qu'à l'égard d'une personne privée de sa liberté, tout usage de la force physique qui n'est pas rendu strictement nécessaire par le propre comportement de ladite personne porte atteinte à la dignité humaine et constitue, en principe, une violation du droit garanti par l'art. 3. Elle rappelle que les nécessités de l'enquête et les indéniables difficultés de la lutte contre la criminalité ne sauraient conduire à limiter la protection due à l'intégrité physique de la personne. • CEDH 4 déc. 1995, *Ribitsch c/ Autriche, § 38 : Série A n° 336 ; D. 1997. Somm. 202, obs. Renucci ; JCP 1996. I. 3910, obs. Sudre ; RSC 1996. 465, obs. Koering-Joulin* • CEDH 6 avr. 2000, *Labita c/ Italie, § 120 : préc. note 2.*

31. Obligation procédurale. Lorsqu'un individu affirme de manière défendable avoir subi, aux mains de la police ou d'autres services comparables de l'État, de graves sévices illicites et contraires à l'art. 3, cette disposition, combinée avec le devoir général imposé à l'État par l'art. 1 Conv. EDH de « reconnaître à toute personne relevant de sa juridiction, les droits et libertés définis (...) dans la Convention », requiert, par implication, qu'il y ait une enquête officielle effective. • CEDH 28 oct. 1998, *Assenov c/ Bulgarie, § 102 : préc. note 2* • CEDH 18 déc. 1996, *Aksoy c/ Turquie*, § 98, n° 21987/93 : *préc. note 2* • CEDH 28 juill. 1999, *Selmouni c/ France, § 79 : préc. note 2.* ♦ L'inertie dont les autorités ont fait preuve est incompatible avec leurs obligations procédurales de mener une enquête. • CEDH 11 avr. 2000, *Sevtap Veznedaroglu*, n° 32357/96. ♦ Violation de l'art. 3 pour absence d'enquête effective dans une situation de violences de grande ampleur infligées aux détenus et visant à les punir pour leur grève de la faim pacifique. • CEDH 17 janv. 2013, *Karabet et a. c/ Ukraine*, n°s 38906/07 et 52025/07. ♦ Absence d'enquête effective pour des mauvais traitements en garde à vue. • CEDH 6 déc. 2011, *Taraburca c/ Moldova*, n° 18919/10. ♦ Absence d'enquête effective pour le tir d'un policier invoquant la légitime défense. • CEDH 11 févr. 2014, *Gramada c/ Roumanie : D. actu. 21 févr. 2014, obs. Devouèze.*

32. Le non-respect de cette obligation est en soi une violation de l'art. 3. (...) Eu égard à l'absence d'une enquête approfondie et effective au sujet de l'allégation défendable du requérant selon laquelle il avait été battu par des policiers pendant sa garde à vue, la cour estime qu'il y a eu violation de l'art. 3 Conv. EDH. • CEDH 28 oct. 1998, *Assenov c/ Bulgarie, § 106 : préc. note 2* • CEDH 5 févr. 2019, *Utvenko et Borisov c/ Russie*, n° 45767/09, §§ 130 et 131. ♦ Pour une absence d'enquête effective, V. • CEDH 24 janv. 2019, *Knox c/ Italie*, n° 76577/13, §§ 136 à 138. ♦ Au vu de l'ensemble des éléments soumis à son appréciation et de l'absence d'explication plausible de la part du Gouvernement, la Cour juge établi en l'espèce que les blessures et séquelles décrites dans les rapports médicaux des 4 et 13 mai 1996 ont pour origine un traitement dont le Gouvernement porte la responsabilité. • CEDH 25 nov. 2008, *Dagdelen c/ Turquie, § 90 : n° 1767/03.*

33. Personnel pénitentiaire et enquête effective. La Cour de Strasbourg constate à l'unanimité la violation par la France des volets matériel et procédural de l'art. 3, concernant certains usages illicites de la force par des membres du personnel de l'administration pénitentiaire à l'encontre de détenus et l'insuffisance d'une instruction effective. • CEDH, 5 déc. 2019, *J.M. c/ France*, n° 71670/14 : *RSC 2020. 143, note Roets ; D. 2020. 644, note Caire .*

II. APPLICATIONS DES PRINCIPES

A. DÉTENUS

34. Garde à vue. Malgré un séjour relativement bref (quarante-huit heures), les conditions de détention dans une cellule où les gardés à vue ne disposaient que d'un espace vital de 1 à 2 m² par personne, de toilettes non cloisonnées, d'éclairage et d'aération insuffisants doivent être considérées comme portant atteinte au sens même de la dignité humaine et dépassent le seuil de gravité de l'art. 3 Conv. EDH. • CEDH 2 oct. 2014, *Rhazali et a. c/ France : D. 2014. Actu. 2050, obs. Falxa* . ♦ Dans le même sens : • CEDH 2 oct. 2014, *Fakailo et a. c/ France : Dr. pénal 2015. Chron. 4, obs. Dreyer.*

35. Extension à la détention punitive et aux zones de transit. La prohibition de l'art. 3 intéresse, non seulement les gardés à vue, mais aussi les détenus. • CEDH 6 avr. 2000, *Labita c/ Italie : préc. note 2.* ♦ L'art. 3 s'applique aux personnes détenues, quelle que soit la nature de l'infraction qui leur est reprochée. • CEDH 11 juill. 2000, *Dikme c/ Turquie, §§ 73 s. : Rec. 2000-VIII.* ♦ *Les requérants allèguent* que leur placement en rétention administrative a eu lieu dans des conditions et une durée telle qu'il est contraire aux dispositions de l'art. 3 Conv. EDH. (...). Ce grief n'est pas manifestement mal fondé au sens de l'art. 35, § 3 a), Conv. EDH. • CEDH 19 janv. 2012, *Popov c/ France : nos 39472/07 et 39474/07.*

1° EXIGENCE DE DIGNITÉ

36. Exigence forte. L'art. 3 Conv. EDH impose à l'État de s'assurer que tout prisonnier est détenu dans des conditions qui sont compatibles avec le respect de la dignité humaine, que les modalités d'exécution de la mesure ne soumettent pas l'intéressé à une détresse ou à une épreuve d'une intensité qui excède le niveau inévitable de souffrance inhérent à la détention et que, eu égard aux exigences pratiques de l'emprisonnement, la santé et le bien-être du prisonnier sont assurés de manière adéquate, notamment par l'administration des soins médicaux requis. • CEDH, gr. ch., 26 oct. 2000, *Kudla c/ Pologne, § 94 : JCP 2001. I. 291, obs. Sudre ; RTD civ. 2001. 442, obs. Marguénaud ; RTDH 2002. 169, obs. Flauss* (non-violation en l'espèce). ♦ V. aussi • CEDH 14 nov. 2002, *Mouisel c/ France (détenu souffrant d'une leucémie) : JCP 2003. I. 109, n° 2, obs. Sudre ; D. 2003. Somm. 524, obs. Renucci ; ibid. 303, note Moutouh ; RSC 2003. 144, note Massias ; Dr. pénal 2003, n° 52, obs. Maron et Haas* • CEDH, 5e sect., 21 déc. 2010, *Raffray Taddei c/ France (détenue souffrant d'anorexie) : D. actu. 18 janv. 2011, obs. Bachelet ; D. 2011. 793, obs. Renucci ; ibid. Pan. 1312, obs. Céré ; AJ pénal 2011. 129, obs. Céré .* • CEDH 20 janv. 2011, *Payet c/ France (quartier disciplinaire) : D. actu. 27 janv. 2011, obs. Lavric ; D. 2011. Actu. 380, obs. Lavric ; ibid. 643, obs. Céré ; ibid. Pan. 1313, obs. Céré ; AJ pénal 2011. 88, obs. Herzog-Evans ; RSC 2011. 718, obs. Marguénaud ; Dr. pénal 2012. Chron. 3, obs. Dreyer.*

37. Une volonté d'humiliation couplée à des conditions matérielles de détention effectivement dégradantes est contraire à l'art. 3. • Comm. EDH 15 mai 1980, *Thomas Mac Feelay c/ Royaume-Uni : DR 20/44.* ♦ Les autorités compétentes n'ont pris aucune mesure pour améliorer les conditions de détention du requérant, que l'on peut qualifier d'inacceptables. Cette attitude dénote un manque de respect pour l'intéressé. La Cour tient particulièrement compte du fait que, pendant deux mois au moins, le requérant a dû passer une grande partie de la journée sur son lit, dans une cellule dépourvue de fenêtre et de système d'aération, où la chaleur devenait quelquefois insupportable. Lui-même et son compagnon de cellule devaient en outre utiliser les toilettes en présence l'un de l'autre. La Cour estime que ces conditions de détention ont porté atteinte à la dignité du requérant et ont provoqué chez lui des sentiments de désespoir et d'infériorité propres à l'humilier et à le rabaisser, voire à briser sa résistance physique et morale. Ces conditions de détention constituent un traitement dégradant au sens de l'art. 3 de la Convention. • CEDH 19 avr. 2001, *Peers c/ Grèce, § 75 : JCP 2001. I. 342, obs. Sudre.* ♦ V. aussi pour des toilettes « partiellement séparées » du reste de la cellule et n'offrant pas une intimité réelle au détenu. • CEDH 13 janv. 2009, *Aliev c/ Géorgie, § 79 : Dr. pénal 2009. Chron. 4, obs. Dreyer.* ♦ *Idem* pour des mesures vexatoires à caractère raciste. • Comm. EDH 5 mars 1976, *Arthur Hilton c/ Royaume-Uni : DR 4/177.*

38. Surpopulation carcérale en général. L'effet cumulé de la promiscuité et les manquements relevés aux règles d'hygiène à la maison d'arrêt de Nancy Charles III (fermée en 2009) s'analysent en un traitement dégradant constituant une violation de l'art. 3 Conv. EDH. • CEDH 25 avr. 2013, *Canali c/ France,* n° 40119/09 : *D. 2013. 1138, obs. Léna ; AJ pénal 2013. 403, obs. Céré.* ♦ Les conditions de détention, et particulièrement la surpopulation subie pendant neuf mois, constituent en soi une atteinte à la dignité humaine et un traitement dégradant. • CEDH 20 janv. 2005, *Mayzit c/ Russie : AJ pénal 2005. 165, obs. Herzog-Evans.* ♦ V. aussi • CEDH 22 oct. 2009, *Orchowski c/ Pologne,* n° 17885/04. • CEDH 22 oct. 2009, *Sikorski c/ Pologne : RSC 2010. Chron. 648, obs. Poncela.* ♦ Même si rien ne montre l'existence d'une intention positive d'humilier ou d'avilir le requérant, la Cour trouve que les conditions dans lesquelles celui-ci a été détenu pendant plus de neuf mois avant son procès n'ont pu manquer de porter atteinte à sa dignité et de faire naître en lui des sentiments d'humiliation et d'avilissement. Concluant que les conditions de détention subies par le requérant – notamment le surpeuplement des cellules et la durée de sa détention dans de telles conditions – s'analysent en un traitement dégradant, la Cour dit à l'unanimité qu'il y a eu violation de l'art. 3. • CEDH 20 janv. 2005, *Mayzit c/ Russie : préc.* ♦ Le fait de détenir un mineur avec des adultes, avec une absence de traitement adéquat, est une violation de l'art. 3. • CEDH 20 janv. 2009, *Güvec c/ Turquie,* § 98, n° 70337/01. ♦ La Cour conclut à la violation de l'art. 3 de la Convention après avoir constaté que le requérant a connu des conditions sanitaires de détention miséreuses et alarmantes, aggravées par une situation de surpeuplement. • CEDH 26 oct. 2010, *Marcu c/ Roumanie, § 62 : D. actu. 18 nov. 2010, obs. Lavric* • 26 oct. 2010, *Cucolas c/ Roumanie : ibid.* • 26 oct. 2010, *Coman c/ Roumanie : ibid.* ♦ La Cour conclut à une violation de l'art. 3 Conv. EDH, les autorités pénitentiaires n'ayant pas pris en compte le statut du détenu non-fumeur dans leurs critères de répartition des détenus en cellule, tout au moins quand le détenu a des soucis particuliers de santé. En l'espèce, le requérant, souffrant d'hépatite chronique, avait partagé pendant plusieurs mois sa cellule avec des détenus fumeurs et avait développé une fibrose pulmonaire. La Cour considère néanmoins qu'un détenu peut se prévaloir de la protection de l'art. 3 Conv. EDH sans attendre une dégradation de son état de santé. • CEDH 14 sept. 2010, *Florea c/ Roumanie : D. 2011. Pan. 1312, obs. Céré ; Dr. pénal 2011. Chron. 3, obs. Dreyer.* ♦ V. déjà pour une violation de l'art. 3 au sujet du refus d'accéder à la demande de transfert d'une personne souffrant d'asthme dans une cellule pour non-fumeurs : • CEDH 13 sept. 2005, *Ostrovar c/ Moldavie : AJ pénal 2005. 421, obs. Céré.* ♦ En ce qui concerne les conditions de détention, la Cour prend en compte les effets cumulatifs de celles-ci ainsi que les allégations spécifiques du requérant ; en particulier, le temps pendant lequel un individu a été détenu dans les conditions incriminées constitue un facteur important à considérer. Lorsque le surpeuplement atteint un certain niveau, le manque d'espace dans un établissement peut constituer l'élément central à prendre en compte dans l'appréciation de la conformité d'une situation donnée à l'art. 3. En effet, l'exiguïté extrême dans une cellule de prison est un aspect particulièrement important qui doit être pris en compte afin d'établir si les conditions de détention litigieuses étaient « dégradantes » au sens de l'art. 3. • CEDH 3 déc. 2019, *Petrescu c/ Portugal,* n° 23190/17, §§ 98 et 99.

39. Manque d'espace personnel en particulier. Lorsque la surpopulation carcérale atteint un certain niveau, le manque d'espace dans un établissement pénitentiaire peut constituer l'élément central à prendre en compte dans l'appréciation de la conformité d'une situation donnée au présent article. • CEDH 8 janv. 2013, *Torreggiani et a. c/ Italie,* n° 43517/09 § 67 : *D. actu. 24 janv. 2013, obs. Léna ; D. 2013. 1304, obs. Céré, Herzog-Evans et Péchillon ; AJ pénal 2013. 361, obs. Péchillon.* ♦ La Cour rappelle avoir déjà conclu dans de nombreuses affaires à la violation de l'art. 3 Conv. EDH en raison principalement du manque d'espace individuel suffisant. La Cour admet qu'en l'espèce rien n'indique qu'il y ait eu véritablement intention d'humilier ou de rabaisser le requérant. Toutefois, l'absence d'un tel but ne saurait exclure un constat de violation de l'art. 3. La Cour estime que les conditions de détention en cause, que le requérant a dû supporter pendant plusieurs années, n'ont pas manqué de le soumettre à une épreuve d'une intensité qui excède le niveau inévitable de souffrance inhérent à la détention. • CEDH 7 avr. 2009, *Branduse c/ Roumanie,* n° 65378/00, § 50 : *RSC 2009. 661, obs. Roets.* ♦ S'il existe une forte présomption de traitement inhumain ou dégradant lorsqu'un détenu dispose de moins de 3 m^2 d'espace personnel, cela peut tout de même être compensé par les aspects cumulés des conditions de détention. En revanche, la Cour estime que, pour la période où le requérant disposait de plus de 3 m^2 d'espace personnel – et où la surpopulation carcérale n'était donc pas importante au point de soulever à elle seule un problème sous l'angle de l'art. 3 –, le traitement dont l'intéressé a fait l'objet n'a pas atteint le niveau minimal de gravité requis pour tomber sous le coup de l'art. 3 de la Convention. • CEDH 16 juill. 2009, *Sulejmanovic c/ Italie*, n° 26635/03 § 51 : *RSC 2010. Chron. 648, obs. Poncela*. ♦ La Cour estime qu'il y a violation de l'art. 3, les conditions de détention étant qualifiées d'inhumaines et de dégradantes puisque l'espace personnel de l'intéressé était de 2 m^2 et à certaines occasions 0,5 m^2, obligeant les détenus à dormir par roulement. • CEDH 15 juill. 2010, *Krivonosov c/ Russie*, n° 7772/04 : *RSC 2010. Chron. 649, obs. Poncela* • CEDH 12 mars 2015, *Mursic c/ Croatie*, n° 7334/13 : *AJ pénal 2015. 415, obs. Robert*. ♦ La présomption est forte, mais réfragable. • CEDH, gr. ch., 20 oct. 2016, *Mursic c/ Croatie*, n° 7334/13 : *AJ pénal 2017. 47, obs. Robert*. ♦ Dans le même sens : • CEDH 3 mai 2018, *Meianu et a. c/ Roumanie*, n° 67449/14 : *AJ pénal 2018. 379, obs. Charlent*. ♦ L'exiguïté de l'espace personnel dont le quatrième requérant a souffert était grave au point de constituer en soi un traitement contraire à la Convention. • CEDH 10 mars 2015, *Varga et a. c/ Hongrie*, n° 14097/12, § 92 • CEDH 3 mai 2018, *Meianu et a. c/ Roumanie*, n° 67449/14, § 7 • CEDH 3 déc. 2019, *Petrescu c/ Portugal*, n° 23190/17, § 100 : *préc. note 38*.

40. *Arrêts pilotes en matière de surpopulation carcérale.* Lorsque la situation ne concerne pas exclusivement le cas des requérants mais présente un caractère structurel et systémique, la Cour peut décider d'appliquer la procédure de l'arrêt pilote (Conv. EDH, art. 46) eu égard au nombre croissant de personnes potentiellement concernées, aux arrêts de violation auxquels les requêtes pourraient donner lieu et au besoin urgent d'offrir aux personnes concernées un redressement approprié à l'échelon national. • CEDH 8 janv. 2013, *Torreggiani et a. c/ Italie : préc. note 39*. ♦ Dès lors, eu égard au principe de subsidiarité, les ressortissants italiens se plaignant de conditions de détention contraires à l'art. 3 Conv. EDH doivent épuiser les nouveaux recours instaurés par l'Italie à la suite de l'arrêt pilote *Torreggiani et a.*, quand bien même leur requête a été introduite antérieurement. • CEDH 16 sept. 2014, *Stella et a. c/ Italie*, n° 49169/09 : *D. actu. 10 oct. 2014, obs. Léna*. ♦ Pour un arrêt pilote relatif au surpeuplement et aux conditions de détention en Roumanie : • CEDH 25 avr. 2017, *Rezmives et a. c/ Roumanie*, n°s 61467/12, 39516/13, 48231/13 et 68191/13 : *D. actu. 26 mai 2017, obs. Autier*.

41. *Arrêt « quasi-pilote » rendu contre la France.* La Cour constate que le taux d'occupation dans les prisons concernées constitue un problème structurel et recommande à la France l'adoption de mesures générales visant à améliorer les conditions matérielles de détention ainsi que de mettre en place un recours préventif permettant aux détenus, de manière effective, en combinaison avec le recours indemnitaire, de redresser la situation dont ils sont victimes. • CEDH 30 janv. 2020, *J. M. B. et a. c/ France*, n° 9671/15 : *AJ pénal 2020. 122, note Céré ; D. 2020. 753, note Renucci*.

42. *Détenu handicapé.* Une personne souffrant d'un handicap doit bénéficier de conditions de détention adaptées à ses besoins spécifiques. • CEDH 10 juill. 2001, *Price c/ Royaume-Uni, §§ 24 s. : JCP 2002. I. 105, obs. Sudre*. ♦ Mais on ne peut déduire de cet article une obligation de libérer un détenu pour motifs de santé ou de le transférer dans un hôpital civil. • CEDH 14 déc. 2004 : *AJ pénal 2005. 33, obs. Herzog-Evans*. ♦ La détention d'une personne paraplégique, condamnée à une peine de dix ans de réclusion criminelle, ayant séjourné dans cinq établissements pénitentiaires différents, dans des conditions telles qu'elle ne pouvait parfois même pas franchir les portes de sa cellule dans son fauteuil roulant ou utiliser les douches, la plaçant ainsi dans une situation de dépendance totale, constitue un traitement dégradant au sens de l'art. 3 Conv. EDH. • CEDH 24 oct. 2006, *Vincent c/ France : D. 2007. Pan. 1230, obs. Céré ; AJ pénal 2006. 500, note Céré ; RSC 2007. 362, obs. Poncela*. ♦ Violation de l'art. 3 pour des conditions de détention inappropriées au handicap du détenu. • CEDH 12 avr. 2011, *Flaminzeanu c/ Roumanie*, n° 56664/08. ♦ Violation de l'art. 3 Conv. EDH en raison notamment de l'absence de soins de rééducation dispensés à un détenu paraplégique pendant plus de trois ans. • CEDH 19 févr. 2015, *Kelhal c/ France : D. 2015. Actu. 569, obs. Léna ; AJ pénal 2015. 219, obs. Céré*.

43. *Détenus âgés et/ou malades.* Le fait d'attacher un détenu à son lit d'hôpital la veille de son opération alors que cette mesure était disproportionnée en regard des nécessités de sécurité, dans la mesure où deux policiers étaient en faction devant la porte de la chambre et où, compte tenu de l'âge de l'intéressé, de son état de santé et de l'absence d'antécédents faisant sérieusement craindre un risque pour la sécurité, le directeur du centre de détention avait donné des consignes écrites de surveillance normale et non renforcée. • CEDH 27 nov. 2003, *Hénaf c/ France : D. 2004. 1196, note Roets ; JCP 2004. II. 10093, note Di Raimondo ; AJ pénal 2004. 78, obs. Céré*. ♦ Le grand âge d'un détenu ne suffit pas à caractériser un traitement inhumain ou dégradant, car il faut prendre en compte les conditions d'incarcération ainsi que les conditions d'accès aux soins médicaux en fonction de l'état de santé de la personne concernée ; si ces conditions sont satisfaisantes, il n'y a pas de violation de l'art. 3. • CEDH 7 juin 2001, *Papon c/ France : D. 2001. 2335, obs. Céré ; LPA 2001, n° 188, obs. Boitard ; D. 2002. Somm. 683, obs. Renucci*. ♦ V. déjà. • Comm. EDH 5 déc. 1979, *Bonnechaux c/ Suisse : DR 18/100*. ♦ On ne saurait exclure que la détention en prison d'une personne malade pose un problème sous l'angle de l'art. 3, mais il appartient d'examiner la surveillance médicale dont l'intéressé a fait l'objet. • Comm. EDH 9 mai 1983, *De Varga-Hirsch c/ France*, n° 9559/81. ♦ Eu égard à la nature de la maladie du requérant et à la surveillance médicale à laquelle il est soumis et aux soins qui lui sont prodigués en prison et à l'hôpital, les conditions de détention n'atteignent pas le degré de gravité prohibé par l'art. 3. • Comm. EDH 21 oct. 1996, *Loukanov c/ Bulgarie : DR 80/108*. ♦ V. aussi, pour la compatibilité du maintien en détention avec l'état de santé : • CEDH 16 juill. 2009, *Prencipe c/ Monaco*, § 104 s., n° 43376/06. ♦ Le devoir de soigner une personne malade au cours de sa détention met à la charge des États les obligations particulières de veiller à ce que le détenu soit capable de purger sa peine, de lui administrer les soins médicaux nécessaires et d'adapter, le cas échéant, les conditions générales de détention à la situation particulière de son état de santé. • CEDH 9 sept. 2010, *Xiros c/ Grèce : Dr. pénal 2011. Chron. 3, obs. Dreyer.* ♦ La Convention n'impose aucune obligation générale de libérer un détenu pour raisons de santé, même s'il souffre d'une maladie particulièrement difficile à soigner. Il n'en demeure pas moins que la Cour ne saurait exclure que, dans des conditions particulièrement graves, l'on puisse se trouver en présence de situations où une bonne administration de la justice pénale exige que des mesures de nature humanitaire soient prises. • CEDH 28 nov. 2017, *Dorneanu c/ Roumanie*, n° 55089/13, §§ 77 à 80.

44. Détention des malades mentaux. Il faut, dans le cas des malades mentaux, tenir compte de leur particulière vulnérabilité. • CEDH 11 juill. 2006, *Rivière c/ France*, § 63, n° 33834/03. ♦ La situation d'infériorité et d'impuissance qui caractérise les patients internés dans des hôpitaux psychiatriques appelle une vigilance accrue dans le contrôle du respect de la Convention. S'il appartient aux autorités médicales de décider – sur la base des règles reconnues de leur science – des moyens thérapeutiques à employer, au besoin par la force, pour préserver la santé physique et mentale des malades entièrement incapables d'autodétermination et dont elles ont la responsabilité, ceux-là n'en demeurent pas moins protégés par l'art. 3, dont les exigences ne souffrent aucune dérogation. • CEDH 24 sept. 1992, *Herczegfalvy c/ Autriche*, § 82 : *Série A n° 244 ; RTDH 1993. 433, obs. Callewaert ; Ann. fr. dr. int. 1992. 629, obs. Coussirat-Coustère ; JDI 1993. 748, obs. Decaux et Tavernier ; RUDH 1993. 1, obs. Sudre et a.* ♦ L'état d'un prisonnier dont il est avéré qu'il souffre de graves problèmes mentaux et présente des risques suicidaires appelle des mesures particulièrement adaptées en vue d'assurer la compatibilité de cet état avec les exigences d'un traitement humain. • CEDH 16 oct. 2008, *Renolde c/ France*, § 128 : *RSC 2009. 173, obs. Marguénaud ; ibid. 439, obs. Poncela ; D. 2008. AJ 2723, obs. L. Len ; ibid. 2009 Pan. 123, obs. Roujou de Boubée, Garé et Mirabail ; ibid. Pan. 1382, obs. Céré ; AJ pénal 2009. 42, obs. Céré ; Dr. pénal 2009. Chron. 3, obs. Peltier ; ibid. Chron. 4, obs. Dreyer.* ♦ La Cour relève, en l'espèce, une violation de l'art. 2 Conv. EDH car l'obligation d'assurer des soins médicaux appropriés à un détenu garanti par la Convention et confirmé par la jurisprudence serait vidée de tout sens si elle ne devait se limiter qu'à la prescription d'un traitement adéquat, sans s'assurer s'il a été correctement administré et suivi. • CEDH 1er juin 2010, *Jasinska c/ Pologne : Dr. pénal 2011. Chron. 3, obs. Dreyer.* ♦ Dans un arrêt pilote pris à l'encontre de la Belgique, la CEDH considère que l'internement de personnes déclarées pénalement irresponsables dans un établissement inadapté à leur prise en charge effective constitue un traitement inhumain et dégradant. • CEDH 6 sept. 2016, *W.D. c/ Belgique*, n° 73548/13 : *AJ pénal 2017. 48, obs. Saas*.

45. Le requérant ne pouvant pas être soigné à son domicile et aucune structure d'accueil idoine n'étant disposée à le prendre en charge, l'État aurait dû soit transférer sans délai l'intéressé dans une prison mieux équipée afin d'exclure tout risque de traitements inhumains, soit suspendre l'exécution d'une peine qui s'analysait désormais en traitement contraire à l'art. 3 Conv. EDH. • CEDH 10 juin 2008, *Scoppola c/ Italie*, § 50, n° 35228/03.

46. Le maintien d'un détenu schizophrène dans un établissement pénitentiaire inapte à l'incarcération des malades mentaux viole l'art. 3 Conv. EDH. • CEDH, 5e sect., 23 févr. 2012, *G. c/ France : D. actu. 13 mars 2012, obs. Bachelet ; D. 2012. Actu. 742 ; ibid. Pan. 1294, obs. Céré, Herzog-Evans et Péchillon ; AJ pénal 2012. 357, obs. Céré*.

47. Peines perpétuelles. Pour demeurer compatible avec l'art. 3, une peine perpétuelle doit offrir à la fois une possibilité de réexamen et une chance d'élargissement. • CEDH, gr. ch., 9 juill. 2013, *Vinter et a. c/ R.-U.*, n° 66069/09 : *D. 2013. 1748, obs. Léna ; ibid. 2081, note Renucci ; ibid. 2014. Pan. 1235, obs. Céré ; AJ pénal 2013. 494, obs. Van Zyl Smit ; RSC 2013. 625, note Poncela ; ibid. 649, obs. Roets ; JCP 2013. 918, obs. Sudre ; Dr. pénal 2013. 165, obs. Bonis-Garçon.* ♦ La peine de réclusion criminelle à perpétuité ne constitue pas en soi un traitement inhumain et dégradant contraire à l'art. 3 Conv. EDH dès lors que le condamné n'est pas privé de tout espoir d'obtenir un aménagement de peine, ce qui est le cas lorsque l'intéressé a pu introduire des demandes de libération conditionnelle. • CEDH 11 avr. 2006, *Léger c/ France : D. 2006. 1800, note Céré ; AJ pénal 2006. 258, obs. Enderlin ; RSC*

2007. 134, obs. Massias ; ibid. 362, obs. Poncela • CEDH 2 sept. 2010, *Iorgov (II) c/ Bulgarie : Dr. pénal 2011. Chron. 3, obs. Dreyer.* ♦ Question de principe non tranchée par la grande chambre (radiation du rôle en raison du décès du requérant). • CEDH, gr. ch., 30 mars 2009, *Léger c/ France : D. 2009. 1453, note Renucci ; RSC 2009. 436, obs. Poncella ; ibid. 654, obs. Roets ; Procédures 2009, n° 153, obs. Fricero.* ♦ V. aussi, sur la question de l'âge en rapport avec la dangerosité : • CEDH 3 nov. 2009, *Meixner c/ Allemagne : RSC 2010. Chron. 654, obs. Poncela.* ♦ La peine de réclusion criminelle à perpétuité ne constitue pas en soi un traitement inhumain et dégradant contraire à l'art. 3 Conv. EDH dès lors que la loi du 9 mars 2004 permet de saisir le TAP, quand le condamné a effectué 30 ans de réclusion, d'une demande tendant à ce qu'il soit mis fin à la période de sûreté ou que sa durée soit réduite ; le condamné peut alors prétendre aux mesures d'aménagement des peines dont la libération conditionnelle. • Crim. 20 janv. 2010, n° 08-88.301 P : *RSC 2010. Chron. 655, obs. Poncela.* ♦ Il n'y a pas violation de l'art. 3 dès lors que les autorités françaises avaient obtenu des assurances de nature à écarter le danger d'une condamnation à une peine d'emprisonnement à vie incompressible. • CEDH, décis., 3 juill. 2001, *Nivette c/ France,* n° 44190/98 : *AJDA 2001. 1060, chron. Flauss.* ♦ V. cependant une solution moins nuancée : « examinant ce projet d'extradition vers les États-Unis, où les requérants seraient jugés pour des chefs d'accusation qui leur feraient encourir une peine perpétuelle sans possibilité de libération conditionnelle, la Cour a estimé que l'extradition n'emporterait pas violation de l'article 3 ». • CEDH 17 janv. 2012, *Harkins et Edwards c/ Royaume-Uni,* n° 66069/09.

48. La possibilité de réexamen de la réclusion criminelle à perpétuité assortie d'une période de sûreté perpétuelle est suffisante pour considérer que cette peine est compressible et ne contrevient donc pas aux dispositions de l'art. 3 Conv. EDH. • CEDH 13 nov. 2014, *Bodein c/ France : D. actu. 17 nov. 2014, obs. Léna ; D. 2014. Actu. 2303 ; AJ pénal 2015. 105, obs. Céré ; RSC 2015. 158, note Roets ; Dr. pénal 2015. 15, note Bonis-Garçon ; ibid. Chron. 4, obs. Dreyer.* ♦ V. aussi note 59 (extradition et peine perpétuelle). ♦ Non-violation de l'art. 3 de la Conv. EDH, les peines perpétuelles faisant l'objet, en droit britannique, d'une réelle possibilité de libération soumise au contrôle d'un juge. • CEDH 3 févr. 2015, *Hutchinson c/ Royaume-Uni : D. actu. 17 janv. 2015, obs. Léna ; Dr. pénal 2015, n° 61, note Bonis-Garçon* • CEDH, gr. ch., 17 janv. 2017, *Hutchinson c/ Royaume-Uni,* n° 57592/08 : *D. actu. 1er févr. 2017, obs. Devouèze ; Dr. pénal 2017, n° 51, note Bonis-Garçon.* ♦ Aucune question ne se pose sous l'angle de l'art. 3 Conv. EDH si une peine perpétuelle est compressible *de jure* et *de facto* : une peine d'emprisonnement à perpétuité doit donc offrir à la fois une chance d'élargissement et une possibilité de réexamen, les deux devant exister dès le prononcé de la peine. Il peut par ailleurs être utile de prendre en compte les données statistiques portant sur le mécanisme de recours, antérieures à la demande de réexamen en question, afin d'apprécier si la peine est bien compressible en fait. • CEDH 26 avr. 2016, *Murray c/ Pays-Bas : D. 2016. 1542, note Renucci ; AJ pénal 2016. 322, note Vouleli et van Zyl Smit ; Dr. pénal 2016, n° 120, obs. Peltier ; RSC 2016. 582, note Roets.* ♦ La dignité humaine, qui se trouve au cœur même du système mis en place par la Convention, empêche de priver une personne de sa liberté par la contrainte sans œuvrer en même temps à sa réinsertion et sans lui fournir une chance de recouvrer un jour cette liberté. La réclusion à perpétuité infligée au requérant, en application de l'art. 4 *bis* de la loi sur l'administration pénitentiaire, dite « ergastolo ostativo », restreint excessivement la perspective d'élargissement de l'intéressé et la possibilité de réexamen de sa peine. Dès lors, cette peine perpétuelle ne peut pas être qualifiée de compressible aux fins de l'art. 3. La Cour rejette ainsi l'exception du Gouvernement relative à la qualité de victime du requérant et conclut que les exigences de l'art. 3 en la matière n'ont pas été respectées. Cela étant, elle estime que le constat de violation prononcé dans la présente affaire ne saurait être compris comme donnant au requérant une perspective d'élargissement imminent. • CEDH 13 juin 2019, *Marcello Viola c/ Italie (n° 2),* n° 77633/16, §§ 136 à 138.

49. L'art. 3 n'est pas violé lorsqu'un condamné à la détention à vie reçoit en prison les soins qu'exige son mauvais état de santé mais n'est pas libéré. • Comm. EDH 6 mai 1978, *Kotälla c/ Pays-Bas : DR 14/238.*

2° *IMPÉRATIFS DE SÉCURITÉ*

50. Transfèrement. BIBL. Touré, *Procédures 2009. Étude 11* (l'inscription au répertoire des détenus particulièrement signalés. A propos de l'arrêt CEDH Khider c/ France du 9 juillet 2009).

La Cour considère que si le transfert d'un détenu vers un autre établissement peut s'avérer nécessaire pour assurer la sécurité dans une prison et empêcher tout risque d'évasion, il n'en demeure pas moins que, en l'espèce, les quatorze transfèrements du requérant sur sept années de détention n'apparaissaient plus au fil du temps justifiés par de tels impératifs. • CEDH 9 juill. 2009, *Khider c/ France : RSC 2010. 225, obs. Marguénaud ibid. Chron. 651, obs. Poncela ; Gaz. Pal. 28 et 29 oct. 2009. 20, note Renucci ; D. 2009. 2462, note Herzog-Evans ; ibid. Pan. 2828, obs. Roujou de Boubée ; ibid. 2010. Pan. 1378, obs. Céré ; AJ pénal 2009. 372, obs.*

Herzog-Evans ; *Dr. pénal 2009, n° 129, obs. Maron et Haas ; ibid. 2010. Chron. 3, obs. Dreyer.* ♦ Comp. : les conséquences des transfèrements que le requérant a subis ainsi que ses conditions de détention à l'isolement, du fait de son inscription au registre des détenus particulièrement signalés, ne sauraient être considérées comme atteignant le seuil minimal de gravité nécessaire pour constituer un traitement dégradant ou inhumain. • CEDH 1er oct. 2013, *Khider c/ France : D. actu. 13 nov. 2013, obs. Sadoun-Jarin.* ♦ Le refus de transfèrement du requérant d'une prison anglaise à une prison écossaise pour faciliter les visites de sa fiancée ne constitue pas un traitement inhumain. • Comm. EDH 1er oct. 1990, *Wakefield c/ Royaume-Uni*, n° 15817/89.

51. Extractions médicales. La Cour relève que le port des menottes ne pose normalement pas de problème au regard de l'art. 3 lorsqu'il est lié à une détention légale et n'entraîne pas l'usage de la force ni l'exposition publique, au delà de ce qui est raisonnablement considéré comme nécessaire. Toutefois, l'usage systématique des entraves pendant les consultations médicales mais également lors des transferts d'un détenu vers un hôpital constitue une violation de l'art. 3. • CEDH 26 mai 2011, *Duval c/ France*, n° 19868/08 : *D. actu. 7 juill. 2011, obs. Priou-Alibert ; RSC 2011. 707, obs. Roets* ; *Dr. pénal 2012. Chron. 3, obs. Dreyer.*

52. Fouilles corporelles. Une fouille à corps pratiquée sur un détenu notamment en présence d'une gardienne est un traitement dégradant. • CEDH 24 juill. 2001, *Valasinas c/ Lituanie : JCP 2002. I. 105, obs. Sudre* • Comm. EDH 5 mars 1976, *Hilton c/ Royaume-Uni : DR 4/177.* ♦ La fouille intégrale, avec inspection anale, de l'ensemble des détenus, sans justification pour chacun d'entre eux d'un indice particulier, constitue un traitement dégradant au sens de l'art. 3 Conv. EDH. • CEDH 12 juin 2000, *Frérot c/ France : D. 2007. Pan. 2637, obs. Garé ; ibid. 2008. Pan. 1016, obs. Céré ; RSC 2008. 410, obs. Poncela* ; *AJ pénal 2007. 336, note Herzog-Evans* ; *JCP 2007. I. 182, n° 3, obs. Sudre ; RFDA 2008. 737, obs Labayle et Sudre* ; *Dr. pénal 2008. Chron. 3, obs. E. Dreyer ; RTD civ. 2008. 148, obs. R. Roets*. ♦ Les fouilles répétées, pratiquées sur un détenu qui présentait des signes d'instabilité psychiatrique et de souffrance psychologique, ont été de nature à accentuer son sentiment d'humiliation et d'avilissement à un degré tel qu'on peut les qualifier de traitement dégradant. • CEDH 9 juill. 2009, *Khider c/ France, § 130 : préc. note 50.* ♦ Compte tenu de son statut de détenu particulièrement signalé et de son évasion avec menace d'une arme, le requérant fut soumis, lors de son procès d'assises, à des fouilles quatre à huit fois par jour, pratiquées par des hommes cagoulés et filmées dans les premiers jours du procès. Il devait également accomplir une flexion et en cas de refus le faire au moyen de la force. Les mesures prises ne répondaient pas à un impératif convaincant de sécurité, de défense de l'ordre ou de prévention des infractions pénales. Partant, il y a violation de l'art. 3. • CEDH 20 janv. 2011, *El Shennawy c/ France : D. actu. 14 févr. 2011, obs. Priou-Alibert ; D. 2011. Pan. 1311, obs. Céré* ; *AJ pénal 2011. 88, obs. Herzog-Evans* ; *Dr. pénal 2012. Chron. 3, obs. Dreyer.*

53. Isolement cellulaire. L'isolement cellulaire n'est pas, en soi, contraire à l'art. 3, à moins que les conditions ne soient telles qu'elles puissent aboutir à une destruction de la personnalité. • Comm. EDH 8 juill. 1976, *Ensslin, Baader et Raspe c/ RFA : DR 14/64* • 16 déc. 1982, *Kricher et Miller : DR 34/25* • Comm. EDH 9 juill. 1991, *Treholt c/ Norvège : DR 71/168* • CEDH 27 janv. 2005, *Ramirez-Sanchez c/ France*, n° 59450/00 : *D. 2005. 1272, obs. Céré* ; *AJ pénal 2005. 121, obs. Céré* ; *AJDA 2005. 1388, obs. Costa* • CEDH, gr. ch., 4 juill. 2006, *Ramirez Sanchez c/ France*, n° 59450/00 : *Rev. pénit. 2006. 881, obs. Renucci et Bîrsan ; JCP 2007.I.106, n° 2, obs. F. Sudre ; JDI 2007. 717, obs. Delaplace.*

54. L'isolement total de la collectivité carcérale pendant plus de 8 mois d'un détenu homosexuel pour le protéger de ses codétenus est une violation de l'art. 3. • CEDH 9 oct. 2012, *X. c/ Turquie*, n° 24626/09.

55. La durée particulièrement longue de l'isolement subi réclame un examen rigoureux de sa justification, de sa nécessité, de sa proportionnalité, ainsi que des garanties offertes au détenu. La situation du détenu mis à l'isolement doit être régulièrement réexaminée, la décision de prolongation devant être motivée de manière substantielle et, au fil du temps, de façon de plus en plus approfondie et convaincante. • CEDH, gr. ch., 4 juill. 2006, *Ramirez Sanchez c/ France : RSC 2007. 361, obs. Poncela* ; *Rev. pénit. 2007. 881, obs. Renucci et Birsan ; JCP 2007. I. 106, n° 2, obs. Sudre.* ♦ V. également : Nihiul, *RTDH 1994. 587* (quartiers de haute sécurité). ♦ La mise à l'isolement pour une si longue période, combinée avec la dégradation de l'état de santé psychologique et somatique du requérant, qui, d'après les certificats médicaux, serait imputable aux prolongations répétées de celle-là, entre en ligne de compte pour apprécier si le seuil de gravité requis par l'art. 3 a été atteint. • CEDH 9 juill. 2009, *Khider c/ France, § 122 : préc. note 50.* ♦ Le maintien à l'isolement n'enfreint pas l'art. 3 s'il est accompagné d'une prise en charge médicale appropriée et s'il ne constitue pas une épreuve d'une intensité particulière excédant le niveau inévitable de souffrance inhérent à la détention. • CEDH 3 nov. 2011, *Cocaign c/ France*, n° 32010/07, § 74. ♦ Mais il y a violation de l'art. 3 si des violences sont exercées : • CEDH 20 oct. 2011, *Alboreo c/ France*, n° 51019/08 : *AJ pénal 2012. 175, obs. M. Herzog-Evan* ; *AJDA 2011. 889, obs. Burgorgue-Larse* ; *RSC*

2012. 263, obs. Marguenaud ✎. ♦ Violation en cas d'isolement cellulaire prolongé dans des conditions de détention inadaptées. • CEDH 26 mai 2011, *R. R. c/ Pologne*, n° 27617/04.

56. Comparution dans une cage métallique. Eu égard à sa nature objectivement dégradante, le confinement d'un accusé dans une cage en métal pendant une audience se tenant en visioconférence depuis la maison d'arrêt a violé l'art. 3 Conv. EDH. • CEDH 17 avr. 2018, *Karachentsev c/ Russie*, n° 23229/11 : *AJ pénal 2018. 372, obs. Lavric* ✎.

B. ÉTRANGERS

57. Mesures d'éloignement. Si le pays de destination est un pays signataire de la Convention, et si le droit de recours y est reconnu, la mesure d'éloignement ne peut être contraire à l'art. 3. • Comm. EDH 2 déc. 1986, *K. et F. c/ Pays-Bas : DR 51/272.* ♦ V. cependant • CEDH 12 avr. 2005, *Chamaïev et a. c/ Géorgie et Russie* (deux pays membres du Conseil de l'Europe), où la Cour observe que pour l'un des requérants il y aurait violation de l'art. 3 si la décision de l'extrader était mise à exécution. Pour en arriver à cette solution, la Cour a tout d'abord observé avec inquiétude que les autorités russes entravent sérieusement le « suivi » international des droits des détenus dans le cadre du conflit tchétchène. Elle insiste ensuite sur un phénomène nouveau et extrêmement alarmant : des personnes d'origine tchétchène ayant introduit une requête devant la Cour sont victimes de persécution et de meurtre. A la lumière de tous ces éléments postérieurs au 28 nov. 2002, la Cour estime que les appréciations ayant conduit à une décision favorable à l'extradition de M. Guélogaïev il y a deux ans ne suffisent plus pour exclure à l'égard de celui-ci tout risque de mauvais traitements prohibés par la Convention. • CEDH 12 avr. 2005, n° 36378/02.

58. Les États contractants ont, en vertu d'un principe de droit international bien établi et sans préjudice des engagements découlant pour eux de traités, le droit de contrôler l'entrée, le séjour et l'éloignement des non-nationaux. • CEDH 18 févr. 1991, *Moustaquim c/ Belgique, § 43 : Série A n° 193.*

59. Extradition des étrangers. Les États contractants se conduiraient d'une manière incompatible avec les valeurs sous-jacentes de la Convention s'ils, remettaient consciemment un fugitif – pour odieux que puisse être le crime reproché – à un autre pays où il existe des motifs sérieux de penser qu'un danger de torture menace l'intéressé. Malgré l'absence de mention expresse dans le texte bref et général de l'art. 3, pareille extradition irait manifestement à l'encontre de l'esprit de ce dernier. Aux yeux de la Cour, l'obligation implicite de ne pas extrader s'étend aussi au cas où le fugitif risquerait de subir dans l'État de destination des peines ou traitements inhumains ou dégradants proscrits par ledit article. • CEDH 7 juill. 1989, *Soering c/ Royaume-Uni, § 88 : Série A n° 161* (syndrome du couloir de la mort) ; *Ann. fr. dr. int. 1991. 583, obs. Coussirat-Coustère ; RTDH 1990. 5, obs. Ganshof Van Der Meersch ; RSC 1989. 786, obs. Pettiti ; JDI 1990. 734, obs. Rolland et Tavernier.* ♦ En principe, il n'appartient pas aux organes de la Convention de statuer sur l'existence ou l'absence de violations virtuelles de celle-ci. Une dérogation à la règle générale s'impose pourtant si un fugitif allègue que la décision de l'extrader enfreindrait l'art. 3 au cas où elle recevrait exécution, en raison des conséquences à en attendre dans le pays de destination. Il y va de la garantie assurée par ce texte, vu la gravité et le caractère irréparable de la souffrance prétendument risquée. • CEDH 7 juill. 1989, *Soering c/ France, § 90 : préc.*

60. S'agissant du risque invoqué par le requérant, la Cour observe que ce dernier ne parvient qu'à démontrer l'existence d'une situation générale de violence en Afghanistan. Si la Cour ne peut que constater la réalité des troubles régnant dans ce pays, elle considère cependant qu'une telle situation n'est pas à elle seule de nature à entraîner, en cas d'expulsion, une violation de l'art. 3. A cet égard, la Cour relève que le requérant n'apporte pas d'élément réellement étayé s'agissant de sa situation personnelle, ni suffisant pour pouvoir être considéré comme appartenant à un groupe minoritaire particulièrement menacé. • CEDH 20 sept. 2007, *Sultani c/ France, § 67*, n° 45223/05. ♦ V. aussi • CEDH 4 déc. 2008, *Y. c/ Russie : AJDA 2009. 872, obs. Flauss* ✎ • 27 déc. 2011, *Ahorugeze c/ Suède*, n° 37075/09. ♦ Pour vérifier l'existence d'un risque de mauvais traitements, la Cour doit examiner les conséquences prévisibles du renvoi du requérant dans le pays de destination, compte tenu de la situation générale dans celui-ci et des circonstances propres au cas de l'intéressé. • CEDH 28 févr. 2008, *Saadi c/ Italie, § 130*, n° 37201/06. ♦ Une extradition n'emporterait pas violation de l'art. 3 en raison des conditions de détention dans une prison américaine « supermax ». • CEDH 10 avr. 2012, *Babar Ahmad et a. c/ Royaume-Uni*, n° 24027/07. ♦ N'est pas contraire à l'art. 3 l'extradition d'une personne qui encourt une mesure d'internement psychiatrique prononcée par un juge pénal belge pour une durée illimitée, bien qu'il ne soit pas tenu compte dans la demande d'extradition de l'état psychique du requérant après les faits, dès lors que cette mesure peut prendre fin si son état ne constitue plus un danger pour la société. • CE 15 déc. 2010 : *AJ pénal 2011. 81, obs. Péchillon* ✎. ♦ L'extradition d'un ressortissant tunisien vers les États-Unis, où il encourrait une peine perpétuelle qui n'est pas considérée comme compressible, emporte violation de l'art. 3. • CEDH 4 sept. 2014, *Trabelsi c/ Belgique : D. actu. 11 sept. 2014, obs. Pastor ; AJ pénal 2014. 588, obs. Lavric ; Dr. pénal 2014. 144, obs. Peltier.*

61. Expulsion des étrangers. La question de la responsabilité internationale de l'État se pose dès lors qu'il y a des motifs sérieux et avérés de croire que l'intéressé courra, dans le pays de destination, un risque réel d'être soumis à un traitement contraire à l'art. 3. • Comm. EDH 12 janv. 1998, *Iruretagoyena c/ France : DR 92/99.* ♦ Compte tenu des circonstances de l'espèce, la Cour conclut à l'absence de motifs sérieux et avérés de croire que l'expulsion de M. Cruz Varas allait exposer celui-ci à un risque réel de subir des traitements inhumains ou dégradants à son retour au Chili. • CEDH 20 mars 1991, *Cruz Varas et a. c/ Suède, § 82 : Série A n° 201* (réfugiés politiques) *; Ann. fr. dr. int. 1991. 582, obs. Coussirat-Coustère ; JDI 1992. 783, obs. Decaux et Tavernier ; D. 1992. Somm. 327, obs. Renucci ; RUDH 1992. 1, obs. Sudre et al.* ♦ Même solution pour l'expulsion d'un moudjahidine étranger vers la Tunisie, la Cour concluant à l'absence de risque de mauvais traitement compte tenu de la détermination des autorités tunisiennes pour éradiquer la culture de la violence et l'impunité qui caractérisait l'ancien régime politique. • CEDH 15 nov. 2011, *Al Hanchi c/ Bosnie-Herzégovine*, n° 48205/09. ♦ Aussi, par contraste avec le Gouvernement qui n'a pas avancé le moindre argument ni produit le moindre document de nature à jeter le doute sur les allégations des requérants, ceux-ci, avec le tiers intervenant, ont communiqué à la Cour des éléments qui lui suffisent à conclure qu'ils risquent réellement d'être victimes d'un traitement contraire à l'art. 3 s'ils sont renvoyés en Iran ou en Irak. • CEDH 22 sept. 2009, *Abdol-kani et Karamina c/ Turquie*, n° 30471/08. ♦ Sur l'éloignement des étrangers en application du Règlement de Dublin, cf. : • CEDH, gr. ch., 21 janv. 2011, *M.S.S. c/ Belgique et Grèce*, n° 30696/09. ♦ N'emporterait pas violation de l'art. 3 l'expulsion d'un islamiste très médiatisé en raison des assurances détaillées fournies par l'État de destination selon lesquelles il ne subirait pas de mauvais traitement. • CEDH 17 janv. 2012, *Othman (Abu Qatada) c/ Royaume-Uni, n° 8139/09.* ♦ Pour une situation inverse, V. • CEDH 2 oct. 2012, *Abdulkhakov c/ Russie*, n° 14743/11.

62. « La seule question qui se pose dans une affaire d'expulsion est de savoir si, compte tenu de l'ensemble des circonstances de l'espèce, il y a des motifs sérieux et avérés de croire que l'intéressé, s'il est renvoyé dans son pays, y courra un risque réel d'être soumis à un traitement contraire à l'article 3. Si l'existence d'un tel risque est établie, le renvoi de l'intéressé dans son pays emporte nécessairement violation de l'article 3, indépendamment du point de savoir si le risque découle d'une situation générale de violence, d'une caractéristique personnelle de l'intéressé ou d'une combinaison des deux facteurs. Cependant, toute situation générale de violence n'engendre pas un tel risque. Au contraire, une situation générale de violence ne présente une intensité suffisante pour créer un tel risque que "dans les cas les plus extrêmes". Les critères suivants sont pertinents (mais non exhaustifs) aux fins de déterminer le degré d'intensité d'un conflit : le point de savoir si les parties au conflit emploient des méthodes et des tactiques de guerre augmentant le risque qu'il y ait des victimes civiles, ou si elles visent directement des civils ; le caractère courant ou non du recours à de telles méthodes ou tactiques parmi les parties au conflit ; le caractère localisé ou étendu des combats ; enfin, le nombre de civils tués, blessés et déplacés en raison des combats. Pour ce qui est de la situation en Somalie, Mogadiscio, la ville de renvoi proposée, est le théâtre de bombardements aveugles et d'offensives militaires, ainsi que d'une violence imprévisible et massive. On y a compté un nombre considérable de victimes civiles et de personnes déplacées. Un individu doté de relations pourrait peut-être obtenir une protection à Mogadiscio, mais seules les relations de très haut niveau sont susceptibles d'assurer pareille protection, et quiconque a été absent de Somalie pendant quelque temps a peu de chances de posséder de telles relations. En conclusion, le niveau de violence atteint à Mogadiscio est tel que quiconque s'y trouve, sauf peut-être les individus ayant des liens privilégiés avec des "personnes influentes", courrait un risque réel de subir un traitement prohibé par l'article 3 ». • CEDH 28 juin 2011, *Sufi et Elmi c/ Royaume-Uni*, n° 8319/07 : *JCP 2011. Chron. 914. 1508, n° 8, obs. Sudre.* ♦ En l'absence d'une garantie que les intéressés ne seraient pas exposés au risque de subir la peine capitale, le transfert des affaires des requérants aux juridictions irakiennes et la remise des intéressés aux autorités locales ont méconnu les obligations incombant au Royaume-Uni (violation). • CEDH 2 mars 2010, *Al-Saadoon et Mufdhi c/ Royaume-Uni*, n° 61498/08.

63. Les preuves fournies à la Cour quant aux antécédents des requérants et au contexte général au Sri Lanka n'établissent pas que la situation personnelle des requérants fût pire que celle de la généralité des membres de la communauté tamoule. La conjoncture restant instable, ils se trouvaient devant un certain risque de détention ou de mauvais traitements (...). Toutefois, en de telles circonstances, une simple possibilité de mauvais traitements n'entraîne pas en soi une infraction à l'art. 3 Conv. EDH. • CEDH 30 oct. 1991, *Vilvarajah et a. c/ Royaume-Uni, § 111 : Série A n° 215 ; Ann. fr. dr. int. 1991. 589, obs. Coussirat-Coustère ; JDI 1992. 801, obs. Decaux et Tavernier ; RUDH 1992. 1, obs. Sudre et al. ; RTDH 1993. 417, obs. Bossuyt et Lammerant.* ♦ V. aussi :

• CEDH 11 oct. 2011, *Auad c/ Bulgarie*, n° 46390/10.

64. Terrorisme. L'art. 3 Conv. EDH n'est pas méconnu lorsque l'État expulse un individu vers un pays ayant pris des mesures générales pour prévenir les risques de mauvais traitements prohibés par cette disposition, et que le requérant ne présente aucun élément de preuve établissant que ses conditions de détention auraient dépassé le seuil de gravité nécessaire pour constituer une telle violation. • CEDH 19 avr. 2018, *A. S. c/ France*, n° 46240/15 : *D. actu. 11 mai 2018, obs. Azoulay.* ♦ Une personne condamnée pour terrorisme peut être renvoyée vers un État dès lors qu'il n'existe pas de motifs sérieux et avérés de croire qu'elle courrait un risque réel d'être soumise à un traitement contraire à l'art. 3 Conv. EDH. • CEDH 29 avr. 2019, *A. M. c/ France*, n° 12148/18 : *D. actu. 20 mai 2019, obs. Recotillet ; D. 2019. 1319, obs. Safi*. ♦ La Cour a une conscience aiguë de l'ampleur du danger que représente le terrorisme pour la collectivité et, par conséquent, de l'importance des enjeux de la lutte antiterroriste. Elle est de même parfaitement consciente des énormes difficultés que rencontrent à notre époque les États pour protéger leur population de la violence terroriste. Devant une telle menace, elle considère qu'il est légitime que les États contractants fassent preuve d'une grande fermeté à l'égard de ceux qui contribuent à des actes de terrorisme, qu'elle ne saurait en aucun cas cautionner. Toutefois, même en tenant compte de ces facteurs, la Cour rappelle que l'art. 3, ainsi qu'elle l'a dit à maintes reprises, consacre l'une des valeurs fondamentales des sociétés démocratiques. Même dans les circonstances les plus difficiles, telle la lutte contre le terrorisme et le crime organisé, la Convention prohibe en termes absolus la torture et les peines ou traitements inhumains ou dégradants. L'art. 3 ne prévoit pas de restrictions, en quoi il contraste avec la majorité des clauses normatives de la Convention et des Protocoles, et d'après l'art. 15 § 2, il ne souffre nulle dérogation, même en cas de danger public menaçant la vie de la Nation. • CEDH 29 avr. 2019, *A.M. c/ France*, n° 12148/18, § 112.

65. Le requérant ayant déjà été torturé au Tchad, et les organisations non gouvernementales locales confirmant l'instabilité du pays, la Cour tient compte de la motivation succincte et de l'absence d'éléments explicatifs dans les différentes décisions rendues, pour substituer par exception sa propre appréciation des faits à celle des autorités françaises et estimer que le renvoi du requérant vers le Tchad lui ferait courir un risque réel d'être soumis à des traitements contraires à l'art. 3. Partant, son expulsion emportait par elle-même violation dudit art. • CEDH 18 avr. 2013, *M. M. c/ France*, n° 18372/10 : *D. actu. 23 mai 2013, obs. Devouèze.* ♦ Au regard de la situation au Maroc, l'expulsion d'un ressortissant soupçonné de terrorisme vers ce pays l'exposerait à un risque de violation de l'art. 3. La Cour indique aussi, en application de l'art. 39 de son règlement, qu'il est souhaitable, dans l'intérêt du bon déroulement de la procédure, de ne pas expulser le requérant jusqu'à ce que l'arrêt devienne définitif ou que la Cour rende une autre décision à cet égard. • CEDH 30 mai 2013, *Rafaa c/ France*, n° 25393/10 : *D. actu. 13 juin 2013, obs. Fleuriot.*

66. La situation sécuritaire en Irak entraîne pour les personnes ayant collaboré avec les forces américaines des risques réels et fondés de mauvais traitements infligés par Al Qaïda ou l'État Islamique au Levant en cas de retour dans ce pays consécutif à un refus d'accorder l'asile par l'État défendeur. • CEDH, gr. ch., 23 août 2016, *J.K. et a. c/ Suède*, n° 59166/12 : *D. actu. 5 sept. 2016, obs. Hérisset.*

67. Conditions de rétention. Refoulement. Atteint le seuil de gravité requis pour constituer un traitement inhumain le fait de détenir durant près de deux mois, dans les mêmes conditions qu'un adulte, une fillette de cinq ans qui, en raison de son très jeune âge, du fait qu'elle était étrangère en situation d'illégalité dans un pays inconnu et qu'elle était séparée de sa famille et donc livrée à elle-même, se trouvait dans une situation d'extrême vulnérabilité, les autorités ne pouvant ignorer les conséquences psychologiques graves d'une telle détention. Il en va de même s'agissant du traitement réservé à la mère de la fillette du fait de la souffrance et de l'inquiétude profondes causées par la détention de sa fille. • CEDH 12 oct. 2006, *Mitunga c/ Belgique : D. 2007. 771, note Muzny*. ♦ Doit être qualifié de traitement inhumain le refoulement d'une fillette de cinq ans qui, du fait de son âge et de son isolement, lui a nécessairement causé un sentiment d'extrême angoisse. Il en va de même à l'égard de sa mère, celle-ci n'ayant été informée du refoulement de sa fille qu'une fois celui-ci effectué. • Même arrêt. ♦ La requête du préfet en prolongation de la rétention d'un couple de nationalité arménienne et de leur trois enfants âgés respectivement de huit mois, trois ans et cinq ans est rejetée, cet enfermement contrevenant aux dispositions de l'art. 3 dans la mesure où il constitue un trouble disproportionné dans la vie de cette famille (rupture de scolarité des enfants et perturbation dans la vie de famille compte tenu de l'âge des enfants). • TGI Lyon, 26 nov. 2010 : *D. actu. 17 déc. 2010, obs. Gaudemont* • Lyon, 30 nov. 2010 : *D. actu. 17 déc. 2010, obs. Gaudemont.* ♦ Doit être qualifié de traitement inhumain et dégradant le maintien en rétention de quatre enfants agés de sept mois, trois, cinq et sept ans compte tenu du bas âge des enfants requérants, de la durée de leur détention et de leur état de santé, diagnostiqué par des certificats médicaux pendant leur enfermement. • CEDH 19 janv. 2010, *Muskha-*

dzhiyeva et a. c/ Belgique : D. 2010. 1904, obs. Gouttenoire et Bonfils ; ibid. Pan. 2874, obs. Parrot. ♦ Viole l'art. 3 Conv. EDH la rétention administrative de deux enfants âgés de cinq mois et trois ans durant quinze jours dans des conditions manifestement inadaptées à leur âge (milieu d'adultes, forte présence policière, absence d'occupations, détresse de leurs parents) qui, compte tenu de leur vulnérabilité et de leur enfermement, ne pouvait qu'engendrer stress et angoisse avec des conséquences nécessairement traumatisantes. Compte tenu de l'âge des enfants, de la durée de la détention et des conditions de leur enfermement, les autorités n'ont pas assuré auxdits enfants un traitement compatible avec les dispositions précitées dépassant le seuil de gravité exigé par l'art. 3. • CEDH 19 janv. 2012, *Popov c/ France : D. 2012. Actu. 363, obs. Fleuriot ; ibid. Entretien 864, obs. Slama ; AJ pénal 2012. 281, obs. Slama ; Rev. pénit. 2012. 673, note Renucci ; AJDA 2012. 127 ; Dr. fam. 2012, n° 43, obs. Bruggeman ; JCP 2012. 221, obs. Sudre.*

68. Zones de transit. Il n'est pas établi qu'il y ait eu véritablement intention d'humilier ou de rabaisser les requérants. Toutefois, l'absence d'un tel but ne saurait exclure un constat de violation de l'art. 3 (*Peers*, précité). La Cour estime que les conditions de détention que les requérants ont dû supporter pendant plus de dix jours n'ont pas manqué de leur causer de grandes souffrances mentales, de porter atteinte à leur dignité et de leur inspirer des sentiments d'humiliation et d'avilissement. • CEDH 24 janv. 2008, *Riad et Idiab c/ Belgique, § 107 : JCP 2008. I. 167, n° 5, obs. Sudre.* ♦ Lorsque des enfants sont présents, une attention toute particulière s'impose. • CEDH 19 janv. 2012, *Popov c/ France*, n°s 39472/07 et 39474/07 : *AJDA 2012. 127, obs. Grand*. Cf. égal. une violation de l'art. 3 pour une détention en centre fermé d'enfants étrangers mineurs accompagnés de leur mère. • CEDH 13 déc. 2011, *Kanagaratnam c/ Belgique*, n° 15297/09. ♦ Les conditions du séjour des requérants dans la zone de transit de l'aéroport étaient inadaptées à un séjour forcé de longue durée. Prises ensemble, les conditions matérielles déplorables que les requérants ont dû endurer sur des périodes aussi longues et l'absence totale de prise en charge des requérants par les autorités s'analysent en un traitement dégradant contraire à l'art. 3 Conv. EDH. • CEDH 21 nov. 2019, *Z.A. et a. c/ Russie*, n° 61411/15, §§ 191 s.

Art. 4 ***Interdiction de l'esclavage et du travail forcé.*** **1. Nul ne peut être tenu en esclavage ni en servitude.**

2. Nul ne peut être astreint à accomplir un travail forcé ou obligatoire.

3. N'est pas considéré comme « travail forcé ou obligatoire » au sens du présent article :

a) **tout travail requis normalement d'une personne soumise à la détention dans les conditions prévues par l'article 5 de la présente Convention, ou durant sa mise en liberté conditionnelle ;**

b) **tout service de caractère militaire ou, dans le cas d'objecteurs de conscience dans les pays où l'objection de conscience est reconnue comme légitime, à un autre service à la place du service militaire obligatoire ;**

c) **tout service requis dans le cas de crises ou de calamités qui menacent la vie ou le bien-être de la communauté ;**

d) **tout travail ou service formant partie des obligations civiques normales.**

BIBL. ▸ ANDREWS, *Eur. law. rev. 1984. 133.* – BLONDEL, *LPA 10 août 1994, p. 59.* – CHARRIER, *Gaz. Pal. 1er avr. 1993, p. 2.* – DAL, *Journ. trib. 1987. 153.* – LAVAUD-LEGENDRE, *RTDH 2011. 875.* – MASSIAS, *RSC 2006. 139*. – PONCET, *Bull. fédé. suisse avocats (n° 89) 1984. 1.*– SUDRE, *Bull. info. CEDH 2005. 66. 23.*

I. INTERDICTION DE L'ESCLAVAGE ET DE LA SERVITUDE

1. Définition. La notion de servitude englobe l'obligation de vivre sur la propriété d'autrui et l'impossibilité de changer de condition. • Comm. EDH 5 juill. 1979, *Van Droogenbroeck c/ Belgique : DR 17/59.*

2. N'est pas en état de servitude la personne condamnée à une peine de « mise à la disposition du gouvernement » prévue par la loi belge. Cette mesure limitée dans le temps et soumise à un contrôle juridictionnel n'affecte pas la situation juridique de l'intéressé. • CEDH 24 juin 1982, *Van Droogenbroeck c/ Belgique, § 59 : Série A n° 50 ; JDI 1985. 199.*

II. INTERDICTION DU TRAVAIL FORCÉ OU OBLIGATOIRE

A. RÉALITÉ DE L'INTERDICTION

3. Critères du travail forcé ou obligatoire. Pour entrer dans le cadre de l'art. 4, le travail en cause doit d'abord être imposé, ensuite comporter une obligation injuste ou oppressive, et enfin constituer une épreuve qu'il n'est pas possible d'éviter. • Comm. EDH 11 déc. 1976, *X. c/ RFA : DR 10/224.* ♦ Ces éléments ont un caractère alternatif. • CEDH 23 nov. 1983, *Van der Mussele c/ Belgique : Série A n° 70 ; Cah. dr. eur. 1986. 204, obs. Cohen-Jonathan ; Ann. fr. dr. int. 1984. 457, obs. Pelloux ; JDI 1985. 222, obs. Rolland et Tavernier.* ♦ Ces éléments font défaut dans l'hypothèse de la commission d'office des avocats. Les services à prêter ne sortent pas du cadre des activités normales d'un avocat. De plus, ils trouvent une contrepartie dans les avantages attachés à la profession et concourent à la formation professionnelle. • CEDH 23 nov. 1983, *Van der Mussele, § 39 : préc.* ♦ V. également : *Gaz. Pal. 1er avr. 1993. 2, note Charrier* (permanence pendant la garde à vue). ♦ Même règle pour les gardes et permanences imposées aux professions médicales et para-médicales. • Comm. EDH 17 déc. 1963, *Iversen c/ Norvège : Ann. Conv. vol. VI. 329.* ♦ *Idem* pour les notaires percevant des honoraires réduits quand ils instrumentent pour des organisations sans but lucratif. • Comm. EDH 13 déc. 1979, *X. c/ RFA : DR 18/216.*

4. L'esclavage domestique. Par ailleurs, comme l'a relevé la mission d'information commune sur les diverses formes de l'esclavage moderne de l'Assemblée nationale française dans son rapport du 12 déc. 2001, les art. 225-13 et 225 14 C. pén. en vigueur à l'époque étaient susceptibles d'interprétations variant largement d'un tribunal à l'autre, comme l'a démontré le cas d'espèce, qui a d'ailleurs été cité par la mission comme exemple d'un cas où une cour d'appel a refusé de manière surprenante d'appliquer les art. 225-13 et 225-14. Dans ces conditions, la Cour est d'avis que les dispositions pénales en vigueur à l'époque n'ont pas assuré à la requérante, qui était mineure, une protection concrète et effective contre les actes dont elle a été victime. Elle note que des changements sont intervenus dans la législation, mais que ces modifications, postérieures, n'étaient pas applicables à la situation de la requérante. Elle insiste sur le fait que le niveau d'exigence croissant en matière de protection des droits de l'homme et des libertés fondamentales implique, parallèlement et inéluctablement, une plus grande fermeté dans l'appréciation des atteintes aux valeurs fondamentales des sociétés démocratiques (§ 121 ci-dessus). La Cour conclut en conséquence qu'il y a eu, en l'espèce, violation des obligations positives qui incombent à l'État défendeur en vertu de l'art. 4 de la Convention. • CEDH 26 juill. 2005, *Siliadin c/ France, § 147 s. : D. 2006. 346, note D. Roets ; RSC 2006. 139, obs. Fl. Massias ; JCP 2005. II. 10142, note F. Sudre ; RTD civ., 2005. 740, obs. J.-P. Marguénaud ; RDP 2006. 795, obs. M. Levinet ; AJDA 2005. 1890, obs. J.-F. Flauss.* ♦ Violation de l'art. 4 parce que les autorités françaises n'ont pas lutté efficacement *contre le travail forcé et le maintien en servitude* d'une mineure par son oncle et sa tante. • CEDH 11 oct. 2012, *C.N. et V. c/ France,* n° 67724/09 : *RSC 2013. 149, obs. Roets.* ♦ Violation de l'art. 4 en cas d'enquête ineffective dans les plaintes de servitude domestique en raison de l'absence de législation spécifique pénalisant un tel traitement. • CEDH 13 nov. 2012, *C.N. c/ Royaume-Uni,* n° 4239/08.

5. Le trafic des êtres humains. Compte tenu de l'obligation qui lui incombe d'interpréter la Convention à la lumière des conditions de vie actuelles, la Cour affirme que la traite des êtres humains, au sens du protocole onusien du 15 nov. 2000, entre dans le champ d'application de l'art. 4 de la Convention, lequel est violé lorsque les autorités n'ont pas pris toutes les mesures appropriées à leur disposition pour soustraire l'individu au danger qui le menace. • CEDH 4e sect., 7 janv. 2010, *Rantsev c/ Chypre et Russie : RSC 2010. Chron. 681, obs. Roets.* ♦ La traite des êtres humains relève de la portée de l'art. 4. La Cour constate un manque de célérité quant à la prise de mesures opérationnelles en faveur de la requérante et des déficiences à l'égard des obligations procédurales pesant sur l'État grec en vertu de l'art. 4. Elle conclut donc à la violation de cette disposition. • CEDH 21 janv. 2016, *L.E. c/ Grèce,* n° 71545/12, §§ 58 et 86. ♦ De même que les art. 2 et 3, l'art. 4 impose aux autorités l'obligation positive d'enquêter dès qu'un incident est porté à leur connaissance. L'enquête doit satisfaire aux exigences d'indépendance et d'impartialité, de célérité et de diligence raisonnable et, lorsqu'il est possible de soustraire l'individu concerné à une situation dommageable, elle doit être menée d'urgence. Elle doit également permettre d'identifier et de sanctionner les responsables. Il s'agit là d'une obligation non de résultat, mais de moyens. • CEDH 17 janv. 2017, *J. et a. c/ Autriche,* n° 58216/12, § 107.

B. LIMITES DE L'INTERDICTION

6. Détenus (art. 4-3 a). L'art. 4.3 *a)* autorise le travail requis normalement des personnes privées de leur liberté en vertu de l'art. 5.1 *e)*. Le travail demandé à ces derniers n'a pas excédé les limites de la « normale » car il tendait à leur reclassement et se fondait sur un texte dont on rencontre l'équivalent dans certains autres États membres du Conseil de l'Europe. • CEDH 18 juin 1971, *De Wilde, Ooms et Versyp, c/ Belgique : Série A n° 12 ; RUDH 1990. 71, obs. Callewaert ; Ann. fr. dr. int. 1972. 443, obs. Pelloux ; Journ. trib. 1971. 341, obs. Velu.* ♦ Pour la Cour, le travail obligatoire accompli par l'intéressé pendant sa détention sans être affilié au régime des pensions de retraite doit être considéré comme un « travail requis normalement d'une personne soumise à la détention », au sens de l'art. 4, § 3 a), de la Convention, et ne constituait dès lors par un « travail forcé ou obligatoire ». • CEDH, gr. ch., 7 juill. 2011, Stummer c/ Autriche, n° 37452/02. ♦ La Conv. EDH ne donnant aucune précision sur l'âge des travailleurs, la Cour estime qu'il est possible d'imposer une obligation de travail à une personne détenue ayant atteint l'âge de la retraite dans la mesure où le but poursuivi par une telle obligation est une structuration de l'emploi du temps des détenus plus qu'un rendement économique et qu'en l'espèce les activités étaient précisément adaptées à l'âge et à l'état physique et psychique du détenu, le temps de travail hebdomadaire étant limité et la personne étant rémunérée et intégrée dans une division avec d'autres retraités. • CEDH 9 févr. 2016, *Meier c/ Suisse*, n° 10109/14 : *D. actu. 22 févr. 2016, obs. Gaté.*

7. Le travail dans le cadre de marchés conclus par l'administration pénitentiaire avec des entreprises privées semble de toute évidence, et quels que soient ses avantages ou ses inconvénients, entrer dans le cadre du travail normalement requis des détenus au sens de l'art. 4.3. • Comm. EDH 6 avr. 1968, *Détenus c/ RFA : Ann. Conv. vol. XI. 559.*

8. Professions libérales. Un travail normal en soi peut se révéler anormal si la discrimination préside au choix des groupes ou individus tenus de le fournir. La Cour rappelle que l'intéressé avait volontairement embrassé la profession d'avocat en connaissant la pratique en cause. Dans ces conditions, seul un déséquilibre considérable et déraisonnable entre le but poursuivi – accéder au barreau – et les obligations assumées pour l'atteindre pourrait justifier la conclusion que les services exigés au titre de l'assistance judiciaire revêtaient un caractère obligatoire malgré son consentement. Pareil déséquilibre ne ressort pas des éléments du dossier, nonobstant l'absence – bien peu satisfaisante en soi – de rétribution et de remboursement des frais. Il ne s'agissait donc pas d'un travail obligatoire au sens de l'art. 4, § 2, de la Convention. • CEDH 23 nov. 1983, *Van der Mussele c/ Belgique : préc. note 3.* ♦ *Idem* pour l'obligation faite aux notaires de percevoir des honoraires réduits quand ils passent des actes pour des organisations à but non lucratif : • Comm. EDH, 13 déc. 1979, *X c/ RFH : DR 18/221.* ♦ V. aussi l'irrecevabilité d'une requête d'un avocat se plaignant que le pouvoir du bâtonnier de l'astreindre à résidence pendant la permanence de garde à vue est un travail forcé au sens de l'art. 4, § 2, de la Convention. • CEDH 9 sept. 1998, *Doyen c/ France*, n° 39109/97. ♦ Sur l'irrecevabilité d'une requête à propos de l'obligation faite à un médecin de participer à un dispositif de services d'urgence. • CEDH 14 sept. 2010, *Steindel c/ Allemagne*, n° 29878/07.

9. Objecteurs de conscience. Est compatible avec l'art. 4.3 de la Convention un service civil se substituant au service militaire dans un pays reconnaissant l'objection de conscience. • Comm. EDH 14 oct. 1985, *Johansen c/ Norvège : DR 44/155.*

10. Situations de crise. Est justifiée par l'art. 4.3 de la Convention l'obligation faite au locataire d'une chasse de procéder au gazage des terriers de renards pour lutter contre une épizootie. • Comm. EDH 4 oct. 1984, *RFA : DR 39/90.*

11. Obligations civiles normales. Le service obligatoire de sapeur-pompier compte parmi les obligations civiques normales. • CEDH 18 juill. 1994, *Karlheinz Schmidt c/ Allemagne, § 23 : Série A n° 291-B ; Ann. fr. dr. int. 1994. 658, obs. Coussirat-Coustère ; JDI 1995. 768, obs. Decaux et Tavernier ; RTDH 1995. 87, obs. Pettiti ; JCP 1995. I. 3823, obs. Sudre.* ♦ L'obligation pour les hommes, au Bade-Wurtemberg, mais non pour les femmes, d'effectuer un service de sapeur-pompier ou, à défaut, de payer une contribution, a été jugée contraire à la Convention européenne (violation de l'art. 14 Conv. EDH interdisant les discriminations combiné avec l'art. 4.3-*d*). • CEDH 18 juill. 1994, *Karlheinz Schmidt c/ Allemagne : préc.*

Art. 5 ***Droit à la liberté et à la sûreté.*** **1. Toute personne a droit à la liberté et à la sûreté. Nul ne peut être privé de sa liberté, sauf dans les cas suivants et selon les voies légales :**

a) **s'il est détenu régulièrement après condamnation par un tribunal compétent ;**

b) **s'il a fait l'objet d'une arrestation ou d'une détention régulières pour insoumission à une ordonnance rendue, conformément à la loi, par un tribunal ou en vue de garantir l'exécution d'une obligation prescrite par la loi ;**

c) **s'il a été arrêté et détenu en vue d'être conduit devant l'autorité judiciaire compétente, lorsqu'il y a des raisons plausibles de soupçonner qu'il a commis une infraction ou qu'il y a** ***des motifs raisonnables de croire*** **à la nécessité de l'empêcher de commettre une infraction ou de s'enfuir après l'accomplissement de celle-ci ;**

d) **s'il s'agit de la détention régulière d'un mineur, décidée pour son éducation surveillée ou de sa détention régulière, afin de le traduire devant l'autorité compétente ;**

e) **s'il s'agit de la détention régulière d'une personne susceptible de propager une maladie contagieuse, d'un aliéné, d'un alcoolique, d'un toxicomane ou d'un vagabond ;**

f) **s'il s'agit de l'arrestation ou de la détention régulières d'une personne pour l'empêcher de pénétrer irrégulièrement dans le territoire, ou contre laquelle une procédure d'expulsion ou d'extradition est en cours.**

2. Toute personne arrêtée doit être informée, dans le plus court délai et dans une langue qu'elle comprend, des raisons de son arrestation et de toute accusation portée contre elle.

3. Toute personne arrêtée ou détenue, dans les conditions prévues au paragraphe 1 *c* du présent article, doit être aussitôt traduite devant un juge ou un autre magistrat habilité par la loi à exercer des fonctions judiciaires et a le droit d'être jugée dans un délai raisonnable,

ou libérée pendant la procédure. La mise en liberté peut être subordonnée à une garantie assurant la comparution de l'intéressé à l'audience.

4. Toute personne privée de sa liberté par arrestation ou détention a le droit d'introduire un recours devant un tribunal, afin qu'il statue à bref délai sur la légalité de sa détention et ordonne sa libération si la détention est illégale.

5. Toute personne victime d'une arrestation ou d'une détention dans des conditions contraires aux dispositions de cet article a droit à réparation.

BIBL. ▶ Beziz-Ayach, *AJ pénal 2006. 400* . – Bouloc, *RSC 1989. 69.* – Buisson, *Procédures 2008, n° 12, comm. 343.* – Callewaert, *RTD eur. 1993. 433* . – Cappello, *AJ pénal 2016. 133* *s.* (promptitude du contrôle de la garde à vue). – Cartier, *Mél. Levasseur, Litec 1993, p. 299.* – Cohen-Jonathan, *RTD eur. 1987. 255.* – Cohen-Jonathan et Flauss, *RTDH 1994. 98.* – Conseil de l'Europe, *Dossiers sur les droits de l'homme, nos 4 et 5, Strasbourg 1981.* – Coste, *AJ pénal 2007. 425* . – Couvrat, *RSC 1988. 132.* – Darbeda, *RSC 2000. 443.* – Duffy, *Direction dr. homme, Doc. H(92)4, Strasbourg 1992.* – Dumontet, *AJ pénal 2004. 275* . – Eissen, *Conseil de l'Europe 1985.* – *Ann. fr. dr. int. 1960. 444.* – Ergec et Velu, *RTDH 1991. 137.* – Flauss, *RTDH 1991. 49.* – Herzog-Evans, *RTDH 2001. 15.* – Junozsa-Zdrojewski, *Gaz. Pal. 8-9 mai 1981. Doctr. 2.* – Knops, *Cah. dr. eur. 1972. 564.* – Labayle, *RFDA 1989. 3.* – Lambert, *RTDH 1998. 291 ; ibid. 1991. 3* . – Larralde, *RTDH 2007. 993.* – Lassalle, *RTDH 1993. 263.* – Lucazeau, *JCP 2009. I. 103.* – Maron, *Dr. pénal 2000. 20.* – Mathieu, *Thèse Aix 1993.* – Mayaud, *D. 2010. Chron. 777* . – Meza, *RTDH 2011. 839.* – Neal, *Bull. info. pénit., Conseil de l'Europe 1992, n° 16, p. 4.* – Pelloux, *Ann. fr. dr. int. 1977. 481 ; ibid. 1969. 276.* – Pettiti, *Rev. pénit. dr. pén. 1981. 317.* – Pouget, *RSC 1989. 78.* – Puechavy, *RTDH 2007. 559.* – Renucci, *Mél. Cohen-Jonathan, p. 1345.* – Reynaud, *Direction dr. homme, Strasbourg 1986.* – Roujou de Boubee, *D. 2010. Entretien 72* . – Saint-Pau, *Dr. pénal 2007. Étude 14.* – Sedillot, *CREDHO 1994, n° 2, p. 109.* – Spielmann, *Mél. Lambert, Bruylant, p. 589.* – Sudre, *RGDI publ. 1986. 533 ; RSC 1993. 33.* – Verges, *D. 2011. Chron. 3005* . – Wagner, *RTDH 1994. 563.* – Wanhalewyns, *Cah. dr. eur. 1969. 217.*

▶ **Dossiers :** Faut-il réformer le statut du ministère public ?, *AJ pénal 2011. 105* *s.* : Jean (le ministère public français au regard des justices pénales d'Europe). – Mauro (procureur de la République et procureur européen : mêmes enjeux). – Robert (l'avenir du ministère public français). – Soulez-Larivière (le problème du ministère public français) ; Les mutations du parquet, *AJ pénal 2016. 561* *s.*

I. LIBERTÉ ET SÛRETÉ

A. DÉFINITIONS

1. Droit à la liberté. En proclamant le « droit à la liberté », le § 1 de l'art. 5 vise la liberté individuelle dans son acception classique, c'est-à-dire la liberté physique de la personne. Il a pour but d'assurer que nul n'en soit dépouillé de manière arbitraire. • CEDH 8 juin 1976, *Engel et a. c/ Pays-Bas, § 58 : Série A n° 22 ; RUDH 1990. 119, obs. Callewaert et al. ; Cah. dr. eur. 1978. 364, obs. Cohen-Jonathan ; Ann. fr. dr. int. 1977. 481, obs. Pelloux ; JDI 1978. 695, obs. Rolland* • CEDH 25 juin 1996, *Amuur c/ France, § 42 : Rec. 1996-III ; D. 1997. Somm. 203, obs. Perez ; JCP 1997. I. 4000, obs. Sudre ; RSC 1997. 457, obs. Koering-Joulin ; AJDA 1996. 1005, obs. Flauss* . ♦ Le but de la Convention est de protéger la liberté et la sûreté de la personne contre des arrestations et des détentions arbitraires. • CEDH 1er juill. 1961, *Lawless c/ Irlande : Ann. fr. dr. int. 1960. 444, obs. Eissen ; JDI 1962. 282, obs. Lalive ; Ann. fr. dr. int. 1961. 251, obs. Pelloux.* ♦ Nul ne doit être arbitrairement dépouillé de sa liberté. • CEDH 24 oct. 1979, *Winterwerp c/ Pays-Bas : RUDH 1990. 127, obs. Callewaert et al. ; Ann. fr. dr. int. 1980. 324, obs. Pelloux ; JDI 1982. 191, obs. Rolland* • CEDH 4 déc. 1979, *Schiesser c/ Suisse : Cah. dr. eur. 1980. 467, obs. Cohen-Jonathan ; Ann. fr. dr. int. 1980. 325, obs. Pelloux ; JDI 1982. 195, obs. Rolland* • CEDH 6 nov. 1980, *Guzzardi c/ Italie, § 92 : Série A n° 39 ; Cah. dr. eur. 1982. 188, obs. Cohen-Jonathan ; Ann. fr. dr. int. 1981. 291, obs. Pelloux ; JDI 1982. 204, obs. Rolland.* ♦ La liberté, c'est l'absence d'arrestation ou de détention. • Comm. EDH 12 oct. 1978, *Arrowsmith c/ Royaume-Uni : DR 19/5.* ♦ En proclamant le « droit à la liberté », le § 1er de l'art. 5 vise la liberté physique de la personne. Par conséquent, il ne concerne pas les simples restrictions à la liberté de circuler, lesquelles obéissent à l'art. 2 du Prototole n° 4. • CEDH, gr. ch., 21 nov. 2019, *Ilias Ahmed c/ Hongrie, n° 47287/15, §§ 210 s.*

2. Le droit à la liberté revêt une trop grande importance dans une « société démocratique », au sens de la Convention, pour qu'une personne perde le bénéfice de la protection de celle-ci du seul fait qu'elle se constitue prisonnière. Une détention pourrait enfreindre l'art. 5 quand bien même l'individu dont il s'agit l'aurait acceptée. Dans une matière qui relève de l'ordre public au sein du Conseil de l'Europe, un contrôle scrupuleux, de la part des organes de la Convention, de toute mesure pouvant porter atteinte aux droits et libertés garantis, est commandé dans tous les cas. • CEDH 18 juin 1971, *De Wilde, Ooms et Versyp c/ Belgique : Série A n° 12 ; RUDH 1990. 71, obs. Callewaert et al. ; Ann. fr. dr. int. 1972. 443, obs. Pelloux ; Journ. trib. 1971. 341, obs. Velu.*

3. Instrumentalisation de la privation de liberté à des fins politiques. L'utilisation du système de justice répressive d'un pays pour neutraliser les opposants politiques est contraire à la Convention européenne des droits de l'homme. Parce qu'elle viole les art. 5 et 18 Conv. EDH, la détention provisoire de Ioulia Timochenko, ancienne Première ministre ukrainienne, est illégale. • CEDH 30 avr. 2013, *Timochenko c/ Ukraine*, n° 49872/11 : *D. actu. 15 mai 2013, note Gaté*.

4. Droit à la sûreté. Le droit à la sûreté apparaît comme une garantie contre l'arbitraire dans le domaine de la détention. • Comm. EDH 9 oct. 1984, *Dyer c/ Royaume-Uni : DR 39/246.* ♦ Les conditions légales (de forme et de fond), précisées par une loi préexistante, doivent être respectées. • Comm. EDH 17 déc. 1976, *Agee c/ Royaume-Uni : DR 7/164.*

B. CARACTÉRISTIQUES

5. Force du droit à la liberté et à la sûreté. Tout individu, en liberté ou détenu, a droit à la liberté et à la sûreté, c'est-à-dire à ne pas être ou rester privé de liberté. • CEDH 2 mars 1987, *Weeks c/ Royaume-Uni : Cah. dr. eur. 1988. 443, obs. Cohen-Jonathan ; RSC 1987. 750, obs. Pettiti et Teitgen ; JDI 1988. 852, obs. Rolland et Tavernier.* ♦ L'art. 5 consacre un droit fondamental de l'homme, à savoir la protection de l'individu contre les atteintes arbitraires de l'État à son droit à la liberté. Les alinéas *a)* à *f)* de l'art. 5, § 1, énumèrent limitativement les motifs autorisant la privation de liberté. Pareille mesure n'est pas conforme à l'art. 5, § 1, si elle ne relève pas de l'un de ces motifs. On ne saurait exclure que le recours à des techniques de contention et de contrôle des foules puisse, dans des circonstances particulières, donner lieu à une privation de liberté contraire à l'art. 5, § 1. Dans chaque cas particulier, l'art. 5, § 1, doit s'interpréter d'une manière qui tienne compte du contexte spécifique dans lequel les techniques en cause sont utilisées et de l'obligation d'assurer le maintien de l'ordre et la protection du public que tant le droit national que le droit conventionnel font peser sur la police. • CEDH, gr. ch., 15 mars 2012, *Austin et a. c/ France*, n° 39692/09, § 60 : *Dr. pénal 2013. 4. obs. Dreyer ; AJDA 2012. 1726 obs. Burgorgue-Larsen*.

II. PRIVATION DE LIBERTÉ

A. DÉTERMINATION DES FRONTIÈRES DE LA PRIVATION DE LIBERTÉ

6. Critères d'application. Pour déterminer si une personne se trouve privée de sa liberté au sens de l'art. 5, il faut partir de sa situation concrète et prendre en compte un ensemble de critères, comme le genre, la durée et les modalités de l'exécution de la mesure considérée. • CEDH 14 oct. 1999, *Riera Blume c/ Espagne, § 28 : Rec. 1999-VII ; JCP 2000. I. 203, obs. Sudre* • 8 juin 1976, *Engel et a. c/ Pays-Bas, §§ 58 s. : préc. note 1* • 6 nov. 1980, *Guzzardi c/ Italie, § 92 : préc. note 1.* ♦ Entre la privation et la restriction de liberté il n'y a qu'une différence de degré ou d'intensité, non de nature ou d'essence. • CEDH 25 juin 1996, *Amuur c/ France, § 42 : préc. note 1* • CEDH 6 nov. 1980, *Guzzardi c/ Italie, § 92 : préc. note 1.* ♦ Le transfert des requérants par la police catalane à l'hôtel puis leur maintien dans l'hôtel pendant dix jours, s'analysent en fait, en raison des restrictions subies, en une privation de liberté. • CEDH 14 oct. 1999, *Riera Blume c/ Espagne, § 30 : préc.*

7. L'art. 5-1 ne concerne pas en principe les simples restrictions à la liberté de circuler qui, elles, obéissent à l'art. 2 du Protocole n° 4. • CEDH 25 juin 1996, *Amuur c/ France, § 42 : préc. note 1.* ♦ L'art. 5 Conv. EDH ne régit pas les conditions de privation de liberté. Le critère d'applicabilité de cet article est le degré de restriction à la liberté de déplacement et non la différence de confort ou de régime intérieur entre les différents lieux de confinement. • CEDH 28 nov. 2002, *Lavents c/ Lettonie : JCP 2003. I. 109 n° 4, obs. Sudre.*

8. Cas particulier des militaires. Une sanction ou une mesure disciplinaire qui s'analyserait en une privation de liberté si on l'appliquait à un civil, peut ne pas en avoir le caractère si on l'inflige à un militaire. Elle n'échappe cependant pas à l'art. 5 quand elle se traduit par des restrictions s'écartant nettement des conditions normales de la vie au sein des forces armées des États contractants. • CEDH 8 juin 1976, *Engel et a. c/ Pays-Bas, § 59 : préc. note 1.*

9. La séquestration d'habitants sur ordre militaire est une privation de liberté, mais non le couvre-feu. • Comm. EDH 26 mai 1975, *Chypre c/ Turquie : DR 2/215.*

10. Mesures préventives ou de sûreté (assignation à résidence). La surveillance spéciale avec assignation à résidence dans une commune donnée ne tombe pas en elle-même sous le coup de l'art. 5. L'assignation à résidence dans une île constitue une privation de liberté dès lors que l'espace dont le requérant dispose pour se déplacer est limité même s'il n'est pas circonscrit par une clôture matérielle, que ses contacts avec la population sont limités, qu'il fait l'objet d'une surveillance stricte, qu'il vit entouré d'individus assujettis à la même mesure et d'agents de police, et que le séjour a duré plus de seize mois. • CEDH 6 nov. 1980, *Guzzardi c/ Italie, §§ 94 s. : préc. note 1.* ♦ L'assignation de l'intéressé à résidence ne s'analysait pas en une peine destinée à réprimer une infraction concrète, mais en une mesure préventive prise sur la base d'indices dénotant une propension à la délinquance. On doit en inférer qu'au regard de l'art. 5-1 *a)* elle ne revêtait pas le caractère d'une détention

« après condamnation par un tribunal compétent » (...). Il ne saurait y avoir « condamnation » sans l'établissement légal d'une infraction. En outre, employer ce terme pour une mesure préventive ou de sûreté ne s'accorderait ni avec le principe de l'interprétation étroite, à observer en la matière, ni avec le libellé anglais de l'alinéa car « conviction » implique une déclaration de culpabilité. • CEDH 6 nov. 1980, *Guzzardi c/ Italie, § 100 : préc. note 1.*

11. Privations de liberté extrajudiciaires. La détention sans comparution devant un juge, en vertu de l'art. 4 de la loi de 1940 sur les atteintes à la sûreté de l'État, n'est pas conforme aux prescriptions de l'art. 5 de la Conv. EDH puisque l'intéressé n'a pas été détenu « en vue d'être conduit devant l'autorité judiciaire compétente » et que, pendant sa détention, il n'a effectivement pas été traduit devant un juge « dans un délai raisonnable ». • CEDH 1er juill. 1961, *Lawless c/ Irlande, § 15 : préc. note 1.*

12. Indépendamment du point de savoir si la majorité des privations « extrajudiciaires » de liberté se fondait sur des soupçons de nature à justifier une détention provisoire sous l'angle de la Convention, l'art. 5-1 *c)* ne tolère pareille détention que quand on l'inflige à quelqu'un « en vue » de le conduire « devant l'autorité judiciaire compétente ». Or cette condition ne se trouvait pas remplie si on l'interprète, comme on le doit, à la lumière du § 3 de l'art. 5. • CEDH 18 janv. 1978, *Irlande c/ Royaume-Uni : RI crim. et pol. techn. 1978. 367, obs. Aubert ; RUDH 1990. 121, obs. Callewaert, Déjeant-Pons et Sansonetis ; Cah. dr. eur. 1979. 465, obs. Cohen-Jonathan ; RGDI publ. 1979. 104, obs. Martin ; Ann. fr. dr. int. 1978. 379, obs. Pelloux ; JDI 1980. 449, obs. Rolland ; RSC 1987. 663, obs. Soulier.* ♦ V. aussi. • CEDH 1er juill. 1961, *Lawless c/ Irlande, § 14 : préc. note 1.*

13. Placements des mineurs (hospitalisation). L'hospitalisation d'un mineur à la demande de sa mère, à l'époque seule investie de l'autorité parentale, n'entre pas *a priori* dans le champ d'application de l'art. 5 qui concerne les privations de liberté opérées par les organes de l'État. Mais encore faut-il rechercher s'il s'applique, dans les circonstances de la cause, aux restrictions de la liberté du requérant qu'à entraînées l'exercice des droits de la mère (...). La Cour conclut que l'hospitalisation incriminée ne constituait pas une privation de liberté au sens de l'art. 5, mais relevait de l'exercice, par une mère consciente de ses responsabilités, de ses droits *parentaux dans l'intérêt de l'enfant.* Le texte précité n'entre donc pas en jeu. • CEDH 15 févr. 2000, *Nielsen c/ Danemark, §§ 64 et 73,* n° 33488/96.

14. Condamnation privative de liberté infligée par un État tiers et exécutée dans un État contractant. La Convention n'oblige pas les parties contractantes à imposer ses règles aux États tiers (...). Exiger un tel contrôle de la manière dont une juridiction non liée par la Convention applique les principes se dégageant de ce texte contrecarrerait aussi la tendance actuelle au renforcement de l'entraide internationale dans le domaine judiciaire, tendance normalement favorable aux intéressés. Les États contractants doivent toutefois se garder d'apporter leur concours s'il apparaît que la condamnation résulte d'un déni de justice flagrant (non-violation de l'art. 5-1). • CEDH 26 juin 1992, *Drozd et Janousek c/ France et Espagne, § 110 : Série A n° 240 ; RTDH 1994. 98, obs. Cohen-Jonathan ; Ann. fr. dr. int. 1992. 629, obs. Coussirat-Coustère ; JDI 1993. 737, obs. Decaux et Tavernier ; RUDH 1993. 1, obs. Sudre et a.*

B. CAS AUTORISÉS DE PRIVATION DE LIBERTÉ

15. Caractère limitatif de l'énumération légale. L'art. 5-1 énumère les cas dans lesquels la Convention permet de priver une personne de sa liberté. Cette liste revêt un caractère limitatif qui se dégage des mots « sauf dans les cas suivants » et que confirme l'art. 17. • CEDH 18 janv. 1978, *Irlande c/ Royaume-Uni, § 194 : préc. note 12.* ♦ V. aussi, évoquant les hypothèses « limitativement énumérées » par l'art. 5-1. • CEDH 6 nov. 1980, *Guzzardi c/ Italie, § 96 : préc. note 1.* ♦ Le texte précité (art. 5-1) dresse une liste limitative appelant une interprétation restrictive • CEDH 29 févr. 1988, *Bouamar c/ Belgique, § 43 : Série A n° 129 ; RSC 1988. 577, obs. Pettiti ; JDI 1989. 795, obs. Rolland et Tavernier* • CEDH 22 févr. 1989, *Ciulla c/ Italie, § 41 : Série A n° 148* • CEDH 20 mars 1997, *Loukanov c/ Bulgarie, § 41 : Rec. 1997-II ; JDI 1998. 186 ; RSC 1998. 379, obs. Koering-Joulin ; ibid. 1997. 888, obs. Pettiti ; RUDH 1998. 81, obs. Sudre et a.* ♦ La liste des exceptions au droit à la liberté figurant dans l'art. 5-1 revêt un caractère exhaustif et seule une interprétation étroite cadre avec le but et l'objet de cette disposition qui est d'assurer que nul ne soit arbitrairement dépouillé de sa liberté. • CEDH 22 mars 1995, *Quinn c/ France, § 42 : Série A n° 311 ; RSC 1995. 643, obs. Pettiti ; RSC 1996. 466, obs. Koering-Joulin ; D. 1996. Somm. 198, obs. Renucci* • CEDH 17 déc. 2009, *M. c/ Allemagne,* n° 19359/04 : *Dr. pénal. 2010. 4. Chron. 3, obs. Dreyer.*

1° RÈGLES GÉNÉRALES

16. Détention après jugement (art. 5-1 a). Il incombe à la Cour de rechercher si lesdits internements ont eu lieu « après condamnation ». Par « condamnation » au sens de l'art. 5, § 1 *a)*, Conv. EDH, il faut entendre à la fois une « déclaration de culpabilité », consécutive à « l'établissement légal d'une infraction », et l'infliction d'une peine ou autre mesure privatives de liberté (...). Quant au mot « après », il n'implique pas un simple ordre chronologique de succession entre

« condamnation » et « détention » : la seconde doit en outre résulter de la première, se produire « à la suite et par suite » – ou « en vertu » – « de celle-ci ». • CEDH 24 juin 1982, *Van Droogenbroeck c/ Belgique, § 35 : Série A n° 50 ; RUDH 1990. 327, obs. Callewaert, Déjeant-Pons et Sansonetis ; JDI 1985. 199, obs. Rolland et Tavernier.* ♦ Dans le contexte de l'art. 5-1 *a)*, la préposition « après » vise un lien de causalité en plus qu'un ordre de succession dans le temps ; elle sert à désigner une « détention » qui se produit « par suite », et non pas simplement « à la suite », de la décision du juge pénal. • CEDH 18 déc. 1986, *Bozano c/ France, § 53 : Série A n° 111 ; RTD eur. 1987. 255, obs. Cohen-Jonathan ; Cah. dr. eur. 1988. 441, obs. Cohen-Jonathan ; Ann. fr. dr. int. 1987. 239, obs. Coussirat-Coustère ; RFDA 1989. 3, obs. Labayle ; RSC 1987. 487, obs. Pettiti et Teitgen ; JDI 1987. 807 et 1988. 890, obs. Rolland et Tavernier ; RGDI publ. 1986. 533, obs. Sudre* • CEDH 28 mars 1990, *B. c/ Autriche, § 38 : Série A n° 175.* ♦ Les juges européens affirment qu'il n'existe pas de lien de causalité suffisant entre la prolongation de la privation de liberté du requérant au-delà de dix ans et sa condamnation par les juridictions allemandes dès lors que, au moment de son prononcé, cette condamnation ne pouvait avoir pour conséquence de maintenir l'intéressé en détention de sûreté pendant plus de dix années. Partant, la prolongation rétroactive de la détention de sûreté viole la Convention • CEDH, 5e sect., 17 déc. 2009, *M. c/ Allemagne : D. 2010. Actu. 209, note Léna ; ibid. 737, note Pradel ; AJ pénal 2010. 129, note Leblois-Happe ; RSC 2010. 228 et 236, note Roets ; Dr. pénal 2010. Étude 9, note Grégoire et Boulan ; ibid. Chron. 3, obs. Dreyer.* • CEDH, 5e sect., 14 avr. 2011, *Jendrowiak c/ Allemagne : D. actu. 28 avr. 2011, obs. Bachelet* • CEDH, 5e sect., 24 nov. 2011, *Schönbrod c/ Allemagne : D. actu. 9 déc. 2011, obs. Bachelet* • CEDH, 5e sect., 24 nov. 2011, *O. H. c/ Allemagne : D. actu. 9 déc. 2011, obs. Bachelet.* ♦ Mais encore faut-il que l'objectif proclamé de l'arrestation ne soit pas différent de l'objectif réel. • CEDH 31 mai 2011, *Khodorkovskiy c/ Russie,* n° 5829/04 : *JDI 2012. 6, obs. Decaux et a.*

17. La Cour relève, qu'en l'espèce, les décisions de maintien en rétention de sûreté, fondées sur la nécessité d'empêcher le requérant de commettre de nouvelles infractions, étaient suffisamment conformes à l'objectif du jugement originel et apparaissent raisonnables à l'aune des objectifs de l'ordonnance initiale de placement en rétention de sûreté. Insistant sur le fait qu'à la différence de l'affaire *M. c/ Allemagne* précitée, le requérant n'a pas été détenu plus longtemps que la période maximale autorisée au moment des faits, la Cour affirme qu'il existe un lien de causalité suffisant entre sa condamnation pénale et la privation de liberté dont il fait l'objet. Partant, la Cour conclut à la non-violation de l'art. 5, § 1er, Conv. EDH. • CEDH 21 oct. 2010, *Grosskopf c/ Allemagne : AJ pénal 2011. 45, obs. Céré.* ♦ *Contra :* • CEDH 13 janv. 2011, *Kallweit c/ Allemagne (4 arrêts) : D. 2011. Actu. 379, obs. Bachelet ; D. actu. 31 janv. 2011, obs. Bachelet.*

18. En droit anglais, il découlait de la peine perpétuelle de l'intéressé que la liberté de celui-ci, même hors de prison, relevait de la discrétion de l'exécutif jusqu'à la fin de ses jours. On doit présumer que les juges le savaient et qu'il l'entendaient ainsi. Il appartient à la Cour, dans le contexte de l'art. 5, de contrôler le bien-fondé de la condamnation initiale. • CEDH 2 mars 1987, *Weeks c/ Royaume-Uni, § 50 : préc. note 5.*

19. Arrestation ou détention découlant d'une ordonnance judiciaire ou d'une obligation légale (art. 5-1 b). Les mots « garantir l'exécution d'une obligation prescrite par la loi » concernent les seules hypothèses où la loi autorise à détenir quelqu'un pour le contraindre à s'acquitter d'une obligation « spécifique et concrète » qu'il a négligé de remplir. • CEDH 6 nov. 1980, *Guzzardi c/ Italie, § 101 : préc. note 1.* ♦ V. déjà. • CEDH 8 juin 1976, *Engel et a. c/ Pays-Bas, § 69 : préc. note 1* • CEDH 22 févr. 1989, *Ciulla c/ Italie, § 36 : préc. note 15.* ♦ L'arrestation et la détention doivent viser à assurer l'exécution de l'obligation et non être de nature punitive. La contrainte par corps appliquée pour non-paiement d'une caution à la suite d'un manquement aux règles de la liberté conditionnelle peut donner lieu à une situation dans laquelle un individu est privé de liberté pendant plus longtemps que s'il avait purgé une peine après avoir été reconnu coupable de l'infraction dont il est accusé. La Cour dénonce une peine disproportionnée et conclut à une violation de l'art. 5 Conv. EDH. • CEDH 27 juill. 2010, *Gatt c/ Malte : Dr. pénal 2011. Chron. 3, obs. Dreyer.*

20. Une période de détention est en principe régulière si elle a lieu en exécution d'une décision judiciaire. La constatation ultérieure d'un manquement par le juge peut ne pas rejaillir, en droit interne, sur la validité de la détention subie dans l'intervalle. C'est pourquoi les organes de Strasbourg se refusent toujours à accueillir des requêtes émanant de personnes reconnues coupables d'infractions pénales et qui tirent argument de ce que les juridictions d'appel ont constaté que le verdict de culpabilité ou la peine reposaient sur des erreurs de fait ou de droit. • CEDH 10 juin 1996, *Benham c/ Royaume-Uni, § 4 : Rec. 1996-III.*

21. Le fait de détenir un individu, raisonnablement soupçonné d'être le chef d'un groupe de hooligans, pendant plusieurs heures afin d'éviter sa participation à des actes de violence, est conforme aux dispositions de l'art. 5, § 1, b). • CEDH 7 mars 2013, *Ostendorf c/ Allemagne,* n° 15598/08 : *D actu. 13 mars 2013, obs. O. Bachelet ; D. 2013. 710 ; RSC 2013. 653, obs.*

J.-P. Marguénaud. ♦ Non-violation de la Conv. EDH à propos d'une détention préventive d'une durée supérieure au maximum légal prévu par le droit danois. • CEDH 22 oct. 2018, *S., V. et A. c/ Danemark*, n° 35553/12 : *D. actu. 5 nov. 2018, obs. Goetz ; RSC 2019. Chron. 169, note Marguénaud*.

22. Garde à vue et détention provisoire (art. 5-1 c). Le membre de phrase « en vue d'être conduit devant l'autorité judiciaire compétente » se réfère à toutes les catégories de cas d'arrestation ou de détention visées à ce paragraphe. Par conséquent, ladite disposition ne permet de prendre une mesure privative de liberté qu'en vue de conduire la personne arrêtée ou détenue devant l'autorité judiciaire compétente, qu'il s'agisse d'une personne au sujet de laquelle il y a des raisons plausibles de soupçonner qu'elle a commis une infraction, d'une personne au sujet de laquelle il y a des motifs raisonnables de croire à la nécessité de l'empêcher de commettre une infraction ou encore d'une personne au sujet de laquelle il y a des motifs raisonnables de croire à la nécessité de l'empêcher de s'enfuir après l'accomplissement d'une infraction (...). On ne saurait interpréter le § 1er *c)* de l'art. 5 sans le rapprocher du § 3 du même article avec lequel il forme un tout (...). Il en résulte clairement l'obligation de traduire devant un juge – soit en vue de l'examen du problème de la privation de liberté soit en vue d'un jugement sur le fond – toute personne arrêtée ou détenue dans les conditions visées au § 1er *c)* dans toutes ses hypothèses. • CEDH 1er juill. 1961, *Lawless c/ Irlande, §§ 13 et 14 : préc. note 1.* ♦ V. également, à propos des privations de libertés extrajudiciaires. • CEDH 18 janv. 1978, *Irlande c/ Royaume-Uni, § 196 : préc. note 12.*

23. L'absence d'inculpation et de renvoi en jugement n'implique pas nécessairement que la privation de liberté des requérants ne poursuivît pas un objectif conforme à l'art. 5-1 *c)*. L'existence d'un tel but doit s'envisager indépendamment de sa réalisation et l'al. *c)* de l'art. 5-1 ne présuppose pas que la police ait rassemblé des preuves suffisantes pour porter les accusations, soit au moment de l'arrestation, soit pendant la garde à vue. • CEDH 29 nov. 1988, *Brogan et a. c/ Royaume-Uni, § 53 : Série A n° 145-B ; RTD eur. 1989. 163, obs. Cohen-Jonathan ; Ann. fr. dr. int. 1991. 616, obs. Coussirat-Coustère ; RSC 1989. 373, obs. Pettiti et Teitgen ; JDI 1989. 843, obs. Rolland et Tavernier.* ♦ La plausibilité des soupçons sur lesquels doit se fonder une arrestation constitue un élément essentiel de la protection offerte par l'art. 5-1 *c)* contre les privations de liberté arbitraire. L'existence de soupçons plausibles présuppose celle de faits ou renseignements propres à persuader un observateur objectif que l'individu en cause peut avoir accompli l'infraction. • CEDH 30 août 1990, *Fox, Campbell et Hartley c/ Royaume-Uni, § 32 : Série A n° 182.* ♦ Cependant, les faits donnant naissance à des soupçons ne doivent pas être du même niveau que ceux nécessaires pour justifier une condamnation ou même pour porter une accusation, ce qui intervient dans une phase suivante de la procédure pénale. • CEDH 27 nov. 1997, *K.F. c/ Allemagne, § 57 : Rec. 1997-VII.* ♦ V. déjà : • CEDH 28 oct. 1994, *Murray c/ Royaume-Uni, § 55 : Série A n° 300-A.* ♦ Ainsi, il ne peut à l'évidence pas y avoir de soupçons raisonnables si les actes ou faits retenus contre un détenu ne constituaient pas un crime au moment où ils se sont produits. Partant, la Cour conclut qu'il y a eu en l'espèce violation de l'art. 5 § 1er à raison de l'absence de raisons plausibles de soupçonner le requérant d'avoir commis une infraction. • CEDH 10 déc. 2019, *Kavala c/ Turquie*, n° 28749/18, §§ 125 s.

24. La Cour n'a reçu aucun élément ou renseignement propre à démontrer qu'il existait à l'époque des motifs plausibles de soupçonner le requérant d'avoir cherché, pour lui-même ou pour un tiers, à retirer un avantage de sa participation à l'affectation des fonds en question. Il faut relever à cet égard que le Gouvernement n'a pas étayé sa thèse sur l'existence de certaines « opérations » et qu'il ne l'a d'ailleurs pas réitérée devant la Cour. Dans ces conditions, la Cour n'estime pas que la privation de liberté infligée à l'intéressé pendant la période considérée ait été une « détention régulière » mise en œuvre parce qu'il y avait « des raisons plausibles de soupçonner que l'intéressé avait commis une infraction ». Cela étant, elle ne juge pas devoir examiner si la détention pouvait raisonnablement passer pour nécessaire afin d'empêcher le requérant de commettre une infraction ou de s'enfuir après l'avoir commise. • CEDH 20 mars 1997, *Loukanov c/ Bulgarie, § 44 : préc. note 15.*

25. La Cour reconnaît qu'un certain délai dans l'exécution d'une décision de remise en liberté est normal. Elle constate cependant qu'en l'espèce le requérant est resté détenu pendant onze heures après l'arrêt de la chambre d'accusation qui ordonnait son élargissement « sur-le-champ » et sans que cette décision lui ait été notifiée ni qu'elle ait reçu un commencement d'exécution. Le maintien en détention de l'intéressé ne relevait manifestement pas de l'al. *c)* du § 1 de l'art. 5 et ne ressortissait à aucun autre de ses alinéas. Dès lors il y a eu violation de l'art. 5-1. • CEDH 22 mars 1995, *Quinn c/ France, § 42 : préc. note 15.* ♦ Sur la durée excessive de mesures de détention provisoire exécutées entre l'ordonnance de mise en accusation et l'arrêt de la cour d'assises, V. • CEDH 26 janv. 2012, *Berasategi c/ France : D. actu. 14 févr. 2012, obs. Girault ; D. 2012. Actu. 362 ; AJ pénal 2012. 231, obs. Lavric*.

26. N'est pas justifié ni proportionné le placement en garde à vue d'un avocat, avec fouille corporelle intégrale et contrôle d'alcoolémie, qui excèdent les impératifs de sécurité, réalisé par le policier avec lequel il avait eu une altercation à l'occasion de la défense d'un client. • CEDH 23 avr. 2015, *François c/ France*, n° 26690/11 : *D. 2016. Pan. 225, obs. Renucci* ; *RSC 2015. 731, obs. Roets*.

2° CAS PARTICULIERS

27. Détention des mineurs (art. 5-1 d). La Cour relève que l'internement d'un mineur en maison d'arrêt n'enfreint pas forcément l'al. *d)* de l'art. 5-1, même quand il n'est pas de nature à pourvoir comme tel à « l'éducation surveillée » de l'intéressé. Ainsi qu'il ressort de la préposition « pour » (« for the purpose of »), la « détention » dont parle ce texte constitue un moyen d'assurer le placement de l'intéressé sous « éducation surveillée », mais il peut ne pas s'agir d'un placement immédiat. • CEDH 29 févr. 1988, *Bouamar c/ Belgique, § 50 : préc. note 15.* ♦ A condition naturellement que l'endroit de détention puisse être considéré comme un lieu « d'éducation surveillée ». • CEDH 21 déc. 2010, *Ichin et a. c/ Ukraine*, n° 28189/04. ♦ La Cour rappelle que, en ce qui concerne la détention des mineurs, l'expression « éducation surveillée » ne saurait être strictement assimilée à la notion d'enseignement scolaire : elle inclut à bien des égards l'exercice, par les autorités, des droits parentaux dans l'intérêt et aux fins de la protection de la personne concernée. Cependant, la Cour estime qu'en l'espèce le centre de détention pour mineurs n'est pas un lieu d'« éducation surveillée ». Au vu du droit interne, ces centres ont été conçus pour isoler provisoirement différentes catégories de mineurs, y compris les auteurs d'infractions pénales. Le règlement les régissant n'indique pas avec suffisamment de clarté quelles activités éducatives doivent être organisées en leur sein et les travaux préventifs et éducatifs prévus dans ce texte ne consistent qu'en des tâches de nature purement investigative consistant à recueillir des éléments d'information sur l'implication éventuelle de mineurs dans des faits délictueux. La Cour considère dès lors que la détention de ces deux requérants ne relevait pas non plus des exceptions permises à l'art. 5 § 1 d). Enfin, il n'a pas été établi que l'une quelconque des autres exceptions énoncées à l'art. 5 s'applique en l'espèce. Les éléments ci-dessus suffisent à la Cour pour conclure que les requérants ont été détenus de manière arbitraire et qu'il y a donc eu violation de l'art. 5 § 1er. • CEDH 21 déc. 2010, *Ichin et a. c/ Ukraine*, n° 28189/04, §§ 39 et 40. ♦ Lorsque la détention vise un mineur, la Cour estime, à la lumière des normes internationales pertinentes, qu'un critère essentiel pour apprécier la proportionnalité est celui de savoir que la détention a été décidée en tant que mesure de dernier ressort, dans le meilleur intérêt de l'enfant, et qu'elle vise à prévenir des risques sérieux pour son développement. Lorsque ce critère n'est plus rempli, la privation de liberté perd sa justification. • CEDH 19 mai 2016, *D. L. c/ Bulgarie*, n° 7472/14, § 74. ♦ La Cour considère que le placement en détention d'un mineur âgé de 13 ans ne peut passer pour régulier au sens de l'art. 5 § 1er, compte tenu notamment de ce que les mesures alternatives, bien que prévues par le droit interne, n'ont pas été envisagées en l'espèce. Il s'ensuit qu'il y a eu violation de l'art. 5 § 1er. • CEDH 27 févr. 2018, *Agit Demir c/ Turquie*, n° 36475/10, § 45.

28. Détention de certains malades et marginaux (art. 5, § 1 e). On ne saurait évidemment considérer que l'al. *e)* de l'art. 5, § 1, autorise à détenir quelqu'un du seul fait que ses idées ou son comportement s'écartent des normes prédominant dans une société donnée. L'opinion contraire ne se concilierait pas avec le texte de l'art. 5, § 1. • CEDH 24 oct. 1979, *Winterwerp c/ Pays-Bas, § 29 : préc. note 1.* ♦ Pour justifier un internement, « l'aliénation » d'un individu doit se trouver établie de manière probante, sauf cas d'urgence. A cette fin, une expertise médicale objective doit démontrer devant l'autorité nationale compétente l'existence d'un trouble mental réel, reflétant un caractère ou une ampleur propres à légitimer pareille privation de liberté, laquelle ne peut se prolonger sans la persistance dudit trouble. • CEDH 24 sept. 1992, *Herczegfalvy c/ Autriche, § 63 : Série A n° 244 ; RTDH 1993. 433, obs. Callewaert ; Ann. fr. dr. int. 1992. 629, obs. Coussirat-Coustère ; JDI 1993. 748, obs. Decaux et Tavernier ; RUDH 1993. 1, obs. Sudre et autres.* ♦ La régularité de la détention au regard de l'art. 5, § 1 *e)*, suppose d'abord la conformité au droit interne mais aussi, l'art. 18 le confirme, au but des restrictions autorisées par l'art. 5, § 1 *e)*. Elle doit marquer tant l'adoption que l'exécution de la mesure privative de liberté. • CEDH 24 oct. 1979, *Winterwerp c/ Pays-Bas, § 39 : préc. note 1* • CEDH 5 nov. 1981, *X. c/ Royaume-Uni, § 40 : Série A n° 46 ; RUDH 1990. 213, obs. Callewaert, Déjeant-Pons et Sansonetis ; Cah. dr. eur. 1982. 312, obs. Cohen-Jonathan ; Ann. fr. dr. int. 1982. 508, obs. Pelloux ; JDI 1985. 188, obs. Rolland et Tavernier.* ♦ Une détention arbitraire ne peut jamais passer pour régulière, indépendamment de sa compatibilité avec le droit interne. • CEDH 5 nov. 1981, *X. c/ Royaume-Uni, § 43 : préc.* ♦ La Cour rappelle qu'il faut reconnaître aux autorités nationales une certaine liberté de jugement quand elles se prononcent sur l'internement d'un individu comme aliéné, car il leur incombe au premier chef d'apprécier les preuves produites devant elles dans un cas donné. Sa propre tâche consiste à contrôler leur décision sous l'angle de la Convention. • CEDH 23 févr. 1984, *Luberti c/ Italie, § 27 : Série A n° 75* • CEDH 27 sept. 1990, *Wassink c/ Pays-Bas, § 25 : Série A n° 185-A.* ♦ En principe, la détention d'une personne comme malade mental ne sera régulière au regard de l'al. *e)* du § 1 de l'art. 5 que si elle se déroule dans un hôpital, une clinique ou un autre établissement approprié. • CEDH 30 juill. 1998, *Aerts c/ Belgique, § 46 : Rec. 1998-V* • CEDH 28 mai 1985, *Ashingdane c/ Royaume-Uni, § 44 : Série A n° 93.* ♦ Dans le même sens : • CEDH, 3e sect., 5 avr. 2011, *Nelissen c/ Pays-Bas : D. actu. 20 avr. 2011, obs. Bachelet* (la Cour rappelle qu'il doit exister un certain lien entre le motif invoqué pour la privation de liberté et le lieu et le régime de la détention). ♦ Après avoir estimé que, sauf urgence, aucune privation de liberté d'une personne considérée comme aliénée ne peut être décidée sans que l'on ait demandé l'avis d'un médecin expert, la Cour ajoute que la privation de liberté est une mesure si grave qu'elle ne se justifie que lorsque d'autres mesures, moins sévères, ont été considérées et jugées insuffisantes pour sauvegarder l'intérêt personnel ou public exigeant la détention. • CEDH 20 avr. 2010, *C. B. c/ Roumanie : Dr. pénal 2011. Chron. 3, obs. Dreyer.*

29. La Cour constate qu'aucune disposition légale ni aucun autre texte ne précise la durée de la détention provisoire dans l'attente d'un transfert (en l'espèce, internement provisoire à l'annexe psychiatrique d'une prison). Il lui incombe néanmoins d'examiner si, compte tenu de la finalité de la décision d'internement, le maintien de cette détention provisoire pendant une durée aussi longue peut passer pour régulier. • CEDH 30 juill. 1998, *Aerts c/ Belgique, § 49 : préc. note 28.* ♦ En l'espèce, l'internement était justifié par l'état de dangerosité persistant du requérant et par le caractère prématuré d'une prise en charge médicale dans une institution spécialisée. • CEDH 13 oct. 2009, *De Schepper c/ Belgique, § 47 : Dr. pénal 2010. Chron. 3, obs. Dreyer.* ♦ Toutefois, la Cour considère qu'un délai supérieur à six mois, entre l'ordonnance d'internement de l'intéressé et son placement dans un établissement psychiatrique de haute sécurité, n'était pas tolérable et constitue une méconnaissance du droit à la sûreté • CEDH 11 mai 2004, *Brand c/ Pays-Bas : requête n° 49902/99.* • CEDH 11 mai 2004, *Morsink c/ Pays-Bas : requête n° 48865/99.* ♦ La Cour reconnaît une violation de l'art. 5 Conv. EDH, le requérant ayant finalement été admis en établissement psychiatrique de haute sécurité plus d'une année après que l'ordonnance d'internement fut devenue définitive et exécutoire. • CEDH, 3e sect., 5 avr. 2011, *Nelissen c/ Pays-Bas : préc. note 28.*

30. La Convention ne contient pas de définition du terme « vagabond ». La définition qui figure à l'art. 347 C. pén. belge est ainsi libellée : « les vagabonds sont ceux qui n'ont ni domicile certain, ni moyens de subsistance, et qui n'exercent habituellement ni métier ni profession ». Cette définition ne paraît nullement inconciliable avec l'acception usuelle du mot « vagabond », la Cour estime qu'une personne qui est un vagabond au sens de l'art. 347 du code tombe, en principe, sous le coup de l'exception prévue à l'art. 5, § 1 *e)*, Conv. EDH. • CEDH 18 juin 1971, *De Wilde, Ooms et Versyp, § 68 : préc. note 2.*

31. Expulsion ou extradition (art. 5, § 1 f). La « régularité » implique aussi l'absence d'arbitraire. A cet égard, la Cour attache beaucoup de poids aux circonstances du transport forcé du requérant jusqu'à la frontière franco-suisse. En premier lieu, les autorités compétentes ont attendu plus d'un mois pour notifier l'arrêté d'expulsion à l'intéressé, l'empêchant ainsi d'exercer utilement les recours dont il disposait en théorie. Chose plus grave, tout se présente comme si elles avaient voulu le laisser dans l'ignorance de ce qui se préparait contre lui, pour mieux le placer ensuite devant le fait accompli. (...). A quoi s'ajoutent la soudaineté de l'interpellation et plus encore les modalités d'exécution de ladite décision. (...). La Cour arrive dès lors, en adoptant une démarche globale et en se fondant sur un faisceau d'éléments concordants, à la conclusion que la privation de liberté subie par le requérant n'était pas « régulière » au sens de l'art. 5-1 *f)*, ni compatible avec « le droit à la sûreté ». Il s'agissait en réalité d'une mesure d'extradition déguisée, destinée à tourner l'avis défavorable que la chambre d'accusation de la Cour d'appel avait exprimé, et non d'une « détention nécessaire » dans le cadre normal d'une « procédure d'expulsion ». Il y a donc eu violation de l'art. 5-1 Conv. EDH. • CEDH 18 déc. 1986, *Bozano c/ France, §§ 59 et 60 : préc. note 16.*

32. La Cour constate la longueur inhabituelle de la détention extraditionnelle incriminée. Toutefois, la procédure d'extradition proprement dite s'acheva moins d'un mois après la mainlevée du mandat d'arrêt relatif aux infractions reprochées à l'intéressé. La poursuite de la détention découla des demandes successives de sursis à l'extradition ou d'élargissement introduites par le détenu. On ne saurait imputer à l'État belge les retards qu'entraîna le comportement de l'intéressé. Ce dernier ne peut valablement se plaindre d'une situation qu'il a dans une large mesure provoquée. • CEDH 24 sept. 1992, *Kolompar c/ Belgique, §§ 40 s. 11613/85 : Série A n° 235-C.* ♦ La Cour estime que la détention aux fins d'extradition se justifiait dans son principe au regard de l'art. 5-1 *f)*. La Cour constate cependant la longueur inhabituelle de la détention du requérant sous écrou extraditionnel. Le libellé de l'art. 5, § 1 *f)* signifie que seul le déroulement de la procédure d'extradition justifie la privation de liberté fondée sur cet alinéa. Il s'ensuit que si la procédure n'est pas menée par les autorités avec la diligence requise, la détention cesse d'être justifiée au regard de l'art. 5-1 *f)*. Or la Cour observe, aux différentes étapes de la procédure d'extradition, des retards suffisamment importants pour considérer excessive la durée totale de ladite procédure. La détention à titre extraditionnel s'est prolongée bien au-delà du décret d'extradition puisque la remise du requérant aux autorités suisses fut ajournée du fait des poursuites simultanément menées en France. La Cour n'a pas à se prononcer sur le choix des mesures qu'auraient dû prendre les autorités nationales afin d'empêcher que la détention sous écrou extraditionnel n'excède pas la limite du raisonnable. Partant, il y a eu violation de l'art. 5-1. • CEDH 22 mars 1995, *Quinn c/ France, §§ 47 à 49 : préc. note 15.*

33. Si la décision de maintien d'étrangers dans la zone internationale incombe aux autorités administratives ou policières, sa prolongation nécessite le contrôle non tardif du juge, gardien traditionnel des libertés individuelles. Un tel maintien ne doit pas priver le demandeur d'asile du droit d'accéder effectivement à la procédure de détermination du statut de réfugié. La simple possibilité pour des demandeurs d'asile de quitter volontairement le pays où ils entendent se réfugier, ne saurait exclure une atteinte à la liberté. Ainsi, le maintien des requérants dans la zone de transit de l'aéroport, en raison des restrictions subies (surveillance policière stricte et constante, absence de toute assistance juridique et sociale, absence de contrôle judiciaire sur la durée et la nécessité du maintien), équivalait en fait à une privation de liberté. • CEDH 25 juin 1996, *Amuur c/ France, §§ 41 à 49 : préc. note 1.*

34. S'agissant de la rétention administrative des membres d'une famille du fait du caractère illégal de leur séjour en France, dans un lieu inadapté à la vulnérabilité des jeunes enfants de trois mois et cinq ans (bien qu'accompagnés de leurs parents et malgré l'existence d'une aile d'accueil pour les familles), le droit à la liberté desdits enfants n'a pas été suffisamment garanti dès lors que leur situation n'a pas été examinée et que les autorités n'ont pas recherché si le placement en rétention administrative était une mesure de dernier ressort à laquelle aucune alternative ne pouvait se substituer. • CEDH 19 janv. 2012, *Popov c/ France : D. 2012. Actu. 363, obs. Fleuriot ; ibid. Entretien 864, obs. Slama ; AJ pénal 2012. 281, obs. Slama ; Rev. pénit. 2012. 673, note Renucci ; AJDA 2012. 127 ; Dr. fam. 2012, n° 43, obs. Bruggeman ; JCP 2012. 221, obs. Sudre.* ♦ La rétention du requérant dans un centre pour étrangers est devenue contraire à la Convention dès lors qu'il est apparu avec évidence qu'aucun pays tiers sûr ne l'accueillerait. • CEDH 25 juin 2019, *Al Husin c/ Bosnie-Herzégovine (n° 2),* n° 10112/16, §§ 96 s.

C. GARANTIES OFFERTES AUX PERSONNES PRIVÉES DE LIBERTÉ

35. Droits de l'homme en détention. Le fait d'être en prison ne saurait priver une personne des droits garantis par la Convention européenne des droits de l'homme. • Comm. EDH 8 mars 1962, *Ilse Koch c/ Allemagne : Ann. Vol. V. 135.* ♦ La mesure privative de liberté doit être nécessaire, c'est dire qu'elle doit répondre à un besoin social impérieux et être proportionnée au but légitime poursuivi. • Comm. EDH 6 oct. 1976, *Lynas c/ Suisse : DR 6/153.* ♦ S'agissant de la régularité de la détention et de l'observation des voies légales, la Convention renvoie pour l'essentiel à la législation nationale et consacre la nécessité d'en appliquer les règles, mais elle exige de surcroît la conformité de toute mesure privative de liberté au but de l'art. 5 : protéger l'individu contre l'arbitraire. Il y va du respect dû non seulement au « droit à la vie » mais aussi au « droit à la sûreté ». • CEDH 18 déc. 1986, *Bozano c/ France, § 54 : préc. note 16.* ♦ Toutefois, il faut que le droit interne se conforme lui-même à la Convention, y compris les principes généraux énoncés ou impliqués par elle. • CEDH 24 oct. 1979, *Winterwerp c/ Pays-Bas, § 45 : préc. note 1.* ♦ Dans le même sens. • CEDH 21 févr. 1990, *Van der Leer, § 22 : Série A n° 170* • 27 sept. 1990, *Wassink c/ Pays-Bas, § 24 : Série A n° 185-A* • CEDH 23 sept. 1998, *Steel et a. c/ Royaume-Uni, § 54 : Rec. 1998-VII* • CEDH 8 nov. 2001, *Laumont c/ France, § 43,* n° 43626/98. ♦ La Cour relève que le médiateur a considéré que l'arrestation du requérant était dépourvue de fondement légal. Selon lui, il n'y avait aucune raison de redouter une tentative de fuite (...). Il s'ensuit dès lors que l'arrestation et la détention du requérant pendant son transfert par la police militaire de la prison à la caserne étaient contraires au droit interne. En conséquence, s'agissant de ces mesures, la privation de liberté ne s'est donc pas effectuée régulièrement, conformément à l'art. 5, § 1er, Conv. EDH, disposition qui a donc été violée en l'espèce. • CEDH 16 déc. 1997, *Raninen c/ Finlande, § 46 : Rec. 1997-VIII ; JCP 1998. I. 107, obs. Sudre ; RSC 1998. 382, obs. Koering-Joulin ; AJDA 1998. 37, obs. Flauss ; RTDH 1999. 277, obs. Larralde.* ♦ Deux conditions sont prévues pour qu'une privation de liberté soit conforme à l'art. 5-1 : une condition de légalité, « selon les voies légales », et une condition de régularité, « régulière ». Ces deux expressions reflètent l'importance de la finalité sous-jacente à l'art. 5-1 : dans une société démocratique – adhérant à la prééminence du droit – une détention arbitraire ne peut jamais passer pour « régulière ». • Comm. EDH 5 sept. 1988, *Egue c/ France,* n° 11256/84. ♦ Les termes « régulièrement » et « selon les voies légales » qui figurent à l'art. 5, § 1, Conv. EDH renvoient pour l'essentiel à la législation nationale et consacrent l'obligation d'en observer les normes de fond comme de procédure (*Assenov et a. c/ Bulgarie*, arrêt du 28 oct. 1998, *Rec. CEDH 1998-VIII. 3297, § 139*). Toutefois, la « régularité » de la détention au regard du droit interne n'est pas toujours l'élément décisif. La Cour doit en outre être convaincue que la détention pendant la période en jeu est conforme au but de l'art. 5, § 1, Conv. EDH, à savoir protéger l'individu de toute privation de liberté arbitraire • CEDH 7 févr. 2008, *Konolos c/ Roumanie, § 53 : Dr. pénal 2009. Chron. 4, obs. Dreyer.* ♦ Une procédure menée au titre de l'art. 5, § 4, Conv. EDH devant la juridiction saisie d'un recours contre une détention doit être contradictoire et garantir l'« égalité des armes » entre les parties, à savoir le procureur et la personne détenue. L'égalité des armes n'est pas assurée si l'avocat se voit refuser l'accès aux pièces du dossier qui revêtent une importance essentielle pour une contestation efficace de la légalité de la détention de son client. • CEDH, gr. ch., 9 juill. 2009, *Mooren c/ Allemagne, § 124,* n° 11364/03.

36. Le respect des voies légales. L'art. 5 requiert d'abord la « régularité » de la détention litigieuse, y compris l'observation des voies légales. Outre le respect du droit interne, cette disposition exige la conformité de toute privation de liberté au but consistant à protéger l'individu contre l'arbitraire. La condition d'absence d'arbitraire exige par ailleurs que non seulement l'ordre de placement en détention mais aussi l'exécution de cette décision cadrent véritablement avec le but des restrictions autorisées par l'alinéa pertinent de l'art. 5 § 1. Il faut en outre un certain lien entre, d'une part, le motif invoqué pour justifier la privation de liberté autorisée et, de l'autre, le lieu et le régime de détention. • CEDH 31 janv. 2019, *Rooman c/ Belgique,* n° 18052/11, § 190. ♦ Pour respecter l'art. 5 § 1, la détention doit avoir lieu « selon les voies légales » et « être régulière ». En la matière, la Convention renvoie pour l'essentiel à la législation nationale et consacre l'obligation d'en respecter les normes de fond comme de procédure, mais elle exige de surcroît la conformité de toute privation de liberté au but de l'art. 5 : protéger l'individu contre l'arbitraire. La pratique consistant à détenir une personne en l'absence d'une base légale spécifique est incompatible avec les principes de sécurité juridique et de protection contre l'arbitraire, qui constituent des éléments fondamentaux à la fois de la Convention et de l'État de droit. • CEDH 3 déc. 2019, *I.L. c/ Suisse,* n° 72939/16, §§ 38 à 41.

1° DROIT D'ÊTRE INFORMÉ (ART. 5-2)

37. Nécessité d'une information. Le § 2 de l'art. 5 Conv. EDH énonce une garantie élémentaire : toute personne arrêtée doit savoir pourquoi. Intégré au système de protection qu'offre l'art. 5, il oblige à signaler à une telle personne, dans un langage simple, accessible pour elle, les raisons juridiques et factuelles de sa privation de liberté, afin qu'elle puisse en discuter la légalité devant un tribunal. Elle doit bénéficier de ces renseignements « dans le plus court délai » (en anglais : « promptly »), mais le policier qui l'arrête peut ne pas les lui fournir en entier sur-le-champ. Pour déterminer si elle en a reçu assez et suffisamment tôt, il faut avoir égard aux particularités de l'espèce. • CEDH 30 août 1990, *Fox, Campbell et Hartley, § 40 : préc. note 22* • 28 oct. 1994, *Murray c/ Royaume-Uni, § 72 : Série A n° 300-A* • 20 nov. 2008, *X. c/ France,* n° 20335/04, § 59 : *Dr. pénal 2009. Chron. 8, obs. Lesclous.*

38. La Cour se borne à constater que le requérant, qui s'était évadé, a eu connaissance de la prorogation décidée le 7 janv. 1986 dès sa prise de contact par téléphone avec l'hôpital, douze jours plus tard, et qu'on la lui a confirmée le 22 févr., date de son retour. Dès lors, il n'y a pas violation du § 2 de l'art. 5. • CEDH 25 oct. 1990, *Keus c/ Pays-Bas, § 22 : Série A n° 185-C.* ♦ Non-violation de l'art. 5, § 2, car l'intéressé a été dûment informé des raisons juridiques et factuelles de sa privation de liberté afin qu'il pût en discuter la légalité devant un tribunal. • CEDH 5 avr. 2001, *H.B. c/ Suisse, § 49 : JDI 2001. 252, obs. Bachelet.*

39. Promptitude de l'information. Or, même si la date et l'heure exactes de l'arrestation étaient celles indiquées dans le procès-verbal, le requérant a dû attendre vingt-neuf heures avant d'être informé de la raison de sa détention, un délai qui ne peut être considéré comme répondant à l'exigence d'informer une personne arrêtée dans « le plus court délai » comme le prescrit l'art. 5, § 2, Conv. EDH. Partant, il y a eu violation de cette disposition. • CEDH 12 sept. 2012, *Kortesis c/ Grèce,* n° 60593/10.

2° DROIT D'ÊTRE AUSSITÔT TRADUIT DEVANT UN JUGE OU UN AUTRE MAGISTRAT (ART. 5-2)

40. Champ d'application et objet de la garantie. Cette garantie concerne la garde à vue ou tout autre régime comparable. • Comm. EDH 5 sept. 1988, *Egue c/ France : préc. note 35.* ♦ L'objet de la garantie visée à l'art. 5, § 3, est d'assurer non la réparation du préjudice mais notamment la comparution de l'accusé à l'audience. Dès lors, son montant doit être apprécié principalement par rapport à l'intéressé, à ses ressources, à ses liens avec les personnes appelées à servir de cautions et pour tout dire à la confiance qu'on peut avoir que la perspective de la perte du cautionnement ou de l'exécution des cautions en cas de non-comparution à l'audience agira sur lui comme un frein suffisant pour écarter toute velléité de fuite. Si le montant de la garantie prévue à l'art. 5, § 3, doit être apprécié principalement par rapport à l'intéressé et à ses ressources, il ne semble toutefois pas déraisonnable, dans certaines circonstances, de prendre également en considération l'ampleur du préjudice imputé. • CEDH 28 sept. 2010, *Mangouras c/ Espagne,* n° 12054/04, §§ 78 à 81.

a. Obligation de célérité

41. Adverbe « aussitôt ». Les intéressés ont recouvré leur liberté le jour même de leur renvoi en jugement alors qu'ils avaient été gardés en détention provisoire pendant sept ou onze jours, respectivement, avant d'être traduits devant un juge ou un magistrat. Il ne saurait y avoir violation du § 3 de l'art. 5 si l'élargissement de la personne arrêtée a lieu « aussitôt » avant qu'un contrôle judiciaire de la détention ait pu se réaliser. Sans doute la célérité de pareille procédure doit-elle s'apprécier dans chaque cas suivant les circonstances de la cause (V. CEDH Wemhoff c/ RFA, note 49). Mais les délais constatés en l'espèce ne sauraient passer pour brefs (« aussitôt »), même si l'on prend en compte les impératifs de la vie et de la justice militaire. Pendant leur détention, les intéressés n'ont donc pas joui de la protection du droit que leur reconnaissait l'art. 5-3. La Cour aboutit à une conclusion semblable en ce qui concerne M. V. : au moment du renvoi en jugement – six jours après l'arrestation – les limites fixées par l'art. 5, § 3, étaient déjà franchies. • CEDH 22 mai 1984, *de Jong, Baljet et van den Brink, §§ 52 et 53 : Série A n° 77 ; RUDH 1990. 336, obs. Callewaert, Déjeant-Pons et Sansonetis ; Cah. dr. eur. 1986. 206, obs. Cohen-Jonathan ; Ann. fr. dr. int. 1985. 393, obs. Coussirat-Coustère ; Journ. trib. 1984. 487, obs. Lambert ; RSC 1985. 141, obs. Pettiti ; JDI 1986. 1056, obs. Rolland et Tavernier.* ♦ (...) Or quinze jours s'écoulèrent entre l'incarcération du requérant en Suède et sa comparution devant le tribunal. Pareil délai ne saurait passer pour bref (« aussitôt »). • CEDH 26 oct. 1984, *Mc Goff c/ Suède, § 27 : Série A n° 83.*

42. La Commission rappelle que le point de savoir si la condition de célérité posée à l'art. 5-3 se trouve ou non remplie doit s'apprécier à la lumière des dispositions législatives en vigueur dans les pays qui ont ratifié la Convention. Ainsi, dans une décision sur la recevabilité d'une requête dirigée contre les Pays-Bas, elle a considéré comme acceptable dans une procédure pénale un délai de quatre jours, délai conforme à la tendance générale relevée dans les États parties à la Convention. • Comm. EDH 6 oct. 1966 : *Ann. 9. 154.* ♦ *Le délai de quatre jours prévu par* le droit français cadre en principe avec l'exigence de rapidité formulée à l'art. 5, § 3. A la lumière de ce qui précède, la Commission estime donc que, dans les circonstances de l'espèce, un délai de trois jours est conciliable avec la notion « aussitôt traduit » énoncée au § 3 de l'art. 5 de la Convention. • Comm. EDH 5 sept. 1988, *Egue c/ France : préc. note 35.*

43. Interprétation de la notion de « promptitude ». En interprétant et appliquant la notion de « promptitude », on ne peut témoigner de souplesse qu'à un degré très faible. Aux yeux de la Cour, même la plus brève des quatre périodes litigieuses, à savoir les quatre jours et six heures de garde à vue de M. F., va au-delà des strictes limites de temps permises par la première partie de l'art. 5, § 3. On élargirait de manière inacceptable le sens manifeste d'« aussitôt » si l'on attachait aux caractéristiques de la cause un poids assez grand pour justifier une longue détention sans comparution devant un juge ou un « autre magistrat ». On mutilerait de la sorte, au détriment de l'individu, une garantie de procédure offerte par l'art. 5, § 3 et l'on aboutirait à des conséquences contraires à la substance même du droit protégé par lui. Il faut donc conclure que pas un seul des requérants ne fut traduit « aussitôt ». Le fait incontesté que les privations de liberté incriminées s'inspiraient d'un but légitime, prémunir la collectivité dans son ensemble contre le terrorisme, ne suffit pas pour assurer le respect des exigences précises de l'art. 5, § 3. Partant, il y a eu violation de ce texte dans le chef de chacun des quatre requérants. • CEDH 29 nov. 1988, *Brogan et a. c/ Royaume-Uni, § 62 : préc. note 23.* ♦ Même à supposer que les activités reprochées aux intéressés aient présenté un lien avec une menace terroriste, la Cour ne saurait admettre qu'il ait été nécessaire de les détenir pendant douze et quatorze jours sans intervention judiciaire. • CEDH 26 nov. 1997, *Sakik et a., § 45 : Rec. 1997-VII.*

44. La Cour observe que, trois jours après leur arrestation, les requérants ont été traduits devant un magistrat habilité par la loi à exercer des fonctions judiciaires, qui a examiné la régularité et le bien-fondé de leur placement en détention provisoire. Compte tenu des circonstances particulières de l'espèce, le grief des requérants est manifestement mal fondé et doit être rejeté en application de l'art. 35, §§ 3 et 4, Conv. EDH. • CEDH 1er avr. 2008, *Varga c/ Roumanie*, n° 73957/01, §§ 55 et 56. ♦ Le contrôle juridictionnel lors de la première comparution de la personne arrêtée doit avant tout être rapide car il a pour but de permettre de détecter tout mauvais traitement et de réduire au minimum toute atteinte injustifiée à la liberté individuelle. La stricte limite de temps imposée par cette exigence ne laisse guère de souplesse dans l'interprétation, sinon on mutilerait, au détriment de l'individu, une garantie procédurale offerte par cet article et on aboutirait à des conséquences contraires à la substance même du droit protégé par lui. • CEDH, gr. ch., 29 mars 2010, *Medvedyev c/ France*, n° 3394/03, § 121 : *D. 2010. 1386, note J.-F. Renucci ; ibid. 898, obs. S. Lavric, entretien P. Spinosi ; ibid. 970, point de vue D. Rebut ; ibid. 1390, note P. Hennion-Jacquet ; Gaz. Pal. 25-27 avr. 2010. p. 15, note H. Matsopoulou ; Dr. pénal 2010, n° 12, obs. J.-B. Thierry ; RSC 2010. 685, obs. J.-P. Marguenaud ; JDI 2012, n° 4, Chron. 12, Comm. 1, obs. O. Bachelet et P. Tavernie ; Dr. pénal 2011, n° 4, Chron. 3, Comm.*

10, obs. E. Dreyer ; ibid., n° 9, Chron. 6, Comm. 4, obs. V. Lesclous ; RFDA 2011. 987, obs. H. Labayle et F. Sudre ; JDI 2011. Chron. 12, obs. A. Decaux, P. Tavernier, M. Boumghar et a. ♦ En l'espèce, la Cour relève qu'au moment de son interception, le Winner se trouvait lui aussi en haute mer, au large des îles du Cap-Vert et donc loin des côtes françaises, à une distance de celles-ci du même ordre que celle dont il était question dans l'affaire Rigopoulos. Par ailleurs, rien n'indique que son acheminement vers la France ait pris plus de temps que nécessaire, compte tenu notamment des conditions météorologiques et de l'état de délabrement avancé du Winner qui rendaient impossible une navigation plus rapide. En outre, les requérants ne prétendent pas qu'il était envisageable de les remettre aux autorités d'un pays plus proche que la France, où ils auraient pu être rapidement traduits devant une autorité judiciaire. Quant à l'hypothèse d'un transfert sur un navire de la Marine nationale pour un rapatriement plus rapide, il n'appartient pas à la Cour d'évaluer la faisabilité d'une telle opération dans les circonstances de la cause. La Cour note enfin que les requérants ont été placés en garde à vue le 26 juin 2002 à 8 h 45 et que leur présentation effective à un juge d'instruction dans les locaux du commissariat de Brest s'est déroulée, au vu des procès-verbaux produits par le Gouvernement, de 17 h 05 à 17 h 45 pour le premier juge d'instruction, et à des heures inconnues s'agissant du second juge d'instruction (paragraphe 19 ci-dessus), mais étant entendu qu'il n'est pas contesté par les requérants que les auditions par ce dernier ont été concomitantes. En conséquence, la durée de la garde à vue des requérants avant leur traduction devant un juge n'a été que d'environ huit à neuf heures après leur arrivée en France. Force est de constater que cette période de huit à neuf heures était compatible avec la notion d'« aussitôt traduit » énoncée à l'art. 5, § 3, Conv. EDH et la jurisprudence de la Cour. Partant, il n'y a pas eu violation de l'art. 5, § 3. • Même arrêt.

45. Un délai de garde à vue de quarante-huit heures est excessif dès lors que les intéressés, suspects d'actes de piraterie contre des navires français, appréhendés en Somalie par les autorités françaises, ont déjà été privés de liberté pendant plusieurs jours avant ce placement. Partant, il y a eu violation de l'art. 5, § 3, du fait qu'à leur arrivée en France, les requérants, déjà privés de liberté depuis quatre jours et une vingtaine d'heures, ont été placés en garde à vue plutôt que *traduits sans délai devant un juge* ou un autre magistrat habilité par la loi à exercer des fonctions judiciaires. • CEDH 4 déc. 2014, *Ali Samatar c/ France : D. 2015. 303, note Renucci ; AJ pénal 2015. 102, obs. Poissonnier ; Dr. pénal 2015. Étude 5, note Décima ; ibid. Chron. 4, obs. Dreyer* • 4 déc. 2014, *Hassan c/ France : ibid.* ♦ Il reste à décider s'il peut être considéré que le requérant a été « aussitôt » traduit devant un tel magistrat alors que cette comparution a eu lieu trois jours, vingt-trois heures et onze minutes après qu'il eut été remis aux autorités françaises. La Cour constate tout d'abord que ce délai est régulier au regard du droit interne et est inférieur au maximum de principe de quatre jours qui ressort de sa jurisprudence. Elle estime ensuite que les circonstances de l'espèce justifient suffisamment que le requérant n'ait pas été présenté plus rapidement au juge d'instruction. Elle relève à cet égard que la chambre de l'instruction a jugé que ce délai n'était pas excessif au regard du temps nécessaire pour procéder à la levée de l'écrou de l'intéressé et organiser matériellement un transfert entre deux villes distantes de près de 500 km, impliquant la mise à disposition d'un véhicule administratif et d'une escorte policière et ce, en pleine période hivernale. Elle ne doute pas que l'explication de ce délai se trouve pour l'essentiel dans le fait que le requérant n'avait pas été arrêté en France mais en Allemagne, et dans la circonstance que cela avait rendu nécessaire un transit par Strasbourg. En outre, comme le montrent les documents produits par le Gouvernement, le trafic routier avait été perturbé en décembre 2010 dans l'Est de la France par des conditions météorologiques particulièrement mauvaises, ce que confirme un site public d'information, qui rapporte que ce mois de décembre avait été le plus froid depuis l'année 1969, que des hauteurs de neige exceptionnelles en plaine avaient été constatées et que la température de moins vingt degrés Celsius avait été enregistrée en Alsace. La Cour ne voit donc pas de raison de mettre en cause l'appréciation de la chambre de l'instruction. Partant, il n'y a pas eu violation de l'art. 5, § 3. • CEDH 10 nov. 2016, *Kiril Zlatkov Nikolov c/ France*, n° 70474/11, §§ 50 à 53.

b. Présentation à un juge ou à un autre magistrat

46. Principes généraux. Le « magistrat » ne se confond pas avec le « juge », mais encore faut-il qu'il en possède certaines des qualités, c'est-à-dire remplisse des conditions constituant autant de garanties pour la personne arrêtée. La première d'entre elles réside dans l'indépendance à l'égard de l'exécutif et des parties. Elle n'exclut pas toute subordination à d'autres juges ou magistrats pourvu qu'ils jouissent eux-mêmes d'une indépendance analogue. A cela s'ajoute une exigence de procédure et une de fond à la charge du magistrat. La première comporte l'obligation d'entendre personnellement l'individu traduit devant lui ; la seconde, celle d'examiner les circonstances qui militent pour ou contre la détention, de se prononcer selon des critères juridiques sur l'existence de raisons la justifiant et, en leur absence, d'ordonner l'élargissement. • CEDH 4 déc. 1979, *Schiesser c/*

Suisse, § 31 : Série A n° 34 ; Cah. dr. eur. 1980. 467, obs. Cohen-Jonathan ; Ann. fr. dr. int. 1980. 325, obs. Pelloux ; JDI 1982. 195, obs. Rolland. ♦ Le contrôle judiciaire des atteintes portées par l'exécutif au droit à la liberté de l'individu constitue un élément essentiel de la garantie de l'art. 5, § 3. Pour qu'un « magistrat » puisse passer pour exercer des « fonctions judiciaires », au sens de cette disposition, il doit remplir certaines conditions représentant, pour la personne détenue, des garanties contre l'arbitraire ou la privation injustifiée de liberté. • CEDH 28 oct. 1998, *Assenov et a. c/ Bulgarie, § 146 : Rec. 1998-VIII ; JCP 1999. I. 105, obs. Sudre ; D. 1999. Somm. 266, obs. Hennion ; RTDH 1999. 383, obs. Rosenberg.*

1. Magistrats du parquet

47. Premier critère : indépendance et impartialité. Seules entrent en ligne de compte les apparences objectives existant à la date de la décision sur la détention : s'il s'avère, à ce moment-là, que le « magistrat habilité par la loi à exercer des fonctions judiciaires » peut intervenir à un stade subséquent à titre de représentant de l'autorité de poursuite, son impartialité peut inspirer des doutes à considérer comme objectivement justifiés. • CEDH 26 nov. 1992, *Brincat c/ Italie, § 21 : Série A n° 249-A* • 23 oct. 1990, *Huber c/ Suisse : Ann. fr. dr. int. 1991. 587, obs. Coussirat-Coustère.* ♦ Le « magistrat » doit être indépendant de l'exécutif et des parties. A cet égard, les apparences objectives à l'époque de la décision sur la détention sont pertinentes : s'il apparaît à ce moment que le magistrat peut intervenir dans la procédure pénale ultérieure en qualité de partie poursuivante, son indépendance, son impartialité peuvent paraître sujettes à caution. (...). Dès lors que n'importe lequel de ces procureurs avait pu par la suite agir contre le requérant dans la procédure pénale, ils n'étaient pas suffisamment indépendants ni impartiaux aux fins de l'art. 5, § 3. • CEDH 28 oct. 1998, *Assenov et a. c/ Bulgarie, §§ 146 et 149 : préc. note 46.* ♦ La Cour constate la soumission au Gouvernement (« *Government's submission* »), car les procureurs sont subordonnés au procureur général qui, en même temps, fait fonction de ministre de la justice. Il est donc incontestable que les procureurs, dans l'exercice de leurs fonctions, soient soumis à la surveillance d'une autorité appartenant au service exécutif du Gouvernement. (...). Selon la Cour, le simple fait que les procureurs, en plus d'exercer les poursuites, agissent aussi comme gardiens de l'intérêt public, ne peut être considéré comme leur accordant un statut judiciaire. (...). Au vu de ce qui précède concernant la position des procureurs telle que définie par la loi constitutionnelle, ceci n'est pas suffisant pour une constatation du fait que les procureurs fournissaient de telles garanties d'indépendance qui pourraient être considérées comme une conformité à l'art. 5, § 3 de la Convention. (...). Enfin, il n'est pas contesté que la loi polonaise n'offrait aucune assurance contre le risque que le même procureur qui avait décidé de la détention provisoire de l'intéressé puisse plus tard prendre part aux poursuites. La Cour conclut donc qu'il y a eu violation de l'art. 5, § 3, Conv. EDH. • CEDH 4 juill. 2000, *Niedbala c/ Pologne, §§ 52 à 57,* n° 27915/95. ♦ V. aussi dans le même sens : • CEDH 25 mars 1999, *Nikolova c/ Bulgarie, § 49 : Rec. 1999-II.*

48. L'auditeur militaire ne pouvait, après le renvoi de l'intéressé en jugement, s'acquitter de la tâche judiciaire très précise visée à l'art. 5, § 3, puisqu'il assumait simultanément le rôle d'autorité de poursuite. Il se trouvait alors engagé dans le procès pénal intenté contre le militaire sur l'élargissement duquel il avait compétence pour statuer. Il ne pouvait être indépendant des parties parce que, justement, il était l'une d'elles. • CEDH 22 mai 1984, *Duinhof et Duijf c/ Pays-Bas : Cah. dr. eur 1986. 206, obs. Cohen-Jonathan ; Ann. fr. dr. int. 1985. 414, obs. Coussirat-Coustère ; Journ. trib. 1984. 487, obs. Lambert ; RSC 1985. 141, obs. Pettiti ; JDI 1986. 1056, obs. Rolland et Tavernier.* ♦ L'auditeur militaire ne jouissait pas de l'indépendance que postule l'art. 5, § 3. Quoique indépendant des autorités militaires, il pouvait lui incomber de jouer, dans la même affaire, le rôle d'organe de poursuite après le renvoi en jugement devant le conseil de guerre. Il se trouvait alors engagé dans le procès pénal intenté contre le militaire sur la détention duquel il avait exprimé un avis avant la saisine de la juridiction. • CEDH 22 mai 1984, *Van der Sluijs et a. c/ Pays-Bas : Cah. dr. eur. 1986. 206, obs. Cohen-Jonathan ; Ann. fr. dr. int. 1985. 396, obs. Coussirat-Coustère ; Journ. trib. 1984. 487, obs. Lambert ; RSC 1985. 141, obs. Pettiti ; JDI 1986. 1056, obs. Rolland et Tavernier.* ♦ Dans le même sens. • CEDH 22 mai 1984, *De Jong et a., § 49 : préc. note 41* • 26 mai 1988, *Pauwels c/ Belgique,* n° 10208/82. ♦ Sans doute la Convention n'exclut-elle pas que le magistrat qui décide de la détention ait aussi d'autres fonctions, mais son impartialité peut paraître sujette à caution s'il peut intervenir dans la procédure pénale ultérieure en qualité de partie poursuivante. Il en allait ainsi en l'occurrence ; l'art. 5, § 3 a donc été enfreint. • CEDH 23 oct. 1990, *Huber c/ Suisse, §§ 42 s. : préc. note 47.*

49. Les procureurs, agissant en qualité de magistrats du ministère public, subordonnés d'abord au procureur général, puis au ministre de la Justice, ne remplissent pas l'exigence d'indépendance à l'égard de l'exécutif. • CEDH 3 juin 2003, *Pantéa c/ Roumanie, § 238 : D. 2003. Somm. 2268, obs. Renucci.* ♦ V. dans le même sens, mais sur le terrain de l'art. 6 Conv. EDH : • CEDH 22 mai 1998, *Vasilescu c/ Roumanie, §§ 40 et 41 : Rec. 1998-III.* ♦ Force est cependant de constater que le procureur de la République n'est pas une « autorité judiciaire » au sens que la jurisprudence de la Cour donne à cette notion : comme le soulignent les requérants, il lui manque en particulier l'indépendance à l'égard du pouvoir exécutif pour pouvoir être ainsi qualifié (V. *Schiesser c/ Suisse*, arrêt du 4 déc. 1979. *série A n° 34, §§ 29-30*). • CEDH 10 juill. 2008, *Medvedyev c/ France*, n° 3394/03, § 61 : *D. 2008. 3055, note Hennion-Jacquet ; RSC 2010. Chron. 685, obs. Marguénaud D. 2009. 600, note Renucci ; JCP 2009. I. 104, n° 5, obs. Sudre ; RSC 2009. 176, obs. Marguénaud ; AJ pénal 2008. 469, obs. Saas ; Dr. pénal 2009. Chron. 4, obs. Dreyer ; ibid. 8, obs. Lesclous ; ibid. 3, obs. Dreyer.* ♦ V. déja • CEDH 4 déc. 1979, *Schiesser c/ Suisse*, §§ 20-30 : *préc. note 46.* ♦ Le magistrat doit présenter les garanties requises d'indépendance à l'égard de l'exécutif et des parties, ce qui exclut notamment qu'il puisse agir par la suite contre le requérant dans la procédure pénale, à l'instar du ministère public, et il doit avoir le pouvoir d'ordonner l'élargissement, après avoir entendu la personne et contrôlé la légalité et la justification de l'arrestation et de la détention (V., parmi beaucoup d'autres, Assenov et a. c/ Bulgarie, arrêt du 28 oct. 1998, Recueil 1998-VIII, §§ 146 et 149). • CEDH, gr. ch., 29 mars 2010, *Medvedyev c/ France, § 124 : D. 2010. 898, note Lavric ; ibid. 2010. 1386, note Renucci ; ibid. 1390, note Hennion-Jacquet ; RSC 2010. Chron. 685, obs. Marguénaud ; AJDA 2010. 648, note Brondel ; Dr. pénal 2010. Étude 12, note Thierry.* ♦ Du fait de leur statut, les membres du ministère public, en France, ne remplissent pas l'exigence d'indépendance à l'égard de l'exécutif, qui, selon une jurisprudence constante, compte, au même titre que l'impartialité, parmi les garanties inhérentes à la notion autonome de « magistrat », au sens de l'art. 5, § 3 (§ 57). • CEDH 23 nov. 2010, *Moulin c/ France : D. 2010. Actu. 2776, note Lavric ; ibid. 2011. Point de vue 26, obs. Fourment ; ibid. 277, obs. Renucci ; ibid. 338, obs. Pradel ; D. actu. 24 nov. 2010, obs. Lavric ; RSC 2011. Chron. 208, obs. Roets ; Procédures 2011, n° 30, obs. Chavent-Leclère ; Dr. pénal 2011, n° 26, obs. Maron et Haas ; ibid. Chron. 3, obs. Dreyer ; ibid. Chron. 7, obs. Lesclous ; ibid. 2012. Chron. 1, obs. Georget.* ♦ A la suite de l'interception de leur navire en haute mer, des suspects ont été privés de leur liberté pendant dix-huit jours ; ce délai d'acheminement aurait dû permettre aux autorités nationales de les présenter, dès leur arrivée en France, à un juge ou un autre magistrat habilité par la loi à exercer des fonctions judiciaires ; or, en leur faisant subir en sus une garde à vue de quarante-huit heures sous le contrôle du procureur de la République, les autorités françaises ont violé l'art. 5, § 3, Conv. EDH. • CEDH 27 juin 2013, *Vassis et a. c/ France*, n° 62736/09 : *D. 2013. Actu. 1687, obs. Bachelet ; AJ pénal 2013. 549, obs. Roussel ; RSC 2013. 656, obs. Marguénaud ; JCP 2013, n° 843, obs. Milano ; Gaz. Pal. 13 au 15 oct. 2013, p. 41, note Fourment.*

50. *Deuxième critère : obligation d'entendre l'accusé.* Le magistrat doit entendre personnellement l'individu traduit devant lui. • CEDH 28 oct. 1998, *Assenov et a. c/ Bulgarie, § 146 : préc. note 46* • 4 déc. 1979, *Schiesser c/ Suisse, § 31 7710/76 : préc. note 46.* ♦ Le fait que l'avocat ne soit pas admis à assister à cet interrogatoire n'est pas incompatible avec l'art. 5, § 3, lequel n'exige pas la présence d'un avocat. • CEDH 4 déc. 1979, *Schiesser c/ Suisse, § 36 : préc. note 46* • 25 mars 1999, *Nikolova c/ Bulgarie, § 49 : préc. note 47.*

51. *Troisième critère : pouvoir de mise en liberté.* Le magistrat doit se prononcer selon des critères juridiques sur l'existence de raisons justifiant la détention et, en leur absence, il doit avoir le pouvoir d'ordonner de manière contraignante l'élargissement. • CEDH 28 oct. 1998, *Assenov et a. c/ Bulgarie, § 146 : préc. note 47.* ♦ V. aussi. • CEDH 18 janv. 1978, *Irlande c/ Royaume-Uni, § 199 : préc. note 12* • 25 mars 1999, *Nikolova c/ Bulgarie, § 49 : préc. note 47.*

2. Juge d'instruction

52. *Question de l'indépendance et de l'impartialité du juge d'instruction.* La Cour relève qu'en droit bulgare les magistrats instructeurs n'ont pas le pouvoir de rendre des décisions juridiquement contraignantes en matière de mise en détention ou d'élargissement du suspect. Au contraire, toute décision émanant d'un magistrat instructeur peut être infirmée par le procureur, qui peut également retirer une affaire à un magistrat instructeur si l'approche suivie par ce dernier ne le satisfait pas. Il en résulte que le magistrat instructeur n'est pas suffisamment indépendant pour qu'on puisse adéquatement le décrire comme un « magistrat habilité par la loi à exercer des fonctions judiciaires » au sens de l'art. 5, § 3. • CEDH 28 oct. 1998, *Assenov et a. c/ Bulgarie, § 148 : préc. note 47.*

53. Le magistrat instructeur ne saurait donc passer pour un « magistrat habilité par la loi à exercer des fonctions judiciaires » au sens de l'art. 5, § 3 puisqu'il pouvait ultérieurement être partie à la procédure pénale dirigée contre la requérante. (...). La Cour conclut donc à la violation de l'art. 5, § 3. • CEDH 25 mars 1999, *Nikolova c/ Bulgarie, §§ 51 et 53 : préc. note 47.* ♦ Dans la procédure suivie devant le tribunal de district, aucun acte d'accusation officiel n'est déposé et aucun membre du ministère public n'est présent au procès. En revanche, c'est le juge d'instruction qui, dans sa décision finale, résume les faits et en indique la qualification juridique, à partir de quoi le tribunal de district conduit son procès. En tant que telle, la décision contient des éléments importants d'un acte d'inculpation et de fait en remplira le rôle. Dès lors, la Cour constate que, au moment où le juge d'instruction a décidé de l'arrestation et de la mise en détention du requérant, il est apparu que si l'affaire était déférée au tribunal de district, le juge qui avait ordonné la détention préventive « [pourrait] intervenir dans la procédure pénale ultérieure en qualité de partie poursuivante ». (...). La Cour estime donc qu'il y a eu violation de l'art. 5, § 3, Conv. EDH au motif que le requérant n'a pas été traduit devant un « magistrat habilité par la loi à exercer des fonctions judiciaires ». • CEDH 5 avr. 2001, *H.B. c/ Suisse, §§ 61 à 64,* n° 26899/95.

54. Le contrôle doit être confié à un magistrat présentant les garanties requises d'indépendance à l'égard de l'exécutif et des parties, ce qui exclut notamment qu'il puisse agir par la suite contre le requérant dans la procédure pénale, à l'instar du ministère public, et ce magistrat doit avoir le pouvoir d'ordonner l'élargissement, après avoir entendu la personne et contrôlé la légalité et la justification de l'arrestation et de la détention. Il doit entendre personnellement l'individu traduit devant lui ; il doit examiner les circonstances qui militent pour ou contre la détention, se prononcer selon des critères juridiques sur l'existence de raisons la justifiant et, en leur absence, ordonner l'élargissement. Autrement dit, il faut que le magistrat se penche sur le bien-fondé de la détention. Le contrôle automatique initial portant sur l'arrestation et la détention doit donc permettre d'examiner les questions de régularité et celle de savoir s'il existe des raisons plausibles de soupçonner que la personne arrêtée a commis une infraction, c'est-à-dire si la détention se trouve englobée par les exceptions autorisées énumérées à l'art. 5, § 1 *c)* ; s'il n'en est pas ainsi, ou si la détention est illégale, le magistrat doit avoir le pouvoir d'ordonner la libération. Destiné à établir si la privation de liberté de l'individu est justifiée, le contrôle requis par l'art. 5, § 3 de la Convention doit être suffisamment ample pour couvrir les diverses circonstances militant pour ou contre la détention. • CEDH 10 nov. 2016, *Kiril Zlatkov Nikolov c/ France,* n° 70474/11, § 41 : *D. 2017. 861, note Renucci*. ♦ Le juge d'instruction est un juge ou autre magistrat habilité par la loi à exercer des fonctions judiciaires, au sens de l'art. 5, § 3. • Même arrêt.

3° DROIT D'ÊTRE JUGÉ DANS UN DÉLAI RAISONNABLE OU LIBÉRÉ PENDANT LA PROCÉDURE (ART. 5, § 3)

55. Importance de la garantie. La Cour considère qu'il est de la plus haute importance d'établir clairement la portée de l'art. 5, § 3. Le terme « raisonnable » s'appliquant au délai dans lequel une personne a le droit d'être jugée, une interprétation grammaticale conduirait à laisser aux autorités judiciaires une option entre l'obligation de conduire la procédure jusqu'au jugement dans un délai raisonnable et celle de libérer l'accusé, fût-ce moyennant certaines garanties. La Cour n'a aucun doute qu'une telle interprétation ne répondra pas à la pensée des Hautes Parties contractantes. On ne concevrait pas en effet que celles-ci aient entendu réserver à leurs autorités judiciaires la faculté, moyennant libération des accusés, de poursuivre les procédures au-delà d'une durée raisonnable, ce qui du reste serait en contradiction formelle avec les dispositions de l'art. 6, § 1. (...). C'est donc essentiellement en fonction de l'état de détention de la personne poursuivie que les tribunaux nationaux, et éventuellement après la Cour européenne, doivent apprécier si le délai écoulé, pour quelque cause que ce soit, avant jugement de l'accusé, a dépassé à un moment donné les limites raisonnables, c'est-à-dire celle du sacrifice qui, dans les circonstances de la cause, pouvait raisonnablement être infligé à une personne présumée innocente. En d'autres mots c'est, au sens de l'art. 5, § 3, la détention provisoire des accusés qui ne peut être maintenue au-delà des limites raisonnables. • CEDH 27 juin 1968, *Wemhoff c/ RFA, §§ 4 et 5 : Série A n° 7.* ♦ Jusqu'à sa condamnation, la personne accusée doit être réputée innocente et l'objet de l'art. 5, § 3 est essentiellement d'imposer la mise en liberté provisoire du moment où le maintien en détention cesse d'être raisonnable. • CEDH 27 juin 1968, *Neumeister c/ Autriche : Ann. fr. dr. int. 1969. 276, obs. Pelloux.* ♦ La détention provisoire est une mesure de caractère exceptionnel pouvant être utilisée seulement dans les cas où elle s'avérerait strictement nécessaire. • CEDH 8 nov. 2007, *Lelièvre c/ Belgique, § 89,* n° 11287/03. ♦ V. aussi : • CEDH 23 janv. 2007, *Cretello c/ France : Dr. pénal 2008. Chron. 3, obs. Dreyer.*

56. Période à prendre en considération. L'obligation de libérer dans un délai raisonnable subsiste tant que l'accusé n'est pas jugé, c'est-à-dire jusqu'au jour du jugement qui intervient à l'issue du procès. En outre, cette libération doit lui être accordée « pendant la procédure », terme très général qui incontestablement couvre aussi bien le procès qui se déroule devant la juridiction de jugement que la procédure d'instruction. (...). Reste à préciser s'il faut adopter, comme terme final de la période de détention visée par l'art. 5, § 3, le jour où est devenu définitif un jugement de condamnation ou simplement celui où il est statué sur le bien-fondé de l'accusation, fût-ce seulement en premier ressort. La Cour se prononce pour cette dernière interprétation. Une considération lui a paru déterminante, à savoir que la personne condamnée en première instance, qu'elle ait ou non été détenue jusqu'à ce moment, se trouve dans le cas prévu à l'art. 5, § 1 *a),* lequel autorise la privation de liberté des personnes « après condamnation ». Ces derniers mots ne peuvent être interprétés comme se limitant à l'hypothèse d'une condamnation définitive, car ceci exclurait l'arrestation à l'audience de personnes condamnées ayant comparu en liberté, quels que soient les recours qui leur sont encore ouverts. Or une telle pratique est courante dans de nombreux États contractants et on ne peut croire qu'ils aient entendu y renoncer. On ne peut perdre de vue, au surplus, le fait que la culpabilité d'une personne détenue pendant la procédure d'appel ou de cassation, a été établie au cours d'un procès qui s'est déroulé conformément aux exigences de l'art. 6. • CEDH 27 juin 1968, *Wemhoff c/ RFA, §§ 7 s. : préc. note 55* • 28 mars 1990, *B. c/ Autriche, § 36 : préc. note 16.*

57. Appréciation du caractère raisonnable du procès. Le caractère raisonnable du maintien en détention d'un accusé doit s'apprécier dans chaque cas suivant les circonstances de la cause. Les circonstances susceptibles d'être prises en considération sont d'une extrême variété. (...). Tout d'abord il appartient aux autorités judiciaires nationales d'indiquer les circonstances qui leur ont paru rendre nécessaire, pour des raisons d'intérêt public, la privation de liberté d'une personne soupçonnée d'infraction et non condamnée. De même, cette personne doit avoir fait valoir dans ses recours tant les raisons de nature à contrecarrer les conclusions tirées par les autorités des faits retenus par elles que d'autres circonstances militant en faveur d'une libération. C'est à la lumière de ces indications que la Cour doit apprécier si les motifs donnés par les autorités nationales pour justifier le maintien en détention sont pertinents et suffisants pour faire admettre que la détention n'a pas dépassé des limites raisonnables au sens de l'art. 5, § 3. • CEDH 27 juin 1968, *Wemhoff c/ RFA, §§ 10 à 12 : préc. note 55.* ♦ C'est essentiellement sur la base des motifs indiqués dans les décisions relatives aux demandes de mise en liberté provisoire, ainsi que des faits non controversés indiqués par le requérant dans ses recours, que la Cour est appelée à apprécier s'il y a eu ou non violation de la Convention. • CEDH 27 juin 1968, *Neumeister c/ Autriche, § 5 : préc. note 55* • CEDH 17 mars 1997, *Muller c/ France, § 35 : Rec. 1997-II* • CEDH 28 oct. 1998, *Assenov et a. c/ Bulgarie, § 154 : préc. note 47.* ♦ La Convention serait vidée de son contenu s'il était interdit à la Cour de vérifier librement, sur la base des circonstances relevées par les juridictions internes et des faits non controversés indiqués par le requérant dans ses demandes et recours, si la prolongation de la détention était raisonnable au sens de l'art. 5, § 3. • CEDH 10 nov. 1969, *Stögmüller c/ Autriche,* n° 1602/62.

58. N'est pas déraisonnable une détention provisoire ayant duré plus de quatre ans dès lors qu'elle se trouve objectivement justifiée par des motifs pertinents et suffisants, outre la persistance de raisons plausibles de soupçonner que l'intéressé a commis l'infraction et que les autorités judiciaires nationales ont apporté une diligence particulière à la poursuite de la procédure. • CEDH, 5e sect., 18 oct. 2012, *Rossi c/ France : D. actu. 7 nov. 2012, obs. Bombled ; Procédures 2012, n° 368, obs. Chavent-Leclère.*

59. Le danger de fuite ne peut pas s'apprécier uniquement sur le fondement de la gravité des sanctions encourues. D'autres circonstances, relatives notamment au caractère de l'intéressé, à sa moralité, à son domicile, sa profession, ses ressources, ses liens familiaux, ses liens de tous ordres avec le pays où il est poursuivi peuvent confirmer soit l'existence du danger de fuite, soit le faire apparaître comme à ce point réduit qu'il ne peut justifier une détention provisoire. Il faut également tenir compte du fait que le danger de fuite décroît nécessairement avec le temps passé en détention puisque l'imputation probable de la durée de la détention préventive sur celui de la privation de liberté à laquelle l'intéressé peut craindre d'être condamné est de nature à lui faire apparaître cette éventualité comme moins redoutable et à réduire sa tentation de fuir. • CEDH 27 juin 1968, *Neumeister c/ Autriche, § 10 : préc. note 55* • CEDH 17 mars 1997, *Muller c/ France, § 43 : préc. note 57* • CEDH 28 mars 1990, *B. c/ Autriche, § 44 : préc. note 16.* ♦ Lorsque le maintien en détention n'est plus motivé que par la crainte de voir l'accusé se soustraire par la fuite à sa comparution ultérieure devant la juridiction de jugement, la libération provisoire de l'accusé doit être ordonnée s'il est possible d'obtenir de lui des garanties assurant cette comparution. • CEDH 27 juin 1968, *Wemhoff c/ RFA, § 15 : préc. note 55.*

60. La persistance de raisons plausibles de soupçonner la personne arrêtée d'avoir accompli une infraction est une condition *sine qua non* de la régularité du maintien en détention, mais au bout d'un certain temps elle ne suffit plus ; la Cour doit alors établir si les autres motifs adoptés par les autorités judiciaires continuent à légitimer la privation de liberté. Quand ils se révèlent pertinents et suffisants, elle recherche de surcroît si les autorités nationales compétentes ont apporté une « diligence particulière » à la poursuite de la procédure. • CEDH 28 oct. 1998, *Assenov et a. c/ Bulgarie, § 154 : préc. note 47* • 17 mars 1997, *Muller c/ France, § 35 : préc. note 57* • 13 juill. 1995, *Van der Tang c/ Espagne,* n° 19382/92 • 12 déc. 1991, *Toth c/ Autriche : Ann. fr. dr. int. 1991. 581, obs. Coussirat-Coustère ; RTDH 1993. 544, obs. Marcus-Helmons ; RUDH 1992. 1, obs. Sudre* • 28 mars 1990, *B. c/ Autriche, § 42 : préc. note 16* • 3 oct. 2013, *Vosgien c/ France : D. actu. 15 oct. 2013, obs. Bombled ; AJ pénal 2014. 36, obs. Lavric ; Procédures 2013. 356, note Chavent-Leclère.* ♦ Même en présence de motifs « pertinents et suffisants » continuant à légitimer la privation de liberté, l'absence de « diligence particulière » apportée par les autorités nationales à la poursuite de la procédure peut entraîner une violation de l'art. 5, § 3, de la Convention. • CEDH 10 juill. 2008, *Garriguenc c/ France, § 49 : Dr. pénal 2009. Chron. 4, obs. Dreyer.* ♦ La complexité et les particularités de l'enquête sont des éléments à prendre en compte à cet égard. • CEDH 18 déc. 1996, *Scott c/ Espagne, § 74 : Rec. 1996-VI.* ♦ La Cour n'ignore pas que la célérité particulière à laquelle un accusé détenu a droit dans l'examen de son cas ne doit pas nuire aux efforts des magistrats pour accomplir leurs tâches avec le soin voulu. Il ressort cependant du dossier que les juridictions françaises n'agirent pas en l'espèce avec la promptitude nécessaire. (...). Dès lors, la longueur de la détention incriminée n'apparaît imputable, pour l'essentiel, ni à la complexité de l'affaire ni au comportement du requérant. Partant, il y a eu violation de l'art. 5, § 3. • CEDH 27 août 1992, *Tomasi c/ France : Ann. fr. dr. int. 1992. 629, obs. Coussirat-Coustère ; JDI 1993. 740, obs. Decaux et Tavernier ; RSC 1993. 142, obs. Pettiti ; D. 1993. Somm. 383, obs. Renucci ; RUDH 1993. 1, obs. Sudre et autres.* ♦ V. aussi : Sédillot, *Cah. CREDHO 1994 n° 2. 109 ;* Sudre, *RSC 1993. 33.* ♦ L'existence d'un fort soupçon de participation à des infractions graves, tout en constituant un facteur pertinent, ne légitime pas à elle seule une aussi longue détention provisoire. • CEDH 18 déc. 1996, *Scott c/ Espagne, § 78 : préc.* • CEDH 27 août 1992, *Tomasi c/ France, § 89 : préc.*

61. La Cour ne peut souscrire à la thèse du Gouvernement selon laquelle les diverses difficultés liées à la mise en œuvre de la commission rogatoire internationale (traduction de documents, transmission par la voie diplomatique...) puissent justifier la très longue détention du requérant. Comme la Commission, elle estime que l'affaire n'était pas particulièrement complexe. (...). Au surplus, rien ne donne à penser que la durée de la procédure soit imputable en tout ou partie au comportement du requérant. Dans ces conditions, la Cour ne peut que conclure à l'inobservation du devoir de « diligence particulière » consacré par l'art. 5, § 3. • CEDH 18 déc. 1996, *Scott c/ Espagne, § 83 : préc. note 60.* ♦ La Cour admet que par leur gravité particulière et par la réaction du public à leur accomplissement, certaines infractions peuvent susciter un trouble social de nature à justifier une détention provisoire, au moins pendant un temps. Dans des circonstances exceptionnelles, cet élément peut donc entrer en ligne de compte au regard de la Convention, en tout cas dans la mesure où le droit interne reconnaît la notion de trouble à l'ordre public provoqué par une infraction. Cependant, on ne saurait l'estimer pertinent et suffisant que s'il repose sur des faits de nature à montrer que l'élargissement du détenu troublerait réellement l'ordre public. En outre, la détention ne demeure légitime que si l'ordre public reste effectivement menacé ; sa continuation ne saurait servir à anticiper sur une peine privative de liberté. • CEDH 26 juin 1991, *Letellier c/ France : Ann. fr. dr. int. 1991. 592, obs. Coussirat-Coustère ; JDI 1992. 788, obs. Decaux et Tavernier ; RSC 1991. 806, obs. Pettiti ; D. 1992. Somm. 328, obs. Renucci ; RUDH 1992. 1, obs. Sudre.* ♦ On ne peut perdre de vue que si un accusé détenu a droit à ce que son cas soit traité par priorité avec une célérité particulière, celle-ci ne doit nuire aux efforts poursuivis par les magistrats à fin de faire pleinement la lumière sur les faits dénoncés, de fournir tant à la défense qu'à l'accusation toutes facilités pour produire leurs preuves et pour présenter leurs explications, et de ne se prononcer qu'après mûre réflexion sur l'existence les infractions et sur la peine. • CEDH 27 juin 1968, *Wemhoff c/ RFA, § 17 : préc. note 55.* ♦ Le caractère raisonnable de la durée d'une détention ne se prête pas à une évaluation abstraite. A cet égard, l'art. 5, § 3, Conv. EDH ne saurait être interprété comme autorisant de manière inconditionnelle une détention provisoire pour autant qu'elle ne dépasse pas une certaine durée. Tout maintien en détention provisoire d'un accusé, même pour une courte durée, doit être justifié de manière convaincante par les autorités • CEDH 1er juill. 2008, *Calmanovici c/ Roumanie, § 91 : Dr. pénal 2009. Chron. 4, obs. Dreyer.* ♦ La poursuite de l'incarcération ne se justifie, dans une espèce donnée, que si des indices concrets révèlent une véritable exigence d'intérêt public prévalant, nonobstant la présomption d'innocence, sur la règle du respect de la liberté individuelle. • CEDH, gr. ch., 6 avr. 2000, *Labita c/ Italie,* § 152, n° 26772/95.

62. La persistance de raisons plausibles de soupçonner la personne arrêtée d'avoir commis une infraction est une condition *sine qua non* de la régularité du maintien en détention. • CEDH, gr. ch., 6 avr. 2000, *Labita c/ Italie,* n° 26772/95, § 152 à 153. ♦ Pour être conforme à la Convention, la longueur de la privation de liberté subie par le requérant eût dû reposer sur des justifications des plus convaincantes. Or il ressort des développements précédents que la pertinence initiale des motifs retenus par les juridictions d'instruction à l'appui de leurs décisions relatives au maintien de l'intéressé en détention ne résiste pas à l'épreuve du temps. Bref, par sa durée excessive, la détention litigieuse du requérant a enfreint l'art. 5 § 3. • CEDH 26 sept. 2006, *Gérard Bernard c/ France,* n° 27678/02, §§ 47 et 48. ♦ Les juridictions nationales se sont bornées à faire abstraitement référence à la gravité des faits reprochés et au trouble à l'ordre public, sans étayer le caractère certain et actuel de l'atteinte à l'ordre public et sans préciser en quoi l'élargissement du requérant, en tant que tel, aurait eu pour effet de le troubler. En tout état de cause, la gravité des faits et le trouble à l'ordre public ne peuvent justifier à eux seuls une aussi longue détention provisoire. • CEDH 3 oct. 2013, *Vosgien c/ France,* n° 12430/11, § 57.

4° GARANTIE ASSURANT LA COMPARUTION À L'AUDIENCE (ART. 5, § 3 IN FINE)

63. Présence de l'accusé à l'audience. La garantie prévue par l'art. 5, § 3 a pour objet d'assurer non la réparation du préjudice, mais la présence de l'accusé à l'audience. Son importance doit dès lors être appréciée principalement par rapport à l'intéressé, à ses ressources, à ses liens avec les personnes appelées à servir de cautions et pour tout dire la confiance qu'on peut avoir que la perspective de pertes du cautionnement ou de l'exécution des cautions en cas de non-comparution à l'audience agira sur lui comme un frein suffisant pour écarter toute velléité de fuite. • CEDH 27 juin 1968, *Neumeister c/ Autriche, § 14 : préc. note 55.* ♦ La Cour considère que le montant de la caution en l'espèce, bien qu'élevé, n'a pas été disproportionné compte tenu de l'intérêt juridique protégé, de la gravité du délit en cause et des conséquences catastrophiques du point de vue aussi bien environnemental qu'économique découlant du déversement de la cargaison. • CEDH 8 janv. 2009, *Mangouras c/ Espagne,* § 44, n° 12050/04.

5° DROIT À UN RECOURS (ART. 5, § 4)

64. Le droit d'introduire un recours devant un tribunal. L'art. 5, § 4 ne garantit pas le droit à un examen judiciaire d'une portée telle qu'il habiliterait le « tribunal » à substituer, sur l'ensemble des aspects de l'affaire, y compris les considérations d'opportunité, sa propre appréciation à celle de l'autorité dont émane la décision. Il n'en veut pas moins un contrôle assez ample pour s'étendre à chacune des conditions indispensables, au regard de la Convention, à la régularité de la détention d'un individu assujetti au type particulier de privation de liberté appliqué au requérant. • CEDH 21 févr. 1996, *Hussain c/ Royaume-Uni, § 57 : Rec. 1996-I* • CEDH 2 mars 1987, *Weeks c/ Royaume-Uni, § 59 : préc. note 5* • CEDH 24 juin 1982, *Van Droogenbroeck, § 49 : préc. note 16.* ♦ La légalité d'une « arrestation ou détention » s'apprécie sous l'angle non du seul droit interne, mais aussi du texte de la Convention, des principes généraux qu'elle consacre et du but des restrictions qu'autorise l'art. 5-1. • CEDH 2 mars 1987, *Weeks c/ Royaume-Uni, § 57 : préc. note 5* • CEDH 24 juin 1982, *Van Droogenbroeck c/ Belgique, § 48 : préc. note 16.* ♦ La Cour n'a pas pour tâche de se prononcer *in abstracto* sur une législation. (...). Elle doit en revanche rechercher si les conséquences pratiques de cette législation et de la jurisprudence y afférente ont donné lieu à une violation de la Convention. • CEDH 25 mars 1999, *Nikolova c/ Bulgarie, § 60 : Rec. 1999-II.* ♦ Le requérant n'ayant pu s'entretenir avec son avocat de sujets qui concernaient directement sa défense et son recours contre sa détention sans être séparé de lui par une vitre, la Cour en conclut qu'il a été porté atteinte aux droits de la défense de l'intéressé, en violation de l'art. 5, § 4. • CEDH 10 mai 2007, *Modarca c/ Moldavie : RTD civ. 2008. 152, obs. Marguénaud.*

65. Le concept de « *lawfulness* » (« régularité », « légalité ») doit avoir le même sens au § 4 de l'art. 5 qu'au § 1, de sorte qu'une personne détenue a droit à faire contrôler sa détention sous l'angle non seulement du droit interne, mais aussi de la Convention, des principes généraux qu'elle consacre et du but des restrictions qu'autorise le § 1. L'art. 5, § 4 ne garantit pas le droit à un contrôle juridictionnel d'une ampleur telle qu'il habiliterait le tribunal à substituer sur l'ensemble des aspects de la cause, y compris des considérations de pure opportunité, sa propre appréciation à celle de l'autorité dont émane la décision. Il n'en veut pas moins un contrôle assez ample pour s'étendre à chacune des conditions indispensables à la régularité de la détention d'un individu au regard du § 1. • CEDH 6 mars 2001, *Dougoz c/ Grèce,* n° 40907/98, § 61. ♦ L'exigence d'équité procédurale découlant de l'art. 5, § 4 n'impose pas l'application de critères uniformes et immuables indépendants du contexte, des faits et des circonstances de la cause. Si une procédure relevant de l'art. 5, § 4 doit en général revêtir un caractère juridictionnel, elle ne doit pas toujours s'accompagner de garanties identiques à celles que l'art. 6 prescrit pour les procès civils ou pénaux. Elle doit offrir des garanties appropriées au type de privation de liberté en cause. • CEDH 20 oct. 2015, *Sher et a. c/ Royaume-Uni,* n° 5201/11, § 147. ♦ En conséquence, la Cour rejette les exceptions préliminaires de non épuisement des voies de recours internes soulevées par le Gouvernement et conclut à la violation de l'art. 5 § 4 à raison de l'impossibilité dans laquelle le requérant s'est trouvé d'être effectivement entendu par les juridictions compétentes pour contrôler la légalité de sa détention. • CEDH 5 sept. 2019, *Rizzotto c/ Italie,* n° 20983/12, § 63. ♦ Partant, à supposer même que les recours précités eussent été effectifs, la Cour ne voit pas comment les intéressés auraient pu les exercer. Par conséquent, la Cour rejette l'exception préliminaire du Gouvernement tirée du non-épuisement des voies de recours internes et conclut qu'il y a eu violation de l'art. 5 § 4. • CEDH 3 oct. 2019, *Kaak et a. c/ Grèce,* n° 34215/16, §§ 124 et 125.

66. Garanties générales. La Cour estime que, dans une situation comme celle du requérant, où une longue période d'emprisonnement peut être en jeu et où des éléments touchant à la personnalité et au degré de maturité du détenu sont importants pour décider de sa dangerosité, l'art. 5, § 4 exige une audience contradictoire dans le cadre d'une procédure emportant représentation par un défenseur et possibilité de citer et d'interroger des témoins. • CEDH 21 févr. 1996, *Hussain c/ Royaume-Uni., § 59 : préc. note 64* • CEDH 21 févr. 1996, *Singh c/ Royaume-Uni, § 68 : Rec. 1996-I.* ♦ Si la procédure au titre de l'art. 5, § 4 ne doit pas toujours s'accompagner de garanties identiques à celles que l'art. 6, § 1, prescrit pour les procès civils ou pénaux, il faut qu'elle revête un caractère juridictionnel et offre des garanties appropriées au type de privation de liberté en question. • CEDH 29 mars 2001, *DN c/ Suisse, § 41*, n° 27154/95 • CEDH 4 juill. 2000, *Niedbala c/ Pologne, § 66 : préc. note 47.* ♦ L'art. 5, § 4, Conv. EDH, qui consacre le droit « d'introduire un recours devant un tribunal », n'exige pas explicitement que ce tribunal soit indépendant et impartial, et il diffère donc de l'art. 6, § 1. Toutefois, la Cour a jugé que l'indépendance représente l'un des éléments constitutifs les plus importants de la notion de « tribunal » que l'on trouve dans plusieurs articles de la Convention. (...). La Cour estime qu'il serait inconcevable que l'art. 5, § 4, Conv. EDH (...) n'envisage pas également comme condition fondamentale l'impartialité du tribunal en question. • CEDH 29 mars 2001, *DN c/ Suisse, § 42 : préc.*

67. Il ressort du but et de l'objet de l'art. 5, ainsi que des propres termes du § 4 (« recours », « proceedings »), que pour constituer un tel tribunal, un organe doit offrir les garanties fondamentales de procédure appliquées en matière de privation de liberté. Si la procédure de l'organe compétent ne les fournit pas, on ne saurait dispenser l'État de mettre à la disposition de l'intéressé une seconde autorité qui s'entoure, elle, de toutes les garanties d'une procédure judiciaire. • CEDH 18 nov. 1970, *De Wilde, Ooms et Versyp c/ Belgique, § 76.* ♦ L'art. 5, § 4, ne se contente de l'intervention d'un tel organe que si la procédure suivie revêt un caractère judiciaire et donne à l'individu en cause des garanties adaptées à la nature de la privation de liberté dont il se plaint ; pour déterminer si une procédure offre des garanties suffisantes, il faut prendre en compte la nature particulière des circonstances dans lesquelles elle se déroule. • CEDH 24 oct. 1979, *Winterwerp c/ Pays-Bas, § 57 : préc. note 1.*

68. Une garantie spéciale : la notion de « bref délai ». La notion de « bref délai » ne peut se définir *in abstracto*, mais doit s'apprécier à la lumière des circonstances de chaque affaire (...). Rien ne porte à croire qu'il s'agissait d'un problème complexe, nécessitant des investigations approfondies et méritant une longue étude. • CEDH 21 oct. 1986, *Sanchez-Reisse c/ Suisse : Série A n° 107.* ♦ V. aussi • CEDH 16 janv. 2007, *Menvielle c/ France (n° 2), § 30*, n° 97/03. ♦ La Cour reconnaît que le juge saisi du dossier avait besoin de quelque temps pour se livrer aux investigations nécessaires. Cependant, elles s'étalèrent sur une période dont la longueur globale se révèle incompatible avec l'art. 5, § 4 (période de cinq mois et demi environ allant du dépôt de la demande à son rejet par le juge d'instruction). D'après le gouvernement, le juge d'instruction se trouvait surchargé de travail à l'époque. (....). La Cour rappelle que la Convention oblige les États contractants à organiser leurs juridictions de manière à leur permettre de répondre à ses diverses exigences. La durée de l'examen de la demande a excédé le bref délai prescrit par l'art. 5, § 4. • CEDH 25 oct. 1989, *Bezicheri c/ Italie*, n° 11400/85 : *Série A n° 164.* ♦ En garantissant un recours aux personnes arrêtées ou détenues, l'art. 5, § 4, consacre aussi leur droit à voir rendre dans un bref délai, à partir de son introduction, une décision judiciaire mettant fin à leur privation de liberté si elle se révèle illégale. Le souci dominant que traduit cette disposition est bien celui d'une certaine célérité. • CEDH 18 juin 2002, *Delbec c/ France*, § 33 : *RDP 2003. 689, obs. Thomas.*

69. La Cour rappelle qu'il convient d'apprécier à la lumière des circonstances de chaque affaire si le droit de toute personne, au regard de l'art. 5, § 4, Conv. EDH, d'obtenir à bref délai une décision d'un tribunal sur la légalité de sa détention a bien été respecté. • CEDH 26 sept. 1997, *RMD c/ Suisse, § 42 : Rec. 1997-VI* • 21 oct. 1986, *Sanchez-Reisse c/ Suisse, § 55 : préc. note 68.* ♦ Les procédures relatives à des questions de privation de liberté, au sens de l'art. 5, § 4, requièrent une diligence particulière et que les exceptions au principe d'une constatation « à bref délai » de la conformité de la détention appellent une interprétation stricte. Elle rappelle également que la question de savoir si le principe de la célérité de la procédure a été respecté s'apprécie non pas dans l'abstrait, mais dans le cadre d'une appréciation globale des données, en tenant compte des circonstances de l'espèce, et en particulier à la lumière de la complexité de l'affaire, des particularités éventuelles de la procédure interne à suivre ainsi que du comportement du requérant dans celle-ci. En principe, cependant, puisque la liberté de l'individu est en jeu, l'État doit faire en sorte que la procédure se déroule dans un minimum de temps. • CEDH 8 mars 2018, *Pouliou c/ Grèce*, n° 39726/10, §§ 36 à 40.

70. Effectivité des recours. La Cour rappelle qu'une voie de recours doit exister avec un degré suffisant de certitude, sans quoi lui manquent l'accessibilité et l'efficacité requises par l'art. 5, § 4. (...). L'absence de jurisprudence révèle l'incertitude actuelle dudit recours en pratique. En conclusion, il y a eu violation de l'art. 5, § 4. • CEDH 26 nov. 1997, *Sakik et a. c/ Turquie, § 53*, n° 23878/94. ♦ Pour la Commission, ledit pourvoi en cassation ne pouvait être considéré, à l'époque des faits, comme un recours efficace car il n'existait pas avec un degré de certitude ni d'ailleurs de célérité nécessaire pour satisfaire aux exigences de l'art. 5, § 4. L'incertitude jurisprudentielle, plus précisément la contrariété des décisions entre les diverses chambres de la Cour de cassation (...) a pu légitimement susciter un doute chez le requérant quant aux réelles chances de succès d'un tel pourvoi. (...). La Cour conclut à la violation de l'art. 5, § 4. • CEDH 24 août 1998, *Soumare c/ France, §§ 37 et 44 : Rec. 1998-V.* ♦ S'il appartient bien au juge judiciaire de se prononcer sur le bien-fondé d'une mesure d'hospitalisation, c'est-à-dire sur la légalité interne de la décision préfectorale, il revient au juge administratif de contrôler la légalité externe de la décision. En l'espèce, la Cour considère que l'articulation entre la compétence du juge judiciaire et cette du juge administratif quant aux voies de recours offertes n'a pas permis au requérant d'obtenir une décision d'un tribunal pouvant statuer sur la légalité de sa détention et ordonner sa libération si la détention est illégale. La Cour conclut à la violation de l'art. 5, § 4. • CEDH 18 nov. 2010, *Baudouin c/ France : AJ pénal 2011. 145, obs. Péchillon*. ♦ La Cour observe notamment que le requérant ne pouvait en pratique contacter aucun avocat. De plus, il avait reçu une brochure d'information sur certains des recours disponibles, rédigée dans une langue qui lui était en principe incompréhensible. En effet, ledit document était rédigé en arabe et, comme il ressort du dossier, la langue maternelle du requérant était le farsi. La Cour note sur ce point que lors de l'enregistrement ultérieur de sa demande d'asile politique, il a été mentionné dans le procès-verbal que l'entretien avec le requérant avait eu lieu en farsi. De surcroît, le requérant avait été enregistré comme mineur accompagné alors qu'il était sans tuteur qui aurait pu agir comme son représentant légal. Partant, à supposer même que les recours précités aient été efficaces, la Cour ne voit pas comment l'intéressé aurait pu les exercer. (...) Au vu de ce qui précède, la Cour conclut qu'il y a eu violation de l'art. 5, § 4, Conv. EDH. En outre, la Cour considère que le principal grief du requérant, sous l'angle de l'art. 5, § 2, Conv. EDH, consiste non pas à l'incompréhension des raisons de son arrestation ou de sa détention, mais au fait qu'il ne comprenait pas le contenu de la brochure concernant ses droits. Au vu de sa conclusion au titre de l'art. 5, § 4, Conv. EDH, la Cour n'estime pas nécessaire de se prononcer séparément sous l'angle de l'art. 5, § 2, Conv. EDH. • CEDH 5 avr. 2011, *Rahimi c/ Grèce*, n° 8687/08 : *RFDA 2012. 455, obs. Labayle et a*.

71. Cas particulier des sentences indéterminées. Le caractère et le but de la détention « pour la durée qu'il plaira à Sa Majesté (détention HMT : detention during Her Majesty's pleasure) » sont de nature à nécessiter l'examen, par un tribunal répondant aux exigences de l'art. 5, § 4, de la légalité du maintien en détention. • CEDH 21 févr. 1996, *Hussain c/ Royaume-Uni, §§ 52 s. : préc. note 64* • CEDH 21 févr. 1996, *Singh c/ Royaume-Uni, §§ 60 s. : préc. note 66.* ♦ Le motif décisif pour maintenir le requérant en détention était et continue d'être sa dangerosité pour la société, élément susceptible d'évoluer avec le temps. En conséquence, des questions nouvelles de légalité peuvent surgir en cours d'emprisonnement et le requérant est en droit, en vertu de l'art. 5, § 4, de saisir un tribunal compétent pour statuer, à des intervalles raisonnables, sur la légalité de sa détention. • CEDH 21 févr. 1996, *Hussain c/ Royaume-Uni, § 51 : préc. note 64* • CEDH 21 févr. 1996, *Singh c/ Royaume-Uni, § 62 : préc. note 66.* ♦ V. *mutatis mutandis*. • CEDH 25 oct. 1990, *Thynne, Wilson et Gunnel*, n° 11787/85.

72. Mineurs en rétention administrative. La loi française ne prévoit pas que les mineurs puissent faire l'objet d'une mesure de rétention. Les enfants « accompagnant » leurs parents tombent ainsi dans un vide juridique ne leur permettant pas d'exercer le recours garanti à leurs parents. Partant, la rétention administrative d'enfants étrangers du fait de celle de leurs parents en séjour irrégulier viole l'art. 5, § 4, Conv. EDH. • CEDH 19 janv. 2012, *Popov c/ France : préc. note 34.*

6° DROIT À RÉPARATION (ART. 5, § 5)

73. Portée du droit à réparation. Le droit à réparation de l'art. 5, § 5 n'est pas subordonné à l'existence d'un dommage. • Comm. EDH 12 juill. 1984, *Eggs c/ Suisse : DR 39/225.* ♦ La Convention ne reconnaît pas à « l'accusé » le droit à un dédommagement pour une détention provisoire conforme aux exigences de l'art. 5. • CEDH 25 août 1993, *Sekanina c/ Autriche : Dr. Homme 1994. 563, obs. Wagner.* ♦ La Cour rappelle qu'aucune clause de la Convention ne donne à « l'accusé » un droit au remboursement de ses frais, ou un droit à réparation pour une détention provisoire régulière, en cas d'arrêt des poursuites engagées contre lui. • CEDH 25 août 1987, *Englert c/ Allemagne : Cah. dr. eur. 1988. 458, obs. Cohen-Jonathan ; RSC 1988. 136, obs. Pettiti ; JDI 1988. 874, obs. Rolland et Tavernier.*

74. Droit à réparation et satisfaction équitable. La thèse selon laquelle l'art. 5, § 5, déroge à la *lex generalis* de l'art. 50 (ancien ; art. 41 depuis Prot. 11) et en exclut l'application a été implicitement écartée par la Cour qui a déclaré recevable la demande de réparation de l'intéressé. • CEDH 7 mai 1974, *Neumeister c/ Autriche, § 30 : Série A n° 17 ; RUDH 1990. 75, obs. Callewaert, Déjeant-Pons et Sansonetis* • CEDH 22 juin 1972, *Ringeisen c/ Autriche : RUDH 1990. 72, obs. Callewaert, Déjeant-Pons et*

Sansonetis ; RGDI publ. 1972. 110, obs. Vallée. ♦ L'art. 5, § 5 et l'art. 50 (art. 41) se situent sur des plans différents, bien qu'ils s'occupent tous deux de problèmes de réparation dans le cadre de la Convention. Le premier (art. 5, § 5) édicte une règle de fond : figurant parmi les clauses « normatives » du titre 1 de la Convention, il garantit un droit individuel dont le respect s'impose d'abord aux autorités des États contractants, ainsi que le confirme l'emploi de l'adjectif « *enforceable* » dans le texte anglais. L'art. 50 (art. 41), lui, énonce une règle de compétence : inséré dans le titre 4 de la Convention, il habilite expressément la Cour à octroyer à la « partie lésée » une satisfaction équitable, sous certaines conditions. L'une de ces dernières consiste dans l'existence d'une décision ou mesure nationale contraire à « des obligations découlant de la (...) Convention », et rien n'indique qu'une infraction à l'un des quatre premiers paragraphes de l'art. 5 (art. 5-1, art. 5-2, art. 5, § 3, art. 5, § 4) n'entre pas en ligne de compte à cet égard. Si le § 5 de l'art. 5 a pris soin de spécifier que « toute personne victime » d'une telle infraction « a droit à réparation », il ne s'ensuit nullement que la Cour ne puisse appliquer l'art. 50 (art. 41) quand elle a constaté une violation du § 3, par exemple ; il en résulte, sans plus, que dans l'exercice de la large compétence que lui attribue l'art. 50 (art. 41) elle doit prendre en considération, entre autres éléments, la règle de fond du § 5 de l'art. 5. Au demeurant, l'adoption de la thèse du gouvernement entraînerait des conséquences inconciliables avec le but et l'objet de la Convention. • CEDH 7 mai 1974, *Neumeister c/ Autriche, § 30 : préc.*

75. Force du droit à réparation. Le Gouvernement plaide que, la détention des requérants étant régulière, la question d'une atteinte à l'art. 5, § 5 ne se pose pas. La Cour rappelle avoir conclu que la détention des requérants par suite de leur condamnation pour insubordination était irrégulière aux fins du § 1 de l'art. 5. Cependant, la cour d'appel militaire a déclaré que le droit interne ne permettait pas aux requérants d'obtenir une réparation car leur détention aurait résulté d'une « faute lourde » de leur part. Les requérants ne pouvant présenter de demande d'indemnité devant les autorités nationales, il s'ensuit qu'il y a eu aussi violation du § 5 de l'art. 5. • CEDH 29 mai 1997, *Tsirlis et Kouloupas c/ Grèce, §§ 65 et 66 : Rec. 1997-III.* ♦ Le fait qu'un individu soit reconnu coupable d'une infraction ne saurait le priver des droits garantis à l'art. 5. • CEDH 27 août 1992, *Tomasi c/ France : préc. note 60.* ♦ Invoquant l'art. 5, § 5, le requérant allègue que cette disposition crée un droit direct et opposable à une indemnisation financière devant le juge national et reproche aux autorités suisses de ne pas lui avoir octroyé une telle réparation pour sa détention illicite. Il fait valoir que ces autorités ne pouvaient pas s'écarter des conclusions qu'il avait formulées et choisir un autre mode de réparation. Aux yeux de la Cour, l'intention « réparatoire » de la décision du tribunal et le caractère proportionnel de la réduction de peine sont clairement établis. Le tribunal, dans un arrêt motivé et ne révélant aucune trace d'interprétation arbitraire ou déraisonnable, a considéré que l'allocation d'une réparation sous la forme d'une réduction de peine plutôt que d'une prestation financière était parfaitement conforme au droit suisse. Partant, compte tenu de ce que, par des jugements définitifs précités, les autorités nationales ont reconnu la violation en cause et puis l'ont réparée d'une manière comparable à la satisfaction équitable dont parle l'art. 41, la Cour considère que le requérant ne peut plus se prétendre victime d'une violation de l'art. 5, § 5. Au vu de ce qui précède, la Cour conclut que la requête est incompatible *ratione personae* avec les dispositions de la Conv. au sens de l'art. 35, § 3 (a) et doit être rejetée en application de l'art. 35, § 4. • CEDH 8 oct. 2019, *Porchet c/ Suisse,* n° 36391/16, §§ 12, 23 s.

Art. 6 *Droit à un procès équitable.* **1. Toute personne a droit à ce que sa cause soit entendue équitablement, publiquement et dans un délai raisonnable, par un tribunal indépendant et impartial, établi par la loi, qui décidera, soit des contestations sur ses droits et obligations de caractère civil, soit du bien-fondé de toute accusation en matière pénale dirigée contre elle. Le jugement doit être rendu publiquement, mais l'accès de la salle d'audience peut être interdit à la presse et au public pendant la totalité ou une partie du procès dans l'intérêt de la moralité, de l'ordre public ou de la sécurité nationale dans une société démocratique, lorsque les intérêts des mineurs ou la protection de la vie privée des parties au procès l'exigent, ou dans la mesure jugée strictement nécessaire par le tribunal, lorsque dans des circonstances spéciales la publicité serait de nature à porter atteinte aux intérêts de la justice.**

2. Toute personne accusée d'une infraction est présumée innocente jusqu'à ce que sa culpabilité ait été légalement établie.

3. Tout accusé a droit notamment à :

***a*) être informé, dans le plus court délai, dans une langue qu'il comprend et d'une manière détaillée, de la nature et de la cause de l'accusation portée contre lui ;**

***b*) disposer du temps et des facilités nécessaires à la préparation de sa défense ;**

c) se défendre lui-même ou avoir l'assistance d'un défenseur de son choix et, s'il n'a pas les moyens de rémunérer un défenseur, pouvoir être assisté gratuitement par un avocat d'office, lorsque les intérêts de la justice l'exigent ;

d) interroger ou faire interroger les témoins à charge et obtenir la convocation et l'interrogation des témoins à décharge dans les mêmes conditions que les témoins à charge ;

e) se faire assister gratuitement d'un interprète, s'il ne comprend pas ou ne parle pas la langue employée à l'audience.

BIBL. ► ADER, *Mél. Pettiti 1998. 95.* – ALLIX, *Justices 1998, n° 10, p. 46 ; D. 2011. 1699.* – ANDRIANTSIMBAZOVINA, *D. 2001. Chron. 1188 et 2611.* – AUVRET, *JCP 1994. I. 3802.* – BACHELET, *Gaz. Pal. 5 avr. 2011, p. 19.* – BADINTER, *Mél. Catala 2001.* – BEERNAERT, *RD pén. crim. 1997. 72.* – BERTHIER, *RFDA 2009. 677.* – BIRSAN, *RPDP 2010. 191.* – BITTI, *Arch. Po. Crim. 1982, n° 5, p. 25.* – BONICHOT et ABRAHAM, *JCP 1998. I. 176.* – BORÉ, *JCP 2002. I. 104.* – BOULOC, *Gaz. Pal. 1986. 2. Doctr. 602.* – BOURDANNE, *RTDH 1995. 41.* – CANIVET, *JCP 2001. I. 361.* – CÉRÉ, *JCP 2001. I. 316 ; Rev. pénit. 2007. 95.* – CHARRIERE-BOURNAZEL et JEANNERET, *RTDH 2012. 241.* – CLAVERIE-ROUSSET, *Dr. pénal 2012. Étude 18.* – COHEN-JONATHAN, *RTD eur. 1989. 167.* – COLONNA D'ISTRIA, *Rev. pénit. dr. pén. 1994-4. 489.* – COMMARET, *D. 1998. Chron. 262.* – CONTE, *Dr. pénal 2009. Étude 13.* – COULON et FRISON-ROCHE, *in Cabrillac, Frison-Roche et Revet (dir.), Dalloz 8ᵉ éd. 2002. 465.* – CROCQ, *in Cabrillac, Frison-Roche et Revet (dir.), Dalloz 8ᵉ éd. 2002. 479.* – DE GOUTTES, *RSC 2003. 63.* – DE SMET, *RID pén. 1998. 7.* – DEROUIN, *LPA 6 oct. 1993. 70.* – DIVIER, *D. 2004. Chron. 2948.* – DUCOULOUX-FAVARD, *LPA 15 oct. 1999, n° 206. 4.* – DUBOIS, *Cah. dr. eur. 1979. 411.* – DUGRIP et SUDRE, *RFDA 1990. 203.* – DUTHEIL DE LA ROCHÈRE, *Pouvoirs 2001, n° 36. 123.* – ERRERA, *RFDA 1985. 158.* – ESCHYLLE, *RSC 1992. 259.* – FABBRI et GUÉRY, *RSC 2009. 343.* – FABRE, *JCP 1998. I. 157.* – FLAUSS, *RUDH 1991. 324.* – *LPA 11 mai 1994. 21, RTDH 1991. 49.* – FLÉCHEUX, *Mél. Lambert 2000. 363.* – FRANCHIMONT, *Mél. Lambert 2000. 375 ; in* Les nouveaux développements du procès équitable, *Bruylant 1996. 81 ; RTD eur. 1995. 201.* – FRISON-ROCHE, *D. 1999. Chron. 53 ; in Cabrillac, Frison-Roche et Revet (dir.), Dalloz 8ᵉ éd. 2002. 539.* – FROMMEL, *RD aff. int. 1994, n° 6, p. 671.* – FRUDER, *Bruylant 2001.* – GERARDIN-SELLIER, *RTDH 2001. 961.* – GINESTET, *Dr. pénal 2001. 41.* – GOYET, *D. 2001. Chron. 328.* – GROTRIAN, *Dossiers Dr. homme n° 13, Conseil de l'Europe 1994.* – GUÉRIN, *RTDH 2002. 45 ; RPDP 2011. 841.* – GUÉRY, *JCP 2011, n° 28* (peut-on motiver l'intime conviction ?). – GUINCHARD, *AJDA 1998. 191 ; in Mél. Farjat 1999. 139 ; in* Clés pour le droit, *Paris II, Dalloz 2000. 1135 ; Mél. Julien, p. 203.* – HAÏM, *D. 1999. Chron. 201 ; D. 2001. Chron. 2988.* – HERZOG-EVANS, *RTDH 2001. 15.* – HOLZAPFEL, *RTDH 2010. 663.* – HOYANI, *RTDH 2009. 137.* – HUGON, *in Cabrillac, Frison-Roche et Revet (dir.), Dalloz, 5ᵉ éd. 2002. 663 ; D. 2001. Chron. 3369.* – JEANDIDIER, *RSC 1991. 49.* – JEANTET, *RTD eur. 1986. 53.* – JOSSERAND, *LGDJ 1998.* – JUNOSA-ZDROJEWSKI, *Gaz. Pal. 27 juin 1989, p. 2.* – KOERING-JOULIN, *RSC 1990. 765 ; Justices 1998, n° 10. 1.* – KOERING-JOULIN et SEUVIC, *AJDA 1998. 106.* – KOERING-JOULIN et TRUCHE, *Mél. Pettiti 1998. 513.* – LAMBERT, *RTDH 1990. 76 et 1991. 3 ; Mél. Lambert, p. 655.* – LAZERGES, *in Cabrillac, Frison-Roche et Revet (dir.), p. 525.* – LE CALVEZ, *D. 2002. Chron. 3024.* – LECLERC, *D. 2001. 935* (interview) *; RSC 1992. 15.* – LE GALL et GÉRARD, *Dr. fiscal 1994. 878.* – LEMONDE, *RSC 1996. 815.* – LOMBOIS, *Pouvoirs 1990, n° 55, p. 81.* – LUCAZEAU, *JCP 2009. I. 103.* – MAGNIER, *JCP 2000. I. 252.* – MAIGNAN, *Procédures 2000. 12 ; RTDH 1990. 35 ; ibid. 1995. 160.* – MARCUS-HELMONS, *in* Le procès équitable, *Bruylant 2001. 67 ; in Mél. Velu 1992. 1379.* – MARGUÉNAUD, *D. 2001. Chron. 2427.* – MARON, *Dr. pénal 1995. Chron. 34.* – MARSAT, *Dr. pénal 2001. 15.* – MASSIAS, *Mél. Ottenhoff, p. 89.* – MATSCHER, *Mél. Wiarda 1990. 395 ; in* Les nouveaux développements du procès équitable, *Bruylant 1996. 29.* – MATSOPOULOU, *JCP 2010, n° 1128* (motivation des arrêts de cour d'assises et les exigences du procès équitable). – MAUBLANC, *RFDA 1995. 1181.* – MC KAY, *Mél. Drai 2000. 89.* – NICOLOPOULOS, *RSC 1989. 1.* – NIVOSE, *Dr. pénal 1993. 27.* – PELLOUX, *Ann. fr. dr. int. 1995. 330.* – PERRIN DE BRICHAMBART et DUBROCART, *Mél. Pettiti 1998. 605.* – PETTITI, *RSC 1987. 167 ; RTDH 1990. 131.* – PEUKERT, *RID pén. 1995. 673.* – PRADEL, *Rev. gén. dr. (Ottawa) 1996. 505 ; RSC 1990. 692.* – PRALUS-DUPUY, *RSC 1992. 229 et 1995. 723 ; RFDA 2008. 163.* – PUECHAVY, *Mél. Pettiti 1998. 621 ; RTDH 1996. 135.* – QUILLERÉ-MAJZOUB, *Bruylant 1999.* – RENUCCI, *JCP 2000. I. 227 ; Rev. pénit. dr. pén. 1998. 3.* – REBUT, *RSC 1998. 449.* – RIBS, *Mél. Robert 1998. 415.* – ROETS, *AJ pénal 2008. 119.* – ROLIN, *D. 1998, n° 35, 8 oct. 1998, p. 1.* – ROUMIER, *Dr. pénal 2009, n° 12.* – SCHFFHAUSER, *AJ pénal 2011. 32.* – SCOFFONI, *Cah. IDEDH 2/1993. 110.* – SOURZAT, *Dr. pénal 2011. Étude 18.* – SOYER et DE SALVIA, *in Pettiti, Decaux et Imbert (dir.), Economica 2ᵉ éd. 1999. 261.* – SUDRE, *RTDH 2009. 179.* – TAVERNIER, *Mél. Pettiti 1998. 707.* – TULKENS, *RSC 1990. 677.* – VANDE KERCHOVE, *RSC 1992. 1.* – VIGOUROUX, *Mél. Costa, p. 657.* – YERNAULT, *RTDH 1995. 427.* – ZENATI-CASTAING, *D. 2007. Chron.1553.* – ZDROJEWSKI, *Gaz.Pal. 25-27 juin 1989. 4.* – ZOLLER, *D. 2007. Chron. 517 s.* (procès équitable et *due process of law*).

Plan des annotations

I. APPLICABILITÉ DE L'ART. 6

1. Droit à un procès équitable. Le droit à un procès équitable occupe une place éminente dans une société démocratique. • CEDH 9 oct. 1979, *Airey c/ Irlande, § 24 : Série A n° 32 ; RUDH 1990. 127, obs. Callewaert, Dejeant-Pons et Sansonetis ; Cah. dr. eur. 1980. 470, obs. Cohen-Jonathan ; Ann. fr. dr. int. 1980. 323, obs. Pelloux ; JDI 1982. 511, obs. Rolland* • 13 mai 1980, *Artico c/ Italie, § 33 : Série A n° 37 ; Cah. dr. eur. 1982. 213, obs. Cohen-Jonathan ; Ann. fr. dr. int. 1981. 288, obs. Pelloux ; JDI 1982. 202, obs. Rolland.* ♦ Dans une société démocratique au sens de la convention, le droit à une bonne administration de la justice occupe une place si éminente qu'une interprétation restrictive de l'art. 6 § 1 ne correspondrait pas au but et à l'objet de cette disposition. • CEDH 17 janv. 1970, *Delcourt c/ Belgique, § 25 : Série A n° 11.* ♦ La convention doit s'interpréter de façon à garantir des droits concrets et effectifs, et non théoriques et illusoires. • Même arrêt.

2. Le droit à un procès équitable occupe une place si éminente dans une société démocratique qu'une interprétation restrictive de l'art. 6 § 1 ne se justifie pas. • CEDH 23 oct. 1990, *Moreira de Azevedo c/ Portugal, § 66 : Série A n° 189.* ♦ L'art. 6 a pour finalité principale, au pénal, d'assurer un procès équitable devant un tribunal compétent pour décider du bien-fondé de l'accusation, mais il n'en résulte pas qu'il se désintéresse des phases qui se déroulent avant la procédure de jugement. • CEDH 24 nov. 1993,

Imbroscia c/ Italie, § 36 : Série A n° 275. ♦ Les garanties du procès équitable doivent être respectées lors de l'examen d'une QPC par les juridictions ordinaires, c'est-à-dire, par opposition au Conseil constitutionnel, les juridictions du fond et de cassation ; néanmoins, le refus de la Cour de cassation de renvoyer une QPC au Conseil constitutionnel n'est pas contraire à l'art. 6, § 1, Conv. EDH. • CEDH 25 août 2015, *Renard c/ France,* n° 3569/12 : *D. 2015. 2305, note Méric et Larrouturou*.

A. FRONTIÈRES DE L'ART. 6

1° EXTENSION DE L'ART. 6 AU-DELÀ DU PROCÈS

3. *Art. 6 avant le procès.* Une atteinte à la présomption d'innocence peut émaner non seulement d'un juge ou d'un tribunal, mais aussi d'autres autorités publiques (en l'espèce, violation de l'art. 6 en raison de propos tenus par des fonctionnaires de police après l'interpellation et la mise en garde à vue du requérant). • CEDH 10 févr. 1995, *Allenet de Ribemont c/ France, § 36 : Série A n° 308 ; Justices 1997. 177 et 182, obs. Cohen-Jonathan et Flauss ; Ann. fr. dr. int. 1995. 485, obs. Coussirat-Coustère ; JDI 1996. 211, obs. Decaux et Tavernier ; RSC 1996. 484, obs. Joering-Joulin ; RTDH 1998. 69, obs. Marcus-Helmons ; RSC 1995. 639, obs. Pettiti ; D. 1996. Somm. 196, obs. Renucci ; JCP 1997. I. 4000, obs. Sudre.*

4. *Art. 6 après le procès.* Le droit garanti par l'art. 6 serait illusoire si l'ordre juridique interne d'un État contractant permettait qu'une décision judiciaire définitive et obligatoire reste inopérante au détriment d'une partie. En effet, on ne comprendrait pas que l'art. 6, § 1, décrive en détail les garanties de procédure – équité, publicité et célérité – accordées aux parties et qu'il ne protège pas la mise en œuvre des décisions judiciaires ; si cet art. devait passer pour concerner exclusivement l'accès aux juges et le déroulement de l'instance, cela risquerait de créer des situations incompatibles avec le principe de la prééminence du droit que les États contractants se sont engagés à respecter en ratifiant la convention. L'exécution d'un jugement ou arrêt, de quelque juridiction que ce soit, doit donc être considérée comme faisant partie intégrante du « procès » au sens de l'art. 6. (…) En s'abstenant pendant plus de cinq ans de prendre les mesures nécessaires pour se conformer à une décision judiciaire définitive et exécutoire, les autorités nationales ont, en l'occurrence, privé les dispositions de l'art. 6, § 1, Conv. EDH de tout effet utile. Par conséquent, il y a eu violation de cet art. • CEDH 19 mars 1997, *Hornsby c/ Grèce, §§ 40 et 45 : Rec. 1997-II ; JCP 1997. II. 22949 note Dugrip et Sudre ; D. 1998. 74, note Fricero* • 14 déc. 1999, *Antonakopoulos, Vortsela et Antonakopoulou c/ Grèce, § 25,* n° 37098/97 • 28 mars 2000, *Dimitrios Georgiadis c/ Grèce, § 25,* n° 42209/98. ♦ La Cour rappelle que l'art. 6, § 1, Conv. EDH exige que toutes les phases des procédures judiciaires tendant à vider les contestations sur les droits et obligations de caractère civil aboutissent dans un délai raisonnable, sans que l'on puisse excepter les phases postérieures aux décisions sur le fond. Ainsi, l'exécution d'un jugement ou arrêt, de quelque juridiction que ce soit, doit être considérée comme faisant partie intégrante du « procès » au sens de l'art. 6. • CEDH 21 avr. 1998, *Estima Jorge c/ Portugal, § 35 : Rec. 1998-II ; D. 1998. Somm. 369, obs. Fricero* • 23 sept. 1997, *Robins c/ Royaume-Uni, § 28 : Rec. 1997-V ; JCP 1998. I. 107, obs. Sudre.* ♦ Sans méconnaître les difficultés pratiques soulevées par l'exécution d'un nombre très élevé d'expulsions, la Cour considère que l'inertie de l'administration compétente engage la responsabilité de l'État italien sur le terrain de l'art. 6 § 1. • CEDH 28 sept. 1995, *Scollo c/ Italie, § 44 : Série A n° 315-C ; Ann. fr. dr. int. 1995. 485, obs. Coussirat-Coustère ; JCP 1996. I. 3910, obs. Sudre.* ♦ V. aussi : • CEDH 14 déc. 1999, *Antonakopoulos, Vortsela et Antonakopoulou c/ Grèce, § 26,* n° 37098/97.

5. Le droit à un tribunal serait illusoire si l'ordre juridique interne d'un État contractant permettait qu'une décision judiciaire définitive et obligatoire reste inopérante au détriment d'une partie. En effet, on ne comprendrait pas que l'art. 6, § 1, décrive en détail les garanties de procédure – équité, publicité et célérité – accordées aux parties et qu'il ne protège pas la mise en œuvre des décisions judiciaires ; si cet art. devait passer pour concerner exclusivement l'accès au juge et le déroulement de l'instance, cela risquerait de créer des situations incompatibles avec le principe de la prééminence du droit que les États contractants se sont engagés à respecter en ratifiant la convention. L'exécution d'un jugement ou arrêt, de quelque juridiction que ce soit, doit donc être considérée comme faisant partie intégrante du « procès » au sens de l'art. 6 (arrêt Hornsby c/ Grèce du 19 mars 1997, § 40 : *Rec. 1997-II*). L'art. 6 trouve donc à s'appliquer en l'espèce. • CEDH 28 juill. 1999, *Immobiliare Saffi c/ Italie, § 63 : Rec. 1999-V ; D. 2000. Somm. 186, obs. Fricero*. ♦ La Cour souligne que le requérant avait le droit d'obtenir l'octroi de l'assistance de la force publique en priorité, la locataire étant en retard dans le paiement des loyers ; environ 16 mois durent cependant passer avant que cette priorité ne soit reconnue par le juge d'instance. La Cour estime que le Gouvernement n'a pas démontré que ce sursis à l'exécution n'ait duré que le temps strictement nécessaire à trouver une solution satisfaisante aux problèmes d'ordre public auxquels les autorités italiennes étaient confrontées ; en particulier, la Cour note que le gouvernement, qui fait valoir que la locataire avait un enfant à sa charge et percevait un revenu modeste, n'a pas prouvé que pendant ces quatre années les autorités aient cherché une solution aux problèmes de logement de celle-ci. • CEDH 11 janv. 2001, *Lunari c/ Italie, §§ 44 à 46*, n° 21463/93.

2° INAPPLICABILITÉ DE L'ART. 6 PENDANT LE PROCÈS

6. Renonciation aux garanties de l'art. 6. La renonciation à l'exercice d'un droit garanti par la convention doit se trouver établie de manière non équivoque. • CEDH 12 févr. 1985, *Colozza c/ Italie, § 28 : Série A n° 89 ; Cah. dr. eur. 1988. 459, obs. Cohen-Jonathan ; RSC 1985. 627, obs. Pettiti ; JDI 1986. 1077, obs. Rolland et Tavernier* • 7 mai 1994, *Neumeister c/ Autriche, § 36 : Série A n° 17 ; RUDH 1990. 75, obs. Callewaert, Dejeant-Pons et Sansonetis* • 23 juin 1981, *Le Compte, Van Leuven et De Meyere c/ Belgique, § 59 : Série A n° 43 ; Cah. dr. eur. 1982. 201, obs. Cohen-Jonathan ; Ann. fr. dr. int. 1982. 495, obs. Pelloux ; JDI 1982. 216, obs. Rolland* • 10 févr. 1983, *Albert et Le Compte, § 35 : Série A n° 58 ; Cah. dr. eur. 1986. 209, obs. Cohen-Jonathan ; Ann. fr. dr. int. 1984. 447, obs. Pelloux ; JDI 1985. 212, obs. Rolland et Tavernier* • 23 mai 1991, *Oberschlick c/ Autriche, § 51 : Série A n° 204.* ♦ Dans le cas de droits de nature procédurale, semblable déclaration, pour entrer en ligne de compte sous l'angle de la convention, doit s'entourer d'un minimum de garanties correspondant à sa gravité. • CEDH 25 févr. 1992, *Pfeifer et Plank c/Autriche, § 37 : Série A n° 227 ; D. 1992. Somm. 331, obs. Renucci*. ♦ L'acceptation par le requérant de la transaction pénale, qui a emporté renonciation de l'intéressé à son droit d'obtenir un examen ordinaire du bien-fondé de son affaire et à son droit de recours ordinaire, était incontestablement consciente et volontaire. Eu égard aux circonstances de l'affaire, on ne saurait dire que cette décision résultait d'une contrainte exercée par les autorités de poursuite ou de fausses promesses de leur part. Au contraire, elle a été prise dans des conditions offrant des garanties suffisantes contre d'éventuels abus de procédure. Au vu des éléments du dossier, la Cour n'est pas convaincue que la renonciation en question se heurtait à un intérêt public important. • CEDH 29 avr. 2014, *Natsvlishvili et Togonidze c/ Géorgie*, n° 9043/05, § 97. ♦ Le Gouvernement n'a pas démontré qu'un « X » imprimé à côté de la mention « n'a pas demandé d'avocat » sur le formulaire de déposition de l'intéressée pouvait s'analyser en une renonciation valable de celle-ci à son droit à l'assistance d'un avocat pendant la garde à vue. Dès qu'elle a eu accès à un avocat au terme de sa garde à vue, la requérante est de fait revenue sur ses déclarations. Il y a donc eu violation de l'art. 6, §§ 1 et 3 c). • CEDH, 17 sept. 2019 *Akdag c/ Turquie*, n° 75460/10, §§ 44 s.

7. Contrôle ultérieur. La Cour rappelle que, d'après sa jurisprudence constante, une violation de l'art. 6, § 1, Conv. EDH ne peut être fondée sur le manque allégué d'indépendance ou d'impartialité d'un organe juridictionnel, ni sur le manquement par cet organe à une garantie procédurale essentielle si la décision rendue était soumise au contrôle subséquent d'un organe judiciaire doté de la plénitude de juridiction offrant les garanties de l'art. 6. • CEDH 19 déc. 1997, *Helle c/ Finlande, § 46 : Rec. 1997-VIII.* ♦ V. aussi • CEDH 20 nov. 1995, *British American Tobacco Company Ltd c/ Pays-Bas, § 78 : Série A n° 331* • 23 juin 1981, *Le Compte, Van Leuven et De Meyere, § 46 : préc. note 6.* ♦ Il suffit qu'à un stade de la procédure les principes de l'art. 6 soient respectés. • Comm. EDH 29 juin 1998, *Taddei c/ France : DR 94/108.* ♦ La Cour observe d'emblée que l'art. 6 § 1 est applicable à la procédure en cause, qui concernait l'exécution d'une sentence arbitrale et le droit de recouvrer une créance. Elle note également que l'une des principales raisons pour lesquelles les autorités n'ont pas fait exécuter la sentence arbitrale définitive tient à l'insolvabilité d'Oriana, élément qui ne saurait justifier un manquement aux obligations découlant de l'art. 6 § 1. De plus, il ressort du dossier qu'aucune mesure n'a été prise récemment par les autorités ukrainiennes pour redresser cette situation. Dès lors, la Cour dit, à l'unanimité, qu'il y a eu violation de l'art. 6 § 1. • CEDH 3 avr. 2009, *Regent Company c/ Ukraine*, §§ 59 et 60, n° 773/03.

B. CHAMP D'APPLICATION DE L'ART. 6

1° CHAMP D'APPLICATION RATIONE PERSONAE

8. Champ d'application très large. La Commission a estimé que, même si M. Lawless participait effectivement, au moment de son arrestation, aux activités de l'IRA, l'art. 17 ne l'empêchait pas de revendiquer la protection des art. 5 et 6 de la convention, pas plus qu'il ne dispensait le gouvernement irlandais de respecter les dispositions de ces art. qui protègent toute personne contre l'arrestation arbitraire et la détention sans jugement. (…) En l'espèce, le requérant ne se prévaut pas de la convention en vue de justifier ou d'accomplir des actes contraires aux droits et libertés y reconnus, mais qu'il a porté plainte pour avoir été privé des garanties accordées par les art. 5 et 6 de la convention. • CEDH 1er juill. 1961, *Lawless c/ Irlande, §§ 6 et 7 : Série A n° 3 ; Ann. fr. dr. int. 1960. 444, obs. Eissen ; Ann. fr. dr. int. 1961. 251, obs. Pelloux ; Journ. trib. 1960. 785, obs. Wolf.* ♦ V. ss. art. 1er de la convention.

2° CHAMP D'APPLICATION RATIONE MATERIAE

a. Contestations sur les droits et obligations de caractère civil

9. Notion de contestation. De la jurisprudence de la Cour se dégagent un certain nombre de principes. • CEDH 23 oct. 1985, *Benthem c/ Pays-Bas : Série A n° 97.* ♦ L'esprit de la convention commande de ne pas prendre le terme de contestation dans une acception trop technique et d'en donner une définition matérielle plutôt que formelle. • CEDH 23 juin 1981, *Le Compte, Van Leuven et De Meyere,* § 45 : *préc. note 6.* ♦ La contestation peut porter aussi bien sur l'existence même d'un droit que sur son étendue ou ses modalités d'exercice. Elle peut concerner tant des points de fait que des questions juridiques. • CEDH 23 juin 1981, *Le Compte, Van Leuven et De Meyere,* §§ 49 et 51 : *préc. note 6* • 10 févr. 1983, *Albert et Le Compte,* § 36 : *préc. note 6.* ♦ La contestation doit être réelle et sérieuse. • CEDH 23 sept. 1982, *Sporong et Lönnroth,* § 81 : *Série A n° 52.* ♦ Enfin, les termes « contestations sur des droits et obligations de caractère civil » couvrent toute procédure dont l'issue est déterminante pour de tels droits et obligations. • CEDH 16 juill. 1971, *Ringeisen c/ Autriche, § 94 : Série A n° 13.* ♦ L'art. 6, § 1, ne se contente pourtant pas d'un lien ténu ni de répercussions lointaines : des droits et obligations de caractère civil doivent constituer l'objet – ou l'un des objets – de la contestation, l'issue de la procédure être directement déterminante pour un tel droit. • CEDH 23 juin 1981, *Le Compte, Van Leuven et De Meyere,* § 47 : *préc. note 6.*

10. Autonomie de la notion. Si la Cour conclut à l'autonomie de la notion de « droits et obligations de caractère civil », elle ne juge pas pour autant dénuée d'intérêt, dans ce domaine, la législation de l'État concerné. C'est en effet au regard non de la qualification juridique, mais du contenu matériel et des effets que lui confère le droit interne de l'État en cause, qu'un droit doit être considéré ou non comme étant de caractère civil au sens de cette expression dans la convention. Il appartient à la Cour, dans l'exercice de son contrôle, de tenir compte aussi de l'objet et du but de la convention ainsi que des systèmes de droit interne des autres États contractants. • CEDH 28 juin 1978, *König c/ Allemagne, § 89 : Série A n° 27 ; Cah. dr. eur. 1979. 474, obs. Cohen-Jonathan ; Ann. fr. dr. int. 1979. 348, obs. Pelloux ; JDI 1980. 460, obs. Rolland.*

11. Il n'est pas nécessaire, pour que l'art. 6, § 1, s'applique à une contestation, que les deux parties au litige soient des personnes privées. Le libellé de l'art. est beaucoup plus large ; les termes français « contestations sur des droits et obligations de caractère civil » couvrent toute procédure dont l'issue est déterminante pour des droits et obligations de caractère privé. Le texte anglais, qui vise « the determination of civil rights and obligations », confirme cette interprétation. Peu importe dès lors la nature de la loi suivant laquelle la contestation doit être tranchée et celle de l'autorité compétente en la matière. • CEDH 16 juill. 1971, *Ringeisen c/ Autriche, § 94 : préc. note 9.* ♦ Si la contestation oppose un particulier à l'autorité publique, il n'est donc pas décisif que celle-ci ait agi comme personne privée ou en tant que détentrice de la puissance publique. En conséquence, pour savoir si une contestation porte sur la détermination d'un droit de caractère civil, seul compte le caractère du droit qui se trouve en cause. • CEDH 28 juin 1978, *König c/ Allemagne, § 90 : préc. note 10.*

12. Détermination des critères. Il suffit à la Cour de constater que le requérant pouvait, de manière défendable, se prétendre titulaire d'un droit reconnu par la loi portugaise telle qu'il croit pouvoir l'interpréter. • CEDH 8 juill. 1987, *Baraona c/ Portugal, § 41 : Série A n° 122.* ♦ L'art. 6, § 1, vaut pour les contestations relatives à des droits de caractère civil que l'on peut dire, au moins de manière défendable, reconnus en droit interne, qu'ils soient ou non protégés de surcroît par la convention. • CEDH 26 mars 1993, *Éditions Périscope c/ France, § 35 : Série A n° 224-B ; D. 1993. Somm. 686, obs. Renucci* • 27 avr. 1989, *Nevese Silva c/ Portugal, § 37 : Série A n° 153-A.* ♦ La Cour doit rechercher s'il y a une contestation sur un droit de caractère civil que l'on peut prétendre, au moins de manière défendable, reconnu en droit interne. Par ailleurs, l'issue de la procédure doit être directement déterminante pour un tel droit. • CEDH 28 oct. 1998, *Aït-Mouhoub c/ France, § 43 : Rec. 1998-VIII ; D. 1999. Somm. 268, obs. Renucci ; RSC 1999. 399, obs. Koering-Joulin.*

1. Contentieux privé

13. Constitution de partie civile. Le juge d'instruction estimera recevable la constitution de partie civile – et il en alla ainsi en l'espèce – dès lors que les circonstances invoquées lui permettent de supposer l'existence du préjudice allégué et un lien direct avec l'infraction. Le droit à indemnité revendiqué par M. Tomasi dépendait donc de l'issue de sa plainte, c'est-à-dire la condamnation des auteurs des sévices incriminés. Il revêtait un caractère civil, nonobstant la compétence des juridictions pénales. En conclusion, l'art. 6, § 1, trouvait à s'appliquer. • CEDH 27 août 1992, *Tomasi c/ France, §§ 120 à 122 : Série A n° 241-A ; Ann. fr. dr. int. 1992. 629, obs. Coussirat-Coustère ; JDI 1993. 740, obs. Decaux et Tavernier ; RSC 1993. 142, obs. Pettiti ; D. 1993. Somm. 383, obs. Renucci ; RUDH 1993. 1, obs. Sudre.* ♦ La Commission a conclu d'office à l'applicabilité de l'art. 6, § 1, en se référant à l'arrêt « Tomasi ». La constitution de partie civile des intéressés, même non assortie d'une demande d'indemnisation, marqua leur volonté d'agir en réparation de leur dommage ; la clôture de l'instruction par un arrêt de non-lieu fut déterminante pour leurs droits de caractère civil. (...) La Cour constate que l'action des requérants, accueillie par le juge et non contestée par le ministère public, leur interdisait temporairement l'accès aux juridictions civiles pour obtenir réparation d'un éventuel préjudice. En choisissant la voie pénale, les intéressés déclenchèrent des poursuites judiciaires afin d'obtenir une déclaration de culpabilité, condition préalable à toute indemnisation, et conservèrent la faculté de présenter une demande en réparation. Le constat de légitime défense – exclusif de toute responsabilité pénale ou civile – auquel aboutit la chambre d'accusation de la cour d'appel les priva de tout droit d'agir en réparation. L'issue de la procédure fut donc directement déterminante aux fins de l'art. 6, § 1, pour l'établissement de leur droit à réparation. En résumé, l'art. 6, § 1, s'applique en l'occurrence. • CEDH 21 nov. 1995, *Acquaviva c/ France, §§ 44 et 46 à 48 : Série A n° 333-A ; D. 1997. Somm. 206, obs. Renucci*.

14. La Cour relève que le droit français opère une distinction entre la constitution de partie civile proprement dite et l'action civile en réparation du préjudice subi du fait de l'infraction. Aussi la recevabilité d'une constitution de partie civile ne dispense-t-elle pas l'auteur de cette dernière, s'il souhaite faire valoir son droit à l'obtention d'une réparation pécuniaire, d'avoir à formuler une demande en ce sens devant une juridiction qui examinera le bien-fondé de son action civile. La requérante (...) n'a, à aucun stade de la procédure, sollicité l'octroi de dommages-intérêts ni manifesté une telle intention (...). Sur ce point, la présente affaire se distingue d'autres affaires similaires dont la Cour a eu à connaître et où l'issue de la procédure était déterminante pour le « droit de caractère civil » en cause. Il s'agit notamment des affaires *Tomasi* et *Acquaviva* (précitées) qui se sont terminées par un arrêt de non-lieu, alors qu'en l'espèce, il y a eu renvoi devant la juridiction de jugement. Dans l'affaire *Acquaviva* notamment, le constat de légitime défense par la chambre d'accusation de la cour d'appel n'offrait plus aux parties civiles la possibilité d'exercer une action en réparation. En l'occurrence et *a contrario*, l'issue de la procédure n'était pas déterminante aux fins de l'art. 6, § 1, pour l'établissement du droit à réparation de la requérante. N'ayant jamais exercé ce droit, il n'y a donc pas eu « contestation » sur un « droit de caractère civil ». Partant, l'art. 6, § 1, ne trouvait pas à s'appliquer. • CEDH 7 août 1996, *Hamer c/ France, §§ 74 à 79 : Rec. 1996-III ; D. 1997. Somm. 205, obs. Renucci*.

15. La Cour relève que, dans la seconde plainte, l'intéressé a expressément fait état du préjudice de caractère financier causé par les infractions alléguées, puisqu'il estimait avoir été ruiné en raison de vols commis à son encontre. La plainte portait donc sur un droit de caractère civil. Le fait qu'il n'ait pas chiffré son préjudice dès le dépôt de celle-ci ne saurait entrer en ligne de compte car, en droit français, il avait la possibilité de présenter une demande de dommages-intérêts jusques et y compris devant les juridictions de jugement. La Cour estime par ailleurs que ladite plainte, fondée sur l'art. 85, visait à déclencher des poursuites judiciaires afin d'obtenir une déclaration de culpabilité, pouvant entraîner l'exercice de ses droits civils en rapport avec les infractions alléguées, et notamment l'indemnisation du préjudice financier. L'issue de la procédure était donc déterminante aux fins de l'art. 6, § 1, Conv. EDH pour l'établissement du droit à réparation de l'intéressé. Partant, l'art. 6, § 1 s'applique à la procédure litigieuse. • CEDH 28 oct. 1998, *Aït-Mouhoub, §§ 44 à 46 : préc. note 12* • 26 oct. 1999, *Maini c/ France, §§ 28 et 29 : JCP 2000. I. 203, obs. Sudre.* ♦ En outre, la Cour rappelle que la procédure s'étant terminée par un non-lieu, une action fondée sur la responsabilité des policiers était vouée à l'échec et n'était qu'un recours illusoire dans la mesure où le requérant, qui n'avait pu démontrer le bien-fondé de ses allégations devant les juridictions pénales, n'avait aucune chance de le faire devant les juridictions civiles. • CEDH 26 oct. 1999, *Maini c/ France, § 30 : préc.* ♦ Lorsque l'ordre juridique interne offre un recours aux justiciables, tel le dépôt d'une plainte avec constitution de partie civile, l'État a l'obligation de veiller à ce que ceux-ci jouissent des garanties fondamentales de l'art. 6. • CEDH 2 oct. 2008, *Atanasova c/ Bulgarie*, § 46 : *Dr. pénal 2009. Chron. 4, obs. Dreyer.* ♦ Une plainte avec constitution de partie civile entre dans le champ d'application de l'art. 6 § 1, à l'exception des hypothèses où cette plainte vise exclusivement un but répressif ou vindicatif. • CEDH 11 juin 2009, *Laudette c/ France*, § 27, n° 19/05. ♦ Le fait de faire poursuivre ou condamner pénalement des tiers ne saurait être admis en soi : il doit impérativement aller de pair avec l'exercice par la victime de son droit d'intenter l'action, par nature civile, offerte par le droit interne, ne serait-ce qu'en vue de l'obtention d'une réparation symbolique ou de la protection d'un droit à caractère civil, à l'instar par exemple du droit de jouir d'une bonne réputation. • CEDH, gr. ch., 12 févr. 2004, *Perez c/ France*, § 70, n° 47287/99.

16. Droit à indemnisation après un acquittement. Bien que la condition préalable à l'applicabilité de l'art. 533 – une détention suivie d'un acquittement – se rapporte à des questions de droit public, le droit à réparation découlant de cette disposition revêt, de par sa nature même, un « caractère civil ». Ses caractéristiques incontestablement de droit privé renforcent cette conclusion tout comme le fait qu'il appartient aux juridictions civiles de fixer le montant exact de l'indemnité à accorder. • CEDH 29 mai 1997, *Georgiadis c/ Grèce, § 35 : Rec. 1997-III ; RSC 1998. 391, obs. Koering-Joulin*. ♦ La même solution s'impose pour une indemnité réclamée au titre de la détention subie après l'abandon des poursuites par le juge d'instruction. • CEDH 24 nov. 1997, *Werner c/ Autriche, § 39 : Rec.*

1997-VII ; JCP 1998. I. 107, obs. Sudre ; RSC 1998. 393, obs. Koering-Joulin .

17. La convention ne garantit pas à un accusé ultérieurement acquitté le droit de se faire rembourser les frais qu'il a exposés dans la procédure pénale engagée contre lui, si nécessaires qu'ils fussent, ni de percevoir une indemnité pour les restrictions apportées légalement à sa liberté. Un tel droit ne saurait découler ni de l'art. 6, § 1, ni d'aucune autre disposition de la convention ou de ses Protocoles. Il s'ensuit que la question de savoir si l'on peut, dans un cas précis, affirmer l'existence d'un tel droit, commande que l'on se réfère au seul droit interne. A cet égard, pour décider si un droit de caractère civil ou autre, peut valablement passer pour reconnu par le droit néerlandais, la Cour doit tenir compte du libellé des dispositions légales pertinentes et de la manière dont les juridictions internes les ont interprétées. • CEDH 28 sept. 1995, *Masson et Van Zon c/ Pays-Bas, § 49 : Série A n° 327-A ; RSC 1996. 480, obs. Koering-Joulin* .

18. Arbitrage. Le droit reconnu aux requérants ainsi que la demande en indemnisation acceptée aux termes de la sentence arbitrale sont de nature patrimoniale. Leur droit à toucher les sommes accordées par le tribunal arbitral revêt donc un caractère civil au sens de l'art. 6, quelle que soit la nature du contrat conclu entre les requérants et l'État grec au regard de la loi grecque (V. *mutatis mutandis*, l'arrêt *Éditions Périscope c/ France* du 26 mars 1992, série A n° 234-B, p. 66, par. 40). Il s'ensuit que l'issue de la procédure engagée par l'État devant les juridictions civiles afin d'annuler la sentence arbitrale était déterminante pour un droit de caractère civil. Partant, l'art. 6 § 1 entre en jeu. • CEDH 9 déc. 1994, *Raffineries grecques Stran et Stratis Andréadis c/ Grèce,* n° 13427/87, §§ 40 et 41. ♦ Il convient de distinguer entre arbitrage volontaire et arbitrage forcé. S'agissant d'un arbitrage forcé, en ce sens que l'arbitrage est imposé par la loi, les parties n'ont aucune possibilité de soustraire leur litige à la décision d'un tribunal arbitral. Celui-ci doit offrir les garanties prévues par l'art. 6, § 1. En revanche, lorsqu'il s'agit d'un arbitrage volontaire consenti librement, il ne se pose guère de problème sur le terrain de l'art. 6. En effet, les parties à un litige sont libres de soustraire aux juridictions ordinaires certains différends pouvant naître de l'exécution d'un contrat. En souscrivant à une clause d'arbitrage, les parties renoncent volontairement à certains droits garantis par la Convention. • CEDH 1er mars 2016, *Tabbane c/ Suisse,* n° 41069/12, §§ 26 et 27.

2. Contentieux public

19. Police des étrangers. Les décisions d'expulsion ont un caractère de décisions discrétionnaires de nature administrative et n'impliquent donc pas, en tant que telles, des droits et obligations de caractère civil. • Comm. EDH 2 mai 1979, *Uppal et a. c/ Royaume-Uni : DR 17/149* • 13 mars 1981, *Swami Omkarananda et a. c/ Suisse : DR 25/105* • 6 juill. 1982, *X., Y. et Z. c/ Royaume-Uni : DR 29/205.* ♦ Les décisions relatives à l'entrée, au séjour et à l'éloignement des étrangers n'emportent pas contestation sur les droits et obligations de caractère civil du requérant, ni n'ont trait au bien-fondé d'une accusation en matière pénale dirigée contre lui au sens de l'art. 6, § 1. • CEDH 5 oct. 2000, *Maaouia c/ France, § 40,* n° 39652/98. ♦ Le refus d'autoriser un individu à entrer dans un pays déterminé pourrait bien être considéré comme une décision sur un droit de caractère civil s'il portait sur des questions de vie familiale. • Comm. EDH 15 juill. 1967, *Alam et Khan c/ Royaume-Uni : DR 45/41.* ♦ La procédure en relèvement de l'interdiction du territoire français ne porte pas sur une contestation de caractère civil au sens de l'art. 6, § 1 (elle ne porte pas davantage sur le bien-fondé d'une accusation en matière pénale). • CEDH 5 oct. 2000, *Maaouia c/ France, §§ 38 s.,* n° 39652/98.

20. Fonction publique. Pour que l'État défendeur puisse devant la Cour invoquer le statut de fonctionnaire d'un requérant afin de le soustraire à la protection offerte par l'art. 6, deux conditions doivent être remplies. En premier lieu, le droit interne de l'État concerné doit avoir expressément exclu l'accès à un tribunal s'agissant du poste ou de la catégorie de salariés en question. En second lieu, cette dérogation doit reposer sur des motifs objectifs liés à l'intérêt de l'État. Le simple fait que l'intéressé relève d'un secteur ou d'un service qui participe à l'exercice de la puissance publique n'est pas en soi déterminant. Pour que l'exclusion soit justifiée, il ne suffit pas que l'État démontre que le fonctionnaire en question participe à l'exercice de la puissance publique ou qu'il existe – pour reprendre les termes employés par la Cour dans l'arrêt *Pellegrin* – un « lien spécial de confiance et de loyauté » entre l'intéressé et l'État employeur. Il faut aussi que l'État montre que l'objet du litige est lié à l'exercice de l'autorité étatique ou remet en cause le lien spécial susmentionné. Ainsi, rien en principe ne justifie de soustraire aux garanties de l'art. 6 les conflits ordinaires du travail – tels ceux portant sur un salaire, une indemnité ou d'autres droits de ce type – à raison du caractère spécial de la relation entre le fonctionnaire concerné et l'État en question. En effet, il y aura présomption que l'art. 6 trouve à s'appliquer, et il appartiendra à l'État défendeur de démontrer, premièrement, que d'après le droit national un requérant fonctionnaire n'a pas le droit d'accéder à un tribunal et, deuxièmement, que l'exclusion des droits garantis à l'art. 6 est fondée s'agissant de ce fonctionnaire. • CEDH 19 avr. 2007, *Vilho Eskelinen et a. c/ Finlande, § 50 ; RFDA 2007. 1031, note Gonzalez* ; *AJDA*

2007. 1921, obs. Flauss ; *AJDA 2007. 887 obs. Brondel ; RTDH 2008. 1125, note Van Campernolle ; JCP 2007. I. 182, n° 3, obs. Sudre.* ♦ Comp. • CEDH, gr. ch., 8 déc. 1999, *Pellegrin c/ France : Rec. 1999-VIII ; JCP 2000. I. 203, n° 7, obs. Sudre ; D. 2000. Somm. 181, obs. Renucci* ; *JDI 2000. 139, obs. Tavernier ; AJDA 2000. 530, obs. Flauss.*

3. Contentieux mixte

21. Contentieux fiscal non répressif. La Commission a conclu à l'inapplicabilité de l'art. 6, sous l'angle des « droits de caractère civil », aux procédures relatives aux taxations fiscales. • Comm. EDH 8 juill. 1980, *X. c/ Autriche : DR 21/246* • 4 mai 1983, *X. c/ France : DR 32/266.*

22. L'art. 6, § 1, Conv. EDH n'est pas applicable aux contestations ressortissant exclusivement au domaine du droit public et notamment aux procédures fiscales en tant que telles, puisque celles-ci n'ont pas trait à des contestations sur les droits et obligations de caractère civil. Par ailleurs, et hormis les amendes imposées à titre de sanction fiscale, le fait de démontrer qu'un litige est de nature patrimoniale n'est pas suffisant pour qu'il soit couvert par la notion de droits et obligations de caractère civil, notamment lorsque l'obligation, qui est de nature patrimoniale, résulte d'une législation fiscale. • CEDH 20 avr. 1999, *Vidacar SA et Opergrup SL c/ Espagne, § 1,* n° 41601/98 • 12 juill. 2001, *Ferrazzini c/ Italie, § 25 : JDI 2001. 261, obs. Guillot.* ♦ A cet égard, il est vrai que, comme le soutient le Gouvernement, la Cour a confirmé dans l'arrêt *Ferrazzini* (préc., §§ 23-31) que « le contentieux fiscal échappe au champ des droits et obligations de caractère civil ». Force est cependant de constater que la « contestation » dont il est présentement question ne relève pas d'un contentieux de cette nature. Comme indiqué précédemment, elle porte sur la régularité des visites domiciliaires et saisies dont les requérants ont fait l'objet : en son cœur se trouve la question de la méconnaissance ou non par les autorités de leur droit au respect du domicile. Or le caractère « civil » de ce droit est manifeste, tout comme l'est sa reconnaissance en droit interne, qui résulte non seulement de l'art. 9 C. civ. – auquel renvoie d'ailleurs le Gouvernement – mais aussi du fait que la Convention, qui le consacre en son art. 8, est directement applicable dans l'ordre juridique français. En conséquence, la Cour conclut à l'applicabilité de l'art. 6, § 1, et au rejet de l'exception d'irrecevabilité soulevée à cet égard par le Gouvernement. • CEDH 21 févr. 2008, *Ravon c/ France, § 24 : D. 2008. AJ 1054, obs. Guélaud* ; *JCP 2008. I. 167, n° 10, obs. Sudre ; RDP 2009. 905, obs. Gonzalez ; RSC 2009. 598, obs. Matsopoulou* . ♦ Conf. : • CEDH 24 juill. 2008, *André et a. c/ France : JCP 2008. II. 10182, note Louit ; JCP 2009. I. 104, n° 11, obs. Sudre ; Dr. pénal 2009. Chron. 4, obs. Dreyer.*

23. Contentieux disciplinaire. Dans le cas de médecins pratiquant l'art de guérir à titre libéral, tels les requérants, le droit de continuer à exercer est mis en œuvre dans des relations d'ordre privé avec leurs clients ou patients ; en droit belge, elles revêtent de coutume la forme de relations contractuelles ou quasi contractuelles et, de toute façon, se nouent directement entre individus sur un plan personnel, sans qu'une autorité publique intervienne de manière essentielle ou déterminante dans leur établissement. Il s'agit dès lors d'un droit de caractère privé, nonobstant la nature spécifique et d'intérêt général de la profession de médecin et les devoirs particuliers qui s'y rattachent. La Cour conclut ainsi à l'applicabilité de l'art. 6, § 1. La Cour n'a pas à rechercher si la notion de « droits et obligations de caractère civil » va au-delà de celle de droits de caractère privé. • CEDH 23 juin 1981, *Le Compte, Van Leuven et De Meyere c/ Belgique, § 48 : préc. note 6* • 28 juin 1978, *König c/ Allemagne, § 95 : préc. note 10.* ♦ L'applicabilité de l'art. 6, § 1, Conv. EDH à la présente affaire, qui concerne un contentieux disciplinaire dont l'enjeu est le droit de continuer à pratiquer la médecine vétérinaire à titre libéral, ne fait aucun doute. • CEDH 29 sept. 1999, *Serre c/ France,* n° 29718/96, § 20.

24. Contentieux social. Ayant évalué le poids respectif des aspects de droit public et de ceux de droit privé que présente l'affaire, la Cour relève la prédominance des seconds. Aucun d'eux n'apparaît décisif à lui seul, mais additionnés et combinés ils confèrent au droit revendiqué un caractère civil au sens de l'art. 6, § 1, lequel trouvait donc à s'appliquer. • CEDH 29 mai 1986, *Feldbrugge c/ Pays-Bas,* n° 8562/79, § 40.

25. Contentieux financier. La question qui se pose en l'espèce est, précisément, celle de l'applicabilité de l'art. 6, § 1 à la procédure devant la Cour des comptes lorsque celle-ci est saisie en appel d'un jugement d'une chambre régionale des comptes mettant un comptable public en débet. Elle relève à cet égard que l'existence d'une contestation sur une obligation du requérant n'est pas controversée. Il suffit en conséquence de déterminer si l'obligation en cause a un caractère civil, au sens de l'art. 6, § 1. Pour ce faire, il convient en principe de mettre en balance les aspects de droit privé et les aspects de droit public que présente l'affaire. La Grande chambre conclut à l'applicabilité de l'art. 6 § 1 comme la chambre, mais par un raisonnement différent. En effet, la chambre s'était fondée principalement sur la nature particulière du litige opposant le requérant à l'État, pour en tirer la conclusion que les obligations mises à la charge du requérant étaient de caractère civil, les aspects de droit privé prédominant en l'espèce. Pour la Grande chambre, il convient plutôt, comme y invitait l'arrêt Pellegrin, d'examiner l'emploi du requérant, la nature de ses fonctions et les responsabilités qu'il comportait. Or il s'agissait d'un agent de l'Éducation nationale, nommé par arrêté du recteur de l'Académie agent comptable d'un lycée, et chargé à ce titre de la comptabilité d'un établissement d'enseignement secondaire, ainsi que de celle d'un centre créé en son sein et dépourvu de la personnalité morale. Ni la nature des fonctions qu'exerçait le requérant, ni les responsabilités qu'elles comportaient ne peuvent le faire regarder comme participant à l'exercice de la puissance publique et aux fonctions visant à sauvegarder les intérêts généraux de l'État ou des autres collectivités publiques, sauf à envisager ces notions de façon extensive, alors qu'il faut retenir, conformément à l'objet et au but de la Convention, une interprétation restrictive des exceptions aux garanties de l'art. 6, § 1 (Pellegrin, préc., § 64). Partant, la Cour conclut que, eu égard à l'emploi qui lui avait été confié, le litige opposant le requérant à l'État entre bien dans le champ d'application de l'art. 6, § 1. • CEDH 12 avr. 2006, ⛫ *GC Martinie c/ France*, n° 58675/00, §§ 26 et 30.

26. Critères d'appréciation. L'examen ci-dessus du poids relatif des aspects de droit public et de droit privé caractérisant les présentes espèces amène la Cour à conclure que les seconds revêtent une importance plus grande que les premiers. En définitive, les contestations en cause doivent être considérées comme ayant porté sur des droits et obligations de caractère civil, et l'art. 6, § 1, trouve donc à s'appliquer. • CEDH 9 déc. 1994, ⛫ *Schouten et Meldrum c/ Pays-Bas, § 60*, n° 1900591.

b. Bien-fondé d'une accusation en matière pénale

1. Notion d'accusation pénale

27. Concept autonome. La question de « l'autonomie » de la notion de « matière pénale » est particulière. La convention permet sans nul doute aux États, dans l'accomplissement de leur rôle de gardiens de l'intérêt public, de maintenir ou établir une distinction entre droit pénal et droit disciplinaire ainsi que d'en fixer le tracé, mais seulement sous certaines conditions. Elle les laisse libres d'ériger en infraction pénale une action ou omission ne constituant pas l'exercice normal de l'un des droits qu'elle protège ; cela ressort spécialement de son art. 7. Pareil choix, qui a pour effet de rendre applicables les art. 6 et 7, échappe au contrôle de la Cour. Le choix inverse, lui, obéit à des règles plus strictes. Si les États contractants pouvaient à leur guise qualifier une infraction de disciplinaire plutôt que de pénale, ou poursuivre l'auteur d'une infraction « mixte » sur le plan disciplinaire de préférence à la voie pénale, le jeu des clauses fondamentales des art. 6 et 7 se trouverait subordonné à leur volonté souveraine. Une latitude aussi étendue risquerait de conduire à des résultats incompatibles avec le but et l'objet de la convention. La Cour a donc compétence pour s'assurer, sur le terrain de l'art. 6 (...) que le disciplinaire n'empiète pas indûment sur le pénal. En résumé, l'autonomie de la notion de matière pénale opère pour ainsi dire à sens unique. • CEDH 8 juin 1976, ⛫ *Engel et a. c/ Pays-Bas, § 81 : Série A n° 22 ; Cah. dr. eur. 1978. 364, obs. Cohen-Jonathan ; Ann. fr. dr. int. 1977. 481, obs. Pelloux ; JDI 1978. 695, obs. Rolland.*

28. Le mot « accusation » doit se comprendre « au sens de la convention ». • CEDH 27 juin 1968, ⛫ *Neumeister c/ Autriche, § 18*, n° 1936/63 • 27 juin 1968, ⛫ *Wehmoff c/ Allemagne, § 19 : Série A n° 7* • 16 juill. 1971, ⛫ *Ringeisen c/ Autriche, § 110 : préc. note 9.* ♦ La notion « d'accusation en matière pénale » revêt un caractère « autonome » ; elle doit s'entendre « au sens de la convention », d'autant qu'en son texte anglais – l'art. 6, § 1 – comme du reste l'art. 5-2, se sert d'un mot, « charge », de portée fort vaste. • CEDH 27 févr. 1980, ⛫ *Deweer c/ Belgique, § 42 : Série A n° 35 ; Cah. dr. eur. 1982. 196, obs. Cohen-Jonathan ; Ann. fr. dr. int. 1981. 286, obs. Pelloux ; JDI 1982. 197, obs. Rolland.* ♦ La notion d'accusation pénale doit s'entendre comme revêtant une portée autonome dans le contexte de la convention, et non sur la base de leur sens en droit interne. • CEDH 26 mars 1982, ⛫ *Adolf c/ Autriche, § 30 : Série A n° 49.*

29. Conception large de l'accusation pénale. La place éminente que le droit à un procès équitable occupe dans une société démocratique conduit la Cour à opter pour une conception « matérielle » et non « formelle » de « l'accusation » visée à l'art. 6, § 1. Elle lui commande de regarder au-delà des apparences et d'analyser les réalités de la procédure en litige. Le caractère pénal que l'affaire revêt au regard de la convention ressort donc sans ambiguïté d'un faisceau d'indications concordantes. « L'accusation » pourrait aux fins de l'art. 6, § 1, se définir comme la notification officielle, émanant de l'autorité compétente, du reproche d'avoir accompli une infraction pénale. • CEDH 27 févr. 1980, ⛫ *Deweer c/ Belgique, § 46 : préc. note 28.* ♦ L'accusation peut, dans certains cas, revêtir la forme d'autres mesures impliquant un tel reproche et entraînant des « répercussions importantes sur la situation du suspect ». • CEDH 15 juill. 1982, ⛫ *Eckle c/ Allemagne, § 73 : Série A n° 51 ; JDI 1985. 202, obs. Rolland et Tavernier* • 10 déc. 1982, ⛫ *Foti et a. c/ Italie, § 52 : Série A n° 56* • 20 oct. 1997, ⛫ *Serves c/ France, § 42 : Rec. 1997-VI ; JCP 1998. I. 107, obs. Sudre.* ♦ La Cour doit regarder au-delà des apparences et analyser les réalités de la procédure en jeu pour savoir s'il y a « accusation » aux fins de l'art. 6. • CEDH 26 mars 1982, ⛫ *Adolf c/ Autriche, § 30 : préc. note 28.* ♦ Les « condamnés » au sens français du terme sont des « accusés » au sens européen. • CEDH 26 juill. 2002, ⛫ *Meftah c/ France, § 40 in fine*, n° 32911/96.

30. En principe, l'art. 6 n'est pas applicable au stade de l'exécution des peines. • Comm. EDH 6 déc. 1977, *Christinet c/ Suisse : DR 11/175* (décision ordonnant la réintégration d'un condamné bénéficiant d'une libération conditionnelle) • Comm. EDH 14 déc. 1979, *X. c/ Royaume-Uni : DR 20/202* (décision de classement d'un détenu comme dangereux) • Comm. EDH 19 sept. 1961, n° 1127/61.

31. Assimilation des infractions parapénales. La Cour rappelle que la notion de « peine », comme celle « d'accusation pénale », possède une portée autonome. Dans son analyse, elle n'est pas liée par les qualifications données par le droit interne, celles-ci n'ayant qu'une valeur relative. • CEDH 8 juin 1976, *Engel et a. c/ Pays-Bas, § 81 : préc. note 27* • 21 févr. 1984, *Öztürk c/ Allemagne, §§ 49 et 50 : Série A n° 73 ; Cah. dr. eur. 1986. 212, obs. Cohen-Jonathan ; Ann. fr. dr. int. 1985. 403, obs. Coussirat-Coustère ; JDI 1986. 1051, obs. Rolland et Tavernier* • 9 févr. 1995, *Welch c/ Royaume-Uni, § 27 : Série A n° 307-A ; Ann. fr. dr. int. 1995. 485, obs. Coussirat-Coustère ; JDI 1996. 207, obs. Decaux et Tavernier ; RSC 1996. 470, obs. Koering-Joulin ; JCP 1996. I. 3910, obs. Sudre* • 23 oct. 1995, *Schmautzer c/ Autriche, § 27 : Série A n° 328-A.* ♦ Le point de départ de toute appréciation de l'existence d'une peine consiste à déterminer si la mesure en question est imposée à la suite d'une condamnation pour une « infraction ». D'autres éléments peuvent être jugés pertinents à cet égard : la nature et le but de la mesure en cause, sa qualification en droit interne, les procédures associées à son adoption et à son exécution, ainsi que sa gravité. • CEDH 9 févr. 1995, *Welch c/ Royaume-Uni, § 28 : préc.*

32. Sanctions administratives. En l'espèce, il n'est pas contesté que l'infraction à l'origine du retrait de points, à savoir l'excès de vitesse, présentait un caractère pénal. (...) La sanction de retrait de points résulte donc de plein droit de la condamnation prononcée par le juge pénal. (...) La Cour conclut donc à l'applicabilité de l'art. 6, § 1. • CEDH 23 sept. 1998, *Malige c/ France, §§ 36 s. : Rec. 1998-VII.* ♦ La Cour doit rechercher si la « contravention administrative » commise par le requérant relève ou non de la « matière pénale ». • CEDH 21 févr. 1984, *Öztürk c/ Allemagne, § 50 : préc. note 31.* ♦ La Cour note que si les infractions litigieuses et les procédures appliquées en l'espèce relèvent du domaine administratif, elles n'en présentent pas moins un caractère pénal, lequel se reflète d'ailleurs dans la terminologie utilisée. Ainsi parle-t-on, en droit autrichien, des infractions administratives et de la procédure administrative pénale. Au surplus, l'amende infligée à l'intéressé était assortie, en cas de non-paiement, d'une peine privative de liberté. Ces éléments suffisent à entraîner la qualification pénale, au sens de la convention, du manquement imputé au requérant. Partant, l'art. 6 entrait en jeu. • CEDH 23 oct. 1995, *Schmautzer c/ Autriche, § 28 : préc. note 31.*

33. Sanctions fiscales (droit fiscal répressif). Dans l'affaire *Bendenoun*, en premier lieu, les faits incriminés tombaient sous le coup de l'art. 1729-1 CGI : or il concerne tous les citoyens en leur qualité de contribuables, et non un groupe déterminé doté d'un statut particulier ; il leur prescrit un certain comportement et assortit cette exigence d'une sanction. Deuxièmement, les majorations d'impôt ne tendent pas à la réparation pécuniaire d'un préjudice, mais visent pour l'essentiel à punir pour empêcher la réitération d'agissements semblables. Troisièmement, elles se fondent sur une norme de caractère général dont le but est à la fois préventif et répressif. Enfin, elles revêtaient en l'occurrence une ampleur considérable puisqu'elles s'élevaient à 422 534 FF pour l'intéressé et 570 398 FF pour sa société, et le défaut de paiement exposait l'intéressé à l'exercice, par les juridictions répressives, de la contrainte par corps. Ayant évalué le poids respectif des divers aspects de l'affaire, la Cour note la prédominance de ceux qui présentent une coloration pénale. (...) L'accusation litigieuse a donc bien un caractère pénal et l'art. 6, § 1, trouve donc à s'appliquer. • CEDH 24 févr. 1994, *Bendenoun c/ France, § 47 : Série A n° 284 ; Ann. fr. dr. int. 1994. 658, obs. Coussirat-Coustère ; JDI 1995. 752, obs. Decaux et Tavernier ; LPA 11 mai 1994. 21, note Flauss ; RSC 1995. 388, obs. Massias ; ibid. 1994. 612, obs. Pettiti ; JCP 1995. I. 3823, obs. Sudre.* ♦ La Cour relève que l'amende n'était pas négligeable et que la législation fiscale prescrit certaines conditions et assortit cette exigence de sanctions. La Cour attache de l'importance au constat fait par la plus haute juridiction du pays, à savoir que l'amende en question était de nature pénale et fonction de la culpabilité du contribuable fautif. Vu ces caractéristiques, la Cour estime que l'art. 6 trouve à s'appliquer sous son volet pénal. • CEDH 29 août 1997, *A.P., M.P. et T.P. c/ Suisse, §§ 40 à 43 : Rec. 1997-V* • 29 août 1997, *E.L., R.L. et J.O.-L. c/ Suisse, §§ 45 à 48 : Rec. 1997-V ; JCP 1998. I. 107, obs. Sudre.* ♦ La Cour observe que, à l'instar de celles infligées dans les affaires *Janosevic* et *Bendenoun*, les majorations d'impôt appliquées en l'espèce peuvent être considérées comme fondées sur des dispositions juridiques générales applicables à l'ensemble des contribuables (...). En outre, comme le Gouvernement l'a reconnu, les majorations d'impôt ne tendaient pas à la réparation pécuniaire d'un préjudice mais visaient pour l'essentiel à punir pour empêcher la réitération des agissements incriminés. On peut dès lors en conclure que les majorations infligées étaient fondées sur une norme poursuivant un but à la fois préventif et répressif. Cette considération suffit à elle seule à conférer à l'infraction infligée un caractère pénal. La légèreté de la sanction litigieuse distingue la présente espèce des affaires *Janosevic* et *Bendenoun* en ce qui concerne le troisième critère *Engel* mais n'a pas pour effet de l'exclure du champ d'application de l'art. 6. Cette disposition s'applique donc sous son volet pénal nonobstant la modicité de la somme exigée au titre de la majoration d'impôt. • CEDH, gr. ch., 23 nov. 2006, ⛫ *Jussila c/ Finlande*, § 38 : *JDI 2007. 709, obs. Touzé ; JCP 2007. I. 106, n° 4, obs. Sudre ; RTDH 2008. 239, obs. Costa.*

34. Sanctions disciplinaires. La Cour doit préciser, en se limitant au domaine du service militaire, comment elle vérifiera si une « accusation » donnée, à laquelle l'État en cause attribue – comme en l'espèce – un caractère disciplinaire, relève néanmoins de la « matière pénale » telle que l'entend l'art. 6 (pour les critères, V. ci-dessous). • CEDH 8 juin 1976, ⛫ *Engel et a. c/ Pays-Bas, § 82 : préc. note 27.* ♦ Les principes énoncés dans l'arrêt *Engel et a.* valent également, *mutatis mutandis*, pour le milieu pénitentiaire. (…) En raison tant de la gravité particulière des infractions imputées à M. Campbell que de la nature et de la gravité de la peine encourue – et effectivement infligée –, l'art. 6 s'appliquait donc à l'instance engagée contre lui devant le comité des visiteurs. • CEDH 28 juin 1984, ⛫ *Campbell et Fell c/ Royaume-Uni, §§ 69 et 73 : Série A n° 80 ; Cah. dr. eur. 1986. 213, obs. Cohen-Jonathan ; JDI 1986. 1058, obs. Rolland et Tavernier.* ♦ Un contentieux disciplinaire dont l'enjeu, comme en l'espèce, est le droit de continuer à pratiquer la médecine à titre libéral, donne lieu à des « contestations sur des droits de caractère civil » au sens de l'art. 6, § 1. L'applicabilité de l'art. 6, § 1, aux circonstances de la cause, débattue devant la Commission mais non contestée devant la Cour, ne fait donc pas de doute. La Cour estime superflu de trancher la question de savoir si le requérant se trouve, ainsi qu'il le prétend, sous le coup d'une « accusation en matière pénale » au sens de l'art. 6, § 1, Conv. EDH. (…) Les règles de l'art. 6, § 1, dont le requérant allègue la violation valent en matière civile aussi bien que dans le domaine pénal. • CEDH 26 sept. 1995, ⛫ *Diennet c/ France, §§ 27 et 28 : Série A n° 325-A ; Gaz. Pal. 1996. 2. 529, obs. Flécheux.*

2. Critères de l'accusation pénale

35. Diversité des critères. Pour déterminer le caractère pénal, au sens de la convention, d'une infraction, il importe d'abord de savoir si le texte définissant l'infraction en cause ressortit ou non au droit pénal d'après la technique juridique de l'État défendeur. Il y a lieu d'examiner ensuite, eu égard à l'objet et au but de l'art. 6, au sens ordinaire de ces termes et au droit des États contractants, la nature de l'infraction ainsi que la nature et le degré de gravité de la sanction que risquait de subir l'intéressé. • CEDH 21 févr. 1984, ⛫ *Öztürk c/ Allemagne, § 50 : préc. note 31* • 8 juin 1976, ⛫ *Engel et a. c/ Pays-Bas, § 82 : préc. note 27* • 27 août 1991, ⛫ *Demicoli c/ Malte, §§ 31 à 34 : Série A n° 310 ; Ann. fr. dr. int. 1991. 585, obs. Coussirat-Coustère ; JDI 1992. 792, obs. Decaux et Tavernier ; RUDH 1992. 1, obs. Sudre* • 23 oct. 1995, ⛫ *Schmautzer c/ Autriche, § 27 : préc. note 31* • 24 sept. 1997, ⛫ *Garyfallou Aebe c/ Grèce, § 32 : Rec. 1997-V* • 3 mai 2001, ⛫ *J.B. c/ Suisse, § 44*, n° 31827/96.

36. Indications du droit national. Selon le sens ordinaire des termes, relèvent en général du droit pénal des infractions dont les auteurs s'exposent à des peines destinées notamment à exercer un effet dissuasif et qui consistent d'habitude en des mesures privatives de liberté et en des amendes. D'autre part, un manquement du genre de celui de l'intéressé continue à ressortir au droit pénal dans une large majorité des États contractants. • CEDH 21 févr. 1984, ⛫ *Öztürk c/ Allemagne, § 53 : préc. note 31.* ♦ La législation de l'État défendeur entre en ligne de compte, mais elle ne constitue qu'un simple point de départ. • CEDH 26 mars 1982, ⛫ *Adolf c/ Autriche, § 30 : préc. note 28.*

37. Nature de l'infraction. Les indications fournies par le droit interne ne sont pas déterminantes aux fins de l'art. 6. La nature même de l'infraction représente un élément de plus grand poids. • CEDH 27 août 1991, ⛫ *Demicoli c/ Malte, § 33 : préc. note 35* • 26 juin 1984, *Campbell et Fell, § 71 : préc. note 34.* ♦ L'infraction est considérée comme « pénale » si elle concerne virtuellement la population tout entière et non un groupe déterminé doté d'un statut particulier. • CEDH 27 août 1991, ⛫ *Demicoli c/ Malte, § 33 : préc.* • 24 févr. 1994, ⛫ *Bendenoun c/ France, § 47 : préc. note 33.* ♦ Au sujet de la nature de l'infraction, la Cour relève que la législation fiscale prescrit certaines conditions et assortit cette exigence de sanctions. Or les sanctions (en l'espèce des amendes) ne tendent pas à la réparation pécuniaire d'un préjudice, mais ont un caractère essentiellement punitif et dissuasif. • CEDH 29 août 1997, ⛫ *A.P., M.P. et T.P. c/ Suisse, § 41 : préc. note 33.* ♦ Les mesures ordonnées par les tribunaux pour réprimer les comportements déplacés qui surviennent à l'audience, se rapprochent plus de l'exercice de prérogatives disciplinaires que de l'imposition de peine du chef d'infractions pénales. (…) Ce genre de comportement prohibé sort en principe du domaine de l'art. 6. • CEDH 23 mars 1994, ⛫ *Ravnsborg c/ Suède, § 34 : Série A* n° 283-B • 22 févr. 1996, *Putz c/ Autriche, § 33 : Rec. 1996-I.*

38. Nature et gravité de la sanction. La nature même de l'infraction représente un élément d'appréciation de plus grand poids (par rapport aux indications nationales). Si un militaire se voit reprocher une action ou omission qui aurait transgressé une norme juridique régissant le fonctionnement des forces armées, l'État peut en principe utiliser contre lui le droit disciplinaire plutôt que le droit pénal. (...) Là ne s'arrête pourtant pas le contrôle de la Cour. Il se révélerait en général illusoire s'il ne prenait pas également en considération le degré de sévérité de la sanction que risque de subir l'intéressé. Dans une société attachée à la prééminence du droit, ressortissent à la « matière pénale » les privations de liberté susceptibles d'être infligées à titre répressif, hormis celles qui par leur nature, leur durée ou leurs modalités d'exécution ne sauraient causer un préjudice important. Ainsi le veulent la gravité de l'enjeu, les traditions des États contractants et la valeur que la convention attribue au respect de la liberté physique de la personne. • CEDH 8 juin 1976, *Engel et a. c/ Pays-Bas, § 82 : préc. note 27* • 18 juin 1971, *De Wilde, Ooms et Versyp c/ Belgique, §§ 36 et 42 : Série A n° 12 ; Ann. fr. dr. int. 1972. 443, obs. Pelloux ; Journ. trib. 1971. 341, obs. Velu* • 28 juin 1984, *Campbell et Fell c/ Royaume-Uni, § 73*, n° 7819/77. ♦ Pour que l'art. 6 s'applique au titre des mots « accusation en matière pénale », il suffit que l'infraction en cause soit par nature pénale au regard de la convention, comme en l'occurrence, ou ait exposé l'intéressé à une sanction qui, par sa nature et son degré de gravité, ressortit en général à la matière pénale. • CEDH 25 août 1987, *Lutz c/ Allemagne, § 55 : Série A n° 123.* ♦ L'inéligibilité d'un an et le redressement financier de près de 60 000 FF infligé à un député pour dépassement du plafond des dépenses électorales autorisé, n'est pas une sanction suffisamment grave pour entrer dans le champ pénal. • CEDH 21 oct. 1997, *Pierre-Bloch c/ France, §§ 53 s. : Rec. 1997-VI.* ♦ L'effet dissuasif des sanctions est pris en considération. • CEDH 21 févr. 1984, *Öztürk c/ Allemagne, § 53 : préc. note 31.* ♦ La Cour souligne d'emblée que l'art. 6 § 1 est applicable à la procédure litigieuse, dans la mesure où la cour de discipline budgétaire et financière doit être regardée comme décidant du bien-fondé d'accusations en matière pénale au sens de la convention. • CEDH 26 sept. 2000, *Guisset c/ France, § 59 : JCP 2001. I. 291, obs. Sudre.*

39. Caractère alternatif des critères. Les deuxième et troisième critères (nature de l'infraction ; nature et gravité de la sanction) sont alternatifs et non cumulatifs. • CEDH 25 août 1987, *Lutz c/ Allemagne, § 55 : préc. note 38* • 24 sept. 1997, *Garyfallou Aebe c/ Grèce, § 33 : préc. note 35.*

40. Mais cela n'empêche pas l'adoption d'une approche cumulative si l'analyse séparée de chaque critère ne permet pas d'aboutir à une conclusion claire quant à l'existence d'une accusation en matière pénale. • CEDH 24 sept. 1997, *Garyfallou Aebe c/ Grèce, § 33 in fine : préc. note 35.* ♦ Ayant évalué le poids respectif des divers aspects de l'affaire, la Cour note la prédominance de ceux qui présentent une coloration pénale. Aucun d'eux n'apparaît décisif à lui seul, mais additionnés et combinés, ils conféraient à l'accusation litigieuse un caractère pénal au sens de l'art. 6, § 1, lequel par conséquent s'applique. • CEDH 24 févr. 1994, *Bendenoun c/ France, § 47 : préc. note 33.* ♦ Si les infractions litigieuses et les procédures appliquées en l'espèce relèvent du domaine administratif, elles n'en présentent pas moins un caractère pénal. Au surplus, l'amende est assortie, en cas de non-paiement, d'une peine privative de liberté. • CEDH 23 oct. 1995, *Schmautzer c/ Autriche, § 28 : préc. note 31.*

II. DROIT AU JUGE ET ART. 6

41. Nécessité d'un contrôle judiciaire. Parmi les principes fondamentaux d'une société démocratique figure la prééminence du droit, à laquelle se réfère expressément le préambule de la convention. Elle implique, en autres, qu'une ingérence de l'exécutif dans les droits d'un individu soit soumise à un contrôle efficace que doit normalement assurer, au moins en dernier ressort, le pouvoir judiciaire car il offre les meilleures garanties d'indépendance, d'impartialité et de procédure régulière. • CEDH 6 sept. 1978, *Klass et a. c/ Allemagne, § 55 : Série A n° 28 ; Cah. dr. eur. 1979. 474, obs. Cohen-Jonathan ; Ann. fr. dr. int. 1979. 338, obs. Pelloux ; JDI 1980. 463, obs. Rolland.*

A. RÈGLES GÉNÉRALES

1° FORCE DU PRINCIPE

42. Consécration du droit au juge dans le cadre de l'art. 6. Aux yeux de la Cour, on ne comprendrait pas que l'art. 6, § 1, décrive en détail les garanties de procédure (...) et qu'il ne protège pas d'abord ce qui seul permet d'en bénéficier en réalité : l'accès au juge. Équité, publicité et célérité du procès n'offrent point d'intérêt en l'absence de procès. (...) Le droit d'accès constitue un élément inhérent au droit qu'énonce l'art. 6, § 1. Il ne s'agit pas là d'une interprétation extensive de nature à imposer aux États contractants de nouvelles obligations, elle se fonde sur les termes mêmes de la première phrase de l'art. 6, § 1, lue dans son contexte et à la lumière de l'objet et du but de ce traité normatif qu'est la convention. (...) L'art. 6, § 1 consacre de la sorte le « droit à un tribunal », dont le droit d'accès (...) ne constitue qu'un aspect. A cela s'ajoutent les garanties prescrites par l'art. 6, § 1 quant à l'organisation et à la composition du tribunal et quant au déroulement de l'instance. Le tout forme en bref le droit à un procès équitable. • CEDH 21 févr. 1975, *Golder c/ Royaume-Uni, §§ 35 in fine et 36 : Série A n° 18 ; Ann. fr. dr. int. 1975. 330, obs. Pelloux.* ♦ Dans certaines hypothèses, la faculté de se présenter devant une juridiction, fût-ce sans l'assistance d'un conseil, répond aux exigences de l'art. 6, § 1. (...) En vérité, les circonstances jouent ici un rôle important. • CEDH 9 oct. 1979, *Airey c/ Irlande, § 26 : préc. note 1.*

43. Obligations des États. L'art. 6 Conv. EDH n'astreint pas les États contractants à créer des cours d'appel ou de cassation. Cependant, si de telles juridictions existent, les garanties de l'art. 6 doivent être respectées, notamment en ce qu'elle assurent aux plaideurs un droit effectif d'accès aux tribunaux. • CEDH 19 déc. 1997, *Brualla Gomez de la Torre c/ Espagne, § 37 : Rec. 1997-VIII ; D. 1998. Somm. 210, obs. Fricero* • 26 oct. 2000, *Kudla c/ Pologne, § 122 : JCP 2001. I. 291, obs. Sudre ; RTD civ. 2001. 442, obs. Marguénaud ; RTDH 2002. 169, obs. Flauss.* ♦ Comp. pour le droit d'accès concret et effectif au Conseil d'État. • CEDH 16 déc. 1992, *Geouffre de la Pradelle c/ France, § 35 : Série A n° 253-B.* ♦ L'art. 6, § 1, s'il garantit aux plaideurs un droit effectif d'accès aux tribunaux, laisse à l'État le choix des moyens à employer à cette fin. L'instauration d'un système d'aide judiciaire en constitue un, mais il y en a d'autres, par exemple une simplification de la procédure. Il n'appartient pas à la Cour de dicter les mesures à prendre, ni même de les indiquer. La convention se borne à exiger que l'individu jouisse de son droit effectif d'accès à la justice selon des modalités non contraires à l'art. 6, § 1. • CEDH 9 oct. 1979, *Airey c/ Irlande, § 26 : préc. note 1.*

44. Il peut y avoir entrave à l'accès au juge dès lors que les textes ne présentent pas une clarté et des garanties suffisantes pour éviter un malentendu quant aux modalités d'exercice des recours offerts. • CEDH 4 déc. 1995, *Bellet c/ France, §§ 37 et 38 : Série A n° 333-B* • 16 déc. 1992, *Geouffre de la Pradelle c/ France, § 35 : préc. note 43.*

45. Une personne souffrant d'un handicap physique lui interdisant l'accès au palais de justice ne peut prétendre être privée de son droit d'ester que si elle prouve que l'inaccessibilité des bâtiments constitue pour elle un obstacle insurmontable. Tel n'est pas le cas d'un justiciable qui peut agir par l'intermédiaire des services postaux ou d'un tiers mandaté. • CEDH 14 sept. 2010, *Farçaş c/ Roumanie : JCP 2010, n° 1284, obs. Dagorne-Labbe.*

2° *TEMPÉRAMENTS AU PRINCIPE*

46. Limitations du droit au juge. Après avoir posé le principe du droit d'accès à un tribunal dans l'arrêt « Golder », la Cour en a ultérieurement précisé la portée dans les termes suivants : le droit d'accès aux tribunaux, garanti par l'art. 6, § 1, n'est pas absolu ; il se prête à des limitations implicitement admises car il appelle de par sa nature même une réglementation par l'État, réglementation qui peut varier dans le temps et dans l'espace en fonction des besoins et des ressources de la communauté et des individus. En élaborant pareille réglementation, les États contractants jouissent d'une certaine marge d'appréciation. Il appartient cependant à la Cour de statuer en dernier ressort sur le respect des exigences de la convention ; elle doit se convaincre que les limitations appliquées ne restreignent pas l'accès ouvert à l'individu d'une manière ou à un point tels que le droit s'en trouve atteint dans sa substance même. En outre, pareille limitation ne se concilie avec l'art. 6, § 1, que si elle tend à un but légitime et s'il existe un rapport raisonnable de proportionnalité entre les moyens employés et le but visé. • CEDH 4 déc. 1995, *Bellet c/ France, § 31 : préc. note 44* • 20 mai 1985, *Ashingdane c/ Royaume-Uni, § 57 : Série A n° 93* • 8 juill. 1986, *Lithgow et a. c/ Royaume-Uni, § 194 : Série A n° 102 ; Cah. dr. eur. 1988. 481, obs. Cohen-Jonathan ; Ann. fr. dr. int. 1987. 239, obs. Coussirat-Coustère ; JDI 1987. 787, obs. Rolland et Tavernier* • 21 sept. 1994, *Fayed c/ Royaume-Uni, § 65 : Série A n° 294-B* • 23 oct. 1996, *Levages Prestations Services c/ France, § 33 : Rec. 1996-V* • 23 oct. 1997, *National & Provincial Building Society et al. c/ Royaume-Uni, § 105 : Rec. 1997-VII* • 19 déc. 1997, *Brualla Gomez de la Torre c/ Espagne, § 33 : préc. note 43.*

47. Amende forfaitaire. Le droit à un tribunal, dont le droit d'accès constitue un aspect, n'est pas absolu ; il se prête à des limitations implicites, notamment en ce qui concerne les conditions de recevabilité d'un recours. Celles-ci ne peuvent toutefois en restreindre l'exercice d'une manière ou à un point tels qu'il se trouve atteint dans sa substance même, elles doivent tendre à un but légitime et il doit exister un rapport raisonnable de proportionnalité entre les moyens employés et le but visé. En l'espèce, la Cour constate que le requérant a déposé une requête en exonération au sens de l'art. 529-10. Elle relève en particulier qu'il a à cette fin adressé à l'officier du ministère public – il s'agit d'un commissaire de police –, dans les formes et délai prescrits, le formulaire intitulé « formulaire de requête en exonération (art. 529-10 et R. 49-14) joint à l'avis de contravention. Il a par ailleurs, conformément à l'art. 529-10-2°, indiqué sur ce formulaire qu'il se trouvait dans la troisième des situations envisagées – précisant de la sorte qu'il sollicitait l'exonération pour « autre motif ou absence des justificatifs ou des documents demandés » –, a joint comme requis un exposé sur papier libre indiquant les raisons de la contestation et de l'absence de justificatifs, et – cela n'est pas controversé – a justifié du règlement du montant de l'amende forfaitaire à titre de consignation (§ 8-11 ci-dessus). La Cour note ensuite qu'il ressort de l'art. 530-1 que, chargé de vérifier les conditions de recevabilité des requêtes en exonération, l'officier du ministère public a trois possibilités : soit renoncer à l'exercice des poursuites, soit saisir la juridiction compétente, soit, lorsque la requête n'est pas motivée ou n'est pas accompagnée de l'avis, aviser l'intéressé de son irrecevabilité. En l'espèce, il a considéré que la requête était irrecevable au motif qu'il s'agissait d'une « demande de cliché sans contestation explicite de l'infraction » (§ 12 ci-dessus). Or, d'une part, il résulte de ce qui précède que ce motif est erroné, le requérant ayant clairement indiqué dans le formulaire prévu à cet effet contester l'infraction qui lui était reprochée, et précisé ses motifs dans la lettre accompagnant comme il se doit sa requête en exonération (§ 10 ci-dessus). Il apparaît en outre – le Gouvernement le concède – qu'en portant cette appréciation, l'officier du ministère public, dont le pouvoir d'appréciation se limite à l'examen de la recevabilité formelle de la contestation, a excédé ses pouvoirs. D'autre part, comme indiqué précédemment (§ 29 ci-dessus), la décision d'irrecevabilité de l'officier du ministère public a entraîné l'encaissement de la consignation équivalant au paiement de l'amende forfaitaire par application de l'art. R. 49-18. Ainsi, nonobstant la contestation du requérant, l'amende était payée et l'action publique était éteinte, sans qu'un « tribunal », au sens de l'art. 6, § 1, de la Convention, ait examiné le fondement de l'« accusation » dirigée contre lui et entendu ses arguments relatifs à celle-ci. La Cour en déduit que le droit d'accès à un tribunal du requérant s'est trouvé atteint dans sa substance même. • CEDH 8 mars 2012, *Célice c/ France*, n° 14166/09, §§ 33 à 35 : *D. 2012. 984, note Céré ; RSC 2012. 690, obs. Roets ; Dr. pénal 2013. Chron. 4, obs. Dreyer ; Procédures 2012, n° 129, obs. Buisson.* ♦ V. aussi • CEDH 8 mars 2012, *Cadène c/ France*, n° 12039/08 : *D. actu. 22 mars 2012, obs. Bachelet ; Dr. pénal 2012. Comm. 71, obs. Robert.*

48. Restrictions concernant les recours. Le « droit à un tribunal », dont le droit d'accès constitue un aspect particulier, n'est pas absolu et se prête à des limitations implicitement admises, notamment quant aux conditions de recevabilité d'un recours. (...) Toutefois, ces limitations ne sauraient restreindre l'accès ouvert à un justiciable de manière ou à un point tels que son droit à un tribunal s'en trouve atteinte dans sa substance même. (...) Compte tenu du fait que la requérante a démontré son intention claire de former un recours contre une décision de justice, et que le rejet dudit recours pour tardiveté l'a empêchée d'interjeter appel, la Cour estime qu'en l'espèce, l'application particulièrement rigoureuse faite par les juridictions internes d'une règle de procédure a privé la requérante du droit d'accès à un tribunal. Il y a donc violation de l'art. 6, § 1. • CEDH 28 oct. 1998, *Perez de Rada Cavanilles c/ Espagne, §§ 44 s. : Rec. 1998-VIII ; D. 1999. Somm. 270, obs. Fricero .* ♦ Le fait d'avoir pu emprunter des voies de recours internes, mais seulement pour entendre déclarer irrecevables par le jeu de la loi, ne satisfait pas toujours aux impératifs de l'art. 6, § 1 : encore faut-il que le degré d'accès procuré par la législation nationale suffise pour assurer à l'individu le « droit d'accès » eu égard au principe de la prééminence du droit dans une société démocratique. L'effectivité du droit d'accès demande qu'un individu jouisse d'une possibilité claire et concrète de contester un acte constituant une ingérence dans ses droits. • CEDH 30 oct. 1998, *F. E. c/ France, § 46 : Rec. 1998-VIII* • 4 déc. 1995, *Bellet c/ France, § 36 : préc. note 44.* ♦ Contrevient aux dispositions de l'art. 6, § 3, Conv. EDH la juridiction qui relève que le prévenu qui se dérobe à l'exécution d'un mandat d'arrêt n'est pas admis à se faire représenter devant le juge pénal, que ce soit pour y exercer des voies de recours ou pour comparaître en justice, alors que le droit d'être défendu figure parmi les éléments fondamentaux du procès équitable, un accusé n'en perdant pas le bénéfice du seul fait de son absence aux débats. • CEDH 27 avr. 2004, *Maat c/ France : AJ pénal 2004. 246, obs. Leblois-Happe .* ♦ Comp. • CEDH 16 mai 2002, *Karatas c/ France : D. 2003. 2400, note Hugon .*

49. Restrictions au bénéfice de l'aide judiciaire. Le requérant qui ne disposait pas de moyens pour rémunérer un avocat, pouvait légitimement vouloir s'adresser au bureau d'aide judiciaire afin de se pourvoir en cassation puisque, en matière civile, la législation belge impose la représentation par un avocat à la Cour de cassation. Le bureau n'avait pas à apprécier les chances de succès du pourvoi envisagé ; il appartenait à la Cour de cassation de décider. En rejetant la demande au motif que la prétention ne paraissait pas actuellement juste, le bureau d'assistance judiciaire a porté atteinte à la substance même du droit de M. Aerts à un tribunal. Partant, il y a eu violation de l'art. 6, § 1. • CEDH 30 juill. 1998, *Aerts c/ Belgique, § 60 : Rec. 1998-V ; D. 1999. Somm. 270, obs. Fricero .* ♦ Quant au motif retenu par le bureau d'aide juridictionnelle et le premier président de la Cour de cassation pour rejeter la demande du requérant – à savoir le défaut d'un moyen sérieux de cassation –, il est expressément prévu par la loi du 10 juill. 1991 et s'inspire sans nul doute du légitime souci de n'allouer les deniers publics au titre de l'aide juridictionnelle qu'aux demandeurs dont le pourvoi a une chance raisonnable de succès. (...) Le système mis en place par le législateur français offre des garanties substantielles aux individus, de nature à les préserver de l'arbitraire : d'une part, le bureau d'aide juridictionnelle établi près la Cour de cassation est présidé par un magistrat du siège de cette Cour et comprend également son greffier en chef, deux membres choisis par la haute juridiction, deux fonctionnaires, deux avocats au Conseil d'État et à la Cour de cassation, ainsi qu'un membre désigné au titre des usagers ; d'autre part, les décisions de rejet peuvent faire l'objet d'un recours devant le premier président de la Cour de cassation. Enfin, s'il est vrai que dans l'affaire « Aerts » la Cour a conclu à une violation de l'art. 6, § 1, après avoir souligné qu'en rejetant la demande d'assistance judiciaire au motif que la prétention ne paraissait pas actuellement juste, le bureau d'assistance judiciaire a porté atteinte à la substance même du droit du requérant à un tribunal, il n'est pas douteux que la circonstance que M. Aerts était tenu d'être représenté par un avocat fut décisive. Partant, il n'y a pas eu violation de l'art. 6, § 1. • CEDH 19 sept. 2000, *Gnahore c/ France, § 41 : D. 2001. 275, note Rolin ; JCP 2001. I. 291, obs. Sudre ; D. 2001. Somm. 1063, obs. Fricero ; RTDH 2001. 1035, obs. Puachavy.* ♦ Un système d'assistance judiciaire ne peut fonctionner sans la mise en place d'un dispositif permettant de sélectionner les affaires susceptibles d'en bénéficier. • Comm. EDH 10 juill. 1980, *X. c/ Royaume-Uni : DR 21/95.*

50. Immunités. Les États membres demeurent responsables même lorsque postérieurement à l'entrée en vigueur de la Convention et de ses Protocoles, ils ont assumé des engagements découlant de traités. (...) Lorsque les États créent des organisations internationales pour coopérer dans certains domaines d'activité ou pour renforcer leur coopération, et qu'ils transfèrent des compétences à ces organisations et leur accordent des immunités, la protection des droits fondamentaux peut s'en trouver affectée. Toutefois, il serait contraire au but et à l'objet de la convention que les États contractants soient ainsi exonérés de toute responsabilité au regard de la convention dans le domaine d'activité concerné. Pour déterminer si l'immunité d'une organisation internationale devant les juridictions nationales est admissible au regard de la convention, il importe d'examiner s'il existe d'autres voies raisonnables pour protéger efficacement les droits garantis par la convention. (...) Eu égard à ce qui précède, la Cour estime que l'intérêt du requérant à saisir la justice allemande n'était pas suffisant pour l'emporter sur l'intérêt général capital qu'il y avait à ce que l'Allemagne obtînt à nouveau sa souveraineté et réalisât son unification. Dès lors, les décisions des cours et des tribunaux allemands déclarant irrecevable l'action du requérant en restitution ne sauraient passer pour disproportionnées au but légitime poursuivi et n'ont donc pas porté atteinte à la substance même du droit d'accès de l'intéressé à un tribunal. • CEDH 12 juill. 2001, *Prince Hans-Adam II de Liechtenstein c/ Allemagne, §§ 48 et 69 : Europe 2001, n° 340, obs. Lechevallier ; JDI 2001. 265, obs. Tavernier.*

51. La Convention doit autant que faire se peut s'interpréter de manière à se concilier avec les autres règles du droit international dont elle fait partie intégrante, y compris celles relatives à l'octroi de l'immunité aux États. On ne peut dès lors, de façon générale, considérer comme une restriction disproportionnée au droit d'accès à un tribunal tel que le consacre l'art. 6, § 1, des mesures prises par une Haute Partie contractante qui reflètent des principes de droit international généralement reconnus en matière d'immunité des États. De même que le droit d'accès à un tribunal est inhérent à la garantie d'un procès équitable accordée par cet art., de même certaines restrictions à l'accès doivent être tenues pour lui être inhérentes ; on en trouve un exemple dans les limitations généralement admises par la communauté des nations comme relevant de la doctrine de l'immunité des États. (...) Lorsqu'une procédure concerne un emploi dans une mission ou une ambassade étrangère, la pratique internationale se partage sur la question de savoir si l'immunité de l'État continue de s'appliquer et, dans l'affirmative, si elle vaut pour les différends relatifs aux contrats de l'ensemble du personnel ou seulement à ceux des membres de la mission qui occupent des postes élevés. L'on ne peut assurément pas dire que le Royaume-Uni soit seul à prétendre que l'immunité s'applique aux actions intentées par les agents des missions diplomatiques ou que, en accordant cette immunité, le Royaume-Uni s'écarte de normes internationales actuellement admises. (...) A la connaissance de la Cour, aucune tendance ne se manifeste en droit international vers un assouplissement du principe de l'immunité des États en ce qui concerne les questions de recrutement dans les missions étrangères. (...) Dans ces conditions, on ne saurait considérer qu'en conférant en l'espèce l'immunité aux États-Unis, le Royaume-Uni a outrepassé la marge d'appréciation reconnue aux États quand il s'agit de limiter le droit d'accès d'un individu à un tribunal. • CEDH 21 nov. 2001, *Fogarty c/ Royaume-Uni, §§ 35 s. : JCP 2002. I. 105, obs. Sudre ; JDI 2001. 273, obs. de Frouville.*

52. Limitations excessives. Le refus opposé à un détenu de prendre contact avec un avocat pour qu'il intente un procès en diffamation contre un gardien revient à lui interdire l'accès à la justice. • CEDH 21 févr. 1975, *Golder c/ Royaume-Uni, § 40 : préc. note 42.* ♦ La Cour n'a pas à apprécier le bien-fondé de la plainte de l'intéressé devant le magistrat compétent. Elle estime cependant que la fixation d'une somme aussi élevée par le doyen des juges d'instruction (80 000 F) était disproportionnée étant donné l'absence totale de ressources financières du requérant. Exiger de lui le versement d'une somme aussi importante revient en pratique à le priver de son recours devant le juge d'instruction. • CEDH 28 oct. 1998, *Aït-Mouhoub c/ France, § 57 : préc. note 12.* ♦ En jugeant que l'église requérante se trouvait dans l'incapacité d'ester en justice (absence de personnalité juridique), la Cour de cassation n'a pas seulement sanctionné l'inobservation d'une simple formalité nécessaire à la protection de l'ordre public. Elle a aussi imposé à l'intéressée une véritable restriction qui l'empêcha en l'occurrence, et l'empêche dorénavant, de faire trancher par les tribunaux tout litige relatif à ses droits de propriété. Or une telle limitation porte atteinte à la substance même du « droit à un tribunal » de la requérante et emporte donc violation de l'art. 6, § 1. • CEDH 16 déc. 1998, *Église catholique de La Cannée c/ Grèce, §§ 41 et 42 : Rec. 1997-VIII.*

53. Le droit d'accès à un tribunal constitue un élément inhérent au droit énoncé à l'art. 6, § 1, qui pose les garanties applicables en ce qui concerne tant l'organisation et la composition du tribunal que la conduite de la procédure. Le tout forme le droit à un procès équitable protégé par l'art. 6, § 1 (Golder, § 36). Toutefois, le droit d'accès à un tribunal n'est pas absolu. Il peut être soumis à des limitations pour autant que celles-ci ne restreignent ni ne réduisent l'accès de l'individu au juge d'une manière ou à un point tels que le droit s'en trouve atteint dans sa substance même. En outre, ces limitations ne se concilient avec l'art. 6, § 1 que si elles poursuivent un but légitime et s'il existe un rapport raisonnable de proportionnalité entre les moyens employés et le but visé. Aux yeux de la Cour, les retards importants et récurrents dans l'administration de la justice représentent un phénomène particulièrement préoccupant, à même de compromettre la confiance du public dans l'efficacité du système judiciaire. Ainsi, en principe, il ne saurait être exclu que, dans des cas exceptionnels, le maintien d'une procédure en instance pour une période excessive soit susceptible de porter atteinte même au droit d'accès à un tribunal. En particulier, l'absence injustifiée de décision par la juridiction saisie pour une période particulièrement prolongée peut, par la force des choses, s'assimiler à un déni de justice ; le recours exercé par l'intéressé peut ainsi se voir privé de toute son effectivité, lorsque la juridiction concernée ne parvient pas à trancher le litige en temps utile, comme l'exigent les circonstances et l'enjeu de chaque affaire donnée. • CEDH 21 nov. 2019, *Club nautique de Chalcidique « I Kelyfos » c/ Grèce*, n°s 6978/18 et 8547/18, §§ 59 et 60.

54. Excès de formalisme. Il résulte de ces principes que, si le droit d'exercer un recours est bien entendu soumis à des conditions légales, les tribunaux doivent, en appliquant des règles de procédure, éviter à la fois un excès de formalisme qui porterait atteinte à l'équité de la procédure, et une souplesse excessive qui aboutirait à supprimer les conditions de procédure établies par les lois. • CEDH 26 juill. 2007, *Walchli c/ France, § 29 : Dr. pénal 2008. Chron. 3, obs. Dreyer.* ♦ La Cour a estimé que dans les circonstances de l'espèce, où le requérant avait notifié l'identité de son nouvel avocat au juge d'instruction et au greffier, la privation d'un examen au fond de son recours en application de l'art. 115 a constitué une charge disproportionnée qui a rompu l'équilibre entre, d'une part, le souci légitime d'assurer le respect des conditions formelles pour désigner un nouvel avocat durant l'instruction et, d'autre part, le droit d'accès au juge. • CEDH 30 juin 2016, *Duceau c/ France*, n° 29151/11 : *AJ pénal 2016. 484, note Lavric.*

B. CAS PARTICULIER DU POURVOI EN CASSATION

55. Pourvoi en cassation. Il ressort de l'art. L. 16 B LPF que les ordonnances autorisant les visites domiciliaires ne sont susceptibles que d'un pourvoi en cassation. Or, la Cour considère que la décision prescrivant la visite doit pouvoir faire l'objet d'un contrôle juridictionnel en fait comme en droit. Ainsi, la seule possibilité de se pourvoir en cassation, dont les requérants ont d'ailleurs usé, ne répond pas aux exigences de l'art. 6, § 1er, dès lors qu'un tel recours devant la Cour de cassation, juge du droit, ne permet pas un examen des éléments de fait fondant les autorisations litigieuses. • CEDH 21 févr. 2008, *Ravon c/ France : préc. note 22* • CEDH 21 déc. 2010, *Sté Canal + et a. c/ France : D. actu. 24 janv. 2011, obs. Bachelet ; D. 2011. 1332, obs. Matsopoulou* • CEDH 21 déc. 2010, *Cie des gaz de pétrole Primagaz c/ France : ibid.*

56. Obligation de se constituer prisonnier. La Cour estime que l'irrecevabilité du pourvoi, pour des raisons liées à la fuite du requérant, est une sanction disproportionnée, eu égard à la place primordiale que les droits de la défense et le principe de la prééminence du droit occupent dans une société démocratique. • CEDH 23 nov. 1993, *Poitrimol c/ France, §§ 37 à 39 : Série A n° 277-A ; Ann. fr. dr. int. 1994. 658, obs. Coussirat-Coustère ; JDI 1994. 821, obs. Decaux et Tavernier ; Cah. CREDHO 1994/2. 43, obs. Delaporte ; RSC 1994. 362, obs. Koering-Joulin ; Dr. pénal 1994. 16, obs. Maron ; RUDH 1993. 377, obs. Sudre et al. ; RTDH 1999. 235, obs. Vailhé.*

57. L'irrecevabilité du pourvoi en cassation, fondée uniquement sur le fait que le demandeur ne s'est pas constitué prisonnier en exécution de la décision de justice faisant l'objet du pourvoi, contraint l'intéressé à s'infliger d'ores et déjà à lui-même la privation de liberté résultant de la décision attaquée, alors que cette décision ne peut être considérée comme définitive aussi longtemps qu'il n'a pas été statué sur le pourvoi ou que le délai de recours ne s'est pas écoulé. On porte ainsi atteinte à la substance même du droit de recours, en imposant au demandeur une charge disproportionnée, rompant le juste équilibre qui doit exister entre, d'une part, le souci légitime d'assurer l'exécution des décisions de justice et, d'autre part, le droit d'accès au juge de cassation et l'exercice des droits de la défense.

• CEDH 29 juill. 1998, *Guérin c/ France, §§ 43 à 47 : Rec. 1998-V* • 29 juill. 1998, *Omar c/ France, §§ 40 à 44 : Rec. 1998-V ; D. 1998. Somm. 364, obs. Renucci ; RG proc. 1998. 246, obs. Flauss ; RSC 1998. 832, obs. Pettiti ; Cah. CREDHO 1999/5. 65, obs. Dubrocard.* ♦ V. cependant • CEDH 16 oct. 2001, *Eliazer c/ Pays-Bas*, n° 38055/97.

58. L'obligation de mise en état contraint l'intéressé à s'infliger d'ores et déjà à lui-même la privation de liberté résultant de la décision attaquée alors même que le pourvoi en cassation a en droit français un effet suspensif et que l'arrêt attaqué par la voie du pourvoi n'est pas encore irrévocable. (...). Compte tenu de l'importance du contrôle final opéré par la Cour de cassation en matière pénale et de l'enjeu de ce contrôle, la Cour estime que la déchéance du pourvoi prévue au moment des faits par l'art. 583 (abrogé par L. 15 juin 2000 [n° 2000-516, renforçant la protection de la présomption d'innocence...]) est une sanction particulièrement sévère au regard du droit d'accès à un tribunal garanti par l'art. 6 de la convention. (...) Le respect de la présomption d'innocence, combiné avec l'effet suspensif du pourvoi, s'oppose à l'obligation pour un accusé de se constituer prisonnier, quelle que soit la durée, même brève, de son incarcération. (...) En conclusion, la Cour estime que le requérant a subi une entrave excessive à son droit d'accès à un tribunal et, donc, à son droit à un procès équitable. • CEDH 14 déc. 1999, *Khalfaoui c/ France, §§ 36 à 54 : Rec. 1999-IX ; JCP 2000. I. 203, obs. Sudre ; D. 2000. Somm. 180, obs. Renucci ; RSC 2000. 455, obs. Massias ; Procédures 2000, n° 41, obs. Buisson.* ♦ La Cour ne voit aucune raison de s'écarter de la conclusion à laquelle elle est arrivée dans l'arrêt *Khalfaoui.* ♦ V. aussi : • CEDH 25 juill. 2002, *Papon c/ France, § 100 : D. 2002. Somm. 2572, obs. Renucci.*

59. Irrecevabilité du pourvoi. Le droit à un procès équitable englobe, entre autres, le droit des parties au procès à présenter les observations qu'elles estiment pertinentes pour leur affaire. La convention ne visant pas à garantir des droits théoriques ou illusoires mais des droits effectifs et concrets, ce droit ne peut passer pour effectif que si ces observations sont vraiment entendues, c'est-à-dire dûment examinées par le tribunal saisi. Autrement dit, l'art. 6 implique notamment, à la charge du tribunal, l'obligation de se livrer à un examen effectif des moyens, arguments et offres de preuve des parties, sauf à en apprécier la pertinence. (...) La Cour européenne doit s'assurer que l'irrecevabilité d'un moyen prononcé par la Cour de cassation n'est pas le résultat d'une erreur manifeste d'appréciation commise par celle-ci. En rejetant l'unique moyen présenté, au motif qu'il était nouveau, la Cour de cassation a commis une erreur manifeste d'appréciation et n'a pas assuré à la requérante le droit à un procès équitable, au sens de l'art. 6, § 1, Conv. EDH. • CEDH 21 mars 2000, *Dulaurans c/ France, § 33 : JCP 2000. I. 10344, note Perdriau ; RTD civ. 2000. 439, obs. Marguénaud ; JCP 2001. I. 291, obs. Sudre ; D. 2000. 883, note Clay ; Procédures 2000, n° 186, obs. Fricero.*

60. La subordination de la recevabilité du pourvoi en cassation de la partie civile à l'existence d'un pourvoi du parquet n'est pas contraire à l'art. 6 Conv. EDH. La requérante n'a pas, du fait des conditions imposées pour la recevabilité de son pourvoi, subi d'entrave à son droit d'accès à un tribunal. Eu égard à la place dévolue à l'action civile dans le procès pénal et aux intérêts complémentaires de la partie civile et du ministère public, la Cour ne saurait admettre non plus que le principe d'égalité des armes fût méconnu en l'espèce. La partie civile ne peut être considérée comme l'adversaire du ministère public, ni d'ailleurs nécessairement son alliée, leur rôle et leurs objectifs étant différents *[l'art. 575, déclaré contraire à la Constitution, a été abrogé à compter du du 24 juill. 2016 : Cons. const., n° 2010-15/23 QPC, 23 juill. 2010, JO 24 juill.].* • CEDH 3 oct. 2002, *Berger c/ France, § 38 : JCP 2003. I. 109, n° 9, obs. Sudre.*

61. Non-admission du pourvoi pour tardiveté. Le requérant se plaint de ce que la non-admission de son pourvoi pour tardiveté aurait porté atteinte à son droit d'accès à un tribunal. Il invoque l'art. 6, § 1 de la Conv. (...). La Cour rappelle que la réglementation relative aux formalités et aux délais à respecter pour former un recours vise à assurer la bonne administration de la justice et le respect, en particulier, du principe de la sécurité juridique. Les intéressés doivent pouvoir s'attendre à ce que ces règles soient appliquées. Toutefois, les règles en question, ou l'application qui en est faite, ne devraient pas empêcher le justiciable d'utiliser une voie de recours disponible. Dans l'affaire Gruais et Bousquet c/ France (§§ 27-30), elle a jugé que la prise en compte de la date de notification inscrite sur l'arrêt d'appel, qui ne correspondait pas à la date effective d'envoi telle qu'attestée par le cachet de la Poste, avait eu pour effet de réduire le délai particulièrement bref (cinq jours francs, soit six jours au maximum) dont disposaient les requérants pour former leur pourvoi, et méconnu le droit d'accès à un tribunal au sens de l'art. 6, § 1 (§§ 29-30). Or, en l'espèce, la Cour de cassation a également retenu la date de notification inscrite sur l'arrêt et non celle de l'envoi effectif de cette notification telle qu'attestée par le cachet de la poste. A l'instar de son constat dans l'affaire Gruais et Bousquet, la Cour relève que cela a eu pour effet de réduire à un ou deux jours le délai dont disposait le requérant pour former son pourvoi, selon les modalités de computation. La Cour note d'ailleurs que le Gouvernement ne conteste pas qu'une telle interprétation du droit interne porte atteinte au droit d'accès des justiciables à la Cour de cassation. La Cour considère que le requérant s'est vu refuser son droit d'accès à un tribunal dans les circonstances de l'espèce et que, partant, il y a eu violation de l'art. 6, § 1. • CEDH 9 janv. 2014, *Viard c/ France*, n° 71658/10, §§ 22 et 36 à 39.

62. *Radiation du pourvoi.* Il y a violation des dispositions de l'art. 6, § 1, lorsque le pourvoi de l'intéressé est retiré du rôle au motif qu'il ne démontrait aucune diligence dans l'exécution de la décision d'appel et n'invoquait pas une situation propre à faire craindre ou présumer des conséquences manifestement excessives en cas d'exécution de la décision d'appel ; en effet, compte tenu des faibles revenus de l'intéressé, cette mesure était disproportionnée au regard des buts visés et l'accès effectif à la haute juridiction s'en est donc trouvé entravé. • CEDH 14 nov. 2000, *Annoni du Gussola c/ France : D. 2001. Somm. 1061, obs. Fricero ; RTD civ. 2001. 445, obs. Marguénaud* • 25 sept. 2003, *Pages c/ France : D. 2004. Somm. 988, obs. Fricero* • 3 oct. 2006, *Cour c/ France : D. 2006. IR 2691*.

III. GARANTIES DE L'ART. 6

A. GARANTIES GÉNÉRALES (ART. 6, § 1)

1° DROIT À UN TRIBUNAL ÉTABLI PAR LA LOI

63. *Caractéristiques du « tribunal ».* Aux fins de l'art. 6, § 1, elle (l'Autorité régionale autrichienne) s'analyse néanmoins en un tribunal au sens matériel du terme : il lui appartient de trancher sur la base de normes de droit et à l'issue d'une procédure organisée toute question relevant de sa compétence. • CEDH 22 oct. 1984, *Sramek c/ Autriche, § 36 : Série A n° 84 ; Cah. dr. eur. 1986. 215, obs. Cohen-Jonathan ; Ann. fr. dr. int. 1985. 394 s., obs. Coussirat-Coustère ; RSC 1984. 142, obs. Pettiti ; JDI 1986. 1069, obs. Rolland et Tavernier.* ♦ Un tribunal se caractérise au sens matériel du terme par son rôle juridictionnel : trancher, sur la base de normes de droit et à l'issue d'une procédure organisée, toute question relevant de sa compétence. • CEDH 27 août 1991, *Demicoli c/ Malte, § 39 : préc. note 35* • 29 avr. 1988, *Belilos c/ Suisse, § 64 : Série A n° 132 ; RGDI publ. 1989. 273, obs. Cohen-Jonathan ; JDI 1989. 804, obs. Rolland et Tavernier.* ♦ Le « tribunal » est un organe judiciaire de pleine juridiction. • CEDH 10 févr. 1983, *Albert et Le Compte c/ Belgique, § 29 : préc. note 6.* ♦ Les décisions du Bureau du Gouvernement peuvent donner lieu à des pourvois devant les cours constitutionnelle et administrative, mais l'examen de pareil recours ne cadre avec l'art. 6 que s'il relève d'organes judiciaires de pleine juridiction. Telle n'est pas la Cour constitutionnelle. En l'occurrence, elle ne pouvait se pencher sur la procédure incriminée que du point de vue de sa conformité à la Constitution, ce qui, de l'aveu même du Gouvernement, ne lui permit pas d'examiner l'ensemble des faits de la cause. Elle ne possédait donc pas la compétence exigée par l'art. 6, § 1. • CEDH 21 sept. 1993, *Zumtobel c/ Autriche, §§ 29 et 30 : Série A n° 268-A.*

64. Le droit d'accès à un tribunal, tel que garanti par l'art. 6, n'est pas absolu et ne s'oppose pas à une limitation à ce droit, découlant de l'immunité des États étrangers et de leurs représentants, dès lors que cette limitation est consacrée par le droit international et ne va pas au-delà des règles généralement reconnues en matière d'immunité ; il appartient à la communauté internationale de fixer les éventuelles limites au principe de l'immunité des chefs d'État en exercice, lorsqu'il peut être confronté à d'autres valeurs reconnues par cette communauté, et notamment celle de la prohibition de la torture. • Crim. 2 sept. 2020, n° 18-84.682 P.

65. *Cas particuliers.* Par « tribunal », l'art. 6, § 1, n'entend pas nécessairement une juridiction de type classique, intégrée aux structures judiciaires ordinaires du pays. • CEDH 26 juin 1984, *Campbell et Fell c/ Royaume-Uni, § 76 : préc. note 34.* ♦ De nombreux États membres du Conseil de l'Europe confient à des juridictions ordinales le soin de statuer sur des infractions disciplinaires. Même quand l'art. 6, § 1, trouve à s'appliquer, une telle attribution de compétence n'enfreint pas en soi la convention. Toutefois, celle-ci commande alors, pour le moins, l'un des deux systèmes suivants : ou bien lesdites juridictions remplissent elles-mêmes les exigences de l'art. 6, § 1, ou bien elles n'y répondent pas mais subissent le contrôle d'un organe judiciaire de pleine juridiction présentant, lui, les garanties de cet art. • CEDH 10 févr. 1983, *Albert et Le Compte c/ Belgique, § 29 : préc. note 6.*

2° DROIT À UN TRIBUNAL INDÉPENDANT

66. *Exigence d'indépendance du tribunal.* Seul mérite l'appellation de tribunal un organe répondant à une série d'exigences – indépendance à l'égard de l'exécutif comme des parties en cause, durée du mandat des membres, garanties offertes par la procédure – dont plusieurs figurent dans le texte même de l'art. 6, § 1. • CEDH 23 juin 1981, *Le Compte, Van Leuven et De Meyere c/ Belgique, § 55 : préc. note 6* • 18 juin 1971, *De Wilde, Ooms et Versyp, § 78 : préc. note 38.* ♦ Pour déterminer si un organe peut passer pour indépendant – notamment à l'égard de l'exécutif et des parties – la Cour a eu égard au mode de désignation et à la durée du mandat des membres, à l'existence de garanties contre des pressions extérieures. • CEDH 28 juin 1984, *Campbell et Fell c/ Royaume-Uni, § 78 : préc. note 34.*

67. *Prise en compte des apparences.* Pour savoir si un organe est indépendant, la Cour prend en compte le point de savoir s'il y a ou non apparence d'indépendance. • CEDH 28 juin 1984, *Campbell et Fell c/ Royaume-Uni, § 78 : préc. note 34* • 22 juin 1989, *Langborger c/ Suède, § 32 : Série A n° 155.*

3° DROIT À UN TRIBUNAL IMPARTIAL

a. Réalité de l'impartialité

68. Extension du domaine de l'impartialité. Les garanties de l'art. 6 Conv. EDH s'appliquent à l'ensemble de la procédure, y compris aux phases de l'information préliminaire et de l'istruction judiciaire dans la mesure où leur inobservation initiale risque de compromettre gravement le caractère équitable du procès. • CEDH 24 nov. 1993, *Imbroscia c/ Italie : préc. note 2.* ♦ Dans la mesure où les actes accomplis par le juge d'instruction influent directement et inéluctablement sur la conduite et, dès lors, sur l'équité de la procédure ultérieure, y compris le procès proprement dit, les exigences du droit à un procès équitable au sens large impliquent nécessairement que le juge d'instruction soit impartial. • CEDH 6 janv. 2010, *Fernandez-Huidobro c/ Espagne, § 114 : Dr. pénal 2011. Chron. 3, obs. Dreyer.*

69. Pluralité de l'impartialité. Si l'impartialité se définit d'ordinaire par l'absence de préjugé ou de parti pris, elle peut, notamment sous l'angle de l'art. 6, § 1, de la convention, s'apprécier de diverses manières. On peut distinguer entre une démarche subjective et une démarche objective. • CEDH 1er oct. 1982, *Piersack c/ Belgique, § 30 : Série A n° 53 ; Ann. fr. dr. int. 1985. 415, obs. Coussirat-Coustère ; JDI 1985. 210, obs. Rolland et Tavernier* • 22 juin 1989, *Langborger c/ Suède, § 32 : préc. note 67* • 26 oct. 1984, *De Cubber c/ Belgique, § 24 : Série A n° 86* • 25 févr. 1997, *Gregory c/ Royaume-Uni, §§ 44 s. : Rec. 1997-I ; RSC 1998. 392, obs. Koering-Joulin.*

70. Il est parfois difficile de dissocier l'impartialité et l'indépendance. • CEDH 22 juin 1989, *Langborger c/ Suède, § 32 in fine : préc. note 67.* ♦ Les principes établis par la jurisprudence valent pour les jurés comme pour les magistrats professionnels. • CEDH 25 nov. 1993, *Holm c/ Suède, § 30 : Série A n° 279-A.* ♦ Les notions d'indépendance et d'impartialité objective sont étroitement liées. L'élément déterminant consiste à savoir si les appréhensions en cause peuvent passer pour objectivement justifiées. • CEDH, gr. ch., 6 mai 2003, *Kleyn et a. c/ Pays-Bas,* n° 39343/98, §§ 192 et 194.

71. Impartialité subjective ou personnelle. La démarche subjective consiste à essayer de déterminer ce que tel juge pensait dans son for intérieur en telle circonstance. • CEDH 1er oct. 1982, *Piersack c/ Belgique, § 30 : préc. note 69.* ♦ Le tribunal ne doit manifester subjectivement aucun parti pris ni préjugé personnel. • CEDH, gr. ch., 6 mai 2003, *Kleyn et a. c/ Pays-Bas,* n° 39343/98, § 191. ♦ En l'espèce, le requérant (un avocat) alléguait que le juge avait manqué d'impartialité en raison de leur altercation (impartialité subjective). La Cour observe que le requérant a exercé tous les recours dont il disposait pour contester le manque d'impartialité qu'il reprochait au juge, mais qu'aucun d'entre eux n'a prospéré. Les juridictions internes ont rejeté en bloc les arguments du requérant, sans aucune analyse ou véritable vérification des faits. Du point de vue d'un observateur extérieur, pareille situation pouvait légitimement susciter des préoccupations quant à un possible manque d'impartialité du juge mis en cause. • CEDH 22 oct. 2019, *Deli c/ Moldova,* n° 42010/06, §§ 38 à 42, 46 et 47.

72. Impartialité objective ou fonctionnelle. La démarche objective conduit à se demander si, indépendamment de la conduite du juge, certains faits vérifiables autorisent à suspecter l'impartialité de ce dernier. • CEDH 26 févr. 1993, *Padovani c/ Italie, § 27 : Série A n° 257-B ; Ann. fr. dr. int. 1994. 658, obs. Coussirat-Coustère ; RUDH 1993. 217, obs. Sudre et autres.* ♦ Cette démarche amène à s'assurer que le juge offrait des garanties suffisantes pour exclure tout doute légitime. • CEDH 28 oct. 1998, *Castillo Algar c/ Espagne, §§ 43 s. : Rec. 1998-VIII* • 20 mai 1998, *Gautrin et a. c/ France, § 58 : Rec. 1998-III* • 6 juin 2000, *Morel c/ France, § 40 : Rec. 2000-IV ; D. 2001. Somm. 1062, obs. Fricero ; JCP 2001. I. 291, obs. Sudre ; JCP E 2001. 797, obs. Garraud ; D. 2001. Somm. 1610, obs. Niboyet ; RTD civ. 2000. 93, obs. Marguénaud ; RJ com. 2001. 20, obs. Sortais.* ♦ En l'espèce, le requérant alléguait que le juge avait manqué d'impartialité parce qu'il avait porté contre lui des accusations sur lesquelles il avait lui-même statué (impartialité objective). La Cour relève que le juge a cumulé les fonctions de procureur et de juge dans la procédure pour outrage à magistrat dirigée contre le requérant, et qu'il n'existait pas de garanties suffisantes pour exclure toute crainte légitime quant aux conséquences d'une telle procédure sur l'impartialité du juge en question. Faute d'être motivées, les décisions de justice ultérieures n'ont pas remédié à cette situation. En conséquence, elle conclut à la violation de l'art. 6, § 1 en ce qui concerne l'impartialité du juge. • CEDH 22 oct. 2019, *Deli c/ Moldova,* n° 42010/06, §§ 43 à 47.

b. Manifestations de l'impartialité

1. Cumul externe des fonctions de justice

73. Double fonction : juridictionnelle et de conseil. Le seul point à trancher est celui de savoir si l'organe remplissait les exigences d'impartialité requises par l'art. 6, compte tenu du fait que quatre de ses cinq membres ont eu à se prononcer sur la légalité d'un règlement qu'ils avaient examiné auparavant dans le cadre de leur mission de caractère consultatif. La Cour constate qu'il y a eu confusion, dans le chef de quatre conseillers d'État, de fonctions consultatives et de fonctions juridictionnelles. Dans le cadre d'une institution telle que le Conseil d'État luxembourgeois, le seul fait que certaines personnes exercent successivement, à propos des mêmes décisions, les deux types de fonctions est de nature à mettre en cause l'impartialité structurelle de ladite institution. En l'espèce, Procola a pu légitimement craindre que les membres du comité du contentieux ne se sentissent liés par l'avis donné précédemment. Ce simple doute, aussi peu justifié soit-il, suffit à altérer l'impartialité du tribunal en question, ce qui dispense la Cour d'examiner les autres aspects du grief. Partant, il y a eu violation de l'art. 6, § 1. • CEDH 28 sept. 1995, *Procola c/ Luxembourg,* n° 14570/89, §§ 44 à 46.

74. La Cour estime qu'à la différence de la situation examinée par elle dans les affaires Procola et McGonnell les avis consultatifs rendus relativement au projet de loi sur la planification des infrastructures de transport et la procédure subséquente d'examen des recours introduits contre l'arrêté de tracé ne peuvent passer pour représenter « la même affaire » ou « la même décision ». Dans ces conditions, la Cour estime que les craintes nourries par les requérants quant à l'indépendance et à l'impartialité de la section du contentieux administratif à raison de la composition de la formation ayant eu à connaître de leurs recours ne sauraient être considérées comme objectivement justifiées. En conséquence, il n'y a pas eu violation de l'art. 6, § 1er. • CEDH, gr. ch., 6 mai 2003, *Kleyn et a. c/ Pays-Bas,* n° 39343/98, § 196, 198 à 200 et 202.

75. Les questions soumises à la section consultative et les procédures examinées par la section du contentieux peuvent-elle passer pour la « même affaire » ou la « même décision » ou pour des « questions analogues ». Sans dénier l'existence d'une relation entre les questions juridiques posées dans l'avis et celles générées par le contentieux porté par la requérante, la Cour considère que la teneur des premières, abordées d'une manière générale et abstraite, ne permet *pas de conclure que les membres* de la section du contentieux aient abordé avec préjugé l'examen, trois ans plus tard, de celles concernant les intérêts concrets de la requérante dans la gestion de la fin d'exploitation des sites miniers, nombreux et dans des situations juridiques différentes. Dans ces conditions, l'avis consultatif rendu et les procédures subséquentes d'examen des recours dirigés contre les arrêtés interpréfectoraux portant mesures de police des mines ne peuvent représenter la « même affaire » ou la « même décision ». C'est aussi la raison pour laquelle ni la demande du ministre saisi du recours hiérarchique à la section consultative ni la publication de l'avis dans le rapport public du Conseil d'État ne peuvent avoir fait naître dans le chef de la requérante des craintes objectivement justifiées. En conclusion, le cumul de la compétence juridictionnelle du Conseil d'État avec ses attributions administratives n'a pas emporté en l'espèce violation de l'art. 6, § 1.. • CEDH, gr. ch., 6 mai 2003, *Kleyn et a. c/ Pays-Bas,* n° 39343/98, § 196, 198 à 200 et 202.

76. Double fonction : juridictionnelle et de contrôle. Le requérant allègue que la Cour des comptes n'était pas impartiale, en raison des mentions du rapport public qui, selon lui, contenaient un préjugement de l'appréciation qu'il lui incombait de faire au stade de la fixation de la ligne de comptes. A titre liminaire, la Cour observe que le requérant ne remet pas en cause, in abstracto, l'impartialité structurelle de la Cour des comptes, notamment en ce qui concerne la coexistence de ses fonctions contentieuses et de ses attributions administratives. En conclusion, dans la présente espèce, la Cour des comptes ne présentait pas, au stade de la détermination de la ligne de compte, les garanties d'impartialité exigées par l'art. 6, § 1. Partant, il y a violation de cette disposition. • CEDH 6 oct. 2016, *Beausoleil c/ France,* n° 63979/11, §§ 27, 39, et 42.

2. Cumul interne des fonctions de justice

77. Poursuite et jugement. La Cour rappelle que pour que les tribunaux inspirent au public la confiance indispensable, il faut tenir compte des considérations organiques. Si un juge, après avoir occupé au parquet une charge de nature à l'amener à traiter un certain dossier dans le cadre de ses attributions, se trouve saisi de la même affaire comme magistrat du siège, les justiciables sont en droit de craindre qu'il n'offre pas assez de garanties d'impartialité. • CEDH 1er oct. 1982, *Piersack c/ Belgique, § 29 : préc. note 69* • 25 juill. 2000, *Tierce et a. c/ Saint-Marin, § 78 : JCP 2001. I. 291, obs. Sudre.*

78. Instruction et jugement. Il en est de même si le juge participant au jugement d'une affaire s'est occupé de celle-ci en qualité de juge d'instruction et a notamment décerné un mandat d'arrêt contre l'accusé. • CEDH 26 oct. 1984, *De Cubber c/ Belgique, §§ 8 s., 15 s. et 29 s. : préc. note 69.* ♦ Le principe d'impartialité a été violé en ce que les trois membres d'une cour d'appel, qui avaient annulé l'ordonnance de non-lieu de la chambre du conseil du tribunal régional et renvoyé l'affaire à celui-ci, avaient aussi jugé l'appel de l'intéressé contre le jugement rendu par ledit tribunal à la suite de ce renvoi. • CEDH 23 mai 1991, *Oberschlick c/ Autriche, §§ 16 s. : Série A n° 204.* ♦ Deux juges du tribunal avaient participé au jugement de l'intéressé, alors que l'un d'eux avait, en qualité de juge d'instruction, décerné le mandat d'arrêt contre celui-ci et ordonné son transfèrement, et que l'autre, en qualité de juge de permanence, l'avait interrogé et mis en détention provisoire. La Cour a estimé que l'intéressé a été jugé par un tribunal à l'impartialité discutable (...) et, à cet égard, il importe peu de déterminer le rôle exact joué au stade de l'instruction par les juges dont il s'agit. • CEDH 25 févr. 1992, *Pfeifer et Plankl c/ Autriche, § 50 : préc. note 6.* ♦ Le simple fait qu'un juge ait déjà pris des décisions avant le procès, notamment au sujet de la détention provisoire, ne peut justifier en soi des appréhensions quant à son impartialité. Cependant, en l'espèce, les conseillers de la chambre de l'instruction ne s'étaient pas limités à une appréciation sommaire des faits reprochés pour justifier de la pertinence d'un maintien en détention provisoire mais avaient exprimé dans les motifs de leurs décisions un pré-jugement sur la réalité et l'ampleur de la culpabilité du requérant. Partant, il y a violation de l'art. 6, § 1, de la Convention. • CEDH, 5e sect., 22 avr. 2010, *Chesne c/ France : RSC 2010. Chron. 690, obs. Roets ; Dr. pénal 2011. Chron. 3, obs. Dreyer.* ♦ V. aussi : • CEDH 26 oct. 2010, *Serrat c/ France, § 40.* ♦ Lorsque, dans une même affaire, deux pourvois successifs sont formés et ont pour objet la possibilité même de qualifier pénalement les faits il convient de mettre à l'écart les magistrats qui ont examiné le premier pourvoi, ceux-ci étant susceptibles d'aborder l'examen du second pourvoi avec une idée préconçue sur la solution à adopter. • CEDH, 5e sect., 24 juin 2010, *Mancel et Branquart c/ France : RSC 2010. Chron. 693, obs. Roets .*

79. Le principe d'impartialité n'a pas été violé dans le cas d'un juge des enfants qui a successivement siégé dans une même affaire, comme juge d'instruction (en statuant sur la détention provisoire), comme chambre du conseil puis comme juridiction de jugement. La Cour relève que les questions à trancher par le juge aux fins desdites décisions ne coïncidaient pas avec celles qu'il dut traiter en se prononçant sur le fond. (...) Dès lors, on peut considérer comme objectivement justifiée la crainte du requérant que le juge ne manquât d'impartialité. • CEDH 24 août 1993, *Nortier c/ Pays-Bas, § 37 : Série A nº 267 ; RTDH 1994. 437, obs. Compernolle ; JDI 1994. 812, obs. Decaux et Tavernier ; RSC 1994. 362, obs. Koering-Joulin ; D. 1995. Somm. 105, obs. Renucci .* ♦ La Cour a constaté une violation de l'art. 6 dans le cas du juge aux affaires familiales qui décide, après avoir instruit l'affaire, de déférer un mineur au tribunal pour enfants afin qu'il soit jugé. Elle admet que, dans ces conditions, il peut difficilement être affirmé que ledit magistrat n'avait pas d'idée préconçue sur la question sur laquelle il a été appelé à se prononcer ultérieurement en tant que président de la formation de jugement du tribunal pour enfant. • CEDH 2 mars 2010, *Adamkiewicz c/ Pologne, § 102 : Dr. pénal 2011. Chron. 3, obs. Dreyer.* ♦ Les fonctions d'enquête et de jugement ne sont pas fondamentalement incompatibles entre elles, de sorte qu'il n'y a pas nécessairement violation de l'art. 6. En l'espèce, la crainte du défaut d'impartialité tenait au fait que le « *pretore* », avant la procédure de jugement, avait interrogé le requérant, avait pris des mesures restreignant sa liberté et l'avait cité à comparaître devant lui. Or si pareille situation pouvait susciter des doutes chez l'intéressé, on ne saurait pour autant les considérer comme objectivement justifiés. • CEDH 26 févr. 1993, *Padovani c/ Italie, §§ 22 s. : préc. note 72.*

80. Autres interventions successives du juge dans une même affaire. Le fait qu'un juge de première instance ou d'appel ait déjà pris des décisions avant le procès ne peut donc passer pour justifier en soi des appréhensions quant à son impartialité, mais certaines circonstances pouvaient, dans une affaire donnée, autoriser une conclusion différente. • CEDH 24 mai 1989, *Hauschildt c/ Danemark, §§ 49 s. : Série A nº 154 ; Ann. fr. dr. int. 1991. 585, obs. Coussirat-Coustère ; JDI 1990. 727, obs. Rolland et Tavernier.* ♦ Craintes non objectivement justifiées : • CEDH, gr. ch., 22 oct. 2007, *Lindon, Otchakovsjy-Laurens et July c/ France : JCP 2007. II. 10193, note Derieux ; Dr. pénal 2008. Chron. 3, obs. Dreyer.* ♦ Deux des trois membres de la chambre correctionnelle d'une cour d'appel qui jugea l'accusé avaient précédemment siégé à la chambre d'accusation et y avaient participé à une décision confirmant une ordonnance refusant l'élargissement de l'intéressé. La cour observe que les juges de la détention fondèrent leur arrêt sur les propres déclarations de l'intéressé (...) et que les juges (en cause) se bornèrent à apprécier sommairement les données disponibles pour déterminer si, de prime abord, les soupçons de la gendarmerie avaient quelque consistance et laissaient craindre un risque de fuite. En conclusion, la participation de ces juges à la juridiction de jugement n'a pas porté atteinte à l'impartialité de la chambre des appels correctionnels, les appréhensions du requérant ne pouvant passer pour objectivement justifiées. • CEDH 16 déc. 1992, *Sainte-Marie c/ France, §§ 33 et 34 : Série A nº 253-A ; D. 1993. Somm. 384, obs. Renucci .* ♦ Ce qui compte est l'étendue et la nature des mesures adoptées par le juge avant le procès. • CEDH 24 févr. 1993, *Fey c/ Autriche, § 30 : Série A nº 255-A.*

81. La Cour a estimé que le défaut d'impartialité n'était pas caractérisé dans l'hypothèse où le président de la chambre du tribunal devant laquelle comparaissait l'intéressé avait auparavant, en qualité de juge chargé de l'affaire, rendu le *despacho de pronuncia*, ce qui impliquait qu'il y avait, selon lui, des indices suffisants pour permettre de formuler un jugement sérieux de probabilité de culpabilité. Il avait d'ailleurs, par le même acte, maintenu l'intéressé en détention provisoire. • CEDH 22 avr. 1994, *Saraiva de Carvalho c/ Portugal, §§ 11 et 12 : Série A nº 286-*

B. ♦ On ne saurait poser en principe général découlant du devoir d'impartialité qu'une juridiction de recours annulant une décision administrative ou judiciaire a l'obligation de renvoyer l'affaire à une autre autorité juridictionnelle ou à un autre organe autrement constitué de cette autorité. (…) On ne peut voir un motif de suspicion légitime dans la circonstance que des juges qui ont pris part à la première décision participent aussi à la deuxième. • CEDH 16 juill. 1971, *Ringeisen c/ Autriche, § 97 : préc. note 9* • CEDH 26 sept. 1995, *Diennet c/ France, § 38 : préc. note 34.* ♦ Le fait qu'un juge de première instance ait déjà eu à connaître de l'affaire avant le procès ne saurait en soi justifier les appréhensions quant à son impartialité. (…) Pareille situation peut susciter chez le prévenu des doutes sur l'impartialité du juge, mais on ne saurait pourtant les considérer comme objectivement justifiés qu'en fonction des circonstances de la cause. • CEDH 22 févr. 1996, *Bulut c/ Autriche, § 33 : Rec. 1996-II.*

82. Les juges qui réexaminent en présence de l'intéressé une affaire qu'ils ont dû d'abord juger par défaut, sur la base des éléments dont ils pouvaient alors disposer, ne sont en aucune manière liés par leur première décision. Ils reprennent à son point de départ l'ensemble de l'affaire, toutes les questions soulevées par celle-ci restant ouvertes et faisant cette fois l'objet d'un débat contradictoire à la lumière de l'information plus complète que peut leur fournir la comparution personnelle de l'accusé. • CEDH 10 juin 1996, *Thomann c/ Suisse, § 35 : Rec. 1996-III.*

83. Le président d'une cour d'appel condamnant les requérants n'est pas impartial au sens de l'art. 6, § 1, dès lors qu'il a déjà eu à connaître de leur cause dans le cadre d'une autre affaire, en tant que président de la cour d'assises. (…) Ces faits suffisent pour considérer comme objectivement justifiées les craintes des requérants à l'égard de l'impartialité de la cour d'appel. • CEDH 7 août 1996, *Ferrantelli et Santangelo c/ Italie, § 60 : Rec. 1996-III ; RSC 1997. 482, obs. Koering-Joulin.*

c. Preuve de l'impartialité

84. Présomptions. L'impartialité personnelle d'un juge se présume jusqu'à la preuve du contraire. • CEDH 29 mars 2001, *D.N. c/ Suisse, § 45 : Rec. 2001-III* • 23 juin 1981, *Le Compte, Van Leuven et De Meyere c/ Belgique, § 58 : préc. note 6.* ♦ En l'occurrence, pareille preuve ne ressort point des éléments recueillis par la Cour. Rien n'indique, notamment, que dans les affaires antérieures, le juge ait témoigné d'une hostilité ou malveillance quelconque envers le requérant, ni qu'il ait « finalement obtenu » par des motifs étrangers aux règles normales de distribution des causes, d'être chargé de chacune des trois instructions ouvertes à l'égard de ce dernier. • CEDH 26 oct. 1984, *De Cubber c/ Belgique, § 25 : préc. note 69.*

85. Apparences. En la matière, même les apparences peuvent revêtir une certaine importance, ainsi d'ailleurs que la sensibilité accrue du public aux garanties d'une bonne justice. • CEDH 1er oct. 1982, *Piersack c/ Belgique, § 30 : préc. note 69* • 17 janv. 1970, *Delcourt c/ Belgique*, § 31 : *Série A n° 11* • 29 mars 2001, *D.N. c/ Suisse, § 46 : préc. note 84.* ♦ Il y va de la confiance que les tribunaux se doivent d'inspirer au justiciable, à commencer, au pénal, par les prévenus. • CEDH 26 févr. 1993, *Padovani c/ Italie, § 27 : préc. note 72.*

86. Appréhensions du justiciable. Pour se prononcer sur l'existence dans une affaire donnée d'une raison légitime de redouter chez un juge un défaut d'impartialité, l'optique des parties concernées entre en ligne de compte, mais ne joue pas un rôle décisif. L'élément déterminant consiste à savoir si les appréhensions en question peuvent passer pour objectivement justifiées. • CEDH 29 mars 2001, *D.N. c/ Suisse, § 46 : préc. note 84* • 24 mai 1989, *Hauschildt c/ Danemark, § 48 : préc. note 80* • 23 avr. 1996, *Remli c/ France, § 46 : préc. note 88* • 26 févr. 1993, *Padovani c/ Italie, § 27 : préc. note 72.* ♦ *Justice must not only be done, it must also be seen to be done.* • CEDH 17 janv. 1970, *Delcourt c/ Belgique, § 31 : préc. note 85.* ♦ Dans le même sens : • CEDH 16 janv. 2007, *Farhi c/ France*, n° 17070/05, § 24. ♦ L'impartialité personnelle d'un magistrat se présume jusqu'à la preuve du contraire. • CEDH 26 févr. 1993, *Padovani c/ Italie*, n° 13396/87, § 25. ♦ La Cour observe que le fils du juge a travaillé pour la banque à partir de 2007. Puis il a dirigé le service juridique de la commission de résolution et de la commission des liquidations de 2008 à 2013, pendant l'enquête relative aux requérants, leur procès et la procédure civile engagée par la banque contre deux d'entre eux. Il a ensuite été expert-conseil auprès de la banque alors que la cause des requérants était pendante devant la Cour suprême. Ce lien familial était suffisant pour engendrer des craintes objectivement justifiées quant à l'impartialité du juge de la Cour suprême dans la procédure de recours en matière pénale entamée par les requérants, doute qu'ont pu nourrir l'ensemble des requérants même si la procédure civile engagée par la banque ne visait que deux d'entre eux. Partant, il y a eu violation de l'art. 6, § 1. • CEDH 4 juin 2019, *Sigurdur Einarsson et a. c/ Islande*, n° 39757/17, §§ 60 à 62.

d. Conséquences de l'impartialité

87. Récusation. Doit se récuser tout juge dont on peut légitimement craindre un manque d'impartialité. Il y va de la confiance que les tribunaux se doivent d'inspirer aux justiciables dans une société démocratique. • CEDH 1er oct. 1982, *Piersack c/ Belgique, § 30 : préc. note 69* • 29 mars 2001, *D.N. c/ Suisse, § 46 : préc.*

note 84.

88. Composition de la juridiction. La Cour considère que l'art. 6, § 1, implique pour toute juridiction nationale l'obligation de vérifier si, par sa composition, elle constitue un tribunal impartial au sens de cette disposition lorsque surgit sur ce point une contestation qui n'apparaît pas d'emblée manifestement dépourvue de sérieux. • CEDH 23 avr. 1996, *Remli c/ France, § 48 : Rec. 1996-II ; RSC 1997. 473, obs. Koering-Joulin ; Gaz. Pal. 11 juill. 1997, p. 19, note Puechavy.* ♦ Le changement de dernière minute de la composition du tribunal n'est pas, en soi, une preuve d'impartialité. • CEDH 6 déc. 1988, *Barbera, Messegue et Jabardo c/ Espagne, § 57 : Série A n° 146 ; RTD eur. 1989. 169, obs. Cohen-Jonathan ; JDI 1989. 847, obs. Rolland et Tavernier.*

89. L'organisation du procès doit offrir des garanties suffisantes d'impartialité. Tel n'est pas le cas pour une cour martiale dont les membres sont hiérarchiquement subordonnés à l'officier convocateur, ce dernier jouant un rôle capital dans l'accusation, ses liens avec les autorités de poursuite étant étroits. • CEDH 25 févr. 1997, *Findlay c/ Royaume-Uni, §§ 74 s. : Rec. 1997-I* • 24 sept. 1997, *Coyne c/ Royaume-Uni, § 58 : Rec. 1997-V ; RSC 1998. 392, obs. Koering-Joulin.*

90. Obligation de discrétion du juge. La Cour souligne avant tout que la plus grande discrétion s'impose aux autorités judiciaires lorsqu'elles sont appelées à juger, afin de garantir leur image de juges impartiaux. Cette discrétion doit les amener à ne pas utiliser la presse, même pour répondre à des provocations. Ainsi le veulent les impératifs supérieurs de la justice et la grandeur de la fonction judiciaire. Le fait que le président du tribunal ait employé publiquement des expressions sous-entendant une appréciation négative de la cause du requérant avant de présider l'organe judiciaire appelé à trancher l'affaire, ne semble à l'évidence pas compatible avec les exigences d'impartialité de tout tribunal, consacrées par l'art. 6, § 1 conv. En effet, les déclarations du président du tribunal étaient de nature à justifier objectivement les craintes du requérant à l'égard de son impartialité. • CEDH 16 sept. 1999, *Buscemi c/ Italie, §§ 67 et 68 : Rec. 1999-VI.*

4° DROIT D'ÊTRE JUGÉ DANS UN DÉLAI RAISONNABLE

91. Importance de la garantie. En exigeant le respect du délai raisonnable, la convention souligne l'importance qui s'attache à ce que la justice ne soit pas rendue avec des retards propres à en compromettre l'efficacité et la crédibilité. • CEDH 23 oct. 1990, *Moreira de Azevedo c/ Portugal, § 74 : Série A n° 189* • 24 oct. 1989, *H. c/ France, § 58 : Série A n° 162-A.* ♦ Il incombe aux États d'organiser leur système juridique de telle sorte que leurs juridictions puissent garantir au justiciable le droit d'obtenir une décision définitive (...) dans un délai raisonnable. • CEDH 14 nov. 2000, *Delgado c/ France, § 50,* n° 38437/97. ♦ V. aussi : • CEDH 3 févr. 2009, *Poelmans c/ Belgique,* § 35 : *JCP 2009. I. 143, n° 13, obs. Sudre.* ♦ Il convient encore de souligner que le souci de célérité ne peut dispenser le magistrat qui est le responsable de l'instruction ou de la conduite du procès, de prendre toute mesure de nature à faire la lumière sur le bien ou le mal-fondé de l'accusation. • CEDH 27 juin 1968, *Neumeister c/ Autriche, § 21 : préc. note 28.*

92. Les États répondent de la situation d'engorgement de leurs juridictions dès lors que celle-ci n'est pas simplement passagère. • Comm. EDH 6 déc. 1989, *Garcia c/ Portugal : DR 68/5.* ♦ La Cour rappelle avoir constaté l'existence en Italie d'une pratique contraire à la convention résultant d'une accumulation de manquements à l'exigence du délai raisonnable. (...) Cette accumulation constitue une circonstance aggravante de la violation de l'art. 6, § 1. • CEDH 25 janv. 2000, *Paderni c/ Italie, § 11 : D. 2000. Somm. 186, obs. Fricero.*

a. Détermination du délai raisonnable

93. Dies a quo. La période à prendre en considération pour vérifier l'observation de l'art. 6, § 1, de la convention commence nécessairement le jour où une personne se trouve accusée, sans quoi il ne serait pas possible de statuer sur le bien-fondé de l'accusation, ce terme étant compris au sens de la convention. • CEDH 27 juin 1968, *Neumeister c/ Autriche, § 18 : préc. note 28.* ♦ En matière pénale, le délai raisonnable de l'art. 6, § 1 débute dès l'instant qu'une personne se trouve « accusée ». Il peut s'agir d'une date antérieure à la saisine de la juridiction de jugement, celles notamment de l'arrestation, de l'inculpation et de l'ouverture des enquêtes préliminaires. • CEDH 15 juill. 1982, *Eckle c/ Allemagne, § 73 : préc. note 29* • 27 févr. 1980, *Deweer c/ Belgique, § 42 : préc. note 28.* • 27 juin 1968, *Wemhoff c/ RFA, § 19 : Série A n° 7* • 27 juin 1968, *Neumeister c/ Autriche, § 18 : préc. note 28.* • 16 juill. 1971, *Ringeisen c/ Autriche, § 110 : préc. note 9* • 28 mars 1990, *B. c/ Autriche, § 48 : Série A n° 175* • 26 oct. 2000, *Kudla c/ Pologne, § 119 : préc. note 43* • 27 nov. 1991, *Kemmache c/ France, § 59 : Série A n° 218 ; D. 1992. Somm. 329, obs. Renucci.* ♦ La période à considérer peut débuter à la date du dépôt de la plainte contre le requérant. • CEDH 27 août 1992, *Tomasi c/ France, § 124 : préc. note 13.* ♦ La période à considérer a débuté à la date du mandat d'arrêt lancé à l'encontre du requérant. • CEDH 31 juill. 2001, *Zannouti c/ France, § 50,* n° 42211/98.

94. Dies ad quem. L'art. 6, § 1, indique comme

terme le jugement statuant sur le bien-fondé de l'accusation, ce qui peut s'étendre à une décision rendue par une juridiction de recours lorsque celle-ci se prononce sur le bien-fondé de l'accusation. • CEDH 27 juin 1968, *Neumeister c/ Autriche, § 19 : préc. note 28* • 31 juill. 2001, *Zannouti c/ France, § 50 : préc. note 93.* ♦ L'art. 6, § 1, n'astreint pas les États à créer des cours d'appel ou de cassation. Néanmoins, un État qui se dote de juridictions de cette nature a l'obligation de veiller à ce que les justiciables jouissent auprès d'elles des garanties fondamentales de l'art. 6. Si la manière dont l'art. 6 doit s'appliquer aux procédures d'appel et de cassation dépend des particularités de ces procédures, il ne peut faire aucun doute que celles-ci entrent dans le champ d'application de l'art. 6. En conséquence, il y a lieu de les faire entrer en ligne de compte pour déterminer si la durée globale de la procédure a été raisonnable. • CEDH 26 oct. 2000, *Kudla c/ Pologne, § 122 : préc. note 43.* ♦ La période à considérer a pris fin avec le prononcé de l'arrêt de la Cour de cassation déclarant irrecevable le pourvoi formé contre l'arrêt de la chambre d'accusation. • CEDH 27 août 1992, *Tomasi c/ France, § 124 : préc. note 13.* ♦ La période à considérer n'a pas encore pris fin, la Cour de cassation n'ayant pas jusqu'à présent statué sur le pourvoi formé contre l'arrêt de la cour d'assises. • CEDH 27 nov. 1991, *Kemmache c/ France, § 59 : préc. note 93.* ♦ Quant à la période à laquelle s'applique l'art. 6, la Cour a jugé qu'en matière pénale elle couvre l'ensemble de la procédure en cause, y compris les instances de recours. • CEDH 28 juin 1978, *König c/ Allemagne, § 98 : préc. note 10.*

95. La Cour constate qu'une grande partie de la durée de la procédure coïncide avec la durée de l'expertise médicale de la requérante, qui n'a pas encore abouti à ce jour. Elle rappelle que l'expertise en question se situait dans le cadre d'une procédure judiciaire contrôlée par le juge, qui restait chargé d'assurer la conduite rapide du procès. • CEDH 23 nov. 1999, *Galinho Carvalho Matos c/ Portugal, § 30,* n° 35593-97 • 23 nov. 1999, *Marques Gomes Galo c/ Portugal, § 30 : D. 2000. Somm. 182, obs. Fricero.* ♦ Il n'a pas été « décidé » du « bien-fondé d'une *accusation pénale* » au sens de l'art. 6, § 1, aussi longtemps que la peine ne se trouve pas déterminée définitivement. • CEDH 15 juill. 1982, *Eckle c/ Allemagne, § 76 : préc. note 29.*

b. Appréciation du délai raisonnable

96. Critères d'appréciation. Se livrant à une appréciation globale des circonstances de l'espèce, la Cour conclut qu'il y a eu dépassement du délai raisonnable. • CEDH 24 oct. 1989, *H. c/ France, § 59 : préc. note 91.* ♦ Le caractère raisonnable de la durée d'une procédure s'apprécie à l'aide de critères qui se dégagent de la jurisprudence de la Cour et suivant les circonstances de la cause, lesquelles commandent en l'occurrence une évaluation globale. • CEDH 26 mars 1992, *Editions Périscope c/ France, § 44,* n° 11760/85. ♦ Le caractère raisonnable de la procédure doit s'apprécier suivant les circonstances de la cause et eu égard aux critères consacrés par la jurisprudence de la Cour, à savoir la complexité de l'affaire, le comportement du requérant et celui des autorités étatiques. • CEDH 8 déc. 1983, *Pretto c/ Italie,* n° 7984/77. ♦ Sur la prise en considération des circonstances particulières de la cause, V. aussi • CEDH 14 oct. 2010, *Veriter c/ France,* n° 31508/07 • 29 mai 2012, *Flores Cardoso c/ Portugal,* n° 2489/09.

97. Le caractère raisonnable de la durée d'une procédure s'apprécie suivant les circonstances de l'espèce et eu égard aux critères consacrés par la jurisprudence de la Cour, en particulier la complexité de l'affaire, le comportement du requérant et celui des autorités compétentes. • CEDH 31 juill. 2001, *Zannouti c/ France, § 51 : préc. note 93* • 3 juill. 2001, *Romo c/ France, § 18 : D. 2002. Somm. 689, obs. Perez* • 12 juin 2001, *Brochu c/ France, § 22 : D. 2002. Somm. 688, obs. Fricero* • 8 mars 2001, *Pinto de Oliveira c/ Portugal, § 28 : D. 2002. Somm. 687, obs. Fricero* • 27 nov. 1991, *Kemmache c/ France, § 60 : préc. note 93* • 20 févr. 1991, *Vernillo c/ France, § 30 : Série A n° 198 ; D. 1992. Somm. 333, obs. Renucci.* ♦ L'enjeu du litige pour l'intéressé entre aussi en ligne de compte. • CEDH 23 avr. 1998, *Doustaly c/ France, § 39 : Rec. 1998-II ; JCP 1999. I. 109, obs. Sudre ; D. 1998. Somm. 367, obs. Perez* • 23 avr. 1996, *Phocas c/ France, § 71 : Rec. 1996-II* • 17 déc. 1996, *Duclos c/ France, § 55 : Rec. 1996-VI* • 9 nov. 1999, *Gozalvo c/ France, § 22 : D. 2000. Somm. 183, obs. Fricero* • 22 juill. 2003, *Coste c/ France : AJ pénal 2003. 70, obs. Céré.*

98. Le caractère raisonnable de la durée d'une procédure doit s'apprécier suivant les circonstances de la cause et eu égard aux critères suivants : la complexité de l'affaire ainsi que le comportement du requérant et celui des autorités compétentes. En outre, seules les lenteurs imputables à l'État peuvent amener à conclure à l'inobservation du délai raisonnable. L'instruction de l'affaire revêtait certainement, une certaine complexité liée aux multiples charges retenues contre le requérant ainsi qu'à la longueur de la période infractionnelle, mais la Cour considère que cela ne suffit pas à expliquer pourquoi la procédure dirigée contre le requérant a connu une telle durée. Pour ce qui est du comportement du requérant, le Gouvernement lui reproche d'avoir fait un usage intensif et systématique des voies de recours qui avaient pour effet de ralentir la procédure, sans par ailleurs avoir optimisé les recours qui auraient permis de l'accélérer. La Cour convient que ces éléments, attribuables en partie au requérant, ont contribué à la durée de la procédure dirigée contre lui. Ils n'expliquent toutefois pas, selon elle, la totalité de la durée. Pour ce qui est du comportement des autorités, la Cour rappelle que l'art. 6, § 1 astreint les États contractants à organiser leur système judiciaire de telle sorte que leurs cours et tribunaux puissent remplir chacune de ses exigences, notamment celle du délai raisonnable. Or elle constate en particulier que la phase de l'instruction a connu des périodes de ralentissement voire de stagnation : le juge d'instruction, saisi le 5 mai 2004, termina son enquête le 25 mai 2008 ; le parquet prit son réquisitoire le 31 mars 2009 ; la cause fut fixée à l'audience de la chambre du conseil du 26 janv. 2010 pour le règlement de la procédure. Sur la base de l'ensemble des éléments considérés, la Cour conclut que la complexité de l'instruction et le comportement du requérant n'expliquent pas à eux seuls la longueur de la procédure ; la cause majeure de celle-ci réside dans la manière dont les autorités ont conduit l'affaire. Partant, il y a eu violation de l'art. 6, § 1. • CEDH 2 juill. 2019, *Abboud c/ Belgique,* n° 29119/13, §§ 41 à 46. ♦ Après avoir examiné tous les éléments qui lui ont été soumis, la Cour ne décèle aucun fait ni argument propre à justifier la durée de la procédure en l'espèce. Plus particulièrement, elle note que, alors que la requérante s'est présentée devant les autorités de police le 12 nov. 2004, la chambre d'accusation de la cour d'appel n'a rendu son ordonnance que le 5 août 2015, soit plus de dix ans et neuf mois plus tard. Compte tenu de sa jurisprudence en la matière, elle estime qu'en l'espèce la procédure litigieuse a connu une durée excessive et incompatible avec l'exigence de « délai raisonnable » posée par l'art. 6, § 1. • CEDH 21 nov. 2019, *Papargyriou c/ Grèce,* n° 55846/15, § 31.

99. Complexité de l'affaire. Il n'est pas douteux que l'affaire « Neumeister » présentait une complexité toute particulière. (...) On ne peut, notamment, imputer aux autorités judiciaires autrichiennes les difficultés rencontrées par elles à l'étranger pour obtenir l'exécution de leurs nombreuses commissions rogatoires. L'attente du retour de celles-ci explique sans doute l'ajournement de la clôture de l'instruction. (...) Le souci de célérité ne peut dispenser les magistrats de prendre toute mesure de nature à faire la lumière sur le bien ou le mal-fondé de l'accusation. • CEDH 27 juin 1968, ⛫ *Neumeister c/ Autriche, § 21 : préc. note 28.* ♦ Toutefois, la Cour estime que la complexité évidente de l'affaire ne saurait à elle seule justifier la longueur de la procédure. • *CEDH 25 sept. 2007, Clerck c/ Belgique,* § 55 : *Dr. pénal 2008. Chron. 3, obs. E. Dreyer.*

100. Comportement du requérant. La Cour rappelle que l'art. 6 ne demande pas une coopération active de l'accusé avec les autorités judiciaires. • CEDH 25 févr. 1993, ⛫ *Dobbertin c/ France,* § 43 : *Série A n° 256* • 10 déc. 1982, ⛫ *Corigliano c/ Italie, § 42 : Série A n° 57.*

101. Comportement des autorités compétentes. L'art. 6, § 1, astreint les États contractants à organiser leur système judiciaire de telle sorte que les cours et tribunaux puissent remplir chacune de ses exigences. • CEDH 25 févr. 1993, ⛫ *Dobbertin c/ France, § 44 : préc. note 100.* ♦ La surcharge de travail ne saurait entrer en ligne de compte. • CEDH 26 nov. 1992, ⛫ *Lombardo c/ Italie, § 23 : Série A n° 249-B* • 27 févr. 1992, ⛫ *Tusa c/ Italie, § 17 : Série A n° 231-D* • 24 mai 1991, ⛫ *Vocaturo c/ Italie, § 17 : Série A n° 206-C.* ♦ Un engorgement passager du rôle du tribunal n'engage pas la responsabilité internationale de l'État concerné aux termes de la convention si celui-ci prend, avec la promptitude voulue, des mesures efficaces pour y remédier. • CEDH 10 juill. 1984, ⛫ *Guincho c/ Portugal, § 40 : Série A n° 81* • 13 juill. 1983, ⛫ *Zimmermann et Steiner c/ Suisse, § 29 : Série A n° 66* • 6 mai 1981, ⛫ *Buchholz c/ Allemagne, § 51 : Série A n° 42.* ♦ Parmi les moyens qui peuvent entrer en ligne de compte à titre provisoire figure assurément le choix d'un certain ordre de traitement des affaires, fondé non sur leur simple date d'introduction mais sur leur degré d'urgence et d'importance. (...) Toutefois, si semblable état de chose se prolonge et acquiert un caractère structurel, de tels moyens ne suffisent plus et l'État ne saurait différer davantage l'adoption de mesures efficaces. • CEDH 13 juill. 1983, ⛫ *Zimmermann et Steiner c/ Suisse, § 29 in fine : préc.* ♦ L'urgence d'un litige s'accroît avec le temps ; en conséquence, si la crise se prolonge de tels moyens se révèlent insuffisants et l'État doit en choisir d'autres, plus efficaces, pour se conformer aux exigences de l'art. 6 § 1. • CEDH 7 juill. 1989, ⛫ *Union alimentaria Sanders c/ Espagne, § 40 : Série A n° 157.*

102. Le fait que de telles situations d'encombrement soient devenues courantes ne saurait excuser la durée excessive d'une procédure. (...) Eu égard à l'ensemble des circonstances de la cause, la Cour constate que la durée excessive de la procédure découle pour l'essentiel du comportement des autorités compétentes. Il y a donc violation de l'art. 6, § 1. • CEDH 26 oct. 1988, ⛫ *Martins Moreira c/ Portugal, §§ 54 et 61 : Série A n° 143.* ♦ Quant au comportement des autorités judiciaires, la Cour relève qu'un an et cinq mois s'écoulèrent entre la date à laquelle le dossier a été présenté au juge et la première ordonnance qui s'en est suivie. Il est vrai qu'au cours de cette période l'accusée a été introuvable. La Cour admet qu'il s'agit là d'un fait objectif qui ne saurait être entièrement imputable à l'État. Il n'en demeure pas moins que les difficultés rencontrées par les autorités judiciaires pour accomplir les notifications légales ne sauraient priver l'intéressé, en l'occurrence la partie civile, des garanties de l'art. 6 § 1, et notamment son droit à un examen de sa cause dans un délai raisonnable.

• CEDH 22 juill. 1999, *Santos c/ Portugal, § 24,* n° 35586/97. ♦ La responsabilité des lenteurs observées pèse pour l'essentiel sur les autorités judiciaires. En particulier, le procureur de la République laissa passer plus d'un an et demi avant de saisir la Cour de cassation pour voir désigner la juridiction d'instruction compétente. De son côté, le juge d'instruction n'entendit qu'une seule fois le requérant et ne semble avoir accompli aucun acte d'information entre mars et sept. 1985, puis entre janv. 1986 et janv. 1987. Partant, il y a violation de l'art. 6 § 1. • CEDH 27 août 1992, *Tomasi c/ France, § 125 : préc. note 13.* ♦ Il incombe aux États contractants d'organiser leur système juridique de telle sorte que leurs juridictions puissent garantir à chacun le droit d'obtenir une décision définitive dans un délai raisonnable. Il appartient donc à l'État défendeur de faire le nécessaire pour éviter des délais d'inactivité aussi longs. • CEDH 7 févr. 2002, *H.L. c/ France,* n° 42189/98.

103. Enjeu du litige. En l'espèce, la Cour croit devoir insister particulièrement sur l'enjeu de la procédure litigieuse pour le requérant. (...) Dans de pareilles affaires, il incombe aux autorités de témoigner d'une diligence exceptionnelle car tout retard dans la procédure risque de trancher en fait, avant les débats, la question dont le tribunal se trouve saisi. • CEDH 8 juill. 1987, *H. c/ Royaume-Uni, § 85 : Série A n° 120.* ♦ Appréciant l'ensemble des divers éléments et considérant l'enjeu du litige, à savoir l'existence professionnelle même de l'intéressé, la Cour estime que, nonobstant les retards imputables au comportement du requérant, l'instruction de l'affaire n'a pas été menée avec la rapidité nécessaire. • CEDH 28 juin 1978, *König c/ Allemagne, § 111 : préc. note 10.* ♦ Compte tenu de l'enjeu du litige pour le requérant, la Cour considère que les juridictions internes n'ont pas agi avec la diligence particulière requise par l'art. 6, § 1, en pareil cas. • CEDH 18 févr. 1999, *Laino c/ Italie, § 22,* n° 33158/96. ♦ Il importe notamment de tenir compte de l'enjeu du litige pour l'intéressé. • CEDH 27 juin 1997, *Philis c/ Grèce, § 35 : Rec. 1887-I ; RSC 1998. 393, obs. Koering-Joulin* • 23 avr. 1998, *Doustaly c/ France, § 39 : préc. note 97.* ♦ V. aussi : • CEDH 31 mars 1992, *X. c/ France, § 47 : Série A n° 234-C ; D. 1992. Somm. 334, obs. Renucci* .

104. L'enjeu du litige pour le requérant entre en ligne de compte pour apprécier le caractère raisonnable de la durée de la procédure. (...) Les personnes en détention provisoire peuvent exiger des autorités compétentes une « diligence particulière ». L'incarcération d'une telle personne constitue donc un élément à prendre en considération pour déterminer s'il a été statué dans un délai raisonnable sur le bien-fondé de l'accusation. • CEDH 12 oct. 1992, *Abdoella c/ Pays-Bas, § 24 : Série A n° 235-D.*

105. Viole l'art. 6, § 1, Conv. EDH, duquel découle le droit d'être entendu dans un délai raisonnable, l'action en responsabilité de l'État ayant donné lieu à une procédure d'une durée totale de six ans et cinq mois, une attention particulière devant être portée, en matière de délai raisonnable, aux procédures d'indemnisation. • CEDH 30 oct. 2014, *Palmero c/ France : D. actu. 24 nov. 2014, obs. Kebir.*

5° DROIT À CE QUE LA CAUSE SOIT ENTENDUE ÉQUITABLEMENT ET PUBLIQUEMENT

a. Équité

1. Garanties implicites majeures

106. Principe de l'égalité des armes. Le principe de l'égalité des armes est compris dans la notion de procès équitable inscrite à l'art. 6, § 1. • CEDH 27 juin 1968, *Neumeister c/ Autriche, § 22 : préc. note 28.* ♦ Ce principe est l'un des éléments de la notion plus large de procès équitable. • CEDH 22 févr. 1996, *Bulut c/ Belgique, § 47 : préc. note 81* • 18 mars 1997, *Foucher c/ France, § 34 : Rec. 1997-II.* ♦ L'exigence de « l'égalité des armes » au sens d'un « juste équilibre » entre les parties, vaut en principe aussi bien au civil qu'au pénal. • CEDH 27 oct. 1993, *Dombo Beheer BV c/ Pays-Bas, § 33 : Série A n° 274* • 26 mai 1986, *Feldbrugge c/ Pays-Bas, § 44 : Série A n° 99 ; Cah. dr. eur. 1988. 452, obs. Cohen-Jonathan ; Ann. fr. dr. int. 1987. 239, obs. Coussirat-Coustère ; JDI 1987. 778, obs. Rolland et Tavernier.* ♦ L'égalité des armes implique l'obligation d'offrir à chaque partie une possibilité raisonnable de présenter sa cause – y compris ses preuves – dans des conditions qui ne la placent pas dans une situation de net désavantage par rapport à son adversaire. • CEDH 27 oct. 1993, *Dombo Beheer BV c/ Pays-Bas, § 33 : préc.* • 18 mars 1997, *Foucher c/ France, § 34 : préc.* • 24 févr. 1997, *De Haes et Gijsels c/ Belgique, § 53 : Rec. 1997-I ; RSC 1998. 394, obs. Koering-Joulin* . ♦ Dans ce contexte, la Cour attribue une importance aux apparences autant qu'à la sensibilité accrue aux garanties d'une bonne justice. • CEDH 22 févr. 1996, *Bulut c/ Autriche, § 47 : préc. note 81* • 30 oct. 1991, *Borgers c/ Belgique, § 24 : Série A n° 214-B ; Ann. fr. dr. int. 1991. 587, obs. Coussirat-Coustère ; JDI 1992. 797, obs. Decaux et Tavernier ; RUDH 1992. 1, obs. Sudre.* ♦ Le principe d'égalité des armes ne dépend pas d'une absence d'équité supplémentaire, quantifiable et liée à une inégalité de procédure. C'est à la défense qu'il appartient d'apprécier si les observations méritent réaction. • CEDH 22 févr. 1996, *Bulut c/ Belgique, § 49 : préc. note 81.*

107. La Cour rappelle que la notion de « procès équitable », garantie par l'art. 6, § 1, de la Convention, intègre le respect de l'égalité des armes. Ce principe, qui est l'un des éléments de la notion plus large de procès équitable, au sens de l'art. 6, § 1, exige un « juste équilibre entre les parties » : chacune doit se voir offrir une possibilité raisonnable de présenter sa cause dans des conditions qui ne la placent pas dans une situation de net désavantage par rapport à son ou ses adversaires (§ 45). (...). Si une procédure se déroulant en l'absence du prévenu n'est pas en soi incompatible avec l'art. 6 de la Convention, il demeure néanmoins qu'un déni de justice est constitué lorsqu'un individu condamné *in absentia* ne peut obtenir ultérieurement qu'une juridiction statue à nouveau, après l'avoir entendu, sur le bien-fondé de l'accusation en fait comme en droit, alors qu'il n'est pas établi qu'il a renoncé à son droit de comparaître et de se défendre. Il ne fait aucun doute que cette jurisprudence trouve nécessairement à s'appliquer, *a fortiori*, lorsqu'une déclaration de culpabilité intervient non seulement *in absentia* mais *post-mortem*. La Cour constate que la mise en cause civile du requérant en sa qualité d'ayant droit est la conséquence directe de ce constat de culpabilité *post-mortem*, préalable à la fois nécessaire et déterminant pour faire naître les obligations civiles à sa charge. Le requérant ne pouvait dès lors valablement discuter ni du bien-fondé des sommes susceptibles d'être mises à sa charge ni, du moins partiellement, de leur montant, dès lors que cela découlait nécessairement des constats faits par la cour d'appel sous le volet pénal. La Cour note d'ailleurs que la partie de l'arrêt consacrée à la mauvaise foi de M. X précise le montant du bénéfice retiré par la commission du délit, tel qu'évalué par les experts pendant la procédure pénale, à savoir 94,1 millions de francs français : or il s'agit très exactement de la somme que le requérant a ensuite été condamné à payer en sa qualité d'ayant droit. Aussi, tout en rappelant que le fait, pour une juridiction pénale, de statuer sur les intérêts civils de la victime est, en soi, conforme aux dispositions de l'art. 6 de la Convention, la Cour ne saurait admettre que les juridictions pénales appelées à juger l'action civile se prononcent pour la toute première fois sur la culpabilité pénale d'un prévenu décédé. Dans ces circonstances, la Cour, qui rappelle que la Convention ne vise pas à garantir des droits théoriques ou illusoires mais des droits concrets et effectifs (V., parmi beaucoup d'autres, CEDH 13 mai 1980, *Artico c/ Italie*, § 33, série A n° 37), considère que le requérant, mis en cause en sa qualité d'ayant droit dans le cadre de l'action civile exercée contre les héritiers de M. X, n'était pas en mesure de défendre sa cause dans des conditions conformes au principe d'équité, étant à la fois privé de la possibilité de contester le fondement de sa mise en cause – à savoir la déclaration de culpabilité *post-mortem* de son père – et placé dans une situation de net désavantage par rapport à la partie adverse. La Cour ne discerne d'ailleurs pas davantage les raisons pour lesquelles le Gouvernement tire argument de ce qu'il s'est fait représenter par les mêmes défenseurs que son père, le requérant n'ayant pas été poursuivi pénalement et ne pouvant en tout état de cause juridiquement être confondu avec son père, et ce avant comme après le décès de celui-ci. Eu égard à ce qui précède, la Cour conclut qu'il y a eu, en l'espèce, violation de l'art. 6, § 1, de la Convention (§§ 53 à 57). • CEDH 12 avr. 2012, *Lagardère c/ France*, n° 18851/07 : *D. 2012. 1708, note Renucci ; AJ pénal 2012. 421, obs. Lavric ; Rev. Sociétés 2012. 517, obs. Matsopoulou ; RSC 2012. 695, obs. Roets ; Dr. pénal 2013. Chron. 4, obs. Dreyer ; JCP 2012, n° 724, obs. Dethomas ; AJDA 2012. 1726, obs. Burgorgue-Larsen*.

108. Égalité des armes et experts. En l'espèce, l'expert avait rédigé les rapports et leur transmission au parquet avait déclenché les poursuites pénales contre M. Bönisch. Par la suite, il fut désigné comme expert par le tribunal régional. (...) On comprend aisément que des doutes surgissent, en particulier chez l'accusé, sur la neutralité d'un expert dont le rapport a précisément provoqué l'exercice de l'action publique. (...) En soi, son audition pendant les débats ne se heurtait pas à la convention, mais le principe de l'égalité des armes découlant de la notion de procès équitable exigeait un équilibre entre cette audition et celle des personnes qui, à un titre quelconque, étaient ou pouvaient être entendues à la demande de la défense. (...) De surcroît, la défense n'avait guère de chances d'obtenir la nomination d'un contre-expert. (...) Dès lors, il y a eu violation de l'art. 6 § 1. • CEDH 6 mai 1985, *Bönisch c/ Autriche, §§ 31 à 35 : Série A n° 92 ; Cah. dr. eur. 1988. 455, obs. Cohen-Jonathan ; Ann. fr. dr. int. 1987. 239, obs. Coussirat-Coustère ; RSC 1985. 164, obs. Pettiti ; JDI 1986. 1083, obs. Rolland et Tavernier.*

109. La décision de ne pas prescrire d'expertise pourrait, de premier abord, prêter à critique dans une affaire relative à un traitement médical pratiqué au moyen d'un produit contesté. La Cour relève pourtant que la juridiction se trouvait en possession des exposés des parties et des pièces fournies par elles. (...) Eu égard à l'ensemble de ces circonstances, elle pouvait s'estimer suffisamment éclairée pour être à même de trancher sur la base de l'instruction et du dossier. Le fait de ne pas avoir ordonné une expertise n'a pas, dans ces conditions, porté atteinte au droit du requérant à un procès équitable. • CEDH 24 oct. 1989, *H. c/ France, § 70 : préc. note 91.* ♦ Si les intéressés auraient pu formuler, devant le tribunal, des observations sur la teneur et les conclusions du rapport litigieux après qu'il leur fut communiqué, la Cour n'est pas convaincue qu'ils avaient là une possibilité véritable de commenter efficacement celui-ci. En effet, la question à laquelle l'expert était chargé de répondre se confondait avec celle que devait trancher le tribunal. (...) Ainsi, bien que le tribunal ne fût pas juridiquement lié par les conclusions de l'expertise litigieuse, celles-ci étaient susceptibles d'influer de manière prépondérante son appréciation des faits. (...) Les requérants n'eurent pas la possibilité de commenter efficacement l'élément de preuve essentiel. La procédure n'a donc pas revêtu le caractère équitable exigé par l'art. 6, § 1. • CEDH 18 mars 1997, *Mantovanelli c/ France, § 36 : Rec. 1997-II ; JCP 1998. I. 107, obs. Sudre ; RG proc. 1998. 238, obs. Flauss.*

110. Égalité des armes et ministère public. Nul ne doute de l'objectivité avec laquelle le parquet de cassation s'acquitte de ses fonctions. (...) Néanmoins, son opinion ne saurait passer pour neutre du point de vue des parties à l'instance en cassation : en recommandant l'admission ou le rejet du pourvoi d'un accusé, le magistrat du ministère public en devient l'allié ou l'adversaire objectif. Dans la seconde hypothèse, l'art. 6 § 1 impose le respect des droits de la défense et du principe de l'égalité des armes. • CEDH 30 oct. 1991, *Borgers c/ Belgique,* §§ 26 s. : *préc. note 106.* ♦ Le principe d'égalité des armes n'est pas rompu en raison de la présence de l'avocat général devant requérir devant une cour d'assises lors d'une séance d'information dispensée aux jurés tirés au sort pour la session. • CEDH 4 oct. 2007, *Corcuff c/ France,* § 32 : *Dr. pénal 2008. Chron. 3, obs. Dreyer.* ♦ Il en va tout autrement en cas de suspicion d'une communication illicite entre le représentant du parquet et certains membres du jury. • CEDH 16 janv. 2007, *Farhi c/ France,* § 27 : *Dr. pénal 2008. 34, obs. E. Dreyer.* ♦ La Cour rappelle avoir estimé, dans de précédentes décisions, que la circonstance dénoncée (position surélevée du ministère public à l'audience) ne suffisait pas à mettre en cause l'égalité des armes, dans la mesure où, si elle donnait au procureur une position « physique » privilégiée dans la salle d'audience, elle ne plaçait pas l'accusé dans une situation de désavantage concret pour la défense de ses intérêts. • CEDH 31 mai 2012, *Dirioz c/ Turquie,* n° 38560/04. ♦ V. déjà : • CEDH 9 déc. 2003, *Chalmont c/ France,* n° 72531/01.

111. Conclusions de l'avocat général. En l'espèce, l'audience devant la Cour de cassation se termina sur les conclusions de l'avocat général tendant au rejet du pourvoi du requérant. A aucun moment celui-ci ne put y répondre : avant, *il n'en connaissait pas la teneur ;* après, la loi l'en empêchait. (...) On n'aperçoit point ce qui justifie de telles restrictions. Dès lors que le parquet avait présenté des conclusions défavorables au requérant, celui-ci avait un intérêt certain à pouvoir les discuter avant la clôture des débats. (...). Ensuite et surtout, le déséquilibre s'accentua encore du fait de la participation, avec voix consultative, de l'avocat général au délibéré de la Cour. Pareille assistance, prêtée en toute objectivité, peut offrir une certaine utilité pour la rédaction des arrêts, quoique celle-ci relève au premier chef de la Haute juridiction elle-même. On conçoit mal cependant qu'elle puisse rester cantonnée aux questions de forme, au demeurant souvent indissociables du fond, si elle a également pour but de contribuer au maintien de l'unité de la jurisprudence. Quand bien même elle s'y serait limitée en l'espèce, l'avocat général pouvait légitimement sembler disposer en chambre du conseil d'une occasion supplémentaire d'appuyer, à l'abri de la contradiction du requérant, ses conclusions de rejet du pourvoi. En conclusion, eu égard aux exigences des droits de la défense et de l'égalité des armes, ainsi qu'au rôle des apparences dans l'appréciation de leur respect, la Cour constate une violation de l'art. 6, § 1. • CEDH 30 oct. 1991, *Borgers c/ Belgique, §§ 26 à 29 : préc. note 106.* ♦ Ce raisonnement vaut *a fortiori* dans les hypothèses où le parquet général est bien l'autorité de poursuite. (...) Il n'est pas équitable que l'accusation remette des observations à une juridiction à l'insu de la défense. La Cour conclut au non-respect du principe d'égalité des armes. Il y a eu violation de l'art. 6, § 1, en raison de la communication à la Cour suprême, par le procureur général, d'observations dont le requérant n'a pas eu connaissance. • CEDH 22 févr. 1996, *Bulut c/ Autriche, §§ 49 et 50 : préc. note 81.* ♦ Le droit à une procédure contradictoire implique, pour une partie, de prendre connaissance des observations ou pièces produites par l'autre, ainsi que de les discuter. Le respect du principe de l'égalité des armes exigeait que l'intéressé obtînt communication des observations du procureur général et qu'il eût la possibilité de les commenter. Tel n'ayant pas été le cas, l'intéressé s'est trouvé dans une situation de net désavantage par rapport à son adversaire. • CEDH 24 nov. 1997, *Werner c/ Autriche, §§ 65 et 67 : préc. note 16* • 20 févr. 1996, *Vermeulen c/ Belgique, §§ 33 s. : Rec. 1996-II.* ♦ Compte tenu de ce qu'était l'enjeu pour l'intéressé dans la procédure et de la nature des conclusions de l'avocat général, l'impossibilité pour le requérant de répondre à celles-ci avant que la Cour de cassation ne rendît sa décision a méconnu son droit à une procédure contradictoire. Celui-ci implique en principe le droit pour les parties à un procès de se voir communiquer et de discuter toute pièce ou observation présentée au juge, fût-ce par un magistrat indépendant, en vue d'influencer sa décision. • CEDH 27 mars 1998, *J.J. c/ Pays-Bas, § 43 : Rec. 1998-II* • 27 mars 1998, *K.D.B. c/ Pays-Bas, § 44 : Rec. 1998-II.* ♦ L'absence de communication des conclusions de l'avocat général aux requérants est sujette à caution. De nos jours, certes, l'avocat général informe avant le jour de l'audience les conseils des parties du sens de ses propres conclusions et, lorsque, à la demande desdits conseils, l'affaire est plaidée, ces derniers ont la possibilité de répliquer aux conclusions en question oralement ou par une note en délibéré. Eu égard au fait que seules des questions de pur droit sont discutées devant la Cour de cassation et que les parties y sont représentées par des avocats hautement spécialisés, une telle pratique est de nature à offrir à celles-ci la possibilité de prendre connaissance des conclusions litigieuses et de les commenter dans des conditions satisfaisantes. Il n'est toutefois pas avéré qu'elle existât à l'époque des faits de la cause. Partant, il y a eu violation de l'art. 6, § 1. • CEDH 31 mars 1998, *Reinhardt et Slimane-Kaïd c/ France, § 106 : Rec. 1998-II ; D. 1998. Somm. 366, obs. Baudoux ; Procédures 1998, n° 177, obs. Buisson ; RSC 1998. 599, note Pettiti ; JCP 1999. I. 105, obs. Sudre ; RSC 1999. 401, obs. Koering-Joulin ; JCP 1999. II. 10074 note Soler ; RTD civ. 1998. 511, obs. Marguénaud* • 8 juill. 2003, *Fontaine c/ France : D. 2003. IR 2123* • 27 nov. 2003, *Slimane-Kaïd c/ France : D. 2004. IR 32*. ♦ Mais le requérant qui choisit de se défendre sans la représentation d'un avocat à la Cour de cassation, ne bénéficie pas de cette pratique, réservée aux seuls avocats de la Cour de cassation. (...) Il est clair que la spécificité de la procédure devant la Cour de cassation peut justifier de réserver aux seuls avocats spécialisés le monopole de la prise de parole. Toutefois, cette spécificité ne peut justifier qu'il ne soit pas offert au demandeur en cassation, auquel il est reconnu en droit interne le droit de se défendre personnellement, des moyens de procédure qui lui assureront le droit à un procès équitable devant cette juridiction. La cour rappelle en effet que selon la jurisprudence, un État qui se dote d'une Cour de cassation a l'obligation de veiller à ce que les justiciables jouissent auprès d'elle des garanties fondamentales de l'art. 6. Ainsi, faute d'avoir offert au requérant un examen équitable de sa cause devant la Cour de cassation dans le cadre d'un procès contradictoire, il y a eu, en l'espèce, violation de l'art. 6, § 1. • CEDH 25 janv. 2000, *Slimane-Kaïd c/ France, § 24*, n° 29507/95 • 8 févr. 2000, *Voisine c/ France, §§ 27 s. : D. 2000. Somm. 186, obs. Fricero ; D. 2000. 651, note Thierry ; JCP 2001. I. 191, obs. Sudre ; RTDH 2001. 825, obs. Marguénaud* • 27 févr. 2001, *Adoud et Bosoni c/ France, §§ 20 et 21 : D. 2002. Somm. 687, obs. Fricero* • 26 avr. 2001, *Meftah c/ France, §§ 34 à 43 : JCP 2001. I. 342, obs. Sudre* • 26 juill. 2002, *Meftah et a. c/ France, § 52 : JCP 2003. I. 109, n° 9, obs. Sudre ; D. 2003. Somm. 593 obs. Fricero*. ♦ L'absence de communication au requérant ou à son conseil, avant l'audience, du premier volet du rapport du conseiller rapporteur, alors que ce document avait été transmis à l'avocat général, ne s'accorde pas avec les exigences du procès équitable. • CEDH 24 juill. 2008, *Arouette c/ France, § 19 : Dr. pénal 2009. Chron. 4, obs. Dreyer.* – Sur la situation (comparable) du commissaire du gouvernement. • CEDH 7 juin 2001, *Kress c/ France, §§ 69 : D. 2001. 2619, note Drago ; RTDH 2002. 223, obs. Sermet ; LPA 3 oct. 2001. 13, note Flauss ; JCP 2001. II. 10578, note Sudre ; RFDA 2001. 991*.

112. Rapport du conseiller rapporteur. Avant l'audience, l'avocat général reçut communication du rapport du conseiller rapporteur et du projet d'arrêt préparé par celui-ci. Le rapport se compose de deux volets : le premier contient un exposé des faits, de la procédure et des moyens de cassation, et le second, une analyse juridique de l'affaire et un avis sur le mérite du pourvoi. Ces documents ne furent pas transmis aux requérants ou à leurs conseils. De nos jours, une mention au rôle diffusée à l'ordre des avocats aux Conseils une semaine avant l'audience informe les avocats des parties du sens dudit avis. Les avocats des requérants auraient pu plaider l'affaire s'ils en avaient manifesté la volonté : à l'audience, ils auraient eu la parole après le conseiller rapporteur, ce qui leur eût permis d'entendre le premier volet du rapport litigieux et de le commenter. Le deuxième volet de celui-ci ainsi que le projet d'arrêt – légitimement couvert par le secret du délibéré – restaient en tout état de cause confidentiels à leur égard : dans le meilleur des cas, ils ne purent ainsi connaître le sens de l'avis du conseiller rapporteur quelques jours avant l'audience. En revanche, c'est l'intégralité dudit rapport ainsi que le projet d'arrêt qui furent communiqués à l'avocat général. (...) Étant donné l'importance du rapport du conseiller rapporteur, principalement du second volet de celui-ci, le rôle de l'avocat général et les conséquences de l'issue de la procédure pour les requérants, le déséquilibre ainsi créé, faute d'une communication identique du rapport aux conseils des requérants, ne s'accorde pas avec les exigences du procès équitable. • CEDH 31 mars 1998, *Reinhardt et Slimane-Kaïd c/ France, § 105 : préc. note 111.*

2. Garanties implicites subséquentes

113. Présence de l'accusé à l'audience. Le droit de tout accusé de prendre part à l'audience découle de l'objet et du but de l'art. 6. (...) Le droit de participer à l'audience ne revêt pas un caractère absolu. (...) Quand une législation nationale autorise le déroulement d'un procès nonobstant l'absence de l'accusé, l'intéressé doit, une fois au courant des poursuites, pouvoir obtenir qu'une juridiction statue à nouveau, après l'avoir entendu, sur le bien-fondé de l'accusation portée contre lui. Les États contractants jouissent d'une grande liberté dans le choix des moyens à utiliser à cette fin. • CEDH 12 févr. 1985, *Colozza c/ Italie, §§ 27 s. : préc. note 6.* – Sur les droits de la défense de l'accusé absent, V. ss. art. 6, § 3 *c)*.

114. Motivation des décisions de justice. Le justiciable doit pouvoir connaître les raisons qui ont amené le juge à choisir telle ou telle solution, et éventuellement les contester. • Comm. EDH 9 déc. 1986, *Kaufman c/ Belgique : DR 50/98.* ♦ L'art. 6, § 1, oblige les tribunaux à motiver leurs décisions, mais il ne peut se comprendre comme exigeant une réponse détaillée à chaque argument. • CEDH 19 avr. 1994, *Van de Hurk c/ Pays-Bas, § 61 : Série A n° 288* • 27 sept. 2001, *Hirvisaari c/ Finlande, § 30,* n° 49684/99. ♦ L'étendue de ce devoir peut varier selon la nature de la décision. Il faut, en outre, tenir compte notamment de la diversité des moyens qu'un plaideur peut soulever en justice et des différences dans les États contractants en matière de dispositions légales, coutumes, conceptions doctrinales, présentation et rédaction des jugements et arrêts. C'est pourquoi la question de savoir si un tribunal a manqué à son obligation de motiver découlant de l'art. 6 de la convention ne peut s'analyser qu'à la lumière des circonstances de l'espèce. • CEDH 9 déc. 1994, *Hiro Balani c/ Espagne, § 27 : Série A n° 303-B* • 9 déc. 1994, *Ruiz Torija c/ Espagne, § 29 : Série A n° 303-A ; D. 1996. Somm. 202, obs. Fricero ; Justices 1996. 236, obs. Flauss.* ♦ La seule lecture à l'audience du dispositif du jugement du tribunal correctionnel avant l'expiration du délai d'appel porte atteinte aux droits de la défense. • CEDH, sect. II, 24 juill. 2007 : *D. 2007. 2305, note Léna ; AJ pénal 2007. 529, note Porteron*. ♦ Les juridictions internes ont estimé que l'État n'était pas responsable de la détention du requérant au motif que celui-ci avait commis une « faute lourde ». L'absence de précision quant à cette notion, qui implique une appréciation des faits, imposait que les tribunaux énoncent des motifs plus détaillés, eu égard notamment au caractère déterminant de leur conclusion pour le droit à réparation du requérant. En conséquence, la Cour conclut qu'il y a violation de l'art. 6 § 1. • CEDH 29 mai 1997, *Georgiadis c/ Grèce*, § 43 : *Rec. 1997-III.* ♦ Cependant, si l'art. 6, § 1, oblige les tribunaux à motiver leurs décisions, il ne peut se comprendre comme exigeant une réponse détaillée à chaque argument (*Van de Hurk*, préc., § 61). L'étendue de ce devoir peut varier selon la nature de la décision. • CEDH 15 févr. 2007, *Boldea c/ Roumanie*, § 28 : *Dr. pénal 2008. Chron. 3, obs. Dreyer.* ♦ Les demandes de renvoi reposant sur des justificatifs objectifs et non sur de simples affirmations non étayées de l'accusé doivent donner lieu à une réponse motivée. • CEDH 25 juill. 2013, *Rivière et a. c/ France*, n° 46460/10 : *D. actu. 2 sept. 2013, obs. Fleuriot ; RSC 2014. 172, obs. Roets ; Dr. pénal 2013, n° 148, note Maron et Haas.*

115. Motivation et jury populaire. Devant les cours d'assises avec participation d'un jury populaire, il faut s'accommoder des particularités de la procédure où, le plus souvent, les jurés ne sont pas tenus de ou ne peuvent pas motiver leur conviction (§ 92). La Convention ne requiert pas que les jurés donnent les raisons de leur décision et ne s'oppose pas à ce qu'un accusé soit jugé par un jury populaire même dans le cas où son verdict n'est pas motivé (§ 90). En revanche, l'art. 6 exige de rechercher si l'accusé a pu bénéficier des garanties suffisantes de nature à écarter tout risque d'arbitraire et à lui permettre de comprendre les raisons de sa condamnation. Ces garanties procédurales peuvent consister par exemple en des instructions ou éclaircissements donnés par le président de la cour d'assises aux jurés quant aux problèmes juridiques posés ou aux éléments de preuve produits [...] et en des questions précises, non équivoques soumises au jury par ce magistrat, de nature à former une trame apte à servir de fondement au verdict ou à compenser adéquatement l'absence de motivation des réponses du jury. En l'occurrence, ni l'acte d'accusation ni les questions posées au jury ne comportaient des informations suffisantes quant à l'implication du requérant dans la commission des infractions qui lui étaient reprochées. Partant, il y a violation de l'art. 6 de la Convention. • CEDH, gr. ch., 16 nov. 2010, *Taxquet c/ Belgique : D. actu. 25 nov. 2010, obs. Bachelet ; D. 2010. Actu. 2841, obs. Bachelet ; ibid. 47, note Renucci ; ibid. 48, note Pradel ; AJ pénal 2011. 35, obs. Renaud-Duparc ; Procédures 2011, n° 33, obs. Buisson ; RSC 2011. Chron. 214, obs. Marguénaud ; JCP 2010, n° 1250, obs. Sudre ; Dr. pénal 2011. Chron. 3, obs. Dreyer.* ♦ V. pour une application de cette jurisprudence : • C. assises Saint-Omer, 24 nov. 2010, n° 61/2010. ♦ La mention « oui à la majorité de dix voix au moins » aux quatre questions qui étaient posées au jury ne méconnaît pas les dispositions de l'art. 6 de la Conv. EDH, les réponses données aux questions sur la culpabilité étant reprises dans l'arrêt de condamnation. • Crim. 27 oct. 2010 : *D. actu. 4 janv. 2011, obs. Lavric.* ♦ Sans au moins un résumé des principales raisons pour lesquelles la cour d'assises s'est déclarée convaincue de la culpabilité du requérant, celui-ci n'était pas à même de comprendre – et donc d'accepter – la décision de la juridiction. Cela revêt toute son importance en raison du fait que le jury ne tranche pas sur la base du dossier mais sur la base de ce qu'il a entendu à l'audience. Il est donc important, dans un souci d'expliquer le verdict à l'accusé mais aussi à l'opinion publique, au « peuple », au nom duquel la décision est rendue, de mettre en avant les considérations qui ont convaincu le jury de la culpabilité ou de l'innocence de l'accusé et d'indiquer les raisons concrètes pour lesquelles il a été répondu positivement ou négativement à chacune des questions. Dans ces conditions, la Cour de cassation n'a pas été en mesure d'exercer efficacement son contrôle et de déceler, par exemple, une insuffisance ou une contradiction des motifs. La Cour conclut qu'il y a eu violation du droit à un procès équitable, garanti par l'art. 6, § 1, de la Convention. • CEDH 13 janv. 2009, *Taxquet c/ Belgique*, § 48 s. : *D. 2009. 1058, note Renucci ; RSC 2009. 657, obs. Marguénaud ; JCP 2009. I. 143, n° 9, obs. Sudre ; Dr. pénal 2009. Chron. 4, obs. Dreyer ; Procédures 2009, n° 116, obs. Fricero ; ibid., n° 172, obs. Buisson.* ♦ Violation de l'art. 6, § 1, Conv. EDH en ce que deux questions non circonstanciées et laconiques ont été posées au jury si bien que le requérant n'a pas été à même de comprendre le verdict de la condamnation. • CEDH 10 janv. 2013, *Agnelet c/ France : D. actu. 22 janv. 2013, obs. Bombled ; D. 2013. AJ 179 ; ibid. 615, note Renucci ; AJ pénal 2013. 336, obs. Renaud-Duparc ; Procédures 2013, n° 72, obs. Fricero ; ibid., n° 77, obs. Chavent-Leclère.* ♦ Dans le même sens : • CEDH 18 nov. 2014, *Gybels c/ Belgique : AJ pénal 2015. 150, obs. Lavric* .

116. La Cour rappelle que la Convention ne requiert pas que les jurés donnent les raisons de leur décision et que l'art. 6 ne s'oppose pas à ce qu'un accusé soit jugé par un jury populaire même dans le cas où son verdict n'est pas motivé. L'absence de motivation d'un arrêt qui résulte de ce que la culpabilité d'un requérant avait été déterminée par un jury populaire n'est pas, en soi, contraire à la Convention. Il n'en demeure pas moins que pour que les exigences d'un procès équitable soient respectées, le public et, au premier chef, l'accusé doivent être à même de comprendre le verdict qui a été rendu. C'est là une garantie essentielle contre l'arbitraire. Or, comme la Cour l'a déjà souvent souligné, la prééminence du droit et la lutte contre l'arbitraire sont des principes qui sous-tendent la Convention. Dans le domaine de la justice, ces principes servent à asseoir la confiance de l'opinion publique dans une justice objective et transparente, l'un des fondements de toute société démocratique. La Cour rappelle également que devant les cours d'assises avec participation d'un jury populaire, il faut s'accommoder des particularités de la procédure où, le plus souvent, les jurés ne sont pas tenus de – ou ne peuvent pas – motiver leur conviction. Dans ce cas, l'art. 6 exige de rechercher si l'accusé a pu bénéficier des garanties suffisantes de nature à écarter tout risque d'arbitraire et à lui permettre de comprendre les raisons de sa condamnation. Ces garanties procédurales peuvent consister par exemple en des instructions ou éclaircissements donnés par le président de la cour d'assises aux jurés quant aux problèmes juridiques posés ou aux éléments de preuve produits, et en des questions précises, non équivoques soumises au jury par ce magistrat, de nature à former une trame apte à servir de fondement au verdict ou à compenser adéquatement l'absence de motivation des réponses du jury. Enfin, doit être prise en compte, lorsqu'elle existe, la possibilité pour l'accusé d'exercer des voies de recours. • CEDH 10 janv. 2013, *Agnelet c/ France*, n° 61198/08, §§ 56 à 58 : *D. 2013. 615, note Renucci ; AJ pénal 2013. 336, obs. Renaud-Duparc ; Procédures 2013, n° 72, obs. Fricero, et Comm. 77, obs. Chavent-Leclere.* ♦ V. aussi dans le même sens : • CEDH 10 janv. 2013, *Fraumens c/ France*, n° 30010/10 • 10 janv. 2013, *Oulahcene c/ France*, n° 44446/10. ♦ *Adde* un constat de non-violation dans deux autres arrêts, rendus le même jour, parce que les accusés étaient en mesure de comprendre leur condamnation. • CEDH 10 janv. 2013, *Legillon c/ France*, n° 53406/10 : *D. 2013. 615 note Renucci* • 10 janv. 2013, *Voica c/ France*, n° 60995/09 : *Dr. pénal 2013. Chron. 3 et 6, obs. Pariguet.* ♦ Sur la conventionnalité des décisions des cours d'assises spéciales sans jury populaire : • CEDH 19 déc. 2017, *Ramda c/ France*, n° 78477/11 : *D. actu. 9 janv. 2018, obs. Autier ; AJ pénal 2018. 153, obs. Lavric* . ♦ A noter que la France a modifié sa législation avec une « feuille de motivation » désormais annexée à la feuille des questions : V. art. 365-1 (L. n° 2011-939 du 10 août 2011). ♦ La feuille de motivation est *a priori* susceptible de renforcer significativement les garanties contre l'arbitraire et de favoriser la compréhension de la condamnation par l'accusé. • CEDH 10 janv. 2013, *A. c/ France*, n° 61198/08 : *JCP 2013, n° 855, obs. Sudre.* ♦ Les questions posées au jury d'une cour d'assises (statuant avant le 1er janvier 2012, date d'entrée en vigueur du nouv. art. 365-1), laconiques, ne permettent pas aux requérants, acquittés en première instance et condamnés en appel, de disposer des garanties suffisantes pour comprendre le verdict de condamnation, ce qui constitue une violation du droit au procès équitable. • CEDH 21 mai 2015, *Peduzzi c/ France*, n° 23487/12 : *D. actu. 11 juin 2015, obs. Fucini* • 21 mai 2015, *Haddad c/ France*, n° 10485/13 : *ibid.*

117. Droit de ne pas s'auto-accuser. La Cour constate que les douanes provoquèrent la condamnation de l'intéressé pour obtenir certaines pièces, dont elles supposaient l'existence sans en avoir la certitude. Faute de pouvoir ou vouloir se les procurer par un autre moyen, elles tentèrent de contraindre le requérant à fournir lui-même la preuve d'infractions qu'il aurait commises. Les particularités du droit douanier ne sauraient justifier une telle atteinte au droit, pour tout accusé au sens autonome que l'art. 6 attribue à ce terme, de se taire et de ne point contribuer à sa propre incrimination. Partant, il y a eu violation de l'art. 6, § 1. • CEDH 25 févr. 1993, *Funke c/ France, § 44 : Série A n° 256-A ; D. 1993. 457, note Pannier ; D. 1993. Somm. 387, obs. Renucci ; Cah. CREDHO 1994/2. 115, obs. Goy ; RSC 1994. 362, obs. Koering-Joulin et 1993. 581, obs. Pettiti ; RUDH 1993. 217, obs. Sudre.* ♦ La Cour rappelle que, même si l'art. 6 Conv. EDH ne le mentionne pas expressément, le droit de se taire et – l'une de ses composantes – le droit de ne pas contribuer à sa propre incrimination sont des normes internationales généralement reconnues qui sont au cœur de la notion de procès équitable consacrée par l'art. 6. Leur raison d'être tient notamment à la protection de l'accusé contre une cœrcition abusive de la part des autorités, qui évite les erreurs judiciaires et permet d'atteindre les buts de l'art. 6. En particulier, le droit de ne pas contribuer à sa propre incrimination présuppose que, dans une affaire pénale, l'accusation cherche à fonder son argumentation sans recourir à des éléments de preuve obtenus par la contrainte ou les pressions au mépris de la volonté des accusés. En ce sens, ce droit est étroitement lié au principe de la présomption d'innocence consacré par l'art. 6, § 2, Conv. EDH. Toutefois, le droit de ne pas s'incriminer soi-même concerne en premier lieu le respect de la détermination d'un accusé de garder le silence. Tel qu'il s'entend communément dans les systèmes juridiques des Parties contractantes à la convention et ailleurs, il ne s'étend pas à l'usage, dans une procédure pénale, de données que l'on peut obtenir de l'accusé en recourant à des pouvoirs cœrcitifs mais qui existent indépendamment de la volonté du suspect, par exemple les documents recueillis en vertu d'un mandat, les prélèvements d'haleine, de sang et d'urine ainsi que de tissus corporels en vue d'une analyse de l'ADN. • CEDH 17 déc. 1996, *Saunders c/ Royaume-Uni, §§ 68 et 69 : Rec. 1996-VI* • 3 mai 2001, *J.B. c/ Suisse, § 64 : Rec. 2001-III* • 8 févr. 1996, *Murray c/ Royaume-Uni, § 45 : Rec. 1996-I* • 20 oct. 1997, *Serves c/ France, § 46 : préc. note 29.* ♦ La Cour relève que l'avocat du requérant, qui ne l'a assisté que vingt heures après le début de sa garde à vue, n'a pu l'informer de son droit à garder le silence et de ne pas s'auto-incriminer. Partant, il y a eu violation de l'art. 6, § 1, de la convention. • CEDH 14 oct. 2010, *Brusco c/ France : D. 2010. Édito. 2425, obs. Rome ; ibid. Entretien 2696, obs. Mayaud ; ibid. Chron. 2783, obs. Pradel ; ibid. 2809, obs. Dreyer ; ibid. Point de vue 2850, obs. Guérin ; ibid. 2950, obs. Renucci ; RSC 2010. Chron. 2011, obs. Roets ; Dr. pénal 2011. Chron. 3, obs. Dreyer ; ibid. 2011. Chron. 7, obs. Lesclous ; Procédures 2010. 419, obs. Chavent-Leclère.* ♦ V. cependant : eu égard à l'ensemble des circonstances de l'affaire, notamment la nature particulière de la réglementation en cause et le caractère limité des informations sollicitées dans l'avis de poursuites en vertu de l'art. 172 de la loi de 1988, la Cour estime qu'il n'a pas été porté atteinte à la substance même *du droit des requérants* de garder le silence et de ne pas contribuer à leur propre incrimination. • CEDH, gr. ch., 29 juin 2007, *O'Halloran et Francis c/ Royaume-Uni,* § 62 : *Dr. pénal 2008. Chron. 3, obs. Dreyer ; JCP 208. I. 110, n° 6, obs. Sudre, RTDH 2009. 763 s., obs. Savonet.* ♦ Comp. • CEDH 8 avr. 2004, *Weh c/ Autriche,* n° 38544/97 • 24 mars 2005, *Rieg c/ Autriche,* n° 63207/00. ♦ L'impossibilité pour les personnes appelées à comparaître devant une commission d'enquête parlementaire d'invoquer le respect de ces droits pour éviter de répondre à des questions qui pourraient les conduire à s'auto-incriminer est en soi problématique au regard de l'art. 6, § 1, Conv. EDH. • CEDH 19 mars 2015, *Corbet et a. c/ France,* n°s 7494/11, 7493/11 et 7989/11 : *D. actu. 7 avr. 2015, obs. Priou-Alibert.*

118. Se trouve ici en jeu la question de savoir si ces interdictions revêtent un caractère absolu en ce sens que l'exercice par un prévenu du droit de garder le silence ne pourrait jamais servir en sa défaveur au procès ou, à titre subsidiaire, qu'il y a toujours lieu de tenir pour une « cœrcition abusive » le fait de l'informer au préalable que, sous certaines conditions, son silence pourra être ainsi utilisé. D'une part, il est manifestement incompatible avec les interdictions dont il s'agit de fonder une condamnation exclusivement ou essentiellement sur le silence du prévenu ou sur son refus de répondre à des questions ou de déposer. D'autre part, il est tout aussi évident pour la Cour que ces interdictions ne peuvent et ne sauraient empêcher de prendre en compte le silence de l'intéressé, dans des situations qui appellent assurément une explication de sa part, pour apprécier la force de persuasion des éléments à charge. Où que se situe la ligne de démarcation entre ces deux extrêmes, il découle de cette interprétation du « droit de garder le silence » qu'il faut répondre par la négative à la question de savoir si ce droit est absolu. On ne saurait donc dire que la décision d'un prévenu de se taire d'un bout à l'autre de la procédure pénale devrait nécessairement être dépourvue d'incidences une fois que le juge du fond tentera d'apprécier les éléments à charge. (...) Pour rechercher si le fait de tirer de son silence des conclusions défavorables à l'accusé enfreint l'art. 6, il faut tenir compte de l'ensemble des circonstances, eu égard en particulier aux cas où l'on peut procéder à des déductions, au poids que les juridictions nationales leur ont accordé en appréciant les éléments de preuve et le degré de cœrcition inhérent à la situation. • CEDH 8 févr. 1996, *Murray c/ Royaume-Uni, §§ 46 et 47 : préc. note 117.* ♦ Il résulte des procès-verbaux d'audition – lesquels sont signés de la main du requérant – qu'il refusa d'emblée de prêter serment. Or le serment est un acte solennel par lequel son prestataire s'engage devant le juge d'instruction à dire, selon l'art. 103, « toute la vérité, rien que la vérité ». Si l'obligation mise à la charge du témoin de prêter serment et les sanctions prononcées contre lui en cas de non-respect relèvent d'une certaine cœrcition, celle-ci vise ainsi à garantir la sincérité des déclarations faites, le cas échéant, au juge, et non à obliger l'intéressé à déposer. En d'autres termes, les condamnations de M. Serves aux amendes litigieuses ne s'analysent pas en une mesure de nature à contraindre celui-ci à contribuer à sa propre incrimination puisqu'elles furent prononcées avant même qu'un tel risque n'apparaisse. Partant, il n'y a pas eu violation de l'art. 6, § 1. • CEDH 20 oct. 1997, *Serves c/ France, § 47 : préc. note 29.*

119. Les préoccupations de sécurité et d'ordre public ne sauraient justifier une disposition vidant de leur substance les droits des requérants de garder le silence et de ne pas contribuer à leur propre incrimination garantis par l'art. 6, § 1. • CEDH 21 déc. 2000, *Heaney et Mc Guinness c/ Irlande, § 58,* n° 34720/97.

120. Loyauté des preuves. Il revient en principe aux juridictions internes d'apprécier les éléments recueillis par elles et la pertinence de ceux dont l'accusation souhaite la production. La Cour doit cependant rechercher si la procédure considérée dans son ensemble, y compris le mode de présentation des moyens de preuve à charge et à décharge, a revêtu le caractère équitable voulu par l'art. 6, § 1. • CEDH 6 déc. 1988, *Barberà, Messegue et Jabardo c/ Espagne § 68 : Série A n° 146.* ♦ Si la convention garantit en son art. 6 le droit à un procès équitable, elle ne réglemente pas pour autant l'admissibilité des preuves en tant que telles, matière qui dès lors relève au premier chef du droit interne. La Cour ne saurait donc exclure par principe et *in abstracto*, l'admissibilité d'une preuve recueillie de manière illégale. Il lui incombe seulement de rechercher si le procès du requérant a présenté dans l'ensemble un caractère équitable. • CEDH 12 juill. 1988, *Schenk c/ Suisse, § 46 : Série A n° 140.*

121. La Cour n'empêche pas de s'appuyer, au stade de l'instruction préparatoire et lorsque la nature de l'infraction peut le justifier, sur des sources telles que des indicateurs occultes, mais leur emploi ultérieur par le juge du fond pour justifier une condamnation soulève un problème différent. (...) La Cour conclut que l'activité des deux policiers a outrepassé celle d'un agent infiltré puisqu'ils ont provoqué l'infraction, et que rien n'indique que, sans leur intervention, celle-ci aurait été perpétrée. Cette intervention et son utilisation dans la procédure pénale litigieuse ont privé *ab initio* et définitivement le requérant d'un procès équitable. Partant, il y a eu violation de l'art. 6, § 1. • CEDH 9 juin 1998, *Texeira de Castro c/ Portugal, § 39 : Rec. 1998-IV ; JCP 1999. I. 105, obs. Sudre ; RSC 1999. 401, obs. Koering-Joulin*. ♦ En conclusion, tout en ayant à l'esprit l'importance et les difficultés du travail d'investigation, eu égard à ce qui précède, la Cour estime que les agissements de A.Z. et V.S. ont eu pour effet de provoquer le requérant à commettre l'infraction pour laquelle il a été condamné et que rien n'indique que, sans leur intervention, celle-ci aurait été commise. Compte tenu de cette intervention et de son utilisation dans la procédure pénale litigieuse, le procès du requérant a perdu le caractère équitable requis par l'art. 6 de la Convention. • CEDH, gr. ch., 5 févr. 2008, *Ramanauskas c/ Lituanie,* § 73 : *RTDH 2009. 211, obs. Ch. De Valkeneer ; Dr. pénal 2009. Chron. 4, obs. Dreyer ; RSC 2009. 694, obs. Giudicelli.* ♦ La Cour constate qu'en l'espèce le tribunal a pu exclure l'incitation sur la seule base des enregistrements des conversations téléphoniques de la requérante, qui se sont révélés extrêmement pertinents pour prouver l'intention pré-existante de l'intéressée. La Cour estime donc que les tribunaux, se fondant sur une appréciation raisonnable des éléments pertinents et suffisants, ont par conséquent traité l'argument de la requérante tenant à l'incitation de manière adéquate. Eu égard à la portée du contrôle juridictionnel du moyen de la requérante relatif à l'incitation, elle conclut à la non-violation de l'art. 6, § 1. • CEDH 4 nov. 2010, *Bannikova c/ Russie : D. actu. 19 nov. 2010, obs. Schurrer.*

122. L'absence de réglementation adéquate « d'achats test » de stupéfiants a porté atteinte à l'équité du procès. • CEDH 2 oct. 2012, *Veselov c/ Russie,* n° 23200/10.

b. Publicité

1. Caractère public des débats

123. Principe de la publicité des débats. La Cour rappelle que la publicité des débats judiciaires constitue un principe fondamental consacré par l'art. 6, § 1. Ladite publicité protège les justiciables contre une justice échappant au contrôle du public ; elle contribue aussi à préserver la confiance de chacun dans les cours et tribunaux. Par la transparence qu'elle donne à l'administration de la justice, elle aide à atteindre le but de l'art. 6, § 1 : le procès équitable, dont la garantie compte parmi les principes de toute société démocratique au sens de la convention. • CEDH 20 mai 1998, *Gautrin et a. c/ France, § 42 : Rec. 1998-III* • 26 sept. 1995, *Diennet c/ France, § 33 : préc. note 34* • 22 févr. 1984, *Sutter c/ Suisse, § 26 : Série A n° 74* • 8 déc. 1983, *Pretto et a. c/ Italie, § 21 : Série A n° 71 ; RSC 1984. 140, obs. Pettiti ; Ann. fr. dr. int. 1984. 453, obs. Pelloux ; JDI 1985. 228, obs. Rolland et Tavernier* • 24 nov. 1997, *Werner c/ Autriche, § 45 : préc. note 16* • 8 déc. 1983, *Axen c/ Allemagne, § 25 : Série A n° 72 ; RSC 1984. 139, obs. Pettiti ; Ann. fr. dr. int. 1984. 451, obs. Pelloux ; JDI 1985. 228, obs. Rolland et Tavernier.* ♦ Dans le même sens : • CEDH 2 déc. 2008, *Gemici c/ Turquie : Dr. pénal 2009. Chron. 4, obs. Dreyer.*

124. En l'espèce, il s'agit d'une nouvelle appréciation des éléments subjectifs des délits en question qui se traduit en une altération des faits déclarés prouvés en première instance. Cette altération s'est effectuée sans que le requérant ait eu l'occasion d'être entendu personnellement afin de contester, moyennant un examen contradictoire, la nouvelle appréciation effectuée par l'Audiencia Provincial. La Cour conclut qu'en l'espèce l'étendue de l'examen effectué par l'Audiencia provincial rendait nécessaire l'audition du requérant et des témoins. Partant, il y a eu violation de l'art. 6, § 1. • CEDH 24 sept. 2019, *Camacho Camacho c/ Espagne,* n° 32914/16, §§ 34 et 36.

125. Exceptions au principe de la publicité des débats. On imposerait aux autorités de l'État un fardeau disproportionné si l'on exigeait que les procédures disciplinaires relatives aux détenus aient lieu en public. Partant, des raisons suffisantes d'ordre public et de sécurité justifiaient d'exclure presse et public du procès de l'intéressé, de sorte qu'à cet égard il n'y a pas eu violation de l'art. 6, § 1. • CEDH 28 juin 1984, *Campbell et Fell c/ Royaume-Uni, §§ 87 et 88 : préc. note 34.* ♦ La Cour reconnaît pleinement la valeur de la publicité de la procédure judiciaire (...) Elle ne saurait pourtant conclure, même dans l'hypothèse d'une cour d'appel investie de la plénitude de juridiction, que l'art. 6 implique toujours le droit à une audience publique, indépendamment de la nature des questions à trancher. La publicité constitue certes l'un des moyens de préserver la confiance dans les tribunaux, mais d'autres considérations, dont le droit à un jugement dans un délai raisonnable et la nécessité en découlant d'un traitement rapide des affaires inscrites au rôle, entrent en ligne de compte pour déterminer si des débats publics correspondent à un besoin après le procès en première instance. Dès lors, pourvu que de tels débats aient eu lieu pendant celui-ci, leur absence aux deuxième ou troisième degrés peut se justifier par les caractéristiques de la procédure dont il s'agit. Ainsi, les procédures d'autorisation d'appel, ou consacrées exclusivement à des points de droit et non de fait, peuvent remplir les conditions de l'art. 6 même si la cour d'appel ou de cassation n'a pas donné au requérant la faculté de s'exprimer en personne devant elle. • CEDH 29 oct. 1991, *Helmers c/ Suède, § 36 : Série A n° 212-A* • 26 mai 1988, *Ekbatani c/ Suède, § 31 : Série A n° 134 ; JDI 1989. 815, obs. Rolland et Tavernier.* ♦ La convention ne confère pas au principe de la publicité des débats un caractère absolu : aux termes mêmes de l'art. 6, § 1, l'accès de la salle d'audience peut être interdit à la presse et au public pendant la totalité ou une partie du procès dans l'intérêt de la moralité, lorsque la protection de la vie privée des parties au procès l'exige, ou dans la mesure jugée *strictement nécessaire* par le tribunal, lorsque dans des circonstances spéciales la publicité serait de nature à porter atteinte aux intérêts de la justice. • CEDH 26 sept. 1995, *Diennet c/ France, § 3 : préc. note 34.* ♦ L'absence d'audience publique et de débats devant la Cour de révision de Monaco (équivalent de la Cour de cassation) n'est pas contraire à la CEDH. Compte tenu de la spécificité de la procédure devant cette Cour et de la nature du débat susceptible d'intervenir devant elle, particulièrement technique et portant sur des moyens de droit, une participation orale s'inscrirait dans une approche trop formaliste de la procédure. • CEDH 15 juin 2010, *Fogwell c/ Monaco,* n° 14157/08.

126. L'art. 6, § 1 ne fait pas obstacle à ce que les juridictions décident, au vu des particularités de la cause soumise à leur examen, de déroger à ce principe : l'accès de la salle d'audience peut être interdit à la presse et au public pendant la totalité ou une partie du procès dans l'intérêt de la moralité, de l'ordre public ou de la sécurité nationale dans une société démocratique, lorsque les intérêts des mineurs ou la protection de la vie privée des parties au procès l'exigent, ou dans la mesure jugée strictement nécessaire par le tribunal, lorsque dans des circonstances spéciales la publicité serait de nature à porter atteinte aux intérêts de la justice ; le huis clos, qu'il soit total ou partiel, doit alors être strictement commandé par les circonstances de l'affaire. L'art. 6 n'exige pas nécessairement la tenue d'une audience dans toutes les procédures. Cela est notamment le cas pour les affaires ne soulevant pas de question de crédibilité ou ne suscitant pas de controverse sur les faits qui auraient requis une audience, et pour lesquelles les tribunaux peuvent se prononcer de manière équitable et raisonnable sur la base des conclusions présentées par les parties et d'autres pièces. Partant, la Cour ne saurait conclure, même dans l'hypothèse d'une juridiction investie de la plénitude de juridiction, que l'art. 6 implique toujours le droit à une audience publique, indépendamment de la nature des questions à trancher. D'autres considérations, dont le droit à un jugement dans un délai raisonnable et la nécessité en découlant d'un traitement rapide des affaires inscrites au rôle, entrent en ligne de compte pour déterminer si des débats publics sont nécessaires. La Cour a ainsi déjà considéré que des procédures consacrées exclusivement à des points de droit ou hautement techniques pouvaient remplir les conditions de l'art. 6 même en l'absence de débats publics. • CEDH 2 oct. 2018, *Mutu et Pechstein c/ Suisse,* n° 40575/10, §§ 176 et 177.

127. Telle que la consacre l'art. 6, § 1, la règle de la publicité des audiences peut aussi céder parfois devant la volonté de l'intéressé. Sans doute la nature de certains des droits garantis par la convention exclut-elle un abandon de la faculté de les exercer, mais il n'en va pas de même de certains autres. Ainsi, ni la lettre ni l'esprit de l'art. 6, § 1, n'empêchent un médecin de renoncer à la publicité de son plein gré et de manière non équivoque. Une procédure disciplinaire de ce genre se déroulant dans le secret n'enfreint pas ledit art. si le droit interne s'y prête et si le défendeur y consent. • CEDH 10 févr. 1983, *Albert et Le Compte c/ Belgique, § 35 : préc. note 6.* ♦ La publicité des débats judiciaires constitue un principe fondamental consacré par l'art. 6, § 1. Ni la lettre ni l'esprit de ce texte n'empêchent une personne d'y renoncer de son plein gré de manière expresse ou tacite, mais pareille renonciation doit être non équivoque et ne se heurter à aucun intérêt public important. • CEDH 21 févr. 1990,

Hakansson et Sturesson c/ Suède, § 66 : Série A n° 171-A.

2. Prononcé public des décisions

128. *Rejet de toute interprétation littérale.* Par les termes dont il use en sa seconde phrase – « le jugement sera rendu publiquement », « jugement shall be pronounced publicly » – l'art. 6, § 1, donnerait à penser qu'il prescrit la lecture du jugement à haute voix. Sans doute le texte français emploie-t-il le participe « rendu » (« given ») là où la version anglaise se sert du mot « pronounced » (« prononcé »), mais ce léger écart ne suffit pas à dissiper l'impression qui se dégage de la disposition en cause : « rendu publiquement » – et non « rendu public » – peut très bien passer pour l'équivalent de « prononcé publiquement ». (...) La Cour ne croit pas devoir opter pour une interprétation littérale. Elle estime qu'il échet, dans chaque cas particulier, d'apprécier à la lumière des particularités de la procédure dont il s'agit, la forme de publicité du « jugement » prévue par le droit interne dans l'État en cause. (...) Le but poursuivi en la matière par l'art. 6, § 1 – assurer le contrôle du pouvoir judiciaire par le public pour la sauvegarde du droit à un procès équitable – n'est pas moins bien réalisé, en tout cas pour l'instance en cassation, par un dépôt au greffe, permettant à chacun d'avoir accès au texte intégral de l'arrêt, que par la lecture en audience publique – parfois limitée au dispositif – d'une décision de rejet ou de cassation. Le défaut de prononcé public de l'arrêt de la Cour de cassation n'a donc pas enfreint la convention en l'espèce. • CEDH 8 déc. 1983, *Pretto c/ Italie, §§ 25 s.*, n° 7984/77.

129. Les principes régissant la publicité des débats valent également pour le prononcé public des jugements et tendent à un même but : le procès équitable, dont la garantie compte parmi les principes fondamentaux de toute société démocratique au sens de la convention. • CEDH 24 nov. 1997, *Werner c/ Autriche, § 54 : Rec. 1997-VII ; JCP 1998. I. 107, obs. Sudre ; RSC 1998. 393, obs. Koering-Joulin.*

B. GARANTIES SPÉCIALES

1° PRÉSOMPTION D'INNOCENCE (ART. 6, § 2)

130. *Principe de la présomption d'innocence.* La présomption d'innocence consacrée par le § 2 de l'art. 6 figure parmi les éléments du procès pénal équitable exigé par le § 1. • CEDH 23 avr. 1998, *Bernard c/ France, § 37 : Rec. 1998-II ; JCP 1999. I. 105, obs. Sudre ; RSC 1999. 404, obs. Koering-Joulin.* ♦ Le fait d'exiger d'une personne qu'elle apporte la preuve de son innocence, ce qui donne à penser que la juridiction considère l'intéressée comme coupable, apparaît déraisonnable et révèle une atteinte à la présomption d'innocence. La Cour rappelle à cet égard que, dans le domaine pénal, le problème de l'administration des preuves doit notamment être envisagé au regard de l'art. 6, § 2 et exige, entre autres, que la charge de la preuve pèse sur l'accusation • CEDH 13 janv. 2005, *Capeau c/ Belgique*, n° 42914/98, § 25.

a. Champ d'application de la présomption d'innocence

131. *Champ d'application du principe.* Il n'en demeure pas moins, de l'avis de la cour, que les motifs de la décision datée du 10 janv. 1978 pourraient fort bien s'interpréter comme déclarant l'intéressé coupable d'une infraction pénale encore que l'acte incriminé ne méritât pas de sanction. • CEDH 26 mars 1982, *Adolf c/ Autriche, § 39 : préc. note 28.* ♦ La présomption d'innocence se trouve méconnue si, sans établissement légal préalable de la culpabilité d'un prévenu et, notamment, sans que ce dernier ait eu l'occasion d'exercer les droits de la défense, une décision judiciaire le concernant reflète le sentiment qu'il est coupable. Il peut en aller ainsi même en l'absence de constat formel ; il suffit d'une motivation donnant à penser que le juge considère l'intéressé comme coupable. • CEDH 25 mars 1983, *Minelli c/ Suisse, § 37 : Série A n° 62.* ♦ Malgré l'existence d'un arrêt définitif d'acquittement, les juridictions saisies de la demande d'indemnité se livrèrent à une appréciation de la culpabilité de l'intéressé sur la base d'éléments du dossier de la cour d'assises. L'expression de soupçons sur l'innocence d'un accusé se conçoit tant que la clôture des poursuites pénales n'emporte pas décision sur le bien-fondé de l'accusation, mais on ne saurait s'appuyer à bon droit sur de tels soupçons après un acquittement devenu définitif. Par conséquent, le raisonnement du tribunal régional et de la cour d'appel se révèle incompatible avec le respect de la présomption d'innocence. • CEDH 25 août 1993, *Sekanina c/ Autriche, § 30 : Série A n° 266-A ; RSC 1994. 362, obs. Koering-Joulin ; RTDH 1994. 563, obs. Wagner.* ♦ La présomption d'innocence ne cesse de s'appliquer en appel du seul fait que la procédure en première instance a entraîné la condamnation de l'intéressé dès lors qu'une telle conclusion contredirait le rôle de la procédure en appel, au cours de laquelle le juge compétent est tenu de rejuger, en fait et en droit, la décision qui lui est dévolue. • CEDH, 1re sect., 24 mai 2011, *Konstas c/ Grèce*, n° 53466/07 : *D. actu. 5 juill. 2011, obs. Bachelet ; RSC 2011. 711, obs. Roets.* ♦ Il existe une règle fondamentale du droit pénal, selon laquelle la responsabilité pénale ne survit pas à l'auteur de l'acte délictueux. (...) Cette règle est aussi requise par la présomption d'innocence consacrée par l'art. 6-2. Hériter de la culpabilité du défunt n'est pas compatible avec les normes de la justice pénale dans une société régie par la prééminence du droit. Il y a dès lors eu violation de l'art. 6-2.

• CEDH 29 août 1997, *E.L., R.L. et J.O.-L c/ Suisse, § 53 : préc. note 33* • CEDH 12 avr. 2012, *L. c/ France,* n° 18851/07 : *Dr. pénal 2013. Chron. 4, obs. Dreyer.* ♦ V. aussi note 135.

132. Aux yeux de la Cour, l'art. 6, § 2, régit l'ensemble de la procédure pénale, et non le seul examen du bien-fondé de l'accusation. • CEDH 25 mars 1983, *Minelli c/ Suisse,* § 30 : *préc. note 131.* ♦ L'art. 6, § 2, de la Convention n'était pas applicable à la procédure de confiscation dont le requérant a fait l'objet. • CEDH 5 juill. 2001, *Phillips c/ Royaume-Uni,* § 36 : *Rec. 2001-VII.* ♦ La Cour considère qu'une « confiscation » faisant suite à une condamnation – ou, pour utiliser la même expression que le code pénal néerlandais, une « privation d'un avantage obtenu de manière illicite » – est une mesure (*maatregel*) inappropriée pour des biens dont on ne sait pas s'ils ont jamais été en possession de la personne concernée, *a fortiori* si la mesure en cause se rapporte à un acte délictueux dont la personne en question n'a en réalité pas été reconnue coupable. Si l'on ne peut considérer au-delà de tout doute raisonnable que la personne visée a réellement commis l'infraction en question et si l'on ne peut établir qu'elle en a retiré un avantage, illicite ou non, pareille mesure ne peut se fonder que sur une présomption de culpabilité. Pareille présomption ne saurait guère être jugée compatible avec l'art. 6, § 2. • CEDH 1er mars 2007, *Geerings c/ Pays-Bas,* § 47 : *JCP 2007. I. 182, n° 5, obs. Sudre.*

133. La Cour considère que tant l'administration fiscale que les juridictions administratives saisies ont méjugé l'acquittement de la requérante par le tribunal criminel du chef d'abus de confiance, en ayant considéré comme établi un élément qui avait été jugé non prouvé par les juridictions pénales, à savoir la qualité de gérante de fait de la requérante. Or cette manière d'agir a jeté un doute sur le bien-fondé de l'acquittement de la requérante, ce qui méconnaît le droit à la présomption d'innocence. • CEDH, 1re sect., 23 oct. 2014, *Melo Tadeu c/ Portugal : D. actu. 18 nov. 2014, obs. Bachelet.* ♦ Dans cette affaire, le requérant avait été déclaré coupable de récidive concernant l'infraction de conduite sans permis alors que son recours contre une première condamnation pour la même infraction était pendant. La Cour constate que les tribunaux ayant examiné l'accusation de récidive ont présumé que le requérant était coupable de la première infraction, alors même qu'un recours à ce sujet était encore pendant. Dès lors, il y a eu violation du droit du requérant à être présumé innocent qui découlait de la Convention. • CEDH 14 mars 2019, *Kangers c/ Lettonie,* n° 35726/10, § 61.

134. Extension du principe. La liberté d'expression, garantie par l'art. 10 Conv. EDH, comprend celle de recevoir ou de communiquer des informations. L'art. 6, § 2, ne saurait donc empêcher les autorités de renseigner le public sur des enquêtes pénales en cours, mais il requiert qu'elles le fassent avec toute la discrétion et toute la réserve que commande le respect de la présomption d'innocence. (...) La Cour constate qu'en l'espèce, certains des plus hauts responsables de la police française désignèrent l'intéressé, sans nuance ni réserve, comme l'un des instigateurs, et donc le complice, d'un assassinat. Il s'agit là à l'évidence d'une déclaration de culpabilité qui, d'une part, incitait le public à croire en celle-ci et, de l'autre, préjugeait de l'appréciation des faits par les juges compétents. Partant, il y a eu violation de l'art. 6, § 2. • CEDH 10 févr. 1995, *Allenet de Ribemont c/ France, §§ 38 et 41 : Série A n° 308 ; Justices 1997. 177 et 182, obs. Cohen-Jonathan et Flauss ; Ann. fr. dr. int. 1995. 485, obs. Coussirat-Coustère ; JDI 1996. 211, obs. Decaux et Tavernier ; RSC 1996. 484, obs. Koering-Joulin ; RSC 1995. 639, obs. Pettiti ; D. 1996. Somm. 196, obs. Renucci ; RTDH 1995. 661, obs. Spielmann ; JCP 1996. I. 3910, obs. Sudre.* ♦ La Cour relève que la conférence de presse convoquée par le gouverneur eut lieu alors même que le requérant n'avait pas encore été conduit devant le juge pour faire sa déposition. Or, il était particulièrement important à ce stade précoce, c'est-à-dire avant même l'ouverture de poursuites pénales contre le requérant, de ne pas formuler d'allégations publiques qui auraient pu être interprétées comme confirmant que le requérant avait été considéré comme coupable ou, à tout le moins, comme membre d'un commando terroriste meurtrier. Prises dans son ensemble, les déclarations du gouverneur, dans la mesure où elles reflètent une appréciation préalable des charges pouvant être retenues contre le requérant et fournit à la presse l'identification de ce dernier, ne se concilient pas avec le respect de la présomption d'innocence. La conférence de presse ainsi réalisée, d'une part, incitait le public à croire en la culpabilité du requérant et, de l'autre, préjugeait de l'appréciation des faits par les juges compétents. Partant, il y a eu violation de l'art. 6, § 2. • CEDH 28 juin 2011, *Lizaso Azconobieta c/ Espagne,* n° 28834/08, §§ 41 à 43. ♦ Pour ce qui est du traitement médiatique de l'affaire, la Cour juge que, bien que certaines formules employées aient pu influer sur la perception par l'opinion de la culpabilité du requérant, l'affaire a été tranchée par des jugements motivés, sur la base de témoignages complets, par des juges professionnels qui avaient appris à faire abstraction d'éléments extérieurs non pertinents : rien ne donne à penser que les juges aient mal statué en raison du traitement médiatique de l'affaire. Concernant les déclarations publiques faites par des personnalités politiques, bien que la Cour soit préoccupée par les termes employés par le président de la Lituanie, elle constate que ni lui ni aucune autre personnalité politique n'ont affirmé que le requérant était coupable, ni tenu des propos spécifiques sur les aspects de l'affaire qui étaient cruciaux dans la décision sur la culpabilité (comme le point de savoir si le requérant avait bu ou commis un excès de vitesse). • CEDH 24 janv. 2017, *Paulikas c/ Lituanie,* n° 57435/09, §§ 50 s. ♦ La Cour relève que l'interview en cause a été donnée le jour même de l'arrestation des deux requérants, avant leur comparution devant un juge compétent pour se prononcer sur la légalité de leur détention et dans le contexte d'un large intérêt médiatique porté à cette affaire. Compte tenu de ces circonstances et du sens propre des mots employés par le ministre, la Cour estime que les propos en question sont allés au-delà de la simple communication d'information sur le déroulement des enquêtes pénales : ils étaient susceptibles de créer chez le grand public l'impression que les intéressés occupaient une place privilégiée dans la hiérarchie d'une puissante organisation de type mafieux. De ce fait, elle considère que ces propos étaient incompatibles avec l'art. 6, § 2. • CEDH 31 mars 2016, *Stoyanov et a. c/ Bulgarie,* n° 55388/10, § 106.

135. L'affaire « Lagardère ». La Cour rappelle que, si le principe de la présomption d'innocence consacré par le § 2 de l'art. 6 figure parmi les éléments du procès pénal équitable exigé par le § 1 de la même disposition, il ne se limite pas à une simple garantie procédurale en matière pénale. Sa portée est plus étendue et exige qu'aucun représentant de l'État ou d'une autorité publique ne déclare qu'une personne est coupable d'une infraction avant que sa culpabilité ait été établie par un « tribunal ». La présomption d'innocence se trouve méconnue si une déclaration officielle concernant un prévenu reflète le sentiment qu'il est coupable, alors que sa culpabilité n'a pas été préalablement légalement établie. (...) Toutefois, une distinction doit être faite entre les décisions ou les déclarations qui reflètent le sentiment que la personne concernée est coupable et celles qui se bornent à décrire un état de suspicion. Les premières violent la présomption d'innocence, tandis que les secondes ont été à plusieurs reprises considérées comme conformes à l'esprit de l'art. 6 de la Convention. La Cour rappelle également que l'art. 6, § 2, de la Convention s'applique à des situations où la personne concernée n'a pas fait ou ne fait plus l'objet d'une accusation en matière pénale. Il est arrivé à la Cour de juger cette clause applicable à une décision de justice prise après l'arrêt des poursuites ou après un acquittement. Ces arrêts concernaient des procédures afférentes à des questions telles que l'opportunité de faire supporter à l'accusé les dépens de l'instance, de lui rembourser les frais nécessaires engagés par lui (ou par ses héritiers) ou de lui accorder une indemnité pour sa détention provisoire, toutes questions qui ont été jugées constituer un corollaire et un complément des procédures pénales concernées. En outre, il existe une règle fondamentale du droit pénal, selon laquelle la responsabilité pénale ne survit pas à l'auteur de l'acte délictueux. Non seulement cette règle est aussi requise par la présomption d'innocence consacrée à l'art. 6, § 2, de la Convention, mais en outre hériter de la culpabilité du défunt n'est pas compatible avec les normes de la justice pénale dans une société régie par la prééminence du droit. (...) En l'espèce, la condamnation civile à verser une indemnité visait principalement, contrairement à une reconnaissance de responsabilité pénale, à compenser le préjudice subi par les victimes. Il paraît clair que ni le but de l'indemnité ni son montant n'ont conféré à cette mesure, en soi, le caractère d'une sanction pénale aux fins de l'art. 6, § 2. Dans ces conditions, l'introduction de la demande en réparation n'équivalait pas à la formulation d'une autre « accusation en matière pénale » contre le père du requérant. Il reste à déterminer s'il existait entre la procédure pénale et la procédure en réparation des liens tels qu'il se justifierait d'étendre à cette dernière le champ d'application de l'art. 6, § 2. (...) Surtout, le troisième titre de l'arrêt consacré aux motifs de la cour d'appel, qui traite de « la mauvaise foi » de J.-L. Lagardère et se lit à la lumière des deux premiers, constate expressément que le père du requérant a commis l'infraction reprochée. La cour d'appel commence par y rappeler qu'« il a déjà été relevé que M. Jean-Luc Lagardère avait maintenu le système (...) alors que son attention avait été attirée (...) sur la qualification possible d'abus de biens sociaux que pourrait revêtir un tel montage ». Elle en déduit que « le système mis en place (...) à la demande de M. Jean-Luc Lagardère (...) est constitutif du délit d'abus de biens sociaux ». Enfin, le dispositif même de l'arrêt contient le texte suivant, qui ne diffère en rien de la formule susceptible d'être utilisée par une juridiction répressive statuant au plan pénal à l'encontre d'un prévenu vivant : « Dit que les éléments constitutifs des délits d'abus de biens sociaux au préjudice des sociétés Matra et Hachette étaient caractérisés pour cette période, à l'encontre de M. Jean-Luc Lagardère ». Partant, la Cour estime que la teneur de tels propos ne laisse planer aucun doute sur le fait qu'elle a déclaré le père du requérant coupable des faits reprochés, alors même que l'action publique était éteinte du fait de son décès et que sa culpabilité n'avait jamais été établie par un tribunal de son vivant. Partant, la Cour estime que, dans les circonstances de l'espèce, l'art. 6, § 2, de la Convention est applicable et qu'il a été violé. • CEDH 12 avr. 2012, *Lagardère c/ France,* n° 18851/07, §§ 73 s. : *D. 2012. 1708, note Renucci ; AJ pénal 2012. 421, obs. Lavric ; Rev. Sociétés 2012. 517, obs. Matsopoulou ; RSC 2012. 695, obs. Roets ; Dr. pénal 2013. Chron. 4, obs. Dreyer ; JCP 2012, n° 724, obs. Dethomas ; AJDA 2012. 1726, obs. Burgorgue-Larsen .*

b. Mise en œuvre du principe

136. Appréciation du principe. La présomption d'innocence de l'art. 6, § 2 figurant parmi les éléments du procès équitable exigé par l'art. 6, § 1, la Cour examine les griefs du requérant sous l'angle de ces deux textes combinés. En se livrant à cette analyse, elle doit considérer la procédure pénale dans son ensemble. Certes, il n'entre pas dans ses attributions de substituer sa propre appréciation des faits et des preuves à celle des juridictions internes, à qui il revient en principe de peser les éléments recueillis par elles. La tâche de la Cour consiste à rechercher si la procédure litigieuse, envisagée comme un tout, y compris le mode d'administration des preuves, revêtit un caractère équitable. (...) Le dossier montre que la condamnation du requérant repose sur l'ensemble des charges retenues et sur les preuves recueillies lors de l'instruction et discutées au cours des audiences devant la cour d'assises. Dans ces circonstances, la Cour ne saurait considérer les déclarations litigieuses, éléments parmi d'autres soumis à l'appréciation du jury, comme contraires aux règles du procès équitable et à la présomption d'innocence. • CEDH 23 avr. 1998, *Bernard c/ France, § 37 : préc. note 130.* ♦ La cour estime que les préoccupations de sécurité et d'ordre public ne sauraient justifier une disposition vidant de leur substance même les droits des requérants de garder le silence et de ne pas contribuer à leur propre incrimination garantis par l'art. 6. Partant, elle conclut qu'il y a eu violation du droit des requérants de garder le silence et de celui de ne pas contribuer à leur propre incrimination garantis par l'art. 6. En outre, compte tenu du lien étroit, dans ce contexte, entre ces droits protégés par l'art. 6, § 1, et la présomption d'innocence garantie par l'art. 6, § 2, Conv. EDH, la Cour conclut qu'il y a eu également violation de cette dernière disposition. • CEDH 21 déc. 2000, *Heaney et Mc Guinness c/ Irlande, §§ 58 et 59 : JCP 2001. I. 291, obs. Sudre.*

137. Tempéraments au principe. Tout système juridique connaît des présomptions de fait ou de droit et la convention n'y met évidemment pas obstacle en principe, mais en matière pénale elle oblige les États contractants à ne pas dépasser à cet égard un certain seuil. (...) L'art. 6 § 2 ne se désintéresse donc pas des présomptions de fait ou de droit qui se rencontrent dans les lois répressives. Il commande aux États de les enserrer dans des limites raisonnables prenant en compte la gravité de l'enjeu et préservant les droits de la défense. (...) Aux fins de l'art. 392-1 C. douanes, il incombe à la partie poursuivante de prouver la détention de « marchandises de fraude ». Il s'agit là d'une pure constatation matérielle, en général aisée car elle se dégage d'un procès-verbal qui en fait foi jusqu'à inscription de faux s'il n'émane pas d'un seul fonctionnaire. (...) La Cour n'a pas à mesurer *in abstracto* l'art. 392-1 C. douanes à l'aune de la convention : sa tâche consiste à déterminer s'il a été appliqué au requérant d'une manière compatible avec la présomption d'innocence. (...) Il ressort que les juges du fond ont su se garder de tout recours automatique à la présomption qu'institue l'art. 392-1 C. douanes. (...) Ils ont exercé leur pouvoir d'appréciation « au vu des éléments de preuve contradictoirement débattus devant eux » ; du « fait matériel de détention », ils ont tiré une présomption qu'aucun élément résultant d'un événement non imputable à l'auteur de l'infraction ou qu'il eût été dans l'impossibilité d'éviter n'est venu détruire. (...) Ils ont discerné dans les circonstances de la cause un certain « élément intentionnel », même s'ils n'en avaient juridiquement pas besoin pour aboutir à une condamnation. Dès lors les juridictions françaises n'ont pas, en l'espèce, appliqué l'art. 392-1 C. douanes d'une manière portant atteinte à la présomption d'innocence. • CEDH 7 oct. 1988, *Salabiaku c/ France, §§ 28 à 30 : Série A n° 141-A ; Rev. pénale (suisse) 1990. 29, obs. Bouloc ; RTD eur. 1989. 167, obs. Cohen-Jonathan ; RSC 1989. 16, obs. Pettiti et Teitgen ; JDI 1989. 829, obs. Rolland et Tavernier.* ♦ De fait, M. Pham Hoang ne se vit pas privé de tout possibilité de défense ; il pouvait essayer de démontrer avoir « agi en état de nécessité ou par suite d'erreur invincible ». La présomption de « responsabilité » qui pesait sur lui ne revêtait pas un caractère irréfragable. (...) Les juges du fond ne manquèrent pas de peser les diverses données en leur possession, de les apprécier avec soin et d'appuyer sur elles le constat de culpabilité. Se gardant de tout recours automatique aux présomptions qu'instituent les clauses litigieuses du C. douanes (art. 369-2, 373, 392-1 et 399), ils ne les appliquèrent pas d'une manière incompatible avec l'art. 6, §§ 1 et 2 de la convention. • CEDH 25 sept. 1992, *Pham Hoang c/ France, §§ 34 à 36 : Série A n° 243 ; D. 1993. Somm. 386, obs. Renucci.*

138. Les présomptions figurant dans les lois répressives ne sont pas en soi incompatibles avec la présomption d'innocence, dès lors qu'elles sont enserrées dans les limites du raisonnable prenant en compte la gravité de l'enjeu et en préservant les droits de la défense. • CEDH 23 juill. 2002, *Janosevic c/ Suède,* n° 34619/97 • CEDH, 5e sect., 30 juin 2011, *Klouvi c/ France : D. actu. 20 juill. 2011, obs. Bachelet ; D. 2011. 1902, obs. Bachelet ; RSC 2011. 605, obs. Mayaud ; ibid. 714, obs. Roets ; Dr. pénal 2012. Chron. 3, obs. Dreyer.* ♦ Tout système juridique connaît des présomptions de fait ou de droit et la Convention ne les interdit pas en principe. Les États doivent toutefois les enserrer dans des limites raisonnables, prenant en compte la gravité de l'enjeu et préservant les droits de la défense. Dans les affaires dans lesquelles la Cour a analysé des présomptions de fait ou de droit dans le contexte d'une procédure pénale, elle a tenu compte en particulier des garanties procédurales et des moyens de défense dont disposait l'accusé pour réfuter pareilles présomptions. Lorsqu'elle a constaté que les garanties procédurales permettant de réfuter les présomptions faisaient défaut, elle a conclu à la violation de la présomption d'innocence. Le requérant a été déclaré coupable de récidive et non pas simplement de conduite sans permis ; à ce titre, il s'est vu infliger non seulement une amende d'un montant supérieur mais aussi une peine de cinq jours de détention, qu'il a dû purger avant le dénouement de la procédure relative à la première infraction. La présomption, dans sa cause, portait sur la commission par lui d'une infraction qui était au cœur d'une autre procédure. Les juridictions nationales se sont estimées liées juridiquement par le procès-verbal d'infraction administrative relatif à la première infraction, alors que celle-ci faisait l'objet d'un appel. En conséquence, le requérant s'est trouvé privé de tout moyen de défense qui lui eût permis de combattre la présomption en question. • CEDH 14 mars 2019, *Kangers c/ Lettonie,* n° 35726/10, § 54 s.

139. Exclusions. Le seul fait de condamner aux dépens du procès une personne dont la culpabilité n'est pas établie ne peut être considéré comme une violation de la présomption d'innocence. • Comm. EDH 12 juill. 1984 : *DR 39/90.* ♦ Le seul fait qu'une personne poursuivie et acquittée puisse supporter les honoraires de son avocat ne constitue pas une violation de la présomption d'innocence. (...) La nomination des trois avocats d'office cadrait avec les exigences de l'art. 6. L'obligation, pour le requérant, de couvrir leurs honoraires ne se heurte donc pas à ce texte. Les juridictions nationales étaient en droit d'estimer nécessaire pareille désignation et les montants demandés ne sont pas excessifs. • CEDH 25 sept. 1982, *Croissant c/ RFA, § 36 : Série A n° 237-B.* ♦ Le refus d'indemniser une personne condamnée pour homicide involontaire après la découverte de faits nouveaux ne viole pas le principe de la présomption d'innocence dès lors qu'aucun réexamen n'avait été ordonné, l'accusée ayant intégralement purgé sa peine. • CEDH, gr. ch., 12 juill. 2013, *Allen c/ Royaume-Uni,* n° 25424/09 : *D. actu. 6 sept. 2013, obs. Bachelet.*

140. Le débat qui a eu lieu en France concernant le libellé de l'al. 2 de l'art. 226-10 C. pén. a abouti le 9 juill. 2010 à l'adoption d'une loi qui remplaça dans le texte de l'art. 226-10 les termes « déclarant que la réalité du fait n'est pas établie » par « déclarant que le fait n'a pas été commis ». Selon la rédaction ancienne, une personne telle que la requérante ne pouvait donc aucunement se disculper de l'accusation de dénonciation calomnieuse portée contre elle dès lors que la personne dénoncée par elle avait pu obtenir le bénéfice du doute quant à la réalité du fait ayant fait l'objet de la dénonciation ; selon le texte nouveau, il faut désormais que la personne dénoncée ait été déclarée, par une décision ayant autorité de chose jugée, non coupable du fait en question. La Cour constate que, dans la présente affaire, la requérante s'est trouvée exactement dans la situation dénoncée à la fois par la Cour de cassation et par l'Assemblée nationale et à laquelle la loi de juill. 2010 a voulu remédier. Elle considère que, dans ces conditions, la requérante n'a pas pu bénéficier d'un procès équitable et de la présomption d'innocence. Partant, il y a eu violation de l'art. 6, §§ 1 et 2, de la Convention. • CEDH 30 juin 2011, *Klouvi c/ France,* n° 30754/03.

2° DROITS DE LA DÉFENSE

a. Droit d'être informé de la nature et de la cause de l'accusation (art. 6, § 3 a)

141. Nature et cause de l'accusation. Les dispositions du § 3 *a)* de l'art. 6 montrent la nécessité de mettre un soin extrême à notifier l'accusation à l'intéressé. L'acte d'accusation joue un rôle déterminant dans les poursuites pénales : à compter de sa signification, la personne mise en cause est officiellement avisée de la base juridique et factuelle des reproches formulés contre elle. L'art. 6, § 3 *a),* Conv. EDH reconnaît à l'accusé le droit d'être informé non seulement de la cause de l'accusation, c'est-à-dire des faits matériels qui sont mis à sa charge et sur lesquels se fonde l'accusation, mais aussi de la qualification juridique donnée à ces faits et ce d'une manière détaillée. La portée de cette disposition doit notamment s'apprécier à la lumière du droit plus général à un procès équitable que garantit le § 1 de l'art. 6 Conv. EDH. La Cour considère qu'en matière pénale, une information précise et complète des charges pesant contre un accusé, et donc la qualification juridique que la juridiction pourrait retenir à son encontre, est une condition essentielle de l'équité de la procédure. • CEDH 25 mars 1999, *Pélissier et Sassi c/ France, § 51 : Rec. 1999-II, et 52 ; D. 2000. 357, note Roets ; RTDH 2000. 281, obs. Flécheux et Massis* • 19 déc. 2006 : *AJ pénal 2007. 82, obs. Saas.*

142. Le § 3 *a)* de l'art. 6 précise l'étendue de l'interprétation exigée à cet égard en reconnaissant à tout accusé le droit à être informé, dans le plus court délai, dans une langue qu'il comprend et d'une manière détaillée, de la nature et de la cause de l'accusation portée contre lui. S'il ne spécifie pas qu'il échet de fournir ou traduire par écrit à un inculpé étranger les renseignements pertinents, il montre la nécessité de mettre un soin extrême à notifier l'accusation à l'intéressé. L'acte d'accusation joue un rôle déterminant dans les poursuites pénales : à compter de sa signification, l'inculpé est officiellement avisé par écrit de la base juridique et factuelle des reproches formulés contre lui. Un accusé à qui la langue employée par le tribunal n'est pas familière peut en pratique se trouver désavantagé si on ne lui délivre pas aussi une traduction de l'acte d'accusation, établie dans un idiome qu'il comprenne. • CEDH 19 déc. 1989, *Kamasinski c/ Autriche, § 79 : Série A n° 168* • 19 déc. 1989, *Brozicek c/ Italie, § 46 : Série A n° 167 ; Ann. fr. dr. int. 1991. 583, obs. Coussirat-Coustère ; JDI 1990. 739, obs. Rolland et Tavernier* • 4 nov. 2010, *Katritsch c/ France : D. actu. 22 nov. 2010, obs. Bachelet ; AJ pénal 2011. 137, obs. Porteron*.

143. Forme de l'information. Les dispositions de l'art. 6, § 3, *a)* n'imposent aucune forme particulière quant à la manière dont l'accusé doit être informé de la nature et de la cause de l'accusation portée contre lui. • CEDH 25 mars 1999, *Pélissier et Sassi c/ France, § 52 : préc. note 141.* ♦ S'il est vrai que les dispositions de l'art. 6, § 3 *a)* n'imposent aucune forme particulière quant à la manière dont l'accusé doit être informé de la nature et de la cause de l'accusation portée contre lui elle doit toutefois être prévisible pour ce dernier. • CEDH 5 mars 2013, *Varela Geis c/ Espagne*, n° 61005/09, § 43.

144. Effectivité du droit à l'information. La Cour considère que dans une affaire telle que la présente, portant sur une accusation pénale grave, une bonne administration de la justice eût exigé que les autorités nationales accomplissent des diligences supplémentaires. Elles auraient ainsi pu sommer le requérant à se rendre à la convocation en vue de l'examen psychiatrique ainsi qu'à comparaître à l'audience et, à défaut, y faire assurer sa représentation par son curateur ou par un avocat. Cela aurait permis au requérant de comprendre la procédure en cours et d'être informé d'une manière détaillée de la nature et de la cause de l'accusation portée contre lui au sens de l'art. 6, § 3 *a)*, de la convention, et au tribunal correctionnel de prendre sa décision en toute équité. Dans les circonstances particulières de la présente affaire, la cour estime donc qu'il y a eu violation de l'art. 6. • CEDH 30 janv. 2001, *Vaudelle c/ France, §§ 65 et 66 : JCP 2001. II. 10526, note Raimondo ; D. 2001. IR 676 ; JCP 2001. I. 342, obs. Sudre.*

145. Caractère détaillé de l'information. L'équité d'une procédure s'apprécie au regard de l'ensemble de celle-ci. Les dispositions du paragraphe 3 de l'art. 6 Conv. EDH montrent la nécessité de mettre un soin particulier à notifier l'« accusation » à l'intéressé. L'acte d'accusation joue un rôle déterminant dans les poursuites pénales : à compter de sa signification, la personne mise en cause est officiellement avisée par écrit de la base juridique et factuelle des reproches formulés contre elle. L'art. 6, § 3 a), Conv. EDH reconnaît à l'accusé le droit d'être informé non seulement de la cause de l'accusation, c'est-à-dire des faits matériels qui sont mis à sa charge et sur lesquels se fonde l'accusation, mais aussi de la qualification juridique donnée à ces faits et ce d'une manière détaillée. • CEDH 12 avr. 2011, *Adrian Constantin c/ Roumanie*, n° 21175/03, § 18. ♦ Quant à l'art. 6, § 3 a), la Cour rappelle qu'il oblige les autorités à mettre un soin particulier à notifier l'« accusation » à l'intéressé. L'acte d'accusation jouant un rôle déterminant dans les poursuites pénales, l'art. 6, § 3 a), reconnaît à l'accusé le droit d'être informé non seulement de la cause de l'accusation, c'est-à-dire des faits matériels qui sont mis à sa charge et sur lesquels se fonde l'accusation, mais aussi de la qualification juridique donnée à ces faits et ce d'une manière détaillée. D'autre part, l'art. 6, § 3 a), n'impose aucune forme particulière quant à la manière dont l'accusé doit être informé. Par ailleurs, la Cour estime qu'il existe un lien entre les alinéas a) et b) de l'art. 6, § 3, et que le droit à être informé sur la nature et la cause de l'accusation doit être envisagé à la lumière du droit pour l'accusé de préparer sa défense. En l'espèce, il ressort du dossier que l'acte d'inculpation a été notifié au requérant le 13 juillet 2000, qu'il a confirmé cette notification par sa signature et que lui-même et son avocat ont disposé de plus de vingt jours pour lire soigneusement le dossier de l'instruction. Les exigences de l'art. 6, § 3 a), ont donc également été remplies. • CEDH 19 avr. 2011, *Gasins c/ Lettonie*, n° 69458/01, § 55. ♦ La portée de cette disposition doit notamment s'apprécier à la lumière du droit plus général à un procès équitable que garantit le § 1 de l'art. 6 de la Convention. La Cour considère qu'en matière pénale, une information précise et complète des charges pesant contre un accusé, et donc la qualification juridique que la juridiction pourrait retenir à son encontre, est une condition essentielle de l'équité de la procédure. • CEDH 5 mars 2013, *Varela Geis c/ Espagne*, n° 61005/09, §§ 41 et 42.

146. Requalification des faits. La Cour estime dès lors que la cour d'appel devait, faisant usage de son droit incontesté de requalifier les faits dont elle était régulièrement saisie, donner la possibilité aux requérants d'exercer leurs droits de défense sur ce point d'une manière concrète et effective, et notamment en temps utile. • CEDH 25 mars 1999, *Pélissier et Sassi c/ France, § 62 : préc. note 141.* ♦ La qualification juridique des faits doit être établie de manière aussi précise que possible. • CEDH 29 nov. 1989, *Chichlian et Ekindjian c/ France : Série A n° 162-B.* ♦ A l'unanimité, la Cour juge qu'il y a eu violation de l'art. 6, §§ 1 et 3 a) et b), à raison des conditions dans lesquelles la Cour suprême a requalifié les faits reprochés au requérant, celles-là ayant emporté méconnaissance du droit de l'intéressé à être informé en détail de la nature de l'accusation portée contre lui et de son droit à disposer du temps et des facilités nécessaires à la préparation de sa défense. • CEDH 25 sept. 2008, *Selivertov c/ Russie*, n° 19692/02. ♦ La Cour constate qu'il ne ressort pas du dossier que l'*Audiencia Provincial* ou le représentant du ministère public aient, au cours des débats, évoqué la possibilité d'une requalification ou même simplement relevé l'argument des parties accusatrices privées. Au vu de ces éléments, la Cour considère qu'il n'est pas établi que le requérant aurait eu connaissance de la possibilité d'une requalification des faits de « négation » en « justification » du génocide par l'*Audiencia Provincial*. Compte tenu de la « nécessité de mettre un soin extrême à notifier l'accusation à l'intéressé » et du rôle déterminant joué par l'acte d'accusation dans les poursuites pénales, la Cour estime que les arguments avancés par le Gouvernement, pris ensemble ou isolément, ne peuvent suffire à justifier le respect des dispositions de l'art. 6, § 3 *a)*, de la Convention. La Cour estime par ailleurs qu'elle n'a pas à apprécier le bien-fondé des moyens de défense que le requérant aurait pu invoquer s'il avait eu la possibilité de débattre de la question de savoir si les faits pouvaient être qualifiés de justification du génocide. Elle relève simplement qu'il est vraisemblable que ces moyens auraient été différents de ceux choisis pour combattre l'accusation de « négation » du génocide qui avait été portée contre lui. La Cour se borne à noter qu'à la suite de l'arrêt du Tribunal constitutionnel, l'*Audiencia Provincial* de Barcelone a écarté les faits qualifiables de négation de génocide et a considéré le requérant comme auteur d'un délit de justification de génocide sans toutefois individualiser sa conduite en tant que libraire par rapport à celle qu'auraient pu avoir les auteurs ou les éditeurs des ouvrages litigieux saisis. Compte tenu de ce qui précède, la Cour considère que la justification du génocide ne constituait pas un élément intrinsèque de l'accusation initiale que l'intéressé aurait connu depuis le début de la procédure. La Cour estime dès lors que l'*Audiencia Provincial* de Barcelone devait, pour faire usage de son droit incontesté de requalifier les faits dont elle était régulièrement saisie, donner la possibilité au requérant d'exercer son droit de défense sur ce point d'une manière concrète et effective, et donc en temps utile. Tel n'a pas été le cas en l'espèce, seul l'arrêt rendu en appel lui ayant permis de connaître, de manière tardive, ce changement de qualification. Eu égard à tous ces éléments, la Cour conclut qu'il y a eu violation du § 3 *a)* et *b)* de l'art. 6 de la Convention, combiné avec le § 1 du même article. • CEDH 5 mars 2013, ♔ *Varela Geis c/ Espagne*, n° 61005/09, §§ 50 à 55.

b. Droit de disposer du temps et des facilités nécessaires à sa défense (art. 6, § 3 b)

1. Règles générales

147. Effectivité de la garantie. Pour pouvoir se disculper ou obtenir une atténuation de la peine, l'accusé a le droit de disposer de tous les éléments pertinents qui ont été recueillis ou pouvant être recueillis par les autorités compétentes. • Comm. EDH 14 déc. 1981, ♔ *Jespers c/ Belgique : DR 27/61*. ♦ L'assistance d'un avocat fait certainement partie intégrante des facilités nécessaires à la préparation de la défense. • Comm. EDH 9 juill. 1981, ♔ *Kröcher et Möller c/ Suisse : DR 34/24*. ♦ En conséquence, la Cour estime que, en l'espèce, la seule lecture à l'audience du dispositif du jugement du tribunal correctionnel avant l'expiration du délai d'appel a porté atteinte aux droits de la défense du requérant. Selon la Cour, ni le fait que le requérant n'a pas déposé de conclusions écrites devant le tribunal correctionnel, ni le caractère modéré de la peine qui lui a été infligée ne sont de nature à remettre en cause cette conclusion. En effet, d'une part, l'avocat du requérant a dûment défendu sa cause oralement à l'audience et, d'autre part, la peine de 20 000 francs français, soit environ 3 000 euros, d'amende à laquelle le requérant a été condamné avec sursis ne saurait être considérée comme étant purement symbolique. Partant, il y a eu violation de l'art. 6 §§ 1 et 3 b) de la Convention. • CEDH 24 juill. 2007, ♔ *Baucher c/ France*, §§ 49 s. : *AJ pénal 2007. 529, obs. Porteron* ✎ ; *Dr. pénal 2008. Chron. 3, obs. Dreyer ; JCP 2008. I. 110, n° 5, obs. Sudre.* ♦ Tout en rappelant que l'effectivité des droits de la défense suppose l'accès au dossier, la Cour précise que le prévenu privé de l'aide d'un avocat pour une raison indépendante de sa volonté ne doit pas voir ses droits diminués. • CEDH 10 mai 2007, *Seris c/ France*, §§ 61 s., n°s 38208/03 et 2810/05. ♦ La nomination d'un conseil n'assure pas à elle seule l'effectivité de l'assistance qu'il peut procurer à l'accusé. On ne saurait pour autant imputer à un État la responsabilité de toute défaillance d'un avocat d'office. De l'indépendance du barreau par rapport à l'État il découle que la conduite de la défense appartient pour l'essentiel à l'accusé et à son avocat, commis au titre de l'aide judiciaire ou rétribué par son client. • CEDH 7 oct. 2008, *Bogumil c/ Portugal*, § 46, n° 35228/03.

148. Appréciation des circonstances de l'espèce. Pour trancher la question, la Cour a eu égard aux circonstances très caractéristiques de l'affaire. Le requérant avait exercé la profession d'avocat. Il savait donc que la législation en vigueur n'obligeait pas à lui signifier l'arrêt au prononcé duquel il avait assisté. On pouvait dès lors raisonnablement s'attendre à le voir effectuer l'une des trois démarches suivantes. D'abord, même si aucun texte légal ne l'y astreignait, il pouvait consulter au greffe de la cour d'appel la minute de l'arrêt. En second lieu, à supposer qu'il en est sollicité en vain la copie comme il l'affirme, il aurait pu et dû réitérer sa demande au cours des quatre mois et demi qui suivirent le prononcé. Il lui restait une dernière ressource : se renseigner auprès du greffe de la Cour de cassation sur la date à laquelle celle-ci devait statuer, puis réclamer un ajournement pour pouvoir présenter en temps utile un mémoire ampliatif et avoir l'occasion de plaider sa cause. Rompu aux arcanes de la procédure judiciaire, il ne pouvait ignorer que des délais relativement brefs enserraient cette dernière, d'autant plus que les règles applicables présentaient une cohérence et une clarté suffisantes. En conclusion, le requérant ne saurait prétendre que les autorités l'ont placé dans l'impossibilité de produire un mémoire : ayant délibérément renoncé aux services d'un avocat, il devait témoigner lui-même de diligence. Il n'a dès lors subi aucune entrave à la jouissance effective des droits garantis par l'art. 6. • CEDH 22 juin 1993, *Melin c/ France, §§ 24 et 25 : Série A n° 261-A* • 7 juill. 1989, *Bricmont c/ Belgique, §§ 74 s. : Série A n° 158.*

149. En ce qui concerne la procédure fiscale pour l'année 2000, la Cour constate une violation de l'art. 6, §§ 1 et 3 *b)*, aux motifs que, d'une part, Yukos n'avait pas eu suffisamment de temps (quatre jours) pour étudier le dossier (au moins 43 000 pages) en première instance, et que, d'autre part, le bref laps de temps (21 jours) écoulé entre la fin de la procédure devant le tribunal de première instance, dont le jugement a été publié le 28 mai 2004, et le début de la procédure d'appel (le 18 juin 2004), réduisant ainsi de neuf jours le délai légal, a nui à la capacité de Yukos de présenter ses arguments et, plus généralement, de préparer le procès en appel. • CEDH 20 sept. 2011, *Yukos Naftyanaya Kompaniaya c/ Russie*, n° 14902/04.

2. Cas particulier de l'accès au dossier

150. Précisions jurisprudentielles. Lorsque le ministère d'avocat est obligatoire en matière pénale, la communication du dossier à ce dernier suffit au regard des prescriptions de la convention. • CEDH 19 déc. 1989, *Kamasinski c/ Autriche, § 88 : préc. note 142.* ♦ Le fait de réserver au seul avocat de l'accusé l'accès au dossier, en particulier pour sauvegarder le principe du secret de l'instruction, n'est pas incompatible avec la convention. Aux fins de l'art. 6, il n'est pas incompatible avec les droits de la défense de réserver à l'avocat d'un accusé l'accès au dossier de la juridiction saisie. • CEDH 21 sept. 1993, *Kremzow c/ Autriche, § 52 : Série A n° 268-B.*

151. La Cour réaffirme que, selon le principe de l'égalité des armes – l'un des éléments de la notion plus large de procès équitable –, chaque partie doit se voir offrir une possibilité raisonnable de présenter sa cause dans des conditions qui ne la placent pas dans une situation de désavantage par rapport à son adversaire. En l'espèce, trois éléments lui semblent essentiels. D'abord, le requérant a choisi de se défendre seul, droit qui lui est expressément reconnu tant par la convention que par le droit interne. Le raisonnement suivi par la cour dans les affaires *Kamasinski* et *Kremzow*, d'après lequel il n'est pas incompatible avec les droits de la défense de réserver à l'avocat d'un accusé l'accès au dossier de la juridiction saisie, ne saurait donc jouer. Ensuite, l'intéressé ayant été directement cité devant le tribunal de police, sans instruction préalable, la question éventuelle de la protection du secret de l'instruction ne se posait pas. Enfin, la condamnation du requérant par la cour d'appel reposait exclusivement sur le procès-verbal établi par les gardes-chasse, procès-verbal faisant foi jusqu'à preuve contraire en vertu de l'art. 537. La Cour estime donc qu'il était important pour le requérant d'avoir accès à son dossier et d'obtenir la communication des pièces le composant, afin d'être en mesure de contester le procès-verbal établi à son encontre. • CEDH 18 mars 1997, *Foucher c/ France, §§ 34 s. : Rec. 1997-II ; D. 1997. Somm. 360, obs. Renucci ; JCP 1998. I. 107, obs. Sudre ; RSC 1998. 395, obs. Koering-Joulin ; RG proc. 1998. 247, obs. Flauss.*

152. Restrictions éventuelles. Les investigations pénales doivent être conduites avec efficacité, ce qui peut impliquer l'obligation de garder secrètes une partie des informations recueillies pendant l'enquête pour empêcher des suspects d'altérer des éléments de preuve et de nuire à la bonne administration de la justice ; toutefois, la poursuite de ce but légitime ne saurait justifier des restrictions importantes aux droits de la défense. Les informations qui sont essentielles pour apprécier la légalité d'une détention doivent être mises de manière adéquate à la disposition de l'avocat du détenu. • CEDH 13 févr. 2001, *Garcia Alva c/ Allemagne*, n° 23541/94, § 42 • CEDH 9 mars 2006, *Svipsta c/ Lettonie*, n° 66820/01, § 137. ♦ La Cour estime que l'art. 6 ne saurait être interprété comme garantissant un accès illimité au dossier pénal dès avant le premier interrogatoire par le juge d'instruction, lorsque les autorités nationales disposent de raisons relatives à la protection des intérêts de la justice suffisantes pour ne pas mettre en échec l'efficacité des investigations. • CEDH 9 avr. 2015, *A.T. c/ Luxembourg*, n° 30460/13, § 81.

c. Droit de se défendre efficacement (art. 6, § 3 c)

153. Droits de l'accusé. Le droit reconnu par l'art. 6, § 3 *c)* à tout « accusé » d'être effectivement défendu par un avocat figure parmi les éléments fondamentaux du procès équitable. • CEDH, gr. ch., 9 nov. 2018, *Beuze c/ Belgique*, n° 71409/10, § 123. ♦ L'art. 6, § 3 *c)*, garantit à l'accusé trois droits : se défendre lui-même, avoir l'assistance d'un défenseur de son choix et, sous certaines conditions, pouvoir être assisté gratuitement par un avocat d'office. Pour lier entre eux les membres de la phrase correspondants, la version anglaise emploie chaque fois la conjonction disjonctive « or » ; le texte français, lui, n'en utilise l'équivalent – « ou » – qu'entre ceux qui énoncent le premier et le deuxième droit ; il se sert ensuite de la conjonction copulative « et ». Les travaux préparatoires n'expliquent guère cette différence d'ordre linguistique. Il en ressort seulement que lors d'un ultime examen du projet de convention, à la veille de la signature, un comité d'experts apporta « un certain nombre de corrections de forme ou de traduction », dont le remplacement de « and » par « or » dans le libellé anglais de l'art. 6, § 3 *c)*. Eu égard au but et à l'objet de cette disposition, qui vise à assurer une protection effective des droits de la défense, le texte français fournit en l'occurrence un guide plus sûr. (...) Par conséquent, un « accusé » qui ne veut se défendre lui-même doit pouvoir recourir aux services d'un défenseur de son choix ; s'il n'a pas les moyens d'en rémunérer un, la convention lui reconnaît le droit à l'assistance gratuite d'un avocat d'office lorsque les intérêts de la justice l'exigent. • CEDH 25 avr. 1983, *Pakelli c/ Allemagne, § 31 : Série A n° 64 ; Ann. fr. dr. int. 1984. 449, obs. Pelloux ; RSC 1984. 138, obs. Pettiti.* ♦ L'art. 6, § 3 *c)*, reconnaît à tout accusé le droit à l'assistance d'un défenseur de son choix. Néanmoins, et malgré l'importance de relations confiantes entre avocat et client, on ne saurait prêter à ce droit un caractère absolu. Il est forcément sujet à certaines limitations en matière d'assistance judiciaire gratuite et lorsque, comme en l'espèce, il appartient aux tribunaux de décider si les intérêts de la justice exigent de doter l'accusé d'un défenseur d'office. En désignant un tel avocat, les juridictions nationales doivent assurément se soucier des vœux de l'accusé. (...) Elles peuvent cependant passer outre s'il existe des motifs pertinents et suffisants de juger que les intérêts de la justice le commandent. • CEDH 25 sept. 1992, *Croissant c/ Allemagne, §§ 29 et 30,* n° 13611/88.

154. Droits du détenu. Lorsque des détenus sont poursuivis au sein de la prison pour infraction à la discipline pénitentiaire et sont susceptibles de faire l'objet de sanctions disciplinaires internes qui sont en réalité de nature pénale, il y a violation de l'art. 6 Conv. EDH lorsque leur demande d'être représentés par un avocat lors de leur comparution devant le directeur de l'établissement pénitentiaire qui prononce la sanction est rejetée alors que les sanctions disciplinaires encourues entraînaient la condamnation à plusieurs jours de détention supplémentaires ce qui constitue une nouvelle privation de liberté infligée à des fins punitives après un verdict de culpabilité. • CEDH 9 oct. 2003, *Ezeh et Connors c/ Royaume-Uni : AJ pénal 2004. 36, obs. Céré ; Dr. pénal 2004. Chron. 7, note Vergès.*

155. Le monopole de la prise de parole. La spécificité de la procédure devant la Cour de cassation peut justifier de réserver aux seuls avocats spécialisés le monopole de la prise de parole. • CEDH 8 févr. 2000, *Voisine c/ France : préc. note 111* • 26 juill. 2002, *Meftah c/ France : préc. note 29.*

156. Droit de communiquer avec le client. La Cour estime que le droit, pour l'accusé, de communiquer avec son avocat hors de portée d'ouïe d'un tiers figure parmi les exigences élémentaires du procès équitable dans une société démocratique et découle de l'art. 6, § 3 *c)* de la convention. Si un avocat ne pouvait s'entretenir avec son client sans une telle surveillance et en recevoir des instructions confidentielles, son assistance perdrait beaucoup de son utilité, alors que le but de la convention consiste à protéger des droits concrets et effectifs. (...) Le danger de « collusion », malgré la gravité des infractions reprochées au requérant, ne saurait justifier la restriction litigieuse, et aucune raison suffisamment convaincante n'a été avancée. • CEDH 28 nov. 1991, *S. c/ Suisse, §§ 48 et 49 : Série A n° 220 ; JDI 1992. 812 ; RTDH 1993. 295, obs. Lombardini* • 16 oct. 2001, *Brennan c/ Royaume-Uni, § 48 : JDI 2001. 272, obs. Bachelet.*

157. Effectivité de la défense. D'après le requérant, les débats devant la cour d'appel de Bologne se sont déroulés dans des conditions incompatibles avec l'art. 6, § 3 *c)*, de la convention, et ce pour trois raisons : on ne l'aurait pas mis en mesure d'y comparaître lui-même ; on l'aurait privé des services de l'avocat de son choix en notifiant la date de l'audience à Me Montoleone qui ne le représentait plus, et non à Me Bezicheri ; la défense menée par Me Straziani, avocat d'office, n'aurait pas été effective. (...) En l'occurrence, il y a lieu de partir d'une constatation : le résultat auquel tend l'art. 6, § 3 *c)*, n'a pas été atteint devant la cour de Bologne. Me Bezicheri n'a pas assisté aux débats et n'a donc pu exécuter le mandat que lui avait confié le requérant. Celui-ci n'a pas non plus comparu ; il se trouvait emprisonné. Quant à Me Straziani, désigné sur-le-champ avocat d'office, il ne connaissait ni le dossier, ni son client dont il ignorait notamment l'arrestation ; en outre, il n'a pas disposé du temps nécessaire pour se préparer puisque la Cour lui refusa la remise et que l'audience s'acheva le jour même, débouchant sur une condamnation plus lourde qu'en première instance. Partant, l'intéressé n'a pas bénéficié d'une défense « concrète et effective » comme l'eût voulu l'art. 6, § 3 *c)*. • CEDH 9 avr. 1984, *Goddi c/ Italie, §§ 26 et 27 : Série A n° 76 ; Ann. fr. dr. int. 1985. 394, obs. Coussirat-Coustère ; JDI 1986. 1055, obs. Rolland et Tavernier.* ♦ L'ensemble de ces appréciations amène la Cour à constater un manquement aux exigences de l'art. 6 § 3 *c)* au stade des audiences devant la cour d'appel. La Cour de cassation n'y a pas remédié puisque son arrêt a débouté le requérant. Il y a donc eu violation. • CEDH 9 avr. 1984, *Goddi c/ Italie, § 32 : préc.*

158. Accès à un avocat. Pour que le droit à un procès équitable demeure suffisamment concret et effectif, il faut, en règle générale, que l'accès à un avocat soit consenti dès le premier interrogatoire d'un suspect par la police, sauf à démontrer, à la lumière des circonstances particulières de l'espèce, qu'il existe des raisons impérieuses de restreindre ce droit. • CEDH, gr. ch., 27 nov. 2008, *Salduz c/ Turquie*, § 55 : *JCP 2009. I. 104, n° 5, obs. Sudre ; Dr. pénal 2009. Chron. 4, obs. Dreyer ; ibid. 8, obs. Lesclous ; ibid. 2010. Chron. 1, obs. Guérin.* ♦ Dès lors qu'un gouvernement a démontré de façon convaincante l'existence d'un besoin urgent de prévenir une atteinte grave à la vie, à la liberté ou à l'intégrité physique dans un cas donné, cette nécessité peut s'analyser en une raison impérieuse de restreindre l'accès à l'assistance juridique aux fins de l'art. 6 de la Conv. EDH, le caractère équitable de la procédure devant, en tout état de cause, être examiné globalement. • CEDH, gr. ch., 13 sept. 2016, *Ibrahim et a.c/ Royaume-Uni*, n° 50541/08 : *D. actu. 15 sept. 2016, obs. Portmann.* ♦ L'absence de droit à l'assistance par un avocat durant la garde à vue, que ce soit en raison de restrictions générales d'origine légale ou de restrictions particulières, n'est contraire à la Conv. EDH, même en l'absence de raisons impérieuses, que si l'équité globale de la procédure n'a pas été respectée. • CEDH, gr. ch., 9 nov. 2018, *Bueze c/ Belgique*, n° 71409/10 : *D. actu. 22 nov. 2018, obs. Fucini ; AJ pénal 2019. 30, note Clément.* ♦ V. violation de l'art. 6 pour l'utilisation comme preuve des aveux faits en garde à vue en l'absence d'un avocat. • CEDH 24 sept. 2009, *Pishchalnikov c/ Russie*, n° 7025/04 : *Dr. pénal 2010. Chron. 1, obs. Guérin* • 15 janv. 2015, *Chopenko c/ Ukraine : D. actu. 30 janv. 2015, obs. Bachelet.* ♦ Un suspect détenu pour une autre cause doit pouvoir bénéficier de l'assistance d'un défenseur lors de son audition (en qualité de témoin assisté) par les enquêteurs. • CEDH, 5e sect., 27 oct. 2011, *Stojkovic c/ France et Belgique : D. actu. 9 nov. 2011, obs. Bachelet ; AJ pénal 2012. 93, obs. Démarchi ; Dr. pénal 2012. Chron. 3, obs. Dreyer ; RSC 2012. Chron. 241, obs. Marguénaud ; Procédures 2011, n° 368, obs. Fricero.* ♦ L'absence d'avocat lors d'une garde à vue, au cours de laquelle le suspect a tenu des déclarations sur lesquelles s'est notamment fondée la décision de sa condamnation, viole l'art. 6 Conv. EDH. • CEDH, 2e sect., 17 janv. 2012, *Fidanci c/ Turquie : D. actu. 2 févr. 2012, obs. Bachelet ; D. 2012. Actu. 361, obs. Bachelet.*

159. L'équité de la procédure requiert que l'accusé puisse obtenir toute la vaste gamme d'interventions qui sont propres au conseil. A cet égard, la discussion de l'affaire, l'organisation de la défense, la recherche des preuves favorables à l'accusé, la préparation des interrogatoires, le soutien de l'accusé en détresse et le contrôle des conditions de détention sont des éléments fondamentaux de la défense que l'avocat doit librement exercer. • CEDH 13 oct. 2009, *Dayanan c/ Turquie*, § 32 : *RSC 2010. 23, obs. Roets ; D. 2009. 2897, note Renucci ; AJ pénal 2010. 27, note Saas ; Dr. pénal 2010. Chron. 1, obs. Guérin ; ibid. Chron. 3, obs. Dreyer.* ♦ Le point de départ du droit d'accès à un avocat en cas de privation de liberté ne fait pas de doute. Ce droit est applicable dès qu'il existe une accusation en matière pénale au sens donné à cette notion par la jurisprudence de la Cour et, en particulier, dès l'arrestation d'un suspect, indépendamment du fait que l'intéressé ait ou non été interrogé ou qu'il ait fait l'objet d'une autre mesure d'enquête pendant la période pertinente. Pour déterminer si l'accès à un avocat durant la phase préalable au procès a été concret et effectif, la Cour a indiqué qu'il fallait tenir compte, au cas par cas, dans le cadre de l'appréciation de l'équité globale de la procédure, de toute la gamme d'interventions propres au conseil : la discussion de l'affaire, l'organisation de la défense, la recherche des preuves favorables à l'accusé, la préparation des interrogatoires, le soutien de l'accusé en détresse et le contrôle des conditions de détention. • CEDH, gr. ch., 9 nov. 2018, *Beuze c/ Belgique*, n° 71409/10, §§ 124 et 136 : *préc. note 153.* ♦ Les juges européens rappellent l'obligation qui est faite aux États de garantir son effectivité, notamment lorsqu'une privation de liberté est en jeu. La Cour relève qu'en l'espèce, non seulement une telle peine était encourue, mais aussi que l'audience d'appel représentait l'unique occasion pour le requérant de se faire entendre par les juges du fond sur les faits qui lui étaient reprochés, ce qui rendait encore plus déterminante l'intervention d'un défenseur. • CEDH 4 nov. 2010, *Katritsch c/ France : préc. note 142.*

160. Restrictions à l'accès à un avocat (les « raisons impérieuses »). Le critère des raisons impérieuses est un critère strict, compte tenu du caractère fondamental et de l'importance d'un accès précoce des suspects à un avocat, en particulier lors de leur premier interrogatoire. Les restrictions au droit d'accès à un avocat ne sont permises que dans des cas exceptionnels, elles doivent être de nature temporaire et reposer sur une appréciation individuelle des circonstances particulières du cas d'espèce. Les raisons impérieuses ne sauraient résulter de la seule existence d'une loi interdisant la présence d'un avocat. En effet, l'existence d'une restriction au droit d'accès à un avocat de portée générale et obligatoire, ayant son origine dans la loi, ne saurait dispenser les autorités nationales de procéder à une appréciation individuelle et circonstanciée d'éventuelles raisons impérieuses. La Cour a également précisé que dès lors qu'un gouvernement défendeur avait démontré de façon convaincante l'existence d'un besoin urgent de prévenir une atteinte grave à la vie, à la liberté ou à l'intégrité physique dans un cas donné, ce besoin pouvait s'analyser en une raison impérieuse de restreindre l'accès à un avocat aux fins de l'art. 6. • CEDH, gr. ch., 9 nov. 2018, *Beuze c/ Belgi-*

que, n° 71409/10, §§ 142 et 143 : *préc. note 153.* ♦ La Cour admet que, dès lors qu'un gouvernement défendeur a démontré de façon convaincante l'existence d'un besoin urgent de prévenir une atteinte grave à la vie, à la liberté ou à l'intégrité physique dans un cas donné, cette nécessité peut s'analyser en une raison impérieuse de restreindre l'accès à l'assistance juridique aux fins de l'art. 6 Conv. En pareilles circonstances, les autorités doivent impérativement protéger les droits garantis aux victimes ou aux victimes potentielles par les art. 2, 3 et 5, § 1 en particulier. La Cour note à cet égard que la Dir. 2013/48/UE, qui consacre le droit d'accès à un avocat, prévoit une dérogation à ce droit en cas de circonstances exceptionnelles, notamment s'il y a un besoin urgent de prévenir une atteinte grave à la vie, à la liberté ou à l'intégrité physique d'une personne. De la même manière, aux États-Unis, à la suite de son arrêt Miranda, la Cour suprême a précisé dans son arrêt New York c./ Quarles qu'il existait à la règle de l'arrêt Miranda une « exception de sûreté publique » permettant la conduite d'interrogatoires en l'absence d'un avocat et avant que le suspect n'ait été informé de ses droits, en cas de menace sur la sûreté publique. Tel est aussi le cas au Canada et dans un certain nombre d'États membres du Conseil de l'Europe dont les lois permettent le retardement temporaire de l'assistance juridique. Toutefois, pour autant que la chambre peut passer pour avoir admis dans son arrêt qu'un risque général de fuites pouvait être qualifié de raison impérieuse, il faut écarter une telle conclusion : la Cour estime en effet qu'un risque de fuites invoqué sans autre précision ne saurait s'analyser en une raison impérieuse justifiant une restriction à l'accès à un avocat. • CEDH, gr. ch., 13 sept. 2016, *Ibrahim et a. c/ Royaume-Uni,* n° 50541/08, § 259.

161. Liberté du choix de l'avocat. L'impossibilité de choisir un avocat en connaissance de cause, faute pour les policiers d'avoir fourni au requérant les informations dont ils disposaient, porte atteinte aux droits de la défense et à l'équité de la procédure dans son ensemble. • CEDH, gr. ch., 20 oct. 2015, *Dvorski c/ Croatie,* n° 2503/11 : *D. 2016. Pan. 225, obs. Renucci.*

162. Ni la lettre ni l'esprit de l'art. 6 Conv. EDH n'empêchent une personne ne renoncer de son plein gré, que ce soit de manière expresse ou tacite, aux garanties d'un procès équitable. L'essentiel est qu'une telle renonciation soit établie de manière non équivoque et entourée d'un minimum de garanties correspondant à sa gravité. En l'espèce, le droit du requérant d'être assisté par un avocat lui a été rappelé pendant sa garde à vue, il en convenu en signant un exemplaire du procès-verbal constatant son refus. Le requérant ayant réitéré lors de la procédure de jugement la plupart de ses déclarations, la cour admet que son choix a pu être libre et volontaire. Partant, il n'y a pas violation de l'art. 6. • CEDH 23 févr. 2010, *Yodas c/ Turquie, § 51 : Dr. pénal 2011. Chron. 3, obs. Dreyer.* ♦ *Contra :* La renonciation n'est pas établie de manière non équivoque lorsque le requérant a refusé les services d'un avocat commis d'office pour la simple raison qu'il avait le sentiment que sa participation à la procédure se réduisait à une simple formalité (violation de l'art. 6). • CEDH, gr. ch., 2 nov. 2010, *Sakhnovski c/ Russie, § 91 : ibid.* ♦ Ni la lettre ni l'esprit de l'art. 6 n'empêchent une personne de renoncer de son plein gré, de manière expresse ou tacite, aux garanties d'un procès équitable. Toutefois, pour entrer en ligne de compte sous l'angle de la Convention, pareille renonciation doit se trouver établie de manière non équivoque et ne doit se heurter à aucun intérêt public important ; de surcroît, elle doit être entourée d'un minimum de garanties correspondant à sa gravité. Il y a lieu de rappeler à cet égard que, parce qu'il est un droit fondamental parmi ceux constituant la notion de procès équitable et qu'il garantit l'effectivité du reste des garanties énoncées à l'art. 6 Conv., le droit à un défenseur est l'archétype d'un droit appelant la protection spéciale du critère dit de la « renonciation consciente et éclairée », établi par la jurisprudence de la Cour. • CEDH, gr. ch., 20 oct. 2015, *Dvorski c/ Croatie,* n° 25703/11, §§ 100 et 101. ♦ Sur la renonciation aux garanties de l'art. 6, V. plus généralement note 6.

163. La désignation d'un avocat d'office ne règle pas nécessairement par elle-même la question du respect de l'art. 6, § 3 *c)*. Le but de la convention consiste à protéger des droits non pas théoriques ou illusoires, mais concrets et effectifs. (...) La nomination n'assure pas à elle seule l'effectivité de l'assistance car l'avocat d'office peut mourir, tomber gravement malade, avoir un empêchement durable ou se dérober à ses devoirs. Si on les en avertit, les autorités doivent le remplacer ou l'amener à s'acquitter de sa tâche. • CEDH 13 mai 1980, *Artico c/ Italie, § 33 : préc. note 1.* ♦ On ne saurait pour autant imputer à un État la responsabilité de toute défaillance d'un avocat d'office. • CEDH 13 mai 1980, *Artico c/ Italie, § 36 : préc. note 1.* ♦ De l'indépendance du barreau par rapport à l'État, il découle que la conduite de la défense appartient pour l'essentiel à l'accusé et à son avocat, commis au titre de l'aide judiciaire ou rétribué par son client. L'art. 6, § 3 *c)* n'oblige les autorités nationales compétentes à intervenir que si la carence de l'avocat d'office apparaît manifeste ou si on les en informe suffisamment de quelque autre manière. • CEDH 19 déc. 1989, *Kamasinski c/ Autriche, § 65 : préc. note 142.*

164. Absence de l'accusé. Quoique non absolu, le droit de tout accusé à être effectivement défendu par son avocat, au besoin commis d'office, figure parmi les éléments fondamentaux du procès équitable. Un accusé n'en perd pas le bénéfice du seul fait de son absence aux débats. • CEDH 23 nov. 1993, *Poitrimol c/ France, § 34 : préc. note 56* • 28 juin 1984, *Campbell et Fell c/ Royaume-Uni, § 99 : préc. note 34* • 9 avr. 1984, *Goddi c/ Italie, § 30 : préc. note 157.* ♦ Les exigences légitimes de la présence des accusés aux débats peuvent être assurées par d'autres moyens que la perte du droit à la défense. • CEDH 23 mai 2000, *Van Pelt c/ France, § 67 : JCP 2001. I. 291, obs. Sudre ; D. 2001. 429, obs. Massias ; D. 2001. Somm. 1061, obs. Renucci* • 21 janv. 1999, *Van Geyseghem c/ Belgique, § 34 : Rec. 1999-I.* ♦ La comparution du prévenu revêt une importance capitale en raison tant du droit de celui-ci à être entendu que de la nécessité de contrôler l'exactitude de ses affirmations et de les confronter avec les dires de la victime, dont il y a lieu de protéger les intérêts, ainsi que des témoins. Dès lors, le législateur doit pouvoir décourager les abstentions injustifiées. En l'espèce, il n'y a pourtant pas lieu de se prononcer sur le point de savoir s'il est en principe loisible de les sanctionner en dérogeant au droit à l'assistance d'un défenseur, car en tout cas la suppression de ce droit se révèle disproportionnée dans les circonstances de la case : elle privait le requérant, non recevable à former opposition contre l'arrêt de la cour d'appel, de sa seule chance de faire plaider en seconde instance sur le bien-fondé de l'accusation en fait comme en droit. • CEDH 23 nov. 1993, *Poitrimol c/ France, § 35 : préc. note 56.* ♦ Le fait que l'accusé, bien que dûment assigné, ne comparaisse pas, ne saurait – même à défaut d'excuse – justifier qu'il soit privé du droit à l'assistance d'un défenseur que lui reconnaît l'art. 6, § 3, de la convention. Il appartient aux juridictions d'assurer le caractère équitable d'un procès et de veiller par conséquent à ce qu'un avocat qui, à l'évidence, y assiste pour défendre son client en l'absence de celui-ci, se voie donner l'occasion de le faire. • CEDH 22 sept. 1994, *Lala c/ Pays-Bas, § 34 : Série A n° 297-A* • 22 sept. 1994, *Pelladoah c/ Pays-Bas, § 41 : Série A n° 297-B.* ♦ L'irrecevabilité des requêtes en nullité formées par un prévenu dont la fuite pendant l'information judiciaire n'est pas avérée viole le droit d'accès au juge. • CEDH, 5e sect., 11 oct. 2012, *Abdelali c/ France : D. actu. 25 oct. 2012, obs. Bachelet ; Procédures 2012, n° 370, obs. Chavent-Leclère.*

165. La Cour ne voit aucune raison de s'écarter de cette approche, réaffirmée en dernier lieu par l'arrêt *Van Geyseghem* (préc. note 164), au motif qu'il s'agit en l'espèce d'une procédure criminelle devant une cour d'assises et non pas devant un tribunal ou une cour statuant en matière correctionnelle. (...) La Cour ne peut adopter l'interprétation étroite que le Gouvernement donne au mot « assistance », au sens de l'art. 6, § 3 *c*), de la convention. Elle ne voit aucune raison de s'écarter de l'avis qu'elle avait exprimé à ce sujet dans l'affaire « Poitrimol » (préc. note 56) où le Gouvernement avait déjà suggéré d'établir une distinction entre « assistance » et « représentation » à propos d'une procédure correctionnelle. (...) En l'espèce, la Cour observe qu'il ressort du libellé de l'art. 630 français que l'interdiction faite aux avocats de se présenter pour le contumax est absolue et que la cour d'assises statuant par contumace n'a pas la possibilité d'y déroger. La cour estime pourtant qu'il eût appartenu à la cour d'assises, qui siégeait sans le jury, de donner l'occasion aux avocats du requérant, présents à l'audience, de le défendre, même en son absence car, en l'espèce, le moyen de défense qu'ils entendaient développer concernait un point de droit, à savoir une exception d'ordre public tirée de l'autorité de la chose jugée et du principe *ne bis in idem*. (...) La cour observe que les avocats du requérant n'ont pas davantage été autorisés à assurer la défense de leur client lors de l'audience de la cour d'assises sur les intérêts civils. Sanctionner la non-comparution du requérant par une interdiction aussi absolue de toute défense apparaît manifestement disproportionnée. En conclusion, il y a eu violation de l'art. 6 § 1 combiné avec l'art. 6, § 3 *c*). • CEDH 13 févr. 2001, *Krombach c/ France, §§ 86 s. : D. 2001. 3302, note Marguénaud ; JCP 2001. I. 342, obs. Sudre ; RSC 2001. 429, obs. Massias.*

166. Culpabilité post mortem. La Cour EDH refuse que la condamnation du fils d'un prévenu au paiement de dommages-intérêts repose sur une déclaration de culpabilité prononcée après la mort de ce dernier. • CEDH, 5e sect., 12 avr. 2012, *Largardère c/ France : D. actu. 23 avr. 2012, obs. Bachelet ; D. 2012. Actu. 1128, obs. Bachelet ; ibid. 1708, note Renucci ; RSC 2012. 558, obs. Matsopoulou ; AJ pénal 2012. 421, obs. Lavric.*

d. Droit aux témoins (art. 6, § 3 d)

1. Règles générales

167. Autonomie de la notion de témoin. Bien que Toni (un agent infiltré) n'ait pas déposé en personne à la barre (au motif qu'il fallait conserver son anonymat), il échet, aux fins de l'art. 6, § 3 *d*), de le considérer comme témoin, terme à interpréter de manière autonome. • CEDH 15 juin 1992, *Lüdi c/ Suisse, § 44 : Série A n° 238 ; Ann. fr. dr. int. 1992. 629, obs. Coussirat-Coustère ; JDI 1993. 733, obs. Decaux et Tavernier ; RUDH 1993. 1, obs. Sudre et autres* • 22 avr. 1992, *Vidal c/ Belgique, § 33 : Série A n° 235-B.* ♦ Bien que la victime de l'infraction et son amie n'aient pas déposé en personne à la barre, il échet, aux fins de l'art. 6, § 3 *d*), de les considérer comme des témoins – terme à interpréter de manière autonome – car leurs dires (...) se trouvaient en fait devant les juges, lesquels les prirent en compte. • CEDH 19 déc. 1990, *Delta c/ France, § 34 : Série A n° 191-A ; Ann. fr.*

dr. int. 1991. 583, obs. Coussirat-Coustère ; RTDH 1992. 51, obs. Sace.

168. L'art. 6, § 3 *d)* laisse aux juridictions internes, toujours en principe, le soin de juger de l'utilité d'une offre de preuve par témoins. Cet article n'exige pas la convocation et l'interrogation de tout témoin à décharge : ainsi que l'indiquent les mots « dans les mêmes conditions », il a pour but essentiel une complète égalité des armes en la matière. La notion d'égalité des armes n'épuise pourtant pas le contenu du § 3 *d)* de l'art. 6, pas plus que du § 1 dont cet alinéa représente une application parmi beaucoup d'autres. En effet, il ne suffit pas de démontrer que l'accusé n'a pas pu interroger un certain témoin à décharge. Encore faut-il que l'intéressé rende vraisemblable que la convocation dudit témoin était nécessaire à la recherche de la vérité et que le refus de l'interroger a causé un préjudice aux droits de la défense. Ainsi, seules des circonstances exceptionnelles peuvent conduire la Cour à conclure à l'incompatibilité avec l'art. 6 de la non-audition d'une personne comme témoin. • CEDH 13 avr. 2006, *Vaturi c/ France*, nº 75699/01, § 51. ♦ La Cour rappelle que, sur le terrain de l'art. 6 Conv., les règles d'admissibilité des preuves relèvent en premier chef du droit interne et que sa mission consiste non pas à se prononcer sur le point de savoir si des dépositions de témoins ont été à bon droit admises comme preuves, mais à rechercher si la procédure considérée dans son ensemble, y compris le mode de présentation des moyens de preuve, a revêtu un caractère équitable. L'art. 6, § 3 *d)* n'impose pas la comparution et l'interrogation de tout témoin à décharge, le but essentiel de cette disposition, comme l'indique l'expression « dans les mêmes conditions », étant de garantir une pleine « égalité des armes » en la matière. Dès lors que la demande d'audition de témoin à décharge est formulée conformément au droit interne, la Cour, eu égard aux considérations ci-dessus, retient le critère en trois branches qui suit : 1. La demande d'audition de témoin était-elle suffisamment motivée et pertinente au regard de l'objet de l'accusation ? 2. Les juridictions internes ont-elles examiné la pertinence que pouvait avoir la déposition et motivé par des raisons suffisantes leur décision de ne pas auditionner le témoin au procès ? 3. La décision des juridictions internes de ne pas auditionner le témoin a-t-elle nui à l'équité globale du procès ? • CEDH, gr. ch., 18 déc. 2018, *Murtazaliyeva c/ Russie*, nº 36658/05, §§ 139 et 158.

169. Non-comparution des témoins au procès. L'intéressé prétend n'avoir pu, en dépit de l'art. 6, § 3 *d)*, exercer son droit d'interroger les témoins à charge, ceux-ci n'ayant pas comparu devant le tribunal. (…) L'absence de ces personnes au procès ne soulève aucun problème sur le terrain de l'art. 6 dans la mesure où la condamnation ne s'appuyait pas sur leurs dires. • CEDH 19 déc. 1989, *Kamasinski c/ Autriche, §§ 89 et 91 : préc. note 142.* ♦ Le requérant affirme avoir été condamné sur la seule base des déclarations de ses ex-femme et belle-fille à la gendarmerie, déclarations lues à l'audience. Les intéressées ayant refusé, en tant que proches parents, de témoigner au procès, il n'aurait eu à aucun stade de la procédure l'occasion de les interroger ni de les faire interroger. (…) Il ressort de l'arrêt que, pour l'essentiel, la cour d'appel a fondé la condamnation du requérant sur les déclarations de Mme U. et de Mlle T. à la gendarmerie, considérées non comme de simples renseignements, mais comme preuve de l'exactitude des accusations que les intéressées avaient portées à l'époque. Sans doute lui appartenait-il d'apprécier les diverses données recueillies, de même que la pertinence de celles dont le prévenu souhaitait la production ; il n'en demeure pas moins que le requérant a été reconnu coupable sur la base de « témoignages » en face desquels ses droits de la défense se trouvaient sensiblement réduits. Dès lors, le requérant n'a pas bénéficié d'un procès équitable et il y a eu violation de l'art. 6, § 1, Conv. EDH, combiné avec les principes inhérents au § 3 *d)*. • CEDH 24 nov. 1986, *Unterpertinger c/ Autriche, §§ 28 et 33 : Série A nº 110 ; Ann. fr. dr. int. 1987. 239, obs. Coussirat-Coustère ; RSC 1987. 492, obs. Pettiti ; JDI 1987. 806, obs. Rolland et Tavernier.*

170. Violation de l'art. 6, § 1 et 3 *d)*, si une condamnation se fonde exclusivement sur les déclarations prononcées avant le procès par des coïnculpés qui se sont ensuite abstenus de témoigner. • CEDH 5 déc. 2002, *Craxi c/ Italie : D. 2003. Somm. 594, obs. Chiavario.*

171. Immunités. Une réglementation spéciale de l'audition et de l'interrogatoire des hauts personnages de l'État se rencontre dans l'ordre juridique interne de plusieurs États membres du Conseil de l'Europe. Son existence se fonde sur des raisons objectives et ne se heurte pas, en tant que telle, à l'art. 6 de la convention. • CEDH 7 juill. 1989, *Bricmont c/ Belgique, § 77 : Série A nº 158.*

172. Principe du contradictoire. Le droit à une procédure contradictoire implique la faculté pour les parties à un procès, pénal ou civil, de prendre connaissance de toutes pièces ou observations présentées au juge, même par un magistrat indépendant, en vue d'influencer sa décision et de la discuter. • CEDH 20 févr. 1996, *Lobo Machado c/ Portugal, § 93 : Rec. 1996-I.* ♦ Les éléments de preuve doivent en principe être produits devant l'accusé en audience publique, en vue d'un débat contradictoire. Ce principe ne va pas sans exceptions, mais on ne saurait les accepter que sous réserve des droits de la défense. En règle générale, les §§ 3 *d)* et 1 de l'art. 6 commandent d'accorder à l'accusé une occasion adéquate et suffisante de contester un témoignage à charge et d'en interroger l'auteur, au moment de la déposition ou plus tard. • CEDH 15 juin 1992, Lüdi c/ Suisse, § 47 : préc. note 167 • 20 nov. 1989, Kostovski c/ Pays-Bas, § 41 : Série A n° 166 ; Ann. fr. dr. int. 1991. 602, obs. Coussirat-Coustère ; JDI 1990. 738, obs. Rolland et Tavernier. ♦ Si les éléments de preuve doivent être normalement produits devant l'accusé en audience publique, en vue d'un débat contradictoire, il n'en résulte pourtant pas que la déclaration d'un témoin doive toujours se faire dans le prétoire et en public pour pouvoir servir de preuve : utiliser de la sorte des dépositions remontant à la phase de l'instruction préparatoire ne se heurte pas en soi aux §§ 3 *d)* et 1 de l'art. 6, sous réserve du respect des droits de la défense. • CEDH 19 déc. 1990, *Delta c/ France, § 36 : préc. note 167.* ♦ V. également. • CEDH 19 juin 2001, *Atlan c/ Royaume-Uni : JDI 2001. 270, obs. Bachelet* • 2 oct. 2001, *G.B. c/ France : JDI 2001. 270, obs. Bachelet.*

173. Non-divulgation des sources. La non-divulgation des sources, policières et civiles, qui ont fondé chez le témoin, lui-même commissaire de police, la conviction de la culpabilité de l'accusé, n'est pas contraire à l'art. 6, dès lors que cette mesure est nécessaire, que ces éléments de preuve ne sont pas les seuls fondements de la condamnation, et que des mesures compensatoires adéquates garantissent l'équité globale de la procédure. • CEDH 12 déc. 2013, *Donohoe c/ Irlande : D. actu. 15 janv. 2014, obs. Devouèze.*

2. Cas particuliers

174. Cas particulier du témoin anonyme. L'utilisation de dépositions anonymes pour asseoir une condamnation n'est pas en toutes circonstances incompatible avec la convention. • CEDH 26 mars 1996, *Doorson c/ Pays-Bas, § 69 : Rec. 1996-II ; Justices 1997. 205, obs. Cohen-Jonathan et Flauss ; D. 1997. Somm. 207, obs. Renucci* • 23 avr. 1997, *Van Mechelen et a. c/ Pays-Bas, § 52 : Rec. 1997-III ; D. 1998. Somm. 359, obs. Renucci ; JCP 1998. I. 107, obs. Sudre ; RG proc. 1998. 248, obs. Flauss.* ♦ Dans une société démocratique, le droit à une bonne administration de la justice occupe une place si éminente qu'on ne saurait le sacrifier à *l'opportunité.* La Convention n'empêche pas de s'appuyer, au stade de l'instruction préparatoire, sur des sources telles que des indicateurs occultes, mais l'emploi ultérieur de déclarations anonymes comme des preuves suffisantes pour justifier une condamnation soulève un problème différent. En l'espèce, il a conduit à restreindre les droits de la défense d'une manière incompatible avec les garanties de l'art. 6. De fait, le Gouvernement reconnaît que la condamnation du requérant se fondait « à un degré déterminant » sur les dépositions anonymes. La Cour conclut donc que dans les circonstances de la cause, les droits de la défense subirent de telles limitations que le requérant ne saurait passer pour avoir joui d'un procès équitable. Partant, il y a eu violation du § 3 d) de l'art. 6, combiné avec le § 1. • CEDH 20 nov. 1989, *Kostovski c/ Pays-Bas,* n° 11454/85, §§ 44 et 45.

175. Les témoignages constituèrent ainsi la seule base de la condamnation, après avoir représenté l'unique cause du renvoi en jugement. Or, ni au stade de l'instruction, ni pendant les débats, le requérant ne put en interroger ou faire interroger les auteurs. L'absence de toute confrontation le priva, en partie, d'un procès équitable. La cour ne méconnaît pas les indéniables difficultés de la lutte contre le trafic des stupéfiants – notamment en matière de recherche et d'administration des preuves –, non plus que les ravages provoqués par celui-ci dans la société, mais ils ne sauraient conduire à limiter à un tel point les droits de la défense de « tout accusé ». Bref, il y a eu violation de l'art. 6, § 3 *d).* • CEDH 20 sept. 1993, *Saïdi c/ France, § 44 : Série A n° 261-C.*

176. Les principes du procès équitable commandent également que, dans les cas appropriés, les intérêts de la défense soient mis en balance avec ceux des témoins ou des victimes appelés à déposer. (...) La décision de maintenir leur anonymat ne peut passer pour déraisonnable en soi. (...) Il y avait des motifs suffisants de préserver l'anonymat de Y. 15 et Y. 16. Le maintien de cet anonymat confronta la défense à des difficultés qui ne devraient normalement pas s'élever dans le cadre d'un procès pénal. Néanmoins, aucune violation de l'art. 6, § 1, combiné avec l'art. 6-3 *d)* Conv. EDH ne peut être constatée s'il est établi que la procédure suivie devant les autorités judiciaires a suffisamment compensé les obstacles auxquels se heurtait la défense. En l'espèce, les témoins anonymes ont été interrogés en appel, en présence de l'avocat du requérant, par un juge d'instruction qui connaissait leur identité, même si ce n'était pas le cas de la défense. (...) L'avocat du requérant pouvait en outre poser aux témoins toutes les questions qui lui paraissaient servir les intérêts de la défense, sauf celles qui auraient pu conduire au dévoilement de leur identité. (...) Partant, il n'y a pas eu violation de l'art. 6, § 1, combiné avec l'art. 6, § 3 *d).* • CEDH 26 mars 1996, *Doorson c/ Pays-Bas, §§ 68 s. : préc. note 174.*

177. La Cour estime que la mise en balance des intérêts de la défense et des arguments militant en faveur du maintien de l'anonymat des témoins pose des problèmes particuliers si les témoins en question appartiennent aux forces de police de l'État. Si les intérêts de ces derniers – comme évidemment ceux de leurs familles – méritent eux aussi la protection de la convention, il faut reconnaître que leur situation diffère quelque peu de celle d'un témoin désintéressé ou d'une victime. Ils ont un devoir général d'obéissance envers les autorités exécutives de l'État, ainsi d'ordinaire que des liens avec le ministère public ; pour ces seules raisons déjà, il ne faut les utiliser comme témoins anonymes que dans des circonstances exceptionnelles. De surcroît, il est dans la nature des choses que parmi leurs devoirs figure, spécialement dans le cas de policiers investis de pouvoirs d'arrestation, celui de témoigner en audience publique. Par ailleurs, la Cour a reconnu en principe que, pourvu que les droits de la défense soient respectés, il peut être légitime pour des autorités de police de souhaiter préserver l'anonymat d'un agent employé à des activités secrètes, afin non seulement d'assurer sa protection et celle de sa famille, mais aussi de ne pas compromettre la possibilité de l'utiliser dans des opérations futures. (...) Toute mesure restreignant les droits de la défense doit être absolument nécessaire. Dès lors qu'une mesure moins restrictive peut suffire, c'est elle qu'il faut appliquer. En l'espèce (...), il n'a pas été expliqué de manière satisfaisante à la Cour en quoi il était nécessaire de recourir à des limitations aussi extrêmes du droit de l'accusé à ce que les preuves à charge soient produites en sa présence, ni pourquoi des mesures moins restrictives n'ont pas été envisagées. (...) Dans ces conditions, la Cour estime que la procédure considérée dans son ensemble n'a pas revêtu un caractère équitable. Il y a eu violation de l'art. 6, § 1, combiné avec l'art. 6, § 3 *d)*. • CEDH 23 avr. 1997, *Van Mechelen et a. c/ Pays-Bas, §§ 56 à 66 : préc. note 174.* ♦ Il est souhaitable que, dans l'intérêt d'une bonne administration de la justice, les déclarations anonymes soient examinées par un juge qui connaisse l'identité du témoin, qui contrôle les raisons justifiant l'anonymat et qui puisse exprimer son avis quant à la crédibilité du témoin. • CEDH 13 janv. 2009, *Taxquet c/ Belgique,* § 64 : *préc. note 115.* ♦ V. aussi : • CEDH 27 mai 2008, *Ünel c/ Turquie,* § 31 : *Dr. pénal 2009. Chron. 4, obs. Dreyer.*

178. Cas particulier du témoin absent. L'art. 6, § 3 *d)*, consacre le principe selon lequel, avant qu'un accusé puisse être déclaré coupable, tous les éléments à charge doivent en principe être produits devant lui en audience publique, en vue d'un débat contradictoire. Ce principe ne va pas sans exceptions, mais on ne peut les accepter que sous réserve des droits de la défense ; en règle générale, ceux-ci commandent de donner à l'accusé une possibilité adéquate et suffisante de contester les témoignages à charge et d'en interroger les auteurs, soit au moment de leur déposition, soit à un stade ultérieur. (...) De ce principe général découlent, selon la jurisprudence de *la Cour, deux exigences* : premièrement, l'absence d'un témoin doit être justifiée par un motif sérieux ; deuxièmement, lorsqu'une condamnation se fonde uniquement ou dans une mesure déterminante sur des dépositions faites par une personne que l'accusé n'a pu interroger ou faire interroger ni au stade de l'instruction ni pendant les débats, les droits de la défense peuvent se trouver restreints d'une manière incompatible avec les garanties de l'art. 6 (règle de la preuve « unique ou déterminante »). La Cour examinera ci-dessous la question de savoir si cette règle doit être considérée comme une règle absolue dont le non-respect rendrait automatiquement la procédure inéquitable et emporterait par conséquent violation de l'art. 6, § 1, de la Convention (non-violation de l'art. 6, § 1, combiné avec l'art. 6, § 3 *d)*, pour le premier requérant). • CEDH, gr. ch., 15 déc. 2011, *Al-Khawaja et Tahery c/ Royaume-Uni,* n°s 26766/05 et 22228/06, §§ 118 et 119. ♦ Lorsqu'une condamnation se fonde uniquement ou dans une mesure déterminante sur la déposition d'un témoin absent que l'accusé n'a pas eu la possibilité d'interroger ou de faire interroger, les droits de la défense peuvent se trouver restreints d'une manière incompatible avec les garanties de l'art. 6 (règle de la preuve « unique ou déterminante »). Cette règle n'est cependant pas absolue et ne doit pas être appliquée de manière rigide, même si dans ce cas la Cour doit soumettre la procédure à l'examen le plus rigoureux. Le caractère unique ou déterminant d'une preuve de ce type admise dans une affaire doit être contrebalancé par des éléments suffisamment compensateurs, notamment par des garanties procédurales solides (règles précises quant à cette possibilité, tant sur le plan de sa nécessité que de ses modalités, obligation d'envisager d'autres mesures permettant la comparution de témoins apeurés etc.), y compris des mesures permettant une appréciation correcte et équitable de la fiabilité du témoignage (violation de l'art. 6, § 1, combiné avec l'art. 6, § 3 d), pour le deuxième requérant). Le caractère déterminant du témoignage de T... en l'absence dans le dossier de preuves solides aptes à le corroborer emporte la conclusion que les jurés n'ont pas pu en apprécier correctement et équitablement la fiabilité. Considérant l'équité de la procédure dans son ensemble, la Cour juge que les éléments censés compenser les difficultés auxquelles la défense s'est trouvée confrontée du fait de l'admission de la déposition de T... n'étaient pas suffisants. • Mêmes arrêts. ♦ En ce qui concerne les deux premiers requérants, la Cour estime que, à supposer même que la déclaration écrite de la victime fût « déterminante », le droit interne a offert suffisamment de garanties pour protéger leur droit à un procès équitable. Quant aux deux autres requérants, elle conclut que la condamnation des intéressés n'était fondée ni uniquement ni dans une mesure déterminante sur la déclaration et, par conséquent, qu'il n'y a pas eu violation de leurs droits de la défense. Le présent arrêt conclut le dialogue judiciaire sur l'admissibilité des preuves par ouï-dire dans le cadre de procédures pénales qui s'est ouvert avec le prononcé par la Cour de l'arrêt de chambre dans l'affaire Al-Khawaja et Tahery. Lors de l'examen du recours des requérants en l'espèce, la Cour suprême a examiné cet arrêt et a invité la

Grande Chambre à accepter la demande de renvoi dans l'affaire Al-Khawaja et Tahery. Dans l'arrêt de Grande Chambre qu'elle a rendu ultérieurement dans cette affaire, la Cour a estimé, comme la Cour suprême, que la règle de la preuve unique ou déterminante ne devait pas être appliquée de façon inflexible. • CEDH 16 déc. 2014, *Horncastle c/ R.-U. : D. 2015. 666, note Renucci*. ♦ Compte tenu de ce qui précède, la Cour estime que le caractère déterminant des dépositions de X..., en l'absence de confrontation avec le requérant en audience publique, emporte la conclusion que les juridictions internes, aussi rigoureux qu'ait été leur examen, n'ont pas pu apprécier correctement et équitablement la fiabilité de cette preuve. Par conséquent, considérant l'équité de la procédure dans son ensemble, la Cour juge que les droits de la défense du requérant ont ainsi subi une limitation incompatible avec les exigences d'un procès équitable. Partant, il y a eu violation de l'art. 6, §§ 1 et 3 *d)* conv. • CEDH 12 oct. 2017, *Cafagna c/ Italie*, n° 26073/13 : *AJ pénal 2017. 552, obs. Recotillet*. ♦ Un tribunal doit, en principe, accorder plus de poids à une déposition faite par un témoin au cours de l'audience qu'au procès-verbal de l'audition dudit témoin avant le procès. En l'espèce, la Cour considère toutefois que la juridiction de jugement a suffisamment justifié son choix de considérer comme plus crédibles les dépositions faites par les témoins avant le procès, en estimant notamment que les demandes introduites par certains d'entre eux de ne pas assister au procès par peur de subir des représailles de la part des partisans des requérants pouvaient expliquer que lesdits témoins fussent revenus sur leurs déclarations. Le procès des requérants a donc été équitable dans son ensemble et il n'y a pas eu violation de l'art. 6, § 1 Conv. • CEDH 5 déc. 2019, *Makeyan et a. c/ Arménie*, n° 46435/09, §§ 37 s.

179. Cas particulier du témoignage du repenti. La Cour rappelle que l'utilisation de déclarations faites par des témoins en échange d'une immunité ou d'autres avantages peut compromettre l'équité de la procédure menée contre l'accusé et soulever des questions délicates dans la *mesure où, par* leur nature même, de telles déclarations se prêtent à la manipulation et peuvent être faites uniquement en vue d'obtenir les avantages offerts en échange ou à titre de vengeance personnelle. Ainsi, le risque qu'une personne puisse être accusée et jugée sur la base d'allégations non vérifiées qui ne sont pas nécessairement désintéressées ne doit pas être sous-estimé. (...). Cela étant, la Cour rappelle également, comme l'a souligné la Cour de cassation et contrairement à ce que soutiennent les requérants, que l'utilisation de déclarations dont l'origine est douteuse ne rend pas impossible la tenue d'un procès équitable. • CEDH 17 janv. 2017, *Habran et Dalem c/ Belgique*, n° 43000/11, §§ 100 s.

e. Droit à un interprète (art. 6, § 3 e)

180. Gratuité des frais d'interprète. La Cour ne peut que reconnaître à « gratuitement » et à « free » le sens absolu qu'ils possèdent d'ordinaire dans chacune de ses deux langues officielles : ils ne visent ni une remise sous condition, ni une exemption temporaire ni une suspension, mais bien une dispense ou exonération définitive. (...) Pour assurer un procès équitable, l'art. 6 énumère en son 3 certains droits « notamment »/ « minimum rights » accordés à l'accusé. Il n'en résulte pourtant pas, quant à son alinéa *e)*, qu'une fois condamné l'accusé puisse avoir à payer les frais d'interprète. Considérer que l'art. 6, § 3 *e)*, autorise les juridictions internes à les faire supporter à un condamné, équivaudrait à en restreindre dans le temps le bénéfice et en pratique à le refuser à tout accusé ultérieurement condamné. Or pareille interprétation priverait en grande partie l'art. 6, § 3 *e)*, de son effet (...). La Cour conclut que le droit protégé par l'art. 6, § 3 *e)*, comporte, pour quiconque ne parle ou ne comprend pas la langue employée à l'audience, le droit d'être assisté gratuitement d'un interprète sans pouvoir se voir réclamer après coup le paiement des frais résultant de cette assistance. (...) Interprété dans la perspective du droit à un procès équitable, garanti par l'art. 6, le 3 *e)* signifie que l'accusé ne comprenant ou ne parlant pas la langue employée à l'audience a droit à l'assistance gratuite d'un interprète afin que lui soient traduits ou interprétés tous les actes de la procédure engagée contre lui qu'il faut comprendre pour bénéficier d'un tel procès. • CEDH 28 nov. 1978, *Luedicke, Belkacem et Koç c/ Allemagne, §§ 40 s. : Série A n° 29 ; Cah. dr. eur. 1979. 477, obs. Cohen-Jonathan ; Ann. fr. dr. int. 1979. 354, obs. Pelloux ; JDI 1980. 469, obs. Rolland.*

181. Le droit, proclamé au § 3 *e)* de l'art. 6, à l'assistance gratuite d'un interprète ne vaut pas pour les seules déclarations orales à l'audience, mais aussi pour les pièces écrites et pour l'instruction préparatoire. Le § 3 *e)* signifie que l'accusé ne comprenant ou ne parlant pas la langue employée dans le prétoire a droit aux services gratuits d'un interprète afin que lui soit traduit ou interprété tout acte de la procédure engagée contre lui dont il lui faut, pour bénéficier d'un procès équitable, saisir le sens ou le faire rendre dans la langue du tribunal. Le § 3 *e)* ne va pourtant pas jusqu'à exiger une traduction écrite de toute preuve documentaire ou pièce officielle du dossier. L'assistance prêtée en matière d'interprétation doit permettre à l'accusé de savoir ce qu'on lui reproche et de se défendre, notamment en livrant au tribunal sa version des événements. Le droit ainsi garanti doit être concret et effectif. L'obligation des autorités compétentes ne se limite donc pas à désigner un interprète : il leur incombe en outre, une fois alertées dans un cas donné, d'exercer un certain contrôle ultérieur de la valeur de l'interprétation assurée. • CEDH 19 déc. 1989, *Kmasinski c/ Autriche,* n° 9783/82, § 74.

182. Assistance effective. Tout comme l'assistance d'un avocat, celle d'un interprète doit être garantie dès le stade de l'enquête, sauf à démontrer qu'il existe des raisons impérieuses de restreindre ce droit. • CEDH 14 oct. 2014, *Baytar c/ Turquie,* n° 45440/04 § 50.

Art. 7 *Pas de peine sans loi.* **1. Nul ne peut être condamné pour une action ou une omission qui, au moment où elle a été commise, ne constituait pas une infraction d'après le droit national ou international. De même il n'est infligé aucune peine plus forte que celle qui était applicable au moment où l'infraction a été commise.**

2. Le présent article ne portera pas atteinte au jugement et à la punition d'une personne coupable d'une action ou d'une omission qui, au moment où elle a été commise, était criminelle d'après les principes généraux de droit reconnus par les nations civilisées.

BIBL. ▶ BACHELET, *RTDH 2007. 233.* – CERE, *AJ pénal 2008. 220.* – DELMAS-MARTY, *in Mél. Vitu, p. 151.* – EISSEN, *Ann. fr. dr. int. 1960. 444.* – FOUSSIER, *RDSS 1997. 301*. – KOERING-JOULIN, *in Mél. Eissen, p. 247.* – MASSIAS, *Mél. Ottenhof, p. 89.* – MATHIEU, *RFDA 2000. 289*. – MATRINGE, *Mél. Cohen-Jonathan, p. 1225.* – MAYER, *D. 2001. Chron. 1643.* – NUSS, *Gaz. Pal. 11-12 juill. 1997. 6.* – PETIT, *Europe 1997. Chron. 5.* – PRETOT, *RDP 2001. 23.* – REBUT, *in Cabrillac, Frison-Roche et Revet (dir.), p. 533.* – RENUCCI et DALMASSO, *RPDP 2011. 73.* – ROETS, *D. 2004. Chron. 1991* ; *D. 2007. Chron. 124.* – ROLLAND, *in Pettiti, Decaux et Imbert (dir.), p. 293.* – SERMET, *RFDA 1998. 990.* – SOYER, *in Mél. Ryssdal, p. 1337.* – SUDRE, *RPDP 2001. 335.* – SPIELMANN, *RTDH 1997. 689.* – WACHSMANN, *Mél. Cohen-Jonathan, p. 1687.*

I. RÈGLES GÉNÉRALES

1. Importance de l'art. 7. La garantie que consacre l'art. 7, élément essentiel de la prééminence du droit, occupe une place primordiale dans le système de protection de la convention, comme l'atteste le fait que l'art. 15 n'y autorise aucune dérogation en temps de guerre ou autre danger public. • CEDH 22 nov. 1995, *S.W. c/ Royaume-Uni, § 34 : Série A n° 335-B.*

2. Limites de l'art. 7. Le retrait d'une licence (autorisant à servir des boissons alcoolisées) ne s'analyse pas en une décision sur une accusation en matière pénale dirigée contre la requérante. Bien qu'on puisse la considérer comme une mesure rigoureuse, on ne saurait la qualifier de sanction pénale ; même s'il y avait un lien avec le comportement du titulaire, l'élément déterminant résidait dans l'aptitude de ce dernier à vendre des boissons alcoolisées. Par conséquent, l'art. 7 n'entre pas en ligne de compte. • CEDH 7 juill. 1989, *Tre Traktöter c/ Suède, § 46 : Série A n° 159.* ♦ Pour ce qui est du fait que, le droit pénitentiaire ayant été modifié, le requérant, condamné à la réclusion à perpétuité, ne peut plus prétendre à une remise de peine, la Cour relève que cette question se rapporte à l'exécution de la peine et non à la « peine » imposée à l'intéressé, laquelle demeure celle de l'emprisonnement à vie. Même si le changement apporté à la législation pénitentiaire et aux *conditions de libération* a pu rendre l'emprisonnement du requérant en effet plus rigoureux, on ne peut y voir une mesure imposant une « peine » plus forte que celle infligée par la juridiction de jugement. La Cour rappelle à ce propos que les questions relatives à l'existence, aux modalités d'exécution ainsi qu'aux justifications d'un régime de libération relèvent du pouvoir qu'ont les États membres de décider de leur politique criminelle. Partant, il n'y a pas eu violation de l'art. 7 de la Convention à cet égard. • CEDH, gr. ch., 12 févr. 2008, *Kafkaris c/ Chypre,* § 151 : *RDP 2009. 901, obs. Sudre ; JCP 2008. I. 167, n° 12, obs. Sudre ; RSC 2009. 437, obs. Poncella* ; *ibid. 700, obs. Roets* ; *Dr. pénal 2009. Chron. 3, obs. Garçon.* ♦ Comp. : Les nouvelles modalités d'imputation des remises de peine issues d'un revirement de jurisprudence ne sauraient passer pour une mesure se rattachant exclusivement à l'exécution de la peine et relèvent en conséquence de l'art. 7 Conv. EDH. • CEDH, gr. ch., 21 oct. 2013, *Del Rio Prada c/ Espagne : RSC 2014. 174, obs. Roets* ; *Dr. pénal 2013. 179, et ibid. 2014. 2, note Peltier.* ♦ Le principe de non-rétroactivité ne s'applique aux revirements de jurisprudence relatifs à la portée d'une peine qu'à condition que le droit interne ait précédemment permis aux requérants de nourrir une attente légitime quant au sens prévisible de la décision. • CEDH 23 oct. 2018, *Arrozpide Sarasola et a. c/ Espagne,* n° 65101/16 : *AJ pénal 2019. 35, obs. Lacaze*.

3. Il ressort clairement du libellé même de l'art. 7, § 1, Conv. EDH, que ne peut se plaindre d'une violation de cette disposition que celui qui a été condamné par une action ou une omission qui, au moment où elle a été commise, ne constituait pas une infraction. Or, la commission relève que le requérant a été acquitté. N'ayant pas été condamné mais acquitté, le requérant ne saurait se prétendre victime d'une violation de l'art. 7, § 1 de la Conv. • Comm. EDH 10 mars 1989, *Tomasi c/ France,* n° 13853/88. ♦ Il résulte des débats que le Gouvernement irlandais a détenu le requérant en vue uniquement de l'empêcher de se livrer à des activités préjudiciables au maintien de la paix et de l'ordre public ou à la sûreté de l'État. Cette détention, qui constitue une mesure préventive, ne peut pas être considérée comme résultant d'une condamnation pénale au sens de l'art. 7. Dès lors, le Gouvernement n'a pas violé les obligations lui incombant aux termes de l'art. 7 Conv. EDH • CEDH 1er juill. 1961, *Lawless c/ Irlande, § 19 : Série A n° 3 ; Ann. fr. dr. int. 1960. 444, obs. Eissen ; Ann. fr. dr. int. 1961. 251, obs. Pelloux ; Journ. trib. 1960. 785, obs. Velu.*

4. Interprétation de l'art. 7. Il découle de l'objet et du but de l'art. 7 que l'on doit l'interpréter et l'appliquer de manière à assurer une protection effective contre les poursuites, les condamnations et les sanctions arbitraires. • CEDH 22 nov. 1995, *S. W. c/ Royaume-Uni, § 34 in fine : préc. note 1.*

5. Autonomie des concepts. Le mot « loi » englobe à la fois le droit écrit et le droit non écrit. On irait manifestement à l'encontre de l'intention des auteurs de la Convention si l'on disait qu'une restriction imposée en vertu de la « common law » n'est pas « prévue par la loi » au seul motif qu'elle ne ressort d'aucun texte législatif. • CEDH 26 avr. 1979, *Sunday Times c/ Royaume-Uni, § 47 : Série A n° 30.* ♦ La notion de « droit » utilisée à l'art. 7 correspond à celle de « loi » qui figure dans d'autres articles de la Convention et englobe le droit tant d'origine législative que jurisprudentielle et implique des conditions qualitatives, entre autres celles de l'accessibilité et de la prévisibilité. • CEDH 22 nov. 1995, *S. W. c/ Royaume-Uni, § 35 : préc. note 1* • 15 nov. 1996, *Cantoni c/ France, § 29 : Rec. 1996-V ; JCP 1997. I. 4000, n° 31, obs. Sudre ; Dr. pénal 1997, Comm. 11, obs. Robert ; D. 1997. Somm. 202, obs. Henry* • CEDH, gr. ch., 29 mars 2006, *Achour c/ France, § 42 : JDI 2007. 712, obs. Bachelet ; D. 2006. 2513, note Zerouki-Cottin ; D. 2006. Pan. 1649, obs. Roujou de Boubée et a. ; AJ pénal 2006. 360, obs. Saas ; JCP 2006. I. 164, n° 6, obs. F. Sudre* • CEDH 14 avr. 2015, *Contrada c/ Italie (n° 3)*, n° 66655/13, § 60.

6. La qualification de « peine » contenue dans l'art. 7, § 1, possède une portée autonome. Pour rendre efficace la protection offerte par cette disposition, la cour doit demeurer libre d'aller au-*delà des apparences* et apprécier elle-même si une mesure particulière s'analyse au fond en une « peine » au sens de cette clause. En l'espèce, la contrainte par corps constitue une peine au sens de l'art. 7 § 1. • CEDH 8 juin 1995, *Jamil c/ France, §§ 30 à 33 : Série A n° 317-B ; JCP 1996. II. 22677, note Bourdeaux ; RSC 1996. 471, obs. Koering-Joulin ; AJDA 1995. 719, obs. Flauss ; D. 1996. Somm. 197, obs. Renucci .* ♦ Le point de départ de toute appréciation de l'existence d'une peine consiste à déterminer si la mesure en question est imposée à la suite d'une condamnation pour une « infraction ». D'autres éléments peuvent être jugés pertinents à cet égard : la nature et le but de la mesure en cause, sa qualification en droit interne, les procédures associées à son adoption et à son exécution ainsi que sa gravité. • CEDH 9 févr. 1995, *Welch c/ Royaume-Uni, § 28 : Série A n° 307-A ; Ann. fr. dr. int. 1995. 485, obs. Coussirat-Coustère ; JDI 1996. 207, obs. Decaux et Tavernier ; RSC 1996. 470, obs. Koering-Joulin ; JCP 1996. I. 3910, obs. Sudre.* ♦ La Cour rappelle que la notion de « peine » de l'art. 7 revêt une portée autonome, la Cour demeurant libre d'aller au-delà des apparences et appréciant elle-même si une mesure particulière s'analyse au fond en une « peine » au sens de cette clause. Le libellé de l'art. 7, § 1, seconde phrase, indique que la base de toute appréciation de l'existence d'une peine consiste à déterminer si la mesure en question est imposée à la suite d'une condamnation pour une « infraction ». D'autres éléments peuvent être estimés pertinents à cet égard : la qualification de la mesure en droit interne, sa nature et son but, les procédures associées à son adoption et à son exécution, ainsi que sa gravité. • CEDH 17 déc. 2009, *B. c/ France*, n° 5335/06, § 39. ♦ A la lumière de l'ensemble de ces considérations, la Cour estime que l'inscription au FIJAIS et les obligations qui en découlent ne constituent pas une « peine » au sens de l'art. 7, § 1, de la Convention, et doivent être analysées comme une mesure préventive à laquelle le principe de non-rétroactivité énoncé dans cette disposition n'a pas vocation à s'appliquer. Dès lors, il convient de rejeter le grief tiré de l'art. 7 de la Convention comme étant incompatible *ratione materiae* avec les dispositions de la Convention, en application son art. 35, §§ 3 et 4. • Même arrêt.

II. PRINCIPE DE LA LÉGALITÉ

A. AFFIRMATION DU PRINCIPE

7. Consécration jurisprudentielle du principe de la légalité. L'art. 7, § 1, ne se borne pas à prohiber l'application rétroactive du droit pénal au détriment de l'accusé. Il consacre aussi, de manière plus générale, le principe de la légalité des délits et des peines et celui qui commande de ne pas appliquer la loi pénale de manière extensive au détriment de l'accusé, notamment par analogie. • CEDH 25 mai 1993, *Kokkinakis c/ Grèce, § 52 : Série A n° 260-A* • 22 nov. 1995, *S.W. c/ Royaume-Uni, § 35 : préc. note 1.* ♦ L'art. 7, § 1, consacre notamment le principe de la légalité des délits et des peines. La première tâche qui incombe à la Cour est donc de s'assurer que, au moment où un accusé a commis l'acte qui a donné lieu aux poursuites et à la condamnation, il existait une disposition de droit national ou international rendant cet acte punissable. Suivant la même logique, l'art. 7 interdit, premièrement, d'étendre le champ d'application des infractions existantes à des faits qui, antérieurement, ne constituaient pas des infractions, et, deuxièmement, d'appliquer la loi pénale de manière extensive au détriment de l'accusé, par exemple par analogie. • CEDH 24 juill. 2008, *Kononov c/ Lettonie,* § 114 a) : *n° 36376/04* • CEDH 19 sept. 2008, *Koberly c/ Hongrie : RDP 2009. 907, obs. Sudre ; Dr. pénal 2009. Chron. 4, obs. Dreyer, RSC 2009. 185 et 193, obs. Roets.* ♦ V. cependant dans cette même affaire la Grande Chambre qui a conclu à la non-violation de l'art. 7 : • CEDH, gr. ch., 17 mai 2010, *Kononov c/ Lettonie : RSC 2010. 696, obs. Roets ; D. 2010. 2732, obs. Roujou de Boubée, Garé et Mirabail ; RTDH 2011. 343, note Decaux ; RIDP 2010. 634, obs. Fourment et a. ; JCP 2010, n° 23, p. 1187, note Belda ; Dr. pénal 2011, n° 28, obs. Dreyer ; JDI 2011. Chron. 12, obs. Decaux, Tavernier, Boumghar et a.* ♦ La garantie que consacre l'art. 7, élément essentiel de la prééminence du droit, occupe une place primordiale dans le système de protection de la Convention, comme l'atteste le fait que l'art. 15 n'y autorise aucune dérogation en cas de guerre ou d'autre danger public. Ainsi qu'il découle de son objet et de son but, on doit l'interpréter et l'appliquer de manière à assurer une protection effective contre les poursuites, condamnations et sanctions arbitraires. L'art. 7 ne se borne donc pas à prohiber l'application rétroactive du droit pénal au désavantage de l'accusé : il consacre aussi, d'une manière plus générale, le principe de la légalité des délits et des peines (*nullum crimen, nulla poena sine lege*) et celui qui commande de ne pas appliquer la loi pénale de manière extensive au détriment de l'accusé, notamment par analogie. Il en résulte qu'une infraction doit être clairement définie par la loi. Cette condition se trouve remplie lorsque le justiciable peut savoir, à partir du libellé de la disposition pertinente et, au besoin, à l'aide de son interprétation par les tribunaux, quels actes et omissions engagent sa responsabilité pénale. • Même arrêt.

8. Prérogatives de l'État. La compétence des États pour ériger un comportement en infraction pénale est reconnue. La convention n'empêche pas les États, dans l'accomplissement de leur rôle de gardiens de l'intérêt public, d'établir ou maintenir une distinction entre différents types d'infractions définis par le droit interne et d'en fixer le tracé, mais il ne s'ensuit pas que la qualification ainsi adoptée soit déterminante aux fins de la convention. Le législateur qui soustrait certains comportements à la catégorie des infractions pénales du droit interne peut servir à la fois l'intérêt de l'individu et les impératifs d'une bonne administration de la justice, notamment dans la mesure où il décharge les autorités judiciaires de la poursuite et de la répression de manquements, nombreux mais de peu d'importance, à des règles de la circulation routière. La convention ne va pas à l'encontre des tendances à la « décriminalisation » existant – sous des formes fort diverses – dans les États membres du Conseil de l'Europe ; le Gouvernement a raison d'y insister. Toutefois, si les États contractants pouvaient à leur guise, en qualifiant une infraction d'« administrative » plutôt que de pénale, écarter le jeu des clauses fondamentales des art. 6 et 7, l'application de celles-ci se trouverait subordonnée à leur volonté souveraine. Une latitude aussi étendue risquerait de conduire à des résultats incompatibles avec l'objet et le but de la convention. • CEDH 21 févr. 1984, *Öztürk c/ RFA, § 49 : Série A n° 73 ; Ann. fr. dr. int. 1985. 403, obs. Coussirat-Coustère ; Cah. dr. eur. 1986. 12, obs. Cohen-Jonathan ; JDI 1986. 1051, obs. Rolland et Tavernier.*

B. CONSÉQUENCES DU PRINCIPE

9. Clarté et précision de la loi. Une infraction doit être clairement définie par la loi. Cette condition se trouve remplie lorsque l'individu peut savoir, à partir du libellé de la clause pertinente et, au besoin, à l'aide de son interprétation par les tribunaux, quels actes et omissions engagent sa responsabilité. • CEDH 25 mai 1993, *Kokkinakis c/ Grèce, § 52 : préc. note 7* • 15 nov. 1996, *Cantoni c/ France, § 29 : préc. note 5.* ♦ Le droit pénal doit définir clairement les infractions et les peines qui les répriment • CEDH 24 juill. 2008, *Kononov c/ Lettonie,* § 114 a) *préc. note 7.* ♦ Cette condition se trouve remplie lorsque le justiciable peut savoir, à partir du libellé de la disposition pertinente et au besoin à l'aide de l'interprétation qui en est donnée par les tribunaux, quels actes et omissions engagent sa responsabilité pénale. • CEDH 24 juill. 2008, *Kononov c/ Lettonie,* § 114 b) : *préc. note 7.* ♦ Sous l'angle de l'art. 7, pour les raisons développées plus haut, un cadre législatif qui ne permet pas à un accusé de connaître le sens et la portée de la loi pénale est défaillant non seulement par rapport aux conditions générales de « qualité » de la « loi » mais également par rapport aux exigences spécifiques de la légalité pénale. Pour l'ensemble de ces raisons, il s'ensuit que la confiscation litigieuse n'était pas prévue par la loi au sens de l'art. 7 de la Convention. Elle s'analyse dès lors en une sanction arbitraire. Partant, il y a eu violation de l'art. 7 de la Convention. • CEDH 20 janv. 2008, *Sud Fondi SRL et a. c/ Italie,* §§ 117 et 118, n° 75909/01.

10. Le degré de précision d'une disposition pénale s'apprécie en prenant en compte les connaissances techniques particulières des personnes auxquelles elle s'adresse. • Comm. EDH 4 déc. 1978, *Autriche : DR 16/141.* ♦ A l'époque des faits, les requérants étaient membres de Greenpeace. En 2001, ils prirent part à une campagne autour de la base aérienne de Thulé (Groenland), qui visait à attirer l'attention de l'opinion internationale sur un radar (le radar de Thulé) utilisé par le programme américain de défense antimissiles. Ils souhaitaient également rassembler des informations au sujet de l'impact environnemental de la base aérienne. Avant cette action, le ministre des Affaires étrangères refusa à Greenpeace l'accès au territoire en cause au motif qu'il était considéré comme zone de défense. En définitive, les requérants furent arrêtés, reconnus coupables d'intrusion et condamnés à une amende. En appel, ils furent déboutés. Les requérants contestent avoir su que la zone dans laquelle ils avaient pénétré était classée zone de défense. Des poteaux indicateurs placés sur les routes d'accès normales à la base aérienne comportaient la mention « Accès interdit ». Les requérants avaient toutefois choisi de pénétrer dans la base en atterrissant sur une aire non comprise dans la zone de défense. De là, ils avaient marché jusqu'à un abri d'urgence situé à une dizaine de kilomètres de la base aérienne et du radar et c'est là qu'ils avaient été arrêtés. Par ailleurs, il n'est pas contesté que les requérants avaient bien eu l'intention de s'approcher du radar et de la base aérienne. Ils avaient soigneusement préparé leur expédition et utilisé un GPS ; le site web de Greenpeace avait constamment suivi leur progression ; des photos avaient été prises qui montraient les requérants tenant des banderoles avec, au second plan, certaines installations de la base militaire. En conséquence et quoique la base aérienne n'ait pas été mentionnée sur les cartes officielles, les requérants ne pouvaient pas avoir ignoré que la zone dans laquelle ils avaient pénétré n'était pas « librement accessible » au sens des dispositions du code pénal. L'acte des requérants s'analyse donc en une infraction définie avec une clarté et une prévisibilité suffisantes par le droit danois. • CEDH 9 mai 2006, *Custersn, Deveaux et Turk c/ Danemark,* n° 11843/03.

11. Prévisibilité et accessibilité de la loi. **BIBL.** Touillier, *Dr. pénal 2009. Étude 23* (l'interprétation conventionnelle de la légalité criminelle au secours de la compétence universelle des juridictions répressives françaises. Brèves considérations de droit pénal à propos de la décision rendue le 17 mars 2009 par la Cour européenne des droits de l'homme dans l'affaire *Ould Dah c/ France*). ♦ Aux yeux de la Cour, les deux conditions suivantes comptent parmi celles *qui se dégagent* des mots « prévues par la loi ». Il faut d'abord que la « loi » soit suffisamment accessible : le citoyen doit pouvoir disposer de renseignements suffisants, dans les circonstances de la cause, sur les normes juridiques applicables à un cas donné. En second lieu, on ne peut considérer comme une « loi » qu'une norme énoncée avec assez de précision pour permettre au citoyen de régler sa conduite ; en s'entourant au besoin de conseils éclairés, il doit être à même de prévoir, à un degré raisonnable dans les circonstances de la cause, les conséquences de nature à dériver d'un acte déterminé. Elles n'ont pas besoin d'être prévisibles avec une certitude absolue : l'expérience la révèle hors d'atteinte. En outre la certitude, bien que hautement souhaitable, s'accompagne parfois d'une rigidité excessive ; or le droit doit savoir s'adapter aux changements de situation. Aussi beaucoup de lois se servent-elles, par la force des choses, de formules plus ou moins vagues dont l'interprétation et l'application dépendent de la pratique. • CEDH 26 avr. 1979, *Sunday Times c/ Royaume-Uni, § 49 : préc. note 5.*

12. En ce qui concerne la prévisibilité, la Cour rappelle que, aussi clair que le libellé d'une disposition légale puisse être, dans quelque système juridique que ce soit, y compris le droit pénal, il existe immanquablement un élément d'interprétation judiciaire. Il faudra toujours élucider les points douteux et s'adapter aux changements de situation. D'ailleurs, il est solidement établi dans la tradition juridique de certains États parties à la Convention que la jurisprudence, en tant que source du droit, contribue nécessairement à l'évolution progressive du droit pénal. On ne saurait interpréter l'art. 7 comme proscrivant la clarification graduelle des règles de la responsabilité pénale par l'interprétation judiciaire d'une affaire à l'autre, à condition que le résultat soit cohérent avec la substance de l'infraction et raisonnablement prévisible. • CEDH 24 juill. 2008, *Kononov c/ Lettonie,* § 114 d) : *préc. note 7.* ♦ La prévisibilité d'une loi ne s'oppose pas à ce qu'une personne concernée soit amenée à recourir à des conseils éclairés pour évaluer, à un degré raisonnable dans les circonstances de la cause, les conséquences pouvant résulter d'un acte déterminé. • CEDH 15 nov. 1996, *Cantoni c/ France, § 31 : préc. note 5.* ♦ La Cour considère que les faits reprochés au requérant entraient dans le champ d'application des art. 332 et 333 anc. C. pén., lesquels satisfaisaient aux exigences de prévisibilité et d'accessibilité. En effet, il existait une jurisprudence constante de la Cour de cassation, publiée donc accessible, quant aux notions de violence et d'abus d'autorité. • CEDH 27 sept. 1995, *G. c/ France, § 25 : Série A n° 325-B ; D. 1996. Somm. 197, obs. Renucci* . ♦ La Cour estime que, au moment où elles ont été commises, les actions du requérant constituaient des infractions définies avec suffisamment d'accessibilité et de prévisibilité d'après le droit français et le droit international, et que le requérant pouvait raisonnablement, au besoin à l'aide d'un avis juridique éclairé, prévoir le risque d'être poursuivi et condamné pour les actes de torture qu'il a commis entre 1990 et 1991 (V., notamment, *Achour* précité, § 54, *Jorgic* précité, § 113, et *Korbely* précité, § 70). Dès lors, la condamnation du requérant par les juridictions françaises n'est pas intervenue en méconnaissance de l'art. 7, § 1 de la Convention. • CEDH 17 mars 2009, *Ould Dah c/ France, déc.,* n° 13113/03 : *D. 2009. 1573, note Renucci ; ibid. Pan. 2826, obs. Roujou de Boubée ; RSC 2009. 659, obs. Roets ; Dr. pé-*

nal 2010. Chron. 3, obs. Dreyer ; JCP 2009. II. 114, note Madelaine. ♦ Vu l'ensemble des circonstances de la cause, la Cour conclut qu'il n'a pas été démontré qu'il était prévisible que les actes commis par le requérant constituaient des crimes contre l'humanité d'après le droit international. Partant, il y a eu violation de l'art. 7 de la Convention. • CEDH 19 sept. 2008, *Koberly c/ Hongrie*, § 95 : *préc. note 7.*

13. Quand un acte est érigé en infraction pénale par la jurisprudence, le juge peut préciser les éléments constitutifs de l'infraction, mais il ne peut les modifier au détriment de l'accusé. La manière dont il définit ces éléments doit être prévisible par toute personne juridiquement conseillée. • Comm. EDH 4 mars 1985, *Enkelmann c/ Suisse : DR 41/178.* ♦ Le principe de légalité des délits et des peines interdit que le droit pénal soit interprété extensivement au détriment de l'accusé par analogie notamment ; il en résulte que faute, au minimum, d'une interprétation jurisprudentielle accessible et raisonnablement prévisible, les exigences de l'art. 7 ne sauraient être regardées comme respectées à l'égard de l'accusé ; le revirement de jurisprudence de la Cour de cassation qui entraîne la responsabilité pénale de l'intéressé alors qu'au moment où il commettait les faits sa responsabilité pénale ne semblait pouvoir être engagée contrevient aux dispositions de l'art. 7 Conv. EDH. • CEDH 10 oct. 2006, *Pessino c/ France : D. 2007. 124, note Roets ; D. 2007. Pan. 400, obs. Roujou de Boubée.* ♦ V. aussi • CEDH 2 mai 2007, *Saiz Oceja c/ Espagne : Dr. pénal 2008. Chron. 3, obs. Dreyer* • 12 juill. 2007, *Jorgic c/ Allemagne : JCP 2008. I. 110, n° 7, obs. Sudre.*

14. Les tribunaux français qui ont condamné le requérant (pour délit d'initié) n'ont pas violé l'art. 7 de la Convention, le droit interne applicable au moment des faits étant suffisamment prévisible pour pouvoir l'amener à se douter que son comportement pouvait être répréhensible, d'autant plus que c'était un professionnel familier du monde des affaires et participant à des projets financiers de grande envergure. • CEDH 6 oct. 2011, *Soros c/ France*, n° 50425/06, § 53 : *D. 2012. 199, obs. O. Bachelet et note D. Zerouki-Cottin ; ibid. 2823, obs. Roujou de Boubée et a. ; Dr. pénal 2012. Chron. 3, obs. Dreyer ; RSC 2012. 252, obs. Roets ; AJ pénal 2012. 156, obs. Lasserre Capdeville ; Rev. Sociétés 2012. 180, obs. Matsopoulou ; JDI 2012. Chron. 6, obs. Decaux, Tavernier, Boumghar et a.*

C. TEMPÉRAMENTS AU PRINCIPE

15. Crimes particulièrement graves. Le § 2 de l'art. 7 a pour but de préciser que cet article n'affecte pas les lois qui, dans des circonstances tout à fait exceptionnelles qui se sont produites à l'issue de la deuxième guerre mondiale, ont été passées pour réprimer les crimes de guerre et les faits de trahison ou de collaboration avec l'ennemi et ne vise à aucune condamnation juridique ou morale de ces lois. La commission estime que ce raisonnement vaut également pour les crimes contre l'humanité. • Comm. EDH 13 janv. 1997, *Touvier c/ France : DR 88-A/148.* ♦ Il ressort des travaux préparatoires de la Convention que le second paragraphe de l'art. 7 a pour but de préciser que cet article n'affecte pas les lois qui, dans les circonstances tout à fait exceptionnelles qui se sont produites à l'issue de la Seconde Guerre mondiale, ont été passées pour réprimer les crimes de guerre et les faits de trahison et de collaboration avec l'ennemi ; dès lors, il ne vise aucune condamnation juridique ou morale de ces lois. Ce raisonnement vaut également pour les crimes contre l'humanité perpétrés pendant la même période. • CEDH 24 juill. 2008, *Kononov c/ Lettonie*, § 115 : *préc. note 7.* ♦ Adde • CEDH 12 déc. 2002, *Tess c/ Lettonie*, n° 34854/02 • 15 nov. 2001, *Papon c/ France (n° 2)*, n° 54210/00 • 17 janv. 2006, *Kolk et Kislyty c/ Estonie : AFDI 2006. 666, obs. Cohen-Jonathan.*

16. Les deux paragraphes de l'art. 7 sont liés, et ils doivent faire l'objet d'une interprétation concordante. Compte tenu de l'objet de l'affaire et du fait que les lois et coutumes de la guerre telles qu'appliquées avant et pendant la Seconde Guerre mondiale sont invoquées, la Cour juge utile de rappeler qu'il ressort des travaux préparatoires de la Convention que le second paragraphe de l'art. 7 a pour but de préciser que cet article n'affecte pas les lois qui, dans les circonstances tout à fait exceptionnelles de la fin de la Seconde Guerre mondiale, ont été adoptées pour réprimer, entre autres, les crimes de guerre ; dès lors, il ne vise aucune condamnation juridique ou morale de ces lois (*X. c/ Belgique*, n° 268/57, décision de la Commission du 20 juill. 1957, Annuaire 1, p. 241). Quoi qu'il en soit, la Cour relève en outre que la définition des crimes de guerre figurant à l'art. 6 *b)* du Statut du TMI de Nuremberg était regardée comme l'expression codifiée des lois et coutumes internationales de la guerre telles qu'elles étaient interprétées en 1939 (§§ 118 ci-dessus et 207 ci-dessous). • CEDH 24 juill. 2008, *Kononov c/ Lettonie, § 114 a)*, n° 36376/04 • CEDH 19 sept. 2008, *Koberly c/ Hongrie : RDP 2009. 907, obs. Sudre ; Dr. pénal 2009. Chron. 4, obs. Dreyer ; RSC 2009. 185, obs. Roets ; ibid. 193, obs. Roets.* ♦ V. cependant dans cette même affaire la Grande Chambre qui a conclu à la non-violation de l'art. 7 : • CEDH, gr. ch., 17 mai 2010, *Kononov c/ Lettonie : RSC 2010. 696, obs. Roets ; D. 2010. 2732, obs. Roujou de Boubée, Garé et Mirabail ; RTDH 2011. 343, note Decaux ; RIDP 2010. 634, obs. Fourment et a. ; JCP 2010. 1187, note Belda ; JDI 2011. Chron. 12, Com. 12, obs. Tavernier ; Dr. pénal 2011. Chron. 3, obs. Dreyer.*

III. NON-RÉTROACTIVITÉ DE LA LOI

A. RÈGLES GÉNÉRALES

17. *Principe : la non-rétroactivité des lois pénales.* D'après la jurisprudence de la Cour, l'art. 7, § 1, consacre, de manière générale, le principe de la légalité des délits et des peines et prohibe, en particulier, l'application rétroactive de la loi pénale lorsqu'elle s'opère au détriment de l'accusé. • CEDH 25 mai 1993, *Kokkinakis c/ Grèce, § 52 : préc. note 7* • 27 sept. 1995, *G. c/ France, § 24 : préc. note 11.* ♦ La Cour constate qu'à l'époque des faits pour lesquels M. Jamil a été condamné, celui-ci encourait une contrainte par corps de quatre mois au plus. La cour d'appel de Paris a néanmoins appliqué au condamné une nouvelle loi qui portait cette durée à deux ans. Nul ne conteste, en l'espèce, le caractère rétroactif de l'application de ladite loi relative à la lutte contre le trafic de stupéfiants. Dès lors, il y a eu violation de l'art. 7, § 1. • CEDH 8 juin 1995, *Jamil c/ France, § 34 à 36 : préc. note 6.* ♦ La peine infligée au requérant, déclaré coupable et en état de récidive dans la procédure litigieuse, était applicable au moment où la seconde infraction a été commise, par application d'une « loi » accessible et prévisible. M. Achour pouvait donc précisément connaître, à l'époque des faits, les conséquences légales de ses actes délictueux. Partant, il n'y a pas eu violation de l'art. 7 de la Convention. • CEDH, gr. ch., 29 mars 2006, *Achour c/ France*, §§ 60 et 61 : *préc. note 5.* ♦ V. aussi (interdiction d'une application rétroactive des lois) : • CEDH 24 mai 2007, *Dragotoniu et Militaru-Pidhorni c/ Roumanie*, §§ 39 s. : *Dr. pénal 2008. Chron. 3, obs. Dreyer ; RTD civ. 2008. 156, obs. Roets* • CEDH, gr. ch., 18 juill. 2013, *Maktouf et a. c/ Bosnie-Herzégovine*, n°s 2312/08 et 34179/08 : *D. actu. 23 sept. 2013, obs. Bachelet ; AJ pénal 2013. 601, note Cahn et Parizot* (condamnation implicite de la méthode d'appréciation globale). ♦ La Cour doit jouir d'un pouvoir de contrôle plus large lorsque le droit protégé par une disposition de la Convention, en l'occurrence l'art. 7, requiert l'existence d'une base légale pour l'infliction d'une condamnation et d'une peine. L'art. 7, § 1 exige de la Cour qu'elle recherche si la condamnation du requérant reposait à l'époque sur une base légale. En particulier, elle doit s'assurer que le résultat auquel ont abouti les juridictions internes compétentes était en conformité avec l'art. 7. L'art. 7 deviendrait sans objet si l'on accordait un pouvoir de contrôle moins large à la Cour. En somme, la Cour doit rechercher si la condamnation du requérant reposait sur une base suffisamment claire. • CEDH, gr. ch., 27 janv. 2015, *Rohlena c/ Rép. Tchèque*, n° 59552/08, §§ 52 et 53.

18. *Exception : la rétroactivité des lois pénales plus douces.* La Cour constate que les faits reprochés au requérant tombent sous le coup de la loi nouvelle. Partant du principe de l'application de la loi plus douce tant pour l'incrimination que pour la répression, les juridictions nationales ont appliqué dans le domaine de la répression l'art. 333 nouv. C. pén., qui correctionnalise l'infraction reprochée à l'intéressé, autrefois de nature criminelle. Son application, certes rétroactive, a donc été favorable au requérant. En conclusion, il n'y a pas eu violation de l'art. 7, § 1. • CEDH 27 sept. 1995, *G. c/ France, §§ 26 et 27 : préc. note 11.* ♦ L'art. 7, § 1, de la Convention ne garantit pas seulement le principe de non-rétroactivité des lois pénales plus sévères, mais aussi, et implicitement, le principe de rétroactivité de la loi pénale plus douce. Ce principe se traduit par la règle voulant que, si la loi pénale en vigueur au moment de la commission de l'infraction et les lois pénales postérieures adoptées avant le prononcé d'un jugement définitif sont différentes, le juge doit appliquer celle dont les dispositions sont les plus favorables au prévenu. • CEDH, gr. ch., 17 sept. 2009, *Scoppola c/ Italie (n° 2), § 109 : D. 2010. Pan. 2733 ; RSC 2010. 234, obs. Marguénaud ; Dr. pénal 2010. Chron. 3, obs. Dreyer.*

B. CAS PARTICULIERS

19. *Contentieux du « mur de Berlin » : participation à la réglementation litigieuse.* La cour note qu'une particularité de la présente affaire réside dans le fait qu'elle se situe dans le cadre de la succession de deux États régis par des systèmes de droits différents, et qu'après la réunification les juridictions allemandes ont condamné les requérants pour des crimes qu'ils avaient commis en leur qualité de dirigeants de la RDA. Les requérants soutiennent que les actions qui leur sont reprochées (élaboration de mesures prises pour préserver l'inviolabilité de la frontière étatique au besoin par l'utilisation des armes) ne constituaient pas, au moment où elles avaient été commises, des infractions et que leur condamnation constituait une violation de l'art. 7, § 1. Selon eux, les agissements avaient été justifiés d'après le droit alors applicable en RDA et les poursuites exercées contre eux méconnaissent le principe de non-rétroactivité des lois pénales. Eu égard aux éléments de l'affaire, la cour juge qu'au moment où elles ont été commises, les actions des requérants constituaient des infractions définies avec suffisamment d'accessibilité et de prévisibilité par le droit de la RDA ainsi que par le droit international des droits de l'homme. Partant, les condamnations des requérants par les juridictions allemandes après la réunification ne sont pas intervenues en méconnaissance de l'art. 7, § 1. • CEDH, gr. ch., 22 mars 2001, *Streletz, Kessler et Krenz c/ Allemagne, § 107 : RTDH 2001. 1109, obs. Tavernier ; RSC 2001. 639, obs. Massias ; JDI 2001. 278, obs. Guillot.*

20. *Le contentieux du « mur de Berlin » : application de la réglementation litigieuse.*

D'après la Cour, même un simple soldat ne saurait complètement et aveuglément se référer à des ordres qui violaient de manière flagrante non seulement les propres principes légaux de la RDA, mais aussi les droits de l'homme sur le plan international. Au moment où elle a été commise, l'action du requérant constituait une infraction définie avec suffisamment d'accessibilité et de prévisibilité par le droit de la RDA et par le droit international des droits de l'homme. Partant, la condamnation du requérant par les juridictions allemandes après la réunification n'est pas intervenue en méconnaissance de l'art. 7, § 1. • CEDH 22 mars 2001, *K.-H. W. c/ Allemagne, § 113 : RTDH 2001. 1142, obs. Tavernier ; RSC 2001. 639, obs. Massias*.

21. Principe de non-rétroactivité et récidive. Si la Cour doit assurément examiner le régime de la récidive et son application dans les circonstances de l'espèce, elle estime cependant que les questions relatives à l'existence, aux modalités ainsi qu'aux justifications d'un régime de récidive relèvent du pouvoir qu'ont les Hautes Parties contractantes de décider de leur politique criminelle, sur laquelle elle n'a pas en principe à se prononcer. En l'espèce, il convient notamment de rechercher si la disposition légale en matière de récidive, lue à la lumière de la jurisprudence interprétative dont elle s'accompagne, remplissait à l'époque des faits les conditions d'accessibilité et de prévisibilité. A cet égard, l'art. 132-9 du nouveau code pénal prévoit que le maximum des peines d'emprisonnement et d'amende encourues est doublé en cas de récidive, et ce non plus dans un délai de cinq ans comme le prescrivait l'ancienne loi mais dans les dix ans à compter de l'expiration ou de la prescription de la peine antérieure. Ce nouveau régime légal étant entré en vigueur le 1er mars 1994, il était applicable lorsque le requérant a commis les nouvelles infractions au cours de l'année 1995. L'intéressé avait donc juridiquement la qualité de récidiviste du fait de ces nouvelles infractions. S'agissant des arguments de celui-ci aux termes desquels un constat de récidive était impossible entre le 13 juill. 1991 et le 1er mars 1994, ce qui attesterait de la prescription du délai de récidive et de son extinction définitive, la Cour rappelle que sa condamnation de 1984 n'était pas effacée, demeurait inscrite à son casier judiciaire et que l'expiration de ce délai ne lui conférait aucun « droit à l'oubli ». Par ailleurs, la Cour de cassation a adopté depuis plus d'un siècle une jurisprudence claire et constante selon laquelle lorsqu'une loi institue un nouveau régime de la *récidive, il suffit*, pour entraîner son application immédiate, que la seconde infraction soit postérieure à l'entrée en vigueur de cette loi. Dès lors, il ne fait aucun doute que le requérant pouvait prévoir qu'en commettant une nouvelle infraction avant l'échéance du délai légal de dix ans, soit le 13 juill. 1996, il courait le risque de se faire condamner en état de récidive et de se voir infliger une peine d'emprisonnement et/ou d'amende susceptible d'être doublée. Il était donc en mesure d'anticiper les conséquences légales de ses actes et d'adapter son comportement. Le grief soulevé par le requérant ne soulève aucun problème de rétroactivité puisqu'il s'agit ici d'une simple succession de lois qui n'ont vocation à s'appliquer qu'à compter de leur entrée en vigueur. Certes les juges français ont rétrospectivement tenu compte de la première condamnation du requérant en 1984 mais cette prise en compte, rendue possible par l'inscription au casier judiciaire de ladite condamnation, n'est pas contraire à la Convention, les faits poursuivis et sanctionnés étant effectivement apparus après l'entrée en vigueur de l'art. 132-9 du nouveau code pénal. Pareille démarche rétrospective se distingue de la notion de rétroactivité *stricto sensu*. Dès lors, la peine infligée au requérant, déclaré coupable et en état de récidive dans la procédure litigieuse, était applicable au moment où la seconde infraction a été commise, en vertu d'une « loi » accessible et prévisible. • CEDH, gr. ch., 29 mars 2006, *Achour c/ France*, n° 67335/01.

IV. INTERPRÉTATION JUDICIAIRE DE LA LOI

22. Nécessité d'une interprétation judiciaire. Aussi clair que le libellé d'une disposition légale puisse être dans quelque système juridique que ce soit, y compris le droit pénal, il existe immanquablement un élément d'interprétation judiciaire. Il faudra toujours élucider les points douteux et s'adapter aux changements de situation. D'ailleurs, il est solidement établi dans les États parties à la convention que la jurisprudence, en tant que source du droit, contribue nécessairement à l'évolution progressive du droit pénal. On ne saurait interpréter l'art. 7 Conv. EDH comme proscrivant la clarification graduelle des règles de la responsabilité pénale par l'interprétation judiciaire d'une affaire à l'autre, à condition que le résultat soit cohérent avec la substance de l'infraction et raisonnablement prévisible. • CEDH 22 nov. 1995, *S.W. c/ Royaume-Uni, § 36 : préc. note 1.* ♦ La Cour observe que pour statuer sur les accusations pénales portées contre les requérants, les juridictions russes ont donné au détriment de ceux-ci une interprétation extensive et non prévisible de l'infraction de fraude commerciale visée à l'art. 159.4 C. pén. russe tel qu'en vigueur à l'époque des faits. Selon l'interprétation faite par les juridictions nationales, le requérant était dans l'obligation d'informer ses clients des offres moins chères qui existaient sur le marché et de leur offrir les mêmes tarifs que ceux que pratiquaient les sous-traitants. Cependant, pareille obligation ne figurait ni dans les modalités des accords ni dans les dispositions légales applicables. Partant, il y a eu violation de l'art. 7. • CEDH 17 oct. 2017, *Navalnyye c/ Russie*, n° 101/15, §§ 54 s.

23. Rejet d'une interprétation extensive.

L'art. 7, § 1, consacre notamment le principe de la légalité des délits et des peines et celui qui commande de ne pas appliquer la loi pénale de manière extensive au détriment de l'accusé, notamment par analogie. • CEDH 15 nov. 1996, *Cantoni c/ France, § 29 : préc. note 5.* ♦ La Cour rappelle que l'art. 7, § 1, de la Convention consacre, de manière générale, le principe de la légalité des délits et des peines (*nullum crimen, nulla poena sine lege*) et prohibe, en particulier, l'application rétroactive du droit pénal lorsqu'elle s'opère au détriment de l'accusé (*Kokkinakis c/ Grèce*, arrêt du 25 mai 1993, série A n° 260-A, p. 22, § 52). S'il interdit en particulier d'étendre le champ d'application des infractions existantes à des faits qui, antérieurement, ne constituaient pas des infractions, il commande en outre de ne pas appliquer la loi pénale de manière extensive au détriment de l'accusé, par exemple par analogie. • CEDH 24 mai 2007, *Dragotoniu et Militaru-Pidhorni c/ Roumanie*, n° 77193/01, § 33.

24. Mais l'art. 7 n'est pas violé quand, à la suite d'une interprétation raisonnable de la loi, le juge requalifie une infraction pénale, même si cela implique une peine plus sévère. Mais encore faut-il que la requalification ne porte pas sur une infraction qui n'était pas considérée comme telle au moment des faits. • Comm. EDH 6 mai 1986, *Perlach c/ RFA : DR 43/210.*

V. ILLUSTRATIONS

25. Notion de peine. Détention de sûreté. La notion de « peine » énoncée à l'art. 7 Conv. EDH possède une portée autonome. Il appartient à la Cour, sans qu'elle soit liée par la qualification de la mesure en droit interne, de décider si une mesure donnée doit passer pour une peine. La détention de sûreté prévue par le code pénal allemand doit être qualifiée de « peine » au sens de l'art. 7, § 1, Conv. EDH. La prolongation de celle-ci par les tribunaux de l'exécution des peines à la suite de l'amendement du code pénal allemand ne concerne donc pas seulement l'exécution de la peine (détention de sûreté de dix ans maximum) infligée au requérant conformément à la loi applicable au moment de la commission de l'infraction mais constitue au contraire *une peine supplémentaire* qui a été prononcée contre lui rétroactivement, en vertu d'une loi entrée en vigueur après que le requérant eut commis l'infraction. • CEDH, 5e sect., 17 déc. 2009, *M. c/ Allemagne : D. 2010. Actu. 209, note Léna ; ibid. 737, note Pradel ; AJ pénal 2010. 129, note Leblois-Happe ; RSC 2010. 228 et 236, notes Roets ; Dr. pénal 2010. Étude 9, note Grégoire et Boulan ; ibid. Chron. 3, obs. Dreyer.* ♦ Rappr. : • CEDH 13 janv. 2011, *Kallweit c/ Allemagne (3 arrêts) : D. 2011. Actu. 379, obs. Bachelet ; D. actu. 31 janv. 2011, obs. Bachelet.* • CEDH, 5e sect., 14 avr. 2011, *Jendrowiak c/ Allemagne : D. actu. 28 avr. 2011, obs. Bachelet* (application rétroactive d'une peine supplémentaire contraire au principe de légalité pénale). • CEDH, 5e sect., 24 nov. 2011, *Schönbrod c/ Allemagne : D. actu. 9 déc. 2011, obs. Bachelet* • 24 nov. 2011, *O. H. c/ Allemagne : D. actu. 9 déc. 2011, obs. Bachelet.* ♦ Mais lorsque la détention de sûreté est prolongée afin de soumettre la personne atteinte de troubles mentaux à un traitement, l'objectif préventif de la mesure prend le pas sur l'objectif punitif et l'effet rétroactif ne contrarie pas l'art. 7, § 1, Conv. EDH. • CEDH 7 janv. 2016, *Bergmann c/ Allemagne*, n° 23279/14 : *AJ pénal 2016. 339, obs. Grégoire ; Dr. pénal 2016, n° 70, note Peltier.*

26. Notion de peine. Mesures de sûreté. Les mesures ordonnées en application des art. 706-135 et 706-136, à la suite d'une déclaration d'irresponsabilité pénale pour cause de trouble mental ne sont pas des peines au sens de l'art. 7, § 1, Conv. EDH et le principe de non-rétroactivité n'a donc pas vocation à s'appliquer. • CEDH 3 sept. 2015, *Berland c/ France*, n° 42875/10 : *D. actu. 18 sept. 2015, obs. Autier ; Dr. pénal 2015, n° 134, note Peltier.* ♦ La détention de sûreté prononcée pour traiter des troubles mentaux dont souffre l'individu voit sa nature et son but modifiés et la mesure n'est alors plus constitutive d'une peine au sens de l'art. 7, § 1 ; elle peut, dans ces conditions, rétroagir. • CEDH, gr. ch., 4 déc. 2018, *Ilnseher c/ Allemagne*, n° 10211/12 : *D. actu. 18 déc. 2018, obs. Recotillet ; AJ pénal 2019. 161, obs. Grégoire ; Dr. pénal 2019, n° 40, note Peltier ; RSC 2019. Chron. 180, note Roets*.

27. Notion de peine. Inscription au FIJAIS. L'inscription au fichier n'est pas une peine au sens de l'art. 7, § 1, de la Convention mais une mesure préventive, ce qui exclut l'application du principe de non-rétroactivité. • CEDH 17 déc. 2009 : *D. 2010. Pan. 2734*.

28. Notion de peine. Imputation des remises de peine. V. note 2.

Art. 8 *Droit au respect de la vie privée et familiale.* 1. Toute personne a droit au respect de sa vie privée et familiale, de son domicile et de sa correspondance.

2. Il ne peut y avoir ingérence d'une autorité publique dans l'exercice de ce droit que pour autant que cette ingérence est prévue par la loi et qu'elle constitue une mesure qui, dans une société démocratique, est nécessaire à la sécurité nationale, à la sûreté publique, au bien-être économique du pays, à la défense de l'ordre et à la prévention des infractions pénales, à la protection de la santé ou de la morale, ou à la protection des droits et libertés d'autrui. — *Sur la liberté de correspondre avec la CEDH, V. Accord europ. 5 mars 1996, art. 3.*

BIBL. ▶ BERNARD et BERTHE, *RTDH 1997. 17.* – BERRO-LEFEVRE, *Mél. Costa, p. 25.* – BOICHE, *AJ fam. 201. 97.* – BOSSUYT, *Rev. (belge) dr. eur. 1980. 53.* – BOUCAUD, *RTDH 2007. 509.* – CARLIER, *RTDH*

1993. 723. – Cohen-Jonathan, *RUDH 1990. 185 ; Mél. Wiarda, p. 97.* – Corouge, *RFDA 1997. 320.* – Courtray, *RJPF 2001. 12.* – Darbeda, *RSC 1998. 590* ✎. – De Marchi, *Rev. pénit. 2008, nº 2.* – Coussirat-Coustère, *in Pettiti, Decaux et Imbert (dir.), p. 323.* – d'Haerm, *AJDA 2011. 542* ✎. – Duffar, *LPA 24 mai 1991, nº 62, p. 32.* – Dupuis, *RJPF 2002. 12.* – Evain, *JCP 1997. I. 4071 ; 1998. I. 188.* – Fabre-Magnan, *Droits 2009, nº 48, p. 13.* – Flauss, *RFDA 1991. 89* ✎. – Furkel, *in Mél. Huet-Weiller, p. 164 ; RID comp. 1992. 609.* – Gaumont-Prat, *Dr. fam. 1999. Chron. 17.* – Goy, *RJ env. 4/1997. 475.* – Granet, *Rev. dr. eur. 1997. 643.* – Grataloup, *in Fulchiron et al., p. 109.* – Jacopin, *Dr. pénal 2006. Étude 9.* – Jakhian, *in Mél. Pettiti. 465.* – Julien-Leferriere, *D. 1992. 291.* ✎ – Kayser, *D. 1991. Chron. 17.* ✎ – Koering-Joulin, *D. 1990. Chron. 187.* ✎ – Krief-Semitko, *JCP 2012. 1353.* – Labayle, *RFDA 1997. 977* ✎ *in Fulchiron et al., p. 83.* – Leveneur, *Dr. et patr. 3/2002, p. 42.* – Levinet, *RTDH 1999. 89 et 646 ; D. 2008. Chron. 187.* – Lombois, *D. 1992. Chron. 323.* ✎ – Malabat, *Rev. pénit. 2007. 61.* – Mallaurie, *JCP 2003. I. 120.* – Mallet-Bricourt, *JCP 2002. I. 119.* – Marguénaud, *RTD civ. 1997. 1013.* ✎ – Maron, *Dr. pénal 1990 (juin). 1.* – Massot, *Mél. Costa, p. 431.* – Mathieu, *RTDH 2013. 39.* – Meyer, *in Borillo (dir.), PUF 1998. 153.* – Mock, *RUDH 1998 vol. 8. 237.* – Neirinck, *RDSS 2011. 142* ✎. – Paricard, *Dr. fam. 2012, nº 13.* – Pradel, *D. 1990. Chron. 15* ✎ *; RFDA 1991. 83* ✎. – Rigaux, *RTDH 1998. 130.* – Slama, *AJ pénal 2011. 496* ✎. – Soulier, *RSC 1987. 663.* – Spiry, *RTDH 1996. 45.* – Steichen, *RJ env. 3/2000. 361.* – Sudre, *Mél. Pettiti. 687.* – Tulkens, *RSC 2001. 881.* ✎ – Van Muylder, *RFDA 2001. 797.* ✎ – Vienne, *Mél. Levasseur. 263.* – Viriot-Barrial, *RSC 1994. 537.* ✎ – Wachsmann, *Mél. Pettiti. 761.* – Willems, *RTDH 2013. 65.*

I. AFFIRMATION DU PRINCIPE DE PROTECTION

A. AFFIRMATION FORTE

1. Interprétation extensive des notions de vie privée et de vie familiale. L'expression « vie privée » est large et ne se prête pas à une définition exhaustive. Des éléments tels que le sexe, le nom et l'orientation sexuelle ainsi que la vie sexuelle sont des composantes importantes du domaine personnel protégé par l'art. 8 Conv. EDH. • CEDH 22 oct. 1981, *Dudgeon c/ Royaume-Uni, § 41 : Série A nº 45 ; Cah. dr. eur. 1982. 221, obs. Cohen-Jonathan ; Ann. fr. dr. int. 1982. 504, obs. Pelloux ; JDI 1985. 185, obs. Rolland et Tavernier* • 25 mars 1992, *B. c/ France, § 63 : Série A nº 232-C ; Ann. fr. dr. int. 1992. 629, obs. Coussirat-Coustère ; JDI 1993. 720, obs. Decaux et Tavernier ; JCP 1992. II. 21955, note Garé ; RTD civ. 1992. 540, obs. Hauser* ✎ *; D. 1993. 101, note Marguénaud* ✎ *; D. 1992. Somm. 325, obs. Renucci* ✎ • 22 févr. 1994, *Burghartz c/ Suisse, § 24 : Série A nº 280-B ; Ann. fr. dr. int. 1994. 658, obs. Coussirat-Coustère ; JDI 1995. 746, obs. Decaux et Tavernier ; RTDH 1995. 57, obs. Georgin ; D. 1995. 5, note Marguénaud* ✎ *; JCP 1995. I. 3823, obs. Sudre* • 19 févr. 1997, *Laskey, Jaggard et Brown c/ Royaume-Uni, § 36 : Rec. 1997-I ; RTDH 1997. 738, obs. Levinet ; D. 1998. 97, obs. Larralde* ✎. ♦ Il faut voir dans la santé mentale aussi une partie essentielle de la vie privée relevant de l'intégrité morale. • CEDH 6 févr. 2001, *Bensaid c/ Royaume-Uni, § 47 : JCP 2001. I. 342, obs. Sudre.* ♦ La Cour ne juge ni possible ni nécessaire de chercher à définir de manière exhaustive la notion de « vie privée ». Il serait toutefois trop restrictif de la limiter à un « cercle intime » où chacun peut mener sa vie personnelle à sa guise et d'en écarter entièrement le monde extérieur à ce cercle. Le respect de la vie privée doit aussi englober, dans une certaine mesure, le droit pour l'individu de nouer et développer des relations avec ses semblables. Il paraît, en outre, n'y avoir aucune raison de principe de considérer cette manière de comprendre la notion de « vie privée » comme excluant les activités professionnelles ou commerciales : après tout, c'est dans leur travail que la majorité des gens ont beaucoup, voire le maximum d'occasions de resserrer leurs liens avec le monde extérieur. Dans les occupations de quelqu'un, on ne peut pas toujours démêler ce qui relève du domaine professionnel de ce qui en sort. De plus, on risquerait d'aboutir à une inégalité de traitement si on refusait le bénéfice de l'art. 8 au motif que la mesure dénoncée concernerait uniquement des activités professionnelles : la protection continuerait à jouer en faveur d'un individu dont les activités professionnelles et non professionnelles s'imbriqueraient à un point tel qu'il n'existerait aucun moyen de les dissocier. • CEDH 16 déc. 1992, *Niemietz c/ Allemagne, § 29 : Série A nº 251-B ; Ann. fr. dr. int. 1992. 629, obs. Coussirat-Coustère ; JDI 1993. 755, obs. Decaux et Tavernier ; RTDH 1993. 470, obs. Lambert et Rigaux ; D. 1993. Somm. 386, obs. Renucci* ✎ *; RUDH 1993. 1, obs. Sudre et autres.*

2. En garantissant le droit au respect de la vie familiale, l'art. 8 présuppose l'existence d'une famille. Cet art. ne distingue pas entre famille « légitime » et famille « naturelle ». Pareille distinction se heurterait aux mots « toute personne ». L'art. 8 vaut donc pour la « vie familiale » de la famille naturelle comme de la famille légitime. • CEDH 13 juin 1979, *Marckx c/ Belgique, § 31 : Série A nº 31 ; Cah. dr. eur. 1980. 473, obs. Cohen-Jonathan ; Ann. fr. dr. int. 1980. 317, obs. Pelloux ; JDI 1982. 183, obs. Rolland.* ♦ La notion de famille au sens de l'art. 8 ne se borne pas aux seules relations fondées sur le mariage et peut englober d'autres liens familiaux factuels lorsque les parties cohabitent en dehors du mariage. Un enfant issu d'une telle relation s'insère de plein droit dans cette cellule familiale dès sa naissance et par le fait même de celle-ci. Il existe donc entre l'enfant et ses parents un lien constitutif d'une vie familiale. • CEDH 13 juill. 2000, *Elsholz c/ Allemagne : Rec. 2000-VIII, § 43 ; JCP 2001. I. 291, obs. Sudre.*

3. Extension de la protection : les obligations positives de l'État. La Cour rappelle que si l'art. 8 a essentiellement pour objet de prémunir l'individu contre les ingérences arbitraires des pouvoirs publics, il ne se contente pas de commander à l'État de s'abstenir de pareilles ingérences : à cet engagement plutôt négatif peuvent s'ajouter des obligations positives inhérentes à un respect effectif de la vie privée et familiales. • CEDH 26 mars 1985, *X. et Y. c/ Pays-Bas, § 23 : Série A n° 91 ; Cah. dr. eur. 1988. 462, obs. Cohen-Jonathan ; RSC 1985. 629, obs. Pettiti ; JDI 1986. 1082, obs. Rolland et Tavernier* • 9 oct. 1979, *Airey, § 32 : Série A n° 32 ; Cah. dr. eur. 1980. 470, obs. Cohen-Jonathan ; Ann. fr. dr. int. 1980. 323, obs. Pelloux ; JDI 1982. 187, obs. Rolland* • 24 févr. 1998, *Botta c/ Italie, § 34 : RTDH 1999. 595, obs. Maurer.* ♦ En ce qui concerne plus précisément les obligations positives que l'art. 8 fait peser sur les États contractants en la matière, celles-ci doivent s'interpréter à la lumière de la Convention relative aux droits de l'enfant du 20 nov. 1989. • CEDH 28 juin 2007, *Wagner et J.M.W.L. c/ Luxembourg, § 120,* n° 76240/01.

B. AFFIRMATION NUANCÉE

4. Nuance marginale : autolimitation de la garantie. Lorsqu'un individu met sa vie privée en contact avec la vie publique ou en rapport étroit avec d'autres intérêts protégés, en principe la garantie de l'art. 8 ne peut entrer en jeu. • Comm. EDH 19 mai 1976, *Brüggemenn et Scheuten c/ RFA : DR5/103.*

5. Nuance importante : ingérence de l'État. L'ingérence de l'État est possible à condition qu'elle soit prévue par la loi, qu'elle poursuive un ou des buts légitimes et qu'elle soit nécessaire dans une société démocratique. V. notamment : • CEDH 24 avr. 1990, *Huvig c/ France, § 25 : Série A n° 176-B* • 24 août 1998, *Lambert c/ France, § 22 : Rec. 1998-V ; JCP 1999. I. 105, obs. Sudre ; D. 1999. Somm. 271, obs. Renucci ; RSC 1998. 829, obs. Pettiti et 393, obs. Koering-Joulin.* ♦ Ménageant une exception à un droit garanti par la Convention, ce paragraphe appelle une interprétation étroite. • CEDH 6 sept. 1978, *Klass c/ Allemagne, § 41 s. : Série A n° 28 ; Cah. dr. eur. 1979. 474, obs. Cohen-Jonathan ; Ann. fr. dr. int. 1979. 338, obs. Pelloux ; JDI 1980. 463, obs. Rolland* • 29 mars 2005, *Matheron c/ France : D. 2005. 1755, note Pradel ; RSC 2007. 331, obs. Finielz.*

1° CONDITIONS DE L'INGÉRENCE

6. L'ingérence doit être prévue par la loi. Les mots « prévue par la loi », au sens de l'art. 8, § 2, veulent d'abord que la mesure incriminée ait une base en droit interne, mais ils ont trait aussi à la qualité de la loi en cause : ils exigent l'accessibilité de celle-ci à la personne concernée, qui de surcroît doit pouvoir en prévoir les conséquences pour elle, et sa compatibilité avec la prééminence du droit. • CEDH 24 avr. 1990, *Huvig c/ France, § 26 : préc. note 5.* ♦ Le citoyen doit pouvoir disposer de renseignements suffisants, dans les circonstances de la cause, sur les normes juridiques applicables à un cas donné. • CEDH 25 mars 1983, *Silver et a. c/ Royaume-Uni, § 87 : préc. note 74.* ♦ On ne peut considérer comme loi qu'une norme énoncée avec assez de précision pour permettre au citoyen de régler sa conduite ; en s'entourant au besoin de conseils éclairés, il doit être à même de prévoir, à un degré raisonnable dans les circonstances de la cause, les conséquences de nature à dériver d'un acte déterminé. • CEDH 25 mars 1983, *Silver et a. c/ Royaume-Uni, § 88 : Série A n° 61 ; CDE 1986. 227, obs. Cohen-Jonathan ; AFDI 1984. 459, obs. Pelloux ; JDI 1985. 218, obs. Rolland et Tavernier.* ♦ Sur les qualités de la « loi », V. ss. art. 7.

7. Pour la Cour, portent atteinte au droit au respect à la vie privée la mesure de prélèvement d'un échantillon de salive non explicitement prévue par la loi nationale au moment des faits et la permission donnée par le juge national d'user de la force dans cet objectif en dépit de tout fondement textuel l'autorisant. • CEDH 14 avr. 2020, *Dragan Petrović c/ Serbia,* n° 75229/10 : *D. actu. 27 avr. 2020, obs. Pouget.*

8. L'ingérence doit viser un ou des buts légitimes. La mesure litigieuse visait à la prévention des infractions pénales. Pareille ingérence n'enfreint pas la Convention. • CEDH 15 juin 1992, *Lüdi c/ Suisse, § 39 : Série A n° 238.* ♦ La Cour estime que l'ingérence visait à permettre la manifestation de la vérité dans le cadre d'une procédure criminelle et tendait donc à la défense de l'ordre. • CEDH 24 août 1998, *Lambert c/ France, § 29 : V. note 82.*

9. L'ingérence doit être nécessaire dans une société démocratique. L'adjectif « nécessaire » n'est pas synonyme d'« indispensable », mais n'a pas non plus la souplesse de termes tels qu'« admissible », « normal », « utile », « raisonnable » ou « opportun ». Les États contractants jouissent d'une certaine marge d'appréciation – non illimitée – en matière de recours à des restrictions, mais la décision finale sur la compatibilité de celles-ci avec la Convention appartient à la Cour. Nécessaire dans une société démocratique signifie que pour se concilier avec la Convention, l'ingérence doit notamment correspondre à un besoin social impérieux et être proportionnée au but légitime poursuivi. • CEDH 7 déc. 1976, *Handyside c/ Royaume-Uni, §§ 48 s. : Série A n° 24*

• 25 mars 1983, *Silver c/ Royaume-Uni, § 97 : préc. note 6* (rappelant les principes précisés dans l'affaire *Handyside*). ♦ La notion de nécessité implique la proportionnalité de l'ingérence au but légitime recherché ; pour se prononcer sur la nécessité d'une ingérence dans une société démocratique, la Cour tient compte de la marge d'appréciation à laisser aux États contractants. • CEDH 22 avr. 1992, *Rieme c/ Suède, § 69 : Série A n° 226-B.* ♦ Si une décision d'extradition est susceptible de porter atteinte au respect de la vie privée et familiale, cette atteinte trouve sa justification dans la nature même de la procédure d'extradition, qui est de permettre, dans l'intérêt de l'ordre public et sous les conditions fixées par les dispositions qui la régissent, tant le jugement hors de France que l'exécution, par les mêmes personnes, des condamnations pénales prononcées contre elles à l'étranger pour des crimes ou des délits. • CE 3 déc. 2010 : *AJ pénal 2011. 82, obs. Girault*.

10. Malgré l'ingérence dans la vie privée des sportifs obligés de fournir leur localisation en vue de réaliser des contrôles antidopage inopinés, cette contrainte d'une particulière importance en matière de lutte contre le dopage ne viole pas l'art. 8 Conv. EDH. • CEDH 18 janv. 2018, n°s 48151/11 et 77769/13 : *Féd. nat. des assoc. et des synd. sportifs (FNASS) et a. c/ France,* n°s 48151/11 et 77769/13.

2° CONTRÔLE DE L'INGÉRENCE

11. Contrôle européen. Les États contractants jouissent d'une certaine marge d'appréciation pour juger de l'existence d'un tel besoin (besoin social impérieux), mais elle va de pair avec un contrôle européen portant à la fois sur la loi et sur les décisions qui l'appliquent. • CEDH 8 juill. 1986, *Lingens c/ Belgique, § 39 : Série A n° 103 ; Cah. dr. eur. 1988. 470, obs. Cohen-Jonathan ; Ann. fr. dr. int. 1987. 239, obs. Coussirat-Coustère ; RSC 1987. 269, obs. Pettiti ; JDI 1987. 790, obs. Rolland et Tavernier.* ♦ La marge nationale d'appréciation va donc de pair avec un contrôle européen. Celui-ci concerne à la fois la finalité de la mesure litigieuse et sa nécessité. Il porte tant sur la loi de base que sur la décision l'appliquant, même quand elle émane d'une juridiction indépendante. • CEDH 7 déc. 1976, *Handyside c/ Royaume-Uni, § 49 : préc. note 9.*

II. APPLICATIONS DU PRINCIPE DE PROTECTION

A. PROTECTION DE LA VIE PRIVÉE ET FAMILIALE

1° PROTECTION DIRECTE

a. Protection de la vie privée

1. Protection de la vie privée *stricto sensu*

12. Intimité de la personne. Des éléments tels que le sexe, le nom et l'orientation sexuelle ainsi que la vie sexuelle sont des composantes importantes du domaine personnel protégé par l'art. 8 Conv. EDH. • CEDH 22 oct. 1981, *Dudgeon c/ Royaume-Uni, § 41 : Série A n° 45 ; préc. note 1* • 25 mars 1992, *B. c/ France, § 63 : Série A n° 232-C ; Ann. fr. dr. int. 1992. 629, obs. Coussirat-Coustère ; JDI 1993. 720, obs. Decaux et Tavernier ; JCP 1992. II. 21955, note Garé ; RTD civ. 1992. 540, obs. Hauser ; D. 1993. 101, note Marguénaud ; D. 1992. Somm. 325, obs. Renucci* • 22 févr. 1994, *Burghartz c/ Suisse, § 24 : Série A n° 280-B ; Ann. fr. dr. int. 1994. 658, obs. Coussirat-Coustère ; JDI 1995. 746, obs. Decaux et Tavernier ; RTDH 1995. 57, obs. Georgin ; D. 1995. 5, note Marguénaud ; JCP 1995. I. 3823, obs. Sudre* • 19 févr. 1997, *Laskey, Jaggard et Brown c/ Royaume-Uni, § 36 : Rec. 1997-I ; RTDH 1997. 738, obs. Levinet ; D. 1998. 97, obs. Larralde*. ♦ Il faut voir dans la santé mentale aussi une partie essentielle de la vie privée relevant de l'intégrité morale. • CEDH 6 févr. 2001, *Bensaid c/ Royaume-Uni, § 47 : JCP 2001. I. 342, obs. Sudre.* ♦ Le refus d'un traitement de substitution à la méthadone par les autorités n'est pas une violation de l'art. 8 Conv. EDH. • CEDH 26 nov. 2019, *Abdyusheva et a. c/ Russie,* n° 58502/11, § 132.

13. L'art. 8 est applicable aux griefs des requérants en ce que le refus de l'insémination artificielle concerne leur vie privée et familiale, ces notions incluant le droit au respect de leur décision de devenir parents génétiques. • CEDH, gr. ch., 4 déc. 2007, *Dickson c/ Royaume-Uni,* § 66, n° 44362/04. ♦ La notion de « vie privée », notion large qui englobe, entre autres, des aspects de l'identité physique et sociale d'un individu, notamment le droit à l'autonomie personnelle, le droit au développement personnel et le droit d'établir et entretenir des rapports avec d'autres êtres humains et le monde extérieur, recouvre également le droit au respect des décisions de devenir ou de ne pas devenir parent. • CEDH, gr. ch., 10 avr. 2007, *Evans c/ Royaume-Uni,* § 71, n° 6939/05.

14. Intégrité physique et morale de la personne. Les actes ou décisions dommageables pour l'intégrité physique ou mentale d'une personne n'entraînent pas nécessairement une atteinte au droit au respect de la vie privée garanti par l'art. 8. La jurisprudence de la cour n'exclut toutefois pas qu'un traitement qui ne présente pas la gravité d'un traitement relevant de l'art. 3 puisse néanmoins nuire à l'intégrité physique et morale au point d'enfreindre l'art. 8 sous l'aspect vie privée. • CEDH 6 févr. 2001, *Bensaid c/ Royaume-Uni, § 46 : préc. note 1* • 25 mars 1993, *Costello-Roberts c/ Royaume-Uni, § 36 : Série A n° 247-C ; JDI 1994. 775, obs. Decaux et Tavernier ; RSC 1994. 362, obs. Koering-Joulin ; RUDH 1993. 217, obs. Sudre et a.* ♦ La sauvegarde de la stabilité mentale est un préalable inéluctable à la jouissance effective du droit au respect de la vie privée. • CEDH 6 févr. 2001, *Bensaid c/ Royaume-Uni, § 47 : préc. note 1.* ♦ La sphère de la vie privée, telle que la Cour la conçoit, couvre l'intégrité physique et morale d'une personne. • CEDH 24 févr. 1998, *Botta c/ Italie, § 32 : préc. note 3.* ♦ La Cour note que les requérantes allèguent ne pas avoir pu exercer, à un moment donné, leur droit à un accès effectif à des informations touchant à leur santé et à leurs capacités reproductives. Du fait qu'elle touche à leur vie privée et familiale, cette question est protégée par l'art. 8 Conv. EDH. • CEDH 28 avr. 2009, *K.H. et a. c/ Slovaquie : JCP 2009. I. 143, n° 20, obs. Sudre.* ♦ Les États parties sont tenus de prendre les mesures réglementaires nécessaires pour que les médecins s'interrogent sur les conséquences prévisibles que l'intervention médicale projetée peut avoir sur l'intégrité physique de leurs patients et qu'ils en informent préalablement ceux-ci de manière qu'ils soient en mesure de donner un accord éclairé. • CEDH 2 juin 2009, *Codarcea c/ Roumanie,* § 105 : *JCP 2009. I. 143, n° 17, obs. Sudre.*

15. *La question du suicide.* Comme la Cour a déjà eu l'occasion de l'observer, la notion de « vie privée » est une notion large, non susceptible d'une définition exhaustive. Elle recouvre l'intégrité physique et morale de la personne. Elle peut parfois englober des aspects de l'identité physique et sociale d'un individu. Des éléments tels que, par exemple, le nom, l'identification sexuelle, l'orientation sexuelle et la vie sexuelle relèvent de la sphère personnelle protégée par l'art. 8 Conv. EDH. Cette disposition protégeant également le droit au développement personnel et le droit d'établir et d'entretenir des rapports avec d'autres êtres humains et le monde extérieur, la Cour a estimé que le choix de la requérante d'éviter une fin de vie indigne et pénible à ses yeux tombait dans le champ d'application de l'art. 8 de la Convention. A la lumière de la jurisprudence européenne, la Cour estime que le droit d'un individu de décider de quelle manière et à quel moment sa vie doit prendre fin, à condition qu'il soit en mesure de former librement sa volonté à ce propos et d'agir en conséquence, est l'un des aspects du droit au respect de sa vie privée au sens de l'art. 8 de la Convention. • CEDH 20 janv. 2011, *Haas c/ Suisse,* n° 31322/07, §§ 50 et 51 : *D. actu. 3 févr. 2011, obs. Bachelet ; D. 2011. 925, note Martinent, Reynier et Vialla ; RTD civ. 2011. 311, obs. Marguénaud ; D. 2012. 316, obs. Galloux et Gaumont-Prat ; JCP 2011, n° 13, obs. Sudre ; JDI 2012. Chron. 6, obs. Decaux, Tavernier, Boumghar et a.* ♦ V. aussi • CEDH 10 juin 2011, *Koch c/ Allemagne,* n° 497/09 (où les autorités de l'État ont refusé d'accorder à une femme paralysée l'autorisation de se procurer une dose létale de médicaments : le grief tiré de l'art. 8 est recevable car il soulève des questions graves de fait et de droit au regard de la Convention).

16. *La question de l'interruption volontaire de grossesse.* La notion de « vie privée » au sens de l'art. 8 de la Convention est une notion large, qui englobe notamment le droit à l'autonomie personnelle et le droit au développement personnel. Elle recouvre des éléments tels que, par exemple, l'identification sexuelle, l'orientation sexuelle et la vie sexuelle, l'intégrité physique et morale de la personne, ainsi que le droit au respect des décisions de devenir ou de ne pas devenir parent, notamment au sens génétique du terme. Se référant à la jurisprudence de l'ancienne Commission, la Cour a conclu dans des affaires précédentes que la législation relative à l'interruption de grossesse touchait au domaine de la vie privée de la femme enceinte. Elle a souligné que l'art. 8, § 1, ne pouvait s'interpréter comme signifiant que la grossesse et son interruption relèvent exclusivement de la vie privée de la future mère, la vie privée d'une femme enceinte devenant étroitement associée au fœtus qui se développe. Elle considère que le droit de la femme enceinte au respect de sa vie privée devrait se mesurer à l'aune d'autres droits et libertés concurrents, y compris ceux de l'enfant à naître. Pour la Cour, si l'art. 8 ne saurait en conséquence s'interpréter comme consacrant un droit à l'avortement, l'interdiction de l'avortement pour motifs de santé et/ou de bien-être dont se plaignent les première et deuxième requérantes, et l'impossibilité dans laquelle la troisième requérante se serait trouvée de faire établir qu'elle remplissait les conditions pour avorter légalement en Irlande sont des questions qui relèvent du droit des intéressées au respect de leur vie privée, et donc de l'art. 8. • CEDH, gr. ch., 16 déc. 2010, *A., B. et C. c/ Irlande,* n° 25579/05, §§ 212 à 214 : *D. 2011. 1360, note Hennette-Vauchez ; RDSS 2011. 293, note Roman ; Constitutions 2011. 213, obs. Dubout ; RTD civ. 2011. 303, obs. Marguénaud ; D. 2012. 316, obs. Galloux et Gaumont-Prat ; JCP 2011. Actu. 58, obs. Lévinet ; JCP 2011. 185, n° 11, obs. Sudre ; JDI 2011. Chron. 12, obs. Birden ; Dr. fam. 2011. Comm. 36, obs. Paricard ; JDI 2011. Chron. 12, obs. Decaux, Tavernier, Boumghar et a.* ♦ V. aussi : • CEDH 30 oct. 2012, *P. et S. c/ Pologne,* n° 57375/08. ♦ La Cour rappelle que la législation régissant l'interruption de grossesse touche au domaine de la vie privée, étant donné que, lorsqu'une femme est enceinte, sa vie privée devient étroitement associée au fœtus qui se développe. • CEDH 20 mars 2007, *Tysiac c/ Pologne,* § 106 : *D. 2007. 2648, note Hennion-Jacquet ; JCP 2007. II. 10071, note Mathieu.*

17. *Liberté sexuelle et ses limites.* La Cour reconnaît la nécessité, dans une société démocratique, d'un certain contrôle du comportement homosexuel afin notamment de lutter contre l'exploitation et la corruption de personnes spécialement vulnérables à cause, par exemple, de leur jeunesse. Toutefois, il incombe d'abord aux autorités nationales de décider quelles garanties de ce genre commande la défense de la morale dans leur propre communauté, et en particulier de fixer l'âge avant lequel les jeunes doivent bénéficier de la protection du droit pénal. • CEDH 22 oct. 1981, *Dudgeon c/ Royaume-Uni, § 62 : préc. note 1.* ♦ Mais la restriction imposée à l'intéressé en vertu du droit nord-irlandais se révèle par son ampleur et son caractère absolu disproportionnée aux buts recherchés. • CEDH 22 oct. 1981, *Dudgeon c/ Royaume-Uni, § 61 in fine : préc. note 1* • 26 oct. 1988, *Norris c/ Irlande, §§ 35 s. : Série A n° 142.* ♦ Le code pénal chypriote réprime les relations homosexuelles privées. La cour estime que l'interdiction d'actes homosexuels entre adultes mâles et en privé atteint en permanence et directement le requérant dans sa vie privée. Il y a donc ingérence. • CEDH 22 avr. 1993, *Modinos c/ Chypre, § 24 : Série A n° 59.* ♦ L'un des rôles incontestable dévolu à l'État est la régulation, par le jeu du droit pénal, des pratiques qui entraînent des dommages corporels. Que ces actes soient commis dans un cadre sexuel ou un autre ne change rien (en l'espèce pratiques sado-masochistes). • CEDH 19 févr. 1997, *Laskey, Jaggard et Brown c/ Royaume-Uni, § 43 : préc. note 1.* ♦ Il en résulte que le droit pénal ne peut, en principe, intervenir dans le domaine des pratiques sexuelles consenties qui relèvent du libre arbitre des individus. Il faut dès lors qu'il existe des « raisons particulièrement graves » pour que soit justifiée, aux fins de l'art. 8, § 2, de la Convention, une ingérence des pouvoirs publics dans le domaine de la sexualité. • CEDH 17 févr. 2005, *K.A. et A.D. c/ Belgique, § 84 : n°s 42758/98 et 45558/99.* ♦ V. aussi pour un salarié, licencié à cause de ses pratiques sadomasochistes jugées incompatibles avec le métier • CEDH 16 sept. 2008, *Pay c/ Royaume-Uni,* n° 32792/05 : *D. 2009. 1861, note Marguénaud.* ♦ Les investigations menées sur l'homosexualité des requérants et leur révocation subséquente de la RAF motivée uniquement par celle-ci, en application de la politique d'interdiction absolue des homosexuels dans l'armée britannique suivie par le ministère de la défense, emportent violation de leur droit au respect de leur vie privée. • CEDH 27 sept. 1999, *Smith et Grady c/ Royaume-Uni, §§ 69 s. : Rec. 1999-VI.*

18. Changement d'identité sexuelle. La requérante se trouve quotidiennement placée dans une situation globalement incompatible avec le respect dû à sa vie privée. Dès lors, même eu égard à la marge nationale d'appréciation, il y a rupture du juste équilibre à ménager entre l'intérêt général et les intérêts de l'individu, donc infraction à l'art. 8. Plusieurs moyens d'y remédier s'offrent au choix de l'État défendeur ; la cour n'a pas à lui indiquer le plus adéquat. • CEDH 25 mars 1992, *B. c/ France, § 63 : Série A n° 232 C ; AFDI 1992. 629, obs. Coussirat-Coustère ; JDI 1993. 720, obs. Decaux et Tavernier ; JCP 1992. II. 21955, note Garé ; RTD civ. 1992. 540, obs. Hauser ; D. 1992. Somm. 325, obs. Renucci ; RUDH 1993. 1, obs. Sudre et a. ; D. 1993. 101, note J.-P. Marguénaud.* ♦ La Cour constate que la conversion sexuelle des requérantes a été effectuée en toute légalité et prise en charge par le service national de santé, ce qui impose, sous l'angle de l'art. 8 Conv. EDH, une cohérence des pratiques administratives et juridiques internes. Pour la Cour, lorsqu'un État autorise et finance tout ou partie d'une opération de conversion sexuelle, il paraît illogique qu'il refuse de reconnaître les implications juridiques du résultat d'une telle opération. • CEDH, gr. ch., 11 juill. 2002, *Goodwin c/ Royaume-Uni : D. 2003. Somm. 525, obs. Birsan ; ibid. 2032, note Chavent-Leclère ; ibid. Somm. 1935, obs. Lemouland ; AJ fam. 2002. 413, n° 12, obs. Granet ; JCP 2003. I. 109, n° 22, obs. Sudre ; RTD civ. 2002. 782, obs. Hauser ; RTD civ. 2002. 862, obs. Marguénaud et Raynard ; JDI 2003. 556, obs. Decaux et Tavernier ; JCP 2003. I. 101, obs. Rubellin-Devichi ; Gaz. Pal. 15-16 oct. 2003. 31, note Massip.* – V. égal. • CEDH 11 juill. 2002, *I. c/ Royaume-Unis,* n° 25680/94.

19. Droit à l'image. Ne constitue pas une atteinte à la vie privée le fait de présenter des photographies d'identité à l'occasion d'une enquête de police à partir du moment où ces photographies sont conservées dans des archives officielles et ne servent à la police que dans le cadre de ses enquêtes. • Comm. EDH 29 nov. 1993, *Doorson c/ Pays-Bas : DR 75/231.* ♦ S'il existe un droit du public à être informé, droit essentiel dans une société démocratique qui, dans des circonstances particulières, peut même porter sur des aspects de la vie privée de personnes publiques, notamment lorsqu'il s'agit de personnalités politiques, cela n'est pas le cas en l'occurrence : en effet, celui-ci se situe en dehors de la sphère de tout débat politique ou public, car les photos publiées et les commentaires les accompagnant se rapportent exclusivement à des détails de la vie privée de la requérante. • CEDH 24 juin 2004, *Von Hannover c/ Allemagne, § 64 : D. 2004. Somm. 2538, obs. Renucci ; D. 2005. 340, note Halpérin ; JCP 2004. I. 161, n° 8, obs. Sudre ; RTD civ. 2004. 802, obs. Marguénaud.* ♦ L'image d'un individu est l'un des attributs principaux de sa personnalité, du fait qu'elle dégage son originalité et lui permet de se différencier de ses congénères. Le droit de la personne à la protection de son image constitue ainsi l'une des composantes essentielles de son épanouissement personnel et présuppose principalement la maîtrise par l'individu de son image. Si pareille maîtrise implique dans la plupart des cas la possibilité pour l'individu de refuser la diffusion de son image, elle comprend en même temps le droit pour lui de s'opposer à la captation, la conservation et la reproduction de celle-ci par autrui. • CEDH 15 janv. 2009, *Reklos et Davourlis c/ Grèce,* § 40 : *JCP 2009. I. 143, n° 18, obs. Sudre.* ♦ La Cour estime que l'art. 8 Conv. EDH n'impose pas une obligation de notification préalable à la diffusion d'informations personnelles, eu égard à l'effet dissuasif qu'aurait une telle obligation sur l'exercice de la liberté d'expression, s'agissant non seulement d'informations poursuivant un but de divertissement mais encore celles de nature politique et d'investigation, à l'efficacité douteuse d'un tel dispositif et à la large marge d'appréciation des États dans ce domaine. • CEDH 10 mai 2011, *Mosley c/ Royaume-Uni : D. actu. 20 mai 2011, obs. Lavric ; D. 2011. Actu. 1487*

20. La Cour rappelle que la notion de vie privée comprend des éléments se rapportant à l'identité d'une personne, tels que son nom, sa photo, son intégrité physique et morale ; la garantie offerte par l'art. 8 de la Convention est principalement destinée à assurer le développement, sans ingérences extérieures, de la personnalité de chaque individu dans les relations avec ses semblables. Il existe donc une zone d'interaction entre l'individu et des tiers qui, même dans un contexte public, peut relever de la vie privée. La publication d'une photo interfère dès lors avec la vie privée d'une personne, même si celle-ci est une personne publique. S'agissant de photos, la Cour a souligné que l'image d'un individu est l'un des attributs principaux de sa personnalité, du fait qu'elle exprime son originalité et lui permet de se différencier de ses pairs. Le droit de la personne à la protection de son image constitue ainsi l'une des conditions essentielles de son épanouissement personnel. Il présuppose principalement la maîtrise par l'individu de son image, laquelle comprend notamment la possibilité pour celui-ci d'en refuser la diffusion. La Cour rappelle également que, dans certaines circonstances, une personne, même connue du public, peut se prévaloir d'une « espérance légitime » de protection et de respect de sa vie privée. Dans les affaires du type de celle à l'examen se trouve en *cause non* pas un acte de l'État mais l'insuffisance alléguée de la protection accordée par les juridictions internes à la vie privée des requérants. Or si l'art. 8 a essentiellement pour objet de prémunir l'individu contre les ingérences arbitraires des pouvoirs publics, il ne se contente pas de commander à l'État de s'abstenir de pareilles ingérences : à cet engagement négatif peuvent s'ajouter des obligations positives inhérentes à un respect effectif de la vie privée ou familiale. Elles peuvent impliquer l'adoption de mesures visant au respect de la vie privée jusque dans les relations des individus entre eux. Cela vaut également pour la protection du droit à l'image contre les abus de la part de tiers. La frontière entre les obligations positives et négatives de l'État au regard de l'art. 8 ne se prête pas à une définition précise ; les principes applicables sont néanmoins comparables. En particulier, dans les deux cas, il faut prendre en compte le juste équilibre à ménager entre les intérêts concurrents en jeu. • CEDH, gr. ch., 7 févr. 2012, *Von Hannover c/ Allemagne, (n° 2),* n° 40660/08, §§ 95 à 99 : *D. 2012. 1040, note Renucci* • CEDH 19 sept. 2013, *Von Hannover c/ Allemagne (n° 3),* n° 8772/10, §§ 41 s.

21. Vidéosurveillance/Vidéoprotection. Le fait de surveiller les actes d'un individu dans un lieu public en utilisant un système de prise de vues sans enregistrer de données visuelles n'entraîne pas en soi une ingérence dans la vie privée de l'individu. Par contre, l'enregistrement des données et le caractère systématique ou permanent de celui-ci peuvent donner lieu à de telles considérations. C'est pourquoi, tant dans l'arrêt *Rotaru* que dans l'arrêt *Amann,* la Cour a estimé que la compilation de données par les services de sécurité sur des individus particuliers, même sans recours aux méthodes de surveillance secrète, constituait une ingérence dans la vie privée des requérants. Si un enregistrement permanent des voix de P.G. et de J.H. a été réalisé alors que ceux-ci répondaient à des questions dans une cellule d'un poste de police où des policiers les écoutaient, l'enregistrement de leurs voix en vue d'une analyse complémentaire a été considéré comme un traitement de données personnelles constituant une ingérence dans leur droit au respect de leur vie privée. • CEDH 28 janv. 2003, *Peck c/ Royaume-Uni,* n° 44647/98, § 59. ♦ La surveillance des faits et gestes d'une personne dans un lieu public au moyen d'un dispositif photographique ne mémorisant pas les données visuelles ne constitue pas en elle-même une forme d'ingérence dans la vie privée. En revanche, le fait de recueillir systématiquement de telles données et de les mémoriser peut soulever des questions liées à la vie privée. • CEDH 17 juill. 2003, *Perry c/ Royaume-Uni,* n° 63737/00, § 38. ♦ Un enregistrement vidéo montrant le comportement de la requérante sur son lieu de travail a été réalisé sans avertissement et sur instruction de son employeur. Les images ainsi obtenues ont été traitées, examinées par plusieurs autres employés et utilisées dans la procédure publique qui s'est déroulée devant les juridictions du travail. La « vie privée » de la requérante, au sens de l'art. 8, § 1, a donc été touchée par ces mesures. La Cour doit rechercher si l'État, eu égard à ses obligations positives découlant de l'art. 8, a ménagé un juste équilibre entre, d'une part, le droit de la requérante au respect de sa vie privée et, d'autre part, l'intérêt de son employeur à la protection de ses droits patrimoniaux en vertu de l'art. 1 du Protocole n° 1, et l'intérêt général lié à une bonne administration de la justice. Mais rien n'indique en l'espèce que les autorités nationales aient manqué de ménager un juste équilibre, dans le cadre de leur marge d'appréciation, entre, d'une part, le droit de la requérante au respect de sa vie privée et, de l'autre, l'intérêt de son employeur à la protection de ses droits patrimoniaux et l'intérêt général lié à la bonne administration de la justice. Cependant, l'équilibre que les autorités nationales ont ménagé entre les intérêts en cause ne semble pas constituer la seule manière pour elles de satisfaire à leurs obligations en vertu de la Convention. Les intérêts concurrents en jeu pourraient se voir accorder un poids différent à l'avenir, compte tenu de la mesure dans laquelle les intrusions dans la vie privée ont été rendues possibles par des technologies nouvelles et plus sophistiquées. • CEDH 5 oct. 2010, *Köpke c/ Allemagne*, n° 420/07. ♦ La vidéosurveillance permanente de détenus dans leurs cellules est contraire à la Convention. La mesure n'était pas « prévue par la loi » comme l'exigeait l'art. 8, § 2. Il y a donc eu violation de l'art. 8. • CEDH 2 juill. 2019, *Gorlov et a. c/ Russie*, n° 27057/06, §§ 98 à 100 • CEDH 27 août 2019, *Izmestyev c/ Russie*, n° 74141/10, § 130.

22. Géolocalisation. La Cour a estimé que la surveillance par GPS ainsi que le traitement et l'utilisation des données effectués par les autorités d'enquête constitue une ingérence dans la vie privée de l'intéressé. En revanche, en l'espèce, cette ingérence est justifiée au regard des garanties suffisantes offertes par le droit allemand et notamment par le fait que cette surveillance ne pouvait être ordonnée qu'à l'égard d'une personne soupçonnée d'une infraction extrêmement grave. • CEDH, 5ᵉ sect., 2 sept. 2010, *Uzun c/ Allemagne : D. 2011. 724, obs. Matsopoulou ; RSC 2011. Chron. 217, obs. Roets ; Dr. pénal 2011. Chron. 3, obs. Dreyer.*

23. Surveillance de masse. La législation en question n'est pas assortie de garanties suffisamment précises, effectives et complètes en ce qui concerne la prise, l'exécution et la réparation éventuelle des mesures de surveillance. (violation de l'art. 8). • CEDH 12 janv. 2016, *Szabo et Vissy c/ Hongrie*, n° 37138/14, §§ 57 s. ♦ Le droit russe ne satisfait pas à l'exigence relative à la « qualité de la loi » et n'est pas à même de limiter l'« ingérence » à ce qui est « nécessaire dans une société démocratique ». Dès lors, il y a eu violation de l'art. 8. • CEDH, gr. ch., 4 déc. 2015, *Roman Zakharov c/ Russie*, n° 47143/06, §§ 302 à 305. ♦ Le système suédois de ROEM offre des garanties adéquates et suffisantes contre l'arbitraire et le risque d'abus. La législation pertinente répond à l'exigence relative à la « qualité de la loi » et l'« ingérence » établie peut être considérée comme « nécessaire dans une société démocratique ». Enfin, la structure et le fonctionnement du système sont proportionnés au but visé. Dès lors, il n'y a pas eu violation de l'art. 8. • CEDH 19 juin 2018, *Centrum for rättvisa c/ Suède*, n° 35252/08, §§ 179 à 181. ♦ Dès lors que le régime découlant du chapitre II permet d'accéder aux données dans le but de lutter contre les infractions (et non spécifiquement contre les « infractions graves ») et n'est pas soumis au contrôle préalable d'un tribunal ou d'une instance administrative indépendante sauf lorsqu'il s'agit d'accéder aux données pour déterminer la source d'un journaliste, il ne peut être considéré comme prévu par la loi au sens de l'art. 8. Partant, il y a eu violation de ce texte. • CEDH 13 sept. 2018, *Big Brother Watch et a. c/ Royaume-Uni*, n° 58170/13, §§ 467 et 468.

24. Données personnelles. Le respect du caractère confidentiel des informations sur la santé constitue un principe essentiel du système juridique de toutes les parties contractantes à la convention. Il est capital non seulement pour protéger la vie privée des malades mais également pour préserver leur confiance dans le corps médical et les services de santé en général. La législation interne doit ménager des garanties appropriées pour empêcher toute communication ou divulgation de données à caractère personnel relatives à la santé qui ne serait pas conforme aux garanties prévues à l'art. 8 Conv. EDH. La Cour estime que le service de gynécologie avait des raisons pertinentes et suffisantes de communiquer à la Caisse le dossier médical de la requérante et que la mesure n'était pas disproportionnée au but légitime poursuivi. Elle conclut donc qu'il n'y a pas eu violation du droit au respect de la vie privée garanti à la requérante par l'art. 8 Conv. EDH. • CEDH 27 août 1997, *M. S. c/ Suède, §§ 41 et 44 : Rec. 1997-IV ; D. 2000. 521, note Laurent-Merle*. ♦ Il n'y a pas eu violation de l'art. 8 Conv. EDH du fait des ordonnances sommant les médecins de la requérante de témoigner, ni en raison de la saisie des dossiers médicaux la concernant et de leur adjonction au dossier de l'enquête. En revanche, la cour juge que la décision de rendre les renseignements médicaux dont il s'agit accessibles au public dès 2002 si elle était mise à exécution, emporterait violation de cet art., et qu'il y a eu violation dudit art. du fait de la divulgation de l'identité et de l'état de santé de la requérante dans l'arrêt, rendu public, de la cour d'appel. • CEDH 25 févr. 1997, *Z. c/ Finlande, § 114 : Rec. 1997-I ; JCP 1998. I. 107, obs. Sudre ; AJDA 1998. 37, obs. Flauss ; RSC 1998. 387, obs. Koering-Joulin*. ♦ La mémorisation dans un registre secret et la communication de données relatives à la « vie privée » d'un individu entrent dans le champ d'application de l'art. 8, § 1. • CEDH 26 mars 1987, *Leander c/ Suède, § 48 : Série A n° 116 ; Cah. dr. eur. 1988. 463, obs. Cohen-Jonathan ; RSC 1987. 749, obs. Pettiti et Teitgen ; JDI 1988. 858, obs. Rolland et Tavernier.* ♦ La Cour conclut que les garanties dont s'entoure le système suédois de contrôle du personnel remplissent les exigences du § 2 de l'art. 8. Vu sa grande marge d'appréciation, le Gouvernement défendeur était en droit de considérer que les intérêts de la sécurité nationale prévalaient en l'occurrence sur les intérêts individuels du requérant. L'ingérence que l'intéressé a subie ne saurait donc passer pour disproportionnée au but légitime poursuivi. • CEDH 26 mars 1987, *Leander c/ Suède, §§ 67 : préc. note 1.* ♦ Des données de nature publique peuvent relever de la vie privée lorsqu'elles sont, d'une manière systématique, recueillies et mémorisées dans des fichiers tenus par les pouvoirs publics. • CEDH 25 juin 1997, *Halford c/ Royaume-Uni, §§ 42 s. : Rec. 1997-III* • 4 mai 2000, *Rotaru c/ Roumanie, § 43 : Rec. 2000-V ; JCP 2001. I. 291, obs. Sudre ; RTDH 2001. 137, obs. de Schutter.* ♦ Le système roumain de collecte et d'archivage d'informations ne fournit pas de telles garanties, aucune procédure de contrôle n'étant prévue par la loi n° 14/1992, que ce soit pendant que la mesure ordonnée est en vigueur ou après. Dès lors la cour estime que le droit interne n'indique pas avec assez de clarté l'étendue et les modalités d'exercice du pouvoir d'appréciation des autorités dans le domaine considéré. La Cour en conclut que la détention et l'utilisation par le SRI d'informations sur la vie privée du requérant n'étaient pas « prévues par la loi », ce qui suffit à constituer une méconnaissance de l'art. 8. Au surplus, en l'espèce, cette circonstance empêche la cour de contrôler la légitimité du but recherché par les mesures ordonnées, et si celles-ci étaient, à supposer le but légitime, « nécessaires dans une société démocratique ». Partant, il y a eu violation de l'art. 8. • CEDH 4 mai 2000, *Rotaru c/ Roumanie, §§ 60 à 63 : préc. note 1.* ♦ La protection des données à caractère personnel joue un rôle fondamental pour l'exercice du droit au respect de la vie privée et familiale consacré par l'art. 8 Conv. EDH. La législation interne doit donc ménager des garanties appropriées pour empêcher toute utilisation de données à caractère personnel qui ne serait pas conforme aux garanties prévues dans cet article (V., *mutatis mutandis, Z c/ Finlande, précité, § 95*). La nécessité de disposer de telles garanties se fait d'autant plus sentir lorsqu'il s'agit de protéger les données à caractère personnel soumises à un traitement automatique, en particulier lorsque ces données sont utilisées à des fins policières. Le droit interne doit notamment assurer que ces données sont pertinentes et non excessives par rapport aux finalités pour lesquelles elles sont enregistrées, et qu'elles sont conservées sous une forme permettant l'identification des personnes concernées pendant une durée n'excédant pas celle nécessaire aux finalités pour lesquelles elles sont enregistrées. • CEDH 4 déc. 2008, *S. et Marper c/ Royaume-Uni*, n° 30562/04 et 30566/05, § 103 : *RSC 2009. 182, obs. Marguénaud ; RDIP 2009. 910, obs. Gonzalez ; JCP 2009. I. 104, n° 10, obs. Sudre ; AJ pénal 2009. 81, obs. Roussel ; Dr. pénal 2009. Chron. 4, obs. Dreyer.*

25. La mémorisation, par une autorité publique, de données relatives à la vie privée d'un individu peut constituer une ingérence au sens de l'art. 8. Peu importe que les informations mémorisées soient ou non utilisées par la suite. Toutefois, pour déterminer si les informations à caractère personnel conservées par les autorités font entrer en jeu l'un des aspects de la vie privée, la Cour tiendra dûment compte du contexte particulier dans lequel ces informations ont été recueillies et conservées, de la nature des données consignées, de la manière dont elles sont utilisées et traitées et des résultats qui peuvent en être tirés. La Cour estime qu'en l'occurrence la mémorisation de données relatives à la vie privée de la requérante, dont fait partie la profession, et leur conservation, constituent une ingérence au sens de l'art. 8 de la Convention, car il s'agit d'une donnée à caractère personnel se rapportant à un individu identifié ou identifiable. • CEDH 18 oct. 2011, *Khelili c/ Suisse*, n° 16188/07, §§ 55 et 56. ♦ La Cour considère qu'eu égard à l'absence, dans la législation nationale, de garanties propres à assurer que les renseignements obtenus grâce à une surveillance secrète sont détruits dès qu'ils ne sont plus nécessaires pour atteindre le but recherché le risque que les enregistrements des communications téléphoniques des requérants soient encore en possession du SRI sans que les requérants y aient accès est fort plausible. S'agissant de l'argument du Gouvernement selon lequel les enregistrements des communications des requérants auraient été détruits après dix jours, la Cour observe que, à supposer que la réglementation interne du SRI remplisse les conditions d'une « loi » accessible et prévisible, il demeure que la destruction des données est subordonnée à la condition qu'il n'y ait eu aucune demande de transcription et transmission de la part de l'unité qui avait demandé l'interception. Or, en l'espèce, le Gouvernement n'a fourni à la Cour aucune pièce attestant l'existence ou l'absence d'une telle demande. Compte tenu de ses conclusions dans les affaires précitées et des circonstances de la présente espèce, la Cour considère que les requérants ne jouissent pas du degré suffisant de protection contre l'arbitraire voulu par l'art. 8 de la Convention, en ce qui concerne la conservation par le SRI des données recueillies dans son activité d'interception des communications téléphoniques. Dès lors, la Cour estime qu'en l'espèce il y a eu violation de cet article. • CEDH 8 janv. 2013, *Bucur et Toma c/ Roumanie*, n° 40238/02, §§ 164 et 165.

26. Fichiers de police. Le régime de conservation dans le FAED des données de personnes soupçonnées d'avoir commis des infractions de faible gravité, mais non condamnées, ne traduit pas un juste équilibre entre les intérêts publics et privés en jeu ; partant, il y a en l'espèce eu violation de l'art. 8 Conv. EDH. • CEDH 18 avr. 2013,

M. K. c/ France, n° 19522/09 : *D. actu. 14 mai 2013, obs. Léna ; RSC 2013. 666, obs. Roets ; Procédures 2013, n° 197, obs. Chavent-Leclère ; JCP 2013, n° 855, obs. Sudre.* ♦ En permettant que soient conservées vingt ans des données relatives à des faits ayant été classés sans suite, la France porte une atteinte disproportionnée au droit à la vie privée. • CEDH 18 sept. 2014, *Brunet c/ France*, n° 21010/10 : *D. actu. 29 sept. 2014, obs. Gaté ; AJ pénal 2014. 539, obs. Roussel ; RSC 2015. 165, note Roets*. ♦ Le simple fait de mémoriser des données relatives à la vie privée d'un individu constitue une ingérence au sens de l'art. 8. Or, en ne faisant notamment aucune distinction, s'agissant de la conservation de l'ADN au FNAEG, entre les auteurs des crimes les plus graves et des infractions mineures, le droit français n'a pas assuré la proportionnalité de l'atteinte à la vie privée à l'objectif légitime poursuivi. • CEDH 22 juin 2017, *Aycaguer c/ France*, n° 8806/12 : *D. actu. 27 juin 2017, obs. de Montecler ; AJ pénal 2017. 391 s.*, *note Gautron*.

27. Fichiers de renseignement. Conservation des données. La conservation de données sensibles relatives aux activités militantes d'un individu non violent, dans un fichier de police relatif à l'extrémisme national, doit être strictement encadrée notamment grâce à un délai de conservation. • CEDH 24 janv. 2019, *Catt c/ Royaume-Uni*, n° 43514/15 : *Dr. pénal 2019. 116, obs. Nabat.* ♦ Il n'a pas été démontré que la conservation des données concernant la participation du requérant à des manifestations pacifiques, revêtait un caractère absolument nécessaire, ni qu'elle répondait aux besoins d'une enquête donnée. • CEDH 24 janv. 2019, *Catt c/ Royaume-Uni*, n° 43514/15, §§ 94 s.

28. Protection post mortem de la vie privée. Le vœu de faire disperser ses cendres dans sa propriété est intimement lié à la vie privée et tombe dans le champ d'application de l'art. 8 Conv. EDH. • Comm. EDH 10 mars 1981, *X. c/ RFA : DR 24/137.* ♦ La Cour considère l'art. 8 comme applicable à la question de savoir si la requérante était en droit d'assister à l'enterrement de son enfant, éventuellement accompagné d'une cérémonie, et de voir sa dépouille transportée dans un véhicule approprié. • CEDH 14 févr. 2008, *Hadri-Vionnet c/ Suisse*, § 52 : *JCP 2008. I. 167, n° 14, obs. Sudre.*

29. Droit de connaître ses origines. Aux yeux de la Cour, les personnes se trouvant dans la situation du requérant ont un intérêt primordial, protégé par la Convention, à recevoir les renseignements qu'il leur faut pour connaître et comprendre leur enfance et leurs années de formation. Cependant, on doit aussi considérer que le caractère confidentiel des dossiers officiels revêt de l'importance si l'on souhaite recueillir des informations objectives et dignes de foi ; en outre, il peut être nécessaire pour préserver des tiers. Sous ce dernier aspect, un système qui subordonne l'accès aux dossiers à l'acceptation des informateurs, comme au Royaume-Uni, peut en principe être tenu pour compatible avec l'art. 8, eu égard à la marge d'appréciation de l'État. Il doit toutefois sauvegarder, quand un informateur n'est pas disponible ou refuse abusivement son accord, les intérêts de quiconque cherche à consulter des pièces relatives à sa vie privée et familiale ; il ne cadre avec le principe de proportionnalité que s'il charge un organe indépendant, au cas où un informateur ne répond pas ou ne donne pas son consentement, de prendre la décision finale sur l'accès. Or il n'en allait pas ainsi en l'espèce. Partant, les procédures suivies n'ont pas assuré à la vie privée et familiale de l'intéressé le respect voulu par l'art. 8, lequel a donc été enfreint. • CEDH 7 juill. 1989, *Gaskin c/ Royaume-Uni, § 49 : Série A n° 160 ; Ann. fr. dr. int. 1991. 604, obs. Coussirat-Coustère ; RTDH 1990. 361, obs. Lambert ; JDI 1990. 715, obs. Rolland et Tavernier.* ♦ La Cour relève que la quête de la requérante n'est pas de remettre en cause l'existence de sa filiation adoptive mais de connaître les circonstances de sa naissance et de son abandon englobant la connaissance de l'identité de ses parents biologiques et de ses frères. C'est la raison pour laquelle elle n'estime pas nécessaire d'examiner l'affaire sous l'angle de la vie familiale, mais sous celui de la vie privée. En effet, c'est de l'impossibilité d'avoir accès à ses origines et à des données identifiantes sur celles-ci que la requérante tire, au nom de la vérité biologique, sa revendication à connaître son histoire personnelle. La Cour rappelle à cet égard que « l'article 8 protège un droit à l'identité et à l'épanouissement personnel et celui de nouer et de développer des relations avec ses semblables et le monde extérieur. (...) La sauvegarde de la stabilité mentale est à cet égard un préalable inéluctable à la jouissance effective du droit au respect de la vie privée ». A cet épanouissement contribuent l'établissement des détails de son identité d'être humain et l'intérêt vital, protégé par la Convention, à obtenir des informations nécessaires à la découverte de la vérité concernant un aspect important de son identité personnelle, par exemple l'identité de ses géniteurs. La naissance, et singulièrement les circonstances de celle-ci, relève de la vie privée de l'enfant, puis de l'adulte, garantie par l'art. 8 de la Convention qui trouve ainsi à s'appliquer en l'espèce. • CEDH, gr. ch., 13 févr. 2003, *Odièvre c/ France, n° 43226/98, §§ 28 et 29 : JCP 2003. II. 10049, note Gouttenoire-Cornut et Sudre ; RTDH 2003. 375, obs. Marguénaud ; Dr. fam. 2003, n° 58, obs. P. Murat.* ♦ En l'espèce, la Cour observe que la requérante a eu accès à des informations non identifiantes sur sa mère et sa famille biologique lui permettant d'établir quelques racines de son histoire dans le respect de la préservation des intérêts des tiers. Par ailleurs, le système mis en place par la France récemment, s'il conserve le principe de l'admission de l'accouchement sous X, renforce la possibilité de lever le secret de l'identité qui existait au demeurant à tout moment avant l'adoption de la L. du 22 janv. 2002. La nouvelle loi facilitera la recherche des origines biologiques grâce à la mise en place d'un Conseil national pour l'accès aux origines personnelles, organe indépendant, composé de magistrats, de représentants d'associations concernées par l'objet de la loi et de professionnels ayant une bonne connaissance pratique des enjeux de la question. D'application immédiate, elle peut désormais permettre à la requérante de solliciter la réversibilité du secret de l'identité de sa mère sous réserve de l'accord de celle-ci de manière à assurer équitablement la conciliation entre la protection de cette dernière et la demande légitime de l'intéressée, et il n'est même pas exclu, encore que cela soit peu probable, que, grâce au nouveau conseil institué par le législateur, la requérante puisse obtenir ce qu'elle recherche. La législation française tente ainsi d'atteindre un équilibre et une proportionnalité suffisante entre les intérêts en cause. La Cour observe à cet égard que les États doivent pouvoir choisir les moyens qu'ils estiment les plus adaptés au but de la conciliation ainsi recherchée. Au total, la Cour estime que la France n'a pas excédé la marge d'appréciation qui doit lui être reconnue en raison du caractère complexe et délicat de la question que soulève le secret des origines au regard du droit de chacun à son histoire, du choix des parents biologiques, du lien familial existant et des parents adoptifs. Partant, il n'y a pas eu violation de l'art. 8 de la Convention. • Même arrêt, §§ 48 et 49. ♦ La Cour note qu'à la différence du système français examiné dans l'arrêt *Odièvre*, la législation italienne ne tente de ménager aucun équilibre entre les droits et les intérêts concurrents en cause. En l'absence de tout mécanisme destiné à mettre en balance le droit de la requérante à connaître ses origines avec les droits et les intérêts de la mère à maintenir son anonymat, une préférence aveugle est inévitablement donnée à cette dernière. Par ailleurs, dans l'arrêt *Odièvre*, la Cour observe que la nouvelle L. du 22 janv. 2002 renforce la possibilité de lever le secret de l'identité et facilite la recherche des origines biologiques grâce à la mise en place d'un Conseil national pour l'accès aux origines personnelles. D'application immédiate, elle permet désormais aux personnes intéressées de solliciter la réversibilité du secret de l'identité de la mère, sous réserve de l'accord de celle-ci, ainsi que d'avoir accès à des informations non identifiantes. En Italie, le projet de loi de réforme de la L. n° 184/1983 est toujours en examen au Parlement depuis 2008. Dans le cas d'espèce, la Cour note que, si la mère biologique a décidé de garder l'anonymat, la législation italienne ne donne aucune possibilité à l'enfant adopté et non reconnu à la naissance de demander soit l'accès à des informations non identifiantes sur ses origines, soit la réversibilité du secret. Dans ces conditions, la Cour estime que l'Italie n'a pas cherché à établir un équilibre et une proportionnalité entre les intérêts des parties concernées et a donc excédé la marge d'appréciation qui doit lui être reconnue. Partant, il y a eu violation de l'art. 8 de la Convention. • CEDH 25 sept. 2012, ♔ *Godelli c/ Italie*, n° 33783/09, §§ 70 à 72.

2. Protection de la vie privée *lato sensu*

30. Relations interindividuelles. Les obligations positives de l'État, inhérentes à un respect effectif de la vie privée et familiale, peuvent impliquer l'adoption de mesures visant au respect de la vie privée jusque dans les relations des individus entre eux. Ni l'art. 28 *ter* ni l'art. 239, § 2, C. pén. n'assuraient donc à l'intéressé une protection concrète et effective. Il faut en conclure, compte tenu de la nature du méfait dont il s'agit (viol d'une personne handicapée), qu'elle a été victime d'une violation de l'art. 8. • CEDH 26 mars 1985, ♔ *X. et Y. c/ Pays-Bas, §§ 23 et 30 : préc. note 3.* ♦ La garantie offerte par l'art. 8 Conv. EDH est principalement destinée à assurer le développement, sans ingérences extérieures, de la personnalité de chaque individu dans les relations avec ses semblables. • CEDH 24 févr. 1998, ♔ *Botta c/ Italie, § 32 : préc. note 3.* ♦ La direction de la télévision publique roumaine, après avoir retiré de l'antenne une journaliste, avait publié un communiqué de presse attentatoire au droit à la réputation de l'intéressée. Le communiqué en question, qui invoquait un déficit d'audience, faisait également référence au manque de discernement de la journaliste, prétendument victime de manipulations politiques, à des problèmes familiaux ainsi qu'à des relations conflictuelles avec ses collègues. La Cour relève que les insinuations de manipulation sont dépourvues de toute base factuelle, que la divulgation d'éléments relevant de la vie privée de l'intéressée n'était pas nécessaire, de même que la référence au manque de discernement de la journaliste. Elle en déduit la violation de l'art. 8 Conv. EDH, faute pour les autorités roumaines d'avoir ménagé un juste équilibre entre protection de la réputation et liberté d'expression, alors que pesaient sur elles une obligation positive pouvant nécessiter l'adoption de mesures visant à assurer le respect de la vie privée jusque dans les relations des individus entre eux. • CEDH 3 mai 2011, *Sipos c/ Roumanie : D. actu. 23 mai 2011, obs. Lavric.*

31. Exercice d'une activité professionnelle et surveillance sur le lieu de travail. La Cour considère que l'interdiction litigieuse affecte sensiblement la possibilité pour les requérants d'exercer diverses activités professionnelles et entraîne des conséquences sur la jouissance par eux du droit au respect de la « vie privée » au sens de l'art. 8. • CEDH 27 juill. 2004, ♔ *Sidabras et Dziautas c/ Lituanie*, n°s 55480/00 et 59330/00,

§ 50 : *JCP 2005. I. 103, n° 10, obs. Sudre.* ♦ *Adde* • CEDH 24 juill. 2003, *Smirnova c/ Russie*, §§ 89 s. : *Rec. 2003-IX* (confiscation du « passeport interne » en Russie qui permet de prouver son identité et qui est exigé, notamment, pour trouver un emploi). ♦ Il n'y a aucune raison de principe de considérer que la « vie privée » exclut les activités professionnelles. Des restrictions apportées à la vie professionnelle peuvent tomber sous le coup de l'art. 8, lorsqu'elles se répercutent dans la façon dont l'individu forge son identité sociale par le développement des relations avec ses semblables. • CEDH 28 mai 2009, *Bigaeva c/ Grèce : JCP 2009. I. 143, n° 16, obs. Sudre.* ♦ Les appels téléphoniques émanant de locaux professionnels sont *a priori* compris dans les notions de « vie privée » et de « correspondance » au sens de l'art. 8 § 1. Il s'ensuit logiquement que les messages électroniques envoyés depuis le lieu de travail doivent jouir de la même protection au titre de l'art. 8, tout comme les éléments recueillis au moyen d'une surveillance de l'usage qu'une personne fait de l'internet. • CEDH 3 avr. 2007, *Copland c/ Royaume-Uni*, § 41 : *JCP 2007. I. 182, n° 7, obs. Sudre ; RTDH 2009. 779 s., obs. Kefer et Cornelis.* ♦ Un employeur ne peut accéder avec un logiciel espion aux conversations privées tenues par le salarié via une messagerie instantanée sans l'avoir averti, clairement et préalablement à la mise en place de toute surveillance, de la nature et de l'ampleur de cette dernière. • CEDH gr. ch., 5 sept. 2017, *Bărbulescu c/ Roumanie*, n° 61496/08 : *D. actu. 11 sept. 2017, obs. Peyronnet.* ♦ V. cep. • CEDH 6 juin 2019, *Garamukanwa,c/ Royaume-Uni*, n° 70573/17. ♦ Les autorités internes n'ont pas excédé leur marge d'appréciation (non-violation). • CEDH 22 févr. 2018, *Libert c/ France*, n° 588/13, §§ 37 s. ♦ Au vu de ce qui précède, et nonobstant la marge d'appréciation de l'État défendeur, la Cour conclut en l'espèce que les juridictions internes n'ont pas ménagé un juste équilibre entre le droit des requérantes au respect de leur vie privée garanti par l'art. 8 de la Convention et l'intérêt de l'employeur à la préservation de ses droits patrimoniaux. • CEDH 9 janv. 2018, *Lopez Ribalda et a. c/ Espagne*, n° 1874/13 §§ 69 et 70. ♦ La Cour ne peut que conclure que la vidéosurveillance litigieuse sur le lieu de travail a constitué une ingérence dans l'exercice par les requérants de leur droit au respect de la vie privée, ingérence qui n'était pas « prévue par la loi » au sens de l'art. 8. • CEDH 28 nov. 2017, *Antovic et Mirkovic c/ Montenegro, n° 70838/13, §§ 55 s.*

32. Déclaration de soupçon et secret professionnel des avocats. En consacrant le droit de « toute personne » au respect de sa « correspondance », l'art. 8 de la Convention protège la confidentialité des « communications privées », quel que soit le contenu de la correspondance dont il est question, et quelle que soit la forme qu'elle emprunte. C'est donc la confidentialité de tous les échanges auxquels les individus peuvent se livrer à des fins de communication qui se trouve garantie par l'art. 8. Ainsi, dès lors qu'elle les astreint à fournir à une autorité administrative des informations relatives à une autre personne qu'ils détiennent à raison des échanges qu'ils ont eus avec elle, l'obligation de déclaration de soupçon mise à la charge des avocats constitue une ingérence dans leur droit au respect de leur correspondance. Elle constitue également une ingérence dans leur droit au respect de leur « vie privée », cette notion incluant les activités professionnelles ou commerciales. En l'espèce, certes, le requérant ne prétend ni s'être trouvé concrètement dans la situation de devoir déclarer de tels soupçons, ni avoir été sanctionné en application du règlement litigieux pour avoir omis de le faire. Cependant, comme indiqué précédemment, il se trouve confronté au dilemme suivant : soit il se plie à ce règlement et renonce ainsi à sa conception du principe de confidentialité des échanges entre l'avocat et son client et du secret professionnel des avocats ; soit il ne s'y plie pas et s'expose à des sanctions disciplinaires pouvant aller jusqu'à la radiation. Ainsi, selon la Cour, l'obligation de déclaration de soupçon représente une « ingérence permanente » dans l'exercice par le requérant, en sa qualité d'avocat, des droits garantis par l'art. 8, même si ce n'est pas la sphère la plus intime de sa vie privée qui est en cause mais le droit au respect de ses échanges professionnels avec ses clients. Pareille ingérence enfreint l'article 8, sauf si elle est « prévue par la loi », dirigée vers un ou des buts légitimes au regard du § 2 et « nécessaire, dans une société démocratique », pour le ou les atteindre. • CEDH 6 déc. 2012, *Michaud c/ France*, n° 12323/11, §§ 90 à 93 : *D. actu. 12 déc. 2012, obs. Bachelet ; JCP 2013, n° 16, obs. Sudre ; ibid. n° 187, note H. Robert ; ibid. n° 188 note Picheral ; AJ pénal 2013.160, obs. Lasserre Capdeville ; Procédures 2013. Comm. 43, obs. Fricero ; AJDA 2013. 165, obs. Burgorgue-Larsen.* ♦ L'obligation de déclaration de soupçon à la charge des avocats est prévue par la loi au sein du code monétaire et financier, loi qui est accessible et claire dans la description des activités auxquelles elle s'applique. L'ingérence litigieuse vise à lutter contre le blanchiment de capitaux et les infractions pénales associées, poursuivant le but légitime de la défense de l'ordre et la prévention des infractions pénales. Enfin, l'obligation de déclaration de soupçon ne porte pas une atteinte disproportionnée au secret professionnel des avocats car ces derniers ne sont astreints à l'obligation de déclaration de soupçon que dans deux cas : d'une part, lorsque, dans le cadre de leur activité professionnelle, ils participent au nom et pour le compte de leur client à des transactions financières ou immobilières ou agissent en qualité de fiduciaire ; d'autre part, lorsque, toujours dans le cadre de leur activité professionnelle, ils assistent leur client dans la préparation ou la réalisation de transactions concernant six types d'opérations définies. L'obligation de déclaration de soupçon ne concerne donc que des activités éloignées de la mission de défense confiée aux avocats, qui constitue le fondement du secret professionnel attaché à cette profession, similaires à celles exercées par les autres professionnels soumis à cette obligation. En outre, la loi met en place un filtre protecteur du secret professionnel puisque les avocats ne communiquent pas les déclarations directement à Tracfin mais, selon le cas, au président de l'ordre des avocats au Conseil d'État et à la Cour de cassation ou au bâtonnier de l'ordre auprès duquel ils sont inscrits. Non-violation de l'art. 8 Conv. EDH. • Même arrêt.

33. Compte bancaire d'un avocat. Les réquisitions visant le compte bancaire d'un avocat ont violé l'art. 8, car le niveau de protection du secret professionnel n'était pas suffisant pour assurer sa conciliation avec l'objectif légitime poursuivi, en l'espèce, enquêter sur la suspicion de commission d'une infraction. • CEDH 27 avr. 2017, *Sommer c/ Allemagne*, n° 73607/13 : *AJ pénal 2017. 408, obs. de Combles de Nayves*. ♦ La Cour estime qu'il y a eu en l'espèce violation de l'art. 8, les mesures imposées aux requérants (avocats de profession) quant à la saisie de leurs données électroniques et au refus de les restituer ou de les détruire n'ayant répondu à aucun besoin social impérieux, qu'elles n'étaient pas, en tout état de cause, proportionnées aux buts légitimes visés et que, de ce fait, elles n'étaient pas nécessaire dans une société démocratique. Partant, la Cour conclut à la violation de l'art. 8. • CEDH 3 déc. 2019, *Kirdök et a. c/ Turquie*, n° 14704/12, §§ 58 et 60.

34. Sportifs de haut niveau (obligation de localisation pour le groupe « cible »). La Cour juge donc que l'État défendeur a ménagé un juste équilibre entre les différents intérêts en jeu, et qu'il n'y a pas eu violation de l'art. 8 Conv. EDH. • CEDH 18 janv. 2018, *Féd. nationale des assoc. et synd. de sportifs (FNASS) et a. c/ France*, n° 48151/11, §§ 151, 159, 163, 177 : *D. 2018. 1424, note Renucci ; RTDH 2019. 147 obs. Marguénaud ; AJDA 2018. 135, obs. Pastor ; JCP 2018. 225 obs. Sudre.*

b. Protection de la vie familiale

35. Pluralité des modèles familiaux. En garantissant le droit au respect de la vie familiale, l'art. 8 présuppose l'existence d'une famille. Cet art. ne distingue pas entre famille « légitime » et famille « naturelle ». Pareille distinction se heurterait aux mots « toute personne ». • CEDH 13 juin 1979, *Marckx c/ Belgique, § 31 : Série A n° 31 ; Cah. dr. eur. 1980. 473, obs. Cohen-Jonathan ; Ann. fr. dr. int. 1980. 317, obs. Pelloux ; JDI 1982. 183, obs. Rolland.* ♦ La notion de famille au sens de l'art. 8 ne se borne pas aux seules relations fondées sur le mariage et peut englober d'autres liens familiaux factuels lorsque les parties cohabitent en dehors du mariage. • CEDH 13 juill. 2000, *Elsholz c/ Allemagne : Rec. 2000-VIII, § 43 ; JCP 2001. I. 291, obs. Sudre.* ♦ Le fait que la relation se brise par la suite ne modifie pas davantage cette conclusion qu'elle ne le ferait pour un couple légalement marié et dans une situation comparable. • CEDH 26 mai 1994, *Keegan c/ Irlande, § 45 : Série A n° 290 ; JCP 1995. I. 3823, obs. Sudre* • 17 oct. 1994, *Kroon et a. c/ Pays-Bas, §§ 30 : Série A n° 297-C ; JCP 1995. I. 3823, obs. Sudre.* ♦ La cour ne voit pas dans la vie commune une condition sans laquelle on ne saurait parler de vie familiale entre parents et enfants mineurs. • CEDH 21 juin 1988, *Berrehab c/ Pays-Bas, § 21 : Série A n° 138 ; RSC 1988. 845 ; JDI 1990. 822, obs. Rolland et Tavernier.* ♦ Prise en compte de liens familiaux existants *de facto* : • CEDH 28 juin 2007, *Wagner et J.M.W.L. c/ Luxembourg : préc. note 3.* ♦ Le droit de ne pas témoigner en défaveur d'un individu suspecté d'avoir commis une infraction grave s'analyse en une dispense de l'accomplissement d'une obligation civique normale d'intérêt général ; lorsqu'un tel droit est reconnu, il peut être subordonné à des conditions et à des exigences de forme : tout État qui prévoit dans sa législation la possibilité d'une telle dispense peut donc parfaitement la circonscrire au mariage et au partenaire enregistré, l'excluant de fait pour les concubins. • CEDH, gr. ch., 3 avr. 2012, *V. der H. c/ Pays-Bas*, n° 42857/05 : *Dr. pénal 2013. Chron. 4, obs. Dreyer.*

36. Adoption des enfants. La Cour rappelle que, bien que « le droit d'adopter ne figure pas en tant que tel au nombre des droits garantis par la Convention » (*Fretté c/ France*, n° 36515/97, § 29, *CEDH 2002-I*), « les relations entre un adoptant et un adopté sont en principe de même nature que les relations familiales protégées par l'art. 8 Conv. EDH » • CEDH 28 juin 2007, *Wagner et J.M.W.L. c/ Luxembourg*, n° 76240/01, § 120 : *préc. note 3.* ♦ V. aussi : • 22 juin 2004, *Pini et Bertani c/ Roumanie, § 140 : D. 2004. 3026, note Renucci et Berro-Lefèvre ; JCP 2004. I. 161, obs. Sudre ; ibid. 2005. I. 116, n° 4, obs. Rubellin-Devichi.* ♦ Les juges luxembourgeois ne pouvaient raisonnablement refuser la reconnaissance des liens familiaux qui préexistaient *de facto* entre les requérantes et se dispenser ainsi d'un examen concret de la situation. Rappelant par ailleurs que la Convention est « un instrument vivant, à interpréter à la lumière des conditions de vie actuelles », elle estime que les motifs invoqués par les autorités nationales – à savoir l'application stricte, conformément aux règles luxembourgeoises de conflits de lois, de l'art. 367 C. civ. qui réserve l'adoption plénière aux époux – ne sont pas « suffisants » aux fins du § 2 de l'art. 8. • CEDH 28 juin 2007, *Wagner et*

J.M.W.L. c/ Luxembourg, § 135 : *préc. note 3.* ♦ La Cour considère que les motifs avancés par la Cour de cassation pour refuser de reconnaître l'adoption du requérant ne répondent pas à un besoin social impérieux. Ils ne sont donc pas proportionnés au but légitime poursuivi en ce qu'ils ont eu pour effet la négation du statut de fils adoptif du requérant. Partant, il y a eu violation de l'art. 8 Conv. EDH. • CEDH 3 mai 2011, *Negrepontis-Giannisis c/ Grèce*, n° 56759/08, §§ 74 et 76.

37. L'intérêt de l'enfant. La Cour estime que la notion d'« intérêt supérieur » de l'enfant est également primordiale dans le cadre des procédures relevant de la Convention de La Haye. Parmi ses éléments constitutifs figure le fait, pour le mineur, de ne pas être éloigné d'un de ses parents et retenu par l'autre, c'est-à-dire par celui qui estime, à tort ou à raison, avoir un droit aussi ou plus important sur sa personne. • CEDH 6 déc. 2007, *Maumousseau et Washington c/ France*, § 68 : *D. 2008. Pan. 1855, obs. Gouttenoire et Bonfils* ; *AJ fam. 2008. 83, obs. Boiche*. ♦ L'intérêt de l'enfant commande qu'il puisse bénéficier rapidement de relations affectives stables au sein d'une nouvelle famille • CEDH 10 janv. 2008, *Kearns c/ France*, § 59 : *JCP 2008. I. 167, n° 15, obs. Sudre.*

38. La Cour observe que l'on se trouve, dans ce type d'affaire, en présence d'intérêts difficilement conciliables, ceux de la mère biologique, ceux de l'enfant et ceux de la famille d'adoption. L'intérêt général n'est pas non plus absent. Dans la recherche de l'équilibre entre ces différents intérêts, l'intérêt supérieur de l'enfant doit primer. • CEDH 10 janv. 2008, *Kearns c/ France*, § 79 : *JCP 2008. I.167, n° 15, obs. Sudre.*

39. Gestation pour autrui. Porte atteinte à l'identité de l'enfant né de gestation pour autrui (GPA) au sens de l'art. 8 Conv. EDH l'absence de reconnaissance de sa filiation sur les registres d'état civil français. • CEDH 26 juin 2014, *Mennesson c/ France : D. actu. 30 juin 2014, obs. Coustet* • 26 juin 2014, *Labassee c/ France : D. actu. 30 juin 2014, obs. Coustet ; D. 2014. 1797, note Chénedé* ; *ibid. 1787, obs. Bonfils et Gouttenoire* ; *ibid. 1806, note d'Avout* ; *AJ fam. 2014. 396, obs. Dionisi-Peyrusse*. ♦ Considérant les circonstances de l'espèce, la Cour ne voit aucune raison de conclure autrement que dans les affaires Mennesson et Labassee. • CEDH 21 juill. 2016, *Foulon et Bouvet c/ France*, n° 9063/14, §§ 55 à 57 • CEDH 19 janv. 2017, *Laborie c/ France*, n° 44024/13, §§ 29 s. ♦ Compte tenu des éléments présentés, à savoir l'absence de tout lien biologique entre l'enfant et les parents d'intention, la courte durée de la relation avec l'enfant et la précarité des liens du point de vue juridique, et malgré l'existence d'un projet parental et la qualité des liens affectifs, la Cour estime que les conditions permettant de conclure à l'existence d'une vie familiale *de facto* ne sont pas remplies. Partant, la Cour conclut à l'absence de vie familiale en l'espèce. La Cour considère que les mesures litigieuses relèvent de la vie privée des requérants. La Cour ne sous-estime pas l'impact que la séparation immédiate et irréversible d'avec l'enfant doit avoir eu sur la vie privée des requérants. Si la Convention ne consacre aucun droit de devenir parent, la Cour ne saurait ignorer la douleur morale ressentie par ceux dont le désir de parentalité n'a pas été ou ne peut être satisfait. Toutefois, l'intérêt général en jeu pèse lourdement dans la balance, alors que, comparativement, il convient d'accorder une moindre importance à l'intérêt des requérants à assurer leur développement personnel par la poursuite de leurs relations avec l'enfant. Accepter de laisser l'enfant avec les requérants, peut-être dans l'optique que ceux-ci deviennent ses parents adoptifs, serait revenu à légaliser la situation créée par eux en violation de règles importantes du droit italien. La Cour admet donc que les juridictions italiennes, ayant conclu que l'enfant ne subirait pas un préjudice grave ou irréparable en conséquence de la séparation, ont ménagé un juste équilibre entre les différents intérêts en jeu en demeurant dans les limites de l'ample marge d'appréciation dont elles disposaient en l'espèce. Dès lors, il n'y a pas eu violation de l'art. 8. • CEDH, gr. ch., 24 janv. 2017, *Paradiso et Campanelli c/ Italie*, n° 25358/12, §§ 157 et 158, 215 et 216.

40. L'assistance éducative et le placement des enfants. Selon la Cour, il aurait peut-être été souhaitable que les experts privés fussent impliqués davantage aux différentes phases de l'expertise et pas uniquement lors de la réunion d'évaluation de ses résultats, bien qu'il ne ressorte pas du dossier que les experts privés l'aient effectivement demandé. Néanmoins, les circonstances évoquées par le requérant ne suffisent pas à elles seules à nuire à l'équité d'une procédure qui s'est appuyée non seulement sur l'expertise mise en cause, mais également sur toute une série de rapport des services sociaux. En conclusion, il n'y a pas non plus violation de l'art. 8 quant aux modalités de l'expertise. • CEDH 16 sept. 1999, *Buscemi c/ Italie, § 62 : Rec. 1999-VI ; JCP 2000. I. 203, obs. Sudre.* ♦ Compte tenu de leur gravité, les mesures visant à séparer un parent de son enfant ne doivent pas durer plus qu'il n'est nécessaire à la protection des droits de l'enfant et quand c'est possible, l'État doit prendre des mesures pour réunir parent et enfant. • CEDH 10 mai 2001, *TP et KM c/ Royaume-Uni, § 78 : JCP 2001. I. 342, obs. Sudre.* ♦ Un juste équilibre doit être ménagé entre les intérêts de l'enfant à demeurer placé et ceux du parent à vivre avec lui. (…). En procédant à cet exercice, la Cour attachera une importance particulière à l'intérêt supérieur de l'enfant qui, selon sa nature et sa gravité, peut l'emporter sur celui du parent. • CEDH 13 juill. 2000, *Scoz-*

zari et Giunta c/ Italie, § 169 : Rec. 2000-VIII ; JCP 2000. I. 291, obs. Sudre. ♦ Le placement d'un enfant ne constitue pas une violation de l'art. 8 dès lors que cette ingérence est prévue par la loi, poursuit un but légitime et est nécessaire dans une société démocratique. • CEDH 26 juill. 2007, *Schmidt c/ France, § 95 : JCP 2008. I. 110, n° 12, obs. Sudre.*

41. La Cour estime que, en suivant de près la situation des enfants et des requérants, les autorités compétentes ont toujours visé à garantir l'intérêt des enfants, tout en s'efforçant de ménager un juste équilibre entre les droits des requérants et ceux des mineurs. Partant, la Cour conclut que l'ingérence dans le droit des requérants était « nécessaire dans une société démocratique » et qu'il n'y a pas eu, en l'espèce, violation de l'art. 8 Conv. EDH. • CEDH 24 oct. 2017, *Achim c/ Roumanie,* n° 45959/11, §§ 126 et 127. ♦ La Cour estime qu'il faut normalement considérer la prise en charge d'un enfant comme une mesure temporaire, à suspendre dès que la situation s'y prête et que tout acte d'exécution doit concorder avec un but ultime : unir à nouveau le parent naturel et l'enfant. • CEDH 18 juin 2019, *Haddad c/ Espagne,* n° 16572/17, § 69. ♦ Par ailleurs, les autorités n'ont pas expliqué en quoi il était contraire à l'intérêt supérieur de l'enfant de voir ses parents plus souvent, alors même que les retours sur l'interaction de la famille au cours des visites étaient positifs. • CEDH 19 nov. 2019, *K.O. et V.M. c/ Norvège,* n° 64808/16, §§ 61 s. ♦ Le placement temporaire d'enfants dans un foyer parce que les parents avaient refusé de les scolariser ne constitue pas une violation de l'art. 8 Conv. EDH. • CEDH 10 janv. 2019, *Wunderlich c/ Allemagne,* n° 18925/15, §§ 42 s. ♦ La Cour considère que le processus à l'origine de la décision litigieuse du 22 févr. 2012 n'a pas été conduit de manière à ce que tous les avis et intérêts des requérants fussent dûment pris en compte. Elle estime donc que la procédure en cause n'a pas été entourée de garanties proportionnées à la gravité de l'ingérence et des intérêts en jeu. A la lumière de ce qui précède, la Cour conclut à la violation de l'art. 8. • CEDH, gr. ch., 10 sept. 2019, *Strand Lobben et a. c/ Norvège,* n° 37283/13, §§ 202, 207, 225 et 226. ♦ La décision de placer un enfant en famille d'accueil et d'autoriser l'adoption d'un autre, contre la volonté des mères viole l'art. 8 Conv. EDH. • CEDH 17 déc. 2019, *A.S. c/ Norvège,* n° 60371/15, §§ 57 s. • CEDH 17 déc. 2019, *Abdi Ibrahim c/ Norvège,* n° 15379/16, §§ 51 s.

42. Déplacement illicites d'enfants. Les obligations que l'art. 8 Conv. EDH fait peser sur les États contractants en matière de réunion d'un parent à ses enfants doivent s'interpréter à la lumière de la Convention relative aux droits de l'enfant du 20 nov. 1989 et de la Convention de La Haye du 25 oct. 1980 sur les aspects civils de l'enlèvement international d'enfants. • CEDH 22 juin 2006, *Bianchi c/ Suisse,* n° 7548/04, § 82. ♦ Eu égard à la marge d'appréciation des autorités en la matière, la décision de retour se fondait sur des motifs pertinents et suffisants aux fins du § 2 de l'art. 8, considéré à la lumière de l'art. 13 *b)* de la Convention de La Haye et de l'art. 3, § 1 de la Convention relative aux droits de l'enfant, et qu'elle était proportionnée au but légitime recherché. • CEDH 6 déc. 2007, *Maumousseau et Washington c/ France,* n° 39388/05, § 81. ♦ Cf. cependant : En conclusion, et à la lumière de toutes ces considérations, notamment des changements ultérieurs dans la situation des intéressés, indiqués en particulier dans l'ordonnance de mesures provisionnelles du 29 juin 2009, la Cour n'est pas convaincue qu'il soit dans l'intérêt supérieur de l'enfant de retourner en Israël. Quant à la mère, elle subirait une ingérence disproportionnée dans son droit au respect de sa vie familiale si elle était contrainte de rentrer en Israël. En conséquence, il y aurait violation de l'art. 8 Conv. EDH dans le chef des deux requérants si la décision ordonnant le retour en Israël du second était exécutée. • CEDH, gr. ch., 6 juill. 2010, *Neulinger et Shuruk c/ Suisse,* n° 41615/07, § 151. ♦ *Contra* : • CEDH 7 mars 2013, *Rawer a. c/ France,* n° 10131/11, § 95. ♦ Par ailleurs, le préambule de la Convention de La Haye prévoyant le retour de l'enfant « dans l'État de sa résidence habituelle », les juges doivent s'assurer que les garanties adéquates sont assurées de manière convaincante dans ce dernier et, en cas de risque avéré, que des mesures de protection concrète y sont prises. • CEDH, gr. ch., 26 nov. 2013, *X... c/ Lettonie,* n° 27853/09, §§ 104 à 108. ♦ Compte tenu de ce qui précède, la Cour considère que les juges internes ont dûment pris en compte les allégations du requérant et que le processus décisionnel ayant conduit à l'adoption des mesures incriminées par les juridictions nationales a été équitable et a permis au requérant de faire valoir pleinement ses droits, et ce dans le respect de l'intérêt supérieur de l'enfant. Elle estime que, eu égard à la marge d'appréciation des autorités en la matière, la décision de retour se fondait sur des motifs pertinents et suffisants aux fins du § 2 de l'art. 8, considéré à la lumière de l'art. 13 *b)* de la Convention de la Haye et de l'art. 3, § 1 de la Convention relative aux droits de l'enfant, et qu'elle était proportionnée au but légitime recherché. Il s'ensuit qu'il n'y a pas eu violation de l'art. 8 Conv. EDH. • CEDH 10 oct. 2019, *Lacombre c/ France,* n° 23941/14, §§ 74 et 75.

2° PROTECTIONS INDIRECTES

a. *Préoccupations environnementales*

43. Protection de l'environnement. La Cour rappelle que des atteintes graves à l'environnement peuvent affecter le bien-être des personnes et les priver de la jouissance de leur domicile de manière à nuire à leur vie privée et familiale. Par ailleurs, elle souligne que l'art. 8 ne se borne pas à astreindre l'État à s'abstenir d'ingérences arbitraires : à cet engagement plutôt négatif peuvent s'ajouter des obligations positives inhérentes à un respect effectif de la vie privée. En tout état de cause, que l'on aborde la question sous l'angle de l'obligation positive de l'État d'adopter des mesures raisonnables et adéquates pour protéger les droits de l'individu en vertu du premier paragraphe de l'art. 8 ou sous celui d'une ingérence d'une autorité publique, à justifier selon le second paragraphe, les principes applicables sont assez voisins. Les États ont avant tout l'obligation positive, en particulier dans le cas d'une activité dangereuse, de mettre en place une réglementation adaptée aux spécificités de ladite activité, notamment au niveau du risque qui pourrait en résulter. Cette obligation doit régir l'autorisation, la mise en fonctionnement, l'exploitation, la sécurité et le contrôle de l'activité en question, ainsi qu'imposer à toute personne concernée par celle-ci l'adoption de mesures d'ordre pratique propres à assurer la protection effective des citoyens dont la vie risque d'être exposée aux dangers inhérents au domaine en cause. En ce qui concerne les obligations procédurales découlant de l'art. 8, la Cour rappelle qu'elle attache une importance particulière à l'accès du public à des informations permettant d'évaluer le danger auquel il est exposé. Elle rappelle de surcroît que l'art. 5, § 1 *c)*, de la Convention d'Aarhus, ratifiée par l'Italie, prévoit que chaque partie fait en sorte « qu'en cas de menace imminente pour la santé ou l'environnement, imputable à des activités humaines ou due à des causes naturelles, toutes les informations susceptibles de permettre au public de prendre des mesures pour prévenir ou limiter d'éventuels dommages qui sont en la possession d'une autorité publique soient diffusées immédiatement et sans retard aux personnes qui risquent d'être touchées ». • CEDH 10 janv. 2012, *Di Sarno et a. c/ Italie,* n° 30765/08, §§ 105 à 107. ♦ La requête d'une personne propriétaire d'une maison située entre un aéroport et une autoroute a été déclarée recevable. • Comm. EDH 15 juill. 1980, *Arrondelle c/ Royaume-Uni : DR 19/186.* ♦ Même solution pour les nuisances sonores d'un aéroport. • Comm. EDH 16 oct. 1985, *Baggs c/ Royaume-Uni : DR 44/13.* ♦ Mais irrecevabilité d'une requête en raison des nuisances sonores d'un champ de tir. • Comm. EDH 18 janv. 1989, *Vearcombe et a. c/ Royaume-Uni et RFA : DR 59/186.* ♦ V. également • Comm. EDH 3 oct. 1983, *G. et N. c/ Norvège : DR 35/30.*

44. Le bruit des avions de l'aéroport de Heathrow a diminué la qualité de la vie privée et les agréments du foyer des deux requérants, bien qu'à des degrés nettement différents. Aussi l'art. 8 entre-t-il en ligne de compte pour M. Powell comme pour M. Rayner. • CEDH 21 févr. 1990, *Powel et Rayner c/ Royaume-Uni, § 40 : Série A n° 172* • 2 oct. 2001, *Hatton et a. c/ Royaume-Uni, § 97 : JDI 2001. 303, obs. Tavernier.* ♦ Il va pourtant de soi que des atteintes graves à l'environnement peuvent affecter le bien-être d'une personne et la priver de la jouissance de son domicile de manière à nuire à sa vie privée et familiale, sans pour autant mettre en grave danger la santé de l'intéressée. • CEDH 9 déc. 1994, *Lopez Ostra c/ Espagne, § 51 : Série A n° 303-C ; RTD civ. 1996. 507 ; AJDA 1995. 212 et 1996. 376, obs. Flauss ; JCP 1995. I. 3823, obs. Sudre ; JDI 1995. 798, obs. Decaux et Tavernier ; Ann. fr. dr. int. 1994. 658, obs. Coussirat-Coustère.* ♦ La Cour rappelle que des atteintes graves à l'environnement peuvent toucher le bien-être des personnes et les priver de la jouissance de leur domicile de manière à nuire à leur vie privée et familiale. En l'espèce, les requérantes sont restées, jusqu'à l'arrêt de la production de fertilisants en 1994, dans l'attente d'informations essentielles qui leur auraient permis d'évaluer les risques pouvant résulter pour elles et leurs proches du fait de continuer à résider sur le territoire de Manfredonia, une commune aussi exposée au danger en cas d'accident dans l'enceinte de l'usine. La cour constate donc que l'État défendeur a failli à son obligation de garantir le droit des requérantes au respect de leur vie privée et familiale, au mépris de l'art. 8 Conv. EDH. • CEDH 19 févr. 1998, *Guerra c/ Italie, § 60 : Rec. 1998-I ; D. 1998. Somm. 370, obs. Renucci et 371, obs. Fricero ; RTD civ. 1998. 515, obs. Marguénaud ; JCP 1999. I. 105, obs. Sudre.*

45. Violation de l'art. 8 Conv. EDH, s'agissant d'une requérante habitant durant plusieurs années à proximité d'une usine à l'activité dangereuse bâtie à 30 m. de son domicile. L'Italie n'a pas su ménager un juste équilibre entre l'intérêt de la collectivité à disposer d'une usine de traitement de déchets industriels toxiques et la jouissance effective par la requérante du droit au respect de son domicile et de sa vie privée et familiale. • CEDH 2 nov. 2006, *Giacomelli c/ Italie : D. 2007. 1324* .♦ Irrecevabilité de la requête déposée par des faucheurs de maïs transgénique suite à leur condamnation par les juridictions françaises. La Cour a estimé, d'une part, que l'art. 8 Conv. EDH ne pouvait les affranchir de leur responsabilité pénale pour des actes délictueux et, d'autre part, qu'il n'y avait pas encore d'atteinte démontrée et qu'aucune *actio popularis* ne pouvait être admise en l'espèce. • CEDH 29 juin 2010, Caron c/ France, § 1 : Dr. pénal 2011. *Chron. 3, obs. Dreyer.*

46. Dans la mesure où en l'espèce le domicile des requérants se trouve, dès le début, dans une zone non prévue pour l'habitation, force est de constater qu'ils se sont volontairement placés dans une situation d'irrégularité. Il leur appartient par conséquent d'assumer les conséquences de cette situation. Cela est d'autant plus vrai qu'il ressort des éléments du dossier qu'en 1994 l'agrandissement et la transformation du logement demandés par les requérants avaient fait l'objet de plusieurs décisions de refus de la part de l'administration et que, malgré cela, ils avaient tout de même effectué les travaux en question, en violation de la législation urbanistique applicable. Par conséquent, les requérants ne sauraient se plaindre des nuisances émanant d'une carrière de pierre qui, elle, était installée légalement sur un terrain réglementairement affecté aux activités industrielles, étant entendu qu'une zone à vocation industrielle ne peut jouir de la même protection environnementale que les zones résidentielles. Contrairement à ce qu'il en était dans l'affaire *Martínez Martínez c/ Espagne* le Gouvernement a en l'espèce étayé ses assertions par la production de divers documents officiels émis par la municipalité et montrant que les requérants avaient établi leur domicile sur un terrain non destiné à un usage résidentiel. Au demeurant, la Cour constate que malgré l'irrégularité de l'emplacement de leur domicile, les tribunaux internes ont pris soin d'examiner le détail des prétentions des requérants et ont même ouvert une procédure pénale pour un éventuel délit contre l'environnement. Après avoir examiné les résultats du rapport d'expertise, ils ont conclu qu'il n'était pas possible de constater l'existence d'un délit et ont rendu un non-lieu par le biais d'une décision que la Cour ne peut considérer comme arbitraire ou dénuée de fondement. Compte tenu tant de l'installation irrégulière des requérants dans une zone où l'implantation d'habitations était exclue que du niveau des nuisances décelées, la Cour conclut qu'il ne peut être considéré que le comportement des autorités ait provoqué une atteinte au droit des requérants au respect de leur domicile, ainsi qu'à leur vie privée et familiale (V. *a contrario, Martínez Martínez*). Par conséquent, il n'y a pas eu violation de cette disposition. • CEDH 3 juill. 2012, ♔ *Martinez Martinez et Pino Manzano c/ Espagne*, n° 61654/08, §§ 48 à 51. ♦ Dans l'affaire *Flamenbaum*, les requérants se plaignent des nuisances sonores générées par l'allongement de la piste principale de l'aéroport dont *ils sont riverains* et des lacunes du processus décisionnel afférent à cet allongement. Ils allèguent la violation de l'art. 8 Conv. EDH. La Cour conclut donc que l'ingérence en cause était prévue par la loi, au sens de l'art. 8. Elle a relevé que les juridictions internes avaient reconnu le caractère d'utilité publique du projet d'allongement de la piste et a admis que le Gouvernement justifiait en l'espèce d'un but légitime, à savoir le bien-être économique de la région. Compte tenu des constatations qu'elle a faites et des mesures prises pour limiter l'impact des nuisances sonores pour les riverains, la Cour estime dès lors que les autorités ont ménagé un juste équilibre entre les intérêts en présence. La Cour conclut qu'il n'y a pas eu en l'espèce violation de l'art. 8 Conv. EDH. • CEDH 13 déc. 2012, *Flamenbaum et a. c/ France*, n°s 12323/11 et 23264/04, § 161.

47. Ligne à haute tension. Il n'a pas été prouvé que les valeurs des champs électromagnétiques générés par la ligne à haute tension ont atteint un niveau propre à avoir un effet néfaste sur la sphère privée et familiale des requérants. Le seuil minimum de gravité requis pour pouvoir considérer qu'il y a eu violation de l'art. 8 Conv. EDH n'a pas été atteint. • CEDH 6 févr. 2018, *Calancea et a. c/ Moldova*, n° 23225/05, §§ 32 et 33.

48. Construction d'un barrage sur un site archéologique. La Cour n'observe, à ce jour, aucun « consensus européen » ni même une tendance parmi les États membres du Conseil de l'Europe qui aurait pu nécessiter une remise en cause de l'étendue des droits en question ou qui aurait autorisé que l'on inférât des dispositions de la Convention un droit individuel universel à la protection de tel ou de tel héritage culturel, comme il est revendiqué dans la présente requête. Aussi déclare-t-elle la requête incompatible *ratione materiae* avec les dispositions de la Convention et la rejette en application de l'art. 35 §§ 3 (a) et 4 de celle-ci (irrecevabilité). • CEDH 29 janv. 2019, *Ahunbay et a. c/ Turquie*, n° 6080/06, §§ 21 à 26.

49. Usine sidérurgique polluante. Le juste équilibre à ménager entre, d'une part, l'intérêt des requérants de ne pas subir des atteintes graves à l'environnement pouvant affecter leur bien-être et leur vie privée et, d'autre part, l'intérêt de la société dans son ensemble n'a pas été respecté. Dès lors, il y a eu violation de l'art. 8. • CEDH 24 janv. 2019, ♔ *Cordella et a. c/ Italie*, n° 54414/13, §§ 157, 158, 159.

b. Situation des étrangers

50. Prérogatives des États et leurs limites. La Cour ne sous-estime nullement le souci des États contractants d'assurer l'ordre public, en particulier dans l'exercice de leur droit de contrôler, en vertu d'un principe de droit international bien établi et sans préjudice des engagements découlant pour eux de traités, l'entrée, le séjour et l'éloignement des non-nationaux. Toutefois, là où leurs décisions porteraient atteinte à un droit protégé par le § 1 de l'art. 8, elles doivent se révéler nécessaires dans une société démocratique, c'est-à-dire justifiées par un besoin social impérieux et, notamment, proportionnées au but légitime poursuivi. • CEDH 18 févr. 1991, ♔ *Moustaquim c/ Belgique, § 43 : Série A n° 193 ; Ann. fr. dr. int 1991. 586, obs. Coussirat-Coustère ; JDI 1992. 777, obs. Decaux et Tavernier ; D. 1992. Somm. 326, obs. Renucci* ✎ *; RUDH 1992. 1, obs. Sudre et a.* ♦ D'après un principe de droit international bien établi les États ont le droit, sans préjudice des engagements découlant pour eux de traités, de contrôler l'entrée des non-nationaux sur leur sol. • CEDH 28 mai 1985, *Abdulaziz, Cabales et Balkandali c/ Royaume-Uni, § 67 : Série A n° 94 ; Cah. dr. eur. 1988. 476, obs. Cohen-Jonathan ; RSC 1986. 157, obs. Pettiti ; JDI 1986. 1084, obs. Rolland et Tavernier.*

51. Mesures d'éloignement. La cour relève qu'elle n'a pas à juger en soi la politique des Pays-Bas en matière d'immigration et de séjour des étrangers. Elle ne doit examiner que les ingérences litigieuses, et non sous le seul angle de l'immigration et du séjour, mais également par rapport à l'intérêt réciproque des requérants à continuer leurs relations. Il y a lieu de confronter le but légitime visé (défense du bien-être économique du pays) avec la gravité de l'atteinte au droit des requérants au respect de leur vie familiale. On doit noter qu'entre le requérant et sa fille existaient depuis quelques années des liens très étroits que le refus d'un permis de séjour et l'expulsion en résultant menaçaient de rompre. Eu égard à ces circonstances particulières, la cour estime qu'un juste équilibre n'a pas été assuré entre les intérêts en jeu et qu'il y a donc eu disproportion entre les moyens employés et le but légitime recherché. Elle conclut donc à la violation de l'art. 8. • CEDH 21 juin 1988, *Berrehab c/ Pays-Bas, § 29 : préc. note 35.* ♦ Les autorités suédoises avaient ordonné l'expulsion des trois requérants, mais le deuxième et le troisième entrèrent dans la clandestinité et y demeurèrent afin d'échapper à l'exécution de la mesure. En outre, aucun obstacle qui les eût empêchés de mener une vie familiale dans leur pays d'origine ne ressort du dossier. La Cour se réfère sur ce point à sa conclusion relative aux griefs tirés de l'art. 3. Dès lors, elle ne saurait imputer à la Suède la responsabilité de la séparation de la famille. • CEDH 20 mars 1991, *Cruz Varas et a. c/ Suède, § 88 : Série A n° 201 ; Ann. fr. dr. int. 1991. 582, obs. Coussirat-Coustère ; JDI 1992. 783, obs. Decaux et Tavernier ; D. 1992. Somm. 327, obs. Renucci ; RUDH 1992. 1, obs. Sudre et a.*

52. La tâche de la Cour consiste à déterminer si l'expulsion litigieuse a respecté le juste équilibre entre les intérêts en présence, à savoir, d'une part, le droit du requérant au respect de sa vie privée et familiale, et, d'autre part, la protection de l'ordre public et la prévention des infractions pénales. La Cour note l'existence d'attaches réelles du requérant avec la Belgique. Cependant, il semble avoir conservé aussi des liens important avec le Maroc. L'ingérence litigieuse n'était pas aussi forte que celle que peut provoquer l'expulsion de requérants nés ou venus en bas âge dans le pays d'accueil. D'autre part, la Cour attribue une grande importance à la gravité des infractions à l'origine de la lourde peine d'emprisonnement et de l'expulsion. L'expulsion ne saurait passer pour disproportionnée aux buts légitimes poursuivis. Partant, il n'y a pas eu violation de l'art. 8. • CEDH 7 août 1996, *C. c/ Belgique, §§ 32 à 36 : Rec. 1996-III ; D. 1997. Somm. 210, obs. Perez.* ♦ La Cour estime que le risque de préjudice qu'un retour dans son pays ferait peser sur la santé du requérant tient à des facteurs grandement hypothétiques et qu'il n'est pas établi que son intégrité morale subirait une atteinte d'un degré suffisant pour relever de l'art. 8 Conv. EDH. A supposer même que l'on considère que le bouleversement que représenterait pour le requérant son renvoi du Royaume-Uni où il a vécu ces onze dernières années porte en soi une atteinte à la vie privée de l'intéressé, compte tenu des relations et du soutien dont il a bénéficié dans ce pays, la Cour estime que pareille ingérence peut passer pour satisfaire aux exigences du § 2 de l'art. 8, autrement dit qu'il s'agit d'une mesure prévue par la loi, tendant à la protection du bien-être économique du pays, à la défense de l'ordre et à la prévention des infractions pénales, et nécessaire dans une société démocratique à ces buts. • CEDH 6 févr. 2001, *Bensaid c/ Royaume-Uni, § 48 : préc. note 1.*

53. L'expulsion du requérant aurait pour effet de séparer la famille et de mettre les intéressés dans l'impossibilité de leur vie familiale hors du Danemark, ce qui porterait une atteinte disproportionnée au droit au respect de la vie familiale. • CEDH 11 juill. 2002, *Amrollahi c/ Danemark : JCP 2003. I. 109, n° 19, obs. Sudre.*

54. Les « critères Boultif ». La Cour rappelle que la Convention ne garantit, comme tel, aucun droit pour un étranger d'entrer ou de résider sur le territoire d'un pays déterminé. Toutefois, exclure une personne d'un pays où vivent ses parents proches peut constituer une ingérence dans le droit au respect de la vie familiale, tel que protégé par l'art. 8, § 1. La Cour rappelle qu'il incombe aux États contractants d'assurer l'ordre public, en particulier dans l'exercice de leur droit de contrôler, en vertu d'un principe de droit international bien établi et sans préjudice des engagements découlant pour eux des traités, l'entrée et le séjour des non-nationaux. A ce titre, ils ont la faculté d'expulser les délinquants parmi ceux-ci. Toutefois, leurs décisions en la matière, dans la mesure où elles porteraient atteinte à un droit protégé par le § 1er de l'art. 8, doivent se révéler nécessaires, dans une société démocratique, c'est-à-dire justifiées par un besoin social impérieux et, notamment proportionnées au but légitime poursuivi. Aussi la tâche de la Cour consiste-t-elle à déterminer si le refus de renouveler l'autorisation de séjour du requérant en l'espèce a respecté un juste équilibre entre les intérêts en présence, à savoir, d'une part, le droit de l'intéressé au respect de sa vie familiale, et, d'autre part, la protection de l'ordre public et la prévention des infractions pénales. La Cour n'a connu que d'un nombre restreint d'affaires dans lesquelles le principal obstacle à l'expulsion résidait dans les difficultés pour les époux de demeurer ensemble et, en particulier, pour un conjoint et/ou des enfants de vivre dans le pays d'origine de l'autre conjoint. Elle est donc appelée à définir des principes directeurs pour examiner si la mesure était nécessaire dans une société démocratique. Pour apprécier les critères pertinents en pareil cas, la Cour prendra en compte la nature et la gravité de l'infraction commise par le requérant, la durée de son séjour dans le pays d'où il va être expulsé, la période qui s'est écoulée depuis la perpétration de l'infraction ainsi que la conduite de l'intéressé durant cette période, la nationalité des diverses personnes concernées, la situation familiale du requérant, par exemple la durée de son mariage, et d'autres éléments dénotant le caractère effectif de la vie familiale d'un couple, le point de savoir si le conjoint était au courant de l'infraction au début de la relation familiale, la naissance d'enfants légitimes et, le cas échéant, leur âge. En outre, la Cour examinera tout autant la gravité des difficultés que risque de connaître le conjoint dans le pays d'origine de son époux ou épouse, bien que le simple fait qu'une personne risque de se heurter à des difficultés en accompagnant son conjoint ne saurait en soi exclure une expulsion (…). La Cour estime que le requérant a subi une sérieuse entrave à l'établissement d'une vie familiale, puisqu'il lui est pratiquement impossible de mener sa vie familiale dans un autre pays. Par ailleurs, lorsque les autorités suisses ont décidé de ne pas prolonger son autorisation de séjour, le requérant ne présentait qu'un danger relativement limité pour l'ordre public. Dès lors, la Cour est d'avis que l'ingérence n'était pas proportionnée au but poursuivi. Partant, il y a eu violation de l'art. 8 Conv. EDH. • CEDH 2 août 2001, ⛩ *Boultif c/ Suisse*, n° 54273/00, §§ 39 à 41, 46 à 48.

55. Les « critères Boultif » s'appliquent à plus forte raison dans les cas où les requérants sont nés dans le pays hôte ou y sont arrivés à un jeune âge. • CEDH 15 juill. 2003, ⛩ *Mokrani c/ France*, n° 52206/99, § 31. ♦ De l'avis de la Cour, on ne peut raisonnablement soutenir que du fait des infractions commises, le requérant constituait une menace d'une gravité extrême pour l'ordre public justifiant une mesure d'expulsion définitive du territoire français. Eu égard à ce qui précède, la Cour estime que la mesure d'expulsion définitive du requérant était disproportionnée au but légitime poursuivi, à savoir la « défense de l'ordre et la prévention des infractions pénales ». Partant, il y eu violation de l'art. 8 Conv. EDH. • CEDH 23 sept. 2010, ⛩ *Bousarra c/ France*, n° 25672/07, §§ 53 à 55. ♦ La Cour considère que, dans la présente affaire, le tribunal administratif fédéral a effectué un examen superficiel de la proportionnalité de la mesure de renvoi. Compte tenu de l'absence d'une véritable mise en balance des intérêts en jeu, la Cour estime que les autorités internes ne sont pas parvenues à démontrer de manière convaincante que la mesure d'éloignement prise était proportionnée aux buts légitimes poursuivis et donc nécessaire dans une société démocratique. Dès lors, il y aurait violation de l'art. 8 si le requérant était expulsé. • CEDH 9 avr. 2019, *I.M. c/ Suisse*, n° 23887/16, §§ 77 à 79.

56. Regroupement familial. L'art. 8 ne saurait s'interpréter comme comportant pour un État contractant l'obligation générale de respecter le choix, par des couples mariés, de leur domicile commun et d'accepter l'installation de conjoints non nationaux dans le pays. • CEDH 28 mai 1985, ⛩ *Abdulaziz, Cabales et Balkandali c/ Royaume-Uni, § 68 : préc. note 40* • 19 févr. 1996, ⛩ *Gül c/ Suisse, § 38 : Rec. 1996-I ; JCP 1997. I. 4000, obs. Sudre ; AJDA 1996. 376, obs. Flauss* ✎. ♦ Le non-renouvellement du permis de séjour d'une fille somalienne élevée au Danemark avec sa famille a porté atteinte à ses droits. • CEDH 14 juin 2011, ⛩ *Osman c/ Danemark*, n° 38058/09.

57. Aide apportée aux étrangers en situation irrégulière. La Cour constate qu'en créant le délit d'aide à l'entrée, à la circulation et au séjour irréguliers d'un étranger en France, l'objectif du législateur était de lutter contre l'immigration clandestine et les réseaux organisés tels que les passeurs qui aident, en contrepartie de sommes importantes, les étrangers à entrer ou à se maintenir illégalement sur le territoire. Elle note qu'un mécanisme d'impunité légale a été prévu pour les membres de la famille les plus proches de l'étranger en situation irrégulière, à savoir les ascendants de l'étranger, ses descendants, ses frères et sœurs, ainsi que son conjoint ou la personne qui vit notoirement en situation maritale avec lui. Toutefois, en l'espèce, il faut constater qu'en dépit du lien familial qui l'unit à son gendre, le requérant n'entrait pas dans la catégorie des personnes fixée par la loi et ne pouvait donc bénéficier de l'immunité pénale. À l'instar du Gouvernement, la Cour relève que le délit étant constitué au regard de la loi, qui est au demeurant suffisamment claire et prévisible, les juridictions internes ne pouvaient que statuer dans le sens de la responsabilité pénale du requérant. Cependant, tenant compte des circonstances particulières de l'espèce et du comportement du requérant qui n'avait été dicté uniquement par la générosité, les juridictions ont assorti la déclaration de culpabilité d'une dispense de peine, par application de l'art. 132-59. Le procureur de la République avait décidé le classement sans suite de l'affaire. Dès lors, la Cour estime que les autorités ont ménagé un juste équilibre entre les divers intérêts en présence, à savoir la nécessité de préserver l'ordre public et de prévenir les infractions pénales d'une part, et de protéger le droit du requérant au respect de sa vie familiale, d'autre part. Partant, la mesure prise à l'égard du requérant n'a pas porté une atteinte disproportionnée à son droit au respect de sa vie familiale. De surcroît, elle n'a eu que des conséquences limitées sur son casier judiciaire. Partant, il n'y a pas eu violation de l'art. 8 de la Convention. • CEDH 10 nov. 2011, *Mallah c/ France*, n° 29681/08, §§ 40 à 42.

58. Gens du voyage. Même si l'appartenance à une minorité dont le mode de vie traditionnel diffère de celui de la majorité de la société ne dispense pas de respecter les lois destinées à protéger le bien commun, tel l'environnement, cela peut influer sur la manière d'appliquer ces lois. La vulnérabilité des tsiganes, du fait qu'ils constituent une minorité, implique d'accorder une attention spéciale à leurs besoins et à leur mode de vie propre tant dans le cadre réglementaire valable en matière d'aménagement que lors de la prise de décision dans des cas particuliers. Dans cette mesure, l'art. 8 impose donc aux États contractants l'obligation positive de permettre aux tsiganes de suivre leur mode de vie. • CEDH gr. ch., 18 janv. 2001, *Chapman c/ Royaume-Uni, § 96 : JCP 2000. I. 342, obs. Sudre ; RTDH 2001. 887, obs. Sudre ; RTD civ. 2001. 448, obs. Marguénaud ; JDI 2001. 292, obs. Leclercq-Delapierre.* ♦ Comp. • CEDH 25 sept. 1996, *Buckley c/ Royaume-Uni, § 84 : Rec. 1996-IV ; RTDH 1997. 47, obs. de Schutter.* ♦ La Cour EDH condamne la France, pour violation de l'art. 8, dans la mesure où les familles du voyage requérantes n'ont pas bénéficié, dans le cadre de la procédure d'expulsion, d'un examen convenable de la proportionnalité de l'ingérence dans leur droit au respect de leur vie privée et familiale et de leur domicile conforme aux exigences de cet art. • CEDH 17 oct. 2013, n° 27013/07 : *D. 2013. 2678, note Marguénaud et Mouly*.

59. Les considérations d'ordre humanitaire qui auraient pu militer en faveur d'une issue différente pour la procédure interne ne sauraient être utilisées par la cour pour fonder une conclusion qui équivaudrait à soustraire la requérante au champ d'application de la législation nationale en matière d'aménagement et à obliger les gouvernements à veiller à ce que chaque famille tsigane dispose d'un hébergement adapté à ses besoins. En outre, eu égard aux circonstances de l'espèce, les conséquences de ces décisions ne sauraient passer pour disproportionnées au but légitime poursuivi. En bref, il n'y a pas eu violation de l'art. 8 Conv. EDH. • CEDH 18 janv. 2001, *Jane Smith c/ Royaume-Uni, §§ 120 et 121*, n° 25154/94 • 18 janv. 2001, *Chapman c/ Royaume-Uni, § 115 : préc. note 58.*

c. Situation des détenus

60. Restrictions encadrées. Toute détention régulière entraîne par nature une restriction à la vie privée et familiale de l'intéressé. Il est cependant essentiel au respect de la vie familiale que l'administration pénitentiaire aide le détenu à maintenir un contact avec sa famille proche. En l'espèce, le requérant est soumis à un régime spécial de détention qui entraîne des limitations ultérieures au nombre des visites familiales (pas plus de deux par mois) et impose des mesures de surveillance de ces rencontres (les détenus sont séparés des visiteurs par une paroi vitrée). Pareille ingérence n'enfreint pas la convention si elle est prévue par la loi, vise un ou des buts légitimes au regard du § 2 de l'art. 8 et peut passer pour une mesure nécessaire dans une société démocratique. La Cour estime que les restrictions au droit du requérant au respect de sa vie familiale ne sont pas allées au-delà de ce qui, dans une société démocratique, est nécessaire à la défense de l'ordre et de la sûreté publique et à la prévention des infractions pénales au sens de l'art. 8, § 2, Conv. EDH. Il n'y a donc pas eu violation de l'art. 8 Conv. EDH. • CEDH 28 sept. 2000, *Messina c/ Italie, §§ 61 à 74 : JCP 2001. I. 291, obs. Sudre* • CEDH 29 mai 2012, *Epners et Gefners c/ Lettonie*, n° 37862/02, §§ 60 à 66. ♦ En matière de droits de visite, l'État ne peut avoir toute latitude pour introduire des restrictions générales sans prévoir une dose de flexibilité permettant de déterminer si les limitations apportées dans chaque cas particulier sont opportunes ou réellement nécessaires. • CEDH 28 mai 2019, *Chaldayev c/ Turquie*, n° 33172/16, § 64. ♦ Néanmoins, le fait de détenir une personne dans une prison éloignée de sa famille à tel point que toute visite s'avère en fait très difficile, voire impossible, peut, dans des circonstances exceptionnelles, constituer une ingérence dans sa vie familiale, la possibilité pour les membres de la famille de rendre visite au détenu étant un facteur essentiel pour le maintien de la vie familiale. • CEDH 28 juin 2001, *Selmani c/ Suisse*, n° 70258/01, § 4. ♦ Les dispositions juridiques pertinentes sur lesquelles les restrictions au droit du requérant de recevoir des visites étaient fondées n'indiquaient pas avec précision les actes punissables et les peines encourues. Partant, la Cour n'est pas convaincue que ces dispositions, telles qu'elles étaient en vigueur en 2001, étaient suffisamment claires et précises pour offrir à un détenu une protection suffisante contre toute ingérence abusive dans son droit au respect de sa vie familiale. Par conséquent, elle conclut, de surcroît à l'unanimité, à la violation de l'art. 8. • CEDH 20 mai 2008, *Gülmez c/ Turquie, § 50*, n° 16330/02.

61. La Cour considère que les autorités judiciaires ont procédé à une mise en balance des intérêts en jeu, à savoir, d'une part, le droit de la requérante au respect de sa vie familiale, et, d'autre part, la sûreté publique, la défense de l'ordre et la prévention des infractions pénales. Elle considère que l'État défendeur n'a pas dépassé la marge d'appréciation dont il jouit dans ce domaine. Compte tenu de ce qui précède, la Cour estime que, dans les circonstances de l'espèce, le refus opposé à la requérante de sortir de prison sous escorte, pour se rendre au funérarium et se recueillir sur la dépouille de son père, n'était pas disproportionné aux buts légitimes poursuivis. Dès lors, il n'y a pas eu violation de l'art. 8. • CEDH 11 avr. 2019, *Guimon c/ France*, n° 48798/14, §§ 50 à 52.

62. Refus de transfert. Les autorités espagnoles ont refusé le transfert, vers un centre de détention plus proche de son domicile, d'un détenu complice d'activités terroristes. Ces autorités ont fondé leur décision à la fois sur une appréciation individuelle de la situation et sur la politique carcérale générale. Dans ce contexte, la Cour conclut que les restrictions au droit du requérant au respect de la vie familiale étaient proportionnées par rapport aux buts poursuivis, à savoir la défense de l'ordre, la prévention des infractions pénales et la protection des droits et des libertés d'autrui. La Cour rejette donc pour défaut manifeste de fondement le grief formulé par le requérant sur le terrain de l'art. 8 (irrecevabilité). • CEDH 28 mai 2019, *Fraile Iturralde c/ Espagne*, n° 66498/17, §§ 21 s.

63. Procréation. Viole l'art. 8 Conv. EDH le refus opposé à un couple, dont l'époux est incarcéré à perpétuité, d'avoir recours à l'insémination artificielle, seule possibilité pour eux d'avoir un enfant. En effet, et conformément à l'arrêt *Hirst c/ Royaume-Uni* (n° 2) relatif au droit de vote, il n'y a pas de place, dans le cadre de la Convention, pour des restrictions automatiques aux libertés des détenus qui seraient fondées exclusivement sur ce que pourrait ressentir l'opinion publique. Or, et bien que l'impossibilité de procréer puisse constituer la conséquence de l'emprisonnement, cela n'est pas inévitable et il n'apparaît pas que l'insémination artificielle poserait des problèmes de sécurité, ni n'imposerait des mesures administratives ou financières pour l'État. Par ailleurs, s'il est admissible de prendre en compte la nécessité de maintenir la confiance du public dans le système pénal, et même si l'effet punitif de l'emprisonnement est l'un des buts de celui-ci, il faut souligner l'évolution des politiques pénales européennes dans le sens de l'importance de la réhabilitation des détenus. Enfin, si le bien-être de l'enfant peut constituer l'un des éléments justifiant, au regard de l'art. 8 Conv. EDH, les restrictions imposées par un État, cela ne peut conduire à interdire totalement de procréer, dans des circonstances comme celles-ci. Il est à noter que plus de la moitié des États contractants autorisent les visites conjugales, lesquelles rendent inutile l'insémination artificielle, même si la Cour n'a pas pour autant « encore » interprété la convention comme donnant l'obligation aux États de prévoir de telles visites. La politique du Royaume-Uni rend impossible la nécessaire balance des intérêts publics et privés en présence et il en allait ainsi de la preuve qu'il faisait peser sur les requérants, de « circonstances exceptionnelles ». En outre l'appréciation de ces intérêts n'a pas été soumise au Parlement. • CEDH, gr. ch., 4 déc. 2007, *Dickson c/ Royaume-Uni, §§ 74 s. : AJ pénal 2008. 47, note Herzog-Evans ; RTDH 2008. 879, note Gallus ; RTD civ. 2008. 160, obs. Marguénaud ; Dr. pénal 2008. Chron. 3, obs. Dreyer ; AJ pénal 2008. 47, obs. Herzog-Evans ; JCP 2008. I. 110, n° 8, obs. Sudre.*

B. PROTECTION DU DOMICILE ET DE LA CORRESPONDANCE

1° PROTECTION DU DOMICILE

a. Notion de domicile

64. Interprétation large de la notion de domicile. Les requérants estiment avoir établi leur « domicile » à « Whiteknights » en 1958. Bien qu'ayant quitté Guernesey par la suite, ils conservèrent la propriété de leur maison, où ils auraient toujours eu l'intention de revenir et auraient laissé leurs meubles. A leur retour en 1979, ils y auraient vécu dans le dessein d'y habiter en permanence dès que les négociations avec les services du logement quant à leur statut résidentiel et les réparations nécessaires auraient été menées à terme. La Cour n'a pas de motif de douter de l'exactitude de leurs affirmations. S'ils n'ont pas regagné Guernesey pendant près de dix-neuf ans, ils n'en avaient pas moins conservé avec « Whiteknights » assez de liens pour qu'il faille regarder cette demeure comme leur « domicile » au sens de l'art. 8 Conv. EDH. • CEDH 24 nov. 1986, *Gillow c/ Royaume-Uni, § 46 : Série A n° 109 ; Cah. dr. eur. 1988. 466, obs. Cohen-Jonathan ; Ann. fr. dr. int. 1987. 239, obs. Coussirat-Coustère ; JDI 1987. 803, obs. Rolland et Tavernier.*

65. La question de savoir si une habitation particulière constitue un « domicile » relevant de la protection de l'art. 8, § 1 dépendra des circonstances factuelles, notamment de l'existence de liens suffisants et continus avec un lieu déterminé. • CEDH 18 nov. 2004, *Prokopovitch c/ Russie*, n° 58255/00, § 36.

66. Extension de la protection aux locaux professionnels. Quant au mot « *home* », figurant dans le texte anglais de l'art. 8, on admet dans certains États contractants dont l'Allemagne, qu'il s'étend aux locaux professionnels. Un telle interprétation cadre d'ailleurs pleinement avec la version française : le terme de « domicile » a une connotation plus large que « *home* » et peut englober, par exemple, le bureau d'un membre d'une profession libérale. Interpréter les mots « vie privée » et « domicile » comme incluant certains locaux ou activités professionnels ou commerciaux répondrait à l'objet et au but essentiels de l'art. 8 : prémunir l'individu contre les ingérences arbitraires des pouvoirs publics. • CEDH 16 déc. 1992, *Niemietz c/ Allemagne, §§ 30 et 31 : préc. note 1.* ♦ Les fonctionnaires de police n'ayant pas respecté certaines des garanties de procédure censées prévenir les abus ou l'arbitraire et protéger le secret professionnel de l'avocat, la fouille et la saisie des données électroniques du premier requérant ont été disproportionnées au but légitime poursuivi. La Cour observe en outre que le secret professionnel auquel est tenu un avocat sert aussi à protéger le client. Ayant constaté ci-dessus que le premier requérant représentait des sociétés dont la seconde requérante était actionnaire et que les données saisies renfermaient des informations couvertes par le secret professionnel, la Cour n'aperçoit aucun motif de conclure différemment pour ce qui est de la seconde requérante. En conséquence, il y a eu violation de l'art. 8 en ce qui concerne les deux requérants. • CEDH 16 oct. 2007, *Wieser et Bicos Beteiligungen GmbH c/ Autriche*, §§ 66 à 70 : *Dr. pénal 2008. Chron. 3, obs. Dreyer*. ♦ La Cour note donc qu'en l'espèce, dans le cadre d'un contrôle fiscal d'une société cliente des requérants, l'administration visait ces derniers pour la seule raison qu'elle avait des difficultés, d'une part, à effectuer ledit contrôle fiscal et, d'autre part, à trouver des « documents comptables, juridiques et sociaux » de nature à confirmer les soupçons de fraude qui pesaient sur la société cliente. Compte tenu de ce qui précède, la Cour juge que la visite domiciliaire et les saisies effectuées au domicile des requérants étaient, dans les circonstances de l'espèce, disproportionnées par rapport au but visé. • CEDH 24 juill. 2008, *André et a. c/ France*, §§ 47 et 48 : *RDP 2009. 911, obs. Surrel ; JCP 2008. II. 10182, note Louit*. ♦ La Cour affirme que les perquisitions visant le domicile ou le cabinet d'un avocat exerçant régulièrement sa profession, à titre principal en qualité d'avocat inscrit à un barreau ou à titre occasionnel dans un autre État membre de l'Union européenne, doivent impérativement être assorties de garanties spéciales de procédure, ce qui est notamment le cas lorsqu'elles sont exécutées en présence du bâtonnier de l'Ordre des avocats. Partant, il y a violation de l'art. 8 Conv. EDH. • CEDH 5e sect., 21 janv. 2010 : *RSC 2010. Chron. 702, obs. Roets*.

67. La notion de domicile au sens de l'art. 8 Conv. EDH vise le siège social, les agences et les locaux professionnels d'une personne morale. • CEDH 16 avr. 2002, *Colas Est c/ France : D. 2003. Somm. 527, obs. Birsan*.

68. Compte tenu de ce qui précède, la Cour estime que l'ingérence dans le cabinet du requérant n'était pas disproportionnée et qu'un juste équilibre a été réalisé en l'espèce. Il s'ensuit que ce grief est manifestement mal fondé et doit être rejeté en application de l'art. 35, §§ 3 *a)* et 4. • CEDH 28 août 2018, *Tuheiava c/ France*, n° 25038/13, §§ 24 à 26, 32 à 35. ♦ Tel qu'effectué en l'espèce, le contrôle judiciaire *ex post facto* n'a pas offert à la société requérante suffisamment de garanties contre l'arbitraire, de sorte que l'ingérence dans ses droits ne peut pas être considérée comme étant étroitement proportionnée au but légitime recherché. Il y a donc eu violation de l'art. 8 Conv. EDH. • CEDH 2 oct. 2014, *Delta Pekarny Z.S. c/ Rép. Tchèque*, n° 97/71, §§ 77 et 78, 93 et 94.

b. Perquisitions et visites domiciliaires

69. Visites domiciliaires opérées par des agents des douanes. Assurément, dans le domaine considéré – la lutte contre l'évasion des capitaux et contre la fuite devant l'impôt – les États rencontrent de sérieuses difficultés résultant de l'étendue et de la complexité des réseaux bancaires et des circuits financiers ainsi que des multiples possibilités de placements internationaux, facilitées par la relative perméabilité des frontières. La Cour reconnaît donc qu'ils peuvent estimer nécessaire de recourir à certaines mesures, telles les visites domiciliaires et les saisies, pour établir la preuve matérielle de délits de change et en poursuivre le cas échéant les auteurs. Encore faut-il que leur législation et leur pratique en la matière offrent des garanties adéquates et suffisantes contre les abus. Or il n'en allait pas ainsi en l'occurrence. A l'époque des faits – la cour n'ayant pas à se prononcer sur les réformes législatives de 1986 et 1989, qui visaient à mieux protéger les individus –, l'administration des douanes disposait de pouvoirs fort larges ; elle avait notamment compétence pour apprécier seule l'opportunité, le nombre, la durée et l'ampleur des opérations de contrôle. En l'absence surtout d'un mandat judiciaire, les restrictions et conditions prévues par la loi et soulignées par le gouvernement apparaissaient trop lâches et lacunaires pour que les ingérences dans les droits du requérant fussent étroitement proportionnées au but légitime recherché. En résumé, il y a eu violation de l'art. 8. • CEDH 25 févr. 1993, *Funke c/ France, § 56 à 59 : Série A n° 256-A* • 25 févr. 1993, *Crémieux c/ France, §§ 39 et 40 : Série A n° 256-B* • 25 févr. 1993, *Miailhe c/ France, §§ 37 et 38 : Série A n° 256-C ; Ann. fr. dr. int. 1994. 658, obs. Coussirat-Coustère ; JDI 1994. 780, obs. Decaux et Tavernier ; Cah. CREDHO 1994/2. 115, obs. Goy ; Gaz. Pal. 15-19 juill. 1994, p. 33 ; Cah. CREDHO 1994/2. 129, obs. Javet ; RSC 1994. 362, obs. Koering-Joulin ; RTD eur. 1993. 601, obs. Mello ; RSC 1993. 581, obs. Pettiti ; D. 1993. Somm. 387, obs. Renucci ; RUDH 1993. 217 et 377, obs. Sudre et autres ; RTDH 1994. 121, obs. Yernault.*

70. Perquisitions et saisies. La Cour rappelle que des perquisitions et des saisies chez un avocat sont susceptibles de porter atteinte au secret professionnel, qui est la base de la relation de confiance qui existe entre son client et lui. • CEDH 21 janv. 2010, *Xavier Da Silveira c/ France*, n° 43757/05, §§ 36. ♦ Il y a ingérence aux droits prévus par l'art. 8 en cas de perquisition du coffre d'une banque. • Comm. EDH 29 mars 1993, *Botka et Paya c/ Autriche : DR 74/48.*

71. Saisie globale de données informatiques. La saisie globale de données électroniques dans le cadre d'une enquête pénale constitue une violation de l'art. 8 Conv. EDH relatif au droit au respect de la vie privée et familiale. • CEDH 3 juill. 2012, *Robathin c/ Royaume-Uni*, n° 30457/06. ♦ V. aussi note 6.

2° PROTECTION DE LA CORRESPONDANCE

72. Notion de correspondance. Au sens de l'art. 8, la correspondance doit s'entendre de manière large. Il peut s'agir de communications écrites mais aussi téléphoniques. • Comm. EDH 5 mars 1991, *A. c/ France*, n° 14838/89. ♦ Dans l'art. 8, le mot « correspondance », contrairement au terme « vie », ne s'accompagne d'aucun adjectif. Il n'y a pas lieu d'en utiliser un en matière de correspondance téléphonique. • CEDH 16 déc. 1992, *Niemietz c/ RFA, § 32 : préc. note 1.*

a. Correspondance écrite

73. Correspondance des détenus. Un certain contrôle de la correspondance des détenus ne se heurte pas en soi à la convention, mais l'ingérence en résultant ne doit pas aller au-delà des exigences du but légitime poursuivi. D'après le juge d'instruction, les passages supprimés renfermaient des plaisanteries de caractère insultant contre les gardiens de prison. L'interception de lettres privées « visant à attirer le mépris sur les autorités – ou usant de termes délibérément injurieux pour les autorités pénitentiaires » n'était pas nécessaire dans une société démocratique. L'effacement de passages constitue assurément une ingérence d'une moindre ampleur, mais dans les circonstances de la cause il apparaît lui aussi disproportionné. Partant, il y a eu violation de l'art. 8. • CEDH 25 févr. 1992, *Pfeifer et Plankl c/ Autriche, §§ 47 et 48 : Série A n° 227 ; D. 1992. Somm. 331, obs. Renucci*. ♦ La nécessité d'une ingérence dans l'exercice du droit d'un condamné détenu au respect de sa correspondance doit s'apprécier en fonction des exigences normales et raisonnables de la détention. • CEDH 21 févr. 1975, *Golder c/ Royaume-Uni, § 45 : Série A n° 18 ; Ann. fr. dr. int. 1975. 330, obs. Pelloux.* ♦ Il ressort du dossier que, plutôt que de reposer sur l'un de ces motifs, la décision de ne pas acheminer ladite lettre a été prise par le chef d'établissement parce que, selon lui, elle « ne correspond[ait] pas à la définition de la notion de correspondance ». Aucun texte de nature législative ou réglementaire ne pourvoit pourtant à une définition de cette notion, et le gouvernement ne prétend pas que cette lacune a été comblée par la jurisprudence ; comme le requérant, il renvoie à cet égard à la définition figurant dans la circulaire du 29 déc. 1986, selon laquelle « la correspondance est une relation par écrit entre deux personnes nommément désignées qui se distingue des bulletins, lettres, circulaires, tracts, imprimés dont le contenu ne concerne pas spécifiquement et exclusivement le destinataire ». Or les circulaires ne sont rien de plus que des instructions de service adressées, en vertu de son pouvoir hiérarchique, par une autorité administrative supérieure à des agents subordonnés ; elles sont en principe dépourvues de force obligatoire vis-à-vis des administrés. Selon la Cour, on ne saurait voir dans un texte de cette nature, édicté en dehors de l'exercice d'un pouvoir normatif, la « loi » à laquelle renvoie l'art. 8 Conv. EDH notamment. • CEDH 12 juin 2007, *Frérot c/ France, § 59 : JCP 2007. I. 182, n° 8, obs. Sudre ; RFDA 2008. 737, obs. Labayle et Sudre ; Dr. pénal 2008. Chron. 3, obs. Dreyer ; RTD civ. 2008. 162, obs. Roets*.

74. La Cour a examiné sous l'angle de l'art. 8 la règle susmentionnée et son corollaire : l'interdiction de formuler, dans des lettres à des conseillers juridiques, des griefs non encore étudiés par les autorités et relatifs aux conditions de détention. Elle n'a discerné aucune raison de ne pas souscrire à l'opinion de la Commission selon laquelle ce motif d'interception ou de limitation du courrier ne reposait pas sur une nécessité au sens de l'art. 8, § 2. • CEDH 25 mars 1983, *Silver et a. c/ Royaume-Uni, § 99 : préc. note 6* • 28 juin 1984, *Campbell et Fell c/ Royaume-Uni, § 110 : Série A n° 80 ; Cah. dr. eur. 1986. 213, obs. Cohen-Jonathan ; Ann. fr. dr. int. 1985. 394, obs. Coussirat-Coustère ; JDI 1986. 1058, obs. Rolland et Tavernier* • 30 août 1990, *Mc Callum c/ Royaume-Uni, § 31 : Série A n° 183 ; JDI 1991. 805, obs. Decaux.* ♦ Un texte de droit interne qui ne réglemente ni la durée des mesures de contrôle de la correspondance des détenus, ni les motifs pouvant les justifier, n'indique pas avec assez de clarté l'étendue et les modalités d'exercice du pouvoir d'appréciation des autorités compétentes dans le domaine considéré. En conclusion, l'ingérence dans le droit du requérant au respect de sa correspondance n'était pas « prévue par la loi » au sens de l'art. 8 Conv. EDH. Il y a donc eu violation de cet art. • CEDH 24 oct. 2002, *Messina c/ Italie, §§ 28 et 29*, n° 33993/96. ♦ Quand les autorités pénitentiaires subalternes éprouvent des doutes, dans un cas donné, sur la manière d'exercer leurs fonctions de contrôle de la correspondance des prisonniers, elles doivent demander des instructions à un supérieur. • CEDH 25 mars 1983, *Silver et a. c/ Royaume-Uni, § 104 : préc.*

75. Les autorités pénitentiaires doivent informer le détenu si sa lettre n'est pas parvenue à son destinataire, par exemple en raison d'une imprécision quant à l'adresse de ce dernier. • Comm. EDH 15 déc. 1988, *Grace c/ Royaume-Uni*, n° 11523/85. ♦ L'obligation d'utiliser un papier réglementaire de la prison pour toute correspondance n'est pas contraire à l'art. 8, dès lors qu'il peut être matériellement fourni par les autorités pénitentiaires. • Comm. EDH 18 oct. 1985, *Farrant c/ Royaume-Uni : DR 50/5*. ♦ La Cour estime que les autorités de la prison ont manqué à leur obligation positive de fournir au requérant le nécessaire, en particulier des timbres, pour sa correspondance avec la Cour et que, dès lors, il y a eu violation de l'art. 8 Conv. EDH de ce chef. • CEDH 24 févr. 2009, *Gagiu c/ Roumanie*, § 92, n° 63258/00.

76. La correspondance entre un avocat et un détenu. Les autorités pénitentiaires peuvent ouvrir la lettre d'un avocat à un détenu si elles ont des motifs plausibles de penser qu'il y figure un élément illicite non relevé par les moyens normaux de détection. Toutefois, elles ne doivent que la décacheter, sans la lire. Il y a lieu de fournir des garanties appropriées pour en empêcher la lecture, par exemple l'ouverture de l'enveloppe en présence du détenu. Quant à la lecture du courrier d'un détenu en provenance d'un avocat (ou a destination de l'avocat), elle ne devrait être autorisée que dans des cas exceptionnels, si les autorités ont lieu de croire à un abus de privilège en ce que le contenu de la lettre menace la sécurité de l'établissement ou d'autrui ou revêt un caractère délictueux d'une autre manière. La « plausibilité » des motifs dépendra de l'ensemble des circonstances, mais elle présuppose des faits ou renseignements propres à persuader un observateur objectif que l'on abuse de la voie privilégiée de communication. • CEDH 25 mars 1992, *Campbell c/ Royaume-Uni, § 48 : Série A n° 233 ; Ann. fr. dr. int. 1992. 629, obs. Coussirat-Coustère ; RUDH 1993. 1, obs. Sudre et a.* ♦ La Cour conclut que l'interception et l'ouverture de la correspondance du requérant, en sa qualité d'avocat, avec ses clients ne répondaient à aucun besoin social impérieux et n'étaient donc pas « nécessaires dans une société démocratique », au sens de l'art. 8, § 2. Partant, il y a eu violation de l'art. 8. • CEDH 24 mai 2018, *Laurent c/ France*, n° 28798/13, § 35, 36, 48 et 49.

77. Les données et documents électroniques. Les messageries électroniques. La Cour estime que la fouille et la saisie de données électroniques s'analysent en une ingérence dans le droit des requérants au respect de leur « correspondance » au sens de l'art. 8. • CEDH 16 oct. 2007, *Wieser et Bicos Beteiligungen GMBH c/ Autriche*, n° 74336/01, § 45. ♦ La Cour estime qu'en dépit de l'étendue des mandats de perquisition et saisie, les garanties offertes aux requérants pour prévenir les abus, l'arbitraire et les atteintes au secret professionnel des avocats, en particulier le contrôle du juge d'instruction complété par l'intervention du président de la cour d'appel au titre de l'art. 72 du statut de l'Ordre des avocats, ont été adéquates et suffisantes. La perquisition et la saisie des documents informatiques et messages électroniques dénoncées en l'espèce n'a donc pas porté une atteinte disproportionnée au but légitime poursuivi. Partant, il n'y a pas eu violation de l'art. 8. • CEDH 3 sept. 2015, *Sérvulo & Associados – Sociedade de Advogados, RL et a. c/ Portugal*, n° 27013/10, §§ 119 et 120.

b. Écoutes téléphoniques

78. Qualité de victime. Un requérant est en droit de se prétendre victime d'une violation de la Conv. EDH, bien qu'il ne puisse pas alléguer avoir fait l'objet d'une mesure concrète de surveillance de ses conversations téléphoniques ; la simple existence de la législation incriminée constitue en soi une ingérence dans l'exercice par l'intéressé des droits découlant de l'art. 8 de la Conv. • CEDH 4 déc. 2015, *Zakharov c/ Russie*, n° 47143106 : *D. actu. 23 déc. 2015, obs. Soudain.*

79. Règles générales. Pour ne pas enfreindre l'art. 8, l'ingérence de l'État doit avoir été prévue par la loi, poursuivre un but légitime et être nécessaire dans une société démocratique. Compte tenu des risques, la Cour doit donc admettre que l'existence de dispositions législatives accordant des pouvoirs de surveillance secrète de la correspondance, des envois postaux et des télécommunications est, devant une situation exceptionnelle, nécessaire dans une société démocratique à la sécurité nationale et à la défense de l'ordre et à la prévention des infractions pénales. Quant au choix des modalités du système de surveillance, la Cour relève que le législateur national jouit d'un certain pouvoir discrétionnaire. Néanmoins, les États contractants ne disposent pas pour autant d'une latitude illimitée pour assujettir à des mesures de surveillance secrète les personnes soumises à leur juridiction. Quel que soit le système de surveillance retenu, la Cour doit se convaincre de l'existence de garanties adéquates et suffisantes contre les abus. Cette appréciation ne revêt qu'un caractère relatif : elle dépend de toutes les circonstances de la cause, par exemple la nature, l'étendue et la durée des mesures éventuelles, les raisons requises pour les ordonner, les autorités compétentes pour les permettre, exécuter et contrôler, le type de recours fourni par le droit interne. La Cour estime en principe souhaitable que le contrôle soit confié à un juge. Il faut rechercher un équilibre entre l'exercice par l'individu du droit que lui garantit le § 1 de l'art. 8 et la nécessité, d'après le § 2, d'imposer une surveillance secrète pour protéger la société démocratique dans son ensemble. • CEDH 6 sept. 1978, *Klass c/ Allemagne, §§ 41 à 60 : Série A n° 28 ; Cah. dr. eur. 1979. 474, obs. Cohen-Jonathan ; Ann. fr. dr. int. 1979. 338, obs. Pelloux ; JDI 1980. 463, obs. Rolland* • 29 mars 2005, *Matheron c/ France : D. 2005. 1755, note Pradel ; RSC 2007. 331, obs. Finielz*. ♦ Ce n'est pas parce que la police a été surprise en train de vérifier des transcriptions de conversations téléphoniques de l'intéressée à une date postérieure à sa suspension qu'il faut nécessairement en conclure qu'il s'agissait de transcriptions de communications émanant de son domicile. • CEDH 25 juin 1997, *Halford c/ Royaume-Uni, § 59 : Rec. 1997-III.* ♦ Une règlementation autorisant l'interception massive de données électroniques ou leur obtention auprès des fournisseurs compétents est compatible avec la Conv. EDH si elle prévoit des garanties suffisantes pour le respect des libertés individuelles. • CEDH 13 sept. 2018, *Big Brother Watch et a. c/ R.-U.,* n° 58170/13 : *D. 2018. 151, note Renucci ; AJ pénal 2018. 529, obs. Taleb-Karlsson.*

80. En dehors de la simple absence de prohibition, les pièces du dossier ne révèlent aucune norme juridique relative à l'étendue et aux modalités d'exercice du pouvoir d'appréciation dont jouissent les autorités. En conséquence, quoique licite en droit interne, l'ingérence résultant de l'existence de ladite pratique dans le cas du requérant n'était pas prévue par la loi au sens de l'art. 8, § 2. Il y a donc violation de l'art. 8. • CEDH 2 août 1984, *Malone c/ Royaume-Uni, § 87 : Série A n° 82 ; Cah. dr. eur. 1986. 224, obs. Cohen-Jonathan ; Ann. fr. dr. int. 1985. 393, obs. Coussirat-Coustère ; RSC 1984. 145, obs. Pettiti ; JDI 1986. 1064, obs. Rolland et Tavernier.*

81. Cas de la France. Le droit français, écrit et non écrit, n'indique pas avec assez de clarté l'étendue et les modalités d'exercice du pouvoir d'appréciation des autorités dans le domaine considéré. Les intéressés n'ont pas joui du degré minimal de protection voulu par la prééminence du droit dans une société démocratique. Sans doute n'en ont-ils pas ou guère souffert, le résultat des écoutes incriminées n'ayant pas servi de fondement aux poursuites, mais selon la jurisprudence constante de la Cour, l'existence d'une violation se conçoit même en l'absence de préjudice. • CEDH 24 avr. 1990, *Huvig c/ France, § 35 : préc. note 5* • 24 avr. 1990, *Kruslin c/ France, § 36 : Série A n° 176-A ; RUDH 1990. 185, obs. Cohen-Jonathan ; Ann. fr. dr. int. 1991. 606, obs. Coussirat-Coustère ; D. 1990. 353, note Pradel.*

82. Les dispositions de la loi du 10 juill. 1991 sur les écoutes téléphoniques répondent aux exigences de l'art. 8 Conv. EDH et à celles des arrêts *Huvig* et *Kruslin*. Cependant force est de constater que le raisonnement de la Cour de cassation (le requérant est sans qualité pour critiquer les conditions dans lesquelles a été ordonnée la prolongation d'écoutes téléphoniques sur une ligne attribuée à un tiers et, dès lors, les moyens qui discutent les motifs par lesquels la chambre d'accusation a cru devoir à tort examiner, pour la rejeter, ces exceptions de nullité, sont irrecevables) pourrait conduire à des décisions privant de la protection de la loi un nombre très important de personnes à savoir toutes celles qui conversent sur une autre ligne téléphonique que la leur. Cela reviendrait d'ailleurs, en pratique, à vider le mécanisme protecteur d'une large partie de sa substance. Tel fut le cas pour le requérant qui n'a pas joui, en l'espèce, de la protection effective de la loi nationale, laquelle n'opère pas de distinction selon le titulaire de la ligne placée sur écoutes. Dès lors, l'intéressé n'a pas bénéficié d'un « contrôle » efficace tel que voulu par la prééminence du droit et apte à limiter à ce qui était nécessaire dans une société démocratique l'ingérence litigieuse. Partant, il y a eu violation de l'art. 8 Conv. EDH. • CEDH 24 août 1998, *Lambert c/ France, §§ 35 à 41 : Rec. 1998-V ; JCP 1999. I. 105, obs. Sudre ; D. 1999. Somm. 271, obs. Renucci ; RSC 1998. 829, obs. Pettiti et 393, obs. Koering-Joulin.* ♦ De même, lorsque des écoutes téléphoniques sont ordonnées par un magistrat et réalisées sous son contrôle dans une affaire mais que la transcription de ces écoutes est utilisée dans une autre affaire pour incriminer un prévenu, la position de la Cour de cassation qui consiste à affirmer que la qualité de magistrat de celui qui ordonne et suit les écoutes impliquerait, *ipso facto*, la régularité des écoutes et leur conformité avec l'art. 8, rendant inutile tout recours pour les intéressés pourrait conduire à des décisions privant de la protection de la loi un certain nombre de personnes, à savoir toutes celles qui se verraient opposer le résultat d'écoutes téléphoniques réalisées dans des procédures étrangères à la leur, ce qui reviendrait, en pratique, à vider le mécanisme protecteur d'une large partie de sa substance ; dès lors, la Cour estime que l'intéressé n'a pas bénéficié d'un « contrôle efficace » tel que voulu par la prééminence du droit et apte à limiter à ce qui était « nécessaire dans une société démocratique » l'ingérence litigieuse et qu'il y a donc eu violation de l'art. 8 Conv. EDH. • CEDH 29 mars 2005, *Matheron c/ France : D. 2005. 1755, note Pradel ; JCP 2005. II. 10091, note Di Raimondo.*

83. Conversation entre un avocat et son client. Par exception, le secret professionnel des avocats ne fait pas obstacle à la transcription d'un échange entre un avocat et son client dans le cadre de l'interception régulière de la ligne du second lorsque le contenu de cet échange est de nature à faire présumer la participation de l'avocat lui-même à une infraction, et dans la mesure où cette transcription n'affecte pas les droits de la défense du client. • CEDH 16 juin 2016, *Versini-Campinchi et Crasnianski c/ France,* n° 49176/ 11 (non-violation de l'art. 8 Conv. EDH) : *AJ pénal 2016. 427, obs. Ambroise-Castérot.*

c. Sonorisations

84. Réalité d'une ingérence de l'État. La Cour souligne que les faits dénoncés par le requérant caractérisent sans aucun doute une ingérence dans les droits garantis par l'art. 8, § 1, de la Convention, d'autant plus que l'opération de « sonorisation » en cause visait clairement l'interception des propos de l'intéressé. Elle renvoie à cet égard à son arrêt *Khan c/ Royaume-Uni* du 12 mai 2000, § 26, relatif à des circonstances similaires. Il reste à déterminer si cette ingérence se justifiait au regard du second paragraphe de l'art. 8, c'est-à-dire si elle était « prévue par la loi », inspirée par l'un ou plusieurs des buts légitimes qu'il énonce et était « nécessaire » « dans une société démocratique » pour les atteindre. • CEDH 31 mai 2005, *Vetter c/ France*, n° 59842/00, § 20 : *D. 2005. 1755, note Pradel ; RSC 2006. 663, obs. Massias*.

85. Renvoyant à son raisonnement dans les arrêts *Kruslin c/ France* (précité) et *Huvig c/ France* – qui concernent l'organisation des écoutes téléphoniques en France avant l'entrée en vigueur de la loi n° 91-646 du 10 juillet 1991 sur le secret des correspondances émises par la voie des communications électroniques – la Cour ne peut que constater que, dans le domaine de la pose de micros, le droit français n'indique pas avec assez de clarté l'étendue et les modalités d'exercice du pouvoir d'appréciation des autorités. Relevant au surplus que le Gouvernement admet que « cette jurisprudence paraît, *mutatis mutandis*, applicable à la présente espèce » et déclare en conséquence « s'en remet*[tre]* à la sagesse de la Cour quant au grief tiré de l'article 8 en matière de sonorisation », la Cour conclut que le requérant n'a pas joui du degré minimal de protection voulu par la prééminence du droit dans une société démocratique et qu'il y a eu violation de l'art. 8 de la Convention. (…) • CEDH 31 mai 2005, *Vetter c/ France*, n° 59842/00, § 20 : *D. 2005. 1755, note Pradel ; RSC 2006. 663, obs. Massias*.

Art. 9 ***Liberté de pensée, de conscience et de religion.*** **1. Toute personne a droit à la liberté de pensée, de conscience et de religion ; ce droit implique la liberté de changer de religion ou de conviction, ainsi que la liberté de manifester sa religion ou sa conviction individuellement ou collectivement, en public ou en privé, par le culte, l'enseignement, les pratiques et l'accomplissement des rites.**

2. La liberté de manifester sa religion ou ses convictions ne peut faire l'objet d'autres restrictions que celles qui, prévues par la loi, constituent des mesures nécessaires, dans une société démocratique, à la sécurité publique, à la protection de l'ordre, de la santé ou de la morale publiques, ou à la protection des droits et libertés d'autrui.

BIBL. ▶ Anseur, *RTDH 2001. 77.* – Burgorgue-Larsen, *RTDH 2006. 183.* – Decaux, *RTDH 2010. 251.* – Deffains, *RTDH 1998. 203.* – Docquir, *RTDH 2006. 839.* – d'Onorio, *JCP 1988. I. 3336.* – Dorsner-Dolivet, *D. 2002. Chron. 1086.* – Duffar, *RD publ. 1991. 657.* – Durand-Princeborgne, *RFDA 1997. 151*. – Garray, *RTDH 1994. 7.* – Garray et Goni, *RTDH 1994. 359.* – Gonzales, *RTDH 1997. 536 ; D. 2010. Chron. 452*. – Goy, *RD publ. 1991. 5.* – Haarscher, *RTDH 1995. 417.* – Hennette-Vauchez, *AJDA 2012. 163*. – Huyette, *D. 1996. Chron. 271.* – Jorion, *LPA 10 août 1994, p. 53.* – Junosza-Zdrojewski, *Gaz. Pal. 15-19 juill. 1994. 41.* – Minnerath, *Conscience et liberté 1990, n° 39, p. 116.* – Morange, *RTDH 1994. 414.* – Pettiti, *in Mél. Velu, p. 1835.* – Peyrou-Pistouley, *RFDA 1995. 1189*. – Plana, *Dr. fam. 2006. Étude 19.* – Putman, *Personnes & Famille, mars 2003, n° 3, p. 10.* – Rigaux, *RTDH 1994. 144 ; ibid. 1995. 401.* – Rivero, *RFDA 1990. 1*. – Robert, *in Cabrillac, Frison-Roche et Revet (dir.), p. 353.* – Rouvière-Perrier, *LPA 17 nov. 1993, p. 24.* – Surrel, *RFDA 1995. 573*. – Wachsmann, *RTDH 1994. 441.*

I. L'AFFIRMATION DU PRINCIPE DE LA LIBERTÉ DE PENSÉE, DE CONSCIENCE ET DE RELIGION

1. Importance de la liberté de pensée, de croyance et de religion. Telle que la protège l'art. 9, la liberté de pensée, de conscience et de religion représente l'une des assises d'une société démocratique au sens de la convention. Elle figure, dans sa dimension religieuse, parmi les éléments *les plus essentiels de l'identité* des croyants et de leur conception de la vie, mais elle est aussi un bien précieux pour les athées, les agnostiques, les sceptiques ou les indifférents. Il y va du pluralisme – chèrement conquis au cours des siècles – consubstantiel à pareille société. • CEDH 25 mai 1993, *Kokkinakis c/ Grèce, § 30 : Série A n° 260-A ; Ann. fr. dr. int. 1994. 658, obs. Coussirat-Coustère ; JDI 1994. 790, obs. Decaux et Tavernier ; RSC 1994. 362, obs. Koering-Joulin ; RTDH 1994. 144, obs. Rigaux* • 20 sept. 1994, *Otto-Preminger-Institut c/ Autriche, § 47 : Série A n° 295-A ; JDI 1995. 772, obs. Tavernier* • 26 oct. 2000, *Hassan et Tchaouch c/ Bulgarie, § 60 : JDI 2001. 211, obs. Decaux et Tavernier.* ♦ Mais s'agissant d'une manifestation sous forme de défilé, la liberté de religion s'efface derrière la liberté de réunion pacifique prévue à l'art. 11. • Comm. EDH 17 oct. 1985, Plattform Ärzte c/ Autriche : DR 44/65.

2. Situation des personnes morales. Une Église ou une association à but religieux ou philosophique peuvent exercer tous les droits visés à l'art. 9. • Comm. EDH 13 mars 1986, *Vereniging Rechtswinkels Utrecht c/ Pays-Bas*, n° 11308/84. ♦ V. cependant pour la liberté de conscience • Comm. EDH 12 oct. 1988, *Verein*

Kontakt-Information-Therapie (KIT) et Hagen c/ Autriche, n° 11921/86.

A. NOTIONS DE CONVICTION ET DE CROYANCE

3. Conviction personnelle profonde. Considéré isolément et dans son acception ordinaire, le mot « convictions » n'est pas synonyme des termes « opinion » et « idées » tels que les emploie l'art. 10 Conv. EDH qui garantit la liberté d'expression ; on le retrouve dans la version française de l'art. 9 (en anglais « beliefs »), qui consacre la liberté de pensée, de conscience et de religion. Il s'applique à des vues atteignant un certain degré de force, de sérieux, de cohérence et d'importance. • CEDH 25 févr. 1982, *Campbell et Cossans c/ Royaume-Uni, § 36 : Série A n° 48 ; Cah. dr. eur. 1986. 230, obs. Cohen-Jonathan ; JDI 1985. 191, obs. Rolland et Tavernier.* ♦ L'attitude du pacifiste peut être considérée comme une conviction, mais la distribution de tracts incitant des soldats à l'indiscipline ne constitue pas la manifestation d'une conviction au sens de l'art. 9 Conv. EDH. La Commission estime en conséquence qu'en diffusant ces publications, les requérants n'ont pas exprimé une conviction au sens de l'art. 9, § 1, Conv. EDH mais qu'ils ont tenté de saper la discipline militaire. Dès lors, leur condamnation et la peine qui leur a été infligée pour avoir incité des militaires à commettre des actes contraires à la discipline et pour violation de consigne ne constituent nullement une atteinte à l'exercice des droits que leur garantit cet article. • Comm. EDH 6 juill. 1987, *Le Cour Grandmaison et Fritz c/ France*, n° 11567/85.

4. Le droit à la liberté de pensée, de conscience et de religion s'applique à des vues atteignant un degré suffisant de force, de sérieux, de cohérence et d'importance. • CEDH 7 juill. 2011, *Bayatyan c/ Arménie*, n° 23459/03, § 110.

5. Limites de l'art. 9. L'art. 9 ne protège pas n'importe quel acte motivé ou inspiré par une religion ou une conviction. • CEDH 26 oct. 2000, *Hassan et Tchaouch c/ Bulgarie, § 60 : préc. note 1* • 1er juill. 1997, *Kalaç c/ Turquie, § 27 : Rec. 1997-IV ; JDI 1998. 204, obs. Decaux et Tavernier ; RUDH 1998. 81, obs. Sudre et a.*

B. RESPECT DES CONVICTIONS ET DES CROYANCES

6. Droit de convaincre son prochain. Aux termes de l'art. 9, la liberté de manifester sa religion ne s'exerce pas uniquement de manière collective, « en public » et dans le cercle de ceux dont on partage la foi : on peut aussi s'en prévaloir « individuellement » et « en privé » ; en outre, elle comporte en principe le droit d'essayer de convaincre son prochain, par exemple au moyen d'un « enseignement », sans quoi du reste « la liberté de changer de religion ou de conviction », consacrée par l'art. 9, risquerait de demeurer lettre morte. • CEDH 25 mai 1993, *Kokkinakis c/ Grèce, § 31 : préc. note 1.* ♦ Il échet de distinguer le témoignage chrétien du prosélytisme abusif : le premier correspond à la vraie évangélisation qu'un rapport élaboré en 1956, dans le cadre du Conseil œcuménique des Églises, qualifie de « mission essentielle » et de « responsabilité de chaque chrétien et de chaque église » ; le second en représente la corruption ou la déformation. Il peut revêtir la forme « d'activités (offrant) des avantages matériels ou sociaux en vue d'obtenir des rattachements à (une) Église ou (exerçant) une pression abusive sur des personnes en situation de détresse ou de besoin », selon le même rapport, voire impliquer le recours à la violence ou au « lavage de cerveau » ; plus généralement, il ne s'accorde pas avec le respect dû à la liberté de la pensée, de conscience et de religion d'autrui. • CEDH 25 mai 1993, *Kokkinakis c/ Grèce, § 48 : préc. note 1.*

7. Rôle de l'État. L'État, en s'acquittant des fonctions assumées par lui en matière d'éducation et d'enseignement, veille à ce que les informations ou connaissances figurant au programme soient diffusées de manière objective, critique et pluraliste. Elle lui interdit de poursuivre un but d'endoctrinement qui puisse être considéré comme ne respectant pas les convictions religieuses et philosophiques des parents. Là se place la limite à ne pas dépasser. • CEDH 7 déc. 1976, *Kjeldsen et a. c/ Danemark*, n° 5095/71, § 53.

8. Le devoir de neutralité et d'impartialité de l'État est incompatible avec un quelconque pouvoir d'appréciation de la part de celui-ci quant à la légitimité des croyances religieuses ou des modalités d'expression de celles-ci. • CEDH, gr. ch., 10 nov. 2005, *Leyla Sahin c/ Turquie : préc., § 107.*

9. Respect et critique. Ceux qui choisissent d'exercer la liberté de manifester leur religion, qu'ils appartiennent à une majorité ou à une minorité religieuse, ne peuvent raisonnablement s'attendre à le faire à l'abri de toute critique. Ils doivent tolérer et accepter le rejet par autrui de leurs croyances religieuses et même la propagation par autrui de doctrines hostiles à leur foi. Toutefois, la manière dont les croyances religieuses font l'objet d'une opposition ou d'une dénégation est une question qui peut engager la responsabilité de l'État, notamment celle d'assurer à ceux qui professent ces croyances et doctrines la paisible jouissance du droit garanti par l'art. 9. En effet, dans des cas extrêmes le recours à des méthodes particulières d'opposition à des croyances religieuses ou dénégation de celles-ci peut aboutir à dissuader ceux qui les ont d'exercer leur liberté de les avoir et de les exprimer. • CEDH 20 sept. 1994, *Otto-Preminger-Institut c/ Autriche, § 47 : préc. note 1.* ♦ Sur le droit de libre critique, V. aussi : • CEDH 27 févr.

2001, *Jerusalem c/ Autriche, § 46 : JDI 2001. 283, obs. Gueux* (discours antisectaire).

II. LES ATTEINTES À LA LIBERTÉ DE PENSÉE, DE CONSCIENCE ET DE RELIGION

A. L'ATTEINTE GÉNÉRALE

10. Ingérence de l'État. Le caractère fondamental des droits que garantit l'art. 9, § 1, se traduit aussi par le mode de formulation de la clause relative à leur restriction. A la différence du second § des art. 8, 10 et 11, qui englobe l'ensemble des droits mentionnés en leur premier §, celui de l'art. 9 ne vise que « la liberté de manifester sa religion ou ses convictions ». Il constate de la sorte que dans une société démocratique, où plusieurs religions cœxistent au sein d'une même population, il peut se révéler nécessaire d'assortir cette liberté de limitations propres à concilier les intérêts des divers groupes et à assurer le respect des convictions de chacun. • CEDH 25 mai 1993, *Kokkinakis c/ Grèce, § 33 : préc. note 1.* ♦ Un État peut légitimement estimer nécessaire de prendre des mesures visant à réprimer certaines formes de comportement, y compris la communication d'informations et d'idées jugées incompatibles avec le respect de la liberté de pensée, de conscience et de religion d'autrui. On peut légitimement estimer que le respect des sentiments religieux des croyants tel qu'il est garanti par l'art. 9 a été violé par des représentations provocatrices d'objets de vénération religieuse, de telles représentations peuvent passer pour une violation malveillante de l'esprit de tolérance, qui doit aussi caractériser une société démocratique. • CEDH 20 sept. 1994, *Otto-Preminger-Institut c/ Autriche, § 47 : préc. note 1.* ♦ V. aussi • 12 févr. 2009, *Nolan et K. c/ Russie,* § 73 : *JCP 2009. I. 143, n° 21, obs. Sudre ; AJDA 2009. 872, obs. Flauss.*

11. La Commission a précisé qu'une lecture rapide de l'art. 9, § 1, pourrait laisser croire que dans un mouvement familier à la convention, le texte énonce dans un premier temps le principe de la liberté de pensée, de conscience et de religion (§ 1) et dans un second temps, les limites autorisées à ce droit (§ 2). Or une distinction s'impose entre, d'une part un droit général à la liberté de religion, et d'autre part un droit plus spécifique qui est celui de changer de religion et de manifester sa religion. Seul ce droit spécifique peut être concerné par les restriction du § 2 de l'art. 9. Les États doivent donc respecter le *droit général* de toute personne à la liberté de religion, compris en l'espèce comme le droit qui protège toute personne contre l'obligation qui pourrait lui être imposée de participer directement à des activités religieuses contre son gré, sans être membre de la communauté religieuse qui dirige ces activités. • Comm. EDH 9 mai 1989, *Darby c/ Suède, § 44 s. : DR 56/166.* ♦ Sur l'ingérence de l'État de façon plus générale, V. ss. art. 8.

B. LES ATTEINTES PARTICULIÈRES

12. Rites religieux. L'art. 9 énumère diverses formes que peut prendre la manifestation d'une religion ou d'une conviction, à savoir le culte, l'enseignement, les pratiques et l'accomplissement des rites. Il n'est pas contesté que l'abattage rituel est un rite. Il n'y aurait ingérence dans la liberté de manifester sa religion que si l'interdiction de pratiquer légalement cet abattage conduisait à l'impossibilité pour les croyants ultra-orthodoxes de manger de la viande provenant d'animaux abattus selon les prescriptions religieuses qui leur paraissent applicables en la matière. Or tel n'est pas le cas. En effet, il n'est pas contesté que la requérante peut s'approvisionner facilement en viande « glatt » en Belgique. Dans la mesure où il n'est pas établi que les fidèles, membres de l'association requérante, ne peuvent pas se procurer de la viande « glatt », ni que la requérante ne pourrait leur en fournir en passant un accord avec l'ACIP pour procéder à l'abattage sous couvert de l'agrément accordé à cette dernière, la Cour estime que le refus d'agrément litigieux ne constitue pas une ingérence dans le droit de la requérante à la liberté de manifester sa religion. Partant, il n'y a pas eu violation de l'art. 9 Conv. EDH. • CEDH 27 juin 2000, *Cha'are Shalom Ve Tsedek c/ France, §§ 73, 80 s. : Rec. 2000-VII ; JDI 2001. 209, obs. Decaux et Tavernier ; RTDH 2001. 195, obs. Flauss ; Cah. CREDHO 2001/7. 103, obs. Rolland.*

13. Signes d'appartenance religieuse. Dans l'affaire *X. c/ Royaume-Uni* (n° 7992/77, décision de la Commission européenne des droits de l'homme du 12 juill. 1978, DR 14, p. 234), le requérant, sikh pratiquant, avait été condamné à des amendes pour infractions à l'obligation faite aux conducteurs de motocycles de porter un casque de protection ; il soutenait que sa religion l'obligeait à porter le turban, ce qui rendait impossible le port du casque, et dénonçait une violation de l'art. 9. La Commission a estimé que le port obligatoire d'un casque était une mesure de sécurité nécessaire et que toute ingérence que le requérant pouvait avoir subie de ce fait dans l'exercice de son droit à la liberté de religion était justifiée pour la protection de la santé, en vertu de l'art. 9, § 2. La Cour parvient à une conclusion similaire en la présente affaire. D'une part, les contrôles de sécurité dans les aéroports sont sans aucun doute nécessaires à la sécurité publique au sens de cette disposition. D'autre part, les modalités de leur mise en œuvre en l'espèce entrent dans la marge d'appréciation de l'État défendeur, d'autant plus clairement qu'il ne s'agit que d'une mesure ponctuelle. Cette partie de la requête est donc manifestement mal fondée et doit être rejetée en application de l'art. 35, §§ 3 et 4, de la Convention. • CEDH

11 janv. 2005, *Phull c/ France*, n° 35753/03 ; • 4 mars 2008, *Morsli c/ France*, n° 15585/06 : *AJDA 2009. 872, obs. J.-F. Flauss*. ♦ V. aussi • CEDH 4 déc. 2008, *Kervanci c/ France*, n° 31645/04. ♦ Appliquant l'ensemble de ces principes et la jurisprudence pertinente à la présente affaire, la Cour considère que les autorités internes ont justifié la mesure d'interdiction de porter le foulard en cours d'éducation physique par le respect des règles internes des établissements scolaires telles les règles de sécurité, d'hygiène et d'assiduité, qui s'appliquent à tous les élèves sans distinction. Les juridictions ont par ailleurs relevé que l'intéressée, en refusant de retirer son foulard, avait excédé les limites du droit d'exprimer et de manifester ses croyances religieuses à l'intérieur de l'établissement. • CEDH 4 déc. 2008, *Dogru c/ France*, § 68 : *AJDA 2008. 2311, obs. Flauss*. ♦ La Cour constate tout d'abord que les requérants sont de simples citoyens et ne peuvent donc être soumis, en raison d'un statut officiel, à une obligation de discrétion dans l'expression publique de leurs convictions religieuses (§ 48). Par ailleurs, il ne s'agissait pas non plus de la réglementation du port de symboles religieux dans des établissements publics, dans lesquels le respect de la neutralité à l'égard de croyances peut primer sur le libre exercice du droit de manifester sa religion. Enfin, la façon dont les requérants ont manifesté leurs croyances par une tenue spécifique ne constituait pas ou ne risquait pas de constituer une menace pour l'ordre public ou une pression sur autrui. Partant, il y a violation de l'art. 9 de la Convention. • CEDH 23 févr. 2010, *Arslan c/ Turquie, § 49 : Dr. pénal 2011. Chron. 3, obs. Dreyer.*

14. La réglementation de l'université d'Istanbul, qui soumet le port du foulard islamique à des restrictions, et les mesures d'application y afférentes ont constitué une ingérence dans l'exercice par la requérante du droit de manifester sa religion. Cette ingérence était prévue par la loi, poursuivait l'un des buts légitimes énoncés dans le deuxième paragraphe de l'art. 9 et était justifiée dans son principe et proportionnée aux buts poursuivis, et pouvait donc être considérée comme « nécessaire dans une société démocratique ». • CEDH 29 juin 2004, *Leyla Sahin c/ Turquie*, n° 44774/98, §§ 66 s. : *JCP 2004. I. 161, n° 11, obs. Sudre ; JCP 2005. II. 10016, note Bonnet ; D. 2005. 204, note Yildirim ; RDP 2005. 789, obs. Gonzalez.* – Dans le même sens : • CEDH, gr. ch., 10 nov. 2005, *Leyla Sahin c/ Turquie*, §§ 122 et 123 : *D. 2006. Pan. 1719, obs. Renucci ; RDP 2006. 806, obs. Levinet ; AJDA 2006. 474, obs. Flauss*.

15. Justifie sa décision la cour d'appel qui, pour déclarer un maire coupable du délit de discrimination, retient qu'il résulte des propos tenus par celui-ci, lors d'une réunion du conseil municipal, qu'il a privé une élue de l'exercice de son droit de parole en raison du port par cette dernière d'un insigne symbolisant son appartenance à la religion chrétienne. En l'espèce, il n'est nullement établi que le port d'une croix ait été un facteur de trouble susceptible de justifier que le maire, usant de son pouvoir de police, la prive de son droit à s'exprimer. En outre, aucune disposition législative, nécessaire en vertu de l'art. 9 de la convention pour que des restrictions soient apportées à la liberté de manifester sa religion ou ses convictions, ne permet au maire d'une commune, dans le cadre des réunions du conseil municipal d'interdire aux élus de manifester publiquement, notamment par le port d'un insigne, leur appartenance religieuse. • Crim. 1er sept. 2010, n° 10-80.584 P.

16. Interdiction de la dissimulation totale du visage. En conséquence, notamment au regard de l'ampleur de la marge d'appréciation dont disposait l'État défendeur en l'espèce, la Cour conclut que l'interdiction que pose la L. du 11 oct. 2010 peut passer pour proportionnée au but poursuivi, à savoir la préservation des conditions du « vivre ensemble » en tant qu'élément de la « protection des droits et libertés d'autrui ». La restriction litigieuse peut donc passer pour « nécessaire », « dans une société démocratique ». Cette conclusion vaut au regard de l'art. 8 Conv. EDH comme de l'art. 9. Partant, il n'y a eu violation ni de l'art. 8 ni de l'art. 9. • CEDH, gr. ch., 1er juill. 2014, *S.A.S. c/ France*, n° 43835/11, § 159.

17. Interdits religieux. La Cour estime que, en faisant primer l'obligation pour les enfants de suivre intégralement la scolarité et la réussite de leur intégration sur l'intérêt privé des requérants de voir leurs filles dispensées des cours de natation mixtes pour des raisons religieuses, les autorités internes n'ont pas outrepassé la marge d'appréciation considérable dont elles jouissaient dans la présente affaire, qui porte sur l'instruction obligatoire. Partant, il n'y a pas eu violation de l'art. 9. • CEDH 10 janv. 2017, *Osmanoglu et Kocabas c/ Suisse*, n° 29086/12, §§ 42, 64, 65, 105 et 106.

18. La Cour renvoie aux règles pénitentiaires européennes qui recommandent que les détenus se voient servir de la nourriture qui prennent en compte leur religion. En refusant à un détenu bouddhiste de suivre un régime végétarien, les autorités ont failli à leur obligation de peser de manière équitable les intérêts en présence. Partant, il y a violation de l'art. 9 Conv. EDH. • CEDH 7 déc. 2010, *Jakobski c/ Pologne : RSC 2011. Chron. 221, obs. Marguénaud ; AJ pénal 2011. 258, obs. Herzog-Evans* • 17 déc. 2013, *Vartic c/ Roumanie : D. actu. 16 janv. 2014, obs. Fleuriot.*

19. Alimentation spécifique en détention. La Cour renvoie aux règles pénitentiaires européennes qui recommandent que les détenus se voient servir de la nourriture qui prennent en compte leur religion. En refusant à un détenu bouddhiste de suivre un régime végétarien, les autorités ont failli à leur obligation de peser de manière équitable les intérêts en présence. Partant, il y a violation de l'art. 9 Conv. EDH. • CEDH 7 déc. 2010, *Jakobski c/ Pologne : RSC 2011. Chron. 221, obs. Marguénaud ; AJ pénal 2011. 258, obs. Herzog-Evans* • 17 déc. 2013, *Vartic c/ Roumanie : D. actu. 16 janv. 2014, obs. Fleuriot.*

20. Objection de conscience. La Commission a déjà estimé que la disposition invoquée par le requérant, lue à la lumière de l'art. 4, § 3, *b),* Conv. EDH, laisse aux États contractants la faculté de ne pas reconnaître un droit à l'objection de conscience ni un droit d'être exempté d'un service civil de remplacement (n° 7705/76, Décr. 5 juill. 1977, DR 9, p. 196 ; n° 10640/83, Décr. 9 mai 1984, DR 38, p. 219). Dans la mesure où le système conventionnel ne garantit pas le droit d'être exempté de l'obligation d'effectuer un service militaire pour des raisons de conscience, la Commission estime qu'on ne saurait interpréter l'art. 9 Conv. EDH comme garantissant le droit d'être exempté de cours de protection civile même lorsque, comme le soutient le requérant, les cours en question font partie du système de défense nationale. Il s'ensuit qu'aucune violation de l'art. 9 Conv. EDH ne peut être décelée en l'espèce. • Comm. EDH 8 janv. 1993, *Fadini c/ Suisse,* n° 17003/90. ♦ La Cour considère que le système de service de remplacement fondé sur le Règl. du 31 juill. 1992 ne peut passer pour ménager un juste équilibre entre l'intérêt de la société dans son ensemble et celui des objecteurs de conscience. Dès lors, les mesures litigieuses, allant jusqu'à des peines d'emprisonnement, qui ont été prises à l'encontre des requérants en raison du refus de ces derniers d'effectuer le service militaire et qui résultaient de l'absence d'un système de service de remplacement offrant aux intéressés la possibilité de bénéficier du statut d'objecteur de conscience, s'analysent en une ingérence qui n'était pas nécessaire dans une société démocratique au sens de l'art. 9 conv. EDH. Partant, il y a eu violation de cette disposition. • CEDH 17 oct. 2019, *Mushfig Mammadov et a. c/ Azerbaïdjan,* n° 14604/08, §§ 74 et 75, 98 et 99.

21. Convictions religieuses au travail. Le droit de manifester sa religion sur le lieu de travail est protégé mais doit être mis en balance avec les droits d'autrui. • CEDH 15 janv. 2013, *Eweida et a. c/ Royaume-Uni,* n° 48420/10, §§ 89, 90, 95, 96, 99, 100, 102, 105, 107 à 110.

Art. 10 *Liberté d'expression.* **1. Toute personne a droit à la liberté d'expression. Ce droit comprend la liberté d'opinion et la liberté de recevoir ou de communiquer des informations ou des idées sans qu'il puisse y avoir ingérence d'autorités publiques et sans considération de frontière. Le présent article n'empêche pas les États de soumettre les entreprises de radiodiffusion, de cinéma ou de télévision à un régime d'autorisations.**

2. L'exercice de ces libertés comportant des devoirs et des responsabilités peut être soumis à certaines formalités, conditions, restrictions ou sanctions, prévues par la loi, qui constituent des mesures nécessaires, dans une société démocratique, à la sécurité nationale, à l'intégrité territoriale ou à la sûreté publique, à la défense de l'ordre et à la prévention du crime, à la protection de la santé ou de la morale, à la protection de la réputation ou des droits d'autrui, pour empêcher la divulgation d'informations confidentielles ou pour garantir l'autorité et l'impartialité du pouvoir judiciaire.

BIBL. ▶ Bigot, *D. 1998. Chron. 235.* – Boisson de Chazournes, *RGDI publ. 1998. 929.* – Boutet, *D. 2000. Chron. 26.* – Cohen-Jonathan, *in Pettiti, Decaux et Imbert (dir.), p. 365 RUDH 1993. 69 ; RTDH 1995. 1 ; RTDH 1997. 571 ; RD aff. int. 1986. 9.* – Conte, *RPDP 2012. 879.* – Coustos, *RD publ. 1997. 1637.* – Deboissy et Saint-Pau, *D. 2000. Chron. 267.* – de Fontbressin, *RTDH 1993. 129 et 1996. 444.* – de Gouttes, *Mél. Pettiti, p. 251.* – Dreyer, *RTDH 2007. 615.* – Dubouis, *RDSS 1993. 32* – Dupeux, *Gaz. Pal. 9-10 févr. 1996. 7.* – Edelman, *D. 2000. Chron. 455.* – Ergec, *RTDH 1993. 171.* – Errera, *Gaz. Pal. 22 janv. 1995. 37.* – Flauss, *RTDH 1995. 220.* – Francillon, *Mél. Larguier, p. 127.* – François, *D. 2005. Chron. 1388*. – Galloux, *JCP 1997. I. 4046 ; JCP 1998. I. 142.* – Haarscher, *RTDH 1995. 417.* – Hottelier, *RTDH 2008. 801.* – Jongen, *RTDH 1993. 95.* – Klebes-Pelissier, *RUDH 1998. 393.* – Lacabas et Calvez, *Gaz. Pal. 6 oct. 2007. 8.* – Lageot, *RTDH 2011. 913.* – Lambert, *Mél. Eissen, p. 271 ; RTDH 1990. 361 ; RTDH 1993. 119.* – Larralde, *RTDH 2007. 39.* – Levinet, *RFDA 1997. 999*. – Mallet-Poujol, *D. 2002. Chron. 2420.* – Marguénaud, *RTD civ. 1996. 1026 ; in Pettiti, Mél. Eissen, p. 319 ; Mél. Robert, p. 391.* – Mbongo, *D. 2002. Chron. 427.* – Michaleski, *AJ pénal 2013. 19*. – Ravanas, *D. 2000. Chron. 459.* – Renucci, RPDP 2012. 899. – Rigaux, *RTDH 1993. 345.* – Spielmann, *Ann. Dr. Luxembourg 1991. 272.* – Sudre, *RFDA 1993. 216 ; RTDH 1996. 405.* – Toussaint, *RTDH 1996. 452.* – Wachsmann, *in Cabrillac, Frison-Roche et Revet (dir.), p. 449 ; AJDA 1998. 165 (n° spéc.)* ; *RTDH 2001. 585 ; in Mél. Apollis, p. 161.* – Zarka, *Gaz. Pal. 4-5 janv. 2002. 2.*

I. AFFIRMATION DE LA LIBERTÉ D'EXPRESSION

1. Importance de la liberté d'expression. La liberté d'expression constitue l'un des fondements essentiels d'une société démocratique, ainsi que l'une des conditions primordiales de son progrès et de l'épanouissement de chacun. • CEDH 29 mars 2001, *Thoma c/ Luxembourg, § 43 : RTDH 2002. 203, obs. Spielmann* • 8 juill. 1986, *Lingens c/ Autriche, § 41 : Série A nº 103 ; Cah. dr. eur. 1988. 470, obs. Cohen-Jonathan ; Ann. fr. dr. int. 1987. 239, obs. Coussirat-Coustère ; JDI 1987. 790, obs. Rolland et Tavernier ; RSC 1987. 269, obs. Pettiti et Teitgen.*

2. Interprétation stricte. Si la liberté d'expression peut être assortie d'exceptions, celles-ci appellent toutefois une interprétation étroite, et le besoin de la restreindre doit se trouver établi de manière convaincante. • CEDH 26 nov. 1991, *Observer et Guardian c/ Royaume-Uni*, § 59 : *Série A nº 216.* • 21 janv. 1999, *Janowski c/ Pologne*, § 30 : *Rec. 1999-I* • 20 mai 1999, *Rekvenyi c/ Hongrie*, § 42 : *Rec. 1999-III ; Ann. fr. dr. int. 1999. 747, obs. Coussirat-Coustère ; RTDH 2000. 119, obs. Callewaert ; JDI 2000. 110, obs. Decaux et Tavernier ; JCP 2000. I. 203, obs. Sudre.* • 29 mars 2001, *Thoma c/ Luxembourg*, § 43 : *préc. note 1.*

3. Obligations positives de l'État. L'exercice réel et efficace de la liberté d'expression ne dépend pas simplement du devoir de l'État de s'abstenir de toute ingérence, mais peut exiger des mesures positives de protection jusque dans les relations des individus entre eux. Pour déterminer s'il existe une obligation positive, il faut prendre en compte le juste équilibre à ménager entre l'intérêt général et les intérêts de l'individu. Cette obligation ne doit pas non plus être interprétée de manière à imposer aux autorités un fardeau insupportable ou excessif. En l'espèce, les autorités savaient que l'intéressé et certains de ses collaborateurs avaient été victimes d'une série d'actes violents et que les requérants craignaient d'être délibérément pris pour cible dans des incidents visant à empêcher la parution et la distribution du journal. La Cour conclut que le gouvernement, dans les circonstances de l'espèce, a manqué à son obligation positive de préserver le droit à la liberté d'expression. • CEDH 16 mars 2000, *Ozgür Gündem c/ Turquie, §§ 41 à 46 : Rec. 2000-III ; RTDH 2001. 105, obs. de Fontbressin.*

A. LIBERTÉ D'OPINION

4. Force de la liberté d'expression : vers un absolutisme de cette garantie. Sous réserve du § 2 de l'art. 10, la liberté d'expression vaut non seulement pour les « informations » ou « idées » accueillies avec faveur ou considérées comme inoffensives ou indifférentes, mais aussi pour celles qui heurtent, choquent ou inquiètent l'État ou une fraction quelconque de la population. Ainsi le veulent le pluralisme, la tolérance et l'esprit d'ouverture sans lesquels il n'est pas de « société démocratique ». • CEDH 7 déc. 1976 *Handyside c/ Royaume-Uni, § 49 : Série A nº 24 ; Cah. dr. eur. 1978. 350, obs. Cohen-Jonathan ; Ann. fr. dr. int. 1977. 494, obs. Pelloux ; JDI 1978. 706, obs. Rolland* • CEDH, gr. ch., 23 sept. 1994, *Jersild c/ Danemark, § 33 s. : Série A nº 298 ; Ann. fr. dr. int. 1994. 658, obs. Coussirat-Coustère ; JDI 1995. 780, obs. Decaux et Tavernier ; RSC 1995. 395, obs. Massias ; RTDH 1995. 400, obs. Rigaux ; JCP 1995. I. 3823, obs. Sudre* • 29 mars 2001, *Thoma c/ Luxembourg, § 44 : préc. note 1.*

5. Il ne fait aucun doute qu'à l'égal de tout autre propos dirigé contre les valeurs qui sous-tendent la convention, la justification d'une politique pronazie ne saurait bénéficier de la protection de l'art. 10. En l'espèce toutefois, les requérants ont moins fait l'éloge d'une politique que celle d'un homme, et cela dans un but dont la Cour a reconnu, sinon le moyen, du moins la pertinence et la légitimité : la révision de la condamnation de Philippe Pétain. La Cour estime disproportionnée et, dès lors, non nécessaire dans une société démocratique, la condamnation pénale (pour apologie des crimes ou délits de collaboration) subie par les requérants. Partant, il y a violation de l'art. 10 (condamnation à la suite de la publication dans « Le Monde » d'un texte destiné à défendre la mémoire du maréchal Pétain et intitulé « Français, vous avez la mémoire courte » « Philippe Pétain, le 17 juin 1941 », présentant comme salutaires ses différentes actions, tantôt comme militaire, tantôt comme chef de l'État français). • CEDH 23 sept. 1998, *Lehideux et Isorni c/ France, §§ 53 et 58 : Rec. 1998-VII ; RTDH 1999. 366, obs. Cohen-Jonathan ; Ann. fr. dr. int. 1999. 747, obs. Coussirat-Coustère ; JDI 1999. 266, obs. Decaux et Tavernier ; Gaz. Pal. 25-27 juill. 1999, p. 26, note Derhy ; RSC 1999. 384, obs. Koering-Joulin ; RFDA 1999. 792, obs. Labayle et Sudre ; RD publ. 1999. 895, obs. Levinet ; RSC 1999. 151, obs. Massias ; JCP 1999. II. 10119, note Moutouh ; D. 1999. 223, note Rolland ; JCP 1996. I. 105, obs. Sudre.* ♦ La Cour ne mésestime pas la déclaration du gouvernement selon laquelle « la mémoire des tortures pratiquées par certains militaires français reste encore très vive et douloureuse chez ceux qui les ont subies ». Elle constate toutefois que, s'il est certain que les propos litigieux dont il est question en l'espèce n'ont pas perdu leur capacité à raviver des souffrances, il n'est pas approprié de les juger avec le degré de sévérité qui pouvait se justifier dix ou vingt ans auparavant ; il faut au contraire les aborder avec le recul du temps, cela participe des efforts que tout pays est appelé à fournir pour débattre ouvertement et sereinement de sa propre histoire. Sanctionner un éditeur pour avoir aidé à la diffusion du témoignage d'un tiers sur des événements s'inscrivant dans l'histoire d'un pays entraverait gravement la contribution aux discussions de problèmes d'intérêt général et ne saurait se concevoir sans raisons particulièrement sérieuses. • CEDH 15 janv. 2009, *Orban et a. c/ France, § 52 : JCP 2009. II. 10040, note Derieux ; JCP 2009. I. 143, n° 24, obs. F. Sudre ; RSC 2009. 124, obs. Francillon ; ibid. 661, obs. Roets ; AJDA 2009. 872, obs. Flauss ; Dr. pénal 2009. Chron. 4, obs. Dreyer.*

6. V. aussi : • CEDH 10 juill. 2008, *Soulas et a. c/ France*, § 48 non-violation de l'art. 10 à propos d'un ouvrage intitulé « La colonisation de l'Europe » et sous-titré « Discours vrai sur l'immigration et l'islam » : *JCP 2009. I. 104, n° 16, obs. Sudre ; AJDA 2008. 1929, obs. J Flauss ; Dr. pénal 2009. Chron. 4, obs. Dreye* • 2 oct. 2008, *Leroy c/ France*, n° 36109/03 : *JCP 2008. 616, obs. Derieux ; JCP 2008. I. 209, obs. B. de Lamy ; JCP 2009. I. 104, com. n° 15, obs. Sudre ; RSC 2009. 124, obs. Francillon ; Dr. pénal 2009. Chron. 4, obs. Dreyer ; RDP 2009. 919, obs. Lévinet* (non-violation de l'art. 10 à la suite de la condamnation du directeur de la publication d'un hebdomadaire et du dessinateur, à propos d'une caricature relative à l'attentat contre le World Trade Center avec la légende « Nous en avions rêvé... le Hamas l'a fait »). ♦ L'art. 10 ne laisse guère de place pour des restrictions à la liberté d'expression dans le domaine du discours politique ou de questions d'intérêt général. Elle considère que M. Vajnai, un homme politique, avait décidé de porter l'étoile rouge en public afin d'exprimer ses opinions politiques. En outre, lorsque la liberté d'expression est exercée comme un discours politique – ce qui était le cas du requérant – il ne se justifie d'appliquer des restrictions qu'en cas de besoin social particulier, impérieux et clairement défini, ce qui n'était pas le cas en l'espèce. • CEDH 8 juill. 2008, *Vajnai c/ Hongrie : RDP 2009. 919, obs. M. Levinet ; AJDA 2008. 1929, obs. J.-F. Flauss.*

7. Liberté d'opinion et obligation de loyauté. Les principes fondamentaux contenus dans l'art. 10 s'appliquent également aux membres de la fonction publique : s'il apparaît légitime pour l'État de soumettre ces derniers, en raison de leur statut, à une obligation de réserve, il s'agit néanmoins d'individus qui, à ce titre, bénéficient de la protection de l'art. 10 Conv. EDH. Il revient donc à la Cour, en tenant compte des circonstances de chaque affaire, de rechercher si un juste équilibre a été respecté entre le droit fondamental de l'individu à la liberté d'expression et l'intérêt légitime d'un État démocratique à veiller à ce que sa fonction publique œuvre aux fins énoncées à l'art. 10, § 2. • CEDH 26 sept. 1995, *Vogt c/ Allemagne, § 53 : Série A n° 323 ; Ann. fr. dr. int. 195. 485, obs. Coussirat-Coustère ; JDI 1996. 242, obs. Decaux et Tavernier ; Gaz. Pal. 11-12 oct. 1996, p. 27, note Lambert ; RFDA 1997. 999, obs. Levinet ; JCP 1996. I. 3910, obs. Sudre.* ♦ En l'espèce, la nomination de la requérante en tant que professeur est annulée en raison de son refus de se dissocier de la politique du KDP à la suite d'une publication. En refusant l'accès à la fonction publique à Mme Glasenapp, l'autorité compétente du Land n'a pris en considération les opinions et l'attitude de celle-ci que pour apprécier si la requérante présentait l'une des qualifications personnelles nécessaires pour l'emploi en question. Dès lors, il n'y a pas eu ingérence dans l'exercice du droit protégé par l'art. 10, § 1. • CEDH 28 août 1986, *Glasenapp c/ Allemagne, §§ 51 et 53 : Série A n° 104 ; Cah. dr. eur. 1988. 467, obs. Cohen-Jonathan ; Ann. fr. dr. int. 1987. 239, obs. Coussirat-Coustère ; RSC 1987. 792, obs. Rolland et Tavernier.* ♦ En refusant l'accès à la fonction publique à M. Kosiek, le ministère compétent du Land n'a pris en considération les opinions et les activités de celui-ci que pour apprécier si l'intéressé avait fait ses preuves pendant la période d'essai et s'il présentait l'une des qualifications personnelles nécessaires pour occuper l'emploi en question. • CEDH 28 août 1986, *Kosiek c/ Allemagne, § 39 : Série A n° 105.* ♦ V. également, • CEDH 26 sept. 1995, *Vogt c/ Allemagne, § 61 : préc.* ♦ L'art. 10 s'étend à la sphère professionnelle en général et aux fonctionnaires en particulier. • CEDH, gr. ch., 12 févr. 2008, *Guja c/ Moldova*, n° 14277/04, § 52 : *JCP 2008. I. 167, n° 18, obs. Sudre ; RTDH 2009. 227, obs. Junod ; AJDA 2008. 978, obs. Flauss.*

8. Les fonctionnaires ont une obligation de neutralité politique non seulement envers les membres élus de la collectivité locale qui les emploie, mais aussi envers les membres de l'électorat local, dès lors que ceux qui ont émis leur vote de manière à permettre à la composition politique de l'assemblée de refléter leur avis sur la question de savoir quelles politiques sont les mieux adaptées à leur circonscription. Aussi est-il également de l'intérêt des électeurs que les fonctionnaires qui influent sur la gestion quotidienne des affaires locales ne s'engagent pas dans des activités pouvant être interprétées, non seulement par les membres élus de l'assemblée mais également par le public, comme faussant ce processus. • CEDH 2 sept. 1998, *Ahmed et a. c/ Royaume-Uni, § 63 : Réc. 1998-VI.* ♦ Les policiers sont investis de pouvoirs coercitifs visant à régler la conduite des citoyens et sont, dans certains pays, autorisés à porter les armes pour remplir leur mission. Finalement, les policiers sont au service de l'État. Les citoyens peuvent légitimement escompter qu'à l'occasion de leurs démarches personnelles auprès de la police, ils seront conseillés par des fonctionnaires politiquement neutres et tout à fait détachés du combat politique. Le désir de veiller à ce que le rôle crucial de la police dans la société ne soit pas compromis par l'érosion de la neutralité politique de ses fonctionnaires se concilie avec les principes démocratiques. • CEDH 20 mai 1999, *Rekvenyi c/ Hongrie, § 41 : préc. note 2.* ♦ Les limites de la critique admissible sont, comme pour les hommes politiques, plus larges pour les fonctionnaires agissant dans l'exercice de leurs fonctions officielles. Les fonctionnaires doivent, pour s'acquitter de leurs fonctions, bénéficier de la confiance du public sans être indûment perturbés et il peut dès lors s'avérer nécessaire de les protéger contre des attaques verbales offensantes lorsqu'ils sont en service. En l'espèce, les impératifs de cette protection n'ont pas à être mis en balance avec les intérêts de la liberté de la presse ou de la libre discussion de questions d'intérêt général puisque les observations du requérant n'ont pas été formulées dans un tel contexte. • CEDH 21 janv. 1999, *Janowski c/ Pologne, § 33 : préc. note 2.* ♦ V. aussi (pour une prise en compte du contexte particulier) : • CEDH 22 avr. 2010, *Haguenauer c/ France, § 47 : Dr. pénal 2011. Chron. 3, obs. Dreyer.* ♦ Les salariés ont un devoir de loyauté, de réserve et de discrétion envers leur employeur. Cela vaut en particulier pour les fonctionnaires, dès lors que la nature même de la fonction publique exige de ses membres une obligation de loyauté et de réserve. Cette obligation peut être plus accentuée pour les fonctionnaires et les employés de la fonction publique que pour les salariés travaillant sous le régime du droit privé. • CEDH 9 janv. 2018, *Catalan c/ Roumanie,* n° 13003/04, §§ 56 à 58, 78 et 79.

9. Liberté d'opinion d'un militant politique. Condamné pour délit d'offense au président de la République, le requérant qui avait brandi un écriteau portant la formule « *casse toi pov'con* » lors du passage du cortège présidentiel, invoque une violation de l'art. 10 de la Convention. Cette ingérence de la loi était prévue par la loi et poursuivait un but légitime puisqu'il s'agissait de protéger l'ordre ainsi que la réputation d'autrui. La Cour retient, d'autre part, qu'en reprenant à son compte une formule abrupte, utilisée par le président de la République lui-même, largement diffusée par les médias puis reprise et commentée par une vaste audience de façon fréquemment humoristique, le requérant a choisi d'exprimer sa critique sur le mode de l'impertinence satirique. Or, la Cour a souligné à plusieurs reprises que la satire est une forme d'expression artistique et de commentaire social qui, de par l'exagération et la déformation de la réalité qui la caractérisent, vise naturellement à provoquer et à agiter. C'est pourquoi il faut examiner avec une attention particulière toute ingérence dans le droit d'un artiste – ou de toute autre personne – à s'exprimer par ce biais. La Cour considère que sanctionner pénalement des comportements comme celui qu'a eu le requérant en l'espèce est susceptible d'avoir un effet dissuasif sur les interventions satiriques concernant des sujets de société qui peuvent elles aussi jouer un rôle très important dans le libre débat des questions d'intérêt général sans lequel il n'est pas de société démocratique. Eu égard à ce qui précède, et après avoir pesé l'intérêt de la condamnation pénale pour offense au chef de l'État dans les circonstances particulières de l'espèce et l'effet de la condamnation à l'égard du requérant, la Cour juge que le recours à une sanction pénale par les autorités compétentes était disproportionné au but visé et n'était donc pas nécessaire dans une société démocratique. • CEDH 14 mars 2013, *Éon c/ France,* n° 26118/10, § 62 : *AJ pénal 2013. 477, obs. Porteron ; Constitutions 2013. 257, obs. de Bellescize ; RSC 2013. 670, note Roets ; Procédures 2013, n° 149, note Fricero.*

10. Hommes et femmes politiques. Quant aux limites de la critique admissible, elles sont plus larges à l'égard d'un homme politique, agissant en sa qualité de personnage public, que d'un simple particulier. L'homme politique s'expose inévitablement et consciemment à un contrôle attentif de ses faits et gestes, tant par les journalistes que par la masse des citoyens, et doit montrer une plus grande tolérance, surtout lorsqu'il se livre lui-même à des déclarations publiques pouvant prêter à critique. Il a certes droit à voir protéger sa réputation, même en dehors du cadre de sa vie privée, mais les impératifs de cette protection doivent être mis en balance avec les intérêts de la libre discussion des questions politiques, les exceptions à la liberté d'expression appelant une interprétation étroite. • CEDH 1er juill. 1997, *Oberschlick c/ Autriche, § 29 : Rec. 1997-IV.* ♦ La Cour rappelle également que, précieuse pour chacun, la liberté d'expression l'est tout particulièrement pour les partis politiques et leurs membres actifs. En effet, des ingérences dans la liberté d'expression d'un membre de l'opposition, qui représente ses électeurs, signale leurs préoccupations et défend leurs intérêts, commandent à la Cour de se livrer à un contrôle des plus stricts. Permettre de larges restrictions dans tel ou tel cas affecterait sans nul doute le respect de la liberté d'expression en général dans l'État concerné. Il convient de rappeler à cet égard que l'ar. 10, § 2, de la Conv. EDH ne laisse guère de place pour des restrictions à la liberté d'expression dans le domaine du discours politique ou des questions d'intérêt général. Les limites de la critique admissible sont plus larges à l'égard d'un homme politique, visé en cette qualité, que d'un simple particulier : à la différence du second, le premier s'expose inévitablement et consciemment à un contrôle attentif de ses faits et gestes tant par les journalistes que par la masse des citoyens ; il doit, par conséquent, montrer une plus grande tolérance. Dans ce domaine, l'invective politique déborde souvent sur le plan personnel ; ce sont les aléas du jeu politique et du libre débat d'idées, garants d'une société démocratique. Les adversaires des idées et positions officielles doivent pouvoir trouver leur place dans l'arène politique, discutant au besoin des actions menées par des responsables dans le cadre de l'exercice de leurs mandats publics. • CEDH 12 avr. 2012, *de Lesquen du Plessis-Casso c/ France,* n° 54216/09, §§ 38 à 40.

11. La Cour a déjà considéré que si la fixation des peines est en principe l'apanage des juridictions nationales, une peine de prison infligée pour une infraction commise dans le domaine du discours politique n'est compatible avec la liberté d'expression garantie par l'art. 10 de la Convention que dans des circonstances exceptionnelles, notamment lorsque d'autres droits fondamentaux ont été gravement atteints, comme dans l'hypothèse, par exemple, de la diffusion d'un discours de haine ou d'incitation à la violence. Elle renvoie à cet égard à l'orientation donnée dans les travaux du Comité des Ministres et de l'Assemblée parlementaire du Conseil de l'Europe sur les peines de prison en matière de discours politique. Rien dans les circonstances de la présente espèce, où les propos litigieux ont été tenus dans le contexte d'un débat sur une question présentant un intérêt public légitime, n'était de nature à justifier l'imposition d'une telle peine d'emprisonnement. Par sa nature même, une telle sanction produit immanquablement un effet dissuasif, nonobstant le fait qu'il a été sursis à l'exécution de la peine du requérant. Si pareille mesure a pu alléger la situation du requérant, elle n'efface pas pour autant sa condamnation ni les retombées durables de toute inscription au casier judiciaire. Au vu de ce qui précède, à supposer même que les raisons invoquées par les juridictions internes puissent passer pour pertinentes, elles ne suffisent pas à démontrer que l'ingérence dénoncée était « nécessaire dans une société démocratique ». Nonobstant la marge d'appréciation des autorités nationales, la Cour considère que la condamnation du requérant est disproportionnée au but visé. Dès lors, il y a eu violation de l'art. 10 de la Convention. • CEDH 15 mars 2011, *Otegi Mondragon c/ Espagne,* n° 2034/07, §§ 59 à 62. ♦ Selon la Cour, il n'est douteux ni que la condamnation du requérant pour complicité de diffamation envers un fonctionnaire constitue une ingérence dans l'exercice de son droit à la liberté d'expression, ni que cette ingérence était « prévue par la loi » (la loi du 29 juillet 1881 relative à la liberté de la presse) et poursuivait l'un des buts légitimes énumérés à l'art. 10, § 2, de la Convention : « la protection de la réputation (...) d'autrui ». (...) Eu égard à ce qui précède, et tout particulièrement à l'extrême importance du débat d'intérêt général dans lequel les propos litigieux s'inscrivaient, la condamnation du requérant pour diffamation ne saurait passer pour proportionnée, et donc pour « nécessaire » « dans une société démocratique » au sens de l'art. 10 de la Convention. Partant, il y a eu violation de cette disposition. • CEDH 7 nov. 2006, *Mamère c/ France,* n° 12697/03, § 30. ♦ Concernant un journaliste et un médecin condamnés pour diffamation à l'encontre de personnalités politiques, la Cour a considéré que les déclarations dans les médias pour lesquelles les requérants ont été condamnés s'inscrivaient dans le cadre de débats sur des questions d'intérêt général et que la restriction apportée à leur liberté d'expression n'était en aucun cas proportionnée. • CEDH 24 sept. 2019, *Antunes Emidio et Soares Gomes da Cruz c/ Portugal,* n°s 75637/13 et 8114/14, §§ 36 s.

B. LIBERTÉ D'INFORMATION

1° FORCE DU PRINCIPE DE LA LIBERTÉ D'EXPRESSION

a. Diffusion de l'information

12. Domaine d'application large. Ni le statut juridique de société anonyme, ni le caractère commercial de ses activités ni la nature même de la liberté d'expression ne sauraient priver Autronic AG du bénéfice de l'art. 10. Cet article vaut pour « toute personne » physique ou morale. • CEDH 22 mai 1990, *Autronic AG c/ Suisse, § 47 : Série A n° 178 ; RD aff. int. 1992. 613, obs. Cohen-Jonathan ; Ann. fr. dr. int. 1991. 587, obs. Coussirat-Coustère.* ♦ La Cour en a déjà constaté l'applicabilité à des personnes morales poursuivant des buts lucratifs. • CEDH 26 avr. 1979, *Sunday Times c/ Royaume-Uni, §§ 42 s. : Série A n° 30 ; Cah. dr. eur. 1980. 481, obs. Cohen-Jonathan ; Ann. fr. dr. int. 1980. 311, obs. Pelloux ; JDI 1980. 471, obs. Rolland* • 28 mars 1990, *Groppera Radio AG et a., §§ 52 s. : Série A n° 173.* ♦ Le domaine de l'art. 10 s'étend à l'internet. • CEDH 18 déc. 2012, *Ahmet Yildirim c/ Turquie,* n° 311/10 : *JCP 2013. 97, obs. Sudre ; AJDA 2013. 165, obs. Burgorgue-Larsen* . ♦ *Adde* • CEDH 10 janv. 2013, *Ashby Donald et a. c/ France,* n° 26769/08 • 19 févr. 2013, *Neij et Sunde Kolmisoppi c/ Suède,* n° 40397/12.

13. La Cour note d'emblée que la possibilité pour les individus de s'exprimer sur internet constitue un outil sans précédent d'exercice de la liberté d'expression. C'est là un fait incontesté, comme elle l'a reconnu en plusieurs occasions. Cependant, les avantages de ce média s'accompagnent d'un certain nombre de risques. Des propos clairement illicites, notamment des propos diffamatoires, haineux ou appelant à la violence, peuvent être diffusés comme jamais auparavant dans le monde entier, en quelques secondes, et parfois demeurer en ligne pendant fort longtemps. Ce sont ces deux réalités contradictoires qui sont au cœur de la présente affaire. Compte tenu de la nécessité de protéger les valeurs qui sous-tendent la Convention et considérant que les droits qu'elle protège respectivement en ses art. 10 et 8 méritent un égal respect, il y a lieu de ménager un équilibre qui préserve l'essence de l'un et l'autre de ces droits. • CEDH, gr. ch., 10 juin 2015, *Delfi AS c/ Estonie*, n° 64569/09, §§ 110 s. ♦ Grâce à leur accessibilité ainsi qu'à leur capacité à conserver et à diffuser de grandes quantités de données, les sites internet contribuent grandement à améliorer l'accès du public à l'actualité et, de manière générale, à faciliter la communication de l'information. La constitution d'archives sur internet représentant un aspect essentiel du rôle joué par les sites internet, la Cour considère qu'elle relève du champ d'application de l'art. 10. • CEDH 10 mars 2009, *Times Newspapers Ltd c/ Royaume-Uni (n° 3)*, n° 3002/03, § 27. ♦ Au demeurant, la Cour observe que la mesure en cause a eu des effets arbitraires et ne saurait être considérée comme visant uniquement à bloquer l'accès au site litigieux car elle consistait en un blocage général de tous les sites hébergés par Google Sites. En outre, le contrôle juridictionnel du blocage de l'accès aux sites internet ne réunit pas les conditions suffisantes pour éviter les abus : le droit interne ne prévoit aucune garantie pour éviter qu'une mesure de blocage visant un site précis ne soit utilisée comme moyen de blocage général. Partant, il y a eu violation de l'art. 10 Conv. EDH. • CEDH 18 déc. 2012, *Ahmet Yildirim c/ Turquie*, n° 2111/10, §§ 38, 50, 67 à 69.

14. Principe d'une non-ingérence des autorités étatiques. La Cour ne saurait admettre que l'État possède, dans le domaine de la protection de la morale, un pouvoir discrétionnaire absolu et insusceptible de contrôle. Certes, elle reconnaît que les autorités nationales jouissent en la matière d'une large marge d'appréciation, en particulier dans une sphère comme celle-ci qui touche à des questions de croyance sur la nature de la vie humaine. Comme elle l'a déjà relevé, on chercherait en vain dans l'ordre juridique et social des États contractants une notion européenne uniforme de la morale et les autorités nationales se trouvent en principe mieux placées que le juge international pour se prononcer sur le contenu précis des exigences de cette dernière comme sur la « nécessité » d'une « restriction » ou « sanction » destinée à y répondre. Il ne s'agit pourtant pas d'un pouvoir d'appréciation illimité ; là aussi, la Cour doit vérifier si une restriction cadre avec la Convention. • CEDH 20 oct. 1992, *Open Door et Dublin Well Woman c/ Irlande, §§ 68 s. : Série A n° 246-A ; Ann. fr. dr. int. 1992. 629, obs. Coussirat-Coustère ; JDI 1993. 751, obs. Decaux et Tavernier ; RTDH 1993. 491, obs. Rigaux.* ♦ La condamnation d'un parlementaire qui avait mis en cause le roi d'Espagne dans le cadre de violences policières prétendument subies par des journalistes basques est contraire à l'art. 10. La Cour reconnaît que l'ingérence dans la liberté d'expression du requérant était bien prévue par la loi espagnole au sens de l'art. 10, § 2, et qu'elle poursuivait un but légitime, à savoir la protection de la réputation du roi d'Espagne. Toutefois, la Cour constate que les propos proférés par le requérant avaient un lien suffisant avec les allégations de mauvais traitements et qu'elles s'inscrivaient dans le cadre d'un débat plus large portant sur la responsabilité des forces de l'ordre dans des cas de mauvais traitements, pour en déduire que la marge d'appréciation des autorités espagnoles était réduite, d'autant plus que la critique émanait d'un élu et qu'elle visait également un homme politique. • CEDH 15 mars 2011, *Otegi Mondragon c/ Espagne : D. actu. 1er avr. 2011, obs. Lavric ; Dr. pénal 2012. Chron. 3, obs. Dreyer.*

b. Réception de l'information

15. Affirmation du droit à recevoir l'information. La réception de programmes télévisés au moyen d'une antenne – parabolique ou autre – relève du droit consacré par les deux premières phrases de l'art. 10, § 1, sans qu'il faille rechercher pour quelle raison et dans quel but son titulaire entend s'en prévaloir. • CEDH 22 mai 1990, *Autronic AG c/ Suisse, § 47 : préc. note 12.* ♦ A leur fonction (les médias) consistant à communiquer des informations, s'ajoute le droit, pour le public, d'en recevoir. • CEDH 26 avr. 1979, *Sunday Times c/ Royaume-Uni, § 65 : préc. note 12* • 8 juill. 1986, *Lingens c/ Autriche, § 41 : préc. note 1* • 26 nov. 1991, *Observer* et *Guardian, § 59* : n° 13585/88.

16. Recherche des informations. Quant à la liberté de recevoir des informations, elle interdit essentiellement à un gouvernement d'empêcher quelqu'un de recevoir des informations que d'autres aspirent ou peuvent consentir à lui fournir. Dans des circonstances du genre de celles de la présente affaire, l'art. 10 n'accorde pas à l'individu le droit d'accéder à un registre où figurent des renseignements sur sa propre situation, ni n'oblige le gouvernement à les lui communiquer. Le requérant n'a donc subi aucune atteinte à sa liberté de recevoir des informations, telle que la protège l'art. 10. • CEDH 26 mars 1987, *Leander c/ Suède, §§ 74 et 75 : Série A n° 116 ; Cah. dr. eur. 1988. 463, obs. Cohen-Jonathan ; RSC 1987. 749, obs. Pettiti ; JDI 1988. 858, obs. Rolland et Tavernier.*

17. Accès des personnes incarcérées à internet. Dès lors que les personnes détenues ont accès à internet, la restriction d'accès à certains sites doit être proportionnée à l'objectif légitime qu'elle poursuit, en l'espèce la protection des tiers, la prévention des infractions et des troubles à l'ordre public. • CEDH 19 janv. 2016, *Kalda c/ Estonie*, n° 17429/10 : *D. 2016. Pan. 1220, obs. H.-Evans ; AJ pénal 2016. 224, obs. Chovgan.*

2° MANIFESTATIONS PARTICULIÈRES DE LA LIBERTÉ D'EXPRESSION

a. Liberté d'expression et justice

18. Liberté d'expression et procès pénal. L'action des tribunaux, qui sont garants de la justice et dont la mission est fondamentale dans un État de droit, a besoin de la confiance du public. Aussi convient-il de la protéger contre des attaques dénuées de fondement, alors surtout que le devoir de réserve interdit aux magistrats de réagir. En cette matière comme d'autres, il appartient en premier lieu aux autorités nationales de juger de la nécessité d'une ingérence dans l'exercice de la liberté d'expression. Ce qu'elles peuvent faire à cet égard s'accompagne toutefois d'un contrôle européen, portant à la fois sur la loi et sur les décisions qui l'appliquent, même si celles-ci émanent d'une juridiction indépendante. • CEDH 24 févr. 1997, *De Haes et Gijsels c/ Belgique, § 37 : Rec. 1997-I ; JCP 1998. I. 107, n° 38, obs. Sudre ; RSC 1998. 389, obs. Koering-Joulin* . ♦ V. *mutatis mutandis* • CEDH 26 avr. 1995, *Prager et Oberschlick c/ Autriche, §§ 34 à 35 : Série A n° 313 ; JCP 1996. I. 3910, obs. Sudre.* ♦ On est en droit d'attendre des fonctionnaires de l'ordre judiciaire qu'ils usent de leur liberté d'expression avec retenue chaque fois que l'autorité et l'impartialité du pouvoir judiciaire sont susceptibles d'être mises en cause. La Cour n'en estime pas moins que toute atteinte à la liberté d'expression d'un magistrat dans la situation du requérant appelle de sa part un examen attentif • CEDH 13 nov. 2008, *Kayasu c/ Turquie (n° 1), § 92 : RDP 2009. 917, obs. F. Sudre ; AJDA 2009. 872, obs. J.-F. Flauss* . ♦ Les restrictions à la liberté d'expression autorisées au § 2 de l'art. 10 « pour garantir l'autorité et l'impartialité du pouvoir judiciaire » ne permettent pas aux États de limiter toutes les formes de débat public sur des questions en cours d'examen par les tribunaux (...). A condition de ne pas franchir les bornes fixées aux fins d'une bonne administration de la justice, les comptes rendus de procédures judiciaires, y compris les commentaires, contribuent à les faire connaître et sont donc parfaitement compatibles avec l'exigence de publicité de l'audience énoncée à l'art. 6, § 1, Conv. EDH. A la fonction des médias consistant à communiquer de telles informations et idées s'ajoute le droit, pour le public, d'en recevoir. Cela est d'autant plus vrai lorsque le procès est celui d'un personnage connu tel qu'un ancien ministre, comme en l'espèce. Ces personnes s'exposent inévitablement et consciemment à un contrôle attentif tant par les journalistes que par la masse des citoyens. Partant, les limites du commentaire admissible sont plus larges à l'égard d'un homme politique, visé en cette qualité, que d'un simple particulier. Cependant, comme tout un chacun, les personnalités connues sont en droit de bénéficier d'un procès équitable tel que garanti à l'art. 6, ce qui, en matière pénale, comprend le droit à un tribunal impartial. Les journalistes doivent s'en souvenir qui rédigent des articles sur des procédures pénales en cours, car les limites du commentaire admissible peuvent ne pas englober des déclarations qui risqueraient, intentionnellement ou non, de réduire les chances d'une personne de bénéficier d'un procès équitable ou de saper la confiance du public dans le rôle tenu par les tribunaux dans l'administration de la justice pénale. • CEDH 29 août 1997, *Worm c/ Autriche, § 50 : Rec. 1997-V ; JCP 1998. I. 107, obs. Sudre ; RSC 1998. 389, obs. Koering-Joulin* .

19. Violent l'art. 10 Conv. EDH les décisions des juridictions nationales condamnant pour diffamation un professeur de droit constitutionnel pour avoir critiqué dans un article les compétences et l'impartialité des juges de la Cour constitutionnelle. • CEDH 27 mai 2014, *Mustafa Erdoğan et a. c/ Turquie : D. actu. 18 juin 2014, obs. Nalepa.* ♦ Il est légitime de vouloir accorder une protection particulière au secret de l'instruction compte tenu de l'enjeu d'une procédure pénale, tant pour l'administration de la justice que pour le droit au respect de la présomption d'innocence des personnes mises en examen. Un journaliste pouvait donc être condamné pour divulgation de document secrets, sans que cela entraîne une violation de l'art. 10 Conv. EDH, dès lors que l'article en cause était orienté de manière à tracer du prévenu un portrait très négatif, comportait en soi un risque d'influer d'une manière ou d'une autre sur la suite de la procédure, ce qui avait justifié l'adoption de mesures dissuasives par les autorités nationales. • CEDH 29 mars 2016, *Bédat c/ Suisse, n° 56925/08 : D. actu. 15 avr. 2016, obs. Autier.* ♦ Certes, les journalistes qui rédigent des articles sur des procédures pénales en cours doivent veiller à ne pas franchir les bornes fixées aux fins d'une bonne administration de la justice, et à respecter le droit de la personne mise en cause à être présumée innocente. La Cour observe toutefois que l'ingérence litigieuse consiste en une interdiction de publication générale et absolue visant tout type d'information. Si, comme dans le cas d'espèce, les juridictions internes l'ont estimée justifiée pour protéger la réputation d'autrui et garantir l'autorité du pouvoir judiciaire, cette justification ne paraît pas suffisante lorsque l'on sait qu'elle ne concerne que les procédures pénales ouvertes sur plainte avec constitution de partie civile à l'exclusion de celles ouvertes sur réquisition du parquet ou sur plainte simple. Or une telle différence de traitement du droit à l'information ne semble fondée sur aucune raison objective, alors qu'elle entrave de manière totale le droit pour la presse d'informer le public sur des sujets qui, bien que concernant une procédure pénale avec constitution de partie civile, peuvent être d'intérêt public, ce qui était le cas ici puisque la présente espèce visait des personnalités du monde politique français et mettait en cause leurs agissements, prétendument frauduleux, à la direction d'une société publique de gestion de foyers d'hébergement pour immigrés. De toute façon, la Cour note que d'autres mécanismes protecteurs des droits des personnes mises en cause – tels les art. 9-1 C. civ. et les art. 11 et 91 – rendent non nécessaire l'interdiction absolue prévue par la loi de 1931. En conclusion, la condamnation des journalistes ne représentait pas un moyen raisonnablement proportionné à la poursuite des buts légitimes visés, compte tenu de l'intérêt de la société démocratique à assurer et à maintenir la liberté de la presse. Il y a donc eu violation de l'art. 10 Conv. EDH. • CEDH 3 oct. 2000, *Du Roy et Malaurie c/ France, §§ 33 s. : D. 2001. Somm. 1064, obs. Renucci ; JCP 2001. I. 291, obs. Sudre ; RTDH 2001. 107, obs. Tillement.*

20. Avocat. La Cour rappelle que le statut spécifique des avocats les place dans une situation centrale dans l'administration de la justice, comme intermédiaires entre les justiciables et les tribunaux, ce qui explique les normes de conduite imposées en général aux membres du barreau. En outre, la Cour a déjà jugé que l'action des tribunaux, qui sont garants de la justice et dont la mission est fondamentale dans un État de droit, a besoin de la confiance du public. Eu égard au rôle clé des avocats dans ce domaine, on peut attendre d'eux qu'ils contribuent au bon fonctionnement de la justice et, ainsi, à la confiance du public en celle-ci. Il va sans dire également que la liberté d'expression vaut aussi pour les avocats, qui ont certes le droit de se prononcer publiquement sur le fonctionnement de la justice, mais dont la critique ne saurait franchir certaines limites. A cet égard, il convient de tenir compte de l'équilibre à ménager entre les divers intérêts en jeu, parmi lesquels figurent le droit du public d'être informé sur les questions qui touchent au fonctionnement du pouvoir judiciaire, les impératifs d'une bonne administration de la justice et la dignité de la profession d'avocat. La Cour relève que le requérant – qui était avocat – a exprimé en public ses doléances au sujet d'une procédure pénale qui était alors pendante devant une juridiction pénale. Elle note, outre la généralité, la gravité et le ton des affirmations du requérant, que celui-ci a d'abord tenu une conférence de presse, affirmant qu'il s'agissait là de son dernier recours, et formé ensuite seulement, devant la cour d'appel, un appel qui aboutit en partie. Il a, de surcroît, omis de saisir l'autre autorité de tutelle de la préfecture, le parquet, dont il n'a pas cherché à établir l'inefficacité autrement que par de simples assertions. Eu égard aussi à la modicité de l'amende imposée à l'intéressé, la Cour estime que les autorités n'ont pas outrepassé leur marge d'appréciation en sanctionnant l'intéressant. Partant, il n'y a pas eu violation de l'art. 10. • CEDH 20 mai 1998, *Schöpfer c/ Suisse, §§ 29, 33 et 34 : Rec. 1998-III.* ♦ V. aussi : • CEDH 23 avr. 2015, *Morice c/ France,* n° 29369/10 : *AJ pénal 2015. 428, obs. Porteron ; RSC 2015. 740, obs. Roets.* ♦ Est contraire à l'art. 10 Conv. EDH la condamnation pour violation du secret professionnel d'une avocate qui s'était exprimée dans la presse à propos d'un rapport d'expertise couvert par le secret de l'instruction. • CEDH 15 déc. 2011, *Mor c/ France : D. actu. 22 déc. 2011, obs. Lavric ; D. 2012. Actu. 100, obs. Lavric ; ibid. 667, note François ; RSC 2012. 260, obs. Marguénaud ; AJ pénal 2012. 337, obs. Porteron ; Dr. pénal 2012. Chron. 3, obs. Dreyer ; Procédures 2012, n° 46, obs. Chavent-Leclère.* ♦ La liberté d'expression de l'avocat lui permet de critiquer en dehors du prétoire le fonctionnement de la justice, en s'interrogeant notamment sur les préjugés ethniques supposés d'un jury criminel, sa condamnation disciplinaire étant alors contraire à l'art. 10 Conv. EDH. • CEDH 19 avr. 2018, *Ottan c/ France,* n° 41841/12 : *AJ pénal 2018. 310, obs. Thierry .*

21. Les requérants se plaignent d'une atteinte à leur liberté d'expression d'avocats prévue par l'art. 10 Conv. EDH (...). Eu égard aux observations qui précèdent, la Cour estime que les motifs fournis par les juridictions internes pour justifier les condamnations des requérants ne pouvaient passer pour pertinents et suffisants et ne correspondaient à aucun besoin social impérieux. Elle considère que l'ingérence dans l'exercice par les intéressés de leur droit à la liberté d'expression était donc disproportionnée et non nécessaire dans une société démocratique. Partant, il y a eu violation de l'art. 10 dans les deux présentes espèces. • CEDH 8 oct. 2019, *L.P. et Carvalho c/ Portugal,* n°s 24845/13 et 49103/15, §§ 48, 72 et 73.

22. Protection de l'enfance. Toute personne qui soupçonne de bonne foi des sévices à enfant doit pouvoir s'exprimer dans le cadre approprié sans craindre d'être condamnée. • CEDH 2 déc. 2008, *Juppala c/ Finlande, § 42 : JCP 2009. I. 104, n° 14, obs. Sudre.*

b. Liberté d'expression et liberté de la presse

23. Liberté et responsabilité des journalistes. La Cour rappelle que la presse joue un rôle essentiel dans une société démocratique : si elle ne doit pas franchir certaines limites, notamment quant à la réputation et aux droits d'autrui, il lui incombe néanmoins de communiquer, dans le respect de ses devoirs et de ses responsabilités, des informations et des idées sur toutes les questions d'intérêt général, y compris celles qui concernent le fonctionnement du pouvoir judiciaire. • CEDH 24 févr. 1997, *De Haes et Gijsels c/ Belgique, § 37 : préc. note 18* • 29 mars 2001, *Thoma c/ Luxembourg, § 45 : préc. note 1.* ♦ S'il en allait autrement, la presse ne pourrait jouer son rôle indispensable de « chien de garde ». • CEDH 29 mars 2001, *Thoma c/ Luxembourg, § 45 : préc. note 1* • 25 juin 1992, *Thorgeir Thorgeirson c/ Islande, § 63 : Série A n° 239.*

24. Au rôle traditionnel de la presse s'ajoute une fonction accessoire, mais néanmoins d'une importance certaine, qui consiste à constituer des archives à partir d'informations déjà publiées ou de les mettre à disposition du public, les archives numériques constituant une source d'information précieuse pour l'enseignement et la recherche (concernant l'anonymisation de données personnelles relatives à une affaire criminelle sur internet). • CEDH 28 juin 2018, *M. L. c/ Allemagne,* n° 60798/10 • CEDH 28 juin 2018, *W. W. c/ Allemagne,* n° 65599/10 : *AJ pénal 2018. 462, note François ; RSC 2018. 735, note Marguénaud .* ♦ La Cour se rend pleinement compte qu'il importe au plus haut point de lutter contre la discrimination raciale sous toutes ses formes et manifestations. En l'espèce, l'intéressé n'a pas proféré les déclarations contestables lui-même, mais a aidé à leur diffusion en sa qualité de journaliste de télévision. Pris dans son ensemble, le reportage ne pouvait objectivement paraître avoir pour finalité la propagation d'idées et opinions racistes. Nul doute que les remarques qui ont valu leurs condamnations aux « blousons verts » étaient plus qu'insultantes pour les membres des groupes visés et ne bénéficiaient pas de la protection de l'art. 10. Toutefois, même en ayant égard à la manière dont le requérant a préparé le sujet des « blousons verts », il n'a pas été démontré que le reportage pris comme un tout fût de nature à justifier de déclarer l'intéressé lui aussi coupable d'une infraction au code pénal et de le sanctionner. Ladite condamnation a enfreint l'art. 10. • CEDH, gr. ch., 23 sept. 1994, *Jersild c/ Danemark, §§ 30 s. : préc. note 4.*

25. Pour la Cour, a constitué une ingérence injustifiée dans le droit à la liberté d'expression la condamnation pour diffamation du responsable d'une publication ayant relaté des soupçons de pédophilie pesant sur un homme politique. Les allégations portant en effet sur des questions graves d'intérêt public à l'égard d'un candidat à une charge politique, les limites de la critique admissible sont plus larges qu'à l'égard d'un simple particulier ; par ailleurs, en tenant compte de la fiabilité des accusations et en diffusant également les déclarations de l'homme politique niant les faits, les articles incriminés ont été publiés de bonne foi, dans le respect des normes journalistiques. • CEDH 17 mars 2017, *Olafsson c/ Islande,* n° 58493/13 (en anglais) : *D. actu. 4 avr. 2017, obs. Autier.*

26. Les autorités compétentes n'avaient pas le droit de recourir à la clause générale de police. Partant, le refus des autorités cantonales de laisser le requérant (un journaliste) entrer à Davos le matin du 27 janv. 2001 n'était pas « prévu par la loi ». Il y a donc eu violation de l'art. 10 de la Convention. • CEDH 8 oct. 2009, *Gsellc c/ Suisse,* § 61, n° 12675/05. ♦ En suspendant la parution de journaux dans leur intégralité, même pendant une courte période [dans le cadre d'une législation antiterroriste], les autorités ont apporté des limitations injustifiées au rôle indispensable de « chien de garde » que joue la presse dans une société démocratique, en violation de l'article 10. • CEDH 20 oct. 2009, *Ürper et a. c/ Turquie,* n° 14526/07. ♦ La liberté journalistique comprend aussi le recours possible à une certaine dose d'exagération, voire de provocation. • CEDH 26 avr. 1995, *Prager et Oberschlick, c/ Autriche, § 38 : préc. note 18* • 24 févr. 1997, *De Haes et Gijsels c/ Belgique, § 46 : préc. note 10.* ♦ Le délit d'offense à chef d'État étranger tend à porter atteinte à la liberté d'expression sans répondre à un besoin social impérieux susceptible de justifier cette restriction, en raison du régime dérogatoire à la protection accordée par cette disposition de la loi de 1881. • CEDH 25 juin 2002, *Colombani c/ France : D. 2002 Somm. 2571, obs. Renucci.* ♦ Pour ces motifs, et malgré le ton de l'article, qui, comme elle l'a constaté, contenait des allusions sexuelles et des sous-entendus vulgaires, la Cour estime qu'on ne saurait conclure que le requérant, en publiant son article, a porté atteinte au droit à la liberté de religion d'autrui d'une manière justifiant la sanction qui lui a été infligée. L'ingérence dans l'exercice par le requérant de son droit à la liberté d'expression n'était donc pas « nécessaire dans une société démocratique ». La Cour conclut, à l'unanimité, à la violation de l'art. 10 de la Convention. • CEDH 31 oct. 2006, *Klein c/ Slovaquie : AJDA 2007. 902, obs. Flauss.*

27. Le caractère modéré de la condamnation du requérant ne saurait suffire, en soi, à justifier l'ingérence dans le droit de celui-ci à la liberté d'expression. Une atteinte, même minime, à la liberté d'expression peut risquer d'avoir un effet dissuasif quant à l'exercice de cette liberté. • CEDH 22 nov. 2007, *Desjardin c/ France,* n° 22567/03, § 51 : *Dr. pénal 2008. Chron. 3, obs. Dreyer.* – V. aussi : • CEDH 11 avr. 2004, *Brasilier c/ France,* § 43, n° 71343/01. ♦ L'insinuation d'animer des réseaux islamistes, publiée peu après les attentats du 11 sept. 2001, ne justifiait pas une condamnation pénale, les journalistes ayant fait preuve d'une certaine prudence dans la forme et l'expression en refusant tout amalgame entre Islam et islamisme. Les requérants n'ont pas dépassé la dose d'exagération, voire de provocation, acceptable en matière de liberté journalistique. • CEDH 6 mai 2010, *Brunet Lecomte et Lyon Mag c/ France, § 44 : Dr. pénal 2011. Chron. 3, obs. Dreyer.*

28. Mais la presse ne peut relayer des provocations au terrorisme sans s'exposer à des sanctions pénales : • CEDH 23 janv. 2007, *Falakaoglu* *et Sayggili c/ Turquie,* n° 22147/02, § 32 : *Dr. pénal 2008. 37, obs. Dreyer.* ♦ Le devoir de la presse consiste à communiquer des informations justes et fiables sur toutes les questions d'intérêt public sans dépasser certaines limites quant à la réputation et aux droits d'autrui. • CEDH 24 avr. 2007, *Lombardo et a. c/ Malte,* n° 7333/06. ♦ Toute personne, fût-elle journaliste, qui exerce sa liberté d'expression assume « des devoirs et des responsabilités » dont l'étendue dépend de sa situation et du procédé technique utilisé. Ainsi, malgré le rôle essentiel qui revient aux médias dans une société démocratique, les journalistes ne sauraient en principe être déliés, par la protection que leur offre l'art. 10, de leur devoir de respecter les lois pénales de droit commun. Le § 2 de l'art. 10 pose d'ailleurs les limites de l'exercice de la liberté d'expression, qui restent valables même quand il s'agit de rendre compte dans la presse de questions sérieuses d'intérêt général. Ainsi, la garantie que l'art. 10 offre aux journalistes, en ce qui concerne les comptes rendus sur des questions d'intérêt général, est subordonnée à la condition que les intéressés agissent de bonne foi sur la base de faits exacts et fournissent des informations « fiables et précises » dans le respect de la déontologie journalistique. • CEDH, gr. ch., 10 déc. 2007, *Stoll c/ Suisse,* n° 69698/01, §§ 102 et 103 : *JCP 2008. I. 110, n° 11, obs. Sudre ; RTDH 2008. 801, note Hottelier ; AJDA 2008. 978, obs. Flauss.* ♦ Le droit de communiquer des informations ne peut pas servir d'alibi ou de prétexte à la diffusion de déclarations de groupements terroristes. Par ailleurs, l'ingérence litigieuse n'était pas disproportionnée compte tenu, d'une part, de la marge d'appréciation des autorités nationales en pareil cas et, d'autre part, de la prescription et du sursis dont ont respectivement bénéficié les requérants. • CEDH 23 juill. 2019, *Gürbüz et Bayar c/ Turquie,* n° 8860/13, §§ 30 à 46.

29. Si la liberté d'expression est essentielle dans une société démocratique, elle connaît cependant certaines limites. En particulier, il « ne fait aucun doute qu'à l'égal de tout autre propos dirigé contre les valeurs qui sous-tendent la Convention la justification d'une politique pronazie ne saurait bénéficier de la protection de l'art. 10 » et il existe « une catégorie [de] faits historiques clairement établis – tels que l'Holocauste – dont la négation ou la révision se verrait soustraite par l'art. 17 à la protection de l'art. 10 » ; l'auteur, qui dans son ouvrage nie l'existence des camps de concentration conteste en réalité des faits historiques clairement établis ce qui ne relève en aucune façon d'un travail de recherche historique s'apparentant à une quête de la vérité et dont les propos apparaissent ainsi comme l'une des formes les plus aiguës de diffamation raciale envers les juifs et d'incitation à la haine à leur égard, ne peut se prévaloir des dispositions de l'art. 10 Conv. EDH. • CEDH 24 juin 2003, *Garaudy c/ France : D. 2004. 239, note Roets ; D. 2004. Somm. 987, obs. Renucci.* ♦ Est justifiée la condamnation pour diffamation qui avait porté atteinte à la liberté d'expression de deux militants qui avaient comparé la pratique de l'avortement à l'Holocauste. Cette comparaison excédait les limites admissibles de la liberté d'expression en raison de son extrême violence et du contexte dans lequel elle s'inscrivait. L'ingérence pouvait donc passer pour nécessaire dans une société démocratique, la sanction prononcée, peu sévère, apparaissant, en outre, proportionnée. Au regard de ces éléments et de la marge d'appréciation des États, la Cour estime qu'il n'y a pas eu violation de l'art. 10. • CEDH 13 janv. 2011, *Hoffer et Annen c/ Allemagne (2 arrêts) : D. actu. 2 févr. 2011, obs. Lavric.*

30. L'art. 10 de la Convention ne garantit pas une liberté d'expression sans limites même quand il s'agit de rendre compte dans la presse de questions sérieuses d'intérêt général, l'information rapportée étant subordonnée à la condition que les intéressés agissent de bonne foi de manière à fournir des informations exactes et dignes de crédit. Dans ces circonstances, la condamnation d'un forain, d'un directeur de publication et d'un journaliste pour diffamation et complicité n'a pas violé la Convention, faute de s'appuyer sur une base factuelle suffisante. • CEDH 12 févr. 2019, *Marcel Adrien Campion c/ France,* n° 35255/17 : *D. actu. 21 mars 2019, obs. Lavric.*

31. Un journaliste peut être condamné pour diffamation sans qu'il soit porté atteinte à l'art. 10 de la Convention, mais encore faut-il que les sanctions ne soient pas trop sévères car elles pourraient alors avoir un effet dissuasif contraire à la liberté d'expression. La Cour rappelle que la marge d'appréciation dont disposent les États contractants en la matière est particulièrement réduite lorsque sont en cause, comme en l'espèce, des questions graves s'intégrant dans un débat d'intérêt général. La Cour ne peut en effet que souligner que les écrits litigieux ont été publiés très peu de temps après les attentats du 11 septembre 2001 qui ont entraîné un chaos mondial, et qu'ils contenaient des informations documentées relatives à ces questions, replacées dans le contexte local. L'intérêt du public, qu'il soit national ou lyonnais, s'en trouvait alors accru, s'agissant d'un débat politique d'une actualité immédiate. Par conséquent, la Cour considère que l'intérêt des requérants à communiquer et celui du public à recevoir des informations sur un sujet d'intérêt global et sur ses répercussions directes pour l'ensemble de l'agglomération lyonnaise est de nature à l'emporter sur le droit de T. à la protection de sa réputation. Dans ces conditions, la Cour conclut que les motifs avancés par les juridictions françaises pour justifier l'ingérence dans le droit des requérants à la liberté d'expression découlant de leur condamnation n'étaient pas « pertinents et suffisants » aux fins de l'art. 10, § 2, de la Convention. Enfin, la nature et la lourdeur des peines infligées sont des éléments à prendre en considération lorsqu'il s'agit de mesurer la proportionnalité d'une atteinte au droit à la liberté d'expression. En l'espèce, la Cour constate qu'une amnistie est intervenue en 2002 mettant fin à l'action publique exercée contre les requérants. Il s'ensuit que seule l'action civile subsistait, ayant donné lieu à la condamnation solidaire des requérants à 2 500 euros de dommages et intérêts. Au vu des faits reprochés aux requérants, la Cour estime que pareille condamnation doit être considérée comme étant disproportionnée. Au vu de ce qui précède, la Cour estime que l'ingérence dans l'exercice par les requérants de leur droit à la liberté d'expression n'était pas nécessaire dans une société démocratique, au sens de l'art. 10. Partant, la Cour conclut à la violation de l'art. 10 de la Convention. • CEDH 6 mai 2010, *Brunet-Lecompte et Lyon Mag c/ France*, n° 17265/05, §§ 48 à 51 : *JDI 2011. Comm. 27, obs. Sinou ; Dr. pénal 2011. Comm. 35, obs. Dreyer ; JDI 2011. Chron. 12, obs. Decaux, Tavernier, Boumghar et a.* • 21 févr. 2012, *Tusalp c/ Turquie*, n° 32131/08 • 10 janv. 2012, *Floquet et Esménard c/ France*, n° 29064/08.

32. Protection des sources d'information. La protection des sources journalistiques est l'une des pierres angulaires de la liberté de la presse. L'absence d'une telle protection pourrait dissuader les sources journalistiques d'aider la presse à informer le public sur des questions d'intérêt général. En conséquence, la presse pourrait être moins à même de jouer son rôle indispensable de « chien de garde » et son aptitude à fournir des informations précises et fiables pourrait s'en trouver amoindrie. Eu égard à l'importance que revêt la protection des sources journalistiques pour la liberté de la presse dans une société démocratique et à l'effet négatif sur l'exercice de cette liberté que risque de produire une ordonnance de non-divulgation, pareille mesure ne saurait se concilier avec l'art. 10 Conv. EDH que si elle se justifie par un impératif prépondérant d'intérêt public. Les limitations apportées à la confidentialité des sources journalistiques appellent de la part de la Cour l'examen le plus scrupuleux. • CEDH, gr. ch., 27 mars 1996, *Goodwin c/ Royaume-Uni, §§ 39 et 40 : Rec. 1996-II ; Ann. fr. dr. int. 1996. 749, obs. Coussirat-Coustère ; JDI 1997. 212, obs. Decaux et Tavernier ; RTDH 1996. 444, obs. de Fontbressin ; D. 1997. Somm. 211, obs. Fricero ; RFDA 1997. 999, obs. Levinet ; RTD civ. 1996. 1026, obs. Marguénaud ; JCP 1996. I. 4000, obs. Sudre ; RTDH 1996. 452, obs. Toussaint.* ♦ Le droit des journalistes de taire leurs sources ne saurait être considéré comme un simple privilège qui leur serait accordé ou retiré en fonction de la licéité ou de l'illicéité des sources, mais un véritable attribut du droit à l'information, à traiter avec la plus grande circonspection. • CEDH 27 nov. 2007, *Tillack c/ Belgique*, n° 20477/05, § 65 : *JCP 2008. II. 10008, note Derieux ; Dr. pénal 2008. Chron. 3, obs. Dreyer.* ♦ La participation de journalistes à l'identification de sources anonymes ayant un effet inhibiteur, les intérêts d'Interbrew à prévenir, par le biais d'une procédure contre X., la menace d'un dommage susceptible de résulter d'une divulgation future d'informations confidentielles, et à obtenir des dommages et intérêts pour des divulgations passées d'informations confidentielles sont insuffisants pour l'emporter sur l'intérêt public à la protection des sources journalistiques. Aussi la Cour conclut-elle à la violation de l'art. 10. • CEDH 15 déc. 2009, *Financial Times Ltd et a. c/ Royaume-Uni*, n° 821/03. ♦ La Cour conclut à la violation de l'art. 10 en raison de l'impossibilité pour les requérants, journalistes, de contester une ordonnance interdisant la publication de toute information sur une procédure, aucune date d'audience n'ayant été fixée à la suite de leur appel. • CEDH 7 déc. 2010, *McKay & BBC Scotland c/Royaume-Uni : D. actu. 12 janv. 2011, obs. Lavric.* ♦ Le droit pour les journalistes de protéger leurs sources fait partie de la liberté de recevoir et de communiquer des informations ou des idées sans qu'il puisse y avoir ingérence d'autorités publiques. Il ne peut y être porté atteinte qu'à raison d'un impératif prépondérant d'intérêt public. • CEDH, gr. ch., 14 sept. 2010, *Sanoma Uitgevers B. V. c/ Pays-Bas : RSC 2011. Chron. 223, obs. Marguénaud ; Dr. pénal 2011. Chron. 3, obs. Dreyer ; ibid. 5, obs. Mouysset.* ♦ Les limitations apportées à la confidentialité des sources journalistiques appellent de la part de la Cour l'examen le plus scrupuleux et une ingérence ne saurait se concilier avec l'art. 10 de la Convention que si elle se justifie par un impératif prépondérant d'intérêt public. • CEDH 28 juin 2012, *Ressiot c/ France*, n° 15054/07, § 102 : *D. 2012. 2282, note Dreyer*. ♦ La Cour en arrive à la conclusion que le Gouvernement n'a pas démontré qu'une balance équitable des intérêts en présence a été préservée. A cet égard, elle rappelle que les considérations dont les institutions de la Convention doivent tenir compte pour exercer leur contrôle sur le terrain du § 2 de l'art. 10 font pencher la balance des intérêts en présence en faveur de celui de la défense de la liberté de la presse dans une société démocratique. En l'occurrence, même si l'on devait considérer que les motifs invoqués étaient « pertinents », la Cour estime qu'ils n'étaient pas en tout cas « suffisants » pour justifier des perquisitions et saisies d'une telle envergure. Elle en conclut que les mesures litigieuses ne représentaient pas des moyens raisonnablement proportionnés à la poursuite des buts légitimes visés compte tenu de l'intérêt de la société démocratique à assurer et à maintenir la liberté de la presse. Il y a donc eu violation de l'art. 10 de la Convention. • Même arrêt, §§ 126 et 127.

33. Lanceurs l'alerte. En ce qui concerne les agents de la fonction publique, qu'ils soient contractuels ou statutaires, la Cour observe qu'ils peuvent être amenés, dans l'exercice de leur mission, à prendre connaissance d'informations internes, éventuellement de nature secrète, que les citoyens ont un grand intérêt à voir divulguer ou publier. Elle estime dans ces conditions que la dénonciation par de tels agents de conduites ou d'actes illicites constatés sur leur lieu de travail doit être protégée dans certaines circonstances. Pareille protection peut s'imposer lorsque l'agent concerné est seul à savoir – ou fait partie d'un petit groupe dont les membres sont seuls à savoir – ce qui se passe sur son lieu de travail et est donc le mieux placé pour agir dans l'intérêt général en avertissant son employeur ou l'opinion publique. Eu égard à l'obligation de discrétion susmentionnée, il importe que la personne concernée procède à la divulgation d'abord auprès de son supérieur ou d'une autre autorité ou instance compétente. La divulgation au public ne doit être envisagée qu'en dernier ressort, en cas d'impossibilité manifeste d'agir autrement. Pour apprécier la proportionnalité la Cour doit accorder une attention particulière à l'intérêt public que présentait l'information divulguée. Elle doit prendre en compte l'authenticité de l'information divulguée. La Cour doit par ailleurs apprécier le poids respectif du dommage que la divulgation litigieuse risquait de causer à l'autorité publique et de l'intérêt que le public pouvait avoir à obtenir cette divulgation. La motivation du salarié qui procède à la divulgation est un autre facteur déterminant pour l'appréciation du point de savoir si la démarche doit ou non bénéficier d'une protection. Enfin, l'évaluation de la proportionnalité de l'ingérence par rapport au but légitime poursuivi passe par une analyse attentive de la peine infligée et de ses conséquences. • CEDH, gr. ch., 12 févr. 2008, *Guja c/ Moldova,* n° 14277/04, §§ 72 à 78. ♦ Il n'y pas violation de l'art. 10 Conv. EDH en cette espèce où la condamnation pour diffamation aggravée d'un salarié, au regard des allégations de détournement de fonds publics dénoncées sur le fondement d'une rumeur non vérifiée, caractérisait son absence de bonne foi. • CEDH 21 juin 2016, *Soares c/ Portugal,* n° 79972/12 : *D. actu. 5 juill. 2016, obs. Devouèze.* ♦ Compte tenu de ce qui précède, notamment de l'importance de la liberté d'expression relativement aux questions d'intérêt général et de la nécessité de protéger les sources journalistiques dans ce domaine, y compris lorsque ces sources sont des fonctionnaires ayant signalé des comportements ou des pratiques qu'ils estimaient contestables sur leur lieu de travail, la Cour, après avoir pesé les divers autres intérêts ici en jeu, à savoir principalement la confidentialité des affaires militaires, considère que l'atteinte portée au droit à la liberté d'expression des requérants, en particulier à leur droit de communiquer des informations, ne répondait pas à un besoin social impérieux, qu'elle n'était pas, en tout état de cause, proportionnée au but légitime visé et que, de ce fait, elle n'était pas « nécessaire dans une société démocratique ». Partant, il y a eu violation de l'art. 10 conv. EDH. • CEDH 19 janv. 2016, *Görmüs c/ Turquie,* n° 49085/07, §§ 44 à 46, 76 et 77.

34. Liberté de la presse et réputation des droits d'autrui. En particulier, l'intérêt des requérants et celui du public à communiquer et recevoir des informations au sujet d'une question d'intérêt général n'était pas de nature à l'emporter sur les considérations invoquées par les juridictions nationales quant aux conséquences sur la protection des droits d'autrui et sur la bonne administration de la justice. La Cour conclut que les condamnations répondaient à un besoin social assez impérieux pour primer l'intérêt public s'attachant à la liberté de la presse et qu'elles ne sauraient passer pour disproportionnées au regard des buts légitimes poursuivis. Partant, il n'y a pas eu violation de l'art. 10. • CEDH 1er juin 2017, *Giesbert et a. c/ France,* n° 68974/11, §§ 80, 82 et 103. ♦ Dans ces circonstances et eu égard à la teneur des propos litigieux, la Cour estime que les mesures prises contre les requérants n'étaient pas disproportionnées au but légitime poursuivi. • CEDH, gr. ch., 22 oct. 2007, *Lindon, Otchakovsky-Laurens et July c/ France,* n° 21279/02, §§ 44, 60. ♦ La Cour doit vérifier si les autorités internes ont ménagé un juste équilibre entre la protection de la liberté d'expression consacrée par l'art. 10 et celle du droit à la réputation des personnes mises en cause, qui, en tant qu'élément de la vie privée, se trouve protégé par l'art. 8. La Cour n'est pas non plus convaincue par la thèse de la requérante selon laquelle sa condamnation risque de décourager l'expression de critiques à l'avenir. La Cour conclut donc qu'un juste équilibre a été ménagé entre les différents intérêts en présence et que, dès lors, la mesure litigieuse est justifiée comme ayant été nécessaire dans une société démocratique à la protection des droits d'autrui. • CEDH 14 févr. 2006, *Katamadze c/ Géorgie,* n° 69857/01, § 17 et 18.

35. L'ingérence consistant dans l'interdiction faite aux journalistes, par le président d'un tribunal, de rendre compte d'un procès pénal en cours par la diffusion de l'image de l'accusé était nécessaire dans une société démocratique et proportionnée au but poursuivi. La Cour relève notamment que l'information sur l'apparence physique de l'accusé n'apportait aucun éclairage sur les faits, que son identité n'était pas déjà connue du public, que la présomption d'innocence devait être respectée, que l'interdiction de la diffusion de l'image de l'accusé contribuait non seulement à ne pas entraver sa future resocialisation mais encore à lui garantir un procès équitable, en lui évitant une pression psychologique supplémentaire alors qu'il souffrait déjà d'importants troubles de la personnalité, enfin, que l'ordonnance n'empêchait pas les journalistes de rendre compte autrement du procès en cours, de sorte que le juge avait opté pour la mesure la moins restrictive possible. • CEDH 21 sept. 2017, *Axel Springer SE et RTL Television GmbH c/ Allemagne*, n° 51405/12 : *D. actu. 2 oct. 2017, obs. Lavric.*

36. Liberté d'expression et autres droits fondamentaux. La presse joue un rôle éminent dans une société démocratique : si elle ne doit pas franchir certaines limites, tenant notamment à la protection de la réputation et aux droits d'autrui ainsi qu'à la nécessité d'empêcher la divulgation d'informations confidentielles, il lui incombe néanmoins de communiquer, dans le respect de ses devoirs et de ses responsabilités, des informations et des idées sur toutes les questions d'intérêt général. • CEDH 29 mars 2001, *Thoma c/ Luxembourg, § 45 : préc. note 1.*

37. La publication incriminée intervenait dans le cadre d'un conflit social, largement évoqué par la presse, au sein d'une des principales firmes automobiles françaises : les salariés revendiquaient des augmentations de salaires que la direction refusait. L'article démontrait que le dirigeant avait bénéficié d'importantes augmentations de salaires à l'époque, alors que parallèlement il s'opposait aux demandes d'augmentation de ses salariés. En opérant cette comparaison dans un tel contexte, l'écrit litigieux apportait une contribution à un débat public relatif à une question d'intérêt général ; son but n'était pas de porter préjudice à la réputation du dirigeant, mais plus largement de débattre d'une question d'actualité intéressant le public. • CEDH 21 janv. 1999, *Fressoz et Roire c/ France, § 50 : Rec. 1999-I ; JCP 1999. II. 10120, note Derieux ; JCP 1999. I. 149, obs. Teyssié ; RTD civ. 1999. 359, obs. Hauser et 909, obs. Marguénaud ; RTD com. 1999. 783, obs. Deboissy ; RSC 1999. 630, obs. Massias ; D. 1999. Somm. 272, obs. Fricero ; JCP 2000. I. 203, obs. Sudre ; RTDH 2000. 217, obs. Bigot* • 25 juin 1992, *Thorgeir Thorgeirson c/ Islande, § 66 : préc. note 23.* ♦ La publication d'articles véridiques et décrivant des événements réels peut être prohibée dans certains cas : l'obligation de respecter la vie privée d'autrui, ou le devoir d'observer la confidentialité de certaines informations commerciales, en constituent des exemples. • CEDH 20 nov. 1989, *Markt Intern Verlag GmbH et Beermann c/ Allemagne, § 35 : Série A n° 165.*

38. Au vu de l'ensemble des considérations exposées ci-dessus, la Cour estime que les arguments avancés par le Gouvernement quant à la protection de la vie privée du Prince et de son droit à l'image, bien que pertinents, ne peuvent être considérés comme suffisants pour justifier l'ingérence en cause. Les juridictions internes n'ont pas tenu compte dans une juste mesure, lorsqu'elles ont apprécié les circonstances soumises à leur examen, des principes et critères de mise en balance entre le droit au respect de la vie privée et le droit à la liberté d'expression définis par la jurisprudence de la Cour. Elles ont ainsi outrepassé leur marge d'appréciation et manqué à ménager un rapport raisonnable de proportionnalité entre les mesures emportant restriction du droit des requérantes à la liberté d'expression qu'elles ont prononcées et le but légitime poursuivi. Partant, la Cour conclut à la violation de l'art. 10. • CEDH, gr. ch., 10 nov. 2015, *Couderc, Hachette Filipacchi et associés c/ France*, n° 40454/07, § 153.

39. Information légitime du public. Il incombe à la presse de communiquer, dans le respect de ses « devoirs et responsabilités », des informations sur toute question d'intérêt général. • CEDH 14 juin 2007, *Hachette Filipacchi Associés c/ France*, §§ 63 et 64 : *JCP 2007. I. 182, n° 10, obs. Sudre.* ♦ Il ne s'agit certes pas pour la Cour de considérer que les exigences du débat historique peuvent délier un médecin du secret médical, qui, en droit français, est général et absolu, sauf les strictes exceptions fixées par la loi elle-même. Mais, à partir du moment où celui-ci avait été enfreint, ce qui a entraîné pour l'auteur de cette violation des sanctions pénales (et disciplinaires), le passage du temps doit nécessairement être pris en compte pour apprécier la compatibilité avec la liberté d'expression d'une mesure aussi grave que l'interdiction, en l'espèce elle aussi générale et absolue, d'un livre. • CEDH 18 mai 2004, *Plon (Sté) c/ France*, § 53 : *D. 2004. 1838, note Guedj ; ibid. Somm. 2539, obs. Fricero ; RTD civ. 2004. 483, obs. Hauser ; JCP 2004. I. 161, n° 12, obs. Sudre ; Légipresse 2004. 173, obs. Derieux, et 176, obs. Chevrieux.*

40. La Cour observe d'emblée que le thème de l'ouvrage concernait un débat qui était d'un intérêt public considérable. Il apportait une contribution à ce qu'il convient d'appeler, avec le gouvernement, une affaire d'État, qui intéressait l'opinion publique, et il donnait certaines informations et réflexions s'agissant des personnalités qui avaient fait l'objet d'écoutes téléphoniques illégales, des conditions dans lesquelles ces dernières avaient été réalisées, et de qui étaient les donneurs d'ordre. • CEDH 7 juin 2007, *Dupuis et a. c/ France, § 39 : JCP 2007. II. 10127, note Derieux ; D. 2007. 2506, note Marguénaud ; RSC 2007. 563, obs. Francillon ; Dr. pénal 2008. Chron. 3, obs. Dreyer ; AJDA 2008. 978, obs. Flauss.* ♦ Il est fondamental, dans une société démocratique, de défendre le libre jeu du débat politique. La Cour accorde la plus haute importance à la liberté d'expression dans le contexte du débat politique et considère qu'on ne saurait restreindre le discours politique sans raisons impérieuses. La Cour considère qu'il convient d'opérer une distinction fondamentale entre un reportage relatant des faits – même controversés – susceptibles de contribuer à un débat dans une société démocratique, se rapportant à des personnalités politiques, dans l'exercice de leurs fonctions officielles par exemple, et un reportage sur les détails de la vie privée d'une personne qui, de surcroît, comme en l'espèce, ne remplit pas de telles fonctions. Si dans le premier cas la presse joue son rôle essentiel de « chien de garde » dans une démocratie en contribuant à « communiquer des idées et des informations sur des questions d'intérêt public » (*The Observer* et *The Guardian* précité, *loc. cit.*), il en va autrement dans le second cas. • CEDH 24 juin 2004, *Von Hannover c/ Allemagne*, § 63 : *D. 2004. Somm. 2538, obs. Renucci ; ibid. 2005. 340, note Halpérin ; JCP 2004. I. 161, n° 8, obs. Sudre.* ♦ Comp. : • CEDH 7 févr. 2012, *Von Hannover c/ Allemagne (n° 2)*, n° 40660/08, §§ 124 à 126 • 19 sept. 2013, *Von Hannover c/ Allemagne (n° 3)*, n° 40660/08, § 58.

41. Liberté de la presse et liberté de religion. « *Visions of ecstasy* » dépeint le Christ crucifié se livrant à un acte manifestement sexuel. Les autorités nationales ont estimé que la façon de traiter ces images centrait le film moins sur la sensibilité érotique des personnages que sur celle des spectateurs (fonction première de la pornographie). Sa diffusion pouvait donc heurter et outrager les sentiments religieux des chrétiens et constituer le délit de blasphème. La liberté d'expression compte des devoirs et des responsabilités. Parmi eux, dans le contexte des croyances religieuses, peut légitimement figurer l'obligation d'éviter autant que faire se peut des expressions qui sont gratuitement offensantes pour autrui et profanatrices. Si le refus d'accorder le visa de distribution équivalait à une interdiction totale de diffusion, il s'agit là d'une conséquence compréhensible du point de vue des autorités selon lequel la diffusion du film constituerait une violation du droit pénal, et d'un effet du refus du requérant de modifier ou de couper les séquences blasphématoires. Il n'y a donc pas eu violation de l'art. 10. • CEDH 25 nov. 1996, *Wingrove c/ Royaume-Uni, §§ 52 s. : Rec. 1996-V ; Ann. fr. dr. int. 1996. 749, obs. Coussirat-Coustère ; JDI 1997. 262, obs. Decaux et Tavernier ; RFDA 1997. 999, obs. Levinet ; JCP 1997. I. 4000, obs. Sudre.*

42. Ainsi, en considérant que les déclarations de la requérante allaient au-delà des critiques admissibles dans le cadre d'un débat objectif et en les qualifiant d'attaques injurieuses envers le prophète de l'islam propres à exacerber les préjugés et à mettre en péril la paix religieuse, les juridictions internes sont parvenues à la conclusion que les faits en cause contenaient des éléments d'incitation à l'intolérance religieuse. La Cour considère qu'elles ont ainsi livré des motifs pertinents et suffisants et juge que l'ingérence dans l'exercice par la requérante des droits garantis par l'art. 10 correspondait à un besoin social impérieux et qu'elle était proportionnée au but légitime poursuivi. Par conséquent, la Cour estime qu'en reconnaissant la requérante coupable de dénigrement de doctrines religieuses, les juridictions internes n'ont pas outrepassé leur – ample – marge d'appréciation en l'espèce. Partant, il n'y a pas eu violation de l'art. 10 de la Convention. • CEDH 25 oct. 2018, *E.S. c/ Autriche*, n° 38450/12, §§ 57 et 58. ♦ La condamnation d'un auteur et d'un éditeur pour des remarques sur l'Islam était excessive et contraire à leur liberté d'expression. Plus particulièrement, les tribunaux nationaux n'avaient pas expliqué en quoi la condamnation des requérants était nécessaire alors que leur article s'était clairement contenté de mettre en comparaison les valeurs occidentales et les valeurs orientales, et avait contribué à un débat d'intérêt public, à savoir le rôle de la religion dans la société. • CEDH 5 déc. 2019, *Tagiyev et Huseynov c/ Azerbaïdjan*, n° 13274/08, §§ 42 s.

c. Liberté d'expression et publicité

43. Applicabilité de l'art. 10. L'art. 10 garantit la liberté d'expression à « toute personne » ; il ne distingue pas d'après la nature, lucrative ou non, du but recherché. • CEDH 22 mai 1990, *Autronic AG c/ Suisse, § 47 : série A n° 178.* ♦ La liberté d'expression s'étend à la publication de photos. En l'occurrence, la photographie incriminée révélait deux logos publicitaires sur les combinaisons des pilotes de Formule 1 mais fournissait avant tout une information d'actualité sur la victoire de Michael Schumacher au Grand Prix d'Australie. L'art. 10 de la Convention est donc applicable. • CEDH 5 mars 2009, *Hachette Filipacchi Presse Automobile et Dupuy c/ France*, §§ 31 et 32 : *RSC 2009. 668, obs. Roets ; Dr. pénal 2010. Chron. 3, obs. Dreyer ; JCP 2009. I. 143, n° 23, obs. Sudre.* ♦ L'art. 10, § 1 (art. 10-1) précise que la liberté d'expression « comprend la liberté d'opinion et la liberté (...) de communiquer des informations ou des idées ». Les restrictions considérées en l'espèce portent sur la présence, dans l'énoncé des vues du Dr Barthold sur la nécessité d'un service vétérinaire de nuit à Hambourg, de certains renseignements et affirmations ayant trait, notamment, à sa personne et au fonctionnement de sa clinique. Imbriquées les unes dans les autres, ces diverses composantes constituent un ensemble au centre duquel figurent l'expression d'une « opinion » et la communication d'« informations » sur un sujet d'intérêt général. On ne saurait en dissocier les éléments qui touchent moins à la substance qu'au mode de formulation et qui, selon les juridictions allemandes, ont un effet publicitaire ; on le peut d'autant moins qu'il s'agissait d'un art. écrit par une journaliste et non d'une annonce commerciale. La Cour constate dès lors l'applicabilité de l'art. 10, sans avoir besoin de rechercher en l'espèce si la publicité comme telle bénéficie ou non de la garantie qu'il assure. • CEDH 25 mars 1985, *Barthold c/ Allemagne, § 42 : Série A n° 90 ; Cah. dr. eur. 1988. 466, obs. Cohen-Jonathan ; Ann. fr. dr. int. 1987. 239, obs. Coussirat-Coustère ; RSC 1985. 630, obs. Pettiti ; JDI 1986. 1080, obs. Rolland et Tavernier.*

44. La publicité constitue pour le citoyen un moyen de connaître les caractéristiques des services et des biens qui lui sont offerts. Néanmoins, elle peut parfois faire l'objet de restrictions destinées, notamment, à empêcher la concurrence déloyale et la publicité mensongère ou trompeuse. Dans certains contextes, même la publication de messages publicitaires objectifs et véridiques pourrait subir des limitations, tendant au respect des droits d'autrui ou fondées sur les particularités d'une activité commerciale ou d'une profession déterminées. Elles appellent cependant un contrôle attentif de la Cour, laquelle doit mettre en balance les exigences desdites particularités avec la publicité en cause et, à cet effet, considérer la sanction incriminée à la lumière de l'ensemble de l'affaire. • CEDH 24 févr. 1994, *Casado Coca c/ Espagne Série A n° 285-A, § 51.* ♦ Conf. cependant • 17 oct. 2002, *Stambuk c/ Allemagne : JCP 2003. I. 109, n° 20, obs. Sudre.*

45. La Cour estime que l'interdiction d'une campagne d'affichage sur le domaine public du mouvement raëlien suisse (promotion de la géniocratie et du clonage humain) n'a pas porté atteinte à la liberté d'expression de l'association, compte tenu notamment de la possibilité pour cette dernière de s'exprimer par d'autres biais. • CEDH 11 janv. 2011, *Mouvement Raëlien suisse c/ Suisse : D. actu. 21 janv. 2011, obs. Lavric.*

II. ENTRAVES À LA LIBERTÉ D'EXPRESSION

A. RÉGIME DES AUTORISATIONS (ART. 10, § 1, IN FINE)

46. Hostilité de principe à toute censure préalable ou autorisation. L'art. 10 n'interdit pas en tant que telle toute restriction préalable à la publication. De telles restrictions présentent pourtant de si grands dangers qu'elles appellent de la part de la Cour l'examen le plus scrupuleux. Il en va spécialement ainsi dans le cas de la presse : l'information est un bien périssable et en retarder la publication, même pour une brève période, risque fort de la priver de toute valeur et de tout intérêt. Ce risque existe également s'agissant de publications, autres que les périodiques, qui portent sur un sujet d'actualité. La Cour estime que ces principes sont également applicables en matière de publication de livres en général, ou d'écrits autres que ceux de la presse périodique. • CEDH 17 juill. 2001, *Assoc. Ekin c/ France, §§ 56 et 57 : JCP 2002. I. 105, obs. Sudre ; Europe 2000. Comm. 346, obs. Deffains ; JDI 2001. 299, obs. Leclercq-Delepierre et Restancourt.* ♦ La Cour rappelle que la Convention n'interdit pas toute restriction préalable à la publication mais que de telles restrictions doivent, le cas échéant, s'inscrire dans un cadre légal particulièrement strict quant à la délimitation de l'interdiction et efficace quant au contrôle juridictionnel contre les abus éventuels. La Cour condamne ici le manque de prévisibilité de la loi belge s'agissant d'une interdiction préventive de diffuser une émission télévisuelle. • CEDH 29 mars 2011, *RTBF c/ Belgique : D. actu. 15 avr. 2011, obs. Lavric.*

47. Interprétation libérale de la clause d'autorisation. L'objet et le but de la troisième phrase de l'art. 10, § 1, ainsi que son champ d'application, doivent toutefois s'envisager dans le contexte de l'art. pris dans son ensemble et notamment au regard des exigences du § 2. Ladite phrase n'a pas d'équivalent dans le premier § des art. 8, 9 et 11, dont l'architecture se rapproche pourtant beaucoup de celle de l'art. 10 d'une manière générale. Elle présente une certaine similitude de libellé avec la dernière phrase de l'art. 11, § 2, mais la structure des deux art. diffère à cet égard. L'art. 10 énonce déjà dans son § 1 certaines des limitations permises. L'art. 11, lui, prévoit dans son seul § 2 la possibilité de restrictions spéciales à l'exercice de la liberté d'association des membres des forces armées, de la police et de l'administration ; on pourrait en déduire qu'elles échappent aux impératifs de la première phrase du § 2, à l'exception de celui de légalité (« *lawful* »/« légitimes »). Une comparaison des deux textes montre donc que la troisième phrase de l'art. 10, § 1, pour autant qu'elle s'analyse en une exception au principe proclamé par les deux premières, a une portée réduite. Il échet de relever que l'art. 19 du Pacte international de 1966 relatif aux droits civils et politiques ne renferme pas de clause correspondante. Ses travaux préparatoires montrent que l'on avait songé à y en insérer une pour soumettre à autorisation non les informations communiquées, mais les procédés techniques de diffusion afin d'éviter une utilisation anarchique des fréquences. Combattue au motif qu'elle risquait de servir à entraver la liberté d'expression, pareille insertion fut pour finir jugée superflue car une autorisation du type souhaité rentrait dans le cadre de la notion d'« ordre public » au sens du § 3 de l'art. (document A/5000 de la 16e session de l'Assemblée générale des Nations unies, 5 déc. 1961, § 23). Une conclusion s'en trouve renforcée : la troisième phrase de l'art. 10, § 1, Conv. EDH tend à préciser que les États peuvent réglementer, par un système de licences, l'organisation de la radiodiffusion sur leur territoire, en particulier ses aspects techniques. Elle ne soustrait cependant pas les mesures d'autorisation aux exigences du § 2, sans quoi on aboutirait à un résultat contraire à l'objet et au but de l'art. 10 considéré dans son ensemble. • CEDH

28 mars 1990, *Groppera radio AG et a. c/ Suisse, § 61 : préc. note 12.*

48. Monopole et refus d'autorisation d'exploitation. Le régime de monopole appliqué en Autriche peut contribuer à la qualité et à l'équilibre des programmes, par le contrôle qu'il confère aux autorités sur les médias. Il cadre donc en l'occurrence avec la troisième phrase du § 1, mais il reste à déterminer s'il remplit aussi les conditions pertinentes du § 2. La Cour a fréquemment insisté sur le rôle fondamental de la liberté d'expression dans une société démocratique, notamment quand, à travers la presse écrite, elle sert à communiquer des informations et des idées d'intérêt général, auxquelles le public peut d'ailleurs prétendre. Pareille entreprise ne saurait réussir si elle ne se fonde sur le pluralisme, dont l'État est l'ultime garant. La remarque vaut spécialement pour les médias audiovisuels, car leurs programmes se diffusent souvent à très grande échelle. De tous les moyens d'assurer le respect de ces valeurs, le monopole public impose les restrictions les plus fortes à la liberté d'expression, à savoir l'impossibilité totale de s'exercer autrement que par le biais d'une station nationale et le cas échéant, de façon très réduite, par une station câblée locale. Eu égard à leur radicalité, elles ne sauraient se justifier qu'en cas de nécessité impérieuse. Grâce aux progrès techniques des dernières décennies, lesdites restrictions ne peuvent plus aujourd'hui se fonder sur des considérations liées au nombre des fréquences et des canaux disponibles ; le Gouvernement en convient. Ensuite, elles ont perdu en l'espèce beaucoup de leurs raisons d'être avec la multiplication des émissions étrangères destinées à un public autrichien et la décision de la Cour administrative de reconnaître la légalité de leur retransmission par le câble. Enfin et surtout, on ne saurait alléguer l'absence de solutions équivalentes moins contraignantes ; à titre d'exemple, il n'est que de citer la pratique de certains pays consistant soit à assortir les licences de cahiers des charges au contenu modulable, soit à prévoir des formes de participation privée à l'activité de l'institut national. La Cour considère les ingérences litigieuses comme disproportionnées au but poursuivi et, partant, non nécessaires dans une société démocratique. L'art. 10 a donc été violé. • CEDH 24 nov. 1993, *Informationsverein Lentia et a. c/ Autriche, §§ 33, 39 et 43 : Série A n° 276 ; Ann. fr. dr. int. 1994. 658, obs. Coussirat-Coustère ; JDI 1994. 819, obs. Decaux et Tavernier ; RSC 1994. 362, obs. Koering-Joulin.*

49. Caractère transfrontières de la liberté d'information. Pour vérifier le caractère non excessif de l'ingérence, il faut en l'espèce peser d'un côté les exigences de la protection de l'ordre international des télécommunications ainsi que des droits d'autrui, de l'autre l'intérêt des requérants et d'autres personnes à la retransmission par câble des programmes de Sound Radio. • CEDH 28 mars 1990, *Groppera radio AG et a. c/ Suisse, § 73 : préc. note 12.* ♦ Devant la Cour, il est vrai, le gouvernement suisse a encore plaidé qu'une interdiction absolue du captage non autorisé des messages des satellites de télécommunication constitue l'unique manière d'assurer « le secret des correspondances internationales », parce qu'il n'y a pas moyen de distinguer les signaux formant ces correspondances des signaux destinés à l'usage général du public. L'argument ne convainc pas, car devant la Commission le gouvernement avait déjà concédé l'absence de risque de se procurer des informations secrètes à l'aide d'antennes paraboliques recevant les émissions de satellites de télécommunication. • CEDH 22 mai 1990, *Autronic AG c/ Suisse, § 63 : préc. note 12.*

B. INGÉRENCE DE L'ÉTAT (ART. 10, § 2)

50. Une ingérence limitée. Assurément, l'art. 10, § 2, Conv. EDH ne laisse guère de place pour des restrictions à la liberté d'expression dans le domaine du discours politique ou de questions d'intérêt général. Cependant, une plus grande marge d'appréciation est généralement laissée aux États contractants lorsqu'ils réglementent la liberté d'expression sur des questions susceptibles d'offenser des convictions intimes, dans le domaine de la morale et, spécialement, de la religion. (...). Grâce à leurs contacts directs et constants avec les forces vives de leurs pays, les autorités de l'État se trouvent en principe mieux placées que le juge international pour se prononcer sur le contenu précis de ces exigences par rapport aux droits d'autrui comme sur la « nécessité » d'une « restriction » destinée à protéger contre ce genre de publications les personnes dont les sentiments et les convictions les plus profonds en seraient gravement offensés. • CEDH 25 nov. 1996, *Wingrove c/ Royaume-Uni, § 58 : préc. note 41* • 25 janv. 2010, *Donaldson c/ Royaume-Uni,* n° 56975/09 : *AJ pénal 2011. 201, obs. Péchillon.*

51. Une ingérence sous conditions. D'une manière générale, la « nécessité » d'une quelconque restriction à l'exercice de la liberté d'expression doit être établie de manière convaincante. • CEDH, gr. ch., 27 mars 1996, *Goodwin c/ Royaume-Uni, § 40 : préc. note 32.* ♦ L'adjectif « nécessaire », au sens de l'art. 10, § 2, implique un « besoin social impérieux ». Les États contractants jouissent d'une certaine marge d'appréciation pour juger de l'existence d'un tel besoin, mais elle se double d'un contrôle européen portant à la fois sur la loi et sur les décisions qui l'appliquent, même quand elles émanent d'une juridiction indépendante. La Cour a donc compétence pour statuer en dernier lieu sur le point de savoir si une « restriction » se concilie avec la liberté d'expression que protège l'art. 10, sans pour autant se substituer aux juridictions compétentes. Il lui faut considérer l'ingérence litigieuse à la lumière de l'ensemble de l'affaire pour déterminer si elle était « proportionnée au but légitime poursuivi » et si les motifs invoqués par les autorités nationales pour la justifier apparaissent « pertinents et suffisants ». • CEDH 26 nov. 1991, *Sunday Times,* § 50 (n° 2) : *Série A n° 217* • CEDH 21 janv. 1999, *Janowski c/ Pologne, § 30 : préc. note 2* • 8 juill. 1986, *Lingens c/ Autriche, § 39 : préc. note 1.*

52. La Cour doit se convaincre que les autorités nationales ont appliqué des règles conformes aux principes consacrés par l'art. 10 et ce, de surcroît, en se fondant sur une appréciation acceptable des faits pertinents. • CEDH, gr. ch., 23 sept. 1994, *Jersild c/ Danemark, § 31 : préc. note 4* • 23 sept. 1998, *Lehideux et Isorni c/ France, § 51 : préc. note 5* • 21 janv. 1999, *Janowski c/ Pologne, § 30 : préc. note 2.* ♦ Sur les conditions générales de l'ingérence de l'État, V. ss. art. 8 Conv. EDH.

53. Exemples. Constitue une ingérence disproportionnée dans leur droit à la liberté d'expression, non nécessaire dans une société démocratique, la condamnation pour recel du secret de l'instruction ou du secret professionnel, de journalistes auteurs d'un ouvrage sur un système illégal d'écoutes téléphoniques et d'archivage organisé au sommet de l'État français, ayant visé de nombreuses personnalités sur plusieurs années. • CEDH 7 juin 2007, *Dupuis c/ France : D. 2007. AJ 1880 ; ibid. 2007. 2506, note Marguénaud ; RSC 2007. 563, obs. Francillon .* ♦ Constitue également une ingérence disproportionnée, non nécessaire dans une société démocratique, la condamnation pénale du requérant pour offense au président de la République, fondée sur la présentation d'un écriteau au passage dudit président, dont le texte, littéralement offensant, devait être analysé à la lumière de l'ensemble de l'affaire. • CEDH, 5e sect., 14 mars 2013, *Éon c/ France,* n° 26118/10 : *D. actu. 19 mars 2013, obs. Bachelet ; D. 2013. Actu. 771, note Lavric* . ♦ Au sujet de propos tenus par un député, qui ne méritent pas la protection accrue revenant aux prises de position politiques : • CEDH 9 janv. 2018, n° 50538/12 : *D. actu. 9 févr. 2018, obs. Lavric.* ♦ A l'inverse, la Cour estime que l'interdiction faite aux détenus d'Irlande du Nord d'arborer des symboles à connotation sectaire ou politique en dehors de leur cellule relève de la marge d'appréciation étatique et n'enfreint pas l'art. 10. • CEDH 25 janv. 2010, *Donaldson c/ Royaume-Uni : D. actu. 21 févr. 2011, obs. Lavric ; AJ pénal 2011. 201, obs. Péchillon* .

Art. 11 *Liberté de réunion et d'association.* **1. Toute personne a droit à la liberté de réunion pacifique et à la liberté d'association, y compris le droit de fonder avec d'autres des syndicats et de s'affilier à des syndicats pour la défense de ses intérêts.**

2. L'exercice de ces droits ne peut faire l'objet d'autres restrictions que celles qui, prévues par la loi, constituent des mesures nécessaires, dans une société démocratique, à la sécurité nationale, à la sûreté publique, à la défense de l'ordre et à la prévention du crime, à la protection de la santé ou de la morale, ou à la protection des droits et libertés d'autrui. Le présent article n'interdit pas que des restrictions légitimes soient imposées à l'exercice de ces droits par les membres des forces armées, de la police ou de l'administration de l'État.

BIBL. ► Alfandari, *in Cabrillac, Frison-Roche et Revet (dir.), p. 401 ; D. 2000. Chron. 141.* – Beraud, *Dr. soc. 1986. 384.* – Douarte, *RTDH 1999. 314.* – Flauss, *LPA 27 nov. 1991, p. 4.* – Lachaud, *RD rur. 1994. 23.* – Lacuad et Charrier, *Gaz. Pal. 1993. Doctr. 1244.* – Levinet, *RFDC 2004. 207.* – Lewiq-Anthony, *Doc. H (92)11, Conseil de l'Europe 1993.* – Lyon-Caen, *RTD eur. 1973. 583.* – Petiti, *Dr. soc. 1993. 999* . – Sohier, *Journ. juristes, 20 oct. 2001, p. 7.* – Valticos, *in Pettiti, Imbert et Decaux (dir.), p. 419.*

I. PRINCIPE DE LA LIBERTÉ DE RÉUNION ET D'ASSOCIATION

1. Autonomie et spécificité de l'art. 11. Malgré son rôle autonome et la spécificité de sa sphère d'application, l'art. 11 doit en l'occurrence s'envisager aussi à la lumière de l'art. 10. La protection des opinions personnelles, assurée par l'art. 10, compte parmi les objectifs de la liberté de réunion pacifique telle que la consacre l'art. 11. • CEDH 26 avr. 1991, *Ezelin c/ France, § 37 : Série A n° 202 ; Ann. fr. dr. int. 1991. 604, obs. Coussirat-Coustère ; JDI 1992. 785, obs. Decaux et Tavernier ; D. 1992. Somm. 335, obs. Renucci ; RUDH 1992. 1, obs. Sudre et autres.* ♦ Mais un détenu ne peut invoquer l'art. 11 pour réclamer le droit d'avoir des contacts avec d'autres détenus. • Comm. EDH 15 mai 1980, *Mac Feelye et a. c/ Royaume-Uni : DR 20/44.*

A. LIBERTÉ DE RÉUNION

2. Domaine de la liberté de réunion. La Cour n'a pas à élaborer une théorie générale des obligations positives de nature à découler de la convention, mais il lui faut interpréter l'art. 11 avant de se prononcer sur le caractère défendable du grief de la requérante. Or il arrive à une manifestation donnée de heurter ou mécontenter des éléments hostiles aux idées ou revendications qu'elle veut promouvoir. Les participants doivent pourtant pouvoir la tenir sans avoir à redouter des brutalités que leur infligeraient leurs adversaires : pareille crainte risquerait de dissuader les associations ou autres groupes défendant des opinions ou intérêts communs de s'exprimer ouvertement sur des thèmes brûlants de la vie de la collectivité. Dans une démocratie, le droit de contre-manifester ne saurait aller jusqu'à paralyser l'exercice du droit de manifester. Partant, une liberté réelle et effective de réunion pacifique ne s'accommode pas d'un simple devoir de non-ingérence de l'État ; une conception purement négative ne cadrerait pas avec l'objet et le but de l'art. 11. S'il incombe aux États contractants d'adopter des mesures raisonnables et appropriées afin d'assurer le déroulement pacifique des manifestations licites, ils ne sauraient pour autant le garantir de manière absolue et ils jouissent d'un large pouvoir d'appréciation dans le choix de la méthode à utiliser. En la matière, ils assument en vertu de l'art. 11 Conv. EDH une obligation de moyens et non de résultat. • CEDH 21 juin 1988, *Plattform Ärzte für das Leben c/ Autriche, §§ 31 s. : Série A n° 139.*

3. Même s'il existe un risque réel qu'un défilé soit à l'origine de trouble par suite d'événements échappant au contrôle des organisateurs, ce défilé ne sort pas pour cette seule raison du champ d'application de l'art. 11. • Comm. EDH 16 juill. 1980, *Christians against Racism and Fascism c/ Royaume-Uni : DR 21/138.* ♦ Mais les interdictions répétées d'organiser à Moscou des marches pour les droits des homosexuels sont injustifiées, la Cour rappelant que le simple risque qu'une manifestation occasionne des troubles ne suffit pas à justifier son interdiction. • CEDH 21 oct. 2010, *Alekseyev c/ Russie*, n° 4916/07. ♦ Même une manifestation légalement autorisée peut être dispersée, par exemple lorsqu'elle tourne à l'émeute. • CEDH, gr. ch., 15 oct. 2015, *Kudrevicius et a. c/ Lituanie*, n° 37553/05, §§ 154.

4. Les juridictions internes n'ayant pas effectué une quelconque mise en balance des différents intérêts en présence, la Cour estime qu'elles ne peuvent pas être considérées comme ayant appliqué des règles conformes aux principes consacrés par l'art. 11 Conv. EDH et s'être fondées sur une appréciation acceptable des faits pertinents. On ne saurait, dès lors, considérer que l'application des amendes contestées ait fait l'objet d'un contrôle judiciaire adéquat. En l'absence d'une telle mise en balance par les autorités internes, celles-ci n'ont pas fourni de motifs pertinents et suffisants, et il n'a, dès lors, pas été établi que l'ingérence était « nécessaire dans une société démocratique ». Ces éléments suffisent pour conclure, dans les circonstances de l'espèce, à la violation de l'art. 11 de la Convention. • CEDH 19 déc. 2017, *Ögrü et a. c/ Turquie*, n° 60087/10, §§ 70 et 71. ♦ La Cour considère la flashmob comme une « réunion pacifique » et juge que les raisons invoquées par les autorités nationales pour justifier sa dispersion et les poursuites engagées contre le requérant n'étaient pas « pertinentes et suffisantes ». L'organisation d'une manifestation sans autorisation préalable ne justifie pas nécessairement une ingérence dans l'exercice par une personne de son droit à la liberté d'expression. Sept personnes qui se tiennent debout, en silence, en brandissant une feuille de papier blanc ne sauraient en effet être qualifiées de menace à l'ordre public. • CEDH 19 nov. 2019, *Obote c/ Russie*, n° 58954/09, §§ 34 s.

B. LIBERTÉ D'ASSOCIATION

5. Le droit qu'énonce l'art. 11 inclut celui de fonder une association. La possibilité pour les citoyens de former une personne morale afin d'agir collectivement dans un domaine d'intérêt commun constitue un des aspects les plus importants du droit à la liberté d'association, sans quoi ce droit se trouverait dépourvu de toute signification. • CEDH, gr. ch., 17 févr. 2004, *Gorzelik et a. c/ Pologne*, n° 44158/98, § 88.

6. Approche négative : liberté de ne pas s'associer. La Cour rappelle d'abord que l'obligation querellée découlait de la loi et que sa violation risquait d'entraîner le retrait de la licence du requérant (taxis). Celui-ci a donc subi un type de contrainte qui, encore une fois, se rencontre rarement dans la communauté des États contractants et que l'on doit à première vue considérer comme incompatible avec l'art. 11. A n'en pas douter, la Frami jouait un rôle au service non seulement des intérêts professionnels de ses membres, mais aussi de l'intérêt général, et que tout titulaire de licence de son ressort fût tenu d'y adhérer a dû l'aider à remplir sa mission de surveillance. La Cour n'a pourtant pas la conviction que l'obligation en cause fût nécessaire à l'exécution de ces tâches. En effet, le contrôle du respect des dispositions applicables relevait au premier chef du comité. Ensuite, l'affiliation ne représentait nullement l'unique moyen concevable de forcer les titulaires de licence à s'acquitter des devoirs et responsabilités qui pouvaient aller de pair avec les fonctions correspondantes ; ainsi, l'exercice efficace de certaines de celles que prévoyait la législation en vigueur n'exigeait pas une affiliation obligatoire. Enfin, rien n'établit qu'une autre raison empêchât la Frami de protéger les intérêts professionnels de ses membres sans contraindre le requérant à une adhésion contraire à ses propres opinions. Eu égard à ce qui précède, les motifs avancés par le Gouvernement, bien que pouvant passer pour pertinents, ne suffisent pas à montrer qu'il était « nécessaire » d'astreindre le requérant à rejoindre la Frami, sous peine de perdre sa licence et en dépit de ses convictions personnelles. En particulier, nonobstant la marge d'appréciation de l'Islande, les mesures incriminées se révèlent disproportionnées à l'objectif légitime poursuivi. Partant, il y a eu méconnaissance de l'art. 11. • CEDH 30 juin 1993, *Sigurdur A. Sigürjonsson c/ Islande, § 41 : Série A n° 264 ; D. 1994. 181, note Marguénaud.*

7. Adhésion forcée à une association. Au vu de ce qui précède, les motifs avancés par le Gouvernement ne suffisent pas à montrer qu'il était nécessaire d'astreindre les requérants à devenir membres des ACCA de leurs communes, en dépit de leurs convictions personnelles. Au regard de la nécessité de protéger les droits et libertés d'autrui pour l'exercice démocratique de la chasse, une obligation d'adhésion aux ACCA qui pèse uniquement sur les propriétaires dans une commune sur quatre en France ne peut passer pour proportionnée au but légitime poursuivi. La Cour n'aperçoit pas davantage pourquoi il serait nécessaire de ne mettre en commun que les petites propriétés tandis que les grandes, tant publiques que privées, seraient mises à l'abri d'un exercice démocratique de la chasse. Contraindre de par la loi un individu à une adhésion profondément contraire à ses propres convictions et l'obliger, du fait de cette adhésion, à apporter le terrain dont il est propriétaire pour que l'association en question réalise des objectifs qu'il désapprouve va au-delà de ce qui est nécessaire pour assurer un juste équilibre entre des intérêts contradictoires et ne saurait être considéré comme proportionné au but poursuivi. Il y a donc violation de l'art. 11. • CEDH 29 avr. 1999, *Chassagnou et a. c/ France, § 116 : Rec. 1999-III ; JCP 1999. II. 10172, note Malafosse ; AJDA 1999. 922, obs. Priet ; RFDA 1999. 451, obs. Andriantsimbazovina ; JCP 2000. I. 203, obs. Sudre ; RTDH 2000. 901, obs. Florès.*

8. Affiliation à un ordre. La Cour constate d'abord que l'Ordre belge des médecins est une institution de droit public. Fondé par le législateur et non par des particuliers, il demeure intégré aux structures de l'État, et des magistrats nommés par le roi siègent dans la plupart de ses organes. Il poursuit un but d'intérêt général, la protection de la santé, en assurant de par la loi un certain contrôle public de l'exercice de l'art médical. Dans le cadre de cette compétence, il lui incombe notamment de dresser le tableau de l'Ordre. Pour accomplir les tâches que lui a confiées l'État belge, il jouit en vertu de la loi de prérogatives exorbitantes du droit commun, tant administratives que normatives ou disciplinaires, et utilise ainsi des procédés de la puissance publique. Eu égard à ces divers éléments considérés dans leur ensemble, l'Ordre ne saurait s'analyser en une association au sens de l'art. 11. Encore faut-il que sa création par l'État belge n'empêche pas les praticiens de fonder entre eux des associations professionnelles ou d'y adhérer, sans quoi il y aurait violation. (...) La Cour relève que la Belgique connaît plusieurs associations vouées à la défense des intérêts professionnels des médecins et auxquelles ces derniers ont toute latitude d'adhérer ou non. Dans ces conditions, l'existence de l'Ordre et son corollaire – l'obligation des médecins de s'inscrire à son tableau et de se soumettre à l'autorité de ses organes – n'ont manifestement ni pour objet ni pour effet de limiter, et encore moins de supprimer, le droit garanti à l'art. 11. En l'absence d'atteinte à la liberté protégée par le § 1 de l'art. 11, il n'y a pas lieu de se placer sur le terrain du § 2 ni de rechercher si la convention consacre la liberté de ne pas s'associer. • CEDH 23 juin 1981, *Le Compte, Van Leuven et De Meyere c/ Belgique, §§ 64 à 66 : Série A n° 43 ; Cah. dr. eur. 1982. 201, obs. Cohen-Jonathan ; Ann. fr. dr. int. 1982. 495, obs. Pelloux ; JDI 1982. 216, obs. Rolland.*

9. Associations étrangères. En ce qui concerne l'« origine étrangère » de la requérante, la Cour n'aperçoit aucun élément raisonnable et objectif propre à justifier que les autorités russes traitent différemment les citoyens russes et les ressortissants étrangers du point de vue de leur capacité à exercer leur liberté de religion à travers la participation à la vie d'une communauté religieuse organisée. • CEDH 5 oct. 2005, *Branche de l'Armée du Salut c/ Russie : AJDA 2007. 902, obs. Flauss.* ♦ V. aussi : • CEDH 5 avr. 2007, *Église de Scientologie de Moscou c/ Russie : RTDH 2007. 1137, obs. Gonzalez.* ♦ L'art. L. 222-13 C. rur. institue bien une différence de traitement entre des personnes se trouvant dans une situation comparable, à savoir les propriétaires ou détenteurs de droits de chasse, puisque ceux qui possèdent 20 ha ou plus d'un seul tenant peuvent faire opposition à l'inclusion de leur terrain dans le périmètre d'action de l'ACCA pour ainsi éviter leur affiliation obligatoire à celle-ci, tandis que ceux qui, comme les requérants, possèdent moins de 20 ou 60 ha, n'ont pas cette possibilité. La Cour estime que le Gouvernement n'a avancé aucune justification objective et raisonnable de cette différence de traitement, qui oblige les petits propriétaires à être membres des ACCA et permet aux grands propriétaires d'échapper à cette affiliation obligatoire, qu'ils exercent leur droit de chasse exclusif sur leur propriété ou qu'ils préfèrent, en raison de leurs convictions, affecter celle-ci à l'instauration d'un refuge ou d'une réserve naturelle. D'une part, la Cour note que dans la première de ces hypothèses, il ne s'explique pas que les propriétés de plus de 20 ha échappent à l'emprise des ACCA, si celles-ci ont pour but, comme l'allègue le Gouvernement, d'assurer un exercice démocratique de la chasse. D'autre part, la Cour estime que, dans la seconde hypothèse, la distinction opérée entre petits et grands propriétaires quant à la liberté d'affecter leur fonds à un autre usage que la chasse est dépourvue de toute justification pertinente. En conclusion, il y a violation de l'art. 11 Conv. EDH, combiné avec l'art. 14. • CEDH, gr. ch., 29 avr. 1999, *Chassagnou et a. c/ France,* n° 25088/94, § 121.

II. LIMITATIONS DE LA LIBERTÉ DE RÉUNION ET D'ASSOCIATION

10. Appartenance des agents publics à la franc-maçonnerie. La Cour estime cependant que la liberté d'association revêt une telle importance qu'elle ne peut subir une quelconque limitation, même pour une personne candidate à une charge publique, dans la mesure où l'intéressé ne commet par lui-même, en raison de son appartenance à l'association, aucun acte répréhensible. Par ailleurs, il est évident que l'association subit le contrecoup des décisions de ses membres. En résumé, l'interdiction incriminée, si minime qu'elle puisse être pour la requérante, n'apparaît pas « nécessaire dans une société démocratique ». • CEDH 2 août 2001, *Grande Oriente d'Italia di palazzo Giustiniani c/ Italie, § 26 : JDI 2001. 305, obs. Petit.* ♦ En Frioul-Vénétie-Julienne, seuls les membres d'une association maçonnique sont tenus de déclarer leur affiliation lorsqu'ils postulent pour la nomination à certains postes du ressort régional. Aucune justification objective et raisonnable de cette différence de traitement entre associations non secrètes n'a été avancée par le Gouvernement. Dès lors, la Cour estime qu'il y a eu violation de l'art. 14 combiné à l'art. 11 de la Convention. • CEDH 31 mai 2007, *Grande Oriente d'Italia di palazzo Giustiniani c/ Italie (n° 2)*, §§ 57 et 56 : *AJDA 2007. 1922, obs. Flauss*, (qui observe que la Cour donne parfois l'impression de pratiquer une politique jurisprudentielle asymétrique, susceptible d'être interprétée comme illustrative d'un « double standard »).

11. Interdiction pour des policiers d'adhérer à un parti politique. L'interdiction faite aux policiers d'être membres d'un parti politique, telle que l'énonce l'art. 40/B § 4 de la Constitution, est dépourvue d'ambiguïté, et l'on ne saurait, semble-t-il, faire valoir qu'une législation secondaire introduite quelque quatre ans plus tôt puisse venir en modifier la portée. Dès lors, la Cour conclut que la situation juridique était suffisamment claire pour permettre au requérant de régler sa conduite et que, par conséquent, la condition de prévisibilité était remplie. En outre, la Cour ne voit aucune raison de juger que la restriction imposée à l'exercice par le requérant de sa liberté d'association ait été arbitraire. La restriction contestée était donc « légitime » au sens de l'art. 11, § 2. • CEDH, gr. ch., 20 mai 1999, *Rekvenyi c/ Hongrie*, n° 25930/94, § 60.

12. Dissolution d'un parti politique : interdiction de principe. L'art. 11 doit s'envisager aussi à la lumière de l'art. 10. La protection des opinions et de la liberté de les exprimer constitue l'un des objectifs de la liberté de réunion et d'association consacrée par l'art. 11. Il en va d'autant plus ainsi dans le cas de partis politiques, eu égard à leur rôle essentiel pour le maintien du pluralisme et le bon fonctionnement de la démocratie. La Cour rappelle qu'eu égard au rôle essentiel des partis politiques pour le bon fonctionnement de la démocratie, les exceptions visées à l'art. 11 appellent, à l'égard de partis politiques, une interprétation stricte, seules des raisons convaincantes et impératives pouvant justifier des restrictions à leur liberté d'association. Pour juger en pareil cas de l'existence d'une nécessité au sens de l'art. 11, § 2, les États contractants ne disposent que d'une marge d'appréciation réduite, laquelle se double d'un contrôle européen rigoureux portant à la fois sur la loi et sur les décisions qui l'appliquent, y compris celles d'une juridiction indépendante. En conclusion, la dissolution du SP apparaît disproportionnée au but visé et, partant, non nécessaire dans une société démocratique. En conséquence, elle a enfreint l'art. 11 Conv. EDH. • CEDH 25 mai 1998, *Parti socialiste et a. c/ Turquie, § 41 et §§ 50 s. : Rec. 1998-III.* ♦ Il n'est pas de démocratie sans pluralisme. C'est pourquoi la liberté d'expression consacrée par l'art. 10 vaut, sous réserve du § 2, non seulement pour les « informations » ou « idées » accueillies avec faveur ou considérées comme inoffensives ou indifférentes, mais aussi pour celles qui heurtent, choquent ou inquiètent. En tant que leurs activités participent d'un exercice collectif de la liberté d'expression, les partis politiques peuvent prétendre à la protection des art. 10 et 11 Conv. EDH. Les exceptions visées à l'art. 11 appellent, à l'égard de partis politiques, une interprétation stricte, seules des raisons convaincantes et impératives pouvant justifier des restrictions à leur liberté d'association. Pour juger en pareil cas de l'existence d'une nécessité au sens de l'art. 11, § 2, les États contractants ne disposent que d'une marge d'appréciation réduite, laquelle se double d'un contrôle européen rigoureux portant à la fois sur la loi et sur les décisions qui l'appliquent, y compris celles d'une juridiction indépendante. La Cour a déjà relevé la nécessité d'un tel contrôle à propos de la condamnation d'un parlementaire pour injures ; à plus forte raison pareil contrôle s'impose-t-il quand il s'agit de la dissolution de tout un parti politique et de l'interdiction frappant ses responsables d'exercer à l'avenir toute autre activité similaire. • CEDH 30 janv. 1998, *Parti communiste unifié de Turquie et a. c/ Turquie, §§ 43 et 46 : Rec. 1998-I ; Ann. fr. dr. int. 1999. 747, obs. Coussirat-Coustère ; JDI 2000. 97, obs. Decaux et Tavernier ; RFDA 1999. 792, obs. Labayle et Sudre ; D. 1998. Somm. 372, obs. Perez ; RSC 1998. 602, obs. Pettiti ; JCP 1999. I. 105, obs. Sudre.*

13. Aux yeux de la Cour, le fait qu'un projet politique passe pour incompatible avec les principes et structures actuels de l'État turc ne le rend pas contraire aux règles démocratiques. Il est de l'essence de la démocratie de permettre la proposition et la discussion de projets politiques divers, même ceux qui remettent en cause le mode d'organisation actuel d'un État, pourvu qu'ils ne visent pas à porter atteinte à la démocratie elle-même. • CEDH 8 déc. 1999, *Parti de la liberté et de la démocratie (ÖZDEP) c/ Turquie, §§ 41 et 42, 44 s. : Rec. 1999-VIII.* ♦ Par ailleurs, les critiques sévères et hostiles des responsables du HEP à l'encontre de certains agissements des forces de l'ordre dans leur lutte contre le terrorisme ne peuvent constituer, à elles seules, des éléments de preuve afin d'assimiler le HEP aux groupes armés procédant à des actes de violence. La Cour rappelle à cet égard que les limites de la critique admissible sont plus larges à l'égard du gouvernement que d'un simple particulier. Dans un système démocratique, les actions ou omissions du gouvernement doivent se trouver placées sous le contrôle attentif des pouvoirs législatif et judiciaire, de la presse et de l'opinion publique. La Cour n'est pas convaincue que les députés et les responsables du HEP, en critiquant les agissements des forces de l'ordre, poursuivaient un autre dessein que celui de remplir leur devoir de signaler les préoccupations de leurs électeurs. Eu égard à l'absence de projet politique du HEP de nature à compromettre le régime démocratique dans le pays et/ou à l'absence d'une invitation ou d'une justification de recours à la force à des fins politiques, sa dissolution ne peut raisonnablement être considérée comme répondant à un « besoin social impérieux ». • CEDH 9 avr. 2002, *Yazar, Karatas, Aksoy et le Parti du travail du peuple (HEP) c/ Turquie, §§ 59 et 60,* n° 22723/93.

14. Dissolution d'un parti politique : admission exceptionnelle. Partant, la Cour estime que la sanction infligée aux requérants peut raisonnablement être considérée comme répondant à un « besoin social impérieux », dans la mesure où les responsables du R.P., sous le prétexte qu'ils donnaient un contenu différent au principe de laïcité, avaient déclaré avoir l'intention d'établir un système multijuridique et d'instaurer la loi islamique (la *charia*) et avaient laissé planer un doute sur leur position quant au recours à la force afin d'accéder au pouvoir et notamment d'y rester. Elle considère que, même si la marge d'appréciation des États doit être étroite en matière de dissolution des partis politiques, le pluralisme des idées et des partis étant lui-même inhérent à la démocratie, l'État concerné peut raisonnablement empêcher la réalisation d'un tel projet politique, incompatible avec les normes de la Convention, avant qu'il ne soit mis en pratique par des actes concrets risquant de compromettre la paix civile et le régime démocratique dans le pays. Partant, et eu égard à la marge d'appréciation dont jouissent les autorités nationales en pareil cas, fût-elle étroite, la Cour considère que les ingérences litigieuses n'étaient pas disproportionnées aux buts légitimes poursuivis, *compte tenu du « besoin social impérieux »* auquel elles répondaient, et que les motifs avancés par la Cour constitutionnelle pour justifier la dissolution du R.P. et la déchéance temporaire de certains droits politiques prononcée contre les autres requérants, étaient « pertinents et suffisants ». Dès lors, il n'y a pas eu en l'espèce violation de l'art. 11 Conv. EDH. • CEDH 31 juill. 2001, *Refah Partisi (Parti de la Prospérité) et a. c/ Turquie, § 81 et §§ 83 et 84 : RTDH 2002. 983, obs. Sottiaux et De Prins ; JDI 2001. 308, obs. Adjovi.* ♦ La Cour rappelle qu'elle vient de constater que l'ingérence en cause répondait à un « besoin social impérieux ». Dès lors, compte tenu du fait que les projets susmentionnés sont en contradiction avec la conception de la « société démocratique » et comportent un fort danger pour la démocratie espagnole, la sanction infligée aux requérants est proportionnelle au but légitime poursuivi au sens de l'art. 11, § 2, • CEDH 30 juin 2009, *Herri Batasuna et Batasuna c/ Espagne*, § 93, n° 25804/04.

15. Dissolution d'une association. La Cour rappelle que la mesure de dissolution administrative d'une association de supporters, prévue par l'art. L. 332-18 C. sport, constitue une ingérence dans le droit de la requérante à sa liberté d'association, mais elle précise que pareille immixtion peut être justifiée si elle répond à trois exigences : elle doit être prévue par la loi, poursuivre un but légitime et être proportionnée. La Cour rappelle qu'en marge de plusieurs matches de football des incidents ont opposé des membres de l'association aux forces de l'ordre, qu'au terme du match entre le PSG et l'équipe de Tel-Aviv, le 23 nov. 2006, cent cinquante supporters parisiens ont entrepris de se livrer à des actes de violence à l'encontre des supporters israéliens, que des affrontements ont eu lieu à cette occasion et que plusieurs supporters parisiens ont frappé à coups de ceinture un policier tombé au sol. Ce dernier a dû faire usage de son arme pour se sortir d'une situation difficile et a tué un supporter parisien qui le menaçait. Enfin, la Cour ne peut que constater que les termes contenus dans la banderole déployée au stade de France le 29 mars 2008 sont particulièrement injurieux à l'égard d'une certaine catégorie de la population. Partant, la mesure de dissolution était proportionnée au but recherché. • CEDH 22 févr. 2011, *Assoc. nouvelle des Boulogne Boys c/ France : D. actu. 22 mars 2011, note J.-M. Pastor.*

16. Nécessité d'un risque avéré. En l'absence de risque avéré, réel et prévisible d'action violente, d'incitation à la violence ou de rejet des principes démocratiques, l'interdiction des réunions des requérants ne se justifiait pas en regard des exceptions prévues par l'art. 11, § 2, Conv. EDH. • CEDH 2 oct. 2001, *Stankov et a. c/ Bulgarie, § 111 : JDI 2001. 310, obs. Moulier.*

III. LIBERTÉ SYNDICALE

17. Art. 11 et liberté syndicale. La Cour rappelle que le droit de fonder des syndicats et de s'y affilier constitue un aspect particulier de la liberté d'association ; elle ajoute qu'une certaine liberté de choix quant à l'exercice d'une liberté est inhérente à la notion de celle-ci. • CEDH 13 août 1981, *James, Young et Webster c/*

Royaume-Uni, § 52 : Série A n° 44 ; Cah. dr. eur. 1982. 226 ; Ann. fr. dr. int. 1982. 499, obs. Pelloux ; JDI 1982. 220, obs. Rolland. ♦ La Cour relève que l'art. 11, § 1, présente la liberté syndicale comme une forme ou un aspect particulier de la liberté d'association ; il ne garantit pas aux syndicats, ni à leurs membres, un traitement précis de la part de l'État et notamment le droit d'être consultés par lui. Non seulement ce dernier droit ne se trouve pas mentionné à l'art. 11, § 1, mais on ne saurait affirmer que les États contractants le consacrent tous en principe dans leur législation et leur pratique internes, ni qu'il soit indispensable à l'exercice efficace de la liberté syndicale. Partant, il ne constitue pas un élément nécessairement inhérent à un droit garanti par la Convention, en quoi il diffère du « droit à un tribunal » inclus dans l'art. 6. • CEDH 27 oct. 1975, *Synd. national de la police belge c/ Belgique, § 38 : Série A n° 19 ; Ann. fr. dr. int. 1976. 121, obs. Pelloux ; JDI 1978. 685, obs. Rolland* • CEDH 6 févr. 1975, *Synd. suédois des conducteurs de locomotive c/ Suède, § 38 : Série A n° 20.*

18. De même qu'un employé ou un travailleur doit être libre d'adhérer ou de ne pas adhérer à un syndicat sans être sanctionné ou faire l'objet de mesures de dissuasion (V., par exemple, *Young, James et Webster c/ Royaume-Uni*, 13 août 1981, *Série A n° 44*, et, *mutatis mutandis, Wilson, National Union of Journalists et a.*, précité), de même le syndicat doit de son côté être libre de choisir ses membres. L'art. 11 ne saurait être interprété comme imposant aux associations ou aux organisations l'obligation d'admettre dans leurs rangs toute personne souhaitant adhérer. Lorsque des associations sont formées par des personnes qui, épousant certaines valeurs ou certains idéaux, ont l'intention de poursuivre des buts communs, il serait contraire à l'essence même de la liberté en jeu de les empêcher de choisir leurs membres. • CEDH 27 févr. 2007, *Associated Society of Locomotive Enginneers and Firemen (ASLEF) c/ Royaume-Uni, § 39 : RTDH 2008. 549, obs. Dorssemont.* ♦ Le droit d'adhérer à un syndicat « pour la défense de ses intérêts » ne saurait s'analyser comme un droit général d'adhérer au syndicat de son choix quelles qu'en soient les règles : dans l'exercice de leurs droits garantis par l'art. 11, § 1, les syndicats doivent rester libres de décider, conformément à leurs statuts, des questions relatives à l'admission et à l'exclusion d'adhérents : • Même arrêt. ♦ A la lumière de l'ensemble des circonstances de la présente cause, la Cour constate que les requérantes n'ont pas démontré que les décisions de mutation prises à leur encontre ont constitué une ingérence telle que leur droit à mener des activités syndicales a été atteint dans sa substance. Il n'y a donc pas violation de l'art. 11. • CEDH 20 sept. 2005, *Bulga et a. c/ Bulgarie*, n° 43974/98, §§ 73 à 76. ♦ Eu égard aux motifs qu'il a exposés, le refus du tribunal départemental d'enregistrer le syndicat requérant n'a pas outrepassé la marge d'appréciation dont bénéficient les autorités nationales en la matière et, dès lors, il n'est pas disproportionné. Partant, il n'y a pas eu violation de l'art. 11. • CEDH, gr. ch., 9 juill. 2013, *Sindicatul « Pastorul Cel Bun » c/ Roumanie*, n° 2330/09, §§ 171 à 173.

19. Relations avec l'État. La Convention ne distingue nulle part expressément entre les attributions de puissance publique des États contractants et leurs responsabilités d'employeurs. L'art. 11 ne fait pas à cet égard exception. Bien mieux, son § 2 *in fine* implique nettement que l'État est tenu de respecter les libertés de réunion et d'association de ses employés sauf à y apporter, le cas échéant, des « restrictions légitimes » s'il s'agit de membres de ses forces armées, de sa police ou de son administration. • CEDH 6 févr. 1975, *Synd. suédois des conducteurs de locomotive*, n° 5614/72, § 37 : *préc. note 17.*

Art. 12 ***Droit au mariage.*** **A partir de l'âge nubile, l'homme et la femme ont le droit de se marier et de fonder une famille selon les lois nationales régissant l'exercice de ce droit.**

BIBL. ► Boucaud, *RTDH 1992. 3.* – Cambi et Lombardini, *RTDH 1992. 73.* – Evain, *JCP 1997. I. 4071.* – Fulchiron, *D. 2001. Chron. 1628* ; *ibid. 2006. Chron. 1253*. – Lemouland, *D. 2003. Chron. 1935* ; *ibid. 2004. Chron. 2965*. – Wachsmann et Marienburg-Wachsmann, *RTDH 2003. 1157.*

I. DROIT AU MARIAGE EN GÉNÉRAL

1. Le droit de se marier. Le sens ordinaire des mots « droit de se marier » est clair : ils visent la formation de relations conjugales et non leur dissolution. • CEDH 18 déc. 1986, *Johnston et a. c/ Irlande § 52.* ♦ Par l'art. 12 se trouve garanti le droit fondamental, pour un homme et une femme, de se marier et de fonder une famille. L'exercice de ce droit emporte des conséquences sociales, personnelles et juridiques. Il obéit tant pour la procédure que pour le fond aux lois nationales des États contractants, mais les limitations en résultant ne doivent pas le restreindre ou le réduire d'une manière ou à un degré qui l'atteindraient dans sa substance même. • CEDH 5 janv. 2010, *Frasik c/ Pologne*, n° 22933/02, § 88.

2. Exigence d'une vie commune. La Cour a jugé qu'en consacrant le droit au respect de la vie familiale, la Convention « présuppose l'existence d'une famille ». Il n'en résulte pourtant pas que toute vie familiale projetée sorte entièrement du cadre de l'art. 8. Quoi que le mot « famille » puisse désigner par ailleurs, il englobe la relation née d'un mariage légal et non fictif, tel celui de M. et Mme Abdulaziz comme de M. et Mme Balkandali, même si une vie familiale du genre visé par le gouvernement ne se trouve pas encore pleinement établie. Il faut regarder ces unions comme suffisantes pour mériter le respect que peut vouloir l'art. 8. En outre, s'il s'agit d'un couple marié l'expression « vie familiale » implique normalement la cohabitation. L'art. 12 le confirme car le droit de fonder une famille ne se conçoit guère sans celui de vivre ensemble. La Cour note de surcroît que M. et Mme Abdulaziz avaient non seulement contracté mariage, mais aussi cohabité pendant quelque temps avant que le premier se vît refuser l'autorisation de rester au Royaume-Uni. De leur côté, les Balkandali avaient cohabité et eu un fils, bien qu'ils ne se soient mariés qu'après l'expiration du permis de séjour de M. Balkandali comme étudiant et la décision de ne pas le prolonger ; leur vie commune se poursuivait lors du rejet de sa demande de permis de séjour en qualité d'époux. • CEDH 28 mai 1985, *Abdulaziz, Cabales et Balkandali c/ Royaume-Uni, § 62 : Série A n° 94 ; Cah. dr. eur. 1988. 476, obs. Cohen-Jonathan ; RSC 1986. 157, obs. Pettiti ; JDI 1986. 1084, obs. Rolland et Tavernier.*

3. Personnes de sexes biologiquement différents. Aux yeux de la Cour, en garantissant le droit de se marier l'art. 12 vise le mariage traditionnel entre deux personnes de sexes biologique différents. Son libellé le confirme : il en ressort que le but poursuivi consiste essentiellement à protéger le mariage en tant que fondement de la famille. • CEDH 17 oct. 1986, *Rees c/ Royaume-Uni, § 49 : Série A n° 106 ; Cah. dr. eur. 1988. 463, obs. Cohen-Jonathan ; Ann. fr. dr. int. 1987. 239, obs. Coussirat-Coustère ; JDI 1987. 96, obs. Rolland et Tavernier.* ♦ Sans doute certains États contractants considéreraient-ils à présent comme valable un mariage entre une personne dans la condition de Mlle Cossey et un homme, mais l'évolution enregistrée jusqu'ici ne saurait passer pour la preuve d'un abandon général du concept traditionnel de mariage. Dès lors, la Cour ne juge pas qu'il lui soit loisible d'adopter une démarche nouvelle en interprétant l'art. 12 sur le point dont il s'agit. Elle voit en outre dans l'attachement audit concept traditionnel un motif suffisant de continuer d'appliquer des critères biologiques pour déterminer le sexe d'une personne aux fins du mariage, cette matière relevant du pouvoir dont jouissent les États contractants de réglementer par des lois l'exercice du droit de se marier. • CEDH 27 sept. 1990, *Cossey c/ Royaume-Uni, § 46 : Série A n° 184.* ♦ Mais la Cour déclare ne pas être convaincue que l'on puisse aujourd'hui continuer à admettre que les termes utilisés impliquent le fait que le sexe de la personne qui veut se marier doit être déterminé selon des critères uniquement biologiques. Il y a violation de l'art. 8 de la Convention parce que la non-concordance des facteurs biologiques chez un transsexuel opéré ne peut plus constituer un motif suffisant pour le refus de reconnaître juridiquement le sexe de l'intéressé. • CEDH, gr. ch., 11 juill. 2002, *Goodwin c/ Royaume-Uni : D. 2003 Somm. 525, obs. Birsan ; ibid. 2032, note Chavent-Leclère* • 11 juill. 2002, *I. c/ Royaume-Uni 28957/95 : D. 2003 Somm. 525, obs. Birsan.*

4. Respect des lois nationales. En outre, l'art. 12 le précise, ce droit obéit aux lois nationales des États contractants pour ce qui concerne son exercice. Les limitations en résultant ne doivent pas le restreindre ou réduire d'une manière ou à un degré qui l'atteindraient dans sa substance même, mais on ne saurait attribuer un tel effet à l'empêchement apporté, au Royaume-Uni, au mariage de personnes n'appartenant pas à des sexes biologiques différents. • CEDH 17 oct. 1986, *Rees c/ Royaume-Uni, § 50 : préc. note 3.*

5. Divorce. Pour examiner si les requérants peuvent déduire de l'art. 12 un droit au divorce, la Cour recherchera le sens ordinaire à attribuer aux termes de cette disposition dans leur contexte et à la lumière de son objet et de son but. Avec la Commission, elle constate que le sens ordinaire des mots « droit de se marier » est clair : ils visent la formation de relations conjugales et non leur dissolution. De plus, ils figurent dans un contexte renvoyant expressément aux « lois nationales » ; même si, comme l'affirment les requérants, l'interdiction du divorce doit s'analyser en une limitation à la capacité de se marier, pareille limitation ne saurait, dans une société adhérant au principe de la monogamie, passer pour une atteinte à la substance même du droit garanti par l'art. 12. Cette interprétation concorde du reste avec l'objet et le but de l'art. 12 tels qu'ils ressortent des travaux préparatoires. L'art. 12 tire son origine de l'art. 16 Conv. EDH, dont le § 1 se lit ainsi : « A partir de l'âge nubile, l'homme et la femme, sans aucune restriction quant à la race, la nationalité ou la religion, ont le droit de se marier et de fonder une famille. Ils ont des droits égaux au regard du mariage, durant le mariage et lors de sa dissolution ». En expliquant à l'Assemblée consultative pourquoi le projet du futur art. 12 ne reprenait pas la dernière phrase du texte précité, le rapporteur de la Commission des questions juridiques et administratives, précisa : « En renvoyant à l'article de la Déclaration Universelle dont il s'agit, nous renvoyons au paragraphe de cet article qui consacre le droit de se marier et de fonder une famille, mais non pas aux dispositions ultérieures de cet article, qui visent les droits égaux après le mariage, puisque nous ne garantissons que le droit au mariage » (Recueil des travaux préparatoires, vol. 1, p. 268). Pour la Cour, les travaux préparatoires ne révèlent aucune intention d'englober dans l'art. 12 une garantie quelconque du droit à la dissolution du mariage par le divorce. • CEDH 18 déc. 1986, *Johnston et a. c/ Irlande, §§ 51 et 52 : Série*

A n° 112 ; Cah. dr. eur. 1988. 464, obs. Cohen-Jonathan ; Ann. fr. dr. int. 1987. 239, obs. Coussirat-Coustère ; JDI 1987. 812, obs. Rolland et Tavernier.

6. *Remariage.* En outre et surtout, la situation de F. se distingue nettement de celle de M. Johnston puisqu'il s'agissait du droit d'un homme encore marié à la dissolution de son mariage. Si la législation nationale permet le divorce – ce que la convention ne requiert pas – l'art. 12 garantit au divorcé le droit de se remarier sans subir en la matière des restrictions déraisonnables. • CEDH 18 déc. 1987, *F. c/ Suisse, § 38 in fine : Série A n° 128 ; Cah. dr. eur. 1988. 475, obs. Cohen-Jonathan ; JDI 1988. 892, obs. Rolland et Tavernier.*

II. CAS PARTICULIERS

7. *Mariage des détenus.* L'essence du droit de se marier est de former une association génératrice d'une solidarité juridique entre un homme et une femme. Ceux-ci peuvent décider de créer une telle association même s'ils sont empêché de cohabiter. La liberté de la personne n'est pas un préalable nécessaire à l'exercice du droit de se marier. Les lois nationales régissant l'exercice du droit de se marier peuvent réglementer cet exercice mais non lui porter atteinte de manière substantielle. L'imposition d'un important délai pour se marier est une atteinte substantielle au droit de se marier. • Comm. EDH 13 déc. 1979, *Hamer c/ Royaume-Uni : DR 24/5.* ♦ Est une atteinte substantielle au droit de se marier l'obligation faite à un condamné à la détention à vie d'attendre, pour contracter mariage, une éventuelle libération conditionnelle encore lointaine. • Comm. EDH 10 juill. 1980, *Draper c/ Royaume-Uni : DR 24/72.*

8. L'exigence pour des détenus d'obtenir une autorisation préalable afin de se marier ne peut en soi passer pour contraire à l'art. 12. Les restrictions à la vie maritale, privée et familiale sont inhérentes à la privation de liberté. Les autorités bénéficient d'une marge discrétionnaire et doivent avoir égard non seulement à l'intérêt personnel poursuivi par le détenu mais également au maintien de l'ordre, de la sûreté et de la sécurité en prison. Cependant, en l'espèce, le refus des autorités n'était lié en aucun cas à la sécurité de la prison ou à la prévention des infractions pénales, mais à une appréciation de la nature et de la qualité de la relation du requérant avec sa fiancée. Pareils arguments n'ont aucun rapport avec les dispositions du droit interne énumérant les raisons pour lesquelles une autorité peut refuser à un adulte l'autorisation de se marier. • CEDH 5 janv. 2010, *Jaremowicz c/ Pologne*, n° 24023/03. ♦ La liberté personnelle n'est pas nécessairement un prérequis pour l'exercice du droit au mariage. La détention prive l'individu de sa liberté et – de manière inévitable ou en conséquence – de certains de ses droits et privilèges civils. Cela ne signifie pas cependant que les détenus ne puissent pas exercer leur droit au mariage ou qu'ils ne puissent le faire que de manière très exceptionnelle. Comme la Cour l'a dit à maintes reprises, les détenus continuent de jouir de tous les droits et libertés fondamentaux qui ne sont pas contraires au sens de la privation de liberté, et toute restriction supplémentaire doit être justifiée par les autorités. Dans l'affaire *Hirst (n° 2)*, la Grande Chambre de la Cour a cité de manière non exhaustive plusieurs droits que les détenus peuvent exercer. Par exemple, ils ne peuvent pas être maltraités ou soumis à des peines ou conditions inhumaines ou dégradantes, interdites par l'art. 3 de la Convention. Ils continuent de jouir du droit au respect de la vie familiale, du droit à la liberté d'expression, du droit de pratiquer leur religion, du droit d'avoir un accès effectif à un avocat ou à un tribunal aux fins de l'art. 6 et du droit au respect de leur correspondance (*ibid.*). De la même manière, comme l'a souligné la Commission européenne des droits de l'homme dans l'affaire *Hamer c/ Royaume-Uni*, ils jouissent du droit de se marier. Le principe selon lequel toute restriction à ces autres droits doit être justifiée dans chaque cas est aussi énoncé expressément dans les Règles pénitentiaires européennes, dont la règle 3 prévoit que « *[l]*es restrictions imposées aux personnes privées de liberté doivent être réduites au strict nécessaire et doivent être proportionnelles aux objectifs légitimes pour lesquelles elles ont été imposées ». Si une telle justification peut parfaitement exister pour des considérations de sécurité, en particulier pour ce qui est de la prévention des infractions pénales et de la défense de l'ordre, qui découlent inévitablement des circonstances de la détention, il n'est pas question qu'un détenu soit déchu de son droit garanti par l'art. 12 du simple fait qu'il se trouve incarcéré. Il n'y a pas non plus place dans le système de la Convention, qui reconnaît la tolérance et l'ouverture d'esprit comme les caractéristiques d'une société démocratique, pour une privation automatique de certains droits chez les détenus, notamment de leur droit à établir une relation conjugale avec la personne de leur choix, se fondant uniquement sur ce qui – de l'avis des autorités – pourrait être acceptable pour l'opinion publique ou la heurter. • CEDH 5 janv. 2010, *Frasik c/ Pologne*, n° 22933/02, § 91 à 93.

9. L'empêchement de se marier infligé à une personne détenue pendant près de quatre ans constitue une violation de l'art. 12 de la Conv. EDH. • CEDH 8 déc. 2016, *Chernestskiy c/ Ukraine*, n° 44316/07 : *AJ pénal 2017. 100, obs. H.-Evans.*

10. *Mariage homosexuel.* D'après la jurisprudence constante de la Cour, par l'art. 12, se trouve garanti le droit fondamental, pour un homme et une femme, de se marier et de fonder une famille. Son exercice entraîne des conséquences d'ordre personnel, social et juridique. Il « obéit aux lois nationales des États contractants », mais les limitations en résultant ne doivent pas restreindre ou réduire le droit en cause d'une manière ou à un degré qui l'atteindraient dans sa substance même. La Cour observe d'emblée qu'elle n'a pas encore eu l'occasion d'examiner la question de savoir si deux personnes de même sexe peuvent prétendre au droit de se marier. Toutefois, elle peut déduire certains principes de sa jurisprudence relative aux transsexuels. Dans un certain nombre d'affaires, la question s'est posée de savoir si le refus de permettre à un transsexuel opéré de se marier avec une personne du sexe opposé à son nouveau sexe emportait violation de l'art. 12. Dans ses premiers arrêts sur le sujet, la Cour a jugé que l'attachement au concept traditionnel de mariage qui sous-tend l'art. 12 fournissait à l'État défendeur un motif suffisant de continuer d'appliquer des critères biologiques pour déterminer le sexe d'une personne aux fins du mariage. Elle a ainsi considéré que cette matière relevait du pouvoir dont jouissent les États contractants de réglementer par des lois l'exercice du droit de se marier. Dans l'arrêt *Christine Goodwin* (§§ 100-104), la Cour s'est écartée de cette jurisprudence : elle a considéré que les termes utilisés à l'art. 12, à savoir le droit pour un homme et une femme de se marier, ne pouvaient plus être compris comme impliquant que le sexe doive être déterminé selon des critères purement biologiques. A cet égard, elle a noté que, depuis l'adoption de la Convention, l'institution du mariage a été profondément bouleversée par l'évolution de la société. De plus, elle s'est référée à l'art. 9 de la Charte des droits fondamentaux de l'Union européenne, dont le libellé diffère de celui de l'art. 12. Enfin, la Cour a noté que le mariage des transsexuels sous leur nouvelle identité sexuelle recueillait une grande adhésion. Pour conclure, la Cour a jugé que l'impossibilité pour un transsexuel opéré de se marier sous sa nouvelle identité sexuelle avait emporté violation de l'art. 12 Conv. EDH. Deux autres affaires présentent un intérêt dans le présent contexte : *Parry c/ Royaume-Uni* et *R. et F. c/ Royaume-Uni*, du 28 nov. 2006. Dans les deux cas, les requérantes formaient un couple marié composé d'une femme et d'un transsexuel passé du sexe masculin au sexe féminin à la suite d'une opération. Elles se plaignaient notamment sous l'angle de l'art. 12 Conv. EDH de l'obligation de mettre un terme à leur mariage pour que la seconde requérante puisse obtenir la pleine reconnaissance juridique de son changement de sexe. La Cour a rejeté ce grief pour défaut manifeste de fondement après avoir noté que le droit interne ne permettait le mariage qu'entre personnes de sexe opposé, qu'il s'agisse du sexe à la naissance ou du sexe résultant d'une procédure de reconnaissance de l'identité sexuelle, et qu'il n'autorisait pas le mariage homosexuel. Elle a rappelé que, de même, l'art. 12 consacrait le concept traditionnel du mariage, à savoir l'union d'un homme et d'une femme. La Cour a reconnu qu'un certain nombre d'États contractants avaient ouvert le mariage aux partenaires de même sexe tout en précisant que ce choix reflétait leur propre conception du rôle du mariage dans leur société et ne découlait pas d'une interprétation du droit fondamental en cause tel qu'énoncé par les États contractants dans la Convention de 1950. La Cour a conclu que la question de savoir comment encadrer juridiquement les effets d'un changement de sexe sur le mariage relevait de la marge d'appréciation de l'État. Elle a en outre estimé que, au cas où les requérantes décideraient de divorcer pour permettre au conjoint transsexuel d'obtenir une reconnaissance complète de sa nouvelle identité sexuelle, le fait que les requérantes aient la possibilité de conclure un partenariat civil contribuait à conférer un caractère proportionnel au régime de reconnaissance de l'appartenance sexuelle attaqué. • CEDH 24 juin 2010, *Schalk et Kopf c/ Allemagne*, n° 30141/04, §§ 49 à 53. ♦ La Cour ne considère plus que le droit de se marier consacré par l'art. 12 Conv. EDH doive en toutes circonstances se limiter au mariage entre deux personnes de sexe opposé. C'est pourquoi on ne saurait dire que l'art. 12 ne s'applique pas au grief des requérants. Néanmoins, en l'état actuel des choses, l'autorisation ou l'interdiction du mariage homosexuel est régie par les lois nationales des États contractants. A cet égard, la Cour observe que le mariage possède des connotations sociales et culturelles profondément enracinées susceptibles de différer notablement d'une société à une autre. Elle rappelle qu'elle ne doit pas se hâter de substituer sa propre appréciation à celle des autorités nationales, qui sont les mieux placées pour apprécier les besoins de la société et y répondre. En bref, la Cour conclut que l'art. 12 n'impose pas au gouvernement défendeur l'obligation d'ouvrir le mariage à un couple homosexuel tel que celui des requérants. Partant, il n'y a pas eu violation de l'art. 12 Conv. EDH. • Même arrêt, §§ 61 à 64.

11. Mariage des transsexuels. S'il appartient à l'État contractant de déterminer, notamment, les conditions que doit remplir une personne transsexuelle qui revendique la reconnaissance juridique de sa nouvelle identité sexuelle pour établir que sa conversion sexuelle a bien été opérée et celles dans lesquelles un mariage antérieur cesse d'être valable, ou encore les formalités applicables à un futur mariage (par ex. les informations à fournir aux futurs époux), la Cour ne voit aucune raison justifiant que les transsexuels soient privés en toutes circonstances du droit de se marier. Elle conclut donc qu'il y a eu violation de l'art. 12 Conv. EDH en l'espèce. • CEDH, gr. ch., 11 juill. 2002, *Christine Good-*

win c/ Royaume-Uni, n° 28957/95, §§ 101 à 104 • CEDH 11 juill. 2002, *I. c/ Royaume-Uni,* n° 25680/94, §§ 83 et 84.

12. La Cour rappelle que l'art. 12 Conv. EDH constitue la *lex specialis* pour le droit au mariage. Il garantit le droit fondamental pour un homme et une femme de se marier et de fonder une famille. Il prévoit expressément que le mariage est réglementé par le droit national. Il consacre le concept traditionnel du mariage, à savoir l'union d'un homme et d'une femme (Rees, § 49). S'il est vrai qu'un certain nombre d'États membres ont ouvert le mariage aux partenaires de même sexe, l'art. 12 ne saurait être compris comme imposant pareille obligation aux États contractants (Schalk et Kopf, § 63). La question en jeu concerne les conséquences du changement de sexe de la requérante sur ses liens maritaux. A l'instar de la chambre, la Grande chambre estime que cette question a déjà fait l'objet ci-dessus, sous l'angle de l'art. 8 Conv. EDH, d'un examen qui a abouti à un constat de non-violation de cette disposition. Dans ces conditions, la Cour estime qu'aucune question distincte ne se pose au regard de l'art. 12 Conv. EDH, et qu'il n'y a pas lieu de formuler une conclusion séparée sur le terrain de cet art. • CEDH, gr. ch., 16 juill. 2014, *Hämäläinen c/ Finlande,* n° 37359/09, §§ 96 et 97.

13. Mariage entre « anciens » belles-soeurs et beaux-frères. La Cour conclut que, dans les circonstances de l'espèce, la reconnaissance de la nullité du mariage des requérants a, d'une manière disproportionnée, restreint le droit des intéressés de se marier à un tel point que ce droit s'est trouvé atteint dans sa substance même. Il y a donc eu violation de l'art. 12 Conv. EDH. • CEDH 5 sept. 2019, *Theodorou et Tsotsorou c/ Grèce,* n° 57854/15, § 36.

Art. 13 ***Droit à un recours effectif.*** **Toute personne dont les droits et libertés reconnus dans la présente Convention ont été violés, a droit à l'octroi d'un recours effectif devant une instance nationale, alors même que la violation aurait été commise par des personnes agissant dans l'exercice de leurs fonctions officielles.**

BIBL. ▸ DRZEMCZEWSKI et GIAKOUMOPOULOS, *in Pettiti, Decaux et Imbert (dir.), p. 324.* – DUTHEIL DE LA ROCHÈRE, *Pouvoirs 2001, n° 36, p. 123.* – FLAUSS, *RUDH 1991. 324.* – MILANO, *RTDH 2008. 1059.* – RAU, *RTDH 2005. 864.* – SINKONDO, *RID comp. 2004/4. 367.* – VONSY, *RFDA 2008. 728.*

I. GARANTIE DE L'ARTICLE 13

A. CHAMP D'APPLICATION

1. Domaine de l'art. 13. En vertu de l'art. 13, un individu qui, de manière plausible, se prétend victime d'une violation des droits reconnus dans la convention doit disposer d'un recours devant une instance nationale afin de voir statuer sur son grief et, s'il y a lieu, d'obtenir réparation. Toutefois, ni l'art. 13 ni la convention en général ne prescrivent aux États contractants une [façon] déterminée d'assurer dans leur droit interne l'application effective de toutes les dispositions de cet instrument. Bien que donc non tenus d'incorporer la convention à leur système juridique national, ils n'en doivent pas moins, aux termes de l'art. 1 et sous une forme ou une autre, y assurer à quiconque relève de leur juridiction *la substance des droits et libertés reconnus.* Sous réserve de ce qui suit, l'art. 13 garantit l'existence en droit interne d'un recours effectif permettant de s'y prévaloir des droits et libertés de la convention tels qu'ils peuvent s'y trouver consacrés (...). L'art. 13 ne va pas jusqu'à exiger un recours par lequel on puisse dénoncer, devant une autorité nationale, les lois d'un État contractant comme contraires en tant que telles à la convention. • CEDH 8 juill. 1986, *Lithgow et a. c/ Royaume-Uni, §§ 205 et 206 : Série A n° 102 ; Cah. dr. eur. 1988. 481, obs. Cohen-Jonathan ; Ann. fr. dr. int. 1987. 239, obs. Coussirat-Coustère ; JCP 1987. II. 20733, note Jeantet ; JDI 1987. 787, obs. Rolland et Tavernier.* ♦ V. aussi : • CEDH 25 mars 1983, *Silver et a. c/ Royaume-Uni, § 113 : Série A n° 61* • 6 févr. 1976, *Synd. suédois des conducteurs de locomotive c/ Suède, § 50 : Série A n° 20* • 21 févr. 1982, *James et a. c/ Royaume-Uni, § 84 : Série A n° 98 ; Cah. dr. eur. 1988. 479, obs. Cohen-Jonathan ; Ann. fr. dr. int. 1987. 239, obs. Coussirat-Coustère ; RSC 1986. 673, obs. Pettiti ; JDI 1987. 772, obs. Rolland et Tavernier.* ♦ Le droit de recours prévu par l'art. 13 ne peut concerner qu'un droit protégé par la Convention. • CEDH 4 avr. 2006, *Bompard c/ France,* n° 44081/02, in fine.

2. Autonomie de l'art. 13. L'art. 13 prévoit que tout individu dont les droits et libertés reconnus par la convention « ont été violés » doit avoir un « recours effectif devant une instance nationale », alors même que « la violation aurait été commise » par des personnes agissant dans l'exercice de leurs fonctions officielles. Pris à la lettre, il semble indiquer que l'on n'a droit à un recours interne que s'il y a eu « violation ». Cependant, nul ne peut en établir une devant une « instance nationale » s'il n'est pas d'abord à même de saisir une telle « instance ». Comme l'a dit la minorité de la commission, on ne peut donc subordonner le jeu de l'art. 13 à la condition que la convention soit vraiment violée. Aux yeux de la Cour, l'art. 13 exige qu'un individu s'estimant lésé par une mesure prétendument contraire à la convention dispose d'un recours devant une « instance nationale » afin de voir statuer sur son grief et, s'il y a lieu, d'obtenir réparation. Il faut ainsi l'interpréter comme garantissant un « recours effectif devant une instance nationale » à quiconque allègue une violation de ses droits et libertés protégés par la convention. • CEDH 6 sept. 1978, *Klass et a. c/ Allemagne, § 64 : Série A n° 28 ; Cah. dr. eur. 1979. 474, obs. Cohen-Jonathan ; Ann. fr. dr. int. 1979. 338, obs. Pelloux ; JDI 1980. 463, obs. Rolland.* ♦ Nonobstant son libellé, l'art. 13 peut entrer en jeu même sans violation d'une autre clause – dite « normative » – de la convention. Il garantit l'existence en droit interne d'un recours permettant de s'y prévaloir – et donc de dénoncer le non-respect – des droits et libertés de la convention tels qu'ils peuvent s'y trouver consacrés. • CEDH 27 avr. 1988, *Boyle et Rice c/ Royaume-Uni, § 52 : Série A n° 131 ; JDI 1989. 801, obs. Rolland et Tavernier.*

3. *Critère du grief défendable.* L'art. 13 ne saurait cependant s'interpréter comme exigeant un recours interne pour toute doléance, si injustifiée soit-elle, qu'un individu peut présenter sur le terrain de la Convention : il doit s'agir d'un grief défendable au regard de celle-ci. • CEDH 27 avr. 1988, *Boyle et Rice c/ Royaume-Uni, § 52 : préc. note 3.* ♦ La Cour rappelle que l'art. 13 garantit à quiconque se prétend, pour des motifs défendables, victime d'une violation des droits et libertés protégés par la Convention, un recours effectif devant une instance nationale, afin de voir statuer sur ses griefs et, s'il y a lieu, d'obtenir réparation. • CEDH 18 déc. 1996, *Valsamis c/ Grèce, § 46 : Rec. 1996-VI.* ♦ En l'absence de grief défendable de violation de l'art. 3 Conv. EDH en raison du seul placement en cellule disciplinaire du requérant, le grief relatif à l'absence de recours effectif n'est pas recevable. • CEDH 11 oct. 2018, *Maziotti c/ France,* n° 45089/13 : *AJ pénal 2018. 591, obs. Falxa.*

4. La Commission a estimé que seul celui qui allègue de manière plausible une violation de la convention peut revendiquer le droit à un recours effectif devant une instance nationale. • Comm. EDH 20 janv. 1987, *Council of Civil Service Union et a. c/ Royaume-Uni : DR 50/228.*

B. PRINCIPES D'INTERPRÉTATION

5. *Précisions jurisprudentielles.* De sa jurisprudence relative à l'interprétation de l'art. 13 se dégagent notamment les principes suivants : un individu qui, de manière plausible, se prétend victime d'une violation des droits reconnus dans la convention doit disposer d'un recours devant une « instance » nationale afin de voir statuer sur son grief et, s'il y a lieu, d'obtenir réparation ; l'« instance » dont parle l'art. 13 n'a pas besoin d'être une institution judiciaire, mais alors ses pouvoirs et les garanties qu'elle présente entrent en ligne de compte pour apprécier l'efficacité du recours s'exerçant devant elle ; l'ensemble des recours offerts par le droit interne peut remplir les exigences de l'art. 13 même si aucun d'entre eux n'y répond en entier à lui seul ; ni l'art. 13 ni la convention en général ne prescrivent aux États contractants une manière déterminée d'assurer dans leur droit interne, par exemple en les y incorporant, l'application effective de toutes les dispositions de cet instrument. De ce dernier principe, il découle que le jeu de l'art. 13, dans un cas donné, dépend de la manière dont l'État contractant intéressé a choisi de s'acquitter de l'obligation assumée par lui en vertu de l'art. 1 : reconnaître directement à quiconque relève de sa juridiction les droits et libertés du titre I. • CEDH 25 mars 1983, *Silver et a. c/ Royaume-Uni, § 113 : préc. note 1.* ♦ V. aussi • CEDH 6 sept. 1978, *Klass et a. c/ Allemagne, §§ 64 et 67 : préc. note 2* • 24 juin 1982, *Van Droogenbroeck c/ Belgique, § 56 : Série A n° 50 ; JDI 1985. 199, obs. Rolland et Tavernier* • 6 févr. 1976, *Synd. suédois des conducteurs de locomotive c/ Suède, § 50 : préc. note 1.* ♦ Il y a violation de l'art. 13 à raison de l'absence en droit interne d'un recours permettant de contester les mesures de prolongation de mise à l'isolement. • CEDH 27 janv. 2005 : *D. 2005. 1272, obs. Céré ; AJ pénal 2005. 121, obs. Céré.*

II. FORCE DE L'ARTICLE 13

6. *Effectivité du recours.* L'art. 13 garantit l'existence en droit interne d'un recours permettant de s'y prévaloir en substance des droits et libertés de la convention tels qu'ils peuvent s'y trouver consacrés. Il a donc pour conséquence d'exiger un recours interne habilitant l'« instance » nationale qualifiée à connaître du contenu du grief fondé sur la convention et, de plus, à offrir le redressement approprié. • CEDH 7 juill. 1979, *Soering c/ Royaume-Uni, § 120 : Série A n° 161 ; Ann. fr. dr. int. 1991. 583, obs. Coussirat-Coustère ; RSC 1989. 786, obs. Pettiti ; JDI 1990. 734, obs. Rolland et Tavernier.* ♦ Le recours de l'art. L. 781-1 COJ est un recours effectif au sens de l'art. 13 Conv. EDH que le requérant qui se plaint de la durée déraisonnable d'une procédure judiciaire doit exercer avant de saisir la CEDH. • CEDH 9 juill. 2002, *Nouhaud c/ France : D. 2003 Somm. 593, obs. Fricéro.* ♦ Les recours dont un justiciable dispose au plan interne pour se plaindre de la durée d'une procédure sont « effectifs », au sens de l'art. 13 de la Convention, lorsqu'ils permettent d'« empêcher la survenance ou la continuation de la violation alléguée, ou *[de]* fournir à l'intéressé un redressement approprié pour toute violation s'étant déjà produite ». L'art. 13 ouvre donc une option en la matière : un recours est « effectif » dès lors qu'il permet soit de faire intervenir plus tôt la décision des juridictions saisies, soit de fournir au justiciable une réparation adéquate pour les retards déjà accusés. Selon la Cour, vu les « étroites affinités » que présentent les art. 13 et 35, § 1, de la Convention, il en va nécessairement de même pour la notion de recours « effectif » au sens de cette seconde disposition. • CEDH, gr. ch., 11 sept. 2002, *Mifsud c/ France*, n° 57220/00, § 17.

7. Un recours est « effectif » dès lors qu'il permet soit de faire intervenir plus tôt la décision des juridictions saisies, soit de fournir au justiciable une réparation adéquate pour les retards déjà accusés. • CEDH 26 oct. 2000, *Kudla c/ Pologne, § 17 : JDI 2001. 191, obs. Decaux et Tavernier ; Rev. trim. dr. eur. 2002. 179, obs. Flauss ; Gaz. Pal. 23-25 sept. 2001, p. 31, note Pettiti.* ♦ Dans de nombreuses affaires précédentes où elle a constaté une violation de l'art. 6, § 1, la Cour n'a pas jugé nécessaire, lorsque était en outre invoqué l'art. 13, de se prononcer aussi sur ce grief. La plupart du temps, elle a estimé qu'eu égard aux circonstances l'art. 6, § 1, devait passer pour une *lex specialis* par rapport à l'art. 13. Ainsi, lorsque le droit revendiqué par le justiciable sur le fondement de la Convention est un « droit de caractère civil » reconnu en droit interne – tel le droit de propriété –, la protection offerte par l'art. 6, § 1, entre aussi en jeu. En pareille circonstance, les exigences de l'art. 6, § 1, qui impliquent toute la panoplie des garanties propres aux procédures judiciaires, sont plus strictes que celles de l'art. 13, qui se trouvent absorbées par elles. La Cour a suivi un raisonnement analogue dans des affaires où le requérant alléguait l'inadéquation d'une procédure d'appel ou de cassation existante relevant tant de l'art. 6, § 1, dans sa branche « pénale » que de l'art. 13. En pareil cas, il n'y a aucun intérêt juridique à réexaminer l'allégation sous l'angle des exigences moins sévères de l'art. 13. Il n'y a toutefois pas superposition, et donc pas absorption, lorsque, comme en l'espèce, le grief fondé sur la Convention que l'individu souhaite porter devant une « instance nationale » est celui tiré d'une méconnaissance du droit à faire entendre sa cause dans un délai raisonnable, au sens de l'art. 6, § 1. La question de savoir si le requérant dans une affaire donnée a pu faire statuer dans un délai raisonnable sur une contestation relative à des droits ou obligations de caractère civil ou sur une accusation en matière pénale est juridiquement distincte de celle de savoir s'il disposait, en droit interne, d'un recours effectif pour se plaindre à cet égard. En l'espèce, la question que les « tribunaux » visés par l'art. 6, § 1, devaient trancher était celle des accusations en matière pénale dirigées contre le requérant, tandis que le grief que l'intéressé souhaitait voir examiner par une « instance nationale » aux fins de l'art. 13 était celui, distinct, du caractère déraisonnable de la durée de la procédure. Dans des affaires comparables portées devant elle par le passé, la Cour s'est néanmoins refusée à statuer sur le grief tiré de l'absence d'un recours effectif au sens de l'art. 13, jugeant que cela ne s'imposait pas, vu son constat de violation de la condition de « délai raisonnable » imposée par l'art. 6, § 1. La Cour estime aujourd'hui que le temps est venu de revoir sa jurisprudence, eu égard à l'introduction devant elle d'un nombre toujours plus important de requêtes dans lesquelles se trouve exclusivement ou principalement allégué un manquement à l'obligation d'entendre les causes dans un délai raisonnable, au sens de l'art. 6, § 1. La fréquence croissante de ses constats de violation à cet égard a récemment amené la Cour à attirer l'attention sur le « danger important » que la « lenteur excessive de la justice » représente pour l'état de droit dans les ordres juridiques nationaux « lorsque les justiciables ne disposent, à cet égard, d'aucune voie de recours interne ». Dans ces conditions, la Cour perçoit à présent la nécessité d'examiner le grief fondé par le requérant sur l'art. 13 considéré isolément, nonobstant le fait qu'elle a déjà conclu à la violation de l'art. 6, § 1, pour manquement à l'obligation d'assurer à l'intéressé un procès dans un délai raisonnable. • CEDH 26 oct. 2000, *Kudla c/ Pologne*, n° 30210/96, § 17 : *JDI 2001. 191, obs. Decaux et Tavernier ; Rev. trim. dr. eur. 2002. 179, obs. Flauss ; Gaz. Pal. 23-25 sept. 2001, p. 31, note Pettiti.*

8. Le recours de l'art. L. 781-1 COJ est un recours effectif au sens de l'art. 13 Conv. EDH que le requérant qui se plaint de la durée déraisonnable d'une procédure judiciaire doit exercer avant de saisir la CEDH. • CEDH 9 juill. 2002, *Nouhaud c/ France : D. 2003 Somm. 593, obs. Fricero*.

9. Caractère suspensif du recours. Lorsqu'il s'agit d'un grief selon lequel l'expulsion de l'intéressé l'exposera à un risque réel de subir un traitement contraire à l'art. 3 de la Convention, compte tenu de l'importance que la Cour attache à cette disposition et de la nature irréversible du dommage susceptible d'être causé en cas de réalisation du risque de torture ou de mauvais traitements, l'effectivité d'un recours au sens de l'art. 13 demande impérativement un contrôle attentif par une autorité nationale, un examen indépendant et rigoureux de tout grief aux termes duquel il existe des motifs de croire à un risque de traitement contraire à l'art. 3 ainsi qu'une célérité particulière. Dans ce cas, l'effectivité requiert également que les intéressés disposent d'un recours de plein droit suspensif. Les mêmes principes s'appliquent lorsque l'expulsion expose le requérant à un risque réel d'atteinte à son droit à la vie, protégé par l'art. 2 de la Convention. Enfin, l'exigence d'un recours de plein droit suspensif a été confirmée pour les griefs tirés de l'art. 4 du Protocole n° 4. En revanche, s'agissant d'éloignements d'étrangers contestés sur la base d'une atteinte alléguée à la vie privée et familiale, l'effectivité ne requiert pas que les intéressés disposent d'un recours de plein droit suspensif. Il n'en demeure pas moins qu'en matière d'immigration, lorsqu'il existe un grief défendable selon lequel une expulsion risque de porter atteinte au droit de l'étranger au respect de sa vie privée et familiale, l'art. 13 combiné avec l'art. 8 Conv. EDH exige que l'État fournisse à la personne concernée une possibilité effective de contester la décision d'expulsion ou de refus d'un permis de séjour et d'obtenir un examen suffisamment approfondi et offrant des garanties procédurales adéquates des questions pertinentes par une instance interne compétente fournissant des gages suffisants d'indépendance et d'impartialité. • CEDH 30 juin 2011, *Souza Ribeiro c/ France*, n° 22689/07, §§ 82 et 83 : *AJDA 2011. 1993, obs. Burgorgue-Larsen*. ♦ Puis : • CEDH, gr. ch., 13 déc. 2012 : *AJDA 2013. 165, obs. Burgorgue-Larsen*.

10. Obstacles à l'effectivité du droit au juge. La Cour constate que la Cour de cassation a retenu la date de notification inscrite sur l'arrêt, soit le 17 sept. 1999, et non la date effective d'envoi de cette notification telle qu'attestée par le cachet de la poste, à savoir le 20 sept. 1999. Partant, la Cour constate que la date indiquée sur l'arrêt par le greffe ne correspondait pas à la date d'envoi effective, ce qui a eu pour effet de réduire le délai dont auraient dû disposer les requérants pour former leur pourvoi. S'agissant d'un délai particulièrement bref (cinq jours francs, soit six jours au maximum), sa réduction, de moitié en l'espèce, a abouti à une restriction singulièrement rigoureuse du délai réel pour se pourvoir. La Cour note d'ailleurs que le Gouvernement, qualifiant les circonstances de l'espèce de « rarissimes », ne conteste pas que le droit d'accès des requérants à la Cour de cassation ait été méconnu et qu'il s'en remet à la sagesse de la Cour sur ce point. Compte tenu de ce qui précède, la Cour considère que les requérants se sont vu refuser leur droit d'accès à un tribunal dans les circonstances de l'espèce et que l'art. 6, § 1, de la Convention a donc été violé sur ce point. • CEDH 10 janv. 2006, *Gruais et Bousquet c/ France*, §§ 28 à 30, n° 67881/01. ♦ V. aussi • CEDH 17 janv. 2006, *Barbier c/ France*, n° 76093/01, • 26 sept. 2006, *Labergère c/ France : JDI 2007. 702, obs. Bachelet* • CEDH, 5e sect., 9 janv. 2014, *Viard c/ France : D. actu. 15 janv. 2014, note Portmann ; AJ pénal 2014. 241, obs. Lavric ; Procédures 2014. 70, note Fricero*.

11. L'art. 529-10 subordonne le droit d'accès au tribunal de police au paiement préalable d'une somme dont le montant est égal à celui de l'amende forfaitaire. La Cour considère que la réglementation relative aux formes à respecter pour introduire un recours vise certainement à assurer une bonne administration de la justice. Les intéressés doivent s'attendre que ces règles soient appliquées. La Cour estime alors légitime le but poursuivi par cette obligation de consignation : prévenir l'exercice de recours dilatoires et abusifs et éviter l'encombrement excessif du rôle du tribunal de police, dans le domaine de la circulation routière, qui concerne l'ensemble de la population et se prête à des contestations fréquentes. • CEDH 29 avr. 2008, *Thomas c/ France : RSC 2009. 697, obs. Roets* • 30 juin 2009, *Schneider c/ France : D. 2009. AJ 2110, note Lavric*.

12. La Cour reconnaît que le temps nécessaire à l'examen d'un recours peut en mettre en cause l'efficacité ; cela n'implique pas pour autant que le simple dépassement d'un délai légal constitue une méconnaissance du droit garanti à l'art. 13 de la Convention. • CEDH 28 sept. 2000, *Messina c/ Italie*, § 94 : *RSC 2001. 881, obs. Tulkens*. ♦ V. aussi • CEDH 30 oct. 2003, *Ganci c/ Italie : D. 2004. 1102, obs. Céré*.

13. La Cour conclut à la violation de l'art. 13 en raison de l'impossibilité pour les requérants, journalistes, de contester une ordonnance interdisant la publication de toute information sur une procédure, aucune date d'audience n'ayant été fixée à la suite de leur appel. • CEDH 7 déc. 2010, *McKay & BBC Scotland c/ Royaume-Uni : D. actu. 12 janv. 2011, obs. Lavric*.

14. Étrangers. La possibilité, offerte à l'étranger situé en zone d'attente, de saisir le juge des référés contre la décision de non-admission sur le territoire français, ne constitue pas un recours effectif au sens de l'art. 13 Conv. EDH. En effet, un tel recours, non suspensif, n'exclut pas que l'étranger soit réacheminé dans son pays d'origine avant qu'il ait été statué sur sa demande d'entrée au titre de l'asile. Or, dans le cas où un risque de torture ou de mauvais traitements dans le pays d'origine est invoqué et compte tenu de la nature irréversible du dommage susceptible d'être causé, l'art. 13 exige que l'intéressé ait accès à un recours de plein droit suspensif. • CEDH 26 avr. 2007, *Gebremedhin c/ France : D. 2007. 2780, note Marguénaud ; AJ pénal 2007. 476, note Gacon*. ♦ La procédure de demande d'asile dite prioritaire, applicable aux demandeurs en rétention et le recours devant le tribunal administratif contre un arrêté préfectoral de reconduite à la frontière ne violent pas l'art. 13, les requérants ne pouvant valablement soutenir que l'accessibilité des recours disponibles a été affectée par la brièveté des délais dans lesquels ils devaient être exercés et par les difficultés matérielles rencontrées pour obtenir les preuves nécessaires. • CEDH 4 sept. 2014, *M. V. et M. T. c/ France : D. actu. 22 sept. 2014, obs. Sadoun-Jarin*.

15. Conditions de détention. BIBL. Touré, *Procédures 2009. Étude 11* (l'inscription au répertoire des détenus particulièrement signalés. A propos de l'arrêt CEDH *Khider c/ France* du 9 juillet 2009). ♦ En ce qui concerne les placements à l'isolement, la Cour rappelle que, par un arrêt du 30 juill. 2003, le Conseil d'État a jugé que ces mesures étaient susceptibles de faire l'objet d'un recours pour excès de pouvoir. (...) En matière de mise à l'isolement, le requérant disposait d'un « recours effectif » au sens de l'art. 13 de la Convention. • CEDH 9 juill. 2009, *Khider c/ France, § 140 : RSC 2010. 225, obs. Marguénaud ; Gaz. Pal. 28 et 29 oct. 2009. 20, note Renucci ; D. 2009. 2462, note Herzog-Evans ; ibid. Pan. 2828, obs. Roujou de Boubée ; ibid. 2010. Pan. 1378, obs. Céré ; AJ pénal 2009. 372, obs. Herzog-Evans ; Dr. pénal 2009, n° 129, obs. Maron et Haas ; ibid. 2010. Chron. 3, obs. Dreyer.* ♦ Quant aux transfèrements répétés, la Cour rappelle que le 20 oct. 2003 le ministre de la Justice a adopté une note de service, intitulée « Note relative à la gestion des détenus les plus dangereux incarcérés dans les maisons d'arrêt », instituant un régime de rotation de sécurité. Le requérant a fourni plusieurs décisions de juridictions administratives déboutant des détenus qui avaient contesté leurs transferts (...) La Cour considère que l'efficacité du recours cité par le gouvernement dans le cas des transfèrements du requérant pendant la période de son incarcération n'est pas établie. En effet, c'est par un arrêt du 14 déc. 2007 que le Conseil d'État a admis qu'une décision soumettant un détenu à un régime de sécurité ne constituait pas une mesure d'ordre intérieur mais une décision administrative susceptible de recours pour excès de pouvoir. De plus, ce n'est que le 29 févr. 2008 que le Conseil d'État a annulé la circulaire instituant le régime de sécurité. • CEDH 9 juill. 2009, *Khider c/ France, §§ 141 à 143 : préc.* ♦ S'agissant des fouilles corporelles, la Cour note que le grief du requérant sous l'angle de l'art. 13 concerne la fréquence des fouilles qu'il subissait. (...). Il n'est donc pas établi qu'il existait en droit interne un recours pour contester la décision de procéder à une fouille corporelle. Quant au déroulement de la fouille intégrale du 30 juin 2004, il disposait d'un recours qu'il a du reste utilisé : la plainte avec constitution de partie civile pour agression sexuelle. La Cour en déduit que le requérant n'a pas disposé des « recours effectifs » pour faire valoir ses griefs tirés de l'art. 3 de la Convention, à savoir les transfèrements répétés et les fouilles corporelles fréquentes. Il y a donc eu violation de l'art. 13 de la Convention combiné avec cette disposition. ♦ *Rappr. : • CEDH 20 janv. 2011, El Shennawy c/ France : D. actu. 14 févr. 2011, obs. Priou-Alibert ; AJ pénal 2011. 88, obs. Herzog-Evans ; Dr. pénal 2012. Chron. 3, obs. Dreyer* (le requérant n'a pas pu exercer un recours utile, à savoir un référé-liberté contre ces mesures). • CEDH 9 juill. 2009, *Khider c/ France, §§ 144 et 145 : préc.* ♦ S'agissant du placement en quartier disciplinaire, la Cour estime que le requérant, dont la sanction avait pris fin avant qu'un juge ait pu statuer sur sa demande, n'a pas eu à sa disposition un recours effectif lui permettant de contester la forme et le fond de la mesure de placement, indispensable compte tenu de l'importance des répercussions d'une détention en cellule disciplinaire. La Cour constate que celui prévu par le droit français n'est pas suspensif, et que le tribunal ne peut être saisi qu'après la saisine préalable du directeur interrégional des services pénitentiaires, qui dispose d'un mois pour statuer. Il y a donc violation de l'art. 13 de la Convention. • CEDH 20 janv. 2011, *Payet c/ France (quartier disciplinaire) : D. actu. 27 janv. 2011, obs. Lavric ; D. 2011. Actu. 380, obs. Lavric ; ibid. 643, obs. Céré ; ibid. Pan. 1313, obs. Céré ; AJ pénal 2011. 88, obs. Herzog-Evans ; RSC 2011. 718, obs. Marguénaud .* ♦ Sur la violation par la France de l'art. 13 Conv. EDH, du fait de l'impossibilité pour le requérant de contester les atteintes portées à la dignité humaine dans le cadre d'une sanction disciplinaire qui lui a été infligée avant que celle-ci ne soit exécutée. • CEDH 3 nov. 2011, *Cocaign c/ France : D. actu. 17 nov. 2011, obs. Léna ; D. 2012. Pan. 1294, obs. Céré, Herzog-Evans et Péchillon ; AJ pénal 2011. 605, obs. Céré ; RSC 2012. Chron. 263, obs. Marguénaud* • 10 nov. 2011, *Plathey c/ France : D. actu. 17 nov. 2011, obs. Léna ; D. 2012. Pan. 1294, obs. Céré, Herzog-Evans et Péchillon ; AJ pénal 2011. 605, obs. Céré ; RSC 2012. Chron. 263, obs. Marguénaud ; Dr. pénal 2012. Chron. 3, obs. Dreyer.* ♦ Il n'existait pas en 2012, en France, de recours effectif pour les détenus provisoires, incarcérés dans des conditions contraires à l'art. 3 Conv. EDH ; si la Cour relève avec intérêt l'évolution jurisprudentielle ayant conduit les juridictions administratives, y compris le Conseil d'État, à prononcer des injonctions sur le fondement des art. de la Conv. EDH, en vue de faire cesser rapidement des conditions de détention attentatoires à la dignité, elle constate que l'évolution favorable de cette procédure d'urgence est récente et postérieure aux faits de l'espèce. • CEDH 21 mai 2015, *Yengo c/ France, n° 50494/12 : D. actu. 26 mai 2015, obs. Léna ; D. 2016. Pan. 1220, obs. Céré ; AJ pénal 2015. 450, obs. Senna .* ♦ V. note 41 ss. art. 3 Conv. EDH.

16. Les art. 6 et 13 Conv. EDH. Dans de nombreuses affaires précédentes où elle a constaté une violation de l'art. 6, § 1, la Cour n'a pas jugé nécessaire, lorsque était en outre invoqué l'art. 13, de se prononcer aussi sur ce grief. La plupart du temps, elle a estimé qu'eu égard aux circonstances l'art. 6, § 1, devait passer pour une *lex specialis* par rapport à l'art. 13. Il n'y a toutefois pas superposition, et donc pas absorption, lorsque le grief fondé sur la Convention que l'individu souhaite porter devant une « instance nationale » est tiré d'une méconnaissance du droit à faire entendre sa cause dans un délai raisonnable, au sens de l'art. 6, § 1. La question de savoir si le requérant dans une affaire donnée a pu faire statuer dans un délai raisonnable sur une contestation relative à des droits ou obligations de caractère civil ou sur une accusation en matière pénale est juridiquement distincte de celle de savoir s'il disposait, en droit interne, d'un recours effectif pour se plaindre à cet égard. La fréquence croissante des constats de violation (en matière de délais raisonnables) a amené la Cour à attirer l'attention sur le danger important que la lenteur excessive de la justice représente pour l'état de droit dans les ordres juridiques nationaux lorsque les justiciables ne disposent, à cet égard, d'aucune voie de recours interne. Dans ces conditions, la Cour perçoit à présent la nécessité d'examiner le grief fondé par le requérant sur l'art. 13 considéré isolément, nonobstant le fait qu'elle a déjà conclu à la violation de l'art. 6, § 1 pour manquement à l'obligation d'assurer à l'intéressé un procès dans un délai raisonnable. • CEDH 26 oct. 2000, *Kudla c/ Pologne, §§ 146 à 149 : préc. note 7.*

17. Lorsque, comme en l'espèce, l'art. 6, § 1, s'applique, il constitue une *lex specialis* par rapport à l'art. 13 : ses exigences, qui impliquent toute la panoplie des garanties propres aux procédures judiciaires, sont plus strictes que celles de l'art. 13, qui se trouvent absorbées par elles. • CEDH 21 févr. 2008, *Ravon c/ France,* § 27 : *D. 2008. 1054, obs. Guélaud ; JCP 2008. I. 167, n° 10, obs. Sudre ; RDP 2009. 905, obs. Gonzalez ; LPA 15 avr. 2008. 3, obs. Perrotin ; RSC 2009. 598, obs. Matsopoulou.* ♦ Si, comme le soutient le Gouvernement, l'art. 13 doit être interprété comme ne s'appliquant pas au droit à un procès dans un délai raisonnable au sens de l'art. 6, § 1, les justiciables se verront systématiquement contraints de soumettre à la Cour de Strasbourg des requêtes qui auraient pu être instruites d'abord et, selon la Cour, de manière plus appropriée, au sein des ordres juridiques internes. A long terme, le fonctionnement, tant au plan national qu'au plan international, du système de protection des droits de l'homme érigé par la Convention risque de perdre son efficacité. Eu égard aux considérations qui précèdent, la Cour estime que l'interprétation correcte de l'art. 13 est que cette disposition garantit un recours effectif devant une instance nationale permettant de se plaindre d'une méconnaissance de l'obligation, imposée par l'art. 6, § 1, d'entendre les causes dans un délai raisonnable. • CEDH 26 oct. 2000, *Kudla c/ Pologne,* n° 30210/96, § 17 : *préc. note 7.*

Art. 14 ***Interdiction de discrimination.*** **La jouissance des droits et libertés reconnus dans la présente Convention doit être assurée, sans distinction aucune, fondée notamment sur le sexe, la race, la couleur, la langue, la religion, les opinions politiques ou toutes autres opinions, l'origine nationale ou sociale, l'appartenance à une minorité nationale, la fortune, la naissance ou toute autre situation.**

BIBL. ► BOSSUYT, *in Pettiti, Decaux et Imbert (dir.), p. 475.* – BUFFET-TCHAKALOFF, *Pouvoirs 1977. 101.* – CALLEWAERT, *RTDH 2005. 159.* – CHEVALLIER, *Mél. Cohen-Jonathan, p. 415.* – COHEN-JONATHAN, *RTDH 2001. 655.* – CONTE, *RID comp. 1994. 78.* – DE BECO, *RTDH 2010. 591.* – DE SCHUTTER, *RTDH 1997. 77.* – EISSEN, *in Mél. Modinos, p. 122.* – FLAUSS, *in Et. Mourgeon, p. 415.* – FRANÇOIS, *D. 2002. Chron. 2958.* – FRUMER, *RTDH 2004. 653.* – FURKEL, *RID comp. 1992. 609.* – GONZALEZ, *RFDA 2002. 113* – GUPPENHEID, *in Mél. Cassin, p. 90.* – JOSSELIN-GALL, *JCP 2001. I. 834.* – LAMBERT, *RTDH 1998. 497.* – LOCHAK, *Dr. soc. 1987. 778.* – MBONGO, *D. 2002. Chron. 427.* – MELIN-SOUCRAMANIEN, *D. 2006. 873.* – PICHERAL, *RTDH 2001. 517.* – PRISO ESSAWE, *RTDH 1998. 721.* – RENAULD, *RTDH 1997. 407.* – ROSENBERG, *RTDH 2005. 171 ; RTFH 2006. 655.* – SICILIANOS, *Mél. Cohen-Jonathan, p. 1385.* – SPERDUTI, *Rev. dr. homme 1976. 71.* – SURREL, *RTDH 2004. 141.* – THARAUD, *RTDH 2008. 743.* – THIERRY, *D. 2000. Chron. 157.* – TISSERAND, *JCP N 1993. 53.* – VAREILLE, *D. 2000. Chron. 626.*

I. PRINCIPE DE NON-DISCRIMINATION

1. Champ d'application. L'art. 14 n'interdit la discrimination que dans la jouissance des droits et libertés garantis par la convention. • Comm. EDH 12 janv. 1994, *Durini c/ Italie : DR 76-A/76* • 8 oct. 1981, *Demeester c/ Belgique : DR 25/210.* ♦ La liste que renferme ce texte revêt un caractère indicatif, et non limitatif, dont témoigne l'adverbe « notamment » (en anglais « any ground such as »). • CEDH 8 juin 1976, *Engel et a. c/ Pays-Bas,* n° 5100/71, § 72.

A. AFFIRMATION DU PRINCIPE

1° DOMAINE DE LA DISCRIMINATION

2. Distinctions admissibles. Malgré le libellé très général de sa version française (« sans distinction aucune »), l'art. 14 n'interdit pas toute distinction de traitement dans l'exercice des droits et libertés reconnus. Cette version doit se lire à la lumière du texte, plus restrictif, de la version anglaise (« *without discrimination* »). En outre et surtout, on aboutirait à des résultats absurdes si l'on donnait à l'art. 14 une interprétation aussi large que celle que la version française semble impliquer. On en arriverait, en effet, à juger contraires à la convention chacune des nombreuses dispositions légales ou réglementaires qui n'assurent pas à tous une complète égalité de traitement dans la jouissance des droits et libertés reconnus. Or, les autorités nationales compétentes se trouvent souvent en face de situations ou de problèmes dont la diversité appelle des solutions juridiques différentes ; certaines inégalités de droit ne tendent d'ailleurs qu'à corriger des inégalités de fait. L'interprétation extensive mentionnée ci-dessus ne saurait par conséquent être retenue. • CEDH 23 juill. 1968, *Affaire relative à certains aspects du régime linguistique de l'enseignement en Belgique (dite Affaire linguistique belge)*, § 10 : *Série A n° 6 ; Ann. fr. dr. int. 1967. 205, ibid. 1968. 201, obs. Pelloux ; Cah. dr. eur. 1967. 423, obs. Vanwelkenhuyzen.* ♦ L'art. 14 n'empêche pas une distinction de traitement si elle repose sur une appréciation objective de circonstances de fait essentiellement différentes et si, s'inspirant de l'intérêt public, elle ménage un juste équilibre entre la sauvegarde des intérêts de la communauté et le respect des droits et libertés garantis par la Convention. • CEDH 20 juin 2006, *Zarb Adami c/ Malte : préc., §§ 71 et 72* • CEDH 16 nov. 2004, *Ünal Tekeli c/ Turquie*, n° 29865/96, § 49 • CEDH 27 sept. 2001, *G.M.B. et K.M. c/ Suisse*, n° 36797/97.

3. Dans plusieurs arrêts, la Cour a relevé que les États contractants jouissent d'une certaine « marge d'appréciation » pour déterminer si et dans quelle mesure des différences entre des situations à d'autres égards analogues justifient des distinctions de traitement juridique. L'étendue de la marge d'appréciation varie selon les circonstances, les domaines et le contexte ; la présence ou absence d'un dénominateur commun aux systèmes juridiques des États contractants peut constituer un facteur pertinent à cet égard. • CEDH 28 janv. 1984, *Rasmussen c/ Danemark, § 40 : Série A n° 87 ; Ann. fr. dr. int. 1985. 403, obs. Coussirat-Coustère ; JDI 1986. 1074, obs. Rolland et Tavernier* • 23 juill. 1968, *Affaire linguistique belge : préc. note 2* • 27 oct. 1975, *Synd. national de la police belge c/ Belgique, §§ 47 et 49 : Série A n° 19 ; Ann. fr. dr. int. 1976. 121, obs. Pelloux ; JDI 1978. 685, obs. Rolland* • 6 févr. 1976, *Synd. suédois des conducteurs de locomotive c/ Suède, § 47 : Série A n° 20* • 8 juin 1976, *Engel et a. c/ Pays-Bas, § 72 : Série A n° 22 ; Cah. dr. eur. 1978. 364, obs. Cohen-Jonathan ; Ann. fr. dr. int. 1977. 481, obs. Pelloux ; JDI 1978. 695, obs. Rolland* • 18 janv. 1978, *Irlande contre Royaume-Uni*, § 229 : *Série A n° 25 ; Cah. dr. eur. 1979. 465, obs. Cohen-Jonathan ; Ann. fr. dr. int. 1978. 379, obs. Pelloux ; JDI 1980. 449, obs. Rolland.* ♦ A la vérité, une personne vivant dans un pays depuis plusieurs années, telle Mme Balkandali, peut avoir noué avec lui des liens étroits même sans y être née. Néanmoins, il existe en général des raisons sociales convaincantes d'accorder un traitement spécial à ceux dont les attaches avec un pays découlent de leur naissance sur son territoire. On doit donc considérer que la distinction dénoncée avait une justification objective et raisonnable ; en particulier, rien ne montre que ses conséquences aient enfreint le principe de proportionnalité. Que les règles de l'immigration aient changé depuis lors en la matière n'affaiblit pas cette conclusion. • CEDH 28 mai 1985, *Abdulaziz, Cabales et Balkandali c/ Royaume-Uni, § 89 : Série A n° 94 ; Cah. dr. eur. 1988. 476, obs. Cohen-Jonathan ; RSC 1986. 157, obs. Pettiti ; JDI 1986. 1084, obs. Rolland et Tavernier.*

4. Des conditions particulières de détention concernant les personnes âgées et les mineurs ne constituent pas une discrimination par rapport aux autres détenus. • Comm. EDH 15 oct. 1981 : *DR 26/248* • 10 déc. 1990, *Abbott c/ Royaume-Uni*, n° 15006/89. ♦ Un tribunal peut être amené à prendre en considération des phénomènes de nature plus ou moins générale tels que, par exemple, la situation de la criminalité dans le pays, la perception par le grand public de tel ou tel crime ou l'existence éventuelle d'un climat social d'insécurité. L'essentiel est que sa décision repose sur une certaine base factuelle (en l'espèce, une décision de refus de sursis simple). • CEDH 25 mars 2010, *Todorova c/ Bulgarie, § 39 : Dr. pénal 2011. Chron. 3, obs. Dreyer.*

5. Interdiction des distinctions discriminatoires. La Cour doit encore apprécier si les requérantes, ou l'une d'elles, ont subi une discrimination enfreignant l'art. 14, combiné avec l'art. 8, quant à l'étendue juridique de la famille d'Alexandra. L'une des différences de traitement constatées en ce domaine entre enfants « naturels » et enfants « légitimes » concerne les successions (art. 756 *in fine* du C. civ.) ; la Cour ne discerne aucune justification objective et raisonnable des différences de traitement dont il s'agit ici. Certes, la « paix » des familles « légitimes » peut parfois être troublée si l'enfant « naturel » entre juridiquement dans la famille de sa mère à l'égal de l'enfant issu d'un mariage, mais cette considération n'autorise pas à le priver de droits fondamentaux. • CEDH 13 juin 1979, *Marckx c/ Belgique, § 48 : Série A n° 31 ; Cah. dr. eur. 1980. 473, obs. Cohen-Jonathan ; Ann. fr. dr. int. 1980. 317, obs. Pelloux ; JDI 1982. 183, obs. Rolland.* ♦ Le seul problème soumis à la Cour concerne la question de la succession d'une mère par ses deux enfants, l'un naturel, l'autre adultérin. Or la Cour ne trouve, en l'espèce, aucun motif de nature à justifier une discrimination fondée sur la naissance hors mariage. En tout état de cause, l'enfant adultérin ne saurait se voir reprocher des faits qui ne lui sont pas imputables : il faut cependant constater que le requérant, de par son statut d'enfant adultérin, s'est trouvé pénalisé dans le partage de la masse successorale. Eu égard à tous ces éléments, la Cour conclut qu'il n'y a pas de rapport raisonnable de proportionnalité entre les moyens employés et le but visé. Partant, il y a eu violation de l'art. 1 du Protocole n° 1 combiné avec l'art. 14 Conv. EDH. • CEDH 1er févr. 2000, *Mazurek c/ France, §§ 54 et 55 : Rec. 2000-II ; JCP 2000. II. 10286, note Gouttenoire-Cornut et Sudre ; RTD civ. 2000. 429, obs. Marguénaud ; JCP 2001. I. 293, obs. Rubellin-Devichi ; Defrénois 2000, art. 37179, obs. Massip.*

6. A propos du but de la différence de traitement entre résidents et non-résidents, il échet de relever ce qui suit. Le projet d'où sortit la loi de 1951 motivait ainsi la décision de réserver aux premiers le droit à exonération : les arguments invoqués en faveur de la réduction n'avaient pas autant de poids dans le cas des seconds et la consentir à ceux-ci compliquerait la procédure. De son côté, le projet introduisant les amendements à l'origine du présent litige (1978/1979 :58) ne mentionnait pas la situation spéciale qu'ils créeraient pour les non-résidents au regard de la loi de 1951. En fait, à l'audience devant la Cour, le Gouvernement a déclaré ne pas prétendre que la distinction eût un but légitime. Dès lors, la mesure en cause ne saurait passer pour fondée sur un but légitime aux fins de la convention, de sorte qu'il y a eu méconnaissance de l'art. 14 de cette dernière combiné avec l'art. 1 du Protocole n° 1 (art. 14+P1-1). • CEDH 23 oct. 1990, *Darby c/ Suède, §§ 33 et 34 : Série A n° 187.* ♦ Le Gouvernement ne fournit aucune justification de la différence de traitement entre les requérants et les autres titulaires de permis de la même catégorie. La Cour conclut donc à la violation de l'art. 14 Conv. EDH, combiné avec l'art. 1er du Protocole n° 1. • CEDH 29 nov. 1991, *Pine Valley Developments Ltd et a. c/ Irlande, § 64 : Série A n° 222 ; Ann. fr. dr. int. 1991. 581, obs. Coussirat-Coustère ; JDI 1992. 813, obs. Decaux et Tavernier ; RUDH 1993. 508, obs. Sudre et autres.*

7. La discrimination fondée, notamment, sur l'origine ethnique d'une personne constitue une forme de discrimination raciale. Il s'agit d'une discrimination particulièrement condamnable qui, compte tenu de ses conséquences dangereuses, exige une vigilance spéciale et une réaction vigoureuse de la part des autorités. C'est pourquoi celles-ci ont l'obligation de recourir à tous les moyens dont elles disposent pour combattre le racisme, en renforçant ainsi la conception que la démocratie a de la société, y percevant la diversité non pas comme une menace mais comme une richesse. • CEDH, gr. ch., 13 nov. 2007, *D.H. et a. c/ République tchèque, § 176 : RFDA 2008. 737, obs. Labayle et Sudre ; AJDA 2008. 1929, obs. Flauss ; RTDH 2008. 821, note Dubout ; JCP 2008. I. 110, n° 14, obs. Sudre.* ♦ Comp. • CEDH 17 juill. 2008, *Orsus c/ Croatie*, § 69, n° 15766/03 (différence de traitement fondée sur les compétences linguistiques). ♦ La Cour a par ailleurs considéré que, dans la société démocratique actuelle fondée sur les principes de pluralisme et de respect pour les différentes cultures, aucune différence de traitement fondée *exclusivement* ou dans une mesure déterminante sur l'origine ethnique d'une personne ne saurait être objectivement justifiée • CEDH 14 juin 2006, *Timichev c/ Russie*, § 58, n° 18465/05.

8. Le droit de jouir des droits garantis par la Convention sans être soumis à discrimination est également transgressé lorsque, sans justification objective et raisonnable, les États n'appliquent pas un traitement différent à des personnes dont les situations sont sensiblement différentes. • CEDH 6 avr. 2000, *Thlimmenos c/ Grèce*, n° 34369/94, § 44.

2° CRITÈRES DE LA DISCRIMINATION

9. Critère de la distinction discriminatoire. L'égalité de traitement est violée si la distinction manque de justification objective et raisonnable. L'existence d'une pareille justification doit s'apprécier par rapport au but et aux effets de la mesure considérée, eu égard aux principes qui prévalent généralement dans les sociétés démocratiques. Une distinction de traitement dans l'exercice d'un droit consacré par la convention ne doit pas seulement poursuivre un but légitime : l'art. 14 est également violé lorsqu'il est clairement établi qu'il n'existe pas de rapport raisonnable de proportionnalité entre les moyens employés et le but visé. En recherchant si, dans un cas d'espèce, il y a eu ou non distinction arbitraire, la Cour ne saurait ignorer les données de droit et de fait caractérisant la vie de la société dans l'État qui, en qualité de partie contractante, répond de la mesure contestée. Ce faisant, elle ne saurait se substituer aux autorités nationales compétentes, faute de quoi elle perdrait de vue le caractère subsidiaire du mécanisme international de garantie collective instauré par la convention. Les autorités nationales demeurent libres de choisir les mesures qu'elles estiment appropriées dans les domaines régis par la convention. Le contrôle de la Cour ne porte que sur la conformité de ces mesures avec les exigences de la convention. • CEDH 23 juill. 1968, *Affaire relative à certains aspects du régime linguistique de l'enseignement en Belgique c/ Belgique, § 10 : préc. note 2.* ♦ L'art. 14 protège contre toute discrimination les individus placés dans des situations analogues. Or il existe entre le barreau et les diverses professions énumérées par l'intéressé, y compris même les professions judiciaires et parajudiciaires, des différences fondamentales que gouvernement et majorité de la Commission soulignent à juste titre : différences quant au statut, aux conditions d'accès à la carrière, à la nature des fonctions, à leurs modalités d'exercice, etc. Les éléments dont dispose la Cour ne révèlent pas de similitude entre les situations disparates dont il s'agit : chacune d'elles se caractérise par un ensemble de droits et d'obligations dont il apparaît artificiel d'isoler un aspect donné. Sur la base des griefs du requérant, la Cour n'aperçoit donc pas de violation des art. 14 et 4 combinés. • CEDH 23 nov. 1983, Van der *Musselle c/ Belgique, § 46 : Série A n° 70 ; Cah. dr. eur. 1986. 204, obs. Cohen-Jonathan ; Ann. fr. dr. int. 1984. 457, obs. Pelloux ; JDI 1985. 222, obs. Rolland et Tavernier.*

10. Selon la jurisprudence de la Cour, une distinction est discriminatoire au sens de l'art. 14 si elle manque de justification objective et raisonnable, c'est-à-dire si elle ne poursuit pas un but légitime ou s'il n'y a pas de rapport raisonnable de proportionnalité entre les moyens employés et le but visé. • CEDH 27 mars 1998, *Petrovic c/ Autriche, § 30 : Rec. 1998-I.* ♦ Pareille différence de traitement (entre les mineurs et les majeurs placés en détention préventive), dont le Gouvernement ne conteste pas l'existence, ne s'analyse pas en une discrimination. Elle découle, la Commission le relève à bon escient, du caractère protecteur – et non répressif – de la procédure applicable aux mineurs en Belgique. Elle trouve donc, aux yeux de la Cour, une justification objective et raisonnable. • CEDH 29 févr. 1988, *Bouamar c/ Belgique, § 67 : Série A n° 129.*

B. RENFORCEMENT DU PRINCIPE

11. Autonomie grandissante de l'art. 14. Si cette garantie n'a pas, il est vrai, d'existence indépendante en ce sens qu'elle vise uniquement, aux termes de l'art. 14, les « droits et libertés reconnus dans la convention », une mesure conforme en elle-même aux exigences de l'article consacrant le droit ou la liberté en question peut cependant enfreindre cet article, combiné avec l'art. 14, pour le motif qu'elle revêt un caractère discriminatoire. • CEDH 23 juill. 1968, *Affaire relative à certains aspects du régime linguistique de l'enseignement en Belgique c/ Belgique, § 9 1474/62 : préc. note 2.* ♦ L'art. 14 complète les autres clauses normatives de la convention et des Protocoles ; sa méconnaissance ne présupposant pas la leur, il peut entrer en jeu de façon autonome. Par contre, il n'a pas d'existence indépendante puisqu'il vaut uniquement pour « la jouissance des droits et libertés » qu'elles garantissent. Comme la Cour n'a constaté en l'occurrence nul travail forcé ou obligatoire au sens de l'art. 4, il échet de se demander si la matière du litige n'échappe pas entièrement à l'empire de ce texte et, par voie de conséquence, de l'art. 14. Pareil raisonnement se heurterait pourtant à une objection majeure. Parmi les critères servant à délimiter la notion de travail obligatoire figure l'idée de normalité. Or un travail normal en soi peut se révéler anormal si la discrimination préside au choix des groupes ou individus tenus de le fournir, ce qu'affirme précisément l'intéressé. Il n'y a donc pas lieu d'écarter en l'espèce l'applicabilité de l'art. 14. • CEDH 23 nov. 1983, *Van der Musselle c/ Belgique, § 43 : préc. note 9.*

12. La Cour rappelle que l'art. 14 complète les autres clauses normatives de la Convention et de ses Protocoles. Il n'a pas d'existence indépendante puisqu'il vaut uniquement pour « la jouissance des droits et libertés » qu'elles garantissent. Certes, il peut entrer en jeu même sans un manquement à leurs exigences et, dans cette mesure, possède une portée autonome, mais il ne saurait trouver à s'appliquer si les faits du litige ne tombent pas sous l'empire de l'une au moins desdites clauses. La Cour doit examiner si l'objet de l'affaire relève de l'art. 8. Elle n'estime pas nécessaire de définir les notions de « vie privée » ou de « vie familiale » puisque, en tout état de cause, le grief exprimé par le requérant concerne la manière dont la différence de traitement alléguée portait atteinte à la jouissance du droit au respect de son domicile, garanti par l'art. 8 Conv. EDH. Le requérant vivait dans l'appartement loué à M. W. et, si elles n'avaient pas tenu compte de son sexe – plus précisément de son orientation sexuelle –, les juridictions auraient pu lui reconnaître le statut de compagnon de vie aux fins de l'art. 14 de la loi sur les loyers, ce qui lui aurait donné droit à la transmission du bail. Partant, l'art. 14 de la Convention s'applique. • CEDH 24 juill. 2003, *Karner c/ Autriche*, n° 40016/98, §§ 32 et 33. ♦ La requérante allègue en l'espèce avoir été victime d'une discrimination dans l'exercice de son droit accordé par la législation interne en raison de son orientation sexuelle. Cette dernière est une notion couverte par l'art. 14 de la Convention. La Cour rappelle également que dans l'affaire *Frette c/ France*, à laquelle les parties se réfèrent expressément, le requérant se plaignait du rejet de sa demande d'agrément qu'il estimait implicitement fondée sur sa seule orientation sexuelle. La chambre avait estimé que l'art. 14 de la Convention, combiné avec l'art. 8, trouvait à s'appliquer. Partant, l'art. 14 de la Convention, combiné avec l'art. 8, trouve à s'appliquer en l'espèce. • CEDH, gr. ch., 22 janv. 2008, *E.B. c/ France*, n° 43546/02, §§ 50 et 51.

1° DROITS CIVILS ET POLITIQUES

13. Égalité des sexes. Assurément, les États contractants jouissent d'une certaine « marge d'appréciation » pour déterminer si et dans quelle mesure des différences entre des situations à d'autres égards analogues justifient des traitements dissemblables, mais son étendue varie selon les circonstances, les domaines et le contexte (arrêt *Rasmussen* précité : *Série A n° 87, p. 15, § 40*). Or quant au problème en jeu, on peut relever que la progression vers l'égalité des sexes constitue aujourd'hui un objectif important des États membres du Conseil de l'Europe. Partant, seules des raisons très fortes pourraient amener à estimer compatible avec la Convention une distinction fondée sur le sexe. • CEDH 28 mai 1985, *Abdulaziz, Cabales et Balkandali c/ Royaume-Uni, § 78 : préc. note 3.* ♦ Un État qui ne protège pas les femmes contre les violences domestiques viole leur droit à une protection égale devant la loi. • CEDH 28 mai 2013, *Eremia c/ Moldova,* n° 3564/11, § 85. ♦ V. déjà : Le manquement – même involontaire – des États à leur obligation de protéger les femmes contre la violence domestique s'analyse en une violation du droit de celles-ci à une égale protection de la loi. • CEDH 9 juin 2009, *Opuz c/ Turquie,* n° 33401/02, § 191. ♦ L'objectif de traduire l'unité de la famille par un nom de famille commun ne saurait justifier la différence de traitement fondée sur le sexe, incriminée en l'espèce. • CEDH 16 nov. 2004, *Unal Tekeli c/ Turquie*, n° 29865/96, § 68.

14. Orientation sexuelle : avancées et résistances. La cour d'appel, statuant sur la seule base du dossier, a apprécié les faits autrement que la juridiction de première instance et accordé l'autorité parentale à la mère. Elle a notamment estimé que « l'enfant en bas âge doit, en règle générale, être confié à la garde de sa mère, sauf s'il existe des raisons de poids pour ne pas le faire ». La cour d'appel a considéré par ailleurs qu'il n'y avait pas de raisons suffisantes permettant de retirer à la mère l'autorité parentale qui lui avait été confiée par l'accord entre les parents. Toutefois, la cour d'appel, après ce constat, a ajouté : « (...) même si ce n'était pas le cas, nous pensons que l'enfant doit être confiée à sa mère » (*ibid.*). La cour d'appel prit alors en considération le fait que le requérant était homosexuel et vivait avec un autre homme pour observer que « l'enfant doit vivre au sein (...) d'une famille traditionnelle portugaise » et qu'« il n'y a pas ici lieu de chercher à savoir si l'homosexualité est ou non une maladie ou si elle est une orientation sexuelle à l'égard des personnes du même sexe. Dans les deux cas, l'on est en présence d'une anormalité et un enfant ne doit pas grandir à l'ombre de situations anormales ». Aux yeux de la Cour, ces passages de l'arrêt litigieux, loin de constituer de simples formules maladroites ou malheureuses, comme le soutient le gouvernement, ou de simples *obiter dicta*, donnent à penser, bien au contraire, que l'homosexualité du requérant a pesé de manière déterminante dans la décision finale. Cette conclusion est renforcée par le fait que la cour d'appel, lorsqu'elle a statué sur le droit de visite du requérant, a dissuadé ce dernier d'avoir un comportement permettant à l'enfant, lors des périodes de visite, de comprendre que son père vit avec un autre homme « dans des conditions similaires à celles des conjoints ». Force est donc de constater, au vu de ce qui précède, que la cour d'appel a opéré une distinction dictée par des considérations tenant à l'orientation sexuelle du requérant, distinction qu'on ne saurait tolérer d'après la convention. Dès lors, la Cour ne peut conclure à l'existence d'un rapport raisonnable de proportionnalité entre les moyens employés et le but visé ; partant, il y a eu violation de l'art. 8 combiné avec l'art. 14. • CEDH 21 déc. 1999, *Salgueira da Silva Mouta c/ Portugal, §§ 34 à 36 : Rec. 1999-IX.*

15. L'absence totale de consensus sur l'opportunité de permettre à un célibataire homosexuel d'adopter un enfant doit conduire à reconnaître aux États une marge d'appréciation importante et, selon sa jurisprudence, ce n'est pas le rôle de la Cour de se substituer aux autorités nationales pour trancher de manière univoque une controverse aussi délicate et imposer une solution unique. La Cour rappelle qu'elle a considéré que la décision mise en cause par le requérant reposait de manière déterminante sur l'homosexualité déclarée de celui-ci. Si les autorités compétentes ont également eu égard à d'autres circonstances, elles apparaissent comme secondaires. Selon la Cour, il est indéniable que les décisions de rejet de la demande d'agrément poursuivaient un but légitime : protéger la santé et les droits des enfants pouvant être concernés par une procédure d'adoption, pour laquelle l'octroi d'agrément constitue en principe une condition préalable. Il reste à savoir si la deuxième condition, l'existence de la justification d'un traitement différencié, se trouve elle aussi remplie. Le droit de jouir des droits garantis par la convention sans être soumis à discrimination est également transgressé lorsque, sans justification objective et raisonnable, les États n'appliquent pas un traitement différent à des personnes dont les situations sont sensiblement différentes. Cependant, les États contractants jouissent d'une certaine marge d'appréciation pour déterminer si et dans quelle mesure des différences entre des situations à d'autres égards analogues justifient des distinctions de traitement juridique. L'étendue de la marge d'appréciation varie selon les circonstances, les domaines et le contexte ; la présence ou l'absence d'un dénominateur commun aux systèmes juridiques des États contractants peut constituer un facteur pertinent à cet égard. Force est de constater qu'il n'existe pas un tel dénominateur commun dans ce domaine. Même si la majorité des États contractants ne prévoient pas explicitement l'exclusion des homosexuels de l'adoption lorsque celle-ci est ouverte aux célibataires, on chercherait en vain dans l'ordre juridique et social des États contractants des principes uniformes sur ces questions de société sur lesquelles de profondes divergences d'opinions peuvent raisonnablement régner dans un État démocratique. La Cour estime normal que les autorités nationales, qui se doivent aussi de prendre en considération dans les limites de leurs compétences les intérêts de la société dans son ensemble, disposent d'une grande latitude lorsqu'elles sont appelées à se prononcer dans ces domaines. Étant en prise directe et permanente avec les forces vitales de leur pays, les autorités nationales sont en principe mieux placées qu'une juridiction internationale pour évaluer les sensibilités et le contexte locaux. Dès lors que les questions délicates soulevées en l'espèce touchent à des domaines où il n'y a guère de communauté de vues entre les États membres du Conseil de l'Europe et où, de manière générale, le droit paraît traverser une phase de transition, il faut donc laisser une large marge d'appréciation aux autorités de chaque État. Pareille marge d'appréciation ne saurait cependant se transformer en reconnaissance d'un pouvoir arbitraire à l'État et la décision des autorités reste soumise au contrôle de la Cour, qui en vérifiera la conformité avec les exigences de l'art. 14 Conv. EDH. Si l'on tient compte de la grande marge d'appréciation à laisser ici aux États et de la nécessité de protéger les intérêts supérieurs des enfants pour atteindre à l'équilibre voulu, le refus d'agrément n'a pas transgressé le principe de proportionnalité. En bref, la justification avancée par le gouvernement paraît objective et raisonnable et la différence de traitement litigieuse n'est pas discriminatoire au sens de l'art. 14 Conv. EDH. • CEDH 26 févr. 2002, *Frette c/ France, § 37 à 43 : D. 2002. Somm. 2569, obs. Courtin*. ♦ En l'espèce, le requérant avait invoqué, après le décès de M. W., le droit prévu à l'art. 14, § 3, de la loi sur les loyers, en vertu duquel il pouvait, selon lui, prétendre en tant que partenaire survivant à la transmission du bail. Le tribunal de première instance rejeta l'action intentée par le propriétaire qui souhaitait mettre fin au bail puis le tribunal régional de Vienne débouta le propriétaire en appel, en déclarant que la disposition concernée protégeait les personnes qui avaient vécu longtemps ensemble sans être mariées afin qu'elles ne se retrouvent pas soudainement sans domicile, et s'appliquait aussi bien aux homosexuels qu'aux hétérosexuels. La Cour suprême, qui a en dernier ressort donné gain de cause au propriétaire désireux de mettre fin au bail, n'a pas expliqué dans ses motifs que des raisons importantes justifiaient que seuls les membres d'un couple hétérosexuel pussent avoir droit à la transmission d'un bail. Elle a dit que, en adoptant en 1974 l'art. 14, § 3, de la loi sur les loyers, le législateur ne prévoyait pas d'en étendre la protection aux couples composés de personnes du même sexe. Le Gouvernement soutient aujourd'hui que le but de la disposition en cause était la protection de la cellule familiale traditionnelle. La Cour est prête à reconnaître que la protection de la famille au sens traditionnel du terme constitue en principe une raison importante et légitime qui pourrait justifier une différence de traitement. Il reste à examiner si, dans les circonstances de l'espèce, le principe de proportionnalité a été respecté. Le but consistant à protéger la famille au sens traditionnel du terme est assez abstrait et une grande variété de mesures concrètes peuvent être utilisées pour le réaliser. Lorsque la marge d'appréciation laissée aux États est étroite, dans le cas par exemple d'une différence de traitement fondée sur le sexe ou l'orientation sexuelle, non seulement le principe de proportionnalité exige que la mesure retenue soit normalement de nature à permettre la réalisation du but recherché mais il oblige aussi à démontrer qu'il était nécessaire, pour atteindre ce but, d'exclure certaines personnes – en l'espèce les individus vivant une relation homosexuelle – du champ d'application de la mesure dont il s'agit – en l'espèce l'art. 14 de la loi sur les loyers. La Cour constate que le Gouvernement n'a pas présenté d'arguments qui permettraient d'aboutir à une telle conclusion. En conséquence, la Cour estime que le Gouvernement n'a pas fait état de motifs convaincants et solides pouvant justifier une interprétation étroite de l'art. 14, § 3, de la loi sur les loyers qui prive le partenaire survivant d'un couple composé de personnes du même sexe de la possibilité d'invoquer cette disposition. Il y a donc eu violation de l'art. 14 de la Convention, combiné avec l'art. 8. • CEDH 24 juill. 2003, *Karner c/ Autriche*, n° 40016/98, §§ 32 et 33.

16. Tout en reconnaissant le caractère contradictoire de certaines déclarations faites par le requérant devant les juridictions internes à propos de la nature et de la durée de sa relation avec son compagnon ainsi que de leur vie commune dans l'appartement, la Cour estime qu'il ne lui appartient pas de dire laquelle des juridictions du fond a correctement établi les faits. Elle doit se borner à examiner si les décisions rendues sur les faits tels qu'ils ont été établis dans la procédure interne litigieuse ont respecté l'interdiction de la discrimination consacrée par l'art. 14. En statuant sur la demande de transmission du bail présentée par le requérant, les juridictions internes ont presque exclusivement tenu compte de la relation homosexuelle de l'intéressé avec son compagnon. Étant donné que le droit polonais ne reconnaissait pas le mariage entre deux personnes de même sexe, elles ont conclu qu'il ne pouvait y avoir de concubinage qu'entre deux personnes de sexe opposé. Malgré l'importance du but légitime poursuivi dans l'affaire du requérant, à savoir la protection de la famille traditionnelle, l'État doit tenir compte, dans son choix de protéger ce but, de l'évolution de la société, notamment du fait qu'il n'existe pas simplement une façon pour un individu de mener sa vie privée et familiale. Vu l'étroite marge d'appréciation dont bénéficie l'État en cas de différence de traitement fondée sur l'orientation sexuelle, on ne saurait admettre qu'il soit possible de refuser de manière générale la transmission d'un bail aux personnes vivant une relation homosexuelle. • CEDH 2 mars 2010, *Kozak c/ Pologne*, n° 13102/02. ♦ Compte tenu de ce qui précède, force est donc de constater que les autorités internes ont, pour rejeter la demande d'agrément en vue d'adopter présentée par la requérante, opéré une distinction dictée par des considérations tenant à son orientation sexuelle, distinction qu'on ne saurait tolérer d'après la Convention. En conséquence, la Cour estime que la décision litigieuse est incompatible avec les dispositions de l'art. 14 combiné avec l'art. 8. • CEDH, gr. ch., 22 janv. 2008, *E.B. c/ France*, n° 43546/02, §§ 96 et 97. ♦ Les autorités internes ont, pour rejeter la demande d'agrément en vue d'adopter présentée par la requérante, opéré une distinction dictée par des considérations tenant à son orientation sexuelle, distinction qu'on ne saurait tolérer d'après la Convention. (...). La décision litigieuse est incompatible avec les dispositions de l'art. 14 combiné avec l'art. 8. • CEDH 22 janv. 2008, *E.B. c/ France*, n° 43546/02, §§ 96 et 97.

17. Situation des détenus. Une interdiction générale de sortie imposée aux détenus masculins, y compris à ceux qui voudraient assister à des obsèques, ne permet pas de répondre plus facilement aux besoins particuliers des femmes détenues. Le refus d'examiner la demande du requérant, qui souhaitait assister aux funérailles de son père, sur le fondement du régime carcéral qui s'appliquait à lui en raison de son sexe ne répondait à aucune justification objective et raisonnable. • CEDH 10 janv. 2019, *Ecis c/ Lettonie*, n° 12879/09, §§ 94 et 95. ♦ L'exclusion litigieuse (report de peines de prison pour les mères – mais pas les pères – de très jeunes enfants) ne constitue donc pas une différence de traitement prohibée aux sens de l'art. 14 combiné avec l'art. 8 Conv. EDH. • CEDH 3 oct. 2017, *Alexandru Enache c/ Roumanie*, n° 16986/12, § 78.

18. Libéralités. En conséquence, au décès du disposant, toutes les libéralités ont été fictivement rapportées à la masse successorale et, après calcul, la première requérante a dû verser aux autres héritiers, enfants légitimes, une soulte pour ne recevoir effectivement que sa quote-part réduite de moitié. La Cour ne trouve en l'espèce, comme dans le domaine des droits successoraux, aucun motif de nature à justifier une telle discrimination fondée sur la naissance hors mariage. Partant, il y a eu violation, dans le chef des deux requérantes, des art. 8 et 14 combinés de la Convention. • CEDH 22 déc. 2004, *Merger et Cros c/ France*, n° 68864/01, §§ 49 et 50.

2° DROITS ÉCONOMIQUES ET SOCIAUX

19. Extension de l'art. 14 aux droits sociaux. La Cour estime que le droit à l'allocation d'urgence – dans la mesure où il est prévu par la législation applicable – est un droit patrimonial au sens de l'art. 1 du Protocole n° 1. Cette disposition s'applique par conséquent sans qu'il faille se fonder uniquement sur le lien qui existe entre l'attribution de l'allocation d'urgence et l'obligation de payer « des impôts ou autres contributions ». Le requérant ayant été exclu du bénéfice de l'allocation d'urgence en vertu d'une distinction relevant de l'art. 14, à savoir sa nationalité, cette disposition (art. 14) est donc également applicable. • CEDH 16 sept. 1996, *Gaygusuz c/ Autriche, § 41 : Rec. 1996-IV ; Justices 1997. 183, obs. Cohen-Jonathan et Flauss ; Ann. fr. dr. int. 1996. 749, obs. Coussirat-Coustère ; JDI 1997. 238, obs. Decaux et Tavernier ; Dr. soc. 1999. 215, obs. Favard ; D. 1998. 439, note Marguénaud et Mouly ; JCP 1997. I. 4000, obs. Sudre.* ♦ La Cour note que la loi générale sur les allocations familiales a établi un régime de sécurité sociale auquel, en principe, l'ensemble des personnes adultes se trouvaient affiliées, tant comme cotisantes que comme bénéficiaires potentielles. Une caractéristique fondamentale de ce régime résidait dans le fait que l'obligation de verser des cotisations ne dépendait pas d'un quelconque droit potentiel de l'affilié à des allocations. En conséquence, l'exonération litigieuse allait à l'encontre de la nature sous-jacente du système. Si les États contractants jouissent, au regard de la convention, d'une certaine marge d'appréciation en ce qui concerne l'introduction d'exonérations permettant d'échapper à de telles obligations de cotiser, l'art. 14 exige que toute mesure de ce type s'applique en principe dans les mêmes conditions aux hommes et aux femmes, sauf à produire des raisons impérieuses justifiant une différence de traitement. En l'espèce, la Cour n'est pas convaincue de l'existence de pareilles raisons. En conséquence, indépendamment de la question de savoir si le désir de ménager la sensibilité des femmes d'un certain âge n'ayant pas d'enfants peut être considéré comme un but légitime, pareil objectif ne saurait justifier la différence de traitement fondée sur le sexe incriminée en l'espèce. • CEDH 21 févr. 1997, *Van Raalte c/ Pays-Bas, §§ 41 à 44 : Rec. 1997-I.*

II. DISCRIMINATIONS POSITIVES

20. Distinctions non discriminatoires. Selon la jurisprudence établie de la Cour, la discrimination consiste à traiter de manière différente, sauf justification objective et raisonnable, des personnes placées dans des situations comparables. Toutefois, l'art. 14 n'interdit pas à un État membre de traiter des groupes de manière différenciée pour corriger des « inégalités factuelles » entre eux ; de fait, dans certaines circonstances, c'est l'absence d'un traitement différencié pour corriger une inégalité qui peut, sans justification objective et raisonnable, emporter violation de la disposition en cause (*Affaire relative à certains aspects du régime linguistique de l'enseignement en Belgique*). • CEDH 23 juill. 1968 : *Série A n° 6, §10.*

21. Le Gouvernement britannique conteste pratiquer une politique de discrimination. Toutefois, plusieurs textes visent expressément les Tsiganes pour restreindre leurs droits au moyen de réglementations administratives. Or la seule discrimination acceptable au titre de l'art. 14. est la discrimination positive, celle qui implique que pour parvenir à l'égalité des droits par l'égalité des chances on est conduit dans certains cas à accorder plus de droits aux populations les plus déshéritées, telles celles du quart monde et les communautés tsigane ou yenische. • CEDH 25 sept. 1996, *Buckley c/ Royaume-Uni : Rec. 1996-IV* (opinion dissidente du juge Pettiti). ♦ Pour l'instant, le droit à la discrimination positive n'est pas consacré par la CEDH. • Comm. EDH 15 avr. 1996, *Magnaga et Stüdtiroler Volkspartei*, n° 25036/94.

III. PREUVE DE LA DISCRIMINATION

22. Renversement de la charge de la preuve. La grande chambre estime que, lorsque pareil effet discriminatoire d'une législation a été démontré, il n'est pas nécessaire, dans le domaine de l'éducation comme dans les domaines de la prestation d'autres services ou de l'emploi, de prouver que les autorités concernées étaient animées d'une intention de discriminer. Dans ces conditions, les éléments de preuve présentés par les requérants peuvent être considérés comme suffisamment fiables et révélateurs pour faire naître une forte présomption de discrimination indirecte. Il y a donc lieu de renverser la charge de la preuve et de la faire peser sur le Gouvernement, lequel doit démontrer que cette différence d'effet de la législation était le résultat de facteurs objectifs qui n'étaient pas liés à l'origine ethnique. • CEDH, gr. ch., 13 nov. 2007, *D.H. et a. c/ République tchèque*, §§ 194 et 195 : *préc. note 7.* ♦ V. aussi : • CEDH 26 juill. 2007, *Cobzaru c/ Roumanie*, n° 48254/99.

23. Successions. Il faut cependant constater que le requérant, de par son statut d'enfant adultérin, s'est trouvé pénalisé dans le partage de la masse successorale. Eu égard à tous ces éléments, la Cour conclut qu'il n'y a pas de rapport raisonnable de proportionnalité entre les moyens employés et le but visé. Partant, il y a eu violation de l'art. 1 du Protocole n° 1 combiné avec l'art. 14 Conv. EDH. • CEDH 1er févr. 2000, *Mazurek c/ France*, n° 34406/97, §§ 54 et 55. ♦ En conclusion, au vu des considérations ci-dessus, la Cour estime que la différence de traitement subie par la requérante en tant que bénéficiaire d'un testament établi conformément au code civil par un testateur de confession musulmane, par rapport à une bénéficiaire d'un testament établi conformément au code civil par un testateur n'étant pas de confession musulmane, n'avait pas de justification objective et raisonnable. Eu égard à ce qui précède, la Cour rejette l'exception tirée par le Gouvernement d'un défaut de qualité de victime de la requérante et estime qu'il y a eu violation de l'art. 14 Conv. EDH combiné avec l'art. 1er du Prot. n° 1 à la Convention. • CEDH, gr. ch., 19 déc. 2018, *Molla Sali c/ Grèce*, n° 20452/15, §§ 159 à 162.

Art. 15 ***Dérogation en cas d'état d'urgence.*** **1. En cas de guerre ou en cas d'autre danger public menaçant la vie de la nation, toute Haute Partie contractante peut prendre des mesures dérogeant aux obligations prévues par la présente Convention, dans la stricte mesure où la situation l'exige et à la condition que ces mesures ne soient pas en contradiction avec les autres obligations découlant du droit international.**

2. La disposition précédente n'autorise aucune dérogation à l'article 2, sauf pour le cas de décès résultant d'actes licites de guerre, et aux articles 3, 4 (paragraphe 1) et 7.

3. Toute Haute Partie contractante qui exerce ce droit de dérogation tient le Secrétaire général du Conseil de l'Europe pleinement informé des mesures prises et des motifs qui les ont inspirées. Elle doit également informer le Secrétaire général du Conseil de l'Europe de la date à laquelle ces mesures ont cessé d'être en vigueur et les dispositions de la Convention reçoivent de nouveau pleine application.

BIBL. ► Coussirat-Coustère, *JDI 1975. 269.* – Decaux, *in Mél. Pettiti, p. 267.* – Merle, *RD publ. 1951. 705.* – Pinhero Farinha, *in Mél. Wiarda, p. 521.* – Questiaux, *Rev. dr. homme 1970. 651.* – Soyer, *in Mél. Pettiti, p. 661.* – Tavernier, *in Pettiti, Decaux et Imbert (dir.), p. 489.*

I. CONDITIONS DE LA DÉROGATION

1. Circonstances exceptionnelles. Il résulte de l'art. 15 que, sans être délié de l'ensemble des engagements mis à sa charge aux termes de la Convention, le Gouvernement de toute Haute partie contractante a le droit, en cas de guerre ou de danger public menaçant la vie de la nation, de prendre des mesures dérogeant aux obligations prévues par la Convention à l'exception de celles visées à l'art. 15, § 2. • CEDH 1er juill. 1961, *Lawless c/ Irlande, § 22 : Série A n° 3 ; Ann. fr. dr. int. 1960. 444, obs. Eissen et 1961. 251, obs. Pelloux* • 18 janv. 1978, *Irlande c/ Royaume-Uni : Série A n° 25 ; Cah. dr. eur. 1979. 465, obs. Cohen-Jonathan ; Ann. fr. dr. int. 1978. 379, obs. Pelloux ; JDI 1980. 449, obs. Rolland.*

A. RÉALITÉ D'UNE SITUATION DE CRISE

2. Existence d'un danger public menaçant la vie de la nation. Dans le contexte général de l'art. 15 Conv. EDH, le sens normal et habituel des mots « en cas de guerre ou en cas d'autre danger public menaçant la vie de la nation » est suffisamment clair. Ils désignent une situation de crise ou de danger exceptionnel et imminent qui affecte l'ensemble de la population et constitue une menace pour la vie organisée de la communauté composant l'État. L'existence d'un danger public menaçant la vie de la nation a pu être raisonnablement déduite par le gouvernement irlandais de la conjonction de plusieurs éléments constitutifs, à savoir, notamment, le fait qu'il existait, sur le territoire de la République d'Irlande, une armée secrète agissant en dehors de l'ordre constitutionnel et usant de la violence pour atteindre ses objectifs. En second lieu, le fait que cette armée opérait également en dehors du territoire de l'État, compromettant ainsi gravement les relations de la République d'Irlande avec le pays voisin. Troisièmement, l'aggravation progressive et alarmante des activités terroristes. • CEDH 1er juill. 1961, *Lawless c/ Irlande, § 28 :*

préc. note 1 • 18 janv. 1978, *Irlande c/ Royaume-Uni, § 205 : préc. note 1.*

3. Marge d'appréciation de l'État. Il incombe à chaque État contractant, responsable de la « vie de sa nation », de déterminer si un « danger public » la menace et, dans l'affirmative, jusqu'où il faut aller pour essayer de le dissiper. En contact direct et constant avec les réalités pressantes du moment, les autorités nationales se trouvent en principe mieux placées que le juge international pour se prononcer sur la présence de pareil danger comme sur la nature et l'étendue des dérogations nécessaires pour le conjurer. Partant, on doit leur laisser en la matière une large marge d'appréciation. Les États ne jouissent pas pour autant d'un pouvoir illimité en ce domaine. La marge nationale d'appréciation s'accompagne d'un contrôle européen. • CEDH 26 mai 1993, *Brannigan et Mc Bride c/ Royaume-Uni, § 43 : Série A n° 258-B ; Ann. fr. dr. int. 1994. 658, obs. Coussirat-Coustère ; JDI 1994. 783, obs. Decaux et Tavernier ; RSC 1993. 818, obs. Pettiti et 1994. 362, obs. Koering-Joulin ; D. 1995. Somm. 106, obs. Renucci ; RUDH 1993. 217, obs. Sudre et autres* • 18 janv. 1978, *Irlande c/ Royaume-Uni, § 207 : préc. note 1.*

4. La présente requête n'a pas pour objet les mesures dérogatoires prises pendant l'état d'urgence : la mise en détention du requérant a été décidée sur le fondement d'une législation qui existait déjà avant l'état d'urgence et est restée en vigueur par la suite. Cela étant, et bien que la mise en détention du requérant ait en outre eu lieu un jour avant l'entrée en vigueur de la mise en œuvre par la Turquie de l'art. 15 Conv. EDH, les difficultés auxquelles la Turquie devait faire face à la suite de la tentative de coup d'État militaire ayant eu lieu quelques jours plus tôt constituent certainement un élément contextuel dont la Cour doit pleinement tenir compte pour interpréter et appliquer ci-après l'art. 15. • CEDH 16 avr. 2019, *Alparslan Altan c/ Turquie*, n° 12778/17.

B. NÉCESSITÉ DE LA MESURE

5. Notion de « stricte mesure ». Les États contractants doivent n'user de leur droit de dérogation que dans la stricte mesure où la situation l'exige. • CEDH 18 janv. 1978, *Irlande c/ Royaume-Uni, § 206 : préc. note 1* • 1er juill. 1961, *Lawless c/ Irlande, § 31 : préc. note 1.* ♦ Eu égard à la menace terroriste en Irlande du Nord, à l'ampleur limitée de la dérogation (notamment l'absence de contrôle judiciaire de la garde à vue) et aux motifs invoqués à l'appui, tout comme à la présence de garanties fondamentales contre les abus, la Cour estime que le Gouvernement n'a pas excédé sa marge d'appréciation en considérant que la dérogation répondait aux strictes exigences de la situation. • CEDH 26 mai 1993, *Brannigan et Mc Bride c/ Royaume-Uni, § 66 : préc. note 3.*

6. Les mesures prises ne doivent pas aller au-delà de ce qui est strictement limité aux exigences de la situation. La fermeture complète de la frontière entre l'Irlande et l'Irlande du Nord aurait entraîné pour l'ensemble de la population des répercussions fort graves qui auraient dépassé les exigences de l'état d'urgence. • CEDH 1er juill. 1961, *Lawless c/ Irlande, § 36 : préc. note 1.*

7. Rôle de la Cour. Il n'appartient pas à la Cour de substituer à celle du gouvernement une quelconque appréciation de ce que pouvait être la plus sage ou la plus opportune des politiques de lutte contre le terrorisme. Elle doit se borner à contrôler la régularité, au regard de la convention, des mesures adoptées par lui. Pour ce faire, il lui faut statuer à la lumière non d'un examen purement rétrospectif de l'efficacité desdites mesures, mais des conditions et circonstances dans lesquelles elles ont été prises à l'origine et appliquées par la suite. • CEDH 18 janv. 1978, *Irlande c/ Royaume-Uni, § 216 : préc. note 1.*

II. MISE EN ŒUVRE DE LA DÉROGATION

8. Information du Secrétaire général du Conseil de l'Europe. Lorsque la Cour est appelée à examiner si, conformément au § 3 de l'art. 15 Conv. EDH, le Secrétaire général du Conseil de l'Europe a été dûment informé aussi bien des mesures prises que des motifs qui les ont inspirées. La Cour retient à ce sujet qu'à la lettre adressée au Secrétaire général par le Gouvernement irlandais se trouvait annexé les textes en cause. En outre, il a été précisé dans cette lettre que les mesures prises l'ont été pour empêcher la perpétration de délits contre la paix et l'ordre public et le maintien de forces militaires ou armées autres que celles autorisées par la Constitution. Ainsi, le Gouvernement irlandais avait suffisamment informé le Secrétaire général des mesures prises et des motifs qui les ont inspirées. En second lieu, le Gouvernement irlandais a porté ces informations à la connaissance du Secrétaire général douze jours seulement après la mise en vigueur des mesures prises en dérogation des obligations découlant de la convention. La notification a donc été faite sans retard. En conséquence, la Cour constate que dans le cas présent le Gouvernement irlandais s'est conformé aux obligations que lui imposait, en tant que Partie à la convention, le § de l'art. 15 Conv. EDH. • CEDH 1er juill. 1961, Lawless c/ Irlande, § 47 : *préc. note 1.*

9. Proclamation officielle de la dérogation. Aux termes de l'art. 15, § 1, les mesures de dérogation prises par un État ne doivent pas être « en contradiction avec les autres obligations découlant du droit international ». A cet égard, les requérants prétendent pour la première fois devant la Cour que l'art. 4 du Pacte des Nations unies de 1966 relatif aux droits civils et politiques, auquel le Royaume-Uni est partie, subordonne la validité d'une dérogation à la proclamation du danger public « par un acte officiel ». Semblable proclamation n'ayant jamais eu lieu, la dérogation ne cadrerait pas avec une autre obligation assumée par le Royaume-Uni en vertu du droit international. Il faudrait en effet une proclamation formelle et non une simple déclaration au Parlement. La partie pertinente de l'art. 4 du Pacte est ainsi libellée : « Dans le cas où un danger public exceptionnel menace l'existence de la nation et est proclamé par un acte officiel (...) ». Il n'entre pas dans les attributions de la Cour d'essayer de définir, par voie d'autorité, le sens des mots « proclamé par un acte officiel ». Elle n'en doit pas moins rechercher si l'argumentation des requérants s'appuie sur une base plausible. Dans sa déclaration du 22 déc. 1988 devant la Chambre des communes, le ministre de l'Intérieur a expliqué en détail les motifs sous-jacents à la décision du Gouvernement et indiqué qu'il s'apprêtait à notifier une dérogation en vertu tant de l'art. 15 Conv. EDH que de l'art. 4 du Pacte. Et d'ajouter qu'il existait « un danger public au sens de ces dispositions, eu égard au terrorisme lié à la situation de l'Irlande du Nord dans le Royaume-Uni (...) ». La Cour estime que la déclaration dont il s'agit, qui revêtait un caractère formel et divulguait les intentions du Gouvernement en matière de dérogation, cadrait bien avec la notion de proclamation officielle. Elle juge donc dénuée de fondement l'opinion des requérants sur ce point. • CEDH 26 mai 1993, *Brannigan et Mc Bride c/ Royaume-Uni, §§ 67 à 73 : préc. note 3.* ♦ La convention ne contient aucune disposition spéciale prescrivant à l'État contractant intéressé de promulguer sur son territoire l'avis de dérogation qu'il a adressé au Secrétaire général du Conseil de l'Europe. • CEDH 1er juill. 1961, *Lawless c/ Irlande, § 47 : préc. note 1.*

Art. 16 ***Restrictions à l'activité politique des étrangers.*** **Aucune des dispositions des articles 10, 11 et 14 ne peut être considérée comme interdisant aux hautes parties contractantes d'imposer des restrictions à l'activité politique des étrangers.**

BIBL. ▶ AKANDKI-KOMBÉ, *Cah. CREDHO 1997/3. 77.* – DECAUX, *in Pettiti, Decaux et Imbert (dir.), p. 505.* – FLAUSS, *RTDH 1996. 364.* – JEAN-PIERRE, *D. 1999. Chron. 98.* – LEVINET, *RFDA 197. 999.* – MASSIAS, *RSC 1988. 223.*

1. Affaire « Piermont » : les précisions de la Commission. La Commission observe que les rédacteurs de la Convention, en introduisant l'art. 16 dans la convention, reflétaient une conception prédominante à l'époque en droit international, autorisant de façon générale et illimitée des restrictions aux activités politiques des étrangers. La Commission rappelle toutefois que la Convention est un instrument vivant, qui doit être lu à la lumière des conditions de vie d'aujourd'hui et de l'évolution de la société moderne. En conséquence, la Commission estime nécessaire d'examiner la portée de l'art. 16 précité et notamment la notion d'« étranger » dans le cas d'espèce. A cet égard, la Commission observe que l'un des principaux développements intervenus en Europe depuis la signature de la Convention a été la création des Communautés européennes, devenues depuis Union européenne. Dans cette perspective, elle attache une importance particulière au fait que la requérante était, au moment des faits, membre du Parlement européen. Elle relève en effet que cette institution des Communautés européennes, dont les membres sont élus au suffrage universel direct depuis 1979 par les électeurs des États membres, dont ceux des TOM français, exerce, dans le cadre communautaire (tel qu'il était défini à l'époque), des fonctions de délibération et de contrôle ainsi que, dans le domaine budgétaire, de décision. La Commission note également que les membres du Parlement européen ne sont pas regroupés par nationalités mais par groupes politiques transnationaux. Si le Parlement européen, contrairement aux Parlements nationaux, ne dispose pas d'un pouvoir législatif ou d'initiative, il n'en reste pas moins que, par les discussions en son sein, les résolutions et recommandations qu'il adopte, la pratique des questions écrites et orales au Conseil et à la Commission des Communautés, il intervient dans tous les débats à l'échelle communautaire, y compris ceux propres à un État membre. A ce titre, les députés européens sont appelés à s'exprimer et à prendre position, non seulement au sein du Parlement, mais également dans d'autres enceintes, sur les problèmes politiques de l'Union et de ses États membres. Ils sont donc naturellement appelés pour ce faire à participer à des réunions et manifestations sur l'ensemble du territoire des douze États membres. La Commission rappelle par ailleurs que les électeurs des TOM participent à l'élection des membres du Parlement européen et y sont représentés. La Commission a particulièrement eu égard au fait que la requérante, membre du Parlement européen, était invitée en cette qualité en Polynésie et en Nouvelle-Calédonie par des partis politiques locaux autorisés, afin de prendre part à des réunions et manifestations sur des thèmes politiques soutenus par son groupe parlementaire, à savoir l'indépendance des TOM français ainsi que l'arrêt des essais nucléaires. En conséquence, la Commission estime que dans la mesure où elle agissait en sa qualité de membre du Parlement européen, la requérante ne peut être considérée comme une « étrangère » au sens de l'art. 16 Conv. EDH. • Comm. EDH 20 janv. 1994, *Piermont c/ France, § 57 s.*, n° 15773/89.

2. Affaire « Piermont » : les précisions de la Cour. La Cour ne peut retenir l'argument tiré de l'existence d'une citoyenneté européenne, les traités communautaires ne reconnaissant pas à l'époque pareille citoyenneté. Néanmoins, elle considère que l'appartenance de la requérante à un État membre de l'Union européenne et de surcroît sa qualité de parlementaire européen ne permettent pas de lui opposer l'art. 16 Conv. EDH, d'autant plus que la population des TOM participe à l'élection des députés au Parlement européen. En conclusion, cette disposition n'autorisait pas l'État à restreindre l'exercice par la requérante du droit garanti par l'art. 10. • CEDH 27 avr. 1995, *Piermont c/ France, § 64 : Série A n° 314 ; Cah. CREDHO 1997/3. 77, obs. Akandji-Kombé ; RTDH 1995. 735, obs. Cohen-Jonathan ; Ann. fr. dr. int. 1995. 485, obs. Coussirat-Coustère ; JDI 1996. 221, obs. Decaux et Tavernier ; AJDA 1996. 156, obs. Flauss ; RFDA 1997. 999, obs. Levinet ; RSC 1995. 640, obs. Pettiti ; D. 1996. Somm. 193, obs. Rideau ; JCP 1996. I. 3910, obs. Sudre ; Gaz. Pal. 11-12 oct. 1996, p. 19, note Vorms.*

Art. 17 ***Interdiction de l'abus de droit.*** **Aucune des dispositions de la présente Convention ne peut être interprétée comme impliquant pour un État, un groupement ou un individu, un droit quelconque de se livrer à une activité ou d'accomplir un acte visant à la destruction des droits ou libertés reconnus dans la présente Convention ou à des limitations plus amples de ces droits et libertés que celles prévues à ladite Convention.**

BIBL. ▶ Flauss, *RUDH 1992. 461.* – Le Mire, *in Pettiti, Decaux et Imbert (dir.), p. 673.* – Monconduit, *Ann. fr. dr. int. 1971. 349.* – Spielmann, *Mél. Pettiti, p. 673.* – Van Drooghenbroeck, *RTDH 2001. 541.*

1. Rejet d'une interprétation a contrario. De l'avis de la Cour, l'art. 17, pour autant qu'il vise des groupements ou des individus, a pour but de les mettre dans l'impossibilité de tirer de la convention un droit qui leur permette de se livrer à une activité ou d'accomplir un acte visant à la destruction des droits et libertés reconnus dans la convention ; ainsi personne ne doit pouvoir se prévaloir des dispositions de la convention pour se livrer à des actes visant à la destruction des droits et libertés ci-dessus visés ; cette disposition, qui a une portée négative, ne saurait être interprétée *a contrario* comme privant une personne physique des droits individuels fondamentaux garantis aux art. 5 et 6 Conv. EDH ; en l'espèce le requérant ne se prévaut pas de la Convention en vue de justifier ou d'accomplir des actes contraires aux droits et libertés y reconnus, mais qu'il a porté plainte pour avoir été privé des garanties accordées par les art. 5 et 6 Conv. EDH ; par conséquent, la Cour ne peut retenir, sur ce chef, les conclusions présentées par le Gouvernement irlandais. • CEDH 1er juill. 1961, *Lawless c/ Irlande, § 7 : Série A n° 3 ; Ann. fr. dr. int. 1960. 444, obs. Eissen ; 1961. 251, obs. Pelloux ; Journ. trib. 1960. 785, obs. Velu.*

2. Consécration d'une interprétation restrictive. Si danger il y avait, tout au plus pouvait-il émaner du programme de l'ÖZDEP, mais ici non plus, le gouvernement n'a pas établi de manière convaincante comment, malgré leur attachement déclaré à la démocratie et aux solutions pacifiques, les passages litigieux du programme de l'ÖZDEP pouvaient passer pour exacerber le terrorisme en Turquie. Eu égard aux constatations ci-dessus, il n'y a pas lieu non plus de faire jouer l'art. 17, le contenu des passages dont il s'agit n'autorisant aucunement à conclure que leur auteur se prévaudrait de la convention pour se livrer à une activité ou accomplir un acte visant à la destruction des droits et libertés qu'elle reconnaît. • CEDH 8 déc. 1999, *Parti de la liberté et de la démocratie (ÖZDEP) c/ Turquie, §§ 46 et 47 : Rec. 1999-VIII.*

3. La Cour est prête à tenir compte des circonstances entourant les cas soumis à son examen, en particulier des difficultés liées à la lutte contre le terrorisme (voir, parmi d'autres, l'arrêt Parti communiste unifié de Turquie et autres précité, p. 27, § 59). En l'espèce toutefois, il n'a pas été établi comment, malgré leur attachement déclaré à la démocratie et leur rejet explicite de la violence, les propos litigieux peuvent passer pour porter une part de responsabilité dans les problèmes que pose le terrorisme en Turquie. Eu égard aux constatations ci-dessus, il n'y a pas lieu non plus de faire jouer l'art. 17, le contenu des déclarations dont il s'agit n'autorisant aucunement à conclure que leur auteur se prévaudrait de la convention pour se livrer à une activité ou accomplir un acte visant à la destruction des droits et libertés qu'elle reconnaît. • CEDH 25 mai 1998, *Parti socialiste c/ Turquie, §§ 52 et 52 : Rec. 1998-III.*

4. Fait historique et débat historique. La Cour note que, d'après le gouvernement, l'éloge dont se seraient rendus coupables les requérants résulterait de l'utilisation de deux procédés différents : les auteurs de la publication en cause auraient tantôt essayé de justifier les décisions de Philippe Pétain en s'efforçant de leur donner une autre signification, tantôt purement et simplement omis de mentionner des faits historiques notoires, incontournables et essentiels pour rendre compte de cette politique. Le premier procédé aurait été utilisé dans la présentation de la politique menée par Philippe Pétain à Montoire. En la qualifiant dans le texte de « suprêmement habile », les requérants auraient accrédité la thèse dite du « double jeu », sachant pourtant qu'en 1984, déjà, l'ensemble des historiens, français comme étrangers, la récusaient. La Cour estime qu'il ne lui revient pas d'arbitrer cette question, qui relève d'un débat toujours en cours entre historiens sur le déroulement et l'interprétation des événements dont il s'agit. A ce titre, elle échappe à la catégorie des faits historiques clairement établis – tel l'Holocauste – dont la négation ou la révision se verrait soustraite par l'art. 17 à la protection de l'art. 10. En l'espèce, il n'apparaît pas que les requérants aient voulu nier ou réviser ce qu'ils ont eux-mêmes appelé, dans leur publication, les « atrocités » et les « persécutions nazies », ou encore la « toute-puissance allemande et sa barbarie ». En qualifiant de « suprêmement habile » la politique de Philippe Pétain, les auteurs du texte ont plutôt soutenu l'une des thèses en présence dans le débat sur le rôle du chef du gouvernement de Vichy, la thèse dite du « double jeu ». • CEDH 23 sept. 1998, *Lehideux et Isorni c/ France, §§ 45 et 47 : Rec. 1998-VII ; RTDH 1999. 366, obs. Cohen-Jonathan ; Ann. fr. dr. int. 1999. 747, obs. Coussirat-Coustère ; JDI 1999. 266, obs. Decaux et Tavernier ; Gaz. Pal. 25-27 juill. 1999, p. 26, note Derhy ; RSC 1999. 384, obs. Koering-Joulin ; RFDA 1999. 792, obs. Labayle et Sudre ; RD publ. 1999. 895, obs. Levinet ; RSC 1999. 151, obs. Massias ; JCP 1999. II. 10119, note Moutouh ; D. 1999. 226, note Rolland ; JCP 1996. I. 105, obs. Sudre.*

5. La Cour attache une importance fondamentale au fait que le requérant ait préparé son discours à l'avance, choisissant ses mots délibérément et recourant à l'opacité pour faire passer son message. Elle estime que l'art. 17 revêt pour cette raison une importance particulière dans le cas d'espèce, indépendamment du point de savoir si l'art. 10 est applicable ou non : elle considère que le requérant a cherché à utiliser son droit à la liberté d'expression dans le but de promouvoir des idées contraires à la lettre et à l'esprit de la Convention, et cet élément pèse lourdement dans l'appréciation qu'elle fait de la nécessité de l'ingérence litigieuse. • CEDH 3 oct. 2019, *Pastor c/ Allemagne*, n° 55225/14.

6. Apologie du terrorisme. La Cour note que le dessin montrant la destruction des tours accompagné de la légende « nous en avions tous rêvé, le Hamas l'a fait », pastichant un slogan publicitaire d'une grande marque, a été considéré par les juridictions nationales comme constitutif de complicité d'apologie du terrorisme. Selon les autorités, même non suivie d'effet, la publication litigieuse revendique l'efficacité de l'acte terroriste en idéalisant les attentats perpétrés le 11 sept. (…). En conclusion, le juge national pouvait raisonnablement tenir l'ingérence dans l'exercice par le requérant de son droit à la liberté d'expression pour nécessaire dans une société démocratique au sens de l'art. 10 de la Convention. Partant, il n'y a pas eu violation de cette disposition. • CEDH 2 oct. 2008, *Leroy c/ France*, §§ 42 et 48, n° 36109/03.

7. Incitation à la haine. La Cour rappelle en outre que, si sa jurisprudence a consacré le caractère éminent et essentiel de la liberté d'expression dans une société démocratique (voir, parmi d'autres arrêts, *Handyside c/ Royaume-Uni*, 7 déc. 1976, *Série A n° 24, § 49*, et *Lingens c/ Autriche*, 8 juillet 1986, *Série A n° 103, § 41*), elle en a également défini les limites. Elle a jugé, notamment, que les discours incompatibles avec les valeurs proclamées et garanties par la Convention sont soustraits à la protection de l'art. 10 par l'art. 17 de la Convention. (…). En l'espèce, le requérant a écrit et publié une série d'articles décrivant les Juifs comme la source du mal en Russie. Il a accusé l'intégralité d'un groupe ethnique de fomenter un complot contre le peuple russe et a attribué aux membres influents de la communauté juive une idéologie fasciste. Tant dans ses publications que dans ses déclarations orales au procès, il n'a cessé de dénier aux juifs le droit à la dignité nationale, affirmant qu'ils ne formaient pas une nation. La Cour n'a aucun doute quant à la teneur fortement antisémite des opinions du requérant et elle fait sienne la conclusion des tribunaux internes selon laquelle l'intéressé cherchait par ses publications à faire haïr le peuple juif. Une attaque aussi générale et véhémente contre un groupe ethnique particulier est en contradiction avec les valeurs de tolérance, de paix sociale et de non-discrimination qui soustendent la Convention. En conséquence, la Cour estime qu'en vertu de l'art. 17 de la Convention le requérant ne peut bénéficier de la protection de l'art. 10. Il s'ensuit que cette partie de la requête doit être rejetée pour incompatibilité *ratione materiae* avec les dispositions de la Convention, en application de l'art. 35 §§ 3 et 4. • CEDH 20 févr. 2007, *Ivanov c/ Russie*, n° 35222/04.

Art. 18 ***Limitation de l'usage des restrictions aux droits.*** **Les restrictions qui, aux termes de la présente Convention, sont apportées auxdits droits et libertés ne peuvent être appliquées que dans le but pour lequel elles ont été prévues.**

BIBL. ▸ COUSSIRAT-COUSTÈRE, *in Pettiti, Decaux et Imbert (dir.), p. 526.*

1. La violation de l'art. 18 ne peut être constatée qu'à la condition que le but inavoué, contraire à la Conv. EDH, puisse être considéré au-delà de tout doute raisonnable comme prédominant par rapport aux buts légitimes poursuivis. • CEDH, gr. ch., 15 nov. 2018, *Navalny c/ Russie*, n° 29580/12 • CEDH 20 nov. 2018, *Selahattin Dermitas c/ Turquie*, n° 14305/17 : *AJ pénal 2019. 42, obs. Besse*.

2. Clauses antidétournement. En outre, il y a toujours eu un lien entre le but de l'internement litigieux et la maladie mentale de l'intéressé. Sans doute la cause immédiate du retard mis à transférer celui-ci de l'établissement spécial de sécurité à l'hôpital local tenait-elle aux relations de travail et non à la thérapeutique, ce que la commission juge « déplorable », mais il ne s'agissait manifestement pas d'une indifférence consciente pour le bien-être de l'intéressé. Les autorités compétentes s'efforcèrent de trouver dès que possible une solution. Les éléments fournis à la Cour donnent à penser qu'elles ont probablement suivi la seule voie praticable. De toute manière, la Cour est convaincue que le maintien en détention du requérant n'a pas été entaché d'arbitraire, ni décidé dans un but inavoué, en violation de l'art. 5, § 1 *e)*, combiné avec l'art. 18. • CEDH 28 mai 1985, *Ashingdane c/ Royaume-Uni, § 48 : Série A n° 93.*

3. La Cour se réfère aux statistiques produites par le Gouvernement et les requérants sur la population de Guernesey et le nombre des maisons vides. Sans doute peut-on dire que la situation s'est améliorée à certains égards entre 1976 et 1981, mais il n'en reste pas moins que l'île est d'une superficie très réduite. Partant, il est normal que les autorités s'efforcent de contenir la population dans des limites compatibles avec un développement économique équilibré de Guernesey. Il est également légitime qu'elles témoignent, en décidant de l'octroi de permis d'habiter des locaux à loyer modéré, de quelque faveur pour les personnes ayant avec l'île des liens étroits ou y occupant un emploi essentiel pour la collectivité. La législation litigieuse tend donc au bien-être économique de l'île ; aux yeux de la Cour, il n'est pas établi qu'elle ait visé un autre objectif (art. 18 Conv. EDH). • CEDH 24 nov. 1986, *Gillow c/ Royaume-Uni, § 54 : Série A n° 109.*

4. Une restriction peut être compatible avec la disposition normative de la convention qui l'autorise, dès lors qu'elle poursuit un des buts énoncés par cette disposition, et en même temps être contraire à l'art. 18 au motif qu'elle vise principalement un autre but qui n'est pas prévu par la convention. A l'inverse, si le but prévu par la convention est le but principal, alors la restriction ne méconnaît pas l'art. 18 si elle poursuit également un autre but. En l'espèce, alors que le but prédominant initial à la détention du requérant – un homme politique géorgien – était conventionnel, s'agissant d'enquêter sur la base de raisons plausibles de soupçonner le requérant d'avoir commis les infractions, ce but a changé au cours du temps puisqu'il s'est agi par la suite d'obtenir des informations sur deux personnalités politiques, en faisant pression sur le requérant. La Cour conclut à la violation de l'art. 18 combiné à l'art. 5 § 1. • CEDH, gr. ch., 28 nov. 2017, *Merabishvili c/ Géorgie,* n° 72508/13 : *D. actu. 8 déc. 2017, obs. Soudain.*

5. A la lumière, en particulier de la chronologie et de la physionomie des événements en l'espèce, considérés dans leur ensemble, la Cour juge établi au-delà de tout doute raisonnable que les restrictions imposées poursuivaient un but inavoué, contraire à l'art. 18, à savoir celui d'étouffer le pluralisme politique, qui est un attribut du « régime politique véritablement démocratique » encadré par la « prééminence du droit », deux notions auxquelles renvoie le Préambule de la Convention (V. *mutatis mutandis, Ždanoka c. Lettonie [GC],* n° 58278/00, § 98, CEDH 2006 IV, et Karácsony et a. c/ Hongrie [GC], n°s 42461/13 et 44357/13, § 147, CEDH 2016 (extraits)). Comme la Cour l'a souligné, notamment sur le terrain des art. 10 et 11, le pluralisme, la tolérance et l'esprit d'ouverture caractérisent une « société démocratique » et, bien qu'il faille parfois subordonner les intérêts de l'individu à ceux d'un groupe, la démocratie ne se ramène pas à la suprématie constante de l'opinion d'une majorité mais commande un équilibre qui assure aux individus minoritaires un juste traitement et qui évite tout abus d'une position dominante (V., parmi d'autres précédents, Young, James et Webster c/ Royaume-Uni, 13 août 1981, § 63, série A n° 44, Gorzelik et autres c/ Pologne [GC], n° 44158/98, § 90, CEDH 2004 I, Leyla Şahin, précité, § 108, et Karácsony et autres, préc., § 147). Au vu de ce qui précède, la Cour conclut qu'il y a eu violation de l'art. 18 en combinaison tant avec l'art. 5 qu'avec l'art. 11. • CEDH, gr. ch., 15 nov. 2018, *Navalnyy c/ Russie,* n° 29580/12, §§ 175 et 176. ♦ Les éléments sur lesquels la Cour s'était fondée dans Navalnyy [GC] sont tout aussi pertinents dans la présente espèce et sont de nature à corroborer les allégations du requérant selon lesquelles son assignation à résidence, associée à des restrictions relatives à sa communication, sa correspondance et son utilisation d'internet, poursuivait le but consistant à restreindre ses activités publiques, notamment l'organisation d'événements publics et la participation à celles-ci. Les restrictions à son droit à la liberté, en l'espèce, poursuivaient le même but que dans Navalnyy [GC], à savoir étouffer le pluralisme politique. C'est un but inavoué, aux fins de l'art. 18, et il est d'une gravité importante. • CEDH 9 avr. 2019, *Navalnyy c/ Russie (n° 2),* n° 43734/14.

6. La Cour juge qu'il est établi au-delà de tout doute raisonnable que les mesures dénoncées en l'espèce poursuivaient un but inavoué, contraire à l'art. 18, à savoir réduire le requérant au silence. En outre, compte tenu de la nature des charges portées contre l'intéressé, elle considère que les mesures en cause étaient susceptibles d'avoir un effet dissuasif sur le travail des défenseurs des droits de l'homme. Par conséquent, elle conclut que la restriction de la liberté du requérant a été imposée à des fins autres que celle de le traduire devant une autorité judiciaire compétente en raison d'un soupçon raisonnable qu'il ait commis une infraction, conformément à l'art. 5, § 1 *c)* Conv. EDH. Au vu de ce qui précède, la Cour conclut qu'il y a eu violation de l'art. 18 combiné avec l'art. 5, § 1. • CEDH 10 déc. 2019, *Kavala c/ Turquie*, n° 28749/18, § 232.

TITRE II Cour européenne des droits de l'homme

BIBL. ▶ BERGER, *Mél. Pettiti, p. 129 ; Mél. Lambert, p. 69*. – BRIBOSIA, *Journ. dr. eur. 1995. 54*. – CARILLO-SALCEDO, *RUDH 1997. 1*. – COHEN-JONATHAN, *Europe 1994. Chron. 8 ; RUDH 1991. 205*. – DE ENTERRIA, *RTDH 1992. 251*. – DRZEMCZEWSKI, *Eur. Hum. Rights law Rev. 2000. 233*. – DRZEMCZEWSKI et MEYER-LADEWIG, *RUDH 1994. 83*. – EISSEN, *Rev. dr. homme 1969. 252*. – FLAUSS, *RTDH 1998. 435 ; Mél. Pettiti, p. 343*. – GÖLCÜKLÜ, *RUDH 1992. 32*. – IMBERT, *Mél. Pettiti, p. 449*. – JANSSEN-PEVTSCHIN, *RTDH 1994. 483*. – KRÜGHER, *RUDH 1996. 113*. – LAMBERT, *RTDH 1999. 479*. – LEGEAIS, *Mél. Couvrat, p. 255*. – MAHONEY, *Yearbook Eur. Law 1983-3. 157*. – MARCUS-HELMONS, *Mél. Pettiti, p. 569*. – MARGUÉNAUD, *D. 1999. Chron. 221*. – PETTITI, *Justices 1997, n° 6, p. 71*. – RENUCCI et FRICERO, *Procédures 1999. Chron. 6*. – SUDRE, *JCP 1995. I. 3849*. – VALTICOS, *Mél. Eissen, p. 415*.

Art. 19 ***Institution de la Cour.*** **Afin d'assurer le respect des engagements résultant pour les Hautes Parties contractantes de la présente Convention et de ses protocoles, il est institué une Cour européenne des Droits de l'homme, ci-dessous nommée "la Cour". Elle fonctionne de façon permanente.**

BIBL. ▶ ABRAHAM, *in Pettiti, Decaux et Imbert (dir.), p. 585*. – ANDRIANTSIMBAZOVINA, *RFDA 2009. 294*. – BENOÎT-ROHMER, *RTDH 2009. 3*. – CHAMBAUD, *Gaz. Pal. 13-15 juin 2008, p. 22*. – COHEN-JONATHAN, *RTDH 2003. 1125*. – COSTA, *RTDH 2009. 165*. – DOURNEAU-JOSETTE, *AJ pénal 2004. 283*. – EDELMAN, *D. 2008. Chron. 1946*. – FRICERO, *Procédures 2006. Étude 7*. – GARCIA DE ENTERRIA, *RTDH 1992. 3*. – HENNETTE-VAUCHEZ, *D. 2009. Chron. 238*. – LAMBERT, *RTDH 2002. 795*. – LESTOURNAUD, *Gaz. Pal. 19 févr. 1992, p. 9*. – MBONGO, *D. 2008. Chron. 99*. – RASSAT, *JCP 2009. Actu. 20*. – RAVAUD, *Gaz. Pal. 1985. 2. 266*. – RENUCCI, *Mél. Pradel, p. 1115*. – SOYER ET DE SALVIA, *LGDJ 1992*.

Art. 20 ***Nombre de juges.*** **La Cour se compose d'un nombre de juges égal à celui des Hautes Parties contractantes.**

Art. 21 ***Conditions d'exercice des fonctions.*** **1. Les juges doivent jouir de la plus haute considération morale et réunir les conditions requises pour l'exercice de hautes fonctions judiciaires ou être des jurisconsultes possédant une compétence notoire.**

(Prot. n° 15 du 24 juin 2013, art. 2 et 7, en vigueur le 1er août 2021) **« 2. Les candidats doivent être âgés de moins de 65 ans à la date à laquelle la liste de trois candidats est attendue par l'Assemblée parlementaire, en vertu de l'article 22.**

« 3. » Les juges siègent à la Cour à titre individuel.

(Protoc. n° 15 du 24 juin 2013, en vigueur le 1er août 2021) **« 4. » Pendant la durée de leur mandat, les juges ne peuvent exercer aucune activité incompatible avec les exigences d'indépendance, d'impartialité ou de disponibilité requise par une activité exercée à plein temps ; toute question soulevée en application de ce paragraphe est tranchée par la Cour.**

Art. 22 ***Élection des juges.*** **Les juges sont élus par l'Assemblée parlementaire au titre de chaque Haute Partie contractante, à la majorité des voix exprimées, sur une liste de trois candidats présentés par la Haute Partie contractante.**

Art. 23 ***Durée du mandat et révocation.*** **1. Les juges sont élus pour une durée de neuf ans. Il ne sont pas rééligibles.**

(Abrogé par Prot. n° 15 du 24 juin 2013, art. 2 et 7, à compter du 1er août 2021) ***« 2. Le mandat des juges s'achève dès qu'ils atteignent l'âge de 70 ans. »***

(Prot. n° 15 du 24 juin 2013, art. 2 et 7, en vigueur le 1er août 2021) **« 2. » Les juges restent en fonction jusqu'à leur remplacement. Ils continuent toutefois de connaître des affaires dont ils sont déjà saisis.**

(Prot. n° 15 du 24 juin 2013, art. 2 et 7, en vigueur le 1er août 2021) **« 3. » Un juge ne peut être relevé de ses fonctions que si les autres juges décident, à la majorité des deux tiers, que ce juge a cessé de répondre aux conditions requises.**

Art. 24 ***Greffe et rapporteurs.*** **1. La Cour dispose d'un greffe dont les tâches et l'organisation sont fixées par le règlement de la Cour.**

2. Lorsqu'elle siège en formation de juge unique, la Cour est assistée de rapporteurs qui exercent leurs fonctions sous l'autorité du président de la Cour. Ils font partie du greffe de la Cour.

Art. 25 ***Assemblée plénière.*** **La Cour réunie en assemblée plénière :**

a) Élit, pour une durée de trois ans, son président et un ou deux vice-présidents ; ils sont rééligibles ;
b) Constitue des chambres pour une période déterminée ;
c) Élit les présidents des chambres de la cour, qui sont rééligibles ;
d) Adopte le règlement de la cour ;
e) Élit le greffier et un ou plusieurs greffiers adjoints ;
f) Fait toute demande au titre de l'article 26, paragraphe 2.

Art. 26 *Formations de juge unique, comités, Chambres et Grande Chambre.* 1. Pour l'examen des affaires portées devant elle, la cour siège en formations de juge unique, en comités de trois juges, en Chambres de sept juges et en une Grande Chambre de dix-sept juges. Les Chambres de la cour constituent les comités pour une période déterminée.

2. A la demande de l'Assemblée plénière de la Cour, le Comité des ministres peut, par une décision unanime et pour une période déterminée, réduire à cinq le nombre de juges des Chambres.

3. Un juge siégeant en tant que juge unique n'examine aucune requête introduite contre la Haute Partie contractante au titre de laquelle ce juge a été élu.

4. Le juge élu au titre d'une Haute Partie contractante partie au litige est membre de droit de la Chambre et de la Grande Chambre ; en cas d'absence de ce juge, ou lorsqu'il n'est pas en mesure de siéger, une personne choisie par le président de la Cour sur une liste soumise au préalable par cette Partie siège en qualité de juge.

5. Font aussi partie de la Grande Chambre le président de la Cour, les vice-présidents, les présidents des Chambres et d'autres juges désignés conformément au règlement de la Cour. Quand l'affaire est déférée à la Grande Chambre en vertu de l'article 43, aucun juge de la Chambre qui a rendu l'arrêt ne peut y siéger, à l'exception du président de la Chambre et du juge ayant siégé au titre de la Haute Partie contractante intéressée.

Art. 27 *Compétence des juges uniques.* 1. Un juge unique peut déclarer une requête introduite en vertu de l'article 34 irrecevable ou la rayer du rôle lorsqu'une telle décision peut être prise sans examen complémentaire.

2. La décision est définitive.

3. Si le juge unique ne déclare pas une requête irrecevable ou ne la raye pas du rôle, ce juge la transmet à un comité ou à une Chambre pour examen complémentaire.

Art. 28 *Compétence des comités.* 1. Un comité saisi d'une requête individuelle introduite en vertu de l'article 34 peut, par vote unanime,

a) la déclarer irrecevable ou la rayer du rôle lorsqu'une telle décision peut être prise sans examen complémentaire ; ou

b) la déclarer recevable et rendre conjointement un arrêt sur le fond lorsque la question relative à l'interprétation ou à l'application de la Convention ou de ses Protocoles qui est à l'origine de l'affaire fait l'objet d'une jurisprudence bien établie de la Cour.

2. Les décisions et arrêts prévus au paragraphe 1 sont définitifs.

3. Si le juge élu au titre de la Haute Partie contractante partie au litige n'est pas membre du comité, ce dernier peut, à tout moment de la procédure, l'inviter à siéger en son sein en lieu et place de l'un de ses membres, en prenant en compte tous facteurs pertinents, y compris la question de savoir si cette Partie a contesté l'application de la procédure du paragraphe 1.*b*.

Art. 29 *Décisions des Chambres sur la recevabilité et le fond.* 1. Si aucune décision n'a été prise en vertu des articles 27 ou 28, ni aucun arrêt rendu en vertu de l'article 28, une Chambre se prononce sur la recevabilité et le fond des requêtes individuelles introduites en vertu de l'article 34. La décision sur la recevabilité peut être prise de façon séparée.

2. Une Chambre se prononce sur la recevabilité et le fond des requêtes étatiques introduites en vertu de l'article 33. Sauf décision contraire de la Cour dans des cas exceptionnels, la décision sur la recevabilité est prise séparément.

Art. 30 *Dessaisissement en faveur de la Grande Chambre.* Si l'affaire pendante devant une Chambre soulève une question grave relative à l'interprétation de la Convention ou de ses protocoles, ou si la solution d'une question peut conduire à une contradiction avec un arrêt rendu antérieurement par la cour, la Chambre peut, tant qu'elle n'a pas rendu son arrêt, se dessaisir au profit de la Grande Chambre *(Abrogé par Prot. n° 15 du 24 juin 2013, art. 3 et 7, à compter du 1er août 2021)* « *, à moins que l'une des parties ne s'y oppose* ».

L'amendement introduit par l'art. 3 du Prot. n° 15 du 24 juin 2013 ne s'applique pas aux affaires pendantes dans lesquelles l'une des parties s'est opposée, avant son entrée en vigueur, à une proposition d'une chambre de la Cour de se dessaisir au profit de la Grande Chambre.

Art. 31 *Attributions de la Grande Chambre.* La Grande Chambre :

a) Se prononce sur les requêtes introduites en vertu de l'article 33 ou de l'article 34 lorsque l'affaire lui a été déférée par la Chambre en vertu de l'article 30 ou lorsque l'affaire lui a été déférée en vertu de l'article 43 ;

b) se prononce sur les questions dont la Cour est saisie par le Comité des ministres en vertu de l'article 46, paragraphe 4 ; et

c) Examine les demandes d'avis consultatifs introduites en vertu de l'article 47.

Art. 32 *Compétence de la Cour.* 1. La compétence de la Cour s'étend à toutes les questions concernant l'interprétation et l'application de la Convention et de ses protocoles qui lui seront soumises dans les conditions prévues par les articles 33, 34, 46 et 47.

2. En cas de contestation sur le point de savoir si la Cour est compétente, la Cour décide.

Art. 33 *Affaires interétatiques.* Toute Haute Partie contractante peut saisir la cour de tout manquement aux dispositions de la Convention et de ses protocoles qu'elle croira pouvoir être imputé à une autre Haute Partie contractante.

Art. 34 *Requêtes individuelles.* La Cour peut être saisie d'une requête par toute personne physique, toute organisation non gouvernementale ou tout groupe de particuliers qui se prétend victime d'une violation par l'une des Hautes Parties contractantes des droits reconnus dans la Convention ou ses protocoles. Les Hautes Parties contractantes s'engagent à n'entraver par aucune mesure l'exercice efficace de ce droit.

BIBL. ▶ Renucci, *D. 2014. 238* (la notion de victime au sens de l'art. 34 de la Conv. EDH).

I. SITUATION DU REQUÉRANT

A. QUALITÉ DE REQUÉRANT

1° RÈGLES GÉNÉRALES

1. Personnes physiques. Le requérant se plaint pour l'essentiel, sur le terrain de l'art. 5 Conv. EDH, de son « enlèvement » et de son « transport forcé » de France en Suisse. Ses griefs ne sont pas « évidemment étrangers aux dispositions de la Convention » ; ils ont trait à leur interprétation et à leur application (art. 45), question de fond à trancher par la Cour. • CEDH 18 déc. 1986, *Bozano c/ Italie, § 42 : Série A n° 111 ; Rev. gén. suisse 1990. 24, obs. Bouloc ; RTD eur. 1987. 255 ; Cah. dr. eur. 1988. 441, obs. Cohen-Jonathan ; Ann. fr. dr. int. 1987. 239, obs. Coussirat-Coustère ; RFDA 1989. 3, obs. Labayle ; RSC 1987. 487, obs. Pettiti et Teitgen ; JDI 1987. 807, obs. Rolland et Tavernier.* ♦ A noter que l'insolvabilité ne saurait supprimer le droit que l'art. 25 (art. 34 désormais) confère à toute personne. • CEDH 29 nov. 1991, *Pine Valley Developments Ltd et a. c/ Irlande : Série A n° 222, obs. Decaux et Tavernier ; RTDH 1993. 580, obs. Flauss ; RUDH 1992. 1, obs. Sudre et a.*

2. L'insolvabilité ne saurait supprimer le droit que l'art. 25 (art. 34 désormais) confère à toute personne. • CEDH 29 nov. 1991, *Pine Valley Developments Ltd et a. c/ Irlande : Série A n° 222, obs. Decaux et Tavernier ; RTDH 1993. 580, obs. Flauss ; RUDH 1992. 1, obs. Sudre et a.*

3. Entrave à l'exercice du droit de recours. Le grief tiré de l'art. 34 relatif au non-respect de la mesure provisoire indiquée sur le fondement de l'art. 39 du règlement de la Cour concerne en fait l'obligation positive, découlant pour l'État défendeur de l'art. 2, de protéger la vie des personnes relevant de sa juridiction. La Cour constitutionnelle, autorité judiciaire suprême, devait avoir la possibilité d'examiner la substance de ce grief. Compte tenu du lien étroit qui existe en l'espèce entre les griefs tirés des art. 2 et 34, la Cour estime qu'elle ne doit pas à ce stade examiner le grief fondé sur l'art. 34, car cette disposition implique nécessairement un examen des obligations positives qui incombent à l'État au regard de l'art. 2. Certes, il n'y a pas d'obligation, pour les fonder sur l'art. 34, d'épuiser les voies de recours internes, et la Cour est la seule autorité à pouvoir vérifier qu'une mesure provisoire a été respectée ; mais le fait de procéder à un examen du grief tiré de l'art. 34 reviendrait en fait à contourner la règle de l'épuisement des voies de recours internes relativement aux griefs connexes tirés de l'art. 2. • CEDH 29 janv. 2019, *Ahmet Tunc et a. c/ Turquie*, n°s 4133/16 et 31542/16.

4. ONG et groupes de particuliers. Selon la Cour, ni le statut juridique de société anonyme, ni le caractère commercial de ses activités, ni la nature même de la liberté d'expression ne sauraient priver Autronic AG du bénéfice de l'art. 10 qui vaut pour « toute personne », physique ou morale. • CEDH 22 mai 1990, *Autronic AG c/ Suisse, § 47 : Série A n° 178 ; Ann. fr. dr. int. 1991. 587, obs. Coussirat-Coustère ; Adde* Cohen-Jonathan ; *RTDH 1990. 313.* ♦ L'affaire *Syndicat national de la police belge* a été déférée à la Cour par la Commission européenne des droits de l'homme. A son origine se trouve une requête dirigée contre le royaume de Belgique et dont le Syndicat national de la police belge avait saisi la Commission le 5 mars 1970. • CEDH 27 oct. 1975, *Synd. national de la police belge c/ Belgique, § 1 : Série A n° 19 ; Ann. fr. dr. int. 1976. 121, obs. Pelloux ; JDI 1978. 685, obs. Rolland* • 6 févr. 1976, *Synd. suédois des conducteurs de locomotive c/ Suède, § 1 : Série A n° 20.*

5. Les requérants, pères et mères de famille de nationalité belge, ont saisi la Commission tant pour leur compte personnel que pour celui de leurs enfants mineurs, dont le nombre dépasse huit cents. Soulignant qu'ils sont francophones ou qu'ils s'expriment le plus fréquemment en français, ils désirent que leurs enfants soient instruits dans cette langue. • CEDH 23 juill. 1968, *Affaire relative à certains aspects du régime linguistique de l'enseignement en Belgique c/ Belgique, § 2 : Série A n° 6 ; Ann. fr. dr. int. 1967. 205 et 1968. 201, obs. Pelloux ; Cah. dr. eur. 1967. 423, obs. Vanwelkenhuyzen.*

2° CAS PARTICULIERS

6. Communes. N'étant ni une organisation non gouvernementale ni un groupe de particuliers, un organisme de collectivités locales, telle une commune, n'a pas qualité pour introduire une requête. • Comm. EDH 14 déc. 1988, *Rothenthurm Cne c/ Suisse : DR 59/251.*

7. Partis politiques. Un parti politique, parce qu'il regroupe des personnes ayant un intérêt commun, peut être considéré tantôt comme une organisation non gouvernementale, tantôt comme un groupe de particuliers. • Comm. EDH 18 déc. 1960, *The Liberal Party et a. c/ Royaume-Uni : DR 21/211.*

8. Monastères. Comme la Commission l'a relevé dans sa décision sur la recevabilité, la Cour note d'emblée que les monastères requérants n'exercent pas de prérogatives de puissance publique. L'art. 39, § 1 de la charte statutaire de l'Église de Grèce qualifie les monastères d'institutions religieuses d'ascétisme. Leurs objectifs essentiellement ecclésiaux et spirituels, et même culturels et sociaux pour certains d'entre eux, ne sont pas de nature à les faire ranger parmi des organisations gouvernementales poursuivant des objectifs d'administration publique. De la qualification de personnes morales de droit public se déduit seulement la volonté du législateur de leur assurer – en raison des liens particuliers qui les unissent à l'État – la même protection juridique à l'égard des tiers que celle accordée aux autres personnes morales de droit public. En outre, le seul pouvoir des conseils monastiques consiste à édicter des règlements portant sur l'organisation et la promotion de la vie spirituelle et sur l'administration interne de chaque monastère. Relevant de la tutelle – spirituelle – de l'archevêque du lieu où ils se trouvent situés et non de celle de l'État, les monastères constituent des entités distinctes de ce dernier, à l'égard duquel ils jouissent d'une autonomie complète. Il y a donc lieu de considérer les monastères requérants comme des organisations non gouvernementales au sens de l'art. 25 Conv. EDH. • CEDH 9 déc. 1994, *Les Saints Monastères c/ Grèce, § 49 : Série A n° 301-A.* ♦ Pour une Église, V. • CEDH 5 déc. 2001, *Église métropolitaine de Bessarabie c/ Moldova, § 1 : JDI 2001. 313, obs. Deleplace.*

B. NOTION DE VICTIME

1° INTERPRÉTATION EN PRINCIPE RESTRICTIVE

9. *Victime d'une violation de la Convention.* Par victime, l'art. 25 (désormais l'art. 34) désigne la personne directement concernée par l'acte ou l'omission litigieux, l'existence d'un manquement aux exigences de la Convention se concevant même en l'absence de préjudice ; celle-ci ne joue un rôle que sur le terrain de la satisfaction équitable. Partant, l'atténuation d'une peine et l'arrêt des poursuites, décidés en raison de la durée excessive d'une procédure, ne privent pas en principe l'intéressé de la qualité de victime ; il ne faut les prendre en considération que pour apprécier l'étendue du dommage prétendument subi par lui. • CEDH 15 juill. 1982, *Eckle c/ Allemagne, § 66 : Série A n° 51 ; JDI 1985. 202, obs. Rolland et Tavernier* • 13 mai 1980, *Artico c/ Italie, § 35 : Série A n° 37 ; Cah. dr. eur. 1982. 213, obs. Cohen-Jonathan ; Ann. fr. dr. int. 1981. 288, obs. Pelloux ; JDI 1982. 202, obs. Rolland.*

10. L'atténuation d'une peine et l'arrêt des poursuites, décidés en raison de la durée excessive d'une procédure, ne privent pas en principe l'intéressé de la qualité de victime au sens de l'art. 25 ; il ne faut les prendre en considération que pour apprécier l'étendue du dommage prétendument subi par lui. La Cour n'exclut pas que cette règle générale puisse souffrir une exception lorsque les autorités nationales ont reconnu explicitement ou en substance, puis réparé, la violation de la Convention. Dans une telle hypothèse, doubler la procédure interne d'une instance devant la Commission et la Cour paraît peu compatible avec le caractère subsidiaire du mécanisme de sauvegarde instauré par la convention. Celle-ci confie d'abord à chacun des États contractants le soin d'assurer la jouissance des droits et libertés qu'elle consacre. Ce caractère subsidiaire acquiert encore plus de relief quand il s'agit d'États qui ont incorporé la Convention à leur ordre juridique et qui en considèrent les normes comme directement applicables. • CEDH 15 juill. 1982, *Eckle c/ Allemagne, § 66 : préc. note 9.*

11. *Nécessité de se prétendre victime d'une violation de la Convention.* L'art. 34 Conv. EDH exige qu'un individu requérant se prétende effectivement lésé par la violation qu'il allègue. Cet article n'institue pas au profit des particuliers une sorte d'*actio popularis* pour l'interprétation de la Convention ; il ne les autorise pas à se plaindre *in abstracto* d'une loi par cela seul qu'elle leur semble enfreindre la Convention. En principe, il ne suffit pas à un individu requérant de soutenir qu'une loi viole par sa simple existence les droits dont il jouit aux termes de la Convention ; elle doit avoir été appliquée à son détriment. • CEDH 23 mai 2002, *Segi et a. et Gestoras pro-amnistia et a. c/ Allemagne, Autriche, Belgique, Danemark, Espagne, Finlande, France, Grèce, Irlande, Italie, Luxembourg, Pays-Bas, Portugal, Royaume-Uni et Suède : D. 2003. Somm. 523, obs. Renucci* • 6 sept. 1978, *Klass et a. c/ Allemagne, § 33 : Série A n° 28 ; Cah. dr. eur. 1979. 474, obs. Cohen-Jonathan ; Ann. fr. dr. int. 1979. 338, obs. Pelloux ; JDI 1980. 463, obs. Rolland.* ♦ En principe, l'exercice du droit de recours individuel ne saurait avoir pour objet de prévenir une violation de la Convention. • Comm. EDH 4 déc. 1995, *Noël Narvii Tauira et 18 a. c/ France : DR 83-A/130.* ♦ De plus, seules les personnes qui allèguent une mesure d'une certaine gravité peuvent se prétendre victimes d'une violation de la Convention. • CEDH 27 août 1992, *Vijayanathan et Pusparajah c/ France, §§ 44 s. : Série A n° 241-B ; Ann. fr. dr. int. 1992. 629, obs. Coussirat-Coustère ; JDI 1993. 745, obs. Decaux et Tavernier ; RUDH 1993. 1, obs. Sudre et autres.*

12. Étant donné que l'auteur de la requête ne justifie pas de pouvoirs de représenter d'autres personnes, soit en tant qu'organisation non gouvernementale, soit en tant que groupe de particuliers et que la Convention ne connaît pas l'*actio popularis*, la requête n'est examinée que dans la mesure où son auteur se prétend lui-même victime de la situation dénoncée. • Comm. EDH 10 mai 1979, *Alliance des Belges de la CEE c/ Belgique : DR 15/259.*

13. Perte de la qualité de victime. Les conditions posées par les organes de la Convention pour qu'un requérant cesse d'être victime, au sens de l'art. 34 de la Convention, des violations qu'il allègue supposent que les autorités nationales aient reconnu explicitement ou en substance, puis réparé, lesdites violations : • CEDH 15 juill. 1982, *Eckle c/ Allemagne*, § 66 : *Série A n° 51, p. 30.* ♦ La Cour relève que les requérants vivent à présent aux États-Unis. Eu égard au fait que les craintes qu'ils nourrissaient à l'endroit d'un possible renvoi forcé vers l'Iran ont été supprimées, elle considère que les intéressés ne peuvent plus se prétendre victimes au sens de *l'art. 34 de la Convention*. Elle estime dès lors qu'il ne s'impose pas d'examiner plus avant les griefs formulés par eux sur le terrain des art. 2, 3 et 8 de la Convention. • CEDH 11 juill. 2007, *G.H.H. et a. c/ Turquie*, § 28 : *n° 43258/98.* – V° aussi la perte du statut de victime d'un requérant après la cession de ses droits à un autre requérant. • CEDH 3 juin 2008, *Dimitrescu c/ Moldova*, n° 5629/03.

14. La Cour estime que la durée de la procédure, certes longue – cinq ans et neuf mois –, n'a pas privé le recours interne, dans les circonstances de l'espèce, de son efficacité à offrir un redressement adéquat. Le tribunal administratif a annulé la sanction disciplinaire, qui a donc cessé rétroactivement de déployer ses effets, et la requérante a vu reconnaître son droit à la liberté d'expression. Si l'intéressée n'a reçu aucune indemnité, elle n'a pas non plus fait état à la Cour d'un quelconque manque à gagner concret résultant de la décision litigieuse. En outre, le rôle qu'a joué cette sanction d'après la requérante, parmi d'autres difficultés qu'elle a connues à cette époque, dans sa décision de prendre sa retraite et les problèmes avec les autorités dont elle fait état ne suffisent pas à établir un lien de causalité entre la sanction disciplinaire et un préjudice identifiable qui n'aurait pas été réparé. (...). Dès lors, la Cour conclut que la requérante ne peut plus se prétendre victime d'une ingérence dans l'exercice de son droit à la liberté d'expression garanti par l'art. 10 de la Convention. Partant, il n'y a pas eu violation de cette disposition. • CEDH 10 oct. 2000, *Akkic c/ Turquie*, §§ 67 et 68, n° 22947/93. ♦ Pour un exemple où le requérant n'a pas perdu sa qualité de victime, faute d'une reconnaissance de la violation : • CEDH 26 sept. 2000, *Guisset c/ France*, §§ 69 et 70, n° 33933/96. ♦ La perte de qualité de victime ou les trois mois d'une peine d'emprisonnement avec sursis ont été déclarés purgés après reconnaissance de la durée excessive de la procédure pénale. • CEDH 20 juin 2019, *Chiarello c/ Allemagne*, n° 497/17.

2° *INTERPRÉTATION EXCEPTIONNELLEMENT EXTENSIVE*

15. Victimes potentielles. Ce n'est que dans des circonstances tout à fait exceptionnelles que le risque d'une violation future peut néanmoins conférer à un requérant la qualité de victime d'une violation de la Convention. Pour que, dans une telle situation, un requérant puisse se prétendre victime, il faut toutefois qu'il produise des indices raisonnables et convaincants de la probabilité de réalisation d'une violation en ce qui le concerne personnellement ; de simples suspicions ou conjectures sont insuffisantes à cet égard. • Comm. EDH 4 déc. 1995, *Noël Narvii Tauira et 18 a. c/ France : préc. note 11.* ♦ V. aussi la perte du statut de victime d'un requérant après la cession de ses droits à un autre requérant. • CEDH 3 juin 2008, *Dimitrescu c/ Moldavie*, n° 5629/03.

16. C'est ainsi que la Cour a admis la notion de victime potentielle lorsque le requérant n'était pas en mesure de démontrer que la législation (sur les écoutes téléphoniques) qu'il incriminait lui avait été effectivement appliquée, du fait du caractère secret de mesures qu'elle autorisait. • CEDH 6 sept. 1978, *Klass et a. c/ Allemagne, § 33 : préc. note 11.* ♦ *Idem* lorsqu'une loi réprimant les homosexuels était susceptible de s'appliquer à une certaine catégorie de la population, dont le requérant. • CEDH 22 oct. 1981, *Dudgeon c/ Royaume-Uni, §§ 37 s. : Série A n° 45 ;*

Cah. dr. eur. 1982. 221, obs. Cohen-Jonathan ; Ann. fr. dr. int. 1982. 504, obs. Pelloux ; JDI 1985. 185, obs. Rolland et Tavernier. ♦ La notion de victime potentielle a été admise en cas de mesures d'éloignement d'étrangers déjà décidées mais non encore exécutées, et lorsque leur exécution exposerait les intéressés à subir, dans le pays de destination, des traitements contraires à l'art. 3. En principe, il n'appartient pas aux organes de la Convention de statuer sur l'existence ou l'absence de violations virtuelles de celle-ci. Une dérogation à la règle générale s'impose pourtant si un fugitif allègue que la décision de l'extrader enfreindrait l'art. 3 au cas où elle recevrait exécution, en raison des conséquences à en attendre dans le pays de destination ; il y va de l'efficacité de la garantie assurée par ce texte, vu la gravité et le caractère irréparable de la souffrance prétendument risquée. • CEDH 7 juill. 1989, *Soering c/ Royaume-Uni, § 90 : Série A n° 161 ; Ann. fr. dr. int. 1991. 583, obs. Coussirat-Coustère ; RSC 1989. 786, obs. Pettiti ; JDI 1990. 734, obs. Rolland et Tavernier.* ♦ La même solution a été retenue en cas de mesures d'éloignement des étrangers dont l'exécution violerait le droit au respect de la vie familiale. • CEDH 26 mars 1992, *Beldjoudi c/ France, § 79 : Série A n° 234 ; RTDH 1993. 449, obs. Carlier ; Ann. fr. dr. int. 1992. 629, obs. Coussirat-Coustère ; JDI 1993. 723, obs. Decaux et Tavernier ; RSC 1992. 635, obs. Pettiti ; RUDH 1993. 1, obs. Sudre et a.*

17. Mais s'agissant des positions communes prises dans le cadre de la mise en œuvre de la PESC par les États membres de l'Union européenne pour lutter contre le terrorisme, la Cour a jugé que la situation ne confère pas aux associations requérantes et à leurs porte-parole la qualité de victimes d'une violation de la Convention au sens de l'art. 34 : les requêtes sont déclarées irrecevables. • CEDH 23 mai 2002, *Segi et a. et Gestoras pro-amnistia et a. c/ Allemagne, Autriche, Belgique, Danemark, Espagne, Finlande, France, Grèce, Irlande, Italie, Luxembourg, Pays-Bas, Royaume-Uni et Suède : préc. note 11.*

18. Victimes indirectes. L'affaire (tirs mortels de soldats britanniques sur trois membres de l'IRA soupçonnés de préparer un attentat) a été déférée à la Cour par la Comm. EDH. A son origine se trouve une requête (n° 18984/91) dirigée contre le Royaume-Uni de Grande-Bretagne et d'Irlande du Nord et dont trois ressortissants, britanniques et irlandais, avaient saisi la Commission le 14 août 1991 en vertu de l'art. 25. • CEDH 27 sept. 1995, *Mc Cann et a. c/ Royaume-Uni, § 1 : Série A n° 324.* ♦ Le décès de la victime n'éteint pas automatiquement l'action. L'affaire a été déférée à la Cour par la Comm. EDH (...). A son origine se trouve une requête (n° 19953/92) dirigée contre la République française par une ressortissante allemande, qui avait saisi la Commission (sœur de la victime, blessée mortellement par balle). • CEDH 7 août 1996, *Hamer c/ France, § 1 : Rec. 1996-III ; D. 1997. Somm. 205, obs. Renucci.* ♦ V. également. • Comm. EDH 30 mai 1975, *Baader et a. c/ RFA : DR 2/58.* ♦ C'est en fonction de la nature de la requête que les héritiers peuvent avoir un intérêt légitime suffisant pour justifier la poursuite, pour leur compte, de l'examen de la requête. • CEDH 21 mars 1992, *X. c/ France, § 1 : Série A n° 234-C ; D. 1992. Somm. 334, obs. Renucci.*

II. COLLABORATION DES ÉTATS

19. Obligation de ne pas entraver l'exercice du droit de recours. La Cour estime, avec la Commission, que pour que le mécanisme de recours individuel instauré à l'art. 25 Conv. EDH soit efficace, il est de la plus haute importance que les requérants, déclarés ou potentiels, soient libres de communiquer avec la commission, sans que les autorités les pressent en aucune manière de retirer ou modifier leurs griefs. Compte tenu de la vulnérabilité des villageois requérants et de ce que, dans le sud-est de la Turquie, porter plainte contre les autorités peut fort bien susciter une crainte légitime de représailles, les faits dénoncés constituent une forme de pression illicite et inacceptable sur les requérants pour les amener à retirer leur requête. De plus, on ne saurait exclure que le fait de filmer les deux personnes dont on a ensuite reconnu qu'elles n'étaient pas requérantes peut avoir participé de ces pressions. Le maintien par les requérants de leur requête à la Commission n'empêche pas qu'une telle attitude des autorités constitue dans le chef des intéressés une entrave contraire à l'art. 25. Partant, il y a eu sur ce point violation de l'art. 25, § 1. • CEDH 16 sept. 1996, *Akdivar et a. c/ Turquie, §§ 105 et 106 : Rec. 1996-IV ; Justices 1997. 172, obs. Cohen-Jonathan ; Ann. fr. dr. int. 1996. 749, obs. Coussirat-Coustère ; JDI 1997. 239, obs. Decaux et Tavernier ; RSC 1997. 454, obs. Koering-Joulin ; JCP 1997. I. 4000, obs. Sudre.*

20. La Commission estime que la requérante et sa famille se plaignaient sincèrement de mesures de harcèlement et d'intimidation et avaient subi de fortes pressions dans des circonstances risquant de compromettre à l'avenir la participation de la requérante à la procédure engagée devant elle, ce qui avait rendu plus difficile à celle-ci l'exercice du droit de recours individuel. Certes, aucune preuve de source indépendante ne vient étayer ces allégations, mais la Commission constate néanmoins que le gouvernement n'a à aucun moment avancé de raisons plausibles pour justifier les contacts que les autorités ont eus avec la requérante et sa famille. De surcroît, alors qu'il avait été invité par la commission à commenter les allégations d'intimidation et de harcèlement, le gouvernement n'en a rien fait. La cour souligne que, pour que le mécanisme de recours individuel instauré à l'art. 25 de la convention soit efficace, il est de la plus haute importance que les requérants, déclarés ou potentiels, soient libres de communiquer avec la commission, sans que les autorités les pressent en aucune manière de retirer ou modifier leurs griefs. Il convient de noter que la requérante, pas plus que sa famille, n'a présenté de preuve concrète et indépendante des mesures d'intimidation ou de harcèlement destinées à l'empêcher de poursuivre la procédure qu'elle avait engagée devant les institutions de la Convention. La Commission s'est largement appuyée sur le fait que les autorités se sont contentées d'opposer un simple démenti à ses allégations selon lesquelles sa maison avait été perquisitionnée, son mari battu par des policiers et les autorités avaient pris contact avec sa famille et elle-même à maintes reprises sans raison valable pour les interroger au sujet de sa requête à la Commission. Cependant, le gouvernement a réaffirmé devant la Cour que ces griefs d'intimidation et de harcèlement ne sont pas établis. Il reconnaît que des contacts et des interrogatoires ont eu lieu, mais s'est efforcé de les justifier en invoquant les besoins de l'enquête sur la plainte de la requérante et la nécessité de faciliter la comparution de celle-ci aux auditions tenues par les délégués. Dans ces conditions, la Cour estime, à la lumière des éléments dont elle dispose, que les faits ne sont pas suffisamment établis pour lui permettre de conclure que les autorités de l'État défendeur ont intimidé ou harcelé la requérante ou des membres de sa famille dans des circonstances destinées à la pousser à retirer ou modifier sa requête ou à l'entraver de toute autre manière dans l'exercice du droit de recours individuel. En conséquence, il n'y a pas eu violation de l'art. 25, § 1, Conv. EDH. • CEDH 25 sept. 1997, *Aydin c/ Turquie, §§ 114 à 117 : Rec. 1997-VI ; D. 1998. Somm. 205, obs. Renucci*.

21. La Cour estime que les mesures prises par le Gouvernement russe pour s'enquérir des dispositions financières entre le requérant et sa représentante devant la Cour, notamment le fait d'avoir contacté le cabinet juridique de celle-ci et le requérant lui-même en prison, étaient dépourvues de bases légale et factuelle et visaient spécifiquement à empêcher la représentante du requérant de participer à la procédure à Strasbourg. Dès lors, la Cour dit, à l'unanimité, qu'il y a eu une ingérence dans l'exercice par le requérant de son droit de recours individuel et que la Russie a manqué aux obligations qui lui incombent en vertu de l'art. 34. • CEDH 3 déc. 2008, *Riabov c/ Russie*, n° 3896/04.

22. La Cour estime que les refus opposés par les autorités espagnoles aux demandes successives du requérant, détenu ayant fait l'objet d'une sanction disciplinaire, concernant l'envoi de son dossier, constituent une violation de l'art. 34 de la Convention. • CEDH 11 oct. 2016, *Cano Moya c/ Espagne*, n° 3142/11 : *D. actu. 26 oct. 2016, obs. Falxa ; AJ pénal 2016. 547, obs. H.-Evans*.

Art. 35 ***Conditions de recevabilité.*** **1. La Cour ne peut être saisie qu'après l'épuisement des voies de recours internes, tel qu'il est entendu selon les principes de droit international généralement reconnus, et** *(Prot. n° 15 du 24 juin 2013, art. 4 et 8, en vigueur le 1er févr. 2022)* **« dans un délai de quatre mois** *[ancienne rédaction : dans un délai de six mois]* **» à partir de la date de la décision interne définitive.**

2. La Cour ne retient aucune requête individuelle introduite en application de l'article 34, lorsque :

a) **Elle est anonyme ; ou**

b) **Elle est essentiellement la même qu'une requête précédemment examinée par la cour ou déjà soumise à une autre instance internationale d'enquête ou de règlement, et si elle ne contient pas de faits nouveaux.**

3. La Cour déclare irrecevable toute requête individuelle introduite en application de l'article 34, lorsqu'elle estime :

a) **que la requête est incompatible avec les dispositions de la Convention ou de ses Protocoles, manifestement mal fondée ou abusive ; ou**

b) **que le requérant n'a subi aucun préjudice important, sauf si le respect des droits de l'homme garantis par la Convention et ses Protocoles exige un examen de la requête au fond** *(Abrogé par Prot. n° 15 du 24 juin 2013, art. 5 et 7, à compter du 1er août 2021)* ***« et à condition de ne rejeter pour ce motif aucune affaire qui n'a pas été dûment examinée par un tribunal interne ».***

4. La Cour rejette toute requête qu'elle considère comme irrecevable en application du présent article. Elle peut procéder ainsi à tout stade de la procédure.

L'art. 4 du Protocole n° 15 entrera en vigueur à l'expiration d'une période de six mois après la date d'entrée en vigueur du Protocole. Il ne s'applique pas aux requêtes au regard desquelles la décision définitive au sens de l'art. 35, § 1, de la Convention a été prise avant la date d'entrée en vigueur de l'art. 4 dudit Protocole (Prot. n° 15 du 24 juin 2013, en vigueur le 1er août 2021, art. 8).

BIBL. ▶ FLAUSS, *RUDH 1991. 529.* – HOTTELIER, *RTDH 1991. 301.* – MONCONDUIT, *Ann. fr. dr. int. 1971. 348.* – PICARD, *in Pettiti, Decaux et Imbert (dir.), p. 591.* – SORRENSEN, *Mél. Cassin, p. 336.*

– SPIELMANN, *Mél. Pettiti, p. 673.* – TELLIER-CAYROL, *AJ pénal 2011. 25* (question prioritaire de constitutionnalité, voie de recours interne ?). – TRESCHEL, *in Pettiti, Decaux et Imbert (dir.), p. 621.*

I. CONDITIONS PRINCIPALES DE RECEVABILITÉ

A. ÉPUISEMENT DES VOIES DE RECOURS INTERNES

1. Autonomie de la notion de « voies de recours internes ». Au sens de la Convention, les voies de recours sont toutes voies de droit pouvant aboutir à un résultat satisfaisant au regard de l'objet de la requête. • Comm. EDH 13 juill. 1983, *Suisse : DR 33/21.* ♦ Aux termes de l'art. 35, § 1, de la Convention, la Cour ne peut être saisie qu'après l'épuisement des voies de recours internes. A cet égard, elle souligne que tout requérant doit avoir donné aux juridictions internes l'occasion que l'art. 35, § 1, a pour finalité de ménager en principe aux États contractants : éviter ou redresser les violations alléguées contre lui. • CEDH 19 mars 1991, *Cardot c/ France*, § 36 : *Série A n° 200.*

2. Subsidiarité du mécanisme européen de protection des droits de l'homme. La Cour rappelle que la règle de l'épuisement vise à ménager aux États contractants l'occasion de prévenir ou de redresser les violations alléguées contre eux avant que ces allégations ne lui soient soumises. Cette règle se fonde sur l'hypothèse que l'ordre interne offre un recours effectif quant à la violation alléguée. De la sorte, elle constitue un aspect important du principe voulant que le mécanisme de sauvegarde instauré par la convention revête un caractère subsidiaire par rapport aux systèmes nationaux de garantie des droits de l'homme. • CEDH 6 sept. 2001, *Brusco c/ Italie : D. 2002. Somm. 685, obs. Renucci*. ♦ La cour rappelle que l'art. 35, § 1, Conv. EDH a pour finalité de ménager aux États contractants l'occasion de prévenir ou redresser les violations alléguées contre eux avant que ces allégations ne lui soient soumises. • CEDH 20 janv. 2000, *Yahiaoui c/ France, § 31 : Procédures 2000. Comm. 120, obs. Fricero.* ♦ Une requête peut toutefois être introduite avant l'épuisement des recours internes, à condition que l'épuisement soit réalisé au moment où il sera statué sur la recevabilité. • Comm. EDH 18 juill. 1968, *Ringeisen c/ Autriche*, n° 2614/65. ♦ Il serait excessif et contraire à l'esprit de la règle de l'épuisement d'admettre qu'une personne puisse adresser une requête à la Cour avant tout exercice d'une voie de recours interne. Mais une certaine souplesse s'impose au nom de l'équité. • CEDH 16 juill. 1971, *Ringeisen c/ Autriche, § 89 : Série A n° 13.*

3. Dans la présente affaire, la Cour relève qu'il existe en droit français des recours spécifiques dont le requérant pouvait faire usage en l'espèce et qui étaient de nature à remédier à la violation alléguée. En effet, l'art. 9-1 C. civ., outre le droit à réparation qu'il consacre, prévoit des procédures d'urgence qui peuvent être utilisées par toute personne dont la présomption d'innocence n'est pas respectée. De même, le requérant disposait de la possibilité d'engager une action civile fondée sur une atteinte à la présomption d'innocence commise par l'un des moyens visés à l'art. 23 de la L. du 29 juill. 1881 sur la liberté de la presse, voire une action en diffamation en vertu des art. 29 et 32 de cette loi. En outre, si le requérant entendait se plaindre du non-respect du secret de l'instruction, il pouvait également porter plainte avec constitution de partie civile (art. 11). En toute hypothèse, la Cour considère qu'il appartenait au requérant d'engager les recours utiles précités, aucune obligation relative au déclenchement *ex officio* des procédures évoquées ne pesant sur l'État défendeur en la matière. Faute pour le requérant d'avoir épuisé l'une des voies de recours internes, à la fois disponibles et accessibles, cette partie de la requête doit être rejetée, en tout état de cause, en application de l'art. 35 §§ 1 et 4 de la Convention. • CEDH 27 mai 2008, *Marchiani c/ France*, n° 30392/03.

1° PRINCIPE D'ÉPUISEMENT DES VOIES DE RECOURS INTERNES

4. Date de l'appréciation de l'épuisement des voies de recours internes. Le gouvernement soulève à titre principal une exception d'irrecevabilité, tenant à ce que le requérant n'aurait pas épuisé les voies de recours internes au sens de l'art. 35, § 1, Conv. EDH. Il considère que le requérant aurait dû et doit faire usage, aussi bien pour la durée de la détention provisoire que pour celle de la procédure pénale, du recours prévu à l'art. L. 781-1 du code de l'organisation judiciaire, qui dispose que « l'État est tenu de réparer le dommage causé par le fonctionnement défectueux du service de la justice. Cette responsabilité n'est engagée que par une faute lourde ou par un déni de justice ». Le gouvernement souligne que plusieurs décisions récentes ont fait droit à des demandes de ce chef (...). Pour ce qui est du recours prévu à l'art. L. 781-1 COJ, la Cour note qu'il a fait l'objet dans les dernières années d'un usage de plus en plus fréquent, notamment dans le domaine du non-respect du délai raisonnable, les juridictions compétentes l'appliquant en se référant à l'art. 6, § 1, Conv. EDH. S'agissant du « délai raisonnable » de la durée de la détention provisoire et de la procédure pénale, la cour note que l'arrêt de la cour d'appel de Paris du 20 janv. 1999 ainsi que les autres arrêts mentionnés par le gouvernement sont postérieurs à l'introduction de la requête devant la Cour, à savoir le 9 oct. 1997.

Par ailleurs, lorsque la procédure litigieuse a débuté, en 1992, la jurisprudence à laquelle se réfère le gouvernement n'était aucunement établie. En conséquence, la période à considérer, allant de 1992 à 1998, doit être appréciée en dehors d'une éventuelle exigence relative à l'utilisation du recours prévu par l'art. L. 781-1 COJ. Par ailleurs, le gouvernement ne fournit aucune jurisprudence qui permettrait de conclure à l'existence de l'effectivité du recours fondé sur l'art. L. 781-1 dans le domaine de la détention provisoire. Compte tenu de ce qui précède, l'exception de non-épuisement soulevée par le gouvernement ne saurait être retenue. • Comm. EDH 26 sept. 2000, *Zannouti c/ France, § 2,* nº 42211/98.

5. Il est vrai que la présente requête a été introduite avant l'entrée en vigueur de la loi Pinto, et que par conséquent au moment où il a pour la première fois formulé son grief à Strasbourg, le requérant ne disposait, en droit italien, d'aucun recours efficace pour contester la durée de la procédure litigieuse. A cet égard, la Cour rappelle que l'épuisement des voies de recours internes s'apprécie normalement à la date d'introduction de la requête devant elle. Cependant, cette règle ne va pas sans exceptions, qui peuvent être justifiées par les circonstances particulières de chaque cas d'espèce. La cour considère que dans la présente affaire, de nombreux éléments justifient une exception au principe général selon lequel la condition de l'épuisement doit être appréciée au moment de l'introduction de la requête. Elle observe notamment que la fréquence croissante de ses constats de non-respect, par l'État italien, de l'exigence du « délai raisonnable » l'avait amenée à conclure que l'accumulation de ces manquements était constitutive d'une pratique incompatible avec la convention et à attirer l'attention du gouvernement sur « le danger important » que la « lenteur excessive de la justice » représente pour l'état de droit. Or, la voie de recours introduite par la loi Pinto s'inscrit dans la logique consistant à permettre aux organes de l'État défendeur de redresser les manquements à l'exigence du « délai raisonnable » et de réduire, par conséquent, le *nombre de requêtes* que la cour sera appelée à traiter. Cela ne vaut pas seulement pour les requêtes introduites après la date d'entrée en vigueur de la loi, mais aussi pour les requêtes qui, à la date en question, étaient déjà inscrites au rôle de la cour. A cet égard, une importance particulière doit être attachée au fait que la norme transitoire contenue dans l'art. 6 de la loi Pinto se réfère explicitement aux requêtes déjà introduites à Strasbourg et vise donc à faire tomber dans le champ de compétence des juridictions nationales toute requête pendante devant la cour et non encore déclarée recevable. Cette disposition transitoire offre aux justiciables italiens une réelle possibilité d'obtenir un redressement de leur grief au niveau interne, possibilité dont il leur appartient, en principe, de faire usage. A la lumière de ce qui précède, la cour estime que le requérant était tenu, aux termes de l'art. 35, § 1, Conv. EDH, de saisir la cour d'appel d'une demande au sens des art. 3 et 6 de la loi Pinto. On ne saurait déceler, par ailleurs, aucune circonstance exceptionnelle de nature à le dispenser de l'obligation d'épuiser les voies de recours internes. Il s'ensuit que la requête doit être rejetée pour non-épuisement des voies de recours internes. • CEDH 6 sept. 2001, *Brusco c/ Italie : préc. note 2.*

a. Exercice du recours interne

6. Exercice effectif du recours. N'a pas épuisé les voies de recours internes celui qui se plaint de la durée de sa détention provisoire sans avoir demandé sa mise en liberté. • Comm. EDH 13 déc. 1978, *Bonassi c/ Italie : DR 15/169.* ♦ Lorsqu'une personne a le choix entre plusieurs voies de recours, il doit être tenu compte de la situation concrète de cette personne et d'une protection efficace des droits garantis. • Comm. EDH 9 mars 1983, *Allg. Gold u. Silbersheidansalt c/ Royaume-Uni : DR 32/159.* ♦ La Cour observe que si, dans la présente affaire, le requérant a formé à deux reprises un pourvoi en cassation contre des arrêts de la chambre d'accusation, il n'a pas déposé de mémoire ampliatif à l'appui de ces pourvois, dont la Cour de cassation l'a déclaré déchu. La Cour en conclut que le requérant n'a pas valablement épuisé les voies de recours internes, au sens de l'art. 35, § 1, Conv. EDH. Il y a donc lieu d'accueillir l'exception soulevée par le gouvernement. • CEDH 20 janv. 2000, *Yahiaoui c/ France : préc. note 2.* ♦ La Commission rappelle que, selon sa jurisprudence constante, de la Commission, il n'y a pas épuisement des voies de recours internes lorsqu'un recours interne a été déclaré irrecevable à la suite d'une informalité. • Comm. EDH 5 oct. 1990, *Geouffre de la Pradelle,* nº 12964/87. ♦ Doit être rejetée la requête introduite devant la Commission dès lors que n'ont pas été épuisées les voies de recours internes ouvertes en droit français. • Comm. EDH 26 mai 1997, *SARL Clinique Mozart c/ France : D. 1997. Somm. 357, obs. Renucci.*

7. La règle de l'épuisement des recours internes doit s'appliquer avec une certaine souplesse et sans formalisme excessif. • CEDH 6 nov. 1980, § 72, nº 7367/76.

8. Invocation en substance. La Cour estime que le requérant a invoqué devant le Tribunal constitutionnel, « au moins en substance », les griefs qu'il tire de l'art. 10 Conv. EDH. Il échet donc de rejeter le moyen de non-épuisement des voies de recours internes. • CEDH 23 avr. 1992, *Castells c/ Espagne, § 32 : Série A nº 236 ; Ann. fr. dr. int. 1992. 629, obs. Coussirat-Coustère ; JDI 1993. 731, obs. Decaux et Tavernier ; RSC 1992. 796, obs. Pettiti ; RUDH 1993. 1, obs. Sudre et* *autres.* ♦ La Cour rappelle que l'art. 26 (désormais art. 35) doit s'appliquer avec une certaine souplesse et sans formalisme excessif. Or l'intéressé ne manqua pas de souligner, devant le Conseil d'État, que l'interprétation ministérielle des art. 6 et 7, Décr. 13 juin 1969 constituait « un facteur de troubles pour les administrés » car elle méconnaissait la nécessité de normes « simples » en matière de modalités d'exercice des recours ; d'après lui, « une solution conforme au droit commun » s'imposait en l'espèce puisque nulle « raison sérieuse » ne militait en faveur d'une dérogation. Il ajouta que si ladite interprétation devait l'emporter, les textes précités se révéleraient contraires au « principe d'égalité », donc « illégaux », et que du reste la publication, « incomplète et irrégulière », du décret de classement du 4 juillet 1983 n'avait pu faire courir le délai de recours. Il rendit ainsi la haute juridiction attentive à des impératifs de sécurité juridique et de non-discrimination qui se reflètent aussi dans la convention. Sans s'appuyer en termes exprès sur cette dernière, il puisa dans le droit interne de son pays des arguments qui équivalaient à dénoncer, en substance, une atteinte aux droits garantis par les art. 6 et 13 ; il donna au Conseil d'État l'occasion d'éviter ou redresser les violations alléguées, conformément à la finalité de l'art. 26. Partant, il échet de rejeter l'exception du Gouvernement sur le non-épuisement des voies de recours internes. • CEDH 16 déc. 1992, *De Geouffre de la Pradelle c/ France, § 26 : Série A n° 253-B.*

9. Sans doute l'art. 26 (désormais art. 35) doit-il s'appliquer « avec une certaine souplesse et sans formalisme excessif », mais il n'exige pas seulement la saisine des juridictions nationales compétentes et l'exercice de recours destinés à combattre une décision déjà rendue : il oblige aussi, en principe, à soulever devant ces mêmes juridictions, au moins en substance et dans les formes et délais prescrits par le droit interne, les griefs que l'on entend formuler par la suite à Strasbourg ; il commande en outre l'emploi des moyens de procédure propres à empêcher une violation de la Convention. • CEDH 19 mars 1991, *Cardot c/ France, § 34 : Série A n° 200 ; D. 1992. Somm. 332, obs. Renucci* • 6 déc. 1988, *Barbera, Messegue et Jobardo c/ Espagne, §§ 58 et 59 : Série A n° 146.* ♦ La Cour observe qu'il ne ressort ni des conclusions d'appel ni des moyens en cassation que la requérante a saisi la cour d'appel puis la juridiction suprême de son grief tiré de la violation des art. 8 et 14 combinés de la Convention. En effet, celle-ci n'a soulevé devant les juridictions nationales que des moyens relatifs à l'appréciation des faits concernant le consentement à l'adoption et l'intérêt de l'enfant à pouvoir bénéficier d'une adoption plénière. En conséquence, elle n'a pas, même en substance, formulé de griefs tels qu'ils sont présentés maintenant devant la Cour et n'a donc pas épuisé les voies de recours internes. La requête doit en conséquence être rejetée en application de l'art. 35, §§ 1 et 4, de la Convention. • CEDH 22 juin 2004, *Thibaud c/ France,* n° 69603/01.

10. Preuve de l'épuisement des recours internes. Il incombe au gouvernement qui soulève l'exception d'indiquer les moyens qui, à son avis, étaient à la disposition des intéressés et auraient dû être utilisés par eux jusqu'à épuisement. • CEDH 18 juin 1971, *De Wilde, Ooms et Versyp c/ Belgique, § 60 : Série A n° 12 ; Ann. fr. dr. int. 1972. 443, obs. Pelloux.* ♦ Il incombe au gouvernement de convaincre la Cour que l'intéressé disposait là d'un recours effectif à l'époque dont il s'agit, soit à l'ouverture de son procès (27 avr. 1981) puis aux audiences d'appel (15 août 1983). La Cour ne souscrit pas à la thèse d'après laquelle le conseil du prévenu se fourvoyait à l'évidence sur la portée des art. 60, § 2, et 62. • CEDH 24 mai 1989, *Hauschildt c/ Danemark, § 41 : Série A n° 154 ; Ann. fr. dr. int. 1991. 585, obs. Coussirat-Coustère ; JDI 1990. 727, obs. Rolland et Tavernier.* ♦ Il incombe au gouvernement excipant du non-épuisement de convaincre la cour que le recours était effectif et disponible tant en théorie qu'en pratique à l'époque des faits, c'est-à-dire qu'il était accessible, était susceptible d'offrir au requérant le redressement de ses griefs et présentait des perspectives raisonnables de succès. Cependant, une fois cela démontré, c'est au requérant qu'il revient d'établir que le recours évoqué par le gouvernement a en fait été employé ou bien, pour une raison quelconque, n'était ni adéquat ni effectif compte tenu des faits de la cause ou encore que certaines circonstances particulières le dispensaient de cette obligation. • CEDH 16 sept. 1996, *Akdivar et a. c/ Turquie, § 66 : Rec. 1996-IV ; Justices 1997. 172, obs. Cohen-Jonathan ; Ann. fr. dr. int. 1996. 749, obs. Coussirat-Coustère ; JDI 1997. 239, obs. Decaux et Tavernier ; RSC 1997. 454, obs. Koering-Joulin ; JCP 1997. I. 4000, obs. Sudre.* ♦ L'un de ces éléments peut être la passivité totale des autorités nationales face à des allégations sérieuses selon lesquelles des agents de l'État ont commis des fautes ou causé un préjudice, par exemple lorsqu'elles n'ouvrent aucune enquête ou ne proposent aucune aide. Dans ces conditions, l'on peut dire que la charge de la preuve se déplace à nouveau, et qu'il incombe à l'État défendeur de montrer quelles mesures il a prises eu égard à l'ampleur et à la gravité des faits dénoncés. • CEDH 28 juill. 1990, *Selmouni c/ France, § 76 : Rec. 1999-V ; Ann. fr. dr. int. 1999. 747, obs. Coussirat-Coustère ; JDI 2000. 118 ; RSC 1999. 891, obs. Massias ; D. 2000. Somm. 179, obs. Renucci ; JCP 1999. I. 10193, obs. Sudre.* ♦ Il incombe à l'État défendeur de démontrer que ces exigences se trouvent réunies. • CEDH 19 févr. 1998, *Dalia c/ France, § 38 : Rec. 1998-I.*

11. Mais rien n'empêche les États de renoncer

au bénéfice de la règle de l'épuisement des voies de recours internes, qui a pour but essentiel de protéger leur ordre juridique national. Il existe à ce sujet une longue pratique internationale à laquelle la convention n'a sûrement pas entendu déroger car elle se réfère, en son art. 26, aux principes de droit international généralement reconnus. Si pareille renonciation intervient devant la commission, on n'imagine guère que le gouvernement intéressé puisse la rétracter à sa guise après la saisine de la cour. • CEDH 18 juin 1971, *De Wilde, Ooms et Versyp : préc. note 10.*

b. Utilité du recours

12. Nécessité d'un recours « utile ». Les dispositions de l'art. 35 Conv. EDH ne prescrivent l'épuisement que des recours à la fois relatifs aux violations incriminées, disponibles et adéquats. Ils doivent exister à un degré suffisant de certitude, non seulement en théorie mais aussi en pratique, sans quoi leur manquent l'effectivité et l'accessibilité voulues. • CEDH 6 sept. 2001, *Brusco c/ Italie : préc. note 2* • CEDH 16 sept. 1996, *Akdivar et a. c/ Turquie : préc. note 10* • 19 févr. 1998, *Dalia c/ France : préc. note 10* • 20 févr. 1991, *Vernillo c/ France, § 27 : Série A n° 198 ; D. 1992. Somm. 333, obs. Renucci* • 22 mai 1984, *De Jong, Baljet et Van den Brink c/ Pays-Bas, § 39 : Série A n° 77 ; Cah. dr. eur. 1986. 206, obs. Cohen-Jonathan ; Ann. fr. dr. int. 1985. 393, obs. Coussirat-Coustère ; RSC 1985. 141, obs. Pettiti ; JDI 1986. 1056, obs. Rolland et Tavernier.* ♦ Le recours doit être suffisant pour permettre au requérant d'obtenir réparation des violations qu'il allègue. • Comm. EDH 7 avr. 1997, *Civet c/ France : Ann. fr. dr. int. 1999. 747, obs. Coussirat-Coustère ; JDI 2000. 123, obs. Decaux et Tavernier ; RSC 2000. 239, obs. Massias.* ♦ L'épuisement des voies de recours internes n'implique l'utilisation des voies de droit que pour autant qu'elles sont efficaces ou suffisantes, c'est-à-dire susceptibles de remédier à la situation en cause. • Comm. EDH 7 juin 1990, *Kemmache c/ France*, n° 29340/95. ♦ La Commission relève que le requérant n'est pas autorisé de plein droit à recourir à la procédure prévue à l'art. 411 C. instr. crim. Pour exercer ce recours, il fallait que *le ministre* de la Justice prenne l'initiative de délivrer un ordre formel au Procureur général près la Cour de cassation. La commission est donc d'avis que ce recours n'est pas un recours accessible, au motif que le requérant n'est pas en mesure de déclencher lui-même la procédure de recours. Aussi la commission estime-t-elle que la procédure prévue à l'art. 411 précité est une voie de recours extraordinaire au sens de la convention et non un recours effectif et de plein droit que le requérant devait utiliser pour satisfaire aux exigences de l'art. 26 de la convention. • Comm. EDH 9 oct. 1990, *Byloos c/ Belgique*, n° 14545/89.

13. Un recours manifestement dépourvu de toute chance de succès n'est pas un recours utile : la cour relève que les doléances d'Open Door n'auraient eu aucune chance d'aboutir, vu le raisonnement de la cour suprême concernant le haut niveau de protection que le droit irlandais assure au droit à la vie de l'enfant à naître. Il y a donc lieu de rejeter l'exception de non-épuisement des voies de recours internes. • CEDH 29 oct. 1992, *Open Door et Dublin Well Woman c/ Irlande, §§ 48 et 51 : Série A n° 246-A ; Ann. fr. dr. int. 1992. 629, obs. Coussirat-Coustère ; JDI 1993. 751, obs. Decaux et Tavernier.* ♦ V. aussi • Comm. EDH 8 avr. 1994, *Wingrove c/ Royaume-Uni*, n° 17419/90 • 24 juin 1996, *Kuche c/ RFA*, n° 29742/96. ♦ Cependant, s'il existe des doutes sur l'efficacité du recours interne, ce recours doit être tenté. • Comm. EDH 1er juill. 1996, *Koltsidas et a. c/ Grèce*, n° 24962/94 • 15 janv. 1996, *Botta c/ Italie*, n° 21439/93. ♦ Le simple fait de nourrir des doutes quant aux perspectives de succès d'un recours donné qui n'est pas de toute évidence voué à l'échec ne constitue pas une raison valable pour justifier la non-utilisation de recours internes. • CEDH 6 sept. 2001, *Brusco c/ Italie : préc. note 2* • 16 sept. 1996, *Akdivar et a. c/ Turquie : préc. note 10.*

14. Question des voies de recours extraordinaires. En raison de la jurisprudence constante du Conseil d'État, la commission considère établi qu'un éventuel pourvoi en cassation des requérants, fondé sur l'art. 6, § 1, Conv. EDH, aurait immanquablement été voué à l'échec. Il en résulte qu'il ne s'agit pas d'une voie de recours à épuiser, au sens de l'art. 26 Conv. EDH, et que l'exception soulevée par le gouvernement doit être rejetée. • Comm. EDH 27 nov. 1995, *Gautrin et a. c/ France*, n° 21257/93. (recours de l'art. 175-1). ♦ Lorsque le pourvoi en cassation porte sur l'appréciation du seul moyen tiré de l'art. 5, § 3, Conv. EDH, en dehors de tout grief relatif à un défaut de réponse à conclusions, à un non-respect des formalités légales prévues à peine de nullité ou à une erreur de droit dans l'interprétation et l'application des dispositions du code de procédure pénale, la commission constate que la chambre criminelle de la Cour de cassation estime qu'il échappe à sa compétence, ce point relevant de l'appréciation souveraine des juges du fond. La commission relève que la Cour de cassation considère que le moyen tiré de l'art. 5, § 3, Conv. EDH est soit un moyen de pur fait, soit un moyen mélangé de fait et de droit. (...) Or, en l'espèce, le requérant ne se plaint pas d'une absence de réponse à ses conclusions, ni d'un non-respect des formalités légales prévues à peine de nullité ou d'une erreur de droit dans l'interprétation et l'application des dispositions du code de procédure pénale. Il invoque purement et simplement l'art. 5, § 3, Conv. EDH en contestant l'appréciation souveraine de la chambre d'accusation. Dès lors, compte tenu de ce qui vient d'être dit, le pourvoi en cassation n'était pas de nature à lui permettre d'obtenir réparation de la violation qu'il allègue. Il s'ensuit que l'exception du gouvernement ne peut qu'être rejetée sur ce point. • Comm. EDH 7 avr. 1997, *Civet c/ France : préc. note 12.*

15. La Cour constate que la Cour de cassation est effectivement liée par les faits souverainement établis par la chambre d'accusation. Cette situation se justifie par la nature du pourvoi en cassation, lequel constitue une voie de recours à finalité différente de celle de l'appel. Les possibilités de cassation étant limitées, de par les dispositions de l'art. 591, aux violations de la loi, il ne rentre pas dans les attributions de la Cour de cassation de revenir, comme le fait une cour d'appel, sur l'appréciation des éléments de pur fait. Mais, de l'avis de la Cour, on ne saurait pour autant appréhender les « faits » et le « droit » comme deux domaines radicalement séparés, et se satisfaire d'un raisonnement conduisant à nier leur imbrication et leur complémentarité. Nonobstant sa compétence qui est limitée aux moyens « en droit », la Cour de cassation n'en a pas moins pour mission de contrôler l'adéquation entre, d'une part, les faits établis par les juges du fond et, d'autre part, la conclusion à laquelle ces derniers ont abouti sur le fondement de ces constatations. Ainsi, au-delà d'un examen de la régularité de l'arrêt qui lui est déféré, la Cour de cassation vérifie que la chambre d'accusation a adéquatement motivé sa décision de maintien en détention au regard des faits de l'espèce. Dans le cas contraire, cette décision encourt la cassation. La Cour estime dès lors que la Cour de cassation est à même d'apprécier, sur la base d'un examen de la procédure, le respect de la part des autorités judiciaires du délai raisonnable conformément aux exigences de l'art. 5, § 3, Conv. EDH. En résumé, le requérant, en n'utilisant pas la voie du recours en cassation, n'a pas donné aux juridictions françaises l'occasion que l'art. 35 a pour finalité de ménager en principe aux États contractants : éviter ou redresser les violations alléguées contre eux. L'exception de non-épuisement des voies de recours internes se révèle donc fondée. • CEDH 28 sept. 1999, *Civet c/ France, §§ 43 et 44 : Rec. 1999-VI.* ♦ Le pourvoi en cassation constitue en l'espèce, une voie de recours efficace à épuiser, dans la mesure où « la Cour de cassation est à même d'apprécier, sur la base d'un examen de la procédure, le respect de la part des autorités judiciaires du délai raisonnable conformément aux exigences de l'art. 5, § 3, Conv. EDH ». • CEDH 20 janv. 2000, *Yahiaoui c/ France : préc. note 2.* ♦ V. aussi • CEDH 23 nov. 1993, *A. c/ France, § 30 : Série A n° 277-B.*

16. État et caractère effectif et adéquat du recours. Faute d'explications convaincantes du Gouvernement sur le caractère « effectif » et « adéquat » du recours invoqué par lui, à savoir une plainte avec constitution de partie civile, la cour estime que le recours dont le requérant disposait n'était pas, en l'espèce, normalement disponible et suffisant pour lui permettre d'obtenir réparation des violations qu'il allègue. Tout en soulignant que sa décision se limite aux circonstances de l'espèce et ne doit pas s'interpréter comme une déclaration générale signifiant qu'une plainte avec constitution de partie civile ne constitue jamais un recours qui doit être tenté en cas d'allégation de mauvais traitements au cours d'une garde à vue, la cour décide que l'exception de non-épuisement des voies de recours internes soulevée par le Gouvernement ne saurait être retenue. • CEDH 28 juill. 1990, *Selmouni c/ France : préc. note 10.*

2° DISPENSE D'ÉPUISEMENT DES VOIES DE RECOURS INTERNES

17. Principes généraux. Selon la jurisprudence constante de la Cour, la règle de l'épuisement des voies de recours internes implique qu'un requérant doit se prévaloir des recours normalement disponibles et suffisants dans l'ordre juridique interne pour lui permettre d'obtenir réparation des violations qu'il allègue. Ces recours doivent exister à un degré suffisant de certitude, en pratique comme en théorie, sans quoi leur manquent l'effectivité et l'accessibilité voulues. Rien n'impose d'user de recours qui ne sont ni adéquats ni effectifs. De surcroît, un requérant qui a utilisé une voie de droit apparemment effective et suffisante ne saurait se voir reprocher de ne pas avoir essayé d'en utiliser d'autres qui étaient disponibles mais ne présentaient guère plus de chances de succès. Lorsqu'un requérant cherche à éviter d'être renvoyé par un État contractant, il est normalement appelé à épuiser un recours qui a un effet suspensif. Un contrôle juridictionnel, lorsqu'il existe et lorsqu'il fait obstacle au renvoi, doit être considéré comme un recours effectif qu'en principe les requérants doivent épuiser avant d'introduire une requête devant la Cour ou de solliciter des mesures provisoires en vertu de l'art. 39 du règlement de celle-ci en vue de retarder une expulsion. De jurisprudence constante, l'obligation pour le requérant d'épuiser les voies de recours internes s'apprécie en principe à la date d'introduction de la requête devant la Cour, sans qu'il soit toutefois distingué à ce sujet entre l'introduction d'une demande de mesure provisoire et l'introduction d'un formulaire de requête. En tout état de cause, la Cour tolère que le dernier échelon d'un recours soit atteint peu après le dépôt de la requête mais avant qu'elle ne se prononce sur la recevabilité de celle-ci. Elle a en particulier réaffirmé cette possibilité à l'occasion de l'affaire Rafaa, dans laquelle le requérant faisait l'objet d'une demande d'extradition vers le Maroc pour des faits liés au terrorisme. En outre, la Cour a fréquemment souligné qu'il faut appliquer la règle de l'épuisement des recours internes avec une certaine souplesse et sans formalisme excessif. Elle a de plus admis que la règle de l'épuisement des voies de recours internes ne s'accommode pas d'une application automatique et ne revêt pas un caractère absolu ; en en contrôlant le respect, il faut avoir égard aux circonstances de la cause. • CEDH 29 avr. 2019, *A.M. c/ France*, n° 12148/18, §§ 63 à 67.

18. *Circonstances particulières.* Selon les principes de droit international généralement reconnus, certaines circonstances particulières peuvent dispenser le requérant de l'obligation d'épuiser les recours internes qui s'offrent à lui. • CEDH 6 sept. 2001, *Brusco c/ Italie : préc. note 2* • 16 sept. 1996, *Akdivar et a. c/ Turquie, § 67 : préc. note 10* • 6 nov. 1980, *Van Oosterwijck c/ Belgique, §§ 36 à 40 : Série A n° 40 ; Cah. dr. eur. 1982. 217, obs. Cohen-Jonathan ; Ann. fr. dr. int. 1981. 296, obs. Pelloux ; JDI 1982. 209, obs. Rolland* • 28 juill. 1990, *Selmouni c/ France : préc. note 10.*

19. La Cour considère que, à admettre même que le requérant ne se soit pas plaint auprès du procureur des mauvais traitements subis au cours de sa garde à vue, les blessures que ceux-ci avaient provoquées devaient être parfaitement visibles lors de l'entretien. Or le procureur choisit de ne pas s'enquérir de la nature, de l'étendue et de la cause de ces blessures, alors qu'en droit turc il avait l'obligation d'enquêter. Il échet de rappeler que cette omission de la part du procureur eut lieu après que l'intéressé eut été gardé à vue pendant au moins quatorze jours sans avoir accès à une assistance ou à un soutien d'ordre juridique ou médical. Pendant ce laps de temps, il avait subi des lésions graves nécessitant un traitement en milieu hospitalier. Ces circonstances suffisaient, à elles seules, à lui inspirer un sentiment de vulnérabilité, d'impuissance et d'appréhension face aux représentants de l'État. On conçoit qu'ayant vu que le procureur s'était rendu compte de ses blessures mais s'était abstenu d'agir à cet égard, le requérant se soit mis à croire qu'il ne pouvait espérer susciter l'intérêt et obtenir satisfaction par les voies de droit internes. La Cour conclut dès lors qu'il y avait des *circonstances spéciales* libérant l'intéressé de son obligation d'épuiser les voies de recours internes. Étant parvenue à cette conclusion, elle ne juge pas nécessaire de se pencher sur le grief du requérant selon lequel il existerait, au mépris de la Convention, une pratique administrative d'obstruction aux recours. • CEDH 18 déc. 1996, *Aksoy c/ Turquie, §§ 56 et 57 : Rec. 1996-VI ; Justices 1997. 183, obs. Cohen-Jonathan et Flauss ; Ann. fr. dr. int. 1996. 749, obs. Coussirat-Coustère ; JDI 1997. 268, obs. Decaux et Tavernier ; RSC 1997. 453, obs. Koering-Joulin ; JCP 1997. I. 4000, obs. Sudre.*

20. *Pratiques administratives.* La règle de l'épuisement des voies de recours internes ne s'applique pas lorsque est prouvée l'existence d'une pratique administrative consistant en la répétition d'actes interdits par la convention et la tolérance officielle de l'État, de sorte que toute procédure serait vaine ou ineffective. • CEDH 18 janv. 1978, *Irlande c/ Royaume-Uni, § 159 : Série A n° 25 ; Cah. dr. eur. 1979. 465, obs. Cohen-Jonathan ; Ann. fr. dr. int. 1978. 379, obs. Pelloux ; JDI 1980. 449, obs. Rolland* • 16 sept. 1996, *Akdivar et a. c/ Turquie : préc. note 10.*

B. DÉLAIS DE SIX MOIS À COMPTER DE LA DÉCISION INTERNE DÉFINITIVE

1° POINT DE DÉPART DU DÉLAI

21. *Notion de « décision interne définitive ».* Il s'agit de la décision définitive rendue dans le cadre normal de l'épuisement des recours internes. • Comm. EDH 8 janv. 1969, *de Becker c/ Belgique : Ann. 2. 243.*

22. En cas d'absence de recours internes, sera prise en considération la date où le requérant est affecté par la mesure considérée comme contraire aux dispositions de la Convention européenne. • Comm. EDH 16 juill. 1980, *Christians against Racism and Fascism c/ Royaume-Uni*, n° 8440/78.

23. *Connaissance par le requérant de la décision interne définitive.* Le délai de six mois commence à compter du lendemain du jour où le requérant a eu connaissance de la décision. • Comm. EDH 12 juill. 1984, *Bozano c/ Italie : DR 39/147.* ♦ S'agissant d'un arrêt prononcé en audience publique en présence de l'avocat du requérant, le délai court à compter du prononcé si celui-ci permet au requérant de constater qu'il n'a pas été remédié à la situation constatée. • Comm. EDH 20 mai 1976, *Autriche : DR 6/15.* ♦ La Cour constate que, conformément au droit et à la pratique internes, l'intéressé était en droit de se voir signifier d'office une copie de l'arrêt de la cour d'appel et que les autorités judiciaires sont entièrement responsables du retard important avec lequel cela a été fait. Ledit arrêt, dont la version définitive était longue de plus de neuf pages, comportait un raisonnement juridique détaillé. Dans ces conditions, la cour pense comme la commission qu'il est plus conforme à l'objet et au but de l'art. 26 de considérer que le délai de six mois commence à courir à compter de la date de signification de la copie de l'arrêt. Il s'agit d'ailleurs de la solution retenue en droit autrichien pour le calcul du délai de présentation des appels dans le système interne. • CEDH 29 août 1997, *Worm c/ Autriche, § 33 : Rec. 1997-V.*

24. *Cas particulier d'une violation continue.* Lorsque la violation alléguée consiste, comme dans le cas d'espèce, en une situation continue, le délai de six mois ne commence à courir qu'à partir du moment où cette situation continue à pris fin. • Comm. EDH 5 sept. 1994, *Cinar c/ Turquie*, n° 17864/91.

2° SUSPENSION OU INTERRUPTION DU DÉLAI

25. Conditions de la suspension ou de l'interruption. Des circonstances spéciales peuvent interrompre ou suspendre le délai de six mois, en particulier l'état de santé physique et psychique du requérant après le meurtre de son mari. • Comm. EDH 7 mars 1985, *G. c/ Royaume-Uni et Irlande*, n° 9837/82.

II. CONDITIONS PARTICULIÈRES DE RECEVABILITÉ

26. Exclusion des requêtes anonymes (art. 35, § 2 a). La Cour ne retient aucune requête individuelle introduite en application de l'art. 34 lorsqu'elle est anonyme. Mais la requête qui ne mentionne pas le nom de son auteur n'est pas anonyme dès lors que le dossier permet d'identifier le requérant. • Comm. EDH 1er sept. 1958, *Amateur de tranquillité : Digest V. 334.* ♦ V. Règlement de la Cour, art. 47.3.

27. Principe « ne bis in idem » (art. 35, § 2 b). La requête de la mère d'un détenu a été rejetée au motif que ce dernier avait lui-même présenté auparavant une requête et que l'identité de cause et d'objet avait eu pour effet de rendre la requête de la mère essentiellement identique à celle de son fils. • Comm. EDH 25 août 1959 : *Ann. II. 399.*

28. Mais la survenance d'un fait nouveau autorise le requérant à présenter à la Cour une requête précédemment examinée. • Comm. EDH 3 oct. 1979, *Royaume-Uni : DR 17/122* • 13 oct. 1983, *Vallon c/ Italie : DR 33/217.*

29. Incompatibilité avec les dispositions de la Convention. Le droit à l'ouverture de poursuites pénales contre un tiers ne figure pas, en tant que tel, parmi lesdits droits et libertés. Par conséquent, la requête se révèle incompatible avec les dispositions de la Convention. • Comm. EDH 18 déc. 1963, *X. c/ Belgique*, n° 62/19/0000.

30. Le défendeur est nécessairement un (ou plusieurs) État(s) contractant(s). L'État peut engager sa responsabilité internationale même s'il n'agit pas en qualité d'autorité publique. La Convention ne distingue nulle part expressément entre les attributions de puissance publique des États contractants et leurs responsabilités d'employeur. • CEDH 6 févr. 1976, *Schmidt et Dahlström c/ Suède, § 33 : Série A n° 21.*

31. Requêtes manifestement mal fondées ou abusives. L'ensemble de la requête, que l'étude des documents produits en l'espèce a pleinement convaincu la commission que l'intéressé, dans les circonstances rappelées plus haut et en avançant une série d'allégations et de griefs auxquels la convention ne fournit pas le moindre appui, ne cherche qu'à échapper aux conséquences de sa condamnation ; l'introduction de la présente requête constitue, dans ces conditions, un abus manifeste et caractérisé du droit de recours individuel. Par ces motifs, déclare la requête irrecevable • Comm. EDH 8 mars 1962, *Koch c/ RFA : Hudoc n° 03814.* ♦ Pour un abus découlant d'une requête exclusivement motivée par une recherche de propagande et/ou de publicité. • Comm. EDH 30 août 1958, *Lawless c/ Irlande : Rec. 322/57* • 15 mai 1980, *Mac Feeley et a. c/ Royaume-Uni : DR 20/44.* ♦ L'abus peut également découler du caractère diffamatoire ou outrancier de la requête à l'égard du gouvernement défendeur. • Comm. EDH 24 mai 1966, *L.R. c/ Autriche*, n° 2424/65.

32. Absence de préjudice important. Dès lors que le requérant ne rapporte pas la preuve que l'issue du litige aurait eu des répercussions importantes sur sa vie personnelle, un préjudice de 150 €, 22 € de frais de procédure et un point de retrait de permis ne constitue pas un préjudice important au regard de son droit à un procès équitable. • CEDH 19 oct. 2010, *Rinck c/ France : D. actu. 1er déc. 2010, obs. Léna.*

Art. 36 *Tierce intervention.* **1. Dans toute affaire devant une Chambre ou la Grande Chambre, une Haute Partie contractante dont un ressortissant est requérant a le droit de présenter des observations écrites et de prendre part aux audiences.**

2. Dans l'intérêt d'une bonne administration de la justice, le président de la cour peut inviter toute Haute Partie contractante qui n'est pas Partie à l'instance ou toute personne intéressée autre que le requérant à présenter des observations écrites ou à prendre part aux audiences.

3. Dans toute affaire devant une Chambre ou la Grande Chambre, le Commissaire aux Droits de l'homme du Conseil de l'Europe peut présenter des observations écrites et prendre ***part aux audiences.***

Art. 37 *Radiation.* **1. A tout moment de la procédure, la Cour peut décider de rayer une requête du rôle lorsque les circonstances permettent de conclure :**

a) **Que le requérant n'entend plus la maintenir ; ou**

b) **Que le litige a été résolu ; ou**

c) **Que, pour tout autre motif dont la Cour constate l'existence, il ne se justifie plus de poursuivre l'examen de la requête.**

Toutefois, la Cour poursuit l'examen de la requête si le respect des droits de l'homme garantis par la Convention et ses protocoles l'exige.

2. La Cour peut décider la réinscription au rôle d'une requête lorsqu'elle estime que les circonstances le justifient.

Art. 38 *Examen contradictoire de l'affaire.* La Cour examine l'affaire de façon contradictoire avec les représentants des parties et, s'il y a lieu, procède à une enquête pour la conduite efficace de laquelle les Hautes Parties contractantes intéressées fourniront toutes facilités nécessaires.

Art. 39 *Règlements amiables.* 1. A tout moment de la procédure, la Cour peut se mettre à la disposition des intéressés en vue de parvenir à un règlement amiable de l'affaire s'inspirant du respect des droits de l'homme tels que les reconnaissent la Convention et ses Protocoles.

2. La procédure décrite au paragraphe 1 est confidentielle.

3. En cas de règlement amiable, la Cour raye l'affaire du rôle par une décision qui se limite à un bref exposé des faits et de la solution adoptée.

4. Cette décision est transmise au Comité des ministres qui surveille l'exécution des termes du règlement amiable tels qu'ils figurent dans la décision.

Art. 40 *Audience publique et accès aux documents.* 1. L'audience est publique à moins que la Cour n'en décide autrement en raison de circonstances exceptionnelles.

2. Les documents déposés au greffe sont accessibles au public à moins que le président de la cour n'en décide autrement.

Art. 41 *Satisfaction équitable.* Si la cour déclare qu'il y a eu violation de la Convention ou de ses protocoles, et si le droit interne de la Haute Partie contractante ne permet d'effacer qu'imparfaitement les conséquences de cette violation, la Cour accorde à la partie lésée, s'il y a lieu, une satisfaction équitable.

BIBL. ▶ CHARPE, *in Pettiti, Decaux et Imbert (dir.), p. 809.* – COHEN-JONATHAN, *Mél. Lamnert, p. 109.* – FLAUSS, *Journ. trib 1986. 8 ; Europe juin 1992. 1 ; D. 2003. Chron. 227.* – KRÜGER, *Mél. Eissen, p. 255.*

1. Carence de l'État. La Cour rappelle qu'un arrêt constatant une violation entraîne pour l'État défendeur l'obligation juridique au regard de la Convention de mettre un terme à la violation et d'en effacer les conséquences de manière à rétablir autant que faire se peut la situation antérieure à celle-ci. • CEDH 23 janv. 2001, *Brumarescu c/ Roumanie, § 19,* n° 28342/95.

2. Préjudice et évaluation du dommage. La Cour relève que la seule base à retenir pour l'octroi d'une satisfaction équitable réside en l'espèce dans le fait que le requérant n'a pas joui des garanties de l'art. 6. Elle ne saurait certes spéculer sur ce qu'eût été l'issue du procès dans le cas contraire, mais n'estime pas déraisonnable de penser que l'intéressé a subi une perte de chances réelles. A quoi s'ajoute un préjudice moral *indéniable éprouvé tant par lui-même que par sa* veuve. Ces éléments ne se prêtent pas à un calcul. Les appréciant en équité comme le veut l'art. 50 (désormais art. 41), la Cour accorde à la requérante, à laquelle il y a lieu de reconnaître la qualité de « partie lésée », une indemnité de 6 000 000 lires. • CEDH 12 févr. 1985, *Colozza c/Italie, § 38 : Série A n° 89.* ♦ Le requérant soutient que s'il avait pu bénéficier d'une défense adéquate, il aurait subi à coup sûr une condamnation plus légère et que la cour d'appel aurait probablement confirmé, sans plus, le jugement du tribunal de Forli. La cour ne saurait souscrire à une allégation aussi catégorique. Il y a pourtant lieu de considérer que la cour d'appel de Bologne a fortement aggravé la peine infligée en première instance ; il aurait pu ne pas en aller de la sorte si l'intéressé avait joui d'une défense concrète et effective. Pareille perte de chances réelles justifie en l'espèce l'octroi d'une satisfaction équitable. A quoi s'ajoute le préjudice moral que la violation de l'art. 6, § 3, c), a causé sans conteste à l'intéressé. Aucun de ces éléments ne se prête à un calcul exact. Les appréciant dans leur ensemble en équité, comme le veut l'art. 50, la Cour estime devoir accorder au requérant une satisfaction dont elle fixe le montant à cinq millions (5 000 000) de lires. • CEDH 9 avr. 1984, *Goddi c/ Italie, §§ 35 et 36 : Série A n° 76.*

3. La Cour note qu'en principe la restitution des terrains placerait les requérants, autant que possible, dans une situation équivalant à celle où ils se trouveraient si les exigences de l'art. 1 du Protocole n° 1 n'avaient pas été méconnues. Toutefois, en l'espèce, compte tenu de ce que les requérants n'ont jamais demandé la restitution des terrains devant les juridictions nationales et du fait que pareille restitution n'est d'ailleurs pas possible, la Cour estime devoir allouer aux intéressés une indemnité correspondant à la valeur pleine et entière des terrains. • CEDH 22 déc. 2009, *Guiso-Gallisay c/ Italie, § 96,* n° 58858/00.

4. L'exercice du droit de préemption, même s'il n'est pas mis en cause en tant que tel, exercé plusieurs années après le délai légal, entraîne un préjudice découlant de l'incertitude qui a régné pendant cette période. La satisfaction équitable doit tenir compte de l'absence de réévaluation du prix, celle-ci devant à son tour être réévaluée par capitalisation. Dans le cadre du calcul du préjudice, il y a lieu de prendre en considération également les frais extrajudiciaires encourus devant les juridictions internes afin de définir la situation juridique du bien ayant fait l'objet de la préemption. • CEDH, gr. ch., 28 mai 2002, *Beyeler c/ Italie : D. 2003. Chron. 227, note Flauss ; RTDH 2003. 223, obs. Tigroudja.*

5. Le fait que le préjudice du requérant ait été indemnisé par la CIVI ne fait pas obstacle à ce qu'il demande, devant la CEDH, la réparation de son préjudice au titre de la satisfaction équitable, à la suite du constat d'une violation de la Conv. EDH. • CEDH 25 juin 2013, n° 30812/07 : *D. 2013. 2139, note Sabard ; RSC 2014. 139, obs. Giudicelli .*

6. Constat de violation pour satisfaction équitable. Dans ces conditions, la Cour estime que son constat de violation de l'art. 8 Conv. EDH constitue en soi une satisfaction équitable suffisante. • CEDH 23 sept. 1998, *Mc Leod c/ Royaume-Uni, § 65 : Rec. 1998-VII.*

7. Des circonstances exceptionnelles peuvent justifier l'octroi d'une satisfaction équitable pour préjudice moral et ce malgré l'absence d'une demande formée de manière appropriée devant la CEDH par le requérant. • CEDH, gr. ch., 30 mars 2017, *Nagmetov c/ Russie*, n° 35589/08 : *D. actu. 24 avr. 2017, obs. Nalepa.*

8. Art. 41 (satisfaction équitable) et art. 5, § 5 (réparation). L'art. 5, § 5 et l'art. 50 (désormais art. 41) se situent sur des plans différents, bien qu'ils s'occupent tous deux de problèmes de réparation dans le cadre de la convention. Le premier (art. 5, § 5) édicte une règle de fond : figurant parmi les clauses « normatives » du titre I de la convention, il garantit un droit individuel dont le respect s'impose d'abord aux autorités des États contractants, ainsi que le confirme l'emploi de l'adjectif « *enforceable* » dans le texte anglais. L'art. 50, lui, énonce une règle de compétence : inséré dans le titre IV de la convention, il habilite expressément la Cour à octroyer à la « partie lésée » une satisfaction équitable, sous certaines conditions. L'une de ces dernières consiste dans l'existence d'une décision ou mesure nationale contraire à « des obligations découlant de la (...) Convention », et rien n'indique qu'une infraction à l'un des quatre premiers paragraphes de l'art. 5 (art. 5, § 1, art. 5, § 2, art. 5, § 3, art. 5, § 4) n'entre pas en ligne de compte à cet égard. Si le § 5 de l'art. 5 (art. 5, § 5) a soin de spécifier que « toute personne victime » d'une telle infraction « a droit à réparation », il ne s'ensuit nullement que la Cour ne puisse appliquer l'art. 50 quand elle a constaté une violation du § 3 (art. 5, § 3), par exemple ; il en résulte, sans plus, que dans l'exercice de la large compétence que lui attribue l'art. 50 elle doit prendre en considération, entre autres éléments, la règle de fond du § 5 de l'art. 5. • CEDH 7 mai 1974, *Neumeister c/ Autriche, § 30 : Série A n° 17.*

9. Insaisissabilité des indemnités. La seconde question que la Commission pose dans sa demande en interprétation se lit ainsi : faut-il comprendre par « indemnité » le paiement d'une somme soustraite à toute prétention légale élevée sur elle en vertu du droit autrichien, ou bien sujette à de telles prétentions ? Par le terme « indemnité », la Cour a entendu l'octroi d'une somme à verser à l'intéressé personnellement, en réparation d'un préjudice moral. En faisant appel à la « sagesse des autorités autrichiennes », la Cour n'a pas assorti son intention d'une restriction. Si elle s'est référée à l'art. 2 de la loi autrichienne du 18 août 1918 et à l'art. 4 de celle du 8 juill. 1969, c'est pour indiquer qu'il se justifiait d'autant plus de prescrire un paiement direct au bénéficiaire que le principe de l'insaisissabilité d'une telle créance s'appliquait aussi en droit autrichien dans des cas analogues. Ce qui a été confié à la sagesse des autorités autrichiennes, c'est l'exécution pratique des mesures ordonnées par la Cour en conformité de ce principe. Ainsi, la Cour juge par cinq voix contre deux, que le même arrêt signifie que cette indemnité doit être versée à l'intéressé personnellement et à titre insaisissable. • CEDH 23 juin 1973, *Ringeisen c/ Autriche (interprétation), § 15 : Série A n° 16.*

10. Frais et dépens. Le requérant demande également le remboursement des frais d'honoraires d'avocat, sous la forme d'un pourcentage de 20% du montant des sommes accordées par la Cour. Il produit à cet effet un contrat d'assistance judiciaire conclu avec son avocat stipulant ces conditions. Le Gouvernement observe que le contrat fourni par le requérant ne comporte pas de signature, ni de date de conclusion et prie la Cour de ne pas le prendre en considération. En tout état de cause, il estime que la somme demandée est excessive et prie la Cour de la rejeter. Selon la jurisprudence de la Cour, un requérant ne peut obtenir le remboursement de ses frais et dépens que dans la mesure où se trouvent établis leur réalité, leur nécessité et le caractère raisonnable de leur taux. En l'espèce et compte tenu des documents en sa possession et des critères susmentionnés, la Cour décide de ne rien accorder au requérant. • CEDH 3 nov. 2009, *Adam c/ Roumanie,* §§ 45 et 47, n° 45890/05.

11. Réparation adéquate en droit interne. Les instances nationales, qui disposent de moyens juridiques et techniques adéquats, sont sans conteste les mieux placées pour évaluer et réparer le préjudice subi. Lorsqu'il s'agit, comme ici, de déterminer la valeur de biens immobiliers dans un État contractant à une date donnée, une telle évaluation est presque objectivement impossible pour la Cour, dans la mesure où elle est très étroitement liée au contexte national, voire local. La nouvelle compétence de la commission d'indemnisation renforce le caractère subsidiaire du mécanisme de protection des droits de l'homme instauré par la Convention. Elle est aussi de nature à faciliter pour la Cour et le Comité des Ministres l'accomplissement des tâches que leur confient respectivement les art. 41 et 46. Dans sa jurisprudence antérieure, la Cour a conclu que la commission d'indemnisation offrait un nouveau recours interne adéquat que les requérants étaient tenus d'exercer au préalable. Dans la présente affaire, elle estime qu'un recours devant la commission d'indemnisation dans un délai d'un mois à compter de la date de la notification de son arrêt définitif constitue un moyen approprié de redresser la violation constatée. Dès lors, et aucune circonstance spéciale touchant au respect des droits de l'homme n'exigeant la poursuite de leur examen, il n'y a plus lieu pour la Cour de se prononcer sur les demandes présentées par les requérants au titre du dommage matériel ; cette conclusion ne faisant pas obstacle à ce que ces demandes soient ultérieurement réinscrites au rôle de la Cour, si besoin était. • CEDH 7 mai 2019, *Kaynar et a. c/ Turquie*, n° 21104/06.

Art. 42 *Arrêts des Chambres.* **Les arrêts des Chambres deviennent définitifs conformément aux dispositions de l'article 44, paragraphe 2.**

Art. 43 *Renvoi devant la Grande Chambre.* **1. Dans un délai de trois mois à compter de la date de l'arrêt d'une Chambre, toute Partie à l'affaire peut, dans des cas exceptionnels, demander le renvoi de l'affaire devant la Grande Chambre.**

2. Un collège de cinq juges de la Grande Chambre accepte la demande si l'affaire soulève une question grave relative à l'interprétation ou à l'application de la Convention ou de ses protocoles, ou encore une question grave de caractère général.

3. Si le collège accepte la demande, la Grande Chambre se prononce sur l'affaire par un arrêt.

Art. 44 *Arrêts définitifs.* **1. L'arrêt de la Grande Chambre est définitif.**

2. L'arrêt d'une Chambre devient définitif :

***a)* Lorsque les Parties déclarent qu'elles ne demanderont pas le renvoi de l'affaire devant la Grande Chambre ; ou**

***b)* Trois mois après la date de l'arrêt, si le renvoi de l'affaire devant la Grande Chambre n'a pas été demandé ; ou**

***c)* Lorsque le collège de la Grande Chambre rejette la demande de renvoi formulée en application de l'article 43.**

3. L'arrêt définitif est publié.

Art. 45 *Motivation des arrêts et décisions.* **1. Les arrêts, ainsi que les décisions déclarant des requêtes recevables ou irrecevables, sont motivés.**

2. Si l'arrêt n'exprime pas en tout ou en partie l'opinion unanime des juges, tout juge a le droit d'y joindre l'exposé de son opinion séparée.

Art. 46 *Force obligatoire et exécution des arrêts.* **1. Les Hautes Parties contractantes s'engagent à se conformer aux arrêts définitifs de la Cour dans les litiges auxquels elles sont parties.**

2. L'arrêt définitif de la Cour est transmis au Comité des ministres qui en surveille l'exécution.

3. Lorsque le Comité des ministres estime que la surveillance de l'exécution d'un arrêt définitif est entravée par une difficulté d'interprétation de cet arrêt, il peut saisir la Cour afin qu'elle se prononce sur cette question d'interprétation. La décision de saisir la Cour est prise par un vote à la majorité des deux tiers des représentants ayant le droit de siéger au Comité.

4. Lorsque le Comité des ministres estime qu'une Haute Partie contractante refuse de se conformer à un arrêt définitif dans un litige auquel elle est partie, il peut, après avoir mis en demeure cette Partie et par décision prise par un vote à la majorité des deux tiers des représentants ayant le droit de siéger au Comité, saisir la Cour de la question du respect par cette Partie de son obligation au regard du paragraphe 1.

5. Si la Cour constate une violation du paragraphe 1, elle renvoie l'affaire au Comité des ministres afin qu'il examine les mesures à prendre. Si la Cour constate qu'il n'y a pas eu violation du paragraphe 1, elle renvoie l'affaire au Comité des ministres, qui décide de clore son examen.

1. Arrêts pilotes. La procédure de l'arrêt pilote a été conçue en réponse à l'augmentation de la charge de travail de la Cour, causée par une série d'affaires résultant du même dysfonctionnement structurel ou systémique, et pour garantir l'efficacité à long terme du mécanisme de la Convention. La double finalité de cette procédure est, d'une part, de réduire la menace pour le bon fonctionnement du système de la Convention et, d'autre part, de faciliter la résolution la plus rapide et la plus efficace d'un dysfonctionnement constaté dans la protection des droits conventionnels dans l'ordre juridique interne, en intégrant au processus d'exécution de l'arrêt pilote les intérêts de toutes les autres victimes actuelles ou potentielles du problème systémique identifié. Il s'ensuit que l'appréciation par la Cour de la situation dénoncée dans l'affaire « pilote » s'étend nécessairement au-delà des seuls intérêts du requérant dont il s'agit et commande à la Cour d'examiner l'affaire aussi sous l'angle des mesures générales devant être prises dans l'intérêt des autres personnes déjà touchées ou potentiellement touchées. Selon la logique de l'arrêt pilote, l'État défendeur est donc tenu d'éliminer la source de la violation pour l'avenir et de réparer le préjudice déjà subi non seulement par le ou les requérant(s) de l'affaire pilote mais aussi par toutes les autres victimes de violations du même type. L'objectif est que, dans le cadre des mesures générales requises de la part de l'État défendeur, toutes les autres victimes soient incorporées dans la procédure d'exécution de l'arrêt pilote. • CEDH 12 oct. 2017, *Burmych et a. c/ Ukraine*, n° 46852/13, §§ 158 à 161.

2. Il découle de l'art. 46 Conv. EDH notamment que, lorsque la Cour constate une violation, l'État défendeur a l'obligation juridique non seulement de verser aux intéressés les sommes allouées au titre de la satisfaction équitable prévue par l'art. 41 Conv. EDH, mais aussi de choisir, sous le contrôle du Comité des ministres, les mesures générales et/ou, le cas échéant, individuelles à intégrer dans son ordre juridique interne afin de mettre un terme à la violation constatée par la Cour et d'en effacer autant que possible les conséquences ; l'État défendeur demeure libre, sous le contrôle du Comité des ministres, de choisir les moyens de s'acquitter de son obligation juridique au regard de l'art. 46 Conv. EDH, pour autant que ces moyens soient compatibles avec les conclusions contenues dans l'arrêt de la Cour. • CEDH 22 juin 2004, *Broniowski c/ Pologne : RTDH 2005. 203, obs. Lambert Abdelgawad ; JDI 2005. 544, obs. Tavernier ; RD publ. 2005. 758, obs. Sudre ; ibid. 809, obs. Surrel.* ♦ Ainsi, pour une violation de l'art. 3 du Protocole n° 1 qui consacre le droit à des élections libres en raison du refus d'accorder le droit de vote aux détenus : • CEDH, gr. ch., 6 oct. 2005, *Hirst c/ Royaume-Uni*, n° 74025/01 • CEDH 23 nov. 2010, *Greens et M.T. c/ Royaume-Uni : D. 2011. 193, obs. Renucci ; RSC 2011. Chron. 226, obs. Marguénaud*. ♦ Et pour une violation de l'art. 3 Conv. EDH en raison du surpeuplement carcéral : • CEDH 8 janv. 2013, *Torreggiani et a. c/ Italie*, n° 43517/09 § 67 : *D. actu. 24 janv. 2013, obs. Léna ; D. 2013. 1304, obs. Céré, Herzog-Evans et Péchillon ; AJ pénal 2013. 361, obs. Péchillon* • CEDH 25 avr. 2017, *Rezmives et a. c/ Roumanie*, n°s 61467/12, 39516/13, 48231/13 et 68191/13 : *D. actu. 26 mai 2017, obs. Autier.* ♦ Pour le problème structurel de la durée excessive des détentions provisoires : • CEDH 24 mars 2016, *Zherebin c/ Russie*, n° 51445/09. ♦ Dès lors, eu égard au principe de subsidiarité, les ressortissants italiens se plaignant de conditions de détention contraires à l'art. 3 Conv. EDH doivent épuiser les nouveaux recours instaurés par l'Italie à la suite de l'arrêt pilote *Torreggiani et a.*, quand bien même leur requête a été introduite antérieurement. • CEDH 16 sept. 2014, *Stella et a. c/ Italie*, n° 49169/09 : *D. actu. 10 oct. 2014, obs. Léna* • CEDH 30 janv. 2020, *Sukachov c/ Ukraine*, n° 14057/17.

3. En vue d'une exécution adéquate de l'arrêt, il est demandé à l'Ukraine de réformer le système de contrôle des peines de perpétuité réelle, afin de garantir que dans chaque cas il soit recherché si le maintien en détention est justifié par des motifs légitimes et de permettre aux condamnés à une telle peine de savoir ce qu'ils doivent faire pour pouvoir bénéficier d'un élargissement et quelles sont les conditions applicables. • CEDH 12 mars 2019, *Petukhov c/ Ukraine (n° 2)*, n° 42216/13.

4. Mesures générales. L'État défendeur est tenu de réduire le surpeuplement carcéral, améliorer les conditions de détention et mettre en place un repos préventif et un recours compensatoire. • CEDH 30 janv. 2020, *Sukachov c/ Ukraine*, n° 14057/17. ♦ La Cour rappelle qu'en vertu de l'art. 46, les Parties contractantes se sont engagées à se conformer aux arrêts définitifs de la Cour dans les litiges auxquels elles sont parties, le Comité des Ministres étant chargé d'en surveiller l'exécution. Il en découle notamment que l'État défendeur reconnu responsable d'une violation de la Convention ou de ses Protocoles est appelé non seulement à verser aux intéressés les sommes allouées à titre de satisfaction équitable, mais aussi à choisir, sous le contrôle du Comité des Ministres, les mesures générales et/ou, le cas échéant, individuelles à adopter dans son ordre juridique interne afin de mettre un terme à la violation constatée par la Cour et d'en effacer autant que possible les conséquences. La Cour rappelle également qu'il appartient au premier chef à l'État en cause, sous le contrôle du Comité des Ministres, de choisir les moyens à utiliser dans son ordre juridique interne pour s'acquitter de son obligation au regard de l'art. 46 de la Convention. Toutefois, pour aider l'État défendeur à remplir ses obligations au titre de l'art. 46, la Cour peut chercher à lui indiquer le type de mesures, individuelles et/ou générales, qu'il pourrait prendre pour mettre un terme à la situation constatée. En l'espèce, la Cour a conclu à la violation de l'art. 3 de la Convention en raison des conditions matérielles dans lesquelles les requérant ont été détenus, et en particulier en raison du manque d'espace personnel dont ils ont disposé. Elle observe à cet égard que la prolongation du moratoire sur l'encellulement individuel ne permet pas d'augurer des perspectives d'amélioration immédiates. La Cour a également constaté que les référés administratifs ne pouvaient être considérés, à l'heure actuelle, comme des recours permettant de faire cesser ou d'améliorer, de manière effective des traitements contraires à l'art. 3 de la Convention. Elle a relevé que le Gouvernement ne contestait pas la suroccupation des établissements concernés qui, comme l'indique le CGLPL, est un facteur d'aggravation de conditions de détention matérielles indignes. Par voie de conséquence, il y a un lien direct entre la surpopulation carcérale et la violation de l'art. 13 de la Convention également. Dans les affaires examinées, la Cour a ainsi pu constater que l'exécution des décisions du juge administratif se heurte à un phénomène structurel, attesté par les requêtes, les statistiques, les nombreux rapports nationaux et internationaux ainsi que par les tierces interventions. Dans ce contexte, la Cour recommande à l'État défendeur d'envisager l'adoption de mesures générales. D'une part, de telles mesures devraient être prises afin de garantir aux détenus des conditions de détention conformes à l'art. 3 Conv. EDH. Cette mise en conformité devrait comporter la résorption définitive de la surpopulation carcérale. Ces mesures pourraient concerner la refonte du mode de calcul de la capacité des établissements pénitentiaires et l'amélioration du respect de cette capacité d'accueil. La Cour note également que la loi de programmation 2018-2022 comporte des dispositions de politique pénale et pénitentiaire qui pourraient avoir un impact positif sur la réduction du nombre de personnes incarcérées. Par ailleurs, devrait être établi un recours préventif permettant aux détenus, de manière effective, en combinaison avec le recours indemnitaire (§ 167 ci-dessus), de redresser la situation dont ils sont victimes et d'empêcher la continuation d'une violation alléguée. • CEDH 30 janv. 2020, ☖ *J.M.B. c/ France*, n° 9671/15, §§ 314 à 316.

5. La Cour rappelle qu'un arrêt constatant une violation de la Convention entraîne pour l'État défendeur l'obligation juridique non seulement de verser aux intéressés les sommes allouées à titre de satisfaction équitable, mais aussi de choisir, sous le contrôle du Comité des Ministres, les mesures générales à adopter dans son ordre juridique interne afin de mettre un terme à la violation constatée par la Cour et d'en effacer autant que possible les conséquences. Il appartient au premier chef à l'État en cause de choisir, sous réserve du contrôle du Comité des Ministres, les moyens à utiliser dans son ordre juridique interne pour s'acquitter de son obligation au regard de l'art. 46. Toutefois, pour aider l'État défendeur à remplir ses obligations au titre de l'art. 46, la Cour peut chercher à lui indiquer le type de mesures générales, qu'il pourrait prendre pour mettre un terme à la situation constatée. Or, à la lumière de ces principes, compte tenu de l'ensemble des circonstances de cette affaire et en particulier de la complexité technique des mesures, qui relève de la compétence des autorités internes, la Cour estime qu'il n'est pas nécessaire d'appliquer la procédure d'arrêt pilote. En effet, il ne revient pas à la Cour d'adresser au Gouvernement des recommandations détaillées et à contenu prescriptif, telles que celles indiquées par les requérants. C'est au Comité des Ministres, agissant au sens de l'art. 46 de la Convention, qu'il appartient d'indiquer au gouvernement défendeur les mesures qui, en termes pratiques, doivent être adoptées par celui-ci afin d'assurer l'exécution de ce jugement. Dans ce contexte, il convient en tout cas de souligner que les travaux d'assainissement de l'usine et du territoire touché par la pollution environnementale occupent une place primordiale et urgente. Ainsi, le plan environnemental approuvé par les autorités nationales, et contenant l'indication des mesures et des actions nécessaires à assurer la protection environnementale et sanitaire de la population, devra être mis en exécution dans les plus brefs délais. • CEDH 24 janv. 2019, ☖ *Cordella et a. c/ Italie*, n°s 54414/13 et 54264/15, §§ 177 à 182.

6. Mesures individuelles. Dans les circonstances particulières de l'espèce, la Cour considère que l'État défendeur doit prendre, sans plus de retard, et au plus tard dans les trois mois à compter du jour où l'arrêt sera devenu définitif, toutes les mesures nécessaires pour assurer l'exécution de la décision rendue par la CPBI en 1999 et de celle adoptée par le ministère chargé des Réfugiés en 2001, notamment l'enlèvement de l'église des terres des requérants. • CEDH 1er oct. 2010, *Orlovic et a. c/ Bosnie-Herzégovine*, n° 16332/18.

7. Procédure en manquement (premier arrêt). La Cour observe que toute la structure de la Convention repose sur le postulat que les autorités des États membres agissent de bonne foi. Les droits garantis par la Convention sont censés être concrets et effectifs et non théoriques et illusoires. Les mesures limitées qui ont été adoptées aux fins de l'exécution du premier arrêt rendu par la Cour dans la cause de M. Mammadov ne lui permettent pas de conclure que l'Azerbaïdjan a agi « de bonne foi », de manière compatible avec les « conclusions et l'esprit » de l'arrêt, ou de façon à offrir une protection concrète et effective des droits reconnus par la Convention et dont la Cour a constaté la violation dans ledit arrêt. Partant, la Cour conclut que l'Azerbaïdjan a manqué à l'obligation qui lui incombait au titre de l'art. 46, § 1er de se conformer à l'arrêt rendu dans la cause de M. Mammadov (violation de l'art. 46, § 1er). • CEDH 29 mai 2019, *Igar Mammadov c/ Azerbaïdjan*, n° 15172/13.

8. Exécution de l'arrêt. Une procédure de surveillance pendante devant le Comité des Ministres n'exclut pas l'examen d'une deuxième requête portant sur des aspects nouveaux qui n'ont pas été tranchés par le premier arrêt. • CEDH 15 nov. 2018, *V. D. c/ Croatie*, n° 19421/15.

Art. 47 *Avis consultatifs.* 1. La Cour peut, à la demande du Comité des Ministres, donner des avis consultatifs sur des questions juridiques concernant l'interprétation de la Convention et de ses protocoles.

2. Ces avis ne peuvent porter ni sur les questions ayant trait au contenu ou à l'étendue des droits et libertés définis au titre Ier de la Convention et dans les protocoles ni sur les autres questions dont la Cour ou le Comité des Ministres pourraient avoir à connaître par suite de l'introduction d'un recours prévu par la Convention.

3. La décision du Comité des Ministres de demander un avis à la Cour est prise par un vote à la majorité des représentants ayant le droit de siéger au Comité.

Art. 48 *Compétence consultative de la cour.* La Cour décide si la demande d'avis consultatif présentée par le Comité des Ministres relève de sa compétence telle que définie par l'article 47.

Art. 49 *Motivation des avis consultatifs.* 1. L'avis de la Cour est motivé.

2. Si l'avis n'exprime pas en tout ou en partie l'opinion unanime des juges, tout juge a le droit d'y joindre l'exposé de son opinion séparée.

3. L'avis de la cour est transmis au Comité des Ministres.

Art. 50 *Frais de fonctionnement de la cour.* Les frais de fonctionnement de la cour sont à la charge du Conseil de l'Europe.

Art. 51 *Privilèges et immunités des juges.* Les juges jouissent, pendant l'exercice de leurs fonctions, des privilèges et immunités prévus à l'article 40 du Statut du Conseil de l'Europe et dans les accords conclus au titre de cet article.

TITRE III Dispositions diverses

Art. 52 *Enquêtes du Secrétaire général.* Toute Haute Partie contractante fournira sur demande du Secrétaire général du Conseil de l'Europe les explications requises sur la manière dont son droit interne assure l'application effective de toutes les dispositions de cette Convention.

Art. 53 *Sauvegarde des droits de l'homme reconnus.* Aucune des dispositions de la présente Convention ne sera interprétée comme limitant ou portant atteinte aux Droits de l'homme et aux libertés fondamentales qui pourraient être reconnus conformément aux lois de toute Partie contractante ou à toute autre Convention à laquelle cette Partie contractante est partie.

Art. 54 *Pouvoirs du Comité des Ministres.* Aucune disposition de la présente Convention ne porte atteinte aux pouvoirs conférés au Comité des Ministres par le Statut du Conseil de l'Europe.

Art. 55 *Renonciation à d'autres modes de règlement des différends.* Les Hautes Parties contractantes renoncent réciproquement, sauf compromis spécial, à se prévaloir des traités, conventions ou déclarations existant entre elles, en vue de soumettre, par voie de requête, un différend né de l'interprétation ou de l'application de la présente Convention à un mode de règlement autre que ceux prévus par ladite Convention.

Art. 56 *Application territoriale.* 1. Tout État peut, au moment de la ratification ou à tout autre moment par la suite, déclarer, par notification adressée au Secrétaire général du Conseil de l'Europe, que la présente Convention s'appliquera, sous réserve du paragraphe 4 du présent article, à tous les territoires ou à l'un quelconque des territoires dont il assure les relations internationales.

2. La Convention s'appliquera au territoire ou aux territoires désignés dans la notification à partir du trentième jour qui suivra la date à laquelle le Secrétaire général du Conseil de l'Europe aura reçu cette notification.

3. Dans lesdits territoires les dispositions de la présente Convention seront appliquées en tenant compte des nécessités locales.

4. Tout État qui a fait une déclaration conformément au premier paragraphe de cet article, peut, à tout moment par la suite, déclarer relativement à un ou plusieurs des territoires visés dans cette déclaration qu'il accepte la compétence de la cour pour connaître des requêtes de personnes physiques, d'organisations non gouvernementales ou de groupes de particuliers, comme le prévoit l'article 34 de la Convention.

Art. 57 *Réserves.* **1. Tout État peut, au moment de la signature de la présente Convention ou du dépôt de son instrument de ratification, formuler une réserve au sujet d'une disposition particulière de la Convention, dans la mesure où une loi alors en vigueur sur son territoire n'est pas conforme à cette disposition. Les réserves de caractère général ne sont pas autorisées aux termes du présent article.**

2. Toute réserve émise conformément au présent article comporte un bref exposé de la loi en cause.

Art. 58 *Dénonciation.* **1. Une Haute Partie contractante ne peut dénoncer la présente Convention qu'après l'expiration d'un délai de cinq ans à partir de la date d'entrée en vigueur de la Convention à son égard et moyennant un préavis de six mois, donné par une notification adressée au Secrétaire général du Conseil de l'Europe, qui en informe les autres Parties contractantes.**

2. Cette dénonciation ne peut avoir pour effet de délier la Haute Partie contractante intéressée des obligations contenues dans la présente Convention en ce qui concerne tout fait qui, pouvant constituer une violation de ces obligations, aurait été accompli par elle antérieurement à la date à laquelle la dénonciation produit effet.

3. Sous la même réserve cesserait d'être Partie à la présente Convention toute Partie contractante qui cesserait d'être Membre du Conseil de l'Europe.

4. La Convention peut être dénoncée conformément aux dispositions des paragraphes précédents en ce qui concerne tout territoire auquel elle a été déclarée applicable aux termes de l'article 56.

Art. 59 *Signature et ratification.* **1. La présente Convention est ouverte à la signature des Membres du Conseil de l'Europe. Elle sera ratifiée. Les ratifications seront déposées près le Secrétaire général du Conseil de l'Europe.**

2. L'Union européenne peut adhérer à la présente Convention.

3. La présente Convention entrera en vigueur après le dépôt de dix instruments de ratification.

4. Pour tout signataire qui la ratifiera ultérieurement, la Convention entrera en vigueur dès le dépôt de l'instrument de ratification.

5. Le Secrétaire général du Conseil de l'Europe notifiera à tous les Membres du Conseil de l'Europe l'entrée en vigueur de la Convention, les noms des Hautes Parties contractantes qui l'auront ratifiée, ainsi que le dépôt de tout instrument de ratification intervenu ultérieurement.

DÉCLARATIONS ET RÉSERVES

L'instrument de ratification de la France comporte les déclarations et réserves suivantes :

Articles 5 et 6

Le Gouvernement de la République, conformément à l'article 64 *[devenu art. 57]* de la Convention, émet une réserve concernant les articles 5 et 6 de cette Convention en ce sens que ces articles ne sauraient faire obstacle à l'application des dispositions de l'article 27 de la loi n° 72-662 du 13 juillet 1972 portant statut général des militaires, relatives au régime disciplinaire dans les armées, ainsi qu'à celles de l'article 375 du code de justice militaire.

Article 10

Le Gouvernement de la République déclare qu'il interprète les dispositions de l'article 10 comme étant compatibles avec le régime institué en France par la loi n° 72-553 du 10 juillet 1972 portant statut de la Radiodiffusion-télévision française.

Article 15 (paragraphe 1)

Le Gouvernement de la République, conformément à l'article 64 *[devenu art. 57]* de la Convention, émet une réserve concernant le paragraphe 1 de l'article 15 en ce sens, d'une part, que les circonstances énumérées par l'article 16 de la Constitution pour sa mise en œuvre, par l'article 1er de la loi du 3 avril 1878 et par la loi du 9 août 1849 pour la déclaration de l'état de siège, par l'article 1er de la loi n° 55-385 du 3 avril 1955 pour la déclaration de l'état d'urgence, et qui permettent la mise en application des dispositions de ces textes, doivent être comprises comme correspondant à l'objet de l'article 15 de la Convention et, d'autre part, que pour l'interprétation et l'application de l'article 16 de la Constitution de la République, les termes « dans la stricte mesure où la situation l'exige » ne sauraient limiter le pouvoir du Président de la République de prendre « les mesures exigées par les circonstances ».

Le Gouvernement de la République déclare en outre que la présente Convention s'appliquera à l'ensemble du territoire de la République, compte tenu, en ce qui concerne les territoires d'outre-mer, des nécessités locales auxquelles l'article 63 *[devenu art. 56]* fait référence.

Le Gouvernement de la République souligne enfin qu'il n'est pas partie au Protocole n° 2 en date du 6 mai 1963 attribuant à la Cour européenne des Droits de l'homme la compétence de donner des avis consultatifs et qu'en conséquence, pour autant que les articles 1 à 4 de ce Protocole seraient considérés comme intégrés à la Convention, il n'en accepte pas les dispositions.

Protocole n° 4 du 16 septembre 1963,

À la Convention de sauvegarde des droits de l'homme et des libertés fondamentales reconnaissant certains droits et libertés autres que ceux figurant déjà dans la Convention et dans le premier Protocole additionnel à la Convention (Protocole n° 11 du 11 mai 1994).

Les Gouvernements signataires, Membres du Conseil de l'Europe,

Résolus à prendre des mesures propres à assurer la garantie collective de droits et libertés autres que ceux qui figurent déjà dans le titre I de la Convention de sauvegarde des Droits de l'homme et des libertés fondamentales, signée à Rome le 4 novembre 1950 (ci-après dénommée « la Convention ») et dans les articles 1er à 3 du premier Protocole additionnel à la Convention, signé à Paris le 20 mars 1952,

sont convenus de ce qui suit :

Art. 1er *Interdiction de l'emprisonnement pour dette.* Nul ne peut être privé de sa liberté pour la seule raison qu'il n'est pas en mesure d'exécuter une obligation contractuelle.

Art. 2 *Liberté de circulation.* 1. Quiconque se trouve régulièrement sur le territoire d'un État a le droit d'y circuler librement et d'y choisir librement sa résidence.

2. Toute personne est libre de quitter n'importe quel pays, y compris le sien.

3. L'exercice de ces droits ne peut faire l'objet d'autres restrictions que celles qui, prévues par la loi, constituent des mesures nécessaires, dans une société démocratique, à la sécurité nationale, à la sûreté publique, au maintien de l'ordre public, à la prévention des infractions pénales, à la protection de la santé ou de la morale, ou à la protection des droits et libertés d'autrui. — *Sur la liberté de circuler pour assister à la procédure devant la CEDH, V. Accord europ. du 5 mars 1996, art. 4.*

4. Les droits reconnus au paragraphe 1er peuvent également, dans certaines zones déterminées, faire l'objet de restrictions qui, prévues par la loi, sont justifiées par l'intérêt public dans une société démocratique.

1. Liberté d'aller et de venir. C'est à l'État qu'il appartient de définir les conditions rendant régulière la présence d'un étranger sur son territoire. • Comm. EDH 9 oct. 1989, *Aygün c/ Suède : DR 63/195.* ♦ La Cour rappelle que le droit de libre circulation tel que reconnu aux §§ 1 et 2 de l'art. 2 du Prot. n° 4, a pour but d'assurer le droit dans l'espace, garanti à toute personne, de circuler à l'intérieur du territoire dans lequel elle se trouve ainsi que de le quitter ; ce qui implique le droit de se rendre dans un pays de son choix dans lequel elle pourrait être autorisée à entrer (voir *mutatis mutandis* • Comm. EDH 20 févr. 1995, *Peltonen c/ Finlande : DR 80/38).* Il en résulte que la liberté de circulation commande l'interdiction de toute mesure susceptible de porter atteinte à ce droit ou d'en restreindre l'exercice dès lors qu'elle ne répond pas à l'exigence d'une mesure pouvant passer pour « nécessaire dans une société démocratique » à la poursuite des objectifs légitimes visés au troisième paragraphe de l'art. susmentionné. Ainsi, la Cour considère que la mesure au moyen de laquelle un individu se trouve dépossédé d'un document d'identification tel que, par exemple, un passeport, s'analyse, à n'en pas douter, comme une ingérence dans l'exercice de la liberté de circuler (voir *mutatis mutandis* • Comm. EDH 6 mars 1984, *M. c/ Allemagne : DR 37/113)* • CEDH 22 mai 2001, *Baumann c/ France, §§ 61 et 62,* n° 33592/96. ♦ La Cour accepte le principe de restriction à la liberté consacrée à l'art. 2, cette restriction se justifiant aussi longtemps qu'elle tend effectivement à la réalisation de l'objectif qu'elle est censée poursuivre. En l'espèce, la détention du requérant dont la dangerosité sociale est due à des troubles psychiatriques doit cesser dès lors que la personne qui en est l'objet n'est plus dangereuse. • CEDH 20 avr. 2010, *Villa c/ Italie : RSC 2010. Chron. 705, obs. Roets.*

2. Dans le cas d'espèce, la Cour estime que l'argument de la requérante selon lequel le seul passage du contrôle de la police de l'air régularise la situation d'une personne sur un territoire est trop formaliste. En effet, dans un aéroport tel celui de Nouméa, tant qu'un passager demeure dans son enceinte, il reste sous le coup des opérations de contrôle. En l'occurrence, la requérante a été interpellée juste après l'oblitération de son passeport et l'arrêté litigieux lui a été notifié alors qu'elle n'avait pas quitté l'aéroport, puisqu'elle se trouvait toujours retenue dans un local sous la garde des forces de police. L'arrêté pris par le Haut Commissaire de la République s'intitule « arrêté ordonnant l'interdiction d'entrée sur le territoire d'un étranger » et son art. 1er prononce ladite interdiction. D'ailleurs, le Conseil d'État, dans sa décision du 12 mai 1989, n'a pas remis en cause la nature dudit arrêté. Dès lors, l'intéressée ne s'est jamais trouvée régulièrement sur le territoire, condition d'application de l'art. 2 du Prot. n° 4 (P4-2). Il n'y a donc pas eu violation de cette disposition. • CEDH 27 avr. 1995, *Piermont c/ France, § 49 : Série A n° 314 ; JDI 1996. 221, obs. Decaux et Tavernier ; RSC 1995. 640, obs. Pettiti ; D. 1996. Somm. 193, obs. Rideau ; RUDH 1996. 1, obs. Sudre et autres ; JCP 1996. I. 3910, obs. Sudre ; Ann. fr. dr. int. 1995. 485, obs. Coussirat-Coustère.*

Art. 3 *Interdiction de l'expulsion des nationaux.* 1. Nul ne peut être expulsé, par voie de mesure individuelle ou collective, du territoire de l'État dont il est le ressortissant.

2. Nul ne peut être privé du droit d'entrer sur le territoire de l'État dont il est le ressortissant.

Art. 4 *Interdiction des expulsions collectives d'étrangers.* Les expulsions collectives d'étrangers sont interdites.

1. Il faut entendre par « expulsion collective d'étrangers » toute mesure contraignant des étrangers, en tant que groupe, à quitter un pays, sauf dans les cas où une telle mesure est prise à l'issue et sur la base d'un examen raisonnable et objectif de la situation particulière de chacun des étrangers qui forment le groupe. • Comm. EDH 3 oct. 1975, *Becker c/ Danemark,* DR 4/215 : *n° 7011/75.*

2. A aucun stade de la période allant de la convocation des intéressés au commissariat à l'expulsion, la procédure suivie n'offrait des garanties suffisantes attestant d'une prise en compte réelle et différenciée de la situation individuelle de chacune des personnes concernées. En conclusion, il y a eu violation de l'art. 4 du Protocole n° 4 • CEDH 5 févr. 2002, *Conka c/ Belgique, § 63,* n° 51564/99 ; *RTDH 2003. 177, obs. Carlier ; JCP 2002-I-157 n° 25, obs. Sudre.* ♦ La Cour rappelle sa jurisprudence d'après laquelle il faut entendre par expulsion collective, au sens de l'art. 4 du Prot. n° 4, toute mesure contraignant des étrangers, en tant que groupe, à quitter un pays, sauf dans les cas où une telle mesure est prise à l'issue et sur la base d'un examen raisonnable et objectif de la situation particulière de chacun des étrangers qui forment le groupe. Ainsi, le fait que plusieurs étrangers fassent l'objet de décisions semblables ne permet pas en soi de conclure à l'existence d'une expulsion collective lorsque chaque intéressé a pu individuellement faire valoir devant les autorités compétentes les arguments qui s'opposaient à son expulsion. • CEDH 20 sept. 2007, *Sultani c/ France,* n° 45223/05, § 81.

3. La Cour considère que les éloignements d'étrangers effectués dans le cadre d'interceptions en haute mer par les autorités d'un État dans l'exercice de leurs prérogatives de puissance publique, et qui ont pour effet d'empêcher les migrants de rejoindre les frontières de l'État, voire de les refouler vers un autre État, constituent un exercice de leur juridiction au sens de l'art. 1 de la Convention, qui engage la responsabilité de l'État en question sur le terrain de l'art. 4 du Protocole n° 4. En l'espèce, la Cour estime que l'opération ayant conduit au transfert des requérants vers la Libye a été menée par les autorités italiennes dans le but d'empêcher les débarquements de migrants irréguliers sur les côtes nationales. A cet égard, elle attache un poids particulier aux déclarations livrées après les faits par le ministre de l'Intérieur à la presse nationale et au Sénat de la République, dans lesquelles il a expliqué l'importance des renvois en haute mer pour la lutte contre l'immigration clandestine et souligné la diminution importante des débarquements due aux opérations menées au cours du mois de mai 2009. Partant, la Cour rejette l'exception du Gouvernement et considère que l'art. 4 du Protocole n° 4 trouve à s'appliquer en l'espèce. • CEDH, gr. ch., 23 févr. 2012, *Hirsi Jamaa et a. c/ Italie,* n° 27765/09, §§ 180 à 182. ♦ Dans leur jurisprudence, les organes de la Convention ont par ailleurs précisé que le fait que plusieurs étrangers fassent l'objet de décisions semblables ne permet pas en soi de conclure à l'existence d'une expulsion collective lorsque chaque intéressé a pu individuellement exposer devant les autorités compétentes les arguments qui s'opposaient à son expulsion. Enfin, la Cour a jugé qu'il n'y a pas violation de l'art. 4 du Protocole n° 4 si l'absence de décision individuelle d'éloignement est la conséquence du comportement fautif des personnes intéressées. En l'espèce, la Cour ne peut que constater que le transfert des requérants vers la Libye a été exécuté en l'absence de toute forme d'examen de la situation individuelle de chaque requérant. Il est incontesté que les requérants n'ont fait l'objet d'aucune procédure d'identification de la part des autorités italiennes, lesquelles se sont bornées à faire monter l'ensemble des migrants interceptés sur les navires militaires et à les débarquer sur les côtes libyennes. De plus, la Cour relève que le personnel à bord des navires militaires n'était pas formé pour mener des entretiens individuels et n'était pas assisté d'interprètes et de conseils juridiques. Cela suffit à la Cour pour exclure l'existence de garanties suffisantes attestant une prise en compte réelle et différenciée de la situation individuelle de chacune des personnes concernées. Au vu de ce qui précède, la Cour conclut que l'éloignement des requérants a eu un caractère collectif contraire à l'art. 4 du Protocole n° 4. Partant, il y a eu violation de cette disposition. • Même arrêt, §§ 184 à 186.

4. Sans remettre en cause ni le droit dont disposent les États d'établir souverainement leur politique en matière d'immigration, éventuellement dans le cadre de la coopération bilatérale, ni les obligations découlant de leur appartenance à l'Union européenne, la Cour entend souligner que les difficultés qu'ils peuvent rencontrer dans la gestion des flux migratoires ou dans l'accueil des demandeurs d'asile ne sauraient justifier le recours à des pratiques incompatibles avec la Convention ou ses Protocoles. Dans ces circonstances, la Cour estime que les mesures s'analysent en des expulsions collectives et indiscriminées. • CEDH 21 oct. 2014, *Sharifi et a. c/ Italie et Grèce*, n° 16643/09, §§ 214, 221 à 225. ♦ La Cour observe qu'à ce jour, elle a constaté une violation de l'art. 4 du Prot. n° 4 dans quatre affaires seulement. Dans la première (Conka), les mesures de détention et d'éloignement avaient été prises en exécution d'un ordre de quitter le territoire qui ne faisait aucune référence à la demande d'asile des requérants, alors que la procédure y relative n'était pas encore terminée ; en outre, il y avait eu des convocations simultanées de plusieurs personnes au commissariat dans des conditions où il était très difficile de prendre contact avec un avocat, et les instances politiques responsables avaient annoncé des opérations similaires. Les requérants dans la deuxième affaire (Hirsi Jamaa et a.) n'avaient fait l'objet d'aucune procédure d'identification, les autorités s'étant bornées à faire monter les migrants interceptés en mer à bord de navires militaires et à les débarquer sur les côtes libyennes. Dans Géorgie c/ Russie (I), le constat de violation a été fondé sur une « routine des expulsions », qui suivait le même schéma dans l'ensemble de la Russie et était le résultat d'une politique coordonnée d'arrestation, de détention et d'expulsion de ressortissants géorgiens, incluant : l'arrestation des Géorgiens sous prétexte d'un contrôle des papiers ; leur rassemblement en grands groupes aux postes de la milice ; et le prononcé de décisions d'expulsion conformes à des accords préalables avec les tribunaux, sans avocat ni examen des circonstances de l'espèce. Dans Sharifi et a., enfin, la Cour, prenant en considération un ensemble de sources, a constaté que les migrants interceptés dans les ports de la mer Adriatique faisaient l'objet de « renvois automatiques » vers la Grèce et étaient privés de toute possibilité effective d'introduire une demande d'asile. En résumé, en l'espèce les requérants ont été identifiés à deux reprises, leur nationalité a été établie, et ils ont eu une possibilité réelle et effective d'invoquer les arguments s'opposant à leur expulsion. Il n'y a donc pas eu violation de l'art. 4 du Prot. n° 4. • CEDH, gr. ch., 15 déc. 2016, *Klaifia et a. c/ Italie*, n° 16483/12, § 242 et 254.

DÉCLARATION

L'instrument de ratification de la France comporte la déclaration suivante :

« Le Gouvernement de la République déclare que le présent Protocole s'appliquera à l'ensemble du territoire de la République, compte tenu, en ce qui concerne les territoires d'outre-mer, des nécessités locales auxquelles l'article 63 *[devenu art. 56]* de la Convention de sauvegarde des Droits de l'homme et des libertés fondamentales fait référence. »

Protocole n° 6 du 28 avril 1983,

À la Convention de sauvegarde des droits de l'homme et des libertés fondamentales concernant l'abolition de la peine de mort (Protocole n° 11 du 11 mai 1994).

Le présent protocole est entré en vigueur le 1er mars 1986.

Les États membres du Conseil de l'Europe, signataires du présent Protocole à la Convention de sauvegarde des droits de l'homme et des libertés fondamentales, signée à *Rome le 4 novembre 1950* (ci-après dénommée « la Convention »),

Considérant que les développements intervenus dans plusieurs États membres du Conseil de l'Europe expriment une tendance générale en faveur de l'abolition de la peine de mort ;

sont convenus de ce qui suit :

Art. 1er *Abolition de la peine de mort.* La peine de mort est abolie. Nul ne peut être condamné à une telle peine ni exécuté.

Art. 2 *Peine de mort en temps de guerre.* Un État peut prévoir dans sa législation la peine de mort pour des actes commis en temps de guerre ou de danger imminent de guerre ; une telle peine ne sera appliquée que dans les cas prévus par cette législation et conformément à ses dispositions. Cet État communiquera au Secrétaire Général du Conseil de l'Europe les dispositions afférentes de la législation en cause.

Art. 3 *Interdiction de dérogations.* Aucune dérogation n'est autorisée aux dispositions du présent Protocole au titre de l'article 15 de la Convention.

Art. 4 *Interdiction de réserves.* Aucune réserve n'est admise aux dispositions du présent Protocole en vertu de l'article 57 de la Convention.

Art. 5 *Application territoriale.* 1. Tout État peut, au moment de la signature ou au moment du dépôt de son instrument de ratification, d'acceptation ou d'approbation, désigner le ou les territoires auxquels s'appliquera le présent Protocole.

2. Tout État peut, à tout autre moment par la suite, par une déclaration adressée au Secrétaire Général du Conseil de l'Europe, étendre l'application du présent Protocole à tout autre territoire désigné dans la déclaration. Le Protocole entrera en vigueur à l'égard de ce territoire le premier jour du mois qui suit la date de réception de la déclaration par le Secrétaire Général.

3. Toute déclaration faite en vertu des deux paragraphes précédents pourra être retirée, en ce qui concerne tout territoire désigné dans cette déclaration, par notification adressée au Secrétaire Général. Le retrait prendra effet le premier jour du mois qui suit la date de réception de la notification par le Secrétaire Général.

Art. 6 *Relations avec la Convention.* Les États Parties considèrent les articles 1er à 5 du présent Protocole comme des articles additionnels à la Convention et toutes les dispositions de la Convention s'appliquent en conséquence.

....

Protocole nº 7 du 22 novembre 1984,

À la Convention de sauvegarde des droits de l'homme et des libertés fondamentales (Protocole nº 11 du 11 mai 1994).

Le présent protocole est entré en vigueur le 1er nov. 1988.

BIBL. ▶ DRZEMCZEWSKI, *Doc. Conseil de l'Europe, 1995.* – FLAUSS, *Mél. Gauthier, p. 271.* – GUILLAUME, *in Pettiti, Decaux et Imbert (dir.), p. 1070.* – KARAKOSTA, *RTDH 2007. 25.* – KOERING-JOULIN, *Mél. Pettiti, p. 1087, 1091 et 1093.* – PRALUS, *RSC 1996. 551*. – WASMER, *RID pén. 2006. 121.*

Les États membres du Conseil de l'Europe, signataires du présent Protocole,

Résolus à prendre de nouvelles mesures propres à assurer la garantie collective de certains droits et libertés par la Convention de sauvegarde des Droits de l'homme et des libertés fondamentales, signée à Rome le 4 novembre 1950 (ci-après dénommée « la Convention »),

sont convenus de ce qui suit :

Art. 1er *Garanties procédurales en cas d'expulsion d'étrangers.* 1. Un étranger résidant régulièrement sur le territoire d'un État ne peut en être expulsé qu'en exécution d'une décision prise conformément à la loi et doit pouvoir :

a) Faire valoir les raisons qui militent contre son expulsion ;

b) Faire examiner son cas, et

c) Se faire représenter à ces fins devant l'autorité compétente ou une ou plusieurs personnes désignées par cette autorité.

2. Un étranger peut être expulsé avant l'exercice des droits énumérés au paragraphe 1. *a, b* et *c* de cet article lorsque cette expulsion est nécessaire dans l'intérêt de l'ordre public ou est basée sur des motifs de sécurité nationale.

1. Champ d'application de l'art. 1er : l'étranger en situation régulière. C'est à l'État qu'il appartient de définir les conditions rendant régulière la présence d'un étranger sur son territoire. • Comm. EDH 9 oct. 1989, *Aygün c/ Suède : DR 63/195.* ♦ V. annotations ss. Prot. nº 4.

2. Précisions jurisprudentielles. Rappelant que toute disposition de la Convention ou de ses

Protocoles doit s'interpréter de façon à garantir des droits concrets et effectifs et non théoriques et illusoires, la Cour considère, au vu du contrôle purement formel opéré par la cour d'appel en l'espèce, que le requérant n'a pas véritablement pu faire examiner son cas à la lumière des raisons militant contre son expulsion. Il y a donc eu violation de l'art. 1 du Prot. n° 7. • CEDH 8 juin 2006, *Lupsa c/ Roumanie*, n° 10337/04, §§ 60 et 61. ♦ L'art. 1 du Prot. n° 7 n'autorise l'expulsion d'un étranger qu'en exécution d'une décision prise conformément à la loi et en respectant certaines garanties de procédure, encore que ces garanties ne s'appliquent pas lorsque l'expulsion est nécessaire dans l'intérêt de l'ordre public ou de la sécurité nationale. Cette exception ne joue pas en l'espèce puisque le Gouvernement n'a pas établi que l'expulsion du premier requérant s'imposait pour les motifs précités et, partant, l'intéressé aurait dû bénéficier des garanties énoncées avant d'être expulsé. Or ces garanties n'ont pas été respectées à trois égards : délai de communication de la décision d'expulsion (plus de trois mois), incapacité pour le premier requérant de faire valoir les raisons militant contre son expulsion et, enfin, refus de réexamen de son cas en présence d'un avocat. • CEDH 12 févr. 2009, *Nolan et K. c/ Russie*, n° 2512/04, §§ 109 s. ♦ La requérante n'a pas eu accès au document classifié en question et la décision du ministère ne donnait pas la moindre indication des éléments factuels ayant amené les autorités à considérer qu'elle représentait un risque pour la sécurité, la requérante n'a pas pu défendre sa cause correctement dans la procédure de contrôle judiciaire de cette décision. De plus, rien n'indique que les juridictions internes aient elles-mêmes eu accès au document classifié ou à quelque autre information que ce soit aux fins de vérifier que la requérante représentait réellement un danger pour la sécurité nationale. Les juges se sont donc bornés à examiner l'ordre d'expulsion de manière purement formelle. De plus, ils n'ont pas avancé le moindre élément susceptible d'expliquer en quoi il pouvait être important de préserver la confidentialité du document classifié, ni indiqué la portée du contrôle qu'ils avaient réalisé. Ils n'ont donc pas soumis à un examen significatif l'affirmation de l'exécutif selon laquelle la requérante représentait un risque pour la sécurité nationale. Il y a donc eu violation de l'art. 1er du Prot. n° 7. • CEDH 17 mai 2018, *Ljatifi c/ ex-République yougoslave de Macédoine*, n° 19017/16, §§ 32 s.

Art. 2 *Droit à un double degré de juridiction en matière pénale.* 1. Toute personne déclarée coupable d'une infraction pénale par un tribunal a le droit de faire examiner par une juridiction supérieure la déclaration de culpabilité ou la condamnation. L'exercice de ce droit, y compris les motifs pour lesquels il peut être exercé, sont régis par la loi.

2. Ce droit peut faire l'objet d'exceptions pour des infractions mineures telles qu'elles sont définies par la loi ou lorsque l'intéressé a été jugé en première instance par la plus haute juridiction ou a été déclaré coupable et condamné à la suite d'un recours contre son acquittement.

1. Précisions de la jurisprudence européenne. La Cour rappelle que les États contractants disposent en principe d'un large pouvoir d'appréciation pour décider des modalités d'exercice du droit prévu par l'art. 2 du Prot. n° 7 à la convention. Ainsi, l'examen d'une déclaration de culpabilité ou d'une condamnation par une juridiction supérieure peut soit porter tant sur des questions de fait que de droit, soit se limiter aux seuls points de droit ; par ailleurs, dans certains pays, le justiciable désireux de saisir l'autorité de recours doit quelquefois solliciter une autorisation à cette fin. Toutefois, les limitations apportées par les législations internes au droit de recours mentionné par cette disposition doivent, par analogie avec le droit d'accès au tribunal consacré par l'art. 6, § 1, Conv. EDH, poursuivre un but légitime et ne pas porter atteinte à la substance même de ce droit. Conforme en elle-même à l'exception autorisée par le § 2 de l'art. 2, cette disposition est corroborée par la déclaration interprétative de la France qui énonce que : « au sens de l'art. 2, § 1, l'examen par une juridiction supérieure peut se limiter à un contrôle de l'application de la loi, tel que le recours en cassation ». • CEDH 13 févr. 2001, *Krombach c/ France, § 96 : JDI 2001. 249, obs. Bachelet.* ♦ En vertu des art. 630 et 639 combinés du C. pr. pén., le requérant, d'une part ne pouvait être défendu devant la cour d'assises par un avocat et ne l'a pas été, et, d'autre part, ne pouvait pas former de pourvoi en cassation puisqu'il était contumax. Il n'avait donc pas de réelles possibilités ni d'être défendu en première instance, ni de faire examiner sa condamnation par une juridiction supérieure. Partant, il y a eu violation de l'art. 2 du Prot. n° 7. • CEDH 13 févr. 2001, *Krombach c/ France, § 100 : préc.* • CEDH 6 sept. 2005, *Gurepka c/ Ukraine*, n° 61406/00, §§ 59 à 62.

2. La Cour rappelle que la notion d'« infraction pénale » du paragraphe 1 de l'art. 2 du Protocole n° 7 correspond à celle d'« accusation en matière pénale » de l'art. 6, § 1, de la Convention. Selon la jurisprudence constante de la Cour, l'applicabilité de l'art. 6 sous son aspect pénal doit s'apprécier sur la base de trois critères, à savoir : a) la qualification de l'infraction au niveau interne, b) la nature de l'infraction, et c) le degré de gravité de la sanction dont est passible la personne concernée. Les indications que fournit le droit interne de l'État défendeur ont une valeur relative. Pour que l'art. 6 s'applique, il suffit que l'infraction en cause soit par nature pénale ou ait exposé l'intéressé à une sanction qui, par sa nature et son degré de gravité, ressortit en général à la matière pénale. En l'espèce, l'infraction de trouble mineur à l'ordre public était qualifiée d'administrative par le droit bulgare, mais elle visait l'ensemble des citoyens et elle était passible d'une amende ou d'une peine de détention pouvant allait jusqu'à quinze jours. Eu égard à la portée générale de l'infraction, ainsi qu'à la nature et au degré de sévérité de la sanction maximale prévue par la législation interne, la Cour considère que le requérant a fait l'objet d'une « accusation en matière pénale » au sens de l'art. 6 de la Convention. En conséquence, la Cour conclut que l'art. 2 du Protocole n° 7 est applicable au cas de l'espèce. La Cour note qu'il n'est pas contesté qu'en vertu de l'art. 7 du décret de 1963, le jugement du tribunal de district était définitif. Quant au recours en réouverture prévu par la loi de 1969, il ne remplissait pas les exigences de l'art. 2 du Protocole n° 7, car, outre son champ d'application très restreint, il n'était pas directement accessible au requérant. Reste à vérifier si l'infraction pour laquelle le requérant a été condamné ne s'analyse pas en une « infraction mineure », au sens de l'art. 2, § 2. A cet égard, la Cour doit se pencher sur les termes du rapport explicatif au Protocole n° 7, d'où il ressort expressément que, pour décider si une infraction est de caractère mineur, un critère important est la question de savoir si l'infraction est passible d'emprisonnement ou non. En l'occurrence, le décret de 1963 rendait l'infraction litigieuse passible d'une détention pouvant aller jusqu'à quinze jours et le requérant a été en définitive condamné à cinq jours de détention. Or, eu égard à l'objectif de l'art. 2 et à la nature des garanties qu'il prévoit, la Cour est convaincue qu'une infraction pour laquelle la loi prévoit une peine privative de liberté à titre de sanction principale ne peut pas être qualifiée de « mineure » au sens du paragraphe 2 de cet art. Le requérant aurait dû donc avoir la possibilité de faire examiner par une juridiction supérieure le jugement du tribunal de district. Partant, il y a eu violation de l'art. 2 du Protocole n° 7. • CEDH 1er oct. 2009, ☎ *Stanchev c/ Bulgarie,* n° 8682/02, §§ 44 à 49.

3. Le requérant se plaint d'avoir été privé, en raison de la déchéance de son pourvoi, du droit de faire examiner par une juridiction supérieure la déclaration de culpabilité et sa condamnation. Il invoque l'art. 2 du Prot. n° 7. La Cour a déjà eu l'occasion de reconnaître que le système français en vigueur au moment des faits était en principe compatible avec l'art. 2 du Prot. n° 7 (V. notamment Krombach, § 96, et les décisions citées). Partant, il n'y a pas eu violation de l'art. 2 du Prot. n° 7 à la Conv. EDH. • CEDH 25 juill. 2002, ☎ *Papon c/ France,* n° 54210/00, §§ 101 et 106.

Art. 3 *Droit d'indemnisation en cas d'erreur judiciaire.* Lorsqu'une condamnation pénale définitive est ultérieurement annulée, ou lorsque la grâce est accordée, parce qu'un fait nouveau ou nouvellement révélé prouve qu'il s'est produit une erreur judiciaire, la personne qui a subi une peine en raison de cette condamnation est indemnisée, conformément à la loi ou à l'usage en vigueur dans l'État concerné, à moins qu'il ne soit prouvé que la non-révélation en temps utile du fait inconnu lui est imputable en tout ou en partie.

Précisions jurisprudentielles. La Cour rappelle que l'art. 3 du Protocole n° 7 a pour but de conférer un droit à réparation à des personnes condamnées à la suite d'une erreur judiciaire dans le cas où leur condamnation a été infirmée par les tribunaux internes en raison de faits nouveaux ou nouvellement révélés. En conséquence, l'art. 3 du Protocole n° 7 ne peut s'appliquer avant que la condamnation n'ait été infirmée. En l'espèce, dans la mesure où la condamnation du requérant a été annulée et qu'il a demandé réparation après le 1er juillet 2000, date d'entrée en vigueur du Protocole n° 7 à l'égard de l'Arménie, les conditions à remplir pour la compétence *ratione temporis* sont satisfaites. De plus, la Cour estime que cet article est sans aucun doute applicable à l'affaire du requérant, toutes les conditions nécessaires étant satisfaites. Quant au respect des garanties de l'art. 3 du Protocole n° 7, la Cour estime que, si cette disposition garantit le paiement d'une indemnité conformément à la loi ou à la pratique de l'État concerné, cela ne signifie pas qu'aucune indemnité ne doit être versée lorsque le droit ou la pratique internes ne le prévoit. De plus, la Cour estime que le but de l'art. 3 du Protocole n° 7 n'est pas simplement de couvrir toute perte financière causée par une condamnation à tort mais également de fournir à une personne condamnée à la suite d'une erreur judiciaire une réparation pour tout dommage moral subi, tel que le sentiment de détresse ou d'angoisse, les désagréments divers et la dégradation de la qualité de vie. Or le requérant n'a disposé d'aucune réparation de la sorte en l'espèce. Partant, il y a eu violation de l'art. 3 du Protocole n° 7 à la Convention. • CEDH 12 juin 2012, *Poghosyan et Baghdasaryan c/ Arménie,* n° 22999, §§ 49 à 51.

Art. 4 *Droit à ne pas être jugé ou puni deux fois.* 1. Nul ne peut être poursuivi ou puni pénalement par les juridictions du même État en raison d'une infraction pour laquelle il a déjà été acquitté ou condamné par un jugement définitif conformément à la loi et à la procédure pénale de cet État.

2. Les dispositions du paragraphe précédent n'empêchent pas la réouverture du procès, conformément à la loi et à la procédure pénale de l'État concerné, si des faits nouveaux ou nouvellement révélés ou un vice fondamental dans la procédure précédente sont de nature à affecter le jugement intervenu.

3. Aucune dérogation n'est autorisée au présent article au titre de l'article 15 de la Convention.

BIBL. ▶ DETRAZ, *D. 2017. 2130* (Convention européenne et réserve française).

▶ **Dossier :** *Ne bis in idem, AJ pénal 2015. 172 s.*

1. Ne bis in idem. Avec la Commission, la Cour rappelle que l'art. 4 du Prot. nº 7 a pour but de prohiber la répétition de poursuites pénales définitivement clôturées. Cette disposition ne trouve donc pas à s'appliquer avant l'ouverture d'une nouvelle procédure. Dès lors qu'en l'occurrence, celle-ci atteignit son aboutissement dans une décision postérieure à l'entrée en vigueur du Prot. nº 7, l'arrêt du 29 mars 1989, les conditions de l'applicabilité *ratione temporis* de ce texte se révèlent remplies. La Cour n'ignore pas que les dispositions en cause se distinguent non seulement sur le plan de l'appellation des infractions mais aussi sur celui, plus fondamental, de leur nature et de leur but. Elle relève en outre que l'infraction punie par l'art. 5 C. route ne représente qu'un aspect du délit sanctionné par l'art. 81, § 2, C. pén. Néanmoins, les deux décisions litigieuses se fondent sur le même comportement. Partant, il y a eu violation de l'art. 4 du Prot. nº 7. • CEDH 23 oct. 1995, *Gradinger c/ Autriche, §§ 53 et 55 : Série A nº 328-C ; Ann. fr. dr. int. 1995. 485, obs. Cohen-Jonathan ; RSC 1996. 487, obs. Koering-Joulin ; JCP 1996. I. 3910, obs. Sudre.*

2. États différents. L'art. 4 du Prot. nº 7 à la CEDH ne s'applique qu'aux juridictions d'un même État et ne fait pas obstacle à ce qu'une personne soit poursuivie ou punie pénalement par les juridictions d'un État partie à la Convention en raison d'une infraction pour laquelle elle avait été acquittée ou condamnée par un jugement définitif dans un autre État partie. • CEDH 20 févr. 2018, *Krombach c/ France, nº 67521/14 : D. actu. 9 avr. 2018, obs. Fucini ; AJ pénal 2018. 262, obs. Nicaud*.

3. L'art. 4 ne garantit pas le respect du principe *ne bis in idem* s'agissant de poursuites ou de condamnations pénales par des juridictions d'États différents. • Comm. EDH 21 oct. 1993, *Bargiola c/ Suisse : DR 75/76.* ♦ L'art. 4 interdit de condamner plusieurs fois une personne pour le même comportement. • Comm. EDH 7 mars 1996, *Raninen c/ Finlande : DR 84/17.*

4. Le principe *ne bis in idem* n'interdit pas à un tribunal de juger deux infractions distinctes découlant d'un fait unique (en l'espèce délit pénal et délit douanier). • CEDH 2 juill. 2002, *Goktan c/ France : JCP 2003. I. 109, nº 26, obs. Sudre.* ♦ Le principe *Non bis in idem* n'est pas méconnu lorsque les faits reprochés dans le cadre de deux procédure, l'une délictuelle, l'autre criminelle, ne se réfèrent pas à la même conduite et s'appuient sur des faits distincts. • CEDH 19 déc. 2017, *Ramda c/ France, nº 78477/11 : D. actu. 9 janv. 2018, obs. Autier ; AJ pénal 2018. 153, obs. Lavric*. ♦ Et l'interdiction d'une double condamnation en raison des mêmes faits ne s'applique qu'aux infractions relevant des tribunaux statuant en matière pénale, selon les réserves formulées par la France en marge du protocole, et ne fait pas obstacle au prononcé de mesures disciplinaires parallèlement aux sanctions pénales. • Crim. 7 sept. 2004, nº 04-80.010 P : *D. 2004. IR 2691* ; *Dr. pénal 2005. Comm. 24, obs. J.-H. Robert ; JCP 2004. IV. 3192.*

5. Précisions jurisprudentielles. Si un acte isolé peut mener à la caractérisation de plusieurs infractions (concours idéal d'infractions), cette hypothèse concerne uniquement les infractions dont les éléments constitutifs diffèrent fondamentalement. • CEDH 30 juill. 1998, *Oliveira c/ Suisse, §§ 22 s. : Rec. 1998-V ; JDI 1998. 255, obs. Bachelet* • 29 mai 2001, *Fischer c/ Autriche, § 25 : JDI 2001. 282, obs. Bachelet.* ♦ En l'espèce, le tribunal de comté a octroyé au requérant une amnistie pour des actes, à savoir des assassinats de civils et des coups et blessures graves infligés à un enfant, qui s'analysent en des violations graves des droits fondamentaux de l'homme, soulignant dans son raisonnement les mérites de l'intéressé en tant que militaire. Or le droit international tend de plus en plus à considérer ces amnisties comme inacceptables car incompatibles avec l'obligation universellement reconnue pour les États de poursuivre et de punir les auteurs de violations graves des droits fondamentaux de l'homme. À supposer que les amnisties soient possibles lorsqu'elles s'accompagnent de circonstances particulières telles qu'un processus de réconciliation et/ou une forme de réparation pour les victimes, l'amnistie octroyée au requérant en l'espèce n'en resterait pas moins inacceptable puisque rien n'indique la présence de telles circonstances en l'espèce. La Cour estime qu'en dressant un nouvel acte d'accusation contre le requérant et en le condamnant pour crimes de guerre contre la population civile, les autorités croates ont agi dans le respect tant des obligations découlant des art. 2 et 3 de la Convention que des exigences et recommandations figurant dans les mécanismes et instruments internationaux susmentionnés. Eu égard à ce qui précède, la Cour conclut que l'art. 4 du Prot. nº 7 à la Convention ne trouve donc pas à s'appliquer aux circonstances de l'espèce. • CEDH 13 nov. 2012, *Margus c/ Croatie*, n° 4455/10.

6. Nouvelle approche avec l'arrêt Zolotoukhine. La Cour estime que la diversité des approches adoptées pour vérifier si l'infraction pour laquelle un requérant a été poursuivi était en fait la même que celle pour laquelle il avait déjà été acquitté ou condamné par un jugement définitif est source d'une insécurité juridique incompatible avec ce droit fondamental qu'est le droit de ne pas être poursuivi deux fois pour la même infraction. C'est dans ce contexte que la Cour est à présent appelée à harmoniser l'interprétation de la notion de « même infraction » – l'élément *idem* du principe *non bis in idem* – aux fins de l'art. 4 du Prot. n° 7. Certes, il est dans l'intérêt de la sécurité juridique, de la prévisibilité et de l'égalité devant la loi qu'elle ne s'écarte pas sans motif valable de ses précédents ; toutefois, si elle devait faillir à maintenir une approche dynamique et évolutive, pareille attitude risquerait de faire obstacle à toute réforme ou amélioration. L'analyse des instruments internationaux qui consacrent le principe *non bis in idem* sous une forme ou une autre révèle la variété des formules employées. Ainsi, l'art. 4 du Protocole n° 7 à la Convention, l'art. 14, § 7, du Pacte international relatif aux droits civils et politiques adopté par les Nations unies et l'art. 50 de la Charte des droits fondamentaux de l'Union européenne se réfèrent à la « *[même]* infraction » (« *[same] offence* »), la Convention américaine des droits de l'homme parle des « mêmes faits » (« *same cause* »), la Convention d'application de l'accord de Schengen emploie les termes « mêmes faits » (« *same acts* ») et le Statut de la Cour pénale internationale utilise quant à lui l'expression « *[mêmes]* actes » (« *[same] conduct* »). La Cour de justice des Communautés européennes et la Cour interaméricaine des droits de l'homme ont attaché de l'importance à la différence entre la formule « mêmes faits » (« *same acts* » ou « *same cause* »), d'une part, et l'expression « *[même]* infraction » (« *same offence* »), d'autre part, lorsqu'elles ont décidé d'adopter l'approche fondée strictement sur l'identité des faits matériels et de ne pas retenir la qualification juridique de ces faits comme critère pertinent. Ce faisant, les deux juridictions ont souligné qu'une telle approche serait favorable à l'auteur de l'acte en cause qui saurait que, une fois reconnu coupable et sa peine purgée ou une fois relaxé, il n'aurait plus à craindre de nouvelles poursuites pour les mêmes faits. La Cour estime que l'emploi du terme « infraction » à l'art. 4 du Protocole n° 7 ne saurait justifier l'adhésion à une approche plus restrictive. Elle rappelle que la Convention doit être interprétée et appliquée d'une manière qui en rende les garanties concrètes et effectives, et non pas théoriques et illusoires. Par ailleurs, c'est un instrument vivant qui doit être interprété à la lumière des conditions actuelles. Il faut lire les dispositions d'un traité international, tel que la Convention, à la lumière de leur objet et de leur but et en tenant compte du principe de l'effet utile. En outre, l'approche qui privilégie la qualification juridique des deux infractions est trop restrictive des droits de la personne, car si la Cour s'en tient au constat que l'intéressé a été poursuivi pour des infractions ayant une qualification juridique différente, elle risque d'affaiblir la garantie consacrée par l'art. 4 du Protocole n° 7 et non de la rendre concrète et effective comme le requiert la Convention. En conséquence, l'art. 4 du Protocole n° 7 doit être compris comme interdisant de poursuivre ou de juger une personne pour une seconde « infraction » pour autant que celle-ci a pour origine des faits identiques ou des faits qui sont en substance les mêmes. La garantie consacrée à l'art. 4 du Protocole n° 7 entre en jeu lorsque de nouvelles poursuites sont engagées et que la décision antérieure d'acquittement ou de condamnation est déjà passée en force de chose jugée. A ce stade, les éléments du dossier comprendront forcément la décision par laquelle la première « procédure pénale » s'est terminée et la liste des accusations portées contre le requérant dans la nouvelle procédure. Normalement, ces pièces renfermeront un exposé des faits concernant l'infraction pour laquelle le requérant a déjà été jugé et un autre se rapportant à la seconde infraction dont il est accusé. Ces exposés constituent un utile point de départ pour l'examen par la Cour de la question de savoir si les faits des deux procédures sont identiques ou sont en substance les mêmes. La Cour souligne que peu importe quelles parties de ces nouvelles accusations sont finalement retenues ou écartées dans la procédure ultérieure puisque l'art. 4 du Protocole n° 7 énonce une garantie contre de nouvelles poursuites ou le risque de nouvelles poursuites, et non l'interdiction d'une seconde condamnation ou d'un second acquittement. La Cour doit donc faire porter son examen sur ces faits qui constituent un ensemble de circonstances factuelles concrètes impliquant le même contrevenant et indissociablement liées entre elles dans le temps et l'espace, l'existence de ces circonstances devant être démontrée pour qu'une condamnation puisse être prononcée ou que des poursuites pénales puissent être engagées. • CEDH, gr. ch., 10 févr. 2009, *Zolotoukhine c/ Russie*, n° 14939/03, §§ 78 à 84. ♦ L'art. 4 du protocole n° 7 additionnel à la Conv. EDH fait obstacle à ce que de « nouvelles poursuites pénales » soient exercées à l'encontre d'une personne qui a été définitivement jugée, en raison de son comportement frauduleux sur les marchés financiers, ces faits étant en substance les mêmes que ceux ayant fait l'objet de la condamnation définitive. • CEDH 4 mars 2014, *Grande Stevens et al. c/ Italie*, n° 18640/10 : *D. 2015. 1506, obs. Mascala ; Rev. sociétés 2014.*

675, note Matsopoulou ; RSC 2014. 110, obs. Stasiak ; ibid. 2015. 169, obs. Marguénaud ; RTD eur. 2015. 235, obs. d'Ambrosio et Vozza • CEDH 6 juin 2019, *Nodet c/ France*, n° 47342/14 : *D. actu. 27 juin 2019, obs. Dufourq.*

7. Les faits étaient essentiellement les mêmes. L'exigence d'une décision « définitive » était remplie, dans la mesure où aucun appel n'a été interjeté contre la décision relaxant la requérante des charges fiscales, laquelle est donc passée en force de chose jugée. Quant à la question de la duplication des procédures, la Cour rappelle que l'art. 4 du Prot. n° 7 ne vise pas seulement le cas d'une double condamnation, mais aussi celui des doubles poursuites pour une même infraction. Cette disposition s'applique donc même lorsque la personne concernée a été poursuivie dans le cadre d'une procédure qui n'a pas abouti à une condamnation. Toutefois, la protection n'entre en jeu qu'une fois qu'une décision définitive concernant la même infraction est rendue : l'art. 4 du Prot. n° 7 n'empêche pas la conduite de plusieurs instances concurrentes avant la prise d'une décision définitive. Il y aurait cependant violation si une procédure se poursuivait après la date à laquelle l'autre procédure s'est conclue par une décision définitive. Or il n'a pas été mis un terme à la procédure fiscale et les pénalités fiscales qui avaient été infligées à la requérante n'ont pas été annulées lorsque la procédure pénale dirigée contre l'intéressée s'était terminée par un jugement définitif ; au contraire, la procédure fiscale a continué encore pendant neuf mois et demi. Il n'existait pas de lien suffisamment étroit, substantiel ou temporel, entre les deux procédures pour qu'elles puissent être considérées comme faisant partie du même ensemble de sanctions ; en somme, la requérante a été jugé « deux fois » en raison d'une infraction pour laquelle elle avait déjà été acquittée par un jugement définitif. • CEDH 27 nov. 2014, *Lucky Dev c/ Suède*, n° 7356/10, §§ 50 s. ♦ Au vu de ce qui précède, la Cour considère que les procédures administratives en cause concernaient une seconde « infraction » ayant pour origine des faits identiques à ceux ayant fait l'objet des premiers acquittements devenus irrévocables. Ce constat suffit pour conclure à la violation de l'art. 4 du Prot. n° 7. • CEDH 30 avr. 2015, *Kapetanios et a. c/ Grèce*, n° 3453/12, §§ 74 et 75.

8. Portée relative. Il existe entre la procédure pénale condamnant un automobiliste pour excès de vitesse au paiement d'une amende et celle administrative lui ordonnant le retrait de son permis de conduire un lien matériel et temporel suffisamment étroit pour qu'elles soient considérées comme deux aspects d'un système unique, ne pouvant emporter la violation de l'art. 4, § 1, du Protocole n° 7 Conv. EDH. • CEDH 4 oct. 2016, *Rivard c/ Suisse*, n° 21563/12 : *D. actu. 17 oct. 2016, obs. Autier.* ♦ Dans le même sens : pour un même fait, des sanctions de nature différente peuvent être prononcées par des autorités différentes à condition que les procédures administrative et pénale soient étroitement imbriquées entre elles, matériellement et temporellement. • CEDH 15 nov. 2016, *A et B c/ Norvège*, n°s 241130/11 et 29758/11 : *AJ pénal 2017. 45, obs. Robert ; RSC 2017. 134, note Roets* . ♦ Pour l'irrecevabilité d'une mesure d'exclusion interdisant à un individu condamné pour hooliganisme d'assister à des manifestations sportives : • CEDH 9 oct. 2018, *Serazin c/ Croatie*, n° 19120/15.

9. La déchéance de nationalité prévue par l'art. 25 C. civ. n'est pas une punition pénale au sens de l'art. 4 du Prot. n° 7 et cette disposition n'est donc pas applicable en cas de déchéance de nationalité prononcée après une condamnation pénale pour des faits de participation à une association de malfaiteurs dans un contexte terroriste. • CEDH 25 juin 2020, n°s 52273/16, 52285/16, 52290/16, 52294/16 et 52302/16.

10. Si l'art. 4 du Prot. n° 7 a pour objet d'empêcher l'injustice que représenterait pour une personne le fait d'être poursuivie ou punie deux fois pour le même comportement délictueux, il ne bannit toutefois pas les systèmes juridiques qui traitent de manière « intégrée » le méfait néfaste pour la société en question, notamment en réprimant celui-ci dans le cadre de phases parallèles, menées par des autorités différentes et à des fins différentes (...). Compte tenu de ce qui précède, la Cour estime tout d'abord qu'il n'existait pas de lien matériel suffisamment étroit, compte tenu de l'identité des buts visés par les procédures devant l'AMF et les juridictions pénales et, dans une certaine mesure, d'une répétition dans le recueil des éléments de preuve par différents services d'enquête. Ensuite, et surtout, elle relève également l'absence d'un lien temporel suffisamment étroit pour considérer les procédures comme s'inscrivant dans le mécanisme intégré de sanctions prévu par le droit français. Partant, le requérant a subi un préjudice disproportionné en conséquence de la double poursuite et de la double condamnation, par la commission des sanctions de l'AMF et les juridictions pénales, pour les mêmes faits. Il s'ensuit qu'il y a eu violation de l'art. 4 du Prot. n° 7. • CEDH 6 juin 2019, *Nodet c/ France*, n° 47342/14, §§ 41 et 53. ♦ La Cour juge que les faits à la base de chacune des procédures dirigées contre la requérante se recoupaient. Elle conclut que la requérante a été jugée et condamnée deux fois pour la même infraction, ce qui constitue une violation de ses droits. • CEDH 8 oct. 2019, *Korneyeva c/ Russie*, n° 72051/17.

Art. 5 *Égalité entre époux.* Les époux jouissent de l'égalité de droits et de responsabilités de caractère civil entre eux et dans leurs relations avec leurs enfants au regard du mariage, durant le mariage et lors de sa dissolution. Le présent article n'empêche pas les États de prendre les mesures nécessaires dans l'intérêt des enfants.

Art. 6 *Application territoriale.* 1. Tout État peut, au moment de la signature ou au moment du dépôt de son instrument de ratification, d'acceptation ou d'approbation, désigner le ou les territoires auxquels s'appliquera le présent Protocole, en indiquant la mesure dans laquelle il s'engage à ce que les dispositions du présent Protocole s'appliquent à ce ou ces territoires.

2. Tout État peut, à tout autre moment par la suite, par une déclaration adressée au Secrétaire général du Conseil de l'Europe, étendre l'application du présent Protocole à tout autre territoire désigné dans la déclaration. Le Protocole entrera en vigueur à l'égard de ce territoire le premier jour du mois qui suit l'expiration d'une période de deux mois après la date de réception de la déclaration par le Secrétaire général.

3. Toute déclaration faite en vertu des deux paragraphes précédents pourra être retirée ou modifiée en ce qui concerne tout territoire désigné dans cette déclaration, par notification adressée au Secrétaire général. Le retrait ou la modification prendra effet le premier jour du mois qui suit l'expiration d'une période de deux mois après la date de réception de la notification par le Secrétaire général.

4. Une déclaration faite conformément au présent article sera considérée comme ayant été faite conformément au paragraphe 1 de l'article 56 de la Convention.

5. Le territoire de tout État auquel le présent Protocole s'applique en vertu de sa ratification, de son acceptation ou de son approbation par ledit État, et chacun des territoires auxquels le Protocole s'applique en vertu d'une déclaration souscrite par ledit État conformément au présent article, peuvent être considérés comme des territoires distincts aux fins de la référence au territoire d'un État faite par l'article 1er.

6. Tout État ayant fait une déclaration conformément au paragraphe 1 ou 2 du présent article peut, à tout moment par la suite, déclarer relativement à un ou plusieurs des territoires visés dans cette déclaration qu'il accepte la compétence de la cour pour connaître des requêtes de personnes physiques, d'organisations non gouvernementales ou de groupes de particuliers, comme le prévoit l'article 34 de la Convention, au titre des articles 1er à 5 du présent Protocole.

Art. 7 *Relations avec la Convention.* 1. Les États Parties considèrent les articles 1 à 6 du présent Protocole comme des articles additionnels à la Convention et toutes les dispositions de la Convention s'appliquent en conséquence.

2. *Abrogé.*

DÉCLARATIONS ET RÉSERVES ACCOMPAGNANT L'INSTRUMENT DE RATIFICATION

Le Gouvernement de la République française déclare qu'au sens de l'article 2, paragraphe 1, l'examen par une juridiction supérieure peut se limiter à un contrôle de l'application de la loi, tel que le recours en cassation.

Le Gouvernement de la République française déclare que seules les infractions relevant en droit français de la compétence des tribunaux statuant en matière pénale doivent être regardées comme des infractions au sens des articles 2 à 4 du présent Protocole.

Le Gouvernement de la République française déclare que l'article 5 ne doit pas faire obstacle à l'application des règles de l'ordre juridique français concernant la transmission du nom « patronymique ».

L'article 5 *ne doit pas faire* obstacle à l'application de dispositions de droit local dans la collectivité départementale de Mayotte et les territoires de Nouvelle-Calédonie et des îles Wallis-et-Futuna.

Le Protocole n° 7 à la Convention de sauvegarde des Droits de l'homme et des libertés fondamentales s'appliquera à l'ensemble du territoire de la République, compte tenu, en ce qui concerne les territoires d'outre-mer et la collectivité départementale de Mayotte, des nécessités locales auxquelles l'article 63 de la Convention européenne des Droits de l'homme et des libertés fondamentales fait référence.

Protocole n° 11 du 11 mai 1994,

À la Convention de sauvegarde des droits de l'homme et des libertés fondamentales portant restructuration du mécanisme de contrôle établi par la Convention (ensemble une annexe).

Le présent Protocole est entré en vigueur le 1er nov. 1998.

Art. 1er et 2 *V. Conv. EDH, son Prot. add. et ses Protocoles nos 4, 6 et 7.*

Art. 3 1. Le présent Protocole est ouvert à la signature des États membres du Conseil de l'Europe signataires de la Convention, qui peuvent exprimer leur consentement à être liés par :

a) Signature sans réserve de ratification, d'acceptation ou d'approbation ; ou

b) Signature sous réserve de ratification, d'acceptation ou d'approbation, suivie de ratification, d'acceptation ou d'approbation.

2. Les instruments de ratification, d'acceptation ou d'approbation seront déposés près le Secrétaire général du Conseil de l'Europe.

Art. 4 Le présent Protocole entrera en vigueur le premier jour du mois qui suit l'expiration d'une période d'un an après la date à laquelle toutes les parties à la Convention auront exprimé leur consentement à être liées par le Protocole conformément aux dispositions de l'article 3. L'élection des nouveaux juges pourra se faire, et toutes autres mesures nécessaires à l'établissement de la nouvelle cour pourront être prises, conformément aux dispositions du présent Protocole, à partir de la date à laquelle toutes les Parties à la Convention auront exprimé leur consentement à être liées par le Protocole.

Art. 5 1. Sans préjudice des dispositions des paragraphes 3 et 4 ci-dessous, le mandat des juges, membres de la Commission, greffier et greffier adjoint expire à la date d'entrée en vigueur du présent Protocole.

2. Les requêtes pendantes devant la Commission qui n'ont pas encore été déclarées recevables à la date d'entrée en vigueur du présent Protocole sont examinées par la cour conformément aux dispositions du présent Protocole.

3. Les requêtes déclarées recevables à la date d'entrée en vigueur du présent Protocole continuent d'être traitées par les membres de la Commission dans l'année qui suit. Toutes les affaires dont l'examen n'est pas terminé durant cette période sont transmises à la cour qui les examine, en tant que requêtes recevables, conformément aux dispositions du présent Protocole.

4. Pour les requêtes pour lesquelles la Commission, après l'entrée en vigueur du présent Protocole, a adopté un rapport conformément à l'ancien article 31 de la Convention, le rapport est transmis aux parties qui n'ont pas la faculté de le publier. Conformément aux dispositions applicables avant l'entrée en vigueur du présent Protocole, une affaire peut être déférée à la cour. Le collège de la Grande Chambre détermine si l'une des Chambres ou la Grande-Chambre doit se prononcer sur l'affaire. Si une Chambre se prononce sur l'affaire, sa décision est définitive. Les affaires non déférées à la cour sont examinées par le Comité des Ministres agissant conformément aux dispositions de l'ancien article 32 de la Convention.

5. Les affaires pendantes devant la cour dont l'examen n'est pas encore achevé à la date d'entrée en vigueur du présent Protocole sont transmises à la Grande Chambre de la cour, qui se prononce sur l'affaire conformément aux dispositions de ce Protocole.

6. Les affaires pendantes devant le Comité des Ministres dont l'examen en vertu de l'ancien article 32 n'est pas encore achevé à la date d'entrée en vigueur du présent Protocole sont réglées par le Comité des Ministres agissant conformément à cet article.

Art. 6 Dès lors qu'une Haute Partie contractante a reconnu la compétence de la Commission ou la juridiction de la cour par la déclaration prévue à l'ancien article 25 ou à l'ancien article 46 de la Convention, uniquement pour les affaires postérieures, ou fondées sur des faits postérieurs, à ladite déclaration, cette restriction continuera à s'appliquer à la juridiction de la Cour aux termes du présent Protocole.

…………………………………………………………………………………………

Protocole n° 13 du 3 mai 2002,

À la Convention de sauvegarde des droits de l'homme et des libertés fondamentales, relatif à l'abolition de la peine de mort en toutes circonstances.

Les États membres du Conseil de l'Europe, signataires du présent Protocole,

Convaincus que le droit de toute personne à la vie est une valeur fondamentale dans une société démocratique, et que l'abolition de la peine de mort est essentielle à la protection de ce droit et à la pleine reconnaissance de la dignité inhérente à tous les êtres humains ;

Souhaitant renforcer la protection du droit à la vie garanti par la Convention de sauvegarde des Droits de l'homme et des libertés fondamentales signée à Rome le 4 novembre 1950 (ci-après dénommée "la Convention") ;

Notant que le Protocole n° 6 à la Convention concernant l'abolition de la peine de mort, signé à Strasbourg le 28 avril 1983, n'exclut pas la peine de mort pour des actes commis en temps de guerre ou de danger imminent de guerre ;

Résolus à faire le pas ultime afin d'abolir la peine de mort en toutes circonstances, sont convenus de ce qui suit :

Art. 1er *Abolition de la peine de mort.* La peine de mort est abolie. Nul ne peut être condamné à une telle peine ni exécuté.

Art. 2 *Interdiction de dérogations.* Aucune dérogation n'est autorisée aux dispositions du présent Protocole au titre de l'article 15 de la Convention.

Art. 3 *Interdiction de réserves.* Aucune réserve n'est admise aux dispositions du présent Protocole au titre de l'article 57 de la Convention.

Art. 4 *Application territoriale.* 1. Tout État peut, au moment de la signature ou au moment du dépôt de son instrument de ratification, d'acceptation ou d'approbation, désigner le ou les territoires auxquels s'appliquera le présent Protocole.

2. Tout État peut, à tout autre moment par la suite, par une déclaration adressée au Secrétaire général du Conseil de l'Europe, étendre l'application du présent Protocole à tout autre territoire désigné dans la déclaration. Le Protocole entrera en vigueur à l'égard de ce territoire le premier jour du mois qui suit l'expiration d'une période de trois mois après la date de réception de la déclaration par le Secrétaire général.

3. Toute déclaration faite en vertu des deux paragraphes précédents pourra être retirée ou modifiée, en ce qui concerne tout territoire désigné dans cette déclaration, par notification adressée au Secrétaire général. Le retrait ou la modification prendra effet le premier jour du mois qui suit l'expiration d'une période de trois mois après la date de réception de la notification par le Secrétaire général.

Art. 5 *Relations avec la Convention.* Les États Parties considèrent les articles 1 à 4 du présent Protocole comme des articles additionnels à la Convention, et toutes les dispositions de la Convention s'appliquent en conséquence.

Art. 6 *Signature et ratification.* Le présent Protocole est ouvert à la signature des États membres du Conseil de l'Europe qui ont signé la Convention. Il sera soumis à ratification, acceptation ou approbation. Un État membre du Conseil de l'Europe ne peut ratifier, accepter ou approuver le présent Protocole sans avoir simultanément ou antérieurement ratifié la Convention. Les instruments de ratification, d'acceptation ou d'approbation seront déposés près le Secrétaire général du Conseil de l'Europe.

Art. 7 *Entrée en vigueur.* 1. Le présent Protocole entrera en vigueur le premier jour du mois qui suit l'expiration d'une période de trois mois après la date à laquelle dix États membres du Conseil de l'Europe auront exprimé leur consentement à être liés par le présent Protocole conformément aux dispositions de son article 6. — *Le présent Protocole est entré en vigueur le 1er juill. 2003.*

2. Pour tout État membre qui exprimera ultérieurement son consentement à être lié par le présent Protocole, celui-ci entrera en vigueur le premier jour du mois qui suit l'expiration d'une période de trois mois après la date du dépôt de l'instrument de ratification, d'acceptation ou d'approbation. — *La France a ratifié ce Protocole le 10 oct. 2007, lequel est ainsi entré en vigueur le 1er févr. 2008. Le Décr. n° 2008-193 du 27 févr. 2008 (JO 29 févr.) a porté publication en France de ce Protocole (JO 29 févr.).*

Protocole n° 15 du 24 juin 2013,

Portant amendement à la Convention de sauvegarde des droits de l'homme et des libertés fondamentales.

La ratification par l'Italie, le 21 avr. 2021, du Protocole n° 15 portant amendement à la Convention européenne des droits de l'homme a déclenché son entrée en vigueur le 1er août 2021. La France en avait autorisé la ratification par la L. n° 2015-1714 du 22 déc. 2015 autorisant la ratification du Protocole n° 15 portant amendement à la Convention de sauvegarde des droits de l'homme et des libertés fondamentales. Le Protocole a été publié au JORF du 7 août 2021 (Décr. n° 2021-1042 du 5 août 2021).

Préambule

Les États membres du Conseil de l'Europe et les autres Hautes Parties contractantes à la Convention de sauvegarde des Droits de l'Homme et des Libertés fondamentales, signée à Rome le 4 novembre 1950 (ci-après dénommée « la Convention »), signataires du présent Protocole,

Vu la Déclaration adoptée lors de la Conférence de haut niveau sur l'avenir de la Cour européenne des Droits de l'Homme, tenue à Brighton les 19 et 20 avril 2012, ainsi que les Déclarations adoptées lors des Conférences tenues à Interlaken les 18 et 19 février 2010 et à Izmir les 26 et 27 avril 2011 ;

Vu l'Avis n° 283 (2013) adopté par l'Assemblée parlementaire du Conseil de l'Europe le 26 avril 2013 ;

Considérant qu'il est nécessaire de veiller à ce que la Cour européenne des Droits de l'Homme (ci-après dénommée « la Cour ») continue de jouer son rôle prééminent dans la protection des droits de l'homme en Europe,

Sont convenus de ce qui suit :

Art. 1er A la fin du préambule de la Convention, un nouveau considérant est ajouté et se lit comme suit :

« Affirmant qu'il incombe au premier chef aux Hautes Parties contractantes, conformément au principe de subsidiarité, de garantir le respect des droits et libertés définis dans la présente Convention et ses protocoles, et que, ce faisant, elles jouissent d'une marge d'appréciation, sous le contrôle de la Cour européenne des Droits de l'Homme instituée par la présente Convention, ».

Art. 2 1. A l'article 21 de la Convention, un nouveau paragraphe 2 est inséré et se lit comme suit :

« Les candidats doivent être âgés de moins de 65 ans à la date à laquelle la liste de trois candidats est attendue par l'Assemblée parlementaire, en vertu de l'article 22. »

2. Les paragraphes 2 et 3 de l'article 21 de la Convention deviennent respectivement les paragraphes 3 et 4 de l'article 21.

3. Le paragraphe 2 de l'article 23 de la Convention est supprimé. Les paragraphes 3 et 4 de l'article 23 deviennent respectivement les paragraphes 2 et 3 de l'article 23.

Art. 3 A l'article 30 de la Convention, les mots « à moins que l'une des parties ne s'y oppose » sont supprimés.

Art. 4 A l'article 35, paragraphe 1, de la Convention, les mots « dans un délai de six mois » sont remplacés par les mots « dans un délai de quatre mois ».

Art. 5 A l'article 35, paragraphe 3, alinéa b, de la Convention, les mots « et à condition de ne rejeter pour ce motif aucune affaire qui n'a pas été dûment examinée par un tribunal interne » sont supprimés.

Dispositions finales et transitoires

Art. 6 1. Le présent Protocole est ouvert à la signature des Hautes Parties contractantes à la Convention, qui peuvent exprimer leur consentement à être liées par :

a. la signature sans réserve de ratification, d'acceptation ou d'approbation ; ou

b. la signature sous réserve de ratification, d'acceptation ou d'approbation, suivie de ratification, d'acceptation ou d'approbation.

2. Les instruments de ratification, d'acceptation ou d'approbation seront déposés près le Secrétaire Général du Conseil de l'Europe.

Art. 7 Le présent Protocole entrera en vigueur le premier jour du mois qui suit l'expiration d'une période de trois mois après la date à laquelle toutes les Hautes Parties contractantes à la Convention auront exprimé leur consentement à être liées par le Protocole, conformément aux dispositions de l'article 6.

Art. 8 1. Les amendements introduits par l'article 2 du présent Protocole s'appliquent uniquement aux candidats figurant sur les listes soumises à l'Assemblée parlementaire par les Hautes Parties contractantes, en vertu de l'article 22 de la Convention, après l'entrée en vigueur du présent Protocole.

2. L'amendement introduit par l'article 3 du présent Protocole ne s'applique pas aux affaires pendantes dans lesquelles l'une des parties s'est opposée, avant l'entrée en vigueur du présent Protocole, à une proposition d'une chambre de la Cour de se dessaisir au profit de la Grande Chambre.

3. L'article 4 du présent Protocole entrera en vigueur à l'expiration d'une période de six mois après la date d'entrée en vigueur du présent Protocole. L'article 4 du présent Protocole ne s'applique pas aux requêtes au regard desquelles la décision définitive au sens de l'article 35, paragraphe 1, de la Convention a été prise avant la date d'entrée en vigueur de l'article 4 du présent Protocole.

4. Toutes les autres dispositions du présent Protocole s'appliquent à la date de son entrée en vigueur, conformément aux dispositions de l'article 7.

Art. 9 Le Secrétaire Général du Conseil de l'Europe notifiera aux États membres du Conseil de l'Europe et aux autres Hautes Parties contractantes à la Convention :

a. toute signature ;

b. le dépôt de tout instrument de ratification, d'acceptation ou d'approbation ;

c. la date d'entrée en vigueur du présent Protocole, conformément à l'article 7 ; et

d. tout autre acte, notification ou communication ayant trait au présent Protocole.

En foi de quoi, les soussignés, dûment autorisés à cet effet, ont signé le présent Protocole.

Fait à Strasbourg, le 24 juin 2013, en français et en anglais, les deux textes faisant également foi, en un seul exemplaire qui sera déposé dans les archives du Conseil de l'Europe. Le Secrétaire Général du Conseil de l'Europe en communiquera copie certifiée conforme à chacun des États membres du Conseil de l'Europe et aux autres Hautes Parties contractantes à la Convention.

Protocole n° 16 du 2 octobre 2013,

À la Convention de sauvegarde des droits de l'homme et des libertés fondamentales.

La France a autorisé la ratification du Protocole n° 16 par la L. n° 2018-237 du 3 avr. 2017. Devenant le dixième pays à ratifier le texte, elle a ainsi, conformément aux dispositions de l'art. 8 ci-dessous, déclenché son entrée en vigueur le 1er août 2018.

Préambule Les États membres du Conseil de l'Europe et les autres Hautes Parties contractantes à la Convention de sauvegarde des Droits de l'Homme et des Libertés fondamentales, signée à Rome le 4 novembre 1950 (ci-après dénommée "la Convention"), signataires du présent Protocole,

Vu les dispositions de la Convention, notamment l'article 19 établissant la Cour européenne des droits de l'homme (ci-après dénommée "la Cour") ;

Considérant que l'extension de la compétence de la Cour pour donner des avis consultatifs renforcera l'interaction entre la Cour et les autorités nationales, et consolidera ainsi la mise en œuvre de la Convention, conformément au principe de subsidiarité ;

Vu l'Avis n° 285 (2013) adopté par l'Assemblée parlementaire du Conseil de l'Europe le 28 juin 2013,

Sont convenus de ce qui suit :

Art. 1er Les plus hautes juridictions d'une Haute Partie contractante, telles que désignées conformément à l'article 10, peuvent adresser à la Cour des demandes d'avis consultatifs sur des questions de principe relatives à l'interprétation ou à l'application des droits et libertés définis par la Convention ou ses protocoles.

La juridiction qui procède à la demande ne peut solliciter un avis consultatif que dans le cadre d'une affaire pendante devant elle.

La juridiction qui procède à la demande motive sa demande d'avis et produit les éléments pertinents du contexte juridique et factuel de l'affaire pendante.

Art. 2 Un collège de cinq juges de la Grande Chambre se prononce sur l'acceptation de la demande d'avis consultatif au regard de l'article 1. Tout refus du collège d'accepter la demande est motivé.

Lorsque le collège accepte la demande, la Grande Chambre rend un avis consultatif.

Le collège et la Grande Chambre, visés aux paragraphes précédents, comprennent de plein droit le juge élu au titre de la Haute Partie contractante dont relève la juridiction qui a procédé à la demande. En cas d'absence de ce juge, ou lorsqu'il n'est pas en mesure de siéger, une personne choisie par le Président de la Cour sur une liste soumise au préalable par cette Partie siège en qualité de juge.

Art. 3 Le Commissaire aux droits de l'homme du Conseil de l'Europe et la Haute Partie contractante dont relève la juridiction qui a procédé à la demande ont le droit de présenter des observations écrites et de prendre part aux audiences. Le Président de la Cour peut, dans l'intérêt d'une bonne administration de la justice, inviter toute autre Haute Partie contractante ou personne à présenter également des observations écrites ou à prendre part aux audiences.

Art. 4 Les avis consultatifs sont motivés.

Si l'avis consultatif n'exprime pas, en tout ou en partie, l'opinion unanime des juges, tout juge a le droit d'y joindre l'exposé de son opinion séparée.

Les avis consultatifs sont transmis à la juridiction qui a procédé à la demande et à la Haute Partie contractante dont cette juridiction relève.

Les avis consultatifs sont publiés.

Art. 5 Les avis consultatifs ne sont pas contraignants.

Art. 6 Les Hautes Parties contractantes considèrent les articles 1 à 5 du présent Protocole comme des articles additionnels à la Convention, et toutes les dispositions de la Convention s'appliquent en conséquence.

Art. 7 Le présent Protocole est ouvert à la signature des Hautes Parties contractantes à la Convention, qui peuvent exprimer leur consentement à être liées par :

a) la signature sans réserve de ratification, d'acceptation ou d'approbation ; ou

b) la signature sous réserve de ratification, d'acceptation ou d'approbation, suivie de ratification, d'acceptation ou d'approbation.

Les instruments de ratification, d'acceptation ou d'approbation seront déposés près le Secrétaire Général du Conseil de l'Europe.

Art. 8 Le présent Protocole entrera en vigueur le premier jour du mois qui suit l'expiration d'une période de trois mois après la date à laquelle dix Hautes Parties contractantes à la Convention auront exprimé leur consentement à être liées par le Protocole conformément aux dispositions de l'article 7.

Pour toute Haute Partie contractante à la Convention qui exprimera ultérieurement son consentement à être liée par le présent Protocole, celui-ci entrera en vigueur le premier jour du mois qui suit l'expiration d'une période de trois mois après la date de l'expression de son consentement à être liée par le Protocole conformément aux dispositions de l'article 7.

Art. 9 Aucune réserve n'est admise aux dispositions du présent Protocole au titre de l'article 57 de la Convention.

Art. 10 Chaque Haute Partie contractante à la Convention indique, au moment de la signature ou du dépôt de son instrument de ratification, d'acceptation ou d'approbation, au moyen d'une déclaration adressée au Secrétaire Général du Conseil de l'Europe, quelles juridictions elle désigne aux fins de l'article 1, paragraphe 1, du présent Protocole. Cette déclaration peut être modifiée à tout moment de la même manière.

Art. 11 Le Secrétaire Général du Conseil de l'Europe notifiera aux États membres du Conseil de l'Europe et aux autres Hautes Parties contractantes à la Convention :

a) toute signature ;

b) le dépôt de tout instrument de ratification, d'acceptation ou d'approbation ;

c) toute date d'entrée en vigueur du présent Protocole conformément à l'article 8 ;

d) toute déclaration faite en vertu de l'article 10 ; et

e) tout autre acte, notification ou communication ayant trait au présent Protocole.

En foi de quoi, les soussignés, dûment autorisés à cet effet, ont signé le présent Protocole.

Fait à Strasbourg, le 2 octobre 2013, en français et en anglais, les deux textes faisant également foi, en un seul exemplaire qui sera déposé dans les archives du Conseil de l'Europe. Le Secrétaire Général du Conseil de l'Europe en communiquera copie certifiée conforme à chacun des États membres du Conseil de l'Europe et aux autres Hautes Parties contractantes à la Convention.

Accord européen du 5 mars 1996,

Concernant les personnes participant aux procédures devant la Cour européenne des droits de l'homme, fait à Strasbourg ; entré en vigueur pour la France le 1er janv. 1999. — Publié par Décr. nº 99-60 du 25 janv. 1999 (JO 30 janv.).

Art. 1er 1. Les personnes auxquelles le présent Accord s'applique sont :

a) Toutes les personnes qui participent à la procédure engagée devant la cour, soit en tant que partie, soit comme représentant ou conseil d'une partie ;

b) Les témoins, les experts appelés par la cour, ainsi que les autres personnes invitées par le Président de la Cour à participer à la procédure.

2. Aux fins d'application du présent Accord, le terme "Cour" désigne les comités, les chambres, le collège de la Grande Chambre, la Grande Chambre et les juges. L'expression "participer à la procédure" vise aussi toute communication tendant à l'introduction d'une requête dirigée contre un État partie à la Convention.

3. Dans le cas où, au cours de l'exercice par le Comité des ministres des fonctions qui lui sont dévolues par application de l'article 46, paragraphe 2, de la Convention, une personne visée au premier paragraphe ci-dessus est appelée à comparaître devant lui ou à lui soumettre des déclarations écrites, les dispositions du présent Accord s'appliquent également à cette personne.

Art. 2 1. Les personnes visées au premier paragraphe de l'article 1er du présent Accord jouissent de l'immunité de juridiction à l'égard de leurs déclarations faites oralement ou par écrit à la cour, ainsi qu'à l'égard des pièces qu'elles lui soumettent.

2. Cette immunité ne s'applique pas à la communication en dehors de la Cour des déclarations faites ou de pièces produites devant la cour.

Art. 3 1. Les Parties contractantes respectent le droit des personnes visées au premier paragraphe de l'article 1er du présent Accord de correspondre librement avec la cour.

2. En ce qui concerne les personnes détenues, l'exercice de ce droit implique notamment que :

a) Leur correspondance doit être transmise et leur être remise sans délai excessif et sans altération ;

b) Ces personnes ne peuvent faire l'objet d'aucune mesure disciplinaire du fait d'une communication transmise à la Cour par les voies appropriées ;

c) Ces personnes ont le droit, au sujet d'une requête à la Cour et de toute procédure qui en résulte, de correspondre avec un conseil admis à plaider devant les tribunaux du pays où elles sont détenues et de s'entretenir avec lui sans pouvoir être entendues par quiconque d'autre.

3. Dans l'application des paragraphes précédents, il ne peut y avoir d'ingérence d'une autorité publique que pour autant que cette ingérence est prévue par la loi et qu'elle constitue une mesure nécessaire, dans une société démocratique, à la sécurité nationale, à la recherche et à la poursuite d'une infraction pénale ou à la protection de la santé.

Art. 4 1. *a)* Les Parties contractantes s'engagent à ne pas empêcher les personnes visées au premier paragraphe de l'article 1er du présent Accord de circuler et de voyager librement pour assister à la procédure devant la Cour et en revenir.

b) Aucune autre restriction ne peut être imposée à ces mouvements et déplacements que celles qui, prévues par la loi, constituent des mesures nécessaires, dans une société démocratique, à la sécurité nationale, à la sûreté publique, au maintien de l'ordre public, à la prévention des infractions pénales, à la protection de la santé ou de la morale, ou à la protection des droits et libertés d'autrui.

2. *a)* Dans les pays de transit et dans le pays où se déroule la procédure, ces personnes ne peuvent être ni poursuivies, ni détenues, ni soumises à aucune autre restriction de leur liberté individuelle en raison de faits ou condamnations antérieurs au commencement du voyage.

b) Toute Partie contractante peut, au moment de la signature, de la ratification, de l'acceptation ou de l'approbation de cet Accord, déclarer que les dispositions de ce paragraphe ne s'appliqueront pas à ses propres ressortissants. Une telle déclaration peut être retirée à tout moment par notification adressée au Secrétaire général du Conseil de l'Europe.

3. Les Parties contractantes s'engagent à laisser rentrer ces personnes sur leur territoire lorsqu'elles y ont commencé leur voyage.

4. Les dispositions des paragraphes 1 et 2 du présent article cessent de s'appliquer lorsque la personne intéressée a eu la possibilité, pendant quinze jours consécutifs après que sa présence a cessé d'être requise par la cour, de rentrer dans le pays où son voyage a commencé.

5. En cas de conflit entre les obligations résultant pour une Partie contractante du paragraphe 2 du présent article et celles résultant d'une convention du Conseil de l'Europe ou d'un traité d'extradition ou d'un autre traité relatif à l'entraide judiciaire en matière pénale conclu avec d'autres Parties contractantes, les dispositions du paragraphe 2 du présent article l'emportent.

Art. 5 1. Les immunités et facilités sont accordées aux personnes visées au premier paragraphe de l'article 1er du présent Accord uniquement en vue de leur assurer la liberté de parole et l'indépendance nécessaires à l'accomplissement de leurs fonctions, tâches ou devoirs, ou à l'exercice de leurs droits devant la cour.

2. *a)* La Cour a seule qualité pour prononcer la levée totale ou partielle de l'immunité prévue au premier paragraphe de l'article 2 du présent Accord ; elle a non seulement le droit mais le devoir de lever l'immunité dans tous les cas où, à son avis, celle-ci entraverait le cours de la justice et où sa levée totale ou partielle ne nuirait pas au but défini au premier paragraphe du présent article.

b) L'immunité peut être levée par la Cour soit d'office, soit à la demande de toute Partie contractante ou de toute personne intéressée.

c) Les décisions prononçant la levée d'immunité ou la refusant sont motivées.

3. Si une Partie contractante atteste que la levée de l'immunité prévue au premier paragraphe de l'article 2 du présent Accord est nécessaire aux fins de poursuites pour atteinte à la sécurité nationale, la Cour doit lever l'immunité dans la mesure spécifiée dans l'attestation.

4. En cas de découverte d'un fait de nature à exercer une influence décisive et qui, à l'époque de la décision refusant la levée d'immunité, était inconnu de l'auteur de la demande, ce dernier peut saisir la Cour d'une nouvelle demande.

Art. 6 Aucune des dispositions du présent Accord ne sera interprétée comme limitant ou dérogeant aux obligations assumées par les Parties contractantes en vertu de la Convention ou de ses protocoles.

....

DÉCLARATION

DE LA RÉPUBLIQUE FRANÇAISE AU MOMENT DE RATIFIER L'ACCORD EUROPÉEN CONCERNANT LES PERSONNES PARTICIPANT AUX PROCÉDURES DEVANT LA COUR EUROPÉENNE DES DROITS DE L'HOMME.

(Décr. no 99-60 du 25 janv. 1999)

1. La République française déclare qu'elle interprète le paragraphe 1 *a* de l'article 4 comme ne s'appliquant pas aux personnes détenues.

2. Pour l'application du paragraphe 1 de l'article 4, les ressortissants étrangers visés au paragraphe 1 de l'article 1er de l'Accord devront être munis des documents de circulation requis pour l'entrée en France et obtenir, s'il y a lieu, le visa nécessaire. Un visa dit « visa spécial » devra en outre être obtenu par les étrangers expulsés du territoire français.

Ces visas seront délivrés dans les délais les plus brefs par les représentants consulaires français compétents, sous réserve des dispositions du paragraphe 1 *b* de l'article 4 de l'Accord.

3. La République française déclare que, compte tenu des termes du paragraphe 4 de l'article 4, il interprète le paragraphe 2 *a* de cet article comme ne s'appliquant pas sur le territoire français aux personnes résidant habituellement en France.

Convention européenne pour la prévention de la torture et des peines ou traitements inhumains ou dégradants

Ouverte à la signature le 26 nov. 1987 ; entrée en vigueur le 1er févr. 1989.

Texte révisé conformément aux dispositions des Protocoles no 1 (STE no 151) et no 2 (STE no 152), entrés en vigueur le 1er mars 2002.

Les États membres du Conseil de l'Europe, signataires de la présente Convention,

Vu les dispositions de la Convention de sauvegarde des Droits de l'homme et des Libertés fondamentales ;

Rappelant qu'aux termes de l'article 3 de la même Convention, « nul ne peut être soumis à la torture ni à des peines ou traitements inhumains ou dégradants » ;

Constatant que les personnes qui se prétendent victimes de violations de l'article 3 peuvent se prévaloir du mécanisme prévu par cette Convention ;

Convaincus que la protection des personnes privées de liberté contre la torture et les peines ou traitements inhumains ou dégradants pourrait être renforcée par un mécanisme non judiciaire, à caractère préventif, fondé sur des visites.

Sont convenus de ce qui suit :

CHAPITRE PREMIER

Art. 1er Il est institué un Comité européen pour la prévention de la torture et des peines ou traitements inhumains ou dégradants (ci-après dénommé : « le Comité »). Par le moyen de visites, le Comité examine le traitement des personnes privées de liberté en vue de renforcer, le cas échéant, leur protection contre la torture et les peines ou traitements inhumains ou dégradants.

Art. 2 Chaque Partie autorise la visite, conformément à la présente Convention, de tout lieu relevant de sa juridiction où des personnes sont privées de liberté par une autorité publique.

Art. 3 Le Comité et les autorités nationales compétentes de la Partie concernée coopèrent en vue de l'application de la présente Convention.

CHAPITRE II

Art. 4 1. Le Comité se compose d'un nombre de membres égal à celui des Parties.

2. Les membres du Comité sont choisis parmi des personnalités de haute moralité, connues pour leur compétence en matière de droits de l'homme ou ayant une expérience professionnelle dans les domaines dont traite la présente Convention.

3. Le Comité ne peut comprendre plus d'un national du même État.

4. Les membres siègent à titre individuel, sont indépendants et impartiaux dans l'exercice de leurs mandats et se rendent disponibles pour remplir leurs fonctions de manière effective.

Art. 5 1. Les membres du Comité sont élus par le Comité des Ministres du Conseil de l'Europe à la majorité absolue des voix, sur une liste de noms dressée par le Bureau de l'Assemblée Consultative du Conseil de l'Europe ; la délégation nationale à l'Assemblée Consultative de chaque Partie présente trois candidats dont deux au moins sont de sa nationalité.

(Prot. nº 1, en vigueur le 1er mars 2002) « En cas d'élection d'un membre du Comité au titre d'un État non membre du Conseil de l'Europe, le Bureau de l'Assemblée Consultative invite le parlement de l'État concerné à présenter trois candidats, dont deux au moins seront de sa nationalité. L'élection par le Comité des Ministres aura lieu après consultation de la Partie concernée. »

2. La même procédure est suivie pour pourvoir les sièges devenus vacants.

3. Les membres du Comité sont élus pour une durée de quatre ans. *(Prot. nº 2, en vigueur le 1er mars 2002)* « Ils sont rééligibles deux fois. » Toutefois, en ce qui concerne les membres désignés à la première élection, les fonctions de trois membres prendront fin à l'issue d'une période de deux ans. Les membres dont les fonctions prendront fin au terme de la période initiale de deux ans sont désignés par tirage au sort effectué par le Secrétaire Général du Conseil de l'Europe immédiatement après qu'il aura été procédé à la première élection.

(Prot. nº 2, en vigueur le 1er mars 2002) « 4. Afin d'assurer dans la mesure du possible le renouvellement d'une moitié du Comité tous les deux ans, le Comité des Ministres peut, avant de procéder à toute élection ultérieure, décider qu'un ou plusieurs mandats de membres à élire auront une durée autre que quatre ans sans que cette durée toutefois puisse excéder six ans ou être inférieure à deux ans.

« 5. Dans le cas où il y a lieu de conférer plusieurs mandats et lorsque le Comité des Ministres fait application du paragraphe précédent, la répartition des mandats s'opère suivant un tirage au sort effectué par le Secrétaire Général du Conseil de l'Europe, immédiatement après l'élection. »

Art. 6 1. Le Comité siège à huis clos. Le quorum est constitué par la majorité de ses membres. Les décisions du Comité sont prises à la majorité des membres présents, sous réserve des dispositions de l'article 10, paragraphe 2.

2. Le Comité établit son règlement intérieur.

3. Le Secrétariat du Comité est assuré par le Secrétaire Général du Conseil de l'Europe.

CHAPITRE III

Art. 7 1. Le Comité organise la visite des lieux visés à l'article 2. Outre des visites périodiques, le Comité peut organiser toute autre visite lui paraissant exigée par les circonstances.

2. Les visites sont effectuées en règle générale par au moins deux membres du Comité. Ce dernier peut, s'il l'estime nécessaire, être assisté par des experts et des interprètes.

Art. 8 1. Le Comité notifie au gouvernement de la Partie concernée son intention d'effectuer une visite. A la suite d'une telle notification, le Comité est habilité à visiter, à tout moment, les lieux visés à l'article 2.

2. Une Partie doit fournir au Comité les facilités suivantes pour l'accomplissement de sa tâche :

a) l'accès à son territoire et le droit de s'y déplacer sans restrictions ;

b) tous renseignements sur les lieux où se trouvent des personnes privées de liberté ;

c) la possibilité de se rendre à son gré dans tout lieu où se trouvent des personnes privées de liberté, y compris le droit de se déplacer sans entrave à l'intérieur de ces lieux ;

d) toute autre information dont dispose la Partie et qui est nécessaire au Comité pour l'accomplissement de sa tâche.

En recherchant cette information, le Comité tient compte des règles de droit et de déontologie applicables au niveau national.

3. Le Comité peut s'entretenir sans témoin avec les personnes privées de liberté.

4. Le Comité peut entrer en contact librement avec toute personne dont il pense qu'elle peut lui fournir des informations utiles.

5. S'il y a lieu, le Comité communique sur-le-champ des observations aux autorités compétentes de la Partie concernée.

Art. 9 1. Dans des circonstances exceptionnelles, les autorités compétentes de la Partie concernée peuvent faire connaître au Comité leurs objections à la visite au moment envisagé par le Comité ou au lieu déterminé que ce Comité a l'intention de visiter. De telles objections ne peuvent être faites que pour des motifs de défense nationale ou de sûreté publique ou en raison de troubles graves dans les lieux où des personnes sont privées de liberté, de l'état de santé d'une personne ou d'un interrogatoire urgent, dans une enquête en cours, en relation avec une infraction pénale grave.

2. Suite à de telles objections, le Comité et la Partie se consultent immédiatement afin de clarifier la situation et pour parvenir à un accord sur des dispositions permettant au Comité d'exercer ses fonctions aussi rapidement que possible. Ces dispositions peuvent comprendre le transfert dans un autre endroit de toute personne que le Comité a l'intention de visiter. En attendant que la visite puisse avoir lieu, la Partie fournit au Comité des informations sur toute personne concernée.

Art. 10 1. Après chaque visite, le Comité établit un rapport sur les faits constatés à l'occasion de celle-ci en tenant compte de toutes observations éventuellement présentées par la Partie concernée. Il transmet à cette dernière son rapport qui contient les recommandations qu'il juge nécessaires. Le Comité peut entrer en consultation avec la Partie en vue de suggérer, s'il y a lieu, des améliorations dans la protection des personnes privées de liberté.

2. Si la Partie ne coopère pas ou refuse d'améliorer la situation à la lumière des recommandations du Comité, celui-ci peut décider, à la majorité des deux tiers de ses membres, après que la Partie aura eu la possibilité de s'expliquer, de faire une déclaration publique à ce sujet.

Art. 11 1. Les informations recueillies par le Comité à l'occasion d'une visite, son rapport et ses consultations avec la Partie concernée sont confidentiels.

2. Le Comité publie son rapport ainsi que tout commentaire de la Partie concernée, lorsque celle-ci le demande.

3. Toutefois, aucune donnée à caractère personnel ne doit être rendue publique sans le consentement explicite de la personne concernée.

Art. 12 *(Prot. nº 1, en vigueur le 1er mars 2002)* Chaque année, le Comité soumet au Comité des Ministres, en tenant compte des règles de confidentialité prévues à l'article 11, un rapport général sur ses activités, qui est transmis à l'Assemblée Consultative, ainsi qu'à tout État non membre du Conseil de l'Europe partie à la Convention, et rendu public.

Art. 13 Les membres du Comité, les experts et les autres personnes qui l'assistent sont soumis, durant leur mandat et après son expiration, à l'obligation de garder secrets les faits ou informations dont ils ont connaissance dans l'accomplissement de leurs fonctions.

Art. 14 1. Les noms des personnes qui assistent le Comité sont indiqués dans la notification faite en vertu de l'article 8, paragraphe 1.

2. Les experts agissent sur les instructions et sous la responsabilité du Comité. Ils doivent posséder une compétence et une expérience propres aux matières relevant de la présente Convention et sont liés par les mêmes obligations d'indépendance, d'impartialité et de disponibilité que les membres du Comité.

3. Exceptionnellement, une Partie peut déclarer qu'un expert ou une autre personne qui assiste le Comité ne peut pas être admis à participer à la visite d'un lieu relevant de sa juridiction.

CHAPITRE IV

Art. 15 Chaque Partie communique au Comité le nom et l'adresse de l'autorité compétente pour recevoir les notifications adressées à son gouvernement et ceux de tout agent de liaison qu'elle peut avoir désigné.

Art. 16 Le Comité, ses membres et les experts mentionnés à l'article 7, paragraphe 2, jouissent des privilèges et immunités prévus par l'annexe à la présente Convention.

Art. 17 1. La présente Convention ne porte pas atteinte aux dispositions de droit interne ou des accords internationaux qui assurent une plus grande protection aux personnes privées de liberté.

2. Aucune disposition de la présente Convention ne peut être interprétée comme une limite ou une dérogation aux compétences des organes de la Convention européenne des Droits de l'homme ou aux obligations assumées par les Parties en vertu de cette Convention.

3. Le Comité ne visitera pas les lieux que des représentants ou délégués de puissances protectrices ou du Comité international de la Croix-Rouge visitent effectivement et régulièrement en vertu des Conventions de Genève du 12 août 1949 et de leurs Protocoles additionnels du 8 juin 1977.

CHAPITRE V

Art. 18 1. La présente Convention est ouverte à la signature des États membres du Conseil de l'Europe. Elle sera soumise à ratification, acceptation ou approbation. Les instruments de ratification, d'acceptation ou d'approbation seront déposés près le Secrétaire Général du Conseil de l'Europe.

(Prot. n° 1, en vigueur le 1er mars 2002) « 2. Le Comité des Ministres du Conseil de l'Europe peut inviter tout État non membre du Conseil de l'Europe à adhérer à la Convention. »

Art. 19 1. La présente Convention entrera en vigueur le premier jour du mois qui suit l'expiration d'une période de trois mois après la date à laquelle sept États membres du Conseil de l'Europe auront exprimé leur consentement à être liés par la Convention conformément aux dispositions de l'article 18.

2. Pour tout État qui exprimera ultérieurement son consentement à être lié par la Convention, celle-ci entrera en vigueur le premier jour du mois qui suit l'expiration d'une période de trois mois après la date du dépôt de l'instrument de ratification, d'acceptation, *(Prot. n° 1, en vigueur le 1er mars 2002)* « d'approbation ou d'adhésion ».

Art. 20 1. Tout État peut, au moment de la signature ou au moment du dépôt de son instrument de ratification, d'acceptation, *(Prot. n° 1, en vigueur le 1er mars 2002)* « d'approbation ou d'adhésion », désigner le ou les territoires auxquels s'appliquera la présente Convention.

2. Tout État peut, à tout autre moment par la suite, par une déclaration adressée au Secrétaire Général du Conseil de l'Europe, étendre l'application de la présente Convention à tout autre territoire désigné dans la déclaration. La Convention entrera en vigueur à l'égard de ce territoire le premier jour du mois qui suit l'expiration d'une période de trois mois après la date de réception de la déclaration par le Secrétaire Général.

3. Toute déclaration faite en vertu des deux paragraphes précédents pourra être retirée, en ce qui concerne tout territoire désigné dans cette déclaration, par notification adressée au

Secrétaire Général. Le retrait prendra effet le premier jour du mois qui suit l'expiration d'une période de trois mois après la date de réception de la notification par le Secrétaire Général.

Art. 21 Aucune réserve n'est admise aux dispositions de la présente Convention.

Art. 22 1. Toute Partie peut, à tout moment, dénoncer la présente Convention en adressant une notification au Secrétaire Général du Conseil de l'Europe.

2. La dénonciation prendra effet le premier jour du mois qui suit l'expiration d'une période de douze mois après la date de réception de la notification par le Secrétaire Général.

Art. 23 *(Prot. n° 1, en vigueur le 1er mars 2002)* « Le Secrétaire Général du Conseil de l'Europe notifiera aux États membres ainsi qu'à tout État non membre du Conseil de l'Europe partie à la Convention : »

a) toute signature ;

b) le dépôt de tout instrument de ratification, d'acceptation, *(Prot. n° 1, en vigueur le 1er mars 2002)* « d'approbation ou d'adhésion » ;

c) toute date d'entrée en vigueur de la présente Convention conformément à ses articles 19 et 20 ;

d) tout autre acte, notification ou communication ayant trait à la présente Convention, à l'exception des mesures prévues aux articles 8 et 10.

En foi de quoi, les soussignés, dûment autorisés à cet effet, ont signé la présente Convention.

Fait à Strasbourg, le 26 novembre 1987, en français et en anglais, les deux textes faisant également foi, en un seul exemplaire qui sera déposé dans les archives du Conseil de l'Europe. Le Secrétaire Général du Conseil de l'Europe en communiquera copie certifiée conforme à chacun des États membres du Conseil de l'Europe.

Règlement de la Cour européenne des droits de l'homme

Le présent règlement, dont la version originale date du 18 septembre 1959, inclut les amendements adoptés par la Cour plénière afin de tenir compte de l'entrée en vigueur, le 1er juin 2010, du Prot. n° 14 à la Conv. EDH, publié en France par Décr. n° 2010-711 du 28 juin 2010 (JO 30 juin) et les nouvelles dispositions adoptées par la Cour plénière sur la procédure de l'arrêt pilote (art. 61). Il intègre également tous les amendements adoptés par la Cour plénière et mentionnés sous chaque article.

Les amendements adoptés le 8 déc. 2000 sont entrés en vigueur immédiatement. Les amendements adoptés les 17 juin 2002 et 8 juill. 2002 sont entrés en vigueur le 1er oct. 2002. Les amendements adoptés le 7 juill. 2003 sont entrés en vigueur le 1er nov. 2003. Les amendements adoptés le 13 déc. 2004 sont entrés en vigueur le 1er mars 2005. Les amendements adoptés le 4 juill. 2005 sont entrés en vigueur le 3 oct. 2005. Les amendements adoptés le 7 nov. 2005 sont entrés en vigueur le 1er déc. 2005. Les amendements adoptés le 29 mai 2006 sont entrés en vigueur le 1er juill. 2006. Les amendements adoptés le 14 mai 2007 sont entrés en vigueur le 1er juill. 2007. Les amendements adoptés les 11 déc. 2007, 22 sept. et 1er déc. 2008 sont entrés en vigueur le 1er janv. 2009. Les amendements adoptés le 29 juin 2009 sont entrés en vigueur le 1er juill. 2009. Les amendements relatifs au Protocole n° 14 à la Convention, adoptés les 13 nov. 2006 et 14 mai 2007, sont entrés en vigueur le 1er juin 2010. Les amendements adoptés le 21 févr. 2011 sont entrés en vigueur le 1er avr. 2011. Les amendements adoptés le 16 janv. 2012 sont entrés en vigueur le 1er févr. 2012. Les amendements adoptés le 20 févr. 2012 sont entrés en vigueur le 1er mai 2012. Les amendements adoptés le 2 avr. 2012 sont entrés en vigueur le 1er sept. 2012. Les amendements adoptés les 14 janv. et 6 févr. 2013 sont entrés en vigueur le 1er mai 2013. Les amendements adoptés le 6 mai 2014 sont entrés en vigueur le 1er janvier 2014.

BIBL. ▶ J.-F. Flauss, La mise en œuvre du protocole n° 11 : le nouveau règlement de la Cour européenne des droits de l'homme, *Bruylant 2000.*

Art. 1er *Définitions.* Aux fins de l'application du présent règlement, et sauf si le contraire ressort du contexte :

a) le terme « Convention » désigne la Convention de sauvegarde des droits de l'homme et des libertés fondamentales et ses Protocoles ;

b) l'expression « Cour plénière » désigne la Cour européenne des droits de l'homme siégeant en assemblée plénière ;

c) l'expression « Grande Chambre » désigne la Grande Chambre de dix-sept juges constituée en application de l'article 26 § 1 de la Convention ;

d) le terme « section » désigne une chambre constituée par la Cour plénière pour une période déterminée en vertu de l'article 25 *b)* de la Convention, et l'expression « président de la section » désigne le juge élu président de ladite section par la Cour plénière en vertu de l'article 25 *c)* de la Convention ;

e) le terme « chambre » désigne une chambre de sept juges constituée en vertu de l'article 26 § 1 de la Convention, et l'expression « président de la chambre » désigne le juge présidant une telle « chambre » ;

f) le terme « comité » désigne un comité de trois juges constitué en application de l'article 26 § 1 de la Convention, et l'expression « président du comité » désigne le juge qui préside un tel comité ;

g) l'expression « formation de juge unique » désigne une formation constituée en application de l'article 26 § 1 de la Convention ;

h) le terme « Cour » désigne indifféremment la Cour plénière, la Grande Chambre, une section, une chambre, un comité, un juge unique ou le collège de cinq juges mentionné à l'article 43 § 2 de la Convention ;

i) l'expression « juge *ad hoc* » désigne toute personne choisie en application de l'article 26 § 4 de la Convention et conformément à l'article 29 du présent règlement pour faire partie de la Grande Chambre ou d'une chambre ;

j) les termes « juge » et « juges » désignent les juges élus par l'Assemblée parlementaire du Conseil de l'Europe et les juges *ad hoc* ;

k) l'expression « juge rapporteur » désigne un juge nommé pour accomplir les tâches prévues aux articles 48 et 49 du présent règlement ;

l) le terme « rapporteur non judiciaire » désigne un membre du greffe chargé d'assister les formations de juge unique prévues à l'article 24 § 2 de la Convention ;

m) le terme « délégué » désigne un juge nommé par la chambre pour faire partie d'une délégation ; l'expression « chef de la délégation » désigne le délégué nommé par la chambre pour conduire sa délégation ;

n) le terme « délégation » désigne un organe composé de délégués, de membres du greffe et de toute autre personne nommée par la chambre pour assister la délégation ;

o) le terme « greffier » désigne, selon le contexte, le greffier de la Cour ou le greffier d'une section ;

p) les termes « partie » et « parties » désignent :

– les Parties contractantes requérantes ou défenderesses ;

– le requérant (personne physique, organisation non gouvernementale ou groupe de particuliers) qui a saisi la Cour au titre de l'article 34 de la Convention ;

q) l'expression « tiers intervenant » désigne toute Partie contractante ou toute personne concernée ou le Commissaire aux droits de l'homme du Conseil de l'Europe qui, comme prévu à l'article 36 §§ 1, 2 et 3 de la Convention, a exercé son droit de présenter des observations écrites et de prendre part à une audience, ou y a été invité ;

r) les termes « audience » et « audiences » désignent les débats consacrés à la recevabilité et/ou au fond d'une requête, à une demande de révision ou d'avis consultatif, à une demande d'interprétation introduite par une partie ou par le Comité des ministres, ou à une question de manquement dont la Cour peut être saisie en vertu de l'article 46 § 4 de la Convention ;

s) l'expression « Comité des ministres » désigne le Comité des ministres du Conseil de l'Europe ;

t) les termes « ancienne Cour » et « Commission » désignent respectivement la Cour et la *Commission européennes* des droits de l'homme créées en vertu de l'ancien article 19 de la Convention.

Mod. par la Cour les 7 juill. 2003 et 13 nov. 2006.

TITRE PREMIER De l'organisation et du fonctionnement de la Cour

CHAPITRE PREMIER *Des juges*

Art. 2 *Calcul de la durée du mandat.* 1. Lorsque le siège est vacant à la date de l'élection du juge, le mandat commence à courir à la date de la prise de fonctions, laquelle ne peut, sauf décision contraire du président dans des cas exceptionnels, intervenir plus de trois mois après la date de l'élection.

2. Lorsqu'un juge est élu en remplacement d'un juge dont le mandat est expiré ou va expirer ou qui a déclaré vouloir démissionner, le mandat commence à courir à la date de la

prise de fonctions, laquelle ne peut, sauf décision contraire du président, intervenir plus de trois mois après que le siège est devenu vacant.

3. Conformément à l'article 23 § 3 de la Convention, le juge élu reste en fonctions jusqu'au moment où son successeur a prêté le serment ou fait la déclaration prévus à l'article 3 du présent règlement.

Amendé par la Cour les 13 nov. 2006 et 2 avr. 2012.

Art. 3 *Serment ou déclaration solennelle.* 1. Avant d'entrer en fonctions, tout juge élu doit, à la première séance de la Cour plénière à laquelle il assiste ou, en cas de besoin, devant le président de la Cour, prêter le serment ou faire la déclaration solennelle que voici :

« Je jure » — ou « Je déclare solennellement » — « que j'exercerai mes fonctions de juge avec honneur, indépendance et impartialité, et que j'observerai le secret des délibérations. »

2. Il en est dressé procès-verbal.

Art. 4 *Incompatibilités.* 1. En vertu de l'article 21 § 3 de la Convention, les juges ne peuvent exercer pendant la durée de leur mandat aucune activité politique ou administrative ni aucune activité professionnelle incompatible avec leur devoir d'indépendance et d'impartialité ou avec la disponibilité requise par une activité exercée à plein temps. Chaque juge déclare au président de la Cour toute activité supplémentaire. En cas de désaccord entre ce dernier et l'intéressé, toute question soulevée est tranchée par la Cour plénière.

2. Un ancien juge ne peut représenter, à quelque titre que ce soit, une partie ou un tiers intervenant à une procédure devant la Cour portant sur une requête introduite avant la date à laquelle il a cessé d'exercer ses fonctions. Un ancien juge ne peut représenter, à quelque titre que ce soit, une partie ou un tiers intervenant à une procédure devant la Cour portant sur une requête introduite après la date à laquelle il a cessé d'exercer ses fonctions qu'à l'expiration d'un délai de deux ans à compter de cette date.

Amendé par la Cour le 29 mars 2010.

Art. 5 *Préséance.* 1. Les juges élus prennent rang après les président et vice-présidents de la Cour et les présidents des sections, suivant la date de leur prise de fonctions conformément à l'article 2 §§ 1 et 2 du présent règlement.

2. Les vice-présidents de la Cour élus à cette fonction le même jour prennent rang suivant la durée de leurs fonctions de juge. En cas d'égalité, ils prennent rang suivant leur âge. La même règle vaut pour les présidents des sections.

3. Les juges dont la durée de fonctions est la même prennent rang suivant leur âge.

4. Les juges *ad hoc* prennent rang suivant leur âge, après les juges élus.

Amendé par la Cour le 14 mai 2007.

Art. 6 *Démission.* La démission d'un juge est adressée au président de la Cour, qui la transmet au Secrétaire général du Conseil de l'Europe. Sous réserve de l'application des articles 24 § 4 *in fine* et 26 § 3 du présent règlement, elle emporte vacance de siège.

Art. 7 *Révocation.* Un juge ne peut être relevé de ses fonctions que si les autres juges, réunis en session plénière, décident, à la majorité des deux tiers des juges élus en fonctions, qu'il a cessé de répondre aux conditions requises. Il doit au préalable être entendu par la Cour plénière. Tout juge peut mettre en mouvement la procédure de révocation.

CHAPITRE II *De la présidence de la Cour et du rôle du bureau*

Art. 8 *Élection du président et des vice-présidents de la Cour et des présidents et vice-présidents des sections.* 1. La Cour plénière élit son président, ses deux vice-présidents et les présidents des sections pour une période de trois ans, sans que celle-ci puisse excéder la durée du mandat de juge des intéressés.

2. Chaque section élit de même pour une période de trois ans un vice-président, qui remplace le président de la section en cas d'empêchement.

3. Un juge élu conformément aux paragraphes 1 ou 2 ci-dessus ne peut être réélu qu'une seule fois au même niveau de fonctions. Cette limitation imposée au nombre de mandats n'empêche pas un juge titulaire d'un mandat tel que décrit ci-dessus à la date d'entrée en vigueur *[1er déc. 2005]* du présent amendement à l'article 8 du règlement d'être réélu une fois au même niveau de fonctions.

4. Les présidents et vice-présidents continuent d'exercer leurs fonctions jusqu'à l'élection de leurs successeurs.

5. Les élections visées au présent article ont lieu au scrutin secret ; seuls y participent les juges élus présents. Si aucun candidat ne réunit la majorité absolue de ceux-ci, il est procédé

à un ou plusieurs tours additionnels de scrutin jusqu'à ce qu'un candidat ait réuni la majorité absolue. A chaque tour, le candidat ayant recueilli le plus petit nombre de voix est éliminé. Si plusieurs candidats obtiennent chacun le plus petit nombre de voix, seul est éliminé le candidat qui vient en dernier dans l'ordre de préséance selon l'article 5 du présent règlement. En cas de partage des voix entre deux candidats lors du tour de scrutin final, préférence est donnée au juge qui a la préséance selon le même article 5.

6. Les règles fixées au paragraphe précédent s'appliquent aux élections visées au paragraphe 2 de cet article. Cependant, lorsque plus d'un tour de scrutin est nécessaire pour que l'un des candidats réunisse la majorité absolue, seul le candidat ayant reçu le plus petit nombre de voix sera éliminé à l'issue de chaque tour de scrutin.

Mod. par la Cour les 7 juill. 2003, 7 nov. 2005, 20 févr. 2012 et 14 janv. 2013.

Art. 9 *Fonctions du président de la Cour.* 1. Le président de la Cour dirige les travaux et les services de la Cour. Il représente la Cour et, notamment, en assure les relations avec les autorités du Conseil de l'Europe.

2. Il préside les séances plénières de la Cour, les séances de la Grande Chambre et celles du collège de cinq juges.

3. Il ne participe pas à l'examen des affaires traitées par les chambres, sauf s'il est le juge élu au titre d'une Partie contractante concernée.

Art. 9A *Rôle du bureau.* 1. *a)* La Cour se dote d'un bureau, composé du président et des vice-présidents de la Cour et des présidents de section. Lorsqu'un vice-président de la Cour ou un président de section est empêché d'assister à une réunion du bureau, il est remplacé par le vice-président de la section ou, à défaut, par le membre de la section qui prend rang immédiatement après lui, au sens de l'article 5 du présent règlement.

b) Le bureau peut convier à une de ses réunions tout autre membre de la Cour ou toute autre personne dont il juge la présence nécessaire.

2. Le bureau est assisté par le greffier et les greffiers adjoints.

3. Le bureau a pour tâche d'assister le président dans l'accomplissement de ses fonctions de direction du travail et des services de la Cour. A cet effet, le président peut lui soumettre toute question administrative ou extrajudiciaire relevant de sa compétence.

4. Le bureau facilite également la coordination entre les sections de la Cour.

5. Le président peut consulter le bureau avant d'émettre des instructions pratiques au sens de l'article 32 du présent règlement et avant d'approuver les instructions générales établies par le greffier au titre de l'article 17 § 4 du présent règlement.

6. Le bureau peut faire rapport sur toute question à la Cour plénière, qu'il peut également saisir de propositions.

7. Un compte rendu de chaque réunion du bureau est établi et distribué aux juges dans les deux langues officielles de la Cour. Le secrétaire du bureau est désigné par le greffier en accord avec le président.

Art. inséré par la Cour le 7 juill. 2003.

Art. 10 *Fonctions des vice-présidents de la Cour.* Les vice-présidents de la Cour assistent le président de la Cour. Ils le remplacent en cas d'empêchement ou de vacance de la présidence, ou à sa demande. Ils font aussi fonction de présidents de section.

Art. 11 *Remplacement du président et des vice-présidents de la Cour.* En cas d'empêchement simultané du président et des vice-présidents de la Cour, ou en cas de vacance simultanée de leurs fonctions, la présidence est assumée par un des présidents de section ou, si aucun d'eux n'est disponible, par un autre juge élu, suivant l'ordre de préséance établi à l'article 5 du présent règlement.

Art. 12 *Présidence des sections et des chambres.* Les présidents des sections président les séances de la section et des chambres dont ils font partie et dirigent le travail des sections. Les vice-présidents des sections les remplacent en cas d'empêchement ou de vacance de la présidence de la section, ou à la demande du président de la section. A défaut, les membres de la section et des chambres les remplacent, suivant l'ordre de préséance établi à l'article 5 du présent règlement.

Mod. par la Cour les 17 juin et 8 juill. 2002.

Art. 13 *Incapacité d'exercice.* Les membres de la Cour ne peuvent exercer la présidence dans une affaire où est partie une Partie contractante dont ils sont ressortissants ou au titre de laquelle ils ont été élus, ou dans une affaire où ils siègent en qualité de juge désigné au titre de l'article 29 § 1 *a)* ou de l'article 30 § 1 du présent règlement.

Mod. par la Cour le 4 juill. 2005.

Art. 14 *Représentation équilibrée des sexes.* Dans les désignations régies par le présent chapitre et par le chapitre suivant, la Cour poursuit une politique visant à une représentation équilibrée des sexes.

CHAPITRE III *Du greffe*

Art. 15 *Élection du greffier.* 1. La Cour plénière élit son greffier. Les candidats doivent jouir de la plus haute considération morale et posséder les connaissances juridiques, administratives et linguistiques ainsi que l'expérience requises pour l'exercice des fonctions.

2. Le greffier est élu pour une période de cinq ans et est rééligible. Il ne peut être relevé de ses fonctions que si les juges, réunis en session plénière, décident, à la majorité des deux tiers des juges élus en fonctions, que l'intéressé a cessé de répondre aux conditions requises. Il doit au préalable être entendu par la Cour plénière. Tout juge peut mettre en mouvement la procédure de révocation.

3. Les élections visées au présent article ont lieu au scrutin secret ; seuls y participent les juges élus présents. Si aucun candidat ne réunit la majorité absolue de ceux-ci, il est procédé à un scrutin de ballottage entre les deux candidats ayant recueilli le plus grand nombre de voix. En cas de partage des voix, préférence est donnée d'abord à la candidate, s'il y en a une, et ensuite au candidat le plus âgé.

4. Avant d'entrer en fonctions, le greffier doit, devant la Cour plénière ou, en cas de besoin, devant le président de la Cour, prêter le serment ou faire la déclaration solennelle que voici :

« Je jure » — ou « Je déclare solennellement » — « que j'exercerai en toute loyauté, discrétion et conscience les fonctions qui m'ont été confiées en ma qualité de greffier de la Cour européenne des droits de l'homme. »

Il en est dressé procès-verbal.

Art. 16 *Élection des greffiers adjoints.* 1. La Cour plénière élit également deux greffiers adjoints dans les conditions, de la manière et pour la durée définies à l'article précédent. La procédure prévue pour la révocation du greffier s'applique également pour la révocation des greffiers adjoints. La Cour consulte au préalable le greffier.

2. Avant d'entrer en fonctions, un greffier adjoint doit, devant la Cour plénière ou, en cas de besoin, devant le président de la Cour, prêter un serment ou faire une déclaration semblables à ceux prévus pour le greffier. Il en est dressé procès-verbal.

Art. 17 *Fonctions du greffier.* 1. Le greffier assiste la Cour dans l'accomplissement de ses fonctions. Il est responsable de l'organisation et des activités du greffe, sous l'autorité du président de la Cour.

2. Il a la garde des archives de la Cour et sert d'intermédiaire pour les communications et notifications adressées à celle-ci, ou émanant d'elle, au sujet des affaires portées ou à porter devant elle.

3. Le greffier, sous réserve du devoir de discrétion attaché à ses fonctions, répond aux demandes de renseignements concernant l'activité de la Cour, notamment à celles de la presse.

4. Des instructions générales préparées par le greffier et approuvées par le président de la Cour règlent le fonctionnement du greffe.

Art. 18 *Organisation du greffe.* 1. Le greffe se compose des greffes de section, en nombre égal à celui des sections constituées par la Cour, et des services nécessaires pour fournir à la Cour les prestations administratives et juridiques requises.

2. Le greffier de section assiste la section dans l'accomplissement de ses fonctions. Il peut être secondé par un greffier adjoint de section.

3. Les agents du greffe, mais non le greffier ni les greffiers adjoints, sont nommés par le Secrétaire général du Conseil de l'Europe avec l'accord du président de la Cour ou du greffier agissant sur les instructions du président.

Mod. par la Cour les 13 nov. 2006 et 2 avr. 2012.

Art. 18A *Rapporteurs non judiciaires.* 1. Lorsqu'elle siège en formation de juge unique, la Cour est assistée de rapporteurs non judiciaires qui fonctionnent sous l'autorité du président de la Cour. Ils font partie du greffe de la Cour.

2. Les rapporteurs non judiciaires sont désignés par le président de la Cour sur proposition du greffier. Les greffiers de section et greffiers adjoints de section visés à l'article 18 § 2 du présent règlement font de droit fonction de rapporteurs non judiciaires.

Art. inséré par la Cour le 13 nov. 2006 et amendé le 14 janv. 2013.

CHAPITRE IV *Du fonctionnement de la Cour*

Art. 19 *Siège de la Cour.* 1. Le siège de la Cour est fixé à Strasbourg, siège du Conseil de l'Europe. La Cour peut toutefois, lorsqu'elle le juge utile, exercer ses fonctions en d'autres lieux du territoire des États membres du Conseil de l'Europe.

2. La Cour peut décider, en tout état d'instruction d'une requête, qu'il est nécessaire qu'elle-même ou l'un ou plusieurs de ses membres procèdent à une enquête ou accomplissent toute autre tâche en d'autres lieux.

Art. 20 *Sessions plénières de la Cour.* 1. Sur convocation de son président, la Cour se réunit en session plénière chaque fois que l'exige l'exercice des fonctions lui incombant en vertu de la Convention et du présent règlement. Le président procède à pareille convocation si un tiers au moins des membres le demandent, et en tout cas une fois l'an pour l'examen de questions administratives.

2. Le quorum de deux tiers des juges élus en fonctions est exigé pour le fonctionnement de la Cour plénière.

3. Si le quorum n'est pas atteint, le président ajourne la séance.

Art. 21 *Autres sessions de la Cour.* 1. La Grande Chambre, les chambres et les comités siègent de façon permanente. Toutefois, sur proposition de son président, la Cour arrête chaque année les périodes de session.

2. En dehors desdites périodes, la Grande Chambre et les chambres peuvent être convoquées par leur président en cas d'urgence.

Art. 22 *Délibérations.* 1. La Cour délibère en chambre du conseil. Ses délibérations restent secrètes.

2. Seuls les juges prennent part aux délibérations. Sont présents dans la chambre du conseil le greffier ou la personne désignée pour le remplacer, ainsi que les autres agents du greffe et les interprètes dont l'assistance paraît nécessaire. Aucune autre personne ne peut y être admise qu'en vertu d'une décision spéciale de la Cour.

3. Avant tout vote sur une question soumise à la Cour, le président peut inviter les juges à exprimer leur opinion.

Art. 23 *Votes.* 1. Les décisions de la Cour sont prises à la majorité des voix des juges présents. En cas de partage des voix, le vote est renouvelé et, s'il y a toujours partage, la voix du président est prépondérante. Le présent paragraphe s'applique sauf disposition contraire du présent règlement.

2. Les décisions et arrêts de la Grande Chambre et des chambres sont adoptés à la majorité des juges effectifs. Les abstentions ne sont pas admises pour les votes définitifs portant sur la recevabilité ou sur le fond d'une affaire.

3. En règle générale, les votes s'effectuent à main levée. Le président peut décider de procéder à un vote sur appel nominal, dans l'ordre inverse de préséance.

4. Toute question devant être mise aux voix est formulée en termes précis.

Art. 23A *Décision par accord tacite.* Lorsqu'il est nécessaire pour la Cour de trancher un point de procédure ou toute autre question en dehors d'une réunion programmée, le président peut donner instruction de faire circuler un projet de décision parmi les juges et de fixer à ceux-ci un délai pour la formulation d'observations. En l'absence de toute objection de la part des juges, la proposition est réputée avoir été adoptée à l'expiration dudit délai.

Art. inséré par la Cour le 13 déc. 2004.

CHAPITRE V *Des formations*

Art. 24 *Composition de la Grande Chambre.* 1. La Grande Chambre se compose de dix-sept juges et d'au moins trois juges suppléants.

2. *a)* Font partie de la Grande Chambre le président et les vice-présidents de la Cour, ainsi que les présidents des sections. Lorsqu'un vice-président de la Cour ou le président d'une section ne peut siéger à la Grande Chambre, il est remplacé par le vice-président de la section concernée.

b) Le juge élu au titre d'une Partie contractante concernée ou, le cas échéant, le juge désigné en vertu des articles 29 ou 30 du présent règlement est membre de droit de la Grande Chambre, conformément à l'article 26 §§ 4 et 5 de la Convention.

c) Dans les affaires qui lui sont déférées en vertu de l'article 30 de la Convention, la Grande Chambre comprend également les membres de la chambre s'étant dessaisie.

d) Dans les affaires qui lui sont déférées en vertu de l'article 43 de la Convention, la Grande Chambre ne comprend aucun juge ayant siégé dans la chambre qui a rendu l'arrêt concernant l'affaire ainsi renvoyée, à l'exception du président de cette chambre et du juge ayant siégé au titre de l'État partie intéressé, ni aucun juge ayant siégé dans la chambre ou les chambres s'étant prononcées sur la recevabilité de la requête.

e) Les juges et juges suppléants appelés à compléter la Grande Chambre chaque fois qu'une affaire lui est déférée sont désignés parmi les juges restants au moyen d'un tirage au sort effectué par le président de la Cour en présence du greffier. Les modalités du tirage au sort sont fixées par la Cour plénière, qui veille à ce que soit assurée une composition géographiquement équilibrée et reflétant la diversité des systèmes juridiques existant dans les Parties contractantes.

f) Lorsqu'elle examine une demande d'avis consultatif au titre de l'article 47 de la Convention, la Grande Chambre est constituée conformément aux dispositions du paragraphe 2 *a)* et *e)* du présent article.

g) Pour l'examen d'une demande soumise au titre de l'article 46 § 4 de la Convention, la Grande Chambre comprend, outre les juges visés au paragraphe 2 *a)* et *b)* du présent article, les membres du comité ou de la chambre ayant rendu l'arrêt en cause. Si celui-ci a été rendu par une Grande Chambre, elle est composée des mêmes juges que cette dernière. Dans tous les cas, y compris ceux où il n'est pas possible de réunir la Grande Chambre initiale, les juges et juges suppléants appelés à compléter la Grande Chambre sont désignés conformément au paragraphe 2 *e)* du présent article.

3. Si des juges ne peuvent siéger, ils sont remplacés par les juges suppléants suivant l'ordre de désignation prévu au paragraphe 2 *e)* du présent article.

4. Les juges et juges suppléants désignés conformément aux dispositions précitées siègent jusqu'à l'achèvement de la procédure. Leur mandat expiré, ils continuent de participer à l'examen de l'affaire s'ils en ont déjà connu au fond. Ces dispositions s'appliquent également à la procédure relative aux avis consultatifs.

5. *a)* Le collège de cinq juges de la Grande Chambre appelé à examiner une demande présentée en vertu de l'article 43 de la Convention se compose :

— du président de la Cour ; si le président de la Cour se trouve empêché, il est remplacé par le vice-président ayant la préséance ;

— de deux présidents de section désignés par rotation ; si un président de section ainsi désigné se trouve empêché, il est remplacé par le vice-président de sa section ;

— de deux juges désignés par rotation parmi les juges élus au sein des sections restantes pour siéger au collège pour une période de six mois ;

— d'au moins deux juges suppléants désignés par rotation parmi les juges élus au sein des sections pour siéger au collège pour une période de six mois.

b) Lorsqu'il examine une demande de renvoi, le collège ne comporte aucun juge ayant pris part à l'examen de la recevabilité ou du fond de l'affaire en question.

c) Un juge élu au titre d'une Partie contractante concernée par une demande de renvoi ou ressortissant d'une telle partie ne peut siéger au collège lorsque celui-ci examine la demande. De même, un juge élu désigné par la Partie contractante concernée en vertu des articles 29 ou 30 du présent règlement ne peut participer à l'examen de la demande.

d) Si un membre du collège se trouve empêché pour l'un des motifs visés aux alinéas *b)* ou *c)*, il est remplacé par un juge suppléant désigné par rotation parmi les juges élus au sein des sections pour siéger au collège pour une période de six mois.

Mod. par la Cour les 8 déc. 2000, 13 déc. 2004, 4 juill. 2005, 7 nov. 2005, 29 mai 2006, 13 nov. 2006 et 6 mai 2013.

Art. 25 *Constitution des sections.* 1. Les chambres prévues à l'article 25 *b)* de la Convention (et dénommées « sections » dans le présent règlement) sont constituées par la Cour plénière, sur proposition du président, pour une période de trois ans à compter de l'élection des titulaires de fonctions présidentielles visés à l'article 8 du présent règlement. Il y a au moins quatre sections.

2. Chaque juge est membre d'une section. La composition des sections doit être équilibrée tant du point de vue géographique que du point de vue de la représentation des sexes et tenir compte des différents systèmes juridiques existant dans les Parties contractantes.

3. Lorsqu'un juge cesse de faire partie de la Cour avant l'échéance de la période pour laquelle la section a été constituée, son successeur à la Cour le remplace comme membre de la section.

4. Le président de la Cour peut exceptionnellement procéder à des modifications dans la composition des sections si les circonstances le requièrent.

5. Sur proposition du président, la Cour plénière peut constituer une section supplémentaire.

Art. 26 *Constitution des chambres.* 1. Les chambres de sept juges prévues à l'article 26 § 1 de la Convention pour examiner les affaires portées devant la Cour sont constituées comme suit à partir des sections.

a) Sous réserve du paragraphe 2 du présent article et de l'article 28 § 4, dernière phrase, du présent règlement, la chambre comprend pour chaque affaire le président de la section et le juge élu au titre de toute Partie contractante concernée. Si ce dernier n'est pas membre de la section à laquelle la requête a été attribuée conformément aux articles 51 ou 52 du présent règlement, il siège comme membre de droit de la chambre, conformément à l'article 26 § 4 de la Convention. L'article 29 du présent règlement s'applique si ledit juge ne peut siéger ou se déporte.

b) Les autres membres de la chambre sont désignés par le président de la section, par rotation, parmi les membres de la section.

c) Les membres de la section qui ne sont pas désignés de la sorte siègent dans l'affaire en qualité de suppléants.

2. Le juge élu au titre de toute Partie contractante concernée, ou, le cas échéant, le juge élu ou *ad hoc* désigné conformément aux articles 29 ou 30 du présent règlement, peut être dispensé par le président de la chambre d'assister aux réunions consacrées aux questions préparatoires ou procédurales. Aux fins de pareilles réunions, la Partie contractante concernée sera présumée avoir désigné au lieu et place du juge en question, conformément à l'article 29 § 1 du présent règlement, le premier juge suppléant.

3. Même après la fin de son mandat, le juge continue de connaître des affaires pour lesquelles il a pris part à l'examen au fond.

Mod. par la Cour les 17 juin, 8 juill. 2002 et 6 mai 2013.

Art. 27 *Comités.* 1. Des comités de trois juges appartenant à la même section sont constitués, en application de l'article 26 § 1 de la Convention. Après avoir consulté les présidents des sections, le président de la Cour décide du nombre de comités à créer.

2. Les comités sont constitués pour une période de douze mois, par rotation parmi les membres de chaque section autres que le président.

3. Les membres de la section qui ne sont pas membres d'un comité peuvent être appelés à remplacer des membres empêchés de siéger.

4. Le comité est présidé par le membre qui a la préséance au sein de la section.

Mod. par la Cour les 13 nov. 2006 et 16 nov. 2009.

Art. 27A *Formation de juge unique.* 1. Des juges uniques sont institués en application de l'article 26 § 1 de la Convention. Après avoir consulté le bureau, le président de la Cour décide du nombre de juges uniques à créer et procède aux désignations requises. Il fixe à l'avance la liste des Parties contractantes pour lesquelles chaque juge unique exerce ses compétences pendant toute la période pour laquelle il est désigné en cette qualité.

2. Siègent également comme juges uniques :

a) les présidents de section lorsqu'ils exercent les compétences qui leur sont dévolues par l'article 54 §§ 2 b) et 3 du présent règlement ;

b) les vice-présidents de section désignés pour statuer sur les demandes de mesures provisoires conformément à l'article 39 § 4 du présent règlement.

3. Les juges uniques sont désignés, par rotation, pour une période de douze mois. Ils continuent d'assumer leurs autres tâches au sein des sections dont ils sont membres conformément à l'article 25 § 2 du présent règlement.

4. En application de l'article 24 § 2 de la Convention, chaque juge unique, lorsqu'il statue, est assisté d'un rapporteur non judiciaire.

Art. inséré par la Cour le 13 nov. 2006 et amendé le 14 janv. 2013.

Art. 28 *Empêchement, déport ou dispense.* 1. Tout juge empêché de participer aux séances pour lesquelles il est convoqué en fait part, dans le plus bref délai, au président de la chambre.

2. Aucun juge ne peut participer à l'examen d'une affaire :

a) s'il a un intérêt personnel dans celle-ci, du fait par exemple d'un lien conjugal ou parental, d'un autre lien de proche parenté, d'un lien personnel ou professionnel étroit, ou d'un lien de subordination avec l'une quelconque des parties ;

b) s'il est antérieurement intervenu dans l'affaire, soit comme agent, conseil ou conseiller d'une partie ou d'une personne ayant un intérêt dans l'affaire, soit, au niveau national ou au niveau international, comme membre d'une autre juridiction ou commission d'enquête, ou à tout autre titre ;

c) s'il s'engage, alors qu'il est juge *ad hoc* ou ancien juge élu continuant à siéger au titre de l'article 26 § 3 du présent règlement, dans une activité politique ou administrative, ou dans une activité professionnelle incompatible avec son indépendance ou son impartialité ;

d) s'il a exprimé en public, par le truchement des médias, par écrit, par des actions publiques ou par tout autre moyen, des opinions qui sont objectivement de nature à nuire à son impartialité ;

e) si, pour quelque autre raison que ce soit, son indépendance ou son impartialité peuvent légitimement être mises en doute.

3. Si un juge se déporte pour l'une desdites raisons, il en informe le président de la chambre, qui le dispense de siéger.

4. Si le juge concerné ou le président de la chambre hésitent sur l'existence ou non de l'une des causes de déport énumérées au paragraphe 2 du présent article, la chambre décide. Elle entend le juge concerné, puis délibère et vote hors sa présence. Aux fins des délibérations et vote en question, l'intéressé est remplacé par le premier juge suppléant de la chambre. Il en va de même s'il siège au titre d'une Partie contractante concernée, auquel cas celle-ci est réputée avoir désigné pour siéger en qualité de juge en son lieu et place, conformément à l'article 29 § 1 du présent règlement, le premier juge suppléant.

5. Les dispositions ci-dessus s'appliquent également aux juges appelés à siéger comme juges uniques ou dans un comité, étant entendu que la notification visée aux paragraphes 1 et 3 est adressée au président de la section.

Mod. par la Cour les 17 juin, 8 juill. 2002, 13 déc. 2004, 13 nov. 2006 et 6 mai 2013.

Art. 29 *Juges ad hoc.* 1. *a)* Si le juge élu au titre d'une Partie contractante concernée se trouve empêché, se déporte ou est dispensé, ou si pareil juge fait défaut, et que cette Partie contractante n'a pas choisi de désigner un juge ad hoc conformément aux dispositions du paragraphe 1 *b)* du présent article, le président de la chambre invite cette partie à lui communiquer dans les trente jours le nom de la personne qu'elle souhaite désigner parmi les autres juges élus.

b) Si une Partie contractante a opté pour la désignation d'un juge *ad hoc*, le président de la chambre choisit ce dernier à partir d'une liste préalablement soumise par la Partie contractante et contenant les noms de trois à cinq personnes remplissant les critères fixés au paragraphe 1 *d)* du présent article et désignées par elle comme pouvant servir en qualité de juge *ad hoc* pour une période renouvelable de deux ans. La liste, où les deux sexes doivent figurer, doit être accompagnée d'une notice biographique des personnes qui la composent. Celles-ci ne peuvent représenter, à quelque titre que ce soit, une partie ou un tiers intervenant devant la Cour.

Aux fins de l'application de l'article 26 § 4 de la Convention et de la deuxième phrase ci-dessus, les noms des autres juges élus sont *ipso jure* considérés comme étant inclus dans la liste.

c) La procédure décrite au paragraphe 1 *a)* et *b)* du présent article s'applique si la personne ainsi désignée se trouve empêchée ou se déporte.

d) Un juge *ad hoc* doit posséder les qualifications requises par l'article 21 § 1 de la Convention, ne pas être empêché de siéger dans la cause pour l'un quelconque des motifs mentionnés à l'article 28 du présent règlement et être à même de satisfaire aux exigences de disponibilité et de présence énoncées au paragraphe 5 du présent article. Pendant la durée de son mandat, un juge *ad hoc* ne peut représenter, à quelque titre que ce soit, une partie ou un tiers intervenant devant la Cour.

2. La Partie contractante concernée est réputée renoncer à son droit de désignation :

a) si elle ne répond pas dans le délai de trente jours visé au paragraphe 1 *a)* du présent article ou avant l'expiration de la prorogation de ce délai que le président de la chambre peut lui avoir accordée ;

b) si elle choisit de désigner un juge *ad hoc* mais qu'au moment de la communication de la requête au gouvernement défendeur au titre de l'article 54 § 2 du règlement elle n'avait pas fourni au greffier la liste visée au paragraphe 1 *b)* du présent article ou que la chambre estime que moins de trois des personnes indiquées dans la liste répondent aux conditions fixées au paragraphe 1 *c)*.

3. Le président de la chambre peut décider que la Partie contractante concernée ne sera invitée à opérer la désignation visée au paragraphe 1 *a)* du présent article qu'au moment où connaissance de la requête lui sera donnée en vertu de l'article 54 § 2 du présent règlement. En pareil cas, et dans l'attente de la désignation d'un juge par lui, la Partie contractante concernée sera réputée avoir désigné le premier juge suppléant pour siéger au lieu et place du juge élu.

4. Au début de la première séance consacrée à l'examen de l'affaire après sa désignation, le juge *ad hoc* prête le serment ou fait la déclaration solennelle prévus à l'article 3 du présent règlement. Il en est dressé procès-verbal.

5. Les juges *ad hoc* doivent se tenir à la disposition de la Cour et, sous réserve de l'article 26 § 2 du présent règlement, assister aux réunions de la chambre.

Mod. par la Cour les 17 juin, 8 juill. 2002, 13 nov. 2006, 29 mars 2010 et 6 mai 2013.

Art. 30 *Communauté d'intérêt.* 1. Si deux ou plusieurs Parties contractantes requérantes ou défenderesses ont un intérêt commun, le président de la chambre peut les inviter à s'entendre pour ne désigner, en qualité de juge de la communauté d'intérêt, qu'un seul des juges élus à leur titre, qui sera appelé à siéger de droit ; à défaut d'accord, il tire au sort parmi les juges proposés celui qui siégera en qualité de juge de la communauté d'intérêt.

2. Le président de la chambre peut décider de n'inviter les Parties contractantes concernées à procéder à la désignation visée au paragraphe 1 du présent article qu'une fois la requête portée à la connaissance des Parties contractantes défenderesses conformément à l'article 54 § 2 du présent règlement.

3. En cas de contestation sur l'existence d'une communauté d'intérêt ou sur toute autre question connexe, la chambre décide, au besoin après avoir recueilli les observations écrites des Parties contractantes concernées.

Mod. par la Cour le 7 juill. 2003.

TITRE II Procédure

CHAPITRE PREMIER *Règles générales*

Art. 31 *Possibilité de dérogations particulières.* Les dispositions du présent titre ne font pas obstacle à ce que la Cour y déroge pour l'examen d'une affaire particulière après avoir consulté les parties en tant que de besoin.

Art. 32 *Instructions pratiques.* Le président de la Cour peut édicter des instructions pratiques, notamment en rapport avec des questions telles que la comparution aux audiences et le dépôt d'observations écrites ou d'autres documents.

Art. 33 *Publicité des documents.* 1. Tous les documents déposés au greffe par les parties ou par des tiers intervenants en rapport avec une requête, à l'exception de ceux soumis dans le cadre de négociations menées en vue de parvenir à un règlement amiable comme le prévoit l'article 62 du présent règlement, sont accessibles au public, selon les modalités pratiques édictées par le greffier, à moins que le président de la chambre n'en décide autrement pour les raisons indiquées au paragraphe 2 du présent article, soit d'office, soit à la demande d'une partie ou de toute autre personne intéressée.

2. L'accès du public à un document ou à une partie d'un document peut être restreint dans l'intérêt de la moralité, de l'ordre public ou de la sécurité nationale dans une société démocratique lorsque les intérêts des mineurs ou la protection de la vie privée des parties ou de toute personne concernée l'exigent, ou, dans la mesure jugée strictement nécessaire par le président de la chambre, lorsque, dans des circonstances spéciales, la publicité serait de nature à porter atteinte aux intérêts de la justice.

3. Toute demande de confidentialité formulée au titre du paragraphe 1 du présent article doit être motivée et préciser si elle vise tous les documents ou seulement une partie d'entre eux.

4. Les décisions et arrêts des chambres sont accessibles au public. Les décisions et arrêts des comités, y compris les décisions couvertes par la réserve figurant à l'article 53 § 5 du règlement, sont accessibles au public. La Cour rend périodiquement accessibles au public des informations générales sur les décisions adoptées par les formations de juge unique en vertu de l'article 52 A § 1 du règlement et par les comités en vertu de l'article 53 § 5 du règlement.

Mod. par la Cour les 17 juin, 8 juill. 2002, 7 juill. 2003, 4 juill. 2005, 13 nov. 2006 et 14 mai 2007.

Art. 34 *Emploi des langues.* 1. Les langues officielles de la Cour sont le français et l'anglais.

2. Lorsqu'une requête est introduite au titre de l'article 34 de la Convention, toutes communications avec le requérant ou son représentant et toutes observations orales ou écrites soumises par le requérant ou son représentant, si elles ne se font pas ou ne sont pas rédigées dans l'une des langues officielles de la Cour, doivent se faire ou être rédigées dans l'une des langues officielles des Parties contractantes tant que la requête n'a pas été portée à la connaissance d'une Partie contractante en vertu du présent règlement. Si une Partie contractante est informée d'une requête ou si une requête est portée à sa connaissance en vertu du présent règlement, la requête et ses annexes doivent lui être communiquées dans la langue dans laquelle le requérant les a déposées au greffe.

3. *a)* Toutes communications avec le requérant ou son représentant et toutes observations orales ou écrites soumises par le requérant ou son représentant et se rapportant à une audience, ou intervenant après que la requête a été portée à la connaissance d'une Partie contractante, doivent se faire ou être rédigées dans l'une des langues officielles de la Cour, sauf si le président de la chambre donne l'autorisation de continuer à employer la langue officielle d'une Partie contractante.

b) Si pareille autorisation est accordée, le greffier prend les dispositions nécessaires en vue de l'interprétation ou de la traduction, intégrale ou partielle, en français ou en anglais des observations orales ou écrites du requérant lorsque le président de la chambre juge pareille mesure dans l'intérêt de la bonne conduite de la procédure.

c) Exceptionnellement, le président de la chambre peut subordonner l'octroi de l'autorisation à la condition que le requérant supporte tout ou partie des frais ainsi occasionnés.

d) Sauf décision contraire du président de la chambre, toute décision prise en vertu des dispositions ci-dessus du présent paragraphe demeure applicable à toutes les phases ultérieures de la procédure, y compris à celles entraînées par l'introduction d'une demande de renvoi de l'affaire à la Grande Chambre ou d'une demande en interprétation ou en révision de l'arrêt au sens respectivement des articles 73, 79 et 80 du présent règlement.

4. *a)* Toutes communications avec une Partie contractante qui est partie au litige et toutes observations orales ou écrites émanant d'une telle partie doivent se faire ou être rédigées dans l'une des langues officielles de la Cour. Le président de la chambre peut autoriser la Partie contractante concernée à employer sa langue officielle ou l'une de ses langues officielles pour ses observations, orales ou écrites.

b) Si pareille autorisation est accordée, la partie qui l'a sollicitée doit

i. déposer une traduction française ou anglaise de ses observations écrites dans un délai qu'il appartient au président de la chambre de fixer, le greffier conservant la possibilité de prendre les dispositions nécessaires pour faire traduire le document aux frais de la Partie demanderesse si cette dernière n'a pas fourni la traduction dans le délai imparti ;

ii. assumer les frais afférents à l'interprétation en français ou en anglais de ses observations orales, le greffier se chargeant de prendre les dispositions nécessaires pour assurer cette interprétation.

c) Le président de la chambre peut enjoindre à une Partie contractante qui est partie au litige de fournir dans un délai déterminé une traduction ou un résumé en français ou en anglais de l'ensemble ou de certaines des annexes à ses observations écrites ou de toute autre pièce pertinente, ou d'extraits de ces documents.

d) Les alinéas ci-dessus du présent paragraphe s'appliquent aussi, *mutatis mutandis*, aux tierces interventions au titre de l'article 44 du présent règlement et à l'emploi d'une langue non officielle par un tiers intervenant.

5. Le président de la chambre peut inviter la Partie contractante défenderesse à fournir une traduction de ses observations écrites dans sa langue officielle ou dans une de ses langues officielles, afin d'en faciliter la compréhension par le requérant.

6. Tout témoin, expert ou autre personne comparaissant devant la Cour peut employer sa propre langue s'il n'a une connaissance suffisante d'aucune des deux langues officielles. Dans ce cas, le greffier prend les dispositions nécessaires en vue de l'interprétation et de la traduction.

Mod. par la Cour le 13 déc. 2004.

Art. 35 *Représentation des Parties contractantes.* Les Parties contractantes sont représentées par des agents, qui peuvent se faire assister par des conseils ou conseillers.

Art. 36 *Représentation des requérants.* 1. Les personnes physiques, organisations non gouvernementales et groupes de particuliers visés à l'article 34 de la Convention peuvent initialement soumettre des requêtes en agissant soit par eux-mêmes, soit par l'intermédiaire d'un représentant.

2. Une fois la requête notifiée à la Partie contractante défenderesse comme prévu à l'article 54 § 2 *b)* du présent règlement, le requérant doit être représenté conformément au paragraphe 4 du présent article, sauf décision contraire du président de la chambre.

3. Le requérant doit être ainsi représenté à toute audience décidée par la chambre, sauf si le président de la chambre autorise exceptionnellement le requérant à présenter sa cause lui-même, sous réserve, au besoin, qu'il soit assisté par un conseil ou par un autre représentant agréé.

4. *a)* Le représentant agissant pour le compte du requérant en vertu des paragraphes 2 et 3 du présent article doit être un conseil habilité à exercer dans l'une quelconque des Parties contractantes et résidant sur le territoire de l'une d'elles, ou une autre personne agréée par le président de la chambre.

b) Dans des circonstances exceptionnelles et à tout moment de la procédure, le président de la chambre peut, lorsqu'il considère que les circonstances ou la conduite du conseil ou de l'autre personne désignés conformément à l'alinéa précédent le justifient, décider que ce conseil ou cette personne ne peut plus représenter ou assister le requérant et que celui-ci doit chercher un autre représentant.

5. *a)* Le conseil ou l'autre représentant agréé du requérant, ou ce dernier s'il demande à pouvoir assumer lui-même la défense de ses intérêts, doivent, même s'ils obtiennent l'autorisation visée à l'alinéa *b)* ci-dessous, avoir une compréhension suffisante de l'une des langues officielles de la Cour.

b) S'ils n'ont pas une aisance suffisante pour s'exprimer dans l'une des langues officielles de la Cour, le président de la chambre peut, en vertu de l'article 34 § 3 du présent règlement, leur accorder l'autorisation d'employer l'une des langues officielles des Parties contractantes.

Mod. par la Cour le 7 juill. 2003.

Art. 37 *Communications, notifications et citations.* 1. Les communications et notifications adressées aux agents ou conseils des parties sont réputées adressées aux parties.

2. Si, pour une communication, notification ou citation destinée à des personnes autres que les agents ou conseils des parties, la Cour estime requis le concours du gouvernement de l'État sur le territoire duquel la communication, notification ou citation doit produire effet, le président de la Cour s'adresse directement à ce gouvernement pour obtenir les facilités nécessaires.

Mod. par la Cour le 7 juill. 2003.

Art. 38 *Observations écrites.* 1. Il ne peut être déposé d'observations écrites ou d'autres documents que dans le délai fixé par le président de la chambre ou par le juge rapporteur, selon le cas, conformément au présent règlement. Les observations écrites ou autres documents déposés en dehors de ce délai ou en méconnaissance d'une instruction pratique édictée au titre de l'article 32 du présent règlement ne peuvent être versés au dossier, sauf décision contraire du président de la chambre.

2. C'est la date certifiée de l'envoi du document ou, à défaut, la date de réception au greffe qui est prise en compte pour le calcul du délai visé au paragraphe 1 du présent article.

Art. 38A *Examen des questions de procédure.* Les questions de procédure nécessitant une décision de la chambre sont traitées au moment de l'examen de l'affaire, sauf décision contraire du président de la chambre.

Art. inséré par la Cour les 17 juin et 8 juill. 2002.

Art. 39 *Mesures provisoires.* 1. La chambre ou, le cas échéant, son président peuvent, soit à la demande d'une partie ou de toute autre personne intéressée, soit d'office, indiquer aux parties toute mesure provisoire qu'ils estiment devoir être adoptée dans l'intérêt des parties ou du bon déroulement de la procédure.

2. Le cas échéant, le Comité des Ministres est immédiatement informé des mesures adoptées dans une affaire.

3. La chambre ou, le cas échéant, le président de la section ou un juge de permanence désigné conformément au paragraphe 4 du présent article peuvent inviter les parties à leur fournir des informations sur toute question relative à la mise en œuvre des mesures provisoires indiquées.

4. Le président de la Cour peut désigner des vice-présidents de section comme juges de permanence pour statuer sur les demandes de mesures provisoires.

Mod. par la Cour les 4 juill. 2005, 16 janv. 2012 et 14 janv. 2013.

I. DES MESURES URGENTES – URGENCE HABITUELLE

A. RISQUES PHYSIQUES EN CAS D'ÉLOIGNEMENT DU TERRITOIRE

1. Risque de persécutions pour des raisons politiques, ethniques ou religieuses. Le requérant invoquait le fait que s'il était expulsé vers l'Iran, son appartenance aux moudjahidines du peuple lui ferait courir un danger de mort ou un risque d'être soumis à de mauvais traitements. La Cour européenne a adopté une mesure provisoire pour empêcher son expulsion jusqu'à ce que des informations complémentaires soient fournies. Toutefois, le requérant ayant cessé tout contact avec le greffe, l'application de l'art. 39 Règl. a été levée (radiation du rôle). • CEDH 3 nov. 2009, *Abdollahi c/ Turquie*, n° 23980/08. ♦ Alléguant notamment qu'il risquait d'être exécuté, torturé ou emprisonné s'il revenait dans son pays d'origine, le requérant a demandé à la CEDH, en vertu de l'art. 39 Règl., d'indiquer au gouvernement suédois la suspension de son expulsion en Irak. Par la suite, la Cour a décidé d'appliquer cet article, indiquant qu'il serait souhaitable de suspendre l'expulsion du requérant avant que n'intervienne une nouvelle décision. • CEDH 20 janv. 2009, *F.H. c/ Suède*, n° 32621/06. ♦ Le premier requérant est un opposant politique qui a été détenu et violenté à plusieurs reprises par la police biélorusse. Toute sa famille a fui le Belarus en raisons des persécutions du fait, notamment, de l'engagement politique du requérant dont la demande d'asile a été rejetée en France. Les requérants font valoir le fait que leur renvoi vers le virus les exposerait au risque d'être emprisonné et de subir de mauvais traitements. Le président de la chambre à laquelle l'affaire a été attribuée a décidé, en vertu de l'art. 39 du règlement, d'indiquer au gouvernement français qu'il était souhaitable dans l'intérêt des parties et du bon déroulement de la procédure devant la Cour de ne pas renvoyer les requérants vers le Belarus pour la durée de la procédure devant la Cour. • CEDH 2 sept. 2010, *Y.P. et L.P. c/ France*, n° 32476/06.

2. Sous la menace d'une expulsion de la Suède vers l'Irak, une personne demandant l'asile fait valoir le fait qu'elle risquerait de subir de mauvais traitements en tant que femme seule de confession mandéenne (minorité ethnique/ religieuse vulnérable). Une mesure provisoire prise en vertu de l'art. 39 Règl. de la Cour indique au gouvernement suédois que l'intéressée ne devait pas être expulsée avant l'issue de la procédure devant la Cour. • CEDH, gr. ch., 8 avr. 2015, *W.H. c/ Suède*, n° 49341/10. ♦ La requérante, de nationalité afghane, était menacée d'être expulsée seule vers l'Afghanistan, sans son mari et ses enfants de nationalité Néerlandaise. Compte tenu de la situation particulièrement précaire des femmes seules en Afghanistan et aux observations de la requérante affirmant qu'elle n'avait pas de parent de sexe masculin susceptible de la protéger, la Cour a décidé d'appliquer l'art. 39 de son Règl. et de demander aux autorités de ne pas procéder à son expulsion jusqu'à ce que sa requête ait été examinée par la Cour. • CEDH 16 déc. 2008, *Hosseil Kheel c/ Pays-Bas*, n° 34583/08.

3. Cette affaire concernait le refus d'accorder l'asile à un ressortissant iranien converti au christianisme en Suède qui alléguait que son expulsion vers l'Iran l'exposerait à un risque réel d'être poursuivi et puni ou condamné à mort. Une mesure provisoire indiquait au gouvernement suédois que le requérant ne devait pas être expulsé vers l'Iran tant que la Cour examinerait l'affaire. • CEDH, gr. ch., 23 mars 2016, *F.G. c/ Suède*, n° 43611/11.

4. Risque de persécutions liées à l'orientation sexuelle. Le requérant, un demandeur d'asile de Suède sous la menace d'une expulsion vers la Libye, soutenait qu'il risquerait de subir les persécutions des mauvais traitements en raison de son homosexualité. La cour, en vertu de l'art. 39 de son Règl., demande au gouvernement suédois de ne pas expulser le requérant jusqu'à nouvel ordre. • CEDH, gr. ch., 8 avr. 2015, *M.E. c/ Suède*, n° 71398/12.

5. Risque d'exploitation sexuelle. Prétendant avoir été victimes de trafic et soumise à la prostitution dans son pays d'origine (l'Ouganda), la requérante soutenait qu'il existait un risque qu'elle soit retrouvée par les trafiquants et soumise de nouveau à une exploitation sexuelle en cas d'expulsion. Par application de l'art. 39 de son règl., la cour a demandé au gouvernement britannique de suspendre cette expulsion pour la durée de la procédure devant elle. • CEDH 1er déc. 2009, *M. c/ Royaume-Uni*, n° 16081/08.

6. Risque de lapidation pour adultère. Redoutant une condamnation à mort par lapidation ou la flagellation pour avoir commis l'infraction d'adultère contraire à la loi islamique, la requérante estime que son expulsion vers l'Iran d'où elle a fui l'exposerait à des mauvais traitements. Dans ces conditions la cour a décidé d'appliquer l'art. 39 du Règl. en demandant au gouvernement turc de suspendre l'expulsion pour la durée de la procédure devant elle. • CEDH 11 juill. 2000, *Jabari c/ Turquie*, n° 40035/98.

7. Risque de subir une mutilation génitale. Face au risque de mutilation génitale de la requérante en cas d'expulsion vers la Tanzanie, la Cour demande au gouvernement suédois de suspendre son expulsion pour la durée de la procédure devant elle. • CEDH 1er juill. 2003, *Abraham Lunguli c/ Suède*, n° 33692/02. ♦ Les requérantes ont adressé à la Cour le 7 juill. 2005 une lettre dans laquelle la première requérante déclarait qu'elle n'avait aucun contact avec sa famille au Nigéria, mais qu'elle avait entendu dire que, accusé de l'avoir laissé quitter le domicile familial et « fuir » la mutilation génitale féminine et harcelé pour ce motif, le père de la seconde requérante avait été forcé de quitter le village. La première requérante ajoutait qu'alors qu'elle était enceinte de six mois elle avait subi une échographie qui lui avait appris qu'elle attendait une fille, et qu'elle voulait naturellement protéger aussi cet enfant. La Cour ayant, sur le fondement de l'art. 39 de son Règl., invité la Suède à agir en ce sens par une lettre du 8 juill. 2005, il fut sursis à l'expulsion des requérantes jusqu'à nouvel ordre. • CEDH 8 mars 2007, *Collins et Akaziebie c/ Suède*, n° 23944/05. ♦ Dans le même sens : • CEDH 22 sept. 2015, *A.E. c/ Finlande*, n° 30953/11.

8. Risque pour la santé. Le requérant, atteint du syndrome de l'immunodéficience acquise (SIDA), affirmait que son expulsion l'exposerait à un traitement inhumain et dégradant. Dans cette affaire, la Cour a demandé au gouvernement britannique de ne pas l'expulser car il ne pourrait pas bénéficier d'un traitement médical approprié. En définitive, des « circonstances très exceptionnelles » et des « considérations humanitaires impérieuses » ont été prises en compte par la Cour : le requérant était très gravement malade et paraissait proche de la mort, il n'était pas certain qu'il pût bénéficier de soins médicaux ou infirmiers dans son pays d'origine et il n'avait là-bas aucun parent désireux ou en mesure de s'occuper de lui ou de lui fournir ne fût-ce qu'un toit ou un minimum de nourriture ou de soutien social. • CEDH 2 mai 1997, *D. c/ Royaume-Uni*, n° 30240/96. ♦ La requérante, atteinte du VIH, estime que son expulsion constituerait un mauvais traitement parce qu'elle lui causerait des souffrances et réduirait son espérance de vie. La *Cour a* demandeé au gouvernement britannique de suspendre cette expulsion pour la durée de la procédure de vente. Il est à noter que constatant dans son arrêt que la présente espèce n'était pas marquée par des « circonstances très exceptionnelles », la Cour a conclu que la mise à exécution de la décision d'expulser l'intéressée vers l'Ouganda emporterait violation de l'art. 3 de la Convention. • CEDH, gr. ch., 27 mai 2008, *N. c/ Royaume-Uni*, n° 26565/05.

9. L'intéressé, qui souffrait de plusieurs pathologies graves dont une leucémie lymphoïde chronique et la tuberculose, alléguait en particulier qu'il y avait des motifs sérieux et avérés de croire qu'en cas d'expulsion vers la Géorgie, il courrait un risque réel d'être soumis à des traitements inhumains et dégradants et de se voir exposé à une mort prématurée. Il est décédé en juin 2016 et ses proches ont poursuivi l'instance devant la Cour. En juillet 2010, en application de l'art. 39 de son Règl., la Cour avait invité le gouvernement belge à ne pas procéder à l'éloignement du requérant jusqu'à l'issue de la procédure devant le Conseil du contentieux des étrangers. Dans son arrêt, la Grande Chambre a conclu en particulier qu'il y aurait eu violation de l'art. 3 de la Convention si le requérant avait été éloigné vers la Géorgie sans que les autorités belges eussent évalué le risque encouru par lui à la lumière des données relatives à son état de santé et à l'existence de traitements adéquats en Géorgie. • CEDH, gr. ch., 13 déc. 2016, *Paposhvili c/ Belgique*, n° 41738/10.

10. Risque pour la vie familiale. Le requérant alléguait que son expulsion vers l'Iran couperait ses liens familiaux avec sa femme danoise, leurs enfants et sa belle-fille, dans la mesure où ces derniers ne pourraient pas le suivre dans ce pays. La Cour a décidé dans cette affaire d'appliquer l'art. 39 de son Règl. pour empêcher son expulsion jusqu'à ce que sa requête ait été examinée. La Cour est finalement parvenue à la conclusion qu'il y aurait violation de l'art. 8 conv. EDH si l'intéressé était expulsé vers l'Iran. • CEDH 11 juill. 2002, *Amrollahi c/ Danemark*, n° 56811/00.

11. Cas particulier de l'éloignement vers un État contractant. La Cour a décidé de tenir une audience sur la recevabilité de la requête et d'indiquer au gouvernement russe, en application de l'art. 39 du Règl., qu'il était souhaitable, dans l'intérêt des parties et du bon déroulement de la procédure devant la Cour, en particulier de la préparation de l'audience, de donner à Me Moukhachavria et Me Dzamoukachvili la possibilité d'avoir des contacts non entravés avec les requérants extradés. • CEDH 12 avr. 2005, *Chamaïev et a. c/ Géorgie et Russie*, n° 36378/02.

B. RISQUES PROCÉDURAUX EN CAS D'ÉLOIGNEMENT DU TERRITOIRE

12. Risque de déni de justice flagrant. Sur le fondement de l'art. 39 de sont Règl., la Cour a indiqué au gouvernement britannique qu'il serait souhaitable de ne pas extrader le requérant vers les États-Unis avant l'issue de la procédure pendante devant elle. La Cour a pu préciser dans son arrêt sur le fond qu'une décision d'extradition pouvait exceptionnellement soulever un problème sur le terrain de l'art. 6 Conv. EDH au cas où le fugitif aurait subi ou risquerait de subir un déni de justice flagrant, mais les faits de la cause ne révélaient pas de tel risque. • CEDH 7 juill. 1989, *Soering c/ Royaume-Uni*, n° 14038/88.

13. Le requérant, soupçonné d'avoir des liens avec Al-Qaïda, prétendait courir un risque réel d'être soumis à un déni de justice flagrant s'il était expulsé vers la Jordanie car – vraisemblablement – des preuves obtenues sous la torture seraient utilisées lors de son procès. En application de l'art. 39 de son Règl., la Cour, malgré les assurances diplomatiques obtenues, a indiqué au gouvernement britannique qu'il serait souhaitable de ne pas procéder à cette expulsion jusqu'à ce qu'elle ait étudié la requête. Dans son arrêt sur le fond, la Cour est parvenue pour la première fois à la conclusion qu'une expulsion emporterait violation de l'art. 6 de la Conv. Cette conclusion reflète le consensus international voulant que l'utilisation de preuves obtenues sous la torture empêche tout procès équitable. • CEDH 17 janv. 2012, *Othman (Abou Qatada) c/ Royaume-Uni,* n° 8139/09.

14. Risque pour la représentation en justice. Dans cette affaire, la Cour a demandé au gouvernement turc de prendre des mesures provisoires au sens de l'art. 39 de son Règl., notamment en ce qui concernait la conformité aux exigences de l'art. 6 conv. EDH de la procédure engagée contre le requérant devant la Cour de sûreté de l'État ainsi que l'utilisation efficace par l'intéressé de son droit d'introduire un recours individuel devant la Cour par l'intermédiaire des avocats de son choix. • CEDH, gr. ch., 12 mai 2005, *Öcalan c/ Turquie,* n° 46221/99. ♦ Dans cette affaire, requérante se plaint que sa fille a été déclarée adoptable sans avoir été informée et sans qu'elle puisse participer à la procédure et donner son consentement, une mesure provisoire au titre de l'art. 39 du Règl. a été prononcée : la cour a indiqué que le gouvernement croate devait désigner un avocat pour représenter la requérante dans la procédure devant la Cour, dans la mesure où la requérante souffrait de schizophrénie paranoïde et était privée, au sens du droit interne, de sa capacité à choisir un représentant légal. • CEDH 17 juill. 2008, *X. c/ Croatie,* n° 11223/04.

II. MESURES D'URGENCE – URGENCE EXCEPTIONNELLE

15. Protection d'un élément essentiel pour l'examen de la requête. Le président de la chambre a décidé d'indiquer au Gouvernement, en vertu de l'art. 39 du règlement, que, sans préjudice d'une éventuelle décision de la Cour sur le fond, il était souhaitable, dans l'intérêt du bon déroulement de la procédure, que le Gouvernement prît les mesures nécessaires pour que les *embryons fussent conservés jusqu'à* ce que la Cour eût terminé d'examiner l'affaire. • CEDH, gr. ch., 10 avr. 2007, *Evans c/ Royaume-Uni,* n° 6339/05.

16. Santé et conditions de détention. Dans la présente affaire et en application de l'art. 39 de son Règl., la Cour demande à la Grèce d'ordonner le transfert du requérant dans un centre médical spécialisé afin d'y être soumis à tous les examens nécessaires et de rester hospitalisé jusqu'à ce que les médecins traitants considèrent sa réintégration en prison possible sans mettre sa vie en danger. • CEDH 12 juin 2008, *Kotsaftis c/ Grèce,* n° 39780/06. ♦ Le requérant souffrait de plusieurs maladies graves et se plaignait, notamment, d'avoir été privé de soins médicaux appropriés durant sa détention provisoire. Au titre des mesures provisoires de l'art. 39, la Cour ordonne au gouvernement moldave une mesure provisoire visant à permettre à l'intéressé de poursuivre le traitement qui lui était dispensé au sein d'un hôpital spécialisé, et ce jusqu'à ce qu'elle ait pu examiner l'affaire. • CEDH, gr. ch., 10 mars 2009, *Paladi c/ Moldova,* n° 39806/05. ♦ En l'espèce, la Cour demande au gouvernement russe, en vertu de l'art. 39 de son Règl., de faire immédiatement le nécessaire pour que le requérant soit admis dans un hôpital spécialisé. Elle lui demande également de constituer une commission médicale bipartite pour diagnostiquer les problèmes de santé du requérant et proposer un traitement. • CEDH 28 déc. 2008, *Alexanian c/ Russie,* n° 46468/06.

17. Cette affaire concernait l'insuffisance des soins médicaux dispensés à un détenu, mort du SIDA deux semaines après sa libération. La Cour avait indiqué au gouvernement ukrainien, en vertu de l'art. 39 de son Règl., de transférer immédiatement le premier requérant à l'hôpital pour qu'il y bénéficie d'un traitement adéquat. • CEDH 14 mars 2013, *Salakhov et Islyamova c/ Ukraine,* n° 28005/08.

18. Fin de vie : l'affaire « Lambert ». Les requérants étaient les parents, le demi-frère et la sœur de Vincent Lambert qui, victime d'un accident de la circulation en 2008, subit un traumatisme crânien qui le rendit tétraplégique. Ils dénonçaient en particulier l'arrêt rendu le 24 juin 2014 par le Conseil d'État français qui jugea légale la décision prise par le médecin en charge de Vincent Lambert, de mettre fin à son alimentation et hydratation artificielles. Le 24 juin 2014, ayant pris connaissance de l'arrêt rendu par le Conseil d'État, la chambre à laquelle l'affaire avait été attribuée a décidé de demander au gouvernement français, en application de l'art. 39 du règl. de la Cour, dans l'intérêt des parties et du bon déroulement de la procédure devant elle, de faire suspendre l'exécution de l'arrêt rendu par le Conseil d'État pour la durée de la procédure devant la Cour. Dans son arrêt du 5 juin 2015, la Grande Chambre a conclu à la non-violation de l'art. 2 (droit à la vie) de la Convention en cas de mise en œuvre de la décision du Conseil d'État. • CEDH, gr. ch., 5 juin 2015, *Lambert et a. c/ France,* n° 46043/14.

19. Le 30 avr. 2019, la CEDH a décidé de refuser les demandes de mesures provisoires qui lui ont été présentées dans l'affaire Lambert et a. c/ France. Le 24 avr. 2019, des membres de la famille de Vincent Lambert ont saisi la Cour européenne des droits de l'homme, en vertu de l'art. 39 du Règl., pour lui demander d'indiquer à l'État français de suspendre l'exécution de la décision des autorités nationales d'autoriser l'arrêt des traitements de Vincent Lambert et de prononcer une interdiction de sortie du territoire. • CEDH 30 avr. 2019, *Lambert c/ France*, n° 21675/19 : *communiqué de presse*. ♦ Le 20 mai 2019, la Cour a décidé de refuser la demande de mesures provisoires qui lui a été présentée, le même jour, dans l'affaire Lambert et a. c/ France. Le 20 mai 2019, des membres de la famille de Vincent Lambert ont saisi la CEDH, en vertu de l'art. 39 du Règl., pour lui demander d'indiquer à l'État français l'application immédiate des mesures provisoires réclamées par le Comité des droits des personnes handicapées de l'ONU (CDPHONU) à la France le 3 mai 2019. La Cour rappelle qu'elle avait décidé, le 30 avr. 2019, eu égard aux circonstances, de refuser les demandes de mesures provisoires qui lui avaient été présentées. La Cour indique, le 20 mai 2019, qu'aucun élément nouveau de nature à lui faire adopter une position différente ne lui a été présenté par les requérants. • CEDH 20 mai 2019, *Lambert c/ France*, n° 21675/19 : *communiqué de presse*.

Art. 40 ***Communication en urgence d'une requête.*** **En cas d'urgence, toutes autres mesures de procédure étant réservées, le greffier peut, avec l'autorisation du président de la chambre et par tout moyen disponible, informer une Partie contractante concernée de l'introduction d'une requête et de l'objet sommaire de celle-ci.**

Art. 41 *Ordre de traitement des requêtes.* **Pour déterminer l'ordre dans lequel les affaires doivent être traitées, la Cour tient compte de l'importance et de l'urgence des questions soulevées, sur la base de critères définis par elle. La chambre et son président peuvent toutefois déroger à ces critères et réserver un traitement prioritaire à une requête particulière.**

Mod. par la Cour les 17 juin, 8 juill. 2002 et 29 juin 2009.

Art. 42 ***Jonction et examen simultané de requêtes.*** **1. La chambre peut, à la demande des parties ou d'office, ordonner la jonction de deux ou plusieurs requêtes.**

2. Le président de la chambre peut, après avoir consulté les parties, ordonner qu'il soit procédé simultanément à l'instruction de requêtes attribuées à la même chambre, sans préjuger la décision de la chambre sur la jonction des requêtes. — *[Anc. art. 43].*

Art. 43 *Radiation du rôle et réinscription au rôle.* **1. A tout moment de la procédure, la Cour peut décider de rayer une requête du rôle dans les conditions de l'article 37 de la Convention.**

2. Lorsqu'une Partie contractante requérante fait connaître au greffier son intention de se désister, la chambre peut rayer la requête du rôle de la Cour conformément à l'article 37 de la Convention si l'autre Partie contractante ou les autres Parties contractantes concernées par l'affaire acceptent le désistement.

3. En cas de règlement amiable, la radiation d'une requête du rôle revêt la forme d'une décision. Conformément à l'article 39 § 4 de la Convention, cette décision est transmise au Comité des Ministres qui surveille l'exécution des termes du règlement amiable tels qu'ils figurent dans la décision. Dans les autres cas prévus par l'article 37 de la Convention, la décision de rayer du rôle une requête déclarée recevable revêt la forme d'un arrêt. Une fois l'arrêt devenu définitif, le président de la chambre le communique au Comité des Ministres pour lui permettre de surveiller, conformément à l'article 46 § 2 de la Convention, l'exécution des engagements auxquels ont pu être subordonnés le désistement ou la solution du litige.

4. Lorsqu'une requête a été rayée du rôle, les dépens sont laissés à l'appréciation de la Cour. ***S'ils sont alloués*** **par une décision rayant du rôle une requête qui n'a pas été déclarée recevable, le président de la chambre transmet la décision au Comité des Ministres.**

5. La Cour peut décider la réinscription au rôle d'une requête si elle estime que des circonstances exceptionnelles le justifient. — *[Anc. art. 44].*

Mod. par la Cour les 17 juin, 8 juill. 2002, 7 juill. 2003, 13 nov. 2006 et 2 avr. 2012.

Art. 44 *Tierce intervention.* **1.** ***a)*** **Lorsqu'une requête introduite en vertu de l'article 34 de la Convention est portée à la connaissance de la Partie contractante défenderesse en vertu de l'article 53 § 2 ou de l'article 54 § 2** ***b)*** **du présent règlement, le greffier communique en même temps une copie de la requête à toute autre Partie contractante dont un ressortissant est requérant dans la cause. Il notifie aussi, le cas échéant, à pareille Partie contractante la décision de tenir une audience dans la cause.**

b) **Si une Partie contractante souhaite exercer le droit que lui reconnaît l'article 36 § 1 de la Convention de présenter des observations écrites ou de prendre part à une audience, elle doit en aviser le greffier par écrit au plus tard douze semaines après la communication ou la**

notification visées à l'alinéa qui précède. Le président de la chambre peut, à titre exceptionnel, fixer un autre délai.

2. Si le Commissaire aux droits de l'homme souhaite exercer le droit que lui reconnaît l'article 36 § 3 de la Convention de présenter des observations écrites ou de prendre part à une audience, il doit en aviser le greffier par écrit au plus tard douze semaines après la communication de la requête à la Partie contractante défenderesse ou de la notification à celle-ci de la décision de tenir une audience. Le président de la chambre peut, à titre exceptionnel, fixer un autre délai.

Pour le cas où le Commissaire aux droits de l'homme ne pourrait pas participer lui-même à la procédure devant la Cour, il indiquera le nom du ou des membres de son bureau qu'il aura désignés pour le représenter. Il pourra se faire assister par un conseil.

3. *a)* Une fois la requête portée à la connaissance de la Partie contractante défenderesse en vertu des articles 51 § 1 ou 54 § 2 *b)* du présent règlement, le président de la chambre peut, dans l'intérêt d'une bonne administration de la justice, comme le prévoit l'article 36 § 2 de la Convention, inviter ou autoriser toute Partie contractante non partie à la procédure, ou toute personne intéressée autre que le requérant, à soumettre des observations écrites ou, dans des circonstances exceptionnelles, à prendre part à l'audience.

b) Les demandes d'autorisation à cette fin doivent être dûment motivées et soumises par écrit dans l'une des langues officielles, comme l'exige l'article 34 § 4 du présent règlement, au plus tard douze semaines après que la requête a été portée à la connaissance de la Partie contractante défenderesse. Le président de la chambre peut, à titre exceptionnel, fixer un autre délai.

4. *a)* Dans les affaires qui doivent être examinées par la Grande Chambre, les délais prescrits aux paragraphes précédents courent à compter de la notification aux parties de la décision adoptée par la chambre en vertu de l'article 72 § 1 du présent règlement de se dessaisir en faveur de la Grande Chambre, ou de la décision adoptée par le collège de la Grande Chambre en vertu de l'article 73 § 2 du présent règlement d'accueillir la demande de renvoi devant la Grande Chambre soumise par une partie.

b) Les délais fixés au présent article peuvent exceptionnellement être prorogés par le président de la chambre si des arguments suffisants sont avancés pour justifier pareille mesure.

5. L'invitation ou l'autorisation mentionnées au paragraphe 3 *a)* du présent article sont assorties de conditions, y compris de délai, fixées par le président de la chambre. En cas de non-respect de ces conditions, le président peut décider de ne pas verser les observations au dossier ou de limiter la participation à l'audience dans la mesure qu'il juge appropriée.

6. Les observations écrites soumises au titre du présent article doivent être rédigées dans l'une des langues officielles, comme le prévoit l'article 34 § 4 du présent règlement. Le greffier les transmet aux parties, qui, sous réserve des conditions, y compris de délai, fixées par le président de la chambre, sont autorisées à y répondre par écrit ou, le cas échéant, à l'audience.

Mod. par la Cour les 7 juill. 2003 et 13 nov. 2006.

Art. 44A *Obligation de coopérer avec la Cour.* Les parties ont l'obligation de coopérer pleinement à la conduite de la procédure et, en particulier, de prendre les dispositions en leur pouvoir que la Cour juge nécessaires à la bonne administration de la justice. Cette obligation s'applique également, le cas échéant, aux Parties contractantes qui ne sont pas parties à la procédure.

Art. inséré par la Cour le 13 déc. 2004.

Art. 44B *Non-respect d'une ordonnance de la Cour.* Lorsqu'une partie ne se conforme pas à une ordonnance de la Cour relative à la conduite de la procédure, le président de la chambre peut prendre toute mesure qu'il juge appropriée.

Art. inséré par la Cour le 13 déc. 2004.

Art. 44C *Défaut de participation effective.* 1. Lorsqu'une partie reste en défaut de produire les preuves ou informations requises par la Cour ou de divulguer de son propre chef des informations pertinentes, ou lorsqu'elle témoigne autrement d'un manque de participation effective à la procédure, la Cour peut tirer de son comportement les conclusions qu'elle juge appropriées.

2. L'abstention ou le refus par une Partie contractante défenderesse de participer effectivement à la procédure ne constitue pas en soi pour la chambre une raison d'interrompre l'examen de la requête.

Art. inséré par la Cour le 13 déc. 2004.

Art. 44D *Observations hors de propos formulées par une partie.* Si le représentant d'une partie formule des observations abusives, frivoles, vexatoires, trompeuses ou prolixes, le président de la chambre peut l'exclure de la procédure, refuser d'admettre tout ou partie des observations en cause ou rendre toute ordonnance qu'il juge appropriée, sans préjudice de l'article 35 § 3 de la Convention.

Art. inséré par la Cour le 13 déc. 2004.

Art. 44E *Non-maintien d'une requête.* Comme le prévoit l'article 37 § 1 *a)* de la Convention, si une Partie contractante requérante ou un individu requérant n'entend plus maintenir sa requête, la chambre peut rayer celle-ci du rôle de la Cour, conformément à l'article 43 du présent règlement.

Art. inséré par la Cour le 13 déc. 2004.

CHAPITRE II *De l'introduction de l'instance*

Art. 45 *Signatures.* 1. Toute requête formulée en vertu des articles 33 ou 34 de la Convention doit être présentée par écrit et signée par le requérant ou son représentant.

2. Lorsque la requête est présentée par une organisation non gouvernementale ou par un groupe de particuliers, elle est signée par les personnes habilitées à représenter l'organisation ou le groupe. La chambre ou le comité concernés décident de toute question relative au point de savoir si les personnes qui ont signé une requête avaient compétence pour le faire.

3. Lorsqu'un requérant est représenté conformément à l'article 36 du présent règlement, son ou ses représentants doivent produire une procuration ou un pouvoir écrit.

Art. 46 *Contenu d'une requête étatique.* La ou les Parties contractantes qui désirent introduire une requête devant la Cour en vertu de l'article 33 de la Convention en déposent le texte au greffe en donnant :

a) le nom de la Partie contractante contre laquelle la requête est dirigée ;

b) un exposé des faits ;

c) un exposé de la ou des violations alléguées de la Convention et des arguments pertinents ;

d) un exposé sur l'observation des critères de recevabilité (épuisement des recours internes et observation du délai de six mois) énoncés à l'article 35 § 1 de la Convention ;

e) l'objet de la requête et les grandes lignes de la ou des demandes de satisfaction équitable éventuellement formulées au titre de l'article 41 de la Convention pour le compte de la ou des parties censément lésées ;

f) les nom et adresse de la ou des personnes désignées comme agents ;

et en l'assortissant :

g) des copies de tous documents pertinents et en particulier des décisions, judiciaires ou autres, concernant l'objet de la requête.

Art. 47 *Contenu d'une requête individuelle.* Toute requête déposée en vertu de l'article 34 de la Convention est présentée sur le formulaire fourni par le greffe, sauf si le président de la section concernée en décide autrement. Elle doit contenir tous les renseignements demandés dans les parties pertinentes du formulaire de requête et indiquer :

a) les nom, date de naissance, nationalité et adresse du requérant et, lorsque le requérant est une personne morale, les nom complet, date de constitution ou d'enregistrement, numéro officiel d'enregistrement (le cas échéant) et adresse officielle de celle-ci ;

b) s'il y a lieu, les nom, profession, adresse, numéros de téléphone et de télécopie et adresse électronique de son représentant ;

c) la ou les Parties contractantes contre lesquelles la requête est dirigée ;

d) un exposé concis et lisible des faits ;

e) un exposé concis et lisible de la ou des violations alléguées de la Convention et des arguments pertinents ; et

f) un exposé concis et lisible confirmant le respect par le requérant des critères de recevabilité énoncés à l'article 35 § 1 de la Convention.

2. a) Toutes les informations visées aux alinéas d) à f) du paragraphe 1 ci-dessus doivent être exposées dans la partie pertinente du formulaire de requête et être suffisantes pour permettre à la Cour de déterminer, sans avoir à consulter d'autres documents, la nature et l'objet de la requête.

b) Le requérant peut toutefois compléter ces informations en joignant au formulaire de requête un document d'une longueur maximale de 20 pages exposant en détail les faits, les violations alléguées de la Convention et les arguments pertinents.

3.1. Le formulaire de requête doit être signé par le requérant ou son représentant et être assorti :

a) des copies des documents afférents aux décisions ou mesures dénoncées, qu'elles soient de nature judiciaire ou autre ;

b) des copies des documents et décisions montrant que le requérant a épuisé les voies de recours internes et observé le délai exigé à l'article 35, § 1 de la Convention ;

c) le cas échéant, des copies des documents relatifs à toute autre procédure internationale d'enquête ou de règlement ;

d) si le requérant a un représentant, de l'original de la procuration ou du pouvoir signé par le requérant.

3.2. Les documents soumis à l'appui de la requête doivent figurer sur une liste par ordre chronologique, porter des numéros qui se suivent et être clairement identifiés.

4. Le requérant qui ne désire pas que son identité soit révélée doit le préciser et fournir un exposé des raisons justifiant une dérogation à la règle normale de publicité de la procédure devant la Cour. Cette dernière peut autoriser l'anonymat ou décider de l'accorder d'office.

5.1. En cas de non-respect des obligations énumérées aux paragraphes 1 à 3 du présent article, la requête ne sera pas examinée par la Cour, sauf si :

a) le requérant a fourni une explication satisfaisante pour le non-respect en question ;

b) la requête concerne une demande de mesure provisoire ;

c) la Cour en décide autrement, d'office ou à la demande d'un requérant.

5.2. La Cour pourra toujours demander à un requérant de soumettre dans un délai déterminé toute information ou tout document utiles sous la forme ou de la manière jugées appropriées.

6. a) Aux fins de l'article 35, § 1 de la Convention, la requête est réputée introduite à la date à laquelle un formulaire de requête satisfaisant aux exigences posées par le présent article est envoyé à la Cour, le cachet de la poste faisant foi.

b) Si elle l'estime justifié, la Cour peut toutefois décider de retenir une autre date.

7. Le requérant doit informer la Cour de tout changement d'adresse et de tout fait pertinent pour l'examen de sa requête.

Mod. par la Cour les 17 juin, 8 juill. 2002, 11 déc. 2007, 22 sept. 2008 et 6 mai 2013.

CHAPITRE III *Des juges rapporteurs*

Art. 48 *Requêtes étatiques.* 1. Lorsque la Cour est saisie en vertu de l'article 33 de la Convention, la chambre constituée pour examiner l'affaire nomme juge(s) rapporteur(s) un ou plusieurs de ses membres qu'elle charge de soumettre un rapport sur la recevabilité, après réception des observations des Parties contractantes concernées.

2. Le ou les juges rapporteurs soumettent à la chambre les rapports, projets de textes et autres documents susceptibles d'aider celle-ci et son président à s'acquitter de leurs fonctions.

Mod. par la Cour les 17 juin et 8 juill. 2002.

Art. 49 *Requêtes individuelles.* 1. Lorsque les éléments produits par le requérant suffisent par eux-mêmes à révéler que la requête est irrecevable ou devrait être rayée du rôle, celle-ci est examinée par un juge unique, sauf raison spéciale de procéder autrement.

2. Lorsque la Cour est saisie en vertu de l'article 34 de la Convention et que la requête semble justifier un examen par une chambre ou par un comité exerçant ses fonctions conformément à l'article 53 § 2 du présent règlement, le président de la section à laquelle l'affaire est attribuée désigne le juge qui examinera la requête en qualité de juge rapporteur.

3. Au cours de son examen, le juge rapporteur :

a) peut demander aux parties de soumettre, dans un délai donné, tous renseignements relatifs aux faits, tous documents ou tous autres éléments qu'il juge pertinents ;

b) décide du point de savoir si la requête doit être examinée par un juge unique, par un comité ou par une chambre, sachant que le président de la section peut ordonner que l'affaire soit soumise à une chambre ou à un comité.

c) soumet les rapports, projets de textes et autres documents pouvant aider la chambre, le comité ou leurs présidents respectifs à s'acquitter de leurs fonctions.

Mod. par la Cour les 17 juin, 8 juill. 2002, 4 juill. 2005, 13 nov. 2006 et 14 mai 2007.

Art. 50 *Procédure devant la Grande Chambre.* Lorsqu'une affaire a été déférée à la Grande Chambre en vertu de l'article 30 ou de l'article 43 de la Convention, le président de la

Grande Chambre désigne comme juge(s) rapporteur(s) un ou – dans le cas d'une requête étatique – plusieurs de ses membres.

CHAPITRE IV *De la procédure d'examen de la recevabilité*

Requêtes étatiques

Art. 51 *Attribution des requêtes et procédure subséquente.* 1. Lorsqu'une requête est introduite en vertu de l'article 33 de la Convention, le président de la Cour la porte immédiatement à la connaissance de la Partie contractante défenderesse et l'attribue à l'une des sections.

2. Conformément à l'article 26 § 1 *a)* du présent règlement, les juges élus au titre des Parties contractantes requérantes et défenderesses sont membres de droit de la chambre constituée pour examiner l'affaire. L'article 30 du présent règlement s'applique si la requête a été introduite par plusieurs Parties contractantes ou si des requêtes ayant le même objet et introduites par plusieurs Parties contractantes sont examinées conjointement en application de l'article 42 du présent règlement.

3. Une fois l'affaire attribuée à une section, le président de la section constitue la chambre conformément à l'article 26 § 1 du présent règlement et invite la Partie contractante défenderesse à présenter par écrit ses observations sur la recevabilité de la requête. Le greffier communique les observations ainsi obtenues à la Partie contractante requérante, qui peut soumettre par écrit des observations en réponse.

4. Avant l'intervention de la décision sur la recevabilité de la requête, la chambre ou son président peuvent décider d'inviter les parties à lui présenter des observations complémentaires par écrit.

5. Une audience sur la recevabilité est organisée si l'une ou plusieurs des Parties contractantes concernées en font la demande ou si la chambre en décide ainsi d'office.

6. Avant de fixer la procédure écrite et, le cas échéant, la procédure orale, le président de la chambre consulte les parties.

Mod. par la Cour les 17 juin et 8 juill. 2002.

Requêtes individuelles

Art. 52 *Attribution d'une requête à une section.* 1. Le président de la Cour attribue à une section toute requête introduite en vertu de l'article 34 de la Convention, en veillant à une répartition équitable de la charge de travail entre les sections.

2. La chambre de sept juges prévue à l'article 26 § 1 de la Convention est constituée par le président de la section concernée, conformément à l'article 26 § 1 du présent règlement.

3. En attendant la constitution d'une chambre conformément au paragraphe 2 du présent article, le président de la section exerce les pouvoirs que le présent règlement confère au président de la chambre.

Mod. par la Cour les 17 juin et 8 juill. 2002.

Art. 52A *Procédure devant le juge unique.* 1. Conformément à l'article 27 de la Convention, un juge unique peut déclarer irrecevable une requête introduite en vertu de l'article 34 de la Convention ou la rayer du rôle lorsque pareille décision peut être prise sans autre examen. Cette décision est définitive. Le requérant en est informé par lettre.

2. Conformément à l'article 26 § 3 de la Convention, un juge unique ne peut statuer sur une requête dirigée contre l'État au titre duquel il a été élu.

3. Si le juge unique n'adopte aucune des décisions visées au paragraphe 1 du présent article, il transmet la requête pour examen soit à un comité, soit à une chambre.

Art. inséré par la Cour le 13 nov. 2006.

Art. 53 *Procédure devant un comité.* 1. Conformément à l'article 28 § 1 *a)* de la Convention, le comité peut, à l'unanimité et à tout stade de la procédure, déclarer une requête irrecevable ou la rayer du rôle de la Cour lorsque pareille décision peut être prise sans autre examen.

2. Si, à la lumière des observations des parties reçues conformément à l'article 54 § 2 *b)* du présent règlement, le comité estime que l'affaire doit être examinée selon la procédure prévue à l'article 28 § 1 *b)* de la Convention, il adopte, à l'unanimité, un arrêt incluant sa décision sur la recevabilité et, le cas échéant, sur la satisfaction équitable.

3. Si le juge élu au titre de la Partie contractante concernée n'est pas membre du comité, ce dernier peut, à l'unanimité et à tout stade de la procédure, décider de l'inviter à siéger en son sein en lieu et place de l'un de ses membres, en prenant en compte tous facteurs perti-

nents, y compris la question de savoir si la Partie contractante a contesté l'application de la procédure prévue à l'article 28 § 1 *b)* de la Convention.

4. Les décisions et les arrêts rendus au titre de l'article 28 § 1 de la Convention sont définitifs.

5. Sauf si le comité en décide autrement, la décision rendue par le comité au titre de l'article 28 § 1 *a)* de la Convention est communiquée par lettre au requérant, ainsi qu'aux Parties contractantes concernées lorsque celles-ci ont précédemment été informées de la requête en application du présent règlement.

6. Si le comité n'adopte ni décision ni arrêt, il transmet la requête à la chambre constituée conformément à l'article 52 § 2 du présent règlement pour connaître de l'affaire.

7. Les dispositions des articles 79 à 81 du présent règlement s'appliquent mutatis mutandis aux procédures suivies devant un comité.

Mod. par la Cour les 17 juin, 8 juill. 2002, 4 juill. 2005, 14 mai 2007 et 16 janv. 2012.

Art. 54 *Procédure devant une chambre.* 1. La chambre peut sur-le-champ déclarer la requête irrecevable ou la rayer du rôle de la Cour. La décision de la chambre peut porter sur tout ou partie de la requête.

2. Sinon, la chambre ou le président de la section peuvent :

a) demander aux parties de soumettre tous renseignements relatifs aux faits, tous documents ou tous autres éléments jugés pertinents par la chambre ou son président ;

b) donner connaissance de la requête à la Partie contractante défenderesse et inviter celle-ci à soumettre par écrit des observations sur la requête et, à réception de ces dernières, inviter le requérant à y répondre ;

c) inviter les parties à soumettre par écrit des observations complémentaires.

3. Dans l'exercice des compétences qu'il tire du paragraphe 2 b) du présent article, le président de la section peut, en qualité de juge unique, déclarer sur-le-champ une partie de la requête irrecevable ou rayer une partie de la requête du rôle de la Cour. Pareille décision est définitive ; elle est notifiée au requérant par courrier.

4. Les paragraphes 2 et 3 s'appliquent également aux vice-présidents de section désignés comme juges de permanence conformément à l'article 39 § 4 du présent règlement pour statuer sur les demandes de mesures provisoires.

5. Avant de statuer sur la recevabilité, la chambre peut décider, soit à la demande d'une partie, soit d'office, de tenir une audience si elle l'estime nécessaire à l'accomplissement de ses fonctions au titre de la Convention. En ce cas, les parties sont aussi invitées à se prononcer sur les questions de fond soulevées par la requête, sauf si la chambre en décide autrement à titre exceptionnel.

Mod. par la Cour les 17 juin, 8 juill. 2002 et 14 janv. 2013.

Art. 54A *Examen conjoint de la recevabilité et du fond.* 1. Lorsqu'elle donne connaissance de la requête à la Partie contractante défenderesse en vertu de l'article 54 § 2 *b)* du présent règlement, la chambre décide, en principe, d'en examiner conjointement la recevabilité et le fond, comme le prévoit l'article 29 § 1 de la Convention. Les parties sont invitées à s'exprimer dans leurs observations sur la question de la satisfaction équitable et, le cas échéant, à y inclure leurs propositions en vue d'un règlement amiable. Les conditions fixées aux articles 60 et 62 du présent règlement s'appliquent *mutatis mutandis*. La Cour peut toutefois décider à tout moment, si nécessaire, de prendre une décision séparée sur la recevabilité.

2. Si les parties ne peuvent aboutir à un règlement amiable ou à une autre solution et que la chambre est convaincue, à la lumière de leurs arguments respectifs, que l'affaire est recevable et en état d'être jugée au fond, elle adopte immédiatement un arrêt comportant sa décision sur la recevabilité, sauf dans les cas où elle décide de prendre séparément une telle décision.

Art. inséré par la Cour les 17 juin et 8 juill. 2002 et mod. les 13 déc. 2004 et 13 nov. 2006.

Requêtes étatiques et individuelles

Art. 55 *Exceptions d'irrecevabilité.* Si la Partie contractante défenderesse entend soulever une exception d'irrecevabilité, elle doit le faire, pour autant que la nature de l'exception et les circonstances le permettent, dans les observations écrites ou orales sur la recevabilité de la requête présentées par elle au titre, selon le cas, de l'article 51 ou de l'article 54 du présent règlement.

Art. 56 *Décision de la chambre.* 1. La décision de la chambre indique si elle a été prise à l'unanimité ou à la majorité ; elle est accompagnée ou suivie de ses motifs.

2. La décision de la chambre est communiquée par le greffier au requérant. Si la Partie ou les Parties contractantes concernées et, le cas échéant, le ou les tiers intervenants, y compris le Commissaire aux droits de l'homme, ont précédemment été informés de la requête en application du présent règlement, la décision doit également leur être communiquée. En cas de règlement amiable, la décision de rayer une requête du rôle est transmise au Comité des Ministres conformément à l'article 43 § 3 du présent règlement.

Mod. par la Cour les 17 juin, 8 juill. 2002 et 13 nov. 2006.

Art. 57 *Langue de la décision.* 1. La Cour rend toutes ses décisions de chambre en français ou en anglais, sauf si elle décide de rendre une décision dans les deux langues officielles.

2. La publication de décisions dans le recueil officiel de la Cour, telle que prévue à l'article 78 du présent règlement, a lieu dans les deux langues officielles de la Cour.

Mod. par la Cour les 17 juin et 8 juill. 2002.

CHAPITRE V *De la procédure postérieure à la décision sur la recevabilité*

Art. 58 *Requêtes étatiques.* 1. Lorsque la chambre a décidé de retenir une requête introduite en vertu de l'article 33 de la Convention, le président de la chambre, après consultation des Parties contractantes concernées, fixe les délais pour le dépôt des observations écrites sur le fond et pour la production de preuves supplémentaires éventuelles. Le président peut cependant, avec l'accord des Parties contractantes concernées, décider qu'il n'y a pas lieu à procédure écrite.

2. Une audience sur le fond est organisée si une ou plusieurs des Parties contractantes concernées en font la demande ou si la chambre en décide ainsi d'office. Le président de la chambre fixe la procédure orale.

Mod. par la Cour les 17 juin et 8 juill. 2002.

Art. 59 *Requêtes individuelles.* 1. Une fois qu'une requête introduite en vertu de l'article 34 de la Convention a été déclarée recevable, la chambre ou son président peuvent inviter les parties à soumettre des éléments de preuve ou observations écrites complémentaires.

2. Sauf décision contraire, le délai fixé pour la présentation des observations est le même pour chacune des parties.

3. La chambre peut décider, soit à la demande d'une partie, soit d'office, de tenir une audience sur le fond si elle l'estime nécessaire à l'accomplissement de ses fonctions au titre de la Convention.

4. Le président de la chambre fixe, le cas échéant, la procédure écrite et orale.

Mod. par la Cour les 17 juin et 8 juill. 2002.

Art. 60 *Demande de satisfaction équitable.* 1. Tout requérant qui souhaite que la Cour lui accorde une satisfaction équitable au titre de l'article 41 de la Convention en cas de constat d'une violation de ses droits découlant de celle-ci doit formuler une demande spécifique à cet effet.

2. Sauf décision contraire du président de la chambre, le requérant doit soumettre ses prétentions, chiffrées et ventilées par rubrique et accompagnées des justificatifs pertinents, dans le délai qui lui a été imparti pour la présentation de ses observations sur le fond.

3. Si le requérant ne respecte pas les exigences décrites dans les paragraphes qui précèdent, la chambre peut rejeter tout ou partie de ses prétentions.

4. Les prétentions du requérant sont transmises au gouvernement défendeur pour observations.

Mod. par la Cour le 13 déc. 2004.

Art. 61 *Procédure de l'arrêt pilote.* 1. La Cour peut décider d'appliquer la procédure de l'arrêt pilote et adopter un arrêt pilote lorsque les faits à l'origine d'une requête introduite devant elle révèlent l'existence, dans l'État contractant concerné, d'un problème structurel ou systémique ou d'un autre dysfonctionnement similaire qui a donné lieu ou est susceptible de donner lieu à l'introduction d'autres requêtes analogues.

2. *a)* Avant de décider d'appliquer la procédure de l'arrêt pilote, la Cour doit inviter les parties à donner leur avis sur la question de savoir si la requête à examiner a pour origine pareil problème ou dysfonctionnement au sein de l'État contractant concerné et si elle se prête à cette procédure.

b) La Cour peut décider d'appliquer la procédure de l'arrêt pilote d'office ou à la demande de l'une ou des deux parties.

c) Toute requête pour laquelle il a été décidé que la procédure de l'arrêt pilote serait appliquée doit se voir réserver un traitement prioritaire au sens de l'article 41 du règlement de la Cour.

3. La Cour doit indiquer dans l'arrêt pilote adopté par elle la nature du problème structurel ou systémique ou du dysfonctionnement qu'elle a constaté et le type de mesures de redressement que l'État contractant concerné doit prendre au niveau interne en application du dispositif de l'arrêt.

4. La Cour peut fixer, dans le dispositif de l'arrêt pilote adopté par elle, un délai déterminé pour l'adoption des mesures mentionnées au point 3 ci-dessus, en tenant compte de la nature des mesures requises et de la rapidité avec laquelle il peut être remédié, au niveau interne, au problème constaté par elle.

5. Lorsqu'elle adopte un arrêt pilote, la Cour peut réserver la question de la satisfaction équitable en tout ou partie dans l'attente de l'adoption par l'État défendeur des mesures tant individuelles que générales indiquées dans l'arrêt.

6. *a)* Le cas échéant, la Cour peut ajourner l'examen de toutes les requêtes procédant du même motif dans l'attente de l'adoption des mesures de redressement indiquées dans le dispositif de l'arrêt pilote.

b) Les requérants concernés sont informés de la décision d'ajournement sous la forme qui convient. S'il y a lieu, tout élément nouveau intéressant leur affaire leur est notifié.

c) La Cour peut à tout moment examiner une requête ajournée si l'intérêt d'une bonne administration de la justice l'exige.

7. Lorsque les parties à une affaire pilote parviennent à un règlement amiable, celui-ci doit comporter une déclaration du gouvernement défendeur concernant la mise en œuvre des mesures générales indiquées dans l'arrêt et des mesures de redressement devant être accordées aux autres requérants, déclarés ou potentiels.

8. Si l'État contractant concerné ne se conforme pas au dispositif de l'arrêt pilote, la Cour, sauf décision contraire, reprend l'examen des requêtes qui ont été ajournées en application du point 6 ci-dessus.

9. Le Comité des Ministres, l'Assemblée parlementaire du Conseil de l'Europe, le Secrétaire général du Conseil de l'Europe et le Commissaire aux droits de l'homme du Conseil de l'Europe sont systématiquement informés de l'adoption d'un arrêt pilote ou de tout autre arrêt où la Cour signale l'existence d'un problème structurel ou systémique au sein d'un État contractant.

10. La décision de traiter une requête suivant la procédure de l'arrêt pilote, l'adoption d'un arrêt pilote, son exécution et la clôture de la procédure donnent lieu à la publication d'informations sur le site internet de la Cour.

Art. inséré par la Cour le 21 févr. 2011.

Art. 62 *Règlement amiable.* 1. La requête une fois retenue, le greffier, agissant sur les instructions de la chambre ou du président de celle-ci, entre en rapport avec les parties en vue de parvenir à un règlement amiable, conformément à l'article 39 § 1 de la Convention. La chambre prend toutes mesures appropriées pour faciliter la conclusion d'un tel règlement.

2. En vertu de l'article 39 § 2 de la Convention, les négociations menées en vue de parvenir à un règlement amiable sont confidentielles et sans préjudice des observations des parties dans la procédure contentieuse. Aucune communication écrite ou orale ni aucune offre ou concession intervenues dans le cadre desdites négociations ne peuvent être mentionnées ou invoquées dans la procédure contentieuse.

3. Si la chambre apprend par le greffier que les parties acceptent un règlement amiable, et après s'être assurée que ledit règlement s'inspire du respect des droits de l'homme tels que les reconnaissent la Convention et ses Protocoles, elle raye l'affaire du rôle conformément à l'article 43 § 3 du présent règlement.

4. Les paragraphes 2 et 3 s'appliquent, *mutatis mutandis*, à la procédure prévue à l'article 54A du présent règlement.

Mod. par la Cour les 17 juin, 8 juill. 2002 et 13 nov. 2006.

Art. 62A *Déclaration unilatérale.* 1. a) Dans les cas où le requérant refuse les termes d'une proposition de règlement amiable faite en vertu de l'article 62 du présent règlement, la Partie contractante concernée peut saisir la Cour d'une demande de radiation du rôle sur le fondement de l'article 37 § 1 de la Convention.

b) Pareille demande est accompagnée d'une déclaration reconnaissant clairement qu'il y a eu violation de la Convention à l'égard du requérant ainsi que d'un engagement de la Partie contractante concernée de fournir un redressement adéquat et, le cas échéant, de prendre les mesures correctives nécessaires.

c) Une déclaration au sens du paragraphe 1 b) du présent article doit être faite dans le cadre d'une procédure publique et contradictoire, menée indépendamment de l'éventuelle procédure de règlement amiable visée à l'article 39 § 2 de la Convention et à l'article 62 § 2 du présent règlement et dans le respect de la confidentialité de celle-ci.

2. Dans les cas où des circonstances exceptionnelles le justifient, la demande et la déclaration l'accompagnant peuvent être soumises à la Cour même si un règlement amiable n'a pas été préalablement recherché.

3. Si elle considère que la déclaration offre une base suffisante pour conclure que le respect des droits de l'homme garantis par la Convention et ses Protocoles n'exige pas qu'elle poursuive l'examen de la requête, la Cour peut rayer la requête du rôle, en tout ou en partie, quand bien même le requérant souhaiterait qu'elle poursuive l'examen de la requête.

4. Le présent article s'applique, *mutatis mutandis*, à la procédure prévue à l'article 54A du présent règlement.

Art. inséré par la Cour le 2 avr. 2012.

CHAPITRE VI *De l'audience*

Art. 63 *Publicité des audiences.* 1. L'audience est publique, à moins que, en vertu du paragraphe 2 du présent article, la chambre n'en décide autrement en raison de circonstances exceptionnelles, soit d'office, soit à la demande d'une partie ou de toute autre personne intéressée.

2. L'accès de la salle peut être interdit à la presse et au public pendant la totalité ou une partie de l'audience, dans l'intérêt de la moralité, de l'ordre public ou de la sécurité nationale dans une société démocratique, lorsque les intérêts des mineurs ou la protection de la vie privée des parties l'exigent, ou dans la mesure jugée strictement nécessaire par la chambre, lorsque, dans des circonstances spéciales, la publicité serait de nature à porter atteinte aux intérêts de la justice.

3. Toute demande d'audience à huis clos formulée au titre du paragraphe 1 du présent article doit être motivée et indiquer si elle vise l'intégralité ou une partie seulement des débats.

Mod. par la Cour le 7 juill. 2003.

Art. 64 *Direction des débats.* 1. Le président de la chambre organise et dirige les débats ; il détermine l'ordre dans lequel les comparants sont appelés à prendre la parole.

2. Tout juge peut poser des questions à toute personne qui se présente devant la chambre.

Mod. par la Cour le 7 juill. 2003.

Art. 65 *Défaillance.* Lorsqu'une partie ou toute autre personne supposées comparaître s'en abstiennent ou s'y refusent, la chambre peut néanmoins poursuivre l'audience si cela lui paraît compatible avec une bonne administration de la justice.

Mod. par la Cour le 7 juill. 2003.

Art. 66 à 69 *Supprimés.*

Art. 70 *Compte rendu des audiences.* 1. Si le président de la chambre en décide ainsi, un compte rendu de l'audience est établi par les soins du greffier. Y figurent :

a) la composition de la chambre ;

b) la liste des comparants ;

c) le texte des observations formulées, des questions posées et des réponses recueillies ;

d) le texte de toute décision prononcée à l'audience.

2. Si la totalité ou une partie du compte rendu est rédigée dans une langue non officielle, le greffier prend les dispositions voulues pour la faire traduire dans l'une des langues officielles.

3. Les représentants des parties reçoivent communication d'une copie du compte rendu afin de pouvoir, sous le contrôle du greffier ou du président de la chambre, le corriger, sans toutefois modifier le sens et la portée de ce qui a été dit à l'audience. Le greffier fixe, sur les instructions du président de la chambre, les délais dont ils disposent à cette fin.

4. Une fois corrigé, le compte rendu est signé par le président de la chambre et le greffier ; il fait foi de son contenu.

Mod. par la Cour les 17 juin et 8 juill. 2002.

CHAPITRE VII *De la procédure devant la Grande Chambre*

Art. 71 *Applicabilité des dispositions procédurales.* 1. Les dispositions régissant la procédure devant les chambres s'appliquent, *mutatis mutandis,* à celle devant la Grande Chambre.

2. Les pouvoirs conférés aux chambres par les articles 54 § 3 et 59 § 3 du présent règlement en matière de tenue d'audiences peuvent, dans les procédures devant la Grande Chambre, être aussi exercés par le président de la Grande Chambre.

Mod. par la Cour les 17 juin et 8 juill. 2002.

Art. 72 *Dessaisissement au profit de la Grande Chambre.* 1. Lorsqu'une affaire pendante devant une chambre soulève une question grave relative à l'interprétation de la Convention ou de ses Protocoles, la chambre peut se dessaisir au profit de la Grande Chambre, à moins que l'une des parties ne s'y oppose conformément au paragraphe 4 du présent article.

2. Lorsque la solution d'une question dont une chambre est saisie dans une affaire pendante peut conduire à une contradiction avec la jurisprudence de la Cour, la chambre doit se dessaisir au profit de la Grande Chambre, à moins que l'une des parties ne s'y oppose conformément au paragraphe 4 du présent article.

3. Une décision de dessaisissement n'a pas besoin d'être motivée.

4. Le greffier communique aux parties l'intention de la chambre de se dessaisir. Elles disposent d'un délai d'un mois à partir de la date de cette communication pour soumettre par écrit au greffe une objection dûment motivée. Toute objection ne satisfaisant pas auxdites conditions sera considérée par la chambre comme non valable.

Mod. par la Cour le 6 févr. 2013.

Art. 73 *Renvoi à la Grande Chambre demandé par une partie.* 1. En vertu de l'article 43 de la Convention, toute partie peut à titre exceptionnel, dans le délai de trois mois à compter de la date du prononcé de l'arrêt rendu par une chambre, déposer par écrit au greffe une demande de renvoi à la Grande Chambre, en indiquant la question grave relative à l'interprétation ou à l'application de la Convention ou de ses Protocoles, ou la question grave de caractère général qui, selon elle, mérite d'être examinée par la Grande Chambre.

2. Un collège de cinq juges de la Grande Chambre constitué conformément à l'article 24 § 5 du présent règlement examine la demande sur la seule base du dossier existant. Il ne la retient que s'il estime que l'affaire soulève bien pareille question. La décision de rejet de la demande n'a pas besoin d'être motivée.

3. Si le collège retient la demande, la Grande Chambre statue par un arrêt.

CHAPITRE VIII *Des arrêts*

Art. 74 *Contenu de l'arrêt.* 1. Tout arrêt visé aux articles 28, 42 et 44 de la Convention comprend :

a) le nom du président et des autres juges composant la chambre ou le comité ainsi que du greffier ou du greffier adjoint ;

b) la date de son adoption et celle de son prononcé ;

c) l'indication des parties ;

d) le nom des agents, conseils et conseillers des parties ;

e) l'exposé de la procédure ;

f) les faits de la cause ;

g) un résumé des conclusions des parties ;

h) les motifs de droit ;

i) le dispositif ;

j) s'il y a lieu, la décision prise au titre des frais et dépens ;

k) l'indication du nombre des juges ayant constitué la majorité ;

l) s'il y a lieu, l'indication de celui des textes qui fait foi.

2. Tout juge qui a pris part à l'examen de l'affaire par une chambre ou par la Grande Chambre a le droit de joindre à l'arrêt soit l'exposé de son opinion séparée, concordante ou dissidente, soit une simple déclaration de dissentiment.

Mod. par la Cour le 13 nov. 2006.

Art. 75 *Décision sur la question de la satisfaction équitable.* 1. Lorsque la chambre ou le comité constatent une violation de la Convention ou de ses Protocoles, ils statuent par le même arrêt sur l'application de l'article 41 de la Convention si une demande spécifique a été soumise conformément à l'article 60 du présent règlement et si la question se trouve en état ; sinon, ils la réservent, en tout ou en partie, et fixent la procédure ultérieure.

2. Pour statuer sur l'application de l'article 41 de la Convention, la chambre ou le comité siègent autant que possible dans la même composition que pour l'examen du fond de l'affaire. S'il n'est pas possible de réunir la chambre ou le comité initiaux, le président de la section ou du comité complète ou constitue la chambre ou le comité par tirage au sort.

3. Lorsque la chambre ou le comité accordent une satisfaction équitable au titre de l'article 41 de la Convention, ils peuvent décider que, si le règlement n'intervient pas dans le délai indiqué, des intérêts moratoires seront dus sur les sommes allouées.

4. Si la Cour reçoit communication d'un accord intervenu entre la partie lésée et la Partie contractante responsable, elle vérifie qu'il est équitable et, si elle le juge tel, raye l'affaire du rôle conformément à l'article 43 § 3 du présent règlement.

Mod. par la Cour les 13 déc. 2004 et 13 nov. 2006.

Art. 76 *Langue de l'arrêt.* 1. La Cour rend tous ses arrêts en français ou en anglais, sauf si elle décide de rendre un arrêt dans les deux langues officielles.

2. La publication des arrêts dans le recueil officiel de la Cour, telle que prévue à l'article 78 du présent règlement, a lieu dans les deux langues officielles de la Cour.

Mod. par la Cour les 17 juin et 8 juill. 2002.

Art. 77 *Signature, prononcé et communication de l'arrêt.* 1. L'arrêt est signé par le président de la chambre ou du comité et par le greffier.

2. L'arrêt rendu par une chambre peut être lu en audience publique par le président de la chambre ou par un autre juge délégué par lui. Les agents et représentants des parties sont dûment prévenus de la date de l'audience. En l'absence de lecture en audience publique de pareil arrêt et dans le cas des arrêts rendus par un comité, la communication visée au paragraphe 3 du présent article vaut prononcé.

3. L'arrêt est transmis au Comité des Ministres. Le greffier en communique copie aux parties, au Secrétaire général du Conseil de l'Europe, à tout tiers intervenant y compris le Commissaire aux droits de l'homme et à toute autre personne directement concernée. L'exemplaire original, dûment signé et scellé, est déposé aux archives de la Cour.

Mod. par la Cour les 13 nov. 2006 et 1er déc. 2008.

Art. 78 *Publication des arrêts et autres documents.* Conformément à l'article 44 § 3 de la Convention, les arrêts définitifs de la Cour sont publiés sous la forme qui convient, sous l'autorité du greffier, lequel est en outre responsable de la publication du recueil officiel contenant un choix d'arrêts et de décisions, ainsi que tous documents que le président de la Cour juge utile de publier.

Art. 79 *Demande en interprétation d'un arrêt.* 1. Toute partie peut demander l'interprétation d'un arrêt dans l'année qui suit le prononcé.

2. La demande est déposée au greffe. Elle indique avec précision le ou les points du dispositif de l'arrêt dont l'interprétation est demandée.

3. La chambre initiale peut décider d'office de l'écarter au motif que nulle raison n'en justifie l'examen. S'il n'est pas possible de réunir la chambre initiale, le président de la Cour constitue ou complète la chambre par tirage au sort.

4. Si la chambre n'écarte pas la demande, le greffier communique celle-ci à toute autre partie concernée, en l'invitant à présenter ses observations écrites éventuelles dans le délai fixé par le président de la chambre. Celui-ci fixe aussi la date de l'audience si la chambre décide d'en tenir une. La chambre statue par un arrêt.

Art. 80 *Demande en révision d'un arrêt.* 1. En cas de découverte d'un fait qui, par sa nature, aurait pu exercer une influence décisive sur l'issue d'une affaire déjà tranchée et qui, à l'époque de l'arrêt, était inconnu de la Cour et ne pouvait raisonnablement être connu d'une partie, cette dernière peut, dans le délai de six mois à partir du moment où elle a eu connaissance du fait découvert, saisir la Cour d'une demande en révision de l'arrêt dont il s'agit.

2. La demande mentionne l'arrêt dont la révision est demandée, contient les indications nécessaires pour établir la réunion des conditions prévues au paragraphe 1 du présent article et s'accompagne d'une copie de toute pièce à l'appui. Elle est déposée au greffe, avec ses annexes.

3. La chambre initiale peut décider d'office d'écarter la demande au motif que nulle raison n'en justifie l'examen. S'il n'est pas possible de réunir la chambre initiale, le président de la Cour constitue ou complète la chambre par tirage au sort.

4. Si la chambre n'écarte pas la demande, le greffier communique celle-ci à toute autre partie concernée, en l'invitant à présenter ses observations écrites éventuelles dans le délai

fixé par le président de la chambre. Celui-ci fixe aussi la date de l'audience si la chambre décide d'en tenir une. La chambre statue par un arrêt.

Art. 81 *Rectification d'erreurs dans les décisions et arrêts.* Sans préjudice des dispositions relatives à la révision des arrêts et à la réinscription au rôle des requêtes, les erreurs de plume ou de calcul et les inexactitudes évidentes peuvent être rectifiées par la Cour soit d'office, soit à la demande d'une partie si cette demande est présentée dans le délai d'un mois à compter du prononcé de la décision ou de l'arrêt.

CHAPITRE IX *Des avis consultatifs*

Art. 82 En matière d'avis consultatifs, la Cour applique, outre les dispositions des articles 47, 48 et 49 de la Convention, les dispositions ci-après. Elle applique également, dans la mesure où elle le juge approprié, les autres dispositions du présent règlement.

Art. 83 La demande d'avis consultatif est adressée au greffier. Elle indique en termes complets et précis la question sur laquelle l'avis de la Cour est requis et, en outre :

a) la date à laquelle le Comité des Ministres a pris la décision visée à l'article 47 § 3 de la Convention ;

b) les nom et adresse de la ou des personnes désignées par le Comité des Ministres pour fournir à la Cour toutes explications qu'elle pourrait demander.

Est joint à la demande tout document pouvant servir à élucider la question.

Mod. par la Cour le 4 juill. 2005.

Art. 84 1. Dès réception de la demande, le greffier adresse un exemplaire de celle-ci et de ses annexes à tous les membres de la Cour.

2. Il informe les Parties contractantes qu'elles peuvent soumettre à la Cour des observations écrites sur la demande.

Mod. par la Cour le 4 juill. 2005.

Art. 85 1. Le président de la Cour fixe les délais dans lesquels seront déposés les observations écrites ou autres documents.

2. Les observations écrites ou autres documents sont adressés au greffier. Le greffier les communique à tous les membres de la Cour, au Comité des Ministres et à chacune des Parties contractantes.

Mod. par la Cour le 4 juill. 2005.

Art. 86 Après clôture de la procédure écrite, le président de la Cour décide s'il y a lieu de permettre aux Parties contractantes qui ont présenté des observations écrites de les développer oralement lors d'une audience fixée à cet effet.

Art. 87 1. Une Grande Chambre est constituée pour examiner la demande d'avis consultatif.

2. Si la Grande Chambre estime que la demande ne relève pas de sa compétence telle que définie à l'article 47 de la Convention, elle le constate dans une décision motivée.

Mod. par la Cour le 4 juill. 2005.

Art. 88 1. Décisions motivées et avis consultatifs sont émis à la majorité des voix par la Grande Chambre. Ils mentionnent le nombre des juges ayant constitué la majorité.

2. Tout juge peut, s'il le désire, joindre à la décision motivée ou à l'avis consultatif de la Cour soit l'exposé de son opinion séparée, concordante ou dissidente, soit une simple déclaration de dissentiment.

Mod. par la Cour le 4 juill. 2005.

Art. 89 La décision motivée ou l'avis consultatif peuvent être lus en audience publique, dans l'une des deux langues officielles, par le président de la Grande Chambre ou par un autre juge délégué par lui, le Comité des Ministres et toutes les Parties contractantes ayant été prévenus. A défaut, il est procédé à la notification prévue à l'article 90 du règlement.

Mod. par la Cour le 4 juill. 2005.

Art. 90 L'avis consultatif ou la décision motivée sont signés par le président de la Grande Chambre et par le greffier. L'exemplaire original, dûment signé et scellé, est déposé aux archives de la Cour. Le greffier en communique copie certifiée conforme au Comité des Ministres, aux Parties contractantes et au Secrétaire général du Conseil de l'Europe.

Mod. par la Cour le 4 juill. 2005.

CHAPITRE X *Des procédures au titre de l'article 46 §§ 3, 4 et 5 de la Convention*

Chap. inséré par la Cour les 13 nov. 2006 et 14 mai 2007.

Art. 91 Toute demande d'interprétation soumise au titre de l'article 46 § 3 de la Convention est adressée au greffier. Elle énonce de manière exhaustive et précise la nature et l'origine de la question d'interprétation qui a mis obstacle à l'exécution de l'arrêt qu'elle vise et s'accompagne :

a) des informations relatives à la procédure d'exécution devant le Comité des Ministres, s'il en est mené une, de l'arrêt qu'elle vise ;

b) d'une copie de la décision visée à l'article 46 § 3 de la Convention ;

c) des nom et adresse de la ou des personnes désignées par le Comité des Ministres pour donner à la Cour toutes explications qu'elle pourrait souhaiter obtenir.

Art. 92 1. La demande d'interprétation est examinée par la Grande Chambre, la chambre ou le comité qui a rendu l'arrêt qu'elle vise.

2. Lorsqu'il n'est pas possible de réunir la Grande Chambre, la chambre ou le comité originaire, le président de la Cour complète ou compose la formation par tirage au sort.

Art. 93 La décision par laquelle la Cour se prononce sur la question d'interprétation dont elle a été saisie par le Comité des Ministres est définitive. Elle ne peut faire l'objet d'aucune opinion séparée des juges. Copie en est transmise au Comité des Ministres et aux parties concernées ainsi qu'à tout tiers intervenant y compris le Commissaire aux droits de l'homme.

SOUS-CHAPITRE Ier *Procédure au titre de l'article 46 § 3 de la Convention*

SOUS-CHAPITRE II *Procédure au titre de l'article 46 §§ 4 et 5 de la Convention*

Art. 94 Lorsqu'elle est saisie d'une question portant sur le point de savoir si une Partie contractante a ou non manqué à son obligation découlant de l'article 46 § 1 de la Convention, la Cour applique, outre les dispositions de l'article 31 *b)* et de l'article 46 §§ 4 et 5 de la Convention, les dispositions qui suivent. Elle applique également d'autres dispositions du règlement dans la mesure où elle le juge approprié.

Art. 95 Toute demande introduite au titre de l'article 46 § 4 de la Convention doit être motivée et adressée au greffier. Elle s'accompagne :

a) de l'arrêt qu'elle vise ;

b) des informations se rapportant à la procédure d'exécution devant le Comité des Ministres de l'arrêt qu'elle vise, y compris, le cas échéant, des observations écrites formulées par les parties concernées dans le cadre de cette procédure et des communications auxquelles celle-ci a donné lieu ;

c) de la copie de la mise en demeure notifiée à la ou aux Parties contractantes et de la copie de la décision visée à l'article 46 § 4 de la Convention ;

d) des nom et adresse de la ou des personnes désignées par le Comité des Ministres pour fournir à la Cour toutes explications qu'elle pourrait souhaiter obtenir ;

e) de la copie de tous autres documents de nature à éclairer la question.

Art. 96 Une Grande Chambre est constituée conformément à l'article 24 § 2 *g)* du règlement pour examiner la question soumise à la Cour.

Art. 97 Le président de la Grande Chambre informe le Comité des Ministres et les parties concernées qu'elles peuvent soumettre des observations écrites sur la question dont la Cour est saisie.

Art. 98 1. Le président de la Grande Chambre fixe les délais à l'intérieur desquels les observations écrites ou autres documents doivent être déposés.

2. La Grande Chambre peut décider de tenir une audience.

Art. 99 La Grande Chambre statue par la voie d'un arrêt. Copie de l'arrêt est communiquée au Comité des Ministres et aux parties concernées ainsi qu'à tout tiers intervenant, y compris le Commissaire aux droits de l'homme.

CHAPITRE XI *De l'assistance judiciaire*

Art. 100 1. Le président de la chambre peut, soit à la demande d'un requérant ayant introduit une requête en vertu de l'article 34 de la Convention, soit d'office, accorder l'assistance judiciaire à ce requérant pour la défense de sa cause une fois que, conformément à l'article 54 § 2 *b)* du présent règlement, la Partie contractante défenderesse a présenté par écrit ses observations sur la recevabilité de la requête ou que le délai qui lui était imparti à cet effet a expiré.

2. Sous réserve de l'article 96 du présent règlement, lorsque le requérant s'est vu accorder l'assistance judiciaire pour la défense de sa cause devant la chambre, il continue d'en bénéficier devant la Grande Chambre. – *[Anc. art. 91].*

Art. 101 L'assistance judiciaire ne peut être accordée que si le président de la chambre constate :

a) que l'octroi de cette assistance est nécessaire à la bonne conduite de l'affaire devant la chambre ;

b) que le requérant ne dispose pas de moyens financiers suffisants pour faire face à tout ou partie des frais qu'il est amené à exposer. – *[Anc. art. 92].*

Art. 102 1. En vue de déterminer si le requérant dispose ou non de moyens financiers suffisants pour faire face à tout ou partie des frais qu'il est amené à exposer, il est invité à remplir une déclaration indiquant ses ressources, ses avoirs en capital et les engagements financiers qu'il a envers les personnes à sa charge, ou toute autre obligation financière. La déclaration doit être certifiée par la ou les autorités internes qualifiées.

2. Le président de la chambre peut inviter la Partie contractante concernée à présenter ses observations par écrit.

3. Après avoir recueilli les renseignements visés au paragraphe 1 du présent article, le président de la chambre décide de l'octroi ou du refus de l'assistance judiciaire. Le greffier en informe les parties intéressées. – *[Anc. art. 93].*

Mod. par la Cour le 29 mai 2006.

Art. 103 1. Les honoraires ne peuvent être versés qu'à un conseil ou à une autre personne désignée conformément à l'article 36 § 4 du présent règlement. Ils peuvent, le cas échéant, couvrir les services de plus d'un représentant ainsi défini.

2. Outre les honoraires, l'assistance judiciaire peut couvrir les frais de déplacement et de séjour ainsi que les autres débours nécessaires exposés par le requérant ou son représentant désigné. – *[Anc. art. 94].*

Art. 104 L'assistance judiciaire une fois accordée, le greffier fixe :

a) le taux des honoraires à verser conformément au barème en vigueur ;

b) le montant à verser au titre des frais. – *[Anc. art. 95].*

Art. 105 S'il est convaincu que les conditions énoncées à l'article 92 du présent règlement ne sont plus remplies, le président de la chambre peut à tout moment retirer ou modifier le bénéfice de l'assistance judiciaire. – *[Anc. art. 96].*

TITRE III Dispositions transitoires

Anciens articles 97 et 98 supprimés.

Art. 106 *Relations entre la Cour et la Commission.* 1. Dans les affaires portées devant la Cour en vertu de l'article 5 §§ 4 et 5 du Protocole n° 11 à la Convention, la Cour peut inviter la Commission à déléguer un ou plusieurs de ses membres pour participer à l'examen de l'affaire devant la Cour.

2. Dans les affaires évoquées au paragraphe 1 du présent article, la Cour prend en considération le rapport adopté par la Commission au titre de l'ancien article 31 de la Convention.

3. Sauf décision contraire du président de la chambre, le rapport est rendu public par les soins du greffier aussitôt que possible après la saisine de la Cour.

4. Dans les affaires déférées à la Cour en vertu de l'article 5 §§ 2 à 5 du Protocole n° 11, les autres documents composant le dossier de la Commission, y compris l'ensemble des *mémoires et observations*, restent confidentiels, à moins que le président de la chambre n'en décide autrement.

5. Dans les affaires où la Commission a recueilli des témoignages mais n'a pas été en mesure d'adopter un rapport au titre de l'ancien article 31 de la Convention, la Cour prend en considération les comptes rendus intégraux, la documentation et l'avis émis par les délégations de la Commission à l'issue de ces investigations.

Art. 107 *Procédure devant une chambre et la Grande Chambre.* 1. Lorsqu'une affaire est déférée à la Cour en vertu de l'article 5 § 4 du Protocole n° 11 à la Convention, un collège de juges de la Grande Chambre constitué conformément à l'article 24 § 61 *[Ancienne version, avant le 8 déc. 2000]* du présent règlement décide, sur la seule base du dossier, si elle doit être tranchée par une chambre ou par la Grande Chambre.

2. Si l'affaire est tranchée par une chambre, l'arrêt de celle-ci est définitif, conformément à l'article 5 § 4 du Protocole n° 11, et l'article 73 du présent règlement est inapplicable.

3. Les affaires transmises à la Cour en vertu de l'article 5 § 5 du Protocole n° 11 sont déférées à la Grande Chambre par le président de la Cour.

4. Pour chaque affaire qui lui est transmise en vertu de l'article 5 § 5 du Protocole n° 11, la Grande Chambre est complétée par des juges désignés par rotation au sein de l'un des groupes évoqués à l'article 24 § 31 du présent règlement, les affaires étant attribuées alternativement à chacun des groupes. – *[Anc. art. 100]*.

Art. 108 *Octroi de l'assistance judiciaire.* Sous réserve de l'article 96 du présent règlement, dans les affaires déférées à la Cour en application de l'article 5 §§ 2 à 5 du Protocole n° 11 à la Convention, un requérant qui s'est vu accorder l'assistance judiciaire dans le cadre de la procédure devant la Commission ou l'ancienne Cour continue d'en bénéficier pour la défense de sa cause devant la Cour. – *[Anc. art. 101]*.

Art. 109 *Demande en révision d'un arrêt.* 1. Lorsqu'une partie soumet une demande en révision d'un arrêt rendu par l'ancienne Cour, le président de la Cour la transmet à l'une des sections conformément aux conditions prévues aux articles 51 ou 52 du présent règlement, selon le cas.

2. Nonobstant l'article 80 § 3 du présent règlement, le président de la section concernée constitue une nouvelle chambre pour examiner la demande.

3. La chambre à constituer comprend de plein droit :

a) le président de la section ;

et, qu'ils appartiennent ou non à la section concernée,

b) le juge élu au titre de la Partie contractante concernée ou, s'il est empêché, tout juge désigné en application de l'article 29 du présent règlement ;

c) tout membre de la Cour ayant appartenu à la chambre initiale de l'ancienne Cour qui a rendu l'arrêt.

4. *a)* Le président de la section tire au sort les autres membres de la chambre parmi les membres de la section concernée ;

b) Les membres de la section non désignés ainsi siègent comme juges suppléants. – *[Anc. art. 102]*.

Mod. par la Cour le 13 déc. 2004.

TITRE IV Clauses finales

Art. 110 *Amendement ou suspension d'un article.* 1. Toute modification aux dispositions du présent règlement peut être adoptée par la majorité des juges de la Cour, réunis en session plénière, sur proposition soumise préalablement. La proposition de modification, formulée par écrit, doit parvenir au greffier au moins un mois avant la session où elle sera examinée. Lorsqu'il reçoit une telle proposition, le greffier en donne le plus tôt possible connaissance à tous les membres de la Cour.

2. L'application de toute disposition concernant le fonctionnement interne de la Cour peut être immédiatement suspendue sur proposition d'un juge, à condition que cette décision soit prise à l'unanimité par la chambre concernée. La suspension ainsi décidée ne déploie ses effets que pour les besoins du cas particulier pour lequel elle a été proposée. – *[Anc. art. 103]*.

Art. 111 *Entrée en vigueur du règlement.* Le présent règlement entrera en vigueur le 1er novembre 1998. – *[Anc. art. 104]*.

ANNEXE AU RÈGLEMENT

CONCERNANT LES ENQUÊTES

La présente annexe a été insérée par la Cour le 7 juill. 2003.

Art. A1 *Mesures d'instruction.* 1. La chambre peut, soit à la demande d'une partie, soit d'office, adopter toute mesure d'instruction qu'elle estime apte à l'éclairer sur les faits de la cause. Elle peut notamment prier les parties de produire des preuves écrites et décider d'entendre en qualité de témoin ou d'expert, ou à un autre titre, toute personne dont les dépositions, dires ou déclarations lui paraissent utiles à l'accomplissement de sa tâche.

2. La chambre peut aussi inviter toute personne ou institution de son choix à exprimer un avis ou à lui faire un rapport écrit sur toute question que la chambre juge pertinente pour l'affaire.

3. Après qu'une affaire a été déclarée recevable ou, exceptionnellement, avant la décision sur la recevabilité, la chambre peut désigner un ou plusieurs de ses membres ou d'autres juges de la Cour comme délégué(s) pour procéder à une collecte de renseignements, à une visite des lieux ou à une autre mesure d'instruction. Elle peut également désigner toute personne ou institution de son choix pour assister la délégation de la manière qu'elle juge appropriée.

4. Les dispositions du présent chapitre relatives aux mesures d'instruction mises en œuvre par une délégation s'appliquent, *mutatis mutandis*, aux mesures d'instruction mises en œuvre par la chambre elle-même.

5. Les auditions menées par une chambre ou une délégation dans le cadre d'une mesure d'instruction ont lieu à huis clos, sauf décision contraire du président de la chambre ou du chef de la délégation.

6. Le président de la chambre peut, lorsqu'il l'estime approprié, inviter ou autoriser tout tiers intervenant à participer à une mesure d'instruction. Il fixe les conditions de pareille participation et peut limiter celle-ci en cas de non-respect desdites conditions.

Art. A2 *Obligations des parties relativement aux mesures d'instruction.* 1. Le requérant et toute Partie contractante concernée aident la Cour en tant que de besoin dans la mise en œuvre des mesures d'instruction.

2. La Partie contractante sur le territoire de laquelle une délégation procède à des investigations *in situ* accorde à celle-ci les facilités et la coopération nécessaires au bon déroulement de la procédure. Elle a ainsi l'obligation, dans toute la mesure nécessaire, de garantir la liberté de circulation sur son territoire et de prendre toutes les mesures de sécurité voulues pour la délégation, pour le requérant et pour l'ensemble des témoins, experts et autres personnes pouvant être entendus par la délégation. Il lui incombe de veiller à ce qu'aucune personne ou organisation n'ait à pâtir d'un témoignage ou d'une aide fournis à la délégation.

Art. A3 *Non-comparution devant une délégation.* Lorsqu'une partie ou toute autre personne supposées comparaître s'en abstiennent ou s'y refusent, la délégation peut néanmoins poursuivre ses travaux si cela lui paraît compatible avec une bonne administration de la justice.

Art. A4 *Conduite de la procédure devant une délégation.* 1. Les délégués exercent le cas échéant les pouvoirs conférés à la chambre par la Convention ou le présent règlement et dirigent la procédure devant eux.

2. Le chef de la délégation peut décider de tenir une réunion préparatoire avec les parties ou leurs représentants préalablement à toute audition par la délégation.

Art. A5 *Citation des témoins, experts et autres personnes à comparaître devant une délégation.* 1. Les témoins, experts et autres personnes devant être entendus par la délégation sont convoqués par le greffier.

2. La convocation indique
a) l'affaire dont il s'agit ;
b) l'objet de l'enquête, expertise ou autre mesure d'instruction ordonnée par la chambre ou son président ;
c) les dispositions prises pour le paiement de l'indemnité revenant à la personne convoquée.

3. Les parties fournissent autant que possible des informations suffisantes pour établir l'identité et l'adresse des témoins, experts ou autres personnes devant être convoqués.

4. Conformément à l'article 37 § 2 du règlement, la Partie contractante sur le territoire de laquelle réside le témoin assume la responsabilité de notifier toute convocation que lui adresse la chambre à cette fin. Si elle se trouve dans l'impossibilité de se conformer à cette obligation, elle s'en explique par écrit. Il lui incombe par ailleurs de prendre toutes mesures raisonnables propres à assurer la comparution des personnes convoquées qui se trouvent sous son autorité ou son contrôle.

5. Lorsqu'une délégation procède à des auditions *in situ*, son chef peut solliciter la comparution devant elle de témoins, experts ou autres personnes. La Partie contractante sur le territoire de laquelle les auditions ont lieu prend, si elle y est invitée, l'ensemble des mesures raisonnables propres à faciliter cette comparution.

6. Si un témoin, un expert ou une autre personne sont convoqués à la demande ou pour le compte d'une Partie contractante requérante ou défenderesse, les frais de comparution incombent à celle-ci, sauf décision contraire de la chambre. Lorsque la personne convoquée se trouve détenue dans la Partie contractante sur le territoire de laquelle la délégation mène ses investigations *in situ*, les frais afférents à sa comparution incombent à ladite partie, sauf décision contraire de la chambre. Dans tous les autres cas, la chambre décide si les frais doivent être supportés par le Conseil de l'Europe ou s'il échet de les mettre à la charge du requérant ou de la tierce partie à la demande

ou pour le compte de laquelle la personne comparaît. Dans tous les cas, ils sont fixés par le président de la chambre.

Art. A6 *Serment ou déclaration solennelle des témoins et experts entendus par une délégation.* 1. Après vérification de son identité et avant de déposer, le témoin prête le serment ou fait la déclaration solennelle que voici :

« Je jure » — ou « Je déclare solennellement, en tout honneur et en toute conscience, » — « que je dirai la vérité, toute la vérité et rien que la vérité. »

Il en est dressé procès-verbal.

2. Après vérification de son identité et avant d'accomplir sa mission pour la délégation, tout expert prête le serment ou fait la déclaration solennelle que voici :

« Je jure » — ou « Je déclare solennellement » — « que je m'acquitterai de mes fonctions d'expert en tout honneur et en toute conscience. »

Il en est dressé procès-verbal.

Art. A7 *Audition de témoins, experts ou autres personnes par une délégation.* 1. Tout délégué peut poser des questions aux agents, conseils et conseillers des parties, au requérant, aux témoins, aux experts, ainsi qu'à toute autre personne qui se présente devant la délégation.

2. Sous le contrôle du chef de la délégation, les témoins, experts et autres personnes comparaissant devant la délégation peuvent être interrogés par les agents, conseils et conseillers des parties. En cas de contestation sur une question posée, le chef de la délégation décide.

3. Sauf circonstances exceptionnelles et moyennant le consentement du chef de la délégation, les témoins, experts et autres personnes devant être entendus par une délégation ne sont pas admis à pénétrer dans la salle avant de déposer.

4. Le chef de la délégation peut prendre des dispositions spéciales pour que des témoins, experts ou autres personnes puissent être entendus hors la présence des parties lorsque la bonne administration de la justice l'exige.

5. En cas de litige relativement à la récusation d'un témoin ou d'un expert, le chef de la délégation décide. La délégation peut entendre à titre de simple renseignement une personne ne réunissant pas les conditions pour être entendue comme témoin ou expert.

Art. A8 *Compte rendu des auditions menées par une délégation.* 1. Le greffier établit un compte rendu de toutes auditions menées par une délégation dans le cadre d'une mesure d'instruction. Y figurent :

a) la composition de la délégation ;

b) la liste des comparants : agents, conseils et conseillers des parties ;

c) les nom, prénom, qualité et adresse des témoins, experts ou autres personnes entendus ;

d) le texte des déclarations faites, des questions posées et des réponses recueillies ;

e) le texte de toute décision prononcée pendant les auditions par la délégation ou par son chef.

2. Si la totalité ou une partie du compte rendu est rédigée dans une langue non officielle, le greffier prend les dispositions voulues pour la faire traduire dans l'une des langues officielles.

3. Les représentants des parties reçoivent communication d'une copie du compte rendu afin de pouvoir, sous le contrôle du greffier ou du chef de la délégation, le corriger, sans toutefois modifier le sens et la portée de ce qui a été dit lors des auditions. Le greffier fixe, sur les instructions du chef de la délégation, les délais dont ils disposent à cette fin.

4. Une fois corrigé, le compte rendu est signé par le chef de la délégation et par le greffier ; il fait foi de son contenu.

INSTRUCTION PRATIQUE

La présente instruction a été insérée par le Président de la Cour au titre de l'art. 32 du Règl. du 5 mars 2006 et amendée le 16 oct. 2009.

Demandes de mesures provisoires

(Article 39 du règlement)

Les requérants ou leurs représentants *[il y a lieu de fournir toutes précisions à cet égard]* qui sollicitent des mesures provisoires au titre de l'article 39 du règlement doivent se conformer aux exigences exposées ci-dessous.

L'inobservation de ces exigences peut mettre la Cour dans l'impossibilité d'examiner la demande de manière adéquate et en temps utile.

I. FOURNIR TOUS ÉLÉMENTS À L'APPUI

Toute demande adressée à la Cour doit être *motivée*. Le requérant doit en particulier exposer de manière détaillée les éléments sur lesquels se fondent ses craintes et la nature des risques allégués.

Il est capital que les demandes s'accompagnent de l'ensemble des éléments propres à les étayer, et *notamment des décisions rendues par les juridictions, commissions ou autres organes internes,* ainsi que de tous autres documents jugés de nature à corroborer les allégations du requérant.

Lorsque l'affaire est déjà pendante devant la Cour, le numéro attribué à la requête doit être mentionné.

Le requérant et/ou son représentant doivent impérativement faire figurer sur leur demande un numéro de téléphone où on puisse les joindre.

Dans les affaires d'extradition ou d'expulsion, il y a lieu de préciser *la date et l'heure* auxquelles la décision est censée être mise en œuvre, l'adresse du requérant ou son lieu de détention et son numéro de dossier officiel. Toute modification de ces informations (date et heure de renvoi, adresse, etc.) doit être communiquée dès que possible.

II. ENVOYER LES DEMANDES PAR FAX OU PAR COURRIER

Le choix entre le fax et le courrier se fait en fonction du degré d'urgence et étant précisé que les demandes par courrier ne doivent pas être envoyées par courrier ordinaire.

Les demandes de mesures provisoires formées au titre de l'article 39 du règlement doivent être envoyées *par fax ou par courrier*. Dans toute la mesure du possible, elles doivent être établies dans l'une des langues officielles des Parties contractantes. Toute demande doit comporter les mentions suivantes, à faire figurer en gras sur la première page du document :

« Article 39 Urgent Personne de contact (nom et coordonnées) : ...

[Dans les affaires d'expulsion ou d'extradition]

Date et heure du renvoi et destination : ... »

Ces demandes doivent être envoyées pendant les heures de bureau du greffe de la Cour, sauf en cas d'impossibilité absolue. — *Sur les horaires, V. www.echr.coe.int.*

III. INTRODUIRE LES DEMANDES EN TEMPS UTILE

Il faut en principe envoyer la demande de mesure provisoire dès que possible après que la décision interne définitive a été rendue, de manière à laisser à la Cour et à son greffe suffisamment de temps pour examiner la question.

Les requérants et leurs représentants doivent toutefois bien comprendre qu'il n'est pas toujours possible à la Cour d'examiner en temps utile et de manière appropriée les demandes qui sont envoyées *in extremis*, en particulier si elles sont accompagnées de nombreux documents. En conséquence, lorsque la décision interne définitive est imminente et que sa mise en œuvre risque d'être immédiate, notamment dans les affaires d'extradition ou d'expulsion, les requérants et leurs représentants doivent soumettre leur demande de mesure provisoire sans attendre cette décision, en indiquant clairement la date à laquelle celle-ci sera rendue et en précisant que leur demande est subordonnée au caractère négatif de la décision interne définitive.

INSTRUCTION PRATIQUE

La présente instruction a été édictée par le Président de la Cour au titre de l'art. 32 du Règl. le 1er nov. 2003 et amendée les 22 sept. 2008 et 24 juin 2009.

L'introduction de l'instance

Cette instruction pratique complète les art. 45 et 47 du règlement.

(Requêtes individuelles au titre de l'article 34 de la Convention)

I. GÉNÉRALITÉS

1. Toute requête au titre de l'article 34 de la Convention doit être présentée par écrit. Aucune requête ne peut être soumise par téléphone.

2. Toute requête doit être envoyée à l'adresse suivante :

Monsieur le Greffier
de la Cour européenne des droits de l'homme
Conseil de l'Europe
F — 67075 Strasbourg Cedex

3. Toute requête doit normalement être établie sur le formulaire *[www.echr.coe.int]* mentionné à l'article 47 § 1 du règlement de la Cour et être accompagnée des documents et décisions visés à l'article 47 § 1 *h)* du règlement.

Lorsqu'un requérant saisit la Cour au travers d'une lettre, celle-ci doit exposer, au moins de manière sommaire, l'objet de la requête pour interrompre le délai de six mois visé à l'article 35 § 1 de la Convention.

4. Si le requérant n'a pas soumis sa requête en utilisant le formulaire officiel ou si la lettre introductive envoyée par lui ne comporte pas l'ensemble des informations mentionnées à l'article 47 du règlement, le greffe peut l'inviter par lettre à remplir un formulaire, qui doit alors être envoyé à la Cour dans un délai de huit semaines à compter de la date de la lettre du greffe.

Le non-respect de ce délai a une incidence sur la date d'introduction de la requête et peut, en conséquence, en avoir une également sur la question du respect ou non par le requérant du délai de six mois prévu à l'article 35 § 1 de la Convention.

5. Le requérant peut soumettre sa requête par fax. Toutefois, il doit en envoyer l'exemplaire original signé par courrier dans un délai de huit semaines à compter de la date de la lettre visée au point 4 ci-dessus. — *Le numéro de fax est le +00 33 (0)3 88 41 27 30 ; les autres numéros de fax sont indiqués sur le site internet de la Cour (www.echr.coe.int).*

6. Si, dans les six mois de l'invitation à accomplir cette formalité, le requérant n'a pas envoyé un formulaire de requête dûment complété, il est procédé à la destruction du dossier.

7. Dès réception de la première communication exposant l'objet de l'affaire, le greffe ouvre un dossier, dont le numéro doit être mentionné lors de toute correspondance ultérieure. Le requérant en est informé par lettre. Il peut être invité à fournir des informations ou pièces complémentaires.

8. *a)* Le requérant doit faire preuve de diligence dans la conduite de sa correspondance avec le greffe de la Cour.

b) Un retard mis à répondre ou une absence de réponse peuvent être considérés comme un signe indiquant que le requérant n'entend plus maintenir sa requête.

9. La non-fourniture d'informations ou de pièces sollicitées par le greffe (voir le point 7 ci-dessus) peut amener la Cour à ne pas examiner la requête, à la déclarer irrecevable ou à la rayer du rôle.

II. FORME ET CONTENU

10. Toute requête doit être écrite de manière lisible ou, de préférence, dactylographiée.

11. Lorsqu'exceptionnellement une requête dépasse dix pages (en dehors des annexes répertoriant les documents), le requérant doit également en présenter un bref résumé.

12. Lorsqu'un requérant produit des documents à l'appui de sa requête, il ne doit pas en envoyer les originaux. Ces documents doivent être répertoriés par ordre chronologique, être numérotés de manière continue et comporter un bref descriptif (par exemple lettre, ordonnance, jugement, appel, etc.).

13. Lorsqu'un requérant a déjà une autre requête pendante devant la Cour, il doit en informer le greffe et préciser le numéro de cette requête.

14. *a)* Lorsqu'un requérant demande que son identité ne soit pas divulguée, il doit s'en expliquer par écrit, conformément à l'article 47 § 3 du règlement.

b) Le requérant doit également préciser, pour le cas où sa demande d'anonymat serait accueillie par le président de la chambre, s'il souhaite être désigné par ses initiales ou par une simple lettre (par exemple « X », « Y », « Z », etc.).

INSTRUCTION PRATIQUE

La présente instruction a été édictée par le Président de la Cour au titre de l'art. 32 du Règl. le 1er nov. 2003 et amendée le 22 sept. 2008.

Les observations écrites

I. DÉPÔT D'OBSERVATIONS

Généralités

1. Les observations doivent être déposées au greffe dans le délai fixé en application de l'article 38 du règlement et de la manière décrite au paragraphe 2 dudit article.

2. La date à laquelle des observations ou autres documents ont été reçus au greffe de la Cour est apposée sur les pièces en question au moyen d'un tampon dateur.

3. A l'exception des observations et documents pour lesquels un système d'envoi électronique sécurisé a été mis en place, tous les autres documents comportant des observations, de même que tous les documents les accompagnant, doivent être soumis au greffe de la Cour en trois exemplaires envoyés par courrier ou en un exemplaire unique envoyé par fax suivi de trois exemplaires envoyés par courrier. — *Le numéro de fax est le +00 33 (0)3 88 41 27 30 ; les autres numéros de fax sont indiqués sur le site internet de la Cour (www.echr.coe.int).*

4. Les observations ou autres documents envoyés par courrier électronique (e-mail) ne sont pas acceptés.

5. Les documents secrets doivent être envoyés par courrier recommandé.

6. Les observations dont la production n'a pas été demandée ne peuvent être versées au dossier que sur décision du président de la chambre (voir l'article 38 § 1 du règlement).

Envoi par fax

7. Une partie peut présenter des observations ou autres documents à la Cour en les envoyant par fax.

8. Le nom de la personne ayant signé les observations doit également apparaître en caractères imprimés, de manière que cette personne puisse être identifiée.

Envoi électronique sécurisé

9. Le greffe de la Cour peut autoriser le gouvernement d'un État contractant à envoyer des observations et d'autres documents par voie électronique en passant par un serveur sécurisé. En pareil cas, les instructions pratiques relatives aux observations écrites s'appliquent conjointement avec les instructions pratiques relatives à l'envoi électronique sécurisé de documents.

II. FORME ET CONTENU

Forme

10. Tout document renfermant des observations doit comporter :

a) le numéro de la requête et le nom de l'affaire ;

b) un intitulé indiquant la nature de son contenu (par exemple, observations sur la recevabilité [et le fond] ; réponse aux observations sur la recevabilité [et le fond] soumises par le Gouvernement/le requérant ; observations sur le fond ; observations additionnelles sur la recevabilité [et le fond] ; mémoire, etc.).

11. Les observations doivent en outre normalement

a) être établies sur du papier au format A4 avec une marge non inférieure à 3,5 cm de large ;

b) être dactylographiées et facilement lisibles, le texte lui-même devant apparaître au minimum en corps 12 et les notes de bas de page en corps 10, avec un interligne de 1,5 ;

c) avoir tous les nombres exprimés en chiffres ;

d) avoir toutes les pages numérotées de manière continue ;

e) être divisées en paragraphes numérotés ;

f) être divisées en chapitres et/ou têtes de rubriques correspondant à la forme et au style des décisions et arrêts de la Cour (« En fait »/Droit *[et pratique]* interne*[s]* pertinent*[s]* »/« Griefs »/« En droit » ; ce dernier chapitre doit être composé de sections intitulées « Exception préliminaire tirée de [...] » ; « Violation alléguée de l'article [...] » selon le cas) ;

g) exposer sous une section distincte les réponses aux questions posées par la Cour ou aux arguments développés par la partie adverse ;

h) comporter des renvois à tous les documents et/ou pièces probantes mentionnés dans les observations et s'y trouvant annexés ;

i) dans le cas d'un envoi par courrier, être établies seulement sur la face recto des feuilles, les feuilles et les annexes devant être assemblées de manière à pouvoir être facilement séparées (il convient d'éviter de les coller ou de les agrafer).

12. Si exceptionnellement des observations excèdent 30 pages, elles doivent être accompagnées d'un bref résumé.

13. Lorsqu'une partie produit des documents et/ou d'autres annexes à l'appui d'observations, chaque pièce probante doit être répertoriée dans une annexe distincte.

Contenu

14. Les observations déposées par les parties à la suite de la communication de la requête doivent comporter :

a) tous commentaires jugés utiles concernant les faits de la cause ; toutefois,

i. si une partie n'a rien à redire à l'exposé des faits établi par le greffe, elle doit limiter ses observations à une brève déclaration en ce sens ;

ii. si une partie ne conteste qu'à certains égards l'exposé des faits établi par le greffe, ou si elle souhaite y ajouter des précisions, elle doit limiter ses observations à ces points précis ;

iii. si une partie conteste l'exposé des faits ou une partie de l'exposé des faits émanant de la partie adverse, elle doit préciser clairement les points qu'elle ne conteste pas et limiter ses observations aux points qu'elle conteste ;

b) les arguments juridiques se rapportant, à la recevabilité d'abord, au fond ensuite ; toutefois,

i. si des questions précises sur un point de fait ou de droit ont été adressées à une partie, celle-ci doit, sans préjudice de l'article 55 du règlement, limiter ses arguments à ces questions ;
ii. si des observations répondent à des arguments de la partie adverse, elles doivent se référer aux arguments précis en cause, dans l'ordre prescrit ci-dessus.
15. *a)* Les observations déposées par les parties après la déclaration de recevabilité de la requête doivent comporter :
i. une brève déclaration indiquant la position adoptée quant aux faits de la cause tels qu'établis dans la décision sur la recevabilité ;
ii. les arguments juridiques relatifs au fond de l'affaire ;
iii. les réponses aux questions précises posées par la Cour relativement à des points de fait ou de droit.
b) Une partie requérante qui soumet en même temps une demande de satisfaction équitable doit le faire de la manière décrite dans l'instruction pratique concernant la présentation des demandes de satisfaction équitable.
16. Eu égard au caractère confidentiel de la procédure de règlement amiable (voir les articles 39 § 2 de la Convention et 62 § 2 du règlement), l'ensemble des observations et documents déposés dans le cadre de la procédure visant à la conclusion d'un règlement amiable doivent être soumis séparément des observations écrites.
17. Aucune référence aux offres, concessions ou autres déclarations soumises en rapport avec le règlement amiable ne peut figurer dans les observations déposées dans le cadre de la procédure contentieuse.

III. DÉLAIS

Généralités

18. Chaque partie doit veiller à ce que ses observations et tous documents ou pièces les accompagnant parviennent au greffe de la Cour en temps utile.

Prorogation des délais

19. Tout délai fixé en vertu de l'article 38 du règlement peut être prorogé à la demande d'une partie.
20. Toute partie qui souhaite obtenir pareille prorogation de délai doit formuler une demande à cet égard dès qu'elle a connaissance des circonstances lui paraissant justifier une telle mesure et, en tout état de cause, avant l'expiration du délai en question. Elle doit motiver sa demande.
21. Si une prorogation de délai est accordée, elle vaut pour toutes les parties assujetties au respect du délai en question, y compris celles qui n'ont pas sollicité de prorogation.

IV. NON-RESPECT DES EXIGENCES ENTOURANT LE DÉPÔT D'OBSERVATIONS

22. Lorsque des observations ont été déposées d'une manière non conforme aux exigences énoncées aux paragraphes 8 à 15 de la présente instruction pratique, le président de la chambre peut inviter la partie concernée à les soumettre une nouvelle fois, en respectant ces exigences.
23. En cas de non-respect des conditions énumérées ci-dessus, la Cour peut considérer que les observations n'ont pas été déposées de manière valable (voir l'article 38 § 1 du règlement).

INSTRUCTION PRATIQUE

La présente instruction a été édictée par le Président de la Cour au titre de l'art. 32 du Règl. le 28 mars 2007.

Demandes de satisfaction équitable

I. INTRODUCTION

1. L'octroi d'une satisfaction équitable ne découle pas automatiquement du constat par la Cour européenne des droits de l'homme qu'il y a eu violation d'un droit garanti par la Convention européenne des droits de l'homme ou ses Protocoles. Cela ressort clairement du libellé de l'article 41 de la Convention, qui dispose que la Cour n'accorde une satisfaction équitable que si le droit interne ne permet d'effacer qu'imparfaitement les conséquences d'une violation et, même en pareil cas, que « s'il y a lieu » (*if necessary* dans le texte anglais) de le faire.
2. L'indemnité allouée au titre de l'article 41 de la Convention doit être "équitable" (*just* dans le texte anglais) compte tenu des circonstances de la cause. La Cour doit donc prendre en considération les caractéristiques de l'affaire dont elle se trouve saisie. Elle peut estimer que le constat de violation de la Convention constitue en soi une satisfaction équitable suffisante pour tel ou tel chef

de préjudice allégué et qu'il n'y a pas lieu d'accorder une réparation pécuniaire. Elle peut aussi déceler des motifs d'équité pour octroyer une somme inférieure à la valeur du dommage réellement subi ou aux frais et dépens effectivement exposés, voire pour n'accorder aucune indemnité. Ce peut être le cas, par exemple, si la situation dénoncée, le montant du dommage ou le niveau des frais sont imputables à une faute du requérant lui-même. Pour fixer le montant à accorder, la Cour peut envisager aussi les situations respectives du requérant, partie lésée par une violation, et de l'État contractant, responsable de l'intérêt général. Enfin, la Cour prend d'habitude en compte la situation économique de l'État mis en cause.

3. Lorsqu'elle accorde une indemnité au titre de l'article 41 de la Convention, la Cour peut décider de se référer aux normes internes. Elle n'est toutefois jamais liée par elles.

4. Tout requérant désireux de déposer une demande de satisfaction équitable doit respecter les conditions de forme et de fond pertinentes fixées par la Convention et le règlement de la Cour.

II. DÉPÔT DE DEMANDES DE SATISFACTION ÉQUITABLE : CONDITIONS DE FORME

5. L'article 60 du règlement fixe les délais et les autres conditions de forme à respecter pour déposer une demande de satisfaction équitable. Ses passages pertinents sont ainsi libellés :

« 1. Tout requérant qui souhaite que la Cour lui accorde une satisfaction équitable au titre de l'article 41 de la Convention en cas de constat d'une violation de ses droits découlant de celle-ci doit formuler une demande spécifique à cet effet.

2. Sauf décision contraire du président de la chambre, le requérant doit soumettre ses prétentions, chiffrées et ventilées par rubrique et accompagnées des justificatifs pertinents, dans le délai qui lui a été imparti pour la présentation de ses observations sur le fond.

3. Si le requérant ne respecte pas les exigences décrites dans les paragraphes qui précèdent, la chambre peut rejeter tout ou partie de ses prétentions.

(...) »

La Cour exige donc des demandes précises, pièces justificatives à l'appui, sans quoi elle n'alloue aucune indemnité. Elle écarte les demandes présentées dans les formulaires de requête mais non réitérées au stade approprié de la procédure. Elle rejette aussi les demandes tardives.

III. DÉPÔT DE DEMANDES DE SATISFACTION ÉQUITABLE : CONDITIONS DE FOND

6. La Cour peut allouer des indemnités au titre de l'article 41 de la Convention pour :

a) dommage matériel ;
b) préjudice moral, et
c) frais et dépens.

1. Le dommage de manière générale

7. Il faut démontrer clairement l'existence d'un lien de causalité entre le dommage prétendument subi et la violation dénoncée. La Cour ne se contentera pas d'un lien simplement ténu entre la violation alléguée et le préjudice, ni de simples spéculations quant à ce qui aurait pu être.

8. Une indemnité pour dommage peut être accordée pour autant que celui-ci résulte de la violation constatée. Aucune indemnité ne peut être allouée pour un préjudice provoqué par des événements ou des situations dont la Cour n'estime pas qu'ils emportent violation de la Convention, ni pour un dommage se rapportant à des griefs déclarés irrecevables à un stade antérieur de la procédure.

9. Lorsqu'elle accorde une indemnité pour dommage, la Cour tend à indemniser le requérant des conséquences préjudiciables réelles d'une violation. Elle n'entend pas punir l'État contractant responsable. Jusqu'ici, la Cour n'a donc pas jugé bon d'accueillir des demandes de dommages-intérêts catalogués comme « punitifs », « aggravés » ou « exemplaires ».

2. Dommage matériel

10. En ce qui concerne le dommage matériel, le principe est que le requérant doit être placé, autant que faire se peut, dans la situation dans laquelle il se serait trouvé si la violation ne s'était pas produite — il s'agit, en d'autres termes, de réaliser une *restitutio in integrum*. Ce qui peut supposer une réparation pour la perte effectivement subie *(damnum emergens)* et la perte ou le manque à gagner auxquels il faut s'attendre pour l'avenir *(lucrum cessans)*.

11. Il appartient au requérant de démontrer que la violation ou les violations alléguées ont entraîné pour lui un préjudice matériel. Il doit produire les documents pertinents afin de prouver, dans la mesure du possible, non seulement l'existence mais aussi le montant ou la valeur du dommage.

12. En principe, l'indemnité allouée par la Cour reflète l'intégralité du dommage calculé. Toutefois, si le préjudice réel ne se prête pas à une évaluation précise, la Cour procède à une estimation

à partir des éléments dont elle dispose. Comme il est indiqué au paragraphe 2 ci-dessus, elle peut aussi trouver en équité des motifs d'allouer une somme inférieure au montant total de la perte subie.

3. Dommage moral

13. L'indemnité que la Cour alloue pour préjudice moral est censée fournir une réparation pécuniaire du dommage moral, par exemple la souffrance physique ou mentale.

14. Par sa nature, le dommage moral ne se prête pas à un calcul précis. Si son existence est établie, et si la Cour estime qu'il y a lieu d'accorder une indemnité pécuniaire, elle procède à une évaluation en équité en ayant égard aux normes qui se dégagent de sa jurisprudence.

15. Tout requérant qui demande réparation d'un dommage moral est invité à préciser le montant de l'indemnité qu'il estime équitable de se voir allouer. Celui qui se prétend victime de plusieurs violations peut réclamer une somme forfaitaire destinée à couvrir l'ensemble du préjudice résultant des violations alléguées ou solliciter des montants distincts pour chacune des violations en question.

4. Frais et dépens

16. La Cour peut ordonner de rembourser au requérant les frais et dépens qu'il a assumés – d'abord au niveau interne puis dans la procédure devant elle – pour empêcher la violation ou pour en faire effacer les conséquences. Les frais et dépens incluent d'ordinaire les frais de l'assistance d'un avocat, les frais de justice, etc. Ils peuvent comprendre aussi les frais de déplacement et de séjour, en particulier ceux rendus indispensables par la nécessité d'assister à une audience devant la Cour.

17. La Cour ne peut accueillir les demandes pour frais et dépens que si elles se rapportent aux violations constatées par elle. Elle doit les écarter si elles concernent des griefs qui n'ont pas débouché sur le constat d'une violation, ou des griefs déclarés irrecevables. Cela étant, il est loisible à un requérant de ventiler ses prétentions au titre des frais et dépens entre les différents griefs qu'il soulève.

18. Les frais et dépens doivent avoir été réellement exposés. Autrement dit, le requérant doit les avoir réglés, ou être tenu de les régler, en vertu d'une obligation légale ou contractuelle. Tout montant versé ou dû par les autorités internes ou le Conseil de l'Europe au titre de l'assistance judiciaire doit être déduit de la somme éventuellement allouée pour frais et dépens.

19. Les frais et dépens doivent avoir été nécessaires, c'est-à-dire que le requérant a dû les engager pour empêcher la violation ou y faire remédier.

20. Ils doivent être d'un montant raisonnable. Si la Cour les juge excessifs, elle alloue une somme raisonnable selon sa propre estimation.

21. La Cour exige des preuves, comme des notes d'honoraires et des factures détaillées. Elles doivent être suffisamment précises pour lui permettre de déterminer dans quelle mesure les conditions susmentionnées se trouvent remplies.

5. Informations quant au paiement

22. Le requérant est invité à indiquer un compte bancaire sur lequel il souhaite voir verser les sommes qui pourraient lui être octroyées. S'il désire que tel ou tel montant, comme les sommes allouées pour frais et dépens, soit réglé séparément, par exemple directement sur le compte bancaire de son représentant, il doit le préciser.

IV. FORME DES RÉPARATIONS OCTROYÉES PAR LA COUR

23. La réparation éventuellement accordée par la Cour revêt d'ordinaire la forme d'une somme d'argent à verser par l'État défendeur à la victime ou aux victimes des violations constatées. Ce n'est *que très exceptionnellement que la* Cour peut envisager d'inviter l'État défendeur à prendre telle ou telle mesure pour mettre fin ou remédier aux violations en question. Toutefois, la Cour a la faculté de donner des indications quant à la manière dont il convient d'exécuter ses arrêts (article 46 de la Convention).

24. L'indemnité que le requérant peut se voir allouer par la Cour au titre de l'article 41 de la Convention est en principe exprimée en euros (EUR, €), indépendamment de la monnaie dans laquelle l'intéressé formule ses demandes. Si le requérant doit percevoir son indemnité dans une monnaie autre que l'euro, la Cour ordonne que les sommes exprimées en euros soient converties dans cette autre monnaie, au taux de change applicable à la date du versement. Lorsqu'il présente ses prétentions, le requérant doit, le cas échéant, envisager ce qu'implique cette politique compte tenu des effets qu'aura la conversion en euros de sommes exprimées dans une monnaie différente ou la conversion de sommes exprimées en euros dans une monnaie différente.

25. La Cour fixe, de son propre chef, un délai pour le versement éventuel à opérer ; ce délai est d'habitude de trois mois à compter de la date à laquelle l'arrêt devient définitif et exécutoire. La Cour ordonne aussi le paiement d'intérêts moratoires simples en cas de versement intervenant après

échéance du délai ainsi fixé. Elle fixe d'ordinaire le taux de ces intérêts à un niveau égal à celui du taux d'intérêt de la facilité de prêt marginal de la Banque centrale européenne pour la période comprise entre la date d'expiration du délai fixé jusqu'au versement de l'indemnité allouée, augmenté de trois points de pourcentage.

INSTRUCTION PRATIQUE

La présente instruction a été édictée par le Président de la Cour au titre de l'art. 32 du Règl. le 1er nov. 2003 et amendée le 22 sept. 2008.

L'envoi électronique sécurisé de documents

I. CHAMP D'APPLICATION

1. Les gouvernements des États contractants qui ont opté pour le système d'envoi électronique sécurisé de documents mis en place par la Cour envoient leurs communications écrites avec la Cour en les transférant vers le site Internet sécurisé créé à cet effet et acceptent les communications écrites qui leur sont adressées par le greffe de la Cour en les téléchargeant à partir dudit site, sous réserve des exceptions suivantes :

a) toutes les communications écrites concernant une demande de mesures provisoires au titre de l'article 39 du règlement sont envoyées simultanément par deux moyens : par l'intermédiaire du site sécurisé et par fax ;

b) les annexes telles que plans, manuels, etc. qui ne peuvent être visualisées en totalité sous format électronique peuvent être envoyées par courrier ;

c) le greffe de la Cour peut demander qu'un document ou une annexe papier soient envoyés par courrier.

2. Si le gouvernement a envoyé un document par courrier ou par fax, il adresse dès que possible par voie électronique une note d'envoi par courrier ou par fax qui décrit le document envoyé, indique la date de son envoi et expose les raisons pour lesquelles un envoi électronique n'a pas été possible.

II. EXIGENCES TECHNIQUES

3. Le gouvernement se dote de l'équipement technique nécessaire et suit le manuel de l'utilisateur reçu du greffe de la Cour.

III. FORMAT ET CONVENTION DE DÉNOMINATION

4. Tout document transmis par voie électronique doit l'être en format PDF, et de préférence en format PDF recherchable.

5. Les lettres et observations écrites non signées ne sont pas acceptées. Les documents signés devant être transmis par voie électronique sont générés par scannage de la copie papier originale. Le gouvernement conserve la copie papier originale dans son dossier.

6. Le nom d'un document transmis par voie électronique se compose du numéro de la requête suivi du nom du requérant tel qu'écrit en alphabet latin par le greffe de la Cour et d'une indication du contenu du document. — *Exemple : 65051/01 Karagyozov Observ Recev Fond.*

IV. DATE À RETENIR POUR LES DÉLAIS

7. La date à laquelle le gouvernement a téléchargé avec succès un document sur le site sécurisé est considérée comme la date d'envoi du document au sens de l'article 38 § 2 du règlement ou comme la date de dépôt du document aux fins de l'article 73 § 1 du règlement.

8. Afin de faciliter la traçabilité de la correspondance échangée, chaque jour peu avant minuit le serveur sécurisé génère automatiquement un message électronique donnant la liste des documents transmis par voie électronique au cours des vingt-quatre heures écoulées.

V. PLURALITÉ DE VERSIONS D'UN SEUL ET MÊME DOCUMENT

9. Le site électronique sécurisé ne permet pas la modification, le remplacement ou la suppression d'un document téléchargé. Si le gouvernement est confronté à la nécessité de modifier un document téléchargé par lui, il crée un nouveau document, qu'il nomme différemment (par exemple en ajoutant le mot « modifié » au nom du premier document). Cette possibilité ne doit être utilisée qu'en cas de véritable nécessité, et non aux fins de correction d'erreurs mineures.

10. Lorsque le gouvernement a envoyé plus d'une version du même document, seul le document parvenu dans les délais est pris en considération. Lorsque plus d'une version est parvenue au greffe dans les délais, c'est la dernière qui est prise en considération, sauf décision contraire du président de la chambre.

INSTRUCTION PRATIQUE

La présente instruction a été édictée par le Président de la Cour au titre de l'art. 32 du Règl. le 1er nov. 2003 et amendée le 14 janv. 2010.

Demandes d'anonymat

(Articles 33 et 47 du règlement)

Principes généraux

Il est rappelé aux parties que, sauf dérogation accordée en vertu des articles 33 ou 47 du règlement, les documents afférents aux procédures suivies devant la Cour sont publics. Ainsi, toutes les informations soumises en rapport avec une requête, que ce soit dans le cadre de la procédure écrite ou dans celui de la procédure orale, y compris les informations au sujet du requérant ou de tiers, sont accessibles au public.

Les parties doivent également savoir que les exposés des faits, les décisions et les arrêts de la Cour sont normalement publiés dans Hudoc *[www.echr.coe.int/echr/fr/hudoc]* sur le site Internet de la Cour (article 78 du règlement).

Demandes formulées dans des affaires pendantes

Tout requérant qui souhaite conserver l'anonymat doit en faire la demande au moment où il remplit le formulaire de requête ou aussitôt que possible par la suite. Dans un cas comme dans l'autre, il doit exposer les motifs de sa demande et préciser l'impact qu'une divulgation de son identité pourrait avoir sur lui.

Demandes rétroactives

Si un requérant souhaite demander l'anonymat relativement à une affaire ou à des affaires publiées sur Hudoc avant le 1er janvier 2010, il doit envoyer au greffe une lettre exposant les motifs de sa demande et précisant l'impact que la divulgation de son identité a eu ou pourrait avoir sur lui. Il doit également expliquer pourquoi il n'a pas sollicité l'anonymat alors que l'affaire était pendante devant la Cour.

Pour statuer sur la demande, le président tient compte des explications fournies par le requérant, du degré de publicité que la décision ou l'arrêt a déjà reçu et du point de savoir s'il est opportun ou non, notamment sur le plan pratique, d'accueillir la demande.

Si le président fait droit à la demande, il détermine également les mesures à prendre pour éviter que le requérant ne soit identifié. Il peut ainsi décider, par exemple, que la décision ou l'arrêt concernant le requérant sera retiré du site Internet de la Cour ou que les éléments d'identification personnelle de l'intéressé seront supprimés des documents publiés.

Autres mesures

Le président peut également prendre relativement à tout document publié par la Cour toute autre mesure lui paraissant nécessaire ou souhaitable pour garantir le droit au respect de la vie privée.

Pacte international relatif aux droits civils et politiques,

Ouvert à la signature à New York le 19 décembre 1966 ; entré en vigueur à l'égard de la France le 4 février 1981. — Publié par Décr. nº 81-76 du 29 janv. 1981 (D. et BLD 1981. 79 ; JO 1er févr.).

PREMIÈRE PARTIE

Art. 1er **1. Tous les peuples ont le droit de disposer d'eux-mêmes. En vertu de ce droit, ils déterminent librement leur statut politique et assurent librement leur développement économique, social et culturel.**

2. Pour atteindre leurs fins, tous les peuples peuvent disposer librement de leurs richesses et de leurs ressources naturelles, sans préjudice des obligations qui découlent de la coopération économique internationale, fondée sur le principe de l'intérêt mutuel, et du droit international. En aucun cas, un peuple ne pourra être privé de ses propres moyens de subsistance.

3. Les États parties au présent Pacte, y compris ceux qui ont la responsabilité d'administrer des territoires non autonomes et des territoires sous tutelle, sont tenus de faciliter la réalisation du droit des peuples à disposer d'eux-mêmes, et de respecter ce droit, conformément aux dispositions de la charte des Nations unies.

DEUXIÈME PARTIE

Art. 2 1. Les États parties au présent Pacte s'engagent à respecter et à garantir à tous les individus se trouvant sur leur territoire et relevant de leur compétence les droits reconnus dans le présent Pacte, sans distinction aucune, notamment de race, de couleur, de sexe, de langue, de religion, d'opinion politique ou de toute autre opinion, d'origine nationale ou sociale, de fortune, de naissance ou de toute autre situation.

2. Les États parties au présent Pacte s'engagent à prendre, en accord avec leurs procédures constitutionnelles et avec les dispositions du présent Pacte, les arrangements devant permettre l'adoption de telles mesures d'ordre législatif ou autre, propres à donner effet aux droits reconnus dans le présent Pacte qui ne seraient pas déjà en vigueur.

3. Les États parties au présent Pacte s'engagent à :

a) Garantir que toute personne dont les droits et libertés reconnus dans le présent Pacte auront été violés disposera d'un recours utile, alors même que la violation aurait été commise par des personnes agissant dans l'exercice de leurs fonctions officielles ;

b) Garantir que l'autorité compétente, judiciaire, administrative ou législative, ou toute autre autorité compétente selon la législation de l'État, statuera sur les droits de la personne qui forme le recours et développer les possibilités de recours juridictionnel ;

c) Garantir la bonne suite donnée par les autorités compétentes à tout recours qui aura été reconnu justifié.

Art. 3 Les États parties au présent Pacte s'engagent à assurer le droit égal des hommes et des femmes de jouir de tous les droits civils et politiques énoncés dans le présent Pacte.

Art. 4 1. Dans le cas où un danger public exceptionnel menace l'existence de la nation et est proclamé par un acte officiel, les États parties au présent Pacte peuvent prendre, dans la stricte mesure où la situation l'exige, des mesures dérogeant aux obligations prévues dans le présent Pacte, sous réserve que ces mesures ne soient pas incompatibles avec les autres obligations que leur impose le droit international et qu'elles n'entraînent pas une discrimination fondée uniquement sur la race, la couleur, le sexe, la langue, la religion ou l'origine sociale.

2. La disposition précédente n'autorise aucune dérogation aux articles 6, 7, 8 (par. 1 et 2), 11, 15, 16 et 18.

3. Les États parties au présent Pacte qui usent du droit de dérogation doivent, par l'entremise du Secrétaire général de l'Organisation des Nations unies, signaler aussitôt aux autres États parties les dispositions auxquelles ils ont dérogé ainsi que les motifs qui ont provoqué cette dérogation. Une nouvelle communication sera faite par la même entremise, à la date à laquelle ils ont mis fin à ces dérogations.

Art. 5 1. Aucune disposition du présent Pacte ne peut être interprétée comme impliquant pour un État, un groupement ou un individu un droit quelconque de se livrer à une activité ou d'accomplir un acte visant à la destruction des droits et des libertés reconnus dans le présent Pacte ou à des limitations plus amples que celles prévues audit pacte.

2. Il ne peut être admis aucune restriction ou dérogation aux droits fondamentaux de l'homme reconnus ou en vigueur dans tout État partie au présent Pacte en application de lois, de conventions, de règlements ou de coutumes, sous prétexte que le présent Pacte ne les reconnaît pas ou les reconnaît à un moindre degré.

TROISIÈME PARTIE

Art. 6 1. Le droit à la vie est inhérent à la personne humaine. Ce droit doit être protégé par la loi. Nul ne peut être arbitrairement privé de la vie.

2. Dans les pays où la peine de mort n'a pas été abolie, une sentence de mort ne peut être prononcée que pour les crimes les plus graves, conformément à la législation en vigueur au moment où le crime a été commis et qui ne doit pas être en contradiction avec les dispositions du présent Pacte ni avec la Convention pour la prévention et la répression du crime de génocide. Cette peine ne peut être appliquée qu'en vertu d'un jugement définitif rendu par un tribunal compétent.

3. Lorsque la privation de la vie constitue le crime de génocide, il est entendu qu'aucune disposition du présent article n'autorise un État partie au présent Pacte à déroger d'aucune manière à une obligation quelconque assumée en vertu des dispositions de la Convention pour la prévention et la répression du crime de génocide.

4. Tout condamné à mort a le droit de solliciter la grâce ou la commutation de la peine. L'amnistie, la grâce ou la commutation de la peine de mort peuvent dans tous les cas être accordées.

5. Une sentence de mort ne peut être imposée pour des crimes commis par des personnes âgées de moins de dix-huit ans et ne peut être exécutée contre des femmes enceintes.

6. Aucune disposition du présent article ne peut être invoquée pour retarder ou empêcher l'abolition de la peine capitale par un État partie au présent Pacte.

Art. 7 Nul ne sera soumis à la torture ni à des peines ou traitements cruels, inhumains ou dégradants. En particulier, il est interdit de soumettre une personne sans son libre consentement à une expérience médicale ou scientifique.

Art. 8 1. Nul ne sera tenu en esclavage ; l'esclavage et la traite des esclaves, sous toutes leurs formes, sont interdits.

2. Nul ne sera tenu en servitude.

3. *a*) Nul ne sera astreint à accomplir un travail forcé ou obligatoire ;

b) L'alinéa *a* du présent paragraphe ne saurait être interprété comme interdisant, dans les pays où certains crimes peuvent être punis de détention accompagnée de travaux forcés, l'accomplissement d'une peine de travaux forcés, infligée par un tribunal compétent ;

c) N'est pas considéré comme « travail forcé ou obligatoire » au sens du présent paragraphe :

i) Tout travaux ou service, non visé à l'alinéa *b*, normalement requis d'un individu qui est détenu en vertu d'une décision de justice régulière ou qui, ayant fait l'objet d'une telle décision, est libéré conditionnellement ;

ii) Tout service de caractère militaire et, dans les pays où l'objection de conscience est admise, tout service national exigé des objecteurs de conscience en vertu de la loi ;

iii) Tout service exigé dans les cas de force majeur *[majeure]* ou de sinistres qui menacent la vie ou le bien-être de la communauté ;

iv) Tout travail ou tout service formant partie des obligations civiques normales.

Art. 9 1. Tout individu a droit à la liberté et à la sécurité de sa personne. Nul ne peut faire l'objet d'une arrestation ou d'une détention arbitraires. Nul ne peut être privé de sa liberté, si ce n'est pour des motifs et conformément à la procédure prévus par la loi.

2. Tout individu arrêté sera informé, au moment de son arrestation, des raisons de cette arrestation et recevra notification, dans le plus court délai, de toute accusation portée contre lui.

3. Tout individu arrêté ou détenu du chef d'une infraction pénale sera traduit dans le plus court délai devant un juge ou une autre autorité habilitée par la loi à exercer des fonctions judiciaires, et devra être jugé dans un délai raisonnable ou libéré. La détention de personnes qui attendent de passer en jugement ne doit pas être de règle, mais la mise en liberté peut être subordonnée à des garanties assurant la comparution de l'intéressé à l'audience, à tous les autres actes de la procédure et, le cas échéant, pour l'exécution du jugement.

4. Quiconque se trouve privé de sa liberté par arrestation ou détention a le droit d'introduire un recours devant un tribunal afin que celui-ci statue sans délai sur la légalité de sa détention et ordonne sa libération si la détention est illégale.

5. Tout individu victime d'arrestation ou de détention illégales a droit à réparation.

Art. 10 1. Toute personne privée de sa liberté est traitée avec humanité et avec le respect de la dignité inhérente à la personne humaine.

2. *a*) Les prévenus sont, sauf dans des circonstances exceptionnelles, séparés des condamnés et sont soumis à une *[un]* régime distinct, approprié à leur condition de personnes non condamnées ;

b) Les jeunes prévenus sont séparés des adultes et il est décidé de leur cas aussi rapidement que possible.

3. Le régime pénitentiaire comporte un traitement des condamnés dont le but essentiel est leur amendement et leur reclassement social. Les jeunes délinquants sont séparés des adultes et soumis à un régime approprié à leur âge et à leur statut légal.

Art. 11 Nul ne peut être emprisonné pour la seule raison qu'il n'est pas en mesure d'exécuter une obligation contractuelle.

Art. 12 1. Quiconque se trouve légalement sur le territoire d'un État a le droit d'y circuler librement et d'y choisir librement sa résidence.

2. Toute personne est libre de quitter n'importe quel pays, y compris le sien.

3. Les droits mentionnés ci-dessus ne peuvent être l'objet de restrictions que si celles-ci sont prévues par la loi, nécessaires pour protéger la sécurité nationale, l'ordre public, la santé ou la moralité publiques, ou les droits et libertés d'autrui, et compatibles avec les autres droits reconnus par le présent Pacte.

4. Nul ne peut être arbitrairement privé du droit d'entrer dans son propre pays.

L'État partie (France) n'a pas démontré que la nécessité de faire viser le carnet de circulation à intervalles rapprochés (soumis à visa trimestriel conformément à la L. du 3 janv. 1969 relative à l'exercice des activités ambulantes et au régime applicable aux personnes circulant en France sans domicile ni résidence fixe), ainsi que d'assortir cette obligation de contraventions pénales (Décr. n° 70-708 du 31 juill. 1970, art. 20), sont des mesures nécessaires et proportionnelles au résultat escompté ; une telle restriction au droit à la liberté de circulation de l'auteur n'est dès lors pas compatible avec les conditions établies au § 3 de l'art. 12 et a constitué en conséquence une violation du § 1er à son égard. • Communic. ONU 28 mars 2014, *Claude Ory c/ France*, n° 1960/2010 (CCPR/C/110/D/1960/2010) : *D. actu. 30 mars 2014, obs. Guillou* (constatations adoptées par le Comité des droits de l'homme de l'ONU à sa 110e session (10-28 mars 2014)).

Art. 13 **Un étranger qui se trouve légalement sur le territoire d'un État partie au présent Pacte ne peut en être expulsé qu'en exécution d'une décision prise conformément à la loi et, à moins que des raisons impérieuses de sécurité nationale ne s'y opposent, il doit avoir la possibilité de faire valoir les raisons qui militent contre son expulsion et de faire examiner son cas par l'autorité compétente, ou par une ou plusieurs personnes spécialement désignées par ladite autorité, en se faisant représenter à cette fin.**

Art. 14 **1. Tous sont égaux devant les tribunaux et les cours de justice. Toute personne a droit à ce que sa cause soit entendue équitablement et publiquement par un tribunal compétent, indépendant et impartial, établi par la loi, qui décidera soit du bien-fondé de toute accusation en matière pénale dirigée contre elle, soit des contestations sur ses droits et obligations de caractère civil. Le huis clos peut être prononcé pendant la totalité ou une partie du procès soit dans l'intérêt des bonnes mœurs, de l'ordre public ou de la sécurité nationale dans une société démocratique, soit lorsque l'intérêt de la vie privée des parties en cause l'exige, soit encore dans la mesure où le tribunal l'estimera absolument nécessaire, lorsqu'en raison des circonstances particulières de l'affaire la publicité nuirait aux intérêts de la justice ; cependant, tout jugement rendu en matière pénale ou civile sera public, sauf si l'intérêt de mineurs exige qu'il en soit autrement ou si le procès porte sur des différends matrimoniaux ou sur la tutelle des enfants.**

2. Toute personne accusée d'une infraction pénale est présumée innocente jusqu'à ce que sa culpabilité ait été légalement établie.

3. Toute personne accusée d'une infraction pénale a droit, en pleine égalité, au moins aux garanties suivantes :

a) A être informée, dans le plus court délai, dans une langue qu'elle comprend et de façon détaillée, de la nature et des motifs de l'accusation portée contre elle ;

b) A disposer du temps et des facilités nécessaires à la préparation de sa défense et à communiquer avec le conseil de son choix ;

c) A être jugée sans retard excessif ;

d) A être présente au procès et à se défendre elle-même ou à avoir l'assistance d'un défenseur de son choix ; si elle n'a pas de défenseur, à être informée de son droit d'en avoir un, et, chaque fois que l'intérêt de la justice l'exige, à se voir attribuer d'office un défenseur, sans frais, si elle n'a pas les moyens de le rémunérer ;

e) A interroger ou faire interroger les témoins à charge et à obtenir la comparution et l'interrogatoire des témoins à décharge dans les mêmes conditions que les témoins à charge ;

f) A se faire assister gratuitement d'un interprète si elle ne comprend pas ou ne parle pas la langue employée à l'audience ;

g) A ne pas être forcée de témoigner contre elle-même ou de s'avouer coupable.

4. La procédure applicable aux jeunes gens qui ne sont pas encore majeurs au regard de la loi pénale tiendra compte de leur âge et de l'intérêt que présente leur rééducation.

5. Toute personne déclarée coupable d'une infraction a le droit de faire examiner par une juridiction supérieure la déclaration de culpabilité et la condamnation, conformément à la loi.

6. Lorsqu'une condamnation pénale définitive est ultérieurement annulée ou lorsque la grâce est accordée parce qu'un fait nouveau ou nouvellement révélé prouve qu'il s'est produit une erreur judiciaire, la personne qui a subi une peine à raison de cette condamnation sera indemnisée, conformément à la loi, à moins qu'il ne soit prouvé que la non-révélation en temps utile du fait inconnu lui est imputable en tout ou partie.

7. Nul ne peut être poursuivi ou puni en raison d'une infraction pour laquelle il a déjà été acquitté ou condamné par un jugement définitif conformément à la loi et à la procédure pénale de chaque pays.

1. Double degré de juridiction (art. 14.5). Les dispositions de l'art. 14.5 du Pacte international relatif aux droits civils et politiques reprises par l'art. 2.1 du protocole n° 7 à la Conv. EDH n'excluent pas que le ministère public, partie au procès pénal, puisse relever appel des décisions, y compris de relaxe, rendues par les juridictions répressives, dès lors que l'exercice de ce droit d'appel qui permet un nouvel examen des faits et de leur imputabilité éventuelle au prévenu, n'est pas incompatible avec le principe du double degré de juridiction. • Crim. 29 juin 1999, n° 97-84.166 P.

2. Non bis in idem (art. 14.7). Les dispositions de l'art. 14.7 du Pacte de New York, qui ne trouvent à s'appliquer que dans le cas où une même infraction pénale ayant déjà donné lieu à un jugement définitif fait l'objet d'une nouvelle poursuite pénale et, le cas échéant, d'une condamnation devant ou par une juridiction répressive, n'interdisent pas le prononcé de sanctions fiscales parallèlement aux sanctions infligées par le juge répressif. • Crim. 6 nov. 1997, n° 96-86.127 P. ♦ Conf. : • Crim. 1er mars 2000, n° 99-86.299 P.

Art. 15 1. Nul ne sera condamné pour des actions ou omissions qui ne constituaient pas un acte délictueux d'après le droit national ou international au moment où elles ont été commises. De même, il ne sera infligé aucune peine plus forte que celle qui était applicable au moment où l'infraction a été commise. Si, postérieurement à cette infraction, la loi prévoit l'application d'une peine plus légère, le délinquant doit en bénéficier.

2. Rien dans le présent article ne s'oppose au jugement ou à la condamnation de tout individu en raison d'actes ou omissions qui, au moment où ils ont été commis, étaient tenus pour criminels, d'après les principes généraux de droit reconnus par l'ensemble des nations.

Art. 16 Chacun a droit à la reconnaissance en tous lieux de sa personnalité juridique.

Art. 17 1. Nul ne sera l'objet d'immixtions arbitraires ou illégales dans sa vie privée, sa famille, son domicile ou sa correspondance, ni d'atteintes illégales à son honneur et à sa réputation.

2. Toute personne a droit à la protection de la loi contre de telles immixtions ou de telles atteintes.

Art. 18 1. Toute personne a droit à la liberté de pensée, de conscience et de religion ; ce droit implique la liberté d'avoir ou d'adopter une religion ou une conviction de son choix, ainsi que la liberté de manifester sa religion ou sa conviction, individuellement ou en commun, tant en public qu'en privé, par le culte et l'accomplissement des rites, les pratiques et l'enseignement.

2. Nul ne subira de contrainte pouvant porter atteinte à sa liberté d'avoir ou d'adopter une religion ou une conviction de son choix.

3. La liberté de manifester sa religion ou ses convictions ne peut faire l'objet que des seules restrictions prévues par la loi et qui sont nécessaires à la protection de la sécurité, de l'ordre et de la santé publique, ou de la morale ou des libertés et droits fondamentaux d'autrui.

4. Les États parties au présent Pacte s'engagent à respecter la liberté des parents et, le cas échéant, des tuteurs légaux de faire assurer l'éducation religieuse et morale de leurs enfants conformément à leurs propres convictions.

Art. 19 1. Nul ne peut être inquiété pour ses opinions.

2. Toute personne a droit à la liberté d'expression ; ce droit comprend la liberté de rechercher, de recevoir et de répandre des informations et des idées de toute espèce, sans considération de frontières, sous une forme orale, écrite, imprimée ou artistique, ou par tout autre moyen de son choix.

3. L'exercice des libertés prévues au paragraphe 2 du présent article comporte des devoirs spéciaux et des responsabilités spéciales. Il peut en conséquence être soumis à certaines restrictions qui doivent toutefois être expressément fixées par la loi et qui sont nécessaires :

a) Au respect des droits ou de la réputation d'autrui ;

b) A la sauvegarde de la sécurité nationale, de l'ordre public, de la santé ou de la moralité publiques.

Art. 20 1. Toute propagande en faveur de la guerre est interdite par la loi.

2. Tout appel à la haine nationale, raciale ou religieuse qui constitue une incitation à la discrimination, à l'hostilité ou à la violence est interdit par la loi.

Art. 21 Le droit de réunion pacifique est reconnu. L'exercice de ce droit ne peut faire l'objet que des seules restrictions imposées conformément à la loi et qui sont nécessaires dans une société démocratique, dans l'intérêt de la sécurité nationale, de la sûreté publique, de l'ordre public ou pour protéger la santé ou la moralité publiques, ou les droits et les libertés d'autrui.

Art. 22 1. Toute personne a le droit de s'associer librement avec d'autres, y compris le droit de constituer des syndicats et d'y adhérer pour la protection de ses intérêts.

2. L'exercice de ce droit ne peut faire l'objet que des seules restrictions prévues par la loi et qui sont nécessaires dans une société démocratique, dans l'intérêt de la sécurité nationale, de la sûreté publique, de l'ordre public, ou pour protéger la santé ou la moralité publiques ou les droits et les libertés d'autrui. Le présent article n'empêche pas de soumettre à des restrictions légales l'exercice de ce droit par les membres des forces armées et de la police.

3. Aucune disposition du présent article ne permet aux États parties à la Convention de 1948 de l'Organisation internationale du Travail concernant la liberté syndicale et la protection du droit syndical de prendre des mesures législatives portant atteinte – ou d'appliquer la loi de façon à porter atteinte – aux garanties prévues dans ladite convention.

Art. 23 1. La famille est l'élément naturel et fondamental de la société et a droit à la protection de la société et de l'État.

2. Le droit de se marier et de fonder une famille est reconnu à l'homme et à la femme à partir de l'âge nubile.

3. Nul mariage ne peut être conclu sans le libre et plein consentement des futurs époux.

4. Les États parties au présent Pacte prendront les mesures appropriées pour assurer l'égalité de droits et de responsabilités des époux au regard du mariage, durant le mariage et lors de sa dissolution. En cas de dissolution, des dispositions seront prises afin d'assurer aux enfants la protection nécessaire.

Art. 24 1. Tout enfant, sans discrimination aucune fondée sur la race, la couleur, le sexe, la langue, la religion, l'origine nationale ou sociale, la fortune ou la naissance, a droit, de la part de sa famille, de la société et de l'État, aux mesures de protection qu'exige sa condition de mineur.

2. Tout enfant doit être enregistré immédiatement après sa naissance et avoir un nom.

3. Tout enfant a le droit d'acquérir une nationalité.

Art. 25 Tout citoyen a le droit et la possibilité, sans aucune des discriminations visées à l'article 2 et sans restrictions déraisonnables :

a) De prendre part à la direction des affaires publiques, soit directement, soit par l'intermédiaire de représentants librement choisis ;

b) De voter et d'être élu, au cours d'élections périodiques, honnêtes, au suffrage universel et égal et au scrutin secret, assurant l'expression libre de la volonté des électeurs ;

c) D'accéder, dans des conditions générales d'égalité, aux fonctions publiques de son pays.

Art. 26 Toutes les personnes sont égales devant la loi et ont droit sans discrimination à une égale protection de la loi. A cet égard, la loi doit interdire toute discrimination et garantir à toutes les personnes une protection égale et efficace contre toute discrimination, notamment de race, de couleur, de sexe, de langue, de religion, d'opinion politique et de toute autre opinion, d'origine nationale ou sociale, de fortune, de naissance ou de toute autre situation.

Art. 27 Dans les États où il existe des minorités ethniques, religieuses ou linguistiques, les personnes appartenant à ces minorités ne peuvent être privées du droit d'avoir, en commun avec les autres membres de leur groupe, leur propre vie culturelle, de professer et de pratiquer leur propre religion, ou d'employer leur propre langue.

....

V. Décr. n° 84-418 du 25 mai 1984 (D. et ALD 1984. 358) portant publication du Protocole facultatif se rapportant à ce pacte.

DÉCLARATIONS ET RÉSERVES

L'instrument d'adhésion de la République française comporte les déclarations et réserves suivantes :

1. Le Gouvernement de la République considère que, conformément à l'article 103 de la charte des Nations unies, en cas de conflit entre ses obligations en vertu du Pacte et ses obligations en vertu de la charte (notamment des articles 1er et 2 de celle-ci), ses obligations en vertu de la charte prévaudront.

2. Le Gouvernement de la République émet une réserve concernant le paragraphe 1 de l'article 4 en ce sens, d'une part, que les circonstances énumérées par l'article 16 de la Constitution pour sa mise en œuvre, par l'article 1er de la loi du 3 avril 1878 et par la loi du 9 août 1849 pour la décla-

ration de l'état de siège, par l'article 1er de la loi n° 55-385 du 3 avril 1955 pour la déclaration de l'état d'urgence et qui permettent la mise en application de ces textes, doivent être comprises comme correspondant à l'objet de l'article 4 du Pacte, et, d'autre part, que pour l'interprétation et l'application de l'article 16 de la Constitution de la République française, les termes « dans la stricte mesure où la situation l'exige » ne sauraient limiter le pouvoir du Président de la République de prendre « les mesures exigées par les circonstances ».

3. Le Gouvernement de la République émet une réserve concernant les articles 9 et 14 en ce sens que ces articles ne sauraient faire obstacle à l'application des règles relatives au régime disciplinaire dans les armées.

4. Le Gouvernement de la République déclare que l'article 13 ne doit pas porter atteinte au chapitre IV de l'ordonnance n° 45-2658 du 2 novembre 1945 relative à l'entrée et au séjour des étrangers en France, ni aux autres textes relatifs à l'expulsion des étrangers en vigueur dans les parties du territoire de la République où l'ordonnance du 2 novembre 1945 n'est pas applicable.

5. Le Gouvernement de la République interprète l'article 14, paragraphe 5, comme posant un principe général auquel la loi peut apporter des exceptions limitées. Il en est ainsi, notamment, pour certaines infractions relevant en premier et dernier ressort du tribunal de police ainsi que pour les infractions de nature criminelle. Au demeurant les décisions rendues en dernier ressort peuvent faire l'objet d'un recours devant la Cour de cassation qui statue sur la légalité de la décision intervenue.

6. Le Gouvernement de la République déclare que les articles 19, 21 et 22 du Pacte seront appliqués conformément aux articles 10, 11 et 16 de la Convention européenne de sauvegarde des droits de l'homme et des libertés fondamentales en date du 4 novembre 1950.

Al. 2 : réserve levée par lettre française du 22 mars 1988, avec effet à cette même date, et publiée par Décr. n° 88-818 du 13 juill. 1988 (D. et ALD 1988. 384 ; JO 19 juill.).

7. Le Gouvernement de la République déclare que le terme « guerre », qui figure à l'article 20, paragraphe 1, doit s'entendre de la guerre contraire au droit international et estime, en tout cas, que la législation française en ce domaine est adéquate.

8. Le Gouvernement français déclare, compte tenu de l'article 2 de la Constitution de la République française, que l'article 27 n'a pas lieu de s'appliquer en ce qui concerne la République.

Deuxième Protocole facultatif,

Se rapportant au Pacte international relatif aux droits civils et politiques visant à abolir la peine de mort.

Les États parties au présent Protocole,

Convaincus que l'abolition de la peine de mort contribue à promouvoir la dignité humaine et le développement progressif des droits de l'homme,

Rappelant l'article 3 de la Déclaration universelle des droits de l'homme adoptée le 10 décembre 1948, ainsi que l'article 6 du Pacte international relatif aux droits civils et politiques adopté le 16 décembre 1966,

Notant que l'article 6 du Pacte international relatif aux droits civils et politiques se réfère à l'abolition de la peine de mort en des termes qui suggèrent sans ambiguïté que l'abolition de cette peine est souhaitable,

Convaincus que toutes les mesures prises touchant l'abolition de la peine de mort doivent être considérées comme un progrès quant à la jouissance du droit à la vie,

Désireux de prendre, par le présent Protocole, l'engagement international d'abolir la peine de mort,

Sont convenus de ce qui suit :

Art. 1er 1. Aucune personne relevant de la juridiction d'un État partie au présent Protocole ne sera exécutée.

2. Chaque État partie prendra toutes les mesures voulues pour abolir la peine de mort dans le ressort de sa juridiction.

Art. 2 1. Il ne sera admis aucune réserve au présent Protocole, en dehors de la réserve formulée lors de la ratification ou de l'adhésion et prévoyant l'application de la peine de mort en temps de guerre à la suite d'une condamnation pour un crime de caractère militaire, d'une gravité extrême, commis en temps de guerre.

2. L'État partie formulant une telle réserve communiquera au Secrétaire général de l'Organisation des Nations Unies, lors de la ratification ou de l'adhésion, les dispositions pertinentes de sa législation interne qui s'appliquent en temps de guerre.

3. L'État partie ayant formulé une telle réserve notifiera au Secrétaire général de l'Organisation des Nations Unies la proclamation ou la levée de l'état de guerre sur son territoire.

Art. 3 Les États parties au présent Protocole feront état, dans les rapports qu'ils présentent au Comité des droits de l'homme en vertu de l'article 40 du Pacte, des mesures qu'ils auront adoptées pour donner effet au présent Protocole.

Art. 4 En ce qui concerne les États parties au Pacte qui ont fait la déclaration prévue à l'article 41, la compétence reconnue au Comité des droits de l'homme pour recevoir et examiner des communications dans lesquelles un État partie prétend qu'un autre État partie ne s'acquitte pas de ses obligations s'étend aux dispositions du présent Protocole, à moins que l'État partie en cause n'ait fait une déclaration en sens contraire lors de la ratification ou de l'adhésion.

Art. 5 En ce qui concerne les États parties au premier Protocole facultatif se rapportant au Pacte international relatif aux droits civils et politiques adopté le 16 décembre 1966, la compétence reconnue au Comité des droits de l'homme pour recevoir et examiner des communications émanant de particuliers relevant de leur juridiction s'étend aux dispositions du présent Protocole, à moins que l'État partie en cause n'ait fait une déclaration en sens contraire lors de la ratification ou de l'adhésion.

Art. 6 1. Les dispositions du présent Protocole s'appliquent en tant que dispositions additionnelles du Pacte.

2. Sans préjudice de la possibilité de formuler la réserve prévue à l'article 2 du présent Protocole, le droit garanti au paragraphe 1 de l'article 1er du présent Protocole ne peut faire l'objet d'aucune des dérogations visées à l'article 4 du Pacte.

Art. 7 1. Le présent Protocole est ouvert à la signature de tout État qui a signé le Pacte.

2. Le présent Protocole est soumis à la ratification de tout État qui a ratifié le Pacte ou qui y a adhéré. Les instruments de ratification seront déposés auprès du Secrétaire général de l'Organisation des Nations Unies.

3. Le présent Protocole sera ouvert à l'adhésion de tout État qui a ratifié le Pacte ou qui y a adhéré.

4. L'adhésion se fera par le dépôt d'un instrument d'adhésion auprès du Secrétaire général de l'Organisation des Nations Unies.

5. Le Secrétaire général de l'Organisation des Nations Unies informera tous les États qui ont signé le présent Protocole ou qui y ont adhéré du dépôt de chaque instrument de ratification ou d'adhésion.

Art. 8 1. Le présent Protocole entrera en vigueur trois mois après la date du dépôt auprès du Secrétaire général de l'Organisation des Nations Unies du dixième instrument de ratification ou d'adhésion. — *Entré en vigueur le 11 juill. 1991.*

2. Pour chacun des États qui ratifieront le présent Protocole ou y adhéreront après le dépôt du dixième instrument de ratification ou d'adhésion, ledit Protocole entrera en vigueur trois mois après la date du dépôt par cet État de son instrument de ratification ou d'adhésion. — *Le Protocole est entré en vigueur en France le 2 janv. 2008 et a été publié par le Décr. nº 2008-37 du 10 janv. 2008 (JO 12 janv.).*

Art. 9 Les dispositions du présent Protocole s'appliquent, sans limitation ni exception aucune, à toutes les unités constitutives des États fédératifs.

Art. 10 Le Secrétaire général de l'Organisation des Nations Unies informera tous les États visés au paragraphe 1 de l'article 48 du Pacte :

a) Des réserves, communications et notifications reçues au titre de l'article 2 du présent Protocole ;

b) Des déclarations faites en vertu des articles 4 ou 5 du présent Protocole ;

c) Des signatures apposées au présent Protocole et des instruments de ratification et d'adhésion déposés conformément à l'article 7 du présent Protocole ;

d) De la date à laquelle le présent Protocole entrera en vigueur conformément à l'article 8 de celui-ci.

Art. 11 1. Le présent Protocole, dont les textes anglais, arabe, chinois, espagnol, français et russe font également foi, sera déposé aux archives de l'Organisation des Nations Unies.

2. Le Secrétaire général de l'Organisation des Nations Unies transmettra une copie certifiée conforme du présent Protocole à tous les États visés à l'article 48 du Pacte.

Charte n° 2000/C 364/01 du 7 décembre 2000 des droits fondamentaux de l'Union européenne

La charte a été adoptée à Nice le 7 décembre 2000 par le Parlement européen, le Conseil et la Commission puis modifiée et proclamée de nouveau le 14 déc. 2007 (charte n° 2007/C 303/01) et le 30 mars 2010 (charte n° 2010/C 83/02) et le 26 déc. 2012 (charte n° 2012/C 326/02).

BIBL. ▶ Burgaud et Roth, *D. 2013. 1977* (Charte des droits fondamentaux *vs* Convention européenne : dommages collatéraux en vue). – Palazzo, *RSC 2008. Doctr. 1* (Charte européenne des droits fondamentaux et droit pénal).

Préambule

Les peuples d'Europe, en établissant entre eux une union sans cesse plus étroite, ont décidé de partager un avenir pacifique fondé sur des valeurs communes.

Consciente de son patrimoine spirituel et moral, l'Union se fonde sur les valeurs indivisibles et universelles de dignité humaine, de liberté, d'égalité et de solidarité ; elle repose sur le principe de la démocratie et le principe de l'État de droit. Elle place la personne au cœur de son action en instituant la citoyenneté de l'Union et en créant un espace de liberté, de sécurité et de justice.

L'Union contribue à la préservation et au développement de ces valeurs communes dans le respect de la diversité des cultures et des traditions des peuples d'Europe, ainsi que de l'identité nationale des États membres et de l'organisation de leurs pouvoirs publics aux niveaux national, régional et local ; elle cherche à promouvoir un développement équilibré et durable et assure la libre circulation des personnes, des services, des marchandises et des capitaux, ainsi que la liberté d'établissement.

A cette fin, il est nécessaire, en les rendant plus visibles dans une Charte, de renforcer la protection des droits fondamentaux à la lumière de l'évolution de la société, du progrès social et des développements scientifiques et technologiques.

La présente Charte réaffirme, dans le respect des compétences et des tâches de l'Union, ainsi que du principe de subsidiarité, les droits qui résultent notamment des traditions constitutionnelles et des obligations internationales communes aux États membres, de la Convention européenne de sauvegarde des droits de l'Homme et des libertés fondamentales, des Chartes sociales adoptées par l'Union et par le Conseil de l'Europe, ainsi que de la jurisprudence de la Cour de justice de l'Union européenne et de la Cour européenne des droits de l'Homme. Dans ce contexte, la Charte sera interprétée par les juridictions de l'Union et des États membres en prenant dûment en considération les explications établies sous l'autorité du praesidium de la Convention qui a élaboré la Charte et mises à jour sous la responsabilité du praesidium de la Convention européenne.

La jouissance de ces droits entraîne des responsabilités et des devoirs tant à l'égard d'autrui qu'à l'égard de la communauté humaine et des générations futures.

En conséquence, l'Union reconnaît les droits, les libertés et les principes énoncés ci-après.

TITRE PREMIER Dignité

Art. 1er *Dignité humaine.* **La dignité humaine est inviolable. Elle doit être respectée et protégée.**

Art. 2 *Droit à la vie.* **1. Toute personne a droit à la vie.**

2. Nul ne peut être condamné à la peine de mort ni exécuté.

Art. 3 *Droit à l'intégrité de la personne.* **1. Toute personne a droit à son intégrité physique et mentale.**

2. Dans le cadre de la médecine et de la biologie doivent notamment être respectés :

***a)* le consentement libre et éclairé de la personne concernée, selon les modalités définies par la loi ;**

***b)* l'interdiction des pratiques eugéniques, notamment celles qui ont pour but la sélection des personnes ;**

***c)* l'interdiction de faire du corps humain et de ses parties, en tant que tels, une source de profit ;**

***d)* l'interdiction du clonage reproductif des êtres humains.**

Art. 4 *Interdiction de la torture et des peines ou traitements inhumains ou dégradants.* **Nul ne peut être soumis à la torture ni à des peines ou traitements inhumains ou dégradants.**

Art. 5 *Interdiction de l'esclavage et du travail forcé.* 1. Nul ne peut être tenu en esclavage ni en servitude.

2. Nul ne peut être astreint à accomplir un travail forcé ou obligatoire.

3. La traite des êtres humains est interdite.

TITRE II Libertés

Art. 6 *Droit à la liberté et à la sûreté.* Toute personne a droit à la liberté et à la sûreté.

Art. 7 *Respect de la vie privée et familiale.* Toute personne a droit au respect de sa vie privée et familiale, de son domicile et de ses communications.

L'accès des autorités publiques aux données visant à l'identification des titulaires de cartes SIM activées avec un téléphone mobile volé n'est pas limité à la lutte contre la criminalité grave. • CJUE 2 oct. 2018, *Ministerio fiscal,* n° C-207/16 : *AJ pénal 2018. 584, obs. Nicaud.*

Art. 8 *Protection des données à caractère personnel.* 1. Toute personne a droit à la protection des données à caractère personnel la concernant.

2. Ces données doivent être traitées loyalement, à des fins déterminées et sur la base du consentement de la personne concernée ou en vertu d'un autre fondement légitime prévu par la loi. Toute personne a le droit d'accéder aux données collectées la concernant et d'en obtenir la rectification.

3. Le respect de ces règles est soumis au contrôle d'une autorité indépendante.

Art. 9 *Droit de se marier et droit de fonder une famille.* Le droit de se marier et le droit de fonder une famille sont garantis selon les lois nationales qui en régissent l'exercice.

Art. 10 *Liberté de pensée, de conscience et de religion.* 1. Toute personne a droit à la liberté de pensée, de conscience et de religion. Ce droit implique la liberté de changer de religion ou de conviction, ainsi que la liberté de manifester sa religion ou sa conviction individuellement ou collectivement, en public ou en privé, par le culte, l'enseignement, les pratiques et l'accomplissement des rites.

2. Le droit à l'objection de conscience est reconnu selon les lois nationales qui en régissent l'exercice.

Art. 11 *Liberté d'expression et d'information.* 1. Toute personne a droit à la liberté d'expression. Ce droit comprend la liberté d'opinion et la liberté de recevoir ou de communiquer des informations ou des idées sans qu'il puisse y avoir ingérence d'autorités publiques et sans considération de frontières.

2. La liberté des médias et leur pluralisme sont respectés.

Art. 12 *Liberté de réunion et d'association.* 1. Toute personne a droit à la liberté de réunion pacifique et à la liberté d'association à tous les niveaux, notamment dans les domaines politique, syndical et civique, ce qui implique le droit de toute personne de fonder avec d'autres des syndicats et de s'y affilier pour la défense de ses intérêts.

2. Les partis politiques au niveau de l'Union contribuent à l'expression de la volonté politique des citoyens de l'Union.

Art. 13 *Liberté des arts et des sciences.* Les arts et la recherche scientifique sont libres. La liberté académique est respectée.

Art. 14 *Droit à l'éducation.* 1. Toute personne a droit à l'éducation ainsi qu'à l'accès à la formation professionnelle et continue.

2. Ce droit comporte la faculté de suivre gratuitement l'enseignement obligatoire.

3. La liberté de créer des établissements d'enseignement dans le respect des principes démocratiques ainsi que le droit des parents d'assurer l'éducation et l'enseignement de leurs enfants conformément à leurs convictions religieuses, philosophiques et pédagogiques sont respectés selon les lois nationales qui en régissent l'exercice.

Art. 15 *Liberté professionnelle et droit de travailler.* 1. Toute personne a le droit de travailler et d'exercer une profession librement choisie ou acceptée.

2. Tout citoyen de l'Union a la liberté de chercher un emploi, de travailler, de s'établir ou de fournir des services dans tout État membre.

3. Les ressortissants des pays tiers qui sont autorisés à travailler sur le territoire des États membres ont droit à des conditions de travail équivalentes à celles dont bénéficient les citoyens de l'Union.

Art. 16 *Liberté d'entreprise.* La liberté d'entreprise est reconnue conformément au droit de l'Union et aux législations et pratiques nationales.

Art. 17 *Droit de propriété.* 1. Toute personne a le droit de jouir de la propriété des biens qu'elle a acquis légalement, de les utiliser, d'en disposer et de les léguer. Nul ne peut être privé de sa propriété, si ce n'est pour cause d'utilité publique, dans des cas et conditions prévus par une loi et moyennant en temps utile une juste indemnité pour sa perte. L'usage des biens peut être réglementé par la loi dans la mesure nécessaire à l'intérêt général.

2. La propriété intellectuelle est protégée.

Art. 18 *Droit d'asile.* Le droit d'asile est garanti dans le respect des règles de la convention de Genève du 28 juillet 1951 et du protocole du 31 janvier 1967 relatifs au statut des réfugiés et conformément au traité sur l'Union européenne et au traité sur le fonctionnement de l'Union européenne (ci-après dénommés "les traités").

Art. 19 *Protection en cas d'éloignement, d'expulsion et d'extradition.* 1. Les expulsions collectives sont interdites.

2. Nul ne peut être éloigné, expulsé ou extradé vers un État où il existe un risque sérieux qu'il soit soumis à la peine de mort, à la torture ou à d'autres peines ou traitements inhumains ou dégradants.

CHAPITRE III Égalité

Art. 20 *Égalité en droit.* Toutes les personnes sont égales en droit.

Art. 21 *Non-discrimination.* 1. Est interdite toute discrimination fondée notamment sur le sexe, la race, la couleur, les origines ethniques ou sociales, les caractéristiques génétiques, la langue, la religion ou les convictions, les opinions politiques ou toute autre opinion, l'appartenance à une minorité nationale, la fortune, la naissance, un handicap, l'âge ou l'orientation sexuelle.

2. Dans le domaine d'application des traités et sans préjudice de leurs dispositions particulières, toute discrimination exercée en raison de la nationalité est interdite.

Art. 22 *Diversité culturelle, religieuse et linguistique.* L'Union respecte la diversité culturelle, religieuse et linguistique.

Art. 23 *Égalité entre hommes et femmes.* L'égalité entre les hommes et les femmes doit être assurée dans tous les domaines, y compris en matière d'emploi, de travail et de rémunération.

Le principe de l'égalité n'empêche pas le maintien ou l'adoption de mesures prévoyant des avantages spécifiques en faveur du sexe sous-représenté.

Art. 24 *Droits de l'enfant.* 1. Les enfants ont droit à la protection et aux soins nécessaires à leur bien-être. Ils peuvent exprimer leur opinion librement. Celle-ci est prise en considération pour les sujets qui les concernent, en fonction de leur âge et de leur maturité.

2. Dans tous les actes relatifs aux enfants, qu'ils soient accomplis par des autorités publiques ou des institutions privées, l'intérêt supérieur de l'enfant doit être une considération primordiale.

3. Tout enfant a le droit d'entretenir régulièrement des relations personnelles et des contacts directs avec ses deux parents, sauf si cela est contraire à son intérêt.

Art. 25 *Droits des personnes âgées.* L'Union reconnaît et respecte le droit des personnes âgées à mener une vie digne et indépendante et à participer à la vie sociale et culturelle.

Art. 26 *Intégration des personnes handicapées.* L'Union reconnaît et respecte le droit des personnes handicapées à bénéficier de mesures visant à assurer leur autonomie, leur intégration sociale et professionnelle et leur participation à la vie de la communauté.

TITRE IV Solidarité

Art. 27 *Droit à l'information et à la consultation des travailleurs au sein de l'entreprise.* Les travailleurs ou leurs représentants doivent se voir garantir, aux niveaux appropriés, une information et une consultation en temps utile, dans les cas et conditions prévus par le droit de l'Union et les législations et pratiques nationales.

Art. 28 *Droit de négociation et d'actions collectives.* Les travailleurs et les employeurs, ou leurs organisations respectives, ont, conformément au droit de l'Union et aux législations et pratiques nationales, le droit de négocier et de conclure des conventions collectives aux niveaux appropriés et de recourir, en cas de conflits d'intérêts, à des actions collectives pour la défense de leurs intérêts, y compris la grève.

Art. 29 *Droit d'accès aux services de placement.* Toute personne a le droit d'accéder à un service gratuit de placement.

Art. 30 *Protection en cas de licenciement injustifié.* Tout travailleur a droit à une protection contre tout licenciement injustifié, conformément au droit de l'Union et aux législations et pratiques nationales.

Art. 31 *Conditions de travail justes et équitables.* 1. Tout travailleur a droit à des conditions de travail qui respectent sa santé, sa sécurité et sa dignité.

2. Tout travailleur a droit à une limitation de la durée maximale du travail et à des périodes de repos journalier et hebdomadaire, ainsi qu'à une période annuelle de congés payés.

Art. 32 *Interdiction du travail des enfants et protection des jeunes au travail.* Le travail des enfants est interdit. L'âge minimal d'admission au travail ne peut être inférieur à l'âge auquel cesse la période de scolarité obligatoire, sans préjudice des règles plus favorables aux jeunes et sauf dérogations limitées.

Les jeunes admis au travail doivent bénéficier de conditions de travail adaptées à leur âge et être protégés contre l'exploitation économique ou contre tout travail susceptible de nuire à leur sécurité, à leur santé, à leur développement physique, mental, moral ou social ou de compromettre leur éducation.

Art. 33 *Vie familiale et vie professionnelle.* 1. La protection de la famille est assurée sur les plans juridique, économique et social.

2. Afin de pouvoir concilier vie familiale et vie professionnelle, toute personne a le droit d'être protégée contre tout licenciement pour un motif lié à la maternité, ainsi que le droit à un congé de maternité payé et à un congé parental à la suite de la naissance ou de l'adoption d'un enfant.

Art. 34 *Sécurité sociale et aide sociale.* 1. L'Union reconnaît et respecte le droit d'accès aux prestations de sécurité sociale et aux services sociaux assurant une protection dans des cas tels que la maternité, la maladie, les accidents du travail, la dépendance ou la vieillesse, ainsi qu'en cas de perte d'emploi, selon les règles établies par le droit de l'Union et les législations et pratiques nationales.

2. Toute personne qui réside et se déplace légalement à l'intérieur de l'Union a droit aux prestations de sécurité sociale et aux avantages sociaux, conformément au droit de l'Union et aux législations et pratiques nationales.

3. Afin de lutter contre l'exclusion sociale et la pauvreté, l'Union reconnaît et respecte le droit à une aide sociale et à une aide au logement destinées à assurer une existence digne à tous ceux qui ne disposent pas de ressources suffisantes, selon les règles établies par le droit de l'Union et les législations et pratiques nationales.

Art. 35 *Protection de la santé.* Toute personne a le droit d'accéder à la prévention en matière de santé et de bénéficier de soins médicaux dans les conditions établies par les législations et pratiques nationales. Un niveau élevé de protection de la santé humaine est assuré dans la définition et la mise en œuvre de toutes les politiques et actions de l'Union.

Art. 36 *Accès aux services d'intérêt économique général.* L'Union reconnaît et respecte l'accès aux services d'intérêt économique général tel qu'il est prévu par les législations et pratiques nationales, conformément aux traités, afin de promouvoir la cohésion sociale et territoriale de l'Union.

Art. 37 *Protection de l'environnement.* Un niveau élevé de protection de l'environnement et l'amélioration de sa qualité doivent être intégrés dans les politiques de l'Union et assurés conformément au principe du développement durable.

Art. 38 *Protection des consommateurs.* Un niveau élevé de protection des consommateurs est assuré dans les politiques de l'Union.

TITRE V Citoyenneté

Art. 39 *Droit de vote et d'éligibilité aux élections au Parlement européen.* 1. Tout citoyen de l'Union a le droit de vote et d'éligibilité aux élections au Parlement européen dans l'État membre où il réside, dans les mêmes conditions que les ressortissants de cet État.

2. Les membres du Parlement européen sont élus au suffrage universel direct, libre et secret.

Art. 40 *Droit de vote et d'éligibilité aux élections municipales.* Tout citoyen de l'Union a le droit de vote et d'éligibilité aux élections municipales dans l'État membre où il réside, dans les mêmes conditions que les ressortissants de cet État.

Art. 41 *Droit à une bonne administration.* 1. Toute personne a le droit de voir ses affaires traitées impartialement, équitablement et dans un délai raisonnable par les institutions et organes de l'Union.

2. Ce droit comporte notamment :

a) le droit de toute personne d'être entendue avant qu'une mesure individuelle qui l'affecterait défavorablement ne soit prise à son encontre ;

b) le droit d'accès de toute personne au dossier qui la concerne, dans le respect des intérêts légitimes de la confidentialité et du secret professionnel et des affaires ;

c) l'obligation pour l'administration de motiver ses décisions.

3. Toute personne a droit à la réparation par l'Union des dommages causés par les institutions, ou par ses agents dans l'exercice de leurs fonctions, conformément aux principes généraux communs aux droits des États membres.

4. Toute personne peut s'adresser aux institutions de l'Union dans une des langues des traités et doit recevoir une réponse dans la même langue.

Art. 42 *Droit d'accès aux documents.* Tout citoyen de l'Union ainsi que toute personne physique ou morale résidant ou ayant son siège statutaire dans un État membre a un droit d'accès aux documents des institutions, organes et organismes de l'Union, quel que soit leur support.

Art. 43 *Médiateur européen.* Tout citoyen de l'Union ainsi que toute personne physique ou morale résidant ou ayant son siège statutaire dans un État membre a le droit de saisir le médiateur européen de cas de mauvaise administration dans l'action des institutions, organes ou organismes de l'Union, à l'exclusion de la Cour de justice de l'Union européenne dans l'exercice de ses fonctions juridictionnelles.

Art. 44 *Droit de pétition.* Tout citoyen de l'Union ainsi que toute personne physique ou morale résidant ou ayant son siège statutaire dans un État membre a le droit de pétition devant le Parlement européen.

Art. 45 *Liberté de circulation et de séjour.* 1. Tout citoyen de l'Union a le droit de circuler et de séjourner librement sur le territoire des États membres.

2. La liberté de circulation et de séjour peut être accordée, conformément aux traités, aux ressortissants de pays tiers résidant légalement sur le territoire d'un État membre.

Art. 46 *Protection diplomatique et consulaire.* Tout citoyen de l'Union bénéficie, sur le territoire d'un pays tiers où l'État membre dont il est ressortissant n'est pas représenté, de la protection des autorités diplomatiques et consulaires de tout État membre dans les mêmes conditions que les ressortissants de cet État.

TITRE VI Justice

Art. 47 *Droit à un recours effectif et à accéder à un tribunal impartial.* Toute personne dont les droits et libertés garantis par le droit de l'Union ont été violés a droit à un recours effectif devant un tribunal dans le respect des conditions prévues au présent article.

Toute personne a droit à ce que sa cause soit entendue équitablement, publiquement et dans un délai raisonnable par un tribunal indépendant et impartial, établi préalablement par la loi. Toute personne a la possibilité de se faire conseiller, défendre et représenter.

Une aide juridictionnelle est accordée à ceux qui ne disposent pas de ressources suffisantes, dans la mesure où cette aide serait nécessaire pour assurer l'effectivité de l'accès à la justice.

Mandat d'arrêt européen et droit d'être entendu. Les autorités judiciaires d'exécution ne peuvent pas refuser d'exécuter un mandat d'arrêt européen émis aux fins de l'exercice de poursuites pénales au motif que la personne recherchée n'a pas été entendue dans l'État membre d'émission avant la délivrance de ce mandat. • CJUE 29 janv. 2013, n° C-396/11 : *AJ pénal 2013. 287, note Lelieur.*

Art. 48 *Présomption d'innocence et droits de la défense.* 1. Tout accusé est présumé innocent jusqu'à ce que sa culpabilité ait été légalement établie.

2. Le respect des droits de la défense est garanti à tout accusé.

Art. 49 *Principes de légalité et de proportionnalité des délits et des peines.* 1. Nul ne peut être condamné pour une action ou une omission qui, au moment où elle a été commise, ne constituait pas une infraction d'après le droit national ou le droit international. De même, il n'est infligé aucune peine plus forte que celle qui était applicable au moment où l'infraction a été commise. Si, postérieurement à cette infraction, la loi prévoit une peine plus légère, celle-ci doit être appliquée.

2. Le présent article ne porte pas atteinte au jugement et à la punition d'une personne coupable d'une action ou d'une omission qui, au moment où elle a été commise, était criminelle d'après les principes généraux reconnus par l'ensemble des nations.

3. L'intensité des peines ne doit pas être disproportionnée par rapport à l'infraction.

Art. 50 *Droit à ne pas être jugé ou puni pénalement deux fois pour une même infraction.* Nul ne peut être poursuivi ou puni pénalement en raison d'une infraction pour laquelle il a déjà été acquitté ou condamné dans l'Union par un jugement pénal définitif conformément à la loi.

1. Matière fiscale. Le principe *ne bis in idem* énoncé par l'art. 50 de la Charte ne s'oppose pas à ce qu'un État impose, pour les mêmes faits de non-respect d'obligations déclaratives dans le domaine de la TVA, successivement une sanction fiscale et une sanction pénale dans la mesure où la première sanction ne revêt pas un caractère pénal, ce qu'il appartient à la juridiction nationale de vérifier. • CJUE 26 févr. 2013, *Aklagaren c/ Hans Akerberg Fransson,* n° C-617/10 : *AJ pénal 2013. 270, obs. Copain*. ♦ Un cumul est néanmoins possible lorsque les sanctions poursuivent des buts complémentaires, que la charge supplémentaire imposée à la personne poursuivie est limitée au strict nécessaire et que la sévérité de l'ensemble des sanctions est également limitée à ce qui est strictement nécessaire au regard de la gravité de l'infraction poursuivie. • CJUE 20 mars 2018, n° C-524/15 : *D. actu. 22 mars 2018, obs. Maupin ; AJ pénal 2018. 319, obs. Gallois*.

2. Matière boursière. L'art. 50 de la Charte ne s'oppose pas à ce qu'une personne sanctionnée pour un manquement relevant de la compétence de l'Autorité des marchés financiers puisse, en raison des mêmes faits, être poursuivie et condamnée pour un des délits définis par les art. L. 465-1 s. C. mon. fin. • Crim. 22 janv. 2014, n° 12-83.579 P : *D. 2014. Pan. 1745, obs. Pradel*. ♦ *Contra* : • Cons. const. 18 mars 2015, n°s 2014/453/454 et 2015/462 et notes ss. art. 6. ♦ L'art. 50 de la Charte interdit le cumul de sanctions administratives et pénales en matière boursière dans la mesure où une sanction administrative de nature pénale excéderait ce qui est nécessaire pour assurer la répression de la manipulation des marchés. • CJUE 20 mars 2018, n° C-596/16 : *D. actu. 22 mars 2018, obs. Maupin ; AJ pénal 2018. 319, obs. Gallois ; RSC 2018. 524, note Stasiak*.

TITRE VII Dispositions générales régissant l'interprétation et l'application de la Charte

Art. 51 *Champ d'application.* 1. Les dispositions de la présente charte s'adressent aux institutions, organes et organismes de l'Union dans le respect du principe de subsidiarité, ainsi qu'aux États membres uniquement lorsqu'ils mettent en œuvre le droit de l'Union. En conséquence, ils respectent les droits, observent les principes et en promeuvent l'application, conformément à leurs compétences respectives et dans le respect des limites des compétences de l'Union telles qu'elles lui sont conférées dans les traités.

2. La présente charte n'étend pas le champ d'application du droit de l'Union au-delà des compétences de l'Union, ni ne crée aucune compétence ni aucune tâche nouvelles pour l'Union et ne modifie pas les compétences et tâches définies dans les traités.

Art. 52 *Portée et interprétation des droits et des principes.* 1. Toute limitation de l'exercice des droits et libertés reconnus par la présente charte doit être prévue par la loi et respecter le contenu essentiel desdits droits et libertés. Dans le respect du principe de proportionnalité, des limitations ne peuvent être apportées que si elles sont nécessaires et répondent effectivement à des objectifs d'intérêt général reconnus par l'Union ou au besoin de protection des droits et libertés d'autrui.

2. Les droits reconnus par la présente charte qui font l'objet de dispositions dans les traités s'exercent dans les conditions et limites définies par ceux-ci.

3. Dans la mesure où la présente charte contient des droits correspondant à des droits garantis par la Convention européenne de sauvegarde des droits de l'homme et des libertés fondamentales, leur sens et leur portée sont les mêmes que ceux que leur confère ladite convention. Cette disposition ne fait pas obstacle à ce que le droit de l'Union accorde une protection plus étendue.

4. Dans la mesure où la présente charte reconnaît des droits fondamentaux tels qu'ils résultent des traditions constitutionnelles communes aux États membres, ces droits doivent être interprétés en harmonie avec lesdites traditions.

5. Les dispositions de la présente charte qui contiennent des principes peuvent être mises en œuvre par des actes législatifs et exécutifs pris par les institutions, organes et organismes de l'Union, et par des actes des États membres lorsqu'ils mettent en œuvre le droit de l'Union, dans l'exercice de leurs compétences respectives. Leur invocation devant le juge n'est admise que pour l'interprétation et le contrôle de la légalité de tels actes.

6. Les législations et pratiques nationales doivent être pleinement prises en compte comme précisé dans la présente charte.

7. Les explications élaborées en vue de guider l'interprétation de la présente charte sont dûment prises en considération par les juridictions de l'Union et des États membres.

Art. 53 *Niveau de protection.* Aucune disposition de la présente charte ne doit être interprétée comme limitant ou portant atteinte aux droits de l'homme et libertés fondamentales reconnus, dans leur champ d'application respectif, par le droit de l'Union, le droit international et les conventions internationales auxquelles sont parties l'Union, ou tous les États membres, et notamment la Convention européenne de sauvegarde des droits de l'homme et des libertés fondamentales, ainsi que par les constitutions des États membres.

Art. 54 *Interdiction de l'abus de droit.* Aucune des dispositions de la présente charte ne doit être interprétée comme impliquant un droit quelconque de se livrer à une activité ou d'accomplir un acte visant à la destruction des droits ou libertés reconnus dans la présente charte ou à des limitations plus amples des droits et libertés que celles qui sont prévues par la présente charte.

Traité sur l'Union européenne

Traité de Lisbonne du 13 déc. 2007, publié par Décr. n° 2009-1466 du 1er déc. 2009 (JO 2 déc.), entré en vigueur le 1er déc. 2009.

BIBL. ▶ GOGORZA, *Dr. pénal 2010. Étude 26* (rôle de la CJUE en matière pénale). – TAUPIAC-NOUVEL, *Dr. pénal 2011. Étude 13* (la Cour de justice de l'Union européenne, gardienne des droits fondamentaux en matière répressive).

TITRE PREMIER Dispositions communes

....

Art. 6 1. L'Union reconnaît les droits, les libertés et les principes énoncés dans la Charte des droits fondamentaux de l'Union européenne du 7 décembre 2000, telle qu'adaptée le 12 décembre 2007 à Strasbourg, laquelle a la même valeur juridique que les traités.

Les dispositions de la charte n'étendent en aucune manière les compétences de l'Union telles que définies dans les traités.

Les droits, les libertés et les principes énoncés dans la charte sont interprétés conformément aux dispositions générales du titre VII de la charte régissant l'interprétation et l'application de celle-ci et en prenant dûment en considération les explications visées dans la charte, qui indiquent les sources de ces dispositions.

2. L'Union adhère à la Convention européenne de sauvegarde des droits de l'homme et des libertés fondamentales. Cette adhésion ne modifie pas les compétences de l'Union telles qu'elles sont définies dans les traités.

3. Les droits fondamentaux, tels qu'ils sont garantis par la Convention européenne de sauvegarde des droits de l'homme et des libertés fondamentales et tels qu'ils résultent des traditions constitutionnelles communes aux États membres, font partie du droit de l'Union en tant que principes généraux.

ÉTAT D'URGENCE SANITAIRE

I Première déclaration

Code de la santé publique

CHAPITRE Ier *BIS* *ÉTAT D'URGENCE SANITAIRE*

(L. nº 2020-290 du 23 mars 2020, art. 2)

Art. L. 3131-12 L'état d'urgence sanitaire peut être déclaré sur tout ou partie du territoire métropolitain ainsi que du territoire des collectivités régies par les articles 73 et 74 de la Constitution et de la Nouvelle-Calédonie en cas de catastrophe sanitaire mettant en péril, par sa nature et sa gravité, la santé de la population.

Art. L. 3131-13 L'état d'urgence sanitaire est déclaré par décret en conseil des ministres pris sur le rapport du ministre chargé de la santé. Ce décret motivé détermine la ou les circonscriptions territoriales à l'intérieur desquelles il entre en vigueur et reçoit application. Les données scientifiques disponibles sur la situation sanitaire qui ont motivé la décision sont rendues publiques.

L'Assemblée nationale et le Sénat sont informés sans délai des mesures prises par le Gouvernement au titre de l'état d'urgence sanitaire. L'Assemblée nationale et le Sénat peuvent requérir toute information complémentaire dans le cadre du contrôle et de l'évaluation de ces mesures.

La prorogation de l'état d'urgence sanitaire au-delà d'un mois ne peut être autorisée que par la loi, après avis du comité de scientifiques prévu à l'article L. 3131-19.

Art. L. 3131-14 La loi autorisant la prorogation au-delà d'un mois de l'état d'urgence sanitaire fixe sa durée.

Il peut être mis fin à l'état d'urgence sanitaire par décret en conseil des ministres avant l'expiration du délai fixé par la loi le prorogeant *(L. nº 2020-546 du 11 mai 2020, art. 2)* « après avis du comité de scientifiques prévu à l'article L. 3131-19 ».

Les mesures prises en application du présent chapitre cessent d'avoir effet en même temps que prend fin l'état d'urgence sanitaire.

Loi nº 2020-290 du 23 mars 2020,

D'urgence pour faire face à l'épidémie de covid-19.

BIBL. ▶ RASCHEL, *RSC 2020. 703* (la procédure pénale face à l'urgence sanitaire).

Art. 11 I. — Dans les conditions prévues à l'article 38 de la Constitution, le Gouvernement est autorisé à prendre par ordonnances, dans un délai de trois mois à compter de la publication de la présente loi, toute mesure, pouvant entrer en vigueur, si nécessaire, à compter du 12 mars 2020, relevant du domaine de la loi et, le cas échéant, à les étendre et à les adapter aux collectivités mentionnées à l'article 72-3 de la Constitution :

1º Afin de faire face aux conséquences économiques, financières et sociales de la propagation de l'épidémie de covid-19 et aux conséquences des mesures prises pour limiter cette propagation, et notamment afin de prévenir et limiter la cessation d'activité des personnes physiques et morales exerçant une activité économique et des associations ainsi que ses incidences sur l'emploi, en prenant toute mesure :

a) D'aide directe ou indirecte à ces personnes dont la viabilité est mise en cause, notamment par la mise en place de mesures de soutien à la trésorerie de ces personnes ainsi que d'un fonds dont le financement sera partagé avec les régions, les collectivités relevant de l'*article 74* de la Constitution, la Nouvelle-Calédonie et toute autre collectivité territoriale ou établissement public volontaire ;

b) En matière de droit du travail, de droit de la sécurité sociale et de droit de la fonction publique ayant pour objet :

— de limiter les ruptures des contrats de travail et d'atténuer les effets de la baisse d'activité, en facilitant et en renforçant le recours à l'activité partielle pour toutes les entreprises quelle que soit leur taille, notamment en adaptant de manière temporaire le régime social applicable aux indemnités versées dans ce cadre, en l'étendant à de nouvelles catégories de bénéficiaires, en réduisant, pour les salariés, le reste à charge pour l'employeur et, pour les indépendants, la perte de revenus, en adaptant ses modalités de mise en œuvre, en favorisant une meilleure articulation avec la formation professionnelle et une meilleure prise en compte des salariés à temps partiel ;

— d'adapter les conditions et modalités d'attribution de l'indemnité complémentaire prévue à l'article L. 1226-1 du code du travail ;

— de permettre à un accord d'entreprise ou de branche d'autoriser l'employeur à imposer ou à modifier les dates de prise d'une partie des congés payés dans la limite de six jours ouvrables, en dérogeant aux délais de prévenance et aux modalités de prise de ces congés définis par les dispositions du livre Ier de la troisième partie du code du travail et par les conventions et accords collectifs applicables dans l'entreprise ;

— de permettre à tout employeur d'imposer ou de modifier unilatéralement les dates des jours de réduction du temps de travail, des jours de repos prévus par les conventions de forfait et des jours de repos affectés sur le compte épargne temps du salarié, en dérogeant aux délais de prévenance et aux modalités d'utilisation définis au livre Ier de la troisième partie du code du travail, par les conventions et accords collectifs ainsi que par le statut général de la fonction publique ;

— de permettre aux entreprises de secteurs particulièrement nécessaires à la sécurité de la Nation ou à la continuité de la vie économique et sociale de déroger aux règles d'ordre public et aux stipulations conventionnelles relatives à la durée du travail, au repos hebdomadaire et au repos dominical ;

— de modifier, à titre exceptionnel, les dates limites et les modalités de versement des sommes versées au titre de l'intéressement en application de l'article L. 3314-9 du code du travail et au titre de la participation en application de l'article L. 3324-12 du même code ;

— de modifier la date limite et les conditions de versement de la prime exceptionnelle de pouvoir d'achat mentionnée à l'article 7 de la loi n° 2019-1446 du 24 décembre 2019 de financement de la sécurité sociale pour 2020 ;

— d'adapter l'organisation de l'élection mentionnée à l'article L. 2122-10-1 du code du travail, en modifiant si nécessaire la définition du corps électoral, et, en conséquence, de proroger, à titre exceptionnel, la durée des mandats des conseillers prud'hommes et des membres des commissions paritaires régionales interprofessionnelles ;

— d'aménager les modalités de l'exercice par les services de santé au travail de leurs missions définies au titre II du livre VI de la quatrième partie du code du travail, notamment du suivi de l'état de santé des travailleurs, et de définir les règles selon lesquelles le suivi de l'état de santé est assuré pour les travailleurs qui n'ont pu, en raison de l'épidémie, bénéficier du suivi prévu par le même code ;

— de modifier les modalités d'information et de consultation des instances représentatives du personnel, notamment du comité social et économique, pour leur permettre d'émettre les avis requis dans les délais impartis, et de suspendre les processus électoraux des comités sociaux et économiques en cours ;

— d'aménager les dispositions de la sixième partie du code du travail, notamment afin de permettre aux employeurs, aux organismes de formation et aux opérateurs de satisfaire aux obligations légales en matière de qualité et d'enregistrement des certifications et habilitations ainsi que d'adapter les conditions de rémunérations et de versement des cotisations sociales des stagiaires de la formation professionnelle ;

— d'adapter, à titre exceptionnel, les modalités de détermination des durées d'attribution des revenus de remplacement mentionnés à l'article L. 5421-2 du code du travail ;

c) Modifiant, dans le respect des droits réciproques, les obligations des personnes morales de droit privé exerçant une activité économique à l'égard de leurs clients et fournisseurs ainsi que des coopératives à l'égard de leurs associés-coopérateurs, notamment en termes de délais de paiement et pénalités et de nature des contreparties, en particulier en ce qui concerne les contrats de vente de voyages et de séjours mentionnés aux II et III de l'article L. 211-14 du code du tourisme prenant effet à compter du 1er mars 2020 et les prestations relevant des séjours de mineurs à caractère éducatif organisés dans le cadre de l'article L. 227-4 du code de l'action sociale et des familles ;

d) Adaptant les dispositions du livre VI du code de commerce et celles du chapitre Ier du titre V du livre III du code rural et de la pêche maritime afin de prendre en compte les conséquences de la crise sanitaire pour les entreprises et les exploitations ;

e) Adaptant les dispositions de l'article L. 115-3 du code de l'action sociale et des familles, notamment pour prolonger, pour l'année 2020, le délai fixé au troisième alinéa du même article L. 115-3, et reportant la date de fin du sursis à toute mesure d'expulsion locative prévue à l'article L. 412-6 du code des procédures civiles d'exécution pour cette même année ;

f) Adaptant les règles de passation, de délais de paiement, d'exécution et de résiliation, notamment celles relatives aux pénalités contractuelles, prévues par le code de la commande publique ainsi que les stipulations des contrats publics ayant un tel objet ;

g) Permettant de reporter intégralement ou d'étaler le paiement des loyers, des factures d'eau, de gaz et d'électricité afférents aux locaux professionnels et commerciaux et de renoncer aux pénalités financières et aux suspensions, interruptions ou réductions de fournitures susceptibles d'être appliquées en cas de non-paiement de ces factures, au bénéfice des microentreprises, au sens du décret n° 2008-1354 du 18 décembre 2008 relatif aux critères permettant de déterminer la catégorie d'appartenance d'une entreprise pour les besoins de l'analyse statistique et économique, dont l'activité est affectée par la propagation de l'épidémie ;

h) Dérogeant aux dispositions de l'article 60 de la loi de finances pour 1963 (n° 63-156 du 23 février 1963) relatives à la responsabilité personnelle et pécuniaire des comptables publics ;

i) Permettant à l'Agence centrale des organismes de sécurité sociale de consentir des prêts et avances aux organismes gérant un régime complémentaire obligatoire de sécurité sociale ;

2° Afin de faire face aux conséquences, notamment de nature administrative ou juridictionnelle, de la propagation de l'épidémie de covid-19 et des mesures prises pour limiter cette propagation, toute mesure :

a) Adaptant les délais et procédures applicables au dépôt et au traitement des déclarations et demandes présentées aux autorités administratives, les délais et les modalités de consultation du public ou de toute instance ou autorité, préalables à la prise d'une décision par une autorité administrative et, le cas échéant, les délais dans lesquels cette décision peut ou doit être prise ou peut naître ainsi que les délais de réalisation par toute personne de contrôles, travaux et prescriptions de toute nature imposées par les lois et règlements, à moins que ceux-ci ne résultent d'une décision de justice ;

b) Adaptant, interrompant, suspendant ou reportant le terme des délais prévus à peine de nullité, caducité, forclusion, prescription, inopposabilité, déchéance d'un droit, fin d'un agrément ou d'une autorisation ou cessation d'une mesure, à l'exception des mesures privatives de liberté et des sanctions. Ces mesures sont rendues applicables à compter du 12 mars 2020 et ne peuvent excéder de plus de trois mois la fin des mesures de police administrative prises par le Gouvernement pour ralentir la propagation de l'épidémie de covid-19 ;

c) Adaptant, aux seules fins de limiter la propagation de l'épidémie de covid-19 parmi les personnes participant à la conduite et au déroulement des instances, les règles relatives à la compétence territoriale et aux formations de jugement des juridictions de l'ordre administratif et de l'ordre judiciaire ainsi que les règles relatives aux délais de procédure et de jugement, à la publicité des audiences et à leur tenue, au recours à la visioconférence devant ces juridictions et aux modalités de saisine de la juridiction et d'organisation du contradictoire devant les juridictions ;

d) Adaptant, aux seules fins de limiter la propagation de l'épidémie de covid-19 parmi les personnes participant à ces procédures, les règles relatives au déroulement des gardes à vue, pour permettre l'intervention à distance de l'avocat et la prolongation de ces mesures pour au plus la durée légalement prévue sans présentation de la personne devant le magistrat compétent, et les règles relatives au déroulement et à la durée des détentions provisoires et des assignations à résidence sous surveillance électronique, pour permettre l'allongement des délais au cours de l'instruction et en matière d'audiencement, pour une durée proportionnée à celle de droit commun et ne pouvant excéder trois mois en matière délictuelle et six mois en appel ou en matière criminelle, et la prolongation de ces mesures au vu des seules réquisitions écrites du parquet et des observations écrites de la personne et de son avocat ;

e) Aménageant aux seules fins de limiter la propagation de l'épidémie de covid-19 parmi les personnes participant ou impliquées dans ces procédures, d'une part, les règles relatives à l'exécution et l'application des peines privatives de liberté pour assouplir les modalités d'affectation des détenus dans les établissements pénitentiaires ainsi que les modalités d'exécution des fins de peine et, d'autre part, les règles relatives à l'exécution des mesures de placement et autres mesures éducatives prises en application de l'ordonnance n° 45-174 du 2 février 1945 relative à l'enfance délinquante ;

f) Simplifiant et adaptant les conditions dans lesquelles les assemblées et les organes dirigeants collégiaux des personnes morales de droit privé et autres entités se réunissent et délibèrent ainsi que les règles relatives aux assemblées générales ;

g) Simplifiant, précisant et adaptant les règles relatives à l'établissement, l'arrêté, l'audit, la revue, l'approbation et la publication des comptes et des autres documents que les personnes morales de droit privé et autres entités sont tenues de déposer ou de publier, notamment celles relatives aux délais, ainsi qu'adaptant les règles relatives à l'affectation des bénéfices et au paiement des dividendes ;

h) Adaptant les dispositions relatives à l'organisation de la Banque publique d'investissement créée par l'ordonnance n° 2005-722 du 29 juin 2005 relative à la Banque publique d'investissement afin de renforcer sa capacité à accorder des garanties ;

i) Simplifiant et adaptant le droit applicable au fonctionnement des établissements publics et des instances collégiales administratives, y compris les organes dirigeants des autorités administratives ou publiques indépendantes, notamment les règles relatives à la tenue des réunions dématérialisées ou le recours à la visioconférence ;

j) Adaptant le droit de la copropriété des immeubles bâtis pour tenir compte, notamment pour la désignation des syndics, de l'impossibilité ou des difficultés de réunion des assemblées générales de copropriétaires ;

k) Dérogeant aux dispositions du chapitre III du titre II du livre VII du code rural et de la pêche maritime afin de proroger, pour une période n'allant pas au delà du 31 décembre 2020, la durée des mandats des membres du conseil d'administration des caisses départementales de mutualité sociale agricole, des caisses pluridépartementales de mutualité sociale agricole et du conseil central d'administration de la mutualité sociale agricole ;

l) Permettant aux autorités compétentes pour la détermination des modalités d'accès aux formations de l'enseignement supérieur, des modalités de délivrance des diplômes de l'enseignement supérieur ou des modalités de déroulement des concours ou examens d'accès à la fonction publique d'apporter à ces modalités toutes les modifications nécessaires pour garantir la continuité de leur mise en œuvre, dans le respect du principe d'égalité de traitement des candidats ;

m) Permettant aux autorités compétentes de prendre toutes mesures relevant du code de la santé publique et du code de la recherche afin, dans le respect des meilleures pratiques médicales et de la sécurité des personnes, de simplifier et d'accélérer la recherche fondamentale et clinique visant à lutter contre l'épidémie de covid-19 ;

3° Afin de faire face aux conséquences, pour les établissements de santé mentionnés à l'article L. 6111-1 du code de la santé publique, de la propagation de l'épidémie de covid-19 et des charges découlant de la prise en charge des patients affectés par celui-ci, toute mesure dérogeant aux règles de financement de ces établissements ;

4° Afin de permettre aux parents dont l'activité professionnelle est maintenue sur leur lieu de travail de pouvoir faire garder leurs jeunes enfants dans le contexte de fermeture des structures d'accueil du jeune enfant visant à limiter la propagation de l'épidémie de covid-19, toute mesure :

a) Etendant à titre exceptionnel et temporaire le nombre d'enfants qu'un assistant maternel agréé au titre de l'article L. 421-4 du code de l'action sociale et des familles est autorisé à accueillir simultanément ;

b) Prévoyant les transmissions et échanges d'information nécessaires à la connaissance par les familles de l'offre d'accueil et de sa disponibilité afin de faciliter l'accessibilité des services aux familles en matière d'accueil du jeune enfant ;

5° Afin, face aux conséquences de l'épidémie de covid-19, d'assurer la continuité de l'accompagnement et la protection des personnes en situation de handicap et des personnes âgées vivant à domicile ou dans un établissement ou service social et médico-social, des mineurs et majeurs protégés et des personnes en situation de pauvreté, toute mesure :

a) Dérogeant aux dispositions de l'article L. 312-1 et du chapitre III du titre Ier du livre III du code de l'action sociale et des familles pour permettre aux établissements et services sociaux et médico-sociaux autorisés d'adapter les conditions d'organisation et de fonctionnement *de l'établissement ou* du service et de dispenser des prestations ou de prendre en charge des publics destinataires figurant en dehors de leur acte d'autorisation ;

b) Dérogeant aux dispositions du code de l'action sociale et des familles et du code de la sécurité sociale pour adapter les conditions d'ouverture ou de prolongation des droits ou de prestations aux personnes en situation de handicap, aux personnes en situation de pauvreté, notamment les bénéficiaires de minima sociaux et prestations sociales, et aux personnes âgées ;

6° Afin, face aux conséquences de l'épidémie de covid-19, d'assurer la continuité des droits des assurés sociaux et leur accès aux soins et aux droits, en prenant toute mesure dérogeant aux dispositions du code de la sécurité sociale, du code rural et de la pêche maritime, du code de la construction et de l'habitation et du code de l'action sociale et des familles pour adapter les conditions d'ouverture, de reconnaissance ou de durée des droits relatifs à la prise en charge des frais de santé et aux prestations en espèces des assurances sociales ainsi que des prestations familiales, des aides personnelles au logement, de la prime d'activité et des droits à la protection complémentaire en matière de santé ;

7° Afin, face aux conséquences de l'épidémie de covid-19, d'assurer la continuité de l'indemnisation des victimes, en prenant toute mesure dérogeant aux dispositions du code de la santé publique et de l'article 53 de la loi n° 2000-1257 du 23 décembre 2000 de financement de la sécurité sociale pour 2001 pour adapter les règles d'instruction des demandes et d'indemnisation des victimes par l'Office national d'indemnisation des victimes d'accidents médicaux, des affections iatrogènes et des infections nosocomiales et par le Fonds d'indemnisation des victimes de l'amiante ;

8° Afin, face aux conséquences de l'épidémie de covid-19, d'assurer la continuité du fonctionnement des institutions locales et de l'exercice de leurs compétences ainsi que la continuité budgétaire et financière des collectivités territoriales et des établissements publics locaux, de prendre toute mesure permettant de déroger :

a) Aux règles de fonctionnement des collectivités territoriales et de leurs établissements publics, s'agissant notamment de leurs assemblées délibérantes et de leurs organes exécutifs, y compris en autorisant toute forme de délibération collégiale à distance ;

b) Aux règles régissant les délégations que peuvent consentir ces assemblées délibérantes à leurs organes exécutifs ainsi que leurs modalités ;

c) Aux règles régissant l'exercice de leurs compétences par les collectivités territoriales ;

d) Aux règles d'adoption et d'exécution des documents budgétaires ainsi que de communication des informations indispensables à leur établissement prévues par le code général des collectivités territoriales ;

e) Aux dates limites d'adoption des délibérations relatives au taux, au tarif ou à l'assiette des impôts directs locaux ou à l'institution de redevances ;

f) Aux règles applicables en matière de consultations et de procédures d'enquête publique ou exigeant une consultation d'une commission consultative ou d'un organe délibérant d'une collectivité territoriale ou de ses établissements publics ;

g) Aux règles applicables à la durée des mandats des représentants des élus locaux dans les instances consultatives dont la composition est modifiée à l'occasion du renouvellement général des conseils municipaux.

II. — Les projets d'ordonnance pris sur le fondement du présent article sont dispensés de toute consultation obligatoire prévue par une disposition législative ou réglementaire.

III. — Un projet de loi de ratification est déposé devant le Parlement dans un délai de deux mois à compter de la publication de chaque ordonnance.

QPC. Les dispositions contestées n'excluent pas toute intervention d'un juge lors de la prolongation d'un titre de détention provisoire venant à expiration durant la période d'application de l'état d'urgence sanitaire. Elles ne portent donc atteinte ni par elles-mêmes, ni par les conséquences qui en découlent nécessairement, aux exigences de l'art. 66 de la Const. imposant l'intervention d'un juge dans le plus court délai possible en cas de privation de liberté. L'inconstitutionnalité alléguée par les requérants ne pourrait résulter que de l'ordonnance prise sur le fondement de ces dispositions. Les mots « des détentions provisoires » figurant au *d* du 2° du § Ier de l'art. 11 sont déclarés conformes à la Constitution. • Cons. const. 3 juill. 2020, n° 2020-851/852 QPC.

Ordonnance n° 2020-303 du 25 mars 2020,

Portant adaptation de règles de procédure pénale sur le fondement de la loi n° 2020-290 du 23 mars 2020 d'urgence pour faire face à l'épidémie de covid-19.

BIBL. ▶ GOETZ, *D. actu. 27 mars 2020* (coronavirus : la justice pénale en état d'urgence sanitaire, ce que prévoit l'ordonnance).

Art. 1er Les règles de procédure pénale sont adaptées conformément aux dispositions de la présente ordonnance, afin de permettre la continuité de l'activité des juridictions pénales essentielle au maintien de l'ordre public.

Art. 2 Les dispositions de la présente ordonnance *(L. n° 2020-546 du 11 mai 2020, art. 12)* « , dans sa rédaction résultant de la loi n° 2020-546 du 11 mai 2020 prorogeant l'état d'urgence sanitaire et complétant ses dispositions, » sont applicables sur l'ensemble du territoire de la République jusqu'à l'expiration d'un délai d'un mois à compter de la date de cessation de l'état d'urgence sanitaire déclaré dans les conditions de l'article 4 de la loi du 23 mars 2020.

(Ord. n° 2020-557 du 13 mai 2020, art. 1er) « Un décret peut toutefois prévoir que tout ou partie de ces dispositions cesseront d'être applicables, sur tout ou partie du territoire de la République, à une date qu'il fixe, avant l'expiration de ce délai, si l'évolution de la situation sanitaire et les mesures décidées en application de l'article L. 3131-15 du code de la santé publique ne justifient plus les adaptations prévues par ces dispositions. Tant que ce délai

n'est pas expiré, si l'évolution de la situation et ces mesures le justifient, un décret peut prévoir à nouveau l'application de tout ou partie de ces dispositions, sur tout ou partie du territoire de la République. »

CHAPITRE PREMIER *Dispositions générales*

Art. 3 Les délais de prescription de l'action publique et de prescription de la peine sont suspendus à compter du 12 mars 2020 jusqu'au terme prévu à l'article 2.

Art. 4 Les délais fixés par les dispositions du code de procédure pénale *(Ord. n° 2020-557 du 13 mai 2020, art. 1er)* **« ou par la loi du 29 juillet 1881 sur la liberté de la presse » pour l'exercice d'une voie de recours sont doublés sans pouvoir être inférieurs à dix jours.**

Les dispositions de l'alinéa qui précède sont sans effet sur le délai de quatre heures mentionné à l'article 148-1-1 du même code.

Tous les recours et demandes peuvent être faits par lettre recommandée avec accusé de réception. Il en est de même pour le dépôt des mémoires ou de conclusions.

Par dérogation aux articles 502 et 576 du code de procédure pénale, l'appel et le pourvoi en cassation peuvent être formés par lettre recommandée avec accusé de réception. Ils peuvent également être formés par courriel à l'adresse électronique communiquée à cette fin par la juridiction de première instance ou d'appel.

Par dérogation à l'avant-dernier alinéa de l'article 81 du code de procédure pénale, les demandes prévues par ces articles peuvent toujours être adressées par lettre recommandée avec demande d'avis de réception. Elles peuvent également être adressées par courriel à l'adresse électronique communiquée à cette fin par la juridiction de première instance ou d'appel. *(L. n° 2020-546 du 11 mai 2020, art. 1er)* **« Lorsque la détention provisoire d'une personne a été ordonnée ou prolongée sur le motif prévu au 5° et, le cas échéant, aux 4° et 7° de l'article 144 du même code, l'avocat de la personne mise en examen peut également adresser par courrier électronique au juge d'instruction une demande de mise en liberté si celle-ci est motivée par l'existence de nouvelles garanties de représentation de la personne ; dans les autres cas, toute demande de mise en liberté formée par courrier électronique est irrecevable ; cette irrecevabilité est constatée par le juge d'instruction qui en informe par courrier électronique l'avocat et elle n'est pas susceptible d'appel devant la chambre de l'instruction. »**

Les courriels adressés font l'objet d'un accusé de réception électronique par la juridiction. Ils sont considérés comme reçus par la juridiction à la date d'envoi de cet accusé, et cette date fait, s'il y a lieu, courir les délais prévus par les dispositions du code de procédure pénale, modifiés le cas échéant par la présente ordonnance.

Art. annulé par Décis. CE nos 440037 et 440165 du 23 sept. 2021.

La condition préalable selon laquelle la demande d'examen immédiat de l'appel de l'ordonnance de placement en détention n'est recevable que si la personne mise en examen a interjeté appel de cette décision au plus tard le jour suivant celle-ci, en application de l'art. 187-1, ne s'interprète pas comme un délai de recours et n'entre pas dans les prévisions de l'art. 4 de l'Ord. n° 2020-303 du 25 mars 2020. • Crim. 30 sept. 2020, n° 20-83.548 P : *D. actu. 5 nov. 2020, obs. Engel ; RSC 2020. 971, obs. Valat*.

Art. 5 *(Abrogé par Cons. const. n° 2020-872 QPC du 15 janv. 2021)* ***« Par dérogation à l'article 706-71 du code de procédure pénale, il peut être recouru à un moyen de télécommunication audiovisuelle devant l'ensemble des juridictions pénales, autres que les juridictions criminelles, sans qu'il soit nécessaire de recueillir l'accord des parties. »***

En cas d'impossibilité technique ou matérielle de recourir à un tel moyen, le juge peut décider d'utiliser tout autre moyen de communication électronique, y compris téléphonique, permettant de s'assurer de la qualité de la transmission, de l'identité des personnes et de garantir la confidentialité des échanges entre les parties et leurs avocats. Le juge s'assure à tout instant du bon déroulement des débats et le greffe dresse le procès-verbal des opérations effectuées.

Dans les cas prévus au présent article, le juge organise et conduit la procédure en veillant au respect des droits de la défense et en garantissant le caractère contradictoire des débats.

Art. annulé par Décis. CE nos 440037 et 440165 du 23 sept. 2021.

BIBL. ▸ ROUSVAL, *Cah. just. 2021. 163* (la visioconférence à l'heure de la covid-19).

1. QPC. Eu égard à l'importance de la garantie qui peut s'attacher à la présentation physique de l'intéressé devant la juridiction pénale – notamment en matière de comparution, devant le tribunal correctionnel ou la chambre des appels correctionnels, d'un prévenu ou de la comparution devant les juridictions spécialisées compétentes pour juger les mineurs en matière correctionnelle – et en l'état des conditions dans lesquelles s'exerce le recours à ces moyens de télécommunication, les dispositions de l'al. 1er de l'art. 5 de l'Ord. du 25 mars 2020 portent une atteinte aux droits de la défense que ne pouvait justifier le contexte sanitaire particulier résultant de l'épidémie de covid-19 durant leur période d'application. Elles doivent donc être déclarées contraires à la Constitution. • Cons. const. 15 janv. 2021, nº 2020-872 QPC : *JO 16 janv. 2021 ; RSC 2021. 479, obs. Botton*.

2. Les dispositions de l'art. 5 de l'Ord. nº 2020-303 du 25 mars 2020, qui dérogent explicitement, pour un temps limité, à celles de l'art. 706-71 C. pr. pén., qui prohibent le recours à la visioconférence pour le placement en détention provisoire hors le cas où la personne est détenue pour autre cause, ne sont pas contraires aux art. 5 et 6 Conv. EDH dès lors que, même prises dans un contexte sanitaire d'urgence, elles posent *in fine* l'exigence que le juge organise et conduise la procédure en veillant au respect des droits de la défense et en garantissant le caractère contradictoire des débats. • Crim. 22 juill. 2020, nº 20-82.213 P : *D. actu. 14 sept. 2020, obs. Recotillet.*

CHAPITRE II *Dispositions relatives à la compétence des juridictions et à la publicité des audiences*

Art. 6 Lorsqu'une juridiction pénale du premier degré est dans l'incapacité totale ou partielle de fonctionner, le premier président de la cour d'appel désigne par ordonnance, après avis du procureur général près cette cour, des chefs de juridiction et des directeurs de greffe des juridictions concernées, une autre juridiction de même nature et du ressort de la même cour pour connaître de tout ou partie de l'activité relevant de la compétence de la juridiction empêchée.

L'ordonnance détermine les activités faisant l'objet du transfert de compétence et la date à laquelle le transfert de compétences intervient. Elle est prise pour une durée ne pouvant excéder un mois après la cessation de l'état d'urgence sanitaire déclaré dans les conditions de l'article 4 de la loi du 23 mars 2020. Elle fait l'objet d'une publication dans deux journaux diffusés dans le ressort de la cour et de toute autre mesure de publicité dans tout lieu jugé utile.

La juridiction désignée est compétente pour les affaires en cours à la date d'entrée en vigueur de l'ordonnance de désignation.

Art. 7 Par dérogation aux règles de publicité définies par les articles 306 et 400 du code de procédure pénale, le président de la juridiction peut décider, avant l'ouverture de l'audience, que les débats se dérouleront en publicité restreinte, ou, en cas d'impossibilité de garantir les conditions nécessaires à la protection de la santé des personnes présentes à l'audience, à huis clos. Dans les conditions déterminées par le président, des journalistes peuvent assister à l'audience, y compris lorsque le huis clos a été ordonné en application des dispositions du présent article.

Dans les mêmes conditions, le président peut également ordonner que les jugements seront rendus selon les mêmes modalités. Dans ce cas, le dispositif de la décision est affiché sans délai dans un lieu de la juridiction accessible au public.

Devant la chambre de l'instruction, et par dérogation à l'article 199 du code de procédure pénale, dans le cas où l'audience est publique et où l'arrêt est rendu en séance publique, les dispositions des alinéas précédents sont applicables.

Lorsque le juge des libertés et de la détention doit statuer en audience publique en matière de détention provisoire, en cas d'impossibilité de garantir les conditions nécessaires à la protection de la santé des personnes présentes, ce magistrat peut décider que l'audience se tiendra en chambre du conseil. Dans ce cas, et dans les conditions qu'il détermine, des journalistes peuvent assister à cette audience.

CHAPITRE III *Dispositions relatives à la composition des juridictions*

Art. 8 Les dispositions des articles 9, 10 et celles du premier alinéa de l'article 11 n'entrent en vigueur, dans tout ou partie des juridictions, qu'en application d'un décret constatant la persistance d'une crise sanitaire de nature à compromettre le fonctionnement des juridictions malgré la mise en œuvre des autres dispositions de la présente ordonnance.

Art. 9 I. – Par dérogation aux dispositions de l'article 191 du code de procédure pénale, la chambre de l'instruction peut statuer, en matière correctionnelle, en n'étant composée que de son seul président, ou d'un magistrat désigné pour le remplacer, sur décision du premier président de la cour d'appel constatant que la réunion de la formation collégiale de la juridiction n'est pas possible, sans préjudice de la possibilité pour le président de renvoyer l'affaire à une formation collégiale si ce renvoi lui paraît justifié en raison de la complexité ou de la gravité des faits.

II. – Par dérogation aux dispositions de l'article 398 du code de procédure pénale, le tribunal correctionnel peut statuer, quelle que soit la nature du délit dont il est saisi et quel que soit le mode de sa saisine, en n'étant composé que de son seul président, ou du magistrat désigné pour le remplacer, sur décision du président du tribunal judiciaire constatant que la réunion de la formation collégiale de la juridiction n'est pas possible, sans préjudice de la possibilité pour le président de renvoyer l'affaire à une formation collégiale si ce renvoi lui paraît justifié en raison de la complexité ou de la gravité des faits.

III. – Par dérogation aux dispositions de l'article 510 du code de procédure pénale, la chambre des appels correctionnels et la chambre spéciale des mineurs peuvent statuer, dans tous les cas, en n'étant composée que de leur seul président, ou d'un magistrat désigné pour le remplacer, sur décision du premier président de la cour d'appel constatant que la réunion de la formation collégiale de la juridiction n'est pas possible, sans préjudice de la possibilité pour le président de renvoyer l'affaire à une formation collégiale si ce renvoi lui paraît justifié en raison de la complexité ou de la gravité des faits.

Art. 10 En matière correctionnelle, par dérogation aux dispositions du premier alinéa de l'article L. 251-3 du code de l'organisation judiciaire, le tribunal pour enfants peut statuer en n'étant composé que de son seul président, ou d'un juge des enfants, et à défaut d'un magistrat désigné pour le remplacer, sur décision du président du tribunal judiciaire constatant que la réunion de la formation collégiale de la juridiction n'est pas possible, sans préjudice de la possibilité pour le président de renvoyer l'affaire à une formation collégiale si ce renvoi lui paraît justifié en raison de la complexité ou de la gravité des faits.

Art. 11 Par dérogation aux dispositions des articles 712-1, 712-3 et 712-13 du code de procédure pénale, le tribunal de l'application des peines et la chambre de l'application des peines de la cour d'appel peuvent, sur décision du président du tribunal judiciaire ou du premier président de la cour d'appel constatant que la réunion de la formation collégiale de la juridiction n'est pas possible, être composés de leur seul président, ou du magistrat désigné pour le remplacer, sans préjudice de la possibilité pour le président de renvoyer l'affaire à une formation collégiale si ce renvoi lui paraît justifié en raison de la complexité ou de la gravité des faits.

Dans tous les cas, par dérogation aux dispositions du deuxième alinéa de l'article 712-13 du code de procédure pénale, la chambre de l'application des peines de la cour d'appel peut statuer sans être composée du responsable d'une association de réinsertion des condamnés et du responsable d'une association d'aide aux victimes.

Art. 12 Par dérogation aux dispositions de l'article 50 du code de procédure pénale, si le ou les juges d'instruction sont absents, malades ou autrement empêchés, le président du tribunal judiciaire ou, en cas d'empêchement, le magistrat qui le remplace désigne le ou les magistrats du siège pour exercer les fonctions de juge d'instruction. Il peut établir, à cette fin, un tableau de roulement.

Les désignations prévues au présent article sont des mesures d'administration judiciaire.

CHAPITRE IV *Dispositions relatives à la garde à vue*

Art. 13 Par dérogation aux dispositions des articles 63-4 et 63-4-2 du code de procédure pénale, l'entretien avec un avocat de la personne gardée à vue ou placée en rétention douanière, ainsi que l'assistance de la personne par un avocat au cours de ses auditions, peut se dérouler par l'intermédiaire d'un moyen de communication électronique, y compris téléphonique, dans des conditions garantissant la confidentialité des échanges.

Art. 14 Les prolongations des gardes à vue des mineurs âgés de seize à dix-huit ans, ainsi que les prolongations des gardes à vue prévues par l'article 706-88 du code de procédure pénale, peuvent intervenir sans présentation de la personne devant le magistrat compétent.

CHAPITRE V *Dispositions applicables en cas de détention provisoire*

Art. 15 Les dispositions du présent chapitre sont applicables aux détentions provisoires en cours ou débutant de la date de publication de la présente ordonnance à la date de cessation de l'état d'urgence sanitaire déclaré et, le cas échéant, prorogé sur le fondement des articles L. 3131-12 à L. 3131-14 du code de la santé publique pour faire face à l'épidémie de covid-19.

Les prolongations de détention provisoire qui découlent de ces dispositions continuent de s'appliquer après la date de cessation de l'état d'urgence sanitaire déclaré et, le cas échéant,

prorogé sur le fondement des articles L. 3131-12 à L. 3131-14 du code de la santé publique pour faire face à l'épidémie de covid-19.

Art. annulé par Décis. CE n°s 440037 et 440165 du 23 sept. 2021.

Il résulte de la combinaison des art. 15 et 18 de l'Ord. n° 2020-303 du 25 mars 2020 que les délais impartis à la chambre de l'instruction, par l'art. 194, pour statuer sur l'appel d'une ordonnance en matière de détention provisoire, ont été prolongés d'un mois pour toutes les détentions provisoires en cours ou débutant à compter du 26 mars 2020, date de publication de l'ordonnance, le fait que le délai d'appel de la personne mise en examen contre l'ordonnance relative à la détention provisoire ait expiré avant cette date étant indifférent. • Crim. 16 juin 2020, n° 20-81.911 P : *D. actu. 8 juill. 2020, obs. Priou-Alibert ; Dr. pénal 2020, n° 9, obs. Maron et Haas.*

Art. 16 **En matière correctionnelle, les délais maximums de détention provisoire ou d'assignation à résidence sous surveillance électronique, prévus par les dispositions du code de procédure pénale, qu'il s'agisse des détentions au cours de l'instruction ou des détentions pour l'audiencement devant les juridictions de jugement des affaires concernant des personnes renvoyées à l'issue de l'instruction, sont prolongés plein droit de deux mois lorsque la peine d'emprisonnement encourue est inférieure ou égale à cinq ans et de trois mois dans les autres cas, sans préjudice de la possibilité pour la juridiction compétente d'ordonner à tout moment, d'office, sur demande du ministère public ou sur demande de l'intéressé, la mainlevée de la mesure, le cas échéant avec assignation à résidence sous surveillance électronique ou sous contrôle judiciaire lorsqu'il est mis fin à une détention provisoire. Ce délai est porté à six mois en matière criminelle et, en matière correctionnelle, pour l'audiencement des affaires devant la cour d'appel.**

Les prolongations prévues à l'alinéa précédent sont applicables aux mineurs âgés de plus de seize ans, en matière criminelle ou s'ils encourent une peine d'au moins sept ans d'emprisonnement.

Les prolongations prévues par le présent article ne s'appliquent qu'une seule fois au cours de chaque procédure.

Art. annulé par Décis. CE n°s 440037 et 440165 du 23 sept. 2021.

1. QPC. L'art. 16 de l'Ord. n° 2020-303 du 25 mars 2020, qui maintient de plein droit des personnes en détention provisoire sans que l'appréciation de la nécessité de ce maintien soit obligatoirement soumise, à bref délai, au contrôle du juge judiciaire. est contraire à la Constitution, mais ces dispositions ne sont plus applicables et la remise en cause des mesures ayant été prises sur leur fondement méconnaîtrait les objectifs de valeur constitutionnelle de sauvegarde de l'ordre public et de recherche des auteurs d'infractions et aurait ainsi des conséquences manifestement excessives. Par suite, ces mesures ne peuvent être contestées sur le fondement de cette inconstitutionnalité. • Cons. const. 29 janv. 2021, n° 2020-878/879 QPC : *D. actu. 2 mars 2021, obs. Engel.*

2. Position du Conseil d'État. L'art. 11, I, 2e, *d*, de la L. du 23 mars 2020 a habilité le Gouvernement pour adapter les règles relatives au déroulement et à la durée des détentions provisoires, tout en fixant certains seuils, repris par l'Ord. n° 2020-303 du 25 mars 2020 ; dès lors, en adoptant ces mesures dans les limites imparties par la loi d'habilitation, l'Ord. ne peut être regardée comme portant une atteinte manifestement illégale aux libertés fondamentales. • CE, ord., 3 avr. 2020 n°s 439894, 439877, 439887, 439890, 439898 P : *D. actu. 9 avr. 2020, obs. Perrier ; Dr. pénal 2020, n° 103, obs. Maron et Haas.*

3. Position de la Cour de cassation. L'art. 16 s'interprète comme prolongeant, sans intervention judiciaire, pour les durées qu'il prévoit, tout titre de détention venant à expiration, mais à une seule reprise au cours de chaque procédure. • Crim. 26 mai 2020, n° 20-81.910 P : *D. 2020. 1274, note Perrier ; RSC 2020. 690, obs. Parizot ; ibid. 2021. 508, obs. Rubi-Cavagna* • Crim. 26 mai 2020, n° 20-81.971 P : *D. actu. 29 mai 2020, obs. Christodoulou ; AJ pénal 2020. 346, note Raschel ; Dr. pénal 2020, n° 149, obs. Maron et Haas ; RSC 2020. 690, obs. Parizot* ♦ L'art. 16 ne saurait être regardé comme compatible avec l'art. 5 Conv. EDH et la prolongation qu'il prévoit n'est régulière que si la juridiction qui aurait été compétente pour prolonger la détention rend, dans un délai rapproché courant à compter de la date d'expiration du titre ayant été prolongé de plein droit, une décision par laquelle elle se prononce sur le bien-fondé du maintien en détention ; à défaut d'un tel contrôle et sauf s'il est détenu pour autre cause, l'intéressé doit être immédiatement remis en liberté. • Mêmes arrêts. ♦ ... Un tel délai, au sens de l'art. 5 préc., ne peut être supérieur à un mois en matière délictuelle et à trois mois en matière criminelle ; après une condamnation en première instance, cette limite est portée à trois mois en matière tant correctionnelle que criminelle, les faits reprochés à l'intéressé ayant alors déjà été examinés au fond par une juridiction. • Mêmes arrêts. ♦ L'art. 16, tel qu'interprété par la Cour de cassation dans ses arrêts du 26 mai 2020, ne méconnaît aucun des droits ou libertés constitutionnellement garantis, l'intervention du juge ayant en effet été rendue obligatoire dans le plus court délai possible et la différence de traitement instaurée entre les procédures criminelles et correctionnelles se trouvant en adéquation avec l'objectif poursuivi par le législateur d'éviter des mises en liberté qui seraient consécutives à un dysfonctionnement des juridictions et qui constitueraient des atteintes à l'ordre public d'autant plus graves que la personne serait détenue pour des faits criminels. • Crim. 15 sept. 2020, n° 20-82.377 P : *D. actu. 16 oct. 2020, obs. Recotillet* • Crim. 15 sept. 2020, n° 20-82.322.

4. Caractère facultatif. La prolongation de plein droit des détentions provisoires ne constituait qu'une faculté à laquelle le juge pouvait renoncer en considérant qu'il était en mesure, malgré les circonstances sanitaires, d'assurer le plein exercice de son office de gardien de la liberté individuelle, sans avoir à attendre d'être saisi, après prolongation automatique du titre de détention, de l'examen de la situation du détenu dans le délai imparti par les arrêts de la chambre criminelle du 26 mai 2020 (nos 20-81.910 et 20-81.971). • Crim. 1er sept. 2020, n° 20-82.146 P : *D. actu. 9 oct. 2020, obs. Engel.* ♦ Dans le même sens : l'art. 16 de l'Ord. du 25 mars 2020, qui contient des règles dérogatoires, ne saurait s'interpréter comme faisant obstacle à l'exercice de ses compétences par le JLD dans des conditions conformes aux textes du code de procédure pénale. • Crim. 29 sept. 2020, n° 20-82.564 P : *D. actu. 5 nov. 2020, obs. Engel.*

5. Voies de recours. Le droit d'appel appartient à la personne mise en examen contre toute ordonnance du JLD faisant grief à ses droits et dont elle ne pourrait remettre en cause les dispositions ni dans les formes prévues par les art. 186 à 186-3 ni dans la suite de la procédure, ce qui est le cas d'une ordonnance du JLD constatant la prolongation de plein droit de la détention provisoire de l'intéressé, en application de l'art. 16 de l'Ord. 2020-303 du 25 mars 2020. • Crim. 13 oct. 2020, n° 20-82.322 P : *D. actu. 12 nov. 2020, obs. Engel.*

Art. 16-1 *(L. n° 2020-546 du 11 mai 2020, art. 1er)* **A compter du 11 mai 2020, la prolongation de plein droit des délais de détention provisoire prévue à l'article 16 n'est plus applicable aux titres de détention dont l'échéance intervient à compter de cette date et les détentions ne peuvent être prolongées que par une décision de la juridiction compétente prise après un débat contradictoire intervenant, le cas échéant, selon les modalités prévues à l'article 19.**

Si l'échéance du titre de détention en cours, résultant des règles de droit commun du code de procédure pénale, intervient avant le 11 juin 2020, la juridiction compétente dispose d'un délai d'un mois à compter de cette échéance pour se prononcer sur sa prolongation, sans qu'il en résulte la mise en liberté de la personne, dont le titre de détention est prorogé jusqu'à cette décision. Cette prorogation s'impute sur la durée de la prolongation décidée par la juridiction. En ce qui concerne les délais de détention au cours de l'instruction, cette durée est celle prévue par les dispositions de droit commun ; toutefois, s'il s'agit de la dernière échéance possible, la prolongation peut être ordonnée selon les cas pour les durées prévues à l'article 16 de la présente ordonnance.

En ce qui concerne les délais d'audiencement, la prolongation peut être ordonnée pour les durées prévues au même article 16, y compris si elle intervient après le 11 juin 2020.

La prolongation de plein droit du délai de détention intervenue au cours de l'instruction avant le 11 mai 2020, en application dudit article 16, n'a pas pour effet d'allonger la durée maximale totale de la détention en application des dispositions du code de procédure pénale, sauf si cette prolongation a porté sur la dernière échéance possible.

Lorsque la détention provisoire au cours de l'instruction a été prolongée de plein droit en application de l'article 16 de la présente ordonnance pour une durée de six mois, cette prolongation ne peut maintenir ses effets jusqu'à son terme que par une décision prise par le juge des libertés et de la détention selon les modalités prévues à l'article 145 du code de procédure pénale et, le cas échéant, à l'article 19 de la présente ordonnance. La décision doit intervenir au moins trois mois avant le terme de la prolongation. Si une décision de prolongation n'intervient pas avant cette date, la personne est remise en liberté si elle n'est pas détenue pour une autre cause.

Pour les délais de détention en matière d'audiencement, la prolongation de plein droit des délais de détention ou celle décidée en application du troisième alinéa du présent article a pour effet d'allonger la durée maximale totale de la détention possible jusqu'à la date de l'audience prévue en application des dispositions du code de procédure pénale.

Les dispositions du présent article sont applicables aux assignations à résidence sous surveillance électronique.

Lorsque la loi accorde, au-delà de la durée initiale qu'elle détermine pour le titre concerné, un délai supplémentaire pour qu'il soit statué sur la prolongation de la mesure de détention provisoire, un tel délai doit être regardé comme compatible avec l'art. 5 Conv. EDH, l'intervention du juge judiciaire étant nécessaire comme garantie contre l'arbitraire, s'il reste suffisamment bref ;

tel est le cas du délai d'un mois alloué par l'art. 16-1, al. 2, de l'Ord. du 25 mars 2020, à la juridiction compétente pour se prononcer, en application du C. pr. pén., sur la prolongation des seuls titres de détention expirant entre la date où les prolongations de plein droit autorisées n'ont plus été applicables et le 11 juin 2020, dans le seul but d'assurer, pendant cette période de transition, un retour au fonctionnement normal des juridictions. • Crim. 29 sept. 2020, n° 20-83.539 P.

Art. 17 En cas de comparution immédiate :

1° Le délai de trois jours ouvrables prévu par le troisième alinéa de l'article 396 du code de procédure pénale est porté à six jours ;

2° Le délai maximal de six semaines prévu par le premier alinéa de l'article 397-1 du code de procédure pénale et le délai maximal de quatre mois prévu par le deuxième alinéa du même article sont respectivement portés à dix semaines et à six mois ;

3° Le délai de deux mois prévu par le troisième alinéa de l'article 397-3 du code de procédure pénale et le délai de quatre mois prévu par le dernier alinéa du même article sont respectivement portés à quatre et six mois ;

4° Le délai de quatre mois prévu au deuxième alinéa de l'article 397-4 du code de procédure pénale est porté à six mois.

En cas de comparution à délai différé, le délai de deux mois prévu par le troisième alinéa de l'article 397-1-1 du code de procédure pénale est porté à quatre mois.

Art. annulé par Décis. CE nos 440037 et 440165 du 23 sept. 2021.

Art. 18 Les délais impartis à la chambre de l'instruction ou à une juridiction de jugement par les dispositions du code de procédure pénale pour statuer sur une demande de mise en liberté sur l'appel d'une ordonnance de refus de mise en liberté, ou sur tout autre recours en matière de détention provisoire et d'assignation à résidence avec surveillance électronique ou de contrôle judiciaire, sont augmentés d'un mois. *(Ord. n° 2020-341 du 27 mars 2020, art. 4)* « Il en est de même pour les délais impartis à la chambre de l'instruction pour statuer sur les appels formés contre les ordonnances de renvoi devant le tribunal correctionnel ou les ordonnances de mise en accusation, ou pour statuer en application de l'article 706-121 du même code. »

Les délais impartis au juge des libertés et de la détention pour statuer sur une demande de mise en liberté sont portés à six jours ouvrés.

L'art. 18 de l'Ord. n° 2020-303 du 25 mars 2020, qui a augmenté d'un mois les délais impartis à la chambre de l'instruction pour statuer sur les recours en matière de détention provisoire en raison de la crise sanitaire, n'est pas applicable lorsque la chambre de l'instruction statue en matière d'écrou extraditionnel en application de l'art. 696-19. • Crim. 19 août 2020, n° 20-82.858 P.

Art. 18-1 *(L. n° 2020-546 du 11 mai 2020, art. 1er)* Par dérogation à l'article 148-4 du code de procédure pénale, la chambre de l'instruction peut être directement saisie d'une demande de mise en liberté lorsque la personne n'a pas comparu, dans les deux mois suivant la prolongation de plein droit de la détention provisoire intervenue en application de l'article 16 de la présente ordonnance, devant le juge d'instruction ou le magistrat par lui délégué, y compris selon les modalités prévues à l'article 706-71 du code de procédure pénale. Le cas échéant, la chambre de l'instruction statue dans les conditions prévues au premier alinéa de l'article 18 de la présente ordonnance.

Art. 19 Par dérogation aux dispositions des articles 145-1 et 145-2 du code de procédure pénale, les décisions du juge des libertés et de la détention statuant sur la prolongation de la détention provisoire interviennent au vu des réquisitions écrites du procureur de la République et des observations écrites de la personne et de son avocat, lorsque le recours à l'utilisation du moyen de télécommunication audiovisuelle prévu par l'article 706-71 de ce code n'est matériellement pas possible.

S'il en fait la demande, l'avocat de la personne peut toutefois présenter des observations orales devant le juge des libertés et de la détention, le cas échéant par un moyen de télécommunication audiovisuelle.

Dans les cas prévus au présent article, le juge organise et conduit la procédure en veillant au respect des droits de la défense et en garantissant le caractère contradictoire des débats.

Art. 20 Le délai de jugement de trois mois imparti à la Cour de cassation par le premier alinéa des articles 567-2 et 574-1 du code de procédure pénale est porté à six mois et le délai de dépôt des mémoires d'un mois prévu par ces articles est porté à deux mois.

Le délai de quarante jours pour statuer imparti à la Cour de cassation par le premier alinéa de l'article 574-2 du code de procédure pénale est porté à trois mois à compter de la réception du dossier à la Cour de cassation et le délai de dépôt de mémoire de cinq jours prévu par le deuxième alinéa de cet article est porté à un mois.

CHAPITRE VI *Dispositions relatives à l'affectation des détenus et à l'exécution des peines privatives de liberté*

Art. 21 Par dérogation aux dispositions du dernier alinéa de l'article 714 du code de procédure pénale, les personnes mises en examen, prévenues et accusées peuvent être affectées dans un établissement pour peines.

Art. 22 Par dérogation aux dispositions du dernier alinéa de l'article 717 du code de procédure pénale, les condamnés peuvent être incarcérés en maison d'arrêt, quel que soit le quantum de peine à subir.

Art. 23 Les personnes condamnées et les personnes mises en examen, prévenues et accusées placées en détention provisoire peuvent, sans l'accord ou l'avis préalable des autorités judiciaires compétentes, être incarcérées ou transférées dans un établissement pénitentiaire à des fins de lutte contre l'épidémie de covid-19. Il en est rendu compte immédiatement aux autorités judiciaires compétentes qui peuvent modifier les transferts décidés ou y mettre fin.

Art. 24 Les décisions du juge de l'application des peines ou du tribunal de l'application des peines prévues par les articles 712-6 et 712-7 du code de procédure pénale interviennent au vu des réquisitions écrites du procureur de la République et des observations écrites de la personne et de son avocat lorsque le recours à l'utilisation du moyen de télécommunication audiovisuelle prévu par l'article 706-71 de ce code n'est matériellement pas possible.

S'il en fait la demande, l'avocat de la personne peut toutefois présenter des observations orales devant la juridiction, le cas échéant par un moyen de télécommunication audiovisuelle garantissant la confidentialité des échanges.

Le délai de deux mois prévu par l'article 712-14 du code de procédure pénale est porté à quatre mois.

Art. 25 Par dérogation aux dispositions de l'article 712-5 du code de procédure pénale, les réductions de peine, les autorisations de sorties sous escortes et les permissions de sortir peuvent être ordonnées sans que soit consultée la commission de l'application des peines, lorsque le procureur de la République émet un avis favorable sur la mesure. A défaut, le juge de l'application des peines statue, après avoir recueilli les avis écrits des membres de la commission d'application des peines, par tout moyen.

Par dérogation à l'article 720 du code de procédure pénale, le juge de l'application des peines ne peut octroyer une libération sous contrainte, sans avis préalable de la commission d'application des peines en cas d'avis favorable du procureur de la République, que si le condamné dispose d'un hébergement et que s'il peut être placé sous le régime de la libération conditionnelle. A défaut d'avis favorable du procureur, le juge peut statuer au vu des avis écrits des membres de la commission d'application des peines recueillis par tout moyen.

Les condamnés ayant fait connaître leur refus d'une libération sous contrainte ou pour lesquels une requête en aménagement de peine est pendante devant la juridiction de l'application des peines ne sont pas exclus des dispositions de l'alinéa précédent.

Art. 26 Par dérogation aux dispositions de l'article 720-1 du code de procédure pénale, si la personne détenue dispose d'un hébergement, le juge de l'application des peines peut, après avis du procureur de la République, suspendre la peine sans débat contradictoire tel que prévu à l'article 712-6 du même code.

Par dérogation aux dispositions de l'article 720-1-1 du même code, le juge de l'application des peines peut, au vu d'un certificat médical établi par le médecin responsable de la structure sanitaire dans laquelle est prise en charge la personne détenue ou son remplaçant, après avis du procureur de la République, suspendre la peine pour la durée d'hospitalisation du condamné, sans débat contradictoire tel que prévu à l'article 712-6 du même code.

Pour l'application de l'alinéa précédent, avec l'accord du procureur de la République, cette suspension peut être ordonnée sans l'expertise prévue par l'article 712-21 du même code.

Art. 27 Une réduction supplémentaire de la peine d'un quantum maximum de deux mois, liée aux circonstances exceptionnelles, est accordée par le juge de l'application des peines aux condamnés écroués en exécution d'une ou plusieurs peines privatives de liberté à temps pendant la durée de l'état d'urgence sanitaire. Ces réductions de peine peuvent être ordonnées sans que soit consultée la commission de l'application des peines en cas d'avis favorable du procureur de la République. A défaut d'un tel avis, le juge peut statuer au vu de l'avis écrit des membres de la commission, recueilli par tout moyen.

La réduction de peine prévue au premier alinéa peut être accordée aux condamnés ayant été sous écrou pendant la durée de l'état d'urgence sanitaire, même si leur situation est examinée après l'expiration de cette période. Le cas échéant, la décision de réduction de peine est prise après avis de la commission de l'application des peines.

Sont exclues du bénéfice du présent article :

1° Les personnes condamnées et écrouées pour des crimes, des faits de terrorisme ou pour des infractions relevant de l'article 132-80 du code pénal ;

2° Les personnes détenues ayant initié une action collective, précédée ou accompagnée de violences envers les personnes ou de nature à compromettre la sécurité des établissements au sens de l'article R. 57-7-1 du code de procédure pénale, ou y ayant participé ;

3° Les personnes détenues ayant eu un comportement de mise en danger des autres personnes détenues ou du personnel pénitentiaire, au regard des règles imposées par le contexte sanitaire liée à l'épidémie de covid-19.

Art. 28 Sur décision du procureur de la République statuant sur proposition du directeur du service pénitentiaire d'insertion et de probation, toute personne détenue condamnée à une peine d'emprisonnement d'une durée inférieure ou égale à cinq ans, à laquelle il reste à subir un emprisonnement d'une durée égale ou inférieure à deux mois, exécute le reliquat de sa peine en étant assigné à son domicile, avec l'interdiction d'en sortir, sous réserve des déplacements justifiés par des besoins familiaux, professionnels ou de santé impérieux, conformément à l'interdiction édictée en application du 2° de l'article L. 3131-23 *[L. 3131-15]* du code de la santé publique dans le cadre de l'état d'urgence sanitaire déclaré dans les conditions de l'article 4 de la loi du 23 mars 2020 en raison du risque de propagation du covid-19, sauf en cas d'impossibilité matérielle résultant de l'absence d'hébergement. Le condamné peut également être soumis à tout ou partie des obligations et interdictions prévues par les 7° à 14° de l'article 132-45 du code pénal. Cette mesure entraîne la levée d'écrou.

Sont exclus du bénéfice de la mesure les condamnés incarcérés pour l'exécution d'une ou de plusieurs peines dont l'une au moins a été prononcée pour une infraction qualifiée de crime, une infraction prévue par les articles 421-1 à 421-6 du code pénal, une infraction prévue au titre II du livre II du code pénal lorsqu'elle a été commise sur la personne d'un mineur de moins de quinze ans, ou une infraction commise avec la circonstance aggravante définie par l'article 132-80 du code pénal.

Sont également exclues les personnes détenues ayant initié ou participé à une action collective, précédée ou accompagnée de violences envers les personnes ou de nature à compromettre la sécurité des établissements au sens de l'article R. 57-7-1 du code de procédure pénale, ou ayant eu un comportement de mise en danger des autres personnes détenues ou du personnel pénitentiaire, au regard des règles imposées par le contexte sanitaire lié à l'épidémie de covid-19.

Si, pendant la durée de son assignation à résidence, le condamné commet la contravention prévue par le troisième alinéa de l'article L. 3136-1 du code de la santé publique, ou ne respecte pas les autres obligations qui ont pu lui être été imposées en application de l'alinéa premier, le juge de l'application des peines peut, selon les modalités prévue à l'article 712-6 du code de procédure pénale, ordonner le retrait de cette mesure et sa réincarcération pour la durée de la peine qu'il lui restait à exécuter au moment de la décision d'assignation. Les articles 709-1-1, 712-17 et 712-19 du même code sont applicables.

Si la personne est condamnée pour le délit prévu par le quatrième alinéa de l'article L. 3136-1 du code de la santé publique commis pendant cette durée, ou si elle est condamnée à une peine privative de liberté pour un crime ou un délit commis pendant cette durée, la juridiction de jugement peut ordonner le retrait de la mesure et la mise à exécution de l'emprisonnement correspondant, qui n'est pas confondu avec celui résultant de la nouvelle condamnation.

Avant sa libération, le condamné est informé par le greffe de l'établissement pénitentiaire des dispositions des deux alinéas précédents.

L'art. 28 de l'Ord. n° 2020-303 vise par erreur l'art. L. 3131-23 CSP, il s'agit en réalité de l'art. *L. 3131-15.*

Art. 28-1 *(Ord. n° 2020-557 du 13 mai 2020, art. 1er)* Si pendant la période définie au premier alinéa de l'article 2 l'évolution de la crise sanitaire le justifie et alors même qu'aucune interdiction n'aurait été édictée en application du 2° de l'article L. 3131-15 du code de la santé publique, un décret peut prévoir, dans les conditions qu'il précise, que le régime de l'exécution du reliquat de la peine sous forme d'une assignation à domicile défini à l'article 28 est applicable sur tout ou partie du territoire.

Art. 29 Les dispositions de l'article 747-1 du code de procédure pénale sont applicables aux condamnés à des peines privatives de liberté pour lesquels il reste à subir un emprisonnement d'une durée égale ou inférieure à six mois.

CHAPITRE VII *Dispositions applicables aux mineurs poursuivis ou condamnés*

Art. 30 Lorsque le délai prévu des mesures de placements ordonnés en application de l'ordonnance n° 45-174 du 2 février 1945 relative à l'enfance délinquante arrive à échéance, le juge des enfants peut, au vu du rapport du service éducatif, d'office et sans audition des parties, proroger ce délai pour une durée qui ne peut excéder quatre mois. Les parents, le mineur et le procureur de la République sont informés de cette prorogation.

Le juge peut, dans les mêmes conditions, proroger le délai d'exécution des autres mesures éducatives ordonnées en application de l'ordonnance n° 45-174 du 2 février 1945 relative à l'enfance délinquante, pour une durée qui ne peut excéder sept mois.

Art. 31 Le Premier ministre et la garde des sceaux, ministre de la justice, sont responsables, chacun en ce qui le concerne, de l'application de la présente ordonnance, qui sera publiée au *Journal officiel* de la République française.

Loi n° 2020-546 du 11 mai 2020,

Prorogeant l'état d'urgence sanitaire et complétant ses dispositions.

Art. 1er I – L'état d'urgence sanitaire déclaré par l'article 4 de la loi n° 2020-290 du 23 mars 2020 d'urgence pour faire face à l'épidémie de covid-19 est prorogé jusqu'au 10 juillet 2020 inclus. [...]

En ce qui concerne la seconde déclaration d'état d'urgence sanitaire, V. infra, II Seconde déclaration.

Loi n° 2020-734 du 17 juin 2020,

Relative à diverses dispositions liées à la crise sanitaire, à d'autres mesures urgentes ainsi qu'au retrait du Royaume-Uni de l'Union européenne.

Art. 32 I. – Les opérations prévues aux articles 261-1 et 263 du code de procédure pénale peuvent être valablement réalisées jusqu'à la fin de l'année *(L. n° 2022-46 du 22 janv. 2022, art. 4)* « 2022 », sans respecter le calendrier prévu aux mêmes articles 261-1 et 263. Dans ce cas, l'information adressée, en application du deuxième alinéa de l'article 261-1 du même code, aux personnes tirées au sort doit leur laisser un délai d'au moins quinze jours pour demander d'être dispensées des fonctions de jurés. Le maire procédant au tirage au sort prévu à l'article 261 dudit code ainsi que le magistrat procédant au tirage au sort prévu à l'article 266 du même code peuvent limiter la présence du public pouvant assister à ces opérations, en raison des risques sanitaires pouvant en résulter, ou, en raison de ces risques, décider que ces opérations n'auront pas lieu publiquement. Le fait qu'avant la publication de la présente loi, ces opérations n'aient pas été réalisées publiquement ne constitue pas une cause de nullité de la procédure.

II. – Par dérogation à l'article 266 du code de procédure pénale, pendant toute la durée de l'état d'urgence sanitaire et jusqu'au 31 décembre *(L. n° 2022-46 du 22 janv. 2022, art. 4)* « 2022 », si le président de la cour d'assises l'estime nécessaire au regard du risque qu'en raison de l'épidémie de covid-19 un nombre important de jurés de session ne répondent pas à leur convocation ou soient dispensés, il est tiré au sort quarante-cinq noms de jurés titulaires sur la liste annuelle et quinze noms de jurés suppléants sur la liste spéciale. Ces nombres peuvent être portés jusqu'à cinquante et jusqu'à vingt par arrêté du ministre de la justice. Si le tirage au sort prévu au même article 266 a déjà été réalisé, un tirage au sort complémentaire est effectué pour compléter la liste de session ; il peut intervenir quinze jours avant l'ouverture des assises.

III. – Lorsque la cour d'assises chargée de statuer en appel a été désignée en application de l'article 380-14 du code de procédure pénale, le premier président de la cour d'appel dans le ressort duquel se trouve cette cour d'assises peut, d'office ou sur requête du ministère public, s'il lui apparaît qu'en raison de la crise sanitaire cette juridiction n'est pas en mesure de juger cet appel dans les délais légaux :

1° Soit désigner une autre cour d'assises du ressort de sa cour, après avoir recueilli les observations écrites du ministère public et des parties ou de leurs avocats ;

2° Soit, si aucune cour d'assises de son ressort n'est en mesure d'examiner l'appel, saisir le président de la chambre criminelle de la Cour de cassation, ou le conseiller désigné par lui, afin que ce dernier désigne une cour d'assises située hors de son ressort, après avoir recueilli les observations écrites du ministère public et des parties ou de leurs avocats.

Le présent III est applicable jusqu'au 31 décembre *(L. n° 2022-46 du 22 janv. 2022, art. 4)* « 2022 ». En cas de prorogation de l'état d'urgence sanitaire après cette date, l'application du présent III peut être prorogée par décret pour une durée ne pouvant excéder trois mois à compter de la date de cessation de l'état d'urgence sanitaire.

IV. — Au premier alinéa du III de l'article 63 de la loi n° 2019-222 du 23 mars 2019 de programmation 2018-2022 et de réforme pour la justice, le mot : "dix" est remplacé par le mot : "dix-huit".

V. — Le présent article est applicable sur l'ensemble du territoire de la République.

Art. 33 I. — Pour toutes les procédures correctionnelles ou contraventionnelles concernant des majeurs ou des mineurs dont les juridictions pénales de jugement ont été saisies avant la date de publication de la présente loi et pour lesquelles l'audience sur le fond n'est pas encore intervenue, le président du tribunal judiciaire ou le juge par lui délégué peut, sur requête du procureur de la République adressée avant le 31 décembre 2020, décider, par ordonnance prise, dans l'intérêt de la bonne administration de la justice, au moins un mois avant la date prévue pour l'audience, de renvoyer la procédure au ministère public afin que celui-ci apprécie à nouveau la suite à y donner conformément aux dispositions des 1° et 2° de l'article 40-1 du code de procédure pénale. Ces dispositions sont également applicables en cas de saisine d'un juge des enfants aux fins d'une mise en examen.

Cette ordonnance constitue une mesure d'administration judiciaire insusceptible de recours. Elle peut être commune à plusieurs procédures. Elle est portée par tout moyen à la connaissance du prévenu et de la victime, le cas échéant en même temps que ceux-ci sont informés de la suite de la procédure nouvellement décidée en application du même article 40-1.

Le présent I n'est pas applicable si le prévenu est placé en détention provisoire, assigné à domicile sous surveillance électronique ou placé sous contrôle judiciaire, si le tribunal correctionnel a été saisi par une ordonnance du juge d'instruction ou sur citation directe délivrée par la partie civile.

Si la victime avait été avisée de l'audience ou s'était déjà constituée partie civile devant la juridiction, le procureur de la République s'assure que la procédure qu'il retient lui permet de demander et d'obtenir son indemnisation. S'il a recours à la procédure de l'ordonnance pénale ou à la procédure de comparution sur reconnaissance préalable de culpabilité, et si la victime avait déjà formé une demande de réparation, le juge doit statuer sur cette demande conformément aux articles 495-2-1 ou 495-13 du code de procédure pénale.

II. — Hors les cas prévus au troisième alinéa du I du présent article, le procureur de la République peut, pour toutes les procédures correctionnelles ou contraventionnelles concernant des majeurs ou des mineurs dont les juridictions pénales de jugement ont été saisies avant la date de publication de la présente loi et pour lesquelles l'audience sur le fond, prévue avant ou après cette date, n'a pas pu se tenir ou ne pourra pas se tenir en raison de la crise sanitaire liée à l'épidémie de covid-19 au plus tard au 10 juillet 2020 inclus, apprécier à nouveau la suite à y donner conformément aux 1° et 2° de l'article 40-1 du code de procédure pénale et du 3° du même article 40-1 pour les seules infractions relevant de l'article 131-13 du code pénal et s'il n'y a pas de victime avisée de l'audience. Dans ce cas, le dernier alinéa du I du présent article est applicable.

III. — Le présent article est applicable sur l'ensemble du territoire de la République.

Loi n° 2020-856 du 9 juillet 2020,

Organisant la sortie de l'état d'urgence sanitaire.

Art. 1er A compter du 11 juillet 2020, et jusqu'au *(L. n° 2020-1379 du 14 nov. 2020, art. 2)* « 1er avril 2021 *[ancienne rédaction : 30 octobre 2020]* » inclus, *(Abrogé par L. n° 2020-1379 du 14 nov. 2020, art. 2) « hors des territoires mentionnés à l'article 2 »*, le Premier ministre peut, par décret pris sur le rapport du ministre chargé de la santé, dans l'intérêt de la santé publique et aux seules fins de lutter contre la propagation de l'épidémie de covid-19 :

1° Réglementer ou, dans certaines parties du territoire dans lesquelles est constatée une circulation active du virus, interdire la circulation des personnes et des véhicules, ainsi que l'accès aux moyens de transport collectif et les conditions de leur usage et, pour les seuls transports aériens et maritimes, interdire ou restreindre les déplacements de personnes et la circulation des moyens de transport, sous réserve des déplacements strictement indispensables aux besoins familiaux, professionnels et de santé ;

2° Réglementer l'ouverture au public, y compris les conditions d'accès et de présence, d'une ou de plusieurs catégories d'établissements recevant du public ainsi que des lieux de

réunion, à l'exception des locaux à usage d'habitation, en garantissant l'accès des personnes aux biens et services de première nécessité.

La fermeture provisoire d'une ou de plusieurs catégories d'établissements recevant du public ainsi que des lieux de réunions peut, dans ce cadre, être ordonnée lorsqu'ils accueillent des activités qui, par leur nature même, ne permettent pas de garantir la mise en œuvre des mesures de nature à prévenir les risques de propagation du virus ou lorsqu'ils se situent dans certaines parties du territoire dans lesquelles est constatée une circulation active du virus ;

3° Sans préjudice des articles L. 211-2 et L. 211-4 du code de la sécurité intérieure, réglementer les rassemblements de personnes, les réunions et les activités sur la voie publique et dans les lieux ouverts au public ;

4° Imposer aux personnes souhaitant se déplacer par transport public *(Abrogé par L. nº 2020-1379 du 14 nov. 2020, art. 2)* ***« aérien »*** **à destination ou en provenance du territoire métropolitain ou de l'une des collectivités mentionnées à l'article 72-3 de la Constitution de présenter le résultat d'un examen** *(Abrogé par L. nº 2020-1379 du 14 nov. 2020, art. 2)* ***« biologique »*** **de dépistage virologique ne concluant pas à une contamination par le covid-19.**

Le présent 4° ne s'applique pas aux déplacements par transport public *(Abrogé par L. nº 2020-1379 du 14 nov. 2020, art. 2)* **« aérien » en provenance de l'une des collectivités mentionnées à l'article 72-3 de la Constitution qui n'est pas mentionnée dans la liste des zones de circulation de l'infection mentionnée au II de l'article L. 3131-15 du code de la santé publique.**

II. — Lorsque le Premier ministre prend des mesures mentionnées au I, il peut habiliter le représentant de l'État territorialement compétent à prendre toutes les mesures générales ou individuelles d'application de ces dispositions.

Lorsque les mesures prévues au même I doivent s'appliquer dans un champ géographique qui n'excède pas le territoire d'un département, le Premier ministre peut habiliter le représentant de l'État dans le département à les décider lui-même. Les décisions sont prises par ce dernier après avis du directeur général de l'agence régionale de santé. Cet avis est rendu public.

Le Premier ministre peut également habiliter le représentant de l'État dans le département à ordonner, par arrêté pris après mise en demeure restée sans effet, la fermeture des établissements recevant du public qui ne mettent pas en œuvre les obligations qui leur sont imposées en application du 2° dudit I.

III. — Les mesures prescrites en application du présent article sont strictement proportionnées aux risques sanitaires encourus et appropriées aux circonstances de temps et de lieu. Il y est mis fin sans délai lorsqu'elles ne sont plus nécessaires. Les mesures individuelles font l'objet d'une information sans délai du procureur de la République territorialement compétent.

IV. — Les mesures prises en application du présent article peuvent faire l'objet, devant le juge administratif, des recours présentés, instruits et jugés selon les procédures prévues aux articles L. 521-1 et L. 521-2 du code de justice administrative.

V. — L'Assemblée nationale et le Sénat sont informés sans délai des mesures prises par le Gouvernement au titre du présent article. L'Assemblée nationale et le Sénat peuvent requérir toute information complémentaire dans le cadre du contrôle et de l'évaluation de ces mesures.

VI. — Par dérogation à la dernière phrase de l'article L. 3131-19 du code de la santé publique, le comité de scientifiques mentionné au même article L. 3131-19 se réunit pendant la période mentionnée au I du présent article et rend périodiquement des avis sur les mesures prescrites en application du même I ainsi que sur les mesures prises par le ministre chargé de la santé en application de l'article L. 3131-1 du code de la santé publique. *(L. nº 2020-1379 du 14 nov. 2020, art. 3)* **« Dès leur adoption, ces avis sont communiqués simultanément au Premier ministre, au président de l'Assemblée nationale et au président du Sénat par le président du comité. Ils sont rendus publics sans délai. »**

VII. — Les troisième à septième et les deux derniers alinéas de l'article L. 3136-1 du code de la santé publique sont applicables aux mesures prises en application des I et II du présent article.

VIII. — Les I à VII du présent article s'appliquent sur tout le territoire de la République.

IX. — A. A la première phrase du premier alinéa du II de l'article L. 3131-15 du code de la santé publique, le mot : "national" est remplacé par le mot : "hexagonal".

B. — Le présent IX n'est pas applicable aux personnes en provenance de l'une des collectivités mentionnées à l'article 72-3 de la Constitution qui n'est pas mentionnée dans la liste des zones de circulation de l'infection mentionnée au II de l'article L. 3131-15 du code de la santé publique.

X. — Les attributions dévolues au représentant de l'État par le présent article sont exercées à Paris et sur les emprises des aérodromes de Paris-Charles de Gaulle, du Bourget et de Paris-Orly par le préfet de police.

Art. 2 *(L. n° 2020-1379 du 14 nov. 2020, art. 2)* L'article 1er de la présente loi est applicable dans les territoires où l'état d'urgence sanitaire n'est pas en cours d'application.

Ancien art. 2 *(L. n° 2020-856 du 9 juill. 2020) L'état d'urgence sanitaire, déclaré par l'article 4 de la loi n° 2020-290 du 23 mars 2020 d'urgence pour faire face à l'épidémie de covid-19 et prorogé par l'article 1er de la loi n° 2020-546 du 11 mai 2020 prorogeant l'état d'urgence sanitaire et complétant ses dispositions, est prorogé jusqu'au 30 octobre 2020 inclus sur les seuls territoires de la Guyane et de Mayotte. Le 4° du I de l'article 1er de la présente loi est également applicable, jusqu'à cette date, aux déplacements par transport public aérien en provenance ou à destination de ces territoires.*

II. — Dans les circonscriptions territoriales autres que celles mentionnées au I du présent article, l'état d'urgence sanitaire peut être déclaré dans les conditions prévues au premier alinéa de l'article L. 3131-13 du code de la santé publique, lorsque l'évolution locale de la situation sanitaire met en péril la santé de la population.

III. — L'article 1er de la présente loi est applicable dans les territoires mentionnés aux I et II du présent article, lorsque l'état d'urgence sanitaire n'y est pas en cours d'application.

II Adaptations postérieures

Loi n° 2020-1379 du 14 novembre 2020,

Autorisant la prorogation de l'état d'urgence sanitaire et portant diverses mesures de gestion de la crise sanitaire.

Art. 10 I. — Dans les conditions prévues à l'article 38 de la Constitution et pour faire face aux conséquences de la propagation de l'épidémie de covid-19 et des mesures prises pour limiter cette propagation, le Gouvernement est autorisé à prendre par ordonnances, jusqu'au 16 février 2021, toute mesure relevant du domaine de la loi en vue de prolonger ou de rétablir l'application des dispositions prises, le cas échéant modifiées, par voie d'ordonnance et à procéder aux modifications nécessaires à leur prolongation, à leur rétablissement ou à leur adaptation, le cas échéant territorialisée, à l'état de la situation sanitaire, sur le fondement :

1° Du I de l'article 11, à l'exception du *h* du 1° et des *a*, *b*, *d*, *e* et *h* du 2°, et de l'article 16 de la loi n° 2020-290 du 23 mars 2020 d'urgence pour faire face à l'épidémie de covid-19 ;

2° De l'article 1er de la loi n° 2020-734 du 17 juin 2020 relative à diverses dispositions liées à la crise sanitaire, à d'autres mesures urgentes ainsi qu'au retrait du Royaume-Uni de l'Union européenne.

Les mesures mentionnées aux 1° et 2° du présent I peuvent entrer en vigueur, si nécessaire, à compter de la date à laquelle les dispositions qu'elles rétablissent ont cessé de s'appliquer et dans la mesure nécessaire à la continuité du bénéfice de droits et prestations ouverts par ces dispositions et relevant des collectivités publiques.

II. — En outre, le Gouvernement est autorisé, dans les conditions prévues à l'article 38 de la Constitution et pour faire face aux conséquences de la propagation de l'épidémie de covid-19 et des mesures prises pour limiter cette propagation, à prendre par ordonnances, jusqu'au 16 février 2021, toute mesure relevant du domaine de la loi et permettant, en tant que de besoin, de rétablir ou d'adapter à l'état de la situation sanitaire, le cas échéant de manière territorialisée, les dispositions, notamment les périodes d'application ou périodes d'ouverture des droits, résultant :

1° Des articles 10 et 13 de la loi n° 2020-290 du 23 mars 2020 précitée ;

2° De l'article 20 de la loi n° 2020-473 du 25 avril 2020 de finances rectificative pour 2020 ;

3° Des articles 5, 6 et 12, des I à III de l'article 32 et des articles 36, 41, 45, 47, 48, 49 et 52 de la loi n° 2020-734 du 17 juin 2020 précitée.

III. — Le Gouvernement est autorisé, dans les conditions prévues à l'article 38 de la Constitution et pour faire face aux conséquences de la propagation de l'épidémie de covid-19 et des mesures prises pour limiter cette propagation, à prendre par ordonnances, jusqu'au 16 février 2021, toute mesure relevant du domaine de la loi permettant d'adapter le champ de compétence de l'Autorité de régulation des transports aux fins d'homologuer les tarifs des redevances pour services rendus mentionnées à l'article L. 6325-1 du code des transports et leurs modulations et de rendre un avis conforme au ministre chargé de l'aviation civile sur les projets de contrats mentionnés à l'article L. 6325-2 du code des transports.

IV. – Dans les conditions prévues à l'article 38 de la Constitution et pour faire face aux conséquences de la propagation de l'épidémie de covid-19 et des mesures prises pour limiter cette propagation, le Gouvernement est autorisé à prendre par ordonnances, jusqu'au 16 février 2021, toute mesure relevant du domaine de la loi afin d'assurer la continuité du fonctionnement et de l'exercice des compétences des établissements publics de santé et des établissements de santé privés mentionnés aux *b* et *c* de l'article L. 162-22-6 du code de la sécurité sociale en prenant toute mesure :

1° Dérogeant aux règles de fonctionnement et de gouvernance de ces établissements de santé s'agissant notamment de leurs assemblées délibérantes, de leurs exécutifs et de leurs instances représentatives du personnel ;

2° Dérogeant ou adaptant les règles relatives à l'établissement, l'arrêté, l'audit, la revue, l'approbation et la publication des comptes et des autres documents que ces établissements de santé sont tenus de déposer ou de publier, notamment celles relatives à l'obligation de certification et aux délais, ainsi que celles relatives à l'affectation du résultat ;

3° Dérogeant ou adaptant les règles d'adoption et d'exécution des budgets ainsi que de communication des informations indispensables et d'analyse de leurs activités prévues par la loi.

V. – Les projets d'ordonnance pris sur le fondement du présent article sont dispensés de toute consultation obligatoire prévue par une disposition législative ou réglementaire, à l'exception de celle des autorités administratives ou publiques indépendantes. Le présent V est applicable aux ordonnances signées jusqu'au 31 décembre 2020.

VI. – Un projet de loi de ratification est déposé devant le Parlement dans un délai d'un mois à compter de la publication de chaque ordonnance.

....

Art. 12 Par dérogation au premier alinéa de l'article 714 du code de procédure pénale, les personnes mises en examen, prévenues et accusées peuvent être affectées dans un établissement pour peines.

Par dérogation aux dispositions du premier alinéa de l'article 717 du même code, les condamnés peuvent être incarcérés en maison d'arrêt, quel que soit le quantum de peine à subir.

Les personnes condamnées et les personnes mises en examen, prévenues et accusées placées en détention provisoire peuvent, sans l'accord ou l'avis préalable des autorités judiciaires compétentes, être incarcérées ou transférées dans un établissement pénitentiaire à des fins de lutte contre l'épidémie de covid-19. Il en est rendu compte immédiatement aux autorités judiciaires compétentes qui peuvent modifier les transferts décidés ou y mettre fin.

Ces dispositions sont applicables jusqu'au 31 août 2021.

....

Art. 17 Les victimes des infractions mentionnées à l'article 132-80 du code pénal ne peuvent être soumises au couvre-feu, ou maintenues en confinement dans le même domicile que l'auteur des infractions, y compris si celles-ci sont présumées. Si l'éviction du conjoint violent ne peut être exécutée, un lieu d'hébergement permettant le respect de leur vie privée et familiale leur est attribué.

La présente loi entrera en vigueur immédiatement et sera exécutée comme loi de l'État.

Ordonnance n° 2020-1401 du 18 novembre 2020,

Portant adaptation des règles applicables aux juridictions de l'ordre judiciaire statuant en matière pénale.

Art. 1er Les règles de procédure pénale sont adaptées conformément aux dispositions de la présente ordonnance, afin de permettre la continuité de l'activité des juridictions pénales essentielle au maintien de l'ordre public.

CHAPITRE PREMIER *EXTENSION DU RECOURS À LA VISIO-CONFÉRENCE*

Art. 2 *(Abrogé par L. n° 2021-689 du 31 mai 2021, art. 8)* ***Nonobstant toute disposition contraire, il peut être recouru à un moyen de télécommunication audiovisuelle devant l'ensemble des juridictions pénales et pour les présentations devant le procureur de la République ou devant le procureur général, sans qu'il soit nécessaire de recueillir l'accord des parties.***

Le moyen de télécommunication utilisé doit permettre de certifier l'identité des personnes et garantir la qualité de la transmission ainsi que la confidentialité des échanges. Le magistrat s'assure à tout instant du bon déroulement des débats et il est dressé procès-verbal des opérations effectuées.

Le magistrat organise et conduit la procédure en veillant au respect des droits de la défense et en garantissant le caractère contradictoire des débats. Les dispositions du sixième alinéa de l'article 706-71 du code de procédure pénale sont applicables.

Les dispositions du présent article ne sont applicables devant les juridictions criminelles qu'une fois terminée l'instruction à l'audience mentionnée à l'article 346 du code de procédure pénale.

Le Conseil d'État a jugé dans trois décisions postérieures à l'abrogation de l'art. 2 que ledit art. devait être annulé en tant qu'il permet le recours à un moyen de télécommunication audiovisuelle devant l'ensemble des juridictions pénales sans qu'il soit nécessaire de recueillir l'accord des parties. Toutefois, les effets antérieurs à cette annulation des dispositions en cause doivent être réputés définitifs (CE 4 août 2021, n°s 447916, 448388 et 448962).

1. QPC. Eu égard à l'importance de la garantie qui peut s'attacher à la présentation physique de l'intéressé devant la juridiction pénale et en l'état des conditions dans lesquelles s'exerce le recours à ce moyen de télécommunication, les dispositions contestées portent une atteinte aux droits de la défense que ne pouvait justifier le contexte sanitaire particulier résultant de l'épidémie de covid-19 durant leur période d'application ; les mots « devant l'ensemble des juridictions pénales et » figurant au premier al. de l'art. 2 de l'Ord. n° 2020-1401 du 18 nov. 2020 sont contraires à la Constitution, mais, d'une part, ce texte a déjà été abrogé et, d'autre part, la remise en cause des mesures prises sur le fondement des mesures contestées aurait des conséquences manifestement excessives, de sorte que ces mesures ne peuvent être contestées sur le fondement de cette inconstitutionnalité. • Cons. const. 4 juin 2021, n° 2021-911/919 QPC.

2. Le juge des référés suspend aujourd'hui la possibilité, résultant de cette ordonnance, de recourir à la visio-conférence après la fin de l'instruction à l'audience devant les juridictions criminelles, c'est-à-dire pendant le réquisitoire de l'avocat général et les plaidoiries des avocats ; il estime en effet que ces dispositions portent une atteinte grave et manifestement illégale aux droits de la défense et au droit à un procès équitable. • CE, Ord., 25 nov. 2020, n°s 446712, 446724, 446728, 446736, 446816 P : *Dr. pénal 2021, n° 17, obs. Maron et Haas.*

3. Par une première ordonnance du juge des référés du Conseil d'État, rendue le 25 nov. 2020 à la demande de plusieurs associations, d'ordres d'avocats et d'un syndicat de magistrats, cette mesure avait déjà été suspendue en ce qui concerne les audiences devant les juridictions criminelles. Le juge des référés constate d'abord que le projet de loi de ratification de cette ordonnance, qu'il appartenait au Gouvernement de déposer devant le Parlement dans un délai imparti par la loi d'habilitation, et qui a été effectivement déposé dans ce délai sur le bureau du Sénat, ne porte pas sur les dispositions relatives aux juridictions criminelles. Par suite, et en vertu de l'art. 38 de la Constitution, ces dispositions sont caduques et ne peuvent plus recevoir application. Saisi d'une nouvelle demande émanant d'organisations représentant les avocats, le juge des référés du Conseil d'État suspend aujourd'hui le reste de l'art. 2 de l'Ord. du 18 nov. 2020. • CE, ord., 12 févr. 2021, n°s 448972, 448975 et 448981 P : *D. actu. 16 févr. 2021, obs. Goetz.*

CHAPITRE II *DISPOSITIONS RELATIVES À LA COMPÉTENCE DES JURIDICTIONS ET À LA PUBLICITÉ DES AUDIENCE*

Art. 3 **Lorsqu'une juridiction pénale du premier degré est dans l'incapacité totale ou partielle de fonctionner, le premier président de la cour d'appel désigne par ordonnance, après avis du procureur général près cette cour, des chefs de juridiction et des directeurs de greffe des juridictions concernées, une autre juridiction de même nature et du ressort de la même cour pour connaître de tout ou partie de l'activité relevant de la compétence de la juridiction empêchée.**

L'ordonnance détermine les activités faisant l'objet du transfert de compétence et la date à laquelle le transfert de compétence intervient. *(L. n° 2021-689 du 31 mai 2021, art. 8)* **« La date de fin de validité de l'ordonnance est fixée au plus tard au 30 septembre 2021. »**

Elle fait l'objet d'une publication dans deux journaux diffusés dans le ressort de la cour et de toute autre mesure de publicité dans tout lieu jugé utile. Elle est adressée aux bâtonniers des ressorts concernés et au Conseil national des barreaux pour diffusion.

La juridiction désignée est compétente pour les affaires en cours à la date d'entrée en vigueur de l'ordonnance de désignation.

Art. 4 **I. – Les chefs de juridiction définissent les conditions d'accès à la juridiction, aux salles d'audience et aux services qui accueillent du public permettant d'assurer le respect des**

règles sanitaires en vigueur. Ces conditions sont portées à la connaissance du public notamment par voie d'affichage.

II. — Par dérogation aux règles de publicité définies par les articles 306 et 400 du code de procédure pénale, le président de la formation de jugement peut décider, avant l'ouverture de l'audience, que les débats se dérouleront en publicité restreinte. Dans les conditions déterminées par le président, des journalistes peuvent assister à l'audience.

Dans les mêmes conditions, le président peut également ordonner que les jugements seront rendus selon les mêmes modalités. Dans ce cas, le dispositif de la décision est affiché sans délai dans un lieu de la juridiction accessible au public.

Devant la chambre de l'instruction, et par dérogation à l'article 199 du code de procédure pénale, dans le cas où l'audience est publique et où l'arrêt est rendu en séance publique, les dispositions des alinéas précédents sont applicables.

Lorsque le juge des libertés et de la détention doit statuer en audience publique en matière de détention provisoire, en cas d'impossibilité de garantir les conditions nécessaires à la protection de la santé des personnes présentes, ce magistrat peut décider que l'audience se tiendra en chambre du conseil. Dans ce cas, et dans les conditions qu'il détermine, des journalistes peuvent assister à cette audience.

CHAPITRE III *DISPOSITIONS RELATIVES À LA COMPOSITION DES JURIDICTIONS*

Art. 5 Les dispositions des articles 6, 7 et celles du premier alinéa de l'article 8 n'entrent en vigueur, dans tout ou partie des juridictions, qu'en application d'un décret constatant la persistance d'une crise sanitaire de nature à compromettre le fonctionnement des juridictions malgré la mise en œuvre des dispositions de la présente ordonnance.

Art. 6 I. — Par dérogation aux dispositions de l'article 191 du code de procédure pénale, la chambre de l'instruction peut statuer, en matière correctionnelle, en n'étant composée que de son seul président, ou d'un magistrat désigné pour le remplacer, sur décision du premier président de la cour d'appel constatant que la réunion de la formation collégiale de la juridiction n'est pas possible, sans préjudice de la possibilité pour le président de renvoyer l'affaire à une formation collégiale si ce renvoi lui paraît justifié en raison de la complexité ou de la gravité des faits.

II. — Par dérogation aux dispositions de l'article 398 du code de procédure pénale, le tribunal correctionnel peut statuer, quelle que soit la nature du délit dont il est saisi et quel que soit le mode de sa saisine, en n'étant composé que de son seul président, ou du magistrat désigné pour le remplacer, sur décision du président du tribunal judiciaire constatant que la réunion de la formation collégiale de la juridiction n'est pas possible, sans préjudice de la possibilité pour le président de renvoyer l'affaire à une formation collégiale si ce renvoi lui paraît justifié en raison de la complexité ou de la gravité des faits.

III. — Par dérogation aux dispositions de l'article 510 du code de procédure pénale, la chambre des appels correctionnels et la chambre spéciale des mineurs peuvent statuer, dans tous les cas, en n'étant composées que de leur seul président, ou d'un magistrat désigné pour le remplacer, sur décision du premier président de la cour d'appel constatant que la réunion de la formation collégiale de la juridiction n'est pas possible, sans préjudice de la possibilité pour le président de renvoyer l'affaire à une formation collégiale si ce renvoi lui paraît justifié en raison de la complexité ou de la gravité des faits.

Art. 7 En matière correctionnelle, par dérogation aux dispositions du premier alinéa de l'article L. 251-3 du code de l'organisation judiciaire, le tribunal pour enfants peut statuer en n'étant composé que de son seul président, ou d'un juge des enfants, et à défaut d'un magistrat désigné pour le remplacer, sur décision du président du tribunal judiciaire constatant que la réunion de la formation collégiale de la juridiction n'est pas possible, sans préjudice de la possibilité pour le président de renvoyer l'affaire à une formation collégiale si ce renvoi lui paraît justifié en raison de la complexité ou de la gravité des faits.

Art. 8 Par dérogation aux dispositions des articles 712-1, 712-3 et 712-13 du code de procédure pénale, le tribunal de l'application des peines et la chambre de l'application des peines de la cour d'appel peuvent, sur décision du président du tribunal judiciaire ou du premier président de la cour d'appel constatant que la réunion de la formation collégiale de la juridiction n'est pas possible, être composés de leur seul président, ou du magistrat désigné pour le remplacer, sans préjudice de la possibilité pour le président de renvoyer l'affaire à une formation collégiale si ce renvoi lui paraît justifié en raison de la complexité ou de la gravité des faits.

Dans tous les cas, par dérogation aux dispositions du deuxième alinéa de l'article 712-13 du code de procédure pénale, la chambre de l'application des peines de la cour d'appel peut

statuer sans être composée du responsable d'une association de réinsertion des condamnés et du responsable d'une association d'aide aux victimes.

Art. 9 Par dérogation aux dispositions de l'article 50 du code de procédure pénale, si le ou les juges d'instruction sont absents, malades ou autrement empêchés, le président du tribunal judiciaire ou, en cas d'empêchement, le magistrat qui le remplace désigne le ou les magistrats du siège pour exercer les fonctions de juge d'instruction. Il peut établir, à cette fin, un tableau de roulement.

Les désignations prévues au présent article sont des mesures d'administration judiciaire.

CHAPITRE IV *DISPOSITIONS RELATIVES AUX COURS D'ASSISES*

Art. 10 A la première phrase des I et II et à la première phrase du dernier alinéa du III de l'article 32 de la loi du 17 juin 2020 susvisée, l'année : "2020" est remplacée par l'année : "2021".

CHAPITRE V *DISPOSITIONS FINALES*

Art. 11 Les dispositions de la présente ordonnance *(L. nº 2021-689 du 31 mai 2021, art. 8)* **« , dans leur rédaction résultant de la loi nº 2021-689 du 31 mai 2021 relative à la gestion de la sortie de crise sanitaire, » sont applicables sur l'ensemble du territoire de la République.**

(L. nº 2021-689 du 31 mai 2021, art. 8) **« Les articles 5 à 8 sont applicables jusqu'à l'expiration d'un délai d'un mois après la cessation de l'état d'urgence sanitaire déclaré par le décret nº 2020-1257 du 14 octobre 2020 précité et prorogé dans les conditions prévues à l'article L. 3131-13 du code de la santé publique.**

« Les articles 3, 4 et 9 sont applicables jusqu'au 30 septembre 2021. »

JUSTICE MILITAIRE

Code de justice militaire

PREMIÈRE PARTIE : ***LÉGISLATIVE***

Ord. n° 2006-637 du 1er juin 2006, entrée en vigueur le 12 mai 2007, le lendemain de la publication au Journal officiel du décret en Conseil d'État portant partie réglementaire du nouveau code de justice militaire.

TITRE PRÉLIMINAIRE

Art. L. 1 *(L. n° 2011-1862 du 13 déc. 2011, art. 32-II et 70-II, en vigueur le 1er janv. 2012)* **La justice militaire est rendue au nom du peuple français sous le contrôle de la Cour de cassation :**

1° En temps de guerre, par des tribunaux territoriaux des forces armées et par des tribunaux militaires aux armées ;

2° Lorsqu'ils sont établis dans les conditions prévues par le présent code, par les tribunaux prévôtaux.

Art. L. 2 *(L. n° 2011-1862 du 13 déc. 2011, art. 32-II et 70-II, en vigueur le 1er janv. 2012)* **En temps de paix, les infractions commises par les membres des forces armées ou à l'encontre de celles-ci relèvent des juridictions de droit commun spécialisées en matière militaire dans les cas prévus à l'article L. 111-1. Hors ces cas, elles relèvent des juridictions de droit commun.**

Les infractions relevant de la compétence des juridictions de droit commun spécialisées en matière militaire sont poursuivies, instruites et jugées selon les règles du code de procédure pénale, sous réserve des dispositions particulières des articles 698-1 à 698-9 du même code et, lorsqu'elles sont commises hors du territoire de la République, des dispositions particulières du présent code.

Art. L. 3 *Al. 1er à 3 abrogés par L. n° 2011-1862 du 13 déc. 2011, art. 32-II et 70-II, à compter du 1er janv. 2012.*

En temps de guerre, les infractions de la compétence des tribunaux territoriaux des forces armées et des tribunaux militaires aux armées sont poursuivies, instruites et jugées selon les règles du présent code.

Art. L. 4 Le présent code est applicable sur le territoire de la République et hors de ce territoire dans les cas et situations qu'il prévoit.

LIVRE PREMIER **Organisation et compétence de la justice militaire**

TITRE PREMIER **Organisation**

CHAPITRE PREMIER ***Des juridictions compétentes en matière militaire en temps de paix***

(L. n° 2011-1862 du 13 déc. 2011, art. 32-II et 70-II, en vigueur le 1er janv. 2012)

Art. L. 111-1 Les juridictions de droit commun spécialisées en matière militaire mentionnées à l'article 697 du code de procédure pénale sont compétentes pour le jugement des crimes et des délits commis en temps de paix sur le territoire de la République par des militaires dans l'exercice du service.

Conformément à l'article 697-4 du même code, les juridictions mentionnées au premier alinéa du présent article ayant leur siège à Paris sont également compétentes pour le jugement des crimes, délits et contraventions commis en temps de paix hors du territoire de la République par les membres des forces armées françaises ou à l'encontre de celles-ci, conformément au chapitre Ier du titre II du livre Ier du présent code.

Les règles relatives à l'institution, à l'organisation et au fonctionnement des juridictions mentionnées au présent article sont définies par le code de procédure pénale.

CHAPITRE II *Des juridictions des forces armées en temps de guerre*

SECTION I *Des tribunaux territoriaux des forces armées*

SOUS-SECTION 1 *Établissement*

Art. L. 112-1 En temps de guerre, il est établi, sur le territoire de la République, des tribunaux territoriaux des forces armées. Leur ressort s'étend, soit sur tout ou partie d'une ou plusieurs régions militaires, soit sur une ou plusieurs circonscriptions militaires d'outre-mer, soit sur une ou plusieurs de ces régions et circonscriptions.

Ces tribunaux comportent une ou plusieurs chambres de jugement et une chambre de l'instruction.

Ils sont désignés par le nom de la localité où leur siège a été fixé. Ils peuvent se réunir en tous lieux de leur ressort.

Art. L. 112-2 Un décret en Conseil d'État fixe le siège des tribunaux et leur ressort ainsi que le nombre de chambres qui les constituent. Il détermine les autorités militaires qui exercent les pouvoirs judiciaires sous l'autorité du ministre de la défense.

Art. L. 112-3 Pour le jugement des maréchaux et amiraux de France, des officiers généraux ou assimilés et des membres du contrôle général des armées, il est établi, en temps de guerre, un Haut Tribunal des forces armées dont le siège est fixé par décret ; ce tribunal peut se réunir en tous lieux du territoire de la République.

Dans le cas de circonstances exceptionnelles, le siège de cette juridiction peut être fixé en un autre lieu par décret en conseil des ministres.

Art. L. 112-4 Lorsqu'un tribunal territorial des forces armées n'a pas encore été établi, les affaires relevant de la justice militaire sont portées devant la juridiction de droit commun compétente et sont poursuivies, instruites et jugées selon les règles applicables devant elle. Cette juridiction se dessaisit au profit du tribunal territorial des forces armées dès que celui-ci revendique sa compétence.

Lorsqu'un tribunal territorial des forces armées a cessé de fonctionner, les affaires de la compétence de ce tribunal sont renvoyées à une autre juridiction dans les conditions prévues à l'article L. 254-4.

SOUS-SECTION 2 *Composition*

Art. L. 112-5 Le tribunal est composé de cinq membres, de nationalité française et âgés de vingt-cinq ans accomplis : un président, un magistrat assesseur, appartenant tous deux au corps judiciaire, et trois juges militaires. Lorsqu'une affaire est de nature à entraîner de longs débats, des membres supplémentaires peuvent être appelés à assister aux audiences en vue de remplacer, le cas échéant, les membres empêchés pour une cause régulièrement constatée.

Il y a auprès du tribunal : un commissaire du Gouvernement, un greffier et un huissier-appariteur.

Art. L. 112-6 La présidence est assurée par un magistrat du siège appartenant à l'une des cours d'appel ou à l'un des tribunaux supérieurs d'appel dont le ressort coïncide en totalité ou en partie avec celui du tribunal territorial des forces armées.

Art. L. 112-7 Les fonctions de président du Haut Tribunal des forces armées prévues à l'article L. 112-3 sont assumées par un magistrat du siège hors hiérarchie.

Art. L. 112-8 Le président titulaire, les présidents de chambre et leurs suppléants sont désignés pour chaque année civile dans les formes et conditions prévues pour la nomination des magistrats du siège.

Les présidents ont droit aux prérogatives des présidents des cours d'assises.

Art. L. 112-9 Pour le jugement des militaires jusqu'au grade de colonel, capitaine de vaisseau ou assimilés, inclusivement, l'assesseur est choisi parmi les magistrats du siège de l'un des *(Ord. n° 2019-964 du 18 sept. 2019, art. 12, en vigueur le 1er janv. 2020)* « tribunaux judiciaires *[ancienne rédaction : tribunaux de grande]* » ou de première instance dont le ressort coïncide, en totalité ou en partie, avec celui du tribunal territorial des forces armées.

Art. L. 112-10 L'assesseur du Haut Tribunal des forces armées prévu à l'article L. 112-3 est choisi parmi les magistrats du siège appartenant à l'une des cours d'appel dont le ressort coïncide en totalité ou en partie avec celui du tribunal territorial des forces armées de Paris ou, en cas d'application des dispositions du deuxième alinéa dudit article, de la cour d'appel ou du tribunal supérieur d'appel dans le ressort duquel est établi le nouveau siège du tribunal.

Art. L. 112-11 Les magistrats assesseurs et leurs suppléants sont désignés pour chaque année civile par ordonnance du premier président de la cour d'appel ou du président du tribunal supérieur d'appel compétent.

Art. L. 112-12 La désignation des juges militaires est subordonnée au respect du principe hiérarchique.

Le juge du même grade que celui du prévenu doit être d'une ancienneté supérieure. Si cette condition ne peut être remplie, le juge est du grade immédiatement supérieur.

Pour la composition du tribunal, il est tenu compte du grade ou du rang détenu par le prévenu à l'époque des faits reprochés ou, en cas de promotion ultérieure, lors de la comparution à la première audience.

Art. L. 112-13 Pour le jugement des militaires jusqu'au grade de colonel, capitaine de vaisseau ou assimilé, inclusivement, le tribunal comprend au moins deux officiers dont un officier supérieur.

Un des juges doit être du même grade que le prévenu sans qu'il puisse être toutefois d'un grade inférieur à celui de sous-officier.

En cas de pluralité de prévenus de grade ou de rang différent, il est tenu compte du grade et de l'ancienneté les plus élevés.

Art. L. 112-14 Lorsque les faits de la poursuite mettent en cause des prévenus appartenant à une même armée, les juges militaires sont pris parmi les officiers ou assimilés et les sous-officiers ou assimilés de cette armée.

Lorsque les faits de la poursuite mettent en cause des prévenus appartenant à des armées différentes, à des formations rattachées ou n'ayant pas la qualité de militaire, ou lorsqu'il n'est pas possible de composer le tribunal ainsi qu'il est prévu à l'alinéa précédent, les juges militaires appartiennent à chacune des trois armées.

Toutefois, dans tous les cas où l'un des justiciables est un magistrat militaire ou assimilé, le juge militaire le plus élevé en grade est un magistrat militaire ou assimilé désigné par le ministre de la défense. Les deux autres juges militaires sont choisis sans distinction d'appartenance à une armée.

Art. L. 112-15 En cas d'impossibilité de constituer le tribunal dans les conditions prévues à l'article L. 112-14, les juges militaires sont pris sans distinction d'appartenance à une armée.

La justification de l'impossibilité est indiquée par l'autorité militaire chargée de la désignation des juges.

Art. L. 112-16 Chaque autorité militaire exerçant les pouvoirs judiciaires dresse la liste, par grade et dans l'ordre d'ancienneté, des officiers et des sous-officiers ou assimilés qui appartiennent aux corps ou services placés sous son commandement ou stationnés dans la circonscription territoriale sur laquelle s'exerce son commandement.

Ces listes sont adressées à celle des autorités exerçant les pouvoirs judiciaires qui est établie au siège du tribunal territorial des forces armées.

La désignation des juges militaires, titulaires et suppléants est faite par cette autorité pour une période de six mois.

Art. L. 112-17 Pour le jugement des aumôniers militaires, le tribunal est composé comme pour le jugement d'un capitaine.

Pour le jugement d'un élève gendarme ou d'un élève garde, il est tenu compte du grade que détenait le prévenu avant sa nomination à l'emploi d'élève gendarme ou d'élève garde.

Pour le jugement des personnes n'ayant pas la qualité de militaire, le juge militaire le moins élevé en grade est un sous-officier.

Il en est de même pour le jugement des justiciables mentionnés aux articles L. 122-3 et L. 122-4. Toutefois, dans ce cas, à moins d'impossibilité constatée, les juges militaires sont pris parmi les militaires des troupes combattantes ou blessés au feu.

Pour le jugement des pilotes de navires et du personnel de la marine marchande ayant rang d'officier, le tribunal comprend trois officiers, dont au moins un officier supérieur.

Pour le jugement des prisonniers de guerre, le tribunal est composé comme pour le jugement des militaires français d'après les assimilations de grade.

Art. L. 112-18 Pour le jugement des justiciables énumérés à l'article L. 112-3, les juges militaires sont appelés, suivant l'ordre d'ancienneté, à siéger au haut tribunal, à moins d'empêchement admis par le ministre de la défense.

Lorsqu'il n'est pas possible de trouver un nombre suffisant de juges militaires des grades et rangs requis, il est suppléé à cette insuffisance en puisant dans la hiérarchie des grades et rangs suivant le rang d'ancienneté jusqu'à ce que le haut tribunal puisse être constitué, mais sans jamais descendre en dessous du grade du prévenu, les juges de ce grade pouvant être, à défaut de plus anciens, d'une ancienneté inférieure.

Art. L. 112-19 Dans tous les cas, les membres du tribunal exercent leurs fonctions jusqu'à l'achèvement des débats.

SOUS-SECTION 3 *Chambre de l'instruction*

Art. L. 112-20 La chambre de l'instruction dont l'établissement est prévu à l'article L. 112-1 est composée de trois membres : un président, un magistrat assesseur et un juge militaire ayant grade ou rang d'officier supérieur au moins.

La présidence est assurée par un magistrat du siège de la cour d'appel ou du tribunal supérieur d'appel dans le ressort duquel le tribunal territorial des forces armées a son siège ; les fonctions d'assesseur sont remplies par un conseiller de la même cour ou par un juge du même tribunal supérieur d'appel ou par un magistrat du siège d'un *(Ord. n° 2019-964 du 18 sept. 2019, art. 12, en vigueur le 1er janv. 2020)* « tribunal judiciaire *[ancienne rédaction : tribunal de grande]* » ou de première instance ; le juge militaire est choisi parmi les officiers ayant vocation pour siéger.

Les fonctions de commissaire du Gouvernement sont assurées par le commissaire du Gouvernement près le tribunal territorial des forces armées, celles du greffe par un greffier du même tribunal.

Art. L. 112-21 La désignation du président, du magistrat assesseur de la chambre de l'instruction ainsi que de leurs suppléants est faite par ordonnance du premier président de la cour d'appel ou du président du tribunal supérieur d'appel.

Le juge militaire ainsi que le juge militaire suppléant appartiennent indifféremment à l'une des trois armées et sont désignés dans les conditions prévues à l'article L. 112-16.

SOUS-SECTION 4 *Fonctionnement et service*

Art. L. 112-22 *(Abrogé par L. n° 2011-1862 du 13 déc. 2011, art. 32-II et 70-II, à compter du 1er janv. 2012)* ***« Les dispositions des articles L. 111-10 à L. 111-17 prévues pour le fonctionnement et le service du tribunal aux armées en temps de paix sont applicables aux tribunaux territoriaux des forces armées en temps de guerre, à l'exception des dispositions du second alinéa de l'article L. 111-11.***

« Pour l'application de ces dispositions, les attributions dévolues au procureur de la République sont exercées par le commissaire du Gouvernement. »

Les fonctions de l'instruction sont exercées par des magistrats mobilisés en qualité d'assimilés spéciaux du service de la justice militaire. Leur affectation est prononcée par le ministre de la défense.

Art. L. 112-22-1 Le service du parquet, de l'instruction et du greffe du tribunal territorial des forces armées est assuré par des magistrats, des officiers greffiers, des sous-officiers commis-greffiers et des sous-officiers huissiers-appariteurs, qui doivent être de nationalité française et âgés de vingt-cinq ans accomplis.

Dans le présent chapitre et les textes pris pour son application, le mot "magistrats" désigne les magistrats du corps judiciaire détachés auprès du ministre de la défense dans les conditions prévues par la loi n° 66-1037 du 29 décembre 1966 relative à l'exercice des fonctions judiciaires militaires.

Ancien art. L. 111-10 renuméroté et modifié par L. n° 2011-1862 du 13 déc. 2011, art. 32-II et 70-II, à compter du 1er janv. 2012.

Art. L. 112-22-2 L'affectation des magistrats du parquet ainsi que celle des personnels chargés du service du tribunal aux armées est réservée au ministre de la défense.

Il peut être affecté un ou plusieurs magistrats pour assurer soit le service du parquet, soit le service de l'instruction, ainsi qu'un ou plusieurs officiers greffiers adjoints et un ou plusieurs commis-greffiers.

Ancien art. L. 111-11 renuméroté et modifié par L. n° 2011-1862 du 13 déc. 2011, art. 32-II et 70-II, à compter du 1er janv. 2012.

Art. L. 112-22-3 Le commissaire du Gouvernement près le tribunal territorial des forces armées assure auprès du tribunal territorial des forces armées, par lui-même ou par ses substituts, les fonctions du ministère public.

En qualité de chef de parquet, le procureur de la République près le tribunal territorial des forces armées est chargé de l'administration et de la discipline.

Ancien art. L. 111-12 renuméroté et modifié par L. n° 2011-1862 du 13 déc. 2011, art. 32-II et 70-II, à compter du 1er janv. 2012.

Art. L. 112-22-4 Le juge d'instruction procède à l'instruction préparatoire.

Un magistrat ne peut, à peine de nullité, remplir les fonctions de commissaire du Gouvernement près le tribunal territorial des forces armées ou participer au jugement dans les affaires qu'il a instruites.

Ancien art. L. 111-13 renuméroté et modifié par L. n° 2011-1862 du 13 déc. 2011, art. 32-II et 70-II, à compter du 1er janv. 2012.

Art. L. 112-22-5 Les officiers greffiers, les sous-officiers commis-greffiers assistent le juge d'instruction et tiennent la plume aux audiences.

Des militaires non officiers, de nationalité française et majeurs, peuvent être détachés des forces ou des services pour exercer, à titre d'auxiliaires, les fonctions de commis-greffiers ou d'huissiers-appariteurs.

Ancien art. L. 111-14 renuméroté par L. n° 2011-1862 du 13 déc. 2011, art. 32-II et 70-II, à compter du 1er janv. 2012.

Art. L. 112-22-6 Nul ne peut, à peine de nullité, siéger comme président ou juge ou remplir les fonctions de juge d'instruction dans une affaire soumise à un tribunal territorial des forces armées :

1° S'il est parent ou allié du prévenu jusqu'au degré de cousin issu de germain inclusivement ;

2° S'il a porté plainte ou mis en mouvement l'action publique ou a été entendu comme témoin ou en ce qui concerne seulement les présidents et juges, s'il a participé officiellement à l'enquête ;

3° Si, dans les cinq ans qui ont précédé le jugement, il a été engagé dans un procès contre le prévenu ;

4° S'il a précédemment connu de l'affaire comme administrateur ou comme président ou juge de la chambre de l'instruction ;

5° S'il est conjoint ou concubin du prévenu ou lié avec ce dernier par un pacte civil de solidarité.

Les parents et alliés, jusqu'au degré d'oncle et de neveu inclusivement, ne peuvent, à peine de nullité, être membres d'un même tribunal territorial des forces armées.

Ancien art. L. 111-15 renuméroté et modifié par L. n° 2011-1862 du 13 déc. 2011, art. 32-II et 70-II, à compter du 1er janv. 2012.

Art. L. 112-22-7 Tout président ou juge qui estime se trouver dans l'un des cas prévus à l'article L. 111-15 est tenu de le déclarer à la juridiction dans laquelle il est appelé à siéger ; celle-ci décide par décision motivée s'il relève de l'un des cas précités et s'il doit en conséquence s'abstenir.

Dans la même situation, le juge d'instruction est tenu de saisir le président de la chambre *de l'instruction ;* cette juridiction décide s'il doit s'abstenir. Dans ce cas, l'affaire est renvoyée au commissaire du Gouvernement près le tribunal territorial des forces armées.

Ancien art. L. 111-16 renuméroté et modifié par L. n° 2011-1862 du 13 déc. 2011, art. 32-II et 70-II, à compter du 1er janv. 2012.

Art. L. 112-22-8 Les officiers et sous-officiers greffiers et les sous-officiers huissiers-appariteurs, lors de leur nomination dans le corps et avant d'entrer en fonctions, prêtent serment, à la première audience du tribunal territorial des forces armées auquel ils sont affectés dans des conditions fixées par décret.

Ancien art. L. 111-17 renuméroté et modifié par L. n° 2011-1862 du 13 déc. 2011, art. 32-II et 70-II, à compter du 1er janv. 2012.

Art. L. 112-23 Les fonctions du ministère public et du greffe du Haut Tribunal des forces armées sont exercées par le ministère public et le greffe du tribunal territorial des forces armées dans le ressort duquel le haut tribunal a son siège.

Art. L. 112-24 En outre, des officiers et des sous-officiers greffiers des réserves mobilisés ainsi que des assimilés spéciaux du service de la justice militaire dont le statut est fixé par décret peuvent être appelés à compléter les personnels de ces tribunaux.

Art. L. 112-25 Au début de la première audience du tribunal où ils sont appelés à siéger, les juges militaires prêtent, sur l'invitation du président, le serment prévu par la loi organique relative au statut de la magistrature.

Art. L. 112-26 Devant les tribunaux territoriaux des forces armées, la défense est assurée par les avocats inscrits au barreau ou admis en stage, ou par un militaire que les justiciables choisissent sur une liste établie par le président du tribunal.

Sous réserve des engagements internationaux de la France, les avocats de nationalité étrangère ne peuvent concourir à la défense devant ces juridictions.

SECTION II *Des tribunaux militaires aux armées*

SOUS-SECTION 1 *Établissement*

Art. L. 112-27 En temps de guerre, des tribunaux militaires peuvent être établis aux armées lorsque ces dernières stationnent ou opèrent hors du territoire de la République ou sur le territoire de celle-ci.

Ces tribunaux comportent une ou plusieurs chambres de jugement et une chambre de l'instruction.

Art. L. 112-28 Un décret fixe le nombre des tribunaux militaires aux armées, les quartiers généraux près desquels ils sont établis, les limites territoriales ou maritimes dans lesquelles s'exerce leur juridiction et les autorités militaires qui exercent les pouvoirs judiciaires sous l'autorité du ministre de la défense.

Art. L. 112-29 Lorsqu'un tribunal militaire aux armées n'a pas été établi, les affaires relevant de la justice militaire sont portées devant un tribunal territorial des forces armées. Un décret détermine les juridictions compétentes et les autorités militaires qui exercent les pouvoirs judiciaires.

Lorsqu'un tribunal militaire aux armées a cessé de fonctionner, les affaires de la compétence de ce tribunal sont renvoyées à une autre juridiction dans les conditions prévues à l'article L. 254-4.

SOUS-SECTION 2 *Composition*

Art. L. 112-30 Le tribunal est composé de cinq membres de nationalité française et âgés de vingt-cinq ans accomplis : un président et quatre juges militaires.

Il y a auprès du tribunal un commissaire du Gouvernement, un greffier et un huissier appariteur.

Art. L. 112-31 La présidence est assurée par un magistrat du corps judiciaire mobilisé en qualité d'assimilé spécial du service de la justice militaire.

Le président, les présidents de chambre et leurs suppléants sont désignés par arrêté du ministre de la défense.

Art. L. 112-32 Les juges militaires sont pris parmi les militaires blessés au feu ou appartenant aux troupes combattantes. Les listes des juges militaires sont dressées dans les conditions prévues à l'article L. 112-16.

Les juges militaires appelés à siéger sont désignés, dans les conditions prévues par les articles L. 112-12 à L. 112-17, par l'autorité militaire près laquelle le tribunal a été établi.

Dans les cas prévus au deuxième alinéa de l'article L. 112-14, le juge le plus élevé en grade appartient à l'armée de terre et les autres juges à chacune des trois armées, sous réserve du cas prévu à l'article L. 112-15.

SOUS-SECTION 3 *Chambre de l'instruction*

Art. L. 112-33 La chambre de l'instruction, dont l'établissement est prévu à l'article L. 112-27, est composée de trois membres : un président et deux juges militaires ayant grade ou rang d'officier supérieur.

La présidence est assurée par un magistrat du corps judiciaire mobilisé en qualité d'assimilé spécial du service de la justice militaire. Le président et ses suppléants sont désignés par arrêté du ministre de la défense.

Les juges militaires et leurs suppléants appartiennent indifféremment à l'une des trois armées et sont désignés dans les conditions prévues à l'article L. 112-32.

Les fonctions de commissaire du Gouvernement sont assurées par le commissaire du Gouvernement près le tribunal militaire aux armées, celles de greffier par un greffier du même tribunal.

Art. L. 112-34 Un décret peut prévoir que les attributions de la chambre de l'instruction seront exercées par la chambre de l'instruction d'une autre juridiction des forces armées.

SOUS-SECTION 4 *Fonctionnement et service*

Art. L. 112-35 Les dispositions des articles L. 112-22, L. 112-24, L. 112-25 prévues pour le fonctionnement et le service des tribunaux territoriaux des forces armés en temps de guerre sont applicables aux tribunaux militaires aux armées.

Art. L. 112-36 La défense des justiciables des tribunaux militaires aux armées est assurée soit dans les conditions prévues à l'article L. 112-26, soit par un officier défenseur appartenant au cadre des officiers défenseurs assimilés spéciaux du service de la justice militaire. Les officiers défenseurs sont nommés par le ministre de la défense dans les conditions prévues par décret.

TITRE II Compétence

CHAPITRE PREMIER *En temps de paix et hors du territoire de la République*

Art. L. 121-1 Hors du territoire de la République et sous réserve des engagements internationaux, *(L. n° 2011-1862 du 13 déc. 2011, art. 32-I et 70-II, en vigueur le 1er janv. 2012)* « les juridictions de Paris spécialisées en matière militaire connaissent *[ancienne rédaction : le tribunal aux armées connaît]* » des infractions de toute nature commises par les membres des forces armées ou les personnes à la suite de l'armée en vertu d'une autorisation.

En vertu des art. L. 121-1 et L. 121-7 CJM, le tribunal aux armées de Paris (devenu juridiction spécialisée de Paris depuis l'entrée en vigueur de la L. du 13 déc. 2011) a compétence, sans aucune restriction, pour connaître des infractions commises hors du territoire de la République par des militaires des forces françaises ou à leur encontre. Aucune fin de non-recevoir ne peut être opposée à la partie lésée, autre que celles prévues par les art. 85 s., seuls textes auxquels renvoie l'art. 698-2, dès lors qu'il a été satisfait aux exigences prévues par l'art. 698-1. • Crim. 10 mai 2012, n° 12-81.197 P : *AJ pénal 2012. 550, obs. Lasserre Capdeville*.

Art. L. 121-2 Sont considérés comme membres des forces armées pour l'application des dispositions du présent chapitre, les personnes mentionnées aux articles L. 121-3 à L. 121-5 présentes, à quelque titre que ce soit, sur le territoire étranger, les personnels civils employés à titre statutaire ou contractuel par les forces armées, ainsi que les personnes à leur charge, lorsqu'elles accompagnent le chef de famille hors du territoire de la République.

Art. L. 121-3 Les militaires visés par le présent code sont :

1° Les militaires qui possèdent le statut de militaire de carrière ;

2° Les militaires qui servent en vertu d'un contrat ;

3° Les militaires qui accomplissent le service militaire dans les conditions prévues par le code du service national ;

4° Les militaires de la réserve accomplissant un engagement à servir dans la réserve opérationnelle, ou qui font partie des personnes soumises à l'obligation de disponibilité appelées ou rappelées au service, à l'exception des militaires en position hors cadre ou de retraite, ainsi que des déserteurs.

Art. L. 121-4 Les personnes qui effectuent le service militaire dans les conditions prévues par le code du service national ainsi que les engagés sont soumis aux dispositions du présent code à partir de leur réunion en détachement pour rejoindre leur destination ou, s'ils rejoignent isolément, à partir de leur arrivée à destination, jusqu'au jour inclus où ils sont renvoyés dans leurs foyers. Il en est de même quand, avant d'être incorporés, ils sont placés à titre militaire dans un hôpital, un établissement pénitentiaire ou sous la garde de la force publique ou sont mis en subsistance dans une unité.

Art. L. 121-5 Sont également soumis aux dispositions du présent code :

1° Les personnes qui sont portées présentes, à quelque titre que ce soit, sur *(L. n° 2016-816 du 20 juin 2016, art. 16)* « la liste » d'équipage d'un bâtiment de la marine ou le manifeste d'un aéronef militaire ;

2° Les personnes qui, sans être liées légalement ou contractuellement aux forces armées, sont portées sur les contrôles et accomplissent du service ;

3° Les membres d'un équipage de prise ;

4° Les prisonniers de guerre.

Art. L. 121-6 *(L. n° 2011-1862 du 13 déc. 2011, art. 32-I et 70-II, en vigueur le 1er janv. 2012)* « Les juridictions mentionnées à l'article L. 121-1 sont incompétentes *[ancienne rédaction : Le tribunal aux armées est incompétent]* » à l'égard des mineurs de dix-huit ans, sauf s'ils sont membres des forces armées ou lorsque aucune juridiction française des mineurs n'a compétence à leur égard. *(L. n° 2011-1862 du 13 déc. 2011, art. 32-I et 70-II, en vigueur le 1er janv. 2012)* « Ces mêmes juridictions sont compétentes *[ancienne rédaction : Ce même tribunal est compétent]* » à l'égard des mineurs de dix-huit ans lorsque ceux-ci sont ressortissants d'un État occupé ou d'un État ennemi à l'époque des faits reprochés.

Art. L. 121-7 Sont justiciables *(L. n° 2011-1862 du 13 déc. 2011, art. 32-II et 70-II, en vigueur le 1er janv. 2012)* « des juridictions de Paris spécialisées en matière militaire *[ancienne rédaction : du tribunal aux armées]* » tous auteurs ou complices d'une infraction contre les forces armées françaises ou contre leurs établissements ou matériels, si elle est réprimée par la loi pénale française.

Art. L. 121-8 Sous réserve des dispositions de l'article L. 121-6, la compétence *(L. n° 2011-1862 du 13 déc. 2011, art. 32-II et 70-II, en vigueur le 1er janv. 2012)* « des juridictions de Paris spécialisées en matière militaire *[ancienne rédaction : du tribunal aux armées]* » s'étend à tous auteurs ou complices lorsque l'un deux est justiciable de ces juridictions.

CHAPITRE II *En temps de guerre*

Art. L. 122-1 En temps de guerre et sous réserve des articles L. 255-1 et suivants, les juridictions des forces armées sont, en tous lieux, régies par les règles de compétence définies par les articles L. 121-1, L. 121-2, L. 121-7 et L. 121-8.

Art. L. 122-2 Sur le territoire de la République, les juridictions des forces armées sont incompétentes à l'égard des mineurs de dix-huit ans, sauf si les intéressés sont militaires ou ressortissants d'un État occupé ou d'un État ennemi à l'époque des faits reprochés ou coauteurs ou complices de personnes déférées aux juridictions des forces armées.

Hors du territoire de la République, les juridictions des forces armées sont également incompétentes à l'égard des mineurs de dix-huit ans, sous réserve des exceptions mentionnées au premier alinéa ou sauf si les intéressés sont membres des forces armées ou lorsque aucune juridiction française des mineurs n'a compétence à leur égard.

Art. L. 122-3 Sont de la compétence des juridictions des forces armées les crimes et délits commis depuis l'ouverture des hostilités par les nationaux ennemis ou par tous agents au service de l'administration ou des intérêts ennemis, sur le territoire de la République ou sur un territoire soumis à l'autorité de la France ou dans toute zone d'opérations de guerre :

1° Soit à l'encontre d'un national ou d'un protégé français, d'un militaire servant ou ayant servi sous le drapeau français, d'un apatride ou réfugié résidant sur un des territoires visés ci-dessus ;

2° Soit au préjudice des biens de toutes les personnes physiques mentionnées ci-dessus et de toutes les personnes morales françaises, lorsque ces infractions, même accomplies à l'occasion ou sous le prétexte du temps de guerre, ne sont pas justifiées par les lois et coutumes de la guerre.

Est réputée commise sur le territoire de la République toute infraction dont un acte caractérisant un de ses éléments constitutifs a été accompli en France.

Art. L. 122-4 Lorsqu'un subordonné est poursuivi comme auteur principal d'une des infractions prévues à l'article L. 122-3 et que ses supérieurs hiérarchiques ne peuvent être recherchés comme coauteurs, ils sont considérés comme complices dans la mesure où ils ont organisé ou toléré les agissements criminels de leur subordonné.

Art. L. 122-5 Sont compétents les tribunaux territoriaux des forces armées :

1° Du lieu de l'infraction ;

2° Du lieu de l'affectation ou du débarquement ou de l'arrestation, même lorsqu'elle a été opérée pour autre cause, de tout auteur ou complice.

Le tribunal territorial des forces armées compétent territorialement à l'égard des personnels des navires convoyés est celui auquel seraient déférés les personnels du navire convoyeur.

Les dispositions des trois premiers alinéas sont applicables aux tribunaux militaires aux armées.

En outre, est compétent le tribunal militaire aux armées du lieu le plus proche de la résidence du justiciable.

CHAPITRE III *Règles communes*

Art. L. 123-1 Lorsque le présent code définit ou réprime des infractions imputables à des justiciables étrangers aux armées, *(L. n° 2011-1862 du 13 déc. 2011, art. 32-I et 70-II, en vigueur le 1er janv. 2012)* « la juridiction saisie est compétente *[ancienne rédaction : les juridictions des forces armées sont compétentes]* » à l'égard de l'auteur ou du complice, sauf disposition contraire.

Art. L. 123-2 Indépendamment des règles prévues à l'article L. 122-5, la juridiction du lieu de résidence est également compétente territorialement pour connaître des infractions reprochées à un justiciable étranger aux armées ou libéré de ses obligations militaires avant l'ouverture des poursuites.

Art. L. 123-3 Est territorialement compétente la juridiction dans le ressort de laquelle le justiciable d'une juridiction des forces armées se trouve détenu pour quelque cause que ce soit.

Art. L. 123-4 En temps de paix, lorsqu'un justiciable, postérieurement à l'ouverture des poursuites devant *(L. n° 2011-1862 du 13 déc. 2011, art. 32-I et 70-II, en vigueur le 1er janv. 2012)* « la juridiction de Paris spécialisée en matière militaire *[ancienne rédaction : une juridiction des forces armées]* », a établi sa résidence hors du ressort de la juridiction saisie, il peut être fait application des règles prévues par les *(L. n° 2011-1862 du 13 déc. 2011, art. 32-I et 70-II, en vigueur le 1er janv. 2012)* « quatre derniers *[ancienne rédaction : deuxième, troisième et quatrième]* » alinéas de l'article 665 du code de procédure pénale. Il en est de même lorsque ce justiciable a formé opposition à la condamnation prononcée contre lui.

En temps de guerre il est fait application des dispositions de l'article L. 254-4.

Art. L. 123-5 La juridiction devant laquelle est traduit ou renvoyé le justiciable en application des dispositions des articles L. 123-2, L. 123-3 ou L. 123-4 applique ou continue la procédure suivant les règles qui régissent son organisation. Les formalités, les actes d'instruction ou de poursuite précédemment effectués demeurent valables.

En temps de guerre, les pouvoirs, droits et prérogatives attribués à l'autorité militaire qui a délivré l'ordre de poursuite sont dévolus à l'autorité militaire compétente exerçant les pouvoirs judiciaires à l'égard du tribunal nouvellement saisi.

LIVRE II **Procédure pénale militaire – Dispositions préliminaires**

TITRE PREMIER **De l'exercice de l'action publique et de l'instruction**

CHAPITRE PREMIER *En temps de paix et hors du territoire de la République*

SECTION I *De la police judiciaire et des enquêtes*

Art. L. 211-1 Un arrêté du ministre de la défense désigne les autorités militaires habilitées, sous son autorité, à dénoncer les infractions ou à donner un avis sur les poursuites éventuelles.

(L. n° 2011-1862 du 13 déc. 2011, art. 32-I et 70-II, en vigueur le 1er janv. 2012) « Le procureur de la République près le tribunal judiciaire de Paris reçoit les plaintes et les dénonciations. Il dirige l'activité des officiers de police judiciaire des forces armées conformément aux dispositions du code de procédure pénale. »

Les dispositions du second alinéa de l'article 40 du code de procédure pénale sont applicables.

Art. L. 211-2 Les officiers de police judiciaire des forces armées sont chargés de constater les infractions, d'en rassembler les preuves et d'en rechercher les auteurs tant qu'une instruction préparatoire n'est pas ouverte.

Lorsqu'une instruction préparatoire est ouverte, ils exécutent les délégations des juridictions d'instruction et défèrent à leurs réquisitions.

Art. L. 211-3 Ont la qualité d'officiers de police judiciaire des forces armées :

(L. nº 2007-289 du 5 mars 2007) « 1° Les officiers et gradés de la gendarmerie ainsi que les gendarmes qui ont été désignés comme officiers de police judiciaire en application de l'article 16 du code de procédure pénale ; »

2° Les officiers, sous-officiers et agents assermentés des différents services des armées, pour l'exercice des missions particulières qui leur sont dévolues par les lois ou règlements, si la loi leur reconnaît des attributions attachées à ladite qualité.

Ils exercent les pouvoirs qui sont attribués aux officiers de police judiciaire par l'article 17 du code de procédure pénale et par les autres dispositions de ce code auxquelles se réfère cet article.

Les dispositions des articles 55 et 61 du même code sont également applicables.

Ils sont tenus, à l'égard du procureur de la République près *(L. nº 2011-1862 du 13 déc. 2011, art. 32-II et 70-II, en vigueur le 1er janv. 2012)* « le tribunal judiciaire de Paris *[ancienne rédaction : le tribunal aux armées]* », des obligations prévues par l'article 19 du même code.

Ils ont compétence dans les limites territoriales où ils exercent leurs fonctions habituelles.

En cas d'urgence, soit sur instructions du procureur de la République près *(L. nº 2011-1862 du 13 déc. 2011, art. 32-II et 70-II, en vigueur le 1er janv. 2012)* « le tribunal judiciaire de Paris *[ancienne rédaction : le tribunal aux armées]* » au cours d'une enquête préliminaire ou d'une enquête de flagrance, soit sur commission rogatoire expresse du juge d'instruction, ils peuvent procéder aux opérations prescrites par ces autorités en tous lieux qui leur sont désignés.

Les officiers de police judiciaire des forces armées mentionnés au 2° ci-dessus ont compétence dans les limites territoriales où ils exercent les missions particulières qui leur sont dévolues par les lois ou les règlements.

Art. L. 211-4 Les gendarmes qui ne sont pas officiers de police judiciaire des forces armées disposent des pouvoirs attribués aux agents de police judiciaire par l'article 20 du code de procédure pénale et peuvent, notamment, procéder à des enquêtes préliminaires soit d'office, soit sur instructions du procureur de la République près *(L. nº 2011-1862 du 13 déc. 2011, art. 32-II et 70-II, en vigueur le 1er janv. 2012)* « le tribunal judiciaire de Paris *[ancienne rédaction : le tribunal aux armées]* ».

Les militaires non assermentés qui sont appelés à servir dans les prévôtés secondent les officiers de police judiciaire des forces armées sous les ordres desquels ils sont placés et leur rendent compte des infractions dont ils ont connaissance.

Art. L. 211-5 Les commandants d'armes et majors de garnison, les majors généraux des ports, les commandants de formation administrative ont qualité pour faire personnellement, à l'intérieur des établissements militaires, tous les actes nécessaires à l'effet de constater les infractions relevant des juridictions *(L. nº 2013-1168 du 18 déc. 2013, art. 32)* « spécialisées en matière militaire », d'en rassembler les preuves et d'en rechercher les auteurs.

Ces autorités peuvent déléguer à un officier placé sous leurs ordres les pouvoirs qui leur sont attribués par les dispositions du premier alinéa.

Elles peuvent également requérir tous officiers de police judiciaire des forces armées, territorialement compétents, aux fins prévues par les dispositions du quatrième alinéa de l'article L. 211-3.

Les obligations et pouvoirs de ces autorités et des officiers par elles délégués sont ceux prévus à l'article L. 211-2, aux quatrième et cinquième alinéas de l'article L. 211-3, et aux articles L. 211-8 et L. 211-9.

Art. L. 211-6 Une expédition de la procédure d'enquête est adressée à l'autorité militaire mentionnée à l'article L. 211-1.

Art. L. 211-7 *(L. nº 2013-1168 du 18 déc. 2013, art. 29)* Pour l'application de l'article 74 du code de procédure pénale, est présumée ne pas avoir une cause inconnue ou suspecte la mort violente d'un militaire au cours d'une action de combat se déroulant dans le cadre d'une opération militaire hors du territoire de la République.

SECTION II *De la garde à vue*

Art. L. 211-8 *(L. nº 2011-1862 du 13 déc. 2011, art. 32-I et 70-II, en vigueur le 1er janv. 2012)* Pour l'application des articles 63 à 64, 77 à 78 et 154 du code de procédure pénale, le procureur de la République près le tribunal judiciaire de Paris ou le juge d'instruction de ce tribunal spécialisé en matière militaire peuvent, le cas échéant, déléguer leurs pouvoirs, respectivement, au procureur de la République ou au juge d'instruction du tribunal judiciaire dans le ressort duquel la garde à vue est mise en œuvre.

Art. L. 211-9 Les personnes appréhendées en raison d'un crime ou délit flagrant ou contre lesquelles existent un ou plusieurs indices graves de nature à motiver leur mise en examen doivent être transférées au plus tard à l'expiration des délais de garde à vue pour être présentées à l'autorité judiciaire, militaire ou civile, compétente. S'il s'agit d'un militaire, les supérieurs hiérarchiques de l'intéressé sont avisés du transfèrement.

Art. L. 211-10 S'il apparaît au procureur de la République près *(L. nº 2011-1862 du 13 déc. 2011, art. 32-II et 70-II, en vigueur le 1er janv. 2012)* « le tribunal judiciaire de Paris *[ancienne rédaction : le tribunal aux armées]* » que la procédure d'enquête de police judiciaire dont il est saisi a trait à une affaire ne relevant pas de la juridiction *(L. nº 2011-1862 du 13 déc. 2011, art. 32-I et 70-II, en vigueur le 1er janv. 2012)* « spécialisée en matière militaire *[ancienne rédaction : à laquelle il est attaché]* », il envoie les pièces au ministère public près la juridiction compétente et met, s'il y a lieu, la personne appréhendée à sa disposition.

SECTION III *De l'action civile et de l'action publique*

Art. L. 211-11 Les règles relatives à la mise en mouvement de l'action publique et à l'exercice de l'action civile en réparation du dommage causé par l'une des infractions de la compétence *(L. nº 2011-1862 du 13 déc. 2011, art. 32-II et 70-II, en vigueur le 1er janv. 2012)* « des juridictions de Paris spécialisées en matière militaire *[ancienne rédaction : du tribunal aux armées]* » sont celles prévues par le code de procédure pénale, sous réserve des dispositions *(L. nº 2013-1168 du 18 déc. 2013, art. 30)* « des articles 698-1 à 698-9 du même code, de celles de l'article 113-8 du code pénal et de celles de la présente section ».

Art. L. 211-12 Les modes d'extinction de l'action publique prévus par les articles 6 à *(L. nº 2017-242 du 27 févr. 2017, art. 3)* « 9-3 » du code de procédure pénale sont applicables *(Abrogé par L. nº 2011-1862 du 13 déc. 2011, art. 32-I et 70-II, à compter du 1er janv. 2012)* *« devant les juridictions des forces armées »*, sous réserve des dispositions relatives à la prescription prévues à l'article L. 211-13.

Art. L. 211-13 La prescription de l'action publique résultant de l'insoumission ou de la désertion ne commence à courir qu'à partir du jour où l'insoumis ou le déserteur a atteint l'âge le dispensant de satisfaire à toute obligation militaire.

Art. L. 211-14 Lorsqu'une infraction de la compétence *(L. nº 2011-1862 du 13 déc. 2011, art. 32-II et 70-II, en vigueur le 1er janv. 2012)* « des juridictions de Paris spécialisées en matière militaire *[ancienne rédaction : du tribunal aux armées]* » a été commise et que les auteurs en sont restés inconnus, ou que, sans que l'identification résulte expressément des pièces produites, il y a présomption que la qualité des auteurs les rend justiciables de cette juridiction, la dénonciation peut être déposée contre personnes non dénommées.

SECTION IV *Des juridictions d'instruction*

SOUS-SECTION 1 *De l'instruction préparatoire*

Art. L. 211-15 Les infractions de la compétence *(L. nº 2011-1862 du 13 déc. 2011, art. 32-II et 70-II, en vigueur le 1er janv. 2012)* « des juridictions de Paris spécialisées en matière militaire *[ancienne rédaction : du tribunal aux armées]* » sont instruites selon les dispositions du code de procédure pénale, sous réserve des dispositions particulières prévues aux articles 698-1 à 698-9 du même code et des dispositions de la présente section.

Art. L. 211-16 Sous réserve des dispositions particulières prévues par des conventions internationales, les citations de témoins, lorsqu'il s'agit d'individus résidant en pays étrangers, sont remises aux autorités locales compétentes par l'intermédiaire du consul, s'il en existe un, ou directement dans le cas contraire.

Art. L. 211-17 Les dispositions du code de procédure pénale relatives aux expertises sont applicables devant les juridictions *(Abrogé par L. nº 2011-1862 du 13 déc. 2011, art. 32-II et 70-II, à compter du 1er janv. 2012)* *« militaires »* d'instruction et de jugement, les magistrats appelés à faire procéder à des expertises pouvant aussi choisir librement les experts parmi tous les personnels spécialisés dépendant du ministère de la défense.

Art. L. 211-18 Les mandats de comparution, d'amener et d'arrêt sont notifiés en toutes circonstances par les agents de la force publique, dans les conditions fixées par le code de procédure pénale.

En outre, les mandats d'arrêt et de dépôt sont portés à la connaissance des autorités militaires par la juridiction dont ils émanent.

Les mandats d'amener, d'arrêt et de dépôt sont mis à exécution dans les conditions fixées par le code de procédure pénale, sauf dispositions particulières du présent code.

Les mandats de comparution et d'amener, lorsqu'il s'agit d'individus résidant en pays étrangers, sont remis, dans les mêmes conditions que les citations à témoins conformément aux dispositions de l'article L. 211-16.

Art. L. 211-19 Si la personne mise en examen recherchée en vertu d'un mandat d'amener est trouvée à plus de deux cents kilomètres du siège du juge d'instruction qui a délivré le mandat, elle est conduite dans les vingt-quatre heures, soit avec son accord, devant le juge d'instruction qui a délivré le mandat, soit devant le *(L. n° 2011-392 du 14 avr. 2011, art. 22)* « juge des libertés et de la détention » du lieu de l'arrestation.

Toute personne mise en examen arrêtée en vertu d'un mandat d'arrêt à plus de deux cents kilomètres du siège du juge d'instruction qui a délivré le mandat est conduite devant le *(L. n° 2011-392 du 14 avr. 2011, art. 22)* « juge des libertés et de la détention » du lieu de l'arrestation.

Dans l'un ou l'autre des cas mentionnés aux premier et second alinéas du présent article, le *(L. n° 2011-392 du 14 avr. 2011, art. 22)* « juge des libertés et de la détention » procède conformément aux dispositions des deuxième et troisième alinéas de l'article 133 du code de procédure pénale.

SOUS-SECTION 2 *De la détention provisoire et de la liberté*

Art. L. 211-20 Les règles relatives à la détention provisoire prévues par le code de procédure pénale sont applicables, sous réserve des dispositions particulières des articles L. 211-21 et L. 211-22.

Art. L. 211-21 Qu'il s'agisse d'une ordonnance prescrivant la détention provisoire, d'un mandat de justice ou d'un jugement, la personne mise en examen, le prévenu ou le condamné est conduit, soit dans une maison d'arrêt et détenu alors dans un quartier spécial aux militaires, soit dans une prison prévôtale, soit encore, en cas d'impossibilité, dans un établissement désigné par l'autorité militaire dans les conditions prévues par décret.

Art. L. 211-22 Le contrôle judiciaire prévu aux articles 138 et suivants du code de procédure pénale n'est pas applicable aux militaires et assimilés mentionnés aux articles L. 121-3 et L. 121-5.

Toutefois, il peut être appliqué aux militaires et assimilés qui ont été rendus à la vie civile depuis la date de l'infraction ainsi qu'aux personnes étrangères aux armées et justiciables *(L. n° 2013-1168 du 18 déc. 2013, art. 32)* « de la juridiction de Paris spécialisée en matière militaire ».

SOUS-SECTION 3 *De la chambre de l'instruction*

Art. L. 211-23 *(Abrogé par L. n° 2013-1168 du 18 déc. 2013, art. 56) **Les règles relatives à la chambre de l'instruction sont celles prévues par le code de procédure pénale.***

SOUS-SECTION 4 *De la réouverture de l'information sur charges nouvelles*

Art. L. 211-24 Lorsque le juge d'instruction ou la chambre de l'instruction a rendu une décision de non-lieu, il appartient au ministre de la défense ou à l'autorité mentionnée à l'article L. 211-1 de dénoncer au procureur de la République près *(L. n° 2011-1862 du 13 déc. 2011, art. 32-II et 70-II, en vigueur le 1er janv. 2012)* « le tribunal judiciaire de Paris *[ancienne rédaction : le tribunal aux armées]* » les charges nouvelles définies par l'article 189 du code de procédure pénale.

Si le procureur de la République près *(L. n° 2011-1862 du 13 déc. 2011, art. 32-II et 70-II, en vigueur le 1er janv. 2012)* « le tribunal judiciaire de Paris *[ancienne rédaction : le tribunal aux armées]* » envisage, à défaut de dénonciation, de requérir la réouverture de l'information sur ces charges, il lui appartient de recueillir l'avis de l'autorité mentionnée au premier alinéa. La dénonciation ou l'avis est classé au dossier de la procédure.

SECTION V *De la défense*

(L. n° 2011-1862 du 13 déc. 2011, art. 32-II et 70-II, en vigueur le 1er janv. 2012)

Art. L. 211-25 Les personnes mentionnées au chapitre Ier du titre II du livre Ier peuvent faire assurer leur défense par un avocat ou, si l'éloignement y fait obstacle, par un militaire qu'elles choisissent sur une liste établie par le président du tribunal judiciaire de Paris.

CHAPITRE II *En temps de guerre*

SECTION I *Des autorités investies des pouvoirs judiciaires*

Art. L. 212-1 Le ministre de la défense est investi des pouvoirs judiciaires prévus par le présent code pour le temps de guerre.

Ces pouvoirs peuvent également être exercés sous son autorité par les autorités militaires mentionnées aux articles L. 112-2, L. 112-28 et L. 112-29.

SECTION II *De la police judiciaire*

SOUS-SECTION 1 *De la police judiciaire militaire*

Art. L. 212-2 Les autorités qualifiées pour engager les poursuites et, lorsqu'ils en ont reçu délégation, les commissaires du Gouvernement procèdent ou font procéder à tous les actes nécessaires à la recherche et à la poursuite des infractions relevant de la compétence des juridictions des forces armées.

A cette fin, ils reçoivent les plaintes ou dénonciations et sont assistés par les officiers de police judiciaire des forces armées dont la désignation et les attributions sont fixées à l'article L. 211-3, et par les personnels militaires auxquels les articles L. 211-4 et L. 211-5 attribuent des fonctions de police judiciaire militaire.

Ils ont compétence dans les limites territoriales où ils exercent leurs fonctions habituelles. Toutefois, ils peuvent, en cas d'urgence, opérer dans tout le ressort de la juridiction des forces armées à laquelle ils sont rattachés.

Exceptionnellement, soit sur instructions du commissaire du Gouvernement au cours d'une enquête de flagrance, soit sur commission rogatoire expresse du juge d'instruction, ils peuvent procéder aux opérations prescrites par ces autorités en tous lieux qui leur sont désignés.

Les officiers de police judiciaire des forces armées mentionnés au 2° de l'article L. 211-3 ont compétence dans les limites territoriales où ils exercent les missions particulières qui leur sont dévolues par les lois ou les règlements.

Ces fonctions sont exercées sous la direction et le contrôle des autorités qualifiées pour engager les poursuites.

Art. L. 212-3 Les officiers de police judiciaire des forces armées sont tenus d'informer sans délai l'autorité militaire qui exerce les pouvoirs judiciaires et le commissaire du Gouvernement territorialement compétents des crimes et délits relevant des juridictions des forces armées dont ils ont connaissance.

Tant qu'un ordre de poursuite n'a pas été délivré, ils remplissent la mission prévue au premier alinéa de l'article L. 211-2.

Le cas échéant, il est fait application de l'article L. 211-7.

Les procès-verbaux d'enquête préliminaire ou de flagrant délit sont transmis, sans délai, avec les actes et documents annexés, à l'autorité militaire qui exerce les pouvoirs judiciaires et qui est territorialement compétente ; les objets saisis sont mis à sa disposition. Une expédition de la procédure est adressée au commissaire du Gouvernement.

Si le ministre de la défense a seul qualité pour saisir la juridiction des forces armées, le dossier d'enquête de police judiciaire lui est transmis en double exemplaire par l'intermédiaire de l'autorité militaire mentionnée à l'alinéa précédent, qui émet un avis.

Lorsque les procès-verbaux ont été établis en vertu d'une réquisition du commissaire du Gouvernement, ils sont adressés à ce magistrat accompagnés d'une copie certifiée conforme.

Lorsqu'une instruction est ouverte, les officiers de police judiciaire des forces armées exécutent les délégations des juridictions d'instruction et défèrent à leurs réquisitions.

Art. L. 212-4 Le ministre de la défense ou les autorités militaires qui exercent les pouvoirs judiciaires peuvent prescrire, par instructions écrites aux officiers de police judiciaire des forces armées, de procéder, même de nuit, à des perquisitions et saisies dans les établissements militaires.

SOUS-SECTION 2 *Des officiers de police judiciaire civile*

Art. L. 212-5 Dans les circonscriptions où ils exercent leurs fonctions habituelles, les officiers de police judiciaire civile ont compétence pour constater les infractions relevant des juridictions des forces armées, en rassembler les preuves et en rechercher les auteurs. Ils peuvent être, à cet effet, requis par les autorités qualifiées pour engager les poursuites et par les commissaires du Gouvernement, ou commis par les juridictions militaires d'instruction et de jugement.

A défaut d'officier de police judiciaire des forces armées présent sur les lieux, les officiers de police judiciaire civile constatent d'office les infractions prévues à l'alinéa précédent, prennent toutes mesures conservatoires utiles et informent l'officier de police judiciaire des forces armées territorialement compétent.

Si ce dernier se transporte sur les lieux, les officiers de police judiciaire civile lui communiquent les résultats de leurs premières constatations et, éventuellement, lui remettent les individus appréhendés. Dans le cas contraire, ils procèdent à toutes opérations nécessitées par l'enquête préliminaire ou de flagrant délit.

Les officiers de police judiciaire civile peuvent se faire seconder par les agents de police judiciaire qui leur sont subordonnés, et dont les attributions sont fixées aux articles 20 et 21 du code de procédure pénale.

Art. L. 212-6 Lorsque les officiers de police judiciaire civile sont amenés :

1° Soit à constater, dans les établissements militaires, des infractions relevant ou non de la compétence des juridictions des forces armées ;

2° Soit à rechercher, en ces mêmes lieux, des personnes ou des objets relatifs à ces infractions, ils doivent adresser préalablement à l'autorité militaire des réquisitions tendant à obtenir l'entrée des établissements ; ces réquisitions doivent préciser la nature et les motifs des investigations jugées nécessaires.

L'autorité militaire défère à ces réquisitions, se fait représenter aux opérations et, s'il est besoin, met à la disposition des officiers de police judiciaire civile les individus que ceux-ci estiment devoir retenir, soit pour les nécessités d'une enquête, soit pour l'exécution d'une commission rogatoire ou d'un mandat de justice.

Le représentant de l'autorité militaire veille au respect des prescriptions relatives au secret militaire ; il est lui-même tenu d'observer le secret de l'enquête ou de l'instruction.

Sous réserve des dispositions particulières du présent article ainsi que des articles L. 212-5 et L. 212-9 à L. 212-14, les officiers de police judiciaire civile effectuent leurs opérations et établissent leurs procès-verbaux suivant les règles édictées par le code de procédure pénale.

Ils se conforment, pour l'envoi de leurs procédures, aux dispositions de l'article L. 212-3.

SECTION III *Des enquêtes*

SOUS-SECTION 1 *Des crimes et délits flagrants*

Art. L. 212-7 Est qualifié crime ou délit flagrant le crime ou le délit qui se commet actuellement, ou qui vient de se commettre. Il y a aussi crime ou délit flagrant lorsque, dans un temps très voisin de l'action, la personne soupçonnée est poursuivie par la clameur publique, ou est trouvée en possession d'objets, ou présente des traces ou indices, laissant penser qu'elle a participé au crime ou au délit.

Est assimilé au crime ou délit flagrant tout crime ou délit qui même non commis dans les circonstances prévues au premier alinéa a été commis dans une maison dont le chef requiert le commissaire du Gouvernement ou un officier de police judiciaire de le constater.

Art. L. 212-8 En cas de crime flagrant, l'officier de police judiciaire qui en est avisé informe immédiatement l'autorité militaire qui exerce les pouvoirs judiciaires, se transporte sans délai sur le lieu du crime et procède à toutes constatations utiles.

Il veille à la conservation des indices susceptibles de disparaître et de tout ce qui peut servir à la manifestation de la vérité. Il saisit les armes et instruments qui ont servi à commettre le crime ou qui étaient destinés à le commettre, ainsi que tout ce qui paraît avoir été le produit de ce crime.

Il représente les objets saisis, pour reconnaissance, aux personnes qui paraissent avoir participé au crime, si elles sont présentes.

Art. L. 212-9 Dans les lieux où un crime a été commis, il est interdit à toute personne non habilitée de modifier avant les premières opérations de l'enquête judiciaire l'état des lieux et d'y effectuer des prélèvements quelconques.

Toutefois, exception est faite lorsque ces modifications ou ces prélèvements sont commandés par les exigences de la sécurité ou de la salubrité publique, ou par les soins à donner aux victimes.

Art. L. 212-10 Si la nature du crime est telle que la preuve en puisse être acquise par la saisie des papiers, documents ou autres objets en la possession des personnes qui paraissent avoir participé au crime ou détenir des pièces ou objets relatifs aux faits incriminés, l'officier de police judiciaire se transporte sans désemparer au domicile de ces derniers pour y procéder à une perquisition dont il dresse procès-verbal.

Il a seul, avec les personnes mentionnées à l'article L. 212-12 et celles auxquelles il a éventuellement recours en application de l'article L. 212-15, le droit de prendre connaissance des papiers ou documents avant de procéder à leur saisie.

Toutefois, il a l'obligation de provoquer préalablement toutes mesures utiles pour que soit assuré le respect du secret professionnel et des droits de la défense.

Tous objets et documents saisis sont immédiatement inventoriés et placés sous scellés. Cependant, si leur inventaire sur place présente des difficultés, ils font l'objet de scellés fermés provisoires jusqu'au moment de leur inventaire et de leur mise sous scellés définitifs et ce, en présence des personnes qui ont assisté à la perquisition suivant les modalités prévues à l'article L. 212-12.

Avec l'accord de l'autorité militaire qui exerce les pouvoirs judiciaire ou du commissaire du Gouvernement lorsque celui-ci a reçu délégation, l'officier de police judiciaire ne maintient que la saisie des objets et documents utiles à la manifestation de la vérité.

Art. L. 212-11 Les perquisitions dans le cabinet d'un avocat ou à son domicile ne peuvent être effectuées que par un magistrat et en présence du bâtonnier ou de son délégué.

(L. n° 2007-289 du 5 mars 2007) « Les perquisitions dans les locaux d'une entreprise de presse ou de communication audiovisuelle ne peuvent être opérées que par un magistrat qui veille à ce que les investigations conduites ne portent pas atteinte au libre exercice de la profession de journaliste et ne constituent pas un obstacle ou n'entraînent pas un retard injustifiés à la diffusion de l'information.

« Les perquisitions dans le cabinet d'un médecin, d'un notaire *(Abrogé par L. n° 2011-94 du 25 janv. 2011, art. 32, à compter du 1er janv. 2012)* « *, d'un avoué* » ou d'un huissier de justice sont opérées par un magistrat et en présence de la personne responsable de l'organisation professionnelle ou de l'ordre auquel appartient l'intéressé ou de son représentant. »

Art. L. 212-12 Sous réserve des dispositions de l'article L. 212-10 relatives au respect du secret professionnel et des droits de la défense, les opérations prescrites par ledit article sont faites en présence de la personne au domicile de laquelle la perquisition a lieu.

En cas d'impossibilité, l'officier de police judiciaire a l'obligation de l'inviter à désigner un représentant de son choix ; à défaut, l'officier de police judiciaire choisit deux témoins requis à cet effet par lui, en dehors des personnes relevant de son autorité administrative.

Le procès-verbal de ces opérations, dressé dans les conditions prévues à l'article L. 212-19, est signé par les personnes mentionnées au présent article ; au cas de refus, il en est fait mention au procès-verbal.

Art. L. 212-13 Sous réserve des nécessités des enquêtes, le fait de communiquer ou de divulger sans l'autorisation de la personne mise en examen ou de ses ayants droit ou du signataire ou du destinataire d'un document provenant d'une perquisition à une personne non qualifiée par la loi pour en prendre connaissance est puni d'une amende de 4 500 euros et d'un emprisonnement de deux ans.

Art. L. 212-14 Sauf réclamation faite de l'intérieur de la maison ou exceptions prévues par la loi, les perquisitions et les visites domiciliaires ne peuvent être commencées avant six heures et après vingt et une heures.

Toutefois, des visites, perquisitions et saisies peuvent être opérées à toute heure du jour et de la nuit en vue d'y constater toutes infractions aux articles 225-5 à 225-10 du code pénal à l'intérieur de tout hôtel, maison meublée, pension, débit de boissons, club, cercle, dancing, lieu de spectacle et leurs annexes et en tout autre lieu ouvert au public ou utilisé par le public lorsqu'il sera constaté que des personnes se livrant à la prostitution y sont reçues habituellement.

Les formalités prévues aux articles L. 212-10, L. 212-12 et au présent article sont prescrites à peine de nullité.

Art. L. 212-15 S'il y a lieu de procéder à des constatations ou à des examens techniques ou scientifiques qui ne peuvent être différés, l'officier de police judiciaire a recours à toutes personnes qualifiées.

Sauf si elles sont inscrites sur une des listes prévues à l'article L. 212-90, les personnes ainsi appelées prêtent, par écrit, serment d'apporter leur concours à la justice en leur honneur et en leur conscience.

Art. L. 212-16 L'officier de police judiciaire peut défendre à toute personne de s'éloigner du lieu de l'infraction jusqu'à la clôture de ses opérations.

Art. L. 212-17 L'officier de police judiciaire peut appeler et entendre toutes personnes susceptibles de fournir des renseignements sur les faits ou sur les objets et documents saisis.

Les personnes convoquées par lui sont tenues de comparaître et de déposer. Si elles ne satisfont pas à cette obligation, avis en est donné à l'autorité militaire exerçant les pouvoirs judiciaire ou au commissaire du Gouvernement lorsque celui-ci a reçu délégation, qui peut les contraindre à comparaître par la force publique.

Il dresse un procès-verbal de leurs déclarations. Les personnes entendues procèdent elles-mêmes à sa lecture, peuvent y faire consigner leurs observations et y apposent leur signature. Si elles déclarent ne savoir lire, lecture leur en est faite par l'officier de police judiciaire préalablement à la signature. Au cas de refus de signer le procès-verbal, mention en est faite sur celui-ci.

Les agents de police judiciaire mentionnés à l'article L. 211-4 peuvent également entendre dans la limite des ordres reçus toutes personnes susceptibles de fournir des renseignements sur les faits en cause. Ils dressent à cet effet, dans les formes prescrites par le présent code, des procès-verbaux qu'ils transmettent à l'officier de police judiciaire qu'ils secondent.

Art. L. 212-18 Si, pour les nécessités de l'enquête, l'officier de police judiciaire est amené à garder à sa disposition une ou plusieurs des personnes mentionnées aux articles L. 212-16 et L. 212-17, les dispositions des articles L. 212-27 à L. 212-33 sont applicables.

Art. L. 212-19 Les procès-verbaux dressés par l'officier de police judiciaire en application des articles L. 212-8 à L. 212-17 sont rédigés sur-le-champ et signés par lui sur chaque feuillet du procès-verbal.

Art. L. 212-20 Les dispositions des articles L. 212-8 à L. 212-19 sont applicables, au cas de délit flagrant, dans tous les cas où la loi prévoit une peine d'emprisonnement.

Art. L. 212-21 Dans les cas de crime flagrant ou de délit flagrant puni d'une peine d'emprisonnement, toute personne a qualité pour en appréhender l'auteur et le conduire devant l'officier de police judiciaire le plus proche.

Art. L. 212-22 En cas de découverte d'un cadavre, qu'il s'agisse ou non d'une mort violente, mais si la cause en est inconnue ou suspecte, l'officier de police judiciaire qui en est avisé informe immédiatement l'autorité militaire exerçant les pouvoirs judiciaires, se transporte sans délai sur les lieux et procède aux premières constatations.

L'autorité militaire exerçant les pouvoirs judiciaires ou le commissaire du Gouvernement par elle délégué se rend sur place s'il le juge nécessaire et se fait assister de personnes capables d'apprécier la nature des circonstances du décès. Il peut, toutefois, déléguer aux mêmes fins un officier de police judiciaire de son choix.

Sauf si elles sont inscrites sur une des listes prévues à l'article L. 212-90, les personnes ainsi appelées prêtent, par écrit, serment d'apporter leur concours à la justice en leur honneur et en leur conscience.

L'autorité militaire exerçant les pouvoirs judiciaires ou le commissaire du Gouvernement par elle délégué peut aussi requérir information pour recherche des causes de la mort.

Les dispositions des trois premiers alinéas sont applicables en cas de découverte d'une personne grièvement blessée lorsque la cause de ses blessures est inconnue ou suspecte.

SOUS-SECTION 2 *De l'enquête préliminaire*

Art. L. 212-23 Les officiers de police judiciaire et, sous le contrôle de ceux-ci, les agents de police judiciaire mentionnés à l'article L. 211-4 procèdent à des enquêtes préliminaires soit sur les instructions de l'autorité militaire exerçant les pouvoirs judiciaires ou du commissaire du Gouvernement par elle délégué, soit d'office.

Ces opérations relèvent de la surveillance des autorités mentionnées à l'article L. 212-1.

Art. L. 212-24 Les perquisitions, visites domiciliaires et saisies de pièces à conviction ne peuvent être effectuées sans l'assentiment exprès de la personne chez laquelle l'opération a lieu.

Cet assentiment doit faire l'objet d'une déclaration écrite de la main de l'intéressé ou, si celui-ci ne sait écrire, il en est fait mention au procès-verbal ainsi que de son assentiment.

Les formes prévues à l'article L. 212-10 et au premier alinéa de l'article L. 212-14 sont applicables.

Art. L. 212-25 Lorsque pour les nécessités de l'enquête préliminaire, l'officier de police judiciaire est amené à retenir une personne à sa disposition plus de quarante-huit heures, il est procédé conformément aux dispositions de l'article L. 212-29.

SOUS-SECTION 3 *De la suite à donner aux procédures d'enquête*

Art. L. 212-26 S'il apparaît à l'autorité qualifiée pour engager les poursuites que la procédure d'enquête préliminaire ou de flagrant délit dont elle est saisie concerne une infraction ne relevant pas des tribunaux des forces armées, elle envoie les pièces au ministère public près la juridiction compétente et met, s'il y a lieu, la personne appréhendée à sa disposition.

Si l'infraction relève de la juridiction des forces armées, cette autorité apprécie s'il y a lieu ou non de délivrer un ordre de poursuite.

SECTION IV ***De l'arrestation, de la garde à vue et de la mise à disposition***

SOUS-SECTION 1 *De l'arrestation, de la garde à vue et de la mise à disposition à l'égard des militaires*

Art. L. 212-27 Dans les cas de crime flagrant ou de délit flagrant puni d'emprisonnement, et sans préjudice des pouvoirs disciplinaires dont disposent les supérieurs hiérarchiques, tout officier de police judiciaire des forces armées a qualité pour procéder d'office à l'arrestation des militaires qui sont auteurs ou complices du crime ou délit.

Les militaires qui sont ainsi arrêtés en flagrant délit peuvent être déposés dans la chambre de sûreté d'une caserne de gendarmerie ou dans une prison prévôtale. La durée de cette garde à vue ne doit pas dépasser quarante-huit heures.

Dès le début de la garde à vue, l'officier de police judiciaire informe le commissaire du Gouvernement, lorsque celui-ci a reçu délégation.

Art. L. 212-28 Les supérieurs hiérarchiques doivent satisfaire à la demande des officiers de police judiciaire des forces armées, ou à la réquisition des officiers de police judiciaire civile, tendant à mettre à leur disposition un militaire en activité de service, lorsque les nécessités d'une enquête préliminaire ou de flagrant délit ou l'exécution d'une commission rogatoire exigent cette mesure.

Ces officiers de police judiciaire ne peuvent retenir plus de quarante-huit heures les militaires mis à leur disposition.

Dès le début de la mise à disposition, le supérieur hiérarchique informe le commissaire du Gouvernement, lorsque celui-ci a reçu délégation.

Art. L. 212-29 Les délais prévus aux articles L. 212-27 et L. 212-28 peuvent être prolongés de vingt-quatre heures par autorisation écrite de l'autorité à laquelle les militaires arrêtés en flagrant délit ou contre lesquels existent un ou plusieurs indices graves de culpabilité doivent être présentés conformément aux prescriptions de l'article L. 212-30. Cette autorisation appartient au commissaire du Gouvernement lorsque celui-ci a reçu délégation.

A l'égard des militaires autres que ceux mentionnés au premier alinéa, le délai prévu à l'article L. 212-28 peut être prolongé de vingt-quatre heures par autorisation écrite du supérieur hiérarchique qui a satisfait à la demande ou à la réquisition de mise à disposition.

Toute personne retenue en vertu de l'article L. 212-27 et du présent article peut demander à s'entretenir avec un défenseur à l'issue de la mesure de garde à vue, sauf si les circonstances matérielles s'y opposent.

Art. L. 212-30 Au plus tard à l'expiration des délais fixés, selon le cas, par les articles L. 212-27 à L. 212-29, les militaires arrêtés en flagrant délit ou contre lesquels existent un ou plusieurs indices de culpabilité doivent être mis en route pour être présentés à l'autorité qualifiée pour engager les poursuites ou à l'autorité judiciaire, militaire ou civile, qui se trouve compétente. Les supérieurs hiérarchiques doivent être avisés du transfèrement.

En attendant leur mise en route, les militaires mentionnés au premier alinéa peuvent être déposés dans un des locaux prévus au deuxième alinéa de l'article L. 212-27, ou dans un local de police.

Art. L. 212-31 Sauf lorsque les faits sont passibles d'une peine criminelle, l'autorité qualifiée pour engager les poursuites peut dispenser les officiers de police judiciaire de lui présenter les militaires mentionnés à l'article L. 212-30.

Dans ce cas, les intéressés sont reconduits à l'autorité militaire dont ils dépendent, au plus tard à l'expiration des délais fixés par les articles L. 212-27 à L. 212-29, et les supérieurs hiérarchiques peuvent ordonner, dans les limites de leurs pouvoirs respectifs, qu'ils soient déposés dans un local disciplinaire, en attendant la décision à intervenir conformément aux dispositions des articles L. 212-43 à L. 212-45.

Art. L. 212-32 Tout officier de police judiciaire doit mentionner sur le procès-verbal d'audition de toute personne retenue en vertu des articles L. 212-27 et L. 212-29 la durée des interrogatoires auxquels elle a été soumise et des repos qui ont séparé ces interrogatoires, le jour et l'heure à partir desquels elle a été gardée à vue ou mise à disposition, ainsi que le jour et l'heure à partir desquels elle a été soit libérée, soit amenée devant l'autorité militaire compétente.

SOUS-SECTION 2 *De la garde à vue à l'égard des personnes étrangères aux armées*

Art. L. 212-33 Sous réserve des dispositions de l'article L. 255-7, les officiers de police judiciaire des forces armées se conforment aux règles fixées, selon le cas, par l'article L. 212-27, le deuxième alinéa de l'article L. 212-28, le premier alinéa de l'article L. 212-29, les articles L. 212-30 et L. 212-32, lorsqu'ils estiment devoir retenir à leur disposition, pour les nécessités d'une enquête ou l'exécution d'une commission rogatoire, des individus non militaires justiciables des juridictions des forces armées.

SECTION V *De l'action civile et de l'action publique*

Art. L. 212-34 L'action civile en réparation du dommage causé par l'une des infractions qui sont de la compétence des juridictions des forces armées en temps de guerre appartient à ceux qui ont personnellement souffert du dommage directement causé par l'infraction. La partie lésée ne peut toutefois mettre en mouvement l'action publique.

Art. L. 212-35 Le droit de mettre en mouvement l'action publique appartient dans tous les cas au ministre de la défense.

Ce droit peut être exercé également sous l'autorité du ministre de la défense :

1° Devant les tribunaux territoriaux des forces armées, par la plus diligente de celles des autorités militaires mentionnées à l'article L. 112-2 ;

2° Devant les tribunaux militaires aux armées, et pour tous les justiciables de ces tribunaux, par les autorités militaires mentionnées à l'article L. 112-28.

Art. L. 212-36 L'action publique pour l'application de la peine s'éteint par la mort du prévenu, la prescription, l'amnistie, l'abrogation de la loi pénale et la chose jugée.

Toutefois, si des poursuites ayant entraîné condamnation ont révélé la fausseté du jugement ou de l'arrêt qui a déclaré l'action publique éteinte, l'action publique pourra être reprise ; la prescription doit alors être considérée comme suspendue depuis le jour où le jugement ou arrêt était devenu définitif jusqu'à celui de la condamnation du coupable de faux ou usage de faux.

Elle peut, en outre, s'éteindre par transaction lorsque la loi en dispose expressément ; il en est de même, en cas de retrait de plainte, lorsque celle-ci est une condition nécessaire de la poursuite.

Art. L. 212-37 *(L. n° 2017-242 du 27 févr. 2017)* L'action publique des crimes se prescrit selon les règles prévues aux articles 7 et 9-1 à 9-3 du code de procédure pénale.

Art. L. 212-38 *(L. n° 2017-242 du 27 févr. 2017)* L'action publique des délits se prescrit selon les règles prévues aux articles 8 et 9-1 à 9-3 du code de procédure pénale.

Art. L. 212-39 *(L. n° 2017-242 du 27 févr. 2017)* L'action publique des contraventions se prescrit selon les règles prévues aux articles 9 à 9-3 du code de procédure pénale.

Art. L. 212-40 Les dispositions de l'article L. 211-13 relatives à la prescription de l'action publique de l'insoumission et de la désertion sont applicables.

Art. L. 212-41 L'ouverture des poursuites à l'encontre des justiciables énumérés à l'article L. 112-3, des magistrats assimilés spéciaux et des officiers défenseurs ne peut être ordonnée que par le ministre de la défense qui saisit le tribunal compétent ou désigne celui qui sera appelé à en connaître.

Art. L. 212-42 Le commissaire du Gouvernement près la juridiction des forces armées, conseiller des autorités militaires qui exercent les pouvoirs judiciaires, donne son avis sur toutes les questions concernant la mise en mouvement de l'action publique, les qualifications légales, les conséquences des poursuites, ainsi que les mesures gracieuses.

Art. L. 212-43 Lorsqu'au vu du procès-verbal ou du rapport d'un officier de police judiciaire ou de l'une des autorités mentionnées à l'article L. 211-5 ou sur réception d'une plainte ou d'une dénonciation, ou même d'office, l'autorité militaire qui exerce les pouvoirs judiciaires estime qu'il y a lieu d'engager des poursuites, cette autorité délivre un ordre de poursuite qu'elle adresse au commissaire du Gouvernement près le tribunal compétent, avec les rapports, procès-verbaux, pièces, objets saisis et autres documents à l'appui.

Lorsqu'il émane d'une autre autorité ou du ministre de la défense, l'ordre de poursuite est transmis, suivant les cas, par l'intermédiaire de l'autorité militaire commandant la circonscription territoriale où siège le tribunal des forces armées ou de celle auprès de laquelle le tribunal est établi.

Art. L. 212-44 L'ordre de poursuite est sans recours ; il doit mentionner les faits sur lesquels porteront les poursuites, les qualifier et indiquer les textes de loi applicables.

Art. L. 212-45 Dès qu'un ordre de poursuite a été délivré contre une personne dénommée, celle-ci est mise à la disposition du commissaire du Gouvernement compétent.

Si les faits sont passibles d'une peine criminelle, correctionnelle ou de police et si, au vu du dossier, le commissaire du Gouvernement estime que l'affaire est en état d'être jugée, il ordonne la citation directe de l'auteur présumé de l'infraction devant le tribunal.

Si l'affaire n'est pas en état d'être jugée, il requiert l'ouverture d'une information. Dans tous les cas, le juge d'instruction est obligatoirement saisi quand l'auteur présumé des faits est un mineur de dix-huit ans.

Lorsque l'ordre de poursuite a été délivré sur charges nouvelles à la suite d'une ordonnance ou d'une décision de non-lieu, le commissaire du Gouvernement saisit la juridiction d'instruction qui avait rendu l'ordonnance ou la décision de non-lieu.

SECTION VI *Des juridictions d'instruction*

SOUS-SECTION 1 *De l'instruction préparatoire*

Art. L. 212-46 Si les conditions légales d'une citation directe devant la juridiction des forces armées ne sont pas réunies, ou si le commissaire du Gouvernement estime que l'affaire n'est pas en état d'être jugée, il transmet immédiatement toutes les pièces, avec ses réquisitions, au juge d'instruction.

Art. L. 212-47 Les dossiers et commissions rogatoires sont reçus par le juge d'instruction, à charge pour lui d'en assurer la répartition entre les magistrats chargés de l'instruction.

Art. L. 212-48 Le juge d'instruction de la juridiction des forces armées peut exécuter, selon les règles du présent code, les commissions rogatoires de toute nature concernant les militaires ou membres des forces armées ou des personnes à la suite des armées en vertu d'une autorisation.

Art. L. 212-49 Le juge d'instruction ne peut informer qu'en vertu du réquisitoire du commissaire du Gouvernement prévu à l'article L. 212-23, même s'il a procédé en cas de crime ou de délit flagrant.

Le réquisitoire peut être pris contre personne dénommée ou non dénommée.

Art. L. 212-50 S'il résulte de l'instruction que la personne mise en examen ou tout autre justiciable de la juridiction des forces armées peut être poursuivi pour des faits autres que ceux visés dans l'ordre de poursuite, le juge d'instruction militaire les dénonce par l'intermédiaire du commissaire du Gouvernement à l'autorité militaire qui exerce les pouvoirs judiciaires ; celle-ci apprécie s'il y a lieu de donner, à raison de ces faits, un nouvel ordre de poursuite.

Art. L. 212-51 Le juge d'instruction a le pouvoir, sur réquisitions ou après avis du commissaire du Gouvernement, de mettre en examen tout justiciable des juridictions des forces armées ayant pris part comme auteur ou complice aux faits qui lui sont déférés, ou de modifier la mise en examen lorsque ces faits doivent recevoir une qualification nouvelle emportant une peine plus grave.

Au cas de désaccord entre le juge d'instruction et le commissaire du Gouvernement, ce dernier est tenu de saisir par requête la chambre de l'instruction, qui statue conformément aux dispositions des articles L. 212-177 à L. 212-191, dans le délai de cinq jours, sauf si elle ordonne un supplément d'instruction.

Art. L. 212-52 Dans son réquisitoire introductif, et à toute époque de l'information par réquisitoire supplétif, le commissaire du Gouvernement peut requérir du magistrat instructeur tous actes lui paraissant utiles à la manifestation de la vérité et toutes mesures de sûreté nécessaires.

Il peut, à cette fin, se faire communiquer la procédure, à charge de la rendre dans les vingt-quatre heures.

Si le juge d'instruction ne suit pas les réquisitions du commissaire du Gouvernement, il doit rendre une ordonnance motivée dans les cinq jours de ces réquisitions.

Art. L. 212-53 Le juge d'instruction procède, conformément à la loi, à tous les actes d'information qu'il juge utiles à la manifestation de la vérité.

Il est établi une copie de ces actes ainsi que de toutes les pièces de la procédure ; chaque copie est certifiée conforme par le greffier ou l'officier de police judiciaire commis mentionné au quatrième alinéa. Toutes les pièces du dossier sont cotées par le greffier au fur et à mesure de leur rédaction ou de leur réception par le juge d'instruction.

Toutefois, si les copies peuvent être établies à l'aide de procédés photographiques ou similaires, elles sont exécutées à l'occasion de la transmission du dossier. Il en est alors établi autant d'exemplaires qu'il est nécessaire à l'administration de la justice. Le greffier certifie la conformité du dossier reproduit avec le dossier original. Si le dessaisissement momentané a pour cause l'exercice d'une voie de recours, l'établissement des copies doit être effectué immédiatement pour qu'en aucun cas ne soit retardée la mise en état de l'affaire prévue à l'article L. 212-179.

Si le juge d'instruction est dans l'impossibilité de procéder lui-même à tous les actes d'instruction il peut donner commission rogatoire aux officiers de police judiciaire afin de leur faire exécuter tous les actes d'information nécessaires dans les conditions et sous les réserves prévues aux articles L. 212-54 et L. 212-55.

Le juge d'instruction doit vérifier les éléments d'information ainsi recueillis.

Le juge d'instruction procède ou fait procéder, soit par des officiers de police judiciaire, conformément aux dispositions du quatrième alinéa, soit par toute personne habilitée dans des conditions déterminées par décret en Conseil d'État, à une enquête sur la personnalité des personnes mises en examen, ainsi que sur leur situation matérielle, familiale ou sociale. Toutefois, en matière de délit, cette enquête est facultative.

Le juge d'instruction peut également commettre, suivant les cas, le service pénitentiaire d'insertion et de probation, le service compétent de la protection judiciaire de la jeunesse, ou toute personne habilitée en application du sixième alinéa à l'effet de vérifier la situation matérielle, familiale et sociale d'une personne mise en examen et de l'informer sur les mesures propres à favoriser l'insertion sociale de l'intéressée. A moins qu'elles n'aient été déjà prescrites par le ministère public, ces diligences doivent être prescrites par le juge d'instruction chaque fois qu'il envisage de placer en détention provisoire un majeur âgé de moins de vingt et un ans au moment de la commission de l'infraction lorsque la peine encourue n'excède pas cinq ans d'emprisonnement.

Le juge d'instruction peut prescrire un examen médical, confier à un médecin le soin de procéder à un examen médico-psychologique ou ordonner toutes mesures utiles. Si ces examens sont demandés par la personne mise en examen ou son conseil, il ne peut les refuser que par ordonnance motivée.

§ 1er *Des commissions rogatoires, des transports, des perquisitions et des saisies*

Art. L. 212-54 Le juge d'instruction militaire peut requérir directement par commission rogatoire, aux fins de procéder aux actes d'instruction qu'il estime nécessaires, tout juge d'instruction, tout juge d'instance, ainsi que tous officiers de police judiciaire des forces armées ou officiers de police judiciaire civile, dans les lieux où chacun d'eux est territorialement compétent.

La commission rogatoire indique la nature de l'infraction, objet des poursuites. Elle est datée et signée par le magistrat qui la délivre revêtue de son sceau.

Elle ne peut prescrire que des actes d'instruction se rattachant directement à la répression de l'infraction mentionnée aux poursuites.

Art. L. 212-55 Les magistrats ou officiers de police judiciaire commis pour l'exécution exercent, dans les limites de la commission rogatoire, tous les pouvoirs du juge d'instruction.

Toutefois, les officiers de police judiciaire ne peuvent procéder aux interrogatoires et aux confrontations de la personne mise en examen. Ils ne peuvent procéder aux auditions de la partie civile qu'à la demande de celle-ci.

Art. L. 212-56 Tout témoin cité pour être entendu au cours de l'exécution d'une commission rogatoire est tenu de comparaître, de prêter serment et de déposer.

S'il ne satisfait pas à cette obligation, avis en est donné au magistrat mandant qui peut le contraindre à comparaître par la force publique et prendre contre lui les sanctions prévues aux troisième et quatrième alinéas de l'article L. 212-78.

Art. L. 212-57 Lorsque, pour les nécessités de l'exécution de la commission rogatoire, l'officier de police judiciaire est amené à retenir une personne à sa disposition, celle-ci doit être obligatoirement conduite, dans les quarante-huit heures, devant le juge d'instruction dans le ressort duquel se poursuit l'exécution. Après audition de la personne qui lui est amenée, le juge d'instruction peut accorder l'autorisation écrite de prolonger la garde à vue de vingt-quatre heures.

A titre exceptionnel, cette autorisation peut être accordée, par décision motivée, sans que la personne soit conduite devant le juge d'instruction.

Le juge d'instruction fixe le délai dans lequel les procès-verbaux dressés par l'officier de police judiciaire doivent lui être transmis par celui-ci. A défaut d'une telle fixation, ces procès-verbaux doivent lui être transmis dans les huit jours de la fin des opérations exécutées en vertu de la commission rogatoire.

Art. L. 212-58 Lorsque la commission rogatoire prescrit des opérations simultanées sur divers points du territoire, elle peut, sur l'ordre du juge d'instruction mandant, être adressée aux juges d'instruction ou officiers de police judiciaire chargés de son exécution sous forme de reproduction ou de copie intégrale de l'original.

Elle peut même, en cas d'urgence, être diffusée par tous moyens ; chaque diffusion doit toutefois préciser les mentions essentielles de l'original et spécialement la nature de la mise en examen, le nom et la qualité du magistrat mandant.

Art. L. 212-59 Hors du territoire métropolitain, tout juge appartenant à une juridiction dont le siège se situe dans le ressort d'une juridiction des forces armées, auquel est adressé une commission rogatoire aux fins d'exécution par un juge d'instruction appartenant à ladite juridiction des forces armées pour procéder à un interrogatoire dans les conditions prévues à l'article L. 212-54, peut délivrer contre la personne mise en examen un mandat de dépôt provisoire dont la validité est de quinze jours.

Ce mandat ne peut être décerné qu'en vertu de l'ordonnance prévue à l'article L. 212-158. Il peut être confirmé par ordonnance du juge d'instruction militaire ; les dispositions des articles L. 212-160 et suivants sont alors applicables.

Art. L. 212-60 Le juge d'instruction peut se transporter sur les lieux pour y effectuer toutes constatations utiles ou procéder à des perquisitions. Il en donne avis au commissaire du Gouvernement, qui a la faculté de l'accompagner.

Le juge d'instruction est toujours assisté d'un greffier.

Il dresse un procès-verbal de ses opérations.

Art. L. 212-61 Si les nécessités de l'information l'exigent, le juge d'instruction peut, après en avoir donné avis au commissaire du Gouvernement de son tribunal, se transporter avec son greffier dans toute l'étendue du territoire national, à l'effet d'y procéder à tous actes d'instruction, à charge par lui d'aviser, au préalable, le procureur de la République du tribunal dans le ressort duquel il se transporte. Il mentionne sur son procès-verbal les motifs de son transport.

Art. L. 212-62 Les perquisitions sont effectuées dans tous les lieux où peuvent se trouver des objets dont la découverte serait utile à la manifestation de la vérité.

Art. L. 212-63 Si la perquisition a lieu au domicile de la personne mise en examen, le juge d'instruction doit se conformer aux dispositions des articles L. 212-12 et L. 212-14.

Art. L. 212-64 Si la perquisition a lieu dans un domicile autre que celui de la personne mise en examen, la personne chez laquelle elle doit s'effectuer est invitée à y assister. Si cette personne est absente ou refuse d'y assister, la perquisition a lieu en présence de deux de ses parents ou alliés présents sur les lieux ou, à défaut, en présence de deux témoins.

Le juge d'instruction doit se conformer aux dispositions du deuxième alinéa de l'article L. 212-12, et de l'article L. 212-14.

Toutefois, il a l'obligation de provoquer préalablement toutes mesures utiles pour que soit assuré le respect du secret professionnel et des droits de la défense.

Art. L. 212-65 Lorsqu'il y a lieu, en cours d'information, de rechercher des documents et sous réserve des nécessités de l'information et du respect, le cas échéant, de l'obligation prévue au troisième alinéa de l'article L. 212-64, le juge d'instruction ou l'officier de police judiciaire par lui commis a seul le droit d'en prendre connaissance avant de procéder à la saisie.

Tous les objets et documents placés sous main de justice sont immédiatement inventoriés et placés sous scellés. Cependant, si leur inventaire sur place présente des difficultés, l'officier de police judiciaire procède conformément aux dispositions du quatrième alinéa de l'article L. 212-10.

Avec l'accord du juge d'instruction, l'officier de police judiciaire ne maintient que la saisie des objets et documents utiles à la manifestation de la vérité.

Lorsque ces scellés sont fermés, ils ne peuvent être ouverts et les documents dépouillés qu'en présence de la personne mise en examen assistée de son avocat, ou eux dûment appelés. Le tiers chez lequel la saisie a été faite est également invité à assister à cette opération.

Si les nécessités de l'instruction ne s'y opposent pas, copie ou photocopie des documents placés sous main de justice peuvent être délivrées à leurs frais, dans le plus bref délai, aux intéressés qui en font la demande.

Si la saisie porte sur des espèces, lingots, effets ou valeurs dont la conservation en nature n'est pas nécessaire à la manifestation de la vérité ou à la sauvegarde des droits des parties, il peut autoriser le greffier à en faire le dépôt à la Caisse des dépôts et consignations ou à la Banque de France.

Art. L. 212-66 Sous réserve des nécessités de l'information judiciaire, le fait de communiquer ou de divulguer sans l'autorisation de la personne mise en examen ou de ses ayants droit ou du signataire ou du destinataire d'un document provenant d'une perquisition, à une personne non qualifiée par la loi pour en prendre connaissance, est puni d'une amende de 4 500 euros et d'un emprisonnement de deux ans.

Art. L. 212-67 Au cours de l'information, le juge d'instruction est compétent pour décider de la restitution des objets placés sous main de justice.

Il statue, par ordonnance motivée, soit sur réquisitions du commissaire du Gouvernement, soit, après avis de ce dernier, d'office ou sur requête de la personne mise en examen, de la partie civile ou de toute autre personne qui prétend avoir droit sur l'objet.

Il peut également, avec l'accord du commissaire du Gouvernement, décider d'office de restituer ou de faire restituer à la victime de l'infraction les objets placés sous main de justice dont la propriété n'est pas contestée.

Il n'y a pas lieu à restitution lorsque celle-ci est de nature à faire obstacle à la manifestation de la vérité ou à la sauvegarde des droits des parties ou lorsqu'elle présente un danger pour les personnes ou les biens. Elle peut être refusée lorsque la confiscation de l'objet est prévue par la loi.

L'ordonnance du juge d'instruction mentionnée au deuxième alinéa du présent article est notifiée soit au requérant en cas de rejet de la demande, soit au ministère public et à toute autre partie intéressée en cas de décision de restitution. Elle peut être déférée à la chambre de l'instruction, sur simple requête déposée au greffe du tribunal, dans le délai et selon les modalités prévus aux articles L. 212-141 à L. 212-143. Ce délai est suspensif.

Le tiers peut, au même titre que les parties, être entendu par la chambre de l'instruction en ses observations, mais il ne peut prétendre à la mise à sa disposition de la procédure.

Art. L. 212-68 En matière criminelle et en matière correctionnelle, si la peine encourue est égale ou supérieure à deux ans d'emprisonnement, le juge d'instruction peut, lorsque les nécessités de l'information l'exigent, prescrire l'interception, l'enregistrement et la transcription de correspondances émises par la voie des télécommunications. Ces opérations sont effectuées sous son autorité et son contrôle.

La décision d'interception est écrite. Elle n'a pas de caractère juridictionnel et n'est susceptible d'aucun recours.

Art. L. 212-69 La décision prise en application de l'article L. 212-68 doit comporter tous les éléments d'identification de la liaison à intercepter, l'infraction qui motive le recours à l'interception ainsi que la durée de celle-ci.

Art. L. 212-70 Cette décision est prise pour une durée maximum de quatre mois. Elle ne peut être renouvelée que dans les mêmes conditions de forme et de durée.

Art. L. 212-71 Le juge d'instruction ou l'officier de police judiciaire commis par lui peut requérir tout agent qualifié d'un service ou organisme placé sous l'autorité ou la tutelle du ministre chargé des télécommunications ou tout agent qualifié d'un exploitant de réseau ou fournisseur de services de télécommunications autorisé, en vue de procéder à l'installation d'un dispositif d'interception.

Art. L. 212-72 Le juge d'instruction ou l'officier de police judiciaire commis par lui dresse procès-verbal de chacune des opérations d'interception et d'enregistrement. Ce procès-verbal mentionne la date et l'heure auxquelles l'opération a commencé et celles auxquelles elle s'est terminée.

Les enregistrements sont placés sous scellés fermés.

Art. L. 212-73 Le juge d'instruction ou l'officier de police judiciaire commis par lui transcrit la correspondance utile à la manifestation de la vérité. Il en est dressé procès-verbal. Cette transcription est versée au dossier.

Les correspondances en langue étrangère sont transcrites en français avec l'assistance d'un interprète requis à cette fin.

Art. L. 212-74 Les enregistrements sont détruits, à la diligence du commissaire du Gouvernement, à l'expiration du délai de prescription de l'action publique.

Il est dressé procès-verbal de l'opération de destruction.

Art. L. 212-75 *(L. nº 2007-289 du 5 mars 2007)* Aucune interception ne peut avoir lieu sur une ligne dépendant du cabinet d'un avocat ou de son domicile sans que le bâtonnier en soit informé par le juge d'instruction.

Aucune interception ne peut avoir lieu sur la ligne d'un député ou d'un sénateur sans que le président de l'assemblée à laquelle il appartient en soit informé par le juge d'instruction.

Aucune interception ne peut avoir lieu sur une ligne dépendant du cabinet d'un magistrat ou de son domicile sans que le premier président ou le procureur général de la juridiction où il réside en soit informé.

Aucune interception ne peut avoir lieu sur la ligne d'un militaire siégeant dans une juridiction des forces armées ou d'un magistrat de l'ordre judiciaire mobilisé en qualité d'assimilé spécial du service de la justice militaire sans que le premier président ou le procureur général de la Cour de cassation en soit informé.

Les formalités prévues par le présent article sont prescrites à peine de nullité.

§ 2 *Des auditions et expertises*

Art. L. 212-76 Pendant le cours de l'instruction et sauf dispositions particulières du présent code, le commissaire du Gouvernement remplit à l'égard du juge d'instruction de la juridiction des forces armées les attributions du procureur de la République à l'égard du juge d'instruction de droit commun.

La personne qui se prétend lésée par un crime ou un délit peut se constituer partie civile à tout moment au cours de l'instruction.

La constitution de partie civile respecte les dispositions de l'article L. 212-77. Elle n'est pas notifiée aux autres parties.

Elle peut être contestée par le ministère public, par la personne mise en examen ou par une autre partie civile.

En cas de contestation, ou s'il déclare d'office irrecevable la constitution de partie civile, le juge d'instruction statue par ordonnance motivée après communication du dossier au ministère public.

Art. L. 212-77 Toute partie civile doit déclarer au juge d'instruction une adresse qui doit être située, si l'information se déroule en métropole, dans un département métropolitain ou, si l'information se déroule dans un département ou une collectivité d'outre-mer ou en Nouvelle-Calédonie, dans cette collectivité. Hors du territoire de la République, l'adresse déclarée doit être située dans le ressort de la juridiction des forces armées mentionnée à l'article L. 112-27.

Elle peut déclarer soit son adresse personnelle, soit, avec l'accord de celui-ci, qui peut être recueilli par tout moyen, celle d'un tiers chargé de recevoir les actes qui lui sont destinés.

Elle est avisée qu'elle doit signaler au juge d'instruction jusqu'à la clôture de l'information, par nouvelle déclaration ou par lettre recommandée avec demande d'avis de réception, tout changement de l'adresse déclarée. Elle est également avisée que toute notification faite à la dernière adresse déclarée sera réputée faite à sa personne.

Faute par elle d'avoir déclaré une adresse, la partie civile ne peut opposer le défaut de notification des actes qui auraient dû lui être notifiés aux termes de la loi.

Art. L. 212-78 Le juge d'instruction convoque toutes les personnes dont la déposition lui paraît utile ou les fait citer devant lui, sans frais, par un agent de la force publique. Une copie de cette citation leur est délivrée.

Toute personne citée pour être entendue comme témoin est tenue de comparaître, de prêter serment et de déposer, sous réserve des dispositions des articles 226-13 et 226-14 du code pénal.

Si le témoin ne comparaît pas, le juge d'instruction peut, sur les réquisitions du commissaire du Gouvernement, l'y contraindre par la force publique et le condamner à l'amende prévue à l'article 434-15-1 du code pénal. S'il comparaît ultérieurement, il peut toutefois, sur production de ses excuses et justifications, être déchargé de cette peine par le juge d'instruction, après réquisitions du commissaire du Gouvernement.

La même peine peut, sur les réquisitions de ce magistrat, être prononcée contre le témoin qui, bien que comparaissant, refuse de prêter serment et de faire sa déposition.

Le témoin condamné à l'amende en vertu des dispositions des troisième et quatrième alinéas peut interjeter appel de la condamnation dans les vingt-quatre heures de ce prononcé ; s'il était défaillant, ce délai ne commence à courir que du jour de signification de la condamnation.

L'appel est porté devant la chambre de l'instruction, qui statue selon la procédure prévue aux articles L. 212-177 à L. 212-181, L. 212-190 et L. 212-191. Sa décision est susceptible de pourvoi en cassation.

Art. L. 212-79 Sous réserve des dispositions particulières prévues par des conventions internationales, les citations de témoins, lorsqu'il s'agit d'individus résidant en pays étrangers, sont remises aux autorités locales compétentes par l'intermédiaire du consul, s'il en existe un, ou directement dans le cas contraire.

Art. L. 212-80 Les témoins peuvent aussi être convoqués par lettre simple, par lettre recommandée ou par la voie administrative ; ils peuvent en outre comparaître volontairement.

Art. L. 212-81 Ils sont entendus séparément, et hors la présence de la personne mise en examen, par le juge d'instruction assisté de son greffier ; il est dressé procès-verbal de leurs déclarations.

Le juge d'instruction peut faire appel à un interprète majeur, à l'exclusion de son greffier et des témoins. L'interprète, s'il n'est pas assermenté, prête serment d'apporter son concours à la justice en son honneur et en sa conscience.

Art. L. 212-82 Les témoins prêtent serment de dire toute la vérité, rien que la vérité. Le juge leur demande leurs nom, prénoms, âge, état, profession, demeure, s'ils sont parents ou alliés des parties et à quel degré ou s'ils sont à leur service. Il est fait mention de la demande et de la réponse.

Art. L. 212-83 Le juge d'instruction chargé d'une information ainsi que les magistrats et officiers de police judiciaire agissant sur commission rogatoire ne peuvent, dans le dessein de faire échec aux droits de la défense, entendre comme témoins des personnes contre lesquelles il existe un ou plusieurs indices graves de culpabilité.

Art. L. 212-84 Chaque page des procès-verbaux est signée du juge, du greffier et du témoin. Ce dernier est alors invité à relire sa déposition telle qu'elle vient d'être transcrite, puis à la signer s'il déclare y persister. Si le témoin ne sait pas lire, lecture lui en est faite par le greffier. Si le témoin ne veut ou ne peut signer, mention en est portée sur le procès-verbal. Chaque page est également signée par l'interprète s'il y a lieu.

Art. L. 212-85 Les procès-verbaux ne peuvent comporter aucun interligne. Les ratures et les renvois sont approuvés par le juge d'instruction, le greffier et le témoin et, s'il y a lieu, par l'interprète. A défaut d'approbation, ces ratures et ces renvois sont non avenus.

Il en est de même du procès-verbal qui n'est pas régulièrement signé.

Art. L. 212-86 Les enfants au-dessous de l'âge de seize ans sont entendus sans prestation de serment.

Art. L. 212-87 Si un témoin est dans l'impossibilité de comparaître, le juge d'instruction se transporte pour l'entendre, ou délivre à cette fin commission rogatoire dans les formes prévues à l'article L. 212-54.

Art. L. 212-88 Si le témoin entendu dans les conditions prévues à l'article L. 212-87 n'était pas dans l'impossibilité de comparaître sur la citation, le juge d'instruction peut prononcer contre ce témoin l'amende prévue à l'article L. 212-78.

Art. L. 212-89 Toute juridiction d'instruction ou de jugement, dans le cas où se pose une question d'ordre technique, peut, soit à la demande du ministère public, soit d'office, ou à la demande des parties, ordonner une expertise.

Lorsque le juge d'instruction estime ne pas devoir faire droit à une demande d'expertise, il doit rendre une ordonnance motivée.

Les experts procèdent à leur mission sous le contrôle du juge d'instruction ou du magistrat que doit désigner la juridiction ordonnant l'expertise.

Art. L. 212-90 Les experts sont choisis parmi les personnes physiques ou morales qui figurent sur la liste nationale établie par la Cour de cassation ou sur une des listes dressées par les cours d'appels dans les conditions prévues par la loi n° 71-498 du 29 juin 1971 relative aux experts judiciaires.

Ils peuvent également être choisis librement parmi tous les personnels spécialisés dépendant du ministère de la défense.

A titre exceptionnel, les juridictions peuvent, par décision motivée, choisir des experts ne figurant dans aucune de ces catégories.

Art. L. 212-91 Si l'expert désigné est une personne morale, son représentant légal soumet à l'agrément de la juridiction le nom de la ou des personnes physiques qui, au sein de celle-ci et en son nom, effectueront l'expertise.

Art. L. 212-92 La mission des experts, qui ne peut avoir pour objet que l'examen de questions d'ordre technique, est fixée dans la décision qui ordonne l'expertise.

Art. L. 212-93 Le juge d'instruction désigne l'expert chargé de procéder à l'expertise.

Si les circonstances le justifient, il désigne plusieurs experts.

Art. L. 212-94 Les experts désignés conformément aux deux derniers alinéas de l'article L. 212-90 prêtent, chaque fois qu'ils sont commis, le serment prévu par la loi n° 71-498 du 29 juin 1971 relative aux experts judiciaires devant le juge d'instruction ou le magistrat désigné par la juridiction. Le procès-verbal de prestation de serment est signé par le magistrat compétent, l'expert et le greffier. En cas d'empêchement dont les motifs doivent être précisés, le serment peut être reçu par écrit et la lettre de serment est annexée au dossier de la procédure.

Art. L. 212-95 Toute décision commettant des experts doit leur impartir un délai pour remplir leur mission.

Si des raisons particulières l'exigent, ce délai peut être prorogé sur requête des experts et par décision motivée rendue par le magistrat ou la juridiction qui les a désignés. Les experts qui ne déposent pas leur rapport dans le délai qui leur a été imparti peuvent être immédiatement remplacés et doivent rendre compte des investigations auxquelles ils ont déjà procédé. Ils doivent aussi restituer dans les quarante-huit heures les objets, pièces et documents qui leur auraient été confiés en vue de l'accomplissement de leur mission. Ils peuvent être, en outre, l'objet de mesures disciplinaires allant jusqu'à la radiation de l'une ou de l'autre des listes mentionnées à l'article L. 212-90.

Les experts doivent remplir leur mission en liaison avec le juge d'instruction ou le magistrat délégué ; ils doivent le tenir au courant du développement de leurs opérations et le mettre à même de prendre à tout moment toutes mesures utiles.

Le juge d'instruction, au cours de ses opérations, peut toujours, s'il l'estime utile, se faire assister des experts.

***Art. L.* 212-96** Si les experts demandent à être éclairés sur une question échappant à leur spécialité, le juge peut les autoriser à s'adjoindre des personnes nommément désignées, spécialement qualifiées par leur compétence.

Les personnes ainsi désignées prêtent serment dans les conditions prévues à l'article L. 212-94.

Leur rapport sera annexé intégralement au rapport mentionné à l'article L. 212-100.

Art. L. 212-97 Avant de faire parvenir les scellés aux experts, le juge d'instruction ou le magistrat désigné par la juridiction procède, s'il y a lieu, à leur inventaire dans les conditions prévues à l'article L. 212-65. Il énumère ces scellés dans un procès-verbal. Les experts doivent faire mention dans leur rapport de toute ouverture ou réouverture des scellés ; dans ces cas, ils en dressent inventaire.

Art. L. 212-98 Les experts peuvent recevoir, à titre de renseignements et pour l'accomplissement strict de leur mission, les déclarations de personnes autres que la personne mise en examen.

S'ils estiment qu'il y a lieu d'interroger la personne mise en examen et sauf délégation motivée délivrée à titre exceptionnel par le magistrat, il est procédé à cet interrogatoire en leur présence par le juge d'instruction ou le magistrat désigné par la juridiction en observant dans tous les cas les formes et conditions prévues aux articles L. 212-126 et L. 212-127.

La personne mise en examen peut, cependant, renoncer au bénéfice de cette disposition par déclaration expresse devant le juge d'instruction ou le magistrat désigné par la juridiction et fournir aux experts, en présence de son conseil, les explications nécessaires à l'exécution de leur mission. La personne mise en examen peut également, par déclaration écrite remise par lui aux experts et annexée par ceux-ci à leur rapport, renoncer à l'assistance de son conseil pour une ou plusieurs auditions.

Toutefois, les médecins experts chargés d'examiner la personne mise en examen peuvent lui poser les questions nécessaires à l'accomplissement de leur mission, hors la présence du juge et des conseils.

Art. L. 212-99 Au cours de l'expertise, les parties peuvent demander à la juridiction qui l'a ordonnée qu'il soit prescrit aux experts d'effectuer certaines recherches ou d'entendre toute personne nommément désignée qui serait susceptible de leur fournir des renseignements d'ordre technique.

Art. L. 212-100 Lorsque les opérations d'expertise sont terminées, les experts rédigent un rapport qui doit contenir la description desdites opérations ainsi que leurs conclusions. Les experts doivent attester avoir personnellement accompli les opérations qui leur ont été confiées et signent leur rapport.

Lorsque plusieurs experts ont été désignés et s'ils sont d'avis différents ou s'ils ont des réserves à formuler sur des conclusions communes, chacun d'eux indique son opinion ou ses réserves en les motivant.

Le rapport et les scellés, ou leurs résidus, sont déposés entre les mains du greffier de la juridiction qui a ordonné l'expertise ; ce dépôt est constaté par procès-verbal.

Art. L. 212-101 Le juge d'instruction donne connaissance des conclusions des experts aux parties et à leurs conseils soit après les avoir convoqués conformément aux dispositions des articles L. 212-126 et L. 212-127, soit par lettre recommandée.

Toutefois, la notification par la voie postale ne peut être utilisée lorsqu'il s'agit d'une personne mise en examen détenue.

Dans tous les cas, le juge d'instruction fixe un délai aux parties pour présenter des observations ou formuler une demande, notamment aux fins de complément d'expertise ou de contre-expertise. Pendant ce délai, le dossier de la procédure est mis à la disposition des conseils des parties.

Lorsqu'il rejette une demande, le juge d'instruction rend une décision motivée qui doit intervenir dans un délai d'un mois à compter de la réception de la demande. Il en est de même s'il commet un seul expert alors que la partie a demandé qu'il en soit désigné plusieurs.

Art. L. 212-102 Les experts exposent à l'audience, s'il y a lieu, le résultat des opérations techniques auxquelles ils ont procédé, après avoir prêté serment d'apporter leur concours à la justice en leur honneur et en leur conscience. Au cours de leur audition, ils peuvent consulter leur rapport et ses annexes.

Le président peut soit d'office, soit à la demande du ministère public, des parties ou de leurs conseils, leur poser toutes questions rentrant dans le cadre de la mission qui leur a été confiée.

Après leur exposé, les experts assistent aux débats, à moins que le président ne les autorise à se retirer.

Art. L. 212-103 Si, à l'audience d'une juridiction de jugement, une personne entendue comme témoin ou à titre de renseignement contredit les conclusions d'une expertise ou apporte au point de vue technique des indications nouvelles, le président demande aux experts, au ministère public, à la défense et, s'il y a lieu, à la partie civile, de présenter leurs observations. Cette juridiction, par décision motivée, déclare, soit qu'il sera passé outre aux débats, soit que l'affaire sera renvoyée à une date ultérieure. Dans ce dernier cas, cette juridiction peut prescrire quant à l'expertise toute mesure qu'elle jugera utile.

Art. L. 212-104 Les dispositions des articles L. 212-102 et L. 212-103 sont applicables aux personnes appelées soit à procéder à des constatations, soit à apprécier la nature des circonstances d'un décès, conformément aux dispositions des articles L. 212-15 et L. 212-22.

Art. L. 212-105 Le juge d'instruction peut, selon les cas, décerner mandat de comparution, d'amener, de dépôt ou d'arrêt.

Le mandat de comparution a pour objet de mettre en demeure la personne à l'encontre de laquelle il est décerné de se présenter devant le juge à la date et à l'heure indiquées par ce mandat.

Le mandat d'amener est l'ordre donné par le juge à la force publique de conduire immédiatement devant lui la personne à l'encontre de laquelle il est décerné.

Le mandat de dépôt est l'ordre donné par le juge au chef de l'établissement pénitentiaire de recevoir et de détenir la personne à l'encontre de laquelle il est décerné. Ce mandat permet également de rechercher ou de transférer la personne lorsqu'il lui a été précédemment notifié.

Le mandat d'arrêt est l'ordre donné à la force publique de rechercher la personne à l'encontre de laquelle il est décerné et de la conduire à la maison d'arrêt indiquée sur le mandat, où elle sera reçue et détenue.

Art. L. 212-106 Tout mandat précise l'identité de la personne à l'encontre de laquelle il est décerné ; il est daté et signé par le magistrat qui l'a décerné et est revêtu de son sceau.

Les mandats d'amener, de dépôt et d'arrêt mentionnent en outre la nature des faits imputés à la personne, leur qualification juridique et les articles de loi applicables.

Le mandat de comparution est notifié à celui qui en est l'objet par un agent de la force publique, lequel lui en délivre copie.

Le mandat d'amener ou d'arrêt est notifié et exécuté par un agent de la force publique, lequel en fait l'exhibition à la personne et lui en délivre copie.

Si l'individu est déjà détenu pour une autre cause, la notification lui est faite conformément aux dispositions du quatrième alinéa, ou, sur instructions du ministère public, par le chef de l'établissement pénitentiaire qui en délivre également une copie.

Les mandats d'amener et d'arrêt peuvent, en cas d'urgence, être diffusés par tous moyens. Dans ce cas, les mentions essentielles de l'original et spécialement l'identité de la personne à l'encontre de laquelle il est décerné, la nature des faits qui lui sont imputés et leur qualification juridique, le nom et la qualité du magistrat mandant doivent être précisés. L'original ou la copie du mandat est transmis à l'agent chargé d'en assurer l'exécution dans les délais les plus brefs.

En outre, les mandats d'arrêt et de dépôt sont portés à la connaissance des autorités militaires par la juridiction dont ils émanent.

Les mandats de comparution et d'amener, lorsqu'il s'agit d'individus résidant en pays étrangers, sont remis, dans les mêmes conditions que les citations à témoins conformément aux dispositions de l'article L. 212-79.

Art. L. 212-107 Les mandats sont exécutoires dans toute l'étendue du territoire de la République et dans le ressort des juridictions des forces armées établies conformément aux dispositions de l'article L. 112-27.

Art. L. 212-108 Le juge d'instruction interroge immédiatement la personne qui fait l'objet d'un mandat de comparution.

Il est procédé dans les mêmes conditions à l'interrogatoire de la personne arrêtée en vertu d'un mandat d'amener ; toutefois, si l'interrogatoire ne peut être immédiat, la personne est conduite dans la maison d'arrêt où elle ne peut être détenue plus de vingt-quatre heures.

A l'expiration de ce délai, elle est conduite d'office, par les soins du chef d'établissement, devant le commissaire du Gouvernement qui requiert le juge d'instruction, ou à défaut le président du tribunal ou un juge désigné par celui-ci, de procéder immédiatement à l'interrogatoire, à défaut de quoi la personne est mise en liberté.

Art. L. 212-109 Toute personne arrêtée en vertu d'un mandat d'amener, qui a été maintenue pendant plus de vingt-quatre heures dans la maison d'arrêt sans avoir été interrogée, est considérée comme arbitrairement détenue.

Les articles 432-4 à 432-6 du code pénal sont applicables aux magistrats ou fonctionnaires qui ont ordonné ou sciemment toléré cette détention arbitraire.

Art. L. 212-110 Si la personne mise en examen recherchée en vertu d'un mandat d'amener est trouvée à plus de deux cents kilomètres du siège du juge d'instruction qui a délivré le mandat, elle est conduite dans les vingt-quatre heures, soit avec son accord, devant le juge d'instruction qui a délivré le mandat, soit devant le procureur de la République du lieu de l'arrestation ; le ministère public procède conformément aux dispositions des deuxième et troisième alinéas de l'article L. 212-117.

Art. L. 212-111 Ce magistrat l'interroge sur son identité, reçoit ses déclarations, après l'avoir avertie qu'elle est libre de ne pas en faire, l'interpelle afin de savoir si elle consent à être transférée ou si elle préfère prolonger les effets du mandat d'amener, en attendant, au lieu où il se trouve, la décision du juge d'instruction saisi de l'affaire.

Si la personne mise en examen déclare s'opposer au transfèrement, elle est conduite dans la maison d'arrêt et avis immédiat est donné au juge d'instruction compétent. L'original ou la copie du procès-verbal de la comparution contenant un signalement complet est transmis sans délai à ce magistrat, avec toutes les indications propres à faciliter la reconnaissance d'identité.

Ce procès-verbal doit mentionner que la personne a reçu avis qu'elle est libre de ne pas faire de déclaration.

Art. L. 212-112 Le juge d'instruction saisi de l'affaire décide, aussitôt après la réception de ces pièces, s'il y a lieu d'ordonner le transfèrement.

Art. L. 212-113 Lorsqu'il y a lieu à transfèrement dans les conditions prévues aux articles L. 212-111 et L. 212-112, la personne doit être conduite devant le juge d'instruction qui a délivré le mandat dans les quatre jours de la notification du mandat.

Toutefois, ce délai est porté à six jours en cas de transfèrement d'un département ou d'une collectivité d'outre-mer ou de Nouvelle-Calédonie vers un département métropolitain ou un autre département ou une collectivité d'outre-mer ou la Nouvelle-Calédonie ou de la France métropolitaine vers un département ou une collectivité d'outre-mer ou la Nouvelle-Calédonie ou hors du territoire de la République.

Art. L. 212-114 En cas de non-respect des délais fixés aux articles L. 212-110 et L. 212-113, la personne est libérée, sur ordre du juge d'instruction saisi de l'affaire, à moins que sa conduite ait été retardée par des circonstances insurmontables.

Art. L. 212-115 Si la personne est en fuite ou si elle réside hors du territoire de la République, le juge d'instruction, après avis du commissaire du Gouvernement, peut décerner contre elle un mandat d'arrêt si le fait comporte une peine d'emprisonnement correctionnelle ou une peine plus grave.

Art. L. 212-116 La personne saisie en vertu d'un mandat d'arrêt est conduite sans délai dans la maison d'arrêt indiquée sur le mandat, sous réserve des dispositions du deuxième alinéa de l'article L. 212-117.

Le chef d'établissement délivre à l'agent chargé de l'exécution une reconnaissance de la remise de la personne mise en examen.

Art. L. 212-117 Dans les vingt-quatre heures de l'incarcération de la personne, il est procédé à son interrogatoire et il est statué sur le maintien de sa détention dans les conditions prévues à l'article L. 212-158. A défaut et à l'expiration de ce délai, les dispositions du troisième alinéa de l'article L. 212-108, et celles de l'article L. 212-109 sont applicables.

Si la personne est arrêtée à plus de deux cents kilomètres du siège du juge d'instruction qui a délivré le mandat, elle est conduite immédiatement devant le procureur de la République du lieu de l'arrestation, qui reçoit ses déclarations, après l'avoir averti qu'elle est libre de ne pas en faire. Mention est faite de cet avis au procès-verbal.

Le procureur de la République informe sans délai le magistrat qui a délivré le mandat et requiert le transfèrement. Si celui-ci ne peut être effectué immédiatement, le procureur de la République en réfère au juge mandant.

Lorsqu'il y a lieu à transfèrement, la personne doit être conduite à la maison d'arrêt indiquée sur le mandat dans les délais prévus à l'article L. 212-113. Les dispositions de l'article L. 212-114 sont applicables.

Art. L. 212-118 L'agent chargé de l'exécution d'un mandat d'amener ou d'arrêt ne peut s'introduire dans le domicile d'un citoyen avant six heures ni après vingt et une heures.

Il peut se faire accompagner d'une force suffisante pour que la personne ne puisse se soustraire à la loi. La force est prise dans le lieu le plus proche de celui où le mandat doit s'exécuter et elle est tenue de déférer aux réquisitions contenues dans ce mandat.

Si la personne ne peut être saisie, un procès-verbal de perquisition et de recherches infructueuses est adressé au magistrat qui a délivré le mandat.

Art. L. 212-119 Le juge d'instruction ne peut délivrer un mandat de dépôt qu'après interrogatoire et si l'infraction comporte une peine d'emprisonnement correctionnelle ou une autre peine plus grave.

En matière criminelle et en matière correctionnelle, les mandats de dépôt ne peuvent être décernés qu'en exécution de l'ordonnance prévue à l'article L. 212-158.

L'agent chargé de l'exécution du mandat de dépôt remet l'intéressé au chef de l'établissement pénitentiaire, lequel lui délivre une reconnaissance de cette remise.

Art. L. 212-120 L'inobservation des formalités prescrites pour les mandats de comparution, d'amener, de dépôt et d'arrêt peut donner lieu à des sanctions disciplinaires contre le juge d'instruction ou le commissaire du Gouvernement.

Ces dispositions sont étendues, sauf application de peines plus graves, s'il y a lieu, à toute violation des mesures protectrices de la liberté individuelle prescrites par les articles L. 212-10, L. 212-12, L. 212-14, L. 212-64, L. 212-65, L. 212-146 et L. 212-147.

Dans les cas mentionnés aux deux alinéas précédents et dans tous les cas d'atteinte à la liberté individuelle, le conflit ne peut jamais être élevé par l'autorité administrative et les tribunaux de l'ordre judiciaire sont toujours exclusivement compétents.

Il en est de même dans toute instance civile fondée sur des faits constitutifs des infractions prévues aux articles 432-4 à 432-6 et 432-8 du code pénal, qu'elle soit dirigée contre la collectivité publique ou contre ses agents.

Art. L. 212-121 Lorsque le juge d'instruction procède à l'interrogatoire de première comparution, il avertit la personne mise en examen que, si elle n'a pas fait choix d'un défenseur, il en sera désigné un d'office dans la citation. Mention de cette formalité est faite au procès-verbal.

Art. L. 212-122 Il est loisible à la personne mise en examen, jusqu'à l'ouverture des débats, de choisir son conseil dans les conditions prévues aux articles L. 112-26 et L. 112-36. La personne mise en examen conserve le droit, au cours de l'instruction et jusqu'à comparution devant la juridiction de renvoi, de désigner un autre défenseur que celui qu'elle a déjà choisi ou qui lui a été désigné d'office.

Lorsqu'un défenseur a été choisi, le juge d'instruction militaire adresse à celui-ci par tout moyen laissant une trace écrite, avis de la date du nouvel interrogatoire ou de la confrontation de la personne mise en examen. Mention de cette formalité est faite au procès-verbal d'interrogatoire ou de confrontation.

La partie civile a également le droit de se faire assister d'un conseil dès sa première audition. Elle ne peut être entendue ou confrontée, à moins qu'elle n'y renonce expressément, qu'en présence de son conseil ou celui-ci dûment appelé ; le conseil de la partie civile, choisi conformément aux dispositions du premier alinéa, est avisé dans les formes prévues au deuxième alinéa.

Art. L. 212-123 Lors de la première comparution, le juge d'instruction constate l'identité de la personne mise en examen, lui fait connaître expressément chacun des faits qui lui sont imputés et l'avertit qu'elle est libre de ne faire aucune déclaration. Mention de cet avertissement est faite au procès-verbal.

Si la personne mise en examen désire faire des déclarations, celles-ci sont immédiatement reçues par le juge d'instruction.

A l'issue de la première comparution, la personne mise en examen laissée en liberté ou placée sous contrôle judiciaire doit déclarer au juge d'instruction son adresse personnelle. Elle peut toutefois lui substituer l'adresse d'un tiers chargé de recevoir les actes qui lui sont destinés, si elle produit l'accord de ce dernier. L'adresse doit être située, si l'information se déroule en métropole, dans un département métropolitain ou, si l'information se déroule dans un département ou une collectivité d'outre-mer ou en Nouvelle-Calédonie, dans cette *collectivité*.

La personne mise en examen est avisée qu'elle doit signaler au juge d'instruction, jusqu'à la clôture de l'information, par nouvelle déclaration ou par lettre recommandée avec demande d'avis de réception, tout changement de l'adresse déclarée. Elle est également avisée que toute notification ou signification faite à la dernière adresse déclarée sera réputée faite à sa personne.

Mention de cet avis, ainsi que de la déclaration d'adresse, est portée au procès-verbal.

Art. L. 212-124 Nonobstant les dispositions prévues à l'article L. 212-123, le juge d'instruction peut procéder à un interrogatoire immédiat et à des confrontations si l'urgence résulte soit de l'état d'un témoin en danger de mort, soit de l'existence d'indices sur le point de disparaître.

Le procès-verbal fait mention des causes d'urgence.

Art. L. 212-125 La personne mise en examen détenue peut aussitôt après la première comparution communiquer librement avec son conseil.

Le juge d'instruction a le droit de prescrire l'interdiction de communiquer pour une période de dix jours. Il peut la renouveler, mais pour une nouvelle période de dix jours seulement.

En aucun cas, l'interdiction de communiquer ne s'applique au conseil de la personne mise en examen.

Art. L. 212-126 La personne mise en examen et la partie civile ne peuvent être entendues ou confrontées, à moins qu'elles n'y renoncent expressément, qu'en présence de leurs conseils ou eux dûment appelés.

Au plus tard quatre jours ouvrables avant l'interrogatoire, le conseil est convoqué par lettre recommandée ou par un avis qui lui est remis contre récépissé.

La procédure doit être mise à la disposition du conseil de la personne mise en examen deux jours ouvrables au plus tard avant chaque interrogatoire. Elle doit également être mise à la disposition du conseil de la partie civile deux jours ouvrables au plus tard avant les auditions de cette dernière.

Lorsque la procédure est mise à sa disposition dans les conditions prévues par le présent article, le conseil de la personne mise en examen ou de la partie civile peut se faire délivrer, à ses frais, copie de tout ou partie de la procédure, pour son usage exclusif et sans pouvoir en établir de reproduction.

Il peut, en outre, à tout moment, se faire délivrer, dans les mêmes conditions, la copie du procès-verbal d'audition ou d'interrogatoire de la partie qu'il assiste, ou du procès-verbal des confrontations auxquelles elle a participé.

Art. L. 212-127 Le commissaire du Gouvernement peut assister aux interrogatoires et confrontations de la personne mise en examen et aux auditions de la partie civile.

Chaque fois que le commissaire du Gouvernement a fait connaître au juge d'instruction son intention d'y assister, le greffier du juge d'instruction doit l'avertir par simple note, au plus tard, l'avant-veille de l'interrogatoire.

Art. L. 212-128 Le commissaire du Gouvernement et les conseils de la personne mise en examen et de la partie civile ne peuvent prendre la parole que pour poser des questions après y avoir été autorisés par le juge d'instruction.

Si cette autorisation leur est refusée, le texte des questions sera reproduit ou joint au procès-verbal.

Art. L. 212-129 Les procès-verbaux d'interrogatoire et de confrontation sont établis dans les formes prévues aux articles L. 212-84 et L. 212-85.

S'il est fait appel à un interprète, les dispositions de l'article L. 212-81 sont applicables.

§ 3 *Des nullités de l'information et des ordonnances de règlement*

Art. L. 212-130 Les dispositions prescrites à l'article L. 212-121, aux deuxième et troisième alinéas de l'article L. 212-122, aux articles L. 212-123 et L. 212-126 doivent être observées à peine de nullité tant de l'acte lui-même que de la procédure ultérieure.

La personne mise en examen et la partie civile envers lesquels les dispositions de ces articles ont été méconnues peuvent renoncer à s'en prévaloir et régulariser ainsi la procédure.

Cette renonciation doit être expresse ; elle ne peut être donnée qu'en présence du conseil ou ce dernier dûment appelé.

Art. L. 212-131 S'il apparaît au juge d'instruction qu'un acte de l'instruction est frappé de nullité, il en réfère à la chambre de l'instruction en vue de l'annulation de cet acte, après avoir pris l'avis du commissaire du Gouvernement.

La même faculté appartient au commissaire du Gouvernement : celui-ci requiert du juge d'instruction communication de la procédure en vue de sa transmission à la chambre de l'instruction et présente à cette chambre requête aux fins d'annulation.

La chambre de l'instruction examine la régularité de l'acte vicié. Si elle admet une cause de nullité, elle prononce l'annulation de cet acte et, s'il échoit, de tout ou partie de la procédure ultérieure.

Art. L. 212-132 Indépendamment des nullités mentionnées à l'article L. 212-130, il y a également nullité en cas de violation des dispositions substantielles de la présente section, notamment en cas de violation des droits de la défense.

La chambre de l'instruction décide si l'annulation doit être limitée à l'acte vicié ou s'étendre à tout ou partie de la procédure ultérieure.

La personne mise en examen ou la partie civile peut renoncer à se prévaloir de ces nullités lorsqu'elles ne sont édictées que dans son seul intérêt. Cette renonciation doit être expresse.

La chambre de l'instruction est saisie et statue conformément aux dispositions de l'article L. 212-131.

Art. L. 212-133 Les actes annulés sont retirés du dossier et classés au greffe de la chambre de l'instruction. Il est interdit d'y puiser aucun renseignement contre les parties au débat, à peine de poursuites disciplinaires pour les magistrats et les défenseurs.

Art. L. 212-134 Les tribunaux des forces armées ont qualité pour constater les nullités mentionnées à l'article L. 212-130 ainsi que celles qui pourraient résulter de l'inobservation des prescriptions du deuxième alinéa de l'article L. 212-140.

Si l'ordonnance qui les a saisis est affectée par de telles nullités, les tribunaux des forces armées renvoient la procédure au commissaire du Gouvernement pour lui permettre de saisir à nouveau le juge d'instruction.

La personne mise en examen et la partie civile peuvent renoncer à se prévaloir des nullités prévues au présent article, lesquelles doivent, dans tous les cas, être présentées à la juridiction de jugement avant toute défense au fond ainsi qu'en dispose l'article L. 222-53.

Art. L. 212-135 Dès que la procédure est terminée, le juge d'instruction la communique au commissaire du Gouvernement, qui doit lui adresser ses réquisitions dans les trois jours.

Art. L. 212-136 Si le juge d'instruction militaire, la procédure étant terminée, estime que la juridiction des forces armées est incompétente, il rend une ordonnance par laquelle il renvoie la procédure à l'autorité qui a donné l'ordre de poursuite, afin que la juridiction compétente soit saisie.

Le mandat d'arrêt ou de dépôt décerné contre la personne mise en examen conserve sa force exécutoire jusqu'à la saisine de la juridiction compétente. Toutefois, si à l'expiration d'un délai d'un mois à compter de la date à laquelle l'ordonnance a été rendue, aucune juridiction n'a été saisie, la personne mise en examen est mise en liberté.

Les actes de poursuites et d'instruction ainsi que les formalités intervenues antérieurement demeurent valables et n'ont pas à être renouvelés.

Art. L. 212-137 Si le juge d'instruction militaire estime que le fait visé ne constitue ni crime, ni délit, ni contravention, si l'auteur n'a pu être identifié ou s'il n'existe pas contre la personne mise en examen de charges suffisantes, le juge d'instruction militaire rend une ordonnance déclarant qu'il n'y a lieu à suivre ; si la personne mise en examen est détenue, elle est mise en liberté.

Des ordonnances comportant non-lieu partiel peuvent intervenir dans le cours de l'information.

L'ordonnance est immédiatement notifiée par le juge d'instruction militaire au commissaire du Gouvernement qui en assure aussitôt l'exécution en même temps qu'il la porte à la connaissance de l'autorité qui a donné l'ordre de poursuite.

Il appartient au ministre de la défense ou à l'autorité qui a donné l'ordre de poursuite ou revendiqué la procédure d'ordonner éventuellement la réouverture des poursuites sur charges nouvelles définies conformément à l'article L. 212-138.

La personne mise en examen à l'égard de laquelle le juge d'instruction militaire a dit n'y avoir lieu à suivre ne peut être recherchée à l'occasion du même fait, à moins qu'il ne survienne des charges nouvelles.

Art. L. 212-138 Sont considérées comme charges nouvelles les déclarations des témoins, pièces et procès-verbaux qui, n'ayant pu être soumis à l'examen du juge d'instruction, sont *cependant* de nature soit à fortifier les charges qui auraient été trouvées trop faibles, soit à donner aux faits de nouveaux développements utiles à la manifestation de la vérité.

Lorsque la poursuite est engagée sur charges nouvelles à la suite d'une ordonnance ou d'une décision de non-lieu, le commissaire du Gouvernement saisit la juridiction d'instruction qui a rendu l'ordonnance ou la décision de non-lieu.

Art. L. 212-139 Si le juge d'instruction militaire estime que le fait visé constitue une infraction de la compétence de la juridiction des forces armées, et si les charges sont suffisamment établies, il prononce, en toute matière, le renvoi de la personne mise en examen devant cette juridiction.

Si le fait constitue une contravention, le prévenu est mis en liberté.

Art. L. 212-140 Les ordonnances rendues par le juge d'instruction militaire contiennent les nom, prénoms, date, lieu de naissance, domicile et profession de la personne mise en examen. Elles indiquent la qualification légale du fait imputé à celle-ci et, de façon précise, les motifs pour lesquels il existe ou non contre elle des charges suffisantes.

Il est donné avis dans les vingt-quatre heures, par tout moyen laissant une trace écrite, au conseil de la personne mise en examen de toute ordonnance juridictionnelle.

Dans le même délai, les ordonnances dont la personne mise en examen peut interjeter appel aux termes de l'article L. 212-141 lui sont notifiées, à la requête du commissaire du Gouvernement, selon les formes prévues aux articles L. 240-1 et suivants.

§ 4 *De l'appel des ordonnances du juge d'instruction*

Art. L. 212-141 Le commissaire du Gouvernement peut, dans tous les cas, interjeter appel des ordonnances rendues par le juge d'instruction.

La personne mise en examen peut interjeter appel des ordonnances par lesquelles le juge d'instruction a, d'office ou sur déclinatoire, statué sur sa compétence ou a rejeté une cause d'extinction de l'action publique ; ainsi que des ordonnances prévues à l'article L. 212-67, au deuxième alinéa des articles L. 212-89 et L. 212-93, au quatrième alinéa de l'article L. 212-101, aux articles L. 212-148, L. 212-156 et L. 212-162.

La partie civile peut interjeter appel des ordonnances de non-informer, de non-lieu et des ordonnances faisant grief à ses intérêts civils. Toutefois, son appel ne peut, en aucun cas, porter sur une ordonnance ou sur la disposition d'une ordonnance relative à la détention de la personne mise en examen ou au contrôle judiciaire.

La partie civile peut aussi interjeter appel de l'ordonnance par laquelle le juge a, d'office ou sur déclinatoire, statué sur sa compétence.

Art. L. 212-142 L'appel est formé par :

1° Le commissaire du Gouvernement, par déclaration au greffe de la juridiction des forces armées ;

2° La personne mise en examen en liberté ou la partie civile, par déclaration au greffe du tribunal ou à l'agent de la force publique qui a procédé à la notification de l'ordonnance ;

3° La personne mise en examen détenue, par lettre remise au chef de l'établissement prévu à l'article L. 212-159, qui en délivre récépissé certifiant la remise ainsi que la date et l'heure auxquelles il a été procédé. Cette lettre est transmise immédiatement au greffe du tribunal.

Il est tenu au greffe de la juridiction des forces armées un registre des appels, référés, requêtes devant la chambre de l'instruction et des transmissions d'office de la procédure à cette juridiction, ainsi que des pourvois en cassation.

Art. L. 212-143 L'appel doit intervenir dans le délai de vingt-quatre heures qui court contre :

1° Le commissaire du Gouvernement, à dater du jour de l'ordonnance du juge d'instruction ;

2° La personne mise en examen en liberté, s'il est militaire, à compter de la notification à personne ou à son corps en cas d'absence irrégulière ;

3° La partie civile ou tout autre justiciable, à compter de la notification à personne ou de la notification à parquet après recherches infructueuses ;

4° La personne mise en examen détenue, à compter de la communication qui lui est donnée de l'ordonnance par le chef de l'établissement mentionné à l'article L. 212-159 ;

5° La personne mise en examen et la partie civile doivent être avisées de la durée et du point de départ du délai d'appel.

Art. L. 212-144 En cas d'appel du ministère public, la personne mise en examen détenue demeure en l'état jusqu'à ce qu'il ait été statué sur l'appel et, dans tous les cas, jusqu'à l'expiration du délai d'appel du commissaire du Gouvernement, à moins que celui-ci ne consente à la mise en liberté immédiate.

Art. L. 212-145 Le dossier de l'instruction ou sa copie, établie conformément aux dispositions de l'article L. 212-53, est remis ou transmis avec l'avis du commissaire du Gouvernement au greffe de la chambre de l'instruction, qui se réunit dans le délai de cinq jours, sauf en matière de détention provisoire, conformément aux dispositions de l'article L. 212-184.

SOUS-SECTION 2 *Du contrôle judiciaire, de la détention provisoire et de la liberté*

§ 1er *Du contrôle judiciaire*

Art. L. 212-146 Sous réserve des dispositions de l'article L. 212-154, le contrôle judiciaire peut être ordonné par le juge d'instruction si la personne mise en examen encourt une peine d'emprisonnement correctionnel ou une peine plus grave.

Ce contrôle astreint la personne concernée à se soumettre, selon la décision du juge d'instruction, à une ou plusieurs des obligations suivantes :

1° Ne pas sortir des limites territoriales déterminées par le juge d'instruction ;

2° Ne s'absenter de son domicile ou de la résidence fixée par le juge d'instruction qu'aux conditions et pour les motifs déterminés par ce magistrat ;

3° Ne pas se rendre en certains lieux ou ne se rendre que dans les lieux déterminés par le juge d'instruction ;

4° Informer le juge d'instruction de tout déplacement au-delà de limites déterminées ;

5° Se présenter périodiquement aux services ou autorités désignés par le juge d'instruction qui sont tenus d'observer la plus stricte discrétion sur les faits reprochés à la personne mise en examen ;

6° Répondre aux convocations de toute autorité ou de toute personne qualifiée désignée par le juge d'instruction et se soumettre, le cas échéant, aux mesures de contrôle portant sur ses activités professionnelles ou sur son assiduité à un enseignement ;

7° Remettre soit au greffe soit à un service de police ou à une brigade de gendarmerie tous documents justificatifs de l'identité, et notamment le passeport, en échange d'un récépissé valant justification de l'identité ;

8° S'abstenir de conduire tous les véhicules ou certains véhicules et, le cas échéant, remettre au greffe son permis de conduire contre récépissé ; toutefois, le juge d'instruction peut décider que la personne mise en examen pourra faire usage de son permis de conduire pour l'exercice de son activité professionnelle ;

9° S'abstenir de recevoir ou de rencontrer certaines personnes spécialement désignées par le juge d'instruction, ainsi que d'entrer en relation avec elles, de quelque façon que ce soit ;

10° Se soumettre à des mesures d'examen, de traitement ou de soins, même sous le régime de l'hospitalisation, notamment aux fins de désintoxication ;

11° Fournir un cautionnement dont le montant et les délais de versement, en une ou plusieurs fois, sont fixés par le juge d'instruction, compte tenu notamment des ressources de la personne mise en examen ;

12° Ne pas se livrer à certaines activités de nature professionnelle ou sociale, à l'exclusion de l'exercice des mandats électifs et des responsabilités syndicales, lorsque l'infraction a été commise dans l'exercice ou à l'occasion de l'exercice de ces activités et lorsqu'il est à redouter qu'une nouvelle infraction soit commise ;

13° Ne pas émettre de chèques autres que ceux qui permettent exclusivement le retrait de fonds par le tireur auprès du tiré ou ceux qui sont certifiés et, le cas échéant, remettre au greffe les formules de chèques dont l'usage est ainsi prohibé ;

14° Ne pas détenir ou porter une arme et, le cas échéant, remettre au greffe contre récépissé les armes dont elle est détenteur ;

15° Constituer, dans un délai, pour une période et un montant déterminés par le juge d'instruction, des sûretés personnelles ou réelles destinées à garantir les droits de la victime ;

16° Justifier qu'il contribue aux charges familiales ou acquitte régulièrement les aliments qu'elle a été condamnée à payer conformément aux décisions judiciaires et aux conventions judiciairement homologuées portant obligation de verser des prestations, subsides ou contributions aux charges du mariage.

Les modalités d'application du présent article, en ce qui concerne notamment l'habilitation des personnes contribuant au contrôle judiciaire, sont déterminées en tant que de besoin par un décret en Conseil d'État.

Art. L. 212-147 La personne mise en examen est placée sous contrôle judiciaire par une ordonnance du juge d'instruction qui peut être prise en tout état de l'instruction.

Le juge d'instruction peut, à tout moment, imposer à la personne placée sous contrôle judiciaire une ou plusieurs obligations nouvelles, supprimer tout ou partie des obligations comprises dans le contrôle, modifier une ou plusieurs de ces obligations ou accorder une dispense occasionnelle ou temporaire d'observer certaines d'entre elles.

Art. L. 212-148 La mainlevée du contrôle judiciaire peut être ordonnée à tout moment par le juge d'instruction, soit d'office, soit sur les réquisitions du commissaire du Gouvernement, soit sur la demande de la personne après avis du commissaire du Gouvernement.

Le juge d'instruction statue sur la demande de la personne, dans un délai de cinq jours, par ordonnance motivée.

Faute par le juge d'instruction d'avoir statué dans ce délai, la personne peut saisir directement de sa demande la chambre de l'instruction qui, sur les réquisitions écrites et motivées du commissaire du Gouvernement, se prononce dans les vingt jours de sa saisine. A défaut, la mainlevée du contrôle judiciaire est acquise de plein droit, sauf si des vérifications concernant la demande de la personne ont été ordonnées.

Art. L. 212-149 Si la personne mise en examen se soustrait volontairement aux obligations du contrôle judiciaire, le juge d'instruction peut, quelle que soit la durée de la peine d'emprisonnement encourue, décerner à son encontre mandat d'arrêt ou de dépôt en vue de sa détention provisoire.

Les mêmes droits appartiennent en tout état de cause à la juridiction qui est compétente selon les distinctions de l'article L. 212-172. Toutefois, à l'encontre de l'accusé, il n'y a pas lieu à délivrance d'un mandat et l'ordonnance de prise de corps est exécutée sur l'ordre du président du tribunal ou du président de la chambre de l'instruction.

Art. L. 212-150 Lorsque la personne mise en examen est astreinte à fournir un cautionnement, ce cautionnement garantit :

1° La représentation de la personne mise en examen, du prévenu ou de l'accusé à tous les actes de la procédure et pour l'exécution du jugement, ainsi que, le cas échéant, l'exécution des autres obligations qui lui ont été imposées ;

2° Le paiement dans l'ordre suivant :

a) De la réparation des dommages causés par l'infraction et des restitutions, ainsi que de la dette alimentaire lorsque la personne mise en examen est poursuivie pour le défaut de paiement de cette dette ;

b) Des amendes.

La décision qui astreint la personne mise en examen à fournir un cautionnement détermine les sommes affectées à chacune des deux parties de ce cautionnement.

Art. L. 212-151 Le juge d'instruction peut, avec le consentement de la personne mise en examen, ordonner que la partie du cautionnement affectée à la garantie des droits de la victime ou du créancier d'une dette alimentaire soit versée à ceux-ci par provision, sur leur demande.

Ce versement peut aussi être ordonné, même sans le consentement de la personne mise en examen, lorsqu'une décision de justice exécutoire a accordé à la victime ou au créancier une provision à l'occasion des faits qui sont l'objet des poursuites.

Art. L. 212-152 La première partie du cautionnement est restituée si la personne mise en examen, le prévenu ou l'accusé s'est présenté à tous les actes de la procédure, a satisfait aux obligations du contrôle judiciaire et s'est soumis à l'exécution du jugement.

Elle est acquise à l'État dans le cas contraire, sauf motif légitime d'excuse.

Elle est néanmoins toujours restituée en cas de non-lieu, d'exemption de peine ou d'acquittement.

Art. L. 212-153 Le montant affecté à la deuxième partie du cautionnement qui n'a pas été versé à la victime de l'infraction ou au créancier d'une dette alimentaire est restitué en cas de non-lieu, et, sauf s'il est fait application du deuxième alinéa de l'article L. 222-68, en cas d'exemption de peine ou d'acquittement.

En cas de condamnation, il est employé conformément aux dispositions du 2° de l'article L. 212-150. Le surplus est restitué lorsque la condamnation est définitive.

Les conditions d'application du présent article sont fixées par un décret en Conseil d'État.

Art. L. 212-154 Le contrôle judiciaire prévu aux articles L. 212-146 et suivants n'est pas applicable aux militaires et assimilés mentionnés aux articles L. 121-3 et L. 121-5.

Il peut être appliqué aux militaires et assimilés qui ont été rendus à la vie civile depuis la date de l'infraction ainsi qu'aux personnes étrangères aux armées et justiciables des juridictions des forces armées, sous les conditions suivantes :

1° Après dessaisissement du juge d'instruction, les attributions qui lui sont conférées par les articles L. 212-147, L. 212-148 et le premier alinéa de l'article L. 212-149, appartiennent, selon l'état de la procédure, au président de la juridiction de jugement ou à la juridiction elle-même ;

2° Lorsque le prévenu est traduit directement devant le tribunal et qu'il est détenu, le président de la juridiction exerce les attributions conférées au juge d'instruction par les articles mentionnés au 1° dans les conditions prévues au dernier alinéa de l'article L. 212-157.

§ 2 *De la détention provisoire et de la liberté*

Art. L. 212-155 Jusqu'à décision sur la suite à donner à l'affaire, tout justiciable des juridictions des forces armées peut être détenu pendant cinq jours au plus sur ordre d'incarcération provisoire de l'autorité qualifiée pour engager les poursuites. Si celle-ci estime, avant l'expiration de ce délai, qu'il n'y a pas lieu de maintenir l'ordre d'incarcération, elle en ordonne la mainlevée. Si aucune décision de poursuite n'a été prise à l'expiration du délai, l'intéressé est mis en liberté dans les conditions prévues à l'article L. 212-165.

Art. L. 212-156 Dès l'ouverture des poursuites, la détention résulte, soit de la confirmation de l'ordre d'incarcération provisoire par un juge d'instruction ou en cas d'impossibilité par le commissaire du Gouvernement, soit d'un mandat de justice décerné par le juge d'instruction, par le tribunal ou par son président, par la chambre de l'instruction ou par son président.

Art. L. 212-157 Si l'autorité qualifiée pour engager les poursuites décide de traduire directement devant le tribunal la personne détenue sur ordre d'incarcération provisoire, il est statué sur la détention dans les conditions suivantes :

1° Ou le commissaire du Gouvernement prononce la mainlevée de l'ordre d'incarcération provisoire ;

2° Ou l'ordre d'incarcération provisoire est, le cas échéant, confirmé dans les conditions prévues à l'article L. 212-156.

A compter de sa confirmation, la validité de l'ordre d'incarcération provisoire ne peut excéder un délai de soixante jours. Passé ce délai, le prévenu est mis d'office en liberté.

La décision confirmant l'ordre d'incarcération provisoire est notifiée aussitôt au prévenu, qui peut dès lors communiquer librement avec le défenseur choisi ou désigné d'office.

Pendant le délai prévu au quatrième alinéa, le président du tribunal, d'office ou à la requête du prévenu ou de son conseil ou sur réquisition du commissaire du Gouvernement, statue sur la détention provisoire.

Art. L. 212-158 En matière correctionnelle, la détention provisoire au cours de l'instruction peut être ordonnée pour l'un des motifs suivants :

1° Lorsque la détention provisoire de la personne mise en examen est l'unique moyen de conserver les preuves ou les indices matériels ou d'empêcher soit une pression sur les témoins ou les victimes, soit une concertation frauduleuse entre personnes mises en examen et complices ;

2° Lorsque cette détention est l'unique moyen de protéger la personne mise en examen, de garantir son maintien à la disposition de la justice, de mettre fin à l'infraction ou de prévenir son renouvellement ;

3° Lorsque l'infraction, en raison de sa gravité, des circonstances de sa commission ou de l'importance du préjudice qu'elle a causé, a provoqué un trouble exceptionnel et persistant à l'ordre public, auquel la détention est l'unique moyen de mettre fin.

La détention provisoire peut également être ordonnée, dans les conditions prévues à l'article L. 212-149, lorsque la personne mise en examen se soustrait volontairement aux obligations du contrôle judiciaire ou lorsqu'elle est rendue nécessaire par la discipline des armées.

Elle est prononcée par une ordonnance spécialement motivée par référence aux motifs mentionnés aux alinéas précédents.

Cette ordonnance peut être rendue en tout état de l'information. Elle est notifiée verbalement par le juge d'instruction à la personne mise en examen et copie intégrale lui en est remise contre émargement au dossier de la procédure.

L'ordonnance prévue au présent article est rendue après avis du commissaire du Gouvernement et, s'il y a lieu, observations de la personne mise en examen ou de son conseil.

Art. L. 212-159 Qu'il s'agisse d'un ordre d'incarcération, d'un mandat de justice ou d'un jugement, la personne mise en examen, le prévenu ou le condamné est conduit, soit dans une maison d'arrêt et détenu alors dans un quartier spécial aux militaires, soit dans une prison prévôtale, soit, en cas d'impossibilité, dans un établissement désigné par l'autorité militaire dans des conditions prévues par décret.

Art. L. 212-160 A l'exception des cas prévus aux articles L. 212-136, L. 212-162, L. 212-163, L. 212-169 et L. 212-184, les mandats d'arrêt et de dépôt demeurent valables jusqu'à ce que la juridiction ait statué.

Art. L. 212-161 En toute matière, la mise en liberté peut être ordonnée d'office par le juge d'instruction, après avis du commissaire du Gouvernement, sous réserve des obligations prévues à l'article L. 212-165.

Le commissaire du Gouvernement peut également requérir à tout moment la mise en liberté. Le juge d'instruction statue dans le délai de dix jours à compter de ces réquisitions.

Art. L. 212-162 La mise en liberté peut être demandée à tout moment au juge d'instruction sous réserve des obligations prévues à l'article L. 212-165.

Le juge d'instruction doit immédiatement communiquer le dossier au commissaire du Gouvernement aux fins de réquisitions, et statuer par ordonnance spécialement motivée, au plus tard dans les dix jours de la communication.

Art. L. 212-163 Si le juge d'instruction n'a pas statué dans le délai fixé à l'article L. 212-162, la personne mise en examen ou son conseil peut saisir directement par requête la chambre de l'instruction qui, sur les réquisitions écrites et motivées du commissaire du Gouvernement, se prononce dans les cinq jours de cette requête, faute de quoi la personne mise en examen est mise d'office en liberté, sauf si des vérifications relatives à demande ont été ordonnées.

Le droit de saisir dans les mêmes conditions la chambre de l'instruction appartient également au commissaire du Gouvernement.

Art. L. 212-164 La mise en liberté n'est jamais subordonnée à l'obligation d'élire domicile.

Art. L. 212-165 La personne mise en examen, le prévenu ou le condamné, en cas de pourvoi en cassation, ne peut être laissé ou mis en liberté qu'à charge pour lui de prendre l'engagement de se représenter à tous les actes de la procédure aussitôt qu'il en sera requis et de tenir informé, selon le cas, le magistrat instructeur ou le commissaire du Gouvernement de tous ses déplacements.

Art. L. 212-166 Le commissaire du Gouvernement assure l'exécution de l'ordonnance de mise en liberté et, en outre, la porte à la connaissance de l'autorité militaire qui exerce les pouvoirs judiciaires.

Art. L. 212-167 Si, après avoir été laissée ou mise en liberté, la personne mise en examen invitée à comparaître ne se présente pas ou si des circonstances nouvelles et graves rendent sa détention nécessaire, le juge d'instruction, après avis du commissaire du Gouvernement, conserve le droit de décerner un nouveau mandat de dépôt ou d'arrêt.

Art. L. 212-168 L'appel est formé et jugé selon les conditions prévues aux articles L. 212-141 à L. 212-145 et L. 212-177 à L. 212-191.

La personne mise en examen détenue demeure en l'état jusqu'à ce qu'il ait été statué sur l'appel et, dans tous les cas, jusqu'à l'expiration du délai d'appel.

Art. L. 212-169 Lorsque la liberté a été accordée par la chambre de l'instruction réformant l'ordonnance du juge d'instruction, ce magistrat, au cas de survenance de charges nouvelles et graves et si la personne mise en examen est susceptible d'échapper ou de se soustraire à bref délai à l'action de la justice, peut décerner un nouveau mandat, qui doit être soumis immédiatement à la décision de la chambre de l'instruction.

Art. L. 212-170 Lorsque la chambre de l'instruction aura rejeté une demande de mise en liberté ou de mainlevée du contrôle judiciaire, la personne mise en examen ne pourra, avant l'expiration d'un délai d'un mois à compter de cette décision, interjeter un nouvel appel contre une décision du juge d'instruction en cette matière.

Art. L. 212-171 Le président du tribunal peut décerner mandat d'arrêt contre le prévenu en liberté, lorsque la décision de renvoi ou de citation directe n'a pu être notifiée à personne ou si l'intéressé fait défaut à un acte de la procédure.

Art. L. 212-172 A partir de la clôture de l'instruction jusqu'au jugement définitif, la mise en liberté peut être demandée au président de la juridiction des forces armées compétente.

Toutefois, lorsque le tribunal sera réuni pour connaître de l'affaire, il sera seul compétent pour statuer sur la liberté.

Les décisions rendues en cette matière ne sont susceptibles d'aucun recours.

Art. L. 212-173 Sans préjudice de l'application des dispositions de l'article L. 141-3 du code de l'organisation judiciaire *[ancienne rédaction : des articles 505 et suivants du code de procédure civile]*, une indemnité donnant lieu à réparation intégrale du préjudice matériel et moral *causé par la détention* peut être accordée aux justiciables des juridictions des forces armées qui ont fait l'objet d'un mandat de dépôt ou d'un ordre d'incarcération provisoire, au cours d'une procédure terminée à leur égard par une décision de non-lieu ou d'acquittement devenue définitive, lorsque cette détention leur a causé un préjudice manifestement anormal et d'une particulière gravité.

Art. L. 212-174 L'indemnité prévue à l'article L. 212-173 est allouée par décision d'une commission qui statue souverainement.

La commission est composée de trois magistrats du siège de la Cour de cassation ayant le grade de président de chambre ou de conseiller. Ces magistrats sont désignés annuellement, en même temps que trois suppléants par le bureau de la Cour de cassation.

Les fonctions du ministère public sont remplies par le parquet général près la Cour de cassation.

Art. L. 212-175 La commission, saisie par voie de requête dans le délai de six mois de la décision de non-lieu, de relaxe ou d'acquittement devenue définitive, statue par une décision non motivée qui n'est susceptible d'aucun recours de quelque nature que ce soit.

Les débats ont lieu et la décision est rendue en chambre du conseil. Le débat est oral et le requérant peut être entendu personnellement sur sa demande.

La procédure devant la commission qui a le caractère d'une juridiction civile est fixée par un décret en Conseil d'État.

Art. L. 212-176 L'indemnité allouée en application des dispositions du présent paragraphe est à la charge de l'État, sauf le recours de celui-ci contre le dénonciateur de mauvaise foi ou le faux témoin dont la faute aurait provoqué la détention ou sa prolongation.

Elle est payée comme frais de justice criminelle.

SOUS-SECTION 3 *De la chambre de l'instruction*

Art. L. 212-177 La chambre de l'instruction connaît, selon la procédure définie au présent code, des référés, appels et requêtes dont elle peut être saisie durant l'instruction.

Elle peut être également saisie aux fins de procéder à l'instruction dans les conditions et selon les règles prévues au deuxième alinéa de l'article L. 212-138 et à l'article L. 212-188.

Art. L. 212-178 La chambre de l'instruction se réunit sur convocation de son président.

Art. L. 212-179 Chaque fois qu'il y a lieu à intervention de la chambre de l'instruction, le commissaire du Gouvernement met immédiatement l'affaire en l'état.

Cette juridiction statue dans les conditions prévues pour chacun des cas mentionnés aux articles L. 212-51, L. 212-78, L. 212-131 à L. 212-133, L. 212-145, L. 212-148, L. 212-162, L. 212-163, L. 212-169, L. 212-170 et L. 212-184.

Art. L. 212-180 Trois jours avant l'audience, le commissaire du Gouvernement fait notifier à la personne mise en examen la date à laquelle l'affaire sera appelée et en avise le conseil de la personne mise en examen et le conseil de la partie civile.

Pendant ce délai, le dossier comprenant les réquisitions du commissaire du Gouvernement et, s'il y a lieu, les mémoires, est déposé au greffe de la chambre de l'instruction et tenu à la disposition du conseil de la personne mise en examen et du conseil de la partie civile.

La défense, la personne mise en examen et la partie civile sont admises jusqu'au jour de l'audience à produire des mémoires, qu'elles communiquent au commissaire du Gouvernement.

Ces mémoires sont déposés au greffe de la chambre de l'instruction et visés par le greffier avec l'indication du jour et de l'heure de dépôt.

Art. L. 212-181 Les débats se déroulent et l'arrêt est rendu en chambre du conseil.

Après le rapport du conseiller, le commissaire du Gouvernement et les conseils des parties qui en ont fait la demande présentent des observations sommaires.

La chambre de l'instruction peut ordonner la comparution personnelle des parties ainsi que l'apport des pièces à conviction.

En matière de détention provisoire, la comparution personnelle de la personne mise en examen est de droit si celle-ci ou son conseil en fait la demande ; cette requête doit, à peine d'irrecevabilité, être présentée en même temps que la déclaration d'appel ou que la demande de mise en liberté adressée à la chambre de l'instruction.

Par dérogation aux dispositions du premier alinéa, en cas de comparution personnelle d'une personne mise en examen, majeure au moment de la commission de l'infraction, lorsque cette dernière ou son conseil en fait la demande dès l'ouverture des débats, ceux-ci se déroulent et l'arrêt est rendu en audience publique, sauf si la publicité est de nature à nuire au bon déroulement de l'information, aux intérêts d'un tiers, à l'ordre public ou aux bonnes mœurs ; la chambre de l'instruction statue sur cette demande, après avoir recueilli les observations du commissaire du Gouvernement et, le cas échéant, des conseils des autres parties, par un arrêt rendu en chambre du conseil qui n'est susceptible de pourvoi en cassation qu'en même temps que l'arrêt portant sur la demande principale.

En cas de comparution personnelle de la personne mise en examen, le délai maximum prévu à l'article L. 212-162 est prolongé de cinq jours.

Art. L. 212-182 Lorsque les débats sont terminés, la chambre de l'instruction délibère sans qu'en aucun cas le commissaire du Gouvernement, les parties, leurs conseils et le greffier puissent être présents.

Art. L. 212-183 La chambre de l'instruction peut ordonner tout acte d'instruction qu'elle juge utile.

Il est procédé aux suppléments d'instruction conformément aux dispositions relatives à l'instruction, par le président ou par le magistrat assesseur ou par le juge d'instruction près le tribunal saisi, délégué à cette fin.

Le commissaire du Gouvernement peut à tout moment requérir communication de la procédure, à charge de rendre les pièces dans les vingt-quatre heures.

Lorsque l'information complémentaire est terminée, le président de la chambre de l'instruction ordonne le dépôt au greffe du dossier de la procédure. Le commissaire du Gouvernement fait aviser de ce dépôt la personne mise en examen et le défenseur.

Sauf décision contraire de la chambre de l'instruction, lorsqu'il est interjeté appel d'une ordonnance autre qu'une ordonnance de règlement, le juge d'instruction poursuit l'instruction de l'affaire.

Art. L. 212-184 Lorsque la chambre de l'instruction statue sur requête, conformément aux dispositions de l'article L. 212-163 ou d'office dans les conditions prévues à l'article L. 212-169, elle confirme la détention ou ordonne la mise en liberté de la personne mise en examen.

Lorsqu'elle est saisie sur l'appel relevé en cette matière contre une ordonnance du juge d'instruction, elle doit se prononcer dans les plus brefs délais et au plus tard dans les dix jours de l'appel prévu au deuxième alinéa de l'article L. 212-141, sauf si les vérifications concernant la demande ont été ordonnées ou si des circonstances imprévisibles et insurmontables mettent obstacle au jugement de l'affaire dans le délai prévu au présent article. Elle peut confirmer l'ordonnance ou l'infirmer et ordonner une mise en liberté ou le maintien en détention ou décerner un mandat de dépôt ou d'arrêt.

Il appartient à cette chambre de statuer sur toute demande de mise en liberté lorsqu'elle est saisie sur appel d'une ordonnance de règlement ou sur réouverture des poursuites sur charges nouvelles après décision de non-lieu rendue par elle-même.

Art. L. 212-185 La chambre de l'instruction saisie d'office, conformément au deuxième alinéa de l'article L. 212-51, apprécie, en l'état de la procédure ou après un supplément d'instruction, s'il y a lieu ou non d'ordonner des poursuites contre des personnes mises en examen identifiées ou contre les coauteurs ou complices des faits visés à l'ordre de poursuites, ou de retenir ces faits sous une qualification emportant une peine plus grave.

Art. L. 212-186 Lorsqu'en toute autre matière que celle mentionnée à l'article L. 212-184, la chambre de l'instruction infirme une ordonnance du juge d'instruction, elle peut, après réquisitions du parquet :

1° Soit renvoyer le dossier au juge d'instruction, afin de poursuivre l'information ;

2° Soit ordonner le renvoi devant la juridiction des forces armées, après avoir ou non procédé à un supplément d'instruction.

Dans ces deux cas, sauf décision contraire de la chambre de l'instruction, la personne mise en examen arrêtée demeure en état de détention.

Lorsque la décision de la chambre de l'instruction ordonne le renvoi, elle doit, à peine de nullité, contenir l'exposé et la qualification légale des faits reprochés.

Si le fait constitue une contravention, le prévenu est mis en liberté.

Art. L. 212-187 Si la chambre de l'instruction estime que les faits ne constituent ni crime, ni délit, ni contravention, ou si l'auteur est resté inconnu, ou s'il n'existe pas de charges suffisantes contre la personne mise en examen, elle déclare qu'il n'y a lieu à suivre.

Les personnes provisoirement détenues sont mises en liberté et la chambre statue sur la restitution des objets saisis.

Elle demeure compétente pour statuer sur cette restitution postérieurement à sa décision de non-lieu. En cas de suppression de la juridiction, la juridiction appelée à statuer est désignée par le ministre de la défense.

Art. L. 212-188 Lorsque la chambre de l'instruction a rendu une décision de non-lieu, il appartient, le cas échéant, au ministre de la défense ou à l'autorité qui a donné l'ordre de poursuite ou revendiqué la procédure d'ordonner la réouverture des poursuites sur charges nouvelles dans les conditions prévues aux articles L. 212-43 et suivants.

Dès que la chambre de l'instruction est saisie en application du deuxième alinéa de l'article L. 212-138, son président peut, jusqu'à réunion de cette chambre et sur les réquisitions du commissaire du Gouvernement, décerner mandat de dépôt ou d'arrêt, ou placer la personne mise en examen sous contrôle judiciaire dans les conditions prévues à l'article L. 212-154.

La chambre de l'instruction procède à l'instruction et statue sur toute demande de mise en liberté conformément aux dispositions du présent chapitre et à celles relatives à l'instruction.

Elle peut prendre toute décision sur les poursuites et ordonner le renvoi en toutes matières devant la juridiction des forces armées.

Dans la procédure suivie en vertu du présent article, les pouvoirs du commissaire du Gouvernement restent ceux prévus à l'article L. 212-76.

Art. L. 212-189 Dans les cas prévus aux articles L. 212-183 à L. 212-188, s'il apparaît que la personne mise en examen ou tout autre justiciable de la juridiction des forces armées peut être poursuivi pour des faits autres que ceux mentionnés dans l'ordre de poursuite, la dénonciation en est faite par la chambre de l'instruction conformément aux dispositions de l'article L. 212-50.

Art. L. 212-190 L'ordonnance du juge d'instruction frappée d'appel sort son plein et entier effet si elle est confirmée par la chambre de l'instruction.

Art. L. 212-191 Les décisions de la chambre de l'instruction sont motivées.

Elles sont signées par le président et par le greffier. Il y est fait mention du nom des juges, du dépôt des pièces et des mémoires, ainsi que des réquisitions du ministère public.

Elles sont immédiatement portées à la connaissance du commissaire du Gouvernement, qui en assure l'exécution. La personne mise en examen et son conseil, la partie civile et son conseil sont immédiatement avisés de ces décisions par le greffier.

Elles ne sont pas susceptibles de pourvoi en cassation, mais leur régularité pourra être examinée à l'occasion du pourvoi sur le fond sans préjudice de l'application des dispositions de l'article L. 222-53. Toutefois, les décisions de non-lieu ou d'incompétence sont susceptibles d'un pourvoi du commissaire du Gouvernement, dans les conditions fixées aux articles L. 231-2 et suivants.

Toute autre déclaration faite au greffe, relative à une voie de recours contre une décision de la chambre de l'instruction, est jointe à la procédure, sans qu'il y ait lieu à statuer sur sa recevabilité.

Le dossier est retourné ou transmis sans délai au commissaire du Gouvernement ou au juge d'instruction.

TITRE II Procédure devant les juridictions de jugement

CHAPITRE PREMIER *En temps de paix et hors du territoire de la République*

Art. L. 221-1 et L. 221-2 *Abrogés par L. n° 2011-1862 du 13 déc. 2011, art. 32-II et 70-II, à compter du 1er janv. 2012.*

Art. L. 221-3 Lorsque, postérieurement à une condamnation non définitive prononcée par défaut contre un insoumis ou un déserteur, le ministère public près la juridiction qui a statué ou, en cas de suppression de cette juridiction, le ministère public près la juridiction compétente acquiert la preuve que le condamné défaillant ne se trouvait pas en état d'insoumission ou de désertion, il saisit le tribunal aux fins d'annulation du jugement rendu par défaut. Le tribunal statue sur requête du ministère public.

Art. L. 221-4 *Abrogé par L. n° 2011-1862 du 13 déc. 2011, art. 32-II et 70-II, à compter du 1er janv. 2012.*

CHAPITRE II *En temps de guerre*

Art. L. 222-1 Le commissaire du Gouvernement est chargé de poursuivre les prévenus traduits directement ou renvoyés devant la juridiction des forces armées.

Il notifie au prévenu et à la partie civile la décision de renvoi ou de citation directe.

Compte tenu de la décision prise par le président du tribunal en application de l'article L. 222-16, il avise les juges composant le tribunal et, s'il y a lieu, les juges supplémentaires.

Il informe de la réunion du tribunal l'autorité militaire auprès de laquelle la juridiction des forces armées a été établie.

Art. L. 222-2 Le président, si l'instruction lui semble incomplète ou si des éléments nouveaux ont été révélés depuis la clôture de l'instruction ou la citation directe, peut ordonner tous actes d'instruction qu'il estime utiles.

Il est procédé conformément aux dispositions relatives à l'instruction, soit par le président, soit par un magistrat assesseur ou le juge d'instruction militaire près le tribunal, qu'il délègue à cette fin.

Les procès-verbaux et les autres pièces ou documents réunis au cours du supplément d'instruction sont déposés au greffe et joints au dossier de la procédure.

Ils sont mis à la disposition du ministère public et du conseil du prévenu, qui sont avisés de leur dépôt par les soins du greffier.

Le commissaire du Gouvernement peut, à tout moment, requérir communication de la procédure, à charge de rendre les pièces dans les vingt-quatre heures.

Art. L. 222-3 Lorsqu'à raison d'une même infraction plusieurs décisions de renvoi ou citations directes ont été rendues contre différents prévenus, le président peut, soit d'office, soit sur réquisition du ministère public ou requête de la défense, ordonner la jonction des procédures.

Cette jonction peut être également ordonnée quand plusieurs décisions de renvoi ou citations directes ont été rendues contre un même prévenu pour des infractions différentes.

Art. L. 222-4 La citation à comparaître est délivrée au prévenu dans les délais et formes prévus aux articles L. 240-1 et L. 240-11.

Les témoins et experts que le commissaire du Gouvernement se propose de faire entendre sont cités conformément aux mêmes dispositions.

Hors du territoire de la République ou en temps de guerre, le prévenu a le droit, sans formalité ni citation préalable, de faire entendre à sa décharge tout témoin, en le désignant au commissaire du Gouvernement avant l'ouverture de l'audience, sous réserve de l'exercice du pouvoir discrétionnaire du président.

Art. L. 222-5 Le prévenu peut communiquer librement avec son conseil. Celui-ci peut prendre communication sans déplacement ou obtenir copie à ses frais de tout ou partie de la procédure, sans que néanmoins la réunion du tribunal puisse en être retardée. Toutefois, il ne pourra être délivré copie des pièces présentant un caractère secret.

Art. L. 222-6 Si elle ne l'a déjà fait pendant l'instruction, la partie civile peut se constituer soit avant l'audience au greffe, soit pendant l'audience par déclaration consignée par le greffier ou par dépôt de conclusions.

Dans ce cas, la partie civile est réputée avoir renoncé à se prévaloir d'une violation de ses droits tirée du défaut de communication de la procédure antérieure.

Le ministère d'un défenseur n'est pas obligatoire.

La partie civile peut, à l'appui de sa constitution, demander des dommages-intérêts correspondant au préjudice qui lui a été causé.

Art. L. 222-7 Lorsqu'elle est faite avant l'audience, la déclaration de partie civile doit préciser l'infraction poursuivie et contenir élection de domicile dans le ressort du tribunal saisi, à moins que la partie civile n'y soit domiciliée.

Elle est immédiatement transmise par le greffier au ministère public qui cite la partie civile pour l'audience.

Art. L. 222-8 Par dérogation aux dispositions qui précèdent, toute personne qui se prétend lésée peut se constituer partie civile, directement ou par son conseil, par lettre recommandée avec avis de réception parvenue au tribunal vingt-quatre heures au moins avant la date de l'audience, lorsqu'elle demande soit la restitution d'objets saisis, soit des dommages-intérêts ; elle joint à sa lettre toutes les pièces justificatives de son préjudice. Cette lettre et ces pièces sont jointes immédiatement au dossier.

La partie civile n'est pas alors tenue de comparaître.

En cas de contestation sur la propriété des objets dont la restitution est demandée, ou si le tribunal ne trouve pas dans la lettre, dans les pièces jointes à celle-ci et dans le dossier, les motifs suffisants pour statuer, la décision sur les seuls intérêts civils est renvoyée à une audience ultérieure à laquelle toutes les parties sont citées à la diligence du ministère public.

Art. L. 222-9 La décision rendue sur la demande de restitution d'objets saisis ou de dommages-intérêts présentée par lettre produit tous les effets d'une décision contradictoire ; elle est notifiée à la partie civile conformément aux dispositions des articles L. 241-1 et suivants.

Art. L. 222-10 A l'audience, la déclaration de partie civile doit, à peine d'irrecevabilité, être faite avant les réquisitions du ministère public sur le fond ou, si le tribunal a ordonné l'ajournement du prononcé de la peine, avant les réquisitions du ministère public sur la peine.

Art. L. 222-11 La personne qui s'est constituée partie civile ne peut plus être entendue comme témoin.

Toutefois, la partie civile est assimilée au témoin en ce qui concerne le paiement des indemnités, sauf décision contraire du tribunal.

Art. L. 222-12 Le tribunal apprécie la recevabilité de la constitution de partie civile et, s'il échet, déclare cette constitution irrecevable.

L'irrecevabilité peut également être soulevée par le ministère public, le prévenu, le civilement responsable ou une autre partie civile.

Art. L. 222-13 La partie civile peut toujours se faire représenter par un avocat. Dans ce cas, le jugement est contradictoire à son égard.

Art. L. 222-14 La partie civile régulièrement citée qui ne comparaît pas ou n'est pas représentée à l'audience est considérée comme se désistant de sa constitution de partie civile.

Art. L. 222-15 Le désistement de la partie civile ne met pas obstacle à l'action civile devant la juridiction compétente.

Art. L. 222-16 Le tribunal se réunit au lieu, au jour et à l'heure fixés par l'ordonnance de convocation rendue par le président.

Les débats sont publics, à moins que la publicité ne soit dangereuse pour l'ordre ou les mœurs. Dans ce cas, le tribunal le déclare par un jugement rendu en audience publique.

Toutefois, le président peut interdire l'accès de la salle d'audience aux mineurs ou à certains d'entre eux.

Lorsque les poursuites sont exercées du chef de viol ou de tortures et actes de barbarie accompagnés d'agressions sexuelles, le huis clos est de droit si la victime partie civile ou l'une des victimes parties civiles le demande ; dans les autres cas, le huis clos ne peut être ordonné que si la victime partie civile ou l'une des victimes parties civiles ne s'y oppose pas.

Le jugement sur le fond doit toujours être prononcé en audience publique.

Art. L. 222-17 Dès l'ouverture de l'audience, l'emploi de tout appareil d'enregistrement ou de diffusion sonore, de caméra de télévision ou de cinéma, d'appareils photographiques est interdit sous peine d'une amende de 18 000 euros.

Toutefois, le président peut ordonner que les débats font l'objet, sous son contrôle, d'un enregistrement sonore.

Les supports de cet enregistrement sont placés sous scellés et déposés au greffe du tribunal.

L'enregistrement sonore peut être utilisé jusqu'au prononcé du jugement. L'enregistrement sonore peut encore être utilisé devant la *(L. n° 2014-640 du 20 juin 2014, art. 7, en vigueur le 1er oct. 2014)* « cour de révision et de réexamen » saisie d'une demande en révision, ou, après cassation ou annulation sur demande en révision, devant la juridiction de renvoi, en ce qui concerne les déclarations faites par des personnes qui ne peuvent plus être entendues.

Les scellés sont ouverts par le premier président ou un magistrat délégué par lui, en présence du condamné assisté de son conseil, ou eux dûment appelés, ou en présence de l'une des personnes mentionnées au *(L. n° 2014-640 du 20 juin 2014, art. 7, en vigueur le 1er oct. 2014)* « 4° de l'article 622-2 » du code de procédure pénale, ou elles dûment appelées.

Après présentation des scellés, le premier président fait procéder par un expert à une transcription de l'enregistrement qui est jointe au dossier de la procédure.

Les dispositions ci-dessus ne sont pas prescrites à peine de nullité de la procédure.

Art. L. 222-18 Lorsque le prévenu fait l'objet d'une citation directe, la juridiction des forces armées peut lui accorder un délai de quarante-huit heures pour lui permettre de préparer sa défense.

Art. L. 222-19 La juridiction des forces armées peut interdire en tout ou partie le compte rendu des débats de l'affaire. Cette interdiction est de droit si le huis clos a été ordonné. Elle ne peut s'appliquer au jugement sur le fond. Toute infraction à ces interdictions est punie d'un emprisonnement de trois mois et d'une amende de 9 000 euros. La poursuite a lieu, conformément aux prescriptions des articles 42 à 44 et 49 de la loi du 29 juillet 1881 sur la liberté de la presse, devant la juridiction des forces armées.

Art. L. 222-20 Le président a la police de l'audience. Les assistants sont sans armes. Ils se tiennent découverts dans le respect et le silence. Lorsqu'ils donnent des signes d'approbation ou d'improbation, le président les fait expulser. S'ils résistent à ses ordres, quelle que soit leur qualité, le président ordonne leur arrestation et leur détention dans un des lieux mentionnés à l'article L. 212-159 pendant un temps qui ne peut excéder vingt-quatre heures. Le procès-verbal fait mention de l'ordre du président. Sur la production de cet ordre les perturbateurs sont incarcérés.

Si le trouble ou le tumulte à l'audience met obstacle au cours de la justice, les perturbateurs, quels qu'ils soient, sont sur-le-champ déclarés coupables de rébellion et punis de ce chef des peines prévues à l'article L. 323-4.

Toute personne qui, à l'audience, se rend coupable envers le tribunal ou envers l'un de ses membres de voies de fait, d'outrages ou de menaces par propos ou gestes est condamnée sur-le-champ aux peines prévues respectivement par les articles L. 323-9 et L. 323-12.

Art. L. 222-21 Lorsque des crimes ou délits autres que ceux prévus aux deuxième et troisième alinéas de l'article L. 222-20 sont commis dans le lieu des séances, le président dresse procès-verbal des faits et des dépositions des témoins et renvoie le ou les auteurs devant l'autorité judiciaire compétente.

Art. L. 222-22 Le président fait amener le prévenu, lequel comparaît libre et seulement accompagné de gardes. Il est assisté de son défenseur. Si le défenseur choisi ou désigné ne se présente pas, le président en commet un d'office qui prend connaissance du dossier.

Lorsque le conseil du prévenu n'est pas inscrit à un barreau, le président l'informe qu'il ne peut rien dire contre sa conscience ou le respect dû aux lois et qu'il doit s'exprimer avec décence et modération.

Le président demande au prévenu ses nom, prénoms, profession, demeure, date et lieu de naissance. Si le prévenu refuse de répondre, il est passé outre.

Art. L. 222-23 En matière de contravention, le prévenu régulièrement cité à personne doit comparaître. S'il ne comparaît pas et s'il ne fournit pas une excuse reconnue valable par la juridiction des forces armées devant laquelle il est appelé, il est procédé au jugement ; son défenseur, choisi ou désigné d'office, est entendu et le jugement est réputé contradictoire.

Art. L. 222-24 Si le prévenu détenu refuse de comparaître, sommation d'obéir lui est faite par un agent de la force publique commis à cet effet par le président. L'agent dresse procès-verbal de la sommation, de la lecture du présent article et de la réponse du prévenu. Si celui-ci n'obtempère pas à la sommation, le président, après lecture faite à l'audience du procès-verbal constatant son refus, décide que, nonobstant son absence, il sera passé outre aux débats.

Art. L. 222-25 Sans préjudice de l'application des dispositions de l'article L. 222-20, le président peut faire expulser de la salle d'audience et reconduire dans un des établissements prévus à l'article L. 212-159, ou garder par la force publique jusqu'à la fin des débats, à la disposition du tribunal, le prévenu qui, par ses clameurs ou par tout autre moyen propre à causer tumulte, met obstacle au cours de la justice. Il est ensuite procédé aux débats et au jugement comme si le prévenu était présent.

Art. L. 222-26 Dans les cas prévus aux articles L. 222-24 et L. 222-25, il est dressé un procès-verbal des débats qui se sont déroulés hors la présence du prévenu. Après chaque audience, il est donné lecture par le greffier au prévenu du procès-verbal de ces débats et le prévenu reçoit notification des jugements qui sont réputés contradictoires. En lui notifiant le jugement sur le fond, le greffier avertit le prévenu du droit qu'il a de se pourvoir en cassation et en dresse procès-verbal, le tout à peine de nullité de la notification.

Art. L. 222-27 Le président fait lire par le greffier l'ordonnance de convocation et la liste des témoins qui seront entendus à la requête, soit du commissaire du Gouvernement, soit du prévenu.

Cette liste ne peut contenir que les nom et prénoms des témoins notifiés par le commissaire du Gouvernement aux parties et par celles-ci entre elles et au commissaire du Gouvernement conformément aux dispositions des articles L. 240-3 et L. 240-4, sans préjudice de la faculté accordée au président par l'article L. 222-50.

Le commissaire du Gouvernement et les parties peuvent s'opposer à l'audition d'un témoin dont les nom et prénoms ne leur auraient pas été notifiés ou qui n'auraient pas été clairement désignés dans la notification. Le tribunal statue sans désemparer sur cette opposition.

Le président ordonne aux témoins de se retirer dans le local qui leur est destiné. Les témoins n'en sortent que pour déposer. Le président prend, s'il en est besoin, toutes mesures utiles pour empêcher les témoins de conférer entre eux avant leur déposition.

Art. L. 222-28 Le président ordonne au greffier de lire la décision ayant prononcé le renvoi du prévenu ou sa citation directe devant le tribunal et les pièces dont il lui paraît nécessaire de donner connaissance au tribunal.

Il rappelle au prévenu l'infraction pour laquelle il est poursuivi et l'avertit que la loi lui donne le droit de dire tout ce qui est utile à sa défense. Le président ne doit pas manifester son opinion sur la culpabilité.

Art. L. 222-29 Le président procède à l'interrogatoire du prévenu et reçoit les dépositions des témoins.

Les assesseurs et les jurés peuvent leur poser des questions en demandant la parole au président.

Ils ont le devoir de ne pas manifester leur opinion.

Art. L. 222-30 Sous réserve des dispositions de l'article L. 222-50, le ministère public, le prévenu, la partie civile, les conseils du prévenu et de la partie civile peuvent poser des questions, par l'intermédiaire du président, aux prévenus, aux témoins et à toutes personnes appelées à la barre.

Art. L. 222-31 Le ministère public prend, au nom de la loi, toutes les réquisitions qu'il juge utiles : le tribunal est tenu de lui en donner acte et d'en délibérer.

Les réquisitions du ministère public prises dans le cours des débats sont mentionnées par le greffier sur son procès-verbal. Toutes les décisions auxquelles elles ont donné lieu sont signées par le président et par le greffier.

Art. L. 222-32 Lorsque le tribunal ne fait pas droit aux réquisitions du ministère public, l'instruction ni le jugement ne sont arrêtés, ni suspendus.

Art. L. 222-33 Le prévenu, la partie civile et leurs conseils peuvent déposer des conclusions sur lesquelles le tribunal est tenu de statuer.

Art. L. 222-34 Dans le cas où un témoin ne comparaît pas, refuse de prêter serment ou de faire sa déposition, le tribunal peut :

1° Soit passer outre aux débats. Néanmoins, si ce témoin a déposé à l'instruction, lecture de sa déposition sera donnée par le greffier, si le commissaire du Gouvernement ou l'une des parties le demande ou si le président le décide en application de l'article L. 222-50 ;

2° Soit ordonner que le témoin soit immédiatement amené par la force publique devant le tribunal pour y être entendu, ou renvoyer l'affaire à la prochaine session.

Dans tous les cas, le témoin qui ne comparaît pas ou qui refuse de prêter serment ou de faire sa déposition peut, sur réquisitions du commissaire du Gouvernement, être condamné par le tribunal à la peine prévue à l'article 434-15-1 du code pénal.

En cas de condamnation pour non-comparution, le témoin peut faire opposition dans les deux jours de la notification de la décision à sa personne ou à son corps en cas d'absence irrégulière ou à parquet après recherches infructueuses. La juridiction compétente pour connaître de cette opposition est la juridiction des forces armées qui a rendu le jugement ou, en cas de suppression de celle-ci, celle mentionnée aux articles L. 112-4 ou L. 112-29. La décision statuant sur l'opposition ou prononçant une condamnation pour refus de prêter serment ou de déposer ne peut faire l'objet que d'un pourvoi en cassation.

Art. L. 222-35 Les témoins déposent séparément l'un de l'autre, dans l'ordre établi par le président.

Les témoins doivent, sur la demande du président, faire connaître leurs nom, prénoms, âge, profession, leur domicile ou résidence, s'ils connaissaient le prévenu avant le fait mentionné dans la décision de renvoi, s'ils sont parents ou alliés, soit du prévenu, soit de la partie civile, et à quel degré. Le président leur demande encore s'ils ne sont pas attachés au service de l'un ou de l'autre.

Avant de commencer leur déposition, les témoins prêtent le serment "de parler sans haine et sans crainte, de dire toute la vérité, rien que la vérité". Cela fait, les témoins déposent oralement.

Sous réserve des dispositions de l'article L. 222-50, les témoins ne sont pas interrompus dans leur déposition.

Les témoins déposent uniquement, soit sur les faits reprochés au prévenu, soit sur sa personnalité et sur sa moralité.

Art. L. 222-36 Après chaque déposition, le président peut poser des questions aux témoins.

Le ministère public, ainsi que les conseils du prévenu et de la partie civile, le prévenu et la partie civile ont la même faculté, dans les conditions prévues à l'article L. 222-30.

Art. L. 222-37 Le président fait dresser d'office ou à la requête du ministère public ou des parties, par le greffier, un procès-verbal des additions, changements ou variations qui peuvent exister entre la déposition d'un témoin et ses précédentes déclarations. Ce procès-verbal est joint au procès-verbal des débats.

Art. L. 222-38 Chaque témoin, après sa déposition, demeure dans la salle d'audience, si le président n'en ordonne autrement, jusqu'à la clôture des débats.

Art. L. 222-39 Ne peuvent être reçues sous la foi du serment les dépositions :

1° Du père, de la mère ou de tout autre ascendant du prévenu, ou de l'un des prévenus présents et soumis au même débat ;

2° Du fils, de la fille ou de tout autre descendant ;

3° Des frères et sœurs ;

4° Des alliés aux mêmes degrés ;

5° Du mari ou de la femme ; cette prohibition subsiste même après le divorce ;

6° De la partie civile ;

7° Des enfants au-dessous de l'âge de seize ans.

Art. L. 222-40 Néanmoins, l'audition sous serment des personnes mentionnées à l'article L. 222-39 n'entraîne pas nullité lorsque le ministère public ni aucune des parties ne s'est opposé à la prestation de serment.

En cas d'opposition du ministère public ou d'une ou plusieurs des parties, le témoin peut être entendu à titre de renseignements, en vertu du pouvoir discrétionnaire du président.

Art. L. 222-41 La personne qui, agissant en vertu d'une obligation légale ou de sa propre initiative, a porté les faits poursuivis à la connaissance de la justice, est reçue en témoignage, mais le président en avertit le tribunal.

Celui dont la dénonciation est récompensée pécuniairement par la loi peut être entendu en témoignage, à moins qu'il n'y ait opposition d'une des parties ou du ministère public.

Art. L. 222-42 Le ministère public, ainsi que la partie civile et le prévenu, peuvent demander, et le président peut toujours ordonner, qu'un témoin se retire momentanément de la salle d'audience, après sa déposition, pour y être introduit et entendu s'il y a lieu après d'autres dépositions, avec ou sans confrontation.

Art. L. 222-43 Le président peut, avant, pendant ou après l'audition d'un témoin, faire retirer un ou plusieurs prévenus, et les examiner séparément sur quelques circonstances du procès ; mais il a soin de ne reprendre la suite des débats qu'après avoir instruit chaque prévenu de ce qui s'est fait en son absence, et ce qui en est résulté.

Art. L. 222-44 Pendant l'examen, les magistrats peuvent prendre note de ce qui leur paraît important, soit dans les dépositions des témoins, soit dans la défense du prévenu, pourvu que les débats ne soient pas interrompus.

Art. L. 222-45 Dans le cours ou à la suite des dépositions, le président fait, s'il est nécessaire, présenter au prévenu ou aux témoins les pièces à conviction et reçoit leurs observations.

Le président les fait aussi présenter, s'il y a lieu, aux assesseurs.

Art. L. 222-46 Si, d'après les débats, la déposition d'un témoin paraît fausse, le président, soit d'office, soit à la requête du ministère public ou d'une des parties, peut ordonner spécialement à ce témoin d'être présent aux débats jusqu'à leur clôture et, en outre, de demeurer dans la salle d'audience jusqu'au prononcé du jugement. En cas d'infraction à cet ordre, le président fait mettre le témoin en état d'arrestation provisoire.

Après lecture du jugement, le président ordonne que le témoin soit, par la force publique, conduit sans délai devant le procureur de la République qui requiert l'ouverture d'une information.

Le greffier transmet à ce magistrat une expédition du procès-verbal qui a pu être dressé en application des dispositions de l'article L. 222-37.

Art. L. 222-47 Dans le cas où le prévenu, les témoins ou l'un d'eux ne parlent pas suffisamment la langue française ou s'il est nécessaire de traduire un document versé aux débats, le président nomme d'office un interprète, âgé de vingt et un ans au moins, et lui fait prêter serment d'apporter son concours à la justice en son honneur et en sa conscience.

Le ministère public, le prévenu et la partie civile, peuvent récuser l'interprète en motivant leur récusation. Le tribunal se prononce sur cette récusation. Sa décision n'est susceptible d'aucune voie de recours.

L'interprète ne peut, même du consentement du prévenu ou du ministère public, être pris parmi les juges composant la cour, le greffier qui tient l'audience, les parties et les témoins.

Art. L. 222-48 Si le prévenu est sourd-muet et ne sait pas écrire, le président nomme d'office en qualité d'interprète la personne qui a le plus d'habitude de converser avec lui.

Il en est de même à l'égard du témoin sourd-muet.

Les autres dispositions de l'article L. 222-47 sont applicables.

Dans le cas où le sourd-muet sait écrire, le greffier écrit les questions ou observations qui lui sont faites ; elles sont remises au prévenu ou au témoin, qui donne par écrit ses réponses ou déclarations. Il est fait lecture du tout par le greffier.

Art. L. 222-49 Quelle que soit la nature de l'infraction déférée devant la juridiction des forces armées, sont également applicables les dispositions des articles L. 212-102 à L. 212-104 relatives à l'expertise.

Art. L. 222-50 Le président est investi d'un pouvoir discrétionnaire pour la direction des débats et la découverte de la vérité.

Il rejette tout ce qui tendrait à compromettre leur dignité ou à les prolonger sans donner lieu d'espérer plus de certitude dans les résultats.

Il peut, au cours des débats, faire apporter toute pièce ou prendre toute mesure qui lui paraît utile à la manifestation de la vérité et appeler, au besoin par mandats de comparution ou d'amener, toute personne dont l'audition lui paraît nécessaire.

Si le commissaire du Gouvernement ou les parties demandent au cours des débats l'audition de nouveaux témoins, le président décide si ces témoins peuvent être entendus. Les témoins ainsi appelés ne prêtent pas serment et leurs déclarations ne sont considérées que comme renseignements.

Art. L. 222-51 Si les débats ne peuvent être terminés au cours de la même audience, le président en ordonne la reprise au jour et à l'heure qu'il fixe. Il en est de même pour les affaires inscrites au rôle et qui n'ont pu être appelées au jour prévu.

Il invite les membres du tribunal, éventuellement les assesseurs et juges militaires supplémentaires, le commissaire du Gouvernement, le greffier, l'interprète éventuel et les conseils des parties à se réunir.

Il requiert le prévenu, la partie civile, les témoins non entendus ou ceux qui ont été invités à rester à la disposition du tribunal, de comparaître aux jour et heure fixés sans autre citation.

Au cas où un témoin ne comparaît pas aux jour et heure fixés, le tribunal fait application des dispositions de l'article L. 222-34.

Art. L. 222-52 L'examen de la cause et les débats ne peuvent être interrompus. Le président ne peut les suspendre que pendant les intervalles indispensables au repos des membres du tribunal, des témoins, des prévenus et des conseils des parties et pour permettre au commissaire du Gouvernement et aux conseils des parties de procéder à toutes mises au point que la durée des débats et le nombre des témoins rendent nécessaires.

En tout état de cause, le tribunal peut ordonner, d'office ou à la requête du commissaire du Gouvernement, le renvoi de l'affaire à une audience ultérieure.

Le tribunal peut également, dans les mêmes conditions ou sur requête du prévenu ou des conseils des parties, ordonner, lorsqu'un fait important reste à éclaircir, un supplément d'information, auquel il est procédé conformément aux dispositions de l'article L. 222-2.

Art. L. 222-53 Quel que soit le mode de sa saisine, il appartient à la juridiction de renvoi ou à celle devant laquelle le prévenu est traduit directement d'apprécier sa compétence, d'office ou sur déclinatoire, sous les réserves du troisième alinéa de l'article L. 231-9.

Si le commissaire du Gouvernement ou les parties entendent faire valoir des exceptions concernant la régularité de la saisine du tribunal ou des nullités de la procédure antérieure à la comparution, ils doivent, chacun, à peine d'irrecevabilité et avant les débats sur le fond, déposer un mémoire unique. Le tribunal statue par un seul jugement motivé.

Art. L. 222-54 Les exceptions et incidents concernant la procédure au cours des débats font l'objet, sauf décision contraire du président, d'un seul jugement motivé, rendu avant la clôture des débats.

Dans tous les cas où la solution d'une exception ou d'un incident relève de la compétence du président, celui-ci peut, s'il le juge opportun, en saisir le tribunal, qui statue par jugement motivé.

Art. L. 222-55 Les jugements prévus aux articles L. 222-53 et L. 222-54 ne peuvent être attaqués par la voie du recours en cassation qu'en même temps que le jugement sur le fond.

Toute déclaration faite au greffe, relative à une voie de recours dirigée contre ces jugements, est jointe à la procédure, sans examen par le tribunal.

Art. L. 222-56 Une fois l'instruction à l'audience terminée, le conseil de la partie civile, s'il en existe, présente ses conclusions, le commissaire du Gouvernement prend ses réquisitions, le conseil du prévenu et le prévenu lui-même sont entendus dans leur défense. Le conseil de la partie civile et le commissaire du Gouvernement répliquent, s'ils le jugent convenable, mais le prévenu et son défenseur ont toujours la parole les derniers. Le président demande au prévenu s'il n'a rien à ajouter à sa défense et, sans résumer les moyens de l'accusation, de la partie civile et de la défense, déclare les débats clos.

Art. L. 222-57 Après avoir déclaré les débats clos, le président donne lecture des questions auxquelles le tribunal doit répondre.

Cette lecture n'est pas obligatoire quand les questions sont posées dans les termes de la décision de renvoi ou de la citation directe ou si le prévenu ou son défenseur y renonce.

Art. L. 222-58 Chaque question est posée ainsi qu'il suit : "Le prévenu est-il coupable d'avoir commis tel fait ?"

Une question est posée sur chaque fait spécifié dans le dispositif de la décision de renvoi ou de citation directe.

Chaque circonstance aggravante fait l'objet d'une question distincte.

Il en est de même, s'il y a lieu, de chaque cause légale d'exemption ou de diminution de peine.

Si le prévenu avait moins de dix-huit ans au temps de l'action, le président pose la question suivante : "Y a-t-il lieu d'appliquer au prévenu une condamnation pénale ?" En outre, si le prévenu est âgé de plus de seize ans et de moins de dix-huit ans, le président pose la question suivante : "Y a-t-il lieu d'exclure le prévenu du bénéfice de l'excuse atténuante de minorité ?".

Art. L. 222-59 Le président peut aussi poser d'office des questions subsidiaires, s'il résulte des débats que le fait principal peut être considéré comme un fait puni d'une autre peine.

De même, s'il résulte des débats une ou plusieurs circonstances aggravantes, non mentionnées dans la décision de renvoi ou de citation directe, le président peut poser plusieurs questions spéciales.

Dans ces différents cas, le président doit faire connaître ses intentions en séance publique avant la clôture des débats, afin de mettre le commissaire du Gouvernement, les parties et leurs conseils à même de présenter, en temps utile, leurs observations.

Art. L. 222-60 S'il s'élève un incident contentieux portant sur l'application des articles L. 222-57 à L. 222-59, le tribunal statue par un jugement motivé, qui ne peut être attaqué que dans les conditions prévues à l'article L. 222-55.

Art. L. 222-61 Après avoir déclaré l'audience suspendue, le président fait retirer le prévenu de la salle d'audience. Les membres du tribunal se rendent dans la salle des délibérations ou, si la disposition des locaux ne le permet pas, le président fait sortir l'auditoire.

Les membres du tribunal ne peuvent plus communiquer avec personne ni se séparer avant que le jugement n'ait été rendu.

Ils délibèrent et votent hors la présence du commissaire du Gouvernement, des parties et de leur conseil et du greffier.

Ils ne peuvent prendre connaissance d'aucune pièce qui, au cours de la procédure antérieure à l'audience ou devant la juridiction du jugement, n'aurait été mise à la disposition des conseils des parties ou communiquée au commissaire du Gouvernement.

Art. L. 222-62 Le tribunal délibère, puis vote pour chaque prévenu sur le fait principal et, s'il y a lieu, sur chacune des circonstances aggravantes, sur les questions subsidiaires, sur chacun des faits constituant une cause légale d'exemption ou d'atténuation de peine. Il délibère et vote ensuite sur l'application de la peine séparément pour chaque prévenu.

Art. L. 222-63 Le tribunal vote par scrutins secrets, distincts et successifs au moyen de bulletins écrits. Chaque membre du tribunal exprime son opinion en déposant dans l'urne un bulletin fermé, marqué du timbre de la juridiction des forces armées, sur lequel il porte l'un des mots : "oui" ou "non".

Art. L. 222-64 En cas de réponse affirmative sur la culpabilité, le tribunal vote, sans désemparer, au scrutin secret et séparément pour chaque prévenu, sur l'application de la peine.

Si, après deux tours de scrutin, aucune peine n'a réuni la majorité des suffrages, il est procédé à un troisième tour au cours duquel la peine la plus forte proposée au tour précédent est écartée. Si, à ce troisième tour, aucune peine n'a encore obtenu la majorité des votes, il est procédé à un quatrième tour, au cours duquel la peine la plus forte proposée au tour précédent est écartée et ainsi de suite, en continuant à écarter la peine la plus forte, jusqu'à ce qu'une peine soit prononcée à la majorité des votants.

Art. L. 222-65 Lorsque le tribunal prononce une peine correctionnelle, il peut ordonner qu'il soit sursis à l'exécution de la peine avec ou sans *(L. nº 2020-1672 du 24 déc. 2020, art. 26)* « probation ». Il peut faire application des dispositions des articles 132-58 à 132-70 du code pénal.

Le tribunal statue également sur les peines accessoires et complémentaires.

Art. L. 222-66 Toutes les décisions sont prises à la majorité des voix.

Le jugement constate cette majorité sans que le nombre de voix puisse être exprimé, le tout à peine de nullité.

Art. L. 222-67 En cas de conviction de plusieurs crimes ou délits, la peine la plus forte est seule prononcée.

Lorsqu'une peine principale fait l'objet d'une remise gracieuse, il y a lieu de tenir compte, pour l'application de la confusion des peines, de la peine résultant de la commutation et non de la peine initialement prononcée.

Art. L. 222-68 *(L. nº 2007-289 du 5 mars 2007)* « Le tribunal statue, s'il y a lieu, sur l'action civile et peut ordonner le versement, en tout ou partie, des dommages-intérêts alloués. Il a aussi la faculté, s'il ne peut se prononcer en l'état sur la demande, d'accorder à la partie civile une provision nonobstant appel, opposition ou pourvoi. »

La partie civile, dans le cas d'acquittement comme dans celui d'une exemption de peine, peut demander réparation du dommage résultant de la faute de l'accusé, telle qu'elle résulte des faits qui sont l'objet de l'accusation.

Art. L. 222-69 A l'issue de son délibéré, le tribunal rentre dans la salle d'audience. S'il a été procédé à l'évacuation de l'auditoire, les portes sont à nouveau ouvertes.

Le président fait comparaître le prévenu et, devant la garde rassemblée sous les armes, donne lecture des réponses faites aux questions, prononce le jugement portant condamnation, exemption de peine ou acquittement et précise les articles des codes et lois pénales dont il est fait application.

En cas de condamnation, le jugement énonce la peine principale et, s'il y a lieu, les peines accessoires et complémentaires.

En cas d'acquittement ou d'exemption de peine, et sous réserve des dispositions de l'article L. 222-75, le prévenu est remis en liberté immédiatement s'il n'est pas retenu pour une autre cause.

Art. L. 222-70 Le jugement ordonne dans les cas prévus par la loi et dans les conditions prévues à l'article L. 222-71, selon le cas, la confiscation des objets saisis et la restitution, soit au profit de l'État, soit au profit des propriétaires, de tous objets saisis ou produits au procès comme pièces à conviction.

Si la restitution des objets placés sous main de justice n'a pas été ordonnée dans le jugement, elle pourra être demandée par requête à la juridiction qui a statué sur les poursuites. *En cas de suppression de celle-ci, la juridiction compétente est celle mentionnée aux articles L. 112-4 ou L. 112-29.*

Art. L. 222-71 Le prévenu, la partie civile ou la personne civilement responsable, peut réclamer au tribunal saisi de la poursuite la restitution des objets placés sous la main de la justice.

Toute personne autre que celles mentionnées au premier alinéa qui prétend avoir droit sur des objets placés sous la main de la justice, peut également en réclamer la restitution au tribunal saisi de la poursuite.

Le tribunal peut ordonner d'office cette restitution. Toutefois, s'il y a eu condamnation, cette restitution n'est effectuée que si son bénéficiaire justifie que le condamné a laissé passer les délais sans se pourvoir en cassation ou, s'il s'est pourvu, que l'affaire est définitivement jugée.

Le tribunal peut refuser la restitution lorsque celle-ci présente un danger pour les personnes ou les biens.

Art. L. 222-72 Si le prévenu en liberté est condamné à l'emprisonnement sans sursis ou à peine plus grave, le tribunal peut décerner un mandat de dépôt ou d'arrêt contre le prévenu.

Art. L. 222-73 *(L. n° 2007-289 du 5 mars 2007)* « Après avoir prononcé le jugement de condamnation, le président avertit le condamné qu'il a le droit, selon le cas, de faire appel ou de se pourvoir en cassation et précise le délai dans lequel cette voie de recours peut être exercée. »

Lorsque le bénéfice du sursis a été accordé, le président avertit le condamné que, s'il commet une nouvelle infraction, il pourra faire l'objet, sous réserve des dispositions de l'article L. 265-2, d'une condamnation qui sera susceptible d'entraîner l'exécution de la première peine sans confusion avec la seconde et, sous réserve des dispositions de l'article L. 265-3 et des articles 132-11 et 131-13 du code pénal, des peines de la récidive susceptibles d'être encourues dans les conditions prévues aux articles 132-9 et 132-10 du code pénal.

Art. L. 222-74 Aucune personne acquittée légalement ne peut plus être reprise ou mise en examen à raison des mêmes faits, même sous une qualification différente.

Art. L. 222-75 Lorsqu'il résulte des pièces produites ou des déclarations et dépositions faites au cours des débats que le prévenu peut être poursuivi pour d'autres faits, le président en fait dresser procès-verbal. Le tribunal peut, soit renvoyer l'affaire à une audience ultérieure, soit, après le prononcé du jugement, renvoyer d'office le justiciable et les pièces à l'autorité compétente, pour être procédé, s'il y a lieu, à la délivrance d'un nouvel ordre de poursuite ou à la saisine de la juridiction compétente.

S'il y a acquittement ou exemption de peine, le tribunal ordonne que le justiciable acquitté ou exempté soit conduit par la force publique devant l'autorité militaire.

Art. L. 222-76 Le jugement sur le fond est motivé.

Il contient les décisions motivées rendues sur les moyens d'incompétence et les incidents, ainsi que sur les conclusions de la partie civile relatives à sa demande d'indemnité.

Il énonce à peine de nullité :

1° Les nom et qualité des magistrats, les nom et grade ou rang des juges militaires et, s'il y a lieu, ceux des membres supplémentaires ;

2° Les nom, prénoms, âge, profession et domicile du prévenu et de la partie civile ;

3° Les crimes, délits ou contraventions pour lesquels le prévenu a été traduit ou renvoyé devant la juridiction des forces armées ;

4° Les noms des conseils des parties ;

5° Les prestations de serment des témoins et experts et, éventuellement, les raisons qui ont motivé la non-prestation de serment de l'un d'entre eux ;

6° La référence aux conclusions des parties et aux réquisitions du commissaire du Gouvernement ;

7° Les questions posées et les décisions rendues conformément aux articles L. 222-62 à L. 222-66 ;

8° Les peines prononcées avec indications qu'elles l'ont été à la majorité des voix et, le cas échéant, les autres mesures décidées par le tribunal ;

9° Les articles de loi appliqués, mais sans qu'il soit nécessaire de reproduire les textes eux-mêmes ;

10° Lorsque le sursis à l'exécution de la peine est accordé, la déclaration qu'il a été ordonné, à la majorité des voix, que le condamné bénéficie des dispositions des articles L. 265-1 et suivants ;

11° La publicité des séances ou la décision qui a ordonné le huis clos ;

12° La publicité de la lecture du jugement faite par le président.

Il ne reproduit ni les réponses du prévenu, ni les dépositions des témoins, sans préjudice toutefois de l'application des dispositions de l'article 333 du code de procédure pénale.

Art. L. 222-77 La minute du jugement est signée du président et du greffier. Ceux-ci approuvent, le cas échéant, les ratures et renvois. Tous les jugements doivent porter mention de la présence constante aux débats du commissaire du Gouvernement et du greffier.

Art. L. 222-78 *Les minutes* des jugements rendus par les juridictions des forces armées ne peuvent faire l'objet d'aucune communication. Toutefois, l'apport de ces minutes au greffe de la Cour de cassation peut être ordonné par le président de la chambre criminelle.

Il peut être délivré des expéditions ou extraits de jugement dans les conditions prévues par décret.

Art. L. 222-79 Les jugements prononcés par les juridictions des forces armées, sauf ceux rendus dans les conditions prévues aux articles L. 251-1 et suivants, sont réputés contradictoires et ne peuvent être attaqués par la voie de l'opposition.

Art. L. 222-80 Le prévenu qui comparaît ne peut plus déclarer faire défaut. Si, après avoir comparu, il refuse de comparaître ou ne comparaît plus, il est procédé aux débats ainsi qu'au jugement comme s'il était présent, sauf à observer, le cas échéant, les formalités prévues à l'article L. 222-26. Dans tous les cas, les débats et le jugement sont considérés comme contradictoires.

TITRE III Des voies de recours extraordinaires

CHAPITRE PREMIER *Du pourvoi en cassation*

SECTION I *[ABROGÉE]* *En temps de paix et hors du territoire de la République*

Cette section a été abrogée par la L. n° 2011-1862 du 13 déc. 2011, art. 32-II et 70-II, à compter du 1er janv. 2012.

Art. L. 231-1 *Les dispositions du code de procédure pénale relatives au pourvoi en cassation sont applicables aux jugements rendus en dernier ressort par le tribunal aux armées.*

SECTION II *En temps de guerre* *(Abrogé par L. n° 2011-1862 du 13 déc. 2011, art. 32-II et 70-II, à compter du 1er janv. 2012).*

Art. L. 231-2 *(L. n° 2007-289 du 5 mars 2007)* Les jugements rendus en dernier ressort par les juridictions des forces armées peuvent faire l'objet d'un pourvoi en cassation dans les conditions prévues par les articles 567 et suivants du code de procédure pénale, sous réserve des articles L. 231-3 à L. 231-10.

Art. L. 231-3 Même au cas d'itératif défaut, le condamné et la partie civile ont un délai d'un jour franc après que le jugement a été porté à leur connaissance pour déclarer au greffe qu'ils se pourvoient en cassation.

Le commissaire du Gouvernement peut dans le même délai, à compter du prononcé du jugement, déclarer au greffe qu'il demande la cassation de la décision rendue.

Art. L. 231-4 Le commissaire du Gouvernement peut aussi se pourvoir en cassation contre :

1° Les jugements d'acquittement ;

2° Les jugements déclarant n'y avoir lieu à statuer ;

3° Les jugements statuant sur les restitutions dans les conditions prévues à l'article L. 222-70.

Art. L. 231-5 Les pourvois mentionnés à l'article L. 231-4 ne peuvent préjudicier au prévenu, sauf si le jugement d'acquittement a omis de statuer sur un chef de mise en examen, ou si le jugement déclarant n'y avoir lieu à statuer a fait une fausse application d'une cause d'extinction de l'action publique.

Art. L. 231-6 *(L. n° 2007-289 du 5 mars 2007)* « La déclaration de pourvoi doit être faite au greffe de la juridiction qui, statuant en dernier ressort, a rendu la décision attaquée. »

Elle doit être signée par le greffier et le demandeur en cassation lui-même ou par le conseil du condamné ou de la partie civile muni d'un pouvoir spécial. Dans ces derniers cas, le pourvoi est annexé à l'acte dressé par le greffier. Si le déclarant ne peut ou ne sait signer, le greffier en fait mention.

La déclaration de pourvoi est transcrite sur le registre tenu conformément aux dispositions de l'article L. 212-142.

Art. L. 231-7 Lorsque le condamné est détenu, il peut faire également connaître sa volonté de se pourvoir par une lettre remise au chef de l'établissement où il est incarcéré. Cette autorité lui en délivre récépissé, certifie sur la lettre même que celle-ci a été remise par l'intéressé et précise la date de la remise.

Le document est transmis immédiatement au greffe de la juridiction qui a rendu la décision attaquée. Il est transcrit sur le registre prévu à l'article L. 212-142 et annexé à l'acte dressé par le greffier.

Art. L. 231-8 Si la Cour de cassation annule le jugement pour incompétence, elle prononce le renvoi devant la juridiction compétente et la désigne. Si elle l'annule pour tout autre motif, elle renvoie l'affaire devant une juridiction des forces armées qui n'en a pas encore connu, à moins que, l'annulation ayant été prononcée parce que le fait ne constitue ni crime, ni délit, ni contravention, ou parce que le fait est prescrit ou amnistié, il ne reste plus rien à juger.

Art. L. 231-9 Lorsque l'annulation a été prononcée pour inobservation des formes, la procédure est reprise d'après les règles édictées par le présent code.

La juridiction saisie statue sans être liée par l'arrêt de la Cour de cassation.

Toutefois, si, sur un nouveau pourvoi, l'annulation du deuxième jugement a lieu pour les mêmes motifs que celle du premier jugement, le tribunal de renvoi doit se conformer à la décision de la Cour de cassation sur le point de droit et, s'il s'agit de l'application de la peine, il doit adopter l'interprétation la plus favorable au condamné.

Art. L. 231-10 Lorsque l'annulation du jugement a été prononcée pour fausse application de la peine aux faits dont le condamné a été déclaré coupable, la déclaration de culpabilité et d'existence des circonstances aggravantes est maintenue, et la nouvelle juridiction saisie ne statue que sur l'application de la peine.

CHAPITRE II *Du pourvoi dans l'intérêt de la loi*

Art. L. 232-1 Les dispositions des articles 620 et 621 du code de procédure pénale relatives au pourvoi dans l'intérêt de la loi, sont applicables aux jugements des juridictions des forces armées.

CHAPITRE III *Des demandes en révision*

SECTION I *[ABROGÉE] En temps de paix et hors du territoire de la République*

Cette section a été abrogée par la L. n° 2011-1862 du 13 déc. 2011, art. 32-II et 70-II, à compter du 1er janv. 2012.

Art. L. 233-1 *Les dispositions du code de procédure pénale relatives aux demandes en révision sont applicables aux jugements rendus par le tribunal aux armées.*

SECTION II *En temps de guerre* (*Abrogé par L. n° 2011-1862 du 13 déc. 2011, art. 32-II et 70-II, à compter du 1er janv. 2012*).

Art. L. 233-2 La procédure prévue aux articles 622 et suivants du code de procédure pénale est applicable aux demandes en révision formées contre les jugements prononcés par les juridictions des forces armées, sous les réserves ci-après.

Art. L. 233-3 Lorsque la (*L. n° 2014-640 du 20 juin 2014, art. 7*) « cour de révision et de réexamen », en vertu de l'article (*L. n° 2014-640 du 20 juin 2014, art. 7*) « 624-7 » du code de procédure pénale, annule le jugement d'une juridiction des forces armées et ordonne qu'il sera procédé à de nouveaux débats devant une autre juridiction des forces armées, le tribunal saisi par l'arrêt de renvoi doit, en ce qui concerne l'objet de la mise en examen, se limiter aux questions indiquées dans l'arrêt de la (*L. n° 2014-640 du 20 juin 2014, art. 7*) « cour de révision et de réexamen ».

L'instruction primitive sert de base à la procédure. Le président de la juridiction des forces armées peut toutefois, avant la réunion du tribunal, procéder à un supplément d'instruction conformément à l'article L. 222-2 et, éventuellement, déterminer tous éléments pouvant servir de base à l'évaluation des dommages et intérêts prévus à l'article (*L. n° 2014-640 du 20 juin 2014, art. 7*) « 626-1 » du code de procédure pénale.

Les dispositions de la L. n° 2014-640 du 20 juin 2014 sont entrées en vigueur le 1er oct. 2014 (L. préc., art. 9).

Art. L. 233-4 Il est procédé aux débats conformément aux dispositions prévues par le présent code.

Les dommages et intérêts qui peuvent être accordés au condamné ou à ses représentants, à la suite d'une procédure en révision, sont alloués par la juridiction des forces armées qui a rendu le jugement d'où résulte l'innocence du condamné.

S'il ressort des débats que ce dernier peut être poursuivi pour d'autres faits, le commissaire du Gouvernement procède conformément, selon les cas, aux dispositions des articles L. 212-43 à L. 212-45.

Si une nouvelle poursuite est engagée, celle-ci ne peut être jointe à celle faisant l'objet des débats, laquelle doit être jugée séparément.

TITRE IV Des citations et notifications

CHAPITRE UNIQUE

Art. L. 241-1 Devant *(L. nº 2011-1862 du 13 déc. 2011, art. 32-II et 70-II, en vigueur le 1er janv. 2012)* « les juridictions de Paris spécialisées en matière militaire *[ancienne rédaction : le tribunal aux armées]* », les citations aux prévenus, à la partie civile, et aux témoins et experts que le ministère public se propose de faire entendre, ainsi que les notifications des décisions des juridictions d'instruction ou de jugement et des arrêts de la Cour de cassation, sont faites, sans frais, soit par les greffiers et les huissiers-appariteurs, soit par tous agents de la force publique.

Il en est de même, devant les juridictions militaires du temps de guerre, des citations et notifications des décisions.

Art. L. 241-2 En temps de paix, les dispositions du code de procédure pénale relatives aux citations et significations sont applicables, sous réserve, des dispositions des articles L. 241-1 et L. 241-9.

En temps de guerre, seules sont applicables les dispositions du présent titre.

Art. L. 241-3 La citation à comparaître délivrée au prévenu est datée et signée et doit :

1° Mentionner les nom et qualité de l'autorité requérante et les nom et prénoms du prévenu ;

2° Se référer à la décision de renvoi ou de citation directe et à l'ordre de convocation du tribunal et préciser les lieu, date et heure de l'audience ;

3° Énoncer le fait poursuivi, viser le texte de la loi applicable, indiquer les noms des témoins et experts que le commissaire du Gouvernement se propose de faire entendre, mentionner éventuellement, si elle existe et s'est antérieurement constituée, le nom de la partie civile ;

4° Contenir le nom du défenseur commis d'office et faire connaître au prévenu qu'il peut le remplacer par un défenseur de son choix jusqu'à l'ouverture des débats ;

5° Avertir le prévenu qu'il doit notifier au commissaire du Gouvernement et s'il y a lieu à la partie civile avant l'audience, par déclaration au greffe, la liste des témoins qu'il se propose de faire entendre sauf à bénéficier, en temps de guerre, des dispositions de l'article L. 222-4.

Art. L. 241-4 La citation délivrée à la requête du commissaire du Gouvernement à la partie civile déjà constituée est datée et signée et doit :

1° Mentionner les nom et qualité de l'autorité requérante et les nom et prénoms de la partie civile ;

2° Se référer à la décision de renvoi et à l'ordre de convocation du tribunal et préciser les lieu, date et heure de l'audience ;

3° Indiquer le nom du prévenu, énoncer le fait poursuivi, viser le texte de la loi applicable et indiquer les noms des témoins et experts que le commissaire du Gouvernement se propose de faire entendre.

Art. L. 241-5 Le délai entre le jour où la citation à comparaître est délivrée au prévenu et, éventuellement, à la partie civile et le jour fixé pour la comparution est au moins de vingt-quatre heures.

Aucun délai de distance ne s'ajoute au délai précité.

Art. L. 241-6 La citation à témoin ou à expert doit énoncer :

1° Les nom et qualité de l'autorité requérante ;

2° Les nom, prénoms et domicile du témoin ou de l'expert ;

3° La date, le lieu, l'heure de l'audience à laquelle la personne citée doit comparaître en précisant sa qualité de témoin ou d'expert.

La citation à témoin doit, en outre, porter mention que la non-comparution, le refus de témoigner et le faux témoignage sont punis par la loi et que, faute par le témoin de se conformer à la citation à lui délivrée, il pourra être contraint par la force publique et condamné.

Les citations sont datées et signées.

Art. L. 241-7 Les citations et les décisions judiciaires sont notifiées dans les formes suivantes :

1° Le commissaire du Gouvernement adresse à l'agent chargé de la notification :

a) Une copie de l'acte pour remise au destinataire ;

b) Un procès-verbal en triple exemplaire destiné à constater soit la notification, soit l'absence de l'intéressé au domicile désigné ;

2° Le procès-verbal doit mentionner :

a) Les nom, fonction ou qualité de l'autorité requérante ;

b) Les nom, fonction ou qualité de l'agent chargé de la notification ;

c) Les nom, prénoms et adresse du destinataire de l'acte ;

d) La date et l'heure de la remise de l'acte ou l'impossibilité de joindre le destinataire au domicile désigné ;

3° Le procès-verbal est signé par l'agent, ainsi que par le destinataire de l'acte si celui-ci est notifié à personne ; au cas de refus ou d'impossibilité de signer, il en est fait mention ;

4° Deux exemplaires du procès-verbal de notification ou de constat d'absence sont adressés au commissaire du Gouvernement. En cas de notification à personne, un exemplaire est laissé au destinataire.

Art. L. 241-8 L'absence du destinataire de l'acte est constatée par procès-verbal si la durée de l'absence est indéterminée ou telle que la notification ne puisse être faite dans les délais prévus à l'article *(L. nº 2007-289 du 5 mars 2007)* « L. 241-5 ».

Lorsque des renseignements ont pu être recueillis sur le lieu où réside le destinataire, ceux-ci sont consignés au procès-verbal de constat d'absence.

A défaut de renseignements utiles, le commissaire du Gouvernement peut requérir tous agents de la force publique de procéder à des recherches en vue de découvrir l'adresse de l'intéressé.

Les agents de la force publique dressent, dans les formes ordinaires, procès-verbal des diligences requises, même si elles sont restées infructueuses. Les procès-verbaux, accompagnés d'une copie certifiée conforme, sont transmis au commissaire du Gouvernement.

Art. L. 241-9 Si les citations et notifications ne peuvent être faites à personne, il est appliqué les règles suivantes :

1° S'il s'agit d'un militaire en état d'absence irrégulière, la citation ou notification est faite au corps ; la copie de l'acte est remise sous enveloppe fermée, ne portant d'autres indications que les nom, prénoms, grade et corps du destinataire de l'acte.

2° Quel que soit le destinataire d'un acte, s'il n'a pas de domicile connu, ou s'il a été recherché infructueusement, ou s'il réside à l'étranger, les citations et notifications sont faites au parquet près la juridiction des forces armées saisie.

L'original de l'acte est visé par le ministère public qui envoie, le cas échéant, la copie à toutes autorités qualifiées.

Art. L. 241-10 Lorsque la décision à notifier est susceptible d'une voie de recours, le procès-verbal doit mentionner, le cas échéant, la date et l'heure auxquelles l'opposition est formée ou l'appel interjeté.

Art. L. 241-11 L'exception tirée de la nullité d'un procès-verbal de notification doit être soulevée devant la juridiction de renvoi dans les conditions prévues à l'article L. 222-53.

La nullité est prononcée lorsque l'irrégularité a eu pour effet de porter atteinte aux droits de la défense.

Si l'exception de nullité est rejetée, il est passé outre aux débats ; si elle est admise par le tribunal, il y a lieu à renvoi de l'audience à une date ultérieure.

TITRE V Des procédures particulières du temps de guerre

CHAPITRE PREMIER *Des jugements par défaut ou itératif défaut et de l'appel en temps de guerre* (L. nº 2007-289 du 5 mars 2007).

SECTION I *Du jugement par défaut des crimes et des délits en temps de guerre*

Art. L. 251-1 Lorsque le prévenu renvoyé ou traduit devant une juridiction des forces armées pour un crime ou un délit n'a pu être saisi ou lorsque, après avoir été saisi, il s'est évadé, ou lorsque, régulièrement cité, il ne se présente pas, le jugement le concernant est rendu par défaut, dans les conditions et après l'accomplissement des formalités prévues aux articles L. 251-2 à L. 251-18.

Cependant, lorsque le prévenu poursuivi pour un délit et régulièrement cité à personne ne comparaît pas au jour et à l'heure fixés dans la citation et ne fournit pas d'excuse reconnue valable par la juridiction devant laquelle il est appelé, le jugement le concernant peut être, sur-le-champ, rendu par défaut sans accomplissement des formalités prévues aux articles L. 251-2 à L. 251-4.

Art. L. 251-2 A la diligence du commissaire du Gouvernement, le président de la juridiction des forces armées rend une ordonnance indiquant l'infraction pour laquelle le prévenu est poursuivi et lui enjoignant de se présenter dans le délai de cinq jours à compter de l'accomplissement constaté de la dernière en date des formalités de publicité de ladite ordonnance.

Si les faits poursuivis sont qualifiés crimes ou s'il s'agit d'une insoumission ou d'une désertion, cette ordonnance précise que les biens du défaillant sont séquestrés pendant l'instruction du défaut.

Art. L. 251-3 Si le fait reproché est un délit, la publicité est assurée, à la fois, par la notification de cette ordonnance dans les formes prévues aux articles L. 241-1 à L. 241-11 et par sa mise à l'ordre du jour dans la circonscription territoriale dont relève le prévenu.

Art. L. 251-4 Si le fait poursuivi est qualifié crime ou s'il s'agit d'une insoumission ou d'une désertion, la publicité comporte, en outre, l'affichage à la porte du domicile du prévenu et à celle de la mairie de la commune de ce domicile.

Dans ces cas, une copie de l'ordonnance prévue à l'article L. 251-2 est adressée par le commissaire du Gouvernement au directeur des domaines du domicile du prévenu.

Art. L. 251-5 Si le prévenu se présente avant l'expiration du délai fixé, il ne peut être traduit devant la juridiction des forces armées qu'après l'accomplissement des formalités prévues aux articles L. 222-1 à L. 222-80.

Toutefois, lorsque la notification de la décision de renvoi ou de la citation directe préalable au jugement par défaut n'a pas été faite à personne, une copie de l'une ou de l'autre de ces décisions est jointe à la citation à comparaître.

Art. L. 251-6 Si le prévenu ne se présente pas, il est procédé, à l'expiration du délai mentionné à l'article L. 251-2, sur les réquisitions du commissaire du Gouvernement, au jugement par défaut.

(L. n° 2007-289 du 5 mars 2007) « Lorsqu'un défenseur se présente pour assurer la défense du prévenu, il doit être entendu s'il en fait la demande. Si aucun défenseur ne se présente, les parents ou les amis du prévenu peuvent proposer son excuse. »

Si le tribunal trouve l'excuse légitime, il ordonne qu'il soit sursis au jugement du prévenu et, s'il y a lieu, au séquestre de ses biens pendant un temps qui est fixé eu égard à la nature de l'excuse et à la distance des lieux.

Hors ce cas, les rapports et procès-verbaux, les dépositions des témoins et les autres pièces de l'instruction sont lus à l'audience.

Le jugement est rendu dans la forme ordinaire.

Art. L. 251-7 En aucun cas, la défaillance d'un prévenu ne suspend ni ne retarde de plein droit l'instruction à l'égard de ses coprévenus présents.

Le tribunal peut ordonner, après le jugement de ceux-ci, la remise des effets déposés au greffe comme pièces à conviction, lorsqu'ils sont réclamés par les propriétaires ou ayants droit. Il peut, aussi, ne l'ordonner qu'à charge de les représenter s'il y a lieu.

Cette remise est précédée d'un procès-verbal de description dressé par le greffier.

Art. L. 251-8 La publicité du jugement est complétée par :

1° Sa mise à *l'ordre du jour* ;

2° Sa notification ;

3° Son affichage à la mairie du domicile, dont il est dressé procès-verbal par le maire.

Si la condamnation a été prononcée pour un fait qualifié crime ou pour insoumission ou désertion, un extrait du jugement est, en outre, adressé par le commissaire du Gouvernement au directeur des domaines du domicile du condamné.

Art. L. 251-9 Dans les cas mentionnés au second alinéa de l'article L. 267-2, une nouvelle notification du jugement a lieu, dans les conditions prévues à l'article L. 251-8, dans les trois mois du décret fixant la date de cessation légale des hostilités.

Art. L. 251-10 Dans les cinq jours à partir de la notification du jugement rendu par défaut, le condamné peut faire opposition.

Lorsque ce délai est expiré sans qu'il ait été formé opposition, le jugement est réputé contradictoire.

Art. L. 251-11 Les pourvois devant la Cour de cassation contre les jugements rendus par défaut ne sont ouverts qu'au ministère public. Ils ne peuvent être formés qu'après l'expiration du délai d'opposition prévu à l'article L. 251-10.

Art. L. 251-12 A partir de l'accomplissement des mesures de publicité prévues aux articles L. 251-4 et L. 251-8, en matière criminelle, le condamné est frappé de toutes les déchéances prévues par la loi.

Art. L. 251-13 Si le jugement n'a pas été notifié à personne, l'opposition est recevable jusqu'à l'expiration des délais de prescription de la peine.

Si le condamné se représente ou s'il est arrêté avant que la peine soit éteinte par prescription, le jugement intervenu doit lui être notifié sans délai.

(L. nº 2007-289 du 5 mars 2007) « La notification doit, à peine de nullité, comporter mention qu'il peut, dans un délai de cinq jours, former opposition audit jugement par déclaration, soit lors de sa notification, soit au greffe de la juridiction qui a statué en appel, soit au greffe du tribunal judiciaire ou de première instance ou de la juridiction des forces armées la plus proche et que, ce délai expiré sans qu'il ait été formé opposition, le jugement est contradictoire et devient définitif à l'expiration des délais de pourvoi. »

Si le jugement par défaut porte condamnation à une peine criminelle et s'il ressort du procès-verbal de notification que le condamné n'a pas formé opposition audit jugement, le commissaire du Gouvernement doit entendre le condamné avant l'expiration du délai fixé à l'article L. 251-10 pour lui rappeler qu'il peut encore former opposition et que, si celle-ci est déclarée recevable, le jugement rendu par défaut est anéanti de plein droit dans les conditions prévues à l'article L. 251-16.

Le commissaire du Gouvernement ou le procureur de la République compétents en raison du lieu où se trouve le condamné peuvent être délégués à cette fin.

Art. L. 251-14 Lorsque l'opposition est formée contre une condamnation à une peine d'emprisonnement sans sursis, l'arrestation et la détention du condamné interviennent compte tenu, le cas échéant, de la durée de la détention provisoire subie, conformément aux conditions prévues à l'article L. 261-8.

S'il s'agit d'une condamnation à l'amende ou avec sursis, ou si la durée de la détention provisoire subie est égale ou supérieure à la peine d'emprisonnement prononcée, le condamné est laissé en liberté jusqu'à l'audience, après qu'il ait indiqué sa résidence.

Art. L. 251-15 Dans le cas d'opposition à un jugement par défaut rendu par une juridiction des forces armées, le tribunal dans la circonscription duquel se trouve le condamné défaillant est compétent, au même titre que la juridiction des forces armées qui a rendu le jugement par défaut, pour statuer sur la reconnaissance d'identité du condamné, sur la recevabilité de l'opposition et procéder, s'il y a lieu, au jugement sur le fond.

Art. L. 251-16 Le tribunal procède au jugement de l'opposition dans les conditions prévues aux articles L. 222-1 à L. 222-80 et au second alinéa de l'article L. 251-5.

Si l'opposition est déclarée recevable, le jugement et les procédures faites depuis l'ordonnance enjoignant au défaillant de se présenter sont anéantis de plein droit et il est procédé au jugement sur le fond.

Toutefois, dans le cas où le séquestre a été maintenu ou lorsqu'une confiscation des biens au profit de l'État a été prononcée par le jugement par défaut, les mesures prises pour assurer leur exécution restent valables jusqu'à ce qu'il ait été statué à nouveau sur le fond par le tribunal.

Si un supplément d'instruction est ordonné, il appartient, le cas échéant, au tribunal de statuer sur la détention de l'opposant.

Si l'opposition est déclarée irrecevable, le jugement est réputé contradictoire.

Art. L. 251-17 Lors du jugement de l'opposition, si, pour quelque cause que ce soit, des témoins ne peuvent être produits aux débats, leurs dépositions écrites et, s'il est nécessaire, les réponses écrites des autres accusés du même crime sont lues à l'audience ; il en est de même de toutes les autres pièces qui sont jugées, par le président, utiles à la manifestation de la vérité.

Le tribunal peut également ordonner que les mesures de publicité prescrites aux articles L. 251-3 ou L. 251-4 s'appliquent à toute décision de justice rendue au profit de l'opposant.

Art. L. 251-18 Lorsque, postérieurement à une condamnation non définitive prononcée par défaut contre un insoumis ou un déserteur, le ministère public près la juridiction qui a statué ou, en cas de suppression de cette juridiction, le ministère public près la juridiction compétente en application des articles L. 112-4 ou L. 112-29 acquiert la preuve que le condamné défaillant ne se trouvait pas en état d'insoumission ou de désertion, il saisit le tribunal aux fins d'annulation du jugement rendu par défaut. Le tribunal statue sur requête du ministère public.

SECTION II *Du jugement par défaut des contraventions en temps de guerre*

Art. L. 251-19 Hors le cas prévu à l'article L. 222-13, tout prévenu poursuivi pour une contravention, régulièrement cité, qui ne comparaît pas au jour et à l'heure fixés dans la citation est jugé par défaut.

Art. L. 251-20 Aucun défenseur ne peut se présenter pour assurer la défense du prévenu.

Le président donne au tribunal connaissance des faits et des dépositions des témoins.

Le jugement est rendu dans la forme ordinaire. Il est notifié conformément aux articles L. 241-1 à L. 241-11.

Art. L. 251-21 L'opposition au jugement par défaut reste soumise aux dispositions des articles L. 251-10, L. 251-11, L. 251-13, L. 251-14, L. 251-15 et aux quatrième et cinquième alinéas de l'article L. 251-16.

Le tribunal statue sur l'opposition dans les conditions prévues aux articles L. 222-1 à L. 222-80.

Si l'opposition est déclarée recevable, le jugement et les procédures faites depuis la décision de renvoi ou de citation directe sont anéantis de plein droit et il est procédé au jugement sur le fond.

Au cas de renvoi de la prévention, le tribunal décharge le défaillant des frais de procédure.

SECTION III *De l'itératif défaut en temps de guerre*

Art. L. 251-22 L'opposition à l'exécution d'un jugement par défaut est non avenue si l'opposant ne comparaît pas, lorsqu'il a été cité, dans les formes et délais prévus, à personne ou au domicile indiqué par lui dans sa déclaration d'opposition.

Toutefois, en cas de condamnation à une peine privative de liberté sans sursis, le tribunal doit ordonner le renvoi de l'affaire à une audience ultérieure et prescrire que le prévenu soit recherché. Si les recherches sont demeurées vaines ou si, bien que régulièrement cité, l'opposant ne comparaît pas à l'audience de renvoi, le tribunal déclare l'opposition non avenue.

(Abrogé par L. nº 2007-289 du 5 mars 2007) ***« Le jugement rendu par le tribunal ne peut être attaqué par le condamné que par un pourvoi en cassation formé dans le délai prévu à l'article L. 231-3 à compter de la notification de cette décision à personne. »***

SECTION IV *De l'appel des jugements rendus en temps de guerre*

(L. nº 2007-289 du 5 mars 2007)

Art. L. 251-23 En temps de guerre, les jugements rendus en premier ressort par les juridictions des forces armées peuvent faire l'objet d'un appel.

La faculté d'appeler appartient :

1° Au prévenu ;

2° Au commissaire du Gouvernement ;

3° A la partie civile et à la personne civilement responsable, quant aux intérêts civils seulement.

L'appel est formé par tout document écrit parvenant au greffe des juridictions des forces armées ou à l'établissement où est détenu le prévenu, dans le délai de cinq jours francs à compter du prononcé du jugement contradictoire.

L'appel est examiné par la juridiction des forces armées qui a rendu la décision, autrement composée, ou, en cas d'impossibilité, par la juridiction désignée par la chambre criminelle de la Cour de cassation.

Art. L. 251-24 Si le jugement est rendu par défaut ou itératif défaut, le délai d'appel ne court qu'à compter de la notification du jugement, quel qu'en soit le mode.

Art. L. 251-25 La déclaration d'appel doit être faite au greffier de la juridiction qui a rendu la décision attaquée.

Lorsque l'appelant est présent, la déclaration doit être signée par le greffier et par l'appelant lui-même, par un avocat ou par un fondé de pouvoir spécial ; dans ce dernier cas, le pouvoir est annexé à l'acte dressé par le greffier. Si l'appelant ne peut signer, il en est fait mention par le greffier.

Lorsqu'elle parvient par document écrit en l'absence de l'appelant, le greffier dresse acte de cette déclaration d'appel, signe l'acte et y annexe le document transmis.

La déclaration d'appel est inscrite sur un registre public à ce destiné et toute personne a le droit de s'en faire délivrer une copie.

Art. L. 251-26 Lorsque l'appelant est détenu, l'appel peut être fait au moyen d'une déclaration auprès du chef de l'établissement de détention.

Cette déclaration est constatée, datée et signée par le chef de l'établissement de détention. Elle est également signée par l'appelant ; si celui-ci ne peut signer, il en est fait mention par le chef de l'établissement.

Ce document est adressé sans délai, en original ou en copie, au greffe de la juridiction qui a rendu la décision attaquée ; il est inscrit sur le registre prévu au dernier alinéa de l'article L. 251-25 et annexé à l'acte dressé par le greffier.

Art. L. 251-27 Lorsqu'il est fait appel après expiration du délai prévu à l'article L. 251-23 ou lorsque l'appelant s'est désisté de son appel, le président de la juridiction des forces armées rend d'office une ordonnance de non-admission de l'appel qui n'est pas susceptible de recours.

Art. L. 251-28 Pendant le délai d'appel et durant l'instance d'appel, il est sursis à l'exécution du jugement, sous réserve des dispositions de l'article L. 222-72.

CHAPITRE II *Du séquestre et de la confiscation des biens en temps de guerre*

Art. L. 252-1 Lorsqu'il a été fait application, par une juridiction des forces armées, des dispositions du second alinéa de l'article L. 251-2, si le défaillant est condamné pour crime ou insoumission ou désertion, ses biens, s'ils n'ont pas fait l'objet d'une confiscation, sont maintenus sous séquestre et le compte de séquestre est rendu à qui il appartient après condamnation devenue irrévocable.

Art. L. 252-2 Durant le séquestre, il peut être accordé des secours à la femme, aux enfants, aux ascendants du défaillant, s'ils sont dans le besoin.

Il est statué par ordonnance du président du *(Ord. n° 2019-964 du 18 sept. 2019, art. 12, en vigueur le 1er janv. 2020)* « tribunal judiciaire *[ancienne rédaction : tribunal de grande]* » ou de première instance du domicile du défaillant, après avis du directeur des domaines.

Art. L. 252-3 Lorsque le séquestre des biens a été maintenu par jugement à l'encontre d'un insoumis ou d'un déserteur dans les conditions prévues à l'article L. 252-1, si le jugement est devenu définitif sans nouveaux débats contradictoires, la levée du séquestre est ordonnée par le président de la juridiction des forces armées qui a rendu le jugement, sur les diligences du commissaire du Gouvernement. Il en est de même au cas de prescription ou d'amnistie.

En cas de suppression du tribunal qui a prononcé le jugement, le président appelé à statuer sur la levée du séquestre est celui de la juridiction compétente en application des articles L. 112-4 ou L. 112-29.

Art. L. 252-4 La confiscation des biens est obligatoirement prononcée par les juridictions des forces armées lorsque la condamnation par défaut intervient contre un déserteur à l'ennemi ou à bande armée ou en présence de l'ennemi, contre un déserteur ou un insoumis s'étant réfugié ou étant resté à l'étranger en temps de guerre pour se soustraire à ses obligations militaires.

Cette confiscation porte sur les biens présents du condamné, de quelque nature qu'ils soient, meubles, immeubles, divis ou indivis, et s'étend aux biens qui lui échoient avant sa représentation.

Art. L. 252-5 La confiscation des biens est exécutée dans les conditions prévues à l'article 131-21 du code pénal, sous les réserves des dispositions des articles L. 252-6 à L. 252-12.

Art. L. 252-6 Jusqu'à la vente, le séquestre reste chargé de l'administration des biens confisqués. Il n'en est dessaisi que par le jugement du condamné au cas de représentation volontaire ou forcée. Il peut être autorisé à accorder des secours à la famille du défaillant dans les conditions prévues à l'article L. 252-2.

Le séquestre peut être autorisé par le même tribunal à faire vendre les biens lorsqu'il y a nécessité.

Il peut faire procéder sans autorisation à cette vente après l'expiration d'un délai de dix ans.

Art. L. 252-7 Si la confiscation a été prononcée en temps de guerre en application de l'article L. 252-4, la vente des biens ne peut toutefois avoir lieu qu'un an après la nouvelle notification faite dans les trois mois du décret fixant la date de cessation légale des hostilités prévue à l'article L. 251-8, s'il n'est pas établi, soit par le ministère public, soit par les personnes désignées en l'article L. 251-6, que le condamné est dans l'impossibilité de se présenter.

Art. L. 252-8 Les biens qui échoient, dans l'avenir, au condamné sont de plein droit placés sous séquestre sans que ne puisse être invoquée aucune prescription.

Art. L. 252-9 Si, postérieurement à la vente des biens, il est établi que le condamné par défaut était mort avant l'expiration des délais fixés à l'article L. 252-7, il est réputé avoir conservé jusqu'à sa mort l'intégrité de ses droits et ses héritiers ont droit à la restitution du prix de vente.

Art. L. 252-10 La représentation volontaire ou forcée n'entraîne pas la mainlevée du séquestre. Elle met fin à la confiscation des biens à venir. Cependant, conformément aux dispositions du troisième alinéa de l'article L. 251-16, les mesures prises lors de la condamnation pour assurer la confiscation des biens présents restent valables jusqu'à ce qu'il soit statué à nouveau sur le fond s'il y a opposition au jugement par défaut.

Art. L. 252-11 Dans tous les cas, si le condamné qui s'est représenté ou a été arrêté est acquitté par le nouveau jugement, il est, du jour où il a reparu en justice, remis en possession de la plénitude de ses droits et de son patrimoine.

Si ses biens n'ont pas été vendus, il lui sont restitués en nature. Dans le cas contraire, il en reçoit le prix de vente.

Art. L. 252-12 Sont déclarés nuls, à la requête du séquestre ou du procureur de la République, tous actes de disposition entre vifs ou testamentaires, à titre onéreux ou gratuit, accomplis soit directement, soit par personne interposée ou par toute autre voie indirecte employée par le prévenu ou le condamné s'ils ont été faits dans l'intention de dissimuler, détourner ou diminuer tout ou partie de sa fortune.

CHAPITRE III *De la reconnaissance d'identité d'un condamné en temps de guerre*

Art. L. 253-1 La reconnaissance de l'identité, au cas où elle est contestée, d'une personne condamnée par une juridiction des forces armées est faite par la juridiction qui a rendu le jugement ou par la juridiction dans le ressort de laquelle le condamné a été arrêté.

Le tribunal statue sur la reconnaissance en audience publique, en présence de l'individu arrêté, après avoir entendu les témoins appelés tant par le ministère public que par l'individu arrêté.

CHAPITRE IV *Des règlements de juges et des renvois d'un tribunal à un autre tribunal en temps de guerre*

Art. L. 254-1 Lorsqu'une juridiction des forces armées et une juridiction de droit commun ou lorsque deux juridictions des forces armées se trouvent simultanément saisies de la même infraction ou d'infractions connexes, il est, en cas de conflit, réglé de juges par la Cour de cassation, qui statue sur requête présentée par le ministère public près l'une ou l'autre des juridictions saisies.

La Cour de cassation peut aussi, à l'occasion d'un pourvoi dont elle est saisie, régler de juges d'office et même par avance. Elle peut statuer sur tous actes faits par la juridiction qu'elle dessaisit.

Art. L. 254-2 La chambre criminelle peut, avant de régler de juges, ordonner la communication de la requête aux parties. Dans ce cas, les pièces de la procédure lui sont transmises, dans le délai par elle fixé, avec les observations des intéressés, et le cours de la procédure est suspendu.

Art. L. 254-3 L'arrêt portant règlement de juges est signifié aux parties intéressées. Celles-ci peuvent, hors le cas où la communication de la requête a été ordonnée, former opposition à cet arrêt, par acte reçu au greffe du lieu où siège l'une des juridictions en conflit, dans les formes et délais du pourvoi en cassation.

L'opposition emporte effet suspensif si la chambre criminelle en décide ainsi.

L'opposition est jugée dans les quinze jours de l'arrivée des pièces au greffe de la Cour de cassation. Si l'opposition est rejetée, la chambre criminelle peut condamner le demandeur à une amende civile de 15 euros.

Art. L. 254-4 En matière criminelle, correctionnelle ou de police, la chambre criminelle de la Cour de cassation peut dessaisir toute juridiction d'instruction ou de jugement des forces armées et renvoyer la connaissance de l'affaire devant une autre juridiction du même ordre :

1° Pour cause de sûreté publique ou de suspicion légitime ;

2° Dans l'intérêt d'une bonne administration de la justice ;

3° Exceptionnellement, et sur requête du ministre de la défense, lorsqu'il n'est pas possible de trouver pour la constitution d'une juridiction des forces armées le nombre de juges militaires du grade requis ;

4° En cas de suppression de la juridiction conformément aux conditions prévues aux articles L. 112-4 ou L. 112-29.

La requête aux fins de renvoi peut être présentée soit par le procureur général près la Cour de cassation, soit par le ministère public établi près la juridiction saisie, soit par les parties.

La requête doit être signifiée à toutes les parties intéressées qui ont un délai de dix jours pour déposer un mémoire au greffe de la Cour de cassation.

La présentation de la requête n'a point d'effet suspensif à moins qu'il n'en soit autrement ordonné par la Cour de cassation.

Art. L. 254-5 Lorsque deux juges d'instruction, appartenant à un même tribunal ou à des tribunaux différents, se trouvent simultanément saisis d'infractions connexes ou d'infractions différentes en raison desquelles une même personne ou les mêmes personnes sont mises en examen, le ministère public peut, dans l'intérêt d'une bonne administration de la justice et nonobstant les dispositions des articles L. 122-1 à L. 122-5 requérir l'un des juges de se dessaisir au profit de l'autre. Le dessaisissement a lieu si les deux juges en sont d'accord. En cas de désaccord, il est fait application, s'il y a lieu, des dispositions de l'article L. 254-6.

Lorsqu'un condamné à une peine privative de liberté est détenu au siège de la juridiction qui a prononcé cette condamnation, définitive ou non, la juridiction des forces armées de ce lieu de détention a compétence, en dehors des règles prescrites aux articles L. 122-1 à L. 122-5, pour connaître de toutes les infractions qui lui sont imputées.

Art. L. 254-6 Lorsqu'une personne mise en examen ou un prévenu est détenu provisoirement en vertu d'une ordonnance ou d'un jugement prescrivant la détention ou en exécution d'une condamnation, le ministère public peut, dans l'intérêt d'une bonne administration de la justice, notamment pour éviter le transfèrement du détenu, requérir le renvoi de la procédure de la juridiction d'instruction ou de jugement saisie à celle du lieu de détention. Il est procédé comme en matière de règlement de juges.

Art. L. 254-7 Le renvoi peut être également ordonné pour cause de sûreté publique par la chambre criminelle, mais seulement à la requête du procureur général près la Cour de cassation.

Art. L. 254-8 Tout arrêt qui a statué sur une demande en renvoi pour l'une des causes précitées est signifié aux parties intéressées à la diligence du procureur général près la Cour de cassation par l'intermédiaire du ministre de la justice.

Art. L. 254-9 L'arrêt qui a rejeté une demande en renvoi pour sûreté publique n'exclut pas une nouvelle demande en renvoi fondée sur des faits survenus depuis.

CHAPITRE V *Des crimes et délits contre les intérêts fondamentaux de la Nation en temps de guerre*

Art. L. 255-1 Les crimes et délits contre les « intérêts fondamentaux de la Nation » sont instruits et jugés par les juridictions des forces armées.

Toutefois, la juridiction normalement compétente reste saisie des procédures ouvertes antérieurement devant elle, tant qu'une revendication n'est pas formulée par le ministre de la défense ou par le commissaire du Gouvernement conformément aux dispositions des articles L. 255-3 et L. 255-5.

Art. L. 255-2 Les juridictions des forces armées peuvent également connaître, par la voie d'une revendication de compétence, des crimes et délits connexes à ceux prévus à l'article L. 255-1.

Art. L. 255-3 Lorsqu'une revendication de compétence est exercée, la juridiction normalement compétente est dessaisie de plein droit, dès la notification faite par le commissaire du Gouvernement au ministère public près cette juridiction.

Les actes de poursuite et d'instruction ainsi que les formalités et décisions intervenus antérieurement demeurent valables et n'ont pas à être renouvelés ; les mandats d'arrêt ou de dépôt décernés conservent leur force exécutoire.

Art. L. 255-4 Lorsque des procédures concernent des mineurs de dix-huit ans au temps de l'action, les articles L. 255-1 et L. 255-2 sont applicables :

1° Sur le territoire de la République, si ces mineurs sont militaires ;

2° Hors de ce territoire, s'ils sont membres des forces armées ou s'il n'existe aucune juridiction française des mineurs compétente ;

3° Dans tous les cas, s'ils sont ressortissants d'un État ennemi ou occupé, ou s'ils sont coauteurs ou complices de personnes déférées aux juridictions des forces armées.

Art. L. 255-5 Le ministre de la défense et, sous son autorité, les commissaires du Gouvernement exercent l'action publique.

Toutefois, l'ouverture des poursuites ne peut être ordonnée que par le ministre de la défense à l'encontre des justiciables mentionnés à l'article L. 112-3 et des magistrats assimilés spéciaux.

Le ministre de la défense et, sous son autorité, les commissaires du Gouvernement dirigent l'activité des officiers de police judiciaire des forces armées ainsi que des officiers et agents de la police judiciaire civile.

Pour l'accomplissement de leur mission, les commissaires du Gouvernement ont le droit de requérir directement la force publique.

Art. L. 255-6 Les officiers de police judiciaire civile et les officiers de police judiciaire des forces armées informent le commissaire du Gouvernement des crimes et délits mentionnés aux articles L. 255-1 et L. 255-2 dont ils ont connaissance.

Ils sont chargés de constater ces infractions, d'en rassembler les preuves et d'en rechercher les auteurs tant que des poursuites judiciaires n'ont pas été ordonnées. Ensuite, ils défèrent aux réquisitions du parquet militaire ou exécutent les délégations du juge d'instruction militaire.

Les procédures d'enquêtes préliminaires ou de flagrant délit sont adressées, en double exemplaire, au commissaire du Gouvernement ; les objets saisis sont mis à sa disposition.

Art. L. 255-7 Les officiers de police judiciaire des forces armées et les officiers de police judiciaire civile se conforment, pour la garde à vue, aux règles et formalités suivantes :

1° Ils peuvent retenir à leur disposition pendant quarante-huit heures toute personne, militaire ou étrangère aux armées, si les nécessités de l'enquête l'exigent.

2° Le commissaire du Gouvernement, dans le cadre d'une enquête préliminaire ou de flagrant délit, et le juge d'instruction militaire, pour l'exécution d'une commission rogatoire, peuvent, par une autorisation écrite, prolonger de cinq jours le premier délai. Deux prolongations successives de quatre jours, accordées dans les mêmes conditions, peuvent porter à quinze jours la durée de la garde à vue.

3° Il appartient, s'ils l'estiment utile, au commissaire du Gouvernement ou au juge d'instruction militaire de se faire présenter, à tout moment, sur les lieux de la garde à vue, la personne qui s'y trouve retenue.

4° Toutefois, ils peuvent déléguer leurs pouvoirs de contrôle et de prolongation, respectivement, soit au procureur de la République ou au commissaire du Gouvernement, soit au juge d'instruction, civil ou militaire, dans le ressort duquel la garde à vue est exercée.

5° Les prolongations mentionnées au 2° ne peuvent intervenir qu'après comparution de la personne gardée à vue devant le magistrat compétent ou le magistrat par lui délégué.

6° Toute personne retenue en vertu des dispositions du présent article peut demander à s'entretenir avec un défenseur à l'issue de la mesure de garde à vue, sauf si les circonstances matérielles s'y opposent.

7° Au plus tard à l'expiration des délais accordés, les personnes contre lesquelles existent des indices graves ou concordants de culpabilité doivent être mises en route pour être présentées, selon le cas, au commissaire du Gouvernement ou au juge d'instruction militaire compétent.

Il est fait mention dans la procédure, du jour et de l'heure à partir desquels la personne a été gardée à vue ainsi que du jour et de l'heure à partir desquels elle a été soit libérée soit amenée devant le magistrat.

Art. L. 255-8 Lorsque, après examen des résultats de l'enquête de police judiciaire, le commissaire du Gouvernement estime que la juridiction des forces armées est compétente, il apprécie s'il doit ouvrir les poursuites ou classer l'affaire.

Le cas échéant, il décerne un ordre d'incarcération provisoire en vertu duquel le justiciable peut être détenu pendant une durée de cinq jours.

Art. L. 255-9 Lorsqu'il décide d'engager les poursuites, le commissaire du Gouvernement peut :

1° Soit saisir le juge d'instruction militaire par un réquisitoire introductif ;

2° Soit ordonner la citation directe du prévenu devant le tribunal, sauf si l'infraction est passible d'une peine supérieure à vingt ans de réclusion ou de détention criminelle.

Lorsque la procédure concerne un mineur de dix-huit ans, le commissaire du Gouvernement est tenu de requérir l'ouverture d'une instruction.

Lorsqu'une revendication a été exercée conformément aux dispositions du second alinéa de l'article L. 255-1, et aux dispositions de l'article L. 255-2, si une décision de renvoi a déjà été prise, les prévenus sont dans tous les cas déférés de plein droit à la juridiction de jugement des forces armées.

Art. L. 255-10 L'instruction est conduite selon les règles fixées pour le temps de guerre aux articles L. 212-46 à L. 212-191 relatifs aux juridictions d'instruction.

Art. L. 255-11 Le juge d'instruction militaire ne peut informer qu'après avoir été saisi par réquisitoire introductif du commissaire du Gouvernement.

Art. L. 255-12 Lors de la première comparution, le juge d'instruction militaire invite la personne mise en examen à lui faire connaître dans un délai de quatre jours le nom de son conseil. Mention de cette formalité est faite au procès-verbal.

En l'absence d'un choix, il lui est désigné un conseil ou défenseur d'office par le bâtonnier ou, à défaut, par le président de la juridiction des forces armées ou le juge d'instruction militaire.

Les dispositions du présent article sont prescrites à peine de nullité.

Art. L. 255-13 Le juge d'instruction militaire peut, à l'effet de procéder à tous actes d'instruction, se transporter avec son greffier sur tout le territoire de la République et, hors de ce territoire, dans la zone de stationnement ou d'opérations des forces armées.

Le juge d'instruction militaire peut donner commission rogatoire à tous magistrats et officiers de police judiciaire, afin de leur faire exécuter tous les actes d'instruction nécessaires sur tout le territoire de la République ou, hors de ce territoire, dans la zone de stationnement ou d'opérations des forces armées.

Il peut procéder ou faire procéder, même de nuit et en tous lieux, à des perquisitions ou saisies.

Art. L. 255-14 Une personne déjà mise en examen peut être entendue par le juge d'instruction militaire, dans une procédure distincte concernant les mêmes faits ou des faits connexes.

L'audition a lieu sans serment, le conseil de cette personne mise en examen ayant été régulièrement convoqué.

Art. L. 255-15 L'enquête sur la personnalité de la personne mise en examen, ainsi que sur sa situation matérielle, familiale et sociale, est facultative.

Art. L. 255-16 La dénonciation des faits non compris dans le réquisitoire introductif, mais constituant des infractions mentionnées aux articles L. 255-1 et L. 255-2, est faite par le juge d'instruction militaire au commissaire du Gouvernement, qui apprécie s'il y a lieu à poursuites ou à transmission de la procédure à l'autorité judiciaire compétente.

Art. L. 255-17 Les irrégularités pouvant entraîner nullité, commises au cours soit de la procédure d'instruction de droit commun, soit de la procédure d'instruction militaire, sont réglées conformément aux dispositions des articles L. 212-130 à L. 212-133.

Art. L. 255-18 Toutes les ordonnances du juge d'instruction militaire peuvent faire l'objet de la part du commissaire du Gouvernement d'un appel devant la chambre de l'instruction.

Le même droit appartient à la personne mise en examen, mais uniquement en ce qui concerne les ordonnances rejetant une demande de mise en liberté.

Les décisions de la chambre de l'instruction ne peuvent faire l'objet d'un pourvoi en cassation, mais peuvent être examinées à l'occasion du pourvoi sur le fond ; toutefois, les décisions de non-lieu ou d'incompétence peuvent faire l'objet d'un pourvoi du commissaire du Gouvernement.

Art. L. 255-19 Si le commissaire du Gouvernement décide de traduire directement devant le tribunal l'auteur d'une infraction dans les conditions prévues à l'article L. 255-9, il peut délivrer un ordre d'incarcération provisoire. La durée de la détention, en vertu de cet ordre d'incarcération provisoire, ne peut excéder cinq jours. Toutefois, si un magistrat de siège ou, en cas d'impossibilité, le commissaire du Gouvernement décide que la détention provisoire doit être maintenue au-delà, il prend une décision confirmant l'ordre d'incarcération ; dans ce cas, la détention ne peut excéder un délai de soixante jours à compter de la confirmation de l'ordre d'incarcération provisoire.

Art. L. 255-20 Il est statué sur la détention provisoire du détenu dans les formes et délais prévus aux articles L. 212-155 et suivants.

Art. L. 255-21 La juridiction de jugement procède et statue conformément aux dispositions des articles L. 222-1 à L. 222-80.

Art. L. 255-22 Lorsqu'une revendication a été exercée postérieurement à une décision de renvoi, une copie de l'acte de revendication est jointe à la citation à comparaître. Mention de la remise de cet acte est faite dans le procès-verbal de notification.

Dans le cas de citation directe, le président ou, sur sa délégation, le magistrat assesseur ou l'un des juges militaires procède à l'interrogatoire du prévenu sur son identité et, si celui-ci n'a pas fait choix d'un défenseur, il lui en désigne un d'office.

Art. L. 255-23 Les dispositions des articles L. 231-2 à L. 233-4 relatifs au pourvoi en cassation et aux demandes en révision sont applicables.

Toutefois, les décisions du commissaire du Gouvernement concernant les poursuites et la détention provisoire ne sont pas susceptibles de voie de recours.

TITRE VI Des procédures d'exécution

CHAPITRE PREMIER *De l'exécution des jugements*

Art. L. 261-1 *(Abrogé par L. n° 2011-1862 du 13 déc. 2011, art. 32-II et 70-II, à compter du 1er janv. 2012)* ***« Les jugements rendus par le tribunal aux armées sont exécutés selon les règles du code de procédure pénale, sous réserve des dispositions de l'article L. 261-6. »***

Les dispositions des articles L. 261-2 à L. 261-12 sont applicables aux jugements rendus par les juridictions militaires en temps de guerre.

Art. L. 261-2 *(L. n° 2007-289 du 5 mars 2007)* En temps de guerre, s'il n'a pas été formé d'appel ou de pourvoi, le jugement est exécuté dans les vingt-quatre heures après l'expiration des délais fixés pour les exercer.

Art. L. 261-3 *(L. n° 2007-289 du 5 mars 2007)* S'il y a eu appel ou pourvoi, il est sursis à l'exécution du jugement sous réserve des dispositions de l'article L. 222-72.

Art. L. 261-4 Si le pourvoi est rejeté, le jugement de condamnation est exécuté dans les vingt-quatre heures de la réception de l'arrêt qui a rejeté le pourvoi.

Art. L. 261-5 Dans tous les cas, le commissaire du Gouvernement avise l'autorité qui a dénoncé les faits, donné un avis sur les poursuites, ordonné celles-ci ou revendiqué la procédure, et éventuellement l'autorité militaire commandant la circonscription territoriale ou la grande unité dans le ressort de laquelle siège ou a été établie la juridiction des forces armées, soit de l'arrêt de la Cour de cassation, soit du jugement du tribunal.

Lorsque le jugement est devenu définitif, le commissaire du Gouvernement en ordonne l'exécution dans les délais fixés aux articles L. 261-2 et L. 261-4. A ce titre, il a le droit de requérir la force publique.

Art. L. 261-6 Lorsque le jugement concerne un militaire, dans les trois jours de sa mise à exécution, le ministère public est tenu d'adresser un extrait du jugement au commandant de la formation administrative auquel appartenait le condamné.

Si le condamné est membre de l'ordre de la Légion d'honneur ou de celui du Mérite ou est décoré de la médaille militaire ou de toute autre décoration relevant de la grande chancellerie de la Légion d'honneur, il est également adressé une expédition du jugement à celle-ci.

Art. L. 261-7 Tout extrait ou toute expédition de jugement de condamnation fait mention de la durée de la détention provisoire subie et éventuellement de la date à partir de laquelle il a été procédé à l'exécution du jugement.

Art. L. 261-8 Lorsque le jugement d'une juridiction des forces armées, prononçant une peine privative de liberté sans sursis, n'a pu être amené à exécution, le commissaire du Gouvernement fait procéder à sa diffusion.

Il est délivré à l'agent de la force publique chargé de l'exécution du jugement un extrait portant la formule exécutoire ; cet extrait constitue, même au cas d'opposition à un jugement par défaut, le titre régulier d'arrestation, de transfert et de détention dans un des établissements mentionnés à l'article L. 211-21.

Art. L. 261-9 Si l'exécution d'un jugement ayant acquis l'autorité de la chose jugée soulève des difficultés quant à l'interprétation de la décision, le condamné peut saisir par requête le commissaire du Gouvernement près la juridiction qui a rendu le jugement.

Le commissaire du Gouvernement statue sur la requête, et sa décision peut donner lieu, le cas échéant, à un incident contentieux.

Art. L. 261-10 Tous incidents contentieux relatifs à l'exécution des jugements sont portés devant le tribunal qui a prononcé la sentence.

Le tribunal peut également procéder à la rectification des erreurs purement matérielles contenues dans ses décisions.

En cas de suppression de ce tribunal, les incidents contentieux relatifs à l'exécution des jugements sont portés devant la juridiction compétente en application des articles L. 112-4 ou L. 112-29.

Art. L. 261-11 La juridiction des forces armées statue en chambre du conseil après avoir entendu le ministère public, le conseil du condamné s'il le demande et, s'il échoit, le condamné lui-même.

Il peut aussi ordonner l'audition du condamné par commission rogatoire.

L'exécution de la décision peut être suspendue si le tribunal l'ordonne.

Le jugement sur l'incident est notifié au condamné à la diligence du commissaire du Gouvernement.

Ce jugement est susceptible de pourvoi en cassation par le commissaire du Gouvernement ou le condamné dans les formes et délais prévus au présent code.

Art. L. 261-12 Les poursuites pour le recouvrement des droits fixes de procédure, amendes et confiscations sont faites par les agents *(Ord. n° 2010-420 du 27 avr. 2010, art. 111)* « de la direction générale des finances publiques » au nom de la République française, sur extrait du jugement comportant un exécutoire adressé par le commissaire du Gouvernement près la juridiction des forces armées qui a rendu le jugement.

CHAPITRE II *De l'exécution des peines*

Art. L. 262-1 En tous temps, les peines privatives de liberté prononcées contre les justiciables des juridictions des forces armées *(L. n° 2011-1862 du 13 déc. 2011, art. 32-II et 70-II, en vigueur le 1er janv. 2012)* « et des juridictions de Paris spécialisées en matière militaire » sont subies conformément aux dispositions du droit commun, sous réserve des dispositions des articles L. 211-21 et L. 262-2.

Art. L. 262-2 Pour l'exécution des peines prononcées contre les militaires ou assimilés *(Abrogé par L. n° 2011-1862 du 13 déc. 2011, art. 32-II et 70-II, à compter du 1er janv. 2012)* ***« tant par le tribunal aux armées que par les tribunaux de droit commun »***, est réputé détention provisoire le temps pendant lequel l'individu a été privé de sa liberté, même par mesure disciplinaire, si celle-ci a été prise pour le même motif.

(Abrogé par L. n° 2011-1862 du 13 déc. 2011, art. 32-II et 70-II, à compter du 1er janv. 2012) ***« Il en est de même, en temps de guerre, pour l'exécution des peines prononcées par les juridictions militaires. »***

CHAPITRE III *De la suspension de l'exécution des jugements*

Art. L. 263-1 En temps de guerre, à charge d'en aviser le ministre de la défense, l'autorité militaire qui a donné l'ordre de poursuite ou revendiqué la procédure peut suspendre l'exécution de tout jugement portant condamnation ; elle possède ce droit pendant les trois mois qui suivent le jour où le jugement est devenu définitif.

Le ministre de la défense dispose, sans limitation de délai, du même pouvoir, qu'il peut exercer dès que le jugement devient définitif. En outre, il a seul qualité pour suspendre l'exécution des jugements de condamnation prononcés en vertu des articles L. 255-1 et suivants.

Art. L. 263-2 Le jugement conserve son caractère définitif bien que la suspension ait été ordonnée. Sauf les exceptions prévues à l'article L. 268-2, la condamnation est inscrite au casier judiciaire, mais avec mention de la suspension accordée. La décision de suspension de l'exécution du jugement est inscrite en marge de la minute du jugement et doit figurer sur toute expédition ou extrait de jugement.

La suspension, qui peut s'étendre à tout ou partie des dispositions du jugement, prend effet à la date à laquelle elle intervient.

Seuls les déchéances et les frais de justice ne peuvent faire l'objet d'une mesure de suspension.

Art. L. 263-3 Tout bénéficiaire d'une décision de suspension de l'exécution du jugement est réputé subir sa peine pendant tout le temps où il reste présent sous les drapeaux postérieurement à sa condamnation pour satisfaire à ses obligations militaires légales ou contractuelles dans l'armée active ou à celles que lui impose son rappel par suite de la mobilisation.

Art. L. 263-4 Sont considérées comme non avenues les condamnations pour infractions prévues par le présent code seul, pour lesquelles la suspension, même partielle, de l'exécution du jugement a été accordée, si, pendant un délai qui court de la date de la suspension et qui est de cinq ans pour une condamnation à une peine correctionnelle et de dix ans pour une condamnation à une peine criminelle, le condamné n'a encouru aucune poursuite suivie de condamnation à l'emprisonnement ou à une peine plus grave.

Art. L. 263-5 Les peines portées par les jugements dont l'exécution a été suspendue se prescrivent dans les délais prévus aux articles 133-2 et 133-3 du code pénal à partir de la date de la suspension.

Art. L. 263-6 Le droit de révoquer la décision qui a suspendu l'exécution de tout ou partie des dispositions d'un jugement appartient à l'autorité de qui elle émane ou, si cette autorité n'est plus représentée, au ministre de la défense.

La peine prononcée contre le condamné est réputée définitivement exécutée et la suspension de l'exécution du jugement non susceptible de révocation si, après cette suspension, compte tenu éventuellement de la détention subie, ledit condamné a accompli une durée de service militaire au moins égale au temps de détention qui lui restait à accomplir.

En cas de révocation, le condamné doit subir intégralement la peine encourue.

La décision de révocation de la suspension de l'exécution du jugement est portée en marge de la minute du jugement et doit être mentionnée au casier judiciaire. Elle doit figurer sur tout extrait ou toute expédition de jugement.

CHAPITRE IV *De la libération conditionnelle*

Art. L. 264-1 Quelle que soit la juridiction qui a prononcé la condamnation, les dispositions du code de procédure pénale relatives à la libération conditionnelle sont applicables sous les réserves ci-après.

Art. L. 264-2 En temps de guerre, lorsque les condamnés ont conservé pendant l'exécution de leur peine la qualité de militaire ou d'assimilé, le bénéfice de la libération conditionnelle ou sa révocation est accordé par arrêté conjoint du ministre de la justice et du ministre de la défense.

Le bénéfice de la libération conditionnelle sous réserve d'incorporation dans l'armée ne pourra être accordé qu'après avis favorable du ministre de la défense.

Art. L. 264-3 En tous temps, dès que la libération conditionnelle est accordée à un condamné ayant conservé la qualité de militaire ou que cette mesure est accordée à un condamné sous réserve de son incorporation dans l'armée, l'intéressé est mis à la disposition effective de l'autorité militaire pour l'exécution de ses obligations militaires.

Tant que le bénéficiaire de la libération conditionnelle est lié au service, il est exclusivement soumis à la surveillance de l'autorité militaire.

Art. L. 264-4 En temps de guerre, la révocation de la libération conditionnelle des individus mentionnés à l'article L. 264-3 peut être prononcée en cas de punition grave, d'inconduite notoire, de nouvelles condamnations encourues avant la libération définitive ou en cas d'inexécution des obligations imposées au bénéficiaire de la libération conditionnelle.

Les avis prévus aux articles 712-6 et 712-7 du code de procédure pénale ne sont pas recueillis lorsque le ministre de la justice prononce la révocation à la demande du ministre de la défense.

Art. L. 264-5 En tous temps, pour les condamnés qui atteignent la date de la libération de leur service militaire dans l'armée active, sans avoir été frappés de la révocation de leur libération conditionnelle, le temps passé par eux au service compte dans la durée de la peine encourue.

CHAPITRE V *Du sursis et de la récidive*

Art. L. 265-1 En cas de condamnation à l'emprisonnement ou à l'amende, *(L. n° 2011-1862 du 13 déc. 2011, art. 32-II et 70-II, en vigueur le 1er janv. 2012)* « la juridiction saisie *[ancienne rédaction : la juridiction des forces armées]* » peut décider qu'il est sursis à l'exécution dans les conditions prévues aux articles 132-29 à 132-57 du code pénal.

Il peut être fait application de ces dispositions à toute condamnation à l'emprisonnement pour crime ou délit de droit commun ou pour crime ou délit militaire, sous réserve, en ce qui concerne le sursis avec mise à l'épreuve, des dispositions suivantes :

1° Le tribunal se prononce seulement sur le délai d'épreuve ;

2° Le juge d'application des peines sous le contrôle duquel le condamné est placé dans les conditions prévues à l'article 739 du code de procédure pénale détermine les obligations particulières qui sont imposées au condamné.

Sont soumis à ces obligations particulières ainsi qu'aux mesures de contrôle prévues à l'article 132-44 du code pénal, dès leur condamnation, les personnes étrangères aux armées et justiciables des juridictions militaires et, dès leur retour dans la vie civile, les militaires et assimilés mentionnés aux articles L. 121-3 à L. 121-5, lorsque le délai d'épreuve qui leur a été imparti par le tribunal n'est pas expiré.

Art. L. 265-2 La condamnation pour un crime ou délit militaire :

1° Ne fait pas perdre au condamné le bénéfice du sursis ou du sursis avec mise à l'épreuve qui lui a été antérieurement accordé pour une infraction de droit commun ;

2° Ne met pas obstacle à l'octroi ultérieur du sursis ou du sursis avec mise à l'épreuve pour une infraction de droit commun.

Art. L. 265-3 Les condamnations prononcées pour crime ou délit militaire ne peuvent constituer le condamné en état de récidive.

(L. n° 2011-1862 du 13 déc. 2011, art. 32-II et 70-II, en vigueur le 1er janv. 2012) « La juridiction saisie applique *[ancienne rédaction : les juridictions des forces armées appliquent]* » les dispositions des articles 132-8 à 132-15 du code pénal pour le jugement des infractions de droit commun.

CHAPITRE VI *De la réhabilitation et des demandes présentées en vue d'être relevé des interdictions, déchéances ou incapacités*

Art. L. 266-1 Les dispositions du code pénal et du code de procédure pénale relatives à la réhabilitation légale ou judiciaire sont applicables à ceux qui ont été condamnés par les juridictions des forces armées.

Mention de l'arrêt de la cour prononçant la réhabilitation est portée par le greffier de la juridiction des forces armées en marge du jugement de condamnation.

Art. L. 266-2 En cas de réhabilitation, la perte de grade, des décorations françaises et des droits à pension pour services antérieurs qui résultait de la condamnation subsiste pour les militaires ou assimilés de tout grade, mais ceux-ci, s'ils sont réintégrés dans l'armée, peuvent acquérir de nouveaux grades, de nouvelles décorations et de nouveaux droits à pension.

Art. L. 266-3 En temps de guerre, les dispositions relatives au relèvement des interdictions, déchéances ou incapacités sont applicables devant les juridictions des forces armées.

Les demandes formulées à la suite d'un jugement rendu par l'une de ces juridictions sont présentées au commissaire du Gouvernement et examinées dans les conditions prévues à l'article L. 266-4.

Art. L. 266-4 La juridiction saisie statue en chambre du conseil sur les conclusions du ministère public, le requérant ou son conseil entendus ou dûment convoqués. S'il paraît nécessaire d'entendre un condamné qui se trouve détenu, la juridiction saisie peut donner commission rogatoire au président de la juridiction la plus proche du lieu de détention.

Ce magistrat peut déléguer l'un des juges du tribunal qui procède à l'audition du détenu par procès-verbal.

La décision est signifiée à la requête du ministère public lorsqu'elle est rendue hors de la présence du requérant ou de son conseil. Elle peut être déférée à la Cour de cassation.

Mention de la décision par laquelle un condamné est relevé totalement ou partiellement d'une interdiction, déchéance ou incapacité ou d'une mesure de publication est faite en marge du jugement ou de l'arrêt de condamnation et au casier judiciaire.

CHAPITRE VII *De la prescription des peines*

Art. L. 267-1 Les peines prononcées par les juridictions des forces armées se prescrivent selon les distinctions prévues aux articles 133-2 à 133-6 du code pénal sous réserve des dispositions de l'article L. 267-2.

Art. L. 267-2 La prescription des peines prononcées pour insoumission ou désertion ne commence à courir qu'à partir du jour où l'insoumis ou le déserteur a atteint l'âge le dispensant de satisfaire à toute obligation militaire.

CHAPITRE VIII *Du casier judiciaire*

Art. L. 268-1 Les dispositions du code de procédure pénale relatives au casier judiciaire sont applicables aux condamnations prononcées par les juridictions des forces armées, sous réserve des dispositions des articles L. 268-2 et L. 268-3.

Art. L. 268-2 Les condamnations prononcées par application des dispositions du premier alinéa des articles L. 324-1 et L. 324-4, et des dispositions des premier et deuxième alinéas de l'article L. 324-5, ne sont pas inscrites au bulletin n° 3 du casier judiciaire.

Art. L. 268-3 En temps de guerre, lorsque au cours d'une procédure quelconque le commissaire du Gouvernement ou le juge d'instruction constate qu'un individu a été condamné sous une fausse identité ou a usurpé un état civil, il est immédiatement procédé d'office, à la diligence du commissaire du Gouvernement, aux rectifications nécessaires avant la clôture de la procédure.

La rectification est demandée par requête au président de la juridiction des forces armées ou, en cas de suppression de celle-ci, de celle compétente en application des articles L. 112-4 ou L. 112-29.

Le président communique la requête au commissaire du Gouvernement et fait le rapport ou commet, à cet effet, selon le cas, le magistrat assesseur ou un juge militaire.

Les débats ont lieu et le jugement est rendu en chambre du conseil. Le tribunal peut ordonner d'assigner la personne objet de la condamnation.

Si la requête est admise, les droits fixes de procédure sont supportés par celui qui a été la cause de l'inscription reconnue erronée s'il a été appelé dans l'instance.

Toute personne qui veut faire rectifier une mention portée à son casier judiciaire peut agir dans la même forme.

Mention de la déclaration est faite en marge du jugement visé dans la demande en rectification.

La même procédure est applicable au cas de contestation sur la réhabilitation de droit, ou de difficultés soulevées par l'interprétation d'une loi d'amnistie, dans les conditions prévues au *(L. n° 2010-242 du 10 mars 2010, art. 16-VII)* « troisième » alinéa de l'article 769 du code de procédure pénale.

CHAPITRE IX *Des frais de justice et de la contrainte judiciaire*

Art. L. 269-1 Les dispositions de l'article 800-1 du code de procédure pénale et de l'article 1018 A du code général des impôts sont applicables aux juridictions des forces armées.

Art. L. 269-2 Un décret détermine les frais qui doivent être compris sous la dénomination des frais de justice devant toutes les juridictions des forces armées, y compris les tribunaux prévôtaux. Il règle d'une manière générale tout ce qui touche aux frais de justice, notamment les tarifs, les modalités de paiement et de recouvrement et les voies de recours.

Art. L. 269-3 La contrainte judiciaire est exercée et exécutée dans les conditions prévues aux articles 749 à 762 du code de procédure pénale.

Art. L. 269-4 En temps de guerre, les attributions conférées au juge de l'application des peines par les articles du code de procédure pénale mentionnés à l'article L. 269-3 sont exercées par le président du tribunal ou par l'un de ses assesseurs par lui délégué.

TITRE VII Dispositions diverses

CHAPITRE UNIQUE

Art. L. 271-1 *(L. n° 2011-1862 du 13 déc. 2011, art. 32-II et 70-II, en vigueur le 1er janv. 2012)* En temps de guerre, seuls les premier et deuxième alinéas de l'article 11 du code de procédure pénale sont applicables.

Art. L. 271-2 Tout militaire de la gendarmerie a qualité pour appréhender les militaires se trouvant en position irrégulière. Il est dressé procès-verbal de cette opération et l'autorité militaire compétente en est aussitôt avisée.

Les militaires ainsi appréhendés peuvent être placés, selon le cas, dans la chambre de sûreté d'une caserne de gendarmerie ou dans une prison prévôtale. Au plus tard à l'expiration d'un délai de quarante-huit heures, ils doivent être transférés aux fins de présentation à l'autorité militaire compétente pour régulariser leur situation.

LIVRE III Des peines applicables par les juridictions des forces armées et des infractions d'ordre militaire

TITRE PREMIER Des peines applicables par les juridictions des forces armées

CHAPITRE UNIQUE

Art. L. 311-1 Sans préjudice de la répression pénale des faits qui constituent des crimes ou délits de droit commun, et notamment de ceux qui sont *(L. n° 2010-930 du 9 août 2010, art. 9-I)* « définis aux articles 461-1 à 461-31 du code pénal », sont punies conformément aux dispositions du présent livre les infractions d'ordre militaire prévues aux articles *(L. n° 2011-525 du 17 mai 2011, art. 184-1°)* « L. 321-1 à L. 324-11 ».

Art. L. 311-2 Sous réserve des dispositions du présent code ou des lois spéciales, les juridictions des forces armées prononcent les mêmes peines que les juridictions de droit commun.

Ces peines sont appliquées selon les principes généraux et les règles de droit commun. Toutefois, par dérogation aux dispositions de l'article 132-25 du code pénal, l'application aux militaires ou assimilés en activité de services mentionnés aux articles L. 121-3 à L. 121-5 du régime de semi-liberté ne peut être décidée par les juridictions des forces armées.

Art. L. 311-3 Les juridictions des forces armées peuvent également prononcer les peines militaires de la destitution et de la perte du grade.

Art. L. 311-4 La destitution entraîne la perte du grade et du droit d'en porter les insignes et l'uniforme.

Elle a, sur le droit à l'obtention et à la jouissance d'une pension, les effets prévus par la législation des pensions.

Elle est applicable aux officiers, ainsi qu'aux sous-officiers de carrière dans tous les cas où elle est prévue pour les officiers.

Art. L. 311-5 En temps de guerre, si l'infraction est passible d'une peine criminelle, la destitution peut être prononcée à titre de peine complémentaire.

Art. L. 311-6 *La peine de la perte* du grade entraîne les mêmes effets que la destitution, mais sans modifier les droits à pension et à récompense pour services antérieurs.

Elle est applicable aux officiers et, dans tous les cas où elle est prévue pour ceux-ci, aux sous-officiers de carrière et aux sous-officiers servant sous contrat.

Art. L. 311-7 *(L. n° 2011-1862 du 13 déc. 2011, art. 35-I)* Toute condamnation à une peine d'interdiction des droits civiques ou d'interdiction d'exercer une fonction publique, prononcée par quelque juridiction que ce soit contre tout militaire, entraîne perte du grade.

Lorsque ce même militaire est commissionné, elle entraîne la révocation.

Art. L. 311-8 *(Abrogé par L. n° 2011-1862 du 13 déc. 2011, art. 35-II) Toute condamnation de même nature ou degré prononcée dans les conditions prévues à l'article* (L. n° 2007-289 du 5 mars 2007) *« L. 311-7 » entraîne de plein droit la perte du grade pour tous les militaires autres que ceux mentionnés au même article et la révocation, s'ils sont commissionnés.*

Art. L. 311-9 Quand la peine prévue est la destitution, le tribunal peut appliquer la peine de la perte du grade.

Art. L. 311-10 Pour les prisonniers de guerre et les personnes étrangères aux armées, la destitution et la perte du grade, prévues à titre principal, sont remplacées par un emprisonnement de cinq ans.

Art. L. 311-11 *Abrogé par L. n° 2011-1862 du 13 déc. 2011, art. 35-II.*

Art. L. 311-12 En temps de guerre, lorsqu'il s'agit d'une infraction prévue par le présent code, en aucun cas une peine d'amende ne peut être substituée à une peine d'emprisonnement.

Art. L. 311-13 Les infractions aux règlements relatifs à la discipline sont laissées à la répression de l'autorité militaire et punies de sanctions disciplinaires qui, lorsqu'elles sont privatives de liberté, ne peuvent excéder soixante jours.

L'échelle des sanctions disciplinaires est fixée par la loi n° 2005-270 du 24 mars 2005 portant statut général des militaires.

Art. L. 311-14 Les lois, décrets ou règlements émanant de l'autorité ennemie, les ordres ou autorisations donnés par cette autorité ou par les autorités qui en dépendent ou en ont dépendu ne peuvent être invoqués comme cause d'irresponsabilité au sens de l'article 122-4 du code pénal. Toutefois, la juridiction tient compte de cette circonstance lorsqu'elle détermine la peine et en fixe le montant.

TITRE II Des infractions d'ordre militaire

CHAPITRE PREMIER *Des infractions tendant à soustraire leur auteur à ses obligations militaires*

SECTION I *De l'insoumission*

Art. L. 321-1 Le fait pour toute personne d'être coupable d'insoumission aux termes des dispositions du code du service national est puni, en temps de paix, d'un emprisonnement d'un an.

En temps de guerre, la peine est de dix ans d'emprisonnement. Le coupable peut, en outre, être frappé, pour vingt ans au plus, de l'interdiction totale ou partielle de l'exercice des droits mentionnés à l'article 131-26 du code pénal.

En temps de guerre, si le coupable est officier, la destitution peut également être prononcée.

Le tout sans préjudice des dispositions prévues par le code du service national.

SECTION II *De la désertion*

SOUS-SECTION 1 *De la désertion à l'intérieur*

Art. L. 321-2 *(L. n° 2011-1862 du 13 déc. 2011, art. 36-1°)* « Est déclaré déserteur à l'intérieur, en temps de paix, tout militaire dont la formation de rattachement est située sur le territoire de la République et qui :

« 1° S'évade, s'absente sans autorisation, refuse de rejoindre sa formation de rattachement ou ne s'y présente pas à l'issue d'une mission, d'une permission ou d'un congé ;

« 2° Mis en route pour rejoindre une autre formation de rattachement située hors du territoire national, ne s'y présente pas ;

« 3° Se trouve absent sans autorisation au moment du départ pour une destination hors du territoire national du bâtiment ou de l'aéronef auquel il appartient ou à bord duquel il est embarqué.

« Constituent une formation de rattachement : un corps, un détachement, une base, une formation, un bâtiment ou aéronef militaire, un établissement civil ou militaire de santé en cas d'hospitalisation, un établissement pénitentiaire en cas de détention.

« Est compétente pour connaître des faits de désertion à l'intérieur la juridiction dans le ressort de laquelle est située la formation de rattachement de départ.

« Dans les cas prévus au 1°, le militaire est déclaré déserteur à l'expiration d'un délai de six jours à compter du lendemain du jour où l'absence sans autorisation est constatée ou du lendemain du terme prévu de la mission, de la permission ou du congé.

« Aucun délai de grâce ne bénéficie au militaire se trouvant dans les circonstances des 2° et 3°. »

En temps de guerre, tous les délais mentionnés au présent article sont réduits des deux tiers.

Art. L. 321-3 *(L. n° 2011-1862 du 13 déc. 2011, art. 36-2°)* « Le fait pour tout militaire de déserter à l'intérieur, en temps de paix, est puni de trois ans d'emprisonnement.

« Le fait de déserter à l'intérieur et de franchir les limites du territoire de la République ou de rester hors de ces limites est puni de cinq ans d'emprisonnement. »

Si la désertion a eu lieu en temps de guerre ou sur un territoire sur lequel l'état de siège ou l'état d'urgence a été proclamé, la peine peut être portée à dix ans d'emprisonnement.

Dans tous les cas, si le coupable est officier, la *(L. n° 2011-1862 du 13 déc. 2011, art. 36-2°)* « perte du grade *[ancienne rédaction : destitution]* » peut, en outre, être prononcée.

Art. L. 321-4 Est réputée désertion avec complot toute désertion effectuée de concert par plus de deux individus.

Le fait d'être coupable de désertion avec complot à l'intérieur est puni :

1° En temps de paix, d'un emprisonnement de cinq ans. Si le coupable est officier, la *(L. n° 2011-1862 du 13 déc. 2011, art. 36-3°)* « perte du grade *[ancienne rédaction : destitution]* » peut, en outre, être prononcée ;

2° En temps de guerre, de dix ans d'emprisonnement.

SOUS-SECTION 2 *De la désertion à l'étranger*

Art. L. 321-5 *(L. n° 2011-1862 du 13 déc. 2011, art. 36-4°)* Est déclaré déserteur à l'étranger, en temps de paix, tout militaire qui, affecté dans une formation de rattachement située hors du territoire de la République :

1° S'évade, s'absente sans autorisation, refuse de rejoindre sa formation de rattachement ou ne s'y présente pas à l'issue d'une mission, d'une permission ou d'un congé ;

2° Mis en route pour rejoindre une autre formation de rattachement située sur tout territoire, y compris le territoire national, ne s'y présente pas ;

3° Se trouve absent sans autorisation au moment du départ du bâtiment ou de l'aéronef auquel il appartient ou à bord duquel il est embarqué.

Constituent une formation de rattachement : un corps, un détachement, une base, une formation, un bâtiment ou aéronef militaire, un établissement civil ou militaire de santé en cas d'hospitalisation, un établissement pénitentiaire en cas de détention.

Est compétente pour connaître des faits de désertion à l'étranger la juridiction prévue à l'article 697-4 du code de procédure pénale.

Dans les cas prévus au 1°, le militaire est déclaré déserteur à l'expiration d'un délai de trois jours à compter du lendemain du jour où l'absence sans autorisation est constatée ou du lendemain du terme prévu de la mission, de la permission ou du congé. Ce délai est réduit à un jour en temps de guerre.

Aucun délai de grâce ne bénéficie au militaire se trouvant dans les circonstances des 2° et 3°.

Art. L. 321-6 *(L. n° 2011-1862 du 13 déc. 2011, art. 36-4°)* Le fait pour tout militaire de déserter à l'étranger en temps de paix est puni de cinq ans d'emprisonnement. S'il est officier, il encourt une peine de dix ans d'emprisonnement.

Toutefois, lorsque le militaire déserte à l'étranger et se maintient ou revient sur le territoire de la République, la peine d'emprisonnement encourue est réduite à trois ans.

Art. L. 321-7 *(L. n° 2011-1862 du 13 déc. 2011, art. 36-7°)* La peine d'emprisonnement encourue peut être portée à dix ans contre tout militaire qui a déserté à l'étranger :

1° En emportant une arme ou du matériel de l'État ;

2° En étant de service ;

3° Avec complot.

Est réputée désertion avec complot toute désertion à l'étranger effectuée de concert par plus de deux individus.

Art. L. 321-8 à L. 321-10 *Abrogés par L. n° 2011-1862 du 13 déc. 2011, art. 36-5°.*

Art. L. 321-11 Si la désertion à l'étranger a lieu en temps de guerre ou sur un territoire sur lequel l'état de siège ou l'état d'urgence a été proclamé, la peine est de dix ans d'emprisonnement.

La peine est portée à vingt ans de réclusion criminelle si la désertion à l'étranger a lieu avec complot en temps de guerre.

SOUS-SECTION 3 *De la désertion à bande armée*

Art. L. 321-12 Le fait pour tout militaire de déserter à bande armée est puni de vingt ans de réclusion criminelle.

Si la désertion a été commise avec complot, les coupables sont punis de la réclusion criminelle à perpétuité.

Les coupables sont punis de la réclusion criminelle à perpétuité s'ils ont emporté une arme ou des munitions.

SOUS-SECTION 4 *De la désertion à l'ennemi ou en présence de l'ennemi*

Art. L. 321-13 Le fait pour tout militaire ou toute personne non militaire faisant partie de l'équipage d'un bâtiment de la marine ou d'un aéronef militaire ou d'un navire de commerce convoyé d'être coupable de désertion à l'ennemi est puni de la réclusion criminelle à perpétuité.

Art. L. 321-14 Le fait pour tout militaire de déserter en présence de l'ennemi est puni de vingt ans de réclusion criminelle.

Si le militaire est officier, la peine encourue est la réclusion criminelle à perpétuité.

Si la désertion en présence de l'ennemi a lieu avec complot, la peine est la réclusion criminelle à perpétuité.

Art. L. 321-15 Doit être considéré comme se trouvant en présence de l'ennemi tout militaire ou toute personne non militaire faisant partie d'une unité ou d'une formation de l'équipage d'un bâtiment de la marine ou d'un aéronef militaire ou d'un navire de commerce convoyé pouvant être rapidement aux prises avec l'ennemi ou déjà engagé avec lui ou soumis à ses attaques.

Art. L. 321-16 Les personnes mentionnées au 2° de l'article L. 121-5 peuvent être poursuivies pour désertion lorsqu'elles se trouvent dans l'un des cas prévus aux articles L. 321-13, L. 321-14 et L. 321-15.

SOUS-SECTION 5 *Dispositions communes aux diverses désertions*

Art. L. 321-17 En temps de guerre, toute personne condamnée à une peine d'emprisonnement pour désertion peut être frappée pour vingt ans au plus de l'interdiction totale ou partielle de l'exercice des droits mentionnés à l'article 131-26 du code pénal.

SECTION III *De la provocation à la désertion et du recel de déserteur*

SOUS-SECTION 1 *De la provocation à la désertion*

Art. L. 321-18 Le fait pour toute personne de provoquer ou favoriser la désertion, par quelques moyens que ce soit, qu'ils aient été ou non suivis d'effet, est puni par la juridiction compétente :

1° En temps de paix, de trois ans d'emprisonnement ;

2° En temps de guerre, de dix ans d'emprisonnement.

A l'égard des personnes non militaires ou non assimilées aux militaires, une peine d'amende de 3 750 euros peut, en outre, être prononcée.

SOUS-SECTION 2 *Du recel de déserteur*

Art. L. 321-19 Le fait pour toute personne d'avoir sciemment soit recelé un déserteur, soit soustrait ou tenté de soustraire d'une manière quelconque un déserteur aux poursuites ordonnées par la loi, est puni par la juridiction compétente d'un emprisonnement de deux ans et peut, en outre, si elle n'est ni militaire ni assimilée, être puni d'une amende de 3 750 euros.

SOUS-SECTION 3 *Dispositions communes*

Art. L. 321-20 Les peines prévues aux articles L. 321-18 et L. 321-19 sont applicables lorsque le déserteur appartient à une armée alliée.

Art. L. 321-21 En temps de paix, les juridictions de droit commun sont compétentes à l'égard des personnes non mentionnées aux articles L. 121-3 à L. 121-5 et qui se rendent coupables des infractions prévues à la présente section.

SECTION IV *De la mutilation volontaire*

Art. L. 321-22 Le fait pour tout militaire de s'être rendu volontairement impropre au service, soit d'une manière temporaire, soit d'une manière permanente, dans le but de se soustraire à ses obligations militaires, est puni :

1° En temps de paix, d'un emprisonnement de cinq ans et de l'interdiction pour une durée de dix ans de l'exercice des droits prévus à l'article 131-26 du code pénal. Si le coupable est officier, il pourra être puni en outre de la destitution ;

2° En temps de guerre, de dix ans d'emprisonnement ;

3° De la peine prévue au 2°, s'il se trouve sur un territoire en état de siège ou en état d'urgence ou en présence de bande armée.

Il est puni de la réclusion criminelle à perpétuité s'il était en présence de l'ennemi.

La tentative est punie comme l'infraction elle-même.

Art. L. 321-23 Si les complices sont des médecins ou des pharmaciens, la peine d'emprisonnement encourue peut être portée au double, indépendamment d'une amende de 4 500 euros pour les délinquants non militaires ou non assimilés aux militaires.

Art. L. 321-24 En temps de paix, les juridictions de droit commun sont compétentes à l'égard des personnes non mentionnées aux articles L. 121-3 à L. 121-5.

CHAPITRE II *Des infractions contre l'honneur ou le devoir*

SECTION I *De la capitulation*

Art. L. 322-1 Le fait pour tout commandant d'une formation, d'une force navale ou aérienne, d'un bâtiment de la marine ou d'un aéronef militaire, qui, mis en jugement après avis d'un conseil d'enquête, est reconnu coupable d'avoir capitulé devant l'ennemi, ou ordonné de cesser le combat ou amené le pavillon sans avoir épuisé tous les moyens de défense dont il disposait et sans avoir fait tout ce que lui prescrivaient le devoir et l'honneur, est puni de la réclusion criminelle à perpétuité.

Art. L. 322-2 Le fait pour tout commandant d'une formation, d'un bâtiment de la marine ou d'un aéronef militaire qui, pouvant attaquer et combattre un ennemi égal ou inférieur en force, secourir une troupe, un bâtiment ou un aéronef français ou allié poursuivi par l'ennemi ou engagé dans un combat, ne l'a pas fait lorsqu'il n'en a pas été empêché par des instructions générales ou des motifs graves, est puni de la destitution.

SECTION II *Du complot militaire*

Art. L. 322-3 Le fait pour toute personne d'être coupable de complot ayant pour but de porter atteinte à l'autorité du commandant d'une formation militaire, d'un bâtiment ou d'un aéronef militaire, ou à la discipline ou à la sécurité de la formation, du bâtiment ou de l'aéronef, est puni de dix ans d'emprisonnement.

Il y a complot dès que la résolution d'agir est concertée et arrêtée entre deux ou plusieurs personnes.

Si le complot a lieu en temps de guerre, ou sur un territoire en état de siège ou d'urgence, ou dans toutes circonstances pouvant mettre en péril la sécurité de la formation, du bâtiment ou de l'aéronef, ou a pour but de peser sur la décision du chef militaire responsable, le coupable est puni de la réclusion criminelle à perpétuité.

SECTION III *Des pillages*

Art. L. 322-4 *Abrogé par L. n° 2010-930 du 9 août 2010, art. 9-II.*

Art. L. 322-5 Le fait pour toute personne, militaire ou non, qui, dans la zone d'opérations d'une force ou formation :

1° Dépouille un blessé, malade, naufragé ou mort est puni de dix ans d'emprisonnement ;

2° En vue de le dépouiller, exerce sur un blessé, malade ou naufragé des violences aggravant son état, est puni de la réclusion criminelle à perpétuité.

SECTION IV *Des destructions*

Art. L. 322-6 Le fait pour tout militaire, tout pilote d'un bâtiment de la marine militaire ou d'un navire de commerce convoyé, ou toute personne embarquée coupable d'avoir, par négligence, occasionné la destruction, la perte ou la mise hors de service définitive ou temporaire d'un édifice, d'un ouvrage, d'un bâtiment de la marine, d'un aéronef, d'approvisionnement, d'armement, de matériel ou d'une installation quelconque à l'usage des forces armées ou concourant à la défense nationale, est puni de trois ans d'emprisonnement.

Le fait pour tout commandant d'un bâtiment de la marine ou d'un aéronef militaire, d'avoir par négligence occasionné la destruction, la perte ou la mise hors de service définitive ou temporaire d'un bâtiment de la marine ou d'un aéronef militaire, est puni de cinq ans d'emprisonnement ou, s'il est officier, de la destitution.

Art. L. 322-7 Le fait pour tout militaire ou toute personne embarquée d'avoir volontairement occasionné la destruction, la perte ou la mise hors service définitive ou temporaire d'une arme ou de tout autre objet affecté au service des armées, même s'il est la propriété de l'auteur, que cet objet ait été en sa possession pour le service ou aux mêmes fins à l'usage d'autres militaires, est puni de cinq ans d'emprisonnement.

La peine est celle de vingt ans de réclusion criminelle si l'objet rendu impropre au service intéresse la mise en œuvre d'un bâtiment de la marine ou d'un aéronef militaire lorsque le fait a eu lieu soit en temps de guerre, soit dans un incendie, échouage, abordage ou manœuvre intéressant la sûreté du bâtiment ou de l'aéronef.

Art. L. 322-8 Le fait pour tout militaire, toute personne embarquée, tout pilote d'un bâtiment de la marine militaire ou d'un navire de commerce convoyé, d'avoir volontairement occasionné la destruction, la perte ou la mise hors service définitive ou temporaire d'un édifice, d'un ouvrage, d'un bâtiment de la marine, d'un aéronef, d'approvisionnement, d'armement, de matériel ou d'une installation quelconque à l'usage des forces armées ou concourant à la défense nationale, est puni de vingt ans de réclusion criminelle.

Si la destruction est de nature à entraîner mort d'homme ou à nuire à la défense nationale, la peine de la réclusion criminelle à perpétuité est encourue.

S'il y a eu mort d'homme ou si, par son étendue ou ses effets, la destruction a nui gravement à la défense nationale, la peine de la réclusion criminelle à perpétuité est encourue.

Art. L. 322-9 Le fait pour tout commandant de force navale ou aérienne, tout commandant ou suppléant du commandant, tout chef de quart, tout membre de l'équipage d'un bâtiment de la marine ou d'un aéronef militaire, tout pilote d'un bâtiment ou de la marine militaire ou d'un navire de commerce convoyé d'avoir volontairement occasionné la perte d'un bâtiment ou d'un aéronef placé sous ses ordres ou sur lequel il est embarqué, est puni de la réclusion criminelle à perpétuité.

Lorsque les faits ont été commis en temps de guerre ou au cours d'opérations de guerre par le commandant d'un navire de commerce convoyé, la peine de la réclusion criminelle à perpétuité est également encourue.

Art. L. 322-10 Le fait pour tout militaire de détruire, lacérer, volontairement, des registres, minutes ou actes originaux de l'autorité militaire, est puni de dix ans d'emprisonnement.

SECTION V *Du faux, de la falsification, des détournements*

Art. L. 322-11 Le fait pour tout militaire chargé de la tenue d'une comptabilité deniers ou matières de commettre un faux dans ses comptes ou de faire usage des actes faux, est puni de vingt ans de réclusion criminelle.

Art. L. 322-12 Le fait pour tout militaire :

1° De falsifier ou faire falsifier des substances, matières, denrées ou liquides confiés à sa garde ou placés sous sa surveillance, ou, sciemment, de distribuer ou faire distribuer lesdites substances, matières, denrées ou liquides falsifiés ;

2° De distribuer ou faire distribuer, sciemment, des viandes provenant d'animaux atteints de maladies contagieuses, ou des matières, substances, denrées ou liquides corrompus ou gâtés, est puni d'un emprisonnement de cinq ans.

S'il en est résulté pour l'auteur des faits qualifiés aux 1° et 2° des gains ou profits, le tribunal prononce en outre leur confiscation.

Si le coupable est officier ou a rang d'officier, il encourt également la destitution ou la perte du grade.

Pour la constatation de ces infractions, la procédure suivie est celle qui est prévue dans chaque cas par la législation sur les fraudes.

Art. L. 322-13 Le fait pour tout militaire, toute personne embarquée de dissiper ou détourner les armes, munitions, véhicules, deniers, effets et autres objets qui lui sont remis pour le service ou à l'occasion du service, est puni de cinq ans d'emprisonnement.

Art. L. 322-14 Le fait pour tout militaire ou assimilé de commettre, même en temps de paix, un vol au préjudice de l'habitant chez lequel il est logé ou cantonné est puni de dix ans d'emprisonnement.

SECTION VI *De l'usurpation d'uniformes, de décorations, de signes distinctifs et emblèmes*

Art. L. 322-15 Le fait pour tout militaire, toute personne embarquée de porter publiquement des décorations, médailles, insignes, uniformes ou costumes français, sans en avoir le droit, est puni d'un emprisonnement de deux ans.

La même peine est prononcée contre tout militaire ou personne embarquée qui porte des décorations, médailles ou insignes étrangers sans y avoir été préalablement autorisé.

Art. L. 322-16 Le fait pour toute personne, militaire ou non, qui, en temps de guerre, dans la zone d'opérations d'une force ou formation, en violation des lois et coutumes de la guerre, emploie indûment les signes distinctifs et emblèmes définis par les conventions internationales pour assurer le respect des personnes, des biens ainsi que des lieux protégés par ces conventions, est puni d'un emprisonnement de cinq ans.

SECTION VII *De l'outrage au drapeau ou à l'armée*

Art. L. 322-17 Le fait pour tout militaire ou toute personne embarquée de commettre un outrage au drapeau ou à l'armée est puni de cinq ans d'emprisonnement.

Si le coupable est officier il encourt, en outre, la destitution ou la perte de son grade.

SECTION VIII *De l'incitation à commettre des actes contraires au devoir ou à la discipline*

Art. L. 322-18 Le fait pour tout militaire ou toute personne embarquée d'inciter, par quelque moyen que ce soit, un ou plusieurs militaires à commettre des actes contraires au devoir ou à la discipline est puni, en temps de paix, d'un emprisonnement de deux ans.

Si le coupable est d'un grade supérieur à celui des militaires qui ont été incités à commettre lesdits actes, il encourt un emprisonnement de cinq ans.

Lorsque les faits sont commis en temps de guerre ou sur un territoire en état de siège ou d'urgence, la peine est de cinq ans d'emprisonnement dans les cas prévus au premier alinéa du présent article et de dix ans d'emprisonnement dans celui prévu au deuxième alinéa.

CHAPITRE III *Des infractions contre la discipline*

SECTION I *De l'insubordination*

SOUS-SECTION 1 *De la révolte militaire*

Art. L. 323-1 Sont en état de révolte :

1° Les militaires sous les armes, les personnes embarquées qui, réunis au nombre de quatre au moins, agissant de concert, refusent à la première sommation d'obéir aux ordres de leurs chefs ;

2° Les militaires, les personnes embarquées qui, au nombre de quatre au moins et dans les mêmes conditions, prennent les armes sans autorisation et agissent contre les ordres de *leurs chefs* ;

3° Les militaires, les personnes embarquées qui, réunis au nombre de huit au moins et dans les mêmes conditions, se livrent à des violences en faisant usage d'armes, et refusent, à la voix de l'autorité qualifiée, de se disperser et de rentrer dans l'ordre.

Art. L. 323-2 La révolte est punie :

1° Dans les circonstances prévues au 1° de l'article L. 323-1, de cinq ans d'emprisonnement ;

2° Dans les circonstances prévues au 2° du même article, de dix ans d'emprisonnement ;

3° Dans les circonstances prévues au 3° dudit article, de vingt ans de réclusion criminelle.

La réclusion criminelle à perpétuité peut être appliquée aux militaires les plus élevés en grade et aux instigateurs de la révolte.

Art. L. 323-3 Si la révolte a lieu en temps de guerre ou sur un territoire déclaré en état de siège ou d'urgence, ou à bord d'un bâtiment de la marine militaire dans un incendie, abordage, échouage ou une manœuvre intéressant la sûreté du bâtiment ou à bord d'un aéronef militaire, la réclusion criminelle à perpétuité peut être prononcée.

Les instigateurs sont punis de la réclusion criminelle à perpétuité.

Dans les cas prévus au 3° de l'article L. 323-1 la peine encourue est la réclusion criminelle à perpétuité si la révolte a lieu en présence de l'ennemi ou de bande armée.

SOUS-SECTION 2 *De la rébellion*

Art. L. 323-4 Le fait pour un militaire ou une personne embarquée d'attaquer, de résister avec violences et voies de fait à la force armée ou aux agents de l'autorité, est puni d'un an d'emprisonnement si la rébellion a lieu sans armes, de trois ans de la même peine si la rébellion a lieu avec armes.

Art. L. 323-5 Le fait pour tout militaire ou toute personne mentionnée à l'article L. 323-4 de commettre une rébellion, en étant armés et en agissant au nombre de huit au moins, est puni de vingt ans de réclusion criminelle.

La même peine est applicable quel que soit le nombre des auteurs de la rébellion si deux au moins de ceux-ci portent ostensiblement des armes.

Sont passibles de la réclusion criminelle à perpétuité les instigateurs ou chefs de rébellion et le militaire le plus élevé en grade.

SOUS-SECTION 3 *Du refus d'obéissance*

Art. L. 323-6 Le fait pour tout militaire ou toute personne embarquée de refuser d'obéir, ou, hors le cas de force majeure, de ne pas exécuter l'ordre reçu est puni d'un emprisonnement de deux ans.

L'emprisonnement peut être porté à cinq ans si le fait a lieu en temps de guerre ou sur un territoire déclaré en état de siège ou d'urgence, ou à bord d'un bâtiment de la marine militaire dans un incendie, abordage, échouage ou une manœuvre intéressant la sûreté du bâtiment ou à bord d'un aéronef militaire.

Art. L. 323-7 Le fait pour tout militaire ou toute personne embarquée de refuser d'obéir lorsqu'il est commandé pour marcher contre l'ennemi, ou pour tout autre service ordonné par son chef en présence de l'ennemi ou d'une bande armée est puni de la réclusion criminelle à perpétuité.

Art. L. 323-8 Le fait pour toute personne au service des forces armées autre que celles mentionnées aux articles L. 323-6 et L. 323-7, employée dans un établissement des forces armées, de refuser d'obéir lorsqu'elle est commandée pour un service, soit en présence de l'ennemi ou d'une bande armée, soit dans un incendie ou un danger menaçant la sûreté de l'établissement, est puni d'un emprisonnement de cinq ans.

SOUS-SECTION 4 *Des voies de fait et outrages envers des supérieurs*

Art. L. 323-9 Les voies de fait envers un supérieur ou une autorité qualifiée exercées par un militaire ou une personne embarquée, pendant le service ou à l'occasion du service, même hors du bord, sont punies de dix ans d'emprisonnement.

Si le coupable est un officier ou si les voies de fait ont été commises par un militaire sous les armes, la peine peut être portée à vingt ans de réclusion criminelle.

Les voies de fait exercées à bord envers un supérieur par un militaire ou une personne embarquée sont considérées comme étant commises pendant le service.

Art. L. 323-10 Si les voies de fait n'ont pas été exercées pendant le service ou à l'occasion du service, elles sont punies d'un emprisonnement de trois ans.

Si le coupable est officier, il est puni d'un emprisonnement de cinq ans. Il peut en outre être puni de la perte du grade.

Art. L. 323-11 Si, par les circonstances dans lesquelles elles ont été commises ou par leurs conséquences, les violences prévues aux articles L. 323-9 et L. 323-10 constituent une infraction plus sévèrement réprimée par le code pénal, elles sont punies des peines que ce code prévoit.

Art. L. 323-12 Le fait pour tout militaire ou toute personne embarquée d'outrager son supérieur, pendant le service ou à l'occasion du service, par paroles, écrits, gestes ou menaces, est puni de cinq ans d'emprisonnement.

Si le coupable est officier, il est puni de cinq ans d'emprisonnement et de la destitution ou de l'une de ces deux peines.

Les outrages commis à bord par un militaire ou un individu embarqué sont considérés comme étant commis pendant le service.

Dans les autres cas, la peine est de deux ans d'emprisonnement.

Art. L. 323-13 Si, dans les cas prévus aux articles L. 323-9 à L. 323-12, il résulte des débats que les voies de fait ou outrages ont été commis sans que le subordonné connût la qualité de son supérieur, les pénalités applicables sont celles du code pénal et des lois ordinaires.

Art. L. 323-14 Sous réserve des dispositions prévues à l'article L. 323-16, l'injure entre militaires, entre militaires et assimilés ou entre assimilés, s'ils sont tous du même grade, n'est réprimée pénalement que s'il existe entre eux un lien de subordination résultant de la fonction ou de l'emploi.

SOUS-SECTION 5 *Des violences ou insultes à sentinelle ou vedette*

Art. L. 323-15 Le fait pour tout militaire ou toute personne embarquée d'être coupable de violences à main armée contre une sentinelle ou une vedette est puni de la peine de vingt ans de réclusion criminelle.

Si les violences n'ont pas été commises à main armée, mais simplement par un militaire ou une personne embarquée, accompagné d'une ou plusieurs autres personnes, le coupable est puni d'un emprisonnement de cinq ans.

Si les violences ont été commises par un militaire ou une personne, seul et sans arme, la peine est de trois ans d'emprisonnement.

Si les violences ont été commises en présence de l'ennemi, d'une bande armée ou en temps de guerre, ou sur un territoire en état de siège ou d'urgence, à l'intérieur ou aux abords d'un arsenal, d'une forteresse, d'une poudrière ou d'une base, la peine peut être portée à la réclusion criminelle à perpétuité dans le cas prévu au premier alinéa du présent article, et doublée dans les cas prévus aux deuxième et troisième alinéas.

Art. L. 323-16 Le fait pour tout militaire ou toute personne embarquée d'insulter une sentinelle ou une vedette par paroles, gestes ou menaces est puni d'un emprisonnement de six mois.

SOUS-SECTION 6 *Du refus d'un service dû légalement*

Art. L. 323-17 Le fait pour tout commandant militaire, régulièrement saisi d'une réquisition légale de l'autorité civile, de refuser ou de s'abstenir de faire agir les forces sous ses ordres est puni de la destitution et d'un emprisonnement de deux ans ou seulement de l'une de ces deux peines.

Art. L. 323-18 Le fait pour tout militaire de refuser ou, sans excuse légitime, d'omettre de se rendre aux audiences des juridictions des forces armées où il est appelé à siéger est puni d'un emprisonnement de six mois.

En cas de refus, si le coupable est officier, il peut, en outre, être puni de la destitution ou de la perte du grade.

SECTION II *Des abus d'autorité*

SOUS-SECTION 1 *Des voies de fait et outrages à subordonné*

Art. L. 323-19 Le fait pour tout militaire d'exercer des violences sur un subordonné *(Abrogé par L. n° 2011-525 du 17 mai 2011, art. 184-3°)* « ***, hors le cas de légitime défense de soi-même ou d'autrui,*** » est puni de cinq ans d'emprisonnement. Toutefois, il n'y a ni crime ni délit si les violences ont été commises à l'effet de rallier des fuyards en présence de l'ennemi ou de bande armée ou d'arrêter soit le pillage ou la dévastation, soit le désordre grave de nature à compromettre la sécurité d'un bâtiment de la marine ou d'un aéronef militaire.

Si par les circonstances dans lesquelles elles ont été commises ou par leurs conséquences les violences constituent une infraction plus sévèrement réprimée par le code pénal, elles sont punies des peines que ce code prévoit.

Art. L. 323-20 Le fait pour tout militaire, pendant le service ou à l'occasion du service, par paroles, gestes, menaces ou écrits, d'outrager un subordonné gravement et sans y avoir été provoqué est puni d'un an d'emprisonnement.

Les outrages commis par un militaire à bord d'un bâtiment de la marine ou d'un aéronef militaire sont considérés comme étant commis pendant le service.

Si le délit n'a pas été commis pendant le service ou à l'occasion du service, la peine est de six mois d'emprisonnement.

Art. L. 323-21 Si les faits mentionnés aux articles L. 323-19 et L. 323-20 ont eu lieu en dehors du service et sans que le supérieur connût la qualité subalterne de la victime, les pénalités applicables sont celles du code pénal et des lois ordinaires.

SOUS-SECTION 2 *Des abus du droit de réquisition*

Art. L. 323-22 Le fait pour tout militaire d'abuser des pouvoirs qui lui sont conférés en matière de réquisitions militaires, ou de refuser de donner reçu des quantités fournies, est puni de deux ans d'emprisonnement.

Le fait pour tout militaire d'exercer une réquisition sans avoir qualité pour le faire est puni, si cette réquisition est faite sans violence, d'un emprisonnement de cinq ans.

Si cette réquisition est exercée avec violence, il est puni de dix ans d'emprisonnement.

Ces peines sont prononcées sans préjudice des restitutions auxquelles le coupable peut être condamné.

L'officier coupable peut, en outre, être condamné à la destitution ou à la perte du grade.

SOUS-SECTION 3 *De la constitution illégale d'une juridiction répressive*

Art. L. 323-23 Le fait pour tout militaire d'établir ou de maintenir une juridiction répressive est puni de vingt ans de réclusion criminelle, sans préjudice des peines plus fortes pouvant être encourues du fait de l'exécution des sentences prononcées.

CHAPITRE IV *Des infractions aux consignes*

Art. L. 324-1 Le fait pour tout militaire de violer une consigne générale donnée à la troupe ou une consigne qu'il a personnellement reçu mission de faire exécuter ou de forcer une consigne donnée à un autre militaire est puni d'un emprisonnement de deux ans.

La peine d'emprisonnement peut être portée à cinq ans si le fait a été commis en temps de guerre ou sur un territoire en état de siège ou d'urgence ou lorsque la sécurité d'un établissement militaire, d'une formation militaire, d'un bâtiment de la marine ou d'un aéronef militaire est menacée.

La peine d'emprisonnement peut également être portée à cinq ans lorsque le fait a été commis en présence de bande armée.

Art. L. 324-2 Le fait pour tout commandant d'une formation, d'un bâtiment de la marine ou d'un aéronef militaire, tout militaire ou toute personne embarquée de ne pas avoir rempli volontairement la mission dont il est chargé, si cette mission était relative à des opérations de guerre, est puni, en temps de guerre, de la réclusion criminelle à perpétuité.

Art. L. 324-3 Si la mission a été manquée par négligence, ou si le coupable s'est laissé surprendre par l'ennemi, ou, du fait de sa négligence, s'est séparé de son chef en présence de l'ennemi ou a été la cause de la prise par l'ennemi du bâtiment de la marine ou de l'aéronef militaire placé sous ses ordres ou à bord duquel il se trouvait, il est puni d'un emprisonnement de trois ans ou, s'il est officier, de la destitution.

Art. L. 324-4 Le fait pour tout militaire d'abandonner son poste en temps de paix est puni de six mois d'emprisonnement.

Par poste, il faut entendre l'endroit où le militaire doit se trouver à un moment donné pour l'accomplissement de la mission reçue de ses chefs.

La peine est de cinq ans d'emprisonnement si l'auteur de l'infraction était dans l'une des situations prévues au deuxième alinéa de l'article L. 324-1.

Les peines peuvent être doublées si le coupable est commandant d'une formation, d'un bâtiment de la marine militaire ou chef de bord d'un aéronef militaire.

Art. L. 324-5 Le fait pour tout militaire, étant en faction, en vedette, de veille ou de quart, d'abandonner son poste ou de ne pas remplir sa consigne est puni en temps de paix d'un emprisonnement d'un an.

Si le militaire, bien qu'à son poste, est trouvé endormi, il est puni de six mois d'emprisonnement.

La peine est dans tous les cas de dix ans d'emprisonnement si l'auteur de l'infraction était dans l'une des situations prévues au deuxième alinéa de l'article L. 324-1.

Art. L. 324-6 Le fait pour toute personne embarquée, lorsque le bâtiment de la marine ou l'aéronef militaire est en danger, de l'abandonner sans ordre et en violation des consignes reçues, est puni d'un emprisonnement de deux ans.

S'il est membre de l'équipage du bâtiment ou de l'aéronef, la peine est de cinq ans d'emprisonnement. L'officier est puni de l'emprisonnement et de la destitution ou de l'une de ces deux peines seulement.

Art. L. 324-7 Le fait pour tout pilote d'un bâtiment de la marine militaire ou d'un navire de commerce convoyé d'avoir abandonné le bâtiment qu'il était chargé de conduire est puni d'un emprisonnement de deux ans.

Si l'abandon a lieu en présence de l'ennemi, ou en cas de danger imminent, la peine est celle de dix ans d'emprisonnement.

Art. L. 324-8 Le fait pour tout commandant d'un bâtiment de la marine militaire, tout pilote d'un aéronef militaire, en cas de perte de son bâtiment ou de son aéronef, volontairement et en violation des consignes reçues, de ne pas l'abandonner le dernier est puni de la réclusion criminelle à perpétuité.

Est puni de la même peine le commandant non pilote d'un aéronef militaire qui, dans les mêmes conditions, abandonne son aéronef avant l'évacuation des autres personnes embarquées, hormis le pilote.

Art. L. 324-9 Le fait pour tout militaire d'abandonner son poste en présence de l'ennemi ou de bande armée est puni de la réclusion criminelle à perpétuité.

Est également considéré comme ayant abandonné son poste en présence de l'ennemi ou de bande armée tout commandant d'une formation, d'un bâtiment de la marine ou d'un aéronef militaire, qui, volontairement, en temps de guerre ou au cours d'opérations de guerre, ne maintient pas au combat sa formation, son bâtiment ou son aéronef ou se sépare volontairement de son chef en présence de l'ennemi ou de bande armée.

Est puni de la même peine tout militaire ou toute personne embarquée qui, volontairement, a provoqué l'un des manquements prévus à l'alinéa précédent.

Art. L. 324-10 Le fait pour tout commandant d'un navire de commerce ou d'un aéronef convoyé ou réquisitionné, en temps de guerre ou au cours d'opérations de guerre, d'abandonner volontairement le convoi dont il fait partie ou de désobéir aux ordres est puni d'un emprisonnement de trois ans.

Art. L. 324-11 Le fait pour tout commandant de force navale ou de bâtiment de refuser, sans motifs légitimes, de porter assistance à un autre bâtiment dans la détresse est puni d'un emprisonnement de cinq ans.

TITRE III Des atteintes aux intérêts fondamentaux de la Nation en temps de guerre

CHAPITRE PREMIER *De la trahison et de l'espionnage en temps de guerre*

Art. L. 331-1 Lorsqu'ils sont commis en temps de guerre, les faits de trahison ou d'espionnage incriminés aux articles 411-2 à 411-11 du code pénal sont punis de la réclusion criminelle à perpétuité et de 750 000 euros d'amende.

Art. L. 331-2 Le fait, en temps de guerre, par tout Français ou tout militaire au service de la France, de porter les armes contre la France constitue un acte de trahison puni de la réclusion criminelle à perpétuité et de 750 000 euros d'amende.

Art. L. 331-3 Constitue également un acte de trahison puni de la réclusion criminelle à perpétuité et de 750 000 euros d'amende le fait, en temps de guerre, par toute personne embarquée sur un bâtiment de la marine ou un aéronef militaire, ou sur un navire de commerce convoyé :

1° De provoquer à la fuite ou d'empêcher le ralliement en présence de l'ennemi ou de bande armée ;

2° De provoquer, sans ordre du commandant, la cessation du combat ou d'amener, sans ordre du commandant, le pavillon ;

3° D'occasionner la prise par l'ennemi de la formation, du bâtiment ou de l'aéronef placé sous ses ordres ou à bord duquel elle se trouve.

Art. L. 331-4 Le fait, pour tout militaire français ou au service de la France tombé au pouvoir de l'ennemi de s'engager personnellement pour obtenir sa liberté sous condition à ne plus porter les armes contre celui-ci, est puni d'une peine de cinq ans d'emprisonnement.

CHAPITRE II *Des autres atteintes à la défense nationale en temps de guerre*

Art. L. 332-1 Le fait, en temps de guerre :

1° De provoquer des militaires appartenant aux forces armées françaises à passer au service d'une puissance étrangère ;

2° De participer à une entreprise de démoralisation de l'armée ;

3° D'entraver le fonctionnement normal du matériel militaire ou le mouvement normal de personnel ou de matériel militaire ;

est puni de la réclusion criminelle à perpétuité et de 750 000 euros d'amende.

Le fait, en temps de guerre, de provoquer à la désobéissance, par quelque moyen que ce soit, des militaires ou des assujettis affectés à toute forme de service national est puni de quinze ans de réclusion criminelle et de 225 000 euros d'amende.

Lorsque les infractions prévues aux 1°, 2° et à l'alinéa précédent sont commises par la voie de la presse écrite ou audiovisuelle, les dispositions particulières des lois qui régissent ces matières sont applicables à la détermination des personnes responsables.

Art. L. 332-2 Lorsqu'elles sont commises en temps de guerre, les atteintes au secret de la défense nationale prévues aux articles 413-10 et 413-11 du code pénal sont punies de vingt ans de réclusion criminelle et de 450 000 euros d'amende.

Est punie des mêmes peines, lorsqu'elle est commise en temps de guerre, l'infraction prévue à l'article 413-6 du code pénal.

Art. L. 332-3 Le fait d'entretenir, directement ou par intermédiaire, des relations commerciales ou financières avec les ressortissants ou les agents d'une puissance en guerre avec la France est puni de quinze ans de réclusion criminelle et de 7 500 000 euros d'amende.

Art. L. 332-4 Le fait, en temps de guerre, dans une zone d'interdiction fixée par l'autorité militaire, d'effectuer, sans l'autorisation de celle-ci, des dessins, levés ou des enregistrements d'images, de sons ou de signaux de toute nature est puni de quinze ans de réclusion criminelle et de 225 000 euros d'amende.

Art. L. 332-5 Sont punies de dix ans d'emprisonnement et de 150 000 euros d'amende, lorsqu'elles sont commises en temps de guerre, les infractions prévues aux articles 413-5 et 413-7 du code pénal.

Est punie des mêmes peines la tentative de ces délits.

CHAPITRE III *Dispositions générales*

Art. L. 333-1 Les peines complémentaires prévues aux articles 414-5 et 414-6 du code pénal sont applicables aux infractions prévues par le présent titre.

(L. n° 2008-776 du 4 août 2008, art. 73-VII) « Les personnes physiques déclarées coupables des crimes prévus au second alinéa de l'article L. 321-11, aux articles L. 321-12, L. 321-13, L. 321-14, L. 321-22, L. 322-1, au dernier alinéa de l'article L. 322-3, au premier alinéa de l'article L. 322-4, au deuxième alinéa des articles L. 322-5 et L. 322-7, aux articles L. 322-8, L. 322-9, L. 322-11, aux quatrième et cinquième alinéas de l'article L. 323-2, aux articles L. 323-3, L. 323-5, L. 323-7, au deuxième alinéa de l'article L. 323-9, aux premier et dernier alinéas de l'article L. 323-15 et aux articles L. 323-23, L. 324-2, L. 324-8, L. 324-9, L. 331-1, L. 331-2, L. 331-3, L. 332-1, L. 332-2, L. 332-3 et L. 332-4 encourent également à titre de peines complémentaires l'interdiction, suivant les modalités prévues par l'article 131-27 du code pénal, soit d'exercer une fonction publique ou d'exercer l'activité professionnelle ou sociale dans l'exercice ou à l'occasion de l'exercice de laquelle l'infraction a été commise, soit d'exercer une profession commerciale ou industrielle, de diriger, d'administrer, de gérer ou de contrôler à un titre quelconque, directement ou indirectement, pour

leur propre compte ou pour le compte d'autrui, une entreprise commerciale ou industrielle ou une société commerciale. Ces interdictions d'exercice peuvent être prononcées cumulativement. »

Art. L. 333-2 Les dispositions des articles L. 331-1 à L. 331-4 et L. 332-1 à L. 332-3 réprimant certaines atteintes aux intérêts fondamentaux de la nation sont applicables aux actes prévus par ces dispositions qui seraient commis au préjudice des puissances signataires du traité de l'Atlantique Nord.

Art. L. 333-3 Les dispositions des articles L. 331-1 et L. 332-2, en tant qu'elles font référence aux articles 411-6 à 411-8 et 413-10 à 413-12 du code pénal, sont applicables aux informations faisant l'objet de l'accord de sécurité relatif à certains échanges d'informations à caractère secret entre le gouvernement de la République française et le gouvernement du Royaume de Suède, signé à Stockholm le 22 octobre 1973.

Art. L. 333-4 *(L. n° 2009-526 du 12 mai 2009, art. 125-XIII)* « Les personnes morales déclarées responsables pénalement, dans les conditions prévues par l'article 121-2 du code pénal, des infractions définies au présent titre encourent, outre l'amende suivant les modalités prévues par l'article 131-38 du code pénal, les peines prévues par l'article 131-39 du même code. »

L'interdiction mentionnée au 2° de l'article 131-39 du code pénal porte sur l'activité dans l'exercice ou à l'occasion de l'exercice de laquelle l'infraction a été commise.

Art. L. 333-5 Toute personne qui a tenté de commettre en temps de guerre l'une des infractions prévues aux articles 411-2, 411-3, 411-6, 411-9 et 411-10 du code pénal et mentionnées à l'article L. 331-1 est exempte de peine si, ayant averti l'autorité administrative ou judiciaire, elle a permis d'éviter que l'infraction ne se réalise et d'identifier, le cas échéant, les autres coupables.

Art. L. 333-6 La peine privative de liberté encourue par l'auteur ou le complice des infractions prévues aux articles 411-4, 411-5, 411-7 et 411-8 du code pénal et mentionnées à l'article L. 331-1 du présent code est réduite de moitié si, ayant averti les autorités administratives ou judiciaires, il a permis de faire cesser les agissements incriminés ou d'éviter que l'infraction n'entraîne mort d'homme ou infirmité permanente et d'identifier, le cas échéant, les autres coupables.

Lorsque la peine encourue est la réclusion criminelle à perpétuité, celle-ci est ramenée à vingt ans de réclusion criminelle.

Art. L. 333-7 L'interdiction du territoire français peut être prononcée *(L. n° 2011-525 du 17 mai 2011, art. 184-4°)* « dans les conditions prévues par l'article 131-30 du code pénal » soit à titre définitif, soit pour une durée de dix ans au plus, à l'encontre de tout étranger coupable de l'un des crimes prévus au présent titre.

L'interdiction du territoire français est assortie de plein droit de la reconduite du condamné à la frontière à l'expiration de sa peine.

LIVRE IV Des prévôtés et des tribunaux prévôtaux

TITRE PREMIER Des prévôtés

CHAPITRE UNIQUE *Organisation et attributions*

Art. L. 411-1 Des prévôtés constituées par la gendarmerie sont établies aux armées :

1° En temps de guerre, sur le territoire de la République ;

2° En tous temps, lorsque de grandes unités, formations ou détachement des armées stationnent ou opèrent hors du territoire de la République.

Le ministre de la défense fixe l'organisation des prévôtés et leurs conditions d'établissement.

Art. L. 411-2 Outre les missions de police générale qui leur sont dévolues par les règlements militaires, les prévôts ainsi que les officiers, gradés et gendarmes placés sous leurs ordres exercent la police judiciaire militaire, conformément aux dispositions des articles L. 211-2 à L. 211-9 et L. 212-2 à L. 212-4.

TITRE II Des tribunaux prévôtaux

CHAPITRE PREMIER *Organisation et compétence*

Art. L. 421-1 Hors du territoire de la République et si des tribunaux militaires aux armées sont établis, un tribunal prévôtal, dont les règles de compétence et de procédure sont définies aux articles suivants, peut être institué dans la zone de stationnement ou d'opération des troupes auxquelles il est rattaché.

Le tribunal prévôtal est composé d'un magistrat mobilisé en qualité d'assimilé spécial du service de justice militaire et d'un greffier appartenant au tribunal militaire aux armées auquel est attaché le tribunal prêvotal.

Le ministre de la défense décide de l'établissement des tribunaux prévôtaux.

Art. L. 421-2 Les tribunaux prévôtaux connaissent des infractions de police autres que les contraventions de 5e classe, qui sont commises par toute personne justiciable des juridictions des forces armées.

Toutefois, les juridictions des forces armées restent saisies des procédures qui leur ont été déférées antérieurement à l'établissement des tribunaux prévôtaux.

Les tribunaux prévôtaux sont, en outre, compétents pour les infractions aux règlements relatifs à la discipline commises par les justiciables non militaires et par les prisonniers de guerre qui ne sont pas officiers.

Art. L. 421-3 L'action civile en réparation du dommage causé par l'une des infractions mentionnées au premier alinéa de l'article L. 421-2 appartient à ceux qui ont personnellement souffert du dommage directement causé par l'infraction. La partie lésée ne peut toutefois mettre en mouvement l'action publique.

Art. L. 421-4 Les tribunaux prévôtaux sont saisis par le renvoi qui leur est fait, en temps de guerre, par l'autorité militaire qui exerce les pouvoirs judiciaires dont ils dépendent.

Ils peuvent également procéder d'office, dans les conditions fixées par cette autorité, en ce qui concerne les infractions mentionnées au troisième alinéa de l'article L. 421-2.

CHAPITRE II *De la procédure avant l'audience*

Art. L. 422-1 Lorsque les conditions d'application de la procédure simplifiée prévue à l'article 524 du code de procédure pénale sont remplies, le juge prévôtal peut rendre une ordonnance pénale conformément aux dispositions de l'article 526 du même code.

Art. L. 422-2 Le juge prévôtal adresse ou fait notifier au contrevenant l'ordonnance pénale, complétée, en cas de condamnation, par l'indication des délais et modalités de paiement.

Art. L. 422-3 Faute de paiement à l'agent *(Ord. n° 2010-420 du 27 avr. 2010, art. 111)* « de la direction générale des finances publiques » qui lui a été désigné dans les trente jours de l'envoi ou de la notification de l'ordonnance, le contrevenant est cité devant la juridiction prévôtale.

Art. L. 422-4 Les prévenus, témoins et victimes comparaissent sur citations ou convocations, qui sont établies par le juge prévôtal et doivent être remises aux destinataires vingt-quatre heures au moins avant le jour fixé pour l'audience.

Art. L. 422-5 Si des témoins ou des victimes ne se présentent pas, le juge prévôtal peut passer outre ou renvoyer l'affaire à une audience ultérieure.

Art. L. 422-6 Lorsque le prévenu ne comparaît pas, le juge prévôtal renvoie l'affaire à une audience ultérieure et peut décerner mandat d'amener contre le prévenu.

Toutefois, si celui-ci a demandé à être jugé en son absence, il est statué sans renvoi et le jugement est contradictoire.

CHAPITRE III *De la procédure à l'audience*

Art. L. 423-1 Le juge prévôtal juge seul, publiquement, assisté d'un militaire assermenté de la gendarmerie, qui remplit les fonctions de greffier assisté d'un greffier.

Le juge prévôtal assure la police de l'audience et fait procéder à l'expulsion ou à l'arrestation de tout perturbateur, lequel ne peut être détenu plus de vingt-quatre heures.

Lorsqu'un individu se rend coupable à l'audience d'une infraction ne relevant pas de la compétence du tribunal prévôtal, il est mis à la disposition de l'autorité judiciaire ou militaire qui met en mouvement l'action publique et procès-verbal des faits est dressé par le juge prévôtal.

En cas de nécessité, le juge prévôtal nomme d'office un interprète majeur auquel il fait prêter serment.

Art. L. 423-2 Le juge prévôtal constate l'identité du prévenu, lui donne connaissance succinctement des faits motivant sa comparution et recueille ses explications.

Les témoins sont entendus séparément après avoir prêté serment.

Le juge prévôtal reçoit, s'il les juge utiles à la manifestation de la vérité mais sans prestation de serment, les dépositions des ascendants du prévenu, de ses descendants, frères et sœurs ou alliés au même degré, ou de son conjoint, ainsi que des mineurs au-dessous de l'âge de seize ans.

Il reçoit, en outre, les déclarations de la partie civile.

Le prévenu est ensuite entendu dans ses moyens de défense ; il peut être assisté par un militaire ou un avocat.

Si le prévenu refuse de répondre aux questions qui lui sont posées, il est passé outre.

Le juge prévôtal déclare les débats clos et donne lecture de son jugement.

CHAPITRE IV *Du jugement*

Art. L. 424-1 Si le juge prévôtal estime que le fait relève de sa compétence, il prononce la peine en indiquant l'infraction dont le prévenu est déclaré coupable, ainsi que les textes appliqués.

Dans le cas contraire, il transmet sans délai la procédure, et, éventuellement, fait conduire le prévenu devant l'autorité judiciaire ou militaire qui a mis en mouvement l'action publique.

Si le juge prévôtal estime que le fait ne constitue aucune infraction ou que le fait n'est pas établi ou qu'il n'est pas imputable au prévenu, il renvoie celui-ci des fins de la poursuite.

Il statue sur la demande de dommages-intérêts de la partie civile et sur la restitution des objets saisis.

Art. L. 424-2 La minute du jugement est signée séance tenante par le juge prévôtal et le greffier et immédiatement adressée au greffe du tribunal militaire aux armées auquel le tribunal prévôtal est attaché.

Le commissaire du Gouvernement près ce tribunal se conforme aux dispositions de l'article L. 261-12 pour le recouvrement des droits fixes de procédure et amendes.

Art. L. 424-3 Les jugements des juridictions prévôtales ne peuvent faire l'objet que d'un pourvoi en cassation dans les conditions prévues aux articles L. 231-2 et suivants.

Ordonnance n° 2006-637 du 1er juin 2006,

Portant refonte du code de justice militaire (partie législative).

Art. 1er Les dispositions annexées à la présente ordonnance constituent la partie législative du code de justice militaire.

Art. 2 Dans tous les textes législatifs ou réglementaires les références aux articles du code de justice militaire antérieur à celui résultant de la présente ordonnance sont remplacées par les références aux dispositions correspondantes du présent code, ainsi qu'il est précisé dans le tableau de concordance annexé à la présente ordonnance.

Art. 3 Sont abrogés :

1° Le code de justice militaire dans sa rédaction antérieure à la publication de la présente ordonnance ;

2° La loi n° 82-621 du 21 juillet 1982 relative à l'instruction et au jugement des infractions en matière militaire et de sûreté de l'État et modifiant les codes de procédure pénale et de justice militaire, à l'exception des articles 11 et 12 ;

3° La loi n° 99-929 du 10 novembre 1999 portant réforme du code de justice militaire et du code de procédure pénale.

Art. 4 La présente ordonnance entre en vigueur le lendemain de la publication au *Journal officiel* de la République française du décret en Conseil d'État portant partie réglementaire du code de justice militaire.

DEUXIÈME PARTIE : ***DÉCRETS EN CONSEIL D'ÉTAT***

(Décr. nº 2007-759 du 10 mai 2007)

LIVRE PREMIER **Organisation et compétence de la justice militaire**

TITRE PREMIER **Organisation**

CHAPITRE PREMIER *[ABROGÉ]* ***Du siège du tribunal aux armées en temps de paix et hors du territoire de la République***

(Abrogé par Décr. nº 2014-748 du 30 juin 2014)

Art. R. 111-1 *Le tribunal aux armées siège à Paris. Il est dénommé tribunal aux armées de Paris.*

CHAPITRE II ***Des juridictions des forces armées en temps de guerre***

Le présent chapitre ne comprend pas de dispositions réglementaires.

LIVRE II **Procédure pénale militaire**

TITRE PREMIER **De l'exercice de l'action publique et de l'instruction**

CHAPITRE PREMIER ***En temps de paix et hors du territoire de la République***

Le présent chapitre ne comprend pas de dispositions réglementaires.

CHAPITRE II ***En temps de guerre***

SECTION VI ***Des juridictions d'instruction***

SOUS-SECTION 1 *De l'instruction préparatoire*

Art. R. 212-1 Lorsqu'il ne procède pas lui-même ou ne fait pas procéder par un officier de police judiciaire à l'enquête de personnalité prévue au sixième alinéa de l'article L. 212-53, le juge d'instruction saisi de la procédure ou, sur délégation, celui dans le ressort duquel est affectée ou réside la personne mise en examen peut désigner à cette fin toute personne physique ou morale habilitée, conformément au code de procédure pénale ou comme il est dit ci-après. A titre exceptionnel, il peut désigner un contrôleur judiciaire.

Art. R. 212-2 La personne physique ou morale qui désire être habilitée à procéder à des enquêtes de personnalité dans le ressort d'une juridiction des forces armées en fait la demande au juge d'instruction qui la transmet au président de la chambre de l'instruction.

La demande présentée par une association comporte notamment :

1º La copie du *Journal officiel* portant publication de la déclaration de l'association ou, en ce qui concerne les départements du Bas-Rhin, du Haut-Rhin ou de la Moselle, une copie de l'extrait du registre des associations du tribunal judiciaire ;

2º Un exemplaire des statuts et, s'il y a lieu, du règlement intérieur ;

3º La liste des établissements de l'association avec indication de leur siège ;

4º Un exposé indiquant les conditions de fonctionnement de l'association et, le cas échéant, l'organisation et les conditions de fonctionnement des comités locaux, ainsi que leurs rapports avec l'association ;

5º La mention des nom, prénoms, date et lieu de naissance, nationalité, profession et domicile des membres du conseil d'administration et du bureau de l'association ainsi que, le cas échéant, ceux de ses représentants locaux ;

6º Les pièces financières qui doivent comprendre les comptes du dernier exercice, le budget de l'exercice courant et un bilan ou un état de l'actif mobilier et immobilier et du passif ;

7º La liste des personnes physiques qui, au sein de l'association, doivent accomplir les missions qui lui sont confiées, avec la mention des nom, prénoms, date et lieu de naissance, nationalité, profession et domicile de chacune d'entre elles.

Art. R. 212-3 Après avoir procédé à toutes les diligences qu'il juge utiles, le président de la chambre de l'instruction, saisi selon les modalités prévues à l'article R. 212-2, réunit un collège composé des magistrats du siège et du parquet de la juridiction des forces armées à laquelle il appartient. Ces magistrats sont ceux désignés conformément aux dispositions des articles L. 112-5 à L. 112-7, L. 112-16 et L. 112-20, lorsqu'il s'agit d'un tribunal territorial des forces armées ou du Haut Tribunal des forces armées, et des dispositions des articles L. 112-30 à L. 112-33, lorsqu'il s'agit d'un tribunal militaire aux armées, au jour où il est statué sur la demande.

Art. R. 212-4 Sur le rapport du magistrat saisi de la demande, le collège de magistrats du siège et du parquet mentionné à l'article R. 212-3 statue sur l'habilitation à la majorité des présents.

La personne morale habilitée passe une convention déterminant ses conditions d'intervention, avec le président de la chambre de l'instruction et le commissaire du Gouvernement de la juridiction des forces armées.

Art. R. 212-5 En cas d'urgence, une habilitation provisoire, valable jusqu'à la décision du collège des magistrats, peut être prise par le juge d'instruction, sur proposition ou après avis conforme du commissaire du Gouvernement.

Art. R. 212-6 Ne peut être habilitée une personne qui a fait l'objet d'une condamnation, incapacité ou déchéance mentionnée au bulletin n° 2 du casier judiciaire.

Lorsqu'une association envisage une modification de la liste mentionnée au 7° de l'article R. 212-2 ou de désigner, pour accomplir les missions confiées à l'association, une personne physique n'ayant pas été personnellement habilitée, elle doit en aviser le commissaire du Gouvernement. Ce dernier lui indique, le cas échéant, les personnes qui, suivant les dispositions de l'alinéa précédent, ne peuvent être autorisées à accomplir les missions confiées à l'association.

Art. R. 212-7 L'habilitation peut être retirée selon la procédure prévue aux articles R. 212-3 et R. 212-4.

Le commissaire du Gouvernement peut, aux fins de retrait de l'habilitation, saisir le collège de magistrats prévu à l'article R. 212-3.

En cas d'urgence, le juge d'instruction, sur proposition ou avis conforme du commissaire du Gouvernement, peut retirer provisoirement l'habilitation jusqu'à la décision dudit collège.

SOUS-SECTION 2 *Du contrôle judiciaire, de la détention provisoire et de la liberté*

§ 1er *Du contrôle judiciaire*

SOUS-§ 1er Des autorités ou personnes contribuant au contrôle judiciaire

Art. R. 212-8 Le juge d'instruction saisi de la procédure ou, sur délégation, celui dans le ressort duquel réside la personne mise en examen, désigne, pour contribuer à l'application du contrôle judiciaire, soit une personne physique ou morale habilitée à cette fin, soit un service de police ou de gendarmerie ou tout service judiciaire ou administratif compétent, soit, à titre exceptionnel, un enquêteur de personnalité.

Les contrôleurs judiciaires sont habilités sous les conditions et selon les règles de compétence et de procédure définies aux articles R. 15-35 à R. 15-40 du code de procédure pénale ou aux articles R. 212-2 à R. 212-7 du présent code.

Art. R. 212-9 Les autorités ou personnes chargées de contribuer à l'application du contrôle judiciaire s'assurent que la personne mise en examen se soumet aux obligations qui lui sont imposées. A cet effet, elles peuvent la convoquer et lui rendre visite. Elles effectuent toutes démarches et recherches utiles à l'exécution de leur mission.

Elles rendent compte au juge d'instruction, dans les conditions qu'il détermine, du comportement de la personne mise en examen. Si celle-ci se soustrait aux obligations qui lui sont imposées, elles en avisent le juge sans délai.

Art. R. 212-10 La rétribution et le remboursement des frais de déplacement des enquêteurs de personnalité et des personnes physiques ou représentants des personnes morales désignées en application du 6° de l'article L. 212-146 sont payés comme frais de justice criminelle.

Les dispositions du présent article ne sont pas applicables aux militaires, aux membres en activité des personnels de l'État appartenant soit à un service relevant du ministère de la justice ou à un service de police ou de gendarmerie, soit à un service social ou à tout autre service chargé normalement de l'exécution de décisions judiciaires.

SOUS-§ 2 Des modalités d'exécution du contrôle judiciaire

Art. R. 212-11 L'application du contrôle judiciaire ne doit pas porter atteinte à la liberté d'opinion de ceux qui y sont soumis non plus qu'à leurs convictions religieuses ou politiques, ni faire échec aux droits de la défense.

Art. R. 212-12 Avis est donné aux chefs des services de police ou de gendarmerie du lieu de résidence de la personne mise en examen de toutes ordonnances soumettant cette dernière à l'une des obligations prévues aux 1°, 2°, 3°, 4°, 8°, 9° et 12° de l'article L. 212-146, ainsi que de toutes ordonnances portant suppression, modification ou dispense de ces obligations.

Art. R. 212-13 Le service ou autorité auquel la personne mise en examen doit se présenter périodiquement par application du 5° de l'article L. 212-146 relève les dates auxquelles ladite personne s'est présentée dans les conditions fixées par le juge d'instruction.

Art. R. 212-14 L'autorité ou la personne qualifiée désignée par le juge d'instruction pour contrôler les activités professionnelles de la personne mise en examen ou son assiduité à un enseignement, par application du 6° de l'article L. 212-146 peut se faire présenter par la personne mise en examen tous documents ou renseignements concernant son travail ou sa scolarité.

Art. R. 212-15 Le récépissé remis à la personne mise en examen en échange des documents mentionnés aux 7° et 8° de l'article L. 212-146 doit préciser la nature et les références du document retiré, les nom, prénoms, date de naissance et domicile de l'intéressé. Il doit comporter en outre, lorsqu'il s'agit d'un des documents prévus au 7° de l'article L. 212-146 une photographie récente de la personne mise en examen et indiquer qu'il vaut justification de l'identité.

Le récépissé doit être remis par la personne mise en examen lorsque le document retiré lui est restitué.

Art. R. 212-16 Lorsqu'elle est soumise à l'obligation prévue au 10° de l'article L. 212-146, la personne mise en examen choisit le praticien ou l'établissement qui assurera l'examen, le traitement ou les soins. Elle présente ou fait parvenir au juge toutes les justifications requises.

Art. R. 212-17 Lorsque le juge d'instruction fait application des mesures prévues au 12° de l'article L. 212-146, avis en est donné s'il y a lieu, soit à l'employeur ou à l'autorité hiérarchique dont relève la personne mise en examen, soit à l'ordre professionnel auquel elle appartient, soit à l'autorité à l'agrément de laquelle est soumis l'exercice de sa profession.

Art. R. 212-18 Lorsque le juge d'instruction fait application des mesures prévues au 13° de l'article L. 212-146, avis en est donné à la succursale ou agence bancaire, à la personne, à l'établissement ou au service qui gèrent le ou les comptes de la personne mise en examen.

SOUS-§ 3 Du cautionnement

Art. R. 212-19 Le cautionnement prévu au 11° de l'article L. 212-146 est versé au régisseur de recettes installé auprès du secrétariat-greffe de la juridiction compétente auquel le chef de ce service adresse copie de l'ordonnance rendue par le juge d'instruction.

Art. R. 212-20 Les récépissés constatant le versement ou les versements partiels du cautionnement sont détachés d'un carnet à souches tenu par le régisseur de recettes.

Art. R. 212-21 Lorsque le cautionnement est fourni par chèque, celui-ci doit être certifié et établi au nom du régisseur de recettes de la juridiction compétente.

Art. R. 212-22 Il est donné avis au juge d'instruction par le greffier des défauts ou retards de versement du cautionnement.

Avis du versement lui-même est donné sans délai au juge d'instruction par le greffier, lorsqu'une mise en liberté assortie du contrôle judiciaire est subordonnée à ce versement dans les conditions prévues aux articles L. 212-161 à L. 212-163.

Art. R. 212-23 Les espèces ou valeurs de caisse remises au régisseur de recettes pour un cautionnement doivent être versées à la caisse des dépôts et consignations sans délai.

Le greffier en chef de la juridiction des forces armées est responsable de la conservation de ces espèces ou valeurs avant leur versement à la Caisse des dépôts et consignations.

Art. R. 212-24 Lorsque le juge d'instruction ordonne que la partie du cautionnement affectée à la garantie des droits de la victime ou du créancier d'une dette alimentaire soit versée à ceux-ci par provision, il leur en est donné avis.

La Caisse des dépôts et consignations, sur les diligences du régisseur de recettes, crédite le compte de ce dernier de la somme correspondante, aux fins de versement aux ayants droit.

Art. R. 212-25 Le ministère public, d'office ou à la demande des parties civiles, produit aux *(Décr. nº 2014-551 du 27 mai 2014, art. 15)* « services de la direction générale des finances publiques », qui assurent au titre des produits divers du budget le recouvrement de la fraction du cautionnement acquise à l'État dans le cas prévu au deuxième alinéa de l'article L. 212-152, un certificat du greffe établi en double exemplaire constatant la responsabilité encourue par la personne mise en examen dans ce cas et, éventuellement, un second certificat mentionnant les condamnations prononcées et le numéro de l'extrait du jugement ou d'arrêt dans les cas prévus au deuxième alinéa de l'article L. 212-153, et à l'article L. 222-68.

La Caisse des dépôts et consignations distribue sans délai, aux ayants droit, les sommes déposées.

Toute contestation relative à l'application du présent article est jugée sur requête, en chambre du conseil, comme incident de l'exécution du jugement ou de l'arrêt.

Art. R. 212-26 En cas de condamnation définitive de la personne poursuivie au paiement des dommages et intérêts, le commissaire du Gouvernement informe la partie civile de l'existence du cautionnement et lui indique les formalités à accomplir pour obtenir le versement par la Caisse des dépôts et consignations des sommes qui lui sont dues, augmentées, le cas échéant, des intérêts échus.

Art. R. 212-27 Dans les cas prévus au premier alinéa de l'article L. 212-152 et au premier alinéa de l'article L. 212-153, les sommes restituées à la personne poursuivie sont augmentées, le cas échéant, des intérêts échus.

§ 2 *De la détention provisoire et de la liberté*

SOUS-§ 1er De l'indemnisation à raison d'une détention provisoire

Art. R. 212-28 La commission prévue à l'article L. 212-174 est saisie par une requête signée du demandeur et remise ou adressée au secrétaire de la commission qui en délivre récépissé.

La requête contient l'exposé des faits et toutes indications utiles, notamment :

1° Sur la date et la nature de la décision qui a ordonné la détention provisoire ainsi que sur l'établissement pénitentiaire où cette détention a été subie ;

2° Sur la juridiction qui a prononcé la décision de non-lieu, de relaxe ou d'acquittement ainsi que sur la date de sa décision ;

3° Sur la nature et le montant des préjudices allégués ;

4° Sur l'adresse où doivent être faites les notifications au demandeur. La requête est accompagnée de toutes pièces justificatives.

Art. R. 212-29 Dans un délai de quinze jours à compter de la réception de la requête, le secrétaire de la commission en transmet copie au procureur général près la Cour de cassation et, par lettre recommandée avec demande d'avis de réception, à l'agent judiciaire du Trésor.

Il demande au greffe de la juridiction qui a rendu la décision de non-lieu, de relaxe ou d'acquittement la communication du dossier de la procédure.

Art. R. 212-30 Le demandeur peut se faire délivrer à ses frais copie des pièces de la procédure pénale. Son avocat peut prendre communication du dossier au secrétariat de la commission.

Art. R. 212-31 L'agent judiciaire du Trésor peut prendre connaissance du dossier de la procédure pénale au secrétariat de la commission. Il lui est délivré sans frais, sur sa demande, copie des pièces.

L'agent judiciaire du Trésor dépose ses conclusions au secrétariat de la commission dans le délai de deux mois à compter de la réception de la lettre recommandée prévue à l'article R. 212-29.

Art. R. 212-32 Lorsque l'agent judiciaire du Trésor a déposé ses conclusions ou à l'expiration du délai prévu à l'article R. 212-31, le secrétaire de la commission transmet le dossier au procureur général près la Cour de cassation.

Le procureur général dépose ses conclusions dans le mois suivant.

Art. R. 212-33 Le secrétaire de la commission notifie au demandeur, par lettre recommandée avec demande d'avis de réception, dans le délai de quinze jours à compter de leur dépôt, les conclusions de l'agent judiciaire du Trésor et celles du procureur général.

Art. R. 212-34 Dans le délai d'un mois à compter de la dernière des notifications prévues à l'article R. 212-33, le demandeur remet ou adresse au secrétaire de la commission ses observations en réponse qui sont communiquées à l'agent judiciaire du Trésor et au procureur général dans le délai de quinze jours.

Art. R. 212-35 Dans le mois qui suit l'expiration du délai de quinze jours prévu à l'article R. 212-34, le président de la commission charge du rapport un de ses assesseurs.

Art. R. 212-36 La commission procède ou fait procéder à toutes mesures d'instruction utiles, notamment, s'il y a lieu, à l'audition du demandeur.

Art. R. 212-37 Le président de la commission fixe la date de l'audience après avis du procureur général. Cette date est notifiée par le secrétaire de la commission, par lettre recommandée avec demande d'avis de réception, au demandeur et à l'agent judiciaire du Trésor un mois au moins avant l'audience.

Le demandeur est invité à faire connaître s'il comparaîtra, assisté ou non d'un avocat, devant la commission pour être entendu personnellement ou s'il entend se faire représenter par un avocat.

Art. R. 212-38 Le demandeur et l'agent judiciaire du Trésor peuvent être représentés ou assistés par un avocat au Conseil d'État et à la Cour de cassation ou par un avocat régulièrement inscrit à un barreau.

Art. R. 212-39 Après le rapport, le demandeur s'il y a lieu, l'agent judiciaire du Trésor et leurs avocats respectifs sont entendus.

Le procureur général développe ses conclusions.

Art. R. 212-40 Si la requête est rejetée, le demandeur est condamné aux dépens, à moins que la commission ne l'en décharge d'une partie ou de la totalité.

La décision de la commission comporte exécution forcée pour le paiement des dépens.

Art. R. 212-41 Si la commission accorde une provision ou une indemnité, le paiement de l'indemnité et le remboursement des frais de copie de pièces exposées par le demandeur sont faits à ce dernier par le *(Décr. nº 2014-551 du 27 mai 2014, art. 15)* « directeur régional des finances publiques d'Île-de-France et du département de Paris » chargé du paiement des frais de justice, sur un exécutoire établi par le président de la commission.

Art. R. 212-42 La décision de la commission est notifiée sans délai au demandeur et à l'agent judiciaire du Trésor par lettre recommandée avec demande d'avis de réception.

Le dossier de la procédure pénale est renvoyé avec une copie de la décision.

Art. R. 212-43 Lorsqu'il apparaît manifestement, au vu des renseignements recueillis sur les énonciations de la requête, que le demandeur ne remplit pas la condition d'avoir fait l'objet d'une détention provisoire au cours d'une procédure terminée à son égard par une *décision de non-lieu*, de relaxe ou d'acquittement devenue définitive, le président peut décider qu'il n'y a pas lieu à plus ample instruction et fixer sans délai la date de l'audience.

Art. R. 212-44 L'admission au bénéfice de l'aide juridictionnelle devant la commission peut être accordée dans les mêmes formes et conditions et avec les mêmes effets qu'en matière civile, soit par le bureau établi près la Cour de cassation, soit par le bureau établi près la juridiction qui a rendu la décision de non-lieu, de relaxe ou d'acquittement, selon que le demandeur aura demandé à être représenté ou assisté par un avocat au Conseil d'État et à la Cour de cassation ou par un avocat régulièrement inscrit à un barreau.

La demande d'aide juridictionnelle est directement adressée au bureau compétent pour en connaître.

Cette demande interrompt le délai prévu à l'article L. 212-175.

Art. R. 212-45 Parmi les magistrats désignés pour composer la commission, le bureau de la Cour de cassation désigne celui qui est chargé d'en exercer la présidence, ainsi que son suppléant.

La désignation des magistrats appelés à composer la commission est faite pour l'année judiciaire.

Lorsqu'un des magistrats désignés cesse de pouvoir faire partie de la commission, il est procédé à une désignation en remplacement qui produit effet jusqu'à l'expiration de l'année en cours.

Art. R. 212-46 Les fonctions de secrétaire et de greffier de la commission sont remplies par un secrétaire-greffier de la Cour de cassation.

TROISIÈME PARTIE : *DÉCRETS*

(Décr. nº 2008-691 du 10 juill. 2008)

LIVRE PREMIER Organisation et compétence de la justice militaire

TITRE PREMIER Organisation

CHAPITRE PREMIER *[ABROGÉ] Du tribunal aux armées*

(Abrogé par Décr. nº 2014-749 du 30 juin 2014)

CHAPITRE II *Des juridictions des forces armées en temps de guerre*

SECTION I *Statuts particuliers des corps spéciaux et d'assimilés spéciaux*

SOUS-SECTION 1 *Le corps spécial des magistrats*

Art. D. 112-1 Les magistrats du corps spécial des magistrats du service de la justice militaire exercent des fonctions au sein des juridictions des forces armées, en temps de guerre et dans les autres cas où est décrétée l'application des dispositions du code de justice militaire relatives au temps de guerre.

Ils sont appelés à occuper, dans les juridictions mentionnées à l'alinéa précédent, les emplois de magistrat du parquet et de l'instruction, ainsi que, dans les tribunaux militaires aux armées, les emplois de président de la juridiction de jugement et de président de la chambre de contrôle de l'instruction. Ils peuvent, en outre, occuper des emplois de magistrat à l'administration centrale de la justice militaire.

Art. D. 112-2 Les magistrats du corps spécial sont admis dans ce corps, sous réserve des dispositions de l'article 6 de la loi nº 66-1037 du 29 décembre 1966 modifiée relative à l'exercice des fonctions judiciaires militaires, sur demande agréée par le ministre chargé des armées, au titre d'une affectation dans la disponibilité ou la réserve militaire, parmi les magistrats du corps judiciaire.

Après constatation de leur aptitude au service de la justice militaire, ils sont affectés dans le corps spécial par arrêté du ministre chargé des armées après avis du garde des sceaux, ministre de la justice.

Art. D. 112-3 Des grades propres au corps spécial sont, sous réserve des dispositions de l'article D. 112-4, attribués aux magistrats en fonction de leur rang dans la hiérarchie judiciaire.

La correspondance entre la hiérarchie du corps spécial, celle du corps judiciaire et celle des grades de la hiérarchie militaire générale est fixée dans le tableau ci-dessous.

HIÉRARCHIE du corps judiciaire	HIÉRARCHIE du corps spécial	HIÉRARCHIE militaire générale
Magistrat hors hiérarchie.	Magistrat général.	Général de brigade.
Magistrat du premier grade au-delà du 6e échelon.	Magistrat général ou magistrat de 1re classe.	Général de brigade ou colonel.

HIÉRARCHIE du corps judiciaire	HIÉRARCHIE du corps spécial	HIÉRARCHIE militaire générale
Magistrat du premier grade (5e et 6e échelons).	Magistrat de 1re classe.	Colonel.
Magistrat du premier grade jusqu'au 4e échelon.	Magistrat de 2e classe.	Lieutenant-colonel.
Magistrat du second grade.	Magistrat de 3e classe.	Commandant.

Le grade d'assimilation est attribué à l'intéressé lorsqu'il reçoit une affectation dans le corps spécial.

Art. D. 112-4 Les magistrats appartenant aux cadres de réserve d'un autre corps statutaire de l'armée professionnelle ne peuvent, quel que soit leur rang dans la hiérarchie judiciaire, être nommés dans la hiérarchie du corps spécial à un grade inférieur au grade correspondant détenu dans cette autre réserve.

Art. D. 112-5 L'avancement que les magistrats reçoivent dans le corps judiciaire emporte leur reclassement dans la hiérarchie du corps spécial suivant les dispositions de l'article D. 112-3.

Art. D. 112-6 La limite d'âge des magistrats du corps spécial est fixée à cinquante ans. Toutefois, sur demande agréée par le ministre chargé des armées, ils peuvent être maintenus dans les cadres jusqu'à l'âge de soixante ans.

Art. D. 112-7 Lors de l'appel à l'activité du corps spécial, les magistrats acquièrent la qualité de militaire.

Dans l'exercice de leurs fonctions juridictionnelles, il ne peut être porté atteinte à l'indépendance des présidents et des juges d'instruction.

Ils n'exercent de commandement qu'à l'intérieur de leur formation.

Art. D. 112-8 Les magistrats du corps spécial perçoivent la solde et les accessoires de solde des officiers de réserve et assimilés qui sont rappelés sous les drapeaux ou convoqués pour des périodes d'exercice ou des séances d'instruction.

Art. D. 112-9 Les magistrats du corps spécial concourent dans les mêmes conditions que les officiers de réserve pour la nomination et l'avancement dans les Ordres nationaux de la Légion d'honneur et du Mérite.

Art. D. 112-10 Les magistrats sont rayés des cadres du corps spécial par décision du ministre chargé des armées :
– lorsqu'ils atteignent la limite d'âge fixée à l'article D. 112-6 ;
– lorsqu'ils cessent définitivement d'exercer leurs fonctions judiciaires dans les conditions prévues par le statut de la magistrature ;
– sur leur demande, agréée par le ministre chargé des armées ;
– pour inaptitude médicalement établie.

Art. D. 112-11 Les magistrats qui cessent d'appartenir au corps spécial réintègrent, le cas échéant, les cadres de réserve d'un autre corps statutaire de l'armée professionnelle.

SOUS-SECTION 2 *Du cadre des officiers défenseurs assimilés spéciaux*

Art. D. 112-12 Les officiers défenseurs assimilés spéciaux du service de la justice militaire assurent la défense des justiciables des tribunaux militaires aux armées.

Art. D. 112-13 Les officiers défenseurs sont recrutés, sur demande agréée par le ministre chargé des armées, au titre d'une affectation dans la disponibilité ou la réserve du service militaire, parmi les avocats inscrits à un barreau.

Après constatation de leur aptitude au service de la justice militaire, ils sont admis dans le cadre des officiers défenseurs assimilés spéciaux par arrêté du ministre chargé des armées.

Art. D. 112-14 Des grades propres au cadre des officiers défenseurs sont, sous réserve des dispositions de l'article D. 112-15, attribués aux officiers défenseurs compte tenu de la durée d'exercice effectif par les intéressés de la profession d'avocat depuis leur inscription au tableau d'un barreau.

La correspondance entre la hiérarchie du cadre des officiers défenseurs assimilés spéciaux de la justice militaire et les grades de la hiérarchie militaire générale est fixée dans le tableau ci-dessous :

GRADES DU CADRE des officiers défenseurs	DURÉE D'EXERCICE effectif de la profession d'avocat	GRADES MILITAIRES correspondants
Officier défenseur de 1re classe.	Supérieure à 24 ans.	Colonel.
Officier défenseur de 2e classe.	Entre 16 et 24 ans.	Lieutenant-colonel.
Officier défenseur de 3e classe.	Entre 8 et 16 ans.	Commandant.
Officier défenseur.	Inférieure à 8 ans.	Capitaine.

Le grade d'assimilation n'est détenu par les intéressés que pour autant qu'ils soient titulaires d'une affectation dans le cadre des officiers défenseurs.

Art. D. 112-15 Les avocats appartenant aux cadres de réserve d'un autre corps statutaire de l'armée professionnelle ne peuvent, quelle que soit la durée d'exercice effectif de la profession d'avocat depuis leur inscription au tableau d'un barreau, être nommés dans la hiérarchie du cadre des officiers défenseurs à un grade d'assimilation inférieur au grade détenu dans cette autre réserve.

Art. D. 112-16 La limite d'âge des officiers défenseurs est fixée à cinquante-cinq ans.

Toutefois, sur demande agréée par le ministre chargé des armées, ils peuvent être maintenus dans les cadres jusqu'à l'âge de cinquante-cinq ans.

Art. D. 112-17 Lors de l'appel à l'activité du cadre des officiers défenseurs assimilés spéciaux dans les conditions prévues par l'article L. 83 du code du service national, les officiers défenseurs prennent la qualité de militaire. Ils ne relèvent que du ministre chargé des armées sans qu'il puisse être porté atteinte à leur indépendance dans l'exercice de leurs fonctions.

Art. D. 112-18 Les officiers défenseurs perçoivent la solde et les accessoires de solde des officiers de réserve et assimilés, rappelés sous les drapeaux ou convoqués pour des périodes d'exercice ou des séances d'instruction, dans les conditions prévues par les règlements en vigueur.

Art. D. 112-19 Les officiers défenseurs concourent dans les mêmes conditions que les officiers de réserve pour la nomination dans les ordres nationaux de la Légion d'honneur et du Mérite.

Art. D. 112-20 Outre les cas dans lesquels ils peuvent être relevés de leur emploi dans les conditions prévues par l'article L. 83 du code du service national, les officiers défenseurs sont rayés des cadres par décision du ministre chargé des armées :

— *lorsqu'ils atteignent la limite d'âge fixée par l'article D. 112-6 ;*
— *lorsqu'ils cessent d'être inscrits au tableau d'un barreau ;*
— *sur leur demande, agréée par le ministre chargé des armées ;*
— *pour inaptitude médicalement établie.*

Art. D. 112-21 Les officiers défenseurs qui cessent d'appartenir au cadre des assimilés spéciaux réintègrent, le cas échéant, les cadres de réserve d'un autre corps statutaire de l'armée professionnelle.

SECTION II *Du chef du parquet et du chef du service du greffe*

(Décr. n° 2014-749 du 30 juin 2014, art. 2)

SOUS-SECTION 1 *Du chef du parquet*

Art. D. 112-22 Le chef du parquet est le chef de l'administration de la juridiction des forces armées à laquelle il est affecté. Responsable du fonctionnement de celle-ci, il exerce son autorité sur le personnel du greffe et assure sous le contrôle du ministère de la défense la gestion des dépenses de fonctionnement courant de la juridiction. Dans le cadre de ces attributions, il vise les pièces administratives, les expéditions et les extraits délivrés aux requérants, et procède ou fait procéder à toutes vérifications d'écriture et au recensement du matériel.

En cas d'absence, ses attributions sont dévolues au magistrat affecté au service du parquet ou de l'instruction le plus ancien dans le grade le plus élevé.

SOUS-SECTION 2 *Du chef du service du greffe*

Art. D. 112-23 L'officier greffier, chef du service du greffe, est chargé de la gestion administrative de la juridiction des forces armées.

Il tient la comptabilité des opérations de recettes et de dépenses dont il est chargé par le code de procédure pénale, le code de justice militaire, ainsi que *[par]* les lois et règlements dans la forme prévue pour les régies d'avances et les régies de recettes de l'État.

En qualité de régisseur d'avances et de recettes, il dispose d'une caisse et d'un compte de dépôts de fonds au Trésor.

Il gère le matériel appartenant à l'État mis à la disposition de la juridiction.

Il fait tenir les registres, catalogues et pièces administratives servant à la justification des recettes et des dépenses, à l'inventaire des matériels et des ouvrages, au classement des archives, à l'enregistrement des appels, référés, requêtes et pourvois en cassation, à la transcription des jugements et ordonnances de non-lieu, incompétence et dessaisissement, ainsi qu'à la constatation des entrées et sorties des pièces à conviction.

Les surcharges, interlignes et grattages sont interdits. Les ratures et les renvois sont approuvés par le greffier.

Il fait établir et certifie conformes aux originaux les expéditions et extraits de pièces. Il les délivre, après visa du commissaire du Gouvernement, lorsque leur remise a été autorisée. Les copies ne sont ni visées ni certifiées conformes.

En cas d'absence ou d'empêchement de l'officier greffier, ses attributions en matière de gestion de la régie d'avances et de la régie de recettes peuvent être confiées à l'officier greffier adjoint ou à l'un des commis greffiers placés sous ses ordres, désigné par le chef du parquet avec l'agrément de l'officier greffier.

SECTION III *Serment*

(Décr. n° 2014-749 du 30 juin 2014, art. 3)

Art. D. 112-24 Lors de leur nomination dans le corps et avant d'entrer en fonctions, les officiers et sous-officiers greffiers et les sous-officiers huissiers-appariteurs prêtent, à la première audience de la juridiction des forces armées à laquelle ils sont affectés, le serment suivant : "Je jure de bien et loyalement remplir mes fonctions et d'observer tous les devoirs qu'elles m'imposent."

LIVRE II **Procédure pénale militaire**

TITRE PREMIER **De l'exercice de l'action publique et de l'instruction**

CHAPITRE PREMIER *En temps de paix et hors du territoire de la République*

Art. D. 211-1 L'autorité militaire chargée de désigner l'établissement dans lequel est conduit, conformément aux dispositions de l'article L. 211-21, la personne mise en examen, le prévenu ou le condamné dans les cas où il est impossible de le détenir dans une maison d'arrêt ou une prison prévôtale est l'autorité militaire prévue aux articles L. 112-2, L. 112-28, L. 112-29 et au premier alinéa de l'article L. 211-1.

Le régime de détention appliqué dans l'établissement ainsi désigné est fixé par les articles ci-après.

Art. D. 211-2 L'incarcération n'est possible que sur présentation d'un titre de détention régulier.

La détention a lieu dans les locaux d'arrêts pour les hommes du rang, dans les chambres d'arrêts individuelles pour les officiers, sous-officiers et pour tout détenu dont l'isolement est nécessaire, soit parce qu'il s'agit d'une personne étrangère aux armées ou d'une personne du sexe féminin, ou lorsque la cohabitation avec d'autres détenus risque d'être néfaste. L'appréciation de cette nécessité appartient au juge.

Lorsque la situation impose le bivouac, la détention s'effectue dans une baraque, sous une tente ou dans un autre local. Des mesures particulières sont prises pour en assurer l'isolement et la sécurité.

Art. D. 211-3 La garde des détenus est effectuée par le service de garde de la formation administrative ou de l'unité dont dépendent les locaux désignés pour l'incarcération.

Art. D. 211-4 Le chef de poste tient deux registres d'écrou : l'un pour les militaires, l'autre pour les personnes étrangères aux armées. Les registres sont cotés et paraphés par le commandant d'unité.

Art. D. 211-5 A leur entrée dans les locaux ci-dessus définis les individus sont fouillés soigneusement par une personne de leur sexe ; les objets qui pourraient présenter quelque danger entre leurs mains leur sont enlevés ; un inventaire est établi par le chef de poste en présence de l'intéressé et signé concurremment par eux.

Art. D. 211-6 Les fonds détenus par les individus visés à l'article précédent leur sont retirés. Leur montant est inscrit sur un registre de compte courant.

Art. D. 211-7 Les détenus sont pris en subsistance par l'unité dont dépendent les locaux servant d'établissement pénitentiaire.

Les règles d'hygiène applicables aux militaires punis disciplinairement s'appliquent aux détenus.

Le chef de poste est responsable de tout ce qui concerne le service des locaux. Il prend, pour empêcher les évasions, les mesures qu'il juge nécessaires. Des appels ont lieu chaque jour. Des rondes sont faites la nuit.

Les jeux *(Décr. n° 2020-1774 du 21 déc. 2020, art. 7)* « d'argent et de hasard », les chants et manifestations bruyantes sont interdits. Les lettres qu'écrivent ou reçoivent les détenus sont lues par le commandant d'unité. Elles sont communiquées au magistrat saisi du dossier de l'information dans les conditions que celui-ci détermine. La correspondance des détenus avec leur défenseur régulièrement choisi ou désigné est libre.

Art. D. 211-8 Les visites faites aux détenus sont autorisées par le chef d'état-major de la grande unité dont relève la formation administrative qui assure les incarcérations.

Toutefois, ont libre accès dans les locaux servant à la détention :

1° Le juge d'instruction militaire ;

2° Les défenseurs du détenu munis d'une attestation du ministère public ;

3° Le général commandant la grande unité et son chef d'état-major ;

4° Le procureur de la République ou le commissaire du Gouvernement ;

5° Les aumôniers et les autres ministres du culte spécialement autorisés ;

6° Le médecin de la formation ;

7° Le commandant de la formation administrative et le commandant d'unité dont dépendent les locaux ;

8° Les membres des corps militaires de contrôle ;

9° Les commissaires chargés de la vérification des comptes de l'unité nourricière ; les détenus communiquent avec leur défenseur hors la présence d'un surveillant ;

10° Les députés et les sénateurs.

Art. D. 211-9 Les détenus qui doivent être conduits devant les magistrats instructeurs ou devant la juridiction saisie sont extraits des locaux sur le vu d'un ordre d'extraction délivré par les magistrats compétents.

Art. D. 211-10 En cas de décès d'un détenu dans les locaux servant d'établissement pénitentiaire, le chef de poste en rend compte immédiatement à l'autorité qui a établi le titre de détention. Il fait mention du décès sur le registre d'écrou.

Il adresse un compte rendu au commandant d'unité dont il relève.

Art. D. 211-11 En cas d'évasion d'un détenu, le chef de poste en avise immédiatement l'autorité qui a établi le titre de détention ainsi que le commandant d'unité dont il relève.

Art. D. 211-12 Lorsque les détenus quittent les lieux de détention, leurs comptes sont arrêtés. S'ils sont rendus à la liberté, l'argent leur est remis après décharge par leur signature sur le registre. S'ils sont transférés, les fonds sont remis aux gendarmes chargés du transfèrement, qui signent le registre des comptes courants et le registre d'écrou.

En cas d'évasion ou de décès, le montant du compte courant de l'intéressé est versé à la Caisse des dépôts et consignations.

Art. D. 211-13 Lorsque, à la suite d'un non-lieu, d'un acquittement, d'une condamnation avec sursis ou d'une suspension de peine, les détenus sont remis en liberté, les effets et objets qui leur avaient été enlevés à leur entrée leur sont rendus : décharge en est donnée sur le registre d'écrou. Le chef de poste signe la levée d'écrou.

Art. D. 211-14 Les militaires libérés sont en principe pris en charge par un sous-officier de leur corps. A défaut, le militaire doit être mis en route par l'unité qui l'avait en subsistance pendant sa détention dans les mêmes conditions qu'un isolé.

CHAPITRE II *En temps de guerre*

§ 2 *De la détention provisoire et de la liberté*

SOUS-§ 2 Des établissements militaires d'incarcération

Art. D. 212-47 La désignation et les modalités de fonctionnement de l'établissement militaire d'incarcération prévu à l'article L. 212-159 sont faites conformément aux articles D. 211-1 à D. 211-14.

TITRE II **Procédure devant les juridictions de jugement**

CHAPITRE PREMIER *[ABROGÉ]* ***En temps de paix et hors du territoire de la République***

(Abrogé par Décr. n° 2014-749 du 30 juin 2014, art. 4)

SECTION UNIQUE *[ABROGÉE]* ***De la délivrance des copies et extraits de jugement***

V. désormais art. D. 222-4 et D. 222-5.

CHAPITRE II *En temps de guerre*

SECTION UNIQUE *De la délivrance des copies et extraits de jugement*

Art. D. 222-1 I. – Sous réserve des dispositions de l'article L. 222-5, l'officier greffier, chef du service du greffe, peut délivrer :

1° Aux parties et à leurs frais :

a) Sur leur demande, des extraits ou expéditions de la plainte ou de la dénonciation, des ordonnances définitives et des jugements ;

b) Avec l'autorisation du commissaire du Gouvernement, des extraits ou expéditions de toutes les autres pièces de la procédure.

Toutefois l'autorisation est donnée par le ministre de la défense lorsque ces pièces font partie d'*une enquête* terminée par une décision de classement sans suite ou d'une procédure close par une décision de non-lieu ou d'une affaire dans laquelle le huis clos a été ordonné ;

2° Aux tiers et à leurs frais :

a) Sur leur demande, des extraits ou expéditions des jugements définitifs ;

b) Avec l'autorisation du commissaire du gouvernement ou du ministre de la défense selon les distinctions précisées au 1° *b* ci-dessus, des extraits ou expéditions de toutes les autres pièces de la procédure.

Art. D. 222-2 I. – Une copie certifiée conforme est délivrée gratuitement au prévenu pour toute décision de non-lieu ou d'acquittement le concernant.

II. – Les dispositions de l'article R. 165 du code de procédure pénale relatives à la délivrance de reproductions de pièces de procédures autres que les décisions sont applicables devant les juridictions des forces armées.

Art. D. 222-3 Lorsque l'autorisation prévue à l'article D. 222-1 n'est pas accordée, le motif du refus doit être porté à la connaissance de l'intéressé.

Art. D. 222-4 Les droits perçus à la diligence de l'officier greffier, à l'occasion de la délivrance des copies de pièces de procédure et extraits de jugement, sont versés périodiquement au Trésor et imputés au compte "Recettes accidentelles à différents titres" du budget de l'exercice courant.

L'art. D. 221-1 est devenu l'art. D. 222-4 (Décr. nº 2014-749 du 30 juin 2014, art. 4).

Ancien art. D. 222-4 *Les dispositions des articles D. 221-1 et D. 221-2 sont applicables par les juridictions des forces armées du temps de guerre.*

Art. D. 222-5 Les extraits, expéditions ou copies demandées par les parquets et les administrations pour le compte de l'État sont délivrés à titre gratuit.

L'art. D. 221-2 est devenu l'art. D. 222-5 (Décr. nº 2014-749 du 30 juin 2014, art. 4).

TITRES III à V

Les présents titres ne comprennent pas de dispositions réglementaires.

TITRE VI Des procédures d'exécution

CHAPITRES PREMIER à VIII

Les présents chapitres ne comprennent pas de dispositions réglementaires.

CHAPITRE IX *Des frais de justice*

SECTION I *Des dépenses*

Art. D. 269-1 Les dépenses des juridictions des forces armées imputables sur les crédits du budget du ministère de la défense comprennent :

1° Les frais de justice ;

2° Les indemnités de déplacement dues aux magistrats civils présidents et assesseurs des juridictions des forces armées et des chambres de l'instruction de ces juridictions autres que celles prévues au premier alinéa de l'article D. 269-12 ;

3° Les indemnités de déplacement dues aux autres magistrats et greffiers différentes de celles prévues au deuxième alinéa de l'article D. 269-12 ;

4° Les frais de publication d'un jugement de révision prononcé par une juridiction des forces armées d'où résulte l'innocence d'un condamné ;

5° Les frais d'apposition de scellés au domicile d'un officier décédé ;

6° Les frais de fonctionnement des greffes des juridictions des forces armées.

Art. D. 269-2 Les magistrats civils visés au 2° de l'article D. 269-1 reçoivent, en cas de déplacement hors de leur résidence administrative, les indemnités prévues pour les présidents de cour d'assises et leurs assesseurs par l'article R. 201 du code de procédure pénale.

Toutefois, le montant des indemnités allouées aux magistrats intéressés ne peut en aucun cas être inférieur à celui des indemnités susceptibles d'être accordées, en application du règlement sur les frais de déplacement des militaires voyageant isolément, aux magistrats visés au 3° de l'article D. 269-1 et bénéficiant du même indice de traitement.

Art. D. 269-3 Un arrêté conjoint du ministre de la défense et du ministre de l'économie et des finances fixe la liste des dépenses, autres que les frais de justice, payables par régie d'avances.

SECTION II *Des frais de justice*

Art. D. 269-4 Les frais de justice sont :

1° Les frais de translation des prévenus ou accusés, les frais de translation des condamnés pour se rendre au lieu où ils sont appelés en témoignage lorsque cette translation ne peut être effectuée par les voitures cellulaires du service pénitentiaire, les frais de transport des procédures et des pièces à conviction.

2° Les frais d'extradition des prévenus, accusés ou condamnés ; les frais de commission rogatoire et autres frais de procédure pénale en matière internationale.

3° Les frais urgents de procédure engagés par les officiers de police judiciaire ainsi que les frais de commission rogatoire.

4° Les honoraires et indemnités qui peuvent être accordés aux personnes ci-après :

a) Experts et traducteurs-interprètes ;
b) Personnes chargées des enquêtes sociales ou de personnalité ;
c) Personnes contribuant au contrôle judiciaire ;

(Abrogé par Décr. n° 2014-749 du 30 juin 2014, art. 5) « d) Délégués du procureur de la République chargés d'une des missions prévues par les 1° à 4° de l'article 41-1 du code de procédure pénale ou intervenant au cours d'une composition pénale. »

5° *(Décr. n° 2014-749 du 30 juin 2014, art. 5)* « Les indemnités qui peuvent être accordées aux témoins civils et militaires par application des articles R. 123 à R. 133, R. 135 et R. 138 du code de procédure pénale ainsi qu'aux parties civiles par application de l'article L. 222-11 du présent code. »

6° Les frais de saisie ou de mise sous séquestre ou en fourrière, ainsi que les frais en matière de scellés.

7° Les frais d'enquête sociale et d'expertise engagés en matière d'exécution ou d'application des peines et en matière de grâces.

(Abrogé par Décr. n° 2014-749 du 30 juin 2014, art. 5) « 8° Les émoluments et indemnités alloués aux huissiers de justice. »

9° Les frais de capture et d'arrestation.

10° Les dépenses diverses de reconstitution, d'exhumation ou de travaux techniques exposés pour l'instruction d'une affaire particulière et pour une enquête préliminaire ou de flagrant délit, à l'exclusion des dépenses de fonctionnement.

11° Les indemnités allouées aux magistrats, juges militaires et greffiers qui effectuent un transport sur les lieux au cours de l'instruction ou du jugement des affaires ainsi que toute autre dépense effectuée à ce titre.

12° Les frais postaux et télégraphiques, le port des paquets pour une procédure pénale.

13° Les frais des procédures suivies en application des lois concernant l'enfance délinquante.

14° Les indemnités accordées aux victimes d'erreurs judiciaires ainsi que les frais de révision et les secours aux individus relaxés ou acquittés.

15° Les indemnités accordées en application des articles 149 à 150 du code de procédure pénale et L. 212-173 à L. 212-176 du code de justice militaire.

16° Les frais de copie, droits, redevances et émoluments, dus aux greffiers des tribunaux de commerce pour la délivrance des pièces à l'autorité judiciaire dans le cadre d'une procédure pénale.

17° Les frais et dépens mis à la charge du Trésor public en cas de décision juridictionnelle rectifiant ou interprétant une précédente décision en matière pénale.

18° Les frais de recherche et de délivrance de reproductions de tous documents imprimés.

19° Les frais de remise ou de mise en œuvre des conventions secrètes de moyens ou prestations de cryptologie engagés à la demande des autorités judiciaires par les organismes agréés mentionnés à l'article 28 de la loi n° 90-1170 du 29 décembre 1990 sur la réglementation des télécommunications.

20° Les frais des administrateurs *ad hoc* lorsqu'ils figurent sur la liste prévue à l'article R. 53 du code de procédure pénale ou qu'il a été fait application des dispositions de l'article R. 53-6 du même code.

(Abrogé par Décr. n° 2014-749 du 30 juin 2014, art. 5) « 21° Les indemnités accordées en application de l'article 800-2 du code de procédure pénale. »

22° Les frais correspondant à la fourniture des données conservées en application du II de l'article L. 34-1 du code des postes et des communications électroniques.

23° Les frais de publicité des arrêts et jugements portant confiscation des biens.

SOUS-SECTION 1 *Tarif des frais de justice*

Art. D. 269-5 Sous réserve des dispositions des articles D. 269-6 à D. 269-15, le tarif des frais de justice est déterminé conformément aux dispositions des articles R. 94 à R. 213-1 du code de procédure pénale.

Art. D. 269-6 Les frais engagés conformément aux dispositions de l'article D. 269-4 (1° et 2°) sont décomptés soit suivant les tarifs fixés par les règlements militaires relatifs aux transports de personnel par voie ferrée, soit selon les tarifs fixés par les règlements militaires relatifs aux transports de matériel par voie ferrée ou, au besoin, à concurrence de leur montant réel.

Art. D. 269-7 Les frais urgents de procédures engagés, avant l'ouverture des poursuites, par tout officier de police judiciaire et les frais de commission rogatoire sont décomptés comme il est prévu à l'article D. 269-6. Les mémoires de ces frais sont obligatoirement taxés.

Art. D. 269-8 Sauf s'ils sont militaires, les interprètes et les experts sont rétribués suivant les tarifs et les modalités fixés par les articles R. 106, R. 107 et R. 110 à R. 122 du code de procédure pénale.

S'il y a lieu d'appliquer les articles R. 113 et R. 115 du code de procédure pénale, le juge d'instruction demande selon le cas l'agrément ou l'avis conforme du président de la chambre de l'instruction.

En temps de guerre, et sauf en cas d'urgence, si le montant prévu des frais et honoraires d'expertise excède le maximum prévu à l'article R. 107 du code de procédure pénale, le montant est communiqué au commissaire du Gouvernement qui peut, dans le délai de trois jours, présenter ses observations. L'avis du commissaire du Gouvernement est obligatoire en matière d'expertise comptable. En cas de désaccord, le juge d'instruction peut saisir la chambre de contrôle de l'instruction, qui statue dans les huit jours. Sa décision n'est susceptible d'aucun recours.

Art. D. 269-9 Les dispositions des articles R. 123 à R. 133 et R. 135 à R. 138 du code de procédure pénale sont applicables aux témoins cités devant les juridictions des forces armées.

Lorsqu'un témoin civil touché par une citation se trouve dans l'impossibilité de faire l'avance de ses frais de voyage pour se rendre au lieu de convocation, il se présente au commandant d'armes de la place la plus proche qui, sur le vu de la citation et après vérification de son identité, détermine l'avance qui lui est indispensable pour déférer à sa convocation.

Le montant de l'avance accordée ne doit excéder en aucun cas la moitié du montant des indemnités auxquelles il peut prétendre. Ce montant est mentionné en marge ou au bas de la copie de la citation.

Le commandant d'armes adresse ensuite à l'un des corps de la place une réquisition pour l'inviter à payer cette somme au témoin.

Si le témoin qui a bénéficié d'une avance de taxes ne se présente pas à la convocation, le ministère public adresse au ministre un rapport auquel sont jointes les pièces justificatives établies par le corps qui a été requis.

Le ministre décide s'il y a lieu d'imputer le débet à la charge du budget de la justice militaire ou de déclarer le témoin non comparant débiteur envers l'État, sans préjudice des poursuites à exercer contre lui, le cas échéant.

Les militaires visés à l'article R. 127 du code de procédure pénale qui, lors de leur comparution, ne se trouvent pas en cours de congé ou de permission perçoivent les indemnités prévues par le règlement sur les frais de déplacement des militaires voyageant isolément.

Art. D. 269-10 *(Abrogé par Décr. n° 2014-749 du 30 juin 2014, art. 5) Les dispositions des articles R. 139 à R. 145 du code de procédure pénale sont applicables aux membres du jury criminel du tribunal aux armées.*

Lorsqu'un juré se trouve dans l'impossibilité de faire l'avance de ses frais de voyage pour se rendre au lieu de convocation, il se présente au commandant d'armes de la place la plus proche qui, sur le vu de la notification et après vérification de son identité, détermine l'avance qui lui est indispensable pour déférer à sa convocation.

Le montant de l'avance peut être égal au prix d'un billet aller et retour quand le voyage s'effectue par un service de transport qui délivre des billets d'aller et de retour payables intégralement au moment du départ ; dans les autres cas, il ne doit pas excéder la moitié du montant de l'indemnité de transport auquel le juré peut prétendre. Le montant alloué est mentionné en marge ou au bas de la copie de la notification délivrée au juré.

Le commandant d'armes adresse ensuite à l'un des corps de la place une réquisition pour l'inviter à payer cette somme au juré.

Art. D. 269-11 Les dispositions des articles R. 147, R. 148 et R. 149 du code de procédure pénale sont applicables devant les juridictions des forces armées. Les mesures prévues par ces derniers articles sont ordonnées, selon les cas, par le président de la juridiction des forces armées, le président de la chambre de l'instruction, le juge d'instruction ou le juge prévôtal.

Art. D. 269-12 Les magistrats civils présidents et assesseurs des juridictions des forces armées et des chambres de l'instruction de ces juridictions qui effectuent un transport sur les lieux au cours de l'instruction ou du jugement des affaires reçoivent les indemnités prévues par l'article R. 201 du code de procédure pénale.

Les autres magistrats, les juges prévôtaux, les juges militaires et les greffiers perçoivent, dans les mêmes circonstances, les indemnités prévues par le règlement sur les frais de déplacement des militaires voyageant isolément.

Art. D. 269-13 Les frais d'insertion des arrêts et des jugements portant confiscation des biens sont les frais réels engagés et payés par l'imprimeur.

Art. D. 269-14 Les dispositions des articles R. 189 à R. 191 du code de procédure pénale sont applicables devant les juridictions des forces armées.

L'arrestation d'un déserteur ou d'un insoumis, d'un détenu militaire évadé d'un établissement pénitentiaire ou hospitalier ou celle d'un militaire en état d'absence irrégulière depuis plus de quarante-huit heures donne droit à la prime d'arrestation prévue par l'article R. 191 précité pour l'exécution d'un mandat d'arrêt.

Art. D. 269-15 Les droits fixes de procédure sont perçus au bénéfice du Trésor et sont dus par chaque individu compris dans un jugement portant condamnation ou dispense de peine ; ils sont fixés par l'article 1018 A du code général des impôts.

SOUS-SECTION 2 *Paiements [Paiement] et recouvrement des frais de justice*

§ 1er *Paiement*

Art. D. 269-16 Sous réserve des dispositions des articles D. 269-17 à D. 269-19, les dispositions des articles R. 222 à R. 234 du code de procédure pénale sont applicables par les juridictions des forces armées.

Art. D. 269-17 A l'exception des frais visés aux articles D. 269-13 et D. 269-15, le mandatement des frais de justice est assuré par les ordonnateurs compétents sur le budget du ministère de la défense nationale.

Art. D. 269-18 Les frais visés aux articles D. 269-7, D. 269-8, D. 269-9, premier alinéa, *(Abrogé par Décr. nº 2014-749 du 30 juin 2014, art. 5) « D. 269-10, premier alinéa, »* D. 269-11 et D. 269-12, premier alinéa, peuvent être payés sur les fonds des régies d'avances instituées près les juridictions des forces armées.

Art. D. 269-19 Les frais visés à l'article D. 269-13 sont réglés par l'administration des domaines.

§ 2 *Recouvrement*

Art. D. 269-20 Sauf devant les tribunaux prévôtaux, l'exécutoire est susceptible de recours dans les conditions prévues par le code de procédure pénale en temps de paix, et selon les articles L. 261-9 à L. 261-11 en temps de guerre.

Art. D. 269-21 Conformément aux dispositions de l'article L. 261-12, le recouvrement des droits fixes de procédure, amendes et confiscations est poursuivi par toute voie de droit, et par celle de la contrainte judiciaire dans les cas où la loi permet de l'exercer, à la diligence des agents du Trésor en vertu des exécutoires mentionnés ci-dessus.

Art. D. 269-22 Le recouvrement est opéré au nom de la République française selon les dispositions de l'article L. 261-12.

Il est effectué dans les conditions prévues par les *(Décr. nº 2012-1247 du 7 nov. 2012, art. 14)* « articles 108 à 110 du décret nº 2012-1246 du 7 novembre 2012 relatif à la gestion budgétaire et comptable publique » et par l'article 2, deuxième alinéa (1 et 2) et les articles 3 à 11, 17 et 19 du décret nº 64-1333 du 22 décembre 1964 relatif au recouvrement des amendes et condamnations pécuniaires par les *(Décr. nº 2014-552 du 27 mai 2014, art. 9)* « comptables de la direction générale des finances publiques » et compte tenu des dispositions mentionnées à l'article D. 269-23.

Art. D. 269-23 Les extraits de jugement délivrés à l'administration des finances, en exécution de l'article L. 261-12 et de l'article D. 269-21 ci-dessus, sont établis sur des formules dont le modèle est arrêté par le ministre de la défense et par le ministre chargé des finances.

Ces extraits sont vérifiés et visés par le ministère public, qui les adresse au *(Décr. nº 2014-552 du 27 mai 2014, art. 9)* « directeur départemental ou, le cas échéant, régional des finances publiques » du département du siège de la juridiction des forces armées.

Le délai d'envoi des extraits de jugement est fixé à trente-cinq jours à compter de la date à laquelle la sentence est devenue définitive.

Code de la défense

PREMIÈRE PARTIE : ***LÉGISLATIVE***

Art. L. 1er *(Ord. no 2019-1335 du 11 déc. 2019, art. 1er)* **Le code de la défense est applicable de plein droit sur l'ensemble du territoire de la République, à moins qu'il n'en dispose autrement.**

QUATRIÈME PARTIE Le personnel militaire

(Ord. no 2007-465 du 29 mars 2007)

LIVRE II Réserve militaire

TITRE III Disponibilité

CHAPITRE UNIQUE

....

Art. L. 4231-4 En cas d'application de l'article L. 1111-2, l'appel ou le maintien en activité de tout ou partie des réservistes soumis à l'obligation de disponibilité peut être décidé par décret en conseil des ministres.

Art. L. 4231-5 *Abrogé par Ord. no 2012-351 du 12 mars 2012, art. 19, à compter du 1er mai 2012. — V. CSI, art. L. 421-3.*

....

TITRE VII Dispositions pénales

CHAPITRE UNIQUE

Art. L. 4271-1 Le fait pour une personne, appelée ou maintenue à l'activité en application des articles *(L. no 2011-892 du 28 juill. 2011)* **« L. 2151-3 », L. 4231-4 et L. 4231-5 par ordre d'appel individuel ou collectif, de ne pas se présenter, hors le cas de force majeure, à la destination et dans les délais fixés, constitue un acte d'insoumission passible des peines prévues à l'article L. 321-1 du code de justice militaire.**

Art. L. 4271-2 Le fait pour une personne, appelée ou maintenue à l'activité en application des articles *(L. no 2011-892 du 28 juill. 2011)* **« L. 2151-3 », L. 4231-4 et L. 4231-5, de s'absenter sans autorisation ou de ne pas rejoindre le poste auquel elle a été affectée à l'issue d'une absence régulièrement autorisée, constitue, à l'expiration des délais de grâce prévus aux articles L. 321-2 à L. 321-17 du code de justice militaire, un acte de désertion passible des peines prévues à ces mêmes articles.**

Art. L. 4271-3 Le fait pour une personne, appelée ou maintenue à l'activité en application des articles *(L. no 2011-892 du 28 juill. 2011)* **« L. 2151-3 »,** *(L. no 2008-493 du 26 mai 2008)* **« L. 4231-4 et L. 4231-5 », de refuser d'obéir ou, hors le cas de force majeure, de ne pas exécuter l'ordre reçu de ceux qui avaient qualité pour le donner, constitue une infraction passible des peines prévues aux articles L. 323-6 et L. 323-7 du code de justice militaire.**

Art. L. 4271-4 Le fait pour une personne, appelée ou maintenue à l'activité en application des articles *(L. no 2011-892 du 28 juill. 2011)* **« L. 2151-3 », L. 4231-4 et L. 4231-5, de s'être irrégulièrement absentée du poste auquel elle a été appelée à servir, constitue un abandon de poste passible des peines prévues à l'article L. 324-4 du code de justice militaire.**

Art. L. 4271-5 Les dispositions des articles L. 211-13, L. 212-36 et L. 267-2 du code de justice militaire relatives au mode d'extinction de l'action publique et au régime de la prescription des peines sont applicables aux personnes appelées ou maintenues à l'activité en

application des articles *(L. n° 2011-892 du 28 juill. 2011)* « L. 2151-3 », L. 4231-4 et L. 4231-5.

Loi n° 66-1037 du 29 décembre 1966,

Relative à l'exercice des fonctions judiciaires militaires.

Art. 1er *(L. n° 82-621 du 21 juill. 1982, art. 13)* « Les fonctions de magistrat du parquet et de l'instruction auprès des juridictions des forces armées sont exercées, sous réserve des dispositions des articles 47 et 57 du code de justice militaire, par des magistrats du corps judiciaire placés, sur leur demande, en position de détachement auprès du ministre chargé de la défense. »

Des magistrats du corps judiciaire peuvent, dans les mêmes conditions, être placés en position de détachement pour exercer des fonctions à l'administration centrale de la justice militaire.

Art. 2 Le détachement des magistrats visés à l'article 1er est prononcé dans les formes prévues à l'article 72 de l'ordonnance n° 58-1270 du 22 décembre 1958 pour une durée qui ne peut excéder cinq années. Il est renouvelable.

Au cours de la période de détachement, le magistrat détaché peut être remis par le ministre des armées à la disposition du garde des sceaux, ministre de la justice, après accord de celui-ci.

Art. 3 Le régime disciplinaire de leur statut d'origine demeure seul applicable aux magistrats détachés. Les faits de nature à entraîner des poursuites disciplinaires sont portés à la connaissance du garde des sceaux, ministre de la justice, par le ministre des armées.

Art. 4 Sous les réserves résultant de la nature de leurs fonctions et sans qu'il puisse être notamment porté atteinte à l'indépendance des présidents et des juges d'instruction, les magistrats détachés sont soumis aux obligations de la discipline générale des armées.

En dehors de toute action disciplinaire, le ministre des armées peut leur adresser, sous les mêmes réserves, un avertissement sans inscription au dossier.

Art. 5 Les magistrats détachés ne peuvent être traduits devant une juridiction militaire en temps de paix que sur l'ordre du ministre des armées, après avis du garde des sceaux.

Art. 6 En temps de guerre ou dans le cas de mobilisation, les magistrats détachés qui se trouvent en fonction dans les services de la justice militaire sont, pour les besoins de ces services, mobilisés en qualité d'assimilés spéciaux du service de la justice militaire.

Ils conservent le grade qui leur a été attribué en application du règlement d'administration publique prévu à l'article 8 ci-après.

Art. 7 A titre provisoire, les magistrats militaires appartenant au corps institué par la loi n° 56-1115 du 9 novembre 1956 exerceront jusqu'à extinction du corps les fonctions prévues à l'article 1er ci-dessus.

Arrêté du 14 février 2001,

Relatif à la désignation des autorités militaires habilitées à dénoncer les infractions ou à donner un avis préalable en matière de poursuites pénales.

Art. 1er Les autorités militaires ci-après désignées sont habilitées soit à dénoncer les infractions ressortissant, selon le cas, aux juridictions de droit commun spécialisées en matière militaire *(Abrogé par Arr. du 25 févr. 2015, art. 4)* *« ou au tribunal aux armées de Paris »*, soit à donner un avis sur les suites que ces infractions pourraient comporter :

I. – Sur le territoire de la République :

Les *(Arr. du 25 févr. 2015, art. 4)* « commandants de zone terre » ;

Les commandants d'arrondissements maritimes ;

Le commandant de la marine à Paris ;

(Arr. du 14 avr. 2008) « Le directeur des ressources humaines de l'armée de l'air *[ancienne rédaction : les commandants de région aérienne]* » ;

Les commandants de région de gendarmerie ;

Les commandants supérieurs dans les départements et territoires d'outre-mer ;

Les commandants territoriaux de la gendarmerie outre-mer.

(Arr. du 17 févr. 2017) « II. – Hors du territoire de la République :

« Le commandant des forces françaises et de l'élément civil stationnés en Allemagne ;

« Le commandant des forces françaises stationnées à Djibouti ;
« Le commandant des éléments français au Sénégal ;
« Le commandant des éléments français au Gabon ;
« Le commandant des forces françaises stationnées aux Émirats arabes unis ;
« Le commandant des forces françaises stationnées en Côte d'Ivoire. »

Art. 2 Une instruction ministérielle précise les conditions d'application du présent arrêté dans chaque armée et la gendarmerie.

Art. 3 L'arrêté du 28 août 1991 relatif à la désignation des autorités militaires habilitées à dénoncer les infractions ou à donner un avis préalable en matière de poursuites pénales est abrogé.

MINEURS DÉLINQUANTS

RÉP. PÉN. v^{is} *Enfance,* par GOUTTENOIRE et GUÉRIN ; *Enfance délinquante,* par BONFILS et BOURGEOIS-ITIER.

BIBL. GÉN. ▸ ARCHER, *Dr. pénal 2011. Étude 24* (réforme du droit des mineurs délinquants). – AUGER, *Gaz. Pal. 2000. Doctr. 661* (statut du mineur délinquant). – AUTESSERRE, *RSC 2003. 309* (à quoi sert le casier judiciaire des mineurs ?) ; *ibid. 2009. 359* (audition de la FNAPTE devant la commission Varinard). – BARATTA, *Rev. pénit. 2012. 755* (les adolescents auteurs de violences sexuelles : état des connaissances en 2012). – BONFILS, *JCP 2004. I. 140* (les dispositions relatives aux mineurs de la loi n° 2004-204 du 9 mars 2004 dite Perben II) ; *Dr. pénal 2007. Étude 25* (libres propos sur la situation du mineur délinquant devenu majeur) ; *D. 2009. Pan. 1918* (projet de réforme de l'ordonnance du 2 février 1945, rapport Varinard remis le 3 décembre 2008). – CASTAIGNÈDE, *D. 2003. Chron. 779* (la loi du 9 septembre 2002). – CASTELLA et SANCHEZ, *Dr. fam. 2002. Chron. 28* (la réforme de la justice pénale des mineurs par la loi du 9 sept. 2002). – CHAZAL, *RSC 1975. 891* (ordonnance du 2 févr. 1945) ; *ibid. 1979. 405* (protection judiciaire des mineurs). – COLONNA D'ISTRIA, *RDSS 1997. Chron. 154* (réflexions sur la loi du 1er juill. 1996). – COUDERT, *Dr. pénal 2003. Chron. 8.* – DESLOGES, *AJ pénal 2004. 27* (vivons-nous un retour à l'enfermement des mineurs délinquants ?). – DESPREZ, *D. 2007. Point de vue 2679* (de la garde à vue du mineur de seize ans dans le cadre de l'enquête pour criminalité organisée). – FOSSIER, *LPA 1999, n° 238, p. 11* (justice des mineurs et travail des enfants). – O. GAN-SJVL, *Gaz. Pal. 1999. 1. Doctr. 101* (responsabilité délictuelle du fait des agissements d'un mineur faisant l'objet d'une mesure de placement). – GAZAGNES, *Gaz. Pal. 2000. Doctr. 1147* (la responsabilité de l'État du fait des délits commis par les mineurs délinquants non emprisonnés). – GALLARDO, *RSC 2017. 713* (incohérences du droit pénal des mineurs contemporain). – GIACOPELLI, *JCP 2003. I. 139* (les dispositions procédurales de la loi n° 2002-1138 du 9 sept. 2002 applicables aux mineurs et majeurs délinquants). – GIUDICELLI, *RSC 1997. Chron. 29* (présentation de la loi du 1er juill. 1996). – GRILLE, *AJ pénal 2010. 23* (droit pénitentiaire des mineurs à l'épreuve des nouveaux EPM : pratiques professionnelles et usages du droit en prison). – JASPART, *RSC 2010. 482* (l'enfermement des mineurs poursuivis par la justice. Ethnographie de trois institutions en Belgique). – LAZERGES, *RSC 1991. 414* (seuils d'âge et responsabilité pénale en Europe) ; *ibid. 2008. Chron. 200* (mutation du modèle protectionniste de justice des mineurs) ; *ibid. 2011. 728* (démolition méthodique de la justice des mineurs devant le Conseil constitutionnel). – F. LE GUNEHEC, *JCP 1996. Actu. 30-35* (aperçu rapide sur la loi du 1er juill. 1996). – PEYRAT, *AJ pénal 2006. 350* (le rappel à l'ordre, modèle de la nouvelle prévention ?). – POUYANNE, *Dr. pénal 2003. Chron. 14* (le nouveau droit pénal intéressant les mineurs, ou la difficulté d'être entre protection et répression). – RENUCCI, *RSC 2000. 79* (passé et avenir du droit pénal des mineurs). – RIBEYRE, *ibid. 2008. Chron. 857* (limitation du principe d'atténuation de la responsabilité pénale des mineurs de plus de seize ans). – ROSENCZVEIG, *D. 2008. Entretien 1536* (la refondation de l'ordonnance sur la jeunesse délinquante). – SALAS, *RSC 1993. 238* (justice pénale des mineurs). – TAMION, *LPA 2001, n° 140* (la loi du 15 juin 2000 sur la présomption d'innocence et le mineur auteur d'infraction).

▸ **Dossiers :** « Les mineurs délinquants », *AJ pénal 2005. 45* ; « Réforme de l'ordonnance de 1945 : le rapport Varinard », *ibid. 2009. 9* ; « Réforme de la justice des mineurs », *Dr. pénal 2008, n°s 5, 6 et 7* ; « La justice des mineurs », *AJ pénal 2012. 311 s.* ; « Dix ans d'évolution de la justice pénale des mineurs : bilan et perspectives », *Dr. pénal 2012. Études 17 à 22* (Étude 17 : Les sources du droit pénal des mineurs, par les étudiants du master II « droit pénal et sciences criminelles de l'université Toulouse I ; Étude 18 : la primauté de l'éducation sur la répression, par *Philippe Bonfils* ; Étude 19 : l'atténuation de la responsabilité pénale des mineurs, par Clément Margaine ; Étude 20 : la spécialisation des juridictions et des procédures dans les affaires de mineurs, par Élise Letouzey ; Étude 21 : le juge des enfants : pièce maîtresse ou simple juge spécialisé de la justice pénale des mineurs ?, par Marie-Cécile Guérin ; Étude 22 : La progressivité de la réponse pénale à la délinquance des mineurs au stade sententiel, par les étudiants du master II de droit pénal de Bordeaux).

▸ **Loi n° 2011-1940 du 26 déc. 2011 visant à instaurer un service citoyen pour les mineurs délinquants :** BUISSON, *Procédures 2012, n° 44* (du service citoyen pour les mineurs délinquants).

▸ **Loi n° 2011-939 du 10 août 2011 sur la participation des citoyens au fonctionnement de la justice pénale et le jugement des mineurs :** BONFILS, *D. 2011. Chron. 2286*. – CHAVENT-LECLÈRE, *Procédures 2011. Étude 11.* – MAUGAIN, *Dr. pénal 2011. Étude 21* (la participation des citoyens au fonctionnement de la justice pénale). – PRADEL, *JCP 2011. 1587* (encore des aménagements à la procédure pénale applicable aux mineurs).

▸ **Loi nº 2007-293 du 5 mars 2007 relative à la protection de l'enfance :** GOUTTENOIRE, *D. 2007. Chron. 1090*.

▸ **Loi nº 2007-297 du 5 mars 2007 relative à la prévention de la délinquance :** BONFILS, *AJ pénal 2007. 209* ; *D. 2007. Chron. 1027*. – BOULOC, *RSC 2007. Chron. 585*. – CONTE, *Dr. pénal 2007. Étude 7*. – DE LAMY, *RSC 2008. Chron. 133* (droit pénal des mineurs : une singularité limitée). – SULTAN, *AJ pénal 2007. 215*. – ROSENCZVEIG, *D. 2007. Entretien 640*.

▸ **Dossier :** « La loi nº 2007-297 du 5 mars 2007 relative à la prévention de la délinquance », *AJ pénal 2007. 205*.

Code de la justice pénale des mineurs

L'Ord. nº 45-174 du 2 févr. 1945 est abrogée à compter du 30 sept. 2021 (Ord. nº 2019-950 du 11 sept. 2020, art. 7 et 9, mod. par L. nº 2020-734 du 17 juin 2020, art. 25, et L. nº 2021-218 du 26 févr. 2021, art. 2). Les dispositions du code de la justice pénale des mineurs, relatives à la procédure pénale, sont applicables aux poursuites engagées à compter de son entrée en vigueur. Les poursuites engagées avant cette date se poursuivent jusqu'à leur terme conformément aux dispositions du code de procédure pénale et de l'ordonnance nº 45-174 du 2 févr. 1945 relative à l'enfance délinquante dans leur version applicable avant cette date. Toutefois, les dispositions du code de la justice pénale des mineurs relatives aux mesures éducatives et aux mesures de sûreté, lorsqu'elles sont plus favorables aux mineurs à l'encontre desquels ces poursuites sont engagées, s'appliquent immédiatement (Ord. préc., art. 10 et L. nº 2021-218 du 26 févr. 2021, art. 18).

L'Ord. nº 2019-950 du 11 sept. 2019 a été ratifiée par la L. nº 2021-218 du 26 févr. 2021, qui a également reporté son entrée en vigueur du 31 mars au 30 sept. 2021. La L. nº 2021-218 du 26 févr. 2021 a encore ajouté à l'Ord. nº 2019-950 du 11 sept. 2019 un art. 8-2 aux termes duquel « Deux ans après l'entrée en vigueur de la présente ordonnance, le Gouvernement remet au Parlement un rapport sur l'application du code de la justice pénale des mineurs, précisant notamment les éventuelles avancées et difficultés rencontrées et préconisant, le cas échéant, des mesures complémentaires ou correctives » (L. préc., art. 18).

S'agissant des dispositions d'urgence mises en place pour faire face à l'épidémie de covid-19, V. App., vº État d'urgence sanitaire.

PREMIÈRE PARTIE : *LÉGISLATIVE*

(Ord. nº 2019-950 du 11 sept. 2019)

RÉP. PÉN. v^is *Enfance*, par GOUTTENOIRE et GUÉRIN ; *Enfance délinquante*, par BONFILS et BOURGEOIS-ITIER.

Art. préliminaire Le présent code régit les conditions dans lesquelles la responsabilité pénale des mineurs est mise en œuvre, en prenant en compte *(L. nº 2021-218 du 26 févr. 2021, art. 3)* « , dans leur intérêt supérieur, » l'atténuation de cette responsabilité en fonction de leur âge et la nécessité de rechercher leur relèvement éducatif et moral par des mesures adaptées à leur âge et leur personnalité, prononcées par une juridiction spécialisée ou selon des procédures appropriées.

TITRE PRÉLIMINAIRE DES PRINCIPES GÉNÉRAUX DE LA JUSTICE PÉNALE DES MINEURS

CHAPITRE PREMIER *DES PRINCIPES GÉNÉRAUX DU DROIT PÉNAL APPLICABLE AUX MINEURS*

Art. L. 11-1 Lorsqu'ils sont capables de discernement, les mineurs, au sens de l'article 388 du code civil, sont pénalement responsables des crimes, délits ou contraventions dont ils sont reconnus coupables.

Les mineurs de moins de treize ans sont présumés ne pas être capables de discernement. Les mineurs âgés d'au moins treize ans sont présumés être capables de discernement.

(L. nº 2021-218 du 26 févr. 2021, art. 4) « Est capable de discernement le mineur qui a compris et voulu son acte et qui est apte à comprendre le sens de la procédure pénale dont il fait l'objet. »

Art. L. 11-2 Les décisions prises à l'égard des mineurs tendent à leur relèvement éducatif et moral ainsi qu'à la prévention de la récidive et à la protection de l'intérêt des victimes.

Art. L. 11-3 Les mineurs déclarés coupables d'une infraction pénale peuvent faire l'objet de mesures éducatives et, si les circonstances et leur personnalité l'exigent, de peines. – *[Ord. nº 45-174 du 2 févr. 1945, art. 2, al. 1er et 2, ecqc les sanctions éducatives et peines.]*

Art. L. 11-4 Aucune peine ne peut être prononcée à l'encontre d'un mineur de moins de treize ans. – *[Ord. nº 45-174 du 2 févr. 1945, art. 2, al. 2, ecqc le mineur de treize ans ; art. 18.]*

Art. L. 11-5 Les peines encourues par les mineurs sont diminuées conformément aux dispositions du présent code. – *[Ord. nº 45-174 du 2 févr. 1945, art. 2, al. 2, ecqc l'atténuation de responsabilité.]*

CHAPITRE II *DES PRINCIPES GÉNÉRAUX DE LA PROCÉDURE PÉNALE APPLICABLE AUX MINEURS*

Art. L. 12-1 Les crimes, délits et contraventions de la cinquième classe reprochés à un mineur sont instruits et jugés par des juridictions et chambres spécialisées ou spécialement désignées ou composées, devant lesquelles les procédures sont adaptées.

Ces juridictions et chambres sont :

1º Le juge des enfants ;

2º Le tribunal pour enfants ;

3º Le juge d'instruction chargé spécialement des affaires concernant les mineurs ;

(L. nº 2021-218 du 26 févr. 2021, art. 5) « 3º *bis* Le juge des libertés et de la détention chargé spécialement des affaires concernant les mineurs ; »

4º La cour d'assises des mineurs ;

5º La chambre spéciale des mineurs de la cour d'appel ;

6º La chambre de l'instruction spécialement composée en matière d'affaires concernant les mineurs.

Le conseiller de la cour d'appel délégué à la protection de l'enfance fait partie des chambres mentionnées aux 5º et 6º. – *[Ord. nº 45-174 du 2 févr. 1945, art. 1er.]*

Art. L. 12-2 L'action publique relative à des crimes, délits ou contraventions de la cinquième classe reprochés à un mineur est exercée par des magistrats désignés chargés spécialement des affaires concernant les mineurs.

Les fonctions du ministère public sont remplies par le procureur général ou un magistrat du ministère public spécialement chargé des affaires concernant les mineurs. – *[Ord. nº 45-174 du 2 févr. 1945, art. 20, al. 3.]*

Art. L. 12-3 La publicité des audiences des juridictions statuant à l'égard des mineurs est restreinte dans les conditions déterminées par le présent code. – *[Ord. nº 45-174 du 2 févr. 1945, art. 8, al. 10 ; art. 14, al. 1er et 2 ; art. 20, al. 8 ; art. 21, al. 1er.]*

Art. L. 12-4 Le mineur poursuivi ou condamné est assisté d'un avocat.

Le mineur participe au choix de son avocat ou *(L. nº 2021-218 du 26 févr. 2021, art. 6)* « effectue ce choix » dans les conditions prévues par le présent code.

Lorsqu'un avocat a été désigné d'office, dans la mesure du possible, le mineur est assisté par le même avocat à chaque étape de la procédure. – *[Ord. nº 45-174 du 2 févr. 1945, art. 4-1.]*

Art. L. 12-5 Dans les conditions fixées par le présent code, les responsables légaux reçoivent les mêmes informations que celles qui doivent être communiquées au mineur au cours de la procédure. Le mineur en est informé.

Le mineur suspecté ou poursuivi a le droit d'être accompagné par ses représentants légaux conformément aux dispositions du présent code. – *[Ord. nº 45-174 du 2 févr. 1945, art. 6-2, I, al. 1er à 3.]*

Art. L. 12-6 Le droit d'opposition, d'appel ou de recours en cassation est exercé soit par le mineur, soit par son représentant légal. – *[Ord. nº 45-174 du 2 févr. 1945, art. 24, al. 4.]*

CHAPITRE III *DISPOSITIONS COMMUNES*

Art. L. 13-1 Les dispositions législatives et réglementaires *(L. nº 2021-218 du 26 févr. 2021, art. 6)* « en matière » de droit pénal et de procédure pénale, notamment celles du code pénal *(Ord. nº 2022-478 du 30 mars 2022, art. 4, en vigueur le 1er mai 2022)* « , du code de procédure pénale et du code pénitentiaire », sont applicables aux mineurs, sauf lorsqu'il en est disposé autrement par les dispositions du présent code.

Pour l'application aux mineurs des dispositions du code pénal *(Ord. nº 2022-478 du 30 mars 2022, art. 4, en vigueur le 1er mai 2022)* « , du code de procédure pénale et du code pénitentiaire », les références aux juridictions compétentes à l'égard des majeurs s'entendent comme des références aux juridictions compétentes à l'égard des mineurs, telles qu'elles sont définies par le présent code.

Art. L. 13-2 A moins que le présent code n'en dispose autrement, la juridiction compétente, la procédure applicable ainsi que les mesures et peines encourues sont déterminées selon l'âge du mineur à la date des faits.

Art. L. 13-3 En aucune circonstance, l'identité ou l'image d'un mineur mis en cause dans une procédure pénale ne peuvent être, directement ou indirectement, rendues publiques.

Art. L. 13-4 Il peut être proposé à la victime et à l'auteur de l'infraction de recourir à la justice restaurative, conformément à l'article 10-1 du code de procédure pénale, à l'occasion de toute procédure concernant un mineur et à tous les stades de celle-ci, y compris lors de l'exécution de la peine, sous réserve que les faits aient été reconnus.

La justice restaurative ne peut être mise en œuvre que si le degré de maturité et la capacité de discernement du mineur le permettent, et après avoir recueilli le consentement des représentants légaux.

LIVRE PREMIER DES MESURES ÉDUCATIVES ET DES PEINES

TITRE PREMIER DES MESURES ÉDUCATIVES

CHAPITRE PREMIER *DISPOSITIONS COMMUNES*

Art. L. 111-1 Les mesures éducatives encourues par un *(L. nº 2021-218 du 26 févr. 2021, art. 7)* « enfant ou un adolescent » à titre de sanction sont :

1º L'avertissement judiciaire ;

2º La mesure éducative judiciaire. — *[Ord. nº 45-174 du 2 févr. 1945, art. 8, al. 13, 14, 15 ; art. 16 ; art. 16 bis, al. 1er.]*

Art. L. 111-2 Le juge des enfants, le tribunal pour enfants et la cour d'assises des mineurs peuvent prononcer un avertissement judiciaire et une mesure éducative judiciaire. Un avertissement judiciaire peut être prononcé cumulativement avec une mesure éducative judiciaire qui ne peut comporter que le module de réparation. Si un avertissement judiciaire a déjà été prononcé à l'égard du mineur pour une infraction identique ou assimilée au regard des règles de la récidive commise moins d'un an avant la commission de la nouvelle infraction, il ne peut être prononcé seul.

Le tribunal de police peut prononcer un avertissement judiciaire. — *[Ord. nº 45-174 du 2 févr. 1945, art. 8, al. 18 ; art. 21, al. 2 et 3.]*

Art. L. 111-3 Pour les contraventions de la cinquième classe, les délits et les crimes, une mesure éducative peut être prononcée cumulativement avec une peine. *(Abrogé par L. nº 2021-218 du 26 févr. 2021, art. 7) « sous les réserves suivantes :*

« 1º Lorsque le juge des enfants ou le tribunal pour enfants prononce une mesure éducative judiciaire cumulativement avec une peine autre qu'une peine d'amende, de travail d'intérêt général ou d'emprisonnement avec sursis, il ne peut assortir la mesure éducative judiciaire que des modules prévus au 1º à 4º de l'article L. 112-2 ;

« 2º Lorsque la cour d'assises des mineurs prononce une mesure éducative judiciaire cumulativement avec une peine, elle ne peut assortir la mesure éducative judicaire que des modules prévus au 1º à 4º de l'article L. 112-2. » — *[Ord. nº 45-174 du 2 févr. 1945, art. 2, al. 2, dern. phrase ; art. 2, al. 4.]*

Art. L. 111-4 Les décisions prononçant une mesure éducative sont exécutoires par provision. — *[Ord. nº 45-174 du 2 févr. 1945, art. 22, al. 1er.]*

Art. L. 111-5 Les mesures éducatives prononcées à l'égard d'un mineur ne peuvent constituer le premier terme de récidive. — *[Ord. nº 45-174 du 2 févr. 1945, art. 20-2, al. 3.]*

Art. L. 111-6 En matière contraventionnelle ou correctionnelle, une dispense de mesure éducative peut être accordée lorsqu'il apparaît que le reclassement du mineur est acquis, que le dommage causé est réparé et que le trouble résultant de l'infraction a cessé.

Le juge des enfants ou le tribunal pour enfants peut prononcer une déclaration de réussite éducative à l'égard du mineur qui, dans le cadre d'une mise à l'épreuve éducative, a pleinement respecté les obligations qui lui étaient alors imposées.

Ces décisions ne peuvent constituer le premier terme d'une récidive.

La juridiction qui prononce une dispense de mesure éducative ou une déclaration de réussite éducative peut décider que sa décision ne sera pas mentionnée au casier judiciaire. – *[Ord. n° 45-174 du 2 févr. 1945, art. 8, al. 12.]*

CHAPITRE II *DE LA MESURE ÉDUCATIVE JUDICIAIRE*

SECTION PREMIÈRE *DISPOSITIONS GÉNÉRALES*

Art. L. 112-1 La mesure éducative judiciaire vise la protection du mineur, son assistance, son éducation, son insertion et son accès aux soins. – *[Ord. n° 45-174 du 2 févr. 1945, art. 16 bis, al. 2.]*

Art. L. 112-2 La mesure éducative judiciaire consiste en un accompagnement individualisé du mineur construit à partir d'une évaluation de sa situation personnelle, familiale, sanitaire et sociale. La juridiction peut également prononcer *(Abrogé par L. n° 2021-218 du 26 févr. 2021, art. 7)* « l' » un ou plusieurs des modules, interdictions ou obligations suivants :

1° Un module d'insertion ;

2° Un module de réparation ;

3° Un module de santé ;

4° Un module de placement ;

5° Une interdiction de paraître pour une durée qui ne saurait excéder un an, dans le ou les lieux dans lesquels l'infraction a été commise et qui sont désignés par la juridiction, à l'exception des lieux dans lesquels le mineur réside habituellement ;

6° Une interdiction d'entrer en contact avec la victime ou les coauteurs ou complices, désignés par la juridiction, pour une durée d'un an maximum ;

7° Une interdiction d'aller et venir sur la voie publique entre *(L. n° 2021-218 du 26 févr. 2021, art. 7)* « 22 » heures et *(L. n° 2021-218 du 26 févr. 2021, art. 7)* « 6 » heures sans être accompagné de l'un de ses représentants légaux, pour une durée de six mois maximum ;

8° L'obligation de remettre un objet détenu ou appartenant au mineur et ayant servi à la commission de l'infraction ou qui en est le produit ;

9° L'obligation de suivre un stage de formation civique, d'une durée qui ne peut excéder un mois, ayant pour objet de rappeler au mineur les obligations résultant de la loi. *(L. n° 2022-299 du 2 mars 2022, art. 15)* « Ce stage peut comporter un volet spécifique de sensibilisation aux risques liés au harcèlement scolaire. » – *[Ord. n° 45-174 du 2 févr. 1945, art. 15-1.]*

Art. L. 112-3 Les modules mentionnés aux 1° à 4° de l'article L. 112-2 *(L. n° 2021-218 du 26 févr. 2021, art. 7)* « et les obligations et interdictions mentionnées aux 5° à 9° du même article L. 112-2 » peuvent être prononcés alternativement ou cumulativement. *(Abrogé par L. n° 2021-218 du 26 févr. 2021, art. 7)* ***« Toutefois, lorsqu'il consiste en un accueil de jour, le module d'insertion ne peut être prononcé cumulativement avec le module de placement.***

« Les obligations et interdictions mentionnées au 5° à 9° de l'article L. 112-2 peuvent être prononcées, alternativement ou cumulativement, entre elles et avec les modules mentionnés aux 1°, 2° et 4° de l'article L. 112-2. »

Toutefois, seuls les mineurs de plus de dix ans encourent une mesure éducative judiciaire comportant l'une ou plusieurs des interdictions et obligations mentionnées aux 5° à 9° de l'article L. 112-2.

Art. L. 112-4 La mesure éducative judiciaire est prononcée pour une durée n'excédant pas cinq années, sans préjudice de l'application des dispositions des articles L. 112-6, deuxième alinéa, L. 112-9 et L. 112-15, troisième et quatrième alinéas.

Elle peut être prononcée même si l'intéressé est devenu majeur au jour de la décision mais prend fin au plus tard lorsqu'il atteint vingt et un ans, sans préjudice de l'application des dispositions des articles L. 112-6, deuxième alinéa, et L. 112-15, dernier alinéa. – *[Ord. n° 45-174 du 2 févr. 1945, art. 16 bis, al. 1er.]*

SECTION II DES MODULES DE LA MESURE ÉDUCATIVE JUDICIAIRE

SOUS-SECTION 1 DU MODULE D'INSERTION

Art. L. 112-5 Le module d'insertion consiste en une orientation du mineur vers une prise en charge scolaire ou visant à son insertion sociale, scolaire ou professionnelle, adaptée à ses besoins. Il peut également consister en :

1° Un accueil de jour ;

2° Un placement dans un internat scolaire ;

3° Un placement dans une institution ou un établissement public ou privé d'enseignement ou de formation professionnelle, habilité. – *[Ord. n° 45-174 du 2 févr. 1945, art. 8, al. 17 ; art. 15, al. 6 et 7 ; art. 15-1, al. 11 ; art. 16, al. 3 ; art. 16, al. 7.]*

Art. L. 112-6 L'accueil de jour du mineur consiste en une prise en charge continue en journée aux fins d'insertion sociale, professionnelle ou scolaire. Il est mis en œuvre par un établissement ou service du secteur public de la protection judiciaire de la jeunesse ou une structure habilitée.

La décision fixe la durée de la mesure, qui ne peut excéder un an, ainsi que ses modalités d'exercice. Cette mesure ne peut être prononcée, poursuivie ou renouvelée après la majorité de l'intéressé qu'avec son accord.

A l'échéance fixée, la personne ou le service auquel la mesure d'accueil de jour a été confiée informe par écrit la juridiction compétente et le service de la protection judiciaire de la jeunesse de l'exécution de la prise en charge. – *[Ord. n° 45-174 du 2 févr. 1945, art. 16 ter.]*

Art. L. 112-7 Les dispositions prévues à l'article L. 112-15 sont applicables au prononcé des placements mentionnés aux 2° et 3° de l'article L. 112-5.

SOUS-SECTION 2 DU MODULE DE RÉPARATION

Art. L. 112-8 Le module de réparation peut consister en :

1° Une activité d'aide ou de réparation à l'égard de la victime ou dans l'intérêt de la collectivité ;

2° Une médiation entre le mineur et la victime. – *[Ord. n° 45-174 du 2 févr. 1945, art. 12-1.]*

Art. L. 112-9 La juridiction recueille les observations du mineur et, dans la mesure du possible, de ses représentants légaux avant de prononcer un module de réparation. Elle fixe, dans sa décision, la durée de ce module qui ne peut excéder un an. – *[Ord. n° 45-174 du 2 févr. 1945, art. 12-1.]*

Art. L. 112-10 La mise en œuvre du module de réparation peut être confiée à la protection judiciaire de la jeunesse ou à un service ou une personne habilité dans des conditions fixées par décret en *(L. n° 2021-218 du 26 févr. 2021, art. 7)* « Conseil » d'État.

L'activité d'aide ou de réparation ne peut être mise en œuvre à l'égard de la victime qu'avec l'accord de celle-ci.

La médiation est mise en œuvre à la demande ou avec l'accord de la victime.

Au terme du délai fixé par la décision, le service ou la personne chargé de sa mise en œuvre informe par écrit la juridiction de l'exécution du module. – *[Ord. n° 45-174 du 2 févr. 1945, art. 12-1.]*

SOUS-SECTION 3 DU MODULE DE SANTÉ

Art. L. 112-11 Le module de santé peut consister en :

1° Une orientation du mineur vers une prise en charge sanitaire adaptée à ses besoins ;

2° Un placement dans un établissement de santé, à l'exclusion des services de psychiatrie ;

3° Un placement dans un établissement médico-social. – *[Ord. n° 45-174 du 2 févr. 1945, art. 15, al. 4 ; art. 16, al. 4.]*

Art. L. 112-12 Le placement dans un établissement de santé mentionné au 2° de l'article L. 112-11 est prononcé dans les conditions prévues à l'article L. 112-15 au vu d'un avis médical circonstancié d'un médecin extérieur à cet établissement. Lorsque le médecin de l'établissement d'accueil certifie que l'hospitalisation n'est plus nécessaire, le juge des enfants statue sans délai sur la mesure de placement.

Art. L. 112-13 Le placement dans un établissement médico-social mentionné au 3° de l'article L. 112-11 est prononcé dans les conditions prévues à l'article L. 112-15 au vu

d'une décision d'orientation de la commission des droits et de l'autonomie des personnes handicapées prise dans les conditions prévues à l'article L. 241-6 du code de l'action sociale et des familles.

SOUS-SECTION 4 *DU MODULE DE PLACEMENT*

Art. L. 112-14 **Au titre du module de placement, le mineur peut être confié :**

1° A un membre de sa famille ou une personne digne de confiance *(Abrogé par L. n° 2021-218 du 26 févr. 2021, art. 7)* ***« ainsi qu'au service de l'aide sociale à l'enfance » ;***

2° A un établissement du secteur public de la protection judiciaire de la jeunesse, à l'exclusion des établissements mentionnés à l'article L. 113-7 ;

3° A une institution ou un établissement éducatif privé habilité, à l'exclusion des établissements mentionnés à l'article L. 113-7. – *[Ord. n° 45-174 du 2 févr. 1945, art. 8, al. 16 ; art. 15, al. 1er, 2, 3 et 5.]*

Art. L. 112-15 **La décision de placement est prise par la juridiction après avoir procédé à l'audition du mineur et de ses représentants légaux lors d'une audience.**

Toutefois, en cas d'urgence, le juge des enfants peut prononcer un placement sans avoir procédé à l'audition des parties. Dans ce cas, il les convoque à une date qui ne peut être fixée au-delà d'un délai de quinze jours à compter de la décision.

Le placement est prononcé par une ordonnance qui détermine le lieu de placement *(L. n° 2021-218 du 26 févr. 2021, art. 7)* **« et » en fixe la durée** *(L. n° 2021-218 du 26 févr. 2021, art. 7)* **« , » qui ne peut excéder un an** *(L. n° 2021-218 du 26 févr. 2021, art. 7)* **« , ainsi que » les modalités du droit de visite et d'hébergement des parents.**

Ce placement peut être renouvelé selon les modalités prévues au présent article.

Lorsqu'il a été prononcé à l'égard d'un mineur, le placement ne peut se poursuivre après la majorité de l'intéressé qu'avec son accord. – *[Ord. n° 45-174 du 2 févr. 1945, art. 16 bis, al. 4.]*

CHAPITRE III *DU RÉGIME DU PLACEMENT*

SECTION PREMIÈRE *DISPOSITIONS GÉNÉRALES*

Art. L. 113-1 **Les père et mère du mineur bénéficiant d'une mesure de placement au titre du présent code continuent à exercer tous les attributs de l'autorité parentale qui ne sont pas inconciliables avec cette mesure. Toutefois, la personne, le service ou l'établissement auquel l'enfant est confié accomplit tous les actes usuels relatifs à sa surveillance et à son éducation.**

Sans préjudice de l'alinéa précédent, le juge compétent pour statuer sur le placement peut exceptionnellement, dans tous les cas où l'intérêt de l'enfant le justifie, autoriser la personne, le service ou l'établissement auquel est confié le mineur à exercer un acte relevant de l'autorité parentale en cas de refus abusif ou injustifié ou en cas de négligence des détenteurs de l'autorité parentale, à charge pour le demandeur de rapporter la preuve de la nécessité de cette mesure. – *[Ord. n° 45-174 du 2 févr. 1945, art. 40, al. 5 et 6.]*

Art. L. 113-2 **Lorsque le mineur est remis à une personne autre que les titulaires de l'autorité parentale ou la personne** *(L. n° 2021-218 du 26 févr. 2021, art. 7)* **« à laquelle il était confié », la décision détermine la part des frais d'entretien et de placement restant à leur charge.**

Ces frais sont recouvrés comme frais de justice criminelle au profit du Trésor. Les allocations familiales, majorations et allocations d'assistance auxquelles le mineur ouvre droit seront versées directement par l'organisme débiteur à la personne ou à l'établissement qui accueille le mineur le temps du placement. Toutefois, le juge des enfants peut maintenir le versement des allocations familiales à la famille lorsque celle-ci participe à la prise en charge morale ou matérielle de l'enfant, ou en vue de faciliter le retour de l'enfant dans son foyer.

Lorsque le mineur est confié à l'aide sociale à l'enfance, la part des frais d'entretien et de placement qui n'incombe pas à la famille est mise à la charge du Trésor *(L. n° 2021-218 du 26 févr. 2021, art. 7)* **« public ».** – *[Ord. n° 45-174 du 2 févr. 1945, art. 34, al. 1er ; art. 40, al. 1er à 4.]*

Art. L. 113-3 **Le magistrat du parquet spécialement désigné et le juge des enfants visitent au moins une fois par an les établissements publics ou privés accueillant des mineurs délinquants situés sur le ressort de la juridiction pour mineurs.** – *[Décr. n° 46-734 du 16 avr. 1946, art. 30, al. 2.]*

Art. L. 113-4 Les députés et les sénateurs ainsi que les représentants au Parlement européen élus en France sont autorisés à visiter, à tout moment, les établissements publics ou privés accueillant des mineurs en application des dispositions du présent code. – *[Ord. n° 45-174 du 2 févr. 1945, art. 35.]*

Art. L. 113-5 Les magistrats ou juridictions qui ordonnent ou assurent le suivi du placement d'un mineur en application du présent code ou les magistrats qui sont chargés de l'exécution de cette décision peuvent requérir directement la force publique pour faire exécuter cette décision, durant la minorité de l'intéressé. – *[Ord. n° 45-174 du 2 févr. 1945, art. 43.]*

Art. L. 113-6 Toute personne souhaitant, à titre habituel, accueillir des mineurs en application du présent code doit solliciter au préalable une habilitation spéciale auprès du représentant de l'État dans le département, selon des modalités fixées par décret en Conseil d'État. – *[Ord. n° 45-174 du 2 févr. 1945, art. 39.]*

SECTION II *DES CENTRES ÉDUCATIFS FERMÉS*

Art. L. 113-7 Les centres éducatifs fermés sont des établissements publics ou des établissements privés habilités dans des conditions prévues par décret en Conseil d'État, dans lesquels les mineurs sont placés en application d'un contrôle judiciaire, d'un sursis probatoire, d'un placement à l'extérieur ou à la suite d'une libération conditionnelle. Au sein de ces centres, les mineurs font l'objet des mesures de surveillance et de contrôle permettant d'assurer un suivi éducatif et pédagogique renforcé et adapté à leur personnalité.

Le magistrat ou la juridiction peut, durant le temps et selon les modalités qu'il détermine, autoriser l'établissement à organiser un accueil temporaire du mineur dans d'autres lieux afin de préparer la fin du placement ou de prévenir un incident grave.

La violation des obligations auxquelles le mineur est astreint en vertu des mesures qui ont entraîné son placement dans le centre, y compris en cas d'accueil temporaire dans un autre lieu, peut entraîner le placement en détention provisoire ou l'emprisonnement du mineur.

L'habilitation prévue au premier alinéa ne peut être délivrée qu'aux établissements offrant une éducation et une sécurité adaptées à la mission des centres ainsi que la continuité du service.

Le juge des enfants prend toute mesure permettant d'assurer la continuité de la prise en charge éducative du mineur en vue de sa réinsertion durable dans la société, à l'issue du placement en centre éducatif fermé ou en cas de révocation du contrôle judiciaire ou du sursis probatoire.

(L. n° 2021-218 du 26 févr. 2021, art. 8) « Lorsque la place occupée par un mineur suite à une décision de placement reste vacante pendant une durée excédant sept jours, l'établissement accueillant le mineur concerné saisit d'une demande de mainlevée spécialement motivée le magistrat chargé de l'exécution de cette décision, qui statue sans délai.

« Des activités culturelles et socioculturelles sont organisées dans les établissements mentionnés au premier alinéa. Elles ont notamment pour objet de développer les moyens d'expression, les connaissances et les aptitudes des mineurs placés dans des centres éducatifs fermés. Les modalités d'application du présent alinéa sont définies par décret. » – *[Ord. n° 45-174 du 2 févr. 1945, art. 33.]*

Art. L. 113-8 *(L. n° 2021-218 du 26 févr. 2021, art. 7)* A chaque entrée d'un mineur dans un établissement relevant du secteur public ou habilité de la protection judiciaire de la jeunesse, le directeur de l'établissement ou les membres du personnel de l'établissement spécialement désignés par lui peuvent procéder au contrôle visuel des effets personnels du mineur, aux fins de prévenir l'introduction au sein de l'établissement d'objets ou de substances interdits ou constituant une menace pour la sécurité des personnes ou des biens. Au sein de ces établissements, ces mêmes personnels peuvent, aux mêmes fins, procéder à l'inspection des chambres où séjournent ces mineurs. Cette inspection se fait en présence du mineur sauf impossibilité pour celui-ci de se trouver dans l'établissement. Le déroulé de cette inspection doit être consigné dans un registre tenu par l'établissement à cet effet. Ces mesures s'effectuent dans le respect de la dignité des personnes et selon les principes de nécessité et de proportionnalité.

TITRE DEUXIÈME DES PEINES

CHAPITRE PREMIER *DES PEINES ENCOURUES*

Art. L. 121-1 Les peines suivantes ne sont pas applicables aux mineurs :

1° La peine d'interdiction du territoire français ;

2° La peine de *(L. n° 2021-218 du 26 févr. 2021, art. 9)* **« jours-amende » ;**

3° Les peines d'interdiction des droits civiques, civils et de famille, d'interdiction d'exercer une fonction publique ou une activité professionnelle ou sociale, d'interdiction de séjour, de fermeture d'établissement, d'exclusion des marchés publics ;

4° Les peines d'affichage ou de diffusion de la condamnation.

Aucune interdiction, déchéance ou incapacité ne peut résulter de plein droit d'une condamnation pénale prononcée à l'encontre d'un mineur. — *[Ord. n° 45-174 du 2 févr. 1945, art. 20-4 ; art. 20-6.]*

Art. L. 121-2 Les articles 132-60 à 132-70-3 du code pénal ne sont pas applicables aux mineurs, à l'exception, pour les articles 132-60 à *(L. n° 2021-218 du 26 févr. 2021, art. 9)* **« 132-62 » du même code, des procédures jugées devant le tribunal de police.** — *[Ord. n° 45-174 du 2 févr. 1945, art. 24-8.]*

Art. L. 121-3 Le tribunal de police qui constate que la contravention imputée à un mineur âgé d'au moins treize ans est établie peut prononcer à son encontre soit :

1° Une dispense de peine ;

2° Une peine d'amende, en faisant application des règles d'atténuation mentionnées à l'article L. 121-6 ;

(L. n° 2021-218 du 26 févr. 2021, art. 9) **« 3° Une des peines complémentaires énumérées à l'article 131-16 du code pénal. »**

*(Abrogé par L. n° 2021-218 du 26 févr. 2021, art. 9) « **Les dispositions de l'article 131-16 du code pénal ne sont pas applicables.** »* — *[Ord. n° 45-174 du 2 févr. 1945, art. 21, al. 2.]*

Art. L. 121-4 Le juge des enfants, statuant en chambre du conseil, peut, sur réquisitions du procureur de la République, si les circonstances et la personnalité du mineur le justifient, condamner un mineur âgé d'au moins treize ans aux peines :

1° De confiscation de l'objet ayant servi à commettre l'infraction ;

2° De stage ;

3° De travail d'intérêt général, si le mineur est âgé d'au moins seize ans au moment du prononcé de la peine.

Art. L. 121-5 Le tribunal pour enfants et la cour d'assises des mineurs ne peuvent prononcer une peine privative de liberté supérieure à la moitié de la peine encourue.

La diminution de moitié de la peine encourue s'applique également aux peines minimales prévues par l'article 132-18 du code pénal.

Si la peine encourue est la réclusion criminelle ou la détention criminelle à perpétuité, elle ne peut être supérieure à vingt ans de réclusion criminelle ou de détention criminelle.

Les dispositions de l'article 132-23 du code pénal relatives à la période de sûreté ne sont pas applicables aux mineurs. — *[Ord. n° 45-174 du 2 févr. 1945, art. 20-2, al. 1er et 4.]*

Art. L. 121-6 Il ne peut être prononcé à l'encontre d'un mineur une peine d'amende supérieure à la moitié de la peine encourue ni une peine d'amende excédant 7 500 euros. — *[Ord. n° 45-174 du 2 févr. 1945, art. 20-3.]*

Art. L. 121-7 Si le mineur est âgé de plus de seize ans, le tribunal de police, le tribunal pour enfants et la cour d'assises des mineurs peuvent, à titre exceptionnel et compte tenu des circonstances de l'espèce et de la personnalité du mineur ainsi que de sa situation, décider qu'il n'y a pas lieu de faire application des règles d'atténuation des peines mentionnées aux articles L. 121-5 et L. 121-6. Cette décision ne peut être prise que par une disposition spécialement motivée.

Lorsqu'il est décidé de faire application du premier alinéa et que la peine encourue est la réclusion ou la détention criminelle à perpétuité, la peine maximale pouvant être prononcée est la peine de trente ans de réclusion criminelle ou de détention criminelle. — *[Ord. n° 45-174 du 2 févr. 1945, art. 20-2, al. 2 ; art. 20-3.]*

CHAPITRE II *DU CONTENU ET DES MODALITÉS D'APPLICATION DE CERTAINES PEINES*

Art. L. 122-1 Les dispositions du code pénal relatives au travail d'intérêt général et au sursis probatoire comportant l'obligation d'effectuer un travail d'intérêt général sont applicables aux mineurs âgés *(L. n° 2021-218 du 26 févr. 2021, art. 9)* **« d'au moins seize » ans au moment de la décision, lorsqu'ils étaient âgés d'au moins treize ans à la date de commission de l'infraction.**

Lorsque cette peine est prononcée par le juge des enfants, il ne peut être fait application des dispositions du *(L. n° 2021-218 du 26 févr. 2021, art. 9)* **« dernier » alinéa de l'article**

131-8 du code pénal relatif au consentement différé ni des dispositions du deuxième alinéa de l'article 131-9 du même code permettant de fixer la durée maximum de l'emprisonnement ou le montant maximum de l'amende encourus en cas d'inexécution par le condamné.

Pour l'application *(L. n° 2021-218 du 26 févr. 2021, art. 9)* « du présent article », les travaux d'intérêt général doivent être adaptés aux mineurs et présenter un caractère formateur ou être de nature à favoriser l'insertion sociale des jeunes condamnés. — *[Ord. n° 45-174 du 2 févr. 1945, art. 20-5, al. 1er, 2 et 3.]*

Art. L. 122-2 En cas de condamnation du mineur à une peine d'emprisonnement assortie d'un sursis probatoire, outre les mesures de contrôle et les obligations prévues aux articles 132-44 et 132-45 du code pénal, la juridiction de jugement peut imposer au condamné l'observation de l'une ou plusieurs des obligations suivantes :

1° Se soumettre aux mesures de protection, d'assistance, de surveillance et d'éducation confiées à un service de la protection judiciaire de la jeunesse ou à un service habilité, mandaté à cette fin par le magistrat ;

2° Respecter les conditions d'un placement éducatif prévu aux articles L. 112-14 et L. 112-15 du présent code ; ce placement peut être modifié pendant toute la durée de l'exécution de la peine par le juge des enfants ;

3° Respecter *(L. n° 2021-218 du 26 févr. 2021, art. 9)* « , » jusqu'à sa majorité, les conditions d'un placement en centre éducatif fermé ; ce placement peut être modifié pendant toute la durée de l'exécution de la peine et jusqu'à la majorité du condamné par le juge des enfants ;

4° Suivre de façon régulière une scolarité ou une formation professionnelle jusqu'à sa majorité ;

5° Accomplir un contrat de service en établissement public d'insertion de la défense mentionné aux articles L. 130-1 à L. 130-5 du code du service national, lorsque le mineur est âgé d'au moins seize ans. Cette obligation ne peut être prononcée contre le prévenu qui la refuse ou qui n'est pas présent à l'audience. Le président du tribunal, avant le prononcé du jugement, vérifie que le prévenu a reçu l'ensemble des informations utiles à la manifestation de son engagement, l'informe de son droit de refuser l'accomplissement d'un contrat de service en établissement public d'insertion de la défense et reçoit sa réponse. —*V. ces dispositions ci-dessous.*

Toutefois, l'obligation prévue au 3° *(L. n° 2021-218 du 26 févr. 2021, art. 9)* « du présent article » ne peut être ordonnée que pour une durée de six mois et ne peut être renouvelée par ordonnance motivée qu'une seule fois pour une durée au plus égale à six mois. *(Abrogé par L. n° 2021-218 du 26 févr. 2021, art. 9) « Lorsque »* L'obligation de placement prévue au 2° *(Abrogé par L. n° 2021-218 du 26 févr. 2021, art. 9) « a été prononcée à l'égard d'un mineur, ce placement »* ne peut se poursuivre après la majorité de l'intéressé qu'avec son accord. — *[Ord. n° 45-174 du 2 févr. 1945, art. 20-10, al. 1er et 2.]*

Art. L. 122-3 En cas de condamnation à un suivi socio-judiciaire, outre les mesures de contrôle et les obligations prévues aux articles 132-44 et 132-45 du code pénal, le mineur peut être soumis aux obligations prévues à l'article L. 122-2 du présent code *(L. n° 2021-218 du 26 févr. 2021, art. 9)* « à l'exception du 3° ».

Le placement sous surveillance électronique mobile à titre de mesure de sûreté n'est pas applicable aux mineurs. — *[Ord. n° 45-174 du 2 févr. 1945, art. 20-10, al. 3.]*

Art. L. 122-4 Lorsqu'une peine de confiscation est prononcée par le juge des enfants, il ne peut être fait application des dispositions du deuxième alinéa de l'article 131-9 du code pénal permettant de fixer la durée maximum de l'emprisonnement ou le montant maximum de l'amende encourus en cas d'inexécution par le condamné.

Art. L. 122-5 Lorsqu'il est fait application d'une peine de stage aux mineurs, le contenu du stage est adapté à l'âge du mineur et la juridiction ne peut ordonner que ce stage soit effectué aux frais du condamné.

(L. n° 2022-299 du 2 mars 2022, art. 15) « Lorsqu'il est prononcé pour une infraction commise dans le cadre de la scolarité, le stage de citoyenneté prévu au 1° de l'article 131-5-1 du code pénal peut comporter un volet spécifique de sensibilisation aux risques liés au harcèlement scolaire. »

Lorsque cette peine est prononcée par le juge des enfants, il ne peut être fait application des dispositions du deuxième alinéa de l'article 131-9 du code pénal permettant de fixer la durée maximum de l'emprisonnement ou le montant maximum de l'amende encourus en cas d'inexécution par le condamné. — *[Ord. n° 45-174 du 2 févr. 1945, art. 20-4-1.]*

Art. L. 122-6 Lorsqu'il est fait application d'une peine de détention à domicile sous surveillance électronique prévue à l'article 131-4-1 du code pénal aux mineurs, le tribunal pour enfants et la cour d'assises des mineurs ne peuvent prononcer à son encontre une peine de détention à domicile sous surveillance électronique supérieure à la moitié de la peine d'emprisonnement encourue, sous réserve de l'application de l'article L. 121-7 du présent code.

Cette peine ne peut être prononcée sans l'accord des représentants légaux *(L. nº 2021-218 du 26 févr. 2021, art. 9)* « chez lesquels le mineur réside », sauf carence de ces derniers ou impossibilité de donner leur consentement.

Cette peine doit être assortie d'une mesure éducative confiée à la protection judiciaire de la jeunesse. — *[Ord. nº 45-174 du 2 févr. 1945, art. 20-2-1.]*

CHAPITRE III *DU PRONONCÉ DES PEINES*

Art. L. 123-1 Une peine d'emprisonnement avec ou sans sursis ne peut être prononcée par le tribunal pour enfants et la cour d'assises des mineurs qu'à la condition que cette peine soit spécialement motivée. — *[Ord. nº 45-174 du 2 févr. 1945, art. 2, al. 3.]*

Art. L. 123-2 Le juge des enfants et le tribunal pour enfants peuvent ordonner l'exécution provisoire de leur décision prononçant une peine autre qu'une peine d'emprisonnement ferme ou assortie d'un sursis partiel et qui ne *(L. nº 2021-218 du 26 févr. 2021, art. 9)* « fait » pas l'objet d'une des mesures d'aménagement prévues aux articles 132-25 à 132-28 du code pénal.

Lorsque le tribunal pour enfants prononce une peine d'emprisonnement ferme ou assortie d'un sursis partiel, il peut décerner mandat de dépôt ou d'arrêt contre le mineur prévenu dans les conditions prévues à l'article 465 ou à l'article 465-1 du code de procédure pénale.

Le tribunal pour enfants peut également maintenir le mineur en détention dans les conditions prévues à l'article 464-1 du même code.

Lorsque le tribunal pour enfants statue dans les conditions *(L. nº 2021-218 du 26 févr. 2021, art. 9)* « prévues au troisième alinéa de l'article L. 423-4 » du présent code et qu'il prononce une peine d'emprisonnement sans sursis à l'égard d'un mineur de moins de seize ans placé sous contrôle judiciaire avec obligation de respecter un placement dans un centre éducatif fermé ou d'un mineur âgé d'au moins seize ans placé sous contrôle judiciaire ou sous assignation à résidence avec surveillance électronique, il peut par décision spécialement motivée, après avoir constaté la violation de la mesure de sûreté, décerner mandat de dépôt ou d'arrêt contre le mineur, quelle que soit la durée de la peine prononcée. — *[Ord. nº 45-174 du 2 févr. 1945, art. 22.]*

CHAPITRE IV *DU RÉGIME D'INCARCÉRATION*

Art. L. 124-1 Les mineurs sont détenus, dans les conditions définies par décret en Conseil d'État, soit au sein du quartier pour mineurs d'un établissement pénitentiaire ou d'une unité spéciale pour *(L. nº 2021-218 du 26 févr. 2021, art. 9)* « mineures » au sein d'une maison d'arrêt, soit dans un établissement pénitentiaire spécialisé pour mineurs, garantissant l'intervention continue d'un service de la protection judiciaire de la jeunesse. — *[Ord. nº 45-174 du 2 févr. 1945, art. 11, al. 9, sauf encellulement de nuit ; art. 20-2, al. 5.]*

Art. L. 124-2 Les établissements ou quartiers mentionnés à l'article L. 124-1 garantissent une stricte séparation des détenus mineurs et majeurs.

A titre exceptionnel, un mineur détenu qui atteint la majorité en détention peut être maintenu dans ces établissements jusqu'à ses dix-huit ans et six mois. Il ne doit avoir aucun contact avec les détenus âgés de moins de seize ans. — *[C. pr. pén., art. R. 57-9-11 ; Ord. nº 45-174 du 2 févr. 1945, art. 11, al. 9.]*

LIVRE DEUXIÈME **DE LA SPÉCIALISATION DES ACTEURS**

TITRE PREMIER **DU MINISTÈRE PUBLIC**

CHAPITRE UNIQUE

Art. L. 211-1 Par dérogation à l'article L. 12-2, en cas d'urgence ou d'empêchement, les magistrats du ministère public spécialement désignés peuvent être substitués dans leurs attributions par tout magistrat du parquet au sein duquel ils exercent leurs fonctions.

Art. L. 211-2 Le procureur de la République près le tribunal judiciaire dans le ressort duquel un tribunal pour enfants a son siège est compétent pour la poursuite des infractions commises par les mineurs, sous réserve des dispositions des articles 628-1, 704 à 705-1, 706-2, 706-17, 706-72-1 et 706-168 du code de procédure pénale.

Toutefois, le procureur de la République compétent en application de l'article 43 du code de procédure pénale peut procéder à tous actes urgents d'enquête et de poursuite, à charge pour lui d'en donner immédiatement avis au procureur de la République mentionné au premier alinéa et de se dessaisir de la procédure dans le plus bref délai.

Lorsqu'un mineur est mis en cause dans une procédure avec un ou plusieurs majeurs, le procureur de la République compétent en application de l'article 43 du code de procédure pénale procède, conformément aux dispositions de l'alinéa précédent, aux actes urgents d'enquête et de poursuite, y compris l'ouverture d'une information judiciaire. Si ce procureur de la République poursuit des majeurs selon les procédures prévues aux articles 393 à 397-1-1 du code de procédure pénale ou par voie de citation directe, il constitue un dossier spécial concernant le mineur et le transmet au procureur de la République près le tribunal du siège du tribunal pour enfants. — *[Ord. nº 45-174 du 2 févr. 1945, art. 7, sauf al. 3, dern. phrase.]*

Art. L. 211-3 Dans le cas d'infractions pénales dont la poursuite est réservée par la loi à l'administration, le procureur de la République a seul qualité pour exercer la poursuite contre le mineur sur plainte préalable de l'administration intéressée. — *[Ord. nº 45-174 du 2 févr. 1945, art. 37.]*

TITRE DEUXIÈME DU JUGE D'INSTRUCTION

CHAPITRE UNIQUE

Art. L. 221-1 *(L. nº 2021-218 du 26 févr. 2021, art. 10)* « Lorsque, » en application des deuxième et troisième alinéas de l'article L. 211-2, le procureur de la République compétent en vertu de l'article 43 du code de procédure pénale ouvre une information judiciaire dans un tribunal judiciaire qui n'est pas le siège d'un tribunal pour enfants, le juge d'instruction peut procéder à tout acte urgent d'information, à charge pour lui de se dessaisir dans le plus bref délai au profit du juge d'instruction du siège du tribunal pour enfants, tant à l'égard du mineur que des majeurs à l'encontre desquels l'information a été ouverte. — *[Ord. nº 45-174 du 2 févr. 1945, art. 7, al. 3, dern. phrase.]*

Art. L. 221-2 Lorsqu'une information judiciaire est ouverte dans un tribunal judiciaire autre que celui du lieu de résidence du mineur, le juge d'instruction peut également, après avoir recueilli l'avis du procureur de la République, se dessaisir au profit du juge d'instruction du siège du tribunal pour enfants dans le ressort duquel le mineur a sa résidence. — *[Ord. nº 45-174 du 2 févr. 1945, art..]*

Art. L. 221-3 Le conseiller délégué à la protection de l'enfance mentionné à l'article L. 312-6 du code de l'organisation judiciaire siège comme membre de la chambre de l'instruction dans les affaires impliquant un mineur. — *[Ord. nº 45-174 du 2 févr. 1945, art. 23.]*

TITRE TROISIÈME DES JURIDICTIONS DE JUGEMENT

CHAPITRE UNIQUE

Art. L. 231-1 Sous réserve des dispositions des articles 628-1, 706-17, 706-27, 706-72-1 et 706-168 du code de procédure pénale, sont compétentes les juridictions de jugement pour mineurs :

1º De la résidence du mineur ou de celle de ses *(Abrogé par L. nº 2021-218 du 26 févr. 2021, art. 10)* *« parents ou »* représentants légaux ;

2º Du lieu où *(L. nº 2021-218 du 26 févr. 2021, art. 10)* « le mineur » a été placé à titre provisoire ou définitif ;

3º Du lieu de l'infraction ;

4º Du lieu où le mineur a été trouvé. — *[Ord. nº 45-174 du 2 févr. 1945, art. 3.]*

Art. L. 231-2 Le juge des enfants connaît :

1º Des contraventions de la cinquième classe et des délits commis par les mineurs ;

2º Des contraventions des quatre premières classes commises par les mineurs, lorsqu'elles sont connexes aux infractions mentionnées au 1º. — *[Ord. nº 45-174 du 2 févr. 1945, art. 1er.]*

Art. L. 231-3 Le tribunal pour enfants connaît :

1° Des contraventions de la cinquième classe et des délits commis par les mineurs âgés d'au moins treize ans ;

2° Des crimes commis par les mineurs de moins de seize ans ;

3° Des contraventions des quatre premières classes commises par les mineurs, lorsqu'elles sont connexes aux infractions mentionnées aux 1° et 2°. – *[Ord. nº 45-174 du 2 févr. 1945, art. 8, al. 20 ; art. 20-1.]*

Art. L. 231-4 Lorsqu'il siège, le tribunal pour enfants est composé d'un juge des enfants, président, et de deux assesseurs choisis conformément aux dispositions de l'article L. 251-4 du code de l'organisation judiciaire.

Toutefois, il peut leur être adjoint un ou plusieurs assesseurs supplémentaires, si la durée ou l'importance d'un procès le rend nécessaire. Les assesseurs supplémentaires siègent aux audiences. Les assesseurs supplémentaires ne prennent part au délibéré qu'en cas d'empêchement d'un assesseur constaté par le président du tribunal pour enfants.

Art. L. 231-5 Le nombre et le jour des audiences du tribunal pour enfants, ainsi que la composition prévisionnelle de ces audiences *[,]* sont fixés conformément aux dispositions de l'article 399 du code de procédure pénale. – *[Ord. nº 45-174 du 2 févr. 1945, art. 13-1.]*

Art. L. 231-6 La chambre spéciale des mineurs de la cour d'appel mentionnée à l'article L. 312-6 du code de l'organisation judiciaire connaît des appels formés contre :

1° Les décisions du juge des enfants et du tribunal pour enfants ;

2° Les jugements du tribunal de police rendus à l'égard des mineurs ;

(L. nº 2021-218 du 26 févr. 2021, art. 11) « 3° Les décisions du juge des libertés et de la détention rendues à l'égard des mineurs en matière de détention provisoire, sauf dans le cadre d'une information judiciaire. » – *[Ord. nº 45-174 du 2 févr. 1945, art. 21, al. 4.]*

Art. L. 231-7 Les dispositions du code de procédure pénale relatives à la cour d'assises sont applicables à la cour d'assises des mineurs, sous réserve des dispositions du présent code. – *[Ord. nº 45-174 du 2 févr. 1945, art. 20, al. 2 et 10.]*

Art. L. 231-8 La cour d'assises des mineurs se réunit au siège de la cour d'assises et au cours de la session de celle-ci.

Dans le cas où tous les accusés de la session auront été renvoyés devant la cour d'assises des mineurs, il sera procédé par cette juridiction *(Abrogé par L. nº 2021-218 du 26 févr. 2021, art. 10)* « , » conformément aux dispositions des articles 288 à 292 du code de procédure pénale.

Dans le cas contraire, le jury de la cour d'assises des mineurs sera formé de jurés pris sur la liste arrêtée par la cour d'assises.

Sous réserve des dispositions de l'alinéa qui précède, le président de la cour d'assises des mineurs et la cour d'assises des mineurs exerceront respectivement les attributions dévolues par les dispositions du code de procédure pénale au président de la cour d'assises et à la cour *(L. nº 2021-218 du 26 févr. 2021, art. 10)* « d'assises ».

Les fonctions du ministère public sont remplies par le procureur général ou un magistrat du ministère public spécialement chargé des affaires de mineurs. – *[Ord. nº 45-174 du 2 févr. 1945, art. 20, al. 2, phrase 1 ; art. 20, al. 3 ; art. 20, al. 5 à 7.]*

Art. L. 231-9 La cour d'assises des mineurs connaît des crimes commis par les mineurs âgés *(L. nº 2021-218 du 26 févr. 2021, art. 10)* « de » seize ans.

Elle connaît également, lorsqu'ils sont connexes ou forment un ensemble indivisible avec des crimes commis par des mineurs âgés d'au moins seize ans :

1° Des crimes et délits commis par les intéressés avant qu'ils n'aient atteint l'âge d'au moins seize ans ;

2° Des crimes et délits commis par les intéressés à compter de leur majorité ;

3° Des crimes et délits commis par leurs coauteurs ou complices majeurs. – *[Ord. nº 45-174 du 2 févr. 1945, art. 9, al. 7 ; art. 20, al. 1er.]*

Art. L. 231-10 Les deux assesseurs de la cour d'assises des mineurs sont pris, sauf impossibilité, parmi les juges des enfants du ressort de la cour d'appel. – *[Ord. nº 45-174 du 2 févr. 1945, art. 20, al. 1er et 2.]*

TITRE QUATRIÈME DE LA PROTECTION JUDICIAIRE DE LA JEUNESSE

CHAPITRE UNIQUE

Art. L. 241-1 La mise en œuvre des décisions prises en application du présent code est confiée, sauf s'il en est disposé autrement, aux services et établissements de la protection judiciaire de la jeunesse.

Les personnels des services et établissements de la protection judiciaire de la jeunesse et du secteur associatif habilité sont, dans l'exercice des missions prévues par le présent code, soumis au secret professionnel.

Art. L. 241-2 Les personnels des services et établissements de la protection judiciaire de la jeunesse et du secteur associatif habilité saisis concomitamment ou successivement au titre du présent code de mesures concernant un même mineur, peuvent échanger entre eux toutes informations relatives à ce mineur, à condition que ces informations soient strictement nécessaires à sa prise en charge, à son suivi judiciaire ou à la continuité de son parcours. Ils peuvent également échanger dans les mêmes conditions des informations avec les services intervenant au titre de la protection de l'enfance à l'égard des mêmes mineurs.

Ces personnels peuvent également transmettre à toute personne auprès de laquelle le mineur est placé ou scolarisé des éléments dont la connaissance est indispensable pour assurer la sécurité du mineur ou des personnes avec lesquelles il est en contact.

LIVRE TROISIÈME DISPOSITIONS COMMUNES AUX DIFFÉRENTES PHASES DE LA PROCÉDURE PÉNALE

TITRE PREMIER DU DROIT DU MINEUR À L'ACCOMPAGNEMENT ET À L'INFORMATION

CHAPITRE UNIQUE

Art. L. 311-1 Les représentants légaux sont informés par le ministère public ou, selon le cas, la juridiction d'instruction ou de jugement, des décisions prises à l'égard du mineur.

Cette information se fait par tout moyen sauf lorsqu'il en est disposé autrement.

Le mineur a le droit d'être accompagné par ses représentants légaux :

1° A chaque audience au cours de la procédure ;

2° Lors de ses auditions ou interrogatoires si l'autorité qui procède à cet acte estime qu'il est dans l'intérêt supérieur de l'enfant d'être accompagné et que la présence de ces personnes ne portera pas préjudice à la procédure ; au cours de l'enquête l'audition ou l'interrogatoire du mineur peut débuter en leur absence à l'issue d'un délai de deux heures à compter du moment où celles-ci ont été avisées.

Les représentants légaux du mineur sont convoqués à toutes les audiences des juridictions pour mineurs et, si nécessaire, lors de ses auditions et interrogatoires.

Lorsque l'information des représentants légaux ou l'accompagnement du mineur par ces derniers n'est pas possible ou n'est pas souhaitable, les informations mentionnées aux alinéas précédents sont communiquées à un adulte approprié et le mineur est accompagné par cet adulte, dans les cas et selon les modalités prévues par le présent code. — *[Ord. n° 45-174 du 2 févr. 1945, art. 6-1 et 6-2, I, 2° et III, al. 1er ; art. 10-2, I et III, al. 1er à 4 ; art. 10-2, II, al. 1er, phrase 1.]*

Art. L. 311-2 L'information des droits dont le mineur bénéficie n'est pas délivrée aux titulaires de l'autorité parentale et le mineur n'est pas accompagné par ceux-ci lorsque cela :

1° Serait contraire à l'intérêt supérieur du mineur ;

2° N'est pas possible, parce que, après que des efforts raisonnables ont été déployés, aucun des titulaires de l'autorité parentale ne peut être joint ou que leur identité est inconnue ;

3° Pourrait, sur la base d'éléments objectifs et factuels, compromettre de manière significative la procédure pénale.

Dans les cas visés aux alinéas précédents, le mineur peut désigner un adulte approprié, qui doit être accepté en tant que tel par l'autorité compétente, pour recevoir ces informations et pour l'accompagner au cours de la procédure. Lorsque le mineur n'a désigné aucun adulte ou que l'adulte désigné n'est pas acceptable pour l'autorité compétente, le procureur de la République, le juge des enfants ou le juge d'instruction désigne, en tenant compte de l'intérêt supérieur de l'enfant, une autre personne pour recevoir ces informations et accompagner le mineur.

Cette personne peut également être un représentant d'une autorité ou d'une institution compétente en matière de protection de l'enfance, notamment un représentant *ad hoc* figurant sur la liste dressée en application de l'article 706-51 du code de procédure pénale. – *[Ord. nº 45-174 du 2 févr. 1945, art. 6-2, II et III, al. 1er et 2 ; art. 10-2, II, al. 2 à 8.]*

Art. L. 311-3 L'adulte approprié a pour rôle de :

1° Recevoir l'information relative aux différentes mesures prononcées à l'égard du mineur et des droits qui lui sont notifiés ;

2° L'accompagner lors des audiences et le cas échéant, lors de ses auditions ou interrogatoires si l'autorité qui procède à cet acte estime qu'il est dans l'intérêt supérieur de l'enfant d'être accompagné et que la présence de ces personnes ne portera pas préjudice à la procédure. Au cours de l'enquête, l'audition ou l'interrogatoire peut débuter en l'absence de ces personnes à l'issue d'un délai de deux heures à compter du moment où celles-ci ont été avisées.

L'adulte désigné peut demander un examen médical du mineur gardé à vue. Si cet adulte n'a pas pu être joint dès le début de la garde à vue, l'examen médical du mineur est obligatoire. – *[Ord. nº 45-174 du 2 févr. 1945, art. 6-2, III, al. 3 ; art. 10-2, II, al. 1er.]*

Art. L. 311-4 Si les conditions visées à l'article L. 311-2 ne sont plus réunies, pour la suite de la procédure, les informations sont données aux titulaires de l'autorité parentale et ceux-ci accompagnent le mineur. – *[Ord. nº 45-174 du 2 févr. 1945, art. 6-2, IV ; art. 10-2, II, al. 1er, III, al. 1er, 5, 6 et 7]*

Art. L. 311-5 Lorsque les représentants légaux du mineur poursuivi ne déferent pas à la convocation à comparaître devant un magistrat ou une juridiction pour mineurs, ce magistrat ou cette juridiction peut, d'office ou sur réquisition du ministère public, ordonner qu'ils soient immédiatement amenés par la force publique devant lui ou devant elle pour être entendus.

Dans tous les cas, les représentants légaux qui ne déferent pas *(L. nº 2021-218 du 26 févr. 2021, art. 12)* « à la convocation » peuvent, sur réquisitions du ministère public, être condamnés par le magistrat ou la juridiction *(L. nº 2021-218 du 26 févr. 2021, art. 12)* « saisi » à une amende dont le montant ne peut excéder 3 750 euros *(L. nº 2021-218 du 26 févr. 2021, art. 13)* « et » à un stage de responsabilité parentale.

Cette amende peut être rapportée par le magistrat ou la juridiction qui l'a prononcée *(L. nº 2021-218 du 26 févr. 2021, art. 12)* « si les représentants légaux » déferent aux convocations ultérieures.

Les personnes condamnées en application du premier alinéa peuvent former opposition de la décision devant le tribunal correctionnel statuant à juge unique dans le ressort duquel la juridiction qui l'a prononcée a son siège, dans les dix jours à compter de sa notification. – *[Ord. nº 45-174 du 2 févr. 1945, art. 10-1.]*

TITRE DEUXIÈME DES INVESTIGATIONS ET DE LA MESURE ÉDUCATIVE JUDICIAIRE PROVISOIRE

CHAPITRE PREMIER *DISPOSITIONS GÉNÉRALES*

Art. L. 321-1 La mesure judiciaire d'investigation éducative et la mesure éducative judiciaire provisoire prévues par le présent titre peuvent être prononcées cumulativement entre elles et avec les différentes mesures de sûreté applicables aux mineurs.

La mesure judiciaire d'investigation éducative et la mesure éducative judiciaire provisoire déjà prononcées se poursuivent lorsqu'une mesure de sûreté est prononcée à l'encontre d'un mineur.

CHAPITRE II *DES INFORMATIONS RELATIVES À LA PERSONNALITÉ DU MINEUR*

SECTION PREMIÈRE *DES INVESTIGATIONS SUR LA PERSONNALITÉ ET LA SITUATION DU MINEUR*

Art. L. 322-1 Avant toute décision prononçant une mesure éducative ou une peine à l'égard d'un mineur déclaré coupable d'un crime, d'un délit ou d'une contravention de la cinquième classe, des investigations sont réalisées pour acquérir une connaissance suffisante de sa personnalité, de sa situation sociale et familiale et pour assurer la cohérence des décisions dont il fait l'objet. – *[Ord. nº 45-174 du 2 févr. 1945, art. 5-1.]*

Art. L. 322-2 Outre l'expertise et les autres mesures d'investigation prévues par le code de procédure pénale, les mesures suivantes peuvent être ordonnées en vue de recueillir des éléments sur la personnalité et la situation du mineur :

1° Le recueil de renseignements socio-éducatifs ;

2° La mesure judiciaire d'investigation éducative. — *[Ord. n° 45-174 du 2 févr. 1945, art. 8, al. 4 et 5, phrase 1.]*

Art. L. 322-3 Le recueil de renseignements socio-éducatifs est une évaluation synthétique des éléments relatifs à la personnalité et à la situation du mineur. Il donne lieu à un rapport contenant tous renseignements utiles sur sa situation ainsi qu'une proposition éducative ou une proposition de mesures propres à favoriser son insertion sociale.

Il est ordonné par le procureur de la République, le juge d'instruction et les juridictions de jugement spécialisées. — *[Ord. n° 45-174 du 2 févr. 1945, art. 12, al. 1er.]*

(L. n° 2021-1729 du 22 déc. 2021, art. 14, en vigueur le 31 déc. 2021) « Le mineur entendu par le service de la protection judiciaire de la jeunesse est informé, préalablement à l'entretien, de son droit de se taire sur les faits qui lui sont reprochés. »

Art. L. 322-4 Lorsque le procureur de la République saisit le juge des enfants, le juge d'instruction ou le tribunal pour enfants, il ordonne un recueil de renseignements socio-éducatifs.

Le recueil de renseignements socio-éducatifs est joint à la procédure. — *[Ord. n° 45-174 du 2 févr. 1945, art. 12, al. 3 et 4.]*

Art. L. 322-5 Le recueil de renseignements socio-éducatifs est obligatoire avant toute réquisition ou décision de placement en détention provisoire ou de prolongation de la détention provisoire d'un mineur mis en examen ou convoqué devant une juridiction de jugement. — *[Ord. n° 45-174 du 2 févr. 1945, art. 12, al. 2.]*

Art. L. 322-6 Les dispositions des articles L. 322-4 et L. 322-5 s'appliquent même lorsque l'intéressé est devenu majeur le jour où les poursuites sont exercées dès lors qu'il n'a pas atteint ses vingt et un ans.

Art. L. 322-7 La mesure judiciaire d'investigation éducative consiste en une évaluation approfondie et interdisciplinaire de la personnalité et de la situation du mineur, y compris, le cas échéant, sur le plan médical.

Elle peut être ordonnée par le juge des enfants, le juge d'instruction et les juridictions de jugement pour mineurs à tous les stades de la procédure pénale.

Elle peut être mise en œuvre par les services et établissements de la protection judiciaire de la jeunesse ou du secteur associatif habilité.

Elle donne lieu à un rapport contenant tous renseignements utiles sur sa situation ainsi qu'une proposition éducative ou une proposition de mesures propres à favoriser son insertion sociale.

SECTION II *DU DOSSIER UNIQUE DE PERSONNALITÉ*

Art. L. 322-8 Un dossier unique de personnalité est constitué par le juge des enfants qui connaît habituellement le mineur, *(L. n° 2021-218 du 26 févr. 2021, art. 12)* « lorsque, à » l'occasion de poursuites pénales, ce dernier fait l'objet d'une mesure de sûreté, d'une mesure éducative ou d'une mesure d'investigation autre qu'un recueil de renseignements socio-éducatifs.

Il est également ouvert, par le juge des enfants, lorsque *(L. n° 2021-218 du 26 févr. 2021, art. 12)* « celui-ci » est saisi de l'application d'une peine ou d'une mesure éducative prononcée par une juridiction de jugement pour mineur.

Le juge d'instruction saisi d'une procédure concernant un mineur transmet au juge des enfants les pièces devant être versées au dossier unique de personnalité.

Ce dossier ne peut être utilisé que dans les procédures pénales suivies devant les juridictions pour mineurs.

(L. n° 2021-218 du 26 févr. 2021, art. 12) « Il est disponible sous format numérique. »

Les conditions dans lesquelles le dossier unique de personnalité est conservé après la majorité du mineur sont précisées par décret en Conseil d'État. — *[Ord. n° 45-174 du 2 févr. 1945, art. 5-2, al. 1er, 3, 5 et 11.]*

Art. L. 322-9 Le juge des enfants verse au dossier unique de personnalité :

1° Les copies des pièces relatives à la personnalité du mineur recueillies dans les procédures pénales dont *(L. n° 2021-218 du 26 févr. 2021, art. 12)* « ce dernier » fait ou a fait l'objet, y compris dans le ressort de juridictions différentes ;

2° Le cas échéant, les copies des pièces utiles relatives à sa personnalité et à son environnement social et familial émanant des procédures d'assistance éducative dont il fait ou a fait l'objet. — *[Ord. n° 45-174 du 2 févr. 1945, art. 5-2, al. 1er, 2 et 4.]*

Art. L. 322-10 Outre les magistrats et les juridictions ayant à connaître de la procédure et de la situation du mineur concerné, ont accès au dossier unique de personnalité :

1° Les avocats du mineur et de ses représentants légaux ;

2° Les avocats de la partie civile *(L. nº 2021-218 du 26 févr. 2021, art. 12)* « ; » toutefois, le juge des enfants peut s'opposer à la communication d'informations recueillies lors des procédures d'assistance éducative dont le mineur a fait l'objet lorsqu'il estime cette communication contraire à l'intérêt du mineur ;

3° Le mineur, devenu majeur, au jour de l'audience d'une juridiction pour mineur statuant en matière d'application des mesures éducatives et des peines, à moins qu'il ne soit assisté par un avocat ;

4° Les personnels des établissements et services de la protection judiciaire de la jeunesse *(L. nº 2021-218 du 26 févr. 2021, art. 12)* « et du secteur associatif habilité saisi d'une mesure judiciaire concernant le mineur » ;

5° Sur autorisation du juge des enfants, le psychologue ou le psychiatre désigné en qualité d'expert *(Abrogé par L. nº 2021-218 du 26 févr. 2021, art. 12) « ainsi que les personnels du service ou de l'établissement du secteur associatif habilité saisi d'une mesure judiciaire concernant le mineur ».*

Il ne peut être délivré copie de tout ou partie des pièces du dossier qu'aux avocats. Ceux-ci ne peuvent transmettre les copies ainsi obtenues ou la reproduction de ces pièces à leur client.

Les informations contenues dans le dossier unique de personnalité sont confidentielles. Le fait, pour une partie à la procédure, de faire état auprès d'un tiers des informations contenues dans le dossier unique de personnalité est puni d'une amende de 3 750 euros. — *[Ord. nº 45-174 du 2 févr. 1945, art. 5-2, al. 6 à 10.]*

CHAPITRE III *DE LA MESURE ÉDUCATIVE JUDICIAIRE PROVISOIRE*

Art. L. 323-1 La mesure éducative judiciaire prévue aux articles L. 112-1 à L. 112-15 peut être prononcée à titre provisoire à tous les stades de la procédure avant le prononcé de la sanction.

Elle ne peut alors comporter que les modules et interdictions prévus aux 1° à 7° de l'article L. 112-2 qui peuvent être prononcés alternativement ou cumulativement.

Dans le cadre de cette mesure, le placement du mineur peut également être ordonné auprès d'un service de l'aide sociale à l'enfance *(L. nº 2021-218 du 26 févr. 2021, art. 12)* « jusqu'à sa majorité ». — *[Ord. nº 45-174 du 2 févr. 1945, art. 8, al. 5, ecqc 2e phrase, al. 8 ; art. 11, al. 16 ; art. 19.]*

Art. L. 323-2 Les modalités et le contenu de la mesure éducative judiciaire provisoire sont prononcés après audition du mineur assisté d'un avocat et de ses représentants légaux.

Si le mineur ou ses représentants légaux régulièrement convoqués à la dernière adresse indiquée ne comparaissent pas, les modalités ou le contenu de la mesure éducative judiciaire provisoire peuvent néanmoins être ordonnés ou modifiés.

Les décisions ordonnant la mesure éducative judiciaire provisoire et les mesures de ses modules sont exécutoires par provision et susceptibles d'appel.

A tout moment, les modalités ou le contenu de la mesure éducative judiciaire provisoire peuvent être modifiées et le juge peut en ordonner la *(L. nº 2021-218 du 26 févr. 2021, art. 12)* « mainlevée ».

Art. L. 323-3 *La mesure* éducative judiciaire provisoire peut être ordonnée alors même que l'intéressé est devenu majeur au jour où elle est prononcée. Son exécution ne peut toutefois se poursuivre au-delà de l'âge de vingt et un ans.

TITRE TROISIÈME DES MESURES DE SÛRETÉ

CHAPITRE PREMIER *DU CONTRÔLE JUDICIAIRE*

Art. L. 331-1 Le mineur d'au moins treize ans peut être placé sous contrôle judiciaire par ordonnance motivée dans les conditions prévues par le code de procédure pénale, sous réserve des dispositions du présent chapitre.

Le mineur de moins de seize ans peut être placé sous contrôle judiciaire lorsqu'il encourt une peine criminelle. Il ne peut être placé sous contrôle judiciaire en matière correctionnelle, que dans l'un des cas suivants :

1° Si la peine d'emprisonnement encourue est supérieure ou égale à sept ans ;

2° Si la peine d'emprisonnement encourue est supérieure ou égale à cinq ans et si le mineur a déjà fait l'objet d'une mesure éducative, d'une mesure judiciaire d'investigation éducative, d'une mesure de sûreté, d'une déclaration de culpabilité ou d'une peine prononcée dans le cadre d'une autre procédure et ayant donné lieu à un rapport datant de moins d'un an ;

3° Si la peine d'emprisonnement encourue est supérieure ou égale à cinq ans pour un délit de violences volontaires, d'agression sexuelle ou un délit commis avec la circonstance aggravante de violences.

Le mineur d'au moins seize ans peut être placé sous contrôle judiciaire lorsqu'il encourt une peine criminelle ou, en matière correctionnelle, une peine d'emprisonnement conformément aux dispositions du premier alinéa de l'article 138 du code de procédure pénale. — *[Ord. n° 45-174 du 2 févr. 1945, art. 10-2, I et III, al. 1er à 4 ; II, al. 1er, phrase 1.]*

Art. L. 331-2 Le contrôle judiciaire astreint le mineur à se soumettre, selon la décision du juge des enfants, du tribunal pour enfants, du juge d'instruction ou du juge des libertés et de la détention, aux obligations suivantes :

1° Ne pas sortir des limites territoriales déterminées par le juge des enfants, le tribunal pour enfants, le juge d'instruction ou par le juge des libertés et de la détention ;

2° Ne s'absenter de son domicile ou de la résidence fixée par le juge des enfants, le tribunal pour enfants, le juge d'instruction ou par le juge des libertés et de la détention qu'aux conditions et pour les motifs déterminés par ce magistrat ;

3° Ne pas se rendre en certains lieux ou ne se rendre que dans les lieux déterminés par le juge des enfants, le tribunal pour enfants, le juge d'instruction ou par le juge des libertés et de la détention ;

4° Ne pas participer à des manifestations sur la voie publique dans des lieux déterminés par le juge des enfants, le tribunal pour enfants, le juge d'instruction ou le juge des libertés et de la détention ;

5° Informer le juge des enfants ou le juge d'instruction de tout déplacement au-delà de limites déterminées ;

6° Se présenter périodiquement aux services, associations habilitées ou autorités désignés par le juge des enfants, le tribunal pour enfants, le juge d'instruction ou le juge des libertés et de la détention qui sont tenus d'observer la plus stricte discrétion sur les faits reprochés au mineur ;

7° Remettre soit au greffe, soit à un service de police ou à une brigade de gendarmerie tous documents justificatifs de l'identité, et notamment le passeport, en échange d'un récépissé valant justification de l'identité ;

8° S'abstenir de conduire tous les véhicules, certains véhicules ou un véhicule qui ne soit pas équipé, par un professionnel agréé ou par construction, d'un dispositif homologué d'anti-démarrage par éthylotest électronique, et, le cas échéant, remettre au greffe son permis de conduire contre récépissé ;

9° S'abstenir de recevoir ou de rencontrer certaines personnes spécialement désignées par le juge des enfants, le tribunal pour enfants, le juge d'instruction ou le juge des libertés et de la détention, ainsi que d'entrer en relation avec elles, de quelque façon que ce soit. Lorsque la personne désignée est la victime ou la partie civile, le juge procède conformément aux dispositions de l'article 138-1 du code de procédure pénale ;

10° Se soumettre à des mesures d'examen, de traitement ou de soins, même sous le régime de l'hospitalisation, notamment aux fins de désintoxication. Une copie de l'ordonnance de placement sous contrôle judiciaire est adressée par le juge des enfants, le tribunal pour enfants ou le juge d'instruction au médecin ou au psychologue qui doit suivre le mineur. Les rapports des expertises réalisées pendant l'enquête, l'instruction ou la mise à l'épreuve éducative sont adressés au médecin ou au psychologue, à leur demande ou à l'initiative du juge des enfants ou du juge d'instruction. Celui-ci peut également leur adresser toute autre pièce utile du dossier ;

11° Ne pas exercer une activité impliquant un contact habituel avec des mineurs lorsqu'il est à redouter qu'une nouvelle infraction soit commise ;

12° Ne pas détenir ou porter une arme et, le cas échéant, remettre au greffe contre récépissé les armes dont il est détenteur ;

13° En cas d'infraction commise soit contre son conjoint ou son concubin, soit contre ses enfants ou ceux de son conjoint ou concubin, résider hors du domicile ou de la résidence du couple et, le cas échéant, s'abstenir de paraître dans ce domicile ou cette résidence ou aux abords immédiats de celui-ci, ainsi que, si nécessaire, faire l'objet d'une prise en charge sanitaire, sociale ou psychologique ; les dispositions du présent alinéa sont également applicables lorsque l'infraction est commise par l'ancien conjoint ou concubin de la victime, le domicile concerné étant alors celui de la victime. Pour l'application du présent alinéa, le juge des enfants, le tribunal pour enfants ou le juge d'instruction recueille ou fait recueillir, dans les meilleurs délais et par tous moyens, l'avis de la victime sur l'opportunité d'astreindre l'auteur des faits à résider hors du logement du couple. Sauf circonstances particulières, cette mesure est prise lorsque sont en cause des faits de violences susceptibles d'être renouvelés et que la victime la sollicite ;

14° Respecter les conditions d'une prise en charge sanitaire, sociale, éducative ou psychologique, destinée à permettre sa réinsertion et l'acquisition des valeurs de la citoyenneté ; cette prise en charge peut, le cas échéant, intervenir au sein d'un établissement d'accueil adapté dans lequel la personne est tenu*[e]* de résider.

La décision peut également imposer spécialement au mineur de respecter jusqu'à sa majorité, les conditions d'un placement éducatif prévu à l'article L. 112-14 ou d'un placement en centre éducatif fermé. La mesure de placement ne peut être ordonnée que pour une durée de six mois, renouvelable une seule fois par ordonnance motivée et pour une durée au plus égale à six mois.

Les manquements du mineur aux obligations qui lui ont été imposées sont signalés sans délai au magistrat mandant par le service chargé de la mise en œuvre de la mesure. Copie de ce rapport est adressée au procureur de la République par le juge. — *[Ord. nº 45-174 du 2 févr. 1945, art. 10-2, II, al. 2 à 8.]*

Art. L. 331-3 Le juge des enfants, le tribunal pour enfants, le juge d'instruction ou le juge des libertés et de la détention notifie oralement au mineur les obligations qui lui sont imposées, en présence de son avocat et de ses représentants légaux, ou ceux-ci dûment convoqués, et l'informe qu'en cas de non-respect de ces obligations, il pourra être placé en détention provisoire. Mention de cette formalité est portée au procès-verbal qui est signé par le magistrat et le mineur, ou, le cas échéant, aux notes d'audience.

Lorsque la décision de placement sous contrôle judiciaire accompagne une mise en liberté, l'avocat du mineur est convoqué par tout moyen et sans délai. — *[Ord. nº 45-174 du 2 févr. 1945, art. 10-2, II, al. 1er.]*

Art. L. 331-4 En matière correctionnelle, le mineur de moins de seize ans ne peut être placé sous contrôle judiciaire qu'après la tenue d'un débat contradictoire au cours duquel le ministère public développe ses réquisitions, et la juridiction entend les observations du mineur ainsi que celles de son avocat. Le juge peut recueillir les observations des représentants légaux et du service qui suit le mineur.

Par dérogation aux dispositions de l'article L. 331-3, le juge notifie oralement au mineur les obligations qui lui sont imposées, en présence de son avocat et de ses représentants légaux ou ceux-ci dûment convoqués, et l'informe :

1° Qu'en cas de non-respect des obligations mentionnées aux 1° à 14° de l'article L. 331-2 ou de l'obligation de respecter les conditions d'un placement éducatif, le contrôle judiciaire pourra être modifié pour prévoir son placement dans un centre éducatif fermé ;

2° Qu'en cas de non-respect de l'obligation de respecter un placement dans un centre éducatif fermé, il pourra être placé en détention provisoire conformément aux dispositions du 2° de l'article L. 334-4.

Mention de ces formalités est portée au procès-verbal qui est signé par le magistrat et le mineur.

(L. nº 2021-218 du 26 févr. 2021, art. 12) « En matière correctionnelle, lorsque la juridiction envisage de placer un mineur de plus de seize ans sous contrôle judiciaire, elle sollicite les réquisitions du ministère public. » — *[Ord. nº 45-174 du 2 févr. 1945, art. 10-2, II, al. 1er, III, al. 1er, 5, 6 et 7.]*

Art. L. 331-5 Le juge des enfants ou le juge d'instruction peut ordonner la modification ou la *(L. nº 2021-218 du 26 févr. 2021, art. 12)* « mainlevée » du contrôle judiciaire, soit d'office, soit à la demande du mineur, de ses représentants légaux ou de la personne qui en a la garde, soit du procureur de la République.

Art. L. 331-6 Les dispositions de l'article 138-2 du code de procédure pénale relatives au partage d'informations en matière d'infractions sexuelles sont applicables au contrôle judiciaire ordonné à l'égard d'un mineur par le juge d'instruction, le juge des libertés et de la détention, le juge des enfants ou le tribunal pour enfants.

Art. L. 331-7 Le mineur peut être placé en rétention dans les conditions prévues à l'article 141-4 du code de procédure pénale, lorsqu'il existe une ou plusieurs raisons plausibles de soupçonner qu'il a manqué aux obligations qui lui incombent au titre des 1°, 2°, 3°, 8°, 9°, 12° et 13° de l'article L. 331-2 *(L. nº 2021-218 du 26 févr. 2021, art. 12)* « du présent code » ou à l'obligation de respecter les conditions d'un placement en centre éducatif fermé prévue au même article.

Le mineur retenu bénéficie des droits prévus à l'article L. 332-1.

CHAPITRE II *DE L'EXÉCUTION DES MANDATS DES JURIDICTIONS POUR MINEURS*

Art. L. 332-1 Lorsqu'un mineur est retenu dans le cadre d'un mandat *(Abrogé par L. nº 2021-1729 du 22 déc. 2021, art. 14, à compter du 31 déc. 2021)* « *de comparution,* » d'amener ou d'arrêt en application de l'article 133-1 du code de procédure pénale ou qu'il est appréhendé en exécution d'un mandat d'arrêt européen en application des articles 695-26 et suivants du même code, l'officier de police judiciaire doit, dès le début de cette rétention, en informer ses représentants légaux, la personne ou le service auquel le mineur est confié ou, dans les cas prévus dans le présent code, un autre adulte approprié.

Les dispositions des articles L. 413-1 à L. 413-15 du présent code, relatives à l'assistance par un avocat, à l'examen médical et à l'enregistrement audiovisuel des auditions sont applicables. – *[Ord. nº 45-174 du 2 févr. 1945, art. 11-3, al. 1er.]*

Art. L. 332-2 L'audience tenue devant la chambre de l'instruction relative à l'exécution d'un mandat d'arrêt européen en application de l'article 695-30 du code de procédure pénale n'est pas publique.

Lors de cette audience, le mineur est assisté d'un avocat. A défaut de choix d'un avocat par le mineur ou les titulaires de l'autorité parentale, le juge des enfants ou le tribunal pour enfants fait désigner par le bâtonnier un avocat commis d'office. – *[Ord. nº 45-174 du 2 févr. 1945, art. 11-3, al. 1er ; art. 11-3, al. 2.]*

CHAPITRE III *DE L'ASSIGNATION À RÉSIDENCE AVEC SURVEILLANCE ÉLECTRONIQUE*

Art. L. 333-1 Le mineur âgé d'au moins seize ans peut être assigné à résidence avec surveillance électronique par le juge des enfants, le tribunal pour enfants, le juge d'instruction ou le juge des libertés et *[de]* la détention, dans les conditions et selon les modalités prévues aux articles 137 et 142-5 à 142-13 du code de procédure pénale, lorsqu'il encourt une peine d'emprisonnement égale ou supérieure à trois ans. Ces juridictions statuent après avis du service de la protection judiciaire de la jeunesse ou du service pénitentiaire d'insertion et de probation si l'intéressé est majeur au moment de la décision.

Il peut en outre être astreint aux obligations prévues aux 1° à 14° de l'article L. 331-2 *(L. nº 2021-218 du 26 févr. 2021, art. 12)* « du présent code ».

Les dispositions relatives au placement sous surveillance électronique mobile ne sont pas applicables. – *[Ord. nº 45-174 du 2 févr. 1945, art. 10-3, phrase 1 et 3 ; art. 12, al. 3.]*

Art. L. 333-2 En cas d'assignation à résidence avec surveillance électronique au domicile des représentants légaux du mineur, l'accord écrit de ces derniers doit être préalablement recueilli par le juge ou la juridiction. – *[Ord. nº 45-174 du 2 févr. 1945, art. 10-3, phrase 2.]*

CHAPITRE IV *DE LA DÉTENTION PROVISOIRE*

Art. L. 334-1 Le mineur de moins de treize ans ne peut être placé en détention provisoire. – *[Ord. nº 45-174 du 2 févr. 1945, art. 11, al. 1er, en partie.]*

Art. L. 334-2 La détention provisoire d'un mineur ne peut être ordonnée ou prolongée par le juge des enfants, le tribunal pour enfants ou le juge des libertés et de la détention, dans les cas et conditions prévus par le présent chapitre que si cette mesure est indispensable et s'il est démontré, au regard des éléments précis et circonstanciés résultant de la procédure et des éléments de personnalité préalablement recueillis, qu'elle constitue l'unique moyen de parvenir à l'un des objectifs mentionnés à l'article 144 du code de procédure pénale et que ces objectifs ne sauraient être atteints en cas de placement sous contrôle judiciaire ou en cas d'assignation à résidence avec surveillance électronique. – *[Ord. nº 45-174 du 2 févr. 1945, art. 11, al. 1er.]*

Art. L. 334-3 Lorsque le mineur est placé en détention provisoire, le juge des enfants, le tribunal pour enfants ou le juge des libertés et de la détention *(L. nº 2021-218 du 26 févr. 2021, art. 12)* « prononce » une mesure éducative judiciaire provisoire.

(Abrogé par L. nº 2021-218 du 26 févr. 2021, art. 12) « *Lorsque le mineur ayant fait l'objet d'un placement en détention provisoire est remis en liberté au cours de la procédure, il fait l'objet,*

en vue de sa libération, d'une mesure éducative judiciaire provisoire. » — [Ord. nº 45-174 du 2 févr. 1945, art. 11, al. 10.]

Art. L. 334-4 La détention provisoire du mineur de moins de seize ans ne peut être ordonnée que dans l'un des cas suivants :

1° S'il encourt une peine criminelle ;

2° Lorsqu'il encourt une peine correctionnelle, s'il s'est volontairement soustrait à l'obligation de respecter les conditions d'un placement dans un centre éducatif fermé prononcée dans le cadre d'un contrôle judiciaire. La détention provisoire ne peut être ordonnée qu'en cas de violation répétée ou d'une particulière gravité de cette obligation ou si cette dernière s'accompagne de la violation d'une autre obligation du contrôle judiciaire, et lorsque le rappel ou l'aggravation de ces obligations n'est pas suffisant pour atteindre les objectifs prévus à l'article 144 du code de procédure pénale. — *[Ord. nº 45-174 du 2 févr. 1945, art. 11, al. 6, 7 et 8.]*

Art. L. 334-5 La détention provisoire du mineur âgé d'au moins seize ans ne peut être ordonnée que dans l'un des cas suivants :

1° S'il encourt une peine criminelle ;

2° S'il encourt une peine d'emprisonnement d'une durée égale ou supérieure à trois ans ;

3° S'il s'est volontairement soustrait aux obligations d'un contrôle judiciaire ou d'une assignation à résidence avec surveillance électronique. La détention provisoire ne peut être ordonnée qu'en cas de violation répétée ou d'une particulière gravité des obligations du contrôle judiciaire ou de l'assignation à résidence avec surveillance électronique et lorsque le rappel ou l'aggravation de ces obligations ne peut suffire pour atteindre les objectifs prévus à l'article 144 du code de procédure pénale. — *[Ord. nº 45-174 du 2 févr. 1945, art. 11, al. 2 à 5.]*

Art. L. 334-6 *(L. nº 2021-218 du 26 févr. 2021, art. 12)* Par dérogation à l'article 706-71 du code de procédure pénale, il ne peut pas être recouru à un moyen de télécommunication audiovisuelle pour statuer sur le placement en détention provisoire ou la prolongation de la détention provisoire d'un mineur, sauf si son transport paraît devoir être évité en raison de risques graves de trouble à l'ordre public ou d'évasion.

LIVRE QUATRIÈME DE LA PROCÉDURE PRÉALABLE AU JUGEMENT

TITRE PREMIER DE L'AUDITION DU MINEUR SUSPECT

CHAPITRE PREMIER *DISPOSITIONS GÉNÉRALES*

Art. L. 411-1 Pour l'application des dispositions du présent titre, l'âge pris en compte est l'âge du mineur au jour de la mesure dont il fait l'objet.

CHAPITRE II *DE L'AUDITION LIBRE*

Art. L. 412-1 Lorsqu'un mineur est entendu librement en application de l'article 61-1 du code de procédure pénale et lorsqu'il est procédé aux opérations prévues à l'article 61-3 du même code, l'officier ou l'agent de police judiciaire en informe par tout moyen ses représentants légaux, la personne ou le service auquel le mineur est confié. — *[Ord. nº 45-174 du 2 févr. 1945, art. 3-1, 1er et 2.]*

Art. L. 412-2 Lorsque l'enquête concerne un crime ou un délit puni d'une peine d'emprisonnement et que le mineur n'a pas sollicité l'assistance d'un avocat en application des articles 61-1 et 61-3 du code de procédure pénale, cette demande peut également être faite par ses représentants légaux, qui sont alors avisés de ce droit lorsqu'ils sont informés en application de l'article L. 412-1. Lorsque le mineur ou ses représentants légaux n'ont pas sollicité la désignation d'un avocat, le procureur de la République, le juge des enfants, le juge d'instruction ou l'officier ou l'agent de police judiciaire en informe par tout moyen et sans délai le bâtonnier afin qu'il en commette un d'office *(Abrogé par L. nº 2021-218 du 26 févr. 2021, art. 14) « , sauf si le magistrat compétent estime que l'assistance d'un avocat n'apparaît pas proportionnée au regard des circonstances de l'espèce, de la gravité de l'infraction, de la complexité de l'affaire et des mesures susceptibles d'être adoptées en rapport avec celle-ci, étant entendu que l'intérêt supérieur de l'enfant demeure toujours une considération primordiale ».*

La notification des informations données en application du présent chapitre est mentionnée au procès-verbal. — *[Ord. nº 45-174 du 2 févr. 1945, art. 3-1, al. 3.]*

CHAPITRE III DE LA RETENUE ET DE LA GARDE À VUE

SECTION PREMIÈRE DE LA RETENUE

Art. L. 413-1 A titre exceptionnel, le mineur âgé de dix à treize ans à l'encontre duquel il existe une ou plusieurs raisons plausibles de soupçonner qu'il a commis ou tenté de commettre un crime ou un délit puni d'au moins cinq ans d'emprisonnement peut, si cette mesure est l'unique moyen de parvenir à l'un au moins des objectifs mentionnés à l'article 62-2 du code de procédure pénale, être retenu à la disposition d'un officier de police judiciaire, avec l'accord préalable et sous le contrôle du procureur de la République ou du juge d'instruction, pour une durée que ce magistrat détermine et qui ne peut excéder douze heures.

La retenue est strictement limitée au temps nécessaire à la déposition du mineur et à sa présentation devant le magistrat compétent ou à sa remise à ses représentants légaux ou à la personne ou au service auquel il est confié.

Les dispositions de l'article 803-6 du code de procédure pénale sont applicables. – *[Ord. nº 45-174 du 2 févr. 1945, art. 4, I, al. 1er, phrases 2 et 4 et al. 2.]*

Art. L. 413-2 A titre exceptionnel, la retenue mentionnée à l'article L. 413-1 peut être prolongée par décision motivée du procureur de la République ou du juge d'instruction pour une durée qui ne peut excéder douze heures, après présentation devant lui du mineur, sauf si les circonstances rendent cette présentation impossible. – *[Ord. nº 45-174 du 2 févr. 1945, art. 4, I, al. 1er, phrase 3.]*

Art. L. 413-3 L'officier de police judiciaire informe par tout moyen les représentants légaux du mineur ainsi que la personne ou le service auquel il est confié de la mesure de retenue dont il fait l'objet.

Il ne peut être dérogé aux dispositions de l'alinéa précédent que pour permettre le recueil ou la conservation des preuves ou pour prévenir une atteinte grave à la vie, à la liberté ou à l'intégrité physique d'une personne, sur décision du procureur de la République ou du juge chargé de l'information prise au regard des circonstances de l'espèce, et pour la durée que le magistrat détermine et qui ne peut excéder douze heures.

Les représentants légaux sont informés que le mineur doit être assisté par un avocat et qu'ils peuvent désigner un avocat ou demander qu'un avocat soit commis d'office. – *[Ord. nº 45-174 du 2 févr. 1945, art. 4, I, al. 2, ecqc II.]*

Art. L. 413-4 Dès le début de la retenue, le procureur de la République ou le juge d'instruction désigne un médecin qui examine le mineur dans les conditions prévues à l'article 63-3 du code de procédure pénale. – *[Ord. nº 45-174 du 2 févr. 1945, art. 4, I, al. 2, ecqc III.]*

Art. L. 413-5 Le mineur retenu est assisté d'un avocat dans les conditions prévues aux articles 63-3-1 à 63-4-4 du code de procédure pénale.

Lorsque le mineur ou ses représentants légaux n'ont pas désigné d'avocat, le procureur de la République, le juge d'instruction ou l'officier de police judiciaire demande au bâtonnier par tout moyen, dès le début de la retenue, qu'il lui en soit commis un d'office. – *[Ord. nº 45-174 du 2 févr. 1945, art. 4, I, al. 2, ecqc IV.]*

SECTION II DE LA GARDE À VUE

Art. L. 413-6 Le mineur âgé d'au moins treize ans peut être placé en garde à vue dans les cas et conditions prévus aux articles 62 à 66 du code de procédure pénale sous réserve des dispositions de la présente section. – *[Ord. nº 45-174 du 2 févr. 1945, art. 4, I, al. 1er, phrase 1.]*

Art. L. 413-7 Après avoir avisé le procureur de la République ou le juge d'instruction du placement en garde à vue du mineur, l'officier de police judiciaire en informe les représentants légaux et la personne ou le service auquel le mineur est confié.

Il ne peut être dérogé aux dispositions de l'alinéa précédent que pour permettre le recueil ou la conservation des preuves ou pour prévenir une atteinte grave à la vie, à la liberté ou à l'intégrité physique d'une personne, sur décision du procureur de la République ou du juge d'instruction prise au regard des circonstances de l'espèce, et pour la durée que le magistrat détermine et qui ne peut excéder vingt-quatre heures ou, lorsque la garde à vue ne peut faire l'objet d'une prolongation, douze heures.

Les représentants légaux sont informés du droit du mineur à être assisté par un avocat. – *[Ord. nº 45-174 du 2 févr. 1945, art. 4, II.]*

Art. L. 413-8 Dès le début de la garde à vue d'un mineur de moins de seize ans, le procureur de la République ou le juge d'instruction désigne un médecin qui examine le mineur dans les conditions prévues par l'article 63-3 du code de procédure pénale.

Lorsqu'un mineur d'au moins seize ans est placé en garde à vue, il est informé de son droit de demander un examen médical conformément aux dispositions de l'article 63-3 du code de procédure pénale. Ses représentants légaux sont avisés de leur droit de demander un examen médical lorsqu'ils sont informés de la garde à vue. L'avocat du mineur peut également demander que celui-ci fasse l'objet d'un examen médical. — *[Ord. nº 45-174 du 2 févr. 1945, art. 4, III.]*

Art. L. 413-9 Dès le début de la garde à vue, le mineur doit être assisté par un avocat, dans les conditions prévues aux articles 63-3-1 à 63-4-3 du code de procédure pénale. Il doit être immédiatement informé de ce droit. Lorsque le mineur n'a pas sollicité l'assistance d'un avocat, cette demande peut également être faite par ses représentants légaux qui sont alors avisés de ce droit lorsqu'ils sont informés de la garde à vue en application de l'article L. 413-7. Lorsque le mineur ou ses représentants légaux n'ont pas désigné d'avocat, le procureur de la République, le juge d'instruction ou l'officier de police judiciaire doit, dès le début de la garde à vue, informer par tout moyen et sans délai le bâtonnier afin qu'il en commette un d'office. — *[Ord. nº 45-174 du 2 févr. 1945, art. 4, IV.]*

Art. L. 413-10 La garde à vue d'un mineur de moins de seize ans ne peut être prolongée que si l'infraction qu'il est soupçonné d'avoir commise ou tenté de commettre est un crime ou un délit puni d'une peine égale ou supérieure à cinq ans d'emprisonnement.

Aucune mesure de garde à vue ne peut être prolongée sans présentation préalable du mineur au procureur de la République ou au juge d'instruction compétent en application de l'article 63-9 et de l'article 154 du code de procédure pénale.

Cette présentation peut être réalisée par l'utilisation d'un moyen de télécommunication audiovisuelle conformément aux dispositions de l'article 706-71 du code de procédure pénale. — *[Ord. nº 45-174 du 2 févr. 1945, art. 4, V.]*

Art. L. 413-11 L'article 706-88 du code de procédure pénale, à l'exception de ses sixième à huitième alinéas, est applicable au mineur de plus de seize ans lorsqu'il existe une ou plusieurs raisons plausibles de soupçonner qu'une ou plusieurs personnes majeures ont participé, comme auteurs ou complices, à la commission de l'infraction. — *[Ord. nº 45-174 du 2 févr. 1945, art. 4, VII.]*

SECTION III *DE L'ENREGISTREMENT AUDIOVISUEL DES AUDITIONS*

Art. L. 413-12 Les interrogatoires des mineurs placés en garde à vue ou en retenue font l'objet d'un enregistrement audiovisuel.

Lorsque l'enregistrement ne peut être effectué en raison d'une impossibilité technique, il en est fait mention dans le procès-verbal d'interrogatoire qui précise la nature de cette impossibilité. Le procureur de la République ou le juge d'instruction en est immédiatement avisé. En l'absence d'enregistrement, que cette absence ait fait ou non l'objet d'une mention dans le procès-verbal et d'un avis au magistrat compétent, aucune condamnation ne peut être prononcée sur le seul fondement des déclarations du mineur si celles-ci sont contestées. — *[Ord. nº 45-174 du 2 févr. 1945, art. 4, I, al. 2, ecqc VI et VI, al. 1er et 4.]*

Art. L. 413-13 L'enregistrement mentionné à l'article L. 413-12 ne peut être consulté, au cours de l'instruction ou devant la juridiction de jugement, qu'en cas de contestation du contenu du procès-verbal d'interrogatoire, sur décision du juge d'instruction ou de la juridiction de jugement, d'office ou à la demande du procureur de la République ou d'une des parties. Aucune copie de l'enregistrement ne peut être délivrée aux parties ou à leur avocat. — *[Ord. nº 45-174 du 2 févr. 1945, art. 4, VI, al. 2.]*

Art. L. 413-14 Le fait, pour toute personne, de diffuser l'enregistrement audiovisuel réalisé en application de l'article L. 413-12 ou sa copie est puni d'un an d'emprisonnement et de 15 000 euros d'amende. — *[Ord. nº 45-174 du 2 févr. 1945, art. 4, VI, al. 3.]*

Art. L. 413-15 A l'expiration d'un délai de cinq ans à compter de la date de l'extinction de l'action publique, l'enregistrement audiovisuel et sa copie sont détruits dans le délai d'un mois. — *[Ord. nº 45-174 du 2 févr. 1945, art. 4, VI, al. 5.]*

SECTION IV *DES RELEVÉS SIGNALÉTIQUES*

(L. nº 2022-52 du 24 janv. 2022, art. 30)

Art. L. 413-16 L'officier ou l'agent de police judiciaire qui envisage de procéder ou de faire procéder, en application du deuxième alinéa de l'article 55-1 du code de procédure pénale, à une opération de prise d'empreintes digitales ou palmaires ou de photographies d'un mineur entendu en application des articles L. 412-1 et L. 413-6 du présent code doit s'efforcer d'obtenir le consentement de ce mineur.

Il informe le mineur, en présence de son avocat, des peines prévues au troisième alinéa de l'article 55-1 du code de procédure pénale s'il refuse de se soumettre à cette opération.

Lorsque les conditions prévues à l'article L. 413-17 du présent code sont réunies, il l'informe également, en présence de son avocat, de la possibilité de procéder à cette opération sans son consentement, en application du même article L. 413-17.

Art. L. 413-17 L'opération de prise d'empreintes digitales ou palmaires ou de photographies peut être effectuée sans le consentement du mineur, sur autorisation écrite du procureur de la République saisi par une demande motivée de l'officier de police judiciaire, lorsque les conditions ci-après sont réunies :

1° Cette opération constitue l'unique moyen d'identifier le mineur qui refuse de justifier de son identité ou qui fournit des éléments d'identité manifestement inexacts ;

2° Le mineur apparaît manifestement âgé d'au moins treize ans ;

3° L'infraction dont il est soupçonné constitue un crime ou un délit puni d'au moins cinq ans d'emprisonnement.

L'officier de police judiciaire ou, sous son contrôle, un agent de police judiciaire recourt à la contrainte de manière strictement nécessaire et proportionnée, compte tenu de la situation particulière du mineur.

L'avocat du mineur ainsi que, sauf impossibilité, ses représentants légaux ou, à défaut, l'adulte approprié mentionné à l'article L. 311-1 sont préalablement informés de cette opération.

Cette opération fait l'objet d'un procès-verbal, qui mentionne les raisons pour lesquelles elle constitue l'unique moyen d'identifier la personne ainsi que le jour et l'heure auxquels il y est procédé.

Le procès-verbal est transmis au procureur de la République, copie en ayant été remise à l'intéressé ainsi qu'aux représentants légaux ou à l'adulte approprié.

TITRE DEUXIÈME DE L'ACTION PUBLIQUE

CHAPITRE PREMIER *DISPOSITIONS GÉNÉRALES*

Art. L. 421-1 A l'égard d'un mineur, le procureur de la République apprécie les suites à donner conformément aux dispositions de l'article 40-1 du code de procédure pénale, en tenant compte de la personnalité du mineur et de ses conditions de vie et d'éducation.

Quelle que soit l'orientation qu'il retient sur l'action publique, le procureur de la République apprécie s'il y a lieu de saisir les autorités compétentes en matière de protection administrative ou judiciaire de l'enfance, cette saisine pouvant être considérée comme une réponse suffisante.

CHAPITRE II *DES ALTERNATIVES AUX POURSUITES ET DE LA COMPOSITION PÉNALE*

SECTION PREMIÈRE *DES ALTERNATIVES AUX POURSUITES*

Art. L. 422-1 Lorsque le procureur de la République fait application de l'article 41-1 du code de procédure pénale relatif aux alternatives aux poursuites à l'égard d'un mineur, la mesure prévue au 2° de cet article peut également consister en l'accomplissement d'un stage de formation civique ou en une consultation auprès d'un psychiatre ou d'un psychologue.

(L. n° 2022-299 du 2 mars 2022, art. 15) « Lorsqu'il est prononcé pour une infraction commise dans le cadre de la scolarité, le stage de formation civique peut comporter un volet spécifique de sensibilisation aux risques liés au harcèlement scolaire. »

Le procureur de la République peut également recourir aux mesures suivantes spécifiques aux mineurs :

1° Demander au mineur *(L. n° 2021-218 du 26 févr. 2021, art. 14)* « et à ses représentants légaux » de justifier de son assiduité à un enseignement ou une formation professionnelle ;

2° Proposer au mineur une mesure de réparation à l'égard de la victime ou dans l'intérêt de la collectivité. Avant d'ordonner la mesure, le procureur de la République recueille ou fait recueillir l'accord du mineur et de ses représentants légaux. Le procès-verbal constatant cet accord est joint à la procédure. La mesure ne peut être mise en œuvre à l'égard de la victime qu'avec l'accord de celle-ci. — *[Ord. n° 45-174 du 2 févr. 1945, art. 7-1, al. 2 ; art. 12-1, al. 1er et 2.]*

Art. L. 422-2 Lorsque le procureur de la République fait application *(L. nº 2021-218 du 26 févr. 2021, art. 14)* « , à l'égard d'un mineur, de l'article 41-1 du code de procédure pénale relatif aux alternatives aux poursuites », *(L. nº 2021-218 du 26 févr. 2021, art. 14)* « les représentants légaux du mineur » doivent être convoqués.

Les représentants légaux du mineur qui ne répondent pas à cette convocation sont passibles des sanctions prévues à l'article L. 311-5.

Les mesures prévues aux 2° à 5° de l'article 41-1 du code de procédure pénale requièrent l'accord des représentants légaux du mineur.

Le procureur de la République fixe, le cas échéant, le montant des frais de stage pouvant être mis à la charge des représentants légaux du mineur.

La mise en œuvre des mesures alternatives aux poursuites peut être confiée à un service de la protection judiciaire de la jeunesse ou à une personne habilitée. – *[Ord. nº 45-174 du 2 févr. 1945, art. 7-1.]*

SECTION II *DE LA COMPOSITION PÉNALE*

Art. L. 422-3 La procédure de composition pénale prévue par les articles 41-2 et 41-3 du code de procédure pénale peut être appliquée aux mineurs âgés d'au moins treize ans lorsqu'elle apparaît adaptée à la personnalité de l'intéressé, dans les conditions prévues à la présente section.

L'accomplissement du travail non rémunéré prévu au 6° de l'article 41-2 du code de procédure pénale ne peut être proposé qu'au mineur âgé d'au moins seize ans.

Outre les mesures de l'article 41-2 précité, le procureur de la République peut également proposer les mesures suivantes spécifiques aux mineurs :

1° Accomplissement d'un stage de formation civique. *(L. nº 2022-299 du 2 mars 2022, art. 15)* « Lorsqu'il est prononcé pour une infraction commise dans le cadre de la scolarité, ce stage peut comporter un volet spécifique de sensibilisation aux risques liés au harcèlement scolaire ; »

2° Suivi de façon régulière d'une scolarité ou d'une formation professionnelle ;

3° Respect d'une décision, antérieurement prononcée par le juge, de placement dans une institution ou un établissement public ou privé d'éducation ou de formation professionnelle habilité ;

4° Consultation d'un psychiatre ou d'un psychologue ;

5° Accomplissement, lorsque le mineur est âgé d'au moins seize ans, d'un contrat de service en établissement public d'insertion de la défense mentionné aux articles L. 130-1 à L. 130-5 du code du service national. – *[Ord. nº 45-174 du 2 févr. 1945, art. 7-2, al. 1er et 5 à 11.]*

Art. L. 422-4 Avant toute proposition du procureur de la République en application de l'article L. 422-3, le service de la protection judiciaire de la jeunesse compétent *(L. nº 2021-218 du 26 févr. 2021, art. 14)* « est » saisi en vue d'établir un recueil de renseignements socio-éducatifs, joint à la procédure.

La proposition du procureur de la République *(L. nº 2021-218 du 26 févr. 2021, art. 14)* « est » également faite aux représentants légaux du mineur et *(L. nº 2021-218 du 26 févr. 2021, art. 14)* « doit recueillir » l'accord de ces derniers.

L'accord du mineur et de ses représentants légaux *(L. nº 2021-218 du 26 févr. 2021, art. 14)* « est » recueilli en présence d'un avocat désigné conformément à l'article L. 12-4.

(L. nº 2021-401 du 8 avr. 2021, art. 3) « Pour l'exécution des mesures de stages prévues à l'article 41-2 du code de procédure pénale, le procureur de la République fixe, le cas échéant, le montant des frais pouvant être mis à la charge des représentants légaux du mineur. »

La composition pénale proposée à un mineur doit être validée par le juge des enfants ou, pour les contraventions des quatre premières classes, par le juge compétent du tribunal de police. Les dispositions du *(L. nº 2021-401 du 8 avr. 2021, art. 3)* « vingt-huitième » alinéa de l'article 41-2 du code de procédure pénale qui permettent, dans certains cas, qu'une proposition de composition pénale ne soit pas validée par le président du tribunal ne sont pas applicables aux mineurs.

Avant de valider la composition pénale, le juge peut procéder à l'audition du mineur ou de ses représentants légaux, soit d'office, soit à leur demande. Dans ce dernier cas, l'audition est de droit.

La décision est notifiée à l'auteur des faits et à ses représentants légaux et, le cas échéant, à la victime.

La durée d'exécution des mesures proposées aux mineurs ne peut excéder six mois.

Leur exécution peut être confiée à un service de la protection judiciaire de la jeunesse ou à *(L. nº 2021-218 du 26 févr. 2021, art. 14)* « une » personne habilitée. — *[Ord. nº 45-174 du 2 févr. 1945, art. 7-2, al. 2, 3, 4 et 12 ; art. 12, al. 3.]*

CHAPITRE III *DE LA MISE EN MOUVEMENT DE L'ACTION PUBLIQUE*

SECTION PREMIÈRE *DES DÉCISIONS SUR LES POURSUITES*

Art. L. 423-1 Sous réserve des dispositions relatives à la procédure simplifiée prévue aux articles 524 à 530-1 du code de procédure pénale, les contraventions de police des quatre premières classes commises par les mineurs sont jugées par le tribunal de police. — *[Ord. nº 45-174 du 2 févr. 1945, art. 21, al. 1er.]*

Art. L. 423-2 Lorsqu'un délit ou une contravention de la cinquième classe est imputé à un mineur, le procureur de la République peut :

1º Soit requérir l'ouverture d'une information judiciaire en application de l'article 80 du code de procédure pénale ;

2º Soit saisir une juridiction pour mineurs. — *[Ord. nº 45-174 du 2 févr. 1945, art. 5, al. 2.]*

Art. L. 423-3 Aucune poursuite ne pourra être exercée *(L. nº 2021-218 du 26 févr. 2021, art. 14)* « contre les mineurs en matière de crime » sans information préalable. — *[Ord. nº 45-174 du 2 févr. 1945, art. 5, al. 1er.]*

Art. L. 423-4 Lorsque le procureur de la République poursuit un délit ou une contravention de la cinquième classe imputé à un mineur devant la juridiction de jugement spécialisée, il saisit le juge des enfants aux fins de jugement selon la procédure de mise à l'épreuve éducative prévue par les articles L. 521-1 et L. 521-7 à L. 521-25.

Toutefois, si le mineur est âgé d'au moins treize ans et qu'il encourt une peine d'emprisonnement supérieure ou égale à trois ans, le procureur de la République peut également, lorsque sa personnalité, ou la gravité, ou la complexité des faits le justifie, saisir le tribunal pour enfants aux fins de jugement selon cette même procédure.

Lorsqu'un mineur est déféré, le procureur de la République peut, à titre exceptionnel, le poursuivre devant le tribunal pour enfants aux fins de jugement en audience unique selon la procédure prévue par les articles L. 521-26 et L. 521-27, si les conditions suivantes sont réunies :

1º Si la peine encourue est supérieure ou égale à cinq ans d'emprisonnement pour le mineur de moins de seize ans, ou si la peine encourue est supérieure ou égale à trois ans d'emprisonnement pour le mineur d'au moins seize ans.

2º Si le mineur :

a) A déjà fait l'objet d'une mesure éducative, d'une mesure judiciaire d'investigation éducative, d'une mesure de sûreté, d'une déclaration de culpabilité ou d'une peine prononcée dans le cadre d'une autre procédure et ayant donné lieu à un rapport datant de moins d'un an ; si ce rapport n'a pas déjà été déposé, il peut être requis par le procureur de la République à l'occasion du déferement. Ce rapport doit être versé au dossier de la procédure par le procureur de la République.

b) Ou est également poursuivi pour le délit prévu par le *(L. nº 2022-52 du 24 janv. 2022, art. 30)* « troisième » alinéa de l'article 55-1 du code de procédure pénale. Dans ce cas, le procureur de la République verse au dossier le recueil de renseignements socio-éducatifs établi à l'occasion du déferement. — *[Ord. nº 45-174 du 2 févr. 1945, art. 5, al. 2 et 3 ; art. 8-1, al. 1er, I ; art. 14-2.]*

Art. L. 423-5 En aucun cas un mineur ne peut être poursuivi par voie de citation directe ou selon les procédures prévues aux articles 393 à 397-7, 495-7 à 495-17 du code de procédure pénale ou, pour les contraventions de cinquième classe, selon la procédure simplifiée prévue par les articles 524 à 530-1 du code de procédure pénale. — *[Ord. nº 45-174 du 2 févr. 1945, art. 5, al. 7.]*

Art. L. 423-6 *Lorsque le* procureur de la République ordonne la présentation d'un mineur *devant lui*, il :

1º Avise par tout moyen les représentants légaux du mineur, ainsi que la personne ou le service auquel il est confié ;

2º Requiert l'établissement d'un recueil de renseignements socio-éducatifs ;

3º Sollicite du bâtonnier la désignation d'un avocat commis d'office dans le cas où le mineur ou ses représentants légaux n'ont pas désigné d'avocat. L'avocat désigné peut consulter le dossier de la procédure sur le champ et communiquer librement avec le mineur.

Lorsque le procureur de la République se fait présenter un mineur, il l'informe de son droit d'être assisté par un interprète, il constate son identité et lui notifie les faits qui lui sont reprochés et leur qualification juridique en présence de son avocat.

Le procureur de la République avertit alors le mineur de son droit de faire des déclarations, de répondre aux questions qui lui sont posées ou de se taire. Après avoir, le cas échéant, recueilli les observations du mineur ou procédé à son interrogatoire, le procureur de la République entend, s'il y a lieu, les observations de l'avocat, portant notamment sur la régularité de la procédure, sur la qualification retenue, sur le caractère éventuellement insuffisant de l'enquête, sur la nécessité de procéder à de nouveaux actes qu'il estime nécessaires à la manifestation de la vérité et sur les modalités d'engagement éventuel des poursuites.

Au vu de ces observations, le procureur de la République peut saisir une juridiction de jugement, requérir l'ouverture d'une information, ordonner la poursuite de l'enquête ou prendre toute autre décision sur l'action publique.

A peine de nullité, mention des formalités prévues *(L. n° 2021-218 du 26 févr. 2021, art. 14)* **« au 3° et aux cinquième et sixième alinéas » du présent article est faite au procès-verbal. Si le procureur de la République saisit la juridiction de jugement, la copie de ce procès-verbal est remise au mineur.**

SECTION II *DE LA SAISINE DE LA JURIDICTION DE JUGEMENT*

SOUS-SECTION 1 *DES MODES DE SAISINE*

Art. L. 423-7 **Le juge des enfants ou le tribunal pour enfants est saisi soit :**

1° Par convocation délivrée sur instructions du procureur de la République soit par un greffier, un officier ou agent de police judiciaire, un huissier, un délégué ou un médiateur du procureur de la République, soit, si le prévenu est détenu, par le chef de l'établissement pénitentiaire, soit, si le mineur est placé, par le directeur de l'établissement auquel il est confié ;

2° Par procès-verbal du procureur de la République établi lors d'un déferement. Dans ce cas, le procureur de la République procède conformément aux dispositions de l'article L. 423-6 et informe le mineur, en présence de son avocat, qu'il est convoqué devant le juge des enfants ou tribunal pour enfants pour y être jugé, à une audience fixée dans un délai qui ne peut être inférieur à dix jours ni supérieur à trois mois. Il lui notifie les faits qui lui sont reprochés ainsi que le lieu, la date et l'heure de l'audience. Ces formalités sont mentionnées au procès-verbal, dont copie est remise au mineur, à peine de nullité de la procédure. — *[Ord. n° 45-174 du 2 févr. 1945, art. 5, al. 3 ; art. 8-3, al. 1er.]*

Art. L. 423-8 **La convocation devant le juge des enfants ou le tribunal pour enfants et le procès-verbal établi par le procureur de la République lors du déferement mentionnent :**

1° La date, le lieu et l'heure de l'audience, laquelle se tient dans un délai qui ne peut être inférieur à dix jours ni supérieur à trois mois à compter de la notification de la convocation ;

2° Le fait poursuivi ainsi que le texte de loi qui le réprime ;

3° Les dispositions de l'article L. 12-4.

Sont rappelées les dispositions des articles L. 12-5, L. 311-1 et L. 311-2.

Sont également rappelées les dispositions des articles L. 521-1 et L. 521-2, sauf lorsque le tribunal pour enfants est saisi aux fins d'audience unique en application *(L. n° 2021-218 du 26 févr. 2021, art. 14)* **« du troisième alinéa » de l'article L. 423-4.**

La convocation est notifiée dans les meilleurs délais aux représentants légaux et à la personne ou au service auquel le mineur est confié.

Ces mentions sont formalisées par procès-verbal signé par le mineur et, si elles sont présentes, les personnes visées à l'alinéa précédent, qui en recevront copie. Cette convocation vaut citation à personne et entraîne l'application des délais prévus à l'article 552 du code de procédure pénale.

Le juge des enfants ou le tribunal pour enfants en est avisé sans délai. — *[Ord. n° 45-174 du 2 févr. 1945, art. 5, al. 3 à 6.]*

SOUS-SECTION 2 *DES MESURES PRONONCÉES AVANT LA COMPARUTION DU MINEUR DEVANT LA JURIDICTION DE JUGEMENT*

Art. L. 423-9 **Aussitôt après avoir procédé aux formalités de l'article L. 423-6, le procureur de la République fait comparaître le mineur devant** *(Abrogé par L. n° 2021-218 du 26 févr. 2021, art. 14)* ***« le juge des enfants afin qu'il soit statué sur ses réquisitions tendant : »*** *(L. n° 2021-218 du 26 févr. 2021, art. 14)* **« 1° Le juge des enfants afin qu'il soit statué sur ses réquisitions tendant :**

« *a)* » Soit, quel que soit l'âge du mineur, au prononcé d'une mesure éducative judiciaire provisoire jusqu'à l'audience d'examen de la culpabilité ;

(L. n° 2021-218 du 26 févr. 2021, art. 14) « *b)* » Soit, pour le mineur âgé d'au moins treize ans, au placement sous contrôle judiciaire, dans les conditions prévues par l'article L. 331-1, jusqu'à l'audience d'examen de la culpabilité ;

(L. n° 2021-218 du 26 févr. 2021, art. 14) « *c)* » Soit, pour le mineur âgé d'au moins seize ans, au placement sous assignation à résidence avec surveillance électronique, dans les conditions prévues par l'article L. 333-1, jusqu'à l'audience d'examen de la culpabilité ;

(L. n° 2021-218 du 26 févr. 2021, art. 14) « 2° Le juge des libertés et de la détention, pour le mineur âgé d'au moins seize ans et lorsque le tribunal pour enfants est saisi aux fins d'audience unique en application du troisième alinéa de l'article L. 423-4, afin qu'il soit statué sur ses réquisitions tendant au placement en détention provisoire du mineur jusqu'à l'audience, dans les conditions prévues aux articles L. 334-1 à L. 334-5 *[ancienne rédaction : Soit, pour le mineur âgé d'au moins seize ans et lorsque le tribunal pour enfants est saisi aux fins d'audience unique en application de l'alinéa 3 de l'article L. 423-4, à son placement en détention provisoire dans les conditions prévues par les articles L. 334-1 à L. 334-5 jusqu'à l'audience]*. » Dans ce cas, l'audience de jugement doit avoir lieu dans un délai ne pouvant excéder un mois, à défaut de quoi le mineur est remis en liberté d'office.

(L. n° 2021-1729 du 22 déc. 2021, art. 14) « Le mineur est informé que la décision ne pourra intervenir qu'à l'issue d'un débat contradictoire et qu'il a le droit de demander un délai pour préparer sa défense. Si le mineur ou son avocat sollicite un tel délai, le juge des libertés et de la détention statue selon les modalités prévues aux trois derniers alinéas de l'article L. 521-21. »

(L. n° 2021-218 du 26 févr. 2021, art. 14) « Le procureur de la République avise sans délai le juge des enfants afin qu'il puisse communiquer au juge des libertés et de la détention tout élément utile sur la personnalité du mineur et, le cas échéant, accomplir les diligences prévues à l'article L. 423-10. »

Le juge des enfants *(L. n° 2021-218 du 26 févr. 2021, art. 14)* « ou le juge des libertés et de la détention » statue par ordonnance motivée qui doit comporter l'énoncé des considérations de droit et de fait qui constituent le fondement de la décision. Il statue en audience de cabinet, après un débat contradictoire au cours duquel il entend les réquisitions du procureur de la République, puis les observations du mineur et celles de son avocat. Le juge des enfants *(L. n° 2021-218 du 26 févr. 2021, art. 14)* « ou le juge des libertés et de la détention » entend le cas échéant au cours de ce débat les *(L. n° 2021-218 du 26 févr. 2021, art. 14)* « représentants légaux du mineur » et le représentant du service auquel le mineur est confié ou mandaté dans le cadre d'une précédente mesure.

La présence du procureur de la République est facultative dans les cas prévus aux *(L. n° 2021-218 du 26 févr. 2021, art. 14)* « *a)* et *b)* du 1° » s'agissant du placement sous contrôle judiciaire des mineurs d'au moins seize ans.

Les représentants légaux du mineur sont avisés par tout moyen de la décision du juge des enfants *(L. n° 2021-218 du 26 févr. 2021, art. 14)* « et du juge des libertés et de la détention ».

Art. L. 423-10 Lorsqu'un mineur est poursuivi dans le cadre de la procédure prévue au troisième alinéa de l'article L. 423-4, le juge des enfants saisi aux fins de prononcer des mesures prévues à l'article L. 423-9 *(L. n° 2021-218 du 26 févr. 2021, art. 14)* « ou avisé de la saisine du juge des libertés et de la détention aux mêmes fins », qui constate qu'une mise à l'épreuve éducative est en cours, peut, d'office ou sur réquisitions du procureur de la République, faire remettre au mineur et à ses représentants légaux une convocation à comparaître devant le tribunal pour enfants à la date d'audience notifiée par le procureur de la République, pour voir statuer sur l'ensemble des procédures ayant donné lieu à une déclaration de culpabilité au cours de la période de mise à l'épreuve éducative.

Art. L. 423-11 Le juge des enfants est compétent, jusqu'à la comparution du mineur devant la juridiction, pour statuer sur la *(L. n° 2021-218 du 26 févr. 2021, art. 14)* « *mainlevée* », *(L. n° 2021-218 du 26 févr. 2021, art. 14)* « ou la modification » des mesures d'investigation, éducative judiciaire provisoire et de sûreté, d'office, à la demande du mineur ou de son avocat, ou sur réquisitions du procureur de la République conformément aux dispositions des titres II et III du livre III. *(Abrogé par L. n° 2021-218 du 26 févr. 2021, art. 14)* « *Le mineur placé en détention provisoire ou son avocat peut, à tout moment, demander sa mise en liberté. La demande est adressée au juge des enfants, qui communique immédiatement le dossier au procureur de la République aux fins de réquisitions. Le juge des enfants statue, dans les cinq jours suivant la communication au procureur de la République, en exerçant les attributions confiées au*

juge des libertés et de la détention par les troisième et quatrième alinéas de l'article 148 du code de procédure pénale. »

(L. n° 2021-1729 du 22 déc. 2021, art. 14, en vigueur le 31 déc. 2021) « Le juge des enfants peut, en cas d'incident, délivrer à l'encontre d'un mineur un mandat de comparution.

« Lorsque le mineur se soustrait aux obligations et interdictions d'un contrôle judiciaire ou d'une assignation à résidence avec surveillance électronique, le juge des enfants peut également ordonner à l'encontre du mineur un mandat d'amener ou, si le mineur est en fuite ou réside à l'étranger, un mandat d'arrêt. Il est alors procédé dans les conditions prévues aux articles 123 à 134 du code de procédure pénale. Le mineur retenu en exécution d'un mandat bénéficie des droits prévus à l'article L. 332-1 du présent code. »

(L. n° 2021-218 du 26 févr. 2021, art. 14) « Lorsqu'il constate que le mineur n'a pas respecté les obligations du contrôle judiciaire ou de l'assignation à résidence avec surveillance électronique, le juge des enfants peut, si les conditions prévues aux articles L. 334-4 ou L. 334-5 sont réunies, communiquer le dossier au procureur de la République aux fins de réquisitions et saisir le juge des libertés et de la détention aux fins de révocation de la mesure de contrôle judiciaire ou d'assignation à résidence avec surveillance électronique et de placement du mineur en détention provisoire.

(L. n° 2021-1729 du 22 déc. 2021, art. 14) « Le mineur est informé que la décision ne pourra intervenir qu'à l'issue d'un débat contradictoire et qu'il a le droit de demander un délai pour préparer sa défense. Si le mineur ou son avocat sollicite un tel délai, le juge des libertés et de la détention statue selon les modalités prévues aux trois derniers alinéas de l'article L. 521-21. »

« Le mineur placé en détention provisoire, ou son avocat, peut, à tout moment, demander sa mise en liberté. La demande est adressée au juge des libertés et de la détention, qui communique immédiatement le dossier au procureur de la République aux fins de réquisitions et demande au juge des enfants tout élément utile sur la personnalité et l'évolution de la situation du mineur. Le juge des libertés et de la détention statue dans les cinq jours suivant la communication au procureur de la République dans les conditions prévues aux troisième et avant-dernier alinéas de l'article 148 du code de procédure pénale. »

(L. n° 2021-1729 du 22 déc. 2021, art. 14) « Faute pour le juge des libertés et de la détention d'avoir statué dans le délai prévu à l'avant-dernier alinéa, le mineur ou son avocat et le procureur de la République peuvent saisir la chambre spéciale des mineurs de la cour d'appel, qui statue selon les modalités prévues au second alinéa de l'article L. 521-23. »

Art. L. 423-12 En cas de révocation du contrôle judiciaire ou de l'assignation à résidence avec surveillance électronique et de placement en détention provisoire du mineur, l'audience de jugement *(L. n° 2021-218 du 26 févr. 2021, art. 14)* « a » lieu devant le tribunal pour enfants dans un délai ne pouvant excéder un mois, à défaut de quoi le mineur est remis en liberté d'office.

SOUS-SECTION 3 *DES VOIES DE RECOURS CONTRE LES DÉCISIONS RELATIVES AUX MESURES PRONONCÉES AVANT LA COMPARUTION DU MINEUR DEVANT LA JURIDICTION DE JUGEMENT*

Art. L. 423-13 *(L. n° 2022-52 du 24 janv. 2022, art. 26)* « Les décisions relatives à la mesure éducative judiciaire provisoire et aux mesures de sûreté rendues » par le juge des enfants *(L. n° 2021-218 du 26 févr. 2021, art. 14)* « ou le juge des libertés et de la détention » en application des dispositions de la sous-section 2 peuvent faire l'objet d'un appel par le mineur *(L. n° 2022-52 du 24 janv. 2022, art. 26)* « ou l'un de ses représentants légaux et par le ministère public » dans un délai de dix jours.

L'appel de *(L. n° 2022-52 du 24 janv. 2022, art. 26)* « la décision relative à » une mesure éducative judiciaire provisoire, un contrôle judicaire ou une assignation à résidence avec surveillance électronique est porté devant le président de la chambre spéciale des mineurs qui statue dans le délai d'un mois.

L'appel de *(L. n° 2022-52 du 24 janv. 2022, art. 26)* « la décision relative au » placement en détention provisoire est examiné par la chambre spéciale des mineurs dans les délais et selon les modalités prévues devant la chambre de l'instruction par les articles 194 et 199 du code de procédure pénale.

SOUS-SECTION 4 *DU RENVOI DU DOSSIER AU PROCUREUR DE LA RÉPUBLIQUE LORSQUE LA PERSONNE EST MAJEURE*

(L. n° 2022-52 du 24 janv. 2022, art. 25)

Art. L. 423-14 S'il apparaît au juge des enfants ou au juge des libertés et de la détention saisi en application de l'article L. 423-9 que la personne présentée devant lui est majeure, il renvoie le dossier au procureur de la République.

Le juge des enfants ou le juge des libertés et de la détention statue au préalable, après avoir entendu les réquisitions du procureur de la République et les observations de la personne et de son avocat, sur le placement ou le maintien de la personne en détention provisoire jusqu'à sa comparution devant le tribunal correctionnel, devant le juge des libertés et de la détention saisi en application de l'article 396 du code de procédure pénale ou devant le juge d'instruction. Cette comparution doit avoir lieu dans un délai de vingt-quatre heures, à défaut de quoi la personne est remise en liberté d'office. Toutefois, si les faits relèvent de la compétence d'un pôle de l'instruction et qu'il n'existe pas de pôle au sein du tribunal judiciaire, cette comparution doit intervenir devant le juge d'instruction du pôle territorialement compétent dans un délai de quarante-huit heures au plus, à défaut de quoi la personne est remise en liberté d'office.

TITRE TROISIÈME DE L'INFORMATION JUDICIAIRE

CHAPITRE PREMIER *DE L'INFORMATION ET DE LA CONVOCATION DES REPRÉSENTANTS LÉGAUX*

Art. L. 431-1 Le juge d'instruction avise les représentants légaux du mineur et la personne ou le service auquel le mineur est confié des poursuites dont celui-ci fait l'objet.

L'avis mentionné à l'alinéa précédent est fait verbalement avec émargement au dossier ou par lettre recommandée. Il mentionne les faits reprochés au mineur et leur qualification juridique.

Il précise également qu'à défaut de choix d'un avocat par le mineur ou ses représentants légaux, le juge d'instruction fera désigner un avocat d'office par le bâtonnier. – *[Ord. n° 45-174 du 2 févr. 1945, art. 10, al. 1er et 3.]*

Art. L. 431-2 Quel que soit l'objet de la convocation du mineur par le juge d'instruction, ses représentants légaux sont convoqués *(L. n° 2021-218 du 26 févr. 2021, art. 14)* « par tout moyen » dans les conditions prévues à l'article L. 311-1, ainsi que la personne ou le service auquel il est confié, pour être entendus par le juge. – *[Ord. n° 45-174 du 2 févr. 1945, art. 10, al. 2, phrase 1 ; art. 10, al. 5 à 10, 12 et 13]*

Art. L. 431-3 Les représentants légaux et les personnes civilement responsables doivent déclarer au greffe du juge d'instruction leur adresse selon les modalités prévues par les deux derniers alinéas de l'article 116 du code de procédure pénale.

CHAPITRE II *DE LA MESURE JUDICIAIRE D'INVESTIGATION ÉDUCATIVE ET DE LA MESURE ÉDUCATIVE JUDICIAIRE PROVISOIRE*

Art. L. 432-1 Lorsqu'une information judiciaire est ouverte à l'encontre d'un mineur, le juge d'instruction ordonne une mesure judiciaire d'investigation éducative.

Toutefois, cette mesure est facultative lorsqu'une copie du dossier unique de personnalité du mineur, contenant un rapport d'une mesure judiciaire d'investigation éducative de moins d'un an, est versée au dossier de l'information judiciaire. – *[Ord. n° 45-174 du 2 févr. 1945, art. 9, al. 1er ; art. 10, al. 4.]*

Art. L. 432-2 Au cours de l'information judiciaire, le juge d'instruction ou le juge des libertés et de la détention saisi en application du *(L. n° 2021-218 du 26 févr. 2021, art. 14)* « dernier » alinéa de l'article 137-1 ou du *(L. n° 2021-218 du 26 févr. 2021, art. 14)* « second » alinéa de l'article 137-4 du code de procédure pénale peut ordonner une mesure éducative judiciaire provisoire à l'égard du mineur mis en examen, dans les conditions prévues par les articles L. 323-1 à L. 323-3 du présent code. Le juge d'instruction peut la modifier ou en donner mainlevée à tout moment dans les mêmes conditions.

La mesure est prononcée pour une durée d'un an renouvelable. – *[Ord. n° 45-174 du 2 févr. 1945, art. 9, al. 1er ; art. 10, al. 5 à 10, 12 et 13 ; art. 11, al. 16 ; art. 12-1, al. 3]*

CHAPITRE III *DES MESURES DE SÛRETÉ*

Art. L. 433-1 Au cours de l'information judiciaire, les dispositions relatives au contrôle judiciaire, à l'assignation à résidence avec surveillance électronique et à la détention provisoire, prévues au titre III du livre III sont applicables, sous réserve des dispositions du présent chapitre.

Art. L. 433-2 En matière correctionnelle, la détention provisoire ordonnée à l'égard d'un mineur de moins de seize ans, dans les conditions prévues par l'article L. 334-4, ne peut excéder :

1° Une durée de quinze jours, renouvelable une fois par ordonnance motivée, lorsque le mineur encourt une peine inférieure à dix ans d'emprisonnement ;

2° Une durée d'un mois, renouvelable une fois par ordonnance motivée, lorsque le mineur encourt une peine de dix ans d'emprisonnement. – *[Ord. n° 45-174 du 2 févr. 1945, art. 11-2, al. 1er et 2.]*

Art. L. 433-3 En matière correctionnelle, la détention provisoire ordonnée à l'égard d'un mineur âgé d'au moins seize ans, dans les conditions prévues par l'article L. 334-5, ne peut excéder :

1° Un mois, lorsque la peine d'emprisonnement encourue est inférieure ou égale à sept ans. Toutefois, à l'expiration de ce délai, la détention peut être prolongée par le juge des libertés et de la détention, à titre exceptionnel, pour une durée n'excédant pas un mois, par une ordonnance motivée conformément aux dispositions de l'article 137-3 du code de procédure pénale et rendue après un débat contradictoire organisé conformément aux dispositions du sixième alinéa de l'article 145 du même code. La prolongation ne peut être ordonnée qu'une seule fois ;

2° Quatre mois, lorsque la peine d'emprisonnement encourue est supérieure à sept ans. Toutefois, à l'expiration de ce délai, la détention peut être prolongée par le juge des libertés et de la détention, à titre exceptionnel, pour une durée n'excédant pas quatre mois, par une ordonnance motivée conformément aux dispositions de l'article 137-3 *(L. n° 2021-218 du 26 févr. 2021, art. 14)* « du code de procédure pénale » et rendue après un débat contradictoire organisé conformément aux dispositions du sixième alinéa de l'article 145 *(L. n° 2021-218 du 26 févr. 2021, art. 14)* « du même code ». Cette décision peut être renouvelée selon la même procédure, la durée totale de la détention ne pouvant excéder un an. – *[Ord. n° 45-174 du 2 févr. 1945, art. 11, al. 11 et 12.]*

V. C. pr. pén., art. 137-3.

Art. L. 433-4 En matière criminelle, la détention provisoire ne peut excéder six mois pour le mineur de moins de seize ans. Toutefois, à l'expiration de ce délai, la détention peut être prolongée par le juge des libertés et de la détention, à titre exceptionnel, pour une durée n'excédant pas six mois, par une ordonnance motivée conformément aux dispositions de l'article 137-3 du code de procédure pénale, par référence aux 1° à 6° de l'article 144 du même code, et rendue après un débat contradictoire organisé conformément aux dispositions du sixième alinéa de l'article 145 du même code. La prolongation ne peut être ordonnée qu'une seule fois. – *[Ord. n° 45-174 du 2 févr. 1945, art. 11, al. 13.]*

V. C. pr. pén., art. 137-3.

Art. L. 433-5 En matière criminelle, la détention provisoire ne peut excéder un an pour le mineur âgé d'au moins seize ans. Toutefois, le juge des libertés et de la détention peut, à l'expiration de ce délai, prolonger la détention pour une durée qui ne peut être supérieure à six mois par une ordonnance motivée conformément aux dispositions de l'article 137-3 du code de procédure pénale et rendue après un débat contradictoire organisé conformément aux dispositions du sixième alinéa de l'article 145 du même code. Cette décision peut être renouvelée selon la même procédure, la durée totale de la détention provisoire ne pouvant excéder deux ans. – *[Ord. n° 45-174 du 2 févr. 1945, art. 11, al. 14.]*

Art. L. 433-6 La durée totale de détention provisoire mentionnée au 2° de l'article L. 433-3 du présent code est portée à deux ans pour l'instruction du délit mentionné à l'article 421-2-1 du code pénal.

La durée totale de détention provisoire mentionnée à l'article L. 433-5 du présent code est portée à trois ans pour l'instruction des crimes prévus au 1° de l'article 421-1 et aux articles 421-5 et 421-6 du code pénal. – *[C. pr. pén., art. 706-24-4.]*

Art. L. 433-7 Lorsque la détention provisoire est ordonnée à la suite d'une révocation du contrôle judiciaire ou de l'assignation à résidence avec surveillance électronique à l'encontre d'un mineur antérieurement placé en détention provisoire pour les mêmes faits, la durée cumulée des détentions ne peut excéder de plus d'un mois la durée maximale de la détention prévue au présent chapitre. – *[Ord. n° 45-174 du 2 févr. 1945, art. 11-1.]*

Art. L. 433-8 Lorsqu'interviennent plusieurs révocations du contrôle judiciaire d'un mineur de moins de seize ans, la durée cumulée de la détention provisoire ne peut excéder une durée totale d'un mois dans le cas mentionné au 1° de l'article L. 433-2 et de deux mois dans le cas mentionné au 2° du même article. – *[Ord. n° 45-174 du 2 févr. 1945, art. 11-2, al. 3.]*

CHAPITRE IV *DU RÈGLEMENT DE L'INFORMATION JUDICIAIRE*

SECTION PREMIÈRE *DES ORDONNANCES DE RÈGLEMENT*

Art. L. 434-1 Lorsque l'information est terminée, après avoir procédé conformément à l'article 175 du code de procédure pénale, le juge d'instruction rend l'une des ordonnances de règlement suivantes :

1° Soit une ordonnance de non-lieu dans les cas et conditions prévus à l'article 177 du code de procédure pénale ;

2° Soit, s'il estime que le fait constitue une contravention des quatre premières classes, une ordonnance de renvoi devant le tribunal de police ;

3° Soit, s'il estime que le fait constitue un délit ou une contravention de la cinquième classe, une ordonnance de renvoi devant le tribunal pour enfants, ou devant le juge des enfants si le mineur est âgé de moins de treize ans ;

4° Soit, s'il estime que les faits constituent un crime, une ordonnance de mise en accusation devant la cour d'assises des mineurs s'il s'agit d'un mineur âgé d'au moins seize ans dans les cas et conditions prévus à l'article 181 du code de procédure pénale ou une ordonnance de renvoi devant le tribunal pour enfants s'il s'agit d'un mineur de moins de seize ans. – *[Ord. n° 45-174 du 2 févr. 1945, art. 9, al. 2 à 6 et 8.]*

Art. L. 434-2 Par dérogation aux dispositions du 4° de l'article L. 434-1, lorsque les faits forment un ensemble connexe et indivisible avec un crime commis par un mineur âgé d'au moins seize ans, le juge d'instruction peut, dans l'intérêt d'une bonne administration de la justice, par décision motivée prise après réquisitions du procureur de la République et observations des parties, mettre ce mineur en accusation devant la cour d'assises des mineurs :

1° Pour un crime commis avant qu'il n'ait atteint l'âge de seize ans ;

2° Pour un crime commis à compter de sa majorité. – *[Ord. n° 45-174 du 2 févr. 1945, art. 9, al. 7.]*

Art. L. 434-3 Si le mineur a des coauteurs ou complices majeurs, la procédure, en matière correctionnelle et pour les contraventions de la cinquième classe, est disjointe et ces derniers sont renvoyés devant la juridiction compétente suivant le droit commun.

Si, en matière criminelle, le mineur a des coauteurs ou complices majeurs, le juge d'instruction peut :

1° Soit renvoyer tous les accusés âgés d'au moins seize ans devant la cour d'assises des mineurs ;

2° Soit disjoindre les poursuites et ordonner la mise en accusation des coauteurs ou complices majeurs devant la cour d'assises de droit commun. – *[Ord. n° 45-174 du 2 févr. 1945, art. 9, al. 7.]*

Art. L. 434-4 Lorsqu'il ordonne le renvoi d'un mineur devant le juge des enfants ou le tribunal pour enfants en application de l'article L. 434-1, le juge d'instruction peut, en prenant en considération les intérêts de la victime ou de la partie civile, saisir la juridiction compétente en raison de la résidence du mineur ou de celle de ses *(Abrogé par L. n° 2021-218 du 26 févr. 2021, art. 14)* *« parents ou »* représentants légaux. – *[Ord. n° 45-174 du 2 févr. 1945, art. 7, al. 3.]*

SECTION II *DU MAINTIEN DE LA MESURE ÉDUCATIVE ET DES MESURES DE SÛRETÉ*

Art. L. 434-5 Lorsqu'une mesure éducative judiciaire provisoire a été ordonnée à l'égard du mineur au cours de l'information, le juge d'instruction statue expressément, lors du règlement de l'information, sur le maintien de la mesure jusqu'au jugement.

Art. L. 434-6 Par dérogation à l'article 179 du code de procédure pénale, lorsque le juge d'instruction ordonne le renvoi devant le tribunal pour enfants d'un mineur de moins de seize ans en matière correctionnelle, ce dernier peut être maintenu en détention provisoire jusqu'à sa comparution devant la juridiction de jugement pour une durée de deux mois, renouvelable une seule fois pour une durée d'un mois. – *[Ord. n° 45-174 du 2 févr. 1945, art. 11-2, al. 4.]*

Art. L. 434-7 Par dérogation à l'article 179 du code de procédure pénale, lorsque le juge d'instruction ordonne le renvoi devant le tribunal pour enfants d'un mineur âgé d'au moins seize ans en matière correctionnelle, ce dernier peut être maintenu en détention provisoire jusqu'à sa comparution devant la juridiction de jugement pour une durée de deux mois renouvelable une fois.

Art. L. 434-8 Lorsque le juge d'instruction a ordonné le renvoi devant le tribunal pour enfants d'un mineur de moins de seize ans en matière criminelle, ce dernier peut être maintenu en détention provisoire jusqu'à sa comparution devant la juridiction de jugement pour une durée de deux mois renouvelable deux fois dans les conditions prévues par le cinquième alinéa de l'article 179 du code de procédure pénale.

Art. L. 434-9 Lorsque le juge d'instruction a ordonné la mise en accusation d'un mineur âgé d'au moins seize ans devant la cour d'assises des mineurs, il est fait application des dispositions de l'article 181 du code de procédure pénale. – *[Ord. n° 45-174 du 2 févr. 1945, art. 9, al. 7.]*

SECTION III *DE LA MESURE ÉDUCATIVE JUDICIAIRE PROVISOIRE ET DES MESURES DE SÛRETÉ APRÈS LE RÈGLEMENT DE L'INFORMATION JUDICIAIRE*

Art. L. 434-10 Lorsque le tribunal pour enfants a été saisi par ordonnance de renvoi du juge d'instruction et jusqu'à la comparution du mineur devant lui, le juge des enfants est compétent pour décider, d'office ou à la demande du procureur de la République ou des parties, le maintien ou la modification de la mesure éducative judiciaire provisoire ordonnée à l'égard du mineur ou pour en donner mainlevée.

Lorsque la cour d'assises des mineurs a été saisie par ordonnance de mise en accusation, la demande de maintien, de modification ou de mainlevée de la mesure éducative judiciaire provisoire est portée :

1° Devant cette cour, lorsque la demande est formée durant la session au cours de laquelle elle doit juger l'accusé ;

2° Dans les autres cas devant la chambre de l'instruction de cette même cour.

Art. L. 434-11 Lorsque le tribunal pour enfants a été saisi par ordonnance de renvoi du juge d'instruction et jusqu'à la comparution du mineur devant lui, le juge des enfants est compétent pour décider, d'office ou à la demande du procureur de la République ou des parties, de la modification ou de la suppression des obligations du contrôle judiciaire ou de l'assignation à résidence avec surveillance électronique auquel le mineur est astreint, d'imposer au mineur une ou plusieurs obligations nouvelles, d'accorder une dispense occasionnelle ou temporaire d'observer certaines d'entre elles ou d'en donner mainlevée.

CHAPITRE V *DE L'APPEL DES ORDONNANCES RENDUES AU COURS DE L'INSTRUCTION ET À L'ISSUE DE CELLE-CI*

Art. L. 435-1 Sans préjudice des dispositions de l'article 186 du code de procédure pénale relatives à l'appel des décisions rendues au cours de l'information, le mineur mis en examen *(L. n° 2021-218 du 26 févr. 2021, art. 14)* « ou l'un de ses représentants légaux » peut faire appel devant la chambre de l'instruction, selon les modalités prévues par cet article, des ordonnances du juge d'instruction ou du juge des libertés et de la détention relatives à la mesure éducative judiciaire provisoire. – *[Ord. n° 45-174 du 2 févr. 1945, art. 24, al. 2.]*

Art. L. 435-2 Sans préjudice des dispositions de l'article 496 du code de procédure pénale relatives à l'appel des jugements en matière correctionnelle, le mineur *(L. n° 2021-218 du 26 févr. 2021, art. 14)* « ou l'un de ses représentants légaux » peut faire appel devant la chambre spéciale des mineurs de la cour d'appel des décisions du juge des enfants relatives à la mesure éducative judiciaire provisoire rendues en application de l'article L. 434-10 du présent code.

LIVRE CINQUIÈME DU JUGEMENT

TITRE PREMIER DISPOSITIONS GÉNÉRALES

CHAPITRE PREMIER *DES DÉBATS*

Art. L. 511-1 Le juge des enfants ou le tribunal pour enfants entend :

1° Le mineur ;

2° Les témoins ;

3° Les représentants légaux et les personnes civilement responsables du mineur ;

4° La personne ou le service auquel le mineur est confié ou qui le suit ;

5° La victime ou la partie civile ;

6° Le procureur de la République. Toutefois, lorsque les débats ont lieu en chambre du conseil, sa présence n'est pas obligatoire. S'il n'est pas présent et entend requérir une des peines mentionnées à l'article L. 121-4, il adresse des réquisitions écrites au juge des enfants qui en donne lecture à l'audience.

7° L'avocat du mineur.

Le mineur ou son avocat a toujours la parole en dernier. — *[Ord. n° 45-174 du 2 févr. 1945, art. 13, al. 1er.]*

Art. L. 511-2 Le juge des enfants, le président du tribunal pour enfants et le président du tribunal de police peuvent ordonner, à tout moment, que le mineur se retire pendant tout ou partie de la suite des débats.

(L. n° 2021-218 du 26 févr. 2021, art. 15) « Ils peuvent également ordonner aux autres parties de se retirer au moment de l'examen de la situation personnelle du mineur, leurs avocats restant présents. » — *[Ord. n° 45-174 du 2 févr. 1945, art. 14, al. 3, phrase 1.]*

Art. L. 511-3 Le juge des enfants ou le président du tribunal pour enfants peut, si l'intérêt du mineur l'exige, dispenser ce dernier de comparaître à l'audience. Dans ce cas, le mineur est représenté par un avocat ou son représentant légal. La décision est réputée contradictoire. — *[Ord. n° 45-174 du 2 févr. 1945, art. 13, al. 2.]*

Art. L. 511-4 Le juge des enfants et le tribunal pour enfants peuvent entendre, à titre de simple renseignement, les coauteurs ou complices majeurs. — *[Ord. n° 45-174 du 2 févr. 1945, art. 13, al. 1er, phrase 2.]*

Art. L. 511-5 Le déroulement des débats devant le tribunal pour enfants en matière criminelle obéit aux mêmes règles qu'en matière correctionnelle.

CHAPITRE II *DE L'ACTION CIVILE*

Art. L. 512-1 A l'audience, la déclaration de partie civile doit, à peine d'irrecevabilité, être faite avant les réquisitions du ministère public sur le fond ou, si le juge des enfants ou le tribunal pour enfants statue selon la procédure de mise à l'épreuve éducative, avant les réquisitions du ministère public sur la sanction.

Les victimes sont avisées et les parties civiles sont citées selon les modalités prévues par les articles 391 et 420 du code de procédure pénale. Toutefois, lorsqu'il a été statué sur l'action civile lors de l'audience d'examen de la culpabilité, la partie civile est avisée par tout moyen de la date de l'audience de prononcé de la sanction. — *[Ord. n° 45-174 du 2 févr. 1945, art. 5, al. 8 ; art. 6, al. 1er et 2.]*

Art. L. 512-2 Lorsqu'un mineur est impliqué dans la même cause qu'un ou plusieurs majeurs, le tribunal correctionnel ou la cour d'assises compétente à l'égard des majeurs peut statuer sur l'action civile contre tous les responsables, sur saisine de la victime ou sur renvoi du juge des enfants ou du tribunal pour enfants, d'office ou à la demande de la partie civile.

Dans le cas prévu à l'alinéa qui précède, le mineur ne comparaît pas à l'audience, mais seulement ses représentants légaux. A défaut de choix d'un avocat par le mineur ou ses représentants légaux, il en est désigné un d'office. Les dispositions des articles L. 513-2 à L. 513-4 sont applicables. S'il n'a pas encore été statué sur la culpabilité du mineur, le tribunal correctionnel ou la cour d'assises peut surseoir à statuer sur l'action civile. — *[Ord. n° 45-174 du 2 févr. 1945, art. 6, al. 3 et 4.]*

Art. L. 512-3 Après avoir déclaré le mineur coupable des faits qui lui sont reprochés et statué, le cas échéant, sur la sanction, le juge des enfants ou le tribunal pour enfants peut, d'office ou à la demande du procureur de la République ou des parties, renvoyer l'affaire à une date ultérieure pour statuer sur l'action civile, même s'il n'ordonne pas de mesure d'instruction, afin de permettre à la partie civile d'apporter les justificatifs de ses demandes. Ce renvoi est de droit lorsqu'il est demandé par la partie civile. La juridiction doit alors fixer la date de l'audience à laquelle il sera statué sur l'action civile. La présence du ministère public à cette audience n'est pas obligatoire.

L'audience mentionnée au premier alinéa a lieu soit devant le juge des enfants statuant en chambre du conseil, soit, au regard de la gravité du préjudice susceptible d'être invoqué par la partie civile et de la complexité de son évaluation et de sa liquidation, devant le tribunal correctionnel composé conformément aux dispositions du quatrième alinéa de l'article 464 du code de procédure pénale lorsqu'une ou plusieurs chambres de la juridiction, en application de l'article L. 121-3 du code de l'organisation judiciaire, connaissent spécifiquement des actions sur intérêts civils.

Lorsque l'affaire est renvoyée devant le tribunal correctionnel, le mineur ne comparaît pas à l'audience, mais seulement ses représentants légaux. A défaut de choix d'un avocat par le mineur ou ses représentants légaux, il en est désigné un d'office. Les dispositions des articles L. 513-2 à L. 513-4 *(L. nº 2021-218 du 26 févr. 2021, art. 15)* « du présent code » sont applicables.

Art. L. 512-4 Les personnes civilement responsables du mineur régulièrement citées à personne sont jugées par jugement contradictoire à signifier, en application de l'article 410 du code de procédure pénale, lorsqu'elles n'ont pas comparu. — *[Ord. nº 45-174 du 2 févr. 1945, art. 12-2.]*

CHAPITRE III *DE LA PUBLICITÉ DES AUDIENCES*

Art. L. 513-1 Devant le juge des enfants, l'affaire est instruite et jugée en chambre du conseil. — *[Ord. nº 45-174 du 2 févr. 1945, art. 8, al. 10.]*

Art. L. 513-2 Devant le tribunal de police, le tribunal pour enfants et la cour d'assises des mineurs, seuls sont admis à assister aux débats la victime, qu'elle soit ou non constituée partie civile, les témoins de l'affaire, les représentants légaux, les personnes civilement responsables, l'adulte approprié mentionné à l'article L. 311-1 et les proches parents du mineur, la personne ou le service auquel celui-ci est confié, les membres du barreau ainsi que les personnels des services désignés pour suivre le mineur.

Le président du tribunal de police ou du tribunal pour enfants peut, à tout moment, ordonner aux témoins de se retirer après leur audition.

Le jugement ou l'arrêt est rendu en audience publique, en présence du mineur. — *[Ord. nº 45-174 du 2 févr. 1945, art. 14, al. 1er, 2, 3 et 5 ; art. 20, al. 8 ; art. 21, al. 1er.]*

Art. L. 513-3 Par dérogation aux dispositions de l'article L. 513-2, le prévenu mineur au moment des faits, devenu majeur au jour de l'ouverture des débats devant le tribunal de police ou le tribunal pour enfants, peut demander à ce que l'audience soit publique, sauf s'il existe un autre prévenu qui est toujours mineur ou qui, mineur au moment des faits et devenu majeur au jour de l'audience, s'oppose à cette demande. S'il est fait droit à cette demande, les dispositions de l'article 400 du code de procédure pénale sont applicables devant le tribunal.

Par dérogation aux dispositions de l'article L. 513-2, la cour d'assises des mineurs peut décider que les dispositions de l'article 306 du code de procédure pénale sont applicables *devant* elle si la personne poursuivie, mineure au moment des faits, est devenue majeure au jour de l'ouverture des débats et que cette dernière, le ministère public ou un autre accusé en fait la demande. Elle ne fait pas droit à cette demande lorsqu'il existe un autre accusé toujours mineur ou que la personnalité de l'accusé qui était mineur au moment des faits rend indispensable que, dans son intérêt, les débats ne soient pas publics. Dans les autres cas, la cour statue en prenant en considération les intérêts de la société, de l'accusé et de la partie civile, après avoir entendu le ministère public et les avocats des parties, par une décision spéciale et motivée qui n'est pas susceptible de recours. — *[C. pr. pén., art. 306, al. 6 ; art. 400, al. 5.]*

Art. L. 513-4 La publication, par tout moyen, du compte rendu des débats devant les juridictions de jugement compétentes à l'égard des mineurs est interdite.

Toutefois, lorsque l'audience est publique en application des dispositions de l'article L. 513-3, le *(L. nº 2021-218 du 26 févr. 2021, art. 15)* « compte rendu » des débats peut faire l'objet d'une publication mais sans que les nom et prénom du mineur ne soient indiqués, même par une initiale, sauf si l'intéressé donne son accord à cette mention.

La publication, par tout moyen, de tout texte ou de toute illustration concernant l'identité et la personnalité des mineurs délinquants est également interdite.

Le jugement ou l'arrêt rendu en audience publique à l'encontre du mineur peut être publié, mais sans que les nom et prénom du mineur *(Abrogé par L. nº 2021-218 du 26 févr. 2021, art. 15)* « *ne* » soient indiqués, même par une initiale.

Toute infraction aux dispositions des quatre alinéas précédents est punie d'une amende de 15 000 euros.

Lorsque les infractions prévues par les dispositions du présent article sont commises par la voie de la presse, les directeurs des publications ou éditeurs sont, du seul fait de la publication, passibles comme auteurs principaux de la peine mentionnée au *(L. nº 2021-218 du 26 févr. 2021, art. 15)* « cinquième » alinéa. A leur défaut, l'auteur et, à défaut de l'auteur, les imprimeurs, distributeurs et afficheurs sont poursuivis comme auteurs principaux. Lorsque l'auteur n'est pas poursuivi comme auteur principal, il est poursuivi comme complice.

Pourront être poursuivies comme complices, et dans tous les cas, toutes personnes auxquelles les articles 121-6 et 121-7 du code pénal pourraient s'appliquer. — *[C. pr. pén., art. 306, al. 7 ; Ord. nº 45-174 du 2 févr. 1945, art. 14, al. 4 et 5 et art. 14-1 ; art. 20, al. 8.]*

TITRE DEUXIÈME DE LA PROCÉDURE DE JUGEMENT

CHAPITRE PREMIER *DU JUGEMENT DEVANT LE JUGE DES ENFANTS ET LE TRIBUNAL POUR ENFANTS*

SECTION PREMIÈRE *DISPOSITIONS GÉNÉRALES*

Art. L. 521-1 Sauf lorsqu'il est saisi en application du troisième alinéa de l'article L. 423-4 ou par ordonnance de renvoi du juge d'instruction, le juge des enfants ou le tribunal pour enfants statue selon la procédure de mise à l'épreuve éducative. Cette procédure comporte :

1º Une audience d'examen de la culpabilité ;

2º Une période de mise à l'épreuve éducative ;

3º Une audience de prononcé de la sanction.

Art. L. 521-2 Par dérogation aux dispositions de l'article L. 521-1, la juridiction peut, après avoir recueilli les observations des parties présentes à l'audience et par décision motivée, statuer lors d'une audience unique sur la culpabilité du mineur et la sanction si elle se considère suffisamment informée sur sa personnalité et n'estime pas nécessaire d'ouvrir une période de mise à l'épreuve éducative au vu des faits commis par le mineur et de sa personnalité.

La juridiction statuant selon les modalités prévues au premier alinéa ne peut prononcer une peine que si le mineur a déjà fait l'objet d'une mesure éducative, d'une mesure judiciaire d'investigation éducative, d'une mesure de sûreté, d'une déclaration de culpabilité ou d'une peine prononcée dans le cadre d'une autre procédure et ayant donné lieu à un rapport datant de moins d'un an versé au dossier de la procédure.

Art. L. 521-3 Si elle estime que l'affaire n'est pas en état d'être jugée, la juridiction peut d'office, ou à la demande d'une partie, renvoyer l'examen de l'affaire à une prochaine audience dans un délai qui ne peut excéder trois mois, en décidant, le cas échéant, de commettre le juge des enfants pour procéder à un supplément d'information. Les dispositions de l'article 463 du code de procédure pénale sont applicables.

Lorsqu'elle ordonne le renvoi de l'affaire, la juridiction statue au préalable, par décision spécialement motivée, sur le prononcé, le maintien ou la modification d'une mesure éducative judiciaire provisoire et d'une mesure de sûreté.

Lorsque le mineur est en détention provisoire pour la cause, le jugement sur la culpabilité et, le cas échéant, sur la sanction, est rendu dans un délai d'un mois suivant le jour de sa première comparution devant la juridiction à défaut de quoi le mineur est remis en liberté d'office.

Art. L. 521-4 Si le fait déféré sous la qualification de délit est de nature à entraîner une peine criminelle, la juridiction renvoie le ministère public à se pourvoir ainsi qu'il avisera.

Si le mineur est placé sous contrôle judiciaire, sous assignation à résidence avec surveillance électronique ou s'il bénéficie d'une mesure éducative judiciaire provisoire, la juridiction peut ordonner la prolongation de cette mesure pour une durée d'un mois. Elle demeure compétente pour assurer le suivi et le contrôle de la mesure éducative judiciaire provisoire et des mesures de sûreté jusqu'à l'ouverture de l'information judiciaire. A défaut de saisine du juge d'instruction dans un délai de sept jours, les mesures sont caduques.

Lorsqu'il est saisi en application du troisième alinéa de l'article L. 423-4, le tribunal pour enfants peut maintenir le mineur en détention ou décerner un mandat de dépôt ou un mandat d'arrêt dans les conditions prévues à l'article 469 du code de procédure pénale.

Art. L. 521-5 La juridiction peut, si elle estime que la complexité de l'affaire nécessite des investigations supplémentaires approfondies, renvoyer le dossier au procureur de la République.

Si le mineur est placé sous contrôle judiciaire, sous assignation à résidence avec surveillance électronique ou s'il bénéficie d'une mesure éducative judiciaire provisoire, la juridiction peut ordonner la prolongation de cette mesure pour une durée d'un mois. Elle demeure compétente pour assurer le suivi et le contrôle de la mesure éducative judiciaire provisoire et des mesures de sûreté jusqu'à l'ouverture de l'information judiciaire. A défaut de saisine du juge d'instruction dans un délai de sept jours, les mesures sont caduques.

Si le mineur est détenu, la juridiction statue au préalable sur son maintien en détention jusqu'à sa comparution devant le juge d'instruction suivant les conditions du troisième alinéa de l'article 397-2 du code de procédure pénale.

Art. L. 521-6 Le jugement est prononcé au plus tard dans un délai d'un mois après l'audience, sauf dans les affaires présentant une particulière complexité. — *[Ord. nº 45-174 du 2 févr. 1945, art. 14, al. 6.]*

SECTION II *DE LA PROCÉDURE DE MISE À L'ÉPREUVE ÉDUCATIVE*

SOUS-SECTION 1 *DE L'AUDIENCE D'EXAMEN DE LA CULPABILITÉ*

Art. L. 521-7 A l'audience d'examen de la culpabilité, la juridiction statue sur la culpabilité du mineur et, le cas échéant, sur l'action civile.

Art. L. 521-8 Le juge des enfants peut ordonner, d'office ou à la demande du procureur de la République ou du mineur, le renvoi de l'affaire à une audience d'examen de la culpabilité devant le tribunal pour enfants si la personnalité du mineur, ou la gravité, ou la complexité des faits le justifie.

Cette décision de renvoi constitue une mesure d'administration judiciaire qui n'est pas susceptible de recours.

Lorsqu'il ordonne le renvoi de l'affaire, le juge des enfants statue au préalable, par décision spécialement motivée, sur le prononcé, le maintien ou la modification d'une mesure éducative judiciaire provisoire ou d'un placement sous contrôle judiciaire ou sous assignation à résidence avec surveillance électronique.

Une convocation à une audience du tribunal pour enfants dans un délai compris entre dix jours et deux mois est notifiée par le greffier aux parties présentes et vaut citation à personne. Les parties absentes ou non représentées sont citées conformément aux dispositions des articles 550 à 566 du code de procédure pénale et les victimes en sont avisées.

Art. L. 521-9 Lorsqu'elle déclare un mineur coupable des faits qui lui sont reprochés, la juridiction ordonne l'ouverture d'une période de mise à l'épreuve éducative, statue sur les mesures mentionnées à l'article L. 521-14 auxquelles le mineur est soumis durant cette période et renvoie le prononcé de la sanction à une audience ultérieure. La période de mise à l'épreuve éducative court jusqu'à l'audience de prononcé de la sanction.

Sauf s'il est fait application des dispositions de l'article L. 521-12, la juridiction fixe, dans son jugement, la date de l'audience de prononcé de la sanction qui a lieu, dans un délai compris entre six et neuf mois après la déclaration de culpabilité, devant le juge des enfants ou, si la personnalité du mineur, ou la gravité, ou la complexité des faits le justifie, devant le tribunal pour enfants de son ressort. Les parties absentes ou non représentées sont citées pour cette audience conformément aux dispositions des articles 550 à 566 du code de procédure pénale et les victimes en sont avisées.

(L. nº 2021-218 du 26 févr. 2021, art. 15) « Une date de mise en place des mesures éducatives est communiquée à l'intéressé à l'issue de l'audience. »

Art. L. 521-10 Lorsque la juridiction constate, lors de l'audience d'examen de la culpabilité, que le mineur n'a pas respecté les obligations du contrôle judiciaire *(L. nº 2021-218 du 26 févr. 2021, art. 15)* « ou de l'assignation à résidence avec surveillance électronique prononcés » dans la cause, elle peut, si les conditions des articles L. 334-4 ou L. 334-5 sont réunies, ordonner le placement du mineur en détention provisoire pour une durée n'excédant pas un mois.

Art. L. 521-11 Par dérogation aux dispositions de l'article L. 521-9, lorsque la juridiction constate, à la date à laquelle elle statue, qu'une période de mise à l'épreuve éducative est en cours pour des faits antérieurs, elle n'ouvre pas, sauf décision contraire motivée, une période de mise à l'épreuve éducative pour les nouveaux faits pour lesquels le mineur est déclaré coupable. La mise à l'épreuve en cours s'étend à ces faits.

La juridiction peut modifier, d'office ou à la demande du procureur de la République ou du mineur, les mesures dont celui-ci fait l'objet afin de les adapter à son évolution.

La juridiction renvoie le mineur pour le prononcé de la sanction à l'audience déjà fixée pour le prononcé de la sanction des faits antérieurs, sous réserve que celle-ci intervienne dans un délai d'au moins dix jours.

Art. L. 521-12 La juridiction qui déclare un mineur coupable des faits qui lui sont reprochés et ordonne l'ouverture d'une période de mise à l'épreuve éducative, peut ordonner son dessaisissement au profit du juge des enfants compétent à raison de la résidence du mineur ou de celle de ses parents ou représentants légaux.

Dans une même affaire, lorsque la juridiction qui se dessaisit demeure compétente pour l'un des mineurs concernés ou lorsqu'elle se dessaisit au profit de plusieurs juges des enfants, le dossier est disjoint.

La décision de dessaisissement constitue une mesure d'administration judiciaire qui n'est pas susceptible de recours.

SOUS-SECTION 2 *DE LA PÉRIODE DE MISE À L'ÉPREUVE ÉDUCATIVE*

Art. L. 521-13 Le suivi du mineur au cours de la période de mise à l'épreuve éducative est placé sous le contrôle du juge des enfants.

Art. L. 521-14 Dans le cadre de la période de la mise à l'épreuve éducative, les mesures suivantes peuvent être ordonnées :

1° Une expertise médicale ou psychologique ;

2° Une mesure judiciaire d'investigation éducative ;

3° Une mesure éducative judiciaire provisoire dans les conditions et selon les modalités prévues au chapitre III du titre II du livre III ;

4° Un contrôle judiciaire ou une assignation à résidence avec surveillance électronique dans les conditions et selon les modalités prévues au titre III du livre III.

Sauf à ce qu'il en soit donné mainlevée avant, ces mesures provisoires expirent à la date fixée par la décision et en tout état de cause lors du prononcé du jugement sur la sanction.

Les décisions prises en application du présent article sont exécutoires par provision et susceptibles d'appel.

Art. L. 521-15 A tout moment au cours de la mise à l'épreuve éducative, y compris lorsqu'elle s'étend à des faits nouveaux, le juge des enfants peut prescrire, modifier ou lever la mesure éducative judiciaire provisoire ou les mesures de sûreté mentionnées à l'article L. 521-14, d'office, à la demande du mineur ou de son avocat ou sur réquisitions du procureur de la République.

Art. L. 521-16 Le juge des enfants peut, en cas d'incident durant la période de mise à l'épreuve éducative, délivrer à l'encontre d'un mineur un mandat de comparution.

Lorsque le mineur se soustrait aux obligations et interdictions d'un contrôle judiciaire *(L. nº 2021-218 du 26 févr. 2021, art. 15)* « ou d'une assignation à résidence avec surveillance électronique » durant la période de mise à l'épreuve éducative, le juge des enfants peut également ordonner à l'encontre du mineur un mandat d'amener ou, si le mineur est en fuite ou réside à l'étranger, un mandat d'arrêt. Il est alors procédé conformément aux dispositions des articles 123 à 134 du code de procédure pénale.

Le mineur retenu en exécution d'un mandat bénéficie des droits prévus à l'article L. 332-1.

Art. L. 521-17 Le juge des enfants chargé du suivi du mineur dans le cadre de la mise à l'épreuve éducative peut se dessaisir au profit du juge des enfants compétent à raison de la résidence du mineur ou de celle de ses *(Abrogé par L. nº 2021-218 du 26 févr. 2021, art. 15)* *« parents ou »* représentants légaux.

Dans une même affaire, lorsque le juge des enfants qui se dessaisit demeure compétent pour l'un des mineurs concernés ou lorsqu'il se dessaisit au profit de plusieurs juges des enfants, le dossier est disjoint.

L'ordonnance de dessaisissement constitue une mesure d'administration judiciaire qui n'est pas susceptible de recours.

Art. L. 521-18 Le juge des enfants au profit duquel un dessaisissement a eu lieu en application des dispositions des articles L. 521-12 et L. 521-17 est compétent pour contrôler le suivi du mineur au cours de la période de mise à l'épreuve éducative.

Il convoque le mineur, après avis du procureur de la République, à une audience de prononcé de la sanction qui a lieu dans les conditions prévues au *(L. n° 2021-218 du 26 févr. 2021, art. 15)* « deuxième » alinéa de l'article L. 521-9. Les parties sont citées pour cette audience conformément aux dispositions des articles 550 à 566 du code de procédure pénale et les victimes en sont avisées.

Art. L. 521-19 Si l'évolution de la situation du mineur pendant la période de mise à l'épreuve éducative le justifie, le juge des enfants peut, dans les conditions prévues au *(L. n° 2021-218 du 26 févr. 2021, art. 15)* « deuxième » alinéa de l'article L. 521-9, modifier la date de l'audience de prononcé de la sanction ou la juridiction de renvoi précédemment fixée, sous réserve que la nouvelle audience intervienne dans un délai d'au moins dix jours. Toutefois, lorsque le tribunal pour enfants a, lors de l'audience d'examen de la culpabilité, renvoyé le prononcé de la sanction à l'une de ses audiences, le juge des enfants ne peut pas modifier la désignation de la juridiction de renvoi.

Les parties en sont alors avisées, et elles sont citées à la nouvelle audience conformément aux dispositions des articles 550 à 566 du code de procédure pénale.

La décision de modification de la date de l'audience ou d'orientation de la procédure, constitue une mesure d'administration judiciaire qui n'est pas susceptible de recours.

Art. L. 521-20 Lorsque le mineur ne respecte pas le contrôle judiciaire ou l'assignation à résidence avec surveillance électronique auquel il est astreint, le juge des enfants peut décider, d'office ou sur réquisitions du procureur de la République, de le convoquer devant le tribunal pour enfants à une audience de prononcé de la sanction avant le terme de la période de mise à l'épreuve éducative dans un délai qui ne peut être inférieur à dix jours, pour l'ensemble des infractions comprises dans la procédure de mise à l'épreuve éducative en cours.

Les parties sont citées conformément aux dispositions des articles 550 à 566 du code de procédure pénale et les victimes en sont avisées.

Le cas échéant, la date d'audience initialement fixée en vue du prononcé de la sanction est annulée.

Art. L. 521-21 Lorsque le juge des enfants décide, d'office ou sur réquisitions du procureur de la République, de convoquer le mineur à un débat contradictoire en vue de la révocation du contrôle judiciaire *(L. n° 2021-218 du 26 févr. 2021, art. 15)* « ou de l'assignation à résidence avec surveillance électronique » et du placement en détention provisoire en application des dispositions des articles L. 334-4 et L. 334-5, il convoque également l'avocat du mineur, ses représentants légaux et le service auquel la mesure de contrôle judiciaire *(L. n° 2021-218 du 26 févr. 2021, art. 15)* « ou d'assignation à résidence avec surveillance électronique » est confiée et en avise le procureur de la République.

Le mineur est informé que la décision ne pourra intervenir qu'à l'issue d'un débat contradictoire et qu'il a le droit de demander un délai pour préparer sa défense.

Si le mineur ou son avocat sollicite un délai pour préparer sa défense, le juge des enfants, après avoir recueilli les observations du procureur de la République, du mineur, de son avocat et, le cas échéant, de ses représentants légaux, ordonne le renvoi à une prochaine audience qui doit avoir lieu dans un délai qui ne peut excéder quatre jours et à laquelle les représentants légaux sont convoqués s'ils n'étaient pas présents lors de l'audience à l'issue de laquelle le renvoi a été décidé. Dans l'attente, le juge des enfants peut, par ordonnance motivée et non susceptible d'appel, prescrire l'incarcération du mineur dans l'établissement pénitentiaire spécialisé pour mineurs ou l'établissement pénitentiaire doté d'un quartier des mineurs le plus proche, pour une durée déterminée, qui ne peut en aucun cas excéder quatre jours ouvrables. A défaut de débat contradictoire dans le délai de quatre jours suivant l'incarcération du mineur, celui-ci est remis en liberté s'il n'est pas détenu pour une autre cause.

Au cours du débat contradictoire et du débat différé, le juge des enfants statue sur le placement en détention provisoire du mineur après avoir recueilli l'avis du service de la protection judiciaire de la jeunesse et entendu les réquisitions du procureur de la République et les observations du mineur et de son avocat ainsi que celles de ses représentants légaux dûment convoqués. Sa décision est exécutoire par provision et susceptible d'appel.

La durée de l'incarcération provisoire prononcée dans l'attente du débat contradictoire s'impute sur la durée totale de la détention provisoire.

Art. L. 521-22 Au cours de la mise à l'épreuve éducative, le juge des enfants qui prononce la révocation du contrôle judiciaire *(L. nº 2021-218 du 26 févr. 2021, art. 15)* « ou de l'assignation à résidence avec surveillance électronique » dans les conditions prévues à l'article L. 521-21 ordonne le placement en détention provisoire du mineur pour une durée qui n'excède pas un mois.

Le mineur ne peut faire l'objet de plus de deux révocations de contrôle judiciaire *(L. nº 2021-218 du 26 févr. 2021, art. 15)* « ou d'assignation à résidence avec surveillance électronique » dans le cadre des procédures relatives à une même période de mise à l'épreuve éducative.

En cas de second placement en détention provisoire au cours de la même période de mise à l'épreuve éducative, le mineur peut être convoqué devant le tribunal pour enfants en vue d'une audience de prononcé de la sanction pour l'ensemble des procédures relatives à la même période de mise à l'épreuve éducative, dans un délai qui ne peut être inférieur à dix jours à compter du débat contradictoire, quelle que soit la date d'audience de prononcé de la sanction initialement prévue, celle-ci étant alors annulée. Si l'audience de prononcé de la sanction devant le tribunal pour enfants n'a pas lieu dans un délai d'un mois suivant son incarcération, l'intéressé est remis en liberté d'office s'il n'est pas détenu pour autre cause.

Les parties sont citées pour l'audience mentionnée au troisième alinéa conformément aux dispositions des articles 550 à 566 du code de procédure pénale et les victimes en sont avisées.

La durée de la détention provisoire prononcée durant la période de mise à l'épreuve éducative s'impute sur la durée de la peine d'emprisonnement éventuellement prononcée par le tribunal pour enfants à l'audience de prononcé de la sanction.

Art. L. 521-23 Le mineur placé en détention provisoire au cours de la période de mise à l'épreuve éducative ou son avocat peut, à tout moment, demander sa mise en liberté. La demande est adressée au juge des enfants, qui communique immédiatement le dossier au procureur de la République aux fins de *(L. nº 2021-218 du 26 févr. 2021, art. 15)* « réquisitions ». Le juge des enfants statue, dans les cinq jours suivant la communication au procureur de la République, en exerçant les attributions confiées au juge des libertés et de la détention par les troisième et quatrième alinéas de l'article 148 du code de procédure pénale.

Faute *(L. nº 2021-218 du 26 févr. 2021, art. 15)* « pour » le juge des enfants d'avoir statué dans le délai fixé par le premier alinéa, le mineur peut saisir la chambre spéciale des mineurs de la cour d'appel qui, sur les réquisitions écrites et motivées du procureur général, se prononce dans les cinq jours de sa saisine faute de quoi le mineur est mis d'office en liberté sauf si des vérifications concernant sa demande ont été ordonnées. Le droit de saisir dans les mêmes conditions la chambre spéciale des mineurs de la cour d'appel appartient également au procureur de la République.

SOUS-SECTION 3 *DE L'AUDIENCE DE PRONONCÉ DE LA SANCTION*

Art. L. 521-24 A l'audience de prononcé de la sanction, la juridiction statue sur la sanction et, le cas échéant, sur l'action civile.

Art. L. 521-25 Lorsqu'elle est saisie de plusieurs procédures engagées à l'encontre d'un même mineur, la juridiction peut en ordonner la jonction à l'audience de prononcé de la sanction, d'office ou sur demande du procureur de la République ou des parties.

SECTION III *DE LA PROCÉDURE DE JUGEMENT EN AUDIENCE UNIQUE*

Art. L. 521-26 Lorsqu'elle est saisie en application du troisième alinéa de l'article L. 423-4 ou par ordonnance de renvoi du juge d'instruction, la juridiction statue lors d'une audience unique sur la culpabilité et la sanction.

Art. L. 521-27 La juridiction saisie dans les conditions mentionnées à l'article L. 521-26 peut, après avoir recueilli les observations des parties présentes à l'audience et par décision motivée au regard de la personnalité et des perspectives d'évolution du mineur, statuer selon *la procédure de mise à l'épreuve éducative*. La décision mentionne les objectifs de la période de mise à l'épreuve éducative.

Si le mineur comparait détenu, il est remis en liberté.

CHAPITRE II *DU JUGEMENT DEVANT LA COUR D'ASSISES DES MINEURS*

Art. L. 522-1 Après l'interrogatoire des accusés, le président de la cour d'assises des mineurs peut, à tout moment, ordonner que l'accusé mineur se retire pendant tout ou partie de la suite des débats.

Concernant l'accusé mineur, le président pose, à peine de nullité, les deux questions suivantes :

1° Y a-t-il lieu d'appliquer à l'accusé une condamnation pénale ?

2° Y a-t-il lieu d'exclure l'accusé du bénéfice de l'atténuation de peine prévue aux articles L. 121-5 et L. 121-6 ? – *[Ord. n° 45-174 du 2 févr. 1945, art. 20, al. 9 à 13.]*

TITRE TROISIÈME DES VOIES DE RECOURS

CHAPITRE PREMIER *DE L'APPEL*

SECTION PREMIÈRE *DISPOSITIONS GÉNÉRALES*

Art. L. 531-1 L'appel des jugements du tribunal de police prononcés à l'égard d'un mineur, du juge des enfants et du tribunal pour enfants est porté devant la chambre spéciale des mineurs de la cour d'appel.

Art. L. 531-2 Il est fait application des dispositions du code de procédure pénale pour les appels portés contre les arrêts de la cour d'assises des mineurs statuant en premier ressort. – *[Ord. n° 45-174 du 2 févr. 1945, art. 24, al. 3.]*

SECTION II *DE L'APPEL DE LA DÉCISION SUR LA CULPABILITÉ ET SUR LA SANCTION*

Art. L. 531-3 Il peut être interjeté appel de la décision sur la culpabilité et de la décision sur la sanction dans les délais et selon les modalités prévus par le code de procédure pénale.

En cas d'appel portant sur une décision déclarant le mineur coupable, si la cour d'appel n'a pas statué sur l'appel de la décision sur la culpabilité avant la décision sur la sanction, l'appel est alors considéré comme portant à la fois sur la décision sur la culpabilité et sur la décision sur la sanction, sauf désistement de l'appelant.

En cas d'appel portant sur une décision de relaxe, si la cour d'appel déclare le mineur coupable des faits qui lui sont reprochés et ouvre une période de mise à l'épreuve éducative conformément aux dispositions de l'article L. 521-9 ou constate que la période de mise à l'épreuve éducative en cours s'étend à ces nouveaux faits conformément aux dispositions de l'article L. 521-11, elle statue s'il y a lieu sur les mesures provisoires et renvoie le dossier au juge des enfants compétent pour le suivi des mesures et pour la fixation de l'audience sur la sanction dans les conditions prévues aux articles L. 521-13 à L. 521-23. Toutefois, la cour d'appel statue en audience unique lorsqu' *(L. n° 2021-218 du 26 févr. 2021, art. 15)* « elle » fait application des dispositions de l'article L. 521-2 ou lorsque le jugement attaqué a été rendu selon les modalités prévues à l'article L. 521-26 *(L. n° 2021-218 du 26 févr. 2021, art. 15)* « , sauf si elle décide de faire application des dispositions de l'article L. 521-27 ».

SECTION III *DE L'APPEL DES MESURES DE SÛRETÉ*

Art. L. 531-4 *(L. n° 2022-52 du 24 janv. 2022, art. 26)* Le mineur ou l'un de ses représentants légaux et le ministère public peuvent faire appel des décisions rendues en matière de placement sous contrôle judiciaire, de placement sous assignation à résidence avec surveillance électronique et de placement en détention provisoire prononcées à l'audience d'examen de la culpabilité ou au cours de la période de mise à l'épreuve éducative. L'appel est examiné par la chambre spéciale des mineurs dans les délais et selon les modalités prévus devant la chambre de l'instruction aux articles 194 et 199 du code de procédure pénale.

CHAPITRE II *DE L'OPPOSITION*

Art. L. 532-1 Les règles relatives à l'opposition mentionnées à l'article 545 du code de procédure pénale sont applicables aux jugements du tribunal de police prononcés à l'égard d'un mineur. Celles mentionnées aux articles 489 à 493 du même code sont applicables aux jugements du juge des enfants et du tribunal pour enfants.

Dans le cas d'une opposition formée à une décision prononcée par le juge des enfants ou le tribunal pour enfants à l'audience d'examen de la culpabilité, la juridiction de jugement statue de nouveau dans les deux mois de l'opposition. – *[Ord. n° 45-174 du 2 févr. 1945, art. 24, al. 1er.]*

LIVRE SIXIÈME L'APPLICATION ET L'EXÉCUTION DES MESURES ÉDUCATIVES ET DES PEINES

TITRE PREMIER DE L'APPLICATION DES MESURES ÉDUCATIVES ET DES PEINES

CHAPITRE PREMIER *DES JURIDICTIONS DE L'APPLICATION DES MESURES ÉDUCATIVES ET DES PEINES*

SECTION PREMIÈRE *DE LA COMPÉTENCE DES JURIDICTIONS POUR MINEURS EN MATIÈRE D'APPLICATION DES MESURES ÉDUCATIVES ET DES PEINES*

Art. L. 611-1 Lorsqu'une mesure éducative judiciaire est prononcée, son déroulement est placé sous le contrôle du juge des enfants. Il peut, à tout moment, modifier les modalités et le contenu de la mesure ou en ordonner la *(L. nº 2021-218 du 26 févr. 2021, art. 16)* « mainlevée », après l'audition du mineur, assisté de son avocat, ainsi que celle de ses représentants légaux.

Au besoin, il peut décerner un mandat de comparution contre le mineur.

Si le mineur ou ses représentants légaux régulièrement convoqués à la dernière adresse indiquée ne comparaissent pas, le juge des enfants peut néanmoins se prononcer sur les modalités ou le contenu de la mesure. – *[Ord. nº 45-174 du 2 févr. 1945, art. 16 bis, al. 3.]*

Art. L. 611-2 Lorsqu'une condamnation a été prononcée à l'encontre d'un mineur, le juge des enfants exerce, à l'égard des mineurs condamnés, les fonctions dévolues au juge de l'application des peines dans les conditions prévues par les dispositions du présent titre et selon les règles du code pénal *(Ord. nº 2022-478 du 30 mars 2022, art. 4, en vigueur le 1er mai 2022)* « , du code de procédure pénale et du code pénitentiaire » jusqu'à ce que la personne condamnée ait atteint l'âge de vingt et un ans.

Le juge des enfants préside notamment la commission de l'application des peines lorsque celle-ci examine la situation d'un condamné relevant de la compétence de ce magistrat. – *[C. pr. pén., art. D. 49-45 ; Ord. nº 45-174 du 2 févr. 1945, art. 20-9, al. 1er.]*

Art. L. 611-3 Le tribunal pour enfants exerce, à l'égard des mineurs condamnés, les attributions dévolues au tribunal de l'application des peines dans les conditions prévues par le code pénal *(Ord. nº 2022-478 du 30 mars 2022, art. 4, en vigueur le 1er mai 2022)* « , du *[le]* code de procédure pénale et du *[le]* code pénitentiaire ». – *[Ord. nº 45-174 du 2 févr. 1945, art. 20-9, al. 1er.]*

Art. L. 611-4 L'appel des décisions rendues par le juge des enfants ou le tribunal pour enfants est porté devant la chambre spéciale des mineurs de la cour d'appel ou son président, qui exerce les compétences respectivement confiées à la chambre de l'application des peines de la cour d'appel et à son président. – *[C. pr. pén., art. D. 49-46, al. 1er ; Ord. nº 45-174 du 2 févr. 1945, art. 20-9, al. 1er.]*

Art. L. 611-5 Le juge des enfants peut se dessaisir au profit du juge de l'application des peines lorsque le condamné a atteint l'âge de dix-huit ans, en raison de la personnalité du mineur ou de la durée de la peine prononcée.

L'ordonnance par laquelle le juge des enfants se dessaisit au profit du juge de l'application des peines constitue une mesure d'administration judiciaire non susceptible de recours. – *[C. pr. pén., art. D. 49-53, al. 2 ; Ord. nº 45-174 du 2 févr. 1945, art. 20-9, al. 3.]*

Art. L. 611-6 Lorsque le condamné a atteint l'âge de dix-huit ans au jour de son jugement, le juge de l'application des peines est compétent pour le suivi de la condamnation, sauf si la juridiction spécialisée décide par décision spéciale que le juge des enfants reste compétent.

Cette décision constitue une mesure d'administration judiciaire non susceptible de recours. – *[Ord. nº 45-174 du 2 févr. 1945, art. 20-9, al. 2.]*

SECTION II *DE L'ARTICULATION DES COMPÉTENCES ENTRE PLUSIEURS JUGES DES ENFANTS CHARGÉS DU SUIVI DU MINEUR*

Art. L. 611-7 Pour l'application des dispositions de la présente section, est considéré comme le juge des enfants qui connaît habituellement de la situation du mineur le juge du lieu de la résidence habituelle du mineur ou de ses parents qui est ou a été saisi d'une procédure *(L. nº 2021-218 du 26 févr. 2021, art. 16)* « d'assistance » éducative ou d'une procédure pénale concernant le mineur. – *[C. pr. pén., art. D. 49-49.]*

Art. L. 611-8 Lorsque le juge des enfants chargé de l'application des peines territorialement compétent n'est pas le juge des enfants qui connaît habituellement la situation du mineur, il transmet à ce dernier une demande d'avis préalablement à toute décision prise en application des dispositions de l'article 712-6 du code de procédure pénale. Il en est de même pour les décisions prises par le tribunal pour enfants en application des dispositions de l'article 712-7 du même code.

Le juge des enfants territorialement compétent peut aussi consulter le juge des enfants qui connaît habituellement la situation du mineur pour toute autre décision. — *[C. pr. pén., art. D. 49-47.]*

Art. L. 611-9 Le juge des enfants chargé de l'application des peines initialement saisi peut se dessaisir au profit du juge des enfants qui connaît habituellement la situation du mineur, après avoir obtenu l'accord préalable de ce magistrat. La saisine de ce juge emporte également saisine du tribunal pour enfants correspondant.

Ce dessaisissement constitue une mesure d'administration judiciaire non susceptible de recours. — *[C. pr. pén., art. D. 49-48, al. 1er et 3.]*

CHAPITRE II *DES AUDIENCES D'APPLICATION DES PEINES*

Art. L. 612-1 Le mineur condamné doit être assisté d'un avocat au cours des débats contradictoires prévus par les articles 712-6 et 712-7 du code de procédure pénale.

Il en est de même lorsque, en acceptant un aménagement de l'exécution de sa peine, le mineur est susceptible de renoncer à la tenue de ce débat conformément aux dispositions du deuxième alinéa de l'article 712-6 du même code.

Le mineur ne peut renoncer à l'assistance d'un avocat.

A défaut de choix d'un avocat par le mineur ou ses représentants légaux, le juge des enfants ou le tribunal pour enfants fait désigner par le bâtonnier un avocat commis d'office. — *[C. pr. pén., art. D. 49-50, al. 1er à 4.]*

Art. L. 612-2 Les représentants légaux sont convoqués *(L. no 2021-218 du 26 févr. 2021, art. 16)* « par tout moyen » pour être entendus par ces juridictions avant qu'elles ne statuent dans les conditions prévues par les articles 712-6 et 712-7 du code de procédure pénale. — *[C. pr. pén., art. D. 49-50, al. 5.]*

Art. L. 612-3 Lorsque le condamné est mineur, les ordonnances et jugements du juge des enfants et du tribunal pour enfants sont notifiés aux représentants légaux. — *[C. pr. pén., art. D. 49-51.]*

Art. L. 612-4 Les dispositions du présent chapitre ne sont pas applicables au condamné devenu majeur au jour du débat contradictoire. — *[C. pr. pén., art. D. 49-50, al. 1er.]*

CHAPITRE III *DU RÉGIME DE LA RÉTENTION*

Art. L. 613-1 Le mineur retenu en application des dispositions des articles 709-1-1 et 716-5 du code de procédure pénale bénéficie des droits prévus à l'article L. 332-1 du présent code.

TITRE DEUXIÈME DE L'AMÉNAGEMENT DES PEINES

CHAPITRE UNIQUE

Art. L. 621-1 Les dispositions du code de procédure pénale permettant la conversion d'une peine en travail d'intérêt général ou en sursis probatoire comportant l'obligation d'effectuer un travail d'intérêt général sont applicables au mineur âgé *(L. no 2021-218 du 26 févr. 2021, art. 16)* « d'au moins seize » ans au moment de la décision, lorsqu'il était âgé d'au moins treize ans à la date de commission de l'infraction. — *[Ord. no 45-174 du 2 févr. 1945, art. 20-5, al. 1er, 2 et 3.]*

Art. L. 621-2 Pour l'exécution des peines prononcées à l'étranger et lorsque le condamné était mineur à la date des faits, le tribunal pour enfants exerce les attributions du tribunal correctionnel pour l'application des articles 728-4 à 728-7 du code de procédure pénale et le juge des enfants exerce les attributions du président du tribunal *(L. no 2021-218 du 26 févr. 2021, art. 16)* « judiciaire » et du juge des libertés et de la détention pour l'application des articles 728-46, 728-47 et 728-67 à 728-69 du même code.

Le juge des enfants exerce les attributions du juge de l'application des peines mentionnées aux articles 764-21 à 764-43 du code de procédure pénale en matière de reconnaissance et de mise à exécution des condamnations et des décisions de probation prononcées par une juridiction d'un autre État membre de l'Union européenne à l'égard des personnes mineures à la date des faits. – *[Ord. nº 45-174 du 2 févr. 1945, art. 20-11 et 20-12.]*

Art. L. 621-3 *(L. nº 2021-218 du 26 févr. 2021, art. 16)* Lorsqu'il s'agit d'un aménagement de peine pour lequel le juge d'application des peines peut imposer au condamné une ou plusieurs des obligations prévues en matière de sursis probatoire, le juge des enfants peut également imposer au condamné une des mesures mentionnées à l'article L. 122-2. L'obligation de respecter les conditions d'un placement en centre éducatif fermé ne peut toutefois être prononcée que dans le cadre du placement extérieur et de la libération conditionnelle.

TITRE TROISIÈME DU CASIER JUDICIAIRE ET DES AUTRES FICHIERS

CHAPITRE PREMIER *DU CASIER JUDICIAIRE*

Art. L. 631-1 Sans préjudice des dispositions du dernier alinéa de l'article L. 111-6, les condamnations, les déclarations de culpabilité assorties d'une dispense de peine, d'une dispense de mesure éducative ou d'une déclaration de réussite éducative, les décisions prononçant des mesures éducatives rendues à l'égard d'un mineur, lors du prononcé de la sanction, ainsi que les compositions pénales sont inscrites au casier judiciaire selon les modalités prévues par le code de procédure pénale rappelées par le présent code.

Art. L. 631-2 Les décisions mentionnées à l'article L. 631-1 figurent au bulletin nº 1 du casier judiciaire. Elles ne figurent pas aux bulletins nº 2 et nº 3 du casier judiciaire.

Art. L. 631-3 Les *(L. nº 2021-218 du 26 févr. 2021, art. 16)* « décisions » relatives aux mesures éducatives, aux dispenses de mesure éducative et aux déclarations de réussite éducative prononcées à l'encontre d'un mineur sont retirées à l'expiration d'un délai de trois ans à compter du jour où la mesure *(L. nº 2021-218 du 26 févr. 2021, art. 16)* « est devenue définitive ».

Les *(L. nº 2021-218 du 26 févr. 2021, art. 16)* « décisions » relatives aux condamnations prononcées à l'encontre d'un mineur sont retirées dans les conditions prévues par le code de procédure pénale.

Art. L. 631-4 Lorsque, à la suite *(L. nº 2021-218 du 26 févr. 2021, art. 16)* « de la condamnation prononcée à l'encontre d'un mineur à une peine criminelle ou correctionnelle devenue définitive, le relèvement éducatif » de ce mineur apparaît comme *(L. nº 2021-218 du 26 févr. 2021, art. 16)* « acquis », le tribunal pour enfants peut, après l'expiration d'un délai de trois ans à compter de ladite décision et même si le mineur a atteint sa majorité, décider, à sa requête, à celle du ministère public ou d'office, le retrait du casier judiciaire de la décision dont il s'agit.

Le tribunal pour enfants statue en dernier ressort. Lorsque le retrait du casier judiciaire de la décision a été prononcé, la mention de cette décision ne doit plus figurer au bulletin nº 1 du casier judiciaire du mineur.

Le tribunal de la poursuite initiale, celui du lieu du domicile actuel du mineur et celui du lieu de sa naissance sont compétents pour connaître de la requête. – *[C. pr. pén., art. 770, al. 1er, 2 et 3.]*

CHAPITRE II *DU FICHIER JUDICIAIRE NATIONAL AUTOMATISÉ DES AUTEURS D'INFRACTIONS SEXUELLES OU VIOLENTES*

SECTION PREMIÈRE *DE L'INSCRIPTION DES DÉCISIONS*

Art. L. 632-1 Les décisions concernant les mineurs de moins de treize ans ne sont pas inscrites dans le fichier judiciaire national automatisé des auteurs d'infractions sexuelles ou violentes.

Art. L. 632-2 Les décisions rendues lors du prononcé de la sanction concernant les mineurs âgés d'au moins treize ans relatives à un délit relevant de l'article 706-47 du code de procédure pénale ne sont pas inscrites dans le fichier judiciaire national automatisé des auteurs d'infractions sexuelles ou violentes, sauf si cette inscription est ordonnée par décision expresse de la juridiction, ou dans les cas prévus aux 3º et 4º de l'article 706-53-2 du même code, par le procureur de la République.

Art. L. 632-3 Les décisions concernant les mineurs âgés d'au moins treize ans relatives à un crime relevant de l'article 706-47 du code de procédure pénale sont inscrites de plein droit dans le fichier judiciaire national automatisé des auteurs d'infractions sexuelles ou violentes *(L. n° 2021-218 du 26 févr. 2021, art. 16)* « , sauf décision contraire spécialement motivée de la juridiction de jugement ».

SECTION II *DE L'EFFACEMENT DES DÉCISIONS*

Art. L. 632-4 Les informations mentionnées à l'article 706-53-2 du code de procédure pénale sont retirées du fichier au décès de l'intéressé ou à l'expiration d'un délai de dix ans à compter du prononcé de la décision ou à compter de sa libération lorsque la personne exécute une peine privative de liberté sans sursis en application de la condamnation entraînant l'inscription.

Toutefois le mineur peut solliciter la rectification ou l'effacement des informations contenues dans le fichier dans les conditions prévues à l'article 706-53-10 du même code.

SECTION III *DU SUIVI DES MINEURS INSCRITS*

Art. L. 632-5 Le régime de justification semestrielle prévu par le cinquième alinéa de l'article 706-53-5 du code de procédure pénale n'est applicable qu'aux mineurs âgés *(L. n° 2021-218 du 26 févr. 2021, art. 16)* « d'au moins treize » ans condamnés pour un crime puni d'au moins vingt ans de réclusion.

CHAPITRE III *DU FICHIER JUDICIAIRE NATIONAL AUTOMATISÉ DES AUTEURS D'INFRACTIONS TERRORISTES*

SECTION PREMIÈRE *DE L'INSCRIPTION DES DÉCISIONS*

Art. L. 633-1 Les décisions concernant les mineurs de moins de treize ans ne sont pas inscrites dans le fichier judiciaire national automatisé des auteurs d'infractions terroristes.

Art. L. 633-2 Les décisions rendues lors du prononcé de la sanction concernant les mineurs âgés d'au moins treize ans ne sont pas inscrites dans le fichier, sauf si cette inscription est ordonnée par décision expresse de la juridiction ou, dans les cas prévus aux 3° et 4° de l'article 706-25-4 du code de procédure pénale, par le procureur de la République.

SECTION II *DE L'EFFACEMENT DES DÉCISIONS*

Art. L. 633-3 Les informations mentionnées à l'article 706-25-4 du code de procédure pénale sont retirées du fichier au décès de l'intéressé ou à l'expiration, à compter du prononcé de la décision ou à compter de sa libération lorsque la personne exécute une peine privative de liberté sans sursis en application de la condamnation entraînant l'inscription, d'un délai de dix ans ou, lorsqu'elles concernent une infraction mentionnée aux articles L. 224-1 ou L. 225-7 du code de la sécurité intérieure, d'un délai de trois ans.

Toutefois le mineur peut solliciter la rectification ou l'effacement des informations contenues dans le fichier dans les conditions prévues à l'article 706-25-12 du code de procédure pénale.

SECTION III *DU SUIVI DES MINEURS INSCRITS*

Art. L. 633-4 Les mineurs sont astreints aux obligations de justification et de présentation prévues par le code de procédure pénale à compter du prononcé de la décision, pendant un délai de cinq ans, ou, s'il s'agit d'une infraction mentionnée à l'article L. 224-1 du code de la sécurité intérieure, pendant un délai de trois ans.

CHAPITRE IV *DES FICHIERS D'ANTÉCÉDENTS*

Art. L. 634-1 Conformément aux articles 230-6 à 230-11 du code de procédure pénale, les infractions commises par les mineurs font l'objet d'une inscription dans les fichiers d'antécédents judiciaires qui peuvent être consultés dans le cadre des procédures pénales ainsi que dans le cadre des enquêtes administratives prévues aux articles L. 114-1 et L. 234-1 à L. 234-3 du code de la sécurité intérieure et à l'article 17-1 de la loi n° 95-73 du 21 janvier 1995 d'orientation et de programmation relative à la sécurité.

Les mineurs peuvent demander, auprès du procureur de la République territorialement compétent ou du magistrat désigné à l'article 230-9 du code de procédure pénale, que les données personnelles concernant ces infractions soient effacées, complétées ou rectifiées, notamment en cas de requalification judiciaire, ou qu'elles fassent l'objet d'une mention interdisant qu'elles fassent l'objet d'une consultation dans le cadre des enquêtes administratives mentionnées au premier alinéa.

Conformément à l'article 230-8 du code de procédure pénale, ces demandes peuvent être formées à tout moment, sauf si, à la suite d'infractions commises pendant la majorité de l'intéressé, celui-ci a fait l'objet de condamnations qui sont toujours inscrites au bulletin n° 2 de son casier judiciaire. Il est statué sur ces demandes pour des raisons liées à la finalité du fichier au regard de la nature ou des circonstances de commission de l'infraction ou de la personnalité de l'intéressé.

LIVRE SEPTIÈME DISPOSITIONS RELATIVES À L'OUTRE-MER

TITRE PREMIER DISPOSITIONS PARTICULIÈRES À LA GUADELOUPE, À LA GUYANE, À LA MARTINIQUE, À MAYOTTE, À LA RÉUNION, À SAINT-BARTHÉLEMY, À SAINT-MARTIN ET À SAINT-PIERRE-ET-MIQUELON

CHAPITRE PREMIER *DISPOSITIONS PARTICULIÈRES À MAYOTTE*

Art. L. 711-1 Pour l'application des dispositions du présent code à Mayotte les mots : "cour d'appel" et les mots : "chambre spéciale des mineurs de la cour d'appel" sont remplacés par les mots : "chambre d'appel de Mamoudzou". – *[Ord. n° 45-174 du 2 févr. 1945, art. 49, al. 1er.]*

Art. L. 711-2 Pour son application à Mayotte, l'article L. 231-10 est ainsi rédigé :

Art. L. 231-10 Un des assesseurs de la cour d'assises des mineurs est remplacé, sauf impossibilité, par le magistrat du siège du tribunal judiciaire exerçant les fonctions de juge des enfants. – *[Ord. n° 45-174 du 2 févr. 1945, art. 48, al. 2.]*

Art. L. 711-3 A Mayotte, les articles L. 412-2, L. 413-5 et L. 413-9 s'appliquent dans les conditions suivantes :

1° Lorsque le déplacement d'un avocat ou d'une personne agréée en application de l'article 879 du code de procédure pénale paraît matériellement impossible, les attributions dévolues à l'avocat par les articles 61-1, 63-4 à 63-4-3 du code de procédure pénale peuvent être exercées par une personne majeure, choisie par les représentants légaux du mineur ou à défaut par le mineur lui-même, qui n'est pas mise en cause pour les mêmes faits ou pour des faits connexes et qui n'a fait l'objet d'aucune condamnation, incapacité ou déchéance mentionnée au bulletin n° 2 du casier judiciaire ;

2° Les dispositions de l'article 63-4-4 *(L. n° 2021-218 du 26 févr. 2021, art. 17)* « du même code » sont applicables à la personne choisie, qui en est informée par l'officier de police judiciaire.

CHAPITRE II *DISPOSITIONS PARTICULIÈRES À SAINT-PIERRE-ET-MIQUELON*

Art. L. 712-1 Pour l'application du présent code à Saint-Pierre-et-Miquelon, la commission des droits et de l'autonomie des personnes handicapées est remplacée par la commission localement compétente en matière de reconnaissance du handicap.

TITRE DEUXIÈME DISPOSITIONS APPLICABLES EN NOUVELLE-CALÉDONIE, EN POLYNÉSIE FRANÇAISE ET À WALLIS-ET-FUTUNA *(L. n° 2021-218 du 26 févr. 2021, art. 17).*

CHAPITRE PREMIER *DISPOSITIONS APPLICABLES EN NOUVELLE-CALÉDONIE*

Art. L. 721-1 *(Ord. n° 2022-478 du 30 mars 2022, art. 9, en vigueur le 1er mai 2022)* Les dispositions du présent code, à l'exception des articles L. 113-2 et L. 113-6 sont applicables en Nouvelle-Calédonie dans leur rédaction résultant de l'ordonnance n° 2022-478 du 30 mars 2022 portant partie législative du code pénitentiaire, sous réserve des adaptations prévues au présent chapitre.

Ancien art. L. 721-1 *(L. n° 2022-52 du 24 janv. 2022, art. 34)* ***Les dispositions du présent code, à l'exception des articles L. 113-2 et L. 113-6, sont applicables en Nouvelle-Calédonie dans leur***

rédaction résultant de la loi n° 2022-52 du 24 janvier 2022 relative à la responsabilité pénale et à la sécurité intérieure, sous réserve des adaptations prévues au présent chapitre.

Art. L. 721-2 Pour l'application des dispositions du présent code en Nouvelle-Calédonie :

1° Les mots : "protection judiciaire de la jeunesse" sont remplacés par les mots : "protection judiciaire de l'enfance et de la jeunesse" ;

2° La mise en œuvre des procédures alternatives aux poursuites et de l'accueil de jour en Nouvelle-Calédonie est déterminée selon la règlementation applicable localement ;

3° Les références du code de l'action sociale et des familles sont remplacées par les références *(L. n° 2021-218 du 26 févr. 2021, art. 17)* « aux dispositions » équivalentes applicables localement ;

4° La commission des droits et de l'autonomie des personnes handicapées est remplacée par la commission localement compétente en matière de reconnaissance du handicap.

Art. L. 721-3 En Nouvelle-Calédonie, le juge des enfants, le président du tribunal pour enfants ou le président de la cour d'assises peut autoriser, d'office ou à la demande du ministère public ou d'une partie, et avec l'accord du mineur, de ses représentants légaux et, s'ils sont présents, de la victime ou de son représentant et du ministère public, toute personne représentant des institutions de droit coutumier dont la liste est fixée par voie réglementaire à assister aux débats et à prendre la parole aux audiences avec son autorisation, si sa présence apparaît utile pour la bonne compréhension de la situation du mineur ou pour sa prise en charge éducative et sociale.

Art. L. 721-4 En Nouvelle-Calédonie, avant d'ordonner une mesure de réparation ou un module *(L. n° 2021-218 du 26 févr. 2021, art. 17)* « de » réparation, le procureur de la République ou la juridiction pour mineurs peut consulter toute personne représentant des institutions de droit coutumier dont la liste est fixée par voie réglementaire.

Art. L. 721-5 En Nouvelle-Calédonie, les articles L. 412-2, L. 413-5 et L. 413-9 s'appliquent dans les conditions suivantes :

1° Lorsque l'audition libre, la retenue ou la garde à vue du mineur se déroule en dehors des communes de Nouméa, Mont-Dore, Dumbéa et Païta et que le déplacement d'un avocat paraît matériellement impossible, les attributions dévolues à l'avocat par les articles 61-1, 63-4 à 63-4-3 du code de procédure pénale peuvent être exercées par une personne majeure, choisie par les représentants légaux du mineur ou à défaut par le mineur lui-même, qui n'est pas mise en cause pour les mêmes faits ou pour des faits connexes et qui n'a fait l'objet d'aucune condamnation, incapacité ou déchéance mentionnée au bulletin n° 2 du casier judiciaire ;

2° Les dispositions de l'article 63-4-4 *(L. n° 2021-218 du 26 févr. 2021, art. 17)* « du même code » sont applicables à la personne choisie, qui en est informée par l'officier de police judiciaire. — *[Ord. n° 45-174 du 2 févr. 1945, art. 45, II.]*

CHAPITRE II *DISPOSITIONS APPLICABLES EN POLYNÉSIE FRANÇAISE*

Art. L. 722-1 *(Ord. n° 2022-478 du 30 mars 2022, art. 9, en vigueur le 1er mai 2022)* Les dispositions du présent code, à l'exception des articles L. 113-2 et L. 113-6 sont applicables en Polynésie française dans leur rédaction résultant de l'ordonnance n° 2022-478 du 30 mars 2022 portant partie législative du code pénitentiaire, sous réserve des adaptations prévues au présent chapitre.

Ancien art. L. 722-1 *(L. n° 2022-52 du 24 janv. 2022, art. 34) Les dispositions du présent code, à l'exception des articles L. 113-2 et L. 113-6, sont applicables en Polynésie française dans leur rédaction résultant de la loi n° 2022-52 du 24 janvier 2022 relative à la responsabilité pénale et à la sécurité intérieure, sous réserve des adaptations prévues au présent chapitre.*

Art. L. 722-2 Pour l'application du présent code en Polynésie française :

1° Les références aux dispositions du code de l'action sociale et des familles sont remplacées par les références *(L. n° 2021-218 du 26 févr. 2021, art. 17)* « aux dispositions » équivalentes applicables localement ;

2° La commission des droits et de l'autonomie des personnes handicapées est remplacée par la commission localement compétente en matière de reconnaissance du handicap.

Art. L. 722-3 En Polynésie française, les articles L. 412-2, L. 413-5 et L. 413-9 s'appliquent dans les conditions suivantes :

1° En l'absence d'avocat dans l'île où se déroule l'audition libre, la retenue ou la garde à vue du mineur et lorsque le déplacement d'un avocat paraît matériellement impossible, les attributions dévolues à l'avocat par les articles 61-1, 63-4 à 63-4-3 du code de procédure pénale peuvent être exercées par une personne majeure, choisie par les représentants légaux du mineur ou à défaut par le mineur lui-même, qui n'est pas mise en cause pour les mêmes faits ou pour des faits connexes et qui n'a fait l'objet d'aucune condamnation, incapacité ou déchéance mentionnée au bulletin n° 2 du casier judiciaire ;

2° Les dispositions de l'article 63-4-4 *(L. n° 2021-218 du 26 févr. 2021, art. 17)* « du même code » sont applicables à la personne choisie, qui en est informée par l'officier de police judiciaire. — *[Ord. n° 45-174 du 2 févr. 1945, art. 45, I.]*

CHAPITRE III *DISPOSITIONS APPLICABLES À WALLIS-ET-FUTUNA*

Art. L. 723-1 *(Ord. n° 2022-478 du 30 mars 2022, art. 9, en vigueur le 1er mai 2022)* Les dispositions du présent code, à l'exception des articles L. 113-2 et L. 113-6 sont applicables dans les îles Wallis-et-Futuna dans leur rédaction résultant de l'ordonnance n° 2022-478 du 30 mars 2022 portant partie législative du code pénitentiaire, sous réserve des adaptations prévues au présent chapitre.

Ancien art. L. 723-1 *(L. n° 2022-52 du 24 janv. 2022, art. 34)* ***Les dispositions du présent code, à l'exception des articles L. 113-2 et L. 113-6, sont applicables dans les îles Wallis-et-Futuna dans leur rédaction résultant de la loi n° 2022-52 du 24 janvier 2022 relative à la responsabilité pénale et à la sécurité intérieure, sous réserve des adaptations prévues au présent chapitre.***

Art. L. 723-2 Pour l'application du présent code à Wallis-et-Futuna :

1° Les références du code de l'action sociale et des familles sont remplacées par les références *(L. n° 2021-218 du 26 févr. 2021, art. 17)* « aux dispositions » équivalentes applicables localement ;

2° La commission des droits et de l'autonomie des personnes handicapées est remplacée par la commission localement compétente en matière de reconnaissance du handicap.

Art. L. 723-3 A Wallis-et-Futuna, les articles L. 412-2, L. 413-5 et L. 413-9 s'appliquent dans les conditions suivantes : les attributions dévolues à l'avocat par les articles 61-1, 63-4 à 63-4-3 du code de procédure pénale peuvent être exercées par une personne agréée par le président du tribunal de première instance. — *[Ord. n° 45-174 du 2 févr. 1945, art. 45, III.]*

DEUXIÈME PARTIE : *RÉGLEMENTAIRE*

(Décr. n° 2021-682 du 27 mai 2021, art. 1er ; Décr. n° 2021-683 du 27 mai 2021, art. 1er)

Les dispositions des Décr. nos 2021-682 et 2021-683 du 27 mai 2021 portant partie réglementaire du CJPM entrent en vigueur le 30 sept. 2021 (Décr. n° 2021-682 du 27 mai 2021, art. 8 ; Décr. n° 2021-683 du 27 mai 2021, art. 7 ; Ord. n° 2019-950 du 11 sept. 2019, art. 9).

Les poursuites engagées avant cette date se poursuivent jusqu'à leur terme, conformément aux dispositions du C. pr. pén., de l'Ord. n° 45-174 du 2 févr. 1945 relative à l'enfance délinquante et aux décrets abrogés par les décrets préc., dans leur version applicable avant cette date.

Toutefois, s'appliquent immédiatement les dispositions du CJPM relatives aux mesures éducatives ainsi que, lorsqu'elles sont plus favorables aux mineurs à l'encontre desquels ces poursuites sont engagées, les mesures de sûreté (Décr. n° 2021-682 du 27 mai 2021, art. 9 ; Décr. n° 2021-683 du 27 mai 2021, art. 8).

TITRE PRÉLIMINAIRE DES PRINCIPES GÉNÉRAUX DE LA JUSTICE PÉNALE DES MINEURS

(Décr. n° 2021-682 du 27 mai 2021, art. 1er ; Décr. n° 2021-683 du 27 mai 2021, art. 1er)

CHAPITRE PREMIER *DES PRINCIPES GÉNÉRAUX DU DROIT PÉNAL APPLICABLE AUX MINEURS*

(Décr. n° 2021-682 du 27 mai 2021, art. 1er)

Art. R. 11-1 *(Décr. n° 2021-682 du 27 mai 2021, art. 10)* La capacité de discernement du mineur âgé de moins de treize ans et l'absence de capacité de discernement du mineur âgé

d'au moins treize ans peuvent être établies notamment par leurs déclarations, celles de leur entourage familial et scolaire, les éléments de l'enquête, les circonstances dans lesquelles les faits ont été commis, une expertise ou un examen psychiatrique ou psychologique.

CHAPITRE II *DES PRINCIPES GÉNÉRAUX DE LA PROCÉDURE PÉNALE APPLICABLE AUX MINEURS*

(Décr. n° 2021-683 du 27 mai 2021, art. 1er)

Art. D. 12-1 **Lorsqu'une décision prise à l'égard d'un mineur peut faire l'objet d'un des recours mentionnés à l'article L. 12-6, le mineur et ses représentants légaux sont informés de l'existence de ce recours et du délai dans lequel il peut être exercé.**

Art. D. 12-2 **La notification de ses droits à un mineur, en application des dispositions du présent code, est réalisée dans des termes simples et accessibles.**

CHAPITRE III *DISPOSITIONS COMMUNES*

(Décr. n° 2021-682 du 27 mai 2021, art. 1er ; Décr. n° 2021-683 du 27 mai 2021, art. 1er)

Le présent chapitre ne comprend pas de dispositions réglementaires.

LIVRE PREMIER DES MESURES ÉDUCATIVES ET DES PEINES

(Décr. n° 2021-682 du 27 mai 2021, art. 1er ; Décr. n° 2021-683 du 27 mai 2021, art. 1er)

TITRE PREMIER DES MESURES ÉDUCATIVES

(Décr. n° 2021-682 du 27 mai 2021, art. 1er ; Décr. n° 2021-683 du 27 mai 2021, art. 1er)

CHAPITRE PREMIER *DISPOSITIONS COMMUNES*

(Décr. n° 2021-682 du 27 mai 2021, art. 1er ; Décr. n° 2021-683 du 27 mai 2021, art. 1er)

Le présent chapitre ne comprend pas de dispositions réglementaires.

CHAPITRE II *DE LA MESURE ÉDUCATIVE JUDICIAIRE*

(Décr. n° 2021-682 du 27 mai 2021, art. 1er ; Décr. n° 2021-683 du 27 mai 2021, art. 1er)

SECTION PREMIÈRE *DISPOSITIONS GÉNÉRALES*

(Décr. n° 2021-683 du 27 mai 2021, art. 1er)

SOUS-SECTION 1 *DE LA MISE EN ŒUVRE DE LA MESURE ÉDUCATIVE JUDICIAIRE*

Art. D. 112-1 **La juridiction qui prononce une mesure éducative judiciaire désigne le service éducatif de milieu ouvert de la protection judiciaire de la jeunesse auquel l'exécution et la coordination de cette mesure sont confiées.**

Ce service :

1° Adresse au juge des enfants, tous les six mois et au moins quinze jours avant l'échéance de la mesure, un rapport sur son exécution et sur l'évolution du mineur ;

2° Établit un rapport actualisé en vue de chaque audience concernant le mineur ;

3° Informe sans délai le juge des enfants de tout événement de nature à justifier une modification ou la cessation du ou des modules, interdictions ou obligations prononcés, ou la mainlevée de la mesure.

Art. D. 112-2 **L'évaluation prévue à l'article L. 112-2 a pour objectifs la compréhension de la situation du mineur, la prise en compte de ses besoins fondamentaux et la construction d'un projet éducatif.**

Elle est réalisée dans un cadre pluridisciplinaire.

Elle permet de recueillir les éléments relatifs au parcours éducatif et judiciaire du mineur, à sa situation familiale, à ses conditions d'hébergement, à son environnement et à ses réseaux de socialisation, à sa santé, à sa situation sociale, à son insertion scolaire et professionnelle.

Art. D. 112-3 L'accompagnement individualisé du mineur consiste à soutenir son insertion sociale, scolaire et professionnelle, à prendre en compte ses besoins en matière de santé, à s'assurer de sa compréhension des décisions judiciaires qui le concernent et à engager un travail sur la responsabilisation et sur la prise en compte de la victime. Cet accompagnement associe les représentants légaux, soutient l'exercice de l'autorité parentale et aide au renforcement des liens familiaux.

Art. D. 112-4 Le cas échéant, afin de répondre à des besoins identifiés en termes d'insertion, de réparation, de santé et de placement, l'accompagnement défini à l'article D. 112-3 est complété par un ou plusieurs modules prévus aux 1° à 4° de l'article L. 112-2.

Art. D. 112-5 Les objectifs et les modalités de la prise en charge sont inscrits dans le document individuel de prise en charge prévu à l'article L. 311-4 du code de l'action sociale et des familles et dans ses avenants.

SOUS-SECTION 2 *DES INTERDICTIONS ET OBLIGATIONS DE LA MESURE ÉDUCATIVE JUDICIAIRE*

Art. D. 112-6 Le service de la protection judiciaire de la jeunesse chargé de la mesure éducative judiciaire accompagne le mineur et ses représentants légaux dans la compréhension et le respect des interdictions et obligations prononcées en application des 5° à 9° de l'article L. 112-2.

Art. D. 112-7 Le procureur de la République est chargé de l'exécution de l'obligation prévue au 8° de l'article L. 112-2.

Art. D. 112-8 Le stage de formation civique prévu au 9° de l'article L. 112-2 a pour objet de faire prendre conscience au mineur de sa responsabilité pénale et civile, ainsi que des devoirs qu'implique la vie en société. Il vise également à favoriser son insertion sociale.

Art. D. 112-9 La durée du stage de formation civique est fixée par la juridiction en tenant compte des obligations scolaires du mineur et de sa situation familiale.

La durée journalière de formation effective ne peut excéder six heures. Elle est adaptée à l'âge et à la personnalité du mineur.

Art. D. 112-10 Le stage de formation civique est organisé en sessions collectives, continues ou discontinues, composées de différents modules de formation adaptés à l'âge et à la personnalité des stagiaires.

Art. D. 112-11 Le contenu du stage de formation civique fait l'objet d'un projet élaboré par un service de la protection judiciaire de la jeunesse ou du secteur associatif habilité à l'exercice de cette mission dans les conditions prévues par le décret n° 88-949 du 6 octobre 1988 relatif à l'habilitation des personnes physiques, établissements, services ou organismes publics ou privés auxquels l'autorité judiciaire confie habituellement des mineurs ou l'exécution de mesures les concernant.

Art. D. 112-12 Le service de la protection judiciaire de la jeunesse ou du secteur associatif habilité peut élaborer des modules du stage de formation civique avec le concours des collectivités et établissements publics et, le cas échéant, de personnes morales de droit privé ou de personnes physiques participant à des missions d'intérêt général ou d'accès au droit.

Lorsqu'un module est élaboré en concertation avec l'une des personnes publiques ou privées mentionnées à l'alinéa précédent, il fait l'objet d'une convention qui précise son contenu, sa durée, ses objectifs particuliers, les modalités de la prestation assurée par la personne privée ou publique et les modalités de financement des frais engagés.

Art. D. 112-13 Le directeur territorial de la protection judiciaire de la jeunesse informe le président du tribunal judiciaire et le procureur de la République de la liste des services de la protection judiciaire de la jeunesse et du secteur associatif habilité chargés de mettre en œuvre des stages de formation civique dans le ressort du tribunal, ainsi que du contenu de ces stages.

Art. D. 112-14 Préalablement à la mise en œuvre du stage de formation civique, le service qui en a la charge reçoit le mineur et ses représentants légaux, ainsi que le responsable de l'établissement ou la personne à qui le mineur est confié.

Il leur expose les objectifs éducatifs et le contenu du stage.

Art. D. 112-15 Le stage de formation civique se déroule sous le contrôle et en présence d'un personnel éducatif du service chargé de sa mise en œuvre.

Art. D. 112-16 En cas de difficulté d'exécution du stage de formation civique, liée notamment au comportement du mineur, le service chargé de sa mise en œuvre peut en suspendre l'exécution. Il en informe sans délai le juge des enfants et lui adresse un rapport.

Art. D. 112-17 Lorsque le stage de formation civique a été accompli, le service chargé de sa mise en œuvre reçoit le mineur et les représentants légaux, ainsi que le responsable de l'établissement ou la personne à qui le mineur est confié afin d'établir un bilan sur le déroulement du stage et de vérifier que les objectifs éducatifs ont été atteints.

Dans le mois suivant la fin du stage, ce service transmet un rapport de synthèse au juge des enfants.

SOUS-SECTION 3 *DES FRAIS DE MISE EN ŒUVRE DE LA MESURE ÉDUCATIVE JUDICIAIRE*

Art. D. 112-18 Sans préjudice des dispositions de l'article L. 113-2, les frais de toute nature qui résultent de la mise en œuvre de la mesure éducative judiciaire sont imputés sur le budget du ministère de la justice.

SECTION II *DES MODULES DE LA MESURE ÉDUCATIVE JUDICIAIRE*

(Décr. n° 2021-682 du 27 mai 2021, art. 1er ; Décr. n° 2021-683 du 27 mai 2021, art. 1er)

SOUS-SECTION 1 *DU MODULE D'INSERTION*

(Décr. n° 2021-682 du 27 mai 2021, art. 1er ; Décr. n° 2021-683 du 27 mai 2021, art. 1er)

Art. D. 112-19 *(Décr. n° 2021-683 du 27 mai 2021, art. 1er)* La décision ordonnant l'accueil de jour prévu à l'article L. 112-6 désigne le service ou établissement de la protection judiciaire de la jeunesse ou la structure habilitée chargé de le mettre en œuvre.

Art. D. 112-20 *(Décr. n° 2021-683 du 27 mai 2021, art. 1er)* Le service, l'établissement ou la structure chargé de l'accueil de jour vérifie que les responsables légaux du mineur ont souscrit une assurance garantissant leur responsabilité civile du fait des agissements de leur enfant mineur ou que le majeur a souscrit une assurance garantissant sa responsabilité civile.

A défaut, le service, l'établissement ou la structure souscrit une assurance au nom du mineur ou du majeur garantissant cette responsabilité.

Art. R. 112-21 *(Décr. n° 2021-682 du 27 mai 2021, art. 1er)* L'accueil de jour est organisé dans le respect des obligations légales d'instruction et de formation définies par le code de l'éducation.

Art. D. 112-22 *(Décr. n° 2021-683 du 27 mai 2021, art. 1er)* Le service, l'établissement ou la structure chargé de l'accueil de jour adresse au juge des enfants et au service chargé de la mesure éducative judiciaire un rapport intermédiaire sur son déroulement. Il les informe sans délai de tout événement de nature à en justifier la modification.

Art. D. 112-23 *(Décr. n° 2021-683 du 27 mai 2021, art. 1er)* Avant l'échéance de l'accueil de jour, le service, l'établissement ou la structure qui en est chargé dresse un bilan avec le mineur et ses représentants légaux.

Au moins quinze jours avant l'échéance, il ou elle adresse un rapport au juge des enfants et au service chargé de la mesure éducative judiciaire.

Art. D. 112-24 *(Décr. n° 2021-683 du 27 mai 2021, art. 1er)* La décision de placement en internat scolaire prévue au 2° de l'article L. 112-5 confie le mineur à l'établissement public local d'enseignement ou à l'établissement privé sous contrat auquel l'internat est rattaché, en accord avec l'autorité de l'État compétente en matière d'éducation dans le département.

Un mineur ne peut être confié à un établissement que durant les périodes d'ouverture de l'internat et sans excéder la durée de l'année scolaire en cours.

Art. D. 112-25 *(Décr. n° 2021-683 du 27 mai 2021, art. 1er)* Le chef de l'établissement public local d'enseignement ou de l'établissement privé sous contrat adresse au juge des enfants et au service chargé de la mesure éducative judiciaire un rapport après les quinze premiers jours de placement et un rapport intermédiaire sur le déroulement du placement. Il les informe sans délai de tout événement, notamment *[d']* une exclusion temporaire de l'établissement ou de l'un de ses services annexes, de nature à justifier une modification du placement.

Art. D. 112-26 *(Décr. n° 2021-683 du 27 mai 2021, art. 1er)* Si le conseil de discipline de l'établissement auquel est rattaché l'internat scolaire prononce l'exclusion définitive du mineur, cette décision est transmise au juge des enfants qui en tire sans délai les conséquences sur la décision de placement du mineur.

Art. D. 112-27 *(Décr. n° 2021-683 du 27 mai 2021, art. 1er)* Au moins quinze jours avant l'échéance du placement, le chef d'établissement auquel est rattaché l'internat scolaire adresse un rapport sur son déroulement au juge des enfants et au service chargé de la mesure éducative judiciaire.

SOUS-SECTION 2 *DU MODULE DE RÉPARATION*
(Décr. n° 2021-683 du 27 mai 2021, art. 1er)

Art. D. 112-28 L'activité d'aide ou de réparation au bénéfice de la victime ou dans l'intérêt de la collectivité prévue au 1° de l'article L. 112-8 a pour objectifs :

1° D'accompagner l'auteur dans la compréhension des causes et des conséquences de son acte ;

2° De favoriser son processus de responsabilisation ;

3° D'envisager et de mettre en œuvre les modalités de réparation des dommages commis ;

4° De prendre en considération la victime.

Art. D. 112-29 La médiation prévue au 2° de l'article L. 112-8 vise à l'apaisement des relations entre l'auteur et la victime, ainsi qu'à l'ouverture ou à la restauration d'un dialogue. Elle consiste à rechercher, avec l'aide d'un tiers, une résolution amiable par les parties d'un différend né de la commission d'une infraction.

Art. D. 112-30 Le service désigné construit le projet de médiation en tenant compte de la personnalité du mineur et de sa capacité à respecter les conditions de sa mise en œuvre.

A toutes les étapes de la médiation, le service chargé du module informe le juge des enfants des difficultés constatées et peut solliciter la modification du module ou sa suppression.

Art. D. 112-31 La décision prononçant le module de réparation prévu à l'article L. 112-8 désigne le service de la protection judiciaire de la jeunesse ou du secteur associatif habilité, chargé de le mettre en œuvre.

Au sein du secteur associatif habilité, seules les structures autorisées et habilitées pour exercer la médiation selon des modalités adaptées aux mineurs peuvent être désignées par l'autorité judiciaire.

Art. D. 112-32 Lorsqu'une structure du secteur associatif habilité est chargée de mettre en œuvre un module de réparation, le document de prise en charge conjointe fixe les modalités d'articulation, de coordination et d'échange d'informations entre cette structure et le service de la protection judiciaire de la jeunesse chargé de la mesure éducative judiciaire.

La structure du secteur associatif habilité informe ce service de la mise en œuvre du module et de tout événement de nature à justifier sa modification ou sa cessation.

Art. D. 112-33 Au moins quinze jours avant l'échéance de l'activité de réparation ou de la médiation, le service chargé de la mise en œuvre du module adresse au juge des enfants et au service de la protection judiciaire de la jeunesse chargé de la mesure éducative judiciaire un rapport rendant compte de son déroulement.

Lorsqu'il estime que la poursuite de l'accompagnement éducatif n'est plus nécessaire, le service de la protection judiciaire de la jeunesse peut adresser au juge des enfants un rapport aux fins de mainlevée de la mesure éducative judiciaire.

SOUS-SECTION 3 *DU MODULE DE SANTÉ*

(Décr. nº 2021-682 du 27 mai 2021, art. 1er)

Art. R. 112-34 L'orientation du mineur vers une prise en charge sanitaire prévue au 1° de l'article L. 112-11 répond à un besoin de santé identifié.

Le juge des enfants oriente le mineur vers les soins de santé adaptés à ses besoins et à sa situation.

Art. R. 112-35 Les établissements mentionnés aux 2° et 3° de l'article L. 112-11 adressent au juge des enfants, avant l'échéance du placement, dans le respect du secret médical, un rapport sur le déroulement du placement, et en transmettent copie au service de la protection judiciaire de la jeunesse chargé de la mesure éducative judiciaire.

SOUS-SECTION 4 *DU MODULE DE PLACEMENT*

(Décr. nº 2021-683 du 27 mai 2021, art. 1er)

Art. D. 112-36 Les placements prévus aux 2° et 3° de l'article L. 112-14 sont mis en œuvre dans des établissements de placement de la protection judiciaire de la jeunesse ou du secteur associatif habilité.

Le suivi éducatif est assuré par le service de la protection judiciaire de la jeunesse chargé de la mesure éducative judiciaire, en lien avec l'établissement de placement désigné.

Art. D. 112-37 L'établissement de placement informe sans délai le juge des enfants et le service de la protection judiciaire de la jeunesse chargé de la mesure éducative judiciaire de tout événement de nature à justifier une modification du placement ou sa mainlevée.

Il leur adresse un rapport intermédiaire sur le déroulement du placement.

Art. D. 112-38 Au moins quinze jours avant l'échéance du placement, l'établissement adresse au juge des enfants et au service de la protection judiciaire de la jeunesse chargé de la mesure éducative judiciaire, un rapport sur le déroulement du placement.

Art. D. 112-39 Le suivi du placement chez un membre de la famille ou une personne digne de confiance est assuré par le service de la protection judiciaire de la jeunesse chargé de la mesure éducative judiciaire.

CHAPITRE III *DU RÉGIME DU PLACEMENT*

(Décr. nº 2021-682 du 27 mai 2021, art. 1er ; Décr. nº 2021-683 du 27 mai 2021, art. 1er)

SECTION PREMIÈRE *DISPOSITIONS GÉNÉRALES*

(Décr. nº 2021-683 du 27 mai 2021, art. 1er)

Art. D. 113-1 En application du deuxième alinéa de l'article L. 113-2, la juridiction informe l'organisme débiteur que la part des allocations familiales, majorations et allocations d'assistance auxquelles le mineur ouvre droit est attribuée à la personne ou à l'établissement qui accueille le mineur.

Art. D. 113-2 Dès l'arrivée du mineur dans l'établissement auquel il a été confié, un dossier est ouvert à son nom, au sein duquel est mentionné tout renseignement concernant son évolution, son comportement, son insertion scolaire et professionnelle, y compris son salaire, et ses relations avec sa famille.

Art. D. 113-3 Chaque établissement de placement de la protection judiciaire de la jeunesse et du secteur associatif habilité recevant des mineurs au titre du présent code adresse tous les ans, avant la fin du premier trimestre, au magistrat coordonnateur du tribunal pour enfants de son ressort, un rapport sur le fonctionnement général, moral et financier de l'établissement.

Art. D. 113-4 Les représentants du ministère de la justice chargés de contrôler le fonctionnement des établissements de placement recevant des mineurs au titre du présent code peuvent entendre les mineurs hors la présence des représentants de l'établissement.

Tous les registres et dossiers, tous documents relatifs au fonctionnement administratif et financier des établissements leur sont communiqués.

Art. D. 113-5 Le procureur de la République et le président du tribunal judiciaire ou le magistrat qu'il délègue rendent compte annuellement aux chefs de cour des visites effectuées en application de l'article L. 113-3. Ils font part de leurs observations éventuelles aux autorités compétentes pour y donner suite.

SECTION II *DES CENTRES ÉDUCATIFS FERMÉS*

(Décr. n° 2021-682 du 27 mai 2021, art. 1er ; Décr. n° 2021-683 du 27 mai 2021, art. 1er)

Art. R. 113-6 *(Décr. n° 2021-682 du 27 mai 2021, art. 10)* Lors de la visite des centres éducatifs fermés prévue à l'article 719 du code de procédure pénale, le directeur du centre éducatif fermé ne peut s'opposer à l'entrée des journalistes accompagnant les parlementaires que pour des motifs impératifs liés à la sécurité, au bon ordre, à l'intérêt public ou à la protection des victimes, des mineurs placés et du personnel au sein de l'établissement. Il peut mettre fin, à tout moment, à leur présence pour ces motifs.

Les parlementaires ne peuvent être accompagnés, au sein d'un centre éducatif fermé, de plus de trois journalistes, titulaires de la carte d'identité professionnelle mentionnée à l'article L. 7111-6 du code du travail, dont un seul utilisant du matériel de prise de vue ou de son. Le nombre maximal de journalistes s'entend par visite, quel que soit le nombre de parlementaires y participant. Leur entrée est concomitante à celles *[celle]* des parlementaires qu'ils accompagnent dans leur parcours. Leur sortie ne peut être postérieure à celle des parlementaires.

Art. R. 113-7 *(Décr. n° 2021-682 du 27 mai 2021, art. 1er)* Les écrits, photographies, croquis, prises de vue et de son que les journalistes effectuent sont circonscrits au cadre de la visite du parlementaire dans le centre éducatif fermé. Le directeur du centre éducatif fermé peut interdire les enregistrements d'images et de son dans une zone de l'établissement pour des motifs tenant au bon ordre et à la sécurité. Leur diffusion ou leur utilisation ne peut permettre d'identifier les personnels présents au sein de l'établissement que si ces derniers y ont consenti par écrit.

Un mineur ne peut être filmé, enregistré ou photographié qu'avec son accord écrit préalable et l'autorisation conjointe des titulaires de l'exercice de l'autorité parentale. L'accord est donné selon les mêmes modalités *[,]* qu'il s'agisse de l'utilisation de l'image ou de celle de la voix ainsi captée.

Dans tous les cas, les journalistes veillent à ce qu'aucun élément concernant l'identité ou la personnalité permettant d'identifier le mineur placé ne soit, de quelque manière que ce soit, révélé. Les obligations relatives à la diffusion des productions des journalistes mentionnées aux trois alinéas précédents s'imposent aux directeurs de publication, éditeurs et distributeurs de ces productions.

Art. D. 113-8 *(Décr. n° 2021-683 du 27 mai 2021, art. 1er)* Le directeur du centre éducatif fermé est chargé de l'organisation régulière d'activités socio-culturelles au sein de l'établissement. Ces activités, animées par des personnels du centre ou par des personnes extérieures autorisées par le directeur, s'inscrivent dans la continuité des activités d'insertion scolaire et professionnelle.

Les mineurs placés au sein du centre peuvent être associés à l'organisation et à l'animation de ces activités, sous le contrôle du personnel de l'établissement.

La diffusion à l'extérieur du centre éducatif fermé de productions audio-visuelles *[audiovisuelles]* réalisées dans le cadre de ces activités est soumise, d'une part *[,]* à l'accord écrit préalable du mineur et des titulaires de l'autorité parentale, et *[,]* d'autre part, à l'autorisation du directeur interrégional territorialement compétent.

Art. R. 113-9 *(Décr. n° 2021-682 du 27 mai 2021, art. 1er)* En cas d'inspection d'une chambre d'un centre éducatif fermé où séjourne un mineur, sont consignés au registre mentionné à l'article L. 113-8 :

1° La date et l'heure de début et de fin de l'inspection ;

2° Les noms et qualités des personnels ayant procédé à l'inspection ;

3° Le motif de l'inspection ;

4° Le lieu inspecté ;

5° Si le mineur est présent, ses éventuelles observations ;

6° Si le mineur est absent, le motif de son absence et les raisons pour lesquelles l'inspection n'a pu être retardée ;

7° Les objets ou substances interdites *[interdits]* ou constituant une menace trouvés au cours de l'inspection et le sort qui leur a été réservé.

Le registre est signé par les personnels et le mineur présents lors de l'inspection.

TITRE DEUXIÈME DES PEINES

(Décr. n° 2021-682 du 27 mai 2021, art. 1er ; Décr. n° 2021-683 du 27 mai 2021, art. 1er)

CHAPITRE PREMIER *DES PEINES ENCOURUES*

(Décr. n° 2021-682 du 27 mai 2021, art. 1er ; Décr. n° 2021-683 du 27 mai 2021, art. 1er)

Le présent chapitre ne comprend pas de dispositions réglementaires.

CHAPITRE II *DU CONTENU ET DES MODALITÉS D'APPLICATION DE CERTAINES PEINES*

(Décr. n° 2021-682 du 27 mai 2021, art. 1er ; Décr. n° 2021-683 du 27 mai 2021, art. 1er)

SECTION PREMIÈRE *DU TRAVAIL D'INTÉRÊT GÉNÉRAL*

(Décr. n° 2021-682 du 27 mai 2021, art. 1er)

Art. R.* 122-1 *(Décr. n° 2021-1743 du 22 déc. 2021, art. 3)* Pour l'habilitation des personnes morales de droit privé chargées d'une mission de service public ou des associations demandant à mettre en œuvre des travaux d'intérêt général spécifiquement adaptés aux mineurs dans les conditions prévues par les articles R.* 131-11-2 à R. 131-16 du code pénal, la décision d'habilitation est confiée au directeur territorial de la protection judiciaire de la jeunesse, nonobstant les dispositions du décret n° 2004-374 du 29 avril 2004 relatif aux pouvoirs des préfets, à l'organisation et à l'action des services de l'État dans les régions et départements.

Le directeur territorial de la protection judiciaire de la jeunesse communique par voie dématérialisée sa décision au juge des enfants, au procureur de la République, au préfet et à l'organisme habilité.

Art. R. 122-2 *(Décr. n° 2021-1743 du 22 déc. 2021, art. 3)* Le directeur territorial de la protection judiciaire de la jeunesse statue sur l'inscription sur la liste prévue par l'article R. 131-36 du code pénal des travaux d'intérêt général applicables aux mineurs dans les conditions prévues par les articles R. 131-17 à R. 131-20 du code pénal, en tenant compte du caractère formateur du travail proposé ou de son apport à l'insertion sociale des jeunes condamnés.

Art. R. 122-3 Le condamné au travail d'intérêt général doit se soumettre aux mesures de contrôle suivantes :

1° Répondre aux convocations du juge des enfants et de l'éducateur ou du service désigné conformément à l'article R. 122-4 ;

2° Se soumettre à l'examen médical prévu par l'article R. 131-28 du code pénal ;

3° Informer le juge des enfants de tout changement d'emploi ou de résidence ou de tout déplacement qui ferait obstacle à l'exécution du travail d'intérêt général selon les modalités fixées.

Art. R. 122-4 *(Décr. n° 2021-1743 du 22 déc. 2021, art. 2)* Le directeur du service de la protection judiciaire de la jeunesse compétent, par délégation du directeur territorial, s'assure, sauf décision motivée par laquelle le juge des enfants conserve sa compétence, de l'exécution du travail d'intérêt général, par l'intermédiaire d'un service de la protection judiciaire de la jeunesse qu'il désigne. Ce service lui rend compte du déroulement de la mesure, en vérifiant notamment si le travail effectué conserve un caractère formateur ou de nature à permettre l'insertion sociale du jeune condamné et s'il demeure adapté à la personnalité de celui-ci.

Le directeur du service de la protection judiciaire de la jeunesse compétent, par délégation du directeur territorial, informe le juge des enfants des modalités d'exécution de la peine de travail d'intérêt général.

SECTION II DU SURSIS PROBATOIRE AVEC SUIVI RENFORCÉ ET DU SURSIS PROBATOIRE

(Décr. n° 2021-683 du 27 mai 2021, art. 1er)

Art. D. 122-5 La convocation mentionnée à l'article D. 546-2 du code de procédure pénale est remise au mineur et à ses représentants légaux.

Art. D. 122-6 Le service de la protection judiciaire de la jeunesse mandaté qui veille à la bonne exécution de la peine de sursis probatoire adresse un rapport au procureur de la République ainsi qu'au juge des enfants en cas de non-respect par le mineur des obligations qui lui ont été imposées.

SECTION III DU STAGE

(Décr. n° 2021-682 du 27 mai 2021, art. 1er)

Art. R. 122-7 La durée de la peine de stage est fixée par la juridiction en tenant compte des obligations scolaires du mineur et de sa situation familiale.

La durée journalière de formation effective ne peut excéder six heures et est adaptée en fonction de l'âge et de la personnalité du mineur.

Art. R. 122-8 Le stage est organisé conformément aux dispositions du premier alinéa de l'article R. 131-37 du code pénal et tient compte de l'âge des mineurs.

Art. R. 122-9 Le stage est élaboré et mis en œuvre sous le contrôle du service de milieu ouvert de la protection judiciaire de la jeunesse. Le projet de stage est transmis par le responsable de ce service au directeur territorial de la protection judiciaire de la jeunesse. Pour en autoriser la mise en œuvre, le directeur recueille l'avis du juge des enfants et l'accord du procureur de la République du lieu où se déroulera habituellement le stage.

Art. R. 122-10 La convention prévue au dernier alinéa de l'article R. 131-38 du code pénal est passée entre les personnes mentionnées à cet article et le service de la protection judiciaire de la jeunesse.

Le directeur territorial de la protection judiciaire de la jeunesse informe le juge des enfants et le procureur de la République de l'identité des services mettant en œuvre des stages pour les mineurs dans le département et du contenu de ces stages.

Art. R. 122-11 Les formalités prévues à l'article R. 131-39 du code pénal sont accomplies en présence des représentants légaux et du responsable de l'établissement ou de la personne à qui le mineur est confié, ou ceux-ci dûment convoqués.

Le stage se déroule sous le contrôle et en présence d'un personnel éducatif du service chargé de sa mise en œuvre. En cas de difficulté d'exécution du stage liée notamment au comportement du mineur, le représentant du service peut en suspendre l'exécution. Il en informe alors sans délai le juge des enfants et le procureur de la République et leur adresse un rapport.

Art. R. 122-12 En fin de stage, le service en charge de la mesure reçoit le mineur et les représentants légaux afin d'établir un bilan du déroulement du stage et de vérifier que ses objectifs ont été atteints.

Dans le délai d'un mois suivant la fin du stage, un rapport de synthèse est adressé par le service au juge des enfants et au procureur de la République.

SECTION IV DE LA DÉTENTION À DOMICILE SOUS SURVEILLANCE ÉLECTRONIQUE

(Décr. n° 2021-682 du 27 mai 2021, art. 1er)

Art. R. 122-13 Le service de milieu ouvert de la protection judiciaire de la jeunesse recueille l'accord écrit du propriétaire ou du ou des titulaires du contrat de location des lieux où pourra être installé le récepteur, sauf s'il s'agit d'un lieu public.

Ce service assure le contrôle et le suivi des mesures ordonnées par le juge des enfants, à l'exception de la mise en œuvre du dispositif technique de surveillance électronique.

Le condamné et ses représentants légaux sont convoqués devant ce service qui prend attache avec le service pénitentiaire d'insertion et de probation aux fins d'organiser la pose du dispositif de surveillance électronique.

Lors du débat prévu par le premier alinéa de l'article D. 49-85 du code de procédure pénale, le mineur est assisté de son avocat et ses représentants légaux y sont convoqués.

Les informations et les avis prévus par le dernier alinéa de l'article D. 49-84 du code de procédure pénale et les deuxième et quatrième alinéas de l'article D. 49-85 du même code sont également transmis aux représentants légaux du mineur. Ceux-ci peuvent demander à tout moment qu'un médecin vérifie que la mise en œuvre du procédé décrit à *(Décr. nº 2022-479 du 30 mars 2022, art. 5, en vigueur le 1er mai 2022)* **« l'article R. 622-1 du code pénitentiaire** *[ancienne rédaction : l'article R. 57-11 du code de procédure pénale]* **» ne présente pas d'inconvénient pour la santé du mineur.**

Art. R. 122-14 **En cas d'impossibilité de pose du dispositif dans les délais prévus par les articles D. 49-84 et D. 49-85 du code de procédure pénale, le service pénitentiaire d'insertion et de probation rend compte sans délai au juge des enfants ainsi qu'au service de milieu ouvert de la protection judiciaire de la jeunesse.**

CHAPITRE III *DU PRONONCÉ DES PEINES*

(Décr. nº 2021-682 du 27 mai 2021, art. 1er)

Art. R. 123-1 **Le mandat de dépôt à effet différé ne peut être prononcé à l'encontre d'un mineur.**

Art. R. 123-2 **Le procureur de la République ne peut ramener à exécution une peine d'emprisonnement ferme prononcée par le tribunal pour enfants, que celui-ci ait ou non décerné mandat de dépôt conformément au deuxième alinéa de l'article L. 123-2, qu'après s'être fait présenter le mineur, après application, s'il y a lieu, des dispositions de l'article 716-5 du code de procédure pénale.**

Après avoir vérifié son identité et lui avoir notifié la condamnation dont il fait l'objet, ce magistrat remplit la notice prévue par l'article D. 55-1 du code de procédure pénale puis fait procéder à l'incarcération du mineur.

Les dispositions du présent article ne sont pas applicables lorsque la mise à exécution de la peine intervient immédiatement à l'issue de l'audience.

Elles ne sont également pas applicables lorsque, conformément aux dispositions des articles 723-15 et D. 49-35 du code de procédure pénale, l'extrait de la décision doit être adressé au juge des enfants pour que ce dernier détermine les modalités d'exécution de la peine et propose le cas échéant une mesure d'aménagement.

CHAPITRE IV *DU RÉGIME D'INCARCÉRATION*

(Décr. nº 2021-682 du 27 mai 2021, art. 1er ; Décr. nº 2021-683 du 27 mai 2021, art. 1er)

SECTION PREMIÈRE *DES CONDITIONS GÉNÉRALES DE DÉTENTION*

(Décr. nº 2021-682 du 27 mai 2021, art. 1er ; Décr. nº 2021-683 du 27 mai 2021, art. 1er)

Art. R. 124-1 *(Décr. nº 2021-682 du 27 mai 2021, art. 1er)* **Le régime de détention tient compte de la personnalité du mineur détenu et des perspectives du travail éducatif, par la mise en œuvre de modalités différenciées de prise en charge.**

Art. R. 124-2 *(Décr. nº 2021-682 du 27 mai 2021, art. 1er)* **Lorsqu'un mineur détenu ne peut bénéficier d'un encellulement individuel pour l'un des motifs prévus aux** *(Décr. nº 2022-479 du 30 mars 2022, art. 5, en vigueur le 1er mai 2022)* **« articles L. 213-5 et L. 213-6 du code pénitentiaire** *[ancienne rédaction : articles 716 et 717-2 du code de procédure pénale]* **», apprécié le cas échéant au regard de son état de santé, il ne peut être placé en cellule qu'avec un autre mineur de son âge.**

Art. R. 124-3 *(Décr. nº 2022-479 du 30 mars 2022, art. 5, en vigueur le 1er mai 2022)* **Pour les établissements pénitentiaires dans lesquels les mineurs sont incarcérés, les dispositions communes du règlement intérieur type prévu par l'article L. 112-4 du code pénitentiaire sont applicables sous réserve des dispositions spécifiques aux mineurs annexées à la présente section.**

Le règlement intérieur de l'établissement, de même que ses éventuelles modifications, sont adressés pour information au juge des enfants.

Le règlement intérieur de chaque établissement pénitentiaire est tenu à la disposition des mineurs détenus et de leurs représentants légaux, lorsque les intéressés en font la demande.

Ancien art. R. 124-3 *(Décr. nº 2021-682 du 27 mai 2021, art. 1er)* ***Pour les établissements pénitentiaires dans lesquels les mineurs sont incarcérés, le règlement intérieur type prévu par l'article R. 57-6-18 du code de procédure pénale comprend des dispositions spécifiques aux mineurs.***

ANNEXE

Annexe à l'article R. 124-3 Dispositions du règlement intérieur type des établissements pénitentiaires spécifiques aux mineurs détenus

(Décr. nº 2022-479 du 30 mars 2022, art. 5, en vigueur le 1er mai 2022)

Art. 1er Les dispositions de la présente annexe sont applicables aux mineurs détenus mentionnés à l'article L. 124-1.

Art. 2 Les détenues mineures de sexe féminin sont hébergées dans les unités prévues à cet effet sous la surveillance des personnels de leur sexe. Toutefois, l'encadrement peut comporter des personnels masculins.

Les activités organisées dans les établissements pénitentiaires accueillant des mineurs détenus peuvent admettre des détenus des deux sexes.

Art. 3 A son arrivée, le mineur détenu est mis en mesure d'informer sa famille de son incarcération dans les meilleurs délais. Si le mineur détenu n'a pas informé l'un de ses titulaires de l'autorité parentale ou représentants légaux, le chef d'établissement procède à cette diligence et informe également les services de la protection judiciaire de la jeunesse.

Art. 4 Le mineur détenu est reçu, dès que possible, par un agent de la protection judiciaire de la jeunesse. Au cours de cet entretien, le mineur est informé du rôle et des modalités d'organisation du service éducatif en détention.

Art. 5 Les mineurs détenus ont l'interdiction de fumer en tout lieu, y compris dans les espaces non couverts.

Art. 6 Les repas des mineurs détenus sont composés conformément aux principes de la diététique et servis dans des conditions permettant leur éducation à une alimentation équilibrée et régulière.

Art. 7 L'enseignement ou la formation constituent la part la plus importante de l'emploi du temps du mineur détenu.

Un bilan pédagogique est réalisé par le personnel enseignant de l'éducation nationale auprès de chaque mineur détenu entrant. A partir des éléments recueillis, un projet individuel visant une reprise ou une poursuite de l'enseignement ou de la formation est proposé au mineur détenu.

Toutes les activités contribuant à la poursuite ou à la reprise d'un cursus scolaire ou de formation doivent être proposées aux mineurs détenus âgés d'au moins 16 ans au regard de l'obligation de formation à laquelle ils sont soumis.

Art. 8 Le mineur détenu a également accès à des activités socio-éducatives et sportives ou de détente adaptées à son âge. Un temps est consacré aux activités de plein air.

L'emploi du temps du mineur détenu intègre l'ensemble des entretiens utiles avec les personnels et intervenants concourant à son éducation et son insertion sociale.

Art. 9 A titre exceptionnel, le chef d'établissement, seul ou à l'initiative de l'équipe pluridisciplinaire, peut proposer des activités de travail aux mineurs détenus âgés d'au moins seize ans. Ces activités ne doivent pas se substituer aux activités d'enseignement ou de formation.

A titre exceptionnel également, le chef d'établissement peut autoriser la participation d'un mineur détenu âgé d'au moins seize ans aux activités organisées dans l'établissement pénitentiaire avec des personnes détenues majeures, si l'intérêt du mineur le justifie.

Art. 10 Les services de la protection judiciaire de la jeunesse sont consultés par le chef d'établissement avant toute décision relative aux modalités de prise en charge d'un mineur détenu.

Les activités socio-éducatives mises en œuvre par les services de la protection judiciaire de la jeunesse auprès du mineur détenu sont obligatoires et contribuent à la préparation par la protection judiciaire de la jeunesse du projet de sortie individualisé du mineur détenu.

Art. 11 Les titulaires de l'autorité parentale ou les représentants légaux du mineur détenu sont *informés de toute demande* de permis de visite faite au chef de l'établissement, de toute modification du régime de détention, ainsi que de toute procédure disciplinaire. Ils reçoivent mensuellement un état du compte nominatif du mineur détenu. Ils sont tenus informés du déroulement de sa scolarité, de sa formation ou de ses activités professionnelles. Les emplois du temps scolaires et les livrets d'attestation des parcours leur sont communiqués.

Art. 12 Les mineurs détenus peuvent téléphoner aux membres de leur famille ou à toute personne participant effectivement à leur éducation ou à leur insertion sociale, sous réserve, en ce qui concerne les prévenus, d'y avoir été autorisées par le magistrat saisi du dossier de la procédure.

Art. 13 Tout mineur détenu mineure peut demander à bénéficier d'une mesure de protection individuelle. Le chef d'établissement peut faire droit à cette demande s'il estime que les circonstances de la détention ou la personnalité du mineur détenu nécessitent la mise en œuvre de mesures de protection particulières. Il s'attache à recueillir préalablement l'avis de l'équipe pluridisciplinaire.

Le mineur détenu bénéficiant d'une mesure de protection individuelle fait l'objet d'un suivi éducatif renforcé et peut être momentanément dispensée de tout ou partie de la vie collective.

Cette mesure ne suspend pas l'exercice de ses droits.

La mise sous protection individuelle est d'une durée maximale de six jours, renouvelable une fois. La durée de cette mesure ne peut excéder douze jours par période de détention de quatre mois. Le chef d'établissement peut y mettre fin à tout moment après avoir entendu l'intéressé et recueilli l'avis de l'équipe pluridisciplinaire. Il est tenu d'y mettre fin si l'intéressé le demande.

La décision de mise sous protection individuelle et sa levée sont portées à la connaissance des titulaires de l'autorité parentale ou des représentants légaux du mineur détenu et du magistrat saisi du dossier de la procédure ou en charge de l'application des peines.

Art. R. 124-4 *(Décr. n° 2021-682 du 27 mai 2021, art. 1er)* **Au sein de chaque établissement pénitentiaire recevant des mineurs, une équipe pluridisciplinaire réunit des représentants des différents services intervenant auprès des mineurs incarcérés. Elle est chargée d'assurer la collaboration de ces services et le suivi individuel de chaque mineur détenu.**

L'équipe pluridisciplinaire est présidée par le chef d'établissement ou son représentant. Elle comprend au moins, outre son président, un représentant du personnel de surveillance, un représentant de la protection judiciaire de la jeunesse et un représentant de l'éducation nationale. Elle peut associer, en tant que de besoin, un représentant des services de santé, un représentant du service pénitentiaire d'insertion et de probation ou tout autre intervenant dans la prise en charge des mineurs détenus.

L'équipe pluridisciplinaire se réunit au moins une fois par semaine.

Art. R. 124-5 *(Décr. n° 2021-682 du 27 mai 2021, art. 1er)* **Des permissions de sortir prévues aux articles D. 143, D. 143-1, D. 143-4 et D. 145 du code de procédure pénale peuvent être accordées, quel que soit leur établissement d'affectation, aux mineurs condamnés à une ou plusieurs peines privatives de liberté à condition, si leur durée totale excède un an, que le tiers ait été exécuté.**

Les condamnés mineurs peuvent également bénéficier de permissions de sortir dans les conditions fixées aux articles D. 143-2, D. 143-3 et D. 143-5 du code de procédure pénale.

Art. R. 124-6 *(Décr. n° 2021-682 du 27 mai 2021, art. 1er)* **Lorsque, en application des dispositions de l'article L. 1111-5 du code de la santé publique, le mineur détenu se fait accompagner d'une personne majeure de son choix, celle-ci doit au préalable obtenir des autorités judiciaires ou administratives compétentes, selon que le mineur est prévenu ou condamné, l'autorisation de s'entretenir avec lui, dans le respect de la confidentialité de leurs échanges.**

Dans le cas où le mineur ne connaîtrait pas de personne majeure susceptible de l'accompagner, les services de la protection judiciaire de la jeunesse relaient sa demande auprès de personnes physiques ou morales extérieures intervenant habituellement auprès de mineurs.

Art. D. 124-7 *(Décr. n° 2021-683 du 27 mai 2021, art. 1er)* **Le mineur qui, à l'issue de son placement en détention provisoire dans un établissement pénitentiaire où les mineurs sont incarcérés, fait l'objet d'une des mesures prévues par l'article L. 112-2, est signalé par le chef de l'établissement pénitentiaire qui en a la garde, au procureur de la République du siège du tribunal pour enfants et à la direction de la protection judiciaire de la jeunesse au ministère de la justice aux fins d'être pris en charge et conduit sans délai par les services de la protection judiciaire de la jeunesse auprès de la personne ou de l'institution chargée de la mesure.**

Art. R. 124-8 *(Décr. n° 2021-682 du 27 mai 2021, art. 1er)* **Dans le cadre des visites des établissements pénitentiaires par les parlementaires accompagnés de journalistes, un mineur détenu ne peut être filmé, enregistré ou photographié qu'avec son accord écrit préalable et l'autorisation des titulaires de l'exercice de l'autorité parentale. L'accord est donné selon les mêmes modalités** *[,]* **qu'il s'agisse de l'utilisation de l'image ou de celle de la voix ainsi captée.**

Dans tous les cas et sans préjudice des dispositions de l'article R. 57-6-17 du code de procédure pénale, les journalistes veillent à ce qu'aucun élément concernant l'identité ou la personnalité qui permettrait d'identifier les mineurs détenus ne soit, de quelque manière que ce soit, révélé.

Les obligations relatives à la diffusion des productions des journalistes mentionnées aux deux alinéas précédents s'imposent aux directeurs de publication, éditeurs et distributeurs de ces productions.

Art. R. 124-9 *(Décr. n° 2021-682 du 27 mai 2021, art. 1er)* **La liste des établissements pénitentiaires dans lesquels les mineurs sont incarcérés est fixée par arrêté du garde** *[des]* **sceaux, ministre de la justice, aux articles 1 à 3 de l'annexe 1 du présent code.** – *V. Annexe 1 ci-dessous.*

ANNEXE 1

Au code de la justice pénale des mineurs

L'annexe 1 au CJPM est issue de l'Arr. du 27 mai 2021 (NOR : JUSF2113088A) fixant la liste des établissements pénitentiaires spécialisés pour mineurs, des quartiers pour mineurs au sein des établissements pénitentiaires et des unités affectées à la prise en charge des mineures, applicable en Nouvelle-Calédonie, en Polynésie française et à Wallis-et-Futuna.

Art. 1er La liste des établissements pénitentiaires spécialisés pour mineurs prévue à l'article R. 124-9 est fixée comme suit :
— établissement spécialisé pour mineurs de Lavaur (Tarn) ;
— établissement spécialisé pour mineurs de Marseille (Bouches-du-Rhône) ;
— établissement spécialisé pour mineurs d'Orvault (Loire-Atlantique) ;
— établissement spécialisé pour mineurs de Porcheville (Yvelines) ;
— établissement spécialisé pour mineurs de Quiévrechain (Nord) ;
— établissement spécialisé pour mineurs du Rhône (Meyzieu-Rhône).

Art. 2 La liste des quartiers pour mineurs prévue à l'article R. 124-9 est fixée comme suit :
— quartier des mineurs du centre pénitentiaire d'Aix-Luynes (Bouches-du-Rhône) ;
— quartier des mineurs de la maison d'arrêt d'Angoulême (Charente) ;
— quartier des mineurs du centre pénitentiaire d'Avignon-Le Pontet (Vaucluse) ;
— quartier des mineurs du centre pénitentiaire de Baie-Mahault (Guadeloupe) ;
— quartier des mineurs de la maison d'arrêt de Besançon (Doubs) ;
— quartier des mineurs du centre de semi-liberté de Besançon (Doubs) ;
— quartier des mineurs de la maison d'arrêt de Bonneville (Haute-Savoie) ;
— quartier des mineurs de la maison d'arrêt de Bordeaux-Gradignan (Gironde) ;
— quartier des mineurs du centre pénitentiaire de Borgo (Haute-Corse) ;
— quartier des mineurs de la maison d'arrêt de Bourges (Cher) ;
— quartier des mineurs de la maison d'arrêt de Brest (Finistère) ;
— quartier des mineurs de la maison d'arrêt de Caen (Calvados) ;
— quartier des mineurs du Camp-Est (Nouméa) ;
— quartier des mineurs de la maison d'arrêt de Chaumont (Haute-Marne) ;
— quartier des mineurs de la maison d'arrêt de Dijon (Côte-d'Or) ;
— quartier des mineurs du centre pénitentiaire de Ducos (Martinique) ;
— quartier des mineurs de la maison d'arrêt d'Épinal (Vosges) ;
— quartier des mineurs du centre pénitentiaire de Faa'a-Nuutania (Papeete) ;
— quartier des mineurs de la maison d'arrêt de Fleury-Mérogis (Essonne) ;
— quartier des mineurs de la maison d'arrêt de Grasse (Alpes-Maritimes) ;
— quartier des mineurs de la maison d'arrêt de Grenoble-Varces (Isère) ;
— quartier des mineurs du centre pénitentiaire du Havre (Seine-Maritime) ;
— quartier des mineurs du centre pénitentiaire de Laon (Aisne) ;
— quartier des mineurs du centre pénitentiaire de Liancourt (Oise) ;
— quartier des mineurs de la maison d'arrêt de Limoges (Haute-Vienne) ;
— quartier des mineurs de la maison d'arrêt de Longuenesse (Pas-de-Calais) ;
— quartier des mineurs de la maison d'arrêt de Majicavo (Mayotte) ;
— quartier des mineurs du centre de semi-liberté de Maxéville (Meurthe-et-Moselle) ;
— quartier des mineurs du centre pénitentiaire de Metz (Moselle) ;
— quartier des mineurs du centre pénitentiaire de Moulins-Yzeure (Allier) ;
(Arr. du 4 nov. 2021, en vigueur le 10 nov. 2021) « — quartier des mineurs du centre pénitentiaire de Mulhouse-Lutterbach (Haut-Rhin) ; »
(Abrogé par Arr. du 4 nov. 2021, à compter du 10 nov. 2021) « — quartier des mineurs du quartier de semi-liberté de la maison d'arrêt de Mulhouse (Haut-Rhin) ; »
— quartier des mineurs de la maison d'arrêt de Nanterre (Hauts-de-Seine) ;
— quartier des mineurs de la maison d'arrêt de Pau (Pyrénées-Atlantiques) ;
— quartier des mineurs du centre pénitentiaire de Perpignan (Pyrénées-Orientales) ;

— quartier des mineurs de la maison d'arrêt de Reims (Marne) ;
— quartier des mineurs du centre pénitentiaire de Remire-Montjoly (Guyane) ;
— quartier des mineurs de la maison d'arrêt de Rouen (Seine-Maritime) ;
— quartier des mineurs du centre pénitentiaire de Saint-Denis (Réunion) ;
— quartier des mineurs du centre pénitentiaire de Saint-Pierre (collectivité territoriale de Saint-Pierre-et-Miquelon) ;
— quartier des mineurs du centre de semi-liberté de Souffelweyersheim (Bas-Rhin) ;
— quartier des mineurs de la maison d'arrêt de Strasbourg (Bas-Rhin) ;
— quartier des mineurs de la maison d'arrêt de Tours (Indre-et-Loire) ;
— quartier des mineurs de la maison d'arrêt de Varennes-le-Grand (Saône-et-Loire) ;
— quartier des mineurs de la maison d'arrêt de Villeneuve-lès-Maguelone (Hérault) ;
— quartier des mineurs de la maison d'arrêt de Villepinte (Seine-Saint-Denis).

Art. 3 La liste des unités affectées à la prise en charge des mineures prévue à l'article R. 124-9 est fixée comme suit :
— unité de l'établissement spécialisé pour mineurs de Lavaur (Tarn) ;
— unité de l'établissement spécialisé pour mineurs de Quiévrechain (Nord) ;
— unité de l'établissement spécialisé pour mineurs du Rhône (Meyzieu, Rhône) ;
— unité de la maison d'arrêt des femmes de Marseille-Les Baumettes (Bouches-du-Rhône) ;
— unité de la maison d'arrêt des femmes d'Épinal (Vosges) ;
— unité de la maison d'arrêt des femmes de Fleury-Mérogis (Essonne) ;
— unité du centre pénitentiaire pour femmes de Rennes (Ille-et-Vilaine).

SECTION II *DE L'INTERVENTION DE LA PROTECTION JUDICIAIRE DE LA JEUNESSE EN DÉTENTION*

(Décr. nº 2021-682 du 27 mai 2021, art. 1er)

Art. R. 124-10 **Les services de l'administration pénitentiaire et de la protection judiciaire de la jeunesse travaillent conjointement à l'accompagnement des mineurs détenus en organisant l'individualisation de leur période de détention.**

Art. R. 124-11 **Les services de la protection judiciaire de la jeunesse assurent une intervention éducative continue en détention auprès des mineurs.**

Art. R. 124-12 **Les services et établissements de la protection judiciaire de la jeunesse assurent la prise en charge éducative individualisée des mineurs détenus. Ils assurent la continuité de l'action éducative en collaboration avec le service chargé du suivi du mineur en dehors de l'établissement pénitentiaire.**

Ils exercent, à leur égard, les missions dévolues au service pénitentiaire d'insertion et de probation par les dispositions des *(Décr. nº 2022-479 du 30 mars 2022, art. 5, en vigueur le 1er mai 2022)* **« articles D. 113-24, D. 113-40, D. 113-60 et D. 214-9 du code pénitentiaire** *[ancienne rédaction : articles D. 460 à D. 465 et D. 573 du code de procédure pénale]* **».**

Art. R. 124-13 **La continuité de l'accès du mineur à l'enseignement ou à la formation est assurée, quel que soit son âge, conformément aux dispositions des livres Ier et III du code de l'éducation.**

Art. R. 124-14 **Les activités d'enseignement et de formation sont mises en œuvre par les services de l'éducation nationale.**

Les services de la protection judiciaire de la jeunesse assurent la mise en œuvre des activités socio-éducatives.

Les activités sportives sont organisées par les services de l'administration pénitentiaire.

Art. R. 124-15 **Les personnels de la protection judiciaire de la jeunesse intervenant en détention ont accès, dans les conditions prévues à** *(Décr. nº 2022-479 du 30 mars 2022, art. 5, en vigueur le 1er mai 2022)* **« l'article R. 240-5 du code pénitentiaire** *[ancienne rédaction : l'article R. 57-9-22 du code de procédure pénale]* **», au traitement automatisé de données à caractère personnel dénommé gestion nationale des personnes détenues en établissement pénitentiaire (GENESIS).**

SECTION III *DU RÉGIME DISCIPLINAIRE*

(Décr. nº 2021-682 du 27 mai 2021, art. 1er)

SOUS-SECTION 1 *DE LA PROCÉDURE DISCIPLINAIRE*

Art. R. 124-16 **En cas de manquement à la discipline par un mineur détenu de nature à justifier une sanction disciplinaire, le compte rendu d'incident et le rapport prévus aux**

(Décr. n° 2022-479 du 30 mars 2022, art. 5, en vigueur le 1er mars 2022) « articles R. 234-12 et R. 234-13 du code pénitentiaire *[ancienne rédaction : articles R. 57-7-13 et R. 57-7-14 du code de procédure pénale]* » sont complétés par un rapport sur la situation personnelle, sociale et familiale du mineur, établi par le service de la protection judiciaire de la jeunesse, saisi par le chef d'établissement. Ce rapport fournit au chef d'établissement les éléments d'appréciation sur l'opportunité de poursuivre ou non la procédure et formule toute proposition éducative appropriée.

Art. R. 124-17 Lorsque des poursuites disciplinaires sont engagées, le mineur détenu est obligatoirement assisté par un avocat. A défaut de choix d'un avocat par lui ou par ses représentants légaux, il est assisté par un avocat désigné par le bâtonnier.

Art. R. 124-18 Lorsqu'un mineur détenu est convoqué devant la commission de discipline, une copie de la convocation est adressée à ses représentants légaux.

Art. R. 124-19 Lors de la comparution devant la commission de discipline d'un mineur détenu, un personnel du service de la protection judiciaire de la jeunesse, avisé par le chef d'établissement, peut assister à la commission de discipline et présenter oralement ses observations sur la situation personnelle, sociale et familiale du mineur.

Art. R. 124-20 Le placement préventif d'un mineur âgé d'au moins seize ans en cellule disciplinaire n'est possible que pour les fautes prévues aux 1° à 10° de *(Décr. n° 2022-479 du 30 mars 2022, art. 5, en vigueur le 1er mars 2022)* « l'article R. 232-4 du code pénitentiaire *[ancienne rédaction : l'article R. 57-7-1 du code de procédure pénale]* ».

Art. R. 124-21 La suspension à titre préventif de l'exercice de l'activité professionnelle du mineur âgé d'au moins seize ans est limitée au strict nécessaire et ne peut excéder trois jours ouvrables. Le délai de computation de la suspension à titre préventif commence à courir le lendemain du prononcé de la suspension. Il expire le troisième jour suivant le prononcé de la sanction à vingt-quatre heures. Le délai qui expirerait un samedi, un dimanche ou un jour férié ou chômé est prorogé jusqu'au premier jour ouvrable suivant.

Art. R. 124-22 Dans le délai de cinq jours à compter de la décision prononçant une sanction disciplinaire à l'encontre d'un mineur, le chef d'établissement transmet une copie de la décision, d'une part, au directeur interrégional des services pénitentiaires et au directeur interrégional de la protection judiciaire de la jeunesse et, d'autre part, au magistrat saisi de la procédure dans le cadre de laquelle le mineur est détenu. Il avise également les représentants légaux du mineur.

Il fait rapport à la commission d'application des peines et à l'équipe pluridisciplinaire chargée du suivi individuel du mineur de toute sanction de confinement en cellule individuelle ordinaire et de toute sanction de cellule disciplinaire prononcée à l'encontre du mineur.

SOUS-SECTION 2 *DES SANCTIONS*

Art. R. 124-23 Les sanctions suivantes peuvent être prononcées à l'encontre du mineur détenu quel que soit son âge :

1° L'avertissement ;

2° La privation, pendant une période maximale de quinze jours, de la faculté d'effectuer en cantine tout achat autre que celui de produits d'hygiène et du nécessaire de correspondance ;

3° La privation, pendant une durée maximale de quinze jours, de tout appareil audiovisuel dont le mineur a l'usage personnel ;

4° Une activité de réparation prévue à l'article R. 124-25 ;

5° La privation ou la *restriction d'activités* culturelles, sportives et de loisirs pour une *période maximum de* huit jours ;

6° Le confinement en cellule individuelle ordinaire dans les conditions de durée maximales *[maximale]* prévues à l'article R. 124-27.

Toutefois, le mineur âgé de moins de seize ans ne peut faire l'objet de confinement que lorsque les faits commis constituent une des fautes prévues aux 1° à 10° de *(Décr. n° 2022-479 du 30 mars 2022, art. 5, en vigueur le 1er mars 2022)* « l'article R. 232-4 du code pénitentiaire *[ancienne rédaction : l'article R. 57-7-1 du code de procédure pénale]* ».

Art. R. 124-24 Les sanctions suivantes ne peuvent être prononcées qu'à l'encontre du mineur détenu âgé d'au moins seize ans :

1° La mise en cellule disciplinaire dans les conditions de durée maximale prévues à l'article R. 124-29, lorsque les faits commis constituent :

a) Les fautes prévues aux 1° à 10° de *(Décr. n° 2022-479 du 30 mars 2022, art. 5, en vigueur le 1er mars 2022)* « l'article R. 232-4 du code pénitentiaire *[ancienne rédaction : l'article R. 57-7-1 du code de procédure pénale]* » ;

b) Les menaces prévues aux 12° et 13° de *(Décr. n° 2022-479 du 30 mars 2022, art. 5, en vigueur le 1er mars 2022)* « l'article R. 232-4 du même code *[ancienne rédaction : l'article R. 57-7-1 du même code]* » et la faute prévue au 7° de *(Décr. n° 2022-479 du 30 mars 2022, art. 5, en vigueur le 1er mars 2022)* « l'article R. 232-5 du même code *[ancienne rédaction : l'article R. 57-7-2 du même code]* » ;

2° La suspension de la décision de classement dans un emploi ou une activité de formation pour une durée maximale de trois jours lorsque la faute disciplinaire a été commise au cours ou à l'occasion du travail ou de cette activité.

Art. R. 124-25 La sanction d'activité de réparation prévue au 4° de l'article R. 124-23 consiste en l'une des mesures suivantes :

1° Présenter oralement ses excuses à la victime de la faute ;

2° Rédiger une lettre d'excuse ;

3° Rédiger un écrit portant sur la faute commise et sur le préjudice qu'elle a occasionné ;

4° Effectuer un travail de nettoyage ou de rangement des locaux de l'établissement pour une durée globale n'excédant pas dix heures lorsque la faute disciplinaire est en relation avec un manquement aux règles de l'hygiène.

Le président de la commission de discipline détermine la nature de l'activité de réparation. Il recueille le consentement du mineur et de ses représentants légaux préalablement au prononcé de la sanction de réparation.

Les services de la protection judiciaire de la jeunesse mettent en œuvre la sanction d'activité de réparation lorsque son contenu nécessite un accompagnement éducatif particulier.

Art. R. 124-26 Le confinement en cellule individuelle ordinaire décidé par le président de la commission de discipline à l'encontre du mineur détenu n'interrompt ni sa scolarité, ni sa formation, ni les entretiens avec les personnels de la protection judiciaire de la jeunesse.

Art. R. 124-27 La durée du confinement en cellule individuelle ordinaire du mineur détenu âgé d'au moins seize ans ne peut excéder :

1° Sept jours lorsqu'est sanctionnée une des fautes du premier degré prévues à *(Décr. n° 2022-479 du 30 mars 2022, art. 5, en vigueur le 1er mars 2022)* « l'article R. 232-4 du code pénitentiaire *[ancienne rédaction : l'article R. 57-7-1 du code de procédure pénale]* » ;

2° Cinq jours lorsqu'est sanctionnée une des fautes du deuxième degré prévues à *(Décr. n° 2022-479 du 30 mars 2022, art. 5, en vigueur le 1er mars 2022)* « l'article R. 232-5 du même code *[ancienne rédaction : l'article R. 57-7-2 du même code]* » ;

3° Trois jours lorsqu'est sanctionnée une des fautes du troisième degré prévues à *(Décr. n° 2022-479 du 30 mars 2022, art. 5, en vigueur le 1er mars 2022)* « l'article R. 232-6 du même code : *[ancienne rédaction : l'article R. 57-7-3 du même code]* ».

Lorsqu'elle est prononcée à l'encontre d'un mineur détenu âgé de moins de seize ans, la durée du confinement est de trois jours maximum.

Art. R. 124-28 Pour les mineurs détenus, la sanction de cellule disciplinaire n'emporte aucune restriction à leur faculté de recevoir les visites de leur famille ou de toute autre personne participant à leur éducation et à leur insertion sociale. Ils rencontrent les personnels de la protection judiciaire de la jeunesse et ont accès à l'enseignement ou à la formation.

Art. R. 124-29 La durée du placement en cellule disciplinaire des mineurs âgés d'au moins seize ans ne peut excéder :

1° Sept jours lorsqu'est sanctionnée une des fautes du premier degré prévues à *(Décr. n° 2022-479 du 30 mars 2022, art. 5, en vigueur le 1er mars 2022)* « l'article R. 232-4 du code pénitentiaire *[ancienne rédaction : l'article R. 57-7-1 du code de procédure pénale]* » ;

2° Cinq jours lorsqu'est sanctionnée une des fautes du deuxième degré prévues à *(Décr. n° 2022-479 du 30 mars 2022, art. 5, en vigueur le 1er mars 2022)* « l'article R. 232-5 du même code *[ancienne rédaction : l'article R. 57-7-2 du même code]* ».

SOUS-SECTION 3 *DU PRONONCÉ DES SANCTIONS*

Art. R. 124-30 Les sanctions prononcées par le président de la commission de discipline à l'encontre d'un mineur détenu tiennent compte de leur *[son]* âge et de leur *[sa]* personnalité.

Art. R. 124-31 Le président de la commission de discipline ne peut prononcer à l'encontre d'un mineur détenu, pour une même faute, qu'une seule des sanctions prévues aux articles R. 124-23 ou R. 124-24.

Art. R. 124-32 Lorsque la commission de discipline est amenée à se prononcer le même jour sur plusieurs fautes commises par un mineur détenu, et sauf décision contraire de son président, les durées des sanctions prononcées se cumulent. Toutefois, lorsque les sanctions sont de même nature, leur durée cumulée ne peut excéder la limite du maximum prévu pour la faute la plus grave. Pour l'application de cette disposition, sont réputés de même nature :

1° Le confinement en cellule individuelle ordinaire et le placement en cellule disciplinaire ;

2° La privation de tout appareil audiovisuel dont le mineur a l'usage personnel et la privation d'activités culturelles, sportives et de loisirs.

Art. R. 124-33 Lorsqu'il octroie le bénéfice du sursis à un mineur détenu, le président de la commission de discipline fixe un délai de suspension de la sanction ne pouvant excéder trois mois. Il appelle l'attention du mineur détenu sur les conséquences du sursis telles qu'elles sont réglées par *(Décr. n° 2022-479 du 30 mars 2022, art. 5, en vigueur le 1er mars 2022)* « les articles R. 234-37 et R. 234-38 du code pénitentiaire *[ancienne rédaction : les articles R. 57-7-56 et R. 57-7-57 du code de procédure pénale]* ».

Art. R. 124-34 Pour l'application de *(Décr. n° 2022-479 du 30 mars 2022, art. 5, en vigueur le 1er mars 2022)* « l'article R. 234-37 du code pénitentiaire *[ancienne rédaction : l'article R. 57-7-56 du code de procédure pénale]* », sont considérées comme des sanctions de même nature la privation de tout appareil audiovisuel dont le mineur a l'usage personnel et la privation d'activités culturelles, sportives et de loisirs.

Art. R. 124-35 Lorsqu'il ordonne le sursis à exécution de l'une des sanctions de cellule prévues au 6° de l'article R. 124-23 et au 1° de l'article R. 124-24 prononcée à l'encontre d'un mineur âgé d'au moins seize ans, le président de la commission de discipline peut décider qu'il devra accomplir, pendant tout ou partie du délai de suspension de la sanction, des travaux de nettoyage pour une durée globale n'excédant pas vingt heures.

Le consentement du mineur détenu doit être préalablement recueilli.

Les dispositions des *(Décr. n° 2022-479 du 30 mars 2022, art. 5, en vigueur le 1er mars 2022)* « articles R. 234-35, R. 234-36, R. 234-37, R. 234-38 et R. 234-40 du code pénitentiaire *[ancienne rédaction : articles R. 57-7-54 à R. 57-7-57 et R. 57-7-59 du code de procédure pénale]* » et des articles R. 124-33, R. 124-34 et R. 124-36 du présent code sont, pour le surplus, applicables au sursis ordonné dans les conditions prévues au présent article.

Art. R. 124-36 Lorsque la révocation du sursis est envisagée à l'égard du mineur détenu, en cas d'inexécution totale ou partielle du travail ordonné, les observations du service de la protection judiciaire de la jeunesse sont recueillies.

SECTION IV *DES PROCÉDURES D'ORIENTATION ET D'AFFECTATION*

(Décr. n° 2021-682 du 27 mai 2021, art. 1er ; Décr. n° 2021-683 du 27 mai 2021, art. 1er)

Art. R. 124-37 *(Décr. n° 2021-682 du 27 mai 2021, art. 1er)* La procédure d'orientation est obligatoirement mise en œuvre pour les condamnés mineurs dont le temps d'incarcération restant à subir est supérieur à trois mois.

Art. R. 124-38 *(Décr. n° 2021-682 du 27 mai 2021, art. 1er)* Le chef d'établissement constitue un dossier d'orientation pour chaque condamné mineur dont le temps d'incarcération restant à subir est d'une durée supérieure à trois mois.

Outre les pièces mentionnées au premier alinéa de *(Décr. n° 2022-479 du 30 mars 2022, art. 5, en vigueur le 1er mars 2022)* « l'article D. 211-11 du code pénitentiaire *[ancienne rédaction : l'article D. 76 du code de procédure pénale]* », le dossier d'orientation comprend l'avis du mineur, des représentants légaux ou des titulaires de l'autorité parentale, du service de la protection judiciaire de la jeunesse, et les éléments afférents aux conditions de prise en charge éducative ; il peut également comprendre l'avis de l'éducation nationale et du service de la santé et, le cas échéant, l'avis de tout service ayant à connaître de la situation du mineur.

Les condamnés mineurs ayant à subir un temps d'incarcération d'une durée inférieure ou égale à trois mois peuvent faire l'objet d'un dossier d'orientation selon les mêmes modalités lorsque le chef d'établissement estime que leur situation nécessite une orientation particulière.

Le dossier d'orientation des condamnés mineurs dont le temps d'incarcération restant à subir est égal ou supérieur à deux ans contient également les pièces visées à *(Décr. n° 2022-479 du 30 mars 2022, art. 5, en vigueur le 1er mars 2022)* « l'article D. 211-12 du code pénitentiaire *[ancienne rédaction : l'article D. 77 du code de procédure pénale]* ».

Art. D. 124-39 *(Décr. n° 2021-683 du 27 mai 2021, art. 1er)* Le chef d'établissement informe le magistrat et le service de la protection judiciaire de la jeunesse de la décision d'affectation ou de changement d'affectation du mineur détenu dans les plus brefs délais, ainsi que du transfert de l'intéressé à la date à laquelle ce transfert est réalisé.

SECTION V *DE LA COMMISSION D'INCARCÉRATION*

(Décr. n° 2021-683 du 27 mai 2021, art. 1er)

Art. D. 124-40 Sur le ressort de l'établissement pénitentiaire dans lequel les mineurs sont incarcérés, le directeur territorial de la protection judiciaire de la jeunesse réunit au moins deux fois par an la commission d'incarcération pour déterminer la politique locale en matière de prise en charge des mineurs détenus, et de continuité de la prise en charge éducative en cas d'incarcération et en cas de libération.

Le directeur territorial de la protection judiciaire de la jeunesse transmet le compte rendu de la commission d'incarcération au directeur interrégional de la protection judiciaire de la jeunesse.

Art. D. 124-41 La commission d'incarcération est composée d'un représentant de l'établissement pénitentiaire, de la protection judiciaire de la jeunesse, de l'éducation nationale et des autres membres permanents de l'équipe pluridisciplinaire qui interviennent dans l'établissement pénitentiaire. Elle comprend également un représentant du service pénitentiaire d'insertion et de probation, un représentant de l'ordre des avocats, le procureur de la République ainsi que les juges des enfants et les juges d'application des peines près le tribunal judiciaire dans le ressort duquel se trouve l'établissement pénitentiaire.

Le directeur territorial de la protection judiciaire de la jeunesse peut inviter à cette instance, en tant que de besoin, les partenaires institutionnels et du secteur associatif impliqués dans l'individualisation et la continuité des parcours des mineurs détenus ainsi que le coordonnateur de l'unité de soins.

SECTION VI *DU RECOURS JUDICIAIRE VISANT À GARANTIR LE DROIT AU RESPECT DE LA DIGNITÉ EN DÉTENTION*

(Décr. n° 2021-1194 du 15 sept. 2021, art. 3, en vigueur le 1er oct. 2021)

Art. R. 124-42 Si le placement en détention provisoire a été prononcé par un juge des libertés et de la détention spécialement chargé des affaires concernant les mineurs, la requête prévue à l'article 803-8 du code de procédure pénale est examinée par un juge des libertés et de la détention présentant la même spécialisation. Celui-ci sollicite, le cas échéant, les observations du juge des enfants chargé du suivi de la procédure.

Si le placement en détention provisoire a été prononcé par un juge des enfants ou un tribunal pour enfants, la requête est examinée par le juge des enfants chargé du suivi de la procédure qui est compétent pour statuer.

Si la personne a été condamnée par une juridiction pour mineurs, la requête est examinée par le juge des enfants lorsque celui-ci exerce les attributions du juge d'application des peines.

Art. R. 124-43 Les ordonnances prévues aux articles R. 249-21 à R. 249-35 du code de procédure pénale sont prises, selon les cas, par le juge des libertés et de la détention spécialement chargé des affaires concernant les mineurs ou par le juge des enfants saisis en application de l'article R. 124-42 du présent code. Elles sont notifiées au mineur, à son avocat et à ses représentants légaux.

Art. R. 124-44 Outre les personnes prévues au 4° de l'article R. 249-24 du code de procédure pénale, le juge peut également procéder à l'audition des personnels de la protection judiciaire de la jeunesse intervenant auprès du requérant.

Art. R. 124-45 Lorsqu'elles sont rendues hors procédure d'information judiciaire, les ordonnances mentionnées à l'article R. 124-43 peuvent faire l'objet d'un appel devant le président de la chambre spéciale des mineurs de la cour d'appel dans les conditions prévues par les articles R. 249-36 à R. 249-39 du code de procédure pénale.

LIVRE DEUXIÈME DE LA SPÉCIALISATION DES ACTEURS

(Décr. n° 2021-683 du 27 mai 2021, art. 1er)

TITRE PREMIER DU MINISTÈRE PUBLIC

(Décr. n° 2021-682 du 27 mai 2021, art. 1er ; (Décr. n° 2021-683 du 27 mai 2021, art. 1er)

CHAPITRE UNIQUE *DE LA DÉSIGNATION DU MAGISTRAT DU PARQUET SPÉCIALEMENT CHARGÉ DES MINEURS*

Art. D. 211-1 Dans chaque tribunal judiciaire doté d'un pôle de l'instruction et dans le ressort duquel siège un tribunal pour enfants, un ou plusieurs magistrats du parquet spécialement chargés des affaires concernant les mineurs sont désignés par le procureur général de la cour d'appel compétente.

TITRE DEUXIÈME DU JUGE D'INSTRUCTION

Décr. n° 2021-683 du 27 mai 2021, art. 1er)

CHAPITRE UNIQUE *DE LA DÉSIGNATION DU JUGE D'INSTRUCTION SPÉCIALEMENT CHARGÉ DES MINEURS*

Art. D. 221-1 Dans chaque tribunal judiciaire doté d'un pôle de l'instruction et dans le ressort duquel siège un tribunal pour enfants, un ou plusieurs juges d'instruction spécialement chargés des affaires concernant les mineurs sont désignés par le premier président de la cour d'appel compétente.

TITRE TROISIÈME DU JUGE DES LIBERTÉS ET DE LA DÉTENTION

CHAPITRE UNIQUE *DE LA DÉSIGNATION DU JUGE DES LIBERTÉS ET DE LA DÉTENTION SPÉCIALEMENT CHARGÉ DES MINEURS*

(Décr. n° 2021-683 du 27 mai 2021, art. 1er)

Art. D. 231-1 Dans chaque tribunal judiciaire dans le ressort duquel siège un tribunal pour enfants, un ou plusieurs juges des libertés et de la détention spécialement chargés des affaires concernant les mineurs sont désignés par le premier président de la cour d'appel compétente.

TITRE QUATRIÈME DES JURIDICTIONS DE JUGEMENT

(Décr. n° 2021-682 du 27 mai 2021, art. 1er ; Décr. n° 2021-683 du 27 mai 2021, art. 1er)

CHAPITRE UNIQUE

(Décr. n° 2021-682 du 27 mai 2021, art. 1er ; Décr. n° 2021-683 du 27 mai 2021, art. 1er)

Le présent chapitre ne comprend pas de dispositions réglementaires.

TITRE CINQUIÈME DE LA PROTECTION JUDICIAIRE DE LA JEUNESSE

(Décr. nº 2021-682 du 27 mai 2021, art. 1er ; Décr. nº 2021-683 du 27 mai 2021, art. 1er)

CHAPITRE UNIQUE *DES SERVICES ET ÉTABLISSEMENTS DE LA PROTECTION JUDICIAIRE DE LA JEUNESSE ET DU SECTEUR ASSOCIATIF HABILITÉ*

(Décr. nº 2021-682 du 27 mai 2021, art. 1er ; Décr. nº 2021-683 du 27 mai 2021, art. 1er)

SECTION PREMIÈRE *DES MODALITÉS DE PARTAGE D'INFORMATIONS*

(Décr. nº 2021-682 du 27 mai 2021, art. 1er)

Art. R. 241-1 Le mineur et ses représentants légaux sont préalablement informés de l'échange d'informations prévu au premier alinéa de l'article L. 241-2.

Art. R. 241-2 Les services et établissements de la protection judiciaire de la jeunesse et du secteur associatif habilité, saisis concomitamment ou successivement de mesures concernant un même mineur, inscrivent dans un document de prise en charge conjointe leurs modalités d'articulation, de coordination et d'échanges d'informations. Les services intervenant au titre de la protection de l'enfance à l'égard de ce mineur peuvent également y contribuer.

SECTION II *DES SERVICES DÉCONCENTRÉS DE LA PROTECTION JUDICIAIRE DE LA JEUNESSE*

(Décr. nº 2021-682 du 27 mai 2021, art. 1er)

Art. R. 241-3 Les services déconcentrés de la protection judiciaire de la jeunesse sont constitués de directions interrégionales et de directions territoriales.

Art. R. 241-4 Le ressort territorial de chaque direction interrégionale de la protection judiciaire de la jeunesse regroupe sous l'autorité d'un directeur interrégional de la protection judiciaire de la jeunesse plusieurs circonscriptions régionales.

Les directions territoriales implantées dans les départements et les collectivités d'outre-mer sont rattachées à la même direction interrégionale.

Le ressort de chaque direction interrégionale de la protection judiciaire de la jeunesse est fixé par arrêté du garde des sceaux, ministre de la justice, aux articles 1er et 2 de l'annexe 2 du présent code. — *V. Annexe 2 ci-dessous.*

ANNEXE 2

AU CODE DE LA JUSTICE PÉNALE DES MINEURS

Cette annexe est issue de l'arrêté du 27 mai 2021 fixant le ressort territorial des directions interrégionales de la protection judiciaire de la jeunesse (NOR : JUSF2113092A), applicable en Nouvelle-Calédonie, en Polynésie française et à Wallis-et-Futuna.

Art. 1er Les circonscriptions régionales ainsi que les départements et collectivités d'outre-mer sont regroupés sous l'autorité de directeurs interrégionaux de la protection judiciaire de la jeunesse.

Art. 2 Le ressort territorial des directions interrégionales de la protection judiciaire de la jeunesse est déterminé conformément au tableau ci-dessous :

DÉNOMINATION	CIRCONSCRIPTIONS RÉGIONALES
CENTRE EST (siège à Lyon)	Auvergne Rhône-Alpes
GRAND CENTRE (siège à Dijon)	Centre Val-de-Loire Bourgogne Franche-Comté
GRAND EST (siège à Nancy)	Grand Est
GRAND NORD (siège à Lille)	Hauts-de-France

DÉNOMINATION	CIRCONSCRIPTIONS RÉGIONALES
GRAND OUEST (siège à Rennes)	Bretagne Pays de la Loire Normandie
ÎLE-DE-FRANCE-OUTRE-MER (siège à Paris)	Île-de-France Outre-mer
SUD (siège à Toulouse)	Occitanie
SUD EST (siège à Marseille)	Provence-Alpes-Côte d'Azur Corse
SUD OUEST (siège à Bordeaux)	Nouvelle-Aquitaine

Art. R. 241-5 Le ressort territorial de chaque direction territoriale de la protection judiciaire de la jeunesse peut regrouper sous l'autorité d'un directeur territorial de la protection judiciaire de la jeunesse plusieurs circonscriptions départementales.

Il peut correspondre au territoire d'une ou plusieurs collectivités d'outre-mer.

Le ressort de chaque direction territoriale de la protection judiciaire de la jeunesse est fixé par arrêté du garde des sceaux, ministre de la justice.

Art. R. 241-6 Sous l'autorité du garde des sceaux, ministre de la justice, les directeurs interrégionaux ont autorité sur les directeurs territoriaux de la protection judiciaire de la jeunesse de leur ressort *[,]*

Les directeurs territoriaux ont autorité sur les directeurs des établissements et services de la protection judiciaire de la jeunesse de leur ressort.

Les directeurs des établissements et services de la protection judiciaire de la jeunesse ont autorité sur les personnels en fonction dans les établissements et services de la protection judiciaire de la jeunesse.

Art. R. 241-7 Sous la responsabilité des directeurs interrégionaux, les directions interrégionales de la protection judiciaire de la jeunesse sont chargées de :

1° La déclinaison en objectifs stratégiques des orientations nationales de la protection judiciaire de la jeunesse sur leur territoire ;

2° La concertation entre les institutions intervenant au titre de la justice civile et pénale des mineurs ;

3° L'organisation des relations avec les autorités judiciaires et administratives ainsi qu'avec les collectivités territoriales afin d'assurer la représentation de la protection judiciaire de la jeunesse et sa contribution aux politiques publiques dans le cadre régional ;

4° L'organisation de la complémentarité des interventions des différents acteurs concourant aux missions de protection judiciaire de la jeunesse après l'évaluation des besoins de prise en charge des mineurs et des majeurs sous protection judiciaire jusqu'à l'âge de vingt et un ans en liaison avec les autorités compétentes ;

5° La préparation et l'exécution du budget dans le respect des attributions dévolues aux préfets de région et de département pour les investissements et la comptabilité publique ;

6° La gestion des ressources humaines, le recueil et l'analyse des besoins individuels et collectifs de formation ainsi que l'élaboration du plan interrégional de formation continue ;

7° Les relations avec les organisations représentatives des personnels *[,]* notamment par la mise en place, la programmation et la tenue des organismes consultatifs interrégionaux ;

8° L'instruction pour le compte du préfet de département des procédures d'autorisation de création, d'habilitation, de tarification et de fermeture des établissements, services et lieux de vie et d'accueil prenant en charge directement des mineurs et majeurs sous protection judiciaire jusqu'à l'âge de vingt et un ans ;

9° La programmation et la conduite des missions de contrôle et d'audit des établissements et services, lieux de vie et d'accueil concourant à la mission de protection judiciaire de la jeunesse.

Art. R. 241-8 Le directeur interrégional peut déléguer à la direction territoriale dont le siège correspond à celui du chef-lieu de la région la mission de représentation et de contribution aux politiques publiques confiées aux directions interrégionales par le 3° de l'article R. 241-7.

Art. R. 241-9 Sous la responsabilité des directeurs territoriaux, les directions territoriales de la protection judiciaire de la jeunesse contribuent à la mise en œuvre des attributions confiées aux directions interrégionales par l'article R. 241-7, à l'exception de celles prévues aux 3° et 7°.

Sous la responsabilité des directeurs territoriaux, les directions territoriales de la protection judiciaire de la jeunesse sont chargées :

1° Du pilotage de la mise en œuvre des orientations de la protection judiciaire de la jeunesse déclinées au niveau interrégional, en liaison avec chaque politique départementale d'aide sociale à l'enfance ;

2° De la participation à la coordination des acteurs de la justice civile et pénale des mineurs ;

3° De l'organisation de la représentation et de la contribution de la protection judiciaire de la jeunesse aux politiques publiques de niveau infrarégional, notamment en matière de protection de l'enfance et de prévention de la délinquance ;

4° Du suivi et du contrôle de l'activité des établissements et services de la protection judiciaire de la jeunesse et du secteur associatif habilité, situés dans leur ressort, afin de garantir l'exécution des décisions judiciaires ;

5° Des relations avec les organisations représentatives des personnels, notamment par la mise en place, la programmation et la tenue des organismes consultatifs territoriaux.

SECTION III *DES SERVICES ET ÉTABLISSEMENTS DE LA PROTECTION JUDICIAIRE DE LA JEUNESSE*

(*Décr. n° 2021-682 du 27 mai 2021, art. 1er ; Décr. n° 2021-683 du 27 mai 2021, art. 1er*)

SOUS-SECTION 1 *DÉFINITION ET MISSIONS*

(*Décr. n° 2021-682 du 27 mai 2021, art. 1er ; Décr. n° 2021-683 du 27 mai 2021, art. 1er*)

Art. D. 241-10 (*Décr. n° 2021-683 du 27 mai 2021, art. 1er*) Les établissements et services de la protection judiciaire de la jeunesse du ministère de la justice exercent les missions suivantes :

1° L'aide à la préparation des décisions de l'autorité judiciaire prises en application des législations relatives à l'enfance délinquante ou à l'assistance éducative par l'apport d'éléments d'information et d'analyse relatifs à la situation de mineurs susceptibles de faire l'objet desdites décisions et par la formulation de propositions éducatives.

A ce titre, les établissements et services mettent en œuvre les mesures d'investigation ordonnées par l'autorité judiciaire en application du présent code et du code de procédure civile et concourent à la préparation des décisions de justice à caractère pénal conformément aux dispositions du code de procédure pénale ;

2° La mise en œuvre des décisions de l'autorité judiciaire prises en application du présent code, des législations et réglementations relatives à l'assistance éducative ou à la protection judiciaire des majeurs jusqu'à l'âge de vingt et un ans. A ce titre, les établissements et services assurent :

a) Selon les cas, la mise en œuvre et le suivi des décisions civiles et pénales de mesures d'investigation, mesures éducatives, mesures de sûreté, peines et aménagements de peines prononcées par les juridictions à l'égard des mineurs et des majeurs jusqu'à l'âge de vingt et un ans en *application du présent* code, des articles 375 à 375-8 du code civil, du code pénal et du décret du 18 février 1975 fixant les modalités de mise en œuvre d'une action de protection judiciaire en faveur des jeunes majeurs ;

b) Une intervention éducative continue auprès de tous les mineurs détenus ;

c) La mise en œuvre d'actions de préformation, de formation et de préparation à la vie professionnelle et l'organisation permanente, sous la forme d'activités de jour, d'un ensemble structuré d'actions qui ont pour objectifs le développement personnel, la promotion de la santé, l'intégration sociale et l'insertion professionnelle du mineur ou du majeur jusqu'à l'âge de vingt et un ans ;

3° L'accueil et l'information des mineurs et des familles dont les demandes sont susceptibles de relever de la justice des mineurs ;

4° La participation aux politiques publiques visant :

a) La coordination des actions de la direction de la protection judiciaire de la jeunesse avec celles des collectivités publiques en vue d'assurer une meilleure prise en charge des mineurs délinquants ou en danger ;

b) L'organisation et la mise en œuvre d'actions de protection de l'enfance et de prévention de la délinquance.

Art. D. 241-11 *(Décr. n° 2021-683 du 27 mai 2021, art. 1er)* Les établissements et services de la protection judiciaire de la jeunesse garantissent l'égal accès de tous les mineurs et majeurs jusqu'à l'âge de vingt et un ans qui leur sont confiés par l'autorité judiciaire aux actions éducatives qu'ils conduisent.

Les établissements et services mettent en œuvre, sous l'autorité du directeur territorial, les décisions judiciaires exécutoires qui leur sont transmises à cet effet.

Afin que le mineur ou le majeur jusqu'à l'âge de vingt et un ans puisse disposer des conditions nécessaires à son développement et à son insertion, les établissements et services assurent la continuité de la prise en charge éducative avec le nouvel établissement ou le nouveau service éventuellement désigné par l'autorité judiciaire. Avant le terme de la mesure judiciaire, l'établissement ou le service prend toutes dispositions utiles pour mettre le mineur ou le majeur jusqu'à l'âge de vingt et un ans en relation avec les services susceptibles de contribuer à son insertion sociale.

Art. D. 241-12 *(Décr. n° 2021-683 du 27 mai 2021, art. 1er)* En application de l'article L. 312-1 du code de l'action sociale et des familles, les établissements et services de la protection judiciaire de la jeunesse constituent des établissements et services sociaux et médicosociaux, à l'exception des services éducatifs en établissement pénitentiaire spécialisé pour mineurs.

Sous réserve des prérogatives de l'autorité judiciaire, les établissements et services mentionnés au présent article garantissent aux mineurs et aux majeurs jusqu'à l'âge de vingt et un ans qu'ils prennent en charge au titre de la mise en œuvre d'une décision judiciaire les droits et libertés individuelles énoncés aux articles L. 311-3 à L. 311-5 du même code.

Art. D. 241-13 *(Décr. n° 2021-683 du 27 mai 2021, art. 1er)* Les établissements de la protection judiciaire de la jeunesse exercent les missions définies au 1°, aux *a* et *c* du 2° et au 4° de l'article D. 241-10. A ce titre, ils :

a) Accueillent en hébergement les mineurs et, le cas échéant, les majeurs jusqu'à l'âge de vingt et un ans placés par les juridictions ;

b) Évaluent la situation, notamment familiale et sociale, de chaque personne accueillie, le cas échéant aux fins d'élaborer des propositions d'orientation à l'intention de l'autorité judiciaire ;

c) Organisent la vie quotidienne des personnes accueillies ;

d) Élaborent pour chaque personne accueillie un projet individuel ;

e) Accompagnent chaque personne accueillie dans toutes les démarches d'insertion ;

f) Assurent à l'égard de chaque personne accueillie une mission d'entretien ;

g) Assurent à l'égard des mineurs accueillis une mission de protection et de surveillance ;

h) Exercent, dans le cadre de l'exécution des peines et des mesures de sûreté, le contrôle des obligations imposées aux personnes qui leur sont confiées.

Art. D. 241-14 *(Décr. n° 2021-683 du 27 mai 2021, art. 1er)* Les établissements de la protection judiciaire de la jeunesse sont :

1° Les établissements de placement éducatif ;

2° Les établissements de placement éducatif et d'insertion ;

3° Les centres éducatifs fermés.

Art. D. 241-15 *(Décr. n° 2021-683 du 27 mai 2021, art. 1er)* Les établissements de placement éducatif et les établissements de placement éducatif et d'insertion accueillent des mineurs délinquants ou en danger et des majeurs jusqu'à l'âge de vingt et un ans.

Art. D. 241-16 *(Décr. n° 2021-683 du 27 mai 2021, art. 1er)* Les centres éducatifs fermés accueillent exclusivement des mineurs délinquants conformément à l'article L. 113-7.

Art. D. 241-17 *(Décr. n° 2021-683 du 27 mai 2021, art. 1er)* Les services de la protection judiciaire de la jeunesse sont :

1° Les services territoriaux éducatifs de milieu ouvert ;

2° Les services territoriaux éducatifs de milieu ouvert et d'insertion ;

3° Les services éducatifs auprès des tribunaux ;

4° Les services territoriaux éducatifs d'insertion ;

5° Les services éducatifs en établissements pénitentiaires pour mineurs.

Art. D. 241-18 *(Décr. n° 2021-683 du 27 mai 2021, art. 1er)* Les services territoriaux éducatifs de milieu ouvert et les services territoriaux éducatifs de milieu ouvert et d'insertion assurent :

1° Sans préjudice des attributions dévolues aux services éducatifs auprès des tribunaux, une permanence éducative dans les tribunaux judiciaires pourvus d'un tribunal pour enfants, qui consiste à accueillir et informer les mineurs et leurs familles et à mettre en œuvre les prescriptions de l'autorité judiciaire ordonnées en application des dispositions des articles L. 322-4, L. 322-5, L. 422-4 et L. 423-6 ;

2° L'apport d'éléments d'information et d'analyse susceptibles d'éclairer l'autorité judiciaire dans le cadre de sa prise de décision conformément aux dispositions du 1° de l'article D. 241-10 ;

3° La mise en œuvre *[,]* jusqu'à l'âge de vingt et un ans, des décisions civiles et pénales, autres que les mesures de placement, mentionnées à l'article D. 241-10, dans l'environnement familial et social des mineurs et des majeurs, en apportant, le cas échéant, aide et conseil à la famille du mineur ;

4° Des interventions éducatives dans les quartiers des établissements pénitentiaires spécialement réservés aux mineurs, mentionnés à l'article L. 124-1 ;

5° L'aide à l'insertion sociale et professionnelle par la mise en œuvre des actions prévues au *c* du 2° de l'article D. 241-10.

Art. D. 241-19 *(Décr. nº 2021-683 du 27 mai 2021, art. 1er)* Les services éducatifs auprès des tribunaux peuvent être institués dans les tribunaux judiciaires pourvus d'un tribunal pour enfants et comportant au moins sept emplois de juges des enfants.

Ils assurent la permanence éducative définie au 1° de l'article D. 241-18. En outre, à titre exceptionnel et dans le cadre des orientations fixées par le directeur territorial, ils peuvent mettre en œuvre les mesures mentionnées au 3° de l'article D. 241-18.

Art. D. 241-20 *(Décr. nº 2021-683 du 27 mai 2021, art. 1er)* Les services territoriaux éducatifs d'insertion exercent la mission définie au *c* du 2° de l'article D. 241-10 en organisant des activités scolaires, professionnelles, culturelles et sportives adaptées aux mineurs et aux majeurs jusqu'à l'âge de vingt et un ans qui font l'objet d'une décision judiciaire mise en œuvre par un établissement ou un service de la protection judiciaire de la jeunesse.

Dans l'exercice de cette mission, ils préparent les personnes qui leur sont confiées à l'accès aux dispositifs de socialisation et de formation de droit commun.

Dans les conditions fixées au deuxième alinéa de l'article D. 241-27, les services territoriaux éducatifs d'insertion peuvent également participer à la prise en charge de mineurs et de majeurs jusqu'à l'âge de vingt et un ans :

1° Confiés à un établissement ou suivis par un service relevant du service de l'aide sociale à l'enfance, en application de l'article L. 221-1 du code de l'action sociale et des familles, ou habilité en application de l'article L. 313-10 du code de l'action sociale et des familles ;

2° Ou pris en charge par un organisme concourant à l'insertion sociale et professionnelle des jeunes.

Art. R. 241-21 *(Décr. nº 2021-682 du 27 mai 2021, art. 1er)* Les services éducatifs en établissement pénitentiaire spécialisé pour mineurs exercent, auprès des personnes incarcérées mineures et, en cas de maintien dans l'établissement après leur majorité, jusqu'à l'expiration du sixième mois suivant leur dix-huitième anniversaire, les missions éducative, de formation et d'intégration sociale et professionnelle prévues aux *b* et *c* du 2° de l'article D. 241-10.

Ils assurent une prise en charge éducative continue de ces personnes, veillent au maintien de leurs liens familiaux et sociaux et préparent leur libération.

SOUS-SECTION 2 DE L'ORGANISATION

(Décr. nº 2021-683 du 27 mai 2021, art. 1er)

Art. D. 241-22 Les unités éducatives d'un même établissement ou d'un même service peuvent être implantées sur des départements distincts dès lors qu'ils relèvent du ressort de la même direction territoriale.

Art. D. 241-23 Pour l'accomplissement de leurs missions, les établissements de placement éducatif sont constitués d'au moins deux unités éducatives relevant d'une ou plusieurs des catégories suivantes :

1° Les unités éducatives d'hébergement collectif ;

2° Les unités éducatives d'hébergement diversifié, dans lesquelles les mineurs et les majeurs jusqu'à l'âge de vingt et un ans sont hébergés en famille d'accueil bénévole, en résidence éducative, en logement autonome ou en résidence sociale et bénéficient d'un accompagnement éducatif régulier de la part des professionnels de l'unité ;

3° Les unités éducatives dénommées "centre éducatif renforcé", dans lesquelles la prise en charge des personnes est organisée en hébergement collectif, sur la base d'activités intensives et au moyen d'un encadrement éducatif renforcé, aux fins d'établir une rupture temporaire du jeune tant avec son environnement qu'avec son mode de vie habituel.

Au sein de ces unités éducatives, la prise en charge des personnes est organisée en continu.

Art. D. 241-24 Les établissements de placement éducatif et d'insertion sont constitués d'au moins une unité éducative mentionnée à l'article D. 241-23 et d'au moins une unité éducative d'activités de jour mentionnée à l'article D. 241-27.

Art. D. 241-25 Pour l'accomplissement de leurs missions, les services territoriaux éducatifs de milieu ouvert comportent au moins deux unités éducatives, et parmi celles-ci, au moins une unité éducative de milieu ouvert.

Ils peuvent comporter une unité éducative auprès du tribunal. Cette unité peut être instituée dans les tribunaux judiciaires pourvus d'un tribunal pour enfants comportant au moins trois emplois de juge des enfants, pour assurer l'exercice de la permanence éducative définie au 1° de l'article D. 241-18.

Art. D. 241-26 Les services territoriaux éducatifs de milieu ouvert et d'insertion sont constitués d'au moins une unité éducative mentionnée à l'article D. 241-25 et d'au moins une unité éducative d'activités de jour mentionnée à l'article D. 241-27.

Art. D. 241-27 Pour l'accomplissement de leurs missions, les services territoriaux éducatifs d'insertion sont constitués d'au moins deux unités éducatives d'activités de jour.

Lorsqu'une unité éducative d'activités de jour accueille une personne relevant des catégories mentionnées aux troisième à cinquième alinéas de l'article D. 241-20, une convention conclue avec l'organisme chargé de la prise en charge de la personne détermine les modalités administratives, éducatives et financières de cet accueil.

Art. D. 241-28 Pour l'accomplissement de leurs missions, les centres éducatifs fermés, les services éducatifs auprès des tribunaux et les services éducatifs en établissements pénitentiaires pour mineurs sont constitués d'une seule unité éducative, respectivement dénommée :

1° Unité éducative "centre éducatif fermé" ;

2° Unité éducative "service éducatif auprès du tribunal" ;

3° Unité éducative "service éducatif en établissement pénitentiaire spécialisé pour mineur".

Art. D. 241-29 A titre expérimental ou aux fins de tenir compte de particularités ou contraintes locales ou de la spécificité des publics accueillis ou des méthodes éducatives mises en œuvre, le garde des sceaux, ministre de la justice, peut déroger aux dispositions des articles D. 241-22 à D. 241-28 en déterminant des modalités particulières d'organisation d'un établissement ou d'un service, après avis du comité technique de la protection judiciaire de la jeunesse.

SOUS-SECTION 3 *DU FONCTIONNEMENT*

(Décr. n° 2021-682 du 27 mai 2021, art. 1er ; Décr. n° 2021-683 du 27 mai 2021, art. 1er)

Art. D. 241-30 *(Décr. n° 2021-683 du 27 mai 2021, art. 1er)* Les établissements et services sont dirigés par des directeurs de service de la protection judiciaire de la jeunesse. Ils coordonnent l'action des unités éducatives placées sous leur autorité. A cet effet, ils ont autorité sur l'ensemble des personnels de la structure.

Lorsque l'établissement ou le service est constitué d'au moins deux unités éducatives, la direction pédagogique et administrative de chacune de ces unités est assurée, sous l'autorité du directeur de service de rattachement, par un responsable d'unité éducative. A cet effet, il a autorité sur l'ensemble des personnels de l'unité éducative.

Les directeurs des établissements ou services sont les interlocuteurs des autorités judiciaires dont ils reçoivent les décisions. Ils rendent compte à ces autorités de leur mise en œuvre.

Dans le respect des orientations territoriales, ils représentent les établissements ou les services qu'ils dirigent au sein des instances concourant à la mise en œuvre de la mission définie au 4° de l'article D. 241-10.

Art. D. 241-31 *(Décr. n° 2021-683 du 27 mai 2021, art. 1er)* Les personnes prises en charge dans les établissements et services de la protection judiciaire de la jeunesse sont associées, sous forme de consultations ou de groupe d'expression, au fonctionnement desdits établissements et services.

Sans préjudice des dispositions des articles L. 311-7 et L. 311-8 du code de l'action sociale et des familles, cette participation a pour objet de permettre aux personnes prises en charge d'exprimer leurs avis ou d'émettre des propositions sur toute question intéressant le fonctionnement de l'établissement ou du service.

A cette fin, un groupe d'expression est réuni au moins une fois par an. Le directeur de l'établissement ou du service le convoque, le préside et en fixe l'ordre du jour.

A défaut, il est procédé, selon la même périodicité, à une consultation des usagers à l'initiative du directeur.

Les conclusions des consultations ou les délibérations des groupes d'expression sont transmises, par le directeur du service ou de l'établissement, au directeur territorial de la protection judiciaire de la jeunesse.

Les dispositions du présent article ne sont pas applicables aux services éducatifs auprès des tribunaux et aux services éducatifs en établissement pénitentiaire spécialisé pour mineurs.

Art. R. 241-32 *(Décr. n° 2021-682 du 27 mai 2021, art. 1er)* Le règlement de fonctionnement et le projet d'établissement prévus aux articles L. 311-7 et L. 311-8 du code de l'action sociale et des familles sont élaborés pour chaque établissement ou service de la protection judiciaire de la jeunesse après organisation de la participation prévue à l'article D. 241-31 du présent code. L'ensemble des personnels du service ou de l'établissement participe, sous l'autorité du directeur, à l'élaboration de ces documents. Le règlement de fonctionnement et le projet d'établissement ou de service sont arrêtés par le directeur territorial, après avis du comité technique territorial compétent.

Le règlement de fonctionnement est actualisé afin de tenir compte des contraintes inhérentes aux missions de l'établissement ou du service.

Le projet de chaque établissement ou service est établi pour une durée de cinq ans. Il est actualisé chaque année pour tenir compte de l'évolution des missions de l'établissement ou du service, de son organisation, des modalités de mise en œuvre des mesures et des moyens qui lui sont alloués. Le comité technique compétent est informé de cette actualisation.

Art. R. 241-33 *(Décr. n° 2021-682 du 27 mai 2021, art. 1er)* Les modalités de fonctionnement des établissements et services de la protection judiciaire de la jeunesse ainsi que celles des unités éducatives qui les constituent sont précisées dans des cahiers des charges fixées par arrêté du garde des sceaux, ministre de la justice, après avis du comité de la protection judiciaire de la jeunesse.

SOUS-SECTION 4 *DE LA CRÉATION, TRANSFORMATION ET SUPPRESSION* *(Décr. n° 2021-683 du 27 mai 2021, art. 1er)*

Art. D. 241-34 Les établissements et services de la protection judiciaire de la jeunesse ainsi que les unités éducatives qui les composent sont créés, transformés, étendus dans leur capacité et fermés, par arrêté du garde des sceaux, ministre de la justice. Le comité technique territorial ou le comité technique interrégional compétent est consulté au préalable.

A l'exception des services éducatifs en établissement pénitentiaire spécialisé pour mineurs, la création, l'extension ou la transformation des établissements et des services de la protection judiciaire de la jeunesse est préalablement soumise à autorisation du préfet conformément aux modalités prévues aux articles L. 313-1 et suivants du code de l'action sociale et des familles. La même autorité est compétente pour décider de leur fermeture conformément aux modalités prévues aux articles L. 313-16 et suivants du même code.

Le directeur interrégional de la protection judiciaire de la jeunesse propose la création, la transformation ou la suppression des établissements, des services et des unités éducatives ou donne son avis sur des projets ayant le même objet.

Le projet ou la proposition doit :

1° Contribuer à la mise en œuvre des orientations nationales et objectifs définis par le garde des sceaux, ministre de la justice ;

2° Répondre à une analyse des besoins à satisfaire ;

3° S'inscrire en cohérence avec les priorités et objectifs définis par les autorités administratives et judiciaires territorialement compétentes en matière de protection de l'enfance et de prévention de la délinquance.

Art. D. 241-35 L'arrêté de création précise pour chaque établissement ou service :

1° La catégorie d'établissement ou de service dont il relève ;

2° Sa localisation, ainsi que le nombre, la nature et la localisation de chacune de ses unités éducatives.

Pour tout établissement ou service constitué d'au moins une des unités éducatives mentionnées aux articles D. 241-23, D. 241-27 ou au 1° de l'article D. 241-28, l'arrêté de création précise en outre pour chacune d'entre elles :

a) La capacité d'accueil théorique ;

b) Les conditions d'âge applicables ;

c) Si, par exception au principe de mixité, ne sont prises en charge que les personnes de l'un des deux sexes.

Les arrêtés de création, d'extension, de transformation et de fermeture sont publiés au *Journal officiel* de la République française.

SOUS-SECTION 5 *DU CONTRÔLE ET DE L'ÉVALUATION*

(Décr. nº 2021-682 du 27 mai 2021, art. 1er ; Décr. nº 2021-683 du 27 mai 2021, art. 1er)

Art. R. 241-36 *(Décr. nº 2021-682 du 27 mai 2021, art. 1er)* Le directeur de l'établissement ou du service garantit aux autorités judiciaires et administratives, investies de prérogatives de contrôle, l'accès aux locaux ainsi qu'à toutes informations permettant d'apprécier les conditions matérielles et morales de fonctionnement de l'établissement ou du service.

Art. D. 241-37 *(Décr. nº 2021-683 du 27 mai 2021, art. 1er)* A l'exception des services éducatifs en établissement pénitentiaire spécialisé pour mineurs, les établissements et services de la protection judiciaire de la jeunesse sont soumis aux dispositions relatives à l'évaluation prévues à l'article L. 312-8 du code de l'action sociale et des familles.

SECTION IV *DES ÉTABLISSEMENTS DE LA PROTECTION JUDICIAIRE DE LA JEUNESSE ET DU SECTEUR ASSOCIATIF HABILITÉ*

(Décr. nº 2021-683 du 27 mai 2021, art. 1er)

Art. D. 241-38 Les centres éducatifs renforcés accueillent les mineurs au cours de sessions ou de façon permanente, en fonction de leur projet d'établissement.

SECTION V *DES DÉLAIS DE MISE EN ŒUVRE DES DÉCISIONS EXÉCUTOIRES*

(Décr. nº 2021-683 du 27 mai 2021, art. 1er)

Art. D. 241-39 En cas de prononcé d'une décision exécutoire ordonnant une mesure judiciaire d'investigation éducative, une mesure éducative judiciaire provisoire, un contrôle judiciaire, une assignation à résidence avec surveillance électronique, une mesure éducative judiciaire ou une peine autre qu'une peine ferme privative de liberté, et notamment pour l'application de l'article L. 521-9, il est remis au mineur et à ses représentants légaux présents, à l'issue de leur audition ou de l'audience, un avis de convocation à comparaître, dans un délai maximal de cinq jours ouvrables, devant le service de la protection judiciaire de la jeunesse désigné pour la mise en œuvre de la décision.

Ce service se trouve ainsi saisi de la mise en œuvre de la mesure.

Si le mineur ne se présente pas à la date fixée, le juge des enfants ou le juge d'instruction le convoque devant lui s'il le juge utile ou, dans un délai maximal de dix jours, devant le service de la protection judiciaire de la jeunesse.

LIVRE TROISIÈME **DISPOSITIONS COMMUNES AUX DIFFÉRENTES PHASES DE LA PROCÉDURE PÉNALE**

(Décr. nº 2021-682 du 27 mai 2021, art. 1er ; Décr. nº 2021-683 du 27 mai 2021, art. 1er)

TITRE PREMIER **DU DROIT DU MINEUR À L'ACCOMPAGNEMENT ET À L'INFORMATION**

(Décr. nº 2021-683 du 27 mai 2021, art. 1er)

CHAPITRE UNIQUE *DU DROIT DU MINEUR À ÊTRE INFORMÉ ET ACCOMPAGNÉ D'UN ADULTE*

Art. D. 311-1 Chaque fois qu'une information est donnée au mineur en application de l'article L. 311-1, elle est également donnée par tout moyen et dans les meilleurs délais aux représentants légaux ou à l'adulte approprié mentionnés à l'article L. 311-2.

Art. D. 311-2 Lorsque la désignation d'un adulte approprié apparaît nécessaire pour recevoir des informations ou accompagner le mineur en application de l'article L. 311-2, l'officier de police judiciaire, le procureur de la République, le juge des enfants ou le juge d'instruction sollicite du mineur qu'il désigne cet adulte.

Si le mineur ne désigne aucun adulte ou que l'adulte qu'il a désigné n'apparaît pas approprié, le procureur de la République, le juge des enfants ou le juge d'instruction, informé le cas échéant par l'officier de police judiciaire, procède à cette désignation.

L'adulte approprié est choisi en priorité parmi les proches du mineur. Si aucun adulte ne peut être désigné, le procureur de la République, le juge des enfants ou le juge d'instruction désigne un administrateur *ad hoc* sur la liste prévue par les articles R. 53 et R. 53-6 du code de procédure pénale. Les dispositions des 1° à 4° et 6° à 11° de l'article R. 216 du même code sont alors applicables.

TITRE DEUXIÈME DES INVESTIGATIONS ET DE LA MESURE ÉDUCATIVE JUDICIAIRE PROVISOIRE

(Décr. nº 2021-682 du 27 mai 2021, art. 1er ; Décr. nº 2021-683 du 27 mai 2021, art. 1er)

CHAPITRE PREMIER *DISPOSITIONS GÉNÉRALES*

(Décr. nº 2021-682 du 27 mai 2021, art. 1er ; Décr. nº 2021-683 du 27 mai 2021, art. 1er)

Le présent chapitre ne comprend pas de dispositions réglementaires.

CHAPITRE II *DES INFORMATIONS RELATIVES À LA PERSONNALITÉ DU MINEUR*

(Décr. nº 2021-682 du 27 mai 2021, art. 1er ; Décr. nº 2021-683 du 27 mai 2021, art. 1er)

SECTION PREMIÈRE *DES INVESTIGATIONS SUR LA PERSONNALITÉ ET LA SITUATION DU MINEUR*

(Décr. nº 2021-683 du 27 mai 2021, art. 1er)

Art. D. 322-1 Le recueil de renseignements socio-éducatifs est établi :

1° Lorsque l'intéressé est mineur, par le service de la protection judiciaire de la jeunesse ;

2° Lorsque l'intéressé est devenu majeur, par le service de la protection judiciaire de la jeunesse ou, en cas de circonstances matérielles insurmontables, par le service pénitentiaire d'insertion et de probation ou par toute personne habilitée conformément au sixième alinéa de l'article 81 du code de procédure pénale.

Art. D. 322-2 Le recueil de renseignements socio-éducatifs comporte les renseignements prévus au premier alinéa de l'article L. 322-3 et permet de préparer le mineur et sa famille à la tenue de l'audience.

La proposition éducative comporte les objectifs et les modalités du projet d'accompagnement éducatif.

Quand l'incarcération du mineur est envisagée, le recueil de renseignements socio-éducatifs propose une alternative et en étudie la faisabilité socio-éducative.

Art. D. 322-3 Le recueil de renseignements socio-éducatifs est adressé au magistrat mandant et à la juridiction de jugement dans des délais permettant le respect des droits de la défense et du principe du contradictoire. En cas de déferement, une copie de ce rapport est remise à l'avocat du mineur avant le débat contradictoire.

Art. D. 322-4 La mesure judiciaire d'investigation éducative est ordonnée pour une durée de six mois.

Art. D. 322-5 En cours de réalisation de la mesure judiciaire d'investigation éducative, le juge des enfants peut demander un rapport intermédiaire au service chargé de la mesure.

Art. D. 322-6 Les éléments recueillis par le service éducatif dans le cadre de la mesure judiciaire d'investigation éducative portent notamment sur :

1° La situation matérielle et sociale de la famille, les relations en son sein ;

2° Les conditions d'éducation du mineur et d'exercice de l'autorité parentale ;

3° La prise en compte des besoins fondamentaux du mineur ;

4° La personnalité du mineur, son parcours de vie, son histoire familiale, ses réseaux de socialisation ;

5° Ses antécédents judiciaires et éducatifs, son positionnement par rapport aux faits reprochés et à la victime ;

6° Ses compétences psychosociales, son insertion scolaire et professionnelle ;

7° Son bien-être, sa santé physique et psychologique.

Art. D. 322-7 Sur la base des éléments recueillis, le service chargé de la mesure judiciaire d'investigation éducative propose une analyse pluridisciplinaire et élabore les hypothèses de suivi.

Art. D. 322-8 Au moins quinze jours avant l'échéance de la mesure, un rapport est adressé au juge des enfants. Il rend compte des éléments d'analyse et des propositions du service prévues à l'article L. 322-7, ainsi que du positionnement du mineur et de la famille sur les orientations proposées.

Art. D. 322-9 En cas de dégradation de la situation, le service adresse au juge des enfants un rapport circonstancié, formulant des orientations éducatives et proposant le cas échéant la tenue d'une audience.

Art. D. 322-10 Chaque mesure judiciaire d'investigation éducative effectuée en application du présent code par un service du secteur associatif habilité ouvre droit au profit de ce dernier à un paiement versé par le ministère de la justice selon les modalités fixées à la section II du chapitre IV du titre Ier du livre III du code de l'action sociale et des familles.

SECTION II *DU DOSSIER UNIQUE DE PERSONNALITÉ*

(Décr. n° 2021-682 du 27 mai 2021, art. 1er)

Art. R. 322-11 Le dossier unique de personnalité est conservé jusqu'aux dix-huit ans révolus du mineur au greffe de la juridiction qui suit habituellement le mineur.

Art. R. 322-12 Par dérogation aux dispositions de l'article R. 322-11, le dossier unique de personnalité est conservé après la majorité de l'intéressé :

1° Jusqu'à ce que la juridiction saisie ait statué définitivement par une décision rendue au fond ;

2° Jusqu'au terme du suivi d'une mesure éducative ordonnée en application de l'article L. 112-2 ;

3° Tant que le juge des enfants exerce les fonctions dévolues au juge de l'application des peines en application de l'article L. 611-2.

Art. R. 322-13 Le dossier unique de personnalité est détruit à l'issue des délais de conservation mentionnés aux articles R. 322-11 et R. 322-12.

CHAPITRE III *DE LA MESURE ÉDUCATIVE JUDICIAIRE PROVISOIRE*

(Décr. n° 2021-683 du 27 mai 2021, art. 1er)

Art. D. 323-1 Les modalités d'application de la mesure éducative judiciaire prévues aux articles D. 112-2 à D. 113-5 sont applicables à la mesure éducative judiciaire provisoire.

Art. D. 323-2 La juridiction qui prononce une mesure éducative judiciaire provisoire désigne le service éducatif de milieu ouvert de la protection judiciaire de la jeunesse auquel l'exécution et la *coordination* de cette mesure sont confiées.

Ce service :

1° Adresse au juge des enfants, au moins quinze jours avant l'échéance de celle-ci, un rapport sur l'exécution de la mesure et l'évolution du mineur ;

2° Établit un rapport actualisé en vue de chaque audience concernant le mineur ;

3° Informe sans délai le juge des enfants de tout événement de nature à justifier une modification ou la cessation du ou des modules, interdictions prononcées, ou la mainlevée de la mesure.

TITRE TROISIÈME DES MESURES DE SÛRETÉ

(Décr. n° 2021-682 du 27 mai 2021, art. 1er ; Décr. n° 2021-683 du 27 mai 2021, art. 1er)

CHAPITRE PREMIER *DU CONTRÔLE JUDICIAIRE*

(Décr. n° 2021-682 du 27 mai 2021, art. 1er ; Décr. n° 2021-683 du 27 mai 2021, art. 1er)

Art. D. 331-1 *(Décr. n° 2021-683 du 27 mai 2021, art. 1er)* Le rapport mentionné au 2° de l'article L. 331-1 contient des éléments circonstanciés relatifs au suivi éducatif, à la mise en œuvre de la mesure et à l'évolution du mineur. Il comprend une proposition éducative. En cas de carence du mineur, le rapport précise les diligences effectuées par le service pour rencontrer le mineur.

Art. R. 331-2 *(Décr. n° 2021-682 du 27 mai 2021, art. 1er)* Lorsqu'un mineur est retenu en raison de la violation des obligations d'un contrôle judiciaire, lui sont notifiés, outre les droits prévus par l'article 141-4 du code de procédure pénale, les droits suivants :

1° Le droit à ce que les représentants légaux ou l'adulte approprié mentionné à l'article L. 311-2 soient informés et le droit d'être accompagné par ceux-ci lors de ses auditions ou interrogatoires dans les conditions prévues par l'article L. 311-1, sauf circonstances particulières énoncées au deuxième alinéa de l'article L. 413-3 et au deuxième alinéa de l'article L. 413-7 ;

2° Le droit à la protection de sa vie privée garanti par l'interdiction de diffuser les enregistrements de ses auditions, par la tenue des audiences en publicité restreinte et par l'interdiction de publier le compte rendu des débats d'audience ou tout élément permettant son identification ;

3° Le droit d'être détenu séparément des personnes majeures détenues ;

4° Le droit à la préservation de sa santé, ainsi que le respect du droit à la liberté de religion ou de conviction.

CHAPITRE II *DE L'EXÉCUTION DES MANDATS DES JURIDICTIONS POUR MINEURS*

(Décr. n° 2021-682 du 27 mai 2021, art. 1er)

Art. R. 332-1 Lorsqu'un mineur est retenu dans le cadre d'un mandat d'amener ou d'arrêt, lui sont notifiés, outre les droits prévus par l'article 133-1 du code de procédure pénale, les droits suivants :

1° Le droit à ce que les représentants légaux ou l'adulte approprié mentionné à l'article L. 311-2 soient informés et le droit d'être accompagné par ceux-ci lors de ses auditions ou interrogatoires dans les conditions prévues par l'article L. 311-1, sauf circonstances particulières énoncées au deuxième alinéa de l'article L. 413-3 et au deuxième alinéa de l'article L. 413-7 ;

2° Le droit à la protection de sa vie privée garanti par l'interdiction de diffuser les enregistrements de ses auditions, par la tenue des audiences en publicité restreinte et par l'interdiction de publier le compte rendu des débats d'audience ou de tout élément permettant son indentification *[identification]* ;

3° Le droit d'être détenu séparément des personnes majeures détenues ;

4° Le droit à la préservation de sa santé, ainsi que le respect du droit à la liberté de religion ou de conviction.

Art. R. 332-2 Lorsqu'un mineur est appréhendé en exécution d'un mandat d'arrêt européen, lui sont notifiés, outre les droits prévus à l'article 695-27 du code de procédure pénale, les droits suivants :

1° Le droit à ce que les représentants légaux ou l'adulte approprié mentionné à l'article L. 311-2 soient informés et le droit d'être accompagné par ceux-ci lors de ses auditions ou interrogatoires dans les conditions prévues par l'article L. 311-1, sauf circonstances particulières énoncées au deuxième alinéa de l'article L. 413-3 et au deuxième alinéa de l'article L. 413-7 ;

2° Le droit à la protection de sa vie privée garanti par l'interdiction de diffuser les enregistrements de ses auditions, par la tenue des audiences en publicité restreinte et par l'interdiction de publier le compte rendu des débats d'audience ou de tout élément permettant son indentification *[identification]* ;

3° Le droit d'assister aux audiences ;

4° Le droit d'être accompagné par les représentants légaux ou par l'adulte approprié mentionné à l'article L. 311-2 au cours des audiences ;

5° Le droit à une évaluation éducative personnalisée ;

6° Le droit de bénéficier de l'aide juridictionnelle dans les conditions fixées par la loi n° 91-647 du 10 juillet 1991 relative à l'aide juridique.

CHAPITRE III *DE L'ASSIGNATION À RÉSIDENCE AVEC SURVEILLANCE ÉLECTRONIQUE*

(Décr. n° 2021-683 du 27 mai 2021, art. 1er)

Art. D. 333-1 Lorsque l'assignation à résidence avec surveillance électronique concerne un mineur, elle peut être exécutée dans un établissement de placement éducatif de la protection judiciaire de la jeunesse ou dans un établissement du secteur associatif habilité, à l'exception des centres éducatifs fermés.

La décision d'assignation à résidence avec surveillance électronique est alors accompagnée d'une décision de placement au sein de l'établissement.

Les vérifications prévues par les articles D. 32-4 et D. 32-5 du code de procédure pénale sont confiées à un service de la protection judiciaire de la jeunesse. Lorsque la personne mise en examen ou prévenue, mineure au moment des faits, a atteint l'âge de dix-huit ans, ces vérifications peuvent être confiées au service pénitentiaire d'insertion et de probation.

L'avis prévu à l'article L. 333-1 est donné par écrit dans un rapport qui contient une proposition éducative ainsi que tous éléments utiles sur la mise en œuvre du suivi éducatif dans le cadre de la mesure d'assignation à résidence avec surveillance électronique si celle-ci est prononcée.

Art. D. 333-2 Pour l'application des dispositions des articles 142-9, D. 32-17 et D. 32-18 du code de procédure pénale, le directeur interrégional de la protection judiciaire de la jeunesse peut exercer les attributions du directeur du service pénitentiaire d'insertion et de probation. Dans ce cadre, il peut déléguer sa signature et ses pouvoirs à l'un de ses directeurs territoriaux ou l'un de ses directeurs de service. En leur absence ou en cas d'empêchement, le directeur interrégional désigne un fonctionnaire des services déconcentrés pour exercer ces missions.

Les services de la protection judiciaire de la jeunesse assurent le contrôle et le suivi de la mesure conformément aux modalités prévues par les dispositions de l'article R. 57-22 du code de procédure pénale ainsi que l'accompagnement éducatif auprès du mineur.

CHAPITRE IV *DE LA DÉTENTION PROVISOIRE*

(Décr. n° 2021-682 du 27 mai 2021, art. 1er)

Art. R. 334-1 Lorsque le mineur est placé en détention provisoire, le document qui lui est remis en application de l'article 803-6 du code de procédure pénale comprend également l'information des droits suivants :

1° Le droit à ce que les représentants légaux ou l'adulte approprié mentionné à l'article L. 311-2 soient informés et le droit d'être accompagné par ceux-ci lors de ses auditions ou interrogatoires dans les conditions prévues par l'article L. 311-1 ;

2° Le droit à la protection de sa vie privée garanti par l'interdiction de diffuser les enregistrements de ses auditions, par la tenue des audiences en publicité restreinte et par l'interdiction de publier le compte rendu des débats d'audience ou de tout élément permettant son identification ;

3° Le droit à la limitation de la privation de liberté et au recours à des mesures alternatives à la détention, y compris le droit au réexamen périodique de la détention ;

4° Le droit, durant la privation de liberté, à un traitement particulier lié à sa minorité, notamment le droit à l'éducation et l'exercice effectif et régulier du droit à la vie familiale, *le droit* à la préservation de son développement physique et mental ;

5° Le droit d'être détenu séparément des personnes majeures détenues ;

6° Le droit à la préservation de sa santé, ainsi que le respect du droit à la liberté de religion ou de conviction.

Art. R. 334-2 Sans préjudice des dispositions prévues aux premier et deuxième alinéas de *(Décr. n° 2022-479 du 30 mars 2022, art. 5, en vigueur le 1er mars 2022)* « l'article D. 211-4 du code pénitentiaire *[ancienne rédaction : l'article D. 53 du code de procédure pénale]* », les mineurs placés en détention provisoire peuvent également être incarcérés dans un établissement pénitentiaire spécialisé pour mineurs.

L'équipe pluridisciplinaire mentionnée à l'article R. 124-3 peut proposer au magistrat, dans l'intérêt du mineur, de l'incarcérer dans un établissement pénitentiaire dans lesquels les mineurs sont incarcérés autre que son lieu d'incarcération initial.

Art. R. 334-3 Les ordres nécessaires pour le jugement des mineurs, prévus par l'article D. 55 du code de procédure pénale, peuvent être donnés par le juge des enfants à l'égard des mineurs relevant de sa juridiction.

Toute difficulté dans l'exécution de ces ordres fait l'objet d'un compte rendu transmis en urgence au juge des enfants.

Art. R. 334-4 A l'occasion de ses visites dans les établissements pénitentiaires, le juge des enfants vérifie les conditions de la détention des mineurs et peut rencontrer les prévenus mineurs relevant de sa juridiction. Il fait part de ses observations éventuelles aux autorités compétentes pour y donner suite.

Art. R. 334-5 Dans l'hypothèse où le service pénitentiaire d'insertion et de probation est saisi de la situation d'un prévenu détenu suivi précédemment par le service de la protection judiciaire de la jeunesse, ce dernier transmet au service pénitentiaire d'insertion et de probation compétent auprès de l'établissement pénitentiaire où le prévenu est détenu les éléments ou documents recueillis à l'occasion de la mise en œuvre et du suivi des mesures provisoires.

LIVRE QUATRIÈME DE LA PROCÉDURE PRÉALABLE AU JUGEMENT

(Décr. n° 2021-682 du 27 mai 2021, art. 1er ; Décr. n° 2021-683 du 27 mai 2021, art. 1er)

TITRE PREMIER DE L'AUDITION DU MINEUR SUSPECT

(Décr. n° 2021-682 du 27 mai 2021, art. 1er ; Décr. n° 2021-683 du 27 mai 2021, art. 1er)

CHAPITRE PREMIER *DISPOSITIONS GÉNÉRALES*

(Décr. n° 2021-683 du 27 mai 2021, art. 1er)

Art. D. 411-1 La présomption d'absence de capacité de discernement des mineurs âgés de moins de treize ans prévue à l'article L. 11-1 n'interdit pas leur audition au cours de l'enquête ou sur commission rogatoire dans le cadre d'une audition libre ou d'une retenue.

CHAPITRE II *DE L'AUDITION LIBRE*

(Décr. n° 2021-682 du 27 mai 2021, art. 1er)

Art. R. 412-1 Lors de l'audition libre d'un mineur, lui sont notifiés dans des termes simples et accessibles, outre les droits prévus à l'article 61-1 du code de procédure pénale, les droits suivants :

1° Le droit à ce que les représentants légaux ou l'adulte approprié mentionné à l'article L. 311-2 soient informés et le droit d'être accompagné par ceux-ci lors de ses auditions dans les conditions prévues par l'article L. 311-1 ;

2° Le droit à la protection de sa vie privée garanti par l'interdiction de diffuser les enregistrements de ses auditions, par la tenue des audiences en publicité restreinte et par l'interdiction de publier le compte rendu des débats d'audience ou de tout élément permettant son identification.

CHAPITRE III *DE LA RETENUE ET DE LA GARDE À VUE*

(Décr. n° 2021-682 du 27 mai 2021, art. 1er ; Décr. n° 2021-683 du 27 mai 2021, art. 1er)

Art. R. 413-1 *(Décr. n° 2021-682 du 27 mai 2021, art. 1er)* Lors de la retenue ou de la garde à vue d'un mineur, lui sont notifiés dans des termes simples et accessibles, outre les droits prévus aux articles L. 413-8 et L. 413-9 du présent code ainsi qu'à l'article 63-1 du code de procédure pénale, les droits suivants :

1° Le droit à ce que les représentants légaux ou l'adulte approprié mentionné à l'article L. 311-2 soient informés et le droit d'être accompagné par ceux-ci lors de ses auditions ou interrogatoires dans les conditions prévues par l'article L. 311-1, sauf circonstances particulières énoncées au deuxième alinéa de l'article L. 413-3 et au deuxième alinéa de l'article L. 413-7 ;

2° Le droit à la protection de sa vie privée garanti par l'interdiction de diffuser les enregistrements de ses auditions, par la tenue des audiences en publicité restreinte et par l'interdiction de publier le compte rendu des débats d'audience ou de tout élément permettant son identification ;

3° Le droit d'être détenu séparément des personnes majeures détenues ;

4° Le droit à la préservation de sa santé, ainsi que le respect du droit à la liberté de religion ou de conviction.

Art. R. 413-2 *(Décr. n° 2021-682 du 27 mai 2021, art. 1er)* Lorsqu'en application du premier alinéa de l'article L. 413-3 et du premier alinéa de l'article L. 413-7, l'officier de police judiciaire informe du placement en retenue ou en garde à vue d'un mineur, ses représentants légaux et la personne ou le service auquel il est confié, il leur donne connaissance de la qualification, de la date et du lieu présumés de l'infraction que le mineur est soupçonné avoir commis*[e]* ou tenté de commettre ainsi que des motifs mentionnés aux 1° à 6° de l'article 62-2 du code de procédure pénale justifiant son placement en retenue ou en garde à vue.

Lorsqu'il est fait application du deuxième alinéa de l'article L. 413-3 et du deuxième alinéa de l'article L. 413-7 du présent code, le procureur de la République ou le juge d'instruction en avise sans retard le juge des enfants territorialement compétent.

Lorsqu'elle n'est pas donnée aux représentants légaux, l'information prévue aux articles L. 413-3 et L. 413-7 est donnée à l'adulte approprié mentionné à l'article L. 311-2.

Art. R. 413-3 *(Décr. n° 2021-682 du 27 mai 2021, art. 1er)* Les mineurs placés en retenue et en garde à vue sont séparés des personnes majeures sauf :

1° S'il est de l'intérêt supérieur de l'enfant de ne pas en être séparé ;

2° A titre exceptionnel, si cette séparation n'apparaît pas possible, à la condition que la manière dont les mineurs sont mis en présence des personnes majeures soit compatible avec l'intérêt supérieur de l'enfant.

Art. D. 413-4 *(Décr. n° 2021-683 du 27 mai 2021, art. 1er)* Pour l'application des dispositions de l'article L. 413-12 relatif à l'enregistrement audiovisuel des interrogatoires des mineurs placés en garde à vue ou en retenue, l'enregistrement original est placé sous scellé fermé et une copie est versée au dossier. Cette copie peut être commune à l'ensemble des enregistrements effectués au cours de la procédure.

Sur instruction du procureur de la République ou du procureur général, l'enregistrement original et la copie versée au dossier sont détruits par le greffe de la juridiction dans le délai prévu par l'article L. 413-15.

Une copie de l'enregistrement peut être conservée par le service ou l'unité de police judiciaire chargé de la procédure, qui peut la consulter pour les nécessités des investigations. Cette copie est détruite au plus tard dans un délai de cinq ans après le dernier acte de procédure dressé par les enquêteurs.

Les modalités techniques de l'enregistrement audiovisuel sont déterminées par arrêté conjoint du garde des sceaux, ministre de la justice, et du ministre de l'intérieur.

TITRE DEUXIÈME **DE L'ACTION PUBLIQUE**

(Décr. n° 2021-682 du 27 mai 2021, art. 1er ; Décr. n° 2021-683 du 27 mai 2021, art. 1er)

CHAPITRE PREMIER ***DISPOSITIONS GÉNÉRALES***

(Décr. n° 2021-682 du 27 mai 2021, art. 1er ; Décr. n° 2021-683 du 27 mai 2021, art. 1er)

Le présent chapitre ne comprend pas de dispositions réglementaires.

CHAPITRE II *DES ALTERNATIVES AUX POURSUITES ET DE LA COMPOSITION PÉNALE*

(*Décr. n° 2021-682 du 27 mai 2021, art. 1er ; Décr. n° 2021-683 du 27 mai 2021, art. 1er*)

SECTION PREMIÈRE *DES ALTERNATIVES AUX POURSUITES*

(*Décr. n° 2021-683 du 27 mai 2021, art. 1er*)

Art. D. 422-1 Si, à l'issue de l'enquête, le procureur de la République classe sans suite la procédure au motif que le mineur n'était pas capable de discernement au sens de l'article L. 11-1, il saisit s'il y a lieu les autorités compétentes en matière de protection administrative ou judiciaire de l'enfance.

Art. D. 422-2 Le procureur de la République ne peut faire application, à l'égard d'un mineur de moins de treize ans, des articles L. 422-1 à L. 422-2 relatifs aux alternatives aux poursuites, que lorsqu'il ressort des éléments de la procédure que le mineur est capable de discernement au sens de l'article L. 11-1.

Art. D. 422-3 Lorsque le procureur de la République propose au mineur la mesure de réparation prévue au 2° de l'article L. 422-1, il est fait application des dispositions de l'article D. 112-28.

Art. D. 422-4 Lorsque le procureur de la République fait procéder à une mission de médiation prévue au 5° de l'article 41-1 du code de procédure pénale, il est fait application des dispositions des articles D. 112-29 et D. 112-30.

Art. D. 422-5 Lorsque le procureur de la République propose au mineur une mesure de réparation prévue au 2° de l'article L. 422-1 ou fait procéder à une mission de médiation prévue au 5° de l'article 41-1 du code de procédure pénale, il désigne le service de la protection judiciaire de la jeunesse ou du secteur associatif habilité chargé de la mettre en œuvre.

A l'échéance de la mesure, ce service adresse au procureur de la République un rapport rendant compte de son déroulement.

SECTION II *DE LA COMPOSITION PÉNALE*

(*Décr. n° 2021-682 du 27 mai 2021, art. 1er ; Décr. n° 2021-683 du 27 mai 2021, art. 1er*)

Art. D. 422-6 (*Décr. n° 2021-683 du 27 mai 2021, art. 1er*) Lorsque le procureur de la République propose l'accomplissement d'un stage de formation civique prévu au 1° de l'article L. 422-3, il est fait application des articles D. 112-8 à D. 112-17.

En cas de difficulté d'exécution du stage, le service chargé de sa mise en œuvre en informe sans délai le procureur de la République et lui adresse un rapport.

Dans le délai d'un mois suivant la fin du stage, un rapport sur l'exécution de la mesure est transmis au procureur de la République.

Art. R. 422-7 (*Décr. n° 2021-682 du 27 mai 2021, art. 1er*) Le travail non rémunéré prévu au deuxième alinéa de l'article L. 422-3 présente un caractère formateur et est de nature à favoriser l'insertion sociale du mineur. Il est adapté aux mineurs et tient compte des contraintes liées à la poursuite ou à la recherche de scolarité et de formation.

Art. R. 422-8 (*Décr. n° 2021-682 du 27 mai 2021, art. 1er*) Le travail non rémunéré prévu au deuxième alinéa de l'article L. 422-3 consiste dans l'un des travaux inscrits sur la liste prévue au 1° de l'article 131-36 du code pénal et établie selon les modalités prévues à l'article R. 122-2 du présent code.

Art. R. 422-9 (*Décr. n° 2021-682 du 27 mai 2021, art. 1er*) Pour l'habilitation, prévue au 6° de l'article 41-2 du code de procédure pénale, des personnes morales de droit privé chargées d'une mission de service public ou des associations demandant à mettre en œuvre des travaux non rémunérés adaptés aux mineurs, il est fait application des dispositions de l'article R. 122-1 du présent code.

Art. R. 422-10 (*Décr. n° 2021-682 du 27 mai 2021, art. 1er*) Lorsque le procureur de la République propose au mineur l'accomplissement d'un travail non rémunéré en application

du deuxième alinéa de l'article L. 422-3, il désigne le service de la protection judiciaire de la jeunesse ou du secteur associatif habilité chargé de le mettre en œuvre.

Art. R. 422-11 *(Décr. n° 2021-682 du 27 mai 2021, art. 1er)* **Le service chargé de la mise en œuvre du travail non rémunéré recueille les pièces permettant au mineur d'exécuter cette mesure. Un certificat médical d'aptitude à l'affectation envisagée doit être produit par le mineur.**

Art. R. 422-12 *(Décr. n° 2021-682 du 27 mai 2021, art. 1er)* **Le service chargé de la mise en œuvre du travail non rémunéré propose une affectation adaptée à la personnalité et à la situation du mineur.**

Art. R. 422-13 *(Décr. n° 2021-682 du 27 mai 2021, art. 1er)* **Le procureur de la République fixe les modalités d'exécution du travail non rémunéré et notamment l'organisme au sein duquel le travail sera accompli.**

L'ordonnance d'affectation est notifiée préalablement à l'exécution du travail non rémunéré par le procureur de la République au mineur, à ses représentants légaux, au service chargé de sa mise en œuvre, ainsi qu'à l'organisme au profit duquel le travail non rémunéré est accompli.

Art. R. 422-14 *(Décr. n° 2021-682 du 27 mai 2021, art. 1er)* **Le travail non rémunéré est exécuté conformément aux dispositions du droit du travail encadrant le temps de travail des mineurs d'au moins seize ans.**

Art. R. 422-15 *(Décr. n° 2021-682 du 27 mai 2021, art. 1er)* **En cas de difficulté d'exécution du travail non rémunéré liée notamment au comportement du mineur, le service chargé de sa mise en œuvre en informe sans délai le procureur de la République et lui adresse un rapport.**

Dans le délai d'un mois suivant la fin de l'exécution du travail non rémunéré, un rapport est adressé au procureur de la République.

CHAPITRE III *DE LA MISE EN MOUVEMENT DE L'ACTION PUBLIQUE*

(Décr. n° 2021-682 du 27 mai 2021, art. 1er ; Décr. n° 2021-683 du 27 mai 2021, art. 1er)

SECTION PREMIÈRE *DES DÉCISIONS SUR LES POURSUITES*

(Décr. n° 2021-682 du 27 mai 2021, art. 1er ; Décr. n° 2021-683 du 27 mai 2021, art. 1er)

Art. R. 423-1 *(Décr. n° 2021-682 du 27 mai 2021, art. 1er)* **L'action publique ne peut être mise en mouvement contre un mineur de moins de treize ans que lorsque les éléments de la procédure font apparaître qu'il est capable de discernement au sens de l'article L. 11-1.**

Art. D. 423-2 *(Décr. n° 2021-683 du 27 mai 2021, art. 1er)* **Le juge des enfants ou le tribunal pour enfants peut ordonner des investigations supplémentaires sur la capacité de discernement du mineur, d'office, à la demande du ministère public ou des autres parties, en application de l'article L. 521-3.**

Le juge d'instruction peut également ordonner des investigations à cette fin, en application de l'article 156 du code de procédure pénale.

Art. D. 423-3 *(Décr. n° 2021-683 du 27 mai 2021, art. 1er)* **Le rapport mentionné au *a* du 2° de l'article L. 423-4 contient des éléments circonstanciés relatifs au suivi éducatif, à la mise en œuvre de la mesure et à l'évolution du mineur. Il comprend une proposition éducative. En cas de carence du mineur, le rapport précise les diligences effectuées par le service pour rencontrer le mineur.**

Art. D. 423-4 *(Décr. n° 2021-683 du 27 mai 2021, art. 1er)* **Lorsqu'elles sont remises à un mineur, les convocations en justice mentionnées à l'article L. 423-8 contiennent l'information des droits suivants :**

1° Le droit à ce que les représentants légaux ou l'adulte approprié mentionné à l'article L. 311-2 soient informés et le droit d'être accompagné par ceux-ci lors de ses auditions ou interrogatoires dans les conditions prévues par l'article L. 311-1, sauf circonstances particulières énoncées au deuxième alinéa de l'article L. 413-3 et au deuxième alinéa de l'article L. 413-7 ;

2° Le droit à la protection de sa vie privée garanti par l'interdiction de diffuser les enregistrements de ses auditions, par la tenue des audiences en publicité restreinte et par l'interdiction de publier le compte rendu des débats d'audience ou de tout élément permettant son identification ;

3° Le droit d'assister aux audiences ;

4° Le droit d'être accompagné par les représentants légaux ou par l'adulte approprié mentionné à l'article L. 311-2 au cours des audiences ;

5° Le droit à une évaluation éducative personnalisée ;

6° Le droit de bénéficier de l'aide juridictionnelle dans les conditions fixées par la loi n° 91-647 du 10 juillet 1991 relative à l'aide juridique.

Art. D. 423-5 *(Décr. n° 2021-683 du 27 mai 2021, art. 1er)* Lorsque la juridiction est saisie par procès-verbal du procureur de la République établi lors d'un déferement en application du 2° de l'article L. 423-7, la victime est avisée par tout moyen de la date d'audience.

Art. D. 423-6 *(Décr. n° 2021-683 du 27 mai 2021, art. 1er)* Lorsque le juge des libertés et de la détention ne fait pas droit aux réquisitions du procureur de la République aux fins de placement en détention provisoire du mineur en application du 2° de l'article L. 423-9, le juge des enfants peut modifier, dans le respect des délais prévus à l'article L. 423-8, la date de convocation devant le tribunal pour enfants notifiée préalablement par le procureur de la République.

La nouvelle convocation est notifiée à l'intéressé par le juge des enfants ou par son greffier, et dans les meilleurs délais aux représentants légaux et à la personne ou au service auquel le mineur est confié. La victime est avisée par tout moyen de la nouvelle date d'audience.

SECTION II *DE LA TRANSMISSION D'INFORMATIONS DU JUGE DES ENFANTS AU JUGE DES LIBERTÉS ET DE LA DÉTENTION*

(Décr. n° 2021-683 du 27 mai 2021, art. 1er)

Art. D. 423-7 Dès qu'il est avisé par le procureur de la République de la mise en œuvre des dispositions du 2° de l'article L. 423-9, le juge des enfants communique au juge des libertés et de la détention tout élément utile relatif à la personnalité et à la situation du mineur.

Art. D. 423-8 Lorsque le juge des libertés et de la détention est saisi d'une demande de mise en liberté en application de l'article L. 423-11, le juge des enfants lui communique tout élément utile relatif à l'évolution de la situation du mineur et l'informe notamment des dispositifs de scolarisation, d'insertion ou de placement envisageables pour le mineur en cas de libération.

SECTION III *DE LA SAISINE DE LA JURIDICTION DE JUGEMENT*

(Décr. n° 2021-683 du 27 mai 2021, art. 1er)

Art. D. 423-9 Lorsqu'il est fait application de l'article L. 423-10, les avis et citations des parties à la nouvelle audience de prononcé de la sanction mentionnent l'annulation de la date d'audience initialement prévue. En cas de pluralité d'auteurs dans la procédure dans laquelle une période de mise à l'épreuve éducative est déjà en cours, le dossier est disjoint pour le mineur faisant l'objet de la nouvelle convocation.

TITRE TROISIÈME DE L'INFORMATION JUDICIAIRE

(Décr. n° 2021-682 du 27 mai 2021, art. 1er ; Décr. n° 2021-683 du 27 mai 2021, art. 1er)

CHAPITRE PREMIER *DE L'INFORMATION ET DE LA CONVOCATION DES REPRÉSENTANTS LÉGAUX*

(Décr. n° 2021-682 du 27 mai 2021, art. 10)

Art. R. 431-1 Lors de la première comparution du mineur, lui sont notifiés dans des termes simples et accessibles, outre les droits prévus par l'article 116 du code de procédure pénale, les droits suivants :

1° Le droit à ce que les représentants légaux ou l'adulte approprié mentionné à l'article L. 311-2 soient informés et le droit d'être accompagné par ceux-ci lors de ses auditions ou interrogatoires dans les conditions prévues par l'article L. 311-1, sauf circonstances particulières énoncées au deuxième alinéa de l'article L. 413-3 et au deuxième alinéa de l'article L. 413-7 ;

2° Le droit à la protection de sa vie privée garanti par l'interdiction de diffuser les enregistrements de ses auditions, par la tenue des audiences en cabinet et par l'interdiction de publier le compte rendu des débats d'audience ou de tout élément permettant son identification ;

3° Le droit d'assister aux audiences ;

4° Le droit d'être accompagné par les représentants légaux ou par l'adulte approprié mentionné à l'article L. 311-2 au cours des audiences ;

5° Le droit à une évaluation éducative personnalisée ;

6° Le droit de bénéficier de l'aide juridictionnelle dans les conditions fixées par la loi n° 91-647 du 10 juillet 1991 relative à l'aide juridique.

CHAPITRE II *DE LA MESURE JUDICIAIRE D'INVESTIGATION ÉDUCATIVE ET DE LA MESURE ÉDUCATIVE JUDICIAIRE PROVISOIRE*

(Décr. n° 2021-683 du 27 mai 2021, art. 1er)

Art. D. 432-1 Lorsqu'une mesure judiciaire d'investigation éducative ou une mesure éducative judiciaire provisoire est ordonnée dans le cadre d'une information judiciaire en application des articles L. 432-1 et L. 432-2, les références au juge des enfants relatives au suivi de ces mesures s'entendent comme des références au juge d'instruction.

CHAPITRE III *DES MESURES DE SÛRETÉ*

(Décr. n° 2021-682 du 27 mai 2021, art. 1er ; Décr. n° 2021-683 du 27 mai 2021, art. 1er)

Le présent chapitre ne comprend pas de dispositions réglementaires.

CHAPITRE IV *DU RÈGLEMENT DE L'INFORMATION JUDICIAIRE*

(Décr. n° 2021-682 du 27 mai 2021, art. 1er ; Décr. n° 2021-683 du 27 mai 2021, art. 1er)

Le présent chapitre ne comprend pas de dispositions réglementaires.

CHAPITRE V *DE L'APPEL DES ORDONNANCES RENDUES AU COURS DE L'INSTRUCTION ET À L'ISSUE DE CELLE-CI*

(Décr. n° 2021-682 du 27 mai 2021, art. 1er ; Décr. n° 2021-683 du 27 mai 2021, art. 1er)

Le présent chapitre ne comprend pas de dispositions réglementaires.

LIVRE CINQUIÈME **DU JUGEMENT**

(Décr. n° 2021-682 du 27 mai 2021, art. 1er ; Décr. n° 2021-683 du 27 mai 2021, art. 1er)

TITRE PREMIER **DISPOSITIONS GÉNÉRALES**

(Décr. n° 2021-682 du 27 mai 2021, art. 1er ; Décr. n° 2021-683 du 27 mai 2021, art. 1er)

CHAPITRE PREMIER *DES DÉBATS*

(Décr. n° 2021-682 du 27 mai 2021, art. 1er ; Décr. n° 2021-683 du 27 mai 2021, art. 1er)

Le présent chapitre ne comprend pas de dispositions réglementaires.

CHAPITRE II *DE L'ACTION CIVILE*

(Décr. n° 2021-683 du 27 mai 2021, art. 1er)

Art. D. 512-1 La juridiction de jugement qui, après avoir déclaré que le mineur poursuivi a commis les faits qui lui sont reprochés, constate qu'il n'est pas pénalement responsable en raison de son absence de capacité de discernement, statue sur l'action civile conformément aux articles 1240 et 1242 du code civil. La juridiction peut décider de faire application des dispositions de l'article L. 512-3 du présent code.

CHAPITRE III *DE LA PUBLICITÉ DES AUDIENCES*

(Décr. n° 2021-682 du 27 mai 2021, art. 1er ; Décr. n° 2021-683 du 27 mai 2021, art. 1er)

Le présent chapitre ne comprend pas de dispositions réglementaires.

TITRE DEUXIÈME DE LA PROCÉDURE DE JUGEMENT

(Décr. n° 2021-682 du 27 mai 2021, art. 1er ; Décr. n° 2021-683 du 27 mai 2021, art. 1er)

CHAPITRE PREMIER *DU JUGEMENT DEVANT LE JUGE DES ENFANTS ET LE TRIBUNAL POUR ENFANTS*

(Décr. n° 2021-682 du 27 mai 2021, art. 1er ; Décr. n° 2021-683 du 27 mai 2021, art. 1er)

Art. R. 521-1 *(Décr. n° 2021-682 du 27 mai 2021, art. 1er)* Le jugement déclarant un mineur âgé de moins de treize ans coupable d'une infraction pénale est motivé au regard de la présomption d'absence de capacité de discernement prévue à l'article L. 11-1. La motivation se fonde sur tout élément du dossier établissant qu'il était capable de discernement au moment des faits.

Art. D. 521-2 *(Décr. n° 2021-683 du 27 mai 2021, art. 1er)* Le rapport mentionné au deuxième alinéa de l'article L. 521-2 contient des éléments circonstanciés relatifs au suivi éducatif, à la mise en œuvre de la mesure et à l'évolution du mineur. Il comprend une proposition éducative. En cas de carence du mineur, le rapport précise les diligences effectuées par le service pour rencontrer le mineur.

Art. D. 521-3 *(Décr. n° 2021-683 du 27 mai 2021, art. 1er)* Lorsqu'un mineur est déclaré coupable en application des articles L. 521-7 à L. 521-12 et L. 521-27, le jugement se prononce sur la culpabilité, sur l'action civile le cas échéant, sur le renvoi du prononcé de la sanction, sur l'ouverture ou l'extension d'une période de mise à l'épreuve éducative et sur les mesures prises en application de l'article L. 521-14.

Art. D. 521-4 *(Décr. n° 2021-683 du 27 mai 2021, art. 1er)* Lorsqu'une période de mise à l'épreuve éducative est étendue, en application de l'article L. 521-11, à une ou plusieurs autres procédures, la période de mise à l'épreuve éducative ainsi que les mesures prononcées deviennent communes à l'ensemble de ces procédures.

Art. D. 521-5 *(Décr. n° 2021-683 du 27 mai 2021, art. 1er)* Lorsqu'il est fait application du premier alinéa de l'article L. 521-11, l'extension de la période de mise à l'épreuve éducative est mentionnée au dossier initial.

Art. D. 521-6 *(Décr. n° 2021-683 du 27 mai 2021, art. 1er)* Lorsqu'une période de mise à l'épreuve éducative est commune à plusieurs procédures, les décisions ordonnant le prononcé, la modification ou la mainlevée des mesures prévues à l'article L. 521-14 sont versées au dossier initial.

Ces décisions mentionnent les références des procédures concernées par la période de mise à l'épreuve éducative.

Art. D. 521-7 *(Décr. n° 2021-683 du 27 mai 2021, art. 1er)* Lorsque plusieurs mineurs sont déclarés coupables dans la même affaire et qu'ils ne sont pas renvoyés à la même audience de prononcé de la sanction, le dossier est disjoint. Un dossier est constitué pour chaque mineur.

Art. D. 521-8 *(Décr. n° 2021-683 du 27 mai 2021, art. 1er)* En cas de dessaisissement décidé en application de l'article L. 521-12 ou L. 521-17, la procédure est transmise sans délai au juge des enfants nouvellement saisi.

Art. D. 521-9 *(Décr. n° 2021-683 du 27 mai 2021, art. 1er)* Lorsqu'il est fait application des articles L. 521-19 ou L. 521-20, les avis et citations des parties à la nouvelle audience de prononcé de la sanction mentionnent l'annulation de la date d'audience initialement prévue. En cas de pluralité d'auteurs, le dossier est disjoint.

Art. D. 521-10 *(Décr. n° 2021-683 du 27 mai 2021, art. 1er)* Lorsque le juge des enfants ordonne l'incarcération provisoire du mineur en vue d'un débat différé en application de l'article L. 521-21, il peut saisir le service compétent de la protection judiciaire de la jeunesse afin qu'il soit procédé aux vérifications prévues par l'article 81 du code de procédure pénale.

CHAPITRE II *DU JUGEMENT DEVANT LA COUR D'ASSISES DES MINEURS*

(Décr. n° 2021-682 du 27 mai 2021, art. 1er ; Décr. n° 2021-683 du 27 mai 2021, art. 1er)

Le présent chapitre ne comprend pas de dispositions réglementaires.

TITRE TROISIÈME DES VOIES DE RECOURS

(Décr. n° 2021-682 du 27 mai 2021, art. 1er ; Décr. n° 2021-683 du 27 mai 2021, art. 1er)

CHAPITRE PREMIER *DE L'APPEL*

(Décr. n° 2021-683 du 27 mai 2021, art. 1er)

Art. D. 531-1 Pour l'application de l'article L. 531-3, les juridictions de premier degré et d'appel se transmettent réciproquement et sans délai les actes de la procédure postérieurs à la date à laquelle l'appel a été interjeté.

Art. D. 531-2 La période de mise à l'épreuve éducative étendue à plusieurs procédures subsiste lorsqu'une relaxe est prononcée en appel dans une des affaires pour lesquelles elle est ouverte. La cour d'appel qui prononce la relaxe statue, le cas échéant, sur le maintien des mesures de sûreté prononcées.

CHAPITRE II *DE L'OPPOSITION*

(Décr. n° 2021-682 du 27 mai 2021, art. 1er ; Décr. n° 2021-683 du 27 mai 2021, art. 1er)

Le présent chapitre ne comprend pas de dispositions réglementaires.

LIVRE SIXIÈME L'APPLICATION ET L'EXÉCUTION DES MESURES ÉDUCATIVES ET DES PEINES

(Décr. n° 2021-682 du 27 mai 2021, art. 1er ; Décr. n° 2021-683 du 27 mai 2021, art. 1er)

TITRE PREMIER DE L'APPLICATION DES MESURES ÉDUCATIVES ET DES PEINES

(Décr. n° 2021-682 du 27 mai 2021, art. 1er ; Décr. n° 2021-683 du 27 mai 2021, art. 1er)

CHAPITRE PREMIER *DES JURIDICTIONS DE L'APPLICATION DES MESURES ÉDUCATIVES ET DES PEINES*

(Décr. n° 2021-683 du 27 mai 2021, art. 1er)

SECTION PREMIÈRE *DE LA COMPÉTENCE DES JURIDICTIONS POUR MINEURS EN MATIÈRE D'APPLICATION DES MESURES ÉDUCATIVES ET DES PEINES*

Art. D. 611-1 Toutes les décisions du juge des enfants relatives à la mesure éducative judiciaire sont transmises au service de la protection judiciaire de la jeunesse désigné pour exercer la mesure en application de l'article D. 112-1.

SECTION II *DE L'ARTICULATION DES COMPÉTENCES ENTRE PLUSIEURS JUGES DES ENFANTS CHARGÉS DU SUIVI DU MINEUR*

Art. D. 611-2 L'ordonnance par laquelle le juge des enfants se dessaisit au profit du juge de l'application des peines conformément aux dispositions de l'article L. 611-5 est portée à la connaissance du condamné par lettre recommandée si celui-ci n'est pas détenu ou par le greffe de l'établissement pénitentiaire dans le cas contraire. Le parquet du lieu de condamnation en est également avisé.

Art. D. 611-3 L'ordonnance par laquelle le juge des enfants se dessaisit, en application du premier alinéa de l'article L. 611-9, au profit du juge des enfants qui connaît habituellement la situation du mineur, est portée à la connaissance du condamné par lettre recommandée si celui-ci n'est pas détenu ou par le greffe de l'établissement pénitentiaire dans le cas contraire. Cette ordonnance est notifiée par lettre recommandée aux représentants légaux du mineur. Le service de la protection judiciaire de la jeunesse est informé. Le parquet du lieu de condamnation en est également avisé.

Art. D. 611-4 Pour l'application des dispositions de l'article D. 48-2-1 du code de procédure pénale, la convocation est délivrée en premier lieu devant le juge des enfants compétent en application des dispositions de l'article L. 611-7.

Art. D. 611-5 Lorsque le tribunal judiciaire ne comporte pas dans son ressort d'établissement pénitentiaire dans lequel sont incarcérés les mineurs, les juges des enfants et les responsables du service du tribunal pour enfants sont conviés aux réunions de la commission de l'exécution et de l'application des peines prévue par l'article D. 48-5-4 du code de procédure pénale de la juridiction limitrophe dans laquelle se situe un tel établissement.

SECTION III *DE LA COMPÉTENCE DE LA PROTECTION JUDICIAIRE DE LA JEUNESSE EN MATIÈRE D'APPLICATION DES MESURES ÉDUCATIVES ET DES PEINES*

Art. D. 611-6 La juridiction pour mineurs désigne, s'il y a lieu, le service de la protection judiciaire de la jeunesse chargé de préparer, mettre en œuvre et suivre les condamnations pénales et les mesures d'individualisation de la peine.

La juridiction pour mineurs peut également, lorsque le condamné a atteint l'âge de dix-huit ans à la date de sa condamnation, saisir le service pénitentiaire d'insertion et de probation.

Art. D. 611-7 Les services de la protection judiciaire de la jeunesse, pour les situations relevant de leur compétence en application de l'article D. 621-2, concourent à la préparation des mesures d'individualisation de la peine. Ils peuvent être chargés de l'exécution d'investigations et de vérifications. Ils fournissent à l'autorité judiciaire compétente, à la demande de celle-ci ou de leur propre initiative, tout élément d'information sur la situation personnelle, familiale et sociale de nature à favoriser l'individualisation de la peine de la personne condamnée ou susceptible de l'être.

Lorsqu'il a été prononcé une peine privative de liberté, les services de la protection judiciaire de la jeunesse sont chargés de rechercher les moyens permettant l'élaboration d'un projet d'aménagement de peine. Ils produisent les avis ou rapports sur le condamné, détenu ou libre, dont la situation pénale est examinée par le juge des enfants ou le tribunal pour enfants.

Art. D. 611-8 Le service de la protection judiciaire de la jeunesse désigné en application de l'article D. 611-6 assure l'accompagnement éducatif du condamné dans le cadre de la mesure qui lui a été confiée. Il lui apporte aide et soutien. Il veille au respect des obligations qui lui sont imposées dans le cadre d'une condamnation pénale ou d'une mesure d'aménagement de peine.

Il propose, en fonction de l'évolution de l'intéressé, des aménagements ou modifications des mesures de contrôle, obligations ou conditions fixées par l'autorité judiciaire.

Art. D. 611-9 Le service de la protection judiciaire de la jeunesse désigné en application de l'article D. 611-6 adresse au juge, dans un délai de trois mois à compter de sa saisine, un rapport relatif au projet d'exécution de la peine.

Il lui adresse ensuite un rapport d'évaluation selon les échéances fixées par la juridiction ainsi qu'à l'issue du suivi.

Tout incident relatif aux obligations, conditions et mesures de contrôle auxquelles est soumis le condamné fait l'objet d'un rapport circonstancié transmis au juge dans les meilleurs délais.

Art. D. 611-10 Pour l'exercice de ses missions d'application des peines, le service de la protection judiciaire de la jeunesse désigné en application de l'article D. 611-6 met en œuvre un accompagnement éducatif global en prenant appui sur l'ensemble des ressources des établissements et services de la protection judiciaire de la jeunesse et du secteur associatif habilité. Il inscrit son action dans le cadre des politiques publiques territoriales destinées aux jeunes en difficulté. Il vise notamment à favoriser l'accès aux droits.

Dans le cadre de la mise en œuvre et du suivi d'un aménagement de la peine, le service de la protection judiciaire de la jeunesse désigné veille à inscrire ses actions dans la continuité de l'action éducative déjà engagée auprès du condamné.

Art. D. 611-11 Les services de la protection judiciaire de la jeunesse exercent leurs missions en matière d'application des peines en lieu et place des services pénitentiaires d'insertion et de probation.

Pour l'exercice des missions relatives à l'application des peines, les personnels de la protection judiciaire de la jeunesse bénéficient des mêmes prérogatives que les personnels du service pénitentiaire d'insertion et de probation telles que définies aux articles D. 462 et D. 463 du code de procédure pénale.

Art. D. 611-12 Lorsque la commission de l'application des peines examine la situation d'un condamné relevant de la compétence d'un service de la protection judiciaire de la jeunesse, ce service y est représenté par l'un de ses personnels éducatifs.

Art. D. 611-13 Dans l'hypothèse où le service pénitentiaire d'insertion et de probation est saisi de la situation d'un condamné suivi précédemment par le service de la protection judiciaire de la jeunesse, ce dernier transmet au service pénitentiaire d'insertion et de probation compétent auprès de l'établissement pénitentiaire où le condamné est détenu ou, si le condamné n'est pas ou n'est plus détenu, au service pénitentiaire d'insertion et de probation du lieu de résidence de l'intéressé, copie des éléments ou documents recueillis à l'occasion de la mise en œuvre et du suivi des condamnations.

Art. D. 611-14 Dans le cas prévu par le deuxième alinéa de l'article 712-13 du code de procédure pénale, le président et les conseillers de la chambre spéciale des mineurs de la cour d'appel sont assistés par le responsable d'une association de réinsertion des condamnés et le responsable d'une association d'aide aux victimes membres de la chambre de l'application des peines de la cour d'appel. Est le cas échéant compétente la chambre des mineurs de la cour d'appel dont la compétence territoriale est étendue en application des dispositions du deuxième alinéa de l'article 712-13 du code de procédure pénale.

CHAPITRE II *DES AUDIENCES D'APPLICATION DES PEINES*

(Décr. nº 2021-683 du 27 mai 2021, art. 1er)

Art. D. 612-1 Lorsque le juge des enfants convoque un mineur condamné à un suivi socio-judiciaire en application de l'article R. 61 du code de procédure pénale, il convoque également ses représentants légaux.

Art. D. 612-2 Pour la tenue du débat contradictoire prévu aux articles 712-6 et 712-7 du code de procédure pénale, le service de la protection judiciaire de la jeunesse compétent adresse au juge des enfants ou au tribunal pour enfants un rapport comprenant sa proposition éducative.

Le juge des enfants ou le tribunal pour enfants peut demander au représentant de la protection judiciaire de la jeunesse de développer oralement sa proposition éducative lors du débat contradictoire.

CHAPITRE III *DU RÉGIME DE LA RÉTENTION*

(Décr. nº 2021-682 du 27 mai 2021, art. 1er ; Décr. nº 2021-683 du 27 mai 2021, art. 1er)

Le présent chapitre ne comprend pas de dispositions réglementaires.

TITRE DEUXIÈME DE L'AMÉNAGEMENT DES PEINES

(Décr. nº 2021-683 du 27 mai 2021, art. 1er)

CHAPITRE UNIQUE *DE LA MISE EN ŒUVRE ET DU SUIVI DES CONDAMNATIONS*

Art. D. 621-1 Lorsque le juge des enfants chargé de l'application des peines impose au condamné le respect d'une des obligations prévues aux 1° à 3° de l'article L. 122-2, il ordonne par décision séparée le prononcé ou la modification de cette obligation.

Art. D. 621-2 Les services de la protection judiciaire de la jeunesse préparent, mettent en œuvre et assurent le suivi des condamnations prononcées par les juridictions spécialisées pour mineurs et le suivi des condamnations des personnes mineures à la date des faits, et dont l'exécution est transférée par l'autorité compétente d'un État membre de l'Union européenne et reconnue en vertu des articles 728-43, 728-46, 728-67 ou 764-22 du code de procédure pénale et de l'article L. 621-2, hormis les hypothèses prévues aux articles L. 611-5 et L. 611-6.

TITRE TROISIÈME DU CASIER JUDICIAIRE ET DES AUTRES FICHIERS

(Décr. nº 2021-682 du 27 mai 2021, art. 1er)

CHAPITRE PREMIER *DU CASIER JUDICIAIRE*

Art. R. 631-1 Le retrait du casier judiciaire de la décision, ordonné par le tribunal pour enfants en application de l'article L. 631-4, se fait à la diligence du ministère public près le tribunal pour enfants qui a rendu cette décision.

CHAPITRE II *DU FICHIER JUDICIAIRE NATIONAL AUTOMATISÉ DES AUTEURS D'INFRACTIONS SEXUELLES OU VIOLENTES*

Art. R. 632-1 Lors de l'inscription du mineur au fichier judiciaire national automatisé des auteurs d'infractions sexuelles ou violentes, le procureur de la République en cas de condamnation ou le juge d'instruction en cas de mise en examen avise les représentants légaux *[,]* ou les personnes auxquelles la garde du mineur a été confiée par décision judiciaire, de la notification faite en application de l'article R. 53-8-9 du code de procédure pénale.

Art. R. 632-2 La justification d'adresse ou la déclaration de changement d'adresse d'un mineur prévue à l'article 706-53-5 du code de procédure pénale est effectuée par ses représentants légaux ou les personnes auxquelles sa garde a été confiée par décision judiciaire.

Les dispositions du septième alinéa de l'article 706-53-5 du code de procédure pénale sont applicables.

CHAPITRE III *DU FICHIER JUDICIAIRE NATIONAL AUTOMATISÉ DES AUTEURS D'INFRACTIONS TERRORISTES*

Art. R. 633-1 Lors de l'inscription du mineur au fichier judiciaire national automatisé des auteurs d'infractions terroristes, le procureur de la République en cas de condamnation ou le juge d'instruction en cas de mise en examen avise les représentants légaux *[,]* ou les personnes auxquelles la garde du mineur a été confiée par décision judiciaire, de la notification faite en application de l'article R. 50-38 du code de procédure pénale.

CHAPITRE IV *DES FICHIERS D'ANTÉCÉDENTS*

Art. R. 634-1 Les données concernant la personne mineure mise en cause sont conservées cinq ans.

Par dérogation, elles sont conservées :

1° Dix ans lorsque la personne est mise en cause pour l'une des infractions mentionnées ci-dessous :

a) Infractions contre les personnes : exploitation de la mendicité aggravée ou en bande organisée ; vol avec violences ; violence volontaire aggravée autres *[autre]* que celles prévues au 2° ; transport, détention, offre, cession, acquisition ou emploi illicites de stupéfiants ; traite des êtres humains autre que celle prévue au 2° ; exhibition sexuelle ;

b) Infractions contre les biens : destruction, dégradation et détérioration d'un bien appartenant à autrui par l'effet d'une substance explosive, d'un incendie ou de tout autre moyen de nature à créer un danger pour les personnes ; extorsion ; atteinte aux systèmes de traitement automatisé de données ; blanchiment ; contrefaçon, falsification de monnaies ou *[de]* moyens de paiement ;

c) Atteinte à la paix publique : recel de malfaiteurs ;

2° Vingt ans lorsque la personne est mise en cause pour l'une des infractions mentionnées ci-dessous :

a) Infractions contre les personnes : administration de substances nuisibles ; détournement de moyen de transport ; empoisonnement ; enlèvement, séquestration, prise d'otage ; crime contre l'humanité, génocide ; meurtre, assassinat ; torture, acte de barbarie ; violence volontaire ayant entraîné la mort ; violence volontaire entraînant une mutilation ou une infirmité permanente ; vol avec violences aggravé*[e]* ; agression sexuelle ; proxénétisme ; viol ; trafic de stupéfiants autres *[autre]* que ceux visés au 1° ; traite des êtres humains en bande organisée ou avec tortures et actes de barbarie ;

b) Infractions contre les biens : vol en bande organisée ; vol avec arme ;

c) Atteinte à la paix publique : acte de terrorisme ; association de malfaiteurs ; atteinte aux intérêts fondamentaux de la Nation.

LIVRE SEPTIÈME DISPOSITIONS RELATIVES À L'OUTRE-MER

(Décr. n° 2021-682 du 27 mai 2021, art. 1er ; Décr. n° 2021-683 du 27 mai 2021, art. 1er)

TITRE PREMIER DISPOSITIONS PARTICULIÈRES À LA GUADELOUPE, À LA GUYANE, À LA MARTINIQUE, À MAYOTTE, À LA RÉUNION, À SAINT-BARTHÉLEMY, À SAINT-MARTIN ET À SAINT-PIERRE-ET-MIQUELON

(Décr. n° 2021-682 du 27 mai 2021, art. 1er ; Décr. n° 2021-683 du 27 mai 2021, art. 1er)

CHAPITRE PREMIER *DISPOSITIONS PARTICULIÈRES À MAYOTTE*

(Décr. n° 2021-683 du 27 mai 2021, art. 1er)

Art. D. 711-1 Pour l'application de l'article R. 124-38, les titulaires de l'autorité parentale des mineurs détenus relevant du statut civil de droit local sont les personnes qui exercent de fait l'autorité parentale.

CHAPITRE II *DISPOSITIONS PARTICULIÈRES À SAINT-PIERRE-ET-MIQUELON*

(Décr. n° 2021-682 du 27 mai 2021, art. 1er ; Décr. n° 2021-683 du 27 mai 2021, art. 1er)

Le présent chapitre ne comprend pas de dispositions réglementaires.

TITRE DEUXIÈME DISPOSITIONS APPLICABLES EN NOUVELLE-CALÉDONIE, EN POLYNÉSIE FRANÇAISE ET DANS LES ÎLES DE WALLIS-ET-FUTUNA

(Décr. n° 2021-682 du 27 mai 2021, art. 1er ; Décr. n° 2021-683 du 27 mai 2021, art. 1er)

CHAPITRE PREMIER *DISPOSITIONS APPLICABLES EN NOUVELLE-CALÉDONIE*

(Décr. n° 2021-682 du 27 mai 2021, art. 1er ; Décr. n° 2021-683 du 27 mai 2021, art. 1er)

Art. R. 720 *(Décr. n° 2021-1743 du 22 déc. 2021, art. 2)* Pour l'application du présent code en Nouvelle-Calédonie, en Polynésie française et à Wallis-et-Futuna, le mot : "préfet" est remplacé par les mots : "représentant de l'État dans le territoire".

Art. D. 721-1 *(Décr. n° 2021-683 du 27 mai 2021, art. 1er)* Les dispositions du présent code, à l'exception des articles D. 112-18, D. 112-24 à D. 112-27, D. 113-1 et R. 241-3 à

D. 241-37 sont applicables en Nouvelle-Calédonie, dans la rédaction résultant du *(Décr. nº 2022-479 du 30 mars 2022, art. 18-III, en vigueur le 1er mai 2022)* **« décret nº 2022-479 du 30 mars 2022 », sous réserve des adaptations prévues au présent chapitre.**

Art. D. 721-2 *(Décr. nº 2021-683 du 27 mai 2021, art. 1er)* **Les établissements et services de la protection judiciaire de l'enfance et de la jeunesse en Nouvelle-Calédonie et leurs missions sont définis selon la règlementation applicable localement.**

Art. D. 721-3 *(Décr. nº 2021-683 du 27 mai 2021, art. 1er)* **Pour l'application des dispositions du présent code en Nouvelle-Calédonie, les références au directeur interrégional de la protection judiciaire de la jeunesse et au directeur territorial de la protection judiciaire de la jeunesse sont remplacées par les références au directeur de la protection judiciaire de l'enfance et de la jeunesse de la Nouvelle-Calédonie.**

Art. R. 721-4 *(Décr. nº 2021-682 du 27 mai 2021, art. 1er)* **En Nouvelle-Calédonie, le premier alinéa de l'article R. 124-14 est ainsi rédigé :**
"Les activités d'enseignement sont mises en œuvre par l'éducation nationale."

Art. D. 721-5 *(Décr. nº 2021-683 du 27 mai 2021, art. 1er)* **En Nouvelle-Calédonie, peuvent être autorisées, conformément à l'article L. 721-3, à assister aux débats et à prendre la parole aux audiences, toute personne représentant une des institutions de droit coutumier suivantes :**

1° Le Sénat coutumier ;

2° Un conseil coutumier ;

3° Une tribu.

Art. D. 721-6 *(Décr. nº 2021-683 du 27 mai 2021, art. 1er)* **En Nouvelle-Calédonie, peuvent être consultées, conformément à l'article L. 721-4, avant le prononcé d'une mesure de réparation ou d'un module de réparation, toute personne représentant les institutions de droit coutumier suivantes :**

1° Le Sénat coutumier ;

2° Un conseil coutumier ;

3° Une tribu.

CHAPITRE II *DISPOSITIONS APPLICABLES EN POLYNÉSIE FRANÇAISE*

(Décr. nº 2021-682 du 27 mai 2021, art. 1er ; Décr. nº 2021-683 du 27 mai 2021, art. 1er)

Art. D. 722-1 *(Décr. nº 2021-683 du 27 mai 2021, art. 1er)* **Les dispositions du présent code, à l'exception des articles D. 112-24 à D. 112-27, D. 113-1 et D. 241-10 à D. 241-37 sont applicables en Polynésie française, dans la rédaction résultant du** *(Décr. nº 2022-479 du 30 mars 2022, art. 18-III, en vigueur le 1er mai 2022)* **« décret nº 2022-479 du 30 mars 2022 », sous réserve des adaptations prévues au présent chapitre.**

Art. R. 722-2 *(Décr. nº 2021-682 du 27 mai 2021, art. 1er)* **Le service déconcentré de la protection judiciaire de la jeunesse relevant du ministère de la justice en Polynésie française est la direction de la protection judiciaire de la jeunesse en Polynésie française.**

Art. R. 722-3 *(Décr. nº 2021-682 du 27 mai 2021, art. 1er)* **Dans le respect des attributions dévolues au haut-commissaire de la République en Polynésie française, le directeur de la protection judiciaire de la jeunesse en Polynésie française est chargé, en Polynésie française :**

1° De mettre en œuvre la politique nationale de prise en charge des mineurs délinquants en coordination avec les services du pays d'outre-mer chargé de la protection de l'enfance ;

2° De gérer les moyens en personnel et équipements de la direction de la protection judiciaire de la jeunesse ;

3° D'assurer la direction et le contrôle de l'activité des personnels de la direction de la protection judiciaire de la jeunesse en fonction dans les établissements et services en Polynésie française ;

4° D'assurer la prévision et l'exécution des dépenses relatives au fonctionnement des établissements et services de la direction de la protection judiciaire de la jeunesse ;

5° De définir et d'évaluer les besoins de prise en charge de la jeunesse délinquante et de contribuer, en liaison avec les autorités judiciaires et administratives, à l'élaboration et au suivi des actions conduites dans ce domaine ;

6° D'assurer le contrôle pédagogique, administratif et financier des personnes physiques ou morales de droit privé exerçant des mesures ordonnées par l'autorité judiciaire au titre de la législation relative aux mineurs délinquants ;

7° De participer à l'organisation et à la mise en œuvre d'actions de prévention de la délinquance des mineurs ;

8° D'assister le directeur interrégional chargé de l'outre-mer dans l'exercice de ses missions.

Art. R. 722-4 *(Décr. nº 2021-682 du 27 mai 2021, art. 1er)* Le directeur de la protection judiciaire de la jeunesse en Polynésie française est placé sous l'autorité du directeur interrégional de la protection judiciaire de la jeunesse chargé de l'outre-mer.

Art. R. 722-5 *(Décr. nº 2021-682 du 27 mai 2021, art. 1er)* Les établissements et services chargés de la mise en œuvre des décisions judiciaires ordonnées en application de la législation relative aux mineurs délinquants et gérés par la direction de la protection judiciaire de la jeunesse en Polynésie française sont créés et dissous par arrêté du garde des sceaux, ministre de la justice.

CHAPITRE III *DISPOSITIONS APPLICABLES À WALLIS-ET-FUTUNA*

(Décr. nº 2021-682 du 27 mai 2021, art. 1er ; Décr. nº 2021-683 du 27 mai 2021, art. 1er)

Art. D. 723-1 *(Décr. nº 2021-683 du 27 mai 2021, art. 1er)* Les dispositions du présent code, à l'exception des articles D. 112-18, D. 113-1 et R. 241-3 à D. 241-37 sont applicables à Wallis-et-Futuna, dans la rédaction résultant du *(Décr. nº 2022-479 du 30 mars 2022, art. 18-III, en vigueur le 1er mai 2022)* « décret nº 2022-479 du 30 mars 2022 », sous réserve des adaptations prévues au présent chapitre.

Art. D. 723-2 *(Décr. nº 2021-683 du 27 mai 2021, art. 1er)* Pour l'application des dispositions du présent code à Wallis-et-Futuna, les références à la protection judiciaire de la jeunesse, au directeur interrégional de la protection judiciaire de la jeunesse et au directeur territorial de la protection judiciaire de la jeunesse sont remplacées, selon le cas, par les références au service localement compétent ou au responsable de ce service.

Art. R. 723-3 *(Décr. nº 2021-682 du 27 mai 2021, art. 1er)* A Wallis-et-Futuna, l'article R. 124-14 est ainsi rédigé :

Art. R. 124-14 Les activités d'enseignement sont mises en œuvre par l'éducation nationale.

Ordonnance nº 45-174 du 2 février 1945,

Relative à l'enfance délinquante (D. 1945. L. 169, commentaire Donnedieu de Vabres).

L'Ord. nº 45-174 du 2 févr. 1945 relative à l'enfance délinquante est abrogée à compter du 30 sept. 2021 (Ord. nº 2019-950 du 11 sept. 2019, art. 7 et 9, mod. par L. nº 2020-734 du 17 juin 2020, art. 25, et L. nº 2021-218 du 26 févr. 2021, art. 2).

Code de l'organisation judiciaire

PREMIÈRE PARTIE : *LÉGISLATIVE*

(Ord. nº 2006-673 du 8 juin 2006)

TITRE V **Les juridictions des mineurs**

CHAPITRE PREMIER *Le tribunal pour enfants*

SECTION I *Institution et compétence*

Art. L. 251-1 Le tribunal pour enfants connaît, dans les conditions définies par *(Ord. nº 2019-950 du 11 sept. 2019, art. 6)* « le code de la justice pénale des mineurs », des contraventions et des délits commis par les mineurs et des crimes commis par les mineurs de seize ans. – *[Anc. art. L. 521-2.]*

Art. L. 251-2 Il y a au moins un tribunal pour enfants dans le ressort de chaque cour d'appel. – *[Anc. art. L. 521-1.]*

SECTION II *Organisation et fonctionnement*

Art. L. 251-3 *(L. n° 2011-1940 du 26 déc. 2011, art. 5-I)* **Le tribunal pour enfants est composé d'un juge des enfants, président, et de plusieurs assesseurs.**

Le juge des enfants qui *(L. n° 2022-52 du 24 janv. 2022, art. 27)* **« a été chargé de l'instruction ou qui » a renvoyé l'affaire devant le tribunal pour enfants ne peut présider cette juridiction. »**

Lorsque l'incompatibilité prévue au deuxième alinéa et le nombre de juges des enfants dans le tribunal *(L. n° 2019-222 du 23 mars 2019, art. 95-I-43°, en vigueur le 1er janv. 2020)* **« judiciaire** *[ancienne rédaction : de grande instance]* **» le justifient, la présidence du tribunal pour enfants peut être assurée par un juge des enfants d'un tribunal pour enfants sis dans le ressort de la cour d'appel et désigné par ordonnance du premier président.**

L'art. 5 de la L. n° 2011-1940 du 26 nov. 2011 est entré en vigueur le 1er janv. 2012. Toutefois, les deux derniers alinéas de l'art. L. 251-3 COJ qui en sont issus sont entrés en vigueur le 1er janv. 2013.

BIBL. ▶ Décis. n° 2011-147 : AVENA-ROBARDET, *AJ fam. 2011. 435*. – BRUGGEMAN, *Dr. fam. 2011. Alerte 75*. – CHALTIEL, *LPA 27 oct. 2011, p. 7* (défaut d'impartialité du tribunal pour enfant). – GEBLER, *AJ fam. 2011. 391* (l'impartialité du juge des enfants remise en question). – HAUSER, *RTD civ. 2011. 756*.

L'al. 2 de l'art. L. 251-3, dans sa rédaction issue de la L. n° 2011-1940 du 26 déc. 2011, fait interdiction interdiction au juge des enfants qui a renvoyé l'affaire devant le tribunal pour enfants de présider ce tribunal. Cependant, ces dispositions ne font pas obstacle à ce qu'un juge des enfants qui aurait instruit l'affaire, sans ordonner lui-même le renvoi, préside ce tribunal. Le principe d'impartialité des juridictions ne s'oppose pas à ce que le juge des enfants qui a instruit la procédure puisse, à l'issue de cette instruction, prononcer des mesures d'assistance, de surveillance ou d'éducation. Toutefois, en permettant au juge des enfants qui a été chargé d'accomplir les diligences utiles à la manifestation de la vérité de présider une juridiction de jugement habilitée à prononcer des peines, les dispositions contestées méconnaissent le principe d'impartialité des juridictions. Par conséquent, ces dispositions doivent être déclarées contraires à la Constit. • Cons. const. 26 mars 2021, n° 2021-893 QPC : *JO 27 mars.*

Art. L. 251-4 **Les assesseurs titulaires et suppléants sont choisis parmi les personnes âgées de plus de trente ans, de nationalité française et qui se sont signalées par l'intérêt qu'elles portent aux questions de l'enfance et par leurs compétences.**

Les assesseurs sont nommés pour quatre ans par le garde des sceaux, ministre de la justice. Leur renouvellement s'opère par moitié. Toutefois, en cas de création d'un tribunal pour enfants, d'augmentation ou de réduction du nombre des assesseurs dans ces juridictions, ou de remplacement d'un ou de plusieurs de ces assesseurs à une date autre que celle qui est prévue pour leur renouvellement, la désignation des intéressés peut intervenir pour une période inférieure à quatre années dans la limite de la durée requise pour permettre leur renouvellement par moitié. – *[Anc. art. L. 522-3.] – V. art. R. 251-7.*

Sur la conformité à la Constitution de l'art. L. 251-4, V. : • Cons. const., 8 juill. 2011, n° 2011-647 QPC : art. 2.

Art. L. 251-5 **Avant d'entrer en fonctions, les assesseurs titulaires et suppléants prêtent serment devant le tribunal** *(L. n° 2019-222 du 23 mars 2019, art. 95-I-43°, en vigueur le 1er janv. 2020)* **« judiciaire** *[ancienne rédaction : de grande instance]* **» de bien et fidèlement remplir leurs fonctions et de garder** *(Abrogé par L. n° 2016-1547 du 18 nov. 2016, art. 19) « religieusement »* **le secret des délibérations.** – *[Anc. art. L. 522-4.]*

Art. L. 251-6 **Les assesseurs titulaires ou suppléants qui, sans motif légitime, se sont abstenus de déférer à plusieurs convocations successives peuvent, à la demande du juge des enfants ou du ministère public, être déclarés démissionnaires, par décision de la cour d'appel.**

En cas de faute grave entachant l'honneur ou la probité, leur déchéance est prononcée dans les mêmes formes. – *[Anc. art. L. 522-5.]*

CHAPITRE II *Le juge des enfants*

SECTION I *Institution et compétence* (*L. n° 2022-140 du 7 févr. 2022, art. 25-1°*).

Art. L. 252-1 Il y a au moins un juge des enfants au siège de chaque tribunal pour enfants. – *[Anc. art. L. 531-1.]*

(*L. n° 2011-525 du 17 mai 2011, art. 85*) « Le juge des enfants peut être suppléé, en cas d'absence ou d'empêchement, ou remplacé provisoirement par un magistrat du siège désigné par le président du tribunal (*L. n° 2019-222 du 23 mars 2019, art. 95-I-43°, en vigueur le 1er janv. 2020*) « judiciaire *[ancienne rédaction : de grande instance]* ». »

L'art. 85 de la L. n° 2011-525 du 17 mai 2011 est applicable en Polynésie française, en Nouvelle-Calédonie et dans les îles Wallis-et-Futuna (L. préc., art. 200).

Art. L. 252-2 Le juge des enfants est compétent en matière d'assistance éducative. – *[Anc. art. L. 531-3.]*

Droit de visite et d'hébergement. Il résulte de la combinaison des art. 375-3 et 375-7, al. 4, C. civ. que, lorsqu'un JAF a statué sur la résidence de l'enfant et fixé le droit de visite et d'hébergement de l'autre parent, le juge des enfants, saisi postérieurement à cette décision, ne peut modifier les modalités du droit de visite et d'hébergement décidé par le JAF que s'il existe une décision de placement de l'enfant au sens de l'art. 375-3, laquelle ne peut conduire le juge des enfants à placer l'enfant chez le parent qui dispose déjà d'une décision du JAF fixant la résidence de l'enfant à son domicile, et si un fait nouveau de nature à entraîner un danger pour le mineur s'est révélé postérieurement à la décision du JAF. • Civ. 1re, 20 oct. 2021, n° 19-26.152 P.

Art. L. 252-3 Le juge des enfants est compétent en matière d'organisation ou de prolongation d'une action de protection judiciaire à l'égard des mineurs émancipés ou des majeurs âgés de vingt et un ans ou moins.

Art. L. 252-4 Le juge des enfants connaît (*Abrogé par L. n° 2007-308 du 5 mars 2007, art. 29, à compter du 1er janv. 2009*) « *, sous réserve de la compétence du juge des tutelles,* » de la (*L. n° 2009-526 du 12 mai 2009, art. 116-I*) « mesure judiciaire d'aide à la gestion du budget familial ».

Art. L. 252-5 En matière pénale, le juge des enfants connaît, dans les conditions définies par l'ordonnance n° 45-174 du 2 février 1945 relative à l'enfance délinquante *[le code de la justice pénale des mineurs]*, des délits et des contraventions de cinquième classe commis par les mineurs. – *[Anc. art. L. 531-2.]*

SECTION II *Organisation et fonctionnement* (*L. n° 2022-140 du 7 févr. 2022, art. 25-2°*)

Art. L. 252-6 En matière d'assistance éducative, si la particulière complexité d'une affaire le justifie, le juge des enfants peut, à tout moment de la procédure, ordonner son renvoi à la formation collégiale du tribunal judiciaire, qui statue comme juge des enfants. La formation collégiale est présidée par le juge des enfants saisi de l'affaire.

CHAPITRE III *Dispositions communes au tribunal pour enfants et au juge des enfants*

Le présent chapitre ne comprend pas de dispositions législatives.

CHAPITRE IV *La cour d'assises des mineurs*

Art. L. 254-1 Les règles concernant la compétence, l'organisation et le fonctionnement de la cour d'assises des mineurs sont fixées par (*Ord. n° 2019-950 du 11 sept. 2019, art. 6*) « le code de la justice pénale des mineurs » et, en matière de terrorisme, par l'article 706-17 du code de procédure pénale. – *[Anc. art. L. 511-1, L. 511-2, L. 512-1, L. 512-2, L. 512-3.]*

TITRE PREMIER (DU LIVRE III) La cour d'appel

……………………………………………………………………

SOUS-SECTION 2 (DE LA SECTION I DU CHAPITRE II) *Dispositions particulières à certaines formations*

……………………………………………………………………

Art. L. 312-6 Un magistrat qui prend le nom de délégué à la protection de l'enfance est désigné au sein de chaque cour d'appel.

Ce magistrat préside la chambre spéciale des mineurs ou y exerce les fonctions de rapporteur. Il siège comme membre de la chambre de l'instruction dans les cas mentionnés à l'article *(Ord. n° 2019-950 du 11 sept. 2019, art. 5-IV, en vigueur le 30 sept. 2021)* « L. 221-3 du code de la justice pénale des mineurs *[ancienne rédaction : 23 de l'ordonnance n° 45-174 du 2 février 1945]* ». — *V. CJPM, art. L. 221-3.*

Il siège également dans la formation de la cour d'appel qui statue sur les recours formés contre les décisions rendues en première instance sur le fondement des dispositions des instruments internationaux et communautaires relatives au déplacement illicite international d'enfants. — *[Anc. art. L. 223-2, al. 1er, L. 223-3 et L. 226-1, al. 1er.]*

Convention internationale des droits de l'enfant du 20 novembre 1989,

Cette convention est entrée en vigueur le 6 sept. 1990 et a été publiée par Décr. n° 90-917 du 8 oct. 1990 (D. et ALD 1990. 424 ; JO 12 oct.).

....

Art. 12 1. Les États parties garantissent à l'enfant qui est capable de discernement le droit d'exprimer librement son opinion sur toute question l'intéressant, les opinions de l'enfant étant dûment prises en considération eu égard à son âge et à son degré de maturité.

2. A cette fin, on donnera notamment à l'enfant la possibilité d'être entendu dans toute procédure judiciaire ou administrative l'intéressant, soit directement, soit par l'intermédiaire d'un représentant ou d'un organisme approprié, de façon compatible avec les règles de procédure de la législation nationale.

....

Art. 37 Les États parties veillent à ce que :

a) Nul enfant ne soit soumis à la torture ni à des peines ou traitements cruels, inhumains ou dégradants. Ni la peine capitale ni l'emprisonnement à vie sans possibilité de libération ne doivent être prononcés pour les infractions commises par des personnes âgées de moins de dix-huit ans ;

b) Nul enfant ne soit privé de liberté de façon illégale ou arbitraire. L'arrestation, la détention ou l'emprisonnement d'un enfant doit être en conformité avec la loi, n'être qu'une mesure de dernier ressort, et être d'une durée aussi brève que possible ;

c) Tout enfant privé de liberté soit traité avec humanité et avec le respect dû à la dignité de la personne humaine, et d'une manière tenant compte des besoins des personnes de son âge. En particulier, tout enfant privé de liberté sera séparé des adultes, à moins que l'on n'estime préférable de ne pas le faire dans l'intérêt supérieur de l'enfant, et il a le droit de rester en contact avec sa famille par la correspondance et par des visites, sauf circonstances exceptionnelles ;

d) Les enfants privés de liberté aient le droit d'avoir rapidement accès à l'assistance juridique ou à toute autre assistance appropriée, ainsi que le droit de contester la légalité de leur privation de liberté devant un tribunal ou une autre autorité compétente, indépendante et impartiale, et à ce qu'une décision rapide soit prise en la matière.

....

Art. 40 1. Les États parties reconnaissent à tout enfant suspecté, accusé ou convaincu d'infraction à la loi pénale le droit à un traitement qui soit de nature à favoriser son sens de la dignité et de la valeur personnelle, qui renforce son respect pour les droits de l'homme et les libertés fondamentales d'autrui, et qui tienne compte de son âge ainsi que de la nécessité de faciliter sa réintégration dans la société et de lui faire assumer un rôle constructif au sein de celle-ci.

2. A cette fin, et compte tenu des dispositions pertinentes des instruments internationaux, les États parties veillent en particulier :

a) A ce qu'aucun enfant ne soit suspecté, accusé ou convaincu d'infraction à la loi pénale en raison d'actions ou d'omissions qui n'étaient pas interdites par le droit national ou international au moment où elles ont été commises ;

b) A ce que tout enfant suspecté ou accusé d'infraction à la loi pénale ait au moins le droit aux garanties suivantes :

i) Être présumé innocent jusqu'à ce que sa culpabilité ait été légalement établie ;

ii) Être informé dans le plus court délai et directement des accusations portées contre lui, ou, le cas échéant, par l'intermédiaire de ses parents ou représentants légaux, et bénéficier

d'une assistance juridique ou de toute autre assistance appropriée pour la préparation et la présentation de sa défense ;

iii) Que sa cause soit entendue sans retard par une autorité ou une instance judiciaire compétentes, indépendantes et impartiales, selon une procédure équitable aux termes de la loi, en présence de son conseil juridique ou autre et, à moins que cela ne soit jugé contraire à l'intérêt supérieur de l'enfant en raison notamment de son âge ou de sa situation, en présence de ses parents ou représentants légaux ;

iv) Ne pas être contraint de témoigner ou de s'avouer coupable ; interroger ou faire interroger les témoins à charge, et obtenir la comparution et l'interrogatoire des témoins à décharge dans des conditions d'égalité ;

v) S'il est reconnu avoir enfreint la loi pénale, faire appel de cette décision et de toute mesure arrêtée en conséquence devant une autorité ou une instance judiciaire supérieure compétentes, indépendantes et impartiales, conformément à la loi ;

vi) Se faire assister gratuitement d'un interprète s'il ne comprend ou ne parle pas la langue utilisée ;

vii) Que sa vie privée soit pleinement respectée à tous les stades de la procédure.

3. Les États parties s'efforcent de promouvoir l'adoption de lois, de procédures, la mise en place d'autorités et d'institutions spécialement conçues pour les enfants suspectés, accusés ou convaincus d'infraction à la loi pénale, et en particulier :

***a)* D'établir un âge minimum au-dessous duquel les enfants seront présumés n'avoir pas la capacité d'enfreindre la loi pénale ;**

***b)* De prendre des mesures, chaque fois que cela est possible et souhaitable, pour traiter ces enfants sans recourir à la procédure judiciaire, étant cependant entendu que les droits de l'homme et les garanties légales doivent être pleinement respectés.**

4. Toute une gamme de dispositions, relatives notamment aux soins, à l'orientation et à la supervision, aux conseils, à la probation, au placement familial, aux programmes d'éducation générale et professionnelle et aux solutions autres qu'institutionnelles seront prévues en vue d'assurer aux enfants un traitement conforme à leur bien-être et proportionné à leur situation et à l'infraction.

....

Code de l'éducation

PREMIÈRE PARTIE : ***LÉGISLATIVE***

(Ord. n° 2000-549 du 15 juin 2000)

LIVRE IV (DE LA DEUXIÈME PARTIE) Les établissements d'enseignement scolaire

TITRE VII Dispositions communes

CHAPITRE II *Dispositions pénales*

Art. L. 472-1 **Lorsqu'un crime ou un délit a été commis à l'intérieur de l'enceinte d'un établissement scolaire ou lorsqu'il a concerné, aux abords immédiats de cet établissement, un élève de celui-ci ou un membre de son personnel, le ministère public avise le chef de l'établissement concerné de la date et de l'objet de l'audience de jugement par lettre recommandée adressée dix jours au moins avant la date de l'audience. Lorsqu'il est fait application des articles 395 à 397-5 du code de procédure pénale, cet avis est adressé dans les meilleurs délais et par tout moyen.** – *[L. n° 98-468 du 17 juin 1998, art. 47].*

Loi n° 2011-267 du 14 mars 2011,

D'orientation et de programmation pour la performance de la sécurité intérieure.

CHAPITRE VI *Sécurité quotidienne et prévention de la délinquance*

Art. 43 *(Abrogé par Ord. n° 2012-351 du 12 mars 2012, art. 19, à compter du 1er mai 2012)* ***« I. – Le représentant de l'État dans le département ou, à Paris, le préfet de police peut décider, dans leur intérêt, une mesure tendant à restreindre la liberté d'aller et de venir des mineurs de***

treize ans lorsque le fait, pour ceux-ci, de circuler ou de stationner sur la voie publique entre vingt-trois heures et six heures sans être accompagnés de l'un de leurs parents ou du titulaire de l'autorité parentale les expose à un risque manifeste pour leur santé, leur sécurité, leur éducation ou leur moralité. La décision énonce la durée, limitée dans le temps, de la mesure, les circonstances précises de fait et de lieu qui la motivent ainsi que le territoire sur lequel elle s'applique. » *— V. CSI, art. L. 132-8.*

II. — *V. Ord. n° 45-174 du 2 févr. 1945, art. 15-1.*

(Abrogé par Ord. n° 2012-351 du 12 mars 2012, art. 19, à compter du 1er mai 2012) ***« III. — Les décisions mentionnées au I du présent article et au 11° de l'article 15-1 de l'ordonnance n° 45-174 du 2 février 1945 relative à l'enfance délinquante prévoient les modalités de prise en charge du mineur et sa remise immédiate à ses parents ou à son représentant légal. Le procureur de la République est avisé sans délai de cette remise.***

« Sans préjudice des dispositions de l'article L. 223-2 du code de l'action sociale et des familles, en cas d'urgence et lorsque le représentant légal du mineur n'a pu être contacté ou a refusé d'accueillir l'enfant à son domicile, celui-ci est remis au service de l'aide sociale à l'enfance qui le recueille provisoirement, par décision du représentant de l'État dans le département ou, à Paris, du préfet de police, qui en avise immédiatement le procureur de la République *[Dispositions déclarées non conformes à la Constitution par décision du Conseil constitutionnel n° 2011-625 DC du 10 mars 2011] ». — V. CSI, art. L. 132-8 et L. 132-9.*

IV. — En vue, le cas échéant, de saisir le président du conseil général en application du premier alinéa de l'article L. 222-4-1 du code de l'action sociale et des familles pour la mise en œuvre d'un contrat de responsabilité parentale, le représentant de l'État dans le département ou, à Paris, le préfet de police est informé par le procureur de la République des mesures alternatives aux poursuites et des jugements devenus définitifs lorsque ces mesures et jugements concernent des infractions commises par des mineurs résidant sur le territoire du département.

Considérant que le dernier al. du III de l'art. 43 punit d'une peine contraventionnelle le fait pour le représentant légal du mineur de ne pas s'être assuré du respect par ce dernier de la décision prévue par le I ou le II ; qu'en permettant de punir le représentant légal à raison d'une infraction commise par le mineur, il a pour effet d'instituer, à l'encontre du représentant légal, une présomption irréfragable de culpabilité. Partant, cet alinéa doit être déclaré contraire à la Constitution. • Cons. const. 10 mars 2011 : *D. 2012. Pan. 1638, obs. Bernaud et Jacquinot ; Dr. pénal 2012. Chron. 2, obs. Garçon et Peltier.*

TABLE CHRONOLOGIQUE

NOTA. Avant la table chronologique proprement dite, on trouvera ci-dessous une liste, classée par ordre alphabétique, des différents codes reproduits en extraits dans le présent code.

Code de l'action sociale et des familles
– Art. L. 211-3 *(action civile des associations familiales)*, ss. C. pr. pén., art. 2-21.

Code de la consommation
– Art. L. 621-2 à L. 621-6, L. 621-10, L. 621-11, L. 622-1 à L. 622-3, L. 811-1, L. 811-2 (associations de consommateurs), ss. C. pr. pén., art. 2-21.

Code de la défense
– Art. L. 3211-1 à L. 3211-3, ss. C. pr. pén., art. 16.
– Art. L. 4231-4, L. 4271-1 à L. 4271-5, App., v° *Justice militaire*, **p. 2970.**

Code de déontologie des agents de police municipale
– Art. 1er à 22, ss. C. pr. pén., art. 21-2.

Code de déontologie de la police nationale
– Art. 1er à 19, ss. C. pr. pén., art. 15-3.

Code de l'éducation
– Art. L. 472-1, App., v° *Mineurs délinquants*, **p. 3068.**

Code de l'environnement
– Art. L. 132-1, L. 141-1, L. 142-2, L. 142-3, ss. C. pr. pén., art. 2-21.
– Art. L. 216-3, ss. C. pr. pén., art. 22.

Code forestier
– Art. L. 122-7, L. 342-1 *(constatation des infractions)*, ss. C. pr. pén., art. 22.
– Art. L. 153-1 *(exercice de l'action publique)*, ss. C. pr. pén., art. 31.

Code général des collectivités territoriales
– Art. L. 2213-17 *(gardes champêtres)*, ss. C. pr. pén., art. 27.

Code général des impôts
– *Art. 1018 A (droit fixe de procédure)*, ss. C. pr. pén., art. 800-1.

Code de justice militaire
– App., v° *Justice Militaire*, **p. 2875.**

Code monétaire et financier
– Art. L. 163-2 et L. 163-7, ss. C. pr. pén., art. 382.

Code de l'organisation judiciaire
– Art. L. 211-19, L. 212-16, L. 213-13, L. 312-8, ss. C. pr. pén., art. 696-137.
– Art. L. 251-1 à L. 251-8, L. 252-1 à L. 252-5, L. 254-1, L. 312-6, App., v° *Mineurs délinquants*, **p. 3064.**
– Art. R.* 461-1 (QPC), ss. C. pr. pén., art. L.O. 630.

Code du patrimoine

– Art. L. 221-1 à L. 221-5, L. 222-1 à L. 222-3 (*archives audiovisuelles de la justice*), ss. C. pr. pén., art. 308.

Code de la santé publique

– Art. L. 3211-2-1, L. 3211-12 à L. 3211-12-2 (*soins psychiatriques sans consentement*), ss. C. pr. pén., art. 706-135.

– Art. L. 3214-1 à L. 3214-5, R. 3214-1 à R. 3214-23 (*personnes détenues, troubles mentaux*), ss. C. pr. pén., art. 717-1.

– Art. L. 3515-7 (*action civile des associations de lutte contre le tabagisme*).

– Art. L. 3711-1 à L. 3711-5, R. 3711-1 à R. 3711-25 (*délinquance sexuelle, injonction de soins*), ss. C. pr. pén., art. 763-9.

Code de la sécurité intérieure

– Art. L. 222-1 (*terrorisme ; accès aux fichiers par la police et la gendarmerie*), ss. C. pr. pén., art. 706-16.

– Art. L. 233-1, L. 233-2, L. 235-1 (*terrorisme ; contrôle automatisé des données signalétiques des véhicules*), ss. C. pr. pén., art. 78-6.

– Art. L. 272-1 à L. 272-4, ss. C. pr. pén., art. 78.

– Art. L. 413-1 (*institut national de police scientifique*), ss. C. pr. pén., art. 21-2.

– Art. L. 521-1 à L. 522-4 (*gardes champêtres*), ss. C. pr. pén., art. 27.

– Art. L. 811-3, ss. C. pr. pén., art. 706-74.

Code de la sécurité sociale

Art. L. 376-1 à L. 376-4 (*recours subrogatoire du tiers payeur*), ss. C. pr. pén., art. 371.

Code du service national

– Art. R.* 130 (*gendarme auxiliaire*) et R. 201-4 (*policier auxiliaire*), ss. C. pr. pén., art. 21-2.

Code du travail

– Art. L. 2132-3 (*action civile des syndicats*), ss. C. pr. pén., art. 2-21.

Code de la voirie routière

– Art. L. 116-5 (*exercice de l'action publique*), ss. C. pr. pén., art. 31.

Livre des procédures fiscales

– Art. L. 38 (*perquisitions et saisies*), ss. C. pr. pén., art. 78.

– Art. L. 82 C et L. 101 (*information du fisc*), ss. C. pr. pén., art. 11.

– Art. L. 233 (*action civile des syndicats*), ss. C. pr. pén., art. 2-21.

– Art. L. 238 (*preuve*), ss. C. pr. pén., art. 431.

An III	20 mes.	Décret. Gardes champêtres. – Art. 4, **p. 170.**
An VIII	22 fri.	Constitution de la République française. – Art. 76, **p. 234.**
1864	19 mars	Loi. Réhabilitation des officiers ministériels, **p. 1671.**
1873	29 déc.	Loi. Budget général de l'exercice 1874. – Art. 25 *(recouvrement des amendes et condamnations pécuniaires)*, **p. 1671.**
1881	29 juill.	Loi. Liberté de la presse. – Art. 38 *ter*, 38 *quater*, ss. C. pr. pén. art. 308.
1929	25 juill.	Décret. Service de police aérienne, **p. 159.**
1935	30 oct.	Décret-loi tendant à supprimer le fonds commun des amendes, **p. 1438.**
1943	20 août	Loi. Gardes-chasse commissionnés au titre des eaux et forêts. – V. ss. C. pr. pén., art. 22.
1944	28 août	Ordonnance. Répression des crimes de guerre, **p. 2567.**
1945	2 févr.	Ordonnance n° 45-174. Enfance délinquante.
1946	25 sept.	Loi n° 46-2064. Révision des condamnations pour outrages aux bonnes mœurs commis par la voie du livre, **p. 1067.**
1947	16 août	Loi n° 47-1504. Amnistie. – Art. 37, 38, **p. 1665.**
1948	15 sept.	Loi n° 48-1416. Modifiant et complétant l'ordonnance du 28 août 1944, **p. 2568.**
1950	4 nov.	Convention européenne de sauvegarde des droits de l'homme et des libertés fondamentales, **p. 2580.**
1953	6 août	Loi n° 53-681. Amnistie : – Art. 43, **p. 1067.** – Art. 45, **p. 1666.**
1955	3 avr.	Loi n° 55-385. État d'urgence. – V. ss. C. pr. pén., art. 937.
1957	13 déc.	Convention européenne d'extradition, **p. 1231.**
1957	31 déc.	Loi n° 57-1426. Code de procédure pénale (titre préliminaire et livre 1er). – V. art. mod.
1958	4 oct.	Constitution de la République : – Art. 26, 68-1 à 68-3 *(Cour de justice de la République)*, **p. 2560.** – Art. 53-2 *(Cour pénale internationale)*, **p. 2568.**
1958	23 déc.	Ordonnance n° 58-1296. Modification et complétion du Code de procédure pénale. – V. art. mod.
1958	23 déc.	Ordonnance n° 58-1297. Modification certaines peines en vue d'élever la compétence des tribunaux de police. – Art. 31, **p. 812.**
1958	23 déc.	Arrêté. Application du Code de procédure pénale (titre préliminaire et livre Ier). – V. C. pr. pén., art. A. 1er s.
1959	23 févr.	Décret n° 59-318. Code de procédure pénale. – V. C. pr. pén., art. R. 41 s.

1959	23 févr.	Décret n° 59-322. Application du Code de procédure pénale, **p. 2322.**
1959	27 févr.	Arrêté. Application du Code de procédure pénale. – V. 4e partie.
1959	20 avr.	Convention européenne d'entraide judiciaire en matière pénale, **p. 2478.**
1959	28 déc.	Décret n° 59-1562. Sommier de police technique, **p. 160.**
1960	13 févr.	Ordonnance n° 60-121. Poursuite des infractions à la sûreté de l'État. – V. C. pr. pén., art. 58, 62, 97, 105.
1960	4 juin	Ordonnance n° 60-529. Maintien de l'ordre et sauvegarde de l'État. – Art. 2 et 8. – V. C. pr. pén., art. 20, 21, 39, 45, 56, 57, 62, 75, 81, 87, 97, 98, 109, 123, 156, 157, 164, 174, 185, 194, 207, 209, 217, 218, 220, 268, 273, 281 à 283, 329, 330, 333, 379, 410, 434, 492, 498, 505, 548 à 550, 554 à 559, 568, 570, 571, 579, 589, 590, 595, 627, 659 à 662, 697, 754, 755.
1960	24 août	Décret n° 60-897. Code de procédure pénale, 2e partie (Règlements d'administration publique). – Art. 1er. – V. C. pr. pén., art. R. 76, R. 106, R. 200.
1960	24 août	Décret n° 60-898. Code de procédure pénale, 3e partie (Décrets). – V. C. pr. pén., art. D. 11, D. 13 à D. 16, D. 28, D. 30, D. 48, D. 128, D. 508.
1960	24 août	Arrêté. Modification du Code de procédure pénale. – V. C. pr. pén., art. A. 1, A. 12.
1960	6 oct.	Ordonnance n° 60-1067. Règles de procédure. – V. C. pr. pén., art. 331, 444.
1960	25 nov.	Ordonnance n° 60-1245. Lutte contre le proxénétisme. – Art. 12. – V. C. pr. pén., art. 59.
1962	3 oct.	Décret n° 62-1144. Insertion d'un art. D. 279-1 dans le Code de procédure pénale. – V. art. D. 279-1.
1963	15 janv.	Loi n° 63-22. Répression des crimes et délits contre la sûreté de l'État. – V. C. pr. pén., art. 63, 77, 154.
1963	21 août	Décret n° 63-862. Complétion de l'art. R. 79. – V. art. R. 79.
1963	24 sept.	Décret n° 63-975. Complétion de l'art. R. 79. – V. art. R. 79.
1964	4 févr.	Décret n° 64-118. Modification du Code de procédure pénale (2e partie : règlements d'administration publique). – V. C. pr. pén., art. R. 250.
1964	4 févr.	Décret n° 64-119. Modification du Code de procédure pénale (3e partie : décrets). – V. C. pr. pén., art. D. 599, D. 600.
1964	27 févr.	Arrêté. Modifications du Code de procédure pénale. – V. C. pr. pén., art. A. 53 s.
1964	14 mai	Décret n° 64-421. Conseil supérieur de l'administration pénitentiaire. – V. C. pr. pén., art. D. 235 à D. 240.

1964	20 juill.	Décret n° 64-735. Modification du Code de procédure pénale (3e partie : décrets). – V. C. pr. pén., art. D. 86, D. 128, D. 152, D. 155, D. 216, D. 329, D. 332, D. 345, D. 524, D. 536, D. 537.
1964	30 nov.	Convention européenne pour la surveillance des personnes condamnées ou libérées sous condition, **p. 1612.**
1964	22 déc.	Décret n° 64-1333. Recouvrement des amendes et condamnations pécuniaires, **p. 1439.**
1964	26 déc.	Loi n° 64-1326. Imprescriptibilité des crimes contre l'humanité, **p. 2568.**
1965	19 févr.	Décret n° 65-129. Modification des art. D. 524 et D. 525. – V. art. mod.
1965	12 nov.	Loi n° 65-956. Responsabilité des exploitants de navires nucléaires. – Art. 14 *(action civile)*, note ss. C. pr. pén., art. 3.
1966	9 juill.	Loi n° 66-493. Modification des art. 16, 21. – V. art. mod.
1966	28 sept.	Décret n° 66-716. Police judiciaire. – V. C. pr. pén., art. R. 1er, R. 2, R. 4 à R. 7, R. 13 à R. 15-1, R. 15-3 à R. 15-5.
1966	19 déc.	Pacte international. Droits civils et politiques, **p. 2839.**
1966	29 déc.	Loi n° 66-1037. Fonctions judiciaires militaires, **p. 2971.**
1967	14 janv.	Décret n° 67-62. Frais de justice. – V. C. pr. pén., art. R. 116, R. 147, R. 190, R. 191, R. 192, R. 193, R. 194, R. 195.
1967	3 juill.	Loi n° 67-523. Cour de cassation. – Art. 20 à 22. – V. C. pr. pén., art. 603-1, 619, 647 à 647-4, 674-1, 674-2.
1967	12 juill.	Loi n° 67-557. Organisation des cours d'assises dans la région parisienne. – V. C. pr. pén., art. 242 et note ss. C. pr. pén., art. 232.
1967	23 juill.	Décret n° 67-636. Convention européenne d'entraide judiciaire en matière pénale, **p. 2478.**
1967	23 août	Décret n° 67-737. Complétant l'art. R. 79. – V. art. mod.
1968	5 avr.	Décret n° 68-329. Modification de l'art. R. 41. – V. art. mod.
1968	27 mai	Arrêté. Modification du Code de procédure pénale. – V. C. pr. pén., art. A. 28 s.
1968	9 juill.	Décret n° 68-645. Taux de l'amende prévue à l'art. 647-1. – V. C. pr. pén., art. D. 47-1.
1968	30 oct.	Loi n° 68-943. Responsabilité civile dans le domaine de l'énergie nucléaire. – Art. 17 *(action civile)*. – V. note ss. C. pr. pén., art. 3.
1969	12 août	Décret n° 69-810. Statut professionnel des commissaires aux comptes de sociétés. – Art. 188. – V. C. pr. pén., art. R. 79.
1970	26 janv.	Décret n° 70-72. Frais de translation des personnes. – V. C. pr. pén., art. R. 97.

1970	19 févr.	Décret n° 70-147. Experts-comptables et comptables agréés. – Art. 69. – V. C. pr. pén., art. R. 79.
1970	19 juin	Décret n° 70-520. Modification de l'art. R. 86. – V. art. mod.
1970	17 juill.	Loi n° 70-643. Garantie des droits individuels des citoyens. – V. C. pr. pén., art. 133, 135, 137 à 140, 141-1 à 150, 177 à 179, 181, 186, 194, 197, 207, 209, 213, 215-1, 221 à 223, 272, 376, 417, 463, 464-1, 465, 471, 501, 506, 569, 714, 716, 723 à 725, 729, 732, 734 à 747, 770, 775, 777, 782, 786, 799.
1970	23 déc.	Décret n° 70-1223. Contrôle judiciaire. – V. C. pr. pén., art. R. 16 à R. 25, R. 241.
1971	15 avr.	Arrêté. Modification du Code de procédure pénale. – V. C. pr. pén., art. A. 39-1, A. 39-2.
1971	16 sept.	Arrêté. Modification du Code de procédure pénale. – V. C. pr. pén., art. A. 43, A. 43-1.
1972	3 janv.	Loi n° 72-5. Procédure applicable en matière de contraventions. – V. C. pr. pén., art. 524 à 528-2.
1972	29 mai	Décret n° 72-436. Frais de justice. – V. C. pr. pén., art. R. 110 à R. 112, R. 126, R. 129, R. 133, R. 135 à R. 137, R. 140 à R. 144.
1972	12 juin	Décret n° 72-471. Application de la loi n° 72-5 du 3 janv. 1972. – V. C. pr. pén., art. R. 42 à R. 50.
1972	4 juill.	Décret n° 72-630. Frais de justice. – V. C. pr. pén., art. R. 155, R. 156, R. 159, R. 242, R. 245.
1972	12 sept.	Décret n° 72-852. Modification de certaines dispositions du Code de procédure pénale (3e partie : Décrets). – V. 3e partie : Décrets.
1972	22 déc.	Loi n° 72-1138. Compétence territoriale sur certains aérodromes, **p. 813.**
1972	29 déc.	Loi n° 72-1226. Exécution des peines. – V. C. pr. pén., art. 45, 46, 48, 60, 74, 102, 117, 127, 134, 160, 168, 169-1, 186, 186-1, 255, 304, 310, 312, 344, 357, 398 à 398-3, 407, 494, 524, 546, 558, 592, 703, 709-1, 721, 723-2, 727, 729 à 733, 768.
1973	7 mars	Décret n° 73-281. Dispositions diverses. – V. C. pr. pén., art. D. 54, D. 66, D. 115, D. 152, D. 411, D. 526 à D. 530, D. 532, D. 534, D. 535.
1973	7 mars	Arrêté. Modification du Code de procédure pénale. – V. C. pr. pén., art. A. 42-1 à A. 42-3, A. 54, A. 55.
1974	4 févr.	Décret n° 74-88. Frais de justice. – V. C. pr. pén., art. R. 107, R. 108, R. 115, R. 120-1, R. 122, R. 123, R. 134, R. 139, R. 146, R. 185, R. 186, R. 190 à R. 195, R. 199, R. 236, R. 240 à R. 247, R. 249, R. 250.
1974	27 févr.	Décret n° 74-163. Année judiciaire. Répartition des magistrats du siège. – Art. 10. – V. C. pr. pén., art. 191.

1974	3 mai	Décret n° 74-360. Convention européenne de sauvegarde des droits de l'homme et des libertés fondamentales, **p. 2580.**
1974	24 mai	Décret n° 74-560. Modification du Code de procédure pénale. – V. C. pr. pén., art. R. 90.
1974	5 juill.	Loi n° 74-631. Majorité à dix-huit ans. – Art. 13. – V. C. pr. pén., art. 102, 744-2.
1974	31 déc.	Décret n° 74-1184. Experts judiciaires. – Art. 40. – V. C. pr. pén., art. D. 37 à D. 42.
1975	7 mars	Décret n° 75-128. Modification du Code de procédure pénale (3e partie : Décrets). – V. 3e partie : Décrets.
1975	21 mars	Arrêté. Modification du Code de procédure pénale. – V. C. pr. pén., art. A. 41-1.
1975	23 mai	Décret n° 75-402. Modification de certaines dispositions du Code de procédure pénale (3e partie : Décrets). – V. 3e partie : Décrets.
1975	23 mai	Arrêté. Centres de détention. – V. C. pr. pén., art. A. 39.
1975	11 juill.	Loi n° 75-624. Dispositions de droit pénal. – Art. 10 à 14, 21, 22, 24 à 40, 42, 47 à 54, 61. – V. C. pr. pén., art. 421, 469-1 à 469-3, 471, 703, 708, 768, 769, 774, 775, 775-1, 777, 777-1, 785, 786, 788, 790, 798.
1975	6 août	Loi n° 75-701. Dispositions de procédure pénale. – Art. 1er à 3, 6, 14 à 21, 23 à 26. – V. C. pr. pén., art. 16 à 16-3, 93, 138, 148-4, 157-1, 219, 382, 398, 552, 567-1, 801, 802.
1975	2 oct.	Décret n° 75-922. Publication de la Convention européenne pour la surveillance des personnes condamnées ou libérées sous condition, **p. 1612.**
1975	7 oct.	Décret n° 75-929. Modification de l'art. R. 41. – V. art. mod.
1975	23 oct.	Décret n° 75-972. Modification des art. D. 490 à D. 496. – V. art. mod.
1975	27 déc.	Loi n° 75-1257. Modification de l'art. 552. – V. art. mod.
1975	31 déc.	Décret n° 75-1338. Date d'entrée en vigueur de la loi n° 75-701 du 6 août 1975. Application des art. 20 et 21 de cette loi concernant l'habilitation des officiers de police judiciaire : – Art. 1er à 5. – V. C. pr. pén., art. R. 15-1, R. 15-2, R. 15-5 à R. 15-16, R. 241.
1976	28 janv.	Décret n° 76-99. Délivrance des bulletins n° 2 du casier judiciaire. – V. C. pr. pén., art. R. 79.
1976	30 mars	Arrêté. Centres de détention. – V. C. pr. pén., art. A. 39.
1977	3 janv.	Loi n° 77-5. Indemnisation de certaines victimes d'infractions. – V. C. pr. pén., art. 706-5, 706-7, 706-8, 706-12.
1977	27 janv.	Convention européenne pour la répression du terrorisme, **p. 1238.**

1977	1er févr.	Arrêté. – V. C. pr. pén., art. A. 3.
1977	3 mars	Décret n° 77-193. Modification du Code de procédure pénale (2e partie). – V. C. pr. pén., art. R. 18-1, R. 60, R. 66, R. 69, R. 245.
1977	3 mars	Décret n° 77-194. Indemnisation de certaines victimes de dommages corporels résultant d'une infraction. – V. C. pr. pén., art. R. 50-2 à R. 50-8, R. 50-11, R. 50-13, R. 50-14, R. 50-16, R. 50-17, R. 50-18, R. 50-20, R. 50-21, R. 50-26 à R. 50-28.
1977	25 nov.	Décret n° 77-1294. Modification de certaines dispositions du Code de procédure pénale (3e partie : Décrets). – V. C. pr. pén., art. D. 444, D. 528.
1978	6 janv.	Loi n° 78-17. Informatique, fichiers et libertés. – Art. 2. – V. C. pr. pén., art. 427 (note).
1978	20 janv.	Décret n° 78-62. Gratuité des actes de justice devant les juridictions civiles et administratives : – Art. 2. – V. note ss. C. pr. pén., art. R. 207. – Art. 9 et 10. – V. C. pr. pén., art. R. 87, R. 165.
1978	9 mars	Décret n° 78-263. Frais de justice. – V. C. pr. pén., art. R. 141, R. 142.
1978	17 mars	Protocole additionnel à la convention européenne d'entraide judiciaire en matière pénale du 20 avr. 1959, **p. 2484.**
1978	28 mars	Décret n° 78-460. Modification du Code de procédure pénale. – V. C. pr. pén., art. D. 113, D. 323, D. 324, D. 328, D. 334.
1978	28 juill.	Loi n° 78-788. Police judiciaire et jury d'assises. – Art. 1er à 10, 13 à 23. – V. C. pr. pén., art. 15, 16, 20, 21, 224, 226 à 229, 256 à 258-1, 260 à 267, 275, 289, 289-1, 291, 292, 295, 537.
1978	22 nov.	Loi n° 78-1097. Exécution des peines privatives de liberté. – V. C. pr. pén., art. 148-5, 720-2, 720-3, 722, 723-3, 723-5, 723-6.
1979	3 janv.	Loi n° 79-9. Cour de cassation. – Art. 6. – V. C. pr. pén., art. 619.
1979	5 févr.	Décret n° 79-115. Désignation des officiers et agents de police judiciaire de la police nationale. – V. C. pr. pén., art. R. 8 à R. 12.
1979	19 mars	Décret n° 79-235. Tarif des honoraires et indemnités de certains experts. – V. C. pr. pén., art. R. 110, R. 116-1 à R. 120.
1979	2 avr.	Décret n° 79-299. Extension à Saint-Pierre-et-Miquelon de certaines dispositions réglementaires. – V. C. pr. pén., art. R. 250.
1979	3 juill.	Décret n° 79-534. Exécution de la détention. – V. C. pr. pén., art. D. 116, D. 117-1 à D. 119, D. 124, D. 125, D. 142, D. 142-1, D. 148, D. 151, D. 293, D. 401, D. 401-1, D. 425, D. 426, D. 508, D. 544-1 à D. 544-4.
1979	8 août	Décret n° 79-697. Modification de l'art. R. 79. – V. art. mod.
1979	1er oct.	Décret n° 79-858. Application des art. L. 351-1 à L. 351-21 C. trav. – Art. 3. – V. C. pr. pén., art. R. 79-14°.

1979	20 nov.	Arrêté. Centres de détention. – V. C. pr. pén., art. A. 39.
1979	28 déc.	Loi n° 79-1131. Taux des amendes pénales en matière de contraventions de police. – Art. 3, 5 et 6. – V. C. pr. pén., art. 45, 521, 524, 546, 768.
1980	4 janv.	Loi n° 80-2. Automatisation du casier judiciaire. – Art. 1er à 9. – V. C. pr. pén., art. 768, 771, 773-1, 777-2, 777-3, 779, 781.
1980	27 mars	Décret n° 80-227. Exécution des peines (semi-liberté et répartition des produits du travail). – V. C. pr. pén., art. D. 113, D. 140.
1980	27 mars	Décret n° 80-237. Complétant l'art. R. 79. – V. art. mod.
1980	27 mai	Arrêté. Centres de détention. – V. C. pr. pén., art. A. 39.
1980	4 août	Décret n° 80-629. Droits de copie des pièces de procédure. – V. C. pr. pén., art. R. 165.
1980	17 déc.	Arrêté. Modification du Code de procédure pénale. – V. C. pr. pén., art. A. 41.
1980	23 déc.	Loi n° 80-1041. Répression du viol et de certains attentats aux mœurs. – Art. 3 et 4. – V. C. pr. pén., art. 2-2, 306.
1980	23 déc.	Loi n° 80-1042. Prescription et jury d'assises. – V. C. pr. pén., art. 10, 258-1, 260, 261-1, 263.
1981	16 janv.	Décret n° 81-40. Entrées et sorties des détenus. – V. C. pr. pén., art. D. 288.
1981	28 janv.	Décret n° 81-70. Frais de justice. – V. C. pr. pén., art. R. 116, R. 120-1, R. 147, R. 217.
1981	29 janv.	Décret n° 81-76. Publication du Pacte international relatif aux droits civils et politiques, **p. 2839**.
1981	2 févr.	Loi n° 81-82. Sécurité et liberté. – V. C. pr. pén., art. 10, 71 à 71-3, 182, 197, 258, 260, 261, 261-1, 308, 375-1, 420-1, 422, 425, 460-1, 515-1, 567-2, 574-1, 706-5.
1981	22 avr.	Décret n° 81-384. Frais de justice. – V. C. pr. pén., art. R. 182.
1981	12 mai	Décret n° 81-512. Matières nucléaires. – Art. 29. – V. C. pr. pén., art. R. 79 (9°).
1981	4 août	Loi n° 81-737. Suppression de la Cour de sûreté de l'État. – Art. 3 et 4, **p. 1264**.
1981	6 août	Loi n° 81-759. Cour de cassation. – V. C. pr. pén., art. 580 à 582, 608, 616.
1981	9 oct.	Loi n° 81-908. Abolition de la peine de mort. – Art. 4. – V. C. pr. pén., art. 713.
1981	6 nov.	Décret n° 81-1003. Casier judiciaire. – V. C. pr. pén., art. R. 62 à R. 65, R. 66-1 à R. 71, R. 75-1, R. 76, R. 78-1, R. 79, R. 84, R. 88.

1981	8 déc.	Décret n° 81-1086. Agences privées de recherches. – Art. 5. – V. C. pr. pén., art. R. 79.
1982	21 janv.	Décret n° 82-70. Indemnités de transport et de séjour accordées aux magistrats et aux greffiers. – V. C. pr. pén., art. R. 200, R. 201, R. 203 à R. 207.
1982	26 mars	Décret n° 82-287. Gestion des biens des détenus. – V. C. pr. pén., art. D. 325.
1982	21 juill.	Loi n° 82-621. Instruction et jugement des infractions en matière militaire et de sûreté de l'État. – V. C. pr. pén., art. 697 à 702.
1982	10 nov.	Décret n° 82-953. Frais de translation des personnes. – V. C. pr. pén., art. R. 97.
1982	16 déc.	Décret n° 82-1064. Activités de police judiciaire. – V. C. pr. pén., art. D. 1.
1983	26 janv.	Décret n° 83-48. Modification de certaines dispositions du Code de procédure pénale (3e partie : Décrets). – V. 3e partie : Décrets.
1983	21 mars	Convention sur le transfèrement des personnes condamnées, **p. 1583.**
1983	28 avr.	Protocole n° 6 à la Conv. EDH. – V. Conv. EDH, **p. 2782.**
1983	2 juin	Décret n° 83-455. Régime financier des secrétariats-greffes des cours et tribunaux. – V. C. pr. pén., art. R. 19 à R. 21, R. 23 à R. 24, R. 39, R. 105, R. 134, R. 146, R. 209, R. 237 à R. 240, R. 248.
1983	10 juin	Loi n° 83-466. Abrogation ou révision de certaines dispositions de la loi n° 81-82 du 2 févr. 1981. – V. C. pr. pén., art. 2-4, 2-5, 61, 63-1, 64-1, 78-1 à 78-4, 81, 117, 118, 138, 144, 148-2, 186, 196-1 à 196-6, 220, 221, 282, 296, 297, 388, 393 à 397, 397-2 à 397-6, 420-1, 471, 522, 567-2, 574-1, 720-2, 722, 723-4, 747-1 à 747-7.
1983	8 juill.	Loi n° 83-608. Protection des victimes d'infractions. – V. C. pr. pén., art. 5-1, 88, 138, 142-1, 385-1, 385-2, 388-1 à 388-3, 420-1, 470-1, 497, 509, 515, 533, 541, 706-4 à 706-6, 706-11.
1983	24 nov.	Convention européenne relative au dédommagement des victimes d'infractions violentes, **p. 1294.**
1983	23 déc.	Décret n° 83-1154. Application de l'art. 43-3-3° *bis* du Code pénal. – V. C. pr. pén., art. R. 147-1.
1983	23 déc.	Décret n° 83-1156. Recours en indemnité ouvert à certaines victimes de dommages résultant d'une infraction. – V. C. pr. pén., art. R. 50-7, R. 50-13, R. 50-18, R. 50-23.
1983	23 déc.	Décret n° 83-1163. Travail d'intérêt général. – V. C. pr. pén., art. R. 61-1 à R. 61-11, R. 61-13 à R. 61-31.
1983	23 déc.	Décret n° 83-1164. Habilitation des enquêteurs de personnalité et contrôleurs judiciaires. – V. C. pr. pén., art. R. 15-18 à R. 15-24, R. 16, D. 20 à D. 22.

1984	30 janv.	Décret n° 84-77. Modification de certaines dispositions du Code de procédure pénale (3e partie : Décrets). – V. C. pr. pén., art. D. 167, D. 168, D. 177, D. 250, D. 372, D. 473, D. 516.
1984	19 avr.	Décret n° 84-289. Frais de justice. – V. C. pr. pén., art. R. 122, R. 181, R. 182, R. 185.
1984	9 juill.	Loi n° 84-576. Placement en détention provisoire et mandat de justice. – V. C. pr. pén., art. 81, 123, 128, 130, 130-1, 133, 135-1, 137, 145, 145-1, 146, 186, 396, 397-3.
1984	28 août	Décret n° 84-809. Modification des art. D. 526 et D. 535. – V. art. mod.
1984	22 nov.	Protocole n° 7 à la Convention européenne de sauvegarde des droits de l'homme, **p. 2783.**
1984	21 déc.	Loi n° 84-1150. Transfèrement en France des personnes condamnées et détenues à l'étranger. – V. C. pr. pén., art. 713-1 à 713-8, 768, 769.
1985	3 janv.	Loi n° 85-10. Dispositions d'ordre social. – Art. 99. – V. C. pr. pén., art. 2-1.
1985	25 janv.	Loi n° 85-98. Redressement et liquidation judiciaires des entreprises : – Art. 210 *(prescription de l'action publique)*. – V. C. pr. pén., art. 8 (note). – Art. 219. – V. C. pr. pén., art. 768, 775, 776.
1985	11 juill.	Loi n° 85-699. Tendant à la constitution d' archives audiovisuelles de la justice. – Art. 10. – V. C. pr. pén., art. 773.
1985	25 juill.	Loi n° 85-772. Dispositions d'ordre social. – Art. 1er-V et 7. – V. C. pr. pén., art. 2-6.
1985	6 août	Décret n° 85-836. Modification de certaines dispositions du Code de procédure pénale (3e partie : Décrets). – V. 3e Partie : Décrets.
1985	29 août	Décret n° 85-913. Casier judiciaire. – V. C. pr. pén., art. R. 75, R. 77, R. 79, R. 80, R. 80-1, R. 83.
1985	30 sept.	Décret n° 85-1053. Publication de la Convention sur le transfèrement des personnes condamnées, **p. 1583.**
1985	18 nov.	Loi n° 85-1196. Police judiciaire. – Art. 1er à 6. – V. C. pr. pén., art. 16, 18, 20, 21, 21-1, 75.
1985	30 déc.	Loi n° 85-1407. Dispositions de procédure pénale et de droit pénal : – Art. 1er à 53, 56, 57, 64 à 80 et 88. – V. C. pr. pén., art. 40, 41-1, 56-1, 60, 77-1, 82, 84, 89, 97, 99, 114, 138 à 141, 148, 148-3, 148-6 à 148-8, 151, 155, 159, 163, 166, 167, 175, 177, 183, 185, 186, 186-1, 197, 212, 217, 241, 257, 264, 305-1, 324, 373, 390-1, 465, 483 à 485, 490, 490-1, 494, 494-1, 498, 501 à 503, 529, 529-1 à 529-5, 530, 530-1 à 530-3, 560, 567-2, 571-1, 574-1, 577, 599, 657, 663, 664, 689-2, 721, 723, 723-1, 749 à 752, 754, 756, 775. – Art. 89. – V. note ss. C. pr. pén., art. 529. – Art. 90. – V. note ss. C. pr. pén., 747-1.

1986	15 janv.	Décret n° 86-74. Archives audiovisuelles de la justice, **p. 732.**
1986	14 mars	Décret n° 86-462. Modification de certaines dispositions du Code de procédure pénale (3e partie : Décrets). – V. 3e partie : Décrets.
1986	17 avr.	Arrêté. Centres de détention. – V. C. pr. pén., art. A. 39.
1986	14 mai	Décret n° 86-736. Convention européenne d'extradition, **p. 1231.**
1986	26 mai	Décret n° 86-750. Casier judiciaire. – V. C. pr. pén., art. R. 69, R. 73.
1986	17 juin	Décret n° 86-773. Listes spéciales des jurés suppléants. – V. C. pr. pén., art. R. 41-1.
1986	3 sept.	Loi n° 86-1004. Contrôles et vérifications d'identité. – V. C. pr. pén., art. 78-1, 78-2, 78-3, 78-5.
1986	9 sept.	Loi n° 86-1019. Lutte contre la criminalité et la délinquance. – Art. 5 à 14, 16 à 18. – V. C. pr. pén., art. 144, 148, 148-2, 390-1, 395, 396, 397-1, 397-2, 481, 720-2, 720-4.
1986	9 sept.	Loi n° 86-1020. Lutte contre le terrorisme. – V. C. pr. pén., art. 706-17 à 706-22.
1986	9 sept.	Loi n° 86-1021. Application des peines. – V. C. pr. pén., art. 721-1, 729-1, 733-1.
1986	18 sept.	Décret n° 86-1044. Recouvrement des amendes. – Art. 2. – V. C. pr. pén., art. R. 49 à R. 49-8.
1986	30 déc.	Loi n° 86-1317. De finances pour 1987. – Art. 90, **p. 1443.**
1987	8 avr.	Décret n° 87-249. Fichier automatisé des empreintes digitales, **p. 335.**
1987	22 juin	Loi n° 87-432. Service public pénitentiaire : – Art. 1er à 3, 6, **p. 1573.** – Art. 5. – V. C. pr. pén., art. 122, 123, 125, 132, 135, 713-2, 717, 719, 728.
1987	16 juill.	Loi n° 87-541. Infractions commises à l'étranger. – V. C. pr. pén., art. 689-3.
1987	22 juill.	Loi n° 87-565. Protection de la forêt contre l'incendie. – Art. 35. – V. C. pr. pén., art. 2-7.
1987	30 juill.	Loi n° 87-588. Mesures d'ordre social. – Art. 87. – V. C. pr. pén., art. 2-1.
1987	31 juill.	Décret n° 87-604. Habilitation des personnes auxquelles peuvent être confiées certaines fonctions dans les établissements pénitentiaires, **p. 1574.** – Art. 1er à 9. – V. C. pr. pén., art. 728. – Art. 9. – V. C. pr. pén., art. R. 79, 22°.
1987	26 nov.	Convention européenne pour la prévention de la torture et des peines ou traitements inhumains ou dégradants, **p. 2796.**
1987	30 nov.	Loi n° 87-962. Recel. – Art. 10 et 11. – V. C. pr. pén., art. 41-1, 177.

1987	21 déc.	Décret n° 87-1024. Publication de la Convention européenne pour la répression du terrorisme, **p. 1238.**
1987	30 déc.	Loi n° 87-1062. Placement en détention provisoire ou sous contrôle judiciaire. – Art. 12 à 17, 19, 20 et 24. – V. C. pr. pén., art. 50, 104, 152, 191, 194, 197, 221-1, 399, 511, 709-1.
1987	31 déc.	Loi n° 87-1130. Attribution de la qualité d'agent de police judiciaire. – V. C. pr. pén., art. 20.
1988	6 mai	Décret n° 88-600. Frais de justice. – V. C. pr. pén., art. R. 91 à R. 93, R. 121, R. 121-1, R. 128, R. 145, R. 147, R. 176, R. 178 à R. 180, R. 182, R. 196, R. 200, R. 201, R. 208, R. 213, R. 214, R. 218, R. 221 à R. 223, R. 224-1, R. 224-2, R. 225 à R. 236, R. 241, R. 249.
1988	20 juill.	Loi n° 88-828. Amnistie. – Art. 33. – V. C. pr. pén., art. 775-2.
1988	25 juill.	Arrêté. Centres de détention. – V. C. pr. pén., art. A. 39.
1988	6 oct.	Décret n° 88-949. Habilitation des personnes auxquelles l'autorité judiciaire confie des mineurs : – Art. 13. – V. C. pr. pén., art. R. 79, 23°. – Art. 1er à 15. – V. App., v° *Mineurs délinquants*, **p. 2973.**
1988	17 oct.	Décret n° 88-986. Attribution de la qualité d'agent de police judiciaire aux enquêteurs et aux personnels en tenue de la police nationale. – V. C. pr. pén., art. R. 15-17.
1989	4 janv.	Arrêté. Maisons centrales. – V. C. pr. pén., art. A. 39.
1989	13 janv.	Loi n° 89-18. Mesures d'ordre social : – Art. 2. – V. C. pr. pén., art. 207. – Art. 66. – V. C. pr. pén., art. 2-8.
1989	6 févr.	Arrêté. Maisons centrales. – V. C. pr. pén., art. A. 39.
1989	16 mai	Arrêté. Centres de détention. – V. C. pr. pén., art. A. 39.
1989	23 juin	Loi n° 89-431. Révision des condamnations pénales. – V. C. pr. pén., art. 622 à 625, 625-1, 626 [abrogés].
1989	30 juin	Loi n° 89-434. Protection et contrôle des matières nucléaires. – Art. 2, 3 (note) et 4 (note). – V. C. pr. pén., art. 689-4.
1989	6 juill.	Loi n° 89-461. Détention provisoire. – V. C. pr. pén., art. 41, 48, 81, 109, 123, 142-3, 145-2, 148-4, 148-8, 199, 217, 471, 486, 569, 662, 775, 801.
1989	10 juill.	Loi n° 89-469. Sécurité routière et contraventions. – Art. 1er, 2 et 10. – V. C. pr. pén., art. 381, 529, 529-6 à 529-9, 530-3.
1989	10 juill.	Loi n° 89-487. Prévention des mauvais traitements à l'égard des mineurs et protection de l'enfance. – Art. 13 et 16. – V. C. pr. pén., art. 7, 87-1.
1989	10 juill.	Arrêté. Centres de détention et maisons centrales. – V. C. pr. pén., art. A. 39.

1989	7 nov.	Arrêté. Modification du Code de procédure pénale. – V. C. pr. pén., art. A. 41-1.
1989	21 nov.	Arrêté. Centres de détention. – V. C. pr. pén., art. A. 39.
1989	29 déc.	Loi n° 89-935. De finances pour 1990. – Art. 108. – V. LPF, art. L. 38, **p. 303.**
1989	29 déc.	Décret n° 89-989. Amendes applicables à certaines contraventions de police. – Art. 4. – V. C. pr. pén., art. R. 49-7.
1990	26 janv.	Convention de New York. Droits de l'enfant, **p. 3067.**
1990	19 mars	Arrêté. Centres de détention. – V. C. pr. pén., art. A. 39.
1990	10 mai	Décret n° 90-388. Procédure d'amende forfaitaire minorée. – V. C. pr. pén., art. R. 49-9 à R. 49-13.
1990	29 mai	Décret n° 90-447. Convention européenne relative au dédommagement des victimes d'infractions violentes, **p. 1294.**
1990	13 juin	Décret n° 90-485. Listes spéciales des jurés suppléants. – V. C. pr. pén., art. R. 41-1.
1990	19 juin	Convention de Schengen. Suppression graduelle des contrôles aux frontières, **p. 2433.**
1990	6 juill.	Loi n° 90-589. Victimes d'infractions. – Art. 1er à 11, 16 à 18 (notes). – V. C. pr. pén., art. 2-9, 279, 706-3, 706-5 à 706-11, 706-13 à 706-15, 728-1.
1990	12 juill.	Loi n° 90-602. Discrimination en raison de l'état de santé ou du handicap. – Art. 7, 8 et 12. – V. C. pr. pén., art. 2-2, 2-8, 2-10.
1990	12 juill.	Loi n° 90-614. Lutte contre le blanchiment des capitaux provenant du trafic des stupéfiants. – Art. 21. – V. C. pr. pén., art. 705.
1990	1er août	Arrêté. Centres de détention. – V. C. pr. pén., art. A. 39.
1990	21 déc.	Loi n° 90-1143. Sécurité de la navigation maritime et des plates-formes fixes sur le plateau continental. – Art. 4 à 6 (note). – V. C. pr. pén., art. 689-5.
1990	21 déc.	Décret n° 90-1211. Indemnisation des victimes d'actes de terrorisme. – V. C. pr. pén., art. R. 50-9, R. 50-10, R. 50-12, R. 50-14, R. 50-15, R. 50-17, R. 50-19, R. 50-22, R. 50-24 à R. 50-28, R. 92.
1991	31 janv.	Arrêté. Centres de détention. – V. C. pr. pén., art. A. 39.
1991	17 avr.	Décret n° 91-386. Publication du protocole additionnel à la convention européenne d'entraide judiciaire en matière pénale, **p. 2484.**
1991	24 juin	Arrêté. Centres de détention. – V. C. pr. pén., art. A. 39.
1991	10 juill.	Loi n° 91-646. Secret des correspondances émises par la voie des télécommunications. – Art. 2 et 27. – V. C. pr. pén., art. 100 à 100-7.
1991	10 juill.	Loi n° 91-647. Aide juridique : – Art. 3, 7, 25, 26, 40 à 48, 64-1, 64-2, 76, App., v° *Aide juridique*, **p. 2427.**

		– Art. 74, al. 3, 75-III et IV. – V. C. pr. pén., art. 375, 475-1, 706-14.
1991	13 juill.	Loi n° 91-663. Accessibilité des locaux d'habitation, des lieux de travail et des installations recevant du public aux handicapés. – Art. 7. – V. C. pr. pén., art. 2-8.
1991	4 oct.	Arrêté. Désignation des gendarmes officiers de police judiciaire. – V. C. pr. pén., art. A. 9, A. 11.
1991	18 oct.	Arrêté. Centres de détention. – V. C. pr. pén., art. A. 39.
1991	27 nov.	Décret n° 91-1197. Organisant la profession d'avocat. – Art. 160 *(secret professionnel)*. – V. ss. C. pr. pén., art. 11.
1991	17 déc.	Loi n° 91-1257. Permettant aux associations d'anciens combattants et victimes de guerre d'ester en justice. – V. C. pr. pén., art. 2-11.
1991	19 déc.	Décret n° 91-1266. Aide juridique. – V. C. pr. pén., art. R. 93, R. 216, R. 224-2, R. 241.
1992	12 févr.	Arrêté. Centres de détention. – V. C. pr. pén., art. A. 39.
1992	1er avr.	Décret n° 92-360. Organisation professionnelle en matière de propriété industrielle. – Art. 34. – V. C. pr. pén., art. R. 79 (24°).
1992	12 juin	Arrêté. Organisation de l'examen technique d'officier de police judiciaire de la gendarmerie nationale. – V. C. pr. pén., art. A. 6, A. 7.
1992	16 juill.	Loi n° 92-665. Marché unique européen. Assurance. – Art. 36. – V. C. pr. pén., art. 706-4.
1992	17 juill.	Loi n° 92-677. TVA. – Art. 116-II. – V. LPF, art. L. 38, ss. C. pr. pén., art. 78.
1992	2 nov.	Loi n° 92-1179. Abus d'autorité en matière sexuelle dans les relations de travail. – Art. 4 et 8 (note). – V. C. pr. pén., art. 2-6.
1992	4 nov.	Décret n° 92-1181. – V. C. pr. pén., art. R. 92, R. 121, R. 121-1.
1992	1er déc.	Décret n° 92-1249. Gendarmes et policiers auxiliaires. – V. C. serv. nat., art. R.* 130, R.* 201-4, ss. C. pr. pén., art. 21-2.
1992	16 déc.	Loi n° 92-1336. Entrée en vigueur du Nouveau Code pénal : – Art. 1° à 134. – V. C. pr. pén., art. 2-1 à 2-3, 2-6, 2-8, 2-10, 7, 11, 30, 45, 55, 59, 109, 126, 136, 142-2, 145, 256, 306, 349, 356, 358, 359, 362, 363, 366, 367, 372, 375-2, 381, 382, 467-1, 468, 469-1 à 469-4, 471 à 474, 480-1, 517, 521, 524, 526, 539, 539-1, 542, 543, 546, 550, 555, 557, 559, 561, 562, 569, 573, 689, 689-1 à 689-7, 698-2, 698-6, 701, 702, 702-1, 703, 705, 706-3, 706-16, 706-25 à 706-46, 708, 710, 716-1 à 716-4, 720-1 à 720-5, 723, 723-1, 723-2, 723-5, 729, 729-1, 732, 734, 742, 742-2 à 742-4, 743, 744-1, 744-3 à 745-1, 746, 747, 747-1 à 747-8, 762-1, 763, 768, 768-1, 769, 769-1, 769-2, 774-1, 775, 775-1 A, 775-1, 776-1, 777, 777-2, 777-3, 779 à 781, 783, 798, 798-1, 799.
1993	25 janv.	Décret n° 93-114. Jurés suppléants. – V. C. pr. pén., art. R. 41-1.

1993	8 févr.	Décret n° 93-193. Modifications de certaines dispositions du Code de procédure pénale (3e partie : Décrets). – V. C. pr. pén., art. D. 125-1, D. 141, D. 148, D. 149, D. 149-1, D. 149-2, D. 313-1, D. 314-1, D. 364, D. 376, D. 380, D. 397.
1993	15 mars	Décret n° 93-347. Modifications de certaines dispositions du Code de procédure pénale (3e partie : Décrets, Livre V). – V. C. pr. pén., art. D. 220, D. 347.
1993	29 mars	Décret n° 93-726. Réforme du Code pénal. – Art. 4 et 9. – V. C. pr. pén., art. R. 51, R. 61, R. 61-1 à R. 61-32, D. 137.
1993	28 juin	Décret n° 93-867. Frais de justice. – V. C. pr. pén., art. R. 85, R. 91 à R. 93, R. 105, R. 124, R. 208, R. 209, R. 212, R. 217, R. 218, R. 221, R. 227-2, R. 232, R. 235 à R. 241, R. 243, R. 245 à R. 247, R. 249-1.
1993	27 juill.	Loi constitutionnelle n° 93-952. – V. Const. 4 oct. 1958, art. 68-1 s., App., v° *Cour de Justice de la République et Haute Cour*, **p. 2562.**
1993	2 août	Décret n° 93-983. Listes spéciales de jurés suppléants. – V. C. pr. pén., art. R. 41-1.
1993	10 août	Loi n° 93-992. Contrôles d'identité. – V. C. pr. pén., art. 78-2.
1993	24 août	Loi n° 93-1013. Réforme de la procédure pénale. – Art. 1er à 17, 19 à 27 et 35 à 43. – V. C. pr. pén., art. 36, 59, 63, 63-1 à 63-4, 69, 72, 77, 78-3, 80, 80-1 à 80-3, 81, 82, 82-1, 83, 86, 87, 89-1, 100-7, 104, 105, 114, 116, 117, 122, 135, 137, 141-2, 145, 145-1, 145-2, 148, 152, 154, 156, 159, 164, 167, 171 à 177, 177-1, 178, 179, 181, 183, 186, 187, 187-1, 194, 207, 385, 392-1, 570, 571, 585-1, 609-1, 612-1, 802.
1993	24 août	Loi n° 93-1027. Immigration. – Art. 34. – V. C. pr. pén., art. 78-2.
1993	23 nov.	Loi organique n° 93-1252. Cour de justice de la République, App., v° *Cour de Justice de la République et Haute Cour*, **p. 2562.**
1993	30 déc.	Loi n° 93-1417. Maîtrise de l'immigration. – Art. 10-A et C. – V. C. pr. pén., art. 469-5.
1994	1er févr.	Loi n° 94-89. Peine incompressible et nouveau Code pénal. – Art. 1er à 3, 4 (note), 5, 6-II, 7, 8, 10, 14, 16-I, 17 à 19, 21 à 23 (note). – V. C. pr. pén., art. 2-13, 15-1, 16, 18, 63-4, 83, 111, 142-1, 154, 202, 212, 281, 282, 375-2, 397-3, 480-1, 533, 546, 677, 704 à 706-2, 706-30, 718, 720-4, 722, 800 (note).
1994	25 févr.	Décret n° 94-167. Modifications de certaines dispositions de droit pénal et de procédure pénale. – V. C. pr. pén., art. R. 64 à R. 66-1, R. 69, R. 70, R. 75 à R. 77-1, R. 80, R. 81, R. 85, R. 90, R. 147-1.
1994	11 mai	Protocole n° 11 à la Conv. EDH. – V. Conv. EDH, App., v° *Droits de l'Homme*, **p. 2790.**
1994	10 juin	Loi n° 94-475. Difficultés des entreprises. – Art. 90, 91 et 93. – V. C. pr. pén., art. 702-1, 768, 769, 775.
1994	4 août	Loi n° 94-665. Emploi de la langue française. – Art. 19. – V. C. pr. pén., art. 2-14.

1994	21 oct.	Décret n° 94-910. Prévention et traitement des difficultés des entreprises. – Art. 124. – V. C. pr. pén., art. R. 69.
1994	2 nov.	Décret n° 94-965. Habilitation des personnes auxquelles peuvent être confiées certaines fonctions dans les établissements pénitentiaires. – V. Décr. n° 87-604 du 31 juill. 1987, art. 4, 6, 8, ss. C. pr. pén., art. 728.
1994	8 nov.	Décret n° 94-969. Listes spéciales des jurés suppléants. – V. C. pr. pén., art. R. 41-1.
1994	15 nov.	Décret n° 94-983. Désignation des gendarmes officiers de police judiciaire. – V. C. pr. pén., art. R. 3, R. 5, R. 7.
1994	23 nov.	Décret n° 94-1032. Liste et ressort des cours d'assises compétentes en matière de trafic de stupéfiants. – V. C. pr. pén., art. D. 47-2.
1995	2 janv.	Loi n° 95-1. Violations du droit international humanitaire commises sur le territoire de l'ex-Yougoslavie 🏛.
1995	21 janv.	Loi n° 95-73. Sécurité : – Art. 15-1, V. ss. C. pr. pén., art. 14. – Art. 26 *(disparition de personnes)*, note ss. C. pr. pén., art. 74-1. – Art. 27. – V. C. pr. pén., art. 62-1, 78, 153.
1995	4 févr.	Loi n° 95-116. Dispositions d'ordre social. – Art. 121-I et II. – V. C. pr. pén., art. 7, 8.
1995	8 févr.	Loi n° 95-125. Organisation des juridictions et procédure pénale. – Art. 36 à 44, 46 et 50 à 60. – V. C. pr. pén., art. 2-15, 6-1, 16, 18, 100-7, 167-1, 187, 199-1, 395, 398, 398-1 à 398-3, 406, 410-1, 464, 469, 513, 557, 558, 560, 706-25-1, 706-31, 717, 729-2.
1995	26 avr.	Décret n° 95-457. Application du titre XIII de la loi n° 93-2 du 4 janv. 1993. – V. C. pr. pén., art. R. 42 à R. 48, R. 48-1, R. 49-3, R. 49-5, R. 49-6, R. 49-8, R. 49-11.
1995	9 mai	Décret n° 95-661. Police judiciaire. – V. C. pr. pén., art. R. 15-18 à R. 15-41.
1995	17 août	Décret n° 95-932. Associations de défense des victimes d'accidents collectifs. – V. C. pr. pén., art. D. 1.
1995	16 oct.	Arrêté. Désignation des OPJ de la police nationale et organisation de l'examen technique d'aptitude à la qualité d'OPJ de la police nationale. – V. C. pr. pén., art. A. 13 s.
1996	25 janv.	Décret n° 96-74. Police judiciaire. – V. C. pr. pén., art. D. 2-1, D. 3 à D. 8, D. 8-1, D. 8-2.
1996	5 mars	Accord européen. Personnes participant aux procédures devant la CEDH, App., v° *Droits de l'Homme*, **p. 2795.**
1996	2 avr.	Décret n° 96-287. Régime disciplinaire des détenus. – V. C. pr. pén., art. D. 117-2, D. 167 à D. 175, D. 245, D. 246, D. 249 à D. 251-8, D. 262, D. 283-3 à D. 283-6, D. 332, D. 443.

1996	13 mai	Loi n° 96-392. Lutte contre le blanchiment et le trafic de stupéfiants. – Art. 3 et 19. – V. C. pr. pén., art. 2-16, 704.
1996	13 mai	Loi n° 96-393. Responsabilité pénale pour des faits d'imprudence ou de négligence. – Art. 4. – V. C. pr. pén., art. 470-1.
1996	22 mai	Loi n° 96-432. Actes de génocide et violations du droit international humanitaire commis en 1994 au Rwanda.
1996	22 juill.	Loi n° 96-647. Répression du terrorisme et police judiciaire. – Art. 8 à 11, 18 et 20 à 22. – V. C. pr. pén., art. 16, 20, 46, 48, 398-1, 706-16, 706-24, 706-28.
1996	22 juill.	Décret n° 96-651. Exécution des peines d'emprisonnement et interdiction de séjour. – V. C. pr. pén., art. D. 49-1, D. 542, D. 571, D. 571-1 à D. 571-3.
1996	6 août	Décret n° 96-694. Office central pour la répression de l'immigration irrégulière. – V. C. pr. pén., art. D. 3, D. 4, D. 8, D. 8-1.
1996	23 août	Arrêté. Centres de détention et maisons centrales. – V. C. pr. pén., art. A. 39.
1996	3 sept.	Décret n° 96-767. Auditions de témoins. – V. C. pr. pén., art. R. 15-33-1.
1996	20 sept.	Arrêté. Centres de détention et maisons centrales. – V. C. pr. pén., art. A. 39.
1996	30 déc.	Loi n° 96-1235. Détention provisoire et perquisitions de nuit en matière de terrorisme. – V. C. pr. pén., art. 82, 114, 114-1, 144, 144-1, 145, 145-1 à 145-3, 149, 179, 187-1, 220, 221-2, 396, 397-3, 706-24, 706-24-1.
1996	30 déc.	Loi n° 96-1236. Air et utilisation rationnelle de l'énergie. – Art. 36 *(procédure de l'amende forfaitaire)*. – V. note ss. C. pr. pén., art. 529.
1996	30 déc.	Loi n° 96-1240. Ratification des ordonnances prises pour Mayotte et les TOM. – Art. 20 et 21. – V. C. pr. pén., art. 811, 832.
1997	28 févr.	Décret n° 97-180. Remise de la reproduction des pièces d'une procédure d'instruction à une personne détenue. – V. C. pr. pén., art. R. 15-42 à R. 15-45.
1997	25 mars	Décret n° 97-285. Office central de lutte contre le trafic des biens culturels. – V. C. pr. pén., art. D. 8-1.
1997	24 avr.	Loi n° 97-396. Immigration. – Art. 18 et 19. – V. C. pr. pén., art. 78-2, art. 78-2-1.
1997	12 mai	Arrêté. Liste des autorités administratives et judiciaires avec lesquelles les détenus peuvent correspondre sous pli fermé. – V. C. pr. pén., art. A. 40, A. 40-1.
1997	26 mai	Décret n° 97-525. Frais de justice. – V. C. pr. pén., art. R. 117, R. 118.
1997	28 oct.	Loi n° 97-1019. Réforme du service national. – Art. 6. – V. C. pr. pén., art. 21.

1997	19 déc.	Loi n° 97-1159. Surveillance électronique. – Art. 1er à 11. – V. C. pr. pén., art. 722, 723-7 à 723-14, 733-1.
1997	24 déc.	Décret n° 97-1188. Déconcentration des décisions administratives individuelles. – Art. 1er et 18. – V. C. pr. pén., art. R. 121, R. 121-1.
1997	29 déc.	Loi n° 97-1273. Terrorisme. – V. C. pr. pén., art. 706-17-1.
1998	13 mars	Arrêté. Centres de détention. – V. C. pr. pén., art. A. 39.
1998	11 mai	Loi n° 98-349. Entrée et séjour des étrangers en France. – Art. 38. – V. C. pr. pén., art. 724-1.
1998	17 juin	Loi n° 98-468. Infractions sexuelles et protection des mineurs. – Art. 6 à 8, 23 à 30, 40 à 42, 48 (note), 49 et 50 (note). – V. C. pr. pén., art. 2-2, 2-3, 7, 8, 40, 87-1, 706-47 à 706-54, 721-1, 722, 736, 746, 763-1 à 763-9, 775, 777, 873-1, 902.
1998	2 juill.	Loi n° 98-546. Dispositions d'ordre économique et financier. – Art. 91. – V. C. pr. pén., art. 706.
1998	17 juill.	Convention. Statut de la Cour pénale internationale.
1998	23 juill.	Décret n° 98-632. Bulletin n° 3 du casier judiciaire. – V. C. pr. pén., art. R. 82, R. 84.
1998	29 juill.	Loi n° 98-657. Lutte contre les exclusions. – Art. 83 *(réinsertion des personnes condamnées)*. – V. ss. C. pr. pén., art. 719.
1998	20 août	Ordonnance n° 98-728. Procédure pénale dans les TOM, Mayotte et Saint-Pierre-et-Miquelon. – Art. 3. – V. C. pr. pén., art. 879-1.
1998	20 août	Ordonnance n° 98-729. Organisation juridictionnelle dans les TOM, Mayotte et Saint-Pierre-et-Miquelon. – Art. 2 et 3. – V. C. pr. pén., art. 902 s.
1998	5 nov.	Arrêté. Liste des centres de détention. – V. C. pr. pén., art. A. 39.
1998	18 nov.	Loi n° 98-1035. Qualification d'officier de police judiciaire. – V. C. pr. pén., art. 16.
1998	8 déc.	Décret n° 98-1099. Organisation et fonctionnement des établissements pénitentiaires. – V. C. pr. pén., art. D. 32-1, D. 49, D. 50, D. 55-1, D. 56, D. 70 à D. 86, D. 89, D. 90, D. 93 à D. 95-1, D. 97, D. 113, D. 116, D. 117-1, D. 119 à D. 134, D. 136, D. 137, D. 139, D. 143, D. 143-1, D. 152, D. 153, D. 155, D. 156, D. 158 à D. 167, D. 176, D. 178, D. 180, D. 182 à D. 184, D. 187, D. 191 à D. 193, D. 196, D. 198, D. 216, D. 220, D. 221, D. 223, D. 227, D. 229, D. 232, D. 237, D. 243, D. 252, D. 253, D. 259, D. 262, D. 263, D. 265 à D. 267, D. 269, D. 270, D. 272 à D. 278, D. 279-1, D. 280, D. 283-3, D. 283-4, D. 284, D. 285, D. 287, D. 290 à D. 294, D. 300, D. 301, D. 303, D. 306, D. 312 à D. 314, D. 314-2, D. 316, D. 318 à D. 320, D. 321, D. 323, D. 324, D. 333 à D. 336, D. 338, D. 340, D. 341, D. 343, D. 344, D. 346, D. 348, D. 348-1 à D. 348-4, D. 352, D. 357 à D. 401-2, D. 403, D. 422, D. 427, D. 428, D. 430, D. 431, D. 433 à D. 435, D. 438 à D. 441-1, D. 443 à D. 447, D. 470, D. 472 à D. 476, D. 478, D. 483, D. 485, D. 486, D. 488 à D. 490, D. 493,

		D. 494, D. 495, D. 506 à D. 511, D. 514, D. 516, D. 520, D. 525, D. 528, D. 530 à D. 532, D. 534, D. 535, D. 570, D. 578, D. 580, D. 581, D. 585, D. 586, D. 592.
1998	18 déc.	Loi n° 98-1163. Accès au droit et résolution amiable des conflits. – Art. 14 à 16. – V. L. n° 91-647 du 10 juill. 1991, art. 45, 46, 64-2, App., v° *Aide juridique*, **p. 2430.**
1998	28 déc.	Décret n° 98-1203. Notation et contrôle de l'activité des officiers de police judiciaire. – V. C. pr. pén., art. D. 44 à D. 47.
1999	6 janv.	Loi n° 99-5. Animaux. – Art. 9. – V. C. pr. pén., art. 99-1.
1999	25 janv.	Décret n° 99-60. Publication de l'accord européen du 5 mars 1996 concernant les personnes participant aux procédures devant la CEDH, **p. 2795.**
1999	5 févr.	Décret n° 99-75. Assistants spécialisés en matière économique et financière. – V. C. pr. pén., art. R. 50 *bis* à R. 50 *sexies*.
1999	18 mars	Décret n° 99-203. Frais de justice. – V. C. pr. pén., art. R. 92, R. 93, R. 107, R. 112, R. 117, R. 120-2, R. 122, R. 124, R. 129, R. 140, R. 147, R. 147-1, R. 200, R. 202, R. 208, R. 210, R. 213, R. 229, R. 234.
1999	19 mars	Loi n° 99-210. Nouvelle-Calédonie. – Art. 30. – V. L. n° 87-432 du 22 juin 1987, art. 7, ss. C. pr. pén., art. 728.
1999	13 avr.	Décret n° 99-276. Création des services pénitentiaires d'insertion et de probation. – V. C. pr. pén., art. D. 76, D. 79, D. 94, D. 162, D. 196-1, D. 198, D. 219, D. 285, D. 401, D. 429, D. 440, D. 441-1, D. 446, D. 459-1, D. 460 à D. 479, D. 482, D. 483, D. 532, D. 533, D. 535, D. 542, D. 544, D. 572 à D. 598.
1999	15 avr.	Loi n° 99-291. Polices municipales : – Art. 13 à 17-I. – V. C. pr. pén., art. 21-2, 62-1, 78-6, 529-4.
1999	11 juin	Arrêté. Examen d'aptitude à la qualification d'OPJ de la police nationale. – V. C. pr. pén., art. A. 22 à A. 33.
1999	11 juin	Arrêté. Application de l'art. 16, al. 5. – V. C. pr. pén., art. A. 34, A. 35.
1999	23 juin	Loi n° 99-515. Efficacité de la procédure pénale : – Art. 1er, 2, 4, 6 à 28-I et 30. – V. C. pr. pén., art. 6, 28-1, 41, 41-1 à 41-3, 53, 56, 60, 72, 77-1, 80, 99-2, 167, 182, 199, 385, 398, 398-2, 411, 525, 529, 529-6, 529-7, 546, 583, 583-1, 626, 667-1, 694 à 696-2, 706-30-1, 803-1, 809-1. – Art. 5. – V. L. n° 91-647 du 10 juill. 1991, art. 64-2, App., v° *Aide juridique*, **p. 2427.**
1999	7 juill.	Décret n° 99-571. Suivi socio-judiciaire. – V. C. pr. pén., art. R. 61, R. 61-1 à R. 61-6.
1999	8 juill.	Loi constitutionnelle n° 99-568. Cour pénale internationale. – V. Const. 4 oct. 1958, art. 53-2, App., v° *Crimes de guerre et contre l'humanité*, **p. 2568.**

1999	26 août	Décret n° 99-728. Listes spéciales de jurés suppléants. – V. C. pr. pén., art. R. 41-1.
1999	27 août	Décret n° 99-737. Modification de l'art. R. 15-30 du Code de procédure pénale. – V. C. pr. pén., art. R. 15-30.
1999	16 sept.	Décret n° 99-818. Administrateurs *ad hoc*. – Art. 1er à 6 (note) et 8. – V. C. pr. pén., art. R. 53, R. 53-1 à R. 53-8, R. 57-1 à R. 57-9, R. 58, R. 59, R. 92, R. 93, R. 130, R. 216, R. 216-1.
1999	5 oct.	Arrêté. Formulaires utilisés pour les contraventions soumises à la procédure de l'amende forfaitaire. – V. C. pr. pén., art. A. 37, A. 37-1 à A. 37-7.
1999	10 nov.	Loi n° 99-929. Réforme du Code de justice militaire et du Code de procédure pénale. – V. C. pr. pén., art. 465, 697-2, 698, 698-2, 698-5, 698-9.
1999	14 déc.	Décret n° 99-1050. Diligences du ministère public en cas d'infractions sanctionnées de confiscation du fonds de commerce. Art. 1er. – V. C. pr. pén., art. R. 51, R. 51-1.
1999	28 déc.	Loi n° 99-1121. Ratification d'ordonnances d'adaptation du droit applicable outre-mer. – Art. 1er, 2, 4, 8, 10 et 11. – V. C. pr. pén., art. 877, 879-1, 890, 902-1 s.
2000	31 janv.	Arrêté. Liste des établissements pénitentiaires pour peines. – V. C. pr. pén., art. A. 39, A. 39-1, A. 39-2.
2000	15 mars	Arrêté. Liste des autorités administratives et judiciaires avec lesquelles les détenus peuvent correspondre sous pli fermé. – V. C. pr. pén., art. A. 40.
2000	18 mai	Décret n° 2000-412. Injonction de soins. – V. CSP, art. R. 3711-1 s., ss. C. pr. pén., art. 763-9.
2000	29 mai	Convention d'entraide judiciaire en matière pénale entre les États membres de l'Union européenne, **p. 2495.**
2000	31 mai	Décret n° 2000-479. Modification de l'article R. 81 du code de procédure pénale. – V. C. pr. pén., art. R. 81.
2000	15 juin	Loi n° 2000-516. Présomption d'innocence et droits des victimes, **p. 1717.** – V. C. pr. pén., art. 1er à 13, 15 à 46, 48 à 49-V, 50 à 62, 64 à 71, 73 à 77, 79 à 82, 84, 85, 87 à 89, 93, 96, 101, 102, 104 à 119, 121 à 123, 125, 126, 129 à 136, 138. – V. C. pr. pén., art. préliminaire, 2-6, 2-17 à 2-19, 11, 15-2, 15-3, 41, 53-1, 56-1, 56-3, 62, 63, 63-1, 63-2, 63-4, 63-5, 64, 75, 75-1, 75-2, 77, 77-2, 77-3, 80-1 à 80-3, 81, 81-1, 82, 82-1 à 82-3, 83, 88-1, 89-1, 91, 96, 101, 102, 104, 105, 109, 113-1 à 113-8, 115, 116, 116-1, 120 à 122, 134 à 137, 137-1 à 137-5, 138, 141-2, 141-3, 142, 142-2, 142-3, 143-1, 144, 144-1, 144-2, 145, 145-1 à 145-3, 145-5, 146 à 148, 148-1, 149, 149-1 à 149-4, 152 à 154, 156, 164, 167, 173, 173-1, 174-1, 175, 175-1 à 175-3, 177-1, 177-2, 179, 181, 183, 185, 186, 186-1, 186-2, 187-2, 194, 197-1, 199, 207, 207-1, 212-1, 214, 215-1, 215-2, 217, 219, 227, 231, 256, 260, 266, 268, 269, 272, 272-1, 273, 289-1, 296 à 298, 304, 312, 316, 327, 344, 345, 348, 349, 349-1, 351, 354, 356,

		359, 360, 361-1, 362, 367, 370, 374, 380-1 à 380-15, 392-1, 393-1, 396, 397-3, 397-4, 407, 408, 420-1, 420-2, 429, 442, 442-1, 454, 460-1, 464, 500-1, 513, 583, 583-1, 594, 599, 618-1, 626-1 à 626-7, 652, 689-9, 698-6, 706-5, 706-14, 706-15, 706-23 à 706-25, 706-28, 706-29, 709-1, 716, 716-4, 720-1, 721-1, 722, 729, 729-3, 730 à 733, 733-1, 763-1, 763-8, 800-2, 803, 885, 888, 921, 923.
2000	30 juin	Loi n° 2000-595. Lutte contre la corruption. – Art. 3 (note) à 6. – V. C. pr. pén., art. 689-8, 693, 704, 706-1.
2000	10 juill.	Loi n° 2000-647. Définition des délits non intentionnels. – Art. 2, 3 et 9. – V. C. pr. pén., art. 4-1, 470-1, 706-43.
2000	2 nov.	Décret n° 2000-1072. Participation des agents des douanes à certaines missions de police judiciaire. – V. C. pr. pén., art. R. 15-33-1 à R. 15-33-24.
2000	2 nov.	Arrêté. Examen technique d'aptitude à l'exercice de missions de police judiciaire par les agents des douanes. – V. C. pr. pén., art. A. 36, A. 36-1 à A. 36-10.
2000	2 nov.	Arrêté. Liste des agents des douanes dispensés de l'examen technique d'aptitude à certaines missions de police judiciaire. – V. C. pr. pén., art. A. 36-11.
2000	24 nov.	Décret n° 2000-1136. Application du II de l'art. 529-4. – V. C. pr. pén., art. R. 49-8-1 à R. 49-13.
2000	7 déc.	Charte des droits fondamentaux de l'Union européenne, App., v° *Droits de l'homme*, **p. 2847.**
2000	12 déc.	Décret n° 2000-1204. Indemnisation à raison d'une détention provisoire. – V. C. pr. pén., art. R. 26 à R. 40-22.
2000	13 déc.	Décret n° 2000-1213. Application des peines. – V. C. pr. pén., art. D. 32-1, D. 49-1, D. 77, D. 78, D. 116 à D. 116-16, D. 117-2, D. 119, D. 120, D. 124, D. 133, D. 142, D. 145, D. 237, D. 411, D. 520 à D. 529-2, D. 535, D. 540, D. 541, D. 570.
2000	23 déc.	Loi n° 2000-1257. De financement de la sécurité sociale. – Art. 53. – V. C. pr. pén., art. 706-3.
2000	30 déc.	Loi n° 2000-1354. Indemnisation des condamnés reconnus innocents. – Art. 1er à 10, 12 à 29, 32 et 36. – V. C. pr. pén., art. 77-2, 82-1, 109, 116, 137-1, 149, 149-1, 149-3, 150, 152, 175-1, 179, 185, 187-1, 207-1, 326, 374, 438, 609-1, 610, 626, 627, 698-6, 722, 823, 868-1, 901-1.
2000	30 déc.	Décret n° 2000-1388. Application des peines. – Art. 8. – V. C. pr. pén., art. D. 116-16, D. 529-2.
2001	29 janv.	Décret n° 2001-71. Délégués et médiateurs du procureur de la République et composition pénale : – Art. 1er. – V. C. pr. pén., art. R. 15-33-61. – Art. 2. – V. C. pr. pén., art. R. 15-33-30 à R. 15-33-60. – Art. 3. – V. C. pr. pén., art. R. 92. – Art. 5. – V. C. pr. pén., art. R. 121.

		– Art. 6. – V. C. pr. pén., art. R. 121-2. – Art. 9. – V. C. pr. pén., art. R. 57-3. – Art. 11. – V. C. pr. pén., art. R. 53 à R. 53-8, R. 216-1.
2001	14 févr.	Arrêté. Autorités militaires habilitées à dénoncer les infractions ou à donner un avis préalable en matière de poursuites pénales, App., v° *Justice militaire*, **p. 2971.**
2001	7 mars	Décret n° 2001-210. Code des marchés publics. – Art. 120 à 124 *(enquête sur la régularité des marchés)* – V. C. pr. pén., art. 78.
2001	4 avr.	Décret n° 2001-303. Habilitation des officiers de police judiciaire de la gendarmerie nationale au sein des offices centraux de police judiciaire. – V. C. pr. pén., art. R. 13 à R. 15, R. 15-18.
2001	18 avr.	Arrêté. Modifiant la quatrième partie du C. pr. pén. et relatif au service pénitentiaire d'insertion et de probation. – Art. 2. – V. C. pr. pén., art. A. 44 à A. 47.
2001	9 mai	Loi n° 2001-397. Égalité professionnelle entre les femmes et les hommes. – Art. 22. – V. C. pr. pén., art. 2-6.
2001	10 mai	Décret n° 2001-411. Désignation des officiers de police judiciaire de la police nationale. – V. C. pr. pén., art. R. 10, R. 17.
2001	15 mai	Loi n° 2001-420. Nouvelles régulations économiques. – Art. 47. – V. C. pr. pén., art. 706-30.
2001	30 mai	Décret n° 2001-475. Modification de la troisième partie du Code de procédure pénale. – Art. 1er. – V. C. pr. pén., art. D. 8-1.
2001	12 juin	Loi n° 2001-504. Renforcement de la prévention et la répression des mouvements sectaires portant atteinte aux droits de l'homme et aux libertés fondamentales. – Art. 22 et 23. – V. C. pr. pén., art. 2-17, 706-45.
2001	25 juin	Loi organique n° 2001-539. Statut des magistrats et du conseil supérieur de la magistrature. – Art. 26-IV. – V. C. pr. pén., art. 706-64 s. *(saisine pour avis de la Cour de cassation)*.
2001	29 juin	Arrêté. Liste des autorités administratives et judiciaires avec lesquelles les détenus peuvent correspondre sous pli fermé. – V. C. pr. pén., art. A. 40.
2001	9 juill.	Loi n° 2001-602. Politique forestière. – Art. 66-X. – V. C. pr. pén., art. 398-1.
2001	20 juill.	Arrêté. Adaptation de la valeur en euros de certains montants exprimés en francs. – V. C. pr. pén., art. A. 41, A. 41-1, A. 42.
2001	25 juill.	Décret n° 2001-672. Listes spéciales des jurés suppléants. – V. C. pr. pén., art. R. 41-1.
2001	31 juill.	Décret n° 2001-689. Règles de délivrance des pièces de procédure. – V. C. pr. pén., art. R. 155, R. 165.

2001	31 juill.	Décret n° 2001-709. Commission de suivi des détentions provisoires. – Art. 4. – V. C. pr. pén., art. R. 26, R. 38, R. 40, R. 40-1, R. 40-4, R. 40-6, R. 40-19, R. 40-20.
2001	23 août	Décret n° 2001-742. Transfert du siège de la cour d'assises du Vaucluse, de Carpentras à Avignon. – V. C. pr. pén., art. R. 41.
2001	27 août	Décret n° 2001-751. Recherche de stupéfiants sur les conducteurs impliqués dans un accident de la circulation mortel. – Art. 3. – V. C. pr. pén., art. R. 117, R. 118.
2001	8 nov.	Deuxième Protocole additionnel à la Convention européenne d'entraide judiciaire en matière pénale du 20 avr. 1959, **p. 2484.**
2001	15 nov.	Loi n° 2001-1062. Sécurité quotidienne : – Art. 13, 23, 24, 30, 32, 33, 54 à 58. – V. C. pr. pén., art. 20, 21, 21-2, 41-2, 76-1, 78-6, 153, 230-1 à 230-5, 689-10, 706-17, 706-24, 706-24-2, 706-54 à 706-71.
2001	11 déc.	Loi n° 2001-1168. Mesures urgentes de réformes à caractère économique et financier. – Art. 18. – V. C. pr. pén., art. 56, art. 97.
2001	27 déc.	Décret n° 2001-1321. Indemnité pouvant être accordée à la suite d'un non-lieu, d'une relaxe ou d'un acquittement. – Art. 1er à 3. – V. C. pr. pén., art. R. 92, R. 200, R. 249-2 à R. 249-8.
2001	28 déc.	Loi n° 2001-1168. Mesures urgentes de réformes à caractère économique et financier. – Art. 151. – V. L. n° 91-647 du 10 juill. 1991, art. 64-3, App., v° *Aide juridique*, **p. 2431.**
2002	3 janv.	Loi n° 2002-3. Sécurité des infrastructures et systèmes de transports, et enquêtes techniques. – Art. 12. – V. C. pr. pén., art. 776.
2002	11 févr.	Décret n° 2002-195. Listes des jurés des cours d'assises. – Art. 1er et 2. – V. C. pr. pén., art. R. 41-1, R. 41-1-A.
2002	14 févr.	Arrêté. Liste des segments d'ADN analysés pour le fichier national des empreintes génétiques. – V. C. pr. pén., art. A. 38.
2002	20 févr.	Décret n° 2002-223. Modification du Code de procédure pénale. – Art. 1er. – V. C. pr. pén., art. D. 1.
2002	26 févr.	Loi n° 2002-268. Coopération avec la Cour pénale internationale : – Art. 1er, 2 et 4. – V. C. pr. pén., art. 627 à 627-20, 859-1, 897-1, 907-1. – Art. 3. – V. L. n° 95-1 du 2 janv. 1995, art. 16-1 🏛.
2002	4 mars	Loi n° 2002-303. Droits des malades et qualité du système de santé. – Art. 10 et 33. – V. C. pr. pén., art. 706-2, 720-1-1.
2002	4 mars	Loi n° 2002-305. Autorité parentale. – Art. 13. – V. C. pr. pén., art. 706-34.
2002	4 mars	Loi n° 2002-307. Modification de la loi renforçant la protection de la présomption d'innocence et les droits des victimes. – Art. 1er à 11. – V. C. pr. pén., art. 41, 62 à 63-2, 77, 143-1, 145-5, 153, 154, 173-1, 306, 380-2, 380-12, 380-13, 400, 626-3, 706-57.

2002	3 avr.	Décret n° 2002-479. Placement sous surveillance électronique. – Art. 1er et 2. – V. C. pr. pén., art. R. 57-10 à R. 57-22.
2002	10 avr.	Arrêté. Application de l'art. 16, al. 5. – V. C. pr. pén., art. A. 34.
2002	26 avr.	Décret n° 2002-619. Complétant les dispositions relatives à l'application des peines. – Art. 1er à 8. – V. C. pr. pén., art. D. 49-1, D. 116-10-1, D. 116-16, D. 116-16-1, D. 147-1 à D. 147-5, D. 524, D. 528-1, D. 534, D. 541.
2002	30 avr.	Décret n° 2002-663. Création des centres pour peines aménagées. – Art. 1er à 8. – V. C. pr. pén., art. D. 70, D. 72-1, D. 80, D. 81, D. 82-2, D. 97-1, D. 146-1.
2002	30 avr.	Décret n° 2002-697. Fichier national automatisé des empreintes génétiques. – Art. 2. – V. C. pr. pén., art. R. 53-10.
2002	3 mai	Décret n° 2002-801. Habilitation des auxiliaires et amende forfaitaire. – Art. 1er à 10. – V. C. pr. pén., art. R. 1er, R. 15-19, R. 15-33-30, R. 15-33-32, R. 15-33-33, R. 15-33-43, R. 15-33-55, R. 15-33-57, R. 15-34, R. 15-35, R. 15-39, R. 16, R. 16-1, R. 17-1 à R. 17-5, R. 18, R. 18-1, R. 48-1, R. 49-8-5, R. 49-10, R. 49-13, R. 50-23, R. 98, R. 116-1, R. 121, R. 121-1, R. 155, R. 224-1.
2002	6 juin	Décret n° 2002-925. Publication de la convention portant statut de la Cour pénale internationale. 🏛.
2002	13 juin	Décision-cadre du Conseil de l'Union européenne relative aux équipes communes d'enquête (2002/465/JAI), **p. 2506.**
2002	1er juill.	Arrêté. Homologation du procédé de surveillance électronique. – V. ss. C. pr. pén., art. R. 57-22.
2002	5 août	Décret n° 2002-1067. Modification du Code de procédure pénale. – V. C. pr. pén., art. R. 181.
2002	9 sept.	Loi n° 2002-1138. D'orientation et de programmation pour la justice : – Art. 3. – V. L. n° 87-432 du 22 juin 1987, art. 2, ss. C. pr. pén., art. 728. – Art. 10, 15, 21, 33 à 44, 46, 49 à 52, 63, 64, 66. – V. C. pr. pén., art. 2-15, 40-1, 41-2, 41-3, 53-1, 74-1, 77-2, 77-3, 80-2, 80-4, 86, 137-4, 137-5, 138, 143-1, 144, 144-2, 145-1, 145-2, 148-1-1, 148-2, 77-3, 183, 186, 187-3, 199, 207, 215, 215-2, 268, 367, 395, 396, 397-1, 397-3, 397-4, 398-1, 495 à 495-6, 706-58, 706-71, 706-72, 717, 718, 722, 723-7, 723-9, 723-13, 744-2, 768, 769, 769-2, 775. – Art. 12 à 14, 16 à 23, 29 à 32. – V. Ord. n° 45-174 du 2 févr. 1945 🏛, art. 2, 4, 5, 8, 8-2, 8-3, 9, 10-1, 10-2, 11, 11-2, 12, 14, 14-2, 15-1, 20, 20-2, 20-3, 21, 33, 34, 35, App., v° *Mineurs délinquants*. – Art. 48. – V. CSP, art. L. 3214-1 à L. 3214-5, ss. C. pr. pén., art. 717-1, **p. 1514.** – Art. 65. – V. L. n° 91-647 du 10 juill. 1991, art. 9-2, App., v° *Aide juridique*, **p. 2428.** – Art. 66. – V. L. n° 95-73 du 21 janv. 1995, art. 26, ss. C. pr. pén., art. 74-1.

2002	5 déc.	Décret n° 2002-1415. Participation des agents des douanes à certaines missions de police judiciaire. – Art. 2 à 6. – V. C. pr. pén., art. R. 15-33-3, R. 15-33-7, R. 15-33-9, R. 15-33-12, R. 15-33-17.
2003	27 févr.	Ordonnance n° 2003-166. Application outre-mer de la loi relative aux droits des malades et à la qualité du système de santé. – Art. 12. – V. C. pr. pén., art. 862-1.
2003	4 mars	Arrêté. Attributions des directeurs d'établissements pénitentiaires en Guadeloupe et à la Réunion. – V. C. pr. pén., art. A. 57.
2003	18 mars	Loi n° 2003-239. Sécurité intérieure : – Art. 8. – V. C. pr. pén., art. 15-1, 16, 18. – Art. 9. – V. C. pr. pén., art. 20-1. – Art. 10. – V. C. pr. pén., art. 78-2. – Art. 11. – V. C. pr. pén., art. 78-2-2. – Art. 12. – V. C. pr. pén., art. 78-2-3. – Art. 16. – V. C. pr. pén., art. 166. – Art. 17. – V. C. pr. pén., art. 57-1, 76-3, 97-1. – Art. 18. – V. C. pr. pén., art. 60-1, 77-1-1, 151-1-1. – Art. 19. – V. C. pr. pén., art. 63-1. – Art. 21, 23 et 24. – V. ss. C. pr. pén., art. 78-6. – Art. 28. – V. C. pr. pén., art. 706-47-1. – Art. 29. – V. C. pr. pén., art. 706-54 à 706-56. – Art. 30. – V. C. pr. pén., art. 55-1, 76-2, 154-1. – Art. 38. – V. C. pr. pén., art. 8. – Art. 39. – V. C. pr. pén., art. 706-30. – Art. 40. – V. C. pr. pén., art. 706-36-1. – Art. 61. – V. CCH, art. L. 126-2, L. 126-3, ss. C. pr. pén., art. 78. – Art. 63. – V. C. pr. pén., art. 2-20. – Art. 90. – V. C. pr. pén., art. 21. – Art. 93. – V. C. pr. pén., art. 27. – Art. 143. – V. C. pr. pén., art. 78-2.
2003	20 mars	Décret n° 2003-259. Classification des établissements pénitentiaires et répartition des détenus. – Art. 1er à 22. – V. C. pr. pén., art. D. 70 à D. 72-1, D. 77, D. 80 à D. 82-2, D. 97, D. 111, D. 112, D. 114, D. 155, D. 159, D. 300, D. 304, D. 310, D. 406.
2003	31 mars	Décret n° 2003-293. Sécurité routière. – V. C. pr. pén., art. R. 48-1.
2003	24 avr.	Décret n° 2003-390. Création des directions interrégionales de la police judiciaire et organisation des services territoriaux de police judiciaire de la police nationale. – V. ss. C. pr. pén., art. 21-2.
2003	5 mai	Décret n° 2003-428. Vente des objets saisis au cours de l'information. – V. C. pr. pén., art. R. 15-41-1 à R. 15-41-3.
2003	16 mai	Décret n° 2003-455. Protection des témoins et utilisation de moyens de télécommunication. – V. C. pr. pén., art. R. 15-33-61, R. 53-22 à R. 53-39.
2003	12 juin	Loi n° 2003-495. Lutte contre la violence routière. – Art. 3 à 6, 8, 33, 41 et 44. – V. C. pr. pén., art. 41-1, 398-1, 522, 529-2, 529-8, 529-10, 529-11, 530, 530-1, 530-2-1, 706-72, 708, 716, 769, 837.

2003	2 juill.	Loi n° 2003-591. Habilitant le gouvernement à simplifier le droit. – Art. 31-III 2°. – V. C. envir., art. L. 132-1, ss. C. pr. pén., art. 2-21.
2003	11 juill.	Décret n° 2003-642. Lutte contre la violence routière : – Art. 3-I et 3-II. – V. C. pr. pén., art. R. 49-3, R. 49-11, R. 49-14. – Art. 3-II. – V. Décr. n° 64-1333 du 22 déc. 1964, art. 2, ss. C. pr. pén., art. 707-1.
2003	11 juill.	Arrêté. Application des art. R. 49-14 et R. 49-15. – V. C. pr. pén., art. A. 37-8.
2003	1er août	Loi n° 2003-706. Sécurité financière. – Art. 15. – V. C. pr. pén., art. 704.
2003	1er août	Décret n° 2003-752. Annuaires universels et services universels de renseignement. – V. C. pr. pén., art. R. 48-1.
2003	7 août	Arrêté. Direction centrale de la police aux frontières. – V. C. pr. pén., art. A. 35.
2003	25 août	Décret n° 2003-795. Services actifs de la police judiciaire et de la police aux frontières. – V. C. pr. pén., art. R. 15-19, R. 15-20, R. 15-29, R. 15-31.
2003	25 août	Décret n° 2003-796. Direction centrale de la police aux frontières. – V. C. pr. pén., art. D. 3, D. 4, D. 8.
2003	29 août	Décret n° 2003-839. Conservatoire de l'espace littoral et des rivages lacustres. – Art. 5. – V. C. pr. pén., art. R. 48-1.
2003	2 sept.	Décret n° 2003-841. Désignation et indemnisation des administrateurs *ad hoc*. – Art. 12 et 13. – V. C. pr. pén., art. R. 93, R. 224-2.
2003	8 sept.	Arrêté. Caractéristiques techniques des moyens de télécommunication au cours de la procédure pénale. – V. C. pr. pén., art. A. 38-1.
2003	17 sept.	Arrêté. Établissements pénitentiaires affectés à l'exécution des peines et au service pénitentiaire d'insertion et de probation. – V. C. pr. pén., art. A. 39 à A. 39-3, A. 44.
2003	26 sept.	Ordonnance n° 2003-918. Organisation des juridictions et procédures en Outre-mer. – Art. 7. – V. L. n° 87-432 du 22 juin 1987, art. 7, ss. C. pr. pén., art. 728.
2003	1er *oct.*	*Décret n° 2003-932*. Service de police déconcentré sur les réseaux de transports en commun. – V. C. pr. pén., art. R. 15-30.
2003	24 oct.	Arrêté. Formulaires utilisés pour la constatation et le paiement des contraventions soumises à la procédure de l'amende forfaitaire. – V. C. pr. pén., art. A. 37-2 à A. 37-4, A. 37-6 à A. 37-10.
2003	26 nov.	Loi n° 2003-1119. Maîtrise de l'immigration, séjour des étrangers en France et nationalité. – Art. 80 à 83. – V. C. pr. pén., art. 41, 78-2, 702-1, 729-2.
2004	2 janv.	Loi n° 2004-1. Accueil et protection de l'enfance. – Art. 14 et 15. – V. C. pr. pén., art. 2-2, 2-3.

2004	9 janv.	Décret n° 2004-32. Indemnités des personnes morales habilitées à accomplir des enquêtes sociales et de personnalité et des missions de contrôle judiciaire : – Art. 1er à 6. – V. C. pr. pén., art. R. 15-37, R. 121, R. 121-1, R. 121-3, R. 224-1. – Art. 8. – V. ss. C. pr. pén., art. R. 121-3.
2004	13 janv.	Arrêté. Complétant l'art. A. 37-7. – V. C. pr. pén., art. A. 37-7.
2004	11 févr.	Loi n° 2004-130. Statut de certaines professions judiciaires ou juridiques, des experts judiciaires, des conseils en propriété intellectuelle et des experts en vente aux enchères publiques. – Art. 32 et 54 à 56. – V. C. pr. pén., art. 138, 157, 160, 162.
2004	17 févr.	Arrêté. Établissements pénitentiaires affectés à l'exécution des peines et service pénitentiaire d'insertion et de probation. – V. C. pr. pén., art. A. 39-1, A. 44.
2004	20 févr.	Ordonnance n° 2004-178. Code du patrimoine (partie législative). – Art. 5. – V. C. pr. pén., art. 2-21.
2004	27 févr.	Loi n° 2004-193. Complétant le statut d'autonomie de la Polynésie française : – Art. 2. – V. ss. C. pr. pén., art. 811. – Art. 22. – V. C. pr. pén., art. 809-2.
2004	9 mars	Loi n° 2004-204. Adaptation de la justice aux évolutions de la criminalité. – V. ss. C. pr. pén., art. 937.
2004	12 mars	Arrêté. Nombre des jurés de cour d'assises figurant sur la liste annuelle ou sur la liste des jurés suppléants. – V. C. pr. pén., art. A. 36-12, A. 36-13.
2004	17 mars	Décret n° 2004-243. Placement sous surveillance électronique. – V. C. pr. pén., art. R. 15-33-40, R. 15-33-41, R. 41-1-A, R. 41-1, R. 57-10, R. 57-11, R. 57-13, R. 57-19, R. 57-20, R. 57-21, R. 57-23 à R. 57-30.
2004	9 avr.	Arrêté. Désignation des officiers de police judiciaire de la police nationale et modalités d'organisation de l'examen technique d'aptitude. – V. C. pr. pén., art. A. 13, A. 15, A. 16, A. 21.
2004	26 avr.	Décret n° 2004-366. Qualité d'agent de police judiciaire aux personnels de la réserve civile de la police nationale et de la réserve opérationnelle de la gendarmerie nationale. – V. C. pr. pén., art. R. 15-17-1.
2004	3 mai	Arrêté. Liste des autorités ou organismes chargés de réaliser des recherches ou enquêtes scientifiques ou techniques ou de faciliter l'indemnisation des victimes ou la prise en charge de la réparation de leur préjudice. – V. C. pr. pén., art. A. 1, A. 1-1.
2004	25 mai	Décret n° 2004-470. Fichier national automatisé des empreintes génétiques : – Art. 1 à 12. – V. C. pr. pén., art. R. 53-10 à R. 53-14-2, R. 53-18 à R. 53-21.

		– Art. 13. – V. ss. C. pr. pén., art. R. 53-10.
2004	26 mai	Arrêté. Nombre de jurés des cours d'assises de la Guyane et de la Martinique. – V. C. pr. pén., art. A. 36-12, A. 36-13.
2004	10 juin	Décret n° 2004-530. Catégories de services de la police nationale et unités de la gendarmerie nationale au sein desquels les officiers et agents de police judiciaire exercent leurs fonctions habituelles. – V. C. pr. pén., art. R. 13 à R. 14-1, R. 15-3, R. 15-19, R. 15-21 à R. 15-25, R. 15-26-1, R. 15-27.
2004	18 juin	Arrêté. Modification du Code de procédure pénale. – V. C. pr. pén., art. A. 34, A. 35.
2004	21 juin	Loi n° 2004-575. Confiance dans l'économie numérique. – Art. 2, 36, 38, 41 à 43. – V. C. pr. pén., art. 56, 94, 97, 177-1, 212-1, 230-1.
2004	9 juill.	Loi n° 2004-669. Communications électroniques et services de communication audiovisuelle. – Art. 110. – V. C. pr. pén., art. 60-2.
2004	13 juill.	Arrêté. Maîtrise de l'immigration et séjour des étrangers. – V. ss. C. pr. pén., art. 78-2.
2004	21 juill.	Décret n° 2004-752. Protocole n° 1 à la Convention européenne pour la prévention de la torture et des peines et traitements inhumains ou dégradants. – V. cette convention, art. 5, 12, 18, 19, 20, 23, App., v° *Droits de l'homme*, **p. 2797.**
2004	21 juill.	Décret n° 2004-753. Protocole n° 2 à la Convention européenne pour la prévention de la torture et des peines et traitements inhumains ou dégradants. – V. cette convention, art. 5, App., v° *Droits de l'homme*, **p. 2797.**
2004	6 août	Loi n° 2004-800. Bioéthique. – Art. 31. – V. C. pr. pén., art. 2-17.
2004	6 août	Loi n° 2004-801. Protection des personnes physiques à l'égard des traitements de données à caractère personnel. – Art. 17 et 18. – V. C. pr. pén., art. 60-2, 706-53-11, 777-3.
2004	20 août	Décret n° 2004-836. Modification de la procédure civile. – Art. 45 et 46. – V. C. pr. pén., art. R. 93, R. 93-1.
2004	20 août	Décret n° 2004-837. Dispositions applicables aux condamnés en fin de peine. – Art. 20 et 21. – V. C. pr. pén., art. D. 32-1, D. 116-1.
2004	16 sept.	Décret n° 2004-984. Liste et ressort des tribunaux spécialisés et des juridictions interrégionales et définition des matières donnant lieu à l'attribution d'un diplôme permettant l'exercice des fonctions d'assistant spécialisé. – V. C. pr. pén., art. D. 47-2 à D. 47-8.
2004	27 sept.	Décret n° 2004-1021. Modification du code pénal et du code de procédure pénale. – Art. 2, 3, 5 à 12 et 14 à 20. – V. C. pr. pén., art. R. 15-33-33, R. 15-33-35 à R. 15-33-37, R. 15-33-40 à R. 15-33-45, R. 15-33-47, R. 15-33-48, R. 15-33-50, R. 15-33-52-1, R. 15-33-53, R. 15-33-55 à R. 15-33-57, R. 15-33-59, R. 15-33-60, R. 23-1 à R. 24-13, R. 41-1-A, R. 41-1, R. 57-10, R. 59, R. 121-2, R. 122-1, R. 129, R. 140, R. 179, R. 249-2, R. 249-3, R. 249-6.

2004	29 sept.	Décret n° 2004-1026. Application des art. 706-81 et 706-99 du code de procédure pénale. – V. C. pr. pén., art. D. 15-1-1 à D. 15-1-5.
2004	1er oct.	Arrêté. Etablissements pénitentiaires affectés à l'exécution des peines et aux services pénitentiaires d'insertion et de probation. – V. C. pr. pén., art. A. 39-1, A. 44.
2004	5 oct.	Décret n° 2004-1072. Compte nominatif des détenus ouvert par les établissements pénitentiaires pour la gestion de leurs valeurs pécuniaires. – V. C. pr. pén., art. D. 111, D. 113, D. 114, D. 320 à D. 320-3, D. 324, D. 325, D. 327 à D. 329, D. 422.
2004	13 oct.	Décret n° 2004-1100. Maisons d'arrêt. – V. C. pr. pén., art. D. 54.
2004	8 nov.	Décret n° 2004-1186. Formation professionnelle initiale et continue des transporteurs routiers. – Art. 28. – V. C. pr. pén., art. R. 48-1.
2004	9 déc.	Loi n° 2004-1343. Simplification du droit : – Art. 15. – V. C. pr. pén., art. 265. – Art. 78-XIV, A, 9°. – V. C. patr., art. L. 221-4, ss. C. pr. pén., art. 308.
2004	13 déc.	Décret n° 2004-1364. Application des peines. – V. C. pr. pén., art. D. 1, D. 48-1 à D. 48-5, D. 49 à D. 49-73, D. 115 à D. 117-3, D. 124, D. 138, D. 142, D. 143-1, D. 145, D. 146-2, D. 147-1, D. 147-2, D. 147-4, D. 147-6 à D. 147-30, D. 150-1, D. 150-2, D. 253, D. 327, D. 520 à D. 524, D. 526 à D. 529-2, D. 534, D. 536, D. 540, D. 541, D. 544-1 à D. 544-5, D. 569, D. 570, D. 574.
2005	24 janv.	Décret n° 2005-59. Police judiciaire et offices centraux de police judiciaire relevant de la sous-direction de la police judiciaire de la direction générale de la gendarmerie nationale. – V. C. pr. pén., art. D. 3, D. 4, D. 6, D. 8, D. 8-1, D. 10.
2005	26 janv.	Loi n° 2005-47. Compétences du tribunal d'instance, de la juridiction de proximité et du tribunal de grande instance : – V. C. pr. pén., art. 39, 41-2, 41-3, 44 à 48, 178, 179-1, 180, 213, 521, 522-2, 525, 528, 528-2, 529-11, 530-2, 531, 533, 535, 538, 539, 540 à 544, 546, 549, 658, 677, 678, 705, 706-71, 706-72, 706-76, 706-109, 708. – Art. 9-XXXV. – V. Ord. n° 45-174 du 2 févr. 1945, art. 21, App., v° *Mineurs délinquants*. – Art. 9-XXXVI. – V. CGI, art. 1018 A, ss. C. pr. pén., art. 800-1.
2005	11 févr.	Loi n° 2005-102. Pour l'égalité des droits et des chances, la participation et la citoyenneté des personnes handicapées : – Art. 76. – V. ss. C. pr. pén., art. 345. – Art. 83. – V. C. pr. pén., art. 2-8.
2005	17 févr.	Arrêté. Rapport annuel sur l'état et les délais de l'exécution des peines. – V. C. pr. pén., art. A. 38-2.
2005	23 févr.	Loi n° 2005-157. Développement des territoires ruraux : – Art. 176, V. C. pr. pén., art. 29-1.

		– Art. 147, V. C. envir., art. L. 132-1, L. 141-1, ss. C. pr. pén., art. 2-21.
2005	23 févr.	Décret n° 2005-163. Application des peines outre-mer. – V. C. pr. pén., art. D. 49-9, D. 49-18, D. 49-21, D. 115-6, D. 146-2.
2005	24 mars	Loi n° 2005-270. Statut général des militaires. – Art. 94. – V. C. pr. pén., art. 257.
2005	25 mars	Décret n° 2005-284. Contraventions de diffamation, d'injure et de provocation non publiques à caractère discriminatoire et compétence du tribunal de police et de la juridiction de proximité. – V. C. pr. pén., art. R. 41-3.
2005	30 mars	Arrêté. Établissements pour peine, services pénitentiaires d'insertion et de probation et compte nominatif des détenus. – V. C. pr. pén., art. A. 39-1, A. 41, A. 44.
2005	27 avr.	Décret n° 2005-404. Actualisation, adaptation et codification, en Nouvelle-Calédonie, en Polynésie française, dans les îles Wallis-et-Futuna et à Mayotte, de la deuxième partie du code de procédure pénale. – V. C. pr. pén., art. R. 250 à R. 429.
2005	27 avr.	Arrêté. Service pénitentiaire d'insertion et de probation de Nouvelle-Calédonie. – V. C. pr. pén., art. A. 58.
2005	27 avr.	Arrêté. Service pénitentiaire d'insertion et de probation de Polynésie française. – V. C. pr. pén., art. A. 59.
2005	12 mai	Décret n° 2005-455. Création d'un Office central de lutte contre le travail illégal. – V. C. pr. pén., art. D. 8-1.
2005	18 mai	Décret n° 2005-491. Réserves naturelles. – V. C. pr. pén., art. R. 48-1.
2005	27 mai	Décret n° 2005-564. Procédure d'indemnisation amiable devant les commissions d'indemnisation des victimes d'infractions. – V. C. pr. pén., art. R. 50-12-1, R. 50-12-2, R. 50-24, R. 50-28.
2005	27 mai	Décret n° 2005-585. Fichier automatisé des empreintes digitales géré par le ministère de l'intérieur. – V. Décr. n° 87-249 du 8 avr. 1987, ss. C. pr. pén., art. 78-5.
2005	30 mai	Décret n° 2005-627. Fichier judiciaire national automatisé des auteurs d'infractions sexuelles. Casier judiciaire : – V. C. pr. pén., art. R. 53-8-1 à R. 58-8-39, R. 64, R. 66, R. 66-1, R. 69, R. 70, R. 71, R. 73, R. 78-1. – Art. 11. – V. ss. C. pr. pén., art. 706-53-11.
2005	4 juill.	Loi n° 2005-750. Dispositions d'adaptation au droit communautaire dans le domaine de la justice. – V. C. pr. pén., art. 695-9-1 à 695-9-30.
2005	11 juill.	Arrêté. Liste des autorités administratives et judiciaires avec lesquelles les détenus peuvent correspondre sous pli fermé. – V. C. pr. pén., art. A. 40.

2005	12 juill.	Décret n° 2005-790. Déontologie de la profession d'avocat. – Art. 4 et 5. – V. ss. C. pr. pén., art. 11.
2005	18 juill.	Décret n° 2005-802. Seuils en matière de recouvrement de créances par l'État. – Art. 2-II. – V. Décr. n° 64-1333 du 22 déc. 1964, art. 10-1, 10-2, ss. C. pr. pén., art. 707-1.
2005	26 juill.	Loi n° 2005-847. Déroulement de l'audience d'homologation de la comparution sur reconnaissance préalable de culpabilité. – V. C. pr. pén., art. 495-9.
2005	2 août	Loi n° 2005-882. Petites et moyennes entreprises. – Art. 43 et 54. – V. C. pr. pén., art. 495, 775.
2005	18 août	Arrêté. Modification du code de procédure pénale. – V. C. pr. pén., art. A. 2, A. 7.
2005	30 août	Décret n° 2005-1111. Désignation des gendarmes ayant qualité d'OPJ. – V. C. pr. pén., art. R. 3.
2005	2 sept.	Décret n° 2005-1099. Procédure simplifiée et paiement volontaire des amendes correctionnelles ou de police : – Art. 3. – V. C. pr. pén., art. R. 41-3 à R. 41-10, R. 42, R. 55 à R. 55-7. – Art. 6. – V. Décr. n° 64-1333 du 22 déc. 1964, art. 2, ss. C. pr. pén., art. 707-1.
2005	16 sept.	Arrêté. Liste des autorités administratives et judiciaires avec lesquelles les détenus peuvent correspondre sous pli fermé. – V. C. pr. pén., art. A. 40.
2005	30 sept.	Arrêté. Désignation des comptables du Trésor. – V. C. pr. pén., art. A. 38-3, A. 38-4.
2005	12 déc.	Loi n° 2005-1549. Traitement de la récidive des infractions pénales : – Art. 7 à 15, 18, 20 à 22, 28, 29, 33, 35 à 40. – V. C. pr. pén., art. 41-1, 41-2, 43, 56-1, 76, 100-5, 135-2, 138, 144, 379-4, 398, 398-2, 465-1, 498-1, 695-36, 696-21, 706-47, 706-53-1, 706-53-5, 706-53-7, 706-92, 706-96 anc., 712-2, 712-7, 712-13, 716-4, 717-1, 717-3, 720-1-1, 721, 721-1, 721-3, 723-2, 723-29 à 723-37, 729, 729-3, 731-1, 733-2, 742, 762, 762-4, 763-3, 763-10 à 763-14. – Art. 26 et 27. – V. CSP, art. L. 3711-3, L. 3711-4-1, ss. C. pr. pén., art. 763-9.
2005	12 déc.	Loi n° 2005-1550. Dispositions relatives à la défense. – Art. 18. – V. C. pr. pén., art. 28-1, 78-2-2, 398-1, 706-55, 706-73.
2005	13 déc.	Arrêté. Établissements pénitentiaires et services pénitentiaires d'insertion et de probation. – V. C. pr. pén., art. A. 39 à A. 39-3, A. 44.
2005	13 déc.	Arrêté. Services pénitentiaires d'insertion et de probation. – V. C. pr. pén., art. A. 44.
2005	26 déc.	Décret n° 2005-1632. Appel des ordonnances du juge de l'application des peines. – V. C. pr. pén., art. D. 49-41-1, D. 49-41-2, D. 49-44-1.

2005	28 déc.	Décret n° 2005-1664. Services de police interdépartementaux chargés de la sécurité des personnes et des biens sur les réseaux de transport en commun de voyageurs. – V. C. pr. pén., art. R. 15-19, R. 15-30.
2006	20 janv.	Arrêté. Application de l'art. 15-1 de la loi n° 95-73 du 21 janv. 1995. – V. ss. C. pr. pén., art. 14.
2006	23 janv.	Loi n° 2006-64. Lutte contre le terrorisme, sécurité et contrôles frontaliers : – Art. 3, 11, 12, 14 à 18 et 24. – V. C. pr. pén., art. 16, 20, 78-2, 78-2-2, 704, 706-16, 706-22-1, 706-24, 706-25, 706-73, 706-88, 800. – Art. 9. – V. ss. C. pr. pén., art. 706-16.
2006	30 janv.	Décret n° 2006-94. Désignation des agents des douanes habilités à effectuer des enquêtes judiciaires. – V. C. pr. pén., art. R. 15-33-1.
2006	21 mars	Décret n° 2006-337. Décisions prises par l'administration pénitentiaire. – V. C. pr. pén., art. R. 57-8-1, R. 57-9-1 à R. 57-9.
2006	21 mars	Décret n° 2006-338. Isolement des détenus. – V. C. pr. pén., art. D. 56 à D. 56-2, D. 285.
2006	24 mars	Décret n° 2006-358. Conservation des données des communications électroniques. – Art. 3. – V. C. pr. pén., art. R. 92, R. 213-1.
2006	30 mars	Décret n° 2006-385. Traitement de la récidive des infractions pénales. – V. C. pr. pén., art. D. 16, D. 17, D. 19, D. 31, D. 32, D. 36, D. 49, D. 49-18, D. 49-24, D. 49-26-1, D. 49-28, D. 49-39, D. 49-41, D. 49-70, D. 49-71, D. 49-74 à D. 49-81, D. 54, D. 115-1, D. 115-5, D. 115-10, D. 115-14-1, D. 115-14-2, D. 142, D. 147-5, D. 147-8, D. 147-31 à D. 147-41, D. 154, D. 522, D. 528, D. 530, D. 533 à D. 533-2, D. 535 à D. 539, D. 574.
2006	31 mars	Loi n° 2006-396. Égalité des chances. – Art. 51. – V. C. pr. pén., art. 44-1.
2006	4 avr.	Loi n° 2006-399. Prévention et répression des violences au sein du couple ou contre les mineurs. – Art. 12, 14 et 16. – V. C. pr. pén., art. 7, 8, 41-1, 41-2, 138, 394, 396, 397-3, 471, 706-47, 706-56-1.
2006	18 avr.	Loi n° 2006-449. Organisation de la réserve militaire du service de défense. – Art. 23. – V. C. pr. pén., art. 21.
2006	26 avr.	Arrêté. Arrêts sur les liaisons ferroviaires internationales. – V. ss. C. pr. pén., art. 78-2.
2006	6 mai	Décret n° 2006-518. Office central de lutte contre le crime organisé. – V. C. pr. pén., art. D. 8-1.
2006	6 mai	Décret n° 2006-519. Office central pour la répression des violences aux personnes. – V. C. pr. pén., art. D. 8-1.
2006	1er juin	Ordonnance n° 2006-637. Refonte du code de justice militaire, **p. 2954.**

2006	1er juin	Décret n° 2006-641. Transactions proposées par la HALDE. – V. C. pr. pén., art. D. 1-1.
2006	6 juin	Arrêté. Réglement général de l'emploi de la police nationale. – V. ss. C. pr. pén., art. 15-3.
2006	8 juin	Ordonnance n° 2006-673. Refonte du code de l'organisation judiciaire : – Art. 8. – V. C. pr. pén., art. 49, 137-1-1, 398, 567-1-1, 704, 706-75-1. – V. COJ, art. L. 251-1 à L. 254-1, App., v° *Mineurs délinquants*, **p. 3064.**
2006	13 juin	Arrêté. Abrogation de l'art. A. 36-11 C. pr. pén.
2006	12 juill.	Décret n° 2006-871. Modification de disposions réglementaires du Code forestier. – Art. 14. – V. C. pr. pén., art. R. 48-1.
2006	19 juill.	Arrêté. Complétant l'article A. 1 du Code de procédure pénale. – V. C. pr. pén., art. A. 1.
2006	24 juill.	Loi n° 2006-911. Immigration et intégration : – Art. 113-I et 114. – V. C. pr. pén., art. 78-2, 78-3. – Art. 113-II. – V. L. n° 91-647 du 10 juill. 1991, art. 3, App., v° *Aide juridique*, **p. 2427.**
2006	22 août	Arrêté. Tarification applicable aux réquisitions de fournitures de données de communication. – V. C. pr. pén., art. A. 43-2 *[A. 43-4]*.
2006	29 août	Arrêté. Établissements pénitentiaires et services pénitentiaires d'insertion et de probation. – V. C. pr. pén., art. A. 39-2, A. 44.
2006	30 août	Décret n° 2006-1091. Intermédiation en assurance. – Art. 3. – V. C. pr. pén., art. R. 79.
2006	30 août	Décret n° 2006-1100. Gardes particuliers assermentés. – Art. 1er. – V. C. pr. pén., art. R. 15-33-24 à R. 15-33-29-2.
2006	13 sept.	Arrêté. Nombre de jurés figurant sur la liste annuelle ou sur la liste des jurés suppléants. – V. C. pr. pén., art. A. 36-12, A. 36-13.
2006	5 oct.	Ordonnance n° 2006-1224. Orientation agricole. – Art. 5. – V. C. pr. pén., art. 99-1.
2006	23 oct.	Arrêté. Liste des segments ADN pour le FNAEG. – V. C. pr. pén., art. A. 38.
2006	31 oct.	Décret n° 2006-1329. Désignation des officiers de police judiciaire de la police nationale. – V. C. pr. pén., art. R. 8, R. 10, R. 255, R. 361.
2006	15 nov.	Décret n° 2006-1386. Interdiction de fumer dans les lieux affectés à un usage collectif. – V. C. pr. pén., art. R. 48-1.
2006	29 nov.	Décret n° 2006-1477. Registre des associations du Bas-Rhin, du Haut-Rhin et de la Moselle. – Art. 2. – V. C. pr. pén., art. R. 93.
2006	21 déc.	Loi n° 2006-1640. De financement de la sécurité sociale. – Art. 25-V. – V. C. pr. pén., art. 475-1.

2007	19 févr.	Loi n° 2007-210. Assurance de protection juridique. – Art. 7-I et 9. – V. L. n° 91-647 du 10 juill. 1991, art. 3, 64-3, App., v° *Aide juridique*, **p. 2427.**
2007	23 févr.	Loi constitutionnelle n° 2007-238. Modification du titre IX de la Constitution. – V. Const. 4 oct. 1958, Titre IX, App., v° *Cour de justice de la République et Haute Cour*, **p. 2560.**
2007	5 mars	Loi organique n° 2007-287. Recrutement, formation et responsabilité des magistrats – V. L. org. n° 93-1252 du 23 nov. 1993, art. 8, App., v° *Cour de justice de la République et Haute Cour*, **p. 2563.**
2007	5 mars	Loi n° 2007-289. Modification du code de justice militaire et du code de la défense. – V. CJM (nouveau), art. L. 1, L. 211-3, L. 212-11, L. 212-75, L. 221-4, L. 222-68, L. 222-73, L. 231-2, L. 231-6, L. 241-8, L. 251-6, L. 251-13, L. 251-22 à L. 251-28, L. 261-2, L. 261-3, L. 311-8, App., v° *Justice militaire*, **p. 2875.**
2007	5 mars	Loi n° 2007-291. Équilibre de la procédure pénale. – V. ss. C. pr. pén., art. 934.
2007	5 mars	Loi n° 2007-293. Protection de l'enfance. – Art. 10. – V. C. pr. pén., art. 776.
2007	5 mars	Loi n° 2007-297. Prévention de la délinquance : – Art. 7, 13, 20-II, 22, 35, 42, 43, 46, 50 à 52, 63, 64, 65, 69 à 74 et 81. – V. C. pr. pén., art. 21, 35, 39-1, 41-1, 41-2, 44-1, 60-1, 77-1-1, 90-1, 99-3, 398-1, 495, 529-4, 706-32, 706-35-1, 706-47-3, 706-53-5, 706-53-10, 706-56, 706-71, 706-73, 707-1, 707-3, 712-17, 716-4, 727-1, 769, 775, 798, 798-1, 799, 805, 809-3. – Art. 20-1. – V. CCH, art. L. 126-3, ss. C. pr. pén., art. 78. – Art. 55 à 62. – V. Ord. n° 45-174 du 2 févr. 1945, art. 5, 7-1, 7-2, 8, 10-2, 11-2, 12, 13-1, 14-2, 15, 15-1, 16, 16 *ter*, 20-2, 20-7, 33, App., v° *Mineurs délinquants*.
2007	5 mars	Loi n° 2007-308. Réforme de la protection juridique des majeurs. – Art. 36. – V. Titre XXVII, Livre IV, C. pr. pén., art. 706-112 à 706-118.
2007	23 mars	Décret n° 2007-417. Modification du Code de procédure pénale. – V. C. pr. pén., art. D. 571-4 à D. 571-7.
2007	29 mars	Ordonnance n° 2007-465. Modifiant et complétant la partie législative du Code de la défense et le Code civil. – Art. 13 et annexe. – V. C. défense, art. L. 4231-4, L. 4231-5, L. 4271-1 à L. 4271-5, App., v° *Justice militaire*, **p. 2970.**
2007	29 mars	Arrêté. Complétant l'art. A. 1er du Code de procédure pénale. – V. art. mod.
2007	6 avr.	Décret n° 2007-533. Sanctions pénales en matière de chasse. – V. C. pr. pén., art. R. 48-1.
2007	24 avr.	Décret n° 2007-598. Transaction pénale en matière de police de l'eau et de police de la pêche en eau douce. – V. C. pr. pén., art. R. 48-1.
2007	3 mai	Décret n° 2007-699. Renforcement de l'équilibre de la procédure pénale et prévention de la délinquance. – V. C. pr. pén., art. D. 2,

		D. 15-2 à D. 15-6, D. 16, D. 32-2, D. 37, D. 38, D. 43, D. 43-1 à D. 43-4, D. 47-8 à D. 47-13, D. 48-2, D. 48-6 à D. 48-36, D. 49-28, D. 49-30, D. 49-35-1, D. 49-35-2, D. 49-39, D. 57, D. 115-2, D. 115-5, D. 115-15, D. 115-16, D. 116-1, D. 136, D. 147-13 à D. 147-15, D. 147-31, D. 149, D. 163-1, D. 187-1, D. 196, D. 220, D. 223, D. 254, D. 287, D. 314, D. 317, D. 347.
2007	9 mai	Décret n° 2007-748. Détention des mineurs. – V. C. pr. pén., art. R. 57-9-11 à R. 57-9-17, R. 288-1.
2007	9 mai	Décret n° 2007-749. Détention des mineurs. – V. C. pr. pén., art. D. 53, D. 55, D. 70, D. 74, D. 76, D. 80, D. 146-3, D. 177, D. 180, D. 362, D. 479, D. 514 à D. 521-1, D. 601.
2007	9 mai	Arrêté. Établissements destinés à l'accueil des mineurs. – V. C. pr. pén., art. A. 43-2, A. 43-3, A. 57-1, A. 58-1.
2007	10 mai	Décret n° 2007-759. Partie réglementaire du Code de justice militaire. – V. CJM (nouveau), App., v° *Justice militaire*, **p. 2955.**
2007	10 mai	Décret n° 2007-294. Transferts de débits de boissons vers certains hôtels de tourisme. – V. C. pr. pén., art. R. 48-1.
2007	11 mai	Décret n° 2007-814. Régime disciplinaire des mineurs détenus. – V. C. pr. pén., art. D. 251.
2007	14 mai	Décret n° 2007-861. Compte nominatif des détenus ouverts par les établissements pénitentiaires. – V. C. pr. pén., art. D. 320-1, D. 320-2, D. 324.
2007	14 mai	Décret n° 2007-877. Missions des centres de soins, d'accompagnement et de prévention en addictologie. – V. C. pr. pén., art. D. 385, D. 390-1.
2007	15 mai	Décret n° 2007-931. Statuts d'emplois de directeur interrégional et de directeur fonctionnel des services pénitentiaires. – V. note ss. troisième partie Décret.
2007	29 juin	Arrêté. Modification du Code de procédure pénale. – V. C. pr. pén., art. A. 36-13, A. 43-4.
2007	25 juill.	Arrêté. Formulaires utilisés pour la constatation et le paiement des contraventions soumises à la procédure de l'amende forfaitaire. – V. C. pr. pén., art. A. 37-2 à A. 37-6, A. 37-10.
2007	1er août	Décret n° 2007-1169. Placement sous surveillance électronique mobile. – V. C. pr. pén., art. R. 61 à R. 61-42.
2007	10 août	Loi n° 2007-1198. Récidive des majeurs et des mineurs : – V. C. pr. pén., art. 362, 706-25, 706-47-1, 712-21, 721-1, 721-3, 723-30, 723-31, 729, 731-1, 763-3. – V. Ord. n° 45-174 du 2 févr. 1945 ⌂, art. 20, 20-2, 20-3, 48, App., *Mineurs délinquants*.
2007	11 sept.	Décret n° 2007-1340. Qualification initiale et formation continue des conducteurs de certains véhicules affectés aux transports routiers de marchandises ou de voyageurs. – V. C. pr. pén., art. R. 48-1.

2007	11 sept.	Arrêté. Établissements pénitentiaires affectés à l'exécution des peines et aux services pénitentiaires d'insertion et de probation. – V. C. pr. pén., art. A. 39-1, A. 44.
2007	26 sept.	Décret n° 2007-1388. Application de la loi n° 2007-297 du 5 mars 2007 relative à la prévention de la délinquance. – V. C. pr. pén., art. R. 1er, R. 1er-1, R. 15-33-29-3, R. 15-33-29-4, R. 15-33-55-6 à R. 15-33-55-8, R. 15-33-61 à R. 15-33-66, R. 15-33-68 *[devenu R. 15-33-76]*, R. 41-5, R. 41-11, R. 42, R. 48-1, R. 49-6-1, R. 49-8-1, R. 49-11, R. 50-29, R. 55-3, R. 57-8-1, R. 92, R. 121 à R. 121-4, R. 165, R. 179, R. 261-1.
2007	22 oct.	Décret n° 2007-1520. Tarification des interceptions judiciaires. – V. C. pr. pén., art. R. 92, R. 213-2.
2007	22 oct.	Arrêté. Tarification applicable aux réquisitions ayant pour objet les interceptions de communications électroniques. – V. ss. C. pr. pén., art. A. 43-6.
2007	26 oct.	Décret n° 2007-1538. Mise à disposition de données par voie électronique. – V. C. pr. pén., art. R. 15-33-61 à R. 15-33-69 *[devenus R. 15-33-67 à R. 15-33-75]*, R. 261-1 *[devenu R. 261-2]*.
2007	29 oct.	Loi n° 2007-1544. Lutte contre la contrefaçon. – V. C. pr. pén., art. 28-1, 41-4, 41-5, 56, 97, 706-1-2 (devenu 706-1).
2007	30 oct.	Loi n° 2007-1545. Contrôleur général des lieux de privation de liberté. – Art. 1er, 6, 8, **p. 1484.**
2007	13 nov.	Loi n° 2007-1598. Lutte contre la corruption. – V. C. pr. pén., art. 689-8, 704, 706-1, 706-1-3, 706-73.
2007	13 nov.	Décret n° 2007-1605. Juge délégué aux victimes. – V. C. pr. pén., art. D. 47-6-1 à D. 47-6-14, D. 48-3, D. 49-64.
2007	15 nov.	Décret n° 2007-1620. Utilisation des nouvelles technologies. – V. C. pr. pén., art. D. 15-8, D. 31-1, D. 39, D. 40, D. 40-2, D. 40-3, D. 47-12-1 à D. 47-12-6, D. 49-18, D. 590 à D. 593.
2007	16 nov.	Décret n° 2007-1626. Extension et adaptation en Nouvelle-Calédonie, en Polynésie française et dans les îles de Wallis-et-Futuna de diverses dispositions du code de la route et de la deuxième partie du code de procédure pénale. – V. C. pr. pén., art. R. 272, R. 274, R. 276, R. 323.
2007	16 nov.	Décret n° 2007-1627. Aménagements de peines et lutte contre la récidive. – V. C. pr. pén., art. D. 32-3, D. 48-5-1, D. 48-5-2, D. 49-17-1, D. 49-17-2, D. 49-23, D. 49-24, D. 49-40, D. 52, D. 53, D. 128, D. 129, D. 136, D. 138, D. 142, D. 143, D. 146-4, D. 147-2, D. 147-11, D. 147-36, D. 147-37, D. 147-37-1, D. 147-37-2, D. 147-40, D. 147-40-1, D. 147-40-2, D. 147-42 à D. 147-44, D. 534-1, D. 536, D. 538, D. 539.
2007	23 nov.	Décret n° 2007-1658. Poursuite, instruction et jugement des infractions commises par des majeurs protégés. – V. C. pr. pén., art. D. 47-14 à D. 47-26.

2007	7 déc.	Décret n° 2007-1726. Agrément des distributeurs de certains produits phytopharmaceutiques. – V. C. pr. pén., art. R. 48-1.
2007	19 déc.	Arrêté. Établissements pénitentiaires. – V. C. pr. pén., art. A. 39, A. 43-2, A. 43-3.
2007	20 déc.	Loi n° 2007-1787. Simplification du droit. – V. C. pr. pén., art. 530, 823-1.
2007	24 déc.	Décret n° 2007-1817. Notation et contrôle de l'activité judiciaire des officiers de police judiciaire. – V. C. pr. pén., art. D. 44 à D. 46.
2008	10 janv.	Décret n° 2008-37. Deuxième protocole facultatif se rapportant au Pacte international relatif aux droits civils et politiques visant à abolir la peine de mort. – V. ce protocole, **p. 2845.**
2008	16 janv.	Décret n° 2008-54. Pôles de l'instruction. – V. C. pr. pén., art. D. 15-4-1 à D. 15-4-7, D. 31-1, D. 31-2, D. 47-24.
2008	19 févr.	Décret n° 2008-150. Modification du code de procédure pénale et code général des collectivités territoriales. – V. C. pr. pén., art. R. 15-33-29-4, R. 15-33-67 à R. 15-33-76, R. 61-8, R. 121-2, R. 121-4, R. 261-2.
2008	20 févr.	Décret n° 2008-154. Magistrats chargés des affaires concernant des mineurs et établissements dans lesquels la détention provisoire est exécutée. – V. C. pr. pén., art. D. 15-4-8, D. 53.
2008	25 févr.	Loi n° 2008-174. Rétention de sûreté et déclaration d'irresponsabilité pénale pour cause de trouble mental : – V. C. pr. pén., art. 167-1, 177, 199-1, 361-1, 362, 470-2, 706-53-2, 706-53-7, 706-53-13 à 706-53-21, 706-113, 706-119 à 706-140, 712-22, 717-1 A, 717-1, 721, 721-1, 723-30, 723-37 à 723-39, 729, 763-3, 763-8, 768, 769, 775. – V. CSP, art. L. 3711-1 à L. 3711-3, L. 3711-4-1, ss. C. pr. pén., art. 763-9.
2008	27 févr.	Décret n° 2008-193. Protocole n° 13 à la Convention de sauvegarde des droits de l'homme et des libertés fondamentales, relatif à l'abolition de la peine de mort en toutes circonstances. – V. ce protocole, **p. 2791.**
2008	6 mars	Décret n° 2008-236. Ressort des tribunaux de l'application des peines. – V. C. pr. pén., art. D. 49-2.
2008	18 mars	Décret n° 2008-269. Infractions à la législation sociale dans le domaine des transports routiers. – V. C. pr. pén., art. R. 48-1.
2008	28 mars	Décret n° 2008-290. Habilitation des officiers de police judiciaire. – V. C. pr. pén., art. R. 14-1, R. 15-3.
2008	14 avr.	Arrêté. Modalités techniques des moyens d'enregistrement audiovisuel des interrogatoires des personnes placées en garde à vue ou mises en examen. – V. C. pr. pén., art. A. 36-11, A. 36-11-1.
2008	14 avr.	Arrêté. Désignation des autorités militaires habilitées à dénoncer les infractions ou à donner un avis préalable en matière de poursuites pénales. – V. Arr. 14 févr. 2001, art. 1er, App., v° *Justice militaire*, **p. 2971.**

2008	16 avr.	Décret n° 2008-361. Décisions d'irresponsabilité pénale pour cause de trouble mental. – V. C. pr. pén., art. D. 47-27 à D. 47-32, D. 117-4, D. 527-1.
2008	25 avr.	Arrêté. Liste des autorités administratives et judiciaires avec lesquelles les détenus peuvent correspondre sous pli fermé. – V. C. pr. pén., art. A. 40.
2008	30 avr.	Arrêté. Désignation des officiers de police judiciaire de la police nationale issus du corps d'encadrement et d'application. – V. C. pr. pén., art. A. 13 à A. 21, A. 24, A. 32, A. 34, A. 35.
2008	26 mai	Loi n° 2008-493. Ratification de l'ordonnance n° 2005-883 du 2 août 2005 relative à la mise en place au sein des institutions de la défense d'un dispositif d'accompagnement à l'insertion sociale et professionnelle des jeunes en difficulté et l'ordonnance n° 2007-465 du 29 mars 2007 relative au personnel militaire, modifiant et complétant la partie législative du code de la défense et le code civil, et portant diverses dispositions relatives à la défense. – V. C. défense, art. L. 4271-3, App., v° *Justice militaire*, **p. 2970.**
2008	30 mai	Ordonnance n° 2008-507. Reconnaissance des qualifications professionnelles. – V. C. pr. pén., art. 776.
2008	2 juin	Décret n° 2008-522. Refonte de la partie réglementaire du code de l'organisation judiciaire. – V. C. pr. pén., art. R. 50-1, R. 50-1-1 à R. 50-6, R. 280 à R. 283, R. 374, D. 47-14, D. 49-1-1.
2008	4 juin	Arrêté. Indemnités des personnes chargées des enquêtes sociales et de personnalité ou contribuant au contrôle judiciaire ou au sursis avec mise à l'épreuve des médiateurs et délégués du procureur de la République. – V. C. pr. pén, art. R. 92, R. 121 à R. 121-4, A. 43-4 à A. 43-6.
2008	10 juin	Décret n° 2008-546. Régime de détention. – V. C. pr. pén., art. D. 53-1.
2008	17 juin	Loi n° 2008-561. Réforme de la prescription en matière civile. – V. C. pr. pén., art. 10.
2008	20 juin	Loi n° 2008-582. Prévention et protection des personnes contre les chiens dangereux. – V. C. pr. pén., art. 99-1, 398-1.
2008	27 juin	Décret n° 2008-610. Modification du code de procédure pénale. – V. C. pr. pén., art. R. 15-18 à R. 15-20.
2008	27 juin	Décret n° 2008-611. Modification de l'art. D. 15-1-5 du code de procédure pénale. – V. cet art.
2008	27 juin	Arrêté. Modification de l'article A. 34 du code de procédure pénale. – V. cet art.
2008	1er juill.	Loi n° 2008-644. Nouveaux droits pour les victimes et amélioration de l'exécution des peines : – V. C. pr. pén., art. 270, 390, 390-1, 474-1, 492, 498-1, 530-4, 551, 552, 555-1, 558, 559-1, 706-5, 706-5-1, 706-11, 706-14-1, 706-15-1, 706-15-2, 707-2, 935.

		– V. CGI, art. 1018 A, ss. C. pr. pén., art. 800-1.
2008	10 juill.	Décret n° 2008-891. Partie réglementaire du Code de justice militaire (troisième partie : Décrets). – V. CJM, App., v° *Justice militaire*, **p. 2875.**
2008	11 juill.	Arrêté. Modalités d'organisation de l'examen technique d'aptitude à la qualification d'officier de police judiciaire de la police nationale. – V. C. pr. pén., art. A. 22 à A. 24.
2008	15 juill.	Loi n° 2008-696. Archives. – V. C. pr. pén., art. 2-21.
2008	30 juill.	Décret n° 2008-764. Recouvrement des amendes forfaitaires et frais de justice criminelle ou assimilés. – V. C. pr. pén., art. R. 49-3, R. 49-3-1, R. 49-6, R. 49-11, R. 49-18, R. 55, R. 55-7, R. 93, R. 116-1, R. 117, R. 121-1, R. 121-3, R. 122, R. 122-1, R. 216, R. 216-1, R. 321, R. 408.
2008	1er août	Loi n° 2008-757. Responsabilité environnementale et adaptation au droit communautaire dans le domaine de l'environnement. – V. C. pr. pén., art. 706-107, 706-108.
2008	4 août	Loi n° 2008-776. Modernisation de l'économie : – V. CJM, art. L. 333-1, App., v° *Justice militaire*, **p. 2951.** – V. LPF, art. L. 38, ss. C. pr. pén., art. 78.
2008	2 sept.	Arrêté. Frais de justice criminelle en matière de médecine légale, de traduction, d'interprétariat et d'administration *ad hoc*. – V. C. pr. pén., art. R. 116-1, R. 117, R. 122, R. 122-1, R. 216, R. 216-1, A. 43-6 à A. 43-11.
2008	6 oct.	Décret n° 2008-1023. Fichier judiciaire national automatisé des auteurs d'infractions sexuelles ou violentes et au casier judiciaire national automatisé. – V. C. pr. pén., art. R. 53-8-1, R. 53-8-9, R. 53-8-15, R. 53-8-17, R. 53-8-24, R. 53-8-27, R. 70.
2008	9 oct.	Décret n° 2008-1040. Mise à exécution des décisions prononcées par le tribunal pour enfants. – V. C. pr. pén., art. D. 48-5-3.
2008	23 oct.	Arrêté. Établissements pénitentiaires affectés à l'exécution des peines, établissements recevant des mineurs et services pénitentiaires d'insertion et de probation. – V. C. pr. pén., art. A. 39-1, A. 43-3, A. 44.
2008	3 nov.	Arrêté. Nombre, localisation et compétence territoriale des commissions pluridisciplinaires des mesures de sûreté et des juridictions régionales de la rétention de sûreté. – V. C. pr. pén., art. A. 37-10, A. 37-10 *[A. 37-11]*.
2008	4 nov.	Décret n° 2008-1129. Surveillance de sûreté et rétention de sûreté : – V. C. pr. pén., art. R. 53-8-40 à R. 53-8-78, R. 59, R. 61, R. 61-1, R. 61-4-1, R. 61-8, R. 61-27-1, R. 61-31-1, R. 61-33 à R. 61-35. – V. CSP, art. R. 3711-3, R. 3711-4, R. 3711-7, R. 3711-8, R. 3711-11, R. 3711-12, R. 3711-14 à R. 3711-22, R. 3711-24, ss. C. pr. pén., art. 763-9.

2008	4 nov.	Décret n° 2008-1130. Placement sous surveillance électronique mobile dans le cadre d'une surveillance de sûreté. – V. C. pr. pén., art. R. 61-12, R. 61-14, R. 61-22, R. 61-24.
2008	5 nov.	Arrêté. Ports, aéroports et gares ferroviaires et routières ouverst au trafic international pouvant donner lieu à l'application de l'art. 78-2 C. pr. pén. et de l'art. 67 C. douanes. – V. ss. C. pr. pén., art. 78-2.
2008	1er déc.	Arrêté. Établissements pénitentiaires affectés à l'exécution des peines et aux services pénitentiaires d'insertion et de probation. – V. C. pr. pén., art. A. 39-2, A. 43-3, A. 44.
2008	4 déc.	Décret n° 2008-1266. Mesures de coordination liées à la généralisation de la distribution du livret A. – V. C. pr. pén., art. D. 324.
2008	22 déc.	Décret n° 2008-1485. Tarification des certificats et avis médicaux établis dans le cadre des mesures judiciaires de protection juridique des majeurs. – V. C. pr. pén., art. R. 217-1, R. 224-2.
2008	30 déc.	Décret n° 2008-1490. Citations et significations en matière pénale. – V. C. pr. pén., art. D. 46-1 à D. 46-7, D. 52-1.
2008	30 déc.	Décret n° 2008-1489. Modification du ressort territorial des directions interrégionales des services pénitentiaires. – V. C. pr. pén., art. R. 57-9-7.
2008	30 déc.	Décret n° 2008-1491. Ressort territorial des directions interrégionales des services pénitentiaires. – V. C. pr. pén., art. D. 191, D. 393.
2009	22 janv.	Ordonnance n° 2009-80. Appel public à l'épargne et diverses dispositions en matière financière. – V. C. pr. pén., art. 776-1.
2009	12 mars	Arrêté. Enquêteurs sociaux et tarification des enquêtes sociales en matière civile. – V. C. pr. pén., art. A. 43-12.
2009	20 mars	Décret n° 2009-313. Liste des pôles de l'instruction. – V. C. pr. pén., art. D. 15-4-4.
2009	30 mars	Arrêté. Criminalité informatique et lutte contre la pédopornographie. – V. ss. C. pr. pén., art. D. 47-9.
2009	6 avr.	Décret n° 2009-383. Paiement des amendes et droits fixes de procédure. – Art. 1er. – V. C. pr. pén., art. R. 55, R. 55-1 à R. 55-4.
2009	15 avr.	Décret n° 2009-420. Compte nominatif des détenus ouvert par les établissements pénitentiaires. – V. C. pr. pén., art. D. 103, D. 118, D. 121-1, D. 122, D. 123, D. 125, D. 125-1, D. 149-3, D. 322, D. 333, D. 335, D. 340, D. 422, D. 570.
2009	15 avr.	Arrêté. Établissements pénitentiaires affectés à l'exécution des peines et services pénitentiaires d'insertion et de probation. – V. C. pr. pén., art. A. 39-1, A. 44.
2009	5 mai	Décret n° 2009-511. Vente des biens meubles saisis au cours des enquêtes. – V. C. pr. pén., art. R. 15-33-66-1 à R. 15-33-66-3.
2009	11 mai	Décret n° 2009-528. Mise en œuvre d'un traitement automatisé dénommé « Cassiopée ». – V. C. pr. pén., art. R. 15-33-66-1 à R. 15-33-66-8.

2009	12 mai	Loi n° 2009-526. Simplification et clarification du droit ; allègement des procédures : – Art. 3, 103, 124-II, 126 à 133-I et IV, 134, 135. – V. C. pr. pén., art. 2-19, 16-1, 16-3, 60-1, 60-2, 67, 74, 161-1, 175, 308, 495-9, 495-15-1, 529-5-1, 530-1, 557, 558, 569, 695-12, 695-16, 695-26, 695-28, 695-37, 695-41, 695-46, 696-9-1, 696-10 à 696-12, 696-23, 696-25, 696-26, 706-57, 728-2, 728-3, 729-2. – Art. 116-I. – V. COJ, art. L. 252-4, App., v° *Mineurs délinquants*, **p. 3066.** – Art. 125-XIII. – V. CJM, art. L. 333-4, App., v° *Justice militaire*, **p. 2952.**
2009	14 mai	Ordonnance n° 2009-536. Adaptation du droit outre-mer. – Art. 22 et 25. – V. C. pr. pén., art. 78-2, 936, 937.
2009	14 mai	Ordonnance n° 2009-537. Adaptation à Mayotte, Wallis-et-Futuna, à la Polynésie française, aux Terres australes et antarctiques françaises et en Nouvelle-Calédonie de dispositions législatives. – Art. 3. – V. C. pr. pén., art. 814-1, 837, 850-2, 877.
2009	18 mai	Arrêté. Examen technique d'aptitude à la qualification d'officier de police judiciaire de la gendarmerie nationale. – V. C. pr. pén., art. A. 3, A. 9, A. 11.
2009	19 mai	Décret n° 2009-557. Offre au public. – Art. 7. – V. C. pr. pén., art. R. 79.
2009	20 mai	Décret n° 2009-572. Audition de l'enfant en justice. – Art. 3 et 5. – V. C. pr. pén., art. R. 93, R. 221-1, R. 224-2.
2009	20 mai	Arrêté. Audition de l'enfant en justice. – V. C. pr. pén., art. A. 43-13, A. 43-14.
2009	26 mai	Décret n° 2009-598. Constatation de certaines contraventions relevant de la procédure de l'amende forfaitaire. – V. C. pr. pén., art. R. 49-1, R. 49-10, R. 216.
2009	27 mai	Loi n° 2009-594. Développement économique des outre-mer. – Art. 66-III. – V. C. pr. pén., art. 898.
2009	2 juin	Arrêté. Procédure de l'amende forfaitaire. – V. C. pr. pén., art. A. 37-1, A. 37-7 à A. 37-15.
2009	15 juin	Arrêté. Procédure de l'amende forfaitaire. – V. C. pr. pén., art. A. 37-16, A. 37-17.
2009	17 juin	Décret n° 2009-718. Collecte et destruction des médicaments à usage humain non utilisés. – V. C. pr. pén., art. R. 48-1.
2009	19 juin	Décret n° 2009-740. Unités de gendarmerie nationale. – V. C. pr. pén., art. R. 15-22 à R. 15-24, R. 15-26.
2009	23 juin	Décret n° 2009-785. Accès d'organisations internationales et d'États étrangers au fichier national automatisé des empreintes génétiques. – V. C. pr. pén., art. R. 53-19-1, R. 53-19-2.

2009	24 juill.	Décret n° 2009-898. Compétence territoriale des services de la préfecture de police : – Art. 7. – V. C. pr. pén., art. R. 15-19, R. 15-20. – Art. 8 et 10. – V. notes ss. C. pr. pén., art. 16.
2009	29 juill.	Loi n° 2009-928. Défense. – Art. 11. – V. C. pr. pén., art. 56-4, 57, 96.
2009	3 août	Loi n° 2009-971. Gendarmerie nationale : – Art. 2, 3 et 15. – V. C. pr. pén., art. 12-1, 13, 16, 706-99. – Art. 14-7°. – V. C. défense, art. L. 4231-5, App., v° *Justice militaire*, **p. 2970.** – Art. 17. – V. L. n° 95-73 du 21 janv. 1995, art. 15-1, ss. C. pr. pén., art. 14.
2009	1er sept.	Arrêté. – V. C. pr. pén., art. A. 34, A. 35.
2009	2 sept.	Arrêtés. Établissements et services pénitentiaires. – V. C. pr. pén., art. A. 39, A. 39-1, A. 39-3, A. 43-2, A. 43-3, A. 44.
2009	6 oct.	Arrêtés. Établissements et services pénitentiaires. – V. C. pr. pén., art. A. 39, A. 39-1, A. 39-3, A. 44.
2009	15 oct.	Arrêté. Établissements et services pénitentiaires. – V. C. pr. pén., art. A. 39-1, A. 44.
2009	28 oct.	Loi n° 2009-1311. Protection pénale de la propriété littéraire et artistique sur internet (HADOPI II). – V. C. pr.pén. art. 398-1, 495-6-1.
2009	6 nov.	Arrêté. Complétant l'article A. 1er du Code de procédure pénale. – V. cet art.
2009	24 nov.	Loi n° 2009-1436. Pénitentiaire : – Art. 1er, 2, 2-1, 11 à 13, 22 à 31, 33 à 35, 36, 38 à 54, 57 à 61, ss. C. pr. pén. Première partie, Livre V, Titre II, **p. 1486.** – V. C. pr. pén., art. 113-5, 137, 138, 142-4 à 142-13, 143-1, 144, 145-4-1, 179, 181, 186, 207, 212, 222, 394, 396, 397-7, 471, 474, 495-10, 498, 501, 505, 548, 549, 569, 702-1, 706-53-2, 706-53-4, 706-64, 706-71, 707, 708, 709-2, 710, 712-4, 712-6, 712-7, 712-8, 712-13, 712-19, 712-21, 712-22, 712-23, 716, 716-5, 717, 717-1, 717-2, 717-3, 719, 720-1, 720-1-1, 721-3, 723, 723-1, 723-7, 723-11, 723-13-1, 723-14 à 723-15-2, 723-16, 723-18 à 723-21, 723-23 à 723-25, 723-27 à 723-29, 726, 726-1, 727, 727-1, 728, 729, 730, 733-1, 747-2, 763-7, 775-1, 844-1, 844-2, 868-2 à 868-4, 901-2, 926-1, 934-1, 934-2.
2009	24 nov.	Arrêté. Établissements pénitentiaires affectés à l'exécution des peines et aux services pénitentiaires d'insertion et de probation. – V. C. pr. pén., art. A. 39, A. 39-1, A. 44.
2009	24 nov.	Arrêté. Services pénitentiaires d'insertion et de probation. – V. C. pr. pén., art. A. 44.
2009	8 déc.	Loi n° 2009-1503. Organisation et régulation des transports ferroviaires et portant diverses dispositions relatives aux transports. – V. C. pr. pén., art. 689, 689-12.

2009	10 déc.	Loi organique n° 2009-1523. Application de l'article 61-1 de la Constitution : – V. C. pr. pén., art. L.O. 630. – V. Ord. n° 58-1057 du 7 nov. 1958, ss. C. pr. pén., art. L.O. 630.
2009	21 déc.	Arrêté. Établissements pénitentiaires recevant des mineurs. – V. C. pr. pén., art. A. 43-3.
2009	29 déc.	Décret n° 2009-1692. Notation de l'activité judiciaire des agents des douanes chargés de certaines missions de police judiciaire. – V. C. pr. pén., art. R. 15-33-14 à R. 15-33-17.
2009	30 déc.	Loi n° 2009-1674. De finances rectificative pour 2009. – V. C. pr. pén., art. 28-2.
2010	4 janv.	Loi n° 2010-1. Protection du secret des sources des journalistes. – V. C. pr. pén., art. 56-1, 56-2, 60-1, 77-1-1, 99-3, 100-5, 326, 437.
2010	4 janv.	Arrêté. Services pénitentiaires d'insertion et de probation. – V. C. pr. pén., art. A. 44.
2010	8 févr.	Loi n° 2010-121. Tendant à inscrire l'inceste commis sur les mineurs dans le code pénal et à améliorer la détection et la prise en charge des victimes d'actes incestueux. – V. C. pr. pén., art. 2-3, 356, 706-50.
2010	16 févr.	Décret n° 2010-148. Application de l'article 61-1 de la Constitution. – V. C. pr. pén., art. R. 49-20 à R. 49-33.
2010	16 févr.	Arrêté. Établissements pénitentiaires affectés à l'exécution des peines. – V. C. pr. pén., art. A. 39-1.
2010	2 mars	Décret n° 2010-214. Ressort territorial, organisation et attributions des services déconcentrés de la protection judiciaire de la jeunesse. – V. C. pr. pén., art. D. 571-5.
2010	2 mars	Loi n° 2010-201. Violences de groupe : – V. C. pr. pén., art. 398-1, 837. – V. CCH, art. L. 126-3, ss. C. pr. pén., art. 78. – V. Ord. n° 45-174 du 2 févr. 1945, art. 15-1, App., v° *Mineurs délinquants*.
2010	10 mars	Loi n° 2010-242. Récidive criminelle : – V. C. pr. pén., art. 474, 624, 626-5, 706-47-1, 706-53-5, 706-53-6, 706-53-7, 706-53-8, 706-53-10, 706-53-11, 706-53-13, 706-53-14, 706-53-15, 706-53-19, 706-53-21, 706-53-22, 706-54, 706-56, 706-56-2, 712-16 à 712-16-3, 712-18, 712-21, 717-1, 719-1, 720-1-1, 723-29, 723-30, 723-31-1, 723-32, 723-35, 723-37, 723-38-1, 729, 732-1, 733, 735-1, 763-3, 763-5, 763-6, 763-7, 763-8, 763-10, 768, 769, 769-1, 775, 775-1, 778, 786. – V. Ord. n° 45-174 du 2 févr. 1945, art. 11, 12, App., v° *Mineurs délinquants*. – V. CJM, art. L. 268-3, App., v° *Justice militaire*, **p. 2939.** – V. CSP, art. L. 3711-1, L. 3711-3, ss. C. pr. pén., art. 763-9.
2010	16 mars	Arrêté. Établissements pénitentiaires affectés à l'exécution des peines et services pénitentiaires d'insertion et de probation. – V. C. pr. pén., art. A. 39-1, A. 44.

2010	17 mars	Arrêtés. Établissements pénitentiaires affectés à l'exécution des peines et aux services pénitentiaires d'insertion et de probation. – V. C. pr. pén., art. A. 39-2, A. 44.
2010	31 mars	Décret n° 2010-344. Conséquences au niveau réglementaire de l'intervention de la loi n° 2009-879 du 21 juillet 2009 portant réforme de l'hôpital et relative aux patients, à la santé et aux territoires. – V. C. pr. pén., art. R. 53-8-24, D. 348-2, D. 368, D. 369, D. 384-1, D. 571-5.
2010	31 mars	Décret n° 2010-350. Centre national d'évaluation. – V. C. pr. pén., art. D. 75, D. 81-1, D. 81-2, D. 82-3, D. 82-4, D. 527-1.
2010	31 mars	Arrêté. Établissements pénitentiaires affectés à l'exécution des peines, établissements pénitentiaires recevant des mineurs et services pénitentiaires d'insertion et de probation. – V. C. pr. pén., art. A. 39-1, A. 43-3, A. 44.
2010	1er avr.	Décret n° 2010-355. Assignation à résidence avec surveillance électronique et protection des victimes de violences au sein du couple. – V. C. pr. pén., art. D. 32-3 à D. 32-31.
2010	19 avr.	Arrêté. Établissements pénitentiaires affectés à l'exécution des peines et services pénitentiaires d'insertion et de probation. – V. C. pr. pén., art. A. 39-1, A. 44.
2010	27 avr.	Ordonnance n° 2010-420. Adaptation de dispositions résultant de la fusion de la direction générale des impôts et de la direction générale de la comptabilité publique : – V. C. pr. pén., art. 495-3, 527, 530-4, 707-1, 709-2, 759, 867, 872. – V. CJM, art. L. 261-12, L. 422-3, App., v° *Justice militaire*, **p. 2936.** – V. LPF, art. L. 38, L. 233, ss. C. pr. pén., art. 2-21.
2010	28 avr.	Arrêté. Autorités compétentes pour demander un B2 pour le compte d'autorités ou d'organismes étrangers. – V. C. pr. pén., art. A. 53-1.
2010	29 avr.	Décret n° 2010-432. Délégation de signature du chef d'établissement pénitentiaire. – V. C. pr. pén., art. R. 57-8-1.
2010	6 mai	Décret n° 2010-465. Sanctions prévues pour l'offre et la vente de boissons alcooliques. – V. C. pr. pén., art. R. 48-1.
2010	12 mai	Loi n° 2010-476. Ouverture à la concurrence et à la régulation du secteur des jeux d'argent et de hasard en ligne. – V. C. pr. pén., art. 28-1.
2010	18 mai	Décret n° 2010-507. Modalités de garde, d'escorte et de transport des personnes détenues hospitalisées en raison de troubles mentaux. – V. CSP, art. R. 3214-1 s., ss. C. pr. pén., art. 717-1.
2010	20 mai	Décret n° 2010-524. Modifications de certaines dispositions relatives aux transports routiers. – V. C. pr. pén., art. R. 48-1.
2010	20 mai	Décret n° 2010-526. Procédure de sortie immédiate des personnes hospitalisées sans leur consentement prévue à l'article L. 3211-12 du code de la santé publique. – V. C. pr. pén., art. R. 93-2.

2010	25 mai	Décret n° 2010-545. Sanctions prévues pour la vente et l'offre de produits du tabac. – V. C. pr. pén., art. R. 48-1.
2010	28 mai	Décret n° 2010-569. Fichier des personnes recherchées. – V. C. pr. pén., ss. art. 230-19.
2010	31 mai	Décret n° 2010-577. Sanctions pénales en matière de transferts transfrontaliers de déchets. – V. C. pr. pén., art. R. 48-1.
2010	20 juin	Décret n° 2010-671. Signature électronique et numérique en matière pénale. – V. C. pr. pén., art. R. 15-33-66-1 à R. 15-33-66-11, R. 49-1, R. 49-18, R. 49-19, R. 251, R. 273.
2010	24 juin	Décret n° 2010-692. Irresponsabilité pénale pour cause de trouble mental. – V. C. pr. pén., art. D. 32-23 à D. 32-26, D. 47-23, D. 47-28-1, D. 47-29 à D. 47-29-8.
2010	8 juill.	Décret n° 2010-773. Modifiant les parties réglementaires de différents codes et portant autorisation pour les officiers et agents de police judiciaire de la gendarmerie nationale d'utiliser un carnet de déclaration. – V. C. pr. pén., art. R. 3 à R. 5, R. 7, R. 15-22, R. 15-26, R. 15-33-72, R. 49-3, R. 53-13, R. 53-38.
2010	8 juill.	Décret n° 2010-775. Modification du code de procédure pénale, du décret n° 91-1209 du 29 novembre 1991 portant organisation du Conseil supérieur de la météorologie et du décret n° 2004-1135 du 22 octobre 2004 relatif à l'Observatoire national des zones urbaines sensibles. – V. C. pr. pén., art. D. 15-6.
2010	9 juill.	Loi n° 2010-768. Visant à faciliter la saisie et la confiscation en matière pénale. – V. C. pr. pén., art. 28-1, 41-5, 54, 56, 76, 94, 97, 99-2, 373-1, 484-1, 627-3, 694-10 à 694-13, 695-9-10 à 695-9-25, 695-9-27 à 695-9-30, 706-103, 706-141 à 706-166, 707-1, 713-1 à 713-41, 866, 866-1.
2010	9 juill.	Loi n° 2010-769. Violences faites spécifiquement aux femmes, violences au sein des couples et incidences de ces dernières sur les enfants : – V. C. pr. pén., art 53-1, 75, 141-2, 141-4, 142-12-1, 394, 471. – V. L. n° 91-647 du 10 juill. 1991, art. 3, App., v° *Aide juridique*, **p. 2427.**
2010	12 juill.	Loi n° 2010-788. Portant engagement national pour l'environnement : – V. C. pr. pén., art. 398-1, 529-6, 529-11, 530, 530-1. – V. C. envir., art. L. 142-2, ss. C. pr. pén., art. 2-21. – V. C. envir., art. L. 216-3, ss. C. pr. pén., art. 22.
2010	22 juill.	Loi organique n° 2010-830. Application de l'article 65 de la Constitution. – V. Ord. n° 58-1067 du 7 nov. 1958, art. 23-6, ss. C. pr. pén., art. L.O. 630.
2010	23 juill.	Loi n° 2010-853. Réseaux consulaires, commerce, artisanat et services. – V. C. pr. pén., art. 776, 776-1.
2010	27 juill.	Décret n° 2010-884. Délégations de signature des directeurs des services pénitentiaires d'insertion et de probation. – V. C. pr. pén., art. D. 588.

2010	3 août	Décret n° 2010-914. Participation des agents des services fiscaux à certaines missions de police judiciaire. – V. C. pr. pén., art. R. 15-33-29-5 à R. 15-33-29-17.
2010	9 août	Loi n° 2010-930. Adaptation du droit pénal à l'institution de la Cour pénale internationale. – V. CJM, art. L. 311-1, L. 322-4, App., v° *Justice militaire*, **p. 2875.**
2010	27 août	Décret n° 2010-973. Organisation de l'administration centrale du ministère de l'intérieur et de la décentralisation. – V. C. pr. pén., art. R. 8, R. 15-17, A. 25, A. 27, A. 28, A. 29.
2010	7 sept.	Arrêté. Application des articles 28-2 et R. 15-33-29-7 du code de procédure pénale relatifs aux modalités d'organisation de l'examen technique d'aptitude à l'exercice de certaines missions de police judiciaire par les agents des services fiscaux. – V. C. pr. pén., art. A. 36-10-1 à A. 36-10-12.
2010	13 sept.	Décret n° 2010-1078. Modification du siège et du ressort des tribunaux pour enfants de Bourgoin-Jallieu, Guingamp et Villefontaine et modification du siège et du ressort du tribunal de l'application des peines de Moulins. – V. C. pr. pén., art. D. 49-2.
2010	11 oct.	Décret n° 2010-1223. Transport public de personnes avec conducteur. – V. C. pr. pén., art. R. 48-1.
2010	15 oct.	Décret n° 2010-1216. Procédure d'examen des questions prioritaires de constitutionnalité devant la Cour de cassation : – V. C. pr. pén., art. R. * 49-31 à R. * 49-34. – V. COJ, art. R. * 461-1, ss. C. pr. pén., art. L.O. 630.
2010	27 oct.	Décret n° 2010-1276. Procédures simplifiées d'aménagement des peines. – V. C. pr. pén., art. D. 48-2, D. 48-2-1, D. 48-2-2, D. 49-5-1, D. 49-21-1, D. 49-23, D. 49-25-1, D. 49-26, D. 49-34-1, D. 49-42-1, D. 49-50-1, D. 49-59, D. 49-71, D. 49-74, D. 115-2, D. 129, D. 136, D. 138, D. 142, D. 147-2, D. 147-6 à D. 147-30-18, D. 147-35, D. 147-37, D. 147-37-1, D. 147-38, D. 147-39, D. 150-1, D. 545, D. 571-2.
2010	27 oct.	Décret n° 2010-1277. Libération conditionnelle et surveillance judiciaire. – V. C. pr. pén., art. D. 49-64, D. 49-67, D. 49-68, D. 49-69, D. 49-72, D. 147-2, D. 147-31, D. 147-31-1, D. 147-32, D. 147-34, D. 147-40-3, D. 147-43, D. 527-1, D. 527-2, D. 534-2, D. 539, D. 540, D. 541, D. 542.
2010	27 oct.	Décret n° 2010-1278. Modalités d'exécution des fins de peines d'emprisonnement en l'absence de tout aménagement de peine. – V. C. pr. pén., art. D. 147-30-19 à D. 147-30-61, D. 77.
2010	11 nov.	Décret n° 2010-1356. Réforme du réseau des chambres de métiers et de l'artisanat. – V. C. pr. pén., art. D. 180, A. 53-1.
2010	23 déc.	Décret n° 2010-1634. Partie réglementaire du code de procédure pénale (deuxième partie : Règlements). – V. C. pr. pén., art. R. 53-8-44, R. 57-5 à R. 57-9-17, R. 250, R. 250-1, R. 251, R. 288, R. 288-1, R. 288-2, R. 288-3, R. 375-1.

2010	23 déc.	Décret n° 2010-1635. Partie réglementaire du Code de procédure pénale (troisième partie : Décrets). – V. C. pr. pén., art. D. 47-19, D. 49-14, D. 49-28, D. 49-63, D. 52, D. 53, D. 70, D. 72-1, D. 74, D. 75, D. 76, D. 83 à D. 95, D. 121, D. 126, D. 143, D. 144, D. 162, D. 176, D. 177, D. 178, D. 186, D. 190, D. 216-1, D. 229, D. 234 à D. 238, D. 243, D. 247, D. 249, D. 250, D. 258-1, D. 262, D. 263, D. 264, D. 267, D. 277, D. 283-6, D. 284, D. 285, D. 288, D. 289, D. 294, D. 321, D. 334, D. 348-1, D. 348-2, D. 358, D. 359, D. 363, D. 370, D. 372 à D. 376, D. 378 à D. 380, D. 382 à D. 384, D. 384-1, D. 385, D. 389, D. 391, D. 396, D. 398, D. 400, D. 401, D. 401-2, D. 403, D. 406, D. 408, D. 411, D. 427, D. 430, D. 431, D. 432 à D. 434, D. 435 à D. 438-2, D. 439 à D. 439-5, D. 443 à D. 445, D. 447, D. 463, D. 464, D. 465, D. 475, D. 478, D. 479, D. 481, D. 483, D. 487, D. 506, D. 514-1, D. 533-1, D. 533-2, D. 573, D. 575, D. 587.
2010	29 déc.	Loi n° 2007-1657. De finances pour 2011 : – V. L. n° 91-647 du 10 juill. 1991, art. 40, 41, App., v° *Aide juridique*, **p. 2429.**
2010	29 déc.	Loi n° 2010-1658. De finances rectificative pour 2011 : – V. C. pr. pén., art. 28-2. – V. C. envir., art. 216-3, ss. C. pr. pén., art. 22.
2010	30 déc.	Décret n° 2010-1755. Cession des produits phytopharmaceutiques aux utilisateurs non professionnels et aux conditions de vente et d'emploi de ces produits. – V. C. pr. pén., art. R. 48-1.
2010	30 déc.	Décret n° 2010-1711. Code de déontologie du service public pénitentiaire. – V. ss. C. pr. pén., art. 728.
2011	3 janv.	Arrêtés. Établissements pénitentiaires affectés à l'exécution des peines et aux services pénitentiaires d'insertion et de probation. – V. C. pr. pén., art. A. 39, A. 39-3, A. 44.
2011	5 janv.	Loi n° 2011-13. Lutte contre la piraterie et l'exercice des pouvoirs de police de l'État en mer. – V. C. pr. pén., art. 706-73.
2011	13 janv.	Décret n° 2011-54. Partie réglementaire du code de procédure pénale (deuxième partie : Règlements). – V. C. pr. pén., art. R. 93.
2011	13 janv.	Arrêté. Application de l'article 12 du décret n° 2009-285 du 12 mars 2009 relatif aux enquêteurs sociaux. – V. C. pr. pén., art. A. 43-12.
2011	25 janv.	Loi n° 2011-94. Réforme de la représentation devant les cours d'appel : – V. C. pr. pén., art. 56-3, 380-12, 388-1, 415, 417, 418, 424, 502, 504, 544, 576. – V. CJM, art. L. 212-1, App., v° *Justice militaire*, **p. 2887.**
2011	1er févr.	Décret n° 2011-134. Agence de gestion et de recouvrement des avoirs saisis et confisqués. – V. C. pr. pén., art. R. 15-33-52, R. 15-33-66-2, R. 15-41-2, R. 53-50, R. 54-1 à R. 54-9.
2011	3 févr.	Décret n° 2011-150. Publication de la convention internationale pour la protection de toutes les personnes contre les disparitions forcées (ensemble une déclaration française). – V. cette Conv., App., v° *Droits de l'homme*, **p. 2570.**

2011	7 févr.	Décret n° 2011-157. Modification du Décr. n° 87-249 du 8 avr. 1987 relatif au fichier automatisé des empreintes digitales géré par le ministère de l'intérieur. – V. Décr. mod. ss. C. pr. pén., art. 78-5.
2011	14 févr.	Décret n° 2011-175. Partie réglementaire du code de procédure pénale (deuxième partie : Règlements). – V. C. pr. pén., art. R. 41.
2011	24 févr.	Arrêté. Réception ou envoi des objets au sein des établissements pénitentiaires. – V. C. pr. pén., art. A. 40-2.
2011	14 mars	Loi n° 2011-266. Lutte contre la prolifération des armes de destruction massive et de leurs vecteurs. – V. C. pr. pén., art. 78-2-2, 706-73, 706-75, 706-75-1, 706-77, 706-167 à 706-175, 866-2, 900-1, 934-3.
2011	14 mars	Loi n° 2011-267. Orientation et programmation pour la performance de la sécurité intérieure : – V. C. pr. pén., art. 8, 20, 21, 29-1, 41-2, 41-5, 78-2, 99-2, 134, 230-6 à 230-27, 398-1, 656-1, 706-25-2, 706-30-1, 706-54, 706-71, 706-75-2, 706-95, 706-102-1 à 706-102-9, 706-154, 723-29, 814-2. – V. CGI, art. 1018 A, ss. C. pr. pén., art. 800-1. – V. C. transp., art. L. 6342-2, ss. C. pr. pén., art. 76-1. – V. CCH, art. L. 126-1-1, ss. C. pr. pén., art. 78. – V. LPF, art. L. 38, ss. C. pr. pén., art. 78. – V. Ord. n° 45-174 du 2 févr. 1945, art. 15-1, App., v° *Mineurs délinquants.* – Art. 43, App., v° *Mineurs délinquants*, **p. 3068.** – Art. 99. – V. ss. C. pr. pén., art. 706-160. – Art. 121. – V. ss. C. pr. pén., art. 706-2-1.
2011	15 mars	Décret n° 2011-272. Dispositions en matière d'aide juridictionnelle et d'aide à l'intervention de l'avocat. – V. C. pr. pén., art. R. 229, R. 234.
2011	29 mars	Loi organique n° 2011-333. Défenseur des droits. – V. ss. C. pr. pén., art. préliminaire ; V. C. pr. pén., art. R. 57-7-45.
2011	29 mars	Loi n° 2011-334. Défenseur des droits. – V. L. n° 2007-1545 du 30 oct. 2007, art. 6, au-dessus de C. pr. pén., art. 714.
2011	29 mars	Ordonnance n° 2011-337. Modification de l'organisation judiciaire dans le Département de Mayotte : – V. C. pr. pén., art. 712-3, 877, 878, 879, 881, 882, 883, 884, 885, 886, 887, 888, 889, 890, 892, 894, 897, 901-1. – V. Ord. n° 45-174 du 2 févr. 1945, art. 47, 48, 49, App., v° *Mineurs délinquants.*
2011	29 mars	Décret n° 2011-338. Modification de l'organisation judiciaire dans le Département de Mayotte. – V. C. pr. pén., art. R. 360, R. 362, R. 366, R. 367, R. 368, R. 369, R. 371, R. 372, R. 376, R. 411, R. 412, R. 414, R. 415, R. 421, R. 423, R. 424, D. 15-4-4, D. 47-5, D. 49-2.
2011	29 mars	Arrêtés. Modification du code de procédure pénale. – V. C. pr. pén., art. A. 37-16, A. 37-17, A. 39-1, A. 44.
2011	1er avr.	Conseil constitutionnel, décision n° 2011-112 QPC. – V. C. pr. pén., anc. art. 618-1.

2011	11 avr.	Décret n° 2011-384. Modification du code de procédure pénale. – V. C. pr. pén., art. D. 15-1-5.
2011	14 avr.	Loi n° 2011-392. Garde à vue : – V. C. pr. pén., art. préliminaire, 18, 61, 62, 62-2 à 65, 73, 77, 78, 127, 133, 135-2, 141-4, 154, 627-5, 627-9, 695-27, 695-28, 695-34 à 695-36, 696-10, 696-11, 696-19 à 696-21, 696-23, 696-32, 706-71, 706-88, 706-88-1, 706-88-2, 712-16-3, 716-5, 803-3, 812, 814, 865, 880. – V. L. n° 91-647 du 10 juill. 1991, art. 64-1, App., v° *Aide juridique*, **p. 2431.** – V. Ord. n° 45-174 du 2 févr. 1945, art. 4, App., v° *Mineurs délinquants*.
2011	13 mai	Arrêté. Formulaires utilisés pour la constatation et le paiement des contraventions soumises à la procédure de l'amende forfaitaire. – V. C. pr. pén., art. A. 37 à A. 37-31.
2011	17 mai	Loi n° 2011-525. Simplification et amélioration de la qualité du droit : – V. C. pr. pén., art. 16, 41-2, 113-8, 185, 230-28 à 230-31, 286-1, 366, 367, 376, 380-1, 380-4, 417, 463, 530-5, 543, 604, 623, 625, 693, 695-21, 695-26, 706-1-3, 706-31, 706-73, 723-2, 723-7-1, 732, 774, 786. – V. CJM, art. L. 311-1, L. 311-11, L. 323-19, L. 333-7, App., v° *Justice militaire*, **p. 2940.** – V. L. n° 87-432 du 22 juill. 1987, art. 6, ss. C. pr. pén., art. 728.
2011	20 mai	Arrêtés. Modification du code de procédure pénale. – V. C. pr. pén., art. A. 39, A. 39-1, A. 44.
2011	24 mai	Décret n° 2011-574. Partie réglementaire du code du patrimoine. – V. C. pr. pén., art. R. 1er-2.
2011	16 juin	Loi n° 2011-672. Immigration, intégration et nationalité. – V. C. pr. pén., art. 729-2.
2011	21 juin	Arrêté. Signature électronique ou numérique en matière pénale. – V. C. pr. pén., art. A. 53-2 à A. 53-6.
2011	28 juin	Décret n° 2011-763. Gestion des déchets d'activités de soins à risques infectieux perforants produits par les patients en autotraitement. – V. C. pr. pén., art. R. 48-1.
2011	5 juill.	Loi n° 2011-803. Droits et protection des personnes faisant l'objet de soins psychiatriques et aux modalités de leur prise en charge : – V. CSP, art. L. 3214-1 à L. 3214-4, ss. C. pr. pén., art. 717-1. – V. C. pr. pén., art. 706-56-2, 706-135, 706-138.
2011	5 juill.	Décret n° 2011-808. Communication des informations concernant les sortants de prison. – V. C. pr. pén., art. R. 57-7-85, R. 288-4.
2011	8 juill.	Conseil constitutionnel, décision n° 2011-147 QPC. – V. COJ, art. L. 251-3, App., v° *Mineurs délinquants*, **p. 3065.**
2011	18 juill.	Décret n° 2011-846. Procédure judiciaire de mainlevée ou de contrôle des mesures de soins psychiatriques. – V. C. pr. pén., art. R. 93-2.

2011	25 juill.	Décret n° 2011-876. Revalorisation du montant de l'amende forfaitaire pour certaines contraventions prévues par le code de la route en matière d'arrêt et de stationnement. – V. C. pr. pén., art. R. 49, R. 272.
2011	27 juill.	Loi n° 2011-884. Collectivités territoriales de Guyane et de Martinique. – V. C. pr. pén., art. 78-2.
2011	28 juill.	Loi n° 2011-892. Utilisation des réserves militaires et civiles en cas de crise majeure. – V. C. défense, art. L. 4271-1 à L. 4271-5, App., v° *Justice militaire*, **p. 2970.**
2011	29 juill.	Loi n° 2011-900. De finances rectificative pour 2011. – V. L. n° 91-647 du 10 juill. 1991, art. 64-1-1, App., v° *Aide juridique*, **p. 2427.**
2011	29 juill.	Décret n° 2011-904. Procédure applicable devant le Défenseur des droits. – V. C. pr. pén., art. D. 1er-1.
2011	4 août	Conseil constitutionnel, décision n° 2011-635 QPC. – V. Ord. n° 45-174 du 2 févr. 1945, art. 24-2, App., v° *Mineurs délinquants*.
2011	5 août	Arrêté. Services pénitentiaires d'insertion et de probation. – V. C. pr. pén., art. A. 44.
2011	5 août	Arrêté. Quartiers des mineurs des maisons d'arrêt ou des établissements pour peines. – V. C. pr. pén., art. A. 43-3.
2011	10 août	Loi n° 2011-939. Participation des citoyens au fonctionnement de la justice pénale et jugement des mineurs : – V. C. pr. pén., art. 2-9, 10-1 à 10-14, 236, 237, 245, 264-1, 256, 258-2, 289-1, 296 à 298, 306, 327, 335, 347, 359, 362, 365-1, 380-2-1, 399-1 à 399-11, 450, 461-1 à 461-4, 474, 486-1 à 486-5, 510-1, 512-1, 706-53-2, 706-53-5, 712-13-1, 712-16-1, 720-4-1, 729, 730-1, 730-2, 731-1, 739, 741-1, 763-3, 763-7-1, 774, 825, 827. – V. Ord. n° 45-174 du 2 févr. 1945, art. 1 à 3, 5 à 5-2, 6, 6-1, 7-1, 8 à 8-3, 9, 10 à 10-3, 11, 11-2, 12, 12-2, 14, 14-2, 20, 20-7, 20-10, 24-1 à 24-8, App., v° *Mineurs délinquants*.
2011	2 sept.	Décret n° 2011-1045. Relatif à l'exécution des translations et extractions requises par les autorités judiciaires. – V. C. pr. pén., art. D. 49-30, D. 57, D. 297, D. 299, D. 315.
2011	2 sept.	Établissements pénitentiaires affectés à l'exécution des peines. – V. C. pr. pén., art. A. 39, A. 39-1.
2011	2 sept.	Services pénitentiaires d'insertion et de probation. – V. C. pr. pén., art. A. 44.
2011	5 sept.	Décret n° 2011-1048. Conduite sous l'influence de l'alcool. – V. C. pr. pén., art. R. 15-33-41-1, R. 15-33-53, R. 15-33-53-1.
2011	8 sept.	Ordonnance n° 2011-1069. Transposition de la décision-cadre 2006/960/JAI du Conseil du 18 décembre 2006 relative à la simplification de l'échange d'informations et de renseignements entre les services répressifs des Etats membres de l'Union européenne. – V. C. pr. pén., art. 695-9-31 à 695-9-49.

2011	12 oct.	Décret n° 2011-1271. Participation des citoyens au fonctionnement de la justice pénale. – V. C. pr. pén., art. R. 1er à R. 2-14, R. 2-16, R. 2-17, R. 92-1, R. 146-1 à R. 146-7.
2011	17 oct.	Décret n° 2011-1311. Autorités administratives et judiciaires avec lesquelles les personnes détenues peuvent correspondre sous pli fermé. – V. C. pr. pén., art. D. 262.
2011	17 oct.	Décret n° 2011-1312. Création d'une indemnité allouée aux assesseurs extérieurs à l'administration pénitentiaire siégeant dans les commissions de discipline des personnes détenues. – V. ss. C. pr. pén., art. R. 57-7-8.
2011	21 oct.	Arrêté. Quartiers des mineurs des maisons d'arrêt ou des établissements pour peines. – V. C. pr. pén., art. A. 43-3.
2011	27 oct.	Arrêté. Réception ou envoi des objets au sein des établissements pénitentiaires. – V. C. pr. pén., art. A. 40-2.
2011	27 oct.	Arrêté. Autorités administratives et judiciaires avec lesquelles les personnes détenues peuvent correspondre sous pli fermé. – V. C. pr. pén., art. A. 40.
2011	3 nov.	Décret n° 2011-1431. Captation des données informatiques. – V. C. pr. pén., art. D. 15-1-6.
2011	7 nov.	Décret n° 2011-1447. Traitement automatisé de données à caractère personnel dénommé « application des peines, probation et insertion » (APPI). – V. C. pr. pén., art. R. 15-33-66-12, R. 57-4-1 à R. 57-4-10, R. 61-20.
2011	8 nov.	Décret n° 2011-1471. Comité interministériel de coordination de la santé. – V. C. pr. pén., art. D. 348-2, D. 348-3, D. 348-4.
2011	9 nov.	Décret n° 2011-1469. Indemnisation des huissiers de justice au titre de leur assistance aux audiences pénales. – V. C. pr. pén., art. R. 179.
2011	17 nov.	Décret n° 2011-1576. Modification du code de procédure pénale applicable en Nouvelle-Calédonie, en Polynésie française, à Wallis-et-Futuna et à Mayotte et rémunération du travail des personnes détenues. – V. C. pr. pén., art. D. 602.
2011	2 déc.	Décret n° 2011-1729. Fichier judiciaire national automatisé des auteurs d'infractions sexuelles ou violentes et casier judiciaire national automatisé. – V. C. pr. pén., art. R. 53-8-5, R. 53-8-7, R. 53-8-9, R. 53-8-11, R. 53-8-12-1, R. 53-8-14 à R. 53-8-16, R. 53-8-18, R. 53-8-20, R. 53-8-23, R. 53-8-26 à R. 53-8-30, R. 53-8-32, R. 82.
2011	13 déc.	Loi n° 2011-1862. Répartition des contentieux et allègement de certaines procédures juridictionnelles : – V. C. pr. pén., art. 2-15, 39, 41, 41-3, 44, 44-1, 45 à 48, 56, 80, 85, 93-1, 97, 133, 142-6, 145, 178, 179-1, 180, 180-1, 194, 199, 213, 234-1, 392-1, 396, 398-1, 417, 475-1, 495, 495-1 à 495-7, 521, 522-2, 523, 525, 528, 528-2, 529, 529-5-1, 529-6, 529-10, 529-11, 530-2, 531, 533, 535, 538 à 544, 546, 549, 618-1, 627-1, 628 à 628-10, 658, 665, 677, 678, 693, 697-1, 697-2, 697-4, 697-5, 698,

		698-1, 698-5, 698-6, 698-9, 705, 706-16, 706-53-19, 706-71, 706-76, 706-107 à 706-109, 706-134, 706-176 à 706-182, 708, 723-30, 763-3, 763-10, 800-2, 850, 884. – V. CGI, art. 1018 A, ss. C. pr. pén., art. 800-1. – V. CJM, art. L. 1, L. 2, L. 3, L. 111-1, L. 112-22 à L. 112-22-8, L. 121-1, L. 121-6 à L. 121-8, L. 123-1, L. 123-4, L. 211-1, L. 211-4, L. 211-7, L. 211-8, L. 211-10 à L. 211-12, L. 211-14, L. 211-15, L. 211-17, L. 211-24, L. 211-25, L. 221-1, L. 221-2, L. 221-4, L. 231-1, L. 233-1, L. 241-1, L. 261-1, L. 262-1, L. 262-2, L. 265-1, L. 265-3, L. 271-1, L. 311-7, L. 311-8, L. 311-11, L. 321-2 à L. 321-10, App., v° *Justice militaire*, **p. 2875.** – V. Ord. n° 45-174 du 2 févr. 1945, art. 21, App., v° *Mineurs délinquants.*
2011	14 déc.	Décret n° 2011-1876. Attributions respectives du juge de l'application des peines, des autres magistrats mandants et du service pénitentiaire d'insertion et de probation et à leurs relations. – V. C. pr. pén., art. D. 533-1, D. 575, D. 576, D. 577.
2011	14 déc.	Décret n° 2011-1877. Organisation judiciaire en Guyane. – V. C. pr. pén., art. 712-1, 712-3.
2011	14 déc.	Décret n° 2011-1878. Cour d'appel de Guyane. – V. C. pr. pén., art. D. 15-4-4, D. 47-2, D. 47-3, D. 47-5, D. 47-7, D. 47-13, D. 47-13-1, D. 47-14.
2011	26 déc.	Loi n° 2011-1940. Service citoyen pour les mineurs délinquants : – V. Ord. n° 45-174 du 2 févr. 1945, art. 7-2, 8-2, 13, 20-10, 24-1, 24-6, App., v° *Mineurs délinquants.* – V. COJ, art. L. 251-3, App., v° *Mineurs délinquants*, **p. 3065.**
2011	28 déc.	Loi n° 2011-1977. De finances pour 2012. – V. C. pr. pén., art. 706-163, 800-1.
2011	28 déc.	Décret n° 2011-1986. Application des peines. – V. C. pr. pén., art. D. 49-64 à D. 49-67, D. 49-72, D. 147-32, D. 527-1, D. 527-2, D. 541, D. 545 à D. 547.
2011	28 déc.	Décret n° 2011-2022. Convocation des personnes sous suivi socio-judiciaire et appel des décisions du tribunal correctionnel pour mineurs. – V. C. pr. pén., art. R. 17-1, R. 57-10, R. 61-4, R. 61-33, R. 227.
2012	11 janv.	Ordonnance n° 2012-34. Simplification, réforme et harmonisation des dispositions de police administrative et de police judiciaire du code de l'environnement. – V. C. envir., art. L. 216-3, ss. C. pr. pén., art. 22.
2012	27 janv.	Arrêté. Commissions pluridisciplinaires des mesures de sûreté et juridictions régionales de la rétention de sûreté. – V. C. pr. pén., art. A. 37-10, A. 37-11.
2012	30 janv.	Décret n° 2012-123. Compétence des officiers du ministère public en matière d'amendes forfaitaires concernant des contraventions commises au préjudice de certains exploitants de services de transport public de personnes. – V. C. pr. pén., art. D. 46-1-1 à D. 46-1-3.

2012	28 févr.	Décret n° 2012-280. Label « autopartage ». – V. C. pr. pén., art. R. 48-1.
2012	29 févr.	Arrêté. Augmentation du droit fixe de procédure dû en cas de condamnation pour conduite après usage de stupéfiants. – V. C. pr. pén., art. A. 38-6.
2012	5 mars	Décret n° 2012-312. Manifestations sportives sur les voies publiques ou ouvertes à la circulation publique. – V. C. pr. pén., art. R. 48-1.
2012	6 mars	Loi n° 2012-304. Contrôle des armes moderne, simplifié et préventif. – V. C. pr. pén., art. 398-1, 495, 706-73, 837.
2012	7 mars	Loi n° 2012-325. Dispositions d'ordre cynégétique. – V. C. envir., art. L. 141-1, ss. C. pr. pén., art. 2-21.
2012	9 mars	Décret n° 2012-343. Article R. 48-1 du code de procédure pénale. – V. C. pr. pén., art. R. 48-1.
2012	12 mars	Ordonnance n° 2012-351. Partie législative du code de la sécurité intérieure : – V. C. pr. pén., art. 44-1, 78-2-2, 398-1, 495, 706-73, 837. – V. C. défense, art. L. 3211-3, ss. C. pr. pén., art. 16, L. 4231-5, App., v° *Justice militaire*, **p. 152.** – V. CGCT, art. L. 2213-17, ss. C. pr. pén., art. 27. – V. L. n° 2011-267 du 14 mars 2011, art. 43, App., v° *Mineurs délinquants*, **p. 3068.**
2012	14 mars	Loi n° 2012-354. De finances rectificative pour 2012. – V. C. pr. pén., art. 28-1, 28-2.
2012	21 mars	Arrêté. Tarification applicable aux réquisitions des opérateurs de communications électroniques en matière de téléphonie. – V. C. pr. pén., art. A. 43-9.
2012	22 mars	Arrêté. Contrôles de titres et contrôles d'identité effectués dans les ports, aéroports et gares ferroviaires et routières ouverts à la circulation internationale et dans les trains assurant une liaison internationale. – V. ss. C. pr. pén., art. 78-2.
2012	23 mars	Ordonnance n° 2012-396. Adaptation de l'aide juridictionnelle en matière pénale en Nouvelle-Calédonie et dans les îles Wallis-et-Futuna. – V. C. pr. pén., art. 814.
2012	27 mars	Loi n° 2012-409. Exécution des peines : – V. C. pr. pén., art. 41, 81, 138, 138-2, 706-53-5, 706-141-1, 706-148, 706-160, 707-1, 712-22-1, 713-40, 717-1, 721, 721-1, 729, 730-2, 736, 746, 769, 770-1, 775, 775-1, 775-3, 777, 777-1, 783. – V. L. n° 87-432 du 22 juin 1987, art. 2, ss. C. pr. pén., art. 728. – V. CSP, art. L. 3711-2, ss. C. pr. pén., art. 763-9. – V. Ord. n° 45-174 du 2 févr. 1945 🏛, art. 8, 10, 12-3, App., v° *Mineurs délinquants*.
2012	27 avr.	Décret n° 2012-597. Agence nationale de sécurité du médicament et des produits de santé. – V. C. pr. pén., art. A. 1er.

2012	2 mai	Arrêté. Modalités de remboursement des frais d'enlèvement et de garde en fourrière autorisé par le procureur de la République en cas de relaxe du propriétaire du véhicule. – V. C. pr. pén., art. A. 43-15.
2012	3 mai	Décret n° 2012-634. Fusion des professions d'avocat et d'avoué près les cours d'appel. – V. C. pr. pén., art. R. 27.
2012	4 mai	Décret n° 2012-652. Traitement d'antécédents judiciaires. – V. C. pr. pén., art. R. 40-23 à R. 40-34.
2012	7 mai	Décret n° 2012-680. Bureau d'ordre national automatisé des procédures judiciaires dénommé « Cassiopée ». – V. C. pr. pén., art. R. 2-6, R. 15-33-66-8, R. 15-33-66-9, R. 15-33-66-12, R. 15-33-66-13.
2012	7 mai	Décret n° 2012-681. Bureau d'aide aux victimes. – V. C. pr. pén., art. D. 47-6-15, D. 48-3, D. 48-4.
2012	7 mai	Décret n° 2012-682. Conditions de diplôme pour exercer les fonctions d'assistant auprès du pôle spécialisé en matière de crimes contre l'humanité. – V. C. pr. pén., art. D. 46-7, D. 49-35-1, D. 49-35-2, D. 541.
2012	7 mai	Décret n° 2012-689. Conditions de mise en œuvre des fichiers d'analyse sérielle et des logiciels de rapprochement judiciaire. – V. C. pr. pén., art. R. 40-35 à R. 40-41.
2012	9 mai	Décret n° 2012-732. Dispositions relatives à la sécurité publique. – V. C. pr. pén., art. R. 15-30.
2012	16 juin	Décret n° 2012-813. Deuxième protocole additionnel à la Convention européenne d'entraide judiciaire en matière pénale. – V. ce protocole ss. C. pr. pén., art. 696-47.
2012	29 juin	Décret n° 2012-836. Partie réglementaire du code forestier. – V. C. pr. pén., art. R. 48-1, R. 188.
2012	29 juin	Décret n° 2012-841. Unités de la gendarmerie nationale au sein desquelles les officiers et agents de police judiciaire exercent leurs fonctions habituelles. – V. C. pr. pén., art. R. 15-22 à R. 15-26.
2012	4 juill.	Arrêté. Établissements pénitentiaires affectés à l'exécution des peines. – V. C. pr. pén., art. A. 39-1.
2012	9 juill.	Décret n° 2012-869. Services de la police nationale au sein desquels les officiers et agents de police judiciaire exercent leurs fonctions habituelles. – V. C. pr. pén., art. R. 15-19, R. 15-20.
2012	12 sept.	Décret n° 2012-1046. Procédure d'habilitation des officiers de police judiciaire. – V. C. pr. pén., art. R. 14, R. 15, R. 15-3, R. 15-4.
2012	19 oct.	Arrêté. Établissements pénitentiaires affectés à l'exécution des peines. – V. C. pr. pén., art. A. 39, A. 39-3.
2012	2 nov.	Ordonnance n° 2012-1218. Réforme pénale en matière maritime. – V. C. pr. pén., art. 522.
2012	7 nov.	Décret n° 2012-1247. Gestion budgétaire et comptable publique. – V. CJM, art. D. 269-22.

2012	21 déc.	Loi n° 2012-1432. Sécurité et lutte contre le terrrorisme : – V. C. pr. pén., art. R. 15-33-51, R. 54-3, R. 54-7, D. 48-34. – V. CSI, art. L. 222-1, ss. C. pr. pén., art. 706-16.
2012	24 déc.	Loi n° 2012-1441. Juridictions de proximité : – V. C. pr. pén., art. 39, 41-3, 44, 44-1, 45 à 48, 80, 178, 179-1, 180, 213, 521, 522-2, 523, 525, 528, 528-2, 529-5-1, 529-11, 530-2, 531, 533, 535, 538 à 544, 546, 549, 658, 677, 678, 705, 706-71, 706-76, 706-109, 706-134, 708. – V. CGI, art. 1018 A, ss. C. pr. pén., art. 800-1. – V. Ord. n° 45-174 du 2 févr. 1945, art. 21, App., v° *Mineurs délinquants*.
2012	24 déc.	Décret n° 2012-1451. Expertise et instruction des affaires devant les juridictions judiciaires. – V. C. pr. pén., art. R. 115.
2012	26 déc.	Arrêté. Services pénitentiaires d'insertion et de probation. – V. C. pr. pén., art. A. 44.
2012	31 déc.	Loi n° 2012-1560. Retenue pour vérification du droit au séjour et modification du délit d'aide au séjour irrégulier. – V. L. n° 91-647 du 10 juill. 1991, art. 64-1, App., v° *Aide juridique*, **p. 2431.**
2013	3 janv.	Décret n° 2013-10. Transaction en matière de péage prévue à l'article 529-6 du code de procédure pénale. – V. C. pr. pén., art. R. 49-8-4-1.
2013	10 janv.	Arrêté. Modification de l'article A. 1er du code de procédure pénale. – V. C. pr. pén., art. A. 1er.
2013	5 févr.	Arrêté. Modèles de procès-verbal de contravention et d'avis de paiement établis par l'agent assermenté d'un exploitant d'autoroute en matière de péage. – V. C. pr. pén., art. A. 37-30 à A. 37-35.
2013	18 mars	Arrêté. Fin de l'expérimentation des dispositions prévoyant la participation de citoyens assesseurs au fonctionnement de la justice pénale. – V. C. pr. pén., art. 10-1 à 10-14, 258-2, 264-1, 399-1 à 399-11, 461-1 à 461-4, 486-1 à 486-5, 510-1, 512-1, 712-13-1, 720-4-1, 730-1, R. 2 à R. 2-14, R. 92-1, R. 146-1 à R. 146-7.
2013	19 mars	Décret n° 2013-231. Commandement de la gendarmerie prévôtale et brigade de recherches prévôtales. – V. C. pr. pén., art. R. 15-22.
2013	25 mars	Décret n° 2013-253. Quatrième partie réglementaire du code des transports. – V. C. pr. pén., art. R. 48-1.
2013	31 mars	Décret n° 2003-293. Sécurité routière. – V. C. pr. pén., art. R. 48-1.
2013	16 avr.	Arrêté. Liste des établissements pénitentiaires. – V. C. pr. pén., art. A. 39-3, A. 43-3.
2013	25 avr.	Décret n° 2013-356. *Automatisation* du casier judiciaire de *Mamoudzou* (*D*épartement de Mayotte). – V. C. pr. pén., art. R. 376 s.
2013	30 avr.	Décret n° 2013-368. Règlements intérieurs types des établissements pénitentiaires. – V. C. pr. pén., art. R. 57-6-18, R. 288, D. 53-1, D. 61 à D. 63, D. 243, D. 244, D. 247, D. 248, D. 259, D. 260, D. 273,

		D. 283-3, D. 283-4, D. 284, D. 285, D. 288, D. 289, D. 318, D. 321, D. 335 à D. 338, D. 340, D. 342 à D. 348, D. 352, D. 354 à D. 359, D. 361, D. 395, D. 402, D. 408, D. 411, D. 420 à D. 422, D. 424-1, D. 427, D. 429 à D. 432, D. 433-6, D. 436-1, D. 436-2, D. 438-1, D. 443 à D. 443-2, D. 444, D. 444-1, D. 447, D. 449, D. 449-1, D. 459-3, D. 464, D. 465, D. 475, D. 477, D. 480 à D. 484.
2013	1er mai	Règlement intérieur de la CEDH. – V. App., v° *Droits de l'homme*, art. 8, 18A, 27A, 39, 54, 72, 111.
2013	14 juin	Arrêté. Services pénitentiaires d'insertion et de probation. – V. C. pr. pén., art. D. 572, A. 44.
2013	14 juin	Conseil constitutionnel, décision n° 2013-314 QPC. – V. C. pr. pén., art. 695-46.
2013	25 juill.	Loi n° 2013-669. Attributions du garde des Sceaux et des magistrats du ministère public en matière de politique pénale et de mise en œuvre de l'action publique. – V. C. pr. pén., art. 30, 31, 35, 39-1, 39-2.
2013	30 juill.	Décret n° 2013-700. Établissement d'un contrôle des armes moderne, simplifié et préventif. – V. C. pr. pén., art. R. 48-1.
2013	5 août	Loi n° 2013-711. Dispositions d'adaptation dans le domaine de la justice en application du droit de l'Union européenne et des engagements internationaux de la France. : – Art. 26. – V. ss. C. pr. pén., art. 728-76. – Art. 27. – V. ss. C. pr. pén., art. 695-58. – Art. 2, 4, 6 à 11, 17, 18, 20, 23 et 24. – V. C. pr. pén., art. prél., 2-3, 2-22, 40-5, 356, 568-1, 689-13, 695-4 à 695-9, 695-14, 695-17, 695-22-1, 695-24, 695-26, 695-27, 695-32, 695-46, 695-47, 695-51, 695-52 à 695-58, 706-3, 706-47, 706-50, 706-53, 706-55, 713-20, 716-4, 721-1, 728-2, 728-3, 728-10 à 728-76, 803-5. – Art. 13. – V. L. n° 95-1 du 2 janv. 1995, art. 1er à 9, 15 à 16-1, App., v° *Crimes de guerre et contre l'humanité*. – Art. 25. – V. Ord. n° 45-174 du 2 févr. 1945, art. 20-11, App., v° *Mineurs délinquants*.
2013	14 août	Décret n° 2013-745. Modification du décret du 28 mai 2010 relatif au fichier des personnes recherchées. – Art. 2 à 6. – V. ss. C. pr. pén., art. 230-19.
2013	*21 août*	Arrêté. Pris en application des art. R. 213-1 et R. 213-2 C. pr. pén. fixant la tarification applicable aux réquisitions des opérateurs de communications électroniques. – V. C. pr. pén., art. A. 43-9.
2013	26 août	Décret n° 2013-770. Frais de justice. – Art. 2, 3, 4, 5, 7. – V. C. pr. pén., art. R. 91 à R. 94, R. 97 à R. 103, R. 110 à R. 112, R. 133, R. 135, R. 141, R. 142, R. 146-1 à R. 146-7, R. 200, R. 201, R. 213-1, R. 213-2, R. 222, R. 223, R. 224-1, R. 224-2, R. 225, R. 227, R. 251, R. 252, R. 310, R. 311, R. 313 à R. 315, R. 317, R. 327, R. 345, R. 347, R. 395, R. 395-1, R. 396, R. 398 à R. 400, R. 402, R. 403, R. 405.
2013	6 sept.	Arrêté. Services pénitentiaires d'insertion et de probation. – V. C. pr. pén., art. A. 44.

2013	27 sept.	Loi n° 2013-869. Modification de certaines dispositions issues de la loi n° 2011-803 du 5 juill. 2011 relative aux droits et à la protection des personnes faisant l'objet de soins psychiatriques et aux modalités de leur prise en charge. – V. CSP, art. L. 3211-2-1, L. 3211-12 à L. 3211-12-2, ss. C. pr. pén., art. 706-135, L. 3214-1, L. 3214-2, ss. C. pr. pén., art. 717-1.
2013	16 oct.	Arrêté. Modification du code de procédure pénale. – V. C. pr. pén., art. A. 43-3.
2013	22 oct.	Arrêté. Modification du code de procédure pénale. – V. C. pr. pén., art. A. 43-3.
2013	23 oct.	Décret n° 2013-952. Suppression d'un service judiciaire à compétence interdépartementale. – V. C. pr. pén., art. R. 15-19.
2013	23 oct.	Arrêté. Modification du code de procédure pénale. – V. C. pr. pén., art. A. 34.
2013	25 oct.	Décret n° 2013-958. Application des dispositions de l'article préliminaire et de l'article 803-5 du code de procédure pénale relatives au droit à l'interprétation et à la traduction. – V. C. pr. pén., art. D. 594 s.
2013	25 oct.	Décret n° 2013-960. Création d'un office central de lutte contre la corruption et les infractions financières et fiscales. – V. C. pr. pén., art. D. 8-1.
2013	28 oct.	Décret n° 2013-967. Traitement des sanctions pécuniaires prononcées par l'autorité compétente d'un autre Etat membre de l'Union européenne en l'absence de la personne concernée. – V. C. pr. pén., art. D. 48-23.
2013	5 nov.	Décret n° 2013-987. Création d'un office central de lutte contre les crimes contre l'humanité, les génocides et les crimes de guerre. – V. C. pr. pén., art. D. 8-1.
2013	15 nov.	Loi n° 2013-1029. Dispositions relatives aux outre-mer. – V. C. pr. pén., art. 706-73.
2013	2 déc.	Décret n° 2013-1097. Ordonnance pénale, amendes forfaitaires et assistants spécialisés en matière de crime contre l'humanité. – V. C. pr. pén., art. R. 41-3-1, R. 41-8, R. 49-3, R. 49-11, R. 49-17, R. 49-18, R. 49-20-1, R. 376 à R. 394.
2013	6 déc.	Loi n° 2013-1117. Lutte contre la fraude fiscale et la grande délinquance économique et financière : – Art. 24, ss. C. pr. pén., art. 706-160. – Art. 24. – V. C. pr. pén., art. 2-23, 28-1, 28-2, 40-6, 180-1, 230-20, 230-25, 693, 694-10, 694-12, 695-9-50 à 695-9-53, 704 à 706-1-3, 706-2, 706-17, 706-42, 706-148, 706-150, 706-153, 706-154, 706-158, 706-168. – Art. 17. – V. LPF, art. L. 82 C, L. 101, ss. C. pr. pén., art. 11. – V. LPF, art. L. 38, ss. C. pr. pén., art. 78.

2013	9 déc.	Décret n° 2013-1134. Rapports annuels de politique pénale et d'activité des parquets. – V. C. pr. pén., art. D. 15-2, D. 15-2-1.
2013	16 déc.	Arrêté. Pris en application des articles R. 224-1 et R. 224-2 du code de procédure pénale. – V. C. pr. pén., art. A. 43-16.
2013	18 déc.	Loi n° 2013-1168. Programmation militaire : – V. CJM, art. L. 211-5, L. 211-7, L. 211-11, L. 211-22, L. 211-23, App., v° *Justice militaire* . – V. CSI, art. L. 222-1 nouv., ss. C. pr. pén., art. 706-16. – V. C. pr. pén., art. 656-1, 697, 698-2, 698-5.
2013	19 déc.	Ordonnance n° 2013-1183. Harmonisation des sanctions pénales et financières relatives aux produits de santé et à l'adaptation des prérogatives des autorités et des agents chargés de constater les manquements. – V. C. pr. pén., art. 706-2-2.
2013	29 déc.	Loi n° 2013-1278. De finances pour 2014 : – Art. 128. – V. L. n° 91-647 du 10 juill. 1991, art. 64-2, 64-4, App. v° *Aide juridique.*
2013	29 déc.	Décret n° 2013-1280. Suppression de la contribution pour l'aide juridique et diverses dispositions relatives à l'aide juridique. – V. C. pr. pén., art. R. 26, R. 40-4.
2014	2 janv.	Loi n° 2014-1. Habilitation du Gouvernement à simplifier et sécuriser la vie des entreprises. – V. C. pr. pén., art. 706-154.
2014	10 janv.	Arrêté relatif aux établissements pénitentiaires affectés à l'exécution des peines. – V. C. pr. pén., art. A. 39-2.
2014	29 janv.	Décret n° 2014-64. Parquet financier. – V. C. pr. pén., art. R. 15-33-66-8, R. 50 *quinquies*.
2014	29 janv.	Décret n° 2014-65. Procureur de la République financier et affectation des assistants spécialisés. – V. C. pr. pén., art. D. 47-4.
2014	29 janv.	Décret n° 2014-69. Modification des art. D. 47-2 et D. 47-3 du code de procédure pénale. – V. C. pr. pén., art. D. 47-2, D. 47-3.
2014	17 févr.	Décret n° 2014-134. Organisation des services de l'État dans le département des Bouches-du-Rhône et attributions du préfet de police des Bouches-du-Rhône. – V. C. pr. pén., art. D. 234, D. 394, D. 473.
2014	18 févr.	Décret n° 2014-145. Modalités de la suspension de peine pour raison médicale. – V. C. pr. pén., art. D. 49-23.
2014	6 mars	Arrêté. Modification du code de procédure pénale. – V. C. pr. pén., art. A. 39-3.
2014	11 mars	Loi n° 2014-315. Renforcement de la lutte contre la contrefaçon. – V. CSI, art. L. 233-1, ss. C. pr. pén., art. 78-6.
2014	17 mars	Décret n° 2014-346. Protection des personnes mentionnées à l'article 706-63-1 du code de procédure pénale bénéficiant d'exemptions ou de réductions de peines. – V. ss. C. pr. pén., art. 706-63-1.

2014	25 mars	Cons. const., n° 2014-693 DC. – V. C. pr. pén., art. 230-42.
2014	28 mars	Loi n° 2014-372. Géolocalisation. – V. C. pr. pén., art. 230-32 à 230-44.
2014	23 avr.	Arrêté. Modifiant le code de procédure pénale. – V. C. pr. pén., art. A. 39-1, A. 44.
2014	29 avr.	Décret n° 2014-442. Application de l'article 29 de la loi pénitentiaire : – V. C. pr. pén., art. R. 57-9-1 à R. 57-9-5, R. 250-1, R. 252. – V. Règlement intérieur type des établissements pénitentiaires, annexe de l'art. R. 57-6-18, ss. C. pr. pén., art. R. 57-6-20.
2014	29 avr.	Décret n° 2014-445. Missions et organisation de la direction générale de la sécurité intérieure : – V. C. pr. pén., art. R. 15-18, R. 40-28, R. 40-35, R. 40-39. – V. Décr. n° 2010-569 du 28 mai 2010, art. 5, ss. C. pr. pén., art. 230-19.
2014	6 mai	Arrêté. Utilisation de parapheur électronique pour le recours à la signature électronique au cours des procédures pénales. – V. C. pr. pén., art. A. 37-19, A. 53-2.
2014	7 mai	Décret n° 2014-461. Frais de justice et expérimentation de la dématérialisation des mémoires de frais. – V. C. pr. pén., art. R. 91, R. 222.
2014	9 mai	Décret n° 2014-472. Application de l'article 5-2 de l'ordonnance n° 45-174 du 2 février 1945 relative à l'enfance délinquante relatif au dossier unique de personnalité. – V. ss. Ord. n° 45-174 du 2 févr. 1945, art. 5-2, App., v° *Mineurs délinquants.*
2014	13 mai	Décret n° 2014-477. Fouille des personnes détenues et délégation de signature du chef d'établissement pénitentiaire. – V. C. pr. pén., art. R. 57-6-24, R. 57-7-5, R. 57-7-79, R. 250-1.
2014	13 mai	Arrêté. Complétant l'article A. 1 du code de procédure pénale. – V. C. pr. pén., art. A. 1er.
2014	21 mai	Arrêté. Modification du code de procédure pénale et services pénitentiaires d'insertion et de probation. – C. pr. pén., art. A. 44, A. 59.
2014	23 mai	Décret n° 2014-527. Modification du code de l'entrée et du séjour des étrangers et du droit d'asile (partie réglementaire) en ce qui concerne Mayotte, Wallis-et-Futuna, la Polynésie française et la Nouvelle-Calédonie. – V. C. pr. pén., art. R. 395.
2014	26 mai	Loi n° 2014-528. Modification de la loi n° 2007-1545 du 30 octobre 2007 instituant un Contrôleur général des lieux de privation de liberté. – Art. 1er, 2, 3, 4, 8, 9. – V. L. n° 2007-1545 du 30 oct. 2007, art. 1er, 6, 6-1, 8, 8-1, 8-2, 9-1, 13-1, **p. 1484.**
2014	26 mai	Décret n° 2014-552. Adaptation de dispositions pour faire suite à la fusion de la direction générale des impôts et de la direction générale de la comptabilité publique : – V. C. pr. pén., art. D. 48-5, D. 48-31, D. 48-33, D. 48-35.

		– V. CJM, art. D. 269-22, D. 269-23, App., v° *Justice militaire,* **p. 2969.**
2014	27 mai	Décret n° 2014-551. Adaptation de dispositions pour faire suite à la fusion de la direction générale des impôts et de la direction générale de la comptabilité publique : – V. C. pr. pén., art. R. 15-33-51, R. 23-2, R. 24-8, R. 40-1, R. 40-20, R. 41-5, R. 41-6, R. 41-9, R. 41-10, R. 42, R. 43, R. 47, R. 48, R. 49-3, R. 49-6, R. 49-6-1, R. 49-8, R. 49-11, R. 55-4 à R. 55-7, R. 69, R. 105, R. 149, R. 220, R. 221, R. 229, R. 244, R. 249, R. 249-7, R. 252, R. 265, R. 294, R. 316, R. 333, R. 358, R. 359. – V. Décr. n° 64-1333 du 22 déc. 1964, art. 1er à 16, ss. C. pr. pén., art. 707-1. – V. CJM, art. R. 212-25, R. 212-41, App., v° *Justice militaire,* **p. 2958.**
2014	27 mai	Loi n° 2014-535. Transposition de la directive 2012/13/UE du Parlement européen et du Conseil, du 22 mai 2012, relative au droit à l'information dans le cadre des procédures pénales : – V. C. pr. pén., art. 61-1, 61-2, 62, 63, 63-1, 63-4-1, 65, 73, 77, 78, 113-3, 113-4, 113-8, 114, 114-1, 116, 118, 120-1, 148-3, 154, 175-1, 273, 279, 280, 328, 388-4, 388-5, 390 à 390-2, 393, 393-1, 394, 406, 495-10, 533, 706-1-2, 706-88, 706-106, 726, 803-5, 803-6, 814, 818, 842, 880, 882. – V. L. n° 91-647 du 10 juill. 1991, art. 64, App., v° *Aide juridique,* **p. 2430.** – V. Ord. n° 45-174 du 2 févr. 1945, art. 4, App., v° *Mineurs délinquants.*
2014	30 mai	Décret n° 2014-558. Création d'un traitement de données à caractère personnel relatif à la gestion nationale des personnes détenues en établissement pénitentiaire dénommé GENESIS. – V. C. pr. pén., art. R. 57-9-18 à R. 57-9-26.
2014	11 juin	Arrêté. Application de l'article 706-2-2 du code de procédure pénale. – V. ss. C. pr. pén., art. 706-2-2.
2014	13 juin	Conseil constitutionnel, décision n° 2014-403 QPC. – V. C. pr. pén., art. 380-11.
2014	20 juin	Loi n° 2014-640. Réforme des procédures de révision et de réexamen d'une condamnation pénale définitive : – V. C. pr. pén., art. 41-6, 308, 622 à 626-1, 706-71. – V. CJM, art. L. 222-17, L. 233-3, App., v° *Justice militaire,* **p. 2915.**
2014	25 juin	Arrêté. Modification du code de procédure pénale. – V. C. pr. pén., art. A. 39-2, A. 44.
2014	25 juin	Arrêté. Modification du code de procédure pénale. – V. C. pr. pén., art. A. 43-3.
2014	25 juin	Arrêtés. Modification du code de procédure pénale. – V. C. pr. pén., art. A. 44.

2014	30 juin	Décret n° 2014-748. Modification de la partie réglementaire du code de justice militaire (deuxième partie : Décrets en Conseil d'État). – V. CJM, art. R. 111-1, App., v° *Justice militaire*, **p. 2955.**
2014	30 juin	Décret n° 2014-749. Modification de la partie réglementaire du code de justice militaire (troisième partie : Décrets simples). – V. CJM, art. D. 112-22 à D. 112-24, D. 222-4, D. 222-5, D. 269-4, D. 269-10, D. 269-18.
2014	11 juill.	Loi n° 2014-790. Lutte contre la concurrence sociale déloyale : – Art. 11. – V. C. pr. pén., art. 2-21-1. – Art. 13. – V. C. pr. pén., art. 706-73, 706-88. – V. Ord. n° 45-174 du 2 févr. 1945, art. 4, App., v° *Mineurs délinquants*.
2014	16 juill.	Arrêté. Services pénitentiaires d'insertion et de probation. – V. C. pr. pén., art. 44.
2014	21 juill.	Décret n° 2014-827. Missions du service interministériel d'assistance technique et liste des services, unités ou organismes placés sous l'autorité du ministère de l'intérieur, prévue aux articles 230-36, 706-99 et 706-102-6 du code de procédure pénale. – V. C. pr. pén., art. D. 15-1-1, D 15-1-5 à D. 15-1-7.
2014	4 août	Loi n° 2014-873. Égalité réelle entre les hommes et les femmes. – V. C. pr. pén., art. 8, 41-1, 41-2, 41-3-1, 138.
2014	15 août	Loi n° 2014-896. – Individualisation des peines et renforcement de l'efficacité des sanctions : – V. C. pr. pén., art. 10-1, 41-1-1, 63-6, 141-4, 141-5, 147-1, 230-19, 361-1, 362, 397-3-1, 474, 495-8, 706-15-4, 706-25, 706-53-19, 706-136-1, 706-137, 706-139, 707, 707-5, 708-1, 709-1 nouv., 709-1-1, 709-1-2, 709-1-3, 710, 712-1, 712-4, 712-5, 712-11, 712-12, 712-16-3, 712-17, 712-21, 713-42 à 713-48, 720, 720-1, 720-1-1, 721, 721 nouv., 721-1, 721-1 nouv., 721-2, 723-1, 723-4, 723-7, 723-14, 723-15, 723-17-1 à 723-19, 723-20, 723-22, 723-24 à 723-28, 728-1, 729, 729-3, 730, 730-2, 730-3, 735 nouv., 735-1, 747-1-2, 803-2, 803-3, 934-1, 934-2, 937. – V. Ord. n° 45-174 du 2 févr. 1945, art. 20, App., v° *Mineurs délinquants*. – V. L. n° 91-647 du 10 juill. 1991, art. 64-1, App., v° *Aide juridique*, **p. 2431.**
2014	15 août	Décret n° 2014-897. Procédure judiciaire de mainlevée et de contrôle des mesures de soins psychiatriques sans consentement. – V. C. pr. pén., art. R. 93-2.
2014	18 août	Décret n° 2014-899. Diverses dispositions relatives à l'organisation judiciaire. – V. C. pr. pén., art. R. 41.
2014	20 août	Arrêté. Services pénitentiaires d'insertion et de probation. – V. C. pr. pén., art. A. 44.
2014	20 août	Arrêté. Quartiers des mineurs des maisons d'arrêt ou des établissements pour peine. – V. C. pr. pén., art. A. 43-3.

2014	30 sept.	Décret n° 2014-1109. Application des dispositions de la loi n° 2014-344 du 17 mars 2014 relative à la consommation, renforçant les moyens de contrôle de l'autorité administrative chargée de la protection des consommateurs et adaptant le régime de sanctions. – V. C. pr. pén., art. R. 48-1.
2014	9 oct.	Décret n° 2014-1162. Création d'un traitement automatisé de données à caractère personnel dénommé "Plate-forme nationale des interceptions judiciaires". – V. C. pr. pén., art. R. 223, R. 225.
2014	9 oct.	Conseil constitutionnel, décision n° 2014-420/421 QPC. – V. C. pr. pén., art. 706-73.
2014	13 oct.	Loi n° 2014-1170. Avenir pour l'agriculture, l'alimentation et la forêt : – V. C. pr. pén., art. 22, 23, 24, 25, 26, 34, 39, 45, 546. – V. C. envir., art. L. 132-1, ss. C. pr. pén., art. 2-23. – V. C. for., art. L. 161-7, ss. C. pr. pén., art. 22 ; art. L. 161-26, ss. C. pr. pén., art. 31.
2014	27 oct.	Décret n° 2014-1253. Dispositions des livres III, VI et VII de la partie réglementaire du code de la sécurité intérieure. – V. C. pr. pén., art. R. 48-1.
2014	13 nov.	Loi n° 2014-1353. Renforcement des dispositions relatives à la lutte contre le terrorisme. – V. C. pr. pén., art. 57-1, 60-1, 77-1-1, 230-1 à 230-4, 695-28-1, 696-24-1, 704, 706-16, 706-23, 706-24-1, 706-25-1, 706-25-2, 706-35-1, 706-47-3, 706-72, 706-87-1, 706-161, 729-2.
2014	28 nov.	Décret n° 2014-1422. Casier judiciaire national automatisé et échanges d'informations entre États membres de l'Union européenne. – V. C. pr. pén., art. R. 64, R. 65, R. 66-1, R. 69 à R. 71, R. 73, R. 75, R. 78-1, R. 81, R. 82, R. 84, R. 291, R. 295, R. 298, R. 306.
2014	3 déc.	Décret n° 2014-1443. Fixation de la liste et du ressort des juridictions compétentes pour connaître des infractions en matière militaire et de sûreté de l'État. – V. annexe, ss. C. pr. pén., art. 697.
2014	4 déc.	Arrêté. Paiement immédiat des amendes forfaitaires des contraventions constatées par procès-verbal électronique. – V. C. pr. pén., art. A. 37-20, A. 37-27-1 à A. 37-27-5.
2014	19 déc.	Ordonnance. Diverses mesures relatives à la création de la métropole de Lyon. – V. C. pr. pén., art. 262.
2014	22 déc.	Décret n° 2014-1563. Maisons d'arrêt auprès des cours d'assises et des tribunaux de grande instance. – V. C. pr. pén., art. D. 54.
2014	23 déc.	Décret n° 2014-1582. Exécution des peines. – V. C. pr. pén., art. D. 32-30, D. 47-6-15, D. 47-33 à D. 47-37, D. 48-2 à D. 48-4, D. 49-23, D. 49-26, D. 49-39, D. 49-39-1, D. 49-40, D. 49-69, D. 49-82 à D. 49-93, D. 115-1, D. 115-3, D. 115-14-1, D. 115-14-2, D. 117 à D. 117-2, D. 143, D. 146-2, D. 146-3, D. 147-4, D. 147-6 à D. 147-8, D. 147-16-1, D. 147-17 à D. 147-30-61, D. 147-45 à D. 147-51, D. 478, D. 522, D. 523-1, D. 544-1, D. 548, D. 549, D. 574.

2014	26 déc.	Décret n° 2014-1634. Liste et ressort des juridictions interrégionales spécialisées en matière d'accidents collectifs. – V. C. pr. pén., art. D. 47-38.
2014	26 déc.	Décret n° 2014-1641. Application des articles 15, 18 et 19 de la loi n° 2013-1168 du 18 décembre 2013 relative à la programmation militaire pour les années 2014 à 2019 et portant diverses dispositions concernant la défense et la sécurité nationale. – V. C. pr. pén., art. R. 40-29.
2014	29 déc.	Loi n° 2014-1654. De finances pour 2015 : – Art. 35. – V. L. n° 91-647 du 10 juill. 1991, art. 64-1-2, 64-2, 64-3, App., v° *Aide juridique.* – V. CGI, art. 1018 A, ss. C. pr. pén., art. 800-1.
2014	30 déc.	Loi n° 2014-1662. Diverses dispositions d'adaptation de la législation au droit de l'Union européenne en matière économique et financière. – V. C. pr. pén., art. 705-1.
2014	30 déc.	Décret n° 2014-1725. Transport public particulier de personnes. – V. C. pr. pén., art. R. 15-19, R. 48-1.
2015	21 janv.	Arrêté. Modification du code de procédure pénale et établissements pénitentiaires affectés à l'exécution des peines et aux services pénitentiaires d'insertion et de probation. – V. C. pr. pén., art. A. 39, A. 39-1, A. 44.
2015	13 févr.	Décret n° 2015-174. Amélioration des échanges d'information dans le cadre de la lutte contre le terrorisme. – V. Décr. n° 2010-569 du 28 mai 2010, art. 2, ss. C. pr. pén., art. 230-19.
2015	16 févr.	Loi n° 2015-177. Modernisation et simplification du droit et des procédures dans les domaines de la justice et des affaires intérieures. – Art. 14. – V. C. pr. pén., art. 41-4, 41-5, 114, 167, 529-8, 529-10, 803-1.
2015	25 févr.	Arrêté. Application du décret n° 2015-211 du 25 février 2015 relatif à l'organisation du soutien de la défense et portant réforme du commandement organique territorial. – V. Arr. du 14 févr. 2001, App. v° *Justice militaire*, **p. 2971.**
2015	25 mars	Décret n° 2015-337. Abandon d'ordures et autres déchets. – V. C. pr. pén., art. R. 15-33-29-3, R. 48-1.
2015	2 avr.	Arrêté. Modification du code de procédure pénale (quatrième partie : Arrêtés) et services pénitentiaires d'insertion et de probation. – V. C. pr. pén., art. A. 44.
2015	2 avr.	Arrêté. Modification du code de procédure pénale (quatrième partie : Arrêtés) et établissements pénitentiaires affectés à l'exécution des peines et services pénitentiaires d'insertion et de probation. – V. C. pr. pén., art. A. 39-1, A. 44.
2015	16 avr.	Décret. Exécution des extractions requises par les autorités judiciaires. – V. C. pr. pén., art. D. 293, D. 315.

2015	17 avr.	Loi. Portant diverses dispositions tendant à la modernisation du secteur de la presse. – V. C. pr. pén., art. 719, 869.
2015	5 juin	Arrêté. Modification du code de procédure pénale (quatrième partie : Arrêtés) et services pénitentiaires d'insertion et de probation. – V. C. pr. pén., art. A. 44.
2015	10 juin	Décret n° 2015-648. Accès au traitement d'antécédents judiciaires et au fichier des personnes recherchées : – V. C. pr. pén., art. R. 40-29. – V. Décr. n° 2010-569 du 28 mai 2010, art. 5, ss. C. pr. pén., art. 230-19.
2015	18 juin	Décret n° 2015-689. Gestion des comptes nominatifs des personnes détenues et mise à disposition des sommes y figurant. – V. C. pr. pén., art. D. 320-1, D. 324, D. 334, D. 334-1.
2015	2 juill.	Décret n° 2015-808. Plan d'actions pour les mobilités actives et stationnement. – V. C. pr. pén., art. R. 49.
2015	15 juill.	Ordonnance n° 2015-855. Application de l'article 38 de la loi n° 2014-872 du 4 août 2014 portant réforme ferroviaire. – V. C. pr. pén., art. 529-3, 529-4.
2015	23 juill.	Ordonnance n° 2015-899. Marchés publics. – Art. 101. – V. L. n° 87-432 du 22 juill. 1987, art. 2, ss. C. pr. pén., art. 728.
2015	24 juill.	Loi n° 2015-912. Renseignement : – V. C. pr. pén., art. 74-2, 230-19, 656-1, 694-4-1, 706-16, 706-25-3 s. – V. CSI, art. L. 222-1, ss. C. pr. pén., art. 706-16 ; art. L. 811-3, ss. C. pr. pén., art. 706-74.
2015	27 juill.	Loi n° 2015-925. Réforme du droit d'asile. – V. L. n° 91-647 du 10 juill. 1991, art. 3, 9-4, App., v° *Aide juridique*, **p. 2427.**
2015	31 juill.	Ordonnance n° 2015-952. Fusion des commissions compétentes pour l'attribution de la qualité d'officier de police judiciaire aux militaires de la gendarmerie nationale et aux fonctionnaires du corps d'encadrement et d'application de la police nationale. – V. C. pr. pén., art. 16.
2015	5 août	Loi n° 2015-988. Ratification de l'ordonnance n° 2014-1090 du 26 septembre 2014 relative à la mise en accessibilité des établissements recevant du public, des transports publics, des bâtiments d'habitation et de la voirie pour les personnes handicapées et favorisation de l'accès au service civique pour les jeunes en situation de handicap. – V. C. pr. pén., art. 2-8.
2015	10 août	Arrêté. Liste des segments d'ADN sur lesquels portent les analyses génétiques pratiquées aux fins d'utilisation du fichier national automatisé des empreintes génétiques. – V. C. pr. pén., art. A. 38.
2015	17 août	Loi n° 2015-993. Adaptation de la procédure pénale au droit de l'Union européenne : – V. C. pr. pén., art. 10-2 à 10-5, 40-4, 40-4-1, 53-1, 75, 77-2, 114, 145, 183-1, 186, 199, 221-3, 230-40, 391, 695-9-54 à 695-9-57,

		696-48 à 696-107, 706-73 à 706-75-2, 706-77, 706-79, 706-80, 706-81, 706-87-1, 706-88, 706-89 à 706-91, 706-94 à 706-96, 706-103, 721-3, 728-11, 764-1 à 764-43, 866. – V. Ord. n° 45-174 du 2 févr. 1945, art. 20-12, App., v° *Mineurs délinquants*.
2015	28 sept.	Arrêtés. Modification du code de procédure pénale. Établissements pénitentiaires affectés à l'exécution des peines et services pénitentiaires d'insertion et de probation. – V. C. pr. pén., art. A. 39, A. 39-1, A. 44.
2015	7 oct.	Ordonnance n° 2015-1243. Commerce et protection des animaux de compagnie. – V. C. pr. pén., art. 2-13.
2015	13 oct.	Décret n° 2015-1272. Application des articles 41-1-1 du code de procédure pénale et L. 132-10-1 du code de la sécurité intérieure. – V. C. pr. pén., art. R. 15-33-37-1 à R. 15-33-37-6, R. 15-33-51, R. 15-33-66-2, R. 121-4.
2015	14 oct.	Loi n° 2015-1268. Actualisation du droit des outre-mer. – V. C. pr. pén., art. 864, 883-1.
2015	16 oct.	Conseil constitutionnel, décision n° 2015-494 QPC. – V. C. pr. pén., art. 99.
2015	21 oct.	Décret n° 2015-1328. Modification de l'article 5 du décret n° 2010-569 du 28 mai 2010 relatif au fichier des personnes recherchées et des articles R. 232-14 et R. 232-15 du code de la sécurité intérieure. – V. Décr. n° 2010-569 du 28 mai 2010, ss. C. pr. pén., art. 230-19.
2015	21 oct.	Arrêté. Nombre de jurés figurant sur la liste annuelle ou sur la liste des jurés suppléants de la cour d'assises de la Guyane. – V. C. pr. pén., art. A. 36-12, A. 36-13.
2015	21 oct.	Arrêté. Habilitation au sein de services spécialisés d'officiers ou agents de police judiciaire pouvant procéder aux enquêtes sous pseudonyme, art. 1er et 2. – V. C. pr. pén., ss. art. 706-2-2.
2015	22 oct.	Arrêté. Modalités des contestations dématérialisées des amendes forfaitaires prévues à l'article 529-10 du code de procédure pénale. – V. C. pr. pén., art. A. 37-20-1 à A. 37-20-5.
2015	16 nov.	Décret n° 2015-1486. Dispositions du règlement intérieur type spécifiques aux établissements pénitentiaires accueillant des personnes détenues mineures. – V. C. pr. pén., art. R. 57-6-18 (Annexe), R. 57-9-10, R. 57-9-12, R. 57-9-15, R. 57-9-17, R. 288-1, R. 288-3, D. 514-1, D. 515, D. 515-1, D. 516, D. 517, D. 517-1, D. 518 à D. 518-2, D. 519-1, D. 520.
2015	20 nov.	Conseil constitutionnel, décision n° 2015-499 QPC. – V. C. pr. pén., art. 308.
2015	2 déc.	Décret n° 2015-1580. Modification du décret n° 87-249 du 8 avril 1987 relatif au fichier automatisé des empreintes digitales géré par le ministère de l'intérieur : – Art. 2 à 13. – V. Décr. n° 87-249 du 8 avr. 1987, art. 1er, 3 à 6, 7-1 à 9-1, 9-3 ss. C. pr. pén., art. 78-5.

		– Art. 14. – V. C. pr. pén., art. R. 40-38-1.
2015	4 déc.	Conseil constitutionnel, décision n° 2015-506 QPC. – V. C. pr. pén., art. 56, 57.
2015	15 déc.	Décret n° 2015-1677. Échanges d'informations entre les autorités judiciaires françaises et celles des États membres et suivi des condamnations transférées à la France pour un autre État membre. – V. C. pr. pén., art. D. 47-1-1 à D. 47-1-9, D. 49-54, D. 574.
2015	18 déc.	Décret n° 2015-1700. Mise en œuvre de traitements de données informatiques captées en application de l'article 706-102-1 du code de procédure pénale. – Art. 1 à 8. – V. ss. C. pr. pén., art. 706-102-1.
2015	28 déc.	Loi n° 2015-1776. Adaptation de la société au vieillissement. – V. C. pr. pén., art. 2-8.
2015	28 déc.	Décret n° 2015-1805. Modification du code de procédure pénale et unités de la gendarmerie nationale au sein desquelles les officiers et agents de police judiciaire exercent leurs fonctions habituelles. – V. C. pr. pén., art. R. 15-22, R. 15-23, D. 15-1-6.
2015	29 déc.	Loi n° 2015-1785. De finances pour 2016 : – V. L. n° 91-647 du 10 juill. 1991, art. 64, App., v° *Aide juridique*, **p. 2430.** – V. CGI, art. 1018 A, ss. C. pr. pén., art. 800-1.
2015	29 déc.	Loi n° 2015-1786. De finances pour 2015 (rectification). – V. LPF, art. L. 82 C, L. 101, ss. C. pr. pén., art. 11.
2015	29 déc.	Décret n° 2015-1839. Traitement de données à caractère personnel dénommé « Cassiopée ». – V. C. pr. pén., art. R. 15-33-66-6.
2015	29 déc.	Décret n° 2015-1840. Modification du code de procédure pénale et fichier judiciaire national automatisé des auteurs d'infractions terroristes : – V. C. pr. pén., art. R. 50-30 à R. 50-68, R. 64. – V. Décr. n° 2010-569 du 28 mai 2010, art. 5, 7, ss. C. pr. pén., art. 230-19.
2015	29 déc.	Décret n° 2015-1845. Paiement des amendes forfaitaires. – V. C. pr. pén., art. R. 49-3, R. 49-11, R. 49-17.
2015	30 déc.	Décret n° 2015-1841. Délivrance des extraits de casier judiciaire. – V. C. pr. pén., art. R. 70, R. 79, R. 83, R. 84.
2016	19 janv.	Arrêté. Modification du code de procédure pénale. – V. C. pr. pén., art. A. 39.
2016	20 janv.	Décret n° 2016-34. Dispositions pénales et de procédure pénale pour l'application du code de l'environnement de Saint-Barthélemy et modification du code de procédure pénale. – V. C. pr. pén., art. R. 48-1.
2016	26 janv.	Loi n° 2016-41. Modernisation de notre système de santé : – V. CSP, art. L. 3211-12-1, L. 3211-12-2, ss. C. pr. pén., art. 706-135 ; art. L. 3214-1, ss. C. pr. pén., art. 717-1.

		– V. CGI, art. 1018 A, ss. C. pr. pén., art. 800-1.
2016	29 janv.	Arrêté. Modification du code de procédure pénale et établissements pénitentiaires affectés à l'exécution des peines et aux services pénitentiaires d'insertion et de probation. – V. C. pr. pén., art. A. 39-1, A. 44.
2016	10 févr.	Ordonnance n° 2016-128. Diverses dispositions en matière nucléaire. – V. C. envir., art. L. 132-1 ss. C. pr. pén., art. 2-23 ; art. L. 216-3 ss. C. pr. pén., art. 22.
2016	10 févr.	Ordonnance n° 2016-131. Réforme du droit des contrats, du régime général et de la preuve des obligations. – V. C. pr. pén., art. 4-1.
2016	11 févr.	Arrêté. Modification du code de procédure pénale et quartiers des mineurs des maisons d'arrêt ou des établissements pour peines. – V. C. pr. pén., art. A. 43-3.
2016	23 févr.	Décret n° 2016-185. Application de l'ordonnance n° 2015-1288 du 15 octobre 2015 portant simplification et modernisation du droit de la famille. – V. C. pr. pén., art. R. 217-1.
2016	26 févr.	Décret n° 2016-214. Droits des victimes. – V. C. pr. pén., art. D. 1er-2 à D. 1er-12, D. 47-11-1, D. 594, D. 594-11 à D. 594-16.
2016	3 mars	Décret n° 2016-261. Traitements automatisés du contrôle des personnes placées sous surveillance électronique mobile et modification du code de procédure pénale. – V. C. pr. pén., art. R. 57-11, R. 57-30-1 à R. 57-30-10, R. 61-12, R. 61-12-1, R. 61-14 à R. 61-19, R. 61-22.
2016	7 mars	Loi n° 2016-274. Droit des étrangers en France : – V. L. n° 91-647 du 10 juill. 1991, art. 3, App., v° *Aide juridique*, **p. 2427.** – V. C. pr. pén., art. 78-2, 719, 729-2.
2016	14 mars	Loi n° 2016-297. Protection de l'enfant. – V. C. pr. pén., art. 356.
2016	22 mars	Loi n° 2016-339. Prévention et lutte contre les incivilités, contre les atteintes à la sécurité publique et contre les actes terroristes dans les transports collectifs de voyageurs. – V. C. pr. pén., art. 18, 78-2-2 à 78-2-4, 78-7, 529-4.
2016	30 mars	Décret n° 2016-390. Modification du code de procédure pénale (partie réglementaire) et attribution de la qualité d'officier de police judiciaire aux militaires de la gendarmerie nationale et aux fonctionnaires du corps d'encadrement et d'application de la police nationale. – V. C. pr. pén., art. R. 3 à R. 10.
2016	1er avr.	Conseil constitutionnel, décision n° 2016-532 QPC. – V. C. pr. pén., art. 836.
2016	7 avr.	Ordonnance n° 2016-413. Contrôle de l'application du droit du travail. – Art. 8. – V. C. pr. pén., art. 524.

2016	7 avr.	Décret n° 2016-418. Adaptation du titre VI du livre II de la première partie du code du travail aux entreprises de transport détachant des salariés roulants ou navigants sur le territoire national et modifiant le code des transports. – Art. 2. – V. C. pr. pén., art. R. 48-1.
2016	12 avr.	Décret n° 2016-440. Modification du décret n° 2003-734 du 1er août 2003 portant création et organisation des services déconcentrés de la direction centrale de la police aux frontières et modifiant le code de procédure pénale. – V. C. pr. pén., art. R. 15-19, R. 15-20.
2016	12 avr.	Arrêté. Modification du code de procédure pénale. – V. C. pr. pén., art. A. 35.
2016	13 avr.	Loi n° 2016-444. Renforcement de la lutte contre le système prostitutionnel et accompagnement des personnes prostituées. – V. C. pr. pén., art. 2-22, 41-1, 41-2, 306, 398-1, 706-3, 706-40-1, 837.
2016	14 avr.	Loi n° 2016-457. Information de l'administration par l'autorité judiciaire et protection des mineurs. – V. C. pr. pén., art. 11-2, 138, 230-19, 706-47, 706-47-4.
2016	18 avr.	Décret n° 2016-479. Traitement des états et mémoires des frais de justice. – V. C. pr. pén., art. R. 40-1, R. 105, R. 117, R. 219, R. 222, R. 223, R. 225, R. 229, R. 233, R. 234, R. 249-7, R. 249-8, R. 316, R. 351, R. 355 à R. 359.
2016	20 avr.	Loi n° 2016-483. Déontologie et droits et obligations des fonctionnaires. – V. C. pr. pén., art. 656-1.
2016	18 mai	Décret n° 2016-612. Informations communiquées par l'autorité judiciaire aux administrations, notamment en cas de procédures concernant des personnes exerçant une activité les mettant en contact habituel avec des mineurs. – V. C. pr. pén., art. D. 1er-13, D. 47-9-1.
2016	20 mai	Décret n° 2016-662. Modalités d'accompagnement des parlementaires par des journalistes dans un établissement pénitentiaire ou un centre éducatif fermé. – V. C. pr. pén., art. R. 57-4-11 à R. 57-4-14, R. 251.
2016	24 mai	Conseil constitutionnel, décision n° 2016-543 QPC. – V. C. pr. pén., art. 145-4 ; L. n° 2009-1436 du 24 nov. 2009, art. 39, **p. 1499.**
2016	3 juin	Loi n° 2016-731. Renforcement de la lutte contre le crime organisé, le terrorisme et leur financement, et amélioration de l'efficacité et des garanties de la procédure pénale : – V. C. pr. pén., art. 2-9, 18, 19, 20, 28, 28-1, 39-3, 41, 41-4, 41-5, 43, 48-1, 52, 56, 56-5, 57, 57-1, 60-1, 60-3, 61, 61-3, 63-1, 63-2, 63-3-1, 63-4-2, 63-4-3-1, 74-2, 76-1, 77-1-1, 77-1-3, 77-2, 77-3, 78, 78-2, 78-2-2, 78-2-4, 78-3-1, 78-4, 82-3, 84-1, 87, 90-1, 96, 99, 99-2, 99-3, 99-5, 100, 100-2, 100-3, 117, 133-1, 135-2, 138, 141-2, 145-1, 145-4, 148, 154, 161-1, 163, 173-1, 175, 179, 186-2, 186-3, 186-4, 186-5, 194-1, 197, 199, 213, 215, 229-1, 230-2, 230-3, 230-9, 230-11, 230-19, 230-34, 230-45, 296, 306-1, 308, 354, 355, 373, 379-2, 379-4, 379-7, 380-1, 380-14, 380-15, 382, 390-1, 393, 394, 396, 398-1, 400-1, 481, 493-1, 500-1, 502, 505-1, 527, 574-1, 590-1,

		590-2, 628-1, 665, 695-17-1, 695-27, 695-41, 705, 705-5, 706-11, 706-15, 706-22-1, 706-24-1, 706-24-2, 706-24-3, 706-25-1, 706-25-4, 706-25-6, 706-25-7, 706-53-4, 706-53-7, 706-55, 706-56-1-1, 706-62-1, 706-62-2, 706-71, 706-72 à 706-72-6, 706-73, 706-73-1, 706-89 à 706-92, 706-95, 706-95-1 à 706-95-10, 706-96 à 706-101-1, 706-102-1 à 706-102-8, 706-106, 706-125, 706-148, 706-152, 706-157, 706-160, 706-161, 706-164, 707-1, 707-6, 711, 712-17, 713-49, 716-4, 720-3, 720-5, 723-15-2, 727-1, 728-1, 728-69, 730-2-1, 762, 774, 802-1, 803-7, 805, 806, 926-1. – V. CSI, art. L. 233-2, ss. C. pr. pén., art. 78-6. – V. L. n° 95-73 du 21 janv. 1995, art. 15-1, ss. C. pr. pén., art. 14. – V. Ord. n° 45-174 du 2 févr. 1945, art. 4, App., v° *Mineurs délinquants*. – V. L. n° 91-647 du 10 juill. 1991, art. 64, App., v° *Aide juridique*, **p. 2430.**
2016	3 juin	Conseil constitutionnel, décision n° 2016-544 QPC. – V. C. pr. pén., art. 877, 885, 888.
2016	20 juin	Loi n° 2016-816. Économie bleue. – V. CJM, art. L. 121-5, App., v° *Justice militaire*, **p. 2882.**
2016	21 juin	Loi n° 2016-819. Réformation du système de répression des abus de marché. – V. C. pr. pén., art. 705-1, 706-1-1.
2016	29 juin	Décret n° 2016-867. Application des articles 230-40 à 230-42 du code de procédure pénale. – V. C. pr. pén., art. R. 53-40 à R. 53-40-4.
2016	7 juill.	Loi n° 2016-925. Liberté de la création, architecture et patrimoine. – V. C. pr. pén., art. 2-21.
2016	20 juill.	Ordonnance n° 2016-982. Application de l'article 30 de la loi n° 2015-917 du 28 juillet 2015 actualisant la programmation militaire pour les années 2015 à 2019. – V. C. déf., art. L. 3211-1 à L. 3211-2, ss. C. pr. pén., art. 16.
2016	21 juill.	Loi n° 2016-987. Prorogation de l'application de la loi n° 55-385 du 3 avril 1955 relative à l'état d'urgence et mesures de renforcement de la lutte antiterroriste : – V. C. pr. pén., art. 706-24-4, 716-1 A, 720-1, 721-1-1, 723-1. – V. L. n° 2009-1436 du 24 nov. 2009, art. 58-1, ss. C. pr. pén., Première partie, Livre V, Titre II, **p. 1505.**
2016	8 août	Loi n° 2016-1087. Reconquête de la biodiversité, de la nature et des paysages : – V. C. envir., art. L. 132-1, L. 142-2, ss. C. pr. pén., art. 2-23. – V. C. for., art. L. 161-5, ss. C. pr. pén., art. 22. – V. C. pr. pén., art. 29, 706-2-3, 706-3, 706-73-1.
2016	9 août	Arrêté. Modification du code de procédure, modalités d'organisation de l'examen technique d'aptitude à la qualification d'officier de police judiciaire de la police nationale. – V. C. pr. pén., art. A. 13 à A. 23.
2016	16 août	Arrêté. Modification de l'arrêté du 20 janvier 2006 pris pour l'application de l'article 15-1 de la loi n° 95-73 du 21 janvier 1995 d'orientation et de programmation, modifiée par la loi n° 2004-204 du

		9 mars 2004 portant adaptation de la justice aux évolutions de la criminalité. – V. Arr. du 20 janv. 2006 pris pour l'application de l'article 15-1 de la loi n° 95-73 du 21 janvier 1995 d'orientation et de programmation, art. 1, ss. C. pr. pén., art. 14.
2016	17 août	Arrêté. Modification du code de procédure pénale. – V. C. pr. pén., art. A. 44.
2016	26 août	Décret n° 2016-1159. Application de l'article 706-95-8 du code de procédure pénale. – V. C. pr. pén., art. D. 15-1-5-1.
2016	30 août	Décret n° 2016-1186. Modification du ressort de certaines juridictions à la suite de la création de communes nouvelles. – V. C. pr. pén., art. D. 15-4-4.
2016	7 sept.	Décret n° 2016-1202. Simplification des dispositions du code de procédure pénale. – V. C. pr. pén., art. D. 10 à D. 12, D. 15-5-1 à D. 15-5-3, D. 15-6, D. 32-2, D. 36-1, D. 45-1, D. 45-2, D. 46, D. 47-11-2, D. 48-19.
2016	14 sept.	Décret n° 2016-1222. Permissions de sortir et autorisations de sortie sous escorte. – V. C. pr. pén., art. D. 118, D. 142, D. 142-1 à D. 146, D. 147, D. 270, D. 424, D. 425, D. 426, D. 436-3, D. 438-2.
2016	16 sept.	Conseil constitutionnel, décision n° 2016-566 QPC. – V. C. pr. pén., art. 197.
2016	23 sept.	Conseil constitutionnel, décision n° 2016-569 QPC. – V. C. pr. pén., art. 41-1-1.
2016	7 oct.	Décret n° 2016-1338. Modification du code de procédure pénale, répertoire des données collectées dans le cadre d'une procédure judiciaire. – V. C. pr. pén., art. R. 53-21-1 à R. 53-21-25, R. 64.
2016	19 oct.	Arrêté. Modification du code de procédure pénale. – V. C. pr. pén., art. A. 44.
2016	24 oct.	Décret n° 2016-1432. Conditions de consultation par les personnes détenues poursuivies en commission de discipline du dossier de la procédure et des éléments utiles à l'exercice des droits de la défense. – V. C. pr. pén., art. R. 57-7-16.
2016	26 oct.	Décret n° 2016-1447. Autorisation d'un traitement automatisé de données à caractère personnel dénommé « Informatisation de la gestion des gardes à vue ». – V. C. pr. pén., art. R. 15-33-77 à R. 15-33-82.
2016	28 oct.	Décret n° 2016-1455. Renforcement des garanties de la procédure pénale et application des peines en matière de terrorisme. – V. C. pr. pén., art. D. 1er, D. 15-4, D. 15-5-1, D. 15-5-1-1, D. 15-5-4 à D. 15-5-6, D. 15-6-1, D. 32-1, D. 32-1-1, D. 46-6-1, D. 46-6-2, D. 49-75, D. 49-78, D. 49-81 à D. 49-81-5, D. 49-91, D. 55-1, D. 56-2, D. 147-31, D. 150-1, D. 150-3, D. 527-3, D. 527-4.
2016	28 oct.	Décret n° 2016-1472. Retenues sur la part disponible du compte nominatif des personnes détenues et versements au profit du Trésor des sommes trouvées en possession irrégulière des personnes détenues. – V. C. pr. pén., art. D. 332, D. 332-1.

2016	4 nov.	Conseil constitutionnel, décision n° 2016-594 QPC. – V. C. pr. pén., art. 153.
2016	8 nov.	Décret n° 2016-1505. Établissements de santé assurant le service public hospitalier. – V. C. pr. pén., art. R. 57-8-3, R. 57-8-10, D. 368 à D. 370, D. 372, D. 376, D. 379, D. 389, D. 391, D. 396.
2016	10 nov.	Décret n° 2016-1523. Lutte contre le financement du terrorisme. – V. Décr. n° 2010-569 du 28 mai 2010, art. 1er, 5, ss. C. pr. pén., art. 230-19.
2016	14 nov.	Arrêté. Application des articles R. 213-1 et R. 213-2 du code de procédure pénale fixant la tarification applicable aux réquisitions des opérateurs de communications électroniques. – V. C. pr. pén., art. A. 43-9.
2016	17 nov.	Décret n° 2016-1550. Certaines dispositions de la partie réglementaire du code des transports. – V. C. pr. pén., art. R. 48-1.
2016	18 nov.	Loi n° 2016-1547. Modernisation de la justice du XXIe siècle : – V. C. pr. pén., art. 2-1 à 2-6, 2-8 à 2-23, 41-2, 41-3, 44, 44-1, 45, 46, 47, 48, 48-1, 61-3, 80, 137-1, 137-1-1, 138, 178, 179-1, 180, 213, 242, 261-1, 263, 380-14, 382, 398, 495-17 à 495-25, 523, 525, 528, 528-2, 529-5-1, 529-7, 529-10, 529-11, 530-2, 530-3, 530-6, 530-7, 531, 533, 535, 538, 539, 540 à 544, 546, 549, 658, 677, 678, 706-2, 706-71, 706-111-1, 706-111-2, 706-134, 708, 805, 807, 836, 850-2, 897-1 A, 897-1 B, 905-1. – V. CSI, art. L. 233-1-1, L. 233-2, ss. C. pr. pén., art. 78-6. – V. CGI, art. 1018 A, ss. C. pr. pén., art. 801. – V. COJ, art. L. 251-5, App., v° *Mineurs délinquants*, **p. 3065.** – V. Ord. n° 45-174 du 2 févr. 1945, art. 1er à 4, 5, 6, 8, 8-1, 8-2, 9, 10, 12, 13, 19, 20, 20-2, 20-10, 24-1 à 24-7, 43, 44, 48, App., v° *Mineurs délinquants*.
2016	21 nov.	Ordonnance n° 2016-1562. Diverses mesures institutionnelles relatives à la collectivité de Corse. – V. C. pr. pén., art. 232, 262.
2016	25 nov.	Décret n° 2016-1609. Modification de l'article D. 76 du code de procédure pénale. – V. C. pr. pén., art. D. 76.
2016	25 nov.	Arrêté. Conditions et modalités de modulation des vérifications effectuées dans le cadre de la procédure de certification, pris en application de l'article R. 225 du code de procédure pénale. – V. C. pr. pén., art. A. 43-17.
2016	1er déc.	Ordonnance n° 2016-1636. Décision d'enquête européenne en matière pénale. – V. C. pr. pén., art. 93-1, 100-8, 694-15 à 694-50, 695-9-1 à 695-9-3, 695-9-4 nouv., 695-9-7, 695-9-10, 695-9-11, 695-9-14, 695-9-17, 695-9-19, 695-9-20, 695-9-22, 695-9-26, 695-9-27, 695-9-29, 695-9-38, 695-13, 695-23, 695-46, 706-71, 706-95, 713-2, 713-20, 728-27, 804 nouv.
2016	1er déc.	Permanence des soins et à diverses modifications de dispositions réglementaires applicables au service public hospitalier. – V. C. pr. pén., art. D. 368, D. 372.

2016	5 déc.	Décret n° 2016-1674. Application de l'article 706-62-2 du code de procédure pénale et modification du décret n° 2014-346 du 17 mars 2014. – V. Décr. n° 2014-346 du 17 mars 2014, art. 1er, 13, 14, 18, ss. C. pr. pén., art. 706-63-1.
2016	5 déc.	Décret n° 2016-1675. Création de l'inspection générale de la justice. – V. C. pr. pén., art. D. 229, D. 262.
2016	9 déc.	Loi organique n° 2016-1690. Compétence du Défenseur des droits pour l'orientation et la protection des lanceurs d'alerte. – V. L. org. n° 2011-333 du 29 mars 2011, art. 4, 10, 11, 20, 22, ss. C. pr. pén., art. prélim.
2016	9 déc.	Loi n° 2016-1691. Transparence, la lutte contre la corruption et modernisation de la vie économique. – V. C. pr. pén., art. 40-2, 40-6, 41-1-2, 142, 180-2, 705, 706-1-1, 764-44.
2016	9 déc.	Conseil constitutionnel, décision n° 2016-601 QPC. – V. Ord. n° 45-174 du 2 févr. 1945, art. 22, App., v° *Mineurs délinquants*.
2016	12 déc.	Décret n° 2016-1709. Stage de responsabilisation pour la prévention et la lutte contre les violences au sein du couple ou sexistes et stage de sensibilisation à la lutte contre l'achat d'actes sexuels. – V. C. pr. pén., art. R. 15-33-55-9.
2016	13 déc.	Arrêté. Modalités d'organisation de l'examen technique d'aptitude à la qualification d'officier de police judiciaire de la gendarmerie nationale. – V. C. pr. pén., art. A. 2 à A. 11.
2016	15 déc.	Arrêté. Modification du code de procédure pénale et établissements pénitentiaires affectés à l'exécution des peines. – V. C. pr. pén., art. A. 39-3.
2016	21 déc.	Arrêté. Modification du code de procédure pénale et établissements pénitentiaires affectés à l'exécution des peines. – V. C. pr. pén., art. A. 39-2, A. 44.
2016	23 déc.	Décret n° 2016-1850. Insertion par l'activité économique des personnes détenues. – V. C. pr. pén., art. R. 57-9-1, R. 57-9-2.
2016	23 déc.	Décret n° 2016-1853. Implantation de structures d'insertion par l'activité économique en milieu pénitentiaire permettant l'accès des personnes détenues à l'insertion par l'activité économique. – V. C. pr. pén., art. D. 90, D. 432-1 à D. 432-4, D. 433-1, D. 433-2, D. 433-5, D. 435.
2016	23 déc.	Décret n° 2016-1859. Modification de l'article R. 40-29 du code de procédure pénale et destinataires du traitement d'antécédents judiciaires. – V. C. pr. pén., art. R. 40-29, R. 251.
2016	27 déc.	Décret n° 2016-1877. Ressort territorial, organisation et attributions des directions interrégionales des services pénitentiaires et mission des services pénitentiaires de l'outre-mer. – V. C. pr. pén., art. D. 191 à D. 193.
2016	27 déc.	Arrêté. Fixation du ressort territorial des directions interrégionales de l'administration pénitentiaire et de la mission des services pénitentiaires de l'outre-mer. – V. ss. C. pr. pén., art. D. 190.

2016	29 déc.	Loi n° 2016-1917. De finances pour 2017. – V. C. pr. pén., art. 706-161, 706-163.
2016	30 déc.	Décret n° 2016-1996. Modification du ressort de certaines juridictions à la suite de la création de communes nouvelles. – V. C. pr. pén., art. D. 15-4-4, D. 54, A. 39-2, A. 44.
2017	20 janv.	Loi organique n° 2017-54. Autorités administratives indépendantes et autorités publiques indépendantes. – V. L. org. n° 2011-333 du 29 mars 2011, relative au Défenseur des droits, art. 2, 36, 37, 39, ss. C. pr. pén., art. prélim.
2017	20 janv.	Loi n° 2017-55. Portant statut général des autorités administratives indépendantes et des autorités publiques indépendantes : – V. C. pr. pén., art. 56-4, 230-2. – V. L. n° 2007-1545 du 30 oct. 2007 instituant un Contrôleur général des lieux de privation de liberté, art. 1er, **p. 1484.**
2017	27 janv.	Loi n° 2017-86. Égalité et citoyenneté : – V. C. pr. pén., art. 2-1, 2-2, 2-6, 2-10, 2-17, 695-9-17, 695-22, 713-20, 713-37, 807. – V. L. 29 juill. 1881, art. 48-2, ss. C. pr. pén., art. 2-24.
2017	30 janv.	Arrêté. Modification du code de procédure pénale (quatrième partie : arrêtés) et services pénitentiaires d'insertion et de probation. – V. C. pr. pén., art. A. 44.
2017	16 févr.	Décret n° 2017-198. Interdiction de conduire un véhicule non équipé d'un dispositif d'antidémarrage par éthylotest électronique. – V. C. pr. pén., art. R. 17-4, R. 17-4-1.
2017	17 févr.	Arrêté. Modification et abrogation de divers arrêtés. – V. Arr. du 14 févr. 2001, art. 1er, App., v° *Justice militaire*, **p. 2971.**
2017	21 févr.	Loi n° 2017-2013. Ratification des ordonnances n° 2016-301 du 14 mars 2016 relative à la partie législative du code de la consommation et n° 2016-351 du 25 mars 2016 sur les contrats de crédit aux consommateurs relatifs aux biens immobiliers à usage d'habitation et simplification du dispositif de mise en œuvre des obligations en matière de conformité et de sécurité des produits et services. – V. C. consom., art. L. 621-6, ss. C. pr. pén., art. 2-24.
2017	27 févr.	Loi n° 2017-242. Réforme de la prescription en matière pénale : – V. C. pr. pén. art. 7 à 9-3, 15-3, 85, 706-25-1, 706-31, 706-175. – V. CJM, art. L. 211-12, L. 212-37 à L. 212-39, App., v° *Justice militaire*, **p. 2885.**
2017	27 févr.	Décret n° 2017-248. Modalités de fixation des tarifs des actes prescrits dans le domaine de la médecine légale, de la psychologie légale, de la toxicologie, de la biologie et de la radiologie et relevant des frais de justice. – V. C. pr. pén., art. R. 93-2, R. 93-3, R. 116-1 à R. 120, R. 120-2, R. 251, R. 320, R. 321, R. 406.
2017	27 févr.	Arrêté. Application des 2° et 7° de l'article 2 et de l'article 3 du décret n° 2017-248 du 27 février 2017 relatif aux modalités de fixation du

		tarif des actes prescrits dans le domaine de la médecine légale, de la psychologie légale, de la toxicologie, de la biologie et de la radiologie et relevant des frais de justice. – V. C. pr. pén., art. A. 43-6, A. 43-6-1.
2017	28 févr.	Loi n° 2017-256. Programmation relative à l'égalité réelle outre-mer et autres dispositions en matière sociale et économique. – V. C. pr. pén., art. 78-2, 836, 837, 877, 885, 886, 888, 917, 921 à 923.
2017	28 févr.	Loi n° 2017-257. Statut de Paris et aménagement métropolitain. – V. C. pr. pén., art. 21, 706-73-1.
2017	28 févr.	Loi n° 2017-258. Sécurité publique : – V. C. pr. pén., art. 15-4, 21, 41-1-1, 78-6, 197, 230-45, 698-6, 706-25-2, 706-25-4, 706-25-6, 706-25-7, 706-25-9, 727-1. – V. L. n° 2009-1436 du 24 nov. 2009, art. 12, 12-1, ss. C. pr. pén. Ire partie, Livre V, Titre II, **p. 1487.** – V. Ord. n° 45-174 du 2 févr. 1945, art. 22, 44, App., v° *Mineurs délinquants*.
2017	20 mars	Arrêté. Modalités de contestations dématérialisées des contraventions constatées par des appareils électroniques sécurisés permettant la réalisation d'un procès-verbal dématérialisé. – V. C. pr. pén., art. A. 37-19-1 à A. 37-20-5.
2017	21 mars	Arrêté. Modification de l'arrêté du 21 octobre 2015 relatif à l'habilitation au sein de services spécialisés d'officiers ou agents de police judiciaire pouvant procéder aux enquêtes sous pseudonyme. – V. Arr. du 21 oct. 2015, art. 1er, 2, ss. C. pr. pén., art. 706-2-3.
2017	28 mars	Décret n° 2017-429. Application des articles 495-25 et 706-111-1 du code de procédure pénale. – V. C. pr. pén., art. D. 45-3 à D. 45-21, D. 47-13-2.
2017	7 avr.	Décret n° 2017-511. Décision d'enquête européenne en matière pénale. – V. C. pr. pén., art. D. 32-2 à D. 32-2-2, D. 47-1-1 à D. 47-1-20, D. 48-24.
2017	19 avr.	Décret n° 2017-567. Compétences du préfet de police sur les emprises des aérodromes de Paris-Charles de Gaulle, du Bourget et de Paris-Orly. – V. C. pr. pén., art. R. 15-19.
2017	25 avr.	Décret n° 2017-633. Conditions d'application de l'interdiction de vapoter dans certains lieux à usage collectif. – V. C. pr. pén., art. R. 48-1.
2017	26 avr.	Décret n° 2017-645. Lutte contre l'ambroisie à feuilles d'armoise, l'ambroisie trifide et l'ambroisie à épis lisses. – V. C. pr. pén., art. R. 48-1.
2017	27 avr.	Décret n° 2017-660. Convention judiciaire d'intérêt public et cautionnement judiciaire. – V. C. pr. pén., art. R. 15-33-60-1 à R. 15-33-60-10, R. 21.
2017	27 avr.	Décret n° 2017-668. Conséquences de la suppression des juridictions de proximité et des juges de proximité. – V. C. pr. pén., art. R. 15-33-61, R. 15-33-63, R. 41-11, R. 49-18, R. 55, R. 249-2, R. 249-6.

2017	3 mai	Décret n° 2017-750. Mise en œuvre de techniques de renseignement par l'administration pénitentiaire pris pour l'application de l'article 727-1 du code de procédure pénale. – V. C. pr. pén., art. R. 57-6-20, Annexe, art. 33-1, R. 57-8-24 à R. 57-8-29.
2017	3 mai	Décret n° 2017-756. Aumôniers militaires, hospitaliers et pénitentiaires et à leur formation civile et civique. – V. C. pr. pén., art. D. 439.
2017	4 mai	Décret n° 2017-771. Modification du code de procédure pénale. – V. C. pr. pén., art. D. 53, D. 77, D. 300, D. 301.
2017	9 mai	Décret n° 2017-897. Service d'accueil unique du justiciable et personnes autorisées à accéder au traitement de données à caractère personnel « Cassiopée ». – V. C. pr. pén., art. R. 15-33-66-8.
2017	9 mai	Décret n° 2017-909. Contrôle de la circulation des armes et des matériels de guerre. – V. C. pr. pén., art. R. 48-1.
2017	10 mai	Décret n° 2017-1016. Modification de l'article D. 47-2 du code de procédure pénale relatif aux juridictions spécialisées en matière économique et financière. – V. C. pr. pén., art. D. 47-2.
2017	10 mai	Décret n° 2017-1018. Commissions d'exécution et d'application des peines et conférences régionales sur les aménagements de peine et les alternatives à l'incarcération. – V. C. pr. pén., art. D. 48-5-1, D. 48-5-4.
2017	24 mai	Décisions CE n° 395321 et 395509. – V. C. pr. pén., art. R. 15-33-37-1 à R. 15-33-37-6.
2017	9 juin	Conseil constitutionnel, décision n° 2017-635 QPC. – V. L. 3 avr. 1955 relative à l'état d'urgence, art. 5, ss. C. pr. pén., art. 937.
2017	5 juill.	Directive (UE) 2017/1371 du Parlement européen et du Conseil, relative à la lutte contre la fraude portant atteinte aux intérêts financiers de l'Union au moyen du droit pénal, **p. 2508.**
2017	11 juill.	Loi n° 2017-1154. Prorogation de l'application de la loi n° 55-385 du 3 avril 1955 relative à l'état d'urgence. – V. L. 3 avr. 1955 relative à l'état d'urgence, art. 5, 15, ss. C. pr. pén., art. 937.
2017	18 juill.	Décret n° 2017-1176. Frais de justice criminelle, correctionnelle et de police. – V. C. pr. pén., art. R. 92, R. 121-2, R. 121-4.
2017	26 juill.	Décret n° 2017-1194. Création d'un traitement de données à caractère personnel relatif à la mise en mouvement et à l'exercice de l'action publique, dénommé « Logiciels Métier du Parquet » (LMP). – V. C. pr. pén., art. 1er, ss. art. 39.
2017	2 août	Décret n° 2017-1217. Modification du traitement d'antécédents judiciaires. – V. C. pr. pén., art. R. 40-24, R. 40-26 à R. 40-29-1, R. 40-31, R. 40-31-1.
2017	2 août	Décret n° 2017-1219. Modification du décret n° 2010-569 du 28 mai 2010 relatif au fichier des personnes recherchées. – V. Décr. n° 2010-569 du 28 mai 2010 relatif au fichier des personnes recherchées, art. 1er à 5, 9, ss. C. pr. pén., art. 230-19.

2017	3 août	Décret n° 2017-1230. Provocations, diffamations et injures non publiques présentant un caractère raciste ou discriminatoire. – V. C. pr. pén., art. R. 41-11, R. 57-8-21, R. 349-1.
2017	9 août	Décret n° 2017-1279. Simplification de la police des manifestations sportives. – V. C. pr. pén., art. R. 48-1.
2017	29 août	Décret n° 2017-1308. Commercialisation et utilisation de précurseurs d'explosifs. – V. C. pr. pén., art. R. 48-1.
2017	15 sept.	Loi n° 2017-1339. Confiance dans la vie politique. – V. C. pr. pén., art. 775, 776, 804.
2017	29 sept.	Arrêté. Application du 4° de l'article 2 du décret n° 2017-248 du 27 février 2017 relatif aux modalités de fixation du tarif des actes prescrits dans le domaine de la médecine légale, de la psychologie légale, de la toxicologie, de la biologie et de la radiologie et relevant des frais de justice. – V. C. pr. pén., art. R. 118, A. 43-6-2.
2017	12 oct.	Règlement (UE) 2017/1939 du Conseil mettant en œuvre une coopération renforcée concernant la création du Parquet européen, **p. 2514.**
2017	13 oct.	Décret n° 2017-1467. Modification du code de procédure pénale. – V. C. pr. pén., art. D. 8-2.
2017	25 oct.	Ordonnance n° 2017-1491. Extension et adaptation de la partie législative du code du travail, et de diverses dispositions relatives au travail, à l'emploi et à la formation professionnelle à Mayotte. – V. C. pr. pén., art. 901-2.
2017	27 oct.	Conseil constitutionnel, décision n° 2017-670 QPC. – V. C. pr. pén., art. 230-8.
2017	30 oct.	Loi n° 2017-1510. – V. C. pr. pén., art. 78-2, 173, 706-24-2, 706-63-1, 706-63-2, 706-73, 706-73-1, 706-75, 804.
2017	2 nov.	Décret n° 2017-1522. Personnes n'ayant en France ni domicile ni résidence fixe et application des articles 150, 194 et 195 de la loi n° 2017-86 du 27 janvier 2017 relative à l'égalité et à la citoyenneté. – V. C. pr. pén., art. R. 53-8-7, R. 53-8-13 à R. 53-8-15, R. 53-8-22, R. 251, R. 286.
2017	3 nov.	Arrêté. Modification du code de procédure pénale (quatrième partie : Arrêtés) et services pénitentiaires d'insertion et de probation. – V. C. pr. pén., art. A. 59.
2017	28 nov.	Décret n° 2017-1618. Juristes assistants et personnes habilitées à accéder au bureau d'ordre national automatisé des procédures judiciaires. – V. C. pr. pén., art. R. 15-33-66-8.
2017	30 nov.	Décret n° 2017-1641. Mise en œuvre de la création du service central de la police technique et scientifique : – V. C. pr. pén., art. R. 15-18, R. 53-18. – V. Décr. n° 87-249 du 8 avr. 1987, art. 2, 6, ss. C. pr. pén., art. 78-5.

2017	1er déc.	Conseil constitutionnel, décision n° 2017-677 QPC. – V. L. 3 avr. 1955 relative à l'état d'urgence, art. 8-1, ss. C. pr. pén., art. 937.
2018	2 janv.	Arrêté. Modification du code de procédure pénale (quatrième partie : arrêtés) et services pénitentiaires d'insertion et de probation. – V. C. pr. pén., art. A. 44.
2018	11 janv.	Conseil constitutionnel, décision n° 2017-677 QPC. – V. L. 3 avr. 1955 relative à l'état d'urgence, art. 5-2°, ss. C. pr. pén., art. 937.
2018	26 févr.	Loi n° 2018-133. Diverses dispositions d'adaptation au droit de l'Union européenne dans le domaine de la sécurité. – V. L. 3 avr. 1955 relative à l'état d'urgence, art. 9, 15, ss. C. pr. pén., art. 937.
2018	2 mars	Conseil constitutionnel, décision n° 2017-694 QPC. – V. C. pr. pén., art. 365-1.
2018	7 mars	Décret n° 2018-167. Application de l'article 6 de la loi n° 55-385 du 3 avril 1955 relative à l'état d'urgence et de l'article L. 228-3 du code de la sécurité intérieure, et relatif au placement sous surveillance électronique mobile. – V. C. pr. pén., art. R. 61-12-1, R. 61-14, R. 61-17-2.
2018	16 mars	Arrêté. Modification du code de procédure pénale (quatrième partie : arrêtés) et services pénitentiaires d'insertion et de probation. – V. C. pr. pén., art. A. 44.
2018	28 mars	Décret n° 2018-429. Application des articles 495-25 et 706-111-1 du code de procédure pénale. – V. C. pr. pén., art. D. 45-3 à D. 45-21, D. 47-13-2.
2018	30 mars	Décret n° 2018-218. Application de l'article 15-4 du code de procédure pénale et de l'article 55 *bis* du code des douanes. – V. C. pr. pén., art. R. 2-18 à R. 2-24.
2018	30 mars	Décret n° 2018-219. Définition des responsables hiérarchiques susceptibles de délivrer les autorisations mentionnées à l'article 15-4 du code de procédure pénale et à l'article 55 *bis* du code des douanes. – V. C. pr. pén., art. D. 8-3 à D. 8-6.
2018	19 avr.	Décret n° 2018-288. Établissements pénitentiaires rattachés à certains tribunaux de grande instance. – V. C. pr. pén., art. D. 54.
2018	2 mai	Décret n° 2018-322. Modification de l'organisation de l'École nationale supérieure de la police. – V. C. pr. pén., art. R. 3, R. 4, R. 8.
2018	9 mai	Décret n° 2018-346. Modification des dispositions du code de la défense relatives au bureau enquêtes accidents défense air et complément à la liste des dispenses d'autorisations préalables en matière d'urbanisme pour des raisons de sûreté. – V. C. pr. pén., art. A. 1er.
2018	24 mai	Décret n° 2018-388. Traitement automatisé de données à caractère personnel dénommé « pré-plainte en ligne ». – V. C. pr. pén., ss. art. 15-3.
2018	30 mai	Décret n° 2018-425. Modification de l'article D. 15-1-6 du code de procédure pénale. – V. C. pr. pén., art. D. 15-1-6.

2018	8 juin	Cons. const., n° 2018-712. – V. C. pr. pén., art. 492.
2018	20 juin	Loi n° 2018-493. Protection des données personnelles. – V. C. pr. pén., art. 230-8, 230-9, 804.
2018	27 juin	Arrêté. Modification du code de procédure pénale (quatrième partie : arrêtés) et établissements pénitentiaires affectés à l'exécution des peines. – V. C. pr. pén., art. A. 39-2.
2018	6 juill.	Décret n° 2018-583. Compétences du préfet de police et de certains de ses services dans le ressort de la zone de défense et de sécurité de Paris, dans les départements des Hauts-de-Seine, du Val-de-Marne et de Seine-Saint-Denis et sur les emprises des aérodromes de Paris-Charles de Gaulle, Paris-Le Bourget et Paris-Orly, et celles du préfet de police des Bouches-du-Rhône. – V. C. pr. pén., art. R. 15-30.
2018	11 juill.	Décret n° 2018-606. Diverses dispositions relatives au service de santé des armées. – V. C. pr. pén., art. D. 513.
2018	13 juill.	Loi n° 2018-607. Programmation militaire pour les années 2019 à 2025 et diverses dispositions intéressant la défense : – V. C. pr. pén., art. 689-5, 689-6, 689-14, 804. – V. C. défense, art. L. 3211-3, ss. C. pr. pén., art. 16.
2018	1er août	Décret n° 2018-687. Application de la loi n° 78-17 du 6 janvier 1978 relative à l'informatique, aux fichiers et aux libertés, modifiée par la loi n° 2018-493 du 20 juin 2018 relative à la protection des données personnelles. – V. C. pr. pén., art. R. 40-30, R. 40-31, R. 40-32, R. 40-33, R. 57-9-24.
2018	3 août	Loi n° 2018-699. Garantie de la présence des parlementaires dans certains organismes extérieurs au Parlement et simplification des modalités de leur nomination. – V. C. pr. pén., art. 230-2, 230-45.
2018	3 août	Loi n° 2018-703. Renforcement de la lutte contre les violences sexuelles et sexistes. – V. C. pr. pén., art. 7, 9-1, 21, 41-1, 41-2, 351, 351-1, 706-47, 706-53, 706-53-7.
2018	3 août	Décret n° 2018-721. Modifiant et complétant certaines des contraventions prévues au livre II du code rural et de la pêche maritime et relatif aux procédures d'amende forfaitaire et de transaction pénale en matière agricole et forestière. – V. C. pr. pén., art. R. 48-1.
2018	10 sept.	Loi n° 2018-778. Immigration maîtrisée, droit d'asile effectif et intégration réussie : – V. C. pr. pén., art. 78-2. – V. L. n° 91-647 du 10 juill. 1991, art. 9-4, App., v° *Aide juridique*, **p. 2428.**
2018	14 sept.	Cons. const., n° 2018-730. – V. C. pr. pén., art. 706-113.
2018	14 sept.	Décret n° 2018-794. Établissements pénitentiaires rattachés à certaines juridictions. – V. C. pr. pén., art. D. 54.
2018	17 sept.	Décret n° 2018-795. Sécurité routière. – V. C. pr. pén., art. R. 49-2 nouv., R. 251 nouv.

2018	8 oct.	Décret n° 2018-858. Modification de l'article D. 600 et création des articles D. 600-1 et D. 600-2 du code de procédure pénale. – V. C. pr. pén., art. D. 600 à D. 600-2.
2018	8 oct.	Arrêté. Paiement immédiat des amendes forfaitaires des contraventions constatées par procès-verbal électronique. – V. C. pr. pén., art. A. 37-27-6.
2018	14 oct.	Arrêté. Modalités des contestations dématérialisées des amendes forfaitaires délictuelles prévues à l'article 495-20 du code de procédure pénale. – V. C. pr. pén., art. A. 36-17, A. 36-18, A. 37-12.
2018	16 oct.	Arrêté. Modification du code de procédure pénale (quatrième partie : arrêtés) et services pénitentiaires d'insertion et de probation. – V. C. pr. pén., art. A. 44.
2018	23 oct.	Loi n° 2018-898. Lutte contre la fraude. – V. C. pr. pén., art. 28-1, 28-2, 41-1-2, 41-5, 99-2, 230-10, 230-20, 495-16, 695-9-31, 705, 706-1-1, 804.
2018	26 oct.	Arrêté. Désignation des comptables publics chargés du recouvrement des amendes forfaitaires majorées délictuelles. – V. C. pr. pén., art. A. 38-5-1 .
2018	30 oct.	Loi n° 2018-938. Équilibre des relations commerciales dans le secteur agricole et alimentaire et une alimentation saine, durable et accessible à tous. – V. C. pr. pén., art. 2-13.
2018	8 nov.	Décret n° 2018-969. Modification du décret n° 64-1333 du 22 décembre 1964 relatif au recouvrement des amendes et condamnations pécuniaires par les comptables de la direction générale des finances publiques. – V. Décr. n° 64-1333 du 22 déc. 1964, art. 6-1, 9, ss. C. pr. pén., art. 707-1.
2018	14 nov.	Règl. (UE) 2018/1805. Reconnaissance mutuelle des décisions de gel et des décisions de confiscation. – V. ss. C. pr. pén., art. 695-9-30.
2018	26 nov.	Arrêté. Modification du code de procédure pénale (quatrième partie : arrêtés) et services pénitentiaires d'insertion et de probation. – V. C. pr. pén., art. A. 44.
2018	6 déc.	Arrêté. Application de l'article R. 97 du code de procédure pénale relatif aux frais de translation des personnes. – C. pr. pén. art. A. 43-18.
2018	7 déc.	Décret n° 2018-1098. Création d'un service à compétence nationale dénommé « Agence du travail d'intérêt général et de l'insertion professionnelle des personnes placées sous main de justice ». – V. ss. C. pr. pén., art. 733-2, D. 90, D. 433-1.
2018	12 déc.	Ordonnance n° 2018-1125. Application de l'article 32 de la loi n° 2018-493 du 20 juin 2018 relative à la protection des données personnelles et portant modification de la loi n° 78-17 du 6 janvier 1978 relative à l'informatique, aux fichiers et aux libertés et diverses dispositions concernant la protection des données à caractère personnel. – V. C. pr. pén., art. 60-2, 78-3-1, 230-8 à 230-10, 230-12, 230-15, 230-18, 230-19, 230-37, 706-25-13, 706-53-11, 777-3.

2018	24 déc.	Arrêté. Modification de l'arrêté du 27 février 2017 pris pour l'application des 2° et 7° de l'article 2 et de l'article 3 du décret n° 2017-248 du 27 février 2017 relatif aux modalités de fixation du tarif des actes prescrits dans le domaine de la médecine légale, de la psychologie légale, de la toxicologie, de la biologie et de la radiologie et relevant des frais de justice. — V. C. pr. pén., art. A. 43-6.
2018	27 déc.	Décret n° 2018-1255. Simplification et modification de la gestion des droits aux indemnités journalières et pour la prise en charge des frais de santé. — V. CSP, art. R. 3214-22, ss. C. pr. pén., art. 717-1.
2018	28 déc.	Décret n° 2018-1337. Extension et adaptation de la partie réglementaire du code du travail, et de diverses dispositions relatives au travail, à l'emploi et à la formation professionnelle à Mayotte. — V. C. pr. pén., art. D. 602.
2019	8 févr.	Conseil constitutionnel, décision n° 2018-762 QPC. — V. C. pr. pén., art. 61-1.
2019	8 févr.	Conseil constitutionnel, décision n° 2018-763 QPC. — V. L. n° 2009-1436 du 24 nov. 2009, art. 34, ss. C. pr. pén., Première partie, Livre V, Titre II, **p. 1497.**
2019	13 févr.	Décret n° 2019-98. Modification des dispositions réglementaires du code de procédure pénale relatives au régime disciplinaire des personnes détenues. — V. C. pr. pén., art. R. 57-7-1 à R. 57-7-4, R. 57-7-18, R. 57-7-33 à R. 57-7-36, R. 57-7-38, R. 57-7-41, R. 57-7-43, R. 57-7-47, R. 57-7-50, R. 57-7-51, R. 57-7-53, R. 57-7-58, R. 251.
2019	15 févr.	Conseil constitutionnel, décision n° 2018-765 QPC. — V. C. pr. pén., art. 167.
2019	7 mars	Arrêté. Modification de l'article A. 1er du code de procédure pénale. — V. C. pr. pén., art. A. 1er.
2019	20 mars	Décret n° 2019-208. Institution d'une contravention pour participation à une manifestation interdite sur la voie publique. — V. C. pr. pén., art. R. 48-1.
2019	23 mars	Loi organique n° 2019-221. Renforcement de l'organisation des juridictions. — V. L. org. n° 2011-333 du 29 mars 2011 relative au défenseur des droits, art. 22, ss. C. pr. pén., art. préliminaire.
2019	23 mars	Loi n° 2019-222. De programmation 2018-2022 et de réforme pour la justice : — Art. 59, 60. — V. C. pr. pén., art. 495-10. — Art. 63. — V. ss. C. pr. pén., Première partie, Livre II, Titre 1er, **p. 689.** — V. C. pr. pén., art. préliminaire, 10, 10-2, 15-2, 15-3, 15-3-1, 15-4, 16, 18, 28, 28-1, 39-4, 40-4-1, 41, 41-1, 41-1-1, 41-2, 41-3-1 A, 41-4, 41-6, 43, 48-1, 52-1, 56-1, 60, 60-1, 60-2, 60-3, 61-1, 63, 63-1, 63-2, 63-4-3-1, 66, 76, 76-2, 77-1, 77-1-1 à 77-1-3, 78-2-2, 80, 80-1, 80-5, 81, 84-1, 85, 86, 89, 89-1, 97, 99, 100, 100-1, 116, 135-2, 137-3, 142-5 à 142-7, 145-4-2, 147-1, 148-5, 155, 157-2, 167, 170-1, 173,

		175, 175-1, 179-2, 180-1, 181, 185, 186-3, 230-19, 230-32 à 230-34, 230-45, 230-46, 249, 281, 316-1, 331, 332, 365-1, 371-1, 380-2-1 A, 380-3-1, 388-1, 388-5, 390-1, 391, 392-1, 393, 393-1, 394, 396, 397-1-1, 397-2, 397-7, 398-1 nouv., 420-1, 464-2, 465-1, 471, 474, 485-1, 495 nouv., 495-1, 495-3, 495-8, 495-10, 495-11-1, 495-17, 495-19 à 495-23, 495-24-1, 502, 509, 509-1, 510, 512, 530-6, 530-7, 559, 628 à 628-3, 628-10 nouv., 689-11, 694-31, 695-26, 696-9-1, 696-47-1, 696-73, 698-6, 702, 706-2-2, 706-2-3, 706-3, 706-16-1, 706-16-2, 706-17 à 706-17-2, 706-18, 706-19, 706-22-1, 706-24-2, 706-25, 706-35-1, 706-47-3, 706-53-10, 706-54, 706-54-1, 706-56, 706-57, 706-71, 706-71-1, 706-72, 706-75, 706-77, 706-80 à 706-80-2, 706-87-1, 706-95-1, 706-95-2, 706-95-4, 706-95-5 à 706-95-20, 706-96 à 706-98, 706-98-1, 706-100 à 706-102-9, 706-112-1, 706-112-2, 706-113, 706-119, 706-150, 706-153, 706-158, 706-168 à 706-170, 709-1-3, 710, 711, 712-2, 712-4-1, 712-5, 712-11, 712-20, 713-42 nouv. à 713-44 nouv., 714, 717, 720, 720-1-1, 723-1, 723-3, 723-6-1 à 723-8, 723-13, 723-15, 726-2, 727-1, 729, 730-2, 731-1, 739, 740, 741-2, 747, 747-1 nouv., 747-1-1 nouv., 763-3, 768, 768-1, 769, 775, 775-1 A, 777-3, 778, 801-1, 802-2, 804, 837 nouv., 884. — V. CCH, art. L. 126-3, ss. C. pr. pén., art. 78. — V. C. patr., art. L. 221-3, L. 222-1, ss. C. pr. pén., art. 308. — V. L. n° 2009-1436 du 24 nov. 2009, art. 12-1, 34, 40, 57, ss. C. pr. pén., Première partie, Livre V, Titre II, **p. 1488.** — V. Ord. n° 45-174 du 2 févr. 1945, 3-1, 4, 6-2, 8, 10-2, 11, 11-2, 11-3, 20-2-1, 20-4, 20-4-1, 20-5, 20-10, 22, 24-6, 33, 40, 44, App., v° *Mineurs délinquants*. — Art. 94-II. — V. ss. Ord. n° 45-174 du 2 févr. 1945, art. 8, App., v° *Mineurs délinquants*. — V. L. n° 91-647 du 10 juill. 1991, art. 9-2, 64, 64-2, App., v° *Aide juridique*, **p. 2428.**
2019	29 mars	Conseil constitutionnel, décision n° 2019-770 QPC. — V. C. pr. pén., art. 362.
2019	5 avr.	Conseil constitutionnel, décision n° 2019-773 QPC. — V. C. pr. pén., art. 800-2.
2019	10 avr.	Loi n° 2019-290. Renforcement et garantie du maintien de l'ordre public lors des manifestations. — V. C. pr. pén., art. 78-2-5, 138, 230-19, 804.
2019	19 avr.	Décret n° 2019-342. Modification du code de procédure pénale (Partie réglementaire : décrets simples). — V. C. pr. pén., art. D. 15-1-1.
2019	19 avr.	Arrêté. Modification de l'arrêté du 21 octobre 2015 relatif à l'habilitation au sein de services spécialisés d'officiers ou agents de police judiciaire pouvant procéder aux enquêtes sous pseudonyme. — V. Arr. du 21 oct. 2015, art. 1er, ss. C. pr. pén., art. 706-2-3.
2019	17 mai	Décret n° 2019-464. Adaptation du code de procédure pénale à la création du service d'enquêtes judiciaires des finances. — V. C. pr. pén.,

		art. R. 15-33-1, R. 15-33-7, R. 15-33-9, R. 15-33-10 à R. 15-33-13, R. 15-33-17, R. 15-33-29-4-1 à R. 15-33-29-5, R. 15-33-29-7, R. 15-33-29-10, R. 15-33-29-12, R. 15-33-29-16, R. 251.
2019	21 mai	Arrêté. Adaptation des dispositions relatives aux modalités d'organisation de l'examen technique d'aptitude à l'exercice de certaines missions de police judiciaire par les agents des services fiscaux. – V. C. pr. pén., art. A. 36-10-1, A. 36-10-2, A. 36-10-4 à A. 36-10-6, A. 36-10-9.
2019	22 mai	Loi n° 2019-486. Croissance et transformation des entreprises. – Art. 59. – V. C. pr. pén., art. 768, 769.
2019	24 mai	Décret n° 2019-507. Application des dispositions pénales de la loi n° 2019-222 du 23 mars 2019 de programmation 2018-2022 et de réforme pour la justice relatives à la procédure numérique, aux enquêtes et aux poursuites. – V. C. pr. pén., art. D. 8-2-1 à D. 8-2-9, D. 12, D. 15-1-5 à D. 15-1-6, D. 15-5 à D. 15-5-1-2, D. 15-5-7, D. 15-6-1, D. 15-7, D. 15-8, D. 35, D. 36, D. 40-3, D. 44, D. 44-1, D. 45-3 nouv. à D. 45-5 nouv., D. 45-11, D. 45-15 nouv., D. 45-16, D. 45-19, D. 47-8, D. 47-9, D. 47-14, D. 589 à D. 589-7, D. 594-17 à D. 594-20.
2019	24 mai	Décret n° 2019-508. Application des dispositions pénales de la loi n° 2019-222 du 23 mars 2019 de programmation 2018-2022 et de réforme pour la justice, relatives à l'instruction, à l'exercice des voies de recours et à l'exécution des peines. – V. C. pr. pén., art. D. 32-4, D. 32-7 à D. 32-9, D. 32-11, D. 32-13, D. 32-14, D. 32-23, D. 32-24, D. 32-26, D. 40-1 à D. 40-2, D. 43-5, D. 45-22 à D. 45-25, D. 46, D. 47-28-2, D. 48-5-5, D. 49-33, D. 117-4, D. 147, D. 147-17 à D. 147-17-5, D. 147-18, D. 147-19, D. 527-1, D. 527-2.
2019	27 mai	Arrêté. Modification du code de procédure pénale (quatrième partie : arrêtés) et services pénitentiaires d'insertion et de probation. – V. C. pr. pén., art. A. 44.
2019	28 mai	Arrêté. Modification de l'arrêté du 21 octobre 2015 relatif à l'habilitation au sein de services spécialisés d'officiers ou agents de police judiciaire pouvant procéder aux enquêtes sous pseudonyme. – V. Arr. du 21 oct. 2015, art. 1er, 2, ss. C. pr. pén., art. 706-2-3.
2019	29 mai	Décret n° 2019-537. Modification du décret n° 2008-689 du 9 juillet 2008 relatif à l'organisation du ministère de la justice et du décret n° 2018-1098 du 7 décembre 2018 portant création d'un service à compétence nationale dénommé « Agence du travail d'intérêt général et l'insertion professionnelle des personnes placées sous main de justice ». – V. Décr. du 7 déc. 2018, art. 3, ss. C. pr. pén., art. 733-2.
2019	29 mai	Arrêté. création et organisation d'un service à compétence nationale dénommé « Service national du renseignement pénitentiaire ». – V. ss. C. pr. pén., art. 727-1.
2019	31 mai	Décret n° 2019-547. Application du troisième alinéa de l'article 706-16-1 du code de procédure pénale. – V. C. pr. pén., art. R. 50-54-1, R. 251.

2019	18 juin	Décret n° 2019-602. Modification de certaines dispositions de l'article R. 54-1 du code de procédure pénale relatif à la composition du conseil d'administration de l'Agence de gestion et de recouvrement des avoirs saisis et confisqués. – V. C. pr. pén., art. R. 54-1.
2019	24 juill.	Loi n° 2019-773. Création de l'Office français de la biodiversité, modifiant les missions des fédérations des chasseurs et renforçant la police de l'environnement : – V. C. pr. pén., art. 28, 41-5, 99-2, 230-10. – V. C. for., art. L. 161-4, L. 161-5, ss. C. pr. pén., art. 22. – V. C. envir., art. L. 132-1, ss. C. pr. pén., art. 2-24.
2019	24 juill.	Loi n° 2019-774. Organisation et transformation du système de santé. – V. C. pr. pén., art. 10-6, 804.
2019	30 août	Décret n° 2019-913. Application de l'article 95 de la loi n° 2019-222 du 23 mars 2019 de programmation 2018-2022 et de réforme pour la justice. – V. C. pr. pén., art. R. 15-33-29, R. 15-33-40, R. 252, R. 354.
2019	6 sept.	Arrêté. Modalités d'application des articles D. 589 et suivants du code de procédure pénale relatifs à la procédure pénale numérique. – V. C. pr. pén., art. A. 37-19, A. 37-20, A. 53-2 à A. 53-9.
2019	6 sept.	Conseil constitutionnel, décision n° 2019-799/800 QPC. – V. C. pr. pén., art. 730-2-1.
2019	11 sept.	Ordonnance n° 2019-950. Partie législative du code de la justice pénale des mineurs, App. v° *Mineurs délinquants*, **p. 2973.** – V. C. pr. pén., art. 41-2, 230-19, 306, 400, 706-24-4, 706-25, 706-25-4, 706-53-2, 719, 768, 769, 770 nouv., 775, 804. – V. COJ, art. L. 312-6, App., v° *Mineurs délinquants*.
2019	18 sept.	Ordonnance n° 2019-963. Lutte contre la fraude portant atteinte aux intérêts financiers de l'Union européenne au moyen du droit pénal. – V. C. pr. pén., art. 689-8, 804.
2019	18 sept.	Ordonnance n° 2019-964. Application de la loi n° 2019-222 du 23 mars 2019 de programmation 2018-2022 et de réforme pour la justice : – V. CJM, art. L. 112-9, L. 112-20, L. 252-2, App., v° *Justice militaire*, **p. 2876.** – C. pr. pén., art. 46, 805, 843.
2019	2 oct.	Ordonnance n° 2019-1015. Réforme de la régulation des jeux d'argent et de hasard. – V. C. pr. pén., art. 28-1, 704, 706-73-1, 804.
2019	30 oct.	Décret n° 2019-1114. Application de l'article L. 34-9-2 du code des postes et communications électroniques. – V. C. pr. pén., art. R. 48-1.
2019	15 nov.	Décret n° 2019-1184. Modification du code de procédure pénale et organisation et fonctionnement des régies chargées au sein des établissements pénitentiaires de la gestion des comptes nominatifs des personnes détenues. – V. C. pr. pén., art. R. 57-7-87 à R. 57-7-94, R. 251.

2019	28 nov.	Décret n° 2019-1253. Sanctions pénales applicables en cas de manquements aux obligations destinées à renforcer la sécurité de l'usage des aéronefs civils circulant sans personne à bord. – V. C. pr. pén., art. R. 48-1.
2019	29 nov.	Décret n° 2019-1263. Agrément des associations d'aide aux victimes d'infraction. – V. C. pr. pén., art. D. 1er-12-1 à D. 1er-12-13.
2019	2 déc.	Décret n° 2019-1271. Modalités de classification et de protection du secret de la défense nationale. – V. C. pr. pén., art. R. 40-52.
2019	11 déc.	Ordonnance n° 2019-1335. Dispositions relatives à l'outre-mer du code de la défense. – V. C. défense, art. L. 1er, App. v° *Justice militaire*.
2019	17 déc.	Décret n° 2019-1381. Diverses mesures relatives aux contrôles et sanctions en matière de police de l'environnement. – V. C. pr. pén., art. R. 48-1.
2019	18 déc.	Décret n° 2019-1396. Création d'une contravention d'acquisition de produits du tabac manufacturé vendus à la sauvette. – V. C. pr. pén., art. R. 48-1.
2019	24 déc.	Loi n° 2019-1428. Orientation des mobilités. – V. C. pr. pén., art. 529-4 à 529-6.
2019	26 déc.	Décret n° 2019-1457. Création du service à compétence nationale dénommé Office anti-stupéfiants. – V. C. pr. pén., art. D. 8-1.
2019	27 déc.	Loi n° 2019-1461. Engagement dans la vie locale et proximité de l'action publique : – V. CSI, art. L. 522-2, ss. C. pr. pén., art. 27. – V. L. n° 2009-1436 du 24 nov. 2009, art. 30, ss. C. pr. pén., Première partie, Livre V, Titre II, **p. 1496.**
2019	27 déc.	Décret n° 2019-1475. Création et organisation des directions territoriales de la police nationale. – V. C. pr. pén., art. D. 15-1-5, D. 15-1-5-1, D. 15-1-6, D. 234.
2019	27 déc.	Arrêté. Création d'antennes et de détachements de l'Office anti-stupéfiants et diverses dispositions relatives à la création de l'office. – V. Arr. du 21 oct. 2015 relatif à l'habilitation au sein de services spécialisés d'officiers ou agents de police judiciaire pouvant procéder aux enquêtes sous pseudonyme, art. 1er, ss. C. pr. pén., art. 230-46.
2019	28 déc.	Loi n° 2019-1479. De finances pour 2020. – V. L. n° 91-647 du 10 juill. 1991, art. 7, App., v° *Aide juridique*.
2019	28 déc.	Loi n° 2019-1480. Action contre les violences au sein de la famille. – V. C. pr. pén., art. 15-3-2, 41-3-1, 138, 138-3, 141-4, 230-19, 471, 712-19, 721, 745.
2019	28 déc.	Décret n° 2019-1497. Modifications de diverses dispositions réglementaires relatives aux directions territoriales de la police nationale. – V. C. pr. pén., art. R. 15-17, R. 15-20, R. 15-29, R. 15-30, R. 57-7-85, R. 251, R. 260, R. 288-4.

2019	28 déc.	Arrêté. Organisation et diverses mesures relatives aux directions territoriales de la police nationale : – V. C. pr. pén., art. A. 34, A. 35, A. 38-2. – V. Arr. du 21 oct. 2015 relatif à l'habilitation au sein de services spécialisés d'officiers ou agents de police judiciaire pouvant procéder aux enquêtes sous pseudonyme, art. 1er, ss. C. pr. pén., art. 230-46.
2019	30 déc.	Arrêté. Modification de l'arrêté du 29 mai 2019 portant création et organisation d'un service à compétence nationale dénommé « Service national du renseignement pénitentiaire ». – V. Arr. du 29 mai 2019, art. 4, 5, ss. C. pr. pén., art. 727-1.
2019	30 déc.	Décret n° 2019-1504. Modification du code de procédure pénale (Partie réglementaire - Décrets en Conseil d'État) et unités pour détenus violents. – V. C. pr. pén., art. R. 57-7-84-1 à R. 57-7-84-12.
2019	30 déc.	Décret n° 2019-1558. Attributions des recteurs de région académique et des recteurs d'académie et portant diverses mesures réglementaires dans le code de l'éducation. – V. C. pr. pén., art. D. 47-9-1.
2019	31 déc.	Décret n° 2019-1579. Modification du code de procédure pénale (partie réglementaire - décrets en Conseil d'État) et quartiers de prise en charge de la radicalisation. – V. C. pr. pén., art. R. 57-7-84-13 à R. 57-7-87-24.
2019	31 déc.	Décret n° 2019-1602. Modification du décret n° 2015-1700 du 18 décembre 2015 relatif à la mise en œuvre de traitements de données informatiques captées en application de l'article 706-102-1 du code de procédure pénale. – V. Décr. n° 2015-1700 du 18 déc. 2015, art. 1er à 8, ss. C. pr. pén., art. 706-102-1.
2020	29 janv.	Ordonnance n° 2020-71. Réécriture des règles de construction et recodification du livre Ier du code de la construction et de l'habitation. – V. C. pr. pén., art. 2-8.
2020	3 févr.	Décret n° 2020-81. Peine de détention à domicile sous surveillance électronique, sursis probatoire, conversions de peines et mandat de dépôt à effet différé, pris en application de la loi n° 2019-222 du 23 mars 2019 de programmation 2018-2022 et de réforme pour la justice. – V. C. pr. pén., art. D. 17, D. 32-30, D. 45-2-1 à D. 45-2-9, D. 45-26, D. 46, D. 47-34, D. 48-2, D. 48-2-3 à D. 48-2-8, D. 49-26, D. 49-66 à D. 49-69, D. 49-72, D. 49-82 à D. 49-89, D. 115, D. 115-3, D. 147-16-1, D. 147-45, D. 149, D. 545, D. 546 à D. 546-8, D. 547, D. 574.
2020	4 févr.	Arrêté. Application des articles R. 213-1 et R. 213-2 du code de procédure pénale fixant la tarification applicable aux réquisitions des opérateurs de communications électroniques. – V. C. pr. pén., art. A. 43-9.
2020	6 févr.	Décret n° 2020-91. Composition et fonctionnement de la commission de l'application des peines et conditions de délivrance des permissions de sortir, modification de diverses dispositions du code de procédure pénale. – V. C. pr. pén., art. D. 15-6, D. 45-22, D. 49-28, D. 142, D. 142-3-1, D. 569, D. 594-18.

2020	18 févr.	Décret n° 2020-128. Application de diverses dispositions pénales de la loi n° 2019-222 du 23 mars 2019 de programmation 2018-2022 et de réforme pour la justice. – V. C. pr. pén., art. R. 15-33-29, R. 15-33-40, R. 15-33-40-1, R. 15-33-48-1, R. 15-33-49, R. 15-33-55-1, R. 15-33-55-5, R. 15-33-55-6, R. 15-33-55-9, R. 53-1, R. 53-34, R. 53-35, R. 53-39, R. 57-10, R. 58, R. 61-6, R. 66, R. 92, R. 117, R. 121-1 à R. 121-4, R. 251.
2020	2 mars	Arrêté. Extension de l'expérimentation de la cour criminelle. – V. ss. C. pr. pén., Première partie, Livre II, Titre Ier, **p. 691.**
2020	3 mars	Décret n° 2020-187. Aménagements de peine et aux modalités d'exécution de la peine de détention à domicile sous surveillance. – V. C. pr. pén., art. D. 45-2-1-1, D. 45-2-2, D. 48-1-1, D. 49-84, D. 49-86, D. 119.
2020	11 mars	Ordonnance n° 2020-232. Régime des décisions prises en matière de santé, de prise en charge ou d'accompagnement social ou médico-social à l'égard des personnes majeures faisant l'objet d'une mesure de protection juridique. – V. CSP, art. L. 3211-12, ss. C. pr. pén., art. 706-135.
2020	23 mars	Loi n° 2020-290. Urgence pour faire face à l'épidémie de covid-19. – Art. 11. – V. App., v° *État d'urgence sanitaire*, **p. 2854.**
2020	25 mars	Ordonnance n° 2020-303. Adaptation des règles de procédure pénale sur le fondement de la loi n° 2020-290 du 23 mars 2020 d'urgence pour faire face à l'épidémie de covid-19. – V. App., v° *État d'urgence sanitaire*, **p. 2858.**
2020	27 mars	Ordonnance n° 2020-341. Adaptation des règles relatives aux difficultés des entreprises et des exploitations agricoles à l'urgence sanitaire et modifiant certaines dispositions de procédure pénale. – V. Ord. n° 2020-303 du 25 mars 2020, art. 18, V. App. v° *État d'urgence sanitaire*, **p. 2858.**
2020	28 mars	Décret n° 2020-357. Forfaitisation de la contravention de la 5e classe réprimant la violation des mesures édictées en cas de menace sanitaire grave et de déclaration de l'état d'urgence sanitaire. – C. pr. pén., art. R. 48-1, R. 49, R. 49-3, R. 49-7, R. 251.
2020	17 avr.	Arrêté. Modalités de contestation dématérialisées des amendes forfaitaires délictuelles prévues à l'artcile 495-20 du code de procédure pénale. – V. C. pr. pén., art. A. 36-14 à A. 36-16, A. 37-20-3, A. 38-4.
2020	28 avr.	Décret n° 2020-486. Mise en œuvre du système d'information sur les armes et portant diverses dispositions relatives aux armes. – V. C. pr. pén., art. R. 79, R. 251.
2020	6 mai	Arrêté. Adaptation des dispositions du code de procédure pénale relatives aux modalités d'organisation de l'examen technique d'aptitude à la qualification d'officier de police judiciaire de la police nationale pendant la crise sanitaire liée au covid-19. – V. C. pr. pén., art. A. 15, A. 21.

2020	11 mai	Loi n° 2020-546. Prorogation de l'état d'urgence sanitaire et complément à ses dispositions. : – Art. 1er. – V. App., v° *État d'urgence sanitaire*, **p. 2867.** – V. Ord. n° 2020-303 du 25 mars 2020, art. 2, 4, 16-1, 18-1, App., v° *État d'urgence sanitaire*, **p. 2858.**
2020	13 mai	Ordonnance n° 2020-557. Modification de l'ordonnance n° 2020-303 du 25 mars 2020 portant adaptation de règles de procédure pénale sur le fondement de la loi n° 2020-290 du 23 mars 2020 d'urgence pour faire face à l'épidémie de covid-19. – V. Ord. n° 2020-303 du 25 mars 2020, art. 2, 4, 28-1, App. v° *État d'urgence sanitaire*, **p. 2858.**
2020	18 mai	Décret n° 2020-605. Diverses dispositions en matière de sécurité routière. – V. C. pr. pén., art. R. 15-33-53-1.
2020	18 mai	Arrêté. Nombre des jurés figurant sur la liste annuelle ou sur la liste des jurés suppléants de la cour d'assises de l'Aude. – V. C. pr. pén., art. A. 36-12, A. 36-13.
2020	17 juin	Loi n° 2020-734. Diverses dispositions liées à la crise sanitaire, à d'autres mesures urgentes ainsi qu'au retrait du Royaume-Uni de l'Union européenne : – Art. 32. – V. L. n° 2019-222 du 23 mars 2019, art. 63, ss. C. pr. pén., Première partie, Livre II, Titre 1er, **p. 689.** – Art. 32 et 33. – V. App. v° *État d'urgence sanitaire*, **p. 2854.**
2020	23 juin	Décret n° 2020-767. Création d'un traitement automatisé de données à caractère personnel dénommé « dossier pénal numérique ». – V. C. pr. pén., art. R. 249-9 à R. 249-16, R. 251.
2020	24 juin	Loi n° 2020-766. Lutte contre les contenus haineux sur internet. – V. C. pr. pén., art. 15-3-3.
2020	26 juin	Arrêté. Plaintes par voie électronique. – V. C. pr. pén., art. A. 1er-1, A. 1er-2.
2020	29 juin	Décret n° 2020-797. Mise à la disposition du public des décisions des juridictions judiciaires et administratives. – V. C. pr. pén., art. R. 156, R. 166 à R. 172.
2020	29 juin	Décret n° 2020-816. Modification du code de procédure pénale (troisième partie : décrets). – V. C. pr. pén., art. D. 187, D. 277, D. 393, D. 445.
2020	2 juill.	Loi n° 2020-833. Droit des victimes de présenter une demande d'indemnité au Fonds de garantie des victimes des actes de terrorisme et d'autres infractions. – V. C. pr. pén., art. 706-5.
2020	2 juill.	Arrêté. Extension de l'expérimentation de la cour criminelle à six départements. – V. ss. C. pr. pén., Première partie, Livre II, Titre Ier, **p. 692.**
2020	3 juill.	Décret n° 2020-841. Modification des articles 1136-3 du code de procédure civile et R. 93 du code de procédure pénale. – V. C. pr. pén., art. R. 93, R. 251, R. 310.

2020	9 juill.	Loi n° 2020-856. Organisation de la sortie de l'état d'urgence sanitaire. – Art. 1er, 2. – V. App., v° *État d'urgence sanitaire*, **p. 2854.**
2020	30 juill.	Loi n° 2020-936. Protection des victimes de violences conjugales. – V. C. pr. pén., art. 10-2, 10-5-1, 41-1, 56, 138, 230-19, 706-53-2, 804.
2020	31 juill.	Décret n° 2020-958. Habilitation des personnes auxquelles peuvent être confiées certaines fonctions dans les établissements pénitentiaires et modifiant le code de procédure pénale : – V. Décr. n° 87-604 du 31 juill. 1987, art. 1er, 2, 5, 6 à 8, ss. C. pr. pén., art. 728. – V. C. pr. pén., art. R. 57-7-84-9, R. 57-7-84-10, R. 57-9-8, R. 251.
2020	5 août	Arrêté. Modification du code de procédure pénale (quatrième partie : Arrêtés) et services pénitentiaires d'insertion et de probation. – V. C. pr. pén., art. A. 44.
2020	5 août	Arrêté. Modification du code de procédure pénale (quatrième partie : Arrêtés) et services pénitentiaires d'insertion et de probation. – V. C. pr. pén., art. A. 44.
2020	16 sept.	Ordonnance n° 2020-1144. Harmonisation et simplification des polices des immeubles, locaux et installations. – V. C. pr. pén., art. 398-1.
2020	17 sept.	Mettant fin à l'état d'urgence sanitaire. – V. Ord. n° 2020-303 du 25 mars 2020, art. 2. – V. App. v° *État d'urgence sanitaire*, **p. 2858.**
2020	23 sept.	Décret n° 2020-1161. Mise en œuvre d'un dispositif électronique mobile anti-rapprochement. – V. C. pr. pén., art. R. 24-14 à R. 24-24, R. 60-1, R. 61-43 à R. 61-53, R. 251.
2020	19 oct.	Décret n° 2020-1276. Dispositifs de descente à la demande et modification de diverses dispositions du code des transports en matière de sûreté dans les transports. – V. C. pr. pén., art. R. 48-1.
2020	28 oct.	Ordonnance n° 2020-1304. Diverses mesures institutionnelles relatives à la création de la Collectivité européenne d'Alsace. – V. C. pr. pén., art. 232.
2020	14 nov.	Loi n° 2020-1379. Autorisation de la prorogation de l'état d'urgence sanitaire et diverses mesures de gestion de la crise sanitaire. – Art. 10, 12, 17. – V. App., v° *État d'urgence sanitaire*, **p. 2870.**
2020	18 nov.	Ordonnance n° 2020-1401. Adaptation des règles applicables aux juridictions de l'ordre judiciaire statuant en matière pénale : – Art. 10. – V. L. n° 2020-734 du 17 juin 2020, art. 32, App., v° *État d'urgence sanitaire*, **p. 2867.** – V. App., v° *État d'urgence sanitaire*, **p. 2871.**
2020	24 nov.	Décret n° 2020-1444. Application de l'article 15-3-3 du code de procédure pénale. – V. C. pr. pén., art. D. 8-2-10.
2020	27 nov.	Décret n° 2020-1452. Diverses dispositions relatives notamment à la procédure civile et à la procédure d'indemnisation des victimes d'actes de terrorisme et d'autres infractions. – V. C. pr. pén., art. R. 50-12-2, R. 50-17, R. 50-20.

2020	27 nov.	Décret n° 2020-1460. Application de l'article 112 de la loi n° 2019-1461 du 27 décembre 2019 relative à l'engagement dans la vie locale et à la proximité de l'action publique et relatif à l'inscription sur les listes électorales et au vote par correspondance des personnes détenues. – V. C. pr. pén., art. R. 57-7-95 à R. 57-7-97.
2020	30 nov.	Décret n° 2020-1494. Défauts de paiement du péage des autoroutes et ouvrages d'art concédés du réseau routier national. – V. C. pr. pén., art. R. 49-8-4-1.
2020	9 déc.	Décret n° 2020-1545. Organisation et missions des directions régionales de l'économie, de l'emploi, du travail et des solidarités, des directions départementales de l'emploi, du travail et des solidarités et des directions départementales de l'emploi, du travail, des solidarités et de la protection des populations. – V. C. pr. pén., art. R. 53-8-24.
2020	11 déc.	Décret n° 2020-1573. Diverses dispositions d'adaptation et de simplification dans le domaine de la prévention et de la gestion des déchets. – V. C. pr. pén., art. R. 15-33-29-3, R. 48-1.
2020	14 déc.	Loi n° 2020-1576. Financement de la sécurité sociale pour 2021. – V. CSP, art. L. 3211-12 à L. 3211-12-2, L. 3211-12-4, ss. C. pr. pén., art. 706-135.
2020	16 déc.	Ordonnance n° 2020-1733. Partie législative du code de l'entrée et du séjour des étrangers et du droit d'asile : – V. C. pr. pén., art. 706-16, 706-73, 719, 804. – V. CSI, art. L. 222-1, ss. C. pr. pén., art. 706-16.
2020	16 déc.	Décret n° 2020-1734. Partie réglementaire du code de l'entrée et du séjour des étrangers et du droit d'asile. – V. C. pr. pén., art. R. 61-12-1, R. 61-14, R. 93, R. 310, D. 594-16.
2020	21 déc.	Décret n° 2020-1640. Renforcement de l'efficacité des procédures pénales et des droits de victimes. – V. C. pr. pén., art. D. 1er-1-1-10, D. 1er-3, D. 1er-10-1, D. 1er-10-2, D. 1er-11, D. 15-3, D. 15-3-1, D. 15-4, D. 15-6-2, D. 45-2-10, D. 77, D. 142, D. 158, D. 403.
2020	21 déc.	Décret n° 2020-1774. Modification du code de la sécurité intérieure et diverses dispositions relatives aux jeux d'argent et de hasard. – V. CJM, art. D. 211-7.
2020	24 déc.	Loi n° 2020-1672. Parquet européen, justice environnementale et justice pénale spécialisée : – V. C. pr. pén., art. 18, 28, 28-3, 41-1-2, 41-1-3, 43-1, 56, 74-2, 77-1, 77-1-1, 180-2, 180-3, 335, 362, 393, 398-1, 506, 510, 512, 627-1 à 627-3, 628-1, 628-7, 694-20, 696-108 à 696-137, 705, 706-2, 706-2-2, 706-2-3, 706-14-2,706-19 à 706-22, 706-25-2, 706-25-2-1, 706-25-12, 706-25-15, 706-47, 706-53-4, 706-53-10, 706-71, 706-76, 706-95-13, 706-95-15, 706-107, 706-111-1, 706-112-1, 711, 712-6, 712-16-3, 775, 800-1, 802-3, 804, 883-2. – V. L. n° 95-1 du 2 janv. 1995, art. 7, 17, App. v° *Crimes de guerre et contre l'humanité*, **p. 2569**. – V. COJ, art. L. 211-19, L. 212-6-1, L. 213-13, L. 312-8. – V. CJM, art. L. 222-65.

2020	24 déc.	Arrêté. Modification de l'article A. 43-7 du code de procédure pénale. – V. C. pr. pén., art. A. 43-7.
2020	28 déc.	Décret n° 2020-1717. Application de la loi n° 91-647 du 10 juillet 1991 relative à l'aide juridique et relatif à l'aide juridictionnelle et à l'aide à l'intervention de l'avocat dans les procédures non juridictionnelles. – V. C. pr. pén., art. R. 53-8-67.
2020	29 déc.	Loi n° 2020-1721. De finances pour 2021 : – V. C. pr. pén., art. 41-5, 99-2, 61-1, 706-160, 800, 804. – V. L. n° 91-647 du 10 juill. 1991, art. 11-2, 11-3, 44, 64-3, App., v° *Aide juridique*, **p. 2428.**
2020	30 déc.	Décret n° 2020-1776. Organisation des services territoriaux de police judiciaire de la police nationale. – V. C. pr. pén., art. R. 15-19.
2020	30 déc.	Décret n° 2020-1777. Mise en œuvre de la création du service national de police scientifique : – V. C. pr. pén., art. R. 15-18, R. 251. – V. Décr. n° 87-249 du 8 avr. 1987, art. 2, 6, 9-3, ss. C. pr. pén., art. 78-5.
2020	30 déc.	Décret n° 2020-1781. Diverses dispositions relatives à l'organisation des services territoriaux de police judiciaire de la police nationale. – V. C. pr. pén., art. D. 15-1-5, D. 15-1-5-1, D. 15-1-6.
2020	30 déc.	Décret n° 2020-1792. Communication électronique pénale. – V. C. pr. pén., art. D. 591 nouv., D. 592.
2020	30 déc.	Arrêté. Diverses dispositions relatives à l'organisation des services territoriaux de police judiciaire de la police nationale : – V. Arr. du 21 oct. 2015, art. 1er, ss. C. pr. pén., art. 230-46. – V. C. pr. pén., art. A. 34.
2021	15 janv.	Conseil constitutionnel, décision n° 2020-872 QPC. – V. Ord. n° 2020-303 du 25 mars 2020, art. 5, App., v° *État d'urgence sanitaire*, **p. 2859.**
2021	15 janv.	Conseil constitutionnel, décision n° 2020-873 QPC. – V. C. pr. pén., art. 706-113.
2021	29 janv.	Conseil constitutionnel, décision n° 2020-878/879 QPC. – V. Ord. n° 2020-303 du 25 mars 2020, art. 16, App. v° *État d'urgence sanitaire*, **p. 2862.**
2021	10 févr.	Décret n° 2021-143. Compétences des agents de contrôle de l'inspection du travail. – V. C. pr. pén., art. D. 433-8.
2021	15 févr.	Loi n° 2021-160. Prorogation de l'état d'urgence sanitaire : – V. L. n° 2020-290 du 23 mars 2020, art. 7, App. v° *État d'urgence sanitaire*, **p. 2854.** – V. L. n° 2020-1379 du 14 nov. 2020, art. 1er, App. v° *État d'urgence sanitaire*, **p. 2870.**
2021	17 févr.	Décret n° 2021-172. Modification de la contravention réprimant la violation par l'exploitant d'un établissement recevant du public des mesures édictées sur le fondement du 5° du I de l'article L. 3131-15 du code de la santé publique. – V. C. pr. pén., art. R. 48-1.

2021	26 févr.	Loi n° 2021-218. Ratifiant l'ordonnance n° 2019-950 du 11 septembre 2019 portant partie législative du code de la justice pénale des mineurs. : – V. C. pr. pén., art. 41-2, 230-19, 706-25, 706-25-4, 706-53-2, 719, 768, 769, 770 nouv., 775. – V. COJ, art. L. 312-6, App., v° *Mineurs délinquants*, **p. 3067.** – V. CJPM, ss. Ord. n° 2019-950 du 11 sept. 2019, art. préliminaire, L. 11-1, L. 12-1, L. 12-4, L. 13-1, L. 111-1, L. 111-3, L. 112-2, L. 112-3, L. 112-10, L. 112-14, L. 112-15, L. 113-2, L. 113-7, L. 121-1, L. 121-2, L. 122-1, L. 122-2, L. 122-3, L. 122-6, L. 123-2, L. 124-1, L. 221-1, L. 231-1, L. 231-8, L. 231-9, L. 231-6, L. 311-5, L. 322-8, L. 322-9, L. 322-10, L. 323-1, L. 323-2, L. 331-4, L. 331-5, L. 331-7, L. 333-1, L. 334-3, L. 422-1, L. 422-2, L. 422-4, L. 423-3, L. 423-6, L. 423-8, L. 423-9, L. 423-10, L. 423-11, L. 423-12, L. 423-13, L. 431-2, L. 432-2, L. 433-3, L. 435-1, L. 435-2, L. 511-2, L. 512-3, L. 513-4, L. 521-9, L. 521-10, L. 521-16, L. 521-18, L. 521-19, L. 521-21, L. 521-22, L. 521-23, L. 531-3, L. 611-1, L. 611-7, L. 612-2, L. 621-1, L. 621-2, L. 631-3, L. 631-4, L. 632-3, L. 632-5, L. 711-3, L. 721-5, L. 722-3, L. 721-1, L. 722-1, L. 723-1, L. 721-2, L. 722-2, L. 723-2, L. 721-4.
2021	11 mars	Arrêté. Modèles de procès-verbal de contravention et de l'avis de paiement établis par l'agent assermenté d'un exploitant d'autoroute ou d'ouvrages routiers ouverts à la circulation publique et soumis à péage. – V. C. pr. pén., art. A. 37-30, A. 37-32, A. 37-33.
2021	16 mars	Décret n° 2021-286. Désignation des pôles régionaux spécialisés en matière d'atteintes à l'environnement en application des articles 706-2-3 du code de procédure pénale et L. 211-20 du code de l'organisation judiciaire et adaptation du code de procédure pénale à la création d'assistants spécialisés en matière environnementale. – V. C. pr. pén., art. D. 47-5-1, D. 47-6.
2021	31 mars	Décret n° 2021-359. Travail adapté en milieu pénitentiaire. – V. C. pr. pén., art. R. 57-9-2.
2021	31 mars	Décret n° 2021-362. Travail adapté en milieu pénitentiaire. – V. C. pr. pén., art. D. 90, D. 434-4, D. 433-1, D. 433-2, D. 433-5.
2021	31 mars	Décret n° 2021-364. Modalités de remise des certificats médicaux aux victimes de violences. – V. C. pr. pén., art. D. 1er-12.
2021	31 mars	Décret n° 2021-374. Modification des articles D. 571-4, D. 571-5 et D. 571-7 du code de procédure pénale. – V. C. pr. pén., art. D. 571-4, D. 571-5, D. 571-7.
2021	8 avr.	Loi n° 2021-401. Amélioration de l'efficacité de la justice de proximité et de la réponse pénale. : – V. C. pr. pén., art. 41-1, 41-2, 230-19, 380-11, 529-2-1, 567-2, 587, 588, 619, 706-160, 804. – V. CJPM, art. L. 422-4, App., v° *Mineurs délinquants*.
2021	8 avr.	Loi n° 2021-403. Garantie du droit au respect de la dignité en détention. – V. C. pr. pén., art. 144-1, 707, 803-8, 804.

2021	9 avr.	Conseil constitutionnel, décision n° 2021-894 QPC. – V. Ord. n° 45-174 du 2 févr. 1945, art. 12, App., v° *Mineurs délinquants*.
2021	14 avr.	Ordonnance n° 2021-443. Régime de responsabilité pénale applicable en cas de circulation d'un véhicule à délégation de conduite et à ses conditions d'utilisation. – V. C. pr. pén., art. 529-10.
2021	21 avr.	Loi n° 2021-478. Protection des mineurs des crimes et délits sexuels et de l'inceste. – V. C. pr. pén., art. 7, 8, 9-2, 356, 706-47, 706-53-2.
2021	21 avr.	Décret n° 2021-481. Préfet délégué à l'immigration auprès du préfet de police et à l'organisation de la police aux frontières dans les départements de l'Essonne, de la Seine-et-Marne, du Val-d'Oise et des Yvelines ainsi que sur les emprises des aéroports de Paris-Charles-de-Gaulle, du Bourget et de Paris-Orly. – V. C. pr. pén., art. R. 15-19.
2021	29 avr.	Décret n° 2021-524. Régime indemnitaire des délégués et médiateurs du procureur de la République. – V. C. pr. pén., art. R. 121, R. 121-2, R. 121-4, R. 122-1, R. 122-2.
2021	29 avr.	Arrêté. Régime indemnitaire des délégués et des médiateurs du procureur de la République. – V. C. pr. pén., art. A. 43-4, A. 43-5, A. 43-5-1.
2021	5 mai	Arrêté. Entrée en vigueur de nouvelles modalités de communication électronique pénale. – V. C. pr. pén., art. D. 591.
2021	7 mai	Conseil constitutionnel, décision n° 2021-905 QPC. – V. C. pr. pén., art. 728-15, 728-22.
2021	12 mai	Ordonnance n° 2021-583. Modification du régime des autorisations d'activités de soins et des équipements matériels lourds. – V. CSP, art. L. 3211-2-1, ss. C. pr. pén., art. 706-135.
2021	25 mai	Loi n° 2021-646. Pour une sécurité globale préservant les libertés. – V. C. pr. pén., art. 21, 721-1-2, 721-1-3, 804.
2021	26 mai	Conseil constitutionnel, décision n° 2021-909 QPC. – V. C. pr. pén., art. 541.
2021	26 mai	Conseil constitutionnel, décision n° 2021-910 QPC. – V. C. pr. pén., art. 543.
2021	26 mai	Décret n° 2021-665. Certaines commissions administratives à caractère consultatif relevant du ministère de la justice et du ministère de l'enseignement supérieur, de la recherche et de l'innovation. – V. C. pr. pén., art. D. 348-2 à D. 348-4.
2021	26 mai	Décret n° 2021-666. Informations figurant dans le dossier individuel des personnes détenues. – V. C. pr. pén., art. D. 155.
2021	27 mai	Décret n° 2021-682. Partie réglementaire du code de la justice pénale des mineurs (articles en R). – V. C. pr. pén., art. R. 40-27, R. 50-38, R. 53-8-9, R. 53-8-21, R. 57-4-12 à R. 57-4-14, R. 57-7-14, R. 57-7-16 à R. 57-7-18, R. 57-7-23, R. 57-7-25, R. 57-7-29, R. 57-7-35 à R. 57-7-37, R. 57-7-40, R. 57-7-42, R. 57-7-45, R. 57-7-48, R. 57-7-49, R. 57-7-52, R. 57-7-53, R. 57-7-55, R. 57-7-56,

		R. 57-7-58, R. 57-7-59, R. 57-9-9, R. 57-9-11, R. 57-9-13, R. 57-9-14, R. 57-9-16, R. 60, R. 61, R. 70, R. 216, R. 249-13, R. 251, R. 288-1, R. 288-3, R. 289.
2021	27 mai	Décret n° 2021-683. Partie réglementaire du code de la justice pénale des mineurs (articles en D) : – V. C. pr. pén., art. D. 15-4-8, D. 15-6, D. 15-6-1, D. 31, D. 32-26 à D. 32-28, D. 45-2-8, D. 48-5-3, D. 48-5-4, D. 49-45 à D. 49-63, D. 49-88, D. 49-89, D. 53, D. 55, D. 75, D. 76, D. 146, D. 147, D. 149-2, D. 177, D. 270, D. 313, D. 362, D. 514, D. 514-1, D. 516, D. 519, D. 546-7, D. 594-17 à D. 594-20, D. 601.
2021	27 mai	Arrêté. Justice pénale des mineurs. – V. C. pr. pén., art. A. 43-2, A. 43-3, A. 43-8 nouv., A. 57-1, A. 58-1.
2021	28 mai	Décret n° 2021-684. Régime des décisions prises en matière de santé, de prise en charge ou d'accompagnement social ou médico-social à l'égard des personnes majeures faisant l'objet d'une mesure de protection juridique. – V. CSP, art. R. 3711-12, ss. C. pr. pén., art. 763-9.
2021	31 mai	Loi n° 2021-689. Gestion de la sortie de crise sanitaire. : – V. Ord. n° 2020-1401 du 18 nov. 2020, art. 2, 3, 11, App., v° *État d'urgence sanitaire*, **p. 2871.**
2021	31 mai	Décret n° 2021-694. Parquet européen. – V. C. pr. pén., art. D. 47-1-30 à D. 47-1-45.
2021	4 juin	Conseil constitutionnel, décision n° 2021-911/919 QPC. – V. Ord. n° 2020-1401 du 18 nov. 2020, art. 2, App., v° *État d'urgence sanitaire*, **p. 2871.**
2021	16 juin	Décret n° 2021-776. Accès aux installations de service reliées au réseau ferroviaire et aux services et prestations fournis par les exploitants d'installations de service et portant diverses dispositions en matière de transport ferroviaire. – V. C. pr. pén., art. R. 79.
2021	18 juin	Conseil constitutionnel, décision n° 2021-920. – V. C. pr. pén., art. 148-2.
2021	21 juin	Arrêté. Modification du code de procédure pénale (quatrième partie : arrêtés) et établissements pénitentiaires affectés à l'exécution des peines et aux services pénitentiaires d'insertion et de probation. – V. C. pr. pén., art. A. 39-1, A. 44.
2021	25 juin	Décret n° 2021-816. Modification du décret n° 2005-455 du 12 mai 2005 portant création d'un Office central de lutte contre le travail illégal. – V. C. pr. pén., art. D. 8-1.
2021	29 juin	Décret n° 2021-873. Application de l'ordonnance n° 2021-443 du 14 avril 2021 relative au régime de responsabilité pénale applicable en cas de circulation d'un véhicule à délégation de conduite et à ses conditions d'utilisation. – V. C. pr. pén., art. R. 49-16-1.
2021	30 juin	Décret n° 2021-862. Conséquences du changement d'appellation de l'armée de l'air et modifiant l'appellation de l'École de l'air. – V. C. pr. pén., art. R. 127, D. 535.

2021	19 juill.	Ordonnance n° 2021-958. Transposition de la directive (UE) 2019/1153 du Parlement européen et du Conseil du 20 juin 2019 fixant les règles facilitant l'utilisation d'informations financières et d'une autre nature aux fins de la prévention ou de la détection de certaines infractions pénales, ou des enquêtes ou des poursuites en la matière. – V. C. pr. pén., art. 695-9-47-1, 804.
2021	21 juill.	Conseil constitutionnel, décision n° 2021-925 QPC. – V. C. pr. pén., art. 710.
2021	23 juill.	Arrêté. Application de l'article 802-3 du code de procédure pénale. – V. C. pr. pén., art. A. 53-10.
2021	30 juill.	Loi n° 2021-998. Prévention d'actes de terrorisme et renseignement. – V. C. pr. pén., art. 706-25-16 à 706-25-22, 706-105-1, 804.
2021	4 août	Décret n° 2021-1033. Limitation et contrôle de la commercialisation et de l'utilisation de précurseurs d'explosifs. – V. C. pr. pén., art. R. 48-1.
2021	4 août	Décret n° 2021-1045. Adaptation et simplification de la procédure applicable à la convention judiciaire d'intérêt public et affectation des assistants spécialisés. – V. C. pr. pén., art. R. 15-33-60-2, R. 15-33-60-3, R. 15-33-60-6, R. 15-33-60-7, R. 50 *quinquies*.
2021	5 août	Loi n° 2021-1040. Gestion de la crise sanitaire. – V. C. pr. pén., art. 398-1.
2021	5 août	Décret n° 2021-1042. Publication du Protocole n° 15 portant amendement à la convention de sauvegarde des droits de l'homme et des libertés fondamentales, signé à Strasbourg le 24 juin 2013 : – V. Protocole n° 15 portant amendement à la convention de sauvegarde des droits de l'homme et des libertés fondamentales, App., v° *Droits de l'homme*, **p. 2792.** – V. Convention de sauvegarde des droits de l'homme et des libertés fondamnentales, préambule, art. 21, 23, 30, 35, App., v° *Droits de l'homme*, **p. 2759.**
2021	18 août	Décret n° 2021-1093. Procédure de l'amende forfaitaire délictuelle. – V. C. pr. pén., art. D. 45-4, D. 45-16.
2021	22 août	Loi n° 2021-1104. Lutte contre le dérèglement climatique et renforcement de la résilience face à ses effets – V. C. pr. pén., art. 41-1-3, 398-1.
2021	23 août	Décret n° 2021-1112. Transposition de la directive (UE) 2019/1153 du Parlement européen et du Conseil du 20 juin 2019 fixant les règles facilitant l'utilisation d'informations financières et d'une autre nature aux fins de la prévention ou de la détection de certaines infractions pénales, ou des enquêtes ou des poursuites en la matière. – V. C. pr. pén., art. R. 49-40 à R. 49-42, R. 251.
2021	24 août	Loi n° 2021-1109. Respect des principes de la République. – V. C. pr. pén., art. 2-25, 397-6, 706-25-4, 706-25-6, 706-25-7, 804.
2021	30 août	Décret n° 2021-1130. Application des dispositions de la loi n° 2020-1672 du 24 décembre 2020 relative au Parquet européen, à la

		justice environnementale et à la justice pénale spécialisée et diverses modifications du code de procédure pénale. – V. C. pr. pén., art. D. 12, D. 14-1 à D. 15, D. 43-1, D. 43-1-1, D. 43-2-1, D. 43-6, D. 45-2-1, D. 404, D. 590-1 à D. 592, D. 602.
2021	31 août	Arrêté. Comptables de la direction générale des finances publiques chargés du recouvrement des amendes et condamnations pécuniaires. – V. C. pr. pén., art. A. 38-3 à A. 38-5-1.
2021	6 sept.	Arrêté. Modification des dispositions du code de procédure pénale relatives aux modalités d'organisation de l'examen technique d'aptitude à la qualification d'officier de police judiciaire de la police nationale. – V. C. pr. pén., art. A. 14, A. 15, A. 18 à A. 21.
2021	7 sept.	Arrêté. Modification de l'article A. 43-6 du code de procédure pénale. – V. C. pr. pén., art. A. 43-6.
2021	7 sept.	Arrêté. Modification de l'article A. 43-6-1 du code de procédure pénale. – V. C. pr. pén., art. A. 43-6-1.
2021	13 sept.	Décret n° 2021-1182. Création d'un traitement automatisé de données à caractère personnel dénommé « système d'information interministériel des victimes d'attentats et de catastrophes » (SIVAC) et modifiant le code de procédure pénale. – V. C. pr. pén., art. R. 2-15 à R. 2-15-5, R. 250-1, R. 250-2, R. 430.
2021	15 sept.	Décret n° 2021-1194. Recours prévu à l'article 803-8 du code de procédure pénale et visant à garantir le droit au respect de la dignité en détention : – V. C. pr. pén., art. R. 249-17 à R. 249-41, R. 251, D. 152, D. 153. – V. CJPM, art. D. 124-41, D. 721-1, D. 722-1, D. 723-1, App., v° *Mineurs délinquants*, **p. 3037**.
2021	22 sept.	Décret n° 2021-1217. Application de l'article 706-95-17 du code de procédure pénale et modification de l'article D. 15-1-5 du même code. – V. C. pr. pén., art. D. 15-1-5.
2021	23 sept.	Décret n° 2021-1221. Mesures d'harmonisation des procédures de recouvrement forcé des créances publiques et compétences territoriales des huissiers des finances publiques. – V. Décr. n° 64-1333 du 22 déc. 1964, ss. C. pr. pén., art. 707-1.
2021	30 sept.	Conseil constitutionnel, décision n° 2021-934 QPC. – V. C. pr. pén., art. 394.
2021	30 sept.	Conseil constitutionnel, décision n° 2021-935 QPC. – V. C. pr. pén., art. 145.
2021	7 oct.	Décret n° 2021-1305. Modification de la liste des pôles régionaux spécialisés en matière d'atteintes à l'environnement fixée aux articles D. 47-5-1 du code de procédure pénale et D. 211-10-4-1 du code de l'organisation judiciaire. – V. C. pr. pén., art. D. 47-5-1.
2021	8 oct.	Décret n° 2021-1313. Modification du décret n° 2011-980 du 23 août 2011 relatif à l'armement des personnels de l'administration

		pénitentiaire et des dispositions règlementaires du code de procédure pénale relatives à l'usage de la force et des armes à feu par ces personnels. – V. C. pr. pén., art. R. 57-7-83, R. 57-7-84, D. 218, D. 267.
2021	8 oct.	Décret n° 2021-1314. Création d'un traitement automatisé de données à caractère personnel dénommé « Recensement des affaires terroristes » (RECAT), art. 1er à 8. – V. ss. C. pr. pén., art. 706-16.
2021	8 oct.	Arrêté. Modification de l'arrêté du 22 mars 2012 relatif aux contrôles de titres et aux contrôles d'identité effectués dans les ports, aéroports et gares ferroviaires et routières ouverts à la circulation internationale et dans les trains assurant une liaison internationale. – V. Arr. du 22 mars 2012, ss. C. pr. pén., art. 78-2.
2021	11 oct.	Loi n° 2021-1317. Réélection des juges consulaires dans les tribunaux de commerce. – V. C. pr. pén., art. 776.
2021	14 oct.	Décret n° 2021-1339. Modification du code de procédure pénale (partie réglementaire) et unités de la gendarmerie nationale au sein desquelles les officiers et agents de police judiciaire exercent leurs fonctions habituelles. – V. C. pr. pén., art. R. 15-22 à R. 15-25, R. 15-33.
2021	20 oct.	Décret n° 2021-1361. Catégories de données conservées par les opérateurs de communications électroniques, en application de l'article L. 34-1 du code des postes et des communications électroniques. – V. C. pr. pén., art. R. 92, R. 213-1.
2021	20 oct.	Décret n° 2021-1362. Conservation des données permettant d'identifier toute personne ayant contribué à la création d'un contenu mis en ligne, en application du II de l'article 6 de la loi n° 2004-575 du 21 juin 2004 pour la confiance dans l'économie numérique. – V. C. pr. pén., art. R. 40-46.
2021	21 oct.	Arrêté. Caractéristiques techniques de la communication par voie électronique via le « Portail du justiciable ». – V. ss. C. pr. pén., art. 803-1.
2021	29 oct.	Décret n° 2021-1402. Modification du code de procédure pénale et relatif au fichier national automatisé des empreintes génétiques et au service central de préservation des prélèvements biologiques. – V. C. pr. pén., art. R. 53-9 à R. 53-21.
2021	4 nov.	Arrêté. Modification du code de procédure pénale (quatrième partie : arrêtés) et relatif aux établissements pénitentiaires et services pénitentiaires d'insertion et de probation. – V. C. pr. pén., art. A. 39-1, A. 44.
2021	9 nov.	Décret n° 2021-1463. Maisons d'arrêt auprès des cours d'assises et rattachées à certains tribunaux judiciaires. – V. C. pr. pén., art. D. 54.
2021	9 nov.	Décret n° 2021-1469. Modifications des dispositions du code de procédure pénale relatives à la plate-forme nationale des interceptions judiciaires. – V. C. pr. pén., art. R. 40-42 à R. 40-47, R. 40-49 à R. 40-51, R. 40-53, R. 40-55, R. 40-56.

2021	18 nov.	Décret n° 2021-1501. Application de l'article 112 de la loi n° 2019-1461 du 27 décembre 2019 relative à l'engagement dans la vie locale et à la proximité de l'action publique et relatif à l'inscription sur les listes électorales et au vote par correspondance des personnes détenues dans les îles Wallis-et-Futuna, en Polynésie française et en Nouvelle-Calédonie. — V. C. pr. pén., art. R. 57-7-95, R. 252.
2021	23 nov.	Décret n° 2021-1516. Renforcement de l'effectivité des droits des personnes victimes d'infractions commises au sein du couple ou de la famille. — V. C. pr. pén., art. D. 1er-1-1, D. 1er-11-1, D. 1er-12, D. 1er-12-1, D. 1er-12-2, D. 1er-12-13, D. 45-1-1, D. 45-2, D. 47-6-15, D. 47-11-3.
2021	25 nov.	Loi n° 2021-1520. Consolidation de notre modèle de sécurité civile et valoriser le volontariat des sapeurs-pompiers et les sapeurs-pompiers professionnels. — V. C. pr. pén., art. 2-7.
2021	29 nov.	Arrêté. Modification de l'article A. 43-5 du code de procédure pénale. — V. C. pr. pén., art. 43-5.
2021	30 nov.	Loi n° 2021-1539. Lutte contre la maltraitance animale et confort du lien entre les animaux et les hommes. — V. C. pr. pén., art. 99-1, 230-19, 706-47.
2021	3 déc.	Conseil constitutionnel, décision n° 2021-952 QPC. — V. C. pr. pén., art. 77-1-1, 77-1-2.
2021	7 déc.	Décret n° 2021-1593. Délivrance du bulletin n° 3 du casier judiciaire. — V. C. pr. pén., art. R. 82, R. 84, R. 251, R. 306.
2021	21 déc.	Décret n° 2021-1738. Modification du décret n° 2013-987 du 5 novembre 2013 portant création d'un office central de lutte contre les crimes contre l'humanité, les génocides et les crimes de guerre. — V. C. pr. pén., art. D. 8-1.
2021	22 déc.	Loi n° 2021-1729. Pour la confiance dans l'institution judiciaire : — V. C. pr. pén., art. préliminaire, 6-1, 10-2, 10-4, 11, 41, 41-1, 41-2, 52-1, 56-1 à 56-1-2, 60-1-1, 75-3, 77-1-1, 77-2, 77-3, 80, 99-3, 100, 100-5, 114-1, 118, 137-3, 142-6, 145, 148-2, 180-1, 181 à 181-2, 186, 186-3, 198, 199, 214, 216, 231, 234-1, 249, 269-1, 276-1, 304-1, 305-1, 327, 359, 362, 366, 367, 375, 380-16 à 380-22, 394, 396, 397-2, 397-7, 475-1, 495-15, 523, 541, 543, 618-1, 656-1, 656-2, 695-4 à 695-8-2, 695-8-5, 695-9, 695-9-30-1, 695-9-30-2, 695-9-46, 695-22 à 695-24, 695-42, 695-46, 696-22, 696-25, 696-35, 696-111, 696-114, 698-6, 704, 706-54, 706-56, 706-75-1, 706-95, 706-106-1 à 706-106-5, 706-112-3, 706-113, 710, 710-1, 712-4-1, 712-19, 713-35-1, 713-35-2, 713-43, 714, 717-1, 718, 719, 719-2 à 719-17, 720 nouv., 721 nouv., 721-1, 721-1-1 nouv. à 721-1-3, 721-2, 721-4, 723-29, 728-1, 728-15, 728-22, 728-22-1, 729, 729-1, 800-2, 803-1, 803-8, 804, 844-2, 868-5, 888, 888-1, 923. — V. L. n° 2019-222 du 23 mars 2019, art. 63, ss. C. pr. pén., Livre II, Titre 1er. — V. C. patr., art. L. 221-2, ss. C. pr. pén., art. 308.

2021	22 déc.	Ordonnance n° 2021-1843. Partie législative du code des impositions sur les biens et services et transposition de diverses normes du droit de l'Union européenne. – V. C. pr. fisc., art. L. 38, ss. C. pr. pén., art. 78.
2021	22 déc.	Décret n° 2021-1743. Procédures d'habilitation des structures d'accueil, d'inscription et d'affectation sur les postes de travail d'intérêt général et d'exécution des mesures de travail non rémunéré, et agrément des structures de placement extérieur. – V. C. pr. pén., art. R. 15-33-42, R. 15-33-49, R. 15-33-54, R. 15-33-55, R. 15-33-65, R.* 57-31 à R. 57-37.
2021	23 déc.	Décret n° 2021-1794. Modification du code de procédure pénale (troisième partie : décrets) et notamment peine de confiscation. – V. C. pr. pén., art. D. 45-2 *bis*, D. 45-2-1 *bis*, D. 45-27, D. 46-1-4, D. 47-14, D. 593-1.
2021	24 déc.	Décret n° 2021-1820. Mesures de surveillance applicables lors de leur libération aux auteurs d'infractions commises au sein du couple. – V. C. pr. pén., art. D. 1er-11-2, D. 32-25-1, D. 47-11-4, D. 49-41, D. 49-66, D. 49-86, D. 51, D. 77, D. 158.
2021	28 déc.	Décret n° 2021-1858. Diverses dispositions d'adaptation au droit de l'Union européenne dans le domaine de la protection contre les organismes nuisibles et de mise en œuvre du régime des contrôles en cette matière. – V. C. pr. pén., art. R. 48-1.
2021	29 déc.	Décret n° 2021-1888. Application de l'ordonnance n° 2021-1192 du 15 septembre 2021 portant réforme du droit des sûretés. – V. Décr. n° 64-1333 du 22 déc. 1964, art. 4, ss. C. pr. pén., art. 707-1.
2021	29 déc.	Arrêté. Organisation et diverses mesures relatives aux directions territoriales de la police nationale. – V. C. pr. pén., art. A. 35, A. 35-1.
2021	30 déc.	Loi n° 2021-1900. De finances pour 2022 : – V. C. pr. pén., art. 706-163. – V. CGI, art. 1018 A, ss. C. pr. pén., art. 800-1.
2022	7 janv.	Conseil constitutionnel, décision n° 2021-959 QPC. – V. C. pr. pén., art. 728-48, 728-52.
2022	7 janv.	Décret n° 2022-17. Expérimentation de la cour criminelle départementale. – V. ss. L. n° 2019-222 du 23 mars 2019, art. 63, ss. C. pr. pén., Livre II, Titre Ier.
2022	20 janv.	Décret n° 2022-67. Procédure applicable aux crimes sériels ou non élucidés. – V. C. pr. pén., art. D. 47-12-8, D. 47-12-9.
2022	22 janv.	Loi n° 2022-46. Renforcement des outils de gestion de la crise sanitaire et modification du code de la santé publique : – V. CSP, art. L. 3211-12, L. 3211-12-2, L. 3211-12-4, ss. C. pr. pén., art. 706-135. – V. L. n° 2020-734 du 17 juin 2020, art. 32, App., v° *État d'urgence sanitaire*, **p. 2867**.

2022	24 janv.	Loi n° 2022-52. Responsabilité pénale et sécurité intérieure : — V. C. pr. pén., art. 16-1 A, 20-1, 21, 55-1, 76-2, 154-1, 167, 186, 187, 194, 207, 230-47 à 230-53, 397-2-1, 398-1, 495-17, 570, 706-55, 706-56-2, 706-120, 706-122, 706-139-1, 706-139-2, 721-1-2. — V. CSP, art. L. 3211-12, L. 3211-12-2, L. 3211-12-4, ss. C. pr. pén., art. 706-135. — V. COJ, art. L. 251-3, App., v° *Mineurs délinquants*, **p. 3065.**
2022	26 janv.	Décret n° 2022-70. Diverses dispositions réglementaires relatives à la création des directions territoriales de la police nationale de la Guadeloupe, de la Martinique, de La Réunion et de la Polynésie française. — V. C. pr. pén., art. R. 15-20, R. 288-4.
2022	26 janv.	Décret n° 2022-73. Indemnité allouée aux experts entendus devant une cour d'assises, une cour d'assises des mineurs ou une cour criminelle départementale. — V. C. pr. pén., art. R. 112, R. 251, R. 318.
2022	31 janv.	Loi n° 2022-92. Interdictions des pratiques visant à modifier l'orientation sexuelle ou l'identité de genre d'une personne. — V. C. pr. pén., art. 2-6, 807.
2022	31 janv.	Décret n° 2022-95. Permis de communiquer délivré à l'avocat d'une personne détenue. — V. C. pr. pén., art. D. 32-1-2.
2022	17 févr.	Décret n° 2022-200. Intervention des associations agréées d'aide aux victimes dans la mise en œuvre de la peine de sanction réparation. — V. C. pr. pén., art. D. 1er-12-2.
2022	24 févr.	Décret n° 2022-236. Complétant le décret n° 2022-67 du 20 janvier 2022 relatif à la procédure applicable aux crimes sériels ou non élucidés. — V. C. pr. pén., art. D. 47-12-9, D. 47-12-10.
2022	25 févr.	Décret n° 2022-246. Application de l'article 367 du code de procédure pénale. — V. C. pr. pén., art. D. 45-2-1 *bis*.
2022	1er mars	Décret n° 2022-291. Modification du code de procédure pénale (troisième partie : décrets) et aides versées aux personnes détenues dépourvues de ressources. — V. C. pr. pén., art. D. 347-1, D. 367.
2022	2 mars	Loi n° 2022-299. Visant à combattre le harcèlement scolaire. — V. C. pr. pén., art. 60-1 à 60-1-2, 60-2, 77-1-1, 77-1-2, 99-3, 706-52.
2022	10 mars	Décret n° 2022-338. Modification des dispositions du code de procédure pénale relatives au règlement intérieur type spécifiques aux maisons d'arrêt et aux établissements affectés à l'exécution des peines. — V. Règlement intérieur type des établissements pénitentiaires, annexe de l'art. R. 57-6-18, art. 42, 49, ss. C. pr. pén., art. R. 57-6-20.
2022	10 mars	Décret n° 2022-339. Modification du code de procédure pénale et création des structures d'accompagnement vers la sortie. — V. C. pr. pén., art. D. 70, D. 72-1, D. 80, D. 81, D. 82-2, D. 86, D. 143-2.
2022	14 mars	Décret n° 2022-358. Mesure judiciaire de prévention de la récidive terroriste et de réinsertion. — V. C. pr. pén., art. R. 50-70 à R. 50-85, R. 251.

2022	14 mars	Décret n° 2022-359. Mesure judiciaire de prévention de la récidive terroriste et de réinsertion. – V. C. pr. pén., art. D. 47-6-16, D. 47-6-17.
2022	18 mars	Décret n° 2022-396. Conditions d'exercice des fonctions d'assistant spécialisé en matière de lutte contre le terrorisme. – V. C. pr. pén., art. D. 47-6-18.
2022	21 mars	Loi organique n° 2022-400. Renforcement le rôle du Défenseur des droits en matière de signalement d'alerte. – V. L. org. n° 2011-333 du 29 mars 2011, art. 4, 6, 11, 35-1, 36, ss. C. pr. pén., art. préliminaire.
2022	30 mars	Décret n° 2022-456. Interdiction de l'utilisation sur le domaine public en extérieur de systèmes de chauffage ou de climatisation. – V. C. pr. pén., art. R. 15-33-29-3.
2022	30 mars	Ordonnance n° 2022-478. Partie législative du code pénitentiaire : – V. C. pr. pén., art. 145-4-1, 145-4-2, 696-123, 714, 715-1 à 716-1-A, 717, 717-1 à 717-3, 719-1 à 719-17, 723-6-1, 724 à 726-2, 727-1 à 728-1, 741-2, 758, 763-13, 763-14, 804, 868-3 à 868-5, 901, 934-1. – V. L. n° 2009-1436 du 24 nov. 2009, pénitentiaire, art. 2 à 59, ss. C. pr. pén., Partie I, Livre V, Titre II. – V. L. n° 87-432 du 22 juin 1987, ss. C. pr. pén., art. 728.
2022	30 mars	Décret n° 2022-479. Partie réglementaire du code pénitentiaire : – V. C. pr. pén., art. R. 15-33-55, R. 15-33-65, R. 15-42, R. 15-43 à R. 15-45, R. 24-23, R. 24-24, R. 50-74, R. 53-8-55 à R. 53-8-61, R. 53-8-66 à R. 53-8-68, R. 53-8-72, R. 53-8-73, R. 53-8-75, R. 53-8-76, R. 53-8-78, R. 57-4-1 à R. 57-4-10, R. 57-4-11, R. 57-4-12, R. 57-5-8, R. 57-6-1 à R. 57-6-4, R. 57-6-5, R. 57-6-6, R. 57-6-7, R. 57-6-8 à R. 57-6-16, R. 57-6-18 à R. 57-6-24, R. 57-6-18 à R. 57-6-24 (Annexe), R. 57-7 à R. 57-7-61, R. 57-7-62 à R. 57-7-84, R. 57-7-84-1 à R. 57-7-84-24, R. 57-7-85 à R. 57-7-94, R. 57-7-95 à R. 57-7-97, R. 57-8-1 à R. 57-8-6, R. 57-8-7 à R. 57-8-23, R. 57-8-24 à R. 57-8-29, R. 57-9-1 à R. 57-9-8, R. 57-9-18 à R. 57-9-26, R. 57-11 à R. 57-16, R. 57-19 à R. 57-22, R. 57-23 à R. 57-30-10, R.* 57-31, R. 57-32 à R. 57-37, R. 60-1, R. 61-12 à R. 61-20, R. 61-22 à R. 61-24, R. 61-27, R. 61-28, R. 61-29, R. 61-36 à R. 61-53, R. 249-33, R. 250-1, R. 251, R. 288 à R. 288-4, R. 375-1. – V. CSP, art. R. 3214-5 à R. 3214-23, ss. C. pr. pén., art. 717-1. – V. Décr. n° 2010-1711 du 30 déc. 2010, ss. C. pr. pén., art. 728.
2022	31 mars	Décret n° 2022-462. Application de l'article 1er de la loi n° 2021-1729 du 22 décembre 2021 pour la confiance dans l'institution judiciaire : – Art. 1er à 18, 20, 21. – V. ss. C. pr. pén., art. 308. – Art. 19. – V. C. pr. pén., art. R. 41.
2022	6 avr.	Arrêté. Modification de l'arrêté du 30 mars 2009 relatif à la répression de certaines formes de criminalité informatique et à la lutte contre la pédopornographie. – V. Arr. du 30 mars 2009, art. 1er, ss. C. pr. pén., art. D. 47-9.
2022	6 avr.	Arrêté. Modification de l'arrêté du 21 octobre 2015 relatif à l'habilitation au sein de services spécialisés d'officiers ou agents de police judiciaire pouvant procéder aux enquêtes sous pseudonyme. – V. Arr. du 21 oct. 2015, art. 1er, 2, ss. C. pr. pén., art. 230-46.

2022	13 avr.	Décret n° 2022-546. Diverses dispositions de procédure pénale de la loi n° 2021-1729 du 22 décembre 2021 pour la confiance dans l'institution judiciaire. – V. C. pr. pén., art. D. 15-4-1, D. 15-6-3, D. 31-1, D. 31-3, D. 31-4, D. 32-2-3, D. 32-4, D. 44-2 à D. 45-2-1 *ter*, D. 45-2-11, D. 45-2-12, D. 45-28, D. 45-29, D. 47-1-35 à D. 47-1-37, D. 48-2-5, D. 48-2-6, D. 115-7-1, D. 117-3, D. 117-4, D. 521-1-1, D. 591, D. 593-2.
2022	22 avr.	Décret n° 2022-623. Diverses dispositions relatives à l'organisation du commandement de la gendarmerie dans le cyberespace et modifiant le code de procédure pénale. – V. C. pr. pén., art. D. 15-1-5, D. 15-1-5-1, D. 15-1-6.
2022	25 avr.	Décret n° 2022-656. Prise en compte des intérêts des victimes au cours de la procédure pénale. – V. C. pr. pén., art. D. 1er-3, D. 1er-10, D. 1er-11-2, D. 15-3-2, D. 15-3-3, D. 32-2-4, D. 45-1-3, D. 45-1-4-1, D. 45-2-1 *bis*, D. 45-27, D. 45-29, D. 594-4.
2022	25 avr.	Décret n° 2022-657. Dispositions de procédure pénale résultant de la loi n° 2022-52 du 24 janvier 2022 relative à la responsabilité pénale et à la sécurité intérieure applicables en cas de trouble mental. – V. C. pr. pén., art. D. 47-37-1 à D. 47-37-8.
2022	29 avr.	Décret n° 2022-751. Dispositions réglementaires relatives à l'agence nationale des données de voyage. – V. Décr. n° 2010-569 du 28 mai 2010, art. 5, ss. C. pr. pén., art. 230-19.

TABLE ALPHABÉTIQUE

NOTA. Les nombres renvoient aux articles du code de procédure pénale, non aux pages. Ceux qui sont précédés de la lettre R. renvoient à la 2e partie du code (Décrets en Conseil d'État) ; ceux précédés de la lettre D. renvoient à la 3e partie du code (Décrets) ; ceux précédés de la lettre A. renvoient à la 4e partie du code (Arrêtés). Les nombres précédés du mot « art. » renvoient aux articles d'un texte autre que le code de procédure pénale proprement dit. La lettre J. placée entre parenthèses après un nombre indique que l'on renvoie aux annotations de JURISPRUDENCE figurant sous l'article mentionné.
Les caractères italiques indiquent que la notion ou l'article est abrogé. Ceux de ces mots qui sont en caractères gras et précédés d'une flèche renvoient à un autre mot en caractères gras de la table. Il est rappelé qu'un tableau explicatif des abréviations utilisées figure au début de l'ouvrage.

A

I

P

T

Photocomposé, traité sur ordinateur par :
JOUVE SAS, 561 rue Saint Léonard - 53100 MAYENNE

Certifié PEFC
Ce produit est issu de forêts gérées durablement et de sources contrôlées
PEFC
PEFC/18-31-280
www.pefc-france.org

Achevé d'imprimer sur les presses de
LEGO S.p.A.
Italie
Dépôt légal : juin 2022
721448-721449 (I) – OSB Px 31 – JOU – (CDR)
Imprimé en Italie

Codes Dalloz

Parution

PÉNAL

Code pénal	juin
Code de la justice pénale des mineurs, *commenté*	août
Code de procédure pénale	juin
Code de la route, *commenté*	février

IMMOBILIER

Code des baux, *commenté*	janvier
Code de la construction et de l'habitation, *commenté*	avril
Code de la copropriété, *commenté*	janvier
Code de l'urbanisme, *commenté*	avril

PUBLIC

Code de la commande publique, *commenté*	janvier
Code constitutionnel et des droits fondamentaux, *commenté en ligne*	août
Code de l'éducation, *commenté*	août
Code électoral, *commenté*	novembre
Code de l'entrée et du séjour des étrangers et du droit d'asile, *commenté*	octobre
Code de l'environnement, *commenté*	mars
Code général de la fonction publique, *commenté*	mars
Code général des collectivités territoriales, *commenté en ligne*	novembre
Code général de la propriété des personnes publiques, *commenté*	mai
Code de justice administrative, *commenté*	septembre
Code des relations entre le public et l'administration, *commenté*	septembre
Code rural et de la pêche maritime, *commenté*	avril